Ebenroth/Boujong/Joost/Strohn
Handelsgesetzbuch

Band 2
§§ 343–475h

Transportrecht
Bank- und Börsenrecht

Ebenroth/Boujong/Joost/Strohn

Handelsgesetzbuch

Band 2
§§ 343–475h

Transportrecht
Bank- und Börsenrecht

Begründet von

Karlheinz Boujong †
weil. Vors. Richter am Bundesgerichtshof

Dr. Dr. Carsten Thomas Ebenroth †
weil. Professor an der Universität Konstanz

Dr. Detlev Joost
em. o. Professor an der Universität Hamburg

Herausgegeben von

Dr. Detlev Joost
em. o. Professor an der Universität Hamburg

Dr. Lutz Strohn
Richter am Bundesgerichtshof a. D.
Honorarprofessor an der Universität Düsseldorf

4. Auflage 2020

C. H. BECK/Verlag Vahlen

Zitiervorschlag:
EBJS/*Bearbeiter* § … Rn. …
EBJS/*Bearbeiter* A Rn. …

Gesamtwerk ISBN 978 3 8006 5680 6
in 2 Bänden
Band 2 ISBN 978 3 8006 5682 0

© 2020 Verlag Franz Vahlen GmbH, Wilhelmstr. 9, 80801 München
Druck: Kösel GmbH & Co. KG
Am Buchweg 1, 87452 Altusried-Krugzell
Satz: Druckerei C. H. Beck Nördlingen
Umschlag: Ralph Zimmermann – Bureau Paraplue

vahlen.de/nachhaltig

Gedruckt auf säurefreiem, alterungsbeständigem Papier
(hergestellt aus chlorfrei gebleichtem Zellstoff)

Die Bearbeiter des zweiten Bandes

Die Bearbeiter des zweiten Bandes

Dr. Wilhelm-Albrecht Achilles
Richter am Bundesgerichtshof a. D.
Honorarprofessor an der Universität Göttingen

Dr. Kay Uwe Bahnsen
Rechtsanwalt in Hamburg

Dr. Katharina Boesche
Rechtsanwältin in Berlin

Dr. Hans-Werner Eckert
Professor an der Universität Greifswald

Dr. Timo Fest, LL. M.
Professor an der Universität zu Kiel

Dr. Jens Thomas Füller
Privatdozent, Rechtsanwalt in München

Dr. Wolfgang Groß
Rechtsanwalt in Frankfurt a. M.

Dr. iur. Dr. phil. Stefan Grundmann, LL. M.
Professor an der Humboldt-Universität zu Berlin

Dr. Michael Hakenberg, LL. M.
Professor em. an der Hochschule Trier

Bettina Heublein
Rechtsanwältin in Berlin

Dr. Oliver Keßler
Professor an der Hochschule Karlsruhe – Technik und Wirtschaft

Dr. Tobias Lettl, LL. M.
Professor an der Universität Potsdam

Dr. Eva Menges
Richterin am Bundesgerichtshof

Dr. David Paulus
Akademischer Rat a. Z. an der Universität München

Dr. Dörte Poelzig, M. jur.
Professorin an der Universität Leipzig

Günther Pokrant
Richter am Bundesgerichtshof a. D.

Dr. Fabian Reuschle
Richter am Landgericht Stuttgart

Axel Rinkler
Rechtsanwalt beim Bundesgerichtshof

Alexander Ruschkowski
Rechtsanwalt in Frankfurt a. M.

Die Bearbeiter des zweiten Bandes

Dr. Wolfgang Schaffert
Richter am Bundesgerichtshof
Honorarprofessor an der Universität Bayreuth

Peter Scherer, LL. M. †
weil. Rechtsanwalt in Frankfurt a. M.

Dr. Michael Schild von Spannenberg
Richter am Bundesgerichtshof

Dr. Dirk Schmalenbach
Rechtsanwalt in Berlin

Dr. Sandra Schmieder
Richterin am Landgericht Konstanz

Dr. Eberhard Wagner
Rechtsanwalt in Karlsruhe

Dr. Peter Wessels
Rechtsanwalt beim Bundesgerichtshof

Im Einzelnen haben bearbeitet:

Transportrechtliche Nebenbestimmungen

Bank- und Börsenrecht

Verzeichnis der ausgeschiedenen und teilweise ausgeschiedenen Bearbeiter

Dr. Gisela Allstadt-Schmitz: Garantie auf erstes Anfordern, 1. Aufl. 2001, 2. Aufl. 2009, 3. Aufl. 2015; Bürgschaft, 1. Aufl. 2001; Patronatserklärung, 1. Aufl. 2001, 2. Aufl. 2009, 3. Aufl. 2015

Prof. Dr. Wolfram Gass: Vor § 407–§ 475h, Art. 1–2, 28–29, 32–33, 41 CRM, CIM, Warschauer Abkommen, ADSp, Mindestbedingungen für die Speditionssicherung, 1. Aufl. 2001

Prof. Dr. Dr. Stefan Grundmann, LL. M.: §§ 355–357, Allgemeine Verhaltens-, Schutz- und Geheimhaltungspflichten der Bank, Bankkonto, §§ 675c–676c BGB, WpHG, 1. Aufl. 2001, 2. Aufl. 2009, 3. Aufl. 2015; Klauselwerke zu Zahlungsdiensten, 3. Aufl. 2015

Edda Huther: Vor Art. 1, 3–27, 30–31, 34–40, 42–51 CRM, 1. Aufl. 2001

Prof. Dr. Detlev Joost: §§ 343–348, 2. Aufl. 2009, 3. Aufl. 2015

Prof. Dr. Dr. hc Peter Kindler: §§ 352–354, 1. Aufl. 2001, 2. Aufl. 2009, 3. Aufl. 2015

Dr. Andreas König, M. C. L.: Finanztermingeschäfte und Derivate, 1. Aufl. 2001, 2. Aufl. 2009, 3. Aufl. 2015

Prof. Dr. Michael Kort: §§ 343–348, 1. Aufl. 2001

Prof. Dr. Wolfgang Krüger: §§ 383–406, 1. Aufl. 2001, 2. Aufl. 2009

Dr. Gerd Müller: §§ 373–382, 1. Aufl. 2001, 2. Aufl. 2009, 3. Aufl. 2015

Anne-Kathrin Palke: § 352, 1. Aufl. 2001

Prof. Dr. Astrid Stadler: §§ 366–372, 1. Aufl. 2001

Klaus Dieter Thessinga: Allgemeiner Bankvertrag, Das Einlagengeschäft, Das Kreditgeschäft, 1. Aufl. 2001, 2. Aufl. 2009, 3. Aufl. 2015

Verzeichnis der ausgeschiedenen und teilweise ausgeschiedenen Bearbeiter

Vorwort zur 4. Auflage

In der Zeit seit dem Erscheinen der 3. Auflage des 2. Bandes hat es wiederum eine rege Gesetzgebungstätigkeit bezüglich der in diesem Band behandelten Rechtsmaterien gegeben; zum Teil sind Gesetze aufgehoben und durch eine Neukodifikation ersetzt worden. Die für den Handelsverkehr wichtigen Incoterms sind 2020 neu gefasst worden. Auch die Allgemeinen Deutschen Spediteurbedingungen sind durch eine Neufassung ersetzt worden (ADSp 2017). Im Bankrecht sind unter anderem berücksichtigt die im Zuge der Finanzkrise 2008 erlassenen gesetzlichen Regelungen über die Einlagensicherung und die Regelung der Beratungspflichten durch das Gesetz zur Umsetzung der Wohnimmobilien-RL und zur Änderung handelsrechtlicher Vorschriften vom 11.3.2016; ferner die Immobiliar-Kreditwürdigkeitsprüfungsleitlinien-VO vom 24.4.2018. Bedeutsame legislatorische Änderungen sind auch im Kapitalmarktrecht zu verzeichnen. Unter anderem wurde das Wertpapierhandelsgesetz durch das 1. und 2. Finanzmarktnovellierungsgesetz (2016 und 2017) an die MAR, an die neue Finanzmarkt-RL und an die Finanzmarkt-VO angepasst. Durch das Gesetz zur weiteren Ausführung der Prospekt-VO und zur Änderung von Finanzmarktgesetzen (2019) sind weitere Änderungen veranlasst. Die alte Prospekt-VO ist durch die neue Prospekt-VO von 2017 ersetzt worden. Auch das Börsengesetz hat entsprechende Änderungen erfahren. Außerdem war eine Fülle von neuen Entscheidungen und Literaturmeinungen zu berücksichtigen und einzuarbeiten.

Aus dem Autorenkreis des Bandes 2 ausgeschieden sind Frau Dr. Allstadt-Schmitz, Herr Prof. Dr. Peter Kindler, Herr Dr. Andreas König, Herr Prof. Dr. Detlev Joost, Herr Dr. Gerd Müller und Herr Klaus Dieter Thessinga. Herausgeber und Verlag sprechen ihnen herzlichen Dank für ihre wertvolle Mitarbeit aus. Neu sind in den Autorenkreis aufgenommen Herr Prof. Dr. Wilhelm-Albrecht Achilles, Herr Prof. Dr. Timo Fest, Herr Prof. Dr. Oliver Keßler, Frau Dr. Eva Menges, Herr Dr. David Paulus, Frau Prof. Dr. Dörte Poelzig, Herr Alexander Ruschkowski, Herr Dr. Michael Schild von Spannenberg, Frau Dr. Sandra Schmieder und Herr Dr. Peter Wessels.

Der Band 2 hat den Bearbeitungsstand von Dezember 2019. Danach erschienene Rechtsprechung und Literatur konnten zum Teil noch berücksichtigt werden. Für Anregungen aus dem Leserkreis sind die Herausgeber stets dankbar.

Hamburg und Solingen, im Mai 2020

Detlev Joost
Lutz Strohn

Inhaltsverzeichnis

Handelsgesetzbuch

Viertes Buch. Handelsgeschäfte

Transportrechtliche Nebenbestimmungen

Bank- und Börsenrecht

Inhaltsverzeichnis

Verzeichnis der Abkürzungen
und der abgekürzt zitierten Literatur

Literatur- und Abkürzungsverzeichnis

AnwBl	Anwaltsblatt (Zeitschrift)
AnzVO	Verordnung über die Vorlage von Unterlagen nach dem Gesetz über das Kreditwesen (Anzeigenverordnung)
AO	Abgabenordnung
AöR	Archiv des öffentlichen Rechts
AÖSp	Allgemeine Österreichische Spediteur-Bedingungen
AP	Arbeitsrechtliche Praxis (Entscheidungssammlung 1950 ff.)
APAReG	Gesetz zur Umsetzung der aufsichts- und berufsrechtlichen Regelungen der Richtlinie 2014/56/EU sowie zur Ausführung der entsprechenden Vorgaben der Verordnung (EU) Nr. 537/2014 im Hinblick auf die Abschlussprüfung bei Unternehmen von öffentlichem Interesse (Abschlussprüferaufsichtsreformgesetz – APAReG) vom 31. März 2016 (BGBl. 2016 I 518)
APAS	Abschlussprüferaufsichtsstelle
Apathy/Iro/Koziol	Apathy/Iro/Koziol, Österreichisches Bankvertragsrecht, Bd. I, 2. Aufl. 2007; Bd. II, 2. Aufl. 2008
APB	Accounting Principles Board
App.	Corte di appello
App. Div.	Appellate Division
AppG	Appellationsgericht
AR-Blattei	Arbeitsrechts-Blattei
ARB	Allgemeine Bedingungen für die Rechtsschutzversicherung
ArbG	Arbeitsgericht
ArbGG	Arbeitsgerichtsgesetz
ArbNErfG	Arbeitnehmererfindungsgesetz
ArbPlSchG	Arbeitsplatzschutzgesetz
ArbRdGgw	Das Arbeitsrecht der Gegenwart
ArbSch	Arbeitsschutz (Beilage zum Bundesarbeitsblatt)
ArbStoffVO	Verordnung über gefährliche Arbeitsstoffe
ArbStVO	Verordnung über Arbeitsstätten
ArbZG	Arbeitszeitgesetz
Arch.	Archiv
Arch. giur.	Archivio Giuridico „Filippo Serafini"
ArchBürgR	Archiv für Bürgerliches Recht
ArchEW	Archiv für Eisenbahnwesen
ArchLR	Archiv für Luftrecht
AReG	Gesetz zur Umsetzung der prüfungsbezogenen Regelungen der Richtlinie 2014/56//EU sowie zur Ausführung der entsprechenden Vorgaben der Verordnung (EU) Nr. 537/2014 im Hinblick auf die Abschlussprüfung bei Unternehmen von öffentlichem Interesse – Abschlussprüfungsreformgesetz vom 10. Mai 2016 (BGBl. 2016 I 1142)
arg.	argumentum
ARGE	Arbeitsgemeinschaft
Armbrüster/Preuß/ Renner/*Bearbeiter*	Armbrüster/Preuß/Renner, Beurkundungsgesetz und Dienstordnung für Notarinnen und Notare, 8. Aufl. 2019
Arndt/Lerch/Sand- kühler/*Bearbeiter*	Arndt/Lerch/Sandkühler, BNotO – Kommentar zur Bundesnotarordnung, 8. Aufl. 2016
Art.	Artikel
ARUG	Gesetz zur Umsetzung der Aktionärsrechterichtlinie
ARUG II	Gesetz zur Umsetzung der zweiten Aktionärsrechterichtlinie
AS	Amtliche Sammlung der eidgenössischen Gesetze
ASB	Accounting Standards Board
ASDA-Bull.	Bulletin der Schweizerischen Vereinigung für Luft und Weltraumrecht
ASiG	Gesetz über Betriebsärzte, Sicherheitsbeamte und andere Fachkräfte für Arbeitssicherheit (Arbeitssicherheitsgesetz)
Assmann/Pötzsch/ Schneider/*Bearbeiter*	Assmann/Pötzsch/Schneider, Wertpapiererwerbs- und Übernahmegesetz, 2. Aufl. 2013
Assmann/Schlitt/ v. Kopp-Colomb/ *Bearbeiter*	Assmann/Schlitt/v. Kopp-Colomb, WpPG/VermAnlG, 3. Aufl. 2017

Literatur- und Abkürzungsverzeichnis

Assmann/Schneider/
Mülbert/*Bearbeiter* ...... Assmann/Schneider/Mülbert, WpHG, 7. Aufl. 2019
Bearbeiter in Assmann/
Schütze KapAnlR-
HdB .... Assmann/Schütze, Handbuch des Kapitalanlagerechts, 4. Aufl. 2015
ASOR .... Accord relatif aux services occasionnels internationaux de voyageurs par
route effectués par autocars ou par autobus
AT .... Allgemeiner Teil
ATG .... Altersteilzeitgesetz
AtG .... Atomgesetz
ATP .... Accord relatif aux transports internationaux de denrées périssables et aux
engins spéciaux à utiliser pour ces transports
AuA .... Arbeit und Arbeitsrecht (Zeitschrift)
AUB .... Allgemeine Unfallversicherungsbedingungen
Aufl. .... Auflage
Aufs. .... Aufsatz
AÜG .... Arbeitnehmerüberlassungsgesetz
AuR .... Arbeit und Recht (Zeitschrift)
ausdr. .... ausdrücklich
ausf. .... ausführlich
AusfG .... Ausführungsgesetz
AusfVO .... Ausführungsverordnung
Austr. Bus. L. Rev. ..... Australian Business Law Review
Austr. L. J. .... The Australian Law Journal
Austr. YB. Int. L. .... Australian Yearbook of International Law
AVAG .... Gesetz zur Ausführung zwischenstaatlicher Anerkennungs- und Vollstre-
ckungsverträge in Zivil- und Handelssachen
AVAVG .... Gesetz über Arbeitsvermittlung und Arbeitslosenversicherung
AVB .... Allgemeine Versicherungsbedingungen, Allgemeine Vertragsbestimmungen
AVE .... Allgemeinverbindlicherklärung
AVG .... Angestelltenversicherungsgesetz
AVV .... Allgemeine Verwaltungsvorschrift
AW .... Außenwirtschaft
AWD .... Außenwirtschaftsdienst des Betriebs-Beraters (Zeitschrift)
AWG .... Außenwirtschaftsgesetz
AWV .... Außenwirtschaftsverordnung
Az. .... Aktenzeichen
AZO .... Arbeitszeitordnung

B .... Bundes-
BaBiRiLiG .... Gesetz zur Durchführung der Richtlinien des Rates der Europäischen
Gemeinschaften über den Jahresabschluss und den Konsolidierten Abschluss
von Banken und anderen Finanzinstituten (Bankenbilanzrichtlinie-Gesetz)
BABl. .... Bundesarbeitsblatt
Bad., bad. .... Baden, badisch
Bearbeiter in Baetge/
Kirsch/Thiele Bilanzen   Baetge/Kirsch/Thiele, Bilanzen, 15. Aufl. 2019
Bearbeiter in Baetge/
Kirsch/Thiele Konzern-
bilanzen .... Baetge/Kirsch/Thiele, Konzernbilanzen, 12. Aufl. 2017
Baetge/Dörner/Kleekäm-
per/Wollmert .... Baetge/Dörner/Kleekämper/Wollmert, IAS-Kommentar, 2. Aufl. 2002
Baetge/Kirsch/Thiele/
Bearbeiter .... Baetge/Kirsch/Thiele, Bilanzrecht. Handelsrecht mit Steuerrecht und den
Regelungen des IASB, Loseblatt, Stand Mai 2019
BaFin .... Bundesanstalt für Finanzdienstleistungsaufsicht
BAG .... Bundesarbeitsgericht
BAGE .... Entscheidungen des Bundesarbeitsgerichts
Bahrenfuss/*Bearbeiter* ... Bahrenfuss, FamFG, Kommentar, 3. Aufl. 2017
BaK .... Bundesaufsichtsamt für das Kreditwesen
Bearbeiter in Ballwieser
US-amerikanische
Rechnungslegung ...... Ballwieser, US-amerikanische Rechnungslegung, 4. Aufl. 2000

Literatur- und Abkürzungsverzeichnis

Literatur- und Abkürzungsverzeichnis

BeBiKo/*Bearbeiter* ...... Grottel/Schmidt/Schubert/Winkeljohann, Beck'scher Bilanzkommentar, Der Jahresabschluss nach Handels- und Steuerrecht, 11. Aufl. 2018

BeckHdB GmbH/ *Bearbeiter* .... Prinz/Winkeljohann, Beck'sches Handbuch der GmbH, 5. Aufl. 2014

BeckHdB IFRS/ *Bearbeiter* .... Driesch/Riese/Schlüter/Senger, Beck'sches IFRS-Handbuch, Kommentierung der IFRS/IAS, 5. Aufl. 2016

BeckHdB PersGes/ *Bearbeiter* .... Prinz/Hoffmann, Beck'sches Handbuch der Personengesellschaften, 4. Aufl. 2014

BeckHdB Rechnungs- legung/*Bearbeiter* .... Böcking/Gros/Oser/Scheffler/Thormann, Beck'sches Handbuch der Rechnungslegung, Loseblatt, Stand April 2019

BeckNotar-HdB/ *Bearbeiter* .... Heckschen/Herrler/Starke, Beck'sches Notar-Handbuch, 6. Aufl. 2015

BeckOF-V/*Bearbeiter* .. Weise/Krauß, Beck'sche Online-Formulare Vertrag, 50. Edition 2019

BeckOGK/*Bearbeiter* ... beck-online.GROSSKOMMENTAR

BeckOK ArbR/ *Bearbeiter* .... Rolfs/Giesen/Kreikebohm/Udsching, Beck'scher Online-Kommentar Arbeitsrecht, 53. Ed. 1.9.2019

BeckOK BGB/ *Bearbeiter* .... Bamberger/Roth/Hau/Poseck, Beck'scher Online-Kommentar BGB, 51. Ed. 1.8.2019

BeckOK FamFG/ *Bearbeiter* .... Hahne/Schlögel/Schlünder, Beck'scher Online-Kommentar FamFG, 32. Ed. 1.10.2019

BeckOK GmbHG/ *Bearbeiter* .... Ziemons/Jaeger/Poeschke, Beck'scher Online-Kommentar GmbHG, 40. Ed. 1.8.2019

BeckOK HGB/ *Bearbeiter* .... Häublein/Hoffmann-Theinert, Beck'scher Online-Kommentar HGB, 26. Ed. 15.10.2019

BeckVersicherungs- bilanz/*Bearbeiter* .... Budde/Schnicke/Stöffler/Stuirbrink, Beck'scher Versicherungsbilanz-Kommentar, 1998

BeckHdB WirtschaftsR/ *Bearbeiter* .... Pelka, Beck'sches Wirtschaftsrechts-Handbuch, 3. Aufl. 2008

BefBMö 1983 .... Beförderungsbedingungen für den Möbelverkehr, s. GüKUMT

Begr. .... Begründung

Begr. Kropff .... Textausgabe des Aktiengesetzes 1965 mit Begründungen und Berichten, 1965

Beih. .... Beiheft

Beil. .... Beilage

Bek. .... Bekanntmachung

BEKKM/*Bearbeiter* ..... Bruns/Eierle/Klein/Knorr/Marten, IFRS for SMEs, Kommentar zur Rechnungslegung nach IFRS für nicht kapitalmarktorientierte Unternehmen, 2010

Bem. .... Bemerkung

ber. .... berichtigt

BerDtGesVR .... Berichte der Deutschen Gesellschaft für Völkerrecht

Ber. Helmrich .... Bericht des Abg. Helmrich ua zum Entwurf des Rechtsausschusses zum Bilanzrichtlinien-Gesetz, 1986

BerVersV .... Verordnung über die Berichterstattung von Versicherungsunternehmen gegenüber der Bundesanstalt für Finanzdienstleistungsaufsicht (Versicherungsberichterstattungs-Verordnung – BerVersV)

bes. .... besonders

BeschFG .... Gesetz über arbeitsrechtliche Vorschriften zur Beschäftigungsförderung

BeschSchG .... Gesetz zum Schutz der Beschäftigten vor sexueller Belästigung am Arbeitsplatz (Beschäftigtenschutzgesetz)

bespr. .... besprochen

Bespr.-Aufs. .... Besprechungsaufsatz

bestr. .... bestritten

betr. .... betreffend, betreffs

Literatur- und Abkürzungsverzeichnis

Bearbeiter in Bitz/
Schneeloch/Wittstock
Jahresabschluss .... Bitz/Schneeloch/Wittstock, Der Jahresabschluss, 6. Aufl. 2014
BKartA .... Bundeskartellamt
bkVReV .... Verordnung über die Rechnungslegung bestimmter kleinerer Versiche-
                        rungsvereine auf Gegenseitigkeit im Sinne des § 53 VAG
Bl. .... Blatt
BLAH/*Bearbeiter* .... Baumbach/Lauterbach/Albers/Hartmann/Gehle, Zivilprozessordnung,
                        78. Aufl. 2020
Bearbeiter in Blaurock
Stille Gesellschaft-HdB Blaurock, Handbuch der Stillen Gesellschaft, 8. Aufl. 2016
Bleckmann Europarecht Bleckmann, Europarecht – Das Recht der Europäischen Gemeinschaft,
                        6. Aufl. 1997
BlStSozArbR .... Blätter für Steuerrecht, Sozialversicherung und Arbeitsrecht
Blümich/*Bearbeiter* ..... Blümich, EStG, KStG, GewStG, Loseblatt-Kommentar, 5 Bände, hrsg. von
                        Heuermann und Brandis, Stand Februar 2019
BMF .... Bundesminister der Finanzen
BMJV .... Bundesminister der Justiz und für Verbraucherschutz
BMW .... Bundesminister der Wirtschaft
Boecken BGB AT .... Boecken, BGB Allgemeiner Teil, 3. Aufl. 2019
BOE .... Bolitín Oficial del EstadoBöhmsZ Zeitschrift für internationales Privat-
                        und Strafrecht, begr. v. Böhm
BörsG .... Börsengesetz
BörsZulVO .... Verordnung über die Zulassung von Wertpapieren zur amtlichen Notierung
                        an einer Wertpapierbörse vom 9.9.1998
Boetius Versicherungs-
technische Rückstellun-
gen-HdB .... Boetius, Handbuch der versicherungstechnischen Rückstellungen, 1996
Bearbeiter in BOGP
Konzernabschlüsse ..... Busse von Colbe/Ordelheide/Gebhardt/Pellens, Konzernabschlüsse,
                        9. Aufl. 2010
Bohl/Wiechmann IFRS . Bohl/Wiechmann, IFRS für Juristen, 2. Aufl. 2010
Bokelmann FirmenR ... Bokelmann, Das Recht der Firmen- und Geschäftsbeziehungen, 5. Aufl.
                        2000
BOKraft .... Verordnung über den Betrieb von Kraftfahrunternehmen im Personenver-
                        kehr
BonnerHdR/*Bearbeiter* s. Hofbauer/Kupsch
Boos/Fischer/Schulte-
Mattler/*Bearbeiter* .... Boos/Fischer/Schulte-Mattler, KWG, CRR-VO, 5. Aufl. 2016
Bordewin/Brandt/
Bearbeiter .... Bordewin/Brandt, Kommentar zum Einkommensteuergesetz, begr. von
                        Hartmann/Böttcher/Nissen, Loseblatt, Stand April 2019
Bork/Jacoby/Schwab/
Bearbeiter .... Bork/Jacoby/Schwab, FamFG-Kommentar, 3. Aufl. 2018
Bork/Schäfer/*Bearbeiter* Bork/Schäfer, GmbH-Gesetz, Kommentar, 3. Aufl. 2015
BOSAE .... Entscheidungen des Bundesoberseeamtes und der Seeämter der Bundes-
                        republik Deutschland
BOSS .... Börsen-Order-Service-System
BOSS-CUBE .... Börsen-Order-Service-System und computerunterstütztes Börsenhandels-
                        und Entscheidungssystem
Boston Industr.
Com. Rev. .... Boston College Industrial and Commercial Law Review
BPersVG .... BundespersonalvertretungsgesetzBR-Drs. Drucksachen des Deutschen
                        Bundesrates
BRAGO .... Bundesrechtsanwaltsgebührenordnung
BRAO .... Bundesrechtsanwaltsordnung
BR .... Bundesrat
Braun/*Bearbeiter* .... Braun, Insolvenzordnung, 7. Aufl. 2017
BRD .... Bundesrepublik Deutschland
Bredow/Seiffert
Incoterms .... Bredow/Seiffert, Incoterms 1990, 1990
BReg. .... Bundesregierung
B. R. H. .... Belgische Rechtspraak in Handelszaaken

Literatur- und Abkürzungsverzeichnis

Literatur- und Abkürzungsverzeichnis

Die Bank	Die Bank (Zeitschrift)
Die BB	Die Bundesbahn (Zeitschrift)
Dig.	Digesten
DIHK	Deutscher Industrie- und Handelskammertag
DIHT	Deutscher Industrie- und Handelstag
Dir. aereo	Il diritto aereo
Dir. comunit. scambi int.	Diritto comunitario e degli scambi internazionali
Dir. Mar.	Il diritto marittimo
Dir. prat. av.	Diritto e pratica dell'aviazione civile
DiskE	Diskussionsentwurf
Diss.	Dissertation
DJ	Deutsche Justiz (Zeitschrift)
DJKT/*Bearbeiter*	Dornseifer/Jesch/Klebeck/Tollmann, AIFM-Richtlinie, 2013
DJT	Deutscher Juristentag
DJZ	Deutsche Juristenzeitung
DLK	Der langfristige Kredit (Zeitschrift)
D. L. R.	Dominion Law Reports
DM	Deutsche Mark
DMBilG	Gesetz über die Eröffnungsbilanz und die Kapitalneufestsetzung
D. M. F.	Le droit maritime français
DNotZ	Deutsche Notar-Zeitschrift
Doc.	Document (s)
Dok.	Dokument
Dorrestein	Dorrestein, Recht van het internationale wegvervoer, Zwolle 1977
DöD	Der öffentliche Dienst
Dörner/Menold/Pfitzer	Dörner/Menold/Pfitzer, Reform des Aktienrechts, der Rechnungslegung und Prüfung, 2. Aufl. 2003
DÖV	Die öffentliche Verwaltung (Zeitschrift)
D. P.	Dalloz périodique
DPR	Deutsche Prüfstelle für Rechnungslegung
DRÄS	Deutscher Rechnungslegungs Änderungsstandard
DR	Deutsches Recht (Zeitschrift)
DRiZ	Deutsche Richterzeitung
DRS	Deutscher Rechnungslegungsstandard
DRSC	Deutsches Rechnungslegungs Standards Commitee
DSR	Deutscher Standardisierungsrat
DStR	Deutches Steuerrecht (Zeitschrift)
DStZ	Deutsche Steuer-Zeitung
DSWR	Datenverarbeitung, Steuer, Wirtschaft, Recht (Zeitschrift)
Dt.; dt.	deutsch
DTB	Deutsche Terminbörse
DtGesTranspR TranspR und AGGB	Deutsche Gesellschaft für Transportrecht, Transportrecht und Gesetz über Allgemeine Geschäftsbedingungen, 1987
DtGesTranspR Versicherung	Deutsche Gesellschaft für Transportrecht, Gütertransport und Versicherungen, 1990
DtZ	Deutsch–deutsche Rechts–Zeitschrift
Dubischar GütertransportR	Dubischar, Grundriß des gesamten Gütertransportrechts, 1987
Düringer/Hachenburg/*Bearbeiter*	Düringer/Hachenburg, Das Handelsgesetzbuch vom 10. Mai 1897, 3. Aufl. 1930–1935
DVBl	Deutsches Verwaltungsblatt (Zeitschrift)
DVFA o. DVFA/SG	Deutsche Vereinigung für Finanzanalyse und Anlageberatung/Schmalenbach Gesellschaft
DVO	Durchführungsverordnung
DVWG	Deutsche Verkehrswissenschaftliche Gesellschaft
DVZ	Deutsche Verkehrszeitung
DZWiR	Deutsche Zeitschrift für Wirtschaftsrecht
E	Entwurf, Entscheidung (in der amtlichen Sammlung)
EAG	Einheitliches Gesetz über den Abschluss von internationalen Kaufverträgen

Literatur- und Abkürzungsverzeichnis

Literatur- und Abkürzungsverzeichnis

Literatur- und Abkürzungsverzeichnis

GesO .... Gesamtvollstreckungsordnung

GesRZ .... Der Gesellschafter (österreichische Zeitschrift)

Geßler/Hefermehl/
Bearbeiter .... s. GHEK

GewA .... Gewerbe-Archiv

GewO .... Gewerbeordnung

gewöhnl. .... gewöhnlich

GewStG .... Gewerbesteuergesetz

GF .... Germinal-Franken

GFG .... Gesetz über den Güterfernverkehr 1935

GFT .... Tarif für den Güterfernverkehr mit Kraftfahrzeugen

GG .... Grundgesetz

ggf. .... gegebenenfalls

GGVS .... Gefahrgutverordnung Straße

GHEK/*Bearbeiter* .... Geßler/Hefermehl/Eckhardt/Kropff, AktG, 1973 ff. (jetzt MüKoAktG)

GI .... Gerling Informationen für wirtschaftsprüfende, rechts- und steuerberatende Berufe (Zeitschrift)

Giemulla/Schmid/
Bearbeiter .... Giemulla/Schid, Montrealer Übereinkommen, Loseblatt, 2018

v. Gierke/Sandrock
HandelsR .... v. Gierke/Sandrock, Handels- und Wirtschaftsrecht I, Allgemeine Grundlagen. Der Kaufmann und sein Unternehmen, 9. Aufl. 1975

Giuliano-Lagarde .... Bericht über das Übereinkommen über das auf vertragliche Schuldverhältnisse anzuwendende Recht, ABl. 1980 C 282, 1

Giur. it. .... Giurisprudenza italiana

Giur. compl. Cass. civ. . Giurisprudenza completa della Suprema Corte di Cassazione (sezioni civili)

Giust. civ. .... Giustizia civile

GK-HGB/*Bearbeiter* .... Ensthaler, Gemeinschaftskommentar zum Handelsgesetzbuch, 8. Aufl. 2015

glA .... gleiche Ansicht

GmbH .... Gesellschaft mit beschränkter Haftung

GmbH & Co.(KG) ..... Gesellschaft mit beschränkter Haftung u. Compagnie (Kommanditgesellschaft)

GmbHG .... Gesetz betreffend die Gesellschaften mit beschränkter Haftung

GmbHR .... GmbH-Rundschau (Zeitschrift)

GmbHRspr. .... Die GmbH in der Rechtsprechung der deutschen Gerichte (Zeitschrift)

GmS-OGB .... Gemeinsamer Senat der obersten Gerichtshöfe des Bundes

GNT .... Tarif für den Güternahverkehr mit Kraftfahrzeugen

GoA .... Geschäftsführung ohne Auftrag; Grundsätze ordnungsgemäßer Abschlussprüfung

GoB .... Grundsätze ordnungsmäßiger Buchführung

Godefroid Verbraucher-
kredit .... Godefroid, Verbraucherkreditverträge, 3. Aufl. 2008

GoDV .... Grundsätze für ordnungsgemäße Datenverarbeitung

GoF .... Grundsätze ordnungsmäßiger Unternehmensführung

GOI .... Grundsätze ordnungsmäßiger Inventur

Goldschmidt HandelsR-
HdB .... Goldschmidt L., Handbuch des Handelsrechts, Teil A, B, C, Nachdruck 1973

Bearbeiter in Gottwald
InsR-HdB .... Gottwald, Insolvenzrechts-Handbuch, 5. Aufl. 2015

Grabitz/Hilf/Nettes-
heim/*Bearbeiter* .... Grabitz/Hilf/Nettesheim, Das Recht der Europäischen Union, EUV/AEUV, 3 Ordner, Loseblatt, 66. EL Februar 2019

Grooterhorst Vollmach-
ten .... Grooterhorst, Vollmachten im Unternehmen, 6. Aufl. 2014

GoU .... Grundlagen und Systemstruktur von Führungsgrundsätzen für die Unternehmensleitung

GoÜ .... Grundlagen und Systemstruktur von Führungsgrundsätzen für die Überwachung

griech. .... griechisch

grdl. .... grundlegend

grds. .... grundsätzlich

Literatur- und Abkürzungsverzeichnis

Groß	Groß, Kapitalmarktrecht, 6. Aufl. 2016
Großfeld/Luttermann BilR	Großfeld/Luttermann, Bilanzrecht. 4. Aufl. 2005
GroßkommAktG/ *Bearbeiter*	Hopt/Wiedemann, Großkommentar zum Aktiengesetz, 4. Aufl. 1992 ff., soweit erschienen 5. Aufl. 2015 ff.
GroßkommGmbH/ *Bearbeiter*	s. UHL
GroßkommHGB/ *Bearbeiter*	Handelsgesetzbuch, Großkommentar, begr. von Staub, weitergeführt von Mitgliedern des Reichsgerichts, 3. Aufl. 1967–1982 (ab 4. Aufl. s. Staub)
GroßkommUWG/ *Bearbeiter*	Teplitzky/Pfeifer/Leistner, Großkommentar zum Gesetz gegen den unlauteren Wettbewerb, 2. Aufl. 2013
GrSZ	Großer Senat in Zivilsachen
Gruchot	Beiträge zur Erläuterung des Deutschen Rechts, begründet von Gruchot
Grundmann EG-Schuldvertragsrecht	Grundmann, Europäisches Schuldvertragsrecht – das Europäische Recht der Unternehmensgeschäfte (nebst Texten und Materialien zur Rechtsangleichung), 1999
Grunewald GesR	Grunewald, Gesellschaftsrecht, 10. Aufl. 2017
GrünhutsZ	Zeitschrift für das Privat- und öffentliche Recht der Gegenwart, begr. von Grünhut
GRUR	Gewerblicher Rechtsschutz und Urheberrecht (Zeitschrift)
GRURAusl.	Gewerblicher Rechtsschutz und Urheberrecht, Auslands- und internationaler Teil, 1952–1969
GS	Gedenkschrift; Großer Senat
GüKG	Güterkraftverkehrsgesetz
GüKUMB	Beförderungsbedingungen für den Umzugsverkehr und für die Beförderung von Hausmöbeln in besonders für die Möbelbeförderung eingerichteten Fahrzeugen im Güterfernverkehr und Güternahverkehr
GuG	Grundstücksmarkt und Grundstückswert. Zeitschrift für Immobilienwirtschaft, Bodenpolitik und Wertermittlung
Guldimann	Guldimann, Internationales Lufttransportrecht, 1965
Bearbeiter in Gustavus Handelsregister-Anmeldungen	Gustavus, Handelsregister-Anmeldungen, 9. Aufl. 2017
GuV	Gewinn- und Verlustrechnung
GVBl.	Gesetz- und Verordnungsblatt
GVG	Gerichtsverfassungsgesetz
GVÜ	Übereinkommen über die gerichtliche Zuständigkeit und die Vollstreckung gerichtlicher Entscheidungen in Zivil- und Handelssachen
GWB	Gesetz gegen Wettbewerbsbeschränkungen
GwG	Gesetz über das Aufspüren von Gewinnen aus schweren Straftaten (Geldwäschegesetz); Geringwertige Wirtschaftsgüter
hA	herrschende Ansicht
Haag/Löffler/*Bearbeiter*	Haag/Löffler, HGB-Praxiskommentar zum Handelsrecht, 2. Aufl. 2014
Haage Das Abladegeschäft	Haage, Das Abladegeschäft, 4. Aufl. 1958
Haak	Haak, The Liability of the Carrier under the CMR, 1986
Habersack/Drinhausen/ *Bearbeiter*	Habersack/Drinhausen, SE-Recht, Kurzkommentar, 2. Aufl. 2016
Habersack/Henssler/ *Bearbeiter*	Habersack/Henssler, Mitbestimmungsrecht, 4. Aufl. 2018
Bearbeiter in Habersack/ Mülbert/Schlitt KapMarktInfo-HdB	Habersack/Mülbert/Schlitt, Kapitalmarktinformation, 2. Aufl. 2013
Bearbeiter in Habersack/ Mülbert/Schlitt Unternehmensfinanzierung-HdB	Habersack/Mülbert/Schlitt, Unternehmensfinanzierung am Kapitalmarkt, 4. Aufl. 2019

Bearbeiter in Habersack/
Schäfer OHG .... Habersack/Schäfer, Das Recht der OHG, Kommentierung der §§ 105 bis 160 HGB, 2. Aufl. 2019 (Sonderausgabe aus Staub, Handelsgesetzbuch, Großkommentar)

Habilschr. .... Habilitationsschrift

Hachenburg/Ulmer/
Bearbeiter .... Hachenburg, Gesetz betreffend die Gesellschaften mit beschränkter Haftung (GmbHG), Großkommentar, 8. Aufl. 1992–1997

HAG .... Heimarbeitsgesetz

Bearbeiter in Hagenmül-
ler/Sommer/Brink
Factoring-HdB .... Hagenmüller/Sommer/Brink, Factoring-Handbuch, 3. Aufl. 1997

Halbbd. .... Halbband

Haller .... Haller, Die Grundlagen der externen Rechnungslegung in den USA, 4. Aufl. 1994

HaKo-HGB/*Bearbeiter* . Heidel/Schall, HGB, 3. Aufl. 2019

Hmb.; hmb. .... Hamburg; hamburgisch

HambR .... United Nations Convention on the Carriage of Goods by Sea, 1978 (Hamburger Regeln)

HambWirt .... Hamburger Wirtschaft – Mitteilungen der Handelskammer Hamburg

HandelsG .... Handelsgericht

Hansa .... Hansa, Zentralorgan für Schiffahrt, Schiffbau, Hafen

OLG Hamburg .... Hanseatisches Oberlandesgericht

HansRGZ .... Hanseatische Rechts- und Gerichtszeitschrift

HansRZ .... Hanseatische Rechtszeitschrift für Handel, Schiffahrt und Versicherung, Kolonial- und Auslandsbeziehungen

Bearbeiter in Happ/Groß
AktienR .... Happ/Groß, Aktienrecht, 4. Aufl. 2015

Harv. L. Rev. .... Harvard Law Review

HAS .... Handbuch des Arbeits- und Sozialrechts, hrsg. von Weiss/Gagel

Hast. L. Journ. .... The Hastings Law Journal

Bearbeiter in Hauschild/
Kallrath/Wachter Notar-
HdB .... Hauschild/Kallrath/Wachter, Notarhandbuch Gesellschafts- und Unterneh-mensrecht, 2. Aufl. 2017

Haußleiter/*Bearbeiter* ... Haußleiter, FamFG, Kommentar, 2. Aufl. 2017

HausTWG .... Gesetz über den Widerruf von Haustürgeschäften und ähnlichen Geschäf-ten

HB .... Handelsbilanz

HBG .... Hypothekenbankgesetz

H. C. .... High Court

HD .... Högsta domstolen

HdV/*Bearbeiter* .... Farny/Helten/Koch/Schmidt, Handwörterbuch der Versicherung, 1988

HdWW .... Handbuch der Wirtschaftswissenschaften

Heidel/Schall .... s. HaKo-HGB

Heinsius/Horn/Than .... Heinsius/Horn/Than, Depotgesetz, Kommentar zum Gesetz über die Ver-wahrung und Anschaffung von Wertpapieren v. 4.2.1975

Bearbeiter in Hellner/
Steuer BuB .... Hellner/Steuer, Bankrecht und Bankpraxis, Loseblatt, 2018

Helmrich .... Helmrich, Bilanzrichtlinien. Gesetzestexte, Stellungnahmen, Protokolle, zusammengestellt und bearbeitet von Helmrich, 1986

Henssler/Strohn/
Bearbeiter .... Henssler/Strohn, Gesellschaftsrecht, 4. Aufl. 2019

Henssler/Willemsen/
Kalb .... s. HWK

HEPK/*Bearbeiter* .... Hein/Eichhoff/Pukall/Krien, Güterkraftverkehrsrecht, Loseblatt, 2019

Herber/Czerwenka/
Eckardt .... Herber/Czerwenka/Eckardt, Internationales Kaufrecht, 2. Aufl. 2018

Herber/Piper .... Herber/Piper, CMR, Internationales Straßentransportrecht, 1996

Herrmann/Heuer/
Raupach/*Bearbeiter* ..... s. HHR

Hess.; hess. .... Hessen; hessisch

Literatur- und Abkürzungsverzeichnis

Bearbeiter in Hessel-
mann/Tillmann/Muel-
ler-Thuns GmbH &
Co.-HdB .... Hesselmann/Tillmann/Mueller-Thuns, Handbuch der GmbH & Co. KG,
21. Aufl. 2016

Heuer Frachtführerhaf-
tung .... Heuer, Die Haftung des Frachtführers nach dem Übereinkommen über
den Beförderungsvertrag im internationalen Straßengüterverkehr (CMR),
1975

Heymann/*Bearbeiter* .... Heymann, Handelsgesetzbuch (ohne Seerecht), Kommentar, 1988–1990;
2. Aufl. 1995–1999

HEZ .... Höchstrichterliche Entscheidungen (Entscheidungssammlung)

HFA .... Hauptfachausschuß des Instituts der Wirtschaftsprüfer

HG .... Handelsgericht

HGB .... Handelsgesetzbuch

HGB-E .... HGB-Entwurf

HGrG .... Haushaltsgrundsätzegesetz

HHR .... Herrmann/Heuer/Raupach, Kommentar zum Einkommensteuer- und
Körperschaftsteuergesetz, Loseblatt, Stand 2019

Hifo .... Highest in – first out

Hill/Evans Transport
Laws of the World ...... Hill/Evans, Transport Laws of the World, Bd. 1–6, 1977 ff.

Hill/Messent .... Hill/Messent, CMR: Contracts for the International Carriage of Goods by
Road, 2. Aufl. 1995

hins. .... hinsichtlich

HK-AktG/*Bearbeiter* ... Bürgers/Körber, Heidelberger Kommentar zum Aktiengesetz, 4. Aufl.
2017

HK-BGB/*Bearbeiter* .... Schulze/Dörner/Ebert ua, Bürgerliches Gesetzbuch, Handkommentar,
10. Aufl. 2019

HK-HGB/*Bearbeiter* ... Glanegger, Heidelberger Kommentar zu Handelsgesetzbuch, 7. Aufl. 2007

HK-InsO/*Bearbeiter* .... Heidelberger Kommentar zur InsO, hrsg. von Kayser/Thole, 9. Aufl. 2018

HK-InvestmentR/
Bearbeiter .... Patzner/Döser/Kempf, Investmentrecht, 3. Aufl. 2017

HK-KapMarktStrafR/
Bearbeiter .... Park, Kapitalmarktstrafrecht, 4. Aufl. 2017

HKMS/*Bearbeiter* .... Hachmeister/Kahle/Mock/Schüppen, Kommentar zum Bilanzrecht –
Handelsbilanz – Steuerbilanz – Prüfung – Offenlegung – Gesellschaftsrecht,
2018

hL .... herrschende Lehre

H. L. .... House of Lords

HLB .... Hamburger Lagerungsbedingungen

hM .... herrschende Meinung

HM .... Handelsmakler

HO .... Hinterlegungsordnung

Bearbeiter in Hofbauer/
Kupsch Bonner-HdB .. Hofbauer/Kupsch, Bonner Handbuch der Rechnungslegung, Loseblatt,
96. Aktualisierung Mai 2019

Hofmann HandelsR .... Hofmann, Handelsrecht, 11. Aufl. 2002

*Hofmann/Fladung/van
Ghemen* Prokurist .... Hofmann/Fladung/van Ghemen, Der Prokurist, 8. Aufl. 2007

Hohnel KapMarkt-
StrafR .... Hohnel, Kapitalmarktstrafrecht, 2013

Hölters/*Bearbeiter* .... Hölters, Aktiengesetz, Kommentar, 3. Aufl. 2017

Honsell/*Bearbeiter* ...... Honsell, Kommentar zum UN-Kaufrecht (CISG), 2. Aufl. 2010

Bearbeiter in Hopt
VertrFormB .... Hopt, Vertrags- und Formularbuch zum Handels-, Gesellschafts-, Bankrecht, 4. Aufl. 2013

Hopt Handels-
vertreterR .... Hopt, Handelsvertreterrecht, 6. Aufl. 2019

Hopt/Hehl GesR .... Hopt/Hehl, Handels- und Gesellschaftsrecht, Bd. II Gesellschaftsrecht,
5. Aufl. 2018

Hopt/Mössle HandelsR ... Hopt/Mössle, Handels- und Gesellschaftsrecht, 2. Aufl. 1999

Hopt/Mülbert .... Hopt/Mülbert, Kreditrecht, 1989

Literatur- und Abkürzungsverzeichnis

JA .... Juristische Arbeitsblätter (Zeitschrift); Jahresabschluss
J. Acct'g & Pub. Pol'y . Journal of Accounting and Public Policy (Zeitschrift)
J. Acct'g Res. .... Journal of Accounting Research (Zeitschrift)
Jaeger/*Bearbeiter* InsO .. Jaeger, Insolvenzordnung, Gesamtwerk in 7 Bänden 2007 ff.
jap. .... japanisch
JArbSchG .... Gesetz zum Schutze der arbeitenden Jugend (Jugendarbeitsschutzgesetz)
Jauernig/*Bearbeiter* ...... Jauernig, Bürgerliches Gesetzbuch, Kommentar, 17. Aufl. 2018
Jb. .... Jahrbuch
Jb f. SozWiss .... Jahrbuch für Sozialwissenschaften
JbFAStR .... Jahrbuch der Fachanwälte für Steuerrecht
JbIntR .... Jahrbuch für internationales Recht = Germ. YB. Int. L.
JbItalR .... Jahrbuch für italienisches Recht
Jb. Ital. Recht .... Jahrbuch für italienisches Recht (Zeitschrift)
JBl. .... (österr.) Juristische Blätter
JbSchiedsgerichtsb ...... Jahrbuch für die Praxis der Schiedsgerichtsbarkeit
J. Bus. L. .... The Journal ofBusiness Law
J. C. P. .... Juris classeur périodique. La semaine juridique
J. Comp. Corp. L. & Sec.
Reg. .... Journal of Comparative Corporate Law and Securities Regulations (Band, Seite und Jahr)
Jesser Frachtführer-
haftung .... Jesser, Frachtführerhaftung nach der CMR – Internationaler und nationaler Straßengütertransport, Wien 1992
JfB .... Jahrbuch für Betriebswirte (Zeitschrift)
JFG .... Jahrbuch für Entscheidungen in Angelegenheiten der Freiwilligen Gerichtsbarkeit
J. Fin. .... The Journal of Finance (Band, Seite und Jahr)
JFT .... Tidskrift, utgiven av Juridiska Föreningen i Finnland
Jg. .... Jahrgang
Jh. .... Jahrhundert
JherJb. .... Jherings Jahrbuch für die Dogmatik des bürgerlichen Rechts
JJZ .... Jahrbuch Junger Zivilrechtswissenschaftler (Jahr und Seite)
JMBl. .... Justizministerialblatt
J. M. M. .... Journal de la Marine Marchande
J. O. .... Journal officiel
JoA .... Journal of Accountancy
Jonas BilR .... Jonas, Die EG-Bilanzrichtlinie, Grundlagen und Anwendung in der Praxis, 1980
Jonas KonzernA .... Jonas, Der Konzernabschluß, 1986
Journ. Air L. Com. ..... The Journal of Air Law and Commerce
Journ. Com. Mkt. Stud. Journal of Common Market Studies
Journ. Cons. Aff. .... Journal of Consumer Affairs
Journ. Mar. L. Com. ... Journal of Maritime Law and Commerce
Journ. Media L. Pract. Journal of Media Law and Practice
Journ. Pol. Econ. ...... Journal of Political Economy
J. Pol. Econ. .... Journal of Political Economics
JR .... Juristische Rundschau (Zeitschrift)
J. trib. (Bruxelles) ...... Journal des tribunaux (Bruxelles)
Jung HandelsR .... Jung, Handelsrecht, 12. Aufl. 2019
jur. .... juristisch
Jur. & Økon .... Juristen, früher: Juristen & Økonomen
Jur. Anv. .... Jurisprudence du Port d'Anvers
Jur. Dr. unif. .... Jurisprudence du droit uniforme – Uniform Law Cases
JURA .... Jura (Zeitschrift)
JurA .... Juristische Analysen
JurBl. .... Juristische Blätter
JurBüro .... Das juristische Büro (Zeitschrift)
JuS .... Juristische Schulung (Zeitschrift)
JVRB/*Bearbeiter* .... Just/Voß/Ritz/Becker, WpHG, 2015
JVRZ/*Bearbeiter* .... Just/Voß/Ritz/Zeising, WpPG, 2009
JW .... Juristische Wochenschrift
J. World Trade L. .... Journal of World Trade Law
JZ .... Juristenzeitung

Literatur- und Abkürzungsverzeichnis

Literatur- und Abkürzungsverzeichnis

Kümpel/Hammen/ Ekkenga	Kümpel/Hammen/Ekkenga, Kapitalmarktrecht, Loseblatt, 2019
Bearbeiter in Kümpel/ Wittig BankR/ KapMarktR	Kümpel/Wittig, Bank- und Kapitalmarktrecht, 4. Aufl. 2011
Bearbeiter in Küstner/ Thume VertriebsR-HdB Bd. 1, Bd. 2, Bd. 3	Küstner/Thume, Handbuch des gesamten Vertriebsrechts, Band 1: Handelsvertreter, 5. Aufl. 2016, Band 2: Der Ausgleichsanspruch des Handelsvertreters, 9. Aufl. 2014, Band 3: Besondere Vertriebsformen, 3. Aufl. 2014
Küting/Weber	Küting/Weber, Der Konzernabschluß. Lehrbuch und Fallstudie zur Praxis der Konzernrechnungslegung, 14. Aufl. 2018
Bearbeiter in Küting/ Weber Konzernrechnungslegung-HdB	Küting/Weber, Handbuch der Konzernrechnungslegung, 2. Aufl. 1998
Kuhlewind	Kuhlewind, Grundlagen einer Bilanzrechtstheorie in den USA, 1997
KurzKomm.	Kurzkommentar
KVG	Kapitalverwaltungsgesellschaft
KVO	Kraftverkehrsordnung für den Güterfernverkehr mit Kraftfahrzeugen (Beförderungsbedingungen)
KVStDV	Kapitalverkehrsteuer-Durchführungsverordnung
KVU	Krankenversicherungsunternehmen
KWG	Kreditwesengesetz
3. KWG-Novelle	Gesetz zur Änderung des Gesetzes über das Kreditwesen und anderer Vorschriften über Kreditinstitute
4. KWG-Novelle	Viertes Gesetz zur Änderung des Gesetzes über das Kreditwesen
6. KWG-Novelle	Gesetz und Begleitgesetz zur Umsetzung von EG-Richtlinien zur Harmonisierung bank- und wertpapieraufsichtsrechtlicher Vorschriften
L	Landes-
l. Sp.	linke Spalte
LadSchlG	Gesetz über den Ladenschluss
LAG	Landesarbeitsgericht
LAGE	Entscheidungen der Landesarbeitsgerichte
Lammich/Pöttinger	Lammich/Pöttinger, Gütertransportrecht, Loseblatt, 1989
Lang/Weidmiller/ *Bearbeiter*	Lang/Weidmiller, Genossenschaftsgesetz, 39. Aufl. 2019
Lange/Schiemann Schadensersatz	Lange/Schiemann, Handbuch des Schuldrechts, Bd. 1 Schadensersatz, 3. Aufl. 2003
Lange/Kuchinke ErbR	Lange/Kuchinke, Lehrbuch des Erbrechts, 5. Aufl. 2001
Langenbucher/Bliesener/Spindler/*Bearbeiter*	Langenbucher/Bliesener/Spindler, Bankrechts-Kommentar, 2. Aufl. 2016
Bearbeiter in Langenbucher/Gößmann/Werner ZahlungsV-HdB	Langenbucher/Gößmann/Werner, Zahlungsverkehr, 2004
Bearbeiter in Langenfeld/ Gail Familienunternehmen-HdB	Langenfeld/Gail, Handbuch der Familienunternehmen, Loseblatt, 57. Aktualisierung 2019
Larenz SchuldR AT	Larenz, Lehrbuch des Schuldrechts, Band I: Allg. Teil, 14. Aufl. 1987
Larenz/Canaris BT II	Larenz/Canaris, Lehrbuch des Schuldrechts, Band II: Bes. Teil, 2. Halbband, 13. Aufl. 1994
LASH	Lighter Aboard Ship
L. Contemp. Probl.	Law and Contemporary Problems (Zeitschrift)
LdR/*Bearbeiter*	Busse von Colbe/Pellens (Hrsg.), Lexikon des Rechnungswesens, 5. Aufl. 2011
L. E. C.	Ley de Enjuiciamiento Civil
L. Ed.	U. S. Supreme Court Reports, Lawyers' Edition
Leenen BGB AT	Leenen, BGB Allgemeiner Teil: Rechtsgeschäftslehre, Lehrbuch, 2. Aufl. 2015
Leffson GoB	Leffson, Die Grundsätze ordnungsmäßiger Buchführung, 7. Aufl. 1987

Leffson WPg .... Leffson, Wirtschaftsprüfung, 4. Aufl. 1988

Lenenbach KapMarktR . Lenenbach, Kapitalmarktrecht, 2. Aufl. 2010

Lenz Straßengütertrans-
portR .... Lenz, Straßengütertransportrecht, 1988

Lettl HandelsR .... Lettl, Handelsrecht, 4. Aufl. 2018

LexRewe/*Bearbeiter* .... Busse von Colbe/Crasselt/Pellens, Lexikon des Rechnungswesens, 5. Aufl. 2011 (LexRewe); 4. Aufl. 1998 (LexRewe 1998); 3. Aufl. 1994 (LexRewe 1994)

LFG .... Lohnfortzahlungsgesetz

Lfg. .... Lieferung

LG .... Landgericht; Leasinggeber

Lieser CMR .... Lieser, Ergänzung der CMR durch unvereinheitlichtes deutsches Recht, Schriften zum Transportrecht, Bd. 4: 1991

LIFFE .... London International Financial Futures Exchange

Lifo .... Last in – first out

Bearbeiter in Limmer
Unternehmensumw-
HFdB .... Limmer, Handbuch der Unternehmensumwandlung, 6. Aufl. 2019

lit. .... litera

Lit. .... Literatur

Lkw .... Lastkraftwagen

Ll. Anv. .... Lloyd Anversois

Ll. L. .... Lloyd's List

Lloyd's L. Rep. .... Lloyd's Law Reports

LM .... Nachschlagewerk des BGH, hrsg. von Lindenmaier, Möhring ua

LMCLQ .... Lloyd's Maritime and Commercial Law Quarterly

LN .... Leasingnehmer

Loewe .... Loewe, Erläuterungen zum Übereinkommen vom 18.5.1956 über den Beförderungsvertrag im internationalen Straßengüterverkehr (CMR), E. T. L. 1976, 503

Löwe/v. Westphalen/
Trinkner/*Bearbeiter* ..... Löwe/Graf v. Westphalen/Trinkner, Großkommentar zum AGB-Gesetz, 2. Aufl., Band 1: 1985, Band 2: 1983, Band 3: 1985

Lofo .... Lowert in – first out

LöschG .... Gesetz über die Auflösung und Löschung von Gesellschaf-tenL. Pol. Int. Bus. Law and Policy in International Business

LPVG .... Landespersonalvertretungsgesetz

L. Q. Rev. .... The Law Quarterly Review

Ls. .... Leitsatz

LSG .... Landessozialgericht

L. T. .... Law Times Report

Ltd. .... Limited

LuftfzRG .... Gesetz über die Rechte an Luftfahrzeugen

LuftVG .... Luftverkehrsgesetz

LuftVZO .... Luftverkehrszulassungsordnung

LugÜ .... Lugano Übereinkommen über die gerichtliche Zuständigkeit und die Voll-streckung gerichtlicher Entscheidungen in Zivil- und Handelssachen vom 16.9.1988

Lutter/*Bearbeiter* .... Lutter/Bayer/Vetter, Umwandlungsgesetz, Kommentar, 5. Aufl. 2014

Lutter EurUnterneh-
mensR .... Lutter/Bayer/Schmidt, Europäisches Unternehmens- und Kapitalmarkt-recht, 6. Aufl. 2018

Bearbeiter in Lutter/
Bayer, Holding-HdB .. Lutter/Bayer, Holding-Handbuch, 6. Aufl. 2017

Bearbeiter in Lutter/Bay-
er/Schmidt Europäisches
Unternehmens- und
Kapitalmarktrecht ...... Lutter/Bayer, Holding-Handbuch, 6. Aufl. 2017

Lutter/Hommelhoff/
Bearbeiter .... Lutter/Hommelhoff, GmbH-Gesetz, 20. Aufl. 2020

Bearbeiter in Lutter/
Hommelhoff Die Euro-
päische Gesellschaft .... Lutter/Hommelhoff, Die Europäische Gesellschaft, 2005

Literatur- und Abkürzungsverzeichnis

lux.	luxemburgisch
LVU	Lebensversicherungsunternehmen
LW	Landeswährung
Bearbeiter in Lwowski/Fischer/Gehrlein Kreditsicherung	Lwowski/Fischer/Gehrlein, Das Recht der Kreditsicherung, 10. Aufl. 2017
LZ	Leipziger Zeitschrift für Deutsches Recht
MA	Der Markenartikel (Zeitschrift)
M & A	Mergers and Aquisitions
m. abl. Anm.	mit ablehnender Anmerkung
mÄnd	mit Änderung(en)
MAH AktR/*Bearbeiter*	Schüppen/Schaub, Münchener Anwaltshandbuch Aktienrecht, 3. Aufl. 2018
MAH PersGesR/*Bearbeiter*	Gummert, Münchener Anwaltshandbuch Personengesellschaftsrecht, 3. Aufl. 2019
MARC	Maastricht Accounting and Auditing Research Centre
MarkenG	Markengesetz
Mar. Law	The Maritime Lawyer
Marit. Pol. Mgmt.	Maritime Policy and Management
Bearbeiter in Marsch-Barner/Schäfer AG-HdB	Marsch-Barner/Schäfer, Handbuch börsennotierte AG, 4. Aufl. 2017
Bearbeiter in Martinek/Semler/Flohr VertriebsR-HdB	Martinek/Semler/Flohr, Handbuch des Vertriebsrechts, 4. Aufl. 2016
Bearbeiter in Martinek/Stoffels/Wimmer-Leonhardt LeasingR-HdB	Martinek/Stoffels/Wimmer-Leonhardt, Handbuch des Leasingrechts, 2. Aufl. 2008
Mass. Giur. it.	Giurisprudenza italiana, Massimario
Mat.	Materialien
Maunz/Dürig/*Bearbeiter*	Maunz/Dürig, Grundgesetz, Loseblatt-Kommentar, Stand März 2019
MBl.	Ministerialblatt
McGill L. J.	McGill Law Journal
MD&A	Management's Discussion and Analysis
MDR	Monatsschrift für Deutsches Recht
mE	meines Erachtens
Medicus/Lorenz SchuldR AT	Medicus/Lorenz, Schuldrecht I, Allg. Teil, 21. Aufl. 2015
Medicus/Lorenz SchuldR BT	Medicus/Lorenz, Schuldrecht II, Bes. Teil, 18. Aufl. 2018
Medicus/Petersen BGB AT	Medicus/Petersen, Allgemeiner Teil des BGB, 11. Aufl. 2016
Medicus/Petersen BürgerlR	Medicus/Petersen, Bürgerliches Recht, 27. Aufl. 2019
MedR	Medizinrecht (Zeitschrift)
Melchior IPR	Melchior, Die Grundlagen des deutschen internationalen Privatrechts, 1932
Mellwig/Moxter/Ordelheide/*Bearbeiter*	Einzelabschluß und Konzernabschluß (Beiträge zum neuen Bilanzrecht), 1988 ff.
MHdB AG/*Bearbeiter*	s. MHdB GesR IV
MHdB ArbR/*Bearbeiter*	Richardi/Wlotzke (Hrsg.), Münchener Handbuch zum Arbeitsrecht, Band 1–3, 3. Aufl. 2009 ff.
MHdB GesR I/*Bearbeiter*	Gummert/Weipert, Münchener Handbuch des Gesellschaftsrechts Band 1: BGB-Gesellschaft, Offene Handelsgesellschaft, Partnerschaftsgesellschaft, Partenreederei, EWIV, 5. Aufl. 2019
MHdB GesR II/*Bearbeiter*	Gummert/Weipert, Münchener Handbuch des Gesellschaftsrechts Band 2: Kommanditgesellschaft, GmbH & Co. KG, Publikums-KG, Stille Gesellschaft, 5. Aufl. 2019

MHdB GesR III/ *Bearbeiter*	Priester/Mayer/Wicke, Münchener Handbuch des Gesellschaftsrechts Band 3: Gesellschaft mit beschränkter Haftung, 5. Aufl. 2018
MHdB GesR IV/ *Bearbeiter*	Hoffmann-Becking, Münchener Handbuch des Gesellschaftsrechts Band 4: Aktiengesellschaft, 4. Aufl. 2015
MHdB GesR VII/ *Bearbeiter*	Born/Ghassemi-Tabar/Gehle, Münchner Handbuch des Gesellschaftsrechts Band 7: Gesellschaftsrechtliche Streitigkeiten (Corporate Litigation), 5. Aufl. 2016
MHdB KG/*Bearbeiter*	s. MHdB GesR II/*Bearbeiter*
MHLS/*Bearbeiter*	Michalski/Heidinger/Leible/J. Schmidt, GmbHG, 3. Aufl. 2017
Michalski	Michalski, OHG-Recht §§ 105 bis 160 HGB, 2000
Michalski/*Bearbeiter*	s. in akt. Aufl. MHLS. Bis 2. Aufl. 2010: Michalski, Kommentar zum Gesetz betreffend die Gesellschaften mit beschränkter Haftung (GmbH-Gesetz)
Michalski/Römermann/ *Bearbeiter*	s. in akt. Aufl. Römermann. Bis 4. Aufl. 2014: Michalski/Römermann, Partnerschaftsgesellschaftsgesetz
MicroBilG	Gesetz zur Umsetzung der Richtlinie 2012/6/EU des Europäischen Parlaments und des Rates vom 14. März 2012 zur Änderung der Richtlinie 78/660/EWG des Rates über den Jahresabschluss von Gesellschaften bestimmter Rechtsformen hinsichtlich Kleinstbetrieben (Kleinstkapitalgesellschaften-Bilanzrechtsänderungsgesetz)
MiFID	Markets in Financial Instruments Directive
MindArbG	Gesetz über die Festsetzung von Mindestarbeitsbedingungen
Mio.	Million(en)
MitbestErgG	Gesetz zur Ergänzung des Gesetzes über die Mitbestimmung der Arbeitnehmer in den Aufsichtsräten und Vorständen der Unternehmen des Bergbaus und der Eisen und Stahl erzeugenden Industrie
MitbestG 1976	Mitbestimmungsgesetz vom 4.5.1976
Mitt.	Mitteilung(en)
MittBl.	Mitteilungsblatt
Mittelstein	Mittelstein, Binnenschiffahrtsrecht, Bd. 1, 2. Aufl. 1903
MittRhNotK	Mitteilungen der Rheinischen Notarkammer
mkritAnm	mit kritischer Anmerkung
MMT	Multimodal Transport
Mod. L. Rev.	The Modern Law Review
mon.	monatlich
Mon.	Moniteur belge
MontanMitbestG	Gesetz über die Mitbestimmung der Arbeitnehmer in den Aufsichtsräten und Vorständen der Unternehmen des Bergbaus und der Eisen und Stahl erzeugenden Industrie
MoMiG	Gesetz zur Modernisierung des GmbH-Rechts und zur Bekämpfung von Missbräuchen
Mot.	Motive zum Entwurf eines BGB
Moxter Bilanzrechtsprechung	Moxter, Bilanzrechtsprechung, 6. Aufl. 2007
Moxter GoR	*Moxter,* Grundsätze ordnungsgemäßer Rechnungslegung, 2003
MP	Montrealer Protokoll
Mrd.	Milliarde(n)
MRG	Gesetz der Militärregierung
MRVO	Verordnung der Militärregierung
MT-Dok.	Dokument des multimodalen Transports
MT-Übk.	United Nations Convention on the International Multimodal Transport of Goods
MTB II	Manteltarifvertrag für Arbeiter des Bundes
MTL II	Manteltarifvertrag für Arbeiter der Länder
MTO	Multimodal Transport Operator
MTV	Manteltarifvertrag
Bearbeiter in Möllers/ Kloyer Neues KAGB	Möllers/Kloyer, Das neue Kapitalanlagegesetzbuch, Tagung vom 14./ 15. Juni 2013 an der Juristischen Fakultät Augsburg, 2013

Literatur- und Abkürzungsverzeichnis

Müglich TranspR .... Müglich, Transport- und Logistikrecht, 2002
MüKoAktG/*Bearbeiter* . v. Goette/Habersack, Münchener Kommentar zum Aktiengesetz, 4. Aufl. 2014 ff., soweit erschienen 5. Aufl. 2019
MüKoBGB/*Bearbeiter* .. Säcker/Rixecker/Oetker/Limperg, Münchener Kommentar zum BGB, 7. Aufl. 2015 ff., soweit erschienen 8. Aufl. 2018 ff.
MüKoBilanzR/
Bearbeiter .... Hennrichs/Kleindiek/Watrin, Münchener Kommenar zum Bilanzrecht, Bd. 2 §§ 238–342e, 2013
MüKoFamFG/
Bearbeiter .... Rauscher, Münchener Kommentar zum FamFG, 3. Aufl. 2018 f.
MüKoGmbHG/
Bearbeiter .... Goette/Fleischer, Münchener Kommentar zum GmbHG, 3. Aufl. 2018 f.
MüKoHGB/*Bearbeiter* . K. Schmidt, Münchener Kommentar zum Handelsgesetzbuch, 4. Aufl. 2016 ff., soweit erschienen 5. Aufl. 2018 ff.
MüKoInsO/*Bearbeiter* .. Kirchhof/Eidenmüller/Stürner, Münchener Kommentar zur Insolvenzordnung, 3. Aufl. 2013 ff.
MüKoZPO/*Bearbeiter* . Krüger/Rauscher, Münchener Kommentar zur Zivilprozessordnung, 5. Aufl. 2016 f.
Müther Handelsregister Müther, ... Das Handelsregister in der Praxis, 2. Aufl. 2007
Mugdan .... Die gesamten Materialien zum Bürgerlichen Gesetzbuch für das deutsche Reich, hrsg. v. Mugdan, Band I–V, 1899
MuSchG .... Mutterschutzgesetz
Musielak/Borth/
Bearbeiter .... Musielak/Borth, Familiengerichtliches Verfahren, 6. Aufl. 2018
Musielak/Voit/
Bearbeiter .... Musielak/Voit, ZPO, 16. Aufl. 2019
MVHdB GesR/
Bearbeiter .... Böhm/Burmeister, Münchener Vertragshandbuch, Bd. 1: Gesellschaftsrecht, 8. Aufl. 2018
MVP .... Melde- und Veröffentlichungsplattform
MWHLW/*Bearbeiter* ... Meilicke/v. Westphalen/Hoffmann/Lenz/Wolff, Partnerschaftsgesellschaftsgesetz, 3. Aufl. 2015
mwN .... mit weiteren Nachweisen
m. zahlr. Nachw. .... mit zahlreichen Nachweisen
m. zust. Anm. .... mit zustimmender Anmerkung

N. .... Note
NAA .... National Association of Accountants
Nachdr. .... Nachdruck
nachf. .... nachfolgend
Nachw. .... Nachweis
NachwG .... Gesetz über den Nachweis der für ein Arbeitsverhältnis geltenden wesentlichen Bestimmungen
NASD .... National Association of Securities Dealers
NASDAQ .... National Association of Securities Dealers Automated Quotations
NaStraG .... Gesetz zur Namensaktie und zur Erleichterung der Stimmrechtsausübung (Namensaktiengesetz – NaStraG)
NB .... Neue Betriebswirtschaft (Zeitschrift)
Nbl. .... Nachrichtenblatt
N. B. W. .... Nieuw Burgerlijk Wetboek
N. C. J. Int. L. .... North Carolina Journal of International Law and Commercial Regulation
N. D. Ill. .... District Court, Northern District, Illinois
NDS .... Nordiske domme i sjøfartsanliggender
Nds.; nds. .... Niedersachsen, niedersächsisch
NdsRpfl. .... Niedersächsische Rechtspflege (Zeitschrift)
N. E. .... The North-Eastern Reporter
Ned. Jbl. .... Nederlands Juristenblad
Ned. Jur. .... Nederlandse Jurisprudentie
Nerlich/Römermann/
Bearbeiter .... Nerlich/Römermann, Insolvenzordnung, Loseblatt, 38. Aufl. 2019 Stand Januar 2019
Neth. YB. Int. L. .... Netherlands Yearbook of International Law

Neudr.	Neudruck
Neuhaus IPR	Neuhaus, Die Grundbegriffe des internationalen Privatrechts, 2. Aufl. 1976
Bearbeiter in Nirk/Ziemons/Binnewies AG-HdB	Nirk/Ziemons/Binnewies, Handbuch der Aktiengesellschaft, Gesellschaftsrecht, Steuerrecht, Arbeitsrecht, Loseblatt, Stand Mai 2019
nF	neue Fassung; neue Folge
NHBG	Nachtragshaftungsbegrenzungsgesetz
Nickel-Lanz	Nickel-Lanz, La Convention relative au contrat de transport de merchandises par route (CMR), 1976
Niehus/Thyll Konzern-abschluss	Niehus/Thyll, Konzernabschluß nach US-GAAP, 3. Aufl. 2010
NILR	Netherlands International Law Review
NJ	Neue Justiz (Zeitschrift)
NJW	Neue Juristische Wochenschrift
NJW-RR	NJW-Rechtsprechungs-Report (Zivilrecht)
NJWE-VHR	Neue Juristische Wochenschrift, Entscheidungsdienst Versicherungs- und Haftungsrecht
NK-AktKapMarktR/*Bearbeiter*	Heidel, Aktienrecht und Kapitalmarktrecht, 5. Aufl. 2019
NK-BGB/*Bearbeiter*	Dauner-Lieb/Heidel/Ring, Bürgerliches Gesetzbuch, 4. Aufl. 2014 ff., soweit erschienen 4. Aufl. 2016 ff., 5. Aufl. 2018 ff.
no.	number; numéro
norddt.	norddeutsch
Nov.	Novelle
Noviss. dig. it.	Novissimo digesto italiano
Nr.	Nummer(n)
n. rkr.	nicht rechtskräftig
NRW	Nordrhein-Westfalen
NStZ	Neue Zeitschrift für Strafrecht
NSWLR	New South Wales Law Reports
Nuove leggi civ. comm.	Le Nuove leggi civili commentate
NVP	Nahverkehrspreisordnung
NVwZ	Neue Zeitschrift für Verwaltungsrecht
NVwZ-RR	Neue Zeitschrift für Verwaltungsrecht – Rechtsprechungs-Report
NVZ	Neue Zeitschrift für Verkehrsrecht
NW	Nachweisung
N. W.	North Western Reporter
NWB	Neue Wirtschaftsbriefe
NWB Kommentar Bilanzierung/*Bearbeiter*	Hoffmann/Lüdenbach, NWB Kommentar Bilanzierung, 10. Aufl. 2019
Nw. U. L. Rev.	Northwestern University Law Review (Zeitschrift)
N. Y.	New York
NYSE	New York Stock Exchange
NZA	Neue Zeitschrift für Arbeits- und Sozialrecht
NZG	Neue Zeitschrift für Gesellschaftsrecht
NZS	Neue Zeitschrift für Sozialrecht
o.	oben
oa	oben angegeben
oÄ	oder ähnliches
ÖBA	Österreichisches Bankarchiv (Zeitschrift)
ObG	Obergericht
OECD	Organization of Economic Cooperation and Development
OEEC	Organisation für Europäische Wirtschaftliche Zusammenarbeit
öHGB	Handelsgesetzbuch (Österreich)
Oetker/*Bearbeiter*	Oetker, HGB, 6. Aufl. 2017
Oetker HandelsR	Oetker, Handelsrecht, 8. Aufl. 2019
Oestreicher Handels- und Steuerbilanzen	Oestreicher, Handels- und Steuerbilanzen, 6. Aufl. 2003
öOGH	Oberster Gerichtshof (Österreich)
og	oben genannt

Literatur- und Abkürzungsverzeichnis

OHGZ	Entscheidungen des Obersten Gerichtshofes für die Britische Zone in Zivilsachen
OHG	Offene Handelsgesellschaft
oJ	ohne Jahrgang
ÖJZ	Österreichische Juristenzeitung
OLG	Oberlandesgericht
OLGE	Die Rechtsprechung der Oberlandesgerichte auf dem Gebiet des Zivilrechts
OLG-Rp.	OLG-Rechtsprechung Neue Länder
OLGRspr.	Die Rechtsprechung der Oberlandesgerichte auf dem Gebiete des Zivilrechts, hrsg. v. Mugdan und Falkmann (1. 1900 – 46. 1928; aufgegangen in HRR)
OLGZ	Entscheidungen der Oberlandesgerichte in Zivilsachen
OlSchVO	Verordnung über Orderlagerscheine
Ont.	Ontario
o. O.	ohne Ort
Optiz	Opitz, Depotgesetz, 2. Aufl. 1955
OR	Schweizerisches Obligationenrecht
O.R.	Official Records, Ontario Reports
ORDO	ORDO, Jahrbuch für die Ordnung von Wirtschaft und Gesellschaft
öHGB	Österreichisches Handelsgesetzbuch
öRdW	(österr.) Recht der Wirtschaft
österr.	österreichisch
ÖstZöffR	Österreichische Zeitschrift für öffentliches Recht und Völkerrecht
OTC	over the counter (außerbörslicher Handel)
OTC-VO	Verordnung (EU) Nr. 648/2012 des Europäischen Parlaments und des Rates vom 4. Juli 2012 über OTC-Derivate, zentrale Gegenparteien und Transaktionsregister (ABl. 2012 L 201, 1), zuletzt geändert durch Art. 42 ÄndVO (EU) 2017/2402 vom 12.12.2017 (ABl. 2017 L 347, 35)
oV	ohne Verfasser
OVG	Oberverwaltungsgericht
OWiG	Gesetz über Ordnungswidrigkeiten
Oxford J. Leg. Stud.	Oxford Journal of Legal Studies
P.	Pacific Reporter
Palandt/*Bearbeiter*	Palandt, Bürgerliches Gesetzbuch, 78. Aufl. 2019
PAngV	Preisangabenverordnung
Par.	Paragraph
PartG	Parteiengesetz
PartGG	Gesetz über Partnerschaftsgesellschaften
Pas.	Pasicrisie belge
Pas. lux.	Pasicrisie luxembourgeoise
PBefG	Personenbeförderungsgesetz
PBVO	Personenbeförderungsverordnung
Pellens/Fülbier/Gassen/ Sellhorn Internationale Rechnungslegung	Pellens/Fülbier/Gassen/Sellhorn, Internationale Rechnungslegung, 10. Aufl. 2017
PersGes	Personengesellschaft
Pesce	Pesce, Il contrato di trasporto internationale di merci su strada, Padova 1984
Bearbeiter in Petersen/ Zwirner BilanzR-HdB	Petersen/Zwirner/Brösel, Handbuch Bilanzrecht, Abschlussprüfung und Sonderfragen in der Rechnungslegung, 2. Aufl. 2018
Petersen/Zwirner Konzernrechnungslegung	Petersen/Zwirner, Konzernrechnungslegung, Kommentar, 2009
PF	Poincaré-Franken
PFDeckRV	Pensionsfonds-Deckungsrückstellungs-Verordnung
Bearbeiter in Pfeiffer Handelsgeschäfte-HdB	Pfeiffer, Handbuch der Handelsgeschäfte, 1999
Pfg.	Pfennig
Pfleger	Pfleger, Die Praxis der Bilanzpolitik, 4. Aufl. 1991
PflVersG	Gesetz über die Pflichtversicherung der Kraftfahrzeughalter (Pflichtversicherungsgesetz)

Philipowski Geschäftsver-
bindung .... Philipowski, Die Geschäftsverbindung – Tatsachen und rechtliche Bedeu-
tung, 1963
P. & I. .... Protection & Indemnity
Piltz/Bredow Incoterms Piltz/Bredow, Incoterms, 2016
PIN .... Personal Identification Number
P. L. .... Public Law
Pöhlmann/Fandrich/
Bloehs/Bearbeiter .... Pöhlmann/Fandrich/Bloehs, Genossenschaftsgesetz, 4. Aufl. 2012
Pokrant/Grau HRR
TransportR/LogistikR Pokrant/Grau, Transport- und Logistikrecht, Höchstrichterliche Recht-
sprechung und Vertragsgestaltung, 12. Aufl. 2019
Pol. YB. Int. L. .... Polish Yearbook of International Law
port. .... portugiesisch
POS .... Point of Sale
Pos. .... Position
PostG .... Gesetz über das Postwesen
PoststruktG .... Poststrukturgesetz
PostVerfG .... Postverfassungsgesetz
pr. .... principium
pr./preuß. .... preußisch
PrABGB .... Preußisches Ausführungsgesetz zum BGB
Praxiskommentar
BilanzR/*Bearbeiter* ...... Petersen/Zwirner/Brösel, Systematischer Praxiskommentar Bilanzrecht,
3. Aufl. 2016
PrEnteigG .... Preußisches Enteignungsgesetz
PrObTr. .... Preußisches Obertribunal
PrObTrE .... Entscheidungen des Preußischen Obertribunals
ProdHaftG .... Gesetz über die Haftung für fehlerhafte Produkte (Produkthaftungsgesetz)
Prölss/Martin/
Bearbeiter .... Prölss/Martin, Versicherungsvertragsgesetz, 30. Aufl. 2018
Prot. .... Protokolle der Reichsberatungen zum BGB
Prot. z. ADHGB .... Protokolle zum ADHGB
Prot. z. pr. HGB-Ent-
wurf .... Protokolle zum preußischen HGB-Entwurf
PrüfbV .... Verordnung über die Prüfung der Jahresabschlüsse der Kreditinstitute und
Finanzdienstleistungsinstitute sowie über die darüber zu erstellenden Be-
richte (Prüfungsberichtsverordnung)
Prütting/Helms/
Bearbeiter .... Prütting/Helms, FamFG, Kommentar, 4. Aufl. 2018
PS .... Prüfungsstandard
P/StK .... Pensions- und Sterbekassen
PublG .... Gesetz über die Rechnungslegung von bestimmten Unternehmen und
Konzernen (Publizitätsgesetz)
PucheltsZ .... Zeitschrift für französisches Zivilrecht
Putzeys .... Putzeys, Le contrat de transport routier de merchandises, 1981
pVV .... positive Vertragsverletzung
PWW/*Bearbeiter* .... Prütting/Wegen/Weinreich, BGB, 13. Aufl. 2018

Q. B. (D.) .... Queen's Bench (Division)

RA .... Rechtsausschuss
Raabe Jahresabschluss ... Raabe, Jahresabschluss, national, 6. Aufl. 2009
Rabe/Bahnsen/
Bearbeiter .... Rabe/Bahnsen, Seehandelsrecht, 5. Aufl. 2018
RabelsZ .... Zeitschrift für ausländisches und internationales Privatrecht
RAG .... Reichsarbeitsgericht
RAGE .... Entscheidungen des Reichsarbeitsgerichts
Raiser/Veil KapGesR ... Raiser/Veil, Recht der Kapitalgesellschaften, 6. Aufl. 2015
Ramming HdB Binnen-
schifffahrtsR .... Ramming, Hamburger Handbuch zum Binnenschifffahrtsrecht, 2009
Ramming HdB Multi-
modaler Transport ...... Ramming, Hamburger Handbuch Multimodaler Transport, 2011

Literatur- und Abkürzungsverzeichnis

RAnz.	Reichs- und preußischer Staatsanzeiger
RAP	Rechnungsabgrenzungsposten
Rb.	Arrondissements-Rechtbank
RBerG	Rechtsberatungsgesetz
RdA	Recht der Arbeit (Zeitschrift)
RdErl.	Runderlass
RdF	Recht der Finanzinstrumente (Zeitschrift)
RdSchr.	Rundschreiben
RdTW	Recht der Transportwirtschaft (Zeitschrift)
RdW	Recht der Wirtschaft
RE	Rechtsentscheid
RechKredV	Verordnung über die Rechnungslegung der Kreditinstitute und Finanz-dienstleistungsinstitute (Kreditinstituts-Rechnungslegungsverordnung)
Rec. des Cours.	Recueil des Cours de l'Académie de droit international de La Haye
Rec. SdN	Recueil des Traités, Société des Nations
RechKredV	Verordnung über die Rechnungslegung der Kreditinstitute
Recht	Das Recht
Recht (BMJ)	Recht
rechtsw.	rechtswidrig
RefE	Referentenentwurf
RegBegr.	Regierungsbegründung
RegE	Regierungsentwurf
Regnarsen	Regnarsen, Lov om fragtaftaler ved international vejtransport (CMR), Kopenhagen, 2. Aufl. 1993
Reg. S-K	Regulation S-K
Bearbeiter in Reichert GmbH & Co. KG	Reichert, GmbH & Co. KG, 7. Aufl. 2015
Reinicke/Tiedtke KaufR	Reinicke/Tiedtke, Kaufrecht, 8. Aufl. 2009
Bearbeiter in Reithmann/ Martiny IntVertragsR	Reithmann/Martiny, Internationales Vertragsrecht. Das IPR der Schuldver-träge, 8. Aufl. 2015
Relazione	Relazione al codice civile (1942)
Rep. Foro it.	Repertorio del Foro italiano
Rep. Giur. it.	Repertorio della Giurisprudenza italiana
Reuschle	Reuschle, Montrealer Übereinkommen, 2. Aufl. 2011
Rev. banq.	La Revue de la banque
Rev. Der. Banc. Burs.	Revista de Derecho Bancario y Bursátil
Rev. der. merc.	Revista de derecho mercantil
Rev. dr. com. bel.	Revue de droit commercial belge
Rev. dr. int. dr. comp.	Revue de droit international et de droit comparé
Rev. dr. int. lég. comp.	Revue de droit international et de législation comparée
Rev. dr. unif.	Revue de droit uniforme
Rev. est. marit.	Revista de estudios marítimos
Rev. fr. dr. aérien	Revue française de droit aérien
Rev. gén. air	Revue générale de l'air
Rev. hell.	Revue hellénique de droit international
Rev. int. dr. comp.	Revue internationale de droit comparé
Rev. Invest. Jurídicas	Revista de Investigaciones Jurídicas (Zeitschrift)
Rev. jur. com.	Revue de jurisprudence commerciale
Rev. Scapel	Revue de droit francais, commercial, maritime et fiscal
Rev. trim. dr. europ.	Revue trimestrielle de droit européen
Rev. trim. dr. civ.	Revue trimestrielle de droit civil
Rev. trim. dr. com.	Revue trimestrielle de droit commercial
RfB	Rückstellung für Beitragsrückerstattung
RFH	Reichsfinanzhof
RFHE	Amtliche Sammlung der Entscheidungen des Reichsfinanzhofs
RG	Reichsgericht
RGBl.	Reichsgesetzblatt
RGRK-BGB/ *Bearbeiter*	Das Bürgerliche Gesetzbuch mit besonderer Berücksichtigung der Recht-sprechung des Reichsgerichts und des Bundesgerichtshofes (Kommentar)
RGSt	Entscheidungen des Reichsgerichts in Strafsachen
RGZ	Entscheidungen des Reichsgerichts in Zivilsachen

Literatur- und Abkürzungsverzeichnis

RVU	Rückversicherungsunternehmen
R. W.	Rechtskundig Weekblad
RWS-Dok.	RWS-Dokumentation
RWP	Rechts- und Wirtschaftspraxis (Loseblatt-Ausgabe)
S.	Seite; Satz
s.	siehe; section
SaBl.	Sammelblatt für Rechtsvorschriften des Bundes und der Länder
SAE	Sammlung arbeitsrechtlicher Entscheidungen
Saenger GesR	Saenger, Gesellschaftsrecht, 4. Aufl. 2018
SAG	Sanierungs- und Abwicklungsgesetz
Bearbeiter in Sagasser/ Bula/Brünger Umwandlungen	Sagasser/Bula/Brünger, Umwandlungen – Verschmelzung, Spaltung, Formwechsel, Vermögensübertragung, 5. Aufl. 2017
Sánchez-Gamborino	Sánchez-Gamborino, El contrato de transporte international. CMR, Madrid 1996
Savigny	Savigny, System des heutigen römischen Rechts, Bd. I–VIII, 1840–1849, 2. Neudruck 1981
Scand. Stud. L.	Scandinavian Studies in Law
Schadee/Claringbould	Schadee/Claringbould, Transport, 1974 ff.
Schäfer/*Bearbeiter*	Schäfer, Wertpapierhandelsgesetz, Börsengesetz mit BörsZulV, Verkaufsprospektgesetz mit VerkProspV, 1999
Bearbeiter in Schäfer/ Hamann	Schäfer/Hamann, Kapitalmarktgesetze, Loseblatt, Stand Januar 2013
Schaps/Abraham	Schaps/Abraham, Seehandelsrecht, Erster und Zweiter Teil, 4. Aufl. 1978
Scharpf/Schaber Bankbilanz-HdB	Scharpf/Schaber, Handbuch Bankbilanz, 7. Aufl. 2018
Bearbeiter in Schaub ArbR-HdB	Schaub, Arbeitsrechts-Handbuch, 18. Aufl. 2019
ScheckG	Scheckgesetz
Sched.	Schedule
Scherer/*Bearbeiter*	Scherer, Depotgesetz, 2012
Scherer Konzernrechnungslegung	Scherer, Konzernrechnungslegung nach HGB und IFRS, 3. Aufl. 2012
Scherer/Heni Liquidations-Rechnungslegung	Scherer/Heni, Liquidations-Rechnungslegung, 3. Aufl. 2009
SchiffBG	Gesetz über Schiffspfandbriefbanken (Schiffsbankgesetz)
SchiffRG	Gesetz über Rechte an eingetragenen Schiffen und Schiffsbauwerken (Schiffsrechtegesetz)
SchiffsregO	Schiffsregisterordnung
Schildbach/Stobbe/Brösel Jahresabschluss	Schildbach/Stobbe/Brösel, Der handelsrechtliche Jahresabschluss, 10. Aufl. 2013
Bearbeiter in Schimansky/ Bunte/Lwowski BankR-HdB	Schimansky/Bunte/Lwowski, Bankrechts-Handbuch, 5. Aufl. 2017
Schippel/Bracker/ *Bearbeiter*	Schippel/Bracker, Bundesnotarordnung, 9. Aufl. 2011
Schlechtriem/Schwenzer/Schroeter/ *Bearbeiter*	Schlechtriem/Schwenzer/Schroeter, Kommentar zum Einheitlichen UN-Kaufrecht, 7. Aufl. 2019
Schlegelberger/ *Bearbeiter*	Schlegelberger, Handelsgesetzbuch, 5. Aufl. 1973–1992
SchlHA	Schleswig-Holsteinische Anzeigen (NF 1. 1837 ff.)
K. Schmidt GesR	Karsten Schmidt, Gesellschaftsrecht, 4. Aufl. 2002
K. Schmidt HandelsR	Karsten Schmidt, Handelsrecht, 6. Aufl. 2014
K. Schmidt/*Bearbeiter*	Karsten Schmidt, Insolvenzordnung, 19. Aufl. 2016
L. Schmidt/*Bearbeiter*	L. Schmidt, Einkommensteuergesetz, Kommentar, 38. Aufl. 2019
Schmidt-Kessel/Leutner/Müther/*Bearbeiter*	Schmidt-Kessel/Leutner/Müther, Handelsregisterrecht, 2010

Literatur- und Abkürzungsverzeichnis

Bearbeiter in Semler/
Volhard UÜ–HdB ...... Semler/Volhard, Arbeitshandbuch für Unternehmensübernahmen, Band 1: 2001; Band 2: 2003
SEPA-VO .... Verordnung (EU) Nr. 260/2012
Serick Eigentumsvor-
behalt .... Serick, Eigentumsvorbehalt und Sicherungsübertragung, Bd. IV (1976), Bd. V (1982), Bd. VI (1986)
Sess. .... Session
SeuffA .... Seufferts Archiv für Entscheidungen der obersten Gerichte in den deutschen Staaten
SFAC .... Statement of Financial Accounting Concepts
SFAS .... Statement of Financial Accounting Standards
sfr .... Schweizer Franken
SFS .... Svensk Författningssamling
SG .... Sozialgericht
SG .... Schmalenbach – Gesellschaft für Betriebswirtschaft eV
Sgb .... Die Sozialgerichtsbarkeit (Zeitschrift)
SGB .... Sozialgesetzbuch
Shawcross-Beaumont ... Air Law I, 4. Aufl. Loseblatt, Stand 1992, bearbeitet von P. Martin, J. D. McClean, E. de Montlaur Martin, R. D. Margo, J. M. Balfour
SHSG .... Seehandelsschiffahrtsgesetz (DDR)
SHSGB .... Seehandelsschiffahrtsgesetzbuch
S. I. .... Statutory Instruments
SIC .... Standard Interpretations Committee
SIMA .... System für integrierte Marktaufsicht
SJZ .... Süddeutsche Juristenzeitung
skand. .... skandinavisch
Slg. .... Sammlung der Rechtsprechung des Gerichtshofs der Europäischen Gemeinschaft und des Gerichts erster Instanz
S. N. C. F. .... Société nationale des chemins de fer
So. .... Southern Reporter
s. o. .... siehe oben
So. Cal. L. Rev. .... Southern California Law Review
Soergel/*Bearbeiter* ...... Soergel, Bürgerliches Gesetzbuch mit Einführungsgesetzen, 12. Aufl. 1987 ff., soweit erschienen 13. Aufl. 2000 ff.
sog. .... sogenannt
somm. .... sommaires
Sonderbeil. .... Sonderbeilage
SOU .... Statens offentliga utredningar
Sp. .... Spalte
span. .... spanisch
SPGB .... Seeprivatgesetzbuch
SpkG .... Sparkassengesetz
SpP .... Speditions-Police
S. & S. .... Schip & Schade
SSAP .... Statement of Standard Accounting Practice
SSchGB .... Seeschiffahrtsgesetzbuch
SSG .... Seeschiffahrtsgesetz
st. .... ständig
ST .... Der Schweizer Treuhänder (Zeitschrift)
Stan. L. Rev. .... Stanford Law Review (Band, Seite und Jahr)
StAnpG .... Steueranpassungsgesetz
Stanzl .... Handelsrechtliche Entscheidungen des OGH Wien
Stat. .... Statutes at Large
Staub .... Staub, Kommentar zum HGB, 14. Aufl. 1935
Staub/*Bearbeiter* .... Staub, Kommentar zum HGB, 5. Aufl. 2008 ff.
Staudinger/*Bearbeiter* ... Staudinger, Kommentar zum Bürgerlichen Gesetzbuch
Stb. .... Staatsblad van het Koninkrijk der Nederlanden
StB .... Steuerberater; Der Steuerberater (Zeitschrift)
StBerG .... Steuerberatungsgesetz
Stbg .... Die Steuerberatung (Zeitschrift)
StbJb. .... Steuerberater-Jahrbuch
StBKongrRep .... Steuerberaterkongress-Report

Literatur- und Abkürzungsverzeichnis

Bearbeiter in Theisen/
Wenz SE .... Theisen/Wenz, Die Europäische Aktiengesellschaft, 2. Aufl. 2005
Theunis/*Bearbeiter* ...... Theunis, International Carriage of Goods by Road (CMR), London 1987
Thiel/Lüdtke-Handjery . Thiel/Lüdtke-Handjery, Bilanzrecht. Handelsbilanz – Steuerbilanz, 5. Aufl. 2005
Thomas/Putzo/*Bear-*
beiter .... Thomas/Putzo, Zivilprozessordnung mit Gerichtsverfassungsgesetz und den Einführungsgesetzen, 40. Aufl. 2019
Thume/*Bearbeiter* .... Thume, CMR, 3. Aufl. 2013
T. I. A. S. .... Treaties and Other International Acts Series
Tiedtke .... Tiedtke, Einkommensteuer- und Bilanzsteuerrecht, 3. Aufl. 2003
TOA .... Täter-Opfer-Ausgleich
Tort & Ins. L. J. .... Tort & Insurance Law Journal
TransAcc .... Transnational Accounting, hrsg. von Ordelheide/KPMG, Band I und II, 2. Aufl. 2000
Transp. L. J. .... Transportation Law Journal
TranspR .... Transport- und Speditionsrecht (Zeitschrift)
TransPuG .... Gesetz zur weiteren Reform des Aktien- und Bilanzrechts, zu Transparenz und Publizität (Transparenz- und Publizitätsgesetz)
TRG .... Gesetz zur Neuregelung des Fracht-, Speditions- und Lagerrechts (Transportrechtsreformgesetz – TRG)
T. Rgesch. .... Tijdschrift voor Rechtsgeschiedenis
Trib. .... Tribunale
Trib. com. .... Tribunal de commerc
Trib. gr. inst. .... Tribunal de grande instance
Trib. civ. .... Tribunal Civil
T. S. .... Tribunal Supremo
TSAR .... Tydskrif vir die Suid-Afrikaanse Reg/Journal of South African Law (Zeitschrift)
TUG .... Transparenzrichtlinie-Umsetzungsgesetz
Tul. L. Rev. .... Tulane Law Review
türk. .... türkisch
TV .... Tarifvertrag; Testamentsvollstrecker
TVAL .... Tarifvertrag für Angehörige alliierter Dienststelle
TVG .... Tarifvertragsgesetz
TVG DVO .... Durchführungsverordnung zum Tarifvertragsgesetz
Tz. .... Textziffer

u. .... und; unten; unter
ua .... unter anderem
UAbs. .... Unterabsatz
UAbschn. .... Unterabschnit
uÄ .... und Ähnliches
uam .... und andere mehr
ÜbernRLUmsG .... Gesetz zur Umsetzung der Richtlinie 2004/25/EG des Europäischen Parlaments und des Rates vom 21. April 2004 betreffend Übernahmeangebote – Übernahmerichtlinie-Umsetzungsgesetz vom 8. Juli 2006 (BGBl. 2006 I 1426)
überwM .... überwiegende Meinung
UBGG .... Gesetz über Unternehmensbeteiligungsgesellschaften
UBH/*Bearbeiter* .... Ulmer/Brandner/Hensen, AGB-Recht, 12. Aufl. 2016
Übk. .... Übereinkommen
UCC .... Uniform Commercial Code
UCC Law Journ. .... Uniform Commercial Code Law Journal
U. Chi. L. Rev. .... University of Chicago Law Review
UdSSR .... Union der sozialistischen Sowjetrepubliken
UFITA .... Archiv für Urheber-, Film-, Funk- und Theaterrecht
UfR .... Ugeskrift for Retsvæsen
ÜG .... Überweisungsgesetz
Üw-RL .... Überweisungs-Richtlinie, ABl. 1997 L 43, 25
UHH/*Bearbeiter* .... akt. Aufl. s. Habersack/Henssler; bis 3. Aufl. 2013: Ulmer/Habersack/Henssler, Mitbestimmungsrecht
UHL/*Bearbeiter* .... Ulmer/Habersack/Löbbe, GmbHG, Großkommentar, 2. Aufl. 2013 ff.

Literatur- und Abkürzungsverzeichnis

Literatur- und Abkürzungsverzeichnis

Veröff.	Veröffentlichung
VersBiRiLi	Richtlinie 91/674/EWG des Rates vom 19. Dezember 1991 über den Jahresabschluß und den konsolidierten Abschluß von Versicherungsunternehmen (ABl. 1991 L 374, 7)
VersRiLiG	Versicherungsbilanzrichtlinien-Gesetz
VersR	Versicherungsrecht, Juristische Rundschau für die Individualversicherung
VersVerm	Versicherungsvermittlung (Zeitschrift)
VersW	Versicherungswirtschaft
Verw.	Verwaltung
VerwA	Verwaltungsarchiv
VerwG	Verwaltungsgericht
VerwGH	Verwaltungsgerichtshof
Vfg.	Verfügung
VG	Verwaltungsgericht
VGH	Verwaltungsgerichtshof
vgl.	vergleiche
vH	vom (von) Hundert
VisbyR	Protocole du 23.2.1968 portant modification de la Convention internationale pour l'unification de certaines régles en matière de connaissement, signée à Bruxelles le 25.8.1924 (HR), sowie dadurch geänderte Fassung der HR
VIZ	Zeitschrift für Vermögens- und Immobilienrecht
VkBl.	Verkehrsblatt, Amtsblatt des Bundesministers für Verkehr
VO	Verordnung
VOB	Verdingungsordnung für Bauleistungen
VoBl.	Verordnungsblatt
VOBlBZ	Verordnungsblatt für die britische Zone
Vol.	Volume
Voraufl.	Vorauflage
Vor	Vorbemerkung
VorstAG	Gesetz zur Angemessenheit der Vorstandsvergütung
VorstOG	Vorstandsvergütungs-Offenlegungsgesetz
Vortisch/Bemm	Vortisch/Bemm, Binnenschiffahrtsrecht, 4. Aufl. 1991
VP	Die Versicherungspraxis
VRG	Gesetz zur Förderung von Vorruhestandsleistungen (Vorruhestandsgesetz)
VRS	Verkehrsrechts-Sammlung
VRÜ	Verfassung und Recht in Übersee
vs.	versus
VU	Versicherungsunternehmen
VuR	Verbraucher und Recht (Jahr und Seite)
VVDStRL	Veröffentlichungen der Vereinigung der Deutschen Staatsrechtslehrer
VVaG	Versicherungsverein auf Gegenseitigkeit
VVG	Gesetz über den Versicherungsvertrag
VW	Versicherungswirtschaft (Zeitschrift)
VwGO	Verwaltungsgerichtsordnung
WA	Warschauer Abkommen: Convention pour l'unification de certaines règles relatives au transport aérien international; Wertpapieraufsicht
WA 1929	ursprüngliche Fassung des WA
WA 1955	WA in der Fassung des Protocole fait à La Haye le 28.9.1955 et portant modification de la Convention pour l'unification de certaines règles relatives au transport aérien international signée à Varsovie le 12.10.1929
WA 1971	WA in der Fassung des Protocole fait à Guatemala le 8.3.1971 et portant modification de la Convention pour l'unification de certaines règles relatives au transport aérien international signée à Varsovie le 12.10.1929 amendée par le Protocole fait à La Haye le 28.9.1955
Waclawik Prozessführung	Waclawik, Prozessführung im Gesellschaftsrecht, 2. Aufl. 2013
v. Waldstein/Holland BinnenschiffahrtsR	v. Waldstein/Hplland, Binnenschiffahrtsrecht, 5. Aufl. 2007
WarnR	Rechtsprechung des Reichsgerichts, hrsg. von Warneyer

WBA/*Bearbeiter* .... Weitnauer/Boxberger/Anders, KAGB, Kapitalanlagegesetzbuch, Invest-
mentsteuergesetz, EuVECA-VO, EuSEF-VO und ELTIF-VO, 2. Aufl.
2017

WBl. .... Wirtschaftsrechtliche Blätter

WBVR .... Strupp, Wörterbuch des Völkerrechts und der Diplomatie I (1924); Strupp-
Schlochauer, Wörterbuch des Völkerrechts, 2. Aufl. I (1960), II (1961), III
(1962)

Weber-Grellet .... Weber-Grellet, Das Steuerbilanzrecht, 1996

Wessel/Zwernemann/
Kögel Firmengrün-
dung .... Wessel/Zwernemann/Kögel, Die Firmengründung, 7. Aufl. 2001

Westermann Vertragsfrei-
heit .... H. P. Westermann, Vertragsfreiheit und Typengesetzlichkeit im Recht der
Personengesellschaften, 1970

Bearbeiter in Wester-
mann/Klingberg/Sigloch
PersGes-HdB .... Westermann/Klingberg/Sigloch, Handbuch der Personengesellschaften,
Loseblatt, 4. Aufl. 1994 ff.

Bearbeiter in Wester-
mann/Wertenbruch
PersGes-HdB .... Westermann/Wertenbruch, Handbuch der Personengesellschaften, Loseblatt, Stand April 2019

Bearbeiter in v. West-
phalen Handelsvertre-
terR-HdB EU/CH .... Graf v. Westphalen, Handbuch des Handelsvertreters in EU-Staaten und
der Schweiz, 1995

Bearbeiter in v. West-
phalen LeasingV .... Graf v. Westphalen, Der Leasingvertrag, 7. Aufl. 2015

Bearbeiter in v. West-
phalen/Thüsing Ver-
tragsR/AGB-Klausel-
werke .... Graf v. Westphalen/Thüsing, Vertragsrecht und AGB-Klauselwerke, Loseblatt, Stand April 2019

v. Westphalen/Zöchling-
Jud Bankgarantie .... Graf v. Westphalen/Zöchling-Jud, Die Bankgarantie im internationalen
Handelsverkehr, 4. Aufl. 2014

WFD Sonderbilanzen/
Bearbeiter .... s. Winkeljohann/Förschle/Deubert Sonderbilanzen

WG .... Wechselgesetz

WGO .... Die wichtigsten Gesetzgebungsakte in den Ländern Ost-, Südosteuropas
und in den asiatischen Volksdemokratien

WHO .... World Health Organization

Bearbeiter in WHSS
Umstrukturierung-
HdB .... Willemsen/Hohenstatt/Schweibert/Seibt, Umstrukturierung und Übertra-
gung von Unternehmen, 5. Aufl. 2016

WiB .... Wirtschaftsrechtliche Beratung (Zeitschrift)

Wiedemann GesR I ..... Wiedemann, Gesellschaftsrecht, Band 1, 1980

Wiedemann GesR II .... Wiedemann, Gesellschaftsrecht, Band 2: Recht der Personengesellschaften,
2004

Wiedemann Übertra-
gung .... Wiedemann, Die Übertragung und Vererbung von Mitgliedschaftsrechten
bei Handelsgesellschaften, 1965

Wiedmann/Böcking/
Gros/*Bearbeiter* .... Wiedmann/Böcking/Gros, Bilanzrecht, Kommentar zu den §§ 238 bis
342a HGB, 3. Aufl. 2014

Windbichler GesR .... Windbichler, Gesellschaftsrecht, 24. Aufl. 2017

Bearbeiter in Winkel-
johann/Förschle/Deu-
bert Sonderbilanzen .... Winkeljohann/Förschle/Deubert, Sonderbilanzen, 5. Aufl. 2016

Winnefeld Bilanz-HdB . Winnefeld, Bilanz-Handbuch. Handels- und Steuerbilanz – Rechtsform-
spezifisches Bilanzrecht – Bilanzielle Sonderfragen – Sonderbilanzen, IAS/
IFRS-Rechnungslegung, 5. Aufl. 2015

Literatur- und Abkürzungsverzeichnis

WiR	Wirtschaftsrat; Wirtschaftsrecht (Zeitschrift)
wistra	Zeitschrift für Wirtschafts- und Steuerstrafrecht
WISU	Das Wirtschaftsstudium (Zeitschrift)
WKN	Wertpapierkennnummer
WKS/*Bearbeiter*	Wißmann/Kleinsorge/Schubert, Mitbestimmungsrecht, 5. Aufl. 2017
Wlotzke/Preis/Kreft/ *Bearbeiter*	Wlotzke/Preis/Kreft, Betriebsverfassungsgesetz, Kommentar, 4. Aufl. 2009
W. L. R.	Weekly Law Reports
WLV	Wet Luchtvervoer
WM	Wertpapier-Mitteilungen, Zeitschrift für Wirtschafts- und Bankrecht (Zeitschrift)
WO	Wechselordnung
Wöhe/Mock Handels- und Steuerbilanz	Wöhe/Mock, Die Handels- und Steuerbilanz, 6. Aufl. 2010
Bearbeiter in Wolf/Linda-cher/Pfeiffer	Wolf/Lindacher/Pfeiffer, AGB-Recht, Kommentar, 6. Aufl. 2013
Wolf/Neuner BGB AT	Wolf/Neuner, Allgemeiner Teil des Bürgerlichen Rechts, 11. Aufl. 2016
WPg	Die Wirtschaftsprüfung (Zeitschrift)
WP-HdB Kap.	IDW Wirtschaftsprüfer-Handbuch. Wirtschaftsprüfung und Rechnungslegung, 15. Aufl. 2017 (Hauptband der WPH Edition)
WPBHV	Berufshaftpflichtversicherungsverordnung der Wirtschaftsprüfer und vereidigten Buchprüfer
WpDl-RL	Wertpapierdienstleistungs-Richtlinie, ABl. 1993 L 141, 27 und 1995 L 168, 7
WpDVerOV	Verordnung zur Konkretisierung der Verhaltensregeln und Organisationsanforderungen für Wertpapierdienstleistungsunternehmen (Wertpapierdienstleistungs-Verhaltens- und –Organisationsverordnung)
WP-HdB	IDW, Wirtschaftsprüfer-Handbuch, Bd. I, 14. Aufl. 2012; Bd. II, 14. Aufl. 2014
WpHG	Wertpapierhandelsgesetz
WPK	Wirtschaftsprüferkammer
WPK-Mitt.	Wirtschaftsprüferkammer-Mitteilungen (Zeitschrift)
WPNR	Weekblad voor Privaatrecht, Notariaat en Registratie
WPO	Wirtschaftsprüferordnung
WpPG	Wertpapierprospektgesetz
WRP	Wettbewerb in Recht und Praxis (Zeitschrift)
WTO	Word Trade Organization
WuB	Wirtschafts- und Bankrecht (Entscheidungssammlung)
WuR	Wirtschaft und Recht (Zeitschrift)
Würdinger	Würdinger, Aktienrecht und das Recht der verbundenen Unternehmen, 4. Aufl. 1981
Württ., württ.	Württemberg, württembergisch
WuSta	Wirtschaft und Statistik
Wüstemann GAAP	Wüstemann, Generally Accepted Accounting Principles, 1999
WuW	Wirtschaft und Wettbewerb (Zeitschrift)
WuW/E	Wirtschaft und Wettbewerb – Entscheidungssammlung
WWKK/*Bearbeiter*	akt. Aufl. s. WKS; bis 4. Aufl. 2011 Wlotzke/Wißmann/Koberski/Kleinsorge, Mitbestimmungsrecht
v. Wysocki Prüfungs-wesen	v. Wysocki, Grundlagen des betriebswirtschaftlichen Prüfungswesens, 3. Aufl. 1988
v. Wysocki/Schulze-Oster-loh	s. HdJ
v. Wysocki/Wohlgemuth/ Brösel	v. Wysocki/Wohlgemuth/Brösel, Konzernrechnungslegung, 5. Aufl. 2014
WZG	Warenzeichengesetz
Yale L. J.	The Yale Law Journal
Yugoslav L.	Yugoslav Law
ZAG	Gesetz über die Beaufsichtigung von Zahlungsdiensten
zahlr.	zahlreich

Zahlungsdiensteumset-zungsgesetz	Gesetz zur Umsetzung der aufsichtsrechtlichen Vorschriften der Zahlungs-diensterichtlinie
Zahn/Eberding/Ehrlich Zahlung und Zahlungs-sicherung im Außenhan-del	Zahn/Eberding/Ehrlich, Zahlung und Zahlungssicherung im Außenhan-del, 6. Aufl. 1986
ZAkDR	Zeitschrift der Akademie für Deutsches Recht
ZaöRV	Zeitschrift für ausländisches öffentliches Recht und Völkerrecht
zB	zum Beispiel
ZBB	Zeitschrift für Bankrecht und Bankwirtschaft
ZBernJV	Zeitschrift des Bernischen Juristenvereins
ZBlHR	Zentralblatt für Handelsrecht
ZBR	Zeitschrift für Beamtenrecht
ZDUG	Zahlungsdiensteumsetzungsgesetz
ZDRL	RL (EU) 2015/2366
ZDRL 2007	RL 2007/64/EG
ZdtRudtRWiss	Zeitschrift für deutsches Recht und deutsche Rechtswissenschaft
ZEV	Zeitschrift für Erbrecht und Vermögensnachfolge
ZEuP	Zeitschrift für Europäisches Privatrecht
ZfA	Zeitschrift für Arbeitsrecht
ZfB	Zeitschrift für Betriebswirtschaft
ZfbF	Schmalenbachs Zeitschrift für betriebswirtschaftliche Forschung
ZfBSch	Zeitschrift für Binnenschiffahrt und Wasserstraßen
ZfgG	Zeitschrift für das gesamte Genossenschaftswesen
ZfgKW	Zeitschrift für das gesamte Kreditwesen (Jahr und Seite)
ZfRV	Zeitschrift für Rechtsvergleichung (Österreich)
ZfV	Zeitschrift für Versicherungswesen
ZGB	Zivilgesetzbuch (jeweils mit erlassendem Staat)
ZGB DDR	Zivilgesetzbuch der Deutschen Demokratischen Republik
ZgesKredW	Zeitschrift für das gesamte Kreditwesen
ZgesStaatsW	Zeitschrift für die gesamte Staatswissenschaft
ZGR	Zeitschrift für Unternehmens- und Gesellschaftsrecht
ZHR	Zeitschrift für das gesamte Handelsrecht und Wirtschaftsrecht
Ziff.	Ziffer(n)
ZIntEisenb	Zeitschrift für den internationalen Eisenbahnverkehr
ZIP	Zeitschrift für Wirtschaftsrecht und Insolvenzpraxis
zit.	zitiert
ZivG	Zivilgericht
ZKA	Zentraler Kreditausschuss
ZKF	Zeitschrift für Kommunalfinanzen
ZLR	Zeitschrift für Luftrecht
ZLW	Zeitschrift für Luftrecht und Weltraumrechtsfragen
ZögU	Zeitschrift für öffentliche und gemeinwirtschaftliche Unternehmen
Zöller/Bearbeiter	Zöller, Zivilprozessordnung, 32. Aufl. 2018
Zöllner/Loritz/ Hergenröder ArbR	Zöllner/Loritz/Hergenröder, Arbeitsrecht, 7. Aufl. 2015
Zöllner WertpapierR ...	Zöllner, Wertpapierrecht, 15. Aufl. 1999
ZPO	Zivilprozessordnung
ZPO-RG	Gesetz zur Reform des Zivilprozesses v. 27.7.2001 (BGBl. I 1887)
ZRG	Zeitschrift der Savigny-Stiftung für Rechtsgeschichte (germ. Abt. = germa-nische Abteilung; rom. Abt. = romanische Abteilung; kanon. Abt. = kano-nistische Abteilung)
ZRP	Zeitschrift für Rechtspolitik
ZRvgl.	Zeitschrift für Rechtsvergleichung
ZSR	Zeitschrift für schweizerisches Recht
zT	zum Teil
ZTR	Zeitschrift für Tarifrecht
zusf.	zusammenfassend
zust.	zustimmend; zuständig
zutr.	zutreffend
ZVerkR	Zeitschrift für Verkehrsrecht (Österreich)

Literatur- und Abkürzungsverzeichnis

Handelsgesetzbuch

Vom 10. Mai 1897 (RGBl. S. 219)

Zuletzt geändert durch Art. 184 Elfte ZuständigkeitsanpassungsVO vom 19.6.2020
(BGBl. I S. 1328)

Viertes Buch. Handelsgeschäfte

Vorbemerkung

Deutsches Recht der Handelsgeschäfte im Kontext des Unionsrechts sowie des internationalen Rechts

Übersicht

I. Gegenstand, Rechtsquellen und Einwirkungsweisen im Grundsatz

1   **1. „Handelsgeschäfte" nach HGB und internationalen Rechtsquellen. a) Weiter Geschäftsbegriff – vor allem Schuldverträge.** Das Recht der Handelsgeschäfte im 4. Buch HGB gilt dem Handeln von Anbietern (→ Rn. 5–7) am Markt, der Transaktionsseite, nachdem die ersten beiden Bücher primär die Organisationsseite betrafen. Der **Begriff der „Geschäfte"** ist **(schon) im HGB ein weiter, funktionaler:** Neben den zweiseitigen Verpflichtungsgeschäften (Verträgen) umfasst er die einseitigen Rechtsgeschäfte (§ 376 Abs. 1 Alt. 1) und bloße Wissenserklärungen (etwa § 377), jedoch auch dinglich wirkende Rechtsgeschäfte, etwa den gutgläubigen Erwerb (§ 366). Denn mit ihnen werden Pflichten aus Schuldverträgen erfüllt oder sie stehen im Zusammenhang mit Transaktionen auf solcher Grundlage. Das 4. Buch betrifft zudem – entgegen der Überschrift – nicht nur (Rechts-)Geschäfte, sondern auch Rechtsquellen (→ Rn. 10 f.). Ein- und zweiseitige Rechtsgeschäfte, verpflichtende und verfügende, teils auch Rechtsquellen und Realakte mit Bezug hierzu – all dies ist im Recht der „Handelsgeschäfte" zu berücksichtigen, zumal im international- und europarechtlichen Kontext.

2   Im **Kontext des Unionsrechts sowie des internationalen Rechts** hat, auch wenn der Kreis der Geschäfte entsprechend weit gezogen wird, der **Schuldvertrag besondere Bedeutung.** Ihm kommt Leitbildfunktion zu. Er ist das zentrale Instrument, das eine Bündelung von Kräften erlaubt, weil er die Beiträge für die jeweils andere Seite planbar macht.[1] Planbar werden sie vor allem deswegen, weil für die vertragliche Zusage ein rechtlicher Mechanismus bereitgestellt wird, der Durchsetzung unabhängig

---

[1] Während in der klassischen Dogmatik eher der Aspekt betont wird, dass der Vertrag und die Vertragsfreiheit Ausfluss von Selbstbestimmung und Autonomie sind, wird dort, wo Verhalten im Markt Betrachtungsgegenstand ist, das Schwergewicht auf den Aspekt gelegt, dass Verträge es erlauben, schon gegenwärtig zukünftig zu erwartende Leistungen in die Planung einzubeziehen, und so zu einem effizienteren Einsatz der Leistungen beitragen. Vgl. hierzu etwa *Graf,* Vertrag und Vernunft – eine Untersuchung zum Modellcharakter des vernünftigen Vertrages, 1997, 26–28; *Schäfer/Ott,* Lehrbuch der ökonomischen Analyse des Zivilrechts, 5. Aufl. 2012, 426–429; sowie *Goetz/Scott* 89 Yale L. J. 1261, 1269-71 (1980); *Posner* 6 J. Legal Stud. 411, 413 (1977); *Shavell* in Ott/Schäfer, Allokationseffizienz in der Rechtsordnung – Beiträge zum Travemünder Symposium zur ökonomischen Analyse des Zivilrechts, 23.–26. März 1988, 1989, 257, 259; umgekehrt zum Einfluss politischer Steuerungsziele auch auf das Wirtschaftsrecht, und damit gerade die Geschäfte unter dem 4. Buchs des HGB, vgl. etwa *Wagner* in Dreier, Rechtswissenschaft als Beruf, 2018, insbes. 67, 130 ff.

von sonstiger (politischer und wirtschaftlicher) Durchsetzungsmacht für jedermann verbürgt. Wenn sich die Regeln im international- und auch im unionsrechtlichen Kontext stärker allein auf dieses zentrale Planungsinstrument konzentrieren, liegt darin auch eine Wertung zur Wichtigkeit im grenzüberschreitenden Geschäft. Deutlich wird dies in Abgrenzung zu zwei Bereichen.

Institute, die Vertrauensschutz in der **vorvertraglichen Phase** oder jenseits der vertraglichen **3** Absprache verbürgen, dienen ebenfalls der Planungssicherheit, jedoch in Konstellationen ohne explizite Verpflichtung. Diese werden **im internationalrechtlichen Kontext** offenbar **als nicht regelungsbedürftig verstanden.** Eigene Regelungen in internationalen Übereinkommen oder auch auf der Grundlage internationaler Handelsbräuche fehlen weitestgehend.[2] Die Parteien werden demnach auf das sichere Planungsinstrument verwiesen. Im Europäischen Recht der Handels- oder Unternehmensgeschäfte ist dies zunehmend anders.[3] Das supranationale Recht nähert sich dem innerstaatlichen in der Intensität an, die Konzentration auf das zentrale Planungsinstrument wird hier teils als zu eng empfunden.

Auch der Bereich der vertragsnahen **dinglichen Rechtsgeschäfte** ist im international- und euro- **4** parechtlichen Kontext ungleich **weniger intensiv** geregelt. Dies mag – neben solch einer Bewertung ihres Gewichts – auch daran liegen, dass die privatrechtlichen Konzepte zum Verhältnis von obligatorischen zu dinglichen Ordnungen national so unterschiedlich sind.[4] Nicht in Kraft getreten ist insbesondere das Haager Übereinkommen zum Kollisionsrecht des Eigentumsübergangs beweglicher Sachen von 1958.[5] Im europarechtlichen Kontext vermisst man vor allem eine Regelung der dinglichen Sicherheiten – freilich nicht mehr des grundpfandrechtlich gesicherten Kredits –[6] und der Erfüllung durch Verfügung.

---

[2] So alle in → Rn. 72–74 genannten Übereinkommen, eventuell mit Ausnahme des Kontrahierungszwangs in Art. 7 bzw. 6 der Übereinkommen über den internationalen Eisenbahnverkehr.

[3] Freilich vor allem in Geschäften mit Verbrauchern, die strukturell jedoch als einseitige Handels- oder Unternehmensgeschäfte verstanden werden können (→ Rn. 44, 53 f.). Für Beispiele vgl. *Grundmann,* Europäisches Schuldvertragsrecht, 1999, 2.12 Rn. 32, 4.01 Rn. 13–15, 4.10 Rn. 29; zur Richtlinie über unlautere Geschäftspraktiken, die zwischen Unternehmen wirkt, → Rn. 54; daneben die ebenfalls nicht auf Verbrauchergeschäfte beschränkte Rom II-VO, die freilich von einer deliktischen Qualifikation des Verschuldens im vorvertraglichen Bereich ausgeht, vgl. Art. 2 Abs. 1 der Verordnung (EG) Nr. 864/2007 des Europäischen Parlaments und des Rates vom 11.7.2007 über das auf außervertragliche Schuldverhältnisse anzuwendende Recht („Rom II"), ABl. 2007 L 199, 40.

[4] MwN zu anderen Rechtsordnungen, s. etwa *Stürner* DNotZ 2017, 904 (909 ff.); speziell zum angelsächsischen Trust, *v. Bar* EuZW 2018, 925 und mit umfassendem Überblick *v. Bar,* Gemeineuropäisches Sachenrecht, 2015/2019 und *Basedow* ZEuP 2016, 573; zum Einheitsprinzip im romanischen Recht, *Füller,* Eigenständiges Sachenrecht, 2006, 12 f.

[5] Haager Übereinkommen über das auf den Eigentumsübergang anzuwendende Recht bei internationalen Mobilienkäufen vom 3.10.1956, abgedruckt in RabelsZ 24 (1959), 145; hierzu und zu weiteren Versuchen, das internationale Sachenrecht zu vereinheitlichen Staudinger/*Mansel,* 2015, EGBGB Art. 45 Rn. 27–49; *Röthel* JZ 2003, 1027 und nochmals *v. Bar* EuZW 2018, 925. In Kraft ist jedoch, ein Spezialgebiet betreffend, das Abkommen über die internationale Anerkennung von Rechten an Luftfahrzeugen vom 19.6.1948, BGBl. 1959 II 130 (betreffend Rechte, die in einem speziellen Register eingetragen sind; Kollisions- und Registerrecht). Zum Abkommen Staudinger/*Mansel,* 2015, EGBGB Art. 45 Rn. 398–402.

[6] Vgl. dazu monographisch *Kieninger,* Mobiliarsicherheiten im Europäischen Binnenmarkt – zum Einfluss der Warenverkehrsfreiheit auf das nationale und internationale Sachenrecht der Mitgliedstaaten, 1996; *Th. Rott,* Vereinheitlichung des Rechts der Mobiliarsicherheiten – Möglichkeiten und Grenzen im Kollisions-, Europa-, Sach- und Vollstreckungsrecht unter Berücksichtigung des US-amerikanischen Systems der Kreditsicherheiten, 2000; *v. Wilmowsky,* Europäisches Kreditsicherungsrecht – Sachenrecht und Insolvenzrecht unter dem EG-Vertrag, 1996 sowie die Beiträge in *Kreuzer,* Mobiliarsicherheiten – Vielfalt oder Einheit? Verhandlungen der Fachgruppe für Vergleichendes Handels- und Wirtschaftsrecht anlässlich der Tagung der Gesellschaft für Rechtsvergleichung, 1999; auch *Seif,* Der Bestandsschutz besitzloser Mobiliarsicherheiten im deutschen und englischen Recht, 1997, 274–310 (Folgerungen für Harmonisierungsfragen). Auch der Hypothekarkredit ist (gerade wegen der sicherungsrechtlichen Fragen) trotz dahingehender Projekte noch weniger harmonisiert, namentlich auf der sachenrechtlichen Seite. Einen Durchbruch bedeutet hier dennoch die Richtlinie 2014/17/EU des Europäischen Parlaments und des Rates über Wohnimmobilienkreditverträge, v. 4.2.2014 über Wohnimmobilienkreditverträge für Verbraucher und zur Änderung der Richtlinien 2008/48/EG und 2013/36/EU und der Verordnung (EU) Nr. 1093/2010, ABl. 2014 L 60, 34; zum Entwurf *König* WM 2013, 1688; *Friedrich* VW 2011, 1318; *Köhler* WM 2012, 149 (bes. 152 f.); zum neuen Regime (neben der kreditrechtlichen Kommentierung in den BGB-Kommentaren) *Omlor* NJW 2017, 1633; *Piekenbrock* GPR 2015, 26; *Rodine* MietRB 2017, 57; *Rosenkranz* NJW 2016, 1473; *Schäfer* VuR 2014, 207; *Zapf* ZEuP 2016, 656; auch *König* ZVertriebsR 2016, 350; und spezifisch zur Auswirkung auf die Aufklärungspflichten *Buck-Heeb* BKR 2015, 177; *Feldhusen* NJ 2016, 182; *Wittmann/Strotkemper* MDR 2018, 901; und zur Vorfälligkeit *Knops* NJW 2018, 1505; vorher Grünbuch „Hypothekarkredite in der EU" vom 19.7.2005, KOM(2005) 327 endg.; (Geänderter) Vorschlag für eine Richtlinie des Rates über die Niederlassungsfreiheit und den freien Dienstleistungsverkehr auf dem Gebiet des Hypothekarkredits, ABl. 1985 C 42, 4; ABl. 1987 C 161, 4; zur (wiederum) längeren Geschichte der zweiten (erfolgreichen) Initiative schon *Kieninger* AcP 208 (2008), 182; *Eidenmüller/Kieninger,* The Future of Secured Credit, ECFR Special Volume 2008; *Sigmann/Kieninger,* Crossborder Security over Tangibles, 2007; *Welter* in Schimansky/Bunte/Lwowski BankR-HdB § 28 Rn. 10; sowie das Weissbuch über die Integration der EU-Hypothekarkreditmärkte vom 18.12.2007, KOM(2007) 807, dazu Stellungnahme des Europäischen Wirtschafts- und Sozialausschusses, ABl. 2009 C 27, 18.

5 **b) Kaufleute – Unternehmen.** Im HGB sind Handelsgeschäfte solche einer bestimmten Vertragspartei. Erfasst sind Geschäfte von **Kaufleuten** (§§ 343–345). Rechtsvergleichend und verglichen mit dem Standard in internationalen Übereinkommen bzw. im Unionsrecht erscheint diese Grenzziehung als zu eng. Wenn dort stattdessen der Begriff des **Unternehmens oder beruflich Tätigen** gewählt wird, so werden vor allem auch die Urproduktion (nicht optional) und die freien Berufe einbezogen. Professionalisierung soll einheitlich besonders behandelt werden.

6 Folge dieser unterschiedlichen Rollenbeschreibung sind **Verwerfungen,** wenn Geschäfte nach HGB nicht als Handelsgeschäfte zu qualifizieren, jedoch im internationalrechtlichen Kontext durchaus rollenspezifisch geregelt sind, etwa Geschäfte, die Angehörige freier Berufe in dieser Eigenschaft abschließen. Dann kann dieselbe Gruppe im internationalen Recht dem Sonderrecht für beruflich Tätige unterliegen, im nationalen hingegen nicht. Überzubewerten sind diese Verwerfungen freilich nicht: Die meisten inter- und supranationalen Rechtsakte regeln das Tun von Unternehmen in einem bestimmten Tätigkeitsfeld. Da die Enge des HGB-Kaufmannsbegriff primär auf der Herausnahme einiger weniger Tätigkeitsfelder beruht, wirkt sich die Abweichung nicht aus, wenn nicht der internationale Rechtsakt gerade diese regelt. Umgekehrt sind auch einige deutsche Rechtsakte bzw. -materien jenseits des HGB, insbesondere das AGB-Recht, auf berufliches Angebot generell zugeschnitten, also Handelsrecht iwS, ohne dass auf der Verwenderseite der enge Kaufmannsbegriff verwendet wird. Das gilt allgemein für rollenspezifisch eingreifende Sondernormen im BGB (§§ 13 f. BGB).

7 Auch im international- und unionsrechtlichen Kontext wird demgegenüber das **„objektive"** **System** zurückgedrängt, nach dem bestimmte Geschäfte auf Grund ihrer sachlichen Eigenart als Handelsgeschäfte qualifiziert werden.[7] Diese Regeln, insbesondere zum Wechsel- und Scheckrecht, sollen dennoch im Folgenden nicht aus dem Blick verloren werden.

8 **c) Ausgrenzung des Wirtschaftsrechts ieS.** Nicht in seinem Bestand beschrieben werden soll der inter- und supranationale Corpus an primär wirtschaftspolitisch motivierten Normen, die Allgemeininteressen zum Gegenstand haben, speziell an Erhaltung funktionierender Märkte. Diese **zählen nicht zum Normtyp** des HGB, speziell **im 4. Buch.** Mit einer Hereinnahme auch dieser Normbestände würde die vorliegende, thematisch fokussierte Bestandsaufnahme für den transnationalen und den Europäischen Raum ausufern. Wie diese Art Normen auf Handelsgeschäfte einwirkt, der Einwirkungsmechanismus, wird dennoch jeweils angesprochen – nur eben ohne Nennung des Bestandes.

9 Der **Schnitt** ist kommentarspezifisch positivistisch, vom HGB her, gedacht. Damit soll seine **Problematik** nicht geleugnet werden, zentral gerade im Unionsrecht: Marktwirtschaftlich gedacht wirken zwei Regelgruppen zusammen, dies betonte schon die ordoliberale Schule bei Entstehung der Gemeinschaft und dies sieht auch die heute besonders starke Institutionenökonomie so. Erste Voraussetzung für funktionierende Märkte ist eine effiziente Vertragsordnung (und, hier nicht Gegenstand, Eigentums- und Haftungsordnung).[8] Diese Ordnungen dienen dem primären Funktionsmechanismus, der Verlässlichkeit und Planungssicherheit des Austauschs, in dem sich vielfache Privatinitiative spontan ordnet („unsichtbare Hand"). Zweite Voraussetzung ist jedoch der hier ausgeblendete Normenkomplex: Dieser, überwiegend als Wirtschaftsrecht umschrieben, soll den genannten Ausgleich am Markt gegen strukturell bedingte Formen des Marktversagens sichern und erhalten.

10 **2. Staatliche und handelsgeschaffene Rechtsquellen. a) Unionsrecht und internationale Übereinkommen.** In **ihrer Wirkungsweise** auf Handelsgeschäfte, wie sie das HGB regelt, zu unterscheiden sind die beiden wichtigsten, zugleich auch unbestrittenen Rechtsquellen des supra- und internationalrechtlichen Kontexts: das Unionsrecht (Primär- und Sekundärrecht, → Rn. 18–37, → Rn. 45–49) und das Recht der internationalen Übereinkommen (→ Rn. 65–70). Beispielsweise drängt nur das Unionsrecht nationales zwingendes Privatrecht zurück, ohne selbst eigene, typischerweise wiederum zwingende Regeln an dessen Stelle zu setzen.[9]

11 **b) Handelsbräuche und handelsgeschaffenes Recht.** Das 4. Buch des HGB enthält mit § 346 auch eine **Norm zu Handelsbräuchen als Rechtsquelle.** Es geht hier zwar *auch,* jedoch (anders als in § 157 BGB) nicht *nur* um die Auslegung von Rechtsgeschäften unter Heranziehung eines Handelsbrauchs oder der Verkehrssitte. Vielmehr nähert sich die Wirkung des Handelsbrauchs hier derjenigen

---

[7] Zum subjektiven und objektiven System → Vor § 1 Rn. 1.

[8] *Eucken,* Grundsätze der Wirtschaftspolitik, 7. Aufl. 2012, 264–279; für das heutige Unionsrecht etwa *Windbichler* RdA 1992, 74 (80) („Die für eine wettbewerbliche Ordnung wichtigsten Rechtsnormen sind erst in zweiter Linie die Wettbewerbsregeln, in erster Linie braucht es ein funktionsfähiges Vertragsrecht."). Für die Institutionenökonomie *Richter/Furubotn,* Neue Institutionenökonomik – eine Einführung und kritische Würdigung, 4. Aufl. 2010; und Rezension *Engel* RabelsZ 62 (1998), 324; *Göbel,* Neue Institutionenökonomik – Konzeptionen und betriebswirtschaftliche Anwendungen, 2002; *Voigt,* Institutionenökonomik, 2. Aufl. 2009.

[9] Zu den Wechselwirkungen, die in jüngerer Zeit zunehmend ins Zentrum des Interesses gerückt sind, vgl. nur *Hellgardt,* Regulierung und Privatrecht – Staatliche Verhaltenssteuerung mittels Privatrecht und ihre Bedeutung für Rechtswissenschaft, Gesetzgebung und Rechtsanwendung, 2016; *Poelzig* FS Canaris II, 2017, 907; und für einige zentrale Einzelgebiete parallel *Binder,* Regulierungsinstrumente und Regulierungsstrategien im Kapitalgesellschaftsrecht, 2012; *Franck,* Marktordnung durch Haftung: Legitimation, Reichweite und Steuerung der Haftung auf Schadensersatz zur Durchsetzung marktordnenden Rechts, 2016.

des staatlichen, insbesondere des dispositiven Gesetzesrechts. Dies gilt im inter- und supranationalrechtlichen Kontext noch verstärkt – sowohl für die praktische Bedeutung von Handelsbräuchen als auch für die Rechtsquellenproblematik (Stichwort lex mercatoria). Gerade in der Rechtsquellenproblematik sind inter- und supranationalrechtlicher Kontext zu unterscheiden. In diesem nicht in staatlicher Anordnung gründenden Recht konstatiert man einen **signifikanten Konkretisierungsschub.**[10]

3. Einwirkungsweisen internationaler Rechtsquellen auf HGB-Handelsgeschäfte – Kurz- **12** **übersicht zu den Prüfpunkten.** Im nationalen Kontext werden Handelsgeschäfte durch §§ 343 ff. geregelt. Auf diesen Regelungsbestand wirken Unionsrecht, Internationale Übereinkommen oder auch handelsgeschaffene Rechtsquellen ein. Für jede dieser Rechtsquellen sind die Probleme unter **drei Prüfpunkte** zu fassen: (1) ob die Rechtsquelle überhaupt anwendbar ist, (2) wie ihre Einwirkung auf das nationale Recht gestaltet ist und (3) welcher Normenbestand ausgebildet wurde, da nur innerhalb des Normenbestandes die fragliche Einwirkung auf das nationale Recht erfolgt.

Bei den EU-primärrechtlichen Grundfreiheiten ist allerdings die erste und dritte Frage mit wenigen **13** Sätzen zu beantworten und liegt das Schwergewicht ganz auf der zweiten Frage. Überhaupt bilden die Einwirkungsweisen die wichtigste, in der Struktur komplexe, genuin „internationalrechtliche" Frage. Die **wesentlichen (Einwirkungs-)Mechanismen** sind:

a) Sperrwirkung der Grundfreiheiten des EU-Primärrechts im nicht harmonisierten Be- **14** **reich.** Nationales zwingendes Recht, öffentliches ebenso wie privates, jedoch nur solches, das nicht durch Rechtswahl (Art. 3 Rom I-VO; vormals Art. 27 EGBGB) abbedungen werden kann, wird für unanwendbar erklärt, ohne dass an seine Stelle eine internationale Rechtsquelle tritt **(reine Verdrängungswirkung);** solche Wirkung kann allein das Primärrecht der Union mit seinen Grundfreiheiten entfalten – flächendeckend in allen Materien –, freilich nur in grenzüberschreitenden Sachverhalten innerhalb der Union (die Kapitalverkehrsfreiheit weltweit) und auch nur, wenn die behindernden oder diskriminierenden Regeln nicht durch zwingende Gründe des Allgemeininteresses bzw. durch namentlich spezifizierte Ausnahmeklauseln gerechtfertigt sind.[11] Dieser Mechanismus kann auch nicht durch Parteiabrede abbedungen werden. Außerdem werden **Verträge,** wenn sie im grenzüberschreitenden Verkehr Behinderungswirkung entfalten und diese **von Staaten oder ähnlichen Organismen** ausgehen, (in diesem Punkt) für nichtig erklärt (zu allem → Rn. 19–36). Eine entsprechende Sperrwirkung gibt es im internationalen Kontext noch nicht (→ Rn. 58–60).

b) Sperr- und Reregulierungswirkung bei Anwendbarkeit von supra- oder internationalen **15** **Rechtsakten.** Sperr- und Reregulierungswirkung von supra- oder internationalen Rechtsakten setzen jeweils voraus, dass die Rechtsquelle (unmittelbar) anwendbar ist. Die Frage danach, ob sich Privatrechtssubjekte vor innerstaatlichen Gerichten auf supra- oder internationales Recht berufen können (unmittelbare Anwendbarkeit), wird nur für supranationales Recht weitestgehend bejahend beantwortet. Zudem ist die jeweils betroffene Materie ihrem sachlichen Anwendungsbereich nach umgrenzt. Außerdem ist jeweils zu fragen, ob das Regelwerk überhaupt **räumlich und persönlich anwendbar** ist (→ Rn. 38 ff., → Rn. 61 ff.). Die wesentlichen Fragen betreffen folgende Punkte: Diese Regelwerke können auf alle, auch rein inländische Sachverhalte anwendbar sein – so regelmäßig EU-Sekundärrecht, teils internationale Übereinkommen – oder aber nur auf grenzüberschreitende Sachverhalte, wobei dann das Regelwerk – insbesondere internationale Übereinkommen – das Kriterium, nach dem sich die Qualifikation als grenzüberschreitend bestimmt, definiert (regelmäßig in der ersten Norm). Der persönliche Anwendungsbereich ist durch beide Vertragsparteien bestimmt: regelmäßig auf der einen Seite ein beruflich Tätiger oder Unternehmen, wobei der Begriff nicht notwendig stets gleich ist; und auf der anderen Seite entweder ein beruflich Tätiger/Unternehmen oder ein nicht beruflich Tätiger (Verbraucher) oder irgendeine Person, ohne Festlegung. Ist das Regelwerk anwendbar, ist noch **denkbar, dass es abwählbar ist**[12] und wieder das nationale Recht eingreift, das ohnehin eingegriffen hätte.

Ist der Rechtsakt anwendbar, so ist seine **Einwirkungswirkung zweifach:** Nationales zwingendes **16** oder dispositives Recht, wiederum öffentliches ebenso wie privates, kann verdrängt werden durch eine inhaltliche Regelung der Frage **(Verdrängungswirkung mit Reregulierung)** – gleichermaßen durch EU-Sekundärrecht wie durch internationale Übereinkommen (→ Rn. 45 ff., → Rn. 65 ff.). Wie

---

[10] Zur Differenzierung in der Rechtsquellenproblematik → Rn. 83–85; und zum Konkretisierungsschub näher → Rn. 89 f.; monographisch schon *Berger,* Formalisierte oder „schleichende" Kodifizierung des transnationalen Wirtschaftsrechts – zu den methodologischen und praktischen Grundlagen der lex mercatoria, 1996; *Berger,* The Creeping Codification of the New Lex Mercatoria, 2. Aufl. 2010; *Metzger,* Extra legem, intra ius: Allgemeine Rechtsgrundsätze im Europäischen Privatrecht, 2009, 519 ff. *et passim;* vgl. außerdem die Beiträge in *Piergiovanni,* From lex mercatoria to commercial law, 2005; sowie *Röthel* JZ 2007, 755 f.

[11] Dazu → Rn. 20–26. Zwar entfalten auch die Liberalisierungsregeln des GATT-Systems entsprechende Sperrwirkung, jedoch nur, soweit sie überhaupt unmittelbar anwendbar sind (sehr punktuell) und allein gegen Behinderungen durch öffentliches Recht, also nicht gegenüber Regeln im 4. Buch des HGB; näher → Rn. 58–60.

[12] Zu dieser Möglichkeit → Rn. 63, 68, 73 f.

weit die Verdrängungswirkung reicht, wird teils für beide Normgruppen verschieden beurteilt, sodass eine getrennte Behandlung angezeigt ist. Der Grundmechanismus ist jedoch sehr ähnlich.

17 **c) Eingeschränkte Sperr- und Reregulierungswirkung auch von handelsgeschaffenem Recht.** Umgekehrt bedarf es positiv der Wahl des Regelwerks, sollen international uniform geübte Klauselwerke überhaupt zur Anwendung kommen. Ob sie dann als „Recht" anwendbar sind, ist umstritten. Richtigerweise ist dies unter folgenden Voraussetzungen zu bejahen: Im Verhältnis von beruflich Tätigen zueinander, verdrängen uniform geübte, internationale Klauselwerke (zumindest innerhalb der Union) dispositives und (innerstaatlich) zwingendes Recht. Anders als EU-Richtlinien und internationale Übereinkommen können jedoch international geübte Klauselwerke nicht international zwingendes Recht aus staatlichen Rechtsquellen verdrängen, dh. Normen iSv Art. 9 Rom I-VO (insbesondere öffentliches Recht und wirtschaftspolitisch motivierte Normen wie Währungs-, Devisen-, Aufsichts- und Wettbewerbsrecht) (→ Rn. 86–88). Das Gesagte gilt auch nicht im Verhältnis zu Verbraucher oder Arbeitnehmer (Art. 5–8 Rom I-VO, vormals Art. 29 f. EGBGB).

II. Grundfreiheiten des EU-Primärrechts – Sperrwirkung

18 **1. Anwendbarkeit der Regelung.** Wirkung entfalten die EU-Grundfreiheiten allein bei **grenzüberschreitenden Transaktionen im Binnenmarkt.**[13] Liberalisiert wird der Grenzübertritt einer Ware (Art. 34 AEUV), Person (Arbeitnehmerfreizügigkeit und Niederlassungsfreiheit, Art. 45, 49 AEUV), Dienstleistung (Art. 56 AEUV), von Kapital oder Zahlungsströmen (Art. 63 AEUV). Heute sind alle Grundfreiheiten **unmittelbar anwendbar,**[14] können also, wenn die Grenzüberschreitung behindert wird, im Rechtsstreit vor nationalen Gerichten als geltendes Recht herangezogen werden, dies jedoch ausschließlich für folgende zwei Einwirkungsweisen: An den Grundfreiheiten ist auch Zivilrecht zu messen und dies – jedenfalls im Ausgangspunkt – generell. Demgegenüber ist die Gestaltung kraft Vertragsabrede an den Grundfreiheiten nach zutreffender Auffassung nur zu messen, soweit die belastenden Wirkungen von staatlichen Stellen oder ähnlich „mächtigen" Organismen ausgehen, nicht zwischen gewöhnlichen Privatrechtssubjekten.[15]

19 **2. Einwirkung der primärrechtlichen Grundfreiheiten auf Rechtsnormen zu Handelsgeschäften (bedingte Sperrwirkung).** Aufgrund der Grundfreiheiten ist nationales Recht unanwendbar, das grenzüberschreitende Transaktionen („Verkehr") behindert und nicht (etwa durch zwingende Gründe des Allgemeininteresses oder namentlich benannte Ausnahmeklauseln) zu rechtfertigen ist (a). Dies gilt auch für Regeln zum Handelsgeschäft, jedoch nach nahezu einhelliger Meinung nicht, wenn die fragliche nationale Norm durch Rechtswahl abbedungen werden kann, also für fast alle Normen des 4. Buchs (b). Immerhin können jedoch auf Handelsgeschäfte auch Normen von außerhalb des 4. Buchs einwirken, vor allem wirtschaftspolitisch motivierte Normen (c).

20 **a) Sperre gegen ungerechtfertigte nationale Rechtsnormen mit Beschränkungswirkung – Prüfformel.** Das **Ziel der Grundfreiheiten** ist am treffendsten dahingehend umschrieben worden,

---

[13] StRspr, statt aller EuGH Urt. v. 19.3.1992 – C-60/91, Slg. 1992, I-2085 (I-2105) – José António Batista Morais (mwN). In harmonisierten Bereichen ist der im Folgenden beschriebene Mechanismus auf der Rechtfertigungsebene überformt, → Rn. 45–47. Grenzüberschreitende Sachverhalte weltweit erfasst die Kapitalverkehrsfreiheit. Teils genügt auch schon ein Potenzial der Grenzüberschreitung in der Zukunft, etwa in der citizenship-Rechtsprechung, etwa wenn allein ein Mitgliedstaat (und ein Drittstaat) derzeit betroffen sind, in Zukunft freilich ggf. die Freizügigkeit oder Niederlassungsfreiheit relevant werden könnte: vgl. das Grundsatzurteil EuGH Urt. v. 19.10.2004 – C-200/02, Slg. 2004, I-9925 – Zhu & Chen; ausf. *Kutzscher,* Der grenzüberschreitende Sachverhalt in der Rechtsprechung des EuGH und deren Auswirkungen auf die Freizügigkeit der Unionsbürger, 2011; *Frenz* ZESAR 2011, 307.

[14] Die dahingehende von der Warenverkehrsfreiheit ausgehende Rspr. des EuGH – EuGH Urt. v. 19.12.1968 – 13/68, Slg. 1968, 679 (690–692) – Salgoil – wurde auf die Niederlassungs- und Dienstleistungsfreiheit erstreckt EuGH Urt. v. 3.12.1977 – 33/74, Slg. 1974, 1299 (1311 f.) – van Binsbergen; und vor allem EuGH Urt. v. 4.12.1986 – 220/83, Slg. 1986, 3702 (3708) – Freier Dienstleistungsverkehr – Mitversicherung; 252/83 – Niederlassungsrecht und freier Dienstleistungsverkehr – Mitversicherung; 205/84 – Freier Dienstleistungsverkehr – Versicherung; 206/84 – Freier Dienstleistungsverkehr – Mitversicherung; 3742, 3747 f.; 3793, 3802 = NJW 1987, 572; 3843, 3848 f. Später auf die Zahlungsverkehrsfreiheit: EuGH Urt. v. 11.11.1981 – 203/80, Slg. 1981, 2595 (2621) = NJW 1982, 204 – Casati. Und seit 1.7.1990 auch auf die Kapitalverkehrsfreiheit EuGH Urt. v. 23.2.1995 – verb. C-358/93 und C-416/93, Slg. 1995, I-361, 387 = JZ 1995, 1007 (Anm.) – Bordessa ua. In jüngerer Zeit auch auf alle bis dahin umstrittenen Formen der Niederlassungsfreiheit EuGH Urt. v. 5.11.2002 – C-208/00, Slg. 2002, I-9919 = NJW 2002, 3614 – Überseering; EuGH Urt. v. 13.12.2005 – C-411/03, Slg. 2005, I-10805 = NJW 2006, 425 – SEVIC Systems und EuGH Urt. v. 16.12.2008 – C-210/06, Slg. 2008, I-9641 = NJW 2009, 569 – Cartesio; EuGH Urt. v. 25.10.2017 – C-106/16, ECLI:EU:C:2017:80 – Polbud.

[15] Vgl. EuGH Urt. v. 12.12.1974 – 36/74, Slg. 1974, 1405 – Walrave; EuGH Urt. v. 15.12.1995 – C-415/93, Slg. 1995, I-421 – Bosman; EuGH Urt. v. 6.6.2000 – C-281/98, Slg. 2000, I-4139 = NJW 2000, 3634 – Angonese; EuGH Urt. v. 12.7.2012 – C-171/11, ECLI:EU:C:2012:453 – *Fra.bo SpA – DVGW*; die wohl hM steht einer „unmittelbaren Drittwirkung" der Grundfreiheiten noch ablehnend gegen, mwN *Streinz* in Streinz, EUV/AEUV, 3. Aufl. 2018, AEUV Art. 18 Rn. 44; zur parallelen Diskussion um die „unmittelbare Drittwirkung" der Unionsgrundrechte → Rn. 37.

dass die **Privatautonomie über die Grenzen** erstreckt werden solle.[16] Denn private Initiative, der nur die rechtlichen Rahmenbedingungen und Freiheiten zu geben waren, nicht staatliche Planung, sollte die wirtschaftliche Integration verbürgen. Handelt es sich um eine grenzüberschreitende Transaktion, so können die Grundfreiheiten also (zwingendes) nationales Recht, das eine Behinderung darstellt, verdrängen, ohne selbst eine inhaltliche Regelung an dessen Stelle treten zu lassen.

Grundlage dieser Liberalisierungswirkung sind die **fünf Grundfreiheiten:** die Warenverkehrsfreiheit (Art. 34 AEUV), die Arbeitnehmerfreizügigkeit (Art. 45 AEUV), die Niederlassungs- und Dienstleistungsfreiheit (Art. 49, 56 AEUV) und die Kapitalverkehrs- (Art. 63 Abs. 1 AEUV) sowie Zahlungsverkehrsfreiheit (Art. 63 Abs. 2 AEUV). Wichtig sind für den **Bereich der Handelsgeschäfte vor allem die Warenverkehrs-, Dienstleistungs- und Kapitalverkehrsfreiheit.** Alle Grundfreiheiten sind zwar für die konkrete Rechtsanwendung voneinander zu unterscheiden, um in jedem Fall die einschlägige Grundfreiheit heranzuziehen. Die praktischen Unterschiede sind jedoch minimal und im Wesentlichen auf kleinere Abweichungen in den Vorbehaltsklauseln beschränkt (dazu dann die europarechtlichen Kommentare). In allen wesentlichen Punkten stimmen die Grundfreiheiten hingegen überein[17] – bei der unmittelbaren Anwendbarkeit (→ Rn. 18), im weiten Beschränkungsbegriff und der Rechtfertigungsdogmatik (dazu sogleich) und auch darin, dass sie grundsätzlich für Ein- und Ausfuhr gelten.[18] Daher **erübrigt es sich,** im Folgenden **zwischen einzelnen Grundfreiheiten zu unterscheiden.**

Der **Mechanismus der Grundfreiheiten** ist am kürzesten dahingehend zu umschreiben, dass 22 nationale Maßnahmen (Rechtsnormen), die **ungerechtfertigte Behinderungen** des grenzüberschreitenden „Verkehrs" schaffen, **für unanwendbar erklärt** werden. Nationale Vorschriften können den Verkehr – Handelsgeschäfte als dessen Vehikel – behindern, wenn sie unmittelbar auf Handelsgeschäfte zugeschnitten sind, also Regeln des 4. Buchs des HGB (→ Rn. 27–31), jedoch auch, wenn dies nicht der Fall ist, sie jedoch auf Handelsgeschäfte anwendbar sind (→ Rn. 32). Dabei **können sie auf zwei Weisen behindernd wirken:** Entweder ist das gehandelte Produkt – etwa eine Effekte – weitestgehend durch Normen definiert und die fragliche nationale Norm lässt diesen Produktzuschnitt, der etwa im Ausland möglich ist, nicht zu: Das Produkt wird dadurch bei der Einfuhr (teils) zerstört oder verändert, der „Verkehr" mit diesem Produkt findet daher potentiell nicht statt. Oder das Hauptvehikel des Verkehrs, das Rechtsgeschäft, wird behindert, indem beispielsweise der Absatz des Produkts an der Haustür untersagt wird.

Ausgehend von der Warenverkehrsfreiheit hat der EuGH einen **weiten Behinderungs- oder** 23 **Beschränkungsbegriff** entwickelt. Nicht nur das Verbot der Einfuhr (mit mengenmäßiger Beschränkung) und die offene Diskriminierung (von Angeboten aus dem EU-Ausland) werden von den Grundfreiheiten erfasst, sondern auch sonstige Behinderungen oder Beschränkungen – im Recht der Warenverkehrsfreiheit die Maßnahmen gleicher Wirkung iSv Art. 34 AEUV. Für alle anderen Freiheiten kann auf den Wortlaut der jeweiligen Norm rekurriert werden, der jeweils „Beschränkungen" generell erfasst. Im Recht der Handelsgeschäfte sind nur diese „sonstigen" Beschränkungen eigentlich von Bedeutung. Zentral ist hierzu das Judikat in Sachen *Dassonville* (zur Warenverkehrsfreiheit), nach dem von einer Beschränkung schon auszugehen ist, wenn eine nationale Norm „geeignet ist, den innergemeinschaftlichen Handel unmittelbar oder mittelbar, tatsächlich oder potentiell zu behindern …".[19] Auch die

---

[16] *Müller-Graff* NJW 1993, 13 (14); *Rittner* JZ 1990, 838 (841 f.); im Grundsatz schon *v. Simson,* Die Marktwirtschaft als Verfassungsprinzip in den Europäischen Gemeinschaften, in Zur Einheit der Rechts- und Staatswissenschaften, 1967, 55, 62–68; allgemeiner *Mayer/Scheinpflug,* Privatrechtsgesellschaft und die Europäische Union, 1996.

[17] Die Tendenz zur Konvergenz ist inzwischen ganz überwiegend erkannt und anerkannt *Behrens* EuR 1992, 145; *Streinz* FS Rudolf, 2001, 199; *Streinz,* Europarecht, 10. Aufl. 2016, Rn. 814; *Weber/Bohr* in Röttinger/Weyringer, Handbuch der europäischen Integration – Strategie, Struktur, Politik der Europäischen Union, 2. Aufl. 1996, 315, 345 f.; monographisch *Feiden,* Die Bedeutung der „Keck"-Rechtsprechung im System der Grundfreiheiten: Ein Beitrag zur Konvergenz der Freiheiten, 2003; *Kingreen,* Die Struktur der Grundfreiheiten des Europäischen Gemeinschaftsrechts, 1999; *Schimming,* Konvergenz der Grundfreiheiten des EGV unter besonderer Berücksichtigung mitgliedstaatlicher Einfuhr- und Einreisebeschränkungen, 2002; vgl. freilich auch die streng dogmatische, nach Grundfreiheiten geschiedene ausführliche Darstellung in *Barnard,* The Substantive Law of the EU: The Four Freedoms, 5. Aufl. New York 2016; krit. zur Konvergenz durch das Marktzugangskriterium *Holst* EuR 2017, 633.

[18] Für die Warenverkehrsfreiheit ergibt sich dies aus Art. 35 AEUV, für die Kapitalverkehrsfreiheit aus Art. 63 AEUV. Für die Dienstleistungsfreiheit als die dritte wichtige Grundfreiheit im Bereich der Handelsgeschäfte ergibt sich Entsprechendes aus der EuGH-Judikatur: EuGH Urt. v. 10.5.1995 – C-384/93 – *Alpine Investment,* Slg. 1995, I-1141, 1176–1178 = NJW 1995, 2541; für die Niederlassungsfreiheit aus EuGH Urt. v. 13.12.2005 – C-411/03, Slg. 2005, I-10805 = NJW 2006, 425 – SEVIC Systems (jede grenzüberschreitende Verschmelzung umfasst niederlassungsrechtlich [für unternehmerisch investierende Gesellschafter] auch einen „Wegzug"); näher *Grundmann,* Europäisches Gesellschaftsrecht, 2. Aufl. 2011, Rn. 846–848.

[19] EuGH Urt. v. 11.7.1974 – 8/74, Slg. 1974, 837, 837 = NJW 1975, 515 – Dassonville; danach stRspr, etwa EuGH Urt. v. 12.3.1987 – 178/84, Slg. 1987, 1227, 1269 = NJW 1987, 1133 – Reinheitsgebot für Bier; EuGH Urt. v. 23.12.2015 – C-333/14, ECLI:EU:C:2015:845 – Scotch Whisky Association; und etwa für die Kapitalverkehrsfreiheit EuGH Urt. v. 4.6.2002 – C-503/99, Slg. 2002, I-4809 = NJW 2002, 2303 – Kommission/Belgien und EuGH Urt. v. 2.6.2005 – C-174/04, Slg. 2005, I-4933 = NZG 2005, 631 – *Kommission/Italien.* Unstr. gilt die Formel im Rahmen aller Grundfreiheiten. Zum Erfordernis, dass diese Abschreckungswirkung nicht rein theoretisch sein darf, sondern auf Grund von Tatsachen zumindest plausibel erscheinen muss (sog. Tabak-Urteil) vgl. EuGH Urt. v.

nationale Norm, die in- und ausländische Angebote formal gleich behandelt, ist demnach erfasst, zumal wenn sie ausländische Angebote faktisch schwerer trifft.[20]

24   Ist eine nationale Norm als **Beschränkung im weiten Sinne** („Maßnahme gleicher Wirkung") zu qualifizieren, so **bedarf** sie zwar – wie die Beschränkung ieS oder die Diskriminierung – **der Rechtfertigung.** Rechtfertigend wirken jedoch nicht nur die geschriebenen Vorbehaltsklauseln, sondern die offenere Palette der zwingenden Erfordernisse oder zwingenden Gründe des Allgemeininteresses. Vom Gewicht her sind diese Gründe den in den Vorbehaltsklauseln aufgezählten vergleichbar,[21] sie bilden jedoch, anders als diese, keinen abschließenden Kanon. Das offene Konzept der Maßnahme gleicher Wirkung macht einen offenen Katalog der Rechtfertigungsgründe erforderlich (der EuGH verneint bei ihrem Vorliegen schon den Tatbestand einer Maßnahme gleicher Wirkung). Zu den zwingenden Gründen des Allgemeininteresses zählen vor allem die **Lauterkeit des Wettbewerbs**[22] und die **schützenswerten Interessen von Verbrauchern.**[23] Zunehmend verneint das Gericht eine Rechtfertigungswirkung jedoch, wenn der Grund des Allgemeininteresses nicht gänzlich konsistent durchgeführt wird.[24] Unstreitig gilt auch der Verhältnismäßigkeitsgrundsatz iwS.

25   Ist eine Norm behindernd und sprechen für sie nicht die genannten Rechtfertigungserwägungen, so ist sie auch **vom nationalen Gericht für unanwendbar zu erklären** – ohne dass es der Vorlage an den EuGH bedürfte.[25] Als milderes Mittel ist denkbar, dass die Norm, wenn sie auf verschiedene Weise ausgelegt werden kann, auf eine **grundfreiheitenkonforme Weise ausgelegt** wird (unionsrechtskonforme Auslegung).

26   Aus dem Gesagten ergibt sich als **kurze Prüfformel:** Jede nationale Regel, die einen ausländischen Anbieter zumindest de facto schwerer trifft und solchermaßen auch nur potentiell und mittelbar grenzüberschreitende Geschäfte be- oder verhindert, ist unanwendbar. Dies gilt nur nicht, soweit die nationale Regel durch (konsistent durchgeführte und verhältnismäßig eingesetzte) zwingende Gründe des Allgemeininteresses bzw. bei offener Diskriminierung oder Einfuhrverbot oder mengenmäßiger Beschränkung durch die enumerativ aufgezählten Gründe der jeweiligen Vorbehaltsklausel gerechtfertigt ist.

27   **b) Rechtsnormen des 4. Buchs nicht behindernd (Rechtswahlfreiheit).** Für die Handelsgeschäfte sind diese Grundsätze zu spezifizieren, zunächst für die **Rechtsnormen für das Handelsgeschäft** im HGB und die diesen zugrundeliegenden Rechtsnormen des Schuldrechts im BGB. Auch Rechtsnormen zu Schuldverträgen – oder allgemeiner: Rechtsgeschäften – unter Beteiligung eines Unternehmens (eines Kaufmanns), **können eine Beschränkung iwS darstellen.** Dies gilt unabhängig davon, ob das Produkt verändert wird, weil auf es nach Grenzübertritt ein anderes Recht angewandt wird, oder ob das Transaktionsvehikel, etwa der Vertrag, wegen zu großer rechtlicher

---

5.10.2000 – C-376/98, Slg. 2000, I-8419, Rn. 83 = NJW 2000, 3701 – Bundesrepublik Deutschland/Parlament und Rat; EuGH Urt. v. 12.12.2006 – C-380/03, Slg. 2006, I-11537, Rn. 37, 79 = EuZW 2007, 46 – Bundesrepublik Deutschland/Parlament und Rat; nunmehr stRspr, vgl. EuGH Urt. v. 8.6.2010 – C-58/08, Slg. 2010, I-4999, Rn. 32 f. = EuZW 2010, 539 – Roaming-Gebühren.

[20] Diese weite Formel ist allerdings in zweierlei Hinsicht – wichtig für das Recht der Handelsgeschäfte – eingeschränkt worden; dazu → Rn. 28–31.

[21] Grabitz/Hilf/Nettesheim/*Leible/T. Streinz* AEUV Art. 34 Rn. 107 ff.; tendenziell v. der Groeben/Schwarze/*Müller-Graff* AEUV Art. 34 Rn. 231; wohl auch EuGH Urt. v. 19.2.1981 – 130/80, Slg. 1981, 527 (535 f.) = NJW 1981, 1146 – Keldermann. Insbesondere sind generalpräventive oder wirtschaftliche Überlegungen allein insoweit nicht tragfähig; vgl. speziell für die zwingenden Erfordernisse bzw. Gründe des Allgemeininteresses EuGH Urt. v. 4.6.2002 – C-503/99, Slg. 2002, I-4809 Rn. 45 f. = NJW 2002, 2303 (2304) – Kommission/Belgien; v. der Groeben/Schwarze/*Müller-Graff* AEUV Art. 34 Rn. 204, 226; Grabitz/Hilf/Nettesheim/*Forsthoff* AEUV Art. 45 Rn. 381 ff.

[22] Grundlegend EuGH Urt. v. 20.2.1979 – 120/78, Slg. 1979, 649 (662) = NJW 1979, 1766 – Cassis de Dijon; sodann stRspr, etwa EuGH Urt. v. 15.12.1982 – 286/81, Slg. 1982, 4575 (4587) = NJW 1983, 1356 – Oosthoek; des Weiteren die Aufzählungen in EuGH Urt. v. 25.7.1991 – C-288/89, Slg. 1991, I-4007, 4041 = EuZW 1991, 699 – Stichting Gouda; Urt. v. 25.7.1991 – C-353/89, Slg. 1991, 4069 (4094) = EuZW 1992, 56 – Kommission/Niederlande; Urt. v. 9.7.1992 – C-2/90, Slg. 1992, I-4431, 4477 = EuZW 1992, 577 – Kommission/Belgien; EuGH Urt. v. 8.7.2004 – C-166/03, Slg. 2004, I-06535 Rn. 16 – Kommission/Frankreich; EuGH Urt. v. 30.4.2009 – C-531/07, Slg. 2009, I-03717 – Fachverband Buch- und Medienwirtschaft; EuGH Urt. v. 12.7.2012 – C-378/10, ECLI: EU:C: 2012:440 Rn. 39 – VALE.

[23] Grundlegend EuGH Urt. v. 20.2.1979 – 120/78, Slg. 1979, 649 (662) = NJW 1979, 1766 – Cassis de Dijon; sodann stRspr, etwa EuGH Urt. v. 15.12.1982 – 286/81, Slg. 1982, 4575 (4587) = NJW 1983, 1356 – Oosthoek. Außerdem wurden bisher in einer nicht abschließenden Liste genannt: Arbeitnehmerschutz, Einhaltung von Berufsregeln zugunsten von Empfängern von Dienstleistungen sowie, für das Schuldvertragsrecht regelmäßig wenig bedeutsam, Schutz des geistigen Eigentums und Schutz des historischen und künstlerischen Erbes, jedoch auch Schutz der Umwelt (Nachw. vorige Fn.).

[24] Etwa EuGH Urt. v. 9.3.1999 – C-212/97, Slg. 1999, I-1459 = EuZW 1999, 216 – Centros; EuGH Urt. v. 4.6.2002 – C-483/99, Slg. 2002, I-4781 Rn. 48–53 = NJW 2002, 2305 (2306) – Kommission/Frankreich; EuGH Urt. v. 10.3.2009 – C-169/07, Slg. 2009, I-1721 Rn. 55–71 = EuZW 2009, 302 – Hartlauer.

[25] EuGH Urt. v. 9.3.1978 – 106/77, Slg. 1978, 629 (630) – Simmenthal II; Urt. v. 22.6.1989 – 103/88, Slg. 1989, 1839 (1870 f.) = EuZW 1990, 296 – Costanzo; zust. BVerfG Urt. v. 31.5.1990 – 2 BvL 12, 13/88, 2 BvR 1436/87, BVerfGE 82, 159 (191).

Belastung im Gastland nicht zustande kommt. Der Beschränkungsbegriff ist nach dem Gesagten funktional weit und unterscheidet nicht nach der rechtlichen Konstruktion der (potentiellen oder mittelbaren) Behinderung eines Grenzübertritts. Insbesondere können auch Zivilrechtsnormen behindernd wirken.[26] Und dass abweichendes zwingendes Schuldvertragsrecht im Ausland vom grenzüberschreitenden Angebot abschreckt, ist überall zu konstatieren.

Zwei Einschränkungen sind freilich zu machen. Die erste ist ungleich wichtiger, obwohl die zweite **28** ungleich mehr Aufsehen erregt hat. Beide betreffen Fälle von erheblich vermindertem Behinderungspotential und beruhen auf der EuGH-Rechtsprechung – die erste allerdings nur auf einem obiter dictum, während die zweite kritisiert wird und in ihrer genauen Tragweite umstritten ist.

Im Zivilrecht, das erst später als das öffentliche Recht in der Grundfreiheitendogmatik pro- **29** blematisiert wurde, sind andere Normarten prägend. Gerade im Schuldvertragsrecht dominiert das dispositive Recht. Der EuGH stellt jedoch nicht auf die Unterscheidung ius cogens und ius dispositivum im innerstaatlichen Recht ab, sondern geht davon aus, dass **Sachnormen, die** (im grenzüberschreitenden Fall) **durch Rechtswahl abbedungen werden können, nicht** als **beschränkend** im Sinne der Grundfreiheiten zu qualifizieren sind.[27] Die gesamte genannte Prüffolge ist auf diese also nicht anzuwenden. Obwohl der EuGH hiervon nur in einem obiter dictum ausgegangen ist, wird dies weit überwiegend als bestehende Rechtslage angesehen,[28] wenn auch teils kritisiert.[29] Für die fehlende Beschränkungsqualität dispositiven Rechts (wie im obiter dictum befürwortet) spricht: Wenn mit den Grundfreiheiten die Privatautonomie über die Grenzen erstreckt werden soll (→ Rn. 20), müssen sie in den Bereichen nicht herangezogen werden, in denen die Parteien ein anderes Instrument zur privatautonomen Gestaltung haben, die Rechtswahlfreiheit. Das Primat privatautonomer Gestaltung ist hier – speziell für beruflich Tätige – konsequent durchgeführt. Beruflich Tätigen – und nur zwischen ihnen gilt Rechtswahlfreiheit umfassend – ist es (gemäß allen, in der Union besonders stark ausgeprägten Tendenzen hin zu einem Berufsrecht) auch zuzurechnen, wenn sie diese Wahlfreiheit nicht ausüben und daher ein Recht kraft objektiver Anknüpfung zur Anwendung kommt. Die theoretische Möglichkeit der Abdingbarkeit hat deshalb im Bereich des Handelsrechts sehr wohl auch dann eine normative Bedeutung, wenn sie in der Praxis nicht wahrgenommen wird.[30] Es widerspräche insbesondere der Zielrichtung im Zuschnitt der Grundfreiheiten, wenn sie so ausgelegt würden, dass sie das Planungsinstrument Vertrag in den Fällen, in denen die nationalen Rechte es umfassend parteiautonomer Gestaltung überantworten, ihrerseits stören.

Entscheidend ist also, ob die jeweilige Norm der Rechtswahl nach Art. 3 Rom I-VO (und vormals **30** Art. 27 ff. EGBGB, Art. 3 ff. EVÜ) zugänglich ist.[31] Bei den Regeln des 4. Buches HGB (mit Ausnahme der dinglich wirkenden) ist dies umfassend der Fall. Eine **Rechtswahl** ist nämlich bei schuld-

---

[26] Heute praktisch unstr.: Grundlegend *Basedow* RabelsZ 59 (1995), 1 (28 ff.); *Roth* RabelsZ 55 (1991), 623 (654 ff.); MüKoBGB/*Sonnenberger* Einl. IPR Rn. 169–182, bes. 172; ebenso die EuGH-Rspr., vor allem im Bereich des unlauteren Wettbewerbs, während sie für das Schuldvertragsrecht bisher eher nur implizit Stellung nahm. Ausf. Nachw. → 1. Aufl. 2001, ausf. Darstellung *Schilling,* Binnenmarktkollisionsrecht, 2006, 73–264. Ob Gleiches weitergehend auch für dispositive oder nur im Inlandssachverhalt zwingende Normen gilt, ist umstritten. Vgl. dazu sogleich im Text.

[27] EuGH Urt. v. 24.1.1991 – C-339/89, Slg. 1991, I-107, 124 = DB 1991, 539 – Alsthom Atlantique. Durch Rechtswahl abbedungen werden können durchaus auch Normen, die innerstaatlich als ius cogens zu qualifizieren sind; dazu sogleich.

[28] *Grundmann,* Europäisches Schuldvertragsrecht, 1999, 1. Teil Rn. 68; *Radicati di Brozolo* Rev. crit. d. i. p. 82 (1993), 401 (406 ff.); *Roth* VersR 1993, 129 (133); MüKoBGB/*Sonnenberger* Einl. IPR Rn. 175 sowie ausf. → 3. Aufl. 2015, Rn. 190; *Ludwigs* EuR 2006, 370 (bes. 390 ff.); wohl auch *Reich/Micklitz,* Europäisches Verbraucherrecht, 4. Aufl. 2003, 87 f.; *Micklitz/Reich/Rott,* Understanding EU Consumer Law, 2009, 45 f.; sowie grundsätzlich auch die in der nächsten Fn. genannten Stimmen, die das Urteil kritisieren (mit Ausnahme *v. Wilmowsky*). Von Überprüfbarkeit dispositiver Normen ausgehend hingegen *Tassikas,* Dispositives Recht und Rechtswahlfreiheit, 2004, bes. 138 –171 und 250–349.

[29] So (auf die notwendigen Informationskosten über fremdes, dispositives Recht und damit auf eine Restbehinderungswirkung verweisend) *Basedow* CMLR 33 (1996), 1169 (1174–1178); *v. Wilmowsky* JZ 1996, 590 (595 f.); *Möslein,* Dispositives Recht, 2011, 216 und 401–404; *Hesselink* ERCL 2005, 44 (bes. 67); und ohne Eingehen auf die gegenläufige EuGH-Rspr. *Mülbert* ZHR 159 (1995), 2 (10); *Steindorff,* EG-Vertrag und Privatrecht, 1996, 78 f.; zuletzt *Hellgardt,* Regulierung und Privatrecht – Staatliche Verhaltenssteuerung mittels Privatrecht und ihre Bedeutung für Rechtswissenschaft, Gesetzgebung und Rechtsanwendung, 2016, 211 f. (da auch dispositives Recht Mittel politischer Regulierung sei und da schon die potentielle Behinderung genüge, da ferner dispositives Recht als Leitbild bei der AGB-Inhaltskontrolle nach § 307 Abs. 2 Nr. 1 BGB fungiere). Soweit freilich Letzteres der Fall ist, fehlt es schon an der Abdingbarkeit im grenzüberschreitenden Fall.

[30] In diese Richtung argumentiert *Hellgardt,* Regulierung und Privatrecht – Staatliche Verhaltenssteuerung mittels Privatrecht und ihre Bedeutung für Rechtswissenschaft, Gesetzgebung und Rechtsanwendung, 2016, 211, mit Verweis auf EuGH Urt. v. 12.7.2012 – C-171/11, ECLI:EU:C:2012:453 – Fra.bo SpA – DVGW. Der Fall betraf aber das Problem privater Macht und „intermediärer Gewalten" (→ Rn. 18 und → Rn. 33 ff.), da es um private Zertifizierungen bei faktischer Marktbeherrschung ging, und nicht dispositives Gesetzesrecht.

[31] Dazu ausf. *Grundmann,* Europäisches Schuldvertragsrecht, 1999, 1. Teil Rn. 72–104; MüKoBGB/*Martiny* Rom I-VO Art. 6, 8 und 9; sowie MüKoBGB/*Sonnenberger* Einl. IPR Rn. 691.

vertragsrechtlichen Normen **nur ausgeschlossen, wenn** es sich um **spezifisch verbraucherschützende** oder arbeitsrechtliche Regeln handelt (Art. 5–8 Rom I-VO) oder um sog. Eingriffsnormen iSv Art. 9 Rom I-VO (vormals Art. 34 EGBGB), dh. überwiegend staats-, sozial- und vor allem **wirtschaftspolitisch motivierte Normen** oder um Normen, die zum ordre public, dem unverzichtbaren Grundbestand der deutschen Rechtsordnung, zählen (Art. 21 Rom I-VO).

31   Ebenfalls besonders behandelt werden **bloße Verkaufsmodalitäten,** auf die sich der ausländische Anbieter, anders als auf die hiervon abzugrenzende Produktspezifizierung, noch bei der Vermarktung einstellen kann und die ihn daher weniger schwer belasten, dh typischerweise nicht einmal de facto schwerer treffen. Sie werden jedenfalls dann **nicht als beschränkend** eingestuft, **wenn sie auf in- und ausländische Angebote und Anbieter unterschiedslos angewandt** werden, sie also beide Angebote formal und de facto gleich behandeln.[32] Solche Regeln werden also nicht daraufhin überprüft, ob sie sich auf zwingende Gründe des Allgemeininteresses stützen können. Freilich wurde der Begriff der Verkaufsmodalität zunehmend eng gefasst. Insbesondere ist die (Werbe-)Regelung, die den Hersteller zu gesonderter Verpackung für einen Mitgliedstaat zwingt, nicht Verkaufsmodalität und wirkt auch bei unterschiedsloser Anwendung potentiell beschränkend.[33] Und „Vertriebsmodalitäten" des Herkunftslandes wirken, wenn auch auf den Export angewandt, durchaus faktisch besonders belastend und damit beschränkend iSd Grundfreiheitendogmatik.[34] Denn dann werden manche Anbieter im Absatzmarkt zusätzlichen Regeln unterworfen. In der Konsequenz geht der EuGH sichtlich dazu über, direkt auf „Marktzugangsbehinderungen" abzustellen.[35] Von den oben genannten Regeln sind jedenfalls diejenigen, die nicht nur das Transaktionsvehikel, den Vertrag regeln, sondern das Produkt selbst, etwa die Effekte, und zur Veränderung beim Grenzübertritt zwingen, in keinem Falle als bloße Verkaufsmodalität zu qualifizieren.

32   **c) Sonstige Rechtsnormen zu Handelsgeschäften potentiell behindernd.** Sonstige Rechtsnormen zu Handelsgeschäften sind, soweit sie nicht durch Rechtswahl abbedungen werden können, durchaus am Beschränkungsverbot der Grundfreiheiten zu messen und unterliegen daher einer Rechtfertigungsnotwendigkeit. Dies gilt insbesondere für staats- und wirtschaftspolitisch motivierte Regeln, etwa devisenrechtliche Regeln oder Ausfuhrbeschränkungen, jedoch auch für spezifisch verbraucherschützende Normen, die auf einseitige Handelsgeschäfte einwirken können, etwa das AGB-Recht (mit § 310 Abs. 3 BGB) auf eine Kontokorrentabrede nach § 355. Freilich sind zu den meisten dieser Regeln Rechtsangleichungsmaßnahmen des EU-Sekundärrechts ergangen (→ Rn. 50–56), sodass die modifizierten Einwirkungsmechanismen dieses Bereiches zugrunde zu legen sind.

33   **3. Einwirkung der primärrechtlichen Grundfreiheiten auf Vereinbarungen in Handelsgeschäften (punktuelle Sperrwirkung). a) Enger Adressatenkreis.** Die Frage, ob auch Vertragsabreden den Anforderungen der Grundfreiheiten unterliegen, wird unter dem Stichwort horizontale Wirkung oder Drittwirkung der Grundfreiheiten diskutiert. Während solch eine Wirkung **zu Lasten staatlicher Stellen,** die sich der privatrechtlichen Instrumente bedienen, unbestritten ist,[36] ist solch eine Wirkung **zu Lasten von Privatrechtssubjekten** ungeklärt. Privatrechtssubjekte mit **vom Staat verliehenen Ausschließlichkeitsrechten** werden wie staatliche Stellen behandelt.[37] Auch bei Privatrechtssubjekten, die sich zwar allein der Regelungsinstrumente auf der Grundlage der Privatautonomie bedienen, etwa der vereinsrechtlichen Satzungsautonomie, deren Beschlüsse jedoch **kollektivrechtlich-flächendeckenden Charakter** haben, erscheint die Bindung an die Grundfreiheiten heute

---

[32] EuGH Urt. v. 24.11.1993 – verb. C-267/91 und C-268/91, Slg. 1993, I-6097, 6130–6132 = EuZW 1993, 770 – Keck & Mithouard; Urt. v. 15.12.1993 – C-292/92, Slg. 1993, I-6787, 6822 f. = EuZW 1994, 119 – Hünermund. Aus der umfangreichen Lit. zur Keck-Rspr. vgl. vor allem monographisch *Feiden,* Die Bedeutung der „Keck"-Rechtsprechung im System der Grundfreiheiten, 2003; *Hödl,* Die Beurteilung von verkaufsbehindernden Maßnahmen im Europäischen Binnenmarkt – neue Interpretationsansätze zu Art. 30 EGV auf der Grundlage der Keck-Entscheidung, 1997; *Keßler,* Das System der Warenverkehrsfreiheit im Gemeinschaftsrecht – zwischen Produktbezug und Verkaufsmodalität, 1997; *Millarg,* Die Schranken des freien Warenverkehrs in der EG: Systematik und Zusammenwirken von Cassis-Rechtsprechung und Art. 30 EG-Vertrag, 2001; Zur Übertragbarkeit der *Keck*-Dogmatik auf andere Grundfreiheiten (mit entsprechend angepassten Konstellationen) *Steinke,* Die Übertragbarkeit der *Keck*-Rechtsprechung des EuGH auf die Niederlassungsfreiheit, 2009; *Schulte Westenberg,* Zur Bedeutung der *Keck*-Rechtsprechung für die Arbeitnehmerfreizügigkeit, 2009; zur Entwicklung der Rechtsprechung des EuGH vgl. *Brigola* EuZW 2012, 248; *Frenz* WRP 2011, 1034.

[33] EuGH Urt. v. 6.7.1995 – C-470/93, Slg. 1995, I-1923, 1941 = NJW 1995, 3243 – Mars.

[34] EuGH Urt. v. 10.5.1995 – C-384/93, Slg. 1995, I-1141, 1176–1178 = NJW 1995, 2541 – Alpine Investment.

[35] So bislang aber nur für die Warenverkehrsfreiheit, EuGH Urt. v. 26.4.2012 – C-456/10, ECLI:EU:C:2012:241 – Anett; s. zur Entwicklung des Marktzugangskriteriums aus der Keck-Formel, *Dietz/Streinz* EuR 2015, 50 und Streinz/*W. Schröder,* 3. Aufl. 2018, AEUV Art. 34 Rn. 41 ff.; zur Konzeption der Grundfreiheiten als Marktzugangsrechte bereits *Kingreen,* Die Struktur der Grundfreiheiten des Europäischen Gemeinschaftsrechts, 1999, 123 ff.

[36] Statt aller Grabitz/Hilf/Nettesheim/*Leible/T. Streinz* AEUV Art. 34 Rn. 35, 37.

[37] EuGH Urt. v. 30.4.1974 – 155/73, Slg. 1974, 409 (431 f.) – Sacchi. Bei staatlicher Beherrschung greift Art. 106 AEUV; grundlegend zu den Zurechnungskriterien bei staatlicher Einflussnahme auf das Handeln von Privatrechtssubjekten EuGH Urt. v. 5.11.2002 – C-325/00, Slg. 2002, I-9977 = EuZW 2003, 23 – Kommission/Deutschland – CMA; EuGH Urt. v. 12.6.2012 – C-171/11, ECLI:EU:C:2012:453 – Fra.bo SpA – DVGW.

gesichert.[38] Am überzeugendsten ist die Entwicklung dahingehend zu erklären, dass in den Fällen, in denen nicht ohnehin schon Art. 102 AEUV das Handeln des Privatrechtssubjekts erfasst (etwa, wenn es nicht wirtschaftlich tätig wurde), das Privatrechtssubjekt **auf Grund beherrschender Stellung, insbesondere bei Monopolstellung,** an die Grundfreiheiten gebunden wird.[39]

Außerhalb dieser Fallgruppen wird von einer Mindermeinung Art. 157 AEUV als das zweite 34 große europarechtliche Diskriminierungsverbot argumentativ fruchtbar gemacht,[40] also jedes Privatrechtssubjekt auch den Diskriminierungsverboten des Art. 18 AEUV und der Grundfreiheiten unterworfen. Am ehesten kann hierfür auf das Judikat des EuGH in Sachen Dänische Supermarktketten verwiesen werden, das jedoch heute als untypisch verstanden wird und allein steht.[41] Überwiegend wird daher auf analoge Überlegungen rekurriert wie in der deutschen Grundrechtsdogmatik und in der jüngsten EuGH-Rechtsprechung vor allem die Pflicht der Mitgliedstaaten, Grundfreiheiten auch gegen Privatrechtssubjekte durchzusetzen, betont.[42]

b) Anwendung der Grundfreiheiten auf den Adressatenkreis. Die genannten Rechtssubjekte 35 **(enger Adressatenkreis)** werden in Vertragsabsprachen, die sie treffen, **in gleicher Weise wie der Zivilrechtsgesetzgeber** an die Liberalisierungsstandards der Grundfreiheiten gebunden. Behindernde Vertragsklauseln, die sie diktieren, sind also unanwendbar, wenn sie nicht durch zwingende Gründe des Allgemeininteresses gerechtfertigt und verhältnismäßig sind. In diesem Umfang können auch Vertragsklauseln unionsrechtskonform ausgelegt werden, muss also im Zweifel für die unionsrechtskonforme Auslegung optiert werden. Wird eine **„vorsichtige Drittwirkung"** oder **staatliche Schutzpflicht** befürwortet, so ist zusätzlich das Interesse an Ausräumung von Behinderungswirkungen mit dem Interesse an privatautonomer Gestaltungsfreiheit abzuwägen.

4. Flächendeckender Charakter der Regelung. Anders als bei Rechtsangleichung durch EU- 36 Sekundärrecht und bei internationalen Übereinkommen oder auch handelsgeschaffenem Recht sind die beschriebenen Einwirkungsweisen nicht davon abhängig, dass die Frage in den Regelungsbereich der jeweiligen internationalen Rechtsquelle fällt. Vielmehr erfassen die Grundfreiheiten jede Art von Transaktion – insoweit wirkt die Dienstleistungsfreiheit als Auffanggrundfreiheit –, soweit die → Rn. 18–36 genannten Voraussetzungen erfüllt sind.

5. Noch ungeklärte Wirkung der Unionsgrundrechte

Noch weitestgehend ungeklärt, aber nach der *Åkerberg Fransson*-Entscheidung des EuGH zum 37 europäischen Haftbefehl stärker in den Fokus getreten ist die Frage nach der Reichweite der Unionsgrundrechte. Der EuGH nimmt iRd Art. 51 GRCh einen sehr weiten Anwendungsbereich der Unionsgrundrechte an, nämlich, dass sie (gegenüber den Mitgliedstaaten) schon dann gelten sollen, wenn auch nur Ziele des Unionsrechts durch nationale Behörden verfolgt werden.[43] Das BVerfG hat

---

[38] So EuGH Urt. v. 12.12.1974 – 36/74, Slg. 1974, 1405 (1419 f.) – Walrave; Urt. v. 14.7.1976 – 13/76, Slg. 1976, 1333 (1340 f.) – Doná (in beiden Entscheidungen: Sportverband, der, ohne mit Hoheitsrechten beliehen zu sein, doch auf Grund seiner landesweiten Alleinstellung die Wettkampfbedingungen bestimmt); ähnl. EuGH Urt. v. 15.12.1995 – C-415/93, Slg. 1995, I-4921, 5065–5067 = EuZW 1996, 82 – Bosman; EuGH Urt. v. 13.4.2000 – C-176/96, Slg. 2000, I-2681 Rn. 35 f. – Lehtonen; erst recht EuGH Urt. v. 9.6.1977 – 90/76, Slg. 1977, 1091 (1127 f.) – van Ameyde (Kammern, etwa Versicherungskammern, mit Hoheitsrechten); monographisch zur Drittwirkung *Lengauer*, Drittwirkung von Grundfreiheiten – Ein Beitrag zu dem Konzept des Normadressaten im Gemeinschaftsrecht, 2011; *Jaensch*, Die unmittelbare Drittwirkung der Grundfreiheiten – Untersuchung der Verpflichtung von Privatpersonen durch Art. 30, 48, 52, 59, 73b EGV, 1997; *Schaefer*, Die Marktfreiheiten des EG-Vertrages als Ermessensgrenze – Probleme der horizontalen unmittelbaren Wirkung des Gemeinschaftsrechts, gezeigt am Beispiel des Art. 30 EWGV, 1997; sowie *Roth* FS Everling, 1995, 1231; *Sundberg-Weitmann* CMLR 10 (1973), 71 (73–80).

[39] So besonders deutlich *Kluth* AöR 1997, 557 (bes. 575); ähnl. *Möllers* EuR 1998, 20 (36 f.); *Roth* FS Everling, 1995, 1231 (1246 f.); *Vieweg/Röthel* ZHR 166 (2002), 6 (22); und zumindest für das Schuldvertragsrecht Grabitz/Hilf/Nettesheim/*v. Bogdandy* AEUV Art. 18 Rn. 28; auch EuGH Urt. v. 5.11.2002 – C-325/00, Slg. 2002, I-9977 = EuZW 2003, 23 – Kommission/Deutschland – CMA (Ls. 1; für Werbung/Gütesiegel). Eine Besonderheit mag in Fällen zur Arbeitnehmerfreizügigkeit gelten, vgl. EuGH Urt. v. 6.6.2000 – C-281/98, Slg. 2000, I-4139, bes. 195 = EuZW 2000, 468 – Angonese (möglicherweise freilich auch dort sogar Kollektivstatut).

[40] Etwa Grabitz/Hilf/Nettesheim/*v. Bogdandy* AEUV Art. 18 Rn. 28 (allerdings im vorliegend erörterten Vertragsrecht zumindest für den Abschluss nur bei Vorliegen der Aufgreifkriterien des Art. 102 AEUV); besonders weitgehend *Steindorff*, EG-Vertrag und Privatrecht, 1996, 277–301.

[41] EuGH Urt. v. 22.1.1981 – 58/80, Slg. 1981, 181 (bes. 195) = NJW 1981, 1893 – Dansk Supermarked; vgl. dazu nur *Roth* FS Everling, 1995, 1231 (1234 ff.).

[42] EuGH Urt. v. 12.6.2003 – C-112/00, Slg. 2003, I-5659 Rn. 46 ff. – Schmidberger; von „vorsichtiger Drittwirkung" sprechen v. der Groeben/Thiesing/Ehlermann/*Zuleeg*, 4. Aufl. 1991, EGV Art. 7 Rn. 19 (der Sache nach, unter Weglassung des Zitats, v. der Groeben/Schwarze/*Rust*, 7. Aufl. 2015 EGV Art. 12 Rn. 13); tendenziell auch EuGH Urt. v. 22.11.2005 – C-144/04, Slg. 2005, I-9981 Rn. 74–78 – Mangold; sowie Urt. v. 19.1.2010 – C-555/07, Slg. 2010, I-365 Rn. 51 – Kücükdeveci.

[43] EuGH Urt. v. 26.2.2013 – C-617/10, ECLI:EU:C:2013:105 – Åkerberg Fransson; dazu etwa *Safferling* NStZ 2014, 545; breite Darstellung der horizontalen Anwendung/Drittwirkung von Unionsgrundrechten auf Vertragssachverhalte (mit akribischer Auswertung der supranationalen Rechtsprechung) *Starke*, EU-Grundrechte und Vertragsrecht, 2016.

sich bemüht lediglich mittelbare Bezüge auszuschließen.[44] Ob die nationalen Grundrechte in Sachverhalten mit hinreichendem Unionsrechtsbezug verdrängt werden, ist ebenso ungeklärt, wie der Charakter der Unionsgrundrechte als „objektive Werteordnung". Es bleibt abzuwarten, ob der EuGH eine „unmittelbare Drittwirkung" von Grundrechten so weitgehend annehmen wird, wie dies zuletzt das BVerfG in seiner Stadionverbotsentscheidung tat.[45]

III. Rechtsangleichung durch EU-Sekundärrecht – Sperr- und Reregulierungswirkung

38   **1. Anwendbarkeit der Regelung. a) Unmittelbare Anwendung des Rechtsakts oder Durchsetzung durch richtlinienkonforme Auslegung.** Überwiegend erst im EU-Sekundärrecht finden sich Normen, die den Sachverhalt selbst regeln und nicht nur die Anwendbarkeit nationaler Regelungen ausschließen. Einige sachverhaltsregelnde Normen finden sich zwar auch im Primärrecht, namentlich für Kartellverträge (Art. 101–106 AEUV) und mit dem Gleichbehandlungsgebot für Arbeitsverträge (Art. 157 AEUV). Für das Recht der Handelsgeschäfte iSd 4. Buches bleibt es jedoch allein bei Rechtsakten des EU-Sekundärrechts. Solche haben **in der Rechtsform der EU-Richtlinie** zu ergehen, wenn sie die Änderung eines förmlichen Gesetzes in auch nur einem Mitgliedstaat erforderlich machen,[46] also stets, **wenn sie Materien des HGB regeln.**

39   Nach EuGH-Rechtsprechung ist die EU-Richtlinie im innerstaatlichen Recht **nur in einigen Sondersituationen unmittelbar anwendbar.** Nur in diesen verleiht sie demnach Privatrechtssubjekten Rechte, die vor innerstaatlichen Gerichten (und vor dem EuGH) geltend gemacht werden können. Verneint wird solch eine Wirkung zwischen Privatrechtssubjekten (keine horizontale Direktwirkung) und, soweit staatliche Stellen Rechte gegen Privatrechtssubjekte geltend machen.[47] Im umgekehrten Falle wird die unmittelbare Anwendbarkeit bejaht, soweit die Richtlinienregelung hinreichend genau und unbedingt ist, dh. dem Mitgliedstaat keine Wahlrechte eingeräumt sind, weil dessen Berufung auf eigene Säumnis bei der Umsetzung rechtsmissbräuchlich wäre.[48]

40   In fast allen Fällen, in denen die unmittelbare Anwendbarkeit verneint wird, setzt sich das Ergebnis der Auslegung der Richtlinie dennoch vollumfänglich durch. Denn nationales Recht ist **richtlinienkonform auszulegen.** Zwar genießt diese Auslegungsmethode, anders als diejenige verfassungskonforme Auslegung, nicht stets Vorrang.[49] In der EuGH-Rechtsprechung, die insoweit auch vor

---

[44] BVerfG Urt. v. 24.4.2013 – 1 BvR 1215/07, NJW 2013, 1499.

[45] Zur Wirkung von Grundrechten im Privatrecht grundlegend *Canaris* AcP 184 (1984), 201 und *Canaris,* Grundrechte und Privatrecht, 1999; zum Stadionverbotsbeschluss BVerfG Beschl. v. 11.4.2018 – 1 BvR 3080/09, NJW 2018, 1667 s. etwa *Smets* NVwZ 2019, 34; zur Wirkung der Unionsgrundrechte zwischen Privaten vgl. *Jarras* ZEuP 2017, 310 und bereits *Herresthal* ZEuP 2014, 238; *Safjan* in Purnhagen/Rott, Varieties of European Economic Law and Regulation, Liber Amoricum for Hans Micklitz, 2014, 123; zum Verhältnis nationaler zu unionalen Grundrechten s. mwN und umfassenden Rechtsprechungsnachweisen *Classen* EuR 2017, 347.

[46] So seit der Protokollerklärung zur Einheitlichen Europäischen Akte, Bull. EG Sept. 2/86, 24; seit Einführung des Subsidiaritätsprinzips (heute Art. 5 EUV) herzuleiten aus diesem *Jarass,* Grundfragen der innerstaatlichen Bedeutung des EG-Rechts – die Vorgaben des Rechts der Europäischen Gemeinschaft für die nationale Rechtsanwendung und die nationale Rechtsetzung nach Maastricht, 1994, 29; *Möschel* NJW 1993, 3025 (3026 f.), bzw. aus dem Grundsatz der Verhältnismäßigkeit (ebenfalls Art. 5 EUV), dazu Grabitz/Hilf/Nettesheim/*Bast* AEUV Art. 5 Rn. 74. Im Wirtschafts- und Nebenhandelsrecht, etwa dem Prospekt- oder Marktmissbrauchsrecht freilich nicht mehr so Praxis.

[47] Für das Vertikalverhältnis EuGH Urt. v. 11.6.1987 – 14/86, Slg. 1987, 2545 (2570) – Pretore di Saló; Urt. v. 22.2.1990 – C-221/88, Slg. 1990, I-495, 525 = NJW 1991, 1409 – Busseni. Für das Horizontalverhältnis EuGH Urt. v. 26.2.1986 – 152/84, Slg. 1986, 723 (748 f.) = NJW 1986, 2178 – Marshall I; Urt. v. 14.7.1994 – C-91/92, Slg. 1994, I-3325, 3356 = EuZW 1994, 498 – Faccini Dori; Urt. v. 7.3.1996 – C-192/94, Slg. 1996, I-1281, 1303 f. – El Corte Inglés (auch angesichts Art. 153 EG, jetzt Art. 169 AEUV); zum Meinungsstand in der Lit. und zur Kritik an dieser Rspr. vgl. die Nachw. etwa bei *Emmert,* Europarecht, 1996, 157–162; *Müller-Graff* NJW 1993, 13 (20 Fn. 120); *Streinz,* Europarecht, 10. Aufl. 2016, Rn. 493–499. Ebenfalls keine Direktwirkung (sondern primärrechts- bzw. richtlinienkonforme Auslegung anordnend): EuGH Urt. v. 22.11.2005 – C-144/04, Slg. 2005, I-9981 = NJW 2005, 3695 – Mangold; vgl. *Riesenhuber/Domröse* RIW 2005, 47.

[48] EuGH Urt. v. 26.2.1986 – 152/84, Slg. 1986, 723, 748 f. = NJW 1986, 2178 – Marshall I; Urt. v. 22.2.1990 – C-221/88, Slg. 1990, I-495, 525 = NJW 1991, 1409 – Busseni; grundlegend EuGH Urt. v. 5.4.1979 – 148/78, Slg. 1979, 1629 (1642) = NJW 1979, 1764 – Ratti. Umgekehrt hängt das Recht des Privaten nach der genannten Entscheidung davon ab, dass er selbst ebenfalls die Richtlinienvorgaben erfüllt; vgl. dazu *Götz* NJW 1992, 1849 (1855 f.). Die Handlungsform ist unerheblich (auch privatrechtlicher Vertrag des Staates oder eigene, dem Staat jedoch zuzurechnende Rechtsperson): vgl. vor allem, dem Rechtsmissbrauchsgedanken konsequent durchführend EuGH Urt. v. 12.7.1990 – C-188/89, Slg. 1990, I-3313, 3332–3350 (mit Plädoyer *van Gerven*) = NJW 1991, 3086 – Foster. Gebunden sind auch Private, die mit der Erfüllung öffentlicher Aufgaben betraut und hierzu mit besonderen Rechten ausgestattet sind, EuGH Urt. v. 10.10.2017 – C 413/15, ECLI:EU:C:2017:745 – Farrell II; mAnm *Baldus* GPR 2018, 55.

[49] Der EuGH fordert nur die „Ausschöpfung des Beurteilungsspielraums, den ihm [dem nationalen Gericht] das nationale Recht einräumt": EuGH Urt. v. 10.4.1984 – 14/83, Slg. 1984, 1891 (1909) = NJW 1984, 2021 – von Colson und Kamann; Urt. v. 10.4.1984 – 79/83, Slg. 1984, 1921 (1942) – Harz; aA eine Reihe von Autoren, die dies aus dem Vorrang des Unionsrechts herleiten, auch soweit dieses im innerstaatlichen Bereich gar nicht unmittelbar

deutschen Gerichten unstreitig maßgeblich ist,[50] wird den nationalen Gerichten jedoch eine richtlinienkonforme Entscheidung mit zunehmender Intensität abverlangt. Im Ergebnis ist von zwei Grundsätzen auszugehen: Soweit nationales Recht die Privat- und Parteiautonomie einschränkt, etwa weitergehend Nichtigkeitsgründe vorsieht als die EU-Richtlinie, darf das nationale Gericht es nicht anwenden.[51] In den anderen Fällen ist eine richtlinienkonforme Auslegung stets vorzunehmen, wenn der Mitgliedstaat korrekt umsetzen wollte, ja sogar, wenn er nicht ausdrücklich von der Vorgabe abweichen wollte.[52] Nur dann nämlich erlangt der Grund, dessentwegen die Richtlinie als Rechtsform derjenigen der Verordnung vorgezogen wird, Bedeutung: Nur dann nämlich beruft sich dieser Mitgliedstaat auf den ihm mit dieser Rechtsformwahl eingeräumten Souveränitätsrest und „besteht auf diesem". Dies gilt auch, wenn der Mitgliedstaat keinerlei Umsetzungsmaßnahmen ergreift, dabei jedoch davon ausging, dass sein bisher bestehendes Recht bereits die Richtlinienkonformität verbürgt.[53]

b) Hilfsweise: Staatshaftungsanspruch. Setzt sich das Ergebnis des Unionsrechtsakts innerstaat **41** lich nicht nach den erörterten Grundsätzen durch, kann das geschädigte Privatrechtssubjekt seinen Schaden bei qualifiziertem Rechtsverstoß des säumigen Mitgliedstaates auf der Grundlage eines (verschuldensunabhängigen) Staatshaftungsanspruches geltend machen.[54] Der qualifizierte Rechtsverstoß

anwendbar ist: vgl. zu diesen *Brechmann,* Die richtlinienkonforme Auslegung – zugleich ein Beitrag zur Dogmatik der EG-Richtlinie, 1994, 131–213 und *Grundmann* ZEuP 1996, 399 (406 f. und 413); *W.-H. Roth/Jopen* in Riesenhuber, Europäische Methodenlehre, 3. Aufl. 2015, 263 ff. Zu den Methoden der Auslegung des Unionsrechtsakts selbst (stark teleologisch; Vielsprachigkeit; sog. rechtsvergleichende Auslegung): *Bleckmann* ZGR 1992, 364; *Bleckmann* NJW 1982, 1177; *Buck,* Über die Auslegungsmethoden des Gerichtshofs der Europäischen Gemeinschaft, 1998; *Franzen* JJZ 1997, 285; *Grundmann,* Die Auslegung des Gemeinschaftsrechts durch den Europäischen Gerichtshof – zugleich eine rechtsvergleichende Studie zur Auslegung im Völkerrecht und im Gemeinschaftsrecht, 1997; *Meyer* JURA 1994, 455; *W.-H. Roth/Jopen* in Riesenhuber, Europäische Methodenlehre, 3. Aufl. 2015, 263, 275–279; eingehend *Weber,* Grenzen EU-rechtskonformer Auslegung und Rechtsfortbildung, 2010, 92–130.

[50] *Brechmann* (Fn. 49) S. 157 f., 177, 190, 247–250, 256–258 et passim; *Schilling* ZaÖVR 48 (1988), 637 (bes. 643 f. und 668 f.). Höchstrichterlich für das deutsche Zivilrecht: zunächst implizit BGH Urt. v. 24.5.1995 – XII ZR 172/94, NJW 1995, 2034 (2036); deutlich in jüngerer Zeit BGH Urt. v. 21.12.2011 – VIII ZR 70/08, NJW 2012, 1073 Rn. 25, 30; sowie BGH Urt. v. 17.10.2012 – VIII ZR 226/11, NJW 2013, 18; im Anschluss an EuGH Urt. v. 16.6.2011 – verb. C-65/09 und C-87/09, Slg. 2011, I-5257 = NJW 2011, 2269 – Weber und Putz.

[51] EuGH Urt. v. 13.11.1990 – C-106/89, Slg. 1990, I-4135, 4159 = DB 1991, 157 – Marleasing (für Gesellschaftsgründung). Zur Erklärung *Grundmann* in Schulze, Auslegung europäischen und angeglichenen Rechts, 1999, 62, 74 f.; Für das Vertragsrecht jüngst EuGH Urt. v. 3.9.2009 – C-489/07, Slg. 2009, I-7356 – Messner. Gleichzeitig stellt der EuGH *dort* jedoch klar, dass nationales Recht als immanente Schranke auch für EU-Recht solange anwendbar bleibt, als es dessen Integrationswirkung nicht konterkariert, EuGH Urt. v. 3.9.2009 – C-489/07 Rn. 25–29; ebenfalls unzulässig ist eine geltungserhaltende Reduktion von Verträgen, die gegen im Lichte des Sekundärrechts auszulegende Generalklauseln verstoßen, am Maßstab dispositives nationalen Rechts, EuGH Urt. v. 7.8.2018 – C-96/16, C-94/17, ECLI:EU:C:2018:643 – Banco Santander SA/Demba u. a.; Escobedo Cortés/ Banco de Sabadell SA.

[52] Zur Zulässigkeit der richtlinienkonformen Auslegung allein schon unter dieser Voraussetzung EuGH Urt. v. 10.4.1984 – 14/83, Slg. 1984, 1891 (1909) = NJW 1984, 2021 – von Colson und Kamann; Urt. v. 10.4.1984 – 79/83, Slg. 1984, 1921 (1942) – Harz (jeweils implizit); ähnl. auch EuGH Urt. v. 22.11.2005 – C-144/04, Slg. 2005, I-9981 = NJW 2005, 3695 – Mangold; EuGH Urt. v. 4.7.2006 – C-212/04, Slg. 2006, I-6057 = NJW 2006, 2465 Rn. 108–111 – Konstantinos Adeneler; sehr deutlich inzwischen BGH Urt. v. 26.11.2008 – VIII ZR 200/05, NJW 2009, 427 Rn. 25 sowie BGH Urt. v. 21.12.2011 – VIII ZR 70/08, NJW 2012, 1073 Rn. 34; zur dogmatischen Herleitung und Begründung ausführlich, mit Hinweisen auf die zunehmende Verschärfung der Rspr. und mwN *Grundmann* ZEuP 1996, 399 (419–423); in der Tendenz dann vergleichbar *Riesenhuber/Domröse* RIW 2005, 47 (48–52); ihnen folgend etwa BAG Urt. v. 26.4.2006 – 7 AZR 500/04, DB 2006, 1734; *W.-H. Roth/Jopen* in Riesenhuber, Europäische Methodenlehre, 3. Aufl. 2015, 263, 282–286; dem Wortlaut nach aA, iE jedoch übereinstimmend *Möllers* EuR 1998, 20 (44–46). Solch eine Auslegung (auch über den Wortlaut hinaus) ist allerdings nicht möglich, wenn mit ihr die Strafbarkeit begründet werden soll.

[53] EuGH Urt. v. 13.11.1990 – C-106/89, Slg. 1990, I-4135, 4159 = DB 1991, 157 – Marleasing; Urt. v. 16.12.1993 – C-334/92, Slg. 1993, I-6911, 6932 = EuZW 1994, 182 – Wagner Miret; Urt. v. 14.7.1994 – C-91/92, Slg. 1994, I-3325, 3357 = EuZW 1994, 498 – Faccini Dori; Urt. v. 17.9.1997 – C-54/96, Slg. 1997, I-4961, 4997 – Dorsch; EuGH Urt. v. 4.7.2006 – C-212/04, Slg. 2006, I-6057 = NJW 2006, 2465 Rn. 108–111 – Konstantinos Adeneler.

[54] Speziell zum hier angesprochenen Rechtsverstoß durch den nationalen Gesetzgeber EuGH Urt. v. 19.11.1991 – verb. C-6/90 und C-9/90, Slg. 1991, I-5357, 5415 = NJW 1992, 165 – Francovich I; Urt. v. 5.3.1996 – verb. C-46/93 und C-48/93, Slg. 1996, I-1029, 1141–1145 = EuZW 1996, 205 – Brasserie du pêcheur und Factortame; Urt. v. 8.10.1996 – verb. C-178/94, C-179/94, C-188/94, C-189/94 und C-190/94, Slg. 1996, I-4845, 4877 = EuZW 1996, 654 – Dillenkofer ua; EuGH Urt. v. 4.7.2006 – C-212/04, Slg. 2006, I-6057 = NJW 2006, 2465 Rn. 108–111 – Konstantinos Adeneler; etwas enger bei gerichtlichem Verstoß („offenkundig"): EuGH Urt. v. 30.9.2003 – C-224/01, Slg. 2003, I-10239 = NJW 2003, 3539 – Köbler; EuGH Urt. v. 17.4.2007 – C-470/03, Slg. 2007, I-2749 Rn. 77 ff. – A. G. M.-COS.MET; aus jüngerer Zeit etwa EuGH Urt. v. 24.1.2012 – C-282/10, ECLI:EU:C:2012:33 = NJW 2012, 509 Rn. 43 f. – Maribel Dominguez. Aus der Lit. etwa *Henrichs,* Haftung der EG-Mitgliedstaaten für Verletzung von Gemeinschaftsrecht – die Auswirkungen des Francovich-Urteils des Europäischen Gerichtshofs in den Rechtsordnungen der Gemeinschaft und der Mitgliedstaaten, 1995, 100 f.; *Binia,* Das Francovich-Urteil des Europäischen Gerichtshofs im Kontext des deutschen Staatshaftungsrechts, 1998; *Lembach,* Grundlagen und Aus-

wird vom EuGH bei **schlichter Nichtumsetzung** (auch wenn nur teilweise) stets bejaht, das Gegenteil ist jedoch jedenfalls **bei vertretbaren Umsetzungsfehlern** zu konstatieren.[55]

42   **c) Sachlicher, räumlicher und insbesondere persönlicher Anwendungsbereich – Unternehmensrecht.** Ist die Richtlinienregel iE unmittelbar anwendbar, meist auf Grund richtlinienkonformer Auslegung, so entfaltet sie im Rahmen ihres **sachlichen Regelungsbereichs** absolute Sperrwirkung. Einbezogen in den Regelungsbereich von Unionsrechtsakts sind nationale Regeln, die die normierte Frage abweichend (strenger) regeln, etwa eine längere Widerrufsfrist festsetzen (näher → Rn. 45). Einbezogen sind im Erst-Recht-Schluss auch Fragen, die zwar nicht angesprochen sind, für die jedoch, etwa auf Grund der Gesetzgebungsgeschichte, davon auszugehen ist, dass das Schutzbedürfnis als geringer eingestuft wurde als in den geregelten Fragen. Nicht mehr in den Regelungsbereich fallen jedenfalls diejenigen nationalen Normen, die ausdrücklich vom Anwendungsbereich der Richtlinie ausgenommen sind. Dies gilt erst recht auch, wenn sie nicht die Phänomene betreffen, die die einleitenden Definitionsnormen des Unionsrechtsakts umreißen, etwa soweit sie eine andere als die benannte Art von Märkten oder von Unternehmen regeln. Bei entsprechendem Schutzbedürfnis ist jedoch auch bei Fragen, die in den Anwendungsbereich des Unionsrechtsakts fallen, jedoch von diesem nicht geregelt werden, davon auszugehen, dass sie von der absoluten Sperrwirkung (ohne Rechtfertigungsmöglichkeit) nicht erfasst sein sollten.

43   Regelmäßig muss der **räumliche Anwendungsbereich** nicht näher abgegrenzt werden. Denn Richtlinienvorgaben sind, anders als Vorgaben vieler internationaler Übereinkommen, auch für den rein innerstaatlichen Fall umzusetzen (anders bisher allein die längst durch die ZDRL I und ZDRL II ersetzte alte EG-Überweisungs-Richtlinie). Dann entstehen nur zwei Abgrenzungsfragen: Abzugrenzen ist gegenüber dem räumlichen Anwendungsbereich von Drittstaatenrecht, wofür einerseits die Normen des IPR, im Recht der Handelsgeschäfte vor allem die Rom I-VO (vormals Art. 27 ff. EGBGB bzw. Art. 3 ff. EVÜ), heranzuziehen sind, andererseits und vorrangig spezielle Abgrenzungsregeln im jeweiligen Unionsrechtsakt (nach Art von Art. 6 Abs. 2 AGB-Richtlinie). Abzugrenzen ist außerdem gegenüber abweichendem Recht von EU-Mitgliedstaaten. Soweit der Unionsrechtsakt nicht nationales Recht unvereinheitlicht lässt, dh entweder Wahlrechte einräumt oder für einzelne Begriffe ausnahmsweise auf das nationale Recht verweist,[56] greifen insoweit gerade nicht die Normen des IPR ein. Vielmehr sind die Divergenzen im Vorlageverfahren nach Art. 267 AEUV zu lösen bzw. ist strengeres nationales Recht nicht auf ausländische Anbieter anzuwenden.[57]

44   Der **persönliche Anwendungsbereich** ist geprägt durch den Begriff des Unternehmens bzw. beruflich Tätigen, der jedenfalls das gesamte gewerbliche Handeln (dauerhafte Gewinnerzielungsabsicht, teils bloße Geschäftsmäßigkeit) umfasst, einschließlich der freien Berufe.[58] Alle Rechtsakte, die den Abschluss, Inhalt oder die Beendigung von Schuldverträgen ausmachen, jedoch auch die Produkthaftungs-RL als Grundlage des handelsgeschäftsbezogenen Deliktsrechts (dort Art. 7 lit. c Produkthaftungs-RL, vgl. auch Art. 9 lit. b Produkthaftungs-RL), setzen unternehmerisches Handeln voraus. Stets werden also allein **Unternehmensgeschäfte** geregelt. Unterschiedlich wird in den verschiedenen Rechtsakten die andere Seite spezifiziert. Teils muss auch hier ein Unternehmen bzw. beruflich Tätiger handeln (zweiseitige Unternehmensgeschäfte), teils zwingend ein Verbrau-

---

gestaltung gemeinschaftsrechtlicher Staatshaftung, 2003; *Tietjen,* Das System des gemeinschaftsrechtlichen Staatshaftungsrechts, 2010; dann *Dörr* EuZW 2012, 86.

[55] Vgl. im Grundsatz auch für die Staatshaftung bei fehlerhafter Umsetzung EuGH Urt. v. 26.3.1996 – C-392/93, Slg. 1996, I-1631, 1668 – British Telecommunications; EuGH Urt. v. 25.11.2010 – C-429/09, Slg. 2010, I-12167 = NZA 2011, 53 Rn. 51 ff. – Günter Fuß/Stadt Halle; zu pauschal etwa *Schlemmer-Schulte/Ukrow* EuR 1992, 82 (85): Staatshaftung im „Fall der fehlenden und fehlerhaften Umsetzung". Speziell zur Staatshaftung bei Richtlinienumsetzung *Claßen,* Nichtumsetzung von Gemeinschaftsrichtlinien – von der unmittelbaren Wirkung bis zum Schadensersatzanspruch, 1999, bes. 262–266; *Siegerist,* die Neujustierung des Kooperationsverhältnisses zwischen dem Europäischen Gerichtshof und den mitgliedstaatlichen Gerichten, 2010, 88–94.

[56] Zu den (wenigen!) Beispielen zählte der Begriff des Erfüllungsorts in Art. 5 Nr. 1 EuGVÜ: EuGH Urt. v. 6.10.1976 – 12/76, Slg. 1976, 1473 (1485 f.) – Tessili/Dunlop; freilich inzwischen (zumindest für Teilbereiche) europäisch-autonome Begriffsbestimmung in Art. 5 Nr. 1 lit. a bzw. b EuGVVO; zum Umfang dieser Änderung vgl. etwa *Kropholler,* Europäisches Zivilprozessrecht, 9. Aufl. 2011, EuGVVO Art. 5 Rn. 31; *Rauscher/Leible,* Europäisches Zivilprozessrecht, 2. Aufl. 2006, EuGVVO Art. 5 Rn. 32 f. Vergleichbar möglicherweise der (in der Ausgangs-Richtlinie nicht definierte) Begriff des Geldmarktinstruments, in der (novellierten) OGAW- oder Investmentfonds-Richtlinie von 2009 (ABl. 2009 L 302, 32) freilich durch Erwägungsgrund 39 und Legaldefinition in Art. 4 Abs. 1 Nr. 17 MIFID II; vgl. zur Ausgangs-Richtlinie *Kommission der Europäischen Gemeinschaften,* Auf dem Wege zu einem europäischen Markt für die Organismen für gemeinsame Anlagen in Wertpapieren – Bemerkungen zu den Bestimmungen der Richtlinie 85/611/EWG vom 20. Dezember 1985, 1988 (sog. *Vandamme-Bericht*), S. 44 f.; *Lutter/ Bayer/Schmidt,* EuropUnternehmensR, 6. Aufl. 2017, 1315 f.

[57] Vgl. iE, auch zur gegenteiligen Meinung *Grundmann* RabelsZ 64 (2000), 457; zu Zweiterem auch → Rn. 45 f.

[58] Näher zum Begriff (einschließlich freier Berufe und Urproduktion) *v. Westphalen* EWS 1993, 160 (161 f.); *Grabitz/Hilf/Pfeiffer,* Das Recht der Europäischen Union Bd. III, Klausel-RL (A5), Art. 2 Rn. 15–27; MüKoBGB/ *Micklitz/Purnhagen* Vor §§ 13, 14 Rn. 124–129; zum Unternehmerbegriff in den Verbraucherschutzrichtlinien *Gregor* GPR 2007, 73; allgemein *K. Schmidt* BB 2005, 837.

cher[59] (qualifiziert einseitige Unternehmensgeschäfte, herkömmlich: Verbraucherverträge),[60] in der dritten Gruppe von Rechtsakten bleibt die Person des Geschäftspartners offen (schlicht einseitige Unternehmensgeschäfte).

2. Einwirkung der Rechtsangleichung auf Rechtsnormen zu Handelsgeschäften (absolute 45 **Sperrwirkung). a) Grundsatz: Ausräumung des Vorbehalts des Allgemeininteresses durch Harmonisierung.** In ihrem Regelungsbereich entfalten Unionsrechtsakte, die den Sachverhalt selbst regeln, absolute Sperrwirkung gegenüber entgegenstehendem nationalen Recht und zwar: gegenüber milderem nationalen Recht auch im reinen Inlandsfall; gegenüber strengerem nationalem Recht nur im grenzüberschreitenden Sachverhalt. Dies gilt, soweit das Ergebnis der Auslegung des Unionsrechtsakts unmittelbare Wirkung im innerstaatlichen Recht zeitigt (→ Rn. 38–40); andernfalls greift der Staatshaftungsanspruch. Umstritten ist allein die angesprochene absolute Sperrwirkung gegenüber strengerem nationalen Recht im binnenmarktgrenzüberschreitenden Fall: Strengeres nationales Recht wurde zwar traditionell in den Rechtsakten zu Handelsgeschäften fast durchgängig zur Umsetzung von Allgemeinwohlvorbehalten, etwa unter Art. 36 AEUV, ausdrücklich zugelassen,[61] wird jedoch heute sogar schon für den Inlandsfall durch eine vordringende Philosophie der sog. Vollharmonisierung zurückgedrängt.[62] In jedem Falle jedoch darf solches strengeres nationales Recht, wie sich aus Systematik und Teleologie des AEUV, jedoch auch aus der EuGH-Rechtsprechung ergibt, ausländischen Anbietern nicht entgegengehalten werden.[63] Ausnahmen ergeben sich allein aus Art. 114 Abs. 4–6

---

[59] Zum Begriff *Faber* ZEuP 1998, 854; *Bülow* WM 2006, 1514 (1514f.); *Dreher* JZ 1997, 167 (167–169) (Uneinheitlichkeit kritisierend); *Gottschalk* RIW 2006, 576; *Herresthal* JZ 2006, 695 (696–699); *Hoffmann* WM 2006, 560; *K. Schmidt* BB 2005, 837 (838); monographisch *Denkinger*, Der Verbraucherbegriff – Eine Analyse persönlicher Geltungsbereiche von verbraucherrechtlichen Schutzvorschriften in Europa, 2007; *Ultsch*, Der einheitliche Verbraucherbegriff – §§ 13, 14 BGB: Nationale Vereinheitlichung im Lichte europäischer Vorgaben, 2006; *Wiedenmann*, Verbraucherleitbilder und Verbraucherbegriff im deutschen und europäischen Privatrecht, 2004; wN aus der älteren Lit. → 1. Aufl. 2001. Zum hiervon zu unterscheidenden Unternehmens- und Verbraucherleitbild vgl. nur *Sack* WRP 1998, 264; *Klinck/Riesenhuber*, Verbraucherleitbilder – Interdisziplinäre und Europäische Perspektiven, 2015; *Leczykiewicz/Weatherill*, The Images of the 'Consumer' in EU Law – Legislation, Free Movement and Competition Law, 2016.

[60] Verbraucherverträge bilden also nur einen Ausschnitt aus dem Europäischen Schuldvertragsrecht, geregelt ist der Zielrichtung nach auch primär Unternehmenshandeln, kaum einmal Verbraucherhandeln: vgl. iE *Grundmann*, Europäisches Schuldvertragsrecht, 1999, 1. Teil Rn. 14–17; *Grundmann* ZHR 163 (1999), 635 (668–673).

[61] Anders war dies lange nur bei der Produkthaftungs- und der Handelsvertreter-Richtlinie, ABl. 1985 L 210, 29 bzw. ABl. 1986 L 382, 17. → Anh. Vor §§ 84–92c. Unionsrecht verbietet es nicht, dass auch Gerichte strengeres nationales Recht ausbilden: EuGH Urt. v. 16.12.1992 – verb. C-132/91, C-138/91, C-139/91, Slg. 1992, I-6577, 6610f. = EuZW 1993, 161 – Grigorios Katsikas ua.

[62] Für Vollharmonisierung zunehmend die EU-Kommission (DG Sanco), freilich mit erheblichen Widerständen. Vgl. Art. 4 der Richtlinie 2002/65/EG des Europäischen Parlaments und des Rates vom 23.9.2002 über den Fernabsatz von Finanzdienstleistungen an Verbraucher und zur Änderung der Richtlinie 90/619/EWG des Rates und der Richtlinien 97/7/EG und 98/27/EG, ABl. EG 2002 L 271/16, wo die Festschreibung als Höchststandard ursprünglich vorgeschlagen worden war. Für einen Teilbereich wurde dieser Ansatz dann durchgesetzt in Art. 22 der Richtlinie 2008/48/EG des Europäischen Parlaments und des Rates vom 23. April 2008 über Verbraucherkreditverträge und zur Aufhebung der Richtlinie 87/102/EWG des Rates, ABl. 2008 L 133, 66; vgl. zudem Richtlinie 2008/122/EG des Europäischen Parlaments und des Rates vom 14. Januar 2009 über den Schutz der Verbraucher im Hinblick auf bestimmte Aspekte von Teilzeitnutzungsverträgen, Verträgen über langfristige Urlaubsprodukte sowie Wiederverkaufs- und Tauschverträgen, ABl. 2009 L 33, 10, die ausweislich des 3. Erwägungsgrundes eine vollumfängliche Harmonisierung bestimmter Aspekte der Vermarktung, des Verkaufs und des Wiederverkaufs von Teilzeitnutzungsrechten bezweckt. Flächendeckend wurde der Übergang von der Mindest- zur Voll- oder Maximumharmonisierung schließlich vorgeschlagen durch: Vorschlag für eine Richtlinie des Europäischen Parlaments und des Rates über Rechte der Verbraucher, KOM(2008) 614 endg. vom 8.10.2008. Letztlich blieb es jedoch auch hier bei einer sog. gezielten Vollharmonisierung, vgl. Art. 4 der Richtlinie 2011/83/EU des Europäischen Parlaments und des Rates vom 25. Oktober 2011 über die Rechte der Verbraucher, zur Abänderung der Richtlinie 93/13/EWG des Rates und der Richtlinie 1999/44/EG des Europäischen Parlaments und des Rates sowie zur Aufhebung der Richtlinie 85/577/EWG des Rates und der Richtlinie 97/7/EG des Europäischen Parlaments und des Rates, ABl. 2011 L 304, 64. Der Ansatz der Vollharmonisierung wurde insbesondere im Bereich des Verbrauchervertragsrechts zeitweise zugunsten eines Optionalen Instruments aufgegeben, so der Vorschlag der Kommission für eine Verordnung des Europäischen Parlaments und des Rates über ein Gemeinsames Europäisches Kaufrecht, KOM(2011) 635 endg. vom 11.10.2011 und zuvor das Grünbuch der Kommission betreffend Optionen für die Einführung eines Europäischen Vertragsrechts für Verbraucher und Unternehmen, KOM(2010) 348 endg. vom 1.7.2010; diese Initiativen waren freilich nicht erfolgreich; vgl. zu der (weiterhin wirkmächtigen) Vollharmonisierungsentwicklung *Gsell/Herresthal*, Vollharmonisierung im Privatrecht, 2009; *Mittwoch*, Vollharmonisierung und Europäisches Privatrecht, 2013; absoluter, ohne Differenzierung nach reinen Inlandssachverhalten und Sachverhalten mit grenzüberschreitendem Element, Streinz/*M. Schröder*, 3. Aufl. 2018, AEUV Art. 114 Rn. 46f.

[63] EuGH Urt. v. 4.12.1986 – 220/83, Slg. 1986, 3702 (3710) – Freier Dienstleistungsverkehr – Mitversicherung; Urt. v. 11.5.1989 – 25/88, Slg. 1989, 1105 (1128) = NJW 1990, 3066 – Wurmser, Bouchara und Firma Norlaine; auch (implizit, weil nicht entscheidungserheblich) wieder EuGH Urt. v. 13.5.1997 – C-233/94, Slg. 1997, I-2405, 2458f. – Deutschland/Parlament und Rat; ausf. *Grundmann* RabelsZ 64 (2000), 457 (471–476) (mwN auch zur Gegenmeinung).

AEUV und bei (manchen) Regelungen, die marktbezogen, nicht produkt- oder organisationsbezogen ausgestaltet sind und für die daher das Marktrecht umfassend Anwendung findet.[64]

46   **b) Kriterien für die Ermittlung des Umfangs der erfolgten Harmonisierung.** Ob ein Unionsrechtsakt eine Vollharmonisierung darstellt, ist mit den herkömmlichen Auslegungsmethoden, unter Berücksichtigung von Wortlaut, Zielsetzung und Regelungssystematik, zu ermitteln.[65] Ausnahmen im Rechtsakt und Verweisungen auf nationales Recht, schließen das Vorliegen einer Vollharmonisierung nicht aus.[66] Ein Rechtsakt kann bereichsspezifisch hybrid sein und Teile von Teil- mit solchen von Vollharmonisierung verbinden.[67]

47   **c) Anwendbarkeit von Eingriffsnormen trotz Sperrwirkung.** Keine Sperrwirkung entfalten die Unionsrechtsakte zum Recht der Handelsgeschäfte gegenüber Eingriffsnormen iSv Art. 9 Rom I-VO, insbesondere wirtschaftspolitisch motivierten. Diese Normen, etwa devisen- oder wettbewerbsrechtliche, greifen (bei Anwendungswille)[68] daneben ein. Freilich sind diese Art Normen im Unionsrecht selbst zunehmend vereinheitlicht, das Recht der Kapitalströme mit Devisen- und Währungsrecht ebenso wie Teile des Wettbewerbsrechts, desgleichen die Aufsichtsrechte über bestimmte Unternehmen und über (Kapital-)Märkte.[69]

48   **3. Einwirkung der Rechtsangleichung auf Vereinbarungen in Handelsgeschäften.** Die Abrede selbst (das Handelsgeschäft ieS) wird weit überwiegend – in Fragen des Zustandekommens, der Auslegung und überwiegend auch der Komplementierung durch dispositives Recht – durch nationales Recht geregelt. Und auch soweit ein Europäischer Rechtsakt erging, regelt die Abrede direkt die nationale Umsetzungsmaßnahme. Bei Divergenz zwischen Umsetzungsakt und europarechtlicher Vorgabe hat insoweit jedoch das nationale Recht nicht das letzte Wort: Unter den genannten Voraussetzungen setzt sich bei Divergenzen zwischen nationalem Rechtsakt und unionsrechtlicher Vorgabe, etwa in der Auslegung, letztere im Wege der richtlinienkonformen Auslegung durch. Nur soweit die diesbezüglichen Grundsätze ausnahmsweise nicht eingreifen und zudem das Privatrechtssubjekt sein Recht aus der unionsrechtlichen Vorgabe nicht im Vertikalverhältnis geltend macht, verbleibt es beim nationalen Recht (im Einzelnen → Rn. 38–40).

49   **4. Prüfformel.** Divergieren die Ergebnisse der Auslegung des Unionsrechtsakts und der nationalen Norm, so sind Abweichungen nach oben und nach unten zu unterscheiden. Bleibt die nationale Norm hinter dem Unionsrechtsstandard zurück, so setzt sich dieser, wenn der Unionsrechtsakt nicht ohnehin unmittelbar anwendbar ist, durch und zwar auch im Inlandssachverhalt, wenn der nationale Gesetzgeber nicht vom Unionsrechtsakt abweichen wollte (Souveränitätsvorbehalt); prozessual ist die Übereinstimmung im Wege des Vorlageverfahrens zu verbürgen (→ Rn. 43). Ist die nationale Norm strenger, so verbleibt es im grenzüberschreitenden Sachverhalt beim Unionsrechtsstandard, falls nicht die nationale Norm als Teil des Marktrechts berufen ist oder von Art. 114 Abs. 4–6 AEUV Gebrauch gemacht wurde (→ Rn. 45). Dies gilt auch für Fragen, die der Unionsrechtsakt nicht regelt, bei denen

---

[64] Für die Handelsgeschäfte wichtig Art. 3 Marktmissbrauchs-Richtlinie (ABl. 2003 L 96, 16) für die Insidergeschäfte. Vergleichbar, aber weniger klar die heute geltende Marktmissbrauchs-VO 596/2014 (ABl. 2014 L 173, 1). Umgekehrt wurde mit dem Übergang von der Wertpapierdienstleistungs-Richtlinie 1993 zur Nachfolge-Richtlinie 2004, der sog. Finanzmarkt-Richtlinie (ABl. 1993 L 141, 27 bzw. ABl. 2004 L 145, 1), auch der Schritt von einer Marktanknüpfung (Art. 11 damals) zum Herkunftslandprinzip (Art. 56–62 heute) getan; so dann auch die heute geltende Finanzmarkt-Richtlinie II (ABl. 2014 L 173, 349); vgl. Nachw. und Beschreibung bei *Grundmann* in Reichelt, Das Herkunftslandprinzip im Europäischen Gemeinschaftsrecht, 2006, 15.

[65] Vgl. etwa EuGH Urt. v. 25.4.2002 – C-52/00, Slg. 2002, I-3827 Rn. 16 – Kommission/Frankreich; EuGH Urt. v. 25.2.2002 – C-154/00, Slg. 2002, I-3879 Rn. 12 – Kommission/Griechenland; EuGH Urt. v. 25.4.2002 – C-183/00, Slg. 2002, I-3901 Rn. 25 – Sánchez; ferner EuGH Urt. v. 15.9.2005 – C-281/03, Slg. 2005, I-8069 Rn. 39 ff. – Cindu Chemicals; am Wortlaut orientiert etwa EuGH Urt. v. 8.11.2007 – C-374/05, Slg. 2007, I-9517 Rn. 26 – Gintec International; ferner EuGH Urt. v. 24.11.2011 – C-468/10, ECLI:EU:C:2011:777 Rn. 29 ff. – ASNEF; dazu *Bauernschmidt* EuR 2014, 277 (286).

[66] EuGH Urt. v. 25.4.2002 – C-52/00, Slg. 2002, I-3827 Rn. 19 – Kommission/Frankreich; EuGH Urt. v. 25.2.2002 – C-154/00, Slg. 2002, I-3879 Rn. 15 – Kommission/Griechenland; EuGH Urt. v. 25.4.2002 – C-183/00, Slg. 2002, I-3901 Rn. 28 – Sánchez.

[67] Vgl. zB EuGH Urt. v. 22.6.1993 – C-11/92, Slg. 1993, I-3545 Rn. 12 und 14 – Gallagher.

[68] Die Anwendbarkeit von Eingriffsnormen bestimmt sich danach, ob eine Anwendung auch in internationalen Sachverhalten notwendig ist, um das von der Norm verfolgte Ziel effizient durchzusetzen (Anwendungswille): *Kropholler* IPR 19–21, 484; MüKoBGB/*Martiny* Rom I-VO Art. 9 Rn. 106 („allgM"); *Wengler* ZVglRW 54 (1941), 168 (173–181).

[69] Dazu *Dauses*, Handbuch des EU-Wirtschaftsrechts, Loseblatt 10/2017; Kurzübersicht in *Kilian/Wendt*, Europäisches Wirtschaftsrecht, 6. Aufl. 2017. Zum Aufsichts- und Kapitalmarktrecht vgl. die Zusammenstellung in der Beck'schen Textsammlung „Europäisches Wirtschaftsrecht", Nr. 320–349 und ausführlicher den zum 1.6. und 1.12 jeden Jahres erstellten Fundstellennachweis des geltenden Unionsrechts, Gliederungspunkt 6.20. Zum Einfluss des Euro auf das deutsche Zivil- und Handelsrecht: MüKoBGB/*Grundmann* BGB §§ 244, 245. Zum Recht gegen Wettbewerbsbeschränkungen als dem vierten Zentralgebiet neben Aufsichts-, Kapitalmarkt- sowie Devisen- und Währungsrecht, vgl. die zahlreichen Kommentare, vor allem *Immenga/Mestmäcker*, Wettbewerbsrecht – Bd. 1 EG – Kommentar zum Europäischen Kartellrecht, 6. Aufl. 2019.

jedoch das Schutzbedürfnis nach Gesetzgeberwertung oder Gesetzgebungsgeschichte geringer ist als bei den geregelten (→ Rn. 42). Im Falle einer Vollharmonisierung ist eine Abweichung nach oben auch im Inhaltssachverhalt unzulässig.

5. Bestand und Idee der EU-Rechtsangleichung für Handelsgeschäfte. Im Recht der Han- **50** delsgeschäfte entfaltet Unionsrecht nur die genannte absolute Sperrwirkung und greift es nur re-regulierend ein, soweit Unionsrechtsakte ergingen. Zu Rechtsmaterien des 4. Buches finden sich solche nicht, zu Geschäften, die strukturell als ein- oder zweiseitige Handels- oder Unternehmensgeschäfte zu qualifizieren sind, hingegen zahlreich.

a) Nur wenige Rechtsangleichungsakte zu den Materien des HGB. Unionsrechtliche Har- **51** monisierungsmaßnahmen betreffen **bisher nicht Materien des 4. Buches des HGB.**[70] Dies gilt auch für die Zahlungsverzugs-Richtlinie,[71] die zwar durchaus Handelsgeschäfte betrifft, jedoch nicht die Regeln des 4. Buchs harmonisiert, da dieses keine Sonderregeln vorhält, die §§ 286 ff. BGB modifizieren, auch nicht mit § 353 BGB. Auch zu den sonstigen Büchern ergingen nur vier wesentliche Harmonisierungsakte: Das Europäische **Rechnungslegungsrecht,** umgesetzt im 3. Buch, betrifft mit seinen drei EG/EU-Richtlinien[72] zwar das wirtschaftliche Ergebnis von Handelsgeschäften, nicht jedoch sie selbst. Dasselbe gilt für das Paket zur Abschlussprüferregulierung.[73] Die anderen zwei Harmonisierungsakte haben zu Änderungen im 1. Buch geführt, gelten jedoch nicht nur der Organisation des (kaufmännischen) Unternehmens, sondern regeln bzw. beeinflussen auch seine Transaktionen mit Dritten. Dies gilt schon für die 1. gesellschaftsrechtliche Richtlinie (heute sog. Kodifikations-Richtlinie (EU) 2017/1132), auf der **§ 15 Abs. 3** beruht (freilich nur in seiner Anwendung auf Kapitalgesellschaften).[74] Transaktionsbezug hat die Regel, indem sie die Verlässlichkeit des jeweiligen Unternehmensträgers in den Augen von Transaktionspartnern erhöht.[75] Der dritte Rechtsanglei-chungsakt, die **Handelsvertreter-Richtlinie,**[76] gilt einem Vertriebsmittlervertrag, wie er sich mit dem Kommissionsvertrag auch im 4. Buch findet. Dies erschöpft den Bestand. Immerhin gab es einige Änderungen im Rahmen der Schuldrechtsmodernisierung, mit der auch die Kaufrechtsrichtlinie umgesetzt wurde, aber eben auch autonom reformiert wurde, und Änderungen von §§ 431 f. (Montrealer Abkommen und EG-Ausführungsverordnung, vgl. iE dort).

Soll der Binnenmarkt primär durch Privatinitiative (der Unternehmen) geschaffen werden, der nur **52** durch Grundfreiheiten und Binnenmarktprogramm grenzüberschreitend Freiheit zu geben ist, und verwirklicht sich diese Privatinitiative am Markt meist in Handelsgeschäften, so erscheint der **karge unionsrechtliche Bestand** in diesem Bereich **erstaunlich.** Bei näherem Zusehen ordnet das Bild sich.

b) Reicher Regelbestand für Unternehmensgeschäfte – Kerncharakteristika. Rechtsanglei- **53** chungsmaßnahmen betreffen nach dem Gesagten **allein Transaktionen unter Teilnahme von Unternehmen** oder beruflich Tätigen auf zumindest einer Seite des Geschäfts (→ Rn. 44). Soweit die Regeln nur für einzelne Branchen gelten, werden Zentralmaterien durchaus auch herkömmlich ins Nebenhandelsrecht gezählt (und mit dem Bank- und Transportrecht auch in die vorliegende Kommentierung einbezogen). Anders ist dies bei den branchenübergreifend eingreifenden Rechtsakten, die in Deutschland unter dem (teils negativ belegten) Begriff eines Sonderprivatrechts diskutiert werden, obwohl von ihrer Struktur her eine Regelung im Recht der einseitigen Handelsgeschäfte, Allgemeiner Teil, naheläge.

Bei kommentarspezifisch an der HGB-Tradition orientierter Abgrenzung sind demnach **Europäi-** **54** **sche Vorgaben zum Handels- und Nebenhandelsrecht** nur in wenigen Bereichen zu konstatieren: im Transport, für die Bankgeschäfte und – regelmäßig schon nicht mehr Gegenstand von HGB-

---

[70] Dies gilt nach der verabschiedeten Fassung auch für die Kaufgewährleistungs-Richtlinie, heute Warenkaufs-Richtlinie (EU) 2019/771. Zum folgenden ausführlicher *Grundmann* ZHR 163 (1999), 635 (642–646).

[71] Richtlinie 2011/7/EU des Europäischen Parlaments und des Rates zur Bekämpfung von Zahlungsverzug im Geschäftsverkehr vom 16.2.2012, ABl. 2012 L 48, 1; vormals Richtlinie 2000/35/EG, ABl. 2000 L 200, 35.

[72] Die 4. und 7. gesellschaftsrechtliche Richtlinie – heute allgemeine Bilanz-Richtlinie (EU) 2013/34 –, die Abschlussprüferrichtlinie (vormals 8. Richtlinie) sowie die IAS/IFRS-Verordnung; vgl. *Grundmann,* Europäisches Gesesellschaftsrecht, 2. Aufl. 2011, §§ 14–17 (noch nicht zur allgemeinen Bilanz-Richtlinie); *Habersack/Verse,* Europäisches Gesellschaftsrecht – Einführung für Studium und Praxis, 5. Aufl. 2019, § 9.

[73] Verordnung 537/2014/EU des Europäischen Parlaments und des Rates über spezifische Anforderungen an die Abschlussprüfung bei Unternehmen von öffentlichem Interesse und zur Aufhebung des Beschlusses 2005/909/EG der Kommission vom 16.4.2014, ABl. 2014 L 158, 77; Richtlinie 2014/56/EU des Europäischen Parlaments und des Rates zur Änderung der Richtlinie 2006/43/EG über Abschlussprüfungen von Jahresabschlüssen und konsolidierten Abschlüssen vom 16.4.2014, ABl. 2014 L 158, 196.

[74] Vgl. näher → § 15 Rn. 1.

[75] Grundlegend zu diesem Corpus von Harmonisierungsmaßnahmen *Lutter,* Europäisches Unternehmensrecht, bis 4. Aufl. 1999, heute *Lutter/Bayer/Schmidt,* Europäisches Unternehmensrecht, 6. Aufl. 2017, 147–166; im Ansatz schon *Hallstein* RabelsZ 28 (1964), 211 (212); heute *Grundmann,* Europäisches Gesellschaftsrecht, 2. Aufl. 2011, §§ 7 –10; *Habersack/Verse,* Europäisches Gesellschaftsrecht, 5. Aufl. 2019, 103–214.

[76] Nachw. und Kommentierung → Anh. §§ 84–92c; und *Grundmann,* Europäisches Schuldvertragsrecht, 1999, 3.80.

Kommentaren – für die Versicherungsverträge. **Transportverträge** regeln fast ausschließlich internationale Konventionen, im Unionsrecht vor allem die Fluggastrechte-VO (und vergleichbare Rechtsakte für Eisenbahn- und Schiffsverkehr) sowie sonst eher nur peripher Gruppenfreistellungsverordnungen zu sehr technischen Fragen und einige Rechtsakte zur Kabotage, sowie Verordnungen zu Haftungs- und Versicherungsanforderungen.[77] **Bankverträge** regeln die Rechtsakte im Commercial Banking zur Überweisung, heute allgemein zum Zahlungsverkehr, zum Verbraucher- und Wohnimmobilienkredit und im Investment Banking (vor allem) die Wertpapierdienstleistungs- heute Finanzmarkt-RL (I und II) sowie den Insiderhandels-, dann Marktmissbrauchs-Richtlinie, heute Marktmissbrauchs-VO.[78] Im Versicherungsvertragsrecht sind die Kollisionsregeln und die Informationspflichten vereinheitlicht. Daneben finden sich Rechtsangleichungsmaßnahmen zu so **unterschiedlichen Materien** wie dem elektronischem Geschäftsverkehr, aggressiven Verkaufsmethoden, unlauteren Geschäftspraktiken (Vertragsrecht und Recht gegen unlauteren Wettbewerb), Klauselverträgen, Zahlungsverzug, der Kaufgewährleistung, zu den Pauschalreiseverträgen und Teilzeitwohnrechten sowie zu Kartellverträgen, dem öffentlichen Auftragswesen, im Bereich des geistigen Eigentums, für die Medien, die Telekommunikation und findet diese Entwicklung – Stand 2019 – gegenwärtig einen Abschlusspunkt in der Verabschiedung der Rechtsakte zu digitalen Dienstleistungen und Inhalten **(Digitalagenda).**[79] Ansätze für umfassendere Kodifizierungen des Schuldrechts auf Europäischer Ebene sind erfolglos geblieben, insbesondere das „Gemeinsame Europäische Kaufrecht".[80] Sie werden jedoch – trotz oder gerade wegen vieler drängenden Themen in der Europapolitik, wie Brexit oder Problemen in der Rechtsstaatlichkeit einiger Mitgliedstaaten – in veränderter Form wieder aufgegriffen, schon in der Digitalagenda, zuletzt in Form eines „Europäischen Wirtschaftsgesetzbuches".[81]

---

[77] Vgl. *Grundmann,* Europäisches Schuldvertragsrecht, 1999, 148; *Epiney/Gruber,* Verkehrsrecht in der EU: Zu den Gestaltungsspielräumen der EU-Mitgliedstaaten im Bereich des Landverkehrs, 2001, und Kommentierungen CMR ua → CMR Art. 1 Rn. 1 ff.; zum Verhältnis der verschiedenen transportrechtlichen Instrumente zueinander *Wagner* TranspR 2009, 103. Daneben Verordnung (EG) Nr. 261/2004 des Europäischen Parlaments und des Rates vom 11.2.2004 über eine gemeinsame Regelung für Ausgleichs- und Unterstützungsleistungen für Fluggäste im Fall der Nichtbeförderung und bei Annullierung oder großer Verspätung von Flügen und zur Aufhebung der Verordnung (EWG) Nr. 295/91; ABl. 2004 L 46, 1 und dazu EuGH Urt. v. 10.1.2006 – C-344/04, Slg. 2006, I-403 = NJW 2006, 351 = EuZW 2006, 112 mAnm *Reich* – The Queen, ex parte International Air Transport Association, European Low Fares Airline Association/Department of Transport; hierzu und zu weiteren Rechtsakten *Tonner* NJW 2006, 1854; EuGH Urt. v. 19.11.2009 – verb. C-402/07 und 432/07, Slg. 2009, I-10923 = EuZW 2009, 890 – Sturgeon,./. Condor Flugdienst GmbH und Böck./. Air France SA; sowie Verordnung (EG) Nr. 1371/2007 des Europäischen Parlaments und des Rates vom 23. Oktober 2007 über die Rechte und Pflichten der Fahrgäste im Eisenbahnverkehr, ABl. 2007 L 315, 14; Verordnung (EU) Nr. 1177/2010 des Europäischen Parlaments und des Rates vom 24. November 2010 über die Fahrgastrechte im See- und Binnenschiffsverkehr und zur Änderung der Verordnung (EG) Nr. 2006/2004, ABl. 2010 L 334, 1; sowie Verordnung (EU) Nr. 181/2011 des Europäischen Parlaments und des Rates vom 16. Februar 2011 über die Fahrgastrechte im Kraftomnibusverkehr und zur Änderung der Verordnung (EG) Nr. 2006/2004, ABl. 2011 L 55, 1.

[78] Zu allen Rechtsakten umfassende Kommentierungen von *Grundmann* in GK-HGB, Bände 10/1, 10/2, 11/1, 11/2, 5. Aufl. 2015–2018, Sonderband 2020 (Kreditrecht jeweils *Renner*); sowie umfassende Handbücher und Sammelwerke in *Langenbucher/Bliesener/Spindler,* Bankrechts-Kommentar, 2. Aufl. 2016; *Schimansky/Bunte/Lwowski,* Bankrechtshandbuch, 2 Bde., 5. Aufl. 2017.

[79] Leicht zugängliche Kurzübersicht (noch immer) *Grundmann* NJW 2000, 14; Kurzkommentare bei *Gebauer/Wiedmann,* Zivilrecht unter europäischem Einfluss, 2. Aufl. 2010; *Grabitz/Hilf/Wolf,* Bd. III (A1–A25); *Grundmann,* Europäisches Schuldvertragsrecht, 1999; *Riesenhuber,* Europäisches Vertragsrecht, 2. Aufl. 2006; *Riesenhuber,* EU-Vertragsrecht, 2013; zum Vertragsrecht für digitale Inhalte, s. den Entwurf der Europäischen Kommission COM/2015/0634 final – 2015/0287 (COD), dazu *Grünberger* AcP 218 (2018), 213 und *Metzger* AcP 216 (2016), 817; inzwischen verabschiedet als Richtlinie (EU) 2019/770 des Europäischen Parlaments und des Rates vom 20. Mai 2019 über bestimmte vertragsrechtliche Aspekte der Bereitstellung digitaler Inhalte und digitaler Dienstleistungen, ABl. 2019 L 136, 1; und Richtlinie (EU) 2019/771 des Europäischen Parlaments und des Rates vom 20. Mai 2019 über bestimmte vertragsrechtliche Aspekte des Warenkaufs, zur Änderung der Verordnung (EU) 2017/2394 und der Richtlinie 2009/22/EG sowie zur Aufhebung der Richtlinie 1999/44/EG, ABl. 2019 L 136, 28; dazu etwa *Sein/Spindler* ERCL 2019, 257 und *Sein/Spindler* ERCL 2019, 365.

[80] Vgl. Kurzbewertung → 3. Aufl. 2015, Rn 54: Vorschlag für eine Verordnung über ein Gemeinsames Europäisches Kaufrecht vom 11.10.2011, KOM(2011) 635 endg,: Vorstellung durch *Staudenmayer* NJW 2011, 3491 (3492); dazu (überwiegend krit.) Sonderheft zur Zivilrechtslehrertagung 2012 AcP 212 (2012), 473 ff. (mit Beiträgen von *Stadler, Grundmann, Zöchling-Jud, Looschelders, S. Lorenz*); sowie etwa *Remien/Herrler/Limmer,* Gemeinsames Europäisches Kaufrecht für die EU?, 2012, *Schmidt-Kessel,* Der Entwurf für ein Gemeinsames Europäisches Kaufrecht, 2012; *Wendehorst/Zöchling-Jud,* Am Vorabend eines Gemeinsamen Europäischen Kaufrechts, 2012; vgl. weiter die Beiträge in *Devenney/Kenny,* European Consumer Protection, 2012; *Basedow* EuZW 2012, 1 (Kompetenz); *Mansel* WM 2012, 1253 ff. und 1309 ff.; *Weller* GPR 2012, 173; *Hesselink* ERCL 2012, 342; *De Vincelles* Semaine Juridique 2011, 2456; vor verfassungsrechtlichem Hintergrund *C. Mak* ERCL 2012, 326.

[81] S. zum „Europäischen Wirtschaftsgesetzbuch" *Lehmann/Schmidt/Schulze* ZRP 2017, 225; zurückhaltend *Riesenhuber* GPR 2017, 270; s. auch für den Vorschlag eines europäischen Insolvenzrechts *Eidenmüller* Eur. Bus. Org. Law Rev. 18 (2017), 273 (295 ff.); die Sinnkrise der EU rationalisierend, *von Bogdandy* EuR 2017, 487; pessimistischer, einen geringeren Innovationsdruck durch den Brexit auf die EU-Rechtsetzung befürchtend, *Eidenmüller* ZEuP 2018, 868; auf die besondere Rolle wissenschaftlicher Entwürfe für die Rechtsentwicklung in der EU hinweisend, *Sirena* ZEuP 2018, 838.

Kerncharakteristikum aller bisher verabschiedeter Rechtsangleichungsmaßnahmen ist, dass sie   **55**
allein solche Aspekte regeln, für die keine Rechtswahlfreiheit herrscht (eventuell mit minima-
len Ausnahmen). Vereinheitlicht sind Normen mit wirtschaftspolitischer Zielsetzung, also solche, die
relevante Allgemeininteressen zum Gegenstand haben (Recht der Kartellverträge oder der Vergabe-
verträge der öffentlichen Hand), oder Normen, die spezifisch Verbraucher schützen. In beiden
Fällen ist (und war über den gesamten Entwicklungszyklus) die Rechtswahlfreiheit eingeschränkt
(Art. 5–7 und 9 Rom I-VO, vormals Art. 5, 7 EVÜ, Art. 29, 34 EGBGB). Nach der Rechtsprechung des EuGH bildet nicht einmal die Handelsvertreter-RL eine Ausnahme,[82] eine Ausnahme
bildet demnach allenfalls (noch) die Zahlungsverzugs-RL (Fn. 71). Umgekehrt regelt das 4. Buch
des HGB allein Fragen, für die Rechtswahlfreiheit besteht und für die daher der Harmonisierungsbedarf gering(er) ist.[83] Darüber darf freilich nicht verkannt werden, dass das Unionsrecht für den
gesamten Restbereich des Transaktionsrechts, der von Rechtsangleichungsmaßnahmen weitestgehend freigehalten wurde, umfassend Gestaltungsfreiheit geschaffen hat: Dies gilt für die Rechtswahlfreiheit (Art. 3 Rom I-VO bzw. vormals EVÜ) ebenso wie für die (umstrittene) Freiheit,
Regelwerke für zweiseitige Unternehmensgeschäfte privatautonom zu schaffen und zu vereinbaren
(→ Rn. 83–85).

Letztlich verkörpert die unterschiedliche Auswahl der Regelungsgegenstände im deutschen Recht   **56**
der Handelsgeschäfte, wie es **im 4. Buch des HGB** zusammengestellt ist, **und im Europäischen
Recht der Unternehmensgeschäfte** die Kluft zwischen den **Regelungsansätzen zweier unterschiedlicher Epochen:**[84] Im HGB, gerade seinem 4. Buch, steht die Beschleunigungsfunktion, das
laissez faire, im Vordergrund. Das Unionsrecht muss hier nicht regulierend eingreifen, sondern nur die
lex contractus zulassen und schützen. Hierfür genügen bereits die Grundfreiheiten und Art. 3 Rom I-
VO. Im Europäischen Recht der Unternehmensgeschäfte steht der Aspekt der sozialen Verantwortung
der beruflich Tätigen im Vordergrund. Trotz berechtigter Kritik im Einzelfall entspricht dies der
gesellschaftlichen Entwicklung: Neben das (unvermindert wichtige) Recht des laissez faire des 19. Jh.
trat ein Recht der sozialen Verantwortung des 20. und 21. Jh., wie es sich nicht nur im Verbraucher-
und Marktschutz, sondern beispielsweise auch in der CSR-Richtlinie und der Agenda für nachhaltiges
Wachstum der Europäischen Kommission manifestiert.[85]

c) Durchsetzung des Angleichungsstandards im nationalen Handelsrecht. Soweit Rechts-   **57**
angleichungsmaßnahmen eingreifen, erfolgt damit auch eine Basisharmonisierung einer zentral wichtigen Folgefrage: Die Befolgung der Pflichten und die Absicherung der Rechte, die diese Maßnahmen
regeln, muss nach der EuGH-Rechtsprechung im nationalen Recht durch **Sanktionen** sichergestellt
werden, die zwei Postulaten gerecht werden: Sie müssen „jedenfalls wirksam, verhältnismäßig und
abschreckend" sein (Effizienzgebot).[86] Zudem dürfen Pflichten, die in einer unionsrechtlichen Vorgabe
gründen, nicht schwächer sanktioniert werden als vergleichbare Pflichten des rein nationalen Rechts
(Äquivalenzgebot).[87] Daraus werden sehr konkrete Vorgaben abgeleitet, etwa dass ein Schadensersatzanspruch verschuldensunabhängig eingreift und dass er nicht zu Lasten des Anspruchsstellers pauscha-

---

[82] EuGH Urt. v. 9.11.2000 – C-381/98, Slg. 2000, I-9305 – Ingmar; vgl. auch EuGH Urt. v. 23.3.2006 – C-465/
04, Slg. 2006, I-2879 – Honyvem Informazioni Commercial Srl. Wie der EuGH früh schon *Reich* NJW 1994, 2128
(2130 f.); Nachw. zur Gegenmeinung (nach klassischem IPR weit überwiegende Meinung) bei *Martiny* in Reith-
mann/Martiny IntVertragsR Rn. 1.28-1.30 und *Freitag* in Reithmann/Martiny IntVertragsR Rn. 5.45. Zum im Text
genannten Zuschnitt des Harmonisierungsbestandes vgl. ausf. *Grundmann,* Europäisches Schuldvertragsrecht, 1999,
1. Teil Rn. 27, 79, 83, 89, 92.

[83] Mit wenigen Ausnahmen dort, wo dingliche Fragen mit geregelt sind (etwa § 366). Hier, im Mobiliarsicherhei-
tenrecht allgemein, erscheint auch der Harmonisierungsbedarf besonders dringend.

[84] Ausf. *Grundmann* ZHR 163 (1999), 635 (bes. 675–678).

[85] Zum Einfluss der Corporate Social Responsibility auf Grundlage der RL 2013/34/EU, etwa *Bachmann* bzw.
Hennrichs ZGR 2018, 231 bzw. 206 (und das ganze Sonderheft); *Spießhofer* NZG 2018, 441; zur Implementierung
von CSR in der Lieferkette *Fleischer/Hahn* RIW 2018, 397 und *Rühmkorf* ZGR 2018, 410; umfassend zu CSR *Hilty/
Henning-Bodewig,* Corporate Social Responsibility, Verbindliche Standards des Wettbewerbsrechts?, 2014; zur Nachhaltigkeit als neuem EU-Rechtsprinzip s. den Aktionsplan: Finanzierung nachhaltigen Wachstums, *Europäische
Kommission* COM(2018) 97 final; dazu *Möslein/Mittwoch* WM 2019, 481; zur zunehmenden Bedeutung der Grund-
und Menschenrechten → Rn. 37.

[86] EuGH Urt. v. 21.9.1989 –68/88, Slg. 1989, 2965, 2985 = NJW 1990, 2245 – Kommission/Griechenland; Urt.
v. 10.7.1990 – C-326/88, Slg. 1990, I-2911, 2935 = RIW 1991, 683 – Hansen; der Sache nach schon EuGH Urt. v.
10.4.1984 – 14/83, Slg. 1984, 1891, 1908 = NJW 1984, 2021 – von Colson und Kamann; Urt. v. 10.4.1984 – 79/
83, Slg. 1984, 1921 (1941 f.) – Harz; ausf. *Riesenhuber,* Europäisches Vertragsrecht, 2. Aufl. 2006, Rn. 223–225a. Teils
ebenso (deklaratorisch, nicht einschränkend) einige (eher jüngere) Rechtsakte: etwa Art. 6 Abs. 1 AGB-RL, ABl.
1993 L 95, 29; Art. 25 S. 2 Gleichbehandlungs-RL, ABl. 2006 L 204, 23; Art. 7 Abs. 1 Marktmissbrauchs-RL II,
ABl. 2014 L 173, 179; Art. 70 Abs. 1 S. 2 Finanzmarkt-RL II, ABl. 2014 L 173, 249; vgl. auch Art. 28 Abs. 1 S. 2
Transparenz-RL, ABl. 2004 L 390, 38, zuletzt geändert durch Transparenz-Änderungs-RL, ABl. 2013 L 294, 13.

[87] EuGH Urt. v. 21.9.1989 – 68/88, Slg. 1989, 2965, 2985 = NJW 1990, 2245 – Kommission/Griechenland; Urt.
v. 10.7.1990 – C-326/88, Slg. 1990, I-2911, 2935 = RIW 1991, 683 – Hansen; ausf. *Riesenhuber,* Europäisches
Vertragsrecht, 2. Aufl. 2006, Rn. 220–222. Für Beispiele aus dem deutschen Kapitalmarktrecht *Grundmann/Selbherr*
WM 1996, 985 (987–989 und 991 f.).

liert werden darf. Insoweit wendet der EuGH, (auch) wenn der Rechtsangleichungsakt nicht unmittelbar anwendbar ist, die strengen Grundsätze zur richtlinienkonformen Auslegung an.[88]

IV. GATT-System – Sperrwirkung ansatzweise im öffentlichen Recht

58 Vergleichbare **Sperrwirkung (ohne Reregulierungswirkung) wie die Grundfreiheiten** entfaltet im internationalrechtlichen Kontext das GATT-System 1994 (mit GATS und WTO), an das auch die Union gebunden ist.[89] Dies gilt freilich nur mit erheblichen Abstrichen und die Wirkung bewegt sich **nur am Rande** des Handelsrechts.

59 Die Abstriche beruhen zum einen auf Einschränkungen bei der **unmittelbaren Anwendbarkeit** des GATT-Systems: Nach (vielfach kritisierter und immer noch im Fluss befindlicher) Rechtsprechung des EuGH ist die Union als Vertragspartner zwar an das Regime gebunden, dieses verleiht jedoch innerhalb des Unionsbinnenrechts Bürgern keine einklagbaren Rechte, ja nicht einmal Mitgliedstaaten.[90] Ausnahmen gelten nur, wenn ein Rechtsakt der Union, der selbst unmittelbar anwendbar ist, mit „spezifischem Umsetzungswillen" auf das GATT-System verweist.[91] Die alte deutsche höchst-

---

[88] EuGH Urt. v. 10.4.1984 – 14/83, Slg. 1984, 1891, 1909 = NJW 1984, 2021 – von Colson und Kamann; Urt. v. 10.4.1984 – 79/83, Slg. 1984, 1921 (1942) – Harz; Urt. v. 3.10.2013 – C-32/12, ECLI:EU:C:2013:637 – Duarte Hueros; Urt. v. 21.2.2013 – C-415/11, ECLI:EU:C:2013:164 – Aziz.

[89] Vertragstexte der sog. *Uruguay*-Runde (mit General Agreement on Tarifs and Trade [GATT 1994], mit Übereinkommen zur World Trade Organisation [WTO], mit General Agreement on Trade in Services [GATS]) in: ILM 33 (1994) 1125; BGBl. 1994 I 1442 (englisch) und 1624 (deutsch). Aus der umfangreichen Lit.: *Barton et al.*, The evolution of the trade regime: politics, law, and economics of the GATT and the WTO, 2006; *Bhala*, Modern GATT law: a treatise on the general agreement on tariffs and trade, 2005; *van den Bossche*, The law and policy of the World Trade Organization: text, cases and materials, 3. Aufl 2013; *Hilf/Oeter*, WTO-Recht: Rechtsordnung des Welthandels, 2. Aufl. 2010; *Hilpold*, Die EU im GATT/WTO-System, 3. Aufl.2009; *Hoekman/Kostecki*, The political economy of the world trading system: the WTO and beyond, 3. Aufl. 2008; *Jackson*, The World Trading System – Law and Policy of International Economic Relation, 2. Aufl. 1997; *McDonald*, The World Trading System – the Uruquay Round and beyond, 1998; *Matsushita/Schoenbaum/Mavroidis*, The World Trade Organization: law, practice, and policy, 3. Aufl. 2015; *Oppermann/Beise*, Die neue Welthandelsorganisation – ein stabiles Regelwerk für weltweiten Freihandel?, Europaarchiv 1994, 195; *Petersman*, Reforming the world trading system: legitimacy, efficiency, and democratic governance, 2005; *Senti*, Die WTO im Spannungsfeld zwischen Handel, Gesundheit, Arbeit und Umwelt: geltende Ordnung und Reformvorschläge, 2006; *Wolfrum/Stoll/Hestermeyer*, WTO – Trade in Goods, 5. Aufl. 2010; *Hahn* in Bungenberg/Herrmann, Die gemeinsame Handelspolitik der Europäischen Union nach Lissabon, 2011, 13; *Hoffmeister* in Bungenberg/Herrmann, Die gemeinsame Handelspolitik der Europäischen Union nach Lissabon, 2016, 191; *Stoll* ZaöRV 54 (1994), 241; *Watson*, Completing the World Trading System, 1999; *Weiss* CMLR 32 (1995), 1177; zur neuen Rolle der WTO bei abnehmender Bedeutung des Multilateralismus, *Altemöller* EuZW 2015, 135; zu den möglichen Implikationen des Brexit für die EU-Handelspolitik, *Herrman* EuZW 2017, 961 für weitere, ältere Lit. vgl. auch → 1. Aufl. 2001. Aktuelle Auflistungen zu weiteren Handelsabkommen der Union unter http://ec.europa.eu/trade/creating-opportunities/bilateral-relations/index_en. htm.

[90] EuGH Urt. v. 5.10.1994 – C-280/93, Slg. 1994, I-4973, 5071–5074 = NJW 1995, 945 – Bananen; Urt. v. 12.12.1995 – C-469/93, Slg. 1995, I-4533, 4565–4568 = EuZW 1996, 118 – Chiquita Italia; Urt. v. 23.11.1999 – C-149/96, ECLI:EU:C:1999:574 = EuZW 2000, 119 – Portugal/Rat; Urt. v. 30.9.2003 – C-93/02, Slg. 2003, I-10497 = EuZW 2003, 758 – Biret International SA in Liquidation, (auch kein Schadensersatzanspruch); Urt. v. 1.3.2005 – C-377/02, Slg. 2005, I-1465 = EuZW 2005, 214 – Léon Van Parys NV (ebenso für WTO-Streitbeilegungsentscheidungen); auch EuGH Urt. v. 21.12.2011 – C 366/10, Slg. 2011, I-13755= NVwZ 2012, 226 – Air Transport Association of America; ausf. *Berrisch/Kamann* EWS 2000, 89; *Cottier* CMLR 35 (1998), 325; *Hilpold*, Die EU im GATT/WTO-System, 3. Aufl. 2009, 165–320; *Hermes*, TRIPS im Gemeinschaftsrecht: zu den innergemeinschaftlichen Wirkungen von WTO-Übereinkünften, 2002; *Maczynski* EuZW 2006, 459; *Ott*, GATT und WTO im Gemeinschaftsrecht – die Integration des Völkervertragsrechts in die Europäische Gemeinschaftsrechtsordnung am Beispiel des GATT-Vertrags und der WTO-Übereinkünfte, 1997; *Pitschas* EuZW 2003, 761; *Sauer* EuR 2004, 463; *Steinbach* EuZW 2005, 331; für Abschattierungen: *Eeckhout* CMLR 34 (1997), 11; *Schroeder/Selmayr* JZ 1998, 344; für weitere, ältere Nachw. vgl. Vorauflagen. Gegen den EuGH das WTO-Panel am 12.4.1999 (WT/DS27/RW/ECU – Recourse to Art. 21.5 by Ecuador), Teilabdruck EuZW 1999, 431; gleichwohl für Anwendbarkeit der gemeinschaftsrechtlichen Verordnung(en): EuGH Urt. v. 2.5.2001 – C-307/99, Slg. 2001, I-3159 = EuZW 2001, 529 – OGT Fruchthandelsgesellschaft mbH/Hauptzollamt Hamburg-St. Annen; für Neubesinnung hingegen Generalanwalt *Tesauro* in der Rs. C-53/96, Slg. 1998, I-3603, 3628 – Hermès. Nach der EuGH-Rechtsprechung immerhin Verstoß potentiell GATT-widriger Unionsrechtsakte gegen Grundsätze des Unionsrechts denkbar: EuGH Urt. v. 11.7.2006 – C-313/04, Slg. 2006, I-6331 – Egenberger/Bundesanstalt für Landwirtschaft und Ernährung; Kurzüberblick über den Rechtsprechungsstand des EuGH bei *Herdegen*, Internationales Wirtschaftsrecht, 11. Aufl. 2017, 230–235.

[91] Über die bisher Genannten hinaus, besonders angenommen in EuGH Urt. v. 22.6.1989 – 70/87, Slg. 1989, 1781, 1830–1832 = EuZW 1990, 64 – Fediol (EWG-Verordnung Nr. 2641/84, ABl. 1984 L 252, 1, die Privaten ein Recht verleiht, die Kommission anzuhalten, gegen drittstaatliche Beschränkungen vorzugehen); EuGH Urt. v. 7.5.1991 – C-69/89, Slg. 1991, I-2069, 2177 f. – Nakajima (Europäische Antidumping-Verordnung Nr. 2423/88, ABl. 1988 L 209, 1, die auf den entsprechenden GATT-Kodex von 1979 verweist); vgl. (solch einen Verweis verneinend) EuGH Urt. v. 20.5.2010 – C-160/09, Slg. 2010, I-4591 = IStR 2010, 625 – Ioannis Katsivardas;; zuletzt präzisiert in EuGH Urt. v. 16.7.2015 – C-21/14 P, Slg. EU:C:2014:1749 = EuZW 2015, 759 mAnm *Hartmann* – Kommission/Rusal Armenal.

richterliche Rechtsprechung im vergleichbar restriktiven Sinne ist jedenfalls für das TRIPS-Übereinkommen aufgegeben.[92]

Die Abstriche beruhen zum anderen auf **Grenzen des Regelungsumfangs** – sowohl bei den **60** Materien, als auch bei den erfassten Maßnahmen. Ursprünglich betraf das System ohnehin nur den Warenverkehr (GATT), und auch nach Einführung des GATS (1994) sind Dienstleistungen nur in ausgewählten Branchen und nur mit einer Rahmenordnung erfasst. Grundidee in den erfassten Bereichen (Warenverkehr, teils Dienstleistungsverkehr) ist, dass Behinderungen durch staatliche oder durch EU-Maßnahmen nur in Form von Zöllen (Tarifs) zulässig sind und diese zudem schrittweise aneinander angeglichen und abgebaut werden sollen. Die sonstigen Behinderungen gelten als zu vielgestaltig und intransparent und sind daher im Grundsatz untersagt. Uneingeschränkt gilt dies freilich nur für die mengenmäßigen Beschränkungen. Das Verbot von Subventionen und von Antidumping-Maßnahmen ist weniger unbedingt und in je einem Kodex ausgestaltet. Bei allen benannten Maßnahmen (vgl. die Meistbegünstigungsregel des Art. I, die Zollregeln der Art. VI–VIII, die Aufzählung der zu publizierenden Rechtsnormen in Art. X, die Regeln zu mengenmäßigen Beschränkungen und Subventionen in Art. XI–XIV und XVI) handelt es sich **allein um Instrumente des öffentlichen Rechts,** die zwar Handelsgeschäfte erfassen können, jedoch nicht zu den im 4. Buch des HGB geregelten zählen. Eine Erstreckung auch auf zivilrechtliche Regeln (wie im 4. Buch) steht noch aus, obwohl insbesondere der allgemeine Gleichstellungssatz des Art. III interpretatorisch fruchtbar gemacht werden könnte.[93] Jedenfalls die zivilrechtlichen Fälle, die in der Grundfreiheitendogmatik primär diskutiert werden (faktische Höherbelastung etc), bleiben vor innerstaatlichen Gerichten und vor dem EuGH vom GATT-System auf absehbare Zeit unberührt.

V. Internationale Übereinkommen – Sperr- und Reregulierungswirkung

1. Anwendbarkeit der Regelung. a) Transformationsakt und weitgehende Befolgung des **61** **Ursprungsakts.** Sofern nicht die Vertragsschlusskompetenz (ausnahmsweise) allein bei der EU liegt und die Umsetzung per Sekundärrecht gesucht wird, entfalten Regelungen internationaler Übereinkommen, wie etwa CETA, in Deutschland **erst auf Grund eines Transformationsgesetzes** (Art. 59 GG) Wirkung.[94] Bei einem Brexit-Abkommen der EU 27 mit dem Vereinigten Königreich spricht nach dem Präzendenzfall des EU-Singapur-Freihandelsabkommens viel dafür, dass die EU alleine tätig werden kann, ohne dass Transformationsakte der Mitgliedstaaten erforderlich wären.[95] Im Übrigen betreffen die wenigen völkerrechtlichen Regeln, die in Deutschland auch ohne Transformation unmittelbare Wirkung zeitigen, Grundsätze wie: keine Anwendung deutschen Rechts ohne jeglichen Bezug zum Fall;[96] fraglich schon der Grundsatz von Treu und Glauben (bona fides).[97] Für Handelsgeschäfte sind sie praktisch ohne Belang.

Mit dem Instrument der **völkerrechtskonformen bzw. einheitsfördernden Auslegung** wird **62** versucht, bei der Auslegung des Transformationsaktes Ergebnisse zu erzielen, die der völkerrechtlichen Ursprungsnorm möglichst nahe kommen: Einerseits wird – bei der völkerrechtskonformen Auslegung – für den nationalen Transformationsakt die (nach nationalem Recht mögliche) Auslegungsvariante gewählt, die möglichst mit dem Übereinkommen in Einklang steht.[98] Dies geht weniger weit als bei der richtlinienkonformen Auslegung. Andererseits sind – bei der einheitsfördernden Auslegung – ausländische Judikate und Rechtsmeinungen zum zugrunde liegenden Übereinkommen bzw. dortigen Transformationsakt bei der Auslegung des inländischen Transformationsakts zu berücksichtigen mit

---

[92] Gegen unmittelbare Anwendbarkeit BFH Urt. v. 26.7.1961 – VII 43/60 S, BFHE 73, 399 (411); aA jedoch seit BGH Urt. v. 25.2.1999, NJW 1999, 1953 (1958). Näher MüKoBGB/*Drexl* Internationales Immaterialgüterrecht Rn. 95–99.

[93] Danach sind „die inneren Abgaben und sonstigen Belastungen, die Gesetze, Verordnungen und sonstige[n] Vorschriften über den Verkauf, das Angebot, den Einkauf, die Beförderung, Verteilung oder Verwendung von Waren im Inland … nicht derart [anzuwenden] …, dass die inländische Erzeugung geschützt wird." Zum Instrumentarium des GATT-Systems ausführlicher die Fn. 89 genannte Literatur. Gewisser Zivilrechtsbezug bei *Hilpold,* Die EU im GATT/WTO System, 2009, 281–284; *Hinderer,* Rechtsschutz von Unternehmen in der WTO, 2004, 491–503; *Schwartmann,* Private im Wirtschaftsvölkerrecht, 2005, 419–421.

[94] Anhand des Beispiels des gescheiterten TTIP Abkommens, *Mayer/Ermes* ZRP 2014, 237 (240); zum CETA-Abkommen als kompetenziell „gemischten Abkommen", vgl. *Pautsch* NVwZ 2016, 1294.

[95] Vgl. *Herrmann* EuZW, 2017, 961 (965); zum aktuellen Stand der Gemeinsamen Handelspolitik der EU s. *Müller-Ibold/Herrmann* EuZW 2018, 749.

[96] BVerfG Urt. v. 22.3.1983 – 2 BvR 475/78, BVerfGE 63, 343 (369) (für Steuergesetze).

[97] Vgl. *Wollenschläger* in Dreier, Grundgesetz-Kommentar, 3. Aufl. 2010, GG Art. 25 Rn. 7; *Berger,* Formalisierte oder „schleichende" Kodifizierung des transnationalen Wirtschaftsrechts – zu den methodischen und praktischen Grundlagen der lex mercatoria, 1996, 217.

[98] Dazu besteht nach deutschem Recht eine Pflicht, wenn sich aus dem Transformationsakt nichts anderes ergibt: BVerfG Urt. v. 23.6.1981 – 2 BvR 1107, 1124/77 und 195/79, BVerfGE 58, 1 (34); Urt. v. 10.11.1981 – 2 BvR 1058/79, BVerfGE 59, 63 (89); *Geiger,* Grundgesetz und Völkerrecht, 7. Aufl. 2018, 172 f.; *Kropholler* EinhR 94.

dem Ziel, zu einer einheitlichen Auslegung zu gelangen.[99] Verbleiben dennoch Divergenzen, so ist – wie im unvereinheitlichten Bereich – für die Frage, welche der divergierenden Fassungen zur Anwendung kommt, das Kollisionsrecht des Forums zu befragen.[100] Auch dies ist anders als im Unionsrecht, wo ein supranationaler Gerichtshof befindet.

63 **b) Sachlicher, räumlicher und persönlicher Anwendungsbereich.** Ist das internationale Übereinkommen in Deutschland anwendbar, weil ein Transformationsgesetz vorliegt, so stellt sich weiterhin die Frage, ob sein sachlicher, räumlicher und persönlicher Anwendungsbereich eröffnet ist. Der sachliche Anwendungsbereich ist durch den Regelungsgegenstand – etwa Abschluss und Inhalt von Kaufverträgen – umrissen. Der **räumliche Anwendungsbereich** ist bei internationalen Übereinkommen komplex und **hängt** eng **mit den verschiedenen Einwirkungsweisen zusammen** (→ Rn. 65–69): Wichtig ist vor allem, dass das Übereinkommen nationales Recht nur für grenzüberschreitende oder aber auch für rein innerstaatliche Sachverhalte verdrängen kann, und, dass, auch wenn das Übereinkommen nach allem Gesagten anwendbar ist, es dennoch in vielen Fällen abgewählt werden kann (zu Letzterem → Rn. 68, 73 f.).

64 Der persönliche Anwendungsbereich ist typischerweise signifikant anders umrissen als im EU-Sekundärrecht. Ungleich seltener als dort wird die Anwendbarkeit internationaler Übereinkommen zu Handelsgeschäften davon abhängig gemacht, dass ein (oder beide) Transaktionspartner in einer **spezifischen Rolle** auftrat(en) – als **Unternehmen oder Verbraucher.** Das Genfer Scheck- und Wechselrecht verzichtet hierauf implizit, das Wiener UN-Kaufrecht ausdrücklich (Art. 1 Abs. 3 CISG), wobei freilich ein Käufer, der erkennbar nicht beruflich handelt, nicht erfasst ist (Art. 2 lit. a CISG). Hingegen gelten die Übereinkommen zu Gastwirtshaftung und Transport für Unternehmen (beruflich Tätige) spezifischer Branchen,[101] die auch nach deutschem Recht gemäß den Kriterien von § 1 als Kaufleute zu qualifizieren wären.

65 **2. Einwirkung der Rechtsangleichung auf Rechtsnormen zu Handelsgeschäften (absolute Sperrwirkung). a) Absolute und beschränkte Sperrwirkung von handelsrechtlichem Einheitsrecht (Sachrecht).** Handelsgeschäfte werden in internationalen Übereinkommen vor allem in drei Formen geregelt. **Zwei Formen** betreffen das Sachrecht.[102] Man spricht insoweit **von internationalem Einheitsrecht.**[103] In diesen Übereinkommen ist das Sachrecht selbst vereinheitlicht, also das Recht der Sachlösungen selbst. Der Unterschied zwischen beiden Formen liegt darin, dass **teils nur grenzüberschreitende Fälle** erfasst werden, wie vom CISG, **teils alle Fälle,** auch die reinen Inlandssachverhalte, wie vom Genfer Scheck- und Wechselrecht.[104] Internationales Einheitsrecht der einen

---

[99] Zur diesbezüglichen Pflicht, die besteht, wenn sich aus dem deutschen Transformationsakt nichts Gegenteiliges ergibt: BGH Urt. v. 6.7.1979 – I ZR 127/78, NJW 1979, 2472; *Junker* RabelsZ 55 (1991), 674 (694–696); *Kropholler* EinhR 94, 204–206, 280–285 und 240–243, 258 ff., bes. 275 Fn. 60, 281 (rechtsvergleichend zu den USA, Deutschland, Frankreich, UNCITRAL, England); MüKoBGB/*Sonnenberger* Einl. IPR Rn. 307 (mwN); *Reinhart* RIW 1994, 445 (451); *Titze,* Die deutsche Asylrechtsprechung und das internationale Flüchtlingsrecht, 2008, 127.

[100] BGH Urt. v. 29.10.1962 – II ZR 28/62, NJW 1963, 252; *v. Bar/Mankowski* IPR I § 2 Rn. 70 f.; MüKoBGB/*Sonnenberger* Einl. IPR Rn. 370; aA *v. Caemmerer* FS Hallstein, 1966, 63, 89.

[101] „Gastwirt", „hôtelier", „hotel-keepers"; „entgeltlich" oder durch „Luftfahrtunternehmen", „entreprise de transport aériens"; „Eisenbahn" etc; „entgeltliche Beförderung von Gütern auf der Straße mittels Fahrzeugen".

[102] Zu Übereinkommen zum Kollisionsrecht → Rn. 67 f.

[103] Zu den Problemen von Einheitsrecht ausführlich und klassisch *Kropholler* EinhR; zuvor vor allem *Aubin* in Konrad Zweigert, Europäische Zusammenarbeit im Rechtswesen, 1955, 45; aus jüngerer Zeit *Basedow* Uniform Law Review 2003, 31; *Gruber,* Methoden des internationalen Einheitsrechts, 2004; *Marquis,* International Uniform Commercial Law: Towards a Progressive Consciousness, 2005; *Schmid,* Einheitliche Anwendung von internationalem Einheitsrecht, 2004; *Torsello,* Common Features of Uniform Commercial Law Conventions, 2004; *Karin Linhart,* Internationales Einheitsrecht und einheitliche Auslegung, 2005; *Weismer,* Grundfragen grenzüberschreitender Rechtsetzung, 1995.

[104] Jede der beiden Formen hat Vor- und Nachteile. Einheitsrecht allein für grenzüberschreitende Fälle kommt nur relativ langsam zur Anwendung und – auf Grund der Unwägbarkeiten des internationalen Rechtsverkehrs – auch über viele Jahre selten vor die Gerichte, zumal die staatlichen. (Veröffentlichtes) Rechtsprechungsmaterial, das Sicherheit der Anwendung verbürgt, ist typischerweise über viele Jahre und teils dauerhaft in (zu) geringem Maße verfügbar. Diese Übereinkommen werden daher, selbst wenn sie inhaltlich überwiegend positiv, ja sogar als modern und wegweisend bewertet werden, in der Praxis meist abgewählt. Selbst für das CISG listete *Will,* International Sales Law under CISG – the UN Convention on contracts for the International Sale of Goods (1980) – the first 555 or so Decisions, 1999, weltweit nur gut 500 Entscheidungen aller Instanzen in knapp 20 Jahren auf, dh. ca. 25 jährlich, meist von Untergerichten. In der darauffolgenden Dekade war die Zahl der veröffentlichten Gerichtsentscheidungen bzw. Schiedssprüche jedoch auf ca. 2500 gestiegen, vgl. *Schwenzer/Hachem* 57 Am. J. Comp. L. 2009, 457 (458) sowie die *Pace-Datenbank,* welche den Großteil aller veröffentlichten Entscheidungen zum CISG erfasst (abrufbar unter http://www.cisg.law.pace.edu/). Für eine zunehmende Durchsetzung auch Schlechtriem/Schwenzer/*Schwenzer* Einl. I; *Magnus* ZEuP 2010, 881. Umgekehrt ist die Sachrechtsvereinheitlichung auch für den Inlandssachverhalt nur in den Bereichen wünschenswert, in denen die Abhängigkeit vom jeweiligen sozialen Umfeld schwach ausgeprägt ist, in denen also Lösungen ohnehin – wie ganz überwiegend im Recht der Handelsgeschäfte – global kompatibel, weil primär funktional begründet erscheinen. In diesen Fällen ist denkbar, nur in den wenigen Punkten Sonderregeln einzufügen, in denen die Internationalität der Sachverhaltsgestaltung eine abweichende Regelung erforderlich macht (etwa bei Fristen). Auch in diesen Bereichen wird als zentrale Schwäche internationalen Einheitsrechts konstatiert, dass es schwerer abzuändern ist, ihm also eine Tendenz zur Versteinerung innewohnt; zudem werde es fern der betroffenen Gruppen geschaffen. Zu den

oder der anderen Form existiert nur in einigen klar umrissenen Bereichen, vor allem im Kauf-, Scheck- und Wechsel- sowie Transportrecht und für einige spezielle Vertragstypen (→ Rn. 72–74).

Sperr- und Reregulierungswirkung entfalten alle Übereinkommen zur Sachrechtsvereinheitlichung **66** allein unter der Voraussetzung, dass eine **Nähe zu den Vertragsstaaten** etabliert ist. Der Kreis der jeweiligen Vertragsstaaten ist also von erheblicher Bedeutung. Die entscheidenden Nähekriterien sind stets im jeweiligen Übereinkommen selbst beschrieben. Typischerweise wird (alternativ) darauf abgestellt, dass entweder die Parteien ihren Sitz in Vertragsstaaten haben (wenn nur grenzüberschreitende Sachverhalte erfasst werden: in unterschiedlichen Vertragsstaaten) oder dass nach dem Kollisionsrecht des angerufenen Gerichts das Recht eines Vertragsstaates zur Anwendung käme (so etwa Art. 1 Abs. 1 lit. a und b CISG). Vor die Gerichte eines Vertragsstaates können also auch Sachverhalte kommen, die – wegen eines engen Bezugs zu einem Nichtvertragsstaat – nicht dem Übereinkommen unterfallen, obwohl dieses sachlich durchaus einschlägig ist.

b) Flächendeckende Vereinheitlichung des Kollisionsrechts. Neben die beiden Formen der **67** Sachrechtsvereinheitlichung tritt die **Kollisionsrechtsvereinheitlichung** in internationalen Übereinkommen. Hierbei geht es jeweils um die Frage, welches nationale Sachrecht auf einen Sachverhalt mit internationalen Implikationen Anwendung findet. Kollisionsrechtsvereinheitlichung tritt also hinter tatsächlich erreichte Einheit im Sachrecht zurück,[105] verdrängt jedoch seinerseits das nationale Kollisionsrecht des jeweiligen Forums, sodass (zumindest) die Frage nach dem anwendbaren Recht in den Vertragsstaaten nach gleichen Regeln beantwortet wird. Da das Recht der Handelsgeschäfte in seinem Hauptteil ein Recht der Schuldverträge mit Unternehmens- oder Kaufmannsbeteiligung ist, nimmt die **Rom I-VO** (anwendbar seit dem 17.12.2009) und bis dahin das Europäische Vertragsrechtsübereinkommen (EVÜ)[106] eine zentrale Stellung ein. Diese Rechtsakte regeln das Kollisionsrecht der Schuldverträge sachlich weitgehend flächendeckend (mit Ausnahmen bei der Stellvertretung, der Handlungs- und Geschäftsfähigkeit und bei einigen Vertragstypen, dem Scheck- und Wechsel- sowie – teils – dem Erstversicherungsvertrag, weil insoweit die spezielleren inter- und supranationalen Rechtsakte die Kollisionsnormen enthalten).[107] Sie **regeln** – aus Sicht der Bundesrepublik – **das Schuldvertragskollisionsrecht** auch global, **im Verhältnis zu allen Staaten der Welt.** Denn anders als bei der Sachrechtsvereinheitlichung kann die Kollisionsrechtsvereinheitlichung nicht nur dergestalt erfolgen, dass allein für Sachverhalte, die zwischen Vertragsstaaten spielen, das nationale Kollisionsrecht verdrängt wird. Vielmehr kann durch Kollisionsrechtsvereinheitlichung auch eine sog. loi uniforme geschaffen werden, Kollisionsrecht, zu dessen Heranziehung sich jeder Vertragsstaat für jeden Auslandssachverhalt verpflichtet. Ebendies sieht Art. 2 Rom I-VO (und schon das EVÜ) vor. Die Rom I-VO gilt unmittelbar ohne Umsetzung (während das EVÜ in Deutschland ins EGBGB inkorporiert, aber ebenfalls nicht auf Fälle im Verhältnis zu Vertragsstaaten beschränkt wurde). Verdrängt werden beide Rechtsakte nur, soweit konfligierende Kollisionsrechtsvereinheitlichung in einer anderen internationalen Rechtsquelle erfolgte, sei es in einem (auf den fraglichen Sachverhalt anwendbaren) internationalen Übereinkommen (mit Einschränkungen, vgl. Art. 25 Rom I-VO und vormals Art. 21 EVÜ),[108] sei es im Europäischen Unionsrecht (Art. 23 Rom I-VO, vormals Art. 20 EVÜ).[109]

Kritiken grundlegend *Behrens* RabelsZ 50 (1986), 19 (26 ff.); *Kirchner* in Weyers, Europäisches Vertragsrecht, 1997, 103, 118–121; ausf. *Grundmann/Kerber* 21 European Journal of Law and Economics 2005, 215.

[105] Zum sonst verbleibenden Einsatzfeld des IPR → Rn. 62.

[106] Verordnung (EG) Nr. 593/2008 des Europäischen Parlaments und des Rates vom 17.6.2008 über das auf vertragliche Schuldverhältnisse anzuwendende Recht (Rom I), ABl. 2008 L 177, 6; dazu etwa *G.-P. Calliess,* Rome Regulations (Rome I, II, III). Commentary, 2. Aufl. 2015; knapper *Clausnitzer/Woopen* BB 2008, 1798; *Mankowski* IHR 2008, 133. (Römisches) Übereinkommen 80/934/EWG vom 19.6.1980 über das auf vertragliche Schuldverhältnisse anzuwendende Recht, ABl. 1980 L 266, 1 = BGBl. 1986 II 810 (deutsch-englisch-französisch); in Kraft getreten am 1.4.1991, ABl. 1991 C 52, 1 und BGBl. 1991 II 871, dann für alle Mitgliedstaaten; konsolidierte Fassung ABl. 1998 C 27, 34; näher etwa *Riesenhuber,* Europäisches Vertragsrecht, 2. Aufl. 2006, Rn. 163–180. Für VO ebenso wie für EVÜ gilt: Als loi uniforme (dazu sogleich) bilden sie für die Bundesrepublik jedoch jedenfalls Grundlage eines weltweit die Sachverhalte erfassenden Kollisionsrechts und insoweit den zentralen Baustein im weiteren, internationalrechtlichen Kontext.

[107] Vgl. Art. 2 Abs. 2. Für die Erstversicherungsverträge vgl. die inzwischen aufgehobene 2. Richtlinie Schadensversicherung, 88/357/EWG, ABl. 1988 L 172, 1 und verstreut in der ebenfalls aufgehobenen Richtlinie 2002/83/EG des Europäischen Parlaments und des Rates vom 5.11.2002 über Lebensversicherungen, ABl. 2002 L 345, 1, insbes. Art. 32 (beide Richtlinien bereits vielfach geändert). Aufgegangen sind beide Richtlinien (zusammen mit elf weiteren) mit Wirkung zum 1.11.2012 in einer Rahmenrichtlinie zur Neuordnung des rechtlichen Umfelds der europäischen Versicherungsaufsicht, vgl. Richtlinie 2009/138/EG des Europäischen Parlaments und des Rates vom 25.11.2009 betreffend die Aufnahme und Ausübung der Versicherungs- und Rückversicherungstätigkeit (Solvabilität II), ABl. 2009 L 335, 1; dazu *Bürkle* WM 2012, 878; *Dreher/Lange* VersR 2012, 825; und kurz auch *Grundmann,* Europäisches Gesellschaftsrecht, 2. Aufl. 2011, 72. Für die internationalrechtlichen Rechtsakte, auch zum Scheck- und Wechselrecht, → Rn. 67 f. Überblick über die (noch recht versprengten) sonstigen Kollisionsnormen im Unionsrecht bei MüKoBGB/*Sonnenberger* Einl. IPR Rn. 318.

[108] Zu diesen weiteren Übereinkommen und Übereinkommen außerhalb des Anwendungsbereichs der Rom I-VO, auch jenseits des Schuldvertragsrechts, → Rn. 72–75.

[109] Gemeint sind hiermit spezielle Kollisionsnormen in EU-Richtlinien, wie etwa Art. 6 AGB-RL. Übersicht bei MüKoBGB/*Sonnenberger* Einl. IPR Rn. 318 (auch völkervertragliches IPR). Die Lit. nennt vor allem diese Kon-

68   **Praktisch** führt diese Vereinheitlichung dazu, dass in Sachverhalten, die grenzüberschreitenden Bezug haben, grundsätzlich **hinsichtlich schuldvertraglicher Regeln uneingeschränkt Rechtswahlfreiheit herrscht.** Auch Standards, die EU-Sekundärrecht oder internationale Übereinkommen im Wege der Reregulierung einführen, sind solchermaßen abwählbar. In internationalen Übereinkommen, die allein auf grenzüberschreitende Transaktionen zur Anwendung kommen, wird dies auch ausdrücklich spezifiziert (etwa Art. 6 CISG). Soweit diese inter- oder supranationalen Rechtsakte eine **speziell verbraucherschützende Regelung** vornehmen, ist die Rechtswahlfreiheit freilich nach Art. 5–7 Rom I-VO (vormals Art. 5 EVÜ bzw. Art. 29 EGBGB) **weitgehend beschränkt.**

69   **c) Anwendbarkeit von Eingriffsnormen trotz Sperrwirkung.** Keine Sperrwirkung entfalten die internationalen Übereinkommen, die handelsrechtliche Materien regeln, gegenüber Eingriffsnormen iSv Art. 9 Rom I-VO (vormals Art. 7 EVÜ bzw. Art. 34 EGBGB), insbesondere wirtschaftspolitisch motivierten. Diese Normen, etwa devisen- oder wettbewerbsrechtliche, greifen (bei Anwendungswille)[110] daneben ein. Verdrängt werden diese erst durch internationale Übereinkommen, die die gleichen wirtschaftsrechtlichen Fragen zum Gegenstand haben. Diese Art Vereinheitlichungsmaßnahme ist jedoch im internationalrechtlichen Kontext (anders als im EU-Sekundärrecht) selten.[111] Die Verdrängungswirkung des GATT-Systems (ohne Reregulierungswirkung) bleibt unberührt.

70   **3. Einwirkung internationaler Übereinkommen auf Vereinbarungen zu Handelsgeschäften.** Ist das jeweilige internationale Übereinkommen auf Grund eines Transformationsaktes in Deutschland anwendbar (→ Rn. 61 f.), ist der sachliche und persönliche Anwendungsbereich eröffnet (→ Rn. 63 f.) und entfaltet das internationale Übereinkommen (Sperr-)Wirkung für den konkreten Sachverhalt (→ Rn. 65–69), so regelt nicht mehr autonomes deutsches Recht, sondern das Transformationsgesetz (ausgelegt im Lichte des Übereinkommens) das Handelsgeschäft.

71   **4. Handelsrechtlicher Normenbestand in internationalen Übereinkommen.**[112] Für Deutschland sind folgende Übereinkommen mit oder zu handelsrechtlichem Normbestand in Kraft,[113] teils im Verhältnis zu sehr zahlreichen Staaten,[114] teils gar als sog. loi uniforme unabhängig davon, ob die weiteren betroffenen Staaten Vertragsstaaten sind (→ Rn. 75).

72   **a) Übereinkommen zum Sachrecht mit Wirkung auch im Inlandssachverhalt.** Das wichtigste (Paar von) Übereinkommen zum Sachrecht auch im Inlandssachverhalt stammt bereits aus der

---

stellation: *Giuliano/Lagarde,* Bericht über das Übereinkommen über das auf vertragliche Schuldverhältnisse anzuwendende Recht, ABl. 1980 C 282, 1 (39); MüKoBGB/*Martiny* Rom I-VO Art. 23 Rn. 4–19. Gemeint sind hiermit jedoch nach zutreffender Meinung auch die kollisionsrechtlichen Gehalte, die sich für den innerunionsrechtlichen Verkehr in der Grundfreiheitendogmatik finden, insbes. im Herkunftslandprinzip (Normhierarchie!). Ohne Differenzierung für alle „Regelungen auf der Grundlage des EWG-Vertrages" (nicht nur Kollisionsnormen) betont den Vorrang auch BT-Drs. X/5632, 39. In Deutschland ging man denn auch davon aus, dass diese Vorrangregel in Art. 3 Abs. 2 S. 2 EGBGB mitumgesetzt wurde; vgl. BT-Drs. X/504, 36; BT-Drs. X/5632, 39; MüKoBGB/*v. Hein* EGBGB Art. 3 Rn. 1.

[110] Die Anwendbarkeit von Eingriffsnormen bestimmt sich nach ihrem Anwendungswillen; vgl. näher *Kropholler* IPR 19–21, 484; MüKoBGB/*Martiny* Rom I-VO Art. 9 Rn. 106 („allgM"); *Wengler* ZVglRW 54 (1941), 168 (173 ff.).

[111] Im Wesentlichen ist nur das devisenrechtliche Übereinkommen von Bretton Woods mit seinem Art. VIII Abschn. 2 lit. b zu nennen, der die Durchsetzung fremden Devisenrechts vorsieht: Bretton-Woods-Abkommen über den Internationalen Währungsfonds vom 1.–22.7.1944, BGBl. 1953 II 637. Die anderen Übereinkommen, insbes. auch der Antidumping- und der Subventionskodex im Rahmen des GATT-Systems, geben nur vor, inwieweit Vertragsstaaten diese Instrumente einsetzen dürfen, nicht jedoch, dass sie solche Maßnahmen, die von anderen Vertragsstaaten stammen, auch auf ihrem Territorium durchzusetzen haben.

[112] Übersichten: *Kegel/Schurig* IPR 78–128; *Jayme/Hausmann,* Internationales Privat- und Verfahrensrecht, 18. Aufl. 2016 (mit Schwerpunkt auf vereinheitlichtem Kollisionsrecht, mit Abdruck); ausf. und mit Kommentar *Geimer/Schütze,* Internationaler Rechtsverkehr, 5 Bde., Loseblatt, Stand 54. Erg.Lfg. 02/2018, allerdings primär zum Verfahrensrecht (Rechtshilfe, Gerichtsstand, Anerkennung, Vollstreckung, Schiedsgerichtswesen, Legalisation von Urkunden). Überblick, nach Rechtsgebieten geordnet, bei MüKoBGB/*Sonnenberger* Einl. IPR Rn. 318 (IPR und Sachrecht).

[113] Für Deutschland *(noch) nicht in Kraft* sind folgende Übereinkommen (Ordnungsnummern nach *Jayme/Hausmann,* Internationales Privat- und Verfahrensrecht, 18. Aufl. 2016): das Haager Übereinkommen zum Kaufkollisionsrecht (76); das Haager Europaratsübereinkommen über eine internationale Opposition bei international gehandelten Inhaberpapieren, Abdruck WM-Sonderbeilage 3/1971, 28; das Europaratsübereinkommen über die Berechnung von Fristen vom 16.5.1972, vgl. *Heinrich* Rev. dr. aff. int. 1991, 315 (316); das UNCITRAL-Übereinkommen über die Verjährung beim internationalen Warenkauf vom 14.6.1976, Abdruck RabelsZ 39 (1975), 342; und einige Abkommen im Transportrecht. 1991 sind die beiden Haager Übereinkommen zum Einheitlichen Kaufgesetz (Abschluss- und Inhaltsregeln) für Deutschland außer Kraft getreten, weil das UN Kaufrecht übernommen wurde (→ Rn. 73).

[114] Im Folgenden wird jeweils für die zehn größten Handelspartner Deutschlands (aggregiertes Ein- und Ausfuhrvolumen; ca. 60 % des Außenhandels) spezifiziert, ob sie ebenfalls Vertragspartner des Übereinkommens sind. Dies sind Belgien, China, Frankreich, Großbritannien, Italien, die Niederlande, Österreich, Schweiz, Polen und die USA. Quelle: Statistisches Bundesamt, Statistisches Jahrbuch 2017 für die Bundesrepublik Deutschland, 421 (für 2016). Die sonstigen Vertragsstaaten ergeben sich jeweils aus dem Fundstellennachweis B zu BGBl. II, abgeschlossen zum 31.12. eines jeden Jahres, hier 2017.

Zwischenkriegszeit und betrifft **Wechsel und Scheck.**[115] Die Abkommen sind stets anwendbar, wenn das Recht eines Vertragsstaats Anwendung fände, also auch in rein innerstaatlichen Sachverhalten (vgl. Art. 3 Abs. 3 Rom I-VO bzw. Art. 3 Abs. 3 EVÜ bzw. vormals Art. 27 Abs. 3 EGBGB und demgegenüber etwa Art. 1 Abs. 1 CISG). Die Abkommen (jeweils Anh. I) regeln das gesamte materielle Wechsel- bzw. Scheckrecht, etwa Inhalt und Form des Wechsels bzw. Schecks, Ausstellung, Übertragung, Annahme und Rückgriff. Eine Abwahl ist nicht möglich. Daneben tritt ein Übereinkommen zur Gastwirtshaftung (§§ 701–703 BGB).[116]

b) Übereinkommen zum Sachrecht für den grenzüberschreitenden Verkehr. Das mit Ab- **73** stand wichtigste Übereinkommen zum Sachrecht (allein) für den grenzüberschreitenden Verkehr betrifft das (Waren-)Kaufrecht.[117] Das **UN Kaufrecht** (CISG) von 1980 geht auf *Rabels* Initiativen zu einer weltweiten Vereinheitlichung auf der Grundlage breiter Rechtsvergleichung zurück, die bis ins Jahr 1929 reichen und mit dem (Haager) Einheitlichen Kaufgesetz (EKG) von 1964 einen ersten, weniger erfolgreichen Abschluss gefunden hatten. Da es erklärtermaßen das Modell für die EG/EU-Richtlinie über den Verbraucherkauf von 1999 bildete,[118] prägt es seit 1.1.2002 sehr intensiv das deutsche Kauf- und allgemeiner Leistungsstörungsrecht.[119] Es regelt den Abschluss und Inhalt von Kauf- und Werklieferungsverträgen über Waren (mit sach- und eigenschaftsbezogenen Nebenpflichten, etwa Verpackung). Erfasst sind de facto allein zweiseitige Unternehmensgeschäfte (trotz Art. 1 Abs. 3 CISG), dh nicht der Kauf, der (erkennbar) zum persönlichen Gebrauch erfolgte; weitere Ausnahmen gelten bei Versteigerungen, Zwangsvollstreckung, Wertpapieren, bestimmten Großfahrzeugen und elektrischer Energie (Art. 2 CISG). Erfasst sind diese Verträge allein, wenn die Vertragsparteien ihre Niederlassung in (verschiedenen) Vertragsstaaten haben oder sie ihre Niederlassung in verschiedenen Staaten haben und das Recht eines Vertragsstaats Anwendung fände; auch in diesem Fall ist das Abkommen abwählbar, was jedoch die meisten Verbände nicht mehr empfehlen (Art. 1, 6 CISG). Der Abschluss des Vertrages ist nur hinsichtlich des äußeren Konsenses geregelt, nicht des inneren (Gültigkeit der abgegebenen Willenserklärung). Ausführlich geregelt sind die Pflichten der Vertragspartner einschließlich des Leistungsstörungsrechts, nicht der Eigentumsübergang. **Forderungskauf** und Forderungsabtretung in Form des Factoring sind Gegenstand des Abkommens zur Sachrechtsvereinheitlichung des grenzüberschreitenden (Finanzierungs-)Leasing.[120]

---

[115] Abkommen über das einheitliche Wechselgesetz nebst zwei Anlagen vom 7.6.1930, RGBl. 1933 II 377; Abkommen über das einheitliche Scheckgesetz nebst zwei Anlagen vom 19.3.1931, RGBl. 1933 II 537. Beide Abkommen gelten im Verhältnis zu den größten 10 Handelspartnern Deutschlands (vgl. Fn. 114) mit Ausnahme Chinas, Großbritanniens, Spaniens und der USA; für die (insgesamt [im Wechsel- bzw. Scheckrecht] 27 bzw. 25) Vertragsstaaten vgl. Fundstellennachweis B zu BGBl. 2012 II 372 bzw. 374. Zu beiden Abkommen: *Baumbach/ Hefermehl/Casper,* Wechselgesetz, Scheckgesetz, Recht der kartengestützten Zahlungen, 23. Aufl. 2008. Die beiden Anlagen enthalten jeweils den Text des materiellen Rechts sowie die Liste möglicher Vorbehalte. Ergänzt werden beide Abkommen durch solche zum Verbot von Stempelgebühren (außer im internationalen Verkehr), vgl. RGBl. 1933 II 468 bzw. 618.

[116] Europäisches Übereinkommen über die Haftung der Gastwirte für die von ihren Gästen eingebrachten Sachen vom 17.12.1962, BGBl. 1966 II 270, 1565; 1967 II 1210. Das Abkommen gilt im Verhältnis zu den größten 10 Handelspartnern Deutschlands (vgl. Fn. 114) mit Ausnahme Chinas, der Niederlande, Österreichs und der Schweiz und der USA; für die insgesamt 17 Vertragsstaaten vgl. Fundstellennachweis B zu BGBl. 2017 II 620.

[117] Wiener UN-Übereinkommen über Verträge über den internationalen Warenkauf vom 11.4.1980, BGBl. 1989 II 586. Das Übereinkommen gilt im Verhältnis zu den größten 10 Handelspartnern Deutschlands (vgl. Fn. 114) mit Ausnahme des Vereinigten Königreichs; für die insgesamt 80) Vertragsstaaten vgl. Fundstellennachweis B zu BGBl. 2017 II 813. Zum Übereinkommen vgl. etwa Staudinger/*Magnus,* 2012, CISG; *Schlechtriem/Schwenzer,* Kommentar zum einheitlichen Kaufrecht, 7. Aufl. 2019; *Will,* Twenty Years of International Sales Under the CISG, 2000; zum aktuellen Stand *Pilz* NJW 2017, 2449; *Magnus* ZEuP 2015, 159 und mit Berücksichtigung des Brexit *Magnus* ZEuP 2017, 140; mit umfassender Übersicht *Salger* IWRZ 2018, 99.

[118] Richtlinie 1999/44/EG des Europäischen Parlaments und des Rates vom 25.5.1999 zu bestimmten Aspekten des Verbrauchsgüterkaufs und der Garantien für Verbrauchsgüter, ABl. 1999 L 171, 12; KOM(95) 520 endg., 6 = ZIP 1996, 1845 (1847); auch *Grundmann/Bianca,* EU Kaufrechts-Richtlinie – Kommentar, 2002 (Parallelausgaben in Englisch und Französisch 2002 und 2004); Grabitz/Hilf/*Magnus,* (Stand 2009), A 15 RL 1999/44/EG, Vorbem. vor Art. 1 Rn. 10; *Reich* NJW 1999, 2397 (2398 f.); *Staudenmayer* NJW 1999, 2393 (2394); inzwischen zwar ersetzt durch die EU-Warenkaufs-Richtlinie, die jedoch eher verfeinert, als in Kernaussagen modifiziert: Richtlinie (EU) 2019/ 771 des Europäischen Parlaments und des Rates vom 20. Mai 2019 über bestimmte vertragsrechtliche Aspekte des Warenkaufs, zur Änderung der Verordnung (EU) 2017/2394 und der Richtlinie 2009/22/EG sowie zur Aufhebung der Richtlinie 1999/44/EG, ABl. 2019 L 136, 28.

[119] Vgl. *Grundmann* AcP 202 (2002), 40; *Grundmann* AcP 204 (2004), 569; monographisch zu den Interdependenzen: *Mittmann,* Einheitliches UN-Kaufrecht und europäische Verbrauchsgüterkauf-Richtlinie: Konkurrenz- und Auslegungsprobleme, 2004; *Nau,* Das Gewährleistungsrecht in BGB, UN-Kaufrecht und den Reformvorschlägen der Schuldrechtskommission: ein Vergleich unter besonderer Berücksichtigung der Richtlinie (1999/44/EG) über den Verbrauchgüterkauf, 2003; *Schroeter,* UN-Kaufrecht und Europäisches Gemeinschaftsrecht – Verhältnis und Wechselwirkungen, 2005, bes. § 16.

[120] UNIDROIT-Übereinkommen über das internationale Factoring vom 28.5.1988, BGBl. 1998 II 2375, Abdruck RabelsZ 51 (1987), 736. Das Übereinkommen gilt im Verhältnis zu den größten 10 Handelspartnern Deutschlands (vgl. Fn. 114) bisher nur mit Frankreich, Italien und Belgien; für die (insgesamt 9) Vertragsstaaten vgl. Fundstellennachweis B zu BGBl. 2012 II 876.

74   Näher kommentiert und daher hier nur zu erwähnen ist das Konvolut der Abkommen (von Warschau und Guadalajara bzw. von Montreal) zum internationalen **Luftverkehr,** die primär das materielle Recht jeglichen Lufttransports (auch Personen und Post) für grenzüberschreitende Flüge zwischen Vertragsstaaten regeln und, wenn nicht ausdrücklich vorgesehen, nicht abwählbar sind.[121] Gleiches gilt für das Konvolut zum **Eisenbahn-**[122] **und Straßenverkehr.**[123] Hinzu kommen Übereinkommen zum Gesamt-, zum Schiffs- und zum Postverkehr (mit Fernmeldewesen).[124]

75   **c) Kollisionsrechtsvereinheitlichung.** Das Kollisionsrecht ist durch die **Rom I-VO** bzw. das **Europäische Vertragsrechtsübereinkommen** (EVÜ gültig nur noch im Verhältnis zu Dänemark) so weitgehend vereinheitlicht, dass nur auf das völkerkonventionsrechtlich vereinheitlichte Scheck- und Wechselrecht hinzuweisen ist, das dort ausgenommen wurde und das als loi uniforme gilt, also auch in Sachverhalten im Verhältnis zu Nichtvertragsstaaten Anwendung findet (Art. 91–98 WechselG, Art. 60–66 ScheckG).[125]

VI. Handelsbräuche und handelsgeschaffenes Recht

76   Anders als bei den bisher erörterten Rechtsquellen, die sich unschwer lückenlos auf staatliche Autorität zurückführen lassen, erscheinen bei den Handelsbräuchen und bei handelsgeschaffenem Recht Fragen der Einwirkungsweise (→ Rn. 86–88) ungleich weniger komplex als die Frage, ob diese

[121] Warschauer Abkommen zur Vereinheitlichung von Regeln über die Beförderung im internationalen Luftverkehr vom 12.10.1929, geändert Den Haag 1955, BGBl. 1958 II 292, 312; 1964 II 1295; Zusatzabkommen von Guadalajara vom 18.9.1961 zum Warschauer Abkommen zur Vereinheitlichung von Regeln über die von einem anderen als dem vertraglichen Luftführer ausgeführte Beförderung im internationalen Luftverkehr, BGBl. 1963 II 1160, 1964 II 1317. Das Abkommen gilt im Verhältnis zu den größten 10 Handelspartnern Deutschlands (vgl. Fn. 114), das Zusatzabkommen ebenso, jedoch mit Ausnahme Chinas und der USA; für die (insgesamt 159/136 bzw. 86) Vertragsstaaten vgl. Fundstellennachweis B zu BGBl. 2012 II 317. Heute weitgehend ersetzt durch: Übereinkommen vom 28. Mai 1999 zur Vereinheitlichung bestimmter Vorschriften über die Beförderung im Internationalen Luftverkehr (Montrealer Übereinkommen 1999), BGBl. 2004 II 459. Dieses Abkommen gilt im Verhältnis zu den größten 10 Handelspartnern Deutschlands (vgl. Fn. 114); für die (insgesamt 192) Vertragsstaaten vgl. Fundstellennachweis B zu BGBl. 2017 II 964. Zu diesen Abkommen *Reuschle,* Montrealer Übereinkommen – Übereinkommen zur Vereinheitlichung bestimmter Vorschriften über die Beförderung im internationalen Luftverkehr, 2. Aufl. 2011; *Giemulla/Schmid/Müller-Rostin,* Montrealer Übereinkommen, Frankfurter Kommentar zum Luftverkehrsrecht, Bd. 3; Loseblatt 08/2016; MüKoHGB/*Ruhwedel* Bd. 7, 2009 Abschnitt 3 Internationaler Luftverkehr, sowie unten Transportrecht (Montrealer Übereinkommen).

[122] Übereinkommen über den internationalen Eisenbahnverkehr (COTIF) vom 9.5.1980 mit Änderungsprotokoll 20.12.1990; Neufassung durch Änderungsprotokoll vom 3.6.1999, BGBl. 1985 II S. 132, 178, 224, 667, 1001; 1991 II 679; 1992 II 1182; 2002 II 2149. Das Abkommen betrifft nur Sachverhalte mit Berührung zu zwei Vertragsstaaten und ist nicht abwählbar (jedoch Umgehung möglich). Es gilt im Verhältnis zu den größten 10 Handelspartnern Deutschlands (vgl. Fn. 114) mit Ausnahme Chinas und der USA; für die (insgesamt 48) Vertragsstaaten vgl. Fundstellennachweis B zu BGBl. 2012 II 742. Zum Abkommen *Spera,* Internationales Eisenbahnfrachtrecht – die Einheitlichen Rechtsvorschriften für den Vertrag über die internationale Eisenbahnbeförderung von Gütern (CIM), 1986; MüKoHGB/*Freise* Bd. 7, 2009, Abschnitt 2 Internationaler Eisenbahnverkehr; zur Neufassung vgl. *Freise* TranspR 22 (1999), 417; *Kopecky* European Transport Law 40 (2005), 53.

[123] Genfer Übereinkommen über den Beförderungsvertrag im internationalen Straßenverkehr (CMR) vom 19.5.1956 mit Änderungsprotokoll 5.7.1978, BGBl. 1961 II 1120; 1962 II 12; 1989 II 586; 1980 II 721, 733. Das Abkommen betrifft nur Sachverhalte mit Berührung zu zwei Staaten, einer davon Vertragsstaat, und ist nicht abwählbar (außer zwischen mehreren Frachtführern). Es gilt im Verhältnis zu den größten 10 Handelspartnern Deutschlands (vgl. Fn. 114) mit Ausnahme Chinas und der USA; für die (insgesamt 59 bzw. 41) Vertragsstaaten vgl. Fundstellennachweis B zu BGBl. 2017 II 500. Zum Abkommen *Koller,* Transportrecht – Kommentar zu Spedition und Straßentransport, 9. Aufl. 2016; *Herber/Piper,* CMR – Internationales Straßentransportrecht, 1996; *Messent/Glass,* CMR – contracts for the international carriage of goods by road, 4. Aufl. 2017; *Thume,* Kommentar zum CMR – Übereinkommen über den Beförderungsvertrag im internationalen Straßengüterverkehr, 3. Aufl. 2013, sowie unten Transportrecht (CMR).

[124] Zum Schiffsverkehr vgl. Budapester Übereinkommen über den Vertrag über die Güterbeförderung in der Binnenschifffahrt (CMNI) v. 17.3.2007 BGBl. 2007 II 298, dazu *Koller* Transportrecht – Kommentar zu Spedition und Straßentransport, 9. Aufl. 2016; daneben Überblick und Literatur zu den zahlreichen Übereinkommen, die häufig kaum Relevanz für das eigentliche Handelsgeschäft haben, vgl. *Kegel/Schurig* IPR 92–102.

[125] Nachw. für die Rom I-VO und das EVÜ oben → Rn 67. Genfer Abkommen über Bestimmungen auf dem Gebiete des internationalen Wechselprivatrechts vom 7.6.1930, RGBl. 1933 II 444; Genfer Abkommen über Bestimmungen auf dem Gebiete des internationalen Scheckprivatrechts vom 19.3.1931, RGBl. 1933 II 594. Beide Abkommen gelten im Verhältnis zu den größten 10 Handelspartnern Deutschlands (vgl. Fn. 114) mit Ausnahme Chinas, Großbritanniens und der USA; für die (insgesamt [im Wechsel- bzw. Scheckrecht] 26 bzw. 24) Vertragsstaaten vgl. Fundstellennachweis B zu BGBl. 2017 II 372 bzw. 374. Zu beiden Abkommen: *Baumbach/Hefermehl/Casper,* Wechselgesetz, Scheckgesetz, Recht der kartengestützten Zahlungen, 23. Aufl. 2008. Überblick nach Rechtsgebieten geordnet, über sonstige völkerkonventionsrechtlich (und auch unionsrechtlich) begründete Kollisionsnormen bei MüKoBGB/*Sonnenberger* Einl. IPR Rn. 318; vgl. ansonsten /*Hausmann,* Internationales Privat- und Verfahrensrecht, 18. Aufl. 2016 (mit Abdruck). Nach Art. 23, 25 Rom I-VO gehen auch diese Kollisionsregeln denen der Rom I-VO vor (vergleichbar vormals Art. 21 f. EVÜ). Ein Konvolut von Abkommen betrifft die Beförderung im internationalen Luftverkehr, die freilich primär das materielle Recht regeln (vgl. Fn. 121).

überhaupt als Recht anwendbar sind (→ Rn. 77–85). Da in Frage steht, ob insoweit eine einheitlich geltende Rechtsquelle besteht, ist als Ausgangspunkt allein die Rechtsquellenlehre des Völker- und Unionsrechts geeignet. Wiederum wirken Handelsbräuche und handelsgeschaffenes Recht nur so weit ein, wie ihr Bestand reicht (→ Rn. 89 f.).

1. Anwendbarkeit als Recht? a) Zur Diskussion stehende Regelwerke. Als handelsgeschaffe-　**77** nes Recht werden vor allem zwei Regelwerke in Erwägung gezogen: **Allgemeine Rechtsgrundsätze,** die rechtsvergleichend aus den verschiedenen nationalen Rechtsordnungen als Quintessenz zu ermitteln sind, und **ausformulierte Klauselwerke.** Über bloße AGB gehen letztere allenfalls hinaus, wenn sie entweder so intensiv und **einheitlich geübt** werden, dass sie sich zum „Brauch" verfestigt haben, oder wenn sie – wie ein Gesetz – stets in der gleichen Form zur Wahl stehen und die maßgeblichen Kreise für ein bestimmtes Geschäft auch nur dieses Klauselwerk zur Verfügung stellen. All diese Regeln betreffen stets nur das Sachrecht, sind also der Schaffung von Einheitsprivatrecht vergleichbar, ohne dass sie (jedenfalls die Klauselwerke) explizit auf nur grenzüberschreitende Sachverhalte beschränkt werden.[126]

Unabhängig von der Frage, wie beide Regelgruppen rechtspolitisch in ihren Vor- und Nachteilen　**78** zu beurteilen sind,[127] steht schon als Ausgangspunkt außer Zweifel, dass staatliche Gerichte überfordert wären, müssten sie – etwa auf Grund diesbezüglicher Wahl – allgemeine Rechtsgrundsätze aus verschiedenen Rechtsordnungen eruieren. Staatliche Gerichte können nur verpflichtet werden, bestehendes Recht anzuwenden.[128] „Allgemeine Rechtsgrundsätze" (und damit ausländische Judikate und Rechtsmeinungen) haben sie also nur – punktuell – im Rahmen der einheitsfördernden Auslegung von angeglichenem bzw. vereinheitlichtem (ausformulierten) Recht zu beachten (dazu → Rn. 40 bzw. → Rn. 62). Als eigenständig wählbares Recht ernsthaft zu diskutieren sind demnach **allein ausformulierte Regelwerke.** Dazu zählen allerdings allgemeine Rechtsgrundsätze dann, wenn sie, wie jüngst vermehrt der Fall, in Regelwerke (Restatements), etwa UNIDROIT- oder Lando-Principles, ggf. auch Draft Common Frame of Reference, gegossen werden (zu Kodifizierungsbemühungen der EU, die wegen ihres Sekundärrechtscharakters nicht hierher zählen würden, → Rn. 54).

b) (Eingeschränkte) Wählbarkeit als Kernfrage. Im Zentrum der Diskussion steht die Frage　**79** nach der Wählbarkeit der genannten Regelwerke – im Folgenden allein: ausformulierter Regelwerke – als Recht. Eine **Wahl wird vorausgesetzt.** Eine Anwendung ohne Wahl käme ohnehin nur bei Klauselwerken in Betracht, die in den betroffenen Kreisen für ein Geschäft stets gleich zugrunde gelegt werden. Die Eingehung solch eines Geschäfts, das in bestimmten Kreisen stets nach dem gleichen Regelwerk abgewickelt wird, ist jedoch aus Sicht der Partner unschwer auch als konkludente Wahl dieses Regelwerks zu sehen. Jedenfalls sind auf dem Boden der Völker- und Unionsrechtsquellenlehre die Fragen eindeutig erst unter diesem Blickwinkel zu konstruieren.[129]

Im Streit um den Rechtsquellencharakter der lex mercatoria geht es dann zentral um die **Frage,**　**80** **ob** die einheitlich geübten Regelwerke in grenzüberschreitenden Sachverhalten – durch Wahl – von (vertragsrechtlichem) ius cogens des staatlichen Rechts **freigestellt werden können,** am wichtigsten: **von der AGB-Inhaltskontrolle** und von einer Anwendung der nationalen Auslegungsmethoden. Umgekehrt soll nicht das staatliche Regelungswerk bei Lücken im Vertrag Anwendung finden. Dabei steht zunehmend außer Streit, dass solch eine Abwahl nationalen Rechts nicht hinsichtlich verbraucherschützender Regeln möglich ist – also nur zwischen beruflich Tätigen – und nicht hinsichtlich Normen im Allgemeininteresse, insbesondere wirtschaftspolitisch motivierten Eingriffsnormen. Die **Wählbarkeit** ist also **allenfalls eine beschränkte** (näher → Rn. 83–85).

---

[126] Näher → Rn. 90. Allerdings sind herkömmlich vor allem Instrumente geregelt, die nur im internationalen Rechtsverkehr üblich sind. Zu Begriff und Erscheinungsformen nichtstaatlichen Rechts, vgl. nur *Bachmann,* Private Ordnung, 2006, § 2; *Hellgardt* RabelsZ 2018, 654 (657).

[127] Vgl. dazu nur *Berger,* Formalisierte oder „schleichende" Kodifizierung des transnationalen Wirtschaftsrechts – zu den methodologischen und praktischen Grundlagen der lex mercatoria, 1996, 9–15, 38–107; *Metzger,* Extra legem, intra ius: Allgemeine Rechtsgrundsätze im Europäischen Privatrecht, 2009, *Metzger,* Extra legem, intra ius: Allgemeine Rechtsgrundsätze im Europäischen Privatrecht, 2009, 519 ff.; *Ipsen,* Private Normenordnungen als Transnationales Recht?, 2009, 75–79 und 165–178; *v. Breitenstein* FS Sandrock, 2000, 111, 115–122; *Bonell* RabelsZ 42 (1978), 485 (490–496); *Grundmann* JJZ 1991, 43 (46–52); *v. Hoffmann* FS Kegel, 1987, 215, 217–221; *Stein,* Lex Mercatoria – Realität und Theorie, 1995, 179–232; zur Lex Mercatoria in der schiedsgerichtlichen Praxis auch *Ritlewski* SchiedsVZ 2007, 130; *König,* Präzedenzwirkung internationaler Schiedssprüche, 2013.

[128] *v. Hoffmann* FS Kegel, 1987, 215, 222–224; *Sandrock* RIW 2000, 321 (328); *Ferrari/Ferrari* IntVertragsR Rom I-VO Art. 3 Rn. 20; *Stein,* Lex Mercatoria – Realität und Theorie, 1995, S. 244–247; *Zumbansen* RabelsZ 2003, 637 (652–654); *W. Lorenz* FS Neumayer 1985, 407, 413, konstatiert, dass allgemeine Rechtsgrundsätze auch nicht durch exakte Rechtsvergleichung, sondern durch nicht fundierte Flucht in die Generalklausel ermittelt würden; ähnl. *Kegel* Rec. des Cours 112 (1964 II), 87 (262): „The law is public, if it is anything"; auch *Röthel* JZ 2007, 756.

[129] Soweit Übung zur Entstehung von Rechtsquellen beiträgt – vor allem beim Gewohnheitsrecht – geht die Völkerrechtslehre davon aus, dass es hier auf Übung durch Völkerrechtssubjekte, also nicht Handelskreise, ankommt. Vgl. näher *Grundmann* JJZ 1991, 43 (56). Auch im Unionsrecht sind die maßgeblichen Rechtsfolgen an die fehlende Wählbarkeit geknüpft, → Rn. 28–30.

81 **c) Unbestrittene Anerkennung vor Schiedsgerichten. Unproblematisch** ist die Frage **im internationalen Schiedsgerichtswesen.** Nach den wichtigen Schiedsordnungen kann die Rechtsquelle von den Parteien gewählt werden, weil das Gericht auch ermächtigt werden kann, „ex aequo et bono" zu judizieren.[130] Dass den Klauselwerken, die sich international als einziger Standard durchgesetzt haben, die Billigkeit fehle, ist eine rein theoretische Möglichkeit. Wählbar gestellt sind damit darüber hinaus auch die allgemeinen Rechtsgrundsätze, also alle als lex mercatoria in Erwägung gezogenen Regelwerke –[131] hier weitestgehend **auch im Verhältnis zu Verbrauchern** (nicht beruflich Tätigen),[132] **jedoch nicht bezogen auf wirtschaftspolitisch motivierte Eingriffsnormen,** jedenfalls nicht diejenigen, die als Teil des ordre public eingestuft werden.

82 **d) (Rest-)Problematik vor staatlichen Gerichten.** Die oben genannten Kernfragen stellen sich demnach praktisch nur vor staatlichen Gerichten – freilich gerade vor den Zivilgerichten, vor denen Handelsrechtsfälle primär verhandelt werden sollten, deswegen potentiell auch weniger, weil gerade hier auch Schiedsklauseln am üblichsten und am weitest gehenden zulässig sind. Weit entschärft werden die aufgeworfenen Fragen auch vor staatlichen Gerichten dadurch, dass die Parteien in grenzüberschreitenden Sachverhalten jedenfalls ein **anderes** *staatliches* **Recht wählen können,** nach dem beispielsweise die AGB-Inhaltskontrolle milder ist oder gar nicht zugunsten von beruflich Tätigen vorgesehen ist. Sie können sogar nur Teilfragen, etwa die AGB-Inhaltskontrolle, einem bestimmten nationalen Recht unterstellen (Art. 3 Abs. 1 S. 3 Rom I-VO; vormals Art. 3 EVÜ bzw. Art. 27 Abs. 1 S. 3 EGBGB). Wiederum bestehen Grenzen, wenn dies gegenüber einem Verbraucher geschieht und wiederum sind Eingriffsnormen, vor allem wirtschaftspolitisch motivierte, nicht erfasst (Art. 5–7 und 9 Rom I-VO; vormals Art. 5 und 7 EVÜ bzw. Art. 29, 34 EGBGB). Immerhin können die Parteien im beruflichen Verkehr solchermaßen ein Konglomerat nationaler Rechte zusammenstellen, die jeweils in einer bestimmten Frage ihres ius cogens bzw. auf Grund der Abwesenheit solchen ius cogens als besonders geeignet erscheinen. Es bleibt jedoch das Misstrauen, dass das gewählte Recht der einen Partei besser bekannt ist und „Überraschungen" bereithält. Es bleibt das Bedürfnis, ein ganzes Klauselwerk – etwa die Einheitlichen Richtlinien und Gebräuche für Dokumentenakkreditive oder auch die UNIDROIT-Principles – zu wählen, ohne „Überraschungen" gewärtigen zu müssen. Zudem wird stets auf den Entstehungsprozess dieser Regelwerke hingewiesen, der eine nähere Kenntnis und Berücksichtigung der Bedürfnisse der Betroffenen wahrscheinlich erscheinen lässt.

83 **e) Freistellung gesetzesartig formulierter und praktizierter Klauselwerke vor staatlichen Gerichten.** Heranzuziehen ist insoweit die **Völkerrechtsquellenlehre,** auf deren Grundlage von einer vordringenden Meinung ebenfalls für zweiseitige Handelsgeschäfte und jenseits der wirtschaftspolitisch motivierten Eingriffsnormen (Art. 5–7 und 9 Rom I-VO; vormals Art. 5 und 7 EVÜ bzw. Art. 29, 34 EGBGB) die Wählbarkeit begründet wird,[133] und **EU-Primärrecht.** Letzteres ist schon heute von den Transaktionszahlen her – aus Sicht des deutschen HGB – doppelt so wichtig.[134]

84 Jedenfalls für **grenzüberschreitende Geschäfte im Binnenmarkt** muss heute von der Wählbarkeit der einheitlich, gesetzesartig angewandten Klauselwerke ausgegangen werden – dies in dem Sinne, dass ius cogens, das nicht verbraucherschützend oder wirtschaftspolitisch motiviert ist (Art. 5–7 und 9 Rom I-VO; vormals Art. 5 und 7 EVÜ bzw. Art. 29, 34 EGBGB),[135] abgewählt werden kann. Dies ergibt sich aus der Grundfreiheitendogmatik, speziell aus der Judikatur des EuGH zu den

---

[130] *Berger,* Formalisierte oder „schleichende" Kodifizierung des transnationalen Wirtschaftsrechts – zu den methodologischen und praktischen Grundlagen der lex mercatoria, 1996, 50–58; *Lagarde* FS Goldman, 1983, 125, 140 und 146; *Sandrock* RIW 2000, 321 (328); und auch *v. Hoffmann* FS Kegel, 1987, 215, 227 f.; *Ipsen,* Private Normenordnungen als Transnationales Recht?, 2009, 87; ausf. zum Einfluss des Schiedsgerichtswesens auf die Durchsetzbarkeit zwingender Normen aus jüngerer Zeit *Renner,* Zwingendes transnationales Recht – Zur Struktur der Wirtschaftsverfassung jenseits des Staates, 2011. Zu den internationalen Übereinkommen, die diese Möglichkeit eröffnen, etwa *Bonell,* The Relevance of courses of dealing, usages and customs in the interpretation of international commercial contracts, in Unidroit (Ed.), New directions in international trade law, Reports 1977, 109 (118); *v. Hoffmann* IPRax 1984, 106 (107); zu den entsprechenden internationalen Vorschriften: *v. Hoffmann* FS Kegel, 1987, 215, 226 f. Fn. 37 und *Lagarde* FS Goldman, 1983, 125, 148 f. (für das für internationale Schiedsgerichte besonders wichtige französische Recht); grundsätzlich zum Status der deutschen Justiz und Schiedsgerichtsbarkeit im internationalen Vergleich, *Wagner,* Rechtsstandort Deutschland im Wettbewerb, 2017.

[131] Vor Schiedsgerichten ist es auch nicht problematisch, dass das anwendbare Recht nicht fertig ausformuliert ist; daher kann auch auf allgemeine Rechtsgrundsätze verwiesen werden: Nachw. wie eben.

[132] §§ 1031 Abs. 5, 1059 Abs. 2 ZPO, die insoweit schiedsrechtlichen Normen anderer moderner Prozessordnungen ähneln, gestatten für vermögensrechtliche Streitigkeiten auch gegenüber Verbrauchern die Wahl von Schiedsgerichten (unter bestimmten formalen Auflagen), ohne dass der Schiedsspruch nachträglich inhaltlich überprüft würde (außer bei Verstößen gegen den ordre public).

[133] *Grundmann* JJZ 1991, 43; ähnl. *Wichard* RabelsZ 60 (1996), 269 (295 f. und 302).

[134] Steigerung vom Verhältnis von 1 : 1 zu einem von 2 : 1 in nur zehn Jahren: vgl. *Monti,* Der Binnenmarkt und das Europa von morgen – ein Bericht der Europäischen Kommission, 1997, 92–95.

[135] Zu dieser Einschränkung und ihrer Begründung → Rn. 88.

Beschränkungen iwS, sowie ferner aus dem Unionsgrundrecht der Privatautonomie.[136] Insbesondere dürfen diese Regelwerke – außer in Verträgen mit Verbrauchern – **nicht der nationalen Inhaltskontrolle** und auch **nicht einer Auslegung nach nationalen Interpretationsmethoden unterworfen** werden. Kann solchen nationalen Eingriffen nicht durch Rechtswahl ausgewichen werden, so wirken die nationalen Normen beschränkend, da die Rechtssicherheit im internationalen Verkehr, die diese Klauselwerke vor allem verbürgen sollen, erheblich leidet und ihr Erleichterungspotential für den grenzüberschreitenden Verkehr daher gemindert wird. Potentiell unterbleiben manche Transaktionen. Hierfür können jedoch keine zwingenden Gründe des Allgemeininteresses angeführt werden. Der Schutz beruflich Tätiger wurde im Vertragsrecht vom EuGH bisher schon gar nicht als solch ein Grund anerkannt; das Gericht geht nicht nur vom Leitbild des mündigen Verbrauchers, sondern vor allem des mündigen Unternehmers aus. Noch wichtiger, spezifisch klauselrechtlich gedacht: Die zentrale Rechtfertigung für einen klauselrechtlichen Schutz (auch im beruflichen Verkehr) greift bei diesen gesetzesartigen, allgemein publizierten Klauselwerken nicht ein. Während bei AGB eine strukturell bedingte Informationsasymmetrie zugunsten des Verwenders besteht,[137] kann diese bei gesetzesartigen Regelwerken gerade nicht konstatiert werden. Das international einheitlich publizierte und gewählte nichtstaatliche Regelwerk ist also im Binnenmarkt in der gleichen Weise wählbar (unter Abwahl der [anderen] nationalen Rechte) wie ein nationales Recht. Zuzugeben ist allerdings, dass sich der Gesetzgeber der Rom I-VO – trotz dahingehenden Vorschlägen – zu keiner Klärung in diesem Sinne durchringen konnte und sich in den Erwägungsgründen sogar gegen diese Lösung aussprach.

Mit der Begründung der Position ist auch das **Abgrenzungskriterium** in zwei Zweifelsfragen 85 angesprochen: Ob ein Klauselwerk **gesetzesartig** ist, beurteilt sich danach, ob es in einer Art publiziert und verbreitet ist, dass letztlich beide Parteien es gleichermaßen im Verkehr wahrnehmen und immer wieder in der gleichen Form nutzen können und dazu auch Anlass haben. Zugleich ist damit auch aus klauselrechtlicher Sicht – nicht nur von Art. 5–7 Rom I-VO (vormals Art. 5 EVÜ bzw. Art. 29 EGBGB) her – gerechtfertigt, dass Verbraucher auch gegen solche Regelwerke durch die staatliche Inhaltskontrolle zu schützen sind. Und wirtschaftspolitisch motivierte Eingriffsnormen erfassen den Sachverhalt ohnehin aus anderen Gründen als dem, Informationsasymmetrien vorzubeugen.

2. Eingeschränkte Sperr- und Reregulierungswirkung auch von handelsgeschaffenem 86 **Recht.** Wie EU-Sekundärrecht und internationale Übereinkommen verdrängt handelsgeschaffenes Recht für die Fragen, die es regelt, das nationale Recht – dispositives Recht und ius cogens. Diese Sperr- und Reregulierungswirkung ist jedoch mehrfach eingeschränkt.

Sperr- und Reregulierungswirkung entfaltet handelsgeschaffenes Recht der beschriebenen Art in 87 vollem Umfang **nur im grenzüberschreitenden Verkehr.** Im innerstaatlichen Verkehr wirken diese Normen, anders als fast alle EU-Richtlinien und viele internationale Übereinkommen, nicht mehr gleichermaßen als „Recht": Ist eine Freistellung von nationalem ius cogens vor allem mit der Grundfreiheitendogmatik zu begründen, so entfaltet die Begründung nur für grenzüberschreitende Geschäfte Wirkung, weil die Grundfreiheitendogmatik nur sie erfasst. Entsprechend entfällt auch der Ansatzpunkt in der Völkerrechtsquellenlehre, wenn der Fall ein rein inländischer iSv Art. 3 Abs. 3 Rom I-VO (vormals Art. 3 Abs. 3 EVÜ bzw. 27 Abs. 3 EGBGB) ist. Allerdings ist dann bei teleologischer Auslegung von § 307 Abs. 1 und 2 BGB (im beruflichen Inlands-Verkehr) durchaus erwägenswert, ob der Anwendungsbereich der Inhaltskontrolle nicht bei Klauselwerken, die so „öffentlich" sind, dass strukturell zwingende Informationsasymmetrien fehlen, teleologisch zu reduzieren ist. Dies ist dann freilich eine Frage des nationalen Rechts.

Sperr- und Reregulierungswirkung kann handelsgeschaffenes Recht außerdem **in ganzen Bereichen** 88 **nicht** zeitigen: jedenfalls nicht gegenüber spezifisch verbraucherschützenden Normen, ja generell nicht in Transaktionen zwischen Unternehmen und Verbrauchern, und nicht gegenüber Eingriffsnormen iSv Art. 9 Rom I-VO (vormals Art. 7 EVÜ bzw. Art. 34 EGBGB). Dies ergibt sich aus der rechtsquellenmäßigen Herleitung. Zwar bleibt im Falle einer Rechtsangleichung oder -vereinheitlichung durch EU-Sekundärrecht oder internationale Übereinkommen, wenn diese handelsrechtlicher Natur ist, die Anwendbarkeit dieser Eingriffsnormen ebenfalls unberührt (→ Rn. 47 bzw. → Rn. 69). EU-Sekundärrecht und internationale Übereinkommen können jedoch auch selbst verbraucherschützende bzw. wirtschafts-

---

[136] IE *Grundmann* FS Rolland, 1998, (145, 146–153); mit besonderer Betonung der grundrechtlichen Privatautonomie, *Hellgardt* RabelsZ 2018, 654; ausgehend von der EuGH-Rechtsprechung zur Niederlassungsfreiheit sind zuletzt sogar Verstärkungstendenzen der Rechtswahlfreiheit zu beobachten, vgl. EuGH Urt. v. 25.10.2017 – C-106/16, Slg. ECLI:EU:C:2017:804 – Polbud, dazu (wie auch zu allen sonstigen EuGH-Urteilen zur gesellschaftsrechtlichen Niederlassungsfreiheit) krit. *Kindler* NZG 2018, 1.

[137] Der Verwender hat angesichts der Vielzahl der geplanten Einsätze jeden Anlass, für die Erstellung seiner Allgemeinen Geschäftsbedingungen Kosten aufzuwenden, während die andere Seite dies nicht hat; ihre Informationskosten sind, bezogen auf jeden Fall des Einsatzes der Allgemeinen Geschäftsbedingungen, ungleich höher als diejenigen des Verwenders bezogen auf jeden einzelnen der vielen Fälle des Einsatzes: Ausf. dazu *Adams* BB 1989, 781 (787); *v. Hoyningen-Huene,* Die Inhaltskontrolle nach § 9 AGB-Gesetz – ein Kommentar, 1991, Rn. 19 f.; *Köndgen* NJW 1989, 943 (946 f.); *Koller* FS Steindorff, 1990, 667, 669 f.; und aus ökonomischer Sicht *Schäfer/Ott,* Lehrbuch der ökonomischen Analyse des Zivilrechts, 5. Aufl. 2012, 557–559.

politisch motivierte Normen zum Gegenstand haben und entfalten dann besagte Sperr- und Reregulierungswirkung. Im EU-Sekundärrecht ist beides umfangreich der Fall,[138] in internationalen Übereinkommen nur vereinzelt und unmittelbar auch nur für wirtschaftspolitisch motivierte Normen.

89   **3. Handelsrechtlicher Normenbestand im handelsgeschaffenen Recht. a) Aufblühen der gesetzesartige Klauselwerke.** Praktische Bedeutung hat die Diskussion, auch wenn sie auf die gesetzesartigen Klauselwerke eingegrenzt wird, vor allem, weil man derzeit im Bereich des handelsgeschaffenen „Rechts" einen gewissen Konkretisierungsschub konstatiert. Ausformulierte Klauselwerke oder Restatements, also Festlegungen, die einen ähnlichen Konkretisierungsgrad haben wie Gesetze, treten zunehmend an die Stelle von bisher nicht solchermaßen konkretisierten Handelsbräuchen oder von (recht vagen) allgemeinen Rechtsgrundsätzen. Solche Konkretisierungen gab es schon herkömmlich, insbesondere in Form der klassischen Handelsklauseln.[139] Schon diese waren international im Zuschnitt. **Die Zahl der international einheitlichen Klauselwerke** oder Restatements **stieg** jedoch in den letzten Jahrzehnten und Jahren bzw. diese treten durch vielfache Veröffentlichung als solche klarer ins Bewusstsein und werden „präsent". Der Kreis der Einheitlichen Richtlinien und Gebräuche hat sich vor allem um diejenigen zu den Garantien auf erstes Anfordern erweitert; im Kreditwesen sind eine ganze Reihe von Klauselwerken entstanden, teils zu klassischen Bankleistungen wie der Überweisung, überwiegend zu neuen Instrumenten wie etwa den Swaps. Zudem kam es zu einem qualitativen Sprung: Mit der **flächendeckenden „Kodifizierung" von Handelsbräuchen durch Unidroit** sind nicht mehr nur klar umrissene Einzelinstrumente, etwa die Garantie, erfasst, sondern das Handelsgeschäft allgemein.[140] Nicht zuletzt werden solche Grundsätze auch – weniger statisch, weil mit der Technik einer dynamischen Verweisung arbeitend – in Listen und in elektronischen Datenbanken zusammengestellt, in denen auf die konvergierenden Schiedsurteile und nationalen wie transnationalen Rechtsquellen verwiesen wird,[141] die jedoch deswegen wiederum nur von Schiedsgerichten sinnvoll gehandhabt werden können.

90   **b) Übersicht über wichtige gesetzesartige Klauselwerke im internationalen Verkehr.** Die zentralen gesetzesartigen Klauselwerke gruppieren sich um den **Kaufvertrag, den Zahlungsverkehr, das sonstige Bank- und das Transportwesen.** Rechtsfragen im Zusammenhang mit internationalen (Waren-)Lieferbedingungen regeln die INCOTERMS,[142] solche im Zusammenhang mit dem Anlagenbau (Lieferung und Montage) die ECE-Bedingungen.[143] Rechtsfragen im Zusammenhang mit verschiedenen Instrumenten des Zahlungsverkehrs (mit abnehmender praktischer Bedeutung) regeln die Einheitlichen Richtlinien und Gebräuche für Dokumenten-Inkassi (ERI),[144] Dokumenten-Akkreditive (ERA),[145] Vertragsgarantien[146] und Garantien auf erstes An-

---

[138] → Rn. 53–57; ausf. *Grundmann,* Europäisches Schuldvertragsrecht, 1999, 1. Teil Rn. 79 f., 89 f. sowie §§ 5–8.

[139] Etwa fob, cif etc, vgl. nur Baumbach/Hopt/*Hopt* § 346 Rn. 39 f.

[140] *Unidroit,* Principles of International Commercial Contracts, 1994. Diese „Kodifizierung" stützt sich nicht auf eine klassische (Völker-)Rechtsquelle, etwa ein internationales Übereinkommen. Ihr Parallelwerk, die Principles of Contract Law der sog. Lando-Kommission, sind für die Europäische Union geschaffen und zielen auf das bürgerlichrechtliche Schuldvertragsrecht ab – als solches natürlich ebenfalls die Grundlage des Rechts der Handelsgeschäfte: *Lando/Beale,* Principles of European Contract Law, Part I and II, Neuaufl. 2000 und Part III, 2003 *(Lando/Beale/Zimmermann);* ähnl. auch *Bar/Clive/Schulte-Nölke et al.* for the Study Group on a European Civil Code and Research Group on EC Private Law (Acquis Group), Principles, Definitions and Model Rules of European Private Law – Draft Common Frame of Reference (DCFR), 2008, und überarbeitete Ausgaben mit Kommentierungen.

[141] Vgl. nur *Berger,* Formalisierte oder „schleichende" Kodifizierung des transnationalen Wirtschaftsrechts – zu den methodologischen und praktischen Grundlagen der lex mercatoria, 1996, 194–244; *Mustill,* The New Lex Mercatoria – the First Twenty-five Years, Arbitration International 1988, 86, bes. 110–114; elektronisch unter: www.tldb.de; zur Funktionsweise dieser Datenbank vgl. *Berger* RIW 2002, 256.

[142] Abdruck und Kommentar für Version 2010: Baumbach/Hopt/*Hopt* unter (6); *Graf v. Bernstorff,* Incoterms 2010, 2010; *Ramberg,* ICC Guide to Incoterms 2010, 2011; ab 1.1.2020 Incoterms 2020, vgl. *Llamazars,* Incoterm 2020: Main Changes, erhältlich unter https://www.globalnegotiator.com/blog_en/incoterms-2020-main-changes/; Baumbach/*Hopt* unter (6); für die Version 2000 *Bredow/Seiffert,* INCOTERMS 2000: Kommentar und deutsch/englischer Text der ICC-Incoterms, 2000. Speziell für die cif-Klausel gab es die Warschau-Oxford-Regeln, vgl. *Zweigert/Kropholler,* Quellen des Internationalen Einheitsrecht, Bd. 1 – Bürgerliches Recht und Handelsrecht, 1971, 762.

[143] ECE-Bedingungen Nr. 188 bzw. 188A (Export von Anlagegütern bzw. Montagebedingungen), Abdruck noch bei *Schlechtriem,* Kommentar zum einheitlichen Kaufrecht, 2. Aufl. 1995, Anh. VI 1 und 2.

[144] Abdruck und Kommentar für Version 1995: Baumbach/Hopt/*Hopt* unter (12); *Hoffmann,* Einheitliche Richtlinien für Inkasso (ERI) – ICC-Richtlinien 1995, Kurzkommentar und Text, 1995.

[145] Abdruck und Kommentar für Version 2007: Baumbach/Hopt/*Hopt* unter (11); *Nielsen,* Richtlinien für Dokumenten-Akkreditive: Kommentar zu den Einheitlichen Richtlinien und Gebräuchen für Dokumenten-Akkreditive 2007 (ERA 600), 3. Aufl. 2008; für die Version 1993: *Graffe/Weichbrodt/Xueref,* Dokumentenakkreditive – ICC-Richtlinien 1993 – Einheitliche Richtlinien und Gebräuche für Dokumentenakkreditive, Text und Kurzkommentar, 1993; *Stapel,* Einheitliche Richtlinien und Gebräuche für Dokumentenakkreditive der Internationalen Handelskammer in der Fassung von 1993 – vergleichende Darstellung ihrer Anwendung in Deutschland, Großbritannien, Kanada und den Vereinigten Staaten von Amerika, 1998.

[146] Text und Kommentierung: *Graf v. Westphalen/Zöchling-Jud,* Die Bankgarantie im internationalen Handelsverkehr, 4. Aufl. 2016; auch *Stumpf,* Bankgarantien (Vertragsgarantien), 5. Aufl. 1987; *Dimitrow,* Die Bedeutung der Vertragsgarantien aus Sicht der Exporteure, 1995; *Zahn/Ehrlich/Haas,* Zahlung und Zahlungssicherung im Außenhandel, 8. Aufl. 2010.

fordern.[147] Ungleich wichtiger als diese Zahlungsverkehrsinstrumente mit Absicherungselementen ist heute die schlichte Überweisung,[148] für die (im Interbankenverhältnis) die S. W. I. F. T.-Klauseln bedeutsam sind.[149] Hinzu treten zahlreiche Klauseln für das sonstige Bankgeschäft, etwa zu den Swaps (BBAIRS–Terms oder ISDA–Code), die dort kommentiert werden. Die Klauseln im Zusammenhang mit dem Transport werden ebenfalls anderweitig kommentiert und hier nur kursorisch angesprochen.[150]

Erster Abschnitt. Allgemeine Vorschriften

§ 343 [Begriff der Handelsgeschäfte]

(1) **Handelsgeschäfte sind alle Geschäfte eines Kaufmanns, die zum Betriebe seines Handelsgewerbes gehören.**

(2) *(aufgehoben)*

Schrifttum: *Horn,* Allgemeines Handelsrecht, FG 50 Jahre Bundesgerichtshof, Bd. II, 2000, 3; *Kramer,* Handelsgeschäfte, FS Ostheim, 1990, 299; *Pfeiffer,* Handbuch der Handelsgeschäfte, 1999; *Preis,* Der persönliche Anwendungsbereich der Sonderprivatrechte – zur systematischen Abgrenzung von Bürgerlichem Recht, Verbraucherrecht und Handelsrecht, ZHR 158 (1994), 567; *Raisch,* Geschichtliche Voraussetzungen, dogmatische Grundlagen und Sinnwandlung des Handelsrechts, 1965; *Rehm,* Zum Begriff des Handelsgeschäfts, ZHR 74 (1913), 247; *K. Schmidt,* 100 Bände BGHZ – Allgemeines Handelsrecht, ZHR 151 (1987), 302; *K. Schmidt,* Anwendung von Handelsrecht auf Rechtshandlungen des Konkursverwalters – Zum Urteil des BGH vom 25.2.1987, NJW 1987, 1905; *Schriever,* Die Kaufmannseigenschaft des Beklagten bei Klageerhebung, NJW 1978, 1472; *Weyer,* Handelsgeschäfte (§§ 343 ff. HGB) und Unternehmergeschäfte (§ 14 BGB), WM 2005, 490; *M. Wolff,* Über einige Grundbegriffe des Handelsrechts, FS v. Gierke, Bd. II, 1910, 115.

Übersicht

[147] Einheitliche Richtlinien für auf Anfordern zahlbare Garantien (Uniform Rules for Demand Guarantees, URDG), Publikation Nr. 758 der Internationalen Handelskammer, Paris, vgl. URDG 758 – Uniformed Rules for Demand Guarantees, incl. Model Forms ERAG 758, 2010; sie sind am 1.7.2010 in Kraft getreten und stellen die erste Revision der URDG 458 von 1992 dar; zu beiden Versionen *Affaki,* Guide to ICC Uniform Rules for Demand Guarantees URDG 758, 2011; Schimansky/Bunte/Lwowski/*Fischer,* Bankrechtshandbuch, Bd. II, 5. Aufl. 2017, § 121 Rn. 289 ff.; *Gutzwiller,* Bankgarantien im internationalen Handel – Auf dem Weg zu einem einheitlichen Recht?, Zeitschrift für Schweizerisches Recht 2005, 273; *Haas,* Probleme der „International Standby Practices ISP 98" im Zusammenhang mit deutschem Recht, ZBB 1999, 301 (mit Abdruck ZBB 1999, 320); *Heidbüchel,* Das UNCITRAL-Übereinkommen über unabhängige Garantien und Standby letters of credit – Vergleiche mit den Richtlinien der Internationalen Handelskammer, dem deutschen, englischen und US-amerikanischen Recht, 1999.

[148] Vgl. Zahlen → BGB § 675c Rn. 1 f.

[149] Bedingungen der Society for Worldwide Interbank Financial Telecommunication (Informationsübertragung, nicht Clearing im internationalen Zahlungsverkehr; mit Haftungsregeln), ISO 9362: 1994 Banking–Banking telecommunication messages–Bank identifier codes; dazu *Etzkorn,* Rechtsfragen des internationalen elektronischen Zahlungsverkehrs durch S. W. I. F. T., 1991; *Loh,* Das S. W. I. F. T.-System – die moderne Datenübertragung im internationalen Zahlungsverkehr, 1983; *Schürenkrämer,* Technologiebewertung des internationalen Datennetzes der Kreditinstitute: S. W. I. F. T. in Prognose und Realität, 1987. Am 1.8.2010 ist ein SWIFT-Abkommen zwischen der EU und den USA in Kraft getreten, welches die Voraussetzungen regelt, unter denen Zahlungsverkehrsdaten aus der EU an die USA übermittelt werden dürfen, vgl. den entsprechenden Beschluss des Rates v. 13.7.2010, ABl. 2010 L 195, 3; dazu *Werner* jurisPR-BKR 1/2011 Anm. 1.

[150] Etwa IATA Cargo Services Conference Resolutions – Recommended Practice 1601 Conditions of Carriage for Cargo (Flugzeug). Über das Recht der Handelsgeschäfte hinaus gehen so wichtige Entwicklungen wie die Ausrichtung von Rechnungslegung und Emissionsprospekt an nicht staatlich gesetzten Standards und Regelwerken, namentlich den International Accounting oder Financial Reporting Standards und den internationalen Standards der IOSCO.

I. Normzweck

1   Die Vorschrift definiert den Begriff der Handelsgeschäfte. Hierbei handelt es sich um einen zentralen Begriff des HGB, der gemeinsam mit dem des Kaufmanns (§§ 1–6, zu Einzelheiten → Rn. 21 ff.) den Anwendungsbereich des HGB bestimmt.[1] Den Begriff des Handelsgeschäfts verwendet das HGB mit unterschiedlichen Bedeutungen. Insbesondere in den Vorschriften des Ersten und Zweiten Buches des HGB, nämlich § 22 Abs. 1, 2 (→ § 22 Rn. 6), § 23, § 24 Abs. 1, § 25 Abs. 1 S. 1, Abs. 3 (→ § 25 Rn. 22a), § 26 Abs. 1 S. 1, § 27 Abs. 1 (→ § 27 Rn. 10), § 48 Abs. 1 (→ § 48 Rn. 4), § 52 Abs. 3, § 53 Abs. 1 S. 1, § 58, § 230 Abs. 1, 235 Abs. 1, 2 S. 1, § 236 Abs. 1, bezeichnet das Handelsgeschäft den Gewerbebetrieb des Kaufmanns.[2] Im Vierten Buch des HGB sind dagegen mit den Handelsgeschäften die einzelnen Geschäfte (zu Einzelheiten → Rn. 4 ff.) des Kaufmanns gemeint, die zum Betrieb seines Handelsgewerbes gehören (zu Einzelheiten → Rn. 46 ff.). Die Begriffsbestimmung in § 343 Abs. 1 ist damit grundlegend für die Anwendung der gesetzlichen Regelungen über Handelsgeschäfte sowie einzelner prozessualer Vorschriften (zu Einzelheiten → Rn. 61 ff.). Soweit in ihnen im Rahmen des kaufmännischen Gewerbebetriebs der Ausdruck Handelsgeschäft im Sinne des einzelnen getätigten Geschäfts verwandt wird (zB in § 257 Abs. 2,[3] → § 257 Rn. 15), liegt darin eine Bezugnahme auf die Begriffsbestimmung in § 343 Abs. 1.

II. Normentwicklung

2   Die Vorschrift des **§ 343 Abs. 2 aF** ist durch Art. 3 Nr. 41 iVm Art. 29 Abs. 4 HRRefG **mit Wirkung zum 1.7.1998 aufgehoben** worden. Sie sah vor, dass im Bereich der Grundhandelsgewerbe nach § 1 Abs. 2 aF getätigte Geschäfte auch dann Handelsgeschäfte des Kaufmanns sind, wenn sie von diesem im Betrieb seines „gewöhnlich auf andere Geschäfte gerichteten Handelsgewerbes" geschlossen werden. Bei der Aufhebung dieser Regelung handelt es sich um eine Folgeänderung, die sich aus der Abschaffung des Katalogs der Grundhandelsgewerbe nach § 1 Abs. 2 aF im Zuge der Neuregelung des Kaufmannstatbestands (zu Einzelheiten → Vor § 1 Rn. 12 ff.) ergab.[4] Änderungen in der Sache waren damit nicht beabsichtigt. Daher sind Geschäfte, die der Kaufmann im Betrieb seines Handelsgewerbes tätigt, auch dann Handelsgeschäfte iSd § 343 Abs. 1, wenn sie für sein Handelsgewerbe branchenfremd sind (→ Rn. 55).

III. Bestandteile eines Handelsgeschäfts

3   Handelsgeschäfte iSd § 343 Abs. 1 sind alle Geschäfte (zu Einzelheiten → Rn. 4 ff.) eines Kaufmanns (zu Einzelheiten → Rn. 21 ff.), die zum Betrieb seines Handelsgewerbes gehören (zu Einzelheiten → Rn. 46 ff.).

4   **1. Geschäfte. a) Außengeschäfte.** Der Begriff des Geschäfts iSv § 343 Abs. 1 ist im Gesetz nicht definiert. Seine Bedeutung erschließt sich aus zwei Umständen, zum einen daraus, dass der Betrieb eines Handelsgewerbes durch Tätigkeiten am Markt erfolgt, also ein nach außen erkennbares Tätigwerden voraussetzt (→ § 1 Rn. 22), und zum anderen daraus, dass § 344 Abs. 1 und § 345 das Spektrum dieser Tätigkeiten auf Rechtsgeschäfte verengen. Daher sind Geschäfte iSd § 343 Abs. 1 nur

---

[1] Statt vieler *Horn* FG 50 Jahre Bundesgerichtshof, Bd. II, 2000, 3.
[2] *Bitter/Schumacher* HandelsR § 7 Rn. 3; *Brox/Henssler* HandelsR Rn. 280a; *Fischinger* HandelsR Rn. 509; Heymann/*Horn* Rn. 1; *Jung* HandelsR Kap. 9 Rn. 2; NK-HGB/*Lehmann-Richter* Rn. 1; *Lettl* HandelsR § 9 Rn. 2; *Oetker* HandelsR § 7 Rn. 7; Oetker/*Pamp* Rn. 1; *Pfeiffer* in Pfeiffer Handelsgeschäfte-HdB § 1 Rn. 50; *Scheibenpflug* JA 2015, 169 (171); MüKoHGB/*K. Schmidt* Rn. 1; *K. Schmidt* HandelsR § 18 Rn. 8; Röhricht/Graf v. Westphalen/ Haas/*Steimle/Dornieden* Rn. 2.
[3] Oetker/*Pamp* Rn. 1.
[4] RegBegr. zum HRRefG, BT-Drs. 13/8444, 69 zu Art. 3 Nr. 40 HRRefG-RegE.

die von einem Kaufmann (zu Einzelheiten → Rn. 21 ff.) vorgenommenen **Rechtsgeschäfte,**[5] in erster Linie die unmittelbar auf den Abschluss eines Vertrags (zB eines Handelskaufs) gerichteten Willenserklärungen, namentlich Angebot und Annahme.[6] Diesen Rechtsgeschäften ist das beredte Schweigen im Rechtsverkehr (zu Einzelheiten → § 346 Rn. 193 ff.) gleichzustellen.[7] Geschäfte iSd § 343 Abs. 1 sind ferner die mittelbar auf den Abschluss von Verträgen gerichteten einseitigen Willenserklärungen (zB die Erteilung einer Vollmacht)[8]. Unerheblich ist, ob die Rechtsgeschäfte wirksam oder unwirksam bzw. nichtig sind.[9]

Die Begrenzung des Geschäftsbegriffs auf Rechtsgeschäfte (→ Rn. 4) beschränkt die Anwendung **5** der §§ 343 ff. nicht auf Willenserklärungen iSd bürgerlichen Rechts.[10] Die Begriffe des Rechtsgeschäfts und damit auch des Geschäfts iSd §§ 343 ff. sind vielmehr weit auszulegen.[11] Sie umfassen – erkennbar daran, dass die Rechtsverhältnisse der Handelsvertreter und Handelsmakler ebenso wie der Handelskauf (§§ 373–381), das Kommissionsgeschäft (§§ 383–406), das Frachtgeschäft (§§ 407–452d), das Speditionsgeschäft (§§ 453–466) und das Lagergeschäft (§§ 467–475h) besondere Handelsgeschäfte sind – auch **vertragliche Rechtsverhältnisse.**[12]

Die für den Betrieb eines kaufmännischen Gewerbes erforderliche Tätigkeit am Markt (→ § 1 Rn. 22) **6** erschöpft sich nicht in dem Abschluss von vertraglichen Rechtsverhältnissen, sondern umfasst auch die zu deren Abwicklung erforderlichen Handlungen. Geschäfte iSd § 343 Abs. 1 sind daher auch die von einem Kaufmann im Rahmen der Vertragsdurchführung abgegebenen Willenserklärungen (zB die Erteilung einer Weisung im Rahmen eines Geschäftsbesorgungsverhältnisses)[13] sowie die zur Vertragsabwicklung abgegebenen **Gestaltungserklärungen** (zB Kündigungen, Anfechtungserklärungen und Rücktrittserklärungen)[14]. In Anbetracht der Tatsache, dass das Handelsrecht nicht die hohe terminologische Präzision des BGB aufweist[15] und die allgemeinen bürgerlich-rechtlichen Vorschriften über Willenserklärungen für geschäftsähnliche Handlungen grundsätzlich zumindest entsprechend gelten,[16] umfassen die handelsrechtlichen Begriffe des Rechtsgeschäfts und des Geschäfts iSd § 343 Abs. 1 auch die zum Zweck der Vertragsdurchführung vorgenommenen **rechtsgeschäftsähnlichen Handlungen**[17]

---

[5] KKRD/*W.-H. Roth* Rn. 3; MüKoHGB/*K. Schmidt* Rn. 3; *K. Schmidt* HandelsR § 18 Rn. 9, 10; aA (jedes rechtserhebliche willentliche Verhalten) *Fischinger* HandelsR Rn. 511 ff.; Schlegelberger/*Hefermehl* Rn. 11; Heymann/ *Horn* Rn. 8; *Jung* HandelsR Kap. 9 Rn. 3; HaKo-HGB/*Klappstein* Rn. 3; Staub/*Koller* Rn. 4; *Lettl* HandelsR § 9 Rn. 4; *Oetker* HandelsR § 7 Rn. 14; *Pfeiffer* in Pfeiffer Handelsgeschäfte-HdB § 1 Rn. 51; GK-HGB/*B. Schmidt* Rn. 7; Röhricht/Graf v. Westphalen/Haas/*Steimle/Dornieden* Rn. 7; *M. Wolff* FS v. Gierke, Bd. II, 1910, 115 (148 f.).

[6] *Bitter/Schumacher* HandelsR § 7 Rn. 3; *Fischinger* HandelsR Rn. 512; *Hübner* HandelsR Rn. 472; *Jung* HandelsR Kap. 9 Rn. 3; NK-HGB/*Lehmann-Richter* Rn. 10; *Lettl* HandelsR § 9 Rn. 4; *Oetker/Pamp* Rn. 4; *K. Schmidt* HandelsR § 18 Rn. 9.

[7] *Fischinger* HandelsR Rn. 512; Schlegelberger/*Hefermehl* Rn. 11; Baumbach/Hopt/*Hopt* Rn. 1; Heymann/*Horn* Rn. 8; *Jung* HandelsR Kap. 9 Rn. 3; HaKo-HGB/*Klappstein* Rn. 3; Staub/*Koller* Rn. 3; NK-HGB/*Lehmann-Richter* Rn. 10; *Oetker/Pamp* Rn. 4; *Pfeiffer* in Pfeiffer Handelsgeschäfte-HdB § 1 Rn. 51; KKRD/*W.-H. Roth* Rn. 3; GK-HGB/*B. Schmidt* Rn. 7; MüKoHGB/*K. Schmidt* Rn. 3; *K. Schmidt* HandelsR § 18 Rn. 9.

[8] *Pfeiffer* in Pfeiffer Handelsgeschäfte-HdB § 1 Rn. 51; GK-HGB/*B. Schmidt* Rn. 7.

[9] OLG Jena Urt. v. 22.2.2017 – 2 U 179/14, BeckRS 2017, 147039 Rn. 76; Schlegelberger/*Hefermehl* Rn. 13; HaKo-HGB/*Klappstein* Rn. 3; Staub/*Koller* Rn. 3; *Lettl* HandelsR § 9 Rn. 5; *Oetker/Pamp* Rn. 4, 5; *Pfeiffer* in Pfeiffer Handelsgeschäfte-HdB § 1 Rn. 52; KKRD/*W.-H. Roth* Rn. 3; GK-HGB/*B. Schmidt* Rn. 8; MüKoHGB/ *K. Schmidt* Rn. 3; Röhricht/Graf v. Westphalen/Haas/*Steimle/Dornieden* Rn. 7; vgl. auch RG Urt. v. 23.5.1889 – IV 58/89, Gruchot 33, 1042 (1045) zu Art. 274 ADHGB.

[10] *Oetker/Pamp* Rn. 4.

[11] KG Beschl. v. 20.8.1998 – 28 AR 65/98, BeckRS 2014, 3416 unter III.; LG Hannover Beschl. v. 22.2.1977 – 24 O 241/76, MDR 1977, 677; *Brox/Henssler* HandelsR Rn. 281; Schlegelberger/*Hefermehl* Rn. 11; Heymann/*Horn* Rn. 8; HaKo-HGB/*Klappstein* Rn. 3; *Lettl* HandelsR § 9 Rn. 4; *Pfeiffer* in Pfeiffer Handelsgeschäfte-HdB § 1 Rn. 51; KKRD/*W.-H. Roth* Rn. 3; GK-HGB/*B. Schmidt* Rn. 7; Röhricht/Graf v. Westphalen/Haas/*Steimle/Dornieden* Rn. 7.

[12] OLG Hamm Urt. v. 5.4.2000 – 20 U 229/99, r+s 2001, 403 (404); LG Hannover Beschl. v. 22.2.1977 – 24 O 241/76, MDR 1977, 677; *Bitter/Schumacher* HandelsR § 7 Rn. 3; *Canaris* HandelsR § 20 Rn. 8; Baumbach/ Hopt/*Hopt* Rn. 1; HaKo-HGB/*Klappstein* Rn. 3; NK-HGB/*Lehmann-Richter* Rn. 10; *Oetker/Pamp* Rn. 4; KKRD/*W.-H. Roth* Rn. 3; GK-HGB/*B. Schmidt* Rn. 7; MüKoHGB/*K. Schmidt* Rn. 1, 4; *K. Schmidt* HandelsR § 18 Rn. 9; Röhricht/Graf v. Westphalen/Haas/*Steimle/Dornieden* Rn. 7; *M. Wolff* FS v. Gierke, Bd. II, 1910, 115 (152).

[13] Heymann/*Horn* Rn. 8; *Oetker* HandelsR § 7 Rn. 14; *Oetker/Pamp* Rn. 4; *Pfeiffer* in Pfeiffer Handelsgeschäfte-HdB § 1 Rn. 51; MüKoHGB/*K. Schmidt* Rn. 4.

[14] *Bitter/Schumacher* HandelsR § 7 Rn. 3; *Fischinger* HandelsR Rn. 512; *Hübner* HandelsR Rn. 472; *Jung* HandelsR Kap. 9 Rn. 3; NK-HGB/*Lehmann-Richter* Rn. 10; *Lettl* HandelsR § 9 Rn. 4; *Oetker/Pamp* Rn. 4; *Pfeiffer* in Pfeiffer Handelsgeschäfte-HdB § 1 Rn. 51; GK-HGB/*B. Schmidt* Rn. 7; Röhricht/Graf v. Westphalen/Haas/*Steimle/Dornieden* Rn. 7.

[15] Statt vieler *K. Schmidt* HandelsR § 23 Rn. 33.

[16] Statt vieler BGH Urt. v. 17.10.2000 – X ZR 97/99, BGHZ 145, 343 (348) = NJW 2001, 289 mwN; Palandt/ *Ellenberger* BGB Vor § 104 Rn. 7.

[17] LG Hannover Beschl. v. 22.2.1977 – 24 O 241/76, MDR 1977, 677; *Brox/Henssler* HandelsR Rn. 281; *Fischinger* HandelsR Rn. 512; Baumbach/Hopt/*Hopt* Rn. 1; *Hübner* HandelsR Rn. 472; *Jung* HandelsR Kap. 9 Rn. 3; HaKo-HGB/*Klappstein* Rn. 3; Staub/*Koller* Rn. 3; NK-HGB/*Lehmann-Richter* Rn. 10; *Lettl* HandelsR § 9 Rn. 6; *Oetker* HandelsR § 7 Rn. 14; *Oetker/Pamp* Rn. 4; *Pfeiffer* in Pfeiffer Handelsgeschäfte-HdB § 1 Rn. 51;

(zB die Mahnung,[18] die Anzeige von Mängeln,[19] die Setzung einer Frist,[20] die Zweckbestimmung einer Leistung)[21].

7   **b) Organisationsakte ohne Außenwirkung.** Das Gegenteil von sog. Außengeschäften (zu Einzelheiten → Rn. 4 ff.) sind bloß interne Organisationsakte ohne Außenwirkung; sie sind keine Geschäfte iSd § 343 Abs. 1.[22] Dies gilt auch dann, wenn sich der jeweilige Vorgang – was überhaupt nur *ex post* beurteilt werden kann – für den Betrieb des Handelsgeschäfts als förderlich erweist.[23] Der Abschluss eines Gesellschaftsvertrags (→ Rn. 8 f.),[24] die Feststellung der Satzung einer AG,[25] die Änderung des Gesellschaftsvertrags bzw. der Satzung,[26] insbesondere der Eintritt eines Gesellschafters in eine Personenhandelsgesellschaft und der Austritt,[27] umwandlungsrechtliche Vorgänge[28] sowie der Abschluss, die Änderung und die Beendigung eines Unternehmensvertrags nach den §§ 291 ff. AktG[29] sind daher keine Geschäfte und folglich – unabhängig davon, ob die Gründer bzw. Gesellschafter Kaufleute sind (→ Rn. 33 f.)[30] – keine Handelsgeschäfte iSd § 343 Abs. 1. Das Versprechen einer Sacheinlage – gleichgültig, ob es im Zuge der Gesellschaftsgründung oder im Rahmen einer Kapitalerhöhung gegeben wird – ist ein Bestandteil des Gesellschaftsvertrags und daher jedenfalls für die Kapitalgesellschaft kein Handelsgeschäft.[31]

8   Der **Abschluss eines Gesellschaftsvertrags** und die Feststellung einer Satzung sind nur dann bloße interne Organisationsakte (→ Rn. 7), wenn durch sie die Handelsgesellschaft bzw. der Formkaufmann errichtet wird. Anderes gilt, wenn der Gesellschaftsvertrag – gleichgültig, ob es sich um eine Innen- oder Außengesellschaft handelt – als unternehmerisches Außengeschäft geschlossen wird.[32] Daher kann die Beteiligung an einer ARGE ebenso ein Handelsgeschäft iSd § 343 Abs. 1 sein wie die Gründung eines Emissionskonsortiums durch mehrere Kreditinstitute.

9   Der Abschluss eines Vertrags über eine **stille Gesellschaft** setzt gem. § 230 Abs. 1 voraus, dass zumindest ein Beteiligter Kaufmann ist. Da die Begründung einer *typischen* stillen Gesellschaft ausweislich der zu erbringenden Vermögenseinlage zumindest auch der Finanzierung des Handelsgewerbes dient, ist der Abschluss des Gesellschaftsvertrags jedenfalls für den Inhaber des Handelsgewerbes ein Handelsgeschäft iSd § 343 Abs. 1.[33] Hinsichtlich des stillen Gesellschafters kommt es darauf an, ob er Kaufmann

---

KKRD/*W.-H. Roth* Rn. 3; GK-HGB/*B. Schmidt* Rn. 7; MüKoHGB/*K. Schmidt* Rn. 3; *K. Schmidt* HandelsR § 18 Rn. 9; Röhricht/Graf v. Westphalen/Haas/*Steimle/Dornieden* Rn. 7.

  [18] *Bitter/Schumacher* HandelsR § 7 Rn. 3; *Brox/Henssler* HandelsR Rn. 281; *Fischinger* HandelsR Rn. 512; Schlegelberger/*Hefermehl* Rn. 11; Baumbach/Hopt/*Hopt* Rn. 1; Heymann/*Horn* Rn. 8; *Hübner* HandelsR Rn. 472; *Jung* HandelsR Kap. 9 Rn. 3; HaKo-HGB/*Klappstein* Rn. 3; NK-HGB/*Lehmann-Richter* Rn. 10; *Lettl* HandelsR § 9 Rn. 6; *Oetker* HandelsR § 7 Rn. 14; Oetker/*Pamp* Rn. 4; *Pfeiffer* in Pfeiffer Handelsgeschäfte-HdB § 1 Rn. 51; KKRD/*W.-H. Roth* Rn. 3; GK-HGB/*B. Schmidt* Rn. 7; MüKoHGB/*K. Schmidt* Rn. 3; *K. Schmidt* HandelsR § 18 Rn. 9; Röhricht/Graf v. Westphalen/Haas/*Steimle/Dornieden* Rn. 7; *M. Wolff* FS v. Gierke, Bd. II, 1910, 115 (149).

  [19] Heymann/*Horn* Rn. 8; *Oetker* HandelsR § 7 Rn. 14; Oetker/*Pamp* Rn. 4; KKRD/*W.-H. Roth* Rn. 3; MüKoHGB/*K. Schmidt* Rn. 3; *M. Wolff* FS v. Gierke, Bd. II, 1910, 115 (149); vgl. auch *Pfeiffer* in Pfeiffer Handelsgeschäfte-HdB § 1 Rn. 51 zu § 478 BGB aF.

  [20] *Bitter/Schumacher* HandelsR § 7 Rn. 3; *Brox/Henssler* HandelsR Rn. 281; *Jung* HandelsR Kap. 9 Rn. 3; NK-HGB/*Lehmann-Richter* Rn. 10; *Lettl* HandelsR § 9 Rn. 6; Oetker/*Pamp* Rn. 4; *Pfeiffer* in Pfeiffer Handelsgeschäfte-HdB § 1 Rn. 51; GK-HGB/*B. Schmidt* Rn. 7; MüKoHGB/*K. Schmidt* Rn. 3; Röhricht/Graf v. Westphalen/Haas/*Steimle/Dornieden* Rn. 7; *M. Wolff* FS v. Gierke, Bd. II, 1910, 115 (149).

  [21] Baumbach/Hopt/*Hopt* Rn. 1; Staub/*Koller* Rn. 3; Oetker/*Pamp* Rn. 4.

  [22] *Fischinger* HandelsR Rn. 515; *Jung* HandelsR Kap. 9 Rn. 3; *Lettl* HandelsR § 9 Rn. 8; Oetker/*Pamp* Rn. 9; MüKoHGB/*K. Schmidt* Rn. 6; *K. Schmidt* HandelsR § 18 Rn. 12; Röhricht/Graf v. Westphalen/Haas/*Steimle/Dornieden* Rn. 14; *Thoß* DB 2007, 206 (207).

  [23] AA Staub/*Koller* Rn. 7, 17; NK-HGB/*Lehmann-Richter* Rn. 12; KKRD/*W.-H. Roth* Rn. 6 (Gesellschaftsgründung).

  [24] BGH Urt. v. 5.5.2011 – IX ZR 144/10, BGHZ 189, 299 Rn. 23 = NJW 2011, 2960; OLG Frankfurt a. M. Urt. v. 8.5.1998 – 24 U 111/96, WM 1998, 2343 (2345) = BeckRS 1998, 10916; *Fischinger* HandelsR Rn. 515; Schlegelberger/*Hefermehl* Rn. 18; Baumbach/Hopt/*Hopt* Rn. 3; Heymann/*Horn* Rn. 11; HaKo-HGB/*Klappstein* Rn. 6; *Landwehr* JZ 1967, 198 (204); *Lieb* DB 1967, 759 (762); Oetker/*Pamp* Rn. 9; Baumbach/Hopt/*M. Roth* § 105 Rn. 49; Staub/*C. Schäfer* § 105 Rn. 141; MüKoHGB/*K. Schmidt* Rn. 7; *K. Schmidt* HandelsR § 18 Rn. 12, 13, 20; *Zöllner* DB 1964, 795 (798); aA *A. Hueck,* Das Recht der OHG, 4. Aufl. 1971, § 3 mit Fn. 9.

  [25] Oetker/*Pamp* Rn. 9; MüKoHGB/*K. Schmidt* Rn. 7.

  [26] Schlegelberger/*Hefermehl* Rn. 18; *Jung* HandelsR Kap. 9 Rn. 3; Staub/*Koller* Rn. 7; *Lettl* HandelsR § 9 Rn. 8; Oetker/*Pamp* Rn. 9; *K. Schmidt* HandelsR § 18 Rn. 12.

  [27] Schlegelberger/*Hefermehl* Rn. 18; MüKoHGB/*K. Schmidt* Rn. 7; *K. Schmidt* HandelsR § 18 Rn. 20.

  [28] Oetker/*Pamp* Rn. 9; MüKoHGB/*K. Schmidt* Rn. 7.

  [29] AA *Pfeiffer* in Pfeiffer Handelsgeschäfte-HdB § 1 Rn. 165.

  [30] Oetker/*Pamp* Rn. 9; KKRD/*W.-H. Roth* Rn. 3; MüKoHGB/*K. Schmidt* Rn. 7; *K. Schmidt* HandelsR § 18 Rn. 12; *Thoß* DB 2007, 206 (207); aA BGH Urt. v. 11.10.1999 – II ZR 120/98, BGHZ 142, 382 (386) = NJW 2000, 210 zu §§ 352, 353 HGB.

  [31] BGH Urt. v. 29.4.1985 – II ZR 207/84, WM 1985, 1069 (1070) = BeckRS 1985, 31067056; Oetker/*Pamp* Rn. 10; GK-HGB/*B. Schmidt* Rn. 11; MüKoHGB/*K. Schmidt* Rn. 20.

  [32] *K. Schmidt* HandelsR § 18 Rn. 20; wohl auch Baumbach/Hopt/*M. Roth* § 105 Rn. 49.

  [33] Staub/*Harbarth* § 230 Rn. 123; Schlegelberger/*Hefermehl* Rn. 18; Staub/*Koller* Rn. 17; NK-HGB/*Lehmann-Richter* Rn. 12; Oetker/*Pamp* Rn. 9; GK-HGB/*B. Schmidt* Rn. 10; MüKoHGB/*K. Schmidt* Rn. 7.

ist und die Beteiligung im Rahmen seines Handelsgeschäfts eingeht.[34] Bei *atypischen* stillen Gesellschaften ist nach der Ausgestaltung im Einzelfall zu unterscheiden: Für die Gestaltungsformen, die dem stillen Gesellschafter eine bloß gesellschaftsvertragliche Teilhabe an dem Gesellschaftsvermögen (→ § 230 Rn. 65) und/oder an der Geschäftsführung (→ § 230 Rn. 66 f.) einräumen, gilt das Gleiche wie bei der Begründung einer typischen stillen Gesellschaft. Eine Sonderbehandlung erfährt lediglich die dritte Ausprägung, nämlich die mehrgliedrige stille Gesellschaft mit Verbandscharakter (→ § 230 Rn. 64). Bei dieser ist der Gesellschaftsvertrag ein Organisationsakt, auf den die §§ 343 ff. keine Anwendung finden.[35]

Bei Kapitalgesellschaften zählen zu den Organisationsakten ohne Außenwirkung nicht nur Rechts- **10** geschäfte, die die Struktur des Unternehmensträgers verändern, sondern zB auch der Abschluss des Geschäftsführerdienstvertrags[36] sowie die Bestellung einer Person zum Mitglied des Aufsichtsrats.[37] Ist der Gewählte Kaufmann (zu Einzelheiten → Rn. 21 ff.), ist die Annahme des Aufsichtsratsmandats – auch eines unbesoldeten – für ihn ein Handelsgeschäft iSd § 343 Abs. 1, wenn das Amt zumindest einen mittelbaren, entfernten Zusammenhang mit seinem Handelsgewerbe aufweist (zu Einzelheiten → Rn. 52 ff.).[38]

c) Tathandlungen. aa) Grundsätzliches. Tathandlungen sind auf einen tatsächlichen Erfolg ge- **11** richtete Willensbetätigungen (Realakte), die kraft Gesetzes eine Rechtsfolge (zB ein gesetzliches Schuldverhältnis) hervorbringen,[39] und als solche **keine Geschäfte** iSd § 343 Abs. 1.[40] Möglich ist die Anwendung der §§ 343 ff. auf Tathandlungen und daraus folgende gesetzliche Ansprüche somit nur ausnahmsweise, wenn die Voraussetzungen der Analogie im Einzelfall vorliegen.

bb) Einzelfälle. Handlungen und Unterlassungen, die im Zuge von **Vertragsverhandlungen** iSd **12** § 311 Abs. 2 Nr. 1 BGB oder eines gesetzlichen Schuldverhältnisses nach § 311 Abs. 2 Nr. 2 oder Nr. 3 BGB eine Pflicht nach § 241 Abs. 2 BGB verletzen, sind keine Geschäfte iSd § 343 Abs. 1,[41] sondern einem Geschäft vorgelagert. Gehört der intendierte Vertrag jedoch zum Betrieb des Handelsgewerbes, liegt eine analoge Anwendung einzelner Bestimmungen der §§ 343 ff. – insbesondere des Gebots der Rücksichtnahme auf Handelsbräuche (→ § 346 Rn. 105) sowie der kaufmännischen Sorgfaltsmaßstab (§ 347) – nahe.

Geschäfte iSd §§ 677 ff. BGB, die ohne rechtsgeschäftlichen Willen, sondern nur mit einem **13** natürlichen Willen übernommen und geführt werden, sind keine Geschäfte iSd § 343 Abs. 1.[42] Dies gilt auch dann, wenn die Geschäftsführung einem fehlgeschlagenen Vertragsschluss nachfolgt.[43] Werden die Geschäfte von einem Kaufmann (zu Einzelheiten → Rn. 21 ff.) in Ausübung seines Handelsgewerbes getätigt, findet lediglich § 354 Anwendung (→ § 354 Rn. 7). Auf die gesetzlichen Ansprüche aus den §§ 677 ff. BGB finden die §§ 343 ff. im Übrigen weder direkt noch analog Anwendung. Daher kann ein Kaufmann auch bei einer berechtigten Geschäftsführung ohne Auftrag keine Fälligkeitszinsen nach § 353 für die ihm zu erstattenden Aufwendungen (§§ 683 S. 1, 670 BGB) verlangen.

Sowohl das Zusenden einer Ware[44] als auch deren Annahme[45] werden überwiegend – entgegen der **14** hier vertretenen Ansicht (→ Rn. 11) – als Geschäfte iSd § 343 Abs. 1 eingeordnet. Dies hat aber nicht

[34] Schlegelberger/*Hefermehl* Rn. 18; Staub/*Koller* Rn. 17; Oetker/*Pamp* Rn. 9; vgl. auch ROHG Urt. v. 7.6.1873 – Rep. 468/73, ROHGE 10, 260 (262 f.) zu Art. 273 ADHGB für die Vereinigung zu Handelsgeschäften für gemeinsame Rechnung (Art. 266 ADHGB).

[35] MüKoHGB/*K. Schmidt* Rn. 7.

[36] *K. Schmidt* HandelsR § 18 Rn. 13; wohl aA Röhricht/Graf v. Westphalen/Haas/*Steimle/Dornieden* Rn. 14.

[37] Offengelassen von RG Urt. v. 12.7.1887 – Rep. 77/87, RGZ 19, 123.

[38] RG Urt. 12.7.1887 – Rep. 77/87, RGZ 19, 123 f.; Schlegelberger/*Hefermehl* Rn. 16; Staub/*Koller* Rn. 11, 16.

[39] Statt vieler Palandt/*Ellenberger* BGB Vor § 104 Rn. 9.

[40] OLG Naumburg IR 2016, 254; *Canaris* HandelsR § 20 Rn. 8; Baumbach/Hopt/*Hopt* Rn. 1; HaKo–HGB/*Klappstein* Rn. 3; MüKoHGB/*K. Schmidt* Rn. 3, 5; *K. Schmidt* HandelsR § 18 Rn. 9; Röhricht/Graf v. Westphalen/Haas/*Steimle/Dornieden* Rn. 8; aA *Brox/Henssler* HandelsR Rn. 281; Schlegelberger/*Hefermehl* Rn. 11; *Jung* HandelsR Kap. 9 Rn. 3; *Lettl* HandelsR § 9 Rn. 4, 7; *Pfeiffer* in Pfeiffer Handelsgeschäfte-HdB § 1 Rn. 53; GK–HGB/*B. Schmidt* Rn. 7; *M. Wolff* FS v. Gierke, Bd. II, 1910, 115 (149 f.).

[41] AA Heymann/*Horn* Rn. 8; *Hübner* HandelsR Rn. 472; NK–HGB/*Lehmann-Richter* Rn. 10; *Lettl* HandelsR § 9 Rn. 6; vgl. auch Staub/*Koller* Rn. 4: culpa in contrahendo.

[42] MüKoHGB/*K. Schmidt* Rn. 4; aA *Brox/Henssler* HandelsR Rn. 281; *Fischinger* HandelsR Rn. 512; Schlegelberger/*Hefermehl* Rn. 11; Baumbach/Hopt/*Hopt* Rn. 1; Heymann/*Horn* Rn. 8; *Hübner* HandelsR Rn. 472; *Jung* HandelsR Kap. 9 Rn. 3; HaKo–HGB/*Klappstein* Rn. 3; *Lettl* HandelsR § 9 Rn. 6; *Pfeiffer* in Pfeiffer Handelsgeschäfte-HdB § 1 Rn. 51; KKRD/*W.-H. Roth* Rn. 3; wohl auch *M. Wolff* FS v. Gierke, Bd. II, 1910, 115 (149); nur methodologisch abweichend OLG Naumburg Urt. v. 9.2.1999 – 11 U 88/98, NZBau 2000, 143 (144): analoge Anwendung von § 344 Abs. 1 im Rahmen von § 196 Abs. 1 Nr. 1 BGB aF; diff. Staub/*Koller* Rn. 4: nur bei Geschäftsführung zugunsten eines Marktpartners.

[43] AA NK–HGB/*Lehmann-Richter* Rn. 11.

[44] LG Hannover Beschl. v. 22.2.1977 – 24 O 241/76, MDR 1977, 677; Heymann/*Horn* Rn. 8; *Oetker* HandelsR § 7 Rn. 14; Röhricht/Graf v. Westphalen/Haas/*Steimle/Dornieden* Rn. 7; *M. Wolff* FS v. Gierke, Bd. II, 1910, 115 (150); ähnl. *Hübner* HandelsR Rn. 472 („Erfüllung"); zurückhaltend BGH Urt. v. 11.6.1956 – II ZR 173/55, WM 1956, 1214 (1215): jedenfalls, wenn die Leistung aufgrund eines beiderseitigen Handelsgeschäfts bewirkt wird; weiter ROHG Urt. v. 4.6.1873 – Rep. 517/73, ROHGE 10, 235 (236): Es genüge die beiderseitige Erwartung, es werde mit der Zusendung und der Annahme der Ware ein Kaufvertrag über dieselbe zustande kommen.

zur Folge, dass die **Ansprüche aus ungerechtfertigter Bereicherung (§§ 812 ff. BGB)** Geschäfte iSv § 343 Abs. 1 sind. Im Gegenteil: Die Kondiktionen sind *gesetzliche* Ansprüche und daher auch dann keine Handelsgeschäfte, wenn sie in einem inneren Zusammenhang mit einem Handelsgeschäft stehen,[46] insbesondere der Rückabwicklung erbrachter Leistungen aufgrund eines nichtigen Handelsgeschäfts (zB Handelskauf iSd §§ 373 ff.) dienen.[47] Dem Gläubiger des Bereicherungsanspruchs stehen also weder Fälligkeitszinsen nach § 353 HGB noch die gem. § 352 HGB erhöhten gesetzlichen Zinsen zu.[48] Das in der Vorauflage dieses Werkes für die gegenteilige Ansicht angeführte Argument, die Kondiktionsansprüche müssten Handelsgeschäfte sein, damit ein Prokurist diese in Vertretung des Kaufmanns geltend machen könne, geht bereits deshalb fehl, weil Prokuristen nach § 49 Abs. 1 nicht nur zu Geschäften, sondern auch zu (sonstigen) Rechtshandlungen ermächtigt sind, die der Betrieb eines Handelsgewerbes mit sich bringt.

15   Die gesetzlichen Ansprüche aus **unerlaubten Handlungen** (§§ 823 ff. BGB) können zwar „im Betriebe des Geschäfts begründete Verbindlichkeiten" iSd § 25 Abs. 1 S. 1 (→ § 25 Rn. 66) und „Geschäftsverbindlichkeiten" iSd § 27 Abs. 1 (→ § 27 Rn. 18) sein. Die unerlaubten Handlungen selbst – gleichgültig, ob es sich um ein aktives Tun oder ein pflichtwidriges Unterlassen handelt – sind aber keine Geschäfte iSd § 343 Abs. 1.[49] Dies gilt auch dann, wenn sie im Zuge der Durchführung eines unter § 343 Abs. 1 fallenden Rechtsverhältnisses (→ Rn. 5) begangen werden.[50] Folglich rechnen auch die aus unerlaubten Handlungen resultierenden gesetzlichen Ansprüche nicht zu den Handelsgeschäften.[51]

16   Bei der **Erteilung einer Auskunft** ist zu unterscheiden:[52] Erfolgt sie im Rahmen eines vertraglichen Rechtsverhältnisses (zB eines Auskunftsvertrags), das seinerseits ein Handelsgeschäft ist, ist auch die Auskunftserteilung ein Geschäft iSd § 343 Abs. 1.[53] Wird Auskunft hingegen abseits eines Vertragsverhältnisses erteilt, ist sie also weder vertragliche Hauptpflicht noch vertragliche oder gesetzliche Nebenpflicht, sondern eine bloße Gefälligkeit, sind weder die Auskunft noch die bei Unrichtigkeit entstehenden Ansprüche aus unerlaubter Handlung Geschäfte iSd § 343 Abs. 1.[54] In Betracht kommt jedoch eine analoge Anwendung von § 347.[55]

---

[45] Schlegelberger/*Hefermehl* Rn. 11; Heymann/*Horn* Rn. 8; HaKo-HGB/*Klappstein* Rn. 3; *Lettl* HandelsR § 9 Rn. 7; Oetker/*Pamp* Rn. 4; Röhricht/Graf v. Westphalen/Haas/*Steimle*/*Dornieden* Rn. 7; *M. Wolff* FS v. Gierke, Bd. II, 1910, 115 (150); enger wohl ROHG Urt. v. 4.6.1873 – Rep. 517/73, ROHGE 10, 235 (236): nur für den Fall der beiderseitigen Erwartung, mit der Annahme der Ware werde ein Kaufvertrag über dieselbe zustande kommen.

[46] BGH Urt. v. 2.12.1982 – III ZR 90/81, NJW 1983, 1420 (1423); Oetker/*Pamp* Rn. 8; dazu tendierend auch Heymann/*Horn* Rn. 9; nur für die Eingriffskondiktion *Fischinger* HandelsR Rn. 513; *Hübner* HandelsR Rn. 472; Staub/*Koller* Rn. 4; *Lettl* HandelsR § 9 Rn. 9; KKRD/*W.-H. Roth* Rn. 3; Röhricht/Graf v. Westphalen/Haas/ *Steimle*/*Dornieden* Rn. 12; aA KG Beschl. v. 20.8.1998 – 28 AR 65/98, BeckRS 2014, 3416 unter III.; *Kindler*, Gesetzliche Zinsansprüche im Zivil- und Handelsrecht, 1996, 134; HaKo-HGB/*Klappstein* Rn. 1 mit Fn. 2; NK-HGB/*Lehmann-Richter* Rn. 11.

[47] → § 352 Rn. 11a; aA KG Beschl. v. 20.8.1998 – 28 AR 65/98, BeckRS 2014, 3416; *Brox*/*Henssler* HandelsR Rn. 281; Schlegelberger/*Hefermehl* Rn. 12; *Lettl* HandelsR § 9 Rn. 6.

[48] BGH Urt. v. 2.12.1982 – III ZR 90/81, NJW 1983, 1420 (1423); RG Urt. v. 23.5.1919 – II 376/18, RGZ 96, 53 (57); RG Urt. v. 10.2.1941 – II 55/40, DR 1941, 1294 Nr. 16; RG Urt. v. 13.1.1926 – I 389/25, Das Recht 1926 Nr. 246; RG Urt. v. 10.2.1921 – IV 449/20, WarnR 1921 Nr. 58; OLG München Urt. v. 19.12.1990 – 7 U 5649/89, WM 1993, 411 (414); Schlegelberger/*Hefermehl* § 352 Rn. 16; Baumbach/Hopt/*Hopt* § 352 Rn. 1; → § 352 Rn. 11a, § 353 Rn. 9a; GK-HGB/*B. Schmidt* § 352 Rn. 4; wohl auch Baumbach/Hopt/*M. Roth* § 105 Rn. 49; aA *Kindler*, Gesetzliche Zinsansprüche im Zivil- und Handelsrecht, 1996, 134 f.; *Pfeiffer* in Pfeiffer Handelsgeschäfte-HdB § 1 Rn. 52; nur analoge Anwendung MüKoHGB/*K. Schmidt* Rn. 5; MüKoHGB/*K. Schmidt* § 352 Rn. 7a; MüKoHGB/*K. Schmidt* § 353 Rn. 9.

[49] BGH Urt. v. 27.2.2018 – VI ZR 121/17, BGHZ 217, 374 (380 Rn. 16) = NJW 2018, 2197; *Fischinger* HandelsR Rn. 513; Schlegelberger/*Hefermehl* Rn. 13; Baumbach/Hopt/*Hopt* Rn. 1; Heymann/*Horn* Rn. 9; *Hübner* HandelsR Rn. 472; HaKo-HGB/*Klappstein* Rn. 3; Oetker/*Pamp* Rn. 8; KKRD/*W.-H. Roth* Rn. 3; MüKoHGB/ *K. Schmidt* Rn. 5; *K. Schmidt* HandelsR § 18 Rn. 9; Röhricht/Graf v. Westphalen/Haas/*Steimle*/*Dornieden* Rn. 10; aA *Brox*/*Henssler* HandelsR Rn. 281; *Jung* HandelsR Kap. 9 Rn. 3.

[50] BGH Urt. v. 27.2.2018 – VI ZR 121/17, BGHZ 217, 374 Rn. 16 = NJW 2018, 2197; MüKoHGB/*K. Schmidt* Rn. 5; dazu tendierend auch Heymann/*Horn* Rn. 9; aA OLG Jena Urt. v. 22.2.2017 – 2 U 179/14, BeckRS 2017, 147039 Rn. 75 f.; *Fischinger* HandelsR Rn. 513; HaKo-HGB/*Klappstein* Rn. 3; Staub/*Koller* Rn. 4; NK-HGB/ *Lehmann-Richter* Rn. 11; *Lettl* HandelsR § 9 Rn. 7; *Pfeiffer* in Pfeiffer Handelsgeschäfte-HdB § 1 Rn. 54; KKRD/ *W.-H. Roth* Rn. 3; GK-HGB/*B. Schmidt* Rn. 9.

[51] BGH Urt. v. 27.2.2018 – VI ZR 121/17, BGHZ 217, 374 (380 Rn. 16) = NJW 2018, 2197; aA Röhricht/ Graf v. Westphalen/Haas/*Steimle*/*Dornieden* Rn. 10.

[52] Die Entscheidung RG Urt. v. 21.4.1888 – Rep. I 68/88, RGZ 20, 190 (194) beschränkt sich auf die in jedem Fall zutreffende Feststellung, dass die Auskunftserteilung „den Charakter einer zum kaufmännischen Gewerbebetrieb gehörigen Rechtshandlung" hat, ohne deren Eigenschaft als (Handels-)Geschäft zu thematisieren.

[53] Heymann/*Horn* Rn. 8; NK-HGB/*Lehmann-Richter* Rn. 10; Oetker/*Pamp* Rn. 4; GK-HGB/*B. Schmidt* Rn. 7; Röhricht/Graf v. Westphalen/Haas/*Steimle*/*Dornieden* Rn. 7, ohne jeweils nach dem Kontext der Auskunftserteilung zu unterscheiden; aA *K. Schmidt* HandelsR § 18 Rn. 9 („Erfüllungshandlung").

[54] AA Schlegelberger/*Hefermehl* Rn. 13; Röhricht/Graf v. Westphalen/Haas/*Steimle*/*Dornieden* Rn. 7; wohl auch Heymann/*Horn* Rn. 8.

[55] IErg wohl auch MüKoHGB/*K. Schmidt* Rn. 4.

Verträge über Werbemaßnahmen gehören zu dem Betrieb eines kaufmännischen Gewerbebetriebs **17** und sind daher unzweifelhaft Handelsgeschäfte iSd § 343 Abs. 1.[56] Davon zu unterscheiden sind einzelne Maßnahmen der Werbung und sonstige geschäftliche Handlungen iSd § 2 Abs. 1 Nr. 1 UWG, die weder Rechtsgeschäfte (→ Rn. 4) noch rechtsgeschäftsähnliche Handlungen (→ Rn. 6) sind. Erscheint es noch vertretbar, diese **Wettbewerbshandlungen** – ohne praktische Auswirkungen – als Geschäfte iSd § 343 Abs. 1 anzusehen,[57] ist dies jedenfalls für die im Fall der Unzulässigkeit bestehenden Ansprüche (§§ 8 ff. UWG) zu verneinen.[58] Im Gegensatz dazu ist zB die strafbewährte Unterlassungserklärung idR ein Handelsgeschäft.[59]

Ansprüche aus **Gefährdungshaftung** können zwar im Zusammenhang mit dem Betrieb eines **18** Handelsgewerbes entstehen. Die sie begründenden Handlungen und Unterlassungen sind aber keine Geschäfte iSd § 343 Abs. 1.[60] So ist zB die Weiterveräußerung von beweglichen Waren – namentlich der Abschluss der Kaufverträge sowie die Übergabe und Übereignung der Waren – durch einen Kaufmann ein Geschäft iSd § 343 Abs. 1, das zum Betrieb seines Handelsgewerbes gehört. Die Verpflichtung zum Schadensersatz wegen eines Produktfehlers (§ 1 Abs. 1 S. 1 ProdHaftG) ist jedoch ein gesetzlicher Anspruch und daher kein (Handels-)Geschäft.

Im Gegensatz zu dem Erwerb eines **betrieblichen Pkw** sind das Halten und das Fahren desselben **19** – auch dann, wenn die Fahrt geschäftlich veranlasst ist – keine Geschäfte iSd § 343 Abs. 1.[61] Gleiches gilt für die *gesetzlichen* Schadensersatzansprüche (§ 7 Abs. 1 StVG, § 18 Abs. 1 S. 1 StVG) aufgrund eines Verkehrsunfalls mit dem betrieblichen Pkw, der sich auf einer geschäftlich veranlassten Fahrt ereignet.[62]

Die **Verbindung, Vermischung** und **Verarbeitung (§§ 946 ff. BGB)** von Waren kann sowohl **20** Gegenstand des Handelsgewerbes sein als auch im Rahmen eines Handelsgeschäfts (zB eines Werkvertrags) erfolgen. Geschäfte iSd § 343 Abs. 1 sind diese Vorgänge jedoch nicht.[63] In Betracht käme allenfalls eine analoge Anwendung der §§ 352, 353 auf den Entschädigungsanspruch nach § 951 Abs. 1 S. 1 bzw. die ggf. nach allgemeinen Vorschriften bestehende Zinspflicht (§ 291 BGB iVm § 819 Abs. 1 BGB, § 818 Abs. 4 BGB).

2. Kaufmann. a) Grundsatz. aa) Allgemeines. Handelsgeschäfte können grundsätzlich (zu den **21** Ausnahmen → Rn. 41 ff.) nur von einem Kaufmann iSd §§ 1–6 (zu Einzelheiten → Rn. 22 ff.) vorgenommen werden.[64]

(1) Istkaufmann (§ 1). Istkaufmann ist, wer ein Handelsgewerbe betreibt (§ 1 Abs. 1, zu Einzel- **22** heiten → § 1 Rn. 9 ff.), es sei denn, dass das Unternehmen einen nach Art oder Umfang in kaufmännischer Weise eingerichteten Geschäftsbetrieb nicht erfordert (§ 1 Abs. 2, zu Einzelheiten → § 1 Rn. 42 ff.). Auf die Art des Gewerbes oder die Zugehörigkeit zu einer bestimmten Branche kommt es nicht an. Die Vermutung der Kaufmannseigenschaft eines Gewerbetreibenden (§ 1 Abs. 2) gilt auch im Rahmen von § 343 Abs. 1.

(2) Kannkaufmann (§ 2). Gewerbetreibende, deren Unternehmen nach Art oder Umfang einen **23** in kaufmännischer Weise eingerichteten Geschäftsbetrieb nicht erfordern (sog. Kleingewerbetreibende, zu Einzelheiten → § 2 Rn. 3 ff.), können die Firma des Unternehmens gemäß § 2 S. 2 in das Handelsregister eintragen lassen (zu Einzelheiten → § 2 Rn. 8 ff.). Sobald die Firma eingetragen ist, gilt das

[56] Röhricht/Graf v. Westphalen/Haas/*Steimle/Dornieden* Rn. 9.

[57] So Schlegelberger/*Hefermehl* Rn. 13; *Jung* HandelsR Kap. 9 Rn. 3; Oetker/*Pamp* Rn. 18; *Pfeiffer* in Pfeiffer Handelsgeschäfte-HdB § 1 Rn. 54.

[58] Baumbach/Hopt/*Hopt* Rn. 1; Oetker/*Pamp* Rn. 8; MüKoHGB/*K. Schmidt* Rn. 5; *K. Schmidt* HandelsR § 18 Rn. 9; wohl auch NK-HGB/*Lehmann-Richter* Rn. 11; aA Schlegelberger/*Hefermehl* Rn. 13; Staub/*Koller* Rn. 4.

[59] LG Aschaffenburg Urt. v. 10.1.2017 – 2 HK 0 16/06, BeckRS 2017, 104201 Rn. 43.

[60] *Fischinger* HandelsR Rn. 513; Heymann/*Horn* Rn. 9; Oetker/*Pamp* Rn. 8; KKRD/*W.-H. Roth* Rn. 9.

[61] *Brox/Henssler* HandelsR Rn. 281; *Fischinger* HandelsR Rn. 513; Heymann/*Horn* Rn. 9; HaKo-HGB/*Klappstein* Rn. 3; *Lettl* HandelsR § 9 Rn. 7; *Pfeiffer* in Pfeiffer Handelsgeschäfte-HdB § 1 Rn. 54; GK-HGB/*B. Schmidt* Rn. 9; Röhricht/Graf v. Westphalen/Haas/*Steimle/Dornieden* Rn. 11.

[62] *Fischinger* HandelsR Rn. 513; Baumbach/Hopt/*Hopt* Rn. 1; *Lettl* HandelsR § 9 Rn. 9; Röhricht/Graf v. Westphalen/Haas/*Steimle/Dornieden* Rn. 8; nur in der Begr. abw. Staub/*Koller* Rn. 4: es fehle am notwendigen Willensmoment.

[63] LG Hannover Beschl. v. 22.2.1977 – 24 O 241/76, MDR 1977, 677; Baumbach/Hopt/*Hopt* Rn. 1; *Hübner* HandelsR Rn. 472; HaKo-HGB/*Klappstein* Rn. 3; Staub/*Koller* Rn. 4; Oetker/*Pamp* Rn. 7; MüKoHGB/*K. Schmidt* Rn. 5; Röhricht/Graf v. Westphalen/Haas/*Steimle/Dornieden* Rn. 8; aA *Brox/Henssler* HandelsR Rn. 281; *Fischinger* HandelsR Rn. 514; Schlegelberger/*Hefermehl* Rn. 11; Heymann/*Horn* Rn. 8; *Jung* HandelsR Kap. 9 Rn. 3; *Lettl* HandelsR § 9 Rn. 7; *Pfeiffer* in Pfeiffer Handelsgeschäfte-HdB § 1 Rn. 53; GK-HGB/*B. Schmidt* Rn. 7, 8; *M. Wolff* FS v. Gierke, Bd. II, 1910, 115 (150).

[64] *Brox/Henssler* HandelsR Rn. 282; *Canaris* HandelsR § 20 Rn. 3; *Fischinger* HandelsR Rn. 516; *Hübner* HandelsR Rn. 471; *Jung* HandelsR Kap. 9 Rn. 4; HaKo-HGB/*Klappstein* Rn. 4; NK-HGB/*Lehmann-Richter* Rn. 7; *Lettl* HandelsR § 9 Rn. 10; *Oetker* HandelsR § 7 Rn. 9; Oetker/*Pamp* Rn. 10; *Pfeiffer* in Pfeiffer Handelsgeschäfte-HdB § 1 Rn. 57; KKRD/*W.-H. Roth* Rn. 2; GK-HGB/*B. Schmidt* Rn. 4; MüKoHGB/*K. Schmidt* Rn. 9; Röhricht/Graf v. Westphalen/Haas/*Steimle/Dornieden* Rn. 15; vgl. auch Schlegelberger/*Hefermehl* Rn. 4.

Unternehmen als Handelsgewerbe iSd HGB und dessen Betreiber als Kaufmann (→ § 2 Rn. 34), sodass die §§ 343 ff. anwendbar werden.[65]

24 **(3) Land- und Forstwirtschaft (§ 3).** Der Betreiber eines land- oder forstwirtschaftlichen Unternehmens ist gem. § 3 Abs. 1 auch dann kein Istkaufmann iSd § 1, wenn das Unternehmen nach Art und Umfang einen in kaufmännischer Weise eingerichteten Geschäftsbetrieb erfordert. Wird in diesen Fällen die Firma des Unternehmens gem. § 3 Abs. 2 iVm § 2 S. 2 in das Handelsregister eingetragen (zu Einzelheiten → § 3 Rn. 26 ff.), gilt das Unternehmen als Handelsgewerbe und der Betreiber als Kaufmann (→ § 3 Rn. 32), sodass die §§ 343 ff. anwendbar werden.[66] Gleiches gilt gem. § 3 Abs. 3 für Nebengewerbe des land- oder forstwirtschaftlichen Unternehmens (zu Einzelheiten → § 3 Rn. 16 ff.).[67]

25 **(4) Kaufmann kraft Eintragung (§ 5).** Ist eine Firma im Handelsregister eingetragen (zu Einzelheiten → § 5 Rn. 17 ff.), kann gegenüber demjenigen, der sich auf die Eintragung beruft, gem. § 5 nicht geltend gemacht werden, dass das unter der Firma betriebene Gewerbe (zu Einzelheiten → § 5 Rn. 20 ff.) kein Handelsgewerbe sei. Diese Fiktion der Handelsgewerblichkeit (→ § 5 Rn. 27) qualifiziert den Betreiber als Kaufmann iSd § 1 Abs. 1, sodass auf die von ihm während der Eintragung vorgenommenen Geschäfte, die zum Betrieb seines Gewerbes gehören, die § 343 ff. Anwendung finden.[68]

26 **(5) Handelsgesellschaften, Formkaufleute (§ 6).** Die in Betreff der Kaufleute gegebenen Vorschriften – ua die §§ 343 ff. – finden gem. § 6 Abs. 1 auch auf die **Personenhandelsgesellschaften** sowie die deutsche EWIV (§ 1 Hs. 1 EWIVAG) Anwendung.[69] Arbeitsgemeinschaften (ARGE), die auf ein bestimmtes Bauvorhaben begrenzt sind, betreiben kein Gewerbe; sie sind Gesellschaften bürgerlichen Rechts (→ § 105 Rn. 29)[70] und ihre Geschäfte (zB ein Nachunternehmervertrag) keine Handelsgeschäfte iSd § 343 Abs. 1.[71] Wird eine Personenhandelsgesellschaft aufgelöst, besteht sie im **Liquidationsstadium** mit geändertem Zweck bis zur Vollbeendigung als Handelsgesellschaft fort. Auf sie kommen im Grundsatz nicht nur die §§ 109–122 sowie die §§ 123–130a zur Anwendung, sondern über den Wortlaut des § 156 ggf. iVm § 161 Abs. 2 hinaus auch alle Vorschriften des Rechts der werbenden Gesellschaft (→ § 156 Rn. 2) einschließlich der §§ 343 ff. Dies gilt unabhängig von den Grenzen des § 5[72] auch dann, wenn der Gewerbebetrieb im Zuge der Liquidation stillgelegt, zerschlagen oder veräußert wird.[73]

27 Auf die als Formkaufleute geltenden **Kapitalgesellschaften** – namentlich die AG (§ 3 Abs. 1 AktG), die KGaA (§ 278 Abs. 3 AktG iVm § 3 Abs. 1 AktG), die GmbH (§ 13 Abs. 3 GmbHG) und die deutsche SE (Art. 9 Abs. 1 lit. c Nr. ii SE-VO iVm § 3 Abs. 1 AktG) – sind die Vorschriften über Handelsgeschäfte (§§ 343 ff.) gem. § 6 Abs. 2 ohne Rücksicht auf den Gegenstand des Unternehmens auch dann anzuwenden, wenn das Unternehmen einen in kaufmännischer Weise eingerichteten Geschäftsbetrieb nicht erfordert. Die Eigenschaft als Formkaufmann besteht ungeachtet der Auflösung bis zum Abschluss der Abwicklung fort (§ 3 Abs. 1 AktG, § 264 Abs. 3 AktG ggf. iVm § 278 Abs. 3 AktG bzw. Art. 9 Abs. 2 lit. c Nr. ii SE-VO, § 13 Abs. 3 GmbHG, § 69 Abs. 1 GmbHG), sodass auch die im Zuge der Liquidation vorgenommenen Geschäfte Handelsgeschäfte iSd § 343 Abs. 1 sein können. Auf die von den Kapitalgesellschaften als solchen zu unterscheidenden **Vorgesellschaften** (§ 41 Abs. 1 S. 1 AktG ggf. iVm § 278 Abs. 3 AktG bzw. Art. 9 Abs. 2 lit. c Nr. ii SE-VO, § 11 Abs. 1 GmbHG) findet § 6 Abs. 2 keine Anwendung (→ § 6 Rn. 17, 25). Daher hängt ihre Kaufmannseigenschaft davon ab, ob sie ein Handelsgewerbe iSd § 1 HGB betreiben.[74]

28 Eingetragene **Genossenschaften** sind keine Handelsgesellschaften (→ § 6 Rn. 12). Sie gelten jedoch gem. § 17 Abs. 2 GenG als Kaufleute; dies gilt nicht nur während der werbenden Tätigkeit, sondern gem. § 87 Abs. 1 GenG ungeachtet der Auflösung bis zur Beendigung der Liquidation. **Versicherungsvereine auf Gegenseitigkeit** sind ebenfalls keine Handelsgesellschaften (→ § 6 Rn. 13). Auf sie sind die §§ 343 ff. jedoch kraft besonderer gesetzlicher Anordnung in § 172 S. 1 VAG anzuwenden, es sei denn, dass es sich um einen kleineren Verein handelt (§ 210 Abs. 1 VAG).

---

[65] Heymann/*Horn* Rn. 7; Oetker/*Pamp* Rn. 10; Röhricht/Graf v. Westphalen/Haas/*Steimle/Dornieden* Rn. 15; vgl. auch Schlegelberger/*Hefermehl* Rn. 25.

[66] Heymann/*Horn* Rn. 7; Oetker/*Pamp* Rn. 10; vgl. auch Schlegelberger/*Hefermehl* Rn. 4.

[67] Oetker/*Pamp* Rn. 10.

[68] OLG Düsseldorf Urt. 26.2.2008 – 24 U 126/07, NJW-RR 2009, 205 (207); Baumbach/Hopt/*Hopt* Rn. 2; Oetker/*Pamp* Rn. 10; MüKoHGB/*K. Schmidt* Rn. 9; Röhricht/Graf v. Westphalen/Haas/*Steimle/Dornieden* Rn. 15; vgl. auch Schlegelberger/*Hefermehl* Rn. 5 zu § 4 Abs. 1 aF.

[69] KKRD/*W.-H. Roth* Rn. 2; GK-HGB/*B. Schmidt* Rn. 4; vgl. auch Schlegelberger/*Hefermehl* Rn. 4.

[70] Statt vieler BGH Urt. v. 29.1.2001 – II ZR 331/00, BGHZ 146, 341 (342) = NJW 2001, 1056; MüKoBGB/*C. Schäfer* BGB Vor § 705 Rn. 43 jeweils mwN; aA LG Bonn Beschl. v. 9.9.2003 – 13 O 194/03, ZIP 2003, 2160.

[71] OLG Karlsruhe Urt. v. 7.3.2006 – 17 U 73/05, BeckRS 2006, 19827.

[72] AA Schlegelberger/*Hefermehl* Rn. 26.

[73] MüKoHGB/*K. Schmidt* Rn. 9; *K. Schmidt* ZHR 153 (1989), 270 (299); aA Schlegelberger/*Hefermehl* Rn. 26.

[74] MüKoHGB/*K. Schmidt* Rn. 9; vgl. auch BGH Urt. v. 26.4.2004 – II ZR 120/02, NZG 2004, 663 für eine Vorgründungsgesellschaft.

Bei **juristischen Personen,** die weder Formkaufleute sind (→ Rn. 27) noch aufgrund einer **29** besonderen gesetzlichen Anordnung als Kaufleute gelten (→ Rn. 28), kommt die Anwendung der §§ 343 ff. – dies gilt für juristische Personen des Privatrechts und des öffentlichen Rechts gleichermaßen – grundsätzlich nur in Betracht, wenn sie nach Maßgabe der §§ 1–5 Kaufleute sind (zu Einzelheiten → Rn. 22 ff.).[75] Keine Kaufleute sind zB die Bundesanstalt für Landwirtschaft und Ernährung[76] (§ 1 S. 1 BLEG) sowie der Wittelsbacher Ausgleichsfonds[77] (Art. 2 KönigAusG[78]), da sich ihre Tätigkeit in der Erfüllung einer öffentlichen Aufgabe erschöpft. Kaufmann ist hingegen die Deutsche Bundesbank.[79] Anderes ist § 29 Abs. 3 BBankG nicht zu entnehmen. Im Gegenteil: Die Regelung setzt die Kaufmannseigenschaft voraus und bestimmt lediglich, dass die Vorschriften des HGB über die Eintragungen in das Handelsregister auf die Deutsche Bundesbank nicht anzuwenden sind.

bb) Sonderfälle. (1) Stellvertretung. Um Handelsgeschäft iSd § 343 Abs. 1 sein zu können, **30** muss das Geschäft (zu Einzelheiten → Rn. 4 ff.) nicht von dem Kaufmann (zu Einzelheiten → Rn. 21 ff.) persönlich vorgenommen werden.[80] Im Fall der Vertretung (§§ 164 ff. BGB) ist für das Vorliegen eines Handelsgeschäfts die Kaufmannseigenschaft des Vertretenen entscheidend.[81] Dies gilt auch dann, wenn das Geschäft von einem Vertreter ohne Vertretungsmacht geschlossen und von dem Vertretenen nach § 177 Abs. 1 BGB genehmigt wird.[82] Eine **Haftung des Vertreters ohne Vertretungsmacht** nach § 179 BGB unter Anwendung der §§ 343 ff. kommt entsprechend dem aus § 179 Abs. 3 S. 2 abzuleitenden Grundsatz, dass ein Handeln im fremden Namen keine weiterreichenden Rechtsfolgen begründen kann als ein Handeln im eigenen Namen, nur unter zwei Voraussetzungen in Betracht: (1) Zum einen muss *auch* der Vertreter Kaufmann sein[83] oder sich zumindest nach Rechtsscheingrundsätzen wie ein Kaufmann behandeln lassen.[84] Gegenteiliges, nämlich, dass auch ein nichtkaufmännischer Vertreter wie ein Kaufmann haftet, wenn (nur) der Vertretene Kaufmann ist,[85] ist § 179 Abs. 1 BGB nicht zu entnehmen.[86] (2) Zum anderen ist es erforderlich, aber auch ausreichend, dass das Geschäft hypothetisch, dh wäre es mit Wirkung für und gegen den Vertretenen zustande gekommen, zum Betrieb des Handelsgewerbes des Vertretenen gehört.[87] Ob (auch) die von dem Vertreter vorgenommene Handlung zum Betrieb *seines* Handelsgewerbes gehört, ist für die Haftung nach § 179 Abs. 1 BGB unerheblich.[88] Die Ansicht, der Anspruch nach § 179 Abs. 2 BGB gegen den Vertreter, der den Mangel der Vertretungsmacht nicht gekannt hat, sei auf Fälle beschränkt, in denen der falsus procurator im Rahmen seines Handelsgewerbes gehandelt habe,[89] findet im Gesetz keine Stütze.[90]

(2) Kaufmann kraft Rechtsschein. Wer nach den §§ 1–6 (zu Einzelheiten → Rn. 22 ff.) kein **31** Kaufmann ist, zB weil er sein (Handels-)Gewerbe endgültig aufgegeben hat, kann die Tatsache, kein Kaufmann mehr zu sein, redlichen Dritten gem. **§ 15 Abs. 1** – die Vorschrift gilt nach hM auch für die Kaufmannseigenschaft[91] – erst entgegensetzen, sobald das Erlöschen der Firma (§ 31 Abs. 2 S. 1) in das Handelsregister eingetragen und bekanntgemacht ist. Zuvor vorgenommene Geschäfte (zu Einzelheiten → Rn. 4 ff.) können Handelsgeschäfte iSd § 343 Abs. 1 sein, wenn der Dritte sich auf die aus

---

[75] BGH Urt. v. 25.4.1991 – VII ZR 280/90, BGHZ 114, 257 (258) = NJW 1991, 2134; BGH Urt. v. 28.2.1991 – III ZR 49/90, NVwZ 1991, 606 (608); OLG München Beschl. v. 25.7.2012 – 34 AR 196/12, NJW-RR 2013, 412 (413); KKRD/*W.-H. Roth* Rn. 7; GK-HGB/*B. Schmidt* Rn. 4; vgl. auch Schlegelberger/*Hefermehl* Rn. 4.

[76] Vgl. BGH Urt. v. 11.1.1962 – VII ZR 188/60, BGHZ 36, 273 (275) = NJW 1962, 868; Schlegelberger/ *Hefermehl* Rn. 4 jeweils für die Einfuhr- und Vorratsstelle für Getreide und Futtermittel.

[77] OLG München Beschl. v. 25.7.2012 – 34 AR 196/12, NJW-RR 2013, 412 (413).

[78] Gesetz über die vermögensrechtliche Auseinandersetzung des Bayerischen Staates mit dem vormaligen Königshause v. 9.3.1923 (BayRS IV S. 687).

[79] NK-BBankG/*Berger/Rübsamen,* 2. Aufl. 2014, BBankG § 29 Rn. 7; vgl. auch Schlegelberger/*Hefermehl* Rn. 4; *v. Spindler/Becker/Starke,* Die Deutsche Bundesbank, 4. Aufl. 1973, BBankG § 2 Anm. 4 Nr. 2 jeweils zu § 1 Abs. 2 Nr. 4 HGB aF.

[80] *Bitter/Schumacher* HandelsR § 7 Rn. 5; *K. Schmidt* HandelsR Rn. 9.

[81] *Bitter/Schumacher* HandelsR § 7 Rn. 5; *Brox/Henssler* HandelsR Rn. 282; *Canaris* HandelsR § 20 Rn. 5; *Fischinger* HandelsR Rn. 517; Schlegelberger/*Hefermehl* Rn. 7; Heymann/*Horn* Rn. 5; *Jung* HandelsR Kap. 9 Rn. 5; HaKo-HGB/*Klappstein* Rn. 4; Staub/*Koller* Rn. 2; NK-HGB/*Lehmann-Richter* Rn. 7; *Lettl* HandelsR § 9 Rn. 10; *Oetker* HandelsR § 7 Rn. 10; Oetker/*Pamp* Rn. 13; KKRD/*W.-H. Roth* Rn. 2; GK-HGB/*B. Schmidt* Rn. 4; MüKoHGB/*K. Schmidt* Rn. 9; Röhricht/Graf v. Westphalen/Haas/*Steimle/Dornieden* Rn. 18.

[82] Schlegelberger/*Hefermehl* Rn. 7; wohl aA Röhricht/Graf v. Westphalen/Haas/*Steimle/Dornieden* Rn. 18.

[83] *Canaris* HandelsR § 20 Rn. 5, 6; HaKo-HGB/*Klappstein* Rn. 4; *Oetker* HandelsR § 7 Rn. 10; Oetker/*Pamp* Rn. 13; aA (Kaufmannseigenschaft des Vertreters genügt) Schlegelberger/*Hefermehl* Rn. 7; *Jung* HandelsR Kap. 9 Rn. 5; Staub/*Koller* Rn. 2; *Lettl* HandelsR § 9 Rn. 10; KKRD/*W.-H. Roth* Rn. 2.

[84] Oetker/*Pamp* Rn. 13.

[85] So aber *Fischinger* HandelsR Rn. 517; GK-HGB/*B. Schmidt* Rn. 4.

[86] Oetker/*Pamp* Rn. 13.

[87] *Canaris* HandelsR § 20 Rn. 6; Staub/*Koller* Rn. 2, 8; GK-HGB/*B. Schmidt* Rn. 11.

[88] *Canaris* HandelsR § 20 Rn. 6; Staub/*Koller* Rn. 2, 8; GK-HGB/*B. Schmidt* Rn. 11; aA Oetker/*Pamp* Rn. 13.

[89] Staub/*Koller* Rn. 2, 8.

[90] So wohl auch *Canaris* HandelsR § 20 Rn. 6.

[91] Zu Einzelheiten MüKoHGB/*Krebs* § 15 Rn. 15 mwN.

§ 15 Abs. 1 folgende Rechtslage beruft.[92] Gleiches gilt nach **§ 15 Abs. 3** zB dann, wenn zulasten desjenigen, der kein Gewerbe betreibt,[93] eine nicht in das Handelsregister eingetragene Firma bekannt gemacht worden ist.

32   Wer weder nach den §§ 1–6 Kaufmann ist (zu Einzelheiten → Rn. 22 ff.) noch sich nach § 15 Abs. 1 oder Abs. 3 als Kaufmann behandeln lassen muss (→ Rn. 31), aber durch zurechenbares Verhalten den Rechtsschein hervorruft, Kaufmann zu sein, muss sich von einem darauf vertrauenden Dritten wie ein Kaufmann behandeln lassen (sog. **Scheinkaufmann,** zu Einzelheiten → § 5 Rn. 51 ff.). Der Dritte kann also wählen, ob er sich auf die scheinbare Kaufmannseigenschaft beruft (→ § 5 Rn. 80). Macht er die (Schein-)Kaufmannseigenschaft geltend, sind die Vorschriften über Handelsgeschäfte (§§ 343 ff.) grundsätzlich vollumfänglich, dh sowohl die dem Dritten günstigen als auch die ihm ungünstigen, anwendbar.[94] Hat der Dritte hingegen die tatsächliche Rechtslage gewählt, ist es dem Scheinkaufmann versagt, sich zu seinen Gunsten auf den gesetzten Rechtsschein zu berufen und auf diese Weise die Anwendbarkeit der §§ 343 ff. zu begründen.[95]

33   **(3) Gesellschafter, Organwalter.** Nahezu Einigkeit besteht darüber, dass die **Kommanditisten einer KG**[96] ebenso wie die **Gesellschafter einer GmbH**[97] **oder AG**[98] nicht allein kraft ihrer Mitgliedschaft in der Gesellschaft selbst Kaufleute sind. Nach ständiger Rechtsprechung des BGH soll aber jeder **persönlich haftende Gesellschafter einer OHG und KG** Kaufmann sein,[99] sodass die von ihnen vorgenommenen Geschäfte (zu Einzelheiten → Rn. 4 ff.) Handelsgeschäfte iSd § 343 Abs. 1 sein können. Dies hätte zur Folge, dass jeder persönlich haftende Gesellschafter einer OHG im eigenen Namen zB gem. § 350 mündlich eine Bürgschaft eingehen könnte, wenn diese zum Betrieb seines Handelsgewerbes gehört.[100] Überzeugender erscheint es, auch die persönlich haftenden Gesellschafter von Personenhandelsgesellschaften nicht bereits aufgrund ihrer bloßen Mitgliedschaft als Kaufleute anzusehen.[101]

---

[92] Schlegelberger/*Hefermehl* Rn. 5; MüKoHGB/*K. Schmidt* Rn. 10.

[93] Die Anwendung von § 5 setzt nach hM den Betrieb eines Gewerbes voraus, zu Einzelheiten → § 5 Rn. 20 ff. mwN.

[94] Schlegelberger/*Hefermehl* Rn. 5; Baumbach/Hopt/*Hopt* Rn. 2; HaKo-HGB/*Klappstein* Rn. 4; NK-HGB/*Lehmann-Richter* Rn. 7; Oetker/*Pamp* Rn. 10; *Pfeiffer* in Pfeiffer Handelsgeschäfte-HdB § 1 Rn. 115; GK-HGB/*B. Schmidt* Rn. 4; MüKoHGB/*K. Schmidt* Rn. 9; Röhricht/Graf v. Westphalen/Haas/*Steimle/Dornieden* Rn. 17.

[95] BGH Urt. v. 11.1.1962 – VII ZR 188/60, BGHZ 36, 273 (278) = NJW 1962, 868; Schlegelberger/*Hefermehl* Rn. 6; *A. Hueck* ArchBürgR 43, 415 (448 ff.); *Lettl* HandelsR § 9 Rn. 11; Oetker/*Pamp* Rn. 10; GK-HGB/*B. Schmidt* Rn. 4.

[96] BGH Urt. v. 2.6.1966 – VII ZR 292/64, BGHZ 45, 282 (285) = NJW 1966, 1960; BGH Urt. v. 22.10.1981 – III ZR 149/80, NJW 1982, 569 (570); BGH Urt. v. 24.1.1980 – III ZR 169/78, NJW 1980, 1572 (1574); RG Urt. v. 5.1.1935 – 3 D 974/34, RGSt 69, 65 (67 ff.); RG Urt. v. 7.4.1933 – VII 27/33, HRR 1934 Nr. 143; OLG Rostock Urt. v. 10.9.1998 – 7 U 178/97, NJW-RR 1999, 42; Schlegelberger/*Hefermehl* Rn. 8; Heymann/*Horn* Rn. 5; *Horn* FG 50 Jahre Bundesgerichtshof, Bd. II, 2000, 3 (6); KKRD/*W.-H. Roth* Rn. 2; GK-HGB/*B. Schmidt* Rn. 4; MüKoHGB/*K. Schmidt* Rn. 11, 19; *K. Schmidt* HandelsR § 18 Rn. 16; Röhricht/Graf v. Westphalen/Haas/*Steimle/Dornieden* Rn. 21; *M. Wolff* FS v. Gierke, Bd. II, 1910, 115 (117); iErg auch *Landwehr* JZ 1967, 198 (202 ff.): Kommanditisten seien – gemeinsam mit den Komplementären – „gesamthänderische Gemeinschaftskaufleute", nicht aber als Einzelpersonen Kaufmann; aA *Bolze* Das Recht 1909, 570 (576); *Pappenheim* Kieler FG für Hänel, 1907, 143 (154); *Tomala* ZHR 63 (1909), 43 (56, 70).

[97] BGH Urt. v. 8.11.2005 – XI ZR 154/04, BGHZ 165, 43 (48) = NJW 2006, 431; BGH Urt. v. 28.1.1993 – IX ZR 259/91, BGHZ 121, 224 (228) = NJW 1993, 1126; BGH Urt. v. 13.2.1952 – II ZR 91/51, BGHZ 5, 133 (134) = NJW 1952, 623; BGH Urt. v. 20.3.1997 – IX ZR 83/96, NJW 1997, 1779 (1780); BGH Urt. v. 21.11.1996 – I ZR 94/94, NJW 1997, 397 (399); BGH Urt. v. 17.1.1991 – IX ZR 170/90, NJW-RR 1991, 757; BGH Urt. v. 12.5.1986 – II ZR 252/85, NJW-RR 1987, 42 (43); OLG Rostock Urt. v. 10.9.1998 – 7 U 178/97, NJW-RR 1999, 42; *Horn* FG 50 Jahre Bundesgerichtshof, Bd. II, 2000, 3 (6); *Musielak* JA 2015, 161 (162); GK-HGB/*B. Schmidt* Rn. 4; MüKoHGB/*K. Schmidt* Rn. 11, 19; *K. Schmidt* HandelsR § 18 Rn. 16.

[98] BGH Urt. v. 21.11.1996 – I ZR 94/94, NJW 1997, 397 (399); OLG Frankfurt a. M. Urt. v. 25.5.2004 – 8 U 84/08, NJW 2004, 3266 (3267).

[99] BGH Urt. v. 2.6.1966 – VII ZR 292/64, BGHZ 45, 282 (284) = NJW 1966, 1960; BGH Urt. v. 16.2.1961 – III ZR 71/60, BGHZ 34, 293 (296 f.) = NJW 1961, 1022; BGH Urt. v. 28.6.1968 – I ZR 142/67, BB 1968, 1053 = BeckRS 1968, 31127181; BGH Urt. v. 5.5.1960 – II ZR 128/58, NJW 1960, 1852 (1853); zuvor bereits RG Urt. v. 12.6.1914 – II 111/14, WarnR 1914 Nr. 206; RG Urt. v. 28.1.1913 – VI 484/12, JW 1913, 436; dem folgend OLG Frankfurt a. M. Urt. v. 8.5.1998 – 24 U 111/96, WM 1998, 2343 (2345) = BeckRS 1998, 10916; Schlegelberger/*Hefermehl* § 344 Rn. 2; *A. Hueck,* Das Recht der OHG, 4. Aufl. 1971, § 3 mit Fn. 8; GK-HGB/*B. Schmidt* Rn. 4; *Wiedemann* GesR I 97; offengelassen in RG Urt. v. 29.11.1927 – II 523/26, RGZ 118, 295 (303).

[100] IErg auch *K. Schmidt* HandelsR § 18 Rn. 35 ff., der zwar die Kaufmannseigenschaft der persönlich haftenden Gesellschafter einer KG sowie der Geschäftsführer einer GmbH verneint, § 350 aber gleichwohl anwenden will. Ähnl. *Canaris* HandelsR § 24 Rn. 12 f., der § 350 jedenfalls analog anwenden will. Dagegen zB Baumbach/Hopt/*Hopt* Rn. 7.

[101] Schlegelberger/*Hefermehl* Rn. 8, 19; Heymann/*Horn* Rn. 5; NK-HGB/*Lehmann-Richter* Rn. 8; *Lieb* DB 1967, 759 (762); KKRD/*W.-H. Roth* Rn. 2; MüKoHGB/*K. Schmidt* Rn. 11, 19; *K. Schmidt* HandelsR § 18 Rn. 16; *K. Schmidt* ZHR 151 (1987), 302 (307 f.); Röhricht/Graf v. Westphalen/Haas/*Steimle/Dornieden* Rn. 20; *H. D. Wagner,* Die Kaufmannseigenschaft des OHG-Gesellschafters, 1969, 67 ff.; iErg auch *Landwehr* JZ 1967, 198 (202 ff.): die persönlich haftenden Gesellschafter seien nur „gesamthänderische Gemeinschaftskaufleute", nicht aber als Einzelpersonen Kaufmann.

Nicht sie, sondern die (teil-)rechtsfähige Gesellschaft (§ 124 Abs. 1 ggf. iVm § 161 Abs. 2) betreibt das Handelsgewerbe im eigenen Namen.[102] Daher sind Eigengeschäfte der Gesellschafter keine Handelsgeschäfte iSd § 343 Abs. 1, sondern Privatgeschäfte.[103] So ist zB die Hinterlegung bzw. Verpfändung von Wertpapieren an eine KG durch deren persönlich haftenden Gesellschafter regelmäßig kein Handelsgeschäft.[104] In Betracht kommt daher allenfalls die im Einzelfall zu begründende entsprechende Anwendung einzelner Vorschriften über Handelsgeschäfte (§§ 343 ff.).

Die Mitglieder der Leitungsorgane von Kapitalgesellschaften, insbesondere die **Vorstandsmitglie- 34 der einer AG** und die **Geschäftsführer einer GmbH,** sind keine Kaufleute.[105] Dies gilt auch dann, wenn der Gegenstand des Unternehmens in dem Betrieb eines Handelsgewerbes besteht, da die Organmitglieder aufgrund ihrer Leitungs- und Geschäftsführungsbefugnisse sowie ihrer organschaftlichen Vertretungsmacht nur berechtigt und verpflichtet sind, ein fremdes Handelsgewerbe, nämlich das der Gesellschaft, zu betreiben.[106] Daher sind Eigengeschäfte der Organmitglieder keine Handelsgeschäfte iSd § 343 Abs. 1, sondern Privatgeschäfte.[107]

(4) Insolvenzverwalter. Ein Insolvenzverwalter, der das Unternehmen eines kaufmännischen 35 Schuldners fortführt oder liquidiert, wird dadurch – unabhängig davon, ob er im eigenen Namen (sog. Amtstheorie) oder im Namen des Schuldners (sog. Organ- bzw. Vertretertheorie) agiert[108] – nicht selbst zum Kaufmann.[109] Vielmehr bleibt der (Insolvenz-)Schuldner während des Insolvenzverfahrens Kaufmann (→ § 1 Rn. 81), solange diese Eigenschaft nach Maßgabe der §§ 1–6 fortbesteht.[110] Da der Insolvenzverwalter ausschließlich als Verwalter fremden Vermögens tätig wird, sind die von ihm mit Wirkung für und gegen die Masse vorgenommenen Geschäfte nur für den (Insolvenz-)Schuldner Handelsgeschäfte iSd § 343 Abs. 1,[111] wenn sie zum Betrieb des kaufmännischen Handelsgewerbes gehören (zu Einzelheiten → Rn. 46 ff.). Dies gilt nicht nur, wenn der Insolvenzverwalter das Handelsgewerbe fortführt, sondern auch dann, wenn er Abwicklungsgeschäfte (→ Rn. 58) tätigt.[112] Nicht zum Betrieb des kaufmännischen Handelsgewerbes gehört zB der unmittelbar im Gesetz begründete insolvenzrechtliche Rückgewähranspruch nach § 143 Abs. 1 S. 1 InsO; dies gilt auch dann, wenn die angefochtene Rechtshandlung ein Handelsgeschäft war.[113] Ist das Geschäft hingegen ein Handelsgeschäft iSd § 343 Abs. 1, ist vor der Anwendung der Vorschriften des Vierten Buchs des HGB zu fragen, ob die jeweilige Norm auf werbend tätige Unternehmen zugeschnitten ist und daher im

---

[102] NK-HGB/*Lehmann-Richter* Rn. 8; MüKoHGB/*K. Schmidt* Rn. 11, 19; *K. Schmidt* HandelsR § 4 Rn. 55, 57; ähnl. Heymann/*Horn* Rn. 5: die persönlich haftenden Gesellschafter seien nur in ihrer gesamthänderischen Verbundenheit Kaufleute; aA Röhricht/Graf v. Westphalen/Haas/*Steimle/Dornieden* Rn. 20 für persönlich haftende Gesellschafter, die die Geschäfte führen und die Gesellschaft vertreten.

[103] *K. Schmidt* HandelsR § 18 Rn. 16, 18.

[104] RG Urt. v. 29.11.1927 – II 523/26, RGZ 118, 295 (303); KKRD/*W.-H. Roth* Rn. 6.

[105] BGH Urt. v. 8.11.2005 – XI ZR 34/05, BGHZ 165, 43 (47 f.) = NJW 2006, 431; BGH Urt. v. 23.3.1988 – VIII ZR 175/87, BGHZ 104, 95 (98) = NJW 1988, 1908; BGH Urt. v. 13.2.1952 – II ZR 91/51, BGHZ 5, 133 (134) = NJW 1952, 623; BGH Urt. v. 21.11.1996 – IX ZR 264/95, NJW 1997, 397 (399); BGH Urt. v. 20.3.1997 – IX ZR 83/96, NJW 1997, 1779 (1780); BGH Urt. v. 17.1.1991 – IX ZR 170/90, NJW-RR 1991, 757; BGH Urt. v. 12.5.1986 – II ZR 225/85, NJW-RR 1987, 42 (43); RG Urt. v. 23.5.1919 – II 376/18, RGZ 96, 53 (57); RG Urt. v. 15.10.1930 – I 125/30, WarnR 1930 Nr. 206; OLG Frankfurt Urt. v. 25.5.2004 – 8 U 84/08, NJW 2004, 3266 (3267); OLG Düsseldorf Urt. v. 2.9.2003 – 21 U 220/02, BeckRS 2003, 30327039 unter II. der Gründe; OLG Hamburg Urt. v. 2.7.1927 – Bf I 405/26, JW 1927, 1109; Schlegelberger/*Hefermehl* § 344 Rn. 2; *Horn* FG 50 Jahre Bundesgerichtshof, Bd. II, 2000, 3 (6); NK-HGB/*Lehmann-Richter* Rn. 8; *Musielak* JA 2015, 161 (162); Oetker/*Pamp* Rn. 11; GK-HGB/*B. Schmidt* Rn. 4; MüKoHGB/*K. Schmidt* Rn. 11, 19; Röhricht/Graf v. Westphalen/Haas/*Steimle/Dornieden* Rn. 19; iErg (kein Handelsgeschäft) auch BGH Urt. v. 29.2.1996 – IX ZR 153/95, BGHZ 132, 119 (122) = NJW 1996, 1467; BGH Urt. v. 28.1.1993 – IX ZR 259/91, BGHZ 121, 224 (228) = NJW 1993, 1126.

[106] GK-HGB/*B. Schmidt* Rn. 4.

[107] *K. Schmidt* HandelsR § 18 Rn. 18.

[108] Zu Einzelheiten Uhlenbruck/*Mock* InsO § 80 Rn. 59 f. mwN.

[109] OLG Düsseldorf Urt. v. 11.5.2007 – 7 U 139/05, BeckRS 2009, 24178 unter II. 1. a) der Gründe; Oetker/*Pamp* Rn. 12; GK-HGB/*B. Schmidt* Rn. 4; → § 1 Rn. 81; MüKoHGB/*K. Schmidt* Rn. 11, 19; *K. Schmidt* HandelsR § 4 Rn. 67; vgl. auch BGH Urt. v. 25.2.1987 – VIII ZR 341/86, NJW 1987, 1940 (1941); OLG Celle Urt. v. 20.11.2002 – 7 U 63/02, ZInsO 2003, 128 (129) zum Konkursverwalter.

[110] S. zB LG Dortmund Beschl. v. 20.3.2015 – 4 O 374/14, NZI 2015, 894 (GmbH). Zu der Einschränkung s. LG Berlin Beschl. v. 4.7.2016 – 19 O 04/16, BeckRS 2016, 20231; *K. Schmidt* NJW 1987, 1905 (1907/1909).

[111] → § 1 Rn. 81; *Baumert* EWiR 2019, 85 (86); MüKoHGB/*K. Schmidt* Rn. 9; *K. Schmidt* HandelsR § 18 Rn. 19; vgl. auch OLG Celle Urt. v. 20.11.2002 – 7 U 63/02, ZInsO 2003, 128 (129) zum Konkursverwalter.

[112] Vgl. OLG Celle Urt. v. 20.11.2002 – 7 U 63/02, ZInsO 2003, 128 (129); aA LG Hamburg Beschl. v. 12.2.1973 – 27 O 48/73, MDR 1973, 507 jeweils zum Konkursverwalter.

[113] LG Berlin Beschl. v. 2.1.2018 – 3 O 187/17, ZInsO 2018, 675 = BeckRS 2018, 2834; NK-HGB/*Lehmann-Richter* Rn. 11; Oetker/*Pamp* Rn. 8; vgl. auch BGH Urt. v. 9.7.1987 – IX ZR 167/86, NJW 1987, 2821 (2823) (insoweit nicht abgedruckt in BGHZ 101, 286); BGH Urt. v. 11.1.1961 – VIII ZR 203/59, WM 1961, 387 (389) jeweils zu § 37 KO; aA LG Dortmund Beschl. v. 20.3.2015 – 4 O 374/14, NZI 2015, 894; LG Osnabrück Beschl. v. 24.7.2014 – 3 O 1497/14, ZInsO 2014, 1963 f. = BeckRS 2014, 15827; KKRD/*W.-H. Roth* Rn. 3.

Insolvenzverfahren nur eingeschränkt (zB in Form einer verlängerten Widerspruchsfrist nach Zugang eines kaufmännischen Bestätigungsschreibens, → § 346 Rn. 321) gilt.[114]

36   **(5) Testamentsvollstrecker.** Führt ein Testamentsvollstrecker ein zum Nachlass gehörendes Handelsgewerbe fort, sind die zum Betrieb desselben gehörenden (zu Einzelheiten → Rn. 46 ff.) Geschäfte (zu Einzelheiten → Rn. 4 ff.) Handelsgeschäfte iSd § 343 Abs. 1.[115] Lediglich hinsichtlich der Frage, wer der Kaufmann ist – der Testamentsvollstrecker oder die Erben –, ist zu unterscheiden: Führt der Testamentsvollstrecker das Handelsgewerbe im eigenen Namen auf Rechnung der Erben fort (sog. **Treuhandlösung,** → § 1 Rn. 90), ist er selbst Kaufmann. Führt der Testamentsvollstrecker das Handelsgewerbe hingegen im Namen der Erben fort (sog. **Vollmachtlösung,** → § 1 Rn. 91), sind nur die Erben Kaufleute, nicht aber der Testamentsvollstrecker.

37   **(6) Bürgschaft.** Für die Anwendung von § 350 HGB ist es nicht erforderlich, dass der Dritte Kaufmann ist und seine Verbindlichkeit einem Handelsgeschäft entstammt.[116] Erforderlich, aber auch ausreichend ist, dass der Bürge Kaufmann (zu Einzelheiten → Rn. 22 ff.) und die Bürgschaft für ihn ein Handelsgeschäft iSd § 343 Abs. 1 ist. Zu Einzelheiten → § 350 Rn. 9 ff.

38   **cc) Ausländische Marktteilnehmer.** Die Beurteilung der Kaufmannseigenschaft ausländischer Personen und Gesellschaften erfolgt nach dem Recht des Landes, in dem der Teil seinen Geschäftssitz hat.[117]

39   **dd) Maßgeblicher Zeitpunkt.** Die Kaufmannseigenschaft (zu Einzelheiten → Rn. 21 ff.) muss bei der **Vornahme des Geschäfts** vorliegen.[118] Bei *empfangsbedürftigen* Rechtsgeschäften (→ Rn. 4) und rechtsgeschäftsähnlichen Handlungen (→ Rn. 6) ist demnach grundsätzlich der Zeitpunkt maßgeblich, in dem die Erklärung – bei einem Vertragsschluss die Annahme[119] – wirksam wird.[120] Aufseiten des Erklärenden ist es in Analogie zu § 130 Abs. 2 BGB und § 153 BGB jedoch ausreichend, dass er bei Abgabe der Erklärung Kaufmann war.[121] Wird der Erklärende hingegen erst zwischen der Abgabe und dem Zugang der Erklärung zum Kaufmann, ist das Geschäft für ihn kein Handelsgeschäft iSd § 343 Abs. 1.[122]

40   Die Bedeutung des maßgeblichen Zeitpunkts wird durch die Einbeziehung von Vorbereitungs- und Abwicklungsgeschäften (→ Rn. 57, 58) erheblich relativiert.[123] So ist es zB ausreichend, dass der Handelnde durch das Geschäft (zB durch den Erwerb eines Handelsgewerbes, → Rn. 57) zum Kaufmann wird.[124] Der spätere Fortfall der Kaufmannseigenschaft (zB durch Löschung einer konstitutiven Eintragung der Firma aus dem Handelsregister) während der Durchführung eines Geschäfts disqualifiziert dieses nicht nachträglich als Handelsgeschäft;[125] die §§ 343 ff. sind weiterhin anzuwenden. Umgekehrt qualifiziert die nachträgliche Erlangung der Kaufmannseigenschaft ein zuvor vorgenommenes (Privat-)Geschäft weder rückwirkend noch für die Zukunft zu einem Handelsgeschäft.[126]

41   **b) Ausnahmen.** Die Beschränkung der §§ 343 ff. auf Kaufleute (zu Einzelheiten → Rn. 21 ff.) gilt nicht ausnahmslos. Die im Gesetz enthaltenen Ausnahmen können in drei Gruppen aufgeteilt werden. Im Einzelnen:

---

[114] *K. Schmidt* NJW 1987, 1905 (1909).

[115] MüKoHGB/*K. Schmidt* Rn. 11.

[116] Vgl. ROHG Urt. v. 25.3.1874 – Rep. 134/74, ROHGE 13, 108 f. zu Art. 281 ADHGB; ROHG Urt. v. 4.4.1872 – Rep. 208/72, ROHGE 5, 367 zu Art. 274 ADHGB.

[117] OLG München Beschl. v. 25.7.2012 – 34 AR 196/12, NJW-RR 2013, 412 für eine italienische società a responsibilità limitata (s. r. l.).

[118] *Bitter/Schumacher* HandelsR § 7 Rn. 4; *Brox/Henssler* HandelsR Rn. 282; *Canaris* HandelsR § 20 Rn. 3; *Fischinger* HandelsR Rn. 518; Schlegelberger/*Hefermehl* Rn. 24, 27; Heymann/*Horn* Rn. 7; *Jung* HandelsR Kap. 9 Rn. 5; HaKo-HGB/*Klappstein* Rn. 4; Staub/*Koller* Rn. 9; NK-HGB/*Lehmann-Richter* Rn. 9; *Lettl* HandelsR § 9 Rn. 10; *Oetker* HandelsR § 7 Rn. 9; Oetker/*Pamp* Rn. 14; KKRD/*W.-H. Roth* Rn. 7; GK-HGB/*B. Schmidt* Rn. 5; MüKoHGB/*K. Schmidt* Rn. 12; Röhricht/Graf v. Westphalen/Haas/*Steimle/Dornieden* Rn. 22.

[119] BGH Urt. v. 24.3.1954 – II ZR 30/53, NJW 1954, 998.

[120] Schlegelberger/*Hefermehl* Rn. 27; Heymann/*Horn* Rn. 7; Röhricht/Graf v. Westphalen/Haas/*Steimle/Dornieden* Rn. 22.

[121] *Canaris* HandelsR § 20 Rn. 4; *Fischinger* HandelsR Rn. 518; Schlegelberger/*Hefermehl* Rn. 27; Baumbach/Hopt/*Hopt* Rn. 2; Heymann/*Horn* Rn. 7; *Jung* HandelsR Kap. 9 Rn. 5; HaKo-HGB/*Klappstein* Rn. 4; Staub/*Koller* Rn. 9; *Oetker* HandelsR § 7 Rn. 9; Oetker/*Pamp* Rn. 14; KKRD/*W.-H. Roth* Rn. 8; GK-HGB/*B. Schmidt* Rn. 5; Röhricht/Graf v. Westphalen/Haas/*Steimle/Dornieden* Rn. 22; *M. Wolff* FS v. Gierke, Bd. II, 1910, 115 (153 f. mit Fn. 22).

[122] *Canaris* HandelsR § 20 Rn. 4; Staub/*Koller* Rn. 9; aA Schlegelberger/*Hefermehl* Rn. 27; *Jung* HandelsR Kap. 9 Rn. 5; *Oetker* HandelsR § 7 Rn. 9; Oetker/*Pamp* Rn. 14; GK-HGB/*B. Schmidt* Rn. 5; wohl auch *Fischinger* HandelsR Rn. 518.

[123] MüKoHGB/*K. Schmidt* Rn. 12.

[124] Heymann/*Horn* Rn. 7; HaKo-HGB/*Klappstein* Rn. 4.

[125] *Brox/Henssler* HandelsR Rn. 282; Schlegelberger/*Hefermehl* Rn. 5; Staub/*Koller* Rn. 9; Oetker/*Pamp* Rn. 14; GK-HGB/*B. Schmidt* Rn. 6; Röhricht/Graf v. Westphalen/Haas/*Steimle/Dornieden* Rn. 24.

[126] RG Urt. v. 31.1.1905 – Rep. III 301/04, RGZ 60, 74 (78); GK-HGB/*B. Schmidt* Rn. 6.

Seit dem In-Kraft-Treten des HRRefG und des TRG am 1.7.1998[127] sind die in Betreff von **42** **Kommissions-, Fracht-, Speditions-** und **Lagergeschäften** gegebenen Vorschriften nicht auf gewerbliche Unternehmen, zu deren Betrieb das jeweilige Geschäft gehört, begrenzt, sondern gelten – ausdrücklich bestimmt ist dies allerdings nur für das Kommissionsgeschäft in § 383 Abs. 2 S. 1 – auch dann, wenn das Unternehmen nach Art oder Umfang einen in kaufmännischer Weise eingerichteten Geschäftsbetrieb nicht erfordert und die Firma des Unternehmens nicht nach § 2 in das Handelsregister eingetragen ist (→ § 407 Rn. 11, → § 453 Rn. 34). In diesen Fällen sind in Ansehung des jeweiligen Geschäfts gem. **§ 383 Abs. 2 S. 2, § 407 Abs. 3 S. 2, § 453 Abs. 3 S. 2** bzw. **§ 467 Abs. 3 S. 2** auch die allgemeinen Vorschriften der §§ 343–347 und der §§ 352–372 ergänzend anzuwenden.[128]

Seit dem In-Kraft-Treten der Reform des Seehandelsrechts am 25.4.2013[129] sind die in Betreff des **43** **Stückgutfrachtvertrags** gegebenen Vorschriften nicht auf gewerbliche Unternehmen, zu deren Betrieb die Beförderung gehört, begrenzt, sondern gelten – wie § 481 Abs. 3 S. 2, dessen Formulierung an § 407 angelehnt ist,[130] voraussetzt – auch dann, wenn das Unternehmen nach Art oder Umfang einen in kaufmännischer Weise eingerichteten Geschäftsbetrieb nicht erfordert und die Firma des Unternehmens nicht nach § 2 in das Handelsregister eingetragen ist. In diesen Fällen sind gem. **§ 481 Abs. 3 S. 2** auch die allgemeinen Vorschriften der §§ 343–347 und der §§ 352–372 ergänzend anzuwenden.

Auf Grundlage der herkömmlichen Handelsrechtsdoktrin, die sowohl **Handelsvertreter** als auch **44** **Handelsmakler** als selbstständige Hilfspersonen des Kaufmanns ansieht,[131] sind die §§ 84–92c sowie die §§ 93–104 im Anschluss an § 1 Abs. 2 Nr. 7 aF im Ersten Buch des HGB über den Handelsstand verortet worden. Diese an den Personen orientierte Systematik darf nicht darüber hinwegtäuschen, dass die §§ 84–92c sowie die §§ 93–104 die Rechtsverhältnisse der Handelsvertreter und Handelsmakler regeln, also ebenso wie die Vorschriften über das Kommissions-, Fracht-, Speditions- und Lagergeschäft besondere Handelsgeschäfte zum Gegenstand haben.[132] Neben diesen besonderen Vorschriften sind die Vorschriften des Ersten Abschnitts des Vierten Buchs ergänzend anzuwenden. Dies gilt nicht nur für gewerbsmäßig handelnde Handelsvertreter und Handelsmakler, sondern auch dann, wenn das Unternehmen des Handelsvertreters bzw. Handelsmaklers nach Art oder Umfang einen in kaufmännischer Weise eingerichteten Geschäftsbetrieb nicht erfordert. Zwar sehen **§ 84 Abs. 4** und **§ 93 Abs. 3** ausdrücklich nur die Anwendung der Vorschriften des jeweiligen Abschnitts vor; eine den § 383 Abs. 2 S. 2, § 407 Abs. 3 S. 2, § 453 Abs. 3 S. 2, § 467 Abs. 3 S. 2 und § 481 Abs. 3 S. 2 vergleichbare Anwendungsanordnung auch bei § 343 ff. enthält ihr Wortlaut nicht. Die Anwendung der besonderen Vorschriften über das jeweilige Handelsgeschäft wäre aber ohne die ergänzende Anwendung der allgemeinen Vorschriften über Handelsgeschäfte lückenhaft. Dies gebietet es, die allgemeinen Vorschriften der §§ 343–347 und der §§ 352–372 – methodologisch handelt es sich um eine Gesamtanalogie zu § 383 Abs. 2 S. 2, § 407 Abs. 3 S. 2, § 453 Abs. 3 S. 2, § 467 Abs. 3 S. 2 und § 481 Abs. 3 S. 2[133] – ergänzend anzuwenden.[134]

c) Kritik und Vorschläge zur Ausdehnung des Anwendungsbereichs. Die durch das **45** HRRefG, das TRG und die Reform des Seehandelsrechts geschaffenen Ausnahmen (zu Einzelheiten → Rn. 41 ff.) haben das Bedürfnis nach einer Erweiterung des Anwendungsbereichs der §§ 343 ff. auf nichtkaufmännische Unternehmensträger zwar quantitativ verringert,[135] die Rufe danach aber nicht verstummen lassen.[136] Die in der Literatur – zT *de lege ferenda* als Substitute[137] für den Kaufmann, zT *de lege lata* im Rahmen einer Analogie zur Umschreibung der Vergleichsgruppe – vorgeschlagenen Begriffe zur Abgrenzung des Anwendungsbereichs der §§ 343 ff. – namentlich der Unternehmer[138] bzw. sämtli-

[127] S. Art. 3 Nr. 21, 23 iVm Art. 29 Abs. 4 HRRefG.

[128] *Bülow/Artz* JuS 1998, 680 (681); Oetker/*Pamp* Rn. 15; abl. P. *Bydlinski* ZIP 1998, 1169 (1174).

[129] S. Art. 1 Nr. 42 iVm Art. 15 Abs. 1 des Gesetzes zur Reform des Seehandelsrechts v. 20.4.2013 (BGBl. 2013 I 831).

[130] RegBegr. zum Gesetz zur Reform des Seehandelsrechts, BT-Drs. 17/10309, 44.

[131] Statt vieler *K. Schmidt* HandelsR § 17 Rn. 40, der diese Systematik als verfehlt und spätestens seit dem HRRefG als überholt ansieht.

[132] MüKoHGB/*K. Schmidt* Rn. 16; *K. Schmidt* HandelsR § 17 Rn. 40; *K. Schmidt* HandelsR § 25 Rn. 5.

[133] Ähnl. *Canaris* HandelsR § 21 Rn. 2 („im Wege der Rechtsfortbildung").

[134] *Canaris* HandelsR § 21 Rn. 2; MüKoHGB/*K. Schmidt* Rn. 16; *K. Schmidt* HandelsR § 18 Rn. 10; *Schmitt*, Die Rechtsstellung der Kleingewerbetreibenden nach dem Handelsrechtsreformgesetz, 2003, 275 f.; aA *Bülow/Artz* JuS 1998, 680 (681).

[135] MüKoHGB/*K. Schmidt* Rn. 17; *K. Schmidt* HandelsR § 18 Rn. 10, 11.

[136] ZB *Schmitt*, Die Rechtsstellung der Kleingewerbetreibenden nach dem Handelsrechtsreformgesetz, 2003, 270 ff.

[137] Die von *Hopt* AcP 183 (1983), 608 (634 ff., 672) vorgeschlagene Einführung eines Berufsrechts zielt konzeptionell nicht auf die Substitution des Begriffs des Kaufmanns, sondern auf die Begründung einer dritten Rechtsebene zwischen dem Bürgerlichen Recht und dem Handelsrecht.

[138] Bereits *de lege lata* mittels Analogie, wobei der Unternehmer als Sonderungsprinzip für die Analogiefähigkeit von Vorschriften des HGB dient, *Raisch* FS Rittner, 1991, 471 (484 ff.); *Raisch* ZHR 154 (1990), 567 (573 ff.); *Raisch* FS Stimpel, 1985, 29 (38 f.); *Raisch* JuS 1967, 533 ff.; grdl. *Raisch*, Geschichtliche Voraussetzungen, dogmatische

che Unternehmensträger[139] (sog. **Unternehmensrechtstheorie**), die kaufmannsähnliche Person[140] und der unternehmerische Geschäftsverkehr[141] – eint das Anliegen, die §§ 343–347 und die §§ 352–372 – die Ausnahme der §§ 348–350 steht im Einklang mit § 383 Abs. 2 S. 2, § 407 Abs. 3 S. 2, § 453 Abs. 3 S. 2, § 467 Abs. 3 S. 2 und § 481 Abs. 3 S. 2 – insbesondere auch auf Geschäfte selbstständiger Freiberufler anzuwenden. Einer solchen Ausweitung des personellen Anwendungsbereichs *im Grundsatz* steht *de lege lata* die gesetzgeberische Entscheidung entgegen, trotz der weitreichenden Änderungen des Kaufmannsbegriffs durch das HRRefG in Ansehung der nur punktuellen Ausnahmen in § 383 Abs. 2 S. 2, § 407 Abs. 3 S. 2, § 453 Abs. 3 S. 2, § 467 Abs. 3 S. 2 und § 481 Abs. 3 S. 2 an der grundsätzlichen Beschränkung der §§ 343 ff. auf kaufmännische Unternehmensträger festzuhalten.[142] Die Möglichkeit, einzelne Bestimmungen – in Ansehung von § 383 Abs. 2 S. 2, § 407 Abs. 3 S. 2, § 453 Abs. 3 S. 2, § 467 Abs. 3 S. 2 und § 481 Abs. 3 S. 2 nicht jedoch die §§ 348–350[143] – *ausnahmsweise* bei Vorliegen der Analogievoraussetzungen im Einzelfall auf nichtkaufmännische Unternehmensträger entsprechend anzuwenden (zB § 366[144] sowie die in § 346 verorteten Rechtswirkungen des kaufmännischen Bestätigungsschreibens[145]), wird hierdurch nicht ausgeschlossen.[146]

46   **3. Zugehörigkeit zum Betrieb des Handelsgewerbes.** Im Gegensatz zu Art. 271 ADHGB, der Geschäfte bestimmten Inhalts ohne Rücksicht auf Gegenstand und Zweck des Handelsgewerbes als Handelsgeschäfte einordnete (sog. objektives System), sind nach § 343 Abs. 1 nur die Geschäfte (zu Einzelheiten → Rn. 4 ff.) eines Kaufmanns (zu Einzelheiten → Rn. 21 ff.) Handelsgeschäfte, die zum Betrieb seines Handelsgewerbes gehören (sog. **subjektives System**).[147]

47   **a) Betrieb eines Handelsgewerbes.** Der Betrieb eines Handelsgewerbes ist keine eigenständige, über die Kaufmannseigenschaft (zu Einzelheiten → Rn. 21 ff.) hinausreichende Voraussetzung für ein Handelsgeschäft iSd § 343 Abs. 1.[148] Das Handelsgewerbe ist – erkennbar an dem Possessivpronomen „seines" – das Unternehmen des Kaufmanns. Die gegenteilige Lesart des § 343 Abs. 1 hätte zur Folge, dass natürliche Personen, Handelsgesellschaften und juristische Personen, die Kaufmann sind, ohne ein Handelsgewerbe tatsächlich zu betreiben, keine Handelsgeschäfte vornehmen könnten. Eine derartige Verengung des Anwendungsbereichs der §§ 346 ff. stünde bei Formkaufleuten im Widerspruch zu § 6 Abs. 2. Daher sind auch die Geschäfte von Kapitalgesellschaften, die kein Handelsgewerbe iSd § 1 Abs. 2 betreiben, sondern zB ideellen oder gemeinnützigen Zwecken dienen, Handelsgeschäfte iSd § 343 Abs. 1.[149]

Grundlagen und Sinnwandlung des Handelsrechts, 1965, 179 ff., allerdings nur als Konzept *de lege ferenda;* nur insoweit zust. *F. Bydlinski,* Handels- und Unternehmensrecht als Sonderprivatrecht, 1990, 25. Dagegen *Henssler* ZHR 161 (1997), 13 (43); *Preis* ZHR 158 (1994), 567 (585 f.), die insbes. einwenden, dass ein einheitlich handhabbarer Begriff des Unternehmers noch nicht gefunden sei.

[139] Grdl. *K. Schmidt* HandelsR § 18 Rn. 11; *K. Schmidt* BB 2005, 837 (839); *K. Schmidt* JuS 1985, 249 (252 ff.). Dagegen *Zöllner* ZGR 1983, 82 (83).

[140] So im Grundsatz *Canaris* HandelsR § 21 Rn. 3, der eine analoge Anwendung der §§ 348, 350, 355 Abs. 1, 377 sowie der §§ 29 Abs. 2, 38 Abs. 1 ZPO jedoch ablehnt (*Canaris* HandelsR § 21 Rn. 6, 7).

[141] HaKo-HGB/*Klappstein* Rn. 2.

[142] OLG Brandenburg Urt. v. 22.2.2012 – 4 U 69/11, NJW 2012, 2124 (2126); Oetker/*Pamp* Rn. 15; *Pfeiffer* NJW 1999, 169 (170); Röhricht/Graf v. Westphalen/Haas/*Steimle/Dornieden* Rn. 16. IErg auch Baumbach/Hopt/ *Hopt* Rn. 2; Heymann/*Horn* Rn. 6. So bereits vor dem HRRefG *F. Bydlinski,* Handels- und Unternehmensrecht als Sonderprivatrecht, 1990, 26; *Henssler* ZHR 161 (1997), 13 (37); *Neuner* ZHR 157 (1993), 243 (272); *Raisch* FS Stimpel, 1985, 29 (46); *Vossius* JuS 1985, 936 ff.; *Zöllner* ZGR 1983, 82 (83).

[143] *K. Schmidt* HandelsR § 18 Rn. 11; aA *Hopt* AcP 183 (1983), 608 (677) zu der Rechtslage vor In-Kraft-Treten des HRRefG.

[144] BGH Urt. v. 23.4.1951 – IV ZR 158/50, BGHZ 2, 38 (49 ff.) = NJW 1952, 219; OGH Urt. v. 10.2.1950 – II ZS 104/49, OGHZ 3, 195 (198) jeweils für Veräußerungsgeschäfte der Deutschen Reichsbahn → § 366 Rn. 3; Heymann/*Horn* Rn. 6.

[145] Zu Einzelheiten → § 346 Rn. 243 ff.

[146] *F. Bydlinski,* Handels- und Unternehmensrecht als Sonderprivatrecht, 1990, 15; *Henssler* ZHR 161 (1997), 13 (43); Baumbach/Hopt/*Hopt* Rn. 2; Heymann/*Horn* Rn. 6; *Jung* HandelsR Kap. 9 Rn. 6; Oetker/*Pamp* Rn. 15; *Pfeiffer* NJW 1999, 169 (171); MüKoHGB/*K. Schmidt* Rn. 17; *K. Schmidt* HandelsR § 18 Rn. 11; Röhricht/Graf v. Westphalen/Haas/*Steimle/Dornieden* Rn. 16; vgl. auch *Raisch* FS Stimpel, 1985, 29 (34 ff., 39 ff.). Zu Einzelheiten *Canaris* HandelsR § 21; MüKoHGB/*K. Schmidt* Rn. 18.

[147] Statt vieler *Kramer* FS Ostheim, 1990, 299 (300); *K. Schmidt* HandelsR § 18 Rn. 10. Die Unterschiede zwischen dem objektiven System, das insbes. in romanischen Rechtsordnungen dominiert, und dem subjektiven System sind in erster Linie legislativtechnischer Natur, weshalb *Lehmann* ZHR 181 (2017), 9 (29 f.) in ihnen keine unüberwindbare Hürde bei der Schaffung eines einheitlichen europäischen Handelsgesetzbuchs sieht.

[148] Schlegelberger/*Hefermehl* Rn. 14; *Pfeiffer* in Pfeiffer Handelsgeschäfte-HdB § 1 Rn. 162; *K. Schmidt* HandelsR § 18 Rn. 15.

[149] BGH Urt. v. 22.1.1976 – VII ZR 280/75, BGHZ 66, 48 (50 f.) = NJW 1976, 514; Schlegelberger/*Hefermehl* Rn. 14; *v. Ohnesorge,* Die Kaufmannseigenschaft der sogenannten Zivilaktiengesellschaften, Zivilkommanditgesellschaften auf Aktien und Zivilgesellschaften mit beschränkter Haftung unter besonderer Berücksichtigung der Wirtschaftsprüfungs- und Steuerberatungsgesellschaften, 1977, 181 ff.; *Pfeiffer* in Pfeiffer Handelsgeschäfte-HdB § 1 Rn. 162; *K. Schmidt* HandelsR § 18 Rn. 15.

b) Betriebszugehörigkeit. aa) Überblick. Bei **Einzelkaufleuten** sind Handelsgeschäfte iSd **48** § 343 Abs. 1, also Geschäfte (zu Einzelheiten → Rn. 4 ff.) eines Kaufmanns (zu Einzelheiten → Rn. 21 ff.), die zum Betrieb seines Handelsgewerbes gehören,[150] von sog. **Privatgeschäften,** die ausschließlich (zu sog. Dual-use-Geschäften → Rn. 56) den privaten Rechts- und Vermögenskreis des Kaufmanns betreffen, zu unterscheiden. Zu letzteren zählen zB Geschäfte zur Deckung des eigenen Lebensbedarfs,[151] Rechtsgeschäfte in Bezug auf eine ausschließlich privat genutzte Immobilie[152] sowie die Verwaltung des eigenen Privatvermögens,[153] und zwar auch dann, wenn das verwaltete Vermögen beträchtlich ist.[154] Der Abschluss einer Lebensversicherung ist zB ein Privatgeschäft, wenn das Leben der Ehefrau des Kaufmanns versichert wird,[155] ein Handelsgeschäft hingegen, wenn mittels der Lebensversicherung ein Kredit für gewerbliche Zwecke gesichert werden soll.[156] Bei Ungewissheit über Tatsachen wird die Abgrenzung zwischen dem kaufmännischen Geschäftsbereich und dem privaten Bereich durch die gesetzlichen Vermutungen in § 344 Abs. 1 (zu Einzelheiten → § 344 Rn. 2 ff.) und § 344 Abs. 2 (zu Einzelheiten → § 344 Rn. 38 ff.) erleichtert.

Im Gegensatz zu natürlichen Personen haben **Personenhandelsgesellschaften** und **Kapitalgesell-** **49** **schaften** keine Privatsphäre,[157] weshalb die bei Einzelkaufleuten erforderliche Abgrenzung zwischen dem kaufmännischen Geschäftsbereich und dem privaten Bereich (→ Rn. 48) obsolet ist (→ § 344 Rn. 4).[158] Demnach sind sämtliche von Personenhandelsgesellschaften und Kapitalgesellschaften vorgenommenen Außengeschäfte (zu Einzelheiten → Rn. 4 ff.) Handelsgeschäfte.[159] Dies gilt auch dann, wenn ein Handelsgewerbe tatsächlich nicht betrieben wird (→ Rn. 47). Bei **juristischen Personen des öffentlichen Rechts** (zB Gemeinden), die ein Handelsgewerbe betreiben, ist eine den Einzelkaufleuten vergleichbare Abgrenzung (→ Rn. 48) hingegen erforderlich,[160] um Handelsgeschäfte iSd § 343 Abs. 1 von zB fiskalischen Hilfsgeschäften zu unterscheiden.

bb) Sachlicher Zusammenhang. Zum Betrieb eines Handelsgewerbes gehören alle Geschäfte (zu **50** Einzelheiten → Rn. 4 ff.), die im Zusammenhang mit dem Gegenstand oder Zweck des Handelsgewerbes stehen und dieses fördern sollen (sog. **Funktionszusammenhang**). In Anlehnung an § 343 Abs. 2 aF (→ Rn. 2) werden auch nach der Aufhebung der Vorschrift Haupt- bzw. Grund- (→ Rn. 51), Hilfs- (zu Einzelheiten → Rn. 52 ff.) und Nebengeschäfte (→ Rn. 55) unterschieden. Eine vierte Kategorie bilden sog. Dual-use-Geschäfte (→ Rn. 56), bei denen die gleichmäßige Anwendung der §§ 343 ff. auf beide Teile eines einseitigen Handelsgeschäfts (§ 345, → Rn. 60) seit dem In-Kraft-Treten des SchuModG am 1.1.2002[161] mit den (halb-)zwingenden Vorschriften für den Verbrauchsgüterkauf (§§ 474 ff. BGB) konfligieren kann.

---

[150] Diesem sachlichen Kriterium zust. *Preis* ZHR 158 (1994), 567 (583 f.): eine „allein auf den persönlichen Status abstellende privatrechtliche Sonderbehandlung (Anm.: des Kaufmanns) kann … nicht überzeugen".

[151] Schlegelberger/*Hefermehl* Rn. 19; Heymann/*Horn* Rn. 15; GK–HGB/*B. Schmidt* Rn. 12.

[152] Heymann/*Horn* Rn. 15; GK–HGB/*B. Schmidt* Rn. 12; vgl. auch BGH Urt. v. 10.5.1979 – VII ZR 97/78, BGHZ 74, 273 (276 f.) = NJW 1979, 1650; BGH Urt. v. 10.6.1974 – VII ZR 44/73, BGHZ 63, 32 (33) = NJW 1974, 1462; BGH Urt. v. 8.7.1968 – VII ZR 65/66, NJW 1968, 1962; BGH Urt. v. 18.4.1963 – VII ZR 37/62, NJW 1963, 1397; OLG Düsseldorf Urt. v. 12.3.2002 – 23 U 113/01, NJOZ 2002, 1442 (1443) jeweils zu § 196 Abs. 1 Nr. 1 BGB aF.

[153] OLG Frankfurt a. M. Urt. v. 25.5.2004 – 8 U 84/08, NJW 2004, 3266 (3267); Staub/*Koller* Rn. 20; GK–HGB/*B. Schmidt* Rn. 12.

[154] OLG Koblenz Urt. v. 16.9.1995 – 10 U 294/94, r+s 1995, 103; OLG Hamm Urt. v. 23.9.1988 – 20 U 60/88, NJW-RR 1989, 344 (345).

[155] Schlegelberger/*Hefermehl* Rn. 19; Heymann/*Horn* Rn. 15; vgl. auch RG Urt. v. 13.11.1885 – Rep. III 179/85, RGZ 14, 235 (237) zu Art. 272–275 ADHGB.

[156] Staub/*Koller* Rn. 19.

[157] BGH Urt. v. 5.5.1960 – II ZR 128/58, NJW 1960, 1852 (1853); *Bitter/Schumacher* HandelsR § 7 Rn. 5; *Canaris* HandelsR § 20 Rn. 10; Schlegelberger/*Hefermehl* Rn. 20; *Hübner* HandelsR Rn. 473; *Jung* HandelsR Kap. 9 Rn. 8; HaKo-HGB/*Klappstein* Rn. 8; Staub/*Koller* Rn. 7; *Oetker* HandelsR § 7 Rn. 18; Oetker/*Pamp* Rn. 16; *Pfeiffer* in Pfeiffer Handelsgeschäfte-HdB § 1 Rn. 167; KKRD/*W.-H. Roth* Rn. 6; *K. Schmidt* HandelsR § 18 Rn. 15; Röhricht/Graf v. Westphalen/Haas/*Steimle/Dornieden* Rn. 25; *Witt* NJW 2011, 3402 (3403); aA *M. Wolff* FS v. Gierke, Bd. II, 1910, 115 (135 f.): Der Lebensbereich einer Handelsgesellschaft erschöpfe sich nicht in dem Betrieb des Unternehmens.

[158] *Bitter/Schumacher* HandelsR § 7 Rn. 5; *Canaris* HandelsR § 20 Rn. 10; *Hübner* HandelsR Rn. 473; *Jung* HandelsR Kap. 9 Rn. 8; HaKo-HGB/*Klappstein* Rn. 8.

[159] OLG Köln Urt. v. 10.6.1998 – 26 U 3/98, MDR 1999, 319 = BeckRS 1998, 11897; *Canaris* HandelsR § 20 Rn. 10; Schlegelberger/*Hefermehl* Rn. 20; *Jung* HandelsR Kap. 9 Rn. 8; Staub/*Koller* Rn. 7; NK-HGB/*Lehmann-Richter* Rn. 13; *Lettl* HandelsR § 9 Rn. 17; *Oetker* HandelsR § 7 Rn. 18; Oetker/*Pamp* Rn. 16; KKRD/*W.-H. Roth* Rn. 6; MüKoHGB/*K. Schmidt* Rn. 13; *K. Schmidt* HandelsR § 18 Rn. 15; Röhricht/Graf v. Westphalen/Haas/*Steimle/Dornieden* Rn. 25; *Witt* NJW 2011, 3402 (3403); aA (Anwendung von § 344 HGB) BGH Beschl. v. 16.9.2014 – VIII ZR 116/13, BeckRS 2014, 18861 Rn. 3; BGH Urt. v. 13.7.2011 – VIII ZR 215/10, NJW 2011, 3435 (3436 Rn. 18); Heymann/*Horn* Rn. 16.

[160] *Canaris* HandelsR § 20 Rn. 11.

[161] S. Art. 1 iVm Art. 9 Abs. 1 S. 2 des Gesetzes zur Modernisierung des Schuldrechts v. 26.11.2001 (BGBl. 2001 I 3138).

51   **(1) Haupt- bzw. Grundgeschäfte.** Zum Betrieb eines Handelsgewerbes gehören *in erster Linie* die sog. Haupt- bzw. Grundgeschäfte. Dies sind sämtliche für das betriebene Gewerbe üblichen, dafür typischen Geschäfte, zB der An- und Verkauf von Waren.[162] Seit dem In-Kraft-Treten des HRRefG sind Immobilienmakler häufig Kaufleute (zu Einzelheiten → Rn. 22 ff.) und ihre Maklerverträge auch dann Handelsgeschäfte, wenn die Parteien des Grundstückskaufvertrags keine Kaufleute sind.[163]

52   **(2) Hilfsgeschäfte.** Der Kreis der Handelsgeschäfte iSd § 343 Abs. 1 ist nicht auf die für das Handelsgewerbe charakteristischen Haupt- bzw. Grundgeschäfte (→ Rn. 51) beschränkt, sondern weiter.[164] Er umfasst auch Hilfsgeschäfte, die dem Interesse des Handelsgewerbes, der Erhaltung seiner Substanz und der Erzielung von Gewinn dienen sollen.[165] Für diesen sog. Funktionszusammenhang ist ein **mittelbarer, entfernter Zusammenhang** mit dem Handelsgewerbe ausreichend,[166] wenn das Geschäft (zu Einzelheiten → Rn. 4 ff.) den Gegenstand oder Zweck des Handelsgewerbes berührt.[167] Gegeben ist dies zB bei der Einstellung von Arbeitnehmern,[168] dem Erwerb von Arbeitsgerät[169] und Mobiliar[170] sowie dem Bau und der Anmietung neuer, zusätzlicher Gebäude.[171] Gleiches gilt für Geschäfte, die der Finanzierung des Gewerbebetriebs dienen, zB die Aufnahme eines Kredits,[172] der Erwerb unsicherer Forderungen[173] sowie Spekulationsgeschäfte[174] und die Teilnahme an Glücksspielen.[175] Die Aufnahme

---

[162] BGH Urt. v. 10.6.1974 – VII ZR 44/73, BGHZ 63, 32 (35) = NJW 1974, 14; *Brox/Henssler* HandelsR Rn. 283; *Hübner* HandelsR Rn. 474; *Lettl* HandelsR § 9 Rn. 13.

[163] Staudinger/*A. Arnold*, 2015, Vor §§ 652 ff. Rn. 29; MüKoBGB/*H. Roth* BGB § 652 Rn. 11; aA ROHG Urt. v. 21.1.1875 – Rep. 1219/74, ROHGE 16, 1 (2 f.) unter Geltung von Art. 275 ADHGB.

[164] BGH Urt. v. 8.1.1976 – III ZR 148/73, WM 1976, 424 (425) = BeckRS 2012, 789; KG Beschl. v. 20.8.1998 – 28 AR 65/98, BeckRS 2014, 3416; OLG Düsseldorf Urt. v. 9.2.1955 – 7 U 207/54, BB 1955, 239 („sehr weit"); *Canaris* HandelsR § 20 Rn. 8; *Fischinger* HandelsR Rn. 521; Oetker/*Pamp* Rn. 17; *Pfeiffer* in Pfeiffer Handelsgeschäfte-HdB § 1 Rn. 163; Röhricht/Graf v. Westphalen/Haas/*Steimle/Dornieden* Rn. 26.

[165] BGH Urt. v. 5.5.1960 – II ZR 128/58, NJW 1960, 1852 (1853); KG Beschl. v. 20.8.1998 – 28 AR 65/98, BeckRS 2014, 3416; *Fischinger* HandelsR Rn. 521; Schlegelberger/*Hefermehl* Rn. 15; *Hübner* HandelsR Rn. 474; HaKo-HGB/*Klappstein* Rn. 6; NK-HGB/*Lehmann-Richter* Rn. 13; Oetker/*Pamp* Rn. 17; *Pfeiffer* in Pfeiffer Handelsgeschäfte-HdB § 1 Rn. 163; *Rehm* ZHR 74 (1913), 247 f.; GK-HGB/*B. Schmidt* Rn. 10; Röhricht/Graf v. Westphalen/Haas/*Steimle/Dornieden* Rn. 26.

[166] BGH Urt. v. 5.5.2011 – IX ZR 144/10, BGHZ 189, 299 (306 Rn. 21) = NJW 2011, 2960; BGH Urt. v. 10.6.1974 – VII ZR 44/73, BGHZ 63, 32 (35) = NJW 1974, 1462; BGH Urt. v. 20.3.1997 – IX ZR 83/96, NJW 1997, 1779 (1780); BGH Urt. v. 8.1.1976 – III ZR 148/73, WM 1976, 424 (425) = BeckRS 2012, 00789; BGH Urt. v. 5.5.1960 – II ZR 128/58, NJW 1960, 1852 (1853); BFH Urt. v. 7.5.2008 – X R 49/04, BFHE 221, 144 (48) = DStRE 2008, 922; RG Urt. v. 27.3.1920 – V 420/19, WarnR 1920 Nr. 99; OLG Koblenz Beschl. v. 12.7.2012 – 8 U 1480/11, BeckRS 2012, 21961 unter I. 1. a); OLG Düsseldorf Urt. v. 9.2.1955 – 7 U 207/54, BB 1955, 239; *Canaris* HandelsR § 20 Rn. 8; *Fischinger* HandelsR Rn. 521; Schlegelberger/*Hefermehl* Rn. 15; Baumbach/Hopt/*Hopt* Rn. 3; Heymann/*Horn* Rn. 10; *Jung* HandelsR Kap. 9 Rn. 7; HaKo-HGB/*Klappstein* Rn. 5; Staub/*Koller* Rn. 6; NK-HGB/*Lehmann-Richter* Rn. 12; *Lettl* HandelsR § 9 Rn. 12; Oetker FS Martinek, 2020, 547 (549); *Oetker* HandelsR § 7 Rn. 15; Oetker/*Pamp* Rn. 17; *Pfeiffer* in Pfeiffer Handelsgeschäfte-HdB § 1 Rn. 163; *Rehm* ZHR 74 (1913), 247 f.; KKRD/*W.-H. Roth* Rn. 4; GK-HGB/*B. Schmidt* Rn. 10; *K. Schmidt* HandelsR § 18 Rn. 20; Röhricht/Graf v. Westphalen/Haas/*Steimle/Dornieden* Rn. 26; aA ROHG Urt. v. 6.6.1873 – Rep. 541/73, ROHGE 10, 242 (243 f.) zu Art. 273 Abs. 2 ADHGB, dessen Tatbestand einen unmittelbaren Zusammenhang voraussetzte.

[167] BGH Urt. v. 20.3.1997 – IX ZR 83/96, NJW 1997, 1779 (1780); BGH Urt. v. 5.5.1960 – II ZR 128/58, NJW 1960, 1852 (1853); BFH Urt. v. 7.5.2008 – X R 49/04, BFHE 221, 144 (48) = DStRE 2008, 922. Ähnl. RG Urt. v. 14.1.1910 – Rep. II 227/09, RGZ 72, 434 (436): alle geschäftlichen Beziehungen, die mit dem Betrieb in einem solchen Zusammenhang stehen, dass sie sich als Folge des Gewerbebetriebs erweisen.

[168] *Canaris* HandelsR § 20 Rn. 8; *Fischinger* HandelsR Rn. 521; Schlegelberger/*Hefermehl* Rn. 16; Heymann/*Horn* Rn. 12; *Jung* HandelsR Kap. 9 Rn. 7; Staub/*Koller* Rn. 18; *Lettl* HandelsR § 9 Rn. 14; *Oetker* HandelsR § 7 Rn. 15; GK-HGB/*B. Schmidt* Rn. 10; vgl. auch RG Urt. v. 31.3.1880 – Rep. I 339/79, RGZ 1, 268 zu Art. 271, 272 ADHGB; ROHG Urt. v. 11.11.1873 – Rep. 586/73, ROHGE 11, 387 (388) zu Art. 273 ADHGB; ROHG Urt. v. 9.9.1873 – Rep. 481/73, ROHGE 11, 56 (57); aA *K. Schmidt* HandelsR § 18 Rn. 12: kein Außengeschäft.

[169] Schlegelberger/*Hefermehl* Rn. 16; Heymann/*Horn* Rn. 12; *Lettl* HandelsR § 9 Rn. 14; MüKoHGB/*K. Schmidt* Rn. 15.

[170] Vgl. ROHG Urt. v. 15.9.1877 – Rep. 910/77, ROHGE 22, 329 (330) zu Art. 273 Abs. 2 ADHGB.

[171] BGH Urt. v. 10.6.1974 – VII ZR 44/73, BGHZ 63, 32 (35) = NJW 1974, 1462; *Brox/Henssler* HandelsR Rn. 283; *Canaris* HandelsR § 20 Rn. 8; *Fischinger* HandelsR Rn. 521; Schlegelberger/*Hefermehl* Rn. 16; Baumbach/Hopt/*Hopt* Rn. 3; Heymann/*Horn* Rn. 12; *Lettl* HandelsR § 9 Rn. 14; Oetker/*Pamp* Rn. 18; MüKoHGB/*K. Schmidt* Rn. 15.

[172] *Canaris* HandelsR § 20 Rn. 8; *Fischinger* HandelsR Rn. 521; Heymann/*Horn* Rn. 12; *Jung* HandelsR Kap. 9 Rn. 7; vgl. auch RG Urt. v. 7.12.1928 – II 211/28, WarnR 1929 Nr. 38: Ausstellung von Gefälligkeitswechseln zur Kreditbeschaffung.

[173] Schlegelberger/*Hefermehl* Rn. 16; Heymann/*Horn* Rn. 13; MüKoHGB/*K. Schmidt* Rn. 15; vgl. auch RG Urt. v. 23.5.1889 – IV 58/89, Gruchot 33, 1042 (1043 ff.) zu Art. 274 ADHGB.

[174] Schlegelberger/*Hefermehl* Rn. 16; Baumbach/Hopt/*Hopt* Rn. 3; Staub/*Koller* Rn. 14, 20; NK-HGB/*Lehmann-Richter* Rn. 13; MüKoHGB/*K. Schmidt* Rn. 15; vgl. auch RG Urt. v. 9.7.1904 – I 158/04, JW 1904, 496 zu Art. 271 Nr. 1, 273, 274 ADHGB.

[175] Staub/*Koller* Rn. 20; vgl. auch RG Urt. v. 27.6.1896 – Rep. I 118/96, RGZ 38, 232 (240); RG Urt. v. 2.6.1892 – Rep. IV 91/92, RGZ 30, 189 (191) jeweils zu Art. 274 ADHGB.

eines Darlehens ist – unabhängig von der gewerbe- und steuerrechtlichen Einordnung des Geschäfts – auch dann ein Handelsgeschäft, wenn der Kaufmann mit der Valuta den Erwerb einer Immobilie in der Absicht finanziert, sich eine dauerhafte berufsmäßige Einnahmequelle durch Senkung seiner Steuerverbindlichkeiten zu verschaffen.[176] Kein Hilfs- und Handelsgeschäft ist zB die Aufbewahrung von Baumaterial für einen anderen durch einen Gastwirt.[177]

Die Bürgschaftserklärung eines Kaufmanns ist ein Handelsgeschäft iSd § 343 Abs. 1, wenn die **Bürg-** **53** **schaft** nicht lediglich privaten Zwecken, sondern zumindest auch seinem Handelsgewerbe dient.[178] Dies ist zB zu bejahen, wenn die Bürgschaft sich auf Verbindlichkeiten des von dem Kaufmann übernommenen Handelsgewerbes bezieht[179] oder die (Re-)Finanzierung der Kunden ermöglicht oder erleichtert.[180] Ein Privatgeschäft ist die Bürgschaft hingegen, wenn der Kaufmann für Verbindlichkeiten aus dem Handelsgewerbe seines Schwiegersohns oder Schwagers bürgt, um die Insolvenz des Hauptschuldners abzuwenden bzw. diesem Zugang zu weiterem Kredit zu ermöglichen, ohne dass die Bürgschaft dem eigenen Handelsgewerbe des Bürgen dient.[181] Die Bürgschaft, die der Komplementär einer KG – sofern man diesen entgegen der hier vertreten Ansicht (→ Rn. 33) überhaupt als Kaufmann ansieht – für die Schuld seiner an der KG nicht beteiligten Ehefrau gegenüber einem Kommanditisten übernimmt, ist auch dann kein Handelsgeschäft iSd § 343 Abs. 1, sondern ein Privatgeschäft, wenn der Abschluss des Bürgschaftsvertrags im Rahmen einer Sanierung der Gesellschaft erfolgt.[182]

Die Qualifikation eines Unternehmens als Handelsgewerbe iSd § 1 setzt zwar eine Gewinnerzie- **54** lungsabsicht bzw. eine entgeltliche Tätigkeit am Markt voraus (zu Einzelheiten → § 1 Rn. 26 ff.). Dies begrenzt den Kreis der Handelsgeschäfte iSd § 343 Abs. 1 aber nicht auf Hilfsgeschäfte, die *unmittelbar* einen Gewinn erwarten lassen.[183] Ausreichend ist vielmehr, dass der Kaufmann sich durch das konkrete (Hilfs-)Geschäft geschäftliche Vorteile – wenn auch nur mittelbare – erhofft.[184] Daher disqualifiziert die **Verfolgung freigiebiger Zwecke** Geschäfte (zB den Erlass einer Forderung,[185] Gefälligkeiten,[186] Leihen,[187] Schenkungen,[188] Spenden)[189] nicht notwendig als Handelsgeschäfte iSd § 343 Abs. 1.[190] Schenkungen von Todes wegen (§ 2301 BGB) sind zwar Rechtsgeschäfte unter Lebenden, aufgrund der Nähe zu Verfügungen von Todes wegen aber auch dann Privatgeschäfte, wenn Gegenstand der Schenkung ein Handelsgewerbe ist.[191]

(3) Nebengeschäfte. Der Wortlaut des § 343 Abs. 1, wonach es für das Vorliegen eines Handels- **55** geschäfts darauf ankommt, ob das Geschäft (zu Einzelheiten → Rn. 4 ff.) des Kaufmanns (zu Einzelheiten

---

[176] OLG Hamm Urt. v. 23.9.1988 – 20 U 60/88, NJW-RR 1989, 344 (345). Die im Ergebnis gegenteilige Entscheidung des OLG Koblenz Urt. v. 16.9.1994 – 10 U 294/94, r+s 1995, 103 begründet der Senat nicht mit einer abweichenden Rechtsauffassung, sondern – zweifelhaft – mit einem insoweit abweichenden Sachverhalt, nämlich, dass die Klägerin nicht in der Immobilienbranche, sondern als selbstständige Apothekerin tätig gewesen sei.

[177] Vgl. ROHG Urt. v. 6.6.1873 – Rep. 541/73, ROHGE 10, 242 (243) zu Art. 273 ADHGB.

[178] BGH Urt. v. 20.3.1997 – IX ZR 83/96, NJW 1997, 1779 (1780); Heymann/*Horn* Rn. 13; ähnl. OLG Koblenz Beschl. v. 12.7.2012 – 8 U 1480/11, BeckRS 2012, 21961 unter I. 1. a): mittelbarer, entfernter Zusammenhang mit dem Handelsgewerbe.

[179] BGH Urt. v. 8.1.1976 – III ZR 148/73, WM 1976, 424 (425) = BeckRS 2012, 00789.

[180] OLG Koblenz Beschl. v. 12.7.2012 – 8 U 1480/11, BeckRS 2012, 21961 unter I. 1. a).

[181] BGH Urt. v. 20.3.1997 – IX ZR 83/96, NJW 1997, 1779 (1780); Heymann/*Horn* Rn. 15; vgl. auch ROHG Urt. v. 12.12.1874 – Rep. 841/74, ROHGE 15, 388 (389) zu Art. 274 ADHGB.

[182] OLG München Urt. v. 17.1.1992 – 14 U 468/91, DStR 1993, 331 (332); NK-HGB/*Lehmann-Richter* Rn. 13.

[183] *Fischinger* HandelsR Rn. 521; *Pfeiffer* in Pfeiffer Handelsgeschäfte-HdB § 1 Rn. 52.

[184] Schlegelberger/*Hefermehl* Rn. 16.

[185] Schlegelberger/*Hefermehl* Rn. 16; vgl. auch RG Urt. v. 25.2.1892 – VI 302/91, RGZ 29, 11 (13 f.) zu Art. 273–275 ADHGB

[186] OLG Düsseldorf Urt. v. 9.2.1955 – 7 U 207/54, BB 1955, 239; *Fischinger* HandelsR Rn. 521; Schlegelberger/*Hefermehl* Rn. 16; Heymann/*Horn* Rn. 13; MüKoHGB/*K. Schmidt* Rn. 15; Röhricht/Graf v. Westphalen/Haas/*Steimle/Dornieden* Rn. 29.

[187] Schlegelberger/*Hefermehl* Rn. 16; MüKoHGB/*K. Schmidt* Rn. 15; diff. ROHG Urt. v. 21.1.1876 – Rep. 1373/75, ROHGE 19, 352 (354) zu Art. 273 ADHGB: kein Handelsgeschäft für den Verleiher, wohl aber für den Entleiher.

[188] RG Urt. v. 9.5.1890 – Rep. III 41/90, RGZ 26, 15 (19 f.); *Fischinger* HandelsR Rn. 521; Schlegelberger/*Hefermehl* Rn. 16; Staub/*Koller* Rn. 16; Oetker/*Pamp* Rn. 4; *Pfeiffer* in Pfeiffer Handelsgeschäfte-HdB § 1 Rn. 52; GK-HGB/*B. Schmidt* Rn. 8; MüKoHGB/*K. Schmidt* Rn. 15; *K. Schmidt* HandelsR § 18 Rn. 20; vgl. auch RG Urt. v. 3.6.1902 – III 59/02, JW 1902, 398; ROHG Urt. v. 15.3.1875 – Rep. 247/75, ROHGE 16, 184 (185) jeweils zu Art. 274 ADHGB; wohl aA ROHG Urt. v. 21.1.1876 – Rep. 1373/75, ROHGE 19, 352 (354) zu Art. 273 ADHGB.

[189] *Pfeiffer* in Pfeiffer Handelsgeschäfte-HdB § 1 Rn. 52; KKRD/*W.-H. Roth* Rn. 6; MüKoHGB/*K. Schmidt* Rn. 15; *K. Schmidt* HandelsR § 18 Rn. 20; Röhricht/Graf v. Westphalen/Haas/*Steimle/Dornieden* Rn. 29.

[190] BGH Urt. v. 8.1.1976 – III ZR 148/73, WM 1976, 424 (425) = BeckRS 2012, 00789; RG Urt. v. 17.2.1894 – Rep. I 413/93, RGZ 33, 105 (110); Schlegelberger/*Hefermehl* Rn. 16; Baumbach/Hopt/*Hopt* Rn. 3; Heymann/*Horn* Rn. 13; Staub/*Koller* Rn. 16; NK-HGB/*Lehmann-Richter* Rn. 15; Oetker/*Pamp* Rn. 4, 17; *Pfeiffer* in Pfeiffer Handelsgeschäfte-HdB § 1 Rn. 52; KKRD/*W.-H. Roth* Rn. 4; GK-HGB/*B. Schmidt* Rn. 8; MüKoHGB/*K. Schmidt* Rn. 15; *K. Schmidt* HandelsR § 18 Rn. 14; Röhricht/Graf v. Westphalen/Haas/*Steimle/Dornieden* Rn. 26.

[191] Staub/*Koller* Rn. 16, 20; vgl. auch RG Urt. v. 6.10.1886 – Rep. I 239/86, RGZ 18, 39 (49) zu Art. 274 ADHGB; aA Schlegelberger/*Hefermehl* Rn. 19.

→ Rn. 22 ff.) zum Betrieb „seines" Handelsgewerbes gehört, darf nicht zu dem Missverständnis verleiten, dass nur die für das Handelsgewerbe typischen Hauptgeschäfte (→ Rn. 51) Handelsgeschäfte sein können. Trotz dieser Formulierung bestand bereits unter Geltung von § 343 Abs. 2 aF (→ Rn. 2) weitgehend Einigkeit darüber, dass auch für das Hauptgeschäft **branchenfremde und ungewöhnliche (Neben-) Geschäfte** Handelsgeschäfte iSd § 343 Abs. 1 sein können.[192] Hieran hat sich durch die Aufhebung von § 343 Abs. 2 aF – trotz der Beibehaltung des unglücklichen Wortlauts von § 343 Abs. 1 („seines") – nichts geändert.[193] Erforderlich, aber auch ausreichend ist, dass das Nebengeschäft dem Hauptgeschäft dient.[194] Daher kann ein Handelsgeschäft zB auch dann vorliegen, wenn ein Kommissionär für eigene statt für fremde Rechnung tätig wird[195] oder ein Baumeister Wertpapiere zur Verwahrung in seinem Depot annimmt.[196] Gleiches gilt für den Ankauf einer Erbschaft (§§ 2371 ff. BGB) durch einen Kaufmann.[197] Handelsgeschäft iSd § 343 Abs. 1 kann auch der Erlass einer Forderung sein,[198] und zwar auch dann, wenn die aufgegebene Forderung sich aus einem Vertrag ergibt, der kein Handelsgeschäft ist.[199]

56 **(4) Dual-use-Geschäfte.** Handelsgeschäfte iSd § 343 Abs. 1 sind nicht nur Geschäfte (zu Einzelheiten → Rn. 4 ff.), die *ausschließlich* dem Betrieb des kaufmännischen Handelsgewerbes dienen. Erforderlich, aber auch ausreichend, ist grundsätzlich, dass das Geschäft *auch* den Betrieb des kaufmännischen Handelsgewerbes fördern soll (sog. Dual-use-Geschäfte).[200] Daher ist zB ein Versicherungsvertrag, den eine GmbH als Versicherungsnehmerin schließt, auch dann ein Handelsgeschäft iSd § 343 Abs. 1, wenn neben betrieblichen Risiken auch private Risiken des Geschäftsführers mitversichert werden.[201] Nach der teleologischen Grundtendenz des Handelsrechts schließt auch eine *überwiegende* private Mitveranlassung ein Handelsgeschäft iSd § 343 Abs. 1 nicht aus, da der Kaufmann auch bei solchen Geschäften auf Grundlage seiner Professionalität agiert.[202] Jedenfalls seit der Neufassung des § 13 BGB mWv 13.6.2014[203] – Anlass hierzu gab ErwGr 17 der Verbraucherrechterichtlinie (RL 2011/83/EU) – tritt jedoch die Anwendung handelsrechtlicher Vorschriften bei Rechtsgeschäften, die überwiegend der (handels-)gewerblichen Tätigkeit zugerechnet werden können, hinter den zwingenden Vorschriften des Verbraucherrechts (zB §§ 474 ff. BGB) zurück.[204]

57 **cc) Zeitlicher Zusammenhang.** Die Zugehörigkeit zum Handelsgewerbe eines Kaufmanns ist nicht nur in sachlicher (zu Einzelheiten → Rn. 50 ff.), sondern auch in zeitlicher Hinsicht weit zu verstehen. Daher unterfallen § 343 Abs. 1 nicht nur Geschäfte (zu Einzelheiten → Rn. 4 ff.), die zum Betrieb eines bereits bestehenden Handelsgewerbes gehören, sondern auch solche, die den Betrieb eines Handelsgewerbes vorbereiten sollen (sog. **Vorbereitungsgeschäfte**).[205] Handelsgeschäfte iSd

---

[192] RG Urt. v. 23.4.1932 – I 19/32, Recht 1932 Nr. 409 = HRR 1932 Nr. 1645; RG Urt. v. 7.12.1928 – II 211/28, WarnR 1929 Nr. 38; *Canaris* HandelsR § 20 Rn. 8; Schlegelberger/*Hefermehl* Rn. 28; HaKo-HGB/*Klappstein* Rn. 6; Oetker/*Pamp* Rn. 2; *K. Schmidt* HandelsR § 18 Rn. 14; Röhricht/Graf v. Westphalen/Haas/*Steimle*/*Dornieden* Rn. 26; vgl. auch RG Urt. v. 11.2.1901 – IV 351/00, JW 1901, 261 zu Art. 273–275 ADHGB.

[193] *Brox*/*Henssler* HandelsR Rn. 283; *Fischinger* HandelsR Rn. 521; Schlegelberger/*Hefermehl* Rn. 15, 16; Baumbach/Hopt/*Hopt* Rn. 3; Heymann/*Horn* Rn. 13; *Hübner* HandelsR Rn. 474; Staub/*Koller* Rn. 6; NK-HGB/*Lehmann-Richter* Rn. 13; *Lettl* HandelsR § 9 Rn. 15; Oetker/*Pamp* Rn. 2, 17; *Pfeiffer* in Pfeiffer Handelsgeschäfte-HdB § 1 Rn. 164; KKRD/*W.-H. Roth* Rn. 4, 5; GK-HGB/*B. Schmidt* Rn. 10; MüKoHGB/*K. Schmidt* Rn. 14.

[194] BFH Urt. v. 7.5.2008 – X R 49/04, BFHE 221, 144 (149) = DStRE 2008, 922; *Fischinger* HandelsR Rn. 521; Schlegelberger/*Hefermehl* Rn. 15; Heymann/*Horn* Rn. 12; HaKo-HGB/*Klappstein* Rn. 6; Staub/*Koller* Rn. 6; Oetker/*Pamp* Rn. 5, 18; *Pfeiffer* in Pfeiffer Handelsgeschäfte-HdB § 1 Rn. 164; KKRD/*W.-H. Roth* Rn. 5; GK-HGB/*B. Schmidt* Rn. 10; MüKoHGB/*K. Schmidt* Rn. 14.

[195] RG Urt. v. 12.11.1930 – I 208/30, RGZ 130, 233 (235).

[196] Vgl. RG Urt. v. 23.11.1915 – III 181/15, RGZ 87, 329 (331) zu § 343 Abs. 2 aF und § 8 des Gesetzes, betr. die Pflichten der Kaufleute zur Aufbewahrung fremder Wertpapiere v. 5.7.1896 (RGBl. 1896 183).

[197] Schlegelberger/*Hefermehl* Rn. 16; MüKoHGB/*K. Schmidt* Rn. 15; vgl. auch RG Urt. v. 11.2.1901 – IV 351/00, JW 1901, 261 zu Art. 273–275 ADHGB.

[198] Staub/*Koller* Rn. 16; MüKoHGB/*K. Schmidt* Rn. 15; vgl. auch RG Urt. v. 25.2.1892 – VI 302/91, RGZ 29, 11 (13 f.) zu Art. 273–275 ADHGB.

[199] Vgl. RG Urt. v. 25.2.1892 – VI 302/91, RGZ 29, 11 (13 f.) zu Art. 273–275 ADHGB.

[200] OLG Düsseldorf Urt. v. 26.2.2008 – 24 U 126/07, NJW-RR 2009, 205 (207); *Canaris* HandelsR § 20 Rn. 8; Schlegelberger/*Hefermehl* Rn. 22; Baumbach/Hopt/*Hopt* Rn. 3; HaKo-HGB/*Klappstein* Rn. 5; Staub/*Koller* Rn. 6, 20; NK-HGB/*Lehmann-Richter* Rn. 13; Oetker/*Pamp* Rn. 19; KKRD/*W.-H. Roth* Rn. 5b; wohl auch MüKoHGB/*K. Schmidt* Rn. 14; krit. *Pfeiffer* in Pfeiffer Handelsgeschäfte-HdB § 1 Rn. 167.

[201] OLG Düsseldorf Urt. v. 26.2.12008 – 24 U 126/07, NJW-RR 2009, 205 (207).

[202] *Canaris* HandelsR § 20 Rn. 8; HaKo-HGB/*Klappstein* Rn. 5; Oetker/*Pamp* Rn. 19; KKRD/*W.-H. Roth* Rn. 5b; aA OLG Rostock Urt. v. 30.8.2001 – 7 U 205/00, BeckRS 2001, 161499 Rn. 6 zu § 196 Abs. 1 Nr. 1, Abs. 2 BGB aF.

[203] S. Art. 1 Nr. 2 iVm Art. 15 des Gesetzes zur Umsetzung der Verbraucherrechterichtlinie und zur Änderung des Gesetzes zur Regelung der Wohnungsvermittlung v. 20.9.2013 (BGBl. 2013 I 3642).

[204] *Bülow* WM 2014, 1 (2); *J. Hoffmann* BB 2005, 2090 (2093); KKRD/*W.-H. Roth* Rn. 5b; *K. Schmidt* BB 2005, 837 (841); einschränkend *Canaris* HandelsR § 20 Rn. 15: die Frage des Vorrangs sei nicht generell, sondern problembezogen zu lösen. Wohl aA Röhricht/Graf v. Westphalen/Haas/*Steimle*/*Dornieden* Rn. 2.

[205] RG Urt. v. 25.4.1932 – I 19/32, Das Recht 1932 Nr. 409 = HRR 1932 Nr. 1645; RG Urt. v. 1.12.1930 – IV 200/30, HRR 1931 Nr. 528; RG Urt. v. 17.2.1908 – IV 292/07, SeuffA 63 Nr. 259 = JW 1908, 206; *Canaris* HandelsR § 20 Rn. 8; *Fischinger* HandelsR Rn. 521; Schlegelberger/*Hefermehl* Rn. 15, 17; Baumbach/Hopt/*Hopt*

§ 343 Abs. 1 sind daher zB der Erwerb eines Handelsgewerbes durch einen Nichtkaufmann, der mit dem Erwerb Kaufmann wird,[206] die Eröffnung eines Bankkontos,[207] die Aufnahme eines Darlehens für den Erwerb eines Handelsgewerbes,[208] die vertragliche Überlassung eines Patents,[209] die Einstellung der ersten Arbeitnehmer,[210] die Anmietung eines Ladengeschäfts,[211] die Anschaffung des Inventars[212] und der ersten Ware,[213] der Abschluss eines Bierlieferungsvertrags für ein zu errichtendes Hotel,[214] der Abschluss eines Franchisevertrags zur Aufnahme einer unternehmerischen Tätigkeit.[215] Zu der Gründung des Unternehmensträgers durch Abschluss eines Gesellschaftsvertrags bzw. Feststellung einer Satzung → Rn. 7 f.

Die Abwicklung des Handelsgewerbes ist ebenso wie dessen Verwertung − schlagwortartig − der **58** letzte Akt des Betreibens.[216] Daher gehören auch Geschäfte (zu Einzelheiten → Rn. 4 ff.), die der Abwicklung oder Verwertung des Handelsgewerbes dienen (sog. **Abwicklungsgeschäfte**), zu dessen Betrieb.[217] Folglich sind die Beendigung schwebender Geschäfte,[218] die Verkäufe einzelner Gegenstände des Betriebsvermögens,[219] die Veräußerung einzelner Teile des Unternehmens[220] und des ganzen Unternehmens[221] − sei es als Anteilsverkauf (share deal),[222] sei es als Verkauf sämtlicher Vermögensgegenstände (asset deal) − Handelsgeschäfte iSd § 343 Abs. 1. Kein Handelsgeschäft ist ein

Rn. 3; Heymann/*Horn* Rn. 11; HaKo-HGB/*Klappstein* Rn. 6; Staub/*Koller* Rn. 22; *Lettl* HandelsR § 9 Rn. 14; *Oetker* FS Martinek, 2020, 547 (549 f.); Oetker/*Pamp* Rn. 5, 18; *Pfeiffer* in Pfeiffer Handelsgeschäfte-HdB § 1 Rn. 164; *Preis* ZHR 158 (1994), 567 (597); KKRD/*W.-H. Roth* Rn. 5; GK-HGB/*B. Schmidt* Rn. 10; MüKoHGB/*K. Schmidt* Rn. 14; *K. Schmidt* HandelsR § 18 Rn. 20; *M. Wolff* FS v. Gierke, Bd. II, 1910, 115 (156); diff. Röhricht/Graf v. Westphalen/Haas/*Steimle/Dornieden* Rn. 23, 27.

　[206] OGH Urt. v. 15.7.1948 − ZS 52/48, OGHZ 1, 62 (64); RG Urt. v. 1.12.1930 − IV 200/30, HRR 1931 Nr. 528; RG Urt. v. 23.9.1912 − VI 521/11, LZ 1912, 911; RG Urt. v. 17.2.1908 − IV 292/07, SeuffA 63 Nr. 259 = JW 1908, 206; ROHG Urt. v. 17.12.1874 − Rep. 1147/74, ROHGE 15, 100 (102); Schlegelberger/*Hefermehl* Rn. 17; Heymann/*Horn* Rn. 11; Staub/*Koller* Rn. 15; Oetker/*Pamp* Rn. 18; KKRD/*W.-H. Roth* Rn. 5; aA *K. Schmidt* HandelsR § 18 Rn. 20.

　[207] *K. Schmidt* HandelsR § 18 Rn. 20.

　[208] Schlegelberger/*Hefermehl* Rn. 17; Heymann/*Horn* Rn. 11; Staub/*Koller* Rn. 15; *Landwehr* JZ 1967, 198 (204); vgl. auch RG Urt. v. 23.9.1912 − VI 521/11, LZ 1912, 911; RG Urt. v. 21.6.1909 − VI 351/08, Das Recht 1909 Nr. 2516 jeweils zu § 25 HGB; aA *Pfeiffer* in Pfeiffer Handelsgeschäfte-HdB § 1 Rn. 164 zu § 3 Abs. 1 Nr. 2 VerbrKrG.

　[209] RG Urt. v. 23.4.1932 − I 19/32, SeuffA 86 Nr. 119; Schlegelberger/*Hefermehl* Rn. 17; Heymann/*Horn* Rn. 11; *Jung* HandelsR Kap. 9 Rn. 7; KKRD/*W.-H. Roth* Rn. 5; GK-HGB/*B. Schmidt* Rn. 10.

　[210] RG Urt. v. 17.2.1908 − IV 292/07, SeuffA 63 Nr. 259 = JW 1908, 206; *Canaris* HandelsR § 20 Rn. 8; HaKo-HGB/*Klappstein* Rn. 6; Staub/*Koller* Rn. 2; *Landwehr* JZ 1967, 198 (204); GK-HGB/*B. Schmidt* Rn. 10; aA *K. Schmidt* HandelsR § 18 Rn. 12: kein Außengeschäft.

　[211] RG Urt. v. 17.2.1908 − IV 292/07, SeuffA 63 Nr. 259 = JW 1908, 206; *Canaris* HandelsR § 20 Rn. 8; Schlegelberger/*Hefermehl* Rn. 16; Baumbach/Hopt/*Hopt* Rn. 3; Heymann/*Horn* Rn. 11; *Jung* HandelsR Kap. 9 Rn. 7; HaKo-HGB/*Klappstein* Rn. 6; Staub/*Koller* Rn. 18, 22; *Landwehr* JZ 1967, 198 (204); Oetker/*Pamp* Rn. 18; KKRD/*W.-H. Roth* Rn. 5; GK-HGB/*B. Schmidt* Rn. 10.

　[212] *Landwehr* JZ 1967, 198 (204).

　[213] RG Urt. v. 17.2.1908 − IV 292/07, SeuffA 63 Nr. 259 = JW 1908, 206; Schlegelberger/*Hefermehl* Rn. 17; HaKo-HGB/*Klappstein* Rn. 6; Staub/*Koller* Rn. 22; vgl. auch RG Urt. v. 13.5.1895 − Rep. 1368/95, RGSt 27, 226 (227 f.) zu Art. 274 Nr. 1 ADHGB.

　[214] RG Urt. v. 14.1.1908 − II 303/07, JW 1908, 148; Baumbach/Hopt/*Hopt* Rn. 3; Heymann/*Horn* Rn. 11; Staub/*Koller* Rn. 22; Oetker/*Pamp* Rn. 18.

　[215] OLG Oldenburg Beschl. v. 12.11.2001 − 9 SchH 12/01, NJW-RR 2002, 641 f.

　[216] OLG Frankfurt a. M. Urt. v. 8.5.1998 − 24 U 111/96, WM 1998, 2343 (2345) = BeckRS 1998, 10916.

　[217] RG Urt. v. 2.1.1903 − VII 351/02, JW 1903, 63 (64); KG Beschl. v. 20.8.1998 − 28 AR 65/98, BeckRS 2014, 3416; *Canaris* HandelsR § 20 Rn. 8; *Fischinger* HandelsR Rn. 521; Schlegelberger/*Hefermehl* Rn. 15, 17; Heymann/*Horn* Rn. 14; HaKo-HGB/*Klappstein* Rn. 6; Staub/*Koller* Rn. 11; NK-HGB/*Lehmann-Richter* Rn. 13; *Lettl* HandelsR § 9 Rn. 14; Oetker/*Pamp* Rn. 18; *Pfeiffer* in Pfeiffer Handelsgeschäfte-HdB § 1 Rn. 166; KKRD/*W.-H. Roth* Rn. 5; MüKoHGB/*K. Schmidt* Rn. 14; *K. Schmidt* HandelsR § 18 Rn. 20; Röhricht/Graf v. Westphalen/Haas/*Steimle/Dornieden* Rn. 28; *M. Wolff* FS v. Gierke, Bd. II, 1910, 115 (156).

　[218] Schlegelberger/*Hefermehl* Rn. 17; Heymann/*Horn* Rn. 14; Staub/*Koller* Rn. 11; *Pfeiffer* in Pfeiffer Handelsgeschäfte-HdB § 1 Rn. 166; Röhricht/Graf v. Westphalen/Haas/*Steimle/Dornieden* Rn. 28.

　[219] OLG Hamm Urt. v. 4.3.2009 − 31 U 36/08, BeckRS 2010, 12203 unter II. 2. b) aa) der Gründe; *Pfeiffer* in Pfeiffer Handelsgeschäfte-HdB § 1 Rn. 166; GK-HGB/*B. Schmidt* Rn. 10; *K. Schmidt* HandelsR § 18 Rn. 20.

　[220] OLG Frankfurt a. M. Urt. v. 8.5.1998 − 24 U 111/96, WM 1998, 2343 (2345) = BeckRS 1998, 10916; NK-HGB/*Lehmann-Richter* Rn. 13; Oetker/*Pamp* Rn. 18.

　[221] RG Urt. v. 17.6.1927 − VI 46/27, Recht 1927 Nr. 2011; RG Urt. v. 2.1.1903 − VII 351/02, JW 1903, 63 (64); *Canaris* HandelsR § 20 Rn. 8; *Fischinger* HandelsR Rn. 521; Schlegelberger/*Hefermehl* Rn. 17; Baumbach/Hopt/*Hopt* Rn. 3; Heymann/*Horn* Rn. 14; *Jung* HandelsR Kap. 9 Rn. 7; HaKo-HGB/*Klappstein* Rn. 6; Staub/*Koller* Rn. 15; NK-HGB/*Lehmann-Richter* Rn. 13; Oetker/*Pamp* Rn. 12, 18; *Pfeiffer* in Pfeiffer Handelsgeschäfte-HdB § 1 Rn. 166; KKRD/*W.-H. Roth* Rn. 5; GK-HGB/*B. Schmidt* Rn. 10; *K. Schmidt* HandelsR § 18 Rn. 20; Röhricht/Graf v. Westphalen/Haas/*Steimle/Dornieden* Rn. 28; vgl. auch RG Urt. v. 20.6.1899 − III 62/99, JW 1899, 494 zu Art. 273 Abs. 1, 274 Abs. 1 ADHGB.

　[222] OLG Frankfurt a. M. Urt. v. 8.5.1998 − 24 U 111/96, WM 1998, 2343 (2345) = BeckRS 1998, 10916; RG Urt. v. 23.3.1909 − VII 236/08, LZ 1909, 466 (Nr. 4); Schlegelberger/*Hefermehl* Rn. 17; Heymann/*Horn* Rn. 14; *Pfeiffer* in Pfeiffer Handelsgeschäfte-HdB § 1 Rn. 166; GK-HGB/*B. Schmidt* Rn. 10.

Vergleich, den der Kaufmann Jahre später, nachdem er aufgehört hat Kaufmann zu sein, über eine Forderung aus einem solchen Veräußerungsgeschäft schließt.[223] Die gesellschaftsrechtlichen Vorgänge im Zuge der Abwicklung, insbesondere ein Auseinandersetzungsvertrag[224] und die Abfindung eines ausscheidenden Gesellschafters,[225] sind in der Rechtsprechung hingegen ebenso wie die Übernahme des Handelsgeschäfts durch einen Erwerber[226] als Handelsgeschäfte iSd § 343 Abs. 1 angesehen worden.

59   **c) Objektive Beurteilung.** Ob das Geschäft eines Einzelkaufmanns zu dem Betrieb seines Handelsgewerbes gehört oder seinen privaten Rechts- und Vermögenskreis betrifft, ist objektiv zu beurteilen.[227] Dies bedeutet aber nicht, dass die mit dem Geschäft verfolgten Zwecke des Einzelkaufmanns unbeachtlich wären. Vielmehr ist die Entscheidung, das Geschäft im Rahmen seines Gewerbetriebs oder für sich privat zu tätigen, zu respektieren.[228] Maßgeblich ist lediglich der für den Geschäftspartner erkennbare,[229] also der **objektiv manifestierte Wille**.[230] Dies ergibt sich daraus, dass die gesetzlichen Vermutungen für die Zugehörigkeit des Geschäfts zum Betrieb des Handelsgewerbes in § 344 Abs. 1 und 2 nur durch dem Geschäftspartner objektiv erkennbare Umstände widerlegt werden können (→ § 344 Rn. 35 f., 59 ff.). Der bloße innere Wille des Einzelkaufmanns, ein objektiv zum Betrieb seines Handelsgewerbes gehörendes Geschäft nur privat tätigen zu wollen, ist hingegen unbeachtlich.[231] Umgekehrt wird ein privates Geschäft ebenso wenig durch einen nicht erkennbar gewordenen bloßen inneren Willen zu einem Handelsgeschäft. Zweifelhaft ist, ob dies auch dann gilt, wenn nicht nur die Zugehörigkeit des Geschäfts zum Betrieb des Handelsgewerbes, sondern auch die Kaufmannseigenschaft des Beteiligten dem Geschäftspartner verborgen bleibt. Zwar muss sich ein Dritter gem. § 15 Abs. 2 S. 1 die ordnungsgemäß bekanntgemachte Eintragung des Kaufmanns im Handelsregister entgegenhalten lassen. Tritt jedoch der Kaufmann bei Abschluss des Geschäfts anonym auf (zB Kauf eines Gegenstands in einem Supermarkt), würde er rechtsmissbräuchlich (§ 242 BGB) handeln, wenn er sich zulasten des Geschäftspartners später auf seine Kaufmannseigenschaft beruft.

IV. Einseitige und beiderseitige Handelsgeschäfte

60   Bei der Anwendung der Vorschriften des Vierten Buches des HGB ist – was zwar nicht in § 343 Abs. 1 zum Ausdruck kommt, aber in § 345 angesprochen ist – zwischen einseitigen und sog. beiderseitigen Handelsgeschäften zu unterscheiden. Ein Geschäft (zu Einzelheiten → Rn. 4 ff.), das nur für einen Teil ein Handelsgeschäft iSd § 343 Abs. 1 (zu Einzelheiten → Rn. 3 ff.) ist, ist ein einseitiges Handelsgeschäft, ein Geschäft, das für beide Teile ein Handelsgeschäft ist, ein beiderseitiges Handelsgeschäft. Ist nur ein Teil Kaufmann, der andere Teil Betreiber eines nichtkaufmännischen Unternehmens, selbstständiger Freiberufler (→ Rn. 45) oder Verbraucher (§ 13 BGB), kann allenfalls ein einseitiges Handelsgeschäft vorliegen. Ein beiderseitiges Handelsgeschäft setzt hingegen voraus, dass zwei Kaufleute beteiligt sind und das betreffende Geschäft zum Betrieb des jeweiligen Handelsgewerbes beider Kaufleute gehört. Grundsätzlich gelten die Vorschriften über Handelsgeschäfte schon dann, wenn das Geschäft für einen Beteiligten ein Handelsgeschäft ist (§ 345, zu Einzelheiten → § 345 Rn. 4 ff.). Ein beiderseitiges Handelsgeschäft ist dafür nur Voraussetzung, wenn die jeweilige Vorschrift dies bestimmt (→ § 345 Rn. 17).

---

[223] RG Urt. v. 17.6.1927 – VI 46/27, Recht 1927 Nr. 2011; Staub/*Koller* Rn. 15; krit. MüKoHGB/*K. Schmidt* Rn. 9.

[224] RG Urt. v. 12.6.1914 – II 111/14, WarnR 1914 Nr. 206.

[225] RG Urt. v. 20.4.1937 – II 233/36, RGZ 154, 334 (335 f.) (oHG); RG Urt. v. 7.6.1921 – II 512/20, RGZ 102, 243 (244 f.) (stille Gesellschaft); dem folgend Schlegelberger/*Hefermehl* Rn. 17; Heymann/*Horn* Rn. 14; Staub/*Koller* Rn. 11; NK-HGB/*Lehmann-Richter* Rn. 12; Röhricht/Graf v. Westphalen/Haas/*Steimle/Dornieden* Rn. 28.

[226] RG Urt. v. 20.4.1937 – II 233/36, RGZ 154, 334 (336); vgl. auch RG Urt. v. 24.10.1904 – Rep. VI 179/04, RGZ 59, 213 (215) zu Art. 274 ADHGB.

[227] *Fischinger* HandelsR Rn. 522; Schlegelberger/*Hefermehl* Rn. 15; Baumbach/Hopt/*Hopt* Rn. 3; Heymann/*Horn* Rn. 10; Staub/*Koller* Rn. 6; *Lettl* HandelsR § 9 Rn. 12; Oetker/*Pamp* Rn. 21; *Pfeiffer* in Pfeiffer Handelsgeschäfte-HdB § 1 Rn. 161; *Rehm* ZHR 74 (1913), 247 (248); KKRD/*W.-H. Roth* Rn. 4.

[228] Schlegelberger/*Hefermehl* Rn. 15; *Pfeiffer* in Pfeiffer Handelsgeschäfte-HdB § 1 Rn. 161; wohl auch Heymann/*Horn* Rn. 10.

[229] *Canaris* HandelsR § 20 Rn. 9; Staub/*Koller* Rn. 5; MüKoHGB/*K. Schmidt* Rn. 14; Röhricht/Graf v. Westphalen/Haas/*Steimle/Dornieden* Rn. 25; ähnl. *M. Wolff* FS v. Gierke, Bd. II, 1910, 115 (159): Nichtzugehörigkeit zum Handelsbetrieb muss für Geschäftsgegner ersichtlich sein; aA Schlegelberger/*Hefermehl* Rn. 23; *Lettl* HandelsR § 9 Rn. 12; KKRD/*W.-H. Roth* Rn. 5b; diff. *Weyer* WM 2005, 490 (502): nur wenn die Anwendung handelsrechtlicher Vorschriften rechtliche Nachteile für den Vertragspartner begründet.

[230] *Fischinger* HandelsR Rn. 522; HaKo-HGB/*Klappstein* Rn. 5; NK-HGB/*Lehmann-Richter* Rn. 13; Oetker/*Pamp* Rn. 21; ähnl. Heymann/*Horn* Rn. 10: zu berücksichtigen sei der übereinstimmende Wille der Beteiligten; wohl aA *Pfeiffer* in Pfeiffer Handelsgeschäfte-HdB § 1 Rn. 161: Der tatsächliche und der erklärte Wille seien lediglich Indizien.

[231] *Fischinger* HandelsR Rn. 522; Oetker/*Pamp* Rn. 21; MüKoHGB/*K. Schmidt* Rn. 14; wohl auch HaKo-HGB/*Klappstein* Rn. 5.

V. Prozessuales

1. Vereinbarungen über die Zuständigkeit des Gerichts. Vor dem Entstehen der Streitigkeit **61** geschlossene Gerichtsstandsvereinbarungen sowie Vereinbarungen über den Erfüllungsort begründen die Zuständigkeit eines Gerichts gem. **§ 38 Abs. 1 ZPO** bzw. **§ 29 Abs. 2 ZPO** nur, wenn die Vertragsparteien – sofern sie weder juristische Personen des öffentlichen Rechts noch öffentlich-rechtliche Sondervermögen sind – Kaufleute iSd §§ 1–6 (zu Einzelheiten → Rn. 22 ff.) sind. Die Betriebszugehörigkeit der Vereinbarung (zu Einzelheiten → Rn. 46 ff.) ist im Unterschied zu § 343 Abs. 1 unerheblich.

2. Gerichtsinterne Zuständigkeit der Kammer für Handelssachen. Im Verfahrensrecht be- **62** gründet ein sog. beiderseitiges Handelsgeschäft (→ § 345 Rn. 17) – maßgeblich ist der konkrete Streitgegenstand[232] – gem. § 95 Abs. 1 Nr. 1 GVG gerichtsintern die Zuständigkeit der **Kammer für Handelssachen** (§§ 93 ff. GVG),[233] wenn der Beklagte nicht nur bei Vornahme des Geschäfts, sondern auch im Zeitpunkt der Klageerhebung Kaufmann iSd §§ 1–6 (zu Einzelheiten → Rn. 22 ff.) ist.[234] Wird aus einem beiderseitigen Handelsgeschäft eine Klage gegen einen Kaufmann vor eine allgemeine Zivilkammer gebracht, ist der Rechtsstreit gem. § 98 Abs. 1 S. 1 GVG auf Antrag des Beklagten (§ 101 GVG) – sofern dieser in das Handels- oder Genossenschaftsregister eingetragen ist (§ 98 Abs. 1 S. 2 GVG) – an die Kammer für Handelssachen zu verweisen. Gleiches gilt nach § 97 Abs. 1 GVG iVm § 101 GVG, wenn die Klage vor eine Kammer für Handelssachen gebracht wird, ohne dass die Voraussetzungen des § 95 Abs. 1 Nr. 1 GVG vorliegen. Der jeweilige Verweisungsbeschluss ist in entsprechender Anwendung von § 281 Abs. 1 S. 2, 4 ZPO unanfechtbar und bindend, es sei denn, dass ihm jegliche Rechtsgrundlage fehlt und er, jedenfalls in objektiver Hinsicht, als schlechterdings rechtsmissbräuchlich anzusehen ist.[235]

3. Schiedsvereinbarungen. Die Kaufmannseigenschaft (zu Einzelheiten → Rn. 21 ff.) ist keine **63** Voraussetzung für den Abschluss einer Schiedsvereinbarung (§§ 1029 ff. ZPO). Die Eigenschaft der an einer Schiedsvereinbarung beteiligten Personen ist nur insoweit von Bedeutung, als bei der Beteiligung eines Verbrauchers (§ 13 BGB) die in § 1031 Abs. 5 ZPO bestimmte Form zu wahren ist, während im Übrigen die **Form** des § 1031 Abs. 1 ZPO genügt.[236]

Die Satzung einer **Kapitalgesellschaft** ist grundsätzlich kein Handelsgeschäft iSd § 343 Abs. 1 **64** (→ Rn. 7 f.). Enthält sie eine Schiedsklausel, bestimmt § 1066 Alt. 2 ZPO zwar im Grundsatz die entsprechende Geltung der §§ 1025–1065 ZPO.[237] Dies gilt aber nicht für Vorschriften, die anstelle einer einseitigen Anordnung eine (Partei-)Vereinbarung voraussetzen.[238] Eine solche Vorschrift ist – erkennbar an den Formulierungen „von der einen Partei der anderen Partei" (§ 1031 Abs. 2 ZPO) und „den Parteien" (§ 1031 Abs. 5 S. 1 ZPO) – § 1031 ZPO.[239] Da § 1031 ZPO somit weder direkt noch entsprechend gilt, muss die Schiedsabrede grundsätzlich mit Zustimmung sämtlicher Gesellschafter in der Satzung verankert sein; alternativ reicht eine außerhalb der Satzung unter Mitwirkung sämtlicher Gesellschafter und der Gesellschaft getroffene Absprache aus.[240] Die hM lehnt eine Ausdehnung des § 1066 Alt. 2 ZPO auf **Personengesellschaften** wegen deren vertraglicher Grundlage ab.[241] In Anbetracht der Tatsache, dass die Schiedsvereinbarung ein Bestandteil der Mitgliedschaft ist und daher auch für diejenigen Gesellschafter verbindlich sein soll, die erst später der Gesellschaft

---

[232] LG Hamburg Beschl. v. 16.5.2017 – 334 O 178/16, BeckRS 2017, 111171.

[233] KG Beschl. v. 5.1.2017 – 2 AR 61/16, BeckRS 2017, 104108 Rn. 14; LG Hamburg Beschl. v. 16.5.2017 – 334 O 178/16, BeckRS 2017, 111171; LG Berlin Beschl. v. 4.7.2016 – 19 O 4/16, BeckRS 2016, 20231; LG Bonn Beschl. V. 9.9.2003 – 13 O 194/03, ZIP 2003, 2160; Schlegelberger/*Hefermehl* Rn. 2; HaKo-HGB/*Klappstein* Rn. 1; NK-HGB/*Lehmann-Richter* Rn. 1; *Pfeiffer* in Pfeiffer Handelsgeschäfte-HdB § 1 Rn. 46; GK-HGB/*B. Schmidt* Rn. 2; Röhricht/Graf v. Westphalen/Haas/*Steinle/Dornieden* Rn. 2.

[234] Thomas/Putzo/*Hüßtege* ZPO GVG § 95 Rn. 3; *Kissel/Mayer* GVG § 95 Rn. 4; Zöller/*Lückemann* GVG § 95 Rn. 3; Saenger/*Rathmann* GVG § 95 Rn. 3; *Rosenberg/Schwab/Gottwald* § 33 Rn. 2; *Schriever* NJW 1978, 1472 (1473); Wieczorek/Schütze/*K. Schütze* GVG § 95 Rn. 2; BLAH/*Hunke* GVG § 95 Rn. 2; aA *H. Müller* NJW 1970, 846 (847).

[235] OLG München Beschl. v. 25.7.2012 – 34 AR 196/12, NJW-RR 2013, 412; Musielak/Voit/*Wittschier* GVG § 97 Rn. 5; Musielak/Voit/*Wittschier* GVG § 98 Rn. 6.

[236] Statt vieler Baumbach/Hopt/*Hopt* Vor § 1 Rn. 89 mwN.

[237] Statt vieler Musielak/Voit/*Voit* ZPO § 1066 Rn. 7.

[238] MüKoZPO/*Münch* ZPO § 1031 Rn. 16.

[239] Statt vieler Musielak/Voit/*Voit* ZPO § 1066 Rn. 7 mwN.

[240] BGH Urt. v. 6.4.2009 – II ZR 255/08, BGHZ 180, 221 (228 Rn. 20) = NJW 2009, 1962 – Schiedsfähigkeit II.

[241] Musielak/Voit/*Voit* ZPO § 1066 Rn. 7; vgl. auch BGH Urt. v. 2.6.1966 – VII ZR 292/64, BGHZ 45, 282 (286) = NJW 1966, 1960; BGH Urt. v. 11.10.1979 – III ZR 184/78, NJW 1980, 1049; OLG Oldenburg Urt. v. 31.5.2001 – 1 U 21/01, BeckRS 2001, 30184009; *Maier,* Handbuch des Schiedsverfahrensrechts, 1979, Rn. 95; *Schütze* BB 1992, 1877 (1880) jeweils zu § 1048 ZPO aF bzw. § 1027 ZPO aF.

beitreten, erscheint es vorzugswürdig, § 1066 Alt. 2 ZPO auf Personengesellschaften entsprechend anzuwenden.[242]

§ 344 [Vermutung für das Handelsgeschäft]

(1) **Die von einem Kaufmanne vorgenommenen Rechtsgeschäfte gelten im Zweifel als zum Betriebe seines Handelsgewerbes gehörig.**

(2) **Die von einem Kaufmanne gezeichneten Schuldscheine gelten als im Betriebe seines Handelsgewerbes gezeichnet, sofern nicht aus der Urkunde sich das Gegenteil ergibt.**

Schrifttum: *Mankowski,* Der Nachweis der Unternehmereigenschaft – Zugleich Anmerkung zu LG Hof, Urteil v. 29.8.2003. 22 S 28/03, VuR 2004, 79; *Oetker,* Der Handelskauf als Verbrauchsgüterkauf – ein Wertungskonflikt zwischen zwei Sonderprivatrechten, FS Martinek, 2020, 547; *Preis,* Der persönliche Anwendungsbereich der Sonderprivatrechte – zur systematischen Abgrenzung von Bürgerlichem Recht, Verbraucherrecht und Handelsrecht, ZHR 158 (1994), 567; *Weyer,* Handelsgeschäfte (§§ 343 ff. HGB) und Unternehmergeschäfte (§ 14 BGB), WM 2005, 490; *M. Wolff,* § 344 Absatz 2 des Handelsgesetzbuchs vom 10. Mai 1897 und seine Tragweite, insbesondere bei der Veräußerung des Handelsgeschäfts, ZHR 47 (1898), 247.

Übersicht

I. Überblick, Normzweck

1   Die dispositive[1] Vorschrift des § 344 steht in einem funktionalen Zusammenhang mit § 343 Abs. 1. Sie soll die bei der Feststellung der für ein Handelsgeschäft iSd § 343 Abs. 1 erforderlichen Betriebszugehörigkeit (zu Einzelheiten → § 343 Rn. 46 ff.) des Geschäfts (zu Einzelheiten → § 343 Rn. 4 ff.) nicht selten auftretenden praktischen Schwierigkeiten durch zwei Vermutungen (zu Einzelheiten → Rn. 2 ff., 38 ff.) mildern. Die damit einhergehenden **Beweiserleichterungen** sollen im Interesse der Rechtssicherheit die Unterscheidung zwischen Handelsgeschäften iSd § 343 Abs. 1 einerseits und Geschäften eines Kaufmanns mit privatem Charakter andererseits erleichtern.

II. Vornahme von Rechtsgeschäften (Abs. 1)

2   **1. Überblick.** Gemäß § 344 Abs. 1 gelten die von einem Kaufmann vorgenommenen Rechtsgeschäfte im Zweifel als zum Betrieb seines Handelsgewerbes gehörig. Diese Vermutung der Betriebszugehörigkeit (zu Einzelheiten → Rn. 10 ff.) gilt unter zwei Voraussetzungen, nämlich (1) der Vornahme eines Rechtsgeschäfts (→ Rn. 8 f.) (2) durch einen Kaufmann (zu Einzelheiten → Rn. 3 ff.). Die Tatsache, dass ein Handelsgeschäft iSv § 343 Abs. 1 nur vorliegt, wenn der dahingehende Wille für den Geschäftspartner erkennbar war (→ § 343 Rn. 59), darf nicht zu dem Schluss verleiten, die Vermutung des § 344 Abs. 1 sei auf Fälle beschränkt, in denen ein gewisser Bezug des Rechtsgeschäfts

---

[242] *Ebbing,* Private Zivilgerichte, 2003, 138; *Ebbing* NZG 1999, 754 (756) unter Aufgabe der gegenteiligen Ansicht in NZG 1998, 281 (282); *Zöller/Geimer* ZPO § 1066 Rn. 1, 13; *Habersack* SchiedsVZ 2003, 241 (243); *Heskamp* RNotZ 2012, 415 (416 f.); MüKoHGB/*K. Schmidt* Rn. 8; *K. Schmidt* BB 2001, 1857 (1862); *K. Schmidt* ZHR 162 (1998), 265 (277 ff.); vgl. auch *G. H. Roth* FS Nagel, 1977, 318 (325, 328); *K. Schmidt* JZ 1989, 1077 (1082); *K. Schmidt* DB 1989, 2315 (2316 f.) jeweils zu § 1048 ZPO aF bzw. § 1027 ZPO aF.
[1] NK-HGB/*Lehmann-Richter* Rn. 1.

zu der gewerblichen Tätigkeit offensichtlich bzw. erkennbar gewesen sei.[2] Im Gegenteil: Die Erkennbarkeit wird – bei Vorliegen der genannten Voraussetzungen – ihrerseits vermutet, sodass die *Nichterkennbarkeit* der Betriebszugehörigkeit – sofern nicht offenkundig (→ Rn. 12) – Bestandteil der Widerlegung der Vermutung ist (→ Rn. 35 f.). Die gegenteilige Auslegung findet nicht nur in dem Wortlaut des § 344 Abs. 1 keine Stütze, sondern würde auch die Vermutung wesentlich entwerten.

2. Voraussetzungen. a) Kaufmann. aa) Begriff des Kaufmanns. Die Vermutung des § 344 **3** Abs. 1 (zu Einzelheiten → Rn. 10 ff.) gilt nur für die von einem Kaufmann vorgenommenen Rechtsgeschäfte (→ Rn. 8 f.). Ob die handelnde Person im Zeitpunkt der Vornahme des Rechtsgeschäfts (→ Rn. 6) Kaufmann ist, bestimmt sich in erster Linie – ebenso wie bei § 343 Abs. 1 (→ § 343 Rn. 21 ff.)[3] – nach den §§ 1–6.[4] Keine Anwendung findet § 344 Abs. 1 daher zB auf eine private Vermögensverwaltung.[5] Ist die Firma im Handelsregister eingetragen, ist neben § 5[6] auch § 15 Abs. 1[7] zu berücksichtigen.

Der personelle Anwendungsbereich des § 344 Abs. 1 wird jedoch nicht nur durch den Begriff des **4** Kaufmanns (→ Rn. 3), sondern auch durch die Funktion der Vermutung bestimmt, nämlich die Unterscheidung zwischen Handels- und Privatgeschäften eines Kaufmanns zu erleichtern (→ Rn. 1). Letztere beschränkt die Anwendung der Vermutung – methodologisch handelt es sich um eine teleologische Auslegung – auf Rechtssubjekte, die sowohl Handels- als auch Privatgeschäfte vornehmen können,[8] namentlich **Einzelkaufleute** (→ § 343 Rn. 48) und **juristische Personen des privaten oder öffentlichen Rechts,** die ohne als Handelsgesellschaft zu gelten zumindest auch ein Handelsgewerbe betreiben (→ § 343 Rn. 49).[9] Personenhandels- und Kapitalgesellschaften haben naturgemäß keine Privatsphäre. Daher sind die in ihrem Namen vorgenommenen Rechtsgeschäfte (→ Rn. 8 f.) ausnahmslos Handelsgeschäfte (→ § 343 Rn. 49). Insoweit entfällt die Notwendigkeit zwischen Handels- und Privatgeschäften zu unterscheiden, weshalb für § 344 Abs. 1 kein Anwendungsraum verbleibt.[10]

bb) Betreiber nichtkaufmännischer Gewerbe, selbstständige Freiberufler. Einer Ausweitung **5** des personellen Anwendungsbereichs von § 344 Abs. 1 auf die Betreiber nichtkaufmännischer Gewerbe und selbstständige Freiberufler steht *de lege lata* im Grundsatz die gesetzgeberische Entscheidung im Rahmen des HRRefG und des TRG entgegen, an der grundsätzlichen Beschränkung der §§ 343 ff. auf kaufmännische Unternehmensträger festzuhalten (→ § 343 Rn. 45).[11] Dies schließt es indes nicht aus, die Vorschrift *ausnahmsweise* bei Vorliegen der Analogievoraussetzungen im Einzelfall in einzelnen Fragen des Bürgerlichen Rechts auf die Betreiber nichtkaufmännischer Gewerbe und selbstständige Freiberufler entsprechend anzuwenden (→ Rn. 24). Zu Einzelheiten → Rn. 17 ff.

---

[2] BGH Urt. v. 10.6.1974 – VII ZR 44/73, NJW 1974, 1462 (1463) (insoweit nicht abgedr. in BGHZ 63, 32); *Pfeiffer* in Pfeiffer Handelsgeschäfte-HdB § 1 Rn. 174; GK-HGB/*B. Schmidt* Rn. 3; aA KKRD/*W.-H. Roth* Rn. 4.

[3] Schlegelberger/*Hefermehl* Rn. 4; Heymann/*Horn* Rn. 1.

[4] Statt vieler MüKoHGB/*K. Schmidt* Rn. 1.

[5] BFH Urt. v. 24.3.2011 – IV R 46/08, BFHE 233, 162 (168 Rn. 26) = DStRE 2011, 923; Oetker/*Pamp* Rn. 2; GK-HGB/*B. Schmidt* Rn. 3.

[6] Zu der kumulativen Anwendung von § 5 und § 344 Abs. 1 s. BGH Urt. v. 8.1.1976 – III ZR 148/73, WM 1976, 424 (425) = BeckRS 2012, 789; RG Urt. v. 3.11.1908 – Rep. VII 577/07, RGZ 70, 28 (30); Schlegelberger/*Hefermehl* Rn. 4; *Pfeiffer* in Pfeiffer Handelsgeschäfte-HdB § 1 Rn. 170; MüKoHGB/*K. Schmidt* Rn. 5.

[7] RG Urt. v. 27.3.1907 – Rep. VI 95/06, RGZ 65, 412 (414); Schlegelberger/*Hefermehl* Rn. 4; MüKoHGB/*K. Schmidt* Rn. 5.

[8] Oetker/*Pamp* Rn. 2; KKRD/*W.-H. Roth* Rn. 2.

[9] Schlegelberger/*Hefermehl* Rn. 5; MüKoHGB/*K. Schmidt* Rn. 2; abweichend (nur für Einzelkaufleute) *Bitter/Schumacher* HandelsR § 7 Rn. 5; HaKo-HGB/*Klappstein* Rn. 1; NK-HGB/*Lehmann-Richter* Rn. 2; *Lettl* HandelsR § 9 Rn. 18; Oetker/*Pamp* Rn. 2, 8; KKRD/*W.-H. Roth* Rn. 2; anders *K. Schmidt* HandelsR § 18 Rn. 21: nur Einzelunternehmen und Erbengemeinschaften. Zur Anwendung von § 344 Abs. 1 auf Vereine und Stiftungen s. *Hüttemann* FS W.-H. Roth, 2015, 241 (261) mwN.

[10] BGH Urt. v. 22.1.1976 – VII ZR 280/75, BGHZ 66, 48 (49) = NJW 1976, 514; BGH Urt. v. 5.5.1960 – II ZR 128/58, NJW 1960, 1852 (1853); *Brox/Henssler* HandelsR Rn. 285; *Fischinger* HandelsR Rn. 528; Schlegelberger/*Hefermehl* Rn. 2, 5; HaKo-HGB/*Klappstein* Rn. 1; Staub/*Koller* Rn. 4, 8; *Oetker* FS Martinek, 2020, 547 (551 f.); Oetker/*Pamp* Rn. 2; *Pfeiffer* in Pfeiffer Handelsgeschäfte-HdB § 1 Rn. 172; KKRD/*W.-H. Roth* Rn. 2; GK-HGB/*B. Schmidt* Rn. 4; MüKoHGB/*K. Schmidt* Rn. 2; *K. Schmidt* JuS 2017, 809 (811); Röhricht/Graf v. Westphalen/Haas/*Steimle/Dornieden* Rn. 1; *Witt* NJW 2011, 3402 (3403); wohl auch NK-HGB/*Lehmann-Richter* Rn. 2; aA BGH Urt. v. 9.12.2008 – XI ZR 513/07, BGHZ 179, 126 (133 Rn. 22) = NZG 2009, 273 (GmbH); BGH Urt. v. 13.7.2011 – VIII ZR 215/10, NJW 2011, 3435 (3436 Rn. 19) (GmbH); RG Urt. v. 10.11.1928 – V 558/27, RGZ 122, 236 (239 f.) (AG); OLG Düsseldorf Urt. v. 24.5.1996 – 22 U 247/95, BauR 1996, 905 (Ls.) (GmbH); LG Frankfurt a. M. Urt. v. 2.8.2006 – 3–4 O 40/06, BeckRS 2010, 25214; Heymann/*Horn* Rn. 3 („Geringe Bedeutung").

[11] Soergel/*Pfeiffer* BGB § 13 Rn. 54; vgl. auch *Wackerbarth* AcP 200 (2000), 45 (61 f.) zu § 24a AGBG aF; aA HaKo-HGB/*Klappstein* Rn. 3; *Lettl* HandelsR § 9 Rn. 20; KKRD/*W.-H. Roth* Rn. 2; MüKoHGB/*K. Schmidt* Rn. 5; *Schmitt*, Die Rechtsstellung der Kleingewerbetreibenden nach dem Handelsrechtsreformgesetz, 2003, 278 f. Offengelassen von Oetker/*Pamp* Rn. 8.

6   **cc) Maßgeblicher Zeitpunkt.** Die Kaufmannseigenschaft muss bei der Vornahme des Rechtsgeschäfts vorliegen.[12] Zu Einzelheiten → § 343 Rn. 39 f.

7   **dd) Darlegungs- und Beweislast.** Die Eigenschaft als Kaufmann (→ Rn. 3 f.) wird auch bei der Vornahme gesetzlich vertypter Handelsgeschäfte (zB des Kommissionsgeschäfts) nicht gem. § 344 Abs. 1 vermutet.[13] Sie ist nicht Gegenstand der Vermutung, sondern eine Voraussetzung für die Vermutung der Betriebszugehörigkeit des Geschäfts (zu Einzelheiten → Rn. 10 ff.). Als solche ist die Kaufmannseigenschaft der handelnden Person nach allgemeinen verfahrensrechtlichen Grundsätzen von demjenigen darzulegen und ggf. zu beweisen, der sich auf die Vermutung des § 344 Abs. 1 beruft.[14] Sofern die Eigenschaft als Kaufmann jedoch im Einzelfall den Betrieb eines Handelsgewerbes iSv § 1 Abs. 1 voraussetzt, gilt die Vermutung des § 1 Abs. 2 (zu Einzelheiten → § 1 Rn. 42 ff.).

8   **b) Vornahme eines Rechtsgeschäfts. aa) Rechtsgeschäft.** Von dem Wortlaut des § 343 Abs. 1 weicht § 344 Abs. 1 insoweit ab, als er nicht den Begriff „Geschäfte" (zu Einzelheiten → § 343 Rn. 4 ff.) wiederholt, sondern nur „Rechtsgeschäfte" nennt. Hieraus darf nicht geschlossen werden, dass die gesetzliche Vermutung nach § 344 Abs. 1 (nur) für Rechtsgeschäfte gilt, nicht aber für sonstige Geschäfte iSd § 343 Abs. 1, insbesondere vertragliche Rechtsverhältnisse (→ § 343 Rn. 5), Gestaltungserklärungen und rechtsgeschäftsähnliche Handlungen (→ § 343 Rn. 6) sowie Tathandlungen, soweit letztere § 343 Abs. 1 ausnahmsweise unterfallen (zu Einzelheiten → § 343 Rn. 11 ff.). Vielmehr gilt die Vermutung des § 344 Abs. 1 für **alle Geschäfte** iSd § 343 Abs. 1.[15] Grund für diese über den Wortlaut der Vorschrift hinausgehende Auslegung ist die Tatsache, dass die Vorschrift des § 344 Abs. 1 – Gleiches gilt für § 344 Abs. 2 (zu Einzelheiten → Rn. 38 ff.) – eine Hilfsfunktion für die nach § 343 Abs. 1 erforderliche Unterscheidung zwischen Handels- und Privatgeschäften eines Einzelkaufmanns hat (→ Rn. 1),[16] und dieser Normzweck auch bei anderen Geschäften als Rechtsgeschäften verwirklicht wird.

9   **bb) Vornahme durch einen Kaufmann.** Die Vermutung des § 344 Abs. 1 gilt nur für die von einem Kaufmann (zu Einzelheiten → Rn. 3 ff.) vorgenommenen Geschäfte (→ Rn. 8). Die Vornahme des Geschäfts erfordert kein höchstpersönliches Handeln des Einzelkaufmanns.[17] Daher sind auch die von einem Stellvertreter – sei es ein gewillkürter Vertreter (zB Prokurist, Handlungsbevollmächtig), sei es ein Mitglied des zur Vertretung der juristischen Person des privaten oder öffentlichen Rechts befugten Organs – im Namen des Kaufmanns vorgenommenen Geschäfte solche des Kaufmanns. Ob der Stellvertreter im Namen des Kaufmanns gehandelt oder ein sog. Eigengeschäft vorgenommen hat, ist nach § 164 Abs. 1 S. 1, 2, Abs. 2 zu beurteilen; insoweit findet § 344 Abs. 1 weder direkte noch entsprechende Anwendung (→ Rn. 26). Geschäfte, die zwar im Namen des Kaufmanns, aber ohne Vertretungsmacht vorgenommen werden, sind nur dann solche des Kaufmanns, wenn er deren Vornahme – soweit zulässig (anders zB bei einseitigen Rechtsgeschäften, § 180 S. 1 BGB) – genehmigt (§ 177 Abs. 1 BGB).

10   **3. Rechtsfolge. a) Vermutung der Betriebszugehörigkeit.** Nach § 344 Abs. 1 gelten die von einem Kaufmann (zu Einzelheiten → Rn. 3 ff.) vorgenommenen Rechtsgeschäfte (→ Rn. 8 f.) im Zweifel als zum Betrieb seines Handelsgewerbes gehörig. Die Vorschrift begründet – trotz des Wortes „gelten" – **keine Fiktion,** sondern – wie der Zusatz „im Zweifel" erkennen lässt – eine beweisrechtliche Vermutung dafür, dass die von einem Kaufmann vorgenommenen Geschäfte zum Betrieb seines Handelsgewerbes gehören,[18] also Handelsgeschäfte iSd § 343 Abs. 1 sind.

---

[12] RG Urt. v. 27.3.1920 – V 420/19, WarnR 1920 Nr. 99.

[13] OLG Köln Urt. v. 16.3.1993 – 15 U 107/92, BeckRS 1993, 09626 Rn. 10; *Fischinger* HandelsR Rn. 524; Schlegelberger/*Hefermehl* Rn. 1, 2; Heymann/*Horn* Rn. 4; HaKo-HGB/*Klappstein* Rn. 1, 3; Staub/*Koller* Rn. 5; NK-HGB/*Lehmann-Richter* Rn. 3; *Lettl* HandelsR § 9 Rn. 20; Oetker/*Pamp* Rn. 1, 10; *Pfeiffer* in Pfeiffer Handelsgeschäfte-HdB § 1 Rn. 170, 177; MüKoHGB/*K. Schmidt* Rn. 1, 3, 6; Röhricht/Graf v. Westphalen/Haas/*Steimle/ Dornieden* Rn. 2.

[14] BGH Urt. v. 10.6.1974 – VII ZR 44/73, BGHZ 63, 32 (34) = NJW 1974, 1462; OLG Düsseldorf Urt. v. 12.3.2002 – 23 U 113/01, NJOZ 2002, 1442 (1444); OLG Naumburg Urt. v. 9.2.1999 – 11 U 88/98, NZBau 2000, 143 (144); OLG Köln Urt. v. 16.3.1993 – 15 U 107/92, BeckRS 1993, 09626 Rn. 10; HaKo-HGB/*Klappstein* Rn. 11; Staub/*Koller* Rn. 5; NK-HGB/*Lehmann-Richter* Rn. 7; Oetker/*Pamp* Rn. 12; GK-HGB/*B. Schmidt* Rn. 5; Röhricht/Graf v. Westphalen/Haas/*Steimle/Dornieden* Rn. 12.

[15] *Brox/Henssler* HandelsR Rn. 285; *Fischinger* HandelsR Rn. 524; Schlegelberger/*Hefermehl* Rn. 6; Baumbach/ *Hopt* Rn. 2; Heymann/*Horn* Rn. 1, 5; *Hübner* HandelsR Rn. 475; Staub/*Koller* Rn. 3; NK-HGB/*Lehmann-Richter* Rn. 7; *Lettl* HandelsR § 9 Rn. 20; *Oetker* HandelsR § 7 Rn. 16; Oetker/*Pamp* Rn. 11; *Pfeiffer* in Pfeiffer Handelsgeschäfte-HdB § 1 Rn. 173; KKRD/*W.-H. Roth* Rn. 3; GK-HGB/*B. Schmidt* Rn. 2; MüKoHGB/*K. Schmidt* Rn. 7; Röhricht/Graf v. Westphalen/Haas/*Steimle/Dornieden* Rn. 9; aA (nur Rechtsgeschäfte) HaKo-HGB/*Klappstein* Rn. 2; weitergehend hingegen OLG Stuttgart Urt. v. 15.8.2002 – 7 U 84/02, r+s 2003, 64 (65): jedes willentliche Verhalten eines Kaufmanns von geschäftlicher Bedeutung.

[16] Ähnl. Schlegelberger/*Hefermehl* Rn. 1: „Ergänzungsvorschrift zu § 343"; *Schmitt,* Die Rechtsstellung der Kleingewerbetreibenden nach dem Handelsrechtsreformgesetz, 2003, 278: „Annexvorschrift zu § 343 HGB".

[17] HaKo-HGB/*Klappstein* Rn. 3.

[18] *Hübner* HandelsR Rn. 475; GK-HGB/*B. Schmidt* Rn. 1.

Die Vermutung des § 344 Abs. 1 wirkt **gegen jeden Kaufmann,**[19] dh der Geschäftsgegner kann **11** sich zur Erleichterung der ihm im Einzelfall obliegenden Darlegungs- und Beweislast unabhängig davon auf § 344 Abs. 1 berufen, ob der Kaufmann (zu Einzelheiten → Rn. 3 ff.) bei der Vornahme des Geschäfts (→ Rn. 8 f.) ein Handelsgewerbe tatsächlich betrieben hat oder nur kraft Rechtsscheins als Kaufmann galt.[20] **Für den Kaufmann** wirkt die Vermutung hingegen nur, wenn tatsächlich ein Handelsgewerbe betrieben wurde, er sich also nicht nur kraft Rechtsscheins als Kaufmann behandeln lassen muss.[21] Denjenigen, die nur kraft Rechtsschein als Kaufmann gelten, ist die Vermutung des § 344 Abs. 1 deshalb zu verwehren, weil ausschließlich der andere Teil zwischen der tatsächlichen und der scheinbaren Rechtslage wählen darf (→ § 343 Rn. 32).

b) Zweifelsfall. Die beweisrechtliche Vermutung des § 344 Abs. 1 gilt nach ihrem Wortlaut nur **12** „im Zweifel", also nur, wenn Zweifel bestehen, ob das von einem Kaufmann (zu Einzelheiten → Rn. 3 ff.) vorgenommene Geschäft (→ Rn. 8 f.) zum Betrieb seines Handelsgewerbes gehört. Praktische Relevanz entfaltet die Vorschrift daher insbesondere bei Hilfs- (zu Einzelheiten → § 343 Rn. 52 ff.) und Nebengeschäften (→ § 343 Rn. 55). Keine Zweifel bestehen bei Geschäften mit offensichtlich privaten Vermögensgütern,[22] bei der Inanspruchnahme ärztlicher Leistungen,[23] bei Geschäften familien- oder erbrechtlichen Charakters[24] – mit Ausnahme des Erbschaftskaufs[25] – sowie bei sonstigen Geschäften, bei denen offensichtlich keine Beziehung zu dem Handelsgewerbe besteht.[26] In diesen Fällen liegt ein Privatgeschäft des Kaufmanns vor, ohne dass es hierfür einer Beweiserhebung – deren Entbehrlichkeit ergibt sich nicht erst aus § 291 ZPO – bedarf.

c) Anwendungsbereiche der Vermutung. aa) Handelsrecht. (1) Gesamter Geschäfts- **13** **betrieb.** Die Vermutung des § 344 Abs. 1 (→ Rn. 10 f.) ist nicht auf Geschäfte (→ Rn. 8) beschränkt, für die das Vierte Buch des HGB besondere Vorschriften enthält (§§ 373 ff.),[27] sondern gilt für den gesamten Geschäftsbetrieb des Handelsgewerbes.[28] Sie umfasst daher nicht nur die für das Gewerbe typischen Hauptgeschäfte (→ § 343 Rn. 51), sondern auch **Hilfs- und Nebengeschäfte** (zu Einzelheiten → § 343 Rn. 52 ff., 55).[29] Bei einem Kaufmann (zu Einzelheiten → Rn. 3 ff.) wird somit zB (widerlegbar, zu Einzelheiten → Rn. 31 ff.) vermutet, dass Werkverträge in Bezug auf Häuser, die vermietet oder verpachtet sind oder werden sollen, zu seinem Gewerbebetrieb gehören.[30] Die Vermutung des § 344 Abs. 1 gilt ferner für **Vorbereitungs- und Abwicklungsgeschäfte** (→ § 343 Rn. 57, 58), zB im Zusammenhang mit dem Erwerb einer Gesellschaftsbeteiligung durch Übernahme einer Stammeinlageverpflichtung[31] sowie bei der Veräußerung des Handelsgeschäfts. Bei der Anwen-

[19] Schlegelberger/*Hefermehl* Rn. 19; Heymann/*Horn* Rn. 6; HaKo-HGB/*Klappstein* Rn. 7; Staub/*Koller* Rn. 9; NK-HGB/*Lehmann-Richter* Rn. 3; *Lettl* HandelsR § 9 Rn. 20; Oetker/*Pamp* Rn. 2; *Pfeiffer* in Pfeiffer Handelsgeschäfte-HdB § 1 Rn. 170, 176; KKRD/*W.-H. Roth* Rn. 4; GK-HGB/*B. Schmidt* Rn. 3; MüKoHGB/*K. Schmidt* Rn. 8, 16; Röhricht/Graf v. Westphalen/Haas/*Steimle*/Dornieden Rn. 10.

[20] Schlegelberger/*Hefermehl* Rn. 4; wohl auch GK-HGB/*B. Schmidt* Rn. 2.

[21] OLG Brandenburg Urt. v. 7.6.2017 – 4 U 90/16, BeckRS 2017, 115530 Rn. 21; Schlegelberger/*Hefermehl* Rn. 4, 19; Staub/*Koller* Rn. 9; *Lettl* HandelsR § 9 Rn. 20; Oetker/*Pamp* Rn. 2; *Pfeiffer* in Pfeiffer Handelsgeschäfte-HdB § 1 Rn. 170; KKRD/*W.-H. Roth* Rn. 4; Röhricht/Graf v. Westphalen/Haas/*Steimle*/Dornieden Rn. 10; aA (ohne diese Einschränkung) Heymann/*Horn* Rn. 6; *Pfeiffer* in Pfeiffer Handelsgeschäfte-HdB § 1 Rn. 176; unklar NK-HGB/*Lehmann-Richter* Rn. 3; GK-HGB/*B. Schmidt* Rn. 2; MüKoHGB/*K. Schmidt* Rn. 8, 16.

[22] NK-HGB/*Lehmann-Richter* Rn. 8; Oetker/*Pamp* Rn. 13; GK-HGB/*B. Schmidt* Rn. 6.

[23] Schlegelberger/*Hefermehl* Rn. 12; Oetker/*Pamp* Rn. 13; *Pfeiffer* in Pfeiffer Handelsgeschäfte-HdB § 1 Rn. 174; GK-HGB/*B. Schmidt* Rn. 6.

[24] OLG Oldenburg Urt. v. 9.5.1990 – 2 U 23/90, ZfS 1990, 269 (270); Schlegelberger/*Hefermehl* Rn. 12; Oetker/*Pamp* Rn. 13; *Pfeiffer* in Pfeiffer Handelsgeschäfte-HdB § 1 Rn. 174; GK-HGB/*B. Schmidt* Rn. 6; vgl. auch RG Urt. v. 11.2.1901 – IV 351/00, JW 1901, 261 zu Art. 274 Abs. 1 ADHGB.

[25] Schlegelberger/*Hefermehl* Rn. 12; *Pfeiffer* in Pfeiffer Handelsgeschäfte-HdB § 1 Rn. 174; vgl. auch RG Urt. v. 11.2.1901 – IV 351/00, JW 1901, 261 zu Art. 274 Abs. 1 ADHGB.

[26] BGH Urt. v. 10.6.1974 – VII ZR 44/73, BGHZ 63, 32 (35) = NJW 1974, 1462; BGH Urt. v. 13.2.1952 – II ZR 91/51, BGHZ 5,133 (135) = NJW 1952, 623; RG Urt. v. 7.12.1928 – II 211/28, WarnR 1929 Nr. 38; RG Urt. v. 15.2.1902 – V 390/01, JW 1902, 188 (Nr. 28); *Fischinger* HandelsR Rn. 525; Schlegelberger/*Hefermehl* Rn. 7, 12; Heymann/*Horn* Rn. 6; HaKo-HGB/*Klappstein* Rn. 1; Oetker/*Pamp* Rn. 13; *Pfeiffer* in Pfeiffer Handelsgeschäfte-HdB § 1 Rn. 174; KKRD/*W.-H. Roth* Rn. 4; GK-HGB/*B. Schmidt* Rn. 6; ähnl. Staub/*Koller* Rn. 4 („Evidentes ist als bewiesen anzusehen."); vgl. auch RG Urt. v. 25.2.1892 – Rep. VI 302/91, RGZ 29, 11 (13); RG Urt. v. 21.10.1891 – Rep. I 183/91, RGZ 28, 313 (315); RG Urt. v. 11.2.1901 – IV 351/00, JW 1901, 261 jeweils zu Art. 274 Abs. 1 ADHGB.

[27] Schlegelberger/*Hefermehl* Rn. 20; Heymann/*Horn* Rn. 2; *Pfeiffer* in Pfeiffer Handelsgeschäfte-HdB § 1 Rn. 180; MüKoHGB/*K. Schmidt* Rn. 17; vgl. *M. Wolff* ZHR 47 (1898), 247 (255) zu § 344 Abs. 2.

[28] NK-HGB/*Lehmann-Richter* Rn. 4; Oetker/*Pamp* Rn. 4; GK-HGB/*B. Schmidt* Rn. 3.

[29] Schlegelberger/*Hefermehl* Rn. 7; KKRD/*W.-H. Roth* Rn. 4.

[30] BGH Urt. v. 10.6.1974 – VII ZR 44/73, BGHZ 63, 32 (33 f.) = NJW 1974, 1462; OLG Naumburg Urt. v. 28.11.2002 – 4 U 126/02, BauR 1937 (Ls. 4) OLG Düsseldorf Urt. v. 24.5.1996 – 22 U 247/95, BauR 1996, 905 (Ls.); OLG Köln Urt. v. 31.5.1972 – 2 U 149/71, MDR 1972, 865; NK-HGB/*Lehmann-Richter* Rn. 8; GK-HGB/*B. Schmidt* Rn. 3.

[31] OLG Hamm Urt. v. 26.11.1990 – 8 U 11/90, BeckRS 1990, 30914153 unter 1.

dung von **§ 25 Abs. 1 S. 1** begründet sie in dem Außenverhältnis zwischen den Gläubigern und dem Erwerber des Handelsgeschäfts die Vermutung, dass die Verbindlichkeiten des früheren Inhabers im Betrieb des Geschäfts begründet worden sind.[32] Keine Anwendung findet § 344 Abs. 1 hingegen auf die Frage, welche Verbindlichkeiten im Innenverhältnis zwischen dem Veräußerer und dem Erwerber des Handelsgeschäfts auf den neuen Geschäftsinhaber übergegangen sind;[33] sie ist im Wege der Auslegung (§§ 133, 157 BGB) der Parteivereinbarungen zu beantworten.

14   **(2) Betrieb mehrerer Unternehmen.** Betreibt ein Einzelkaufmann **mehrere Handelsgewerbe,** ist zu unterscheiden: Vermutet wird nach § 344 Abs. 1 lediglich, dass das Geschäft (→ Rn. 8) *überhaupt* zu dem Betrieb des Handelsgewerbes gehört.[34] Für die ggf. erforderliche weitere Feststellung, zu welchem seiner Handelsgewerbe das Geschäft gehört, kann § 344 Abs. 1 hingegen nicht herangezogen werden.[35] Sie muss daher im Wege der Auslegung (§§ 133, 157 BGB) unter Berücksichtigung aller Umstände des Einzelfalls getroffen werden.[36] Betreibt der Einzelkaufmann neben seinem Handelsgewerbe noch ein **anderes, nichtkaufmännisches Unternehmen** (zB Land- oder Forstwirtschaft iSd § 3 Abs. 1, zu Einzelheiten → § 3 Rn. 7 ff., 15), wird nach § 344 Abs. 1 die Zugehörigkeit der Geschäfte zu dem Handelsgewerbe vermutet.[37] Dies gilt auch, wenn mit dem Betrieb der Land- oder Fortwirtschaft ein kaufmännischer Nebenbetrieb gem. § 3 Abs. 3 (zu Einzelheiten → § 3 Rn. 16 ff.) verbunden ist.[38]

15   **(3) Stille Gesellschaft.** Die Vermutung des § 344 Abs. 1 gilt grundsätzlich auch in dem Innenverhältnis zwischen dem stillen Gesellschafter und dem Inhaber des Handelsgeschäfts, insbesondere bei der Frage, ob ein von dem Inhaber vorgenommenes Geschäft (→ Rn. 8 f.) als Privatgeschäft oder – in der Terminologie des § 230 Abs. 2 – in dem Betrieb des Handelsgewerbes geschlossen wurde und der stille Gesellschafter daher einen Anteil an dem daraus resultierenden Gewinn beanspruchen kann.[39] Das Urteil RGZ 92, 292 ff. enthält keine gegenteilige Aussage,[40] sondern erschöpft sich für den Sonderfall eines außerhalb des Gegenstands des Handelsgewerbes liegenden Geschäfts in der zutreffenden Aussage, dass § 344 Abs. 1 dieses nicht in ein Handelsgeschäft verwandelt.[41]

16   **(4) Eintritt eines Gesellschafters.** Die Vorschrift des § 344 Abs. 1 gilt auch in Fällen, in denen jemand als persönlich haftender Gesellschafter oder Kommanditist **in das Geschäft eines Einzelkaufmanns eintritt.** Insoweit begründet sie bei der Anwendung von § 28 Abs. 1 S. 1, 2 in dem Außenverhältnis zwischen den Gläubigern und der Personengesellschaft die Vermutung, dass die Verbindlichkeiten des früheren Geschäftsinhabers im Betrieb des Geschäfts entstanden sind.[42] Im Unterschied dazu ist für die Anwendung von § 344 Abs. 1 kein Raum, wenn jemand als persönlich haftender Gesellschafter oder Kommanditist **in eine bestehende Personenhandelsgesellschaft eintritt.**[43] Die Verbindlichkeiten der Personenhandelsgesellschaft sind ausnahmslos Geschäftsverbindlichkeiten (→ § 343

[32] RG Urt. v. 20.4.1937 – II 233/36, RGZ 154, 334 (336); RG Urt. v. 24.10.1904 – Rep. VI 179/04, RGZ 59, 213 (216); Schlegelberger/*Hefermehl* Rn. 20; Heymann/*Horn* Rn. 2; Staub/*Koller* Rn. 9; Oetker/*Pamp* Rn. 4; *Pfeiffer* in Pfeiffer Handelsgeschäfte-HdB § 1 Rn. 180; KKRD/*W.-H. Roth* Rn. 3; GK-HGB/*B. Schmidt* Rn. 3; MüKoHGB/*K. Schmidt* Rn. 17; Röhricht/Graf v. Westphalen/Haas/*Steimle*/*Dornieden* Rn. 6; wohl auch NK-HGB/*Lehmann-Richter* Rn. 4; vgl. auch *M. Wolff* ZHR 47 (1898), 257 (259 f.) zu § 344 Abs. 2.

[33] Schlegelberger/*Hefermehl* Rn. 20; Staub/*Koller* Rn. 9; Oetker/*Pamp* Rn. 4; vgl. auch *M. Wolff* ZHR 47 (1898), 257 (258) zu § 344 Abs. 2.

[34] OLG Nürnberg Urt. v. 27.1.1961 – 4 U 147/60, BB 1961, 1179; Oetker/*Pamp* Rn. 3; GK-HGB/*B. Schmidt* Rn. 1; wohl aA *Pfeiffer* in Pfeiffer Handelsgeschäfte-HdB § 1 Rn. 177.

[35] OLG Nürnberg Urt. v. 27.1.1961 – 4 U 147/60, BB 1961, 1179; *Fischinger* HandelsR Rn. 524; Schlegelberger/*Hefermehl* Rn. 3; Heymann/*Horn* Rn. 4; HaKo-HGB/*Klappstein* Rn. 1; Staub/*Koller* Rn. 7; NK-HGB/*Lehmann-Richter* Rn. 2; Oetker/*Pamp* Rn. 3; *Pfeiffer* in Pfeiffer Handelsgeschäfte-HdB § 1 Rn. 177; GK-HGB/*B. Schmidt* Rn. 1; MüKoHGB/*K. Schmidt* Rn. 4; Röhricht/Graf v. Westphalen/Haas/*Steimle*/*Dornieden* Rn. 2.

[36] RG Urt. v. 12.10.1931 – VIII 274/31, JW 1932, 50; Schlegelberger/*Hefermehl* Rn. 3; Heymann/*Horn* Rn. 4; Oetker/*Pamp* Rn. 3; GK-HGB/*B. Schmidt* Rn. 1.

[37] RG Urt. v. 12.11.1930 – I 208/30, RGZ 130, 233 (235); Schlegelberger/*Hefermehl* Rn. 3; Heymann/*Horn* Rn. 4; Staub/*Koller* Rn. 7; NK-HGB/*Lehmann-Richter* Rn. 2; *Pfeiffer* in Pfeiffer Handelsgeschäfte-HdB § 1 Rn. 171; aA RG Urt. v. 12.10.1931 – VIII 274/31, JW 1932, 50 (Nr. 11); RG Urt. v. 21.1.1930 – II 290/29, JW 1930, 829 f. (Ls. 2); Baumbach/*Hopt* Rn. 1; HaKo-HGB/*Klappstein* Rn. 1; KKRD/*W.-H. Roth* Rn. 2; GK-HGB/*B. Schmidt* Rn. 1; wohl auch Röhricht/Graf v. Westphalen/Haas/*Steimle*/*Dornieden* Rn. 2.

[38] Heymann/*Horn* Rn. 4; Staub/*Koller* Rn. 7; aA *Pfeiffer* in Pfeiffer Handelsgeschäfte-HdB § 1 Rn. 171.

[39] MüKoHGB/*K. Schmidt* Rn. 17; aA Schlegelberger/*Hefermehl* Rn. 20; Staub/*Koller* Rn. 9; Oetker/*Pamp* Rn. 4; GK-HGB/*B. Schmidt* Rn. 3.

[40] AA Schlegelberger/*Hefermehl* Rn. 20; Staub/*Koller* Rn. 9; NK-HGB/*Lehmann-Richter* Rn. 4; Oetker/*Pamp* Rn. 4; GK-HGB/*B. Schmidt* Rn. 3.

[41] RG Urt. v. 8.3.1918 – Rep. II 409/17, RGZ 92, 292 (294) zu § 335 aF.

[42] RG Urt. v. 7.6.1921 – II 512/20, RGZ 102, 243 (245); Schlegelberger/*Hefermehl* Rn. 20; Heymann/*Horn* Rn. 2; Staub/*Koller* Rn. 9; NK-HGB/*Lehmann-Richter* Rn. 4; Oetker/*Pamp* Rn. 4; *Pfeiffer* in Pfeiffer Handelsgeschäfte-HdB § 1 Rn. 180; KKRD/*W.-H. Roth* Rn. 3; MüKoHGB/*K. Schmidt* Rn. 17; Röhricht/Graf v. Westphalen/Haas/*Steimle*/*Dornieden* Rn. 6.

[43] Schlegelberger/*Hefermehl* Rn. 20; *Pfeiffer* in Pfeiffer Handelsgeschäfte-HdB § 1 Rn. 180; Röhricht/Graf v. Westphalen/Haas/*Steimle*/*Dornieden* Rn. 7.

Rn. 49), für die der eintretende Gesellschafter gem. § 130 ggf. iVm § 161 Abs. 2 oder gem. § 176 Abs. 2 haftet.

bb) Bürgerliches Recht. (1) Verbraucherrechte. (a) Verbrauchergeschäft. Bei der Feststel- **17** lung eines Verbrauchergeschäfts[44] ist nach allgemeinen zivilprozessualen Grundsätzen davon auszugehen, dass derjenige, der sich auf den Tatbestand einer ihm günstigen Verbraucherschutzvorschrift (zB § 476 Abs. 1 S. 1 BGB, § 477 BGB) beruft, den Abschluss des Rechtsgeschäfts als Verbraucher darlegen und ggf. beweisen muss.[45] Diese Verteilung der Darlegungs- und Beweislast modifiziert § 13 BGB ausweislich der negativen Formulierung des zweiten Halbsatzes („weder … noch") dahingehend, dass rechtsgeschäftliches Handeln einer natürlichen Person grundsätzlich als Verbraucherhandeln anzusehen und bei verbleibenden Zweifeln, welcher Sphäre das konkrete Handeln zuzuordnen ist, zugunsten der Verbrauchereigenschaft zu entscheiden ist.[46] Ist die natürliche Person auch gewerblich tätig, sind – abhängig von Art und Umfang des Gewerbebetriebs – zwei Konstellationen zu unterscheiden:

(aa) Handelsgewerbe. Die Vermutung des § 344 Abs. 1, das von einem Kaufmann (zu Einzel- **18** heiten → Rn. 3 ff.) vorgenommene Rechtsgeschäft (→ Rn. 8 f.) gehöre zu dem Betrieb seines Handelsgewerbes, legt in Ansehung allein des Wortlauts des § 14 Abs. 1 BGB den Schluss nahe, den Kaufmann als Unternehmer anzusehen (→ Rn. 20) und zwar auch dann, wenn der Kaufmann bei Zweifeln an der Betriebszugehörigkeit des Geschäfts (→ Rn. 12) dessen privaten Charakter nicht beweisen kann (zu Einzelheiten → Rn. 31 ff.). Diese Auslegung würde die auf Publizität und Vertrauensschutz gerichtete Vorschrift des § 344 Abs. 1 im Widerspruch zu dem gem. § 13 BGB vermuteten Verbraucherhandeln (→ Rn. 17) teleologisch überdehnen. Die somit im Kontext der §§ 13, 14 BGB einzig in Betracht kommende entsprechende Anwendung von § 344 Abs. 1 wäre allerdings geeignet, Kaufleuten, die das Rechtsgeschäft zu Zwecken abgeschlossen haben, die nicht überwiegend ihrer gewerblichen Tätigkeit zugerechnet werden können, diese Tatsache aber nicht zur Überzeugung des Tatgerichts beweisen können, Verbraucherrechte vorzuenthalten. Gleiches gilt in Bezug auf Vorbereitungsgeschäfte (→ § 343 Rn. 57) im Anwendungsbereich von § 513 BGB. Daher darf die Vermutung des § 344 Abs. 1 auch dann keine entsprechende Anwendung finden, wenn die im Einzelfall in Streit stehenden Verbraucherrechte der Umsetzung unionsrechtlicher Vorgaben dienen.[47] Es verbleibt somit bei der Anwendung von § 13 BGB, wonach Verbraucherhandeln vermutet wird (→ Rn. 17).

(bb) Nichtkaufmännisches Gewerbe oder freiberufliche Tätigkeit. Ist die das Rechtsgeschäft **19** abschließende Person kein Kaufmann (zu Einzelheiten → Rn. 3 ff.), scheidet eine direkte Anwendung von § 344 Abs. 1 von vornherein aus (→ Rn. 5). Einer entsprechenden Anwendung der Vermutung auf die Betreiber nichtkaufmännischer Gewerbe und selbstständige Berufstätige steht nicht nur die gesetzgeberische Entscheidung im Rahmen des HRRefG und des TRG entgegen, an der grundsätzlichen Beschränkung der §§ 343 ff. auf kaufmännische Unternehmensträger festzuhalten (→ § 343 Rn. 45),[48] sondern auch die Tatsache, dass die auf Publizität und Vertrauensschutz gerichtete Vorschrift keinen allgemeinen Rechtsgedanken enthält, der trotz divergierender Normzwecke auch im Rahmen der auf Verbraucherschutz ausgerichteten Bestimmungen Platz greift.[49] Daher verbleibt es bei der Anwendung von § 13 BGB, wonach Verbraucherhandeln vermutet wird (→ Rn. 17).[50] Gleiches gilt in Fällen der Existenzgründung nach § 513 BGB.

(b) Unternehmergeschäft. Einzelkaufleute und juristische Personen des privaten oder öffentlichen **20** Rechts, die ohne als Handelsgesellschaft zu gelten zumindest auch ein Handelsgewerbe betreiben,

---

[44] Der Verbraucher iSv § 13 BGB ist kein Statusbegriff, sondern geschäftsbezogen von anderen Personen zu unterscheiden. Instruktiv *K. Schmidt* JuS 2006, 1 ff.

[45] BGH Urt. v. 11.7.2007 – VIII ZR 110/06, NJW 2007, 2619 (2621 Rn. 13) zu § 476 BGB aF; OLG Celle Urt. v. 11.8.2004 – 7 U 17/04, NJW-RR 2004, 1645 (1646) zu §§ 474 f. BGB aF; OLG Düsseldorf Urt. v. 2.4.2004 – 14 U 213/03, NJOZ 2004, 1935 (1937, 1938) zu § 475 Abs. 1 BGB aF; Palandt/*Ellenberger* BGB § 13 Rn. 4; MüKoBGB/*Micklitz* BGB § 13 Rn. 78; *M. Müller* NJW 2003, 1975 (1979).

[46] BGH Urt. v. 30.9.2009 – VIII ZR 7/09, NJW 2009, 3780 (3781 Rn. 10); KKRD/*W.-H. Roth* Rn. 2.

[47] Baumbach/Hopt/*Hopt* Rn. 2; MüKoBGB/*Micklitz* BGB § 13 Rn. 78; *Oetker* FS Martinek, 2020, 547 (552); Oetker/*Pamp* Rn. 7; KKRD/*W.-H. Roth* Rn. 2; MüKoHGB/*K. Schmidt* Rn. 17; *Tonikidis* Jura 2018, 556 (558 f.); wohl auch Staudinger/*Fritzsche,* 2018, BGB § 14 Rn. 87; *Hoffmann* BB 2005, 2090 (2092 f.); *Lettl* HandelsR § 9 Rn. 22; *Purnhagen* VuR 2015, 3 (7); ohne diese Einschränkung *Bülow* NJW 1990, 2534 (2535); *Horn* FG 50 Jahre BGH, Bd. II, 2000, 3 (18); Staub/*Koller* Rn. 9; nur methodologisch abweichend *Pfeiffer* NJW 1999, 169 (174) zu § 24 AGBG aF (teleologische Reduktion); aA *Preis* ZHR 158 (1994), 567 (601). Soergel/*Pfeiffer* BGB § 13 Rn. 54 f. lehnt eine zwar unmittelbare unmodifizierte Anwendung von § 344 ab, gelangt aber unter Hinweis auf den Verkehrsschutz zu einer vergleichbaren Verteilung der Darlegungs- und Beweislast.

[48] IErg auch GK-HGB/*B. Schmidt* Rn. 2.

[49] BGH Urt. v. 18.10.2017 – VIII ZR 32/16, NJW 2018, 150 (154 Rn. 37); Staudinger/*Fritzsche,* 2018, BGB § 14 Rn. 87; *Gutzeit* JuS 2018, 577 (579 f.); *Tonikidis* Jura 2018, 556 (558); aA *Preis* ZHR 158 (1994), 567 (601 f.). IErg auch *Bülow* NJW 1990, 2534 (2535).

[50] NK-HGB/*Lehmann-Richter* Rn. 5.

können Rechtsgeschäfte auch zu Zwecken abschließen, die überwiegend nicht ihrer gewerblichen Tätigkeit zugerechnet werden können; sie handeln also nicht notwendig als Unternehmer iSv § 14 Abs. 1 BGB. Daher muss das Vorliegen eines Unternehmergeschäfts im Einzelfall festgestellt werden. Dem *in der Regel* darlegungs- und beweisbelasteten Geschäftsgegner – dieser wird häufig behaupten, als Verbraucher (§ 13 BGB) gehandelt zu haben (zu Einzelheiten → Rn. 17 ff.) – wird dieser Nachweis durch § 344 Abs. 1 erleichtert.[51] Danach wird vermutet, dass das Rechtsgeschäft (→ Rn. 8) zu dem Betrieb des Handelsgewerbes gehört und somit ein Handelsgeschäft iSv § 343 Abs. 1 ist, bei dessen Abschluss der Kaufmann (zu Einzelheiten → Rn. 3 ff.) in Ausübung seiner gewerblichen Tätigkeit und damit als Unternehmer iSv § 14 Abs. 1 BGB gehandelt hat. Dies gilt zB bei der Prüfung, ob der Vertragspartner des Verwenders Allgemeiner Geschäftsbedingungen als Unternehmer gehandelt hat (§ 310 Abs. 1 S. 1 BGB)[52] oder ein Verbrauchsgüterkauf (§ 474 Abs. 1 S. 1 BGB)[53] oder ein Verbraucherdarlehensvertrag (§ 491 Abs. 1 S. 2 BGB)[54] vorliegt.

21   Ist die Person, die uU als Unternehmer handelt, kein Kaufmann (zu Einzelheiten → Rn. 3 ff.), scheidet eine direkte Anwendung von § 344 Abs. 1 aus. Einer entsprechenden Anwendung von § 344 Abs. 1 auf **andere selbstständige Erwerbstätige** steht nicht nur die gesetzgeberische Entscheidung im Rahmen des HRRefG und des TRG entgegen, an der grundsätzlichen Beschränkung der §§ 343 ff. auf kaufmännische Unternehmensträger festzuhalten (→ § 343 Rn. 45),[55] sondern auch die Tatsache, dass die auf Publizität und Vertrauensschutz gerichtete Vermutung keinen allgemeinen Rechtsgedanken enthält, der trotz divergierender Normzwecke auch im Rahmen der auf Verbraucherschutz ausgerichteten Bestimmung des § 14 BGB Platz greift.[56]

22   Wird bei Abschluss eines Vertrags nicht nur der Betrieb eines Gewerbes, sondern auch die Zugehörigkeit des Geschäfts zu dem Gewerbebetrieb vorgetäuscht (sog. **Scheinunternehmer**), liegt ein Unternehmergeschäft vor.[57] Diese Einordnung ergibt sich – ohne dass es hierfür eines Rückgriffs auf § 344 Abs. 1 bedarf – aus Treu und Glauben (§ 242 BGB), namentlich dem Grundsatz *venire contra factum proprium,* der es dem Täuschenden verwehrt, sich später auf seine objektiv vorliegende Verbrauchereigenschaft zu berufen.[58] Diesem Ergebnis dürften Vorgaben des sekundären Unionsrechts auch dann, wenn die sachlich einschlägige Richtlinie ausdrücklich keine entsprechende Einschränkung enthält, nicht entgegenstehen, da der Grundsatz von Treu und Glauben als allgemeiner Rechtsgedanke auch im Unionsrecht anerkannt ist.[59] Gleiches dürfte gelten, wenn die Unternehmereigenschaft zwar nicht vorgetäuscht, aber ein dahingehender Anschein in zurechenbarer Weise erweckt wurde, auf den der andere Vertragsteil, ohne die Unrichtigkeit des Anscheins erkennen zu können, vertraut hat.[60]

[51] BGH Urt. v. 18.10.2017 – VIII ZR 32/16, NJW 2018, 150 (153 Rn. 37); BGH Urt. v. 13.7.2011 – VIII ZR 215/10, NJW 2011, 3435 (3436 Rn. 19); BGH Urt. v. 9.12.2008 – XI ZR 513/07, NZG 2009, 273 (275 Rn. 22); Bamberger/Roth/Hau/Poseck/*Bamberger* BGB § 14 Rn. 27; NK-HGB/*Lehmann-Richter* Rn. 5; *Oetker* FS Martinek, 2020, 547 (551); Oetker/*Pamp* Rn. 7; *Preis* ZHR 158 (1994), 567 (601); MüKoHGB/*K. Schmidt* Rn. 17; Röhricht/Graf v. Westphalen/Haas/*Steimle/Dornieden* Rn. 4; nur methodologisch abweichend *Mankowski* VuR 2004, 79 (80): Analogie; dazu tendierend auch *Brox/Henssler* HandelsR Rn. 285; restriktiver *Gutzeit* JuS 2018, 577 (580): nur bei Formkaufleuten; nach dem Normzweck *Weyer* WM 2005, 490 (501): nur bei besonderen Vertrauensschutzerwägungen; aA KG Beschl. v. 11.9.2006 – 12 U 186/05, ZGS 2007, 78 Rn. 4; Palandt/*Ellenberger* BGB § 14 Rn. 2; Staudinger/*Fritzsche*, 2018, BGB § 14 Rn. 87; Staub/*Koller* Rn. 9; *Lettl* HandelsR § 9 Rn. 20; wohl auch Soergel/*Pfeiffer* BGB § 14 Rn. 14.

[52] Vgl. BGH Urt. v. 18.12.1985 – VIII ZR 47/85, NJW 1986, 842 (843); Staub/*Koller* Rn. 9; *Wackerbarth* AcP 200 (2000), 45 (61) jeweils zu §§ 24, 24a AGBG aF; diff. *Weyer* WM 2005, 490 (501): nur bei besonderen Vertrauensschutzerwägungen.

[53] BGH Urt. v. 18.10.2017 – VIII ZR 32/16, NJW 2018, 150 (153 Rn. 37); BGH Urt. v. 13.7.2011 – VIII ZR 215/10, NJW 2011, 3435 (3436 Rn. 19).

[54] BGH Urt. v. 9.12.2008 – XI ZR 513/07, BGHZ 179, 126 (133 Rn. 22 f.) = NZG 2009, 273; vgl. auch *Preis* ZHR 158 (1994), 567 (601) zum VerbrKrG.

[55] Wohl auch GK-HGB/*B. Schmidt* Rn. 2; aA *Schmitt,* Die Rechtsstellung der Kleingewerbetreibenden nach dem Handelsrechtsreformgesetz, 2003, 278 f.

[56] BGH Urt. v. 18.10.2017 – VIII ZR 32/16, NJW 2018, 150 (154 Rn. 37); KG Beschl. v. 11.9.2006 – 12 U 186/05, MDR 2007, 335 (336); Staudinger/*Fritzsche*, 2018, BGB § 14 Rn. 87; *Gutzeit* JuS 2018, 577 (579 f.); MüKoBGB/*Micklitz* BGB § 14 Rn. 34; *Oetker* FS Martinek, 2020, 547 (551); Erman/*Saenger* BGB § 14 Rn. 17; in diese Richtung auch *Purnhagen* VuR 2015, 3 (6); aA MüKoBGB/*Basedow* BGB § 310 Rn. 72; wohl auch aA LG Duisburg Urt. v. 15.4.2016 – 7 S 111/15, BeckRS 2016, 10241.

[57] BGH Urt. v. 22.12.2004 – VIII ZR 91/04, NJW 2005, 1045; Jauernig/*C. Berger* BGB §§ 474, 475 Rn. 3; MüKoBGB/*Lorenz* BGB § 474 Rn. 30; Soergel/*Pfeiffer* BGB § 13 Rn. 28; KKRD/*W.-H. Roth* Rn. 2; *Wertenbruch* LMK 2005, 49. Diff. *Herresthal* JZ 2006, 695 (702 ff.) zwischen Rechtsscheinhaftung und Rechtsmissbrauch sowie zwischen dispositiven und zwingenden Vorschriften.

[58] BGH Urt. v. 22.12.2004 – VIII ZR 91/04, NJW 2005, 1045 f.

[59] IErg auch BGH Urt. v. 22.12.2004 – VIII ZR 91/04, NJW 2005, 1045 (1046); s. zB Art. 3 Abs. 1 Klausel-RL 93/13/EWG, dazu EuGH Urt. v. 20.9.2017 – C-186/16, BKR 2018, 201 (206 Rn. 56, 58); EuGH (Erste Kammer) Urt. v. 21.3.2013 – C-92/11, NZM 2013, 471 (472 Rn. 47) – RWE Vertrieb; vgl. auch EuGH (Zweite Kammer) Urt. v. 14.7.2016 – C-196/15, EuZW 2016, 747 (749 Rn. 26, 28) – Granarolo zu Art. 5 Nr. 3 VO (EG) Nr. 44/2001.

[60] *Wertenbruch* LMK 2005, 49.

(2) Zugehörigkeit zum Betrieb eines Erwerbsgeschäfts. Hat der gesetzliche Vertreter mit 23 Genehmigung des Familiengerichts einen Minderjährigen zu dem selbstständigen Betrieb eines Erwerbsgeschäfts ermächtigt, umfasst dessen unbeschränkte Geschäftsfähigkeit gem. **§ 112 Abs. 1 S. 1 BGB** nur solche Rechtsgeschäfte, die der Geschäftsbetrieb mit sich bringt. Ist das Erwerbsgeschäft ein **Handelsgewerbe** iSd § 1 Abs. 1, gilt für die erforderliche Unterscheidung von Handels- und Privatgeschäften des Minderjährigen § 344 Abs. 1 direkt.[61] Gleiches gilt im Rahmen von **§ 1431 Abs. 1 S. 1,** wenn Ehegatten im Wahlgüterstand der Gütergemeinschaft (§§ 1410 ff. BGB) leben und der das Gesamtgut verwaltende Ehegatte darin eingewilligt hat, dass der andere Ehegatte selbstständig ein Erwerbsgeschäft betreibt und dieses ein Handelsgewerbe iSd § 1 Abs. 1 ist.[62]

In den Fällen des § 112 Abs. 1 S. 1 BGB und des § 1431 Abs. 1 S. 1 BGB (→ Rn. 23) scheidet eine 24 direkte Anwendung von § 344 Abs. 1 aus, wenn das von dem Minderjährigen bzw. Ehegatten betriebene Erwerbsgeschäft kein Handelsgeschäft iSd § 1 Abs. 1 ist. Da die in diesen Fällen erforderliche Unterscheidung zwischen Privatgeschäften und solchen Geschäften, die das **nichtkaufmännische Erwerbsgeschäft** mit sich bringt, vergleichbare Schwierigkeiten begründet wie die Unterscheidung zwischen Privat- und Handelsgeschäften eines Einzelkaufmanns, ist insoweit ausnahmsweise eine entsprechende Anwendung von § 344 Abs. 1 geboten.[63]

Die Aussage, die Vermutung des § 344 Abs. 1 – sei es in direkter Anwendung (→ Rn. 23), sei es in 25 entsprechender Anwendung (→ Rn. 24) – gelte für alle gewöhnlichen und außergewöhnlichen Geschäfte des vom Minderjährigen bzw. Ehegatten betriebenen Erwerbsgeschäfts, nicht aber für die Geschäftsaufgabe und sowie die Auflösung einer OHG,[64] findet nicht nur keine Stütze in RGZ 127, 110 (115), sondern ist aufgrund der Vermengung von Rechtsfragen inhaltlich unzutreffend. Richtig ist vielmehr folgende Differenzierung: Auch sog. **Abwicklungsgeschäfte** gehören zu dem Betrieb des Handelsgewerbes und sind daher Handelsgeschäfte (→ § 343 Rn. 58). Die Rechtsfolge des § 112 Abs. 1 S. 1 BGB und des § 1431 Abs. 1 S. 1 BGB, namentlich die Zustimmungsfreiheit der einzelnen Geschäfte, beschränkt sich hingegen auf gewöhnliche und außergewöhnliche Rechtsgeschäfte, die im Rahmen des Geschäftsbetriebs unternommen werden. Nicht zustimmungsfrei sind daher hingegen die Veräußerung des Erwerbsgeschäfts, des darin angelegten Stammvermögens sowie Rechtsgeschäfte im Rahmen der Auflösung einer OHG.[65]

(3) Stellvertretung. Im Rahmen der Stellvertretung findet § 344 Abs. 1 weder direkte noch ent- 26 sprechende Anwendung. Dies gilt zB für die Feststellung, ob ein Gesellschafter oder ein Mitglied des zur Vertretung berufenen Organs (zB Vorstand, Geschäftsführer) im Namen der Gesellschaft gehandelt, also die Gesellschaft vertreten, oder ein Eigengeschäft – sei es für den privaten Gebrauch, sei es für den Betrieb eines eigenen Handelsgewerbes[66] – vorgenommen hat.[67] Maßgeblich ist gem. § 164 Abs. 1 S. 1, 2, Abs. 2 insoweit, ob der Wille im fremden Namen zu handeln, erkennbar hervortritt.[68] Hat der vertretungsbefugte Gesellschafter einer Personenhandelsgesellschaft im eigenen Namen gehandelt, steht der Anwendung von § 344 Abs. 1 nach hier vertretener Ansicht (→ § 343 Rn. 33) bereits entgegen, dass er kein Kaufmann ist. Keine Anwendung findet § 344 Abs. 1 ferner, wenn die handelnde Person (zB ein Prokurist) mehrere Personenhandels- und/oder Kapitalgesellschaften vertreten kann, aber im Einzelfall unklar ist, für und gegen welche seine Willenserklärung wirken soll.[69]

cc) Privatversicherungsrecht. Nach Maßgabe der Bestimmungen des Versicherungsvertrags (zB 27 § 25 Abs. 1 S. 2 Allgemeine Bedingungen für die Rechtsschutzversicherung [ARB]) kann der Ver-

---

61 Oetker/*Pamp* Rn. 6.

62 Schlegelberger/*Hefermehl* Rn. 20; Staub/*Koller* Rn. 9; Oetker/*Pamp* Rn. 6; *Pfeiffer* in Pfeiffer Handelsgeschäfte-HdB § 1 Rn. 180; GK-HGB/*B. Schmidt* Rn. 3; MüKoHGB/*K. Schmidt* Rn. 17; Röhricht/Graf v. Westphalen/Haas/*Steimle/Dornieden* Rn. 5.

63 KKRD/*W.-H. Roth* Rn. 3; MüKoHGB/*K. Schmidt* Rn. 17 jeweils zu § 1431 Abs. 1 S. 1 BGB.

64 Röhricht/Graf v. Westphalen/Haas/*Steimle/Dornieden* Rn. 5.

65 RG Urt. v. 17.1.1930 – III 134/29, RGZ 127, 110 (115); Palandt/*Brudermüller* BGB § 1431 Rn. 3; MüKoBGB/*Kanzleiter* BGB § 1431 Rn. 9.

66 RG Urt. v. 12.10.1931 – VIII 274/31, JW 1932, 50; Baumbach/Hopt/*Hopt* Rn. 1.

67 RG Urt. v. 11.11.1927 – II 127/27, RGZ 119, 64 (67); RG Urt. v. 12.10.1931 – VIII 274/31, JW 1932, 50; RG Urt. v. 15.10.1930 – I 125/30, WarnR 1930 Nr. 206; RG Urt. v. 11.5.1916 – VI 80/16, WarnR 1916 Nr. 174; OLG Hamburg Urt. v. 2.3.1927 – Bf I 405/26, JW 1927, 1109 f.; Schlegelberger/*Hefermehl* Rn. 2; Baumbach/Hopt/*Hopt* Rn. 1; Heymann/*Horn* Rn. 4; Staub/*Koller* Rn. 5; Oetker/*Pamp* Rn. 1; *Pfeiffer* in Pfeiffer Handelsgeschäfte-HdB § 1 Rn. 172; KKRD/*W.-H. Roth* Rn. 2; GK-HGB/*B. Schmidt* Rn. 1; MüKoHGB/*K. Schmidt* Rn. 3; wohl auch RG Urt. v. 28.1.1913 VI 484/12, JW 1913, 436; HaKo-HGB/*Klappstein* Rn. 3; vgl. auch ROHG Urt. v. 24.5.1874 – Rep. 847/73, ROHG 13, 275 (288) zu Art. 274 ADHGB.

68 BGH Urt. v. 5.5.1960 – II ZR 128/58, NJW 1960, 1852 (1853); RG Urt. v. 11.11.1927 – II 127/27, RGZ 119, 64 (67); RG Urt. v. 11.5.1916 – VI 80/16, WarnR 1916 Nr. 174; RG Urt. v. 3.4.1914 – II 727/13, WarnR 1914 Nr. 210; *Fischinger* HandelsR Rn. 528; Schlegelberger/*Hefermehl* Rn. 2; Heymann/*Horn* Rn. 4; Staub/*Koller* Rn. 5; Oetker/*Pamp* Rn. 1; *Pfeiffer* in Pfeiffer Handelsgeschäfte-HdB § 1 Rn. 172; MüKoHGB/*K. Schmidt* Rn. 3; vgl. auch ROHG Urt. v. 15.9.1875 – Rep. 721/75, ROHG 18, 226 (227); ROHG Erk. v. 22.4.1875 – Rep. 319/75, ROHG 16, 380 (Nr. 95) jeweils zu Art. 274 ADHGB.

69 HaKo-HGB/*Klappstein* Rn. 1.

sicherungsschutz davon abhängen, ob eine bestimmte Tätigkeit des Versicherungsnehmers seiner privaten Sphäre oder seiner selbstständigen Tätigkeit zuzuordnen ist. In diesen Fällen gilt § 344 Abs. 1 auch im Privatversicherungsrecht, wenn der Versicherungsnehmer Kaufmann iSd §§ 1 ff HGB ist (zu Einzelheiten → Rn. 3 ff.) und die maßgebliche Tätigkeit ein Geschäft iSv § 343 Abs. 1 ist (→ Rn. 8).[70]

28   **dd) Zivilprozessrecht.** Eine Handelssache, die die gerichtsinterne Zuständigkeit der Kammer für Handelssachen begründet (§ 94 GVG), liegt ua gem. § 95 Nr. 1 GVG vor, wenn das den Streitgegenstand bildende Geschäft für beide Teile ein Handelsgeschäft ist. Der Begriff des Handelsgeschäfts ist § 343 Abs. 1 zu entnehmen (→ § 343 Rn. 62). Daher erscheint es lediglich konsequent, dass die Tatgerichte auch die Vermutung des § 344 Abs. 1 heranziehen.[71] Häufig wird dies allerdings nicht erforderlich sein. Bei dem Vorliegen des Handelsgeschäfts dürfte es sich nämlich regelmäßig um eine sog. doppelrelevante Tatsache handeln, deren Wahrheit im Rahmen der Zulässigkeit – einen schlüssigen Vortrag vorausgesetzt – zu unterstellen ist.[72]

29   **ee) Markenrecht.** Die Benutzung im Inland bekannter geschäftlicher Bezeichnungen ist durch **§ 15 Abs. 3 MarkenG** nur „im geschäftlichen Verkehr" untersagt. Zwar begründet § 344 Abs. 1 keine sämtliche Benutzungsformen umfassende Vermutung für ein Handeln im geschäftlichen Verkehr. Ist die Benutzung aber ein Rechtsgeschäft (→ Rn. 8; zB die Registrierung eines Domainnamens bei der DENIC), wird gem. § 344 Abs. 1 dessen Zugehörigkeit zum Betrieb des Handelsgewerbes und damit einhergehend die Benutzung der Bezeichnung im geschäftlichen Verkehr vermutet.[73]

30   **ff) Steuerrecht.** Die Vermutung des § 344 Abs. 1 ist auch steuerrechtlich bedeutsam.[74] Allerdings geht die finanzgerichtliche Rspr. mit der unzutreffenden (→ Rn. 11) Behauptung, die Vermutung sei auf das Verhältnis des Kaufmanns zu seinem Geschäftsgegner begrenzt, weshalb es für die Besteuerung darauf ankomme, ob das Geschäft tatsächlich zum Handelsgewerbe gehöre,[75] nur von einer eingeschränkten Bedeutung aus.[76] Gleichwohl hat der BFH die Anwendung von § 344 Abs. 1 zB bei der Frage nicht beanstandet, ob ein Vorgang – konkret: die Veräußerung eines Grundstücks – der gewerblichen Tätigkeit des Steuerpflichtigen zuzuordnen und daher gem. § 2 Abs. 1 S. 1 Nr. 2 iVm § 15 Abs. 1 S. 1 EStG steuerbar ist oder ein uU steuerfreies privates Veräußerungsgeschäft darstellt.[77] Auf die steuerrechtliche Zuordnung von Wirtschaftsgütern zum Privat- oder Betriebsvermögen findet § 344 Abs. 1 hingegen keine (entsprechende) Anwendung.[78]

31   **d) Widerlegung der Vermutung.** Die Vermutung des § 344 Abs. 1 ist gem. **§ 292 S. 1 ZPO** widerleglich.[79] Darlegungs- und ggf. beweisbelastet ist die Partei, die sich auf den privaten Charakter des Geschäfts beruft.[80] Bei einseitigen Handelsgeschäften (→ § 343 Rn. 60) wird es sich hierbei idR um den Kaufmann (zu Einzelheiten → Rn. 3 ff.) handeln.

[70] OLG Stuttgart Urt. v. 15.8.2002 – 7 U 84/02, r+s 2003, 64 f.; OLG Koblenz Urt. v. 16.9.1994 – 10 U 294/94, r+s 1995, 103; OLG Oldenburg Urt. v. 9.5.1990 – 2 U 23/90, ZfS 1990, 269; OLG Hamm Urt. v. 23.9.1988 – 20 U 60/88, NJW-RR 1989, 344 (345); OLG Hamm Beschl. v. 16.8.1988 – 20 W 57/87, BeckRS 1988, 04530 Rn. 21; OLG Hamm Urt. v. 15.10.1985 – 20 W 27/85, VersR 1987, 402; NK-HGB/*Lehmann-Richter* Rn. 4; *Mathy* VersR 1992, 781 (787); Oetker/*Pamp* Rn. 5; GK-HGB/*B. Schmidt* Rn. 3.

[71] OLG Hamm Urt. v. 23.9.1988 – 20 U 60/88, NJW-RR 1989, 344 (345); LG Hamburg Beschl. v. 16.5.2017 – 334 O 178/16, BeckRS 2017, 111171; LG Dortmund Beschl. v. 20.3.2015 – 4 O 374/14, NZI 2015, 894; LG Frankfurt a. M. Urt. v. 2.8.2006 – 3–4 O 40/06, BeckRS 2010, 25214; LG Bonn Beschl. v. 9.9.2003 – 13 O 194/03, ZIP 2003, 2160 (2161); *Glasmacher* JA 2018, 207 (210); NK-HGB/*Lehmann-Richter* Rn. 4; vgl. auch *M. Wolff* ZHR 47 (1898), 247 (255) zu § 344 Abs. 2.

[72] Zu dieser Behandlung doppelrelevanter Tatsachen s. statt vieler BGH Urt. v. 28.2.1996 – XII ZR 181/93, BGHZ 132, 105 (110) = NJW 1996, 1411; BGH Urt. v. 25.11.1993 – IX ZR 32/93, BGHZ 124, 237 (240 f.) = NJW 1994, 1413 jeweils zu § 32 ZPO; Musielak/Voit/*Heinrich* ZPO § 1 Rn. 20 jeweils mwN.

[73] OLG Hamburg Urt. v. 28.7.2005 – 5 U 141/04, MMR 2006, 476 (478).

[74] RFH Urt. v. 27.4.1923 – I A 17/23, RFHE 12, 139 (142).

[75] Grdl. RFH Urt. v. 3.11.1927 – VI A 623/27, RStBl. 1928, 107.

[76] BFH Urt. v. 1.6.1965 – I 389/62, HFR 1966, 6 (7) = BeckRS 1965, 21006816.

[77] BFH Urt. v. 7.5.2008 – X R 49/04, BFHE 221, 144 (149) = DStRE 2008, 922; BFH Urt. v. 24.5.1962 – IV 199/59, DB 1962, 1065 (1066); zuvor bereits RFH Urt. v. 27.4.1923 – I A 17/23, RFHE 12, 139 (142).

[78] BGH Urt. v. 6.10.2004 – X R 36/03, NFH/NV 2005, 682 (688) = BeckRS 2004, 25007424; BFH Beschl. v. 8.12.1995 – VIII B 51/95, BFH/NV 1996, 474 (475) = BeckRS 1995, 11607; BFH Urt. v. 24.9.1969 – I R 119/67, BeckRS 1969, 00034; GK-HGB/*B. Schmidt* Rn. 3.

[79] BGH Urt. v. 10.6.1974 – VII ZR 44/73, BGHZ 63, 32 (35) = NJW 1974, 1462; BGH Urt. v. 8.1.1976 – III ZR 148/73, WM 1976, 424 (425) = BeckRS 2012, 789; RG Urt. v. 10.11.1928 – V 558/27, RGZ 122, 236 (240); OLG Köln Urt. v. 31.5.1972 – 2 U 149/71, MDR 1972, 865; *Canaris* HandelsR § 20 Rn. 7; *Fischinger* HandelsR Rn. 525; Schlegelberger/*Hefermehl* Rn. 1, 8; Baumbach/Hopt/*Hopt* Rn. 3; Heymann/*Horn* Rn. 1; *Jung* HandelsR Kap. 9 Rn. 9; Staub/*Koller* Rn. 4; NK-HGB/*Lehmann-Richter* Rn. 8; *Oetker* HandelsR § 7 Rn. 16; Oetker/*Pamp* Rn. 9, 12; *Pfeiffer* in Pfeiffer Handelsgeschäfte-HdB § 1 Rn. 169, 178; GK-HGB/*B. Schmidt* Rn. 6; MüKoHGB/*K. Schmidt* Rn. 1, 8; *K. Schmidt* HandelsR § 18 Rn. 22; *Tonikidis* Jura 2018, 556 (558); *Witt* NJW 2011, 3402 (3403).

[80] *Brox*/*Henssler* HandelsR Rn. 285; Heymann/*Horn* Rn. 6; *Lettl* HandelsR § 9 Rn. 21; MüKoHGB/*K. Schmidt* Rn. 18; Röhricht/Graf v. Westphalen/Haas/*Steimle*/*Dornieden* Rn. 13.

aa) Beweismaß. Da die Vermutung gerade „im Zweifel" gilt, genügt für deren Widerlegung der **32** Gegenbeweis, bei dem die nicht beweisbelastete Partei lediglich erreichen muss, dass das Tatgericht an der von der beweisbelasteten Partei behaupteten Tatsache zweifelt,[81] nicht.[82] Vielmehr bedarf es des **Beweises des Gegenteils** (§ 292 S. 1 ZPO).[83] Das Tatgericht muss also davon überzeugt sein, dass die vermutete Tatsache – konkret: die Betriebszugehörigkeit (zu Einzelheiten → § 343 Rn. 46 ff.) des Rechtsgeschäfts (→ Rn. 8) – nicht vorliegt (zu Einzelheiten → Rn. 33 ff.).[84]

bb) Zu beweisende Tatsachen. Die Vermutung des § 344 Abs. 1 ist nur widerlegt, wenn das **33** Tatgericht davon überzeugt ist (→ Rn. 32), dass das von dem Kaufmann vorgenommene Geschäft (→ Rn. 8 f.) nicht zu seinem Handelsgeschäft gehört. Hierfür muss die Partei, die sich auf den privaten Charakter des Geschäfts beruft (→ Rn. 31), grundsätzlich zwei Tatsachen darlegen und ggf. beweisen. Im Einzelnen:

(1) Kein Zusammenhang mit dem Handelsgewerbe. Um die Vermutung des § 344 Abs. 1 zu **34** widerlegen, muss das Tatgericht in jedem Fall davon überzeugt werden, dass zwischen dem Rechtsgeschäft (→ Rn. 8) und dem Handelsgewerbe kein, dh auch kein mittelbarer, entfernter Zusammenhang (→ § 343 Rn. 52) besteht.[85] Daher genügt zB die Darlegung, dass es sich um ein für das Handelsgewerbe ungewöhnliches Geschäft handelt, für die Widerlegung der Vermutung nicht.[86] Auch ein freundschaftliches Verhältnis zwischen dem Kaufmann und dem anderen Teil schließt eine Beziehung zu dem Handelsgewerbe nicht aus.[87] Ebenfalls unzureichend ist es, dass der Kaufmann die erhaltene Leistung nicht in seinem Gewerbebetrieb verwendet, sondern zB an Dritte vermietet oder verpachtet.[88] Gleiches gilt, wenn die Gegenleistung von einem Privatkonto des Kaufmanns überwiesen wird.[89]

(2) Erkennbarkeit. In Anbetracht der Tatsache, dass die für das Vorliegen eines Handelsgeschäfts **35** nach § 343 Abs. 1 erforderliche Betriebszugehörigkeit objektiv zu beurteilen ist (→ § 343 Rn. 59), erschwert der das Handelsrecht beherrschende **Gedanke des Verkehrsschutzes** die Widerlegung der Vermutung dahingehend, dass das Tatgericht *grundsätzlich* auch davon überzeugt werden muss, dass der andere Teil den privaten Charakter des Geschäfts (→ Rn. 8) im Zeitpunkt der Vornahme kannte[90] oder kennen musste.[91] Allein die Tatsache, dass der Kaufmann das Geschäft ohne Angabe seiner Firma unter

---

[81] Statt vieler MüKoZPO/*H. Prütting* ZPO § 284 Rn. 21.

[82] Schlegelberger/*Hefermehl* Rn. 10; aA BGH Urt. v. 10.6.1974 – VII ZR 44/73, BGHZ 63, 32 (35) = NJW 1974, 1462; RG Urt. v. 7.12.1928 – II 211/28, WarnR 1929 Nr. 38; *Fischinger* HandelsR Rn. 525; Baumbach/Hopt/*Hopt* Rn. 3; *K. Schmidt* HandelsR § 18 Rn. 22; unklar Staub/*Koller* Rn. 4 („durch den vollen Gegenbeweis entkräftet").

[83] Schlegelberger/*Hefermehl* Rn. 1, 10, 19; HaKo-HGB/*Klappstein* Rn. 11; Oetker/*Pamp* Rn. 12; GK-HGB/*B. Schmidt* Rn. 6; wohl auch NK-HGB/*Lehmann-Richter* Rn. 8; KKRD/*W.-H. Roth* Rn. 4.

[84] Statt vieler MüKoZPO/*H. Prütting* ZPO § 284 Rn. 22; Röhricht/Graf v. Westphalen/Haas/*Steimle/Dornieden* Rn. 11.

[85] BGH Urt. v. 10.6.1974 – VII ZR 44/73, BGHZ 63, 32 (35) = NJW 1974, 1462; BGH Urt. v. 8.1.1976 – III ZR 148/73, WM 1976, 424 (425) = BeckRS 2012, 789; OLG Hamm Urt. v. 23.9.1988 – 20 U 60/88, NJW-RR 1989, 344 (345); BFH Urt. v. 24.5.1962 – IV 199/59, DB 1962, 1065 (1066); Staub/*Koller* Rn. 4; NK-HGB/*Lehmann-Richter* Rn. 8; Oetker/*Pamp* Rn. 12; *Pfeiffer* in Pfeiffer Handelsgeschäfte-HdB § 1 Rn. 179; GK-HGB/*B. Schmidt* Rn. 6; vgl. auch RG Urt. v. 23.5.1889 – IV 58/89, Gruchot 33, 1042 (1044) zu Art. 274 Abs. 1 ADHGB.

[86] RG Urt. v. 25.4.1932 – I 19/32, Recht 1932 Nr. 409; OLG Oldenburg Urt. v. 9.5.1990 – 2 U 23/90, ZfS 1990, 269 (270); vgl. auch RG Urt. v. 21.10.1891 – Rep. I 183/91, RGZ 28, 313 (315); RG Urt. v. 11.2.1901 – IV 351/00, JW 1901, 261; RG Urt. v. 23.5.1889 – IV 58/89, Gruchot 33, 1042 (1044) jeweils zu Art. 274 Abs. 1 ADHGB.

[87] BGH Urt. v. 9.12.2008 – XI ZR 513/07, BGHZ 179, 126 (133 Rn. 22 f.) = NZG 2009, 273; HaKo-HGB/*Klappstein* Rn. 7; *v. Westphalen* BB 2009, 740 (741).

[88] OLG Köln Urt. v. 31.5.1972 – 2 U 149/71, MDR 1972, 865; Oetker/*Pamp* Rn. 14; GK-HGB/*B. Schmidt* Rn. 6.

[89] *Pfeiffer* in Pfeiffer Handelsgeschäfte-HdB § 1 Rn. 174.

[90] Abweichend Heymann/*Horn* Rn. 6: Bei Kenntnis greife die Vermutung nicht ein.

[91] OLG Köln Urt. v. 31.5.1972 – 2 U 149/71, MDR 1972, 865; *Fischinger* HandelsR Rn. 525; Baumbach/Hopt/*Hopt* Rn. 3; HaKo-HGB/*Klappstein* Rn. 7; *Kort* AcP 193 (1993), 453 (462); Röhricht/Graf v. Westphalen/Haas/*Steimle/Dornieden* Rn. 11. Die ähnlichen Formulierungen, konkret, dass der andere Teil den privaten Charakter „(er-)kennen konnte" (so Schlegelberger/*Hefermehl* Rn. 12; Heymann/*Horn* Rn. 7) oder dieser bzw. die Umstände für ihn „erkennbar" waren (so BGH Urt. v. 8.1.1976 – III ZR 148/73, WM 1976, 424 (425) = BeckRS 2012, 789; OLG Oldenburg Urt. v. 9.5.1990 – 2 U 23/90, ZfS 1990, 269; *Bitter/Schumacher* HandelsR § 7 Rn. 5; *Brox/Henssler* HandelsR Rn. 285; *Canaris* HandelsR § 20 Rn. 9; Schlegelberger/*Hefermehl* Rn. 11; *Hübner* HandelsR Rn. 475; *Jung* HandelsR Kap. 9 Rn. 9; Staub/*Koller* Rn. 4; NK-HGB/*Lehmann-Richter* Rn. 8; *Lettl* HandelsR § 9 Rn. 21; *Mathy* VersR 1992, 781 (787); *Oetker* HandelsR § 7 Rn. 16; Oetker/*Pamp* Rn. 12; *Pfeiffer* in Pfeiffer Handelsgeschäfte-HdB § 1 Rn. 178; KKRD/*W.-H. Roth* Rn. 4; GK-HGB/*B. Schmidt* Rn. 6; *K. Schmidt* HandelsR § 18 Rn. 22; MüKoHGB/*K. Schmidt* Rn. 9; *Schmitt,* Die Rechtsstellung der Kleingewerbetreibenden nach dem Handelsrechtsreformgesetz, 2003, 279), dürften keine inhaltliche Abweichung begründen. AA (Erkennbarkeit sei entbehrlich) RG Urt. v. 23.4.1932 – I 19/32, SeuffA 86 Nr. 119; OLG Naumburg Urt. v. 9.2.1999 – 11 U 88/98, NZBau 2000, 143 (144).

seinem von der Firma abweichenden bürgerlichen Namen vorgenommen hat, genügt hierfür nicht.[92] Diese Erschwerung der Widerlegung gilt auch in Fällen, in denen es ausnahmsweise dem anderen Teil obliegt, den privaten Charakter des Geschäfts darzulegen und ggf. zu beweisen.[93] Der in diesen Konstellationen erforderliche Sachvortrag darf sich nicht darin erschöpfen, dass der private Charakter des Geschäfts dem anderen Teil jetzt bekannt ist. Erforderlich ist vielmehr die Darlegung, dass dieser bereits bei der Vornahme des Geschäfts erkennbar war.

36   Die Erschwerung der Widerlegung (→ Rn. 35) findet *ausnahmsweise* keine Anwendung, wenn der Kaufmann (zu Einzelheiten → Rn. 3 ff.) aus der Vermutung für sich günstige Rechtsfolgen herleiten will. In diesen seltenen (Ausnahme-)Fällen kann er dem anderen Teil, der das Tatgericht von dem privaten Charakter des Geschäfts überzeugt hat, nicht entgegensetzen, dass dieser den privaten Charakter im Zeitpunkt der Vornahme des Geschäfts (→ Rn. 8) nicht habe erkennen können.[94]

37   **cc) Zulässige Beweismittel.** Die Vermutung nach § 344 Abs. 1 kann nicht nur durch eine Parteivereinbarung[95] des Inhalts, dass das Geschäft (→ Rn. 8) ein Privatgeschäft des Kaufmanns (zu Einzelheiten → Rn. 3 ff.) ist, sondern auch durch alle objektiven Umstände[96] des Einzelfalls widerlegt werden[97] und zwar – im Unterschied zu § 344 Abs. 2 (→ Rn. 59) – auch solche, die außerhalb einer eventuellen Vertragsurkunde liegen. Für die Beweisführung kann sich die beweisbelastete Partei sämtlicher zivilprozessualer Beweismittel – einschließlich der Parteivernehmung nach § 445 ZPO (§ 292 S. 2 ZPO) – bedienen.[98]

III. Zeichnung von Schuldscheinen (Abs. 2)

38   **1. Voraussetzungen. a) Schuldschein. aa) Begriff.** Der weder im bürgerlichen Recht noch im Handelsrecht erläuterte Begriff des Schuldscheins wird von § 344 Abs. 2 sowie von § 371 S. 1 BGB und § 952 Abs. 1 BGB vorausgesetzt.[99] Er ist inhaltsgleich dahingehend auszulegen, dass er jede vom Schuldner zum Zwecke des Beweises für das Bestehen einer Schuld unterzeichnete Urkunde erfasst.[100] Unerheblich ist, ob die Schuldverpflichtung mit der Zeichnung der Urkunde (nur) bestätigt oder erst begründet werden soll.[101]

39   **bb) Urkunde.** Die Tatsache, dass die nach § 344 Abs. 2 vermutete Betriebszugehörigkeit nur aus der Urkunde widerlegt werden kann (→ Rn. 59), lässt erkennen, dass Schuldscheine Urkunden sind. Der von § 344 Abs. 2 vorausgesetzte Begriff der Urkunde ist – ebenfalls in Ansehung der Anforderung an die Widerlegung der Vermutung (zu Einzelheiten → Rn. 58 ff.) – im Einklang mit dem Zivilprozessrecht auszulegen. Danach sind Urkunden durch Niederschrift verkörperte Gedankenerklärungen, die Aussagen über Rechtsgeschäfte oder Rechtsverhältnisse zum Inhalt haben, gleich-

---

[92] RG Urt. v. 7.2.1930 – II 168/29, SeuffA 84 Nr. 113; OLG Oldenburg Urt. v. 9.5.1990 – 2 U 23/90, ZfS 1990, 269 (270); Schlegelberger/*Hefermehl* Rn. 12; Baumbach/Hopt/*Hopt* Rn. 3; Heymann/*Horn* Rn. 7; HaKo-HGB/*Klappstein* Rn. 7; Staub/*Koller* Rn. 4; NK-HGB/*Lehmann-Richter* Rn. 8; Oetker/*Pamp* Rn. 14; GK-HGB/*B. Schmidt* Rn. 6; MüKoHGB/*K. Schmidt* Rn. 9; Röhricht/Graf v. Westphalen/Haas/*Steimle/Dornieden* Rn. 11; vgl. auch ROHG Urt. v. 30.6.1874 – Rep. 432/74, ROHG 14, 11 (12) zu Art. 274 ADHGB.

[93] AA Heymann/*Horn* Rn. 7.

[94] Schlegelberger/*Hefermehl* Rn. 11; aA Staub/*Koller* Rn. 9.

[95] Heymann/*Horn* Rn. 7; HaKo-HGB/*Klappstein* Rn. 7; KKRD/*W.-H. Roth* Rn. 4; MüKoHGB/*K. Schmidt* Rn. 9.

[96] BFH Urt. v. 7.5.2008 – X R 49/04, BFHE 221, 144 (149) = DStRE 2008, 922; Heymann/*Horn* Rn. 7; KKRD/*W.-H. Roth* Rn. 4; MüKoHGB/*K. Schmidt* Rn. 9.

[97] Statt vieler *Pfeiffer* in Pfeiffer Handelsgeschäfte § 1 Rn. 169.

[98] Schlegelberger/*Hefermehl* Rn. 12; Oetker/*Pamp* Rn. 12; GK-HGB/*B. Schmidt* Rn. 6.

[99] Statt vieler RG Urt. v. 17.11.1930 – IV 678/29, RGZ 131, 1 (5).

[100] BGH Urt. v. 20.3.1997 – IX ZR 83/96, NJW 1997, 1779 (1780); BGH Urt. v. 24.5.1976 – III ZR 63/74, WM 1976, 974 = BeckRS 1976, 31114780; RG Urt. v. 27.1.1930 – IV 176/29, RGZ 127, 169 (171); *Fischinger* HandelsR Rn. 526; Schlegelberger/*Hefermehl* Rn. 13; Baumbach/Hopt/*Hopt* Rn. 4; Heymann/*Horn* Rn. 8; HaKo-HGB/*Klappstein* Rn. 4; Staub/*Koller* Rn. 11; NK-HGB/*Lehmann-Richter* Rn. 10; Oetker/*Pamp* Rn. 15; *Pfeiffer* in Pfeiffer Handelsgeschäfte-HdB § 1 Rn. 182; KKRD/*W.-H. Roth* Rn. 5; GK-HGB/*B. Schmidt* Rn. 8; MüKoHGB/*K. Schmidt* Rn. 10; Röhricht/Graf v. Westphalen/Haas/*Steimle/Dornieden* Rn. 15; vgl. auch RG Urt. v. 30.1.1928 – 222/27, RGZ 120, 85 (89); RG Urt. v. 23.3.1927 – V 369/26, RGZ 116, 166 (173); RG Urt. v. 1.3.1928 – IV 616/27, HRR 1928 Nr. 1030 jeweils zu § 30 Abs. 3 AnlAblG.

[101] BGH Urt. v. 20.3.1997 – IX ZR 83/96, NJW 1997, 1779 (1780); BGH Urt. v. 24.5.1976 – III ZR 63/74, WM 1976, 974 (975) = BeckRS 1976, 31114780; *Brox/Henssler* HandelsR Rn. 286; *Fischinger* HandelsR Rn. 526; Schlegelberger/*Hefermehl* Rn. 13, 14; Baumbach/Hopt/*Hopt* Rn. 4; Heymann/*Horn* Rn. 8; HaKo-HGB/*Klappstein* Rn. 4; Staub/*Koller* Rn. 11; NK-HGB/*Lehmann-Richter* Rn. 10; Oetker/*Pamp* Rn. 15; *Pfeiffer* in Pfeiffer Handelsgeschäfte-HdB § 1 Rn. 182; KKRD/*W.-H. Roth* Rn. 5; GK-HGB/*B. Schmidt* Rn. 8; MüKoHGB/*K. Schmidt* Rn. 10; Röhricht/Graf v. Westphalen/Haas/*Steimle/Dornieden* Rn. 15; *M. Wolff* ZHR 47 (1898), 247 (248); vgl. auch RG Urt. v. 30.1.1928 – 222/27, RGZ 120, 85 (89); RG Urt. v. 23.3.1927 – V 369/26, RGZ 116, 166 (173); RG Urt. v. 1.3.1928 – IV 616/27, HRR 1928 Nr. 1030 jeweils zu § 30 Abs. 3 AnlAblG; wohl aA *K. Schmidt* HandelsR § 18 Rn. 25 („jede Verpflichtungsurkunde").

gültig, in welcher Weise die Niederschrift erfolgt.[102] Ein ausschließlich elektronisch vorhandenes Dokument (zB eine E-Mail) ist mangels Verkörperung keine Urkunde und somit auch kein Schuldschein.[103]

cc) Einheit des Schuldscheins. Die Urkunde muss den **Inhalt der Verpflichtung im Wesent-** **40** **lichen** – nicht notwendig ist zB die Angabe des Rechtsgrunds[104] – wiedergeben[105] und geeignet sein, den Beweis dieses wesentlichen Inhalts der Verpflichtung zu erbringen.[106] Zu dem wesentlichen Inhalt einer Bürgschaftsurkunde (→ Rn. 43) zählt jedenfalls der Betrag der Bürgschaft.[107] Nach der Rechtsprechung des RG zählen zu den wesentlichen Vereinbarungen eines Darlehensvertrags und eines auf dessen Abschluss bezogenen Bestätigungsschreibens (→ Rn. 43) auch die Bestimmungen über die Fälligkeit der Rückzahlung und die Verzinsung.[108] Dies überzeugt in Anbetracht der Möglichkeit, dass auch Kaufleute zinslose Darlehen gewähren bzw. in Anspruch nehmen können, sowie der Tatsache, dass für die Fälligkeit der Rückzahlung dispositives Recht existiert (§ 488 Abs. 3 BGB), nicht.

Weder das aus dem Schriftformerfordernis (→ Rn. 44) abgeleitete Prinzip der Einheitlichkeit der **41** Urkunde[109] noch die §§ 371 S. 1, 952 Abs. 1 BGB noch § 344 Abs. 2 erfordern die Einheit des Schuldscheins in dem Sinne, dass die Urkunde den Beweis *für sich alleine* erbringen muss.[110] Der Beweis kann daher auch durch **mehrere Urkunden** erbracht werden, die äußerlich zu einer Einheit verbunden sind.[111] Alternativ genügt es, dass äußerlich getrennte Urkunden nur innerlich zusammengehören, in dem die eine auf die andere Bezug nimmt.[112] Die gegenteilige Rechtsprechung des RG, die jedenfalls eine bloße innerliche Zusammengehörigkeit als nicht ausreichend ansah,[113] zum Teil sogar verlangte, der Schuldschein müsse für sich alleine geeignet sein, den wesentlichen Inhalt der Verpflichtung zu beweisen,[114] ist zu **§ 30 Abs. 3 AnlAblG** ergangen. Sie beruhte darauf, dass die Vorschrift Schuldscheine Schuldverschreibungen und Schatzanweisungen gleichstellte.[115] Diese Gleichbehandlung war in Anbetracht der Tatsache, dass Schuldverschreibungen und Schatzanweisungen stets Wertpapiere sind, während Schuldscheine auch bloße Beweisurkunden sein können (→ Rn. 38), nur dadurch gerechtfertigt, dass die Schuldscheine im Übrigen jenen Wertpapieren entsprachen, nämlich den Inhalt der Schuldverpflichtung für sich alleine zumindest im Wesentlichen wiedergaben.[116] Da § 344 Abs. 2 – Gleiches gilt für § 371 S. 1 BGB und § 952 Abs. 1 BGB – Schuldscheine nicht auf die gleiche Stufe mit Wertpapieren stellt (→ Rn. 43), besteht kein Grund, die überzeugende Einschränkung von § 30 Abs. 3 AnlAblG auf das Handelsrecht zu erstrecken.[117]

dd) Inhalt der Verpflichtung. Ganz überwiegend lauten die in Schuldscheinen niedergelegten **42** Verpflichtungen auf die Leistung eines Geldbetrags.[118] Begrenzt ist der sachliche Anwendungsbereich

---

[102] Statt vieler BGH Urt. v. 28.11.1975 – V ZR 127/74, BGHZ 65, 300 (301) = NJW 1976, 294; vgl. auch BGH Urt. v. 27.5.2014 – XI ZR 264/13, NJW 2014, 3312 (3313 Rn. 22); MüKoBGB/*Habersack* BGB § 810 Rn. 3; Soergel/*Hadding* BGB § 810 Rn. 3; Staudinger/*Marburger,* 2015, BGB § 810 Rn. 6 jeweils zu § 810 BGB.

[103] NK-HGB/*Lehmann-Richter* Rn. 11.

[104] Schlegelberger/*Hefermehl* Rn. 14; Heymann/*Horn* Rn. 8; Staub/*Koller* Rn. 11; Oetker/*Pamp* Rn. 15; *Pfeiffer* in Pfeiffer Handelsgeschäfte-HdB § 1 Rn. 182; GK-HGB/*B. Schmidt* Rn. 8; vgl. auch RG Urt. v. 4.7.1901 – IV 141/01, JW 1901, 576 (Nr. 14); ROHG Urt. v. 14.1.1874 – Rep. 1018/73, ROHG 12, 110 (111) jeweils zu Art. 274 ADHGB.

[105] RG Urt. v. 30.1.1928 – IV 222/27, RGZ 120, 85 (89); Oetker/*Pamp* Rn. 15; GK-HGB/*B. Schmidt* Rn. 8; wohl auch Heymann/*Horn* Rn. 8; *Pfeiffer* in Pfeiffer Handelsgeschäfte-HdB § 1 Rn. 182; vgl. auch RG Urt. v. 17.11.1930 – IV 678/29, RGZ 131, 1 (12) zu § 30 Abs. 3 AnlAblG; aA OLG Köln Beschl. v. 11.5.2014 – 11 W 16/14, MDR 2014, 1227.

[106] Oetker/*Pamp* Rn. 15; vgl. auch RG Urt. v. 17.11.1930 – IV 678/29, RGZ 131, 1 (12) zu § 30 Abs. 3 AnlAblG; aA Staub/*Koller* Rn. 11.

[107] Vgl. ROHG Urt. v. 28.6.1876 – Rep. 764/76, ROHG 20, 400 (402) zu Art. 274 Abs. 2 ADHGB.

[108] RG Urt. v. 17.11.1930 – IV 678/29, RGZ 131, 1 (3).

[109] Zu der sog. Auflockerungsrechtsprechung im Überblick s. BGH Urt. v. 18.12.2002 – XII ZR 253/01, NJW 2003, 1248 mwN.

[110] BGH Urt. v. 24.5.1976 – III ZR 63/74, WM 1976, 974 (975) = BeckRS 1976, 31114780; RG Urt. v. 17.11.1930 – IV 678/29, RGZ 131, 1 (6).

[111] *Pfeiffer* in Pfeiffer Handelsgeschäfte-HdB § 1 Rn. 184; vgl. auch RG Urt. v. 17.11.1930 – IV 678/29, RGZ 131, 1 (12) zu § 30 Abs. 3 AnlAblG.

[112] RG Urt. v. 17.11.1930 – IV 678/29, RGZ 131, 1 (6); NK-HGB/*Lehmann-Richter* Rn. 10; Oetker/*Pamp* Rn. 15; GK-HGB/*B. Schmidt* Rn. 8; Röhricht/Graf v. Westphalen/Haas/*Steimle/Dornieden* Rn. 15; wohl auch Schlegelberger/*Hefermehl* Rn. 13; unklar *Pfeiffer* in Pfeiffer Handelsgeschäfte-HdB § 1 Rn. 184 („Mehrheit von Einzelurkunden").

[113] RG Urt. v. 17.11.1930 – IV 678/29, RGZ 131, 1 (12).

[114] RG Urt. v. 30.1.1928 – 222/27, RGZ 120, 85 (89); RG Urt. v. 2.5.1927 – IV 790/26, RGZ 117, 59 (60); RG Urt. v. 1.3.1928 – IV 616/27, HRR 1928 Nr. 1030.

[115] RG Urt. v. 17.11.1930 – IV 678/29, RGZ 131, 1 (3); RG Urt. v. 2.5.1927 – IV 790/26, RGZ 117, 59 (60).

[116] RG Urt. v. 2.5.1927 – IV 790/26, RGZ 117, 59 (60).

[117] RG Urt. v. 17.11.1930 – IV 678/29, RGZ 131, 1 (6); Schlegelberger/*Hefermehl* Rn. 13; vgl. auch BGH Urt. v. 24.5.1976 – III ZR 63/74, WM 1976, 974 (975) = BeckRS 1976, 31114780 jeweils zum Bürgerlichen Recht.

[118] Schlegelberger/*Hefermehl* Rn. 14; MüKoHGB/*K. Schmidt* Rn. 10.

von § 344 Abs. 2 auf diesen Schuldinhalt jedoch nicht.[119] Der Vorschrift unterfallen auch Schuldscheine, deren Verpflichtungen vertretbare oder nicht vertretbare Sachen,[120] Dienstleistungen,[121] Rechte oder sonstige Gegenstände zum Gegenstand haben. Die Wirksamkeit der Verpflichtung ist für § 344 Abs. 2 unerheblich,[122] da der Begriff des Schuldscheins nicht auf schuldbegründende Urkunden begrenzt ist (→ Rn. 38).

43   **ee) Beispiele.** Schuldscheine sind zB Anstellungsbriefe,[123] Anweisungen, wenn sie angenommen sind (§ 784 Abs. 1 Hs. 1 BGB),[124] Bestätigungsschreiben,[125] Bürgschaftsurkunden,[126] Dokumentenakkreditive,[127] Frachtbriefe,[128] Hinterlegungsscheine,[129] kaufmännische Orderpapiere iSd § 363, namentlich kaufmännische Verpflichtungsscheine[130] – auch dann, wenn die Urkunde in spanischer Sprache abgefasst ist (sog. Pagarés)[131] –, Konnossemente,[132] Ladescheine,[133] Lagerscheine[134] sowie Transportversicherungspolicen,[135] Provisionsschreiben,[136] Schecks,[137] Schlussnoten bzw. -scheine,[138] Schuldanerkenntnisse (zB über ein Kontokorrentsaldo),[139] Schuldverschreibungen auf den Inhaber,[140] Schuldversprechen[141] (zB sog. Hypothekenbestellungsurkunden)[142] bestehend aus einem Schuldver-

---

[119] Staub/*Koller* Rn. 11; Oetker/*Pamp* Rn. 15; KKRD/*W.-H. Roth* Rn. 5.

[120] Schlegelberger/*Hefermehl* Rn. 14; Heymann/*Horn* Rn. 8; Oetker/*Pamp* Rn. 15; *Pfeiffer* in Pfeiffer Handelsgeschäfte-HdB § 1 Rn. 183; GK-HGB/*B. Schmidt* Rn. 8; MüKoHGB/*K. Schmidt* Rn. 10.

[121] MüKoHGB/*K. Schmidt* Rn. 10.

[122] Schlegelberger/*Hefermehl* Rn. 14; Staub/*Koller* Rn. 11; aA ROHG Urt. v. 28.6.1876 – Rep. 764/76, ROHG 20, 400 (402) zu Art. 274 Abs. 2 ADHGB.

[123] Schlegelberger/*Hefermehl* Rn. 14.

[124] Heymann/*Horn* Rn. 9.

[125] RG Urt. v. 17.11.1930 – IV 678/29, RGZ 131, 1 (3); RG Urt. v. 2.5.1927 – IV 790/26, RGZ 117, 59 (60); Baumbach/Hopt/*Hopt* Rn. 4; Heymann/*Horn* Rn. 9; HaKo-HGB/*Klappstein* Rn. 4; Oetker/*Pamp* Rn. 16; MüKoHGB/*K. Schmidt* Rn. 10; aA NK-HGB/*Lehmann-Richter* Rn. 10.

[126] BGH Urt. v. 24.9.1998 – IX ZR 425/97, NJW 1998, 3708 (3709); BGH Urt. v. 20.3.1997 – IX ZR 83/96, NJW 1997, 1779 (1780); RG Urt. v. 30.11.1905 – VI 90/05, JW 1906, 87 (Nr. 7); *Brox/Henssler* HandelsR Rn. 286; *Fischinger* HandelsR Rn. 526; Schlegelberger/*Hefermehl* Rn. 14; Baumbach/Hopt/*Hopt* Rn. 4; Heymann/*Horn* Rn. 9; HaKo-HGB/*Klappstein* Rn. 4; Staub/*Koller* Rn. 11; NK-HGB/*Lehmann-Richter* Rn. 10; *Lettl* HandelsR § 9 Rn. 23; Oetker/*Pamp* Rn. 16; *Pfeiffer* in Pfeiffer Handelsgeschäfte-HdB § 1 Rn. 184; KKRD/*W.-H. Roth* Rn. 5; GK-HGB/*B. Schmidt* Rn. 8; Röhricht/Graf v. Westphalen/Haas/*Steimle/Dornieden* Rn. 15; vgl. auch ROHG Urt. v. 28.6.1876 – II 764/76, ROHG 20, 400 (402) zu Art. 274 Abs. 2 ADHGB.

[127] Oetker/*Pamp* Rn. 16.

[128] Staub/*Koller* Rn. 11.

[129] Schlegelberger/*Hefermehl* Rn. 14; Oetker/*Pamp* Rn. 16.

[130] RG Urt. v. 19.9.1911 – Rep. VII 37/11, RGZ 77, 56 (57); *Fischinger* HandelsR Rn. 526; Schlegelberger/*Hefermehl* Rn. 14; Baumbach/Hopt/*Hopt* Rn. 4; Heymann/*Horn* Rn. 9; *Hübner* HandelsR Rn. 476; HaKo-HGB/*Klappstein* Rn. 4; Staub/*Koller* Rn. 11; NK-HGB/*Lehmann-Richter* Rn. 10; *Lettl* HandelsR § 9 Rn. 23; Oetker/*Pamp* Rn. 16; *Pfeiffer* in Pfeiffer Handelsgeschäfte-HdB § 1 Rn. 184; KKRD/*W.-H. Roth* Rn. 5; GK-HGB/*B. Schmidt* Rn. 8; MüKoHGB/*K. Schmidt* Rn. 11.

[131] OLG Hamm Urt. v. 26.6.1981 – 7 U 188/80, ZIP 1982, 48 (50); NK-HGB/*Lehmann-Richter* Rn. 10.

[132] *Fischinger* HandelsR Rn. 526; Schlegelberger/*Hefermehl* Rn. 14; Baumbach/Hopt/*Hopt* Rn. 4; Heymann/*Horn* Rn. 9; HaKo-HGB/*Klappstein* Rn. 4; Staub/*Koller* Rn. 11; NK-HGB/*Lehmann-Richter* Rn. 10; Oetker/*Pamp* Rn. 16; *Pfeiffer* in Pfeiffer Handelsgeschäfte-HdB § 1 Rn. 184; KKRD/*W.-H. Roth* Rn. 5; GK-HGB/*B. Schmidt* Rn. 8; MüKoHGB/*K. Schmidt* Rn. 11.

[133] *Fischinger* HandelsR Rn. 526; Baumbach/Hopt/*Hopt* Rn. 4; Heymann/*Horn* Rn. 9; HaKo-HGB/*Klappstein* Rn. 4; Staub/*Koller* Rn. 11; NK-HGB/*Lehmann-Richter* Rn. 10; Oetker/*Pamp* Rn. 16; *Pfeiffer* in Pfeiffer Handelsgeschäfte-HdB § 1 Rn. 184; KKRD/*W.-H. Roth* Rn. 5; GK-HGB/*B. Schmidt* Rn. 8; MüKoHGB/*K. Schmidt* Rn. 11.

[134] *Fischinger* HandelsR Rn. 526; Schlegelberger/*Hefermehl* Rn. 14; Baumbach/Hopt/*Hopt* Rn. 4; Heymann/*Horn* Rn. 9; HaKo-HGB/*Klappstein* Rn. 4; Staub/*Koller* Rn. 11; NK-HGB/*Lehmann-Richter* Rn. 10; Oetker/*Pamp* Rn. 16; *Pfeiffer* in Pfeiffer Handelsgeschäfte-HdB § 1 Rn. 184; KKRD/*W.-H. Roth* Rn. 5; GK-HGB/*B. Schmidt* Rn. 8; MüKoHGB/*K. Schmidt* Rn. 11; Röhricht/Graf v. Westphalen/Haas/*Steimle/Dornieden* Rn. 15.

[135] *Fischinger* HandelsR Rn. 526; Heymann/*Horn* Rn. 9; HaKo-HGB/*Klappstein* Rn. 4; Staub/*Koller* Rn. 11; NK-HGB/*Lehmann-Richter* Rn. 10; *Pfeiffer* in Pfeiffer Handelsgeschäfte-HdB § 1 Rn. 184; KKRD/*W.-H. Roth* Rn. 5; GK-HGB/*B. Schmidt* Rn. 8; MüKoHGB/*K. Schmidt* Rn. 11.

[136] Staub/*Koller* Rn. 11.

[137] Heymann/*Horn* Rn. 9; Staub/*Koller* Rn. 11; NK-HGB/*Lehmann-Richter* Rn. 10; Oetker/*Pamp* Rn. 16.

[138] *Fischinger* HandelsR Rn. 526; Schlegelberger/*Hefermehl* Rn. 14; Baumbach/Hopt/*Hopt* Rn. 4; Heymann/*Horn* Rn. 9; Oetker/*Pamp* Rn. 16; Röhricht/Graf v. Westphalen/Haas/*Steimle/Dornieden* Rn. 15.

[139] *Brox/Henssler* HandelsR Rn. 286; *Hübner* HandelsR Rn. 476; Staub/*Koller* Rn. 11; NK-HGB/*Lehmann-Richter* Rn. 10; *Pfeiffer* in Pfeiffer Handelsgeschäfte-HdB § 1 Rn. 184.

[140] Heymann/*Horn* Rn. 9; HaKo-HGB/*Klappstein* Rn. 4; Staub/*Koller* Rn. 11; Oetker/*Pamp* Rn. 16; KKRD/*W.-H. Roth* Rn. 5; vgl. auch RG Urt. v. 4.7.1901 – IV 141/01, JW 1901, 576 (Nr. 14) zu Art. 274 Abs. 2 ADHGB.

[141] *Brox/Henssler* HandelsR Rn. 286; NK-HGB/*Lehmann-Richter* Rn. 10; *Pfeiffer* in Pfeiffer Handelsgeschäfte-HdB § 1 Rn. 184.

[142] Staub/*Koller* Rn. 11; unklar Röhricht/Graf v. Westphalen/Haas/*Steimle/Dornieden* Rn. 15 („Schuldbekenntnis verbunden mit einem Hypothekenbrief").

sprechen iSv § 780 BGB mit einer Hypothekenbestellung) und Wechsel.[143] **Keine Schuldscheine** sind (Darlehens-)Vorverträge[144] sowie Hypothekenbriefe.[145] In der Regel ist auch die **Quittung** kein Schuldschein, da sie lediglich den Erhalt einer Leistung und damit das Erlöschen einer Pflicht, nicht aber die Verpflichtung zu einer Leistung beurkundet.[146] Anderes gilt, wenn der Empfang eines Darlehens ausnahmsweise dergestalt quittiert wird, dass die Urkunde auch die Verpflichtung zur Rückzahlung (§ 488 Abs. 1 S. 2 BGB) beweisen soll (sog. Darlehensscheine[147]). Gleiches gilt für einen Darlehensvertrag und einen Tilgungsplan; diese Urkunden sind – seien es selbstständige Urkunden, sei es eine zusammengesetzte Urkunde (→ Rn. 41) – nur dann Schuldscheine iSd § 344 Abs. 2, wenn sie ein Empfangsbekenntnis über die Darlehensvaluta enthalten.[148]

b) Zeichnung durch einen Kaufmann. aa) Zeichnung. (1) Grundsätzliche Anforderungen. 44
Die Zeichnung hat grundsätzlich in der Schriftform des **§ 126 Abs. 1 BGB** zu erfolgen, dh der Austeller (→ Rn. 50 f.) muss die Urkunde eigenhändig durch Namensunterschrift oder mittels notariell beglaubigten Handzeichens unterzeichnen.[149] Ein Kaufmann wird die Urkunde in der Regel mit seiner Firma (§ 17 Abs. 1) zeichnen.[150] Der Anwendung von § 344 Abs. 2 steht es jedoch nicht entgegen, wenn der Einzelkaufmann die Urkunde mit seinem bürgerlichen Namen unterschrieben hat.[151] Nicht ausreichend sind grundsätzlich (zu den Ausnahmen → Rn. 45 ff.) Paraphen,[152] faksimilierte Unterschriften,[153] Namensstempel[154] sowie Telegramme[155] und Telefaxe.[156] Die Möglichkeit, die schriftliche Form gem. **§ 126 Abs. 4 BGB** durch die notarielle Beurkundung zu ersetzen, besteht auch bei der Zeichnung von Schuldscheinen.

(2) Erleichterungen. Bei der Zeichnung sind aufgrund besonderer Formvorschriften vier Erleich- 45
terungen im Vergleich zu dem grundsätzlichen Erfordernis der Schriftform (§ 126 Abs. 1 BGB, → Rn. 44) zu beachten. Im Einzelnen:

(a) Elektronische Form. Gemäß **§ 126 Abs. 3 BGB** kann die schriftliche Form grundsätzlich 46
durch die elektronische Form (§ 126a Abs. 1 BGB) ersetzt werden. Anderes bestimmt das Gesetz zwar ua für die Bürgschaft (§ 766 S. 2 BGB, → Rn. 43), das Schuldversprechen (§ 780 S. 2 BGB, → Rn. 43) und das Schuldanerkenntnis (§ 781 S. 2 BGB, → Rn. 43). Bei der Zeichnung durch einen

---

[143] RG Urt. v. 2.12.1903 – Rep. I 293/03, RGZ 56, 196 (197); ROHG Urt. v. 18.11.1871 – Rep. 467/71, ROHG 4, 49 (53); *Brox/Henssler* HandelsR Rn. 286; *Fischinger* HandelsR Rn. 526; Schlegelberger/*Hefermehl* Rn. 14; Baumbach/Hopt/*Hopt* Rn. 4; Heymann/*Horn* Rn. 9; *Hübner* HandelsR Rn. 476; HaKo-HGB/*Klappstein* Rn. 4; Staub/*Koller* Rn. 11; NK-HGB/*Lehmann-Richter* Rn. 10; Oetker/*Pamp* Rn. 16; *Pfeiffer* in Pfeiffer Handelsgeschäfte-HdB § 1 Rn. 184; KKRD/*W.-H. Roth* Rn. 5; GK-HGB/*B. Schmidt* Rn. 8; MüKoHGB/*K. Schmidt* Rn. 11; Röhricht/Graf v. Westphalen/Haas/*Steimle/Dornieden* Rn. 15.

[144] RG Urt. v. 17.11.1930 – IV 678/29, RGZ 131, 1 (3); OLG Köln Beschl. v. 11.9.1996 – 19 W 46/96, NJW-RR 1997, 381.

[145] Unklar Röhricht/Graf v. Westphalen/Haas/*Steimle/Dornieden* Rn. 15 („Schuldbekenntnis verbunden mit Hypothekenbrief").

[146] *Fischinger* HandelsR Rn. 526; Schlegelberger/*Hefermehl* Rn. 14; Heymann/*Horn* Rn. 9; HaKo-HGB/*Klappstein* Rn. 4; Staub/*Koller* Rn. 11; *Lettl* HandelsR § 9 Rn. 23; Oetker/*Pamp* Rn. 16; *Pfeiffer* in Pfeiffer Handelsgeschäfte-HdB § 1 Rn. 184; KKRD/*W.-H. Roth* Rn. 5; MüKoHGB/*K. Schmidt* Rn. 11; Röhricht/Graf v. Westphalen/Haas/*Steimle/Dornieden* Rn. 15.

[147] Schlegelberger/*Hefermehl* Rn. 14; NK-HGB/*Lehmann-Richter* Rn. 10; KKRD/*W.-H. Roth* Rn. 5; Röhricht/Graf v. Westphalen/Haas/*Steimle/Dornieden* Rn. 15.

[148] RG Urt. v. 27.1.1930 – IV 176/29, RGZ 127, 169 (170); RG Urt. v. 2.5.1927 – IV 790/26, RGZ 117, 59 (60) jeweils zu § 30 Abs. 3 AnlAblG; ohne diese Einschränkung *Benne* ZKF 2018, 7 (8); *Lettl* HandelsR § 9 Rn. 23.

[149] *Fischinger* HandelsR Rn. 526; Schlegelberger/*Hefermehl* Rn. 15; Heymann/*Horn* Rn. 10; HaKo-HGB/*Klappstein* Rn. 5; NK-HGB/*Lehmann-Richter* Rn. 5; Oetker/*Pamp* Rn. 17; *Pfeiffer* in Pfeiffer Handelsgeschäfte-HdB § 1 Rn. 185; KKRD/*W.-H. Roth* Rn. 5, 6; GK-HGB/*B. Schmidt* Rn. 9; MüKoHGB/*K. Schmidt* Rn. 12; Röhricht/Graf v. Westphalen/Haas/*Steimle/Dornieden* Rn. 17; *M. Wolff* ZHR 47 (1898), 247 (249); aA Staub/*Koller* Rn. 11a: Jede Art des Abschlusses der Urkunde mit dem Namen genüge.

[150] Schlegelberger/*Hefermehl* Rn. 15; Baumbach/Hopt/*Hopt* Rn. 4; Heymann/*Horn* Rn. 10; Oetker/*Pamp* Rn. 17.

[151] Heymann/*Horn* Rn. 10; HaKo-HGB/*Klappstein* Rn. 5; Oetker/*Pamp* Rn. 17; *Pfeiffer* in Pfeiffer Handelsgeschäfte-HdB § 1 Rn. 185; KKRD/*W.-H. Roth* Rn. 5; GK-HGB/*B. Schmidt* Rn. 9; MüKoHGB/*K. Schmidt* Rn. 12; vgl. auch RG Urt. v. 15.11.1892 – II 211/92, JW 1893, 24; ROHG Urt. v. 13.5.1871 – Rep. 203/71, ROHG 2, 426 (430 f.) jeweils zu Art. 274 Abs. 2 ADHGB.

[152] GK-HGB/*B. Schmidt* Rn. 9; vgl. auch BGH Versäumnisurt. v. 15.11.2006 – IV ZR 122/05, NJW-RR 2007, 351 Rn. 9 f. zu § 440 Abs. 2 ZPO.

[153] Baumbach/Hopt/*Hopt* Rn. 4; Heymann/*Horn* Rn. 10; Oetker/*Pamp* Rn. 17; *Pfeiffer* in Pfeiffer Handelsgeschäfte-HdB § 1 Rn. 185; GK-HGB/*B. Schmidt* Rn. 9; vgl. auch BGH Urt. v. 25.3.1970 – VIII ZR 134/68, NJW 1970, 1078 (1080) zu § 18 Abs. 1 S. 1 I. BMietG; aA *Fischinger* HandelsR Rn. 526; HaKo-HGB/*Klappstein* Rn. 5; NK-HGB/*Lehmann-Richter* Rn. 11; MüKoHGB/*K. Schmidt* Rn. 12; *K. Schmidt* HandelsR § 18 Rn. 25.

[154] GK-HGB/*B. Schmidt* Rn. 9; vgl. auch BGH Urt. v. 25.3.1970 – VIII ZR 134/68, NJW 1970, 1078 (1080) zu § 18 Abs. 1 S. 1 I. BMietG; aA Staub/*Koller* Rn. 11a; *Ritter* HGB § 344 Anm. 4; MüKoHGB/*K. Schmidt* Rn. 12; *K. Schmidt* HandelsR § 18 Rn. 25.

[155] Oetker/*Pamp* Rn. 17; aA *Fischinger* HandelsR Rn. 526; NK-HGB/*Lehmann-Richter* Rn. 11.

[156] AA *Fischinger* HandelsR Rn. 526.

Kaufmann (→ Rn. 50 f.) werden diese Bestimmungen aber durch § 350 überlagert, weshalb die elektronische Form ausreicht (→ Rn. 49).[157]

47   **(b) Textform.** Den Versicherungsschein hat der Versicherer dem Versicherungsnehmer gem. **§ 3 Abs. 1 VVG** grundsätzlich in Textform (§ 126b BGB), auf dessen Verlangen ausnahmsweise als Urkunde, zu übermitteln. Die in der Wortlaut suggerierte Alternativität von Textform und Urkunde trifft in ihrer Allgemeinheit bereits deshalb nicht zu, weil auch Papier ein dauerhafter Datenträger iSv § 126b S. 1 BGB ist.[158] Daher erfasst § 344 Abs. 2 Versicherungsscheine nicht nur, wenn die Urkunde der Schriftform des § 126 Abs. 1 BGB genügt (→ Rn. 44), sondern auch dann, wenn der Versicherungsschein, in dem der Versicherer auf andere Weise genannt ist, zB per Telefax, als Datei auf einem Speichermedium (CD-ROM, Festplatte, Speicherkarte) oder als gescanntes Dokument per E-Mail übermittelt wird.

48   **(c) Mechanische Vervielfältigung.** Zur Unterzeichnung von Schuldverschreibungen auf den Inhaber und Aktien genügt gemäß **§ 793 Abs. 2 S. 2 BGB** bzw. **§ 13 S. 1 AktG** eine im Wege der mechanischen Vervielfältigung hergestellte Namensunterschrift. Ausreichend ist danach zB eine faksimilierte Unterschrift, nicht aber eine bloß gedruckte oder gestempelte Bezeichnung des Ausstellers.[159] Diese besonderen Formvorschriften gelten nicht nur für die Wirksamkeit der Verbriefung,[160] sondern auch für die Zeichnung iSv § 344 Abs. 2, dh, um die Vermutung auszulösen, genügt jede im Wege der mechanischen Vervielfältigung hergestellte Namensunterschrift.[161]

49   **(d) Formfreiheit nach § 350.** Auf eine Bürgschaft, ein Schuldversprechen und ein Schuldanerkenntnis finden, sofern die Bürgschaft auf der Seite des Bürgen, das Versprechen oder das Anerkenntnis auf der Seite des Schuldners ein Handelsgeschäft (zu Einzelheiten → § 343 Rn. 3 ff.) ist, gem. § 350 die Formvorschriften des § 766 S. 1, 2 BGB, des § 780 BGB und das § 781 S. 1, 2 BGB keine Anwendung. Danach können zwar auch mündliche Willenserklärungen rechtsverbindlich sein (→ § 350 Rn. 21); die Vermutung des § 344 Abs. 2 ist aber auf gezeichnete Urkunden beschränkt. Daher senkt § 350 die Anforderungen an die Zeichnung lediglich dahingehend ab, dass anstelle der Schriftform nach § 126 Abs. 1 BGB (→ Rn. 44) ausnahmsweise die Wiedergabe der Unterschrift auf einem Telefax,[162] die elektronische Form (§ 126a BGB)[163] sowie die Unterstempelung mit einem Namensstempel[164] genügen. Fehlt auch eine solche abschließende Zeichnung des Schuldscheins, findet § 344 Abs. 2 auch dann keine Anwendung, wenn unzweifelhaft ist, dass der Kaufmann die Urkunde ausgestellt hat.[165]

50   **bb) Kaufmann als Aussteller.** Die Vermutung des § 344 Abs. 2 gilt nur für die von einem Kaufmann (zu Einzelheiten → Rn. 3 ff.) gezeichneten Schuldscheine (zu Einzelheiten → Rn. 38 ff.). Die Kaufmannseigenschaft muss (nur) im **Zeitpunkt der Zeichnung** (zu Einzelheiten → Rn. 44 ff.) vorhanden sein.[166] Sowohl der Zeitpunkt der Schuldbegründung[167] als auch der Zeitpunkt der Aushändigung der Urkunde[168] sind für die Anwendung von § 344 Abs. 2 unbeachtlich.

51   Die Zeichnung der Urkunde ist kein höchstpersönlicher Akt, dh der Einzelkaufmann kann sich bei der Zeichnung vertreten lassen.[169] Die von einem **Stellvertreter** – sei es ein Prokurist oder Handlungsbevollmächtigter, sei es ein vertretungsbefugter Gesellschafter einer Personenhandelsgesellschaft oder ein Mitglied des zur Vertretung einer Kapitalgesellschaft befugten Organs (zB Geschäftsführer, Vorstand) – im Namen des Kaufmanns gezeichneten Schuldscheine sind vom Kaufmann gezeichnete Schuldscheine.[170] Wurde die Urkunde zwar im Namen des Kaufmanns, aber **ohne Vertretungs-**

[157] Heymann/*Horn* Rn. 10; NK-HGB/*Lehmann-Richter* Rn. 11; Oetker/*Pamp* Rn. 17; KKRD/*W.-H. Roth* Rn. 5; Röhricht/Graf v. Westphalen/Haas/*Steimle/Dornieden* Rn. 17; aA MüKoHGB/*K. Schmidt* Rn. 12.

[158] Statt vieler Palandt/*Ellenberger* BGB § 126b Rn. 3.

[159] Bamberger/Roth/Hau/Poseck/*Gehrlein* BGB § 793 Rn. 9; MüKoBGB/*Habersack* BGB § 793 Rn. 6; Palandt/*Sprau* BGB § 793 Rn. 5–7. *De lege ferenda* krit. *Koller* in BMJ, Gutachten und Vorschläge zur Überarbeitung des Schuldrechts, Bd. II, 1981, 1427 (1438 f.).

[160] Statt vieler MüKoBGB/*Habersack* BGB § 793 Rn. 6; Hüffer/*Koch* AktG § 13 Rn. 8 jeweils mwN.

[161] Schlegelberger/*Hefermehl* Rn. 15; Heymann/*Horn* Rn. 10; Oetker/*Pamp* Rn. 17; *Pfeiffer* in Pfeiffer Handelsgeschäfte-HdB § 1 Rn. 185; GK-HGB/*B. Schmidt* Rn. 9; MüKoHGB/*K. Schmidt* Rn. 12.

[162] Oetker/*Pamp* Rn. 17.

[163] Heymann/*Horn* Rn. 10.

[164] Schlegelberger/*Hefermehl* Rn. 15; NK-HGB/*Klappstein* Rn. 5.

[165] Schlegelberger/*Hefermehl* Rn. 15.

[166] OLG Hamm Urt. v. 26.6.1981 – 7 U 188/80, ZIP 1982, 48 (51); Schlegelberger/*Hefermehl* Rn. 15; Staub/*Koller* Rn. 10; Oetker/*Pamp* Rn. 17; *Pfeiffer* in Pfeiffer Handelsgeschäfte-HdB § 1 Rn. 185; GK-HGB/*B. Schmidt* Rn. 10; Röhricht/Graf v. Westphalen/Haas/*Steimle/Dornieden* Rn. 16; *M. Wolff* ZHR 47 (1898), 247 (249).

[167] Schlegelberger/*Hefermehl* Rn. 15; Oetker/*Pamp* Rn. 17; MüKoHGB/*K. Schmidt* Rn. 10; *M. Wolff* ZHR 47 (1898), 247 (249).

[168] Schlegelberger/*Hefermehl* Rn. 15; Oetker/*Pamp* Rn. 17; aA *Ritter* HGB § 344 Anm. 4 für Wertpapiere, bei denen die Wirksamkeit der verbrieften Verpflichtung von der Aushändigung abhängt.

[169] HaKo-HGB/*Klappstein* Rn. 5; KKRD/*W.-H. Roth* Rn. 5; MüKoHGB/*K. Schmidt* Rn. 12.

[170] Schlegelberger/*Hefermehl* Rn. 15; GK-HGB/*B. Schmidt* Rn. 9.

macht gezeichnet, gilt die Vermutung des § 344 Abs. 2 nur, wenn der Kaufmann die Zeichnung – soweit zulässig (anders zB bei einseitigen Rechtsgeschäften, § 180 S. 1 BGB) – genehmigt (§ 177 Abs. 1 BGB).[171]

cc) Darlegungs- und Beweislast. Die Zeichnung des Schuldscheins durch einen Kaufmann ist **52** nicht Gegenstand der Vermutung nach § 344 Abs. 2. Diese Tatsachen – namentlich die Eigenschaft der Urkunde als Schuldschein (zu Einzelheiten → Rn. 38 ff.), die Zeichnung (zu Einzelheiten → Rn. 44 ff.) und die Eigenschaft des Zeichners als Kaufmann (→ Rn. 50 f.) – sind nicht Gegenstand der Vermutung, sondern Voraussetzungen für die Vermutung der Betriebszugehörigkeit (zu Einzelheiten → Rn. 53 ff.). Daher muss derjenige, der sich auf die Vermutung des § 344 Abs. 2 beruft, nach allgemeinen verfahrensrechtlichen Grundsätzen darlegen und ggf. beweisen, dass die Urkunde ein Schuldschein und der Unterzeichner Kaufmann ist.[172] Sofern die Eigenschaft als Kaufmann jedoch im Einzelfall den Betrieb eines Handelsgewerbes iSv § 1 Abs. 1 voraussetzt, gilt die Vermutung des § 1 Abs. 2 (zu Einzelheiten → § 1 Rn. 42 ff.).

2. Rechtsfolge. a) Vermutung der Betriebszugehörigkeit. Gemäß § 344 Abs. 2 gelten die von **53** einem Kaufmann gezeichneten Schuldscheine (zu Einzelheiten → Rn. 38 ff.) als im Betrieb seines Handelsgewerbes gezeichnet. Die Vorschrift begründet – trotz des Wortes „gelten" – **keine Fiktion,**[173] sondern – obgleich der Wortlaut von § 344 Abs. 2 im Unterschied zu § 344 Abs. 1 (→ Rn. 10) die Formulierung „im Zweifel" nicht enthält – eine beweisrechtliche Vermutung zulasten des Kaufmanns.[174]

Stehen die Voraussetzungen des § 344 Abs. 2 – namentlich ein Schuldschein (zu Einzelheiten **54** → Rn. 38 ff.) und dessen Zeichnung durch einen Kaufmann (zu Einzelheiten → Rn. 44 ff.) – zur Überzeugung des Gerichts fest, hat es die Vermutung bei bestehenden Zweifeln (→ Rn. 56) **von Amts wegen** anzuwenden.[175] Eine besondere prozessuale Geltendmachung ist nicht erforderlich.

Zugunsten des Gläubigers – sei es der originäre Gläubiger, sei es ein Dritter, der die Forderung im **55** Wege der Sonder- oder Gesamtrechtsnachfolge erworben hat[176] – wirkt die Vermutung nach § 344 Abs. 2 **gegen jeden Kaufmann** (→ Rn. 50);[177] unerheblich ist, ob der Kaufmann im Zeitpunkt der Zeichnung (zu Einzelheiten → Rn. 44 ff.) des Schuldscheins (zu Einzelheiten → Rn. 38 ff.) ein Handelsgewerbe tatsächlich betrieben hat oder nur kraft Rechtsscheins als Kaufmann galt.[178] **Für den Kaufmann** wirkt die Vermutung hingegen nur, wenn er im Zeitpunkt der Zeichnung des Schuldscheins tatsächlich ein Handelsgewerbe betrieben hat, sich also nicht nur kraft Rechtsscheins als Kaufmann behandeln lassen muss.[179] Denjenigen, die nur kraft Rechtsscheins als Kaufmann gelten, ist die Vermutung des § 344 Abs. 2 deshalb zu verwehren, weil ausschließlich der andere Teil zwischen der tatsächlichen und der scheinbaren Rechtslage wählen darf (→ § 343 Rn. 32).

b) Zweifelsfall. Als beweisrechtliche Vermutung zulasten des Kaufmanns (→ Rn. 53) ist § 344 **56** Abs. 2 nur anwendbar, wenn Zweifel bestehen, ob die Zeichnung (zu Einzelheiten → Rn. 44 ff.) bzw. die übernommene Verpflichtung (→ Rn. 57) zum Betrieb seines Handelsgewerbes gehört.[180] Praktische Relevanz entfaltet die Vorschrift daher insbesondere bei Hilfs- (zu Einzelheiten → § 343 Rn. 52 ff.) und Nebengeschäften (→ § 343 Rn. 55). Da die Vermutung auf dem durch die Zeichnung gesetzten Rechtsschein beruht, kann sie nach dem ihr innewohnenden Zweck – methodologisch handelt es sich um eine **teleologische Reduktion,**[181] die das Bedürfnis für einen Rückgriff auf die Einrede der Arglist (§ 242 BGB) entfallen lässt[182] – nicht eingreifen, wenn die Zeichnung unstreitig von vornherein keinen Vertrauenstatbestand begründet hat.[183] Dies ist der Fall, wenn die maßgeblichen Tatsachen unstreitig sind und der Empfänger der Erklärung **Kenntnis** davon hatte, dass der Schuld-

---

[171] Schlegelberger/*Hefermehl* Rn. 15.

[172] Oetker/*Pamp* Rn. 19; GK-HGB/*B. Schmidt* Rn. 11.

[173] Schlegelberger/*Hefermehl* Rn. 16; HaKo-HGB/*Klappstein* Rn. 9; Staub/*Koller* Rn. 12; *Oetker* HandelsR § 7 Rn. 17; Oetker/*Pamp* Rn. 18; aA OLG Hamm Urt. v. 26.6.1981 – 7 U 188/80, ZIP 1982, 48 (50); offengelassen von Baumbach/Hopt/*Hopt* Rn. 4; *Pfeiffer* in Pfeiffer Handelsgeschäfte-HdB § 1 Rn. 186.

[174] BGH Urt. v. 20.3.1997 – IX ZR 83/96, NJW 1997, 1779 (1780); *Fischinger* HandelsR Rn. 527; Schlegelberger/*Hefermehl* Rn. 16; Staub/*Koller* Rn. 4; NK-HGB/*Lehmann-Richter* Rn. 9, 12; *Lettl* HandelsR § 9 Rn. 23; KKRD/*W.-H. Roth* Rn. 7; GK-HGB/*B. Schmidt* Rn. 11; MüKoHGB/*K. Schmidt* Rn. 13.

[175] HaKo-HGB/*Klappstein* Rn. 10, 12; MüKoHGB/*K. Schmidt* Rn. 18; Röhricht/Graf v. Westphalen/Haas/Steimle/*Dornieden* Rn. 23.

[176] *Pfeiffer* in Pfeiffer Handelsgeschäfte-HdB § 1 Rn. 186.

[177] Heymann/*Horn* Rn. 11; *Pfeiffer* in Pfeiffer Handelsgeschäfte-HdB § 1 Rn. 186.

[178] So wohl auch Staub/*Koller* Rn. 10.

[179] Ohne diese Einschränkung Heymann/*Horn* Rn. 11; *Pfeiffer* in Pfeiffer Handelsgeschäfte-HdB § 1 Rn. 186.

[180] BGH Urt. v. 20.3.1997 – IX ZR 83/96, NJW 1997, 1779 (1780).

[181] *Fischinger* HandelsR Rn. 527; HaKo-HGB/*Klappstein* Rn. 10; NK-HGB/*Lehmann-Richter* Rn. 12; Oetker/*Pamp* Rn. 21. Abl. KKRD/*W.-H. Roth* Rn. 7: Vorgehen nach § 242 BGB sei vorzugswürdig.

[182] Staub/*Koller* Rn. 13; aA RG Urt. v. 2.12.1903 – I 293/03, RGZ 56, 196 (198); Schlegelberger/*Hefermehl* Rn. 18; MüKoHGB/*K. Schmidt* Rn. 15; *K. Schmidt* HandelsR § 18 Rn. 30; *M. Wolff* ZHR 47 (1898), 247 (252). Nach Baumbach/Hopt/*Hopt* Rn. 4 hat § 242 BGB jedenfalls mit der Arglisteinrede einen Restanwendungsbereich.

[183] BGH Urt. v. 20.3.1997 – IX ZR 83/96, NJW 1997, 1779 (1780).

schein (zu Einzelheiten → Rn. 38 ff.) nicht im Betrieb des Handelsgewerbes gezeichnet worden ist.[184] Die fahrlässige Unkenntnis des privaten Charakters schließt weder einen Zweifelsfall noch die Anwendung von § 344 Abs. 2 aus.[185] Wurde die beurkundete Forderung übertragen und der Schuldschein übergeben, findet die Vermutung des § 344 Abs. 2 in dem Verhältnis zwischen dem Schuldner und dem Erwerber keine Anwendung, wenn ihm der private Charakter der Zeichnung und der Schuld bei seinem (Zweit-)Erwerb bekannt waren.[186] Die Kenntnis des Rechtsvorgängers ist für den Ausschluss von § 344 Abs. 2 weder ausreichend noch erforderlich.[187]

57 **c) Reichweite der Vermutung.** Bei Zweifeln (→ Rn. 56) wird gem. § 344 Abs. 2 zulasten des Kaufmanns nicht nur vermutet, dass die Zeichnung (zu Einzelheiten → Rn. 44 ff.) des Schuldscheins (zu Einzelheiten → Rn. 38 ff.) zum Betrieb seines Handelsgewerbes gehört, sondern auch die beurkundete Verpflichtung.[188] Auch insoweit kann die Vermutung nur aus dem Inhalt der Urkunde widerlegt werden (zu Einzelheiten → Rn. 58 ff.). Ist in dem Schuldschein aufgrund eines zugrundeliegenden gegenseitigen Vertrags auch die dem Schuldner vom Gläubiger versprochene **Gegenleistung** im Wesentlichen wiedergegeben (→ Rn. 40 f.), erstreckt sich die Vermutung des § 344 Abs. 2 grundsätzlich nicht auch auf diese;[189] insoweit gilt jedoch § 344 Abs. 1 (zu Einzelheiten → Rn. 2 ff.).[190] Für die Gegenleistung gilt § 344 Abs. 2 nur ausnahmsweise, wenn der Gläubiger den Schuldschein ebenfalls gezeichnet hat und im Zeitpunkt der Zeichnung Kaufmann (→ Rn. 50 f.) war.[191]

58 **d) Widerlegung der Vermutung. aa) Widerleglichkeit der Vermutung.** Die Vorschrift des § 344 Abs. 2 begründet eine beweisrechtliche Vermutung (→ Rn. 53), die gem. § 292 S. 1 ZPO durch den Beweis des Gegenteils (→ Rn. 32) widerlegt werden kann.[192] Anderes – konkret: eine unwiderlegliche Vermutung – schreibt das Gesetz nicht vor.[193] Zwar nennt § 344 Abs. 2 mit der Urkunde die Vermutungsbasis. Da § 344 Abs. 2 aber auch den Nachweis des „Gegenteil(s)" voraussetzt, folgt hieraus nicht, dass die bloße Erschütterung der Vermutungsbasis zur Abwendung der Vermutung ausreicht.[194] Die gegenteilige Auslegung widerspräche auch dem intendierten Ergebnis, im Zweifel – solche liegen auch bei einer bloßen Erschütterung der Vermutungsbasis vor – ein Handelsgeschäft anzunehmen.

59 **bb) Zulässiges Beweismittel.** Der wesentliche Unterschied der Vermutung nach § 344 Abs. 2 (→ Rn. 53) zu der nach § 344 Abs. 1 (zu Einzelheiten → Rn. 10 ff.) besteht in einer Beschränkung der Beweismittel für den Beweis des Gegenteils (→ Rn. 32, 58). Während die beweisbelastete Partei sich bei Anwendung von § 344 Abs. 1 sämtlicher zivilprozessualer Beweismittel bedienen darf (→ Rn. 37), kann sie – in der Regel der Kaufmann, der den Schuldschein (zu Einzelheiten → Rn. 38 ff.) gezeichnet hat (zu Einzelheiten → Rn. 44 ff.)[195] – die Vermutung nach § 344 Abs. 2 nur **„aus der Urkunde"** widerlegen. Hierfür ist es erforderlich, den Beweis des Gegenteils mittels des Urkundenbeweises (§§ 415 ff. ZPO) zu führen. Durch Umstände, die in der Urkunde nicht einmal angedeutet sind, kann die Vermutung nach § 344 Abs. 2 auch dann nicht widerlegt werden, wenn sie unstreitig sind.[196] In diesen Fällen kann der Vermutung jedoch regelmäßig der Arglisteinwand (§ 242 BGB) entgegengesetzt werden. Die Beschränkung der zulässigen Beweismittel in § 344 Abs. 2 ist

[184] BGH Urt. v. 20.3.1997 – IX ZR 83/96, NJW 1997, 1779 (1780); *Brox/Henssler* HandelsR Rn. 286; *Fischinger* HandelsR Rn. 527; Baumbach/Hopt/*Hopt* Rn. 4; Heymann/*Horn* Rn. 12; HaKo-HGB/*Klappstein* Rn. 10; Staub/*Koller* Rn. 13; NK-HGB/*Lehmann-Richter* Rn. 12; *Lettl* HandelsR § 9 Rn. 24; Oetker/*Pamp* Rn. 21; KKRD/*W.-H. Roth* Rn. 7; Röhricht/Graf v. Westphalen/Haas/*Steimle/Dornieden* Rn. 18, 22; ähnl. GK-HGB/*B. Schmidt* Rn. 12: Einigkeit der Parteien über den privaten Charakter. Restriktiver HaKo-HGB/*Klappstein* Rn. 10; Staub/*Koller* Rn. 12: auch das Wissen von dem privaten Charakter müsse unstreitig sein.

[185] Baumbach/Hopt/*Hopt* Rn. 4; HaKo-HGB/*Klappstein* Rn. 10; Oetker/*Pamp* Rn. 21; Röhricht/Graf v. Westphalen/Haas/*Steimle/Dornieden* Rn. 22; im Grds. auch Heymann/*Horn* Rn. 12, der aber den Einwand der unzulässigen Rechtsausübung im Einzelfall als zulässig ansieht.

[186] Schlegelberger/*Hefermehl* Rn. 18; MüKoHGB/*K. Schmidt* Rn. 15.

[187] MüKoHGB/*K. Schmidt* Rn. 15.

[188] Schlegelberger/*Hefermehl* Rn. 18; Staub/*Koller* Rn. 12; Oetker/*Pamp* Rn. 18.

[189] Schlegelberger/*Hefermehl* Rn. 14; Heymann/*Horn* Rn. 8; Staub/*Koller* Rn. 13; Oetker/*Pamp* Rn. 18; *Pfeiffer* in Pfeiffer Handelsgeschäfte-HdB § 1 Rn. 183; GK-HGB/*B. Schmidt* Rn. 13. Nur iErg auch MüKoHGB/*K. Schmidt* Rn. 10: Schriftlich gefasste gegenseitige Verträge seien keine Schuldscheine.

[190] Schlegelberger/*Hefermehl* Rn. 14; *Pfeiffer* in Pfeiffer Handelsgeschäfte-HdB § 1 Rn. 183.

[191] Staub/*Koller* Rn. 13; Oetker/*Pamp* Rn. 18; *Pfeiffer* in Pfeiffer Handelsgeschäfte-HdB § 1 Rn. 183.

[192] *Fischinger* HandelsR Rn. 527; Schlegelberger/*Hefermehl* Rn. 16, § 343 Rn. 23; HaKo-HGB/*Klappstein* Rn. 9; NK-HGB/*Lehmann-Richter* Rn. 12; *Lettl* HandelsR § 9 Rn. 24; wohl auch Heymann/*Horn* Rn. 12.

[193] AA HaKo-HGB/*Klappstein* Rn. 9; *Oetker* HandelsR § 7 Rn. 17; Oetker/*Pamp* Rn. 16; MüKoHGB/*K. Schmidt* Rn. 13; *K. Schmidt* HandelsR § 18 Rn. 25; *M. Wolff* ZHR 47 (1898), 247 (252) („praesumtio iuris et de iure"); wohl auch *Jung* HandelsR Kap. 9 Rn. 9.

[194] Röhricht/Graf v. Westphalen/Haas/*Steimle/Dornieden* Rn. 18.

[195] MüKoHGB/*K. Schmidt* Rn. 19.

[196] Heymann/*Horn* Rn. 12; *Oetker* § 7 Rn. 17; Oetker/*Pamp* Rn. 19; GK-HGB/*B. Schmidt* Rn. 11; aA Staub/*Koller* Rn. 12: für außerhalb der Urkunde liegende Umstände gelte § 344 Abs. 1.

dadurch gerechtfertigt, dass der Kaufmann durch den Einsatz eines auf den kaufmännischen Geschäftsverkehr begrenzten Instruments, namentlich der Zeichnung eines Schuldscheins, einen Rechtsschein für ein Handelsgeschäft begründet hat.[197] Mit anderen Worten: Das (Tat-)Gericht muss aus dem Inhalt der Urkunde – sei es ihr gesamter Inhalt, seien es einzelne Angaben (zB über den Schuldgrund, → Rn. 62) – von dem Gegenteil überzeugt werden,[198] nämlich davon, dass zwischen der Zeichnung des Schuldscheins und der Verpflichtung einerseits und dem Handelsgewerbe andererseits kein, dh auch kein mittelbarer, entfernter Zusammenhang (→ § 343 Rn. 52) besteht.[199] Ob der private Charakter für den anderen Teil erkennbar war, ist für § 344 Abs. 2 – im Gegensatz zu § 344 Abs. 1 (→ Rn. 35 f.) – unerheblich.[200]

cc) Einzelfälle. Die Tatsache, dass der Einzelkaufmann den Schuldschein (zu Einzelheiten **60** → Rn. 38 ff.) nicht unter seiner Firma (§ 17 Abs. 1), sondern mit seinem bürgerlichen Namen gezeichnet hat (→ Rn. 44), kann im Einzelfall zwar ein Indiz für den privaten Charakter der Zeichnung bzw. der Schuld sein, genügt aber zur Widerlegung der Vermutung des § 344 Abs. 2 *alleine* nicht.[201] Gleiches gilt für die Mitunterzeichnung durch die Ehefrau des Einzelkaufmanns.[202] Auch die Tatsache, dass der Einzelkaufmann – aus der Urkunde ersichtlich – Gegenstände aus seinem Privatvermögen als Sicherheiten übereignet hat, reicht mangels einer Trennung zwischen dem Privat- und dem Firmenvermögen für die Widerlegung der Vermutung nicht aus.[203]

Indizien, die die **Vermutung** der Betriebszugehörigkeit (→ Rn. 53) **bekräftigen** und eine Wider- **61** legung nahezu ausschließen, sind die Ausstellung des Schuldscheins (zu Einzelheiten → Rn. 38 ff.) auf dem Geschäftspapier des Kaufmanns[204] sowie die Zeichnung unter der Firma (§ 17 Abs. 1).[205]

Der für die Widerlegung der Vermutung erforderliche Beweis des Gegenteils (→ Rn. 58) kann *in der* **62** *Regel* nur geführt werden, wenn die Urkunde **Angaben über den Schuldgrund** enthält.[206] So zB bei einer Bürgschaftsurkunde (→ Rn. 43), in der als Verbindlichkeit des Dritten der gegen die Ehefrau des Einzelkaufmanns gerichtete Anspruch auf Rückzahlung eines Verbraucherdarlehens genannt ist. Ist die beurkundete Verpflichtung keine Bürgschaft, sondern der Rückzahlungsanspruch selbst, genügt der Nachweis, dass die Darlehensvaluta ausschließlich der Ehefrau zur Verfügung steht, für die Widerlegung der Vermutung nicht. Da der Kaufmann auch eine Verbindlichkeit, die objektiv nicht zu seinem Handelsgewerbe gehört, durch die Zeichnung des Schuldscheins seinem Handelsgewerbe zuordnen und in ein Handelsgeschäft umwandeln kann (→ § 343 Rn. 59),[207] muss das Gericht aus dem Inhalt der Urkunde auch davon überzeugt werden, dass ein solcher Wille im Zeitpunkt der Zeichnung nicht bestand.[208] Bei einem Wechsel (→ Rn 43) ist für den Einzelfall durch Auslegung zu ermitteln, ob der Hinweis auf das Grundgeschäft die Zahlungsanweisung bedingt. In diesen Fällen wäre der Wechsel

---

[197] NK-HGB/*Lehmann-Richter* Rn. 9. Unklar K. *Schmidt* HandelsR § 18 Rn. 30: Die Vermutung des § 344 Abs. 2 diene der Verkehrsfähigkeit der Urkunde.

[198] Staub/*Koller* Rn. 12; NK-HGB/*Lehmann-Richter* Rn. 12.

[199] Oetker/*Pamp* Rn. 20.

[200] Schlegelberger/*Hefermehl* Rn. 17.

[201] RG Urt. v. 24.10.1904 – Rep. VI 179/04, RGZ 59, 213 (214 f.); RG Urt. v. 7.2.1930 – II 168/29, SeuffA 84 Nr. 113; RG Urt. v. 30.11.1905 – VI 90/05, JW 1906, 87 (88); OLG Nürnberg Urt. v. 27.1.1961 – 4 U 147/60, BB 1961, 1179; *Fischinger* HandelsR Rn. 527; Schlegelberger/*Hefermehl* Rn. 15, 17; Baumbach/Hopt/*Hopt* Rn. 4; Heymann/*Horn* Rn. 12; *Hübner* HandelsR Rn. 476; HaKo-HGB/*Klappstein* Rn. 6; Staub/*Koller* Rn. 12; NK-HGB/*Lehmann-Richter* Rn. 12; Oetker/*Pamp* Rn. 20; *Pfeiffer* in Pfeiffer Handelsgeschäfte-HdB § 1 Rn. 186; GK-HGB/*B. Schmidt* Rn. 11; Röhricht/Graf v. Westphalen/Haas/*Steimle/Dornieden* Rn. 21; vgl. auch RG Urt. v. 15.11.1892 – II 211/92, JW 1893, 24; ROHG Urt. v. 12.9.1874 – Rep. 604/74, ROHG 14, 281 (286); ROHG Urt. v. 21.2.1873 – Rep. 173/73, ROHG 9, 172 (174); ROHG Urt. v. 21.10.1871 – Rep. 471/71, ROHG 3, 360 (367); ROHG Urt. v. 13.5.1871 – Rep. 203/71, ROHG 2, 426 (430 f.) jeweils zu Art. 274 Abs. 2 ADHGB; aA M. *Wolff* ZHR 47 (1898), 247 (249 f.).

[202] OLG Hamm Urt. v. 10.11.1981 – 7 U 212/80, MDR 1982, 498; OLG Nürnberg Urt. v. 27.1.1961 – 4 U 147/60, BB 1961, 1179; *Fischinger* HandelsR Rn. 527; Schlegelberger/*Hefermehl* Rn. 17; Baumbach/Hopt/*Hopt* Rn. 4; HaKo-HGB/*Klappstein* Rn. 6; NK-HGB/*Lehmann-Richter* Rn. 12; Oetker/*Pamp* Rn. 20; MüKoHGB/*K. Schmidt* Rn. 14.

[203] OLG Nürnberg Urt. v. 27.1.1961 – 4 U 147/60, BB 1961, 1179; *Fischinger* HandelsR Rn. 527; Schlegelberger/*Hefermehl* Rn. 17; Baumbach/Hopt/*Hopt* Rn. 4; HaKo-HGB/*Klappstein* Rn. 6; Oetker/*Pamp* Rn. 20; *Pfeiffer* in Pfeiffer Handelsgeschäfte-HdB § 1 Rn. 187; MüKoHGB/*K. Schmidt* Rn. 14.

[204] OLG Nürnberg Urt. v. 27.1.1961 – 4 U 147/60, BB 1961, 1179; *Brox/Henssler* HandelsR Rn. 286; Schlegelberger/*Hefermehl* Rn. 17.

[205] RG Urt. v. 2.12.1903 – Rep. I 293/03, RGZ 56, 196 (197); *Brox/Henssler* HandelsR Rn. 286; Schlegelberger/*Hefermehl* Rn. 17; Röhricht/Graf v. Westphalen/Haas/*Steimle/Dornieden* Rn. 21.

[206] OLG Nürnberg Urt. v. 27.1.1961 – 4 U 147/60, BB 1961, 1179; *Fischinger* HandelsR Rn. 527; Schlegelberger/*Hefermehl* Rn. 16, 17; Oetker/*Pamp* Rn. 20; *Pfeiffer* in Pfeiffer Handelsgeschäfte-HdB § 1 Rn. 186; GK-HGB/*B. Schmidt* Rn. 11; MüKoHGB/*K. Schmidt* Rn. 13; wohl auch HaKo-HGB/*Klappstein* Rn. 6; M. *Wolff* ZHR 47 (1898), 247 (249).

[207] RG Urt. v. 2.12.1903 – Rep. I 293/03, RGZ 56, 196 (197 f.); OLG Nürnberg Urt. v. 27.1.1961 – 4 U 147/60, BB 1961, 1179; Schlegelberger/*Hefermehl* Rn. 17, 18; Baumbach/Hopt/*Hopt* Rn. 4; *Pfeiffer* in Pfeiffer Handelsgeschäfte-HdB § 1 Rn. 186.

[208] OLG Nürnberg Urt. v. 27.1.1961 – 4 U 147/60, BB 1961, 1179.

wegen eines Verstoßes gegen Art. 1 Nr. 2 WG zwar nichtig;[209] die Urkunde wäre aber gleichwohl ein Schuldschein – die Verpflichtung ist aufgrund einer idR möglichen Umdeutung (§ 140 BGB) ein abstraktes Schuldversprechen –, für den die Vermutung des § 344 Abs. 2 im Einzelfall widerlegt sein kann.[210]

§ 345 [Einseitige Handelsgeschäfte]

Auf ein Rechtsgeschäft, das für einen der beiden Teile ein Handelsgeschäft ist, kommen die Vorschriften über Handelsgeschäfte für beide Teile gleichmäßig zur Anwendung, soweit nicht aus diesen Vorschriften sich ein anderes ergibt.

Schrifttum: *E. Bydlinski,* Interesseersatz im Handelsrecht. Zugleich ein Beitrag zur Auslegung von § 345 HGB, JurBl. 1989, 409; *F. Bydlinski,* Handels- und Unternehmensrecht als Sonderprivatrecht – Ein Modellbeispiel für die systematische und methodologische Grundlagendiskussion, 1990; *K. Schmidt,* „Unternehmer" – „Kaufmann" – „Verbraucher". Schnittstellen im „Sonderprivatrecht" und Friktionen zwischen §§ 13, 14 BGB und §§ 1 ff. HGB, BB 2005, 837.

I. Allgemeines

1   **1. Überblick, Normzweck.** Aufgrund des subjektiven Systems des deutschen Handelsrechts (→ § 343 Rn. 46) kommen die Vorschriften über Handelsgeschäfte (§§ 343 ff.) – ohne dass es einer besonderen Geltungsanordnung bedürfte – zur Anwendung, wenn das Geschäft für beide Teile ein Handelsgeschäft iSv § 343 Abs. 1 (zu Einzelheiten → § 343 Rn. 3 ff.) ist.[1] Gleiches gilt, wenn das Geschäft nur für einen Teil ein Handelsgeschäft ist, für diesen Teil.[2] Die Frage, welche Vorschriften für den anderen Teil – dieser kann ebenfalls Kaufmann, aber auch Verbraucher (§ 13 BGB), Betreiber eines nichtkaufmännischen Unternehmens oder selbstständiger Freiberufler sein – gelten, auf dessen Seite das Geschäft kein Handelsgeschäft ist, beantwortet § 345 dahingehend, dass die Vorschriften über Handelsgeschäfte für beide Teile gleichmäßig zur Anwendung kommen (zu Einzelheiten → Rn. 4 ff.), soweit nicht aus diesen Vorschriften sich ein anderes ergibt (→ Rn. 17).

2   **2. Kritik.** Die Grundsatzentscheidung des § 345, die Anwendung der Vorschriften über Handelsgeschäfte (§§ 343 ff.) nicht nur auf Kaufleute, für die das Geschäft lediglich kein Handelsgeschäft iSv § 343 Abs. 1 (zu Einzelheiten → § 343 Rn. 3 ff.) ist, sondern auch auf Nichtkaufleute – seien es Verbraucher (§ 13 BGB), seien es Betreiber nichtkaufmännischer Unternehmen oder selbstständige Freiberufler – zu erstrecken (→ Rn. 1), wird in systematischer Hinsicht als Abweichung von dem **subjektiven System des Handelsgesetzbuchs** kritisiert.[3] Dies überzeugt bereits deshalb nicht, weil die Anknüpfung an die Person des Kaufmanns (zu Einzelheiten → § 343 Rn. 21 ff.) alleine noch nichts darüber besagt, wie viele Beteiligte des Geschäfts für die Anwendung handelsrechtlicher Vorschriften Kaufleute sein müssen.[4] Darüber hinaus hat der Gesetzgeber das subjektive System mit dem In-Kraft-Treten des HRRefG und des TRG am 1.7.1998[5] sowie der Reform des Seehandelsrechts am 25.4.2013[6] zwar nicht flächendeckend aufgegeben, die Anwendung wesentlicher handelsrechtlicher Vorschriften – namentlich die Regelungen betreffend Handelsvertreter, Handelsmakler, Kommissions-, Fracht-, Speditions- und Lagergeschäfte und Stückgutfrachtverträge (zu Einzelheiten → § 343 Rn. 42 ff.) – aber auf Sachverhalte erstreckt, in denen kein Beteiligter Kaufmann ist (→ Rn. 4), und dadurch das subjektive System wesentlich eingeschränkt.[7] Die in diesem Zusammenhang gebräuchliche schlagwortartige Formulierung, Handelsrecht sei das **„Sonderrecht der Kaufleute"**[8], ist daher jedenfalls in dieser Allgemeinheit sowohl in Bezug auf einzelne Handelsgeschäfte (§ 84 Abs. 4, § 93 Abs. 3, § 383 Abs. 2 S. 2, § 407 Abs. 3 S. 2, § 453 Abs. 3 S. 2 und § 467 Abs. 3 S. 2) als auch für den gesetzlichen Regelfall

---

[209] Statt vieler Baumbach/Hefermehl/Casper/*Casper* WG Art. 1 Rn. 8 mwN.

[210] Schlegelberger/*Hefermehl* Rn. 17; MüKoHGB/*K. Schmidt* Rn. 13.

[1] Staub/*Koller* Rn. 3.

[2] Schlegelberger/*Hefermehl* Rn. 1; Staub/*Koller* Rn. 3; GK-HGB/*B. Schmidt* Rn. 1.

[3] *F. Bydlinski,* Handels- oder Unternehmensrecht als Sonderprivatrecht, 1990, 18 („Abschaffung [Anm.: von § 345] ... steht leider aus"); *Kramer* FS Ostheim, 1990, 299 (305) („verfehlt"); *Raisch* JuS 1967, 533 (535) („axiologischer Bruch"); *Raisch,* Geschichtliche Voraussetzungen, dogmatische Grundlagen und Sinnwandlung des Handelsrechts, 1965, 32 („axiologischer Bruch"), 33 („grundsätzlich Verfehlung des Verhältnisses zwischen Handelsrecht und bürgerlichem Recht"); *K. Schmidt* HandelsR § 18 Rn. 5 („verwunderlich"), 33; *K. Schmidt* BB 2005, 837 (841) („unzeitgemäßen, aber ungefährlichen Sonderling"); *Schwark* JZ 1980, 741 (748); *Weyer* WM 2005, 490 (493) („zweifelsfrei überholt"). Andere sehen in § 345 unkrit. lediglich eine Einschränkung des subjektiven Systems, so zB *Canaris* HandelsR § 20 Rn. 13; *Kort* AcP 193 (1993), 453 (462); *Lettl* HandelsR § 9 Rn. 25.

[4] Oetker/*Pamp* Rn. 1.

[5] S. Art. 3 Nr. 21, 23 iVm Art. 29 Abs. 4 HRRefG, Art. 1 Nr. 3 iVm Art. 12 Abs. 2 TRG.

[6] S. Art. 1 Nr. 42 iVm Art. 15 Abs. 1 des Gesetzes zur Reform des Seehandelsrechts v. 20.4.2013 (BGBl. 2013 I 831).

[7] Oetker/*Pamp* Rn. 1.

[8] Statt vieler NK-HGB/*Lehmann-Richter* Rn. 1.

(§ 345) unzutreffend. Sie ist auf die systematische Ausnahme zu begrenzen, nämlich Vorschriften, die ein beiderseitiges Handelsgeschäft (→ Rn. 17) voraussetzen.

II. Arten von Handelsgeschäften

1. Überblick. Ausgehend von § 345 sind *de lege lata* für die Anwendbarkeit von Handelsrecht **3 drei Gruppen von Vorschriften** zu unterscheiden:[9] (1) Die erste Gruppe – es handelt sich um den gesetzlichen Regelfall des § 345 – umfasst sämtliche Vorschriften für deren Anwendung es genügt, dass das Rechtsgeschäft für einen Teil ein Handelsgeschäft iSv § 343 Abs. 1 ist (zu Einzelheiten → Rn. 4 ff.). (2) Die zweite Gruppe – sie ist im Wortlaut von § 345 („soweit nicht aus diesen Vorschriften sich ein anderes ergibt") nur angedeutet – bilden Vorschriften, die nur für sog. beiderseitige Handelsgeschäft gelten (→ Rn. 17), also voraussetzen, dass das Rechtsgeschäft für beide Teile ein Handelsgeschäft iSv § 343 Abs. 1 ist. (3) Die dritte Gruppe – sie ist in § 345 nicht erwähnt – umfasst Vorschriften, für deren Anwendung kein Teil Kaufmann sein muss. Hierzu zählen die Vorschriften über Handelsvertreter (§ 84 Abs. 4), Handelsmakler (§ 93 Abs. 3), das Kommissionsgeschäft (§ 383 Abs. 2 S. 1, 2), das Frachtgeschäft (§ 407 Abs. 3 S. 2), das Speditionsgeschäft (§ 453 Abs. 3 S. 2), das Lagergeschäft (§ 467 Abs. 3 S. 2) und den Stückgutfrachtvertrag (§ 481 Abs. 3 S. 2).

2. Einseitige Handelsgeschäfte. a) Handelsgeschäft für einen beliebigen Teil. aa) Voraus- 4 setzungen. Gemäß § 345 kommen die Vorschriften über Handelsgeschäfte (§§ 343 ff.) grundsätzlich bereits dann zur Anwendung, wenn das Rechtsgeschäft (→ Rn. 6) für einen der beiden Teile ein **Handelsgeschäft** iSv § 343 Abs. 1 ist. Ein solches einseitiges Handelsgeschäft setzt *grundsätzlich* voraus, dass zumindest ein Beteiligter Kaufmann ist (zu Einzelheiten → § 343 Rn. 21 ff.) und das Geschäft (zu Einzelheiten → § 343 Rn. 4 ff.) zum Betrieb seines Handelsgewerbes gehört (zu Einzelheiten → § 343 Rn. 46 ff.). Die Betriebszugehörigkeit wird bei gezeichneten Schuldscheinen gemäß § 344 Abs. 2 (zu Einzelheiten → § 344 Rn. 38 ff.), bei anderen Geschäften gemäß § 344 Abs. 1 (zu Einzelheiten → § 344 Rn. 2 ff.) vermutet.[10] In Ansehung von **Handelsvertreter-, Handelsmakler-, Kommissions-, Fracht-, Speditions-, Lagergeschäften und Stückgutfrachtverträgen** gilt § 345 gem. § 383 Abs. 2 S. 2, § 407 Abs. 3 S. 2, § 453 Abs. 3 S. 2, § 467 Abs. 3 S. 2 und § 481 Abs. 3 S. 2 – für die Rechtsverhältnisse der Handelsvertreter und Handelsmakler bedarf es einer Gesamtanalogie zu diesen Vorschriften (→ § 343 Rn. 44) – *ausnahmsweise* auch dann, wenn kein Teil Kaufmann ist, also kein Handelsgeschäft vorliegt (zu Einzelheiten → § 343 Rn. 42 ff.).[11]

Ob der **andere Teil** zwar ebenfalls Kaufmann, das Geschäft (→ Rn. 6) für ihn aber kein Handels- **5** geschäft iSv § 343 Abs. 1 (zu Einzelheiten → § 343 Rn. 3 ff.) ist, oder er das Geschäft als Verbraucher (§ 13 BGB), Betreiber eines nichtkaufmännischen Unternehmens oder selbstständiger Freiberufler vornimmt, ist für die Anwendung von § 345 unerheblich.[12]

Von dem Wortlaut des § 343 Abs. 1 („Geschäfte") weicht § 345 insoweit ab, als er nicht den Begriff **6** des Geschäfts (zu Einzelheiten → § 343 Rn. 4 ff.) wiederholt, sondern nur das **Rechtsgeschäft** nennt. Hieraus darf nicht geschlossen werden, dass § 345 die gleichmäßige Anwendung der Vorschriften über Handelsgeschäfte (zu Einzelheiten → Rn. 7 ff.) nicht für sämtliche einseitigen Handelsgeschäfte iSv § 343 Abs. 1 anordne, sondern auf einseitige Handelsgeschäfte in Form von Rechtsgeschäften begrenze. Vielmehr besteht Einigkeit darüber, dass die Regelung – wie § 344 Abs. 1 (→ § 344 Rn. 8) – über ihren Wortlaut hinaus für **alle Geschäfte** iSd § 343 Abs. 1 gilt,[13] also auch für vertragliche Rechtsverhältnisse (→ § 343 Rn. 5), Gestaltungserklärungen und rechtsgeschäftsähnliche Handlungen (→ § 343 Rn. 6) sowie Tathandlungen, soweit letztere § 343 Abs. 1 ausnahmsweise unterfallen (zu Einzelheiten → § 343 Rn. 11 ff.).

bb) Rechtsfolge. (1) Gleichmäßige Anwendung. Auf ein einseitiges Handelsgeschäft (zu Einzel- **7** heiten → Rn. 4 ff.) sind die Vorschriften über Handelsgeschäfte gem. § 345 für beide Teile gleichmäßig anzuwenden, zB **§ 352 Abs. 2** (gesetzlicher Zinssatz, → § 352 Rn. 62), **§ 354** (Verpflichtung zur Zahlung von Provision, Lagergeld und Zinsen, zu Einzelheiten → § 354 Rn. 3 ff.), **§§ 355–357** (Bestimmungen über das Kontokorrent),[14] **§§ 358, 359, 361** (Bestimmungen über Zeit, Art und Güte der Leistung, → § 358 Rn. 5, → § 359 Rn. 6, → § 361 Rn. 10) sowie **§§ 373–376, 380, 381** (Handelskauf, → § 373 Rn. 3, zu §§ 377, 379 → Rn. 17). Für die Anwendung dieser Vorschriften ist es

---

[9] *Oetker* HandelsR § 7 Rn. 13; Oetker/*Pamp* Rn. 2. Möglich sind auch andere Gliederungen, zB HaKo-HGB/*Klappstein* Rn. 1, die aufgrund von Untergruppen insgesamt vier Gruppen unterscheidet.

[10] Schlegelberger/*Hefermehl* Rn. 1; NK-HGB/*Lehmann-Richter* Rn. 3; Oetker/*Pamp* Rn. 3; MüKoHGB/*K. Schmidt* Rn. 1.

[11] HaKo-HGB/*Klappstein* Rn. 4; Staub/*Koller* Rn. 4; MüKoHGB/*K. Schmidt* Rn. 5.

[12] Schlegelberger/*Hefermehl* § 343 Rn. 9; Staub/*Koller* Rn. 4.

[13] Schlegelberger/*Hefermehl* Rn. 1; Staub/*Koller* Rn. 4; NK-HGB/*Lehmann-Richter* Rn. 2; MüKoHGB/*K. Schmidt* Rn. 1.

[14] AA HaKo-HGB/*Klappstein* Rn. 3 zu § 355.

unerheblich (zu den Ausnahmen → Rn. 10), welcher Teil Kaufmann (zu Einzelheiten → § 343 Rn. 21 ff.) ist.[15]

8   Bei der Anwendung von **§ 368** (Pfandverkauf) sind – ähnlich § 354a (→ Rn. 14) – zwei Rechtsgeschäfte zu unterscheiden: (1) Die Verpfändung, dh die rechtsgeschäftliche Bestellung des Pfandrechts, muss gem. § 368 Abs. 1 auf der Seite des Pfandgläubigers und des Verpfänders ein Handelsgeschäft iSv § 343 Abs. 1 (zu Einzelheiten → § 343 Rn. 3 ff.) sein (→ § 368 Rn. 4). Auf die kraft Gesetzes entstehenden Pfandrechte des Kommissionärs (§ 397) und des Lagerhalters (§ 475b) ist § 368 Abs. 1 gem. § 368 Abs. 2 nur entsprechend anzuwenden, wenn der Kommissions- bzw. Lagervertrag ein beiderseitiges Handelsgeschäft ist (→ § 368 Rn. 5). Für die entsprechende Anwendung von § 368 Abs. 1 auf das gesetzliche Pfandrecht des Frachtführers (§ 440), Verfrachters (§ 495) und Spediteurs (§ 464) genügt es gem. § 368 Abs. 2 hingegen, wenn der Fracht-, Speditions- bzw. Stückgutfrachtvertrag auf ihrer Seite ein Handelsgeschäft ist (→ § 368 Rn. 6). (2) Für den Verkauf des Pfandes genügt – unabhängig davon, ob § 368 Abs. 1 direkt oder gem. § 368 Abs. 2 nur entsprechend anzuwenden ist – ein einseitiges Handelsgeschäft, wobei unerheblich ist, für welchen Teil der Kaufvertrag ein Handelsgeschäft ist.

9   Die gleichmäßige Anwendung der Vorschriften über Handelsgeschäfte (§§ 343 ff.) gem. § 345 kann dazu führen, dass Nichtkaufleute – seien es Verbraucher (§ 13 BGB), seien es Betreiber nichtkaufmännischer Unternehmen und selbstständige Freiberufler (→ Rn. 5) – im Einzelfall schlechter stehen als bei ausschließlicher Anwendung des Bürgerlichen Rechts.[16] Dem steht weder § 345 noch Art. 2 EGHGB entgegen; die Vorschriften enthalten **kein Günstigkeitsprinzip**.[17] Daher ist es für die Anwendung von § 345 unbedeutend, ob die gleichmäßig anzuwendenden handelsrechtlichen Vorschriften (→ Rn. 7 f.) den Teil, der kein Kaufmann (zu Einzelheiten → § 343 Rn. 21 ff.) ist, im Vergleich zu den Vorschriften des Bürgerlichen Rechts privilegieren oder benachteiligen.[18] Eventuelle Nachteile (zB die Aufhebung des Zinseszinsverbots nach § 248 Abs. 1 BGB durch § 355 Abs. 1) sind grundsätzlich (zu den Ausnahmen → Rn. 10) dadurch gerechtfertigt, dass der Regelungsgehalt der gleichmäßig anzuwendenden handelsrechtlichen Vorschriften auf Besonderheiten des Handelsverkehrs beruht, an dem auch Nichtkaufleute teilnehmen, wenn sie Geschäftsbeziehungen zu Kaufleuten eingehen.[19] Dass sich hieraus – vorbehaltlich besonderer Umstände des Einzelfalls – keine Unzumutbarkeiten ergeben,[20] zeigt sich ua daran, dass die Regelung betreffend den Kontokorrent zB im Zusammenhang mit Girokonten auch im Verkehr mit Privatpersonen etabliert ist.[21]

10   **(2) Ausnahmen.** Die Tatsache, dass Nachteile, die Nichtkaufleute durch § 345 im Vergleich zur ausschließlichen Anwendung von Vorschriften des Bürgerlichen Rechts erleiden, im Grundsatz dadurch gerechtfertigt sind, dass sie aufgrund der Geschäftsbeziehung zu einem Kaufmann am Handelsverkehr teilnehmen (→ Rn. 9), schließt einzelne Ausnahmen jedoch nicht aus.[22] Geboten sind sie insbesondere zur **Verwirklichung des Verbraucherschutzes.** Ein Vorrang der gleichmäßigen Anwendung handelsrechtlicher Vorschriften widerspräche nicht nur dem rechtspolitischen Ziel des Verbraucherschutzrechts, Verbraucher (§ 13 BGB) gegenüber Unternehmern (§ 14 BGB) in stärkerem Maße zu schützen, als dies nach allgemeinem Bürgerlichen Recht der Fall wäre, sondern wäre auch gleichbedeutend mit einer Verletzung der unionsrechtlichen Pflicht zur Umsetzung der Vorgaben der zugrundeliegenden europäischen Richtlinien. Ein solches, vom deutschen Gesetzgeber wohl nicht erkanntes Umsetzungsdefizit ist bereits *de lege lata* – methodologisch handelt es sich wohl um eine unionsrechtskonforme Reduktion von § 345 – dadurch zu beheben, dass die zwingenden Vorschriften des Verbraucherschutzrechts – konkret: **§ 286 Abs. 3 BGB, § 288 Abs. 1, 2 BGB** (Verzug), **§ 305 Abs. 2 BGB, §§ 308, 309, 310 Abs. 3 BGB** (Allgemeine Geschäftsbedingungen), **§§ 312–312k BGB** (Grundsätze bei Verbraucherverträgen und besondere Vertriebsformen), **§§ 474–479 BGB** (Verbrauchsgüterkauf), **§§ 481–487 BGB** (Teilzeit-Wohnrechteverträge, Verträge über langfristige Urlaubsprodukte, Vermittlungsverträge und Tauschsystemverträge), **§§ 491–515, 655a–655e BGB** (Verbraucherdarlehensverträge, Finanzierungshilfen) **§ 661a BGB** (Gewinnzusagen) – den Vorschriften über Handelsgeschäfte (§§ 343 ff.) vorgehen.[23] Zu § 360 → Rn. 12.

---

[15] HaKo-HGB/*Klappstein* Rn. 1; Oetker/*Pamp* Rn. 3; Röhricht/Graf v. Westphalen/Haas/*Steimle/Dornieden* Rn. 4.

[16] KKRD/*W.-H. Roth* Rn. 1; Röhricht/Graf v. Westphalen/Haas/*Steimle/Dornieden* Rn. 5.

[17] Oetker/*Pamp* Rn. 3.

[18] *K. Schmidt* HandelsR § 18 Rn. 32.

[19] Ähnl. Heymann/*Horn* Rn. 3.

[20] *Canaris* HandelsR § 20 Rn. 14; Staub/*Koller* Rn. 6. IErg auch Baumbach/Hopt/*Hopt* Rn. 1 („rechtspolitisch akzeptabel").

[21] Heymann/*Horn* Rn. 3; *K. Schmidt* HandelsR § 18 Rn. 5.

[22] Heymann/*Horn* Rn. 3.

[23] Baumbach/Hopt/*Hopt* Rn. 1; HaKo-HGB/*Klappstein* Rn. 6; Staub/*Koller* Rn. 1; Oetker/*Pamp* Rn. 3; KKRD/*W.-H. Roth* Rn. 3; MüKoHGB/*K. Schmidt* Rn. 6; *K. Schmidt* BB 2005, 837 (841); Röhricht/Graf v. Westphalen/Haas/*Steimle/Dornieden* Rn. 5.

b) Handelsgeschäft für einen bestimmten Teil. Einzelne Vorschriften, für deren Anwendung **11** ein einseitiges Handelsgeschäft genügt, gelten nur, wenn das Geschäft (→ Rn. 6) für einen bestimmten Teil ein Handelsgeschäft iSd § 343 Abs. 1 (zu Einzelheiten → § 343 Rn. 3 ff.) ist. Im Einzelnen:

Folgende Vorschriften gelten nur, wenn das Geschäft (→ Rn. 6) zumindest auch für den **Schuldner** **12** ein Handelsgeschäft iSd § 343 Abs. 1 (zu Einzelheiten → § 343 Rn. 3 ff.) ist: **§ 347 Abs. 1** (kaufmännische Sorgfaltspflicht, → § 347 Rn. 4), **§ 348** (kaufmännisches Versprechen einer Vertragsstrafe, → § 348 Rn. 24 f.), **§ 349** (Ausschluss der Einrede der Vorausklage bei der Bürgschaft, → § 349 Rn. 7) und **§ 350** (Formfreiheit bei Bürgschaft, Schuldversprechen und Schuldanerkenntnis, → § 350 Rn. 10). Die Voraussetzung, dass das Geschäft für einen bestimmten Teil ein Handelsgeschäft ist, kommt – im Unterschied zu den vorstehenden Vorschriften – nicht notwendig im Wortlaut der Vorschrift zum Ausdruck. Ein Beispiel hierfür ist **§ 360.** Da Handelsgut nur von einem Kaufmann (zu Einzelheiten → § 343 Rn. 21 ff.) verlangt werden kann, ist die Vorschrift nur anzuwenden, wenn der Schuldner Kaufmann ist. Schuldet hingegen ein Nichtkaufmann einem Kaufmann eine nur der Gattung nach bestimmte Ware, hat er gem. § 243 Abs. 1 BGB eine Sache von mittlerer Art und Güte zu leisten (→ § 360 Rn. 9).

Die Vorschrift des **§ 354** (Anspruch auf Provision, Lagergeld und Zinsen für kaufmännischen **13** Dienstleister) gilt nur, wenn die Geschäftsbesorgung bzw. Dienstleistung zumindest auch für den **Anspruchsteller** ein Handelsgeschäft iSd § 343 Abs. 1 (zu Einzelheiten → § 343 Rn. 3 ff.) ist (→ § 354 Rn. 3).

Bei der Anwendung von **§ 354a** (Wirksamkeit der Abtretung einer Geldforderung) sind – ähnlich **14** § 368 (→ Rn. 8) – zwei Rechtsgeschäfte zu unterscheiden: (1) Das Rechtsgeschäft, das die abgetretene Forderung begründet hat, muss – sofern der Schuldner weder eine juristische Person des öffentlichen Rechts noch ein öffentlich-rechtliches Sondervermögen ist – für beide Teile ein Handelsgeschäft iSv § 343 Abs. 1 (zu Einzelheiten → § 343 Rn. 3 ff.) sein (→ § 354a Rn. 9). (2) Im Unterschied dazu genügt es, dass die Abtretung (§ 398 S. 1 BGB) zumindest für den **Zedenten** ein Handelsgeschäft ist.

Die Vorschrift des **§ 362** (Vertragsschluss mit einem kaufmännischen Geschäftsbesorger) gilt nur, **15** wenn zumindest auch der **Empfänger des Antrags** Kaufmann ist und die Geschäftsverbindung für ihn ein Handelsgeschäft iSd § 343 Abs. 1 (zu Einzelheiten → § 343 Rn. 3 ff.) ist (→ § 362 Rn. 7).

Die **§§ 363–365** (kaufmännische Orderpapiere, Indossierung) gelten nur, wenn die Ausstellung der **16** Urkunde bzw. das Indossament zumindest auch für den Aussteller bzw. Indossanten ein Handelsgeschäft iSd § 343 Abs. 1 (zu Einzelheiten → § 343 Rn. 3 ff.) ist (→ § 363 Rn. 8). Die Vorschrift des **§ 366** gilt nur, wenn die Veräußerung bzw. Verpfändung zumindest auch für den Veräußerer bzw. Besteller des Pfandrechts ein Handelsgeschäft iSd § 343 Abs. 1 ist (→ § 366 Rn. 6). Daher kann zB auch ein gutgläubiger Verbraucher (§ 13 BGB) gem. § 366 Abs. 1 bewegliche Sachen von einem nichtberechtigten Kaufmann erwerben.[24] Spiegelbildlich dazu ist der Anwendungsbereich von **§ 367** auf Sachverhalte beschränkt, in denen die Veräußerung eines abhanden gekommenen Inhaberpapiers bzw. die Bestellung eines Pfandrechts daran zumindest für den gutgläubig erwerbenden Kaufmann, der Bankier- oder Geldwechslergeschäfte betreibt, ein Handelsgeschäft iSd § 343 Abs. 1 ist (→ § 367 Rn. 6).

3. Beiderseitige Handelsgeschäfte. Nach der Systematik des § 345 setzt die Anwendung einzel- **17** ner Vorschriften über Handelsgeschäfte (§§ 343 ff.) nur ausnahmsweise ein sog. beiderseitiges Handelsgeschäft voraus, nämlich nur, wenn die jeweilige Vorschrift dies bestimmt. Diese Bestimmung erfolgt ganz überwiegend im **Wortlaut** der jeweiligen Vorschrift, entweder dergestalt, dass für beide Teile ein Handelsgeschäft iSv § 343 Abs. 1 (zu Einzelheiten → § 343 Rn. 3 ff.) vorausgesetzt wird – so zB in **§ 352 Abs. 1** (Zinssatz bei beiderseitigen Handelsgeschäften, → § 352 Rn. 10), **§ 369** (kaufmännisches Zurückbehaltungsrecht, → § 369 Rn. 7), **§ 377** (kaufmännische Untersuchungs- und Rügeobliegenheit, → § 377 Rn. 1), **§ 379** (Aufbewahrungspflicht bei Distanzkauf, → § 379 Rn. 4) und **§ 391** (Untersuchungs- und Rügeobliegenheit bei einer Einkaufskommission, → § 391 Rn. 3) –, oder – wie zB in **§ 346** (Geltung von Handelsbräuchen, → § 346 Rn. 104 f.) und **§ 353 S. 1** (Fälligkeitszinsen, → § 353 Rn. 9) – durch die einschränkende Formulierung, dass die Bestimmung nur unter Kaufleuten gelte. Die Beschränkung des Anwendungsbereichs einer Vorschrift auf beiderseitige Handelsgeschäfte kann sich auch ohne dahingehende Bestimmung im Wortlaut aus dem **Normzweck** oder der Gesetzessystematik ergeben.[25] Letzteres gilt zB für die **§§ 371, 372** (kaufmännisches Befriedigungsrecht) aufgrund ihres Zusammenhangs mit dem kaufmännischen Zurückbehaltungsrecht nach § 369, dessen Anwendungsbereich seinerseits auf beiderseitige Handelsgeschäfte beschränkt ist.[26]

---

[24] *K. Schmidt* HandelsR § 18 Rn. 5.
[25] *Canaris* HandelsR § 20 Rn. 12; *Fischinger* HandelsR Rn. 529; *Herresthal* ZIP 2006, 883 (884); HaKo-HGB/ *Klappstein* Rn. 5; Staub/*Koller* Rn. 5; NK-HGB/*Lehmann-Richter* Rn. 4; Oetker/*Pamp* Rn. 4; vgl. auch *E. Bydlinski* JurBl. 1989, 409 (419) zu § 345 öHGB aF (jetzt § 345 UGB); aA (nur Wortlaut) *Jung* HandelsR Kap. 9 Rn. 10; KKRD/*W.-H. Roth* Rn. 2; wohl auch GK-HGB/*B. Schmidt* Rn. 3.
[26] Schlegelberger/*Hefermehl* Rn. 3; Heymann/*Horn* Rn. 5.

§ 346 [Handelsbräuche]

Unter Kaufleuten ist in Ansehung der Bedeutung und Wirkung von Handlungen und Unterlassungen auf die im Handelsverkehre geltenden Gewohnheiten und Gebräuche Rücksicht zu nehmen.

Schrifttum (allgemein): *Bärmann,* Zur Vorgeschichte des § 346 HGB, FS Krause, 1975, 225; *Basedow,* Handelsbräuche und AGB-Gesetz – Spontane Regelbildung im Zeitalter kodifizierter Usancen, ZHR 150 (1986), 469; *K. P. Berger,* Einbeziehung von AGB in B2B-Verträge, ZGS 2004, 415; *v. Bernstorff,* „Dokumente gegen den unwiderruflichen Zahlungsauftrag" als Zahlungsform im Außenhandel, RIW 1985, 14; *Blaurock,* Übernationales Recht des Internationalen Handels, ZEuP 1993, 247; *Böshagen,* Gutachten der Industrie- und Handelskammern über das Bestehen von Handelsbräuchen, NJW 1956, 695; *Dölle,* Bedeutung und Funktion der „Bräuche" im Einheitsgesetz über den internationalen Kauf beweglicher Sachen, FS Rheinstein, Bd. I, 1969, 447; *Drobnig,* Allgemeine Geschäftsbedingungen im internationalen Handelsverkehr, FS F. A. Mann, 1971, 591; *Ehricke,* Zur Bedeutung der Privatautonomie bei der ergänzenden Vertragsauslegung, RabelsZ 60 (1996), 661; *Eisemann,* Recht und Praxis des Dokumentenakkreditivs, 1993; *Ferrari,* Zur Bedeutung von Handelsbräuchen und Gepflogenheiten nach UN-Kaufrecht, The European Legal Forum, 2002, 272; *Gallois,* Die wachsende Bedeutung der Verkehrssitte und ihre Einwirkung auf nachgiebiges Recht, NJW 1954, 293; *Gallois,* Gutachten der Industrie- und Handelskammern über Handelsbräuche, NJW 1954, 1312; *Gallois,* Handelsbräuche, Gewohnheitsrecht und Allgemeine Geschäftsbedingungen im Rechtsleben, JR 1956, 45; *Gärtner,* Zivilrechtlicher Verbraucherschutz und Handelsrecht, BB 1991, 1753; *Gerig,* Die Feststellung von Handelsbräuchen in der Holzwirtschaft, NJW 1955, 1910; *Hellwege,* Handelsbrauch und Verkehrssitte, AcP 214 (2014), 853; *v. Hoffmann,* „Lex mercatoria" vor internationalen Schiedsgerichten, IPRax 1984, 106; *Holl/Keßler,* „Selbstgeschaffenes Recht der Wirtschaft" und Einheitsrecht – Die Stellung der Handelsbräuche und Gepflogenheiten im Wiener UN-Kaufrecht, RIW 1995, 457; *P. Huber,* Vertragsnichtigkeit und Handelsbrauch im UN-Kaufrecht, IPRax 2004, 358; *Kappus,* „Lex mercatoria" in Europa und Wiener UN-Kaufrechtsübereinkommen, 1990; *J. Limbach,* Die Feststellung von Handelsbräuchen, FS Ernst E. Hirsch, 1968, 77; *Lißner,* Handelsbräuche, 1999; *Lüderitz,* Auslegung von Rechtsgeschäften, 1966; *de Ly,* Lex mercatoria, 1989; *Mertens,* Das lex mercatoria-Problem, FS Odersky, 1996, 857; *Möllers/Fekonja,* Private Rechtssetzung im Schatten des Gesetzes, ZGR 2012, 777; *Oertmann,* Rechtsordnung und Verkehrssitte, 1914; *Oestmann,* Die Ermittlung von Verkehrssitten und Handelsbräuchen im Zivilprozeß, JZ 2003, 285; *Pflug,* Schecksperre und Handelsbrauch, ZHR 135 (1971), 1; *Raisch,* Geschichtliche Voraussetzungen, dogmatische Grundlagen und Sinnwandlung des Handelsrechts, 1965; *v. Renthe gen. Fink,* Sind die „Tegernseer Gebräuche" Handelsbrauch nach § 346 HGB – Eine Entgegnung zu Roller, BB 1981, 587, BB 1982, 80; *Roller,* Kein Eigentumsvorbehalt nach den „Tegernseer Gebräuche", BB 1981, 587; *Rummel,* Vertragsauslegung nach der Verkehrssitte, 1972; *K. Schmidt,* Lex mercatoria: Allheilmittel? Rätsel? Chimäre?, in Murakami/Marutschke/Riesenhuber, Globalisierung und Recht, 2007, 153; *Schmitthoff,* International Trade Usages (ed. ICC, Publikationsnr. 440/4), 1987; *Schreiber,* Handelsbräuche, 1922; *Selke,* Handelsbräuche als autonomes kaufmännisches Recht aus praktischer Sicht, 2001; *Sonnenberger,* Verkehrssitten im Schuldvertrag, 1970; *U. Stein,* Lex mercatoria, 1995; *K. Wagner,* Zur Feststellung eines Handelsbrauches, NJW 1969, 1282; *Weise,* Lex Mercatoria, 1989; *Weynen,* Zur Frage der Feststellung von Handelsbräuchen, NJW 1954, 628.

Schrifttum zum Schweigen im Handelsverkehr, insbesondere Schweigen auf ein kaufmännisches Bestätigungsschreiben: *Batsch,* Abschied vom sog. kaufmännischen Bestätigungsschreiben?, NJW 1980, 1731; *Bickel,* Rechtsgeschäftliche Erklärungen durch Schweigen?, NJW 1972, 607; *F. Bydlinski,* Die Entmythologisierung des „kaufmännischen Bestätigungsschreibens" im österreichischen Recht, FS Flume, Bd. I, 1978, 335; *F. Bydlinski,* Kontrahierungszwang und Anwendung allgemeinen Zivilrechts, JZ 1980, 378; *F. Bydlinski,* Privatautonomie und objektive Grundlagen des verpflichtenden Rechtsgeschäfts, 1967; *Canaris,* Die Vertrauenshaftung im deutschen Privatrecht, 1971; *Canaris,* Schweigen im Rechtsverkehr als Verpflichtungsgrund, FS Wilburg, 1975, 77; *Coester,* Kaufmännisches Bestätigungsschreiben und Allgemeine Geschäftsbedingungen: Zum Vorrang der Individualabrede nach § 4 AGBG, DB 1982, 1551; *v. Craushaar,* Der Einfluß des Vertrauens auf die Privatrechtsbildung, 1969; *Deckert,* Das kaufmännische und berufliche Bestätigungsschreiben, JuS 1998, 121; *Diederichsen,* Der „Vertragsschluß" durch kaufmännisches Bestätigungsschreiben, JuS 1966, 129; *v. Dücker,* Das kaufmännische Bestätigungsschreiben in der höchstrichterlichen Rechtsprechung, BB 1996, 3; *Ebenroth,* Das kaufmännische Bestätigungsschreiben im internationalen Handelsverkehr, ZVglRWiss. 77 (1978), 161; *Ebert,* Schweigen im Vertrags- und Deliktsrecht, JuS 1999, 754; *Esser,* Die letzte Glocke zum Geleit? Kaufmännische Bestätigungsschreiben im internationalen Handel: deutsches, französisches, italienisches und Schweizerrecht und einheitliches Recht unter der Kaufrechtskonvention von 1980, ZfRV 22 (1988), 167; *F. Fabricius,* Stillschweigen als Willenserklärung, JuS 1966, 50; *Fischinger,* Grundfälle zur Bedeutung des Schweigens im Rechtsverkehr, JuS 2015, 394; *Fuchs,* Kaufmännische Bestätigungsschreiben, 1998; *Gauch,* Von der konstitutiven Wirkung des kaufmännischen Bestätigungsschreibens, ZSR 1991, 177; *Götz,* Zum Schweigen im rechtsgeschäftlichen Verkehr: ein Beitrag zur Problematik von Verkehrsstörungen durch Untätigkeit, dargestellt insbesondere am Beispiel des Schweigens auf Formularbedingungen und Bestätigungsschreiben, 1968; *Götz/Huhn,* Das kaufmännische Bestätigungsschreiben, 1969; *Gummert,* BGH – Schweigen auf kaufmännisches Bestätigungsschreiben, WiB 1994, 319; *Haberkorn,* Schweigen auf kaufmännisches Bestätigungsschreiben, MDR 1968, 108; *P. Hanau,* Objektive Elemente im Tatbestand der Willenserklärung – Ein Beitrag zur Kritik der „stillschweigenden und schlüssigen Willenserklärungen", AcP 165 (1965), 220; *v. Hayn-Habermann,* Voraussetzungen des kaufmännischen Bestätigungsschreibens, NJW-Spezial 2011, 300; *Hepp,* Zum kaufmännischen Bestätigungsschreiben, BB 1964, 371; *Hohmeister/Küper,* Die Bedeutung des Schweigens im Handelsverkehr, BuW 1997, 702; *Hopt,* Nichtvertragliche Haftung außerhalb von Schadens- und Bereicherungsausgleich, AcP 183 (1983), 608; *Kolbe,* Schweigen auf einseitige Preiserhöhungen, BB 2010, 2322; *Kollrus,* Kaufmännisches Bestätigungsschreiben – eine kautelarjuristische Geheimwaffe im Rahmen des Vertragsmanagements?, BB 2014, 779; *Kramer,* Schweigen als Annahme eines Antrags, JURA 1984, 235; *Krause,* Schweigen im Rechtsverkehr – Beiträge zur Lehre vom Bestätigungsschreiben, von der Vollmacht und von der Verwirkung, 1933; *Kröll/Hennecke,* Kaufmännisches Bestätigungsschreiben beim internationalen Warenkauf, RabelsZ 67 (2003), 448; *Kuchinke,* Zur Dogmatik des Bestätigungsschreibens, JZ 1965,

167; *Kuhn,* Die Rechtsprechung des OGH und des BGH zum Schweigen als Willenserklärung, WM 1955, 958; *Lettl,* Das kaufmännische Bestätigungsschreiben, JuS 2008, 849; *Lindacher,* Die Bedeutung der Klausel „Angebot freibleibend", DB 1992, 1813; *Lindacher,* Zur Einbeziehung Allgemeiner Geschäftsbedingungen durch kaufmännisches Bestätigungsschreiben, WM 1981, 702; *Moritz,* Vertragsfixierung durch kaufmännisches Bestätigungsschreiben, BB 1995, 420; *Müller-Graff,* AGB-Einbeziehung bei kaufmännischer Geschäftsübung und AGB-Gesetz, FS Pleyer, 1986, 401; *Müller-Graff,* Rechtliche Auswirkungen einer laufenden Geschäftsverbindung im amerikanischen und im deutschen Recht, 1974; *Mues,* Die Irrtumsanfechtung im Handelsverkehr, 2004; *Niebling,* Das kaufmännische Bestätigungsschreiben bei Verein und Stiftung, ZStV 2012, 226; *Oßwald,* Der sog. Vertragsschluß durch kaufmännische Bestätigungsschreiben, 1972; *Petersen,* Schweigen im Rechtsverkehr, JURA 2003, 687; *Philipowski,* Die Geschäftsverbindung – Tatsachen und rechtliche Bedeutung, 1963; *Philipowski,* Schweigen als Genehmigung, BB 1964, 1069; *Rothermel/Dahmen,* Schweigen ist Silber – Regelungen zum Schweigen unter Kaufleuten im Rechtsvergleich, RIW 2018, 179; *Schärtl,* Das kaufmännische Bestätigungsschreiben, JA 2007, 567; *K. Schmidt,* Die Praxis zum sog. kaufmännischen Bestätigungsschreiben: ein Zankapfel der Vertragsrechtsdogmatik, FS H. Honsell, 2002, 99; *Schmidt-Salzer,* Auftragsbestätigung, Bestätigungsschreiben und kollidierende Allgemeine Geschäftsbedingungen, BB 1971, 591; *Schmittmann,* Kaufmännisches Bestätigungsschreiben mittels Telefax, NJW 1994, 3149; *Schopp,* Schweigen im Rechtsverkehr, insbesondere im Handelsverkehr, Rpfleger 1982, 321; *Schultz,* Annahme im Sinne des § 151 BGB und Annahme durch Schweigen, MDR 1995, 1187; *Schwenzer,* Einbeziehung von Spediteurbedingungen sowie Anknüpfung des Schweigens bei grenzüberschreitenden Verträgen – zu OLG Frankfurt Urt. v. 16.12.1986 – 5 U 28/86, IPRax 1988, 86; *Siller,* Das kaufmännische Bestätigungsschreiben, JR 1927, 289; *Steding,* Das kaufmännische Bestätigungsschreiben – eine rechtsgeschäftliche Spezialität, JA 1998, 288; *Thamm/Detzer,* Das Schweigen auf ein kaufmännisches Bestätigungsschreiben, DB 1997, 213; *Wacke,* Keine Antwort ist auch eine Antwort. Qui tacet, consentire videtur, ubi loqui potuit ac debuit., JA 1982, 184; *Walchshöfer,* Das abweichende kaufmännische Bestätigungsschreiben, BB 1975, 719; *Zunft,* Anfechtbarkeit des Schweigens auf kaufmännisches Bestätigungsschreiben, NJW 1959, 276.

Schrifttum zu Handelsklauseln: *v. Bernstoff,* Incoterms 2010 der internationalen Handelskammer (ICC), 2010; *v. Bernstorff,* Incoterms 2010, Kommentierung für die Praxis inklusive offiziellem Regelwerk, 2. Aufl. 2012; *v. Bernstorff,* Incoterms 2010, RIW 2010, 672; *Böckstiegel,* Vertragsklauseln über nicht zu vertretende Risiken im internationalen Wirtschaftsverkehr, RIW 1984, 1; *Bredow/B. Seiffert,* Incoterms 2000 – Kommentar und deutsch/englischer Text ICC-Incoterms 2000; *Eisemann,* Die Incoterms, 1981; *Haage,* Die Vertragsklauseln CIF, FoB ab Kai unter Berücksichtigung der Tradeterms, 1956; *v. Hoffmann,* Zur Auslegung der Vertragsklauseln des internationalen Handelsverkehrs, AWD 1970, 252; *Honsell,* Auslegung einer ca-Klausel in Lieferungsvereinbarungen des Stahlhandels, EWiR 1991, 385; *Hopt,* Incoterms 2010 – Ein Meilenstein für Recht und Praxis des internationalen Handelsrechts, FS Hommelhoff, 2012, 467; *Kolter,* Zur rechtlichen Einordnung typischer Handelsklauseln, 1991; *Lebuhn,* Zur Bedeutung der Klausel „c. o. d.", IPRax 1986, 19; *Lehr,* Die neuen Incoterms 2000, VersR 2000, 548; *Liesecke,* Die typischen Klauseln des internationalen Handelsverkehrs in der neueren Praxis, WM-Beilage 3/1978, 1; *Oertel,* INCOTERMS 2020 – Neue Überarbeitung eines Champions für den internationalen Warenkauf, RIW 2019, 701; *Piltz,* Incoterms 2020, IHR 2019, 177; *Piltz,* INCOTERMS 2020 – ein Praxisüberblick, RIW 2000, 485; *Piltz,* Incoterms 2010, IHR 2011, 1; *J. Ramberg,* ICC-Guide to Incoterms 2000 (ICC-Publication Nr. 620), 1999; *Renck,* Der Einfluß der INCOTERMS 1990 auf das UN-Kaufrecht, 1995; *H. Schneider,* Incoterms 1990, RIW 1991, 91; *Schüssler,* Die Incoterms – Internationale Regeln für die Auslegung der handelsüblichen Vertragsklauseln, DB 1986, 1161; *Thamm,* Der Inhalt der „circa"-Klausel, DB 1982, 417; *Tilmann,* Rechtssetzung durch Private bei Klauselwerken des Handels, FS Tilmann, 2003, 987; *Wertenbruch,* Die Incoterms-Vertragsklauseln für den internationalen Kauf, ZGS 2005, 136; *Wörlen/Metzler-Müller,* Handelsklauseln im nationalen und internationalen Warenverkehr, 1997; *Zwilling-Pinna,* Update wichtiger Handelsklauseln: Neufassung der Incoterms ab 2011, BB 2010, 2980.

Übersicht

I. Allgemeines

1. Überblick. Die im Handelsverkehr geltenden Gewohnheiten und Gebräuche werden in Anleh- **1**
nung an § 359 Abs. 1 („Handelsgebrauch") unter dem Begriff der Handelsbräuche zusammengefasst.[1]
Sie entspringen zwei Interessen des kaufmännischen Verkehrs: Zum einen sollen sie – im Vergleich zu
Geschäften außerhalb des Handelsverkehrs – eine **reibungslosere und raschere Abwicklung der**

---

[1] GK-HGB/*Achilles/B. Schmidt* Rn. 1; NK-HGB/*Lehmann-Richter* Rn. 1; *Lettl* HandelsR § 10 Rn. 2; *Oetker*
HandelsR § 7 Rn. 47; KKRD/*W.-H. Roth* Rn. 1; *Schinkels* in Pfeiffer Handelsgeschäfte-HdB § 5 Rn. 1.

Handelsgeschäfte sicherstellen.[2] Zum anderen sollen sie **klare und endgültige Verhältnisse** schaffen, die nicht nachträglich wieder umgestoßen werden können.[3] Diese Bedürfnisse entspringen daraus, dass die Parteien auf Grundlage der durch ihr früheres Verhalten geschaffenen Sachlage in der Regel weitere Maßnahmen treffen, die womöglich unterbleiben würden, wenn sie wüssten, dass die Sachlage nachträglich und rückwirkend verändert werden könnte.[4]

2 **2. Normzweck.** Handelsbräuche sind ausweislich der Rechtsfolgenanordnung des § 346 („ist … Rücksicht zu nehmen") keine Rechtssätze des objektiven Rechts,[5] sondern außerrechtliche **soziale Normen**.[6] Gleichwohl sind sie rechtlich nicht unbedeutend. Denn im Handelsverkehr verleiht § 346 ihnen **„in gewisser Weise normativen Charakter".**[7] Dieser besteht darin, dass auf sie in Ansehung der Bedeutung und Wirkung (zu Einzelheiten → Rn. 151 ff., 173 ff.) von Handlungen und Unterlassungen (→ Rn. 104 f.) Rücksicht zu nehmen ist (zu Einzelheiten → Rn. 149 ff.). Diese Rechtsfolgenanordnung des § 346 lässt erkennen, dass die Vorschrift eine besondere handelsrechtliche Ausprägung der §§ 157, 242 BGB darstellt.[8] Die Gemeinsamkeit dieser Vorschriften besteht darin, dass sie außerrechtlichen sozialen Normen – einerseits Handelsbräuchen, andererseits der Verkehrssitte (zu Einzelheiten → Rn. 32 ff.) – zu einer rechtlichen Relevanz verhelfen. Kurz: § 346 erklärt Handelsbräuche zu faktischen Rechts*entstehungs*quellen.[9]

3 **3. Entstehungsgeschichte.** Der Regelungsgehalt des § 346 entspricht mit sprachlichen Anpassungen, aber ohne inhaltliche Änderung, dem des **Art. 279 ADHGB.** Danach war „(i)n Beziehung auf die Bedeutung und Wirkung von Handlungen und Unterlassungen … auf die im Handelsverkehr geltenden Gewohnheiten und Gebräuche Rücksicht zu nehmen." Auf Grundlage der Annahme, der Regelungsgehalt des Art. 279 ADHGB werde durch § 157 BGB (damals § 127 BGB-E II) ersetzt, sahen die Verfasser des Ersten Entwurfs eines HGB die Vorschrift als überflüssig an;[10] daher fand sich in dem Ersten Entwurf keine entsprechende Regelung.[11] Nachdem in den Beratungen die Befürchtung geäußert worden war, dass unter Geltung von § 1 AGHGB-E der Versuch unternommen werden würde, Grundsätze des Partikularrechts unter dem Deckmantel örtlicher Handelsbräuche vorrangig vor Vorschriften des BGB fortgelten zu lassen, kehrte die

---

[2] BGH Urt. v. 24.11.1976 – VIII ZR 21/75, NJW 1977, 385 (387); HaKo-HGB/*Klappstein* Rn. 1; ähnl. *Canaris* HandelsR § 22 Rn. 3: Einfachheit und Sicherheit des (Handels-)Verkehrs.

[3] RG Urt. v. 12.11.1919 – I 111/19, RGZ 97, 140 (142); ähnl. Staub/*Koller* Rn. 15; *Lettl* HandelsR § 10 Rn. 6; KKRD/*W.-H. Roth* Rn. 1.

[4] RG Urt. v. 12.11.1919 – I 111/19, RGZ 97, 140 (142 f.); ähnl. HaKo-HGB/*Klappstein* Rn. 1.

[5] BGH Urt. v. 29.11.1961 – VIII ZR 146/60, JZ 1963, 167 (169) = BeckRS 1961, 31188315; BGH Urt. v. 10.4.1956 – I ZR 165/54, GRUR 1957, 84 (85); RG Urt. v. 6.1.1922 – VII 906/21, JW 1922, 706; Denkschrift zum Entwurf des HGB, 1897, 4; *Fischinger* HandelsR Rn. 530; *Gallois* JR 1956, 45; *Gallois* NJW 1954, 293 (294); *Haertlein* EWiR 2003, 159 (160); Schlegelberger/*Hefermehl* Rn. 1, 39; *Hellwege* AcP 214 (2014), 853 (884); Heymann/*Horn* Rn. 1; *Jung* HandelsR Kap. 9 Rn. 12; HaKo-HGB/*Klappstein* Rn. 1, 25; NK-HGB/*Lehmann-Richter* Rn. 1; *Lettl* HandelsR § 10 Rn. 6; *Oetker* HandelsR § 7 Rn. 47; Oetker/*Pamp* Rn. 6; KKRD/*W.-H. Roth* Rn. 1; MüKoHGB/*K. Schmidt* Rn. 1 Rn. 48; *Röhricht*/Graf v. Westphalen/Haas/*Steimle/Dornieden* Rn. 21; ähnl. *Canaris* HandelsR § 22 Rn. 11 („keine normative Rechtsgeltungsquelle"); aA RG Urt. v. 23.6.1899 – Rep. VIa 98/99, RGZ 44, 31 (33); RG Urt. v. 31.3.1925 – VI 406/24, JW 1913, 554 (554).

[6] Heymann/*Horn* Rn. 1; MüKoHGB/*K. Schmidt* Rn. 1. Unklar Schlegelberger/*Hefermehl* Rn. 1 („können Handelsbräuche … zu sozialen Normen geworden sein").

[7] BGH Urt. v. 3.12.1992 – III ZR 30/91, NJW 1993, 1798; BGH Urt. v. 28.3.1969 – I ZR 33/67, NJW 1969, 1293 (1295). Mit unterschiedlichen Formulierungen in der Sache auch RG Urt. v. 6.1.1922 – VII 906/21, JW 1922, 706 („wirkt auf das einzelne Rechtsverhältnis in gewisser Weise regelnd ein"); OLG Köln Urt. v. 28.2.1997 – 19 U 194/95, NJW-RR 1998, 926 („Handelsbräuche gelten normativ"); GK-HGB/*Achilles/B. Schmidt* Rn. 1 („normative Kraft"); Schlegelberger/*Hefermehl* Rn. 1 („normativen Effekt"); Baumbach/Hopt/*Hopt* Rn. 8 („gelten normativ"); Heymann/*Horn* Rn. 2 („normative Qualität"); Staub/*Koller* Rn. 4 („normative Geltung"); Oetker/*Pamp* Rn. 1 („normative Kraft"); KKRD/*W.-H. Roth* Rn. 1 („Handelsbrauch … wirkt … normativierend"); *Schinkels* in Pfeiffer Handelsgeschäfte-HdB § 5 Rn. 3 („normative Wirkungsweise"), 17 („Wirkung einer Norm"); MüKoHGB/*K. Schmidt* Rn. 1 („wirkt … normativ"); *K. Schmidt* HandelsR § 1 Rn. 48 („wirken … normativ").

[8] Vgl. BGH Urt. v. 7.3.1973 – VIII ZR 214/71, WM 1973, 382 (383) = BeckRS 1973, 31125498 zu § 242 BGB; Schlegelberger/*Hefermehl* Rn. 19 („im Bereich des Handelsrechts das Gegenstück zu den §§ 133, 157, 242 BGB").

[9] RG Urt. v. 6.1.1922 – VII 906/21, JW 1922, 706; *Canaris* HandelsR § 22 Rn. 11; HaKo-HGB/*Klappstein* Rn. 35; ähnl. MüKoHGB/*K. Schmidt* Rn. 1 („sozialen Normen … mittelbar Rechtsverbindlichkeit verschaffen"). Die Umschreibung der Rechtsfolge des § 346 als „Transformationswirkung" (so zB Heymann/*Horn* Rn. 2) ist unglücklich, da sie gerade nicht darin besteht, dass Handelsbräuche zu Rechtsnormen werden.

[10] Protokolle über die Beratungen der Kommission zur Begutachtung des Entwurfs eines Handelsgesetzbuchs, 1896, 394 f., abgedr. Schubert/Schmiedel/Krampe, Quellen zum Handelsgesetzbuch von 1897, Bd. II/1, 1987, 528 f., allerdings mit der unzutreffenden Bezeichnung der Gewohnheiten und Gebräuche als Handelsgewohnheitsrechte. Die Erwägungen der Kommission sind – entgegen MüKoHGB/*K. Schmidt* Rn. 2 – nicht auf die sog. Auslegungsfunktion beschränkt, so auch Düringer/Hachenburg/*Werner* Anm. 1.

[11] Begründung zu dem Entwurf eines Handelsgesetzbuchs für das Deutsche Reich von 1895 (Denkschrift des Reichsjustizamts zum Entwurf eines HGB), 1896, 175, abgedr. in Schubert/Schmiedel/Krampe, Quellen zum Handelsgesetzbuch von 1897, Bd. II/1, 1987, 175.

Kommission in dem Zweiten Entwurf eines HGB zu dem Regelungsmodell des Art. 279 ADHGB zurück (§ 318 HGB-E),[12] der am 1.1.1900 als § 346 in Kraft trat und im Wortlaut bis heute unverändert geblieben ist.

Mit **Art. 1 ADHGB,** der Vorgängerregelung zu Art. 2 EGHGB, enthielt das ADHGB eine zweite **4** Vorschrift, die „Handelsgebräuche" erwähnte. Dieser Wortlaut ist – jedenfalls aus heutiger Sicht – unglücklich, da unter diesem Begriff nur das Handelsgewohnheitsrecht (→ Rn. 31), nicht aber Handelsbräuche verstanden wurden.[13]

II. Handelsbrauch

1. Begriff. Handelsbräuche sind gleichmäßige, einheitliche und freiwillige tatsächliche Übungen **5** (zu Einzelheiten → Rn. 13, 14, 15 ff., 12), die sich auf Grundlage einheitlicher Auffassungen (→ Rn. 21) innerhalb eines angemessenen Zeitraums (→ Rn. 19) für vergleichbare Geschäftsvorfälle gebildet haben und im Verkehr der Kaufleute untereinander als eine verpflichtende Regel gebilligt werden (zu Einzelheiten → Rn. 22 ff.).[14]

2. Entstehung. Die Entstehung eines Handelsbrauchs setzt objektiv voraus, dass sich innerhalb eines **6** angemessenen Zeitraums (→ Rn. 19) für vergleichbare Geschäftsvorfälle eine gleichmäßige, einheitliche und freiwillige tatsächliche Übung (zu Einzelheiten → Rn. 13, 14, 15 ff., 12) gebildet hat. Subjektiv muss hinzukommen, dass die tatsächliche Übung auf einer einheitlichen Auffassung der Beteiligten beruht (→ Rn. 21) und diese als verpflichtende Regel im Verkehr der Kaufleute untereinander gebilligt wird (zu Einzelheiten → Rn. 22 ff.).

a) Objektive Voraussetzungen. aa) Handelskreis. Der Feststellung (zu Einzelheiten **7** → Rn. 54 ff.), dass eine tatsächliche Übung (→ Rn. 12) gleichmäßig (→ Rn. 13), einheitlich (→ Rn. 14) und freiwillig (zu Einzelheiten → Rn. 15 ff.) befolgt wird, muss die Bestimmung des maßgeblichen Handelskreises in persönlicher (→ Rn. 8), sachlicher (→ Rn. 9) und räumlicher Hinsicht (→ Rn. 10 f.) vorausgehen.[15]

(1) Persönlich. Gemäß § 346 ist nur auf die „im Handelsverkehre" geltenden (zu Einzelheiten **8** → Rn. 106 ff.) Gewohnheiten und Gebräuche Rücksicht zu nehmen. Dadurch ist der Handelskreis in personeller Hinsicht auf **Kaufleute iSd §§ 1–6** (zu Einzelheiten → § 343 Rn. 21 ff.) begrenzt.[16] Zählen zu der Gruppe, die die tatsächliche Übung befolgt, nicht nur Kaufleute, sondern auch andere Rechtssubjekte – seien es Verbraucher, seien es nichtkaufmännische Unternehmen[17] –, liegt kein Handelsbrauch, sondern allenfalls eine Verkehrssitte iSd §§ 151 S. 1, 157, 242 BGB (zu Einzelheiten → Rn. 32 ff.) vor.[18]

(2) Sachlich. Ein Handelsbrauch muss – hierin liegt der Unterschied zu einem sog. Geschäfts- **9** verbindungsbrauch (→ Rn. 28) – über die bilaterale Geschäftsverbindung einzelner Kaufleute hinausgehen, aber nicht notwendig den gesamten kaufmännischen Verkehr im Geltungsbereich des § 346 umfassen.[19] Erforderlich, aber ausreichend ist, dass der maßgebliche Handelskreis von anderen Verkehrskreisen **objektiv abgrenzbar** ist.[20] In der Regel sind Handelsbräuche auf einzelne Branchen

---

[12] Denkschrift zum Entwurf eines Handelsgesetzbuchs und eines Einführungsgesetzes (RTVorl.) mit einem Anhang: Abweichungen gegenüber der Denkschrift zur Bundesratsvorlage, 1897, 4, abgedr. in Schubert/Schmiedel/Krampe, Quellen zum Handelsgesetzbuch von 1897, Bd. II/1, 1987, 951 f.

[13] RG Urt. v. 8.12.1893 – II 199/93, JW 1894, 20; RG Urt. v. 12.12.1888 – Rep. I 278/88, RGZ 23, 95 (100); *Gareis/Fuchsberger,* ADHGB, 1891, ADHGB Art. 1 Anm. 5.

[14] BGH Urt. v. 11.5.2001 – V ZR 492/99, NJW 2001, 2464 (2465); BGH Urt. v. 25.11.1993 – VII ZR 17/93, NJW 1994, 659 (660); BGH Urt. v. 2.5.1984 – VIII ZR 38/83, WM 1984, 1000 (1002) = BeckRS 1984, 05233; BGH Urt. v. 4.4.1973 – VIII ZR 191/72, WM 1973, 677 (678); OLG München Endurt. v. 14.1.2016 – 23 U 4433/14, BB 2016, 2130 (2131) = BeckRS 2016, 8701; OLG Hamburg Urt. v. 5.12.2013 – 6 U 194/10, RdTW 2014, 239 Rn. 54; OLG München Urt. v. 9.3.2006 – U (K) 1996/03, NJOZ 2006, 2175 (2178); OLG Schleswig Urt. v. 9.12.2003 – 6 U 27/03, NJW-RR 2004, 1027 (1028); OLG Jena Urt. v. 5.12.2002 – 1 U 541/02, NJ 2003, 436 = BeckRS 2002, 30297064; OLG Hamburg Urt. v. 7.5.1997 – 6 U 34/97, MDR 1997, 810 (811) = BeckRS 1997, 09885; OLG Köln Urt. v. 28.2.1997 – 19 U 194/95, NJW-RR 1998, 926; GK-HGB/*Achilles* Rn. 10; *Amort* WuB 2015, 564 (568); MüKoBGB/*Basedow* BGB § 310 Rn. 20; Schlegelberger/*Hefermehl* Rn. 1; Baumbach/Hopt/*Hopt* Rn. 1; Heymann/*Horn* Rn. 1; HaKo-HGB/*Klappstein* Rn. 1; NK-HGB/*Lehmann-Richter* Rn. 4; *Lettl* HandelsR § 10 Rn. 7; *J. Limbach* FS Ernst E. Hirsch, 1968, 77 (80 ff.); *Oetker* HandelsR § 7 Rn. 49; Oetker/*Pamp* Rn. 6; *Schinkels* in Pfeiffer Handelsgeschäfte-HdB § 5 Rn. 1, 5; *K. Schmidt* HandelsR § 1 Rn. 48; Röhricht/Graf v. Westphalen/Haas/*Steimle/Dornieden* Rn. 1.

[15] *Schinkels* in Pfeiffer Handelsgeschäfte-HdB § 5 Rn. 6.

[16] Schlegelberger/*Hefermehl* Rn. 8; MüKoHGB/*K. Schmidt* Rn. 12.

[17] AA HaKo-HGB/*Klappstein* Rn. 11: Auch nichtkaufmännische Unternehmer und Freiberufler können an der Entstehung eines Handelsbrauchs beteiligt sein.

[18] *Gallois* JR 1956, 45 f.; Schlegelberger/*Hefermehl* Rn. 8; Baumbach/Hopt/*Hopt* Rn. 4; MüKoHGB/*K. Schmidt* Rn. 12.

[19] *Lettl* HandelsR § 10 Rn. 8; Röhricht/Graf v. Westphalen/Haas/*Steimle/Dornieden* Rn. 8.

[20] *Canaris* HandelsR § 22 Rn. 6; Oetker/*Pamp* Rn. 7; MüKoHGB/*K. Schmidt* Rn. 11; Röhricht/Graf v. Westphalen/Haas/*Steimle/Dornieden* Rn. 8.

(zB den Büromaschinenhandel[21])[22] oder einzelne Branchen- bzw. Marktsegmente (zB das Verhältnis zwischen einem Handelsmakler für den An- und Verkauf von Tegernseer Holz und den Verkäufer,[23] den Kunsthandel mit Gemälden,[24] den An- und Verkauf von Häuten und Fellen[25]) begrenzt.[26] Nicht objektiv abgrenzbar sind bestimmte Teile eines Geschäftszweigs (zB der Kunsthandel von besonders hohem Rang), die sich nur qualitativ von anderen Marktsegmenten desselben Geschäftszweigs unterscheiden.[27]

10   **(3) Räumlich.** Vor dem Hintergrund, dass auf bestimmte Handelsbräuche gem. § 346 nur unter besonderen Voraussetzungen Rücksicht zu nehmen ist (zu Einzelheiten → Rn. 106 ff.), werden *im ersten Schritt* inländische, ausländische und internationale Handelsbräuche unterschieden. Der Handelskreis **inländischer Handelsbräuche** ist auf das Gebiet der Bundesrepublik Deutschland, der Handelskreis **ausländischer Handelsbräuche** (zu Einzelheiten → Rn. 143 ff.) auf das Gebiet *eines* anderen Staates beschränkt.[28] Im Unterschied dazu erstreckt sich der Handelskreis **internationaler Handelsbräuche** (zu Einzelheiten → Rn. 134 ff.) auf Gebiete in mehreren Staaten.[29] Dabei ist unerheblich, ob der Handelskreis nur eine grenzüberschreitende Region (zB das Elsass), das gesamte Gebiet mehrerer Staaten (zB Westeuropa) oder die gesamte Welt umfasst.[30] Beispiele hierfür sind die Einheitlichen Richtlinien und Gebräuche für Dokumentenakkreditive (ERA),[31] die Einbeziehung der Konnossementsbedingungen der Linienreeder beim Stückgutfrachtvertrag (→ Rn. 44)[32] und die Regeln über das Schweigen auf ein kaufmännisches Bestätigungsschreiben (zu Einzelheiten → Rn. 243 ff.).[33] Zu Bedeutung, Geltungsgrund und Inhalt der Trade Terms → Rn. 367 ff. und der Incoterms → Rn. 388 ff.

11   Bei inländischen und ausländischen Handelsbräuchen (→ Rn. 10) sind *im zweiten Schritt* lokale, regionale, überregionale und nationale Handelsbräuche zu unterscheiden. Der Handelskreis sog. **Ortsgebräuche** (zB §§ 59, 94 Abs. 1, 96 S. 1, 99, 359 Abs. 1, 380 Abs. 1, 393 Abs. 2) ist lokal – sei es auf das Gebiet einer Gemeinde (zB die Schiedsabrede unter Berliner Eierhändlern)[34], sei es auf einen Marktplatz (zB eine Börse) – begrenzt.[35] Der Handelskreis **regionaler Handelsbräuche** beschränkt sich auf eine geographisch abgrenzbare Region (zB den Schwarzwald).[36] **Überregionale Handelsbräuche** umfassen die Gebiete mehrerer geografisch abgrenzbarer Regionen (zB mehrere Bundesländer). Zu dieser Kategorie zählen auch sog. **nationale Handelsbräuche,** deren Handelskreis sich auf das gesamte Gebiet der Bundesrepublik Deutschland erstreckt.[37]

12   **bb) Tatsächliche Übung.** Grundlage jedes Handelsbrauchs – Gleiches gilt für die Handelsübung (→ Rn. 29), das Handelsgewohnheitsrecht (→ Rn. 31) und die Verkehrssitte (zu Einzelheiten → Rn. 32 ff.) – ist eine tatsächliche Übung. Der Begriff der tatsächlichen Übung umfasst sämtliche in einem bestimmten Handelskreis (zu Einzelheiten → Rn. 7 ff.) zu beobachtenden Handlungen und Unterlassungen von geschäftlicher, dh nicht ausschließlich sozialer Bedeutung.[38] Eine besondere Trans-

---

[21] BGH Urt. v. 21.6.1972 – VIII ZR 96/71, BB 1972, 1117 = BeckRS 1972, 31126703.

[22] *Bitter/Schumacher* HandelsR § 7 Rn. 50; *Fischinger* HandelsR Rn. 534; *Hübner* HandelsR Rn. 520; NK-HGB/*Lehmann-Richter* Rn. 5; *Lettl* HandelsR Rn. 8; *K. Schmidt* HandelsR § 1 Rn. 51.

[23] BGH Urt. v. 23.4.1986 – IVa ZR 209/84, NJW-RR 1987, 94.

[24] RG Urt. v. 19.11.1926 – II 124/26, JW 1927, 764.

[25] BGH Urt. v. 3.12.1992 – III ZR 30/91, NJW 1993, 1798.

[26] *Schlegelberger/Hefermehl* Rn. 8; HaKo-HGB/*Klappstein* Rn. 7; *Oetker/Pamp* Rn. 7; KKRD/*W.-H. Roth* Rn. 4; *Schinkels* in Pfeiffer Handelsgeschäfte-HdB § 5 Rn. 6; MüKoHGB/*K. Schmidt* Rn. 11; *K. Schmidt* HandelsR § 1 Rn. 51; *Röhricht/Graf v. Westphalen/Haas/Steimle/Dornieden* Rn. 8.

[27] RG Urt. v. 11.3.1932 – II 307/31, RGZ 135, 339 (346); *Canaris* HandelsR § 22 Rn. 6; *Schlegelberger/Hefermehl* Rn. 11; *Oetker/Pamp* Rn. 8; aA MüKoHGB/*K. Schmidt* Rn. 11, der eine objektive Abgrenzung in Einzelfällen für möglich erachtet.

[28] NK-HGB/*Lehmann-Richter* Rn. 13.

[29] GK-HGB/*Achilles/B. Schmidt* Rn. 24; *Schlegelberger/Hefermehl* Rn. 36; *Heymann/Horn* Rn. 14; *Staub/Koller* Rn. 38; *Oetker/Pamp* Rn. 23; KKRD/*W.-H. Roth* Rn. 10; *Schinkels* in Pfeiffer Handelsgeschäfte-HdB § 5 Rn. 30; *Röhricht/Graf v. Westphalen/Haas/Steimle/Dornieden* Rn. 17.

[30] GK-HGB/*Achilles/B. Schmidt* Rn. 24; *Heymann/Horn* Rn. 14; *Oetker/Pamp* Rn. 23; *Schinkels* in Pfeiffer Handelsgeschäfte-HdB § 5 Rn. 30.

[31] BGH Urt. v. 14.2.1958 – VIII ZR 313/56, AWD 1958, 57 (58); *Heymann/Horn* Rn. 14; offengelassen von BGH Urt. v. 4.10.1984 – III ZR 102/83, WM 1984, 1443 = BeckRS 1984, 31068824.

[32] LG Bremen Urt. v. 23.12.2003 – 11 O 376/03, BeckRS 2010, 4469 unter I. c) der Entscheidungsgründe.

[33] OLG Dresden Urt. v. 9.7.1998 – 7 U 720/98, IHR 2001, 18 (19); OLG Köln Urt. v. 16.3.1988 – 24 U 182/87, NJW 1988, 2182; LG Essen Urt. v. 12.12.1990 – 41 O 122/89, RIW 1992, 227 (228 f.); *Ebenroth* ZVglRWiss 77 (1978), 161 ff.

[34] RG Urt. v. 26.6.1928 – II 64/28, JW 1928, 3109.

[35] GK-HGB/*Achilles/B. Schmidt* Rn. 13; *Schlegelberger/Hefermehl* Rn. 8; HaKo-HGB/*Klappstein* Rn. 8; MüKoHGB/*K. Schmidt* Rn. 11; *K. Schmidt* HandelsR § 1 Rn. 51. So zB BGH Urt. v. 7.3.1973 – VIII ZR 214/71, WM 1973, 382 = BeckRS 1973, 31125498.

[36] MüKoHGB/*K. Schmidt* Rn. 11.

[37] GK-HGB/*Achilles/B. Schmidt* Rn. 13; *Schlegelberger/Hefermehl* Rn. 8. So zB OLG Frankfurt a. M. Urt. v. 23.4.1986 – 17 U 155/84, NJW-RR 1986, 911.

[38] *Heymann/Horn* Rn. 22; *Schinkels* in Pfeiffer Handelsgeschäfte-HdB § 5 Rn. 6.

parenz bzw. Publizität der Übung (zB in Form einer schriftlichen Aufzeichnung des DIHK) ist ebenso wenig erforderlich[39] wie Rechtsprechung, die die tatsächliche Übung als Handelsbrauch einordnet.[40] Die tatsächliche Übung muss sich lediglich im Rahmen vernünftiger kaufmännischer Anschauungen bewegen.[41] Am Gesetz vorbei kann sich kein Handelsbrauch – zutreffend erschiene hierfür die Bezeichnung als „Handelsmissbrauch"[42] – entwickeln.[43]

cc) Gleichmäßigkeit. Um Handelsbrauch sein zu können, muss die tatsächliche Übung **13** (→ Rn. 12) gleichmäßig befolgt werden.[44] Hierfür ist es einerseits nicht erforderlich, dass sämtliche Kaufleute des Handelskreises (→ Rn. 8) die tatsächliche Übung anwenden.[45] Andererseits genügt es nicht, dass lediglich einzelne Gruppen,[46] mehrere Kaufleute[47] oder nur eine Seite der Marktteilnehmer (zB die Verkäufer einer Ware),[48] die Übung praktizieren. Erforderlich, aber auch ausreichend, ist vielmehr, dass die tatsächliche Übung in dem maßgeblichen Handelskreis (→ Rn. 9, 10 f.) dergestalt etabliert ist, dass zumindest die ganz überwiegende Mehrheit der ihm angehörigen Kaufleute – hierfür erachten die Obergerichte einen Anteil von 75–80 % für notwendig[49] – sie für vergleichbare Geschäftsvorfälle mit einem hohen Grad an Beständigkeit praktiziert.[50] Daher hindert es die Entstehung eines Handelsbrauchs nicht, dass lediglich einzelne Kaufleute des Handelskreises gelegentlich bei einzelnen Geschäften von der tatsächlichen Übung abweichen.[51] Verweigert hingegen eine bedeutende Minderheit des Handelskreises die Anwendung der tatsächlichen Übung, entsteht ein Handelsbrauch nur ausnahmsweise, wenn die die Übung befolgenden Kaufleute derart abgrenzbar sind, dass sie einen eigenen Handelskreis – in der Regel wird es sich um ein Branchen- bzw. Marktsegment handeln – bilden.[52]

dd) Einheitlichkeit. Um Handelsbrauch sein zu können, muss die tatsächliche Übung (→ Rn. 12) **14** in dem Handelskreis (zu Einzelheiten → Rn. 7 ff.) nicht nur gleichmäßig (→ Rn. 13), sondern auch einheitlich befolgt werden.[53] Hierfür ist es erforderlich, dass sie von den Kaufleuten des Handelskreises (→ Rn. 8) für vergleichbare Geschäftsvorfälle mit einem hohen Grad an Beständigkeit, dh nahezu ausnahmslos, wiederholt wird.[54] Diese Voraussetzung bewirkt zwar, dass sich Handelsbräuche vorwiegend bei Massengeschäften bilden. Erforderlich ist eine hohe Zahl von Geschäftsabschlüssen für die Entstehung eines Handelsbrauchs aber nicht.[55] Bei nur selten oder sogar sehr selten vorkommenden

---

[39] GK-HGB/*Achilles*/*B. Schmidt* Rn. 12; Heymann/*Horn* Rn. 27; Staub/*Koller* Rn. 12.

[40] BGH Urt. v. 6.5.1975 – VI ZR 120/74, NJW 1975, 1358 (1359); Schlegelberger/*Hefermehl* Rn. 10.

[41] HaKo-HGB/*Klappstein* Rn. 12; Oetker/*Pamp* Rn. 18; weitergehend *K. Wagner* NJW 1969, 1282: Handelsbrauch könne nur eine als „sachgerecht" empfundene Übung sein. AA Schlegelberger/*Hefermehl* Rn. 12: Ein Handelsbrauch könne sich auch außerhalb vernünftiger kaufmännischer Anschauungen entwickeln; er finde lediglich iRv § 346 keine Berücksichtigung.

[42] Heymann/*Horn* Rn. 25.

[43] OLG Frankfurt a. M. Urt. v. 21.11.1995 – 8 U 110/95, NJW-RR 1996, 548 (549); LG Hamburg Urt. v. 1.7.1971 – 28 O 138/70, VersR 1972, 344; Heymann/*Horn* Rn. 25; aA Schlegelberger/*Hefermehl* Rn. 12: Ein Handelsbrauch könne sich auch am Gesetz vorbei entwickeln; er finde lediglich im Rahmen von § 346 keine Berücksichtigung.

[44] BGH Urt. v. 11.5.2001 – V ZR 492/99, NJW 2001, 2464 (2465); RG Urt. v. 28.9.1927 – I 64/27, RGZ 118, 139 (140); Heymann/*Horn* Rn. 22; Staub/*Koller* Rn. 6; Oetker/*Pamp* Rn. 7; *Schinkels* in Pfeiffer Handelsgeschäfte-HdB § 5 Rn. 6.

[45] OLG Hamburg Urt. v. 3.7.1963 – 5 U 81/62, MDR 1963, 849; Röhricht/Graf v. Westphalen/Haas/*Steimle*/*Dornieden* Rn. 8. Wohl nur missverständlich RG Urt. v. 10.1.1925 – I 106/24, RGZ 110, 47 (48) („durchgehende Zustimmung").

[46] GK-HGB/*Achilles*/*B. Schmidt* Rn. 13; *Schinkels* in Pfeiffer Handelsgeschäfte-HdB § 5 Rn. 6.

[47] Oetker/*Pamp* Rn. 7.

[48] OLG Hamm Urt. v. 8.7.1993 – 27 U 155/91, NJW-RR 1993, 1444 (1445); OLG München Urt. v. 31.3.1955 – 6 U 2009/54, BB 1955, 748; Oetker/*Pamp* Rn. 7; *K. Schmidt* HandelsR § 1 Rn. 48.

[49] OLG Hamm Urt. v. 8.7.1993 – 27 U 155/91, NJW-RR 1993, 1444 f.

[50] GK-HGB/*Achilles*/*B. Schmidt* Rn. 13; *Fischinger* HandelsR Rn. 534; Oetker/*Pamp* Rn. 8; ähnl. *Schinkels* in Pfeiffer Handelsgeschäfte-HdB § 5 Rn. 6 („nicht in beachtlichem Umfang abweichend gehandhabt"); großzügiger NK-HGB/*Lehmann-Richter* Rn. 5; Röhricht/Graf v. Westphalen/Haas/*Steimle*/*Dornieden* Rn. 8: überwiegender Teil genüge.

[51] GK-HGB/*Achilles*/*B. Schmidt* Rn. 13.

[52] GK-HGB/*Achilles*/*B. Schmidt* Rn. 15; Schlegelberger/*Hefermehl* Rn. 11; Oetker/*Pamp* Rn. 8; Röhricht/Graf v. Westphalen/Haas/*Steimle*/*Dornieden* Rn. 8.

[53] BGH Urt. v. 11.5.2001 – V ZR 492/99, NJW 2001, 2464 (2465); OLG Köln Urt. v. 28.2.1997 – 19 U 194/95, NJW-RR 1998, 926; Heymann/*Horn* Rn. 22; Staub/*Koller* Rn. 6; Oetker/*Pamp* Rn. 7; *Schinkels* in Pfeiffer Handelsgeschäfte-HdB § 5 Rn. 6.

[54] OLG Köln Urt. v. 28.2.1997 – 19 U 194/95, NJW-RR 1998, 926; GK-HGB/*Achilles*/*B. Schmidt* Rn. 13; *Canaris* HandelsR § 22 Rn. 5; *Gallois* JR 1956, 45 (46); HaKo-HGB/*Klappstein* Rn. 6; Staub/*Koller* Rn. 6, 8; KKRD/*W.-H. Roth* Rn. 4; *Schinkels* in Pfeiffer Handelsgeschäfte-HdB § 5 Rn. 6; Röhricht/Graf v. Westphalen/Haas/*Steimle*/*Dornieden* Rn. 9. Wohl ähnl. Oetker/*Pamp* Rn. 8 („gewisse Gleichförmigkeit in der Handhabung").

[55] MüKoHGB/*K. Schmidt* Rn. 13.

Geschäften (zB dem Verkauf von Schiffen) sind auch ganz wenige Fälle geeignet, einen Handelsbrauch zu begründen.[56] Der angemessene Zeitraum (→ Rn. 19) wird dann in der Regel allerdings mehrere Jahre betragen.[57] Einmalige und höchst seltene Ereignisse können keinen Handelsbrauch entstehen lassen.[58]

15 **ee) Freiwilligkeit.** Um Handelsbrauch sein zu können, muss die ganz überwiegende Mehrheit der Kaufleute des Handelskreises (zu Einzelheiten → Rn. 7 ff.) die gleichmäßige und einheitliche tatsächliche Übung (→ Rn. 13, 14, 12) freiwillig befolgen.[59]

16 Die Befolgung der tatsächlichen Übung (→ Rn. 12) erfolgt jedenfalls dann *unfreiwillig*, wenn das Verhalten auf einer gesetzlichen oder behördlichen Anordnung[60] oder sonstigem Zwang beruht.[61] Bloße **Verbandsempfehlungen** schließen die Freiwilligkeit grundsätzlich jedoch nicht aus;[62] dies gilt insbesondere, wenn die Empfehlung eine tatsächliche Übung, die einem Wandel unterliegt, aus Gründen der Vollständigkeit oder Beweissicherung lediglich deklaratorisch aufzeichnet. Anderes gilt ausnahmsweise, wenn sich eine Gruppe verbandsintern durchsetzt und den übrigen Verbandsmitgliedern, deren Anzahl geeignet wäre, eine gleichmäßige Übung auszuschließen (→ Rn. 13), mittels einer als Empfehlung bezeichneten verbindlichen Richtlinie ihren Willen aufzwingt.[63]

17 Die tatsächliche Übung (→ Rn. 12) erfolgt auch dann nicht freiwillig, wenn sich eine bedeutende Minderheit des Handelskreises (zu Einzelheiten → Rn. 7 ff.) lediglich der **wirtschaftlichen Übermacht** der anderen Seite (zB der Verkäufer) beugt.[64] Allein die Tatsache, dass die tatsächliche Übung *überwiegend* den Interessen einer Seite (zB der Verkäufer) dient, steht der Annahme eines Handelsbrauchs jedoch nicht notwendig entgegen,[65] wenngleich eine freiwillige Befolgung bei Übungen, die die Interessen beider Seiten (zB Käufer und Verkäufer) berücksichtigen, näherliegt.[66] Dient der behauptete Handelsbrauch hingegen *ausschließlich* den Interessen einer Seite, handelt es sich mangels freiwilliger Befolgung in der Regel bereits um keinen Handelsbrauch,[67] jedenfalls aber um einen Missbrauch, der aufgrund des damit einhergehenden Verstoßes gegen Treu und Glauben (zu Einzelheiten → Rn. 186 ff.) unbeachtlich ist.

18 Die Tatsache, dass die tatsächliche Übung (→ Rn. 12) in die Vertragsbedingungen – in der Regel handelt es sich um eine Bestimmung in den **Allgemeinen Geschäftsbedingungen** (zu Einzelheiten → Rn. 38 ff.), die auf die ergänzende Geltung einer bestimmten Übung hinweist – aufgenommen wird, steht der Einordnung derselben als Handelsbrauch nicht notwendig entgegen.[68] Unschädlich sind insbesondere deklaratorische Bestimmungen,[69] die auf der Vorstellung beruhen, einem bestehenden Handelsbrauch zu folgen und diesen – was in erster Linie bei auf Dauer angelegten Geschäftsbeziehungen und Handelsbräuchen vorkommt, die einem Wandel unterliegen können – lediglich aus Gründen

---

[56] BGH Urt. v. 1.12.1965 – VIII ZR 271/63, NJW 1966, 502 (504); OLG Hamburg Urt. v. 3.7.1963 – 5 U 81/62, MDR 1963, 849; GK-HGB/*Achilles/B. Schmidt* Rn. 13; *Canaris* HandelsR § 22 Rn. 6; *Heymann/Horn* Rn. 22; Staub/*Koller* Rn. 6; NK-HGB/*Lehmann-Richter* Rn. 5; Oetker/*Pamp* Rn. 8; Röhricht/Graf v. Westphalen/Haas/*Steimle/Dornieden* Rn. 9; kritisch *J. Limbach* FS Ernst E. Hirsch, 1968, 77 (94).

[57] BGH Urt. v. 1.12.1965 – VIII ZR 271/63, NJW 1966, 502 (504); GK-HGB/*Achilles/B. Schmidt* Rn. 13; Oetker/*Pamp* Rn. 9; Röhricht/Graf v. Westphalen/Haas/*Steimle/Dornieden* Rn. 9.

[58] BGH Urt. v. 24.11.1976 – VIII ZR 21/75, NJW 1977, 385 (387); GK-HGB/*Achilles/B. Schmidt* Rn. 14.

[59] GK-HGB/*Achilles/B. Schmidt* Rn. 12; *Canaris* HandelsR § 22 Rn. 5; Staub/*Koller* Rn. 10; NK-HGB/*Lehmann-Richter* Rn. 6; *Schinkels* in Pfeiffer Handelsgeschäfte-HdB § 5 Rn. 6; MüKoHGB/*K. Schmidt* Rn. 14. Unklar Oetker/*Pamp* Rn. 10; Röhricht/Graf v. Westphalen/Haas/*Steimle/Dornieden* Rn. 10, die jeweils auf das „Bewusstsein der Freiwilligkeit" abstellen.

[60] GK-HGB/*Achilles/B. Schmidt* Rn. 12; *Heymann/Horn* Rn. 22; Oetker/*Pamp* Rn. 10; *Schinkels* in Pfeiffer Handelsgeschäfte-HdB § 5 Rn. 6.

[61] GK-HGB/*Achilles/B. Schmidt* Rn. 12; Oetker/*Pamp* Rn. 10; Röhricht/Graf v. Westphalen/Haas/*Steimle/Dornieden* Rn. 10.

[62] AA OLG Frankfurt a. M. Urt. v. 21.11.1995 – 8 U 110/95, NJW-RR 1996, 548 (549); NK-HGB/*Lehmann-Richter* Rn. 6; *Lettl* HandelsR § 10 Rn. 11; KKRD/*W.-H. Roth* Rn. 4; differenzierend GK-HGB/*Achilles/B. Schmidt* Rn. 12.

[63] GK-HGB/*Achilles/B. Schmidt* Rn. 12; ähnl. Oetker/*Pamp* Rn. 10.

[64] OLG München Urt. v. 9.3.2006 – U (K) 1996/03, NJOZ 2006, 2175 (2179); OLG Frankfurt a. M. Urt. v. 21.11.1995 – 8 U 110/95, NJW-RR 1996, 548 (549); GK-HGB/*Achilles/B. Schmidt* Rn. 12; *Canaris* HandelsR § 22 Rn. 8; *Fischinger* HandelsR Rn. 536; Schlegelberger/*Hefermehl* Rn. 6, 10; HaKo-HGB/*Klappstein* Rn. 13; Staub/*Koller* Rn. 11; *Lettl* HandelsR § 10 Rn. 11; Oetker/*Pamp* Rn. 10; KKRD/*W.-H. Roth* Rn. 4; MüKoHGB/*K. Schmidt* Rn. 14; Röhricht/Graf v. Westphalen/Haas/*Steimle/Dornieden* Rn. 10.

[65] RG Urt. v. 30.11.1937 – II 74/37, JW 1938, 859; *Fischinger* HandelsR Rn. 536; Schlegelberger/*Hefermehl* Rn. 11; NK-HGB/*Lehmann-Richter* Rn. 6; Oetker/*Pamp* Rn. 10; MüKoHGB/*K. Schmidt* Rn. 14.

[66] Schlegelberger/*Hefermehl* Rn. 11; Oetker/*Pamp* Rn. 10.

[67] OLG Hamburg Urt. v. 28.2.2008 – 6 U 241/06, BeckRS 2009, 88905 unter II. 5. b) der Gründe (insoweit nicht abgedruckt in IPRax 2008, 537 ff.).

[68] BGH Urt. v. 25.11.1993 – VII ZR 17/93, NJW 1994, 659 (660); Schlegelberger/*Hefermehl* Rn. 13; *Heymann/Horn* Rn. 21; Staub/*Koller* Rn. 39; *Lang/Schulz* WM 2015, 2173 (2175); Oetker/*Pamp* Rn. 7, 10; MüKoHGB/*K. Schmidt* Rn. 14; Röhricht/Graf v. Westphalen/Haas/*Steimle/Dornieden* Rn. 10; aA OLG Frankfurt a. M. Urt. v. 21.11.1995 – 8 U 110/95, NJW-RR 1996, 548 (549).

[69] GK-HGB/*Achilles/B. Schmidt* Rn. 15; *Schinkels* in Pfeiffer Handelsgeschäfte-HdB § 5 Rn. 8.

der Vollständigkeit oder der Beweissicherung schriftlich festzulegen.[70] Daher schließt die Niederschrift einer Übung in Allgemeinen Geschäftsbedingungen die für einen Handelsbrauch erforderliche Freiwilligkeit nicht aus, wenn die Parteien des Handelsgeschäfts im Zeitpunkt des Vertragsschlusses davon ausgingen, die Übung auch ohne die vertragliche Bestimmung befolgen zu müssen.[71] Ausgeschlossen ist ein Handelsbrauch hingegen dann, wenn die ganz überwiegende Mehrheit der Kaufleute (→ Rn. 13) des Handelskreises (zu Einzelheiten → Rn. 7 ff.) die Übung nur aufgrund einer markt- oder branchenüblichen Vertragsbestimmung befolgt.[72]

ff) Angemessener Zeitraum. Um Handelsbrauch zu werden, muss die gleichmäßige, einheitliche **19** und freiwillige Übung (→ Rn. 13, 14, 15 ff., 12) für vergleichbare Geschäftsvorfälle über einen angemessenen Zeitraum befolgt werden.[73] Welche Dauer angemessen und somit für die Entstehung eines Handelsbrauchs ausreichend ist, hängt davon ab, wann die Wiederholung der tatsächlichen Übung die berechtigte Erwartung der ganz überwiegenden Mehrheit der Kaufleute (→ Rn. 13) des Handelskreises (zu Einzelheiten → Rn. 7 ff.) begründet, die Übung werde fortgesetzt.[74] Hierfür ist in der Regel ein längerer Zeitraum erforderlich.[75] Entscheidend sind letztlich die konkreten Umstände des Einzelfalls,[76] insbesondere die Anzahl der Wiederholungen der Übung bei vergleichbaren Geschäftsvorfällen.[77] Daher kann zB auch die Vornahme einer Vielzahl vergleichbarer Geschäfte innerhalb eines relativ kurzen Zeitraums (zB wenige Monate) für die Entstehung eines Handelsbrauchs genügen.[78] Bei nur selten oder sogar sehr selten vorkommenden Geschäften (zB dem Verkauf von Schiffen) kann ein Handelsbrauch hingegen erst allmählich im Laufe der Jahre entstehen.[79]

b) Subjektive Voraussetzungen. In subjektiver Hinsicht setzt die Entstehung eines Handels- **20** brauchs iSd § 346 voraus, dass die gleichmäßige, einheitliche und freiwillige tatsächliche Übung (zu Einzelheiten → Rn. 13, 14, 15 ff., 12) auf einer einheitlichen Auffassung der Kaufleute des Handelskreises beruht (→ Rn. 21) und diese als verpflichtende Regel im Verkehr der Kaufleute untereinander gebilligt wird (zu Einzelheiten → Rn. 22 ff.).

aa) Einheitliche Auffassung des Handelskreises. Um Handelsbrauch sein zu können, muss der **21** gleichmäßigen, einheitlichen und freiwilligen tatsächlichen Übung (zu Einzelheiten → Rn. 13, 14, 15 ff., 12) eine einheitliche Auffassung zugrunde liegen.[80] Hierfür ist es erforderlich, aber auch

---

[70] BGH Urt. v. 4.7.2017 – XI ZR 562/15, BGHZ 215, 172 Rn. 57 = NJW 2017, 2986; BGH Urt. v. 25.11.1993 – VII ZR 17/93, NJW 1994, 659 (660); HaKo-HGB/*Klappstein* Rn. 13; Staub/*Koller* Rn. 6; NK-HGB/*Lehmann-Richter* Rn. 6; MüKoHGB/*K. Schmidt* Rn. 14.

[71] BGH Urt. v. 4.7.2017 – XI ZR 562/15, BGHZ 215, 172 Rn. 57 = NJW 2017, 2986; BGH Urt. v. 4.7.2017 – XI ZR 233/16, WM 2017, 1652 Rn. 63 = BeckRS 2017, 121112; BGH Urt. v. 25.11.1993 – VII ZR 17/93, NJW 1994, 659 (660); BGH Urt. v. 2.7.1980 – VIII ZR 178/79, WM 1980, 1122 (1123) = BeckRS 1980, 31076152; OLG Hamburg Urt. v. 5.12.2013 – 6 U 194/10, RdTW 2014, 239 Rn. 54; MüKoBGB/*Basedow* BGB § 310 Rn. 20; Schlegelberger/*Hefermehl* Rn. 6; Baumbach/Hopt/*Hopt* Rn. 12; Staub/*Koller* Rn. 11; NK-HGB/*Lehmann-Richter* Rn. 6; Oetker/*Pamp* Rn. 7, 10; KKRD/*W.-H. Roth* Rn. 4; *K. Schmidt* HandelsR § 1 Rn. 66; Röhricht/Graf v. Westphalen/Haas/*Steimle/Dornieden* Rn. 10.

[72] BGH Urt. v. 25.11.1993 – VII ZR 17/93, NJW 1994, 659 (660); OLG Frankfurt a. M. Urt. v. 21.11.1995 – 8 U 110/95, NJW-RR 1996, 548 (549); NK-HGB/*Lehmann-Richter* Rn. 6; Oetker/*Pamp* Rn. 10.

[73] BGH Urt. v. 25.11.1993 – VII ZR 17/93, NJW 1994, 659 (660); BGH Urt. v. 2.5.1984 – VIII ZR 38/83, WM 1984, 1000 (1002) = BeckRS 1984, 05233; BGH Urt. v. 27.10.1951 – II ZR 102/50, NJW 1952, 257; RG Urt. v. 10.1.1925 – I 106/24, RGZ 110, 47 (48); RG Urt. v. 30.11.1937 – II 74/37, JW 1938, 859; OLG Schleswig Urt. v. 9.12.2003 – 6 U 27/03, NJW-RR 2004, 1027 (1028); OLG Köln Urt. v. 28.2.1997 – 19 U 194/95, NJW-RR 1998, 926; OLG Frankfurt a. M. Urt. v. 12.11.1993 – 10 U 29/91, r+s 1995, 159 (160); OLG Düsseldorf Urt. v. 27.2.1976 – 16 U 82/75, NJW 1976, 1268; OLG München Urt. v. 31.3.1955 – 6 U 2009/54, BB 1955, 748; *Canaris* HandelsR § 22 Rn. 5; *Fischinger* HandelsR Rn. 535; Schlegelberger/*Hefermehl* Rn. 1, 9; Baumbach/Hopt/*Hopt* Rn. 1, 12; Heymann/*Horn* Rn. 22; HaKo-HGB/*Klappstein* Rn. 10; Staub/*Koller* Rn. 6, 7; Oetker/*Pamp* Rn. 9; KKRD/*W.-H. Roth* Rn. 4; MüKoHGB/*K. Schmidt* Rn. 13; Röhricht/Graf v. Westphalen/Haas/*Steimle/Dornieden* Rn. 9.

[74] HaKo-HGB/*Klappstein* Rn. 10; Oetker/*Pamp* Rn. 9; MüKoHGB/*K. Schmidt* Rn. 13.

[75] RG Urt. v. 30.11.1937 – II 74/37, JW 1938, 859; Staub/*Koller* Rn. 7; Oetker/*Pamp* Rn. 9.

[76] GK-HGB/*Achilles/B. Schmidt* Rn. 14; Staub/*Koller* Rn. 7; HaKo-HGB/*Klappstein* Rn. 10; NK-HGB/*Lehmann-Richter* Rn. 5; *Lettl* HandelsR § 10 Rn. 10; Oetker/*Pamp* Rn. 9; MüKoHGB/*K. Schmidt* Rn. 13; Röhricht/Graf v. Westphalen/Haas/*Steimle/Dornieden* Rn. 9.

[77] GK-HGB/*Achilles/B. Schmidt* Rn. 14; *Gallois* JR 1956, 45 (46); *Schinkels* in Pfeiffer Handelsgeschäfte-HdB § 5 Rn. 7; MüKoHGB/*K. Schmidt* Rn. 13.

[78] RG Urt. v. 28.10.1919 – II 157/19, LZ 1920, 439 (440); GK-HGB/*Achilles/B. Schmidt* Rn. 14; *Canaris* HandelsR § 22 Rn. 7; *Fischinger* HandelsR Rn. 535; Schlegelberger/*Hefermehl* Rn. 9; Heymann/*Horn* Rn. 22; Staub/*Koller* Rn. 7; *Lettl* HandelsR § 10 Rn. 10; *Oetker* HandelsR § 7 Rn. 49; Oetker/*Pamp* Rn. 9; *Schinkels* in Pfeiffer Handelsgeschäfte-HdB § 5 Rn. 7; *K. Wagner* NJW 1969, 1282 (1283).

[79] BGH Urt. v. 1.12.1965 – VIII ZR 271/63, NJW 1966, 502 (504); GK-HGB/*Achilles/B. Schmidt* Rn. 14; *Oetker* HandelsR § 7 Rn. 49; Oetker/*Pamp* Rn. 9; *Schinkels* in Pfeiffer Handelsgeschäfte-HdB § 5 Rn. 7; Röhricht/Graf v. Westphalen/Haas/*Steimle/Dornieden* Rn. 9.

[80] BGH Urt. v. 25.11.1993 – VII ZR 17/93, NJW 1994, 659 (660); BGH Urt. v. 2.5.1984 – VIII ZR 38/83, WM 1984, 1000 (1002) = BeckRS 1984, 05233; RG Urt. v. 30.11.1937 – II 74/37, JW 1938, 859; wohl auch RG Urt. v. 10.1.1925 – I 106/24, RGZ 110, 47 (48) („durchgehende Zustimmung").

ausreichend, dass die Übung sich während des angemessenen Zeitraums (→ Rn. 19) nicht bloß zufällig wiederholt,[81] sondern von der ganz überwiegenden Mehrheit der Kaufleute des Handelskreises (zu Einzelheiten → Rn. 7 ff.) für vergleichbare Geschäftsvorfälle bewusst planmäßig praktiziert wird.

22   **bb) Billigung als gesellschaftlich verpflichtende Regel. (1) Allgemeine Billigung.** Handelsbrauch ist – bei Vorliegen der übrigen Voraussetzungen (zu Einzelheiten → Rn. 7 ff., 20 f.) – nur die tatsächliche Übung (→ Rn. 12), die die ganz überwiegende Mehrheit der Kaufleute (→ Rn. 13) des Handelskreises (zu Einzelheiten → Rn. 7 ff.) als eine im Verkehr der Kaufleute untereinander gesellschaftlich verpflichtende Regel billigt.[82] Unerheblich ist hingegen, ob die tatsächliche Übung den Beteiligten des konkreten Handelsgeschäfts bei Vertragsschluss bekannt war[83] und sie diese als verpflichtende Regel anerkannt haben.[84] Liegt keine allgemeine Billigung vor oder kann diese nicht festgestellt werden (zu Einzelheiten → Rn. 54 ff.), kann die tatsächliche Übung nur als Verkehrssitte iSd §§ 151 S. 1, 157, 242 BGB (zu Einzelheiten → Rn. 32 ff.) sowie dann Rechtswirkungen entfalten, wenn die Beteiligten des Handelsgeschäfts sie durch eine rechtsgeschäftliche Einigung zu einer konstitutiv wirkendenden Bestimmung erhoben haben (→ Rn. 29).

23   **(2) Inhalt der Billigung.** Für die Billigung einer tatsächlichen Übung (→ Rn. 12) ist es erforderlich, aber auch ausreichend, dass diese von der ganz überwiegenden Mehrheit der Kaufleute (→ Rn. 13) des Handelskreises (zu Einzelheiten → Rn. 7 ff.) als gesellschaftlich verpflichtende Regel im kaufmännischen Verkehr angesehen wird.[85] Diese Maßgeblichkeit reicht über den freien Willen (zu Einzelheiten → Rn. 15 ff.), die tatsächliche Übung gleichmäßig (→ Rn. 13) und einheitlich (→ Rn. 14) zu praktizieren, und die ihr zugrunde liegende einheitliche Auffassung (→ Rn. 21) hinaus. Sie begründet für sämtliche dem Handelskreis angehörenden Kaufleute die außerrechtliche Verpflichtung, die Übung künftig fortzusetzen, sodass Abweichungen von der Übung oder deren Aufgabe untunlich erscheinen. Der weitergehende Wille, die Übung als objektives Recht bzw. rechtlich verbindlich anzuerkennen, ist deshalb nicht erforderlich, weil Handelsbräuche – im Gegensatz zum Handelsgewohnheitsrecht (→ Rn. 31) – keine Rechtsnormen sind (→ Rn. 2).[86] Die normativen Wirkungen, die § 346 Handelsbräuchen verleiht (zu Einzelheiten → Rn. 149 ff.), treten kraft Gesetzes ein und müssen daher ebenfalls nicht von der Billigung umfasst sein.[87]

24   **(3) Form der Billigung.** Die Billigung setzt keinen förmlichen Akt voraus. Daher ist insbesondere unerheblich, ob die tatsächliche Übung (→ Rn. 12) – sei es nur für die Kaufleute des Handelskreises (zB in einer Kammermitteilung), sei es auch für interessierte Dritte – offengelegt wird.[88]

25   **(4) Umfang der Billigung.** Die Billigung kann entweder – dies ist die Regel – allgemein und auf unbestimmte Zeit erfolgen oder unter dem Eindruck außergewöhnlicher Umstände (zB das „stürmische" Börsengeschehen nach dem sog. Schwarzen Freitag im Jahr 1923,[89] Krieg,[90] Geldentwertung[91]) situativ begrenzt werden und **situationsgebundene Handelsbräuche** entstehen lassen.[92] Die Entstehung letzterer unterscheidet sich von allgemeinen Handelsbräuchen insbesondere dadurch, dass die Billigung der gleichmäßigen, einheitlichen und freiwilligen Übung (zu Einzelheiten → Rn. 13, 14, 15 ff., 12) als verpflichtende Regel (→ Rn. 22) situativ begrenzt ist. Nicht selten bedingen die außergewöhnlichen Umstände einen spontanen Wechsel der tatsächlichen Übung, weshalb häufig mangels Gleichmäßigkeit auch kein (nur) situationsgebundener Handelsbrauch entsteht.

26   **c) Inhaltliche Bestimmtheit.** Gemäß ihrem Zweck, eine reibungslosere und raschere Abwicklung kaufmännischer Geschäfte zu ermöglichen (→ Rn. 1), ist Handelsbräuchen eine leichte und zuver-

[81] MüKoHGB/*K. Schmidt* Rn. 13.

[82] BGH Urt. v. 25.11.1993 – VII ZR 17/93, NJW 1994, 659 (660); BGH Urt. v. 2.5.1984 – VIII ZR 38/83, WM 1984, 1000 (1002) = BeckRS 1984, 05233; RG Urt. v. 11.3.1932 – II 307/31, RGZ 135, 339 (345); OLG Frankfurt Urt. v. 21.11.1995 – 8 U 110/95, NJW-RR 1996, 548 (549); Schlegelberger/*Hefermehl* Rn. 10; Staub/*Koller* Rn. 9; NK-HGB/*Lehmann-Richter* Rn. 6; *Schinkels* in Pfeiffer Handelsgeschäfte-HdB § 5 Rn. 8; MüKoHGB/*K. Schmidt* Rn. 14.

[83] OLG Frankfurt a. M. Urt. v. 23.4.1986 – 17 U 155/84, NJW-RR 1986, 911 (912); Heymann/*Horn* Rn. 23; *Oetker* HandelsR § 7 Rn. 52; Oetker/*Pamp* Rn. 6.

[84] Oetker/*Pamp* Rn. 6.

[85] BGH Urt. v. 2.5.1984 – VIII ZR 38/83, WM 1984, 1000 (1002) = BeckRS 1984, 05233; RG Urt. v. 11.3.1932 – II 307/31, RGZ 135, 339 (345); GK-HGB/*Achilles/B. Schmidt* Rn. 15; HaKo-HGB/*Klappstein* Rn. 12; Oetker/*Pamp* Rn. 13; KKRD/*W.-H. Roth* Rn. 4; *Schinkels* in Pfeiffer Handelsgeschäfte-HdB § 5 Rn. 8; MüKoHGB/*K. Schmidt* Rn. 14; ähnlich RG Urt. v. 10.1.1925 – I 106/24, RGZ 110, 47 (48) („durchgehende Zustimmung"). Abw. Staub/*Koller* Rn. 9: Es genüge, dass die Übung machtfrei tatsächlich praktiziert werde.

[86] Schlegelberger/*Hefermehl* Rn. 1; Heymann/*Horn* Rn. 23; HaKo-HGB/*Klappstein* Rn. 12; Oetker/*Pamp* Rn. 13; MüKoHGB/*K. Schmidt* Rn. 14.

[87] GK-HGB/*Achilles/B. Schmidt* Rn. 15; Oetker/*Pamp* Rn. 13.

[88] GK-HGB/*Achilles/B. Schmidt* Rn. 12; Oetker/*Pamp* Rn. 7.

[89] RG Urt. v. 19.5.1926 – I 309/25, RGZ 114, 9 (14); MüKoHGB/*K. Schmidt* Rn. 13.

[90] RG Urt. v. 28.10.1919 – II 157/19, LZ 1920, 439 (440); MüKoHGB/*K. Schmidt* Rn. 13.

[91] RG Urt. v. 28.9.1927 – I 64/27, RGZ 118, 139 (140); MüKoHGB/*K. Schmidt* Rn. 13.

[92] Oetker/*Pamp* Rn. 9; MüKoHGB/*K. Schmidt* Rn. 13.

lässige Anwendbarkeit eigen.[93] Daher kommen als Handelsbräuche nur Regeln in Betracht, deren Tatbestände und Rechtsfolgen – namentlich der Bedeutung oder Wirkung (zu Einzelheiten → Rn. 151 ff., 173 ff.) einer Handlung oder Unterlassung (→ Rn. 104 f.) – inhaltlich bestimmt sind, insbesondere keine unbestimmten Rechtsbegriffe (zB angemessen, zumutbar) enthalten.[94]

3. Erlöschen. Ein Handelsbrauch erlischt, sobald eine der Voraussetzungen für sein Bestehen **27** wegfällt,[95] namentlich der Handelsbrauch nicht länger von der ganz überwiegenden Mehrheit der Kaufleute (→ Rn. 13) des Handelskreises (zu Einzelheiten → Rn. 7 ff.) befolgt[96] oder nicht mehr als verbindliche Regel anerkannt wird (zu Einzelheiten → Rn. 22 ff.).[97] Ein abweichendes Verhalten lediglich Einzelner (zB der Parteien des Handelsgeschäfts) hindert den Fortbestand des Handelsbrauchs ebenso wenig[98] wie die Tatsache, dass Geschäfte, die Gegenstand der Übung sind, aufgrund besonderer Umstände (zB Krieg, staatliche Eingriffe) lange Zeit (zB während des Bestands der DDR) nicht mehr getätigt worden sind.[99] Gleiches gilt für das Verteidigungsvorbringen einer Prozesspartei mit dem das Bestehen des Handelsbrauchs bestritten oder angekündigt wird, den behaupteten Handelsbrauch künftig nicht mehr befolgen zu wollen.[100] Erforderlich ist vielmehr, dass eine bedeutende Minderheit des Handelskreises von der bislang geübten Praxis abweicht. Auch die Feststellung, dass die Partei oder eine Großzahl der Kaufleute des Handelskreises den Inhalt eines bestehenden Handelsbrauchs in ihre Allgemeinen Geschäftsbedingungen aufgenommen hat, lässt den Handelsbrauch nicht erlöschen.[101] Gleiches gilt für die vertragliche Verpflichtung mehrerer Unternehmen untereinander, die Allgemeinen Geschäftsbedingungen anzuwenden.[102]

4. Abgrenzung von anderen Instituten. a) Geschäftsverbindungsbrauch. Gepflogenheiten, **28** die im Rahmen einer laufenden Geschäftsbeziehung bilateral zwischen zwei Kaufleuten entstanden sind, werden als Geschäftsverbindungsbräuche[103] oder Vertragssitte[104] bezeichnet. Für den internationalen Warenverkehr haben sie Eingang in Art. 9 Abs. 1 CISG gefunden. Dort werden sie zwar gleichrangig neben (Handels-)Gebräuchen genannt (→ Rn. 139). Da sie sich aber nicht auf einen bestimmten Handelskreis (zu Einzelheiten → Rn. 7 ff.) erstrecken, sind Geschäftsverbindungsbräuche **keine Handelsbräuche** iSv § 346.[105] Der Inhalt eines Geschäftsverbindungsbrauchs kann dem der Verkehrssitte oder eines Handelsbrauchs entsprechen, aber auch davon abweichen.[106] Im letzteren Fall prägt er bei der Auslegung von Willenserklärungen unter den Parteien den Empfängerhorizont und genießt damit Vorrang gegenüber der abweichenden Verkehrssitte bzw. dem abweichenden Handelsbrauch.[107]

b) Handelsübung. Handelsübungen sind – darin unterscheiden sie sich von bloßen Verkehrs- **29** anschauungen (→ Rn. 37) – tatsächliche Verhalten, die sich nach allgemeiner Auffassung der beteiligten Verkehrskreise im Rahmen vernünftiger kaufmännischer Gepflogenheiten halten[108] und in den

[93] BGH Urt. v. 24.11.1976 – VIII ZR 21/75, NJW 1977, 385 (387); GK-HGB/*Achilles/B. Schmidt* Rn. 11.

[94] BGH Urt. v. 24.11.1976 – VIII ZR 21/75, NJW 1977, 385 (387); GK-HGB/*Achilles/B. Schmidt* Rn. 11.

[95] KKRD/*W.-H. Roth* Rn. 4.

[96] OLG Frankfurt a. M. Urt. v. 26.6.2002 – 23 U 155/00, NJW-RR 2002, 1574; OLG Frankfurt a. M. Urt. v. 20.12.2000 – 17 U 91/98, NJW-RR 2001, 1498 (1499); OLG Frankfurt a. M. Urt. v. 6.8.1997 – 3-2 O 84/95, NJW-RR 1998, 562; GK-HGB/*Achilles/B. Schmidt* Rn. 15; Schlegelberger/*Hefermehl* Rn. 9, 13; HaKo-HGB/*Klappstein* Rn. 14; Staub/*Koller* Rn. 39; NK-HGB/*Lehmann-Richter* Rn. 4; Oetker/*Pamp* Rn. 25; *Schinkels* in Pfeiffer Handelsgeschäfte-HdB § 5 Rn. 7; MüKoHGB/*K. Schmidt* Rn. 15; Röhricht/Graf v. Westphalen/Haas/*Steimle/ Dornieden* Rn. 9.

[97] GK-HGB/*Achilles/B. Schmidt* Rn. 15; Schlegelberger/*Hefermehl* Rn. 13; HaKo-HGB/*Klappstein* Rn. 14; Staub/*Koller* Rn. 39; NK-HGB/*Lehmann-Richter* Rn. 4; Oetker/*Pamp* Rn. 25; *Schinkels* in Pfeiffer Handelsgeschäfte-HdB § 5 Rn. 8; MüKoHGB/*K. Schmidt* Rn. 15.

[98] Oetker/*Pamp* Rn. 25.

[99] BGH Urt. v. 27.10.1951 – II ZR 102/50, NJW 1952, 257 (258); OLG Jena Urt. v. 5.12.2002 – 1 U 541/02, NJ 2003, 436 = BeckRS 2002, 30297064; GK-HGB/*Achilles/B. Schmidt* Rn. 14; Schlegelberger/*Hefermehl* Rn. 9; Baumbach/Hopt/*Hopt* Rn. 12; Staub/*Koller* Rn. 7; HaKo-HGB/*Klappstein* Rn. 10, 14; Oetker/*Pamp* Rn. 25; *Schinkels* in Pfeiffer Handelsgeschäfte-HdB § 5 Rn. 7.

[100] Vgl. auch EuGH Urt. v. 16.3.1999 – C-159/97, Slg. 1999, I-1597 Rn. 29 = EuZW 1999, 441 – Castelletti; EuGH Urt. v. 20.2.1997 – C-106/95, Slg. 1997, I-911 Rn. 23 = NJW 1997, 1431 – MSG jeweils zu Art. 17 Abs. 1 S. 2 lit. c EuGVÜ (heute: Art. 25 Abs. 1 S. 3 lit. c Brüssel Ia-VO [EU] Nr. 1215/2012).

[101] MüKoHGB/*K. Schmidt* Rn. 14, 15.

[102] Schlegelberger/*Hefermehl* Rn. 13.

[103] *Müller-Graff*, Rechtliche Auswirkungen der laufenden Geschäftsverbindung, 1974, 165 ff.; Oetker/*Pamp* Rn. 6; KKRD/*W.-H. Roth* Rn. 2; MüKoHGB/*K. Schmidt* Rn. 5, 20; *K. Schmidt* HandelsR § 20 Rn. 37.

[104] So zB MüKoBGB/*Busche* BGB § 157 Rn. 21; *Rummel*, Vertragsauslegung nach der Verkehrssitte, 1972, 84.

[105] HaKo-HGB/*Klappstein* Rn. 36; MüKoHGB/*K. Schmidt* Rn. 20.

[106] GK-HGB/*Achilles/B. Schmidt* Rn. 6; MüKoHGB/*K. Schmidt* Rn. 20.

[107] KKRD/*W.-H. Roth* Rn. 2; MüKoHGB/*K. Schmidt* Rn. 20. IErg wohl auch GK-HGB/*Achilles/B. Schmidt* Rn. 6.

[108] BGH Urt. v. 11.3.1987 – VIII ZR 203/86, NJW 1987, 1886 (1887); OLG München Endurt. v. 14.1.2016 – 23 U 4433/14, BB 2016, 2130 (2131) = BeckRS 2016, 8701; GK-HGB/*Achilles/B. Schmidt* Rn. 6; Baumbach/

beteiligten Kreisen auf Grundlage einer einheitlichen Auffassung gleichmäßig, einheitlich und freiwillig über einen angemessenen Zeitraum hinweg für vergleichbare Geschäftsvorfälle praktiziert werden.[109] Von Handelsbräuchen (→ Rn. 5) unterscheiden sie sich durch das Fehlen der Billigung als verpflichtende Regeln im Verkehr der Kaufleute untereinander (zu Einzelheiten → Rn. 22 ff.).[110] Dementsprechend sind Handelsübungen rechtlich **grundsätzlich unverbindlich.**[111] Lediglich bei der Auslegung von Verträgen, einseitigen Rechtsgeschäften und einzelnen Willenserklärungen ist gem. § 157 BGB auf sie Rücksicht zu nehmen (→ Rn. 35). Nur *ausnahmsweise* erlangt eine Handelsübung rechtliche Verbindlichkeit, wenn die Parteien des Handelsgeschäfts sie mittels einer rechtsgeschäftlichen Einigung zu einer verpflichtenden Regelung des Vertrags erheben.[112] Diese Einigung ist nicht gleichbedeutend mit der Billigung als verpflichtende Regelung; sie lässt die bloße Handelsübung nicht zu einem Handelsbrauch erstarken. Daher entfaltet die Handelsübung keine Wirkungen kraft Gesetzes gem. § 346, sondern als vertragliche Regelung *inter partes.*

30   **c) Handelsusance.** In einer vereinzelt gebliebenen Entscheidung aus dem Jahr 1951 hat der BGH den Begriff der Handelsusance mit dem eines Handelsbrauchs gleichgesetzt.[113] Vorzugswürdig erscheint es, die Begriffe zu unterscheiden. Im Zusammenhang mit dem Freiverkehr an deutschen Börsen werden gelegentlich die (zivilrechtlichen) **Geschäftsbedingungen des Börsenträgers,** die die Teilnahme am Handel und die Einbeziehung von Wertpapieren zum Handel regeln (§ 48 Abs. 1 S. 1, 3 BörsG), als Usancen im börslichen Handel bezeichnet.[114] Im Übrigen handelt es sich bei den Sachverhalten, die als Handelsusancen bezeichnet werden, in der Regel um bloße **Handelsübungen,** also um tatsächlich bestehende Gewohnheiten und Gepflogenheiten, die die beteiligten Kreise für vergleichbare Geschäftsvorfälle über einen angemessenen Zeitraum hinweg gleichmäßig, einheitlich und freiwillig praktizieren.[115] Solche grundsätzlich unverbindlichen Handelsusancen sind zwar keine Handelsbräuche,[116] können aber – wie Handelsübungen (→ Rn. 29) – ausnahmsweise zu einem Handelsbrauch iSv § 346 erstarken, wenn und sobald sie zu einer verpflichtenden Regel werden (zu Einzelheiten → Rn. 22 ff.).

31   **d) Handelsgewohnheitsrecht.** Handelsbräuche sind kein (Handels-)Gewohnheitsrecht,[117] dh Recht, das nicht durch formelle Setzung, sondern durch längere tatsächliche Übung entstanden ist, die eine dauernde und ständige, gleichmäßige und allgemeine sein muss und von den Beteiligten als verbindliche Rechtsnorm anerkannt wird.[118] Gleichwohl kann die Unterscheidung erhebliche Schwierigkeiten bereiten.[119] Ursächlich hierfür sind zwei Gemeinsamkeiten, nämlich das tatsächliche Element einer längeren, gleichmäßigen Übung (→ Rn. 19, 13, 12) sowie deren Anerkennung als allgemein verbindliche Regelung durch die beteiligten Kreise.[120] Bei der Anerkennung beginnen jedoch auch die graduellen Unterschiede. Während die Entstehung eines Handelsbrauchs voraussetzt, dass die Übung

---

Hopt/*Hopt* Rn. 2; KKRD/*W.-H. Roth* Rn. 3; Röhricht/Graf v. Westphalen/Haas/*Steimle*/*Dornieden* Rn. 23; vgl. auch BGH Urt. v. 30.6.1976 – I ZR 31/75, GRUR 1977, 38 (40); BGH Urt. v. 13.3.1964 – Ib ZR 117/62, NJW 1964, 1274 (1275) jeweils zur Handelsüblichkeit iSv § 1 Abs. 2 lit. d ZugabeVO aF.

[109] OLG Hamburg Urt. v. 7.5.1997 – 6 U 34/97, MDR 1997, 810 (811) = BeckRS 1997, 09885; GK-HGB/ *Achilles*/*B. Schmidt* Rn. 6; Baumbach/Hopt/*Hopt* Rn. 2; Heymann/*Horn* Rn. 19; Oetker/*Pamp* Rn. 18; KKRD/ *W.-H. Roth* Rn. 3; *Schinkels* in Pfeiffer Handelsgeschäfte-HdB § 5 Rn. 12; MüKoHGB/*K. Schmidt* Rn. 19.

[110] BGH Urt. v. 11.3.1987 – VIII ZR 203/86, NJW 1987, 1886 (1887); OLG Hamburg Urt. v. 23.12.2009 – 5 U 55/08, BeckRS 2010, 9676 unter II. 3. g. aa. der Gründe; OLG Schleswig Urt. v. 9.12.2003 – 6 U 27/03, NJW-RR 2004, 1027 (1028); OLG Hamburg Urt. v. 7.5.1997 – 6 U 34/97, MDR 1997, 810 (811) = BeckRS 1997, 09885; GK-HGB/*Achilles*/*B. Schmidt* Rn. 6; Baumbach/Hopt/*Hopt* Rn. 2; Heymann/*Horn* Rn. 19; HaKo-HGB/*Klappstein* Rn. 12; Staub/*Koller* Rn. 18; NK-HGB/*Lehmann-Richter* Rn. 4; KKRD/*W.-H. Roth* Rn. 3; *Schinkels* in Pfeiffer Handelsgeschäfte-HdB § 5 Rn. 12; MüKoHGB/*K. Schmidt* Rn. 19; Röhricht/Graf v. Westphalen/Haas/*Steimle*/ *Dornieden* Rn. 23.

[111] Angedeutet in BGH Urt. v. 2.5.1984 – VIII ZR 38/83, WM 1984, 1000 (1002) = BeckRS 1984, 05233.

[112] Oetker/*Pamp* Rn. 18.

[113] BGH Urt. v. 27.10.1951 – II ZR 102/50, NJW 1952, 257 (258).

[114] OLG Frankfurt a. M. Urt. v. 4.3.2009 – 16 U 174/08, WM 2009, 1032 (1034) = GWR 2009, 200 *(Bauer-Hofstetter)* = BeckRS 2009, 14669; Heymann/*Horn* Rn. 18; Oetker/*Pamp* Rn. 18; MüKoHGB/*K. Schmidt* Rn. 19. Vgl. auch Schlegelberger/*Hefermehl* Rn. 3; *Pflug* ZHR 135 (1971), 1 (29) jeweils zu §§ 50 Abs. 2, 51 BörsG aF. Grundlegend *Fleckner* ZHR 180 (2016), 458 (487 ff.).

[115] GK-HGB/*Achilles*/*B. Schmidt* Rn. 6; HaKo-HGB/*Klappstein* Rn. 36; Oetker/*Pamp* Rn. 18.

[116] Schlegelberger/*Hefermehl* Rn. 3; MüKoHGB/*K. Schmidt* Rn. 19.

[117] *Fischinger* HandelsR Rn. 530; Schlegelberger/*Hefermehl* Rn. 1; Staub/*Koller* Rn. 42; *Oetker* HandelsR § 7 Rn. 47, 49; *Pflug* ZHR 135 (1971), 1 (15 ff.); *K. Schmidt* HandelsR § 1 Rn. 49; *Sonnenberger,* Verkehrssitten im Schuldvertrag, 1970, Nr. 55; *Wolf*/*Neuner* BGB AT § 4 Rn. 18; aA *L. Raiser,* Das Recht der allgemeinen Geschäftsbedingungen, 1935, 85: Identität von Gewohnheitsrecht und Verkehrssitte.

[118] Statt vieler BVerfG Beschl. v. 28.6.1967 – 2 BvR 143/61, BVerfGE 22, 114 (121) = NJW 1967, 2051 mwN.

[119] *Bärmann* FS Krause, 1975, 225 (226); *K. Schmidt* HandelsR § 1 Rn. 49.

[120] RG Urt. v. 11.3.1932 – II 307/31, RGZ 135, 339 (345); RG Urt. v. 5.12.1902 – Rep. II 263/02, RGZ 53, 138 (147); GK-HGB/*Achilles*/*B. Schmidt* Rn. 5; Schlegelberger/*Hefermehl* Rn. 2; Heymann/*Horn* Rn. 15; HaKo-HGB/*Klappstein* Rn. 35; *Schinkels* in Pfeiffer Handelsgeschäfte-HdB § 5 Rn. 9.

im Verkehr der Kaufleute untereinander zu einer gesellschaftlich verpflichtenden Regel geworden ist (zu Einzelheiten → Rn. 22 ff.), ist eine Gewohnheit nur rechtsbildend, wenn ihr ein **Rechtsgeltungswille** *(opinio necessitatis)* des jeweiligen Verkehrskreises zugrunde liegt,[121] also die ernstliche, gemeinsame Überzeugung, dass die Gewohnheit den Rang einer Rechtsnorm habe. Hieraus folgt ein weiterer, bedeutsamerer Unterschied. Während das (bundesweite)[122] Handelsgewohnheitsrecht ein **Gesetz iSv Art. 2 EGBGB**[123] ist und als solches gleichrangig neben die Vorschriften des HGB und der handelsrechtlichen Nebengesetze tritt,[124] sind Handelsbräuche keine normativen Rechts*geltungs*quellen, sondern lediglich faktische Rechts*entstehungs*quellen (→ Rn. 2). Dieser Unterschied zeigt sich insbesondere darin, dass ein Handelsbrauch – im Gegensatz zu Handelsgewohnheitsrecht – nicht aus sich selbst heraus *rechtlich* verbindlich ist, sondern Bedeutung im Recht erst aufgrund von § 346 und nur bei der Auslegung oder Ergänzung eines rechtlich anerkannten Rechtsgeschäfts erlangt.[125] Prozessual äußert dieser Unterschied sich darin, dass das Bestehen und der Inhalt eines Handelsbrauchs Tatfrage ist (→ Rn. 54), während Handelsgewohnheitsrecht gemäß § 293 ZPO festgestellt werden kann.[126] Die Unterschiede verschwinden jedoch, wenn sich aus einem Handelsbrauch neues Handelsgewohnheitsrecht entwickelt,[127] weil die bloße Billigung als maßgebliche Regel in einen Rechtsgeltungswillen umschlägt. Zu der sog. lex mercatoria → Rn. 141 f.

e) Verkehrssitte. aa) Begriff. Handelsbräuche sind – wie § 346 klarstellt – die Verkehrssitte des **32** Handels.[128] Die Verkehrssitte ist keine Rechtsnorm, sondern die im Verkehr tatsächlich herrschende Übung.[129] Zu ihrer Bildung bedarf es (1) einer allgemeinen tatsächlichen Übung (→ Rn. 12) dergestalt, dass nach ihr in einer größeren Zahl gleichartiger Fälle verfahren wird.[130] Unter dieser Voraussetzung sind auch solche tatsächlichen Übungen allgemein, die sich auf einen bestimmten Berufs- oder Geschäftszweig beschränken (sog. Branchenüblichkeit).[131] Hinzukommen muss, dass die allgemeine

---

[121] BGH Beschl. v. 11.12.1956 – V BLw 30/56, BGHZ 22, 317 (328) = NJW 1957, 259; BGH Urt. v. 30.1.1958 – III ZR 174/56, NJW 1958, 709; RG Urt. v. 16.12.1910 – Rep. VII 21/10, RGZ 75, 40 (41); GK-HGB/*Achilles*/*B. Schmidt* Rn. 5; Schlegelberger/*Hefermehl* Rn. 1, 2; Heymann/*Horn* Rn. 15; *Jung* HandelsR Kap. 9 Rn. 12; HaKo-HGB/*Klappstein* Rn. 12, 35; Staub/*Koller* Rn. 16; KKRD/*W.-H. Roth* Rn. 3; *Schinkels* in Pfeiffer Handelsgeschäfte-HdB § 5 Rn. 8, 9; MüKoHGB/*K. Schmidt* Rn. 14, 16; *K. Schmidt* HandelsR § 1 Rn. 48. Zu der Entstehung von Gewohnheitsrecht s. BGH Urt. 24.1.2020 – V ZR 155/18, BeckRS 2020, 4032 Rn. 9 mwN.

[122] Regionales Handelsgewohnheitsrecht kann wegen Art. 31 GG nicht entstehen, s. Schlegelberger/*Hefermehl* Rn. 2; Staub/*Koller* Rn. 16; *Schinkels* in Pfeiffer Handelsgeschäfte-HdB § 5 Rn. 10 mit Fn. 37.

[123] GK-HGB/*Achilles*/*B. Schmidt* Rn. 5; *Gallois* JR 1956, 45 (46); Schlegelberger/*Hefermehl* Rn. 2; NK-HGB/*Lehmann-Richter* Rn. 2; MüKoHGB/*K. Schmidt* Rn. 16; ähnl. HaKo-HGB/*Klappstein* Rn. 35 („Rechtsquelle“).

[124] Oetker/*Pamp* Rn. 16; MüKoHGB/*K. Schmidt* Rn. 16.

[125] *Canaris* HandelsR § 22 Rn. 11; Heymann/*Horn* Rn. 16; *K. Schmidt* HandelsR § 1 Rn. 49.

[126] GK-HGB/*Achilles*/*B. Schmidt* Rn. 5; HaKo-HGB/*Klappstein* Rn. 40; NK-HGB/*Lehmann-Richter* Rn. 2; MüKoHGB/*K. Schmidt* Rn. 16.

[127] Diese Möglichkeit bejahen BGH Urt. v. 27.1.2011 – VII ZR 186/09, BGHZ 188, 128 Rn. 22 = NJW 2011, 1965; *Gallois* JR 1956, 45 (47); Schlegelberger/*Hefermehl* Rn. 2; Heymann/*Horn* Rn. 16; *Hübner* HandelsR Rn. 521; NK-HGB/*Lehmann-Richter* Rn. 2; *Schinkels* in Pfeiffer Handelsgeschäfte-HdB § 5 Rn. 10; MüKoHGB/*K. Schmidt* Rn. 16; *K. Schmidt* HandelsR § 1 Rn. 49; *Wolf*/*Neuner* BGB AT § 4 Rn. 18; krit. *Sonnenberger*, Verkehrssitten im Schuldvertrag, 1970, Nr. 173.

[128] BGH Urt. v. 28.11.1963 – Ia ZR 8/63, BGHZ 40, 332 (333) = NJW 1964, 590; BGH Urt. v. 3.12.1992 – III ZR 30/91, NJW 1993, 1798; BGH Urt. v. 4.4.1973 – VIII ZR 191/72, WM 1973, 677 (678); BGH Urt. v. 7.3.1973 – VIII ZR 214/71, WM 1973, 382 = BeckRS 1973, 31125498; BGH Urt. v. 28.3.1969 – I ZR 33/67, NJW 1969, 1293 (1295); BGH Urt. v. 1.12.1965 – VIII ZR 271/63, NJW 1966, 502; BGH Urt. v. 29.11.1961 – VIII ZR 146/60, JZ 1963, 167 (169) = BeckRS 1961, 31188315; OLG Köln Urt. v. 18.1.1971 – 10 U 4/70, NJW 1971, 894 (896); GK-HGB/*Achilles*/*B. Schmidt* Rn. 1; *Canaris* HandelsR § 22 Rn. 2; *Gallois* JR 1956, 45; Schlegelberger/*Hefermehl* Rn. 1, 2, 20; Baumbach/Hopt/*Hopt* Rn. 1; Heymann/*Horn* Rn. 1; *Jung* HandelsR Kap. 9 Rn. 11; HaKo-HGB/*Klappstein* Rn. 1; *Lettl* HandelsR § 10 Rn. 2; Oetker/*Pamp* Rn. 1; KKRD/*W.-H. Roth* Rn. 1; *Schinkels* in Pfeiffer Handelsgeschäfte-HdB § 5 Rn. 1; MüKoHGB/*K. Schmidt* Rn. 1, 7; *K. Schmidt* HandelsR § 1 Rn. 48; *Schmitt*, Die Rechtsstellung der Kleingewerbetreibenden nach dem Handelsrechtsreformgesetz, 2003, 280; Röhricht/Graf v. Westphalen/Haas/*Steimle*/*Dornieden* Rn. 1; ähnl. Staub/*Koller* Rn. 1: Handelsbräuche stünden auf derselben Stufe wie die Verkehrssitte.

[129] BGH Urt. v. 12.12.1953 – VI ZR 242/52, LM Nr. 1 zu § 157 (B) BGB = BeckRS 1953, 31197869; RG Urt. v. 23.5.1922 – VII 492/21, RGZ 104, 358 (361 f.); RG Urt. v. 16.10.1903 – Rep. VII 228/03, RGZ 55, 375 (377); RG Urt. v. 1.11.1901 – Rep. II 230/01, RGZ 49, 157 (162); RG Urt. v. 30.11.1937 – II 101/37, JW 1938, 807; RG Urt. v. 1.4.1919 – VII 390/18, WarnR 1919 Nr. 131; OLG Koblenz Urt. v. 18.11.2009 – 1 U 579/09, NJW-RR 2010, 203; OLG Koblenz Urt. v. 10.3.1988 – 6 U 1286/85, NJW-RR 1988, 1306; Palandt/*Ellenberger* BGB § 133 Rn. 21; Staudinger/*Looschelders*/*Olzen*, 2019, BGB § 242 Rn. 159; Oetker/*Pamp* Rn. 1; Staudinger/*Singer*, 2017, BGB § 133 Rn. 66; Röhricht/Graf v. Westphalen/Haas/*Steimle*/*Dornieden* Rn. 4; *Wolf*/*Neuner* BGB AT § 4 Rn. 18. Abw. Heymann/*Horn* Rn. 1, der darüber hinaus eine allgemeine Anerkennung voraussetzt.

[130] OLG Koblenz Urt. v. 10.3.1988 – 6 U 1286/85, NJW-RR 1988, 1306; Staudinger/*Looschelders*/*Olzen*, 2019, BGB § 242 Rn. 160; *Pflug* ZHR 135 (1971), 1 (48); *Schinkels* in Pfeiffer Handelsgeschäfte-HdB § 5 Rn. 1.

[131] OLG Koblenz Urt. v. 18.11.2009 – 1 U 579/09, NJW-RR 2010, 203; OLG Koblenz Urt. v. 10.3.1988 – 6 U 1286/85, NJW-RR 1988, 1306; MüKoBGB/*Busche* BGB § 157 Rn. 22; Staudinger/*Looschelders*/*Olzen*, 2019, BGB § 242 Rn. 159.

tatsächliche Übung (2) von einer einheitlichen Auffassung aller Beteiligten des jeweiligen Verkehrs-bereichs getragen[132] und (3) über einen gewissen Zeitraum praktiziert wird.[133]

33   bb) Rechtliche Bedeutung. Rechtliche Bedeutung erlangt die Verkehrssitte durch § 151 S. 1 Alt. 1 BGB (→ Rn. 34), § 157 BGB (→ Rn. 35) und § 242 BGB (→ Rn. 36).

34   (1) § 151 S. 1 Alt. 1 BGB. Gemäß § 151 S. 1 Alt. 1 BGB kommt ein Vertrag durch Annahme des Antrags zustande, ohne dass die Annahme dem Antragenden gegenüber zu erklärt werden braucht, wenn eine solche Erklärung nach der Verkehrssitte nicht zu erwarten ist. Obgleich der Tatbestand nicht auf den Handelsverkehr beschränkt ist,[134] wird eine Verkehrssitte dieses Inhalts nicht selten auf der dem Handelsverkehr eigenen Eilbedürftigkeit beruhen und daher ein Handels-brauch sein.[135] So verhält es sich zB im **Buchhandel.** Dort entspricht es einem Handelsbrauch, dass auf die eingehenden Bestellungen keine besondere Bestätigung der Annahme des Auftrags erfolgt; vielmehr wird die Lieferung sofort unter gleichzeitiger Beifügung der Faktur vorgenom-men.[136] Vergleichbares gilt bei der **Wertpapierkommission,** die vertragsgemäß in Form des Selbsteintritts ausgeführt werden muss. In diesen Konstellationen kommt der Kaufvertrag zwischen dem Kreditinstitut als Kommissionär und dem Kunden als Kommittenten bereits durch die in der Ausführung – sei es die Vornahme des Deckungsgeschäfts, sei es die Umbuchung im Bestand vorhandener Wertpapiere – liegende Annahmeerklärung zustande, da ein Zugang dieser Erklärung aufgrund der Verkehrssitte nicht zu erwarten ist.[137] Hingegen sei bei der **Diskontierung eines Wechsels** trotz des Interesses des Kunden an einer möglichst schnellen Verwertung eine Annahme-erklärung des Kreditinstituts zu erwarten. Ursächlich hierfür sei – so der BGH –, dass der Dis-kontnehmer nicht nur auf die alsbaldige, sondern auch auf eine eindeutige Klärung der Rechtslage angewiesen sei.[138]

35   (2) § 157 BGB. Gemäß § 157 BGB sind Verträge sowie – über den Wortlaut der Vorschrift hinaus – einseitige Rechtsgeschäfte und einzelne Willenserklärungen[139] so auszulegen, wie Treu und Glauben mit Rücksicht auf die Verkehrssitte es erfordern. Diese Auslegungsmaxime gilt – sofern der Erklärende ihr nicht unzweideutig widerspricht[140] – nicht nur im Bürgerlichen Recht, sondern auch im Handels-recht,[141] und zwar unabhängig davon, ob die Verkehrssitte dem Erklärenden bekannt war.[142] Ist der Vertrag, das einseitige Rechtsgeschäft oder die einzelne Willenserklärung ein beiderseitiges Handels-geschäft iSd § 343 Abs. 1 (→ Rn. 104) oder sonstige Handlung (zu Kaufleuten → Rn. 105) unter Kaufleuten (zu Einzelheiten → Rn. 107 ff.), ergänzt § 346 die allgemeine Regelung des § 157 BGB dahingehend, dass bei der Auslegung auch auf einen geltenden (zu Einzelheiten → Rn. 106 f.) Handelsbrauch Rücksicht zu nehmen ist (zu Einzelheiten → Rn. 151 ff.). Da die Berücksichtigung anderer Verkehrssitten, die keine Handelsbräuche sind, durch § 346 nicht ausgeschlossen wird,[143] konkretisiert § 346 die Vor-

---

[132] BGH Urt. v. 30.3.1990 – V ZR 113/89, BGHZ 111, 110 (112) = NJW 1990, 1723; BGH Urt. v. 27.10.1951 – II ZR 102/50, NJW 1952, 257; RG Urt. v. 19.5.1926 – I 309/25, RGZ 114, 9 (12); RG Urt. v. 10.1.1925 – I 106/24, RGZ 110, 47 (48); OLG Koblenz Urt. v. 18.11.2009 – 1 U 579/09, NJW-RR 2010, 203; OLG Koblenz Urt. v. 10.3.1988 – 6 U 1286/85, NJW-RR 1988, 1306; MüKoBGB/*Busche* BGB § 157 Rn. 22; *Schinkels* in Pfeiffer Handelsgeschäfte-HdB § 5 Rn. 1; Staudinger/*Singer,* 2017, BGB § 133 Rn. 67 mwN; *Sonnenberger,* Verkehrssitten im Schuldvertrag, 1970, Nr. 54.

[133] BGH Urt. v. 30.3.1990 – V ZR 113/89, BGHZ 111, 110 (112) = NJW 1990, 1723; BGH Urt. v. 27.10.1951 – II ZR 102/50, NJW 1952, 257; RG Urt. v. 10.1.1925 – I 106/24, RGZ 110, 47 (48); RG Urt. v. 30.11.1937 – II 74/37, JW 1938, 859; OLG Koblenz Urt. v. 18.11.2009 – 1 U 579/09, NJW-RR 2010, 203; OLG Koblenz Urt. v. 10.3.1988 – 6 U 1286/85, NJW-RR 1988, 1306; MüKoBGB/*Busche* BGB § 157 Rn. 22; *Schinkels* in Pfeiffer Handelsgeschäfte-HdB § 5 Rn. 1; Staudinger/*Singer,* 2017, BGB § 133 Rn. 66.

[134] Statt vieler Staudinger/*Bork,* 2015, BGB § 157 Rn. 6.

[135] In diese Richtung MüKoBGB/*Busche* BGB § 157 Rn. 5.

[136] OLG Freiburg Urt. v. 24.7.1952 – 1 U 166/51, NJW 1952, 1416.

[137] OGH-BrZ Urt. v. 27.7.1950 – I ZS 116/49, OGHZ 4, 209 (214).

[138] BGH Urt. v. 17.9.1984 – II ZR 23/84, NJW 1985, 196 (197).

[139] Statt vieler BGH Urt. v. 3.2.1967 – VI ZR 114/65, BGHZ 47, 75 (78) = NJW 1967, 673; BGH Urt. v. 14.7.1956 – V ZR 223/54, BGHZ 21, 319 (328) = NJW 1956, 1475; RG Urt. v. 5.5.1942 – VII 4/42, RGZ 169, 122 (124 f.); MüKoBGB/*Busche* BGB § 157 Rn. 1; Palandt/*Ellenberger* BGB § 157 Rn. 1.

[140] BGH Urt. v. 12.12.1953 – VI ZR 242/52, LM Nr. 1 zu § 157 (B) BGB = BeckRS 1953, 31197869; RG Urt. v. 19.5.1926 – I 309/25, RGZ 114, 9 (12).

[141] BGH Urt. v. 24.11.1976 – VIII ZR 21/75, NJW 1977, 385 (386); BGH Urt. v. 1.12.1965 – VIII ZR 271/63, NJW 1966, 502; RG Urt. v. 30.11.1937 – II 101/37, JW 1938, 807; GK-HGB/*Achilles/B. Schmidt* Rn. 2; Heymann/*Horn* Rn. 3; HaKo-HGB/*Klappstein* Rn. 3; *Lettl* HandelsR § 10 Rn. 1; Oetker/*Pamp* Rn. 1; KKRD/*W.-H. Roth* Rn. 2. Vgl. auch RG Urt. v. 8.3.1919 – Rep. I 231/18, RGZ 95, 122 (124), wonach der in § 346 zum Ausdruck kommende Grundsatz gemäß § 157 BGB auch im bürgerlichen Recht gelte.

[142] BGH Urt. v. 12.12.1953 – VI ZR 242/52, LM Nr. 1 zu § 157 (B) BGB = BeckRS 1953, 31197869; RG Urt. v. 19.5.1926 – I 309/25, RGZ 114, 9 (12); OLG Koblenz Urt. v. 10.3.1988 – 6 U 1286/85, NJW-RR 1988, 1306 (1307); MüKoBGB/*Busche* BGB § 157 Rn. 18; Schlegelberger/*Hefermehl* Rn. 28; Staudinger/*Singer,* 2017, BGB § 133 Rn. 68; Röhricht/Graf v. Westphalen/Haas/*Steimle/Dornieden* Rn. 4.

[143] *Oetker* HandelsR § 7 Rn. 47; wohl aA GK-HGB/*Achilles/B. Schmidt* Rn. 2; HaKo-HGB/*Klappstein* Rn. 3; *Lettl* HandelsR § 10 Rn. 3; KKRD/*W.-H. Roth* Rn. 2. Widersprüchlich Heymann/*Horn* Rn. 3 („Handelsbrauch

schrift des § 157 BGB nicht;[144] vielmehr ergänzt sie diese,[145] nämlich um die Klarstellung, dass bei der Auslegung von empfangsbedürftigen Willenserklärungen (zu Einzelheiten → Rn. 152 ff.) und Verträgen (zu Einzelheiten → Rn. 155 ff.) unter Kaufleuten neben der allgemeinen Verkehrssitte auch ein geltender Handelsbrauch als besondere Verkehrssitte des Handels zu berücksichtigen ist. Eigenständige Bedeutung erlangt § 157 BGB im Zusammenhang mit Handelsbräuchen in drei Konstellationen, nämlich dann, wenn ein Handelsbrauch (1) im Verhältnis zu einem branchenfremden Kaufmann (→ Rn. 116) oder (2) einem Nichtkaufmann (→ Rn. 113) Berücksichtigung finden soll, sowie dann, wenn (3) eine bereits bei Vertragsschluss bestehende Verkehrssitte sich erst später zu einem Handelsbrauch (fort-)entwickelt (→ Rn. 132).

(3) § 242 BGB. Gemäß § 242 BGB ist der Schuldner verpflichtet, die Leistung so zu bewirken, wie **36** Treu und Glauben mit Rücksicht auf die Verkehrssitte es erfordern. Dieser Grundsatz gilt nicht nur im Bürgerlichen Recht, sondern auch im Handelsrecht.[146] Unter Kaufleuten (zu Einzelheiten → Rn. 108 ff.) wird er durch § 346 dahingehend ergänzt, dass zur Präzisierung des Inhalts von Treu und Glauben[147] nicht nur auf die allgemeine Verkehrssitte, sondern auch auf einen geltenden (zu Einzelheiten → Rn. 106 ff.) Handelsbrauch Rücksicht zu nehmen ist.[148] Dieses Gebot gilt nicht nur in dem originären Anwendungsbereich von § 242 BGB, nämlich bei der – im Verhältnis zu der ergänzenden Vertragsauslegung nach § 157 BGB (zu Einzelheiten → Rn. 155 ff.) nachrangigen (→ Rn. 174) – Bestimmung der Art und Weise einer geschuldeten Leistung, sondern in Anbetracht der Tatsache, dass Treu und Glauben (§ 242 BGB) als allgemeiner Rechtssatz das gesamte Rechtsleben beherrschen,[149] auch darüber hinaus. So können Handelsbräuche im Rahmen bestehender Verträge rechtsbegründende (→ Rn. 176 f.) oder rechtshindernde Wirkung (zu Einzelheiten → Rn. 178 ff.) entfalten oder sogar – zB in Gestalt der Grundsätze über die Wirkung des Schweigens auf ein Bestätigungsschreiben (zu Einzelheiten → Rn. 243 ff.) – Verträge entstehen lassen.

f) Anschauungen des Handelsverkehrs. Anschauungen des Handelsverkehrs sind auf Erfahrungs- **37** sätzen gründende Vorstellungen über das Verhalten, das ein Kaufmann in bestimmten Situationen *vernünftigerweise* einzuhalten hat.[150] Es handelt sich also um Einschätzungen der Handelspraxis, die sich sowohl von Handelsbräuchen (→ Rn. 5) als auch von Verkehrssitten (→ Rn. 32) dadurch unterscheiden, dass es an einer tatsächlichen Übung (→ Rn. 12) der ganz überwiegenden Mehrheit der Kaufleute des jeweiligen Handelskreises fehlt.[151] Gleichwohl dienen Handelsbräuche und Verkehrsanschauungen ähnlichen Zwecken, nämlich zu der Auslegung und Ergänzung – sei es gem. § 346, sei es gem. §§ 133, 157 BGB – von Verträgen, einzelnen Willenserklärungen und einseitigen Rechtsgeschäften (zu Einzelheiten → Rn. 151 ff.),[152] zu der Bestimmung des anzuwendenden Sorgfaltsmaßstabs (§ 276 Abs. 2 BGB, § 347, zu Einzelheiten → § 347 Rn. 26 ff., § 2 Nr. 7 UWG)[153] sowie zu der Ausfüllung unbestimmter Rechtsbegriffe in Generalklauseln (§§ 138 Abs. 1, 826 BGB, § 3 Abs. 1 UWG).[154]

g) Allgemeine Geschäftsbedingungen. aa) Unterschiede. Handelsbräuche sind keine All- **38** gemeinen Geschäftsbedingungen iSv § 305 Abs. 1 S. 1 BGB,[155] sondern soziale Normen (→ Rn. 2) und als solche grundsätzlich unverbindlich. Durch das Gebot des § 346, unter Kaufleuten (zu Einzel-

---

[144] So aber *Fischinger* HandelsR Rn. 531; *Oetker* HandelsR § 7 Rn. 47.

[145] *Canaris* HandelsR § 22 Rn. 1; Baumbach/Hopt/*Hopt* Rn. 1; MüKoHGB/*K. Schmidt* Rn. 7; Röhricht/Graf v. Westphalen/Haas/*Steimle/Dornieden* Rn. 1; *Weynen* NJW 1954, 628 (629).

[146] Statt vieler Staudinger/*Looschelders/Olzen*, 2019, BGB § 242 Rn. 1038.

[147] Zu dieser Wirkung der Verkehrssitte s. MüKoBGB/*Schubert* BGB § 242 Rn. 12.

[148] AA Staudinger/*Looschelders/Olzen*, 2019, BGB § 242 Rn. 1038: Der Handelsbrauch trete an die Stelle der Verkehrssitte.

[149] Statt vieler Palandt/*Grüneberg* BGB § 242 Rn. 1 mwN.

[150] GK-HGB/*Achilles/B. Schmidt* Rn. 7; Heymann/*Horn* Rn. 20; *Oetker/Pamp* Rn. 17; *Schinkels* in Pfeiffer Handelsgeschäfte-HdB § 5 Rn. 13.

[151] GK-HGB/*Achilles/B. Schmidt* Rn. 7; *Canaris* HandelsR § 22 Rn. 6; Schlegelberger/*Hefermehl* Rn. 4; Heymann/*Horn* Rn. 20; *Oetker/Pamp* Rn. 17; *Schinkels* in Pfeiffer Handelsgeschäfte-HdB § 5 Rn. 13; MüKoHGB/*K. Schmidt* Rn. 7; vgl. auch ROHG Urt. v. 31.1.1873 – Rep. 154/73, ROHG 9, 23 (25) unter dem (unzutreffenden) Begriff des Handelsgewohnheitsrechts.

[152] RG Urt. v. 21.10.1913 – Rep. II 275/13, RGZ 83, 184 (186); GK-HGB/*Achilles/B. Schmidt* Rn. 7; Heymann/*Horn* Rn. 20; Staub/*Koller* Rn. 19; *Oetker/Pamp* Rn. 17; *Schinkels* in Pfeiffer Handelsgeschäfte-HdB § 5 Rn. 13; MüKoHGB/*K. Schmidt* Rn. 22. Für die Berücksichtigung von Verkehrsanschauungen s. zB BGH Urt. v. 7.6.2006 – VIII ZR 180/05, NJW 2006, 2694 Rn. 11; RG Urt. v. 12.11.1919 – I 111/19, RGZ 97, 140 (143).

[153] GK-HGB/*Achilles/B. Schmidt* Rn. 7; Schlegelberger/*Hefermehl* Rn. 4; Heymann/*Horn* Rn. 20; Staub/*Koller* Rn. 19; *Schinkels* in Pfeiffer Handelsgeschäfte-HdB § 5 Rn. 13; MüKoHGB/*K. Schmidt* Rn. 22.

[154] GK-HGB/*Achilles/B. Schmidt* Rn. 7; Schlegelberger/*Hefermehl* Rn. 4; Heymann/*Horn* Rn. 20; *Oetker/Pamp* Rn. 17; *Schinkels* in Pfeiffer Handelsgeschäfte-HdB § 5 Rn. 13.

[155] GK-HGB/*Achilles/B. Schmidt* Rn. 8, 17; *Canaris* HandelsR § 22 Rn. 38; *Fischinger* HandelsR Rn. 541; Baumbach/Hopt/*Hopt* Rn. 10; Heymann/*Horn* Rn. 21; NK-HGB/*Lehmann-Richter* Rn. 19; *Lettl* HandelsR § 10 Rn. 14; *Oetker/Pamp* Rn. 20; KKRD/*W.-H. Roth* Rn. 3, 12; MüKoHGB/*K. Schmidt* Rn. 23; vgl. auch BGH Urt.

heiten → Rn. 107 ff.) in Ansehung der Bedeutung (zu Einzelheiten → Rn. 151 ff.) und Wirkung (zu Einzelheiten → Rn. 173 ff.) von Handlungen und Unterlassungen (→ Rn. 104 f.) auf sie Rücksicht zu nehmen, erlangen sie jedoch normativen Charakter (→ Rn. 149). Hierin kommt zum Ausdruck, dass sich Handelsbräuche und Allgemeine Geschäftsbedingungen im **Geltungsgrund** unterscheiden.[156] Während Allgemeine Geschäftsbedingungen Bestandteil eines Vertrags sind und als solche grundsätzlich kraft einer rechtsgeschäftlichen Vereinbarung gelten (zu Einzelheiten → Rn. 43 ff.), sind die im Handelsverkehr geltenden Gewohnheiten und Gebräuche gem. § 346 kraft Gesetzes und daher grundsätzlich auch dann zu berücksichtigen, wenn sich die Partei, zu deren Nachteil sie wirken sollen, diesen nicht unterworfen hat.[157]

39 Handelsbräuche und Allgemeine Geschäftsbedingungen iSv § 305 Abs. 1 S. 1 BGB unterscheiden sich nicht nur in ihrem Geltungsgrund (→ Rn. 38), sondern auch darin, dass Gegenstand der Bestimmungen in Allgemeinen Geschäftsbedingungen auch Verhaltensweisen sein *können* und nicht selten sind (zu den Ausnahmen → Rn. 41 f.), die von den Kaufleuten des Handelskreises (zu Einzelheiten → Rn. 7 ff.) weder gleichmäßig, einheitlich und freiwillig befolgt (zu Einzelheiten → Rn. 13, 14, 15 ff.) noch auf Grundlage einer einheitlichen Auffassung (→ Rn. 21) gebilligt werden (zu Einzelheiten → Rn. 22 ff.).[158]

40 **bb) Berührungspunkte.** Trotz der Unterschiede (→ Rn. 38 f.) können Allgemeine Geschäftsbedingungen und Handelsbräuche bis zu vier Berührungspunkte aufweisen:

41 **(1) Niederschrift einer Übung in Allgemeinen Geschäftsbedingungen.** Den Teilnehmern am Handelsverkehr ist es unbenommen, den Inhalt eines Handelsbrauchs in Individualvereinbarungen oder – häufiger – Allgemeine Geschäftsbedingungen aufzunehmen.[159] Rechtlich ist dabei zu unterscheiden: (1) Gingen die Parteien bei Vertragsschluss übereinstimmend davon aus, die tatsächliche Übung auch ohne die vertragliche Regelung befolgen zu müssen, ist die Bestimmung in den Allgemeinen Geschäftsbedingungen **deklaratorisch.**[160] Ihre Funktion besteht im Wesentlichen in der Beweissicherung, die insbesondere bei langfristigen Verträgen und Handelsbräuchen, die einem Wandel unterliegen können, von praktischer Bedeutung ist (→ Rn. 18). (2) Hatten die Parteien bei Vertragsschluss hingegen die Absicht, eine bloße Handelsübung (→ Rn. 29) oder einen in ihrem Handelskreis nicht geltenden (zu Einzelheiten → Rn. 106 ff.) Handelsbrauch *inter partes* für verbindlich zu erklären (→ Rn. 111, 121, 144), wirkt die Vereinbarung **konstitutiv,** dh die Parteien sind nur aufgrund der Bestimmung in den Allgemeinen Geschäftsbedingungen an die Übung gebunden.

42 **(2) Bildung eines Handelsbrauchs durch Allgemeine Geschäftsbedingungen.** Bei der wiederholten Verwendung von Allgemeinen Geschäftsbedingungen kann deren Inhalt zu einem Handelsbrauch erstarken.[161] Dies gilt nicht nur für einzelne Bestimmungen,[162] sondern auch für ganze Klauselwerke.[163] Hierfür ist es jedoch nicht ausreichend, dass die Allgemeinen Geschäftsbedingungen wiederholt verwendet werden.[164] Erforderlich ist vielmehr, dass die ganz überwiegende Mehrheit der dem Handelskreis (zu Einzelheiten → Rn. 7 ff.) angehörigen Kaufleute die durch die Allgemeinen Geschäftsbedingungen begründete tatsächliche Übung freiwillig fortführt (zu Einzelheiten → Rn. 15 ff.)

---

[156] v. 23.4.1986 – IVa ZR 209/84, NJW-RR 1987, 94 (95); OLG Köln Urt. v. 28.2.1997 – 19 U 194/95, NJW-RR 1998, 926; Staub/*Koller* Rn. 21 jeweils zu § 1 Abs. 1 S. 1 AGBG; zuvor bereits Schlegelberger/*Hefermehl* Rn. 6.

[156] Oetker/*Pamp* Rn. 20.

[157] OLG Köln Urt. v. 28.2.1997 – 19 U 194/95, NJW-RR 1998, 926; Baumbach/Hopt/*Hopt* Rn. 2, 10; Heymann/*Horn* Rn. 5, 21, Vor § 343 Rn. 54; *Jung* HandelsR Kap. 9 Rn. 12; MüKoHGB/*K. Schmidt* Rn. 23; Röhricht/Graf v. Westphalen/Haas/*Steimle/Dornieden* Rn. 24.

[158] *Schinkels* in Pfeiffer Handelsgeschäfte-HdB § 5 Rn. 14.

[159] BGH Urt. v. 25.11.1993 – VII ZR 17/93, NJW 1994, 659 (660); OLG Frankfurt a. M. Urt. v. 23.4.1986 – 17 U 155/84, NJW-RR 1986, 911 (913); LG Hamburg Urt. v. 21.11.2003 – 319 O 113/00, NJW-RR 2004, 699 (701); GK-HGB/*Achilles/B. Schmidt* Rn. 8; MüKoBGB/*Basedow* BGB § 310 Rn. 20; Schlegelberger/*Hefermehl* Rn. 6; Heymann/*Horn* Rn. 21; Staub/*Koller* Rn. 21; Oetker/*Pamp* Rn. 20; KKRD/*W.-H. Roth* Rn. 3, 4; *Schinkels* in Pfeiffer Handelsgeschäfte-HdB § 5 Rn. 14; MüKoHGB/*K. Schmidt* Rn. 9, 23, 52; *K. Schmidt* HandelsR § 1 Rn. 66.

[160] BGH Urt. v. 4.7.2017 – XI ZR 562/15, BGHZ 215, 172 Rn. 57 = NJW 2017, 2986; BGH Urt. v. 4.7.2017 – XI ZR 233/16, WM 2017, 1652 Rn. 63 = BeckRS 2017, 121112; BGH Urt. v. 25.11.1993 – VII ZR 17/93, NJW 1994, 659 (660); BGH Urt. v. 2.7.1980 – VIII ZR 178/79, WM 1980, 1122 (1123) = BeckRS 1980, 31076152; OLG Hamburg Urt. v. 5.12.2013 – 6 U 194/10, RdTW 2014, 239 Rn. 54; Oetker/*Pamp* Rn. 7, 10.

[161] BGH Urt. v. 2.7.1980 – VIII ZR 178/79, WM 1980, 1122 (1123) = BeckRS 1980, 31076152; OLG Hamm Urt. v. 8.7.1993 – 27 U 155/91, NJW-RR 1993, 1444; GK-HGB/*Achilles/B. Schmidt* Rn. 8; Heymann/*Horn* Rn. 21; Staub/*Koller* Rn. 21; Oetker/*Pamp* Rn. 5, 20; *v. Renthe gen. Fink* BB 1982, 80; KKRD/*W.-H. Roth* Rn. 4; *Schinkels* in Pfeiffer Handelsgeschäfte-HdB § 5 Rn. 14; MüKoHGB/*K. Schmidt* Rn. 9, 23, 52; *K. Schmidt* HandelsR § 1 Rn. 66.

[162] GK-HGB/*Achilles/B. Schmidt* Rn. 8; Schlegelberger/*Hefermehl* Rn. 6; *Schinkels* in Pfeiffer Handelsgeschäfte-HdB § 5 Rn. 14.

[163] GK-HGB/*Achilles/B. Schmidt* Rn. 8; Schlegelberger/*Hefermehl* Rn. 6; *Schinkels* in Pfeiffer Handelsgeschäfte-HdB § 5 Rn. 14; *K. Schmidt* HandelsR § 1 Rn. 52.

[164] Staub/*Koller* Rn. 21.

und diese auch ohne die Allgemeinen Geschäftsbedingungen als verbindlich erachtet (zu Einzelheiten → Rn. 22 ff.).[165] Allein die Tatsache, dass eine Vielzahl von Verträgen inhaltsgleiche Bestimmungen enthält, vermag weder den Handelsbrauch zu beweisen[166] noch einen dahingehenden Anscheinsbeweis zu begründen. Vielmehr muss das Tatgericht von der Entstehung des Handelsbrauchs (zu Einzelheiten → Rn. 6 ff.) überzeugt werden (zu Einzelheiten → Rn. 54 ff.).

(3) Einbeziehung von Allgemeinen Geschäftsbedingungen. (a) Grundsatz. Nicht nur bei **43** Verbraucherverträgen iSv § 310 Abs. 3 BGB, sondern im Grundsatz auch im kaufmännischen Geschäftsverkehr können Allgemeine Geschäftsbedingungen *grundsätzlich* nur kraft rechtsgeschäftlicher Vereinbarung Vertragsbestandteil werden.[167] Ein wesentlicher Unterschied besteht jedoch darin, dass § 305 Abs. 2 BGB gem. **§ 310 Abs. 1 S. 1 BGB** bei der Verwendung von Allgemeinen Geschäftsbedingungen gegenüber einem Unternehmer (§ 14 BGB) keine Anwendung findet. Erforderlich, aber auch ausreichend, ist demnach eine ausdrückliche oder stillschweigende **Einigung der Kaufleute** gemäß den allgemeinen Bestimmungen (§§ 145 ff. BGB) zu der Geltung der Allgemeinen Geschäftsbedingungen.[168] Hierfür muss der Wille des einen Teils, dass neben dem individualvertraglich Vereinbarten auch bestimmte Allgemeine Geschäftsbedingungen Vertragsinhalt werden sollen, erkennbar zum Ausdruck kommen.[169] Der andere Teil muss im Zeitpunkt des Vertragsschlusses die Möglichkeit haben, in zumutbarer Weise Kenntnis von dem Inhalt der Allgemeinen Geschäftsbedingungen zu nehmen,[170] und sich mit ihrer Einbeziehung – ggf. stillschweigend – einverstanden erklären.[171] Hierfür genügt es zB, dass die Kaufleute in **enger laufender Geschäftsverbindung** zueinander stehen, frühere Verträge zwischen ihnen stets unter Einbeziehung der Allgemeinen Geschäftsbedingungen einer Partei geschlossen wurden und diese unmissverständlich zu erkennen gegeben hat (zB durch einen Hinweis auf früheren Rechnungen), dass sie Geschäfte nur auf der Grundlage ihrer eigenen Allgemeinen Geschäftsbedingungen tätigen will.[172] Unter diesen Umständen kann in dem vorbehaltlosen Vertragsschluss auch dann ein stillschweigendes Einverständnis mit der (erneuten) Geltung der Allgemeinen Geschäftsbedingungen zu sehen sein, wenn diese bei den neuen Vertragsverhandlungen nicht nochmals in Bezug genommen wurden.[173] Bei branchentypischen Geschäftsbedingungen soll es sogar ausreichen, dass es sich um ein branchentypisches Geschäft handelt und die Beteiligten regel-

---

[165] BGH Urt. v. 4.7.2017 – XI ZR 562/15, BGHZ 215, 172 Rn. 57 = NJW 2017, 2986; BGH Urt. v. 2.7.1980 – VIII ZR 178/79, WM 1980, 1122 (1123) = BeckRS 1980, 31076152; Schlegelberger/*Hefermehl* Rn. 6; Baumbach/ Hopt/*Hopt* Rn. 12; Oetker/*Pamp* Rn. 20.

[166] BGH Urt. v. 4.7.2017 – XI ZR 562/15, BGHZ 215, 172 Rn. 57 = NJW 2017, 2986; BGH Urt. v. 4.7.2017 – XI ZR 233/16, WM 2017, 1652 Rn. 63 = BeckRS 2017, 121112; Oetker/*Pamp* Rn. 20.

[167] BGH Urt. v. 12.2.1992 – VIII ZR 84/91, BGHZ 117, 190 (194) = NJW 1992, 1232; BGH Urt. v. 28.5.1973 – VIII ZR 143/72, WM 1973, 1198 (1199) = BeckRS 1973, 31125595; OLG Dresden Urt. v. 13.2.1998 – 8 U 2863/97, NJW-RR 1999, 846 (847); Heymann/*Horn* Vor § 343 Rn. 51; NK-HGB/*Lehmann-Richter* Rn. 24; KKRD/*W.-H. Roth* HGB Vor §§ 343–372 Rn. 4d; MüKoHGB/*K. Schmidt* Rn. 50.

[168] BGH Urt. v. 24.10.2002 – I ZR 104/00, NJW-RR 2003, 754 (755); BGH Urt. v. 18.10.1978 – VIII ZR 230/ 77, WM 1979, 19 (20); OLG Hamburg Urt. v. 13.6.2002 – 3 U 168/00, WM 2003, 581 (583) = NJOZ 2003, 936; *Hübner* HandelsR Rn. 510 f.; KKRD/*W.-H. Roth* HGB Vor §§ 343–372 Rn. 4e; vgl. auch BGH Urt. v. 12.2.1992 – VIII ZR 84/91, BGHZ 117, 190 (195) = NJW 1992, 1232; BGH Urt. v. 3.12.1987 – VII ZR 374/86, BGHZ 102, 293 (304) = NJW 1988, 1210; BGH Urt. v. 20.3.1985 – VIII ZR 327/83, NJW 1985, 1838 (1839) jeweils zu § 24 AGBG; zuvor bereits BGH Urt. v. 8.7.1955 – I ZR 201/53, BGHZ 18, 98 (99) = NJW 1955, 1513; BGH Urt. v. 8.3.1955 – I ZR 109/53, BGHZ 17, 1 (2) = NJW 1955, 1145; BGH Urt. v. 3.2.1953 – I ZR 61/52, BGHZ 9, 1 (3) = NJW 1953, 541; BGH Urt. v. 5.10.1951 – I ZR 92/50, BGHZ 3, 200 (203) = NJW 1951, 957; BGH Urt. v. 7.6.1978 – VIII ZR 146/77, NJW 1978, 2243; BGH Urt. v. 28.5.1973 – VIII ZR 143/72, WM 1973, 1198 (1199) = BeckRS 1973, 31125595; OLG Dresden Urt. v. 13.2.1998 – 8 U 2863/97, NJW-RR 1999, 846 (847).

[169] GK-HGB/*B. Schmidt* HGB Vor § 343 Rn. 18. Abw. *Hübner* HandelsR Rn. 511: Erforderlich sei zumindest ein stillschweigender Hinweis auf die Allgemeinen Geschäftsbedingungen.

[170] OLG Bremen Urt. v. 11.2.2004 – 1 U 68/03, NJOZ 2004, 2854 (2856); KKRD/*W.-H. Roth* HGB Vor §§ 343–372 Rn. 4e; GK-HGB/*B. Schmidt* HGB Vor § 343 Rn. 18; vgl. auch BGH Urt. v. 31.10.2001 – VIII ZR 60/01, BGHZ 149, 113 (118) = NJW 2002, 370; BGH Urt. v. 12.2.1992 – VIII ZR 84/91, BGHZ 117, 190 (198) = NJW 1992, 1232 zu § 24 S. 1 Nr. 1 AGBG.

[171] OLG Bremen Urt. v. 11.2.2004 – 1 U 68/03, NJOZ 2004, 2854 (2855 f.); OLG Hamburg Urt. v. 13.6.2002 – 3 U 168/00, WM 2003, 581 (583) = NJOZ 2003, 936; vgl. auch BGH Urt. v. 12.2.1992 – VIII ZR 84/91, BGHZ 117, 190 (194) = NJW 1992, 1232 zu § 24 S. 1 Nr. 1 AGBG.

[172] BGH Urt. v. 12.2.1992 – VIII ZR 84/91, BGHZ 117, 190 (195) = NJW 1992, 1232; BGH Urt. v. 24.10.2002 – I ZR 104/00, NJW-RR 2003, 754 (755); BGH Urt. v. 6.4.2000 – IX ZR 122/99, NJW-RR 2000, 1154 (1155); BGH Urt. v. 7.6.1978 – VIII ZR 146/77, NJW 1978, 2243. Außerhalb einer laufenden Geschäftsbeziehung kann auch die Einbeziehung der Allgemeinen Geschäftsbedingungen in einen früheren Vertrag genügen, wenn eine Bestimmung in den Geschäftsbedingungen deren Geltung für Folgeverträge vorsieht, s. zB OLG Brandenburg Urt. v. 3.5.2012 – 6 U 56/11, BeckRS 2012, 25570 unter II. A. der Gründe.

[173] BGH Urt. v. 29.9.1955 – II ZR 210/54, BGHZ 18, 212 (218) = NJW 1955, 1794; BGH Urt. v. 28.9.1977 – VIII ZR 82/76, WM 1977, 1353 (1354) = BeckRS 1977, 31121915; BGH Urt. v. 28.5.1973 – VIII ZR 143/72, WM 1973, 1198 (1199) = BeckRS 1971, 31125595; RG Urt. v. 4.11.1925 – I 511/24, HRR 1926 Nr. 46; OLG Hamburg Urt. v. 5.4.2006 – 5 U 89/05, NJOZ 2007, 1588 (1590 f.); *Petersen* JURA 2003, 687 (689 f.); GK-HGB/ *B. Schmidt* HGB Vor § 343 Rn. 19; MüKoHGB/*K. Schmidt* Rn. 136; so wohl auch BGH Urt. v. 1.6.2005 – VIII ZR 256/04, NJW-RR 2005, 1518 (1520).

mäßig in dem Geschäftskreis tätig werden.[174] Verbleibende **Zweifel** an einer stillschweigenden Einigung gehen allerdings zu Lasten des Verwenders.[175] Vermag das Tatgericht eine *tatsächliche* stillschweigende Einigung nicht festzustellen, können die Allgemeinen Geschäftsbedingungen gleichwohl aufgrund einer sog. branchenüblichen Einbeziehung (→ Rn. 44) oder eines rechtlich bedeutsamen
Schweigens (zB infolge der widerspruchslosen Hinnahme eines kaufmännischen Bestätigungsschreibens, zu Einzelheiten → Rn. 243 ff.) Vertragsbestandteil werden.

44   **(b) Ausnahmen.** Kann weder eine ausdrückliche noch eine stillschweigende Einigung zu der
Geltung der Allgemeinen Geschäftsbedingungen (→ Rn. 43) festgestellt werden, können diese im
Wege der sog. **branchenüblichen Einbeziehung kraft Handelsbrauchs** Vertragsbestandteil werden.[176] Hierfür bedarf es eines Handelsbrauchs des Inhalts, dass die Geltung der Allgemeinen Geschäftsbedingungen einer längeren, einheitlichen Praxis entspricht und auf die einhellige Zustimmung des
maßgeblichen Verkehrskreises stößt.[177] Der Handelsbrauch bezieht sich also nicht auf den Inhalt der
Allgemeinen Geschäftsbedingungen (→ Rn. 41 f.), sondern auf die Bedeutung der vertragskonstituie-
renden Willenserklärungen. Diese müssen gem. §§ 133, 157 BGB mit Rücksicht auf den Handelsbrauch (§ 346) dahingehend auszulegen sein, dass die branchenspezifischen Allgemeinen Geschäftsbedingungen – in diesem Zusammenhang häufig als „fertig bereitliegende Rechtsordnung"[178] bezeichnet – Vertragsbestandteil werden sollen.[179] Bejaht hat die Rechtsprechung dies namentlich für die
AGB-Banken für Bankgeschäfte im Inter-Banken-Verkehr,[180] für die **ADSp** bei Transport- und
Speditionsgeschäften,[181] für die **Einheitlichen Richtlinien und Gebräuche für Dokumenten-
akkreditive** (ERA),[182] für Flugplatzbenutzungsordnungen,[183] für die Konnossementsbedingungen der
Linienreeder beim Stückgutfrachtvertrag,[184] für die Verlade- und Transportbedingungen der Ree-

---

[174] BGH Urt. v. 3.12.1992 – III ZR 30/91, NJW 1993, 1798.

[175] BGH Urt. v. 28.5.1973 – VIII ZR 143/72, WM 1973, 1198 (1199) = BeckRS 1971, 31125595.

[176] OLG Köln Urt. v. 24.8.1999 – 3 U 89/98 Sch, BeckRS 2016, 15195; *Brandner* DZWiR 1992, 177 (180);
Schlegelberger/Hefermehl Rn. 6; *Heymann/Horn* Rn. 21, Vor § 343 Rn. 54; *Hübner* HandelsR Rn. 512; NK-HGB/
Lehmann-Richter Rn. 24; KKRD/*W.-H. Roth* Rn. 3; MüKoHGB/*K. Schmidt* Rn. 23, 50, Vor § 343 Rn. 29; *Röh-
richt/Graf v. Westphalen/Haas/Steimle/Dornieden* Rn. 24; wohl auch *Lang* WuB 2016, 36 (39); krit. *Schmidt-Salzer*
BB 1967, 129 (134 f.). Wohl abw. *Oetker/Pamp* Rn. 37, der bei Branchenüblichkeit von einer stillschweigenden
Einbeziehung ausgeht.

[177] BGH Urt. v. 12.2.1992 – VIII ZR 84/91, BGHZ 117, 190 (194) = NJW 1992, 1232; GK-HGB/*Achilles/
B. Schmidt* Rn. 8; *Müller-Graff* FS Pleyer, 1986, 401 (408 f.); *Oetker/Pamp* Rn. 20; *D. Schroeder*, Die Einbeziehung
Allgemeiner Geschäftsbedingungen nach dem AGB-Gesetz und die Rechtsgeschäftslehre, 1983, 68; methodologisch
abweichend *Schinkels* in Pfeiffer Handelsgeschäfte-HdB § 5 Rn. 14, 48: Branchenüblichkeit der Allgemeinen Geschäftsbedingungen sei lediglich ein Indiz für die konkludente Einbeziehung. Wohl aA OLG Hamburg Urt. v.
7.5.1997 – 6 U 34/97, MDR 1997, 810 (811) = BeckRS 1997, 09885.

[178] S. zB BGH Urt. v. 8.3.1955 – I ZR 109/53 = BGHZ 17, 1 (2) = NJW 1955, 1145; BGH Urt. v. 21.11.1975 –
I ZR 93/74, DB 1976, 382 = BeckRS 1975, 30376559 jeweils mwN zu den ADSp.

[179] *Schlegelberger/Hefermehl* Rn. 6; ähnl. *Staub/Canaris* HGB § 362 Anh. Rn. 8; *Oetker/Pamp* Rn. 37, die aber
von einer Einbeziehung durch stillschweigende Willenserklärungen ausgehen.

[180] BGH Beschl. v. 4.3.2004 – IX ZR 185/02, WM 2004, 1177 f. = BeckRS 2004, 3238; BGH Urt. v. 21.12.1972
– II ZR 132/71, WM 1973, 635 (636); BGH Urt. v. 6.3.1972 – II ZR 100/69, NJW 1972, 1200 (1201); BGH Urt.
v. 18.6.1971 – I ZR 83/70, NJW 1971, 2126 (2127); OLG Hamm Urt. v. 16.4.1984 – 2 U 307/82, WM 1984, 1600
(1602); dem folgend GK-HGB/*Achilles/B. Schmidt* Rn. 8; *Schlegelberger/Hefermehl* Rn. 6; *Heymann/Horn* Vor
§ 343 Rn. 54; *Schinkels* in Pfeiffer Handelsgeschäfte-HdB § 5 Rn. 48; MüKoHGB/*K. Schmidt* Rn. 51.

[181] BGH Urt. v. 10.10.1985 – I ZR 124/83, BGHZ 96, 136 (138) = NJW 1986, 1434; BGH Urt. v. 19.1.1951
– I ZR 53/50, BGHZ 1, 83 (86) = NJW 1951, 402; BGH Urt. v. 20.6.1996 – I ZR 94/94, NJW-RR 1996,
1313; BGH Urt. v. 10.5.1984 – I ZR 52/82, NJW 1985, 2411 (2412); BGH Urt. v. 21.11.1975 – I ZR 93/74,
DB 1976, 382 = BeckRS 1975, 30376559; BGH Urt. v. 11.7.1975 – I ZR 83/74, WM 1975, 1163 (1165) =
BeckRS 1975, 30400667; OLG Düsseldorf Urt. v. 11.2.1993 – 18 U 208/92, NJW-RR 1993, 1190 (1191); OLG
München Urt. v. 31.7.1992 – 23 U 6773/91, NJW-RR 1993, 167 f.; dem folgend GK-HGB/*Achilles/B. Schmidt*
Rn. 8; *Schlegelberger/Hefermehl* Rn. 6; *Baumbach/Hopt/Hopt* Rn. 15; *Heymann/Horn* Rn. 27, Vor § 343
Rn. 54; *M. Mann* BB 2017, 2178 (2179); KKRD/*W.-H. Roth* Rn. 3; *Schinkels* in Pfeiffer Handelsgeschäfte-HdB
§ 5 Rn. 48; GK-HGB/*B. Schmidt* Vor § 343 Rn. 18; MüKoHGB/*K. Schmidt* Rn. 51; dagegen NK-HGB/
Lehmann-Richter Rn. 24. Abw. aufgrund von § 449 Abs. 2 S. 2 Nr. 1 aF nur für die betragsmäßige Beschränkung
der Haftung in den ADSp BGH Urt. v. 23.1.2003 – I ZR 174/00, BGHZ 153, 308 (310 f.) = NJW 2003, 1397.
Dazu → § 449 Rn. 33 ff.

[182] LG Frankfurt a. M. Urt. v. 6.10.1995 – 3–11 O 31/95, WM 1996, 153; dem folgend GK-HGB/*Achilles/
B. Schmidt* Rn. 8; *Baumbach/Hopt/Hopt* (11) Einl. Rn. 5; *Schinkels* in Pfeiffer Handelsgeschäfte-HdB § 5 Rn. 48;
MüKoHGB/*K. Schmidt* Rn. 51; einschränkend *Canaris* BankvertragsR Rn. 926 („Teile"); KKRD/*W.-H. Roth*
Rn. 21 („teilweise Handelsbrauch"); MüKoHGB/*Wedemann* H Rn. 67 („Großteil der Regeln"). Ohne Stellung-
nahme BGH Urt. v. 26.9.1989 – XI ZR 159/88, BGHZ 108, 348 (351) = NJW 1990, 255.

[183] OLG Karlsruhe Urt. v. 16.11.1970 – 1 U 146/69, VersR 1971, 158 (160); dem folgend MüKoHGB/*K. Schmidt*
Rn. 51.

[184] OLG Hamburg Urt. v. 30.7.1992 – 6 U 7/92, VersR 1994, 121 (Ls. 2); LG Bremen Urt. v. 23.12.2003 – 11 O
376/03, BeckRS 2010, 4469 unter I. c) der Entscheidungsgründe; dem folgend GK-HGB/*Achilles/B. Schmidt* Rn. 8;
MüKoHGB/*K. Schmidt* Rn. 51; s. auch LG Hamburg Urt. v. 13.3.1981 – 66 O 129/79, VersR 1982, 140 (141) unter
Hinweis auf § 157 BGB.

dereien in der Rheinschifffahrt,[185] verneint hingegen für die Hamburger Lagerungsbedingungen (HLB).[186]

Kann weder eine Einigung zu der Geltung der Allgemeinen Geschäftsbedingungen (→ Rn. 43) **45** noch der für eine sog. branchenübliche Einbeziehung erforderliche Handelsbrauch (→ Rn. 44) festgestellt werden, ist der Inhalt der Allgemeinen Geschäftsbedingungen kein Vertragsbestandteil. Er kann jedoch gem. § 346 **kraft Gesetzes zu berücksichtigen** sein.[187] Voraussetzung hierfür ist, dass der Inhalt der (nicht einbezogenen) Allgemeinen Geschäftsbedingungen einen bestehenden (zu Einzelheiten → Rn. 6 ff.) Handelsbrauch lediglich deklaratorisch wiedergibt (→ Rn. 18, 41).[188] Bejaht wird die Eigenschaft als Handelsbrauch für die **Allgemeinen Deutschen Seeversicherungsbedingungen** (ADS),[189] die **Einheitlichen Richtlinien und Gebräuche für Dokumentenakkreditive** (ERA)[190] und die **Tegernseer Gebräuche** (TG)[191] sowie die Tegernseer Gebräuche für die Vermittlung von Holzgeschäften (TGV),[192] überwiegend verneint hingegen für die ADSp.[193]

(4) Handelsbräuche im Rahmen der AGB-rechtlichen Inhaltskontrolle. (a) Handelsbräu- **46** **che als solche.** Handelsbräuche sind keine Allgemeinen Geschäftsbedingungen (→ Rn. 38). Sie unterliegen daher als solche weder der AGB-rechtlichen Inhaltskontrolle noch können sie nach § 307 Abs. 1 S. 1 BGB unwirksam sein.[194] Begünstigen sie allerdings einen (Vertrags-)Teil einseitig in einer gegen Treu und Glauben verstoßenden Weise, sind sie mit Treu und Glauben unvereinbar und dürfen keine Berücksichtigung gem. § 346 finden (→ Rn. 186).

(b) Deklaratorische Bestimmungen. (aa) Kontrollfähigkeit. Bestimmungen in Allgemeinen **47** Geschäftsbedingungen, die Handelsbräuche lediglich deklaratorisch wiedergeben (→ Rn. 18, 41), unterliegen gem. **§ 307 Abs. 3 S. 1 BGB** der AGB-rechtlichen Inhaltskontrolle. Sie sind **keine sog.** **deklaratorischen Klauseln**.[195] Zwar ist der Begriff der Rechtsvorschriften in § 307 Abs. 3 S. 1 BGB nicht auf positiv normierte gesetzliche Vorschriften begrenzt; er umfasst vielmehr auch allgemeine Rechtsgrundsätze, die Regeln des Richterrechts sowie die Gesamtheit der Rechte und Pflichten, die

---

[185] OLG Köln Urt. v. 24.8.1999 – 3 U 89/98 Sch, BeckRS 2016, 15195; dem folgend GK-HGB/*Achilles/ B. Schmidt* Rn. 8.
[186] OLG Hamburg Urt. v. 7.5.1997 – 6 U 34/97, MDR 1997, 810 f. = BeckRS 1997, 09885; dem folgend GK-HGB/*Achilles/B. Schmidt* Rn. 8.
[187] BGH Urt. v. 23.4.1986 – IVa ZR 209/84, NJW-RR 1987, 94 (95); BGH Urt. v. 7.6.1978 – VIII ZR 146/77, NJW 1978, 2243; OLG Dresden Urt. v. 13.2.1998 – 8 U 2863/97, NJW-RR 1999, 846 (847); *Basedow* ZHR 150 (1986), 469 (486); GK-HGB/*B. Schmidt* Vor § 343 Rn. 8.
[188] KKRD/*W.-H. Roth* Vor §§ 343–372 Rn. 4h; MüKoHGB/*K. Schmidt* Rn. 51, 52.
[189] GK-HGB/*Achilles/B. Schmidt* Rn. 8; Palandt/*Grüneberg* BGB § 305 Rn. 57; Heymann/*Horn* Rn. 27; *Hübner* HandelsR Rn. 515; KKRD/*W.-H. Roth* Vor §§ 343–372 Rn. 4h; MüKoHGB/*K. Schmidt* Rn. 29, 52.
[190] Palandt/*Grüneberg* BGB § 305 Rn. 57; Heymann/*Horn* Rn. 27; *Hübner* HandelsR Rn. 520; aA *Spießhofer/Graf von Westphalen* BB 2015, 75 (79).
[191] BGH Urt. v. 23.4.1986 – IVa ZR 209/84, NJW-RR 1987, 94 (95); OLG München Urt. v. 24.9.2015 – 23 U 417/15, RdTW 2016, 224 Rn. 31; OLG Jena Urt. v. 5.12.2002 – 1 U 541/02, NJ 2003, 436 = BeckRS 2002, 30297064; OLG Koblenz Urt. v. 10.3.1988 – 6 U 1286/85, NJW-RR 1988, 1306; OLG Koblenz Urt. v. 25.6.1971 – 2 U 636/70, BB 1971, 1213; OLG Stuttgart Urt. v. 14.7.1953 – II U 292/52, NJW 1952, 1635; LG Köln Urt. v. 1.12.1987 – 11 S 93/87, BB 1988, 1139 (1140); LG Würzburg Urt. v. 6.7.1960 – 2 O 193/59, NJW 1960, 2291; GK-HGB/*Achilles/B. Schmidt* Rn. 8; *Gerig* NJW 1956, 1910 (1911); Palandt/*Grüneberg* BGB § 305 Rn. 57; Baumbach/Hopt/*Hopt* Rn. 15; NK-HGB/*Lehmann-Richter* Rn. 24; *M. Mann* BB 2017, 2178 (2179); *v. Renthe gen. Fink* BB 1982, 80 (81); KKRD/*W.-H. Roth* Vor §§ 343–372 Rn. 4h; MüKoHGB/*K. Schmidt* Rn. 29, 52; weitergehend *Schmitt,* Die Rechtsstellung der Kleingewerbetreibenden nach dem Handelsrechtsreformgesetz, 2003, 280 (Verkehrssitte); aA *Roller* BB 1981, 587; *Weynen* NJW 1954, 628 (629) (lediglich Geschäftsbedingungen). Für die „Handelsgebräuche der Mitglieder des Vereins deutscher Holzeinfuhrhäuser e. V. beim Verkauf des aus Europa und Übersee eingeführten Schnittholzes – Fassung 1952" und die „Handelsbräuche für den Verkehr mit überseeischem Rundholz und Furnieren – Fassung November 1953" hat das LG Köln Urt. v. 1.12.1987 – 11 S 93/87, BB 1988, 1139 offengelassen, ob es sich um Handelsbräuche oder branchentypische Allgemeine Geschäftsbedingungen handelt.
[192] BGH Urt. v. 23.4.1986 – IVa ZR 209/84, NJW-RR 1987, 94 (95); BGH Urt. v. 13.4.1983 – VIII ZR 33/82, WM 1983, 684 = BeckRS 1983, 31076958; MüKoHGB/*K. Schmidt* Rn. 29; aA *Roller* BB 1981, 587.
[193] Palandt/*Grüneberg* BGB § 305 Rn. 57; *Hübner* HandelsR Rn. 515; Baumbach/Hopt/*Merkt* (18) ADSp Einl. Rn. 2; MüKoHGB/*K. Schmidt* Rn. 29; aA Heymann/*Horn* Rn. 27.
[194] GK-HGB/*Achilles/B. Schmidt* Rn. 17; *Canaris* HandelsR § 22 Rn. 38; *Fischinger* HandelsR Rn. 541; Baumbach/Hopt/*Hopt* Rn. 11; NK-HGB/*Lehmann-Richter* Rn. 19; *Lettl* HandelsR § 10 Rn. 14; KKRD/*W.-H. Roth* Rn. 12; MüKoHGB/*K. Schmidt* Rn. 3, 39; *K. Schmidt* HandelsR § 1 Rn. 52; Röhricht/Graf v. Westphalen/Haas/ *Steimle/Dornieden* Rn. 25; vgl. auch BGH Urt. v. 23.4.1986 – IVa ZR 209/84, NJW-RR 1987, 94 (95); OLG Köln Urt. v. 28.2.1997 – 19 U 194/95, NJW-RR 1998, 926; *Schinkels* in Pfeiffer Handelsgeschäfte-HdB § 5 Rn. 24 jeweils zu § 9 AGBG. IErg auch HaKo-HGB/*Klappstein* Rn. 33: keine Inhaltskontrolle analog § 307 BGB. Unklar Heymann/*Horn* Rn. 25.
[195] IErg wohl auch Röhricht/Graf v. Westphalen/Haas/*Steimle/Dornieden* Rn. 25; vgl. auch *Basedow* ZHR 150 (1986), 469 (489 f.) zu § 8 AGBG; aA Heymann/*Horn* Rn. 26, Vor § 343 Rn. 60; HaKo-HGB/*Klappstein* Rn. 4; MüKoHGB/*K. Schmidt* Rn. 3, 10; vgl. auch *Schinkels* in Pfeiffer Handelsgeschäfte-HdB § 5 Rn. 23 zu § 8 AGBG. Wohl differenzierend Wolf/Lindacher/Pfeiffer/*Pfeiffer* BGB § 307 Rn. 283 danach, ob sich aus dem Handelsbrauch unmittelbar Rechte und Pflichten ergeben.

sich aus der Natur des jeweiligen Vertrags ergeben.[196] Handelsbräuche sind aber auch nach diesem weiten Begriffsverständnis keine Rechtssätze, sondern rechtlich unverbindliche soziale Normen (→ Rn. 2), die lediglich durch § 346 in gewisser Weise normativen Charakter erlangen (→ Rn. 149).

48 **(bb) Inhaltliche Angemessenheit.** Auf Allgemeine Geschäftsbedingungen, die gegenüber einem Kaufmann verwendet werden, finden die besonderen Klauselverbote der §§ 308, 309 BGB gem. § 310 Abs. 1 S. 1 BGB keine Anwendung. **Prüfungsmaßstab** der AGB-rechtlichen Angemessenheitskontrolle ist somit allein § 307 Abs. 1, 2 BGB, dessen Regelungen gem. § 310 Abs. 1 S. 2 Hs. 1 BGB jedoch auch insoweit anzuwenden sind, als dies zu einer Unwirksamkeit von in § 308 Nr. 1, 2–8 BGB und § 309 BGB genannten Vertragsbestimmungen führt.

49 Bestimmungen in Allgemeinen Geschäftsbedingungen, die Handelsbräuche lediglich deklaratorisch wiedergeben (→ Rn. 18, 41), sind *in der Regel* **nicht nach § 307 Abs. 1 S. 1 BGB unwirksam.**[197] Ursächlich hierfür ist zum einen, dass sich die tatsächliche Übung, um überhaupt Handelsbrauch sein zu können, im Rahmen vernünftiger kaufmännischer Anschauungen bewegen muss (→ Rn. 12).[198] Zum anderen bestimmt **§ 310 Abs. 1 S. 2 Hs. 2 BGB,** dass im Rahmen der AGB-rechtlichen Angemessenheitskontrolle auf die im Handelsverkehr geltenden Gewohnheiten und Gebräuche angemessen Rücksicht zu nehmen ist. Daher kann zB ein Ortsgebrauch (→ Rn. 11), der im Einzelfall gem. § 346 keine Berücksichtigung findet (zu Einzelheiten → Rn. 106 ff.), ein Indiz gegen die Unangemessenheit einer Bestimmung sein, die Bestandteil des Vertrags andernorts ansässiger bzw. handelnder Parteien ist.[199] Der Begriff der „Gewohnheiten und Gebräuche" in § 310 Abs. 1 S. 2 Hs. 2 BGB ist jedoch – trotz der Ähnlichkeit mit dem Wortlaut des § 346 („im Handelsverkehre geltenden Gewohnheiten und Gebräuche" iSv § 346 (→ Rn. 5) beschränkt.[200] Er umfasst auch andere Besonderheiten des kaufmännischen Geschäftsverkehrs,[201] insbesondere die zumeist größere geschäftliche Erfahrung der Beteiligten.[202] Ihre Berücksichtigung im Rahmen der AGB-rechtlichen Angemessenheitskontrolle kann die Grenze zu einer unangemessenen Benachteiligung entgegen den Geboten von Treu und Glauben derart verschieben, dass Bestimmungen, die in Verbraucherverträgen (§ 310 Abs. 3 BGB) unangemessen und unwirksam wären, im kaufmännischen Verkehr noch angemessen und daher wirksam sind.[203] Dies gilt zB für einen tatbestandlich klar umgrenzten Selbstbelieferungsvorbehalt,[204] einen Haftungsausschluss zugunsten des Auftraggebers,[205] einen verlängerten Eigentumsvorbehalt[206] sowie für Listenpreisklauseln bei langfristigen Bestellungen.[207] Allein die Tatsache, dass die Klausel in einer Vielzahl von gleichartigen Verträgen enthalten und daher im Handelsverkehr üblich ist, vermag weder die Existenz eines Handelsbrauchs zu belegen noch die Unangemessenheit der Bestimmung auszuräumen.[208] Dies gilt zB für Bearbeitungsentgelte in Unternehmerdarlehensverträgen.[209]

---

[196] Statt vieler MüKoBGB/*Wurmnest* BGB § 307 Rn. 7 mwN.

[197] OLG Frankfurt a. M. Urt. v. 21.9.1988 – 17 U 191/87, NJW-RR 1988, 1485 (1486); GK-HGB/*Achilles/B. Schmidt* Rn. 31; Heymann/*Horn* Rn. 26, Vor § 343 Rn. 60; Röhricht/Graf v. Westphalen/Haas/*Steimle/Dornieden* Rn. 25.

[198] Heymann/*Horn* Rn. 26; dagegen *Schinkels* in Pfeiffer Handelsgeschäfte-HdB § 5 Rn. 23.

[199] Vgl. *Schinkels* in Pfeiffer Handelsgeschäfte-HdB § 5 Rn. 23 zu § 24 S. 2 Hs. 2 AGBG.

[200] *Lang/Schulz* WM 2015, 2173 (2175); MüKoHGB/*K. Schmidt* Rn. 10a; Röhricht/Graf v. Westphalen/Haas/*Steimle/Dornieden* Rn. 25; vgl. auch BGH Urt. v. 14.11.1984 – VIII ZR 283/83, BGHZ 92, 396 (399) = NJW 1985, 738 (bloße „Handelsüblichkeit") zu § 24 S. 2 AGBG; aA MüKoBGB/*Basedow* BGB § 310 Rn. 17–20; vgl. auch OLG München Urt. v. 9.3.2006 – U (K) 1996/03, NJOZ 2006, 2175 (2178) zu § 24 S. 2 AGBG. Gänzlich abweichend noch *Basedow* ZHR 150 (1986), 469 (491) zu § 24 Abs. 2 Hs. 2 AGBG: Maßgeblich sei die Handelsgebräuchlichkeit der einzelnen AGB-Klausel.

[201] BGH Urt. v. 4.7.2017 – XI ZR 562/15, BGHZ 215, 172 Rn. 55 = NJW 2017, 2986; LG Frankfurt a. M. Urt. v. 31.7.2015 – 2–25 O 52/15, WM 2015, 2044 (2045) = BeckRS 2015, 17556; NK-HGB/*Lehmann-Richter* Rn. 46; wohl auch GK-HGB/*Achilles/B. Schmidt* Rn. 31; abw. MüKoHGB/*K. Schmidt* Rn. 10a: auch Verkehrssitten im Unternehmensverkehr.

[202] BGH Urt. v. 4.7.2017 – XI ZR 562/15, BGHZ 215, 172 Rn. 55 = NJW 2017, 2986; LG Frankfurt a. M. Urt. v. 31.7.2015 – 2–25 O 52/15, WM 2015, 2044 (2045) = BeckRS 2015, 17556.

[203] *Casper/Möller* WM 2015, 1689 (1693); *Lang/Schulz* WM 2015, 2173 (2174).

[204] OLG Stuttgart Urt. v. 16.2.2011 – 3 U 136/10, NJW-RR 2011, 1419 (1421); NK-HGB/*Lehmann-Richter* Rn. 47; vgl. auch BGH Urt. v. 14.11.1984 – VIII ZR 283/83, BGHZ 92, 396 (399) = NJW 1985, 738 zu § 24 S. 2 Hs. 2 AGBG.

[205] BGH Urt. v. 17.12.1998 – VII ZR 243/97, BGHZ 140, 241 (244) = NJW 1999, 942 zu § 1 Nr. 2 Abs. 2 VOB/B aF.

[206] NK-HGB/*Lehmann-Richter* Rn. 47; vgl. auch BGH Urt. v. 20.3.1985 – VIII ZR 342/83, BGHZ 94, 105 (112) = NJW 1985, 1836 zu § 24 AGBG.

[207] NK-HGB/*Lehmann-Richter* Rn. 47; vgl. auch BGH Urt. v. 27.9.1984 – X ZR 12/84, BGHZ 92, 200 (206) = NJW 1985, 426 zu § 24 S. 2 AGBG.

[208] BGH Urt. v. 4.7.2017 – XI ZR 562/15, BGHZ 215, 172 Rn. 57 f. = NJW 2017, 2986; vgl. auch BGH Urt. v. 17.1.1989 – XI ZR 54/88, BGHZ 106, 259 (267) = NJW 1989, 582 zu § 9 AGBG.

[209] BGH Urt. v. 4.7.2017 – XI ZR 562/15, BGHZ 215, 172 Rn. 54 ff. = NJW 2017, 2986; iErg aA *Casper/Möller* WM 2015, 1689 (1696); *Hanke/Adler* WM 2015, 1313 (1316); *Lang/Schulz* WM 2015, 2173 (2176).

(cc) Transparenz. Bestimmungen in Allgemeinen Geschäftsbedingungen, die nicht klar und verständlich sind, begründen nicht nur im Verkehr mit Verbrauchern (§ 13 BGB), sondern auch im kaufmännischen Verkehr eine unangemessene Benachteiligung des Vertragspartners des Verwenders und sind daher gem. **§ 307 Abs. 1 S. 2 BGB iVm § 307 Abs. 1 S. 1 BGB** unwirksam. Hierbei ist allerdings zu beachten, dass die Anforderungen an die Transparenz im kaufmännischen Verkehr mit Rücksicht auf die kaufmännische Erfahrung und die Maßgeblichkeit der Handelsbräuche (§ 310 Abs. 1 S. 2 Hs. 2 BGB) niedriger als im sonstigen Rechtsverkehr anzusetzen sind.[210] Die Auslegungsbedürftigkeit einer Bestimmung *allein* bewirkt deren Unangemessenheit nicht.[211] Verstöße gegen das (abgeschwächte) Transparenzgebot entsprechen keinem Handelsbrauch und führen daher auch im kaufmännischen Verkehr zur Unwirksamkeit der Bestimmung gem. § 307 Abs. 1 S. 2 BGB iVm § 307 Abs. 1 S. 1 BGB.[212] 50

h) Kartell- und Lauterkeitsrecht. aa) Wettbewerbsregeln (§ 24 Abs. 2 GWB). Wettbewerbsregeln sind gem. § 24 Abs. 2 GWB Bestimmungen, die das Verhalten von Unternehmen im Wettbewerb regeln und zu diesem Zweck, einem den Grundsätzen des lauteren oder der Wirtschaft eines leistungsgerechten Wettbewerbs zuwiderlaufenden Verhalten im Wettbewerb entgegenwirken und ein diesen Grundsätzen entsprechendes Verhalten im Wettbewerb anregen. Die von der Kartellbehörde anerkannten (§ 26 Abs. 1 S. 1 GWB) Wettbewerbsregeln sind **Bestandteile des objektiven Rechts** und daher keine Handelsbräuche.[213] Allerdings können – ähnlich Allgemeinen Geschäftsbedingungen (zu Einzelheiten → Rn. 38 ff.) – Berührungspunkte entstehen, nämlich dergestalt, dass bestehende Handelsbräuche durch die Anerkennung der Kartellbehörde zu Wettbewerbsregeln[214] oder anerkannte Wettbewerbsregeln zu Handelsbräuchen werden können, wenn sie über einen gewissen Zeitraum für vergleichbare Geschäftsvorfälle gleichmäßig (→ Rn. 13), einheitlich (→ Rn. 14) und *freiwillig* (zu Einzelheiten → Rn. 15 ff.) befolgt werden.[215] 51

bb) Geschäftsgebräuche. Berufsverbände (zB der Ring Deutscher Makler [RDM] und der Verband Deutscher Makler [VDM]) können für bestimmte Arten von Geschäften Geschäftsgebräuche entwickeln. Diese haben keine allgemeinverbindliche Kraft.[216] Die Verbände – organisiert als privatrechtliche Vereine (zB der Immobilienverband Deutschland IVD Bundesverband der Immobilienberater, Makler, Verwalter und Sachverständigen e. V.) – können nicht einmal für ihre Vereinsmitglieder die Anwendung der Geschäftsgebräuche verbindlich vorschreiben.[217] Daher ist ein Geschäftsgebrauch nur in zwei Konstellationen rechtlich bedeutsam, nämlich, wenn (1) die Parteien ihn ausdrücklich oder stillschweigend zum Bestandteil des Vertrags erhoben haben[218] oder (2) der Geschäftsgebrauch aufgrund der Tatsache, dass er von der ganz überwiegenden Mehrheit des Handelskreises (zu Einzelheiten → Rn. 7 ff.) über einen gewissen Zeitraum (→ Rn. 19) für vergleichbare Geschäftsvorfälle gleichmäßig (→ Rn. 13), einheitlich (Rn. 14) und *freiwillig* befolgt worden ist (zu Einzelheiten → Rn. 15 ff.), zugleich ein Handelsbrauch und als solcher gem. § 346 zu berücksichtigen ist.[219] 52

cc) Kartellverbot (§ 1 GWB, Art. 101 AEUV). In dem seltenen Fall, dass das einen Handelsbrauch prägende Verhalten gem. § 1 GWB verboten und nicht gem. § 2 Abs. 1 GWB ggf. iVm § 3 GWB freigestellt ist, darf es keine Berücksichtigung gem. § 346 finden.[220] Allein die Tatsache, dass die ganz überwiegende Mehrheit der einem Handelskreis angehörigen Kaufleute (zu Einzelheiten → Rn. 7 ff., 13) eine tatsächliche Übung (→ Rn. 12) für vergleichbare Geschäftsvorfälle auf Grundlage 53

---

[210] Vgl. BGH Urt. v. 17.12.1998 – VII ZR 243/97, BGHZ 140, 241 (247) = NJW 1999, 942; BGH Urt. v. 12.1.1994 – VIII ZR 165/92, BGHZ 124, 351 (361) = NJW 1994, 1060; BGH Urt. v. 10.7.1990 – XI ZR 275/89, BGHZ 112, 115 (118 f.) = NJW 1990, 2383; BGH Urt. v. 14.11.1984 – VIII ZR 283/83, BGHZ 92, 396 (399) = NJW 1985, 738; OLG Brandenburg Urt. v. 5.12.2002 – 12 U 67/02, WM 2003, 1465 (1468) = BeckRS 2002, 30296987 jeweils zu § 9 Abs. 1 AGBG.

[211] Vgl. BGH Urt. v. 17.12.1998 – VII ZR 243/97, BGHZ 140, 241 (247) = NJW 1999, 942; BGH Beschl. v. 30.10.1984 – VIII ARZ 1/84, BGHZ 92, 363 (368) = NJW 1985, 480 jeweils zu § 9 Abs. 1 AGBG.

[212] BGH Urt. v. 3.8.2011 – XII ZR 205/09, NJW 2012, 54 Rn. 16; Baumbach/Hopt/*Hopt* Rn. 10.

[213] GK-HGB/*Achilles*/*B. Schmidt* Rn. 9; Schlegelberger/*Hefermehl* Rn. 7; Staub/*Koller* Rn. 20; Oetker/*Pamp* Rn. 19; MüKoHGB/*K. Schmidt* Rn. 21.

[214] GK-HGB/*Achilles*/*B. Schmidt* Rn. 9; Schlegelberger/*Hefermehl* Rn. 7; MüKoHGB/*K. Schmidt* Rn. 21. Unklar Heymann/*Horn* Rn. 28 („beeinflussen").

[215] GK-HGB/*Achilles*/*B. Schmidt* Rn. 9; Schlegelberger/*Hefermehl* Rn. 7; Heymann/*Horn* Rn. 28; HaKo-HGB/*Klappstein* Rn. 39; Staub/*Koller* Rn. 20; Oetker/*Pamp* Rn. 19; MüKoHGB/*K. Schmidt* Rn. 21.

[216] BGH Urt. v. 18.6.1986 – IVa ZR 7/85, NJW-RR 1987, 171; OLG Düsseldorf Urt. v. 19.12.1997 – 7 U 119/97, NJW-RR 1998, 1666.

[217] OLG Düsseldorf Urt. v. 19.12.1997 – 7 U 119/97, NJW-RR 1998, 1666; GK-HGB/*Achilles*/*B. Schmidt* Rn. 9.

[218] BGH Urt. v. 18.6.1986 – IVa ZR 7/85, NJW-RR 1987, 171; OLG Düsseldorf Urt. v. 19.12.1997 – 7 U 119/97, NJW-RR 1998, 1666; GK-HGB/*Achilles*/*B. Schmidt* Rn. 9; Oetker/*Pamp* Rn. 19.

[219] GK-HGB/*Achilles*/*B. Schmidt* Rn. 9; Oetker/*Pamp* Rn. 19.

[220] HaKo-HGB/*Klappstein* Rn. 32; vgl. auch BGH Urt. v. 21.12.1973 – IV ZR 158/72, BGHZ 62, 71 (82 f.) = NJW 1974, 852 für einen Verstoß gegen § 26 Abs. 2 GWB aF.

einer einheitlichen Auffassung mit einem hohen Grad an Beständigkeit praktiziert, stellt allerdings kein abgestimmtes Verhalten iSv § 1 Fall 3 GWB bzw. Art. 101 Abs. 1 Fall 3 AEUV dar.[221] Allerdings kann die Empfehlung eines bestimmten Verhaltens auch dann, wenn es sich dabei um einen Handelsbrauch handelt, nach § 1 GWB verboten sein (sog. Empfehlungsverbot).[222] Über eine bloße Empfehlung geht es hinaus, wenn Kaufleute sich vertraglich zu der Einhaltung eines bestehenden Handelsbrauchs verpflichten. Eine solche Vereinbarung zielt darauf, eine ansonsten zulässige Abweichung von dem Handelsbrauch auszuschließen, und verstößt daher gegen das Verbot des § 1 GWB,[223] es sei denn, dass die Vereinbarung ihrerseits verbotene Verhaltensweisen verhüten soll[224] oder eine anerkannte Wettbewerbsregel wiedergibt.[225]

54   **5. Gerichtliche Feststellung. a) Tatfrage.** Handelsbräuche sind – im Unterschied zum Handelsgewohnheitsrecht (→ Rn. 31) – keine Rechtssätze (→ Rn. 2). Daher ist die Feststellung, ob der behauptete Handelsbrauch, also die Auffassung der weit überwiegenden Mehrheit der Kaufleute (→ Rn. 13) eines Handelskreises (zu Einzelheiten → Rn. 7 ff.), mit einem bestimmten Inhalt besteht, keine Rechtsanwendung,[226] sondern Tatfrage.[227] Hiervon sind zwei mit der Revision überprüfbare (zu Einzelheiten → Rn. 100 ff.) Rechtsfragen zu unterscheiden, nämlich (1) die Verbindlichkeit des festgestellten Handelsbrauchs, insbesondere, ob die Parteien des Rechtsstreits Kaufleute (→ Rn. 108) oder als Nichtkaufleute ausnahmsweise an den Handelsbrauch gebunden sind (zu Einzelheiten → Rn. 109 ff.),[228] und (2) die Berücksichtigung des Handelsbrauchs im Einzelfall, insbesondere bei der Auslegung handelsüblicher Erklärungen (zu Einzelheiten → Rn. 149 ff.).[229]

55   **b) Verfahren im ersten Rechtszug. aa) Darlegungs- und Beweislast.** Das Bestehen und der Inhalt eines Handelsbrauchs ist Tatfrage (→ Rn. 54) und daher Gegenstand der Darlegung und des Beweises.[230] Darlegungs- und beweisbelastet ist nach allgemeinen Grundsätzen die Partei, die sich auf den Handelsbrauch beruft bzw. unter Berufung auf den Handelsbrauch eine ihr günstige Rechtsfolge herleiten will.[231]

56   **bb) Anforderungen an die Darlegung.** Die Darlegungen zu einem Handelsbrauch dürfen sich nicht auf die bloße Behauptung, in einem bestimmten Geschäftsbereich werde üblicherweise etwas in

[221] HaKo-HGB/*Klappstein* Rn. 39; Oetker/*Pamp* Rn. 19; MüKoHGB/*K. Schmidt* Rn. 21.

[222] HaKo-HGB/*Klappstein* Rn. 39; Oetker/*Pamp* Rn. 19; MüKoHGB/*K. Schmidt* Rn. 21.

[223] Schlegelberger/*Hefermehl* Rn. 14; Heymann/*Horn* Rn. 28; MüKoHGB/*K. Schmidt* Rn. 21; *K. Schmidt* HandelsR § 1 Rn. 49.

[224] Schlegelberger/*Hefermehl* Rn. 14.

[225] Schlegelberger/*Hefermehl* Rn. 14.

[226] AA (Anwendung von § 293 ZPO) *Oestmann* JZ 2003, 285 (288 f.); MüKoZPO/*H. Pütting* ZPO § 284 Rn. 44; dagegen GK-HGB/*Achilles*/*B. Schmidt* Rn. 18; *Oetker* HandelsR § 7 Rn. 49.

[227] BGH Urt. v. 16.12.2008 – VI ZR 48/08, NJW-RR 2009, 715 Rn. 14; BGH Urt. v. 11.5.2001 – V ZR 492/99, NJW 2001, 2464 (2465); BGH Urt. v. 2.7.1980 – VIII ZR 178/79, WM 1980, 1122 (1123) = BeckRS 1980, 31076152; BGH Urt. v. 24.11.1976 – VIII ZR 21/75, NJW 1977, 385 (386); BGH Urt. v. 31.1.1973 – VIII ZR 232/71, WM 1973, 363 (364) = BeckRS 1973, 31125561; BGH Urt. v. 1.12.1965 – VIII ZR 271/63, NJW 1966, 502 (503); BGH Urt. v. 29.11.1961 – VIII ZR 146/60, JZ 1963, 167 (169) = BeckRS 1961, 31188315; BGH Urt. v. 28.5.1956 – II ZR 314/55, WM 1956, 868 = BeckRS 1956, 31397825; BGH Urt. v. 14.11.1951 – II ZR 41/51, MDR 1952, 155 = BeckRS 1951, 31202290; GK-HGB/*Achilles*/*B. Schmidt* Rn. 18; *Canaris* HandelsR § 22 Rn. 9; *Fischinger* HandelsR Rn. 537; Baumbach/Hopt/*Hopt* Rn. 13; Heymann/*Horn* Rn. 1, 31; *Jung* HandelsR Kap. 9 Rn. 14; HaKo-HGB/*Klappstein* Rn. 40; NK-HGB/*Lehmann-Richter* Rn. 7, 20; *Lettl* HandelsR § 10 Rn. 17; *Mankowski* LMK 2018, 406706; Oetker/*Pamp* Rn. 26; KKRD/*W.-H. Roth* Rn. 5; *Schinkels* in Pfeiffer Handelsgeschäfte-HdB § 5 Rn. 15; MüKoHGB/*K. Schmidt* Rn. 25; *K. Schmidt* HandelsR § 1 Rn. 56; Röhricht/Graf v. Westphalen/Haas/*Steimle*/*Dornieden* Rn. 29.

[228] Zöller/*Lückemann* GVG § 114 Rn. 1; Kissel/*Mayer* GVG § 114 Rn. 5; BeckOK GVG/*Pernice* GVG § 114 Rn. 5; wohl aA KKRD/*W.-H. Roth* Rn. 5.

[229] RG Urt. v. 25.11.1927 – II 140/27, RGZ 119, 119 (123); Schlegelberger/*Hefermehl* Rn. 16; HaKo-HGB/*Klappstein* Rn. 40.

[230] Oetker/*Pamp* Rn. 26; MüKoHGB/*K. Schmidt* Rn. 25.

[231] BGH Urt. v. 16.12.2008 – VI ZR 48/08, NJW-RR 2009, 715 Rn. 14; BGH Urt. v. 12.12.1990 – VIII ZR 332/89, NJW 1991, 1292 (1293); BGH Urt. v. 4.4.1973 – VIII ZR 191/72, WM 1973, 677 (678); BGH Urt. v. 29.11.1961 – VIII ZR 146/60, JZ 1963, 167 (169) = BeckRS 1961, 31188315; BGH Urt. v. 28.5.1956 – II ZR 314/55, WM 1956, 868 = BeckRS 1956, 31397825; OLG München Endurt. v. 14.1.2016 – 23 U 4433/14, BB 2016, 2130 (2131) = BeckRS 2016, 8701; OLG Hamburg Urt. v. 5.12.2013 – 6 U 194/10, RdTW 2014, 239 Rn. 54; OLG Stuttgart Urt. v. 23.12.2003 – 3 U 147/03, BeckRS 2004, 10923 Rn. 34; OLG Schleswig Urt. v. 9.12.2003 – 6 U 27/03, NJW-RR 2004, 1027 (1028); OLG Köln Urt. v. 28.2.1997 – 19 U 194/95, NJW-RR 1998, 926; GK-HGB/*Achilles*/*B. Schmidt* Rn. 19; *Bitter*/*Schumacher* HandelsR § 7 Rn. 50; *Fischinger* HandelsR Rn. 537; Musielak/Voit/*Foerste* ZPO § 284 Rn. 3; Schlegelberger/*Hefermehl* Rn. 15; Baumbach/Hopt/*Hopt* Rn. 13; Heymann/*Horn* Rn. 32; *Jung* HandelsR Kap. 9 Rn. 14; HaKo-HGB/*Klappstein* Rn. 40; Staub/*Koller* Rn. 59; NK-HGB/*Lehmann-Richter* Rn. 7; *Lettl* HandelsR § 10 Rn. 17; *Mankowski* LMK 2018, 406706; *Oetker* HandelsR § 7 Rn. 49; Oetker/*Pamp* Rn. 27; KKRD/*W.-H. Roth* Rn. 5; *Schinkels* in Pfeiffer Handelsgeschäfte-HdB § 5 Rn. 16; MüKoHGB/*K. Schmidt* Rn. 25; *K. Schmidt* HandelsR § 1 Rn. 56; Röhricht/Graf v. Westphalen/Haas/*Steimle*/*Dornieden* Rn. 29; aA *Konzen* FS Gaul, 1997, 335 (349 f.).

einer bestimmten Weise gehandhabt, beschränken.[232] Auch die unbestrittene Tatsache, dass die Übung (zB durch einen Verband) in eine Liste von Handelsbräuchen aufgenommen wurde (→ Rn. 12), rechtfertigt den Schluss auf das Bestehen eines Handelsbrauchs nicht.[233] Für die schlüssige Darlegung eines Handelsbrauchs ist vielmehr der Vortrag konkreter Anknüpfungstatsachen unerlässlich, die den Schluss auf eine in räumlicher, zeitlicher und personeller Hinsicht ausreichende einheitliche, auf Konsens der beteiligten Kreise hindeutende Verkehrsübung in Bezug auf einen bestimmten Vorgang zulassen.[234] Diese Darlegung wird dadurch erleichtert, dass die gleichmäßige und einheitliche tatsächliche Übung (zu Einzelheiten → Rn. 13, 14, 12) ein gewichtiges Indiz für deren Billigung (zu Einzelheiten → Rn. 22 ff.) ist, es sei denn, dass Umstände vorgetragen oder sonst bekannt sind, die auf ein unfreiwilliges Verhalten (zu Einzelheiten → Rn. 15 ff.) hindeuten.[235] Ohne ausreichende Anknüpfungstatsachen (zB eine bloß formelhafte Behauptung der Freiwilligkeit)[236] besteht für das Gericht kein Anlass, gleichwohl angebotene (Ausforschungs-)Beweise zu erheben[237] oder von Amts wegen eine Auskunft der zuständigen IHK einzuholen.[238]

cc) Beweisführung, Beweiserhebung. (1) Überblick. Für die ggf. erforderliche Beweisführung **57** kann sich die beweisbelastete Partei jedes Beweismittels bedienen.[239] Auskünfte der zuständigen IHK (zu Einzelheiten → Rn. 58 ff.) sind zwar nicht das einzige[240] geeignete Beweismittel, um das Verhalten eines bestimmten Handelskreises (zu Einzelheiten → Rn. 7 ff.) zu ermitteln, regelmäßig aber unerlässlich.[241] Ergänzend oder alternativ können die Ergebnisse demoskopischer Umfragen, die von Marktforschungsinstituten,[242] von der DIHK[243] oder einer anderen Spitzenorganisation der Wirtschaft[244] durchgeführt werden, nach § 377 Abs. 3 ZPO als Auskunft des Verfahrens eingeführt werden.[245] Die Einholung eines die Umfrageergebnisse erläuternden Sachverständigengutachtens liegt im Ermessen des Gerichts.[246] Der Beweis durch Sachverständige (§§ 402 ff. ZPO) ist auch als eigenständiges Beweismittel

---

[232] BGH Urt. v. 6.12.2017 – VIII ZR 246/16, BGHZ 217, 72 Rn. 30 = NJW 2018, 1957; BGH Urt. v. 6.12.2017 – VIII ZR 2/17, BeckRS 2017, 136811 Rn. 29; OLG Koblenz Urt. v. 2.2.2006 – 6 U 1179/05, NJW-RR 2006, 1065 (1066); OLG Celle Urt. v. 7.2.2002 – 11 U 163/01, BeckRS 2002, 30238701 unter I. 6. der Entscheidungsgründe; *Franck* ZHR 181 (2017), 955 (987 f.); Röhricht/Graf v. Westphalen/Haas/*Steimle/Dornieden* Rn. 29.

[233] Staub/*Koller* Rn. 12.

[234] BGH Urt. v. 6.12.2017 – VIII ZR 246/16, BGHZ 217, 72 Rn. 30 = NJW 2018, 1957; BGH Urt. v. 6.12.2017 – VIII ZR 2/17, BeckRS 2017, 136811 Rn. 29; OLG Koblenz Urt. v. 2.2.2006 – 6 U 1179/05, NJW-RR 2006, 1065 (1066); OLG Düsseldorf Urt. v. 2.11.2005 – VI-U (Kart) 13/05, BeckRS 2005, 30364659 unter II. 1. a. aa. (2); OLG Stuttgart Urt. v. 23.12.2003 – 3 U 147/03, BeckRS 2004, 10923 Rn. 34; OLG Schleswig Urt. v. 9.12.2003 – 6 U 27/03, NJW-RR 2004, 1027 (1028); OLG Celle Urt. v. 7.2.2002 – 11 U 163/01, BeckRS 2002, 30238701 unter I. 6. der Entscheidungsgründe; OLG Celle Urt. v. 23.7.1998 – 14 U 145/97, NJW-RR 2000, 178 (179); GK-HGB/*Achilles/B. Schmidt* Rn. 18; Heymann/*Horn* Rn. 32; NK-HGB/*Lehmann-Richter* Rn. 7; Oetker/*Pamp* Rn. 27; vgl. auch HaKo-HGB/*Klappstein* Rn. 40; MüKoHGB/*K. Schmidt* Rn. 25 jew. für die Beweisführung. Abw. Röhricht/Graf v. Westphalen/Haas/*Steimle/Dornieden* Rn. 29: Da sich die Umstände der Entstehung eines Handelsbrauchs der Wahrnehmung des Kaufmanns entziehen, genüge ein detaillierter Vortrag zu dem von dem Kaufmann wahrgenommenen Inhalt des Handelsbrauchs sowie dazu, wer über den Handelsbrauch Auskünfte geben könne.

[235] Schlegelberger/*Hefermehl* Rn. 10; Staub/*Koller* Rn. 11; *Pflug* ZHR 135 (1971), 1 (48); *K. Wagner* NJW 1969, 1282 (1283).

[236] OLG Hamburg Urt. v. 5.12.2013 – 6 U 194/10, RdTW 2014, 239 Rn. 54.

[237] OLG Stuttgart Urt. v. 23.12.2003 – 3 U 147/03, BeckRS 2004, 10923 Rn. 34; GK-HGB/*Achilles/B. Schmidt* Rn. 18.

[238] OLG Celle Urt. v. 23.7.1998 – 14 U 145/97, NJW-RR 2000, 178 (179); GK-HGB/*Achilles/B. Schmidt* Rn. 18.

[239] BGH Urt. v. 16.12.2008 – VI ZR 48/08, NJW-RR 2009, 715 Rn. 14; Schlegelberger/*Hefermehl* Rn. 15; Heymann/*Horn* Rn. 32; *Schinkels* in Pfeiffer Handelsgeschäfte-HdB § 5 Rn. 16.

[240] AA *Weynen* NJW 1954, 628 (629); dagegen MüKoHGB/*K. Schmidt* Rn. 25; *K. Wagner* NJW 1969, 1282 (1284).

[241] BGH Urt. v. 16.12.2008 – VI ZR 48/08, NJW-RR 2009, 715 Rn. 14; BGH Urt. v. 12.12.1990 – VIII ZR 332/89, NJW 1991, 1292 (1293); BGH Urt. v. 12.1.1976 – VIII ZR 273/74, BB 1976, 480 = BeckRS 1976, 31122181; BGH Urt. v. 1.12.1965 – VIII ZR 271/63, NJW 1966, 502 (503); OLG Köln Urt. v. 17.3.1998 – 4 U 14/97, VersR 1998, 1575 = BeckRS 1998, 4709; Schlegelberger/*Hefermehl* Rn. 17; Baumbach/Hopt/*Hopt* Rn. 13; HaKo-HGB/*Klappstein* Rn. 40; NK-HGB/*Lehmann-Richter* Rn. 8; Oetker/*Pamp* Rn. 27; KKRD/*W.-H. Roth* Rn. 5; *Schinkels* in Pfeiffer Handelsgeschäfte-HdB § 5 Rn. 16; *K. Wagner* NJW 1969, 1282 (1283); wohl auch Röhricht/Graf v. Westphalen/Haas/*Steimle/Dornieden* Rn. 29.

[242] BGH Urt. v. 16.1.1997 – I ZR 225/94, NJW 1997, 2817 (2818) – Euromint; BGH Urt. v. 1.10.1986 – I ZR 126/84, NJW-RR 1987, 350; BGH Beschl. v. 18.2.1972 – I ZB 6/70, GRUR 1973, 361 – sanRemo; Staub/*Koller* Rn. 58, 59; MüKoHGB/*K. Schmidt* Rn. 25; *K. Wagner* NJW 1969, 1282 (1284).

[243] Vgl. BGH Urt. v. 9.6.1965 – Ib ZR 89/63, GRUR 1966, 150 (151) – Kim I; OLG Karlsruhe Urt. v. 24.11.1981 – 8 U 5/80, BB 1982, 704 jeweils für vom DIHT veranstaltete Umfragen.

[244] BGH Urt. v. 16.1.1997 – I ZR 225/94, NJW 1997, 2817 (2818) – Euromint; GK-HGB/*Achilles/B. Schmidt* Rn. 19; Heymann/*Horn* Rn. 33; Oetker/*Pamp* Rn. 27; MüKoHGB/*K. Schmidt* Rn. 25. Krit. Staub/*Koller* Rn. 58 im Hinblick auf die Neutralität der Fachverbände.

[245] BGH Urt. v. 16.1.1997 – I ZR 225/94, NJW 1997, 2817 (2818) – Euromint.

[246] BGH Urt. v. 16.1.1997 – I ZR 225/94, NJW 1997, 2817 (2818) – Euromint.

geeignet.[247] In diesem Fall darf der Beweisantritt sich nicht in der Angabe einer bestimmten Organisation (zB das Hamburger Schiedsgericht für Häute und Felle) erschöpfen; vielmehr ist eine natürliche Person mit ihrer ladungsfähigen Anschrift zu benennen.[248] Von Fachverbänden (zB einer IHK) herausgegebene Sammlungen von Handelsbräuchen (zB die regelmäßig in der Sammlung „Handelsbräuche in der Binnenschifffahrt" veröffentlichten Gutachten des Vorstands der Schifferbörse und der Niederrheinischen IHK Duisburg-Wesel-Kleve)[249] sind grundsätzlich für den Urkundenbeweis geeignet.[250] Insbesondere wenn deren Veröffentlichung einige Zeit zurück liegt, ist jedoch sorgfältig zu prüfen, ob der Handelsbrauch unverändert fortbesteht, also weder zwischenzeitlich erloschen ist noch sich verändert hat.[251] Verbleiben nach der Beweiserhebung Zweifel an dem Bestehen oder dem Inhalt des behaupteten Handelsbrauchs, gehen diese zu Lasten der beweisbelasteten Partei (→ Rn. 55).[252]

58   **(2) Auskunft der zuständigen IHK. (a) Allgemeines.** Für die gerichtliche Feststellung eines Handelsbrauchs wird die Auskunft der zuständigen IHK in der Regel unerlässlich sein (→ Rn. 57). Die Auskunft der IHK über einen bestimmten Handelsbrauch ist ein Unterfall der in den §§ 273 Abs. 2 Nr. 2, 358a S. 2 Nr. 2, 437 Abs. 2 ZPO und in § 26 Abs. 1 Nr. 1 VwVfG erwähnten, aber nicht näher geregelten amtlichen Auskunft.[253] Die Unterstützung der Gerichte durch die Erteilung solcher Auskünfte – sie enthalten ein Sachverständigengutachten einer Behörde[254] – gehört gem. § 1 Abs. 1 Hs. 1 IHKG zu den Aufgaben der IHK.[255]

59   **(b) Verfahren, Beweisbeschluss.** Eine Auskunft der zuständigen IHK kann das Gericht jederzeit auch ohne Zustimmung der Prozessparteien einholen.[256] Der hierfür erforderliche Beweisbeschluss muss sowohl den objektiv abgrenzbaren Handelskreis (zu Einzelheiten → Rn. 7 ff.) als auch den entscheidungserheblichen Handelsbrauch – der Eindruck, es genüge eine (bloße) Handelsüblichkeit, ist zu vermeiden[257] – präzise beschreiben.[258] Da die IHK die gestellte Beweisfrage nicht überschreiten, insbesondere den Handelskreis nicht erweitern darf,[259] ist bei der Beschreibung des Handelsbrauchs darauf zu achten, dass dieser inhaltlich nicht zu eng begrenzt (zB Rücktritt vom Zimmerreservierungsvertrag im Zusammenhang mit der Olympiade) wird.[260] Aufgrund der Natur der Auskunft als Beweismittel darf die Beweisfrage keine Rechtsfrage enthalten.[261]

60   **(c) Erstellung der Auskunft.** Um zu gewährleisten, dass die Industrie- und Handelskammern eine einheitliche und sachdienliche Methode zur Ermittlung eines Handelsbrauchs anwenden,[262] existiert ein von dem Deutschen Industrie- und Handelstag (DIHT) – heute der DIHK – verfasstes „Merkblatt für die Feststellung von Handelsbräuchen" (zu Einzelheiten → Rn. 62 ff.). Für das Feststellungsverfahren gelten die Richtlinien 15 ff. DIHT-Merkblatt nebst den „Arbeitshilfen für die Ermittlung von Handelsbräuchen" (zu Einzelheiten → Rn. 69 ff.).

61   Grundlage der Auskunft ist in der Regel eine **Befragung der Kaufleute des maßgeblichen Handelskreises** (zu Einzelheiten → Rn. 7 ff.). Bei der Durchführung dieser Befragung hat sich die IHK an die Beweisfrage (→ Rn. 59) zu halten;[263] sie darf diese weder erweitern (zB durch die

---

[247] NK-HGB/*Lehmann-Richter* Rn. 8; Oetker/*Pamp* Rn. 27; MüKoHGB/*K. Schmidt* Rn. 25; aA *Böshagen* NJW 1956, 695 (696); *Gallois* NJW 1954, 1312 (1313).

[248] BGH Urt. v. 3.12.1992 – III ZR 30/91, NJW 1993, 1798; krit. Staub/*Koller* Rn. 59.

[249] BGH Urt. v. 16.12.2008 – VI ZR 48/08, NJW-RR 2009, 715 Rn. 15.

[250] BGH Urt. v. 6.3.1968 – VIII ZR 221/65, BGHZ 49, 388 (392 f.) = NJW 1968, 1085; GK-HGB/*Achilles*/*B. Schmidt* Rn. 19; Schlegelberger/*Hefermehl* Rn. 15; HaKo-HGB/*Klappstein* Rn. 40; MüKoHGB/*K. Schmidt* Rn. 25; unklar *Gallois* NJW 1954, 1312 (1313): wertvolles Hilfsmittel.

[251] *Gallois* NJW 1954, 1312 (1314); Staub/*Koller* Rn. 53.

[252] OLG Hamm Urt. v. 11.2.2011 – 19 U 117/09, BeckRS 2012, 8574 unter II. 1. a) dd); Oetker/*Pamp* Rn. 27.

[253] BGH Urt. v. 12.1.1976 – VIII ZR 273/74, WM 1976, 292 = BeckRS 1976, 31122181; BGH Urt. v. 1.12.1965 – VIII ZR 271/63, NJW 1966, 502 (503); GK-HGB/*Achilles*/*B. Schmidt* Rn. 19; Oetker/*Pamp* Rn. 28; MüKoHGB/*K. Schmidt* Rn. 26.

[254] BGH Urt. v. 12.1.1976 – VIII ZR 273/74, WM 1976, 292 = BeckRS 1976, 31122181; BGH Urt. v. 1.12.1965 – VIII ZR 271/63, NJW 1966, 502 (503); GK-HGB/*Achilles*/*B. Schmidt* Rn. 19; NK-HGB/*Lehmann-Richter* Rn. 8; Oetker/*Pamp* Rn. 28; MüKoHGB/*K. Schmidt* Rn. 26.

[255] BGH Urt. v. 12.1.1976 – VIII ZR 273/74, WM 1976, 292 = BeckRS 1976, 31122181; BGH Urt. v. 1.12.1965 – VIII ZR 271/63, NJW 1966, 502 (503); *Böshagen* NJW 1956, 695 (696); Schlegelberger/*Hefermehl* Rn. 17.

[256] MüKoZPO/*W. Zimmermann* ZPO § 402 Rn. 11.

[257] BGH Urt. v. 2.7.1980 – VIII ZR 178/79, WM 1980, 1122 (1123) = BeckRS 1980, 31076152; Staub/*Koller* Rn. 56.

[258] BGH Urt. v. 24.11.1976 – VIII ZR 21/75, NJW 1977, 385 (387); GK-HGB/*Achilles*/*B. Schmidt* Rn. 19; Oetker/*Pamp* Rn. 28.

[259] BGH Urt. v. 24.11.1976 – VIII ZR 21/75, NJW 1977, 385 (387); Oetker/*Pamp* Rn. 28.

[260] BGH Urt. v. 24.11.1976 – VIII ZR 21/75, NJW 1977, 385 (387).

[261] BGH Urt. v. 1.12.1965 – VIII ZR 271/63, NJW 1966, 502 (503); Staub/*Koller* Rn. 56.

[262] BGH Urt. v. 1.12.1965 – VIII ZR 271/63, NJW 1966, 502 (503); OLG Hamburg Urt. v. 3.7.1963 – 5 U 81/62, MDR 1963, 849.

[263] Oetker/*Pamp* Rn. 28.

Befragung anderer Marktteilnehmer als derjenigen des im Beweisbeschluss beschriebenen Handelskreises)[264] noch verändern. Die Zahl der zu befragenden Kaufleute darf nicht zu klein gewählt werden
(s. Richtlinie 19 S. 5 DIHT-Merkblatt für die Feststellung von Handelsbräuchen, → Rn. 70). Erforderlich, aber auch ausreichend, ist ein repräsentativer Querschnitt.[265] Der Zweck der Auskunft, Beweis
über die Tatfrage (→ Rn. 54) des Bestehens eines bestimmten Handelsbrauchs zu erbringen
(→ Rn. 58), verbietet es der IHK, den befragten Unternehmen Rechtsfragen vorzulegen.[266]

(d) Merkblatt des DIHT für die Feststellung von Handelsbräuchen mit Anhang: Arbeits-
hilfen für die Ermittlung von Handelsbräuchen[267]

I. Einführung   62

Dieses „**Merkblatt für die Feststellung von Handelsbräuchen**" stellt keine Regeln auf, deren Beachtung die
Lösung sämtlicher Fälle ermöglicht. Die Feststellung eines Handelsbrauchs kann nicht schematisch erfolgen. Sie
erfordert stets eine sorgfältige und sachkundige Berücksichtigung der besonderen Umstände des Einzelfalles.
Es werden daher nur die allgemeinen Leitsätze zusammengefasst, die sich aus der Praxis der Industrie- und
Handelskammern herausgebildet und in ihrer Anwendung bewährt haben. Außerdem gibt das Merkblatt dem
Gericht und den Prozessbeteiligten einen Überblick darüber wie die IHKn bei der Feststellung eines Handels-
brauchs vorgehen. Ergänzend sei auf die im **Anhang** abgedruckten „**Arbeitshilfen für die Ermittlung von
Handelsbräuchen**" hingewiesen. Sie beschreiben, wie die IHKn eine Handelsbrauchfeststellung im Einzelnen in
der Praxis durchführen.

Ein Handelsbrauchgutachten der Industrie- und Handelskammer oder des DIHT stellt ein eigenständiges
Beweismittel dar. Es bringt zum Ausdruck, was sachkundige Unternehmer für kaufmännische Übung und
Verkehrsauffassung halten. Die IHKn geben eine sachverständige gutachtliche Äußerung als Selbstverwaltungs-
körperschaft ab.

Dazu ermittelt die jeweilige IHK zunächst, welche Wirtschaftskreise verkehrsbeteiligt sind. Dann befragt sie aus
diesem Kreis erfahrene Unternehmen, von denen eine Marktübersicht und Kenntnis der üblichen Handhabung
erwartet werden darf. Die dabei ermittelten Antworten und Zahlen geben aber nur die Grundlage für die erbetene
Wertung und die abschließende Antwort ab.

Handelsbrauchumfragen sind deshalb keine Meinungsumfragen, die sich nach demoskopischen Maßstäben
richten. Daher lehnen die Industrie- und Handelskammern regelmäßig Ermittlungsersuchen ab, bei denen es
darauf ankommt, Letztverbraucher zu befragen oder die Repräsentativität im Sinne demoskopischer oder
statistischer Methoden zu verlangen.

Die Entscheidung materiellrechtlicher Fragen, die im Zusammenhang mit Handelsbräuchen auftreten können,
obliegt dem mit der Sache befassten Richter. Er ist von den IHKn in geeigneter Form auf alle Umstände
hinzuweisen, die dafür bedeutsam sein können. Das Merkblatt bezieht zu den materiellrechtlichen Fragen daher
nur insoweit Stellung als sie unmittelbar das Feststellungsverfahren beeinflussen.

II. Wesen des Handelsbrauchs   63

1. Begriff des Handelsbrauchs

(1) Unter Handelsbräuchen versteht man die „im Handelsverkehre geltenden Gewohnheiten und Gebräuche"
(§ 346 HGB). Damit sind tatsächliche Übungen im regelmäßigen Geschäftsverkehr gemeint, die sich für ver-
gleichartige Geschäftsvorgänge innerhalb eines Ortes, eines Bezirkes oder im ganzen Bundesgebiet gebildet
haben. Handelsbräuche können sich ändern oder erlöschen. Sie müssen daher im Einzelfall festgestellt und
können weder „festgelegt" noch „in Kraft gesetzt", „vereinheitlicht" oder „aufgehoben" werden.

(2) Auf dieses konkrete Verhalten ist nach § 346 HGB „Rücksicht zu nehmen", falls seine Bedeutung für gleichartige Vertragsverhältnisse bei Fehlen anderweitiger Vereinbarungen von den beteiligten Verkehrskreisen anerkannt ist. Eine Rücksichtnahme auf Handelsbräuche ist auch dann geboten, wenn die Vertragspartner sie im
Einzelfall nicht kennen. „Rücksicht nehmen" bedeutet, dass ein Handelsbrauch für das Gericht keine ohne
weiteres bindende Norm ist. Vielmehr können im Einzelfall besondere Umstände die Berufung auf den Handelsbrauch als sittenwidrig, missbräuchlich oder aus sonstigen Gründen unzulässig erscheinen lassen. Hat überdies
ein beachtenswerter Teil der Verkehrskreise einer Handhabung wiederholt ausdrücklich widersprochen, kann
kein Handelsbrauch im Sinne von § 346 HGB angenommen werden.

(3) Zur Vermeidung von Missverständnissen sollte im Zusammenhang mit § 346 HGB nur das Wort „Handelsbrauch" verwendet werden. Sofern man die Begriffe „Handelsübung", „Handelsgepflogenheit", „handelsüblich"
oder „üblich" benutzt, ist ihre Bedeutung ersichtlich zu machen

(4) Handelsbräuche dienen nicht nur dazu, eine Erklärung auszulegen (z. B. handelsübliche Vertragsklauseln). Sie
können auch eine im Vertrag nicht vorhandene Erklärung ersetzen (Vervollständigung des Vertragsinhaltes;
Ausfüllung einer Vertragslücke). Für die Feststellung eines Handelsbrauchs ist aber nur Raum, wenn und soweit
der Vertragsinhalt, auch im Wege der Auslegung, nichts Ausreichendes über die strittige Frage ergibt.

(5) Von einem Handelsbrauch als tatsächliche Übung ist zu unterscheiden:
a) eine bloße Verkehrs- oder Rechtsauffassung (z. B. Antwort der Befragten: „Der Fall ist praktisch bei mir noch
   nicht vorgekommen, aber ich würde die Handhabung in dieser oder jener Weise für richtig halten");
b) ein regelmäßiger, natürlicher Geschehensablauf (z. B. die tatsächliche, erfahrungsgemäße Wertminderung
   durch Gebrauch). Solche Tatsachen sind erst Gegenstand eines Handelsbrauchs, wenn man sie etwa bei der
   Abrechnung üblicherweise in bestimmter Höhe ohne weiteren Nachweis gelten lässt.

---

[264] BGH Urt. v. 24.11.1976 – VIII ZR 21/75, NJW 1977, 385 (387).
[265] OLG Hamburg Urt. v. 3.7.1963 – 5 U 81/62, MDR 1963, 849.
[266] BGH Urt. v. 1.12.1965 – VIII ZR 271/63, NJW 1966, 502 (503); Oetker/*Pamp* Rn. 28.
[267] Abgedruckt mit freundlicher Genehmigung des DIHK.

64   2. Dauer der Übung

(6) Das Entstehen eines Handelsbrauchs erfordert keine bestimmte Mindestdauer der tatsächlichen Übung. Stets muss es sich jedoch um eine beiderseitige ständige gleichmäßige Anwendung in einer Vielzahl von vergleichbaren Fällen handeln. Je häufiger und beständiger eine Verkehrspraxis anzutreffen ist, desto kürzer kann die Entstehungszeit angesetzt werden.

65   3. Generalisierung

(7) Gegenstand des festzustellenden Handelsbrauchs kann nicht der Einzelfall sein. Aus ihm muss vielmehr der für gleichartige Geschäfte typische Gehalt herausgestellt werden. Die Verallgemeinerung darf jedoch nicht zu weit gehen, damit die Vergleichbarkeit der Fälle gewährleistet bleibt. In jedem Fall muss klar sein, innerhalb welcher Geschäftszweige und zwischen welchen Wirtschaftsstufen der Handelbrauch bestehen soll.

66   4. Persönlicher Bereich

(8) Handelsbräuche kommen in Betracht unter Kaufleuten. Sie können sich nur innerhalb derjenigen Verkehrskreise entwickeln, in denen Geschäfte der betreffenden Art üblich sind. Gegenüber einem nicht zu diesen Verkehrskreisen gehörenden Vertragspartner lässt sich daher ein in den beteiligten Verkehrskreisen bestehender Handelsbrauch regelmäßig nicht anwenden. Unter Umständen kann ein Handelsbrauch aber auch unter Nichtkaufleuten gelten, nämlich dann, wenn die Verkehrssitte auch Nichtkaufleute umfasst.

(9) Bei der Feststellung eines Handelsbrauchs ist besonders vorsichtig und zurückhaltend vorzugehen, wenn zwischen Kaufleuten eines bestimmten Geschäftszweiges und Kaufleuten unterschiedlicher Abnehmerkreise regelmäßig nur einmal ein Geschäft getätigt wird (z. B ein Fabrikant liefert an Bäcker, Metzger, Textileinzelhändler usw. nur einmal in deren Berufsleben eine Ladeneinrichtung). Das Gleiche gilt sinngemäß, wenn der Abnehmer ein Privatverbraucher ist (z. B. Anschaffung einer Kücheneinrichtung).

(10) Ebenso wie sich ein Handelsbrauch örtlich beschränkt bilden kann (vgl. **Ziff. 1**), ist es auch möglich, dass er nur innerhalb einer bestimmten Gruppe besteht, während er für andere Teile gerade nicht gilt. Es muss sich dann aber um einen nach objektiven Maßstäben klar abgrenzbaren Kreis handeln (z. B. innerhalb der „Großbanken und ihrer Kundschaft", nicht: „der angesehenen Kunsthändler und ihrer Kundschaft").

67   5. Handelsbrauch und Gesetz

(11) Es ist nicht Aufgabe der Industrie- und Handelskammer die rechtliche Auswirkung des festgestellten Handelsbrauchs auf den konkreten Sachverhalt zu beurteilen. Dennoch ist es auch für die Bearbeitung der gerichtlichen Anfrage wichtig zu wissen, dass in manchen Fällen eine tatsächliche Übung keine rechtliche Wirkung haben kann, z. B. wenn sie zwingenden gesetzlichen Vorschriften widerspricht. Dann empfiehlt sich ein entsprechender Hinweis an das Gericht, weil sich hier Feststellungen durch die IHK erübrigen. Bei den Fragen, ob der behauptete Handelsbrauch gegenüber dispositivem Recht wirkt, missbräuchlich ist oder im konkreten Einzelfall gegen Treu und Glauben verstößt, sollte ebenfalls ein Hinweis an das Gericht erfolgen, verbunden mit der Mitteilung des Ergebnisses der getroffenen Feststellungen.

68   6. Handelsbrauch und Allgemeine Geschäftsbedingungen

(12) Allgemeine Geschäftsbedingungen sind als solche nicht ohne weiteres Handelsbrauch. Sie können erst dann einen Handelsbrauch begründen, wenn die in Frage stehende Bedingung von den beteiligten Kreisen auch ohne entsprechende Allgemeine Geschäftsbedingungs-Klausel als verbindlich beachtet würde Geschäftsbedingungen „in toto" haben sich in der Praxis sehr selten als Handelsbrauch erwiesen. Es empfiehlt sich daher, nicht nur danach zu fragen, ob die Geschäftsbedingungen in ihrer Gesamtheit auch ohne ausdrückliche Vereinbarung als Vertragsinhalt gelten, sondern auch festzustellen, ob die betreffende Einzelbedingung Handelbrauch ist, sofern dies nicht ohnehin ausreichend ist.

(13) Wird eine bestimmte Regelung ständig vereinbart, so ist sie damit noch nicht ohne weiteres als Handelsbrauch anzusehen. Man könnte ebenso gut umgekehrt aus einer häufigen Vereinbarung folgern, dass sie nicht als Handelsbrauch gilt, da sie sonst nicht ausdrücklich vereinbart zu werden brauchte. Immerhin schließt die ständige Vereinbarung nicht aus, dass sich die Regelung neben der üblichen Vereinbarung auch als Handelsbrauch eingebürgert hat, wie sie ständig tatsächlich geübt worden ist.

(14) Davon zu unterscheiden sind Fälle, in denen Geschäftsbedingungen bei besonders häufig vorkommenden Geschäftstypen in ihrer Gesamtheit als vereinbarter Vertragsinhalt gelten können. Dies setzt im Allgemeinen aber voraus, dass der Vertragspartner annehmen musste, dass der andere Vertragsteil nur zu seinen Geschäftsbedingungen abschließen wollte (z. B. Beförderungsbedingungen der Deutschen Bahn; Versicherungsbedingungen der betreffenden Versicherungsgesellschaften; Banken).

69   III. Feststellungsverfahren

1. Feststellungsorgane

(15) Die Feststellung von Handelsbräuchen gehört zu den Aufgaben der Industrie- und Handelskammern. Sie sind hierzu besonders befähigt, weil sie als unterste regionale Gliederung der Gesamtwirtschaft in unmittelbarster Fühlung mit den Kaufleuten die verschiedensten Gewerbegruppen betreuen. So werden einseitige Interessen einzelner Firmen oder Gruppen ausgeschaltet. Die Feststellung von Handelsbräuchen durch gerichtliche Befragung eines Sachverständigen wird demgegenüber regelmäßig nicht zweckmäßig sein. Der Sachverständige besitzt zwar technische Sachkenntnisse. Er hat aber nicht die den Industrie- und Handelskammern gegebene Möglichkeit einer umfassenden Befragung der Verkehrskreise über tatsächliche Gebräuche.

70   2. Vorbereitung der Befragung

(16) Um zu prüfen, welche Verkehrskreise in Frage kommen wird es häufig nötig sein, technische Vorfragen zu klären, damit nicht durch Befragung falscher oder nur zum Teil zutreffender Kreise ein unrichtiges Bild entsteht. Es kann daher erforderlich sein, Sachkundige (der IHK nahestehende Kaufleute, vereidigte Sachverständige

u. dgl.) darüber zu hören, in welcher Art von Betrieben die betreffenden Artikel hergestellt, gehandelt oder gebraucht werden bzw. die in Rede stehenden Geschäftsvorgänge vorkommen.

(17) Feststellungen können sowohl über einen zu spezialisierten Einzelfall als auch über einen zu generalisierten Tatbestand zu falschen Ergebnissen führen (vgl. **Ziff. 7**). Es empfiehlt sich daher, das Gerichtsersuchen auch in dieser Richtung zu überprüfen. Gegebenenfalls sollte man dann das Gericht anfragen, für welchen Sachverhalt und für welchen Verkehrskreis der Handelsbrauch festgestellt werden soll.

(18) Falls der Beweisbeschluss nicht bereits ein geschlossenes Bild über den Gegenstand der Befragung, die Verkehrskreise usw. ergibt, sind die Gerichtsakten anzufordern.

(19) Regelmäßig müssen die Verkehrskreise beider Beteiligten gefragt werden. Handelt es sich um mehrere Wirtschaftsstufen, so müssen alle in Frage kommenden Wirtschaftsstufen (Hersteller, Großhändler, Handelsvertreter, Einzelhandel, Versandhandel, Gaststätten, ambulantes Gewerbe usw.) einbezogen werden. Ist eine Wirtschaftsstufe im Kammerbezirk nicht oder unzureichend vertreten, so muss geprüft werden, ob entweder von vornherein oder nach dem Ergebnis der Umfrage bei den übrigen Firmen eventuell andere Industrie- und Handelskammern eingeschaltet werden müssen (vgl. **Ziff. 22 ff.**). Innerhalb der verschiedenen Wirtschaftsstufen empfiehlt es sich nach Firmengröße zu streuen. Die Zahl der zu Befragenden sollte nicht zu klein sein. Von der sorgfältigen Auswahl der zu befragenden Firmen hängt die Richtigkeit des Ergebnisses entscheidend ab. Verfügt die IHK auf dem betreffenden Sachgebiet über vereidigte Sachverständige, so wird auch deren Befragung tunlich sein.

(20) Da es bei der Feststellung von Handelsbräuchen vor allem auf die unmittelbare Mitteilung des Gewerbetreibenden über seine eigene Handhabung ankommt, sollte das Schwergewicht auf der unmittelbaren Firmenbefragung liegen. Ob es sich neben oder nach Abschluss der Firmenumfrage empfiehlt, auch örtliche und überörtliche Verbände zu fragen, muss von Fall zu Fall entschieden werden. Bei Verbandswünschen ist, auch wenn sie wirtschaftspolitisch berechtigt sind, zu prüfen, ob sie sich bereits als Handelsbrauch durchgesetzt haben und ob kartellrechtliche Bedenken bestehen.

(21) Im Handelsregister eingetragene Handwerker und solche Handwerker, die gleichzeitig ein Handelsgeschäft oder dergleichen betreiben, können ebenfalls unmittelbar von der Industrie- und Handelskammer befragt werden. Um auch weitere Handwerkskreise zu erfassen, wenden sich die Industrie- und Handelskammern zweckmäßigerweise an die Organisationen des Handwerks (Handwerkskammern, Innungen, Kreishandwerkerschaften usw.).

3. Einbeziehung anderer Industrie- und Handelskammern 71

(22) Im Allgemeinen ist davon auszugehen, dass der Handelsbrauch am Sitz der befragten Industrie- und Handelskammer oder innerhalb des Kammerbezirks festgestellt werden soll. In der Regel erübrigt sich daher, andere IHKn zu beteiligen.

(23) Ist die Zahl der einschlägigen Firmen am Ort der IHK oder in deren Bezirk zu gering, kann sich durch eine Befragung der bezirklichen Verkehrskreise ein Handelsbrauch in diesem Bezirk nicht feststellen lassen. Es ist jedoch möglich, dass sich auf überbezirklicher Ebene ein Handelsbrauch gebildet hat, der auch für den Bezirk der befragten IHK gilt. Das müsste dann durch zusätzliche Befragung anderer Industrie- und Handelskammern – entweder durch das Gericht oder mit dessen Einvernehmen durch die zunächst befragte IHK – festgestellt werden.

(24) Lässt sich bereits vor der Umfrage im Kammerbezirk oder nach deren Ergebnis erkennen, dass daraus kein eindeutiges Bild zu gewinnen ist, oder besteht die Befürchtung, dass die eingeholten Auskünfte von interessierter Seite „gesteuert" sind, so müssen gegebenenfalls auch andere IHKn um geeignete Feststellungen gebeten werden. Dabei ist jedoch sorgfältig zu überlegen, an welche IHK sich die vom Gericht befragte IHK wendet. Je nach Lage der Sache können das unmittelbar benachbarte Industrie- und Handelskammern oder auch solche sein, in deren Bezirk sich hauptsächlich die in Frage kommenden Geschäftsvorgänge abspielen, die betreffende Wirtschaftsstufe stark vertreten ist oder bei denen aus sonstigen Gründen mit besonderen Erfahrungen zu rechnen ist. Der Deutsche Industrie- und Handelstag (DIHT) (bzw. die Länderarbeitsgemeinschaften) sollte nur eingeschaltet werden, wenn sich tatsächlich die Streuung der Umfrage über das Bundesgebiet (bzw. das Land) als notwendig erweist. Sofern die Umfrage ausgedehnt wird, weil sich am Ort der befragten IHK kein Ergebnis erzielen lässt (z. B. wegen des Fehlens einschlägiger Verkehrskreise oder Wirtschaftsstufen), sollte dies mit dem Gericht abgestimmt werden.

(25) Lässt sich aus der Anfrage des Gerichts ohne weiteres erkennen, dass nur ein Handelsbrauch in einem anderen Bezirk in Frage kommt, empfiehlt sich im Interesse der Parteien ein entsprechender Hinweis an das Gericht unter Rückgabe der Akten.

4. Verwendung vorhandenen Materials 72

(26) Hat die befragte Industrie- und Handelskammer bereits in derselben Frage vor kurzem Feststellungen für ein Gericht getroffen, kann sie sich regelmäßig darauf beschränken, dem Gericht das damals gefundene Ergebnis zu übermitteln. Liegt die Umfrage einige Jahre zurück, so müssen mit Rücksicht auf die inzwischen möglicherweise eingetretene Entwicklung die betreffenden Firmen – eventuell stichprobenartig – erneut angefragt werden, ob die damalige Auskunft noch zutrifft. Auf noch weiter zurückliegende Umfragen sollte man nur mit größter Zurückhaltung zurückgreifen. Eine neue vollständige Umfrage bleibt dann meistens unvermeidlich. Mit gleicher Vorsicht sind auch vorher erfolgte Feststellungen von Handelsbräuchen anderer IHKn zu verwerten, obwohl solche Feststellungen (Fallsammlung des DIHT; vgl. Ziff. 38) wertvolle Hinweise für die Arbeit der eigenen IHK geben können.

5. Formulierung der Anfrage 73

(27) Im Regelfall sollte die Beweisfrage des gerichtlichen Beweisbeschlusses den Befragten im Wortlaut vorgelegt werden. Wenn die Frage nicht aus sich heraus verständlich ist, muss sie entweder – unter exakter Beibehaltung des Inhalts – verständlicher formuliert oder sie muss durch aus dem Akteninhalt zu entnehmende Erläuterungen ergänzt werden. Dabei ist äußerst vorsichtig vorzugehen, weil ansonsten die Gefahr besteht, den Sachverhalt zu verändern. Auch dürfen die Befragten durch die Wiedergabe des konkreten Tatbestands nicht dazu verleitet werden, den Rechtsstreit zu entscheiden, anstelle allein über die praktische Handhabung in der Branche zu berichten. Schließlich sollte man nicht nach einem „Handelsbrauch" oder einer „Handelsüblichkeit" fragen, sondern um Auskunft bitten, ob die befragte Firma die behauptete Übung selbst handhabt oder als üblich kennt. Ein entsprechender Handelsbrauch kann nämlich erst festgestellt werden, wenn die tatsächlichen Einzelfeststellungen ausgewertet sind.

(28) Hierzu das folgende Beispiel für eine Anfrage der Industrie- und Handelskammer:

1. a) Werden von Ihnen als Großhändler in Damenoberbekleidungsstoffen die gelieferten Stoffballen sofort auf Webfehler untersucht und bei Beanstandung innerhalb von drei Tagen nach Erhalt gerügt?
   b) Wird über diese Frage üblicherweise eine Vereinbarung getroffen?
   c) Gilt diese dreitägige Frist auch dann, wenn keine ausdrückliche Vereinbarung hierüber getroffen worden ist?
2. Wenn Sie die behauptete Übung nicht selbst handhaben: Ist sie nach Ihrer Kenntnis in den einschlägigen Geschäftskreisen üblich?

74   **IV. Gutachten der Industrie- und Handelskammer**

1. Inhalt und Form der Äußerung

(29) Die Äußerung der Industrie- und Handelskammer gegenüber dem Gericht fasst ihre Ermittlungen zusammen und stellt im Ergebnis fest, ob ein Handelsbrauch besteht oder nicht. Insoweit ist sie zugleich ein Gutachten.

(30) Bei der Ermittlung handelsüblicher Fristen, Mengenbestimmungen und dergleichen kann die Befragung ergeben, dass eine übereinstimmende tatsächliche Übung hinsichtlich der Fristen oder der Mengen nicht besteht, dass jedoch die Über- bzw. Unterschreitung einer bestimmte Mindest- oder Höchstfrist (bzw. -menge) der allgemeinen Übung widerspricht. Es würde dann falsch sein, das Bestehen eines Handelsbrauchs überhaupt zu verneinen, weil damit die Prozessentscheidung möglicherweise unrichtig würde. Vielmehr sollte man ein solches Feststellungsergebnis dem Gericht mitteilen und dabei bemerken, dass wenigstens ein bestimmter Teil der behaupteten Übung von allen Befragten als üblich bezeichnet wird (z.B.: Bezeichnet ein Teil der Befragten eine dreitägige, der andere Teil eine fünftägige Rügepflicht als üblich, so kann als Handelsbrauch jedenfalls festgestellt werden, dass nach fünf Tagen nicht mehr gerügt werden kann).

(31) Sofern sich bei Feststellung einer tatsächlichen Übung ergibt, dass ein wesentlicher Teil der Befragten der Handhabung zwar nicht widersprochen hat, sie aber als nicht ordnungsgemäß empfindet, sollte man das Gericht bei Ermittlung des Feststellungsergebnisses hierüber unterrichten.

(32) Die Äußerung der Industrie- und Handelskammer soll klar und bei möglichst knapper Darstellung doch erschöpfend sein. Aus den Eingangs- und Schluss-Sätzen der Äußerung muss klar hervorgehen, von welcher Fragestellung die IHK ausgegangen ist, damit das Gericht und die Parteien erkennen können, ob die Feststellungen der IHK und deren Ergebnis die Beweislage richtig und vollständig treffen.

(33) Es empfiehlt sich häufig, dem Gericht anzugeben, auf welche Kreise sich die Umfrage der Industrie- und Handelskammer erstreckt hat. Unter Umständen sollte man auch mitteilen, welches etwa unterschiedliche Ergebnis die Umfrage in den einzelnen Wirtschaftsstufen, Geschäftszweigen usw. gehabt hat. Da die Feststellung über das Bestehen oder Nichtbestehen eines Handelsbrauchs normalerweise nur im Kammerbezirk getroffen worden ist, muss dem Gericht mitgeteilt werden, dass der Handelsbrauch „im Bezirk der IHK …" bestehe bzw. nicht bestehe. Hat sich die Einschaltung anderer IHKn als notwendig erwiesen (vgl. **Ziff. 22ff.**), so ist auch das in den anderen Bezirken ermittelte Ergebnis anzugeben. Soweit Auskünfte von Fachverbänden verwertet wurden, ist dies im Gutachten deutlich zu machen.

(34) Wenn im Einzelfall der festgestellte Handelsbrauch nicht ohne weiteres verständlich erscheinen kann, sollte man angeben, was zu seiner Entstehung geführt hat.

(35) Eine Erörterung der Rechtslage durch die Industrie- und Handelskammer muss grundsätzlich unterbleiben. Es wird der befragten IHK indes nicht zu verdenken sein, wenn sie z.B. darauf aufmerksam macht, dass sich die Entscheidung der Beweisfrage möglicherweise aus einer bestehenden, im Prozess aber noch nicht erörterten Rechtsvorschrift ergibt.

(36) Bei der von der IHK zu treffenden Schlussfolgerung über das Bestehen oder Nichtbestehen eines Handelsbrauchs ist ein strenger Maßstab anzulegen. Eine rein zahlenmäßige Gegenüberstellung der Auskünfte wird zumeist nicht zweckmäßig sein, da die Antworten der betreffenden Firmen z.B. hinsichtlich ihrer besonderen Marktübersicht gewertet werden müssen. Es wäre daher bedenklich, bestimmt v. H.-Sätze bejahender Stimmen (etwa 80 %) als alleinige Grundlage für die Feststellung eines Handelsbrauchs zu verwenden. Gegebenenfalls muss man das Gericht darauf hinweisen, dass die Entwicklung zwar in Richtung einer allgemein werdenden Übung zu gehen scheine, sich die behauptete Übung aber gegenwärtig noch nicht zu einem Handelsbrauch verdichtet habe. Wenn der IHK bekannt ist, dass bereits andere Industrie- und Handelskammern (oder auch Gerichte) – unabhängig von der jetzigen Anfrage des örtlichen Gerichts – zu derselben Frage Stellung genommen haben, sollte sie dies in ihrer Äußerung erwähnen.

75   **2. Überprüfung des Ergebnisses**

(37) In manchen Fällen kann es zweckmäßig sein, das Ergebnis des durchgearbeiteten Materials vor der Herausgabe an das Gericht nochmals zu überprüfen. Es bleibt dann der einzelnen Industrie- und Handelskammer überlassen, ob sie dazu etwa Sachverständige einschaltet oder einen Entwurf an die Befragten sendet.

76   **3. Sammlung von Handelsbrauch-Feststellungen**

(38) Von jeder Feststellung über einen Handelsbrauch sollte man den DIHT zur Ergänzung seiner Fallsammlung informieren. Es empfiehlt sich auch eine Bekanntgabe in dem Mitteilungsblatt der IHK oder auf ihrer Homepage im Internet. Dadurch können alle Industrie- und Handelskammern bei ihnen vorkommenden Fällen von den Erfahrungen und Feststellungen anderer IHKn Nutzen ziehen. Bei Fallsammlungen ist aber zu beachten, dass die örtlich getroffenen Feststellungen nicht ohne weiteres für andere Kammerbezirke gelten (siehe **Ziff. 23**). Außerdem können alle Handelsbrauch-Feststellungen zeitlich bald überholt sein. Eine allgemeine Veröffentlichung von Fallsammlungen in gedruckter Form sollte deshalb nicht erfolgen. Dies könnte auch zur Erstarrung von Handelsbräuchen führen.

4. Handelsbrauch-Feststellungen für Dritte

77

(39) Gutachten der Industrie- und Handelskammern über das Bestehen oder Nichtbestehen von Handelsbräuchen werden grundsätzlich nur gegenüber Gerichten und Behörden erstattet. Entsprechende Anträge von Firmen sowie andere Personen müssen daher abgelehnt werden. Es kann ihnen aber das Ergebnis eines vorhandenen Gutachtens der eigenen (oder einer anderen) IHK bekannt gegeben werden, wobei auf die Gefahren bei der Verwertung von Feststellungen an anderen Orten und zu früheren Zeitpunkten hinzuweisen ist. Häufig wird die gemeinsame Bitte von Bezirksfirmen an die IHK auf Erstattung eines Handelsbrauchsgutachtens damit begründet, dass die strittige Frage nicht rechtshängig werden oder ihre Klarstellung gerade zur Vermeidung eines Prozesses dienen solle. In solchen Fällen kann sich die IHK in den einschlägigen Geschäftskreisen erkundigen, um das Ergebnis den anfragenden Firmen für deren eigene Entscheidung zur Verfügung zu stellen. Solche Erkundigungen erfolgen stets neutral, d. h. ohne Firmennennung. Die Industrie- und Handelskammer muss dabei deutlich machen, dass damit einem etwa später auf Anforderung des Gerichts zu erstattenden Gutachten weder vorgegriffen werden kann noch soll.

V. Anhang: Arbeitshilfen für die Ermittlung von Handelsbräuche

78

1. Auskunftserteilung; Auskunftspflicht nur gegenüber Gerichten; Auskunftserteilung gegenüber Privaten

1.1. Die Industrie- und Handelskammern (IHKn) erstatten Auskünfte über Handelsbräuche in der Regel nur gegenüber Gerichten und Behörden. Voraussetzung hierfür ist ein entsprechender Beweisbeschluss oder ein amtliches Auskunftsersuchen (vgl. auch **Ziff. 10.**).

1.2. Bei Anfragen von Unternehmen oder deren Rechtsanwälten werden keine Umfragen durchgeführt. Um unnötige Handelsbrauchbehauptungen im Prozess zu vermeiden und auch zuvor streitschlichtend zu wirken, können die IHKn jedoch unter Beachtung folgender Grundsätze Auskunft geben:

1.2.1. Eine Antwort darf ein späteres Gutachten der Industrie- und Handelskammer im Prozess nicht präjudizieren.

1.2.2. Auskünfte über frühere Umfragen sind möglich, wenn die Verwertbarkeit sorgfältig geprüft und auf etwaige Bedenken hingewiesen wurde (z. B. Zeitpunkt der Feststellung; Deckungsgleichheit der Beweisfrage; erfasste Verkehrskreise und Wirtschaftsräume). Als Quelle dient das Archiv der Industrie- und Handelskammer oder die Gutachtensammlung des Deutschen Industrie- und Handelstages (DIHT) (vgl. **Ziff. 38 Merkblatt**). Eine Archivauskunft kann durch eine fernmündliche Anfrage der IHK bei sachkundigen Unternehmen erhärtet und auf ihre Aktualität überprüft werden (vgl. **Ziff. 1.2.3.** und **4.**). Auf bekannte Gerichtsentscheidungen im Gutachtenfall sollte die IHK hinweisen.

1.2.3. Falls weder die Industrie- und Handelskammer noch der DIHT Unterlagen über die Handelsbrauchsbehauptung haben und wichtige Gründe dagegensprechen, dass sich ein derartiger Handelsbrauch überhaupt entwickelt haben kann, sollte zumindest ein warnender Hinweis erfolgen. Dies gilt insbesondere dann, wenn zusätzlich eine Kurzumfrage gemäß Ziff. 1.2.2. die Unwahrscheinlichkeit bestätigt.

1.2.4. Fernmündliche Auskünfte sollten in einer Aktennotiz festgehalten werden, die den wesentlichen Inhalt der Auskunft wiedergibt.

2. Anlaufstelle für die Auskunftserstattung ist die zuständige Industrie- und Handelskammer

79

2.1. Zuständig für eine Handelsbrauchsauskunft ist die Industrie- und Handelskammer, für deren Bezirk das Bestehen eines Handelsbrauchs behauptet wird (vgl. **Ziff. 15, 22 ff. Merkblatt**).

2.2. Sind erkennbar mehrere Industrie- und Handelskammern um Auskunft ersucht worden, stimmen sie sich untereinander über die Anlage der Umfrage und den Inhalt des Fragebogens ab. Die Industrie- und Handelskammer am Sitz des Gerichts übernimmt bei der Durchführung der Umfrage die Federführung.

2.3. Wenn nur eine Industrie- und Handelskammer um Feststellungen gebeten ist, bleibt zu prüfen, ob auch Ermittlungen in anderen Kammerbezirken notwendig sind. Regelmäßig kommt der Kammerbezirk des Sitzes der Gegenseite in Frage, um eine Ausgewogenheit der Antworten herzustellen. Hierzu gehören weiterhin die Fälle, dass sich im Bezirk der befragten IHK keine hinreichende Zahl von verkehrsbeteiligten Unternehmen ermitteln lässt oder sich die dem Handelsbrauch zugrundeliegenden Geschäfte hauptsächlich in einem anderen Industrie- und Handelskammerbezirk abspielen. Die ersuchte IHK muss dann die anderen IHKn in Abstimmung mit dem Gericht an der Umfrage beteiligen (zum Verfahren im Übrigen vgl. **Ziff. 2.2.**). Dies gilt entsprechend, wenn die angesprochene IHK direkt verkehrsbeteiligte Unternehmen in anderen Kammerbezirken ansprechen will (z. B. bei seltenen Geschäften).

2.4. Die Federführung der zuständigen Industrie- und Handelskammern gilt unabhängig davon, ob ein lokal, regional oder bundesweit bestehender Handelsbrauch in Rede steht. Eine Ermittlung durch Vorortkammern oder den DIHT (**vgl. Ziff. 4.5.** und **7.2.**) kommt nur in Betracht, wenn sich eine Umfrage in den gemäß Ziff. 2.2. und 2.3. zu beteiligenden Kammerbezirken nicht auf ausreichend breiter Basis durchführen lässt oder das Gericht auf einer Umfrage durch die Vorortkammer oder bundesweiter Durchführung durch den DIHT besteht. Eine solche Abgabe der Ermittlung ist vorher sowohl mit der Vorortkammer bzw. dem DIHT wie auch dem Gericht abzustimmen.

2.5. Eine Industrie- und Handelskammer kann sich nur dann als unzuständig erklären, wenn vorher eine Abstimmung mit den zuständigen Stellen erfolgt ist.

2.6. Ehe die zuständige Industrie- und Handelskammer andere IHKn, die Vorortkammern oder den DIHT einschaltet, prüft sie in jedem Fall den Beweisbeschluss gemäß Ziff. 3. Und führt – soweit möglich – eine Kurzumfrage gemäß Ziff. 4 durch, um die Plausibilität der Handelsbrauchsbehauptung zu überprüfen. Fall ihr keine sachkundigen Kaufleute zur Verfügung stehen, bittet sie andere IHkn um Mithilfe.

3. Prüfung des Beweisbeschlusses

80

3.1. Die Umfrage durch die Industrie- und Handelskammer folgt dem vom Gericht übersandten Beweisbeschluss.

3.2. Bei der Anlage einer Umfrage sollte die IHK frühzeitig engen Kontakt zu dem Gericht halten, um ggf. schon vor dem eigentlichen Ermittlungsverfahren praktische Hinweise zu geben. Gerade die Abstimmung von Fragebogen und Verkehrskreisen hat sich immer wieder bewährt.

3.3. Hierfür sollte das Gericht um eine kurze Sachverhaltsschilderung gebeten werden, die den Befragten mit zur Verfügung gestellt werden kann. In der Regel sollte man zusätzlich die Gerichtsakten anfordern, insbesondere wenn der Beweisbeschluss nicht bereits ein geschlossenes Bild des zu beurteilenden Sachverhalts, über den Gegenstand der Befragung, die Verkehrskreise usw. gibt.

3.4. Die Industrie- und Handelskammer nimmt zunächst eine Vorprüfung vor, in welcher Weise am zweckmäßigsten das Auskunftsersuchen beantwortet werden kann. Zu dieser Vorprüfung gehören:

3.4.1. Die Entscheidung, ob sich die Beweisfrage nicht besser durch ein Sachverständigengutachten klären lässt (bei technisch detaillierten Fragen geht es oft gar nicht um einen Handelsbrauch). Der DIHT oder ggf. die Vorortkammer (Landesliste für Sachverständige) helfen, den richtigen Sachverständigen zu ermitteln.

3.4.2. Geht das Ersuchen des Gerichts mehr dahin, fehlende Sachkunde für die Entscheidung des Falles zu ergänzen, ist zu prüfen, ob nicht besser mit einem durch die Industrie- und Handelskammer benannten sachverständigen Kaufmann oder Techniker weitergeholfen werden kann.

3.4.3. Bestehen nach den Erfahrungen der IHK Ermittlungshindernisse, ist das Gericht hierauf hinzuweisen (z. B. Umfrage für einen zu weit – regelmäßig mehr als 5 Jahre – in der Vergangenheit zurückliegenden Sachverhalt; Ermittlungsbasis wegen eines Ausnahmefalls zu klein). Soweit möglich, ist ein derartiger Hinweis durch eine Kurzumfrage zu erhärten.

3.4.4. Das Gericht ist auch darauf hinzuweisen, wenn es sich entgegen der Behauptung nicht um einen Handelsbrauch handeln kann (z. B. Preise, übliche Entgelte; diese können die IHKn – soweit es nicht um Befragungen von Letztverbrauchern geht – zwar ermitteln, das Ergebnis solcher Umfragen bei Unternehmen kann aber nur Höchst- oder Mindestwerte feststellen). Gleiches gilt, wenn die Handelsbrauchbehauptung offensichtlich missbräuchlich ist.

3.4.5. Nach bisherigen Erfahrungen gibt es kaum Fälle, in denen sich Allgemeine Geschäftsbedingungen insgesamt als Handelsbrauch oder „fertig bereitliegende Vertragsordnung" durchgesetzt haben. In AGB-Fällen muss das Gericht deshalb um Angabe gebeten werden, auf welche AGB-Bestimmungen es für die Entscheidung ankommt.

3.5. Die Industrie- und Handelskammer darf nicht das Beweisthema anhand der Akten auf Schlüssigkeit oder in sonstiger rechtlicher Hinsicht nachprüfen. Sie sollte allerdings auf festgestellte Unstimmigkeiten hinweisen und ggf. mit dem Gericht wegen des Beweisbeschlusses Kontakt aufnehmen. Dies gilt insbesondere für Fälle, in denen die Umfragevorgabe erfahrungsgemäß nicht zu einem verwertbaren Ergebnis führen kann.

3.6. Falls die IHK auf Grund von eigenen Archivunterlagen oder denen des DIHT eine Auskunft gibt, sollte sie ergänzend ausführen, inwieweit das frühere Umfrageergebnis das Beweisthema abdeckt und noch heute gilt. Wenn das Gutachten bereits älter ist, empfiehlt sich eine zusätzliche Kurzumfrage.

3.7. Zu der Vorabstimmung mit dem Gericht gehört auch der Vorschlag, ob eine Umfrage eingeleitet werden soll oder nicht. Dabei sind die Ergebnisse einer u. U. durchgeführten Kurzumfrage (vgl. Ziff. 4) einzubeziehen. Hierbei sollte ein Hinweis auf Zeitdauer und Umfang der Umfrage erfolgen, insbesondere wenn ihr Aufwand in keinem Verhältnis zum Streitwert steht. Das Gericht sollte zudem darauf hingewiesen werden, dass eine große Umfrage (bundesweit) etwa ein halbes Jahr beansprucht und sich bei kleinen Streitwerten – mit Ausnahme von Grundsatzfragen für eine Vielzahl von Fällen – nicht lohnt.

3.8. In der Regel fragen die Gerichte vorab nach der Höhe der durch die Gutachtenerstattung anstehenden Kosten. Trotz des erheblichen finanziellen Aufwandes sollte die Industrie- und Handelskammer grundsätzlich keine Gebühren erheben, aber wenigstens Auslagenersatz (insbesondere für Briefporto, Kopierkosten etc.) fordern.

81 4. Kurzumfrage

4.1. Welche Wahrscheinlichkeit für eine Bestätigung der Handelsbrauchbehauptung besteht, kann mittels einer Kurzumfrage überprüft werden. Sie kommt auch in Betracht, wenn auf frühere Ergebnisse zurückgegriffen wird. Eine Umfrage sollte aber erst dann durchgeführt werden, wenn hinreichend wahrscheinlich ist, dass der behauptete Handelsbrauch bestehen könnte.

4.2. Die Kurzumfrage ist in gleicher Weise vorzubereiten wie eine Umfrage (vgl. Ziff. 5.): Ermittlung der verkehrsbeteiligten Kreise sowie Vorbereitung der vorzulegenden Fragen, wenn der Beweisbeschluss nicht für die Fragestellung ausreicht.

4.3. Die Kurzumfrage erfolgt regelmäßig durch fernmündliche Erkundigung der Industrie- und Handelskammer bei ausgewählten, ihr als sachkundig bekannten Unternehmen oder Fachleuten (kleine Auswahl). Soweit die IHK dabei in Ausnahmefällen Verbandsauskünfte einholt, muss sie die Verbände beider verkehrsbeteiligten Kreise ansprechen. Ein Indiz für die Richtigkeit einer Behauptung ist, dass der Verband, der die belastete Seite vertritt, eine für seine Mitglieder nachteilige Übung bestätigt.

4.4. Damit die Kurzumfrage verwertbare und nachprüfbare Auskünfte ergibt, muss sie anhand der vorbereiteten Fragestellung bei beiden verkehrsbeteiligten Seiten durchgeführt werden. Falls andere Industrie- und Handelskammern eingeschaltet werden müssen, gelten die Ausführungen unter Ziff. 2. Die Kurzumfrage ist insbesondere vor einer Befassung der Vorortkammer oder des DIHT zuzuführen (vgl. **Ziff. 2.4.** und **7.2.**).

4.5. Das Ergebnis der Kurzumfrage ist dem Gericht im Rahmen der Vorabstimmung mitzuteilen (vgl. **Ziff. 3.6.**), verbunden mit dem Vorschlag, ob eine Umfrage eingeleitet werden soll oder nicht. Bei einem positiven Ergebnis der Kurzumfrage kann in manchen Fällen diese Auskunft schon für die Entscheidung des Gerichts ausreichen, insbesondere wenn sich die Plausibilität der Handelsbrauchbehauptung aussachlichen Gründen im Geschäftsablauf ergibt.

82 5. Vorbereitung und Einleitung der Umfrage bzw. der Kurzumfrage; Abstimmung von Verkehrskreisen und Fragebogen mit dem Gericht

5.1. Die IHK-Umfrage erfolgt schriftlich und mit geschlossener Frageform, um eine eindeutige Auswertung zu gewährleisten.

5.2. Bei der Umsetzung des Beweisbeschlusses in die vorzulegenden Fragen ist die Abstimmung mit dem Gericht notwendig. Dazu überreicht die Industrie- und Handelskammer dem Gericht die Fragebogenentwürfe (einschließlich der für die Befragung in Aussicht genommenen Verkehrskreise) zusammen mit etwaigen übrigen Hinweisen oder Zweifelsfragen. Hierbei hat es sich als zweckmäßig erwiesen, das Gericht ausdrücklich um Abstimmung zu bitten. Dadurch wird auch den Parteien ermöglicht, Stellung zu nehmen sowie sachdienliche Hinweise für die Durchführung der Umfrage zu geben. Späteren Einwänden gegen Art und Umfang der Befragung kann so vorgebeugt werden.

5.3. Bei der Handelsbrauchermittlung soll das tatsächliche Verhalten der Kaufmannschaft im Hinblick auf den behaupteten Sachverhalt ermittelt werden. Die erfolgreiche Durchführung von Umfragen bedingt eine klare Definition derjenigen Unternehmen, die als verkehrsbeteiligt zu befragen sind, wie auch möglichst kurze und klare Fragebögen. Dies stellt sicher, dass die Fragestellung nicht missverstanden wird und bei kurzem Bearbeitungsaufwand durch die Befragten ein hinreichender Rücklauf gesichert ist.

5.3.1. Hierbei darf niemals vergessen werden, dass man für ein korrektes, objektives Ergebnis beide verkehrsbeteiligten Seiten – also gerade auch die durch die Handelsbrauchbehauptung belastete Seite – ansprechen muss.

5.3.2 Die Fragebögen müssen inhaltlich spiegelbildlich auf die beiden (oder mehrere) befragten Gruppen abgestimmt sein.

5.4. Bei der Auswahl der anzuschreibenden Unternehmen ist die Industrie- und Handelskammer frei, welcher Ermittlungsmethode sie sich bedienen will. Da das IHK-Gutachten auf einer Fachleuteumfrage beruht, sind indes Beweisersuchen regelmäßig abzulehnen, in denen Gerichte oder Behörden auf demoskopischen Methoden bestehen. Eine Umfrage bei der jedes x-te Unternehmen ausgewählt wird, ist allenfalls möglich, wenn die vorhandenen Dateien die Gesamtheit der verkehrsbeteiligten Unternehmen gesondert ausweisen. Die Zahl der anzuschreibenden Unternehmen sollte so groß sein, dass die Rücklaufquote (von mindestens 50 %) noch eine Zahlenbasis ergibt, die Rückschlüsse auf das Verhalten aller verkehrsbeteiligten Unternehmen erlaubt.

5.5. Als Vorbereitung der Fragebögen sind zunächst die beteiligten Verkehrskreise zu ermitteln (vgl. **Ziff. 16 Merkblatt**). Hierbei sollte unbedingt auch die zuständige Fachabteilung der IHK eingeschaltet werden. Hilfsmittel sind:

5.5.1. Die Firmendatei der Industrie- und Handelskammer das Kammer-Informations-System (KIS);

5.5.2. Firmenhandbücher, Branchenverzeichnisse, Karteien etc.;

5.5.3. Auskunft sachkundiger Kaufleute, vereidigter Sachverständiger etc.

5.6. Die juristische Beweisfrage muss für das kaufmännische Verständnis übersetzt werden. Dazu sind oft vorher Erkundigungen bei Fachleuten notwendig. In schwierigen Fällen sollte die IHK die gefundene Fragestellung durch telefonische Anfragen bei zwei oder drei Fachleuten daraufhin überprüfen, ob sie verständlich ist und eindeutige Antworten erbringt.

5.7. Es empfiehlt sich, zum Verständnis der gestellten Fragen den Beweisbeschluss im Wortlaut sowie eine kurze Sachverhaltsschilderung vorauszuschicken. Dabei ist zu beachten, dass die Umfrage das tatsächliche Verhalten in der Kaufmannschaft wiedergeben soll, und nicht die persönliche Meinung des Befragten, wie er den Fall selbst entschieden hätte.

5.7.1. Der Fragestellung ist als Vorfrage voranzustellen, ob der zu befragende Kaufmann verkehrsbeteiligt ist, und zwar in dem engen Sinne der Umfrage (z. B. nicht: Obst- und Gemüsehändler, sondern: Obst- und Gemüsehändler, die mit Tomaten handeln).

5.7.2. Aus den Firmendateien und Karteien der Industrie- und Handelskammer ergibt sich nicht immer, ob alle daraus ermittelten angeschriebenen Unternehmen im konkreten Fall Geschäfte dieser Art betreiben und deshalb verkehrsbeteiligt sind. Auf diese Ursache der Differenz zwischen angeschriebenen und auswertbaren Antworten muss man gegebenenfalls hinweisen. Aus den gleichen Gründen ist es den IHKn meist wegen der außerordentlichen Spezialität von Handelsbrauchbehauptungen nicht möglich, die Gesamtzahl aller verkehrsbeteiligten Unternehmen (z. B aller Verwender von bestimmten Kugellagern) anzugeben.

5.8. Die Fragestellung ist als konkrete Frage nach dem tatsächlichen Verhalten bei dem behaupteten Sachverhalt zu formulieren. In der Regel kann daher nicht mit dem bloßen Beweisbeschluss umgefragt werden, es sei denn, er ist aus sich heraus verständlich. Dann bietet sich an, ihn mit der Einleitung „ist es so, dass…" zu verwenden. Zur Verbreiterung der Ermittlungsbasis sollte jedenfalls immer neben dem eigenen Verhalten der Befragten miterforscht werden, wie sich nach ihren Beobachtungen die einschlägigen Verkehrskreise verhalten.

5.8.1. Wird nach einem tatsächlichen Verhalten gefragt, welches einen in Allgemeinen Geschäftsbedingungen niedergelegten Sachverhalt entsprechen soll, ist zusätzlich festzustellen, ob das angegebene Verhalten auch dann gilt, wenn nichts vereinbar ist. Auch wenn eine bestimmte Regelung meistens vereinbart wird, schließt dies einen Handelsbrauch nicht aus.

5.8.2. Es sind jeweils die Varianten „ja", „nein", „nicht bekannt bzw. weiß nicht" vorzugeben und bei der Auswertung getrennt auszuweisen. Bei der Eingangsfrage nach der Verkehrsbeteiligung erscheinen lediglich die Varianten „ja" und „nein". Um ein klares zahlenmäßiges Ergebnis zu erhalten, ist immer dieses geschlossene Frageschema zu verwenden. Für zusätzliche Erläuterungen ist gesondert Platz einzuräumen.

5.8.3. Fang- und Suggestivfragen sind zu vermeiden. Wenn die Fragenfolge Anlass zu dem Verdacht gibt, dass eine bestimmte Antwort bevorzugt wird, kann man die Umfrage auch in zwei Gruppen mit umgestelltem Frageschema durchführen.

5.8.4. Alternative Fragestellungen (x oder y) verwirren und müssen möglichst vermieden werden. Negative Fragestellungen erschweren den befragen Unternehmen wie der Kammer die Zuordnung von „ja"- und „nein"-Antworten.

5.8.5. Eine Gewichtung der Antworten danach, ob der Sachverhalt häufig oder selten im Unternehmen vorkommt, ist sehr subjektiv und von der Größe des Unternehmens abhängig. Eine Quantifizierung kann zu praktischen Schwierigkeiten führen, die nicht nachzukontrollieren sind. In jedem Fall muss man bei einer Trennung nach „häufig"-„selten" jeweils innerhalb der beiden verkehrsbeteiligten Seiten getrennt auswerten. In der Regel wird die Industrie- und Handelskammer eher durch Zusatzbemerkungen in den Antworten die Schwerpunkte für den festzustellenden Handelsbrauch nach Branche und Geschäften ermitteln können.

5.9. Bei größeren Betrieben muss man darauf achten, den richtigen Fachmann zu befragen (Fachleuteumfrage). Hierzu sollte am Schluss des Fragebogens vermerkt werden, wer für Rückfragen der IHK im Unternehmen zur Verfügung steht. Dies dient dazu, dass der für die betreffende Frage zuständige Fachmann des Unternehmens den Fragebogen beantwortet.

5.10. Die angeschriebenen Unternehmen sollten ausdrücklich auch dann um Rücksendung des Fragebogens gebeten werden, wenn sie sich im konkreten Fall nicht verkehrsbeteiligt ansehen oder die Fragen nicht beantworten können („unbekannt"). Zur Erhöhung der Rücklaufquote hat sich – außer Mahnungen – bewährt, einen Freiumschlag beizufügen.

5.11. Die IHK muss in dem Anschreiben an die Firmen zusichern, ihre Antworten vertraulich zu behandeln. Deshalb können dem Gericht über Namen oder identifizierbare Einzelantworten keine Auskünfte gegeben werden. Die Antwortbögen dürfen nicht herausgegeben werden.

83 6. Kammergutachten

6.1. Das Handelsbrauchgutachten muss so aufgebaut sein, dass es in sich geschlossen und für Gericht und Parteien aus sich heraus nachvollziehbar ist. Die folgenden Ausführungen sind auf den formellen Aufbau des Gutachtens beschränkt (zur inhaltlichen Ausgestaltung des Gutachtens vgl. **Ziff. 29 ff. Merkblatt**).

6.2. Das Gutachten sollte knapp und klar im Urteilsstil gefasst sein. Es sollte sich folgendermaßen aufbauen:

(1) Voranstellung der Beweisfrage des Gerichts,
(2) Angabe des ermittelten Ergebnisses als Kurzantwort auf die Beweisfrage,
(3) Darstellung der Ermittlungen im Einzelnen, inklusive Begründung und zahlenmäßigen Beleg des Ergebnisses.

6.3. Ebenso sind die Anzahl der insgesamt befragten Unternehmen anzugeben sowie die Anzahl der Unternehmen, die als verkehrsbeteiligt und sachkundig antwortend ermittelt werden. Die letztgenannte Gruppe bildet dann die Grundgesamtheit und die Basiszahl für die Auswertung. Die Antworten von Unternehmen, die als nichtverkehrsbeteiligt auszuscheiden sind, dürfen bei der Auswertung der für die Feststellung des Handelsbrauchs entscheidenden Fragen nicht mitgewertet werden.

6.4. Bei der Auswertung bilden die zahlenmäßig ermittelten Antworten die Grundlage. Sie müssen aber ggf. noch gewertet und gewichtet werden (Geschäftsumfang, Erfahrung). Es kommt darauf an, dass das Verhalten auf beiden verkehrsbeteiligten Seiten zu einem sehr hohen Prozentsatz geübt wird. Entscheidend ist in Grenzfällen, ob die belastete Verkehrsseite den für einen Handelsbrauch notwendigen Prozentsatz erreicht (etwa 75–80 %). Im Einzelfall hängt der anzulegende Prozentsatz von Zahl und Gewicht der verwertbaren Antworten ab. Zur Begründung gehören, soweit vorhanden, außerdem Hinweise aus den Antworten, warum sich ein solches Verhalten als zweckmäßig oder gar notwendig in der kaufmännischen Praxis durchgesetzt hat oder nicht. Oft bietet schon eine Darstellung des typischen Geschäftsablaufs im konkreten Fall eine plausible Erklärung.

6.5. Das Gericht sollte in dem Gutachten gebeten werden, sein späteres Urteil der IHK zu übersenden.

6.6. Der DIHT ist durch Übersendung des Gutachtens zu unterrichten. Hierbei sollte die IHK stets das Ergebnis in Form eines kurzen Leitsatzes für die DIHT-Karteisammlung beifügen.

84 7. Regionale und bundesweite Handelsbrauchumfragen

7.1. Falls die Handelsbrauchbehauptung eine Streuung der Umfrage auf Bundes- oder Länderebene erfordert, ist dies mit dem DIHT oder der Landesarbeitsgemeinschaft vorher abzustimmen (vgl. **Ziff. 24 Merkblatt**). In diesen Fällen wird auch rechtzeitig miteinander abgestimmt, ob zuvor die Kurzumfrage von der abgebenden Industrie- und Handelskammer durchgeführt werden soll und wer die endgültige Fragestellung mit dem Gericht abstimmt. In jedem Fall sollte die angesprochene IHK gleichzeitig darauf hinweisen, dass eine bundesweite Umfrage wegen des damit verbundenen Aufwandes und der Zeitdauer bei kleineren Streitwerten in der Regel nicht durchgeführt wird (vgl. **Ziff. 3.6.**).

7.2. Ergibt sich auf Grund der Kurzumfrage, dass ein nur bundesweit zu ermittelnder Handelsbrauch wahrscheinlich ist, führt der DIHT die Umfrage über ausgewählte Industrie- und Handelskammern durch und erstattet das Gutachten (vgl. **Ziff. 2.4. und 4.5.**).

7.2.1. Hierbei sind die vom DIHT jeweils beigefügten Antworttraster zu verwenden. Eine Gutachtenerstattung durch den DIHT ist nur dann möglich, wenn die Ergebnisse zunächst zahlenmäßig (absolute Zahlen) und vollständig wiedergegeben werden. Hierzu fassen die IHKn soweit nicht eine zu geringe Anzahl von Unternehmen geantwortet haben, die Antworten unter Verwendung der beigefügten Antworttraster zusammen. Die IHK sorgt dafür, dass diese Zusammenfassung rechnerisch einwandfrei ist und auch sämtliche „unbekannt"-Antworten auswirft.

7.2.2. Gleiches gilt für das Verfahren einer Koordination einer Handelsbrauchermittlung auf Landesebene über die Landesarbeitsgemeinschaft oder die federführende Industrie- und Handelskammer.

85 8. Handelsbräuche im Geschäftsverkehr mit dem Ausland

Hinsichtlich der Behauptung von internationalen Handelsbräuchen ist das Gericht darauf hinzuweisen, dass die Industrie- und Handelskammern nur im Inland umfragen. Sie können also nur die Auffassung der verkehrsbeteiligten deutschen Seite ausreichend ermitteln. Ergänzend kann aber eine Auskunft der jeweils zuständigen Auslandshandelskammer eingeholt werden. Die bisherigen Erfahrungen haben gezeigt, dass die dortigen Auskünfte wegen der freiwilligen Mitgliedschaft einer relativ kleinen Anzahl von Unternehmen nur in einem entsprechenden Umfang verwertbar sind und sich auf die Auskunft weniger Fachleute stützen müssen.

86 9. Verkehrsauffassungen (§ 157 BGB)

Verkehrsauffassungen werden durch die Industrie- und Handelskammern nach technisch vergleichbaren Regeln ermittelt wie Handelsbräuche. Das Gericht ist allerdings darauf hinzuweisen, dass die IHKn grundsätzlich keine Letztverbraucher befragen. Sofern dies erforderlich ist, müssen die IHKn daher ein Auskunftsersuchen ablehnen.

10. Rechtsnatur der Kammergutachten 87

Verfahrensrechtlich sind die IHK-Gutachten amtliche Auskünfte (vgl. § 273 Abs. 2 Nr. 3, § 358a S. 2 Nr. 2 ZPO; § 26 Nr. 1 VwVfG), die ihrem Inhalt nach Sachverständigengutachten darstellen (BGH GRUR 1960, S. 232; NJW 1966, S. 503; WM 1976, S. 292 f.; OLG Köln, OLGR 1998, S. 163, 164).

(e) Inhalt der Auskunft. Der Inhalt der Auskunft hat sich an den Richtlinien 29 ff. DIHT-Merk- 88 blatt zu orientieren (→ Rn. 74). Entsprechend dem Zweck, Beweis über die Tatfrage (→ Rn. 54) des Bestehens eines bestimmten Handelsbrauchs zu erbringen (→ Rn. 58), sind in der Auskunft die Tatsachen darzulegen, aus denen sich ergibt, dass sich innerhalb eines angemessenen Zeitraums (→ Rn. 19) für vergleichbare Geschäftsvorfälle eine gleichmäßige, einheitliche und freiwillige tatsächliche Übung (zu Einzelheiten → Rn. 13, 14, 15 ff., 12) gebildet hat, die auf einer einheitlichen Auffassung der Beteiligten beruht (→ Rn. 21) und als verpflichtende Regel im Verkehr der Kaufleute untereinander gebilligt wird (zu Einzelheiten → Rn. 22 ff.). Um dem Gericht die Prüfung der Auskunft zu ermöglichen (→ Rn. 90), sollte die Auskunft nicht nur die ermittelten Tatsachen wiedergeben, sondern auch Angaben zu dem Feststellungsverfahren enthalten (Richtlinie 33 DIHT-Merkblatt, → Rn. 74).[268]

Eine Auskunft, die sich weitgehend auf die Wiedergabe einer **Rechtsauffassung** – sei es die eigene 89 Auffassung der IHK, sei es die der in dem Feststellungsverfahren befragten Kammermitglieder – beschränkt und keine gleichmäßige und einheitliche tatsächliche Übung (→ Rn. 13, 14, 12) beschreibt, ist zur Feststellung eines Handelsbrauchs ungeeignet.[269] Gleiches gilt für eine Auskunft, die nicht erkennen lässt, ob sie einen Handelsbrauch feststellt oder nur im Rahmen des Feststellungsverfahrens geäußerte Rechtsauffassungen wiedergibt.[270] In diesen Fällen kann gem. § 412 Abs. 1 ZPO die Einholung eines neuen Gutachtens geboten sein.[271] Voraussetzung hierfür ist die Darlegung, dass dem als Gutachter Benannten andere und bessere Erkenntnisquellen als der IHK über den streitentscheidenden Handelsbrauch zur Verfügung stehen.[272]

(f) Würdigung der eingeholten Auskunft. Auskünfte der IHK haben keine konstitutive Bedeu- 90 tung,[273] sondern unterliegen – wie andere Sachverständigengutachten[274] – der freien Beweiswürdigung durch das Gericht.[275] Ihrer Verwertung können die Parteien nicht widersprechen.[276] Eine vorgelegte Auskunft muss das Gericht – nicht nur in Bezug auf das Ergebnis, sondern auch betreffend das Feststellungsverfahren (zB die Befragung von Unternehmen)[277] – im Rahmen der sich darbietenden Möglichkeiten auf seine logische und wissenschaftliche Begründung prüfen.[278] Diese Pflicht kann es auch gebieten, den Ersteller des Gutachtens gem. § 411 Abs. 3 ZPO ggf. iVm § 495 Abs. 1 ZPO über die Grundlagen seines Gutachtens zu befragen.[279] Den dahingehenden Antrag einer Prozesspartei darf das Gericht – auch dann, wenn es aufgrund eigener Sachkunde entscheiden dürfte (zu Einzelheiten → Rn. 92 ff.) – nicht mit dem Hinweis auf die richterliche Sachkunde ablehnen oder übergehen.[280]

Die Auskunft der IHK ist lediglich ein Beweismittel. Daher ist es dem Tatrichter (zB aufgrund 91 anderer Beweismittel) unbenommen, von der Auskunft abzuweichen.[281] Da die IHK dem Spruchkör-

---

[268] GK–HGB/*Achilles*/*B. Schmidt* Rn. 19.

[269] BGH Urt. v. 11.5.2001 – V ZR 492/99, NJW 2001, 2464 (2465); Schlegelberger/*Hefermehl* Rn. 17; Oetker/ *Pamp* Rn. 28.

[270] BGH Urt. v. 2.10.1963 – VIII ZR 64/62, MDR 1964, 48 (49) = BeckRS 1963, 31191376; wohl auch GK– HGB/*Achilles*/*B. Schmidt* Rn. 19.

[271] MüKoZPO/*W. Zimmermann* ZPO § 402 Rn. 11. Die gegenteilige Aussage in BGH Urt. v. 11.5.2001 – V ZR 492/99, NJW 2001, 2464 (2465) erwähnt nur § 144 ZPO und ist aufgrund der Ausführungen in der Revisionsbegründung auf den Einzelfall beschränkt.

[272] BGH Urt. v. 12.1.1976 – VIII ZR 273/74, WM 1976, 292 (293) = BeckRS 1976, 31122181.

[273] Schlegelberger/*Hefermehl* Rn. 17.

[274] Statt vieler BGH Urt. v. 27.5.1982 – III ZR 201/80, NJW 1982, 2874; BGH Urt. v. 7.3.1951 – II ZR 67/50, NJW 1951, 566.

[275] KKRD/*W.-H. Roth* Rn. 5; MüKoHGB/*K. Schmidt* Rn. 26.

[276] BGH Urt. v. 1.12.1965 – VIII ZR 271/63, NJW 1966, 502 (503); BGH Urt. v. 27.11.1963 – V ZR 6/62, WM 1964, 202 (204) = BeckRS 1963, 31189662.

[277] BGH Urt. v. 1.10.1986 – I ZR 126/84, NJW-RR 1987, 350 (351); BGH Urt. v. 24.11.1976 – VIII ZR 21/ 75, NJW 1977, 385 (387); OLG Köln Urt. v. 28.2.1997 – 19 U 194/95, NJW-RR 1998, 926; MüKoHGB/*K. Schmidt* Rn. 26.

[278] BGH Urt. v. 12.1.1976 – VIII ZR 273/74, WM 1976, 292 (293) = BeckRS 1976, 31122181; BGH Urt. v. 1.12.1965 – VIII ZR 271/63, NJW 1966, 502 (503); *Gallois* NJW 1954, 1312 (1313); Schlegelberger/*Hefermehl* Rn. 17; Baumbach/Hopt/*Hopt* Rn. 13; HaKo-HGB/*Klappstein* Rn. 40; NK–HGB/*Lehmann-Richter* Rn. 8; Oetker/ *Pamp* Rn. 28; MüKoHGB/*K. Schmidt* Rn. 26.

[279] BGH Urt. v. 12.1.1976 – VIII ZR 273/74, BB 1976, 480 (481) = BeckRS 1976, 31122181; OLG Köln Urt. v. 28.2.1997 – 19 U 194/95, NJW-RR 1998, 926; Baumbach/Hopt/*Hopt* Rn. 13; Oetker/*Pamp* Rn. 28; MüKoHGB/ *K. Schmidt* Rn. 26.

[280] BeckOK GVG/*Pernice* GVG § 114 Rn. 7; MüKoZPO/*W. Zimmermann* GVG § 114 Rn. 2.

[281] Vgl. BGH Urt. v. 17.10.2001 – IV ZR 205/00, NJW-RR 2002, 166 (167); BGH Urt. v. 5.6.1981 – V ZR 11/ 80, NJW 1981, 2578; BGH Urt. v. 12.1.1962 – V ZR 179/60, NJW 1962, 676; BGH Urt. v. 28.6.1961 – V ZR 14/ 60, NJW 1961, 2061; RG Urt. v. 15.12.1939 – IV 361/39, RGZ 162, 223 (228); RG Urt. v. 18.10.1928 – VI 131/

per jedoch ähnlich einem Sachverständigengutachten gerade die Sachkunde vermitteln soll, die seinen Mitgliedern auf dem Spezialgebiet fehlt, muss die Begründung der abweichenden Entscheidung sich nicht nur mit der Auskunft hinlänglich auseinandersetzen (→ Rn. 90), sondern auch die Quelle der eigenen Sachkunde des Gerichts (zB ein weiteres Sachverständigengutachten) offenlegen und dadurch erkennen lassen, dass die abweichende Beurteilung nicht durch einen Mangel an Sachkunde beeinflusst ist.[282] Außerdem kann der **Gegenbeweis** angetreten werden,[283] dass sich ein Handelsbrauch, wie von der IHK ermittelt und in der Auskunft beschrieben, tatsächlich nicht gebildet habe[284] oder vor dem im Einzelfall maßgeblichen Zeitpunkt (→ Rn. 131 f.) wieder erloschen (→ Rn. 27) sei.[285] Zulässig ist außerdem der (Haupt-)Beweis, dass die Geltung des festgestellten Handelsbrauchs durch Parteivereinbarung ausgeschlossen wurde (zu Einzelheiten → Rn. 188 ff.).[286]

92   **(3) Entscheidung aufgrund eigener Sachkunde (§ 114 GVG). (a) Rechtliche Grundlage.** Von der Beweiserhebung einschließlich der Einholung einer Auskunft der IHK (zu Einzelheiten → Rn. 58 ff.) darf eine Kammer für Handelssachen (§§ 93 ff. GVG) gem. § 114 Fall 2 GVG absehen, wenn sie aufgrund eigener Sachkunde und Wissenschaft über das Bestehen des *entscheidungserheblichen* Handelsbrauchs entscheiden kann.[287] Für andere Spruchkörper des ersten Rechtszugs (zB Zivilkammern der Landgerichte) fehlt zwar eine vergleichbare Regelung. Sie können aber wegen des allgemeinen Grundsatzes, dass ein Beweis nur erforderlich ist, wenn das Gericht nicht selbst über die für die Entscheidung notwendige Sachkunde verfügt, ebenso verfahren.[288]

93   **(b) Eigene Sachkunde des Spruchkörpers.** Für die eigene Sachkunde des Spruchkörpers ist es ausreichend, dass ein Mitglied – bei der Kammer für Handelssachen wird es sich nicht selten um einen ehrenamtlichen Richter handeln – über die besondere, außerhalb des Bereichs der allgemeinen Lebenserfahrung liegende Sachkunde verfügt und diese den übrigen Mitgliedern vermitteln kann.[289] Die Quelle der besonderen Sachkunde (zB die Zugehörigkeit zu dem Handelskreis)[290] ist unerheblich, in den Entscheidungsgründen aber offenzulegen (→ Rn. 96). Ob die vorhandene Sachkunde ausreicht, um ggf. ohne der Erhebung weiterer Beweise zu entscheiden, hat der Spruchkörper nach pflichtgemäßem Ermessen selbst zu beurteilen.[291]

94   **Gerichtskundige Handelsbräuche** bedürfen gem. § 291 ZPO keines Beweises. Im Vergleich mit der eigenen Sachkunde des Spruchkörpers (→ Rn. 93) bestehen zwei Unterschiede: (1) Bei einer Kammer sind nur Tatsachen gerichtskundig, die der Mehrheit der Mitglieder bekannt sind.[292] Die Kenntnis nur eines Mitglieds genügt auch dann nicht, wenn dieses die Tatsache den übrigen Mitgliedern des Spruchkörpers mitteilen kann. (2) Während eigene Sachkunde in der Regel privates Wissen eines Richters ist, sind gerichtskundig nur Tatsachen, die in der amtlichen Richtertätigkeit (zB in einem früheren Verfahren) bekannt geworden sind.[293] Liegt die Erlangung des Wissens längere Zeit zurück, hat das Gericht zu prüfen, ob der Handelsbrauch sich geändert hat oder erloschen ist,[294] und das Ergebnis in den Entscheidungsgründen darzulegen.

28, WarnR 1928 Nr. 167; RG Urt. v. 5.7.1918 – III 166/18, WarnR 1918 Nr. 156; RG Urt. v. 28.1.1905 – II 200/04, JW 1905, 167 jew. für Sachverständigengutachten nach den §§ 402 ff. ZPO.

[282] Vgl. BGH Urt. v. 27.5.1982 – III ZR 201/80, NJW 1982, 2874; BGH Urt. v. 5.6.1981 – V ZR 11/80, NJW 1981, 2578; BGH Urt. v. 5.4.1961 – IV ZR 216/60, MDR 1961, 583 (584) = BeckRS 1961, 31373863; BGH Urt. v. 7.3.1951 – II ZR 67/50, NJW 1951, 566 jew. für schriftliche Gutachten von Sachverständigen.

[283] BGH Urt. v. 1.12.1965 – VIII ZR 271/63, NJW 1966, 502 (504); Schlegelberger/*Hefermehl* Rn. 17; Staub/*Koller* Rn. 54; NK-HGB/*Lehmann-Richter* Rn. 8.

[284] BGH Urt. v. 1.12.1965 – VIII ZR 271/63, NJW 1966, 502 (504); Schlegelberger/*Hefermehl* Rn. 17.

[285] Schlegelberger/*Hefermehl* Rn. 17.

[286] GK-HGB/*Achilles/B. Schmidt* Rn. 19; wohl auch HaKo-HGB/*Klappstein* Rn. 40.

[287] BGH Urt. v. 12.12.1990 – VIII ZR 332/89, NJW 1991, 1292 (1293); BGH Urt. v. 2.3.1961 – VII ZR 15/60, LM Nr. 1 zu § 87b HGB unter III. 2. der Gründe = BeckRS 1961, 31185888; Heymann/*Horn* Rn. 32; Staub/*Koller* Rn. 52; *K. Schmidt* HandelsR § 1 Rn. 56.

[288] Oetker/*Pamp* Rn. 26; vgl. auch BGH Beschl. v. 13.1.2015 – VI ZR 204/14, NJW 2015, 1311 Rn. 5; BGH Urt. v. 23.11.2006 – III ZR 65/06, NJW-RR 2007, 357 Rn. 14; BGH Urt. v. 21.3.2000 – VI ZR 158/99, NJW 2000, 1946; Zöller/*Greger* ZPO § 402 Rn. 9, 12; Baumbach/Hopt/*Hopt* Rn. 13; *Schinkels* in Pfeiffer Handelsgeschäfte-HdB § 5 Rn. 16; *K. Schmidt* HandelsR § 1 Rn. 56; MüKoZPO/*W. Zimmermann* ZPO § 402 Rn. 7 jeweils zu den §§ 402 ff. ZPO; wohl auch *Canaris* HandelsR § 22 Rn. 9. AA Heymann/*Horn* Rn. 32; HaKo-HGB/*Klappstein* Rn. 40: nur wenn der Handelsbrauch gerichtsbekannt sei.

[289] LG Hannover Urt. v. 31.3.1983 – 25 O 130/82, IPRax 1987, 312; Zöller/*Greger* ZPO § 402 Rn. 12; BLAH/*Hunke* GVG § 114 Rn. 1; Thomas/Putzo/*Hüßtege* GVG § 114 Rn. 1; Zöller/*Lückemann* GVG § 114 Rn. 2; Kissel/*Mayer* GVG § 114 Rn. 6; BeckOK GVG/*Pernice* GVG § 114 Rn. 6; MüKoZPO/*W. Zimmermann* GVG § 114 Rn. 2; vgl. auch BGH Urt. v. 10.7.1958 – 4 StR 211/58, BGHSt 12, 18 (19 f.) = NJW 1958, 1596 zu § 244 Abs. 4 S. 1 StPO; aA MüKoZPO/*W. Zimmermann* ZPO § 402 Rn. 7.

[290] So zB in LG Hannover Urt. v. 31.3.1983 – 25 O 130/82, IPRax 1987, 312.

[291] BGH Urt. v. 23.11.2006 – III ZR 65/06, NJW-RR 2007, 357 Rn. 14.

[292] Statt vieler Musielak/Voit/*M. Huber* ZPO § 291 Rn. 2.

[293] Statt vieler Musielak/Voit/*M. Huber* ZPO § 291 Rn. 2.

[294] Vgl. Staub/*Koller* Rn. 53 für die Entscheidung aufgrund eigener Sachkunde.

(c) Ermessensentscheidung. Die eigene Sachkunde des Spruchkörpers (→ Rn. 93) begründet **95** keine Pflicht des Gerichts, ausschließlich aufgrund derselben zu entscheiden und auf die Einholung einer Auskunft der IHK (zu Einzelheiten → Rn. 58 ff.) sowie die Erhebung anderer Beweise (→ Rn. 57) zu verzichten. Vielmehr hat das Gericht – eine Kammer entscheidet in voller Besetzung durch Mehrheitsbeschluss (§ 196 Abs. 1 GVG)[295] – darüber nach pflichtgemäßem Ermessen („kann") zu befinden.[296] Der Verzicht auf Beweismittel wird nur in seltenen Ausnahmefällen frei von Ermessensfehlern sein,[297] nämlich dann, wenn mindestens ein Mitglied des Spruchkörpers (→ Rn. 93) dem maßgeblichen Handelskreis angehört und deshalb über die besondere, außerhalb des Bereichs der allgemeinen Lebenserfahrung liegende Sachkunde verfügt.[298]

(d) Verfahren. Die Entscheidung aufgrund eigener Sachkunde (→ Rn. 93) setzt keinen besonderen **96** Antrag der beweisbelasteten Prozesspartei voraus.[299] In Anbetracht der Tatsache, dass bei diesem Vorgehen die Möglichkeit einer ergänzenden Befragung des Sachverständigen (analog § 397 Abs. 2 iVm § 402, § 411 Abs. 3 ZPO ggf. iVm § 495 Abs. 1 ZPO) entfällt,[300] muss das Gericht, das auf die Einholung einer Auskunft der IHK verzichten will, die eigene Sachkunde bereits im Zusammenhang mit einem richterlichen Hinweis gem. § 139 Abs. 1 S. 1 ZPO[301] in der mündlichen Verhandlung darlegen und den Parteien Gelegenheit zur Stellungnahme geben.[302] In den Entscheidungsgründen ist nicht nur die eigene Sachkunde im Einzelnen anzugeben,[303] sondern auch, worauf diese beruht (zB Studium des Fachgebiets).[304]

(e) Gegenbeweis. Entscheidet das Gericht aufgrund eigener Sachkunde, setzt es die richterliche **97** Sachkunde an die Stelle eines Sachverständigengutachtens.[305] Daher ist es der nicht beweisbelasteten Partei unbenommen, den Gegenbeweis zu führen.[306]

c) Rechtsmittelverfahren. aa) Berufung. (1) Grundsätzliche Bindung an die Feststellung **98** **des Gerichts des ersten Rechtszugs.** Hat das Gericht des ersten Rechtszugs – sei es aufgrund eigener Sachkunde (zu Einzelheiten → Rn. 92 ff.), sei es auf Grundlage einer Auskunft der zuständigen IHK (zu Einzelheiten → Rn. 58 ff.), sei es aufgrund anderer Beweismittel (→ Rn. 57) – über das Bestehen eines bestimmten Handelsbrauchs entschieden, hat das Berufungsgericht diese Feststellung gem. **§ 529 Abs. 1 Nr. 1 ZPO** *grundsätzlich* seiner Verhandlung und Entscheidung zugrunde zu legen.[307] Der gegenteiligen Ansicht, wonach das Berufungsgericht an die Feststellung der Kammer für Handelssachen aufgrund eigener Sachkunde nicht gebunden, sondern nur *berechtigt* sein soll, seine Entscheidung darauf zu stützen,[308] wurde durch die am 1.1.2002 in Kraft getretene Neufassung des

---

[295] BLAH/*Hunke* GVG § 114 Rn. 2; Thomas/Putzo/*Hüßtege* GVG § 114 Rn. 1; Zöller/*Lückemann* GVG § 114 Rn. 2; Kissel/*Mayer* GVG § 114 Rn. 7; *Schulz* JuS 2005, 909 (912).

[296] Zöller/*Lückemann* GVG § 114 Rn. 2; BeckOK GVG/*Pernice* GVG § 114 Rn. 7; *Schulz* JuS 2005, 909 (912).

[297] BeckOK GVG/*Pernice* GVG § 114 Rn. 7.

[298] LG Hannover Urt. v. 31.3.1983 – 25 O 130/82, IPRax 1987, 312; BLAH/*Hunke* GVG § 114 Rn. 1, 2; Zöller/*Lückemann* GVG § 114 Rn. 1; MüKoZPO/*W. Zimmermann* GVG § 114 Rn. 2; wohl aA Kissel/*Mayer* GVG § 114 Rn. 4.

[299] BeckOK GVG/*Pernice* GVG § 114 Rn. 3; *Schulz* JuS 2005, 909 (912).

[300] Zöller/*Lückemann* GVG § 114 Rn. 2; Kissel/*Mayer* GVG § 114 Rn. 6; BeckOK GVG/*Pernice* GVG § 114 Rn. 8; MüKoZPO/*W. Zimmermann* GVG § 114 Rn. 2.

[301] BGH Urt. v. 23.11.2006 – III ZR 65/06, NJW-RR 2007, 357 Rn. 14; OLG Nürnberg Urt. v. 30.1.2013 – 12 U 726/11, ZIP 2013, 1177 = BeckRS 2013, 2392; BLAH/*Hunke* GVG § 114 Rn. 2; Thomas/Putzo/*Hüßtege* GVG § 114 Rn. 1; Zöller/*Lückemann* GVG § 114 Rn. 2; Kissel/*Mayer* GVG § 114 Rn. 6; BeckOK GVG/*Pernice* GVG § 114 Rn. 8; *Schulz* JuS 2005, 909 (912); MüKoZPO/*W. Zimmermann* GVG § 114 Rn. 2.

[302] MüKoZPO/*W. Zimmermann* ZPO § 402 Rn. 7.

[303] BGH Urt. v. 8.6.2004 – VI ZR 230/03, BGHZ 159, 254 (262) = NJW 2004, 2828; BGH Urt. v. 23.11.2006 – III ZR 65/06, NJW-RR 2007, 357 Rn. 14; BGH Urt. v. 17.10.2001 – IV ZR 205/00, NJW-RR 2002, 166 (167); BGH Urt. v. 21.3.2000 –VI ZR 158/99, NJW 2000, 1946 (1947); BGH Urt. v. 2.12.1975 – VI ZR 249/73, VersR 1976, 389 (390) = BeckRS 1975, 30380833; BGH Urt. v. 13.7.1962 – I ZR 43/61, NJW 1962, 2149 (2152); vgl. auch BGH Urt. v. 10.7.1958 – 4 StR 211/58, BGHSt 12, 18 (20) = NJW 1958, 1596 zu § 244 Abs. 4 S. 1 StPO.

[304] BGH Urt. v. 17.12.1969 – VIII ZR 52/68, MDR 1970, 321 = BeckRS 1969, 30379581; MüKoZPO/*W. Zimmermann* GVG § 114 Rn. 2.

[305] BVerfG (1. Kammer des Ersten Senats) Beschl. v. 3.2.1998 – 1 BvR 909/94, NJW 1998, 2273 (2274); Kissel/*Mayer* GVG § 114 Rn. 1; BeckOK GVG/*Pernice* GVG § 114 Rn. 3; MüKoZPO/*W. Zimmermann* GVG § 114 Rn. 2. Ähnl. RG Urt. v. 10.1.1925 – I 106/24, RGZ 110, 47 (48): Die von einem Kammermitglied eingebrachte eigene Sachkunde sei der Meinungsäußerung eines Sachverständigengutachtens gleichwertig.

[306] BGH Urt. v. 1.12.1965 – VIII ZR 271/63, NJW 1966, 502 (504); Staub/*Koller* Rn. 53.

[307] Abw. BLAH/*Hunke* GVG § 114 Rn. 2; Kissel/*Mayer* GVG § 114 Rn. 2; Zöller/*Lückemann* GVG § 114 Rn. 2; MüKoZPO/*W. Zimmermann* GVG § 114 Rn. 3, die zwar eine Bindungswirkung ablehnen, es dem Berufungsgericht aber erlauben, seine Entscheidung auf die Feststellung des Gerichts des ersten Rechtszugs zu stützen.

[308] RG Urt. v. 10.1.1925 – I 106/24, RGZ 110, 47 (49); RG Urt. v. 27.3.1917 – Rep. II 619/16, RGZ 90, 102 (104); BLAH/*Hunke* GVG § 114 Rn. 2; Heymann/*Horn* Rn. 32; Staub/*Koller* Rn. 52; Zöller/*Lückemann* GVG § 114 Rn. 2; MüKoZPO/*W. Zimmermann* GVG § 114 Rn. 3; vgl. auch RG Urt. v. 23.6.1899 – Rep. VIa 98/99, RGZ 44, 31 (34); RG Urt. v. 6.10.1883 – Rep. I 315/83, RGZ 10, 92 (93 f.); RG Urt. v. 8.12.1893 – II 199/93, JW 1894, 20 jew. zu § 118 GVG aF.

Rechts der Berufung (§§ 511 ff. ZPO)[309] die Grundlage entzogen.[310] Die Bindung an die Feststellung des Gerichts des ersten Rechtszugs hat zB zur Folge, dass das Berufungsgericht den Antrag des Berufungsklägers, eine Auskunft der zuständigen IHK einzuholen, vorbehaltlich einer Ausnahme von der Bindungswirkung (→ Rn. 99) auch dann ablehnen muss,[311] wenn das Gericht des ersten Rechtszugs aufgrund eigener Sachkunde entschieden hat. Gleiches gilt, wenn das Gericht des ersten Rechtszugs auf Grundlage einer Auskunft der zuständigen IHK entschieden hat, für den Antrag auf Einholung einer weiteren Auskunft.[312] Ein Obergutachten im Sinne einer Nachprüfung der Auskunft der IHK ist der ZPO fremd.[313]

99   **(2) Ausnahmen.** Um die grundsätzliche Bindung des Berufungsgerichts an die von dem Gericht des ersten Rechtszugs getroffene Feststellung zum Bestehen eines Handelsbrauchs (→ Rn. 98) zu beseitigen, muss der Berufungskläger gem. § 529 Abs. 1 Nr. 1 ZPO konkrete Anhaltspunkte vortragen, die Zweifel an der Richtigkeit oder Vollständigkeit der entscheidungserheblichen Feststellung begründen und deshalb eine erneute Feststellung gebieten. Hat das Gericht des ersten Rechtszugs **aufgrund eigener Sachkunde** entschieden, kann der Berufungskläger in der Berufungsbegründung (§ 520 Abs. 3 S. 2 Nr. 3 ZPO) zB das Fehlen ausreichender eigener Sachkunde rügen und die entsprechende Beweiserhebung beantragen.[314] Ist danach ausnahmsweise eine erneute Feststellung geboten, wird das Berufungsgericht diese regelmäßig auf Grundlage einer im Berufungsverfahren einzuholenden Auskunft der zuständigen IHK (zu Einzelheiten → Rn. 58 ff.) treffen.[315] Hat das Gericht des ersten Rechtszugs auf Grundlage einer **Auskunft der zuständigen IHK** entschieden, kann eine als Berufungsgericht agierende Kammer für Handelssachen – vorausgesetzt sie verfügt über ausreichend eigene Sachkunde – gem. § 114 Fall 2 GVG iVm § 110 GVG von der im ersten Rechtszug auf Grundlage einer Auskunft der zuständigen IHK getroffenen Feststellung – auch dann, wenn deren Unrichtigkeit nicht offenkundig iSv § 291 ZPO ist – abweichen und ohne Einholung einer weiteren Auskunft aufgrund eigener Sachkunde entscheiden.[316]

100   **bb) Revision. (1) Überblick.** Die Feststellung, dass ein Handelsbrauch mit einem bestimmten Inhalt besteht oder nicht besteht, ist Tatfrage (→ Rn. 54) und als solche im Revisionsrechtszug nur eingeschränkt nachprüfbar.[317] Dies gilt auch dann, wenn der räumliche Geltungsbereich des Handelsbrauchs über den Bezirk des Berufungsgerichts hinausreicht.[318]

101   **(2) Sachrüge.** Hat die Vorinstanz den sachlich-rechtlichen Begriff des Handelsbrauchs verkannt, liegt hierin eine Verletzung des Rechts iSv § 546 ZPO – konkret des § 346 –, die mit der Sachrüge (§ 551 Abs. 3 S. 1 Nr. 2 lit. a ZPO) geltend gemacht werden kann.[319] In Betracht kommt eine Verletzung des § 346 auch dann, wenn das angefochtene Urteil den festgestellten Handelsbrauch im Einzelfall unzutreffend berücksichtigt und daher die Bedeutung (zu Einzelheiten → Rn. 151 ff.) oder Wirkung (zu Einzelheiten → Rn. 173 ff.) einer Handlung oder Unterlassung (→ Rn. 104 f.) verkannt hat.[320] Betrifft diese Rüge die Auslegung handelsüblicher Erklärungen, ist die revisionsgerichtliche Überprüfung allerdings auf die Frage beschränkt, ob die Auslegung alle wesentlichen Gesichtspunkte

---

[309] S. Art. 2 Nr. 72 iVm Art. 53 Nr. 3 ZPO-RG.

[310] So wohl BeckOK GVG/*Pernice* GVG § 114 Rn. 9.

[311] BeckOK GVG/*Pernice* GVG § 114 Rn. 9. Abgeschwächt BLAH/*Hunke* GVG § 114 Rn. 2, wonach das Berufungsgericht den Antrag ablehnen kann, aber nicht ablehnen muss.

[312] AA Kissel/*Mayer* GVG § 114 Rn. 2, der davon ausgeht, dass ein weiteres Gutachten eingeholt werden könne.

[313] BGH Urt. v. 12.1.1976 – VIII ZR 273/74, WM 1976, 292 (293) = BeckRS 1976, 31122181.

[314] BeckOK GVG/*Pernice* GVG § 114 Rn. 9; MüKoZPO/*W. Zimmermann* GVG § 114 Rn. 3.

[315] BeckOK GVG/*Pernice* GVG § 114 Rn. 9; *Windel* AnwBl 2019, 105 (108).

[316] BLAH/*Hunke* GVG § 114 Rn. 2; Kissel/*Mayer* GVG § 114 Rn. 2; BeckOK GVG/*Pernice* GVG § 114 Rn. 10; aA MüKoZPO/*W. Zimmermann* GVG § 114 Rn. 4.

[317] BGH Urt. v. 23.11.2011 – VIII ZR 203/10, NJW-RR 2012, 674 Rn. 37; BGH Urt. v. 11.5.2001 – V ZR 492/99, NJW 2001, 2464 (2465); BGH Urt. v. 2.7.1980 – VIII ZR 178/79, WM 1980, 1122 (1123) = BeckRS 1980, 31076152; BGH Urt. v. 24.11.1976 – VIII ZR 21/75, NJW 1977, 385 (386 f.); BGH Urt. v. 1.12.1965 – VIII ZR 271/63, NJW 1966, 502 (503); BGH Urt. v. 28.5.1956 – II ZR 314/55, WM 1956, 868 = BeckRS 1956, 31397825; BGH Urt. v. 14.11.1951 – II ZR 41/51, MDR 1952, 155 = BeckRS 1951, 13002290; *Basedow* ZHR 150 (1986), 469 (475); *Canaris* HandelsR § 22 Rn. 10; *Fischinger* HandelsR Rn. 537; Schlegelberger/*Hefermehl* Rn. 16; Baumbach/Hopt/*Hopt* Rn. 14; Heymann/*Horn* Rn. 31; *Jung* HandelsR Kap. 9 Rn. 14; HaKo-HGB/*Klappstein* Rn. 7, 40; Staub/*Koller* Rn. 60; Oetker/*Pamp* Rn. 29; KKRD/*W.-H. Roth* Rn. 5; *Schinkels* in Pfeiffer Handelsgeschäfte-HdB § 5 Rn. 15; MüKoHGB/*K. Schmidt* Rn. 28; *K. Schmidt* HandelsR § 1 Rn. 56; Röhricht/Graf v. Westphalen/Haas/*Steimle/Dornieden* Rn. 30; aA *Oestmann* JZ 2003, 285 (289).

[318] Schlegelberger/*Hefermehl* Rn. 16.

[319] BGH Urt. v. 11.5.2001 – V ZR 492/99, NJW 2001, 2464 (2465); BGH Urt. v. 25.11.1993 – VII ZR 17/93, NJW 1994, 659 (660); BGH Urt. v. 2.7.1980 – VIII ZR 178/79, WM 1980, 1122 (1123) = BeckRS 1980, 31076152; BGH Urt. v. 24.11.1976 – VIII ZR 21/75, NJW 1977, 385 (387); GK-HGB/*Achilles/B. Schmidt* Rn. 18; Heymann/*Horn* Rn. 31; Baumbach/Hopt/*Hopt* Rn. 14; Oetker/*Pamp* Rn. 29; *Schinkels* in Pfeiffer Handelsgeschäfte-HdB § 5 Rn. 15; MüKoHGB/*K. Schmidt* Rn. 28.

[320] RG Urt. v. 25.11.1927 – II 140/27, RGZ 119, 119 (123); *Basedow* ZHR 150 (1986), 469 (475); Heymann/*Horn* Rn. 31; Staub/*Koller* Rn. 60; Oetker/*Pamp* Rn. 29; MüKoHGB/*K. Schmidt* Rn. 28.

berücksichtigt[321] und keinen gesetzlichen Auslegungsregeln, Denk- oder Erfahrungssätzen zuwiderläuft.[322] Ist dies nicht der Fall, ist es dem Revisionsgericht insbesondere versagt, aus einer Auskunft der IHK (zu Einzelheiten → Rn. 58 ff.) andere Schlüsse zu ziehen, als sie die Vorinstanz für richtig gehalten hat.[323]

(3) Verfahrensrüge. Eine mit der Verfahrensrüge (§ 551 Abs. 3 S. 1 Nr. 2 lit. b ZPO) geltend zu **102** machende Verletzung des Rechts iSv § 546 ZPO liegt vor, wenn bei der Feststellung des Handelsbrauchs gegen eine Verfahrensvorschrift verstoßen wurde.[324] Dies ist zB der Fall, wenn die Kammer für Handelssachen ohne vorherigen richterlichen Hinweis gem. § 139 Abs. 1 S. 1 ZPO aufgrund eigener Sachkunde und Wissenschaftlichkeit entschieden (→ Rn. 96) oder die eingeholte Auskunft der zuständigen IHK (zu Einzelheiten → Rn. 58 ff.) unter Verstoß gegen § 286 ZPO Abs. 1 S. 1 ZPO unzureichend gewürdigt hat,[325] insbesondere wesentliche Gesichtspunkte unberücksichtigt geblieben sind.[326] Letzteres ist bei Rügen betreffend das Feststellungsverfahren grundsätzlich zu verneinen, wenn die IHK bei der Erstellung der Auskunft die in dem DIHT-Merkblatt (zu Einzelheiten → Rn. 62 ff.) niedergelegten Richtlinien beachtet hat.[327] Nur ausnahmsweise ist die Beweiswürdigung unzureichend. Dies ist zB anzunehmen, wenn die Feststellung eines Handelsbrauchs auf eine Auskunft der IHK gestützt wird, die jedoch keinen Aufschluss darüber gibt, ob die Auswahl der Befragten sachgemäß vorgenommen wurde, und eine ergänzende Befragung des Gutachtenerstellers unterblieben ist.[328] In diesem Fall sowie bei einem Verstoß gegen andere Verfahrensvorschriften ist es für den Erfolg der Revision unerheblich, ob der Handelsbrauch nur auf dem Gebiet des Berufungsgerichts besteht oder darüber hinausreicht.[329]

6. Rücksichtnahme im Recht. Gemäß § 346 ist unter Kaufleuten in Ansehung der Bedeutung **103** und Wirkung (zu Einzelheiten → Rn. 151 ff., 173 ff.) von Handlungen und Unterlassungen (→ Rn. 104 f.) auf einen im Handelsverkehr geltenden (zu Einzelheiten → Rn. 106 ff.) Handelsbrauch Rücksicht zu nehmen, es sei denn, dass der Handelsbrauch mit zwingendem Recht oder Treu und Glauben unvereinbar ist (zu Einzelheiten → Rn. 185 ff.) oder die Parteien seine Berücksichtigung vertraglich ausschließen (zu Einzelheiten → Rn. 188 ff.).

a) Handlungen und Unterlassungen. aa) Beiderseitige Handelsgeschäfte. Auf Handelsbräu- **104** che ist gem. § 346 unter Kaufleuten Rücksicht zu nehmen, also *in erster Linie* bei beiderseitigen Handelsgeschäften (→ § 343 Rn. 60).[330] Für Kaufleute iSd §§ 1–6 wird das Vorliegen eines Handelsgeschäfts iSv § 343 Abs. 1 (zu Einzelheiten → § 343 Rn. 3 ff.) gem. § 344 (zu Einzelheiten → § 344 Rn. 2 ff., → § 344 Rn. 38 ff.) vermutet. Bei Privatgeschäften eines Kaufmanns – sei es, dass die Vermutung widerlegt ist (zu Einzelheiten → § 344 Rn. 31 ff., → § 344 Rn. 58 ff.), sei es, dass sie mangels eines Zweifelsfalls bereits nicht anwendbar ist (→ § 344 Rn. 12, 56) – finden Handelsbräuche grundsätzlich keine Berücksichtigung.[331] Ausnahmsweise kann der Handelsbrauch auch für einen Nichtkaufmann verbindlich sein (zu Einzelheiten → Rn. 109 ff.).[332]

bb) Sonstige Handlungen und Unterlassungen. Das Gebot des § 346, auf Handelsbräuche **105** Rücksicht zu nehmen, ist nicht auf beiderseitige Handelsgeschäfte beschränkt (→ Rn. 104).[333] Es gilt

---

[321] BGH Urt. v. 2.7.1980 – VIII ZR 178/79, WM 1980, 1122 (1123) = BeckRS 1980, 31076152; GK-HGB/ *Achilles/B. Schmidt* Rn. 18; Schlegelberger/*Hefermehl* Rn. 16; HaKo-HGB/*Klappstein* Rn. 40; Oetker/*Pamp* Rn. 29; *Schinkels* in Pfeiffer Handelsgeschäfte-HdB § 5 Rn. 15.

[322] BGH Urt. v. 1.12.1965 – VIII ZR 271/63, NJW 1966, 502 (503); GK-HGB/*Achilles/B. Schmidt* Rn. 18; Schlegelberger/*Hefermehl* Rn. 16; HaKo-HGB/*Klappstein* Rn. 40; Oetker/*Pamp* Rn. 29.

[323] BGH Urt. v. 1.12.1965 – VIII ZR 271/63, NJW 1966, 502 (503).

[324] BGH Urt. v. 12.1.1976 – VIII ZR 273/74, BB 1976, 480 (481) = BeckRS 1976, 31122181; *Canaris* HandelsR § 22 Rn. 10; Baumbach/Hopt/*Hopt* Rn. 14; HaKo-HGB/*Klappstein* Rn. 40; Staub/*Koller* Rn. 60; NK-HGB/ *Lehmann-Richter* Rn. 7; Oetker/*Pamp* Rn. 29; KKRD/*W.-H. Roth* Rn. 5; Röhricht/Graf v. Westphalen/Haas/ *Steimle/Dornieden* Rn. 30.

[325] BGH Urt. v. 11.5.2001 – V ZR 492/99, NJW 2001, 2464 (2465); wohl auch Heymann/*Horn* Rn. 31; Oetker/*Pamp* Rn. 29.

[326] BGH Urt. v. 2.7.1980 – VIII ZR 178/79, WM 1980, 1122 (1123) = BeckRS 1980, 31076152; BGH Urt. v. 24.11.1976 – VIII ZR 21/75, NJW 1977, 385 (387).

[327] BGH Urt. v. 1.12.1965 – VIII ZR 271/63, NJW 1966, 502 (503).

[328] BGH Urt. v. 2.7.1980 – VIII ZR 178/79, WM 1980, 1122 (1123) = BeckRS 1980, 31076152; Heymann/ *Horn* Rn. 33.

[329] Staub/*Koller* Rn. 60.

[330] RG Urt. v. 10.5.1930 – I 19/30, WarnR 1930 Nr. 134 unter 2. b) der Gründe; GK-HGB/*Achilles/B. Schmidt* Rn. 21; *Fischinger* HandelsR Rn. 539; Schlegelberger/*Hefermehl* Rn. 26; Baumbach/Hopt/*Hopt* Rn. 3; Heymann/ *Horn* Rn. 8; *Lettl* HandelsR § 10 Rn. 12; Oetker/*Pamp* Rn. 2, 11; KKRD/*W.-H. Roth* Rn. 6; *Schinkels* in Pfeiffer Handelsgeschäfte-HdB § 5 Rn. 26; Röhricht/Graf v. Westphalen/Haas/*Steimle/Dornieden* Rn. 2.

[331] RG Urt. v. 10.5.1930 – I 19/30, WarnR 1930 Nr. 134 unter 2. b) der Gründe; Schlegelberger/*Hefermehl* Rn. 26; Oetker/*Pamp* Rn. 11; MüKoHGB/*K. Schmidt* Rn. 12; Röhricht/Graf v. Westphalen/Haas/*Steimle/Dornieden* Rn. 2.

[332] GK-HGB/*Achilles/B. Schmidt* Rn. 21.

[333] LG Darmstadt Urt. v. 23.1.1997 – 6 S 388/96, NJW 1997, 2689; HaKo-HGB/*Klappstein* Rn. 15; aA RG Urt. v. 1.11.1901 – Rep. II 230/01, RGZ 49, 157 (161); Heymann/*Horn* Rn. 8.

nach dem eindeutigen Wortlaut der Vorschrift auch für sonstige Handlungen und Unterlassungen.[334] Hierzu zählen nicht nur Willenserklärungen,[335] sondern zB auch rechtsgeschäftsähnliche Erklärungen[336] sowie Realakte.[337] Erforderlich ist jedoch, dass die Handlungen oder Unterlassungen „(u)nter Kaufleuten" vorgenommen werden oder – bei einer Unterlassung – vorzunehmen wären. Hierzu zählen in erster Linie Handlungen und Unterlassungen im Rahmen der Abwicklung von Handelsgeschäften (zB die Untersuchung abgelieferter Ware nach § 377 Abs. 1).[338] Erfasst sind darüber hinaus Handlungen und Unterlassungen im Zusammenhang mit der Anbahnung von Handelsgeschäften iSv § 343 Abs. 1 (→ § 343 Rn. 5).[339] Die Formulierung „(u)nter Kaufleuten" erfordert also weder ein Handelsgeschäft[340] noch ein Schuldverhältnis.[341] Ausreichend ist vielmehr jede auch bloß tatsächliche Beziehung,[342] die es rechtfertigt, dass die Beteiligten auf die Einhaltung von Handelsbräuchen vertrauen dürfen.[343] Daher unterfällt § 346 zB auch die außervertragliche Erteilung einer Auskunft.[344]

106   **b) Geltung des Handelsbrauchs. aa) Überblick.** Die außerrechtliche Geltung von Handelsbräuchen ist persönlich, sachlich und räumlich auf ihren jeweiligen Handelskreis (zu Einzelheiten → Rn. 7 ff.) begrenzt.[345] Hieraus folgt, dass unter Kaufleuten nicht auf *sämtliche* „im Handelsverkehre geltenden Gewohnheiten und Gebräuche" Rücksicht zu nehmen ist, sondern – wie es der Wortlaut von § 346 andeutet – nur auf die, die in Ansehung der Bedeutung (zu Einzelheiten → Rn. 151 ff.) oder Wirkung (zu Einzelheiten → Rn. 173 ff.) der *konkreten* Handlung oder Unterlassung (→ Rn. 104 f.) gelten. Daher setzt die Berücksichtigung von Handelsbräuchen *im Grundsatz* nicht nur voraus, dass die beteiligten Personen Kaufleute sind, die dem jeweiligen Handelskreis angehören (zu Einzelheiten → Rn. 107 ff.),[346] sondern auch, dass die Handlung oder Unterlassung, deren Bedeutung oder Wirkung in Frage steht, dem jeweiligen Handelskreis unterfällt.[347]

107   **bb) Personenbezogene Geltungsvoraussetzungen.** Handelsbräuche gelten *grundsätzlich* nur unter Kaufleuten (zu Einzelheiten → Rn. 108 ff.), deren Gewerbe dem jeweiligen Handelskreis angehören (→ Rn. 115 f.) und deren geschäftliche Niederlassungen in dem jeweiligen Handelskreis belegen sind (zu Einzelheiten → Rn. 117 ff.).

108   **(1) Kaufmann. (a) Grundsatz.** Im Unterschied zu der Verkehrssitte, die ohne Ansehung der handelnden Personen im Rahmen der §§ 151 S. 1, 157, 242 BGB zu berücksichtigen ist (zu Einzelheiten → Rn. 32 ff.), ist auf Handelsbräuche gem. § 346 *grundsätzlich* nur Rücksicht zu nehmen, wenn beide Parteien **Kaufleute** sind.[348] Maßgeblich ist der Zeitpunkt der Handlung (→ Rn. 104 f.) oder – bei einer Unterlassung – die Zeit, zu der die Handlung vorzunehmen gewesen wäre. Für den Begriff des Kaufmanns ist insoweit auf die **§§ 1–6** (zu Einzelheiten → § 343 Rn. 22 ff.) abzustellen.[349]

---

[334] BGH Urt. v. 12.1965 – VIII ZR 271/63, NJW 1966, 502; Baumbach/Hopt/*Hopt* Rn. 3; HaKo-HGB/ *Klappstein* Rn. 15 f.; NK-HGB/*Lehmann-Richter* Rn. 9; Oetker/*Pamp* Rn. 11; MüKoHGB/*K. Schmidt* Rn. 8; wohl auch Staub/*Koller* Rn. 4, 22a. Wohl restriktiver Schlegelberger/*Hefermehl* Rn. 24: nur Handelsgeschäfte iSv § 343 Abs. 1.

[335] BGH Urt. v. 12.1965 – VIII ZR 271/63, NJW 1966, 502; Schlegelberger/*Hefermehl* Rn. 23; Baumbach/ Hopt/*Hopt* Rn. 1; Staub/*Koller* Rn. 1.

[336] MüKoHGB/*K. Schmidt* Rn. 6.

[337] Schlegelberger/*Hefermehl* Rn. 23; HaKo-HGB/*Klappstein* Rn. 15; MüKoHGB/*K. Schmidt* Rn. 6, 8; Röhricht/*Graf v. Westphalen/Haas/Steimle/Dornieden* Rn. 2.

[338] BGH Urt. v. 6.12.2017 – VIII ZR 2/17, BeckRS 2017, 136811 Rn. 22; BGH Urt. v. 17.9.2002 – X ZR 248/ 00, BeckRS 2002, 9145 unter II. 1. a) der Entscheidungsgründe; BGH Urt. v. 3.12.1975 – VIII ZR 237/74, NJW 1976, 625; RG Urt. v. 26.6.1929 – I 17/29, RGZ 125, 76 (79); Staub/*Koller* Rn. 2; Oetker/*Pamp* Rn. 2.

[339] Schlegelberger/*Hefermehl* Rn. 25; NK-HGB/*Lehmann-Richter* Rn. 9; MüKoHGB/*K. Schmidt* Rn. 5; Röhricht/*Graf v. Westphalen/Haas/Steimle/Dornieden* Rn. 2.

[340] So aber Schlegelberger/*Hefermehl* Rn. 24.

[341] Wohl aA NK-HGB/*Lehmann-Richter* Rn. 9: nur im rechtsgeschäftlichen Kontext.

[342] OLG Düsseldorf Urt. v. 27.4.1962 – 2 U (Kart) 3/61, BB 1962, 577. Die Bezeichnung als Sonder*rechts*beziehung (so HaKo-HGB/*Klappstein* Rn. 15; MüKoHGB/*K. Schmidt* Rn. 5) ist unglücklich, da eine rechtliche Beziehung gerade nicht vorausgesetzt wird.

[343] In der Sache auch Staub/*Koller* Rn. 4; MüKoHGB/*K. Schmidt* Rn. 5; ähnl. Oetker/*Pamp* Rn. 11: Vorgänge des Gewerbebetriebs.

[344] Schlegelberger/*Hefermehl* Rn. 24; MüKoHGB/*K. Schmidt* Rn. 5.

[345] Statt vieler *K. Schmidt* HandelsR § 1 Rn. 51.

[346] *Lettl* HandelsR § 10 Rn. 12.

[347] *Fischinger* HandelsR Rn. 540.

[348] BGH Urt. v. 28.11.1969 – I ZR 6/68, WM 1970, 695 (696) = BeckRS 1969, 30377408; BGH Urt. v. 27.10.1951 – II ZR 102/50, NJW 1952, 257; RG Urt. v. 19.11.1926 – II 124/26, JW 1927, 764; OLG Hamm Urt. v. 29.5.2002 – 30 U 216/01, NJW-RR 2002, 1348 (1349); OLG Koblenz Urt. v. 10.3.1988 – 6 U 1286/85, NJW-RR 1988, 1306; Baumbach/Hopt/*Hopt* Rn. 3; Heymann/*Horn* Rn. 8; Staub/*Koller* Rn. 23; NK-HGB/*Lehmann-Richter* Rn. 16; Oetker HandelsR § 7 Rn. 51; KKRD/*W.-H. Roth* Rn. 6; *Schinkels* in Pfeiffer Handelsgeschäfte-HdB § 5 Rn. 26; MüKoHGB/*K. Schmidt* Rn. 12; Röhricht/*Graf v. Westphalen/Haas/Steimle/Dornieden* Rn. 2.

[349] GK-HGB/*Achilles/B. Schmidt* Rn. 20; *Fischinger* HandelsR Rn. 539; Baumbach/Hopt/*Hopt* Rn. 3; Heymann/*Horn* Rn. 8; HaKo-HGB/*Klappstein* Rn. 16; Oetker/*Pamp* Rn. 11; KKRD/*W.-H. Roth* Rn. 6; MüKoHGB/

(b) Ausnahmen. Ein Nichtkaufmann muss grundsätzlich nur auf die allgemeine Verkehrssitte (zu **109** Einzelheiten → Rn. 32 ff.), nicht aber auf Handelsbräuche Rücksicht nehmen.[350] Ein Umkehrschluss des Inhalts, dass die Berücksichtigung von Handelsbräuchen gegenüber Nichtkaufleuten ausgeschlossen ist, kann der Formulierung „(u)nter Kaufleuten" in § 346 nicht entnommen werden. Sie ist vielmehr dahingehend auszulegen, dass ein Nichtkaufmann nicht ohne Weiteres, sondern nur *ausnahmsweise* bei dem Hinzutreten besonderer Umstände auf einen Handelsbrauch Rücksicht zu nehmen hat. Anhand des Geltungsgrundes können die Ausnahmen in fünf Gruppen aufgeteilt werden:

(aa) Kraft Gesetzes. Betreibt ein Nichtkaufmann das **Kommissions-, Fracht-, Speditions-, 110 Lagergeschäft** oder schließt er **Stückgutfrachtverträge**, bestimmen § 383 Abs. 2 S. 2, § 407 Abs. 3 S. 2, § 453 Abs. 3 S. 2 Hs. 1, § 467 Abs. 3 S. 2 Hs. 1 und § 481 Abs. 3 S. 2 Hs. 1 in Ansehung dieser Geschäfte ua die ergänzende Anwendung von § 346 (→ § 343 Rn. 42 f.) und – damit untrennbar verbunden – der einschlägigen Handelsbräuche.[351] Gleiches gilt aufgrund einer Gesamtanalogie zu den §§ 383 Abs. 2 S. 2, 407 Abs. 3 S. 2, 453 Abs. 3 S. 2, 467 Abs. 3 S. 2, 481 Abs. 3 S. 2 in Ansehung der Rechtsverhältnisse nichtkaufmännischer **Handelsvertreter** und **Handelsmakler** (→ § 343 Rn. 44).[352]

(bb) Vereinbarung. Ebenso wie Kaufleute die Geltung bestehender Handelsbräuche vertraglich **111** ausschließen können (zu Einzelheiten → Rn. 188 ff.), ist es Nichtkaufleuten unbenommen, die Geltung bestimmter Handelsbräuche für ein einzelnes Handelsgeschäft oder eine gesamte Geschäftsverbindung zu vereinbaren.[353] Derartige Vereinbarungen müssen nicht ausdrücklich in einer individualvertraglichen Abrede oder einer Bestimmung in Allgemeinen Geschäftsbedingungen niedergelegt werden, sondern können auch stillschweigend geschlossen werden.[354] Für letzteres genügt es, dass ein Nichtkaufmann ein Geschäft in einem Handelszweig mit einem Kaufmann tätigt und es in der Weise abschließt, wie es in diesem Geschäftsbereich üblich ist (sog. **branchentypischer Vertragsschluss**).[355] Indizien hierfür sind insbesondere der Zuschnitt und die Modalitäten des Geschäfts sowie die Verwendung im allgemeinen Rechtsverkehr unüblicher Handelsklauseln.[356] Ein solcher branchentypischer Vertragsschluss kommt nicht nur in Betracht, wenn der Nichtkaufmann mit den Handelsbräuchen des Handelszweiges vertraut ist,[357] sondern auch dann, wenn er von diesen bei Vornahme seiner Handlung oder Unterlassung keine Kenntnis hat.[358] Grund hierfür ist nicht allein der im Handelsverkehr gebotene Verkehrsschutz, sondern insbesondere die Tatsache, dass die stillschweigende Zustimmung eines Nichtkaufmanns zu der Geltung von Handelsbräuchen für ihn ausschließlich günstige Rechtsfolgen hat. Denn bei solchen einseitigen Handelsgeschäften sind Handelsbräuche nur in zweierlei Weise zu berücksichtigen, nämlich zum einen bei der Bestimmung der vertraglichen Pflichten des

K. Schmidt Rn. 12; Röhricht/Graf v. Westphalen/Haas/*Steimle/Dornieden* Rn. 2. Vgl. auch OLG Köln Urt. v. 18.1.1971 – 10 U 4/70, NJW 1971, 894 (896): §§ 1–5 HGB aF.

[350] Schlegelberger/*Hefermehl* Rn. 28.

[351] *Fischinger* HandelsR Rn. 539; Staub/*Koller* Rn. 24; *Lettl* HandelsR § 10 Rn. 12; Oetker/*Pamp* Rn. 12; KKRD/*W.-H. Roth* Rn. 6; *Schinkels* in Pfeiffer Handelsgeschäfte-HdB § 5 Rn. 26; Röhricht/Graf v. Westphalen/Haas/*Steimle/Dornieden* Rn. 2.

[352] Staub/*Koller* Rn. 24.

[353] RG Urt. v. 19.11.1926 – II 124/26, JW 1927, 764; GK-HGB/*Achilles/B. Schmidt* Rn. 22; *Fischinger* HandelsR Rn. 539; Schlegelberger/*Hefermehl* Rn. 29; Baumbach/Hopt/*Hopt* Rn. 5; HaKo-HGB/*Klappstein* Rn. 17; Staub/*Koller* Rn. 24a; *Lettl* HandelsR § 10 Rn. 12; Oetker/*Pamp* Rn. 12; KKRD/*W.-H. Roth* Rn. 6; *Schinkels* in Pfeiffer Handelsgeschäfte-HdB § 5 Rn. 28; MüKoHGB/*K. Schmidt* Rn. 12; *Schmitt*, Die Rechtsstellung der Kleingewerbetreibenden nach dem Handelsrechtsreformgesetz, 2003, 281; Röhricht/Graf v. Westphalen/Haas/*Steimle/Dornieden* Rn. 3.

[354] Oetker/*Pamp* Rn. 12; KKRD/*W.-H. Roth* Rn. 6; Röhricht/Graf v. Westphalen/Haas/*Steimle/Dornieden* Rn. 3.

[355] BGH Urt. v. 2.7.1980 – VIII ZR 178/79, WM 1980, 1122 (1123) = BeckRS 1980, 31076152; BGH Urt. v. 28.11.1969 – I ZR 6/68, WM 1970, 695 (696) = BeckRS 1969, 30377408; BGH Urt. v. 27.10.1951 – II ZR 102/50, NJW 1952, 257; RG Urt. v. 3.4.1914 – II 760/13, JW 1914, 673 (674); GK-HGB/*Achilles/B. Schmidt* Rn. 22; *Canaris* HandelsR § 22 Rn. 46; Schlegelberger/*Hefermehl* Rn. 29; Baumbach/Hopt/*Hopt* Rn. 5; Heymann/*Horn* Rn. 9; NK-HGB/*Lehmann-Richter* Rn. 16; Oetker HandelsR § 7 Rn. 51; Oetker/*Pamp* Rn. 12; KKRD/*W.-H. Roth* Rn. 6; *Schinkels* in Pfeiffer Handelsgeschäfte-HdB § 5 Rn. 28; Röhricht/Graf v. Westphalen/Haas/*Steimle/Dornieden* Rn. 3; dagegen Staub/*Koller* Rn. 24b f.

[356] GK-HGB/*Achilles/B. Schmidt* Rn. 22; *Canaris* HandelsR § 22 Rn. 46; Schlegelberger/*Hefermehl* Rn. 29; Oetker/*Pamp* Rn. 12.

[357] Wohl zu dieser Einschränkung tendierend *Fischinger* HandelsR Rn. 539; Oetker/*Pamp* Rn. 12.

[358] BGH Urt. v. 27.10.1951 – II ZR 102/50, NJW 1952, 257; RG Urt. v. 19.11.1926 – II 124/26, JW 1927, 764; RG Urt. v. 3.4.1914 – II 760/13, JW 1914, 673 (674); GK-HGB/*Achilles/B. Schmidt* Rn. 22; Schlegelberger/*Hefermehl* Rn. 29; Baumbach/Hopt/*Hopt* Rn. 5; Heymann/*Horn* Rn. 9; HaKo-HGB/*Klappstein* Rn. 17; Oetker HandelsR § 7 Rn. 52; KKRD/*W.-H. Roth* Rn. 6; *Schinkels* in Pfeiffer Handelsgeschäfte-HdB § 5 Rn. 28; *Schmitt*, Die Rechtsstellung der Kleingewerbetreibenden nach dem Handelsrechtsreformgesetz, 2003, 280 ff.; Röhricht/Graf v. Westphalen/Haas/*Steimle/Dornieden* Rn. 3.

Kaufmanns – nicht jedoch des Nichtkaufmanns –, zum anderen bei der Auslegung und Ergänzung der getroffenen Vereinbarungen zugunsten des Nichtkaufmanns.[359]

112   **(cc) Rechtsscheingrundsätze.** Bei Personen, die gem. § 15 Abs. 1, 3 (→ § 343 Rn. 31) oder nach allgemeinen Rechtsscheingrundsätzen (→ § 343 Rn. 32) von einem auf den jeweiligen Rechtsschein vertrauenden Dritten wie ein Kaufmann behandelt werden können, ist danach zu unterscheiden, ob der Dritte sich auf die scheinbare Kaufmannseigenschaft beruft. (1) Entscheidet sich der Dritte für die (Schein-)Kaufmannseigenschaft, muss der Scheinkaufmann einschlägige Handelsbräuche zu seinen Lasten gelten lassen.[360] (2) Wählt der Dritte hingegen die tatsächliche Rechtslage, ist es dem Scheinkaufmann versagt, sich zu seinen Gunsten auf den gesetzten Rechtsschein zu berufen und auf diese Weise die Geltung ihm günstiger Handelsbräuche herbeizuführen,[361] es sei denn, dass der Handelsbrauch zugleich allgemeine Verkehrssitte und als solche gem. den §§ 157, 242 BGB zu berücksichtigen ist (→ Rn. 113).

113   **(dd) Allgemeine Verkehrssitte.** Die einem Handelsbrauch zugrundeliegende tatsächliche Übung (→ Rn. 12) ist nicht notwendig auf den Handelsverkehr beschränkt, sondern kann sich auch in anderen Verkehrskreisen dergestalt etablieren, dass der Handelsbrauch zugleich Verkehrssitte (→ Rn. 32) ist. Dies hat zur Folge, dass der Handelsbrauch (zB die Tegernseer Gebräuche) im nichtkaufmännischen Verkehr zwar nicht als solcher, aber als Verkehrssitte gem. den §§ 157, 242 BGB (zB bei der Auslegung eines Holzkaufvertrags) zu berücksichtigen ist.[362] Dies gilt auch dann, wenn die tatsächliche Übung dem Nichtkaufmann bei Vertragsschluss unbekannt war.[363]

114   **(ee) Kaufmannsähnliche Personen.** Eine entsprechende Anwendung von § 346, wonach sog. kaufmannsähnliche Personen, dh Personen, die – ohne Kaufmann iSd §§ 1–6 zu sein (zu Einzelheiten → § 343 Rn. 21 ff.) – über ein Unternehmen verfügen, und von denen erwartet werden kann, dass sie mit kaufmännischen Gepflogenheiten und Verhaltensweisen vertraut sind,[364] Handelsbräuche jedenfalls in Ansehung der Bedeutung von Handlungen und Unterlassungen (zu Einzelheiten → Rn. 151 ff.) gegen sich gelten lassen müssen,[365] ist abzulehnen. Zwar ist der ihr zugrundeliegenden dogmatischen Erkenntnis, § 346 sei kein handelsrechtliches Spezifikum, sondern Ausdruck der allgemeinen bürgerlich-rechtlichen Auslegungsregelung des § 157 BGB,[366] uneingeschränkt zuzustimmen (→ Rn. 35). Diese *allein* vermag die Analogie aber nicht zu begründen. Es fehlt nämlich an einer Regelungslücke, da der Gesetzgeber trotz der weitreichenden Änderungen des Kaufmannsbegriffs durch das HRRefG an der grundsätzlichen Beschränkung der §§ 343 ff. auf kaufmännische Unternehmensträger festgehalten hat (→ § 343 Rn. 45).[367]

115   **(2) Branchenzugehörigkeit. (a) Grundsatz.** Gilt der Handelsbrauch nicht in dem gesamten kaufmännischen Verkehr, sondern – dies ist der Regelfall – nur in einem objektiv abgrenzbaren Kreis (zB einer Branche, → Rn. 9), müssen die Kaufleute (zu Einzelheiten → Rn. 108 ff.) bei der Vornahme der Handlung oder Unterlassung (→ Rn. 104 f.), deren Bedeutung oder Wirkung (zu Einzelheiten → Rn. 151 ff., 173 ff.) in Frage steht, *grundsätzlich* dem jeweiligen Handelskreis angehören. Die Zu-

---

[359] BGH Urt. v. 28.11.1969 – I ZR 6/68, WM 1970, 695 (696) = BeckRS 1969, 30377408; BGH Urt. v. 27.10.1951 – II ZR 102/50, NJW 1952, 257.

[360] GK-HGB/*Achilles*/*B. Schmidt* Rn. 20; Schlegelberger/*Hefermehl* Rn. 27; Heymann/*Horn* Rn. 8; Staub/*Koller* Rn. 23; *Lettl* HandelsR § 10 Rn. 12; KKRD/*W.-H. Roth* Rn. 6; *Schinkels* in Pfeiffer Handelsgeschäfte-HdB § 5 Rn. 27; wohl auch *Fischinger* HandelsR Rn. 539; HaKo-HGB/*Klappstein* Rn. 17; *Neuner* ZHR 157 (1993), 243 (271 f.).

[361] GK-HGB/*Achilles*/*B. Schmidt* Rn. 20; Schlegelberger/*Hefermehl* Rn. 27; Heymann/*Horn* Rn. 8; Staub/*Koller* Rn. 23; *Lettl* HandelsR § 10 Rn. 12; Oetker/*Pamp* Rn. 11; KKRD/*W.-H. Roth* Rn. 6; wohl auch *Fischinger* HandelsR Rn. 539.

[362] RG Urt. v. 1.11.1901 – Rep. II 230/01, RGZ 49, 157 (161); RG Urt. v. 19.11.1926 – II 124/26, JW 1927, 764; OLG Frankfurt Urt. v. 4.3.2009 – 16 U 174/08, WM 2009, 1032 (1034) = GWR 2009, 200 (*Bauer-Hofstetter*) = BeckRS 2009, 14669; OLG Hamm Urt. v. 29.5.2002 – 30 U 216/01, NJW-RR 2002, 1348 (1349); OLG Koblenz Urt. v. 10.3.1988 – 6 U 1286/85, NJW-RR 1988, 1306; RG Urt. v. 10.5.1930 – I 19/30, WarnR 1930 Nr. 134 unter 2. b) der Gründe; RG Urt. v. 20.9.1929 – III 528/28, HRR 1929 Nr. 1990; GK-HGB/*Achilles*/*B. Schmidt* Rn. 22; *Fischinger* HandelsR Rn. 539; Schlegelberger/*Hefermehl* Rn. 28; Baumbach/Hopt/*Hopt* Rn. 4, 15; Heymann/*Horn* Rn. 9; *Jung* HandelsR Kap. 9 Rn. 13; HaKo-HGB/*Klappstein* Rn. 11; Staub/*Koller* Rn. 24; *Lettl* HandelsR § 10 Rn. 12; Oetker/*Pamp* Rn. 11, 12; KKRD/*W.-H. Roth* Rn. 6; *Schinkels* in Pfeiffer Handelsgeschäfte-HdB § 5 Rn. 28; *Schlosser* EWiR 1988, 625; MüKoHGB/*K. Schmidt* Rn. 12; *Schmitt*, Die Rechtsstellung der Kleingewerbetreibenden nach dem Handelsrechtsreformgesetz, 2003, 280; Röhricht/Graf v. Westphalen/Haas/ *Steimle*/*Dornieden* Rn. 4.

[363] Röhricht/Graf v. Westphalen/Haas/*Steimle*/*Dornieden* Rn. 4.

[364] *Canaris* HandelsR § 21 Rn. 3.

[365] *Canaris* HandelsR § 21 Rn. 5. Ähnl. MüKoHGB/*K. Schmidt* Rn. 12: Der Handelsbrauch selbst entscheide, ob er auch für Unternehmer gelte. Die Rechtsprechung befürwortet eine vergleichbare Erweiterung nur beim Vorliegen besonderer Umstände im Einzelfall und nur in Bezug auf die Grundsätze über die Wirkung des Schweigens auf ein Bestätigungsschreiben (zu Einzelheiten → Rn. 243 ff.).

[366] *Canaris* HandelsR § 21 Rn. 4 f.

[367] *Neuner* ZHR 157 (1993), 243 (271).

gehörigkeit bereits während der Entstehung des Handelsbrauchs (zu Einzelheiten → Rn. 6 ff.) ist hingegen unerheblich, sodass bestehende Handelsbräuche auch für und gegen „Neulinge am Platz" gelten.[368]

(b) Ausnahmen. Auf Handelsbräuche einer Branche, der sie selbst nicht angehören, haben Kauf- **116** leute nur *ausnahmsweise* Rücksicht zu nehmen, wenn (1) der Handelsbrauch zugleich eine allgemeine Verkehrssitte ist (zu Einzelheiten → Rn. 32 ff.) oder (2) der branchenfremde Kaufmann sich ihr ausdrücklich oder stillschweigend unterworfen hat.[369] Für letzteres genügt es, dass der branchenfremde Kaufmann wie ein branchenzugehöriger Kaufmann tätig wird.[370] Da die branchenspezifischen Handelsbräuche – wie bei der vertraglichen Unterwerfung von Nichtkaufleuten (→ Rn. 111) – für ihn ausschließlich günstige Rechtsfolgen herbeiführen, ist es insoweit unerheblich, ob der branchenspezifische Handelsbrauch ihm bei Vertragsschluss bekannt war.[371]

(3) Geschäftliche Niederlassung im Handelskreis. (a) Grundsatz. Der Vorschrift des § 346 **117** unterfallen nicht nur inländische Handelsbräuche, die sich auf den gesamten Geltungsbereich des HGB erstrecken (sog. nationale Handelsbräuche),[372] sondern auch inländische überregionale, regionale und **lokale Handelsbräuche** (→ Rn. 11). Die Tatsache, dass lokale Handelsbräuche in den §§ 59, 94 Abs. 1, 96 S. 1, 99, 359 Abs. 1, 380 Abs. 1, 2, 393 Abs. 2, 394 Abs. 1 – wenngleich mit geringfügig abweichenden Formulierungen – besonders erwähnt sind, darf nicht zu dem (Fehl-)Schluss verleiten, ihre rechtliche Bedeutung wäre auf diese Vorschriften beschränkt. Im Gegenteil: Das Gebot des § 346, unter Kaufleuten (zu Einzelheiten → Rn. 108 ff.) in Ansehung der Bedeutung (zu Einzelheiten → Rn. 151 ff.) und Wirkung (zu Einzelheiten → Rn. 173 ff.) von Handlungen und Unterlassungen (→ Rn. 104 f.) auf Handelsbräuche Rücksicht zu nehmen, setzt lediglich deren Geltung („geltenden"), nicht aber eine besondere räumliche Ausdehnung voraus. Daher unterfallen § 346 auch lokale Handelsbräuche.[373] Zum internationalen Handelsverkehr → Rn. 133 ff.

Die Geltung von Handelsbräuchen beruht auf dem grundsätzlichen Einverständnis des jeweiligen **118** Handelskreises.[374] Besteht das Einverständnis nur unter den Kaufleuten (→ Rn. 108) einer bestimmten Region oder an einem bestimmten Ort, gilt auch der Handelsbrauch nur in dieser Region bzw. an diesem Ort. Hieraus folgt, dass überregionale, regionale und lokale Handelsbräuche gem. § 346 *grundsätzlich* nur zu berücksichtigen sind, wenn beide Kaufleute (zu Einzelheiten → Rn. 108 ff.) im räumlichen Geltungsbereich des regionalen oder lokalen Handelsbrauchs ansässig sind.[375] Maßgeblich ist – in Ansehung von § 394 Abs. 1 – die jeweilige **geschäftliche Niederlassung.** Ob der räumlich begrenzte Handelsbrauch den innerhalb des Handelskreises ansässigen Kaufleuten bei Vertragsschluss bekannt war oder hätte bekannt sein müssen, ist unerheblich.[376] Denn jeder, der an einem Orte ein Handelsgewerbe betreibt, muss sein Verhalten nach Treu und Glauben so einrichten, dass es mit dem an dem Orte herrschenden Handelsbräuchen im Einklang steht.[377] Gegenüber außerhalb des Handelskreises ansässigen Kaufleuten sind räumlich begrenzte Handelsbräuche nur ausnahmsweise zu berücksichtigen. Zu Einzelheiten → Rn. 120 ff.

Gilt für eine Handlung oder Unterlassung (→ Rn. 104 f.) nicht nur ein nationaler bzw. überregionaler Handelsbrauch, sondern auch ein inhaltlich abweichender regionaler oder lokaler Handelsbrauch **119** (→ Rn. 11), tritt der nationale bzw. überregionale Handelsbrauch – vorbehaltlich einer abweichenden

[368] OLG Frankfurt a. M. Urt. v. 27.4.1976 – 5 U 3/74, NJW 1977, 1015 (1016); Baumbach/Hopt/*Hopt* Rn. 8; Heymann/*Horn* Rn. 5; NK-HGB/*Lehmann-Richter* Rn. 17; Oetker/*Pamp* Rn. 6; Röhricht/Graf v. Westphalen/ Haas/*Steimle/Dornieden* Rn. 2.

[369] Schlegelberger/*Hefermehl* Rn. 34; MüKoHGB/*K. Schmidt* Rn. 11. Weitergehend RG Urt. v. 3.4.1914 – II 760/13, JW 1914, 673 (674): Auch ein Landwirt, der kein Kaufmann sei, könne sich einem branchenfremden Handelsbrauch unterwerfen. Abweichend Staub/*Koller* Rn. 28: Geltung gegenüber branchenfremden Kaufleuten ohne zusätzliche Voraussetzungen.

[370] *Canaris* HandelsR § 22 Rn. 48; Oetker/*Pamp* Rn. 7.

[371] BGH Urt. v. 27.10.1951 – II ZR 102/50, NJW 1952, 257; RG Urt. v. 3.4.1914 – II 760/13, JW 1914, 673 (674); GK-HGB/*Achilles/B. Schmidt* Rn. 26; Oetker HandelsR § 7 Rn. 52; KKRD/*W.-H. Roth* Rn. 6; Schmitt, Die Rechtsstellung der Kleingewerbetreibenden nach dem Handelsrechtsreformgesetz, 2003, 280 ff.

[372] *Schinkels* in Pfeiffer Handelsgeschäfte-HdB § 5 Rn. 6.

[373] Oetker/*Pamp* Rn. 22; unklar Schlegelberger/*Hefermehl* Rn. 33.

[374] BGH Urt. v. 2.5.1984 – VIII ZR 38/83, WM 1984, 1000 (1003) = BeckRS 1984, 05233; GK-HGB/*Achilles/ B. Schmidt* Rn. 27.

[375] RG Urt. v. 29.10.1886 – Rep. II 167/86, RGZ 17, 31 f.; RG Urt. v. 26.6.1928 – II 64/28, JW 1928, 3109; OLG Hamburg Urt. v. 7.5.1997 – 6 U 34/97, MDR 1997, 810 (811) = BeckRS 1997, 09885; OLG Hamburg Urt. v. 2.9.1974 – 8 U 189/73, MDR 1975, 845 (846); GK-HGB/*Achilles/B. Schmidt* Rn. 29; *Canaris* HandelsR § 22 Rn. 39; Schlegelberger/*Hefermehl* Rn. 39; Heymann/*Horn* Rn. 11; Staub/*Koller* Rn. 30; KKRD/*W.-H. Roth* Rn. 8; wohl auch Röhricht/Graf v. Westphalen/Haas/*Steimle/Dornieden* Rn. 12 („Einzugsbereich").

[376] RG Urt. v. 26.6.1928 – II 64/28, JW 1928, 3109; GK-HGB/*Achilles/B. Schmidt* Rn. 26; Heymann/*Horn* Rn. 11; Staub/*Koller* Rn. 30; KKRD/*W.-H. Roth* Rn. 11; unklar OLG Hamburg Urt. v. 7.5.1997 – 6 U 34/97, MDR 1997, 810 (811) = BeckRS 1997, 09885.

[377] RG Urt. v. 29.11.1919 – I 191/19, RGZ 97, 215 (218).

Parteivereinbarung – ausnahmsweise zurück (sog. **Spezialitätsprinzip**),[378] sodass in Ansehung der Bedeutung und Wirkung der Handlung oder Unterlassung ausschließlich auf den regionalen oder lokalen Handelsbrauch Rücksicht zu nehmen ist.

120   **(b) Ausnahmen.** Hat ein an dem Handelsgeschäft (→ Rn. 104 f.) beteiligter Kaufmann (→ Rn. 108) seine geschäftliche Niederlassung im Inland an einem Ort außerhalb des Geltungsbereichs des inländischen Handelsbrauchs, ist dessen Berücksichtigung ihm gegenüber nicht notwendig ausgeschlossen.[379] Auf ihn ist lediglich nicht ohne Weiteres Rücksicht zu nehmen,[380] sondern nur, wenn besondere Umstände des Einzelfalls dies rechtfertigen.[381]

121   **(aa) Unterwerfungswille.** Ein räumlich begrenzter inländischer Handelsbrauch ist gegenüber im Inland, aber außerhalb des Geltungsbereichs ansässigen Kaufleuten zu berücksichtigen, wenn diese sich dem Handelsbrauch unterwerfen.[382] Hierfür ist ein ausdrückliches und eindeutiges Einverständnis (zB in Gestalt einer vertraglichen Bezugnahme) ausreichend, aber nicht erforderlich.[383] Es genügt jedes Verhalten, das – maßgeblich ist entsprechend den §§ 133, 157 BGB die Perspektive des Geschäftspartners – einen sog. Unterwerfungswillen zum Ausdruck bringt. Hiervon darf jedoch nicht ohne Weiteres ausgegangen werden.[384] Insbesondere genügt die Tatsache, dass der Kaufmann weiß, dass die geschäftliche Niederlassung seines Geschäftspartners in einer anderen Region oder an einem anderen Ort belegen ist, *allein* nicht. Gleiches gilt für die vertragliche Bestimmung eines Schiedsgerichts bzw. -ortes innerhalb des Geltungsbereichs des Handelsbrauchs.[385] Ausreichend ist hingegen, dass der außerhalb des Geltungsbereichs ansässige Kaufmann mit überregionalen, regionalen oder lokalen Handelsbräuchen rechnen *musste* und der im Geltungsbereich des Handelsbrauchs ansässige Vertragsteil damit rechnen *durfte,* sein Vertragspartner kenne den (konkreten) Handelsbrauch oder rechne jedenfalls mit ihm.[386] Dies liegt zB nahe, wenn vor Ort eine Hilfsperson des andernorts ansässigen Kaufmanns agiert, die ausschließlich für Geschäfte in diesem Bezirk eingesetzt wird.[387] Die tatsächliche Kenntnis des andernorts geltenden Handelsbrauchs ist somit nicht erforderlich.[388]

122   **(bb) Handlungen innerhalb des Geltungsbereichs des Handelsbrauchs.** Räumlich begrenzte inländische Handelsbräuche sind gem. § 346 auch dann zu berücksichtigen, wenn die Handlung, deren Bedeutung (zu Einzelheiten → Rn. 151 ff.) oder Wirkung (zu Einzelheiten → Rn. 173 ff.) in Frage steht, im Geltungsbereich des Handelsbrauchs vorgenommen wurde oder – bei einer Unterlassung – vorzunehmen gewesen wäre.[389] Dies gilt ohne Rücksicht darauf, ob die geschäftliche Niederlassung der Kaufleute innerhalb des Geltungsbereichs des Handelsbrauchs belegen ist. So bestimmen sich zB die Modalitäten der Ablieferung bei einem Speditions- oder Frachtgeschäft nach den Handelsbräuchen des Empfangsortes,[390] die rechtliche Wirkung der Unterlassung einer geschuldeten Zahlung grundsätzlich nach den am Zahlungsort (§ 270 BGB) geltenden lokalen Handelsbräuchen.[391] Besteht die Handlung in der Abgabe einer Willenserklärung (→ Rn. 105), sind in Ansehung der Bedeutung

[378] GK-HGB/*Achilles*/B. *Schmidt* Rn. 29; Baumbach/Hopt/*Hopt* Rn. 7; Heymann/*Horn* Rn. 12; HaKo-HGB/ *Klappstein* Rn. 9, 34; Oetker/*Pamp* Rn. 4; KKRD/*W.-H. Roth* Rn. 8; *Schinkel* in Pfeiffer Handelsgeschäfte-HdB § 5 Rn. 32; MüKoHGB/*K. Schmidt* Rn. 41; Röhricht/Graf v. Westphalen/Haas/*Steimle*/*Dornieden* Rn. 14.

[379] BGH Urt. v. 7.3.1973 – VIII ZR 214/71, WM 1973, 382 (383) = BeckRS 1973, 31125498; *Canaris* HandelsR § 22 Rn. 39; Heymann/*Horn* Rn. 11; Staub/*Koller* Rn. 31.

[380] Schlegelberger/*Hefermehl* Rn. 33; Heymann/*Horn* Rn. 11.

[381] BGH Urt. v. 2.12.1982 – III ZR 85/81, NJW 1983, 1267 (1268 f.); *Canaris* HandelsR § 22 Rn. 39.

[382] RG Urt. v. 22.12.1925 – VI 400/25, JW 1926, 1325; RG Urt. v. 6.1.1922 – VII 906/21, JW 1922, 706; OLG Hamburg Urt. v. 7.5.1997 – 6 U 34/97, MDR 1997, 810 (811) = BeckRS 1997, 09885; OLG Hamburg Urt. v. 16.1.1981 – 11 U 86/79, RIW 1982, 283 = BeckRS 1981, 31387676; OLG Hamburg Urt. v. 2.9.1974 – 8 U 189/ 73, MDR 1975, 845 (846); GK-HGB/*Achilles*/B. *Schmidt* Rn. 25; Schlegelberger/*Hefermehl* Rn. 33; Baumbach/ Hopt/*Hopt* Rn. 7; *Oertmann,* Rechtsordnung und Verkehrssitte, 1914, 391 ff.; KKRD/*W.-H. Roth* Rn. 8; Mü-KoHGB/*K. Schmidt* Rn. 11; krit. *Canaris* HandelsR § 22 Rn. 39 („façon de parler"); aA Röhricht/Graf v. Westphalen/Haas/*Steimle*/*Dornieden* Rn. 13.

[383] Heymann/*Horn* Rn. 11.

[384] OGH-BrZ Urt. v. 22.9.1950 – I ZS 137/49, OGHZ 4, 247 (248); Schlegelberger/*Hefermehl* Rn. 33.

[385] AA GK-HGB/*Achilles*/B. *Schmidt* Rn. 29; *Schinkels* in Pfeiffer Handelsgeschäfte-HdB § 5 Rn. 31.

[386] GK-HGB/*Achilles*/B. *Schmidt* Rn. 26; Heymann/*Horn* Rn. 11; HaKo-HGB/*Klappstein* Rn. 18; Oetker/*Pamp* Rn. 22; KKRD/*W.-H. Roth* Rn. 8; *Schinkels* in Pfeiffer Handelsgeschäfte-HdB § 5 Rn. 34; im Ergebnis auch RG Urt. v. 6.1.1922 – VII 906/21, JW 1922, 706 (707); ähnl. Staub/*Koller* Rn. 34.

[387] RG Urt. v. 5.12.1896 – Rep. I 243/96, RGZ 38, 194 (196).

[388] RG Urt. v. 22.12.1925 – VI 400/25, JW 1926, 1325; OLG Hamburg Urt. v. 7.5.1997 – 6 U 34/97, MDR 1997, 810 (811) = BeckRS 1997, 09885.

[389] BGH Urt. v. 20.5.1952 – I ZR 140/51, BGHZ 6, 127 (134) = NJW 1952, 1134; BGH Urt. v. 7.3.1973 – VIII ZR 214/71, WM 1973, 382 f. = BeckRS 1973, 31125498; Schlegelberger/*Hefermehl* Rn. 8; Baumbach/Hopt/*Hopt* Rn. 7; HaKo-HGB/*Klappstein* Rn. 23; abw. Heymann/*Horn* Rn. 11: Handlungsort ist nur ein Indiz für den örtlichen Schwerpunkt. Systematisch abweichend NK-HGB/*Lehmann-Richter* Rn. 12: Handlungsort sei nur subsidiär zum örtlichen Schwerpunkt maßgeblich.

[390] RG Urt. v. 5.12.1896 – Rep. I 243/96, RGZ 38, 194 (196).

[391] BGH Urt. v. 7.3.1973 – VIII ZR 214/71, WM 1973, 382 (383) = BeckRS 1973, 31125498; *Oertmann,* Rechtsordnung und Verkehrssitte, 1914, 412 f.; K. *Schmidt* HandelsR § 1 Rn. 51.

grundsätzlich die an dem Ort geltenden Handelsbräuche zu berücksichtigen, an dem die Erklärung abzugeben war.[392]

Für Fälle, in denen an Handlungs- und Erfüllungsort unterschiedliche überregionale, regionale oder **123** lokale Handelsbräuche gelten, ist den **Kollisionsregelungen der §§ 359 Abs. 1, 361** der allgemeine Rechtsgedanke zu entnehmen, dass dem Handelsbrauch der Vorrang gebührt, der am **Erfüllungsort** (§ 269 BGB) der jeweiligen Leistung maßgebend ist.[393] In Anbetracht der Tatsache, dass die Kollisionsregelungen nur „im Zweifel" zur Anwendung gelangen, ist es den Parteien auch bei der Anwendung ihres allgemeinen Rechtsgedankens unbenommen, durch Vereinbarung abzuweichen[394] und zB den am jeweiligen Handlungsort geltenden Handelsbrauch als maßgeblich festzulegen. Die bloße Abrede, dass die geschuldete Leistungshandlung an einem anderen Ort als dem Erfüllungsort vorzunehmen ist, genügt hierfür jedoch nicht.[395]

(cc) Handlungen außerhalb des Geltungsbereichs des Handelsbrauchs. Ein inländischer **124** Handelsbrauch ist bei Handlungen, die ein außerhalb des Geltungsbereichs ansässiger Kaufmann außerhalb des Geltungsbereichs vornimmt oder – bei einer Unterlassung – außerhalb des Geltungsbereichs vorzunehmen hätte, nur ausnahmsweise bei Vorliegen besonderer Gründe zu berücksichtigen.[396] Hierfür kommen – neben einer vertraglichen Unterwerfung unter den ausschließlich andernorts geltenden inländischen Handelsbrauch (→ Rn. 121) – *insbesondere* zwei Umstände in Betracht, nämlich die Belegenheit des örtlichen Schwerpunktes des Handelsgeschäfts innerhalb des Geltungsbereichs des Handelsbrauchs (zu Einzelheiten → Rn. 125 ff.) sowie die Kenntnis oder das Kennenmüssen des Handelsbrauchs bei einer nur lockeren Beziehung zu dem räumlichen Geltungsbereich (→ Rn. 129).

(i) Örtlicher Schwerpunkt. Hat das Handelsgeschäft iSv § 343 Abs. 1 (zu Einzelheiten → § 343 **125** Rn. 3 ff.) seinen Schwerpunkt an einem Ort innerhalb des Geltungsbereichs eines räumlich begrenzten inländischen Handelsbrauchs, ist dieser Handelsbrauch gemäß § 346 auch in Ansehung der Bedeutung (zu Einzelheiten → Rn. 151 ff.) und Wirkung (zu Einzelheiten → Rn. 173 ff.) einzelner Handlungen und Unterlassungen (→ Rn. 104 f.) im Zusammenhang mit dem Vertragsverhältnis zu berücksichtigen, die an einem anderen Ort *außerhalb* des Geltungsbereichs des Handelsbrauchs vorgenommen werden.[397] Ob das Handelsgeschäft einen Schwerpunkt hat und wo dieser liegt, ist unter Würdigung aller Umstände des Einzelfalls zu entscheiden.[398] Bedeutsam sind insbesondere folgende Indizien:

(α) Ort des Vertragsschlusses. Bei einem Vertragsschluss unter Anwesenden wird der örtliche **126** Schwerpunkt *regelmäßig* der Ort des Vertragsschlusses sein.[399] Dies gilt insbesondere bei Geschäften, die an einer Börse, auf einer Messe oder einem Markt geschlossen werden. Ihr örtlicher Schwerpunkt ist regelmäßig der jeweilige Börsen-, Messe- oder Marktplatz.[400] Unerheblich ist insoweit, ob die Parteien selbst gehandelt haben oder durch Hilfspersonen (zB Prokuristen, Handelsvertreter) vertreten wur-

---

[392] BGH Urt. v. 20.5.1952 – I ZR 140/51, BGHZ 6, 127 (134) = NJW 1952, 1134; RG Urt. v. 20.11.1902 – Rep. II 223/02, RGZ 53, 59 (62).

[393] BGH Urt. v. 20.5.1952 – I ZR 140/51, BGHZ 6, 127 (134) = NJW 1952, 1134; BGH Urt. v. 2.5.1984 – VIII ZR 38/83, WM 1984, 1000 (1003) = BeckRS 1984, 05233; BGH Urt. v. 2.7.1980 – VIII ZR 178/79, WM 1980, 1122 (1124) = BeckRS 1980, 31076152; BGH Urt. v. 7.3.1973 – VIII ZR 214/71, WM 1973, 382 (383) = BeckRS 1973, 31125498; OLG Hamburg Urt. v. 2.9.1974 – 8 U 189/73, MDR 1975, 845 (846); *Canaris* HandelsR § 22 Rn. 42; *Oetker* HandelsR § 7 Rn. 51; *Oetker/Pamp* Rn. 22; KKRD/*W.-H. Roth* Rn. 8; Röhricht/Graf v. Westphalen/Haas/*Steimle*/Dornieden Rn. 13; iErg auch Heymann/*Horn* Rn. 11; unklar HaKo-HGB/*Klappstein* Rn. 23; vgl. auch RG Urt. v. 25.4.1907 – VI 435/06, Recht 1907 Nr. 1414 für eine örtlich begrenzte Verkehrssitte.

[394] Wohl auch Schlegelberger/*Hefermehl* Rn. 33.

[395] AA Oetker/*Pamp* Rn. 22.

[396] BGH Urt. v. 2.12.1982 – III ZR 85/81, NJW 1983, 1267 (1268 f.); BGH Urt. v. 7.3.1973 – VIII ZR 214/71, WM 1973, 382 (383) = BeckRS 1973, 31125498; OLG Hamburg Urt. v. 2.9.1974 – 8 U 189/73, MDR 1975, 845 (846).

[397] BGH Urt. v. 2.7.1980 – VIII ZR 178/79, WM 1980, 1122 (1124) = BeckRS 1980, 31076152; BGH Urt. v. 12.1.1976 – VIII ZR 273/74, WM 1976, 292 (293) = BeckRS 1976, 31122181; BGH Urt. v. 7.3.1973 – VIII ZR 214/71, WM 1973, 382 (383) = BeckRS 1973, 31125498; RG Urt. v. 29.11.1919 – I 191/19, RGZ 97, 215 (218); GK-HGB/*Achilles*/B. Schmidt Rn. 25, 29; Baumbach/Hopt/*Hopt* Rn. 7; Heymann/*Horn* Rn. 11; HaKo-HGB/*Klappstein* Rn. 22; KKRD/*W.-H. Roth* Rn. 8; *Schinkels* in Pfeiffer Handelsgeschäfte-HdB § 5 Rn. 31; wohl auch *Canaris* HandelsR § 22 Rn. 40; Staub/*Koller* Rn. 33; *Lettl* HandelsR § 10 Rn. 9; *Oetker* HandelsR § 7 Rn. 51; aA Schlegelberger/*Hefermehl* Rn. 33: Dem örtlichen Schwerpunkt des Vertrags komme keine überragende Bedeutung zu.

[398] BGH Urt. v. 12.1.1976 – VIII ZR 273/74, WM 1976, 292 (293) = BeckRS 1976, 31122181; BGH Urt. v. 7.3.1973 – VIII ZR 214/71, WM 1973, 382 (383) = BeckRS 1973, 31125498; Heymann/*Horn* Rn. 11; Staub/*Koller* Rn. 33.

[399] HaKo-HGB/*Klappstein* Rn. 22; Oetker/*Pamp* Rn. 22; Röhricht/Graf v. Westphalen/Haas/*Steimle*/Dornieden Rn. 13; wohl auch *Canaris* HandelsR § 22 Rn. 40; NK-HGB/*Lehmann-Richter* Rn. 11; zurückhaltender Heymann/*Horn* Rn. 11: nur Indiz.

[400] BGH Urt. v. 7.3.1973 – VIII ZR 214/71, WM 1973, 382 (383) = BeckRS 1973, 31125498; GK-HGB/*Achilles*/B. Schmidt Rn. 29; *Canaris* HandelsR § 22 Rn. 40; Schlegelberger/*Hefermehl* Rn. 33; HaKo-HGB/*Klappstein* Rn. 22; Staub/*Koller* Rn. 33; Oetker/*Pamp* Rn. 22; KKRD/*W.-H. Roth* Rn. 8; *Schinkels* in Pfeiffer Handels-

den.[401] Kam das Handelsgeschäft hingegen unter Mitwirkung eines **Handelsmaklers** (§§ 93 ff.) zustande, sind räumlich begrenzte Handelsbräuche, die an dem Ort gelten, von dem aus der Handelsmakler seine Tätigkeit entfaltet hat, *in der Regel* auch gegenüber einem gebietsfremden Kaufmann zu berücksichtigen.[402] Dies gilt jedenfalls dann, wenn diese Partei eine Schlussnote mit entsprechendem Hinweis widerspruchslos entgegengenommen hat.[403]

127   **(β) Haupthandelsplatz.** Der Schwerpunkt eines Handelsgeschäfts iSv § 343 Abs. 1 (zu Einzelheiten → § 343 Rn. 3 ff.) kann sich auch aus einer besonderen Beziehung der Ware zu einem Ort, dem sog. Haupthandelsplatz, ergeben.[404] Behauptet wurde zB, innerhalb der Bundesrepublik Deutschland sei Hamburg der Haupthandelsplatz für Wildbret im Überseehandel.[405] Ob ein Ort als Haupthandelsplatz anzusehen ist, ist eine aufgrund objektiver Kriterien (zB der Höhe der dort getätigten Umsätze, der Zahl der für einen bestimmten Handel dort ansässigen Unternehmen) zu beantwortende Tatfrage.[406] In Anbetracht der Rechtsfolge, dass ein dort geltender Handelsbrauch gegenüber unwissenden gebietsfremden Kaufleuten in Ansehung von Handlungen und Unterlassungen (→ Rn. 104 f.) auch dann zu berücksichtigen ist, wenn diese andernorts vorgenommen werden oder – im Fall von Unterlassungen – vorzunehmen wären, sind an den Nachweis des Haupthandelsplatzes strenge Anforderungen zu stellen.[407] Regelmäßig wird eine Auskunft der zuständigen IHK unerlässlich sein.[408]

128   **(γ) Erfüllungsort der vertragscharakteristischen Leistung.** Bei einem Vertragsschluss unter Abwesenden kann der Schwerpunkt des Handelsgeschäfts (zu Einzelheiten → § 343 Rn. 3 ff.) auch an dem Erfüllungsort der vertragscharakteristischen (Haupt-)Leistungspflicht[409] bzw. dem Bestimmungsort für die Ware[410] liegen.

129   **(ii) Lockerer Ortsbezug bei Kenntnis oder Kennenmüssen.** Hat das Handelsgeschäft (→ Rn. 104 f.) keinen örtlichen Schwerpunkt (zu Einzelheiten → Rn. 125 ff.) innerhalb des Geltungsbereichs des räumlich begrenzten inländischen Handelsbrauchs, muss ein gebietsfremder Kaufmann den Handelsbrauch gleichwohl gegen sich gelten lassen, wenn (1) eine lockere Beziehung zu einem Ort innerhalb des Geltungsbereichs des Handelsbrauchs besteht und (2) dieser Handelsbrauch dem Kaufmann bei Vertragsschluss bekannt war oder bekannt sein musste.[411]

130   **cc) Sachbezogene Geltungsvoraussetzungen.** Gemäß § 346 ist auf einen Handelsbrauch nur Rücksicht zu nehmen, wenn das Handelsgeschäft (→ Rn. 104) oder die sonstige Handlung oder Unterlassung (→ Rn. 105), deren Bedeutung oder Wirkung (zu Einzelheiten → Rn. 151 ff., 173 ff.) in Frage steht, zu dem objektiv abgrenzbaren Handelskreis (→ Rn. 9) gehört, in dem der Handelsbrauch gesellschaftlich als soziale Norm gilt.[412] So ist zB die Berücksichtigung der Tegernseer Gebräuche auf

---

geschäfte-HdB § 5 Rn. 31; Röhricht/Graf v. Westphalen/Haas/*Steimle/Dornieden* Rn. 13; im Ergebnis auch Heymann/*Horn* Rn. 11.

  [401] *Canaris* HandelsR § 22 Rn. 40; HaKo-HGB/*Klappstein* Rn. 22; Oetker/*Pamp* Rn. 22.

  [402] BGH Urt. v. 7.3.1973 – VIII ZR 214/71, WM 1973, 382 (383) = BeckRS 1973, 31125498; BGH Urt. v. 29.11.1961 – VIII ZR 146/60, JZ 1963, 167 (169) = BeckRS 1961, 31188315; RG Urt. v. 30.10.1928 – VII 199/28, HRR 1929 Nr. 321; RG Urt. v. 29.11.1919 – I 191/19, RGZ 97, 215 (218 f.); *Canaris* HandelsR § 22 Rn. 40; Baumbach/Hopt/*Hopt* Rn. 7; HaKo-HGB/*Klappstein* Rn. 22; NK-HGB/*Lehmann-Richter* Rn. 11; Oetker/*Pamp* Rn. 22; KKRD/*W.-H. Roth* Rn. 8; nur für interpretierende Handelsbräuche Staub/*Koller* Rn. 34. IErg auch OLG Hamburg Urt. v. 24.2.1975 – 6 U 156/73, VersR 1976, 37 (38), das zur Begründung auf den Erfüllungsort abstellt.

  [403] OGH-BrZ Urt. v. 22.9.1950 – I ZS 137/49, OGHZ 4, 247 (248); RG Urt. v. 30.10.1928 – VII 199/28, HRR 1929 Nr. 321; Schlegelberger/*Hefermehl* Rn. 33; Baumbach/Hopt/*Hopt* Rn. 7.

  [404] BGH Urt. v. 12.1.1976 – VIII ZR 273/74, WM 1976, 292 = BeckRS 1976, 31122181; BGH Urt. v. 7.3.1973 – VIII ZR 214/71, WM 1973, 382 (383) = BeckRS 1973, 31125498; GK-HGB/*Achilles/B. Schmidt* Rn. 29; *Canaris* HandelsR § 22 Rn. 40; Schlegelberger/*Hefermehl* Rn. 33; Baumbach/Hopt/*Hopt* Rn. 7; HaKo-HGB/*Klappstein* Rn. 22; Oetker/*Pamp* Rn. 22; KKRD/*W.-H. Roth* Rn. 8; *Schinkels* in Pfeiffer Handelsgeschäfte-HdB § 5 Rn. 31; wohl auch Röhricht/Graf v. Westphalen/Haas/*Steimle/Dornieden* Rn. 13.

  [405] BGH Urt. v. 12.1.1976 – VIII ZR 273/74, WM 1976, 292 (293) = BeckRS 1976, 31122181.

  [406] BGH Urt. v. 12.1.1976 – VIII ZR 273/74, WM 1976, 292 = BeckRS 1976, 31122181.

  [407] BGH Urt. v. 12.1.1976 – VIII ZR 273/74, WM 1976, 292 (293) = BeckRS 1976, 31122181.

  [408] BGH Urt. v. 12.1.1976 – VIII ZR 273/74, WM 1976, 292 = BeckRS 1976, 31122181.

  [409] GK-HGB/*Achilles/B. Schmidt* Rn. 29; Schlegelberger/*Hefermehl* Rn. 33; *Oetker* HandelsR § 7 Rn. 51; *Schinkels* in Pfeiffer Handelsgeschäfte-HdB § 5 Rn. 31; auch Staub/*Koller* Rn. 34, allerdings nur für interpretierende Handelsbräuche. In diese Richtung auch RG Urt. v. 29.10.1886 – Rep. II 167/86, RGZ 17, 31; RG Urt. v. 20.5.1908 – Rep. I 444/07, LZ 1908, 938: maßgeblich sei der Ort, an dem der Kommissionär bzw. Lagerhalter seine Tätigkeit entfalte.

  [410] BGH Urt. v. 7.3.1973 – VIII ZR 214/71, WM 1973, 382 (383) = BeckRS 1973, 31125498; OLG Hamburg Urt. v. 7.11.1893, SeuffA 50 Nr. 256.

  [411] BGH Urt. v. 7.3.1973 – VIII ZR 214/71, WM 1973, 382 (383) = BeckRS 1973, 31125498; *Canaris* HandelsR § 22 Rn. 44; restriktiver KG Urt. v. 27.1.1919 – 6 U 2517/18, DJZ 1919, 438 (439); HaKo-HGB/*Klappstein* Rn. 22: Kenntnis erforderlich.

  [412] RG Urt. v. 3.4.1914 – II 760/13, JW 1914, 673 (674); Heymann/*Horn* Rn. 10; HaKo-HGB/*Klappstein* Rn. 21; Oetker/*Pamp* Rn. 2; KKRD/*W.-H. Roth* Rn. 7; *Schinkels* in Pfeiffer Handelsgeschäfte-HdB § 5 Rn. 29; *K. Schmidt* HandelsR § 1 Rn. 51. Vgl. auch EuGH Urt. v. 16.3.1999 – C-159/97, Slg. 1999, I-1597 Rn. 25 = EuZW

den deutschen inländischen Handel mit Rundholz, Schnittholz, Holzwerkstoffen und anderen Holz-halbwaren begrenzt.[413]

dd) Zeitliche Geltungsvoraussetzungen. In Ansehung der Bedeutung (zu Einzelheiten **131** → Rn. 151 ff.) und Wirkung (zu Einzelheiten → Rn. 173 ff.) von Handlungen und Unterlassungen (→ Rn. 104 f.) ist gem. § 346 nur auf die im Handelsverkehr *geltenden* Gewohnheiten und Gebräuche Rücksicht zu nehmen. Diese Formulierung impliziert, dass die Handelsbräuche grundsätzlich bereits **bei Abschluss des Handelsgeschäfts** bestanden haben müssen.[414] Erst nachträglich entstehende Handelsbräuche müssen *grundsätzlich* außer Betracht bleiben.[415]

Von dem in → Rn. 131 ausgeführten Grundsatz sind **zwei Ausnahmen** anzuerkennen: (1) Bei **132** Dauer- und Wiederkehrschuldverhältnissen sind auch die nachträglich entstehenden Handelsbräuche zu berücksichtigen, die bei der Vornahme der Handlung oder Unterlassung (→ Rn. 104 f.), deren Bedeutung (zB die Auslegung der auf Abschluss eines Änderungsvertrags gerichteten Willenserklärung) oder Wirkung (zB das Bewirken einer geschuldeten Leistung) in Ansehung des Handelsbrauchs beurteilt werden soll (zu Einzelheiten → Rn. 151 ff., 173 ff.), bereits bestanden haben.[416] (2) Im Rahmen anderer Schuldverhältnisse sind nach Vertragsschluss entstehende Handelsbräuche zwar nicht als solche, wohl aber als allgemeine Verkehrssitte zu beachten (zu Einzelheiten → Rn. 32 ff.), wenn die tatsächliche Übung bereits bei Vertragsschluss dergestalt im Verkehr etabliert war.[417]

ee) Internationaler Handelsverkehr. (1) Überblick. Im Internationalen Handelsverkehr sind **133** im Wesentlichen drei Konstellationen zu unterscheiden, nämlich die Rücksichtnahme auf internationale Handelsbräuche (zu Einzelheiten → Rn. 134 ff.), die Berücksichtigung ausländischer Handelsbräuche gegenüber im Inland ansässigen Kaufleuten (zu Einzelheiten → Rn. 143 ff.) sowie die Berücksichtigung inländischer Handelsbräuche gegenüber im Ausland ansässigen Kaufleuten (→ Rn. 148).

(2) Internationale Handelsbräuche. (a) Inländischer Handelsverkehr. Internationale Han- **134** delsbräuche (→ Rn. 10) gelten nicht nur im grenzüberschreitenden Handelsverkehr (zu Einzelheiten → Rn. 135 ff.), sondern auch für inländische Handelsgeschäfte (→ Rn. 104 f.), wenn ihr Geltungs-bereich auch zumindest Teile des Inlands .umfasst. Insoweit stehen sie inländischen Handelsbräuchen gleich;[418] insbesondere zählen sie zu den Gewohnheiten und Gebräuchen iSv § 346.[419] Dies hat zur Folge, dass internationale Handelsbräuche bei inländischen Handelsgeschäften unter im Geltungs-bereich ansässigen Kaufleuten (zu Einzelheiten → Rn. 108 ff., 117 ff.) aus sich heraus zu berücksichti-gen sind,[420] also – im Unterschied zu ausländischen Handelsbräuchen (zu Einzelheiten → Rn. 143 ff.) – ohne dass es einer besonderen Rechtfertigung bedarf.[421] Dies gilt bei der Anwendung von § 346 auch dann, wenn der internationale Handelsbrauch den Parteien des Handelsgeschäfts bei Vertragsschluss nicht bekannt war.[422] Im Verhältnis zu abweichenden inländischen Handelsbräuchen genießen den Parteien *gemeinsame* internationale Handelsbräuche – vorbehaltlich einer abweichenden Parteivereinbarung – Vorrang.[423]

1999, 441 – Castelletti; EuGH Urt. v. 20.2.1997 – C-106/95, Slg. 1997, I-911 Rn. 23 = NJW 1997, 1431 – MSG jeweils zu Art. 17 Abs. 1 S. 2 lit. c EuGVÜ (heute: Art. 25 Abs. 1 S. 3 lit. c Brüssel Ia-VO).

[413] Deutscher Holzwirtschaftsrat e. V., Tegernseer Gebräuche (16.12.2017), Vorwort, abrufbar unter: http://www.verband-crm.de/downloads/dynamisch/7245/tegernseer_gebruche_in_der_fassung_16.2.2017.pdf (zuletzt abgerufen am 7.4.2020).

[414] BGH Urt. v. 4.7.2017 – XI ZR 562/15, BGHZ 215, 172 Rn. 57 = NJW 2017, 2986; RG Urt. v. 30.11.1937 – II 74/37, JW 1938, 859 f.; OLG Köln Urt. v. 18.1.1971 – 10 U 4/70, NJW 1971, 894 (896); GK-HGB/*Achilles*/ *B. Schmidt* Rn. 4; *Fischinger* HandelsR Rn. 540; *Canaris* HandelsR § 22 Rn. 27; HaKo-HGB/*Klappstein* Rn. 24; *Oetker* HandelsR § 7 Rn. 51; Oetker/*Pamp* Rn. 2; *Sonnenberger,* Verkehrssitten im Schuldvertrag, 1970, Nr. 149 ff.; unklar *Schinkels* in Pfeiffer Handelsgeschäfte-HdB § 5 Rn. 33; aA *Flume* Rechtsgeschäft § 16, 3c = 310: Zeitpunkt der jeweiligen Erklärung; ähnlich *Lettl* HandelsR § 10 Rn. 13: Abgabe der (Willens-)Erklärung.

[415] Schlegelberger/*Hefermehl* Rn. 21; HaKo-HGB/*Klappstein* Rn. 24; aA *Schinkels* in Pfeiffer Handelsgeschäfte-HdB § 5 Rn. 4 für die ergänzende Vertragsauslegung.

[416] RG Urt. v. 30.11.1937 – II 74/37, JW 1938, 859 (860); RG Urt. v. 28.1.1916 – III 295/15, WarnR 1916 Nr. 69; GK-HGB/*Achilles*/*B. Schmidt* Rn. 4; *Canaris* HandelsR § 22 Rn. 27; Staub/*Koller* Rn. 44; HaKo-HGB/ *Klappstein* Rn. 24; Oetker/*Pamp* Rn. 2; in diese Richtung auch Schlegelberger/*Hefermehl* Rn. 21.

[417] GK-HGB/*Achilles*/*B. Schmidt* Rn. 4; Oetker/*Pamp* Rn. 2.

[418] NK-HGB/*Lehmann-Richter* Rn. 14.

[419] *Blaurock* ZEuP 1993, 247 (258); NK-HGB/*Lehmann-Richter* Rn. 14; wohl auch HaKo-HGB/*Klappstein* Rn. 9.

[420] Abw. NK-HGB/*Lehmann-Richter* Rn. 14, die nicht auf die gewerbliche Niederlassung der Kaufleute, sondern auf den örtlichen Schwerpunkt des Vertrags oder den Handlungsort abstellt.

[421] Heymann/*Horn* Rn. 14.

[422] BGH Urt. v. 2.5.1984 – VIII ZR 38/83, WM 1984, 1000 (1003) = BeckRS 1984, 05233; Schlegelberger/ *Hefermehl* Rn. 36; Staub/*Koller* Rn. 38; Oetker/*Pamp* Rn. 23; abw. KKRD/*W.-H. Roth* Rn. 10: nur wenn der internationale Handelsbrauch bekannt war oder aufgrund ständiger Übung der Branche als bekannt anzusehen war.

[423] Heymann/*Horn* Rn. 13, 14; Staub/*Koller* Rn. 38; Oetker/*Pamp* Rn. 4, 23.

135   **(b) Grenzüberschreitender Handelsverkehr. (aa) Sonderfall Gerichtsstandsvereinbarungen (Art. 25 Abs. 1 S. 3 lit. c Brüssel Ia-VO).** Im grenzüberschreitenden Handelsverkehr haben Handelsbräuche im Zusammenhang mit Gerichtsstandsvereinbarungen wiederholt den EuGH beschäftigt. Anlass hierzu war die den Parteien internationaler Handelsgeschäfte durch Art. 17 Abs. 1 S. 2 lit. c EuGVÜ (heute: Art. 25 Abs. 1 S. 3 lit. c Brüssel Ia-VO) eingeräumte Möglichkeit, eine vom Grundsatz des Gerichtsstands am Wohnsitz des Beklagten (Art. 2 Abs. 1 EuGVÜ, heute: Art. 4 Abs. 1 Brüssel Ia-VO) abweichende besondere Zuständigkeit zu vereinbaren. Derartige Gerichtsstandsvereinbarungen bedürfen einer Form, die einem Handelsbrauch entspricht (zB das kaufmännische Bestätigungsschreiben), den die Parteien kannten oder kennen mussten. Diese Formulierung gebietet es, **zwei Voraussetzungen** zu unterscheiden, nämlich (1) das Bestehen eines Handelsbrauchs (→ Rn. 136 f.) und (2) die Kenntnis bzw. das Kennenmüssen der Parteien (→ Rn. 138).

136   **(i) Handelsbrauch.** Unter Geltung von Art. 25 Abs. 1 S. 3 lit. c Brüssel Ia-VO (vormals: Art. 17 Abs. 1 S. 2 lit. c EuGVÜ) darf das Bestehen eines Handelsbrauchs sich nicht nach dem Recht eines der Vertragsstaaten bestimmen.[424] Der Begriff des Handelsbrauchs iSv Art. 25 Abs. 1 S. 3 lit. c Brüssel Ia-VO (vormals: Art. 17 Abs. 1 S. 2 lit. c EuGVÜ) ist vielmehr **unionsrechtsautonom** auszulegen.[425] Danach besteht ein Handelsbrauch namentlich dann, wenn die in einem Geschäftszweig tätigen Kaufleute bei Abschluss einer bestimmten Art von Verträgen allgemein und regelmäßig ein bestimmtes Verhalten befolgen.[426] Subjektive Voraussetzungen, insbesondere die Billigung (zu Einzelheiten → Rn. 22 ff.), sind dem Unionsrecht – im Unterschied zum deutschen Recht (zu Einzelheiten → Rn. 20 ff.) – fremd.[427]

137   Das Bestehen eines Handelsbrauchs und sein konkreter Inhalt sind ohne Berücksichtigung etwaiger besonderer Voraussetzungen nationaler Vorschriften für jede Branche einzeln zu bestimmen.[428] Diese Feststellungen obliegen den nationalen Gerichten.[429] Hierfür ist es nicht erforderlich, dass das Verhalten für alle Vertragsstaaten nachgewiesen wird.[430]

138   **(ii) Kenntnis oder Kennenmüssen.** Die Feststellung, dass die Parteien den Handelsbrauch (→ Rn. 136 f.) kannten oder kennen mussten, ist eine Tatfrage und obliegt als solche den nationalen Gerichten.[431] Der anzuwendende Maßstab ist hingegen eine Rechtsfrage, zu der der EuGH wiederholt entschieden hat, dass die Kenntnis der Vertragsparteien von einem Handelsbrauch namentlich dann feststeht oder vermutet wird, wenn die Parteien untereinander oder mit anderen in dem betreffenden Geschäftszweig tätigen Vertragspartnern schon früher Geschäftsbeziehungen angeknüpft hatten oder wenn in diesem Geschäftszweig ein bestimmtes Verhalten bei Abschluss einer bestimmten Art von Verträgen allgemein und regelmäßig befolgt wird und daher so bekannt ist, dass es als ständige Übung angesehen werden kann.[432] Die Publizität des Handelsbrauchs (zB in Form von Vordrucken, die von Fachverbänden oder -organisationen veröffentlicht werden) kann den Beweis der Kenntnis erleichtern; unerlässlich ist sie hierfür aber nicht.[433]

139   **(bb) UN-Kaufrecht (Art. 9 CISG).** Unter Geltung von Art. 9 Abs. 1 Fall 1 CISG sind die Parteien des Kaufvertrags – nicht notwendig Kaufleute (Art. 1 Abs. 3 CISG) – an Gebräuche gebunden, mit denen sie sich einverstanden erklärt haben. Der Begriff der Gebräuche ist autonom auszulegen.[434] Er umfasst sowohl internationale als auch inländische Gebräuche der Staaten, in denen die

---

[424] EuGH Urt. v. 20.2.1997 – C-106/95, Slg. 1997, I-911 Rn. 23 = NJW 1997, 1431 – MSG.

[425] MüKoHGB/*K. Schmidt* Rn. 58a; vgl. auch LG Essen Urt. v. 12.12.1990 – 41 O 122/89, RIW 1992, 227 (228) zu Art. 17 Abs. 1 EuGVÜ.

[426] BGH Urt. v. 26.4.2018 – VII ZR 139/17, NJW 2019, 76 Rn. 33; vgl. auch EuGH Urt. v. 16.3.1999 – C-159/97, Slg. 1999, I-1597 Rn. 26 = EuZW 1999, 441 – Castelletti; EuGH Urt. v. 20.2.1997 – C-106/95, Slg. 1997, I-911 Rn. 23 = NJW 1997, 1431 – MSG; OLG Celle Urt. v. 1.11.1995 – 2 U 145/92, IPRax 1997, 417 (418) jew. zu Art. 17 Abs. 1 S. 2 lit. c EuGVÜ; OLG Hamm Urt. v. 9.9.2011 – 19 U 88/11, ZfBR 2012, 222 (225) zu Art. 23 Abs. 1 S. 3 lit. c EuGVVO.

[427] Vgl. OLG Celle Urt. v. 1.11.1995 – 2 U 145/92, IPRax 1997, 417 (418) zu Art. 17 Abs. 1 S. 2 EuGVÜ.

[428] Vgl. OLG Saarbrücken Urt. v. 18.10.2011 – 4 U 548/10, NJOZ 2012, 923 (925) zu Art. 23 Abs. 1 S. 3 lit. c EuGVVO; EuGH Urt. v. 16.3.1999 – C-159/97, Slg. 1999, I-1597 Rn. 25 = EuZW 1999, 441 – Castelletti; EuGH Urt. v. 20.2.1997 – C-106/95, Slg. 1997, I-911 Rn. 23 = NJW 1997, 1431 – MSG jeweils zu Art. 17 Abs. 1 S. 2 lit. c EuGVÜ.

[429] BGH Urt. v. 26.4.2018 – VII ZR 139/17, NJW 2019, 76 Rn. 33; Oetker/*Pamp* Rn. 26; MüKoHGB/*K. Schmidt* Rn. 25; vgl. auch EuGH Urt. v. 16.3.1999 – C-159/97, Slg. 1999, I-1597 Rn. 23 = EuZW 1999, 441 – Castelletti; EuGH Urt. v. 20.2.1997 – C-106/95, Slg. 1997, I-911 Rn. 21 = NJW 1997, 1431 – MSG jeweils zu Art. 17 Abs. 1 S. 2 lit. c EuGVÜ.

[430] EuGH Urt. v. 16.3.1999 – C-159/97, Slg. 1999, I-1597 Rn. 30 = EuZW 1999, 441 – Castelletti; vgl. auch OLG Hamm Urt. v. 9.9.2011 – 19 U 88/11, ZfBR 2012, 222 (225) zu Art. 23 Abs. 1 S. 3 lit. c EuGVVO.

[431] Vgl. zB BGH Urt. v. 16.6.1997 – II ZR 37/94, NJW-RR 1998, 755 zu Art. 17 Abs. 1 S. 2 Fall 3 EuGVÜ.

[432] EuGH Urt. v. 16.3.1999 – C-159/97, Slg. 1999, I-1597 Rn. 43 = EuZW 1999, 441 – Castelletti; EuGH Urt. v. 20.2.1997 – C-106/95, Slg. 1997, I-911 Rn. 24 = NJW 1997, 1431 – MSG; jew. zu Art. 17 Abs. 1 S. 2 lit. c EuGVÜ. Dem folgend BGH Urt. v. 26.4.2018 – VII ZR 139/17, NJW 2019, 76 Rn. 33; vgl. auch OLG Saarbrücken Urt. v. 18.10.2011 – 4 U 548/10, NJOZ 2012, 923 (925) zu Art. 23 Abs. 1 S. 3 lit. c EuGVVO.

[433] EuGH Urt. v. 16.3.1999 – C-159/97, Slg. 1999, I-1597 Rn. 44 = EuZW 1999, 441 – Castelletti.

[434] MüKoHGB/*K. Schmidt* Rn. 42, 43.

Parteien ihre Niederlassungen haben,[435] und weist erhebliche Überschneidungen mit Handelsbräuchen iSv § 346 auf.[436] Die für die Rechtsverbindlichkeit von Gebräuchen gem. Art. 9 Abs. 1 Fall 1 CISG erforderliche Einigung – diese kann auch stillschweigend erfolgen[437] – werden die Gerichte regelmäßig nur bei inländischen Handelsbräuchen feststellen müssen. Bei internationalen Handelsbräuchen wird der Nachweis durch die **Einverständnisfiktion**[438] **nach Art. 9 Abs. 2 CISG** erleichtert. Haben die Parteien nichts anderes vereinbart, ist nämlich anzunehmen, dass sich die Parteien in ihrem Vertrag oder bei seinem Abschluss stillschweigend auf sämtliche Gebräuche bezogen haben, die sie kannten oder kennen mussten und die im internationalen Handel den Parteien von Verträgen dieser Art in dem betreffenden Geschäftszweig weithin bekannt sind und von ihnen regelmäßig beachtet werden.[439] Zum Schweigen auf ein kaufmännisches Bestätigungsschreiben unter Geltung des CISG → Rn. 359.

(cc) Unter Anwendung von § 346. Außerhalb des Anwendungsbereichs von Art. 25 Abs. 1 S. 3 **140** lit. c Brüssel Ia-VO (zu Einzelheiten → Rn. 135 ff.) ist die Ansicht verbreitet, dass die Parteien grenzüberschreitender Handelsgeschäfte internationale Handelsbräuche nur dann gegen sich gelten lassen müssten, wenn sie ihnen bekannt seien oder als bekannt angesehen werden müssten.[440] Dies vermag jedenfalls für im Inland ansässige Kaufleute (zu Einzelheiten → Rn. 108 ff., 117 ff.) unter Geltung von § 346 – über dessen Anwendung entscheiden bei grenzüberschreitenden Handelsgeschäften die Regelungen des Internationalen Privatrechts – nicht zu überzeugen. Ein allgemeiner Rechtsgedanke dieses Inhalts ist Art. 25 Abs. 1 S. 3 lit. c Brüssel Ia-VO bereits deshalb nicht zu entnehmen, weil die Kenntnis bzw. das Kennenmüssen im Rahmen dieser Vorschrift lediglich eine Voraussetzung für die *Wirksamkeit der Gerichtsstandsvereinbarung,* aber keine Voraussetzung für die Geltung des Handelsbrauchs ist. Die Tatsache, dass die Kenntnis bzw. das Kennenmüssen des Handelsbrauchs bei Anwendung von Art. 25 Abs. 1 S. 3 lit. c Brüssel Ia-VO eine weitere Voraussetzung neben der Geltung des Handelsbrauchs ist (→ Rn. 138), lässt vielmehr erkennen, dass internationale Handelsbräuche im grenzüberschreitenden Handelsverkehr unabhängig davon gelten, ob sie den Parteien bei Vertragsschluss bekannt sind oder bekannt sein müssen.[441] Für die in ihrem Geltungsbereich ansässigen Kaufleute stehen internationale Handelsbräuche vielmehr inländischen Handelsbräuchen gleich, weshalb sie ohne weitere Voraussetzungen aus sich heraus gelten.[442] Gegenüber einem andernorts ansässigen Kaufmann sind sie jedenfalls dann zu berücksichtigen, wenn sich dieser dem internationalen Handelsbrauch vertraglich unterworfen hat.[443]

(c) Sonderfall: lex mercatoria. Der Begriff lex mercatoria wird **mehrdeutig** verwendet. Zum **141** einen ist er als Sammelbegriff für verschiedene Regeln des internationalen Handelsverkehrs gebräuchlich.[444] Zum anderen – diese Bedeutung liegt den nachstehenden Ausführungen zugrunde – bezeichnet er das internationale Handelsgewohnheitsrecht,[445] das die am Handel Beteiligten durch lang anhaltende Befolgung und Überzeugung von seiner Richtigkeit selbst gesetzt haben.[446]

Nach zutreffender und herrschender Meinung ist die lex mercatoria **keine eigenständige Rechts-** **142** **quelle.**[447] Hierfür spricht bereits, dass die internationale Rechtssetzung supranationalen Organisationen (zB EU, WTO) und ihren Mitgliedstaaten überlassen ist, während die Teilnehmer des Handelsverkehrs darauf beschränkt sind, ihre vertraglichen Beziehungen (insbesondere einzelne Handelsgeschäfte) privatautonom auszugestalten.[448] Darüber hinaus ist die lex mercatoria zur Verwirklichung des jedem Handelsbrauch wesenseigenen Zwecks, Rechtssicherheit zu schaffen (→ Rn. 1), ungeeignet, da ihr Inhalt in keiner autorisierten Schrift festgehalten und daher – mit Ausnahme von grundlegenden Rechtssätzen (zB pacta sunt servanda, der clausula rebus sic stantibus und den Grundsätzen von Treu

---

[435] GK-HGB/*Achilles*/*B. Schmidt* Rn. 30; MüKoHGB/*Ferrari* CISG Art. 9 Rn. 4 mwN; aA (nur internationale Handelsbräuche) Schlechtriem/Schwenzer/Schroeter/*Schmidt-Kessel* CISG Art. 9 Rn. 18.

[436] Zu Einzelheiten und Beispielen s. MüKoHGB/*Ferrari* CISG Art. 9 Rn. 3; Schlechtriem/Schwenzer/Schroeter/*Schmidt-Kessel* CISG Art. 9 Rn. 6 jew. mwN.

[437] Statt vieler MüKoHGB/*Ferrari* CISG Art. 9 Rn. 2; MüKoHGB/*K. Schmidt* Rn. 43 jew. mwN.

[438] MüKoHGB/*Ferrari* CISG Art. 9 Rn. 10; MüKoBGB/*Gruber* CISG Art. 9 Rn. 6; ähnl. (unwiderlegliche Vermutung) GK-HGB/*Achilles*/*B. Schmidt* Rn. 30, 154; *Kilias* FS Siehr, 2010, 65 (73); MüKoHGB/*K. Schmidt* Rn. 45; aA (widerlegbare Vermutung) *Schinkels* in Pfeiffer Handelsgeschäfte-HdB § 5 Rn. 36.

[439] Zu Einzelheiten s. MüKoHGB/*Ferrari* CISG Art. 9 Rn. 10 ff.; MüKoBGB/*Gruber* CISG Art. 9 Rn. 6 ff.; Schlechtriem/Schwenzer/Schroeter/*Schmidt-Kessel* CISG Art. 9 Rn. 11 ff.

[440] So zB GK-HGB/*Achilles*/*B. Schmidt* Rn. 27.

[441] Im Ergebnis auch NK-HGB/*Lehmann-Richter* Rn. 17; Oetker/*Pamp* Rn. 23.

[442] MüKoHGB/*K. Schmidt* Rn. 49. Ähnl. Röhricht/Graf v. Westphalen/Haas/*Steimle*/*Dornieden* Rn. 17: Schwerpunkt des Vertrags liegt im Geltungsbereich des internationalen Handelsbrauchs.

[443] MüKoHGB/*K. Schmidt* Rn. 11.

[444] GK-HGB/*Achilles*/*B. Schmidt* Rn. 5; Heymann/*Horn* Einl. III Rn. 15; Oetker/*Pamp* Rn. 21.

[445] Ähnl. *K. Schmidt* HandelsR § 1 Rn. 67: teils Gewohnheitsrecht, teil Handelsbrauch.

[446] GK-HGB/*Achilles*/*B. Schmidt* Rn. 5; Heymann/*Horn* Einl. III Rn. 12 f.; Oetker/*Oetker* Einl. Rn. 40 mit Fn. 116; Oetker/*Pamp* Rn. 21; Röhricht/Graf v. Westphalen/Haas/*Steimle*/*Dornieden* Rn. 28.

[447] Statt vieler Oetker/*Oetker* Einl Rn. 42; *Spickhoff* RabelsZ 56 (1992), 116 (131 f.); aA *Blaurock* ZEuP 1993, 247 (263); *v. Hoffmann* IPRax 1984, 106 f.

[448] Oetker/*Oetker* Einl. Rn. 42; ähnl. *K. Schmidt* HandelsR § 1 Rn. 67.

und Glauben) – umstritten ist.[449] Demnach kann die lex mercatoria – im Unterschied zu internationalen Handelsbräuchen (zu Einzelheiten → Rn. 134 ff.) nur Anwendung finden, wenn und soweit die Parteien ihr Rechtsverhältnis der lex mercatoria **durch Vereinbarung unterstellt** haben.[450] Soweit ihr Inhalt dem Gericht unbekannt ist, muss dieser im Zivilprozess gem. § 293 ZPO festgestellt werden.[451]

143   **(3) Ausländische Handelsbräuche gegenüber im Inland ansässigen Kaufleuten.** Ist § 346 aufgrund der Regelungen des **Internationalen Privatrechts** in internationalen Sachverhalten anzuwenden, stellen sich die Fragen, ob und unter welchen Voraussetzungen im Inland ansässige Kaufleute (zu Einzelheiten → Rn. 108) in Ansehung der Bedeutung und Wirkung von Handlungen und Unterlassungen (→ Rn. 104 f.) auch auf ausländische Handelsbräuche (→ Rn. 10) Rücksicht zu nehmen haben. Die Tatsache, dass dem Wortlaut von § 346 keine Beschränkung auf inländische Handelsbräuche zu entnehmen ist, lässt lediglich erkennen, dass die Berücksichtigung ausländischer Handelsbräuche unter Geltung von § 346 nicht ausgeschlossen ist.[452] Damit geht allerdings nicht einher, dass ausländische Handelsbräuche gegenüber im Inland ansässigen Kaufleuten stets, dh ohne besondere Voraussetzungen, zu berücksichtigen sind. Im Gegenteil: Da die Geltung inländischer Handelsbräuche auf einem grundsätzlichen Einverständnis der inländischen Handelskreise beruht (→ Rn. 118), das für ausländische Handelsbräuche fehlt,[453] bedarf die Berücksichtigung ausländischer Handelsbräuche gem. § 346 einer **besonderen Rechtfertigung.** Da der Geltung ausländischer Handelsbräuche gegenüber im Inland ansässigen Kaufleuten in der Sache dieselbe Frage zugrunde liegt wie der Geltung räumlich begrenzter inländischer Handelsbräuche gegenüber gebietsfremden Kaufleuten (zu Einzelheiten → Rn. 117 ff.), erscheint es angemessen, die Gründe, die die Rücksichtnahme auf ortsfremde Handelsbräuche rechtfertigen, als ausreichend auch dafür anzusehen, ausländische Handelsbräuche gem. § 346 gegenüber im Inland ansässigen Kaufleuten zu berücksichtigen.[454] Im Einzelnen kommen drei Geltungsgründe in Betracht:

144   **(a) Unterwerfungswille.** Unter Geltung von § 346 sind ausländische Handelsbräuche gegenüber im Inland ansässigen Kaufleuten (→ Rn. 108) *jedenfalls* zu berücksichtigen, wenn sie sich dem ausländischen Handelsbrauch unterworfen haben.[455] Der hierfür erforderliche sog. Unterwerfungswille ist entsprechend den §§ 133, 157 BGB aus der Perspektive des Geschäftspartners zu beurteilen. Eine ausdrückliche und eindeutige Vertragsbestimmung, die auf den Handelsbrauch Bezug nimmt, ist hierfür ausreichend, aber nicht erforderlich.[456] Vielmehr liegt die Annahme einer stillschweigenden Unterwerfung *regelmäßig* dann nahe, wenn der im Inland ansässige Kaufmann bei Vertragsschluss **Kenntnis** von dem ausländischen Handelsbrauch hatte,[457] insbesondere der ausländische Geschäftspartner den im Inland ansässigen Kaufmann auf das Bestehen des ausländischen Handelsbrauchs hingewiesen hatte.[458] Umgekehrt wird der Unterwerfungswille nicht dadurch ausgeschlossen, dass der (konkrete) ausländische Handelsbrauch dem im Inland ansässigen Kaufmann bei Abschluss des Handelsgeschäfts unbekannt war.[459] Es genügt, dass der Kaufmann sich allen im Ausland möglicherweise bestehenden Handelsbräuchen unterwerfen wollte.[460] In Bezug auf regionale oder lokale ausländische Handelsbräuche, die dem im Inland ansässigen Kaufmann unbekannt waren, wird eine stillschweigende Unterwerfung in der Regel zu verneinen sein.[461] Insoweit verlangen es Treu und Glauben (§ 242 BGB) nicht, dass ein im Inland ansässiger Kaufmann sich nach solchen Handelsbräuchen erkundigt;

---

[449] Oetker/*Oetker* Einl. Rn. 42.

[450] *Schinkels* in Pfeiffer Handelsgeschäfte-HdB § 5 Rn. 11.

[451] Zöller/*Geimer* ZPO § 293 Rn. 4a; Oetker/*Pamp* Rn. 21; MüKoHGB/*K. Schmidt* Rn. 18.

[452] NK-HGB/*Lehmann-Richter* Rn. 13; Oetker/*Pamp* Rn. 2, 24; iErg auch Röhricht/*Graf v. Westphalen*/Haas/ Steimle/*Dornieden* Rn. 15.

[453] BGH Urt. v. 2.5.1984 – VIII ZR 38/83, WM 1984, 1000 (1003) = BeckRS 1984, 05233.

[454] Schlegelberger/*Hefermehl* Rn. 35; Staub/*Koller* Rn. 36a; NK-HGB/*Lehmann-Richter* Rn. 13.

[455] RG Urt. v. 26.6.1928 – II 64/28, JW 1928, 3109; ROHG Urt. v. 25.6.1872 – R. 332/72, ROHG 7, 1 (13); OLG Hamburg Urt. v. 2.9.1974 – 8 U 189/73, MDR 1975, 845 (846); Schlegelberger/*Hefermehl* Rn. 35; Baumbach/Hopt/*Hopt* Rn. 7; Heymann/*Horn* Rn. 13; Oetker/*Pamp* Rn. 24; MüKoHGB/*K. Schmidt* Rn. 11; vgl. auch ROHG Urt. v. 23.4.1872 – Rep. 67/72, ROHG 6, 76 (78) zu Art. 279 ADHGB.

[456] RG Urt. v. 26.6.1928 – II 64/28, JW 1928, 3109; wohl aA KKRD/*W.-H. Roth* Rn. 13.

[457] Schlegelberger/*Hefermehl* Rn. 35.

[458] Vgl. Oetker/*Pamp* Rn. 24 für die umgekehrte Konstellation, nämlich Geltung inländischer Handelsbräuche gegenüber ausländischen Kaufleuten.

[459] RG Urt. v. 26.6.1928 – II 64/28, JW 1928, 3109; Schlegelberger/*Hefermehl* Rn. 35; aA ROHG Urt. v. 25.2.1874 – Rep. 71/74, ROHG 12, 282 (287); ROHG Urt. v. 23.4.1872 – Rep. 67/72, ROHG 6, 76 (78) zu Art. 279 ADHGB.

[460] Schlegelberger/*Hefermehl* Rn. 35. Ähnl. NK-HGB/*Lehmann-Richter* Rn. 18: konkrete Möglichkeit der Kenntnisnahme. So wohl zB ROHG Urt. v. 19.9.1873 – Rep. 427/73, ROHG 11, 76 (85) für eine sog. Prompt-Klausel.

[461] RG Urt. v. 26.6.1928 – II 64/28, JW 1928, 3109. In diese Richtung auch ROHG Urt. v. 25.6.1872 – R. 332/ 72, ROHG 7, 1 (11), das deshalb auf verschiedene Indizien für einen Schwerpunkt des Vertrags (Erfüllungsort, Niederlassung, Vertragsschluss) abstellt.

vielmehr obliegt es dem im Geltungsbereich des Handelsbrauchs ansässigen Kaufmann, seinen Vertragspartner auf dessen Bestehen hinzuweisen.[462]

Ob die Handlung (→ Rn. 104 f.), deren Bedeutung oder Wirkung in Frage steht, in dem Geltungs- **145**
bereich des ausländischen Handelsbrauchs vorgenommen wurde oder – im Fall eines Unterlassens –
vorzunehmen gewesen wäre **(Handlungsort),** ist für den Unterwerfungswillen (→ Rn. 144) ebenso
unerheblich wie der Umstand, ob der im Inland ansässige Kaufmann selbst in den Geltungsbereich des
ausländischen Handelsbrauchs gereist ist oder eine im Ausland ansässige Hilfsperson als sein Stellvertreter im Geltungsbereich des Handelsbrauchs agiert hat.

(b) Zugehörigkeit des inländischen Kaufmanns zu einem international agierenden Han- **146**
delskreis. Die Voraussetzungen für die Berücksichtigung ausländischer Handelsbräuche unter gegenüber im Inland ansässigen Kaufleuten (→ Rn. 108) dürfen nicht überspannt werden. Daher genügt es
in Ansehung des Geltungsgrundes von Handelsbräuchen (→ Rn. 118) auch, wenn der im Inland
ansässige Kaufmann zu einem Handelskreis gehört, der gewöhnlich an Geschäften der jeweiligen Art
beteiligt ist.[463] Unerheblich ist demnach sowohl, ob der ausländische Handelsbrauch dem im Inland
ansässigen Kaufmann bei Vertragsschluss bekannt war, als auch, ob die Angehörigen seines Handelskreises sich dem ausländischen Handelsbrauch gewöhnlich unterwerfen. Denn bereits die Zugehörigkeit zu einem international agierenden Handelskreis ist für ordentliche Kaufleute hinreichender Grund
dafür, sich vor dem Abschluss internationaler Handelsgeschäfte selbst nach einschlägigen Handelsbräuchen zu erkundigen. Besteht diese Obliegenheit somit unabhängig davon, ob der im Inland
ansässige Kaufmann selbst wiederholt internationale Handelsgeschäfte der jeweiligen Art getätigt hat,
gilt der ausländische Handelsbrauch auch dann, wenn der im Inland ansässige Kaufmann erstmalig ein
Geschäft dieser Art vornimmt (→ Rn. 115).

(c) Entsprechender inländischer Handelsbrauch. Des Weiteren müssen im Inland ansässige **147**
Kaufleute (→ Rn. 108) einen ausländischen Handelsbrauch auch dann gegen sich gelten lassen, wenn
dieser einem inländischen, am Ort der gewerblichen Niederlassung des Kaufmanns geltenden Handelsbrauch entspricht.[464] Dies gilt auch dann, wenn dem im Inland ansässigen Kaufmann weder der
ausländische noch der inländische Handelsbrauch im Zeitpunkt des Vertragsschlusses bekannt war.

(4) Inländische Handelsbräuche gegenüber im Ausland ansässigen Kaufleuten. Im Handels- **148**
verkehr mit ausländischen Kaufleuten können inländische Handelsbräuche gemäß § 346 nur zu berücksichtigen sein, soweit die Vorschrift aufgrund der Regelungen des Internationalen Privatrechts anzuwenden ist.[465] Zu Art. 9 CISG → Rn. 139. Aber auch dann, wenn § 346 anzuwenden ist, gelten
inländische Handelsbräuche nicht aus sich heraus im Verhältnis zu ausländischen Kaufleuten. Ihre
Berücksichtigung ist nämlich entsprechend dem Geltungsgrund, nämlich dem grundsätzlichen Einverständnis der inländischen Handelskreise (→ Rn. 118), auf inländische, dem Handelskreis angehörige
Kaufleute beschränkt. Folglich bedarf ihre Geltung im Verhältnis zu ausländischen Kaufleuten einer
besonderen Rechtfertigung. Da der Berücksichtigung inländischer Handelsbräuche gegenüber auslän-
dischen Kaufleuten dasselbe Sachproblem zugrunde liegt wie der Berücksichtigung ausländischer
Handelsbräuche gegenüber inländischen Kaufleuten (zu Einzelheiten → Rn. 143 ff.), sind dieselben
Geltungsgründe anzuwenden.[466] Dementsprechend sind inländische Handelsbräuche im Verhältnis zu
ausländischen Kaufleuten gem. § 346 sowohl in Ansehung der Bedeutung (zu Einzelheiten
→ Rn. 151 ff.) als auch in Ansehung der Wirkung (zu Einzelheiten → Rn. 173 ff.) von Handlungen und
Unterlassungen (→ Rn. 104 f.) *jedenfalls* zu berücksichtigen, wenn (1) der ausländische Kaufmann sich
dem inländischen Handelsbrauch unterworfen hat (→ Rn. 144 f.).[467] Dies liegt in der Regel nahe, wenn
der im Ausland ansässige Kaufmann den inländischen Handelsbrauch kannte,[468] weil er zB von dem im
Geltungsbereich ansässigen inländischen Kaufmann vor Vertragsschluss darauf hingewiesen wurde.[469]

---

[462] RG Urt. v. 26.6.1928 – II 64/28, JW 1928, 3109; wohl auch *Canaris* HandelsR § 22 Rn. 29.

[463] BGH Urt. v. 2.5.1984 – VIII ZR 38/83, WM 1984, 1000 (1003) = BeckRS 1984, 05233; Heymann/*Horn*
Rn. 13; HaKo-HGB/*Klappstein* Rn. 8; Staub/*Koller* Rn. 36a; Oetker/*Pamp* Rn. 2, 24; *K. Schmidt* HandelsR § 1
Rn. 51. IErg auch GK-HGB/*Achilles/B. Schmidt* Rn. 27, die in diesen Fällen – methodologisch zweifelhaft – eine
konkludente Unterwerfung annehmen.

[464] BGH Urt. v. 2.5.1984 – VIII ZR 38/83, WM 1984, 1000 (1003) = BeckRS 1984, 05233; Schlegelberger/
Hefermehl Rn. 35; Staub/*Koller* Rn. 36a; *K. Schmidt* HandelsR § 1 Rn. 51; wohl auch Baumbach/Hopt/*Hopt* Rn. 7.
Im Ergebnis auch GK-HGB/*Achilles/B. Schmidt* Rn. 27, die in diesen Fällen – methodologisch zweifelhaft – eine
konkludente Unterwerfung annehmen.

[465] Oetker/*Pamp* Rn. 24.

[466] Staub/*Koller* Rn. 37; NK-HGB/*Lehmann-Richter* Rn. 18; KKRD/*W.-H. Roth* Rn. 9; Röhricht/Graf v. West-
phalen/Haas/*Steimle/Dornieden* Rn. 15.

[467] RG Urt. v. 13.10.1928 – I 162/28, LZ 1929, 387; RG Urt. v. 26.6.1928 – II 64/28, JW 1928, 3109; OLG
Hamburg Urt. v. 16.1.1981 – 11 U 86/79, RIW 1982, 283 = BeckRS 1981, 31387676; OLG Königsberg Urt. v.
21.6.1929 – 2 U 305/28, JW 1930, 1982 (1983); Heymann/*Horn* Rn. 13; Oetker/*Pamp* Rn. 24.

[468] RG Urt. v. 26.6.1928 – II 64/28, JW 1928, 3109.

[469] Oetker/*Pamp* Rn. 24; aA *Schinkels* in Pfeiffer Handelsgeschäfte-HdB § 5 Rn. 34: Hinweis durch den ortsansässigen Kaufmann sei unverzichtbare Geltungsvoraussetzung.

Des Weiteren ist auf inländische Handelsbräuche im Verhältnis zu ausländischen Kaufleuten gemäß § 346 auch dann Rücksicht zu nehmen, wenn (2) der ausländische Kaufmann nicht nur vorübergehend Geschäfte im Inland tätigt[470] oder (3) einem Handelskreis angehört, der gewöhnlich an Geschäften der jeweiligen Art beteiligt ist (→ Rn. 146) oder (4) der inländische Handelsbrauch einem Handelsbrauch an dem Ort der geschäftlichen Niederlassung des ausländischen Kaufmanns entspricht (→ Rn. 147).[471]

149 **c) Berücksichtigung. aa) Überblick.** Handelsbräuche sind keine Rechtssätze, sondern soziale Normen (→ Rn. 2). Auf sie ist jedoch im Recht gem. § 346 unter Kaufleuten (zu Einzelheiten → Rn. 108 ff.) in Ansehung der Bedeutung (zu Einzelheiten → Rn. 151 ff.) und der Wirkung (zu Einzelheiten → Rn. 173 ff.) von Handlungen und Unterlassungen (→ Rn. 104 f.) Rücksicht zu nehmen. Dieses Gebot ist nicht nur an die Gerichte, sondern auch in erster Linie an die Kaufleute selbst adressiert.[472] Die Tatsache, dass § 346 Handelsbräuchen in gewisser Weise **normativen Charakter** verleiht (→ Rn. 2), hat zur Folge, dass auf einen im Einzelfall geltenden Handelsbrauch nicht nur unabhängig davon Rücksicht zu nehmen ist, ob die Kaufleute auf den Handelsbrauch Bezug genommen haben[473] oder sich ihm unterwerfen wollten,[474] sondern grundsätzlich auch, wenn der Handelsbrauch ihnen unbekannt war.[475] Von Bedeutung ist die Kenntnis der Kaufleute von dem Handelsbrauch nur *ausnahmsweise*, nämlich bei der Berücksichtigung internationaler Handelsbräuche im grenzüberschreitenden Handelsverkehr (zu Einzelheiten → Rn. 134 ff., 138) sowie bei ausländischen Handelsbräuchen gegenüber im Inland ansässigen Kaufleuten (zu Einzelheiten → Rn. 144).

150 In Anlehnung an das Begriffspaar „Bedeutung" (zu Einzelheiten → Rn. 151 ff.) und „Wirkung" (zu Einzelheiten → Rn. 173 ff.) werden anhand der Rechtsfolge **interpretierende Handelsbräuche** einerseits und **(vertrags-)ergänzende Handelsbräuche** andererseits unterschieden.[476] Da die anhand dieser Bezeichnungen zu bildenden Gruppen von Handelsbräuchen jedoch zum Teil von den gesetzlichen Kategorien abweichen – dies gilt zB für die Berücksichtigung von Handelsbräuchen im Rahmen der ergänzenden Vertragsauslegung (zu Einzelheiten → Rn. 155 ff.) – orientiert sich die Kommentierung an der gesetzlichen Terminologie.

151 **bb) In Ansehung der Bedeutung einer Handlung oder Unterlassung. (1) Überblick.** Das Gebot des § 346, im Handelsverkehr geltende (zu Einzelheiten → Rn. 106 ff.) Handelsbräuche in Ansehung der Bedeutung von Handlungen und Unterlassungen (→ Rn. 104 f.) zu berücksichtigen (sog. **Auslegungsfunktion**[477]), gilt in erster Linie für die Auslegung von Willenserklärungen

---

[470] Schlegelberger/*Hefermehl* Rn. 35; Staub/*Koller* Rn. 37; vgl. auch NK-HGB/*Lehmann-Richter* Rn. 18 für die Rechtsgrundsätze über kaufmännische Bestätigungsschreiben (zu Einzelheiten → Rn. 243 ff.); weniger restriktiv RG Urt. v. 13.10.1928 – I 162/28, LZ 1929, 387; RG Urt. v. 13.10.1928 – I 162/28, Recht 1928 Nr. 2487; *Canaris* HandelsR § 22 Rn. 40; Heymann/*Horn* Rn. 13, die auch das erstmalige Tätigwerden im Inland ausreichen lassen.

[471] OLG Koblenz Urt. v. 9.1.1981 – 2 U 1266/77, IPRax 1982, 20 (21) für das Schweigen eines niederländischen Kaufmanns auf ein kaufmännisches Bestätigungsschreiben.

[472] MüKoHGB/*K. Schmidt* Rn. 33.

[473] BGH Urt. v. 22.9.2003 – II ZR 172/01, NJW-RR 2004, 555; BGH Urt. v. 1.12.1965 – VIII ZR 271/63, NJW 1966, 502; GK-HGB/*Achilles*/*B. Schmidt* Rn. 26; Schlegelberger/*Hefermehl* Rn. 1, 31; Heymann/*Horn* Rn. 5; *v. Renthe gen. Fink* BB 1982, 80 (81); KKRD/*W.-H. Roth* Rn. 11; *Schinkels* in Pfeiffer Handelsgeschäfte-HdB § 5 Rn. 17; Röhricht/Graf v. Westphalen/Haas/*Steimle*/*Dornieden* Rn. 2.

[474] OLG Koblenz Teilurt. v. 12.2.2009 – 6 U 111/08, BeckRS 2009, 6390 unter A. IV. 1. der Gründe; OLG Jena Urt. v. 5.12.2002 – 1 U 541/02, NJ 2003, 436 = BeckRS 2002, 30297064; OLG Köln Urt. v. 28.2.1997 – 19 U 194/95, NJW-RR 1998, 926; GK-HGB/*Achilles*/*B. Schmidt* Rn. 1; *Fischinger* HandelsR Rn. 543; Schlegelberger/*Hefermehl* Rn. 31; Baumbach/Hopt/*Hopt* Rn. 8; Heymann/*Horn* Rn. 5; *Jung* HandelsR Kap. 9 Rn. 12; NK-HGB/*Lehmann-Richter* Rn. 19; *Lettl* HandelsR § 10 Rn. 12; KKRD/*W.-H. Roth* Rn. 11; MüKoHGB/*K. Schmidt* Rn. 14; Röhricht/Graf v. Westphalen/Haas/*Steimle*/*Dornieden* Rn. 2; aA RG Urt. v. 8.12.1893 – II 199/93, JW 1894, 20 f.; wohl auch BGH Urt. v. 10.4.1956 – I ZR 165/54, GRUR 1957, 84 (85).

[475] BGH Urt. v. 18.7.2000 – XI ZR 263/99, WM 2000, 1744 (1745) = BeckRS 2000, 7010; BGH Urt. v. 10.4.1956 – I ZR 165/54, GRUR 1957, 84 (86); RG Urt. v. 19.5.1926 – I 309/25, RGZ 114, 9 (12); RG Urt. v. 4.4.1919 – Rep. II 230/18, RGZ 95, 242 (243); RG Urt. v. 30.10.1928 – VII 199/28, HRR 1929 Nr. 321; RG Urt. v. 19.11.1926 – II 124/26, JW 1927, 764; RG Urt. v. 6.1.1922 – VII 506/21, JW 1922, 706; RG Urt. v. 9.1.1907 – I 263/06, JW 1907, 149; OLG Jena Urt. v. 5.12.2002 – 1 U 541/02, NJ 2003, 436 = BeckRS 2002, 30297064; OLG Köln Urt. v. 28.2.1997 – 19 U 194/95, NJW-RR 1998, 926; OLG Frankfurt Urt. v. 23.4.1986 – 17 U 155/84, NJW-RR 1986, 911 (912); KG Urt. v. 27.1.1919 – 6 U 2517/18, DJZ 1919, 438 (439); OLG Hamburg Urt. v. 7.11.1893, SeuffA 50 Nr. 256; *Böshagen* NJW 1956, 695; GK-HGB/*Achilles*/*B. Schmidt* Rn. 15, 26; *Canaris* HandelsR § 22 Rn. 28; *Fischinger* HandelsR Rn. 543; Schlegelberger/*Hefermehl* Rn. 28, 31; Baumbach/Hopt/*Hopt* Rn. 8; Heymann/*Horn* Rn. 5; *Hübner* HandelsR Rn. 521; *Jung* HandelsR Kap. 9 Rn. 12; HaKo-HGB/*Klappstein* Rn. 18, 31; Staub/*Koller* Rn. 29, 40; *Lettl* HandelsR § 10 Rn. 12; *Oetker* HandelsR § 7 Rn. 52; Oetker/*Pamp* Rn. 14; *v. Renthe gen. Fink* BB 1982, 80 (81); KKRD/*W.-H. Roth* Rn. 11; *Schinkels* in Pfeiffer Handelsgeschäfte-HdB § 5 Rn. 17, 34; GK-HGB/*B. Schmidt* Rn. 15, 26; MüKoHGB/*K. Schmidt* Rn. 14, 34; *K. Schmidt* HandelsR § 1 Rn. 49; Röhricht/Graf v. Westphalen/Haas/*Steimle*/*Dornieden* Rn. 2, 21; aA *Hellwege* AcP 214 (2014), 86.

[476] So zB *Canaris* HandelsR § 22 Rn. 4; HaKo-HGB/*Klappstein* Rn. 26, 29; Staub/*Koller* Rn. 1; KKRD/*W.-H. Roth* Rn. 1.

[477] So zB HaKo-HGB/*Klappstein* Rn. 2; MüKoHGB/*K. Schmidt* Rn. 2; ähnl. *Lettl* HandelsR § 10 Rn. 3: Interpretationsfunktion.

(→ Rn. 152 f.) und Verträgen (zu Einzelheiten → Rn. 155 ff.) unter Kaufleuten (zu Einzelheiten → Rn. 108 ff.).[478] Insoweit ergänzt es die allgemeine Regelung des § 157 BGB (→ Rn. 35).[479]

(2) Auslegung von Willenserklärungen. (a) Inhalt. Für die Auslegung einer empfangsbedürfti- **152** gen Willenserklärung ist gem. den §§ 133, 157 BGB maßgebend, wie diese vom Empfängerhorizont nach Treu und Glauben mit Rücksicht auf die Verkehrssitte verstanden werden muss.[480] Für Willenserklärungen unter Kaufleuten (zu Einzelheiten → Rn. 108 ff.) wird diese allgemeine, auch im Handelsrecht geltende Auslegungsmaxime (→ Rn. 35) durch § 346 dahingehend ergänzt, dass neben der allgemeinen Verkehrssitte (→ Rn. 32) auch und vor allem die Verkehrssitte im Handel, dh ein geltender (zu Einzelheiten → Rn. 106 ff.) Handelsbrauch, zu berücksichtigen ist.[481] Danach sind Willenserklärungen unter Kaufleuten *grundsätzlich* so auszulegen, wie sie der Empfänger nach Treu und Glauben (→ Rn. 186) mit Rücksicht auf einen geltenden Handelsbrauch verstehen musste (sog. **handelsbrauchkonforme Auslegung**).[482] So ist zB die Skontofrist (zB „zahlbar innerhalb von 40 Tagen") einer Skontoabrede – hierbei handelt es sich um einen aufschiebend bedingten Teilerlass der Forderung für den Fall fristgerechter Zahlung – bei Übersendung eines Schecks unter Berücksichtigung des Handelsbrauchs dahingehend auszulegen, dass es für die rechtzeitige Zahlung ausreicht, wenn der Schuldner den vom Gläubiger angenommenen Scheck innerhalb der eingeräumten Skontofrist absendet.[483]

Freilich hindert das Bestehen eines Handelsbrauchs Kaufleute nicht daran, ihren Erklärungen einen **153** von dem Handelsbrauch inhaltlich abweichenden Gehalt beizulegen.[484] Hierfür ist es erforderlich, aber auch ausreichend, dass der Empfänger *eindeutig* erkennen kann, dass der Kaufmann seine Erklärung in einem bestimmten, von dem geltenden Handelsbrauch abweichenden Sinn verstanden wissen wollte.[485] In diesen Fällen dominiert *ausnahmsweise* der **wirkliche Wille** (§ 133 BGB) die Auslegung der Erklärung. Darlegungs- und beweisbelastet hierfür ist die Partei, die eine Abweichung von der handelsbrauchkonformen Auslegung behauptet. Hierauf gründet die verbreitete Formulierung, dass die handelsbrauchkonforme Auslegung widerlegbar vermutet wird.[486]

(b) Konkludenz eines Verhaltens. Gegenstand der Auslegung ist nicht nur der Inhalt einer **154** Willenserklärung (→ Rn. 152 f.), sondern auch die Vorfrage, ob überhaupt eine Willenserklärung vorliegt.[487] Unter Kaufleuten (zu Einzelheiten → Rn. 108 ff.) werden die auch insoweit anzuwendenden §§ 133, 157 BGB gem. § 346 um einen geltenden (zu Einzelheiten → Rn. 106 ff.) Handelsbrauch ergänzt (→ Rn. 35).[488] Lässt sich zB ein Kaufmann Waren durch Vorlage eines Lieferscheins aushändigen, der zur Auslieferung nur gegen Zahlung einer bestimmten Summe ermächtigt (sog. **Kassalieferschein**), ist die Entgegennahme der Ware unter Berücksichtigung eines für Kassalieferscheingeschäfte geltenden Handelsbrauchs dahingehend zu verstehen, dass der Auslieferer gegen den Kaufmann einen selbstständigen Zahlungsanspruch in Höhe des in der Kassaklausel angeführten Betrags erwirbt, wenn die Auslieferung irrtümlicherweise ohne Zahlung erfolgt ist.[489] Einen bundesweiten Handelsbrauch des Inhalts, dass Autolackierereien die ihnen von den führenden Anbietern der deutschen Lack- und Druckfarbenindustrie überlassene Erstausstattung unentgeltlich behalten dürften,

---

[478] BGH Urt. v. 3.12.1992 – III ZR 30/91, NJW 1993, 1798; BGH Urt. v. 7.3.1973 – VIII ZR 214/71, WM 1973, 382 = BeckRS 1973, 31125498; BGH Urt. v. 29.11.1961 – VIII ZR 146/60, JZ 1963, 167 (169) = BeckRS 1961, 31188315; RG Urt. v. 24.11.1931 – II 123/31, JW 1932, 586 (588); RG Urt. v. 26.6.1928 – VII 64/28, SeuffA 82 Nr. 177; GK-HGB/*Achilles*/*B. Schmidt* Rn. 1; *Fischinger* HandelsR Rn. 531; *Gallois* JR 1956, 45 (46); Baumbach/Hopt/*Hopt* Rn. 1; *Horn* FG 50 Jahre BGH, Bd. II, 2000, 3 (19); *Jung* HandelsR Kap. 9 Rn. 11; HaKo-HGB/*Klappstein* Rn. 2; *Lettl* HandelsR § 10 Rn. 3; MüKoHGB/*K. Schmidt* Rn. 6; Röhricht/Graf v. Westphalen/Haas/*Steimle*/*Dornieden* Rn. 5.

[479] BGH Urt. v. 7.3.1973 – VIII ZR 214/71, WM 1973, 382 = BeckRS 1973, 31125498; Röhricht/Graf v. Westphalen/Haas/*Steimle*/*Dornieden* Rn. 5.

[480] Statt vieler BGH Urt. v. 5.7.1990 – IX ZR 10/90, NJW 1990, 3206; Palandt/*Ellenberger* BGB § 133 Rn. 9 jew. mwN.

[481] BGH Urt. v. 22.9.2003 – II ZR 172/01, NJW-RR 2004, 555; RG Urt. v. 12.11.1919 – I 111/19, RGZ 97, 140 (143); Oetker/*Pamp* Rn. 2; KKRD/*W.-H. Roth* Rn. 2, 14; Röhricht/Graf v. Westphalen/Haas/*Steimle*/*Dornieden* Rn. 5.

[482] BGH Urt. v. 1.12.1965 – VIII ZR 271/63, NJW 1966, 502 (503); Staub/*Koller* Rn. 43; Röhricht/Graf v. Westphalen/Haas/*Steimle*/*Dornieden* Rn. 5.

[483] BGH Urt. v. 11.2.1998 – VIII ZR 287/97, NJW 1998, 1302; *Beater* AcP 1991, 360 (263); *Kronenbitter* BB 1984, 2030 (2033); MüKoHGB/*K. Schmidt* Rn. 30.

[484] Statt vieler *Oetker* HandelsR § 7 Rn. 54.

[485] BGH Urt. v. 16.5.1956 – IV ZR 340/55, BB 1956, 868; Schlegelberger/*Hefermehl* Rn. 31; *Lettl* HandelsR § 10 Rn. 6; MüKoHGB/*K. Schmidt* Rn. 6; *K. Schmidt* HandelsR § 1 Rn. 63.

[486] So zB *Oetker* HandelsR § 7 Rn. 53.

[487] Statt vieler MüKoBGB/*Busche* BGB § 157 Rn. 51 mwN.

[488] *Canaris* HandelsR § 22 Rn. 22; Staub/*Koller* Rn. 43.

[489] BGH Urt. v. 27.6.1952 – I ZR 146/52, BGHZ 6, 378 f. (Ls.) = NJW 1952, 1132; dem folgend *Canaris* HandelsR § 22 Rn. 22.

mit der Entgegennahme also kein Kaufvertrag zustande kommt, hat das LG Dessau-Roßlau verneint.[490]

155 **(3) Ergänzende Vertragsauslegung. (a) Allgemeines.** Kaufleute dürfen erwarten, dass in Bereichen, die sie vertraglich nicht geregelt haben, vorrangig gegenüber dem dispositiven bürgerlichen Recht (→ Rn. 156) das Gewöhnliche und Gebräuchliche gilt.[491] Daher sind geltende (zu Einzelheiten → Rn. 106 ff.) Handelsbräuche auch bei der sog. ergänzenden Auslegung von Verträgen zu berücksichtigen.[492] Diese Auslegungsmethode hat im Fall einer planwidrigen Unvollständigkeit des Vertrags aus objektiv-generalisierender Sicht[493] danach zu fragen, welche Regelung von den Parteien in Kenntnis der Regelungslücke nach dem Vertragszweck und angemessener Berücksichtigung ihrer beiderseitigen Interessen nach Treu und Glauben (§ 242 BGB) als redlicher Vertragspartner gewählt worden wäre.[494] Hierbei sind neben dem Vertrag selbst, namentlich die darin enthaltenen Regelungen und Wertungen sowie sein Sinn und Zweck,[495] mit Treu und Glauben und der Verkehrssitte auch objektive Maßstäbe zu berücksichtigen.[496] Diese Grundsätze ergänzt § 346 für Verträge unter Kaufleuten (zu Einzelheiten → Rn. 108 ff.) dahingehend, dass neben der allgemeinen Verkehrssitte (zu Einzelheiten → Rn. 32 ff.) auch auf die Verkehrssitte im Handel, dh einen geltenden (zu Einzelheiten → Rn. 106 ff.) Handelsbrauch, Rücksicht zu nehmen ist.[497]

156 **(b) Verhältnis zum dispositiven Recht.** Eine ergänzende Vertragsauslegung ist nur zulässig, wenn sich die Regelungslücke nicht durch dispositives Recht füllen lässt. Dies ist insbesondere anzunehmen, wenn die Anwendung dispositiven Rechts zu einem Ergebnis führen würde, das den beiderseitigen Interessen nicht in vertretbarer Weise Rechnung trägt.[498] Daher ist es der ergänzenden Vertragsauslegung und der in ihrem Rahmen zu berücksichtigen Handelsbräuche immanent, dass sie dispositives Recht außer Kraft setzen können.[499] In diesem Zusammenhang haben Handelsbräuche – obgleich sie keine Rechtssätze sind – in gewisser Weise normativen Charakter (→ Rn. 2).

157 **(c) Einzelfälle.** Im Rahmen der ergänzenden Vertragsauslegung (→ Rn. 155) werden Handelsbräuche dazu herangezogen, um Vertragslücken zu schließen oder bestehende Verpflichtungen zu ergänzen.[500]

---

[490] LG Dessau-Roßlau Urt. v. 9.3.2012 – 2 O 582/10, BeckRS 2012, 6473; dem folgend NK-HGB/*Lehmann-Richter* Rn. 28.

[491] Staub/*Koller* Rn. 4.

[492] BGH Urt. v. 3.12.1992 – III ZR 30/91, NJW 1993, 1798; BGH Urt. v. 28.3.1969 – I ZR 33/67, NJW 1969, 1293 (1295); GK-HGB/*Achilles/B. Schmidt* Rn. 2; *Canaris* HandelsR § 22 Rn. 23; *Fischinger* HandelsR Rn. 531; Schlegelberger/*Hefermehl* Rn. 21; Heymann/*Horn* Rn. 3; *Hübner* HandelsR Rn. 521; *Jung* HandelsR Kap. 9 Rn. 11; HaKo-HGB/*Klappstein* Rn. 29; Staub/*Koller* Rn. 1, 4, 42, 44; NK-HGB/*Lehmann-Richter* Rn. 1; *Lettl* HandelsR § 10 Rn. 4; Oetker/*Pamp* Rn. 2; KKRD/*W.-H. Roth* Rn. 15; MüKoHGB/*K. Schmidt* Rn. 36; Röhricht/Graf v. Westphalen/Haas/*Steimle/Dornieden* Rn. 5. Wohl auch BGH Urt. v. 22.9.2003 – II ZR 172/01, NJW-RR 2004, 555, der zwar eine ergänzende Vertragsauslegung vornimmt, aber auf die Bezeichnung der Auslegungsmethode als solche verzichtet. Weitergehend *Schinkels* in Pfeiffer Handelsgeschäfte-HdB § 5 Rn. 4: Die Vertragsergänzung durch Handelsbräuche sei nicht an die Grenzen der ergänzenden Vertragsauslegung gebunden.

[493] Statt vieler BGH Urt. v. 12.10.2005 – IV ZR 162/03, BGHZ 164, 297 (317) = NJW 2005, 3559; BGH Urt. v. 7.3.1989 – KZR 15/87, BGHZ 107, 273 (276 f.) = NJW 1989, 3010; BGH Urt. v. 21.12.2010 – XI ZR 52/08, NJW-RR 2011, 625 Rn. 16; BGH Urt. v. 14.4.2005 – VII ZR 56/04, NJW-RR 2005, 1040 (1041); MüKoBGB/*Busche* BGB § 157 Rn. 32 mwN.

[494] Statt vieler BGH Urt. v. 13.4.2010 – XI ZR 197/09, BGHZ 185, 166 Rn. 18 = NJW 2010, 1742; BGH Urt. v. 11.10.2005 – XI ZR 395/04, BGHZ 164, 286 (292) = NJW 2006, 54; BGH Urt. v. 4.3.2004 – III ZR 96/03, BGHZ 158, 201 (207) = NJW 2004, 1590; BGH Urt. v. 13.11.1997 – IX ZR 289/96, BGHZ 137, 153 (157) = NJW 1998, 450; BGH Urt. v. 10.6.2008 – XI ZR 211/07, NJW 2008, 3422 Rn. 18; MüKoBGB/*Busche* BGB § 157 Rn. 47 mwN.

[495] BGH Urt. v. 1.6.2005 – VIII ZR 234/04, NJW-RR 2005, 1421 (1422); BGH Urt. v. 17.4.2002 – VIII ZR 297/01, NJW 2002, 2310 (2311).

[496] Statt vieler BGH Urt. v. 1.2.1984 – VIII ZR 54/83, BGHZ 90, 69 (77) = NJW 1984, 1177; BGH Urt. v. 24.2.1954 – II ZR 88/53, BGHZ 12, 337 (343) = NJW 1954, 799; BGH Urt. v. 22.4.1953 – II ZR 143/52, BGHZ 9, 273 (278) = NJW 1953, 937; Palandt/*Ellenberger* BGB § 157 Rn. 7.

[497] BGH Urt. v. 22.9.2003 – II ZR 172/01, NJW-RR 2004, 555; Oetker/*Pamp* Rn. 2; abw. Röhricht/Graf v. Westphalen/Haas/*Steimle/Dornieden* Rn. 5: Handelsbrauch habe Vorrang vor ergänzender Vertragsauslegung.

[498] Statt vieler BGH Urt. v. 13.11.1997 – IX ZR 289/96, BGHZ 137, 153 (157) = NJW 1998, 450; MüKoBGB/*Busche* BGB § 157 Rn. 46 mwN.

[499] BGH Urt. v. 7.3.1973 – VIII ZR 214/71, WM 1973, 382 = BeckRS 1973, 31125498; GK-HGB/*Achilles/B. Schmidt* Rn. 17; *Canaris* HandelsR § 22 Rn. 36; *Fischinger* HandelsR Rn. 541; Schlegelberger/*Hefermehl* Rn. 39; Baumbach/Hopt/*Hopt* Rn. 10; Heymann/*Horn* Rn. 7; *Hübner* HandelsR Rn. 521; *Jung* HandelsR Kap. 9 Rn. 11; Staub/*Koller* Rn. 15, 42; NK-HGB/*Lehmann-Richter* Rn. 1; *Lettl* HandelsR § 10 Rn. 16; Oetker HandelsR § 7 Rn. 50; KKRD/*W.-H. Roth* Rn. 12; *Schinkels* in Pfeiffer Handelsgeschäfte-HdB § 5 Rn. 21 f.; MüKoHGB/*K. Schmidt* Rn. 38; *K. Schmidt* HandelsR § 1 Rn. 60; Röhricht/Graf v. Westphalen/Haas/*Steimle/Dornieden* Rn. 1, 21.

[500] BGH Urt. v. 3.12.1992 – III ZR 30/91, NJW 1993, 1798; BGH Urt. v. 28.3.1969 – I ZR 33/67, NJW 1969, 1293 (1295); Schlegelberger/*Hefermehl* Rn. 21; Oetker/*Pamp* Rn. 2.

(aa) Modalitäten der Primärleistungspflichten. Einen Handelsbrauch des Inhalts, dass der Ver- **158** käufer auch ohne ausdrückliche oder stillschweigende Vereinbarung der Kaufvertragsparteien nur unter verlängertem **Eigentumsvorbehalt** liefern müsse, hat der BGH für den **Handel mit Windkraftanlagen** für möglich erachtet.[501] Während das LG Marburg für den Textilhandel einen nationalen Handelsbrauch des Inhalts, dass Waren immer unter Eigentumsvorbehalt geliefert werden, feststellen konnte,[502] hat das OLG Hamm einen solchen Handelsbrauch für die Lebensmittelbranche im Verhältnis zwischen den Großhändlern und den gewerblichen Wiederverkäufern für Lebensmittel verneint.[503]

Im deutschen **Weinhandel** existiert für Weinverkäufe – einschließlich des Verkaufs von Import- **159** produkten – der Handelsbrauch, dass **Erfüllungsort** für Lieferung und Zahlung der Wohnsitz des Verkäufers ist.[504]

Bei dem **Verkauf von Aktien** an der Frankfurter Wertpapierbörse besteht kein Handelsbrauch, **160** wonach der Käufer in dem Fall der Unmöglichkeit der Lieferungspflicht (§ 275 Abs. 1 BGB, zB aufgrund der Wertloserklärung der Wertpapiere in einem ausländischen Insolvenzverfahren) verpflichtet sei, einen Letter of Indemnity (LOI) anzunehmen.[505] Bei einer **Geldschuld** kann sich aus einem Handelsbrauch die Erfüllungstauglichkeit von E-Geld ergeben.[506]

(bb) Höhe der Gegenleistung. Die **Umsatzsteuer** ist ein rechtlich unselbstständiger Teil des zu **161** zahlenden Entgelts (zB des Kaufpreises oder der Provision).[507] Daher ist sie mit dem vereinbarten Entgelt grundsätzlich auch dann abgegolten, wenn der Vertrag keine ausdrückliche Regelung zur Umsatzsteuer enthält, es sei denn, dass sich aus den Umständen ausnahmsweise Anderes ergibt.[508] Das Bestehen eines Handelsbrauchs, wonach die Umsatzsteuer zu dem vereinbarten Entgelt auch ohne Abrede hinzuzurechnen ist, also zusätzlich zu dem vereinbarten Entgelt beansprucht werden kann, haben die Obergerichte nicht festgestellt.[509]

Im **Versandhandel** berechtigt ein Handelsbrauch den Anlieferer bestellter Ware, die an einen **162** anderen Ort als den seines Firmensitzes zu versenden ist und die einer besonderen Verpackung bedarf, die hierfür erforderlichen **(Verpackungs-)Aufwendungen** gesondert in Rechnung zu stellen.[510] **Nachnahmesendungen** – sei es die Offerte zum Abschluss eines Kaufvertrags, sei es die verkaufte Ware – sind weder handelsüblich[511] noch zulässig.[512] Wurde bei dem Abschluss des Kaufvertrags keine Nachnahmesendung vereinbart, will der Verkäufer die Ware aber gegen Nachnahme absenden, muss er dem Käufer eine schriftliche Mitteilung oder eine Vorausrechnung so rechtzeitig zugehen lassen, dass dieser die Möglichkeit hat, die Absendung der Ware gegen Nachnahme zu verhindern.[513]

(cc) Gefahrtragung. In der **Schmuckbranche** besteht ein nationaler Handelsbrauch des Inhalts, **163** dass derjenige für den zufälligen Verlust der Ware aufkommen muss, der sie zur Weiterveräußerung übernommen hat.[514]

Im **Holzhandel** beschränkt § 7 TG die Haftung des Verkäufers für äußerlich nicht erkennbare **164** Mängel äußerlich gesunden Rund- und Schnittholzes auf den Fall des arglistigen Verschweigens eines Mangels.[515] Durch § 2 TGV werden Holzmakler grundsätzlich von der Haftung für die Zahlungsunfähigkeit der Vertragsparteien freigestellt.[516]

---

[501] BGH Urt. v. 22.9.2003 – II ZR 172/01, NJW-RR 2004, 555.

[502] LG Marburg Urt. v. 17.6.1993 – 4 O 9/92, NJW-RR 1993, 1505; aA NK-HGB/*Lehmann-Richter* Rn. 28.

[503] OLG Hamm Urt. v. 8.7.1993 – 27 U 155/91, NJW-RR 1993, 1444; dem folgend NK-HGB/*Lehmann-Richter* Rn. 28.

[504] LG Landau Zwischenurt. v. 15.1.1951 – O 99/50, NJW 1952, 789; dem folgend Baumbach/Hopt/*Hopt* Rn. 15.

[505] LG Frankfurt a. M. Urt. v. 30.11.2010 – 3/9 O 43/10, NZG 2011, 436.

[506] *Omlor* ZIP 2017, 1836 (1841).

[507] Statt vieler BGH Urt. v. 23.4.1980 – VIII ZR 89/79, BGHZ 77, 79 (82) = NJW 1980, 2133; BGH Urt. v. 25.11.1993 – VII ZR 17/93, NJW 1994, 659 (660); Palandt/*Ellenberger* BGB § 157 Rn. 13 jew. mwN.

[508] Statt vieler BGH Urt. v. 25.11.1993 – VII ZR 17/93, NJW 1994, 659 (660); Palandt/*Ellenberger* BGB § 157 Rn. 13 jew. mwN.

[509] OLG Düsseldorf Urt. v. 27.2.1976 – 16 U 82/75, NJW 1976, 1268; OLG Köln Urt. v. 18.1.1971 – 10 U 4/70, NJW 1971, 894 (896); dem folgend MüKoHGB/*K. Schmidt* Rn. 30. Die Entscheidung des OLG München Urt. v. 2.12.1992 – 7 U 2553/91, NJW-RR 1993, 415, die das Bestehen eines Handelsbrauchs dieses Inhalts verneint hat, wurde zwar durch BGH Urt. v. 25.11.1993 – VII ZR 17/93, NJW 1994, 659 (660) aufgehoben. Die (dem Revisionsgericht freilich versagte) Feststellung des entsprechenden Handelsbrauchs ist dem Urteil aber nicht zu entnehmen. Es wird lediglich festgestellt, dass das OLG den Begriff des Handelsbrauchs verkannt habe (→ Rn. 101) und daher nach Zurückverweisung tatsächliche Feststellungen nachzuholen habe.

[510] OLG Köln Urt. v. 19.3.1963 – 9 U 151/62, DB 1963, 860; dem folgend Baumbach/Hopt/*Hopt* Rn. 15.

[511] IHK München BB 1950, 225.

[512] Baumbach/Hopt/*Hopt* Rn. 15.

[513] IHK München BB 1950, 225.

[514] OLG Karlsruhe Urt. v. 24.11.1981 – 8 U 5/80, BB 1982, 704; dem folgend MüKoHGB/*K. Schmidt* Rn. 30; *K. Schmidt* HandelsR § 1 Rn. 53.

[515] OLG Koblenz Urt. v. 10.3.1988 – 6 U 1286/85, NJW-RR 1988, 1306 (1307).

[516] BGH Urt. v. 23.4.1986 – IVa ZR 209/84, NJW 1987, 94 (95).

165   **(dd) Abwicklungspflichten.** Der Inhalt von **Fracht- und Speditionsverträgen** wird in Hamburg durch einen Handelsbrauch dahingehend ergänzt, dass Frachtführer und Spediteure, die Stückgüter auf Paletten zur Versendung übernehmen, diese oder eine entsprechende Anzahl von Leerpaletten gleicher Art und Güte zurückzugewähren haben.[517] Zur Erleichterung des Geschäftsabschlusses kann das Vertragsverhältnis zwischen dem **(Schiffs-)Makler** und dessen Auftraggeber unter Berücksichtigung eines Handelsbrauchs dahingehend auszulegen sein, dass dem Makler auch die Vertretung des Geschäftsgegners und damit die Mehrvertretung gem. **§ 181 BGB** gestattet ist.[518]

166   **(ee) Recht zum Rücktritt, Stornierung, Kündigung.** Ob für **Hotelreservierungsverträge** ein Handelsbrauch des Inhalts besteht, dass ein Reisebüro oder Reiseveranstalter eine verbindliche Zimmerreservierung für eine Reisegruppe bis 21 Tage vor Ankunft – für Sonderveranstaltungen (zB Messen) nur bis vier Wochen vor Ankunft – stornieren darf, ohne sich dem Hotelier gegenüber schadensersatzpflichtig zu machen, haben die Obergerichte unterschiedlich beurteilt. Während das OLG Frankfurt einen solchen Handelsbrauch im Jahr 1986 noch für das gesamte Bundesgebiet festgestellt hatte,[519] nahm es im Jahr 2000 Abstand von dieser Feststellung und urteilte, dass ein solcher Brauch jedenfalls für den Bereich des Fichtelgebirges nicht mehr bestehe.[520] Für Bayern wird ein solcher Handelsbrauch ebenfalls verneint.[521] Für den norddeutschen Raum – dieser umfasse die Bundesländer Schleswig-Holstein, Hamburg, Niedersachsen und Bremen – hat das LG Hamburg einen solchen Handelsbrauch hingegen mit dem Inhalt festgestellt, dass die **Stornierung** jedenfalls zwei Monate vor dem Reservierungsdatum kostenfrei möglich sei.[522] Gegenstand dieses Rücktrittsrechts ist nur der sog. Zimmerreservierungsvertrag.[523] Hierbei handelt es sich um einen dem Beherbergungsvertrag vorangehenden Vorvertrag[524] des Inhalts, dass ein Reisebüro oder Reiseveranstalter mit einem Beherbergungsunternehmen eine Hotelreservierung abschließt, bei der die genaue Teilnehmerzahl noch nicht feststeht, die aber für beide Seiten verbindlich sein soll und bei der die Anmeldung, der Preis, dessen Fälligkeit, die Art der Zimmer und die ungefähre Bettenzahl festgelegt werden.[525]

167   Für die Beschaffung von Software ist kein Handelsbrauch des Inhalts anerkannt, dass der Erwerber jederzeit vor Erhalt der Ware zur Stornierung des Geschäfts berechtigt ist.[526] Vergleichbares gilt für den Handel mit Musik-CDs, für den das OLG München einen Handelsbrauch des Inhalts, dass sämtlichen Teilnehmern der Lieferkette ein von der Vertragslaufzeit unabhängiges Rückgaberecht zustehe, nicht festzustellen vermochte.[527] Im **Handel mit Bild- und Tonträgern** sowie **Software-Datenträgern** besteht nach den Feststellungen der OLG München der Handelsbrauch, dass die Hersteller jedenfalls den Großhändlern ein unbefristetes und mengenmäßig unbeschränktes Retourenrecht einräumen.[528]

168   Für den Bereich der **Lebensversicherung** besteht kein Handelsbrauch, wonach der Versicherer die Verwaltung und Betreuung der Versicherungsnehmer durch den Versicherungsmakler – auch ohne einen wichtigen Grund und eine dahingehende vertragliche Regelung – kündigen kann, sodass die übernommene Pflicht zur Zahlung des Bestandspflegegeldes entfällt.[529]

169   **(ff) Prozessuales.** Im **Buchhandel** hat sich ein Handelsbrauch des Inhalts entwickelt, dass die widerspruchslose Annahme einer Rechnung mit einer von der gesetzlichen Regelung abweichen-

---

[517] OLG Hamburg Urt. v. 15.7.1982 – 6 U 82/82, VersR 1983, 187. Die Entscheidung des OLG Düsseldorf Urt. v. 30.12.1982 – 18 U 165/82, VersR 1983, 872 weicht hiervon nicht ab. Zum einen betrifft sie nicht die Region Hamburg, zum anderen fehlte es an der schlüssigen Darlegung des Handelsbrauchs, weshalb das Gericht weder in die Beweisaufnahme eingetreten ist noch eine Feststellung über das Bestehen des Handelsbrauchs getroffen hat.

[518] RG Urt. v. 29.11.1919 – I 191/19, RGZ 97, 215 (218).

[519] OLG Frankfurt a. M. Urt. v. 23.4.1986 – 17 U 155/84, NJW-RR 1986, 911 (912); dem folgend Baumbach/Hopt/*Hopt* Rn. 15. Das OLG Frankfurt a. M. Urt. v. 10.6.1986 – 5 U 117/85, NJW-RR 1986, 1229 ging von einem stillschweigend vereinbarten Rücktrittsrecht im Einzelfall aus und ließ daher das Bestehen eines Handelsbrauchs offen.

[520] OLG Frankfurt a. M. Urt. v. 20.12.2000 – 17 U 91/98, NJW-RR 2001, 1498 (1499).

[521] OLG München Urt. v. 9.3.1990 – 8 U 4480/88, NJW-RR 1990, 698 (699); LG Ingolstadt Urt. v. 11.11.2008 – 31 O 1403/07, RRa 2010, 130 (131); dem folgend MüKoHGB/*K. Schmidt* Rn. 31.

[522] LG Hamburg Urt. v. 21.11.2003 – 319 O 113/00, NJW-RR 2004, 699 (700).

[523] Der Zimmerreservierungsvertrag wird auch als Hotel- oder Kontingentreservierungsvertrag bezeichnet, s. zB LG Ingolstadt Urt. v. 11.11.2008 – 31 O 1403/07, RRa 2010, 130.

[524] OLG Frankfurt a. M. Urt. v. 23.4.1986 – 17 U 155/84, NJW-RR 1986, 911.

[525] OLG Hamm Urt. v. 29.5.2002 – 30 U 216/01, NJW 2002, 1348 (1349).

[526] OLG Köln Urt. v. 28.2.1997 – 19 U 194/95, NJW-RR 1998, 926; dem folgend NK-HGB/*Lehmann-Richter* Rn. 28; MüKoHGB/*K. Schmidt* Rn. 31.

[527] OLG München Urt. v. 13.8.2003 – 7 U 2280/99, BeckRS 2005, 01520 unter I. der Entscheidungsgründe; dem folgend NK-HGB/*Lehmann-Richter* Rn. 28.

[528] OLG München Urt. v. 9.3.2006 – U (K) 1996/03, NJOZ 2006, 2175 (2178); dem folgend NK-HGB/*Lehmann-Richter* Rn. 28; MüKoHGB/*K. Schmidt* Rn. 31.

[529] OLG Frankfurt a. M. Urt. v. 12.11.1993 – 10 U 29/91, r+s 1995, 159 (160); dem folgend MüKoHGB/*K. Schmidt* Rn. 31.

den **Gerichtsstandsvereinbarung** (sog. Fakturenklausel, § 38 Abs. 1 ZPO) als Genehmigung gilt.[530]

Für den **Regress mehrerer Versicherer** hat das LG München I für München und Oberbayern **170** einen Handelsbrauch festgestellt, wonach der erste in einer Police genannte Versicherer als sog. führender Versicherer berechtigt ist, den gesamten Regressanspruch im eigenen Namen gerichtlich geltend zu machen (sog. gewillkürte **Prozessführungsbefugnis**), und anschließend verpflichtet ist, den einzelnen Versicherern ihre Anteile auszuzahlen.[531] Für Güterversicherungen besteht in Hamburg der Handelsbrauch, dass von mehreren in der Beteiligungsliste aufgeführten (Mit-)Versicherern derjenige, der an erster Stelle steht, auch dann als führender Versicherer gilt, wenn diese Eigenschaft sonst in der Police nicht ausdrücklich erwähnt ist.[532] Die dem führenden Versicherer erteilte Vollmacht ist unter Berücksichtigung dieses Handelsbrauchs dahingehend auszulegen, dass sie auch die Abtretung der gemäß § 45 ADS auf die Mitversicherer übergegangenen oder gemäß § 398 S. 1 BGB an sie abgetretenen Schadensersatzforderungen an ein Havariebüro zum Zweck der außergerichtlichen oder gerichtlichen Geltendmachung umfasst.[533]

Die höchstrichterlichen Entscheidungen, ein Handelsbrauch könne zu einer stillschweigenden **171** **Schiedsvereinbarung** führen,[534] sind aufgrund der besonderen Formanforderungen in § 1031 Abs. 1, 2 ZPO für das nationale Verfahrensrecht überholt,[535] im Geltungsbereich von Art. 25 Abs. 1 S. 3 lit. c Brüssel Ia-VO (zu Einzelheiten → Rn. 135 ff.) jedoch weiterhin relevant.

(4) Irrtumsanfechtung. Die bürgerlich-rechtlichen Vorschriften über die Irrtumsanfechtung **172** (§§ 119 ff. BGB) gelten auch für Willenserklärungen unter Kaufleuten. Ausgeschlossen ist die Anfechtung jedoch *grundsätzlich* bei Inhaltsirrtümern (§ 119 Abs. 1 Alt. 1 BGB), die auf der Unkenntnis eines geltenden (zu Einzelheiten → Rn. 106 ff.) Handelsbrauchs oder einer Fehlvorstellung über dessen Inhalt beruhen, sowie für Handlungen, die unter Berücksichtigung eines Handelsbrauchs als Willenserklärungen angesehen werden, obwohl sie ohne Erklärungsbewusstsein vorgenommen wurden (→ Rn. 154).[536] Diese Einschränkung der Irrtumsanfechtung – das Recht, Willenserklärungen aus anderen Gründen anzufechten, bleibt hiervon freilich unberührt[537] – beruht nicht etwa darauf, dass der Handelsbrauch kraft Gesetzes zu berücksichtigen ist,[538] sondern entspringt dem Zweck von Handelsbräuchen, klare und endgültige Verhältnisse zu schaffen, die nicht nachträglich wieder umgestoßen werden können (→ Rn. 1).[539] Dieser äußert sich nicht nur in dem grundsätzlichen Ausschluss des Anfechtungsrechts, sondern auch in der vorvertraglichen Obliegenheit der Teilnehmer am Handelsverkehr, sich selbst über bestehende Handelsbräuche zu informieren.[540] Zulässig ist die Irrtumsanfechtung gemäß § 119 Abs. 1 Alt. 1 BGB nur *ausnahmsweise,* wenn eine Partei – sei es ein Kaufmann, sei es

---

[530] OLG Freiburg Urt. v. 24.7.1952 – 1 U 166/51, NJW 1952, 1416; dem folgend Baumbach/Hopt/*Hopt* Rn. 15.

[531] LG München I Urt. v. 29.6.1993 – 32 S 11053/91, VersR 1994, 1375; dem folgend MüKoHGB/*K. Schmidt* Rn. 32.

[532] OLG Hamburg Urt. v. 24.2.1975 – 6 U 156/73, VersR 1976, 37 (38); dem folgend MüKoHGB/*K. Schmidt* Rn. 32.

[533] OLG Hamburg Urt. v. 24.2.1975 – 6 U 156/73, VersR 1976, 37 (38); dem folgend MüKoHGB/*K. Schmidt* Rn. 32.

[534] BGH Urt. v. 3.12.1992 – III ZR 30/91, NJW 1993, 1798; RG Urt. v. 26.6.1928 – VII 64/28, SeuffA 82 Nr. 177. IErg auch BGH Urt. v. 24.9.1952 – II ZR 305/51, BGHZ 7, 187 (190) = NJW 1952, 1369 für die Einbeziehung einer Schiedsklausel in Geschäftsbedingungen durch Schweigen auf ein Bestätigungsschreiben.

[535] Baumbach/Hopt/*Hopt* Rn. 15; Staub/*Koller* Rn. 44; MüKoHGB/*K. Schmidt* Rn. 57, 60; aA NK-HGB/ *Lehmann-Richter* Rn. 28. Weiterhin möglich sind hingegen ausdrückliche Schiedsklauseln, die die Zuständigkeit eines Schiedsgerichts nach örtlichem Handelsbrauch (zB Hamburger freundschaftliche Arbitrage) begründen, s. zB BGH Urt. v. 2.12.1982 – III ZR 85/81, NJW 1983, 1267 (1268).

[536] GK-HGB/*Achilles*/*B. Schmidt* Rn. 28; *Canaris* HandelsR § 22 Rn. 30 f.; *Canaris* Vertrauenshaftung 227; *Fischinger* HandelsR Rn. 544; Baumbach/Hopt/*Hopt* Rn. 9; Heymann/*Horn* Rn. 5; *Jung* HandelsR Kap. 9 Rn. 12; HaKo-HGB/*Klappstein* Rn. 31; Staub/*Koller* Rn. 51; NK-HGB/*Lehmann-Richter* Rn. 17; *Lettl* HandelsR § 10 Rn. 18; *Oetker* HandelsR § 7 Rn. 52; Oetker/*Pamp* Rn. 15; KKRD/*W.-H. Roth* Rn. 17; MüKoHGB/*K. Schmidt* Rn. 35; *K. Schmidt* HandelsR § 19 Rn. 49; Röhricht/*Graf v. Westphalen/Haas/Steimle/Dornieden* Rn. 20; differenzierend danach, ob der Handelsbrauch die Auslegung einer Willenserklärung beeinflusst oder normativ wirkt, *Schinkels* in Pfeiffer Handelsgeschäfte-HdB § 5 Rn. 35. Abw. Schlegelberger/*Hefermehl* Rn. 32: Irrtumsanfechtung sei nur ausgeschlossen, wenn der Handelsbrauch zu der Fiktion einer Erklärung führe. AA (keine Einschränkung) RG Urt. v. 22.12.1925 – VI 400/25, JW 1926, 1325.

[537] Statt vieler *Canaris* HandelsR § 22 Rn. 32.

[538] So aber GK-HGB/*Achilles*/*B. Schmidt* Rn. 28; HaKo-HGB/*Klappstein* Rn. 31; Oetker/*Pamp* Rn. 15; ähnl. (unbeachtlicher Rechtsfolgenirrtum) *Fischinger* HandelsR Rn. 544; MüKoHGB/*K. Schmidt* Rn. 35; Röhricht/*Graf v. Westphalen/Haas/Steimle/Dornieden* Rn. 20.

[539] Ähnl. *Canaris* HandelsR § 22 Rn. 31; Staub/*Koller* Rn. 51; *Lettl* HandelsR § 10 Rn. 18; *Oetker* HandelsR § 7 Rn. 52; Oetker/*Pamp* Rn. 15; KKRD/*W.-H. Roth* Rn. 17; *Schinkels* in Pfeiffer Handelsgeschäfte-HdB § 5 Rn. 35, die den grundsätzlichen Ausschluss der Irrtumsanfechtung mit Verkehrsschutzgründen bzw. einem gesteigerten Vertrauenstatbestand begründen.

[540] RG Urt. v. 6.1.1922 – VII 906/21, JW 1922, 706 (707); GK-HGB/*Achilles*/*B. Schmidt* Rn. 26; *Canaris* HandelsR § 22 Rn. 41; HaKo-HGB/*Klappstein* Rn. 18; Oetker/*Pamp* Rn. 14. AA RG Urt. v. 26.6.1928 – II 64/

ein Nichtkaufmann (zu Einzelheiten → Rn. 108 ff.) – sich durch Vereinbarung einem ihr gegenüber nicht geltenden Handelsbrauch unterworfen und dabei über dessen Inhalt geirrt hat.[541]

173   **cc) In Ansehung der Wirkung einer Handlung oder Unterlassung. (1) Überblick.** Das Gebot des § 346, im Handelsverkehr geltende (zu Einzelheiten → Rn. 106 ff.) Handelsbräuche unter Kaufleuten (zu Einzelheiten → Rn. 108 ff.) in Ansehung der Wirkung von Handlungen und Unterlassungen (→ Rn. 104 f.) zu berücksichtigen (sog. **Normierungsfunktion**[542]), ergänzt **§ 242 BGB** (→ Rn. 36). Dies zeigt sich im Rahmen bestehender Verträge insbesondere darin, dass das rechtliche Sollen mit Rücksicht auf die allgemeine Verkehrssitte (→ Rn. 32) und einen ggf. geltenden Handelsbrauch als der Verkehrssitte im Handel zu bestimmen ist (zu Einzelheiten → Rn. 175 ff.). Bei der Begründung von Verträgen zeigen Handelsbräuche ihre Wirkung insbesondere darin, dass Handlungen und Unterlassungen, die keine Willenserklärungen sind, als solche gelten bzw. wirken.[543] Praktisch bedeutsam ist dies namentlich für das Schweigen im Rechtsverkehr (zu Einzelheiten → Rn. 192 ff.), insbesondere auf ein kaufmännisches Bestätigungsschreiben (zu Einzelheiten → Rn. 243 ff.).

174   **(2) Verhältnis zur ergänzenden Vertragsauslegung.** Im Rahmen bestehender Verträge steht das Gebot des § 346, geltende (zu Einzelheiten → Rn. 106 ff.) Handelsbräuche unter Kaufleuten (zu Einzelheiten → Rn. 108 ff.) in Ansehung der Wirkung von Handlungen und Unterlassungen (→ Rn. 104 f.) zu berücksichtigen, der ergänzenden Vertragsauslegung (zu Einzelheiten → Rn. 155 ff.) insoweit nahe, als es gleichfalls den Inhalt des Vertrags betrifft. Gleichwohl ist es im Verhältnis zu der ergänzenden Vertragsauslegung **nachrangig**.[544] Diese Rangfolge resultiert daraus, dass sich die Wirkungen von Handlungen und Unterlassungen (zB die Eignung einer Leistung zur Erfüllung) in erster Linie aus dem rechtlichen Wollen der Parteien ergeben, das durch Auslegung des Vertrags – einschließlich der ergänzenden Auslegung – zu ermitteln ist. Nur wenn die Auslegung zu keinem Ergebnis führt, schließt sich die Frage nach dem rechtlichen Sollen an, also, welche vertraglichen Rechte und Pflichten sich aus Treu und Glauben mit Rücksicht auf die Verkehrssitte (§ 242 BGB) und – im Verkehr unter Kaufleuten – die geltenden Handelsbräuche (§ 346) ergeben.[545]

175   **(3) Einzelne Rechtsfolgen. (a) Verhältnis zum dispositiven Recht.** Soweit die Rechtsfolgen eines Handelsbrauchs nicht gesetzlich festgelegt sind, ist die Wirkung der Handlung oder Unterlassung (→ Rn. 104 f.), in Ansehung derer auf den Handelsbrauch Rücksicht genommen wird, dem Handelsbrauch selbst zu entnehmen; insoweit geht § 346 über § 242 BGB hinaus.[546] Da die Handelsbräuche – obgleich sie keine Rechtssätze sind – in diesen Fällen in gewisser Weise normativen Charakter haben (→ Rn. 2), setzen sie *grundsätzlich* abweichendes **dispositives Recht** außer Kraft.[547] Anderes gilt nur ausnahmsweise, wenn der Normzweck des dispositiven Rechts der Berücksichtigung des Handelsbrauchs entgegensteht, weil zB die Vorschrift nicht lediglich auf Zweckmäßigkeitserwägungen beruht, sondern ihr auch im Handelsverkehr gültige Gerechtigkeitsvorstellungen (zB Rechtssicherheit, Rechtsfrieden) zugrunde liegen.[548] In diesem Sinne hat das RG unter Hinweis auf Rechtssicherheit und Rechtsfrieden den Vorrang eines im Kunsthandel eventuell bestehenden Handelsbrauchs gegen-

---

[28], JW 1928, 3109: Ausländische Geschäftspartner treffe keine Obliegenheit sich über inländische lokale Handelsbräuche zu erkunden; vielmehr bestehe eine Hinweispflicht der ortsansässigen Geschäftsgegner.

[541] GK-HGB/*Achilles/B. Schmidt* Rn. 28; Heymann/*Horn* Rn. 5; Staub/*Koller* Rn. 24c; Oetker/*Pamp* Rn. 15; KKRD/*W.-H. Roth* Rn. 17; *Schinkels* in Pfeiffer Handelsgeschäfte-HdB § 5 Rn. 35; MüKoHGB/*K. Schmidt* Rn. 35; Röhricht/Graf v. Westphalen/Haas/*Steimle/Dornieden* Rn. 20; aA NK-HGB/*Lehmann-Richter* Rn. 17.

[542] So zB HaKo-HGB/*Klappstein* Rn. 2; MüKoHGB/*K. Schmidt* Rn. 2.

[543] GK-HGB/*Achilles/B. Schmidt* Rn. 3; *Canaris* FS Wilburg, 1975, 77 f.; Schlegelberger/*Hefermehl* Rn. 24; Heymann/*Horn* Rn. 34.

[544] Schlegelberger/*Hefermehl* Rn. 22.

[545] Vgl. BGH Urt. v. 14.12.1954 – I ZR 65/53, BGHZ 16, 4 (8) = NJW 1955, 460 zu § 242 BGB.

[546] Schlegelberger/*Hefermehl* Rn. 22.

[547] BGH Urt. v. 7.3.1973 – VIII ZR 214/71, WM 1973, 382 = BeckRS 1973, 31125498; BGH Urt. v. 18.1.1952 – I ZR 105/51, LM Nr. 3 zu § 675 BGB = BeckRS 1952, 31386094; RG Urt. v. 2.12.1925 – I 123/25, RGZ 112, 149 (151); OLG München Urt. v. 31.3.1955 – 6 U 2009/54, BB 1955, 748; GK-HGB/*Achilles/B. Schmidt* Rn. 3, 17; *Canaris* HandelsR § 22 Rn. 36; *Fischinger* HandelsR § 22 Rn. 541; Schlegelberger/*Hefermehl* Rn. 39; Baumbach/Hopt/*Hopt* Rn. 10; Heymann/*Horn* Rn. 7; *Hübner* HandelsR Rn. 521; *Jung* HandelsR Kap. 9 Rn. 11; HaKo-HGB/*Klappstein* Rn. 33; Staub/*Koller* Rn. 15, 42; NK-HGB/*Lehmann-Richter* Rn. 1; *Lettl* HandelsR § 10 Rn. 16; *Oetker* HandelsR § 7 Rn. 50; Oetker/*Pamp* Rn. 3; KKRD/*W.-H. Roth* Rn. 12; *Schinkels* in Pfeiffer Handelsgeschäfte-HdB § 5 Rn. 21 f.; MüKoHGB/*K. Schmidt* Rn. 38; *K. Schmidt* HandelsR § 1 Rn. 60; Röhricht/Graf v. Westphalen/Haas/*Steimle/Dornieden* Rn. 1, 6, 21; aA OLG München Urt. v. 24.3.1955 – 6 U 2021/54, BB 1956, 94 (Ls. 2).

[548] RG Urt. v. 11.3.1932 – II 307/31, RGZ 135, 339 (345); OLG Celle Urt. v. 20.10.1961 – 11 U 50/61, BB 1961, 1341; GK-HGB/*Achilles/B. Schmidt* Rn. 17; *Gallois* NJW 1954, 293 (295); Schlegelberger/*Hefermehl* Rn. 39; *Hübner* HandelsR Rn. 521; *Oetker* HandelsR § 7 Rn. 50; Oetker/*Pamp* Rn. 3; MüKoHGB/*K. Schmidt* Rn. 39; *K. Schmidt* HandelsR § 1 Rn. 60; krit. *Canaris* HandelsR § 22 Rn. 36; *Schinkels* in Pfeiffer Handelsgeschäfte-HdB § 5 Rn. 22 („dogmatisch fragwürdig"); aA Staub/*Koller* Rn. 15. Offengelassen von BGH Urt. v. 23.6.2015 – XI ZR 386/13, BGHZ 206, 63 Rn. 19 = NJW 2015, 3031 zu § 384 Abs. 3.

über der bis zum 31.12.2001 geltenden (Sonder-)Verjährung der kaufrechtlichen Gewährleistungsrechte (§ 477 BGB aF) abgelehnt.[549]

(b) Rechtsbegründende Wirkung. Handelsbräuche können Leistungspflichten und sonstige **176** Rechte begründen. Gesetzlich vorgesehen ist dies beim Kommissionsgeschäft, nämlich für die Delkrederehaftung in **§ 394 Abs. 1** (→ § 394 Rn. 3), den Anspruch auf die Auslieferungsprovision in **§ 396 Abs. 1 S. 2 Hs. 1** (→ § 396 Rn. 10) sowie für das Recht nach **§ 393 Abs. 2,** den Kaufpreis ohne Zustimmung des Kommittenten zu stunden (→ § 393 Rn. 4).

Außerhalb des Anwendungsbereichs besonderer gesetzlicher Regelungen (→ Rn. 176) sind die **177** Rechtsfolgen der Handlung oder Unterlassung (→ Rn. 104 f.), in Ansehung derer auf den Handelsbrauch Rücksicht genommen wird, *grundsätzlich* dem Handelsbrauch selbst zu entnehmen (→ Rn. 175). Für möglich erachtet hat der BGH zB einen Handelsbrauch des Inhalts, dass der Käufer bei Lieferung mangelhafter Handelsware – abweichend von § 326 Abs. 1 S. 2 BGB aF (heute: § 437 Nr. 2 BGB iVm § 323 Abs. 1 BGB) – ohne Nachfrist zum Rücktritt vom Vertrag berechtigt ist.[550]

(c) Rechtshindernde Wirkung. Handelsbräuche können eine Partei auch von einer Leistungs- **178** pflicht entbinden. Besonders gesetzlich vorgesehen ist dies zugunsten des Handelsmaklers in Bezug auf seine Pflicht zur Zustellung einer Schlussnote in **§ 94 Abs. 1** (→ § 94 Rn. 26) sowie zur Aufbewahrung einer Probe in **§ 96 S. 1.** Jenseits dieser gesetzlichen Bestimmungen existiert zB im außerbörslichen (OTC-)Handel ein Handelsbrauch, der den Erwerber von Wertpapieren dazu berechtigt, den Kaufvertrag im Fall eines sog. Mistrades zu stornieren.[551]

Ein Handelsbrauch kann aufgrund seiner Eigenschaft als soziale Norm (→ Rn. 2) kein gesetzliches **179** Formerfordernis iSd § 125 S. 1 BGB begründen.[552] In Betracht kommt allein ein Handelsbrauch des Inhalts, dass mit der Anbahnung eines beiderseitigen Handelsgeschäfts – unabhängig von einem Erklärungsbewusstsein – ein **gewillkürtes Formerfordernis** (§§ 125 S. 2, 127, 154 Abs. 2 BGB) begründet wird.[553] Bei dem Import amerikanischer Hölzer besteht zB der Handelsbrauch, dass der Kaufvertrag erst mit der Unterzeichnung des Vertragsformulars des amerikanischen Anbieters geschlossen wird.[554] Den Parteien ist es jedoch unbenommen, den auf diese Weise begründeten Formzwang abzuändern oder aufheben.[555] Die hierfür erforderliche Einigung der Parteien ist – vorbehaltlich eines sog. doppelten Formerfordernisses – auch stillschweigend möglich.[556] Hierfür ist es ausreichend, dass sie die Maßgeblichkeit der mündlichen Vereinbarung übereinstimmend gewollt haben, also sich darüber einig waren, dass für ihre vertragliche Beziehung neben dem Urkundeninhalt auch eine mündliche Abrede maßgeblich sein soll.[557] Ein sog. Aufhebungswille dergestalt, dass die Parteien bei der mündlichen Vereinbarung an das gewillkürte Formerfordernis gedacht haben, ist hingegen nicht erforderlich.[558]

Ein Handelsbrauch kann nicht nur vertragliche, sondern auch **gesetzliche Ansprüche** ausschlie- **180** ßen. So wäre zB ein Handelsbrauch, wonach Mineralwasser- und Limonadenhersteller sowie Abfüller berechtigt sind, die von ihren Kunden zurückgelieferten Flaschen fremder Betriebe abzufüllen, geeignet, die Widerrechtlichkeit dieser Beeinträchtigung des Eigentums und damit einen Beseitigungs- und Unterlassungsanspruch nach § 1004 Abs. 1 S. 1, 2 BGB auszuschließen, es sei denn, dass der Hersteller unzweifelhaft zum Ausdruck bringt, diesen Handelsbrauch nicht dulden zu wollen.[559]

---

[549] RG Urt. v. 11.3.1932 – II 307/31, RGZ 135, 339 (345).

[550] BGH Urt. v. 7.3.1973 – VIII ZR 214/71, WM 1973, 382 (383) = BeckRS 1973, 31125498; dem folgend Schlegelberger/*Hefermehl* Rn. 22; *K. Schmidt* HandelsR § 1 Rn. 53; Röhricht/Graf v. Westphalen/Haas/*Steimle*/ *Dornieden* Rn. 6.

[551] OLG Frankfurt a. M. Urt. v. 4.3.2009 – 16 U 174/08, WM 2009, 1032 (1034) = BeckRS 2009, 14669; NK-HGB/*Lehmann-Richter* Rn. 28; MüKoHGB/*K. Schmidt* Rn. 31.

[552] Staub/*Koller* Rn. 48.

[553] *Canaris* HandelsR § 22 Rn. 25; Baumbach/Hopt/*Hopt* Rn. 15; HaKo-HGB/*Klappstein* Rn. 30; Staub/*Koller* Rn. 48; KKRD/*W.-H. Roth* Rn. 16.

[554] RG Urt. v. 4.4.1919 – Rep. II 230/19, RGZ 95, 242 (243).

[555] HaKo-HGB/*Klappstein* Rn. 30; Staub/*Koller* Rn. 48; *K. Schmidt* HandelsR § 1 Rn. 50.

[556] Staub/*Koller* Rn. 48.

[557] Statt vieler BGH Versäumnisurt. v. 21.9.2005 – XII ZR 312/02, BGHZ 164, 133 (137) = NJW 2006, 138; BGH Urt. v. 26.10.1966 – VIII ZR 173/65, WM 1966, 1335 (1336); BGH Urt. v. 26.11.1964 – VII ZR 111/63, NJW 1965, 293; BGH Urt. v. 20.6.1962 – V ZR 157/60, NJW 1962, 1908; BAG Urt. v. 10.1.1989 – 3 AZR 460/ 87, NJW 1989, 2149 (2150); Palandt/*Ellenberger* BGB § 125 Rn. 19 jew. mwN.

[558] BGH Versäumnisurt. v. 21.9.2005 – XII ZR 312/02, BGHZ 164, 133 (136) = NJW 2006, 138; BGH Urt. v. 2.3.1978 – III ZR 99/76, BGHZ 71, 162 (164) = NJW 1978, 1585; BGH Urt. v. 26.10.1966 – VIII ZR 173/65, WM 1966, 1335 (1336); BGH Urt. v. 26.11.1964 – VII ZR 111/63, NJW 1965, 293; BAG Urt. v. 25.4.2007 – 5 AZR 504/06, NZA 2007, 801 Rn. 17; Palandt/*Ellenberger* BGB § 125 Rn. 19 mwN; aA BFH Urt. v. 24.7.1996 – I R 115/95, BFHE 181, 281 (Ls. 2) = NJW 1997, 1327; MüKoBGB/*Einsele* BGB § 125 Rn. 70.

[559] BGH Urt. v. 10.4.1956 – I ZR 165/54, GRUR 1957, 84 (85); dem folgend Baumbach/Hopt/*Hopt* Rn. 15; MüKoHGB/*K. Schmidt* Rn. 30.

181   **(d) Handlungsmodalitäten. (aa) Leistungspflichten.** Handelsbräuche können auch dergestalt wirken, dass sie Modalitäten der Leistung bzw. der zur Erfüllung erforderlichen Handlung festlegen.[560] Gesetzlich vorgesehen ist dies nicht nur in den allgemeinen Vorschriften über Handelsgeschäfte für die Leistungszeit in **§ 359 Abs. 1** (zu Einzelheiten → § 359 Rn. 2 ff.), sondern auch bei einzelnen Handelsgeschäften, nämlich in Bezug auf Art und Inhalt der kaufmännischen Dienstleistung von Handlungsgehilfen in **§ 59 S. 1** (zu Einzelheiten → § 59 Rn. 27 ff.) sowie betreffend den Lohnanspruch des Handelsmaklers in **§ 99** (zu Einzelheiten → § 99 Rn. 43 ff.).

182   Jenseits der besonderen gesetzlichen Bestimmungen (→ Rn. 181) ist zB für den Transportverkehr in den Iran der Handelsbrauch anerkannt, dass die Verantwortlichkeit des Spediteurs oder Frachtführers im Zollhof Teheran endet und der Frachtführer beim Transportverkehr in den Iran ausschließlich die Aufgabe hat, die Beförderung vom Absender bis zur Entladung im Zollhof zu übernehmen.[561] In der Schmuckbranche wird der Inhalt von Kaufverträgen mit Zwischenhändlern durch den Handelsbrauch dahingehend ergänzt, dass derjenige für den zufälligen Verlust der Ware aufkommen muss, der sie zur Weiterveräußerung übernommen hat.[562]

183   **(bb) Obliegenheiten.** Handelsbräuche können nicht nur die Modalitäten von Leistungshandlungen festlegen (→ Rn. 181 f.), sondern auch Handlungen zur Erfüllung von Obliegenheiten betreffen. Anerkannt ist dies insbesondere für die Untersuchungs- und Rügeobliegenheit nach **§ 377 Abs. 1**, deren Art und Umfang (zu Einzelheiten → § 377 Rn. 74 ff.) Handelsbräuche – der Wortlaut legt dies mit der Formulierung „soweit dies nach ordnungsmäßigem Geschäftsgange tunlich ist" nahe – beeinflussen können.[563] So bestand zB während des Ersten Weltkriegs ein Handelsbrauch, wonach Waren für Heereszwecke erst dann als abgeliefert galten und erst dann vom Käufer zu rügen waren, sobald die Militärbehörde diese geprüft und abgenommen hatte.[564] Entbinden kann ein Handelsbrauch den Käufer von der Untersuchungs- und Rügeobliegenheit hingegen nicht; hierin läge ein einseitig den Käufer begünstigender Missbrauch.[565] Er kann hingegen die Anforderungen an die Wirksamkeit der Mängelrüge im Interesse der Sicherheit und Klarheit im kaufmännischen Verkehr dahingehend verschärfen, dass diese schriftlich (zB per E-Mail) erfolgen muss (zB § 12 Abs. 2 S. 1 TG).[566]

184   **d) Rechtliche Grenzen.** Der Berücksichtigung von Handelsbräuchen sind – dies gilt gleichermaßen in Ansehung der Bedeutung (zu Einzelheiten → Rn. 151 ff.) und Wirkung (zu Einzelheiten → Rn. 173 ff.) von Handlungen und Unterlassungen (→ Rn. 104 f.) – zwei Grenzen gesetzt. Im Einzelnen:

185   **aa) Zwingendes Recht.** Die den Wortlaut des § 346 ergänzende Aussage des Reichsgerichts, Handelsbräuche könnten nur innerhalb der Gesetze zur Geltung kommen,[567] ist in Anbetracht der Tatsache, dass Handelsbräuche entgegenstehendes dispositives Recht außer Kraft setzen können (→ Rn. 156, 175), dahingehend einzuschränken bzw. zu präzisieren, dass Handelsbräuche, die gegen *zwingende* gesetzliche Bestimmungen verstoßen (zB §§ 138 Abs. 1, 826 BGB), keine Berücksichtigung gemäß § 346 finden dürfen.[568] Dies gilt zB für eine nach § 1 GWB verbotene Kartellabrede durch die

[560] GK-HGB/*Achilles*/*B. Schmidt* Rn. 3; Schlegelberger/*Hefermehl* Rn. 22.

[561] OLG Köln Urt. v. 17.3.1998 – 4 U 14/97, VersR 1998, 1575 = BeckRS 1998, 4709.

[562] OLG Karlsruhe Urt. v. 24.11.1981 – 8 U 5/80, BB 1982, 704.

[563] BGH Urt. v. 6.12.2017 – VIII ZR 246/16, BGHZ 217, 72 Rn. 23 = NJW 2018, 1957; BGH Urt. v. 6.12.2017 – VIII ZR 2/17, BeckRS 2017, 136811 Rn. 22; BGH Urt. v. 17.9.2002 – X ZR 248/00, BeckRS 2002, 9145 unter II. 1. a) der Entscheidungsgründe; BGH Urt. v. 3.12.1975 – VIII ZR 237/74, NJW 1976, 625; OLG München Urt. v. 31.3.1955 – 6 U 2009/54, BB 1955, 748; LG Gera Urt. v. 8.7.2004 – 1 HK 26/04, MDR 2005, 101.

[564] RG Urt. v. 28.10.1919 – II 157/19, LZ 1920, 439 (440).

[565] BGH Urt. v. 17.9.2002 – X ZR 248/00, BeckRS 2002, 9145 unter II. 1. a) der Entscheidungsgründe; RG Urt. v. 12.1.1923 – II 132/22, JW 1924, 814; OLG München Urt. v. 31.3.1955 – 6 U 2009/54, BB 1955, 748; LG Gera Urt. v. 8.7.2004 – 1 HK O 26/04, MDR 2005, 101. IErg auch OLG München Urt. v. 29.7.2009 – 7 U 5584/08, VersR 2010, 634 (636) = BeckRS 2009, 22695, das für die Textilbranche keinen Handelsbrauch dieses Inhalts feststellen konnte.

[566] OLG München Urt. v. 24.9.2015 – 23 U 417/15, RdTW 2016, 224 Rn. 45.

[567] RG Urt. v. 11.3.1932 – II 307/31, RGZ 135, 339 (345).

[568] BGH Urt. v. 15.1987 – I ZR 198/84, BGHZ 99, 321 (326) = NJW 1987, 1641; RG Urt. v. 12.1.1926 – II 422/25, RGZ 112, 317 (321); RG Urt. v. 5.11.1921 – I 169/21, RGZ 103, 146 (147 f.); OLG Hamburg Urt. v. 23.12.2009 – 5 U 55/08, BeckRS 2010, 9676 unter II. 3. g. bb. der Gründe; OLG Frankfurt a. M. Urt. v. 21.11.1995 – 8 U 110/95, NJW-RR 1996, 548 (549); OLG Frankfurt a. M. Urt. v. 22.10.1985 – 5 U 247/84, NJW-RR 1986, 458; GK-HGB/*Achilles*/*B. Schmidt* Rn. 16; MüKoBGB/*Basedow* BGB § 310 Rn. 19; *Blaurock* ZEuP 1993, 247 (258); *Canaris* HandelsR § 22 Rn. 34; *Fischinger* HandelsR Rn. 541; *Gallois* JR 1956, 45 (46); Schlegelberger/*Hefermehl* Rn. 12, 39; Baumbach/Hopt/*Hopt* Rn. 10; *Jung* HandelsR Kap. 9 Rn. 11; HaKo-HGB/*Klappstein* Rn. 32; Staub/*Koller* Rn. 13, 42; NK-HGB/*Lehmann-Richter* Rn. 1, 19; *Lettl* HandelsR § 10 Rn. 14; *Oetker* HandelsR § 7 Rn. 50; Oetker/*Pamp* Rn. 3; Wolf/Lindacher/Pfeiffer/*Pfeiffer* BGB § 307 Rn. 283; KKRD/*W.-H. Roth* Rn. 12; *Schinkels* in Pfeiffer Handelsgeschäfte-HdB § 5 Rn. 18; MüKoHGB/*K. Schmidt* Rn. 37; *K. Schmidt* HandelsR § 1 Rn. 58; Röhricht/Graf v. Westphalen/Haas/*Steimle*/*Dornieden* Rn. 1, 21; aA Heymann/*Horn* Rn. 25: kein Handelsbrauch.

Kartellmitglieder auch dann, wenn sich einige Außenseiter angeschlossen haben (→ Rn. 53).[569] Gleiches gilt im Ergebnis für die von den Verbänden der Vermittler und dem Gesamtverband der Versicherungswirtschaft e. V. vereinbarten Grundsätze zur Errechnung der Höhe des Ausgleichsanspruchs eines Handelsvertreters, sofern es sich hierbei überhaupt um einen Handelsbrauch handelt.[570] Der Anspruch ist gem. § 89b Abs. 1 S. 1 der Höhe nach auf einen im Einzelfall „angemessenen Ausgleich" gerichtet und kann gem. § 89b Abs. 4 S. 1 im Voraus nicht ausgeschlossen werden, weshalb für pauschalierende Berechnungsweisen kein Raum ist (→ § 89b Rn. 195).[571]

bb) Treu und Glauben. (1) Inhaltliche Unvereinbarkeit. Das Gebot des § 346, unter Kauf-   **186** leuten (zu Einzelheiten → Rn. 108 ff.) in Ansehung der Bedeutung (zu Einzelheiten → Rn. 151 ff.) und Wirkung (zu Einzelheiten → Rn. 173 ff.) von Handlungen und Unterlassungen (→ Rn. 104 f.) auf im Handelsverkehr geltende (zu Einzelheiten → Rn. 106 ff.) Handelsbräuche Rücksicht zu nehmen, erhebt die Handelsbräuche nicht zu Rechtssätzen. Es ergänzt lediglich die auch im Handelsrecht geltenden allgemeinen Vorschriften der §§ 157, 242 BGB (→ Rn. 151, 173). Im Rahmen dieser Vorschriften beschränkt sich die Bedeutung der Handelsbräuche als Verkehrssitte des Handels (→ Rn. 32) – erkennbar an der Formulierung „mit Rücksicht auf" – darauf, den Inhalt von Treu und Glauben zu präzisieren.[572] Die damit einhergehende Rangfolge lässt erkennen, dass eine Verkehrssitte – sei es ein Handelsbrauch, sei es eine allgemeine Verkehrssitte – keine Wirkung entfalten kann, wenn sie mit Treu und Glauben unvereinbar ist,[573] zB einen (Vertrags-)Teil in einer gegen Treu und Glauben verstoßenden Weise missbräuchlich einseitig begünstigt.[574] Einen solchen Verstoß gegen Treu und Glauben hat die Rechtsprechung zB für § 7 TG verneint, wonach die Haftung der Holzverkäufer für äußerlich nicht erkennbare Mängel äußerlich gesunden Rund- und Schnittholzes auf arglistig verschwiegene Mängel beschränkt ist.[575]

(2) Rechtsmissbrauch. Treu und Glauben bilden eine allen Rechten, Rechtslagen und Rechts-   **187** normen immanente Inhaltsbegrenzung mit der Folge, dass eine gegen sie verstoßende Rechtsausübung oder Ausnutzung der Rechtslage wegen der Rechtsüberschreitung als unzulässiger Rechtsmissbrauch anzusehen ist.[576] Dieser Inhaltsbegrenzung unterliegen auch Rechte, die sich gem. § 346 aus der Berücksichtigung eines (mit Treu und Glauben abstrakt vereinbaren, → Rn. 186) Handelsbrauchs ergeben.[577] Bei der Annahme eines Rechtsmissbrauchs ist jedoch Zurückhaltung geboten.[578] Er wird regelmäßig nur in Betracht kommen, wenn für die (nur) mit Rücksicht auf den Handelsbrauch bestehende Rechtsposition unter Berücksichtigung der Umstände des Einzelfalls kein billiges Interesse besteht.[579] Dies kommt zB in Betracht, wenn sich eine Partei auf das unter Berücksichtigung eines ihr

---

[569] Baumbach/Hopt/*Hopt* Rn. 10; Heymann/*Horn* Rn. 7; MüKoHGB/*K. Schmidt* Rn. 37; *K. Schmidt* HandelsR § 1 Rn. 49; Röhricht/Graf v. Westphalen/Haas/*Steimle/Dornieden* Rn. 21; vgl. auch BGH Urt. v. 21.12.1973 – IV ZR 158/72, BGHZ 62, 71 (82 f.) = NJW 1974, 852 für einen Verstoß gegen § 26 Abs. 2 GWB aF.

[570] Die Eigenschaft als Handelsbrauch wird bejaht von OLG Hamburg Urt. v. 26.3.1992 – 8 U 97/90, r+s 1994, 238 (239); OLG Nürnberg Beschl. v. 26.1.1976 – 9 U 210/75, VersR 1976, 467; OLG München Urt. v. 21.12.1973 – 23 U 2577/73, VersR 1974, 288; LG München I Urt. v. 10.3.1975 – 11 HKO 231/74, VersR 1975, 736; LG Wiesbaden Urt. v. 21.11.1974 – 13 O 52/74, VersR 1976, 145; LG München I Urt. v. 4.7.1974 – 17 O 798/73, VersR 1975, 81; LG Hamburg Urt. v. 1.7.1971 – 28 O 138/70, VersR 1972, 742; *Martin* VersR 1970, 797; *K.-H. Thume* BB 2002, 1325 (1327 f.); verneint hingegen von OLG Frankfurt a. M. Urt. v. 21.11.1995 – 8 U 110/95, NJW-RR 1996, 548 (549); OLG Frankfurt a. M. Urt. v. 9.5.1986 – 10 U 48/85, VersR 1986, 814; offengelassen von OLG Frankfurt a. M. Urt. v. 22.10.1985 – 5 U 247/84, NJW-RR 1986, 458.

[571] OLG Frankfurt a. M. Urt. v. 21.11.1995 – 8 U 110/95, NJW-RR 1996, 548 (549); OLG Frankfurt a. M. Urt. v. 22.10.1985 – 5 U 247/84, NJW-RR 1986, 458.

[572] Statt vieler Staub/*Koller* Rn. 14; MüKoBGB/*Schubert* BGB § 242 Rn. 12 mwN.

[573] OLG München Urt. v. 24.3.1955 – 6 U 2021/54, BB 1956, 94 (Ls. 1); GK-HGB/*Achilles/B. Schmidt* Rn. 16; *Gallois* JR 1956, 45 (46); Schlegelberger/*Hefermehl* Rn. 12, 40; Baumbach/Hopt/*Hopt* Rn. 10, 11; Wolf/Lindacher/Pfeiffer/*Pfeiffer* BGB § 307 Rn. 283; KKRD/*W.-H. Roth* Rn. 12; *Schinkels* in Pfeiffer Handelsgeschäfte-HdB § 5 Rn. 18; *Sonnenberger*, Verkehrssitten im Schuldvertrag, 1970, Nr. 141; Röhricht/Graf v. Westphalen/Haas/*Steimle/Dornieden* Rn. 21; wohl auch *K. Schmidt* HandelsR § 1 Rn. 62; aA *Canaris* HandelsR § 22 Rn. 37: Auslegung zugunsten einer mit Treu und Glauben vereinbaren Rechtsfolge. Abw. Heymann/*Horn* Rn. 25; Staub/*Koller* Rn. 14; NK-HGB/*Lehmann-Richter* Rn. 19: Ein treuwidriges Verhalten könne keinen Handelsbrauch begründen.

[574] RG Urt. v. 26.6.1929 – I 17/29, RGZ 125, 76 (79); RG Urt. v. 19.5.1926 – I 309/25, RGZ 114, 9 (13); RG Urt. v. 24.11.1931 – II 123/31, JW 1932, 586 (588); RG Urt. v. 9.12.1921 – III 237/21, JW 1922, 488; RG Urt. v. 8.12.1920 – I 162/20, RGZ 101, 74 (75); OLG Koblenz Urt. v. 10.3.1988 – 6 U 1286/85, NJW-RR 1988, 1306 (1307); GK-HGB/*Achilles/B. Schmidt* Rn. 16; Oetker/*Pamp* Rn. 3. Abw. RG Urt. v. 30.11.1937 – II 74/37, JW 1938, 859; HaKo-HGB/*Klappstein* Rn. 13: Bei einer einseitigen Begünstigung entstehe kein Handelsbrauch. So wohl auch GK-HGB/*Achilles/B. Schmidt* Rn. 8.

[575] OLG Koblenz Urt. v. 10.3.1988 – 6 U 1286/85, NJW-RR 1988, 1306 (1307).

[576] Statt vieler BGH Urt. v. 27.2.2018 – VI ZR 109/17, NJW 2018, 1756 Rn. 20; Palandt/*Grüneberg* BGB § 242 Rn. 38 mwN.

[577] BGH Urt. v. 14.11.1984 – VIII ZR 283/83, BGHZ 92, 396 (402 f.) = NJW 1985, 738; Schlegelberger/*Hefermehl* Rn. 40; Heymann/*Horn* Rn. 6, 25, 27; wohl auch KKRD/*W.-H. Roth* Rn. 12.

[578] GK-HGB/*Achilles/B. Schmidt* Rn. 16; Oetker/*Pamp* Rn. 3.

[579] GK-HGB/*Achilles/B. Schmidt* Rn. 16; Oetker/*Pamp* Rn. 3.

bekannten Handelsbrauchs gefundene Ergebnis einer ergänzenden Vertragsauslegung beruft, obwohl der Handelsbrauch der anderen Seite bei Vertragsschluss *erkennbar* unbekannt war.[580]

188   **e) Kein vertraglicher Ausschluss.** Die Berücksichtigung eines Handelsbrauchs im Recht gem. § 346 – nicht hingegen seine Geltung auf der sozialen Ebene im Handelsverkehr – können die Parteien durch eine vertragliche Vereinbarung – auch in Allgemeinen Geschäftsbedingungen[581] – ausschließen.[582] Dieser Ausschluss kann **nicht nur ausdrücklich,**[583] sondern mangels einer besonderen Formvorschrift auch stillschweigend erfolgen.[584] Die Tatsache, dass eine Partei das Bestehen eines Handelsbrauchs bzw. dessen Inhalt – sei es vor Vertragsschluss, sei es im gerichtlichen Verfahren – bestreitet, genügt hierfür nicht.[585] Da geltende (zu Einzelheiten → Rn. 106 ff.) Handelsbräuche gem. § 346 kraft Gesetzes zu berücksichtigen sind (→ Rn. 149), bedarf es vielmehr einer entsprechenden **Einigung** der Parteien. Hierfür ist es nicht (stets) ausreichend, dass *eine* Partei der Geltung des Handelsbrauchs vor oder bei Vertragsschluss widerspricht.[586]

189   In Ansehung der **Bedeutung** (zu Einzelheiten → Rn. 151 ff.) einer Handlung oder Unterlassung (→ Rn. 104 f.), insbesondere bei der ergänzenden Vertragsauslegung (zu Einzelheiten → Rn. 155 ff.), wird der Ausschluss *in der Regel* ausdrücklich erfolgen. Reine Nichtgeltungsvereinbarungen sind hierfür zwar ausreichend, in der Praxis aber selten. Üblich sind vielmehr (Auslegungs-)Vereinbarungen, die den Handlungen oder Unterlassungen, deren Bedeutung in Ansehung eines Handelsbrauchs beurteilt würde, andere Bedeutungen beilegen.[587]

190   In Ansehung der **Wirkung** (zu Einzelheiten → Rn. 173 ff.) einer Handlung oder Unterlassung (→ Rn. 104 f.) wird die Berücksichtigung von Handelsbräuchen nur selten ausdrücklich ausgeschlossen. Häufig wird allerdings ein stillschweigender Ausschluss in Betracht kommen, wenn sich im Wege der Auslegung (§§ 133, 157 BGB) anderer Vertragsbestimmungen ergibt, dass die Parteien die Rechtsfolgen der Handlung oder Unterlassung, in deren Ansehung der Handelsbrauch Berücksichtigung fände, derart eingehend geregelt haben, dass für den Handelsbrauch kein Raum mehr ist.[588] Fehlt es hieran, kann letztlich die ergänzende Vertragsauslegung zu einem Ausschluss führen, wenn anzunehmen ist, dass die Parteien bei Kenntnis des Bestehens eines Handelsbrauchs dieses Inhalts dessen Berücksichtigung ausgeschlossen hätten.[589]

191   Für den Abschluss einer Vereinbarung, durch die die Rücksichtnahme auf einen bestehenden Handelsbrauch ausgeschlossen werden soll, trägt die Partei die **Darlegungs- und Beweislast,** die den Ausschluss von § 346 behauptet.[590]

---

[580] Schlegelberger/*Hefermehl* Rn. 40; Staub/*Koller* Rn. 40; iErg auch *Schinkels* in Pfeiffer Handelsgeschäfte-HdB § 5 Rn. 34.

[581] BGH Urt. v. 20.5.1952 – I ZR 140/51, BGHZ 6, 127 (135) = NJW 1952, 1134; Schlegelberger/*Hefermehl* Rn. 37; HaKo-HGB/*Klappstein* Rn. 19; Staub/*Koller* Rn. 41; KKRD/*W.-H. Roth* Rn. 13; *K. Schmidt* HandelsR § 1 Rn. 63.

[582] BGH Urt. v. 10.4.1956 – I ZR 165/54, GRUR 1957, 84 (85); RG Urt. v. 8.12.1893 – II 199/93, JW 1894, 20 (21); OLG München Urt. v. 3.7.1996 – 7 U 2162/96, WM 1996, 2335 (2337) = BeckRS 1996, 5160; LG Würzburg Urt. v. 6.7.1960 – 2 O 193/59, NJW 1960, 2291; GK-HGB/*Achilles/B. Schmidt* Rn. 26; *Fischinger* HandelsR Rn. 542; Schlegelberger/*Hefermehl* Rn. 37; Heymann/*Horn* Rn. 6; Staub/*Koller* Rn. 41; *Lettl* HandelsR § 10 Rn. 15; KKRD/*W.-H. Roth* Rn. 13; *Schinkels* in Pfeiffer Handelsgeschäfte-HdB § 5 Rn. 17; Röhricht/Graf v. Westphalen/Haas/*Steimle/Dornieden* Rn. 19.

[583] So aber BGH Urt. v. 1.12.1965 – VIII ZR 271/63, NJW 1966, 502 (503); BGH Urt. v. 28.5.1956 – II ZR 314/55, DB 1956, 617 = BeckRS 1956, 31397825; BGH Urt. v. 14.11.1951 – II ZR 41/51, MDR 1952, 155 = BeckRS 1951, 31202290; LG Köln Urt. v. 1.12.1987 – 11 S 93/87, BB 1988, 1139 f.; NK-HGB/*Lehmann-Richter* Rn. 19; *Lettl* HandelsR § 10 Rn. 15; *K. Schmidt* HandelsR § 1 Rn. 63; Röhricht/Graf v. Westphalen/Haas/*Steimle/Dornieden* Rn. 19.

[584] OLG München Urt. v. 3.7.1996 – 7 U 2162/96, WM 1996, 2335 (2337) = BeckRS 1996, 5160; GK-HGB/*Achilles/B. Schmidt* Rn. 26; *Fischinger* HandelsR Rn. 542; Schlegelberger/*Hefermehl* Rn. 31; Baumbach/Hopt/*Hopt* Rn. 8; Heymann/*Horn* Rn. 6; *Hübner* HandelsR Rn. 521; HaKo-HGB/*Klappstein* Rn. 19; Staub/*Koller* Rn. 41; Oetker/*Pamp* Rn. 3; KKRD/*W.-H. Roth* Rn. 13; *Schinkels* in Pfeiffer Handelsgeschäfte-HdB § 5 Rn. 17, 34; wohl auch MüKoHGB/*K. Schmidt* Rn. 40.

[585] BGH Urt. v. 1.12.1965 – VIII ZR 271/63, NJW 1966, 502 (503); Baumbach/Hopt/*Hopt* Rn. 8; Röhricht/Graf v. Westphalen/Haas/*Steimle/Dornieden* Rn. 19.

[586] AA BGH Urt. v. 2.5.1984 – VIII ZR 38/83, WM 1984, 1000 (1002) = BeckRS 1984, 05233; BGH Urt. v. 10.4.1956 – I ZR 165/54, GRUR 1957, 84 (85); BGH Urt. v. 14.11.1951 – II ZR 41/51, MDR 1952, 155 = BeckRS 1951, 31202290; RG Urt. v. 22.12.1925 – VI 400/25, JW 1926, 1325; Schlegelberger/*Hefermehl* Rn. 37; Baumbach/Hopt/*Hopt* Rn. 54; Staub/*Koller* Rn. 41.

[587] Heymann/*Horn* Rn. 6; wohl auch *Hübner* HandelsR Rn. 521.

[588] BGH Urt. v. 20.5.1952 – I ZR 140/51, BGHZ 6, 127 (135) = NJW 1952, 1134; BGH Urt. v. 2.5.1984 – VIII ZR 38/83, WM 1984, 1000 (1002) = BeckRS 1984, 05233; OLG Koblenz Teilurt. v. 12.2.2009 – 6 U 111/08, BeckRS 2009, 6390 unter A. IV. 1. der Gründe; OLG München Urt. v. 3.7.1996 – 7 U 2162/96, WM 1996, 2335 (2337) = BeckRS 1996, 5160; Schlegelberger/*Hefermehl* Rn. 37; Baumbach/Hopt/*Hopt* Rn. 8; Staub/*Koller* Rn. 41; Oetker/*Pamp* Rn. 2; MüKoHGB/*K. Schmidt* Rn. 6; wohl auch RG Urt. v. 6.1.1922 – VII 906/21, JW 1922, 706 (707); Heymann/*Horn* Rn. 5.

[589] Schlegelberger/*Hefermehl* Rn. 37.

[590] BGH Urt. v. 13.6.1957 – VII ZR 10/57, NJW 1957, 1555 (Ls. b); *K. Schmidt* HandelsR § 1 Rn. 56.

III. Schweigen im Handelsverkehr

1. Grundsatz. Schweigen ist grundsätzlich keine Willenserklärung,[591] sondern das Gegenteil einer **192**
Willens*erklärung*.[592] Es hat grundsätzlich keinen Erklärungswert.[593] Hieraus folgt, dass Schweigen auf
einen Antrag iSd §§ 145 ff. BGB grundsätzlich weder als Ablehnung[594] noch als Annahme zu verstehen
ist.[595] Diese Grundsätze gelten nicht nur im Bürgerlichen Recht, sondern auch im Handelsverkehr
unter Kaufleuten,[596] und zwar auch dann, wenn der Anbietende *einseitig* erklärt, Schweigen als
Annahme verstehen zu wollen.[597] Insbesondere gibt es keinen allgemeinen Handelsbrauch, wonach ein
Kaufmann, der keine Ablehnung erklärt, sondern schweigt, dem Antrag eines anderen Kaufmanns
zustimmt.[598]

2. Ausnahmen. a) Überblick. Ausnahmen von dem Grundsatz, dass Schweigen keinen Erklä- **193**
rungswert hat (→ Rn. 192), können sich nicht nur aus besonderen gesetzlichen Bestimmungen (zu
Einzelheiten → Rn. 194 ff.), sondern auch aus einer Parteivereinbarung (→ Rn. 199) oder Treu und
Glauben ggf. unter Berücksichtigung der im Handelsverkehr geltenden Gewohnheiten und Gebräuche
(zu Einzelheiten → Rn. 200 ff.) ergeben.

b) Besondere gesetzliche Bestimmungen. aa) Überblick. Bei den gesetzlichen Bestimmungen, **194**
die dem Schweigen einen Erklärungswert beilegen (zu Einzelheiten → Rn. 195 ff.), handelt es sich –
ausweislich der sämtlichen Regelungen gemeinsamen Formulierung „gilt" – um die **Fiktion** einer
Willenserklärung.[599] Gemeinsam ist diesen Vorschriften der Zweck, den Rechtsverkehr von der
Ungewissheit, die mit der Notwendigkeit der Prüfung einer stillschweigenden Willenserklärung durch
aktives Verhalten einhergeht, zu entlasten[600] und dadurch die Rechtssicherheit zu steigern.

---

[591] BGH Beschl. v. 19.9.2002 – V ZB 37/02, BGHZ 152, 63 (68) = NJW 2002, 3629; AG Lüdinghausen Urt. v.
28.2.1992 – 4 C 136/91, NJW-RR 1992, 885; Staudinger/*Bork,* 2015, BGB § 146 Rn. 5; Staub/*Canaris* HGB § 362
Anh. Rn. 2; *Canaris* FS Wilburg, 1975, 77; *Ebert* JuS 1999, 754; *Flume* Rechtsgeschäft § 5, 2b = 65; Schlegelberger/
Hefermehl Rn. 98; Baumbach/Hopt/*Hopt* Rn. 30; *Kuhn* WM 1955, 958; *Lettl* HandelsR § 10 Rn. 19; *Oetker*
HandelsR § 7 Rn. 19; Röhricht/Graf v. Westphalen/Haas/*Steimle/Dornieden* Rn. 31; *Wacke* JA 1982, 184.
[592] *Bickel* NJW 1972, 607 (608); *Kramer* JURA 1984, 235 (238); Oetker/*Pamp* Rn. 34; *Wacke* JA 1982, 184.
[593] *F. Bydlinski* JZ 1980, 378 (379); *Fischinger* HandelsR Rn. 604; Heymann/*Horn* Rn. 35; *Hübner* HandelsR
Rn. 479; *Jung* HandelsR Kap. 9 Rn. 15; HK-HGB/*Klappstein* Rn. 42; Oetker/*Pamp* Rn. 34; *Petersen* JURA 2003,
687; MüKoHGB/*K. Schmidt* Rn. 130; *K. Schmidt* HandelsR § 19 Rn. 26.
[594] Staudinger/*Bork,* 2015, BGB § 146 Rn. 5; *F. Bydlinski* JZ 1980, 378 (379); *Petersen* JURA 2003, 687; aA BGH
Urt. v. 29.9.1955 – II ZR 210/54, BGHZ 18, 212 (215) = NJW 1955, 1794; BGH Urt. v. 2.11.1995 – X ZR 135/
93, NJW 1996, 919 (921); BGH Urt. v. 24.9.1980 – VIII ZR 299/79, NJW 1981, 43 (44); BGH Urt. v. 7.10.1953 –
VI ZR 20/53, BB 1953, 957 = BeckRS 1953, 31197649; OGH-BrZ Urt. v. 19.9.1949 – IIb ZS 55/49, NJW 1949,
943; OLG Stuttgart Urt. v. 16.10.1980 – 3 U 130/80, ZIP 1981, 176 (177) = BeckRS 1980, 31209917; OLG
Frankfurt a. M. Urt. v. 19.2.1929 – 2 U 257/28, JW 1929, 1403; Heymann/*Horn* Rn. 43; KKRD/*W.-H. Roth* HGB
§ 362 Rn. 3; aA *Thamm/Detzer* DB 1997, 213. Zutreffend ist, dass der Antrag mit Ablauf der Annahmefrist erlischt
(§ 146 Alt. 2 BGB), so zB *Ebert* JuS 1999, 754.
[595] BGH Urt. v. 11.10.2017 – XII ZR 8/17, NJW 2018, 296 Rn. 21; BGH Urt. v. 10.2.1999 – IV ZR 56/98,
NJW-RR 1999, 818 (819); BGH Urt. v. 1.6.1994 – XII ZR 227/92, NJW-RR 1994, 1163 (1165); BGH Urt. v.
1.7.1987 – IVa ZR 63/86, NJW-RR 1987, 1429; BGH Urt. v. 30.11.1961 – II ZR 277/59, WM 1962, 301 (302) =
BeckRS 1961, 31181850; ROHG Urt. v. 29.10.1870 – Rep. 37/70, ROHG 1, 76 (81); *Batereau* in Pfeiffer Handelsgeschäfte-HdB § 2 Rn. 1; *Bitter/Schumacher* HandelsR § 7 Rn. 9; Staudinger/*Bork,* 2015, BGB § 146 Rn. 5; *Brox/*
Henssler Rn. 289; *F. Bydlinski* JZ 1980, 378 (379); Staub/*Canaris* HGB § 362 Anh. Rn. 2; *Canaris* FS Wilburg, 1975,
77; *Ebert* JuS 1999, 754; *Flume* Rechtsgeschäft § 5, 2b = 64; Baumbach/Hopt/*Hopt* Rn. 30; Heymann/*Horn* Rn. 35;
Kramer JURA 1984, 235 (238); *Lettl* HandelsR § 10 Rn. 19; *Schinkels* in Pfeiffer Handelsgeschäfte-HdB § 5 Rn. 47;
MüKoHGB/*K. Schmidt* Rn. 130; *K. Schmidt* HandelsR § 19 Rn. 26; vgl. auch ROHG Urt. v. 29.10.1870 – Rep.
37/70, ROHG 1, 76 (81).
[596] BGH Urt. v. 26.9.1973 – VIII ZR 106/72, BGHZ 61, 282 (285) = NJW 1973, 2106; BGH Urt. v. 4.4.1951 –
II ZR 52/50, BGHZ 1, 353 (355) = NJW 1951, 711; BGH Urt. v. 14.2.1995 – XI ZR 65/94, NJW 1995, 1281;
OGH-BrZ Urt. v. 13.10.1949 – I ZS 34/49, NJW 1950, 24; ROHG Urt. v. 15.2.1875 – Rep. 165/75, ROHG 16,
40; OLG Köln Urt. v. 15.5.1996 – 27 U 99/95, NJW-RR 1997, 182 (183); OLG Köln Urt. v. 19.3.1980 – 2 U 95/
79, BB 1980, 1237 (1238) = BeckRS 1980, 31089896; *Batereau* in Pfeiffer Handelsgeschäfte-HdB § 2 Rn. 1; *Brox/*
Henssler Rn. 289; *Fischinger* HandelsR Rn. 607; Heymann/*Horn* Rn. 35 mit Fn. 82; *Kuhn* WM 1955, 958 (959);
NK-HGB/*Lehmann-Richter* Rn. 21; *Oetker* HandelsR § 7 Rn. 19; Oetker/*Pamp* Rn. 35; *Schinkels* in Pfeiffer Handelsgeschäfte-HdB § 5 Rn. 46; GK-HGB/*B. Schmidt* HGB Vor § 343 Rn. 8; MüKoHGB/*K. Schmidt* Rn. 130; *K.*
Schmidt HandelsR § 19 Rn. 26; Röhricht/Graf v. Westphalen/Haas/*Steimle/Dornieden* Rn. 31.
[597] BGH Urt. v. 11.10.2017 – XII ZR 8/17, NJW 2018, 296 Rn. 21; RG Urt. v. 27.2.1923 – VII 124/22, RGZ
106, 330 (333); LAG Schleswig Urt. v. 14.12.1970 – 1 Sa 226/70, SchlHA 1971, 84 (85); Staudinger/*Bork,* 2015,
BGB § 146 Rn. 5; *Kramer* JURA 1984, 235 (243).
[598] *Brox/Henssler* Rn. 289; NK-HGB/*Lehmann-Richter* Rn. 21; *Lettl* HandelsR § 10 Rn. 19.
[599] *P. Hanau* AcP 165 (1965), 220 (223); *Hopt* AcP 183 (1983), 608 (613); Heymann/*Horn* Rn. 36; *Lettl* HandelsR
§ 10 Rn. 21; KKRD/*W.-H. Roth* HGB Vor §§ 343–372 Rn. 6, HGB § 362 Rn. 2 jew. zu § 362 Abs. 1 S. 1 Hs. 2.
[600] *Lettl* HandelsR § 10 Rn. 21; KKRD/*W.-H. Roth* HGB § 362 Rn. 2. Ähnl. GK-HGB/*K.-H. Weber* HGB
§ 362 Rn. 7: gesteigertes Bedürfnis nach Klärung der Sach- und Rechtslage im Handelsverkehr. Abw. *Zunft* NJW
1959, 276: unwiderlegbar vermutete Willenserklärung.

195   **bb) Einzelfälle.** Das Gesetz legt dem Schweigen in bestimmten Situationen einen Erklärungswert
bei. So gilt zB das Schweigen auf die Aufforderung zur Erklärung über eine Genehmigung (§ 184
Abs. 1 BGB) gem. **§ 108 Abs. 2 S. 2 Hs. 2 BGB** (Vertragsschluss durch einen Minderjährigen ohne
Einwilligung), **§ 177 Abs. 2 S. 2 Hs. 2 BGB** (Vertragsschluss durch Vertreter ohne Vertretungs-
macht), ggf. iVm **§ 451 Abs. 1 S. 2 BGB** (Kauf durch ausgeschlossenen Käufer) oder **§ 415 Abs. 2
S. 2 Hs. 2 BGB** (Schuldübernahme durch Vertrag zwischen Schuldner und Übernehmer) als deren
Verweigerung. Bei der Übernahme einer Hypothekenschuld gilt das Schweigen gem. **§ 416 Abs. 1
S. 2 Hs. 1 BGB** hingegen als Erteilung der Genehmigung. Die Fälle, in denen das Gesetz dem
Schweigen einen Erklärungswert beilegt, sind nicht auf die Genehmigung beschränkt. So gilt das
Schweigen gem. **§ 455 S. 2 BGB** als Billigung eines auf Probe oder auf Besichtigung gekauften
Gegenstands, gem. **§ 516 Abs. 2 S. 2 BGB** als Annahme einer Schenkung oder gem. **§ 1943 BGB**
als Annahme der Erbschaft.

196   Für das Schweigen eines Kaufmanns gelten neben den bürgerlich-rechtlichen Vorschriften
(→ Rn. 195) auch handelsrechtliche, die einen Erklärungsgehalt fingieren. Gemäß **§ 75h Abs. 1** ggf.
iVm Abs. 2 gilt ein Geschäft, das ein Handlungsgehilfe ohne Vertretungsmacht im Namen des
Prinzipals abgeschlossen hat – sei es, dass der Handlungsgehilfe nur mit der Vermittlung von Geschäften betraut war, sei es, dass er zu dem Abschluss des konkreten Geschäfts nicht bevollmächtigt war –,
als von diesem genehmigt, wenn er dem Dritten gegenüber nicht unverzüglich das Geschäft ablehnt,
nachdem er über den Abschluss und den wesentlichen Inhalt benachrichtigt worden ist (zu Einzelheiten → § 75h Rn. 10 ff., 19 f.). Gleiches gilt gem. **§ 91a Abs. 1** ggf. iVm Abs. 2, wenn ein Handelsvertreter ein Geschäft im Namen des Unternehmers ohne Vertretungsmacht abgeschlossen hat (zu
Einzelheiten → § 91a Rn. 10 ff.). Geht einem Kaufmann, dessen Gewerbebetrieb die Besorgung von
Geschäften für andere mit sich bringt, ein Antrag über die Besorgung solcher Geschäfte von jemandem
zu, mit dem er in Geschäftsverbindung steht oder dem gegenüber er sich zur Besorgung solcher
Geschäfte erboten hat, so ist er verpflichtet, unverzüglich zu antworten; sein Schweigen gilt gem.
§ 362 Abs. 1 S. 1 Hs. 2 ggf. iVm S. 2 als Annahme des Antrags (zu Einzelheiten → § 362 Rn. 7 ff.).
Hat der Kommissionär unter dem ihm gesetzten Preise verkauft oder hat er den ihm für den Einkauf
gesetzten Preis überschritten, so muss der Kommittent, falls er das Geschäft als nicht für seine
Rechnung abgeschlossen zurückweisen will, dies unverzüglich auf die Anzeige von der Ausführung des
Geschäfts erklären; andernfalls gilt die Abweichung von der Preisbestimmung gem. **§ 386 Abs. 1
Hs. 2** als genehmigt (zu Einzelheiten → § 386 Rn. 5 ff.).

197   Weicht der Inhalt eines Versicherungsscheins von dem Antrag des Versicherungsnehmers ab, gilt die
Abweichung gem. **§ 5 Abs. 1 VVG** als genehmigt, wenn die Voraussetzungen des § 5 Abs. 2 VVG
erfüllt sind und der Versicherungsnehmer nicht innerhalb eines Monats nach Zugang des Versicherungsscheins in Textform widerspricht.[601] Nach **§ 5 Abs. 3 S. 1 PflVG** gilt der Antrag auf Abschluss
eines Haftpflichtversicherungsvertrags für Zweiräder, Personen- und Kombinationskraftwagen bis zu 1t
Nutzlast – ausgenommen sind gem. § 5 Abs. 3 S. 3 PflVG Taxen, Personenmietwagen und Selbst-
fahrervermietfahrzeuge – zu den für den Geschäftsbetrieb des Versicherungsunternehmens maßgebenden Grundsätzen und zum allgemeinen Unternehmenstarif als angenommen, wenn der Versicherer
ihn nicht innerhalb einer Frist von zwei Wochen vom Eingang des Antrags an schriftlich ablehnt oder
wegen einer nachweisbaren höheren Gefahr ein vom allgemeinen Unternehmenstarif abweichendes
Angebot unterbreitet.[602]

198   **cc) Keine entsprechende Anwendung.** Für eine entsprechende Anwendung der gesetzlichen
Bestimmungen, die dem Schweigen einen Erklärungswert beilegen (zu Einzelheiten → Rn. 194 ff.), ist
kein Raum.[603] Die Vorschriften lassen kein gemeinsames Rechtsprinzip erkennen, das einer Verallgemeinerung im Wege der *Gesamt*analogie zugänglich wäre.[604] *Einzelanalogien*, insbesondere zu § 362
Abs. 1 S. 1, wären zwar trotz der Tatsache, dass es sich um Ausnahmevorschriften handelt, die insbesondere nach der Rechtsprechung eng auszulegen sind *(singularia non sunt extendenda),*[605] nicht von
vornherein ausgeschlossen.[606]

---

[601] Zu Einzelheiten s. MüKoVVG/*Armbrüster* VVG § 5 Rn. 5 ff.; Prölss/Martin/*Rudy* VVG § 5 Rn. 3 ff.

[602] Zu Einzelheiten s. MüKoStVR/*Rolfs/Binz* PflVG § 5 Rn. 6 f.

[603] RG Urt. v. 1.4.1919 – VII 390/18, WarnR 1919 Nr. 131 zu § 362; vgl. auch ROHG Urt. v. 29.10.1870 –
Rep. 37/70, ROHG 1, 76 (79 f.) zu den Art. 7 S. 2, 56 S. 2, 59 S. 2, 96 S. 2, 323 S. 1, 339 S. 4, 347 S. 2–4, 364 S. 2
ADHGB.

[604] Schlegelberger/*Hefermehl* Rn. 97.

[605] So zB BGH Urt. v. 6.11.1953 – I ZR 97/52, BGHZ 11, 135 (143) = NJW 1954, 305 zu § 22a LitUrhG;
BGH Urt. v. 15.12.1951 – II ZR 108/51, BGHZ 4, 219 (222) = NJW 1952, 223 zur § 32. DVO/UmstG; BGH Urt.
v. 29.5.1951 – I ZR 87/50, BGHZ 2, 237 (244) = NJW 1951, 601 zu § 21 Abs. 4 UmstG; ähnl. RG Urt. v.
14.11.1936 – I 124/36, RGZ 153, 1 (23) zu § 22a Abs. 2 LitUrhG; dagegen *Larenz/Canaris,* Methodenlehre der
Rechtswissenschaft, 3. Aufl. 1995, 175; *Larenz,* Methodenlehre der Rechtswissenschaft, 6. Aufl. 1991, 355.

[606] *Larenz/Canaris,* Methodenlehre der Rechtswissenschaft, 3. Aufl. 1995, 176. Dafür zB Staub/*Canaris* HGB
§ 362 Anh. Rn. 21; Baumbach/Hopt/*Hopt* Rn. 31, die in § 362 Abs. 1 S. 1 einen allgemeinen bzw. verallgemeinerungsfähigen Rechtsgedanken für das Schweigen im Handelsverkehr sehen.

c) Parteivereinbarung. Jenseits der besonderen Vorschriften, die eine bestimmte Willenserklärung **199** fingieren (zu Einzelheiten → Rn. 194 ff.), steht es den Parteien frei – sei es individualvertraglich, sei es in Allgemeinen Geschäftsbedingungen[607] – zu vereinbaren, dass ihr Schweigen in bestimmten Situationen und unter vertraglich festzulegenden Bedingungen künftig einen bestimmten Erklärungswert haben soll.[608] Mit anderen Worten: Das sog. **beredte Schweigen** drückt einen Rechtsfolgewillen aus; es hat daher nicht nur die Bedeutung einer Willenserklärung, sondern ist eine Willenserklärung.[609] Die zugrunde liegenden Vereinbarungen – sie sind aufgrund des Interesses an einer reibungsloseren und rascheren Geschäftsabwicklung (zB in Just-in-Time-Verträgen)[610] sowie an der Schaffung klarer Verhältnisse insbesondere im Handelsverkehr verbreitet – können nicht nur durch ausdrückliche Willenserklärungen, sondern auch durch stillschweigendes aktives Verhalten geschlossen werden oder sich aus der Auslegung anderer Vertragsbestimmungen ergeben. So können zB **Preisänderungsklauseln** nicht nur unter Kaufleuten nach Treu und Glauben mit Rücksicht auf die Verkehrssitte bzw. einen Handelsbrauch dahingehend auszulegen sein, dass das Schweigen auf eine Preisänderungserklärung als Annahme der Vertragsänderung gilt.[611]

d) Treu und Glauben mit Rücksicht auf die Verkehrssitte und Handelsbräuche. aa) Über- **200** **blick. (1) Methodologische Grundlage.** Nach einer von der Rechtsprechung wiederholt verwendeten Formulierung ist Stillschweigen auf ein Vertragsangebot ausnahmsweise als Annahme anzusehen, wenn der Antragende angesichts der Gesamtumstände nach Treu und Glauben und mit Rücksicht auf die Verkehrssitte eine gegenteilige Äußerung des Schweigenden erwarten durfte, also ein Widerspruch erforderlich gewesen wäre.[612] Diese Aussage wird aufgrund ihrer konturlosen Weite und der Beliebigkeit der Ergebnisse zu recht ganz überwiegend abgelehnt[613] und eignet sich daher allenfalls als Ausgangspunkt für die behutsame Bildung von **Fallgruppen** (zu Einzelheiten → Rn. 204 ff.). Soweit diese in der Rechtsprechung verfestigt sind, lässt eine Gesamtschau erkennen, dass Stillschweigen im Handelsverkehr häufiger als im allgemeinen Bürgerlichen Recht, aber gleichwohl nur ausnahmsweise, mit einem bestimmten Bedeutungsgehalt versehen ist.[614]

Obwohl die Rechtsprechung in einzelnen Entscheidungen Formulierungen verwendet hat, die auf **201** die Fiktion einer Willenserklärung schließen lassen,[615] und Teile der Literatur ausdrücklich eine Willenserklärung fingieren wollen,[616] erscheint es methodologisch vorzugswürdig, auf derartige Fiktio-

---

[607] HK-HGB/*Klappstein* Rn. 42; MüKoHGB/*K. Schmidt* Rn. 134. Im Verkehr mit Verbrauchern (§ 13 BGB) ist das Klauselverbot nach § 308 Nr. 5 BGB zu beachten. Zum unternehmerischen Verkehr s. MüKoBGB/*Wurmnest* BGB § 308 Nr. 5 Rn. 17 f.

[608] Staub/*Canaris* HGB § 362 Anh. Rn. 3; Schlegelberger/*Hefermehl* Rn. 98; Heymann/*Horn* Rn. 40; *Lettl* HandelsR § 10 Rn. 20; Oetker/*Pamp* Rn. 34, 36; KKRD/*W.-H. Roth* HGB § 362 Rn. 3; MüKoHGB/*K. Schmidt* Rn. 133; Röhricht/Graf v. Westphalen/Haas/*Steimle/Dornieden* Rn. 33.

[609] *Canaris* FS Wilburg, 1975, 77 (78); *Ebert* JuS 1999, 754; *Kramer* JURA 1984, 235 (238, 244) jew. mwN.

[610] Röhricht/Graf v. Westphalen/Haas/*Steimle/Dornieden* Rn. 33.

[611] BGH Urt. v. 4.4.1951 – II ZR 52/50, BGHZ 1, 353 (356) = NJW 1951, 711; MüKoHGB/*K. Schmidt* Rn. 133; Röhricht/Graf v. Westphalen/Haas/*Steimle/Dornieden* Rn. 33.

[612] BGH Beschl. v. 19.9.2002 – V ZB 37/02, BGHZ 152, 63 (68) = NJW 2002, 3629; BGH Urt. v. 4.4.1951 – II ZR 52/50, BGHZ 1, 353 (355) = NJW 1951, 711; BGH Urt. v. 10.2.1999 – IV ZR 56/98, NJW-RR 1999, 818 (819); BGH Urt. v. 14.2.1995 – XI ZR 65/94, NJW 1995, 1281; BGH Urt. v. 30.10.1990 – IX ZR 239/89, NJW-RR 1991, 763 (764); BGH Urt. v. 24.9.1980 – VIII ZR 299/79, NJW 1981, 43 (44); BGH Urt. v. 1.3.1972 – VIII ZR 190/70, NJW 1972, 820; BGH Urt. v. 17.5.1962 – VII ZR 232/60, BB 1962, 1056 = BeckRS 1962, 31189913; BGH Urt. v. 30.11.1961 – II ZR 277/59, WM 1962, 301 (302) = BeckRS 1961, 31181850; BGH Urt. v. 24.11.1959 – VIII ZR 133/58, BB 1960, 306 = BeckRS 1959, 31201448; BGH Urt. v. 17.12.1957 – VIII ZR 304/56, BB 1958, 133 = BeckRS 1957, 31195257; BGH Urt. v. 27.6.1955 – II ZR 62/54, WM 1955, 1285 (1286); OGH-BrZ Urt. v. 13.10.1949 – I ZS 34/49, OGHZ 2, 352 (356) = NJW 1950, 24; OLG Düsseldorf Urt. v. 24.11.1981 – 23 U 109/81, DB 1982, 592; AG Lüdinghausen Urt. v. 28.2.1992 – 4 C 136/91, NJW-RR 1992, 885; ähnl. RG Urt. v. 23.11.1926 – VI 390/26, RGZ 115, 266 (268). In diese Richtung auch *P. Hanau* AcP 165 (1965), 220 (239 ff., 243): Nichtstun habe Erklärungswirkung, wenn eine Obliegenheit bestehe, den abweichenden Entschluss mitzuteilen.

[613] *Canaris* HandelsR § 23 Rn. 51; Staub/*Canaris* HGB § 362 Anh. Rn. 9 ff.; *Canaris* FS Wilburg, 1975, 77 (82); *Canaris* Vertrauenshaftung 224 ff.; *Flume* Rechtsgeschäft § 35 II 4 = 658; *Flume* AcP 161 (1961), 52 (67 ff.); Schlegelberger/*Hefermehl* Rn. 100; Baumbach/Hopt/*Hopt* Rn. 32; Heymann/*Horn* Rn. 39, 43; *Medicus/Petersen* BGB AT Rn. 392; *Petersen* JURA 2003, 687 (690); MüKoHGB/*K. Schmidt* Rn. 130; *K. Schmidt* HandelsR § 19 Rn. 26; *Schultz* MDR 1995, 1187 (1189); MüKoHGB/*Welter* § 362 Rn. 4; dagegen *R. Fischer* ZHR 125 (1963), 202 (209); *Kramer* JURA 1984, 235 (247).

[614] Schlegelberger/*Hefermehl* Rn. 97, 106; Baumbach/Hopt/*Hopt* Rn. 32; Oetker/*Pamp* Rn. 36. In diese Richtung wohl auch BGH Urt. v. 28.9.1977 – VIII ZR 82/76, WM 1977, 1353 (1354) = BeckRS 1977, 31121915: An die Sorgfalt von Kaufleuten bei der Behandlung von Vertragsangeboten seien strengere Anforderungen zu stellen.

[615] So zB RG Urt. v. 18.3.1922 – I 183/21, JW 1923, 118 (119) („gilt"); RG Urt. v. 1.4.1919 – VII 390/18, WarnR 1919 Nr. 131 („als Annahme zu gelten hatte").

[616] *Canaris* Vertrauenshaftung 223 („Annahmefiktion"); MüKoHGB/*v. Hoyningen-Huene* § 94 Rn. 12; *Schinkels* in Pfeiffer Handelsgeschäfte-HdB § 5 Rn. 46. Ähnl. Staub/*Canaris* HGB § 362 Anh. Rn. 3 (Schweigen sei Willenserklärung durch konkludentes Verhalten); Schlegelberger/*Hefermehl* Rn. 97 (Schweigen sei Ausdrucksmittel einer Willenserklärung); Baumbach/Hopt/*Hopt* Rn. 30 (Schweigen könne ausnahmsweise eine Willenserklärung darstellen); *Kuhn* WM 1955, 958 (962) („Fiktion, daß Schweigen als Erklärung gilt"). Schlegelberger/*Hefermehl* Rn. 98 sieht in diesem Vorgehen den Vorteil, dass die inneren Voraussetzungen einer Willenserklärung, insbesondere das

nen jenseits der gesetzlichen Ausnahmevorschriften (zu Einzelheiten → Rn. 194 ff.) zu verzichten. Vorzugswürdig erscheint ein Rückgriff auf **§ 242 BGB ggf. iVm § 346,** wonach dem Unterlassen in Form des Schweigens – ohne Willenserklärung zu sein[617] – im Wege der **Auslegung** die **Bedeutung** einer Willenserklärung zukommt.[618] Mit anderen Worten: Derjenige, der eine nach Treu und Glauben mit Rücksicht auf die Verkehrssitte bzw. einen Handelsbrauch gebotene Erklärung (zB einen Widerspruch) unterlässt, muss sich wegen seines Stillschweigens so behandeln lassen, als ob er eine bestimmte Erklärung anderen Inhalts – in der Regel das Gegenteil, zB die Annahme des Vertragsangebots – abgegeben hätte.[619]

202   **(2) Prozessuales.** Ob derjenige, der einem Vertragsangebot nicht widerspricht, sich wegen seines Stillschweigens nach Treu und Glauben mit Rücksicht auf die Verkehrssitte bzw. einen Handelsbrauch so behandeln lassen muss, als ob er zugestimmt hätte, ist – im Unterschied zu der Feststellung eines ggf. bestehenden Handelsbrauchs (zu Einzelheiten → Rn. 54 ff.) – keine Tat-, sondern eine revisible **Rechtsfrage.**[620] Für ihre Beantwortung ist es unerheblich, ob der Schweigende sein Unterlassen selbst nachträglich als Zustimmung interpretiert.[621]

203   **(3) Offenbarungspflichten.** Von der Rechtspflicht,[622] ein empfangenes Vertragsangebot abzulehnen, um zu verhindern, dass das Stillschweigen angesichts der Gesamtumstände ausnahmsweise als Zustimmung ausgelegt wird (→ Rn. 200 f.), sind Anzeige- bzw. Offenbarungspflichten[623] zu unterscheiden, deren Verletzung zum Schadensersatz verpflichtet.[624] Beispiele sind § 280 Abs. 1 BGB iVm **§ 663 S. 1, 2 BGB** und ggf. § 675 Abs. 1 BGB (→ § 362 Rn. 5 f.) sowie **§ 44 S. 1, 2 BRAO.**

204   **bb) Fallgruppen. (1) Kontrahierungszwang.** Der Grundsatz der Abschlussfreiheit gilt auch im Handelsverkehr.[625] Sein Gegenstück, der Kontrahierungszwang, ist lediglich eine Ausnahme von der Abschlussfreiheit, aber keine Ausnahme von dem in § 311 Abs. 1 BGB niedergelegten Vertragsprinzip. Daher kommt der Vertrag bei einem Kontrahierungszwang zur Annahme nicht bereits mit dem Zugang eines Antrags zustande, weil der Empfänger zu dessen Annahme verpflichtet ist.[626] Der Vertragsschluss erfolgt vielmehr nach allgemeinen Regeln.[627] Daher gewährte die ältere Rechtsprechung dem Antragenden für den Fall, dass die einem Kontrahierungszwang zur Annahme unterliegende Partei seinem Antrag weder zustimmte noch diesem unverzüglich widersprach, einen Anspruch auf Schadensersatz aus § 823 Abs. 2 BGB bzw. § 826 BGB, der in Gestalt der Naturalrestitution (§ 249 Abs. 1 BGB) unter Umständen auf die Abgabe der Annahmeerklärung gerichtet war.[628] Dieses Vorgehen weist nicht nur den Nachteil auf, dass die Annahme erst mit dem Eintritt der Rechtskraft des klagestattgebenden Urteils als abgegeben gelten würde (§ 894 S. 1 ZPO); in den – wohl seltenen – Fällen, in denen dem Angebotsempfänger kein Verschulden zur Last fällt und er sein Schweigen auch nicht aus anderen Gründen zu vertreten hat, versagt es sogar.[629] Daher erscheint es nicht nur aus prozessökonomischen, sondern auch aus materiell-rechtlichen Gründen vorzugswürdig, das Schweigen

---

Erklärungsbewusstsein, entbehrlich sind. In diese Richtung auch Heymann/*Horn* Rn. 37: Das Schweigen erzeuge (ausnahmsweise) eine Willenserklärung. Dagegen MüKoHGB/*K. Schmidt* Rn. 135.

[617] AA BGH Beschl. v. 19.9.2002 – V ZB 37/02, BGHZ 152, 63 (68) = NJW 2002, 3629; Staub/*Canaris* HGB § 362 Anh. Rn. 3 f.; GK-HGB/*B. Schmidt* Vor § 343 Rn. 8.

[618] *Batereau* in Pfeiffer Handelsgeschäfte-HdB § 2 Rn. 2; *Canaris* HandelsR § 23 Rn. 47; Staub/*Canaris* § 362 Anh. Rn. 7; Schlegelberger/*Hefermehl* Rn. 99 f.; Heymann/*Horn* Rn. 36; Staub/*Koller* Rn. 47; NK-HGB/*Lehmann-Richter* Rn. 22; MüKoHGB/*K. Schmidt* Rn. 135; vgl. auch ROHG Urt. v. 15.9.1871 – Rep. 384/71, ROHG 3, 112 (114) zu Art. 279 ADHGB.

[619] So wohl bereits RG Urt. v. 1.4.1919 – VII 390/18, WarnR 1919 Nr. 131.

[620] BGH Urt. v. 1.6.1994 – XII ZR 227/92, NJW-RR 1994, 1163 (1165).

[621] Unklar BGH Urt. v. 1.6.1994 – XII ZR 227/92, NJW-RR 1994, 1163 (1165) („jedenfalls nicht allein entscheidend").

[622] BGH Urt. v. 24.9.1980 – VIII ZR 299/79, NJW 1981, 43 (44); wohl auch OGH-BrZ Urt. v. 13.10.1949 – I ZS 34/49, OGHZ 2, 352 (356) = NJW 1950, 24; aA (Obliegenheit) P. *Hanau* AcP 165 (1965), 220 (236 ff., 239 ff.); *Kramer* JURA 1984, 235 (247); dagegen Staub/*Canaris* § 362 Anh. Rn. 11; *Canaris* FS Wilburg, 1975, 77 (83).

[623] Statt vieler P. *Hanau* AcP 165 (1965), 220 (244); Staudinger/*Martinek*/*Omlor*, 2017, BGB § 663 Rn. 8; MüKoBGB/*F. Schäfer* BGB § 663 Rn. 12; aA (Obliegenheit) GK-HGB/*K.-H. Weber* § 362 Rn. 7 zu § 663 BGB.

[624] *Canaris* HandelsR § 23 Rn. 51; Schlegelberger/*Hefermehl* Rn. 94, 95, 100; Baumbach/Hopt/*Hopt* Rn. 30; MüKoHGB/*K. Schmidt* Rn. 130; ähnl. Staub/*Koller* Rn. 47 („Pflicht zum Reden"). Methodologisch abweichend (Vertrauenshaftung) Heymann/*Horn* Rn. 35.

[625] GK-HGB/*B. Schmidt* HGB Vor § 343 Rn. 2; MüKoHGB/*K. Schmidt* Vor § 343 Rn. 11.

[626] Offengelassen von OGH-BrZ Urt. v. 13.10.1949 – I ZS 34/49, OGHZ 2, 352 (357) = NJW 1950, 24; OGH-BrZ Urt. v. 26.11.1948 – I ZS 92/48, OGHZ 1, 253 (255).

[627] Statt vieler MüKoBGB/*Busche* BGB Vor § 145 Rn. 12 mwN.

[628] BGH Urt. v. 25.5.1956 – VI ZR 66/55, BGHZ 21, 1 (7 f.) = BeckRS 1956, 31199730; wohl auch LG Oldenburg Urt. v. 16.1.1991 – 9 S 510/90, NJW-RR 1992, 53 (54) jew. im Fall eines bestehenden Kontrahierungszwangs. S. zB auch *K. Schmidt* HandelsR § 19 Rn. 28, der diese Konstruktion für Fälle in Betracht zieht, in denen erst noch Konsens über den Tarif oÄ herbeigeführt werden muss.

[629] Statt vieler Staudinger/*Bork*, 2015, BGB Vor § 145 Rn. 20, 27 mwN.

auf einen Antrag nach Treu und Glauben als Zustimmung anzusehen,[630] wenn der Inhalt des Antrags im Rahmen der Bedingungen liegt, die der Kontrahierungspflichtige akzeptieren muss.[631] Praktische Bedeutung hat der Kontrahierungszwang zur Annahme insbesondere im Verkehr mit Verbrauchern (§ 13 BGB). Für den Handelsverkehr ist lediglich **§ 20 Abs. 1 GWB** hervorzuheben,[632] wonach marktbeherrschende Unternehmen kleinen oder mittleren Unternehmen, die als Anbieter oder Nachfrager einer bestimmten Art von Waren oder gewerblichen Leistungen von ihnen in der Weise abhängig sind, dass ausreichende und zumutbare Möglichkeiten, auf andere Unternehmen auszuweichen, nicht bestehen, unter anderem den Vertragsschluss ohne sachlich gerechtfertigten Grund nicht verweigern dürfen.[633]

(2) Kataloge, Prospekte, Preislisten. Die Zusendung von Katalogen, Prospekten und Preislisten   **205** ist auch gegenüber Kaufleuten nicht als Vertragsangebot, sondern lediglich als Aufforderung anzusehen, ein Angebot abzugeben **(invitatio ad offerendum).**[634] Die auf ihrer Grundlage abgegebenen Bestellungen, sind nach Treu und Glauben mit Rücksicht auf die Verkehrssitte (§§ 133, 157 BGB) dahingehend auszulegen, dass der Besteller – sofern er nicht Abweichendes erklärt – die in ihnen enthaltenen üblichen Angaben zu der Beschaffenheit der Ware, deren Versand, den Preisen und den Zahlungsmodalitäten in sein Angebot übernimmt.[635] Für die Einbeziehung **Allgemeiner Geschäftsbedingungen** in den Vertrag ist zu unterscheiden: Im **kaufmännischen Verkehr** genügt das stillschweigende Einverständnis mit ihrer Geltung bereits dann, wenn der Kaufmann im Zeitpunkt des Vertragsschlusses die Möglichkeit hatte, in zumutbarer Weise Kenntnis von ihrem Inhalt zu nehmen (→ Rn. 43). Daher liegt die Übernahme der Allgemeinen Geschäftsbedingungen in das Vertragsangebot insbesondere dann nahe, wenn der Katalog, der Prospekt oder die Preisliste nicht nur einen Hinweis auf die andernorts abgedruckten Allgemeinen Geschäftsbedingungen enthält, sondern die Bestimmungen in dem Katalog, dem Prospekt oder der Preisliste selbst abgedruckt sind.[636] Bei **Verbraucherverträgen** (§ 310 Abs. 3 BGB) genügt die Möglichkeit zumutbarer Kenntnisnahme nicht. Vielmehr muss der Verwender gem. § 305 Abs. 2 Nr. 1 BGB ausdrücklich auf die Allgemeinen Geschäftsbedingungen hinweisen. Hierfür genügt ein Hinweis in dem Katalog, dem Prospekt oder der Preisliste in der Regel nicht, da die Kunden in diesen Dokumenten lediglich Informationen über Waren und deren Preis, nicht aber über vom Gesetz abweichende Nebenbestimmungen (zB Erfüllungsort, Gerichtsstand) erwarten müssen.[637]

(3) Laufende Geschäftsverbindung. (a) Abschluss eines neuen Geschäfts. Im **Warenhandel**   **206** ist eine bestehende Geschäftsverbindung *alleine* nicht ausreichend, um das Stillschweigen des Empfängers auf ein Vertragsangebot als Zustimmung anzusehen.[638] Die gegenteilige Ansicht – sie liefe methodologisch auf eine entsprechende Anwendung von § 362 Abs. 1 S. 1 ggf. iVm § 362 Abs. 1 S. 2 hinaus – begegnet bereits deshalb Zweifeln, weil § 362 Abs. 1 S. 1 eine Ausnahmevorschrift ist, die nach hM keinen allgemeinen Rechtsgedanken enthält, der verallgemeinert und auf den Warenverkehr ausgedehnt werden kann.[639] Jedenfalls steht einer Analogie die Entscheidung des historischen Gesetzgebers entgegen, die Vorschrift in Anbetracht der Tatsache, dass die Fähigkeit zu Dienstleistungen

---

[630] MüKoHGB/*K. Schmidt* Rn. 131. Vgl. auch OGH-BrZ Urt. v. 13.10.1949 – I ZS 34/49, OGHZ 2, 352 (356) = NJW 1950, 24 zu § 16 AO Leder I/48 v. 7.5.1948. Ähnl. *F. Bydlinski* JZ 1980, 378 (379); *Kramer* JURA 1984, 235 (247): Es werde die Irrelevanz des Schweigens im Rechtsverkehr überwunden.

[631] *Hopt* AcP 183 (1983), 608 (616); MüKoHGB/*K. Schmidt* Rn. 131; *K. Schmidt* HandelsR § 19 Rn. 28.

[632] Zu weiteren Einzelfällen s. MüKoHGB/*K. Schmidt* Vor § 343 Rn. 11 mwN.

[633] BGH Urt. v. 11.11.2008 – KZR 43/07, NVwZ-RR 2009, 596 Rn. 18; Immenga/Mestmäcker/*Markert* GWB § 20 Rn. 86; GK-HGB/*B. Schmidt* Vor § 343 Rn. 3; vgl. auch BGH Urt. v. 22.10.1996 – KZR 19/95, BGHZ 134, 1 (13) = NJW 1997, 574 – Stromeinspeisung II zu § 35 GWB iVm § 26 Abs. 2 GWB aF; BGH Urt. v. 12.5.1998 – KZR 23/96, NJW-RR 1999, 189 (190 f.) – Depotkosmetik zu § 26 Abs. 2 GWB aF.

[634] Schlegelberger/*Hefermehl* Rn. 142.

[635] Schlegelberger/*Hefermehl* Rn. 142; Baumbach/Hopt/*Hopt* Rn. 34. In diese Richtung wohl auch OLG Stuttgart Urt. v. 12.12.1914 – 3 U 750/14, Recht 1915 Nr. 1726, wonach die Angaben im Kostenvoranschlag die Grundlage des Geschäfts bilden.

[636] In diese Richtung OLG Rostock Urt. v. 11.3.1908 – 2 Fe 124/08, SeuffA 64 Nr. 184 (S. 390).

[637] Vgl. RG Urt. v. 1.7.1901 – VI 140/01, JW 1901, 621; OLG Rostock Urt. v. 11.3.1908 – 2 Fe 124/08, SeuffA 64 Nr. 184; Schlegelberger/*Hefermehl* Rn. 142.

[638] OGH-BrZ Urt. v. 19.9.1949 – IIb ZS 55/49, NJW 1949, 943; *Canaris* Vertrauenshaftung 225; *Flume* AcP 161 (1961), 52 (67); Schlegelberger/*Hefermehl* Rn. 101; Heymann/*Horn* Rn. 41; Oetker/*Pamp* Rn. 36; *Schinkels* in Pfeiffer Handelsgeschäfte-HdB § 5 Rn. 47; *K. Schmidt* HandelsR § 19 Rn. 30; *Thamm/Detzer* DB 1997, 213; wohl aA BGH Urt. v. 4.4.1951 – II ZR 52/50, BGHZ 1, 353 (355) = NJW 1951, 711; LG Mannheim Urt. v. 10.12.2004 – 23 O 89/04, VersR 2005, 1532 (1533) = BeckRS 2004, 16743; *P. Hanau* AcP 165 (1965), 220 (240). Allgemein, auch rechtsvergleichend dazu *Müller-Graff*, Rechtliche Auswirkungen einer laufenden Geschäftsverbindung im amerikanischen und deutschen Recht, 1974, 122 ff.

[639] So RG Urt. v. 1.4.1919 – VII 390/18, WarnR 1919 Nr. 131; iErg auch *Philipowski*, Die Geschäftsverbindung, 1963, 93; aA LG Mannheim Urt. v. 10.12.2004 – 23 O 89/04, VersR 2005, 1532 (1533) = BeckRS 2004, 16743; Staub/*Canaris* § 362 Anh. Rn. 21; Baumbach/Hopt/*Hopt* Rn. 31.

unerschöpflich, der Warenbestand hingegen beschränkt ist,[640] auf die Besorgung von Geschäften für andere zu begrenzen.[641]

207   Um das Schweigen des Empfängers auf ein Vertragsangebot im Warenhandel als Zustimmung ansehen zu können, müssen zu der Geschäftsverbindung (→ Rn. 206) **weitere Umstände** hinzutreten, die es dem Antragempfänger nach Treu und Glauben gebieten, umgehend zu widersprechen.[642] Dies ist insbesondere der Fall, wenn der Antragempfänger auf die ausdrückliche Frage, ob er einem bestimmten Angebot widerspreche, in seinem Schweigen verharrt, obwohl der ihm unterbreitete Vorschlag im Rahmen einer normalen und sachgemäßen Abwicklung des Schuldverhältnisses bleibt.[643] Gleiches soll auch dann gelten, wenn der Antragende für den Erklärungsempfänger *erkennbar* ein *berechtigtes* Interesse an einer baldigen Antwort hat.[644] Dieses kann sich zB unter Geltung eines Rahmenvertrags aus einem Geschäftsverbindungsbrauch ergeben, wonach der einseitige Abruf von Vertragsleistungen üblich ist.[645] Die Auffassung des Schweigens als Zustimmung ist hingegen insbesondere dann ausgeschlossen, wenn der Antragende auf eine ausdrückliche Ablehnung oder Annahme seines Antrags bestanden hat[646] oder das Geschäft außergewöhnlich und besonders bedeutsam ist.[647] Letzteres liegt zB bei der Änderung eines langfristigen Vertrags nahe (zu Einzelheiten → Rn. 208 ff.).[648]

208   **(b) Vertragsänderung. (aa) Allgemein.** Der Schriftverkehr der Parteien im Rahmen der Vertragsabwicklung enthält nicht selten einseitige Vermerke, deren Inhalt von dem Vereinbarten abweicht. So enthalten zB Rechnungen häufig Hinweise auf Zahlungsbedingungen oder andere Allgemeine Geschäftsbedingungen oder die Erklärung eines Eigentumsvorbehalts (→ Rn. 210). Derartige Erklärungen liegen – vorbehaltlich eines abweichenden Geschäftsverbindungsbrauchs (→ Rn. 28) – außerhalb des Rechnungszwecks,[649] namentlich der Berechnung und Einforderung der Vergütung (→ Rn. 229). Da der Empfänger diese in einer Rechnung nicht erwarten muss, hat er weder die inhaltliche Richtigkeit solcher Vermerke (zB die Saldenmitteilung in Bezug auf Warencontainer) zu prüfen noch Anlass dazu, Angaben zu widersprechen, die von dem Inhalt des zuvor geschlossenen und fortgeltenden Vertrags abweichen.[650] Folglich darf in seinem Schweigen **grundsätzlich keine Zustimmung** zu einer Vertragsänderung gesehen werden.[651] Der Bestand einer ggf. sogar langfristigen Geschäftsbeziehung *allein* ändert daran nichts.

209   Nur **ausnahmsweise** unter besonderen Umständen darf der Absender eines auf eine Vertragsänderung zielenden Schreibens (zB einer Rechnung mit entsprechenden Zusätzen, → Rn. 208) aus dem bloßen Stillschweigen des Empfängers nach Treu und Glauben mit Rücksicht auf die Verkehrssitte bzw. einen Handelsbrauch auf dessen Zustimmung schließen. (1) Dies ist zB der Fall, wenn der Vermerk einen Antrag zu einer für den Rechnungsempfänger **rechtlich oder wirtschaftlich günstigen Vertragsänderung** (zB einen Preisnachlass, eine Stundung oder die nachträgliche Vereinbarung einer Beschaffenheit iSv § 434 Abs. 1 S. 1 BGB) enthält.[652] Bei Vertragsänderungen, die für den Rechnungs-

---

[640] In der Begründung zu § 303 Abs. 1 HGB-E I wird diese Tatsache allenfalls angedeutet, s. Entwurf eines Handelsgesetzbuchs für das Deutsche Reich von 1895 (Denkschrift des Reichsjustizamts zum Entwurf eines HGB), 1896, 185, abgedruckt in Schubert/Schmiedel/Krampe, Quellen zum Handelsgesetzbuch von 1897, Bd. II/1, 1987, 185.

[641] *Medicus/Petersen* BGB AT Rn. 388.

[642] Vgl. ROHG Urt. v. 29.10.1870 – Rep. 37/70, ROHG 1, 76 (81).

[643] BGH Urt. v. 17.5.1962 – VII ZR 232/60, WM 1962, 1057 (1058) = BeckRS 1962, 31189913.

[644] BGH Urt. v. 4.4.1951 – II ZR 52/50, BGHZ 1, 353 (355 f.) = NJW 1951, 711; NK-HGB/*Lehmann-Richter* Rn. 23; aA *Canaris* Vertrauenshaftung 225; *Flume* AcP 161 (1961), 52 (67 f.).

[645] *Flume* Rechtsgeschäft § 35 II 4 = 658; *Flume* AcP 161 (1961), 52 (67); Schlegelberger/*Hefermehl* Rn. 101; Hopt AcP 183 (1983), 608 (616); Heymann/*Horn* Rn. 41; *Kramer* JURA 1984, 235 (248); *K. Schmidt* HandelsR § 19 Rn. 30; wohl auch Baumbach/Hopt/*Hopt* Rn. 36.

[646] BGH Urt. v. 8.4.1957 – III ZR 251/55, NJW 1957, 1105.

[647] BGH Urt. v. 1.6.1994 – XII ZR 227/92, NJW-RR 1994, 1163 (1165); ähnl. RG Urt. v. 1.4.1919 – VII 390/18, WarnR 1919 Nr. 131 („eigenartiges und selten vorkommendes Geschäft").

[648] *K. Schmidt* HandelsR § 19 Rn. 30.

[649] MüKoHGB/*K. Schmidt* Rn. 138.

[650] BGH Urt. v. 5.2.1997 – VIII ZR 41/96, NJW 1997, 1578 (1579); RG Urt. v. 11.3.1932 – II 217/31, HansRGZ 1932, Abt. B, 355 (357); LG Karlsruhe Urt. v. 3.12.1929 – 1 HH 8/29, JW 1930, 2238 (2239); *Batereau* in Pfeiffer Handelsgeschäfte-HdB § 2 Rn. 15; Schlegelberger/*Hefermehl* Rn. 141; Baumbach/Hopt/*Hopt* Rn. 35; NK-HGB/*Lehmann-Richter* Rn. 23; MüKoHGB/*K. Schmidt* Rn. 138; Röhricht/Graf v. Westphalen/Haas/*Steimle/Dornieden* Rn. 32.

[651] BGH Urt. v. 29.6.1959 – II ZR 114/57, BB 1959, 826 (insoweit nicht abgedruckt in NJW 1959, 1679); BGH Urt. v. 24.11.1959 – VIII ZR 133/58, BB 1960, 306 = BeckRS 1959, 31201448; RG Urt. v. 6.10.1931 – II 76/31, RGZ 133, 330 (338 f.); RG Urt. v. 8.3.1907 – VII 543/06, RGZ 65, 329 (331); RG Urt. v. 10.1.1905 – Rep. II 294/04, RGZ 59, 350 (351); RG Urt. v. 4.7.1902 – Rep. II 126/02, RGZ 52, 133 (135); RG Urt. v. 3.11.1915 – V 180/15, WarnR 1916 Nr. 10; LG Karlsruhe Urt. v. 3.12.1929 – 1 HH 8/29, JW 1930, 2238 (2239); Schlegelberger/*Hefermehl* Rn. 105, 141; Baumbach/Hopt/*Hopt* Rn. 35; Heymann/*Horn* Rn. 40; *Philipowski*, Die Geschäftsverbindung, 1963, 96; MüKoHGB/*K. Schmidt* Rn. 138.

[652] *Batereau* in Pfeiffer Handelsgeschäfte-HdB § 2 Rn. 15; Schlegelberger/*Hefermehl* Rn. 141; Baumbach/Hopt/*Hopt* Rn. 35; Heymann/*Horn* Rn. 47. Vgl. RG Urt. v. 18.2.1919 – Rep. II 355/18, RGZ 95, 116 (120) zu § 459

empfänger ungünstig sind (zB die Verlagerung des Erfüllungsortes), ist größere Zurückhaltung geboten, da die Bereitschaft zur Annahme nur selten vorhanden sein wird.[653] Daher müssen besondere Umstände hinzutreten.[654] (2) Solche liegen zB vor, wenn die Rechnung oder das sonstige Schreiben zugleich mit einem von dem Adressaten verlangten **kaufmännischen Bestätigungsschreiben** übersandt wird.[655] In diesem Fall darf der Absender erwarten, dass der Empfänger nicht nur das kaufmännische Bestätigungs-schreiben, sondern auch das andere Schreiben darauf prüft, ob der Inhalt mit dem geschlossenen Vertrag übereinstimmt, und Abweichungen, die er nicht anerkennen will, widerspricht.[656] (3) Gleiches gilt, wenn den Rechnungen in einer laufenden Geschäftsbeziehung *wiederholt* frühere Abreden (zB All-gemeine Geschäftsbedingungen), die nicht vereinbart worden sind, beigefügt werden.[657] (4) Schließlich ist das Schweigen auch dann als Zustimmung anzusehen, wenn der Inhalt des Änderungsangebots im Rahmen einer normalen und sachgemäßen Abwicklung des Geschäfts bleibt und der Empfänger auf die (Nach-)Frage des Antragenden, ob er Widerspruch erhebe, in seinem Schweigen verharrt.[658]

(bb) Sonderfall: Eigentumsvorbehalt. Die kaufvertragliche Verpflichtung, das Eigentum an be-   **210**
stimmten Waren unbedingt zu übertragen (§ 433 Abs. 1 S. 1 BGB ggf. iVm § 650 S. 1 BGB), hindert den Verkäufer nicht daran, nachträglich vor oder bei Übergabe der Waren – regelmäßig durch ent-sprechenden Vermerk in einem Lieferschein oder einer Rechnung – *vertragswidrig* zu erklären, dass er sich das Eigentum vorbehalte, also die Übereignung nach § 929 S. 1 BGB nur aufschiebend bedingt (§ 158 Abs. 1 BGB) für den Fall der vollständigen Kaufpreiszahlung anbiete.[659] Diese Erklärung vermag zwar die nach dem Kauf- bzw. sog. Werklieferungsvertrag bestehende Verpflichtung zur unbe-dingten Übereignung weder aufzuheben noch abzuändern.[660] Sie kann aber den bedingungslosen Übergang des Eigentums verhindern.[661] Voraussetzung hierfür ist, dass der Käufer den in der Rech-nung bzw. in dem Lieferschein vermerkten Vorbehalt vor oder bei der Übergabe zur Kenntnis nimmt[662] oder das jeweilige Dokument, in dem der Vorbehalt deutlich – insoweit ist ein strenger Maßstab anzulegen[663] – vermerkt ist,[664] in seinen Verfügungs- bzw. Empfangsbereich gelangt.[665] Nimmt der Käufer das vertragswidrig bedingte Übereignungsangebot – in der Regel durch Entgegen-nahme der Waren – an, erlangt er zunächst nur bedingtes Eigentum an den Waren (sog. Vorbehalts-eigentum).[666] Lehnt er es ab, kommt es überhaupt nicht zu einem Eigentumsübergang, weil es an einer Einigung iSv § 929 S. 1 BGB bzw. dem Einigsein im Zeitpunkt der Übergabe fehlt.[667]

(4) Abschlussreife Vorverhandlungen. (a) Vertragsschluss durch Schweigen. Haben Kauf-   **211**
leute in Vorverhandlungen in den wesentlichen Punkten des Vertrags Einigkeit erzielt, ist aber trotz

Abs. 2 BGB aF. Weitergehend Staub/*Canaris* HGB § 362 Anh. Rn. 3; KKRD/*W.-H. Roth* HGB § 362 Rn. 3: Schweigen auf lediglich vorteilhafte Vertragsangebote sei – in Anlehnung an den Rechtsgedanken von § 516 Abs. 2 S. 1, 2 BGB – im *gesamten* Handelsverkehr als Zustimmung anzusehen.

[653] BGH Urt. v. 24.9.1980 – VIII ZR 299/79, NJW 1981, 43 (44).

[654] BGH Urt. v. 29.6.1959 – II ZR 114/57, BB 1959, 826 f. (insoweit nicht abgedruckt in NJW 1959, 1679); RG Urt. v. 8.3.1907 – VII 543/06, RGZ 65, 329 (331); RG Urt. v. 4.7.1902 – Rep. II 126/02, RGZ 52, 133 (135); Heymann/*Horn* Rn. 47.

[655] Schlegelberger/*Hefermehl* Rn. 141; wohl auch Baumbach/Hopt/*Hopt* Rn. 35.

[656] RG Urt. v. 22.4.1904 – Rep. II 570/03, RGZ 57, 408 (410, 411); wohl auch Heymann/*Horn* Rn. 47.

[657] OLG Köln Urt. v. 5.5.1996 – 27 U 99/95, NJW-RR 1997, 182 (183); Schlegelberger/*Hefermehl* Rn. 141; Baumbach/Hopt/*Hopt* Rn. 35; wohl auch Röhricht/Graf v. Westphalen/Haas/*Steimle*/*Dornieden* Rn. 32.

[658] BGH Urt. v. 17.5.1962 – VII ZR 232/60, BB 1962, 1056 = BeckRS 1962, 31189913; Baumbach/Hopt/*Hopt* Rn. 36.

[659] BGH Urt. v. 9.7.1975 – VIII ZR 89/74, BGHZ 64, 395 (397) = NJW 1975, 1699; BGH Urt. v. 2.10.1952 – IV ZR 2/52, NJW 1953, 217 (218); OLG München Urt. v. 16.6.1931 – III 461/31, JW 1932, 1668.

[660] BGH Urt. v. 2.10.1952 – IV ZR 2/52, NJW 1953, 217 (218); LG Karlsruhe Urt. v. 3.12.1929 – 1 HH 8/29, JW 1930, 2238 (2239); *Batereau* in Pfeiffer Handelsgeschäfte-HdB § 2 Rn. 16; Schlegelberger/*Hefermehl* Rn. 141.

[661] BGH Urt. v. 2.10.1952 – IV ZR 2/52, NJW 1953, 217 (218); OLG München Urt. v. 16.6.1931 – III 461/31, JW 1932, 1668; Schlegelberger/*Hefermehl* Rn. 141; *Holzheim* JW 1930, 3493 (3494); Baumbach/Hopt/*Hopt* Rn. 34; *H. Rühl* JW 1930, 3493; MüKoHGB/*K. Schmidt* Rn. 169; aA LG Karlsruhe Urt. v. 3.12.1929 – 1 HH 8/29, JW 1930, 2238 (2239).

[662] BGH Urt. v. 30.3.1988 – VIII ZR 340/86, BGHZ 104, 129 (137) = NJW 1988, 1774; BGH Urt. v. 2.10.1952 – IV ZR 2/52, NJW 1953, 217 (218).

[663] BGH Urt. v. 9.7.1975 – VIII ZR 89/74, BGHZ 64, 395 (397) = NJW 1975, 1699.

[664] BGH Urt. v. 9.7.1975 – VIII ZR 89/74, BGHZ 64, 395 (397) = NJW 1975, 1699; OLG München Urt. v. 16.6.1931 – III 461/31, JW 1932, 1668; *Holzheim* JW 1930, 3493 (3494); *H. Rühl* JW 1930, 3493.

[665] BGH Urt. v. 2.10.1952 – IV ZR 2/52, NJW 1953, 217 (218). Insoweit nicht wiederholt in BGH Urt. v. 30.3.1988 – VIII ZR 340/86, BGHZ 104, 129 (137) = NJW 1988, 1774. Restriktiver Schlegelberger/*Hefermehl* Rn. 141, der zusätzlich voraussetzt, dass der Käufer mit einem nachträglichen Eigentumsvorbehalt auf der Rechnung bzw. dem Lieferschein rechnen konnte.

[666] BGH Urt. v. 9.7.1975 – VIII ZR 89/74, BGHZ 64, 395 (397) = NJW 1975, 1699; BGH Urt. v. 2.10.1952 – IV ZR 2/52, NJW 1953, 217 (218); RG Urt. v. 9.4.1929 – 14 U 3251/29, JW 1930, 1421; KG Urt. v. 9.4.1929 – 14 U 3251/29, JW 1929, 2164 f.

[667] BGH Urt. v. 9.7.1975 – VIII ZR 89/74, BGHZ 64, 395 (397) = NJW 1975, 1699; BGH Urt. v. 2.10.1952 – IV ZR 2/52, NJW 1953, 217 (218).

sog. Abschlussreife aus irgendwelchen Gründen von dem Vertragsschluss zunächst abgesehen worden, darf sich derjenige, der seinem Verhandlungspartner im Anschluss daran den Vertrag anträgt, *grundsätzlich* darauf verlassen, dass der Vertrag zustande kommt.[668] Daher ist der Antragsempfänger nach Treu und Glauben verpflichtet, den Antragenden nicht im Unklaren zu lassen und unverzüglich (§ 121 Abs. 1 S. 1 BGB) eine (nach allem überraschende) Ablehnung zu erklären.[669] Reagiert er auf den Antrag nicht, ist in seinem Schweigen *in der Regel* eine stillschweigende Annahme zu sehen.[670] Lediglich ausnahmsweise erfordern Treu und Glauben keine unverzügliche Ablehnung des Antrags, nämlich dann, wenn (1) der Antrag Vertragsbedingungen enthält, über die bislang ganz oder teilweise keine Einigung erzielt worden ist,[671] (2) eine stillschweigende Annahme nach den Umständen des Einzelfalls ausgeschlossen sein sollte[672] oder (3) der Antragende mit einer zwischenzeitlichen Willensänderung des Empfängers rechnen musste.[673] Ein Handelsbrauch des Inhalts, dass Schweigen auf ein Angebot auch dann als Zustimmung gewertet wird, wenn das Angebot von den vorausgegangenen Verhandlungen abweichende oder zuvor abgelehnte Bedingungen enthält, vermochten die Gerichte – soweit ersichtlich – nicht festzustellen.[674]

212 **(b) Schadensersatz wegen des Abbruchs von Vertragsverhandlungen.** Wird die Ablehnung des Vertragsschlusses rechtzeitig erklärt (→ Rn. 211), kann dem Antragenden wegen des Abbruchs der Vertragsverhandlungen gem. **§ 280 Abs. 1 BGB iVm §§ 311 Abs. 2, 241 Abs. 2 BGB** ein Anspruch auf Schadensersatz zustehen. Dieser ist nicht auf Naturalrestitution im Sinne der Erfüllung des erstrebten Vertrags,[675] sondern auf den Ersatz des sog. **negativen Interesses** gerichtet, dh der Aufwendungen, die in dem begründeten Vertrauen auf den Abschluss und die Durchführung des Vertrags gemacht wurden.[676]

213 Im Grundsatz gewährleistet die Abschlussfreiheit jeder Partei – auch Kaufleuten – bis zu dem Vertragsschluss das Recht, von dem in Aussicht genommenen Vertrag auch dann Abstand zu nehmen, wenn der andere Teil den Abschluss des Vertrags erwartet, ohne sich schadensersatzpflichtig zu machen.[677] Daher erfolgen Aufwendungen, die in der Erwartung des Vertragsschlusses getätigt werden, grundsätzlich auf eigene Gefahr.[678] Daher verletzt der Abbruch von Vertragsverhandlungen nur *ausnahmsweise* vorvertragliche Schutzpflichten (§§ 311 Abs. 2 Nr. 1, 241 Abs. 2 BGB).[679] Dabei sind aufgrund divergierender Verschuldensvorwürfe **zwei Konstellationen** zu unterscheiden:

214 (1) Zum Schadensersatz ist derjenige verpflichtet, der *schuldhaft* – zB durch das Vorspiegeln einer in Wirklichkeit fehlenden Entschlossenheit zum Vertragsabschluss[680] – bei dem anderen Teil das Vertrauen auf das bevorstehende Zustandekommen eines später nicht abgeschlossenen Vertrags erweckt oder genährt hatte.[681] Allein die Tatsache, dass der Abbrechende weiß, dass der andere Teil in der Erwartung des Vertragsschlusses erhebliche Aufwendungen gemacht hat, genügt hierfür nicht.[682]

---

[668] BGH Urt. v. 2.11.1995 – X ZR 135/93, NJW 1996, 919 (921).

[669] BGH Urt. v. 2.11.1995 – X ZR 135/93, NJW 1996, 919 (921); *Ebert* JuS 1999, 754 (757); Schlegelberger/ *Hefermehl* Rn. 104.

[670] BGH Urt. v. 4.4.1951 – II ZR 52/50, BGHZ 1, 353 (356) = NJW 1951, 711; BGH Urt. v. 2.11.1995 – X ZR 135/93, NJW 1996, 919 (921); BGH Urt. v. 14.2.1995 – XI ZR 65/94, NJW 1995, 1281; BGH Urt. v. 14.10.1955 – I ZR 210/53, BB 1955, 1068 = BeckRS 1955, 31392532; *Ebert* JuS 1999, 754 (757); Schlegelberger/*Hefermehl* Rn. 104; Baumbach/Hopt/*Hopt* Rn. 36; *Hopt* AcP 183 (1983), 608 (616); Heymann/*Horn* Rn. 42; HK-HGB/ *Klappstein* Rn. 61; Staub/*Koller* Rn. 72; *Kramer* JURA 1984, 235 (248); KKRD/*W.-H. Roth* Rn. 28, HGB § 362 Rn. 3; *Schinkels* in Pfeiffer Handelsgeschäfte-HdB § 5 Rn. 47; *B. Schmidt* Vor § 343 Rn. 8; MüKoHGB/ *K. Schmidt* Rn. 137; *K. Schmidt* HandelsR § 19 Rn. 29; Röhricht/Graf v. Westphalen/Haas/*Steimle/Dornieden* Rn. 32; wohl auch KG Urt. v. 2.2.2006 – 2 U 101/01, WM 2006, 1218 (1220) = BeckRS 2006, 9026. IErg auch MüKoHGB/*K. Schmidt* Rn. 132, der insoweit allerdings von Gewohnheitsrecht ausgeht.

[671] BGH Urt. v. 2.11.1995 – X ZR 135/93, NJW 1996, 919 (921).

[672] Heymann/*Horn* Rn. 42.

[673] BGH Urt. v. 14.2.1995 – XI ZR 65/94, NJW 1995, 1281; BGH Urt. v. 14.10.1955 – I ZR 210/53, BB 1955, 1068 = BeckRS 1955, 31392532; *Ebert* JuS 1999, 754 (757); Schlegelberger/*Hefermehl* Rn. 104.

[674] BGH Urt. v. 2.11.1995 – X ZR 135/93, NJW 1996, 919 (921).

[675] GK-HGB/*B. Schmidt* Vor § 343 Rn. 2; vgl. auch BGH Urt. v. 27.9.1968 – V ZR 53/65, WM 1968, 1402 (1403) = BeckRS 1968, 00183.

[676] BGH Urt. v. 9.11.2012 – V ZR 182/11, NJW 2013, 928 (929 Rn. 7); GK-HGB/*B. Schmidt* Vor § 343 Rn. 2; vgl. auch Schlegelberger/*Hefermehl* Rn. 104.

[677] BGH Urt. v. 22.2.1989 – VIII ZR 4/88, NJW-RR 1989, 627; BGH Urt. v. 28.3.1977 – VIII ZR 242/75, WM 1977, 618 (620).

[678] BGH Urt. v. 9.11.2012 – V ZR 182/11, NJW 2013, 928 Rn. 7; BGH Urt. v. 29.3.1996 – V UR 332/94, NJW 1996, 1884 (1885); BGH Urt. v. 22.2.1989 – VIII ZR 4/88, NJW-RR 1989, 627; BGH Urt. v. 17.5.1962 – VII ZR 224/60, WM 1962, 936 = BeckRS 1962, 31189735; MüKoBGB/*Emmerich* BGB § 311 Rn. 174 mwN.

[679] BGH Urt. v. 28.3.1977 – VIII ZR 242/75, WM 1977, 618 (620).

[680] Vgl. BGH Urt. v. 18.10.1974 – V ZR 17/73, NJW 1975, 43.

[681] GK-HGB/*B. Schmidt* Vor § 343 Rn. 2; vgl. auch BGH Urt. v. 10.1.1996 – VIII ZR 327/94, DtZ 1996, 113 (114); BGH Urt. v. 18.10.1974 – V ZR 17/73, NJW 1975, 43; BGH Urt. v. 14.7.1967 – V ZR 120/64, NJW 1967, 2199.

[682] Vgl. BGH Urt. v. 18.10.1974 – V ZR 17/73, NJW 1975, 43 (44); BGH Urt. v. 14.7.1967 – V ZR 120/64, NJW 1967, 2199.

(2) Die Ersatzpflicht trifft auch denjenigen, der die Vertragshandlungen später *ohne triftigen Grund* **215** abbricht bzw. den Vertragsschluss ohne triftigen Grund ablehnt, nachdem er zuvor bei dem anderen Teil das aus dessen Sicht berechtigte Vertrauen erweckt hatte, der Vertrag werde mit Sicherheit zustande kommen.[683] Diese Konstellation ist Fällen ähnlich, in denen ein Vertrag zunächst zustande kommt, der andere Teil seine Erklärung aber wegen eines Irrtums anficht.[684] Für den Anspruch auf Schadensersatz – gem. § 122 Abs. 1 BGB einerseits, gem. § 280 Abs. 1 BGB iVm §§ 311 Abs. 2 Nr. 1, 241 Abs. 2 BGB andererseits (→ Rn. 212) – kommt es hier wie da auf ein Verschulden des anderen Teils – konkret, ob der Vertragsschluss *schuldhaft* als sicher in Aussicht gestellt wurde – nicht an.[685] Für einen triftigen Grund, der die Pflichtverletzung ausschließen kann, bedarf es eines sachlichen Grundes (zB geänderte wirtschaftliche Verhältnisse, die die Absatzchancen entfallen lassen)[686] und keiner entgegenstehenden sachfremden Erwägung.[687] Bei einem formbedürftigen Vertrag sind zur Bewahrung des Zwecks der jeweiligen Formvorschrift (zB § 311b Abs. 1 S. 1 BGB) an die Verletzung vorvertraglicher Schutzpflichten strengere Anforderungen zu stellen.[688] Daher tritt die Ersatzpflicht nicht schon dann ein, wenn es an einem triftigen Grund fehlt, sondern nur, wenn eine besonders schwerwiegende, in der Regel vorsätzliche Treuepflichtverletzung (zB das Vorspiegeln einer tatsächlich nicht vorhandenen Abschlussbereitschaft) vorliegt.[689]

(5) Freiklausel im Antrag. Mit der bis heute im Handelsverkehr verbreiteten Formulierung, ein **216** Angebot sei „freibleibend" oder „sine obligo" (sog. Freiklausel), nutzt der Antragende die in § 145 BGB vorausgesetzte Möglichkeit, die Bindung an den Antrag auszuschließen.[690] Seine Erklärung ist daher – auch dann, wenn sie wie üblich als „Antrag" oder „Angebot" bezeichnet wird – eine an den Empfänger adressierte Aufforderung, er möge einen Antrag zu denselben Bedingungen abgeben (invitatio ad offerendum).[691] Trotz der damit einhergehenden Aussage, sich die Entscheidung über den Vertragsschluss bis zu dem Eingang eines Antrags vorzubehalten,[692] gibt der „freibleibend" Anbietende damit zu erkennen, dass er unter gewissen Umständen einen Vertrag schließen wolle.[693] Daher habe der Empfänger, der einen annahmefähigen Antrag – dieser muss mit den Bedingungen des „freibleibenden" Angebots nicht völlig deckungsgleich sein, es genügt die Übereinstimmung wesentlicher Bestandteile[694] – abgibt, das Recht zu erfahren, ob der „freibleibend" Anbietende dieses annehme oder ablehne.[695] Die mit diesem Recht korrespondierende Antwortpflicht des „freibleibend" Anbietenden erfordert zwar keine unverzügliche Äußerung,[696] in entsprechender Anwendung von § 147 Abs. 2

---

[683] BGH Urt. v. 8.6.1978 – III ZR 48/76, BGHZ 71, 386 (395) = NJW 1978, 1802; BGH Urt. v. 9.11.2012 – V ZR 182/11, NJW 2013, 928 Rn. 7; Heymann/*Horn* Rn. 42; GK-HGB/*B. Schmidt* Vor § 343 Rn. 2; vgl. auch BGH Urt. v. 7.2.1980 – III ZR 23/78, BGHZ 76, 343 (349) = NJW 1980, 1683; BGH Urt. v. 29.3.1996 – V UR 332/94, NJW 1996, 1884 (1885); BGH Urt. v. 10.1.1996 – VIII ZR 327/94, DtZ 1996, 113 (114); BGH Urt. v. 22.2.1989 – VIII ZR 4/88, NJW-RR 1989, 627; BGH Urt. v. 28.3.1977 – VIII ZR 242/75, WM 1977, 618 (620); BGH Urt. v. 12.6.1975 – X ZR 25/73, NJW 1975, 1774; BGH Urt. v. 26.3./2.4.1974 – VIII ZR 2/73, WM 1974, 508 (509); BGH Urt. v. 10.7.1970 – V ZR 159/67, NJW 1970, 1840 f.; BGH Urt. v. 6.2.1969 – II ZR 86/67, WM 1969, 595 (597) = BeckRS 1969, 31169133; BGH Urt. v. 19.4.1967 – VIII ZR 8/65, WM 1967, 798 (799); Schlegelberger/*Hefermehl* Rn. 104.

[684] BGH Urt. v. 6.2.1969 – II ZR 86/67, WM 1969, 595 (597) = BeckRS 1969, 31169133.

[685] GK-HGB/*B. Schmidt* Vor § 343 Rn. 2; vgl. auch BGH Urt. v. 10.1.1996 – VIII ZR 327/94, DtZ 1996, 113 (114).

[686] BGH Urt. v. 10.1.1996 – VIII ZR 327/94, DtZ 1996, 113 (114).

[687] Vgl. BGH Urt. v. 8.6.1978 – III ZR 48/76, BGHZ 71, 386 (395) = NJW 1978, 1802; BGH Urt. v. 10.1.1996 – VIII ZR 327/94, DtZ 1996, 113 (114).

[688] BGH Urt. v. 9.11.2012 – V ZR 182/11, NJW 2013, 928 Rn. 8; vgl. auch BGH Urt. v. 18.10.1974 – V ZR 17/73, NJW 1975, 43 (44) zu § 313 BGB aF.

[689] BGH Urt. v. 9.11.2012 – V ZR 182/11, NJW 2013, 928 Rn. 8; ähnl. GK-HGB/*B. Schmidt* Vor § 343 Rn. 2 („grob unredliches … Verhalten"); vgl. auch BGH Urt. v. 29.3.1996 – V UR 332/94, NJW 1996, 1884 (1885).

[690] BGH Urt. v. 24.6.1958 – VIII ZR 52/57, NJW 1958, 1628 f.; RG Urt. v. 8.12.1920 – I 162/20, RGZ 101, 74 (75); RG Urt. v. 11.1.1924 – III 148/23, WarnR 1925 Nr. 14; RG Urt. v. 28.1.1921 – III 331/20, JW 1921, 393; Schlegelberger/*Hefermehl* Rn. 102; Baumbach/Hopt/*Hopt* Rn. 40; Soergel/*M. Wolf* BGB § 145 Rn. 12.

[691] BGH Urt. v. 2.11.1995 – X ZR 135/93, NJW 1996, 919 f.; RG Urt. v. 16.5.1922 – II 631/21, RGZ 105, 8 (12); RG Urt. v. 3.6.1921 – III 481/20, RGZ 102, 227 (228); RG Urt. v. 1.2.1926 – IV 545/25, JW 1926, 2674; GK-HGB/*Achilles*/*B. Schmidt* Rn. 88; Palandt/*Ellenberger* BGB § 145 Rn. 4; Schlegelberger/*Hefermehl* Rn. 102; Baumbach/Hopt/*Hopt* Rn. 40; Heymann/*Horn* Rn. 44; MüKoHGB/*K. Schmidt* Rn. 86, 132; *K. Schmidt* HandelsR § 19 Rn. 29; Röhricht/Graf v. Westphalen/Haas/*Steimle*/*Dornieden* Rn. 32; ähnl. *Lindacher* DB 1992, 1813 (1914): qualifizierte invitatio ad offerendum.

[692] RG Urt. v. 3.6.1921 – III 481/20, RGZ 102, 227 (228); RG Urt. v. 11.1.1924 – III 148/23, WarnR 1925 Nr. 14.

[693] RG Urt. v. 20.12.1921 – II 323/21, RGZ 103, 312 (313); RG Urt. v. 28.1.1921 – III 331/20, JW 1921, 393.

[694] RG Urt. v. 28.1.1921 – III 331/20, JW 1921, 393; aA Schlegelberger/*Hefermehl* Rn. 102; Heymann/*Horn* Rn. 44. Für eine wesentliche Abweichung s. zB RG Urt. v. 11.1.1924 – III 148/23, WarnR 1925 Nr. 14.

[695] RG Urt. v. 20.12.1921 – II 323/21, RGZ 103, 312 (313); RG Urt. v. 3.6.1921 – III 481/20, RGZ 102, 227 (228 f.); RG Urt. v. 28.1.1921 – III 331/20, JW 1921, 393.

[696] So aber RG Urt. v. 18.3.1922 – I 183/21, JW 1923, 118 f.; RG Urt. v. 28.1.1921 – III 331/20, JW 1921, 393; GK-HGB/*Achilles*/*B. Schmidt* Rn. 88; wohl auch RG Urt. v. 11.1.1924 – III 148/23, WarnR 1925 Nr. 14 („ungesäumt").

BGB aber eine Äußerung innerhalb der Zeit, in der der Antragende mit einer Ablehnung rechnen darf.[697] Bei der Bemessung dieser Frist ist zu beachten, dass Geschäfte im Handelsverkehr möglichst schnell abzuwickeln sind.[698] Bleibt innerhalb der im Einzelfall angemessenen Frist eine Antwort aus, muss der „freibleibend" Anbietende sich nach Treu und Glauben so behandeln lassen, als hätte er den Antrag angenommen.[699]

217   **(6) Modifizierende Auftragsbestätigung.** Geht einem Kaufmann im Anschluss an in der Regel (fern-)mündlich geführte Vertragsverhandlungen eine Bestellung zu, ist es im Interesse der Rechtsklarheit und Rechtssicherheit üblich, eine sog. Auftragsbestätigung zu versenden. Von einem kaufmännischen Bestätigungsschreiben im Rechtssinne (zu Einzelheiten → Rn. 259 ff.), das einen bereits zustande gekommen – oder doch zumindest nach Ansicht des gutgläubigen Bestätigenden rechtswirksam geschlossenen – Vertrag vorwiegend zu Beweiszwecken inhaltlich verbindlich festlegen (→ Rn. 243) und lediglich in regelungsbedürftigen Nebenpunkten ergänzen soll (zu Einzelheiten → Rn. 270 ff.), unterscheidet sich eine Auftragsbestätigung durch das Wissen des Verfassers, dass ein Vertrag noch nicht zustande gekommen ist, seine Auftragsbestätigung also dem Vertragsschluss dienen soll. Mit anderen Worten: Die Auftragsbestätigung ist eine in die Form einer Bestätigung gekleidete **Annahme,** die – auch dann, wenn sie allenfalls unklare oder schwer erkennbare Abweichungen von dem Inhalt des Antrags[700] – den Vertrag perfektioniert (→ Rn. 279). Zu Einzelheiten der Abgrenzung → Rn. 279 f. Enthält eine Bestätigung in Form eines Telegramms oder Telefaxes den **Zusatz „Brief folgt"** bzw. „schriftliche Bestellung folgt", wird in der Regel keine Annahme vorliegen.[701] Der Zusatz bringt nämlich im Zweifel zum Ausdruck, dass der Absender sich noch Änderungen vorbehält und daher lediglich eine briefliche Annahme ankündigt.[702]

218   Die unterschiedlichen Zwecke, die mit einem kaufmännischen Bestätigungsschreiben einerseits und einer Auftragsbestätigung andererseits verfolgt werden (→ Rn. 279), prägen die berechtigte Erwartung des Absenders. Bei einem kaufmännischen Bestätigungsschreiben kann er nach Treu und Glauben und mit Rücksicht auf die Verkehrssitte bzw. einen Handelsbrauch davon ausgehen, dass der bereits vertraglich gebundene, aber mit dem Inhalt des Bestätigungsschreibens nicht einverstandene Empfänger unverzüglich widersprechen wird.[703] Anderes gilt für den Verfasser einer *offensichtlich* (→ Rn. 217) modifizierenden Auftragsbestätigung. Bei dieser handelt es sich um eine Annahme unter Erweiterungen (zB einem verlängerten Eigentumsvorbehalt),[704] Einschränkungen oder sonstigen Änderungen – regelmäßig in Bezug auf wesentliche Bestimmungen in den Allgemeinen Geschäftsbedingungen –, die gem. **§ 150 Abs. 2 BGB** als Ablehnung verbunden mit einem neuen Antrag gilt.[705] Ihr Absender weiß, dass der Empfänger vertraglich noch nicht gebunden ist und darf daher *nicht ohne Weiteres* damit rechnen, dass der nicht widersprechende Empfänger mit der Änderung

[697] BGH Urt. v. 2.11.1995 – X ZR 135/93, NJW 1996, 919 (921); RG Urt. v. 1.2.1926 – IV 545/25, JW 1926, 2674 (2675); Schlegelberger/*Hefermehl* Rn. 102.

[698] BGH Urt. v. 2.11.1995 – X ZR 135/93, NJW 1996, 919 (921).

[699] RG Urt. v. 20.12.1921 – II 323/21, RGZ 103, 312 (313); RG Urt. v. 7.10.1921 – II 560/20, RGZ 103, 11 (13); RG Urt. v. 18.3.1922 – I 183/21, JW 1923, 118 f.; RG Urt. v. 3.6.1921 – III 481/20, RGZ 102, 227 (229); RG Urt. v. 11.1.1924 – III 148/23, WarnR 1925 Nr. 14; RG Urt. v. 28.1.1921 – III 331/20, JW 1921, 393; GK-HGB/*Achilles*/B. *Schmidt* Rn. 88; *Canaris* HandelsR § 23 Rn. 48; Staub/*Canaris* § 362 Anh. Rn. 22; *Canaris* Vertrauenshaftung 223 („Annahmefiktion"); Schlegelberger/*Hefermehl* Rn. 102; Baumbach/Hopt/*Hopt* Rn. 36, 40; *Hopt* AcP 183 (1983), 608 (616); Heymann/*Horn* Rn. 44; *Kramer* JURA 1984, 235 (248); NK-HGB/*Lehmann-Richter* Rn. 22, 23; *Lindacher* DB 1992, 1813; RGRK-BGB/*Piper* BGB § 145 Rn. 14; KKRD/*W.-H. Roth* HGB § 362 Rn. 3; *Schinkels* in Pfeiffer Handelsgeschäfte-HdB § 5 Rn. 47; *Schultz* MDR 1995, 1187 (1188); Röhricht/Graf v. Westphalen/Haas/*Steimle*/*Dornieden* Rn. 32. IErg auch MüKoHGB/*K. Schmidt* Rn. 132, der insoweit allerdings von Gewohnheitsrecht ausgeht.

[700] BGH Urt. v. 18.11.1982 – VII ZR 223/80, WM 1983, 313 (314) = BeckRS 1982, 31075083; BGH Urt. v. 12.2.1952 – I ZR 98/51, NJW 1952, 499; Baumbach/Hopt/*Hopt* Rn. 34; Heymann/*Horn* Rn. 46. Ähnl. MüKoHGB/*K. Schmidt* Rn. 132: Abweichungen in Bezug auf „Kleinigkeiten" seien unbeachtlich. IErg ähnl. OLG Jena Urt. v. 18.1.2006 – 2 U 547/05, OLG-NL 2006, 54 (55) = BeckRS 2006, 07327; *Ebert* JuS 1999, 754 (757): Beziehe sich die Abweichung nur auf Kleinigkeiten, komme durch das Schweigen des Antragenden auf die modifizierende Auftragsbestätigung ausnahmsweise der Vertrag zustande.

[701] RG Urt. v. 16.1.1891 – III 285/90, SeuffA 46 Nr. 177; Baumbach/Hopt/*Hopt* Rn. 16.

[702] RG Urt. v. 16.5.1922 – II 631/21, RGZ 105, 8 (13); OLG Hamm Urt. v. 11.7.1983 – 2 U 86/83, BB 1983, 1814 (1815) = BeckRS 1983, 31207931.

[703] BGH Urt. v. 26.9.1973 – VIII ZR 106/72, BGHZ 61, 282 (285) = NJW 1973, 2106.

[704] BGH Urt. v. 22.3.1995 – VIII ZR 20/94, NJW 1995, 1671 (1672).

[705] BGH Urt. v. 29.9.1955 – II ZR 210/54, BGHZ 18, 212 (215) = NJW 1955, 1794; BGH Urt. v. 22.3.1995 – VIII ZR 20/94, NJW 1995, 1671 (1672); BGH Urt. v. 9.2.1977 – VIII ZR 249/75, WM 1977, 451 = BeckRS 1977, 31122458; BGH Urt. v. 10.6.1974 – VII ZR 51/73, WM 1974, 842 = BeckRS 1974, 31125236; BGH Urt. v. 14.3.1963 – VII ZR 257/61, NJW 1963, 1248; OLG Jena Urt. v. 18.1.2006 – 2 U 547/05, OLG-NL 2006, 54 = BeckRS 2006, 07327; OLG Düsseldorf Urt. v. 11.1.1994 – 22 U 59/94, NJW-RR 1996, 622 (623); OLG Hamm Urt. v. 11.7.1983 – 2 U 86/83, DB 1983, 2619 = BeckRS 1983, 31207931; GK-HGB/*Achilles*/B. *Schmidt* Rn. 155; MüKoBGB/*Busche* BGB § 147 Rn. 17; Baumbach/Hopt/*Hopt* Rn. 16; Heymann/*Horn* Rn. 46; *Lettl* JuS 2008, 849 (850); Oetker/*Pamp* Rn. 40; Röhricht/Graf v. Westphalen/Haas/*Steimle*/*Dornieden* Rn. 41; MüKoHGB/*K. Schmidt* Rn. 150.

einverstanden ist.[706] Folglich ist in dem bloßen Schweigen auf eine modifizierende Auftragsbestätigung **grundsätzlich** (zu den Ausnahmen → Rn. 219) **keine Annahmeerklärung** zu sehen.[707] Vielmehr bedarf es für den Vertragsschluss noch einer Annahme, die – unabhängig von dem Erfordernis des Zugangs (§ 151 S. 1 BGB, → Rn. 34) – grundsätzlich auch stillschweigend möglich ist.[708] Im Einzelfall *kann* daher zB auch die widerspruchslose Annahme der Leistung genügen,[709] insbesondere dann, wenn sich die Änderungen auf Allgemeine Geschäftsbedingungen beschränken und der Leistende vorher deutlich zum Ausdruck gebracht hat, dass er nur unter seinen Geschäftsbedingungen zur Leistung bereit ist.[710] Die Annahme kann gem. § 146 BGB iVm § 147 Abs. 2 BGB nur bis zu dem Zeitpunkt erklärt werden, in welchem der Antragende den Eingang einer Antwort unter regelmäßigen Umständen erwarten darf.[711] Welchen Zeitraum diese Annahmefrist umfasst, richtet sich nach den Umständen des Einzelfalls.[712]

Von dem Grundsatz, dass Schweigen auf eine modifizierende Auftragsbestätigung keine Zustimmung zum Vertragsschluss ist (→ Rn. 218), können nur bei Vorliegen ganz besonderer Umstände **Ausnahmen** zugelassen werden.[713] Solche sieht der BGH insbesondere als gegeben an, wenn die Gegenseite *vorher deutlich* zum Ausdruck gebracht hat, dass sie nur unter ihren Allgemeinen Geschäftsbedingungen – diese stellen die Erweiterung im Rahmen der Annahme dar – zur Leistung bereit ist.[714] Besondere Umstände hat der BGH auch in dem Fall angenommen, dass zwei Gesellschaften (zB **Schwestergesellschaften**) unter ähnlicher Bezeichnung in demselben Markt tätig waren und von demselben Geschäftsführer vertreten wurden. Da dieser Zustand bei gemeinsamen Geschäftspartnern leicht zu Unklarheit darüber führen kann, für welche Gesellschaft der Geschäftsführer auftritt, dürfen Geschäftspartner, die einer der Gesellschaften eine Auftragsbestätigung übersenden, eine Verwahrung der einen oder anderen Gesellschaft erwarten, wenn sie der falsche Adressat ist. Bleibt diese aus, ist das Schweigen nach Treu und Glauben – ohne Rückgriff auf die Rechtsfigur des kaufmännischen Bestätigungsschreibens (zu Einzelheiten → Rn. 243 ff.) – als Zustimmung zu werten.[715] Offen gelassen hat der BGH eine Ausnahme bislang für Konstellationen, in denen die Auftragsbestätigung nach Inhalt und Zweck dem kaufmännischen Bestätigungsschreiben weitgehend entspricht, weil sie nicht nur der endgültigen Vertragsannahme dient, sondern der bestätigende Teil in ihr auch die Vertragsmodalitäten,

219

---

[706] BGH Urt. v. 26.9.1973 – VIII ZR 106/72, BGHZ 61, 282 (285 f.) = NJW 1973, 2106; BGH Urt. v. 9.2.1977 – VIII ZR 249/75, WM 1977, 451 (452) = BeckRS 1977, 31122458; Schlegelberger/*Hefermehl* Rn. 137.

[707] BGH Urt. v. 26.9.1973 – VIII ZR 106/72, BGHZ 61, 282 (285) = NJW 1973, 2106; BGH Urt. v. 29.9.1955 – II ZR 210/54, BGHZ 18, 212 (216) = NJW 1955, 1794; BGH Urt. v. 22.3.1995 – VIII ZR 20/94, NJW 1995, 1671 (1672); BGH Urt. v. 9.2.1977 – VIII ZR 249/75, WM 1977, 451 (452) = BeckRS 1977, 31122458; BGH Urt. v. 10.6.1974 – VII ZR 51/73, WM 1974, 842 = BeckRS 1974, 31125236; BGH Urt. v. 14.3.1963 – VII ZR 257/61, NJW 1963, 1248; BGH Urt. v. 12.2.1952 – I ZR 98/51, NJW 1952, 499; OLG Jena Urt. v. 18.1.2006 – 2 U 547/05, OLG-NL 2006, 54 (55) = BeckRS 2006, 07327; GK-HGB/*Achilles/B. Schmidt* Rn. 155; *Brox/Henssler* Rn. 298; MüKoBGB/*Busche* BGB § 147 Rn. 17; *Canaris* HandelsR § 23 Rn. 49; Staub/*Canaris* § 362 Anh. Rn. 23; *Fischinger* HandelsR Rn. 627; Palandt/*Ellenberger* BGB § 147 Rn. 12; *Hadding* JuS 1977, 314; Schlegelberger/*Hefermehl* Rn. 103, 137; Baumbach/Hopt/*Hopt* Rn. 16, 34; Heymann/*Horn* Rn. 46; *Jung* HandelsR Kap. 9 Rn. 19; Staub/*Koller* Rn. 70; *Kuhn* WM 1955, 958 (961); NK-HGB/*Lehmann-Richter* Rn. 23; *Lettl* HandelsR § 10 Rn. 47; Oetker/*Pamp* Rn. 36, 40; *Petersen* JURA 2003, 687 (691); KKRD/*W.-H. Roth* Rn. 28; MüKoHGB/*K. Schmidt* Rn. 132, 137, 150; *K. Schmidt* HandelsR § 19 Rn. 97; Röhricht/Graf v. Westphalen/Haas/*Steimle/Dornieden* Rn. 41; *Wolf/Neuner* BGB AT § 37 Rn. 50; aA KKRD/*W.-H. Roth* § 362 Rn. 3, wenn die Modifizierung nur Kleinigkeiten betrifft. *De lege ferenda* für die Angleichung der Rechtsfolgen des Schweigens auf ein kaufmännisches Bestätigungsschreiben und eine Auftragsbestätigung *Haberkorn* MDR 1968, 108 (110).

[708] Statt vieler MüKoBGB/*Busche* BGB § 147 Rn. 17.

[709] BGH Urt. v. 6.4.2000 – IX ZR 122/99, NJW-RR 2000, 1154 (1155); BGH Urt. v. 22.3.1995 – VIII ZR 20/94, NJW 1995, 1671 (1672); BGH Urt. v. 14.2.1995 – XI ZR 65/94, NJW 1995, 1281 (1282); BGH Urt. v. 9.2.1977 – VIII ZR 249/75, WM 1977, 451 (452) = BeckRS 1977, 31122458; OLG Köln Urt. v. 19.3.1980 – 2 U 95/79, BB 1980, 1237 (1238) = BeckRS 1980, 31089896; *Batereau* in Pfeiffer Handelsgeschäfte-HdB § 2 Rn. 14; MüKoBGB/*Busche* BGB § 147 Rn. 17; HK-HGB/*Klappstein* Rn. 60; Staub/*Koller* Rn. 70; Röhricht/Graf v. Westphalen/Haas/*Steimle/Dornieden* Rn. 41.

[710] BGH Urt. v. 26.9.1973 – VIII ZR 106/72, BGHZ 61, 282 (287 f.) = NJW 1973, 2106; BGH Urt. v. 22.3.1995 – VIII ZR 20/94, NJW 1995, 1671 (1672).

[711] BGH Urt. v. 9.2.1977 – VIII ZR 249/75, WM 1977, 451 (452) = BeckRS 1977, 31122458; OLG Köln Urt. v. 19.3.1980 – 2 U 95/79, BB 1980, 1237 (1239) = BeckRS 1980, 31089896.

[712] BGH Urt. v. 9.2.1977 – VIII ZR 249/75, WM 1977, 451 (452) = BeckRS 1977, 31122458.

[713] BGH Urt. v. 29.9.1955 – II ZR 210/54, BGHZ 18, 212 (216) = NJW 1955, 1794; OLG Jena Urt. v. 18.1.2006 – 2 U 547/05, OLG-NL 2006, 54 (55) = BeckRS 2006, 07327; *K. Schmidt* HandelsR § 19 Rn. 98.

[714] BGH Urt. v. 26.9.1973 – VIII ZR 106/72, BGHZ 61, 282 (287 f.) = NJW 1973, 2106; BGH Urt. v. 22.3.1995 – VIII ZR 20/94, NJW 1995, 1671 (1672); BGH Urt. v. 9.2.1977 – VIII ZR 249/75, WM 1977, 451 (452) = BeckRS 1977, 31122458; BGH Urt. v. 14.3.1963 – VII ZR 25/61, NJW 1963, 1248; BGH Urt. v. 17.9.1954 – I ZR 18/53, BB 1954, 882 = BeckRS 1954, 31373384. Zu weit gehend OLG Jena Urt. v. 18.1.2006 – 2 U 547/05, OLG-NL 2006, 54 (55) = BeckRS 2006, 07327: Das Schweigen auf eine modifizierende Auftragsbestätigung lasse den Vertrag ausnahmsweise zustande kommen, wenn der Absender damit gerechnet habe, dass der Geschäftsgegner auch unter den modifizierenden Bedingungen annehmen werde.

[715] BGH Urt. v. 15.1.1986 – VIII ZR 6/85, NJW-RR 1986, 456 (457); dem folgend MüKoHGB/*K. Schmidt* Rn. 138.

über die bereits für den Fall des Zustandekommens des Vertrags Einigkeit erzielt worden sein soll, im Einzelnen zu Beweiszwecken niedergelegt.[716]

220 **(7) Verspätete Annahme.** Eine Annahme, die nach dem Ablauf der Annahmefrist (§ 147 BGB) wirksam wird, also verspätet ist, gilt gem. § 150 Abs. 1 BGB *formal* als neuer Antrag. In Anbetracht der Tatsache, dass die Anbietenden es bei gewöhnlichen Geschäften des kaufmännischen Verkehrs[717] mit der Wahrung der Annahmefrist häufig nicht genau nehmen, verlassen sich die Geschäftspartner nicht selten darauf, der Antragende werde sich mit der verzögerten Annahmeerklärung zufrieden geben.[718] Die aus dieser Verkehrserwartung resultierende Rechtsunsicherheit haben die Empfänger einer verspäteten Annahmeerklärung nach Treu und Glauben mit Rücksicht auf die Verkehrssitte bzw. einen Handelsbrauch[719] – auch dann, wenn kein Fall des § 149 S. 1 BGB vorliegt – grundsätzlich durch eine ausdrückliche Antwort zu beseitigen.[720] Unterbleibt die Erklärung, dass die Annahme verspätet erfolgt sei und das neue Angebot abgelehnt werde, ist das Schweigen als Zustimmung zum Vertragsschluss anzusehen,[721] es sei denn, dass es sich um ein eigenartiges und selten vorkommendes Geschäft handelt[722] oder – bei einem gewöhnlichen Geschäft – Umstände vorliegen, die die Möglichkeit einer Änderung der sachlichen Entschließung nahelegen.[723] Liegt keine der letztgenannten Ausnahmen vor, sind die Parteien sich nämlich *in der Sache* über die Vertragsbedingungen einig. Daher können dieselben Ergebnisse auch damit begründet werden, dass es dem Antragenden als Rechtsmissbrauch verwehrt sei, sich auf den Ablauf der Annahmefrist und das Erlöschen seines Angebots (§ 146 Alt. 2 BGB) zu berufen.

221 **(8) Schlussnote des Handelsmaklers.** Der Handelsmakler hat gem. § 94 Abs. 1, sofern nicht die Parteien ihm dies erlassen oder der Ortsgebrauch mit Rücksicht auf die Gattung der Ware davon entbindet, unverzüglich nach dem Abschluss eines Geschäfts jeder Partei eine von ihm unterzeichnete Schlussnote zuzustellen, welche die Parteien, den Gegenstand und die Bedingungen des Geschäfts enthält. Die Schlussnote hat in erster Linie die **Bedeutung eines Beweismittels** (zu Einzelheiten → § 94 Rn. 8 ff.). Als Privaturkunde erbringt sie – ohne Rücksicht auf die Überzeugung des Gerichts (§ 286 Abs. 2 ZPO) – vollen Beweis gem. § 416 ZPO (nur) dafür, dass der Handelsmakler das Geschäft zu den in seiner Schlussnote niedergelegten Bedingungen als geschlossen *ansieht*.[724] Nicht von § 416 ZPO umfasst ist hingegen die Richtigkeit der Angaben, insbesondere, ob das Geschäft zu diesen Bedingungen tatsächlich zustande gekommen ist; insoweit erbringt die Schlussnote keinen vollen Beweis,[725] sondern ist Gegenstand der freien Beweiswürdigung (§ 286 Abs. 1 ZPO).[726]

222 Schlussnoten dienen jedoch nicht nur als Beweismittel (→ Rn. 221), sondern haben auch denselben Zweck wie kaufmännische Bestätigungsschreiben (zu Einzelheiten → Rn. 243), nämlich das Vereinbarte inhaltlich verbindlich festzulegen (→ § 94 Rn. 1). Daher kommt der Vertrag, wenn der Ge-

[716] BGH Urt. v. 26.9.1973 – VIII ZR 106/72, BGHZ 61, 282 (286) = NJW 1973, 2106; BGH Urt. v. 22.3.1995 – VIII ZR 20/94, NJW 1995, 1671 (1672); BGH Urt. v. 9.2.1977 – VIII ZR 249/75, WM 1977, 451 (452) = BeckRS 1977, 31122458. Dafür *Canaris* HandelsR § 23 Rn. 50; *Baumbach/Hopt/Hopt* Rn. 34; *Heymann/Horn* Rn. 46; *MüKoHGB/K. Schmidt* Rn. 137.

[717] Zu dieser Einschränkung s. RG Urt. v. 1.4.1919 – VII 390/18, WarnR 1919 Nr. 131.

[718] BGH Urt. v. 31.1.1951 – II ZR 46/50, NJW 1951, 313.

[719] Abw. nur BGH Urt. v. 1.7.1987 – IVa ZR 63/86, NJW-RR 1987, 1429: Sorgfalt eines ordentlichen Versicherungskaufmanns.

[720] RG Urt. v. 7.10.1921 – II 560/20, RGZ 103, 11 (13); *Heymann/Horn* Rn. 43; vgl. auch BGH Urt. v. 1.7.1987 – IVa ZR 63/86, NJW-RR 1987, 1429 für eine verspätete Kündigung eines Versicherungsvertrags.

[721] BGH Urt. v. 24.11.1959 – VIII ZR 133/58, BeckRS 1959, 31201448; BGH Urt. v. 7.10.1953 – VI ZR 20/53, BB 1953, 957 = BeckRS 1953, 31197649; BGH Urt. v. 31.1.1951 – II ZR 46/50, NJW 1951, 313; RG Urt. v. 3.2.1922 – VII 387/21, SeuffA 77 Nr. 112; *Canaris* HandelsR § 23 Rn. 48; *Staub/Canaris* § 362 Anh. Rn. 22; *Ebert* JuS 1999, 754 (756 f.); *Schlegelberger/Hefermehl* Rn. 103; *Baumbach/Hopt/Hopt* Rn. 36; *Heymann/Horn* Rn. 43; *Kramer* JURA 1984, 235 (248); *Kuhn* WM 1955, 958 (960); *NK-HGB/Lehmann-Richter* Rn. 22; *Schinkels* in Pfeiffer Handelsgeschäfte-HdB § 5 Rn. 47; *KKRD/W.-H. Roth* HandelsR § 362 Rn. 12; *K. Schmidt* HandelsR § 19 Rn. 29; *Röhricht/Graf v. Westphalen/Haas/Steimle/Dornieden* Rn. 32. IErg auch *MüKoHGB/K. Schmidt* Rn. 132, der insoweit allerdings von Gewohnheitsrecht ausgeht. Zurückhaltender *Schultz* MDR 1995, 1187 (1189): Zustimmung sei nur anzunehmen, wenn die Einhaltung der Frist erkennbar nicht von entscheidender Bedeutung und die Verspätung nur geringfügig sei. AA *Medicus/Petersen* BGB AT Rn. 392; *Petersen* JURA 2003, 687 (688).

[722] RG Urt. v. 1.4.1919 – VII 390/18, WarnR 1919 Nr. 131.

[723] BGH Urt. v. 14.10.1955 – I ZR 210/53, BB 1955, 1068 = BeckRS 1955, 31392532; BGH Urt. v. 7.10.1953 – VI ZR 20/53, BB 1953, 957 = BeckRS 1953, 31197649; BGH Urt. v. 31.1.1951 – II ZR 46/50, NJW 1951, 313; RG Urt. v. 7.10.1921 – II 560/20, RGZ 103, 11 (13); RG Urt. v. 12.4.1929 – VII 528/28, HRR 1929 Nr. 1559; *Canaris* HandelsR § 23 Rn. 48; *Staub/Canaris* § 362 Anh. Rn. 22; *Schlegelberger/Hefermehl* Rn. 103; *Baumbach/Hopt/Hopt* Rn. 36; *Kuhn* WM 1955, 958 (959); *Röhricht/Graf v. Westphalen/Haas/Steimle/Dornieden* Rn. 32. IErg auch *Flume* Rechtsgeschäft § 35 II 2 = 652 (Erweiterung von § 149 BGB); wohl auch *K. Schmidt* HandelsR § 19 Rn. 29.

[724] *Schlegelberger/Hefermehl* Rn. 139.

[725] BGH Urt. v. 20.9.1955 – I ZR 139/54, NJW 1955, 1016 (1917); RG Urt. v. 20.4.1917 – Rep. II 565/16, RGZ 90, 166 (168); wohl aA RG Urt. v. 14.12.1928 – II 231/28, RGZ 123, 97 (99).

[726] Statt vieler *Musielak/Voit/M. Huber* ZPO § 416 Rn. 4 mwN.

schäftsabschluss – sei es durch unmittelbare Erklärungen der Parteien, sei es durch solche gegenüber dem Handelsmakler – in Wirklichkeit nicht stattgefunden hat, dadurch zustande, dass die Parteien eine Schlussnote gleichen Inhalts widerspruchslos (zu Einzelheiten des Widerspruchs → § 94 Rn. 14 ff.) annehmen.[727] Mit anderen Worten: Das Schweigen der Parteien ist nach Treu und Glauben mit Rücksicht auf einen Handelsbrauch *in der Regel* als **Genehmigung des Geschäfts** zu den in der Schlussnote niedergelegten Bedingungen anzusehen (zu Einzelheiten → § 94 Rn. 11 ff.).[728]

Die unwidersprochene Annahme einer Schlussnote hat lediglich *ausnahmsweise* keinen Vertrags- 223 schluss zur Folge, wenn die Schlussnote den Hinweis enthält, dass eine Partei die bisherigen Erklärungen noch nicht als endgültig und ausreichend ansieht, sondern sich Erklärungen durch eigene Bestätigung vorbehält (sog. **Vorbehaltsklausel**).[729] In diesen Fällen wird Grundlage des Vertrags nicht selten eine Auftragsbestätigung (→ Rn. 279 f.) oder ein kaufmännisches Bestätigungsschreiben (zu Einzelheiten → Rn. 259 ff.) sein, die der andere Teil widerspruchslos entgegennimmt (zu Einzelheiten → Rn. 324 ff.).[730]

Will der Empfänger einer Schlussnote deren unter Umständen konstitutive Wirkung ausschließen, 224 muss er grundsätzlich der anderen Partei gegenüber widersprechen.[731] Ein **Widerspruch** gegenüber dem Handelsmakler genügt nur ausnahmsweise, wenn die andere Partei den Handelsmakler als ihren Beauftragten für die Vertragsverhandlungen eingeschaltet hat (zu Einzelheiten des Widerspruchs → § 94 Rn. 14 ff.).[732]

(9) Schlussscheine. Schlussscheine unterscheiden sich von Schlussnoten eines Handelsmaklers (zu 225 Einzelheiten → Rn. 221 ff.) zwar dadurch, dass sie von einem anderen kaufmännischen Vermittler oder – wenn keine Vermittlung erfolgt ist – von den Parteien selbst ausgestellt werden. Sie dienen aber ebenso wie diese der schriftlichen Feststellung des Vertragsinhalts,[733] haben also die Eigenschaft eines Beweismittels für das abgeschlossene Geschäft. Wurden von einem Vermittler gleichlautende Schlussscheine ausgestellt und von jeder Partei unterschrieben, gilt der Vertrag zu den aus den Schlussscheinen ersichtlichen Bedingungen als geschlossen. Hat hingegen eine Partei den Schlussschein ausgestellt und die andere diesen widerspruchslos hingenommen, wirkt dieses Schweigen nach Treu und Glauben mit Rücksicht auf einen Handelsbrauch – wie die widerspruchslose Entgegennahme eines kaufmännischen Bestätigungsschreibens (zu Einzelheiten → Rn. 243 ff.) – als Genehmigung des Geschäfts zu den in dem Schlussschein niedergelegten Bedingungen.[734]

(10) Kommission. (a) Kommissionskopien. Kommissionskopien (Kommissionsnoten, Orderko- 226 pien) sind einem kaufmännischen Bestätigungsschreiben (zu Einzelheiten → Rn. 259 ff.) insoweit ähnlich, als sie sofort im Anschluss an den in der Regel mündlichen Abschluss eines (Ausführungs-) Geschäfts ausgestellt werden.[735] Im Vordergrund steht jedoch ein anderer Zweck, nämlich die Schaffung eines Beweismittels über Vornahme und Inhalt des Ausführungsgeschäfts, das der Kommissionär im Rahmen seiner Rechenschaftspflicht (§ 384 Abs. 2 Hs. 2) zum Nachweis des Ausführungsgeschäfts dem Kommittenten vorlegen kann. Aufgrund der Tatsache, dass die Kommissionskopie *primär* für das Verhältnis des Kommissionärs zu dem Kommittenten und nicht für das Verhältnis zu dem Geschäftsgegner bestimmt ist, muss der Geschäftsgegner – im Gegensatz zu einem kaufmännischen Bestätigungsschreiben – nicht damit rechnen, dass die Kommissionskopie in regelungsbedürftigen Nebenpunkten ergänzende Bedingungen für das Ausführungsgeschäft enthält. Vielmehr darf er regelmäßig davon ausgehen, dass der Inhalt der Kommissionskopie dem mündlich Vereinbarten entspricht,[736] weshalb der Kommissionär sein Schweigen auf Abweichungen von dem mündlich Vereinbarten *grundsätzlich* nicht

---

[727] BGH Urt. v. 20.9.1955 – I ZR 139/54, NJW 1955, 1016 (1917); RG Urt. v. 14.12.1928 – II 231/28, RGZ 123, 97 (99); RG Urt. v. 29.9.1922 – II 766/21, RGZ 105, 205 (206); OLG Hamburg Urt. v. 13.8.1955 – 1 U 91/55, BB 1955, 847; Schlegelberger/*Hefermehl* Rn. 139.

[728] BGH Urt. v. 13.4.1983 – VIII ZR 33/82, WM 1983, 684 = BeckRS 1983, 31076958; BGH Urt. v. 20.9.1955 – I ZR 139/54, NJW 1955, 1916 (1917); RG Urt. v. 29.9.1922 – II 766/21, RGZ 105, 205 (206); RG Urt. v. 20.4.1917 – Rep. II 565/16, RGZ 90, 166 (168); RG Urt. v. 10.1.1905 – Rep. II 294/04, RGZ 59, 350; RG Urt. v. 4.7.1904 – Rep. I 142/04, RGZ 58, 366 (367); RG Urt. v. 7.12.1908 – IV 119/08, JW 1909, 57; *Canaris* HandelsR § 23 Rn. 48; Staub/*Canaris* § 362 Anh. Rn. 22; *P. Hanau* AcP 165 (1965), 220 (240); Baumbach/Hopt/*Hopt* Rn. 32; *Hopt* AcP 183 (1983), 608 (616); MüKoHGB/*v. Hoyningen-Huene* § 94 Rn. 12; NK-HGB/*Lehmann-Richter* Rn. 22; Oetker/*Pamp* Rn. 36.

[729] BGH Urt. v. 20.9.1955 – I ZR 139/54, NJW 1955, 1016 (1917); RG Urt. v. 14.12.1928 – II 231/28, RGZ 123, 97 (99); Schlegelberger/*Hefermehl* Rn. 139. Gebräuchlich ist in der Praxis die Formulierung „Schlussschein des … folgt".

[730] Schlegelberger/*Hefermehl* Rn. 139.

[731] RG Urt. v. 29.9.1922 – II 766/21, RGZ 105, 205 (206); Schlegelberger/*Hefermehl* Rn. 139.

[732] RG Urt. v. 16.1.1967 – VIII ZR 276/64, WM 1967, 292 (293) = BeckRS 1967, 31178051; Schlegelberger/*Hefermehl* Rn. 139.

[733] RG Urt. v. 18.1.1898 – III 362/96, JW 1898, 162 f.

[734] RG Urt. v. 5.6.1923 – II 923/22, JW 1924, 405; RG Urt. v. 18.1.1898 – III 362/96, JW 1898, 162 (163); Schlegelberger/*Hefermehl* Rn. 140; *Kuhn* WM 1955, 958 (960).

[735] RG Urt. v. 1.7.1901 – VI 140/01, JW 1901, 621; Schlegelberger/*Hefermehl* Rn. 138.

[736] Schlegelberger/*Hefermehl* Rn. 138.

als Zustimmung zu einer Änderung des Ausführungsgeschäfts ansehen darf.[737] Anderes gilt nach Treu und Glauben mit Rücksicht auf die Verkehrssitte bzw. einen Handelsbrauch *ausnahmsweise,* wenn zB das als „Auftragsnote"[738] bezeichnete Dokument ein kaufmännisches Bestätigungsschreiben ist.[739] Diese rechtliche Einordnung liegt nahe, wenn das Dokument nicht bei Abschluss des Ausführungs-geschäfts, sondern erst später ausgestellt und übersandt wird.[740]

227   Von dem bloßen Schweigen auf eine Kommissionskopie (→ Rn. 226) sind Fälle zu unterscheiden, in denen das Dokument nicht nur die Unterschrift des Kommissionärs, sondern auch die **Unterschrift des Dritten** trägt. Erschöpft sich die Bedeutung der Unterschrift nicht in der Bestätigung des Emp-fangs der Kommissionskopie, sondern ist sie nach Treu und Glauben mit Rücksicht auf die Verkehrs-sitte bzw. einen Handelsbrauch analog §§ 133, 157 BGB ggf. iVm § 346 (→ Rn. 154) dahingehend auszulegen, dass der Unterzeichner mit dem Inhalt der Kommissionskopie einverstanden ist, wird der ggf. abweichende ursprüngliche Inhalt des Ausführungsgeschäfts dahingehend abgeändert.[741]

228   **(b) Ausführungsanzeige.** Die Ausführungsanzeige (§ 384 Abs. 2 Hs. 1) bildet die Grundlage für die Entscheidung des Kommittenten, ob er das Ausführungsgeschäft als nicht für seine Rechnung abgeschlossen zurückweist. Für den Fall, dass der Kommissionär unter dem ihm gesetzten Preise verkauft oder den ihm für den Einkauf gesetzten Preis überschritten hat, muss der Kommittent seine Zurückweisung gemäß § 386 Abs. 1 Hs. 1 unverzüglich erklären, sodass sein Schweigen gem. § 386 Abs. 1 Hs. 2 als Genehmigung der Abweichung von der Preisbestimmung gilt (zu Einzelheiten → § 386 Rn. 5 ff.). Auf Fälle, in denen der Kommissionär andere als die kommittierte Ware einkauft, findet § 386 Abs. 1 nach überwiegender Ansicht keine entsprechende Anwendung (→ § 386 Rn. 4). Insoweit gilt, dass der Kommissionär weder von seinem Auftrag noch von Weisungen eigenmächtig unter Hinweis auf seine Interessenwahrungspflicht (zu Einzelheiten → § 384 Rn. 10 ff.) abweichen darf, sondern ein dahingehendes Anliegen in Erfüllung seiner Beratungspflicht dem Kommittenten vorzutragen hat (→ § 384 Rn. 21). Unterbleibt ein solcher Vortrag, muss der Kommittent nur mit sorgfaltsgemäßen Ausführungsgeschäften rechnen, weshalb der Kommissionär das Schweigen des Kom-mittenten auf seine Anzeige, er habe nicht kommittierte Ware eingekauft, *grundsätzlich* nicht als Genehmigung des Ausführungsgeschäfts ansehen darf.[742] Anderes gilt nach Treu und Glauben nur ausnahmsweise, wenn zB der Kommittent selbst den lediglich mündlich erteilten Einkaufsauftrag als nicht eindeutig ansieht und daher mit Abweichungen von seinem wahren Willen rechnen muss.[743]

229   **(11) Rechnung.** Eine Rechnung (Faktura) ist weder ein kaufmännisches Bestätigungsschreiben (zu Einzelheiten → Rn. 259 ff.)[744] noch hat sie dessen rechtliche Bedeutung.[745] Letzteres zielt darauf, einen bereits zustande gekommenen – oder doch zumindest nach Ansicht des gutgläubigen Bestätigenden rechtswirksam geschlossenen – Vertrag vorwiegend zu Beweiszwecken inhaltlich verbindlich festzule-gen (→ Rn. 243) und lediglich in regelungsbedürftigen Nebenpunkten zu ergänzen (zu Einzelheiten → Rn. 270 ff.). Im Unterschied dazu dient eine Rechnung im Allgemeinen der Berechnung und Einforderung der Vergütung für eine Leistung, die aufgrund eines zuvor geschlossenen Vertrags erbracht wurde.[746] Sie ist aufgrund ihrer Bedeutung für den Verzug des Schuldners nach § 286 Abs. 3 S. 1 Hs. 1 BGB grundsätzlich nur eine rechtsgeschäftsähnliche Handlung. Ausnahmsweise, insbeson-dere in Fällen, in denen das Berechnete von der vereinbarten Vergütung abweicht, kann die Rechnung als Antrag – sei es auf Abschluss eines neuen Vertrags, sei es auf Abschluss eines Änderungsvertrags – auszulegen sein. Diesen Antrag kann der Empfänger zB dadurch annehmen, dass er die Rechnung mit seinem Firmenstempel versieht, unterzeichnet und die ausgewiesene Vergütung bezahlt.[747] Unterbleibt eine solche stillschweigende Annahme durch aktives Verhalten, darf der Absender in dem bloßen Schweigen auf seine Rechnung **grundsätzlich keine Annahme** des Angebots sehen.[748]

---

[737] RG Urt. v. 10.10.1897 – I 174/96, Bolze XXIII Nr. 349; RG Urt. v. 1.7.1901 – VI 140/01, JW 1901, 621; OLG Stuttgart Urt. v. 4.3.1909 – 2 U 675/08 u. Urt. v. 5.2.1909 – 1 U 847/08, Recht 1909 Nr. 1399; Schlegel-berger/*Hefermehl* Rn. 138; Oetker/*Pamp* Rn. 36; aA OLG Königsberg Urt. v. 18.10.1932 – 2 U 123/32, Recht 1933 Nr. 163.

[738] So zB KG Urt. v. 15.12.1925 – 6 U 8537/25, JW 1926, 1676.

[739] Schlegelberger/*Hefermehl* Rn. 138; wohl auch KG Urt. v. 15.12.1925 – 6 U 8537/25, JW 1926, 1676.

[740] Schlegelberger/*Hefermehl* Rn. 138.

[741] RG Urt. v. 5.5.1922 – III 388/21, WarnR 1922 Nr. 93; Schlegelberger/*Hefermehl* Rn. 138.

[742] Vgl. ROHG Urt. v. 29.10.1870 – Rep. 37/70, ROHG 1, 76 (79) zu Art. 361 ff. ADHGB.

[743] Vgl. ROHG Urt. v. 29.10.1870 – Rep. 37/70, ROHG 1, 76 (81 f.) zu Art. 361 ff. ADHGB.

[744] RG Urt. v. 22.4.1904 – Rep. II 570/03, RGZ 57, 408 (411); Schlegelberger/*Hefermehl* Rn. 141; Staub/*Koller* Rn. 69.

[745] OLG Köln Urt. v. 15.5.1996 – 27 U 99/95, NJW-RR 1997, 182 (183); OLG Düsseldorf Urt. v. 23.6.1972 – 16 U 44/72, DB 1973, 1064; *Batereau* in Pfeiffer Handelsgeschäfte-HdB § 2 Rn. 15.

[746] BGH Urt. v. 29.6.1959 – II ZR 114/57, BB 1959, 826 (insoweit nicht abgedruckt in NJW 1959, 1679); OLG Düsseldorf Urt. v. 23.6.1972 – 16 U 44/72, DB 1973, 1064; Schlegelberger/*Hefermehl* Rn. 141.

[747] So zB OLG Köln Urt. v. 15.5.1996 – 27 U 99/95, NJW-RR 1997, 182 (183 f.).

[748] BGH Urt. v. 29.6.1959 – II ZR 114/57, BB 1959, 826 (827) (insoweit nicht abgedruckt in NJW 1959, 1679); OGH-BrZ Urt. v. 26.1.1950 – I ZS 101/49, OGHZ 3, 227 (237) = NJW 1950, 385; OLG Köln Urt. v. 15.5.1996 – 27 U 99/95, NJW-RR 1997, 182 (183); *v. Dücker* BB 1996, 3 (7); Baumbach/Hopt/*Hopt* Rn. 35; Heymann/*Horn*

Unter besonderen Umständen kann das Stillschweigen auf eine Rechnung nach Treu und Glauben **230** **ausnahmsweise** als Genehmigung anzusehen sein. Dies ist zB der Fall, wenn der Empfänger während einer laufenden Geschäftsbeziehung – diese allein genügt nicht[749] – über einen längeren Zeitraum eine **Vielzahl von Rechnungen** widerspruchslos entgegengenommen und bezahlt hat.[750] Durch dieses Verhalten entsteht ein Vertrauenstatbestand, aufgrund dessen der Absender jedenfalls nach dem Ablauf einer angemessenen Frist annehmen darf, der Empfänger werde die Rechnungsbeträge nicht mehr rügen.[751] Dies gilt auch dann, wenn die Zahlungen nur unter dem Vorbehalt der Rechnungsprüfung geleistet wurden, da der Vorbehalt nur bedeutet, dass der Empfänger die Rechnungen innerhalb einer angemessenen Frist prüfen und ggf. reklamieren werde.[752]

(12) Rechnungsabschluss. Die Übersendung eines Rechnungsabschlusses und einer Saldomittei- **231** lung beinhalten in der Regel einen Antrag zum Abschluss eines Schuldanerkenntnisses. Da das Saldo-anerkenntnis aufgrund der vorliegenden Abrechnung gem. § 782 Alt. 1 BGB abweichend von § 781 S. 1 BGB keiner Schriftform (§ 126 Abs. 1 BGB) bedarf, kann es grundsätzlich auch stillschweigend durch aktives Verhalten erklärt werden. Das bloße Schweigen des Empfängers gilt jedoch nicht ohne Weiteres als Zustimmung.[753] Daher enthalten **Nr. 7 Abs. 2 S. 2 AGB-Banken** und **Nr. 7 Abs. 3 S. 2 AGB-Sparkassen** für Kontokorrentkonten[754] eine wirksame[755] Genehmigungsfiktion für den Fall, dass der Kunde seine Einwendungen nicht vor Ablauf von sechs Wochen nach dem Zugang des Rechnungsabschlusses in einer näher bestimmten Form erhebt, wobei zur Wahrung der Frist die rechtzeitige Absendung genügt.[756]

(13) Provisionsabrechnungen des Handelsvertreters. Ein Handelsvertreter kann den Anspruch **232** auf Erteilung eines Buchauszugs nach § 87c Abs. 2 als Grundlage für weitere Provisionsansprüche nicht mehr geltend machen, wenn er sich mit dem Unternehmer über die Abrechnung der Pro-visionen geeinigt hat.[757] In der widerspruchslosen Entgegennahme von Provisionsabrechnungen, also der bloßen Untätigkeit des Handelsvertreters, kann *grundsätzlich* weder ein Einverständnis mit der Abrechnung noch ein Anerkenntnis des Inhalts, keine weiteren Ansprüche zu haben (§ 397 Abs. 2 BGB), gesehen werden.[758] Dies gilt grundsätzlich auch dann, wenn der Handelsvertreter die Abrech-nungen über mehrere Jahre hinweg widerspruchslos hingenommen hat.[759] Der gegenteiligen Annahme stehen zum Schutz der meist wirtschaftlich schwächeren Handelsvertreter die §§ 87a Abs. 5, 87c Abs. 5 entgegen (→ § 87c Rn. 70). Daher bedarf es in der Regel einer eindeutigen Willenserklärung des Handelsvertreters.[760] Eine Ausnahme von diesen Grundsätzen hat der BGH nur in einem Einzelfall zugelassen, in dem der Handelsvertreter mit sehr hohen Umsätzen und Provisionseinnahmen Voll-kaufmann war und laufend Provisionsabrechnungen sowie zusätzlich Durchschläge der Auftragsbestäti-gungen und der Rechnungen erhalten hatte.[761]

Rn. 47; NK-HGB/*Lehmann-Richter* Rn. 23; Oetker/*Pamp* Rn. 36; MüKoHGB/*K. Schmidt* Rn. 138; wohl aA P. *Hanau* AcP 165 (1965), 220 (240); *Kuhn* WM 1955, 958 (959).

[749] OGH-BrZ Urt. v. 26.1.1950 – I ZS 101/49, OGHZ 3, 227 (237) = NJW 1950, 385.

[750] OLG Köln Urt. v. 15.5.1996 – 27 U 99/95, NJW-RR 1997, 182 (183); OLG Düsseldorf Urt. v. 23.6.1972 – 16 U 44/72, DB 1973, 1064; *Batereau* in Pfeiffer Handelsgeschäfte-HdB § 2 Rn. 15; *v. Dücker* BB 1996, 3 (7); Heymann/*Horn* Rn. 47; MüKoHGB/*K. Schmidt* Rn. 138.

[751] OLG Düsseldorf Urt. v. 23.6.1972 – 16 U 44/72, DB 1973, 1064; Baumbach/Hopt/*Hopt* Rn. 35.

[752] OLG Düsseldorf Urt. v. 23.6.1972 – 16 U 44/72, DB 1973, 1064; Baumbach/Hopt/*Hopt* Rn. 35.

[753] BGH Urt. v. 29.6.1973 – I ZR 120/72, WM 1973, 1014; *v. Dücker* BB 1996, 3 (7); Baumbach/Hopt/*Hopt* Rn. 37; Heymann/*Horn* Rn. 48; Oetker/*Pamp* Rn. 36.

[754] Zum Saldoanerkenntnis bei kontokorrentähnlichen Rechtsverhältnissen s. MüKoBGB/*Habersack* BGB § 781 Rn. 15 mwN.

[755] Vgl. BGH Urt. v. 6.6.2000 – XI ZR 258/99, BGHZ 144, 349 (355) = NJW 2000, 2667 zu § 10 Nr. 5 AGBG; zuvor bereits BGH Urt. v. 13.12.1967 – Ib ZR 168/65, NJW 1968, 591 zu Nr. 15 S. 4 AGB-Banken aF.

[756] Zu Einzelheiten s. Bunte/Zahrte/*Bunte* 7/2018 Nr. 7 Rn. 132ff., AGBSpk 2018 7 Nr. 7 Rn. 31ff.

[757] BGH Urt. v. 29.11.1995 – VIII ZR 293/94, NJW 1996, 588; BGH Urt. v. 23.10.1981 – I ZR 171/79, WM 1982, 152 (153) = BeckRS 1981, 30373535; BGH Urt. v. 11.7.1980 – I ZR 192/78, NJW 1981, 457; *Emde* MDR 1996, 331.

[758] BGH Urt. v. 29.11.1995 – VIII ZR 293/94, NJW 1996, 588; BGH Urt. v. 23.10.1981 – I ZR 171/79, WM 1982, 152 (153) = BeckRS 1981, 30373535; BAG Urt. v. 23.3.1982 – 3 AZR 637/79, AP HGB § 87c Nr. 18 unter II. 2. b) der Gründe; BAG Urt. v. 16.2.1973 – 3 AZR 286/72, AP HGB § 87c Nr. 13 unter 3. b) der Gründe; *Emde* MDR 1996, 331 (332); Baumbach/Hopt/*Hopt* § 87c Rn. 4; Heymann/*Horn* Rn. 47; aA LG Mannheim Urt. v. 10.12.2004 – 23 O 89/04, VersR 2005, 1532 (1533) = BeckRS 2004, 16743.

[759] BGH Urt. v. 29.11.1995 – VIII ZR 293/94, NJW 1996, 588; BGH Urt. v. 23.10.1981 – I ZR 171/79, WM 1982, 152 (153) = BeckRS 1981, 30373535; Baumbach/Hopt/*Hopt* § 87c Rn. 4; Heymann/*Horn* Rn. 47.

[760] BGH Urt. v. 29.11.1995 – VIII ZR 293/94, NJW 1996, 588; BGH Urt. v. 23.10.1981 – I ZR 171/79, WM 1982, 152 (153) = BeckRS 1981, 30373535; BGH Urt. v. 20.2.1964 – VII ZR 147/62, BeckRS 1964, 31190906 unter I. 3. b) (insoweit nicht abgedruckt in BB 1964, 409).

[761] BGH Urt. v. 28.1.1965 – VII ZR 120/63, NJW 1965, 1136f. (Ls. 2). Diese Rechtsprechung hat der BGH – entgegen *Emde* MDR 1996, 331 (332); Heymann/*Horn* Rn. 47 – in dem Urt. v. 29.11.1995 – VIII ZR 293/94, NJW 1996, 588f. nicht aufgegeben.

233 **(14) Gefälschte Unterschrift auf einem Wechsel.** Wird die Unterschrift auf einem Wechsel gefälscht, haftet grundsätzlich nicht der Namensträger, sondern der Fälscher in entsprechender Anwendung von Art. 8 WG.[762] Der Namensträger kann seine wechselmäßige Haftung jedoch dadurch begründen, dass er den zugrundeliegenden Begebungsvertrag nach § 177 Abs. 1 BGB genehmigt.[763] Hierfür muss der Namensträger erkennen oder zumindest damit rechnen, dass die Unterschrift gefälscht worden ist.[764] Die Genehmigung kann gem. § 182 Abs. 1 BGB sowohl dem einen als auch dem anderen Teil gegenüber ausdrücklich oder stillschweigend durch aktives Verhalten erklärt werden.[765] Im Rahmen der Diskontierung von Wechseln geben die Kreditinstitute den Akzeptanten durch die Übersendung einer sog. **Domizilnachricht** Gelegenheit, Einwendungen gegen ihre Haftung (zB die Fälschung ihrer Unterschrift) zu erheben.[766] Da gefälschte Unterschriften in der Regel nicht genehmigt werden,[767] darf das Kreditinstitut nicht mit einer Genehmigung rechnen,[768] insbesondere das Schweigen des Namensträgers auf eine Domizilnachricht *grundsätzlich* nicht als Genehmigung auslegen.[769] Anderes kommt nur *ausnahmsweise* in Betracht, wenn besondere Umstände hinzutreten, aus denen im redlichen Handelsverkehr zu folgern ist, dass das Schweigen keine andere Deutung als die Genehmigung zulässt.[770] Hieran sind unter Berücksichtigung der **Wertung des § 177 Abs. 2 S. 2 BGB,** wonach Schweigen als Verweigerung der Genehmigung gilt (→ Rn. 195), hohe Anforderungen zu stellen. Allein die Tatsache, dass der Namensträger die Fälschung als solche und den Zweck der Domizilnachricht erkannt hat,[771] genügt hierfür ebenso wenig wie der Umstand, dass er mit dem Inhaber des Wechsels in einer ständigen Geschäftsverbindung steht.[772] Als ausreichend haben es das RG und ihm folgend der BGH angesehen, dass der Namensträger in der Kenntnis, es sei eine Vielzahl gefälschter Wechsel mit seiner Unterschrift im Umlauf, auf eine erste Domizilnachricht für einige Wechsel den Einwand der Fälschung erhebt, eine weitere Nachricht aber unbeantwortet lässt.[773]

234 **(15) Lieferung unbestellter Waren. (a) Kaufvertrag.** Durch die Lieferung unbestellter Waren durch einen Unternehmer (§ 14 BGB) an einen Verbraucher (§ 13 BGB) wird ein Anspruch gegen den Verbraucher nicht begründet. Der Regelungsgehalt des **§ 241a Abs. 1 BGB** geht über diese Selbstverständlichkeit unter Geltung des Vertragsprinzips (§ 311 Abs. 1 BGB) hinaus, nämlich dahin, dass Handlungen, die unter Anwendung von § 151 S. 1 BGB als stillschweigende Zustimmung zu dem Abschluss eines Kaufvertrags angesehen werden könnten (zB das Auspacken und Benutzen der Ware), nicht als Annahme anzusehen sind.[774] Für den **Handelsverkehr** existiert keine vergleichbare Bestimmung. Daher besteht insoweit die Möglichkeit, dass ein Kaufvertrag durch eine stillschweigende Annahmeerklärung oder sogar durch Schweigen des Empfängers zustande kommt. Dabei sind im Wesentlichen **zwei Unterlassungen** zu unterscheiden:

[762] Baumbach/Hefermehl/*Casper* WG Art. 1 Rn. 22; *Zöllner* Wertpapierrecht § 12 III 3 = 65.
[763] BGH Urt. v. 2.5.1963 – II ZR 175/62, WM 1963, 637 = BeckRS 1963, 31180252; BGH Urt. v. 21.3.1963 – II ZR 183/62, WM 1963, 636; BGH Urt. v. 5.11.1962 – II ZR 161/61, NJW 1963, 148; BGH Urt. v. 29.9.1951 – II ZR 62/51, JZ 1951, 783 (Ls. 1) = BeckRS 1951, 31203961; RG Urt. v. 6.7.1934 – II 73/34, RGZ 145, 87 (92); OLG München Urt. v. 20.3.1959 – 6 U 2054/58, NJW 1959, 1085 (1086); *Zöllner* Wertpapierrecht § 12 III 3 = 65; iErg auch Baumbach/Hefermehl/*Casper* WG Art. 7 Rn. 6: § 177 BGB analog. Im Grundsätzlichen abw. *Canaris* JuS 1971, 441 (445); *Canaris* Vertrauenshaftung 243 f.
[764] BGH Urt. v. 2.5.1963 – II ZR 175/62, WM 1963, 637 = BeckRS 1963, 31180252; BGH Urt. v. 5.11.1962 – II ZR 161/61, NJW 1963, 148.
[765] Baumbach/Hefermehl/*Casper* WG Art. 7 Rn. 10.
[766] *Liesecke* WM 1972, 1202 (1206).
[767] BGH Urt. v. 2.5.1963 – II ZR 175/62, WM 1963, 637 = BeckRS 1963, 31180252; BGH Urt. v. 21.3.1963 – II ZR 183/62, WM 1963, 636; BGH Urt. v. 29.9.1951 – II ZR 62/51, JZ 1951, 783 = BeckRS 1951, 31203961.
[768] BGH Urt. v. 10.4.1969 – II ZR 164/67, WM 1969, 788 = BeckRS 1969, 31169426; BGH Urt. v. 21.3.1963 – II ZR 183/62, WM 1963, 636; BGH Urt. v. 5.11.1962 – II ZR 161/61, NJW 1963, 148 (149).
[769] BGH Urt. v. 23.2.1967 – II ZR 111/64, BGHZ 47, 110 (113) = NJW 1967, 1039; BGH Urt. v. 10.4.1969 – II ZR 164/67, WM 1969, 788 = BeckRS 1969, 31169426; BGH Urt. v. 2.5.1963 – II ZR 175/62, WM 1963, 637 = BeckRS 1963, 31180252; BGH Urt. v. 5.11.1962 – II ZR 161/61, NJW 1963, 148 (149); BGH Urt. v. 5.11.1962 – II ZR 161/61, NJW 1963, 148 (149); Schlegelberger/*Hefermehl* Rn. 145; wohl auch Heymann/*Horn* Rn. 40. Ebenso OLG Frankfurt a. M. Urt. v. 19.2.1929 – 2 U 257/28, JW 1929, 1403 (1404), wonach aber das Unterlassen einer Warnung die Schadensersatzpflicht nach § 826 BGB begründe.
[770] BGH Urt. v. 23.2.1967 – II ZR 111/64, BGHZ 47, 110 (113) = NJW 1967, 1039; BGH Urt. v. 5.11.1962 – II ZR 161/61, NJW 1963, 148 (149); BGH Urt. v. 29.9.1951 – II ZR 62/51, JZ 1951, 783 = BeckRS 1951, 31203961. Nur methodologisch abw. Baumbach/Hefermehl/*Casper* WG Art. 7 Rn. 13; Schlegelberger/*Hefermehl* Rn. 145: Dem Namensträger sei die Berufung auf den Fälschungseinwand nach § 242 BGB verwehrt.
[771] BGH Urt. v. 10.4.1969 – II ZR 164/67, WM 1969, 788 = BeckRS 1969, 31169426; BGH Urt. v. 5.11.1962 – II ZR 161/61, NJW 1963, 148 (149); Schlegelberger/*Hefermehl* Rn. 145.
[772] BGH Urt. v. 10.4.1969 – II ZR 164/67, WM 1969, 788 = BeckRS 1969, 31169426; BGH Urt. v. 2.5.1963 – II ZR 175/62, WM 1963, 637 f. = BeckRS 1963, 31180252; Schlegelberger/*Hefermehl* Rn. 145; wohl aA BGH Urt. v. 29.9.1951 – II ZR 62/51, JZ 1951, 783 = BeckRS 1951, 31203961.
[773] Urt. v. 23.2.1967 – II ZR 111/64, BGHZ 47, 110 (113) = NJW 1967, 1039; BGH Urt. v. 29.9.1951 – II ZR 62/51, JZ 1951, 783 = BeckRS 1951, 31203961; RG Urt. v. 6.7.1934 – II 73/34, RGZ 145, 87 (94); dem folgend Baumbach/Hefermehl/*Casper* WG Art. 7 Rn. 13; Schlegelberger/*Hefermehl* Rn. 145; Heymann/*Horn* Rn. 40.
[774] Statt vieler MüKoBGB/*Finkenauer* BGB § 241a Rn. 26.

(aa) Annahme der Waren. Sofern der Kaufpreis anhand der Umstände (zB einer beigefügten 235 Rechnung, → Rn. 229 f.) hinreichend bestimmbar ist,[775] kann bereits die Übersendung der unbestellten Waren als Antrag zum Abschluss eines Kaufvertrags anzusehen sein.[776] Über Annahme oder Ablehnung dieses Antrags kann der Empfänger frei entscheiden. Sofern der Absender – wie üblich – auf den Zugang der Annahmeerklärung verzichtet (§ 151 S. 1 Alt. 2 BGB), genügt für eine stillschweigende Annahme jedes Verhalten, das zum Ausdruck bringt (§§ 133, 157 BGB), der Empfänger wolle die Waren behalten oder wirtschaftlich verwerten (zB Einstellen in das Warenlager, Verarbeitung, Weiterveräußerung).[777] Allein die Tatsache, dass er die unbestellten Waren nicht ablehnt, sondern annimmt, ist **grundsätzlich keine Annahme.**[778] Gleiches gilt für die Einlösung einer unbestellten Nachnahmesendung.[779] Anders liegen die Dinge nur *ausnahmsweise,* wenn besondere Umstände hinzutreten, aufgrund derer der Absender aus dem Schweigen auf eine Zustimmung schließen darf. Dies ist zB anzunehmen, wenn der Absender und der Empfänger in einer Geschäftsverbindung stehen (→ Rn. 206 f.), in deren Rahmen der Empfänger bereits früher unbestellte Waren abgenommen hat.[780] Das Stillschweigen zu den unbestellten Waren darf der Absender ausnahmsweise auch dann als Annahme seines Antrags zum Abschluss eines Kaufvertrags ansehen, wenn die Sendung sowohl bestellte als auch unbestellte Waren enthält und weitere Umstände hinzutreten, sei es zB die Verderblichkeit der Ware,[781] sei es, dass der Empfänger sich ausschließlich zu den bestellten Waren erklärt (zB durch die Anzeige eines Sachmangels), ohne sich eine gesonderte Erklärung zu der unbestellten Ware vorzubehalten.[782]

(bb) Stillschweigen auf eine Rechnung. Ist in der Übersendung der unbestellten Waren kein 236 Antrag zum Abschluss eines Kaufvertrags zu sehen (→ Rn. 235), kann dieser durch das Schweigen des Empfängers auf eine erst später übersandte Rechnung zustande kommen. Zwar wird eine Rechnung regelmäßig in der Annahme versandt, ein Kaufvertrag über die in der Rechnung aufgeführten Waren sei zu den angegebenen Preisen bereits geschlossen worden (→ Rn. 229 f.). Fehlt es aber ausnahmsweise noch an einem wirksamen Kaufvertrag, wird mit der Rechnung zugleich die Bereitschaft bekundet, einen Verkauf zu den ersichtlichen Bedingungen abzuschließen, sodass in der Rechnung der Antrag zum Abschluss eines Kaufvertrags über die bereits gelieferte Ware liegt.[783] Die Tatsache, dass diese Praxis gem. Anh. 1 Nr. 29 zu § 3 Abs. 3 UWG bzw. § 7 Abs. 1 S. 1 UWG unzulässig ist,[784] steht weder dieser Auslegung entgegen noch ist der Antrag gem. § 134 BGB nichtig.[785] Will der Rechnungsempfänger dieses Angebot zum Kauf nicht annehmen, darf der Absender nach Treu und Glauben einen Widerspruch erwarten.[786] Dieser Widerspruch muss zwar nicht unverzüglich (§ 121 Abs. 1 S. 1 BGB), aber in entsprechender Anwendung von § 147 Abs. 2 BGB innerhalb der Zeit erfolgen, in der der Rechnungsabsender mit diesem rechnen darf. Unterbleibt der Widerspruch, schweigt der Rechnungsempfänger also, muss er sich so behandeln lassen, als hätte er den Kaufvertrag zu den in der Rechnung niedergelegten Bedingungen geschlossen.[787]

(b) Verwahrung- und Besichtigungsvertrag. Gelegentlich ist der Zusendung unbestellter Waren 237 ein Begleitschreiben beigefügt, in dem der Absender den zeitnahen Besuch eines Vertreters ankündigt.[788] Die mit der Ablieferung der Waren entstehende Vindikationslage – anderes gilt nur, wenn der Absender den Empfänger von der Rückgabe- und Aufbewahrungspflicht entbindet oder der Empfänger das Angebot zum Abschluss eines Kaufvertrags annimmt (→ Rn. 235) – zwingt den Empfänger zu entscheiden, ob er die Waren zurücksendet oder den Besuch des Vertreters abwartet und sie diesem

---

[775] Zu Einzelheiten MüKoBGB/*H. P. Westermann* BGB § 433 Rn. 29 mwN.

[776] Heymann/*Horn* Rn. 45; IHK München BB 1950, 225.

[777] Schlegelberger/*Hefermehl* Rn. 144; *Philipowski,* Die Geschäftsverbindung 1963, 31.

[778] *Batereau* in Pfeiffer Handelsgeschäfte-HdB § 2 Rn. 1; *v. Dücker* BB 1996, 3 (7); Schlegelberger/*Hefermehl* Rn. 143; Baumbach/Hopt/*Hopt* Rn. 36; Heymann/*Horn* Rn. 45; NK-HGB/*Lehmann-Richter* Rn. 23; aA *Canaris* HandelsR § 23 Rn. 53: Entgegennahme sei stillschweigende Annahmeerklärung durch aktives Verhalten, wenn sie ohne Vorbehalt erfolge.

[779] IHK München BB 1950, 225; *v. Dücker* BB 1996, 3 (7); Baumbach/Hopt/*Hopt* Rn. 36.

[780] RG Urt. v. 11.5.1901 – Rep. I 144/01, RGZ 48, 175 (178); Schlegelberger/*Hefermehl* Rn. 143; Baumbach/Hopt/*Hopt* Rn. 36; wohl auch Heymann/*Horn* Rn. 45; aA *Philipowski,* Die Geschäftsverbindung, 1963, 32, 94.

[781] RG Urt. v. 8.10.1918 – II 199/18, LZ 1919, 966.

[782] ROHG Urt. v. 15.2.1875 – Rep. 165/75, ROHG 16, 40 (41 f.); Schlegelberger/*Hefermehl* Rn. 143.

[783] BGH Urt. v. 17.12.1957 – VIII ZR 304/56, BeckRS 1957, 31195257 (insoweit nicht abgedruckt in BB 1958, 133).

[784] Zu Einzelheiten Köhler/Bornkamm/Feddersen/*Köhler* UWG § 7 Rn. 82 ff. Vgl. auch BGH Urt. v. 12.1.1960 – I ZR 52/59, GRUR 1960, 382 (383) – Verbandstoffe; BGH Urt. v. 11.11.1958 – I ZR 179/57, GRUR 1959, 277 (280) – Künstlerpostkarten jeweils zu § 1 UWG aF.

[785] Statt vieler MüKoBGB/*Armbrüster* BGB § 134 Rn. 69 mwN.

[786] BGH Urt. v. 17.12.1957 – VIII ZR 304/56, BB 1958, 133 = BeckRS 1957, 31195257.

[787] Vgl. ROHG Urt. v. 29.4.1874 – Rep. 245/74, ROHG 13, 340 (342); ROHG Urt. v. 15.9.1871 – Rep. 384/71, ROHG 3, 112 (114) zu Art. 279 ADHGB.

[788] So zB BGH Urt. v. 11.11.1958 – I ZR 179/57, GRUR 1959, 277 (280) – Künstlerpostkarten.

aushändigt. Da der Absender ihm – seine (Auswahl-)Entscheidung für letzteres Vorgehen antizipie-
rend – die vorübergehende Aufbewahrung durch eine unzulässige Wettbewerbshandlung (Anh. 1
Nr. 29 zu § 3 Abs. 3 UWG bzw. § 7 Abs. 1 S. 1 UWG)[789] **gegen seinen Willen aufgezwungen**
hat,[790] darf er dieses nicht als Zustimmung zu dem Abschluss eines Verwahrungs- und oder Besichti-
gungsvertrags ansehen.[791]

238   Die mit der Annahme unbestellter Waren entstehende Vindikationslage (→ Rn. 237) verpflichtet
den kaufmännischen Empfänger – als Kehrseite derselben Medaille zu dem Herausgabeanspruch des
Eigentümers (§ 985 BGB) – dazu, die Waren zurückzusenden[792] oder – obwohl kein Fall des § 362
Abs. 2 (zu Einzelheiten → § 362 Rn. 37 ff.) oder des § 379 Abs. 1 (zu Einzelheiten → § 379 Rn. 1 ff.)
vorliegt – bis zu dem Besuch des Vertreters aufzubewahren.[793] Entscheidet der Empfänger sich für die
temporäre Aufbewahrung der Waren kann er unter den Voraussetzungen des § 354 Abs. 1 Alt. 2
Lagergeld nach den ortsüblichen Sätzen fordern (zu Einzelheiten → § 354 Rn. 1 ff.). Verschlechtern
sich die Waren während der Aufbewahrung oder können sie von dem Empfänger nicht herausgegeben
werden, kann der Empfänger dem Eigentümer gemäß § 989 BGB iVm § 990 Abs. 1 S. 1 BGB zum
Ersatz des daraus entstehenden Schadens verpflichtet sein. In Anbetracht der Tatsache, dass der
Absender sich mit der Rücknahme der Waren im Verzug befindet (§§ 293, 294, 269 Abs. 1, 271
Abs. 1 BGB), kommt diese Ersatzpflicht gem. **§ 300 Abs. 1 BGB** nur in Betracht, wenn dem
Empfänger Vorsatz oder grobe Fahrlässigkeit zur Last fällt.[794] Allerdings wird auch in diesen Fällen die
Ersatzpflicht nicht selten gem. § 254 Abs. 1 BGB ausgeschlossen sein, da der Absender an der Ent-
stehung des Schadens aufgrund seines unlauteren Verhaltens (Anh. 1 Nr. 29 zu § 3 Abs. 3 UWG bzw.
§ 7 Abs. 1 S. 1 UWG)[795] schuldhaft mitgewirkt hat.

239   **e) Irrtumsanfechtung. aa) Methodologische Grundlage.** Kommt dem Schweigen im Rechts-
bzw. Handelsverkehr ausnahmsweise – sei es als Fiktion einer Willenserklärung aufgrund einer besonderen Ausnahmevorschrift (zu Einzelheiten → Rn. 194 ff.), sei es nach Treu und Glauben mit
Rücksicht auf die Verkehrssitte oder einen Handelsbrauch (zu Einzelheiten → Rn. 200 ff.) – rechtliche
Bedeutung zu, kann diese jedenfalls nicht durch eine unmittelbare Anwendung der §§ 119 ff. BGB
beseitigt werden.[796] Das Schweigen ist auch in diesen Fällen – anderes gilt für ein beredtes Schweigen
aufgrund einer früheren Vereinbarung (→ Rn. 199) – keine Willenserklärung (→ Rn. 201), da die
rechtliche Bedeutung kraft Gesetzes ohne Rücksicht darauf eintritt, ob sie im Zeitpunkt des Stillschweigens überhaupt gewollt ist.[797] In Betracht kommt somit lediglich eine **entsprechende Anwendung der §§ 119 ff. BGB**.[798] Die für diese Analogie notwendige Regelungslücke resultiert daraus,
dass die gesetzlichen Bestimmungen (zu Einzelheiten → Rn. 194 ff.) und außerrechtlichen Wertungen
(Verkehrssitte, Handelsbrauch), aus denen sich ergibt, dass dem Schweigen ausnahmsweise rechtliche
Bedeutung zukommt, nur den Erklärungswert des Schweigens betreffen, nicht aber die sich anschließende Frage, ob die Wirkung endgültig oder vernichtbar ist.[799] Die zusätzlich erforderliche Vergleichbarkeit ergibt sich daraus, dass die Rechtsfolge, die ein ausnahmsweise rechtlich beachtliches Schweigen erzeugt – in der Regel die Zustimmung zu einem Antrag –, sich qualitativ nicht von derjenigen
unterscheidet, die eine stillschweigende Willenserklärung durch aktives Verhalten erzeugt.[800] Die
Grundsatzentscheidung für die entsprechende Anwendbarkeit der §§ 119 ff. BGB sichert zwar die privat-

[789] Zu Einzelheiten Köhler/Bornkamm/Feddersen/*Köhler* UWG § 7 Rn. 82 ff. Vgl. auch BGH Urt. v. 12.1.1960
– I ZR 52/59, GRUR 1960, 382 (383) – Verbandstoffe; BGH Urt. v. 11.11.1958 – I ZR 179/57, GRUR 1959, 277
(280) – Künstlerpostkarten jeweils zu § 1 UWG aF.
[790] BGH Urt. v. 11.11.1958 – I ZR 179/57, GRUR 1959, 277 (280) – Künstlerpostkarten.
[791] Schlegelberger/*Hefermehl* Rn. 144.
[792] Verbraucher (§ 13 BGB) sind auch in den Fällen des § 241a Abs. 2 BGB zu der Rücksendung unbestellter
Waren nicht verpflichtet, s. Köhler/Bornkamm/Feddersen/*Köhler* UWG § 7 Rn. 81.
[793] BGH Urt. v. 11.11.1958 – I ZR 179/57, GRUR 1959, 277 (280) – Künstlerpostkarten.
[794] IErg auch Schlegelberger/*Hefermehl* Rn. 144, der § 300 Abs. 1 BGB allerdings nur analog für anwendbar
erachtet.
[795] Zu Einzelheiten Köhler/Bornkamm/Feddersen/*Köhler* UWG § 7 Rn. 82 ff. Vgl. auch BGH Urt. v. 12.1.1960
– I ZR 52/59, GRUR 1960, 382 (383) – Verbandstoffe; BGH Urt. v. 11.11.1958 – I ZR 179/57, GRUR 1959, 277
(280) – Künstlerpostkarten jeweils zu § 1 UWG aF.
[796] Wohl aA (direkte Anwendung der §§ 119–124 BGB) Baumbach/Hopt/*Hopt* Rn. 33, § 362 Rn. 6; *Kuhn* WM
1955, 958 (962).
[797] Schlegelberger/*Hefermehl* Rn. 99; *Hopt* AcP 183 (1983), 608 (613); MüKoHGB/*K. Schmidt* Rn. 135; aA
Staub/*Canaris* § 362 Anh. Rn. 5: Regeln über das Erklärungsbewusstsein fänden uneingeschränkt Anwendung; ähnl.
Baumbach/Hopt/*Hopt* Rn. 33, der eine „echte" Willenserklärung annimmt, wenn der Schweigende Zustimmung
ausdrücken will.
[798] *P. Hanau* AcP 165 (1965), 220 (253); vgl. auch KKRD/*W.-H. Roth* Vor §§ 343–372 Rn. 6, § 362 Rn. 11; aA
(direkte Anwendung der §§ 119 ff. BGB) Heymann/*Horn* Rn. 37 auf Grundlage der Annahme, das Schweigen
erzeuge (ausnahmsweise) eine Willenserklärung.
[799] MüKoBGB/*Armbrüster* BGB § 119 Rn. 73; *P. Bydlinski*, Privatautonomie und objektive Grundlagen des verpflichtenden Rechtsgeschäftes, 1967, 80.
[800] MüKoBGB/*Armbrüster* BGB § 119 Rn. 65. Ähnl. BGH Beschl. v. 19.9.2002 – V ZB 37/02, BGHZ 152, 63
(71) = NJW 2002, 3629.

autonome Gestaltung in Selbstbestimmung,[801] steht aber unter dem Vorbehalt, dass die Anfechtung im Einzelfall der vertraglichen oder gesetzlichen Risikoverteilung – diese ist den Gründen für die rechtliche Bedeutung des Schweigens immanent – nicht widersprechen darf. Dieses Gebot ist insbesondere bei einem sog. Schlüssigkeitsirrtum (→ Rn. 240) und der sog. Tatsachenunkenntnis (→ Rn. 241) zu beachten.

bb) Irrtum über die Bedeutung des Schweigens (sog. Schlüssigkeitsirrtum). Ein Irrtum über **240** die Bedeutung des Schweigens vermag die Anfechtung nicht zu begründen.[802] Insbesondere kommt eine Parallele zu der Anfechtung einer stillschweigenden Willenserklärung durch aktives Verhalten wegen fehlenden Erklärungsbewusstseins von vornherein nicht in Betracht.[803] Im Unterschied zu einer Willenserklärung, die in **entsprechender Anwendung von § 119 Abs. 1 Alt. 2 BGB** anfechtbar ist, wenn der Erklärende nicht erkannt hat, dass sein aktives Verhalten als Willenserklärung aufgefasst werden konnte und der Empfänger es tatsächlich auch so verstanden hat,[804] ist das Schweigen auf ein Vertragsangebot auch dann als Zustimmung auszulegen, wenn diese Rechtsfolge im Zeitpunkt des Stillschweigens überhaupt nicht gewollt war (→ Rn. 239). Es genügt, dass das Schweigen zurechenbar ist, dh der Schweigende davon ausgehen musste, dass der Antragende es als Zustimmung verstehen durfte und dies auch getan hat.[805] Hat der Schweigende sich über diese Bedeutung seines Schweigens geirrt, liegt hierin ein **Rechtsfolgenirrtum.**[806] Dieser ist jedoch **unbeachtlich.** Die rechtliche Bedeutung, die das Schweigen mit dem Ablauf der jeweiligen Erklärungsfrist – sei es die Annahmefrist nach § 147 Abs. 2 BGB (→ Rn. 216, 218, 236), sei es unverzüglich (→ Rn. 196, 211, 228) – hat, soll einen Zustand zumindest vorübergehender Ungewissheit vermeiden, also – im Einklang mit dem allgemeinen Zweck von Handelsbräuchen (→ Rn. 1) – klare und endgültige Verhältnisse schaffen, die nicht nachträglich wieder umgestoßen werden können. Diesem Zweck widerspräche die Möglichkeit, die rechtliche Bedeutung des Schweigens wegen eines darauf bezogenen Irrtums beseitigen zu können.[807]

cc) Irrtum über Tatsachen (sog. Tatsachenunkenntnis). In den Fällen, in denen Schweigen **241** nach Treu und Glauben mit Rücksicht auf die Verkehrssitte oder einen Handelsbrauch ausnahmsweise die Bedeutung einer Zustimmung zum Vertragsschluss hat (zu Einzelheiten → Rn. 200 ff.), kann dieser Erklärungswert nicht in entsprechender Anwendung von § 119 Abs. 1 Alt. 1 BGB mit der Begründung angefochten bzw. beseitigt werden, der Schweigende habe den Inhalt zB einer ihm übersandten Rechnung (zB einen angebotenen Preisnachlass, → Rn. 209) oder eines Lieferscheins missverstanden[808] oder das Dokument nicht rechtzeitig zu Gesicht bekommen (sog. Tatsachenunkenntnis).[809] Dieses Ergebnis ergibt sich nicht *allein* daraus, dass die Umstände dem Organisationsbereich des Schweigenden entstammen und eine Verletzung der kaufmännischen Sorgfalt (§ 347) zumindest nahelegen.[810] Denn der Verstoß gegen die Sorgfaltspflicht besagt für sich genommen nichts darüber, ob der Kaufmann auf Erfüllung oder infolge einer Anfechtung nur in entsprechender Anwendung von § 121 Abs. 1 S. 1 BGB auf das negative Interesse haftet. Entscheidend ist vielmehr, dass die Anfechtung bzw. Beseitigung der rechtlichen Bedeutung des Schweigens – wie bei einem Irrtum über die rechtliche Bedeutung des Schweigens (→ Rn. 240) – dem Ziel widerspräche, klare und endgültige Verhältnisse zu schaffen, die nicht nachträglich wieder umgestoßen werden können.[811]

dd) Täuschung und Drohung. Einigkeit dürfte darüber bestehen, dass derjenige, der durch **242** arglistige Täuschung oder widerrechtliche Drohung von einer Erklärung – in der Regel einem Wider-

[801] Vgl. BGH Beschl. v. 19.9.2002 – V ZB 37/02, BGHZ 152, 63 (72) = NJW 2002, 3629 für Wohnungseigentümer.

[802] Staub/*Canaris* § 362 Anh. Rn. 26; *Canaris* Vertrauenshaftung 222; *P. Hanau* AcP 165 (1965), 220 (250); Baumbach/Hopt/*Hopt* Rn. 33; Heymann/*Horn* Rn. 37; *Kuhn* WM 1955, 958 (962); MüKoHGB/*K. Schmidt* Rn. 139; *Wacke* JA 1982, 184 (185); vgl. auch *Kramer* JURA 1984, 235 (249 f.) zu § 362 Abs. 1.

[803] Baumbach/Hopt/*Hopt* Rn. 33; Heymann/*Horn* Rn. 37; MüKoHGB/*K. Schmidt* Rn. 139; vgl. auch KKRD/*W.-H. Roth* Vor §§ 343–372 Rn. 6, § 362 Rn. 11 zu § 362 Abs. 1 S. 1; aA BGH Beschl. v. 19.9.2002 – V ZB 37/02, BGHZ 152, 63 (70 f.) = NJW 2002, 3629 für die Abstimmung auf einer Wohnungseigentümerversammlung; Staub/*Canaris* § 362 Anh. Rn. 5, 6; *Kramer* JURA 1984, 235 (249).

[804] Statt vieler BGH Urt. v. 7.6.1984 – IX ZR 66/83, BGHZ 91, 324 (329 f.) = NJW 1984, 2279; MüKoBGB/*Armbrüster* BGB § 119 Rn. 96 ff. mwN.

[805] KKRD/*W.-H. Roth* § 362 Rn. 3; wohl ähnl. Baumbach/Hopt/*Hopt* Rn. 33.

[806] KKRD/*W.-H. Roth* § 386 Rn. 2 jew. zu § 386 Abs. 1 Hs. 2.

[807] Ähnl. KKRD/*W.-H. Roth* Vor §§ 343–372 Rn. 6, § 362 Rn. 11: Verkehrsschutz habe Vorrang.

[808] Offengelassen für das Schweigen auf ein kaufmännisches Bestätigungsschreiben von BGH Urt. v. 7.10.1971 – VII ZR 177/69, NJW 1972, 45; BGH Urt. v. 7.7.1969 – VII ZR 104/67, NJW 1969, 1711. Dafür, die Anfechtung ohne zusätzliche Voraussetzungen zuzulassen, *Kuhn* WM 1955, 958 (962); MüKoHGB/*K. Schmidt* Rn. 140. Dafür, die Anfechtung nur unter zusätzlichen Voraussetzungen (unverschuldeter Irrtum) zuzulassen, *Medicus/Petersen* BürgerlR Rn. 58; *Zunft* NJW 1959, 276.

[809] MüKoBGB/*Armbrüster* BGB § 119 Rn. 75; aA *P. Hanau* AcP 165 (1965), 220 (251 f.).

[810] So aber Staub/*Canaris* § 362 Anh. Rn. 26; *Canaris* FS Wilburg, 1975, 77 (91 f.); *Canaris* Vertrauenshaftung 228 ff.; *Kramer* JURA 1984, 235 (249); vgl. auch KKRD/*W.-H. Roth* § 362 Rn. 11 zu § 362 Abs. 1 S. 1 Hs. 2.

[811] IErg auch MüKoBGB/*Armbrüster* BGB § 119 Rn. 75.

spruch – abgehalten wurde, die aufgrund seines Schweigens eingetretene rechtliche Bindung in entsprechender Anwendung der §§ 123, 124 BGB beseitigen kann.[812]

IV. Grundsätze über das Schweigen auf ein kaufmännisches Bestätigungsschreiben

243   **1. Überblick. a) Zweck und dogmatische Grundlage.** Das allgemeine Interesse des Handelsverkehrs an einer reibungslosen und raschen Abwicklung von Handelsgeschäften (→ Rn. 1) äußert sich
unter anderem darin, Missverständnisse, unklare Vertragsverhältnisse sowie daraus resultierende und
oftmals schwierige außergerichtliche und gerichtliche Streitigkeiten darüber, ob und mit welchem
Inhalt ein Vertrag zustande gekommen ist, möglichst von vornherein auszuschließen.[813] Diesem Ziel –
kurz: der Klarheit und Rechtssicherheit des kaufmännischen Rechtsverkehrs – dient die kaufmännische
Übung, einen formlos geschlossenen Vertrag und dessen Inhalt gegenüber dem anderen Teil schriftlich
zu bestätigen.[814] Diese sog. deklaratorischen kaufmännischen Bestätigungsschreiben[815] (zu konstitutiven
Bestätigungsschreiben → Rn. 258) werden im Anschluss an erfolgreiche Vertragsverhandlungen von
einer Partei verfasst und dem Vertragspartner mit dem Ziel übersandt, Unstimmigkeiten und etwaige
Irrtümer, die sich insbesondere bei mündlichen oder fernmündlichen Verhandlungen aufgrund der
Flüchtigkeit des gesprochenen Wortes einschleichen können, aufzudecken und klarzustellen[816] und die
Rechtsbeziehungen zwischen den Beteiligten mit dem aus dem Schreiben ersichtlichen Inhalt
verbindlich festlegen.[817] Die beabsichtigte Verbindlichkeit wird innerhalb der allgemeinen Rechtsgeschäftslehre über die Argumentation von Vertrauens- bzw. Verkehrsschutz erreicht.[818] Ihre Grundlage ist die **Pflicht der Empfänger zum Widerspruch** (zu Einzelheiten → Rn. 313 ff.). Diese
entnimmt die Rechtsprechung im Handelsrecht geltenden Gewohnheiten und Gebräuchen sowie den
Grundsätzen von Treu und Glauben,[819] nämlich der Übung, dass die Empfänger unrichtigen Angaben
in dem Bestätigungsschreiben grundsätzlich unverzüglich widersprechen müssen, wollen sie den Vertrag nicht mit dem niedergeschriebenen Inhalt gegen sich gelten lassen (→ Rn. 324). Kurz: Durch das
Schweigen auf ein kaufmännisches Bestätigungsschreiben sollen der Abschluss und der Inhalt des
bestätigten Vertrags außer Streit gestellt werden.[820]

244   Zu konstatieren ist, dass die Grundsätze über das Schweigen auf ein kaufmännisches Bestätigungsschreiben **nur mit Einschränkungen geeignet** sind, den Zweck, Unklarheiten sowie daraus resultierende und oftmals schwierige Rechtsstreitigkeiten über den Abschluss und den Inhalt von Verträgen
möglichst von vornherein auszuschließen (→ Rn. 243), zu erreichen. Ursächlich hierfür ist zum einen,
dass der Beweiswert eines kaufmännischen Bestätigungsschreibens begrenzt ist (→ Rn. 339), zum
anderen die Tatsache, dass den Empfängern der Nachweis offen steht, dass ein widerspruchslos hingenommenes Bestätigungsschreiben die Grenzen überschreitet, die der Bestätigungswirkung gesetzt
sind (zu Einzelheiten → Rn. 340 ff.).

---

[812] MüKoBGB/*Armbrüster* BGB § 119 Rn. 73; *Flume* Rechtsgeschäft § 10, 2 = 119; *P. Hanau* AcP 165 (1965),
220 (249 f.); Heymann/*Horn* Rn. 37; KKRD/*W.-H. Roth* Vor §§ 343–372 Rn. 8.

[813] BGH Urt. v. 9.7.1970 – VII ZR 70/68, BGHZ 54, 236 (240) = NJW 1970, 2021; Schlegelberger/*Hefermehl*
Rn. 107.

[814] BGH Urt. v. 28.9.1970 – VIII ZR 164/68, NJW 1970, 2104; BGH Urt. v. 10.7.1961 – VIII ZR 64/60, BB
1961, 954 = BeckRS 1961, 31187733; OLG Köln Urt. v. 7.2.1992 – 19 U 117/91, NJW-RR 1992, 761 (762);
Brox/Henssler Rn. 294; Schlegelberger/*Hefermehl* Rn. 107; *Hübner* HandelsR Rn. 489; Staub/*Koller* Rn. 26; *Kuchinke* JZ 1965, 167; *Lettl* HandelsR § 10 Rn. 39; *Oetker* HandelsR § 7 Rn. 31.

[815] Zu dieser Begrifflichkeit und ihrer Bedeutung s. Oetker/*Pamp* Rn. 39; Röhricht/Graf v. Westphalen/Haas/
Steimle/Dornieden Rn. 40.

[816] BGH Urt. v. 7.10.1971 – VII ZR 177/69, NJW 1972, 45; RG Urt. v. 5.6.1923 – II 923/22, JW 1924, 405.

[817] BGH Urt. v. 26.9.1973 – VIII ZR 106/72, BGHZ 61, 282 (285) = NJW 1973, 2106; BGH Urt. v. 9.7.1970 –
VII ZR 70/68, BGHZ 54, 236 (239) = NJW 1970, 2021; BGH Urt. v. 15.1.1986 – VIII ZR 6/85, NJW-RR 1986,
456 (457); BGH Urt. v. 11.10.1973 – VII ZR 96/72, WM 1973, 1376; BGH Urt. v. 28.9.1970 – VIII ZR 164/68,
NJW 1970, 2104; RG Urt. v. 5.6.1923 – II 923/22, JW 1924, 405; NK-HGB/*Lehmann-Richter* Rn. 50.

[818] BGH Urt. v. 27.1.2011 – VII ZR 186/09, BGHZ 188, 128 Rn. 22 = NJW 2011, 1965. In der Lit. werden die
Grundsätze systematisch überwiegend dem objektiven Verkehrsschutz zugeordnet, so zB *Batereau* in Pfeiffer Handelsgeschäfte-HdB § 2 Rn. 4; MüKoBGB/*Busche* BGB § 147 Rn. 11; Baumbach/Hopt/*Hopt* Rn. 17; *Hopt* AcP 183
(1983), 608 (691); Heymann/*Horn* Rn. 49; Oetker/*Pamp* Rn. 38; MüKoHGB/*K. Schmidt* Rn. 143; *K. Schmidt*
HandelsR § 19 Rn. 69; krit. *Häublein* FS Delle Karth, 2013, 333 (341 f.); NK-HGB/*Lehmann-Richter* Rn. 48; aA
(Vertrauensschutz, Vertrauens- bzw. Rechtsscheinhaftung) OLG Düsseldorf Urt. v. 17.5.1963 – 5 U 215/62, DB
1963, 929; GK-HGB/*Achilles/B. Schmidt* Rn. 50, 123; *Brox/Henssler* Rn. 295; *Canaris* HandelsR § 23 Rn. 9; *Canaris*
Vertrauenshaftung 206; *Diederichsen* JuS 1966, 129 (136); *v. Dücker* BB 1996, 3 f.; Staub/*Koller* Rn. 62; *Lettl* HandelsR
§ 10 Rn. 46; *Medicus/Petersen* BGB AT Rn. 440; *Wolf/Neuner* BGB AT § 37 Rn. 48.

[819] BGH Urt. v. 27.1.2011 – VII ZR 186/09, BGHZ 188, 128 Rn. 22 = NJW 2011, 1965; RG Urt. v. 10.7.1926
– II 542/25, RGZ 114, 282 (283); RG Urt. v. 25.2.1919 – Rep. II 254/18, RGZ 95, 48 (50); RG Urt. v. 24.3.1903
– Rep. II 403/02, RGZ 54, 176 (181); dagegen MüKoHGB/*K. Schmidt* Rn. 143, 144; *K. Schmidt* HandelsR § 19
Rn. 67: Zur Begründung der Sollensätze, die unmittelbar zivilrechtliche Rechtsfolgen begründen, genüge ein
Handelsbrauch nicht.

[820] MüKoHGB/*K. Schmidt* Rn. 143.

b) Zusammenfassung der wesentlichen Aussagen. Der Empfänger eines kaufmännischen Be- **245** stätigungsschreibens ist verpflichtet, den darin wiedergegebenen Inhalt des angeblichen Vertrags auf seine Richtigkeit zu prüfen (→ Rn. 334) und grundsätzlich zu widersprechen, wenn er diesen nicht gegen sich gelten lassen will (zu Einzelheiten → Rn. 313 ff.). Nur ausnahmsweise, wenn der Absender bei einem Schweigen des Empfängers nicht auf dessen Einverständnis vertrauen darf, treten die Rechtswirkungen eines kaufmännischen Bestätigungsschreibens unabhängig von einem rechtzeitigen Widerspruch nicht ein (zu Einzelheiten → Rn. 340 ff.).

c) Rechtsgrundlage. Die Grundsätze über das Schweigen auf ein kaufmännisches Bestätigungs- **246** schreiben beruhen auf einem Handelsbrauch,[821] der inzwischen zu **Gewohnheitsrecht** erstarkt ist.[822] Vereinzelte Gerichtsentscheidungen, die die Grundsätze nicht oder unzutreffend anwenden, sowie die Uneinigkeit der Literatur zu Einzelfragen stehen dieser Einordnung nicht entgegen.[823] Diese Befunde treffen nämlich gleichermaßen auf geschriebenes Gesetzesrecht zu; sie sind der Rechtsanwendung sowie der Rechtswissenschaft immanent und daher nicht geeignet, den Rechtsgeltungswillen des Handelsverkehrs in Frage zu stellen. Als Bestandteil des Gewohnheitsrechts sind die Grundsätze über das Schweigen auf ein kaufmännisches Bestätigungsschreiben nicht lediglich gem. § 346 in Ansehung der Bedeutung und Wirkung einer Unterlassung – nämlich des Schweigens des Empfängers eines kaufmännischen Bestätigungsschreibens – zu berücksichtigen; sie gelten vielmehr als eigenständige Rechtssätze von Gesetzesrang und als solche auch über den persönlichen Anwendungsbereich von § 346 (zu Einzelheiten → Rn. 107 ff.) hinaus.[824]

Die Einordnung der Grundsätze über das Schweigen auf ein kaufmännisches Bestätigungsschreiben **247** als Gewohnheitsrecht (→ Rn. 246) hat zur Folge, dass ihre Geltung – im Gegensatz zu Handelsbräuchen (zu Einzelheiten → Rn. 5 ff.) – keine Tat-, sondern **Rechtsfrage** ist.[825] Eine Beweiserhebung über die zugrunde liegende tatsächliche Übung sowie den Rechtsgeltungswillen wird dadurch zwar nicht ausgeschlossen;[826] sie ist aber in der Regel gem. § 293 S. 1 Fall 2 ZPO entbehrlich, da die Grundsätze dem Gericht jedenfalls nach der freilich zulässigen Konsultation der einschlägigen Rechtsprechung und Literatur bekannt sind.

Anklang im Gesetz – wenngleich keine ausdrückliche Erwähnung – haben die Grundsätze über das **248** Schweigen auf ein kaufmännisches Bestätigungsschreiben in der am 1.1.1998[827] in Kraft getretenen Neufassung des **§ 1031 Abs. 2 ZPO** gefunden. Danach gilt die für Schiedsvereinbarungen erforderliche Form des § 1031 Abs. 1 ZPO auch dann als erfüllt, wenn die Schiedsvereinbarung in einem von der einen Partei der anderen Partei – Gleiches gilt zB für die von einem Handelsmakler beiden Parteien übermittelten Schlussnoten (zu Einzelheiten → Rn. 221 ff.) – übermittelten Dokument enthalten ist

[821] BGH Urt. v. 27.10.1953 – I ZR 111/52, NJW 1954, 105 (insoweit nicht abgedruckt in BGHZ 11, 1 ff.); BGH Urt. v. 6.5.1975 – VI ZR 120/74, NJW 1975, 1358; RG Urt. v. 24.3.1903 – Rep. II 403/02, RGZ 54, 176 (182); RG Urt. v. 3.1.1911 – II 123/10, Gruchot 55 Nr. 49; ROHG Urt. v. 23.11.1874 – Rep. 822/74, ROHG 15, 94 (97); ROHG Urt. v. 29.10.1870 – Rep. 37/70, ROHG 1, 76 (81); KG Urt. v. 18.9.2012 – 7 U 227/11, BeckRS 2013, 19567 unter B. 1. a) der Gründe; *Batereau* in Pfeiffer Handelsgeschäfte-HdB § 2 Rn. 4; MüKoBGB/*Busche* BGB § 147 Rn. 11; Baumbach/Hopt/*Hopt* Rn. 17; *Hopt* AcP 183 (1983), 608 (691); Heymann/*Horn* Rn. 49; HaKo-HGB/*Klappstein* Rn. 41, 45; Staub/*Koller* Rn. 61; NK-HGB/*Lehmann-Richter* Rn. 48; KKRD/*W.-H. Roth* Rn. 23; *Siller* JR 1927, 289 (292). Bis heute an dieser Einordnung festhaltend KG Urt. v. 18.8.2005 – 8 U 106/04, NZM 2005, 908 (909); OLG Köln Urt. v. 7.1.2000 – 19 U 20/99, BeckRS 2000, 03452 Rn. 62 f.; OLG Hamm Urt. v. 20.9.1973 – 5 U 71/73, NJW 1974, 462 f.; GK-HGB/*Achilles*/*B. Schmidt* Rn. 123; *Diederichsen* JuS 1966, 129 (130); *Fischinger* JuS 2015, 394 (396); *Hadding* JuS 1977, 314; Schlegelberger/*Hefermehl* Rn. 30, 108, 120; *Thamm*/ *Detzer* DB 1997, 213; ähnlich *Lieb* JZ 1971, 135 (137): Ausprägungen von Treu und Glauben.

[822] BGH Urt. v. 27.1.2011 – VII ZR 186/09, BGHZ 188, 128 Rn. 22 = NJW 2011, 1965; KG Urt. v. 18.9.2012 – 7 U 227/11, BeckRS 2013, 19567 unter B. 1. a) der Gründe; *Basedow* ZHR 150 (1986), 469 (475 f.); *Batereau* in Pfeiffer Handelsgeschäfte-HdB § 2 Rn. 4; *Bitter*/*Schumacher* HandelsR § 7 Rn. 17; *Brox*/*Henssler* Rn. 295; Mü-KoBGB/*Busche* § 147 Rn. 11; *Canaris* HandelsR § 23 Rn. 10; *Canaris* Vertrauenshaftung 206; *Deckert* JuS 1998, 121; *Ebert* JuS 1999, 754 (755); Palandt/*Ellenberger* BGB § 147 Rn. 8; *Flume* Rechtsgeschäft § 36, 6 = 665 f.; *Flume* AcP 161 (1962), 52 (66); *Glenk* ZMR 2017, 109 (115); Baumbach/Hopt/*Hopt* Rn. 17; *Hopt* AcP 183 (1983), 608 (691); *U. Huber* ZHR 161 (1997), 160 (163); *Jung* HandelsR Kap. 9 Rn. 17; HaKo-HGB/*Klappstein* Rn. 41, 45; Staub/ *Koller* Rn. 25b, 61; *Kollrus* BB 2014, 779 (780); NK-HGB/*Lehmann-Richter* Rn. 48; *Lettl* HandelsR § 10 Rn. 45; *Lettl* JuS 2008, 849 (850); *Medicus*/*Petersen* BGB AT Rn. 440; Oetker/*Pamp* Rn. 38; KKRD/*W.-H. Roth* Rn. 23; MüKoHGB/*K. Schmidt* Rn. 16, 132, 141, 144; *K. Schmidt* HandelsR § 1 Rn. 53, § 19 Rn. 66 f.; *K. Schmidt* FS Honsell, 2002, 99 (107); *Schmitt,* Die Rechtsstellung der Kleingewerbetreibenden nach dem Handelsrechtsreformgesetz, 2003, 282; *Schultz* MDR 1995, 1187 (1188); *Walchshöfer* BB 1975, 719; *Wolf*/*Neuner* BGB AT § 4 Rn. 18, einschränkend § 37 Rn. 48 („Kernbereich"). Die Bezeichnung als „Handelsgewohnheitsrecht" (so zB Heymann/ *Horn* Rn. 16; Staub/*Koller* Rn. 16, 49; Röhricht/Graf v. Westphalen/Haas/*Steimle*/*Dornieden* Rn. 34) ist in Anbetracht der Tatsache, dass der persönliche Anwendungsbereich der Grundsätze über das Schweigen auf ein kaufmännisches Bestätigungsschreiben nicht auf Kaufleute beschränkt ist (zu Einzelheiten → Rn. 297 ff.), zumindest unglücklich.

[823] *Hopt* AcP 183 (1983), 608 (691); MüKoHGB/*K. Schmidt* Rn. 144.

[824] Oetker/*Pamp* Rn. 38.

[825] MüKoHGB/*K. Schmidt* Rn. 144.

[826] MüKoHGB/*K. Schmidt* Rn. 144.

[827] S. Art. 1 Nr. 7 iVm Art. 5 Abs. 1 SchiedsVfG.

und der Inhalt des Dokuments im Falle eines nicht rechtzeitig erfolgten Widerspruchs nach der Verkehrssitte als Vertragsinhalt angesehen wird. Das praktisch bedeutsamste Beispiel hierfür ist das Schweigen auf ein kaufmännisches Bestätigungsschreiben.[828]

249   **d) Ausschluss durch Rechtsgeschäft.** Die grundsätzlichen Wirkungen, die mit der widerspruchslosen Hinnahme eines kaufmännischen Bestätigungsschreibens eintreten (zu Einzelheiten → Rn. 324 ff.), kann jede Partei bereits in den Vertragsverhandlungen (zu Einzelheiten → Rn. 250 ff.) *einseitig* durch den Vorbehalt des schriftlichen Vertragsschlusses verhindern (→ Rn. 351). Hiervon ist der rechtsgeschäftliche Ausschluss der Grundsätze über das Schweigen auf ein kaufmännisches Bestätigungsschreiben insgesamt zu unterscheiden. Hierfür genügt jedenfalls seit deren Erstarken zu Gewohnheitsrecht (→ Rn. 246) keine einseitige Erklärung mehr;[829] es bedarf vielmehr einer dahingehenden **Individualvereinbarung.**[830] Eine entsprechende Bestimmung in **Allgemeinen Geschäftsbedingungen** dürfte im Geltungsbereich des den Grundsätzen zugrundeliegenden Handelsbrauchs in der Regel ungewöhnlich sein und bereits deshalb gem. § 305c Abs. 1 BGB kein Vertragsbestandteil werden. Außerdem weicht sie von dem wesentlichen Grundgedanken der gesetzlichen Regelung – hierzu zählt nach allgemeiner Ansicht auch das Gewohnheitsrecht – ab, weshalb sie vorbehaltlich besonderer Umstände des Einzelfalls aufgrund einer unangemessenen Benachteiligung des Vertragspartners des Verwenders gem. § 307 Abs. 2 Nr. 1 BGB iVm § 307 Abs. 1 S. 1 BGB unwirksam ist.[831]

250   **2. Voraussetzungen. a) Vertragsverhandlungen. aa) Verhandlungen.** Mit einem kaufmännischen Bestätigungsschreiben (zu Einzelheiten → Rn. 259 ff.), das bei einem Schweigen des Empfängers grundsätzlich materiell-rechtliche Rechtsfolgen auslöst (zu Einzelheiten → Rn. 324 ff.), muss nur rechnen, wer zuvor Vertragsverhandlungen geführt hat.[832] Einem kaufmännischen Bestätigungsschreiben müssen also Vertragsverhandlungen vorangegangen sein,[833] dh dass jedenfalls ein **geschäftliches Gespräch über den bestätigten Vertrag** (→ Rn. 253 f.) stattgefunden haben muss.[834] Der Begriff des Gesprächs beschränkt den Kreis tauglicher Verhandlungen nicht auf die mündliche oder fernmündliche Kommunikation.[835] Bestätigungsbedarf (zu Einzelheiten → Rn. 255 ff.) kann auch dann bestehen, wenn die Verhandlungen fernschriftlich bzw. telegrafisch,[836] per E-Mail oder über das Internet[837] geführt wurden. Nicht erforderlich ist, dass der Empfänger des kaufmännischen Bestäti-

[828] OLG Düsseldorf Urt. v. 14.4.2015 – 21 U 178/14, BeckRS 2016, 2839 Rn. 10; OLG Köln Beschl. v. 6.10.2014 – 19 Sch 17/13, BeckRS 2015, 10334 Rn. 38; OLG Düsseldorf Beschl. v. 22.7.2014 – I-4 Sch 8/13, NJOZ 2015, 636 Rn. 41; OLG Frankfurt a. M. Beschl. v. 27.8.2009 – 26 SchH 3/09 = BeckRS 2010, 25197 unter II.; OLG Hamburg Beschl. v. 7.8.2003 – 6 Sch 4/03, BeckRS 2003, 154526 Rn. 13; RegBegr. zu dem Entwurf eines Gesetzes zur Neuregelung des Schiedsverfahrensrechts (SchiedsVfG), BT-Drs. 13/5274, 36 zu § 1031 ZPO-E; GK-HGB/*Achilles*/*B. Schmidt* Rn. 145; Oetker/*Pamp* Rn. 56; *Winkler*/*Weinand* BB 1998, 597 (601).
[829] NK-HGB/*Lehmann-Richter* Rn. 48; Röhricht/Graf v. Westphalen/Haas/*Steimle*/*Dornieden* Rn. 34.
[830] Röhricht/Graf v. Westphalen/Haas/*Steimle*/*Dornieden* Rn. 34.
[831] Oetker/*Pamp* Rn. 63; MüKoHGB/*K. Schmidt* Rn. 170; offengelassen von Röhricht/Graf v. Westphalen/Haas/*Steimle*/*Dornieden* Rn. 51.
[832] MüKoBGB/*Busche* BGB § 147 Rn. 16; Schlegelberger/*Hefermehl* Rn. 109.
[833] BGH Urt. v. 27.1.2011 – VII ZR 186/09, BGHZ 188, 128 Rn. 23 = NJW 2011, 1965; BGH Urt. v. 8.2.2001 – III ZR 268/00, NJW-RR 2001, 680; BGH Urt. v. 27.9.1989 – VIII ZR 245/88, NJW 1990, 386; BGH Urt. v. 20.3.1974 – VIII ZR 234/72, NJW 1974, 991 (992); BGH Urt. v. 26.6.1963 – VIII ZR 61/62, NJW 1963, 1922 (1925) (insoweit nicht abgedruckt in BGHZ 40, 42 ff.); OLG Koblenz Urt. v. 13.7.2006 – 5 U 1847/06, ZMR 2007, 37 (38) = BeckRS 2006, 12278; OLG Koblenz Urt. v. 26.6.2006 – 12 U 685/05, NJW-RR 2007, 813 (814); OLG Koblenz Urt. v. 26.6.2006 – 12 U 685/05, BeckRS 2007, 03474 unter II. 1. der Gründe; OLG Köln Urt. v. 7.2.1992 – 19 U 117/91, NJW-RR 1992, 761 (762); OLG Hamm Urt. v. 15.1.1992 – 26 U 65/91, DStR 1992, 1250; OLG Köln Urt. v. 31.5.1991 – 19 U 34/91, CR 1991, 541; OLG Düsseldorf Urt. v. 24.11.1981 – 23 U 109/81, DB 1982, 592; AG München Schlussurt. v. 10.7.2014 – 222 C 1187/14, BeckRS 2014, 16857 unter II. 2. b) der Entscheidungsgründe; GK-HGB/*Achilles*/*B. Schmidt* Rn. 126, Vor § 343 Rn. 9; *Bitter*/*Schumacher* HandelsR § 7 Rn. 19; *Brox*/*Henssler* Rn. 297; *Canaris* HandelsR § 23 Rn. 19; Palandt/*Ellenberger* BGB § 147 Rn. 11; *Fischinger* JuS 2015, 394 (396); *Flume* Rechtsgeschäft § 36, 4 = 663; *Hadding* JuS 1977, 314; Baumbach/Hopt/*Hopt* Rn. 20; Heymann/*Horn* Rn. 50; *Hübner* HandelsR Rn. 490; *Jung* HandelsR Kap. 9 Rn. 19; NK-HGB/*Lehmann-Richter* Rn. 50; Oetker/*Pamp* Rn. 41; *Petersen* JURA 2003, 687 (691); KKRD/*W.-H. Roth* Rn. 26; MüKoHGB/*K. Schmidt* Rn. 147; *K. Schmidt* HandelsR § 19 Rn. 86; *Thamm*/*Detzer* DB 1997, 213; aA (geschäftlicher Kontakt genüge) HaKo-HGB/*Klappstein* Rn. 46; Staub/*Koller* Rn. 67; *Lettl* HandelsR § 10 Rn. 54; *Lettl* JuS 2008, 849 (851); *Wolf*/ *Neuner* BGB AT § 37 Rn. 49.
[834] BGH Urt. v. 8.2.2001 – III ZR 268/00, NJW-RR 2001, 680; BGH Urt. v. 27.9.1989 – VIII ZR 245/88, NJW 1990, 386; OLG Koblenz Urt. v. 13.7.2006 – 5 U 1847/06, ZMR 2007, 37 (38) = BeckRS 2006, 12278; OLG Koblenz Urt. v. 26.6.2006 – 12 U 685/05, NJW-RR 2007, 813 (814); OLG Koblenz Urt. v. 26.6.2006 – 12 U 685/05, BeckRS 2007, 03474 unter II. 1. der Gründe; OLG Köln Urt. v. 7.2.1992 – 19 U 117/91, NJW-RR 1992, 761 (762); OLG Köln Urt. v. 31.5.1991 – 19 U 34/91, CR 1991, 541; GK-HGB/*Achilles*/*B. Schmidt* Rn. 126, Vor § 343 Rn. 9; NK-HGB/*Lehmann-Richter* Rn. 50; Oetker/*Pamp* Rn. 41.
[835] Heymann/*Horn* Rn. 50.
[836] BGH Urt. v. 9.7.1970 – VII ZR 70/68, BGHZ 54, 236 (239) = NJW 1970, 2021; BGH Urt. v. 27.1.1965 – VIII ZR 11/63, NJW 1965, 965; Baumbach/Hopt/*Hopt* Rn. 20; Heymann/*Horn* Rn. 50; Oetker/*Pamp* Rn. 41; KKRD/*W.-H. Roth* Rn. 26.
[837] Oetker/*Pamp* Rn. 41.

gungsschreibens die Verhandlungen selbst geführt hat. Es genügt vielmehr, dass jemand das Gespräch unter seinem Namen oder als sein Vertreter in seinem Namen – sei es mit Vertretungsmacht, sei es ohne – geführt hat.[838]

Die Vertragsverhandlungen sind die Grundlage für das Vertrauen des Bestätigenden, der Empfänger **251** des kaufmännischen Bestätigungsschreibens sei ausweislich seines Schweigens mit dem Inhalt des Schreibens einverstanden. Daher müssen die Verhandlungen **erfolgreich** gewesen sein, dh ein Stadium erreicht haben, in dem zumindest ein redlicher Bestätigender davon ausgehen durfte, die Parteien seien sich über die *essentialia negotii* des Vertrags einig.[839] Die hierauf gründende Formulierung, die Verhandlungen müssten zu dem Abschluss des bestätigten Vertrags geführt haben, darf nicht zu dem Umkehrschluss verleiten, dass die Vertragspartner im Zeitpunkt der Verhandlungen nicht bereits vertraglich verbunden sein dürfen. Taugliche Grundlage eines kaufmännischen Bestätigungsschreibens sind nämlich zB auch Verhandlungen über eine Vertragsänderung bzw. -ergänzung (→ Rn. 284).

Die Tatsache, dass Vertragsverhandlungen, die den Mindestanforderungen (→ Rn. 250 f.) genügen, **252** stattgefunden haben, hat nach allgemeinen Regeln der Bestätigende **darzulegen und ggf. zu beweisen,**[840] der aus dem Schweigen des Empfängers Rechtsfolgen herleiten will.

bb) Vertragsabschluss. Unter einem kaufmännischen Bestätigungsschreiben ist ein von dem einen **253** Vertragspartner an den anderen gerichtetes Schreiben zu verstehen, in dem der Absender seine Auffassung über das Zustandekommen und den Inhalt eines im Rahmen von Verhandlungen (zu Einzelheiten → Rn. 250 ff.) geschlossenen Vertrags mitteilt.[841] Da solche deklaratorischen Bestätigungsschreiben nicht nur als Beweisurkunden (→ Rn. 259) dienen, sondern auch in der Weise konstitutiv wirken können, dass der Empfänger, der sie widerspruchslos hinnimmt, den Vertrag grundsätzlich mit dem bestätigten Inhalt als geschlossen gegen sich gelten lassen muss (zu Einzelheiten → Rn. 324 ff.), ist unerheblich, ob die vorausgegangenen Vertragsverhandlungen tatsächlich zu einem festen Vertragsschluss geführt haben[842] oder dieser zB an der fehlenden Abschlussvollmacht[843] oder der Geschäftsunfähigkeit[844] des Verhandelnden gescheitert ist. Erforderlich, aber auch ausreichend ist, dass das Schreiben in seinem Wortlaut mit hinreichender Deutlichkeit auf ernsthafte Vertragsverhandlungen (zu Einzelheiten → Rn. 250 ff.) Bezug nimmt (→ Rn. 264), die wenigstens **aus der Sicht des**

---

[838] OLG Celle Urt. v. 21.4.1967 – 8 U 150/66, MDR 1967, 1016.

[839] Röhricht/Graf v. Westphalen/Haas/*Steimle/Dornieden* Rn. 39.

[840] BGH Urt. v. 8.2.2001 – III ZR 268/00, NJW-RR 2001, 680; BGH Urt. v. 27.9.1989 – VIII ZR 245/88, NJW 1990, 386; BGH Urt. v. 20.3.1974 – VIII ZR 234/72, NJW 1974, 991 (992); BGH Urt. v. 28.6.1967 – VIII ZR 30/65, WM 1967, 898 (899) = BeckRS 1967, 31178962; OLG Köln Urt. v. 7.2.1992 – 19 U 117/91, NJW-RR 1992, 761 (762); OLG Köln Urt. v. 31.5.1991 – 19 U 34/91, CR 1991, 541; AG München Schlussurt. v. 10.7.2014 – 222 C 1187/14, BeckRS 2014, 16857 unter II. 2. b) der Entscheidungsgründe; GK-HGB/*Achilles/B. Schmidt* Rn. 149, Vor § 343 Rn. 9; *Batereau* in Pfeiffer Handelsgeschäfte-HdB § 2 Rn. 39; MüKoBGB/*Busche* BGB § 1347 Rn. 27; Palandt/*Ellenberger* BGB § 147 Rn. 20; Schlegelberger/*Hefermehl* Rn. 137; Baumbach/Hopt/*Hopt* Rn. 20; Heymann/*Horn* Rn. 50; Staub/*Koller* Rn. 26, 67, 68; NK-HGB/*Lehmann-Richter* Rn. 50, 53; Oetker/*Pamp* Rn. 64; *H. Prütting* in Baumgärtel/Prütting/Laumen Beweislast-HdB BGB § 146 Rn. 3; MüKoHGB/*K. Schmidt* Rn. 147; *K. Schmidt* HandelsR § 19 Rn. 86; Röhricht/Graf v. Westphalen/Haas/*Steimle/Dornieden* Rn. 53.

[841] BGH Urt. v. 9.7.1970 – VII ZR 70/68, BGHZ 54, 236 (239) = NJW 1970, 2021; BGH Urt. v. 25.5.1970 – VII ZR 157/68, DB 1970, 1777; BGH Urt. v. 27.1.1965 – VIII ZR 11/63, NJW 1965, 965; OLG Köln Urt. v. 12.6.1995 – 19 U 15/95, NJW-RR 1996, 411 (412); OLG Düsseldorf Urt. v. 15.11.1990 – 10 U 68/90, NJW-RR 1991, 374; OLG Stuttgart Urt. v. 16.10.1980 – 3 U 130/80, ZIP 1981, 176 (177) = BeckRS 1980, 31209917; *Jung* HandelsR Kap. 9 Rn. 17.

[842] BGH Urt. v. 24.9.1952 – II ZR 305/51, BGHZ 7, 187 (189) = NJW 1952, 1369; BGH Urt. v. 20.3.1974 – VIII ZR 234/72, NJW 1974, 991 (992); BGH Urt. v. 28.9.1970 – VIII ZR 164/68, NJW 1970, 2104; BGH Urt. v. 28.6.1967 – VIII ZR 30/65, BB 1967, 902 = BeckRS 1967, 31178962; BGH Urt. v. 27.1.1965 – VIII ZR 11/63, NJW 1965, 965 (966); BGH Urt. v. 15.6.1964 – II ZR 129/62, NJW 1964, 1951 (1952); OLG Köln Beschl. v. 6.10.2014 – 19 Sch 17/13, BeckRS 2015, 10334 Rn. 40; OLG Koblenz Urt. v. 13.7.2006 – 5 U 1847/06, ZMR 2007, 37 (38) = BeckRS 2006, 12278; OLG Koblenz Urt. v. 26.6.2006 – 12 U 685/05, NJW-RR 2007, 813; OLG Koblenz Urt. v. 26.6.2006 – 12 U 685/05, BeckRS 2007, 03474 unter II. 1. der Gründe; OLG Düsseldorf Urt. v. 11.11.1994 – 22 U 59/94, NJW-RR 1996, 622; GK-HGB/*Achilles/B. Schmidt* Rn. 126; *Bitter/Schumacher* HandelsR § 7 Rn. 19; MüKoBGB/*Busche* BGB § 147 Rn. 16; Palandt/*Ellenberger* BGB § 147 Rn. 11; *Flume* Rechtsgeschäft § 36, 4 = 664; Schlegelberger/*Hefermehl* Rn. 111; Heymann/*Horn* Rn. 50; NK-HGB/*Lehmann-Richter* Rn. 50; *Lettl* JuS 2008, 849; Oetker/*Pamp* Rn. 42; *L. Raiser,* Das Recht der allgemeinen Geschäftsbedingungen, 1935, 192 f.; MüKoHGB/*K. Schmidt* Rn. 147, 149; *K. Schmidt* HandelsR § 19 Rn. 87; Röhricht/Graf v. Westphalen/Haas/*Steimle/Dornieden* Rn. 39.

[843] BGH Urt. v. 24.9.1952 – II ZR 305/51, BGHZ 7, 187 (189) = NJW 1952, 1369; BGH Urt. v. 10.1.2007 – VIII ZR 380/04, NJW 2007, 987 Rn. 21; BGH Urt. v. 27.9.1989 – VIII ZR 245/88, NJW 1990, 386; BGH Urt. v. 28.6.1967 – VIII ZR 30/65, WM 1967, 898 (899) = BeckRS 1967, 31178962; BGH Urt. v. 27.1.1965 – VIII ZR 11/63, NJW 1965, 965 (966); BGH Urt. v. 15.6.1964 – II ZR 129/62, NJW 1964, 1951 (1952); RG Urt. v. 27.10.1921 – VI 273/21, RGZ 103, 95 (98); RG Urt. v. 26.4.1938 – VII 21/38, JW 1938, 1902 (Ls. 2); OLG Köln Urt. v. 29.12.2016 – 7 U 131/15, BeckRS 2016, 114556 Rn. 15; OLG Köln Beschl. v. 6.10.2014 – 19 Sch 17/13, BeckRS 2015, 10334 Rn. 40; OLG Köln Urt. v. 12.6.1995 – 19 U 15/95, NJW-RR 1996, 411 (412); OLG Köln Urt. v. 23.9.1982 – 1 U 14/82, ZIP 1982, 1424 (1426); Palandt/*Ellenberger* BGB § 147 Rn. 11; Schlegelberger/*Hefermehl* Rn. 111, 129; Heymann/*Horn* Rn. 50; MüKoHGB/*K. Schmidt* Rn. 149.

[844] MüKoBGB/*Busche* BGB § 147 Rn. 16.

Bestätigenden zu einem gültigen Abschluss geführt haben.[845] Ist in den Verhandlungen hingegen ein wesentlicher Punkt offen geblieben und sind die Verhandlungspartner sich der Tatsache bewusst, noch keine endgültige Vereinbarung getroffen zu haben, ist ein Schreiben, in dem ein Teil erstmals einen konkreten Vorschlag zu diesem Punkt unterbreitet, kein kaufmännisches Bestätigungsschreiben,[846] sondern ein Angebot iSd § 145 BGB.[847]

254   Gegenstand eines kaufmännischen Bestätigungsschreibens kann nur der aus den Verhandlungen (zu Einzelheiten → Rn. 250 ff.) resultierende Vertrag sein, nicht aber eine **einseitige empfangsbedürftige Erklärung** wie zB die Genehmigung einer Schuldübernahme durch den Gläubiger nach § 415 Abs. 1 S. 1 BGB.[848] Insoweit stellt das Gesetz mit § 415 Abs. 2 S. 2 BGB (→ Rn. 195) ein eigenständiges Instrumentarium zur Vermeidung von Ungewissheit über die Erteilung der Genehmigung zur Verfügung.

255   **cc) Bedarf für ein deklaratorisches Bestätigungsschreiben.** Die Grundsätze über das Schweigen auf ein kaufmännisches Bestätigungsschreiben beruhen auf der kaufmännischen Übung, im Interesse klarer Vertragsverhältnisse und zur Vermeidung von Missverständnissen und späteren außergerichtlichen und gerichtlichen Streitigkeiten über den Abschluss und den Inhalt von Verträgen, *andere als schriftlich getroffene Abreden* durch ein deklaratorisches Bestätigungsschreiben klarzustellen und inhaltlich festzulegen (→ Rn. 243). Ein solcher Bestätigungsbedarf ist seit langer Zeit bei **mündlich, fernmündlich oder telegrafisch geschlossenen Verträgen** anerkannt.[849] Ausgehend von dem Sinn und Zweck der Grundsätze über das Schweigen auf ein kaufmännisches Bestätigungsschreiben besteht ein Bestätigungsbedarf auch in den Fällen, in denen *nur eine* auf den Vertragsschluss gerichtete Erklärung – sei es der Antrag, sei es die Annahme – schriftlich abgegeben wird.[850] Da in diesen Konstellationen die Unsicherheit über den Inhalt der unschriftlichen Erklärung des anderen Teils verbleibt, reicht die einseitige schriftliche Willenserklärung nicht aus, um den Vertragsinhalt festzulegen und künftigem Streit zu entziehen.[851] Daher kann jedenfalls die Partei, die ihre Vertragserklärung bisher nicht schriftlich abgegeben hat, im Interesse klarer Rechtsverhältnisse ein kaufmännisches Bestätigungsschreiben absenden.[852]

256   Für ein kaufmännisches Bestätigungsschreiben ist *grundsätzlich* kein Raum, wenn der **Vertrag** – ungeachtet mündlicher Verhandlungen (→ Rn. 250) – **schriftlich** geschlossen wurde.[853] Bedarf für eine Klarstellung und die Anwendung der Grundsätze über das Schweigen auf ein kaufmännisches

---

[845] BGH Urt. v. 26.9.1973 – VIII ZR 106/72, BGHZ 61, 282 (285) = NJW 1973, 2106; BGH Urt. v. 14.12.2000 – I ZR 213/98, NJW-RR 2001, 1044 (1045); BGH Urt. v. 6.5.1975 – IVI ZR 120/74, NJW 1975, 1358; OLG Köln Urt. v. 29.8.2014 – 3 U 27/14, RdTW 2015, 430 Rn. 25 = BeckRS 2015, 16042; OLG Bamberg Urt. v. 11.11.2002 – 4 U 234/01, BeckRS 2003, 01592 unter II. 2. der Entscheidungsgründe; OLG Düsseldorf Urt. v. 24.11.1981 – 23 U 109/81, DB 1982, 592; GK-HGB/*Achilles*/*B. Schmidt* Rn. 126; *Bitter*/*Schumacher* HandelsR § 7 Rn. 19; MüKoBGB/*Busche* BGB § 147 Rn. 16; *Ebert* JuS 1999, 754 (756); *Fischinger* HandelsR Rn. 626; *Fischinger* JuS 2015, 394 (396); *Hadding* JuS 1977, 314; Schlegelberger/*Hefermehl* Rn. 109, 112; Baumbach/Hopt/*Hopt* Rn. 17; *Hübner* HandelsR Rn. 490; *Jung* HandelsR Kap. 9 Rn. 19; HaKo-HGB/*Klappstein* Rn. 43; Oetker/*Pamp* Rn. 42; *Petersen* JURA 2003, 687 (691); MüKoHGB/*K. Schmidt* Rn. 149; Röhricht/Graf v. Westphalen/Haas/*Steimle*/*Dornieden* Rn. 39, 40; *Wolf*/*Neuner* BGB AT § 37 Rn. 49.

[846] OLG Düsseldorf Urt. v. 11.11.1994 – 22 U 59/94, NJW-RR 1996, 622 f.; *Brox*/*Henssler* Rn. 298; MüKoBGB/*Busche* BGB § 147 Rn. 16; Palandt/*Ellenberger* BGB § 147 Rn. 13; HaKo-HGB/*Klappstein* Rn. 48; Staub/*Koller*/*W.-H. Roth* Rn. 27; Röhricht/Graf v. Westphalen/Haas/*Steimle*/*Dornieden* Rn. 40; iErg auch HaKo-HGB/*Klappstein* Rn. 63.

[847] MüKoBGB/*Busche* BGB § 147 Rn. 16.

[848] OLG Köln Urt. v. 7.1.2000 – 19 U 20/99, BeckRS 2000, 03452 Rn. 63; Staub/*Koller* Rn. 69.

[849] BGH Urt. v. 9.7.1970 – VII ZR 79/68, BGHZ 54, 236 (239) = NJW 1970, 2021; BGH Urt. v. 27.1.1965 – VIII ZR 11/63, NJW 1965, 965; RG Urt. v. 5.6.1923 – II 923/22, JW 1924, 405; OLG Köln Urt. v. 29.12.2016 – 7 U 131/15, BeckRS 2016, 114556 Rn. 14; OLG Köln Urt. v. 29.8.2014 – 3 U 27/14, RdTW 2015, 430 Rn. 25 = BeckRS 2015, 16042; OLG Köln Urt. v. 12.6.1995 – 19 U 15/95, NJW-RR 1996, 411 (412); OLG Düsseldorf Urt. v. 15.11.1990 – 10 U 68/90, NJW-RR 1991, 374; GK-HGB/*Achilles*/*B. Schmidt* Rn. 127; MüKoBGB/*Busche* BGB § 147 Rn. 16; Palandt/*Ellenberger* BGB § 147 Rn. 11; *Hadding* JuS 1977, 314; Schlegelberger/*Hefermehl* Rn. 110; Baumbach/Hopt/*Hopt* Rn. 20; Heymann/*Horn* Rn. 50; HaKo-HGB/*Klappstein* Rn. 46; KKRD/*W.-H. Roth* Rn. 26; Röhricht/Graf v. Westphalen/Haas/*Steimle*/*Dornieden* Rn. 39; weitergehend Staub/*Koller* Rn. 68: auch per Telefax oder E-Mail.

[850] BGH Urt. v. 9.7.1970 – VII ZR 70/68, BGHZ 54, 236 (240 f.) = NJW 1970, 2021; GK-HGB/*Achilles*/*B. Schmidt* Rn. 127; *Canaris* HandelsR § 23 Rn. 20; *Hübner* HandelsR Rn. 491; *Jung* HandelsR Kap. 9 Rn. 19; HaKo-HGB/*Klappstein* Rn. 46; *Lettl* HandelsR § 10 Rn. 54; Oetker/*Pamp* Rn. 41; Röhricht/Graf v. Westphalen/Haas/*Steimle*/*Dornieden* Rn. 39; dagegen Staub/*Koller* Rn. 68; *Lieb* JZ 1971, 135 (136).

[851] BGH Urt. v. 9.7.1970 – VII ZR 70/68, BGHZ 54, 236 (241) = NJW 1970, 2021.

[852] BGH Urt. v. 9.7.1970 – VII ZR 70/68, BGHZ 54, 236 (240 f.) = NJW 1970, 2021; Palandt/*Ellenberger* BGB § 147 Rn. 11; Baumbach/Hopt/*Hopt* Rn. 20; Oetker/*Pamp* Rn. 41; aA *Lieb* JZ 1971, 135 (136).

[853] OLG Köln Urt. v. 12.6.1995 – 19 U 15/95, NJW-RR 1996, 411 (412); OLG Hamm Urt. v. 19.3.1968 – 4 U 177/67, DB 1968, 795; GK-HGB/*Achilles*/*B. Schmidt* Rn. 127; *Brox*/*Henssler* Rn. 297; *Fischinger* HandelsR Rn. 626; Schlegelberger/*Hefermehl* Rn. 110; Baumbach/Hopt/*Hopt* Rn. 20; Heymann/*Horn* Rn. 50; Oetker/*Pamp* Rn. 41; Röhricht/Graf v. Westphalen/Haas/*Steimle*/*Dornieden* Rn. 39; wohl auch *Kollrus* BB 2014, 779 (780); aA NK-HGB/*Lehmann-Richter* Rn. 50; *Lettl* HandelsR § 10 Rn. 54.

Bestätigungsschreiben kann jedoch *ausnahmsweise* bestehen, insbesondere dann, wenn die schriftliche Vertragsurkunde nur einen Teil der Vereinbarungen enthält, also weitere Abreden mündlich getroffen wurden.[854] Da keine Gründe ersichtlich sind, den Bestätigungsbedarf auf derartige Fälle zu beschränken, insbesondere die Pflicht zum Widerspruch (zu Einzelheiten → Rn. 313 ff.) den Empfänger nicht ungebührlich belastet, sollte das Bestätigungsschreiben im Interesse klarer Vertragsverhältnisse auch in anderen Konstellationen zulässig sein, nämlich zB bei Ungewissheit über die Vertretungsmacht eines am Vertragsschluss beteiligten Vertreters[855] sowie dann, wenn der Vertragsschluss im Rahmen eines Schriftwechsels erfolgt ist, der aufgrund seines Umfangs oder der Begrifflichkeiten Raum für Unklarheiten und Zweifel lässt.[856]

Dem Bestätigungsbedarf auf Seiten des Absenders entspricht auf Seiten des Empfängers der Anlass, **257** den in dem Schreiben wiedergegebenen angeblichen Vertragsinhalt (zu Einzelheiten → Rn. 266 ff.) auf seine Richtigkeit zu prüfen (→ Rn. 334). Daran fehlt es insbesondere dann, wenn bereits zuvor ein kaufmännisches Bestätigungsschreiben zu demselben Vertrag übermittelt worden ist, das infolge des Schweigens des Empfängers die Rechtsbeziehungen zwischen den Beteiligten verbindlich festlegt.[857] Unter diesen Umständen hat der Empfänger keinen Anlass ein weiteres Schreiben – mag dieses auch als „Bestätigungsschreiben" bezeichnet sein (→ Rn. 280) – durchzusehen oder dessen Inhalt kritisch zu prüfen.

dd) Vorbehalt konstitutiver Bestätigungsschreiben. Im kaufmännischen Verkehr ist es lediglich **258** üblich, einen formlos geschlossenen Vertrag gegenüber dem anderen Teil schriftlich zu bestätigen (→ Rn. 243). Voraussetzung für die rechtliche Wirksamkeit des Vertrags ist das kaufmännische Bestätigungsschreiben *grundsätzlich* nicht. Den Parteien ist es jedoch unbenommen, die Gültigkeit ihrer formlosen Einigung von dem Austausch wechselseitiger gleichlautender Bestätigungsschreiben (zu dem einseitigen Vorbehalt des schriftlichen Vertragsschlusses → Rn. 351) abhängig zu machen.[858] Hierfür bedarf es – neben der Einigung in der Sache – der Vereinbarung, dass die Bestätigungsschreiben nicht in erster Linie Beweiszwecken dienen (→ Rn. 259),[859] sondern die materiell-rechtliche Wirksamkeit des Vertrags *ausnahmsweise* von ihm abhängen soll. Derartige Bestätigungsschreiben, die den Vertrag erst perfektionieren sollen, werden als konstitutive Bestätigungsschreiben bezeichnet.[860] Objektiv sind sie sog. deklaratorischen Bestätigungsschreiben (zu Einzelheiten → Rn. 259 ff.) insoweit ähnlich, als auch sie den Inhalt der formlosen Einigung im Wesentlichen vollständig und präzise wiedergeben (zu Einzelheiten → Rn. 266 ff.). Es fehlt allerdings an dem für deklaratorische Bestätigungsschreiben typischen Festlegungswillen (zu Einzelheiten → Rn. 276 ff.).

b) Deklaratorisches Bestätigungsschreiben. aa) Rechtsnatur. Deklaratorische kaufmännische **259** Bestätigungsschreiben (zu konstitutiven Bestätigungsschreiben → Rn. 258) dienen dazu, das Zustandekommen und den Inhalt eines im Rahmen von Verhandlungen (zu Einzelheiten → Rn. 250 ff.) in der Regel formlos geschlossenen Vertrags (→ Rn. 253) verbindlich festzulegen (→ Rn. 243). Um dieses Ziel auch in den Fällen zu erreichen, in denen die Vertragsverhandlungen nur aus der Sicht des Bestätigenden zu einem wirksamen Vertragsschluss geführt haben (→ Rn. 253), sind kaufmännische Bestätigungsschreiben nicht nur **Beweisurkunden,**[861] sondern auch materiell-rechtliche Erklärungen. Obwohl die intendierten Rechtswirkungen (zu Einzelheiten → Rn. 324 ff.) bei einem Schweigen des Empfängers (zu Einzelheiten → Rn. 313 ff.) – vorbehaltlich der Grenzen (zu Einzelheiten

---

[854] OLG Düsseldorf Urt. v. 11.10.1996 – 22 U 49/96, NJW-RR 1997, 211; GK-HGB/*Achilles*/*B. Schmidt* Rn. 127; MüKoBGB/*Busche* BGB § 147 Rn. 16; Schlegelberger/*Hefermehl* Rn. 110; Staub/*Koller* Rn. 68; Oetker/ *Pamp* Rn. 41; MüKoHGB/*K. Schmidt* Rn. 148.

[855] GK-HGB/*Achilles*/*B. Schmidt* Rn. 127; *Canaris* HandelsR § 23 Rn. 21; Staub/*Koller* Rn. 68; Oetker/*Pamp* Rn. 41.

[856] GK-HGB/*Achilles*/*B. Schmidt* Rn. 127; MüKoBGB/*Busche* BGB § 147 Rn. 16; *Canaris* HandelsR § 23 Rn. 21; *Hadding* JuS 1977, 314; Schlegelberger/*Hefermehl* Rn. 110; Heymann/*Horn* Rn. 50; HaKo-HGB/*Klappstein* Rn. 46; *Lettl* HandelsR § 10 Rn. 54; *Lettl* JuS 2008, 849 (851); Oetker/*Pamp* Rn. 41; KKRD/*W.-H. Roth* Rn. 26; *Schlechtriem* FS Wahl, 1973, 67 (68); MüKoHGB/*K. Schmidt* Rn. 148; aA Staub/*Koller* Rn. 68; Röhricht/Graf v. Westphalen/Haas/*Steimle*/*Dornieden* Rn. 39.

[857] OLG Hamburg Beschl. v. 7.8.2003 – 6 Sch 4/03, BeckRS 2003, 154526 Rn. 16; MüKoHGB/*K. Schmidt* Rn. 151.

[858] BGH Urt. v. 18.3.1964 – VIII ZR 281/62, NJW 1964, 1269 (1270); BGH Urt. v. 10.7.1961 – VIII ZR 64/ 60, BB 1961, 954 = BeckRS 1961, 31187733; RG Urt. v. 5.6.1923 – II 923/22, JW 1924, 405; Schlegelberger/ *Hefermehl* Rn. 107.

[859] KKRD/*W.-H. Roth* Rn. 22.

[860] *Diederichsen* JuS 1966, 129 (130); F. *Fabricius* JuS 1966, 50 (54); Schlegelberger/*Hefermehl* Rn. 107; *Oetker* HandelsR § 7 Rn. 43; Oetker/*Pamp* Rn. 39; KKRD/*W.-H. Roth* Rn. 27; *K. Schmidt* HandelsR § 19 Rn. 84; Röhricht/Graf v. Westphalen/Haas/*Steimle*/*Dornieden* Rn. 40. Abweichende Begrifflichkeit zB bei *Brox*/*Henssler* Rn. 294; *Jung* HandelsR Kap. 9 Rn. 18.

[861] MüKoBGB/*Busche* BGB § 147 Rn. 11; Schlegelberger/*Hefermehl* Rn. 134; Baumbach/Hopt/*Hopt* Rn. 17; Heymann/*Horn* Rn. 49; HaKo-HGB/*Klappstein* Rn. 44; KKRD/*W.-H. Roth* Rn. 22; *Siller* JR 1927, 289; Röhricht/Graf v. Westphalen/Haas/*Steimle*/*Dornieden* Rn. 35; aA *Haberkorn* MDR 1968, 108: lediglich Beweismittel, keine Willenserklärung.

→ Rn. 340 ff.) – zwar kraft Gewohnheitsrechts (→ Rn. 246) eintreten, handelt es sich nicht um rechts-geschäftsähnliche Handlungen,[862] sondern um **Willenserklärungen.**[863] Deren Besonderheit besteht darin, dass sie – im Unterschied zu den meisten Willenserklärungen – keine Rechte begründen (zB einen Vertrag), sondern diese lediglich feststellen und dadurch einem möglichen Rechtsstreit entziehen sollen.[864] Auf sie finden die Regelungen betreffend Willenserklärungen daher nicht nur entsprechende, sondern unmittelbare Anwendung, weshalb Geschäftsunfähige gem. den §§ 104, 105 BGB keine kaufmännischen Bestätigungsschreiben verfassen können.[865]

260   **bb) Form.** Das kaufmännische Bestätigungsschreiben muss weder eine verkörperte Erklärung[866] noch von dem Aussteller eigenhändig unterschrieben sein.[867] Eine solche Privaturkunde wird zwar von § 416 ZPO vorausgesetzt. Ihr voller Beweis ist aber darauf beschränkt, dass die in der Urkunde enthaltenen Erklärungen von dem Aussteller abgegeben wurden. Bei einem kaufmännischen Bestäti-gungsschreiben steht nach dessen Zweck, den Abschluss des Vertrags und dessen Inhalt vorwiegend zu Beweiszwecken verbindlich festzulegen (→ Rn. 243), allerdings die inhaltliche Richtigkeit der Anga-ben im Vordergrund, nämlich, ob der Vertrag mit dem beschriebenen Inhalt tatsächlich zustande gekommen ist. Insoweit sind auch unterschriebene Privaturkunden (nur) Gegenstand der freien Beweiswürdigung (§ 286 Abs. 1 ZPO, → Rn. 244), weshalb keine Bedenken dagegen bestehen, kauf-männische Bestätigungsschreiben auch in anderen, für den Empfänger lesbaren[868] und zum Beweis geeigneten Formen zuzulassen. Dies gilt insbesondere für das **Telefax**[869] und die **E-Mail.**[870]

261   **cc) Adressierung.** Das Schreiben muss an den Verhandlungspartner, dh die andere Partei des tatsächlich oder vermeintlich geschlossenen Vertrags (→ Rn. 253) gerichtet sein.[871] Hierfür ist es erforderlich, aber auch ausreichend, dass das Schreiben an diesen – ohne Kaufleuten genügt die Angabe der **Firma** (§ 17 Abs. 1) – adressiert ist. Der in die Anschrift gebräuchliche **Zusatz „z. H. Herrn/ Frau …"** ist unschädlich. Er beruht auf der Gepflogenheit im geschäftlichen Verkehr, bei Schreiben an eine Personengesellschaft oder juristische Person den Namen des Ansprechpartners hinzuzufügen,[872] ändert aber nichts daran, dass die Erklärung nach der Verkehrsauffassung an die Firma adressiert ist.[873]

262   **dd) Inhalt. (1) Überblick.** Das kaufmännische Bestätigungsschreiben ist die im Handelsverkehr übliche Art, den Inhalt eines in der Regel formlos (→ Rn. 255 f.) geschlossenen Vertrags zu Beweis-zwecken niederzulegen.[874] Daher muss ein Schreiben, um als kaufmännisches Bestätigungsschreiben im Rechtssinne zu gelten, zumindest (1) den Absender erkennen lassen (→ Rn. 263), (2) auf vorherige Verhandlungen Bezug nehmen (→ Rn. 264), (3) die Behauptung eines geschlossenen Vertrags enthal-

[862] So aber *Batereau* in Pfeiffer Handelsgeschäfte-HdB § 2 Rn. 5; Heymann/*Horn* Rn. 53.

[863] BGH Urt. v. 4.7.1963 – II ZR 174/61, BB 1963, 918 (insoweit nicht abgedr. in NJW 1963, 1823); RG Urt. v. 3.1.1911 – II 123/10, Gruchot 55 Nr. 49; *U. Huber* ZHR 161 (1997), 160 (164); *Schmittmann* NJW 1994, 3149; aA Palandt/*Ellenberger* BGB § 147 Rn. 8; *Haberkorn* MDR 1968, 108; Schlegelberger/*Hefermehl* Rn. 117. Dogmatisch gänzlich abweichend *Kramer* JURA 1984, 235 (246); *Kuchinke* JZ 1965, 167 (173); *Siller* JR 1927, 289 (291); *Zunft* NJW 1959, 276: Bestätigungsschreiben sei ein Antrag auf Abschluss eines Bestätigungsvertrags.

[864] BGH Urt. v. 4.7.1963 – II ZR 174/61, BB 1963, 918 (insoweit nicht abgedr. in NJW 1963, 1823); *U. Huber* ZHR 161 (1997), 160 (164).

[865] *Ebert* JuS 1999, 754 (756); Palandt/*Ellenberger* BGB § 147 Rn. 8; *Hübner* HandelsR Rn. 502.

[866] MüKoBGB/*Busche* BGB § 147 Rn. 16; Oetker/*Pamp* Rn. 44; MüKoHGB/*K. Schmidt* Rn. 151; *K. Schmidt* HandelsR § 19 Rn. 99; Röhricht/Graf v. Westphalen/Haas/*Steimle/Dornieden* Rn. 40; aA NK-HGB/*Lehmann-Richter* Rn. 52: wenigstens Textform; unklar *Batereau* in Pfeiffer Handelsgeschäfte-HdB § 2 Rn. 20.

[867] GK-HGB/*Achilles/B. Schmidt* Rn. 130; *Fischinger* HandelsR Rn. 628; HaKo-HGB/*Klappstein* Rn. 51; Staub/ *Koller* Rn. 66; KKRD/*W.-H. Roth* Rn. 26; *Schärtl* JA 2007, 567 (569); MüKoHGB/*K. Schmidt* Rn. 151.

[868] Staub/*Koller* Rn. 66; MüKoHGB/*K. Schmidt* Rn. 151.

[869] OLG Köln Urt. v. 29.12.2016 – 7 U 131/15, BeckRS 2016, 114556 Rn. 14; OLG Hamm Urt. v. 4.10.2016 – 21 U 142/15, BeckRS 2016, 119491 Rn. 61; OLG Hamm Urt. v. 22.3.1994 – 7 U 133/93, NJW 1994, 3172; OLG Frankfurt a. M. Urt. v. 20.4.1982 – 5 U 156/81, DB 1982, 1510; GK-HGB/*Achilles/B. Schmidt* Rn. 128; Palandt/ *Ellenberger* BGB § 147 Rn. 11; *Fischinger* HandelsR Rn. 628; Heymann/*Horn* Rn. 53; HaKo-HGB/*Klappstein* Rn. 51; Staub/*Koller* Rn. 66; *Kollrus* BB 2014, 779 (780); *Lettl* HandelsR § 10 Rn. 55; *Lettl* JuS 2008, 849 (851); KKRD/*W.-H. Roth* Rn. 26; MüKoHGB/*K. Schmidt* Rn. 151; Röhricht/Graf v. Westphalen/Haas/*Steimle/Dornie-den* Rn. 40.

[870] OLG Köln Urt. v. 29.12.2016 – 7 U 131/15, BeckRS 2016, 114556 Rn. 14; OLG Hamm Urt. v. 4.10.2016 – 21 U 142/15, BeckRS 2016, 119491 Rn. 61; GK-HGB/*Achilles/B. Schmidt* Rn. 128; MüKoBGB/*Busche* BGB § 147 Rn. 16; Palandt/*Ellenberger* BGB § 147 Rn. 11; *Fischinger* HandelsR Rn. 628; Heymann/*Horn* Rn. 53; HaKo-HGB/*Klappstein* Rn. 51; Staub/*Koller* Rn. 66; *Kollrus* BB 2014, 779 (780); *Lettl* HandelsR § 10 Rn. 55; *Lettl* JuS 2008, 849 (851); Oetker/*Pamp* Rn. 44; KKRD/*W.-H. Roth* Rn. 26; MüKoHGB/*K. Schmidt* Rn. 151; Röhricht/ Graf v. Westphalen/Haas/*Steimle/Dornieden* Rn. 40; wohl auch OLG Koblenz Hinweisbeschl. v. 12.5.2010 – 2 U 1247/09, MDR 2010, 1476 = BeckRS 2010, 33238 zu § 1031 Abs. 2 ZPO (→ Rn. 248).

[871] OLG Köln Urt. v. 29.4.1968 – 7 U 179/67, OLGZ 1968, 394 (396); GK-HGB/*Achilles/B. Schmidt* Rn. 132; Staub/*Koller* Rn. 74; *Thamm/Detzer* DB 1997, 213 (214).

[872] OLG Hamm Urt. v. 17.1.2000 – 18 U 148/99, VersR 2001, 978 = BeckRS 2000, 7050.

[873] BGH Urt. v. 15.6.1964 – II ZR 129/62, NJW 1964, 1951.

[874] BGH Urt. v. 27.1.1965 – VIII ZR 11/63, NJW 1965, 965; OLG Köln Beschl. v. 6.10.2014 – 19 Sch 17/13, BeckRS 2015, 10334 Rn. 40; OLG Düsseldorf Urt. v. 15.11.1990 – 10 U 68/90, NJW-RR 1991, 374.

ten (→ Rn. 265), (4) dessen Inhalt im Wesentlichen wiedergeben (zu Einzelheiten → Rn. 266 ff.) und (5) den Willen des Absenders erkennen lassen, dass der Inhalt des Schreibens für die Rechtsbeziehungen zwischen den Beteiligten verbindlich sein soll (sog. Festlegungswille, → Rn. 276 ff.).

(2) Erkennbarkeit des Absenders. Da der Absender des kaufmännischen Bestätigungsschreibens **263** zugleich der Widerspruchsgegner ist (→ Rn. 319), muss das Bestätigungsschreiben seinen Absender erkennen lassen.[875] Die eigenhändige Unterschrift des Ausstellers ist hierfür nicht erforderlich (→ Rn. 260). Es genügt, dass zumindest der Empfänger das Schreiben anhand der Umstände – sei es aufgrund der Gestaltung oder des Inhalts des Schreibens, sei es aufgrund von Umständen außerhalb des Schreibens (zB die Nutzung eines bestimmten Postdienstleisters) – dem Aussteller zuordnen kann.

(3) Bezugnahme auf Vertragsverhandlungen. Ein Kaufmann, der einem anderen ein Bestäti- **264** gungsschreiben zusendet, um das Ergebnis vorausgegangener Vertragsverhandlungen (zu Einzelheiten → Rn. 250 ff.) verbindlich festzulegen (→ Rn. 243), geht davon aus, dass der Empfänger das Schreiben daraufhin überprüft, ob der von dem Bestätigenden behauptete Vertrag (→ Rn. 265) auch nach seiner Meinung zustande gekommen ist und das Schreiben den Inhalt der getroffenen Vereinbarungen richtig wiedergibt.[876] In Anbetracht der Pflicht zum Widerspruch (zu Einzelheiten → Rn. 313 ff.) muss der Absender auch erwarten, dass der Empfänger den unmittelbaren zeitlichen Zusammenhang zwischen dem Zugang des Schreibens und den Verhandlungen (zu Einzelheiten → Rn. 292 ff.) und, wenn für den Empfänger ein Vertreter aufgetreten ist (→ Rn. 250), die Vertretungsmacht prüfen wird. Daher muss ein Schreiben, um ein kaufmännisches Bestätigungsschreiben im Rechtssinne sein zu können, neben dem Absender (→ Rn. 263) auch erkennen lassen, **wann** und **mit wem** der Absender die Verhandlungen (zu Einzelheiten → Rn. 250 ff.) geführt hat.[877] Hierfür ist es allerdings nicht unbedingt erforderlich, dass das Schreiben das Gespräch über den bestätigten Vorgang und die daran beteiligten Personen *ausdrücklich* erwähnt oder in Bezug nimmt.[878] Es genügt *grundsätzlich* bereits, dass die Verhandlungen, auf deren Ergebnis sich die Bestätigung bezieht, sowie die Person des Verhandlungspartners für den Empfänger anhand der Umstände bestimmbar sind.[879] Dies ist zB anzunehmen, wenn zwischen den Parteien nur eine fernmündliche Unterredung stattgefunden hat und das Schreiben auf diesen Tag datiert ist[880] oder an dem Ort der Verhandlungen nur eine Person des Empfängers anwesend war.[881] Haben die Parteien hingegen mehrere Gespräche geführt und kann sich das Schreiben seinem Inhalt nach auf mehrere Gespräche beziehen, genügt zB die Angabe „lt. früherer telefonischer Vereinbarung" nicht.[882]

(4) Behauptung eines Vertragsschlusses. Neben den Verhandlungen (→ Rn. 264) muss ein **265** deklaratorisches kaufmännisches Bestätigungsschreiben – in Abgrenzung zu einem konstitutiven Bestätigungsschreiben (→ Rn. 258) – auch erkennen lassen, dass der Absender davon ausgeht, dass der bestätigte Vertrag bereits wirksam geschlossen worden sei.[883] Dies ist zB zu verneinen, wenn der Absender keinen Vertragsschluss behauptet, sondern eine Frage an den Adressaten richtet[884] oder ihn gem. § 177 Abs. 2 S. 1 BGB zu der Erklärung über die Genehmigung auffordert.[885] Hat der Absender die Vertragsverhandlungen bis zur Unterschriftsreife einem Verhandlungsgehilfen ohne Abschlussvollmacht überlassen, sich aber selbst den Vertragsschluss vorbehalten, ist eine im Anschluss an die Verhandlungen übersandte „Bestätigung" kein kaufmännisches Bestätigungsschreiben im Rechtssinne,

---

[875] Staub/*Koller* Rn. 66.

[876] BGH Urt. v. 20.3.1974 – VIII ZR 234/72, NJW 1974, 991 (992).

[877] AA Staub/*Koller* Rn. 73.

[878] BGH Urt. v. 9.7.1970 – VII ZR 70/68, BGHZ 54, 236 (239) = NJW 1970, 2021; BGH Urt. v. 13.1.1975 – VII ZR 139/73, WM 1975, 324 (325); BGH Urt. v. 20.3.1974 – VIII ZR 234/72, NJW 1974, 991 (992); GK-HGB/*Achilles*/*B. Schmidt* Rn. 130; MüKoBGB/*Busche* BGB § 147 Rn. 16; Palandt/*Ellenberger* BGB § 147 Rn. 11; Schlegelberger/*Hefermehl* Rn. 113; Baumbach/Hopt/*Hopt* Rn. 21; Heymann/*Horn* Rn. 51; Staub/*Koller* Rn. 69; NK-HGB/*Lehmann-Richter* Rn. 52; Oetker/*Pamp* Rn. 41, 42; MüKoHGB/*K. Schmidt* Rn. 148, *K. Schmidt* HandelsR § 19 Rn. 86; 151; Röhricht/Graf v. Westphalen/Haas/*Steimle*/*Dornieden* Rn. 40.

[879] BGH Urt. v. 13.1.1975 – VII ZR 139/73, WM 1975, 324 (325); MüKoBGB/*Busche* BGB § 147 Rn. 16; GK-HGB/*Achilles*/*B. Schmidt* Rn. 130; Palandt/*Ellenberger* BGB § 147 Rn. 11; Staub/*Koller* Rn. 69; Oetker/*Pamp* Rn. 41, 42; Röhricht/Graf v. Westphalen/Haas/*Steimle*/*Dornieden* Rn. 40; wohl auch OLG Düsseldorf Urt. v. 24.11.1981 – 23 U 109/81, DB 1982, 592.

[880] BGH Urt. v. 20.3.1974 – VIII ZR 234/72, NJW 1974, 991 (992); Schlegelberger/*Hefermehl* Rn. 113.

[881] BGH Urt. v. 13.1.1975 – VII ZR 139/73, WM 1975, 324 (325).

[882] BGH Urt. v. 3.7.1967 – VIII ZR 82/65, WM 1967, 958 (960) = BeckRS 1967, 31181460.

[883] BGH Urt. v. 1.3.1972 – VIII ZR 190/70, NJW 1972, 820; Bitter/*Schumacher* HandelsR § 7 Rn. 20; MüKoBGB/*Busche* BGB § 147 Rn. 16; *Canaris* HandelsR § 23 Rn. 17; *Diederichsen* JuS 1966, 129 (131); *Flume* Rechtsgeschäft § 36, 4 = 663; Schlegelberger/*Hefermehl* Rn. 112; *Jung* HandelsR Kap. 9 Rn. 19; *Lieb* JZ 1971, 135 (136).

[884] Schlegelberger/*Hefermehl* Rn. 112.

[885] BGH Urt. v. 28.6.1967 – VIII ZR 30/65, WM 1967, 898 (899 f.) = BeckRS 1967, 31178962; LG Hannover Urt. v. 14.1.1969 – 11 S 282/68, BB 1969, 329 (330); aA Staub/*Koller* Rn. 112, der trotz der divergierenden Rechtsfolgen des Schweigens (s. § 177 Abs. 2 S. 2 BGB) ein solches Schreiben auch als kaufmännisches Bestätigungsschreiben ansieht.

sondern entweder als Annahmeerklärung oder als Mitteilung einer bereits zuvor schriftlich erfolgten Annahme anzusehen.[886]

266   **(5) Vertragsinhalt. (a) Wiedergabe des Vereinbarten. (aa) Überblick.** Um den Zweck eines kaufmännischen Bestätigungsschreibens, den Vertragsinhalt verbindlich festzulegen (→ Rn. 243), erfüllen zu können, muss das Schreiben den Inhalt des behaupteten Vertrags (→ Rn. 265) für den Empfänger eindeutig wiedergeben.[887] Hierfür ist es grundsätzlich erforderlich, den Inhalt des Vereinbarten **im Wesentlichen vollständig** (→ Rn. 267) **und präzise** (→ Rn. 268) darzulegen.[888]

267   **(bb) Vollständigkeit.** Aufgrund der möglichen konstitutiven Wirkungen (zu Einzelheiten → Rn. 325 ff.) muss ein kaufmännisches Bestätigungsschreiben grundsätzlich zumindest die *essentialia negotii* **des behaupteten Vertrags** (→ Rn. 265) widergeben. Vor dem Hintergrund, dass das kaufmännische Bestätigungsschreiben eine Beweisurkunde ist (→ Rn. 259), für die die Vermutung der Vollständigkeit und Richtigkeit gilt (→ Rn. 339), empfiehlt es sich außerdem, sämtliche vereinbarten Nebenabreden aufzunehmen. Eine Beschränkung auf ausgewählte Vereinbarungen (zB Leistungstermine) ist bei entsprechender Offenlegung ausnahmsweise zulässig.[889]

268   **(bb) Bestimmtheit.** Das kaufmännische Bestätigungsschreiben darf sich einerseits nicht in einer abstrakten Beschreibung des Vertrags (zB Kauf von Waren) beschränken, muss andererseits aber keine wortlautgetreue Bestätigung des formlos Vereinbarten sein.[890] Erforderlich, aber auch ausreichend, ist jeder für einen (hypothetischen) schriftlichen Vertragsschluss genügende Wortlaut. Die Tatsache, dass einzelne Formulierungen auslegungsbedürftig sind, ist unschädlich.[891] Da der Empfänger eines Bestätigungsschreibens durch sein Schweigen nicht schlechter stehen darf, als er stünde, wenn er eine mit dem Bestätigungsschreiben inhaltsgleiche Vertragsofferte ausdrücklich angenommen hätte, sind die Anforderungen an die Bestimmtheit des kaufmännischen Bestätigungsschreibens **von dem zu bestätigenden Rechtsgeschäft abhängig.**[892] Daher muss zB das den einen Erlassvertrag bestätigende Schreiben, um ein kaufmännisches Bestätigungsschreiben im Rechtssinne zu sein, ein unzweideutiges Verhalten des Empfängers beschreiben, das der Adressat nur als Aufgabe eines konkret zu benennenden Rechts verstehen konnte.[893] Vergleichbares gilt für einen Schuldbeitritt und eine Bürgschaft.[894] Derart detaillierte Angaben sind in dem Bestätigungsschreiben nur *ausnahmsweise* entbehrlich, wenn diese bereits in einem anderen Dokument niedergelegt sind; in einem solchen Fall kann das Bestätigungsschreiben zur Vermeidung von Wiederholungen darauf **Bezug** nehmen.[895] Die damit einhergehende verhältnismäßige Kürze des Schreibens steht dessen Einordnung als kaufmännisches Bestätigungsschreiben im Rechtssinne nicht entgegen.[896]

---

[886] OLG Köln Urt. v. 12.6.1995 – 19 U 15/95, NJW-RR 1996, 411 (412); MüKoHGB/*K. Schmidt* Rn. 151.

[887] BGH Urt. v. 20.3.1974 – VIII ZR 234/72, NJW 1974, 991 (992); BGH Urt. v. 1.3.1972 – VIII ZR 190/70, NJW 1972, 820; RG Urt. v. 26.4.1938 – VII 21/38, JW 1938, 1902 (1903); OLG Düsseldorf Urt. v. 2.9.2003 – 21 U 220/02, BeckRS 2003, 30327039 unter II. der Gründe; MüKoBGB/*Busche* BGB § 147 Rn. 16; *Diederichsen* JuS 1966, 129 (131); Palandt/*Ellenberger* BGB § 147 Rn. 13; Schlegelberger/*Hefermehl* Rn. 112 f.; Heymann/*Horn* Rn. 52; Oetker/*Pamp* Rn. 42; KKRD/*W.-H. Roth* Rn. 27.

[888] BGH Urt. v. 25.2.1987 – VIII ZR 341/86, NJW 1987, 1940 (1941); BGH Urt. v. 20.3.1974 – VIII ZR 234/72, NJW 1974, 991 (992); BGH Urt. v. 27.1.1965 – VIII ZR 11/63, NJW 1965, 965; RG Urt. v. 27.1929 – II 61/29, HansRGZ 1930, Abt. B, 68 (70 f.); OLG Köln Beschl. v. 6.10.2014 – 19 Sch 17/13, BeckRS 2015, 10334 Rn. 40; OLG Köln Urt. v. 29.8.2014 – 3 U 27/14, RdTW 2015, 430 Rn. 25, 27 = BeckRS 2015, 16042; OLG Hamm Urt. v. 3.2.1991 – 31 U 165/91, CR 1992, 268 (270); OLG Hamburg Urt. v. 8.4.1920, HansRGZ 1920 Nr. 86; GK-HGB/*Achilles*/*B. Schmidt* Rn. 130; *Bitter*/*Schumacher* HandelsR § 7 Rn. 20; MüKoBGB/*Busche* BGB § 147 Rn. 16; *Canaris* HandelsR § 23 Rn. 17; Schlegelberger/*Hefermehl* Rn. 113; Heymann/*Horn* Rn. 52; *Jung* HandelsR Kap. 9 Rn. 19; HaKo-HGB/*Klappstein* Rn. 48; *Lettl* JuS 2008, 849 (851); KKRD/*W.-H. Roth* Rn. 27; MüKoHGB/*K. Schmidt* Rn. 149, 151.

[889] OLG Frankfurt a. M. Urt. v. 16.8.2017 – 29 U 271/16, BeckRS 2017, 145485 Rn. 15; KKRD/*W.-H. Roth* Rn. 26. Differenzierend MüKoHGB/*K. Schmidt* Rn. 149: kein kaufmännisches Bestätigungsschreiben im engeren Sinne, aber uU im kaufmännisches Bestätigungsschreiben im weiteren Sinne.

[890] MüKoBGB/*Busche* BGB § 147 Rn. 16; Schlegelberger/*Hefermehl* Rn. 113.

[891] HaKo-HGB/*Klappstein* Rn. 48; Staub/*Koller* Rn. 69; KKRD/*W.-H. Roth* Rn. 27.

[892] BGH Urt. v. 14.12.2000 – I ZR 213/98, NJW-RR 2001, 1044 (1045); OLG Bamberg Urt. v. 11.11.2002 – 4 U 234/01, BeckRS 2003, 01592 unter II. 2. der Entscheidungsgründe; MüKoHGB/*K. Schmidt* Rn. 151.

[893] BGH Urt. v. 14.12.2000 – I ZR 213/98, NJW-RR 2001, 1044 (1045). Zu Einzelheiten der Anforderungen an die Erklärung des Gläubigers beim Abschluss eines Erlassvertrags s. MüKoBGB/*Schlüter* BGB § 397 Rn. 3 mwN.

[894] OLG Bamberg Urt. v. 11.11.2002 – 4 U 234/01, BeckRS 2003, 01592 unter II. 2. der Entscheidungsgründe. Zu Einzelheiten der Anforderungen an die Erklärung des Beitretenden bzw. Bürgen s. MüKoBGB/*Habersack* BGB § 765 Rn. 9; MüKoBGB/*Heinemeyer* BGB Vor § 414 Rn. 13 jew. mwN.

[895] BGH Urt. v. 9.7.1970 – VII ZR 70/68, BGHZ 54, 236 (241) = NJW 1970, 2021; OLG Düsseldorf Urt. v. 11.10.1996 – 22 U 49/96, NJW-RR 1997, 211 f.; Heymann/*Horn* Rn. 52; Staub/*Koller* Rn. 69; Oetker/*Pamp* Rn. 42.

[896] BGH Urt. v. 9.7.1970 – VII ZR 70/68, BGHZ 54, 236 (241) = NJW 1970, 2021; OLG Düsseldorf Urt. v. 11.10.1996 – 22 U 49/96, NJW-RR 1997, 211 f.; Oetker/*Pamp* Rn. 42.

(b) Inhaltliche Präzisierungen. In dem Bemühen, die Vertragsverhandlungen möglichst einfach **269** zu gestalten, konzentrieren die Parteien ihre Gespräche nicht selten auf die *essentialia negotii* des Vertrags. Einzelheiten (zB die Art und Weise der Beförderung der verkauften Ware) sollen daher häufig erst in dem kaufmännischen Bestätigungsschreiben festgelegt werden. Derartige inhaltliche Präzisierungen des Vereinbarten sind – spiegelbildlich zu der Grenze der Grundsätze über das Schweigen auf ein kaufmännisches Bestätigungsschreiben (zu Einzelheiten → Rn. 340 ff.) – zulässig bzw. unschädlich, wenn sich der Inhalt des Schreibens nicht so weit von dem tatsächlichen Inhalt der vertraglichen Vereinbarung entfernt, dass der Bestätigende nach Treu und Glauben mit dem Einverständnis des Empfängers nicht rechnen darf.[897] Wird diese Grenze überschritten – sei es auch nur unbewusst –, ist das Schreiben *grundsätzlich* kein kaufmännisches Bestätigungsschreiben im Rechtssinne. Es begründet weder die Pflicht zum Widerspruch (zu Einzelheiten → Rn. 313 ff.) noch löst es die Rechtsfolgen des Schweigens (zu Einzelheiten → Rn. 324 ff.) aus. Anderes gilt nur *ausnahmsweise,* wenn die weitreichenden Präzisierungen für den Empfänger günstig sind.[898]

(c) Inhaltliche Ergänzungen. (aa) Allgemein. Kaufmännische Bestätigungsschreiben müssen **270** sich nicht in der Wiedergabe des Vereinbarten erschöpfen.[899] Ursächlich hierfür ist, dass bei Verhandlungen im Handelsverkehr Nebenpunkte *(accidentialia negotii)* des Vertrags häufig auch dann nicht thematisiert werden, wenn sie regelungsbedürftig erscheinen, da die Parteien die Verhandlungen nicht überladen wollen und sich stillschweigend darüber einig sind, den Vertragsschluss hieran nicht scheitern zu lassen.[900] Daher kann und wird ein kaufmännisches Bestätigungsschreiben im Rechtssinne häufig Zusätze enthalten, die den Vertrag in regelungsbedürftigen Nebenpunkten ergänzen sollen.[901] Dies ist unschädlich, soweit die zusätzlichen Bestimmungen nicht im Widerspruch zu dem Verlauf der Vertragsverhandlungen stehen und dem Empfänger **zumutbar** sind, sodass der Bestätigende nach Treu und Glauben mit dessen Einverständnis rechnen darf.[902] Dies ist insbesondere bei üblichen Regelungen (zB einem Haftungsausschluss in Verbandslieferbedingungen,[903] einer branchenüblichen Schiedsgerichtsabrede,[904] dem Vorbehalt termingerechter Selbstbelieferung)[905] anzunehmen, die eine sinnvolle Ergänzung des Vertrags darstellen und dem mutmaßlichen Willen des Empfängers entsprechen. Eines besonderen Hinweises auf derartige Ergänzungen bedarf es nicht.[906] Enthält das Schreiben hingegen Ergänzungen, die das vertraglich Vereinbarte so gewichtig ergänzen, dass der Bestätigende nach Treu und Glauben mit dem Einverständnis des Empfängers nicht rechnen darf, ist weder der Empfänger zum Widerspruch verpflichtet (zu Einzelheiten → Rn. 313 ff.) noch vermag sein Schweigen die für ein kaufmännisches Bestätigungsschreiben im Rechtssinne charakteristischen Rechtsfolgen (zu Einzelheiten → Rn. 324 ff.) auszulösen. Dies ist insbesondere anzunehmen, wenn der Empfänger eine entsprechende Regelung bereits in den Vertragsverhandlungen ausdrücklich abgelehnt hatte (→ Rn. 349), die Regelung evident den Gepflogenheiten des Verkehrskreises widerspricht[907] oder die Ergänzung offensichtlich über regelungsbedürftige Nebenpunkte hinausgeht, zB der Absender dem Empfänger neben dem angeblich Vereinbarten die Eingehung einer zusätzlichen Verpflichtung vorschlägt (→ Rn. 343).

(bb) Einbeziehung von Allgemeinen Geschäftsbedingungen. Das Ziel, das Vereinbarte in **271** Nebenpunkten *(accidentialia negotii)* zu ergänzen (→ Rn. 270), wollen die Absender kaufmännischer Bestätigungsschreiben nicht selten dadurch erreichen, dass ihre Allgemeinen Geschäftsbedingungen Vertragsbestandteil werden sollen. Für deren Einbeziehung gegenüber einem Unternehmer (§ 14 BGB), einer juristischen Person des öffentlichen Rechts oder einem öffentlich-rechtlichen Sonder-

---

[897] *Brox/Henssler* Rn. 301; MüKoBGB/*Busche* BGB § 147 Rn. 20; *Fischinger* HandelsR Rn. 629; KKRD/*W.-H. Roth* Rn. 30.

[898] Staub/*Koller* Rn. 100.

[899] Oetker/*Pamp* Rn. 42; MüKoHGB/*K. Schmidt* Rn. 147, 149.

[900] Staub/*Koller* Rn. 63.

[901] BGH Urt. v. 26.9.1973 – VIII ZR 106/72, BGHZ 61, 282 (285) = NJW 1973, 2106; BGH Urt. v. 22.3.1995 – VIII ZR 20/94, NJW 1995, 1671 (1672); BGH Urt. v. 5.5.1982 – VIII ZR 162/81, NJW 1982, 1751; RG Urt. v. 5.6.1923 – II 923/22, JW 1924, 405; OLG Koblenz Urt. v. 13.7.2006 – 5 U 1847/06, ZMR 2007, 37 (38) = BeckRS 2006, 12278; GK-HGB/*Achilles/B. Schmidt* Rn. 135; MüKoBGB/*Busche* BGB § 147 Rn. 11; Schlegelberger/*Hefermehl* Rn. 110; Staub/*Koller* Rn. 92; Röhricht/Graf v. Westphalen/Haas/*Steimle/Dornieden* Rn. 40; *Walchshöfer* BB 1975, 719 (722).

[902] *Brox/Henssler* Rn. 301; *Canaris* HandelsR § 23 Rn. 26; *Fischinger* HandelsR Rn. 629; *Flume* Rechtsgeschäft § 36, 4 = 664; *Hadding* JuS 1977, 314 (315); *Hübner* HandelsR Rn. 499; *Petersen* JURA 2003, 687 (691).

[903] BGH Urt. v. 9.7.1970 – VII ZR 70/68, BGHZ 54, 236 (242) = NJW 1970, 2021; Baumbach/Hopt/*Hopt* Rn. 27; *Moritz* BB 1995, 420 (422); aA *Walchshöfer* BB 1975, 719 (722).

[904] BGH Urt. v. 25.5.1970 – VII ZR 157/68, DB 1970, 1777 (1778); Baumbach/Hopt/*Hopt* Rn. 27; *Kuhn* WM 1955, 958 (961); aA *Walchshöfer* BB 1975, 719 (722).

[905] BGH Urt. v. 12.2.1968 – VIII ZR 84/66, WM 1968, 400 (402) = BeckRS 1968, 31182165; OLG Hamburg Urt. v. 9.7.1980 – 5 U 122/80, RIW 1981, 262 (263); MüKoBGB/*Busche* BGB § 147 Rn. 20; Baumbach/Hopt/*Hopt* Rn. 27; Staub/*Koller* Rn. 102; *Moritz* BB 1995, 420 (422); aA *Walchshöfer* BB 1975, 719 (722).

[906] Staub/*Koller* Rn. 102.

[907] Staub/*Koller* Rn. 102.

vermögen schließt § 310 Abs. 1 S. 1 BGB die besonderen Anforderungen des § 305 Abs. 2 BGB aus,[908] sodass eine Einigung über deren Geltung gemäß den allgemeinen Bestimmungen (§§ 145 ff. BGB) erforderlich, aber auch ausreichend ist.[909] Waren die Allgemeinen Geschäftsbedingungen – wie im Handelsverkehr üblich – nicht bereits Gegenstand der Vertragsverhandlungen, werden sie gleichwohl Vertragsbestandteil, wenn (1) der Empfänger dem Bestätigungsschreiben den Willen des Absenders entnehmen kann, dass seine Bestimmungen Vertragsbestandteil sein sollen (→ Rn. 272), und (2) ihrer Geltung – sei es dem Bestätigungsschreiben insgesamt, sei es nur den Allgemeinen Geschäftsbedingungen (→ Rn. 316) – nicht unverzüglich widerspricht,[910] es sei denn, dass (3) der Bestätigende nach Treu und Glauben mit dem Einverständnis des Empfängers nicht rechnen durfte (zu Einzelheiten → Rn. 43, 340 ff.).[911] Dieser Einbeziehung Allgemeiner Geschäftsbedingungen steht **§ 305c Abs. 1 BGB** nicht allgemein,[912] sondern nur insoweit entgegen, als die Bestimmungen nach den Umständen des Einzelfalls so ungewöhnlich sind, dass der Vertragspartner des Verwenders mit ihnen nicht zu rechnen braucht.[913]

272   Allein die Tatsache, dass der Absender seine Allgemeinen Geschäftsbedingungen dem kaufmännischen Bestätigungsschreiben beifügt oder diese zB auf der Rückseite seines Schreibens abdruckt, lässt seinen Willen, die Bestimmungen sollen Vertragsbestandteil sein (→ Rn. 271), nicht notwendig erkennen. Ausreichend ist es *jedenfalls,* wenn (1) das Bestätigungsschreiben ausdrücklich auf die beabsichtigte Geltung der Allgemeinen Geschäftsbedingungen hinweist und (2) die Bestimmungen dem Bestätigungsschreiben beigefügt sind oder der Empfänger deren Inhalt auf andere zumutbare Weise zur Kenntnis nehmen kann.[914]

273   Das Schweigen des Empfängers darf der Absender des kaufmännischen Bestätigungsschreibens insbesondere dann nicht als Einverständnis mit der Geltung seiner Allgemeinen Geschäftsbedingungen verstehen, wenn der Empfänger deren Einbeziehung bereits im Rahmen der Vertragsverhandlungen (zB durch das Bestehen auf die Geltung seiner eigenen Geschäftsbedingungen) abgelehnt hat.[915] Gleiches gilt bei einer formularmäßigen **Abwehr- und Ausschließlichkeitsklausel** *jedenfalls* dann, wenn der Empfänger seine Allgemeinen Geschäftsbedingungen dem Bestätigenden vor der Absendung des Bestätigungsschreibens übersandt hatte.[916]

---

[908] AA für kaufmannsähnliche Personen (zu Einzelheiten → Rn. 299 ff.). GK-HGB/*Achilles*/*B. Schmidt* Rn. 135; *Batereau* in Pfeiffer Handelsgeschäfte-HdB § 2 Rn. 28.
[909] OLG Hamburg Urt. v. 13.6.2002 – 3 U 168/00, WM 2003, 581 (583) = NJOZ 2003, 936; *Hübner* HandelsR Rn. 510 f.; KKRD/*W.-H. Roth* Vor §§ 343–372 Rn. 4e; vgl. auch BGH Urt. v. 12.2.1992 – VIII ZR 84/91, BGHZ 117, 190 (195) = NJW 1992, 1232 zu § 24 S. 1 Nr. 1 AGBG; BGH Urt. v. 3.12.1987 – VII ZR 374/86, BGHZ 102, 293 (304) = NJW 1988, 1210 zu § 24 Nr. 1 AGBG; BGH Urt. v. 20.3.1985 – VIII ZR 327/83, NJW 1985, 1838 (1839); OLG Köln Urt. v. 19.3.1980 – 2 U 95/79, BB 1980, 1237 (1238) = BeckRS 1980, 31089896; zuvor bereits BGH Urt. v. 28.5.1973 – VIII ZR 143/72, WM 1973, 1198 (1199) = BeckRS 1973, 31125595.
[910] *Canaris* HandelsR § 23 Rn. 27; Palandt/*Grüneberg* BGB § 305 Rn. 52; Baumbach/Hopt/*Hopt* Rn. 17; *U. Huber* ZHR 161 (1997), 160 (163); NK-HGB/*Lehmann-Richter* Rn. 60; *Lettl* HandelsR § 10 Rn. 62; *M. Mann* BB 2017, 2178 (2180); Oetker/*Pamp* Rn. 62; KKRD/*W.-H. Roth* Rn. 33; MüKoHGB/*K. Schmidt* Rn. 168; *Schmidt-Salzer* BB 1967, 129 (134); vgl. auch BGH Urt. v. 24.9.1952 – II ZR 305/51, BGHZ 7, 187 (190) = NJW 1952, 1369; BGH Urt. v. 14.10.1969 – VI ZR 208 u. 209/68, WM 1969, 1452 (1453) = BeckRS 1969, 31179015; BGH Urt. v. 12.2.1968 – VIII ZR 84/66, WM 1968, 400 (402) = BeckRS 1968, 31182165. Restriktiver vor In-Kraft-Treten des AGB-Rechts Schlegelberger/*Hefermehl* Rn. 128.
[911] BGH Urt. v. 14.10.1969 – VI ZR 208 u. 209/68, WM 1969, 1452 (1453) = BeckRS 1969, 31179015; wohl auch MüKoBGB/*Busche* BGB § 147 Rn. 20.
[912] HaKo-HGB/*Klappstein* Rn. 44; vgl. auch Staub/*Koller* Rn. 103 zu § 4 AGBG; aA *Batsch* NJW 1980, 1731 zu den §§ 4, 24 S. 1 Nr. 1 AGBG. Differenzierend *Coester* DB 1982, 1551 (1553).
[913] *Brox*/*Henssler* Rn. 302; *M. Mann* BB 2017, 2178 (2180); Oetker/*Pamp* Rn. 62; KKRD/*W.-H. Roth* Rn. 33; *K. Schmidt* HandelsR § 19 Rn. 124; Röhricht/Graf v. Westphalen/Haas/*Steimle*/*Dornieden* Rn. 52.
[914] GK-HGB/*Achilles*/*B. Schmidt* Rn. 135; Schlegelberger/*Hefermehl* Rn. 514; *Hübner* HandelsR Rn. 514; Staub/*Koller* Rn. 103; Oetker/*Pamp* Rn. 62; MüKoHGB/*K. Schmidt* Rn. 168; Röhricht/Graf v. Westphalen/Haas/*Steimle*/*Dornieden* Rn. 52; vgl. auch BGH Urt. v. 3.12.1987 – VII ZR 374/86, BGHZ 102, 293 (304) = NJW 1988, 1210; BGH Urt. v. 24.9.1952 – II ZR 305/51, BGHZ 7, 187 (190 f.) = NJW 1952, 1369; BGH Urt. v. 12.2.1968 – VIII ZR 84/66, WM 1968, 400 (401) = BeckRS 1968, 31182165; BGH Urt. v. 25.3.1924 – III 950/23, JW 1925, 779 (780); RG Urt. v. 3.7.1929 – I 61/29, SeuffA 83 Nr. 202; OLG Köln Urt. v. 27.2.1998 – 3 U 176/96, VersR 1999, 639 (641) = BeckRS 1998, 4719; OLG Düsseldorf Urt. v. 30.12.1964 – 5 U 237/62, NJW 1965, 761 (762); *L. Raiser,* Das Recht der allgemeinen Geschäftsbedingungen, 1935, 194; *Schmidt-Salzer* BB 1967, 129 (134).
[915] OLG Köln Urt. v. 19.3.1980 – 2 U 95/79, BB 1980, 1237 (1238) = BeckRS 1980, 31089896; *Brox*/*Henssler* Rn. 301; *Canaris* HandelsR § 23 Rn. 27; *Hübner* HandelsR Rn. 514; *Jung* HandelsR Kap. 9 Rn. 19; Staub/*Koller* Rn. 103; NK-HGB/*Lehmann-Richter* Rn. 54; *Lettl* HandelsR § 10 Rn. 58; Oetker/*Pamp* Rn. 62; KKRD/*W.-H. Roth* Rn. 33; *Petersen* JURA 2003, 687 (691); Rn. 33; Röhricht/Graf v. Westphalen/Haas/*Steimle*/*Dornieden* Rn. 47; vgl. auch *Lindacher* WM 1981, 702 (707).
[916] BGH Urt. v. 26.9.1973 – VIII ZR 106/72, BGHZ 61, 282 (287) = NJW 1973, 2106; BGH Urt. v. 20.3.1985 – VIII ZR 327/83, NJW 1985, 1838 (1839); BGH Urt. v. 5.5.1982 – VIII ZR 162/81, NJW 1982, 1751; *Canaris* HandelsR § 23 Rn. 27; MüKoHGB/*K. Schmidt* Rn. 169; Röhricht/Graf v. Westphalen/Haas/*Steimle*/*Dornieden* Rn. 47; aA (Widerspruch erforderlich) *Batereau* in Pfeiffer Handelsgeschäfte-HdB § 2 Rn. 43; wohl auch NK-HGB/*Lehmann-Richter* Rn. 54. Zu dem Sonderfall sich kreuzender Bestätigungsschreiben, die jeweils Abwehrklauseln enthalten, s. MüKoHGB/*K. Schmidt* Rn. 164.

Werden Allgemeine Geschäftsbedingungen durch Schweigen auf ein kaufmännisches Bestätigungs- **274** schreiben Vertragsinhalt (→ Rn. 271), finden sie – unabhängig von ihrer Wirksamkeit (→ Rn. 275) – gleichwohl keine Anwendung, wenn der Empfänger eine gem. **§ 305b BGB** vorrangige **Individualabrede** nachweist.[917] Für den Vorrang ist es gleichgültig, ob die Individualabrede das Ergebnis der vorausgegangenen Vertragsverhandlungen war (zu Einzelheiten → Rn. 250 ff.) oder erst nachträglich zustande gekommen ist.

Für die **Inhaltskontrolle** nach § 307 Abs. 1, 2 BGB ist die Tatsache, dass die Geschäftsbedingungen **275** nach den Grundsätzen über das Schweigen auf ein kaufmännisches Bestätigungsschreiben Vertragsbestandteil geworden sind (→ Rn. 271), ohne Bedeutung.[918] Insbesondere können auch in dem Bestätigungsschreiben wiedergegebene Bestimmungen Allgemeine Geschäftsbedingungen iSd § 305 Abs. 1 S. 1 BGB sein.[919]

(6) Festlegungswille. (a) Überblick. Entsprechend dem Zweck des Bestätigungsschreibens, Un- **276** klarheiten über den Abschluss und den Inhalt von Verträgen von vornherein auszuschließen (→ Rn. 243), muss das Schreiben, um ein kaufmännisches Bestätigungsschreiben im Rechtssinne zu sein, darauf gerichtet sein, den Vertragsinhalt (zu Einzelheiten → Rn. 266 ff.) für die Rechtsbeziehungen zwischen den Beteiligten verbindlich festzulegen (sog. Bestätigungs- bzw. Festlegungswille).[920] Da dieses Ziel nur erreicht wird, wenn der Empfänger schweigt, also ein rechtzeitiger Widerspruch (zu Einzelheiten → Rn. 313 ff.) ausbleibt, muss sich diese Intention des Bestätigenden aufgrund der damit für den Empfänger einhergehenden – in der Regel nachteiligen – Rechtsfolgen (zu Einzelheiten → Rn. 324 ff.) aus dem **äußeren Erscheinungsbild** des Schreibens ergeben.[921] Hieran fehlt es zB, wenn die maßgebliche Bestätigung nur angekündigt[922] oder der Empfänger seinerseits zu einer Bestätigung der Abmachungen aufgefordert wird[923] sowie dann, wenn lediglich eine Auskunft erteilt wird.[924] Gleiches gilt, wenn der Absender den Adressaten (→ Rn. 261) zu der Übernahme zusätzlicher Verpflichtungen neben dem angeblich Vereinbarten auffordert und dadurch zu erkennen gibt, dass ihm das angeblich Vereinbarte nicht mehr genügt, er also nicht lediglich eine Bestätigung, sondern eine erweiterte Vereinbarung anstrebt.[925]

---

[917] *Brox/Henssler* Rn. 302; MüKoBGB/*Busche* BGB § 147 Rn. 16; Heymann/*Horn* Rn. 62; Röhricht/*Graf v. Westphalen/Haas/Steimle/Dornieden* Rn. 54; vgl. auch *Coester* DB 1982, 1551 (1554) zu § 4 AGBG.

[918] Oetker/*Pamp* Rn. 63; KKRD/*W.-H. Roth* Rn. 33; MüKoHGB/*K. Schmidt* Rn. 170; Röhricht/*Graf v. Westphalen/Haas/Steimle/Dornieden* Rn. 52; vgl. auch *Deckert* JuS 1998, 121 (125); Schlegelberger/*Hefermehl* Rn. 128; *U. Huber* ZHR 161 (1997), 160 (163 f.); Staub/*Koller* Rn. 115 jew. zu § 9 AGBG; unklar *Batereau* in Pfeiffer Handelsgeschäfte-HdB § 2 Rn. 29, der bei der Einbeziehung einen strengeren Maßstab als den des § 9 Abs. 1 AGBG anwenden will.

[919] Baumbach/Hopt/*Hopt* Rn. 22.

[920] BGH Urt. v. 27.1.2011 – VII ZR 186/09, BGHZ 188, 128 Rn. 23 = NJW 2011, 1965; BGH Urt. v. 26.9.1973 – VIII ZR 106/72, BGHZ 61, 282 (285) = NJW 1973, 2106; BGH Urt. v. 9.7.1970 – VII ZR 70/68, BGHZ 54, 236 (239) = NJW 1970, 2021; BGH Urt. v. 22.3.1995 – VIII ZR 20/94, NJW 1995, 1671 (1672); BGH Urt. v. 15.1.1986 – VIII ZR 6/85, NJW-RR 1986, 456 (457); BGH Urt. v. 17.10.1985 – I ZR 238/83, NJW-RR 1986, 393; BGH Urt. v. 13.1.1975 – VII ZR 139/73, WM 1975, 324 (325); BGH Urt. v. 11.10.1973 – VII ZR 96/72, WM 1973, 1376; BGH Urt. v. 7.10.1971 – VII ZR 177/69, NJW 1972, 45; BGH Urt. v. 27.1.1965 – VIII ZR 11/63, NJW 1965, 965; BGH Urt. v. 4.7.1963 – II ZR 174/61, BB 1963, 918 (insoweit nicht abgedruckt in NJW 1963, 1823); BGH Urt. v. 5.12.1960 – VII ZR 256/59, BB 1961, 271 = BeckRS 1960, 31189133; OLG Köln Urt. v. 29.8.2014 – 3 U 27/14, RdTW 2015, 430 Rn. 25 = BeckRS 2015, 16042; KG Urt. v. 18.9.2012 – 7 U 227/11, BeckRS 2013, 19567 unter B. 1. a) der Gründe; OLG Düsseldorf Urt. v. 2.9.2003 – 21 U 220/02, BeckRS 2003, 30327039 unter II. der Gründe; OLG Düsseldorf Urt. v. 25.11.1993 – 7 U 260/92, NJW-RR 1995, 501 (502); OLG Hamm Urt. v. 15.1.1992 – 26 U 65/91, DStR 1992, 1250; OLG Köln Urt. v. 29.4.1968 – 7 U 179/67, OLGZ 1968, 394 (396); GK-HGB/*Achilles/B. Schmidt* Rn. 128; *Batereau* in Pfeiffer Handelsgeschäfte-HdB § 2 Rn. 19; MüKoBGB/*Busche* BGB § 147 Rn. 11; Palandt/*Ellenberger* BGB § 147 Rn. 13; Schlegelberger/*Hefermehl* Rn. 112; Baumbach/Hopt/*Hopt* Rn. 21, 34; Heymann/*Horn* Rn. 51; Staub/*Koller* Rn. 69; *Kuchinke* JZ 1965, 167 (173); NK-HGB/*Lehmann-Richter* Rn. 52; Oetker/*Pamp* Rn. 44; MüKoHGB/*K. Schmidt* Rn. 147, 151; Röhricht/*Graf v. Westphalen/Haas/Steimle/Dornieden* Rn. 40.

[921] BGH Urt. v. 8.2.2001 – III ZR 268/00, NJW-RR 2001, 680; BGH Urt. v. 27.1.1965 – VIII ZR 11/63, NJW 1965, 965; BGH Urt. v. 5.12.1960 – VII ZR 256/59, BB 1961, 271 = BeckRS 1960, 31189133; OLG Köln Beschl. v. 6.10.2014 – 19 Sch 17/13, BeckRS 2015, 10334 Rn. 40; OLG Düsseldorf Urt. v. 15.11.1990 – 10 U 68/90, NJW-RR 1991, 374; GK-HGB/*Achilles/B. Schmidt* Rn. 128; *Haberkorn* MDR 1968, 108; Heymann/*Horn* Rn. 51; Staub/*Koller* Rn. 69; NK-HGB/*Lehmann-Richter* Rn. 52; Oetker/*Pamp* Rn. 44.

[922] Schlegelberger/*Hefermehl* Rn. 114. Vgl. BGH Urt. v. 20.9.1955 – I ZR 139/54, NJW 1955, 1916 (1917) für einen Maklerschlussschein.

[923] BGH Urt. v. 5.12.1960 – VII ZR 256/59, BB 1961, 271 = BeckRS 1960, 31189133; *Haberkorn* MDR 1968, 108.

[924] OLG Karlsruhe Urt. v. 5.8.2013 – 6 U 114/12, BeckRS 2013, 19311 (insoweit nicht abgedr. in GRUR-RR 2014, 55).

[925] BGH Urt. v. 1.3.1972 – VIII ZR 190/70, NJW 1972, 820; Schlegelberger/*Hefermehl* Rn. 112; Baumbach/Hopt/*Hopt* Rn. 21; Heymann/*Horn* Rn. 51; HaKo-HGB/*Klappstein* Rn. 48; Staub/*Koller* Rn. 69; Oetker/*Pamp* Rn. 42; KKRD/*W.-H. Roth* Rn. 27; MüKoHGB/*K. Schmidt* Rn. 151; Röhricht/*Graf v. Westphalen/Haas/Steimle/Dornieden* Rn. 40.

277   **(b) Indizien.** Zweifel an dem Festlegungswillen des Absenders (→ Rn. 276) sind insbesondere bei einer ungewöhnlichen Gestaltung des Schreibens angezeigt, so zB, wenn sich Angaben zum Vertragsinhalt nur am Rand eines anderen Textes oder auf der Rückseite der einzelnen Seiten befinden oder in einen längeren Brief[926] oder eine Korrespondenz betreffend Mängel der gelieferten Ware (→ Rn. 293) eingekleidet sind.[927] Die Verwendung der **im kaufmännischen Rechtsverkehr geläufigen Terminologie** (zB „bestätige") ist hingegen nicht erforderlich (→ Rn. 280), aber doch ein gewichtiges Indiz für einen Bestätigungswillen.[928] Vermeidet der Absender hingegen die im Geschäftsverkehr übliche Wortwahl, liegt ein kaufmännisches Bestätigungsschreiben nur ausnahmsweise vor, wenn sich der Zweck des Schreibens, den Inhalt der Rechtsbeziehung zwischen den Beteiligten verbindlich festzulegen (→ Rn. 243), aus seinem Inhalt *unmissverständlich* ergibt.[929] Unschädlich ist die Verwendung von Kurzformeln, deren genaue Bedeutung durch eine Rückfrage beim Bestätigenden aufgeklärt werden kann.[930] Verbleibende **Zweifel** an dem Bestätigungs- bzw. Festlegungswillen gehen zu Lasten des Absenders.[931] Daher genügt eine bloß objektive Beschreibung der Entwicklung der Vertragsverhandlungen (zu Einzelheiten → Rn. 250 ff., 264) nicht.[932] Gleiches gilt für einen Aktenvermerk über den Verlauf der Verhandlungen, der die Vereinbarung zwischen den Parteien lediglich am Rande erwähnt und in erster Linie dem Aussteller als Erinnerungsstütze dienen soll.[933]

278   **(c) Bitte um Gegenbestätigung.** Die Bitte des Absenders um Gegenbestätigung schließt ein kaufmännisches Bestätigungsschreiben – und damit auch die Pflicht des Empfängers zum Widerspruch (zu Einzelheiten → Rn. 313 ff.) – nicht notwendig, sondern nur dann aus, wenn der Inhalt des Schreibens den Vertragsinhalt nur für den Fall verbindlich festlegen soll, dass die Gegenbestätigung erfolgt.[934] Diese Auslegung ist allerdings weder zwangsläufig noch regelmäßig gewollt.[935] Die Formulierung kann sich nämlich auch in dem Anliegen des Absenders erschöpfen, einen urkundlichen Beweis für den Zugang seines Schreibens und den Vertragsschluss in die Hände zu bekommen,[936] das der Einordnung des Schreibens als kaufmännisches Bestätigungsschreiben nicht entgegensteht.[937] Welche Bedeutung gewollt ist, lässt sich nicht allgemein, sondern nur im Einzelfall durch Auslegung unter Berücksichtigung sämtlicher Umstände entscheiden.[938]

279   **(d) Abgrenzung zur Auftragsbestätigung.** Von einem kaufmännischen Bestätigungsschreiben, das einen zumindest nach Ansicht des Absenders bereits rechtswirksam geschlossenen Vertrag (→ Rn. 253) vorwiegend zu Beweiszwecken inhaltlich verbindlich festlegen (→ Rn. 243, 276) und

---

926 GK-HGB/*Achilles/B. Schmidt* Rn. 128; *Haberkorn* MDR 1968, 108; Schlegelberger/*Hefermehl* Rn. 115; Oetker/*Pamp* Rn. 44.

927 OLG München Beschl. v. 23.11.2009 – 34 Sch 13/09, SchiedsVZ 2010, 50 (52); Oetker/*Pamp* Rn. 44.

928 BGH Urt. v. 14.12.2000 – I ZR 213/98, NJW-RR 2001, 1044 (1045); ähnl. Röhricht/Graf v. Westphalen/Haas/*Steimle/Dornieden* Rn. 40.

929 BGH Urt. v. 14.12.2000 – I ZR 213/98, NJW-RR 2001, 1044 (1045); OLG Karlsruhe Urt. v. 7.10.2010 – 4 U 29/09, BB 2011, 770 = BeckRS 2011, 6247; OLG Bamberg Urt. v. 11.11.2002 – 4 U 234/01, BeckRS 2003, 01592 unter II. 2. der Entscheidungsgründe.

930 Baumbach/Hopt/*Hopt* Rn. 21.

931 OLG Köln Urt. v. 29.8.2014 – 3 U 27/14, RdTW 2015, 430 Rn. 25 = BeckRS 2015, 16042; OLG Karlsruhe Urt. v. 7.10.2010 – 4 U 29/09, BB 2011, 770 = BeckRS 2011, 6247; Baumbach/Hopt/*Hopt* Rn. 21; Röhricht/Graf v. Westphalen/Haas/*Steimle/Dornieden* Rn. 40.

932 BGH Urt. v. 4.7.1963 – II ZR 174/61, BB 1963, 918 (insoweit nicht abgedr. in NJW 1963, 1823); MüKoBGB/*Busche* BGB § 147 Rn. 16; Baumbach/Hopt/*Hopt* Rn. 21; Heymann/*Horn* Rn. 51.

933 OLG Köln Urt. v. 29.4.1968 – 7 U 179/67, OLGZ 1968, 394 (396); dem folgend Palandt/*Ellenberger* BGB § 147 Rn. 13.

934 OLG Frankfurt a. M. Urt. v. 16.8.2017 – 29 U 271/16, BeckRS 2017, 145485 Rn. 14; MüKoBGB/*Busche* BGB § 147 Rn. 24; Schlegelberger/*Hefermehl* Rn. 114; Baumbach/Hopt/*Hopt* Rn. 21; Heymann/*Horn* Rn. 51, 55; Staub/*Koller* Rn. 76; Oetker/*Pamp* Rn. 43; KKRD/*W.-H. Roth* Rn. 27; MüKoHGB/*K. Schmidt* Rn. 151; Röhricht/Graf v. Westphalen/Haas/*Steimle/Dornieden* Rn. 40; wohl auch HaKo-HGB/*Klappstein* Rn. 45, 48, 63; aA *Thamm/Detzer* DB 1997, 213 (214).

935 BGH Urt. v. 24.10.2006 – X ZR 124/03, NJW-RR 2007, 325 Rn. 27; aA Palandt/*Ellenberger* BGB § 147 Rn. 13 („idR"); MüKoHGB/*K. Schmidt* Rn. 151 („grundsätzlich"); ähnl. Schlegelberger/*Hefermehl* Rn. 114 (abweichende Auslegung nur bei besonderen Umständen).

936 BGH Urt. v. 24.10.2006 – X ZR 124/03, NJW-RR 2007, 325 Rn. 27; RG Urt. v. 27.3.1923 – II 166/22, RGZ 106, 414 (416); RG Urt. v. 21.3.1922 – II 625/21, RGZ 104, 201 (203); OLG Frankfurt a. M. Urt. v. 16.8.2017 – 29 U 271/16, BeckRS 2017, 145485 Rn. 14; Staub/*Koller* Rn. 76; *Lettl* JuS 2008, 849 (851); Oetker HandelsR § 7 Rn. 37; *K. Schmidt* HandelsR § 19 Rn. 99; Röhricht/Graf v. Westphalen/Haas/*Steimle/Dornieden* Rn. 40.

937 Oetker/*Pamp* Rn. 43; MüKoHGB/*K. Schmidt* Rn. 151; wohl auch NK-HGB/*Lehmann-Richter* Rn. 52. S. zB BGH Urt. v. 25.5.1970 – VII ZR 157/68, DB 1970, 1777.

938 BGH Urt. v. 24.10.2006 – X ZR 124/03, NJW-RR 2007, 325 Rn. 27; BGH Urt. v. 18.3.1964 – VIII ZR 281/62, NJW 1964, 1269 (1270); RG Urt. v. 27.3.1923 – II 166/22, RGZ 106, 414 (416); RG Urt. v. 21.3.1922 – II 625/21, RGZ 104, 201 (202); OLG Frankfurt a. M. Urt. v. 16.8.2017 – 29 U 271/16, BeckRS 2017, 145485 Rn. 14; *Brox/Henssler* Rn. 298; *Canaris* HandelsR § 23 Rn. 22; Baumbach/Hopt/*Hopt* Rn. 21; *Lettl* HandelsR § 10 Rn. 55; Oetker HandelsR § 7 Rn. 37; Oetker/*Pamp* Rn. 43; MüKoHGB/*K. Schmidt* Rn. 151; Röhricht/Graf v. Westphalen/Haas/*Steimle/Dornieden* Rn. 40.

lediglich in regelungsbedürftigen Nebenpunkten ergänzen soll (zu Einzelheiten → Rn. 270, 271 ff.), unterscheidet sich eine Auftragsbestätigung dadurch, dass der Bestätigende – wie bei einem konstitutiven Bestätigungsschreiben (→ Rn. 258) – davon ausgeht, dass ein Vertrag noch nicht zustande gekommen ist, seine Auftragsbestätigung also dem Vertragsschluss dienen soll.[939] Im Unterschied zu einem konstitutiven Bestätigungsschreiben ist die Erklärung, die im Handelsverkehr als Auftragsbestätigung bezeichnet wird, nicht eine, den Vertrag perfektionierende Erklärung, sondern die **in die Form einer Bestätigung gekleidete Annahme**.[940] Ist der Vertrag tatsächlich bereits früher rechtswirksam zustande gekommen, verbleibt für eine Auftragsbestätigung, die voraussetzt, dass der Vertrag noch nicht geschlossen wurde, kein Raum.[941] Zu einer modifizierenden Auftragsbestätigung → Rn. 217 ff.

Die Einordnung eines Schreibens als kaufmännisches Bestätigungsschreiben im Rechtssinne setzt **280** weder voraus, dass der Absender es als „Bestätigungsschreiben" bezeichnet,[942] noch, dass das Wort „Bestätigung" verwendet wird.[943] Da auf die Bezeichnung, die der Verfasser seinem Schreiben gibt, im kaufmännischen Verkehr häufig kein großes Gewicht gelegt wird,[944] ist sie allenfalls ein Indiz, an das die Gerichte jedoch nicht gebunden sind.[945] Denn selbst die ausdrückliche **(Falsch-)Bezeichnung** des Schreibens als „Auftragsbestätigung" schließt ein kaufmännisches Bestätigungsschreiben im Rechtssinne nicht aus.[946] Erforderlich, aber auch ausreichend ist, dass der Absender nach dem Wortlaut seines Schreibens erkennbar davon ausgeht, der Vertrag sei mit dem wiedergegebenen Inhalt bereits wirksam *geschlossen* worden (→ Rn. 265).

(7) Sprache. Das kaufmännische Bestätigungsschreiben muss grundsätzlich in der Sprache abgefasst **281** sein, in der die Vertragsverhandlungen geführt worden sind.[947] Gleiches gilt für Allgemeine Geschäfts-

[939] BGH Urt. v. 26.9.1973 – VIII ZR 106/72, BGHZ 61, 282 (285) = NJW 1973, 2106; OLG Naumburg Urt. v. 30.12.2010 – 10 U 16/10, BeckRS 2011, 17000 unter B. I. 1. b) aa) (3) der Gründe; MüKoBGB/*Busche* BGB § 147 Rn. 17; *Canaris* HandelsR § 23 Rn. 49; *Fischinger* HandelsR Rn. 627; Schlegelberger/*Hefermehl* Rn. 137; Baumbach/Hopt/*Hopt* Rn. 16; Heymann/*Horn* Rn. 46; Staub/*Koller* Rn. 70; *Lettl* HandelsR § 10 Rn. 47; Oetker/*Pamp* Rn. 40; Röhricht/Graf v. Westphalen/Haas/*Steimle/Dornieden* Rn. 41.

[940] BGH Urt. v. 26.9.1973 – VIII ZR 106/72, BGHZ 61, 282 (285) = NJW 1973, 2106; BGH Urt. v. 29.9.1955 – II ZR 210/54, BGHZ 18, 212 (215) = NJW 1955, 1794; BGH Urt. v. 5.5.1982 – VIII ZR 162/81, NJW 1982, 1751; BGH Urt. v. 20.3.1974 – VIII ZR 234/72, NJW 1974, 991 (992); GK-HGB/*Achilles/B. Schmidt* Rn. 155; *Batereau* in Pfeiffer Handelsgeschäfte-HdB § 2 Rn. 13; MüKoBGB/*Busche* BGB § 147 Rn. 17; Palandt/*Ellenberger* BGB § 147 Rn. 12; *Fischinger* JuS 2015, 394 (396); *Hadding* JuS 1977, 314; Schlegelberger/*Hefermehl* Rn. 137; *Hübner* HandelsR Rn. 490; *Jung* HandelsR Kap. 9 Rn. 19; HaKo-HGB/*Klappstein* Rn. 60; *Lettl* HandelsR § 10 Rn. 47; *Oetker* HandelsR § 7 Rn. 32; KKRD/*W.-H. Roth* Rn. 28; MüKoHGB/*K. Schmidt* Rn. 150; *K. Schmidt* HandelsR § 19 Rn. 97; *Thamm/Detzer* DB 1997, 213; *Wolf/Neuner* BGB AT § 37 Rn. 50.

[941] OLG Hamburg Beschl. v. 7.8.2003 – 6 Sch 4/03, BeckRS 2003, 154526 Rn. 15.

[942] BGH Urt. v. 9.7.1970 – VII ZR 70/68, BGHZ 54, 236 (239) = NJW 1970, 2021; BGH Urt. v. 8.2.2001 – III ZR 268/00, NJW-RR 2001, 680; BGH Urt. v. 14.12.2000 – I ZR 213/98, NJW-RR 2001, 1044 (1045); OLG Köln Urt. v. 29.8.2014 – 3 U 27/14, RdTW 2015, 430 Rn. 25 = BeckRS 2015, 16042; OLG Düsseldorf Urt. v. 2.9.2003 – 21 U 220/02, BeckRS 2003, 30327039 unter II. der Gründe; OLG Bamberg Urt. v. 11.11.2002 – 4 U 234/01, BeckRS 2003, 01592 unter II. 2. der Entscheidungsgründe; GK-HGB/*Achilles/B. Schmidt* Rn. 129; *Haberkorn* MDR 1968, 108 (109); *Batereau* in Pfeiffer Handelsgeschäfte-HdB § 2 Rn. 13; *Bitter/Schumacher* HandelsR § 7 Rn. 20; MüKoBGB/*Busche* BGB § 147 Rn. 16; *v. Dücker* BB 1996, 3 (4); Baumbach/Hopt/*Hopt* Rn. 21; Heymann/*Horn* Rn. 51; *Jung* HandelsR Kap. 9 Rn. 19; Staub/*Koller* Rn. 69; Oetker/*Pamp* Rn. 44; MüKoHGB/*K. Schmidt* Rn. 146, 148, 151; *K. Schmidt* HandelsR § 19 Rn. 70, 99; Röhricht/Graf v. Westphalen/Haas/*Steimle/Dornieden* Rn. 40.

[943] BGH Urt. v. 25.2.1987 – VIII ZR 341/86, NJW 1987, 1940 (1941); GK-HGB/*Achilles/B. Schmidt* Rn. 129; *Haberkorn* MDR 1968, 108 (109); wohl auch BGH Urt. v. 19.2.1964 – Ib ZR 203/62, NJW 1964, 1223 (1224).

[944] BGH Urt. v. 20.3.1974 – VIII ZR 234/72, NJW 1974, 991 (992); OLG Köln Urt. v. 31.5.1991 – 19 U 34/91, CR 1991, 541 (542); *Batereau* in Pfeiffer Handelsgeschäfte-HdB § 2 Rn. 13; Baumbach/Hopt/*Hopt* Rn. 16; MüKoHGB/*K. Schmidt* Rn. 146.

[945] BGH Urt. v. 19.9.1990 – VIII ZR 239/89, BGHZ 112, 204 (211) = NJW 1991, 36; *Canaris* HandelsR § 23 Rn. 50; Staub/*Canaris* § 362 Anh. Rn. 23; Palandt/*Ellenberger* BGB § 147 Rn. 12; Schlegelberger/*Hefermehl* Rn. 137.

[946] BGH Urt. v. 9.7.1970 – VII ZR 70/68, BGHZ 54, 236 (239) = NJW 1970, 2021; BGH Urt. v. 5.5.1982 – VIII ZR 162/81, NJW 1982, 1751; BGH Urt. v. 20.3.1974 – VIII ZR 234/72, NJW 1974, 991 (992); BGH Urt. v. 12.2.1968 – VIII ZR 84/66, WM 1968, 400 (401) = BeckRS 1968, 31182165; OLG Schleswig Urt. v. 21.12.2011 – 9 U 16/05, BeckRS 2014, 15119 unter II. 2. b. bb. der Gründe; OLG Oldenburg Urt. v. 18.7.2006 – 12 U 18/06, BauR 2007, 1742 (1743) = BeckRS 2008, 2339; OLG Koblenz Urt. v. 26.6.2006 – 12 U 685/05, NJW-RR 2007, 813 (814); OLG Koblenz Urt. v. 26.6.2006 – 12 U 685/05, BeckRS 2007, 03474 unter II. 1. der Gründe; OLG Köln Urt. v. 31.5.1991 – 19 U 34/91, CR 1991, 541 f.; OLG Hamm Urt. v. 3.2.1991 – 31 U 165/91, CR 1992, 268 (270); GK-HGB/*Achilles/B. Schmidt* Rn. 129; *Batereau* in Pfeiffer Handelsgeschäfte-HdB § 2 Rn. 13; *Bitter/Schumacher* HandelsR § 7 Rn. 20; *Brox/Henssler* Rn. 298; MüKoBGB/*Busche* BGB § 147 Rn. 16, 17; *Hadding* JuS 1977, 314; Schlegelberger/*Hefermehl* Rn. 113, 137; Baumbach/Hopt/*Hopt* Rn. 16, 21; HaKo-HGB/*Klappstein* Rn. 48, 60; Staub/*Koller* Rn. 69; NK-HGB/*Lehmann-Richter* Rn. 52; *Lettl* HandelsR § 10 Rn. 55; *Lettl* JuS 2008, 849 (851); Oetker/*Pamp* Rn. 44; *Petersen* JURA 2003, 687 (691); KKRD/*W.-H. Roth* Rn. 27, 28; MüKoHGB/*K. Schmidt* Rn. 146, 147, 148; *K. Schmidt* HandelsR § 19 Rn. 86; Röhricht/Graf v. Westphalen/Haas/*Steimle/Dornieden* Rn. 40; *Thamm/Detzer* DB 1997, 213; aA *Lieb* JZ 1971, 135 (136).

[947] OLG Frankfurt a.M. Urt. v. 28.4.1981 – 5 U 119/80, DB 1981, 1612 = NJW 1982, 1949 (Ls.); OLG Hamburg Urt. v. 1.6.1979 – 11 U 32/79, NJW 1980, 1232 (1233); MüKoBGB/*Busche* BGB § 147 Rn. 16;

bedingungen, die durch die widerspruchslose Hinnahme des Bestätigungsschreibens Vertragsinhalt werden sollen (zu Einzelheiten → Rn. 271 ff.).[948]

282   **ee) Darlegungs- und Beweislast.** Nach allgemeinen Beweisgrundsätzen hat der Absender die Voraussetzungen für ein kaufmännisches Bestätigungsschreiben im Rechtssinne darzulegen und ggf. zu beweisen,[949] insbesondere, dass das Schreiben auf ernsthafte Vertragsverhandlungen Bezug nimmt (→ Rn. 264)[950] und diese zumindest aus Sicht des Absenders zu einem gültigen Abschluss geführt haben (→ Rn. 253, 265),[951] Bedarf für ein Bestätigungsschreiben bestand (zu Einzelheiten → Rn. 255 ff.) und dieses den Festlegungswillen des Absenders erkennen lässt (zu Einzelheiten → Rn. 276 ff.).[952]

283   **ff) Ähnliche Schreiben im kaufmännischen Verkehr. (1) Überblick.** Schreiben, die die in den → Rn. 259 ff. beschriebenen Voraussetzungen nicht erfüllen, sind keine kaufmännischen Bestätigungsschreiben im Rechtssinne. Dies gilt namentlich für Kommissionkopien (→ Rn. 226 f.) und Rechnungen (→ Rn. 229 f.). In wenigen Ausnahmefällen hat die Rechtsprechung die Grundsätze über das Schweigen auf ein kaufmännisches Bestätigungsschreiben auf andere, vergleichbare Schreiben entsprechend angewandt, nämlich auf ein Protokoll über Verhandlungen nach Vertragsschluss (→ Rn. 284), auf die schriftliche Kundgabe der einseitigen Auslegung des zuvor Vereinbarten (→ Rn. 285) sowie auf die Erinnerung an ein selbstständiges Schuldversprechen (→ Rn. 286).

284   **(2) Protokoll über Verhandlungen nach Vertragsschluss.** Ein Protokoll über eine nach Vertragsschluss geführte Verhandlung über Einzelheiten der Durchführung des geschlossenen Vertrags ist zwar kein kaufmännisches Bestätigungsschreiben im Rechtssinne (zu Einzelheiten → Rn. 259 ff.).[953] Es kann diesem aber insbesondere in Fällen, in denen für eine Partei nur ein Vertreter an den Verhandlungen teilgenommen hat, inhaltlich (zu Einzelheiten → Rn. 262 ff.) und seinem Zweck nach (→ Rn. 243) so nahekommen, dass es gerechtfertigt ist, die Grundsätze über das Schweigen auf ein kaufmännisches Bestätigungsschreiben entsprechend anzuwenden.[954] Voraussetzung hierfür ist, dass es (1) zu dem Zweck erstellt wurde, die Vertragsverhandlungen und deren Ergebnis zu bestätigen und schriftlich zu dokumentieren, (2) die Abänderung des Vertrags im Wesentlichen vollständig und präzise wiedergegeben ist (zu Einzelheiten → Rn. 266 ff.) und (3) beide Parteien – die rechtsgeschäftliche Vertretung des Adressaten ist ausreichend[955] – mit ihrer Unterschrift die rechtliche Verbindlichkeit der getroffenen Vereinbarungen erklärt haben.[956] Wird dieses Protokoll der Partei, die in den Vertragsverhandlungen vertreten wurde, zeitnah übersandt, ist sie nach Treu und Glauben und der Verkehrssitte gehalten, den Inhalt des Protokolls zu prüfen und dem darin dokumentierten Verhandlungsergebnis zu widersprechen, wenn es die Verhandlungen aus ihrer Sicht nicht zutreffend wiedergibt.[957] Dies gilt auch dann, wenn die Verhandlungen nach der Einladung nur den Zweck hatten, die bereits getroffene Vereinbarung urkundlich zu fixieren, da es nicht ungewöhnlich ist, dass es bei

---

Baumbach/Hopt/*Hopt* Rn. 29; *Reinhart* IPRax 1982, 226. Mit geringfügigen Unterschieden großzügiger GK-HGB/*Achilles*/*B. Schmidt* Rn. 152; *Batereau* in Pfeiffer Handelsgeschäfte-HdB § 2 Rn. 48; *Deckert* JuS 1998, 121 (123); Staub/*Koller* Rn. 124; Oetker/*Pamp* Rn. 66; *K. Schmidt* HandelsR § 19 Rn. 99; Röhricht/Graf v. Westphalen/Haas/*Steimle*/*Dornieden* Rn. 56.

[948] OLG Düsseldorf Urt. v. 2.11.1973 – 16 U 68/73, DB 1973, 2390 (2391); GK-HGB/*Achilles*/*B. Schmidt* Rn. 152; Oetker/*Pamp* Rn. 66. Weitergehend OLG Karlsruhe Urt. v. 11.2.1993 – 4 U 61/92, DZWiR 1994, 70 (71): Verwendung einer sog. Weltsprache (Englisch) genüge.

[949] BGH Urt. v. 20.3.1974 – VIII ZR 234/72, NJW 1974, 991 (992); *Batereau* in Pfeiffer Handelsgeschäfte-HdB § 2 Rn. 38; MüKoBGB/*Busche* BGB § 147 Rn. 27; Schlegelberger/*Hefermehl* Rn. 137.

[950] BGH Urt. v. 6.5.1975 – VI ZR 120/74, NJW 1975, 1358; BGH Urt. v. 20.3.1974 – VIII ZR 234/72, NJW 1974, 991 (992); NK-HGB/*Lehmann-Richter* Rn. 59; *H. Prütting* in Baumgärtel/Prütting/Laumen Beweislast-HdB BGB § 146 Rn. 3.

[951] BGH Urt. v. 20.3.1974 – VIII ZR 234/72, NJW 1974, 991 (992); *Moritz* BB 1995, 420.

[952] *H. Prütting* in Baumgärtel/Prütting/Laumen Beweislast-HdB BGB § 146 Rn. 3.

[953] BGH Urt. v. 27.1.2011 – VII ZR 186/09, BGHZ 188, 128 Rn. 24 = NJW 2011, 1965; KG Urt. v. 15.4.2014 – 7 U 57/13, BeckRS 2014, 119072 unter II. 1. g) cc) der Entscheidungsgründe; KG Urt. v. 18.9.2012 – 7 U 227/11, BeckRS 2013, 19567 unter B. 1. a) der Gründe; MüKoHGB/*K. Schmidt* Rn. 148; aA KKRD/*W.-H. Roth* Rn. 27.

[954] BGH Urt. v. 27.1.2011 – VII ZR 186/09, BGHZ 188, 128 Rn. 24 = NJW 2011, 1965; OLG Koblenz Urt. v. 15.7.2015 – 5 U 140/15, NJW 2016, 1183 Rn. 25; KG Urt. v. 15.4.2014 – 7 U 57/13, BeckRS 2014, 119072 unter II. 1. g) cc) der Entscheidungsgründe; KG Urt. v. 18.9.2012 – 7 U 227/11, BeckRS 2013, 19567 unter B. 1. a) der Gründe; GK-HGB/*Achilles*/*B. Schmidt* Rn. 129; Baumbach/Hopt/*Hopt* Rn. 21; Oetker/*Pamp* Rn. 38; KKRD/*W.-H. Roth* Rn. 23a; MüKoHGB/*K. Schmidt* Rn. 148; Röhricht/Graf v. Westphalen/Haas/*Steimle*/*Dornieden* Rn. 40.

[955] BGH Urt. v. 27.1.2011 – VII ZR 186/09, BGHZ 188, 128 Rn. 25 = NJW 2011, 1965; Oetker/*Pamp* Rn. 38.

[956] BGH Urt. v. 27.1.2011 – VII ZR 186/09, BGHZ 188, 128 Rn. 24 = NJW 2011, 1965; OLG Koblenz Urt. v. 15.7.2015 – 5 U 140/15, NJW 2016, 1183 Rn. 25; KG Urt. v. 15.4.2014 – 7 U 57/13, BeckRS 2014, 119072 unter II. 1. g) cc) der Entscheidungsgründe. Kritisch zu dem Erfordernis der Unterschrift *v. Hayn-Habermann* NJW-Spezial 2011, 300.

[957] BGH Urt. v. 27.1.2011 – VII ZR 186/09, BGHZ 188, 128 Rn. 24 = NJW 2011, 1965; KG Urt. v. 15.4.2014 – 7 U 57/13, BeckRS 2014, 119072 unter II. 1. g) cc) der Entscheidungsgründe.

solchen Verhandlungen noch zu Abänderungen der Vereinbarung kommt.[958] Entfernt sich der Inhalt des Protokolls nicht zu weit von dem ursprünglich Vereinbarten (zu Einzelheiten → Rn. 347 ff.), kann der Absender erwarten, dass der andere Teil eine Prüfung vornimmt und im Fall des fehlenden Einverständnisses widerspricht, andernfalls die aus dem Protokoll ersichtlichen (Änderungs-)Vereinbarungen auch dann gegen sich gelten lassen muss,[959] wenn der Vertreter ohne Vertretungsmacht gehandelt hat.[960]

(3) Kundgabe einer einseitigen Auslegung. Ein Schreiben, mit dem der Verfasser – neben der **285** Bestätigung des Empfangs einer schriftlichen Vertragsurkunde – seine Auslegung einer geschlossenen Vereinbarung kundgibt, ist mangels der Behauptung eines Vertragsschlusses (→ Rn. 265) und der Wiedergabe des Vertragsinhalts (zu Einzelheiten → Rn. 266 ff.) zwar kein kaufmännisches Bestätigungsschreiben im Rechtssinne (zu Einzelheiten → Rn. 259 ff.). Da Auslegung und Inhalt eines Vertrags sich jedoch nicht voneinander trennen lassen, also die in dem Schreiben enthaltene Auslegung des Ergebnisses von Vertragsverhandlungen sich nicht so wesentlich von der Wiedergabe des Vertragsinhalts unterscheidet, wirkt die schriftliche Kundgabe der einseitigen Auslegung wie ein kaufmännisches Bestätigungsschreiben im Rechtssinne, dh der Empfänger muss unverzüglich widersprechen (zu Einzelheiten → Rn. 313 ff.), will er die Auslegung nicht gegen sich gelten lassen.[961]

(4) Erinnerung an ein Schuldversprechen. Schließlich hat der BGH die Grundsätze über das **286** Schweigen auf ein kaufmännisches Bestätigungsschreiben wohl nur aufgrund besonderer Umstände des Einzelfalls entsprechend auf ein Schreiben angewandt, in dem der Absender den Schuldner – eine in Konkurs befindliche GmbH – an ein mehrere Wochen zuvor von seinem Geschäftsführer abgegebenes bedingungsloses Zahlungsversprechen erinnert hat.[962]

c) Zugang des Bestätigungsschreibens. aa) Überblick. Kaufmännische Bestätigungsschreiben **287** werden als Willenserklärungen (→ Rn. 259) gem. **§ 130 Abs. 1 S. 1 BGB** mit dem Zugang bei dem Vertragspartner wirksam.[963] Hierfür ist es erforderlich, aber auch ausreichend, dass das Schreiben in verkehrsüblicher Art in den Machtbereich des Adressaten (→ Rn. 261) gelangt und ihm in dieser Weise die Möglichkeit der Kenntnisnahme verschafft ist.[964] Dass der Empfänger den Inhalt des kaufmännischen Bestätigungsschreibens tatsächlich zur Kenntnis nimmt, ist für dessen Zugang nicht erforderlich.[965]

bb) Mitwirkung von Vertretern. (1) Vertreter mit Vertretungsmacht. Ein kaufmännisches **288** Bestätigungsschreiben geht dem Empfänger in entsprechender Anwendung von **§ 164 Abs. 3 BGB**

---

[958] BGH Urt. v. 27.1.2011 – VII ZR 186/09, BGHZ 188, 128 Rn. 24 = NJW 2011, 1965; KG Urt. v. 15.4.2014 – 7 U 57/13, BeckRS 2014, 119072 unter II. 1. g) cc) der Entscheidungsgründe; abweichend OLG Koblenz Urt. v. 15.7.2015 – 5 U 140/15, NJW 2016, 1183 Rn. 25 für einen Bauvorbesprechungstermin.

[959] BGH Urt. v. 27.1.2011 – VII ZR 186/09, BGHZ 188, 128 Rn. 24 = NJW 2011, 1965; KG Urt. v. 15.4.2014 – 7 U 57/13, BeckRS 2014, 119072 unter II. 1. g) cc) der Entscheidungsgründe; KG Urt. v. 18.9.2012 – 7 U 227/11, BeckRS 2013, 19567 unter B. 1. a) der Gründe.

[960] BGH Urt. v. 27.1.2011 – VII ZR 186/09, BGHZ 188, 128 Rn. 25 = NJW 2011, 1965.

[961] Vgl. BGH Urt. v. 30.11.1961 – II ZR 277/59, WM 1962, 301 (302) = BeckRS 1961, 31181850; dem folgend Staub/*Koller* Rn. 69.

[962] BGH Urt. v. 27.6.1955 – II ZR 62/54, WM 1955, 1285 (1286).

[963] BGH Urt. v. 18.1.1978 – IV ZR 204/75, BGHZ 70, 232 (234) = NJW 1978, 886; BGH Urt. v. 3.3.1956, IV ZR 314/55, BGHZ 20, 149 (152) = NJW 1956, 869; BGH Urt. v. 27.1.1965 – VIII ZR 11/63, NJW 1965, 965 (966); GK-HGB/*Achilles/B. Schmidt* Rn. 132; *Bitter/Schumacher* HandelsR § 7 Rn. 20a; *Brox/Henssler* Rn. 299; Schlegelberger/*Hefermehl* Rn. 117; Baumbach/*Hopt/Hopt* Rn. 23; Heymann/*Horn* Rn. 53; Staub/*Koller* Rn. 74; Oetker/*Pamp* Rn. 45; KKRD/*W.-H. Roth* Rn. 29; MüKoHGB/*K. Schmidt* Rn. 152 f.; *Schmittmann* NJW 1994, 3149; nur methodologisch abweichend (entsprechende Anwendung von § 130 Abs. 1 S. 1 BGB) *Batereau* in Pfeiffer Handelsgeschäfte-HdB § 2 Rn. 20; MüKoBGB/*Busche* BGB § 147 Rn. 19; *Jung* HandelsR Kap. 9 Rn. 19.

[964] BGH Urt. v. 26.11.1997 – VIII ZR 22/97, BGHZ 137, 205 (208) = NJW 1998, 976; BGH Urt. v. 3.11.1976 – VIII ZR 140/75, BGHZ 67, 271 (275) = NJW 1977, 194; BGH Urt. v. 21.1.2004 – XII ZR 214/00, NJW 2004, 1320; BGH Urt. v. 27.1.1965 – VIII ZR 11/63, NJW 1965, 965 (966); GK-HGB/*Achilles/B. Schmidt* Rn. 132; Schlegelberger/*Hefermehl* Rn. 117; Oetker/*Pamp* Rn. 45; *K. Schmidt* HandelsR § 19 Rn. 100; Röhricht/Graf v. Westphalen/*Haas/Steimle/Dornieden* Rn. 42 f.; wohl nur missverständlich BGH Urt. v. 3.3.1956 – IV ZR 314/55, NJW 1956, 869 (insoweit nicht abgedr. in BGHZ 20, 149); Heymann/*Horn* Rn. 53, die die Möglichkeit der Kenntnisnahme nicht erwähnen.

[965] BGH Urt. v. 21.1.2004 – XII ZR 214/00, NJW 2004, 1320; RG Urt. v. 20.1.1922 – II 360/21, RGZ 103, 401 (405); RG Urt. v. 24.3.1903 – Rep. II 403/02, RGZ 54, 176 (182); RG Urt. v. 11.11.1930 – II 6/30, JW 1931, 522 (524); RG Urt. v. 3.1.1911 – II 123/10, Gruchot 55 Nr. 49; KG Urt. v. 16.1.1928 – 19 U 12530/27, JW 1928, 1607 (1608); GK-HGB/*Achilles/B. Schmidt* Rn. 132; *Batereau* in Pfeiffer Handelsgeschäfte-HdB § 2 Rn. 32; MüKoBGB/*Busche* BGB § 147 Rn. 19; Palandt/*Ellenberger* BGB § 147 Rn. 14; *Hadding* JuS 1977, 314 (315); Schlegelberger/*Hefermehl* Rn. 117; Heymann/*Horn* Rn. 53; *Hübner* HandelsR Rn. 493; Oetker/*Pamp* Rn. 45; *K. Schmidt* HandelsR § 19 Rn. 100; Röhricht/Graf v. Westphalen/*Haas/Steimle/Dornieden* Rn. 42 f.; differenzierend zwischen verschuldeter Unkenntnis und höherer Gewalt Staub/*Koller* Rn. 74b; KKRD/*W.-H. Roth* Rn. 29, 31.

auch dann zu, sobald die Voraussetzungen des Zugangs in der Person eines Vertreters mit Vertretungsmacht – gleichgültig, ob es sich um eine organschaftliche Vertretungsmacht,[966] eine rechtsgeschäftliche Vollmacht[967] oder eine Rechtsscheinvollmacht[968] handelt – erfüllt sind,[969] dh das Schreiben so in dessen Bereich gelangt ist, dass diese unter normalen Verhältnissen die Möglichkeit hat, von dem Inhalt des Schreibens Kenntnis zu nehmen.[970] Die Tatsache, dass der Vertreter das Bestätigungsschreiben sogleich nach der Annahme unterschlägt, steht dessen Zugang nicht entgegen.[971] Das ordnungswidrige Verhalten fällt aufgrund der Organisationshoheit dem vertretenen Firmeninhaber zur Last.[972] Dies gilt grundsätzlich auch dann, wenn das Schreiben nicht nur an die Firma, sondern mittels eines Zusatzes in der Anschrift (zB „z. H. Herrn/Frau …“) direkt an den Vertreter gerichtet ist.[973] Der Zusatz ändert nichts daran, dass die Erklärung nach der Verkehrsauffassung an die Firma adressiert ist (→ Rn. 261). Es ist Sache des Firmeninhabers zu entscheiden, ob er von den an seine Firma gerichteten Briefen vor der Aushändigung an den in der Anschrift bezeichneten Sachbearbeiter Kenntnis nehmen oder sie im Vertrauen auf das ordnungsgemäße Verhalten seines Sachbearbeiters diesem zuleiten will, ohne sie vorher zu öffnen.[974]

289   **(2) Vertreter ohne Vertretungsmacht.** Wird das kaufmännische Bestätigungsschreiben an einen Vertreter ohne Vertretungsmacht übermittelt, ist ein Zugang bei dem Adressaten (→ Rn. 261) nicht ausgeschlossen.[975] Es genügt lediglich nicht, dass die Voraussetzungen des Zugangs in der Person des Vertreters erfüllt sind (→ Rn. 288).[976] Hiervon bleiben zwei andere Möglichkeiten des Zugangs unberührt:

290   (1) Erfolgt die Entgegennahme des kaufmännischen Bestätigungsschreibens durch den Vertreter ohne Vertretungsmacht **innerhalb des Machtbereichs des Adressaten** (→ Rn. 261), geht das Schreiben letzterem bereits in diesem Zeitpunkt und unabhängig davon zu, ob es ihm später ausgehändigt wird.[977] Für den besonderen Fall, dass das Bestätigungsschreiben mittels eines Zusatzes in der Anschrift (zB „z. H. Herrn/Frau …“) direkt an den Vertreter gerichtet ist, der den Vertrag (→ Rn. 253) ohne Vertretungsmacht im Namen des Adressaten geschlossen hat, verneint ein Teil der Literatur im Anschluss an *Canaris* den Zugang mit der Begründung, dass der Absender keinen Vertrauensschutz verdiene, da er aufgrund der Adressierung vernünftigerweise nicht mit einer umgehenden Aufdeckung des Mangels der Vertretungsmacht als Folge des Bestätigungsschreibens rechnen dürfe.[978] Diese Einschränkung ist mit dem BGH[979] im Interesse der Verkehrssicherheit jedenfalls dann abzulehnen, wenn dem Absender der Mangel der Vertretungsmacht verborgen geblieben ist.[980] Gleiches gilt, wenn jemand nicht in fremdem Namen, sondern unter fremdem Namen verhandelt hat.[981]

291   (2) Wird das kaufmännische Bestätigungsschreiben von einem **außerhalb des Machtbereichs des Adressaten** (→ Rn. 261) stehenden Vertreter (zB einem Handelsmakler) entgegengenommen, der weder zu dem Abschluss des Vertrags (→ Rn. 253) noch zu der Annahme von Postsendungen berech-

---

[966] BGH Urt. v. 3.3.1956 – IV ZR 314/55, BGHZ 20, 149 (152) = NJW 1956, 869 zu § 28 Abs. 2 BGB aF; RG Urt. v. 26.3.1927 – I 256/26, JW 1927, 1675 (1676) zu § 35 Abs. 2 S. 3 GmbHG aF; KG Urt. v. 16.1.1928 – 19 U 12530/27, JW 1928, 1607 f. zu § 25 Abs. 1 S. 3 GenG.

[967] BGH Urt. v. 15.6.1964 – II ZR 129/62, NJW 1964, 1951.

[968] KKRD/*W.-H. Roth* Rn. 29.

[969] *Batereau* in Pfeiffer Handelsgeschäfte-HdB § 2 Rn. 20; Baumbach/Hopt/*Hopt* Rn. 23; Heymann/*Horn* Rn. 53; Staub/*Koller* Rn. 74; Oetker/*Pamp* Rn. 45; MüKoHGB/*K. Schmidt* Rn. 152; wohl auch BGH Urt. v. 23.6.1955 – II ZR 248/54, WM 1955, 1284; GK-HGB/*Achilles/B. Schmidt* Rn. 132; Röhricht/Graf v. Westphalen/ Haas/*Steimle/Dornieden* Rn. 43.

[970] Vgl. statt vieler Palandt/*Ellenberger* BGB § 130 Rn. 5 mwN.

[971] RG Urt. v. 26.3.1927 – I 256/26, JW 1927, 1675 (1676); *Canaris* HandelsR § 23 Rn. 36; Schlegelberger/ *Hefermehl/Horn* Rn. 117; *Hübner* HandelsR Rn. 493; Staub/*Koller* Rn. 74 a f.; *K. Schmidt* HandelsR § 19 Rn. 100; wohl auch *Lettl* HandelsR § 10 Rn. 55.

[972] BGH Urt. v. 15.6.1964 – II ZR 129/62, NJW 1964, 1951; *Canaris* HandelsR § 23 Rn. 36.

[973] BGH Urt. v. 27.9.1989 – VIII ZR 245/88, NJW 1990, 386; BGH Urt. v. 15.6.1964 – II ZR 129/62, NJW 1964, 1951.

[974] BGH Urt. v. 15.6.1964 – II ZR 129/62, NJW 1964, 1951; Staub/*Koller* Rn. 109; krit. *Canaris* HandelsR § 23 Rn. 32.

[975] Baumbach/Hopt/*Hopt* Rn. 24; wohl auch Röhricht/Graf v. Westphalen/Haas/*Steimle/Dornieden* Rn. 43.

[976] IErg auch Staub/*Koller* Rn. 74, der allerdings danach differenziert, ob der falsus procurator als Empfangsbote auftreten darf.

[977] BGH Urt. v. 27.9.1989 – VIII ZR 245/88, NJW 1990, 386; Staub/*Koller* Rn. 109; aA Oetker/*Pamp* Rn. 45.

[978] *Canaris* HandelsR § 23 Rn. 29 f.; ihm folgend *Jung* HandelsR Kap. 9 Rn. 19; *Kindl*, Rechtsscheintatbestände und ihre rückwirkende Beseitigung, 1999, 201 f.; *Lettl* HandelsR § 10 Rn. 59; *Lettl* JuS 2008, 849 (852); Oetker/ *Pamp* Rn. 56; KKRD/*W.-H. Roth* Rn. 29; *K. Schmidt* HandelsR § 19 Rn. 100.

[979] BGH Urt. v. 27.9.1989 – VIII ZR 245/88, NJW 1990, 386; BGH Urt. v. 15.6.1964 – II ZR 129/62, NJW 1964, 1951; Staub/*Koller* Rn. 109; MüKoHGB/*K. Schmidt* Rn. 152.

[980] BGH Urt. v. 3.3.1956 – IV ZR 314/55, BGHZ 20, 149 (152) = NJW 1956, 869; dem folgend GK-HGB/ *Achilles/B. Schmidt* Rn. 132; Palandt/*Ellenberger* BGB § 147 Rn. 14; Baumbach/Hopt/*Hopt* Rn. 24. Anders, wenn nicht nur „z. H.“, sondern „persönlich“ zH des Mitarbeiters adressiert wird, Staub/*Koller* Rn. 109.

[981] Baumbach/Hopt/*Hopt* Rn. 24.

tigt ist, geht es dem Empfänger in dem Zeitpunkt zu, in dem es an ihn oder einen Vertreter mit Vertretungsmacht weitergegeben wird und er bzw. sein Vertreter unter normalen Verhältnissen die Möglichkeit hat, von dem Inhalt des Schreibens Kenntnis zu nehmen.[982]

cc) Unmittelbarer zeitlicher Zusammenhang mit den Vertragsverhandlungen. Das kauf-   292
männische Bestätigungsschreiben (zu Einzelheiten → Rn. 259 ff.) muss dem Adressaten (→ Rn. 261) in unmittelbarem zeitlichen Zusammenhang zu den bestätigten Vertragsverhandlungen (zu Einzelheiten → Rn. 250 ff.) zugehen (zu Einzelheiten → Rn. 287 ff.).[983] Die zeitliche Unmittelbarkeit ist gewahrt, wenn der Empfänger auf das Eintreffen des Bestätigungsschreibens vorbereitet ist und solange er noch mit diesem rechnen kann (→ Rn. 293).[984] Eine allgemein fest umgrenzte kurze Frist gibt es hierfür nicht.[985] Sie ist unter Berücksichtigung aller Umstände im **Einzelfall** zu bestimmen.[986] Dabei ist unerheblich, ob der Empfänger Kaufmann ist (→ Rn. 298) oder (nur) wie ein Kaufmann am Geschäftsverkehr teilnimmt (zu Einzelheiten → Rn. 299 ff.).[987] Sechs Tage (hiervon vier Werktage) sind in der Regel noch unmittelbar.[988] Liegen zwischen den Vertragsverhandlungen und der Absendung des Schreibens hingegen mehrere Wochen, ist die zeitliche Unmittelbarkeit regelmäßig zu verneinen,[989] es sei denn, dass die Vertragsverhandlungen zwischenzeitlich fortgesetzt worden sind oder das Bestätigungsschreiben (zB fernmündlich) angekündigt wurde.[990] Ein zeitlicher Abstand von etwa zwei Wochen kann ausnahmsweise noch hinnehmbar sein, wenn zB der Bestätigende vor der Absendung des Schreibens absprachegemäß noch zwei Vorschusszahlungen an den Empfänger tätigen musste.[991]

Mit dem Eintreffen des kaufmännischen Bestätigungsschreibens muss der Empfänger nicht nur dann   293
nicht mehr rechnen, wenn die im Einzelfall angemessene Frist seit dem Abschluss der Verhandlungen verstrichen ist (→ Rn. 292), sondern auch dann, wenn der Absender aufgrund anderer Umstände von Gewicht das Schweigen des Empfängers nicht mehr als dessen Einverständnis mit dem Inhalt des Schreibens ansehen darf.[992] Dies ist zB der Fall, sobald die Parteien bereits außergerichtlich über den Inhalt des Vertrags streiten.[993] Gleiches gilt, sobald der Empfänger die ihm nach dem Vertrag obliegen-

---

[982] MüKoHGB/*K. Schmidt* Rn. 152; wohl auch KKRD/*W.-H. Roth* Rn. 29.

[983] BGH Urt. v. 27.1.2011 – VII ZR 186/09, BGHZ 188, 128 Rn. 23 = NJW 2011, 1965; BGH Urt. v. 3.7.1967 – VIII ZR 82/65, WM 1967, 958 (960) = BeckRS 1967, 31181460; OLG Frankfurt a. M. Urt. v. 16.8.2017 – 29 U 271/16, BeckRS 2017, 145485 Rn. 15; OLG Karlsruhe Urt. v. 5.8.2013 – 6 U 114/12, BeckRS 2013, 19311 (insoweit nicht abgedr. in GRUR-RR 2014, 55); KG Urt. v. 18.9.2012 – 7 U 227/11, BeckRS 2013, 19567 unter B. 1. a) der Gründe; OLG Hamburg Beschl. v. 7.8.2003 – 6 Sch 4/03, BeckRS 2003, 154526 Rn. 13; OLG Köln Urt. v. 7.2.1992 – 19 U 117/91, NJW-RR 1992, 761 (762); OLG Köln Urt. v. 15.1.1992 – 26 U 65/91, DStR 1992, 1250; *Bitter/Schumacher* HandelsR § 7 Rn. 20a; MüKoBGB/*Busche* BGB § 147 Rn. 19; *Fischinger* HandelsR Rn. 628; *Fischinger* JuS 2015, 394 (396); Baumbach/Hopt/*Hopt* Rn. 21; *Kollrus* BB 2014, 779 (784); *Krause,* Schweigen im Rechtsverkehr, 1933, 129 f.; NK-HGB/*Lehmann-Richter* Rn. 51; Staub/*Koller* Rn. 73; Oetker/*Pamp* Rn. 46; MüKoHGB/*K. Schmidt* Rn. 153; *K. Schmidt* HandelsR § 19 Rn. 100; Röhricht/Graf v. Westphalen/Haas/*Steimle/Dornieden* Rn. 42; *Wolf/Neuner* BGB AT § 37 Rn. 51; aA (Absendung in unmittelbarem Anschluss an die Verhandlungen genüge bei alsbaldigem Zugang) OLG Hamm Urt. v. 3.2.1991 – 31 U 165/91, CR 1992, 268 (270); *Batereau* in Pfeiffer Handelsgeschäfte-HdB § 2 Rn. 19; Staudinger/*Bork,* 2015, BGB § 146 Rn. 6; *Brox/Henssler* Rn. 299; *Deckert* JuS 1998, 121 (123); *Ebert* JuS 1999, 754 (756); Palandt/*Ellenberger* BGB § 147 Rn. 14; *Hadding* JuS 1977, 314; Schlegelberger/*Hefermehl* Rn. 116; Heymann/*Horn* Rn. 50; *Hübner* HandelsR Rn. 493; HaKo-HGB/*Klappstein* Rn. 50; *Lettl* HandelsR § 10 Rn. 56; *Lettl* JuS 2008, 849 (851); KKRD/*W.-H. Roth* Rn. 29.

[984] BGH Urt. v. 3.7.1967 – VIII ZR 82/65, WM 1967, 958 (960) = BeckRS 1967, 31181460; BGH Urt. v. 19.2.1964 – Ib ZR 203/62, NJW 1964, 1223 (1224); OLG München Urt. v. 9.11.1994 – 7 U 3261/94, BB 1995, 172 = BeckRS 1994, 31166101; GK-HGB/*Achilles/B. Schmidt* Rn. 131; Schlegelberger/*Hefermehl* Rn. 116; Staub/*Koller* Rn. 73; NK-HGB/*Lehmann-Richter* Rn. 51; Oetker/*Pamp* Rn. 46; Röhricht/Graf v. Westphalen/Haas/*Steimle/Dornieden* Rn. 42; ähnl. MüKoHGB/*K. Schmidt* Rn. 153: solange der Absender damit rechnen darf, dass der schweigende Empfänger das Schreiben als richtig akzeptiert.

[985] BGH Urt. v. 13.1.1975 – VII ZR 139/73, WM 1975, 324 (325); OLG Hamm Urt. v. 3.2.1991 – 31 U 165/91, CR 1992, 268 (270); GK-HGB/*Achilles/B. Schmidt* Rn. 131; MüKoBGB/*Busche* BGB § 147 Rn. 19; NK-HGB/*Lehmann-Richter* Rn. 51; Oetker/*Pamp* Rn. 46; Röhricht/Graf v. Westphalen/Haas/*Steimle/Dornieden* Rn. 42.

[986] BGH Urt. v. 13.1.1975 – VII ZR 139/73, WM 1975, 324 (325); OLG Frankfurt a. M. Urt. v. 16.8.2017 – 29 U 271/16, BeckRS 2017, 145485 Rn. 15; OLG Hamm Urt. v. 3.2.1991 – 31 U 165/91, CR 1992, 268 (270); GK-HGB/*Achilles/B. Schmidt* Rn. 131; *Batereau* in Pfeiffer Handelsgeschäfte-HdB § 2 Rn. 19; MüKoBGB/*Busche* BGB § 147 Rn. 19; *Deckert* JuS 1998, 121 (123); Palandt/*Ellenberger* BGB § 147 Rn. 14; Baumbach/Hopt/*Hopt* Rn. 21; HaKo-HGB/*Klappstein* Rn. 50; Staub/*Koller* Rn. 73; *Lettl* HandelsR § 10 Rn. 56; Oetker/*Pamp* Rn. 46; MüKoHGB/*K. Schmidt* Rn. 153; *K. Schmidt* HandelsR § 19 Rn. 100; Röhricht/Graf v. Westphalen/Haas/*Steimle/Dornieden* Rn. 42.

[987] GK-HGB/*Achilles/B. Schmidt* Rn. 131.

[988] BGH Urt. v. 13.1.1975 – VII ZR 139/73, WM 1975, 324 (325); Oetker/*Pamp* Rn. 46.

[989] BGH Urt. v. 27.6.1955 – II ZR 62/54, WM 1955, 1285 (1286); OLG München Urt. v. 9.11.1994 – 7 U 3261/94, BB 1995, 172 = BeckRS 1994, 31166101; GK-HGB/*Achilles/B. Schmidt* Rn. 131; Oetker/*Pamp* Rn. 46; MüKoHGB/*K. Schmidt* Rn. 153.

[990] MüKoHGB/*K. Schmidt* Rn. 153.

[991] OLG Frankfurt a. M. Urt. v. 16.8.2017 – 29 U 271/16, BeckRS 2017, 145485 Rn. 15.

[992] OLG Köln Urt. v. 29.4.1968 – 7 U 179/67, OLGZ 1968, 394 (397).

[993] MüKoBGB/*Busche* BGB § 147 Rn. 22; Schlegelberger/*Hefermehl* Rn. 116; MüKoHGB/*K. Schmidt* Rn. 153.

den Leistungen – nicht bloße Teilleistungen – bereits ausgeführt hat.[994] Da es sich bei den Umständen ganz überwiegend um solche handeln wird, die nach dem Abschluss der Vertragsverhandlungen (zu Einzelheiten → Rn. 250 ff.) eintreten, erscheint die in der Literatur verbreitete Formulierung, dass nicht nur ein unmittelbar zeitlicher (→ Rn. 292), sondern auch ein **sachlicher Zusammenhang** zwischen dem Zugang des Bestätigungsschreibens und den Vertragsverhandlungen erforderlich sei,[995] zumindest unglücklich.

294   Eine **verspätete „Bestätigung",** dh ein Schreiben, das zwar die Voraussetzungen eines kaufmännischen Bestätigungsschreibens (zu Einzelheiten → Rn. 259 ff.) erfüllt, aber *nicht* in unmittelbarem zeitlichen Zusammenhang zu den bestätigten Vertragsverhandlungen zugegangen ist (→ Rn. 292 f.), begründet *grundsätzlich* weder die Pflicht zum Widerspruch (zu Einzelheiten → Rn. 313 ff.) noch löst es bei einem Schweigen des Empfängers die intendierten Rechtsfolgen (zu Einzelheiten → Rn. 324 ff.) aus.[996] Anderes kommt in entsprechender Anwendung von § 149 S. 2 BGB nur *ausnahmsweise* in Betracht, wenn der Empfänger erkennen musste, dass der Bestätigende das Schreiben rechtzeitig abgesandt hat, der Zugang aber aufgrund einer Unregelmäßigkeit in der Beförderung verzögert erfolgt ist, und er diese Verspätung nicht unverzüglich anzeigt.[997] Liegt diese Ausnahme nicht vor und weicht der Inhalt des Schreibens von dem formlos Vereinbarten ab, handelt es sich regelmäßig um einen **Antrag auf Abschluss eines Änderungsvertrags,** für dessen Annahme das bloße Schweigen des Empfängers – vorbehaltlich besonderer Umstände (zu Einzelheiten → Rn. 200 ff.) – nicht genügt.[998]

295   **dd) Darlegungs- und Beweislast.** Den **Zugang** eines kaufmännischen Bestätigungsschreibens (zu Einzelheiten → Rn. 287 ff.) hat der Absender darzulegen und ggf. zu beweisen.[999] Der Beweis der Absendung *allein* genügt hierfür nicht.[1000] Dies gilt aufgrund der Verlustquoten auf dem Postweg unterschiedslos sowohl für gewöhnliche Briefe als auch für Einschreibesendungen.[1001] Die Absendung eines Telefaxes begründet nach dem BGH auch dann keinen Anscheinsbeweis für den Zugang, wenn der Sendebericht einen „Ok"-Vermerk aufweist.[1002] Bestreitet der Empfänger den Zugang des Bestätigungsschreibens mit Nichtwissen, ist dies gem. § 138 Abs. 4 ZPO unzulässig, sodass der Zugang gem. § 138 Abs. 3 ZPO als zugestanden gilt.[1003]

296   Bei uneingeschränkter Anwendung der allgemeinen Regeln müsste der Absender eines kaufmännischen Bestätigungsschreibens, der aus dem Schweigen des Empfängers Rechtsfolgen herleiten will (zu Einzelheiten → Rn. 324 ff.), neben dem Zugang seines Schreibens (→ Rn. 295) auch das Stillschweigen des Empfängers darlegen und ggf. beweisen.[1004] Dieser Nachweis wird dem Absender dahingehend erleichtert, dass es genügt, den **Zeitpunkt des Zugangs** des Bestätigungsschreibens – in diesem Zeitpunkt entsteht die Pflicht zum Widerspruch – darzulegen und ggf. zu beweisen[1005]

---

[994] OLG München Beschl. v. 23.11.2009 – 34 Sch 13/09, SchiedsVZ 2010, 50 (52); OLG Köln Urt. v. 29.4.1968 – 7 U 179/67, OLGZ 1968, 394 (396).

[995] So zB MüKoHGB/*K. Schmidt* Rn. 153.

[996] MüKoBGB/*Busche* BGB § 147 Rn. 19; Staub/*Koller* Rn. 73; iErg auch BGH Urt. v. 27.6.1955 – II ZR 62/54, WM 1955, 1285 (1286).

[997] Staub/*Koller* Rn. 73.

[998] BGH Urt. v. 24.11.1959 – VIII ZR 133/58, BeckRS 1959, 31201448; Schlegelberger/*Hefermehl* Rn. 131.

[999] BGH Urt. v. 18.1.1978 – IV ZR 204/75, BGHZ 70, 232 (234) = NJW 1978, 886; BGH Urt. v. 11.10.1961 – VIII ZR 109/60, NJW 1962, 104; GK-HGB/*Achilles/B. Schmidt* Rn. 149; *Bateau* in Pfeiffer Handelsgeschäfte-HdB § 2 Rn. 39; *Bitter/Schumacher* HandelsR § 7 Rn. 20a; Palandt/*Ellenberger* BGB § 147 Rn. 20; *Fischinger* HandelsR Rn. 633; *Haberkorn* MDR 1968, 108 (110); *Hadding* JuS 1977, 314 (315); Schlegelberger/*Hefermehl* Rn. 118, 133; Baumbach/Hopt/*Hopt* Rn. 25; Heymann/*Horn* Rn. 53; HaKo-HGB/*Klappstein* Rn. 62; Staub/*Koller* Rn. 74; NK-HGB/*Lehmann-Richter* Rn. 59; *Moritz* BB 1995, 420; Oetker HandelsR § 7 Rn. 42; Oetker/*Pamp* Rn. 45, 64; *H. Prütting* in Baumgärtel/Prütting/Laumen Beweislast-HdB BGB § 146 Rn. 4; KKRD/*W.-H. Roth* Rn. 29; *K. Schmidt* HandelsR § 19 Rn. 152; *K. Schmidt* HandelsR § 19 Rn. 100; *Siller* JR 1927, 289 (298); Röhricht/Graf v. Westphalen/Haas/*Steimle/Dornieden* Rn. 43, 53.

[1000] BGH Urt. v. 27.5.1957 – II ZR 132/56, BGHZ 24, 308 (312 ff.) = NJW 1957, 1230; MüKoBGB/*Busche* BGB § 147 Rn. 27; Schlegelberger/*Hefermehl* Rn. 118; differenzierend MüKoHGB/*K. Schmidt* Rn. 152 zwischen Einschreiben mit Rückschein und anderen Sendungen.

[1001] Statt vieler BGH Urt. v. 7.12.1994 – VIII ZR 153/93, NJW 1995, 665 (666); BGH Urt. v. 17.2.1964 – II ZR 87/61, NJW 1964, 1176 f.; Schlegelberger/*Hefermehl* Rn. 118; MüKoBGB/*Einsele* BGB § 130 Rn. 46 jew. mwN.

[1002] BGH Urt. v. 7.12.1994 – VIII ZR 153/93, NJW 1995, 665 (666); OLG Brandenburg Urt. v. 24.6.2009 – 4 U 137/08, BauR 2009, 1484 (Ls. 3) = BeckRS 2009, 19418; OLG Köln Urt. v. 16.10.2000 – 16 U 95/99, BeckRS 2000, 30137002 unter I. der Entscheidungsgründe. Zum Meinungsstand MüKoBGB/*Einsele* BGB § 130 Rn. 46 mwN.

[1003] OLG Hamm Urt. v. 22.3.1994 – 7 U 133/93, NJW 1994, 3172; MüKoBGB/*Busche* BGB § 147 Rn. 27; *Kollrus* BB 2014, 779 (781); *Schmittmann* NJW 1994, 3149.

[1004] BGH Urt. v. 18.1.1978 – IV ZR 204/75, BGHZ 70, 232 (234) = NJW 1978, 886; aA BGH Urt. v. 11.10.1961 – VIII ZR 109/60, NJW 1962, 104.

[1005] BGH Urt. v. 18.1.1978 – IV ZR 204/75, BGHZ 70, 232 (234) = NJW 1978, 886; GK-HGB/*Achilles/B. Schmidt* Rn. 149; Baumbach/Hopt/*Hopt* Rn. 25; Heymann/*Horn* Rn. 53; HaKo-HGB/*Klappstein* Rn. 62; Staub/*Koller* Rn. 74; *Moritz* BB 1995, 420; Oetker HandelsR § 7 Rn. 42; Oetker/*Pamp* Rn. 64; *H. Prütting* in Baumgärtel/Prütting/Laumen Beweislast-HdB BGB § 146 Rn. 4; *K. Schmidt* HandelsR § 19 Rn. 100; Röhricht/

und zu behaupten, dass ihm kein rechtzeitiger Widerspruch zugegangen sei (zu Einzelheiten → Rn. 313 ff.).

d) Persönlicher Anwendungsbereich. aa) Überblick. Ein Schreiben, das die (Mindest-)Anfor- **297** derungen an ein kaufmännisches Bestätigungsschreiben (zu Einzelheiten → Rn. 259 ff.) erfüllt, kann jedermann sowohl verfassen als auch entgegennehmen. Von diesen tatsächlichen Vorgängen sind die (Gewohnheits-)Rechtssätze über das Schweigen auf ein kaufmännisches Bestätigungsschreiben zu unterscheidenden. Ihr persönlicher Anwendungsbereich entscheidet darüber, wer durch das Verfassen und Absenden eines Bestätigungsschreibens die Pflicht zum Widerspruch (zu Einzelheiten → Rn. 313 ff.) begründen kann bzw. wem nach dem Zugang eines Bestätigungsschreiben (zu Einzelheiten → Rn. 287 ff.) diese Pflicht obliegt. Die (Mindest-)Anforderungen an den **Absender** und den **Empfänger** sind **identisch.**[1006] Darzulegen und ggf. zu beweisen hat sie der Bestätigende, der sich auf die Rechtsfolgen des Schweigens (zu Einzelheiten → Rn. 324 ff.) beruft, und zwar sowohl in Bezug auf seine Person als auch auf den Adressaten (→ Rn. 261).[1007]

bb) Kaufleute. Die Grundsätze über das Schweigen auf ein kaufmännisches Bestätigungsschreiben **298** gelten seit jeher – unverändert durch das HRRefG[1008] – unter Kaufleuten iSd **§§ 1–6.**[1009] Solange sie noch kein Gewohnheitsrecht (→ 246), sondern (nur) als Handelsbräuche gem. § 346 in Ansehung der Bedeutung und Wirkung des Zugangs eines Bestätigungsschreibens und des Schweigens des Empfängers zu berücksichtigen waren, ergab sich dieser persönliche Anwendungsbereich aus dem Geltungsbereich des Handelsbrauchs (zu Einzelheiten → Rn. 106 ff.). Mit anderen Worten: Die Pflicht zum Widerspruch (zu Einzelheiten → Rn. 313 ff.) bestand in erster Linie bei dem Abschluss beiderseitiger Handelsgeschäfte (→ Rn. 104).[1010] Seit dem Erstarken der Grundsätze zu Gewohnheitsrecht hat sich ihr persönlicher Anwendungsbereich nicht verengt, sondern lediglich erweitert (zu Einzelheiten → Rn. 299 ff.).

cc) Personen, die wie ein Kaufmann am Rechtsverkehr teilnehmen. (1) Überblick. Wären **299** die Grundsätze über das Schweigen auf ein kaufmännisches Bestätigungsschreiben *nur* ein Handelsbrauch, wäre ihre Berücksichtigung gem. § 346 im Grundsatz auf Handlungen und Unterlassungen unter Kaufleuten (zu Einzelheiten → Rn. 103 ff.) begrenzt. Seit ihrem Erstarken zu Gewohnheitsrecht (→ Rn. 246) gelten sie jedoch als Gesetz iSd Art. 2 EGBGB normativ aus sich heraus, dh ohne Rückgriff auf § 346 und unabhängig von dem Fortbestand des ihnen zugrunde liegenden Handelsbrauchs. Mit anderen Worten: Die Grundsätze über das Schweigen auf ein kaufmännisches Bestätigungsschreiben haben sich rechtlich verselbstständigt. Als eigenständiger Bestandteil des objektiven Rechts können sie – hier: ihr persönlicher Anwendungsbereich – anhand ihrer *ratio legis* auch über die Grenzen des ihnen weiterhin zugrunde liegenden Handelsbrauchs[1011] hinaus fortentwickelt werden.[1012] Daher ist es in Anbetracht der Tatsache, dass die innere Rechtfertigung der Dogmatik vom Schweigen auf ein deklaratorisches Bestätigungsschreiben (zu Einzelheiten → Rn. 259 ff.) innerhalb der allgemeinen Rechtsgeschäftslehre im Wesentlichen auf dem **Vertrauens- bzw. Verkehrsschutz** beruht (→ Rn. 243), zulässig im Sinne einer systemkonformen Weiterentwicklung, die Grundsätze auf sämtliche Konstellationen zu erstrecken, in denen jemand damit rechnen muss bzw. darauf vertrauen darf,

---

Graf v. Westphalen/Haas/*Steimle*/*Dornieden* Rn. 43, 53; wohl auch *Batereau* in Pfeiffer Handelsgeschäfte-HdB § 2 Rn. 39.

[1006] OLG Koblenz Urt. v. 26.6.2006 – 12 U 685/05, NJW-RR 2007, 813 (814); MüKoBGB/*Busche* BGB § 147 Rn. 18; Palandt/*Ellenberger* BGB § 147 Rn. 10; *Fischinger* HandelsR Rn. 625; *Fischinger* JuS 2015, 394 (396); Baumbach/Hopt/*Hopt* Rn. 19; Heymann/*Horn* Rn. 63 f.; Oetker/*Pamp* Rn. 51; KKRD/*W.-H. Roth* Rn. 24; Röhricht/Graf v. Westphalen/Haas/*Steimle*/*Dornieden* Rn. 37; aA *Hadding* JuS 1977, 314 f.; *Hübner* HandelsR Rn. 495 f.; Staub/*Koller* Rn. 26 f.; *Lettl* HandelsR § 10 Rn. 52 f.; *Lettl* JuS 2008, 849 (851).

[1007] *Batereau* in Pfeiffer Handelsgeschäfte-HdB § 2 Rn. 39; MüKoBGB/*Busche* BGB § 147 Rn. 27; Palandt/*Ellenberger* BGB § 147 Rn. 20; *Kuchinke* JZ 1965, 167 (176); NK-HGB/*Lehmann-Richter* Rn. 59; Oetker/*Pamp* Rn. 64; *H. Prütting* in Baumgärtel/Prütting/Laumen Beweislast-HdB BGB § 146 Rn. 3; Röhricht/Graf v. Westphalen/Haas/*Steimle*/*Dornieden* Rn. 53.

[1008] Oetker/*Pamp* Rn. 51; KKRD/*W.-H. Roth* Rn. 24; *Weber*/*Jacob* ZRP 1997, 153; aA *Krebs* DB 1996, 2013 (2015): Seit dem In-Kraft-Treten des HRRefG seien die Grundsätze nicht mehr auf die ehemaligen Minderkaufleute anwendbar.

[1009] BGH Urt. v. 26.6.1963, BGHZ 40, 42 (43 f.) = NJW 1963, 1922; BGH Urt. v. 25.2.1987 – VIII ZR 341/86, NJW 1987, 1940 (1941); OLG Frankfurt a. M. Urt. v. 16.8.2017 – 29 U 271/16, BeckRS 2017, 145485 Rn. 13; OLG Köln Beschl. v. 6.10.2014 – 19 Sch 17/13, BeckRS 2015, 10334 Rn. 41; OLG Düsseldorf Urt. v. 24.11.1981 – 23 U 109/81, DB 1982, 592; *Bitter*/*Schumacher* HandelsR § 7 Rn. 18; *Brox*/*Henssler* Rn. 296a; MüKoBGB/*Busche* BGB § 147 Rn. 18; *Canaris* HandelsR § 23 Rn. 45; Schlegelberger/*Hefermehl* Rn. 136; Heymann/*Horn* Rn. 63; *Hübner* HandelsR Rn. 494 f.; Staub/*Koller* Rn. 64; NK-HGB/*Lehmann-Richter* Rn. 55; Oetker HandelsR § 7 Rn. 34; *K. Schmidt* HandelsR § 19 Rn. 72; *Wolf*/*Neuner* BGB AT § 37 Rn. 54. Weiter *Lettl* HandelsR § 10 Rn. 52 (Unternehmer); MüKoHGB/*K. Schmidt* Rn. 154 (Unternehmensträger).

[1010] BGH Urt. v. 6.5.1975 – VI ZR 120/74, NJW 1975, 1358.

[1011] BGH Urt. v. 27.1.2011 – VII ZR 186/09, BGHZ 188, 128 Rn. 22 = NJW 2011, 1965.

[1012] Staub/*Koller* Rn. 25 b. S. auch BGH Urt. v. 30.1.1958 – III ZR 174/56, NJW 1958, 709 zur Möglichkeit der Erweiterung der Anwendbarkeit von gewohnheitsrechtlichen Rechtssätzen.

dass ihm gegenüber in kaufmännischer Weise verfahren wird.[1013] Dies ist nicht bei allen Unternehmern iSv § 14 Abs. 1 BGB,[1014] sondern nur bei Personen anzunehmen, die wie ein Kaufmann (→ Rn. 298) **selbstständig** und **in größerem Umfang am Rechtsverkehr teilnehmen.**[1015] Bei ihnen kann das Wissen um den zugrunde liegenden Handelsbrauch und das Bewusstsein seiner Verbindlichkeit vorausgesetzt werden.[1016] Dies gilt insbesondere für die § 84 Abs. 4 (Handelsvertreter), § 93 Abs. 3 (Handelsmakler), § 383 Abs. 2 (Kommissionär), § 407 Abs. 3 S. 2 (Frachtführer), § 453 Abs. 3 S. 2 (Spediteur) und § 467 Abs. 3 S. 2 (Lagerhalter) unterfallenden Personen.[1017]

300   **(2) Voraussetzungen für kaufmännisches Handeln.** Die Erstreckung des persönlichen Anwendungsbereichs der Grundsätze über das Schweigen auf ein kaufmännisches Bestätigungsschreiben auf Personen, die wie ein Kaufmann (→ Rn. 298) selbstständig und in größerem Umfang am Rechtsverkehr teilnehmen (→ Rn. 299), betrifft insbesondere Personen, denen nur aus formalrechtlichen Gründen die Kaufmannseigenschaft nicht zukommt,[1018] zB Angehörige Freier Berufe (→ Rn. 301). Die Grenzziehung erfolgt aber nicht rein numerisch nach dem Umsatz, sondern wertend nach den Umständen des Einzelfalls[1019] unter besonderer Berücksichtigung der konkreten Berufstätigkeit.[1020]

[1013] BGH Urt. v. 26.6.1963 – VIII ZR 61/62, BGHZ 40, 42 (43 f.) = NJW 1963, 1922 (Absender); BGH Urt. v. 25.2.1987 – VIII ZR 341/86, NJW 1987, 1940 (1941) (Empfänger); BGH Urt. v. 9.1.1981 – V ZR 104/79, WM 1981, 333 (335) = BeckRS 1981, 31073829 (Absender); BGH Urt. v. 4.3.1976 – IV ZR 59/74, BB 1976, 664 f. = BeckRS 1976, 31116685 (Absender); BGH Urt. v. 11.10.1973 – VII ZR 96/72, WM 1973, 1376 (Absender); RG Urt. v. 16.4.1929 – II 472/28, LZ 1929, 1032 (1033) (Empfänger); OLG Frankfurt a. M. Urt. v. 16.8.2017 – 29 U 271/16, BeckRS 2017, 145485 Rn. 13 (Absender); OLG Köln Urt. v. 29.12.2016 – 7 U 131/15, BeckRS 2016, 114556 Rn. 15 (Absender); OLG Düsseldorf Urt. v. 11.5.2007 – 7 U 139/05, BeckRS 2009, 24178 unter II. 1. a) der Gründe (Empfänger); OLG Düsseldorf Urt. v. 2.9.2003 – 21 U 220/02, BeckRS 2003, 30327039 unter II. der Gründe (Empfänger); OLG Köln Urt. v. 16.10.2000 – 16 U 95/99, BeckRS 2000, 30137002 unter I. der Entscheidungsgründe (Absender); OLG Hamm Urt. v. 15.1.1999 – 18 U 38/99, VersR 2001, 1240 (1241) = BeckRS 1999, 30082184 (Empfänger); OLG Düsseldorf Urt. v. 25.11.1993 – 7 U 260/92, NJW-RR 1995, 501 (502); OLG Düsseldorf Urt. v. 10.2.1966 – 6 U 144/65, DB 1966, 458 (Empfänger); GK-HGB/*Achilles/B. Schmidt* Rn. 124; *Bitter/Schumacher* HandelsR § 7 Rn. 18; *Brox/Henssler* Rn. 296a; MüKoBGB/*Busche* BGB § 147 Rn. 18; *Canaris* HandelsR § 23 Rn. 46 (Empfänger); Schlegelberger/*Hefermehl* Rn. 30, 136; Baumbach/Hopt/*Hopt* Rn. 18; Heymann/*Horn* Rn. 63 (Empfänger), 64 (Absender); *Horn* FG 50 Jahre BGH, Bd. II, 2000, 3 (22); *Hübner* HandelsR Rn. 495 (Empfänger); NK-HGB/*Lehmann-Richter* Rn. 55; Oetker/*Pamp* Rn. 51; *L. Raiser*, Das Recht der allgemeinen Geschäftsbedingungen, 1935, 193 (Empfänger); KKRD/*W.-H. Roth* Rn. 24; MüKoHGB/*K. Schmidt* Rn. 154; *K. Schmidt* HandelsR § 19 Rn. 80; Röhricht/Graf v. Westphalen/Haas/*Steimle/Dornieden* Rn. 36; *Thamm/Detzer* DB 1997, 213; aA (jedermann sei tauglicher Absender) *Flume* Rechtsgeschäft § 36, 2 = 663; *Canaris* HandelsR § 23 Rn. 45.

[1014] Palandt/*Ellenberger* BGB § 147 Rn. 9; aA wohl *K. Schmidt* HandelsR § 19 Rn. 80 (Absender).

[1015] BGH Urt. v. 27.1.2011 – VII ZR 186/09, BGHZ 188, 128 Rn. 23 = NJW 2011, 1965; BGH Urt. v. 26.6.1963 – VIII ZR 61/62, BGHZ 40, 42 (43 f.) = NJW 1963, 1922 (Absender); BGH Urt. v. 27.10.1953 – I ZR 111/52, BGHZ 11, 1 (3) = NJW 1954, 105 (Empfänger); BGH Urt. v. 25.2.1987 – VIII ZR 341/86, NJW 1987, 1940 (1941) (Empfänger); BGH Urt. v. 9.1.1981 – V ZR 104/79, WM 1981, 333 (335) = BeckRS 1981, 31073829; BGH Urt. v. 6.5.1975 – VI ZR 120/74, NJW 1975, 1358 (1359); BGH Urt. v. 11.10.1973 – VII ZR 96/72, WM 1973, 1376 (Absender); BGH Urt. v. 25.5.1970 – VIII ZR 253/68, WM 1970, 877 = BeckRS 1970, 31121884 (Empfänger); BGH Urt. v. 19.2.1964 – Ib ZR 203/62, NJW 1964, 1223 (Empfänger); RG Urt. v. 16.4.1929 – II 472/28, Gruchot 71 Nr. 12 (Empfänger); OLG Frankfurt a. M. Urt. v. 16.8.2017 – 29 U 271/16, BeckRS 2017, 145485 Rn. 13 (Absender); OLG Köln Urt. v. 29.12.2016 – 7 U 131/15, BeckRS 2016, 114556 Rn. 15 (Absender); OLG Koblenz Urt. v. 26.6.2006 – 12 U 685/05, NJW-RR 2007, 813 (814); OLG Koblenz Urt. v. 26.6.2006 – 12 U 685/05, BeckRS 2007, 03474 unter II. 1. der Gründe; OLG Düsseldorf Urt. v. 2.9.2003 – 21 U 220/02, BeckRS 2003, 30327039 unter II. der Gründe (Empfänger); OLG Köln Urt. v. 16.10.2000 – 16 U 95/99, BeckRS 2000, 30137002 unter I. der Entscheidungsgründe (Absender); OLG Düsseldorf Urt. v. 25.11.1993 – 7 U 260/92, NJW-RR 1995, 501 (502); OLG Köln Urt. v. 31.5.1991 – 19 U 34/91, CR 1991, 541 (Empfänger); GK-HGB/*Achilles/B. Schmidt* Rn. 124; *Batereau* in Pfeiffer Handelsgeschäfte-HdB § 2 Rn. 17; *Brox/Henssler* Rn. 296a; *Canaris* HandelsR § 23 Rn. 46 (Empfänger); *Canaris* Vertrauenshaftung 212 (Empfänger); Palandt/*Ellenberger* BGB § 147 Rn. 9; *Fischinger* JuS 2015, 394 (396); *Haberkorn* MDR 1968, 108 (110); Schlegelberger/*Hefermehl* Rn. 136; Baumbach/Hopt/*Hopt* Rn. 18; *Hopt* AcP 183 (1983), 608 (691 f.); Heymann/*Horn* Rn. 63 (Empfänger), 64 (Absender); HaKo-HGB/*Klappstein* Rn. 55 (Absender), 56 (Empfänger); Staub/*Koller* Rn. 26 (Empfänger); *Kuhn* WM 1955, 958 (961) (Empfänger); NK-HGB/*Lehmann-Richter* Rn. 55; Oetker HandelsR § 7 Rn. 34 (Empfänger), 35 (Absender); Oetker/*Pamp* Rn. 51; KKRD/*W.-H. Roth* Rn. 24 (Empfänger); MüKoHGB/*K. Schmidt* Rn. 154 (Empfänger); Röhricht/Graf v. Westphalen/Haas/*Steimle/Dornieden* Rn. 36; *Schäch*, Die kaufmannsähnlichen Personen als Ergänzung zum normierten Kaufmannsbegriff, 1989, 328 ff.; Röhricht/Graf v. Westphalen/Haas/*Steimle/Dornieden* Rn. 36. Weitergehend *Schmitt*, Die Rechtsstellung der Kleingewerbetreibenden nach dem Handelsrechtsreformgesetz, 2003, 284: Erstreckung auf alle Kleingewerbetreibenden unabhängig von ihren individuellen Verhältnissen.

[1016] OLG Düsseldorf Urt. v. 2.9.2003 – 21 U 220/02, BeckRS 2003, 30327039 unter II. der Gründe; OLG Hamm Urt. v. 15.1.1992 – 26 U 65/91, DStR 1992, 1250.

[1017] Staub/*Koller* Rn. 26, 27a; Oetker/*Pamp* Rn. 52; KKRD/*W.-H. Roth* Rn. 24 (Empfänger); MüKoHGB/*K. Schmidt* Rn. 154 (Empfänger); Röhricht/Graf v. Westphalen/Haas/*Steimle/Dornieden* Rn. 36.

[1018] BGH Urt. v. 6.5.1975 – VI ZR 120/74, NJW 1975, 1358 (1359).

[1019] BGH Urt. v. 25.2.1987 – VIII ZR 341/86, NJW 1987, 1940 (1941); BGH Urt. v. 19.2.1964 – Ib ZR 203/62, NJW 1964, 1223; OLG Düsseldorf Urt. v. 11.5.2007 – 7 U 139/05, BeckRS 2009, 24178 unter II. 1. a) der Gründe (Empfänger); GK-HGB/*Achilles/B. Schmidt* Rn. 124; MüKoBGB/*Busche* BGB § 147 Rn. 18; NK-HGB/*Lehmann-Richter* Rn. 56; Oetker/*Pamp* Rn. 51; Röhricht/Graf v. Westphalen/Haas/*Steimle/Dornieden* Rn. 36.

[1020] *Hopt* AcP 183 (1983), 608 (692).

Dabei ist eine Orientierung an den Voraussetzungen für kaufmännisches Handeln möglich, namentlich der Selbstständigkeit (→ § 1 Rn. 21), der Marktausrichtung (→ § 1 Rn. 22) sowie der Erforderlichkeit einer kaufmännischen Einrichtung des Gewerbebetriebs (zu Einzelheiten → § 1 Rn. 42 ff.).

(3) Einzelfälle. (a) Angehörige Freier Berufe. Erfüllen Angehörige Freier Berufe die Voraus- **301** setzungen für kaufmännisches Handeln (→ Rn. 300), gelten die Grundsätze über das Schweigen auf ein kaufmännisches Bestätigungsschreiben auch für sie (sog. **berufliches Bestätigungsschreiben**).[1021] Bejaht hat die Rechtsprechung dies *einzelfallbezogen* zB für Architekten,[1022] Bauingenieure,[1023] internationale Unternehmensberater, Verkaufstrainer und Kongressredner,[1024] Wirtschaftsprüfer[1025] sowie für *in eigener Sache* handelnde **Rechtsanwälte**.[1026] Agiert der Rechtsanwalt hingegen *als Vertreter* (→ Rn. 310), begründet ein von ihm verfasstes Bestätigungsschreiben die Pflicht zum Widerspruch (zu Einzelheiten → Rn. 313 ff.) nur, wenn der Vertretene Kaufmann ist (→ Rn. 298) oder wie ein Kaufmann selbstständig und in größerem Umfang am Rechtsverkehr teilnimmt (→ Rn. 299 f.).[1027] Bei der Verwaltung eines Nachlasses durch einen Rechtsanwalt genügt es, dass der Erblasser Kaufmann war;[1028] nicht erforderlich ist, dass auch die Erben Kaufleute sind.

(b) Kleingewerbetreibende. Für Personen, die ein Gewerbe betreiben, das nicht schon nach § 1 **302** Abs. 2 Handelsgewerbe (zu Einzelheiten → § 1 Rn. 9 ff.) und dessen Firma nicht in das Handelsregister eingetragen ist (sog. Kleingewerbetreibende), gelten die Grundsätze über das Schweigen auf ein kaufmännisches Bestätigungsschreiben nur, wenn sie wie Kaufleute selbstständig und in größerem Umfang am Rechtsverkehr teilnehmen (→ Rn. 299 f.).[1029] Bejaht hat die Rechtsprechung dies *einzelfallbezogen* zB für einen Grundstücksmakler,[1030] den Inhaber eines Reparaturbetriebs für Rundfunk- und Fernsehgeräte,[1031] den Inhaber einer Werbeagentur,[1032] den Inhaber eines Sägewerks,[1033] einen Bauträger,[1034] eine als Investorin und Bauherrin agierende BGB-Gesellschaft[1035] sowie einen Schrottgroßhändler,[1036] verneint hingegen für einen Handwerker mit einem einfachen Geschäftsbetrieb.[1037]

[1021] MüKoBGB/*Busche* BGB § 147 Rn. 18; *Oetker* HandelsR § 7 Rn. 34; KKRD/*W.-H. Roth* Rn. 24; differenzierend *Canaris* HandelsR § 23 Rn. 46 nur für Empfänger.

[1022] BGH Urt. v. 11.10.1973 – VII ZR 96/72, WM 1973, 1376 (Absender); OLG Brandenburg Urt. v. 24.6.2009 – 4 U 137/08, BauR 2009, 1484 (Ls. 2) = BeckRS 2009, 19418 (Absender); OLG Saarbrücken Urt. v. 9.11.2004 – 4 U 729/03 u. 4 U 76/04, BauR 2005, 768 (Ls. 2) = BeckRS 2004, 30346033 (Empfänger); OLG Düsseldorf Urt. v. 26.11.1993 – 7 U 260/92, NJW-RR 1995, 501 (502) (Empfänger); dem folgend GK-HGB/*Achilles*/*B. Schmidt* Rn. 124; Palandt/*Ellenberger* BGB § 147 Rn. 9; Baumbach/Hopt/*Hopt* Rn. 18; Heymann/*Horn* Rn. 63; HaKo-HGB/*Klappstein* Rn. 57; NK-HGB/*Lehmann-Richter* Rn. 56; Oetker/*Pamp* Rn. 51.

[1023] OLG Brandenburg Urt. v. 24.6.2009 – 4 U 137/08, BauR 2009, 1484 (Ls. 2) = BeckRS 2009, 19418 (Absender); dem folgend HaKo-HGB/*Klappstein* Rn. 57; NK-HGB/*Lehmann-Richter* Rn. 56; Oetker/*Pamp* Rn. 51.

[1024] BGH Beschl. v. 20.10.1994 – III ZR 76/94, NJW-RR 1995, 179 f. (Absender); dem folgend HaKo-HGB/*Klappstein* Rn. 57; Oetker/*Pamp* Rn. 51.

[1025] BGH Urt. v. 28.6.1967 – VIII ZR 30/65, WM 1967, 898 (900) = BeckRS 1967, 31178962 (Empfänger); dem folgend GK-HGB/*Achilles*/*B. Schmidt* Rn. 124; Palandt/*Ellenberger* BGB § 147 Rn. 9; HaKo-HGB/*Klappstein* Rn. 57; Oetker/*Pamp* Rn. 51.

[1026] RG Urt. v. 11.11.1930 – II 6/30, JW 1931, 522 (524) (Empfänger); OLG Hamm Urt. v. 15.11.1999 – 18 U 38/99, VersR 2001, 1240 (1241) = BeckRS 1999, 30082184 (Empfänger); OLG Köln Urt. v. 31.5.1991 – 19 U 34/91, CR 1991, 541 (Empfänger); dem folgend GK-HGB/*Achilles*/*B. Schmidt* Rn. 124; Palandt/*Ellenberger* BGB § 147 Rn. 9; Baumbach/Hopt/*Hopt* Rn. 18; Heymann/*Horn* Rn. 63; HaKo-HGB/*Klappstein* Rn. 57; Oetker/*Pamp* Rn. 51.

[1027] HaKo-HGB/*Klappstein* Rn. 57; Oetker/*Pamp* Rn. 51; offengelassen von OLG Hamm Urt. v. 20.9.1973 – 5 U 71/73, NJW 1974, 462 (463).

[1028] BGH Urt. v. 4.3.1976 – IV ZR 59/74, BB 1976, 664 = BeckRS 1976, 31116685; dem folgend GK-HGB/*Achilles*/*B. Schmidt* Rn. 124; Schlegelberger/*Hefermehl* Rn. 136; Oetker/*Pamp* Rn. 51.

[1029] GK-HGB/*Achilles*/*B. Schmidt* Rn. 124; MüKoBGB/*Busche* BGB § 147 Rn. 18; *Oetker* HandelsR § 7 Rn. 36; Oetker/*Pamp* Rn. 52; KKRD/*W.-H. Roth* Rn. 24; *Schmitt,* Die Rechtsstellung der Kleingewerbetreibenden nach dem Handelsrechtsreformgesetz, 2002, 282 ff.

[1030] BGH Urt. v. 26.6.1963 – VIII ZR 61/62, BGHZ 40, 42 (43 f.) = NJW 1963, 1922 (Absender); BGH Urt. v. 6.5.1975 – VI ZR 120/74, NJW 1975, 1358 (1359); OLG Düsseldorf Urt. v. 26.11.1993 – 7 U 260/92, NJW-RR 1995, 501 (502) (Absender); dem folgend GK-HGB/*Achilles*/*B. Schmidt* Rn. 124; Palandt/*Ellenberger* BGB § 147 Rn. 9; Schlegelberger/*Hefermehl* Rn. 136; Baumbach/Hopt/*Hopt* Rn. 18; HaKo-HGB/*Klappstein* Rn. 57; NK-HGB/*Lehmann-Richter* Rn. 56; Oetker/*Pamp* Rn. 52.

[1031] LG Hannover Urt. v. 14.1.1969 – 11 S 282/68, BB 1969, 329 (330).

[1032] OLG Köln Urt. v. 16.10.2000 – 16 U 95/99, BeckRS 2000, 30137002 unter I. der Entscheidungsgründe.

[1033] BGB Urt. v. 16.1.1967 – VIII ZR 276/64, BB 1967, 186 = BeckRS 1967, 31178051.

[1034] OLG Koblenz Urt. v. 26.6.2006 – 12 U 685/05, NJW-RR 2007, 813 (814).

[1035] OLG Brandenburg Urt. v. 24.6.2009 – 4 U 137/08, BauR 2009, 1484 (Ls. 1) = BeckRS 2009, 19418 (Empfänger); OLG Oldenburg Urt. v. 18.7.2006 – 12 U 18/06, BauR 2007, 1742 (1743) = BeckRS 2008, 02339 (Empfänger); dem folgend HaKo-HGB/*Klappstein* Rn. 57; NK-HGB/*Lehmann-Richter* Rn. 56; Oetker/*Pamp* Rn. 52.

[1036] BGH Urt. v. 27.10.1953 – I ZR 111/52, BGHZ 11, 1 (3) = NJW 1954, 105; dem folgend Palandt/*Ellenberger* BGB § 147 Rn. 9.

[1037] OLG Frankfurt a. M. Urt. v. 8.2.1966 – 5 U 124/65, MDR 1966, 512.

303   **(c) Vermögensverwaltung. (aa) Verwaltung eigenen Vermögens.** Personen, die lediglich eigenes Vermögen verwalten, betreiben kein Gewerbe (→ § 1 Rn. 32). Nehmen sie aber wie Kaufleute (→ Rn. 298) selbstständig und in größerem Umfang am Rechtsverkehr teil (→ Rn. 299 f.), gelten die Grundsätze über das Schweigen auf ein kaufmännisches Bestätigungsschreiben auch für sie. Bejaht hat die Rechtsprechung dies *einzelfallbezogen* zB für einen Gutsbesitzer.[1038]

304   **(bb) Verwaltung fremden Vermögens.** Die Mitglieder der Leitungsorgane von Kapitalgesellschaften (zB die **Geschäftsführer einer GmbH**) sind keine Kaufleute (→ § 343 Rn. 34). Daher gelten die Grundsätze über das Schweigen auf ein kaufmännisches Bestätigungsschreiben für und gegen sie nur ausnahmsweise, wenn sie selbst wie ein Kaufmann selbstständig und in größerem Umfang am Rechtsverkehr teilnehmen (→ Rn. 299 f.).[1039] Hierfür genügt es bei einem außergewöhnlichen Geschäft (zB einem Schuldbeitritt des Geschäftsführers für eine Verbindlichkeit der GmbH) nicht, dass ihnen aufgrund ihrer Position die Grundsätze über das Schweigen auf ein kaufmännisches Bestätigungsschreiben bekannt sein müssen.[1040]

305   Ein **Insolvenzverwalter,** der das Unternehmen eines kaufmännischen Schuldners fortführt oder liquidiert, wird dadurch nicht selbst zum Kaufmann (→ § 343 Rn. 35). Da er nach der Amtstheorie – wenngleich mit Wirkung für und gegen die Masse – materiell-rechtlich im eigenen Namen handelt,[1041] gelten die Grundsätze über das Schweigen auf ein kaufmännisches Bestätigungsschreiben für und gegen ihn nur, wenn er *selbst* wie ein Kaufmann selbstständig und in größerem Umfang am Rechtsverkehr teilnimmt (→ Rn. 299 f.).[1042] Die Verwertung des zu der Insolvenzmasse gehörenden Umlaufvermögens (→ § 247 Rn. 6) durch einen einmaligen Verkauf ist – unabhängig von der Menge und dem Wert der abgegebenen Waren – keine Teilnahme am kaufmännischen Verkehr in größerem Umfang.[1043] Anderes gilt zB, wenn die Veräußerung im Rahmen einer über längere Zeit andauernden Lieferbeziehung – wenn auch nur an einen einzigen Geschäftspartner – erfolgt.[1044]

306   **(d) Dienstverpflichtete.** Dienstverpflichtete (zB Handlungsbevollmächtigte) sind im Verhältnis zu ihrem Dienstherrn (zB einer GmbH) keine tauglichen Absender eines kaufmännischen Bestätigungsschreibens.[1045] Von ihnen muss der Dienstberechtigte kein kaufmännisches Bestätigungsschreiben erwarten.[1046] Sie treten dem Dienstberechtigten – im Gegensatz zu Handelsvertretern (→ Rn. 299) – auch dann aus einer Anstellungsposition heraus entgegen, wenn sie Handlungs-, Inkasso- und Bankvollmachten haben und ihnen nach dem Dienstvertrag ein Anteil an dem Unternehmensgewinn als Vergütung zusteht.[1047]

307   **dd) Scheinkaufleute.** Die Ausdehnung des persönlichen Anwendungsbereichs der Grundsätze über das Schweigen auf ein kaufmännisches Bestätigungsschreiben auf Personen, die wie ein Kaufmann (→ Rn. 298) selbstständig und in größerem Umfang am Rechtsverkehr teilnehmen (zu Einzelheiten → Rn. 299 ff.), hat das Bedürfnis für die Anwendung der Grundsätze über Scheinkaufleute (zu Einzelheiten → § 5 Rn. 49 ff.) nur insoweit entfallen lassen, als der Rechtsschein eines Kaufmanns durch die Art und Weise der Teilnahme am Rechtsverkehr gesetzt wird.[1048] Die auf der Publizität des Handelsregisters beruhenden gesetzlichen Rechtsscheintatbestände sind hingegen weiterhin anzuwenden.[1049] Sie sind insbesondere in den Fällen von Bedeutung, in denen der Empfänger des kaufmännischen Bestätigungsschreibens *nicht* wie ein Kaufmann am Rechtsverkehr teilnimmt. Wer zB infolge der endgültigen Aufgabe seines (Handels-)Gewerbes kein Kaufmann nach den §§ 1–6 ist (→ Rn. 298), kann die Tatsache, kein Kaufmann mehr zu sein, einem redlichen Dritten gem.

[1038] BGH Urt. v. 6.5.1975 – VI ZR 120/74, NJW 1975, 1358 (1359); RG Urt. v. 16.4.1929 – II 472/28, LZ 1929, 1032 (1033) (Empfänger); dem folgend GK-HGB/*Achilles*/*B. Schmidt* Rn. 124; Schlegelberger/*Hefermehl* Rn. 136; Heymann/*Horn* Rn. 63; HaKo-HGB/*Klappstein* Rn. 57; Oetker/*Pamp* Rn. 52.

[1039] OLG Düsseldorf Urt. v. 2.9.2003 – I-21 U 222/02, ZIP 2004, 1211; dem folgend GK-HGB/*Achilles*/*B. Schmidt* Rn. 124; Baumbach/Hopt/*Hopt* Rn. 18.

[1040] AA OLG Düsseldorf Urt. v. 2.9.2003 – 21 U 220/02, BeckRS 2003, 30327039 unter II. der Gründe (Empfänger); dagegen Oetker/*Pamp* Rn. 52; *Pfeiffer* EWiR 2004, 707 (708); KKRD/*W.-H. Roth* Rn. 24; MüKoHGB/*K. Schmidt* Rn. 164.

[1041] Statt vieler K. Schmidt/*Sternal* InsO § 80 Rn. 19 mwN.

[1042] Vgl. BGH Urt. v. 25.2.1987 – VIII ZR 341/86, NJW 1987, 1940 (1941) für einen Konkursverwalter (Empfänger); dem folgend GK-HGB/*Achilles*/*B. Schmidt* Rn. 124; Baumbach/Hopt/*Hopt* Rn. 18; HaKo-HGB/*Klappstein* Rn. 57; wohl auch *Bateau* in Pfeiffer Handelsgeschäfte-HdB § 2 Rn. 17; aA Palandt/*Ellenberger* BGB § 147 Rn. 9; MüKoHGB/*K. Schmidt* Rn. 155; *K. Schmidt* NJW 1987, 1905 ff.

[1043] Vgl. BGH Urt. v. 25.2.1987 – VIII ZR 341/86, NJW 1987, 1940 (1941) für einen Konkursverwalter (Empfänger).

[1044] Vgl. BGH Urt. v. 25.2.1987 – VIII ZR 341/86, NJW 1987, 1940 (1941) für einen Konkursverwalter (Empfänger); dem folgend MüKoBGB/*Busche* BGB § 147 Rn. 18; Heymann/*Horn* Rn. 63.

[1045] OLG Hamm Urt. v. 15.1.1992 – 26 U 65/91, DStR 1992, 1250; GK-HGB/*Achilles*/*B. Schmidt* Rn. 124; Palandt/*Ellenberger* BGB § 147 Rn. 10; Oetker/*Pamp* Rn. 52.

[1046] OLG Hamm Urt. v. 15.1.1992 – 26 U 65/91, DStR 1992, 1250.

[1047] OLG Hamm Urt. v. 15.1.1992 – 26 U 65/91, DStR 1992, 1250.

[1048] Oetker/*Pamp* Rn. 52.

[1049] Staub/*Koller* Rn. 64; KKRD/*W.-H. Roth* Rn. 24.

§ 15 Abs. 1 – die Vorschrift gilt nach hM auch für die Kaufmannseigenschaft[1050] – erst entgegensetzen, sobald das Erlöschen der Firma (§ 31 Abs. 2 S. 1) in das Handelsregister eingetragen und bekanntgemacht ist. In Bezug auf zuvor zugegangene kaufmännische Bestätigungsschreiben (zu Einzelheiten → Rn. 287 ff.) muss derjenige, in dessen Angelegenheit die Tatsache einzutragen war, die Grundsätze über das Schweigen auf ein kaufmännisches Bestätigungsschreiben – insbesondere die Pflicht zum Widerspruch (zu Einzelheiten → Rn. 313 ff.) – gegen sich gelten lassen, wenn der Dritte sich auf die aus § 15 Abs. 1 folgende Rechtslage beruft. Gleiches gilt nach **§ 15 Abs. 3** zB dann, wenn zu Lasten des Empfängers eines kaufmännischen Bestätigungsschreibens, der kein Gewerbe betreibt,[1051] eine nicht in das Handelsregister eingetragene Firma bekannt gemacht worden ist.

ee) Privatpersonen. (1) Empfänger. Privatpersonen, die weder Kaufleute (→ Rn. 298) sind noch **308** wie ein Kaufmann selbstständig und in größerem Umfang am Rechtsverkehr teilnehmen (zu Einzelheiten → Rn. 299 ff.), sind bei dem Empfang eines kaufmännischen Bestätigungsschreibens nicht zum Widerspruch verpflichtet.[1052] Dies gilt auch dann, wenn ihnen die Grundsätze über das Schweigen auf ein kaufmännisches Bestätigungsschreiben aufgrund ihrer beruflichen Tätigkeit (zB Bankdirektor) bekannt sind.[1053] Entscheidend ist nämlich, dass der Absender nicht darauf vertrauen darf, ihm gegenüber werde in kaufmännischer Weise verfahren (→ Rn. 299).

(2) Absender. Kaufleuten (→ Rn. 298) und Personen, die wie ein Kaufmann am Rechtsverkehr **309** teilnehmen (zu Einzelheiten → Rn. 299 ff.), denen nach Vertragsverhandlungen mit einer außerhalb des kaufmännischen Verkehrs stehenden Privatperson ein deklaratorisches Bestätigungsschreiben (zu Einzelheiten → Rn. 259 ff.) zugeht, obliegt die Pflicht zum Widerspruch (zu Einzelheiten → Rn. 313 ff.) nach hM zu Recht nicht.[1054] Insbesondere sind kaufmännische Empfänger nicht verpflichtet, den Inhalt sämtlicher ihnen zugehender Schreiben ohne Ansehung der Person des Absenders auf ihre Richtigkeit zu prüfen und ggf. zu widersprechen.[1055] Für Kaufleute gelten zwar allgemein strengere Sorgfaltspflichten (→ § 347 Rn. 30) im Umgang mit eingehenden Postsendungen. Die Rechtsfolgen des Schweigens (zu Einzelheiten → Rn. 324 ff.) vermögen diese aber *alleine* nicht zu rechtfertigen. Zusätzlich bedarf es der *berechtigten* Erwartung des Absenders, der Empfänger werde sein Schreiben inhaltlich prüfen und ggf. widersprechen. Begründet ist dieses Vertrauen aufgrund des dem Gewohnheitsrecht zugrunde liegenden Handelsbrauchs (→ Rn. 246) jedoch nur innerhalb des kaufmännischen Verkehrs.[1056]

Privatpersonen können die Grundsätze über das Schweigen auf ein kaufmännisches Bestätigungs- **310** schreiben auch nicht dadurch in Kraft setzen, dass sie in den Verhandlungen von einem **Rechtsanwalt** (→ Rn. 301) vertreten werden;[1057] maßgeblich sind nämlich allein die Parteien des Geschäfts.[1058] Die Tatsache, dass ein auf Seiten des Absenders agierender Rechtsanwalt die Grundsätze über das Schweigen auf ein kaufmännisches Bestätigungsschreiben kennt bzw. kennen muss, vermag die Belastung des Empfängers mit der Pflicht zum Widerspruch (zu Einzelheiten → Rn. 313 ff.) nicht zu rechtfertigen. Entscheidend ist insoweit nämlich, ob der Empfänger des Bestätigungsschreibens sich in dem konkreten Fall, dh unter Berücksichtigung der Person seines *Geschäfts*partners – nicht des im fremden Namen handelnden Verhandlungspartners –, der Verbindlichkeit des einen Handelsbrauch gründenden Gewohnheitsrechts bewusst ist bzw. sein muss.[1059] Auch in der Sache erscheint die Ausdehnung des persönlichen Anwendungsbereichs der Grundsätze über das Schweigen auf ein kaufmännisches Bestätigungsschreiben auf mit einem Rechtsanwalt geführte Vertragsverhand-

---

[1050] Zu Einzelheiten MüKoHGB/*Krebs* § 15 Rn. 15 mwN.

[1051] Die Anwendung von § 5 setzt nach hM den Betrieb eines Gewerbes voraus, zu Einzelheiten → § 5 Rn. 20 ff. mwN.

[1052] BGH Urt. v. 9.1.1981 – V ZR 104/79, WM 1981, 333 (335) = BeckRS 1981, 31073829 (Legationsrat); GK-HGB/*Achilles/B. Schmidt* Rn. 125; *Batereau* in Pfeiffer Handelsgeschäfte-HdB § 2 Rn. 17; MüKoBGB/*Busche* BGB § 147 Rn. 18; Palandt/*Ellenberger* BGB § 147 Rn. 9; Baumbach/Hopt/*Hopt* Rn. 18; Oetker/*Pamp* Rn. 52, 53.

[1053] OLG Düsseldorf Urt. v. 10.2.1966 – 6 U 144/65, DB 1966, 458 (Empfänger); dem folgend MüKoBGB/*Busche* BGB § 147 Rn. 18; Palandt/*Ellenberger* BGB § 147 Rn. 9.

[1054] BGH Urt. v. 6.5.1975 – VI ZR 120/74, NJW 1975, 1358 (1359); OLG Hamm Urt. v. 15.1.1992 – 26 U 65/91, DStR 1992, 1250; GK-HGB/*Achilles/B. Schmidt* Rn. 125; *Batereau* in Pfeiffer Handelsgeschäfte-HdB § 2 Rn. 18; MüKoBGB/*Busche* BGB § 147 Rn. 18; Oetker/*Pamp* Rn. 53; MüKoHGB/*K. Schmidt* Rn. 156; *K. Schmidt* HandelsR § 19 Rn. 80; Röhricht/Graf v. Westphalen/Haas/*Steimle/Dornieden* Rn. 36, 37; aA *Canaris* HandelsR § 23 Rn. 45; *v. Dücker* BB 1996, 3 (7); *Flume* Rechtsgeschäft § 36, 2 = 663; *Hübner* HandelsR Rn. 496; Staub/*Koller* Rn. 27; *Lettl* HandelsR § 10 Rn. 53; *Lettl* JuS 2008, 849 (851); differenzierend Heymann/*Horn* Rn. 64.

[1055] MüKoHGB/*K. Schmidt* Rn. 156; aA (Gesamtanalogie zu §§ 75h, 91, 362 Abs. 1) Staub/*Koller* Rn. 27.

[1056] *Batereau* in Pfeiffer Handelsgeschäfte-HdB § 2 Rn. 18; MüKoHGB/*K. Schmidt* Rn. 156; in diese Richtung auch *Hopt* AcP 183 (1983), 608 (693).

[1057] BGH Urt. v. 6.5.1975 – VI ZR 120/74, NJW 1975, 1358 (1359); OLG Hamm Urt. v. 15.1.1992 – 26 U 65/91, DStR 1992, 1250; GK-HGB/*Achilles/B. Schmidt* Rn. 125; Schlegelberger/*Hefermehl* Rn. 136; Baumbach/Hopt/*Hopt* Rn. 18; Oetker/*Pamp* Rn. 51; wohl aA NK-HGB/*Lehmann-Richter* Rn. 57.

[1058] Baumbach/Hopt/*Hopt* Rn. 18; Heymann/*Horn* Rn. 63.

[1059] BGH Urt. v. 6.5.1975 – VI ZR 120/74, NJW 1975, 1358.

lungen nicht geboten.[1060] Die dem Gewohnheitsrecht zugrunde liegende kaufmännische Übung, mündliche Absprachen zu bestätigen (→ Rn. 243) und dem Schweigen auf ein Bestätigungsschreiben besondere Wirkungen beizumessen (zu Einzelheiten → Rn. 324 ff.), wurzelt in der Eigenart des kaufmännischen Geschäftsverkehrs. Dieser erfordert es oft, wichtige Entscheidungen rasch und ohne formalen Aufwand zu treffen, wodurch dann das weitere Bedürfnis nach ebenso rascher und sicherer Bestätigung – ggf. auch Vervollständigung (zu Einzelheiten → Rn. 270, 271 ff.) – des Vereinbarten entsteht (→ Rn. 243). Eine dem kaufmännischen Verkehr ähnliche Interessenlage entsteht *in der Regel* nicht schon dadurch, dass auf Seiten des Nichtkaufmanns ein Rechtsanwalt an den Vertragsverhandlungen mitwirkt.[1061] Im Gegenteil: Dessen Zuziehung weist regelmäßig darauf hin, dass es sich nicht um einen üblichen Vorgang des geschäftlichen Verkehrs handelt, weshalb endgültige Absprachen in mündlicher Form gegenüber rechtlich erschöpfenden und schriftlich fixierten Regelungen eher die Ausnahme bilden.[1062]

311   **ff) Juristische Personen des öffentlichen Rechts und Behörden.** Für **Gemeinden,** die nach Maßgabe der §§ 1–6 keine Kaufleute sind (→ § 7 Rn. 5), und **Behörden im fiskalischen Tätigkeitsbereich** gelten die Grundsätze über das Schweigen auf kaufmännisches Bestätigungsschreiben nicht ohne Weiteres.[1063] Sie sind durch Gesetz oder Satzung (zB innere Zuständigkeitsregelungen) zu einer anderen Arbeitsweise gezwungen als der private Rechtsverkehr.[1064] Diese Tatsache entbindet Gemeinden und Behörden bei ihrer fiskalischen Betätigung zwar nicht von den Grundsätzen über das Schweigen auf ein kaufmännisches Bestätigungsschreiben, gebietet aber deren Anwendung auf Fälle zu beschränken, in denen es unter Berücksichtigung der Art des Rechtsgeschäfts und des gebotenen Vertrauensschutzes des privaten Vertragspartners gerechtfertigt ist, ihr Schweigen als Zustimmung zu behandeln.[1065] Gleiches gilt für **öffentlich-rechtliche Sondervermögen** (zB des Bundesanstalt für vereinigungsbedingte Sonderaufgaben, ehemals Treuhandanstalt).[1066] Für **öffentliche Unternehmen** gilt diese Einschränkung hingegen nicht; auf sie sind die Grundsätze über das Schweigen auf ein kaufmännisches Bestätigungsschreiben unabhängig von ihrer Rechtsform anzuwenden, wenn sie nach Maßgabe der §§ 1–6 Kaufleute sind (→ Rn. 298) oder wie ein Kaufmann selbstständig und in größerem Umfang am Rechtsverkehr teilnehmen (→ Rn. 299 f.).[1067]

312   **e) Handels- oder Berufsgeschäft.** Die bestätigte Vereinbarung muss sowohl für den Bestätigenden als auch für den Empfänger des kaufmännischen Bestätigungsschreibens ein **Handelsgeschäft** iSd § 343 Abs. 1 (zu Einzelheiten → § 343 Rn. 3 ff.) bzw. – bei Personen, die (nur) wie ein Kaufmann am Rechtsverkehr teilnehmen (zu Einzelheiten → Rn. 299 f.) – ein **Berufsgeschäft** sein.[1068] Bei Kaufleuten (zu Einheiten → § 344 Rn. 3 ff.) wird die Zugehörigkeit des bestätigten Geschäfts (→ § 344 Rn. 8) zu dem Betrieb des Handelsgewerbes (zu Einzelheiten → § 343 Rn. 46 ff.) gemäß **§ 344 Abs. 1** vermutet (zu Einzelheiten → § 344 Rn. 2 ff., 10 ff.).[1069] Auf private Geschäfte (zB die Altersversorgung eines ausgeschiedenen Vorstandsmitglieds,[1070] den Bau eines Privathauses,[1071] den Kauf eines Teppichs für den privaten Haushalt durch einen Bankdirektor,[1072] eine Regulierungsvereinbarung zwischen einem Versicherungsnehmer und dessen Haftpflichtversicherer[1073] sowie die Aufhebung des

[1060] BGH Urt. v. 6.5.1975 – VI ZR 120/74, NJW 1975, 1358 (1359).
[1061] BGH Urt. v. 6.5.1975 – VI ZR 120/74, NJW 1975, 1358 (1359).
[1062] BGH Urt. v. 6.5.1975 – VI ZR 120/74, NJW 1975, 1358 (1359).
[1063] BGH Urt. v. 29.2.1964 – Ib ZR 203/62, NJW 1964, 1223; MüKoBGB/*Busche* BGB § 147 Rn. 18; Schlegelberger/*Hefermehl* Rn. 136; Heymann/*Horn* Rn. 63; *K. Schmidt* HandelsR § 19 Rn. 79; wohl nur missverständlich BGH Urt. v. 27.1.2011 – VII ZR 186/09, BGHZ 188, 128 Rn. 23 = NJW 2011, 1965.
[1064] BGH Urt. v. 29.2.1964 – Ib ZR 203/62, NJW 1964, 1223.
[1065] BGH Urt. v. 29.2.1964 – Ib ZR 203/62, NJW 1964, 1223 f. (Empfänger). Wohl auch Oetker/*Pamp* Rn. 52. Abweichend *Haberkorn* MDR 1968, 108 (110): Anwendung auf Gemeinden nur, wenn diese mit den Gepflogenheiten vertraut sind.
[1066] OLG Brandenburg Urt. v. 15.5.1997 – 5 U 29/96, NJ 1997, 559 (Absender); dem folgend Oetker/*Pamp* Rn. 52.
[1067] *K. Schmidt* HandelsR § 19 Rn. 79.
[1068] OLG Frankfurt a. M. Urt. v. 16.8.2017 – 29 U 271/16, BeckRS 2017, 145485 Rn. 13; Heymann/*Horn* Rn. 63; HaKo-HGB/*Klappstein* Rn. 45; Staub/*Koller* Rn. 64; KKRD/*W.-H. Roth* Rn. 25; MüKoHGB/*K. Schmidt* Rn. 157. Differenzierend Baumbach/Hopt/*Hopt* Rn. 18: nur für den Bestätigungsempfänger.
[1069] GK-HGB/*Achilles*/*B. Schmidt* Rn. 125; *Batereau* in Pfeiffer Handelsgeschäfte-HdB § 2 Rn. 17; KKRD/*W.-H. Roth* Rn. 24; MüKoHGB/*K. Schmidt* Rn. 158; Röhricht/Graf v. Westphalen/Haas/*Steimle*/*Dornieden* Rn. 36; aA Baumbach/Hopt/*Hopt* Rn. 18; Heymann/*Horn* Rn. 63.
[1070] IErg auch BGH Urt. v. 30.11.1961 – II ZR 277/59, WM 1961, 301 (302) = BeckRS 1961, 31181850; Baumbach/Hopt/*Hopt* Rn. 19.
[1071] BGH Urt. v. 28.6.1967 – VIII ZR 30/65, WM 1967, 898 (899) = BeckRS 1967, 31178962;.
[1072] OLG Düsseldorf Urt. v. 10.2.1966 – 6 U 144/65, DB 1966, 458.
[1073] BGH Urt. v. 6.5.1975 – VI ZR 120/74, NJW 1975, 1358 (1359); dem folgend *Batereau* in Pfeiffer Handelsgeschäfte-HdB § 2 Rn. 18; Palandt/*Ellenberger* BGB § 147 Rn. 10.

Mitarbeitervertrags eines Handlungsbevollmächtigten)[1074] finden die Grundsätze über das Schweigen auf ein kaufmännisches Bestätigungsschreiben keine Anwendung.[1075]

3. Pflicht zum Widerspruch und Schweigen. a) Überblick. Wer ein kaufmännisches Bestäti- **313** gungsschreiben (zu Einzelheiten → Rn. 259 ff.) versendet, um das Ergebnis vorausgegangener Vertragsverhandlungen verbindlich festzulegen (→ Rn. 243), geht davon aus, dass der Empfänger prüft, ob das Schreiben die Verhandlungen und deren Ergebnis (zu Einzelheiten → Rn. 262 ff.) richtig wiedergibt.[1076] Dieser Erwartung des kaufmännischen Verkehrs entspringt der zu Gewohnheitsrecht erstarkte Handelsbrauch (→ Rn. 246), dass der Empfänger dem Bestätigungsschreibens, will er dessen – aus seiner Sicht unrichtigen – Inhalt nicht gegen sich gelten lassen, unverzüglich widersprechen muss (sog. Pflicht zum Widerspruch).[1077] Tut er dies, hat das Bestätigungsschreiben weder einen besonderen Beweiswert (→ Rn. 339) noch entfaltet es konstitutive Wirkungen (zu Einzelheiten → Rn. 325 ff.). Es verbleibt also bei dem Ergebnis der formlosen Vertragsverhandlungen.[1078] Schweigt er hingegen, darf der Absender sich *grundsätzlich* darauf verlassen, dass das Geschäft zu den in dem Bestätigungsschreiben niedergelegten Bedingungen zustande gekommen ist und abgewickelt werden kann (zu Einzelheiten → Rn. 324 ff.).[1079]

b) Widerspruch. aa) Rechtsnatur. Der Widerspruch gegen den Inhalt eines kaufmännischen **314** Bestätigungsschreibens (zu Einzelheiten → Rn. 262 ff.) ist keine Willenserklärung,[1080] sondern eine **geschäftsähnliche Handlung** in Form einer sog. Vorstellungs- oder Tatsachenmitteilung. Auf sie finden die Regelungen betreffend Willenserklärungen grundsätzlich entsprechende Anwendung.[1081]

bb) Inhalt. (1) Mindestanforderung. Der Widerspruch gegen ein kaufmännisches Bestätigungs- **315** schreiben (zu Einzelheiten → Rn. 259 ff.) muss nicht als solcher bezeichnet werden.[1082] Ausreichend, aber auch erforderlich ist eine Erklärung, aus der sich unter Berücksichtigung der Verkehrssitte (analog §§ 133, 157 BGB) ergibt, dass der Empfänger mit dem Inhalt des kaufmännischen Bestätigungsschreibens nicht einverstanden ist,[1083] also den Vertrag nicht oder nicht mit dem wiedergegebenen Inhalt als geschlossen ansieht[1084] und eine Bindung an das, was der Absender als Vertragsinhalt festlegen will (→ Rn. 243), ablehnt.[1085] Diese Erklärung kann auch darin zu sehen sein, dass der Empfänger das Bestätigungsschreiben mit handschriftlichen Änderungen und Zusätzen zurückschickt[1086] oder seinerseits – unter Beachtung des unmittelbaren zeitlichen Zusammenhangs mit den Vertragsverhandlungen

---

[1074] MüKoHGB/*K. Schmidt* Rn. 156; nur iErg auch OLG Hamm Urt. v. 15.1.1992 – 26 U 65/91, DStR 1992, 1250; MüKoBGB/*Busche* BGB § 147 Rn. 18.

[1075] GK-HGB/*Achilles/B. Schmidt* Rn. 125; Palandt/*Ellenberger* BGB § 147 Rn. 9; HaKo-HGB/*Klappstein* Rn. 45; NK-HGB/*Lehmann-Richter* Rn. 55; KKRD/*W.-H. Roth* Rn. 25; MüKoHGB/*K. Schmidt* Rn. 157 f.; Röhricht/Graf v. Westphalen/Haas/*Steimle/Dornieden* Rn. 36.

[1076] BGH Urt. v. 20.3.1974 – VIII ZR 234/72, NJW 1974, 991 (992).

[1077] BGH Urt. v. 27.1.2011 – VII ZR 186/09, BGHZ 188, 128 Rn. 22 = NJW 2011, 1965; BGH Urt. v. 9.7.1970 – VII ZR 70/68, BGHZ 54, 236 (240) = NJW 1970, 2021; BGH Urt. v. 29.9.1955 – II ZR 210/54, BGHZ 18, 212 (215 f.) = NJW 1955, 1794; BGH Urt. v. 27.10.1953 – I ZR 111/53, BGHZ 11, 1 (3) = NJW 1954, 105; BGH Urt. v. 28.9.1970 – VIII ZR 164/68, NJW 1970, 2104; BGH Urt. v. 25.5.1970 – VII ZR 157/68, DB 1970, 1777; BGH Urt. v. 9.10.1968 – VIII ZR 125/66, DB 1969, 125; BGH Urt. v. 15.6.1964 – II ZR 129/62, NJW 1964, 1951 (1952); BGH Urt. v. 23.6.1955 – II ZR 248/54, WM 1955, 1284; RG Urt. v. 25.2.1919 – Rep. II 254/18, RGZ 95, 48 (50); RG Urt. v. 11.3.1932 – II 217/31, HansRGZ 1932, Abt. B, 355 (356); OLG Köln Urt. v. 29.12.2016 – 7 U 131/15, BeckRS 2016, 114556 Rn. 14; OLG Köln Beschl. v. 6.10.2014 – 19 Sch 17/13, BeckRS 2015, 10334 Rn. 40; OLG Köln Urt. v. 29.8.2014 – 3 U 27/14, RdTW 2015, 430 Rn. 30 = BeckRS 2015, 16042; OLG Koblenz Urt. v. 26.6.2006 – 12 U 685/05, BeckRS 2007, 03474 unter II. 1. der Gründe; OLG Köln Urt. v. 7.2.1992 – 19 U 117/91, NJW-RR 1992, 761 (762); OLG Köln Urt. v. 31.5.1991 – 19 U 34/91, CR 1991, 541 (542); OLG Hamm Urt. v. 3.2.1991 – 31 U 165/91, CR 1992, 268 (270); MüKoBGB/*Busche* BGB § 147 Rn. 11; Heymann/*Horn* Rn. 49, 54; MüKoHGB/*K. Schmidt* Rn. 141; abw. (Obliegenheit) Schlegelberger/*Hefermehl* Rn. 108.

[1078] Oetker/*Pamp* Rn. 56.

[1079] BGH Urt. v. 20.3.1974 – VIII ZR 234/72, NJW 1974, 991 (992); BGH Urt. v. 7.10.1971 – VII ZR 177/69, NJW 1972, 45; Oetker/*Pamp* Rn. 47.

[1080] So aber HaKo-HGB/*Klappstein* Rn. 64; *Lettl* HandelsR § 10 Rn. 60; *Lettl* JuS 2008, 849 (852); KKRD/*W.-H. Roth* Rn. 31.

[1081] Statt vieler Palandt/*Ellenberger* BGB Überbl. v. § 104 Rn. 7.

[1082] Wohl auch Oetker/*Pamp* Rn. 47.

[1083] Schlegelberger/*Hefermehl* Rn. 129.

[1084] OLG Köln Urt. v. 29.8.2014 – 3 U 27/14, RdTW 2015, 430 Rn. 29 = BeckRS 2015, 16042; OLG Düsseldorf Urt. 31.10.1984 – 8 U 2/84, MDR 1985, 940 = BeckRS 1984, 00130; Palandt/*Ellenberger* BGB § 147 Rn. 17; Staub/*Koller* Rn. 85; Oetker/*Pamp* Rn. 47; MüKoHGB/*K. Schmidt* Rn. 159; Röhricht/Graf v. Westphalen/Haas/*Steimle/Dornieden* Rn. 46.

[1085] OLG Düsseldorf Urt. 31.10.1984 – 8 U 2/84, MDR 1985, 940 = BeckRS 1984, 00130; GK-HGB/*Achilles/B. Schmidt* Rn. 139.

[1086] MüKoBGB/*Busche* BGB § 147 Rn. 25; Schlegelberger/*Hefermehl* Rn. 129; Heymann/*Horn* Rn. 54; Staub/*Koller* Rn. 85.

(→ Rn. 292 f.) – ein inhaltlich abweichendes Bestätigungsschreiben an den Absender des ersten Schreibens sendet (→ Rn. 317).[1087]

316   **(2) Teilweiser Widerspruch.** Weicht der Inhalt des kaufmännischen Bestätigungsschreibens (zu Einzelheiten → Rn. 262 ff.) nach Ansicht des Empfängers nur zum Teil von dem vertraglich Vereinbarten ab, kann er seinen Widerspruch auf diesen Teil des Bestätigungsschreibens (zB die Leistungspflichten für einen abgrenzbaren Zeitraum, die Allgemeinen Geschäftsbedingungen des Bestätigenden) begrenzen (sog. teilweiser Widerspruch).[1088] Da sich ein Widerspruch auch bei einem inhaltlich aufteilbaren Vertrag nach dem Rechtsgedanken des § 139 BGB *im Zweifel* gegen das ganze Geschäft richtet,[1089] muss die Beschränkung in dem Widerspruch eindeutig zum Ausdruck kommen. Sofern der teilweise Widerspruch nicht bereits unter Berücksichtigung der Verkehrssitte (analog §§ 133, 157 BGB) als Einverständnis mit dem übrigen Inhalt des Bestätigungsschreibens auszulegen ist, treten insoweit – vorbehaltlich der Ausnahmen (zu Einzelheiten → Rn. 340 ff.) – die Rechtsfolgen des Schweigens (zu Einzelheiten → Rn. 324 ff.) ein.[1090]

317   **(3) Verbindung mit anderen Erklärungen.** Der Widerspruch muss sich nicht in der Negation des Inhalts des Bestätigungsschreibens – sei es dem Abschluss des Vertrags, sei es dessen Inhalt (→ Rn. 315 f.) – erschöpfen. Enthält er präzise Erweiterungen, Einschränkungen oder sonstige Änderungen, ist der Widerspruch zugleich eine **modifizierende Auftragsbestätigung,** die gemäß § 150 Abs. 2 BGB als neues Angebot gilt.[1091] Dies liegt zB nahe, wenn der Empfänger das Bestätigungsschreiben mit handschriftlichen Änderungen und Zusätzen zurückschickt.[1092] Will er seinerseits das Ergebnis der Vertragsverhandlungen verbindlich festlegen, ist es ihm – solange der unmittelbare zeitliche Zusammenhang mit den Vertragsverhandlungen noch besteht (→ Rn. 292 f.) – nicht verwehrt, den Widerspruch zB in einem Telefax (→ Rn. 260, 318) mit einem sog. **gegenläufigen kaufmännischen Bestätigungsschreiben** im Rechtssinne zu verbinden. Diesem muss der Widerspruchsgegner seinerseits widersprechen, soll sein Schweigen nicht als Zustimmung gewertet werden.[1093]

318   **cc) Form.** Der Widerspruch gegen ein kaufmännisches Bestätigungsschreiben ist **formlos** möglich.[1094] Er kann sowohl schriftlich als Brief[1095] als auch per Telefax,[1096] E-Mail[1097] und (fern-)mündlich[1098] erfolgen. Sogar eine stillschweigende Erklärung durch aktives Verhalten ist ausreichend.[1099]

319   **dd) Zugang beim Widerspruchsgegner.** Der Widerspruch erfolgt durch empfangsbedürftige Erklärung gegenüber dem **Widerspruchsgegner,** dh dem Absender des kaufmännischen Bestätigungsschreibens.[1100] Wird der Widerspruch – wie üblich – in Abwesenheit des Widerspruchsemp-

[1087] MüKoBGB/*Busche* BGB § 147 Rn. 25; Schlegelberger/*Hefermehl* Rn. 129; Heymann/*Horn* Rn. 54; Staub/ *Koller* Rn. 75, 85; vgl. auch OLG Hamburg Urt. v. 13.8.1955 – 1 U 91/55, BB 1955, 847: Absendung eines kaufmännischen Bestätigungsschreibens nach Erhalt einer Schlussnote (zu Einzelheiten → Rn. 221 ff.).

[1088] BGH Urt. v. 14.3.1984 – VIII ZR 287/82, WM 1984, 639 (640) = BeckRS 1984, 31076314.

[1089] Staub/*Koller* Rn. 105.

[1090] *Lettl* HandelsR § 10 Rn. 60; *Lettl* JuS 2008, 849 (852); KKRD/*W.-H. Roth* Rn. 31; MüKoHGB/*K. Schmidt* Rn. 159.

[1091] OLG Frankfurt a. M. Urt. v. 20.4.1982 – 5 U 156/81, DB 1982, 1510; Baumbach/Hopt/*Hopt* Rn. 25.

[1092] MüKoBGB/*Busche* BGB § 147 Rn. 25; Schlegelberger/*Hefermehl* Rn. 129; Heymann/*Horn* Rn. 54; Staub/ *Koller* Rn. 85.

[1093] BGH Urt. v. 14.3.1984 – VIII ZR 287/82, WM 1984, 639 (640) = BeckRS 1984, 31076314; OLG Köln Urt. v. 7.2.1992 – 19 U 117/91, NJW-RR 1992, 761 (762); Baumbach/Hopt/*Hopt* Rn. 25; Heymann/*Horn* Rn. 56; Oetker/*Pamp* Rn. 47; vgl. auch OLG Hamburg Urt. v. 13.8.1955 – 1 U 91/55, BB 1955, 847 für ein kaufmännisches Bestätigungsschreiben, das zugleich Widerspruch gegen eine Schlussnote (zu Einzelheiten → Rn. 221 ff.) ist.

[1094] GK-HGB/*Achilles/B. Schmidt* Rn. 139; MüKoBGB/*Busche* BGB § 147 Rn. 25; Palandt/*Ellenberger* BGB § 147 Rn. 17; *Fischinger* HandelsR Rn. 630; Schlegelberger/*Hefermehl* Rn. 129; Heymann/*Horn* Rn. 54; Staub/ *Koller* Rn. 85; NK-HGB/*Lehmann-Richter* Rn. 58; Oetker/*Pamp* Rn. 47; MüKoHGB/*K. Schmidt* Rn. 159; Röhricht/Graf v. Westphalen/Haas/*Steimle/Dornieden* Rn. 46.

[1095] BGH Urt. v. 16.1.1967 – VIII ZR 276/64, WM 1967, 292 (293) = BeckRS 1967, 31178051; MüKoHGB/ *K. Schmidt* Rn. 159.

[1096] Staub/*Koller* Rn. 87; MüKoHGB/*K. Schmidt* Rn. 159; Röhricht/Graf v. Westphalen/Haas/*Steimle/Dornieden* Rn. 44.

[1097] Staub/*Koller* Rn. 87; MüKoHGB/*K. Schmidt* Rn. 159; Röhricht/Graf v. Westphalen/Haas/*Steimle/Dornieden* Rn. 44.

[1098] BGH Urt. v. 18.1.1978 – IV ZR 204/75, NJW 1978, 886 (insoweit nicht abgedr. in BGHZ 70, 232); GK- HGB/*Achilles/B. Schmidt* Rn. 139; *Fischinger* HandelsR Rn. 630; Staub/*Koller* Rn. 87; Oetker/*Pamp* Rn. 47; Röhricht/Graf v. Westphalen/Haas/*Steimle/Dornieden* Rn. 46.

[1099] OLG Köln Urt. v. 29.8.2014 – 3 U 27/14, RdTW 2015, 430 Rn. 30 = BeckRS 2015, 16042; GK-HGB/ *Achilles/B. Schmidt* Rn. 139; MüKoBGB/*Busche* BGB § 147 Rn. 25; Palandt/*Ellenberger* BGB § 147 Rn. 17; *Fischinger* HandelsR Rn. 630; Staub/*Koller* Rn. 85; NK-HGB/*Lehmann-Richter* Rn. 58; Oetker/*Pamp* Rn. 47.

[1100] GK-HGB/*Achilles/B. Schmidt* Rn. 141; MüKoBGB/*Busche* BGB § 147 Rn. 25; Baumbach/Hopt/*Hopt* Rn. 25; Oetker/*Pamp* Rn. 47.

fängers erklärt, wird er in entsprechender Anwendung von **§ 130 Abs. 1 S. 1 BGB** (→ Rn. 314) wirksam, sobald er dem Widerspruchsgegner zugeht.[1101] Hierfür ist es erforderlich, dass der Widerspruch dergestalt in den Bereich des Widerspruchsgegners oder eines empfangsberechtigten Vertreters (analog § 164 Abs. 3 BGB)[1102] gelangt, dass dieser unter normalen Verhältnissen die Möglichkeit hat, von dem Inhalt des Widerspruchs Kenntnis zu nehmen.[1103] Wird der Widerspruch hingegen gegenüber einem **nicht empfangsberechtigten Dritten** (zB einem Handelsmakler) erklärt, wird er *grundsätzlich* erst wirksam, sobald er infolge einer Weiterleitung dem Widerspruchsgegner oder einem empfangsberechtigten Vertreter zugeht. Unterbleibt die Weiterleitung jedoch oder erfolgt sie derart verzögert, dass der Widerspruch nicht mehr rechtzeitig (zu Einzelheiten → Rn. 320 ff.) wirksam wird, kann es dem Widerspruchsgegner aufgrund der Umstände des Einzelfalls nach Treu und Glauben (§ 242 BGB) *ausnahmsweise* verwehrt sein, sich auf die Verspätung zu berufen. Dies ist zB bei einem an einen Handelsmakler übersandten Widerspruch anzunehmen, wenn der Verkäufer und Widerspruchsempfänger sich des Maklers bei den Vertragsverhandlungen bedient hat und dieser gegenüber dem Kaufinteressenten und späteren Empfänger des Bestätigungsschreibens als „Verkäufermakler" aufgetreten ist, sodass letzterer annehmen durfte, der Makler sei auch mit der Abwicklung des Geschäfts – einschließlich der Entgegennahme eines Widerspruchs – beauftragt worden.[1104]

ee) Rechtzeitigkeit. Um rechtserheblich zu sein, muss der Widerspruch nicht sofort oder umgehend,[1105] sondern lediglich **unverzüglich,** dh ohne schuldhaftes Zögern (§ 121 Abs. 1 S. 1 BGB), erklärt werden.[1106] Ein verspäteter Widerspruch ist unbeachtlich und daher wie Schweigen des Empfängers zu behandeln.[1107] Maßgeblich für die Wahrung der Frist ist nicht die Absendung des Widerspruchs,[1108] sondern in entsprechender Anwendung von § 130 Abs. 1 S. 1 BGB (→ Rn. 314) der **Zugang beim Widerspruchsempfänger** (→ Rn. 319).[1109] **320**

Unverzüglich (→ Rn. 320) und damit rechtzeitig ist der Widerspruch nur, wenn er dem Widerspruchsgegner innerhalb einer dem Verkehrsbedürfnis **angemessenen kurzen Zeit** zugeht (→ Rn. 319).[1110] Welche Zeit noch angemessen ist, hängt von den Umständen des Einzelfalls (zB der Komplexität des Geschäfts) ab.[1111] Obgleich im Handelsverkehr ein gesteigertes Interesse an der **321**

[1101] Nur methodologisch abweichend (direkte Anwendung von § 130 BGB) Palandt/*Ellenberger* BGB § 147 Rn. 17; *Fischinger* HandelsR Rn. 630; NK-HGB/*Lehmann-Richter* Rn. 58; Oetker/*Pamp* Rn. 47; KKRD/*W.-H. Roth* Rn. 31; Röhricht/Graf v. Westphalen/Haas/*Steimle/Dornieden* Rn. 45.

[1102] Oetker/*Pamp* Rn. 47.

[1103] Zum Zugang von Willenserklärungen s. statt vieler Palandt/*Ellenberger* BGB § 130 Rn. 5 mwN.

[1104] BGH Urt. v. 16.1.1967 – VIII ZR 276/64, WM 1967, 292 (293) = BeckRS 1967, 31178051; iErg auch GK-HGB/*Achilles/B. Schmidt* Rn. 141; Palandt/*Ellenberger* BGB § 147 Rn. 17; Baumbach/Hopt/*Hopt* Rn. 25; Staub/*Koller* Rn. 85; Oetker/*Pamp* Rn. 47.

[1105] GK-HGB/*Achilles/B. Schmidt* Rn. 140; Röhricht/Graf v. Westphalen/Haas/*Steimle/Dornieden* Rn. 45.

[1106] BGH Urt. v. 18.1.1978 – IV ZR 204/75, BGHZ 70, 232 (233) = NJW 1978, 886; BGH Urt. v. 29.9.1955 – II ZR 210/54, BGHZ 18, 212 (216) = NJW 1955, 1794; BGH Urt. v. 20.11.1961 – VIII ZR 126/60, NJW 1962, 246; RG Urt. v. 24.11.1922 – III 79/22, RGZ 105, 389 (390); OLG Köln Urt. v. 29.8.2014 – 3 U 27/14, RdTW 2015, 430 Rn. 30 = BeckRS 2015, 16042; OLG Hamm Urt. v. 15.1.1999 – 18 U 38/99, VersR 2001, 1240 (1241) = BeckRS 1999, 30082184; OLG Köln Urt. v. 7.2.1992 – 19 U 117/91, NJW-RR 1992, 761 (762); GK-HGB/*Achilles/B. Schmidt* Rn. 140; *Baterau* in Pfeiffer Handelsgeschäfte-HdB § 2 Rn. 31; *Bitter/Schumacher* HandelsR § 7 Rn. 21; MüKoBGB/*Busche* Rn. 25; *Diederichsen* JuS 1966, 129 (131); Palandt/*Ellenberger* BGB § 147 Rn. 17; *Fischinger* HandelsR Rn. 630; *Flume* Rechtsgeschäft § 36, 7 = 666; *Haberkorn* MDR 1968, 108 (109); Schlegelberger/*Hefermehl* Rn. 130; Baumbach/Hopt/*Hopt* Rn. 25; *Hopt* AcP 183 (1983), 608 (693); Heymann/*Horn* Rn. 54; *Hübner* HandelsR Rn. 497; *Jung* HandelsR Kap. 9 Rn. 19; HaKo-HGB/*Klappstein* Rn. 64; Staub/*Koller* Rn. 87; *Krause,* Schweigen im Rechtsverkehr, 1933, 133; NK-HGB/*Lehmann-Richter* Rn. 49, 58; *Lettl* HandelsR § 10 Rn. 41, 60; *Oetker* HandelsR § 7 Rn. 42; Oetker/*Pamp* Rn. 47; KKRD/*W.-H. Roth* Rn. 31; MüKoHGB/*K. Schmidt* Rn. 160; *K. Schmidt* HandelsR § 19 Rn. 101; Röhricht/Graf v. Westphalen/Haas/*Steimle/Dornieden* Rn. 44.

[1107] BGH Urt. v. 20.11.1961 – VIII ZR 126/60, NJW 1962, 246; BGH Urt. v. 11.10.1961 – VIII ZR 109/60, NJW 1962, 104; OLG Köln Urt. v. 7.2.1992 – 19 U 117/91, NJW-RR 1992, 761 (762); GK-HGB/*Achilles/B. Schmidt* Rn. 144; *Haberkorn* MDR 1968, 108 (109); Schlegelberger/*Hefermehl* Rn. 130, 133; Heymann/*Horn* Rn. 54; *Oetker* HandelsR § 7 Rn. 42; Oetker/*Pamp* Rn. 48, 56.

[1108] So aber *Hübner* HandelsR Rn. 497; Staub/*Koller* Rn. 87; wohl auch BGH Urt. v. 20.11.1961 – VIII ZR 126/60, NJW 1962, 246 (247) („abgegeben").

[1109] *Fischinger* JuS 2015, 394 (396); NK-HGB/*Lehmann-Richter* Rn. 58; wohl auch KKRD/*W.-H. Roth* Rn. 31.

[1110] OLG Köln Urt. v. 29.8.2014 – 3 U 27/14, RdTW 2015, 430 Rn. 30 = BeckRS 2015, 16042; OLG Düsseldorf Urt. v. 11.5.2007 – 7 U 139/05, BeckRS 2009, 24178 unter II. 1. c) der Gründe; GK-HGB/*Achilles/B. Schmidt* Rn. 140; Palandt/*Ellenberger* BGB § 147 Rn. 17; *Flume* Rechtsgeschäft § 36, 4 = 664; *K. Schmidt* HandelsR § 19 Rn. 101; aA (entsprechende Anwendung von § 147 Abs. 2 BGB) OLG Köln Urt. v. 7.2.1992 – 19 U 117/91, NJW-RR 1992, 761 (762); OLG Köln Urt. v. 15.7.1970 – 2 U 122/69, BB 1971, 286; Heymann/*Horn* Rn. 54; Röhricht/Graf v. Westphalen/Haas/*Steimle/Dornieden* Rn. 44.

[1111] BGH Urt. v. 20.11.1961 – VIII ZR 126/60, NJW 1962, 246 f.; OLG Köln Urt. v. 10.4.2002 – 19 W 1/02, BeckRS 2002, 5918; GK-HGB/*Achilles/B. Schmidt* Rn. 140; *Baterau* in Pfeiffer Handelsgeschäfte-HdB § 2 Rn. 31; *Brox/Henssler* Rn. 303; MüKoBGB/*Busche* BGB § 147 Rn. 25; *Fischinger* HandelsR Rn. 630; Schlegelberger/*Hefermehl* Rn. 130; HaKo-HGB/*Klappstein* Rn. 64; Staub/*Koller* Rn. 87; NK-HGB/*Lehmann-Richter* Rn. 58; MüKoHGB/*K. Schmidt* Rn. 160.

raschen Abwicklung der Geschäfte besteht, ist eine **Bedenkzeit von ein bis zwei Tagen** *regelmäßig* unschädlich.[1112] Bei einer darüberhinausgehenden Verzögerung wird der Empfänger in der Regel Umstände darlegen müssen, die ein *schuldhaftes*[1113] Zögern ausschließen. Seine urlaubsbedingte Abwesenheit genügt hierfür nicht.[1114] Ein Zuwarten von drei oder mehr Tagen ist allerdings nicht in jedem Fall unangemessen.[1115] Ob ein wenige Tage nach dem Zugang des kaufmännischen Bestätigungsschreibens (zu Einzelheiten → Rn. 287 ff.) erhobener Widerspruch im Einzelfall noch als unverzüglich (§ 121 Abs. 1 S. 1 BGB) angesehen werden kann, ist eine **Tatfrage,**[1116] bei deren Bewertung dem Ermessen des Tatrichters ausschlaggebende Bedeutung zukommt.[1117] Nicht beanstandet haben der BGH und das RG Entscheidungen, in denen die Tatgerichte Widersprüche nach etwa einer Woche,[1118] nach acht[1119] oder elf Tagen[1120] als verspätet angesehen hatten. Bei der Festlegung der im Einzelfall angemessenen kurzen Frist kann auch berücksichtigt werden, wie viel Zeit der Widerspruchsgegner nach dem Abschluss der Vertragsverhandlungen für die Absendung des Bestätigungsschreibens benötigt hat.[1121] Ist zB das Bestätigungsschreiben aufgrund der Weihnachtsfeiertage erst zehn Tage nach dem Abschluss der Vertragsverhandlungen zugegangen, liegt in einem Zuwarten von drei Werktagen kein schuldhaftes Zögern.[1122] Einem **Insolvenzverwalter,** der das Unternehmen eines kaufmännischen Schuldners fortführt oder liquidiert (→ Rn. 305), ist für den Widerspruch auch bei der gleichzeitigen Abwicklung mehrerer Insolvenzverfahren allgemein – vorbehaltlich besonderer Umstände des Einzelfalls – keine längere Frist als anderen Personen zu gewähren, die wie ein Kaufmann am Rechtsverkehr teilnehmen (zu Einzelheiten → Rn. 299 ff.).[1123]

322 Die Pflicht zum Widerspruch entsteht nicht erst, wenn und sobald der Adressat (→ Rn. 261) des kaufmännischen Bestätigungsschreibens tatsächlich dessen Inhalt zur Kenntnis nimmt, sondern bereits mit dem Zugang des Schreibens (zu Einzelheiten → Rn. 287 ff.).[1124] Folglich ist die Widerspruchsfrist eine **Ereignisfrist,** die gem. **§ 187 Abs. 1 BGB** an dem Tag nach dem Zugang des kaufmännischen Bestätigungsschreibens beginnt. Das Fristende ist gem. den **§§ 188 Abs. 1, 193 BGB** zu bestimmen.

323 **ff) Darlegungs- und Beweislast.** Der Absender eines kaufmännischen Bestätigungsschreibens, der sich darauf beruft, der Vertrag sei zu den in seinem Schreiben wiedergegebenen Bedingungen zustande gekommen (zu Einzelheiten → Rn. 324 ff.), muss nicht nur den Zugang seines Bestätigungsschreibens (zu Einzelheiten → Rn. 287 ff.), sondern als Anknüpfungstatsache für das Schweigen des Empfängers auch den Zeitpunkt, wann dies geschehen ist, darlegen und ggf. beweisen (→ Rn. 295 f.). Will der Empfänger die Geltung des wiedergegebenen Vertragsinhalts verhindern, muss er darlegen und ggf. beweisen, dass er dem Bestätigungsschreiben rechtzeitig (zu Einzelheiten → Rn. 320 ff.) widersprochen hat.[1125] Für den Beweis des Zugangs gelten die Ausführungen in → Rn. 295 entsprechend.

[1112] BGH Urt. v. 20.11.1961 – VIII ZR 126/60, NJW 1962, 246 (247); RG Urt. v. 24.11.1922 – III 79/22, RGZ 105, 389 (390); OLG Köln Urt. v. 29.8.2014 – 3 U 27/14, RdTW 2015, 430 Rn. 29, 30 = BeckRS 2015, 16042; OLG Düsseldorf Urt. v. 11.5.2007 – 7 U 139/05, BeckRS 2009, 24178 unter II. 1. c) der Gründe; GK–HGB/ *Achilles/B. Schmidt* Rn. 140; Palandt/*Ellenberger* BGB § 147 Rn. 17; Schlegelberger/*Hefermehl* Rn. 130; Oetker/ *Pamp* Rn. 48.
[1113] Krit. zu dem Verschuldenselement MüKoHGB/*K. Schmidt* Rn. 160; *K. Schmidt* HandelsR § 19 Rn. 101.
[1114] RG Urt. v. 24.11.1922 – III 79/22, RGZ 105, 389; dem folgend Schlegelberger/*Hefermehl* Rn. 117.
[1115] BGH Urt. v. 20.11.1961 – VIII ZR 126/60, NJW 1962, 246 (247); MüKoBGB/*Busche* BGB § 147 Rn. 25.
[1116] BGH Urt. v. 18.1.1978 – IV ZR 204/75, BGHZ 70, 232 (234) = NJW 1978, 886; OLG Köln Urt. v. 7.2.1992 – 19 U 117/91, NJW-RR 1992, 761 (762); wohl auch Heymann/*Horn* Rn. 54.
[1117] BGH Urt. v. 20.11.1961 – VIII ZR 126/60, NJW 1962, 246 (247); *Batereau* in Pfeiffer Handelsgeschäfte-HdB § 2 Rn. 31; Baumbach/Hopt/*Hopt* Rn. 25.
[1118] BGH Urt. v. 11.10.1961 – VIII ZR 109/60, NJW 1962, 104; dem folgend OLG Düsseldorf Urt. v. 11.5.2007 – 7 U 139/05, BeckRS 2009, 24178 unter II. 1. c) der Gründe; GK–HGB/*Achilles/B. Schmidt* Rn. 140; Baumbach/ Hopt/*Hopt* Rn. 25; Staub/*Koller* Rn. 88; KKRD/*W.-H. Roth* Rn. 31.
[1119] BGH Urt. v. 21.3.1966 – VIII ZR 44/64, BB 1966, 425 (426) (insoweit nicht abgedr. in NJW 1966, 1070); RG Urt. v. 24.11.1922 – III 79/22, RGZ 105, 389; dem folgend MüKoBGB/*Busche* BGB § 147 Rn. 25; Heymann/ *Horn* Rn. 54; Staub/*Koller* Rn. 88; krit. OLG Köln Urt. v. 7.2.1992 – 19 U 117/91, NJW-RR 1992, 761 (762).
[1120] BGH Urt. v. 7.7.1969 – VII ZR 104/67, BB 1969, 933 (insoweit nicht abgedr. in NJW 1969, 1711).
[1121] OLG Köln Urt. v. 7.2.1992 – 19 U 117/91, NJW-RR 1992, 761 (762); Palandt/*Ellenberger* BGB § 147 Rn. 17; Oetker/*Pamp* Rn. 48; MüKoHGB/*K. Schmidt* Rn. 160; Röhricht/Graf v. Westphalen/Haas/*Steimle/Dornie den* Rn. 45.
[1122] BGH Urt. v. 16.1.1967 – VIII ZR 276/64, WM 1967, 292 (293) = BeckRS 1967, 31178051.
[1123] BGH Urt. v. 25.2.1987 – VIII ZR 341/86, NJW 1987, 1940 (1941 f.); OLG Düsseldorf Urt. v. 11.5.2007 – 7 U 139/05, BeckRS 2009, 24178 unter II. 1. c) der Gründe; Baumbach/Hopt/*Hopt* Rn. 25; Staub/*Koller* Rn. 87.
[1124] BGH Urt. v. 3.3.1956 – IV ZR 314/55, BGHZ 20, 149 (151 f.) = NJW 1956, 869; BGH Urt. v. 27.1.1965 – VIII ZR 11/63, NJW 1965, 965 (966); GK–HGB/*Achilles/B. Schmidt* Rn. 140; MüKoBGB/*Busche* BGB § 147 Rn. 25; *Haberkorn* MDR 1968, 108 (110); Schlegelberger/*Hefermehl* Rn. 130; Heymann/*Horn* Rn. 54; Staub/*Koller* Rn. 87.
[1125] BGH Urt. v. 18.1.1978 – IV ZR 204/75, BGHZ 70, 232 (234) = NJW 1978, 886; BGH Urt. v. 11.10.1961 – VIII ZR 109/60, NJW 1962, 104; RG Urt. v. 10.7.1926 – II 542/25, RGZ 114, 282 (283); OLG Köln Urt. v. 9.8.1996 – 19 U 57/95, VersR 1996, 70 (71) = BeckRS 1996, 2369; OLG Düsseldorf Urt. v. 15.11.1990 – 10 U 68/

4. Rechtsfolgen des Schweigens. a) Grundsätze. aa) Überblick. Die widerspruchslose Hin- 324
nahme eines deklaratorischen Bestätigungsschreibens (zu Einzelheiten → Rn. 259 ff.) – kurz:
das Schweigen des Empfängers – hat vorbehaltlich der Ausnahmen (zu Einzelheiten → Rn. 340 ff.) zur
Folge, dass der Inhalt des Schreibens als Vertragsinhalt gilt.[1126] Welche Rechtswirkung damit im
Einzelnen verbunden sind, hängt entscheidend von dem Ergebnis der Vertragsverhandlungen (zu
Einzelheiten → Rn. 250 ff.) ab. Danach können in der Theorie **drei Konstellationen** unterschieden
werden, nämlich, (1) der Vertrag war bereits mit dem wiedergegebenen Inhalt tatsächlich zustande
gekommen, (2) der Vertrag war mit einem anderen als dem wiedergegebenen Inhalt geschlossen
worden (→ Rn. 329 f.) und (3) eine rechtswirksame Einigung war gescheitert (→ Rn. 327 f.). Während
das kaufmännische Bestätigungsschreiben in der ersten Konstellation lediglich ein Beweismittel ist und
daher rein deklaratorischen bzw. affirmativen Charakter hat,[1127] treten in den letztgenannten Konstellationen konstitutive Wirkungen (zu Einzelheiten → Rn. 325 ff.) hinzu.[1128] Letztere stehen aufgrund der Tatsache, dass fast ausschließlich die Fälle vor Gericht landen, in denen Streit über das
Ergebnis der Vertragsverhandlungen besteht, und der Einwendung des Empfängers, er habe den
behaupteten Vertrag nicht oder nicht mit dem wiedergegebenen Inhalt geschlossen, im Vordergrund
der Spruchpraxis.

bb) Konstitutive Wirkungen. Ein deklaratorisches Bestätigungsschreiben kann bei einer wider- 325
spruchslosen Hinnahme des Empfängers konstitutive Wirkungen entfalten.[1129] Diese betreffen zum
einen das rechtswirksame Zustandekommen des Vertrags (sog. vertragsbegründende Wirkung,
→ Rn. 327 f.), zum anderen den Vertragsinhalt (sog. vertragsändernde Wirkung, → Rn. 329 f.). Da
diese Wirkungen im Interesse des Verkehrsschutzes eintreten (→ Rn. 243), steht dem Bestätigenden
diesbezüglich **kein Wahlrecht** zu, dh die Wirkungen treten auch zugunsten des Empfängers ein.[1130]

(1) Dogmatische Grundlage. Die dogmatische Begründung für die konstitutiven Wirkungen 326
eines deklaratorischen Bestätigungsschreibens sind insbesondere vor dem Hintergrund, dass das Anfechtungsrecht nach dem Wortlaut der §§ 119, 120, 123 BGB auf Willenserklärungen beschränkt ist
(zu Einzelheiten → Rn. 332 ff.) umstritten. Weitgehend Einigkeit besteht gegenwärtig darüber, dass
die Wirkungen unabhängig von dem Willen des Empfängers eintreten[1131] und daher auch sein *bewusstes*
Schweigen **keine Willenserklärung** ist.[1132] Den Auffassungen, die die Rechtswirkungen mit der

90, NJW-RR 1991, 374; GK-HGB/*Achilles*/*B. Schmidt* Rn. 150; *Bateau* in Pfeiffer Handelsgeschäfte-HdB § 2
Rn. 31, 40; *Bitter*/*Schumacher* HandelsR § 7 Rn. 21; *Brox*/*Henssler* Rn. 303; MüKoBGB/*Busche* BGB § 147 Rn. 25,
27; *Diederichsen* JuS 1966, 129 (137 mit Fn. 91); Palandt/*Ellenberger* BGB § 147 Rn. 20; *Fischinger* HandelsR Rn. 633;
Haberkorn MDR 1968, 108; *Hadding* JuS 1977, 314 (315); Schlegelberger/*Hefermehl* Rn. 118, 133; Baumbach/Hopt/
Hopt Rn. 25; Heymann/*Horn* Rn. 57; HaKo-HGB/*Klappstein* Rn. 64; Staub/*Koller* Rn. 87, 89; *Kollrus* BB 2014,
779 (782); *Kuchinke* JZ 1965, 167 (176); NK-HGB/*Lehmann-Richter* Rn. 303; *Oetker* HandelsR § 7 Rn. 42; *Oetker*/
Pamp Rn. 47, 65; *H. Prütting* in Baumgärtel/Prütting/Laumen Beweislast-HdB BGB § 146 Rn. 5; MüKoHGB/*K.
Schmidt* Rn. 159, 160; *K. Schmidt* HandelsR § 19 Rn. 101; *Siller* JR 1927, 289 (298); Röhricht/Graf v. Westphalen/
Haas/*Steimle*/*Dornieden* Rn. 53; aA *Rosenberg*, Die Beweislast, 5. Aufl. 1965, 245; dagegen *Baumgärtel* JR 978, 458
(459).
  [1126] BGH Urt. v. 27.1.2011 – VII ZR 186/09, BGHZ 188, 128 Rn. 23 = NJW 2011, 1965; BGH Urt. v.
30.1.1985 – VIII ZR 238/83, BGHZ 93, 338 (341 f.) = NJW 1985, 1333; BGH Urt. v. 9.7.1970 – VII ZR 70/68,
BGHZ 54, 236 (240) = NJW 1970, 2021; BGH Urt. v. 24.9.1952 – II ZR 305/51, BGHZ 7, 187 (189) = NJW
1952, 1369; BGH Urt. v. 14.10.1969 – VI ZR 208 u. 209/68, WM 1969, 1452 (1453) = BeckRS 1969, 31179015;
BGH Urt. v. 30.11.1961 – II ZR 277/59, WM 1962, 301 (302) = BeckRS 1961, 31181850; RG Urt. v. 5.6.1923 –
II 923/22, JW 1924, 405; OLG Köln Urt. v. 29.8.2014 – 3 U 27/14, RdTW 2015, 430 Rn. 31 = BeckRS 2015,
16042; OLG Düsseldorf Urt. v. 11.10.1996 – 22 U 49/96, NJW-RR 1997, 211 (212); GK-HGB/*Achilles*/*B. Schmidt*
Rn. 142; *Oetker* in Pfeiffer Handelsgeschäfte-HdB § 2 Rn. 33; Palandt/*Ellenberger* BGB § 147 Rn. 18; *Oetker*
HandelsR § 7 Rn. 44; MüKoHGB/*K. Schmidt* Rn. 165; *K. Schmidt* HandelsR § 19 Rn. 125.
  [1127] BGH Urt. v. 18.3.1964 – VIII ZR 281/62, NJW 1964, 1269 (1270); MüKoBGB/*Busche* BGB § 147 Rn. 14;
Flume Rechtsgeschäft § 36, 3 = 663.
  [1128] BGH Urt. v. 18.3.1964 – VIII ZR 281/62, NJW 1964, 1269 (1270); GK-HGB/*Achilles*/*B. Schmidt* Rn. 142;
MüKoBGB/*Busche* BGB § 147 Rn. 14; *Fischinger* HandelsR Rn. 634; *Flume* Rechtsgeschäft § 36, 3 = 663; *Hübner*
HandelsR Rn. 489; *Lettl* HandelsR § 10 Rn. 62; *Oetker* HandelsR § 7 Rn. 44.
  [1129] Staub/*Koller* Rn. 116; KKRD/*W.-H. Roth* Rn.
  [1130] GK-HGB/*Achilles*/*B. Schmidt* Rn. 142; *Hopt* AcP 183 (1983), 608 (693); *Lettl* HandelsR § 10 Rn. 62; *K.
Schmidt* HandelsR § 19 Rn. 125.
  [1131] BGH Urt. v. 3.3.1956 – IV ZR 314/55, BGHZ 20, 149 (154) = NJW 1956, 869; RG Urt. v. 24.3.1903 –
Rep. II 403/02, RGZ 54, 176 (182); MüKoBGB/*Busche* BGB § 147 Rn. 11; Schlegelberger/*Hefermehl* Rn. 108;
Lettl JuS 2008, 849 (850).
  [1132] BGH Urt. v. 27.10.1953 – I ZR 111/53, BGHZ 11, 1 (5) = NJW 1954, 105; GK-HGB/*Achilles*/*B. Schmidt*
Rn. 146; *Bateau* in Pfeiffer Handelsgeschäfte-HdB § 2 Rn. 6, 12; *Fischinger* HandelsR Rn. 634; *Flume* AcP 161
(1962), 52 (66); Baumbach/Hopt/*Hopt* Rn. 17; *K. Schmidt* HandelsR § 19 Rn. 71; Röhricht/Graf v. Westphalen/
Haas/*Steimle*/*Dornieden* Rn. 48; aA RG Urt. v. 26.3.1927 – I 256/26, JW 1927, 1675 (1676); MüKoBGB/*Busche*
BGB § 147 Rn. 26; *v. Craushaar*, Der Einfluß des Vertrauens auf die Privatrechtsbildung, 1969, 108–111; *Diederichsen*
JuS 1966, 129 (133); *R. Fischer* ZHR 125 (1963), 202 (208); Schlegelberger/*Hefermehl* Rn. 120; Heymann/*Horn*
Rn. 58; *Kellmann* JuS 1971, 609 (616); *Moritz* BB 1995, 420 (422); *Zunft* NJW 1959, 276 (277); ähnl. *Canaris*
Vertrauenshaftung 207 f.: Die Rechtsfolge trete kraft rechtsgeschäftlichen Willens ein. Wohl auch KKRD/*W.-H. Roth*

Verletzung der Obliegenheit bzw. Pflicht zum Widerspruch (zu Einzelheiten → Rn. 313 ff.)[1133] oder einem dem Empfänger zurechenbaren **Vertrauenstatbestand**[1134] begründen, ist gemeinsam, dass sie die Grundlage dafür liefern, um die Einwendungen des Empfängers (→ Rn. 324) mit dem Vorwurf widersprüchlichen Verhaltens zurückweisen zu können.[1135] Zwar lässt sich hierfür die Aussage des RG anführen, dass der schweigende Empfänger sich so behandeln lassen muss, als habe er dem Vertragsschluss ausdrücklich zugestimmt.[1136] Dogmatisch haften diese Ansichten aber an § 346,[1137] wonach die Grundsätze zum kaufmännischen Bestätigungsschreiben lediglich als Handelsbrauch in Ansehung der Wirkung einer Unterlassung – konkret: dem Schweigen des Empfängers – Berücksichtigung finden konnten. Zeugnis hierfür ist die in der Rechtsprechung übliche Formulierung, dass das Schweigen des Empfängers als Zustimmung anzusehen sei.[1138] Seit dem Erstarken der Grundsätze zu Gewohnheitsrecht (→ Rn. 246) ist der Rückgriff auf ein widersprüchliches Verhalten ebenso wenig erforderlich wie die Fiktion einer Willenserklärung.[1139] Vorzugswürdig ist es nunmehr, das Schweigen als **Voraussetzung des gewohnheitsrechtlichen Tatbestands** anzusehen.[1140] Dessen Rechtsfolge besteht – ohne Rückgriff auf die Figur einer Willenserklärung[1141] – darin, dass die im Rahmen der Vertragsverhandlungen (zu Einzelheiten → Rn. 250 ff.) abgegebenen Willenserklärungen einen Vertrag des Inhalts begründet haben, wie er in dem Bestätigungsschreiben niedergelegt ist.[1142]

327   **(2) Vertragsbegründende Wirkung.** Die Wirkung, dass der in dem kaufmännischen Bestätigungsschreiben wiedergegebene Inhalt als Vertragsinhalt gilt (→ Rn. 324), tritt mit der widerspruchslosen Hinnahme des Schreibens – vorbehaltlich der Ausnahmen (zu Einzelheiten → Rn. 340 ff.) – auch dann ein, wenn der behauptete Vertrag (→ Rn. 265) im Rahmen der Vertragsverhandlungen (zu Einzelheiten → Rn. 250 ff.) noch nicht zustande gekommen war (sog. vertragsbegründende Wirkung).[1143] Dadurch verliert der Empfänger insbesondere die Einwendung, der behauptete Vertrag sei

---

Rn. 23, der eine konkludente Zustimmung für möglich erachtet. Unklar *Kuchinke* JZ 1965, 167 (169): mittelbare Willenserklärung.

[1133] *F. Fabricius* JuS 1966, 50 (54); *Kuchinke* JZ 1965, 167 (174); dagegen *Flume* Rechtsgeschäft § 36, 5 = 665; Baumbach/Hopt/*Hopt* Rn. 17.

[1134] *Canaris* Vertrauenshaftung 206 ff.; *Diederichsen* JuS 1966, 129 (135 f.); *v. Dücker* BB 1996, 3 f.; *Hübner* HandelsR Rn. 681 ff., 687; *Wolf/Neuner* BGB AT § 37 Rn. 48; ähnl. HaKo-HGB/*Klappstein* Rn. 44, 58; *Lettl* JuS 2008, 849 (850): Rechtsscheinhaftung kraft verkehrsmäßig typisierten Verhaltens.

[1135] *Batereau* in Pfeiffer Handelsgeschäfte-HdB § 2 Rn. 7; *U. Huber* ZHR 161 (1997), 160 (16).

[1136] RG Urt. v. 24.11.1922 – III 79/22, RGZ 105, 389 (390).

[1137] So ausdr. Schlegelberger/*Hefermehl* Rn. 120. In diese Richtungen deuten auch die Formulierungen von Schlegelberger/*Hefermehl* Rn. 108 („Bedeutung der Zustimmung des Empfängers beigemessen"), 119 („Ausdruck seines Einverständnisses").

[1138] BGH Urt. v. 29.9.1955 – II ZR 210/54, BGHZ 18, 212 (216) = NJW 1955, 1794; BGH Urt. v. 24.9.1952 – II ZR 305/51, BGHZ 7, 187 (189) = NJW 1952, 1369; BGH Urt. v. 9.10.1968 – VIII ZR 125/66, DB 1969, 125; BGH Urt. v. 19.2.1964 – Ib ZR 203/62, NJW 1964, 1223; BGH Urt. v. 11.10.1961 – VIII ZR 109/60, NJW 1962, 104; BGH Urt. v. 23.6.19155 – II ZR 248/54, WM 1955, 1284; BGH Urt. v. 27.10.1953 – I ZR 111/53, NJW 1954, 105 (insoweit nicht abgedr. in BGHZ 11, 1); OLG Hamm Urt. v. 22.3.1994 – 7 U 133/93, NJW 1994, 3172; nur terminologisch abw. („Einverständnis") ROHG Urt. v. 26.11.1873 – Rep. 744/73, ROHG 11, 432 (435); OLG Koblenz Urt. v. 13.7.2006 – 5 U 1847/06, ZMR 2007, 37 (38) = BeckRS 2006, 12278.

[1139] So aber wohl BGH Urt. v. 31.1.1994 – II ZR 83/93, NJW 1994, 1288 („gilt"); BGH Urt. v. 9.10.1968 – VIII ZR 125/66, DB 1969, 125 („gilt"); BGH Urt. v. 23.6.1955 – II ZR 248/54, WM 1955, 1284 („gelten"); OLG Köln Beschl. v. 6.10.2014 – 19 Sch 17/13, BeckRS 2015, 10334 Rn. 40 („gilt"); Baumbach/Hopt/*Hopt* Rn. 17 („gilt ... als Zustimmung"); *Krause*, Schweigen im Rechtsverkehr, 1933, 131; *Lettl* HandelsR § 10 Rn. 39; KKRD/*W.-H. Roth* Rn. 23; ähnl. RG Urt. v. 11.3.1932 – II 217/31, HansRGZ 1932, Abt. B, 355 (356) („verpflichtende Wirkung des Schweigens"); KG Urt. v. 16.1.1928 – 19 U 12530/27, JW 1928, 1608 („Durch ihr Schweigen ... dem Vertragsschlusse zugestimmt."). Differenzierend Schlegelberger/*Hefermehl* Rn. 120; Heymann/*Horn* Rn. 49, 58: Erklärungsfiktion nur bei unbewusstem Schweigen. Dagegen *Batereau* in Pfeiffer Handelsgeschäfte-HdB § 2 Rn. 6; *U. Huber* ZHR 161 (1997), 160 (164).

[1140] *Batereau* in Pfeiffer Handelsgeschäfte-HdB § 2 Rn. 12; *U. Huber* ZHR 161 (1997), 160 (164); Oetker/*Pamp* Rn. 55; MüKoHGB/*K. Schmidt* Rn. 166; *K. Schmidt* HandelsR § 19 Rn. 71.

[1141] Deutlich bereits *Flume* Rechtsgeschäft § 36, 6 = 666. Unklar MüKoBGB/*Busche* BGB § 147 Rn. 11 („Erklärungstatbestand mit normierter Wirkung"); *Canaris* Vertrauenshaftung 207 („Schweigen ... nach der Verkehrssitte die Bedeutung der Zustimmung hat"); *Wolf/Neuner* BGB AT § 37 Rn. 56 („Rechtsfolgen des Schweigens ... liegen in der Zustimmung").

[1142] BGH Urt. v. 26.6.1963 – VIII ZR 61/62, BGHZ 40, 42 (46) = NJW 1963, 1922; *U. Huber* ZHR 161 (1997), 160 (164); *K. Schmidt* HandelsR § 19 Rn. 125.

[1143] BGH Urt. v. 28.9.1970 – VIII ZR 164/68, NJW 1970, 2104; BGH Urt. v. 9.10.1968 – VIII ZR 125/66, DB 1969, 125; BGH Urt. v. 27.1.1965 – VIII ZR 11/63, NJW 1965, 965 (966); OLG Köln Urt. v. 29.8.2014 – 3 U 27/14, RdTW 2015, 430 Rn. 31 = BeckRS 2015, 16042; OLG Jena Urt. v. 18.1.2006 – 2 U 547/05, OLG-NL 2006, 54 (55); OLG Düsseldorf Urt. v. 15.11.1990 – 10 U 68/90, NJW-RR 1991, 374; GK-HGB/*Achilles/B. Schmidt* Rn. 142; *Batereau* in Pfeiffer Handelsgeschäfte-HdB § 2 Rn. 33; *Brox/Henssler* Rn. 294; Palandt/*Ellenberger* BGB § 147 Rn. 8; *Fischinger* HandelsR Rn. 634; *Fischinger* JuS 2015, 394 (397); *Hadding* JuS 1977, 314 (315); Schlegelberger/*Hefermehl* Rn. 119; Baumbach/Hopt/*Hopt* Rn. 17; Heymann/*Horn* Rn. 59; Staub/*Koller* Rn. 116; *Kuchinke* JZ 1965, 167 (169); *Kuhn* WM 1955, 958 (960); NK-HGB/*Lehmann-Richter* Rn. 60; *Lettl* HandelsR § 10 Rn. 42; *Lettl* JuS 2008, 849 (852); Oetker/*Pamp* Rn. 54; KKRD/*W.-H. Roth* Rn. 33; GK-HGB/*B. Schmidt* Vor § 343

aufgrund eines freibleibenden Angebots (→ Rn. 216) oder eines **versteckten Dissenses**[1144] nicht zustande gekommen. Gleiches gilt bei dem Geschäftsabschluss durch einen **Vertreter ohne Vertretungsmacht**[1145] oder einen **geschäftsunfähigen Vertreter,**[1146] es sei denn, dass der Bestätigende den Mangel der Vertretungsmacht bzw. der Geschäftsfähigkeit erkannt und bewusst Unrichtiges bestätigt hat (zu Einzelheiten → Rn. 342 ff.).[1147]

Eine **Schriftformklausel** in Allgemeinen Geschäftsbedingungen des Empfängers, der der Bestätigende vor den Vertragsverhandlungen (zu Einzelheiten → Rn. 250 ff.) zugestimmt hat, steht der vertragsbegründenden Wirkung des Schweigens (→ Rn. 327) insoweit nicht entgegen, als das kaufmännische Bestätigungsschreiben einen formlos geschlossenen Vertrag (→ Rn. 326) „individuell" zusammenfasst.[1148] Dieser Vorrang der individuellen Vertragsabreden **(§ 305b BGB)**[1149] gilt sowohl gegenüber einfachen als auch gegenüber doppelten Schriftformklauseln[1150] sowie dann, wenn die Schriftformklausel ausdrücklich bestimmt, dass mündliche Erklärungen unwirksam sind.[1151] Er kann sich nicht nur zugunsten des Bestätigenden, sondern auch zugunsten des Verwenders der zurücktretenden Allgemeinen Geschäftsbedingungen auswirken.[1152]

(3) Vertragsändernde Wirkung. Die Wirkung, dass der in dem kaufmännischen Bestätigungsschreiben wiedergegebene Inhalt als Vertragsinhalt gilt (→ Rn. 324), tritt mit der widerspruchslosen Hinnahme des Schreibens – vorbehaltlich der Ausnahmen (zu Einzelheiten → Rn. 340 ff.) – nicht nur dann ein, wenn der behauptete Vertrag (→ Rn. 265) im Rahmen der Vertragsverhandlungen (zu Einzelheiten → Rn. 250 ff.) nicht zustande gekommen ist (→ Rn. 327 f.), sondern auch dann, wenn der Vertrag mit einem anderen als dem wiedergegebenen Inhalt (zu Einzelheiten → Rn. 266 ff.) geschlossen wurde.[1153] In diesen Fällen wird das formlos Vereinbarte nachträglich ergänzt oder abge-

328

329

Rn. 9; *K. Schmidt* HandelsR § 19 Rn. 133; *Siller* JR 1927, 289 (297); Röhricht/Graf v. Westphalen/Haas/*Steimle*/ *Dornieden* Rn. 48; *Thamm/Detzer* DB 1997, 213; abweichend HaKo-HGB/*Klappstein* Rn. 44: kraft Rechtsscheinhaftung werde das Einverständnis mit dem Inhalt des kaufmännischen Bestätigungsschreibens widerleglich vermutet.

[1144] BGH Urt. v. 13.1.1975 – VII ZR 139/73, WM 1975, 324 (325); BGH Urt. v. 1.3.1972 – VIII ZR 190/70, NJW 1972, 820; *Canaris* HandelsR § 23 Rn. 13; *Canaris* Vertrauenshaftung 212; Schlegelberger/*Hefermehl* Rn. 121; *Hübner* HandelsR Rn. 501; Staub/*Koller* Rn. 117; *Kuchinke* JZ 1965, 167 (168); *Lettl* HandelsR § 10 Rn. 42, 43; *Lettl* JuS 2008, 849; *Petersen* JURA 2003, 687 (691); KKRD/*W.-H. Roth* Rn. 33; MüKoHGB/*K. Schmidt* Rn. 167; *K. Schmidt* HandelsR § 19 Rn. 87; *Wolf/Neuner* BGB AT § 37 Rn. 48.

[1145] BGH Urt. v. 27.1.2011 – VII ZR 186/09, BGHZ 188, 128 Rn. 23 = NJW 2011, 1965; BGH Urt. v. 10.1.2007 – VIII ZR 380/04, NJW 2007, 987 Rn. 21; BGH Urt. v. 27.9.1989 – VIII ZR 245/88, NJW 1990, 386; BGH Urt. v. 28.6.1967 – VIII ZR 30/65, WM 1967, 898 (899) = BeckRS 1967, 31178962; BGH Urt. v. 27.1.1965 – VIII ZR 11/63, NJW 1965, 965 (966); BGH Urt. v. 15.6.1964 – II ZR 129/62, NJW 1964, 1951 (1952); RG Urt. v. 27.10.1921 – VI 273/21, RGZ 103, 95 (98); RG Urt. v. 26.4.1938 – VII 21/38, JW 1938, 1902 (Ls. 2); OLG Köln Urt. v. 29.8.2014 – 3 U 27/14, RdTW 2015, 430 Rn. 31 = BeckRS 2015, 16042; OLG Düsseldorf Urt. v. 15.11.1990 – 10 U 68/90, NJW-RR 1991, 374; OLG Köln Urt. v. 23.9.1982 – 1 U 14/82, ZIP 1982, 1424 (1426); OLG Karlsruhe Urt. v. 5.12.1975 – 15 U 105/75, BB 1976, 665; GK-HGB/*Achilles*/*B. Schmidt* Rn. 126; *Bateau* in Pfeiffer Handelsgeschäfte-HdB § 2 Rn. 33; *Brox/Henssler* Rn. 294; *Canaris* HandelsR § 23 Rn. 14; *Canaris* Vertrauenshaftung 212; *Fischinger* HandelsR Rn. 634; *Flume* Rechtsgeschäft § 36, 4 = 664; Schlegelberger/*Hefermehl* Rn. 119, 121; *Hübner* HandelsR Rn. 489; *Kuchinke* JZ 1965, 167 (168); NK-HGB/*Lehmann-Richter* Rn. 60; *Lettl* HandelsR § 10 Rn. 43; *Lettl* JuS 2008, 849; *Oetker/Pamp* Rn. 56; *Petersen* JURA 2003, 687 (692); KKRD/*W.-H. Roth* Rn. 33; MüKoHGB/*K. Schmidt* Rn. 167; *K. Schmidt* HandelsR § 19 Rn. 87, 133; *Wolf/Neuner* BGB AT § 37 Rn. 48; iErg auch HaKo-HGB/*Klappstein* Rn. 58.

[1146] Schlegelberger/*Hefermehl* Rn. 119.

[1147] BGH Urt. v. 28.6.1967 – VIII ZR 30/65, WM 1967, 898 (900) = BeckRS 1967, 31178962; RG Urt. v. 27.10.1921 – VI 273/21, RGZ 103, 95 (98); KKRD/*W.-H. Roth* Rn. 33; iErg auch HaKo-HGB/*Klappstein* Rn. 58.

[1148] BGH Beschl. v. 20.10.1994 – III ZR 76/94, NJW-RR 1995, 179 (180); OLG Düsseldorf Urt. v. 15.11.1990 – 10 U 68/90, NJW-RR 1991, 374 (375); GK-HGB/*Achilles*/*B. Schmidt* Rn. 134; MüKoBGB/*Busche* BGB § 147 Rn. 16; Palandt/*Ellenberger* BGB § 147 Rn. 11; Heymann/*Horn* Rn. 50; *Kollrus* BB 2014, 779 (781); NK-HGB/ *Lehmann-Richter* Rn. 54; Staub/*Koller* Rn. 79; MüKoHGB/*K. Schmidt* Rn. 151, 170; *K. Schmidt* HandelsR § 19 Rn. 124; *Teske* EWiR 1995, 417; *Thamm/Detzer* DB 1997, 213.

[1149] OLG Köln Urt. v. 29.8.2014 – 3 U 27/14, RdTW 2015, 430 Rn. 33 = BeckRS 2015, 16042; GK-HGB/ *Achilles*/*B. Schmidt* Rn. 134; Röhricht/Graf v. Westphalen/Haas/*Steimle/Dornieden* Rn. 51; vgl. auch Heymann/ *Horn* Rn. 50; Staub/*Koller* Rn. 79 jeweils zu § 4 AGBG.

[1150] BGH Beschl. v. 25.1.2017 – XII ZR 69/16, NJW 2017, 1017 Rn. 16; BAG Urt. v. 20.5.2008 – 9 AZR 382/ 07, BAGE 126, 364 Rn. 27 = NJW 2009, 316; OLG Hamm Urt. v. 21.4.2016 – 18 U 17/14, RdTW 2017, 111 Rn. 69 f. = BeckRS 2016, 15980; OLG Düsseldorf Urt. v. 1.6.2006 – I-10 U 1/06, ZMR 2007, 35 = BeckRS 2007, 07161; Palandt/*Grüneberg* BGB § 305b Rn. 5; Baumbach/Hopt/*Hopt* Rn. 20, Einl. v. § 343 Rn. 9; *Krüger* ZflR 2016, 531 (532); verfehlt KG Urt. v. 18.8.2005 – 8 U 106/04, NZM 2005, 908 (909): § 346 sei bei einer doppelten Schriftformklausel nicht anwendbar.

[1151] BGH Versäumnisurt. v. 21.9.2005 – XII ZR 312/02, BGHZ 164, 133 (137) = NJW 2006, 138; BGH Beschl. v. 25.1.2017 – XII ZR 69/16, NJW 2017, 1017 Rn. 17.

[1152] Vgl. BGH Beschl. v. 20.10.1994 – III ZR 76/94, NJW-RR 1995, 179 (180) jew. zu § 4 AGBG.

[1153] BGH Urt. v. 14.10.1969 – VI ZR 208 u. 209/68, WM 1969, 1452 (1453) = BeckRS 1969, 31179015; BGH Urt. v. 22.1.1964 – VIII ZR 111/63, NJW 1964, 589; OLG Koblenz Urt. v. 26.6.2006 – 12 U 685/05, NJW-RR 2007, 813 f.; OLG Koblenz Urt. v. 26.6.2006 – 12 U 685/05, BeckRS 2007, 03474 unter II. 1. der Gründe; OLG Düsseldorf Urt. v. 11.10.1996 – 22 U 49/96, NJW-RR 1997, 211 (212); GK-HGB/*Achilles*/*B. Schmidt* Rn. 142;

ändert (sog. rechts- bzw. vertragsändernde Wirkung).[1154] Zu der Einbeziehung ergänzender Allgemeiner Geschäftsbedingungen → Rn. 271 ff.

330   Erkennt der Empfänger, dass der in dem kaufmännischen Bestätigungsschreiben wiedergegebene Vertragsinhalt (zu Einzelheiten → Rn. 266 ff.) mit dem zuvor Vereinbarten nicht übereinstimmt, muss er, um die vertragsändernde Wirkung (→ Rn. 329) vorbehaltlich der Ausnahmen (zu Einzelheiten → Rn. 340 ff.) zu verhindern, rechtzeitig widersprechen (zu Einzelheiten → Rn. 313 ff.). Das Recht zur Anfechtung des Geschäfts (zu Einzelheiten → Rn. 332 ff.) vermag die vom Empfänger *erkannte* inhaltliche Divergenz (→ Rn. 334) bereits mangels eines Irrtums nicht zu begründen.[1155]

331   **(4) Fortbestehende Einwendungen. (a) Gesetzliche Einwendungen.** Die mit der widerspruchslosen Hinnahme eines deklaratorischen Bestätigungsschreibens einhergehenden Wirkungen (zu Einzelheiten → Rn. 325 ff.) schließen nicht sämtliche Einwendungen gegen das Zustandekommen des Vertrags bzw. den wiedergegebenen Inhalt aus.[1156] Die Reichweite des Einwendungsausschlusses wird durch den Zweck des Bestätigungsschreibens begrenzt,[1157] Missverständnisse und unklare Vertragsverhältnisse von vornherein auszuschließen und die Rechtsbeziehungen zwischen den Beteiligten verbindlich festlegen (→ Rn. 243). Hiervon umfasst sind insbesondere ein versteckter Dissens sowie der Geschäftsabschluss durch einen geschäftsunfähigen Vertreter oder einen Vertreter ohne Vertretungsmacht (→ Rn. 327). Außerhalb dieses Zwecks liegen zB die objektiven Grenzen der Privatautonomie (**§§ 134, 138 BGB**),[1158] die Nichtbeachtung der durch Gesetz vorgeschriebenen Form (**§ 125 S. 1 BGB**)[1159] sowie die Geschäftsunfähigkeit einer der Parteien.[1160] Diese Einwendungen können beide Parteien dem Vertrag – unabhängig von den Ausnahmen (zu Einzelheiten → Rn. 340 ff.) – auch nach der widerspruchslosen Hinnahme eines deklaratorischen Bestätigungsschreibens entgegensetzen.

332   **(b) Recht zur Anfechtung. (aa) Durch den Empfänger. (i) Irrtümer im Zusammenhang mit dem kaufmännischen Bestätigungsschreiben.** Die widerspruchslose Hinnahme eines kaufmännischen Bestätigungsschreibens (zu Einzelheiten → Rn. 259 ff.) ist auch dann, wenn der Empfänger bewusst von einem Widerspruch absieht, keine Willenserklärung (→ Rn. 326). Da die Wirkungen kraft objektiven (Gewohnheits-)Rechts eintreten, kommt einzig eine **entsprechende Anwendung der §§ 119 ff. BGB** in Betracht.[1161] Deren Umfang wird durch den Zweck des Bestätigungsschreibens begrenzt, Missverständnisse und unklare Vertragsverhältnisse von vornherein auszuschließen und die Rechtsbeziehungen zwischen den Beteiligten verbindlich festzulegen (→ Rn. 243). Daher besteht Einigkeit insbesondere darüber, dass der Empfänger das Geschäft nicht wegen der **Unkenntnis der Grundätze** zum kaufmännischen Bestätigungsschreiben[1162] oder wegen eines **Irrtums über die Wirkung seines Schweigens,** also darüber, dass der Inhalt des Schreibens als Vertragsinhalt gilt (sog. Schlüssigkeitsirrtum, → Rn. 324), anfechten kann.[1163]

Canaris HandelsR § 23 Rn. 15; *Fischinger* HandelsR Rn. 634; *Fischinger* JuS 2015, 394 (397); Schlegelberger/ *Hefermehl* Rn. 108, 119; Staub/*Koller* Rn. 116; *Kuchinke* JZ 1965, 167 (169); *Kuhn* WM 1955, 958 (960); *Lettl* HandelsR § 10 Rn. 44; *Lettl* JuS 2008, 849; Oetker/*Pamp* Rn. 54; KKRD/*W.-H. Roth* Rn. 33; *Thamm*/*Detzer* DB 1997, 213.

[1154] BGH Urt. v. 24.9.1952 – II ZR 305/51, BGHZ 7, 187 (190) = NJW 1953, 1369; BGH Urt. v. 14.10.1969 – VI ZR 208 u. 209/68, WM 1969, 1452 (1453) = BeckRS 1969, 31179015; BGH Urt. v. 18.3.1964 – VIII ZR 281/ 62, NJW 1964, 1269 (1270); BGH Urt. v. 22.1.1964 – VIII ZR 111/63, NJW 1964, 589; BGH Urt. v. 5.12.1960 – VII ZR 256/59, BB 1961, 271 = BeckRS 1960, 31189133; RG Urt. v. 30.10.1924 – VI 101/24, WarnR 1925 Nr. 57; OLG Düsseldorf Urt. v. 25.11.1993 – 7 U 260/92, NJW-RR 1995, 501 (502); OLG Köln Urt. v. 31.5.1991 – 19 U 34/91, CR 1991, 541; OLG Düsseldorf Urt. v. 17.5.1963 – 5 U 215/62, DB 1963, 929; MüKoBGB/*Busche* BGB § 147 Rn. 11; Palandt/*Ellenberger* BGB § 147 Rn. 8; *Haberkorn* MDR 1968, 108 (109); Schlegelberger/ *Hefermehl* Rn. 119; Baumbach/Hopt/*Hopt* Rn. 17; Heymann/*Horn* Rn. 59; *Hübner* HandelsR Rn. 501; HaKo-HGB/*Klappstein* Rn. 44; *Lettl* HandelsR § 10 Rn. 44; *Wolf/Neuner* BGB AT § 37 Rn. 56; ähnl. *Bateau* in Pfeiffer Handelsgeschäfte-HdB § 2 Rn. 33: Vertrag „entsteht" mit dem unwidersprochenen Inhalt. Nur terminologisch abweichend RG Urt. v. 5.6.1923 – II 923/22, JW 1924, 405 („rechtserzeugende Kraft").

[1155] IErg auch BGH Urt. v. 7.10.1971 – VII ZR 177/69, NJW 1972, 45.

[1156] MüKoBGB/*Busche* BGB § 147 Rn. 26; *Canaris* Vertrauenshaftung 211 f.; Schlegelberger/*Hefermehl* Rn. 121.

[1157] Schlegelberger/*Hefermehl* Rn. 121.

[1158] BGH Urt. v. 17.4.1991 – XII ZR 15/90, NJW-RR 1991, 1289 (1290); MüKoBGB/*Busche* BGB § 147 Rn. 24; *Hadding* JuS 1977, 314 (315); Schlegelberger/*Hefermehl* Rn. 121; *Hübner* HandelsR Rn. 502.

[1159] OLG Hamm Urt. v. 30.5.1995 – 7 U 30/95, BeckRS 1995 Rn. 11 zu § 34 GWB aF; HaKo-HGB/*Klappstein* Rn. 30; Staub/*Koller* Rn. 48. Zweifelhaft BGH Urt. v. 17.4.1991 – XII ZR 15/90, NJW-RR 1991, 1289 (1290) für den Mangel der vereinbarten Schriftform (zu deren mündlicher Aufhebung → Rn. 179).

[1160] BGH Urt. v. 17.4.1991 – XII ZR 15/90, NJW-RR 1991, 1289 (1290); *Hadding* JuS 1977, 314 (315); Schlegelberger/*Hefermehl* Rn. 121.

[1161] GK-HGB/*Achilles*/*B. Schmidt* Rn. 146; *Diederichsen* JuS 1966, 129 (137); *Flume* Rechtsgeschäft § 36, 7 = 668; *Kramer* JURA 1984, 235 (250); MüKoHGB/*K. Schmidt* Rn. 167; *K. Schmidt* HandelsR § 19 Rn. 136; aA KKRD/ *W.-H. Roth* Rn. 34.

[1162] MüKoHGB/*K. Schmidt* Rn. 167.

[1163] BGH Urt. v. 3.3.1956 – IV ZR 314/55, BGHZ 20, 149 (154) = NJW 1956, 869; BGH Urt. v. 27.10.1953 – I ZR 111/52, BGHZ 11, 1 (4 f.) = NJW 1954, 105; BGH Urt. v. 7.10.1971 – VII ZR 177/69, NJW 1972, 45; BGH Urt. v. 7.7.1969 – VII ZR 104/67, NJW 1969, 1711; BGH Urt. v. 15.6.1964 – II ZR 129/62, NJW 1964, 1951

Sofern der Empfänger aufgrund der **Unkenntnis vom Zugang** des kaufmännischen Bestätigungs- 333
schreibens (zu Einzelheiten → Rn. 287 ff.) kein Bewusstsein hatte, dieses widerspruchslos hinzuneh-
men (sog. Tatsachenunkenntnis), ist dieser Umstand entgegen der Rechtsprechung des RG[1164] kein
Erklärungsirrtum, der ihn in entsprechender Anwendung von § 119 Abs. 1 Alt. 2 BGB zu der
Anfechtung des Geschäfts berechtigt.[1165] Dieser Irrtum ist darin angelegt, dass für den Zugang des
Bestätigungsschreibens in entsprechender Anwendung von § 130 Abs. 1 S. 1 BGB bereits die Möglichkeit der Kenntnisnahme genügt, die tatsächliche Kenntnisnahme also nicht erforderlich ist
(→ Rn. 287). Sofern in der Lit. vertreten wird, die Anfechtung (nur) in den Fällen zuzulassen, in denen
die Unkenntnis nicht auf einer Nachlässigkeit des Empfängers in Gestalt eines Organisationsmangels
beruht,[1166] erscheint es im Interesse der Verkehrssicherheit vorzugswürdig, diesen Umstand ausschließlich bei der Rechtzeitigkeit des Widerspruchs – konkret der Frage, ob das Zögern schuldhaft erfolgte –
zu berücksichtigen und nach der widerspruchslosen Hinnahme des Bestätigungsschreibens ein Anfechtungsrecht zu verneinen.[1167]

Der Irrtum, das **Verhandlungsergebnis** werde in dem kaufmännischen Bestätigungsschreiben (zu 334
Einzelheiten → Rn. 266 ff.) **richtig wiedergegeben,** berechtigt den Empfänger nicht zu der Anfech-
tung des Geschäfts.[1168] Der Zugang des Bestätigungsschreibens (zu Einzelheiten → Rn. 287 ff.) verpflichtet den Empfänger, das Schreiben mit der gebotenen Sorgfalt (§ 347 bzw. §§ 276 Abs. 2, 278
S. 1 BGB) zu lesen und dabei die inhaltliche Richtigkeit sowohl in Bezug auf den behaupteten
Vertragsschluss (→ Rn. 265) als auch auf den wiedergegebenen Vertragsinhalt (zu Einzelheiten
→ Rn. 266 ff.) zu prüfen.[1169] Treten dabei Zweifel an der richtigen Wiedergabe des Verhandlungs-
ergebnisses auf, muss er sich Klarheit verschaffen. Unterlässt er dies oder widerspricht er trotz erkannter
inhaltlicher Abweichungen nicht bzw. nicht rechtzeitig (zu Einzelheiten → Rn. 313 ff.), kann er das
Geschäft aufgrund der **Außerachtlassung der gebotenen Sorgfalt** nicht mehr mit der Begründung
anfechten, er sei davon ausgegangen, dass das Bestätigungsschreiben das Verhandlungsergebnis richtig
wiedergebe.[1170] Der hiergegen erhobene Einwand, die Beachtung der gebotenen Sorgfalt sei keine
Voraussetzung des Anfechtungsgrundes,[1171] vermag deshalb nicht zu überzeugen, weil die Anfechtung
in diesen Fällen dem Zweck des Bestätigungsschreibens, Irrtümer durch eine sorgfältige Behandlung
des Schreibens aufzudecken und den Vertragsinhalt – bis zur Grenze erheblicher Abweichungen (zu
Einzelheiten → Rn. 270 ff., → Rn. 347 ff.) – verbindlich festzulegen (→ Rn. 243), widerspräche.[1172]

(1952); GK-HGB/*Achilles*/*B. Schmidt* Rn. 146; MüKoBGB/*Armbrüster* BGB § 119 Rn. 66; *Batereau* in Pfeiffer
Handelsgeschäfte-HdB § 2 Rn. 36; *Bitter*/*Schumacher* HandelsR § 7 Rn. 29; *Brox*/*Henssler* Rn. 305; MüKoBGB/
Busche BGB § 147 Rn. 26; *Canaris* HandelsR § 23 Rn. 34; *Ebert* JuS 1999, 754 (756); Palandt/*Ellenberger* BGB § 147
Rn. 8; *Fischinger* HandelsR Rn. 636; *Fischinger* JuS 2015, 394 (397); *Flume* Rechtsgeschäft § 36, 7 = 667; *Hadding* JuS
1977, 314 (315); *P. Hanau* AcP 165 (1965), 220 (225); Schlegelberger/*Hefermehl* Rn. 32, 135; Baumbach/Hopt/*Hopt*
Rn. 33; Heymann/*Horn* Rn. 58; *U. Huber* ZHR 161 (1997), 160 (164 mit Fn. 29); *Hübner* HandelsR Rn. 502; *Jung*
HandelsR Kap. 9 Rn. 21; HaKo-HGB/*Klappstein* Rn. 59; Staub/*Koller* Rn. 118; *Kramer* JURA 1984, 235 (250);
Krause, Schweigen im Rechtsverkehr, 1933, 137; NK-HGB/*Lehmann-Richter* Rn. 62; *Lettl* HandelsR § 10 Rn. 63;
Lettl JuS 2008, 849 (852); *Medicus*/*Petersen* BGB AT Rn. 442; Oetker/*Pamp* Rn. 57; KKRD/*W.-H. Roth* Rn. 34; *K.
Schmidt* HandelsR § 19 Rn. 136; Röhricht/Graf v. Westphalen/Haas/*Steimle*/*Dornieden* Rn. 49; *Wacke* JA 1982, 184
(185); *Wolf*/*Neuner* BGB AT § 37 Rn. 56; *Zunft* NJW 1959, 276 (277).

[1164] RG Urt. v. 5.7.1930 – I 66/30, RGZ 129, 347 (349); RG Urt. v. 20.1.1922 – II 360/21, RGZ 103, 401
(405).

[1165] Staub/*Koller* Rn. 122; *Lettl* JuS 2008, 849 (852); *Zunft* NJW 1959, 276 (277).

[1166] MüKoBGB/*Armbrüster* BGB § 119 Rn. 70; *Canaris* HandelsR § 23 Rn. 35; *Canaris* Vertrauenshaftung 209;
Flume Rechtsgeschäft § 36, 7 = 667; Oetker/*Pamp* Rn. 58; KKRD/*W.-H. Roth* Rn. 34; MüKoHGB/*K. Schmidt*
Rn. 167; *K. Schmidt* HandelsR § 19 Rn. 136; *Zunft* NJW 1959, 276 (277); ähnl. Heymann/*Horn* Rn. 58: die
Wirkung des Bestätigungsschreibens müsse nach Treu und Glauben entfallen.

[1167] Baumbach/Hopt/*Hopt* Rn. 33; Staub/*Koller* Rn. 122; *Lettl* HandelsR § 10 Rn. 63.

[1168] BGH Urt. v. 7.10.1971 – VII ZR 177/69, NJW 1972, 45; BGH Urt. v. 7.7.1969 – VII ZR 104/67, NJW
1969, 1711 (1712); GK-HGB/*Achilles*/*B. Schmidt* Rn. 146; *Bitter*/*Schumacher* HandelsR § 7 Rn. 29; *Canaris* HandelsR § 23 Rn. 38; *Canaris* Vertrauenshaftung 211; *v. Dücker* BB 1996, 3 (8); *Ebert* JuS 1999, 754 (756); Palandt/
Ellenberger BGB § 147 Rn. 8; *Fischinger* HandelsR Rn. 636; *P. Hanau* AcP 165 (1965), 220 (226); *Jung* HandelsR
Kap. 9 Rn. 21; HaKo-HGB/*Klappstein* Rn. 59; *Kuchinke* JZ 1965, 167 (175); NK-HGB/*Lehmann-Richter* Rn. 62;
Lettl JuS 2008, 849 (852); MüKoHGB/*K. Schmidt* Rn. 167; *K. Schmidt* HandelsR § 19 Rn. 136; *Siller* JR 1927, 289
(295); Röhricht/Graf v. Westphalen/Haas/*Steimle*/*Dornieden* Rn. 49; aA *Krause*, Schweigen im Rechtsverkehr, 1933,
137.

[1169] BGH Urt. v. 7.10.1971 – VII ZR 177/69, NJW 1972, 45; RG Urt. v. 5.7.1930 – I 66/30, RGZ 129, 347
(348); RG Urt. v. 24.3.1903 – Rep. II 403/02, RGZ 54, 176 (182); RG Urt. v. 3.1.1911 – II 123/10, Gruchot 55
Nr. 49; OLG Hamburg Urt. v. 18.11.1949 – 4 U 216/49, HEZ 3, 54 (55); Schlegelberger/*Hefermehl* Rn. 135;
Oetker/*Pamp* Rn. 57; MüKoHGB/*K. Schmidt* Rn. 142, 151; *Thamm*/*Detzer* DB 1997, 213.

[1170] BGH Urt. v. 7.10.1971 – VII ZR 177/69, NJW 1972, 45; *Ebert* JuS 1999, 754 (756); Schlegelberger/*Hefermehl*
Rn. 135; Baumbach/Hopt/*Hopt* Rn. 33; HaKo-HGB/*Klappstein* Rn. 59; Oetker/*Pamp* Rn. 57; Röhricht/Graf
v. Westphalen/Haas/*Steimle*/*Dornieden* Rn. 49.

[1171] *Canaris* FS Wilburg, 1975, 77 (91 f.); *Krause*, Schweigen im Rechtsverkehr, 1933, 137 f.; Staudinger/*Singer*,
2017, BGB Vor §§ 116 ff. Rn. 68, 70.

[1172] BGH Urt. v. 7.10.1971 – VII ZR 177/69, NJW 1972, 45; BGH Urt. v. 7.7.1969 – VII ZR 104/67, NJW
1969, 1711 (1712); Staub/*Koller* Rn. 120.

Dies rechtfertigt – ja gebietet – es, die Anfechtung *jedenfalls* dann auszuschließen, wenn der Empfänger die erforderliche Sorgfalt im Umgang mit dem kaufmännischen Bestätigungsschreiben außer Acht gelassen hat.[1173] Aber auch dann, wenn der Empfänger die **gebotene Sorgfalt beachtet** hat, sollte ihm das Anfechtungsrecht verwehrt werden, da es sich bei der unzutreffenden Annahme, das Bestätigungsschreiben gebe das Verhandlungsergebnis richtig wieder, nicht um einen Inhaltsirrtum iSd § 119 Abs. 1 Alt. 2 BGB, sondern um einen unbeachtlichen Motivirrtum für das Schweigen handelt.[1174]

335 Hat der Empfänger den **Inhalt des kaufmännischen Bestätigungsschreibens missverstanden**, will eine Ansicht die Anfechtung in entsprechender Anwendung von § 119 Abs. 1 Alt. 1 BGB mit der Begründung zulassen, dass der Empfänger aufgrund seines bewussten Schweigens nicht schlechter stehen dürfe, als wenn er die Zustimmung ausdrücklich erklärt hätte.[1175] Dies überzeugt in Ansehung des Zwecks eines kaufmännischen Bestätigungsschreibens (→ Rn. 243) nicht. Der Empfänger ist verpflichtet, das Schreiben mit der gebotenen Sorgfalt (§ 347 bzw. §§ 276 Abs. 2, 278 S. 1 BGB) zu lesen (→ Rn. 334). Wäre das Missverständnis bei Beachtung der gebotenen Sorgfalt – sei es eine gründlichere Lektüre, sei es eine Rückfrage bei dem Bestätigenden – vermieden worden, kann der Empfänger das Geschäft aufgrund der **Außerachtlassung der gebotenen Sorgfalt** nicht mehr mit der Begründung anfechten, er habe sich über den Inhalt des Bestätigungsschreibens geirrt.[1176] Der hiergegen erhobene Einwand, die Beachtung der gebotenen Sorgfalt sei keine Voraussetzung des § 119 Abs. 1 Alt. 1 BGB,[1177] trifft für die unmittelbare Anwendung der Vorschrift zwar zu. Die Möglichkeit der entsprechenden Anwendung wird aber durch den Zweck des Bestätigungsschreibens begrenzt, Irrtümer durch eine sorgfältige Behandlung des Schreibens aufzudecken und den Vertragsinhalt – bis zur Grenze erheblicher Abweichungen (zu Einzelheiten → Rn. 270 ff., → Rn. 347 f.) – verbindlich festzulegen (→ Rn. 243).[1178] Dies rechtfertigt – ja gebietet – es, die Anfechtung in entsprechender Anwendung von § 119 Abs. 1 Alt. 1 BGB nur zuzulassen, wenn der Inhaltsirrtum nicht darauf beruht, dass der Empfänger im Umgang mit dem kaufmännischen Bestätigungsschreiben die gebotene Sorgfalt außer Acht gelassen hat.[1179]

336 Der Anfechtung wegen **arglistiger Täuschung** oder **widerrechtlicher Drohung** in entsprechender Anwendung von **§ 123 Abs. 1 BGB** steht der Zweck der Grundsätze über das kaufmännische Bestätigungsschreiben nicht entgegen.[1180] Da die grundsätzlichen Wirkungen bei einer bewusst unrichtigen Bestätigung bereits kraft Gesetzes nicht eintreten (zu Einzelheiten → Rn. 342 ff.), wird die Ausübung dieses Anfechtungsrechts nur ausnahmsweise erforderlich bzw. ratsam sein,[1181] nämlich dann, wenn der Bestätigende sich redlich verhalten hat, zB weil er die von einem Dritten verübte Täuschung nicht kannte, sondern lediglich kennen musste (§ 123 Abs. 2 S. 1 BGB),[1182] oder um mittels § 142 Abs. 2 BGB die verschärfte Haftung des Bereicherungsschuldners (§ 819 Abs. 1 BGB) zu begründen.[1183]

[1173] *Batereau* in Pfeiffer Handelsgeschäfte-HdB § 2 Rn. 37; Schlegelberger/*Hefermehl* Rn. 135; *Kramer* JURA 1984, 235 (250); Oetker/*Pamp* Rn. 58; MüKoHGB/*K. Schmidt* Rn. 167.

[1174] MüKoBGB/*Armbrüster* BGB § 119 Rn. 67; *Canaris* HandelsR § 23 Rn. 38; *Canaris* Vertrauenshaftung 211; *P. Hanau* AcP 165 (1965), 220 (226); Staub/*Koller* Rn. 120; *Kramer* JURA 1984, 235 (250); *Lettl* HandelsR § 10 Rn. 63; *Lettl* JuS 2008, 849 (852); KKRD/*W.-H. Roth* Rn. 34; *Wolf/Neuner* BGB AT § 37 Rn. 56; iErg auch *Diederichsen* JuS 1966, 129 (137).

[1175] MüKoBGB/*Armbrüster* BGB § 119 Rn. 67; *Canaris* Vertrauenshaftung 210 f.; *Lettl* HandelsR § 10 Rn. 63; *Lettl* JuS 2008, 849 (852 f.); *Medicus/Petersen* BGB AT Rn. 442; *Petersen* JURA 2003, 687 (690); *Wolf/Neuner* BGB AT § 37 Rn. 56; offengelassen von BGH Urt. v. 27.10.1953 – I ZR 111/53, BGHZ 11, 1 (5 f.) = NJW 1954, 105.

[1176] BGH Urt. v. 7.10.1971 – VII ZR 177/69, NJW 1972, 45; MüKoBGB/*Armbrüster* BGB § 119 Rn. 70; *Batereau* in Pfeiffer Handelsgeschäfte-HdB § 2 Rn. 37; *Flume* Rechtsgeschäft § 36, 7 = 667 f.; *Hadding* JuS 1977, 314 (315); Schlegelberger/*Hefermehl* Rn. 135; *Heymann/Horn* Rn. 37, 58; KKRD/*W.-H. Roth* Rn. 34; *K. Schmidt* HandelsR § 19 Rn. 136; aA *Canaris* HandelsR § 23 Rn. 38; Baumbach/Hopt/*Hopt* Rn. 33.

[1177] *Canaris* HandelsR § 23 Rn. 38, § 22 Rn. 32; *Canaris* FS Wilburg, 1975, 77 (91 f.); *Krause,* Schweigen im Rechtsverkehr, 1933, 137 f.; Staudinger/*Singer,* 2017, BGB Vor §§ 116 ff. Rn. 68, 70.

[1178] BGH Urt. v. 7.10.1971 – VII ZR 177/69, NJW 1972, 45.

[1179] MüKoBGB/*Armbrüster* BGB § 119 Rn. 70; *Batereau* in Pfeiffer Handelsgeschäfte-HdB § 2 Rn. 37; *Bitter/Schumacher* HandelsR § 7 Rn. 30; *v. Dücker* BB 1996, 3 (8); *Flume* Rechtsgeschäft § 36, 7 = 667 f.; Schlegelberger/*Hefermehl* Rn. 135; *Heymann/Horn* Rn. 37, 58; Oetker/*Pamp* Rn. 58; KKRD/*W.-H. Roth* Rn. 34; MüKoHGB/*K. Schmidt* Rn. 167; *K. Schmidt* HandelsR § 19 Rn. 136; wohl auch MüKoBGB/*Busche* BGB § 147 Rn. 26; weitergehend (Ausschluss der Anfechtung auch bei unverschuldeten Missverständnissen) Brox/*Henssler* Rn. 306; *Fischinger* JuS 2015, 394 (397); *Hübner* HandelsR Rn. 502; aA GK-HGB/*Achilles/B. Schmidt* Rn. 147; *Canaris* HandelsR § 23 Rn. 38; Baumbach/Hopt/*Hopt* Rn. 33; HaKo-HGB/*Klappstein* Rn. 59; Staub/*Koller* Rn. 121; *Lettl* HandelsR § 10 Rn. 63.

[1180] GK-HGB/*Achilles/B. Schmidt* Rn. 148; *Bitter/Schumacher* HandelsR § 7 Rn. 31; *Canaris* HandelsR § 23 Rn. 38; *Fischinger* HandelsR Rn. 638; *Hadding* JuS 1977, 314 (315); Schlegelberger/*Hefermehl* Rn. 121; *Hübner* HandelsR Rn. 502; Staub/*Koller* Rn. 123; *Lettl* HandelsR § 10 Rn. 63; *Lettl* JuS 2008, 849 (853); *Medicus/Petersen* BGB AT Rn. 442; Oetker/*Pamp* Rn. 58; MüKoHGB/*K. Schmidt* Rn. 167; *K. Schmidt* HandelsR § 19 Rn. 137.

[1181] GK-HGB/*Achilles/B. Schmidt* Rn. 148; Oetker/*Pamp* Rn. 58; MüKoHGB/*K. Schmidt* Rn. 167; *K. Schmidt* HandelsR § 19 Rn. 137. Dies übersehen *v. Dücker* BB 1996, 3 (8); *Zunft* NJW 1959, 276 (277).

[1182] *Bitter/Schumacher* HandelsR § 7 Rn. 31; Brox/*Henssler* Rn. 307; *Fischinger* HandelsR Rn. 638.

[1183] Diese Konstellationen übersehen Schlegelberger/*Hefermehl* Rn. 135; *Heymann/Horn* Rn. 58; *Jung* HandelsR Kap. 9 Rn. 21.

(ii) Irrtümer bei den Vertragsverhandlungen. Unterlag der spätere Empfänger des kaufmän- **337** nischen Bestätigungsschreibens bereits bei dem Abschluss des Vertrags im Rahmen der Verhandlungen (zu Einzelheiten → Rn. 250 ff.) einem Irrtum, der ihn in unmittelbarer Anwendung der §§ 119 ff. BGB zu der Anfechtung seiner Willenserklärung berechtigt, stellt sich lediglich die Frage, ob die anschließende widerspruchslose Hinnahme des Bestätigungsschreibens das bereits entstandene Anfechtungsrecht ausschließt.[1184] Der Zweck des kaufmännischen Bestätigungsschreibens, Missverständnisse sowie Irrtümer aufzudecken und den Vertragsinhalt verbindlich festzulegen (→ Rn. 243), gebietet es insoweit zu differenzieren:[1185] (1) Das Recht zur Anfechtung des Geschäfts wegen eines **Inhalts- oder Erklärungsirrtums** (§ 119 Abs. 1 BGB), den ein sorgfältiger Empfänger bei der Durchsicht des Schreibens erkennen kann, erlischt mit der widerspruchslosen Hinnahme des Bestätigungsschreibens.[1186] (2) Gleiches gilt für Irrtümer über **verkehrswesentliche Eigenschaften der Person oder Sache** (§ 119 Abs. 2 BGB),[1187] die aber – im Unterschied zu Inhalts- oder Erklärungsirrtümern – auch bei einer sorgfältigen Durchsicht des Bestätigungsschreibens regelmäßig nicht erkennbar sind. (3) Das Recht zur Anfechtung des Geschäfts wegen einer **arglisten Täuschung** oder **widerrechtlichen Drohung** (§ 123 BGB) besteht auch bei der widerspruchslosen Hinnahme des Bestätigungsschreibens fort.[1188]

(bb) Durch den Bestätigenden. Deklaratorische Bestätigungsschreiben sind Willenserklärungen **338** (→ Rn. 259), weshalb die Vorschriften über Willenserklärungen einschließlich der §§ 119 ff. BGB grundsätzlich unmittelbar gelten. Dies legt es zB nahe, dass der Bestätigende das kaufmännische Bestätigungsschreiben, bei dessen Abfassung er sich verschrieben hat, gem. § 119 Abs. 1 Alt. 2 BGB anfechten kann. Da bei der widerspruchslosen Hinnahme eines solchen Bestätigungsschreibens nicht nur der Empfänger, sondern auch der Absender den Inhalt des Schreibens gegen sich gelten lassen muss, gebieten es der Zweck des Bestätigungsschreibens sowie das im Vergleich zum allgemeinen Rechtsverkehr gesteigerte Vertrauen des Empfängers, der Vertrag werde wie in dem Bestätigungsschreiben niedergelegt abgewickelt werden, die Anfechtung nur zuzulassen, wenn der Bestätigende bei der Abfassung des Schreibens die gebotene Sorgfalt (§ 347 bzw. §§ 276 Abs. 2, 278 S. 1 BGB) beachtet hat.[1189]

cc) Beweiswert des kaufmännischen Bestätigungsschreibens. Die mit der widerspruchslosen **339** Hinnahme eines deklaratorischen Bestätigungsschreibens (zu Einzelheiten → Rn. 259 ff.) eintretende Wirkung, dass der Inhalt des Schreibens (zu Einzelheiten → Rn. 250 ff.) als Vertragsinhalt gilt (→ Rn. 324), erhebt das Bestätigungsschreiben unabhängig von dem tatsächlichen Ergebnis der Vertragsverhandlungen zu der zentralen Beweisurkunde[1190] für den Vertragsinhalt. Ist sie von dem Aussteller unterschrieben, begründet sie gem. **§ 416 ZPO** vollen Beweis – ohne Rücksicht auf die Überzeugung des Gerichts (§ 286 Abs. 2 ZPO) – dafür, dass die in ihr enthaltenen Erklärungen von dem Aussteller abgegeben sind. Die in dem Bestätigungsschreiben enthaltenen Angaben, nämlich der Abschluss des behaupteten Vertrags (→ Rn. 265) mit dem wiedergegebenen Inhalt (zu Einzelheiten → Rn. 266 ff.), sind hingegen nicht von § 416 ZPO umfasst,[1191] sondern Gegenstand der freien Beweiswürdigung (§ 286 Abs. 1 ZPO).[1192] Die Beweisführung mittels der Urkunde wird – die Klarheit der Angaben vorausgesetzt[1193] – jedoch durch die **Vermutung der Vollständigkeit und Richtigkeit** erleichtert.[1194] Zwar

---

[1184] Allgemein bejahend *Medicus/Petersen* BGB AT Rn. 442; *Wolf/Neuner* BGB AT § 37 Rn. 56; verneinend hingegen MüKoBGB/*Armbrüster* BGB § 119 Rn. 67; *Canaris* Vertrauenshaftung 212; *Zunft* NJW 1959, 276 (277).

[1185] Offengelassen von BGH Urt. v. 7.10.1971 – VII ZR 177/69, NJW 1972, 45; BGH Urt. v. 7.7.1969 – VII ZR 104/67, NJW 1969, 1711.

[1186] RG Urt. v. 5.7.1930 – I 66/30, RGZ 129, 347 f.; *Deckert* JuS 1998, 121 (124); Staub/*Koller* Rn. 119; *Kuchinke* JZ 1965, 167 (168, 175); Röhricht/Graf v. Westphalen/Haas/*Steimle/Dornieden* Rn. 49; wohl auch HaKo-HGB/ *Klappstein* Rn. 59; KKRD/*W.-H. Roth* Rn. 34; MüKoHGB/*K. Schmidt* Rn. 167; *K. Schmidt* HandelsR § 19 Rn. 136; aA *Diederichsen* JuS 1966, 129 (137); Baumbach/Hopt/*Hopt* Rn. 33; *U. Huber* ZHR 161 (1997), 160 (164 f.); Oetker/*Pamp* Rn. 58.

[1187] AA (Anfechtung nach § 119 Abs. 2 BGB ohne Einschränkung zulässig) Baumbach/Hopt/*Hopt* Rn. 33; Staub/*Koller* Rn. 119.

[1188] RG Urt. v. 5.7.1930 – I 66/30, RGZ 129, 347 (349); *Canaris* Vertrauenshaftung 211; Staub/*Koller* Rn. 119; KKRD/*W.-H. Roth* Rn. 34; MüKoHGB/*K. Schmidt* Rn. 167; aA HaKo-HGB/*Klappstein* Rn. 59.

[1189] IErg auch KKRD/*W.-H. Roth* Rn. 34.

[1190] Schlegelberger/*Hefermehl* Rn. 134; Heymann/*Horn* Rn. 49, 59; HaKo-HGB/*Klappstein* Rn. 58; NK-HGB/ *Lehmann-Richter* Rn. 61; *Lettl* HandelsR § 10 Rn. 62; Oetker/*Pamp* Rn. 39; *H. Prütting* in Baumgärtel/Prütting/ Laumen Beweislast-HdB BGB § 146 Rn. 8.

[1191] AA Röhricht/Graf v. Westphalen/Haas/*Steimle/Dornieden* Rn. 35, 48.

[1192] Statt vieler Musielak/Voit/*M. Huber* ZPO § 416 Rn. 4 mwN; wohl auch NK-HGB/*Lehmann-Richter* Rn. 61. AA KKRD/*W.-H. Roth* Rn. 22, 32: unwiderlegbare Vermutung für Abschluss und Inhalt des Vertrags.

[1193] BGH Urt. v. 5.7.2002 – V ZR 143/01, NJW 2002, 3164 (3165).

[1194] BGH Urt. v. 8.12.1976 – VIII ZR 108/75, BGHZ 67, 378 (381) = NJW 1977, 384; BGH Urt. v. 13.3.1996 – VIII ZR 186/94, NJW 1996, 1541 (1542); BGH Urt. v. 17.10.1985 – I ZR 238/83, NJW-RR 1986, 393; BGH Urt. v. 15.6.1964 – II ZR 129/62, NJW 1964, 1951; BGH Urt. v. 22.1.1964 – VIII ZR 111/63, NJW 1964, 589; BGH Urt. v. 5.12.1960 – VII ZR 256/59, BB 1961, 271 = BeckRS 1960, 31189133; KG Urt. v. 18.8.2005 – 8 U 106/04, NZM 2005, 908 (909); OLG Köln Urt. v. 12.11.1999 – 19 U 112/99, BeckRS 1999, 30082037; GK-HGB/

ist diese Vermutung im Grundsatz widerleglich,[1195] dh die Partei, die sich auf außerhalb der Urkunde liegende Umstände (zB ein von dem Urkundentext abweichendes Ergebnis der Vertragsverhandlungen) – beruft, muss diese darlegen und ggf. beweisen.[1196] Bei einem kaufmännischen Bestätigungsschreiben, dessen Zweck gerade darin besteht, Streitigkeiten darüber, ob und mit welchem Inhalt ein Vertrag zustande gekommen ist, von vornherein auszuschließen (→ Rn. 243), ist die Widerleglichkeit aber teleologisch einzuschränken.[1197] Insbesondere kann die den wiedergegebenen Vertragsinhalt betreffende Vermutung der inhaltlichen Richtigkeit nicht widerlegt werden; sie ist unwiderleglich.[1198] Gleiches gilt für die Vermutung der Vollständigkeit, allerdings nur, soweit sich aus dem kaufmännischen Bestätigungsschreiben ergibt, dass andere als die wiedergegebenen Vereinbarungen nicht getroffen worden sind.[1199] Zulässig ist somit für beide Parteien[1200] einzig der Nachweis, dass die Parteien (zB mündlich) zusätzliche Vereinbarungen getroffen haben, die zu dem wiedergegebenen Vertragsinhalt nicht in Widerspruch stehen, sondern diesen lediglich ergänzen.[1201] Bis zum Beweis des Gegenteils gilt jedoch nur der Inhalt des Bestätigungsschreibens als Vertragsinhalt.[1202]

340 **b) Ausnahmen. aa) Überblick.** Ein kaufmännisches Bestätigungsschreiben (zu Einzelheiten → Rn. 259 ff.) begründet ausnahmsweise keine Rechtsfolgen (zu Einzelheiten → Rn. 324 ff.), wenn der Absender nach den Umständen des Einzelfalls mit einem Einverständnis des Empfängers nicht rechnen kann.[1203] Dies ist *insbesondere* der Fall, wenn der Inhalt des kaufmännischen Bestätigungsschreibens sich erheblich von dem tatsächlichen Inhalt der Vertragsverhandlungen entfernt (zu Einzelheiten → Rn. 347 ff.). In diesen Fällen verbleibt es also trotz der widerspruchslosen Entgegennahme des Schreibens bei dem Ergebnis der formlosen Vertragsverhandlungen;[1204] weder entfaltet das Bestätigungsschreiben konstitutive Wirkungen (zu Einzelheiten → Rn. 325 ff.) noch hat es einen erhöhten Beweiswert (→ Rn. 339).

341 **bb) Unmöglichkeit des rechtzeitigen Widerspruchs.** Rechtswirkungen entfaltet ein kaufmännisches Bestätigungsschreiben (zu Einzelheiten → Rn. 324 ff.) grundsätzlich nur, wenn der Empfänger schweigt, also seine Pflicht zum Widerspruch (zu Einzelheiten → Rn. 313 ff.) verletzt. Dies legt es unter Berücksichtigung des allgemeinen Rechtssatzes *impossibilium nulla est obligatio* nahe, dass die Rechtsfolgen ausnahmsweise nicht eintreten, wenn dem Empfänger der rechtzeitige Widerspruch tatsächlich oder rechtlich unmöglich war.[1205] Allerdings schützt nicht jede Unmöglichkeit den Emp-

Achilles/B. Schmidt Rn. 143; *Batereau* in Pfeiffer Handelsgeschäfte-HdB § 2 Rn. 24; MüKoBGB/*Busche* BGB § 147 Rn. 11; Palandt/*Ellenberger* BGB § 147 Rn. 19; *Haberkorn* MDR 1968, 108 (109); *Hadding* JuS 1977, 314 (315); Schlegelberger/*Hefermehl* Rn. 134; Baumbach/Hopt/*Hopt* Rn. 17; Heymann/*Horn* Rn. 59; HaKo-HGB/*Klappstein* Rn. 44; Staub/*Koller* Rn. 115; *Kollrus* BB 2014, 779 (782); *Kuchinke* JZ 1965, 167 (168); NK-HGB/*Lehmann-Richter* Rn. 61; *Lettl* HandelsR § 10 Rn. 62; *Lettl* JuS 2008, 849 (852); *H. Prütting* in Baumgärtel/Prütting/Laumen Beweislast-HdB BGB § 146 Rn. 8; KKRD/*W.-H. Roth* Rn. 32; *Thamm*/*Detzer* DB 1997, 213 (214); wohl auch MüKoHGB/*K. Schmidt* Rn. 165 („tatsächliche Vermutung").

[1195] Palandt/*Ellenberger* BGB § 147 Rn. 19; HaKo-HGB/*Klappstein* Rn. 44; Staub/*Koller* Rn. 115; *Kollrus* BB 2014, 779 (782); NK-HGB/*Lehmann-Richter* Rn. 61; *Lettl* HandelsR § 10 Rn. 62; *Lettl* JuS 2008, 849 (852).

[1196] BGH Urt. v. 23.2.1956 – II ZR 207/54, BGHZ 20, 109 (111 f.) = NJW 1956, 665; BGH Urt. v. 5.7.2002 – V ZR 143/01, NJW 2002, 3164 (3165); BGH Urt. v. 5.2.1999 – V ZR 353/97, NJW 1999, 1702 (1703).

[1197] Oetker/*Pamp* Rn. 54; ähnl. Heymann/*Horn* Rn. 115.

[1198] Oetker/*Pamp* Rn. 54.

[1199] Schlegelberger/*Hefermehl* Rn. 134; Staub/*Koller* Rn. 115; iErg auch *Batereau* in Pfeiffer Handelsgeschäfte-HdB § 2 Rn. 34 f.; wohl auch Oetker/*Pamp* Rn. 54; aA HaKo-HGB/*Klappstein* Rn. 44, 58.

[1200] BGH Urt. v. 8.12.1976 – VIII ZR 108/75, BGHZ 67, 378 (381) = NJW 1977, 384; GK-HGB/*Achilles*/*B. Schmidt* Rn. 143; *Batereau* in Pfeiffer Handelsgeschäfte-HdB § 2 Rn. 35; Heymann/*Horn* Rn. 59; *Jung* HandelsR Kap. 9 Rn. 20; NK-HGB/*Lehmann-Richter* Rn. 61; aA MüKoBGB/*Busche* BGB § 147 Rn. 11, 27: Beweisbelastet sei stets der Empfänger.

[1201] BGH Urt. v. 8.12.1976 – VIII ZR 108/75, BGHZ 67, 378 (381) = NJW 1977, 384; BGH Urt. v. 13.3.1996 – VIII ZR 186/94, NJW 1996, 1541 (1542); BGH Urt. v. 17.10.1985 – I ZR 238/83, NJW-RR 1986, 393; OLG Köln Urt. v. 12.11.1999 – 19 U 112/99, BeckRS 1999, 30082037; OLG Köln Urt. v. 15.7.1970 – 2 U 122/69, BB 1971, 286; GK-HGB/*Achilles*/*B. Schmidt* Rn. 143; *Batereau* in Pfeiffer Handelsgeschäfte-HdB § 2 Rn. 24, 35; MüKoBGB/*Busche* BGB § 147 Rn. 11; Palandt/*Ellenberger* BGB § 147 Rn. 19; *Haberkorn* MDR 1968, 108 (109); Schlegelberger/*Hefermehl* Rn. 134; Baumbach/Hopt/*Hopt* Rn. 61; Heymann/*Horn* Rn. 59; *Jung* HandelsR Kap. 9 Rn. 20; HaKo-HGB/*Klappstein* Rn. 44, 58; Staub/*Koller* Rn. 115; NK-HGB/*Lehmann-Richter* Rn. 61; Oetker/*Pamp* Rn. 54; *H. Prütting* in Baumgärtel/Prütting/Laumen Beweislast-HdB BGB § 146 Rn. 8; MüKoHGB/*K. Schmidt* Rn. 165; *K. Schmidt* HandelsR § 19 Rn. 133; *Thamm*/*Detzer* DB 1997, 213 (214); wohl auch BGH Urt. v. 22.1.1964 – VIII ZR 111/63, NJW 1964, 589; KG Urt. v. 18.8.2005 – 8 U 106/04, NZM 2005, 908 (909).

[1202] MüKoBGB/*Busche* BGB § 147 Rn. 11; Schlegelberger/*Hefermehl* Rn. 134; *K. Schmidt* HandelsR § 19 Rn. 130.

[1203] BGH Urt. v. 26.9.1973 – VIII ZR 106/72, BGHZ 61, 282 (286) = NJW 1973, 2106; BGH Urt. v. 26.6.1963 – VIII ZR 61/62, BGHZ 40, 42 (44) = NJW 1963, 1922; BGH Urt. v. 24.9.1952 – II ZR 305/51, BGHZ 7, 187 (190) = NJW 1952, 1369; BGH Urt. v. 14.3.1984 – VIII ZR 287/82, WM 1984, 639 (640 f.) = BeckRS 1984, 31076314; GK-HGB/*Achilles*/*B. Schmidt* Rn. 133; *Ebert* JuS 1999, 754 (756); Schlegelberger/*Hefermehl* Rn. 122; KKRD/*W.-H. Roth* Rn. 30.

[1204] GK-HGB/*Achilles*/*B. Schmidt* Rn. 144; Oetker/*Pamp* Rn. 56.

[1205] *Flume* Rechtsgeschäft § 36, 7 = 667.

fänger vor dem Eintritt der Rechtsfolgen, sondern nur eine solche, die er nicht zu vertreten hat (§ 276 BGB, § 347).[1206] Diese Einschränkung, die mit der Notwendigkeit der Zurechenbarkeit des Schweigens einhergeht, gründet dogmatisch darauf, dass die Verletzung der Pflicht zum Widerspruch ein *schuldhaftes* Zögern voraussetzt (→ Rn. 320 f.).[1207] Daher sind Umstände, die im Einzelfall zwar ein tatsächliches Unvermögen begründen können (zB die Unkenntnis vom Bestätigungsschreiben aufgrund einer längeren Abwesenheit des Empfängers), aber auf einem **Organisationmangel** beruhen, nicht geeignet, den Eintritt der Rechtsfolgen zu verhindern.[1208] Gleiches gilt aufgrund von § 278 S. 1 Fall 2 BGB in den Fällen, in denen ein Mitarbeiter des Empfängers das Bestätigungsschreiben unmittelbar nach dessen Zugang unterschlägt (→ Rn. 288, 290).[1209] In Anbetracht der hohen Anforderungen an die Organisation eines kaufmännischen Unternehmens verbleiben für diese Ausnahme daher wohl nur die seltenen Fälle, in denen der Empfänger während einer angemessenen kurzen Zeit (→ Rn. 321) nach dem Zugang des Bestätigungsschreibens (zu Einzelheiten → Rn. 287 ff.) durch höhere Gewalt an einem Widerspruch gehindert war.[1210]

cc) Bewusst unrichtige Bestätigung. (1) Überblick. Die Rechtsfolgen des Schweigens auf ein 342 kaufmännisches Bestätigungsschreiben (zu Einzelheiten → Rn. 324 ff.) beruhen – auch nach der Entstehung von Gewohnheitsrecht (→ Rn. 246) – auf Treu und Glauben im redlichen Geschäftsverkehr.[1211] Geschützt wird das Vertrauen des Bestätigenden darauf, dass der Empfänger des Bestätigungsschreibens, wenn er schweigt, mit seinem Inhalt einverstanden ist.[1212] Verstößt der Bestätigende dadurch gegen Treu und Glauben, dass er dem Bestätigungsschreiben *bewusst* (→ Rn. 345) einen unrichtigen Inhalt gibt – sei es, dass er einen nicht geschlossenen Vertrag bestätigt, sei es, dass er den Inhalt des vertraglich Vereinbarten nicht zutreffend wiedergibt (zB zusätzliche Abmachungen erfindet) –, kann er nicht mit dem Einverständnis des Empfängers rechnen, weshalb die Rechtsfolgen trotz der widerspruchslosen Entgegennahme des Schreibens nicht eintreten.[1213] In diesen Fällen versucht der Absender das kaufmännische Bestätigungsschreiben als Mittel zur nachträglichen Änderung des geschlossenen Vertrags oder zur Begründung eines nicht zustande gekommenen Vertrags zu missbrauchen.[1214]

(2) Unrichtigkeit. Das kaufmännische Bestätigungsschreiben muss zumindest einen **wesentlichen** 343 **Teil der Verhandlungen** (zu Einzelheiten → Rn. 250 ff.) bewusst (→ Rn. 345) falsch wiedergeben.[1215] Dies ist zB anzunehmen, wenn die Bestätigung eines Maklervertrags erstmals die Verpflichtung zur Zahlung einer Provision vorsieht.[1216] Da der Bestätigende aufgrund seines unredlichen Verhaltens

---

[1206] *Hopt* AcP 183 (1983), 608 (693); Staub/*Koller* Rn. 74b; wohl nur in Nuancen strenger *Deckert* JuS 1998, 121 (123), die analog § 362 Abs. 1 S. 1 Hs. 1 auf das betriebliche Risikoprinzip (→ § 362 Rn. 23) abstellen will.

[1207] Ähnl. Schlegelberger/*Hefermehl* Rn. 132.

[1208] Schlegelberger/*Hefermehl* Rn. 132.

[1209] Staub/*Koller* Rn. 74b.

[1210] In diese Richtung auch Staub/*Koller* Rn. 74b. Ähnl. im Zusammenhang mit der Rechtzeitigkeit des Widerspruchs *K. Schmidt* HandelsR § 19 Rn. 101 („nur bei objektiv unvermeidbarer Verspätung").

[1211] BGH Urt. v. 26.6.1963 – VIII ZR 61/62, BGHZ 40, 42 (45) = NJW 1963, 1922; BGH Urt. v. 3.7.1967 – VIII ZR 82/67, WM 1967, 958 (960) = BeckRS 1967, 31181460; BGH Urt. v. 23.6.1955 – II ZR 248/54, WM 1955, 1284; RG Urt. v. 5.7.1930 – I 66/30, RGZ 129, 347 (349); OLG Koblenz Urt. v. 26.6.2006 – 12 U 685/05, NJW-RR 2007, 813 (814); OLG Koblenz Urt. v. 26.6.2006 – 12 U 685/05, BeckRS 2007, 03474 unter II. 1. der Gründe.

[1212] BGH Urt. v. 3.7.1967 – VIII ZR 82/65, WM 1967, 958 (960) = BeckRS 1967, 31181460.

[1213] BGH Urt. v. 17.9.1987 – VII ZR 155/86, BGHZ 101, 357 (365) = NJW 1988, 55; BGH Urt. v. 26.6.1963 – VIII ZR 61/62, BGHZ 40, 42 (45) = NJW 1963, 1922; BGH Urt. v. 20.3.1974 – VIII ZR 234/72, NJW 1974, 991 (992); BGH Urt. v. 28.9.1970 – VIII ZR 164/68, NJW 1970, 2104; BGH Urt. v. 25.5.1970 – VII ZR 157/68, DB 1970, 1777 (1778); BGH Urt. v. 9.10.1968 – VIII ZR 125/66, DB 1969, 125; BGH Urt. v. 3.7.1967 – VIII ZR 82/65, WM 1967, 958 (960) = BeckRS 1967, 31181460; BGH Urt. v. 10.7.1961 – VIII ZR 64/60, BB 1961, 954 = BeckRS 1961, 31187733; BGH Urt. v. 23.6.1955 – II ZR 248/54, WM 1955, 1284; RG Urt. v. 5.7.1930 – I 66/30, RGZ 129, 347 (349); RG Urt. v. 25.2.1919 – Rep. II 254/18, RGZ 95, 48 (51); RG Urt. v. 5.2.1923 – VI 175/22, LZ 1923, 344; OLG Frankfurt Urt. v. 16.8.2017 – 29 U 271/16, BeckRS 2017, 145485 Rn. 16; OLG Köln Urt. v. 16.10.2000 – 16 U 95/99, BeckRS 2000, 30137002 unter I. der Entscheidungsgründe; OLG Köln Urt. v. 12.6.1995 – 19 U 15/95, NJW-RR 1996, 411 (412); OLG Köln Urt. v. 31.5.1991 – 19 U 34/91, CR 1991, 541 (542); OLG Düsseldorf Urt. v. 15.11.1990 – 10 U 68/90, NJW-RR 1991, 376; OLG Düsseldorf Urt. v. 17.5.1963 – 5 U 215/62, DB 1963, 929; GK-HGB/*Achilles*/*B. Schmidt* Rn. 137; *Brox*/*Henssler* Rn. 300; MüKoBGB/*Busche* BGB § 147 Rn. 23; Palandt/*Ellenberger* BGB § 147 Rn. 15; *Fischinger* HandelsR Rn. 629; *Fischinger* JuS 2015, 394 (396); *Flume* Rechtsgeschäft § 36, 4 = 663 f.; *Haberkorn* MDR 1968, 108 (110); Schlegelberger/*Hefermehl* Rn. 125; Baumbach/Hopt/*Hopt* Rn. 26; Heymann/*Horn* Rn. 60; HaKo-HGB/*Klappstein* Rn. 49; Staub/*Koller* Rn. 80; *Kollrus* BB 2014, 779 (781); *Kuhn* WM 1955, 958 (960); *Lettl* JuS 2008, 849 (851); Oetker/*Pamp* Rn. 61; KKRD/*W.-H. Roth* Rn. 30; MüKoHGB/*K. Schmidt* Rn. 162; Röhricht/Graf v. Westphalen/Haas/*Steimle*/*Dornieden* Rn. 50; *Thamm*/*Detzer* DB 1997, 213 (214); *Walchshöfer* BB 1975, 719 (720 f.).

[1214] Schlegelberger/*Hefermehl* Rn. 125.

[1215] BGH Urt. v. 3.7.1967 – VIII ZR 82/65, WM 1967, 958 (960) = BeckRS 1967, 31181460; MüKoBGB/*Busche* BGB § 147 Rn. 23; Schlegelberger/*Hefermehl* Rn. 125; Staub/*Koller* Rn. 80, 98, 104; *Oetker* HandelsR § 7 Rn. 40; *K. Schmidt* HandelsR § 19 Rn. 104.

[1216] OLG Düsseldorf Urt. v. 8.3.1968 – 7 U 160/67, BB 1970, 595; Schlegelberger/*Hefermehl* Rn. 125.

überhaupt keine Antwort erwarten darf, kann das Bestätigungsschreiben nicht in den bewusst verfälschten Teil und den anderen, die Verhandlungen zutreffend wiedergebenden Teil zerlegt werden,
dem der Empfänger andernfalls widersprechen müsste, um seine Bindung an diesen Teil des Inhalts des
Schreibens zu verhindern.[1217]

344   Vor dem Hintergrund, dass das kaufmännische Bestätigungsschreiben den Inhalt des Vereinbarten
nicht vollständig und abschließend, sondern nur *im Wesentlichen* vollständig und präzise wiedergeben
muss (→ Rn. 266) und das Vereinbarte in regelungsbedürftigen Nebenpunkten sogar ergänzen soll (zu
Einzelheiten → Rn. 270 ff.), sind nicht sämtliche Angaben **unrichtig,** die nicht bereits Gegenstand
der behaupteten Einigung im Rahmen der Vertragsverhandlungen (zu Einzelheiten → Rn. 250 ff.)
waren, sondern nur solche, die jenseits der zulässigen Präzisierung (→ Rn. 269) und Ergänzungen
(zu Einzelheiten → Rn. 270 ff.) liegen.

345   **(3) Arglist.** Der Bestätigende muss das kaufmännische Bestätigungsschreiben **bewusst** mit unrichtigem Inhalt verfasst haben.[1218] Maßgeblicher Zeitpunkt ist die Absendung des Schreibens.[1219] Eine
lediglich auf Fahrlässigkeit beruhende Unkenntnis der inhaltlichen Abweichung von dem tatsächlichen
Ergebnis der Vertragsverhandlungen (zu Einzelheiten → Rn. 250 ff.) genügt nicht.[1220] Erforderlich ist
vielmehr, dass der Bestätigende um die inhaltliche Divergenz weiß,[1221] sei es, dass er das Bestätigungsschreiben selbst bewusst unrichtig verfasst, sei es, dass er ein ohne seinen Willen verfasstes Bestätigungsschreiben im Bewusstsein der Unrichtigkeit abschickt.[1222] Dabei kann ihm die Kenntnis eines an den
Vertragsverhandlungen mitwirkenden Vertreters – Gleiches gilt für Personen, die die Vertragsverhandlungen ohne Abschlussvollmacht als Erfüllungsgehilfen des Bestätigenden führen (sog. Wissensvertreter)
[1223] – jedenfalls in entsprechender Anwendung von **§ 166 Abs. 1 BGB** zuzurechnen sein.[1224] Ihrem
Wortlaut nach gilt die Vorschrift zwar nur für die Kenntnis des Vertreters bei der Abgabe seiner Willenserklärung. Die Tatsache, dass das Bestätigungsschreiben – obgleich auch Willenserklärung (→ Rn. 259)
– der auf den Vertragsschluss gerichteten Willenserklärung nachfolgt,[1225] steht einer entsprechenden
Anwendung des § 166 Abs. 1 BGB aber nicht entgegen, da der Empfänger des Bestätigungsschreibens
sich bei einer widerspruchslosen Entgegennahme grundsätzlich so behandeln lassen muss, als hätte seine
bzw. die in seinem Namen abgegebene Willenserklärung einen Vertrag mit dem in dem Bestätigungsschreiben niedergelegten Inhalt begründet (→ Rn. 326). Daher kommt es in **zwei Konstellationen** auf
das Wissen des Vertreters an, nämlich dann, wenn (1) er sowohl die Vertragsverhandlungen geführt als
auch selbst die angeblich geschlossene Vereinbarung bestätigt hat,[1226] sowie (2) unter Hinzuziehung des
Gedankens, dass die Unredlichkeit des Vertreters im Verhältnis zwischen dem Vertretenen und dem
Vertragsgegner im Gefahrenbereich des Vertretenen liegt,[1227] in Konstellationen, in denen der Vertreter
den redlichen Vertretenen durch *bewusst* falsche Unterrichtung über das Ergebnis der von ihm geführten
Vertragsverhandlungen zu einer unrichtigen Bestätigung veranlasst hat.[1228] Hat der Empfänger des kauf-

[1217] BGH Urt. v. 3.7.1967 – VIII ZR 82/65, WM 1967, 958 (960) = BeckRS 1967, 31181460; GK-HGB/
Achilles/B. Schmidt Rn. 137; Schlegelberger/*Hefermehl* Rn. 125; Staub/*Koller* Rn. 104; Oetker/*Pamp* Rn. 61; *Walchshöfer* BB 1975, 719 (721); aA *Deckert* JuS 1998, 121 (124).
[1218] GK-HGB/*Achilles/B. Schmidt* Rn. 137; *Bateau* in Pfeiffer Handelsgeschäfte-HdB § 2 Rn. 22; *Hopt* AcP 183
(1983), 608 (693); Heymann/*Horn* Rn. 60; *Lettl* HandelsR § 10 Rn. 57; MüKoHGB/*K. Schmidt* Rn. 162; Röh-
richt/Graf v. Westphalen/Haas/*Steimle/Dornieden* Rn. 50.
[1219] RG Urt. v. 5.7.1930 – I 66/30, RGZ 129, 347 (349); OLG Hamburg Urt. v. 13.2.1964 – 6 U 188/63, MDR
1964, 502 (503).
[1220] *Bateau* in Pfeiffer Handelsgeschäfte-HdB § 2 Rn. 22; *Hopt* AcP 183 (1983), 608 (693 f.); Staub/*Koller*
Rn. 82; KKRD/*W.-H. Roth* Rn. 30; MüKoHGB/*K. Schmidt* Rn. 162; *K. Schmidt* HandelsR § 19 Rn. 104; aA
(Gesamtanalogie zu § 173 BGB und § 54 Abs. 3) *Canaris* HandelsR § 23 Rn. 40, 44; HaKo-HGB/*Klappstein*
Rn. 53; *Petersen* JURA 2003, 687 (691); *Wolf/Neuner* BGB AT § 37 Rn. 52; differenzierend *Lettl* HandelsR § 10
Rn. 57, 59.
[1221] BGH Urt. v. 26.6.1063 – VIII ZR 61/62, BGHZ 40, 42 (46) = NJW 1963, 1922; *Bitter/Schumacher* HandelsR
§ 7 Rn. 23; MüKoHGB/*K. Schmidt* Rn. 162; *K. Schmidt* HandelsR § 19 Rn. 104.
[1222] BGH Urt. v. 23.6.1955 – II ZR 248/54, WM 1955, 1284 (1285); MüKoHGB/*K. Schmidt* Rn. 162.
[1223] OLG Köln Urt. v. 12.6.1995 – 19 U 15/95, NJW-RR 1996, 411 (412).
[1224] BGH Urt. v. 26.6.1963 – VIII ZR 61/62, BGHZ 40, 42 (47) = NJW 1963, 1922; BGH Urt. v. 23.6.1955 – II
ZR 248/54, WM 1955, 1284; RG Urt. v. 5.7.1930 – I 66/30, RGZ 129, 347 (349); *Bateau* in Pfeiffer Handelsgeschäfte-HdB § 2 Rn. 23; *Canaris* HandelsR § 23 Rn. 40; Palandt/*Ellenberger* BGB § 147 Rn. 15; *Flume* Rechtsgeschäft § 36, 4 = 664; *Hadding* JuS 1977, 314 (315); Baumbach/Hopt/*Hopt* Rn. 27; *Hopt* AcP 183 (1983), 608
(693); Heymann/*Horn* Rn. 60; HaKo-HGB/*Klappstein* Rn. 53; Staub/*Koller* Rn. 80; NK-HGB/*Lehmann-Richter*
Rn. 53; *Oetker* HandelsR § 7 Rn. 40; *Petersen* JURA 2003, 687 (691); MüKoHGB/*K. Schmidt* Rn. 162; Röhricht/
Graf v. Westphalen/Haas/*Steimle/Dornieden* Rn. 50; *Walchshöfer* BB 1975, 719 (723); differenzierend *K. Schmidt*
HandelsR § 19 Rn. 107.
[1225] BGH Urt. v. 26.6.1063 – VIII ZR 61/62, BGHZ 40, 42 (46) = NJW 1963, 1922.
[1226] BGH Urt. v. 26.6.1963 – VIII ZR 61/62, BGHZ 40, 42 (46) = NJW 1963, 1922; BGH Urt. v. 23.6.1955 – II
ZR 248/54, WM 1955, 1284; MüKoBGB/*Busche* BGB § 147 Rn. 23; Schlegelberger/*Hefermehl* Rn. 126; Staub/
Koller Rn. 80; *K. Schmidt* HandelsR § 19 Rn. 107.
[1227] BGH Urt. v. 26.6.1963 – VIII ZR 61/62, BGHZ 40, 42 (45) = NJW 1963, 1922.
[1228] BGH Urt. v. 26.6.1963 – VIII ZR 61/62, BGHZ 40, 42 (46) = NJW 1963, 1922; *Bateau* in Pfeiffer
Handelsgeschäfte-HdB § 2 Rn. 23; MüKoBGB/*Busche* BGB § 147 Rn. 23; Palandt/*Ellenberger* BGB § 147 Rn. 15;

männischen Bestätigungsschreibens hingegen zB durch eine missverständliche Nachricht einen Irrtum des *redlichen* Bestätigenden hervorgerufen, soll er dem irrtumsbedingten unrichtigen Bestätigungsschreiben auch dann widersprechen müssen, um die Rechtsfolgen (zu Einzelheiten → Rn. 324 ff.) zu verhindern, wenn ein Vertreter des Bestätigenden die Nachricht im Rahmen seiner Mitwirkung an deren Übermittlung arglistig verfälscht hat.[1229]

(4) Darlegungs- und Beweislast. Obgleich der BGH wiederholt den guten Glauben des bestätigenden Vertragsteils als Voraussetzung dafür bezeichnet hat, dass der angeblich geschlossene Vertrag als zustande gekommen gilt,[1230] obliegt es dem Empfänger des kaufmännischen Bestätigungsschreibens darzulegen und ggf. zu beweisen, dass bewusst etwas Unrichtiges bestätigt worden sei.[1231] Mit anderen Worten: Steht fest, dass es sich bei dem Schreiben um ein kaufmännisches Bestätigungsschreiben im Rechtssinne handelt (zu Einzelheiten → Rn. 259 ff.) und dieses dem Empfänger zugegangen ist (zu Einzelheiten → Rn. 287 ff.), wird der **gute Glaube des Bestätigenden vermutet.**[1232] Ist in den Vertragsverhandlungen (zu Einzelheiten → Rn. 250 ff.) für den Empfänger des Bestätigungsschreibens ein Vertreter ohne Vertretungsmacht aufgetreten, umfasst die Vermutung auch die Unkenntnis des Bestätigenden von der nicht vorhandenen oder unzureichenden Vertretungsmacht. Daher muss der Empfänger, der den Inhalt des Schreibens ohne Widerspruch (zu Einzelheiten → Rn. 313 ff.) nicht gegen sich gelten lassen will, darlegen und ggf. beweisen, dass der Bestätigende von vornherein nicht damit hätte rechnen dürfen, dass der Empfänger die Verhandlungen mit dem Vertreter billige.[1233] **346**

dd) Erhebliche Abweichung vom Inhalt des vertraglich Vereinbarten. (1) Überblick. Die Rechtsfolgen eines kaufmännischen Bestätigungsschreibens (zu Einzelheiten → Rn. 324 ff.) treten trotz der widerspruchslosen Hinnahme durch den Empfänger ausnahmsweise nicht ein, wenn sich der Inhalt des Schreibens (zu Einzelheiten → Rn. 266 ff.) so weit von dem tatsächlichen Inhalt der vertraglichen Vereinbarung entfernt, dass der Absender nach Treu und Glauben mit dem Einverständnis des Empfängers nicht rechnen durfte.[1234] In diesen Fällen entfällt der regelmäßige Vertrauensschutz zugunsten **347**

Schlegelberger/*Hefermehl* Rn. 126; Baumbach/Hopt/*Hopt* Rn. 27; wohl auch *Canaris* HandelsR § 23 Rn. 40; auf den Einzelfall abstellend *K. Schmidt* HandelsR § 19 Rn. 107.

[1229] BGH Urt. v. 26.6.1963 – VIII ZR 61/62, BGHZ 40, 42 (48 f.) = NJW 1963, 1922; BGH Urt. v. 27.10.1953 – I ZR 111/52, BGHZ 11, 1 (4) = NJW 1954, 105; MüKoBGB/*Busche* BGB § 147 Rn. 23; *Diederichsen* JuS 1966, 129 (139); Palandt/*Ellenberger* BGB § 147 Rn. 15; Baumbach/Hopt/*Hopt* Rn. 27; MüKoHGB/*K. Schmidt* Rn. 162; *K. Schmidt* HandelsR § 19 Rn. 109; aA Schlegelberger/*Hefermehl* Rn. 126; Staub/*Koller* Rn. 81.

[1230] BGH Urt. v. 26.6.1963 – VIII ZR 61/62, BGHZ 40, 42 (46) = NJW 1963, 1922; BGH Urt. v. 27.10.1953 – I ZR 111/52, BGHZ 11, 1 (4) = NJW 1954, 105.

[1231] BGH Urt. v. 20.3.1974 – VIII ZR 234/72, NJW 1974, 991 (992); OLG Köln Urt. v. 16.10.2000 – 16 U 95/99, BeckRS 2000, 30137002 unter I. der Entscheidungsgründe; OLG Köln Urt. v. 31.5.1991 – 19 U 34/91, CR 1991, 541 (542); OLG Hamm Urt. v. 3.2.1991 – 31 U 165/91, CR 1992, 268 (271); GK-HGB/*Achilles/B. Schmidt* Rn. 150; MüKoBGB/*Busche* BGB § 147 Rn. 27; Palandt/*Ellenberger* BGB § 147 Rn. 20; Staub/*Koller* Rn. 81; *Kollrus* BB 2014, 779 (782); *Moritz* BB 1995, 420; Oetker/*Pamp* Rn. 65; *H. Prütting* in Baumgärtel/Prütting/Laumen Beweislast-HdB BGB § 146 Rn. 7; MüKoHGB/*K. Schmidt* Rn. 162; *K. Schmidt* HandelsR § 19 Rn. 110; *Siller* JR 1927, 289 (298); Röhricht/Graf v. Westphalen/Haas/*Steimle/Dornieden* Rn. 53.

[1232] *Batereau* in Pfeiffer Handelsgeschäfte-HdB § 2 Rn. 22; *Canaris* HandelsR § 23 Rn. 40; HaKo-HGB/*Klappstein* Rn. 53, 62; Oetker/*Pamp* Rn. 65; KKRD/*W.-H. Roth* Rn. 30.

[1233] BGH Urt. v. 15.6.1964 – II ZR 129/62, NJW 1964, 1951 (1952); GK-HGB/*Achilles/B. Schmidt* Rn. 150.

[1234] BGH Urt. v. 27.1.2011 – VII ZR 186/09, BGHZ 188, 128 Rn. 23 = NJW 2011, 1965; BGH Urt. v. 17.9.1987 – VII ZR 155/86, BGHZ 101, 357 (365) = NJW 1988, 55; BGH Urt. v. 30.1.1985 – VIII ZR 238/83, BGHZ 93, 338 (343) = NJW 1985, 1333; BGH Urt. v. 26.9.1973 – VIII ZR 106/72, BGHZ 61, 282 (286) = NJW 1973, 2106; BGH Urt. v. 26.6.1963 – VIII ZR 61/62, BGHZ 40, 42 (44) = NJW 1963, 1922; BGH Urt. v. 27.10.1953 – I ZR 111/53, BGHZ 11, 1 (4) = NJW 1954, 105; BGH Urt. v. 24.9.1952 – II ZR 305/51, BGHZ 7, 187 (190) = NJW 1952, 1369; BGH Urt. v. 8.2.2001 – III ZR 268/00, NJW-RR 2001, 680 f.; BGH Urt. v. 31.1.1994 – II ZR 83/93, NJW 1994, 1288; BGH Urt. v. 30.10.1990 – IX ZR 239/89, NJW-RR 1991, 763 (764); BGH Urt. v. 25.2.1987 – VIII ZR 341/86, NJW 1987, 1940 (1942); BGH Urt. v. 14.3.1984 – VIII ZR 287/82, WM 1984, 639 (641) = BeckRS 1984, 31076314; BGH Urt. v. 20.3.1974 – VIII ZR 234/72, NJW 1974, 991 (992); BGH Urt. v. 11.10.1973 – VII ZR 96/72, WM 1973, 1376; BGH Urt. v. 28.9.1970 – VIII ZR 164/68, NJW 1970, 2104; BGH Urt. v. 25.5.1970 – VII ZR 157/68, DB 1970, 1777 (1778); BGH Urt. v. 14.10.1969 – VI ZR 208 u. 209/68, WM 1969, 1452 (1453) = BeckRS 1969, 31179015; BGH Urt. v. 26.8.1967 – VIII ZR 30/65, WM 1967, 898 (900) = BeckRS 1967, 31178962; BGH Urt. v. 10.7.1961 – VIII ZR 64/60, BB 1961, 954 = BeckRS 1961, 31187733; OLG Frankfurt a. M. Urt. v. 16.8.2017 – 29 U 271/16, BeckRS 2017, 145485 Rn. 16; OLG Köln Beschl. v. 6.10.2014 – 19 Sch 17/13, BeckRS 2015, 10334 Rn. 40; KG Urt. v. 18.9.2012 – 7 U 227/11, BeckRS 2013, 19567 unter B. 1. a) der Gründe; OLG Düsseldorf Urt. v. 11.5.2007 – 7 U 139/05, BeckRS 2009, 24178 unter II. 1. d) der Gründe; OLG Koblenz Urt. v. 13.7.2006 – 5 U 1847/06, ZMR 2007, 37 (38) = BeckRS 2006, 12278; OLG Koblenz Urt. v. 26.6.2006 – 12 U 685/05, NJW-RR 2007, 813 (814); OLG Koblenz Urt. v. 26.6.2006 – 12 U 685/05, BeckRS 2007, 03474 unter II. 1. der Gründe; OLG Köln Urt. v. 26.7.2002 – 19 U 84/02, MDR 2003, 612; OLG Köln Urt. v. 16.10.2000 – 16 U 95/99, BeckRS 2000, 30137002 unter I. der Entscheidungsgründe; OLG Hamm Urt. v. 15.1.1999 – 18 U 38/99, VersR 2001, 1240 (1241) = BeckRS 1999, 30082184; OLG Köln Urt. v. 9.8.1996 – 19 U 57/95, VersR 1996, 70 (71) = BeckRS 1996, 2369; OLG Düsseldorf Urt. v. 25.11.1993 – 7 U 260/92, NJW-RR 1995, 501 (502); OLG Köln Urt. v. 31.5.1991 – 19 U 34/91, CR 1991, 541 (542); OLG Hamm Urt. v. 3.2.1991 – 31 U 165/91, CR 1992, 268 (270); OLG Düsseldorf Urt. v. 15.11.1990 – 10 U 68/90, NJW-RR 1991,

des Absenders eines Bestätigungsschreibens allein aufgrund der **objektiven Abweichung** des Bestätigungsschreibens von dem Inhalt des zuvor Vereinbarten, ohne dass es auf die Unredlichkeit des Absenders (zu Einzelheiten → Rn. 342 ff.) oder auch nur dessen Kenntnis von der Abweichung ankommt.[1235]

348   **(2) Erhebliche Abweichung.** Ob die Abweichung von dem tatsächlichen Inhalt der vertraglichen Vereinbarung so erheblich ist, dass der Bestätigende nach Treu und Glauben mit dem Einverständnis des Empfängers nicht rechnen durfte, kann weder abstrakt noch nach dem Empfinden des Empfängers (→ Rn. 350), sondern nur im Einzelfall **objektiv** beurteilt werden. Da das Bestätigungsschreiben den Inhalt des Vereinbarten nicht vollständig und abschließend, sondern nur *im Wesentlichen* vollständig und präzise wiedergeben muss (→ Rn. 266) und das Vereinbarte in regelungsbedürftigen Nebenpunkten sogar ergänzen soll (zu Einzelheiten → Rn. 270 ff.), ist ein **großzügiger Maßstab** anzulegen.[1236] Dieser ist zB gewahrt, wenn das Bestätigungsschreiben lediglich eine zusätzliche Vertragsbedingung enthält, die bei Geschäften dieser Art üblich ist (zB Ausschluss der Mängelrechte beim Verkauf gebrauchter Baumaschinen, den Vorbehalt termingerechter Selbstbelieferung), deren Aufnahme in das Schreiben also nicht überraschen kann.[1237] Eine erhebliche Abweichung liegt hingegen zB vor, wenn Mängelrechte auch für eine vereinbarte Beschaffenheit ausgeschlossen werden[1238] oder die Übereignung der Ware um einen Eigentumsvorbehalt ergänzt wird.[1239] Gleiches gilt, wenn in dem Bestätigungsschreiben ein doppelt so hohes wie das tatsächlich vereinbarte Entgelt angegeben ist. Gegenteiliges ist BGH Urt. v. 7.7.1969 – VIII ZR 104/67, NJW 1969, 1711 f. nicht zu entnehmen,[1240] da die Tatsache, dass der Empfänger des Bestätigungsschreibens das bestätigte Geschäft durch Anfechtung wegen eines Irrtums bei den Vertragsverhandlungen beseitigen will (→ Rn. 337), impliziert, dass das Bestätigungsschreiben zwar nicht das von ihm Gewollte, aber das bei dem mündlichen Vertragsschluss objektiv Erklärte und damit den Inhalt des Vereinbarten zutreffend wiedergibt.

349   Eine erhebliche Abweichung von dem Ergebnis der Vertragsverhandlungen, die die Pflicht zum Widerspruch (zu Einzelheiten → Rn. 313 ff.) entfallen lässt, liegt auch dann vor, wenn das Bestätigungsschreiben den Vertrag als geschlossen darstellt (→ Rn. 265), obwohl der Empfänger dessen **Abschluss** *ausdrücklich* **verweigert** hat.[1241] Der ausdrücklichen Ablehnung des Vertragsschlusses durch den Empfänger eines kaufmännischen Bestätigungsschreibens stehen Fälle nahe, in denen die Verhandlungspartner aufgrund eines offenen Punktes noch keine endgültige Vereinbarung erreicht haben. In diesen Konstellationen ist ein Widerspruch zwar ebenfalls entbehrlich;[1242] ursächlich hierfür ist aber die Tatsache, dass das in dem Bewusstsein, noch keinen Vertrag geschlossen zu haben, abgesandte Schreiben bereits kein kaufmännisches Bestätigungsschreiben darstellt (→ Rn. 265).

374; OLG Nürnberg Urt. v. 7.5.1976 – 1 U 163/75, WM 1977, 212 (Ls. 1); OLG Düsseldorf Urt. v. 8.3.1968 – 7 U 160/67, BB 1970, 595; OLG Düsseldorf Urt. v. 30.12.1964 – 5 U 237/62, NJW 1965, 761 (763); OLG Köln Urt. v. 28.8.1962 – 9 U 129/61, MDR 1963, 138; GK-HGB/*Achilles/B. Schmidt* Rn. 135; *Batereau* in Pfeiffer Handelsgeschäfte-HdB § 2 Rn. 26; MüKoBGB/*Busche* BGB § 147 Rn. 20; Palandt/*Ellenberger* BGB § 147 Rn. 16; *Fischinger* HandelsR Rn. 629; *Fischinger* JuS 2015, 394 (396); *Haberkorn* MDR 1968, 108 (110); Schlegelberger/*Hefermehl* Rn. 128; Baumbach/Hopt/*Hopt* Rn. 27; *Hopt* AcP 183 (1983), 608 (694); Heymann/*Horn* Rn. 60, 61; Staub/*Koller* Rn. 83; *Kollrus* BB 2014, 779 (781); *Kuhn* WM 1955, 958 (960); NK-HGB/*Lehmann-Richter* Rn. 53; *Lettl* HandelsR § 10 Rn. 57; *Lettl* JuS 2008, 849 (851); *Oetker* HandelsR § 7 Rn. 44; Oetker/*Pamp* Rn. 60; KKRD/*W.-H. Roth* Rn. 30; GK-HGB/*B. Schmidt* Vor § 343 Rn. 9; MüKoHGB/*K. Schmidt* Rn. 141, 163; *K. Schmidt* HandelsR § 19 Rn. 111; Röhricht/Graf v. Westphalen/Haas/*Steimle/Dornieden* Rn. 50; *Thamm/Detzer* DB 1997, 213 (215); *Wolf/Neuner* BGB AT § 37 Rn. 52; aA *L. Raiser*, Das Recht der allgemeinen Geschäftsbedingungen, 1935, 192 f. Differenzierend *Siller* JR 1927, 289 (293).

[1235] BGH Urt. v. 30.1.1985 – VIII ZR 238/83, BGHZ 93, 338 (343) = NJW 1985, 1333; OLG Köln Urt. v. 26.7.2002 – 19 U 84/02, NJW-RR 2003, 612; GK-HGB/*Achilles/B. Schmidt* Rn. 135; Palandt/*Ellenberger* BGB § 147 Rn. 16; *Fischinger* JuS 2015, 394 (396); Schlegelberger/*Hefermehl* Rn. 128; Baumbach/Hopt/*Hopt* Rn. 27; Heymann/*Horn* Rn. 60; Staub/*Koller* Rn. 83; Oetker/*Pamp* Rn. 60; Röhricht/Graf v. Westphalen/Haas/*Steimle/Dornieden* Rn. 50.

[1236] *Canaris* HandelsR § 23 Rn. 26; spiegelbildlich *Hopt* AcP 183 (1983), 608 (694). *Walchshöfer* BB 1975, 719 (722) dürfte mit der Anwendung des Rechtsgedankens von § 155 BGB wohl zu ähnlichen Ergebnissen gelangen.

[1237] BGH Urt. v. 9.7.1970 – VII ZR 70/68, BGHZ 54, 236 (242) = NJW 1970, 2021; BGH Urt. v. 12.2.1968 – VIII ZR 84/66, WM 1968, 400 (402) = BeckRS 1968, 31182165; BGH Urt. v. 21.3.1966 – VIII ZR 44/64, NJW 1966, 1070 (1071); GK-HGB/*Achilles/B. Schmidt* Rn. 135; *Batereau* in Pfeiffer Handelsgeschäfte-HdB § 2 Rn. 26; Schlegelberger/*Hefermehl* Rn. 128; Baumbach/Hopt/*Hopt* Rn. 27; Oetker/*Pamp* Rn. 60; KKRD/*W.-H. Roth* Rn. 30; Röhricht/Graf v. Westphalen/Haas/*Steimle/Dornieden* Rn. 50.

[1238] BGH Urt. v. 30.1.1985 – VIII ZR 238/83, BGHZ 93, 338 (343) = NJW 1985, 1333; Heymann/*Horn* Rn. 61.

[1239] Heymann/*Horn* Rn. 61.

[1240] So aber Oetker/*Pamp* Rn. 60.

[1241] BGH Urt. v. 31.1.1994 – II ZR 83/93, NJW 1994, 1288; GK-HGB/*Achilles/B. Schmidt* Rn. 134, Vor § 343 Rn. 9; MüKoBGB/*Busche* BGB § 147 Rn. 22; *Ebert* JuS 1999, 754 (756); Palandt/*Ellenberger* BGB § 147 Rn. 16; Heymann/*Horn* Rn. 61; *Lettl* HandelsR § 10 Rn. 58; *Lettl* JuS 2008, 849 (852); Oetker/*Pamp* Rn. 50, 60.

[1242] GK-HGB/*Achilles/B. Schmidt* Rn. 136; *Gummert* WiB 1994, 320; Staub/*Koller* Rn. 83b; MüKoHGB/*K. Schmidt* Rn. 163. IErg auch Oetker/*Pamp* Rn. 60. Krit. Staub/*Koller* Rn. 83 ff.

(3) Darlegungs- und Beweislast. Der Nichteintritt der Rechtsfolgen (zu Einzelheiten 350 → Rn. 324 ff.) aufgrund einer erheblichen Abweichung von dem Inhalt des zuvor Vereinbarten setzt voraus, dass der Inhalt des Vertrags, von dem angeblich abgewichen wird, feststeht.[1243] Insoweit obliegt die Darlegungs- und Beweislast dem **Empfänger des Bestätigungsschreibens.**[1244] Bleibt das Ergebnis der Vertragsverhandlung ungeklärt, kann also nicht festgestellt werden, dass das Bestätigungsschreiben wesentlich von dem Vertragsinhalt abweicht, muss der Empfänger dem Bestätigungsschreiben widersprechen, um zu vermeiden, dass er dessen Inhalt gegen sich gelten lassen muss.[1245] Insbesondere begründet die *einseitige* Auffassung des Empfängers, der Inhalt des Bestätigungsschreibens würde wesentlich von dem vertraglich Vereinbarten abweichen, kein Recht, das Geschäft anzufechten (→ Rn. 334). Die Beurteilung, ob die Abweichung von dem tatsächlichen Inhalt der vertraglichen Vereinbarung so erheblich ist, dass der Bestätigende nach Treu und Glauben mit dem Einverständnis des Empfängers nicht rechnen durfte, ist hingegen eine Rechtsfrage.[1246]

ee) Vorbehalt des schriftlichen Vertragsschlusses. Im Rahmen der Verhandlung umfangreicher 351 oder ungewöhnlicher Verträge behält sich nicht selten eine Partei ausdrücklich den schriftlichen Vertragsschluss – oder sogar die Beurkundung (§ 154 Abs. 2 BGB) – vor. Soll die Einhaltung der Schriftform aus der Sicht eines objektiven Empfängers (§§ 133, 157 BGB) nicht lediglich Beweiszwecken dienen, sondern Voraussetzung für das Zustandekommen des Vertrags sein, darf derjenige, der im Anschluss an die Vertragsverhandlungen (zu Einzelheiten → Rn. 250 ff.) ein kaufmännisches Bestätigungsschreiben versendet, redlicherweise grundsätzlich nicht damit rechnen, dass der Empfänger seinen Schriftformvorbehalt durch bloßes Schweigen fallen lässt.[1247] Daher darf der Empfänger darauf vertrauen, dass ihm durch das Bestätigungsschreiben ein Vertragsschluss auch dann nicht aufgezwungen werden kann, wenn er nicht unverzüglich widerspricht (zu Einzelheiten → Rn. 313 ff.).[1248] Mit anderen Worten: Das Schweigen auf ein kaufmännisches Bestätigungsschreiben kann die Annahmeerklärung nicht ersetzen, wenn diese nach dem ausdrücklichen Willen des Empfängers schriftlich erfolgen und nur bei Einhaltung dieser Form rechtswirksam sein soll.[1249] Erforderlich ist ein unverzüglicher Widerspruch nur *ausnahmsweise,* wenn ein redlicher Absender (zu Einzelheiten → Rn. 342 ff.) in das Bestätigungsschreiben den ausdrücklichen Hinweis aufnimmt, nach seiner Ansicht habe der Empfänger den Schriftformvorbehalt bereits fallen lassen.[1250] Zu der davon zu unterscheidenden Konstellation, dass die Allgemeinen Geschäftsbedingungen des Empfängers eine Schriftformklausel enthalten → Rn. 328.

ff) Sich kreuzende Bestätigungsschreiben. (1) Grundsatz. Kreuzen sich inhaltlich nicht über- 352 einstimmende Bestätigungsschreiben der Vertragsschließenden, indem sie auf ihrem Weg aneinander vorbeigehen, muss *in der Regel* kein Teil den Inhalt des Schreibens des anderen gegen sich gelten lassen.[1251] Ist der Inhalt der kaufmännischen Bestätigungsschreiben zumindest in einem wesentlichen

---

[1243] BGH Urt. v. 14.3.1984 – VIII ZR 287/82, WM 1984, 639 (641) = BeckRS 1984, 31076314.

[1244] BGH Urt. v. 14.3.1984 – VIII ZR 287/82, WM 1984, 639 (641) = BeckRS 1984, 31076314; *Batereau* in Pfeiffer Handelsgeschäfte-HdB § 2 Rn. 40; Baumbach/Hopt/*Hopt* Rn. 27; Heymann/*Horn* Rn. 52, 61; Staub/*Koller* Rn. 83b, 104; NK-HGB/*Lehmann-Richter* Rn. 53; Oetker/*Pamp* Rn. 65; KKRD/*W.-H. Roth* Rn. 30; MüKoHGB/ *K. Schmidt* Rn. 163; *K. Schmidt* HandelsR § 19 Rn. 114; Röhricht/Graf v. Westphalen/Haas/*Steimle/Dornieden* Rn. 53; wohl auch (Empfänger müsse erhebliche Abweichung darlegen) BGH Urt. v. 8.2.2001 – III ZR 268/00, NJW-RR 2001, 680 (681); BGH Urt. v. 20.3.1974 – VIII ZR 234/72, NJW 1974, 991 (992); OLG Köln Urt. v. 16.10.2000 – 16 U 95/99, BeckRS 2000, 30137002 unter I. der Entscheidungsgründe; OLG Hamm Urt. v. 15.1.1999 – 18 U 38/99, VersR 2001, 1240 (1241) = BeckRS 1999, 30082184; OLG Köln Urt. v. 31.5.1991 – 19 U 34/91, CR 1991, 541 (542); GK-HGB/*Achilles/B. Schmidt* Rn. 150; MüKoBGB/*Busche* BGB § 147 Rn. 13, 27; Palandt/*Ellenberger* BGB § 147 Rn. 11; *Hadding* JuS 1977, 314 (315); *Jung* HandelsR Kap. 9 Rn. 19; HaKo-HGB/ *Klappstein* Rn. 62; *Kollrus* BB 2014, 779 (782); *Moritz* BB 1995, 420; *H. Prütting* in Baumgärtel/Prütting/Laumen Beweislast-HdB BGB § 146 Rn. 7; *Siller* JR 1927, 289 (298).

[1245] BGH Urt. v. 14.3.1984 – VIII ZR 287/82, WM 1984, 639 (641) = BeckRS 1984, 31076314.

[1246] MüKoHGB/*K. Schmidt* Rn. 163.

[1247] BGH Urt. v. 28.9.1970 – VIII ZR 164/68, NJW 1970, 2104; MüKoBGB/*Busche* BGB § 147 Rn. 14.

[1248] BGH Urt. v. 28.9.1970 – VIII ZR 164/68, NJW 1970, 2104.

[1249] BGH Urt. v. 28.9.1970 – VIII ZR 164/68, NJW 1970, 2104; GK-HGB/*Achilles/B. Schmidt* Rn. 134; MüKoBGB/*Busche* BGB § 147 Rn. 14; Palandt/*Ellenberger* BGB § 147 Rn. 11; Schlegelberger/*Hefermehl* Rn. 123; Baumbach/Hopt/*Hopt* Rn. 20; Heymann/*Horn* Rn. 50; HaKo-HGB/*Klappstein* Rn. 45; Staub/*Koller* Rn. 77; NK-HGB/*Lehmann-Richter* Rn. 54; *Lettl* HandelsR § 10 Rn. 61; *Lettl* JuS 2008, 849 (852); Oetker/*Pamp* Rn. 50; KKRD/*W.-H. Roth* Rn. 30; *K. Schmidt* HandelsR § 19 Rn. 96; Röhricht/Graf v. Westphalen/Haas/*Steimle/Dornieden* Rn. 51.

[1250] Baumbach/Hopt/*Hopt* Rn. 20; aA Staub/*Koller* Rn. 77. Offengelassen in BGH Urt. v. 28.9.1970 – VIII ZR 164/68, NJW 1970, 2104.

[1251] BGH Urt. v. 14.3.1984 – VIII ZR 287/82, WM 1984, 639 (641) = BeckRS 1984, 31076314; BGH Urt. v. 21.3.1966 – VIII ZR 44/64, NJW 1966, 1070 (1071); BGH Urt. v. 10.7.1961 – VIII ZR 64/60, BB 1961, 954 = BeckRS 1961, 31187733; OLG Stuttgart Urt. v. 28.9.1961 – 2 U 83/61, BB 1962, 349; OLG Hamburg Urt. v. 18.11.1949 – 4 U 216/49, HEZ 3, 54 (55); GK-HGB/*Achilles/B. Schmidt* Rn. 138; *Brox/Henssler* Rn. 302; MüKoBGB/*Busche* BGB § 147 Rn. 21; Palandt/*Ellenberger* BGB § 147 Rn. 13; *Fischinger* JuS 2015, 394 (396); *Haberkorn* MDR 1968, 108 (110); *Hadding* JuS 1977, 314 (315); Schlegelberger/*Hefermehl* Rn. 123; Baumbach/

Punkt (→ Rn. 355) unvereinbar, wirken sie jeweils wie ein Widerspruch gegenüber dem jeweils anderen Schreiben, weshalb grundsätzlich keiner der Bestätigenden das Schweigen des anderen Teils als Zustimmung mit dem Inhalt seines Schreibens verstehen darf.[1252] Folglich gilt, wenn der Vertrag bereits geschlossen war, das Vereinbarte,[1253] andernfalls kommt auch durch das Schweigen einer oder sogar beider Parteien kein Vertrag zustande.[1254]

353   **(2) Ausnahmen.** Stehen die sich kreuzenden kaufmännischen Bestätigungsschreiben nicht in offenem Widerspruch zueinander (→ Rn. 352), kann ausnahmsweise ein Widerspruch erforderlich sein, um die Rechtsfolgen des Schweigens zu verhindern. Dies gilt in **zwei Konstellationen:**

354   (1) Steht der Inhalt sich kreuzender Bestätigungsschreiben nicht in unvereinbarem Gegensatz (→ Rn. 352), sondern enthält eines der Schreiben lediglich eine **zusätzliche Klausel** (zB einen Ausschluss der Mängelrechte), die den Empfänger des Bestätigungsschreibens nicht überraschen kann (zu Einzelheiten → Rn. 270 ff.), muss der Absender des anderen Bestätigungsschreibens, in dem dieses Thema nicht erwähnt ist, diesem Teil des ihm zugegangenen Bestätigungsschreibens widersprechen, weil der Empfänger seines Bestätigungsschreibens aus diesem nicht den Schluss ziehen muss, dass er mit der zusätzlichen Bestimmung nicht einverstanden ist.[1255]

355   (2) Beschränkt sich die Abweichung auf **Nebenbestimmungen in Allgemeinen Geschäftsbedingungen** (zu deren Einbeziehung → Rn. 271 ff.) und ist aus den Umständen des Einzelfalls erkennbar, dass die Parteien gebunden sein wollen – in diesem Fall ist die Vermutung des § 154 Abs. 1 BGB widerlegt –, ist hinsichtlich des Vertragsinhalts zu unterscheiden. Soweit die Bestimmungen der Allgemeinen Geschäftsbedingungen inhaltlich übereinstimmen, werden sie auch dann Vertragsbestandteil, wenn die Empfänger beider Bestätigungsschreiben schweigen.[1256] Soweit die Bestimmungen inhaltlich miteinander unvereinbar sind, besteht ein offener Dissens, sodass – dies entspricht seit der Aufgabe der sog. Theorie des letzten Wortes durch den BGH[1257] der ganz hM – auch dann weder die einen noch die anderen Allgemeinen Geschäftsbedingungen Vertragsbestandteil werden, wenn eine Partei ihr zugegangenen Bestätigungsschreiben nicht widerspricht.[1258] In dem gleichwohl geschlossenen Vertrag tritt an ihre Stelle gemäß § 306 Abs. 2 Alt. 1 BGB das dispositive Recht[1259] oder das Ergebnis einer ergänzenden Vertragsauslegung.[1260]

356   **gg) Erneuter Versand des Bestätigungsschreibens.** Wird das kaufmännische Bestätigungsschreiben nach einem rechtzeitigen Widerspruch (zu Einzelheiten → Rn. 313 ff.) ohne inhaltliche Änderung erneut versandt, darf der Absender – vorbehaltlich einer grundlegenden Änderung der Umstände – mit einem Einverständnis des Empfängers nicht rechnen. Daher muss der Empfänger dem Schreiben nicht erneut widersprechen, um die Rechtsfolgen (zu Einzelheiten → Rn. 324 ff.) zu verhindern.[1261]

Hopt/*Hopt* Rn. 22; Heymann/*Horn* Rn. 55; *Hübner* HandelsR Rn. 500; *Jung* HandelsR Kap. 9 Rn. 19; HaKo-HGB/*Klappstein* Rn. 49, 63, 65; Staub/*Koller* Rn. 75; *Lettl* HandelsR § 10 Rn. 58; *Lettl* JuS 2008, 849 (852); *Oetker* HandelsR § 7 Rn. 46; Oetker/*Pamp* Rn. 49; KKRD/*W.-H. Roth* Rn. 30; Röhricht/Graf v. Westphalen/Haas/*Steimle*/*Dornieden* Rn. 47; iErg auch *Siller* JR 1927, 289 (294).

[1252] *Bitter*/*Schumacher* HandelsR § 7 Rn. 25; MüKoBGB/*Busche* BGB § 147 Rn. 21; *Canaris* HandelsR § 23 Rn. 22; *Canaris* Vertrauenshaftung 208 f.; *Fischinger* HandelsR Rn. 640; Staub/*Koller* Rn. 75; NK-HGB/*Lehmann-Richter* Rn. 53; Oetker/*Pamp* Rn. 49; *Wolf*/*Neuner* BGB AT § 37 Rn. 55. IErg auch *Batereau* in Pfeiffer Handelsgeschäfte-HdB § 2 Rn. 41: kein Vertrauenstatbestand.

[1253] *Batereau* in Pfeiffer Handelsgeschäfte-HdB § 2 Rn. 41; Schlegelberger/*Hefermehl* Rn. 123.

[1254] Schlegelberger/*Hefermehl* Rn. 123; *Oetker* HandelsR § 7 Rn. 46.

[1255] BGH Urt. v. 21.3.1966 – VIII ZR 44/64, NJW 1966, 1070 (1071); OLG Hamburg Urt. v. 8.4.1920, HansRGZ 1920 Nr. 86; GK-HGB/*Achilles*/*B. Schmidt* Rn. 138; *Batereau* in Pfeiffer Handelsgeschäfte-HdB § 2 Rn. 42; *Bitter*/*Schumacher* HandelsR § 7 Rn. 25; MüKoBGB/*Busche* BGB § 147 Rn. 21; Palandt/*Ellenberger* BGB § 147 Rn. 13; Schlegelberger/*Hefermehl* Rn. 123; Baumbach/Hopt/*Hopt* Rn. 22; Oetker/*Pamp* Rn. 49; MüKoHGB/*K. Schmidt* Rn. 164; Röhricht/Graf v. Westphalen/Haas/*Steimle*/*Dornieden* Rn. 47; wohl auch Heymann/*Horn* Rn. 55; HaKo-HGB/*Klappstein* Rn. 65; Staub/*Koller* Rn. 75a; krit. *Hepp* BB 1964, 371 (372).

[1256] *Batereau* in Pfeiffer Handelsgeschäfte-HdB § 2 Rn. 43; *Brox*/*Henssler* Rn. 302; MüKoBGB/*Busche* BGB § 147 Rn. 21; *Canaris* HandelsR § 23 Rn. 28; Baumbach/Hopt/*Hopt* Rn. 22; NK-HGB/*Lehmann-Richter* Rn. 54; *Oetker* HandelsR § 7 Rn. 46; Oetker/*Pamp* Rn. 33; MüKoHGB/*K. Schmidt* Rn. 169; Röhricht/Graf v. Westphalen/Haas/*Steimle*/*Dornieden* Rn. 47.

[1257] BGH Urt. v. 26.9.1973 – VIII ZR 106/72, BGHZ 61, 282 (288 f.) = NJW 1973, 2106; aA BGH Urt. v. 29.9.1955 – II ZR 210/54, BGHZ 18, 212 (215) = NJW 1955, 1794.

[1258] OLG Köln Urt. v. 19.3.1980 – 2 U 95/79, BB 1980, 1237 (1240) = BeckRS 1980, 31089896; *Canaris* HandelsR § 23 Rn. 28; Baumbach/Hopt/*Hopt* Rn. 22; Oetker/*Pamp* Rn. 49; MüKoHGB/*K. Schmidt* Rn. 164; *K. Schmidt* HandelsR § 19 Rn. 117; aA Staub/*Koller* Rn. 75.

[1259] *Brox*/*Henssler* Rn. 302; *Canaris* HandelsR § 23 Rn. 28; *Fischinger* HandelsR Rn. 640; Baumbach/Hopt/*Hopt* Rn. 22; *Oetker* HandelsR § 7 Rn. 46; MüKoHGB/*K. Schmidt* Rn. 169; *K. Schmidt* HandelsR § 19 Rn. 117; vgl. auch OLG Stuttgart Urt. v. 16.10.1980 – 3 U 130/80, ZIP 1981, 176 (Ls. 1) = BeckRS 1980, 31209917; OLG Köln Urt. v. 19.3.1980 – 2 U 95/79, BB 1980, 1237 (1240) = BeckRS 1980, 31089896; *Batereau* in Pfeiffer Handelsgeschäfte-HdB § 2 Rn. 43 jew. zu § 6 Abs. 2 AGBG.

[1260] *Oetker* HandelsR § 7 Rn. 46.

[1261] RG Urt. v. 11.7.1913 – II 237/13, Recht 1913 Nr. 2695; Staub/*Koller* Rn. 85.

5. Internationaler Handelsverkehr. a) Internationale Verbreitung. Die Grundsätze über das 357
Schweigen auf ein kaufmännisches Bestätigungsschreiben (zu Einzelheiten → Rn. 243 ff.) sind zwar
international verbreitet, aber weder universell noch in sämtlichen Mitgliedstaaten der EU anerkannt.[1262] Konstitutive Wirkungen ähnlich denen des deutschen Rechts (zu Einzelheiten
→ Rn. 325 ff.) sind zB in Belgien,[1263] Dänemark,[1264] den Niederlanden,[1265] Polen,[1266] der Schweiz,[1267]
der Türkei[1268] und mit Einschränkungen in Spanien[1269] und den USA[1270] anerkannt. In anderen
Ländern (zB Frankreich,[1271] Italien,[1272] Österreich[1273] und dem Vereinigten Königrecht)[1274] sind weder
ein dem deutschen Rechtskreis vergleichbarer Handelsbrauch noch konstitutive Wirkungen des
Schweigens bekannt. Auf dem Gebiet der ehemaligen DDR ist der Handelsbrauch betreffend kaufmännische Bestätigungsschreiben mit der Einführung der sozialistischen Rechtsordnung erloschen; das
Schweigen im Wirtschaftsverkehr hatte daher keine Bedeutung.[1275]

b) Anwendbares Recht. Im internationalen Verkehr bestimmen sich die Wirkungen der wider- 358
spruchslosen Hinnahme eines kaufmännischen Bestätigungsschreibens (zu Einzelheiten → Rn. 259 ff.,
324 ff.) auch nach dem In-Kraft-Treten der Rom I-VO am 17.12.2009[1276] *grundsätzlich* nicht nach
dem sog. Vertragsstatut (Art. 10 Abs. 1 Rom I-VO, Art. 31 Abs. 1 EGBGB aF),[1277] sondern nach dem
sog. Heimat- bzw. **Aufenthaltsstatut** (Art. 10 Abs. 2 Rom I-VO, Art. 31 Abs. 2 EGBG aF).[1278]

[1262] Zu Einzelheiten s. *Ebenroth* ZVglRWiss. 77 (1978), 161 ff.; *Esser* ZfRV 1988, 167 ff.; *Kröll/Hennecke* RabelsZ
2003, 448 (477 ff.); *K. Schmidt* FS Honsell, 2002, 99 (101 ff.).

[1263] BGH Urt. v. 9.3.1994 – VIII ZR 185/92, NJW 1994, 2699 (2270); *Batereau* in Pfeiffer Handelsgeschäfte-HdB
§ 2 Rn. 55; Schlechtriem/Schwenzer/Schroeter/*Schmidt-Kessel* CISG Art. 9 Rn. 24 mit Fn. 192; *Thamm/Detzer* DB
1997, 213 (215).

[1264] Schlechtriem/Schwenzer/Schroeter/*Schmidt-Kessel* CISG Art. 9 Rn. 24; *Thamm/Detzer* DB 1997, 213 (215);
Witz/Salger/*M. Lorenz/Witz,* International Einheitliches Kaufrecht, 2. Aufl. 2016, Art. 9 Rn. 10.

[1265] OLG Koblenz Urt. v. 9.1.1981 – 2 U 1266/77, RIW 1982, 354; LG Bonn Urt. v. 20.1.1999 – 16 O 32/97,
RIW 1999, 879 (883); MüKoBGB/*Spellenberg* Rom I-VO Art. 10 Rn. 56 mit Fn. 124; aA Schlegelberger/*Hefermehl*
Rn. 124; *Thamm/Detzer* DB 1997, 213 (215).

[1266] Schlechtriem/Schwenzer/Schroeter/*Schmidt-Kessel* CISG Art. 9 Rn. 24.

[1267] BG Urt. v. 27.10.1988, BGE 114 II, 250 (251 f.); Obergericht Zug Urt. v. 8.11.2011 – OG 2010/8, CISG
online Nr. 2425 unter 5.1.3 der Erwägungen; ZG Basel-Stadt v. 21.12.1992 – P4 1991/238, CISG online Nr. 55;
Kröll/Hennecke RabelsZ 67 (2003), 448 (478); Schlechtriem/Schwenzer/Schroeter/*Schmidt-Kessel* CISG Art. 9
Rn. 24; *Thamm/Detzer* DB 1997, 213 (215); Witz/Salger/*M. Lorenz/Witz,* International Einheitliches Kaufrecht,
2. Aufl. 2016, Art. 9 Rn. 10; aA *Batereau* in Pfeiffer Handelsgeschäfte-HdB § 2 Rn. 50.

[1268] Schlechtriem/Schwenzer/Schroeter/*Schmidt-Kessel* CISG Art. 9 Rn. 24; *Schwenzer/Mohs* IHR 2006, 239
(245).

[1269] Schlechtriem/Schwenzer/Schroeter/*Schmidt-Kessel* CISG Art. 9 Rn. 24.

[1270] *Batereau* in Pfeiffer Handelsgeschäfte-HdB § 2 Rn. 53; *Kröll/Hennecke* RabelsZ 67 (2003), 448 (480 ff.);
Schlechtriem/Schwenzer/Schroeter/*Schmidt-Kessel* CISG Art. 9 Rn. 24.

[1271] OLG München Beschl. v. 23.11.2009 – 34 Sch 13/09, SchiedsVZ 2010, 50 (51) = BeckRS 2009, 89241;
OLG Frankfurt a. M. Urt. v. 5.7.1995 – 9 U 81/94, CISG online Nr. 258 = BeckRS 1995, 122822; LG Hamburg
Urt. v. 19.6.1997 – 302 O 223/95, RIW 1997, 873; *Batereau* in Pfeiffer Handelsgeschäfte-HdB § 2 Rn. 51; Schlech-
triem/Schwenzer/Schroeter/*Schmidt-Kessel* CISG Art. 9 Rn. 24; *Schwenzer/Mohs* IHR 2006, 239 (245); *Thamm/
Detzer* DB 1997, 213 (215); Witz/Salger/*M. Lorenz/Witz,* International Einheitliches Kaufrecht, 2. Aufl. 2016,
Art. 9 Rn. 10; aA LG Saarbrücken Urt. v. 23.3.1993 – 9 O 4084/89, BeckRS 1993, 123796; differenzierend *Kröll/
Hennecke* RabelsZ 67 (2003), 448 (479 f.).

[1272] OLG Karlsruhe Urt. v. 11.2.1993 – 4 U 61/92, DZWiR 1994, 70 (71); OLG Köln Urt. v. 16.3.1988 – 24 U
182/87, NJW 1988, 2182 f.; *Batereau* in Pfeiffer Handelsgeschäfte-HdB § 2 Rn. 54; Oetker/*Pamp* Rn. 66; Mü-
KoHGB/*K. Schmidt* Rn. 170a; *K. Schmidt* FS Honsell, 2002, 99 (101 ff.); Schlechtriem/Schwenzer/Schroeter/
Schmidt-Kessel CISG Art. 9 Rn. 24.

[1273] OGH v. 28.4.1993 – 3 Ob 570/92, JBl. 1993, 782 (784); OGH v. 26.6.1974 – 1 Ob 73/4, JBl. 1975, 89 (91);
Batereau in Pfeiffer Handelsgeschäfte-HdB § 2 Rn. 49; *F. Bydlinski* FS Flume I, 1978, 335 ff.; *Kröll/Hennecke* RabelsZ
67 (2003), 448 (479); Oetker/*Pamp* Rn. 66; MüKoHGB/*K. Schmidt* Rn. 145, 170a; *K. Schmidt* HandelsR § 19
Rn. 67; *K. Schmidt* FS Honsell, 2002, 99 (101 ff.); Schlechtriem/Schwenzer/Schroeter/*Schmidt-Kessel* CISG Art. 9
Rn. 24; *Thamm/Detzer* DB 1997, 213 (215).

[1274] OLG Hamburg Urt. v. 1.6.1979 – 11 U 32/79, NJW 1980, 1232; *Batereau* in Pfeiffer Handelsgeschäfte-HdB
§ 2 Rn. 52; Schlegelberger/*Hefermehl* Rn. 124; *Kröll/Hennecke* RabelsZ 67 (2003), 448 (482); Oetker/*Pamp* Rn. 66;
MüKoHGB/*K. Schmidt* Rn. 170a; *K. Schmidt* FS Honsell, 2002, 99 (101 ff.); Schlechtriem/Schwenzer/Schroeter/
Schmidt-Kessel CISG Art. 9 Rn. 24; *Thamm/Detzer* DB 1997, 213 (215).

[1275] LG Köln Urt. v. 24.8.1994 – 20 O 262/93, DtZ 1995, 452 f.; MüKoHGB/*K. Schmidt* Rn. 144

[1276] S. Art. 29 Rom I-VO.

[1277] So aber LG Bonn Urt. v. 20.1.1999 – 16 O 32/97, RIW 1999, 879 (883); MüKoBGB/*Spellenberg* Rom I-VO
Art. 10 Rn. 57.

[1278] GK-HGB/*Achilles/B. Schmidt* Rn. 151; Baumbach/Hopt/*Hopt* Rn. 29, 38; Staub/*Koller* Rn. 124; Oetker/
Pamp Rn. 66; KKRD/*W.-H. Roth* Rn. 35; MüKoHGB/*K. Schmidt* Rn. 170a; MüKoBGB/*Spellenberg* Rom I-VO
Art. 10 Rn. 35, 245; Bamberger/Roth/Hau/Poseck/*Spickhoff* Rom I-VO Art. 10 Rn. 2; Röhricht/Graf v. West-
phalen/Haas/*Steimle/Dornieden* Rn. 55; Palandt/*Thorn* Rom I-VO Art. 10 Rn. 5; vgl. auch BGH Urt. v. 19.3.1997
– VIII ZR 316/96, BGHZ 135, 124 (137) = NJW 1997, 1697; BGH Urt. v. 22.9.1971 – VIII ZR 259/69, BGHZ
57, 72 (77) = NJW 1972, 391; OLG Hamburg Beschl. v. 24.1.2003 – 11 Sch 6/01, SchiedsVZ 2003, 284 (287);
OLG Karlsruhe Urt. v. 11.2.1993 – 4 U 61/92, DZWiR 1994, 70 (71); OLG Schleswig Urt. v. 19.9.1989 – 3 U

Maßgeblich ist danach das Recht des Staates, in dem der Empfänger des kaufmännischen Bestätigungs-schreibens seinen gewöhnlichen Aufenthalt hat, und zwar auch dann, wenn es nicht das Recht eines Mitgliedstaates der EU, sondern das eines sog. Drittstaates ist (Art. 2 Rom I-VO). Das Aufenthaltsstatut betrifft ausschließlich die Wirkung des Schweigens, also das Zustandekommen des Vertrags, nicht hin-gegen dessen Wirksamkeit (zB die Rechtsfolgen von Willensmängeln, zu Einzelheiten → Rn. 332 ff.);[1279] insoweit gilt das Vertragsstatut.[1280] Da Art. 10 Abs. 2 Rom I-VO eine kollisionsrecht-liche Billigkeitsnorm ist,[1281] bestimmt *ausnahmsweise* das Vertragsstatut das anwendbare Recht, wenn der ausländische Empfänger nicht mit der Anwendung seines Heimatrechts rechnen konnte.[1282] Dies ist zB anzunehmen, wenn (1) in einer lang andauernden Geschäftsbeziehung bereits früher die Grundsätze des deutschen Rechts über das Schweigen auf ein kaufmännisches Bestätigungsschreiben angewandt worden sind oder (2) der ausländische Empfänger diese ihm bekannten Grundsätze erkennbar akzeptiert hat.[1283]

359   **c) UN-Kaufrecht.** Das UN-Kaufrecht enthält keine besondere Regelung über das Schweigen auf ein kaufmännisches Bestätigungsschreiben.[1284] Daher ist bei Anwendung des CISG (Art. 1–6 CISG) von dem Grundsatz des **Art. 18 Abs. 1 S. 2 CISG** auszugehen, wonach Schweigen allein keine Annahme eines Angebots darstellt. Für eine entsprechende Anwendung von Art. 19 Abs. 2 CISG fehlt es in Anbetracht der Tatsache, dass die UNCITRAL-Arbeitsgruppe mehrere Vorschläge zur Regelung des Schweigens auf ein kaufmännisches Bestätigungsschreiben nicht angenommen hat,[1285] an einer Regelungslücke.[1286] Da die Art. 14 ff. CISG den Vertragsschluss abschließend regeln,[1287] verbietet sich auch ein Rückgriff auf die Grundsätze des deutschen Rechts gem. Art. 7 Abs. 2 CISG.[1288] Folglich hat die widerspruchslose Hin-nahme eines kaufmännischen Bestätigungsschreibens nur ausnahmsweise unter den Voraussetzungen des **Art. 9 Abs. 1 CISG** (→ Rn. 139) die Wirkung, dass der Inhalt des Schreibens als Vertragsinhalt gilt (zu Einzelheiten → Rn. 324 ff.).[1289] Dabei wird die Anwendung von Art. 9 Abs. 2 CISG überwiegend bejaht.[1290] Liegen die Voraussetzungen von Art. 9 Abs. 1 CISG nicht vor, hat das kaufmännische Bestäti-gungsschreiben nur die Bedeutung eines Beweismittels für den Abschluss und den Inhalt des Vertrags.[1291]

213/86, IPRspr. 1989 Nr. 48; OLG Frankfurt a. M. Urt. v. 12.10.1982 – 5 U 25/82, WM 1983, 129 (130); OLG Koblenz Urt. v. 9.1.1981 – 2 U 1266/77, RIW 1982, 354; OLG Hamburg Urt. v. 1.6.1979 – 11 U 32/79, NJW 1980, 1232; LG Köln Urt. v. 24.8.1994 – 20 O 262/93, DtZ 1995, 452; *Batereau* in Pfeiffer Handelsgeschäfte-HdB § 2 Rn. 47; *Thamm/Detzer* DB 1997, 213 (215) jew. zu Art. 31 EGBGB aF; vgl. auch OLG Köln Urt. v. 16.3.1988 – 24 U 182/87, NJW 1988, 2182 (2183) zu Art. 2 Abs. 2 EAG.

[1279] Ferrari IntVertragsR/*Ferrari* Rom I-VO Art. 10 Rn. 18; Oetker/*Pamp* Rn. 66; Bamberger/Roth/Hau/Po-seck/*Spickhoff* Rom I-VO Art. 10 Rn. 14; Palandt/*Thorn* Rom I-VO Art. 10 Rn. 5; vgl. auch BGH Urt. v. 19.3.1997 – VIII ZR 316/96, BGHZ 135, 124 (137 f.) = NJW 1997, 1697; aA LG Rottweil Urt. v. 31.5.1995 – 3 O 1240/94, NJW-RR 1996, 1401; LG Stuttgart Urt. v. 13.7.1995 – 19 O 21/95, RIW 1996, 424 (425) jew. für verbraucherschützende Widerrufsrechte zu Art. 31 Abs. 2 EGBGB aF.

[1280] Palandt/*Thorn* Rom I-VO Art. 10 Rn. 5.

[1281] Ferrari IntVertragsR/*Ferrari* Rom I-VO Art. 10 Rn. 16; Bamberger/Roth/Hau/Poseck/*Spickhoff* Rom I-VO Art. 10 Rn. 2.

[1282] OLG Hamburg Beschl. v. 24.1.2003 – 11 Sch 6/01, SchiedsVZ 2003, 284 (287); LG Köln Urt. v. 24.8.1994 – 20 O 262/93, DtZ 1995, 452 (453); *Sandrock* RIW 1986, 841 (849) jew. zu Art. 31 Abs. 2 EGBGB aF.

[1283] Baumbach/Hopt/*Hopt* Rn. 29; Heymann/*Horn* Rn. 66.

[1284] Statt vieler MüKoBGB/*Gruber* CISG Art. 18 Rn. 24; *Kröll/Hennecke* RabelsZ 67 (2003), 448 (449); Mü-KoHGB/*K. Schmidt* Rn. 144.

[1285] UNCITRAL Yearbook IX (1978), S. 78 Nr. 228, S. 92 Nr. 7, 10; UNCITRAL Yearbook VIII (1977), S. 82, Nr. 105, 111 f. Auch die Haager Konferenz über die internationale Vereinheitlichung des Kaufrechts v. 2.–25.4.1964 konnte sich nicht auf Regelungen betreffend das Schweigen auf ein kaufmännisches Bestätigungsschreiben einigen, s. *v. Caemmerer* RabelsZ 29 (1965), 101 (127).

[1286] *Gade,* Allgemeine Geschäftsbedingungen im internationalen und europäischen Privatrecht, 2014, 143 ff.; MüKoBGB/*Gruber* CISG Art. 18 Rn. 24; *Kröll/Hennecke* RabelsZ 67 (2003), 448 (459 f.); aA *Esser* ZfRV 1988, 167 (190 f.); *Holl/Keßler* RIW 1995, 457 (459).

[1287] Statt vieler MüKoHGB/*Ferrari* CISG Vor Art. 14 Rn. 8 mwN.

[1288] OLG Dresden Urt. v. 30.11.2010 – 10 U 269/10, IHR 2011, 142 (144) = BeckRS 2010, 33137; OLG Köln Urt. v. 22.2.1994 – 22 U 202/93, IPRax 1995, 393 (394) = BeckRS 1994, 5495; MüKoBGB/*Gruber* CISG Art. 18 Rn. 24; *Kramer* FS Welser 2004, 539 (546); *Kröll/Hennecke* RabelsZ 67 (2003), 448 (457 ff.); Schlechtriem/Schwen-zer/Schroeter/*Schmidt-Kessel* CISG Art. 9 Rn. 22; *Schwenzer* NJW 1990, 602 (604); *Thamm/Detzer* DB 1997, 213 (215); aA *Fogt* IPRax 2007, 417 (420 ff.); *Fogt* ZEuP 2002, 580 (584 f.); *Fogt* IPRax 2001, 358 (364).

[1289] OLG Dresden Urt. v. 9.7.1998 – 7 U 720/98, IHR 2001, 18 (19); LG Hamburg Urt. v. 19.6.1997 – 302 O 223/95, RIW 1997, 873 f.; GK-HGB/*Achilles/B. Schmidt* Rn. 153; MüKoHGB/*Ferrari* CISG Art. 9 Rn. 17; Mü-KoBGB/*Gruber* CISG Art. 18 Rn. 25; Heymann/*Horn* Rn. 66; *Kröll/Hennecke* RabelsZ 67 (2003), 448 (464 f.); MüKoHGB/*K. Schmidt* Rn. 144; Schlechtriem/Schwenzer/Schroeter/*Schmidt-Kessel* CISG Art. 9 Rn. 22; *Schwenzer* NJW 1990, 602 (604).

[1290] OLG Dresden Urt. v. 30.11.2010 – 10 U 269/10, IHR 2011, 142 (144) = BeckRS 2010, 33137; LG Kiel Urt. v. 27.7.2004 – 16 O 83/04, IPRax 2007, 451 (452) = BeckRS 2007, 19408; GK-HGB/*Achilles/B. Schmidt* Rn. 153; *Batereau* in Pfeiffer Handelsgeschäfte-HdB § 2 Rn. 56; Staudinger/*Magnus*, 2018, CISG Art. 9 Rn. 27; *Schwenzer* NJW 1990, 602 (604); krit. *U. Huber* RabelsZ 43 (1979), 448 f.; aA MüKoHGB/*Ferrari* CISG Art. 9 Rn. 17; differenzierend Schlechtriem/Schwenzer/Schroeter/*Schmidt-Kessel* CISG Art. 9 Rn. 23.

[1291] OLG Köln Urt. v. 22.2.1994 – 22 U 202/93, IPRax 1995, 393 (394) = BeckRS 1994, 5495; GK-HGB/*Achilles/B. Schmidt* Rn. 153.

V. Handelsklauseln

1. Begriff. Handelsklauseln sind abgekürzte Wörter, abgekürzte Begriffe oder abgekürzte Sätze bzw. **360**
Teilsätze, die in erster Linie im Handelsverkehr von Kaufleuten gegenüber anderen Kaufleuten benutzt
werden, um den Inhalt vertraglicher Beziehungen zwischen den Beteiligten in gewissen Punkten zu
bestimmen oder zu präzisieren. Charakteristisch für Handelsklauseln ist, dass die betroffenen Verkehrskreise – in der Regel der Handelsverkehr – mit ihrem Inhalt und ihren Folgen vertraut sind und daher
gewisse Vorstellungen bei ihrer Verwendung haben. Handelsklauseln dienen somit der **Vereinfachung
und Klarheit im Handelsverkehr**[1292] durch Standardisierung. Handelsklauseln können einzeln im
Vertrag verwendet werden. Häufig finden sich jedoch umfassende Klauselwerke wie etwa Einkaufs-,
Verkaufs- oder Beschaffungsbedingungen.

2. Rechtliche Einordnung. Sowohl einzelne Handelsklauseln als auch Klauselwerke sind in aller **361**
Regel **Allgemeine Geschäftsbedingungen** (zu Einzelheiten → Rn. 38 ff.). Handelsklauseln können
ihrerseits auch in Allgemeinen Geschäftsbedingungen enthalten sein. Handelsklauseln unterliegen
somit der AGB-rechtlichen Inhaltskontrolle nach § 307 BGB (zu Einzelheiten → Rn. 46 ff.). Da sich
typische Handelsklauseln durch Handelsüblichkeit auszeichnen, ist dabei § 310 Abs. 1 S. 2 Hs. 2 BGB
zu beachten, wonach bei der Prüfung der Klauseln anhand von § 307 BGB auf die im Handelsverkehr
geltenden Gewohnheiten und Gebräuche Rücksicht zu nehmen ist (→ Rn. 49). Die Handelsüblichkeit
führt daher meistens, wenn auch nicht stets, zur sachlichen Rechtfertigung der Handelsklausel und
schließt in der Regel eine Unwirksamkeit nach § 307 BGB aus.[1293]

3. Auslegung von Handelsklauseln. Der Zweck von Handelsklauseln, Vertragsbedingungen in **362**
knapper, oft abgekürzter Form festzuhalten, bedingt, dass die Auslegung solcher Klauseln nur durch
eine **objektive Betrachtungsweise** erfolgen kann. Die Umstände des Einzelfalls sind im Allgemeinen
nicht zu berücksichtigen.[1294] Die Rechtssicherheit im Handelsverkehr verlangt die Aufstellung fester
Regeln, mag sich hierdurch auch für den einzelnen Fall eine gewisse Härte ergeben.[1295] Handelsklauseln sind einer ergänzenden Auslegung daher im Allgemeinen nicht zugänglich.[1296] Jedermann,
nicht nur die Vertragspartner, muss sich auf eine klar abgegrenzte und bestimmte Bedeutung dieser
Klauseln verlassen können. Daher ist eine Handelsklausel so zu verstehen, wie sie bei einem typischen
Regelungssachverhalt in ihrer **typischen Bedeutung** gebraucht worden ist. Bei atypischen Sachverhalten und Interessenlagen besteht hingegen die Möglichkeit einer abweichenden Auslegung, wenn
die Vertragsparteien und betroffene Dritte die Besonderheiten der Fallgestaltung erkennen konnten.[1297]

Aus der **Typisierung** der Bedeutung von Handelsklauseln (→ Rn. 362) folgt zum einen die Ver- **363**
mutung, dass die Parteien die Klausel in der durch den Handelsbrauch geprägten Bedeutung verwendet
haben, zum anderen das **Verbot der ergänzenden Vertragsauslegung**, falls eine solche ergänzende
Vertragsauslegung der Typisierung der Bedeutung von Handelsklauseln und des damit intendierten
Verkehrsschutzes zuwiderläuft.[1298] Die Vermutung für die typische Bedeutung der Handelsklausel ist
widerlegt, wenn sich aus der vertraglichen Regelung ein übereinstimmender abweichender Parteiwille
entnehmen lässt.[1299] Auch kann sich eine Widerlegung der Vermutung aus einer von den Parteien
bereits langfristig geübten abweichenden Vertragspraxis ergeben. Ferner kann aus der Stellung der
Klausel im Vertragstext folgen, dass sie eine andere Bedeutung als die allgemein übliche hat, so zB,
wenn eine Freizeichnungsklausel unter der Rubrik „Lieferzeit" zu finden ist und sie sich damit –
entgegen der gewöhnlichen Bedeutung – nur auf den Leistungszeitpunkt, nicht aber auf die Leistungspflicht insgesamt bezieht.[1300] Interessen Dritter stehen einer ergänzenden Auslegung von Handelsklauseln anhand individueller Umstände, die sich nicht im Vertragstext niederschlagen, im Allgemeinen
entgegen. Dritte dürfen darauf vertrauen, dass die Klausel mit ihrem typischen Inhalt verwendet
worden ist.[1301] Nur dort, wo ein solcher Drittschutz nicht in Rede steht, geht das gemeinsame
Verständnis der Parteien dem typisierten Sinn der Klausel vor.[1302] Bei atypischem Sachverhalt oder

---

[1292] Heymann/*Horn* Rn. 67; *Wörlen/Metzler-Müller,* Handelsklauseln im nationalen und internationalen Warenverkehr, 1997, 11; *Schinkels* in Pfeiffer Handelsgeschäfte-HdB § 5 Rn. 37.

[1293] *Schinkels* in Pfeiffer Handelsgeschäfte-HdB § 5 Rn. 38.

[1294] BGH Urt. v. 14.11.1984 – VIII ZR 283/83, BGHZ 92, 396 (401) = NJW 1985, 738; BGH Urt. v. 19.9.1984
– VIII ZR 108/83, NJW 1985, 550.

[1295] BGH Urt. v. 15.6.1954 – I ZR 6/53, BGHZ 14, 61 (62) = NJW 1954, 1561.

[1296] BGH Urt. v. 15.6.1954 – I ZR 6/53, BGHZ 14, 61 (62) = NJW 1954, 1561; BGH Urt. v. 18.12.1975 – III
ZR 103/73, NJW 1976, 852 (853).

[1297] GK-HGB/*Achilles/B. Schmidt* Rn. 28.

[1298] *Canaris* HandelsR § 22 Rn. 13; *Oetker* HandelsR § 7 Rn. 54.

[1299] OLG Nürnberg Urt. v. 6.12.1960 – 2 U 172/60, BB 1961, 696.

[1300] BGH Urt. v. 19.3.1957 – VIII ZR 74/56, BGHZ 24, 39 (43) = NJW 1957, 873.

[1301] BGH Urt. v. 22.1.1957 – VIII ZR 72/56, BGHZ 23, 131 (136) = NJW 1957, 827; BGH Urt. v. 15.6.1954 –
I ZR 6/53, BGHZ 14, 61 (62) = NJW 1954, 1561.

[1302] Teilw. aA *Canaris* HandelsR § 22 Rn. 14: Drittschutz nicht durch Typisierung, sondern durch Rechtsscheinhaftung in Weiterentwicklung von § 405 BGB.

atypischer Interessenlage der Parteien können die vom typischen Klauselinhalt abweichenden Partei-
interessen hingegen in stärkerem Maße Berücksichtigung finden, wenn der atypische Sachverhalt oder
die atypische Interessenlage für etwa betroffene Dritte erkennbar waren.

364 Im Einzelfall kann die Berufung auf die typische Bedeutung des Klauselinhalts **rechtsmissbräuchlich** sein und ihrer Maßgeblichkeit daher § 242 BGB entgegenstehen.[1303] Irrt eine Partei über die
typische Bedeutung einer Klausel, so ist zwar grundsätzlich eine Irrtumsanfechtung (§§ 119 ff. BGB)
möglich.[1304] Die Irrtumsanfechtung ist aber ausgeschlossen, wenn es sich um eine typische Klausel des
Massenverkehrs handelt, von der bei Kaufleuten erwartet werden kann, dass sie ihren Inhalt kennen.[1305]

365 Die Auslegung von Handelsklauseln hat gem. § 346 die geltenden (zu Einzelheiten
→ Rn. 106 ff.) Handelsbräuche zu berücksichtigen (zu Einzelheiten → Rn. 151 ff.).[1306] Dabei können Branchenunterschiede und regionale Unterschiede eine Rolle spielen. Bei regionalen Überschneidungen sind die Grundsätze über die Kollision von Handelsbräuchen (→ Rn. 119) anzuwenden. Neben dem Handelsbrauch kann auch das **Handelsgewohnheitsrecht** (→ Rn. 31) zur Auslegung von Handelsklauseln heranzuziehen sein. Die Auslegung von Handelsklauseln anhand von
Handelsbrauch und Handelsgewohnheitsrecht hat zu berücksichtigen, dass Handelsbrauch und
Handelsgewohnheitsrecht einem zeitlichen Wandel unterliegen und nach längerem Zeitablauf jeweils
neu festgestellt werden müssen. „Neue" Handelsklauseln, deren Verwendung bislang nicht üblich
ist, lassen sich nicht nach den beschriebenen Regeln auslegen, sondern nur nach den allgemein für
die Vertragsauslegung geltenden Grundsätzen.[1307] Die Feststellung eines Handelsbrauchs für die
Auslegung von Handelsklauseln erfolgt vor allem durch Sachverständigengutachten (zu Einzelheiten
→ Rn. 54 ff.).[1308]

366 Als typische Vertragsbestimmungen sind Handelsklauseln **revisibel**, dh sie können von dem Revisionsgericht eigenständig ausgelegt werden.[1309] Allerdings darf in der Revisionsinstanz nicht mehr eine
Klärung von Tatsachen wie zB das Bestehen eines Handelsbrauchs oder einer Verkehrsanschauung
erfolgen (zu Einzelheiten → Rn. 100 ff.).[1310]

367 **4. Trade Terms.** Insbesondere im internationalen Handelsverkehr sind die von der Internationalen
Handelskammer in Paris zuletzt 1955 ausgearbeiteten Trade Terms von Bedeutung (ICC-Dokument
Nr. 16 „Tradeterms – Handelsübliche Vertragsformeln – Synoptische Tabellen mit Anmerkungen").
Sie sind als **Handelsklauseln** anzusehen.[1311] Trade Terms geben zwar oft internationale oder nationale
Handelsbräuche wieder.[1312] Häufig werden aber die Regeln international oder national nicht allseits
als Übung anerkannt. Leider werden sie vielfach unterschiedlich ausgelegt. Sie gewähren daher oft
nicht das im Handelsverkehr erforderliche Maß an Rechtsklarheit und Rechtssicherheit. Bei unter-
schiedlich ausgelegten Trade Terms kommt es für die maßgebliche Auslegung entweder auf den
Schwerpunkt des Vertrags[1313] an oder es ist, obwohl die Geltung der Incoterms (zu Einzelheiten
→ Rn. 388 ff.) nicht vereinbart worden ist, dennoch im Interesse einer einheitlichen Auslegung auf die
Incoterms abzustellen.[1314]

368 Wichtiger als die Trade Terms sind die ebenfalls von der Internationalen Handelskammer herausgegebenen, zuletzt 2020 revidierten **Incoterms** (zu Einzelheiten → Rn. 388 ff.). Sie enthalten anders
als die Trade Terms **verbindliche Auslegungsregeln,** die durch vertragliche Inbezugnahme Vertragsbestandteile werden mit der Folge, dass sich die Auslegung der Incoterms nach den von der Internationalen Handelskammer vorgenommenen Erläuterungen richtet.[1315] Sind die Incoterms nicht vertraglich vereinbart, kann ggf. auf die Trade Terms zurückgegriffen werden, falls diese eine Übung
widerspiegeln.[1316]

[1303] BGH Urt. v. 15.6.1954 – I ZR 6/53, BGHZ 14, 61 (62) = NJW 1954, 1561; BGH Urt. v. 21.1.1987 – VIII
ZR 26/86, NJW 1987, 2435 (2436).

[1304] BGH Urt. v. 31.5.1961 – VIII ZR 28/60, NJW 1961, 1968 (1969).

[1305] RG Urt. v. 22.10.1898 – I 277/98, RGZ 42, 143 (146).

[1306] BGH Urt. v. 21.1.1987 – VIII ZR 26/86, NJW 1987, 2435 (2436); BGH Urt. v. 19.9.1984 – VIII ZR 108/
83, NJW 1985, 550.

[1307] Heymann/*Horn* Rn. 67; Oetker/*Pamp* Rn. 70.

[1308] BGH Urt. v. 21.6.1972 – VIII ZR 96/71, BB 1972, 1117.

[1309] BGH Urt. v. 15.6.1954 – I ZR 6/53, BGHZ 14, 61 (62) = NJW 1954, 1561; BGH Urt. v. 31.1.1973 – VIII
ZR 232/71, WM 1973, 363 (364) = BeckRS 1973, 31125561.

[1310] BGH Urt. v. 31.1.1973 – VIII ZR 232/71, WM 1973, 363 (364) = BeckRS 1973, 31125561; BGH Urt. v.
21.6.1972 – VIII 96/71, BB 1972, 1117.

[1311] Heymann/*Horn* Rn. 70; *Schinkels* in Pfeiffer Handelsgeschäfte-HdB § 5 Rn. 44. S. auch MüKoHGB/*K.
Schmidt* Rn. 110 mwN.

[1312] S. dazu OLG Karlsruhe Urt. v. 12.2.1975 – 8 U 24/74, RIW 1975, 225.

[1313] BGH Urt. v. 7.3.1973 – VIII ZR 214/71, WM 1973, 382 (383) = BeckRS 1973, 31125498.

[1314] BGH Urt. v. 18.6.1975 – VIII ZR 34/74, WM 1975, 917 (919).

[1315] *K. Schmidt* HandelsR § 30 Rn. 12.

[1316] *K. Schmidt* HandelsR § 30 Rn. 16.

5. Einzelne Handelsklauseln. Abholklausel: s. „ab Werk".   **369**

ab Kai: Der Verkäufer stellt die Ware in dem in der Klausel genannten Bestimmungshafen zur Verfügung, und zwar verzollt.

ab Lager: Der Verkäufer stellt die Ware im Lager zur Verfügung. Der Käufer hat die Ware dort zu übernehmen und trägt ab der Übernahme die Gefahr, wenn das Lager Erfüllungsort ist, was die Klausel als solche nicht bewirkt. Der Käufer trägt die Verpackungs- und Transportkosten.

ab Schiff: s. „geliefert ab Schiff" (→ Rn. 375).

ab Station: Der Verkäufer hat für die Verpackung zu sorgen. Er stellt die Ware in der Station zur Verfügung. Die Verpackungskosten trägt der Käufer, der die Pflicht hat, die Ware in der Station zu übernehmen und zu prüfen.[1317] Mit der Übernahme der Ware geht die Gefahr auf den Käufer über.

ab Werk (benannter Ort): der Verkäufer sorgt für die Verpackung und stellt die verpackte Ware zur Abholung im Werk so zur Verfügung (Holschuld), dass der Kunde sie entweder selbst abholen[1318] oder ein Frachtführer sie dem Käufer unbeschädigt überbringen kann.[1319] Der Verkäufer ist nicht verpflichtet, einen Beförderungs- oder Versicherungsvertrag abzuschließen.[1320] Eine Abwandlung der Klausel „ab Werk" ist die Klausel **„Netto ab Werk"**, bei der den Käufer die Frachtkosten ab dem Herstellerwerk des Verkäufers auch dann treffen, wenn der Käufer mit einem näher gelegenen Werk gerechnet hat. Umgekehrt treffen den Käufer aber auch dann nur die Kosten ab dem Herstellerwerk des Verkäufers, wenn der Verkäufer die Ware bei einem Dritten herstellen ließ, dessen Werk noch weiter entfernt liegt und der Verkäufer dessen Werk meinte.[1321] Ist die Klausel „ab Werk" (benannter Ort) eine typische Abholklausel, so gibt die Klausel „ab Werk" mit dem zusätzlichen Vermerk „Anlieferung unfrei" dem Käufer grundsätzlich kein Recht auf Selbstabholung. Bei rechtzeitiger Ankündigung hat der Käufer jedoch trotz dieser Klausel ein Recht auf Selbstabholung.[1322] Der Käufer trägt die Transportkosten (§ 448 BGB).

Akkreditiv: Der Käufer muss mittels Akkreditiv (zu Einzelheiten → BankR Rn. II 139 ff.) vorleisten. Der Anspruch des Käufers ist durch die vertragsmäßige Zahlung mittels Akkreditiv aufschiebend bedingt.

Ankunftsklausel: s. alle D-Klauseln der Incoterms (DAT, DAP, DDP, → Rn. 372). Entsprechendes gilt für die Klauseln „Ankunft vorbehalten" und „Glückliche Ankunft vorbehalten" (→ Rn. 376).

Arbitrage: Der Gebrauch der Klausel „Arbitrage" ohne Zusatz ist heute ungewöhnlich, da Schlichtungs- und Schiedsverträge sowie Schiedsgutachtervereinbarungen im kaufmännischen Verkehr meistens detailliert, ggf. in Allgemeinen Geschäftsbedingungen, vereinbart werden. § 20 Abs. 1 der Platzusancen für den Hamburgischen Warenhandel definiert die Arbitrage als Entscheidung von Streitigkeiten im Schiedswege unter Ausschluss der ordentlichen Gerichte nicht nur über Qualitätsfragen, sondern auch für alle anderen aus dem Geschäft entstandenen Streitigkeiten. Es handelt sich bei der Vereinbarung der Klauseln „Hamburger Arbitrage" oder „Hamburger freundschaftliche Arbitrage" (→ Rn. 376) auch dann um einen Schiedsvertrag mit einer Schiedsgerichtsvereinbarung, wenn der häufig gebrauchte Zusatz „und Schiedsgericht" fehlt. Bei Verwendung der Klausel „Hamburger (freundschaftliche) Arbitrage" liegt somit nicht bloß ein auf die Prüfung von tatsächlichen Fragen, etwa Qualitätsfragen, beschränkter Schiedsvertrag, sondern eine Schiedsgerichtsvereinbarung vor, die alle Streitigkeiten einschließlich von Rechtsstreitigkeiten erfasst.[1323] Das Schiedsgericht entscheidet unabhängig von der Gültigkeit des Vertrags im Übrigen über seine eigene Zuständigkeit.[1324] Die Schiedsrichterernennung ist in § 20 Abs. 2 der Platzusancen geregelt.[1325] Die Ablehnung von Schiedsrichtern kann gem. § 20 Abs. 3 S. 3 der Platzusancen der IHK zugewiesen werden.[1326] Die „Hamburger freundschaftliche Arbitrage" tritt zurück, wenn die Allgemeinen Geschäftsbedingungen des Warenvereins der Hamburger Börse vereinbart sind und gegenüber ausländischen Kunden keine Klarstellung erfolgt, was „Hamburger freundschaftliche Arbitrage" bedeutet.[1327] Ist „Hamburger freundschaftliche Arbitrage" vereinbart, so werden Fragen der Qualitätsarbitrage vorab gesondert durch ein Schiedsgutachten entschieden; bei einer Nichtbefolgung schließt sich ein Schiedsgerichtsverfahren mit einem Arbiter an. Das gilt auch dann, wenn nicht explizit eine „Handelskammer-Arbitrage" nach § 20 Abs. 7 der Platzusancen vorgesehen ist.

Baisseklausel: Der Käufer ist zum Rücktritt berechtigt, wenn er von dritter Seite billiger als zum   **370** vereinbarten Preis beziehen kann. Der Käufer muss allerdings darlegen, dass das fremde Angebot

---

[1317] LG Oldenburg Urt. v. 1.7.1975 – 11 O 57/74, RIW 1976, 454; Staub/*Koller* Vor § 373 Rn. 173.
[1318] LG Düsseldorf Urt. v. 30.8.2012 – 4b O 54/11, BeckRS 2013, 14817; *Schüssler* DB 1986, 1181 (1182).
[1319] BGH Urt. v. 18.6.1968 – VI ZR 120/67, NJW 1968, 1929 (1930).
[1320] OLG Hamburg Urt. v. 7.3.2013 – 6 U 45/12, TranspR 2013, 170 ff. = BeckRS 2013, 7316.
[1321] LG Stuttgart Urt. v. 23.11.1965 – 5 KfH O 78/65, BB 1966, 675.
[1322] OLG Köln Urt. v. 14.3.1973 – 2 U 155/72, MDR 1973, 590.
[1323] BGH Urt. v. 28.4.1960 – VII ZR 99/59, NJW 1960, 1296.
[1324] BGH Urt. v. 3.3.1955 – II ZR 323/53, BB 1955, 552.
[1325] S. dazu BGH Urt. v. 28.4.1960 – VII ZR 99/59, NJW 1960, 1296.
[1326] Dazu OLG Hamburg Beschl. v. 14.7.1950 – 4 W 153/50, MDR 1950, 560.
[1327] OLG Hamburg Urt. v. 16.1.1981 – 11 U 86/79, RIW 1982, 283.

ernsthaft ist.[1328] Heute ist eine entsprechende Klausel eher als „Meistbegünstigungsklausel" (→ Rn. 379) vorgesehen.

baldmöglichst: Die Klausel kann verschiedene Bedeutungen haben. In der Regel bedeutet sie, dass der Verkäufer, Lieferant etc alle zumutbaren Anstrengungen unternehmen muss, um eine angemessen kurze Zeit zur Leistung ohne Stundungsmöglichkeit einzuhalten, also leisten muss, so schnell eine solche Leistung unter Berücksichtigung aller Umstände[1329] und im ordentlichen Geschäftsgang tunlich ist.[1330] Die Klausel kann allerdings auch bedeuten, dass die Leistungszeit in das billige Ermessen des Verkäufers, Lieferanten etc nach § 315 BGB gestellt ist.[1331]

bar; Barzahlung: Die Klausel bedeutet nicht in jedem Fall eine Verpflichtung zur baren Leistung, also zur Übereignung von Geldzeichen, sondern vielfach bloß die Pflicht, sofort, also ohne Kreditierung, zu zahlen. Das schließt eine Begleichung durch Überweisung oder durch gedeckten Scheck nicht aus. Bei Vereinbarung der Klausel „bar" oder „Barzahlung" ist die Aufrechnung ausgeschlossen.[1332]

Besichtigungsklausel: Klauseln, die „wie besichtigt", „wie besehen" oder „auf Besicht" lauten, dienen einem Ausschluss der Gewährleistung gem. §§ 437 ff. BGB bzw. einem Ausschluss der Haftung gem. §§ 280 ff. BGB wegen Mängeln, die bei der Besichtigung entweder erkannt worden sind (vgl. § 442 Abs. 1 S. 1 BGB) oder jedenfalls hätten erkannt werden können, wobei anders als nach § 442 Abs. 1 S. 2 BGB auch leichte Fahrlässigkeit genügt. Der Haftungsausschluss der Besichtigungsklauseln bezieht sich dagegen nicht auf die Zusicherung des Fehlens von Mängeln[1333] oder auf arglistig verschwiegene Mängel (§§ 276 Abs. 1 S. 1, 442 Abs. 1 S. 2 BGB). Einen Ausschluss der Haftung für Mängel, die bei Besichtigung nicht erkennbar und auch dem Verkäufer nicht bekannt waren, enthält die Besichtigungsklausel nur ganz ausnahmsweise, wenn durch Vertragsauslegung eine derartige Risikotragung durch den Käufer ermittelbar ist.[1334] Die Beweislast für die Kenntnis oder fahrlässige Unkenntnis des Mangels nach Besichtigung trägt der Verkäufer.[1335] Auch bei Vereinbarung einer Vorleistung, etwa bei einer entsprechenden Akkreditivabrede, darf der Käufer vor Zahlung eine Besichtigung vornehmen, wenn das Vorleistungsverlangen ohne Besichtigung rechtsmissbräuchlich wäre, so zB, wenn bereits eine Teillieferung mangelhaft war.[1336]

Besserung; Besserungsschein: Eine solche Klausel (Formulierung auch: „auf Besserung" oder „Stundung auf Besserung" oder eine andere präzisierende Bezeichnung) bedeutet eine Stundungsabrede bis zur Besserung der wirtschaftlichen Verhältnisse des Schuldners. Die Zahlung muss also erst erfolgen, wenn sie keine Gefährdung der wirtschaftlichen Existenz des Schuldners mehr mit sich bringt.[1337] Bessert sich die Lage des Schuldners, so entfällt die dann eintretende Fälligkeit nicht mehr durch spätere Verschlechterungen und die Stundung lebt nicht wieder auf.[1338] Die Stundung erlischt bei Betriebseinstellung des Schuldners.[1339] Der Gläubiger trägt die Beweislast für den Umstand, dass der Schuldner die Forderung ohne Gefährdung seiner wirtschaftlichen Existenz begleichen kann (Besserung). Ist allerdings bereits eine Zeit verstrichen, in der Besserung zu erwarten war, so muss der Schuldner beweisen, dass keine Besserung eingetreten ist.

brutto für netto: Berechnungsgrundlage für den Kaufpreis ist das Bruttogewicht der verkauften Ware ohne Abzug der Verpackung (Tara).

371   **c. a. d.:** cash against documents; s. „Kasse gegen Dokumente" (→ Rn. 377).

C & F; CFR: cost and freight; Kosten und Fracht. In Verbindung mit einem benannten Bestimmungshafen bedeutet die Klausel, dass der Verkäufer die Ware auf eigene Kosten und Gefahr an Bord des Verschiffungshafens zu liefern hat.[1340] Die Gefahr des Verlusts und der Beschädigung der Ware geht zu dem Zeitpunkt der Verladung im Absendehafen auf den Käufer über.

CIF: cost, insurance, freight; Kosten, Versicherung, Fracht. Diese Klausel bedeutet in Verbindung mit der Angabe eines Bestimmungshafens, dass der Verkäufer wie bei der CFR-Klausel die Fracht bis zum Bestimmungshafen besorgen und die Kosten bis zur Ankunft einschließlich normaler Abladekosten tragen muss. Zusätzlich muss er eine Transportversicherung abschließen. Der Verkäufer schließt

---

[1328] OLG Hamburg Urt. v. 22.6.1932 – Bf VI 222/32, HRR 1932 Nr. 2284.
[1329] RG Urt. v. 12.2.1918 – II 420/17, RGZ 92, 208 (210).
[1330] RG Urt. v. 3.7.1929 – I 61/29, HRR 1929 Nr. 1934.
[1331] OLG München Urt. v. 3.11.1953 – 6 U 581/52, BB 1954, 116.
[1332] BGH Urt. v. 19.9.1984 – VIII ZR 108/83, NJW 1985, 550.
[1333] BGH Urt. v. 30.1.1985 – VIII ZR 238/83, BGHZ 93, 338 (342) = NJW 1985, 1333; BGH Urt. v. 24.11.1971 – VIII ZR 81/70, BGHZ 57, 292 (298) = NJW 1972, 251.
[1334] So zutr. Heymann/*Horn* Rn. 83.
[1335] OLG Frankfurt a. M. Urt. v. 9.10.1979 – 5 U 18/79, DB 1980, 779.
[1336] Baumbach/Hopt/*Hopt* Rn. 40.
[1337] RG Urt. v. 22.1.1919 – I 216/98, RGZ 94, 290 (291).
[1338] RG Urt. v. 22.1.1919 – I 291/98, RGZ 42, 151 (153); OLG Hamburg Urt. v. 22.4.1931 – Bf VII 95/31, HRR 1932 Nr. 2.
[1339] OLG München Urt. v. 21.2.1913 – L 521/1912, SeuffA 68 Nr. 96.
[1340] Vgl. OLG Stuttgart Urt. v. 10.6.2009 – 3 U 12/09, TransportR 2010, 37 ff. = BeckRS 2009, 21065 zu dem Incoterm CFR.

den Versicherungsvertrag ab und trägt die Versicherungsprämie. Es genügt der Abschluss einer Versicherung zu Mindestbedingungen. Über die Bedeutung einer Kostentragungsklausel hinaus hat die CIF-Klausel aber – ebenso wie die CFR-Klausel – auch die Funktion einer Gefahrtragungsregel.[1341] Die Gefahr geht mit der Verladung am Abladeort auf den Käufer über. Diese Gefahrtragungsregel kann ihrerseits durch eine entsprechende vertragliche Regelung abgeändert werden, zB durch die zusätzliche Klausel „ab Kai" (→ Rn. 369), die die Gefahrtragung bis zu dem Absetzen an dem benannten Kai beim Verkäufer belässt.[1342] Bei einem Verkauf unter der CIF-Klausel hat der Verkäufer nicht die Ware selbst, sondern die vertragsgemäßen Dokumente anzubieten.[1343] Hierfür gilt nicht die Dokumentenstrenge wie beim Akkreditiv, bei der das Dokument den im Akkreditiv gestellten Bedingungen für die Zahlung exakt entsprechen muss.[1344] Allerdings darf der Käufer Dokumente, die die Ware anders als im Vertrag bezeichnen, zurückweisen, wenn die Bezeichnung nicht sachlich gleichbedeutend ist.[1345] Ist jedoch die CIF-Klausel mit einer Akkreditiv-Vereinbarung verbunden, so gilt der Grundsatz der Dokumentenstrenge.[1346]

CIP: carriage and insurance paid; frachtfrei versichert (→ Rn. 374). Nach dieser Klausel in Verbindung mit einem benannten Bestimmungsort hat der Verkäufer die Ware frachtfrei und versichert per Frachtführer an den Erwerber zu versenden.[1347]

circa, ca.: Dem Schuldner wird mit einer solchen Klausel im Allgemeinen eine Abweichung bei der Bemessung der Leistung zugestanden.[1348] Hierbei handelt es sich in aller Regel lediglich um ein Recht zur quantitativen Abweichung.[1349] Für das Maß der zulässigen Über- oder Unterschreitung der mit „circa" angegebenen Menge sind die Umstände des Einzelfalls, die Besonderheiten der Branche sowie geltende (zu Einzelheiten → Rn. 106 ff.) Handelsbräuche maßgeblich. Enthält die vertragsgemäße Mengenangabe ihrerseits einen Spielraum (zB „circa 200–300 kg"), so wird durch den Zusatz „circa" bewirkt, dass die für den Spielraum vorgesehene Untergrenze noch unterschritten bzw. die Obergrenze noch überschritten werden darf. Die circa-Klausel kann sich auch auf das Entgelt für eine Leistung oder auf den Liefertermin erstrecken. Die durch die circa-Klausel eröffnete Toleranz erlaubt, soweit es sich um eine Mengenangabe für eine Leistung handelt, eine Abweichung um fünf Prozent, je nach Einzelfall und Branche auch um zehn Prozent. Wird die Liefermenge allerdings grob über- oder unterschritten, so ist eine Berufung auf die Toleranzrechte überhaupt nicht mehr möglich.[1350] Der nicht liefernde Verkäufer haftet bei einer circa-Klausel hinsichtlich des Kaufgegenstands nur für die Mindestmenge,[1351] der vertragsuntreue Käufer hingegen für die Höchstmenge.[1352] Die circa-Klausel gilt zwar nicht beim Rückhandeln der Ware, also beim Differenzgeschäft, wohl aber beim Schadenersatz statt der Leistung. Liefert der Verkäufer nicht, so hat der Käufer einen Anspruch auf Schadenersatz nur auf der Grundlage der Mindestliefermenge.[1353]

COD: cash on delivery; hierbei handelt es sich um eine Nachnahmeklausel (s. „Nachnahme", → Rn. 380), die eine Barzahlungsklausel (s. „bar; Barzahlung", → Rn. 370) und damit einen Aufrechnungsausschluss enthält.[1354]

CPT: carriage paid to; s. „frachtfrei" (→ Rn. 374).

D/A: documents against acceptance; s. „Dokumente gegen Akzept".

DAF: delivered at frontiers; gestrichen durch Incoterms 2010; s. „geliefert Grenze" (benannter Ort) (→ Rn. 375).

DAP: delivered at place; s. „geliefert" (benannter Ort) (→ Rn. 375).

DAT: delivered at terminal; gestrichen durch Incoterms 2020; s. „geliefert ab Terminal" (benanntes Terminal) (→ Rn. 375).

D/C: documents against cash; s. „Kasse gegen Dokumente" (→ Rn. 377).

DDP: delivered duty paid; s. „geliefert verzollt" (benannter Bestimmungsort) (→ Rn. 375). Der Verkäufer hat die Ware auf eigene Gefahr zum Käufer zu transportieren und ihm dort zu übergeben

372

[1341] RG Urt. v. 8.6.1918 – I 393/17, RGZ 93, 166 (168).

[1342] RG Urt. v. 4.2.1916 – II 409/15, RGZ 88, 71 (73).

[1343] BGH Urt. v. 15.1.1964 – VIII ZR 112/62, LM Nr. 3 zu § 373 HGB = BeckRS 1964, 31185618.

[1344] BGH Urt. v. 9.2.1970 – VIII ZR 97/68, NJW 1970, 992; BGH Urt. v. 9.1.1958 – II ZR 146/56, WM 1958, 291 (292) = BeckRS 1958, 31394982.

[1345] BGH Urt. v. 15.1.1964 – VIII ZR 112/62, LM Nr. 3 zu § 373 HGB = BeckRS 1964, 31185618.

[1346] Heymann/*Horn* Rn. 89.

[1347] Vgl. OLG Hamm Urt. v. 30.3.2012 – I-19 U 186/11, BeckRS 2012, 21875 unter II. 1. der Gründe zu dem Incoterm CIP.

[1348] *Thamm* DB 1982, 417.

[1349] AA wohl GK-HGB/*Achilles/B. Schmidt* Rn. 34.

[1350] Baumbach/Hopt/*Hopt* Rn. 40.

[1351] RG Urt. v. 23.6.1917 – I 59/17, JW 1917, 971.

[1352] Einschr. Baumbach/Hopt/*Hopt* Rn. 40.

[1353] GK-HGB/*Achilles/B. Schmidt* Rn. 34. Anders OLG München Urt. v. 16.2.1994 – 7 U 5659/92, BB 1994, 1169; Baumbach/Hopt/*Hopt* Rn. 40.

[1354] BGH Urt. v. 19.9.1984 – VIII ZR 108/83, NJW 1985, 550.

bzw. zur Verfügung zu stellen.[1355] Es handelt sich um eine Bringschuld. Der Lieferort ist der Erfüllungsort.[1356]

DDU: delivered duty unpaid; gestrichen durch Incoterms 2010; s. „geliefert unverzollt" (benannter Bestimmungsort) (→ Rn. 375).

default clause: s. „Verfallklausel" (→ Rn. 386).

DEQ: delivered ex quay; gestrichen durch Incoterms 2010; s. „geliefert ab Kai" (verzollt) (benannter Bestimmungshafen) (→ Rn. 375).

DES: delivered ex ship; gestrichen durch Incoterms 2010; s. „geliefert ab Schiff" (benannter Bestimmungshafen) (→ Rn. 375).

Dokumente gegen Akzept: „D/A"; „documents against acceptance". Der Verkäufer erhält ein Wechselakzept gegen Herausgabe der Verladedokumente über die abgesandte Ware. Dem Verkäufer dient das Wechselakzept zur Liquiditätsbeschaffung, die Vereinbarung dient mithin vor allem im Außenhandel der Finanzierung von Kaufpreisforderungen durch Wechselrembours.

Dokumente gegen unwiderruflichen Zahlungsauftrag: Der Käufer muss einen unwiderruflichen Zahlungsauftrag gegen die Herausgabe der Verladedokumente über die abgesendete Ware stellen.[1357] Der Verkäufer hat bei dieser Klausel nicht dieselbe Sicherheit wie bei der Klausel „Dokumente gegen Akzept".

D/P: documents against payment; s. „Kasse gegen Dokumente" (→ Rn. 377).

DPU: delivery at place unloaded; s. „geliefert (benannter Ort) entladen" (→ Rn. 375).

373   **eta:** „expected time of arrival" oder „estimated time of arrival" bzw. „erwartete Ankunft". Bei dieser Klausel handelt es sich zwar regelmäßig nicht um ein Fixgeschäft gem. § 376,[1358] wohl aber dann, wenn besondere Umstände wie zB Preisschwankungen hinzutreten.[1359] Die Klausel kann dem Befrachter zur Information über die voraussichtliche Ladebereitschaft dienen und als Erfüllungs- und Leistungsort des Verkäufers den Bestimmungshafen, also gerade nicht den Abladeort, als sog. „unechtes Abladegeschäft" vorsehen.

EXS: ex ship; s. „geliefert ab Schiff" (genannter Bestimmungshafen) (→ Rn. 375).

ex ship: gleichbedeutend mit „geliefert ab Schiff" (genannter Bestimmungshafen) (→ Rn. 375).

EXW: ex work; s. „ab Werk" (benannter Ort) (→ Rn. 369).

374   **FAS:** free alongside ship; s. „frei Längsseite Schiff" (benannter Verschiffungshafen).

FCA: free carrier; s. „frei Frachtführer".

FCL: full container load; Gegensatz: „LCL" (less than container load). Bei Verwendung der Klausel „FCL/FCL" besteht eine Pflicht zur Versendung des versiegelten Containers von der Tür eines Abladers bis vor die Türe des Empfängers; „LCL/LCL" bedeutet eine Anlieferung in die Containerfrachtstation, falls ein Seetransport im Container vorgesehen ist, und eine Auslieferung an der Containerfrachtstation des Bestimmungshafens an die Empfänger. Bei diesem Vorgehen gibt es mehrere Ablader und mehrere Empfänger, bei Verwendung der Klausel „FCL/LCL" hingegen einen Ablader und mehrere Empfänger, bei Verwendung der Klausel „LCL/FCL" umgekehrt mehrere Ablader, aber nur einen Empfänger.

fix: Diese Klausel bedeutet nicht ohne Weiteres die Vereinbarung eines relativen oder absoluten Fixgeschäfts, bei dem mit zeitgerechter Leistung das Geschäft „stehen oder fallen" soll. Vielmehr ist auf den Einzelfall, die Branche und ferner darauf abzustellen, ob ggf. ein Handelsbrauch für solche Geschäfte deren Fixcharakter vorsieht[1360] (→ § 376 Rn. 15 f.).

FOB: free on board; s. „frei an Bord" (benannter Bestimmungshafen).

FOB Flughafen (benannter Abgangsflughafen): Diese Klausel besagt, dass der Verkäufer bis zu einem bestimmten Flughafen liefern soll und bis dorthin die Kosten trägt. Die Verladung in das Flugzeug schuldet er nicht, sondern lediglich die Übergabe an den Luftfrachtführer.[1361]

FOC: free of charce; ohne Kosten. Der Verwender trägt keine Transportkosten.[1362]

Force-majeure: s. „Höhere Gewalt" (→ Rn. 376).

FOR/FOT: „free on rail" bzw. „free on truck"; s. „frei (Waggon)" bzw. „frei (LKW)" (benannter Abgangsort). Der Verkäufer sorgt für den Transport der Ware zum bezeichneten Abgangsort und für die Verladung der Ware auf einen geeigneten Waggon bzw. LKW.

frachtfrei (benannter Bestimmungsort): Bei Verwendung dieser Klausel in Incoterms (CPT) hat der Verkäufer die Ware dem Frachtführer zu übergeben.[1363] Der Verkäufer trägt die Frachtkosten für die

---

[1355] Vgl. BGH Urt. v. 7.11.2013 – VIII ZR 108/12, BGHZ 195, 243 Rn. 19 = NJW-RR 2013, 271 ff. zu dem Incoterm DDP.

[1356] OLG Köln Urt. v. 29.2.2012 – 16 U 57/11, BeckRS 2012, 18430; OLG Hamm Urt. v. 9.9.2011 – 19 U 88/11, IHR 2012, 216 ff. = BeckRS 2012, 1173.

[1357] Hierzu *v. Bernstorff* RIW 1985, 14 ff.

[1358] OLG Celle Urt. v. 21.12.1972 – 7 U 90/72, MDR 1973, 412; auch OLG Köln Urt. v. 12.3.1954 – 9 U 39/54, MDR 1954, 412.

[1359] OLG Celle Urt. v. 21.12.1972 – 7 U 90/72, MDR 1973, 412.

[1360] BGH Urt. v. 27.10.1982 – III ZR 190/81, ZIP 1982, 1444 (1445) = BeckRS 1982, 31076005.

[1361] Staub/*Koller* Vor § 373 Rn. 214.

[1362] OLG Stuttgart Urt. v. 18.4.2011 – 5 U 199/10, IHR 2011, 236 ff. = BeckRS 2011, 16756.

[1363] OLG Stuttgart Urt. v. 10.6.2009 – 3 U 12/09, TranspR 2010, 37 ff. = BeckRS 2009, 21065.

Beförderung bis zum Bestimmungsort. Die Gefahr des Verlusts und der Beschädigung geht mit der Übergabe an den Frachtführer auf den Käufer über. Der Lieferort ist der Ort der Leistungshandlung des Verkäufers.[1364] Wird die Klausel hingegen allgemein, also nicht in Incoterms, verwendet, so trägt der Verkäufer auch die Frachtkosten; sie ist insofern eine Spesenklausel. Ob darüber hinaus auch eine Aussage über den Gefahrübergang in Abweichung von § 447 BGB getroffen werden soll, ist durch Auslegung den Gesamtumständen des einzelnen Falls zu entnehmen.[1365]

frachtfrei versichert (benannter Bestimmungsort): Die Klausel beinhaltet dieselben Verpflichtungen des Verkäufers wie die Klausel „frachtfrei", jedoch hat der Verkäufer zusätzlich die Pflicht, die Ware gegen die vom Käufer zu tragende Gefahr des Verlusts oder der Beschädigung zu versichern und die Versicherungsprämie zu tragen.[1366]

Frachtbasis, Frachtparität: Ein bestimmter Ort wird im Hinblick auf die Frachtkosten als (fiktiver) Verladeort gewählt. Ferner wird ein bestimmter Ort als (fiktiver) Empfangsort gewählt. Preise „Frachtbasis" bedeutet, dass die den Käufer treffenden Frachtkosten nach dieser uU fiktiven Distanz und unabhängig von den tatsächlich anfallenden Frachtkosten berechnet werden.[1367]

FRC: free carrier; s. „frei Frachtführer" (benannter Bestimmungsort).

frei; franko (benannter Bestimmungsort): Die Klausel ist nicht eindeutig. Meistens beinhaltet sie lediglich, dass der Verkäufer die Transportkosten zum benannten Bestimmungsort trägt. Allerdings kann sie auch zu einer Verlagerung der Gefahrtragung führen, wenn die Gesamtumstände des Einzelfalls dafür sprechen,[1368] so zB der Umstand, dass der Fall sich an einem Ort abspielt, wo entsprechende Usancen für eine derartige Verschiebung der Gefahrtragung sprechen.

frei an Bord (benannter Verschiffungshafen): Der Verkäufer hat die von ihm freizumachende Ware an Bord des vom Käufer zu benennenden Schiffes zu liefern. Mit dem Überschreiten der Reeling gehen Gefahren und Kosten auf den Käufer über.[1369]

freibleibend; ohne Obligo: Diese Klausel kann verschiedene Bedeutungen haben. Zum einen ist es möglich, dass der Verwender damit ausdrücken will, er sei nicht an ein von ihm unterbreitetes Vertragsangebot gebunden.[1370] Meistens handelt es sich jedoch bei der Verwendung dieser Klausel darum, dass der Verwender seinerseits gar kein Angebot abgeben will, sondern die Gegenseite auffordert, ein Vertragsangebot abzugeben.[1371] Lehnt der Auffordernde ein solchermaßen von der Gegenseite abgegebenes Angebot dann nicht unverzüglich ab, so gilt es als angenommen. Drittens kann die Klausel auch bedeuten, dass es sich um ein bis zur Annahme widerrufliches Vertragsangebot handelt.[1372] Viertens ist es möglich, dass sich die Klausel nicht auf den Vertragsschluss, sondern auf den Inhalt und die Umstände der Lieferverpflichtung bezieht. Bezieht sie sich auf die Lieferverpflichtung, meint sie in aller Regel ein Freiwerden von dieser Pflicht für den Fall, dass der Lieferant des zur Lieferung Verpflichteten seinerseits nicht liefert oder für den Fall, dass der Verpflichtete zwar alles Zumutbare getan hat, um seinen Pflichten nachzukommen, dennoch aber nicht liefern kann.[1373] Auch kann sich die Klausel auf den Ausschluss des Vermögensschadens bei verspäteter Lieferung beziehen. Ferner ist es möglich, dass die Klausel auf die zu liefernde Menge oder die Gegenleistung (Preisvorbehalt, der § 315 BGB unterliegt) Bezug nimmt. Schließlich kann sich die Klausel auch auf die Lieferzeit beziehen. Sie bedeutet dann, dass dem Verpflichteten ein Recht eingeräumt wird, die Lieferzeit nach billigem Ermessen (§ 315 BGB) zu bestimmen.[1374] Die Klausel „freibleibend" kann sogar ein allgemeines Rücktrittsrecht ohne Vorliegen bestimmter Umstände beinhalten,[1375] hingegen kein Recht auf einseitige Vertragsänderung. Das allgemeine Rücktrittsrecht ist mangels tatbestandlicher Voraussetzungen und Grenzen nur in den allgemeinen Schranken von Treu und Glauben auszuüben.[1376] Die Klausel „freibleibend" unterliegt bei Verwendung gegenüber Privatpersonen § 308 Nr. 3 BGB, falls sie ein Vertragslösungsrecht als Rücktritts- oder Kündigungsrecht beinhaltet. Der Grundgedanke des § 308 Nr. 3 BGB gilt nach §§ 307 Abs. 2 Nr. 1, 310 Abs. 1 S. 2 BGB auch bei Verwendung im kaufmännischen Geschäftsverkehr, wobei an die Erforderlichkeit eines sachlich gerechtfertigten Grundes für die Lösung vom Vertrag im kaufmännischen Verkehr keine zu hohen Anforderungen zu stellen sind.

frei Frachtführer (benannter Bestimmungsort): Der Verkäufer muss die Ware an den vom Käufer benannten Frachtführer übergeben.

[1364] Vgl. OLG Hamm Urt. v. 26.3.2012 – I-2 U 222/11, BeckRS 2012, 11809 zu den Incoterms 2000.

[1365] BGH Urt. v. 19.9.1983 – VIII ZR 195/81, NJW 1984, 567; auch Staub/*Koller* Vor § 373 Rn. 217.

[1366] Staub/*Koller* Vor § 373 Rn. 218.

[1367] Staub/*Koller* Vor § 373 Rn. 219.

[1368] BGH Urt. v. 19.9.1983 – VIII ZR 195/81, NJW 1984, 567.

[1369] Vgl. BGH Urt. v. 22.4.2009 – VIII ZR 156/07, NJW 2009, 2606 ff.; *Schüssler* DB 1986, 1161 (1163) jew. zu dem Incoterm FOB.

[1370] *Lindacher* DB 1992, 1813.

[1371] BGH Urt. v. 2.11.1995 – X ZR 135/93, NJW 1996, 919.

[1372] BGH Urt. v. 8.3.1984 – VII ZR 177/82, NJW 1984, 1885.

[1373] Baumbach/Hopt/*Hopt* Rn. 40.

[1374] Baumbach/Hopt/*Hopt* Rn. 40.

[1375] RG Urt. v. 19.10.1921 – I 63/21, JW 1922, 23.

[1376] Heymann/*Horn* Rn. 105.

freight prepaid: Ein im Konnossement enthaltener Hinweis an den Empfänger der Ware, dass der Versender die Frachtkosten übernimmt und demgemäß seitens des Verfrachters die Frachtforderung (oder ein Pfandrecht wegen der Frachtforderung) nicht gegenüber dem Empfänger geltend gemacht werden kann.[1377] Die Klausel enthält hingegen keine Quittung für die Frachtzahlung.[1378]

frei Haus (benannter Bestimmungsort): Die Klausel enthält eine Gefahrtragungs- und eine Kostentragungsregel. Der Verkäufer trägt die Gefahr bis zur Ablieferung der Ware bei dem Käufer.[1379] Der Verkäufer trägt außerdem die Versendungskosten (Transportkosten). Zweifelhaft ist, ob dazu bei einem grenzüberschreitenden Verkehr auch Zölle bzw. Einfuhrumsatzsteuern gehören.[1380] Im Hinblick auf die Regelungen in den Incoterms und in den Trade Terms dürfte dies zu verneinen sein.[1381] Die Klausel bedeutet nicht, dass ein Frachtführer in Abweichung von § 412 abzuladen hätte.[1382] Die Klausel sagt nichts darüber aus, bis wohin genau der Verkäufer die Ware zu transportieren hat. Es kommt dafür maßgeblich auf die Auslegung des Vertrages an. Im Allgemeinen wird der Transport bis an die (erste) Haustür des Empfängers zu erfolgen haben.

frei Längsseite Schiff (benannter Verschiffungshafen): Der Verkäufer muss die Ware nicht an Bord, sondern nur längsseits des Schiffs in den benannten Verschiffungshafen bringen.[1383]

375   **geliefert** (benannter Ort) **entladen:** Der Verkäufer muss die Ware am benannten Bestimmungsort zur Verfügung stellen. Bis dorthin trägt der Verkäufer die Kosten außer Zöllen, Steuern und Abgaben sowie die Gefahren.

geliefert ab Kai (verzollt) (benannter Bestimmungshafen): Der Verkäufer muss die Ware am Kai des benannten Bestimmungshafens zur Verfügung stellen.

geliefert ab Schiff (benannter Bestimmungshafen): Der Verkäufer muss die Ware an Bord des Schiffes im Bestimmungshafen zur Verfügung stellen.

geliefert ab Terminal (benanntes Terminal): Der Verkäufer muss die Ware am benannten Terminal im benannten Bestimmungshafen zur Verfügung stellen. Bis dorthin trägt der Verkäufer die Kosten außer Zöllen, Steuern und Abgaben sowie alle Gefahren.

geliefert Grenze (benannter Bestimmungsort): Der Verkäufer hat seine Lieferpflicht erfüllt, wenn die Ware am Grenzort zur Verfügung gestellt wird.

geliefert verzollt (benannter Bestimmungsort): Der Verkäufer muss die Ware am genannten Ort im Einfuhrland zur Verfügung stellen. Bis dorthin trägt der Verkäufer die Kosten einschließlich der Zölle und alle Gefahren. Es handelt sich um eine Bringschuld.[1384]

geliefert unverzollt (benannter Bestimmungsort): Der Verkäufer muss die Ware am benannten Bestimmungsort im Einfuhrland zur Verfügung stellen. Bis dorthin trägt der Verkäufer die Kosten außer Zöllen, Steuern und Abgaben sowie alle Gefahren.

Getreue Hände: s. „zu (ge)treuen Händen" (→ Rn. 387).

Glückliche Ankunft vorbehalten: s. „Ankunftsklausel" (→ Rn. 369).

376   **Hamburger Freundschaftliche Arbitrage:** Diese Klausel führt mangels sonstiger Abreden zur Anwendung deutschen Verfahrensrechts[1385] und lässt auch auf die Wahl materiellen deutschen Rechts schließen. Das Schiedsverfahren richtet sich nach § 20 der Platzusancen für den hamburgischen Warenhandel. Demgemäß findet die Arbitrage am Gerichtsstand Hamburg statt. S. auch „Arbitrage" (→ Rn. 369).

Härteklausel (hardship clause): s. „Höhere Gewalt".

Höhere Gewalt: s. „force-majeure" (→ Rn. 374); diese Klausel betrifft eine Beeinträchtigung der Möglichkeit zur Leistung durch von außen einwirkende, nicht voraussehbare, keinen betrieblichen Zusammenhang aufweisende, auch durch äußerste, vernünftigerweise zu erwartende Sorgfalt nicht abwendbare Ereignisse wie Naturkatastrophen, Reaktorunfälle, Epidemien und Pandemien sowie Krieg und Kriegsgefahren.[1386] Besagt die Klausel, dass die Leistung bei Vorliegen höherer Gewalt nur „vorbehalten" ist, so wird der Schuldner von der Leistung nur frei, wenn er sich unverzüglich auf die höhere Gewalt beruft.[1387]

377   **Kasse; cassa:** Die Klausel beinhaltet eine Pflicht des Käufers zur Zahlung in bar, durch Überweisung oder durch gedeckten Scheck. Eine Zurückbehaltung oder Aufrechnung ist selbst bei vertrags-

---

[1377] BGH Urt. v. 15.6.1987 – II ZR 209/86, WM 1987, 1198 = NJW-RR 1987, 1516.

[1378] OLG Bremen Urt. v. 26.8.1976 – 2 U 71/76, RIW 1977, 237; Staub/*Koller* Vor § 373 Rn. 225.

[1379] BGH Urt. v. 25.4.1991 – III ZR 74/90, BGHZ 114, 248 (251) = NJW 1991, 2638.

[1380] Offengelassen in BGH Urt. v. 25.4.1991 – III ZR 74/90, BGHZ 114, 248 (251) = NJW 1991, 2638 mwN zum Streitstand.

[1381] IErg ebenso Staub/*Koller* Rn. 207.

[1382] OLG Köln Urt. v. 13.12.1994 – 22 U 148/94, BB 1995, 747 = BeckRS 1995, 1505.

[1383] *Schüssler* DB 1986, 1161 (1164).

[1384] BGH Urt. v. 7.11.2012 – VIII ZR 108/12, BGHZ 195, 243 ff. = NJW-RR 2013, 309.

[1385] SchiedsG Hamburger Schiedsspruch v. 29.12.1998, NJW-RR 1999, 780.

[1386] Beispiele für solche Klauseln bei *Böckstiegel* RIW 1984, 1 ff.; *Wörlen/Metzler-Müller,* Handelsklauseln im nationalen und internationalen Warenverkehr, 1997, 86 ff.

[1387] GK-HGB/*Achilles*/B. *Schmidt* Rn. 37.

widriger Beschaffenheit bis zur Grenze des Rechtsmissbrauchs nicht möglich.[1388] Eine rechtsmissbräuchliche Berufung auf die Klausel liegt nicht schon dann vor, wenn bloß der Verdacht minderwertiger Ware besteht. Jedenfalls bei „(Netto) Kasse" ist ein Skontoabzug nicht möglich. Der Käufer ist zur Zahlung erst verpflichtet, wenn er die Möglichkeit zur Untersuchung nach Erhalt der Ware hatte,[1389] es sei denn, es ist die Klausel „Kasse gegen Dokumente" vereinbart, s. dort. Anders als bei Vereinbarung „Nachnahme" (→ Rn. 380) gibt die Klausel „Kasse" dem Frachtführer oder Spediteur keine Befugnis zur Geldeinziehung.[1390] Die Klausel „Kasse" enthält in Verbindung mit der Angabe eines Zahlungsdatums eine Fälligkeitsregelung. Sie gilt auch für den Zessionar des Verkäufers, zB eine kreditgebende Bank, und zwar selbst bei Insolvenz des Verkäufers.[1391] S. auch „bar; Barzahlung" (→ Rn. 370) und „Netto; (Kasse)" (→ Rn. 380).

Kasse gegen Dokumente: Die Klausel verpflichtet den Käufer, Zug-um-Zug gegen Übergabe der Dokumente zu zahlen.[1392] Der Verkäufer ist zur Dokumentenvorlage verpflichtet. Der Käufer muss den Kaufpreis im Allgemeinen gegen Vorlage der Dokumente zahlen, ohne die Ware erhalten zu haben oder sie untersuchen zu können.[1393] Dies gilt bei Bestehen eines entsprechenden Handelsbrauchs auch dann, wenn die Ware bei Übergabe der Dokumente bereits im Bestimmungshafen angekommen ist.[1394] Ein Untersuchungsrecht besteht jedoch dann, wenn dessen Verweigerung rechtsmissbräuchlich wäre, etwa weil der Verkäufer sich mit einer Untersuchung einverstanden erklärt hatte,[1395] nicht aber schon dann, wenn eine vorangegangene Teillieferung mangelhaft war[1396] oder im Markt verdorbene Ware derselben Gattung angeboten worden ist.[1397] Ebenso wie die Klausel „Kasse" (s. dort) beinhaltet auch diese Klausel ein Barzahlungsversprechen. Ein Empfang der Dokumente „zu (ge)treuen Händen" (→ Rn. 387) bedeutet einen Verzicht auf die Untersuchung. Mängelrechte kann der Käufer grundsätzlich nur nachträglich geltend machen,[1398] sie also nicht dem Erfüllungsanspruch des Verkäufers entgegensetzen. Die Klausel „Kasse gegen Dokumente" bezieht sich aber nicht auf einen Schadensersatzanspruch des Verkäufers statt der Leistung, sodass insoweit Mängelrechte entgegengesetzt werden können.[1399] Der Spediteur muss die Ware so disponieren, dass die Vorleistungspflicht des Käufers zur Zahlung nicht vereitelt wird.[1400] Die Unwirksamkeit des Aufrechnungsverbots bei unbestrittenen Forderungen gem. § 309 Nr. 3 BGB ist bei Verwendung der Klausel „Kasse gegen Dokumente" in Allgemeinen Geschäftsbedingungen gegenüber Privaten zu beachten. Der Grundgedanke von § 309 Nr. 3 BGB gilt gem. §§ 307 Abs. 2 Nr. 1, 310 Abs. 1 S. 2 BGB auch bei Verwendung der Klausel im kaufmännischen Geschäftsverkehr.[1401] Hingegen lässt sich das Verbot der Einschränkung von Leistungsverweigerungsrechten gem. § 309 Nr. 2 BGB im kaufmännischen Verkehr nicht aus § 307 BGB herleiten. Vielmehr ist ein Ausschluss der §§ 273, 320 BGB unter Kaufleuten grundsätzlich zulässig.[1402] Allerdings kann der Verwender aus der Ausschlussklausel keine Rechte herleiten, wenn ihm eine grobe Vertragsverletzung zur Last fällt[1403] oder der Gegenanspruch, auf den er sein Leistungsverweigerungsrecht stützt, unbestritten, rechtskräftig festgestellt oder entscheidungsreif ist.[1404]

Kasse gegen Lieferschein: Diese Klausel enthält im Allgemeinen eine Anweisung des Verkäufers an den Lieferanten, den Käufer zu beliefern. Der Verkäufer erfüllt seine Pflichten erst mit der Übergabe der Ware durch den Lieferanten an den Käufer. Der Käufer ist allerdings bereits mit Erhalt des Lieferscheins zur Zahlung verpflichtet. Die Übergabe des Lieferscheins hat im Zweifel keine Auswirkung auf die Eigentumslage, es erfolgt also mit der Übergabe des Lieferscheins an den Käufer keine Abtretung des Herausgabeanspruchs hinsichtlich der Ware.[1405] Mit der Entgegennahme des Liefer-

---

[1388] BGH Urt. v. 21.1.1987 – VIII ZR 26/86, NJW 1987, 2435; BGH Urt. v. 21.6.1972 – VIII ZR 96/71, BB 1972, 1117 = BeckRS 1972, 31126703.
[1389] GK-HGB/Achilles/B. Schmidt Rn. 40.
[1390] Baumbach/Hopt/Hopt Rn. 40.
[1391] BGH Urt. v. 15.6.1954 – I ZR 6/53, BGHZ 14, 61 (62) = NJW 1954, 1561.
[1392] BGH Urt. v. 7.3.1973 – VIII ZR 214/71, WM 1973, 382 f. = BeckRS 1973, 31125498.
[1393] BGH Urt. v. 20.4.1988 – VIII ZR 1/87, NJW 1988, 2608 (2609); BGH Urt. v. 19.9.1984 – VIII ZR 108/83, NJW 1985, 550.
[1394] BGH Urt. v. 23.3.1964 – VIII ZR 287/62, BGHZ 41, 215 (221) = NJW 1964, 1365.
[1395] BGH Urt. v. 23.3.1964 – VIII ZR 287/62, BGHZ 41, 215 (222) = NJW 1964, 1365.
[1396] BGH Urt. v. 26.6.1963 – VIII ZR 40/62, MDR 1963, 1004 = BeckRS 1963, 31190231.
[1397] BGH Urt. v. 23.3.1964 – VIII ZR 287/62, BGHZ 41, 215 (222) = NJW 1964, 1365.
[1398] BGH Urt. v. 21.1.1987 – VIII ZR 26/86, NJW 1987, 2435 (2436).
[1399] BGH Urt. v. 21.1.1987 – VIII ZR 26/86, NJW 1987, 2435.
[1400] OLG Frankfurt a. M. Urt. v. 27.1.1989 – 5 U 193/87, NJW-RR 1990, 101.
[1401] BGH Urt. v. 16.10.1984 – X ZR 97/83, BGHZ 92, 312 (316) = NJW 1985, 319; BGH Urt. v. 20.6.1984 – VIII ZR 337/82, BGHZ 91, 375 (383 f.) = NJW 1984, 2404.
[1402] BGH Urt. v. 10.10.1991 – III ZR 141/90, BGHZ 115, 324 (327) = NJW 1992, 575; OLG Frankfurt a. M. Urt. v. 17.5.1998 – 5 U 129/87, NJW-RR 1988, 1458.
[1403] BGH Urt. v. 15.3.1972 – VIII ZR 12/71, DB 1972, 868.
[1404] BGH Urt. v. 10.10.1991 – III ZR 141/90, BGHZ 115, 324 (327) = NJW 1992, 575; BGH Urt. v. 16.10.1984 – X ZR 97/83, BGHZ 92, 312 (316) = NJW 1985, 319; OLG Düsseldorf Urt. v. 27.10.1994 – 10 U 76/93, NJW-RR 1995, 850.
[1405] BGH Urt. v. 17.5.1971 – VIII ZR 15/70, NJW 1971, 1608 (1609); Staub/Koller Vor § 373 Rn. 253.

scheins beginnt die Rügefrist nach § 377 noch nicht, da der Käufer damit noch keine Gelegenheit zur Untersuchung der Ware bekommt.[1406] Im Übrigen gelten für die Klausel die Ausführungen zu der Klausel „Kasse gegen Dokumente", s. dort.

Kosten und Fracht (benannter Bestimmungshafen): s. „C & F; CFR" (→ Rn. 371).

Kosten, Fracht, Versicherung (benannter Bestimmungshafen): s. „CIF" (→ Rn. 371).

378   **Lager:** s. „ab Lager" (→ Rn. 369).

LCL: s. „FCL" (→ Rn. 374).

Liefermöglichkeit; Lieferung vorbehalten: Diese Klausel kann verschiedene Bedeutungen haben. In der Regel ist damit ein Rücktrittsvorbehalt für den Fall gemeint, dass der Verkäufer vergeblich zumutbare Anstrengungen unternommen hat, die Ware zu beschaffen.[1407] Zumutbare Anstrengungen umfassen eine verteuerte Deckung,[1408] soweit es sich um Preissteigerungen für die Warenbeschaffung handelt, die nicht ganz unüblich sind,[1409] und ggf. eine Klage gegen den Lieferanten, mit dem das Deckungsgeschäft abgeschlossen wurde.[1410] Ist die Lieferung noch teilweise möglich, ist der Verkäufer zu dieser teilweisen Lieferung verpflichtet. Bei nicht ausreichendem Warenbestand muss der Verkäufer seine Lieferpflicht in der zeitlichen Reihenfolge der Bestellungen erfüllen.[1411] Der Verkäufer darf sich, wenn ihm die Umstände, die sich später als Leistungshindernisse auswirken, bereits bei Vertragsschluss bekannt waren und Störungen zu erwarten waren, nicht auf die Klausel berufen.[1412] Das Klauselverbot nach § 308 Nr. 3 BGB gilt im kaufmännischen Verkehr gem. §§ 307 Abs. 2 Nr. 1, 310 Abs. 1 S. 2 BGB nicht schlechthin.[1413] Soll jedoch die Klausel dem Verkäufer einen „Freibrief" geben, dh jegliche Verantwortung für die Lieferung ausschließen, so ist sie gem. § 307 BGB unangemessen.[1414] Im kaufmännischen Verkehr unbedenklich sind hingegen uneingeschränkte Selbstbelieferungsklauseln,[1415] s. auch „Selbstbelieferung" (→ Rn. 383), sowie die Klauseln „freibleibend" (→ Rn. 374) oder „Vorrat" (→ Rn. 386).

Lieferzeit; Lieferzeit unverbindlich: Durch die Bezugnahme auf die Lieferzeit enthält diese Klausel im Ergebnis eine Regelung der Haftung des Verkäufers. Ist ein bestimmter Lieferzeitpunkt vereinbart, so darf von diesem nur abgewichen werden, wenn mit der Einhaltung ungewöhnliche Opfer verbunden wären.[1416] Der Verkäufer muss sich bemühen, seine Pflichten trotz Überschreitung des Lieferzeitpunkts möglichst zeitnah auszuführen.[1417] Eine so verwendete Klausel ist nicht unwirksam isV § 307 Abs. 1 S. 1 BGB. Soll hingegen dem Verkäufer durch die Verwendung dieser Klausel ein „Freibrief" hinsichtlich der Lieferzeit ausgestellt werden, der ihn von jeglicher Bindung an die Lieferzeit freistellt, so ist die Klausel gem. § 307 Abs. 1 S. 1 BGB unwirksam. Ob die Klausel so gemeint ist, lässt sich nur unter Heranziehung des Vertragsinhalts und unter Berücksichtigung der Gesamtumstände ermitteln.

379   **Meistbegünstigungsklausel** (most favoured clause): Im deutschen und vor allem im internationalen Handelsverkehr gebräuchliche Klausel, mittels derer der Verkäufer, Lieferant etc dem Käufer, Abnehmer etc verspricht, dieselben Bedingungen einzuräumen wie anderen Käufern, Abnehmern etc.

380   **Nachnahme:** Den Käufer trifft eine Vorleistungspflicht, er muss also die Ware dem Überbringer bezahlen, ohne sie untersuchen zu dürfen.[1418] Die Zahlung kann durch Bargeld, Überweisung oder gedeckten Scheck erfolgen. Eine Aufrechnung ist im Allgemeinen ausgeschlossen,[1419] jedoch kann die Berufung auf das Aufrechnungsverbot rechtsmissbräuchlich sein, wenn die Gegenleistung unbestritten oder rechtskräftig festgestellt ist. Falls sich durch Auslegung ergibt, dass die Klausel ein Aufrechnungsverbot auch für solche Fälle vorsehen will, liegt außerdem Unwirksamkeit gem. § 309 Nr. 3 BGB vor. Der Grundgedanke dieser Norm gilt gem. §§ 307, 310 Abs. 1 S. 2 BGB auch im kaufmännischen Geschäftsverkehr.[1420] S. „bar; Barzahlung" (→ Rn. 370) und „COD" (→ Rn. 371).

Negativklausel (negative pledge): Diese Klausel verpflichtet den Darlehensnehmer oder Schuldner von Schuldverschreibungen, für keine andere Verbindlichkeit Sicherheiten einzuräumen, ohne zugleich für die vertragsgegenständliche Verbindlichkeit eine gleichrangige Sicherheit zu bieten.[1421]

[1406] BGH Urt. v. 17.5.1971 – VIII ZR 15/70, NJW 1971, 1608 (1609).

[1407] BGH Urt. v. 12.2.1968 – VIII ZR 84/66, WM 1968, 400 (402) = BeckRS 1968, 31182165.

[1408] BGH Urt. v. 6.3.1968 – VIII ZR 221/65, BGHZ 49, 388 (392) = NJW 1968, 1085; BGH Urt. v. 12.2.1968 – VIII ZR 84/66, BB 1968, 398 = BeckRS 1968, 31182165; BGH Urt. v. 24.6.1958 – VIII ZR 52/57, NJW 1958, 1628.

[1409] BGH Urt. v. 24.6.1958 – VIII ZR 52/57, NJW 1958, 1628 (1629).

[1410] RG Urt. v. 9.12.1921 – II 287/21, RGZ 103, 180 (183).

[1411] RG Urt. v. 26.1.1922 – VI 557/21, RGZ 104, 114 (116).

[1412] Staub/*Koller* Vor § 373 Rn. 262.

[1413] BGH Urt. v. 14.11.1984 – VIII ZR 283/83, BGHZ 92, 396 (399) = NJW 1985, 738.

[1414] Staub/*Koller* Vor § 373 Rn. 263.

[1415] BGH Urt. v. 14.11.1984 – VIII ZR 283/83, BGHZ 92, 396 (399) = NJW 1985, 738; BGH Urt. v. 6.3.1968 – VIII ZR 221/65, BGHZ 49, 388 = NJW 1968, 1085.

[1416] Staub/*Koller* Vor § 373 Rn. 264.

[1417] BGH Urt. v. 26.1.1983 – VIII ZR 342/81, NJW 1983, 1320.

[1418] OLG Hamburg Urt. v. 28.10.1919 – Bf. III 122/19, LZ 1920, 440 (445).

[1419] AA Staub/*Koller* Vor § 373 Rn. 268.

[1420] BGH Urt. v. 16.10.1984 – X ZR 97/83, BGHZ 92, 312 (316) = NJW 1985, 319; BGH Urt. v. 20.6.1984 – VIII ZR 337/82, BGHZ 91, 375 (383) = NJW 1984, 2404.

[1421] Heymann/*Horn* Rn. 123.

netto ab Werk: s. „ab Werk" (→ Rn. 369).

netto; netto (Kasse): Diese Klausel schließt einen Skontoabzug aus;[1422] s. „Kasse; cassa" (→ Rn. 377).

OCP: freigt/carriage paid to; s. frachtfrei (benannter Bestimmungsort) (→ Rn. 374).   **381**

ohne Obligo: s. „freibleibend; ohne Obligo" (→ Rn. 374).

Option: Diese mehrdeutige Klausel meint in der Regel das Recht, durch einseitige Erklärung einen Vertrag zustande zu bringen. Sie begründet dann ein Gestaltungsrecht. Das Optionsrecht folgt im Allgemeinen aus einem aufschiebend bedingten Vertrag, der durch die Optionserklärung unbedingt wird.[1423] Das Optionsrecht kann aber auch darin bestehen, dass dem Berechtigten lediglich ein langfristig bindendes Angebot gemacht wird. Ob die eine oder die andere Art von Optionsrecht gewollt ist, ergibt sich durch Auslegung.[1424] Die Unterscheidung ist wichtig für einen etwa bestehenden Formzwang, denn dieser erfasst nicht die Option in Form der Gestaltungserklärung, wohl aber die Option in Form der Vertragsannahme.

Order: „... oder an Ihre Order": Die Klausel macht in der Regel kaufmännische Papiere zu Orderpapieren, die durch Indossament übertragen werden können (§§ 363 ff.). Die Klausel kann aber auch nur bedeuten, dass eine Abtretungsmöglichkeit besteht. Sie enthält dann zwar bloß die überflüssige Erwähnung einer Selbstverständlichkeit. Eine entsprechende Auslegung ist aber gleichwohl nicht ausgeschlossen.[1425]

pari-passu-Klausel: Durch diese Klausel verpflichtet sich ein Darlehensnehmer oder Emittent   **382** einer Anleihe, keine andere Schuld mit Vorrang vor der vertragsgegenständlichen Schuld einzugehen.[1426]

P. O. D.; pod: pay on delivery; s. „Nachnahme" (→ Rn. 380).

Preisvorbehalt; Preis freibleibend: Der Verkäufer kann bei Verwendung dieser Klausel berechtigt sein, nach Vertragsschluss eine Kaufpreiserhöhung einseitig festzusetzen, wenn sich die wirtschaftlichen Verhältnisse geändert haben. Er darf dabei die Lieferung nicht unangemessen verzögern. Es ist aber auch möglich, dass mit der Klausel lediglich der Marktpreis zur Lieferzeit vereinbart wird,[1427] der sich als Durchschnittspreis unabhängig von besonderen zufälligen Umständen der Preisbildung aus dem Vergleich einer größeren Anzahl an diesem Ort zur maßgeblichen Zeit geschlossener Kaufverträge für Waren der betreffenden Beschaffenheit ergibt. In der Regel ist die Klausel so zu verstehen, dass der Verkäufer den Preis nach billigem Ermessen so erhöhen darf, dass dieser mit dem Marktpreis zur Lieferzeit übereinstimmt.[1428] Ist ein Richtpreis angegeben, so braucht dieser auch dann nicht unterschritten zu werden, wenn der Marktpreis zur Zeit der Lieferung niedriger ist als der Richtpreis.[1429] Fordert der Verkäufer kurz vor der Lieferung einen bestimmten erhöhten Preis, so erschöpft sich damit sein Preiserhöhungsrecht, dh er kann später nicht erneut, also ein weiteres Mal, einen erhöhten Preis verlangen.[1430] Der Preisvorbehalt kann unter besonderen Umständen auch lediglich bedeuten, dass dem Verkäufer das Recht eingeräumt wird, bei Erhöhung des Marktpreises ein neues Angebot abzugeben, dessen Annahme im Belieben des Käufers steht.[1431] Die für den Preisvorbehalt einschlägige Norm des § 309 Nr. 1 BGB gilt im kaufmännischen Verkehr nicht. Vielmehr ist eine diesbezügliche Klausel auch dann zulässig, wenn die Erhöhungskriterien nicht festgelegt sind und dem Käufer für den Fall einer erheblichen Preissteigerung kein Lösungsrecht eingeräumt wird, sofern nur seine Interessen anderweitig ausreichend gewahrt sind.[1432] Die Zulässigkeit einer Preisvorbehaltsklausel nach §§ 307, 310 Abs. 1 S. 2 BGB bei Verwendung im kaufmännischen Verkehr kann sich bei gleichgerichteten Interessen der Vertragsparteien zB daraus ergeben, dass beide Parteien den Absatz der Ware an Endverbraucher anstreben, sowie daraus, dass der Verwender, insbesondere bei langfristigen Bezugsverpflichtungen, eine erhebliche Vorleistung erbracht hat, oder aus den Unsicherheiten der Preisentwicklung in bestimmten Branchen, etwa in der Mineralölbranche.[1433] Bei einseitigen Preiserhöhungsklauseln kann Unwirksamkeit gem. §§ 307 Abs. 2 Nr. 1, 310 Abs. 1 S. 2 BGB gegeben sein, wenn der Verwender in der Preisgestaltung völlig frei oder nur an § 315 BGB gebunden ist.[1434] Wird die

---

[1422] BGH Urt. v. 21.6.1972 – VIII ZR 96/71, MDR 1972, 1028 = BeckRS 1972, 31126703.

[1423] MüKoBGB/*Busche* BGB Vor § 145 Rn. 75.

[1424] BGH Urt. v. 28.9.1962 – V ZR 8/61, LM Nr. 16 zu § 433 BGB = BeckRS 1962, 31187000.

[1425] RG Urt. v. 25.11.1927 – II 140/27, RGZ 119, 122.

[1426] Heymann/*Horn* Rn. 125.

[1427] HK Hamburg BB 1965, 956.

[1428] BGH Urt. v. 4.4.1951 – II ZR 52/50, BGHZ 1, 353 (354) = NJW 1951, 711; RG Urt. v. 9.5.1922 – III 531/21, RGZ 104, 306 (307); RG Urt. v. 14.2.1922 – II 437/21, RGZ 103, 414 (415).

[1429] GK-HGB/*Achilles*/*B. Schmidt* Rn. 44.

[1430] RG Urt. v. 7.3.1922 – VII 455/21, RGZ 104, 170 (171); OGH Urt. v. 13.7.1950 – I ZS 112/49, OGHZ 4, 172 (174).

[1431] BGH Urt. v. 4.4.1951 – II ZR 52/50, BGHZ 1, 353 (354) = NJW 1951, 711.

[1432] BGH Urt. v. 16.1.1985 – VIII ZR 153/83, BGHZ 93, 252 (256) = NJW 1985, 853; BGH Urt. v. 27.9.1984 – X ZR 12/84, BGHZ 92, 200 (203) = NJW 1985, 426.

[1433] BGH Urt. v. 16.1.1985 – VIII ZR 153/83, BGHZ 93, 252 (258 f.) = NJW 1985, 853.

[1434] BGH Urt. v. 26.11.1984 – VIII ZR 214/83, BGHZ 93, 29 (35) = NJW 1985, 623.

Preiserhöhung auf den am Markt durchsetzbaren Preis beschränkt, ist die Klausel hingegen unbedenklich.[1435]

prompt: s. „baldmöglichst" (→ Rn. 370). Die Klausel kann auch bedeuten, dass der Verkäufer bei verspäteter Absendung ohne Mahnung in Verzug gerät.[1436]

383 **Selbstbelieferung; Selbstbelieferung vorbehalten:** Hierbei handelt es sich um eine Konkretisierung der allgemeinen Lieferklausel, s. „Lieferungsmöglichkeit; Lieferung vorbehalten" (→ Rn. 378). Die Lieferpflicht ist auflösend bedingt dadurch, dass der Verkäufer seinerseits nicht beliefert wird, obwohl er auf die Belieferung einen vertraglichen Anspruch hatte.[1437] Der Verkäufer wird von seiner Lieferpflicht frei, wenn er seinerseits zwar ein kongruentes Deckungsgeschäft abgeschlossen hat, aber von seinem Lieferanten im Stich gelassen wird.[1438] Ausreichend ist dafür, dass das kongruente Deckungsgeschäft erst nach Vertragsabschluss abgeschlossen wird. Zu irgendeinem Zeitpunkt muss allerdings auch ein kongruentes Deckungsgeschäft abgeschlossen werden, andernfalls kann die Klausel kein Freiwerden von der Lieferpflicht bewirken.[1439] Wird der Verkäufer nicht selbst beliefert, so hat er das dem Käufer unverzüglich anzuzeigen.[1440] Ferner muss er dem Käufer den Deckungsvertrag vorlegen und ggf. die Rechte aus dem Deckungsvertrag abtreten,[1441] sofern nicht nach Treu und Glauben (§ 242 BGB), zB aus Wettbewerbsgründen, eine solche Abtretung ausnahmsweise ausgeschlossen ist.[1442] Der Deckungskaufvertrag muss rechtsverbindlich und kongruent sein, dh er muss Ware mindestens gleicher Quantität und Qualität sowie entsprechende Ablade- oder Liefertermine vorsehen, sodass die Möglichkeit der Erfüllung des Vertrages mit dem Käufer gewährleistet erscheint.[1443] Das Deckungsgeschäft ist kongruent, wenn es nach seinem objektiven Vertragsinhalt eine Sicherstellung einer Erfüllung der Lieferpflichten des Verkäufers – einen reibungslosen Ablauf unterstellt – dient.[1444] Dabei kann sich der Deckungskaufvertrag selbstverständlich zusätzlich auf weitere Ware erstrecken als auf diejenige, die der Verkäufer dem Käufer schuldet.[1445] Der Verkäufer verletzt seine Pflicht zum Abschluss eines kongruenten Deckungsgeschäfts, wenn er einen Deckungsverkäufer auswählt, der seinerseits nicht die Gewähr für eine ordnungsgemäße Lieferung bietet. Eine Berufung auf die Selbstbelieferungsklausel ist in einem solchen Fall nach Treu und Glauben ausgeschlossen. Trifft den Verkäufer kein derartiges Auswahlverschulden, so wird er auch bei schuldhafter Nichtlieferung des Lieferanten gem. der Selbstbelieferungsklausel frei.[1446] Der Verkäufer wird trotz § 276 Abs. 1 S. 1 BGB ferner auch dann frei, wenn er Gattungsware schuldet und nicht beliefert wird. Der Verkäufer ist bei Nichtlieferung nicht verpflichtet, den Deckungsgeschäftspartner zu verklagen. Ist dem Verkäufer lediglich eine Teillieferung möglich, so bleibt er hierzu verpflichtet. Bei Verpflichtung gegenüber mehreren Kunden muss er seine Lieferpflicht in der zeitlichen Reihenfolge der Bestellungen erfüllen.[1447] Die Selbstbelieferungsvorbehaltsklausel gibt dem Verkäufer kein Recht, mangelhafte oder abweichende Ware zu liefern.[1448] Eine Rüge des Käufers muss der Verkäufer unverzüglich an den Lieferanten weitergeben. Den Käufer kann ein Mitverschulden treffen, wenn er die Ware weiterverkauft, ohne seinerseits einen Selbstbelieferungsvorbehalt gegenüber seinem Kunden vorzusehen.[1449] Die Beweislast für die Vereinbarung eines Selbstbelieferungsvorbehalts trägt der Verkäufer.[1450] Bei Verwendung der Selbstbelieferungsklausel gegenüber Privaten ist § 308 Nr. 3 BGB zu beachten. Demgemäß darf sich der Verkäufer nicht ohne einen in dem Vertrag angegebenen Grund von seiner Leistungspflicht lösen. Wegen dieses Erfordernisses, den Lösungsgrund so konkret anzugeben, dass der Durchschnittskunde beurteilen kann, wann der Verwender sich von dem Vertrag lösen darf,[1451] ist in der Klausel ausdrücklich darauf hinzuweisen, dass sie nur für den Fall gilt, dass der Verwender ein kongruentes Deckungsgeschäft abgeschlossen hat und von dem Deckungsverkäufer nicht beliefert wird.[1452] Bei Verwendung der Klausel gegenüber Kaufleuten ist die Klausel zwar materiell ebenfalls auf diese Fälle beschränkt; dies braucht aber in der Klausel nicht

---

[1435] BGH Urt. v. 27.9.1984 – X ZR 12/84, BGHZ 92, 200 (203) = NJW 1985, 426.
[1436] Staub/*Koller* Vor § 373 Rn. 276.
[1437] BGH Urt. v. 6.3.1968 – VIII ZR 221/65, BGHZ 49, 388 (392) = NJW 1968, 1085.
[1438] BGH Urt. v. 11.11.1984 – VIII ZR 283/83, BGHZ 92, 396 (399) = NJW 1985, 738; BGH Urt. v. 22.3.1995 – VIII ZR 98/94, NJW 1995, 1959 (1960).
[1439] BGH Urt. v. 11.11.1984 – VIII ZR 283/83, BGHZ 92, 396 (399) = NJW 1985, 738.
[1440] OLG Celle Urt. v. 24.1.1974 – 12 U 154/73, BB 1974, 200.
[1441] BGH Urt. v. 6.3.1968 – VIII ZR 221/65, BGHZ 49, 388 (393) = NJW 1968, 1085; OLG Hamburg Urt. v. 13.8.1955 – 1 U 91/55, BB 1955, 942.
[1442] OLG Celle Urt. v. 24.1.1974 – 12 U 154/73, BB 1974, 200 (201).
[1443] BGH Urt. v. 22.3.1995 – VIII ZR 98/94, NJW 1995, 1959 (1960); Staub/*Koller* Vor § 373 Rn. 279.
[1444] BGH Urt. v. 14.11.1984 – VIII ZR 283/83, BGHZ 92, 396 (401) = NJW 1985, 738.
[1445] BGH Urt. v. 18.10.1989 – VIII ZR 274/88, WM 1990, 107 (108) = BeckRS 1989, 31076712.
[1446] BGH Urt. v. 14.11.1984 – VIII ZR 283/83, BGHZ 92, 396 (399) = NJW 1985, 738.
[1447] RG Urt. v. 26.1.1922 – VI 557/21, RGZ 104, 114 (116).
[1448] OLG Hamburg Urt. v. 12.3.1964 – 6 U 7/63, MDR 1964, 601 (602).
[1449] OLG Celle Urt. v. 24.1.1974 – 12 U 154/73, BB 1974, 200 (201).
[1450] OLG Köln Urt. v. 9.8.1995 – 19 U 57/95, DB 1995, 2596 = BeckRS 1996, 2369.
[1451] BGH Urt. v. 26.1.1983 – VIII ZR 342/81, NJW 1983, 1320 (1321).
[1452] BGH Urt. v. 11.11.1984 – VIII ZR 283/83, BGHZ 92, 396 (398) = NJW 1985, 738; BGH Urt. v. 6.12.1984 – VII ZR 227/83, NJW 1985, 855 (857).

ausdrücklich angegeben zu werden. Der Selbstbelieferungsvorbehalt dient dazu, eine Vielzahl verschiedener Fälle von Nichtbelieferung zu erfassen, und zwar auch den Fall schuldhafter Nichtbelieferung durch den Lieferanten, ohne dass damit dem Verkäufer seinerseits ein „Freibrief" ausgestellt wird. Bei eigenem Verschulden des Verkäufers bleiben vielmehr dessen Pflichten bestehen.

Skonto: Der Käufer ist bei pünktlicher Zahlung zu dem angegebenen (meist prozentualen) Abzug berechtigt. Oft enthält die Skontoklausel ein Zahlungsziel, bei dessen Erreichen das Skontorecht entfällt. Bei einer Skontoabrede „zahlbar innerhalb von … Tagen" genügt für die Fristwahrung die rechtzeitige Absendung eines Verrechnungsschecks.[1453]

So schnell wie möglich: s. „baldmöglichst" (→ Rn. 370).

tel quel; telle quelle: Diese Klausel bezieht sich meistens auf Ware, die schon unterwegs ist. Dem **384** Verkäufer ist es gestattet, Ware der geringsten Qualität der vereinbarten (regelmäßig durch Muster bestimmten) Gattung zu liefern.[1454] Allerdings darf die Ware nicht beschädigt oder gar verdorben sein.[1455] Die Klausel schließt eine Haftung für zugesicherte Eigenschaften oder arglistiges Verschweigen nicht aus.[1456]

umgehend: s. „baldmöglichst" (→ Rn. 370). **385**

unfrei: Der Käufer trägt die Transportkosten. Der Verkäufer braucht sie nicht vorzuschießen. Die Klausel führt zu einer Abweichung von § 448 BGB. Ein Recht zur Selbstabholung besteht nicht.[1457]

Verfallklausel: auch default-Klausel. Diese Klausel bedeutet im Finanzverkehr, dass sich der **386** Gläubiger (regelmäßig: der Gläubiger einer Geldforderung) für bestimmte Tatbestände der Nichterfüllung durch den Schuldner (zB das Nichtbedienen eines Kredits) ein Recht zur Lösung vom Vertrag durch Rücktritt oder Kündigung vorbehält, dessen Ausübung zum sofortigen Fälligwerden der Restforderung führt. Eine Verfallklausel ist nicht der Vertragsstrafe ähnlich, unterfällt daher nicht § 309 Nr. 6 BGB, wohl aber § 307 BGB, und zwar auch im kaufmännischen Geschäftsverkehr. Eine Verfallklausel, die lediglich Zahlungsverzug zur Voraussetzung hat und dann ohne Weiteres zur Fälligkeit der gesamten Restforderung führt, kann auch bei Verwendung gegenüber Kaufleuten gemäß §§ 826, 307 BGB unwirksam sein.[1458]

verkauft wie besichtigt: s. „Besichtigungsklausel" (→ Rn. 371).

Vorrat: „solange Vorrat reicht"; der Verkäufer wird von seiner Lieferpflicht befreit, wenn der Vorrat ausgeht, dh er muss sich nicht (ggf. teurer) eindecken. Reicht der Vorrat nur zu einem Teil, ist der Verkäufer zu einer entsprechenden Teillieferung verpflichtet. Bei mehreren Kunden hat der Verkäufer in der Reihenfolge der Bestellungen zu liefern.[1459] S. auch „Liefermöglichkeit; Liefervorbehalt" (→ Rn. 378).

Zahlung: Die Klausel hat bislang keine feste Bedeutung im Handelsverkehr.[1460] Oft ist mit ihr **387** dasselbe wie mit den Klauseln „bar; Barzahlung" (→ Rn. 370) gemeint.

zu (ge)treuen Händen: Der Empfänger darf Dokumente und Wechsel nicht weitergeben, sondern von ihnen nur im vertraglich vorgesehenen Umfang Gebrauch machen. Oft werden bei Verwendung dieser Klausel die Dokumente nur zur Überprüfung übergeben und müssen, falls nicht volle Erfüllung der Gegenleistung erfolgt, wieder zurückgegeben werden. Ein Zurückbehaltungsrecht an ihnen besteht selbst für den Fall des Vermögensverfalls der Gegenseite nicht.[1461]

zoll- und steuerfrei: Eine solche Klausel verbietet es dem Schuldner eines Heizölliefervertrags, eine nach Vertragsabschluss eingeführte Mineralölsteuer auf den Preis aufzuschlagen.[1462]

Zwischenverkauf vorbehalten: Das Angebot des Verkäufers ist zwar bindend, jedoch auflösend bedingt durch einen anderweitigen Verkauf.[1463] Einen solchen Zwischenverkauf hat der Verkäufer, nachdem er die Annahme erhalten hat, unverzüglich mitzuteilen, selbst wenn sein „Angebot" im Einzelfall nur als invitatio ad offerendum anzusehen sein sollte.[1464]

6. Incoterms. a) Bedeutung. Die Incoterms (International Commercial Terms) sind ein von der **388** Internationalen Handelskammer in Paris herausgegebenes, jüngst 2020 geändertes Klauselwerk (Incoterms 2020) mit Auslegungsregeln für den Handelsverkehr. Im Gegensatz zu den Vorgängerfassungen können die Klauseln der Incoterms 2020 nicht nur für den internationalen Warenverkehr verwendet werden, sondern sind auch für den nationalen Handel ohne Grenzüberschreitung konzipiert. Es handelt sich um international **vereinheitlichte Handelsklauseln.** Das Regelwerk kann

---

[1453] BGH Urt. v. 11.2.1998 – VIII ZR 287/97, NJW 1998, 1302.
[1454] BGH Urt. v. 18.12.1953 – I ZR 109/52, NJW 1954, 385.
[1455] RG Urt. v. 4.12.1886 – Rep. I 336/86, RGZ 19, 30 (31).
[1456] BGH Urt. v. 18.12.1953 – I ZR 109/52, NJW 1954, 385; Staub/*Koller* Vor § 373 Rn. 290.
[1457] OLG Köln Urt. v. 14.3.1973 – 2 U 155/72, BB 1973, 496.
[1458] Zweifelnd zumindest für den internationalen Kapitalmarkt Heymann/*Horn* Rn. 131.
[1459] RG Urt. v. 26.1.1922 – VI 557/21, RGZ 104, 114 (116).
[1460] KG Beschl. v. 2.2.1933 – 1 X 942/32, JW 1933, 1468.
[1461] OLG Hamburg Urt. v. 22.9.1982 – 5 U 141/81, ZIP 1983, 153.
[1462] BGH Urt. v. 4.12.1963 – VIII ZR 195/62, LM Nr. 6 zu § 346 (Ed) HGB.
[1463] OLG Hamburg Urt. v. 22.12.1959 – 1 U 137/59, BB 1960, 383.
[1464] Heymann/*Horn* Rn. 134.

man als Katalog empfohlener Geschäftsbedingungen ansehen.[1465] Die Incoterms dienen der Zusammenfassung der Handelsusanzen über die Auslegung der handelsüblichen Vertragsformeln im internationalen Handelsverkehr. Sie sind knappe Vertragsformeln, die für die Klarheit des internationalen Handelsverkehrs von besonderer Bedeutung sind.

389   Die Incoterms entstanden 1936 in ihrer ursprünglichen Fassung aus dem Wunsch, die Trade Terms international zu vereinheitlichen.[1466] Neufassungen der Incoterms bzw. Änderungen gab es 1953, 1967, 1976, 1980, 1990, 2000 und 2010 und jüngst 2020. Die zurzeit geltende Fassung besteht seit dem 1.1.2020.[1467] Die Einführung der Incoterms hatte im Wesentlichen eine Verbesserung der Darstellung zum Ziel, um es den Nutzern zu ermöglichen, stets die passende Incoterms-Klausel für ihren Kaufvertrag auszuwählen.[1468] Von der Aufnahme der in der Handelspraxis verbreiteten Klausel zu der sog. bestätigten Bruttomasse (VGM, Verified Gross Mass) hat die ICC Incoterms 2020 Drafting Group aufgrund der Spezialität und Komplexität der Materie bewusst abgesehen.[1469] Daher ist inhaltlich lediglich die Änderung der dreibuchstabigen Klausel von DAT (→ Rn. 372) zu DPU (zu Einzelheiten → Rn. 372, 418 ff.) hervorzuheben. Wie die vorherigen Fassungen befassen sich auch die Incoterms 2020 nur mit dem Verhältnis zwischen Käufer und Verkäufer in Bezug auf einige ausgewählte Punkte des Kaufvertrags, enthalten aber keine umfassende Regelung aller Rechte und Pflichten aus dem Kaufvertrag und auch keine Regelungen zu dem Beförderungsvertrag.

390   **b) Geltungsgrund.** Als empfohlene Geschäftsbedingungen bedürfen die Incoterms der vertraglichen Inbezugnahme,[1470] die ausdrücklich oder konkludent erfolgen kann. Die Darlegungs- und Beweislast für die Einbeziehung hat die Partei, zu deren Gunsten die Incoterms angewandt werden sollen. Vereinbaren die Parteien eine Klausel, die in den Incoterms enthalten ist (zB DDP, → Rn. 372), so gilt die Klausel mit dem Regelungsinhalt der Incoterms auch ohne ausdrückliche Bezugnahme auf sie.[1471]

391   Die Incoterms gelten auch heute (noch) **nicht kraft internationalen Handelsbrauchs.**[1472] Bei Fehlen einer vertraglichen Einbeziehung können sie nur Anwendung finden, falls die im Einzelfall fragliche Auslegung nach Incoterms einem Handelsbrauch entspricht (→ Rn. 45).[1473] Allerdings entwickeln sich angesichts der Internationalisierung des Handelsverkehrs, der zunehmenden Anerkennung von Incoterms und deren verstärktem Gebrauch viele der in den Incoterms enthaltenen Regelungen immer mehr zu internationalen Handelsbräuchen (zu Einzelheiten → Rn. 134 ff.).

392   Die Incoterms gelten – bei einer vertraglichen Inbezugnahme (→ Rn. 390) – nur zwischen den Vertragsparteien. Die **Einbeziehung Dritter** muss besonders vereinbart werden. Dementsprechend sind die Verwender von Incoterms ihrerseits gehalten, mit ihren Spediteuren, Frachtführern und anderen Dritten wie etwa Banken, die sie zur Vertragserfüllung einschalten, vertragliche Bedingungen zu vereinbaren, bei denen die Verwendung der Incoterms im Grundverhältnis ausreichende Berücksichtigung findet.

393   Empfehlenswert ist bei der vertraglichen Inbezugnahme ein **Hinweis auf die Incoterms in ihrer bei Vertragsschluß gültigen Fassung,** also zB „Incoterms 2020", um sicherzustellen, dass eine bestimmte Klausel im Sinne der in den Incoterms 2020 enthaltenen Auslegungsregel gebraucht werden soll. Es ist jedoch auch weiterhin möglich, vertraglich auf eine ältere Fassung der Incoterms Bezug zu nehmen, nur muss das eindeutig vereinbart werden, so etwa durch eine Klausel wie „DAT Incoterms 2010". Wird nicht eindeutig auf eine bestimmte Fassung der Incoterms Bezug genommen, so sind im Zweifel die zur Zeit des Vertragsabschlusses maßgeblichen Incoterms gemeint. Die Inbezugnahme betrifft im Zweifel die englische Originalfassung der Incoterms; bei einer streitigen Auseinandersetzung hat daher die deutsche Übersetzung hinter dem englischen Originaltext zurückzustehen.

394   Die verwendeten Incoterms sind **vertraglich abdingbar.** Sie können von den Parteien auf ihr Vertragsverhältnis durch Ergänzungen, Abänderungen, Präzisierungen oder teilweisen Ausschluss der Klauseln zugeschnitten werden.

395   **c) Allgemeiner Inhalt.** Bei den Incoterms 2020 handelt es sich um elf typisierte Vertragsklauseln. Sie setzen sich zusammen aus sieben allgemeinen und vier besonderen, ausschließlich auf den See- oder Binnenschifffahrtstransport anwendbaren Klauseln, die durch Erläuterungen der Internationalen Handelskammer präzisiert werden (zu Einzelheiten → Rn. 399 ff.).

[1465] So *K. Schmidt* HandelsR § 30 Rn. 16. Zu praktischen Einsatzmöglichkeiten s. *Wertenbruch* ZGS 2005, 136 ff.
[1466] Baumbach/Hopt/*Hopt* (6) Incoterms Einleitung Rn. 11.
[1467] Dazu im Überblick *Oertel* RIW 2019, 701 ff.; *Piltz* IHR 2019, 177 ff.; *Zwilling-Pinna* BB 2019, 3016 ff.
[1468] ICC, Incoterms 2020, Einführung Rn. 58.
[1469] ICC, Incoterms 2020, Einführung Rn. 59 ff.
[1470] *H. Schneider* RIW 1991, 91 (92 f.). AA für den grenzüberschreitenden Handelsverkehr Staub/*Koller* Rn. 286. Offengelassen von *Schüssler* DB 1986, 1161 (1162).
[1471] BGH Urt. v. 7.11.2012 – VIII ZR 108/12, BGHZ 195, 243 Rn. 21 = NJW-RR 2013, 309.
[1472] Vgl. OLG München Urt. v. 19.12.1957 – 6 U 1548/57, NJW 1958, 426; *Liesecke* WM-Beilage 3/1978, 1 (26).
[1473] *K. Schmidt* HandelsR § 30 Rn. 12.

d) Auslegung. Die Auslegung der Incoterms erfolgt **international einheitlich**[1474] nach dem **396** objektiven Zweck der Incoterms und, da die Parteien von den Incoterms abweichen können (→ Rn. 394), nach dem beiderseitigen Parteiwillen.[1475]

e) Verhältnis zum Gesetzesrecht, AGB-rechtliche Inhaltskontrolle. Ist auf die Vertragsbezie- **397** hung nach Maßgabe des Internationalen Privatrechts deutsches Recht anzuwenden, so gehen den Incoterms zwingende Normen des deutschen Zivil- und Handelsrechts vor. Außerdem sind die Incoterms trotz des Gebots der international einheitlichen Auslegung (→ Rn. 396) an den §§ 305 ff. BGB zu messen, bei (regelmäßig vorliegender) Verwendung im kaufmännischen Geschäftsverkehr gem. § 310 Abs. 1 S. 2 BGB also insbesondere an § 307 BGB. Bei der AGB-rechtlichen Inhaltskontrolle von Incoterms anhand von § 307 BGB ist zu berücksichtigen, dass es sich bei den Incoterms großteils um standardisierte Handelsusancen handelt, die zwar nicht durchgängig (schon) als Handelsbräuche angesehen werden können, deren Wirksamkeit aber nicht durch eine zu weit reichende Auslegung des § 307 BGB unter Heranziehung des jeweiligen Telos der Detailregelungen in §§ 308 und 309 BGB in Frage gestellt werden darf. Der Feststellung einer Unwirksamkeit von Incoterms iSv § 307 BGB sind vielmehr **enge Grenzen** gesetzt.

f) Ergänzung durch weitere Regelwerke, Abreden und Handelsbrauch. Die Incoterms regeln **398** nur einige, längst aber nicht alle wichtigen Fragen des grenzüberschreitenden Warenhandels. So fehlen materiell-rechtliche Regelungen über die *essentialia negotii* des jeweiligen schuldrechtlichen Geschäfts ebenso wie Bestimmungen, die den Eigentumsübergang betreffen. Dahingehende, das nationale Recht ergänzende oder ersetzende Regelwerke finden sich vielmehr außerhalb der Incoterms, insbesondere im **CISG**.[1476] Schon aus diesem Grund sind auch bei der Vereinbarung von Incoterms eindeutige Abreden über die Geltung des CISG und eine Rechtswahlklausel anzuraten. Als Allgemeine Geschäftsbedingungen des internationalen Handelsverkehrs, die die **Einzelheiten nationaler Rechtsordnungen außer Acht lassen,** sind die Incoterms insbesondere – anders als Handelsbräuche – nicht durch eine an Branchen und Regionen ausgerichtete Sichtweise geprägt. Dementsprechend können sie nicht nur durch individualvertragliche Abreden oder (zusätzliche) Allgemeine Geschäftsbedingungen (→ Rn. 394), sondern auch durch lokale oder regionale Handels- oder Geschäftsverbindungsbräuche → Rn. 28) konkretisiert werden. Die Incoterms können bei internationalen Geschäften als Auslegungshilfe für die verwendeten Handelsklauseln herangezogen werden, auch wenn sie nicht ausdrücklich in den Vertrag einbezogen wurden.[1477]

g) Offizieller Text der Incoterms 2020 in deutscher Sprache[1478]

Klauseln für alle Transportarten

EXW | Ab Werk

EXW (fügen Sie den benannten Lieferort ein) *Incoterms® 2020*   **399**

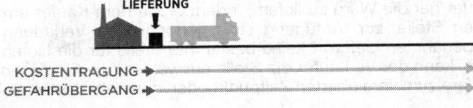

KOSTENTRAGUNG   KOSTENTRAGUNG
GEFAHRÜBERGANG   GEFAHRÜBERGANG

Ausfuhrabfertigung   Einfuhrabfertigung

ERLÄUTERNDE KOMMENTARE FÜR NUTZER.

1. **Lieferung und Gefahrübergang** – Bei Nutzung der Klausel „Ab Werk" liefert der Verkäufer die Ware an den **400** Käufer,
  ‣ indem er die Ware dem Käufer an einem benannten Ort (z. B. Fabrik oder Lager) zur Verfügung stellt, wobei
  ‣ dieser benannte Ort auch auf dem Gelände des Verkäufers liegen kann.

LIEFERUNG

KOSTENTRAGUNG ➤
GEFAHRÜBERGANG ➤

[1474] *v. Hoffmann* RIW 1970, 247 (252).
[1475] Ähnl. Baumbach/Hopt/*Hopt* (6) Incoterms Einleitung Rn. 18.
[1476] Zu dem Einfluss der Incoterms auf das UN-Kaufrecht monographisch *Renck,* Der Einfluss der INCOTERMS 1990 auf das UN-Kaufrecht, 1995.
[1477] EuGH Urt. v. 9.6.2011 – C-87/10, Slg. 2011, I-4987 Rn. 22 = NJW 2011, 3018 f. – Electrosteel Europe (zum Lieferort).
[1478] Abgedruckt mit freundlicher Genehmigung der Deutschen Gruppe der Internationalen Handelskammer.

Für den Vollzug der Lieferung muss der Verkäufer die Ware weder auf ein abholendes Transportmittel verladen noch muss er sie zur Ausfuhr freimachen, falls dies erforderlich sein sollte.

2. **Transportart** – Diese Klausel kann unabhängig von der/den gewählten Transportart(en) verwendet werden.

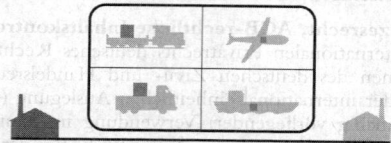

3. **Ort oder genaue Stelle der Lieferung** – Die Parteien müssen lediglich den *Ort* der Lieferung benennen. Die Parteien sind jedoch gut beraten, *auch* die konkrete *Stelle* am benannten Lieferort so genau wie möglich zu bezeichnen. Eine genau benannte *Lieferstelle* ermöglicht es beiden Parteien, deutlich zu erkennen, wann bzw. wo die Ware geliefert wird und der Gefahrübergang auf den Käufer erfolgt; eine solche präzise Angabe markiert auch den Punkt, ab dem die Kosten zu Lasten des Käufers gehen. Falls die Parteien eine genaue *Lieferstelle nicht* benennen, wird davon ausgegangen, dass man es dem Verkäufer überlässt, die Stelle auszuwählen, „die für diesen Zweck am besten geeignet ist". In diesem Fall trägt jedoch der Käufer die Gefahr, dass die vom Verkäufer ggf. gewählte Lieferstelle möglicherweise in der Nähe einer Stelle liegt, an der die betreffende Ware verloren geht oder beschädigt wird. Für den Käufer ist es daher am besten, an einem Lieferort die genaue Stelle auszuwählen, an der die Lieferung stattfinden soll.

4. **Hinweis für Käufer** – EXW ist die Incoterms® Klausel, die dem Verkäufer das geringste Maß an Verpflichtungen auferlegt. Aus Käufersicht sollte diese Klausel daher aus verschiedenen, nachstehend angeführten Gründen mit Vorsicht angewendet werden.

5. **Verladerisiken** – Die Lieferung und der Gefahrübergang erfolgen nicht erst nach der Verladung der Waren, sondern wenn sie dem Käufer zur Verfügung gestellt werden. Die Gefahr des Verlusts oder einer Beschädigung der Waren während einer Verladung, die unter Umständen vom Verkäufer durchgeführt wird, könnte somit durchaus beim Käufer liegen, selbst wenn er an den Verladearbeiten nicht beteiligt ist. Angesichts dieser Möglichkeit wäre es ratsam, wenn die Parteien in den Fällen, in denen der Verkäufer die Verladung durchführen soll, vorab vereinbaren, wer die Gefahr des Verlusts oder von Beschädigungen der Waren während der Verladung trägt. Dies ist eine alltägliche Situation, da der Verkäufer in der Regel eher über die nötigen Verladeeinrichtungen auf seinem Gelände verfügt oder weil geltende Sicherheitsvorschriften den Zutritt zum Gelände des Verkäufers durch unbefugtes Personal verbieten. Wenn der Käufer jegliche Gefahren während der Verladung auf dem Gelände des Verkäufers vermeiden möchte, sollte er in Betracht ziehen, die FCA-Klausel für seinen Kaufvertrag zu wählen (gemäß der der Verkäufer gegenüber zur Verladung verpflichtet ist, wenn die Waren auf dem Gelände des Verkäufers geliefert werden, wobei die Gefahr des Verlusts oder von Beschädigungen der Waren während dieses Verladevorgangs beim Verkäufer liegt).

6. **Ausfuhrabfertigung** – Da die Lieferung erfolgt, indem die Waren dem Käufer auf dem Gelände des Verkäufers oder an einer anderen benannten Stelle – üblicherweise im Land des Verkäufers oder innerhalb derselben Zollunion – zur Verfügung gestellt werden, hat der Verkäufer keine Verpflichtung, die Ausfuhrabfertigung oder eine Transitabfertigung in Drittländern, welche die Waren bei ihrer Durchfuhr passieren, zu organisieren. EXW kann für Inlandsgeschäfte geeignet sein, bei denen nicht beabsichtigt ist, die betreffenden Waren zu exportieren. Die Beteiligung des Verkäufers an der Ausfuhrabfertigung beschränkt sich ggf. darauf, Unterstützung bei der Beschaffung von Dokumenten und Informationen zu leisten, die der Käufer möglicherweise für den Export der Waren benötigt. Wenn der Käufer beabsichtigt, die Waren zu exportieren, und er Probleme bei der Durchführung der Ausfuhrabfertigung erwartet, wäre der Käufer besser beraten, die FCA-Klausel zu wählen, gemäß der die Verpflichtung und Kosten für die Erlangung der Ausfuhrabfertigung vom Verkäufer übernommen werden.

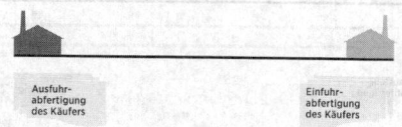

401 **A. VERPFLICHTUNGEN DES VERKÄUFERS. A1. Allgemeine Verpflichtungen.** Der Verkäufer hat die Ware und die Handelsrechnung in Übereinstimmung mit dem Kaufvertrag bereitzustellen und jeden sonstigen vertraglich vereinbarten Konformitätsnachweis zu erbringen.

Jedes vom Verkäufer bereitzustellende Dokument kann in Papierform oder in elektronischer Form vorliegen, je nachdem, wie dies zwischen den Parteien vereinbart wird oder handelsüblich ist.

A2. Lieferung. Der Verkäufer hat die Ware zu liefern, indem er sie dem Käufer am genannten Lieferort, an der gegebenenfalls vereinbarten Stelle, zur Verfügung stellt, jedoch ohne Verladung auf das abholende Beförderungsmittel. Wurde am benannten Lieferort keine bestimmte Stelle für die Lieferung vereinbart und kommen mehrere Stellen in Betracht, kann der Verkäufer die Stelle auswählen, die für diesen Zweck am besten geeignet ist. Der Verkäufer hat die Ware zum vereinbarten Zeitpunkt oder innerhalb des vereinbarten Zeitraums zu liefern.

A3. Gefahrübergang. Der Verkäufer trägt bis zur Lieferung gemäß A2 alle Gefahren des Verlusts oder der Beschädigung der Ware, mit Ausnahme von Verlust oder Beschädigung unter den in B3 beschriebenen Umständen.

A4. Transport. Der Verkäufer hat gegenüber dem Käufer keine Verpflichtung, einen Beförderungsvertrag abzuschließen.

Jedoch muss der Verkäufer dem Käufer auf dessen Verlangen, Gefahr und Kosten jegliche im Besitz des Verkäufers befindliche Informationen zur Verfügung stellen, einschließlich transportbezogener Sicherheitsanforderungen, die der Käufer für die Organisation des Transports benötigt.

A5. Versicherung. Der Verkäufer hat gegenüber dem Käufer keine Verpflichtung, einen Versicherungsvertrag abzuschließen. Jedoch muss der Verkäufer dem Käufer auf dessen Verlangen, Gefahr und Kosten jeweils im Besitz des Verkäufers befindliche Informationen zur Verfügung stellen, die der Käufer zur Erlangung des Versicherungsschutzes benötigt.

A6. Liefer-/Transportdokument. Der Verkäufer hat gegenüber dem Käufer keine Verpflichtung.

A7. Ausfuhr-/Einfuhrabfertigung. Soweit zutreffend, hat der Verkäufer den Käufer auf dessen Verlangen, Gefahr und Kosten bei der Beschaffung von Dokumenten und/oder Informationen für alle Ausfuhr-/Transit-/Einfuhrabfertigungsformalitäten, die von den Ausfuhr-/Transit-/ Einfuhrländern vorgeschrieben sind, zu unterstützen, z. B.:

- Ausfuhr-/Durchfuhr-/Einfuhrgenehmigung;
- Sicherheitsfreigabe für Ausfuhr/Durchfuhr/Einfuhr;
- Warenkontrolle vor der Verladung; und
- sonstige behördliche Genehmigungen.

A8. Prüfung/Verpackung/Kennzeichnung. Der Verkäufer hat die Kosten jener Prüfvorgänge (z. B. Qualitäts prüfung, Messen, Wiegen und Zählen) zu tragen, die notwendig sind, um die Ware gemäß A2 zu liefern.
Der Verkäufer hat auf eigene Kosten die Ware zu verpacken, es sei denn es ist handelsüblich, die jeweilige Art der verkauften Ware unverpackt zu transportieren. Der Verkäufer muss die Ware in der für ihren Transport geeigneten Weise verpacken und kennzeichnen, es sei denn, die Parteien haben genaue Verpackungs- oder Kennzeichnungsanforderungen vereinbart.

A9. Kostenverteilung. Der Verkäufer muss bis zur Lieferung gemäß A2 alle die Ware betreffenden Kosten tragen, ausgenommen die gemäß B9 vom Käufer zu tragenden Kosten.

A10. Benachrichtigungen. Der Verkäufer muss den Käufer über alles Nötige benachrichtigen, damit dieser die Ware übernehmen kann.

B. VERPFLICHTUNGEN DES KÄUFERS. B1. Allgemeine Verpflichtungen. Der Käufer hat den im Kaufvertrag **402** genannten Preis der Ware zu zahlen.
Jedes vom Käufer bereitzustellende Dokument kann in Papierform oder in elektronischer Form vorliegen, je nachdem, wie dies zwischen den Parteien vereinbart wird oder handelsüblich ist.

B2. Übernahme. Der Käufer muss die Ware übernehmen, wenn sie gemäß A2 geliefert wurde und eine entsprechende Benachrichtigung gemäß A10 ergangen ist.

B3. Gefahrübergang. Der Käufer trägt ab dem Zeitpunkt der Lieferung gemäß A2 alle Gefahren des Verlusts oder der Beschädigung der Ware.
Falls der Käufer keine Benachrichtigung gemäß B10 erteilt, trägt der Käufer alle Gefahren des Verlusts oder der Beschädigung der Ware ab dem vereinbarten Lieferzeitpunkt oder nach dem Ende des vereinbarten Lieferzeitraums, vorausgesetzt, die Ware wurde eindeutig als die vertragliche Ware kenntlich gemacht.

B4. Transport. Es ist dem Käufer überlassen, auf eigene Kosten einen Vertrag über die Beförderung der Ware vom benannten Lieferort abzuschließen oder zu organisieren.

B5. Versicherung. Der Käufer hat gegenüber dem Verkäufer keine Verpflichtung, einen Versicherungsvertrag abzuschließen.

B6. Liefernachweis. Der Käufer hat dem Verkäufer einen angemessenen Nachweis der Warenübernahme zu erbringen.

B7. Ausfuhr-/Einfuhrabfertigung. Gegebenenfalls hat der Käufer alle Ausfuhr-/Transit-/Einfuhrabfertigungsformalitäten durchzuführen und zu bezahlen, die von den Ausfuhr-/Transit-/Einfuhrländern vorgeschrieben sind, z. B.:

- Ausfuhr-/Durchfuhr-/Einfuhrgenehmigung;
- Sicherheitsfreigabe für Ausfuhr/Durchfuhr/Einfuhr;
- Warenkontrolle vor der Verladung; und
- sonstige behördliche Genehmigungen.

B8. Prüfung/Verpackung/Kennzeichnung. Der Käufer hat gegenüber dem Verkäufer keine Verpflichtung.

B9. Kostenverteilung. Der Käufer muss

a) alle die Ware betreffenden Kosten ab dem Zeitpunkt der Lieferung gemäß A2 tragen;
b) dem Verkäufer alle Kosten und Gebühren erstatten, die dem Verkäufer durch die Unterstützung bei der Beschaffung der erforderlichen Dokumente und Informationen gemäß A4, A5 oder A7 entstanden sind;
c) ggf. alle Zölle, Steuern und sonstigen Abgaben und Gebühren sowie die bei der Ausfuhr fälligen Kosten der Zollformalitäten tragen; und

Fest

d) alle zusätzlichen Kosten tragen, die entweder dadurch entstanden sind, dass die ihm zur Verfügung gestellte Ware nicht übernommen worden oder keine Benachrichtigung gemäß B10 erfolgt ist, vorausgesetzt, die Ware ist eindeutig als die vertragliche Ware kenntlich gemacht worden.

B10. Benachrichtigungen. Wenn vereinbart wurde, dass der Käufer berechtigt ist, innerhalb eines vereinbarten Zeitraums den Zeitpunkt und/oder am benannten Ort die Stelle für die Warenübernahme zu bestimmen, muss der Käufer den Verkäufer hierüber in geeigneter Weise benachrichtigen.

FCA | Frei Frachtführer

403   **FCA** (fügen Sie den benannten Lieferort ein) *Incoterms® 2020*

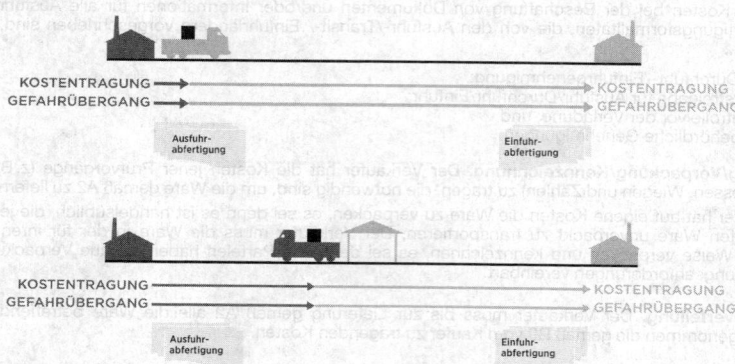

ERLÄUTERNDE KOMMENTARE FÜR NUTZER.

404   1. **Lieferung und Gefahrübergang** – Bei Nutzung der Klausel „Frei Frachtführer (benannter Ort)" liefert der Verkäufer die Waren in einer von zwei Verfahrensweisen an den Käufer.
- Wenn der benannte Ort auf dem Gelände des Verkäufers liegt, gelten die Waren als geliefert,
   - sobald sie auf das vom Käufer organisierte Beförderungsmittel verladen wurden.

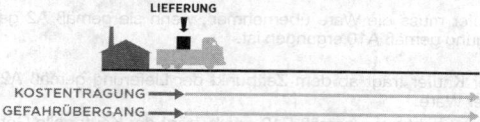

- Wenn der benannte Ort hingegen an einem anderen Ort liegt, gelten die Waren als geliefert,
   - wenn sie nach der Verladung auf das Beförderungsfahrzeug des Verkäufers,
   - den benannten anderen Ort erreichen und
   - auf diesem Beförderungsmittel des Verkäufers entladebereit sind sowie
   - dem Frachtführer oder einer anderen vom Käufer benannten Person zur Verfügung stehen.

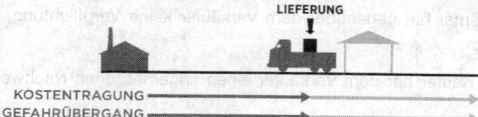

Unabhängig davon, welcher dieser beiden Orte als Lieferort gewählt wird, legt dieser Ort damit fest, wo und wann der Gefahr- und Kostenübergang vom Verkäufer auf den Käufer erfolgt.

2. **Transportart** – Diese Klausel kann unabhängig von der gewählten Transportart verwendet werden, auch dann, wenn mehr als eine Transportart zum Einsatz kommt.

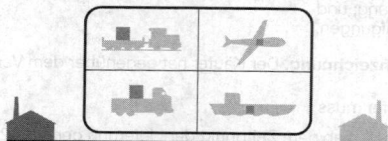

3. **Lieferort oder -stelle** – Ein Verkauf gemäß FCA kann abgeschlossen werden, indem lediglich der Lieferort benannt wird, der auf dem Gelände des Verkäufers oder an einem anderen *Ort* liegen kann, ohne dass die genaue Stelle für die Lieferung an diesem benannten Lieferort festgelegt wird. Die Parteien sind jedoch gut

beraten, *auch* die konkrete Stelle am benannten Lieferort so genau wie möglich zu bezeichnen. Eine genau benannte *Lieferstelle* ermöglicht es beiden Parteien, deutlich zu erkennen, wann bzw. wo die Ware geliefert wird und der Gefahrübergang auf den Käufer erfolgt; eine solch präzise Angabe markiert auch den Punkt, ab dem die Kosten zu Lasten des Käufers gehen. Wird auf eine genaue Bezeichnung dieser konkreten Stelle verzichtet, kann dies für den Käufer zu Problemen führen. Der Verkäufer hat in diesem Fall das Recht, die Stelle auszuwählen, „die für den Zweck am besten geeignet ist": Diese Stelle wird zur Lieferstelle, ab der der Gefahren- und Kostenübergang auf den Käufer erfolgt. Falls die genaue Lieferstelle im Vertrag nicht benannt wird, gilt die Annahme, dass die Parteien es dem Verkäufer überlassen, die Stelle auszuwählen, „die für diesen Zweck am besten geeignet ist". In diesem Fall trägt jedoch der Käufer die Gefahr, dass die vom Verkäufer ggf. gewählte Lieferstelle möglicherweise in der Nähe einer Stelle liegt, an der die betreffende Ware verloren geht oder beschädigt wird. Für den Käufer ist es daher am besten, an einem Lieferort die genaue Stelle auszuwählen, an der die Lieferung stattfinden soll.

4. **„oder so gelieferte Ware beschafft"** – Der Begriff „beschaffen" bezieht sich hier auf mehrere hintereinander geschaltete Verkäufe in einer Verkaufskette („string sales"), die häufig, wenn auch nicht ausschließlich, im Rohstoffhandel vorkommen.

5. **Ausfuhr-/Einfuhrabfertigung** – FCA verpflichtet den Verkäufer, die Ware nötigenfalls zur Ausfuhr freizumachen. Jedoch hat der Verkäufer keine Verpflichtung, die Ware zur Einfuhr oder Durchfuhr durch Drittländer freizumachen, Einfuhrzölle zu zahlen oder Einfuhrzollformalitäten zu erledigen.

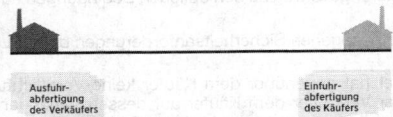

Ausfuhr-
abfertigung
des Verkäufers

Einfuhr-
abfertigung
des Käufers

6. **Konnossemente mit An-Bord-Vermerk bei FCA-Verkäufen** – Es ist bereits bekannt, dass FCA für Verwendungen unabhängig von der/den gewählten Transportart(en) vorgesehen ist. Wenn Ware z. B. von einer LKW-Spedition des Käufers in Las Vegas abgeholt werden soll, wäre es unüblich, vom Frachtführer zu erwarten, dass er *ab Las Vegas* ein Konnossement mit An-Bord-Vermerk ausstellt, da dieser Ort kein Hafen ist und von einem Schiff somit nicht angefahren werden kann, um die Ware an Bord zu nehmen. Dennoch kann es bei Verkäufern, die unter der Klausel FCA Las Vegas verkaufen, manchmal vorkommen, dass sie ein Konnossement mit An-Bord-Vermerk *benötigen* (üblicherweise wenn Bankeinzug oder Akkreditiv vorgeschrieben ist), obgleich in diesem Fall unbedingt angegeben werden muss, dass die Ware in Los Angeles an Bord verladen, jedoch in Las Vegas zum Transport in Empfang genommen wurde. Damit auch solche Fälle abgedeckt sind, in denen ein FCA-Verkäufer ein Konnossement mit einem An-Bord-Vermerk benötigt, ist laut FCA-Klausel der *Incoterms® 2020* erstmals folgendes optionales Verfahren gestattet. Bei entsprechender Vereinbarung der Parteien im Kaufvertrag hat der Käufer seinen Frachtführer anzuweisen, dem Verkäufer ein Konnossement mit An-Bord-Vermerk auszustellen. Der Frachtführer kann selbstverständlich die Forderung des Käufers erfüllen oder ablehnen, da der Frachtführer nur dann verpflichtet und berechtigt ist, ein derartiges Konnossement auszustellen, sobald die Ware in Los Angeles verladen wurde. Wenn der Frachtführer dem Verkäufer das Konnossement auf Kosten und Gefahr des Käufers ausstellt, muss der Verkäufer jedoch dieses Dokument an den Käufer übermitteln, der das Konnossement zum Erhalt der Ware vom Frachtführer benötigt. Dieses optionale Verfahren wird jedoch überflüssig, wenn sich beide Parteien darauf geeinigt haben, dass der Verkäufer dem Käufer ein Konnossement vorlegt, in dem lediglich festgestellt wird, dass die Ware zur Verladung entgegengenommen wurde, jedoch nicht, dass die Verladung an Bord erfolgt ist. Des Weiteren sollte auch betont werden, dass selbst bei Übernahme dieses optionalen Verfahrens der Verkäufer gegenüber dem Käufer keine Verpflichtung im Hinblick auf die Bedingungen des Beförderungsvertrags hat. Schließlich werden bei Übernahme dieses optionalen Verfahrens die Termine für die Lieferung im Inland und die Verladung an Bord zwangsläufig unterschiedlich sein, wodurch sich für einen Verkäufer, der an die Bedingungen eines Akkreditivs gebunden ist, unter Umständen Schwierigkeiten ergeben können.

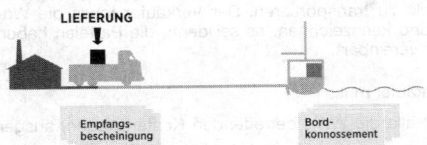

LIEFERUNG

Empfangs-
bescheinigung
usw.

Bord-
konnossement

A. VERPFLICHTUNGEN DES VERKÄUFERS. A1. Allgemeine Verpflichtungen. Der Verkäufer hat die Ware **405** und die Handelsrechnung in Übereinstimmung mit dem Kaufvertrag bereitzustellen und jeden sonstigen vertraglich vereinbarten Konformitätsnachweis zu erbringen.

Jedes vom Verkäufer bereitzustellende Dokument kann in Papierform oder in elektronischer Form vorliegen, je nachdem, wie dies zwischen den Parteien vereinbart wird oder handelsüblich ist.

A2. Lieferung. Der Verkäufer hat die Ware an den Frachtführer oder eine andere vom Käufer benannte Person an der gegebenenfalls vereinbarten Stelle am benannten Ort zu liefern oder bereits so gelieferte Ware zu beschaffen.

Der Verkäufer muss die Ware

1. am vereinbarten Tag oder
2. zu dem innerhalb der vereinbarten Lieferfrist liegenden Termin, der vom Käufer gemäß B10(b) mitgeteilt wurde, oder,
3. wenn ein derartiger Termin nicht mitgeteilt wurde, zum Ende der vereinbarten Frist liefern.

Die Lieferung ist abgeschlossen,

a) falls der benannte Ort auf dem Gelände des Verkäufers liegt; sobald die Ware auf das vom Käufer bereitgestellte Beförderungsmittel verladen worden ist; oder

b) in allen anderen Fällen, sobald die Ware dem Frachtführer oder einer anderen vom Käufer benannten Person auf dem Beförderungsmittel des Verkäufers entladebereit zur Verfügung gestellt wird.

Wenn der Käufer am benannten Lieferort keine bestimmte Stelle gemäß B10(d) mitgeteilt hat und mehrere Stellen in Betracht kommen, kann der Verkäufer jene Stelle auswählen, die für den betreffenden Zweck am besten geeignet ist.

A3. Gefahrübergang. Der Verkäufer trägt bis zur Lieferung gemäß A2 alle Gefahren des Verlusts oder der Beschädigung der Ware, mit Ausnahme von Verlust oder Beschädigung unter den in B3 beschriebenen Umständen.

A4. Transport. Der Verkäufer hat gegenüber dem Käufer keine Verpflichtung, einen Beförderungsvertrag abzuschließen. Jedoch muss der Verkäufer dem Käufer auf dessen Verlangen, Gefahr und Kosten jeweils im Besitz des Verkäufers befindliche Informationen zur Verfügung stellen, einschließlich transportbezogener Sicherheitsanforderungen, die der Käufer für die Organisation des Transports benötigt. Bei entsprechender Vereinbarung muss der Verkäufer einen Beförderungsvertrag zu den üblichen Bedingungen auf Gefahr und Kosten des Käufers abschließen.

Der Verkäufer muss alle transportbezogenen Sicherheitsanforderungen bis zur Lieferung erfüllen.

A5. Versicherung. Der Verkäufer hat gegenüber dem Käufer keine Verpflichtung, einen Versicherungsvertrag abzuschließen. Jedoch muss der Verkäufer dem Käufer auf dessen Verlangen, Gefahr und Kosten jeweils im Besitz des Verkäufers befindliche Informationen zur Verfügung stellen, die der Käufer zur Erlangung des Versicherungsschutzes benötigt.

A6. Liefer-/Transportdokument. Der Verkäufer hat gegenüber dem Käufer auf eigene Kosten den üblichen Nachweis zu erbringen, dass die Ware gemäß A2 geliefert worden ist.

Der Verkäufer hat den Käufer auf dessen Verlangen, Gefahr und Kosten bei der Beschaffung eines Transportdokuments zu unterstützen.

Wenn der Käufer den Frachtführer angewiesen hat, dem Verkäufer ein Transportdokument gemäß B6 auszustellen, muss der Verkäufer dieses Dokument dem Käufer aushändigen.

A7. Ausfuhr-/Einfuhrabfertigung.

a) **Ausfuhrabfertigung**
Gegebenenfalls hat der Verkäufer alle Ausfuhrabfertigungsformalitäten durchzuführen und zu bezahlen, die von dem jeweiligen Ausfuhrland vorgeschrieben sind, z. B.:

‣ Ausfuhrgenehmigung;
‣ Sicherheitsfreigabe für die Ausfuhr;
‣ Warenkontrolle vor der Verladung; und
‣ sonstige behördliche Genehmigungen.

b) **Unterstützung bei der Einfuhrabfertigung** Gegebenenfalls hat der Verkäufer den Käufer auf dessen Verlangen, Gefahr und Kosten bei der Beschaffung von Dokumenten und/oder Informationen für alle Transit-/Einfuhrabfertigungsformalitäten zu unterstützen, einschließlich Sicherheitsanforderungen und Warenkontrollen vor der Verladung, die von den Transit-/Einfuhrländern vorgeschrieben sind.

A8. Prüfung/Verpackung/Kennzeichnung. Der Verkäufer hat die Kosten jener Prüfvorgänge (z. B. Qualitätsprüfung, Messen, Wiegen und Zählen) zu tragen, die notwendig sind, um die Ware gemäß A2 zu liefern.

Der Verkäufer hat auf eigene Kosten die Ware zu verpacken, es sei denn, es ist handelsüblich, die jeweilige Art der verkauften Ware unverpackt zu transportieren. Der Verkäufer muss die Ware in der für ihren Transport geeigneten Weise verpacken und kennzeichnen, es sei denn, die Parteien haben genaue Verpackungs- oder Kennzeichnungsanforderungen vereinbart.

A9. Kostenverteilung. Der Verkäufer muss

a) bis zur Lieferung gemäß A2 alle die Ware betreffenden Kosten tragen, ausgenommen die gemäß B9 vom Käufer zu tragenden Kosten;

b) die Kosten für die Erbringung des üblichen Nachweises für den Käufer gemäß A6 tragen, aus dem hervorgeht, dass die Ware geliefert wurde;

c) gegebenenfalls Zölle, Steuern und sonstige Kosten in Zusammenhang mit der Ausfuhrabfertigung gemäß A7 (a) tragen; und

d) dem Käufer alle Kosten und Gebühren erstatten, die dem Käufer durch die Unterstützung bei der Beschaffung der erforderlichen Dokumente und Informationen gemäß B7(a) entstanden sind.

A10. Benachrichtigungen. Der Verkäufer hat den Käufer hinreichend darüber zu benachrichtigen, dass die Ware gemäß A2 geliefert wurde oder dass der Frachtführer bzw. eine andere vom Käufer benannte Person die Ware innerhalb der vereinbarten Frist nicht übernommen hat.

406   **B. VERPFLICHTUNGEN DES KÄUFERS. B1. Allgemeine Verpflichtungen.** Der Käufer hat den im Kaufvertrag genannten Preis der Ware zu zahlen.

Jedes vom Käufer bereitzustellende Dokument kann in Papierform oder in elektronischer Form vorliegen, je nachdem, wie dies zwischen den Parteien vereinbart wird oder handelsüblich ist.

B2. Übernahme. Der Käufer muss die Ware übernehmen, wenn sie gemäß A2 geliefert wurde.

B3. Gefahrübergang. Der Käufer trägt ab dem Zeitpunkt der Lieferung gemäß A2 alle Gefahren des Verlusts oder der Beschädigung der Ware.

Falls

a) der Käufer es versäumt, einen Frachtführer oder eine andere Person gemäß A2 zu benennen oder eine Benachrichtigung gemäß B10 zu erteilen; oder

b) der Frachtführer oder die vom Käufer gemäß B10(a) benannte Person es versäumt, die Ware zu übernehmen, trägt der Käufer alle Gefahren des Verlusts oder der Beschädigung der Ware

    (i) ab dem vereinbarten Zeitpunkt oder, wenn kein bestimmter Zeitpunkt vereinbart wurde,

    (ii) ab dem vom Käufer gemäß B10(b) ausgewählten Zeitpunkt; oder, falls ein solcher Zeitpunkt nicht mitgeteilt wurde,

    (ii) ab dem Ende des jeweils vereinbarten Lieferzeitraums,

vorausgesetzt, die Ware wurde eindeutig als die vertragliche Ware kenntlich gemacht.

B4. Transport. Der Käufer muss auf eigene Kosten einen Vertrag über die Beförderung der Ware vom benannten Lieferort schließen oder den Warentransport organisieren, es sei denn, der Beförderungsvertrag wird vom Verkäufer, wie in A4 geregelt, abgeschlossen.

B5. Versicherung. Der Käufer hat gegenüber dem Verkäufer keine Verpflichtung, einen Versicherungsvertrag abzuschließen.

B6. Liefer-/Transportdokument. Der Käufer muss den Nachweis über eine erfolgte Lieferung der Ware gemäß A2 annehmen.

Bei entsprechender Vereinbarung der Parteien muss der Käufer seinen Frachtführer anweisen, dem Verkäufer auf Kosten und Gefahr des Käufers ein Transportdokument auszustellen, aus dem hervorgeht, dass die Ware verladen wurde (z. B. ein Konnossement mit An-Bord-Vermerk).

B7. Ausfuhr-/Einfuhrabfertigung.

a) **Unterstützung bei Ausfuhrabfertigung**

Gegebenenfalls hat der Käufer den Verkäufer auf dessen Verlangen, Gefahr und Kosten bei der Beschaffung von Dokumenten und/oder Informationen für alle Ausfuhrabfertigungsformalitäten, einschließlich Sicherheits-anforderungen und Warenkontrollen vor der Verladung, die von dem betreffenden Ausfuhrland vorgeschrie-ben sind, zu unterstützen.

b) **Einfuhrabfertigung**

Gegebenenfalls hat der Käufer alle Formalitäten durchzuführen und zu bezahlen, die von dem betreffenden Transit- und Einfuhrland vorgeschrieben sind, z. B.:

▸ Einfuhrgenehmigung und ggf. erforderliche Durchfuhrgenehmigungen;

▸ Sicherheitsfreigabe für die Einfuhr und etwaige Durchfuhr;

▸ Warenkontrolle vor der Verladung; und

▸ sonstige behördliche Genehmigungen.

B8. Prüfung/Verpackung/Kennzeichnung. Der Käufer hat gegenüber dem Verkäufer keine Verpflichtung.

B9. Kostenverteilung. Der Käufer muss

a) alle die Ware betreffenden Kosten ab dem Zeitpunkt der Lieferung gemäß A2 tragen, mit Ausnahme der gemäß A9 vom Verkäufer zu übernehmenden Kosten;

b) dem Verkäufer alle Kosten und Gebühren erstatten, die dem Verkäufer durch die Unterstützung bei der Beschaffung der erforderlichen Dokumente und Informationen gemäß A4, A5, A6 und A7(b) entstanden sind;

c) gegebenenfalls Zölle, Steuern und sonstige Kosten in Zusammenhang mit der Transit- oder Einfuhrabfer-tigung gemäß B7(b) zahlen; und

d) alle zusätzlichen Kosten übernehmen, die entweder dadurch entstehen, dass

    (i) der Käufer es versäumt, einen Frachtführer oder eine andere gemäß B10 zu bestimmende Person zu benennen, oder

    (ii) der Frachtführer oder die vom Käufer gemäß B10 benannte Person es versäumt, die Ware zu übernehmen, vorausgesetzt, die Ware wurde eindeutig als die vertragliche Ware kenntlich gemacht.

B10. Benachrichtigungen. Der Käufer muss den Verkäufer über folgende Einzelheiten in Kenntnis setzen:

a) Name des Frachtführers oder einer anderen benannten Person, wobei diese Inkenntnissetzung innerhalb einer ausreichenden Frist erfolgen muss, um dem Verkäufer die Lieferung der Ware gemäß A2 zu ermöglichen;

b) gewählter Zeitpunkt innerhalb des vereinbarten Lieferzeitraums, an dem der Frachtführer oder die benannte Person die Ware übernehmen wird;

c) Transportart, die vom Frachtführer oder von der benannten Person genutzt wird, einschließlich aller trans-portbezogener Sicherheitsanforderungen; und

d) die Stelle, an der die Ware am benannten Lieferort entgegengenommen wird.

CPT | Frachtfrei

407 CPT (fügen Sie den benannten Bestimmungsort ein) *Incoterms® 2020*

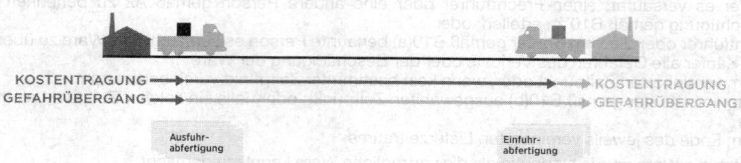

ERLÄUTERNDE KOMMENTARE FÜR NUTZER.

408 1. **Lieferung und Gefahrübergang** – Bei Nutzung der Klausel „Frachtfrei" erfolgen die Lieferung der Ware und der Gefahrübergang vom Verkäufer an den Käufer
- durch Übergabe der Ware an den Frachtführer,
- welcher vom Verkäufer beauftragt wurde,
- oder durch Verschaffung der so gelieferten Ware.
- Hierzu kann der Verkäufer die Ware in einer für die verwendete Transportart geeigneten Art und Weise und an einem diesbezüglich geeigneten Ort in den Besitz des Frachtführers übergeben.

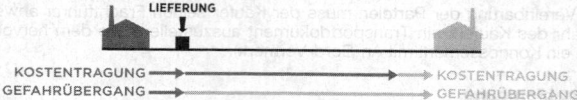

Nach der so erfolgten Lieferung der Ware an den Käufer übernimmt der Verkäufer jedoch keine Garantie dafür, dass die Ware ihren Bestimmungsort in einwandfreiem Zustand oder in der angegebenen Qualität erreicht bzw. dass die Ware überhaupt am Bestimmungsort eintrifft. Der Grund hierfür ist, dass mit Lieferung der Ware an den Käufer durch Übergabe an den Frachtführer zugleich auch der Gefahrübergang vom Verkäufer auf den Käufer erfolgt; ungeachtet dessen muss jedoch der Verkäufer einen Vertrag zur Beförderung der Ware vom Lieferort zum vereinbarten Bestimmungsort abschließen. Somit könnte beispielsweise Ware an einen Frachtführer in Las Vegas (das keinen Hafen besitzt) für den Transport nach Southampton (mit Hafen) oder Winchester (wiederum ohne Hafen) übergeben werden. In jedem Fall erfolgen die Lieferung und der damit verbundene Gefahrübergang auf den Käufer in Las Vegas, wobei der Verkäufer jedoch einen Beförderungsvertrag für den Transport der Ware nach Southampton oder Winchester abzuschließen hat.

2. **Transportart** – Diese Klausel kann unabhängig von der gewählten Transportart verwendet werden, auch dann, wenn mehr als eine Transportart zum Einsatz kommt.

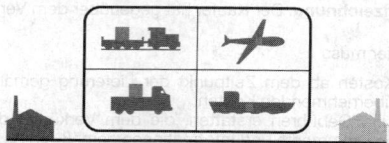

3. **Lieferorte (oder -stellen) und Bestimmungsorte** – In der Klausel CPT sind zwei Orte wichtig: der Ort oder ggf. die Stelle der Lieferung der Ware (Punkt des Gefahrübergangs) und der Ort oder die Stelle, der bzw. die als Bestimmungsort der Ware vereinbart wurde (die Stelle, bis zu der der vom Verkäufer abzuschließende Beförderungsvertrag gilt).

4. **Genaue Bezeichnung des Lieferortes oder der Lieferstelle** – Die Parteien sind gut beraten, beide Orte oder ggf. Stellen an diesem Ort im Kaufvertrag so genau wie möglich anzugeben. Eine möglichst präzise Bezeichnung des Lieferortes oder ggf. der Lieferstelle ist von großer Bedeutung, um häufig eintretende Situationen zu meistern, in denen mehrere Frachtführer für jeweils unterschiedliche Teilstrecken des Transports von Lieferort bis zum Bestimmungsort beauftragt sind. Wenn dies geschieht und sich die Parteien nicht auf einen konkreten Lieferort oder eine genaue Lieferstelle einigen, erfolgt der Gefahrübergang üblicherweise, sobald die Ware an den ersten Frachtführer übergeben wird; die Auswahl der Stelle, an der die Lieferung erfolgen soll, liegt in diesen Fällen allein im Ermessen des Verkäufers, während der Käufer darauf keinen Einfluss hat. Wünschen die Parteien einen Gefahrübergang zu einem späteren (z. B. an einem See-, Fluss- oder Flughafen) oder früheren Zeitpunkt (z. B. einem Ort im Inland, der eine gewisse Strecke von einem See- oder Flusshafen entfernt liegt), dann müssen die Parteien dies in ihrem Kaufvertrag festlegen und sorgfältig über die möglichen Folgen nachdenken, die sich ergeben würden, falls die Ware verloren gehen oder beschädigt werden sollte.

5. **Möglichst genaue Bezeichnung des Bestimmungsortes** – Die Parteien sind außerdem gut beraten, am vereinbarten Bestimmungsort die Stelle so genau wie möglich anzugeben, da dies die Stelle ist, bis zu der der Verkäufer den Beförderungsvertrag abschließen muss und folglich die Transportkosten bis zu dieser Stelle zu Lasten des Verkäufers gehen.

6. **„oder durch Verschaffung der so gelieferten Ware"** – Der Begriff „Verschaffung" bezieht sich hier auf mehrere hintereinander geschaltete Verkäufe in einer Verkaufskette („string sales"), die häufig, wenn auch nicht ausschließlich, im Rohstoffhandel vorkommen.

7. **Kosten der Entladung am Bestimmungsort** – Entstehen dem Verkäufer gemäß seinem Beförderungsvertrag Kosten in Zusammenhang mit der Entladung am benannten Bestimmungsort, so ist der Verkäufer nicht berechtigt, diese Kosten zusätzlich vom Käufer zurückzufordern, sofern nichts anderes zwischen den Parteien vereinbart ist.

8. Ausfuhr-/Einfuhrabfertigung – CPT verpflichtet den Verkäufer, die Ware nötigenfalls zur Ausfuhr freizuma-chen. Jedoch hat der Verkäufer keinerlei Verpflichtungen, die Ware zur Einfuhr oder Durchfuhr durch Dritt-länder freizumachen, Einfuhrzölle zu zahlen oder Einfuhrzollformalitäten zu erledigen.

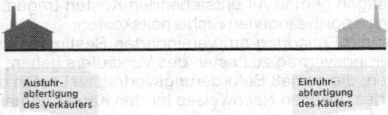

A. VERPFLICHTUNGEN DES VERKÄUFERS. A1. Allgemeine Verpflichtungen. Der Verkäufer hat die Ware **409** und die Handelsrechnung in Übereinstimmung mit dem Kaufvertrag bereitzustellen und jeden sonstigen ver-traglich vereinbarten Konformitätsnachweis zu erbringen.

Jedes vom Verkäufer bereitzustellende Dokument kann in Papierform oder in elektronischer Form vorliegen, je nachdem, wie dies zwischen den Parteien vereinbart wird oder handelsüblich ist.

A2. Lieferung. Der Verkäufer hat die Ware zu liefern, indem er sie an den gemäß A4 beauftragten Frachtführer übergibt oder indem er die so gelieferte Ware beschafft. In jedem Fall muss der Verkäufer die Ware zum vereinbarten Termin oder innerhalb der vereinbarten Frist liefern.

A3. Gefahrübergang. Der Verkäufer trägt bis zur Lieferung gemäß A2 alle Gefahren des Verlusts oder der Beschädigung der Ware, mit Ausnahme von Verlust oder Beschädigung unter den in B3 beschriebenen Umstän-den.

A4. Transport. Der Verkäufer hat für die Ware einen Beförderungsvertrag von der gegebenenfalls vereinbarten Lieferstelle am Lieferort bis zum benannten Bestimmungsort oder einer gegebenenfalls vereinbarten Stelle an diesem Ort abzuschließen oder zu beschaffen. Der Beförderungsvertrag ist zu den üblichen Bedingungen auf Kosten des Verkäufers abzuschließen und hat die Beförderung auf der üblichen Route in der üblichen Weise und mit einem Transportmittel der Bauart zu gewährleisten, die normalerweise für den Transport der verkauften Warenart verwendet wird. Ist keine bestimmte Stelle vereinbart und ergibt sie sich auch nicht aus der Handels-praxis, kann der Verkäufer die Stelle am Lieferort und am benannten Bestimmungsort auswählen, die für den Zweck am besten geeignet ist.

Der Verkäufer muss alle transportbezogenen Sicherheitsanforderungen für die Beförderung der Waren bis zum Bestimmungsort erfüllen.

A5. Versicherung. Der Verkäufer hat gegenüber dem Käufer keine Verpflichtung, einen Versicherungsvertrag abzuschließen. Jedoch muss der Verkäufer dem Käufer auf dessen Verlangen, Gefahr und Kosten jeweils im Besitz des Verkäufers befindliche Informationen zur Verfügung stellen, die der Käufer zur Erlangung des Ver-sicherungsschutzes benötigt.

A6. Liefer-/Transportdokument. Falls handelsüblich oder falls der Käufer es verlangt, hat der Verkäufer auf eigene Kosten dem Käufer das oder die übliche/n Transportdokument/e für den gemäß A4 vertraglich ver-einbarten Transport zur Verfügung zu stellen.

Dieses Transportdokument muss die vertragliche Ware erfassen und innerhalb der zur Versendung vereinbarten Frist datiert sein. Falls vereinbart oder handelsüblich, muss das Dokument den Käufer auch in die Lage ver-setzen, die Herausgabe der Ware bei dem Frachtführer am benannten Bestimmungsort einfordern zu können und es dem Käufer ermöglichen, die Ware während des Transports durch Übergabe des Dokuments an einen nachfolgenden Käufer oder durch Benachrichtigung an den Frachtführer zu verkaufen.

Wird ein solches Transportdokument als begebbares Dokument und in mehreren Originalen ausgestellt, muss dem Käufer ein vollständiger Satz von Originalen übergeben werden.

A7. Ausfuhr-/Einfuhrabfertigung.

a) **Ausfuhrabfertigung**
  Gegebenenfalls hat der Verkäufer alle Ausfuhrabfertigungsformalitäten durchzuführen und zu bezahlen, die von den jeweiligen Ausfuhrland vorgeschrieben sind, z. B.
  ▸ Ausfuhrgenehmigung;
  ▸ Sicherheitsfreigabe für die Ausfuhr;
  ▸ Warenkontrolle vor der Verladung; und
  ▸ sonstige behördliche Genehmigungen.
b) **Unterstützung bei der Einfuhrabfertigung**
  Gegebenenfalls hat der Verkäufer den Käufer auf dessen Verlangen, Gefahr und Kosten bei der Beschaffung von Dokumenten und/oder Informationen für alle Transit-/Einfuhrabfertigungsformalitäten zu unterstützen, einschließlich Sicherheitsanforderungen und Warenkontrollen vor der Verladung, die von den Transit-/Einfuhr-ländern vorgeschrieben sind.

A8. Prüfung/Verpackung/Kennzeichnung. Der Verkäufer hat die Kosten jener Prüfvorgänge (z. B. Qualitäts-prüfung, Messen, Wiegen und Zählen) zu tragen, die notwendig sind, um die Ware gemäß A2 zu liefern.

Der Verkäufer hat auf eigene Kosten die Ware zu verpacken, es sei denn, es ist handelsüblich, die jeweilige Art der verkauften Ware unverpackt zu transportieren. Der Verkäufer muss die Ware in der für ihren Transport geeigneten Weise verpacken und kennzeichnen, es sei denn, die Parteien haben genaue Verpackungs- oder Kennzeichnungsanforderungen vereinbart.

A9. Kostenverteilung. Der Verkäufer muss

a) bis zur Lieferung gemäß A2 alle die Ware betreffenden Kosten tragen, ausgenommen die gemäß B9 vom Käufer zu tragenden Kosten;

b) Transportkosten und alle sonstigen gemäß A4 entstehenden Kosten tragen, einschließlich der Kosten für die Verladung der Ware und der transportbezogenen Sicherheitskosten;

c) alle Kosten und Gebühren für die Entladung am vereinbarten Bestimmungsort tragen, sofern diese Kosten und Gebühren gemäß Beförderungsvertrag zu Lasten des Verkäufers gehen;

d) die Kosten der Durchfuhr tragen, die gemäß Beförderungsvertrag zu Lasten des Verkäufers gehen;

e) die Kosten für die Erbringung des üblichen Nachweises für den Käufer gemäß A6 tragen, aus dem hervorgeht, dass die Ware geliefert wurde;

f) gegebenenfalls Zölle, Steuern und sonstige Kosten für die Ausfuhrabfertigung gemäß A7(a) tragen; und

g) dem Käufer alle Kosten und Gebühren erstatten, die dem Käufer durch die Unterstützung bei der Beschaffung der erforderlichen Dokumente und Informationen gemäß B7(a) entstanden sind.

A10. Benachrichtigungen. Der Verkäufer muss den Käufer benachrichtigen, dass die Ware gemäß A2 geliefert wurde.

Der Verkäufer muss den Käufer über alles Nötige benachrichtigen, damit dieser die Ware übernehmen kann.

410 B. VERPFLICHTUNGEN DES KÄUFERS. B1. Allgemeine Verpflichtungen. Der Käufer hat den im Kaufvertrag genannten Preis der Ware zu zahlen.

Jedes vom Käufer bereitzustellende Dokument kann in Papierform oder in elektronischer Form vorliegen, je nachdem, wie dies zwischen den Parteien vereinbart wird oder handelsüblich ist.

B2. Übernahme. Der Käufer muss die gemäß A2 gelieferte Ware übernehmen und am benannten Bestimmungsort oder ggf. an der an diesem Ort vereinbarten Stelle vom Frachtführer entgegennehmen.

B3. Gefahrübergang. Der Käufer trägt ab dem Zeitpunkt der Lieferung gemäß A2 alle Gefahren des Verlusts oder der Beschädigung der Ware.

Falls der Käufer keine Benachrichtigung gemäß B10 erteilt, trägt der Käufer alle Gefahren des Verlusts oder der Beschädigung der Ware ab dem vereinbarten Lieferzeitpunkt oder nach dem Ende des vereinbarten Lieferzeitraums, vorausgesetzt, die Ware wurde eindeutig als die vertragliche Ware kenntlich gemacht.

B4. Transport. Der Käufer hat gegenüber dem Verkäufer keine Verpflichtung, einen Beförderungsvertrag abzuschließen.

B5. Versicherung. Der Käufer hat gegenüber dem Verkäufer keine Verpflichtung, einen Versicherungsvertrag abzuschließen.

B6. Liefer-/Transportdokument. Der Käufer hat das gemäß A6 zur Verfügung gestellte Transportdokument anzunehmen, wenn es mit dem Vertrag übereinstimmt.

B7. Ausfuhr-/Einfuhrabfertigung.

a) **Unterstützung bei Ausfuhrabfertigung**
Gegebenenfalls hat der Käufer den Verkäufer auf dessen Verlangen, Gefahr und Kosten bei der Beschaffung von Dokumenten, und/oder Informationen für alle Ausfuhrabfertigungsformalitäten, einschließlich Sicherheitsanforderungen und Warenkontrollen vor der Verladung, zu unterstützen, die von dem betreffenden Ausfuhrland vorgeschrieben sind.

b) **Einfuhrabfertigung**
Gegebenenfalls hat der Käufer alle Formalitäten durchzuführen und zu bezahlen, die von dem betreffenden Transit- und Einfuhrland vorgeschrieben sind, z. B.:
▶ Einfuhrgenehmigung und ggf. erforderliche Durchfuhrgenehmigungen;
▶ Sicherheitsfreigabe für die Einfuhr und etwaige Durchfuhr;
▶ Warenkontrolle vor der Verladung; und
▶ sonstige behördliche Genehmigungen.

B8. Prüfung/Verpackung/Kennzeichnung. Der Käufer hat gegenüber dem Verkäufer keine Verpflichtung.

B9. Kostenverteilung. Der Käufer muss

a) alle die Ware betreffenden Kosten ab dem Zeitpunkt der Lieferung gemäß A2 tragen, mit Ausnahme der gemäß A9 vom Verkäufer zu übernehmenden Kosten;

b) die Kosten der Durchfuhr tragen, sofern diese Kosten nicht gemäß Beförderungsvertrag zu Lasten des Verkäufers gehen;

c) die Entladekosten tragen, sofern diese Kosten nicht gemäß Beförderungsvertrag zu Lasten des Verkäufers gehen;

d) dem Verkäufer alle Kosten und Gebühren erstatten, die dem Verkäufer durch die Unterstützung bei der Beschaffung der erforderlichen Dokumente und Informationen gemäß A5 und A7(b) entstanden sind;

e) gegebenenfalls Zölle, Steuern und sonstige Kosten in Zusammenhang mit der Transit- oder Einfuhrabfertigung gemäß B7(b) zahlen; und

f) alle zusätzlichen Kosten tragen, die ab dem vereinbarten Termin für die Versendung oder ab dem Ende des hierfür vereinbarten Zeitraums entstehen, falls er es versäumt, eine Benachrichtigung gemäß B10 zu erteilen, vorausgesetzt, die Ware wurde eindeutig als die vertragliche Ware kenntlich gemacht.

Fest

B10. Benachrichtigungen. Wenn vereinbart wurde, dass der Käufer berechtigt ist, den Zeitpunkt für die Versendung der Ware und/oder die Stelle für die Entgegennahme der Ware am benannten Bestimmungsort zu bestimmen, muss der Käufer den Verkäufer hierüber in hinreichender Weise benachrichtigen.

CIP | Frachtfrei versichert

CIP (fügen Sie den benannten Bestimmungsort ein) *Incoterms® 2020*   411

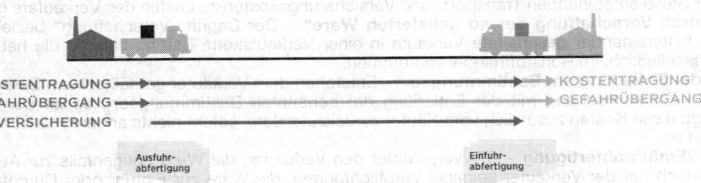

ERLÄUTERNDE KOMMENTARE FÜR NUTZER.

1. **Lieferung und Gefahrübergang** – Bei Nutzung der Klausel „Frachtfrei versichert" erfolgt die Lieferung der 412 Ware und der Gefahrübergang vom Verkäufer an den Käufer
   - durch Übergabe der Ware an den Frachtführer,
   - welcher vom Verkäufer beauftragt wurde,
   - oder durch Verschaffung der so gelieferten Ware.
   - Hierzu kann der Verkäufer die Ware in einer für die verwendete Transportart geeigneten Art und Weise und an einem diesbezüglich geeigneten Ort in den Besitz des Frachtführers übergeben.

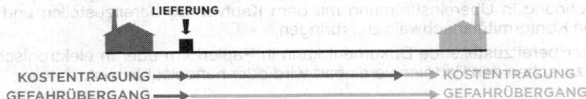

Nach der so erfolgten Lieferung der Ware an den Käufer übernimmt der Verkäufer jedoch keine Garantie dafür, dass die Ware ihren Bestimmungsort in einwandfreiem Zustand oder in der angegebenen Qualität erreicht bzw. dass die Ware überhaupt am Bestimmungsort eintrifft. Der Grund hierfür ist, dass mit Lieferung der Ware an den Käufer durch Übergabe an den Frachtführer zugleich auch der Gefahrübergang vom Verkäufer auf den Käufer erfolgt; ungeachtet dessen muss jedoch der Verkäufer einen Vertrag zur Beförderung der Ware vom Lieferort zum vereinbarten Bestimmungsort abschließen. Somit könnte beispielsweise Ware an einen Frachtführer in Las Vegas (das keinen Hafen besitzt) für den Transport nach Southampton (mit Hafen) oder Winchester (wiederum ohne Hafen) übergeben werden. In jedem Fall erfolgen die Lieferung und der damit verbundene Gefahrübergang auf den Käufer in Las Vegas, wobei der Verkäufer jedoch einen Beförderungsvertrag für den Transport der Ware nach Southampton oder Winchester abzuschließen hat.
2. **Transportart** – Diese Klausel kann unabhängig von der gewählten Transportart verwendet werden, auch dann, wenn mehrere Transportarten zum Einsatz kommen.

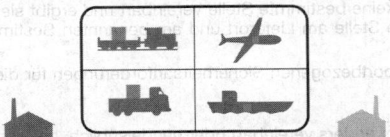

3. **Lieferorte (oder -stellen) und Bestimmungsorte** – In der Klausel CIP sind zwei Orte wichtig: der Ort oder die Stelle der Lieferung der Ware (für den Gefahrübergang) und der Ort oder die Stelle, der bzw. die als Bestimmungsort der Ware vereinbart wurde (die Stelle, bis zu der der vom Verkäufer abzuschließende Beförderungsvertrag gilt).
4. **Versicherung** – Der Verkäufer muss ebenfalls einen Versicherungsvertrag für die auf den Käufer übergehende Gefahr des Verlustes oder der Beschädigung der Ware während des Transports von der Lieferstelle mindestens bis zum Bestimmungsort abschließen. Dies kann zu Schwierigkeiten führen, wenn das Bestimmungsland vorschreibt, dass der Versicherungsschutz in diesem Land erworben werden muss: In diesem Fall sollten die Parteien in Betracht ziehen, unter der Klausel CPT zu verkaufen bzw. zu kaufen. Der Käufer sollte ebenfalls bedenken, dass der Verkäufer unter der Klausel CIP der Incoterms® 2020 für umfassenden Versicherungsschutz sorgen muss, um die Bedingungen der Klausel (A) der Institute Cargo Clauses oder einer ähnlichen Klausel zu erfüllen, wohingegen die Klausel (C) der Institute Cargo Clauses einen geringeren Versicherungsschutz vorsieht. Den Parteien steht jedoch immer noch die Möglichkeit offen, einen geringeren Versicherungsschutz zu vereinbaren.
5. **Genaue Bezeichnung des Lieferortes oder der Lieferstelle** – Die Parteien sind gut beraten, beide Orte oder ggf. Stellen an diesem Ort im Kaufvertrag so genau wie möglich anzugeben. Eine möglichst präzise Bezeichnung des Lieferortes oder ggf. der Lieferstelle ist von großer Bedeutung, um häufig eintretende Situationen zu meistern, in denen mehrere Frachtführer für jeweils unterschiedliche Teilstrecken des Transports von Lieferort bis zum Bestimmungsort beauftragt sind. Wenn dies geschieht und sich die Parteien nicht auf einen konkreten Lieferort oder eine genaue Lieferstelle einigen, erfolgt der Gefahrübergang üblicherweise, sobald die Ware an den ersten Frachtführer übergeben wird; die Auswahl der Stelle, an der die Lieferung erfolgen soll, liegt in

diesen Fällen allein im Ermessen des Verkäufers, während der Käufer darauf keinen Einfluss hat. Wünschen die Parteien einen Gefahrübergang zu einem späteren (z. B. an einem See-, Fluss- oder Flughafen) oder früheren Zeitpunkt (z. B. einem Ort im Inland, der eine gewisse Strecke von einem See- oder Flusshafen entfernt liegt), dann müssen die Parteien dies in ihrem Kaufvertrag festlegen und sorgfältig über die möglichen Folgen nachdenken, die sich ergeben würden, falls die Ware verloren gehen oder beschädigt werden sollte.

6. **Möglichst genaue Bezeichnung des Bestimmungsortes** – Die Parteien sind außerdem gut beraten, die betreffende Stelle am vereinbarten Bestimmungsort so genau wie möglich zu bezeichnen, da dies die Stelle ist, bis zu der der Verkäufer einen Beförderungs- und Versicherungsvertrag abschließen muss, sodass die bis zu dieser Stelle entstehenden Transport- und Versicherungskosten zu Lasten des Verkäufers gehen.

7. **„oder durch Verschaffung der so gelieferten Ware"** – Der Begriff „Verschaffung" bezieht sich hier auf mehrere hintereinander geschaltete Verkäufe in einer Verkaufskette („string sales"), die häufig, wenn auch nicht ausschließlich, im Rohstoffhandel vorkommen.

8. **Kosten der Entladung am Bestimmungsort** – Entstehen dem Verkäufer gemäß seinem Beförderungsvertrag Kosten in Zusammenhang mit der Entladung am benannten Bestimmungsort, so ist der Verkäufer nicht berechtigt, diese Kosten zusätzlich vom Käufer zurückzufordern, sofern nichts anderes zwischen den Parteien vereinbart ist.

9. **Ausfuhr-/Einfuhrabfertigung** – CIP verpflichtet den Verkäufer, die Ware nötigenfalls zur Ausfuhr freizumachen. Jedoch hat der Verkäufer keinerlei Verpflichtungen, die Ware zur Einfuhr oder Durchfuhr durch Drittländer freizumachen, Einfuhrzölle zu zahlen oder Einfuhrzollformalitäten zu erledigen.

Ausfuhr-
abfertigung
des Verkäufers

Einfuhr-
abfertigung
des Käufers

413 A. VERPFLICHTUNGEN DES VERKÄUFERS. A1. Allgemeine Verpflichtungen. Der Verkäufer hat die Ware und die Handelsrechnung in Übereinstimmung mit dem Kaufvertrag bereitzustellen und jeden sonstigen vertraglich vereinbarten Konformitätsnachweis zu erbringen.

Jedes vom Verkäufer bereitzustellende Dokument kann in Papierform oder in elektronischer Form vorliegen, je nachdem, wie dies zwischen den Parteien vereinbart wird oder handelsüblich ist.

A2. Lieferung. Der Verkäufer hat die Ware zu liefern, indem er sie an den gemäß A4 beauftragten Frachtführer übergibt oder indem er die so gelieferte Ware beschafft. In jedem Fall muss der Verkäufer die Ware zum vereinbarten Termin oder innerhalb der vereinbarten Frist liefern.

A3. Gefahrübergang. Der Verkäufer trägt bis zur Lieferung gemäß A2 alle Gefahren des Verlusts oder der Beschädigung der Ware, mit Ausnahme von Verlust oder Beschädigung unter den in B3 beschriebenen Umständen.

A4. Transport. Der Verkäufer hat für die Ware einen Beförderungsvertrag von der gegebenenfalls vereinbarten Lieferstelle am Lieferort bis zum benannten Bestimmungsort oder einer gegebenenfalls vereinbarten Stelle an diesem Ort abzuschließen oder zu beschaffen. Der Beförderungsvertrag ist zu den üblichen Bedingungen auf Kosten des Verkäufers abzuschließen und hat die Beförderung auf der üblichen Route in der üblichen Weise und mit einem Transportmittel der Bauart zu gewährleisten, die normalerweise für den Transport der verkauften Warenart verwendet wird. Ist keine bestimmte Stelle vereinbart und ergibt sie sich auch nicht aus der Handelspraxis, kann der Verkäufer die Stelle am Lieferort und am benannten Bestimmungsort auswählen, die für den Zweck am besten geeignet ist.

Der Verkäufer muss alle transportbezogenen Sicherheitsanforderungen für die Beförderung der Waren bis zum Bestimmungsort erfüllen.

A5. Versicherung. Sofern nicht anders vereinbart oder handelsüblich, hat der Verkäufer auf eigene Kosten eine Transportversicherung abzuschließen, die der vorgeschriebenen Deckungshöhe gemäß den Klauseln (A) der Institute Cargo Clauses (LMA/IUA) oder ähnlichen Klauseln entspricht, welche den eingesetzten Transportmitteln angemessen sind. Die Versicherung ist bei Einzelversicherern oder Versicherungsgesellschaften mit einwandfreiem Leumund abzuschließen und muss den Käufer oder jede andere Person mit einem versicherbaren Interesse an der Ware berechtigen, Ansprüche direkt bei dem Versicherer geltend zu machen.

Der Verkäufer muss auf Verlangen und Kosten des Käufers, vorbehaltlich der durch den Käufer zur Verfügung zu stellenden, vom Verkäufer benötigten Informationen, zusätzlichen Versicherungsschutz beschaffen, falls erhältlich, z. B. Deckung entsprechend den Institute War Clauses und/oder Institute Strikes Clauses (LMA/IUA) oder ähnlichen Klauseln (es sei denn, ein derartiger Versicherungsschutz ist bereits in der im vorhergehenden Absatz beschriebenen Transportversicherung inkludiert).

Die Versicherung muss zumindest den im Vertrag genannten Preis zuzüglich zehn Prozent (d. h. 110 %) decken und in der Währung des Vertrags ausgestellt sein.

Der Versicherungsschutz für die Ware muss ab der in A2 festgelegten Lieferstelle mindestens bis zum benannten Bestimmungsort gelten.

Der Verkäufer muss dem Käufer die Versicherungspolice oder -urkunde bzw. einen sonstigen Nachweis über den Versicherungsschutz aushändigen.

Ferner hat der Verkäufer dem Käufer auf dessen Verlangen, Gefahr und Kosten jene Informationen zur Verfügung zu stellen, die der Käufer für den Abschluss etwaiger zusätzlicher Versicherungen benötigt.

A6. Liefer-/Transportdokument. Falls handelsüblich oder falls der Käufer es verlangt, hat der Verkäufer auf eigene Kosten dem Käufer das oder die übliche/n Transportdokument/e für den gemäß A4 vertraglich vereinbarten Transport zur Verfügung zu stellen.

Dieses Transportdokument muss die vertragliche Ware erfassen und innerhalb der zur Versendung vereinbarten Frist datiert sein. Falls vereinbart oder handelsüblich, muss das Dokument den Käufer auch in die Lage versetzen, die Herausgabe der Ware bei dem Frachtführer am benannten Bestimmungsort einfordern zu können und es dem Käufer ermöglichen, die Ware während des Transports durch Übergabe des Dokuments an einen nach folgenden Käufer oder durch Benachrichtigung an den Frachtführer zu verkaufen.

Wird ein solches Transportdokument als begebbares Dokument und in mehreren Originalen ausgestellt, muss dem Käufer ein vollständiger Satz von Originalen übergeben werden.

A7. Ausfuhr-/Einfuhrabfertigung.

a) **Ausfuhrabfertigung**
Gegebenenfalls hat der Verkäufer alle Ausfuhrabfertigungsformalitäten durchzuführen und zu bezahlen, die von dem jeweiligen Ausfuhrland vorgeschrieben sind, z. B.:
  ‣ Ausfuhrgenehmigung;
  ‣ Sicherheitsfreigabe für die Ausfuhr;
  ‣ Warenkontrolle vor der Verladung; und
  ‣ sonstige behördliche Genehmigungen.

b) **Unterstützung bei der Einfuhrabfertigung**
Gegebenenfalls hat der Verkäufer den Käufer auf dessen Verlangen, Gefahr und Kosten bei der Beschaffung von Dokumenten und/oder Informationen für alle Transit-/Einfuhrabfertigungsformalitäten zu unterstützen, einschließlich Sicherheitsanforderungen und Warenkontrollen vor der Verladung, die von den Transit-/Einfuhrländern vorgeschrieben sind.

A8. Prüfung/Verpackung/Kennzeichnung. Der Verkäufer hat die Kosten jener Prüfvorgänge (z. B. Qualitätsprüfung, Messen, Wiegen und Zählen) zu tragen, die notwendig sind, um die Ware gemäß A2 zu liefern.

Der Verkäufer hat auf eigene Kosten die Ware zu verpacken, es sei denn, es ist handelsüblich, die jeweilige Art der verkauften Ware unverpackt zu transportieren. Der Verkäufer muss die Ware in der für ihren Transport geeigneten Weise verpacken und kennzeichnen, es sei denn, die Parteien haben genaue Verpackungs- oder Kennzeichnungsanforderungen vereinbart.

A9. Kostenverteilung. Der Verkäufer muss

a) bis zur Lieferung gemäß A2 alle die Ware betreffenden Kosten tragen, ausgenommen die gemäß B9 vom Käufer zu tragenden Kosten;
b) Transportkosten und alle sonstigen gemäß A4 entstehenden Kosten tragen, einschließlich der Kosten für die Verladung der Ware und der transportbezogenen Sicherheitskosten;
c) alle Kosten und Gebühren für die Entladung am vereinbarten Bestimmungsort tragen, sofern diese Kosten und Gebühren gemäß Beförderungsvertrag zu Lasten des Verkäufers gehen;
d) die Kosten der Durchfuhr tragen, die gemäß Beförderungsvertrag zu Lasten des Verkäufers gehen;
e) die Kosten für die Erbringung des üblichen Nachweises für den Käufer gemäß A6 tragen, aus dem hervorgeht, dass die Ware geliefert wurde;
f) die sich aus A5 ergebenden Kosten der Versicherung tragen;
g) gegebenenfalls Zölle, Steuern und sonstige Kosten für die Ausfuhrabfertigung gemäß A7(a) tragen; und
h) dem Käufer alle Kosten und Gebühren erstatten, die dem Käufer durch die Unterstützung bei der Beschaffung der erforderlichen Dokumente und Informationen gemäß B7(a) entstanden sind.

A10. Benachrichtigungen. Der Verkäufer muss den Käufer benachrichtigen, dass die Ware gemäß A2 geliefert wurde.

Der Verkäufer muss den Käufer über alles Nötige benachrichtigen, damit dieser die Ware übernehmen kann.

B. VERPFLICHTUNGEN DES KÄUFERS. B1. Allgemeine Verpflichtungen. Der Käufer hat den im Kaufvertrag **414** genannten Preis der Ware zu zahlen.

Jedes vom Käufer bereitzustellende Dokument kann in Papierform oder in elektronischer Form vorliegen, je nachdem, wie dies zwischen den Parteien vereinbart wird oder handelsüblich ist.

B2. Übernahme. Der Käufer muss die gemäß A2 gelieferte Ware übernehmen und am benannten Bestimmungsort oder ggf. an der an diesem Ort vereinbarten Stelle vom Frachtführer entgegennehmen.

B3. Gefahrübergang. Der Käufer trägt ab dem Zeitpunkt der Lieferung gemäß A2 alle Gefahren des Verlusts oder der Beschädigung der Ware.

Falls der Käufer keine Benachrichtigung gemäß B10 erteilt, trägt der Käufer alle Gefahren des Verlusts oder der Beschädigung der Ware ab dem vereinbarten Lieferzeitpunkt oder nach dem Ende des vereinbarten Lieferzeitraums, vorausgesetzt, die Ware wurde eindeutig als die vertragliche Ware kenntlich gemacht.

B4. Transport. Der Käufer hat gegenüber dem Verkäufer keine Verpflichtung, einen Beförderungsvertrag abzuschließen.

B5. Versicherung. Der Käufer hat gegenüber dem Verkäufer keine Verpflichtung, einen Versicherungsvertrag abzuschließen. Allerdings muss der Käufer dem Verkäufer auf dessen Verlangen hin alle Informationen übermitteln, die zum Abschluss der vom Käufer gemäß A5 ggf. verlangten zusätzlichen Versicherung benötigt werden.

B6. Liefer-/Transportdokument. Der Käufer hat das gemäß A6 zur Verfügung gestellte Transportdokument anzunehmen, wenn es mit dem Vertrag übereinstimmt.

B7. Ausfuhr-/Einfuhrabfertigung.

a) Unterstützung bei Ausfuhrabfertigung
Gegebenenfalls hat der Käufer den Verkäufer auf dessen Verlangen, Gefahr und Kosten bei der Beschaffung von Dokumenten und/oder Informationen für alle Ausfuhrabfertigungsformalitäten zu unterstützen, einschließlich Sicherheitsanforderungen und Warenkontrollen vor der Verladung, die von dem betreffenden Ausfuhrland vorgeschrieben sind.

b) Einfuhrabfertigung
Gegebenenfalls hat der Käufer alle Formalitäten durchzuführen und zu bezahlen, die von dem betreffenden Transit- und Einfuhrland vorgeschrieben sind, z. B.
- ▸ Einfuhrgenehmigung und ggf. erforderliche Durchfuhrgenehmigungen;
- ▸ Sicherheitsfreigabe für die Einfuhr und etwaige Durchfuhr;
- ▸ Warenkontrolle vor der Verladung; und
- ▸ sonstige behördliche Genehmigungen.

B8. Prüfung/Verpackung/Kennzeichnung. Der Käufer hat gegenüber dem Verkäufer keine Verpflichtung.

B9. Kostenverteilung. Der Käufer muss

a) alle die Ware betreffenden Kosten ab dem Zeitpunkt der Lieferung gemäß A2 tragen, mit Ausnahme der gemäß A9 vom Verkäufer zu übernehmenden Kosten;
b) die Kosten der Durchfuhr tragen, sofern diese Kosten nicht gemäß Beförderungsvertrag zu Lasten des Verkäufers gehen;
c) die Entladekosten tragen, sofern diese Kosten nicht gemäß Beförderungsvertrag zu Lasten des Verkäufers gehen;
d) die Kosten für jede zusätzliche auf Verlangen des Käufers nach A5 und B5 abgeschlossene Versicherung tragen;
e) dem Verkäufer alle Kosten und Gebühren erstatten, die dem Verkäufer durch die Unterstützung bei der Beschaffung der erforderlichen Dokumente und Informationen gemäß A5 und A7(b) entstanden sind;
f) gegebenenfalls Zölle, Steuern und sonstige Kosten in Zusammenhang mit der Transit- oder Einfuhrabfertigung gemäß B7(b) zahlen; und
g) alle zusätzlichen Kosten tragen, die ab dem vereinbarten Termin für die Versendung oder ab dem Ende des vereinbarten Versendungszeitraums entstehen, falls der Käufer es versäumt, eine Benachrichtigung gemäß B10 zu erteilen, vorausgesetzt, die Ware wurde eindeutig als die vertragliche Ware kenntlich gemacht.

B10. Benachrichtigungen. Wenn vereinbart wurde, dass der Käufer berechtigt ist, den Zeitpunkt für die Versendung der Ware und/oder die Stelle für die Entgegennahme der Ware am benannten Bestimmungsort zu bestimmen, muss der Käufer den Verkäufer hierüber in hinreichender Weise benachrichtigen.

DAP | Geliefert benannter Ort

415 **DAP** (fügen Sie den benannten Bestimmungsort ein) *Incoterms® 2020*

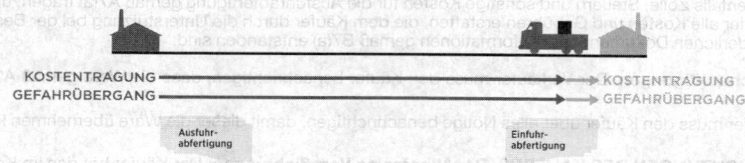

ERLÄUTERNDE KOMMENTARE FÜR NUTZER.

1. Lieferung und Gefahrübergang – Bei Nutzung der Klausel
„Geliefert benannter Ort" erfolgt die Lieferung der Ware und der Gefahrübergang vom Verkäufer der Ware an den Käufer,
- ▸ sobald die Ware dem Käufer
- ▸ auf dem ankommenden Beförderungsmittel des Verkäufers entladebereit
- ▸ am benannten Bestimmungsort oder
- ▸ an der vereinbarten Stelle an diesem Ort, sofern eine derartige Stelle vereinbart wurde, zur Verfügung gestellt wird.

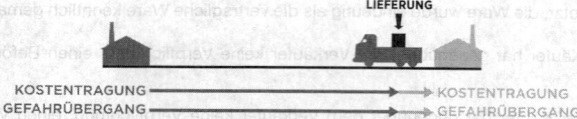

Der Verkäufer trägt alle Gefahren in Zusammenhang mit der Beförderung der Ware zum benannten Bestimmungsort oder zu der vereinbarten Stelle an diesem Bestimmungsort. In dieser Incoterms® Klausel sind daher Lieferung und Ankunft am Bestimmungsort identisch.

2. **Transportart** – Diese Klausel kann unabhängig von der gewählten Transportart verwendet werden, auch dann, wenn mehrere Transportarten zum Einsatz kommen.

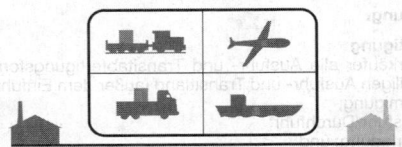

3. **Genaue Bezeichnung des Lieferortes bzw. der Lieferstelle und des Bestimmungsortes** – Den Parteien wird aus verschiedenen Gründen empfohlen, Lieferort oder Lieferstelle sowie Bestimmungsort möglichst präzise zu bezeichnen. Zunächst ist festzustellen, dass die Gefahr des Verlusts oder der Beschädigung der Ware an dieser Lieferstelle oder am jeweiligen Bestimmungsort auf den Käufer übergeht; sowohl für den Verkäufer als auch den Käufer ist es daher unabdingbar, sich über die konkrete Stelle im Klaren zu sein, an der sich dieser kritische Gefahrübergang vollzieht. Zweitens gilt, dass die Kosten bis zu diesem Liefer-/ Bestimmungsort bzw. bis zur Lieferstelle zu Lasten des Verkäufers gehen und die ab dieser Stelle bzw. ab diesem Ort entstehenden Kosten dem Käufer zugerechnet werden. Drittens muss der Verkäufer den Transport der Ware bis zum benannten Liefer-/Bestimmungsort oder zur benannten Lieferstelle vertraglich beauftragen oder organisieren. Anderenfalls würde der Verkäufer gegen seine Verpflichtungen aus der Incoterms® Klausel DAP verstoßen und wäre gegenüber dem Käufer für die hieraus entstehenden Verluste haftbar. Somit müsste beispielsweise der Verkäufer alle zusätzlichen Kosten übernehmen, die der Frachtführer dem Käufer ggf. für zusätzlichen Weitertransport der Ware berechnet.

4. **„oder die so gelieferte Ware beschafft"** – Der Begriff „beschaffen" bezieht sich hier auf mehrere hintereinander geschaltete Verkäufe in einer Verkaufskette („string sales"), die häufig, wenn auch nicht ausschließlich, im Rohstoffhandel vorkommen.

5. **Entladekosten** – Der Verkäufer ist nicht verpflichtet, die Ware vom ankommenden Transportmittel zu entladen. Entstehen dem Verkäufer gemäß seinem Beförderungsvertrag Kosten durch die Entladung am Liefer-/ Bestimmungsort, so ist der Verkäufer nicht berechtigt, diese Kosten gesondert vom Käufer zurückzufordern, sofern nichts anderes zwischen den Parteien vereinbart ist.

6. **Ausfuhr-/Einfuhrabfertigung** – DAP verpflichtet den Verkäufer, die Ware ggf. zur Ausfuhr freizumachen. Jedoch hat der Verkäufer keine Verpflichtung, die Ware zur Einfuhr oder nach der Lieferung zur Durchfuhr durch Drittländer freizumachen, Einfuhrzölle zu zahlen oder Einfuhrzollformalitäten zu erledigen. Sollte es der Käufer daher versäumen, eine Einfuhrabfertigung zu organisieren, wird die Ware in einem Hafen oder Binnenterminal im Bestimmungsland zurückgehalten. Wer trägt die Gefahr des Verlusts, der entstehen könnte während die Ware im Eingangshafen des Bestimmungslandes zurückgehalten wird? Die Antwort lautet: der Käufer, denn die Lieferung ist noch nicht erfolgt; gemäß B3(a) verbleibt die Gefahr des Verlusts oder der Beschädigung der Ware beim Käufer, bis die Durchfuhr bzw. Weiterbeförderung zu einer benannten Stelle im Inland wiederaufgenommen werden kann. Wenn die Parteien dieses Szenario vermeiden möchten und stattdessen wünschen, dass der Verkäufer die Ware zur Einfuhr freimacht, jegliche Einfuhrzölle oder -steuern zahlt und alle Einfuhrzollformalitäten erledigt, sollten die Parteien möglicherweise die DDP-Klausel verwenden.

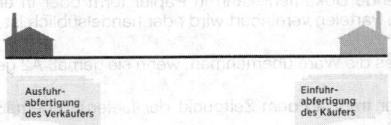

Ausfuhr-
abfertigung
des Verkäufers   Einfuhrabfertigung
des Käufers

A. VERPFLICHTUNGEN DES VERKÄUFERS. A1. Allgemeine Verpflichtungen. Der Verkäufer hat die Ware **416** und die Handelsrechnung in Übereinstimmung mit dem Kaufvertrag bereitzustellen und jeden sonstigen vertraglich vereinbarten Konformitätsnachweis zu erbringen.

Jedes vom Verkäufer bereitzustellende Dokument kann in Papierform oder in elektronischer Form vorliegen, je nachdem, wie dies zwischen den Parteien vereinbart wird oder handelsüblich ist.

A2. Lieferung. Der Verkäufer muss die Ware liefern, indem er sie dem Käufer auf dem ankommenden Beförderungsmittel entladebereit an der ggf. benannten Stelle am benannten Bestimmungsort zur Verfügung stellt oder die so gelieferte Ware beschafft. In jedem Fall muss der Verkäufer die Ware zum vereinbarten Termin oder innerhalb der vereinbarten Frist liefern.

A3. Gefahrübergang. Der Verkäufer trägt bis zur Lieferung gemäß A2 alle Gefahren des Verlusts oder der Beschädigung der Ware, mit Ausnahme von Verlust oder Beschädigung unter den in B3 beschriebenen Umständen.

A4. Transport. Der Verkäufer muss auf eigene Kosten den Transport der Ware bis zum benannten Bestimmungsort oder zu der gegebenenfalls vereinbarten Stelle am benannten Bestimmungsort vertraglich beauftragen oder organisieren. Ist keine genaue Stelle vereinbart oder ergibt sie sich nicht aus der Handelspraxis, kann der Verkäufer eine beliebige Stelle am benannten Bestimmungsort auswählen, die für den Zweck am besten geeignet ist.

Der Verkäufer muss alle transportbezogenen Sicherheitsanforderungen für die Beförderung der Waren bis zum Bestimmungsort erfüllen.

A5. Versicherung. Der Verkäufer hat gegenüber dem Käufer keine Verpflichtung, einen Versicherungsvertrag abzuschließen.

A6. Liefer-/Transportdokument. Der Verkäufer hat dem Käufer auf eigene Kosten alle erforderlichen Dokumente zur Verfügung zu stellen, die dem Käufer die Übernahme der Ware ermöglichen.

A7. Ausfuhr-/Einfuhrabfertigung.

a) **Ausfuhr- und Transitabfertigung**
Gegebenenfalls hat der Verkäufer alle Ausfuhr- und Transitabfertigungsformalitäten durchzuführen und zu bezahlen, die von dem jeweiligen Ausfuhr- und Transitland (außer dem Einfuhrland) vorgeschrieben sind, z. B.:
- ► Ausfuhr-/Durchfuhrgenehmigung;
- ► Sicherheitsfreigabe für Ausfuhr/Durchfuhr;
- ► Warenkontrolle vor der Verladung; und
- ► sonstige behördliche Genehmigungen.

b) **Unterstützung bei der Einfuhrabfertigung**
Gegebenenfalls hat der Verkäufer den Käufer auf dessen Verlangen, Gefahr und Kosten bei der Beschaffung von Dokumenten und/oder Informationen für alle Einfuhrabfertigungsformalitäten zu unterstützen, einschließlich Sicherheitsanforderungen und Warenkontrollen vor der Verladung, die von dem betreffenden Einfuhrland vorgeschrieben sind.

A8. Prüfung/Verpackung/Kennzeichnung. Der Verkäufer hat die Kosten jener Prüfvorgänge (z. B. Qualitätsprüfung, Messen, Wiegen und Zählen) zu tragen, die notwendig sind, um die Ware gemäß A2 zu liefern.

Der Verkäufer hat auf eigene Kosten die Ware zu verpacken, es sei denn, es ist handelsüblich, die jeweilige Art der verkauften Ware unverpackt zu transportieren. Der Verkäufer muss die Ware in der für ihren Transport geeigneten Weise verpacken und kennzeichnen, es sei denn, die Parteien haben genaue Verpackungs- oder Kennzeichnungsanforderungen vereinbart.

A9. Kostenverteilung. Der Verkäufer muss

a) bis zur Lieferung gemäß A2 alle die Ware und ihren Transport betreffenden Kosten tragen, ausgenommen die gemäß B9 vom Käufer zu tragenden Kosten;
b) alle Kosten und Gebühren für die Entladung am Bestimmungsort tragen, sofern diese Kosten und Gebühren gemäß Beförderungsvertrag zu Lasten des Verkäufers gehen;
c) die Kosten für die Beschaffung und Bereitstellung des Liefer-/ Transportdokuments gemäß A6 tragen;
d) gegebenenfalls Zölle, Steuern und sonstige Kosten für die Ausfuhr- und Transitabfertigung gemäß A7(a) tragen; und
e) dem Käufer alle Kosten und Gebühren erstatten, die dem Käufer durch die Unterstützung bei der Beschaffung der erforderlichen Dokumente und Informationen gemäß B5 und B7(a) entstanden sind.

A10. Benachrichtigungen. Der Verkäufer muss den Käufer über alles Nötige benachrichtigen, damit dieser die Ware übernehmen kann.

417   B. VERPFLICHTUNGEN DES KÄUFERS. B1. Allgemeine Verpflichtungen. Der Käufer hat den im Kaufvertrag genannten Preis der Ware zu zahlen.

Jedes vom Käufer bereitzustellende Dokument kann in Papier form oder in elektronischer Form vorliegen, je nachdem, wie dies zwischen den Parteien vereinbart wird oder handelsüblich ist.

B2. Übernahme. Der Käufer muss die Ware übernehmen, wenn sie gemäß A2 geliefert wurde.

B3. Gefahrübergang. Der Käufer trägt ab dem Zeitpunkt der Lieferung gemäß A2 alle Gefahren des Verlusts oder der Beschädigung der Ware.

Falls

a) der Käufer seine Verpflichtungen gemäß B7 nicht erfüllt, trägt er alle daraus resultierenden Gefahren des Verlustes oder der Beschädigung der Ware; oder
b) der Käufer es unterlässt, eine Benachrichtigung gemäß B10 zu erteilen, trägt er alle Gefahren des Verlustes oder der Beschädigung der Ware ab dem vereinbarten Lieferzeitpunkt oder ab dem Ende des vereinbarten Lieferzeitraums,

vorausgesetzt, die Ware wurde eindeutig als die vertragliche Ware kenntlich gemacht.

B4. Transport. Der Käufer hat gegenüber dem Verkäufer keine Verpflichtung, einen Beförderungsvertrag abzuschließen

B5. Versicherung. Der Käufer hat gegenüber dem Verkäufer keine Verpflichtung, einen Versicherungsvertrag abzuschließen. Jedoch muss der Käufer dem Verkäufer auf dessen Verlangen, Gefahr und Kosten jeweils Informationen zur Verfügung stellen, die der Verkäufer zur Erlangung des Versicherungsschutzes benötigt.

B6. Liefer-/Transportdokument. Der Käufer muss das gemäß A6 zur Verfügung gestellte Dokument annehmen.

B7. Ausfuhr-/Einfuhrabfertigung.

a) **Unterstützung bei der Ausfuhr- und Transitabfertigung**
Gegebenenfalls hat der Käufer den Verkäufer auf dessen Verlangen, Gefahr und Kosten bei der Beschaffung von Dokumenten und/oder Informationen für alle Ausfuhr-/ Transitabfertigungsformalitäten zu unterstützen, einschließlich Sicherheitsanforderungen und Warenkontrollen vor der Verladung, die von dem betreffenden Ausfuhr- und Transitland (außer dem Einfuhrland) vorgeschrieben sind.

b) Einfuhrabfertigung

Gegebenenfalls hat der Käufer alle Formalitäten durchzuführen und zu bezahlen, die von dem betreffenden Einfuhrland vorgeschrieben sind, z. B.:

- ▸ Einfuhrgenehmigung;
- ▸ Sicherheitsfreigabe für die Einfuhr;
- ▸ Warenkontrolle vor der Verladung; und
- ▸ sonstige behördliche Genehmigungen.

B8. Prüfung/Verpackung/Kennzeichnung. Der Käufer hat gegenüber dem Verkäufer keine Verpflichtung.

B9. Kostenverteilung. Der Käufer muss

a) alle die Ware betreffenden Kosten ab dem Zeitpunkt der Lieferung gemäß A2 tragen;
b) alle Entladekosten tragen, die erforderlich sind, um die Ware vom ankommenden Beförderungsmittel am benannten Bestimmungsort zu übernehmen, sofern diese Kosten gemäß Beförderungsvertrag nicht zu Lasten des Verkäufers gehen;
c) dem Verkäufer alle Kosten und Gebühren erstatten, die dem Verkäufer durch die Unterstützung bei der Beschaffung der erforderlichen Dokumente und Informationen gemäß A7(b) entstanden sind;
d) gegebenenfalls Zölle, Steuern und sonstige Kosten in Zusammenhang mit der Einfuhrabfertigung gemäß B7 (b) zahlen; und
e) alle zusätzlichen Kosten tragen, die dem Verkäufer entstehen, falls der Käufer seine Verpflichtungen gemäß B7 nicht erfüllt oder es versäumt, eine Benachrichtigung gemäß B10 zu erteilen, vorausgesetzt, die Ware wurde eindeutig als die vertragliche Ware kenntlich gemacht.

B10. Benachrichtigungen. Wenn vereinbart wurde, dass der Käufer berechtigt ist, innerhalb eines vereinbarten Lieferzeitraums den Zeitpunkt und/oder am benannten Bestimmungsort die Stelle für die Warenübernahme zu bestimmen, muss der Käufer den Verkäufer hierüber in geeigneter Weise benachrichtigen.

DPU | Geliefert benannter Ort entladen

DPU (fügen Sie den benannten Bestimmungsort ein) *Incoterms® 2020*   **418**

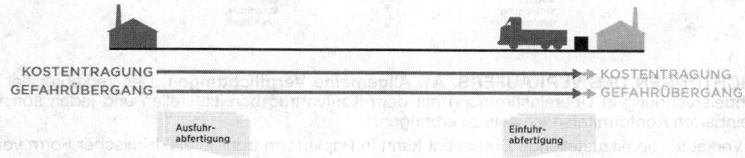

ERLÄUTERNDE KOMMENTARE FÜR NUTZER.

1. **Lieferung und Gefahrübergang** – Bei Nutzung der Klausel   **419**
„Geliefert benannter Ort entladen" erfolgen die Lieferung der Ware und der Gefahrübergang vom Verkäufer der Ware an den Käufer,
- ▸ indem die Ware,
- ▸ nachdem sie vom ankommenden Transportmittel entladen wurde,
- ▸ dem Käufer
- ▸ am benannten Bestimmungsort oder
- ▸ an der vereinbarten Stelle an diesem Ort, sofern eine der artige Stelle vereinbart wurde, zur Verfügung gestellt wird.

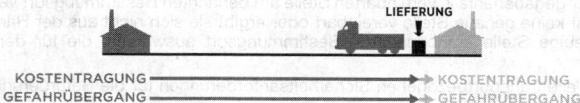

Der Verkäufer trägt alle Gefahren, die in Zusammenhang mit der Beförderung der Ware zum und der Entladung am benannten Bestimmungsort entstehen. In dieser Incoterms® Klausel sind daher Lieferung und Ankunft am Bestimmungsort identisch. DPU ist die einzige Incoterms® Klausel, die den Verkäufer verpflichtet, die Ware am Bestimmungsort zu entladen. Der Verkäufer sollte daher sicherstellen, dass er in der Lage ist, die Entladung am benannten Ort zu organisieren. Falls die Parteien übereinkommen, dass der Verkäufer die Gefahr und die Kosten der Entladung nicht tragen soll, sollte die Klausel DPU vermieden und stattdessen die Klausel DAP verwendet werden.
2. **Transportart** – Diese Klausel kann unabhängig von der gewählten Transportart verwendet werden, auch dann, wenn mehrere Transportarten zum Einsatz kommen.

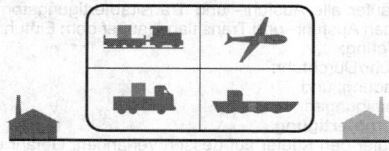

3. **Genaue Bezeichnung des Lieferortes bzw. der Lieferstelle und des Bestimmungsortes** – Den Parteien wird aus verschiedenen Gründen empfohlen, Lieferort oder Lieferstelle sowie Bestimmungsort möglichst präzise zu bezeichnen. Zunächst ist festzustellen, dass die Gefahr des Verlusts oder der Beschädigung der Ware an dieser Lieferstelle oder am jeweiligen Bestimmungsort auf den Käufer übergeht; sowohl für den Verkäufer als auch den Käufer ist es daher unabdingbar, sich über die konkrete Stelle im Klaren zu sein, an der sich dieser kritische Gefahrübergang vollzieht. Zweitens gilt, dass die Kosten bis zu diesem Liefer-/Bestimmungsort bzw. bis zur Lieferstelle zu Lasten des Verkäufers gehen und die ab dieser Stelle bzw. ab diesem Ort entstehenden Kosten dem Käufer zugerechnet werden. Drittens muss der Verkäufer den Transport der Ware bis zum benannten Liefer-/Bestimmungsort oder zur benannten Lieferstelle vertraglich beauftragen oder organisieren. Anderenfalls würde der Verkäufer gegen seine Verpflichtungen aus dieser Klausel verstoßen und wäre gegenüber dem Käufer für die hieraus entstehenden Verluste haftbar. Somit müsste beispielsweise der Verkäufer alle zusätzlichen Kosten übernehmen, die der Frachtführer dem Käufer ggf. für den zusätzlichen Weitertransport der Ware berechnen würde.

4. **„oder die so gelieferte Ware beschafft"** – Der Begriff „beschaffen" bezieht sich hier auf mehrere hintereinander geschaltete Verkäufe in einer Verkaufskette („string sales"), die häufig, wenn auch nicht ausschließlich, im Rohstoffhandel vorkommen.

5. **Ausfuhr-/Einfuhrabfertigung** – DPU verpflichtet den Verkäufer, die Ware ggf. zur Ausfuhr freizumachen. Jedoch hat der Verkäufer keine Verpflichtung, die Ware zur Einfuhr oder nach der Lieferung zur Durchfuhr durch Drittländer freizumachen, Einfuhrzölle zu zahlen oder Einfuhrzollformalitäten zu erledigen. Sollte es der Käufer daher versäumen, eine Einfuhrabfertigung zu organisieren, wird die Ware in einem Hafen oder Binnenterminal im Bestimmungsland zurückgehalten. Wer trägt die Gefahr des Verlusts, der entstehen könnte, während die Ware im Eingangshafen des Bestimmungslandes zurückgehalten wird? Die Antwort lautet: der Käufer, denn die Lieferung ist noch nicht erfolgt; gemäß B3(a) verbleibt die Gefahr des Verlusts oder der Beschädigung der Ware beim Käufer, bis die Durchfuhr bzw. Weiterbeförderung zu einer benannten Stelle im Inland wiederaufgenommen werden kann. Wenn die Parteien zur Vermeidung dieses Szenarios möchten, dass der Verkäufer die Ware zur Einfuhr freimacht, jegliche Einfuhrzölle oder -steuern zahlt und alle Einfuhrzollformalitäten erledigt, sollten die Parteien möglicherweise die DDP-Klausel verwenden.

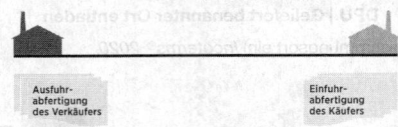

Ausfuhr-
abfertigung
des Verkäufers

Einfuhr-
abfertigung
des Käufers

420   **A. VERPFLICHTUNGEN DES VERKÄUFERS. A1. Allgemeine Verpflichtungen.** Der Verkäufer hat die Ware und die Handelsrechnung in Übereinstimmung mit dem Kaufvertrag bereitzustellen und jeden sonstigen vertraglich vereinbarten Konformitätsnachweis zu erbringen.

Jedes vom Verkäufer bereitzustellende Dokument kann in Papierform oder in elektronischer Form vorliegen, je nachdem, wie dies zwischen den Parteien vereinbart wird oder handelsüblich ist.

A2. Lieferung. Der Verkäufer muss die Ware vom ankommenden Beförderungsmittel entladen und dann liefern, indem er sie an der ggf. benannten Stelle am benannten Bestimmungsort dem Käufer zur Verfügung stellt oder die so gelieferte Ware beschafft. In jedem Fall muss der Verkäufer die Ware zum vereinbarten Termin oder innerhalb der vereinbarten Frist liefern.

A3. Gefahrübergang. Der Verkäufer trägt bis zur Lieferung gemäß A2 alle Gefahren des Verlusts oder der Beschädigung der Ware, mit Ausnahme von Verlust oder Beschädigung unter den in B3 beschriebenen Umständen.

A4. Transport. Der Verkäufer muss auf eigene Kosten den Transport der Ware bis zum benannten Bestimmungsort oder zu der gegebenenfalls vereinbarten Stelle am benannten Bestimmungsort vertraglich beauftragen oder organisieren. Ist keine genaue Stelle vereinbart oder ergibt sie sich nicht aus der Handelspraxis, kann der Verkäufer eine beliebige Stelle am benannten Bestimmungsort auswählen, die für den Zweck am besten geeignet ist.

Der Verkäufer muss alle transportbezogenen Sicherheitsanforderungen für die Beförderung der Waren bis zum Bestimmungsort erfüllen.

A5. Versicherung. Der Verkäufer hat gegenüber dem Käufer keine Verpflichtung, einen Versicherungsvertrag abzuschließen.

A6. Liefer-/Transportdokument. Der Verkäufer hat dem Käufer auf eigene Kosten alle erforderlichen Dokumente zur Verfügung zu stellen, die dem Käufer die Übernahme der Ware ermöglichen.

A7. Ausfuhr-/Einfuhrabfertigung.

a) **Ausfuhr- und Transitabfertigung**
Gegebenenfalls hat der Verkäufer alle Ausfuhr- und Transitabfertigungsformalitäten durchzuführen und zu bezahlen, die von dem jeweiligen Ausfuhr- und Transitland (außer dem Einfuhrland) vorgeschrieben sind, z. B.:
- Ausfuhr-/Durchfuhrgenehmigung;
- Sicherheitsfreigabe für Ausfuhr/Durchfuhr;
- Warenkontrolle vor der Verladung; und
- sonstige behördliche Genehmigungen.

b) **Unterstützung bei der Einfuhrabfertigung**
Gegebenenfalls hat der Verkäufer den Käufer auf dessen Verlangen, Gefahr und Kosten bei der Beschaffung

von Dokumenten und/oder Informationen für alle Einfuhrabfertigungsformalitäten zu unterstützen, einschließlich Sicherheitsanforderungen und Warenkontrollen vor der Verladung, die von dem betreffenden Einfuhrland vorgeschrieben sind.

A8. Prüfung/Verpackung/Kennzeichnung. Der Verkäufer hat die Kosten jener Prüfvorgänge (z. B. Qualitätsprüfung, Messen, Wiegen und Zählen) zu tragen, die notwendig sind, um die Ware gemäß A2 zu liefern.

Der Verkäufer hat auf eigene Kosten die Ware zu verpacken, es sei denn, es ist handelsüblich, die jeweilige Art der verkauften Ware unverpackt zu transportieren. Der Verkäufer muss die Ware in der für ihren Transport geeigneten Weise verpacken und kennzeichnen, es sei denn, die Parteien haben genaue Verpackungs- oder Kennzeichnungsanforderungen vereinbart.

A9. Kostenverteilung. Der Verkäufer muss

a) bis zur Entladung und Lieferung der Ware gemäß A2 alle die Ware und ihren Transport betreffenden Kosten tragen, ausgenommen die gemäß B9 vom Käufer zu zahlenden Kosten;
b) die Kosten für die Beschaffung und Bereitstellung des Liefer-/Transportdokuments gemäß A6 tragen;
c) gegebenenfalls Zölle, Steuern und sonstige Kosten für die Ausfuhr- und Transitabfertigung gemäß A7(a) tragen; und
d) dem Käufer alle Kosten und Gebühren erstatten, die dem Käufer durch die Unterstützung bei der Beschaffung der erforderlichen Dokumente und Informationen gemäß B5 und B7(a) entstanden sind.

A10. Benachrichtigungen. Der Verkäufer muss den Käufer über alles Nötige benachrichtigen, damit dieser die Ware übernehmen kann.

B. VERPFLICHTUNGEN DES KÄUFERS. B1. Allgemeine Verpflichtungen. Der Käufer hat den im Kaufvertrag **421** genannten Preis der Ware zu zahlen.

Jedes vom Käufer bereitzustellende Dokument kann in Papierform oder in elektronischer Form vorliegen, je nachdem, wie dies zwischen den Parteien vereinbart wird oder handelsüblich ist.

B2. Übernahme. Der Käufer muss die Ware übernehmen, wenn sie gemäß A2 geliefert wurde.

B3. Gefahrübergang. Der Käufer trägt ab dem Zeitpunkt der Lieferung gemäß A2 alle Gefahren des Verlusts oder der Beschädigung der Ware.

Falls

a) der Käufer seine Verpflichtungen gemäß B7 nicht erfüllt, trägt er alle daraus resultierenden Gefahren des Verlusts oder der Beschädigung der Ware; oder
b) der Käufer es versäumt, eine Benachrichtigung gemäß B10 zu erteilen, trägt er alle Gefahren des Verlusts oder der Beschädigung der Ware ab dem vereinbarten Lieferzeitpunkt oder ab dem Ende des vereinbarten Lieferzeitraums,

vorausgesetzt, die Ware wurde eindeutig als die vertragliche Ware kenntlich gemacht.

B4. Transport. Der Käufer hat gegenüber dem Verkäufer keine Verpflichtung, einen Beförderungsvertrag abzuschließen.

B5. Versicherung. Der Käufer hat gegenüber dem Verkäufer keine Verpflichtung, einen Versicherungsvertrag abzuschließen. Jedoch muss der Käufer dem Verkäufer auf dessen Verlangen, Gefahr und Kosten jeweils Informationen zur Verfügung stellen, die der Verkäufer zur Erlangung des Versicherungsschutzes benötigt.

B6. Liefer-/Transportdokument. Der Käufer muss das gemäß A6 zur Verfügung gestellte Dokument annehmen.

B7. Ausfuhr-/Einfuhrabfertigung.

a) **Unterstützung bei der Ausfuhr- und Transitabfertigung**
Gegebenenfalls hat der Käufer den Verkäufer auf dessen Verlangen, Gefahr und Kosten bei der Beschaffung von Dokumenten und/oder Informationen für alle Ausfuhr-/Transitabfertigungsformalitäten zu unterstützen, einschließlich Sicherheitsanforderungen und Warenkontrollen vor der Verladung, die von den betreffenden Ausfuhr- und Transitland (außer dem Einfuhrland) vorgeschrieben sind.
b) **Einfuhrabfertigung**
Gegebenenfalls hat der Käufer alle Formalitäten durchzuführen oder zu bezahlen, die von dem betreffenden Einfuhrland vorgeschrieben sind, z. B.:
   ‣ Einfuhrgenehmigung;
   ‣ Sicherheitsfreigabe für die Einfuhr;
   ‣ Warenkontrolle vor der Verladung; und
   ‣ sonstige behördliche Genehmigungen.

B8. Prüfung/Verpackung/Kennzeichnung. Der Käufer hat gegenüber dem Verkäufer keine Verpflichtung.

B9. Kostenverteilung. Der Käufer muss

a) alle die Ware betreffenden Kosten ab dem Zeitpunkt der Lieferung gemäß A2 tragen;
b) dem Verkäufer alle Kosten und Gebühren erstatten, die dem Verkäufer durch die Unterstützung bei der Beschaffung der erforderlichen Dokumente und Informationen gemäß A7(b) entstanden sind;
c) gegebenenfalls Zölle, Steuern und sonstige Kosten in Zusammenhang mit der Einfuhrabfertigung gemäß B7 (b) zahlen; und

Fest 231

d) alle zusätzlichen Kosten tragen, die dem Verkäufer entstehen, falls der Käufer seine Verpflichtungen gemäß B7 nicht erfüllt oder es versäumt, eine Benachrichtigung gemäß B10 zu erteilen, vorausgesetzt, die Ware wurde eindeutig als die vertragliche Ware kenntlich gemacht.

B10. Benachrichtigungen. Wenn vereinbart wurde, dass der Käufer berechtigt ist, innerhalb eines vereinbarten Lieferzeitraums den Zeitpunkt und/oder am benannten Bestimmungsort die Stelle für die Warenübernahme zu bestimmen, muss der Käufer den Verkäufer hierüber in geeigneter Weise benachrichtigen.

DDP | Geliefert verzollt

422   **DDP** (fügen Sie den benannten Bestimmungsort ein) *Incoterms® 2020*

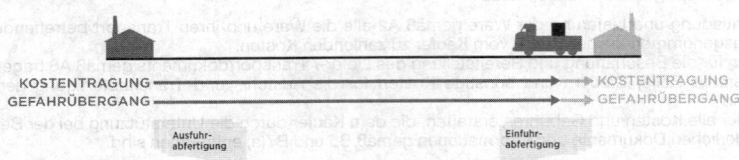

ERLÄUTERNDE KOMMENTARE FÜR NUTZER.

423   1. **Lieferung und Gefahrübergang** – Bei Nutzung der Klausel „Geliefert verzollt" erfolgt die Lieferung der Ware vom Verkäufer an den Käufer,
- indem der Verkäufer dem Käufer
- die zur Einfuhr freigemachte Ware
- auf dem ankommenden Transportmittel
- entladebereit
- an dem vereinbarten Bestimmungsort oder an der vereinbarten Stelle an diesem Ort, sofern eine derartige Stelle vereinbart wurde, zur Verfügung stellt.

Der Verkäufer trägt alle Gefahren in Zusammenhang mit der Beförderung der Ware zum benannten Bestimmungsort oder zu der vereinbarten Stelle an diesem Bestimmungsort. In dieser Incoterms® Klausel sind daher Lieferung und Ankunft am Bestimmungsort identisch.

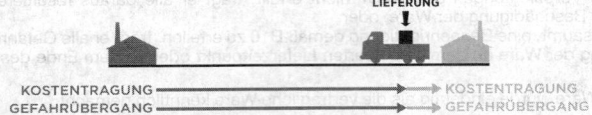

2. **Transportart** – Diese Klausel kann unabhängig von der gewählten Transportart verwendet werden, auch dann, wenn mehrere Transportarten zum Einsatz kommen.

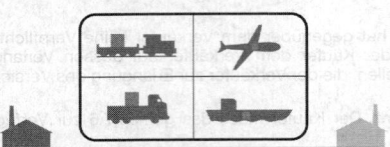

3. **Hinweis für Verkäufer: maximale Verantwortlichkeit** – DDP, gemäß der die Lieferung am Bestimmungsort erfolgt und der Verkäufer für die Zahlung der Importzölle und sonstige Abgaben verantwortlich ist, ist unter allen elf Incoterms® Klauseln diejenige Klausel, die dem Verkäufer das größtmögliche Maß an Verpflichtungen auferlegt. Aus Verkäufersicht sollte diese Klausel daher aus den in Absatz 7 angeführten Gründen mit Vorsicht angewendet werden.
4. **Genaue Bezeichnung des Lieferortes bzw. der Lieferstelle und des Bestimmungsortes** – Den Parteien wird aus verschiedenen Gründen empfohlen, Lieferort oder Lieferstelle sowie Bestimmungsort möglichst präzise zu bezeichnen. Zunächst ist festzustellen, dass die Gefahr des Verlusts oder der Beschädigung der Ware an dieser Lieferstelle oder am jeweiligen Bestimmungsort auf den Käufer übergeht; sowohl für den Verkäufer als auch den Käufer ist es daher unabdingbar, sich über die konkrete Stelle im Klaren zu sein, an der sich dieser kritische Gefahrübergang vollzieht. Zweitens gilt, dass die Kosten bis zu diesem Liefer-/Bestimmungsort bzw. bis zur Lieferstelle, einschließlich der Kosten für die Einfuhrabfertigung, zu Lasten des Verkäufers gehen und die ab dieser Stelle bzw. ab diesem Ort entstehenden Kosten, mit Ausnahme der Einfuhrkosten, dem Käufer zugerechnet werden. Drittens muss der Verkäufer den Transport der Ware bis zum benannten Liefer-/Bestimmungsort oder zur benannten Lieferstelle vertraglich beauftragen oder organisieren. Anderenfalls würde der Verkäufer gegen seine Verpflichtungen aus der Incoterms® Klausel DDP verstoßen und wäre gegenüber dem Käufer für die hieraus entstehenden Verluste haftbar. Somit müsste beispielsweise der Verkäufer alle zusätzlichen Kosten übernehmen, die der Frachtführer dem Käufer ggf. für zusätzlichen Weitertransport der Ware berechnet.
5. **„oder die so gelieferte Ware beschafft"** – Der Begriff „beschaffen" bezieht sich hier auf mehrere hintereinander geschaltete Verkäufe in einer Verkaufskette („string sales"), die häufig, wenn auch nicht ausschließlich, im Rohstoffhandel vorkommen.

6. **Entladekosten** – Entstehen dem Verkäufer gemäß seinem Beförderungsvertrag Kosten durch die Entladung am Liefer-/ Bestimmungsort, so ist der Verkäufer nicht berechtigt, diese Kosten gesondert vom Käufer zurückzufordern, sofern nichts anderes zwischen den Parteien vereinbart ist.

7. **Ausfuhr-/Einfuhrabfertigung** – Gemäß der Regelung in Absatz 3 ist der Verkäufer unter der Klausel DDP verpflichtet, die Ware zur Ausfuhr abzufertigen und, soweit erforderlich, auch zur Einfuhr abzufertigen und Einfuhrzölle zu entrichten oder etwaige Zollformalitäten zu erledigen. Falls der Verkäufer daher nicht in der Lage ist, die Einfuhrabfertigung zu erledigen, und diese Formalitäten lieber dem Käufer im Einfuhrland überlassen möchte, sollte der Verkäufer möglicherweise die Klausel DAP oder DPU wählen, bei denen die Lieferung zwar ebenfalls am Bestimmungsort erfolgt, jedoch die Einfuhrabfertigung dem Käufer obliegt. Bei der Klausel DDP ist somit gut zu überlegen, ob sich steuerliche Auswirkungen ergeben. Gezahlte Abgaben können möglicherweise vom Käufer nicht zurück gefordert werden: siehe A9(d).

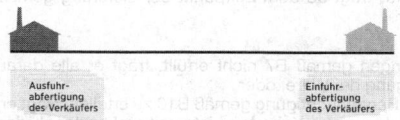

Ausfuhr-
abfertigung
des Verkäufers   Einfuhrabfertigung
des Verkäufers

A. VERPFLICHTUNGEN DES VERKÄUFERS. A1. Allgemeine Verpflichtungen. Der Verkäufer hat die Ware **424** und die Handelsrechnung in Übereinstimmung mit dem Kaufvertrag bereitzustellen und jeden sonstigen vertraglich vereinbarten Konformitätsnachweis zu erbringen.

Jedes vom Verkäufer bereitzustellende Dokument kann in Papierform oder in elektronischer Form vorliegen, je nachdem, wie dies zwischen den Parteien vereinbart wird oder handelsüblich ist.

A2. Lieferung. Der Verkäufer muss die Ware liefern, indem er sie dem Käufer auf dem ankommenden Beförderungsmittel entladebereit an der ggf. benannten Stelle oder am benannten Bestimmungsort zur Verfügung stellt oder die so gelieferte Ware beschafft. In jedem Fall muss der Verkäufer die Ware zum vereinbarten Termin oder innerhalb der vereinbarten Frist liefern.

A3. Gefahrübergang. Der Verkäufer trägt bis zur Lieferung gemäß A2 alle Gefahren des Verlusts oder der Beschädigung der Ware, mit Ausnahme von Verlust oder Beschädigung unter den in B3 beschriebenen Umständen.

A4. Transport. Der Verkäufer muss auf eigene Kosten den Transport der Ware bis zum benannten Bestimmungsort oder zu der gegebenenfalls vereinbarten Stelle am benannten Bestimmungsort vertraglich beauftragen oder organisieren. Ist keine genaue Stelle vereinbart oder ergibt sie sich nicht aus der Handelspraxis, kann der Verkäufer eine beliebige Stelle am benannten Bestim mungsort auswählen, die für den Zweck am besten geeignet ist.

Der Verkäufer muss alle transportbezogenen Sicherheitsanforderungen für die Beförderung der Waren bis zum Bestimmungsort erfüllen.

A5. Versicherung. Der Verkäufer hat gegenüber dem Käufer keine Verpflichtung, einen Versicherungsvertrag abzuschließen.

A6. Liefer-/Transportdokument. Der Verkäufer hat dem Käufer auf eigene Kosten alle erforderlichen Dokumente zur Verfügung zu stellen, die dem Käufer die Übernahme der Ware ermöglichen.

A7. Ausfuhr-/Einfuhrabfertigung. Gegebenenfalls hat der Verkäufer alle Ausfuhr-/Transit- und Einfuhrabfertigungsformalitäten durchzuführen und zu bezahlen, die von den jeweiligen Ausfuhr-/Transit- und Einfuhrländern vorgeschrieben sind, z. B.:

- Ausfuhr-/Durchfuhr-/Einfuhrgenehmigung;
- Sicherheitsfreigabe für Ausfuhr/Durchfuhr/Einfuhr;
- Warenkontrolle vor der Verladung; und
- sonstige behördliche Genehmigungen.

A8. Prüfung/Verpackung/Kennzeichnung. Der Verkäufer hat die Kosten jener Prüfvorgänge (z. B. Qualitätsprüfung, Messen, Wiegen und Zählen) zu tragen, die notwendig sind, um die Ware gemäß A2 zu liefern.

Der Verkäufer hat auf eigene Kosten die Ware zu verpacken, es sei denn, es ist handelsüblich, die jeweilige Art der verkauften Ware unverpackt zu transportieren. Der Verkäufer muss die Ware in der für ihren Transport geeigneten Weise verpacken und kennzeichnen, es sei denn, die Parteien haben genaue Verpackungs- oder Kennzeichnungsanforderungen vereinbart.

A9. Kostenverteilung. Der Verkäufer muss

a) bis zur Lieferung gemäß A2 alle die Ware und ihren Transport betreffenden Kosten tragen, ausgenommen die gemäß B9 vom Käufer zu tragenden Kosten;

b) alle Kosten und Gebühren für die Entladung am Bestimmungsort tragen, sofern diese Kosten und Gebühren gemäß Beförderungsvertrag zu Lasten des Verkäufers gehen;

c) die Kosten für die Beschaffung und Bereitstellung des Liefer-/ Transportdokuments gemäß A6 tragen;

d) gegebenenfalls anfallende Zölle, Steuern und sonstige Kosten in Zusammenhang mit der Einfuhr-, Transit- und Einfuhrabfertigung gemäß A7 zahlen; und

e) dem Käufer alle Kosten und Gebühren erstatten, die dem Käufer durch die Unterstützung bei der Beschaffung der erforderlichen Dokumente und Informationen gemäß B5 und B7 entstanden sind.

A10. Benachrichtigungen. Der Verkäufer muss den Käufer über alles Nötige benachrichtigen, damit dieser die Ware übernehmen kann.

425   **B. VERPFLICHTUNGEN DES KÄUFERS. B1. Allgemeine Verpflichtungen.** Der Käufer hat den im Kaufvertrag genannten Preis der Ware zu zahlen.

Jedes vom Käufer bereitzustellende Dokument kann in Papierform oder in elektronischer Form vorliegen, je nachdem, wie dies zwischen den Parteien vereinbart wird oder handelsüblich ist.

B2. Übernahme. Der Käufer muss die Ware übernehmen, wenn sie gemäß A2 geliefert wurde.

B3. Gefahrübergang. Der Käufer trägt ab dem Zeitpunkt der Lieferung gemäß A2 alle Gefahren des Verlusts oder der Beschädigung der Ware.

Falls

a) der Käufer seine Verpflichtungen gemäß B7 nicht erfüllt, trägt er alle daraus resultierenden Gefahren des Verlustes oder der Beschädigung der Ware; oder

b) der Käufer es versäumt, eine Benachrichtigung gemäß B10 zu erteilen, trägt er alle Gefahren des Verlusts oder der Beschädigung der Ware ab dem vereinbarten Lieferzeitpunkt oder ab dem Ende des vereinbarten Lieferzeitraums,

vorausgesetzt, die Ware wurde eindeutig als die vertragliche Ware kenntlich gemacht.

B4. Transport. Der Käufer hat gegenüber dem Verkäufer keine Verpflichtung, einen Beförderungsvertrag abzuschließen.

B5. Versicherung. Der Käufer hat gegenüber dem Verkäufer keine Verpflichtung, einen Versicherungsvertrag abzuschließen. Jedoch muss der Käufer dem Verkäufer auf dessen Verlangen, Gefahr und Kosten jeweils Informationen zur Verfügung stellen, die der Verkäufer zur Erlangung des Versicherungsschutzes benötigt.

B6. Liefer-/Transportdokument. Der Käufer muss das gemäß A6 zur Verfügung gestellte Dokument annehmen.

B7. Ausfuhr-/Einfuhrabfertigung. Soweit zutreffend, hat der Käufer den Verkäufer auf dessen Verlangen, Gefahr und Kosten bei der Beschaffung von Dokumenten und/oder Informationen für alle Ausfuhr-/Transit-/Einfuhrabfertigungsformalitäten, die von den Ausfuhr-/Transit-/Einfuhrländern vorgeschrieben sind, zu unterstützen, z. B.:

▸ Ausfuhr-/Durchfuhr-/Einfuhrgenehmigung;
▸ Sicherheitsfreigabe für Ausfuhr, Transport und Einfuhr;
▸ Warenkontrolle vor der Verladung; und
▸ sonstige behördliche Genehmigungen.

B8. Prüfung/Verpackung/Kennzeichnung. Der Käufer hat gegenüber dem Verkäufer keine Verpflichtung.

B9. Kostenverteilung. Der Käufer muss

a) alle die Ware betreffenden Kosten ab dem Zeitpunkt der Lieferung gemäß A2 tragen;

b) alle Entladekosten tragen, die erforderlich sind, um die Ware vom ankommenden Beförderungsmittel am benannten Bestimmungsort zu übernehmen, sofern diese Kosten gemäß Beförderungsvertrag nicht zu Lasten des Verkäufers gehen; und

c) alle zusätzlichen Kosten tragen, die dem Verkäufer entstehen, falls der Käufer seine Verpflichtungen gemäß B7 nicht erfüllt oder es versäumt, eine Benachrichtigung gemäß B10 zu erteilen, vorausgesetzt, die Ware wurde eindeutig als die vertragliche Ware kenntlich gemacht.

B10. Benachrichtigungen. Wenn vereinbart wurde, dass der Käufer berechtigt ist, innerhalb eines vereinbarten Lieferzeitraums den Zeitpunkt und/oder am benannten Bestimmungsort die Stelle für die Warenübernahme zu bestimmen, muss der Käufer den Verkäufer hierüber in geeigneter Weise benachrichtigen.

Klauseln für den See- und Binnenschiffstransport

FAS | Frei Längsseite Schiff

426   **FAS** (fügen Sie den benannten Verschiffungshafen ein) *Incoterms® 2020*

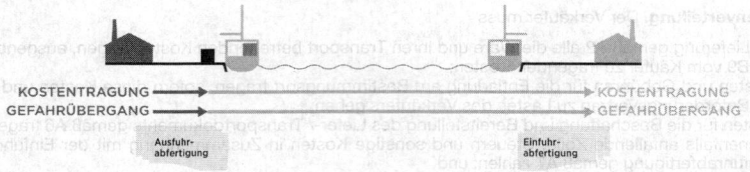

ERLÄUTERNDE KOMMENTARE FÜR NUTZER.

1. **Lieferung und Gefahrübergang** — Bei Nutzung der Klausel „Frei Längsseite Schiff" erfolgt die Lieferung der **427**
Ware vom Verkäufer an den Käufer,
   - indem die Ware längsseits eines Schiffs bereitgestellt wird (z. B. an einer Kaianlage oder auf einem Binnenschiff),
   - wie vom Käufer benannt,
   - im benannten Verschiffungshafen,
   - oder indem der Verkäufer bereits so gelieferte Ware beschafft.

   Die Gefahr des Verlusts oder der Beschädigung der Ware geht auf den Käufer über, wenn sich die Ware längsseits des Schiffs befindet. Ab diesem Zeitpunkt trägt der Käufer alle Kosten.

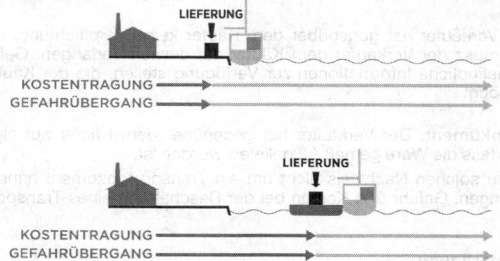

2. **Transportart** — Diese Klausel ist ausschließlich für den See- und Binnenschiffstransport geeignet, bei dem es der Absicht der Parteien entspricht, dass die Ware geliefert wird, indem sie längsseits eines Schiffs bereitgestellt wird. FAS ist somit ungeeignet, wenn die Ware einem Frachtführer übergeben wird, bevor sie sich längsseits des Schiffs befindet, z. B. wenn Ware an einem Containerterminal übergeben wird. Wenn dies der Fall ist, sollten die Parteien in Betracht ziehen, anstelle von FAS die Klausel FCA zu verwenden.

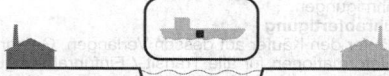

3. **Genaue Bezeichnung der Ladestelle** — Die Parteien sind gut beraten, die Ladestelle im benannten Verschiffungshafen, an der die Ware von der Kaianlage oder von einem Frachtkahn auf das betreffende Schiff verladen wird, so genau wie möglich zu bestimmen, da die Kosten und Gefahren bis zu dieser Stelle zu Lasten des Verkäufers gehen. Diese Kosten und damit verbundene Umschlagskosten (handling charges) können entsprechend der Hafenpraxis variieren.
4. **„oder die so gelieferte Ware beschafft"** – Der Verkäufer ist verpflichtet, die Ware entweder längsseits des Schiffs zu liefern oder bereits so für die Verschiffung gelieferte Ware zu beschaffen. Der Begriff „beschaffen" bezieht sich hier auf mehrere hintereinander geschaltete Verkäufe in einer Verkaufskette („string sales"), die insbesondere im Rohstoffhandel vorkommen.
5. **Ausfuhr-/Einfuhrabfertigung** – FAS verpflichtet den Verkäufer, die Ware ggf. zur Ausfuhr freizumachen. Jedoch hat der Verkäufer keine Verpflichtung, die Ware zur Einfuhr oder Durchfuhr durch Drittländer freizumachen, Einfuhrzölle zu zahlen oder Einfuhrzollformalitäten zu erledigen.

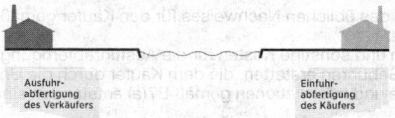

A. VERPFLICHTUNGEN DES VERKÄUFERS. A1. Allgemeine Verpflichtungen. Der Verkäufer hat die Ware **428**
und die Handelsrechnung in Übereinstimmung mit dem Kaufvertrag bereitzustellen und jeden sonstigen vertraglich vereinbarten Konformitätsnachweis zu erbringen.

Jedes vom Verkäufer bereitzustellende Dokument kann in Papierform oder in elektronischer Form vorliegen, je nachdem, wie dies zwischen den Parteien vereinbart wird oder handelsüblich ist.

A2. Lieferung. Der Verkäufer muss die Ware liefern, indem er sie längsseits des vom Käufer benannten Schiffs an der gegebenenfalls vom Käufer bestimmten Ladestelle im benannten Verschiffungshafen verbringt oder die so gelieferte Ware beschafft.

Der Verkäufer muss die Ware

1. am vereinbarten Tag oder
2. zu dem innerhalb des vereinbarten Zeitraums liegenden Zeit punktes, der vom Käufer gemäß B10 mitgeteilt wurde, oder,
3. wenn ein derartiger Zeitpunkt nicht mitgeteilt wurde, zum Ende des vereinbarten Zeitraums und
4. in der im Hafen üblichen Weise liefern.

Falls keine bestimmte Ladestelle durch den Käufer angegeben worden ist, kann der Verkäufer die für den Zweck am besten geeignete Stelle innerhalb des benannten Verschiffungshafens auswählen.

A3. Gefahrübergang. Der Verkäufer trägt bis zur Lieferung gemäß A2 alle Gefahren des Verlusts oder der Beschädigung der Ware, mit Ausnahme von Verlust oder Beschädigung unter den in B3 beschriebenen Umständen.

A4. Transport. Der Verkäufer hat gegenüber dem Käufer keine Verpflichtung, einen Beförderungsvertrag abzuschließen. Jedoch muss der Verkäufer dem Käufer auf dessen Verlangen, Gefahr und Kosten jeweils im Besitz des Verkäufers befindliche Informationen zur Verfügung stellen, einschließlich transportbezogener Sicherheitsanforderungen, die der Käufer für die Organisation des Transports benötigt. Bei entsprechender Vereinbarung muss der Verkäufer einen Beförderungsvertrag zu den üblichen Bedingungen auf Gefahr und Kosten des Käufers abschließen.

Der Verkäufer muss alle transportbezogenen Sicherheitsanforderungen bis zur Lieferung erfüllen.

A5. Versicherung. Der Verkäufer hat gegenüber dem Käufer keine Verpflichtung, einen Versicherungsvertrag abzuschließen. Jedoch muss der Verkäufer dem Käufer auf dessen Verlangen, Gefahr und Kosten jeweils im Besitz des Verkäufers befindliche Informationen zur Verfügung stellen, die der Käufer zur Erlangung des Versicherungsschutzes benötigt.

A6. Liefer-/Transportdokument. Der Verkäufer hat gegenüber dem Käufer auf eigene Kosten den üblichen Nachweis zu erbringen, dass die Ware gemäß A2 geliefert worden ist.

Sofern es sich bei einem solchen Nachweis nicht um ein Transportdokument handelt, hat der Verkäufer den Käufer auf dessen Verlangen, Gefahr und Kosten bei der Beschaffung eines Transportdokuments zu unterstützen.

A7. Ausfuhr-/Einfuhrabfertigung.

a) **Ausfuhrabfertigung**
Gegebenenfalls hat der Verkäufer alle Ausfuhrabfertigungsformalitäten durchzuführen und zu bezahlen, die von dem jeweiligen Ausfuhrland vorgeschrieben sind, z. B.:
  ‣ Ausfuhrgenehmigung;
  ‣ Sicherheitsfreigabe für die Ausfuhr;
  ‣ Warenkontrolle vor der Verladung; und
  ‣ sonstige behördliche Genehmigungen.
b) **Unterstützung bei der Einfuhrabfertigung**
Gegebenenfalls hat der Verkäufer den Käufer auf dessen Verlangen, Gefahr und Kosten bei der Beschaffung von Doku menten und/oder Informationen für alle Transit-/ Einfuhrabfertigungsformalitäten zu unterstützen, einschließlich Sicherheitsanforderungen und Warenkontrollen vor der Verladung, die von den Transit-/ Einfuhrländern vorgeschrieben sind.

A8. Prüfung/Verpackung/Kennzeichnung. Der Verkäufer hat die Kosten jener Prüfvorgänge (z. B. Qualitätsprüfung, Messen, Wiegen und Zählen) zu tragen, die notwendig sind, um die Ware gemäß A2 zu liefern.

Der Verkäufer hat auf eigene Kosten die Ware zu verpacken, es sei denn, es ist handelsüblich, die jeweilige Art der verkauften Ware unverpackt zu transportieren. Der Verkäufer muss die Ware in der für ihren Transport geeigneten Weise verpacken und kennzeichnen, es sei denn, die Parteien haben genaue Verpackungs- oder Kennzeichnungsanforderungen vereinbart.

A9. Kostenverteilung. Der Verkäufer muss

a) bis zur Lieferung gemäß A2 alle die Ware betreffenden Kosten tragen, ausgenommen die gemäß B9 vom Käufer zu tragenden Kosten;
b) die Kosten für die Erbringung des üblichen Nachweises für den Käufer gemäß A6 tragen, aus dem hervorgeht, dass die Ware geliefert wurde;
c) gegebenenfalls Zölle, Steuern und sonstige Kosten für die Ausfuhrabfertigung gemäß A7(a) tragen; und
d) dem Käufer alle Kosten und Gebühren erstatten, die dem Käufer durch die Unterstützung bei der Beschaffung der erforderlichen Dokumente und Informationen gemäß B7(a) entstanden sind.

A10. Benachrichtigungen. Der Verkäufer muss den Käufer in hinreichender Weise davon in Kenntnis setzen, dass die Waren gemäß A2 geliefert worden sind oder dass das Schiff die Waren nicht innerhalb der vereinbarten Frist geladen hat.

429 **B. VERPFLICHTUNGEN DES KÄUFERS. B1. Allgemeine Verpflichtungen.** Der Käufer hat den im Kaufvertrag genannten Preis der Ware zu zahlen.

Jedes vom Käufer bereitzustellende Dokument kann in Papierform oder in elektronischer Form vorliegen, je nachdem, wie dies zwischen den Parteien vereinbart wird oder handelsüblich ist.

B2. Übernahme. Der Käufer muss die Ware übernehmen, wenn sie gemäß A2 geliefert wurde.

B3. Gefahrübergang. Der Käufer trägt ab dem Zeitpunkt der Lieferung gemäß A2 alle Gefahren des Verlusts oder der Beschädigung der Ware.

Falls

a) der Käufer es versäumt, eine Benachrichtigung gemäß B10 zu erteilen; oder
b) das vom Käufer benannte Schiff nicht rechtzeitig eintrifft, um es dem Verkäufer zu ermöglichen, seine Pflichten entsprechend A2 zu erfüllen, oder das Schiff die Ware nicht übernimmt bzw. schon vor dem gemäß B10 mitgeteilten Zeitpunkt keine Ladung mehr annimmt;
  dann trägt der Käufer alle Gefahren des Verlusts oder der Beschädigung der Ware
  (i) ab dem vereinbarten Zeitpunkt oder, wenn kein be stimmter Zeitpunkt vereinbart wurde,

(ii) ab dem vom Käufer gemäß B10 ausgewählten Zeit punkt oder, falls ein solcher Zeitpunkt nicht mitgeteilt wurde,

(iii) ab dem Ende des jeweils vereinbarten Lieferzeitraums,

vorausgesetzt, die Ware wurde eindeutig als die vertragliche Ware kenntlich gemacht.

B4. Transport. Der Käufer hat auf eigene Kosten den Vertrag über die Beförderung der Ware vom benannten Verschiffungshafen abzuschließen, sofern der Beförderungsvertrag nicht vom Verkäufer gemäß der Regelung in A4 abgeschlossen wurde.

B5. Versicherung. Der Käufer hat gegenüber dem Verkäufer keine Verpflichtung, einen Versicherungsvertrag abzuschließen.

B6. Liefer-/Transportdokument. Der Käufer muss den gemäß A6 bereitgestellten Liefernachweis annehmen.

B7. Ausfuhr-/Einfuhrabfertigung.

a) **Unterstützung bei Ausfuhrabfertigung**
Gegebenenfalls hat der Käufer den Verkäufer auf dessen Verlangen, Gefahr und Kosten bei der Beschaffung von Dokumenten und/oder Informationen für alle Ausfuhrabfertigungsformalitäten zu unterstützen, einschließlich Sicherheitsanforderungen und Warenkontrollen vor der Verladung, die von dem betreffenden Ausfuhrland vorgeschrieben sind.

b) **Einfuhrabfertigung**
Gegebenenfalls hat der Käufer alle Formalitäten durchzuführen und zu bezahlen, die von dem betreffenden Transit- und Einfuhrland vorgeschrieben sind, z. B.:
- Einfuhrgenehmigung und ggf. erforderliche Durchfuhrgenehmigungen;
- Sicherheitsfreigabe für die Einfuhr und etwaige Durchfuhr;
- Warenkontrolle vor der Verladung; und
- sonstige behördliche Genehmigungen.

B8. Prüfung/Verpackung/Kennzeichnung. Der Käufer hat gegenüber dem Verkäufer keine Verpflichtung.

B9. Kostenverteilung. Der Käufer muss

a) alle die Ware betreffenden Kosten ab dem Zeitpunkt der Lieferung gemäß A2 tragen, mit Ausnahme der gemäß A9 vom Verkäufer zu übernehmenden Kosten;

b) dem Verkäufer alle Kosten und Gebühren erstatten, die dem Verkäufer durch die Unterstützung bei der Beschaffung der erforderlichen Dokumente und Informationen gemäß A4, A5, A6 und A7(b) entstanden sind;

c) gegebenenfalls Zölle, Steuern und sonstige Kosten in Zusam menhang mit der Transit- oder Einfuhrabfertigung gemäß B7(b) zahlen; und

d) alle zusätzlichen Kosten übernehmen, die entweder dadurch entstehen, dass
  (i) der Käufer es versäumt hat, eine Benachrichtigung gemäß B10 zu erteilen, oder
  (ii) das vom Käufer gemäß B10 benannte Schiff nicht rechtzeitig eintrifft, die Ware nicht übernimmt oder schon vor dem gemäß B10 mitgeteilten Zeitpunkt keine Ladung mehr annimmt;
vorausgesetzt, die Ware wurde eindeutig als die vertragliche Ware kenntlich gemacht.

B10. Benachrichtigungen. Der Käufer muss dem Verkäufer in hinreichender Weise alle transportbezogenen Sicherheitsanforderungen, den Namen des Schiffs, die Ladestelle und ggf. den gewählten Lieferzeitpunkt innerhalb des vereinbarten Lieferzeitraums mitteilen.

FOB | Frei an Bord

FOB (fügen Sie den benannten Verschiffungshafen ein) *Incoterms® 2020*   **430**

ERLÄUTERNDE KOMMENTARE FÜR NUTZER.

1. **Lieferung und Gefahrübergang** – Bei Nutzung der Klausel „Frei an Bord" liefert der Verkäufer die Ware an **431** den Käufer
- an Bord des Schiffs,
- wie vom Käufer benannt
- im benannten Verschiffungshafen,
- oder der Verkäufer beschafft die bereits so gelieferte Ware.

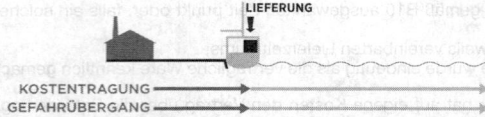

Die Gefahr des Verlusts oder der Beschädigung der Ware geht auf den Käufer über, wenn die Ware an Bord des Schiffs ist. Ab diesem Zeitpunkt trägt der Käufer alle Kosten.

2. **Transportart** – Diese Klausel ist ausschließlich für den See- und Binnenschiffstransport geeignet, bei dem es der Absicht der Parteien entspricht, dass die Ware geliefert wird, indem sie an Bord eines Schiffs gebracht wird. Die Klausel FOB ist somit ungeeignet, wenn die Ware dem Frachtführer übergeben wird, bevor sie sich an Bord des Schiffs befindet, z. B. wenn Ware an einem Containerterminal übergeben wird. Wenn dies der Fall ist, sollten die Parteien in Betracht ziehen, anstelle der Klausel FOB die Klausel FCA zu verwenden.

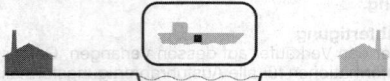

3. **„oder beschafft die so gelieferte Ware"** – Der Verkäufer ist verpflichtet, die Ware entweder an Bord des Schiffs zu liefern oder bereits so für die Verschiffung gelieferte Ware zu beschaffen.
Der Begriff „beschaffen" bezieht sich hier auf mehrere hintereinander geschaltete Verkäufe in einer Verkaufskette („string sales"), die insbesondere im Rohstoffhandel vorkommen.

4. **Ausfuhr-/Einfuhrabfertigung** – FOB verpflichtet den Verkäufer, die Ware ggf. zur Ausfuhr freizumachen. Jedoch hat der Verkäufer keine Verpflichtung, die Ware zur Einfuhr oder Durchfuhr durch Drittländer freizumachen, Einfuhrzölle zu zahlen oder Einfuhrzollformalitäten zu erledigen.

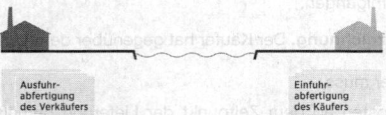

432 A. VERPFLICHTUNGEN DES VERKÄUFERS. A1. Allgemeine Verpflichtungen. Der Verkäufer hat die Ware und die Handelsrechnung in Übereinstimmung mit dem Kaufvertrag bereitzustellen und jeden sonstigen vertraglich vereinbarten Konformitätsnachweis zu erbringen.

Jedes vom Verkäufer bereitzustellende Dokument kann in Papierform oder in elektronischer Form vorliegen, je nachdem, wie dies zwischen den Parteien vereinbart wird oder handelsüblich ist.

A2. Lieferung. Der Verkäufer muss die Ware liefern, indem er sie an Bord des vom Käufer benannten Schiffs an der gegebenenfalls vom Käufer bestimmten Ladestelle im benannten Verschiffungshafen verbringt oder die bereits so gelieferte Ware beschafft.

Der Verkäufer muss die Ware

1. am vereinbarten Tag oder
2. zu dem innerhalb des vereinbarten Zeitraums liegenden Zeit punkt, der vom Käufer gemäß B10 mitgeteilt wurde, oder,
3. wenn ein derartiger Zeitpunkt nicht mitgeteilt wurde, zum Ende des vereinbarten Zeitraums und
4. in der im Hafen üblichen Weise liefern.

Falls keine bestimmte Ladestelle durch den Käufer angegeben worden ist, kann der Verkäufer die für den Zweck am besten geeignete Stelle innerhalb des benannten Verschiffungshafens auswählen.

A3. Gefahrübergang. Der Verkäufer trägt bis zur Lieferung gemäß A2 alle Gefahren des Verlusts oder der Beschädigung der Ware, mit Ausnahme von Verlust oder Beschädigung unter den in B3 beschriebenen Umständen.

A4. Transport. Der Verkäufer hat gegenüber dem Käufer keine Verpflichtung, einen Beförderungsvertrag abzuschließen. Jedoch muss der Verkäufer dem Käufer auf dessen Verlangen, Gefahr und Kosten jeweils im Besitz des Verkäufers befindliche Informationen zur Verfügung stellen, einschließlich transportbezogener Sicherheitsanforderungen, die der Käufer für die Organisation des Transports benötigt. Bei entsprechender Vereinbarung muss der Verkäufer einen Beförderungsvertrag zu den üblichen Bedingungen auf Gefahr und Kosten des Käufers abschließen.

Der Verkäufer muss alle transportbezogenen Sicherheitsanforderungen bis zur Lieferung erfüllen.

A5. Versicherung. Der Verkäufer hat gegenüber dem Käufer keine Verpflichtung, einen Versicherungsvertrag abzuschließen. Jedoch muss der Verkäufer dem Käufer auf dessen Verlangen, Gefahr und Kosten jeweils im Besitz des Verkäufers befindliche Informationen zur Verfügung stellen, die der Käufer zur Erlangung des Versicherungsschutzes benötigt.

A6. Liefer-/Transportdokument. Der Verkäufer hat gegenüber dem Käufer auf eigene Kosten den üblichen Nachweis zu erbringen, dass die Ware gemäß A2 geliefert worden ist.

Sofern es sich bei einem solchen Nachweis nicht um ein Transportdokument handelt, hat der Verkäufer den Käufer auf dessen Verlangen, Gefahr und Kosten bei der Beschaffung eines Transportdokuments zu unterstützen.

A7. Ausfuhr-/Einfuhrabfertigung.

a) Ausfuhrabfertigung
Gegebenenfalls hat der Verkäufer alle Ausfuhrabfertigungsformalitäten durchzuführen und zu bezahlen, die von dem jeweiligen Ausfuhrland vorgeschrieben sind, z. B.:
  ▸ Ausfuhrgenehmigung;
  ▸ Sicherheitsfreigabe für die Ausfuhr;
  ▸ Warenkontrolle vor der Verladung; und
  ▸ sonstige behördliche Genehmigungen.

b) Unterstützung bei der Einfuhrabfertigung
Gegebenenfalls hat der Verkäufer den Käufer auf dessen Verlangen, Gefahr und Kosten bei der Beschaffung von Dokumenten und/oder Informationen für alle Transit-/ Einfuhrabfertigungsformalitäten zu unterstützen, einschließlich Sicherheitsanforderungen und Warenkontrollen vor der Verladung, die von den Transit-/ Einfuhrländern vorgeschrieben sind.

A8. Prüfung/Verpackung/Kennzeichnung. Der Verkäufer hat die Kosten jener Prüfvorgänge (z. B. Qualitätsprüfung, Messen, Wiegen und Zählen) zu tragen, die notwendig sind, um die Ware gemäß A2 zu liefern.

Der Verkäufer hat auf eigene Kosten die Ware zu verpacken, es sei denn, es ist handelsüblich, die jeweilige Art der verkauften Ware unverpackt zu transportieren. Der Verkäufer muss die Ware in der für ihren Transport geeigneten Weise verpacken und kennzeichnen, es sei denn, die Parteien haben genaue Verpackungs- oder Kennzeichnungsanforderungen vereinbart.

A9. Kostenverteilung. Der Verkäufer muss

a) bis zur Lieferung gemäß A2 alle die Ware betreffenden Kosten tragen, ausgenommen die gemäß B9 vom Käufer zu tragenden Kosten;
b) die Kosten für die Erbringung des üblichen Nachweises für den Käufer gemäß A6 tragen, aus dem hervorgeht, dass die Ware geliefert wurde;
c) gegebenenfalls Zölle, Steuern und sonstige Kosten für die Ausfuhrabfertigung gemäß A7(a) tragen; und
d) dem Käufer alle Kosten und Gebühren erstatten, die dem Käufer durch die Unterstützung bei der Beschaffung der erforderlichen Dokumente und Informationen gemäß B7(a) entstanden sind.

A10. Benachrichtigungen. Der Verkäufer muss den Käufer in hinreichender Weise davon in Kenntnis setzen, dass die Waren gemäß A2 geliefert worden sind oder dass das Schiff die Waren nicht innerhalb der vereinbarten Frist geladen hat.

B. VERPFLICHTUNGEN DES KÄUFERS. B1. Allgemeine Verpflichtungen. Der Käufer hat den im Kaufvertrag 433 genannten Preis der Ware zu zahlen.

Jedes vom Käufer bereitzustellende Dokument kann in Papierform oder in elektronischer Form vorliegen, je nachdem, wie dies zwischen den Parteien vereinbart wird oder handelsüblich ist.

B2. Übernahme. Der Käufer muss die Ware übernehmen, wenn sie gemäß A2 geliefert wurde.

B3. Gefahrübergang. Der Käufer trägt ab dem Zeitpunkt der Lieferung gemäß A2 alle Gefahren des Verlusts oder der Beschädigung der Ware.
Falls
a) der Käufer es versäumt, eine Benachrichtigung gemäß B10 zu erteilen; oder
b) das vom Käufer benannte Schiff nicht rechtzeitig eintrifft, um es dem Verkäufer zu ermöglichen, seine Pflichten entsprechend A2 zu erfüllen, oder das Schiff die Ware nicht übernimmt bzw. schon vor dem gemäß B10 mitgeteilten Zeitpunkt keine Ladung mehr annimmt;
   dann trägt der Käufer alle Gefahren des Verlusts oder der Beschädigung der Ware
   (i) ab dem vereinbarten Zeitpunkt oder, wenn kein bestimmter Zeitpunkt vereinbart wurde,
   (ii) ab dem vom Käufer gemäß B10 ausgewählten Zeitpunkt oder, falls ein solcher Zeitpunkt nicht mitgeteilt wurde,
   (iii) ab dem Ende des jeweils vereinbarten Lieferzeitraums,
vorausgesetzt, die Ware wurde eindeutig als die vertragliche Ware kenntlich gemacht.

B4. Transport. Der Käufer hat auf eigene Kosten den Vertrag über die Beförderung der Ware vom benannten Verschiffungshafen abzuschließen, sofern der Beförderungsvertrag nicht vom Verkäufer gemäß der Regelung in A4 abgeschlossen wurde.

B5. Versicherung. Der Käufer hat gegenüber dem Verkäufer keine Verpflichtung, einen Versicherungsvertrag abzuschließen.

B6. Liefer-/Transportdokument. Der Käufer muss den gemäß A6 bereitgestellten Liefernachweis annehmen.

B7. Ausfuhr-/Einfuhrabfertigung.

a) Unterstützung bei der Ausfuhrabfertigung
Gegebenenfalls hat der Käufer den Verkäufer auf dessen Verlangen, Gefahr und Kosten bei der Beschaffung von Dokumenten und/oder Informationen für alle Ausfuhrabfertigungsformalitäten zu unterstützen, einschließ-

lich Sicherheitsanforderungen und Warenkontrollen vor der Verladung, die von dem betreffenden Ausfuhrland vorgeschrieben sind.

b) **Einfuhrabfertigung**

Gegebenenfalls hat der Käufer alle Formalitäten durchzuführen und zu bezahlen, die von dem betreffenden Transit- und Einfuhrland vorgeschrieben sind, z. B.:

▸ Einfuhrgenehmigung und ggf. erforderliche Durchfuhrgenehmigungen;
▸ Sicherheitsfreigabe für die Einfuhr und etwaige Durchfuhr;
▸ Warenkontrolle vor der Verladung; und
▸ sonstige behördliche Genehmigungen.

B8. Prüfung/Verpackung/Kennzeichnung. Der Käufer hat gegenüber dem Verkäufer keine Verpflichtung.

B9. Kostenverteilung. Der Käufer muss

a) alle die Ware betreffenden Kosten ab dem Zeitpunkt der Lieferung gemäß A2 tragen, mit Ausnahme der gemäß A9 vom Verkäufer zu übernehmenden Kosten;
b) dem Verkäufer alle Kosten und Gebühren erstatten, die dem Verkäufer durch die Unterstützung bei der Beschaffung der erforderlichen Dokumente und Informationen gemäß A4, A5, A6 und A7(b) entstanden sind;
c) gegebenenfalls Zölle, Steuern und sonstige Kosten in Zusammenhang mit der Transit- oder Einfuhrabfertigung gemäß B7(b) zahlen; und
d) alle zusätzlichen Kosten übernehmen, die entweder dadurch entstehen, dass
  (i) der Käufer es versäumt hat, eine Benachrichtigung gemäß B10 zu erteilen, oder
  (ii) das vom Käufer gemäß B10 benannte Schiff nicht rechtzeitig eintrifft, die Ware nicht übernimmt oder schon vor dem gemäß B10 mitgeteilten Zeitpunkt keine Ladung mehr annimmt;
  vorausgesetzt, die Ware wurde eindeutig als die vertragliche Ware kenntlich gemacht.

B10. Benachrichtigungen. Der Käufer muss dem Verkäufer in hinreichender Weise alle transportbezogenen Sicherheitsanforderungen, den Namen des Schiffs, die Ladestelle und ggf. den gewählten Lieferzeitpunkt innerhalb des vereinbarten Lieferzeitraums mitteilen.

CFR | Kosten und Fracht

434 **CFR** (fügen Sie den benannten Bestimmungshafen ein) *Incoterms® 2020*

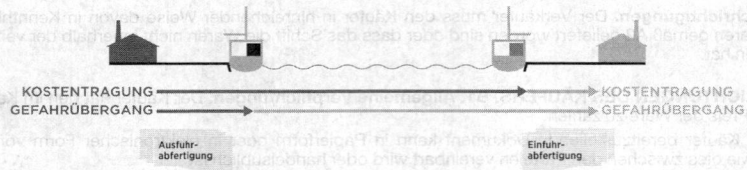

KOSTENTRAGUNG
GEFAHRÜBERGANG
Ausfuhr-
abfertigung
KOSTENTRAGUNG
GEFAHRÜBERGANG
Einfuhr-
abfertigung

ERLÄUTERNDE KOMMENTARE FÜR NUTZER.

435 1. **Lieferung und Gefahrübergang** — Bei Nutzung der Klausel „Kosten und Fracht" liefert der Verkäufer die Ware an den Käufer
  ▸ an Bord des Schiffs
  ▸ oder er beschafft die bereits so gelieferte Ware.

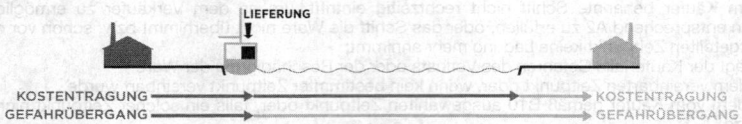

LIEFERUNG

KOSTENTRAGUNG
GEFAHRÜBERGANG
KOSTENTRAGUNG
GEFAHRÜBERGANG

Die Gefahr des Verlusts oder der Beschädigung der Ware geht über, sobald sich die Ware an Bord des Schiffs befindet, womit der Verkäufer seine Verpflichtung zur Lieferung der Ware erfüllt hat, unabhängig davon, ob die betreffende Ware in einwandfreiem Zustand, in der angegebenen Qualität oder überhaupt an ihrem Bestimmungsort eintrifft. Bei Wahl der Klausel CFR hat der Verkäufer gegenüber dem Käufer keinerlei Verpflichtung, entsprechenden Versicherungsschutz zu erwerben: Der Käufer wäre daher gut beraten, selbst eine passende Versicherung abzuschließen.

2. **Transportart** — Diese Klausel ist ausschließlich für den See- und Binnenschiffstransport geeignet. Wenn mehrere Transportarten genutzt werden, was häufig der Fall sein wird, wenn Waren an einen Frachtführer an einem Containerterminal übergeben werden, sollte anstelle von CFR die besser geeignete Klausel CPT gewählt werden.

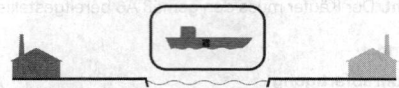

3. **„oder beschafft die so gelieferte Ware"** – Der Begriff „beschaffen" bezieht sich hier auf mehrere hintereinander geschaltete Verkäufe in einer Verkaufskette („string sales"), die häufig, wenn auch nicht ausschließlich, im Rohstoffhandel vorkommen.

4. **Liefer- und Bestimmungs*hafen*** – In CFR sind zwei Häfen von Bedeutung: der Hafen, an dem die Ware an Bord des Schiffs geliefert wird, und der Hafen, der als Bestimmungsort der Ware vereinbart wurde. Der Gefahrübergang vom Verkäufer auf den Käufer erfolgt, wenn die Ware an den Käufer geliefert wird, indem sie im Verschiffungshafen an Bord des Schiffs gebracht oder indem die bereits so gelieferte Ware beschafft wird. Der Verkäufer muss jedoch einen Vertrag über die Beförderung der Ware ab dem Lieferort bis zum vereinbarten Bestimmungsort abschließen. Beispielsweise wird in Shanghai (ein Hafen) Ware an Bord eines Schiffs gebracht, die für den Transport nach Southampton (ebenfalls ein Hafen) bestimmt ist. Die Lieferung erfolgt in diesem Fall, sobald die Ware in Shanghai an Bord befindet, wobei auch der Gefahrübergang auf den Käufer zu diesem Zeitpunkt stattfindet, und der Verkäufer muss einen Beförderungsvertrag von Shanghai nach Southampton abschließen.

5. **Muss der Verschiffungshafen benannt werden?** – Obwohl man im Vertrag stets den Bestimmungshafen angibt, wird unter Umständen darauf verzichtet, den Verschiffungshafen festzulegen, in dem der Gefahrübergang auf den Käufer erfolgt. Falls der Verschiffungshafen für den Käufer von besonderer Bedeutung ist, z. B. weil sich der Käufer vergewissern möchte, ob der Frachtanteil im Preis angemessen ist, sind die Parteien gut beraten, diesen Verschiffungshafen im Vertrag so genau wie möglich zu bezeichnen.

6. **Bezeichnung des Bestimmungsortes im Entladehafen** – Die Parteien sind gut beraten, den genauen Bestimmungsort im vereinbarten Bestimmungshafen möglichst präzise zu bezeichnen, da die Kosten bis zu diesem Ort zu Lasten des Verkäufers gehen. Der Verkäufer muss einen oder mehrere Verträge abschließen, welche die Beförderung der Ware ab der Lieferung bis zum benannten Hafen oder zur vereinbarten Stelle in diesem Hafen sicherstellen, wenn eine derartige Stelle im Kaufvertrag vereinbart wurde.

7. **Mehrere Frachtführer** – Es ist möglich, die Beförderung der Ware von mehreren Frachtführern durchführen zu lassen, die jeweils unterschiedliche Teilstrecken des Seetransports übernehmen, z. B. zuerst durch einen Frachtführer, der das Zubringerschiff von Hongkong nach Shanghai betreibt, woraufhin der Weitertransport von Shanghai nach Southampton durch ein Seeschiff übernommen wird. Hier ergibt sich allerdings die Frage, ob der Gefahrübergang vom Verkäufer auf den Käufer in Hongkong oder Shanghai stattfindet: Wo erfolgt die Lieferung? Die Parteien können diesen Punkt durchaus im Kaufvertrag geregelt haben. Wenn jedoch keine derartige vertragliche Regelung getroffen wurde, gilt die herkömmliche Sichtweise, gemäß welcher der Gefahrübergang auf den Käufer bei Lieferung der Ware an den ersten Frachtführer erfolgt, d. h. in Hongkong, wodurch sich der Zeitraum verlängert, in dem der Käufer die Verlust- oder Schadensgefahr trägt. Wünschen die Parteien einen späteren Gefahrübergang (in diesem Fall in Shanghai), müssen sie dies in ihrem Kaufvertrag festlegen.

8. **Entladekosten** – Entstehen dem Verkäufer nach seinem Beförderungsvertrag Kosten in Zusammenhang mit der Entladung an der festgelegten Stelle im Bestimmungshafen, ist der Verkäufer nicht berechtigt, diese Kosten gesondert vom Käufer zurückzufordern, sofern nichts anderes zwischen den Parteien vereinbart ist.

9. **Ausfuhr-/Einfuhrabfertigung** – CFR verpflichtet den Verkäufer, die Ware ggf. zur Ausfuhr freizumachen. Jedoch hat der Verkäufer keine Verpflichtung, die Ware zur Einfuhr oder Durchfuhr durch Drittländer freizumachen, Einfuhrzölle zu zahlen oder Einfuhrzollformalitäten zu erledigen.

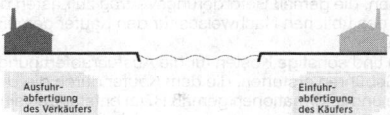

Ausfuhr-
abfertigung
des Verkäufers

Einfuhr-
abfertigung
des Käufers

A. VERPFLICHTUNGEN DES VERKÄUFERS. A1. Allgemeine Verpflichtungen. Der Verkäufer hat die Ware **436** und die Handelsrechnung in Übereinstimmung mit dem Kaufvertrag bereitzustellen und jeden sonstigen vertraglich vereinbarten Konformitätsnachweis zu erbringen.

Jedes vom Verkäufer bereitzustellende Dokument kann in Papierform oder in elektronischer Form vorliegen, je nachdem, wie dies zwischen den Parteien vereinbart wird oder handelsüblich ist.

A2. Lieferung. Der Verkäufer hat die Ware zu liefern, entweder, indem er sie an Bord des Schiffs verbringt oder die so gelieferte Ware beschafft. In beiden Fällen hat der Verkäufer die Ware zum vereinbarten Zeitpunkt oder innerhalb des vereinbarten Zeitraums und in der im Hafen üblichen Weise zu liefern.

A3. Gefahrübergang. Der Verkäufer trägt bis zur Lieferung gemäß A2 alle Gefahren des Verlusts oder der Beschädigung der Ware, mit Ausnahme von Verlust oder Beschädigung unter den in B3 beschriebenen Umständen.

A4. Transport. Der Verkäufer muss einen Vertrag über die Beförderung der Ware von der gegebenenfalls vereinbarten Lieferstelle am Lieferort bis zum benannten Bestimmungshafen oder einer gegebenenfalls vereinbarten Stelle in diesem Hafen abschließen oder beschaffen. Der Beförderungsvertrag ist zu den üblichen Bedingungen auf Kosten des Verkäufers abzuschließen und hat die Beförderung auf der üblichen Route mit einem Schiff der Bauart zu gewährleisten, die normalerweise für den Transport der verkauften Warenart verwendet wird.

Der Verkäufer muss alle transportbezogenen Sicherheitsanforderungen für die Beförderung der Waren bis zum Bestimmungsort erfüllen.

A5. Versicherung. Der Verkäufer hat gegenüber dem Käufer keine Verpflichtung, einen Versicherungsvertrag abzuschließen. Jedoch muss der Verkäufer dem Käufer auf dessen Verlangen, Gefahr und Kosten jeweils im Besitz des Verkäufers befindliche Informationen zur Verfügung stellen, die der Käufer zur Erlangung des Versicherungsschutzes benötigt.

A6. Liefer-/Transportdokument. Der Verkäufer hat dem Käufer auf eigene Kosten das übliche Transportdokument für den vereinbarten Bestimmungshafen zur Verfügung zu stellen.

Dieses Transportdokument muss über die vertragliche Ware lauten, ein innerhalb der für die Verschiffung vereinbarten Frist liegendes Datum tragen, den Käufer berechtigen, die Herausgabe der Ware im Bestimmungshafen von dem Frachtführer zu verlangen und, sofern nichts anderes vereinbart wurde, es dem Käufer ermöglichen, die Ware während des Transports an einen nachfolgenden Käufer durch Übertragung des Dokuments oder durch Mitteilung an den Frachtführer zu verkaufen.

Wird ein solches Transportdokument als begebbares Dokument und in mehreren Originalen ausgestellt, muss dem Käufer ein vollständiger Satz von Originalen übergeben werden.

A7. Ausfuhr-/Einfuhrabfertigung.

a) **Ausfuhrabfertigung**
Gegebenenfalls hat der Verkäufer alle Ausfuhrabfertigungsformalitäten durchzuführen und zu bezahlen, die von dem jeweiligen Ausfuhrland vorgeschrieben sind, z. B.:
- ▸ Ausfuhrgenehmigung;
- ▸ Sicherheitsfreigabe für die Ausfuhr;
- ▸ Warenkontrolle vor der Verladung; und
- ▸ sonstige behördliche Genehmigungen.

b) **Unterstützung bei der Einfuhrabfertigung**
Gegebenenfalls hat der Verkäufer den Käufer auf dessen Verlangen, Gefahr und Kosten bei der Beschaffung von Dokumenten und/oder Informationen für alle Transit-/ Einfuhrabfertigungsformalitäten zu unterstützen, einschließlich Sicherheitsanforderungen und Warenkontrollen vor der Verladung, die von den Transit-/Einfuhrländern vorgeschrieben sind.

A8. Prüfung/Verpackung/Kennzeichnung. Der Verkäufer hat die Kosten jener Prüfvorgänge (z. B. Qualitätsprüfung, Messen, Wiegen und Zählen) zu tragen, die notwendig sind, um die Ware gemäß A2 zu liefern.

Der Verkäufer hat auf eigene Kosten die Ware zu verpacken, es sei denn, es ist handelsüblich, die jeweilige Art der verkauften Ware unverpackt zu transportieren. Der Verkäufer muss die Ware in der für ihren Transport geeigneten Weise verpacken und kennzeichnen, es sei denn, die Parteien haben genaue Verpackungs- oder Kennzeichnungsanforderungen vereinbart.

A9. Kostenverteilung. Der Verkäufer muss

a) bis zur Lieferung gemäß A2 alle die Ware betreffenden Kosten tragen, ausgenommen die gemäß B9 vom Käufer zu tragenden Kosten;
b) die Frachtkosten und alle sonstige gemäß A4 entstehenden Kosten tragen, einschließlich der Kosten für die Verladung der Ware sowie der transportbezogenen Sicherheitskosten;
c) alle Gebühren für die Entladung am vereinbarten Entladehafen entrichten, die laut Beförderungsvertrag zu Lasten des Käufers gehen;
d) die Kosten der Durchfuhr tragen, die gemäß Beförderungsvertrag zu Lasten des Verkäufers gehen;
e) die Kosten für die Erbringung des üblichen Nachweises für den Käufer gemäß A6 tragen, aus dem hervorgeht, dass die Ware geliefert wurde;
f) gegebenenfalls Zölle, Steuern und sonstige Kosten für die Ausfuhrabfertigung gemäß A7(a) tragen; und
g) dem Käufer alle Kosten und Gebühren erstatten, die dem Käufer durch die Unterstützung bei der Beschaffung der erforderlichen Dokumente und Informationen gemäß B7(a) entstanden sind;

A10. Benachrichtigungen. Der Verkäufer muss den Käufer benachrichtigen, dass die Ware gemäß A2 geliefert wurde.

Der Verkäufer muss den Käufer über alles Nötige benachrichtigen, damit dieser die Ware übernehmen kann.

437 B. VERPFLICHTUNGEN DES KÄUFERS. B1. Allgemeine Verpflichtungen. Der Käufer hat den im Kaufvertrag genannten Preis der Ware zu zahlen.

Jedes vom Käufer bereitzustellende Dokument kann in Papierform oder in elektronischer Form vorliegen, je nachdem, wie dies zwischen den Parteien vereinbart wird oder handelsüblich ist.

B2. Übernahme. Der Käufer muss die gemäß A2 gelieferte Ware übernehmen und von dem Frachtführer im benannten Bestimmungshafen entgegennehmen.

B3. Gefahrübergang. Der Käufer trägt ab dem Zeitpunkt der Lieferung gemäß A2 alle Gefahren des Verlusts oder der Beschädigung der Ware.

Falls der Käufer es versäumt, eine Benachrichtigung gemäß B10 zu erteilen, trägt er alle Gefahren des Verlusts oder der Beschädigung der Ware ab dem für die Verschiffung vereinbarten Zeitpunkt oder ab dem Ende der hierfür vereinbarten Frist, vorausgesetzt, die Ware ist eindeutig als die vertragliche Ware kenntlich gemacht worden.

B4. Transport. Der Käufer hat gegenüber dem Verkäufer keine Verpflichtung, einen Beförderungsvertrag abzuschließen.

B5. Versicherung. Der Käufer hat gegenüber dem Verkäufer keine Verpflichtung, einen Versicherungsvertrag abzuschließen.

B6. Liefer-/Transportdokument. Der Käufer hat das gemäß A6 zur Verfügung gestellte Transportdokument anzunehmen, wenn es mit dem Vertrag übereinstimmt.

B7. Ausfuhr-/Einfuhrabfertigung.

a) **Unterstützung bei Ausfuhrabfertigung**
Gegebenenfalls hat der Käufer den Verkäufer auf dessen Verlangen, Gefahr und Kosten bei der Beschaffung von Dokumenten und/oder Informationen für alle Ausfuhrabfertigungsformalitäten zu unterstützen, einschließlich Sicherheitsanforderungen und Warenkontrollen vor der Verladung, die von dem betreffenden Ausfuhrland vorgeschrieben sind.

b) **Einfuhrabfertigung**
Gegebenenfalls hat der Käufer alle Formalitäten durchzuführen und zu bezahlen, die von dem betreffenden Transit- und Einfuhrland vorgeschrieben sind, z. B.:
- Einfuhrgenehmigung und ggf. erforderliche Durchfuhrgenehmigungen;
- Sicherheitsfreigabe für die Einfuhr und etwaige Durchfuhr;
- Warenkontrolle vor der Verladung; und
- sonstige behördliche Genehmigungen.

B8. Prüfung/Verpackung/Kennzeichnung. Der Käufer hat gegenüber dem Verkäufer keine Verpflichtung.

B9. Kostenverteilung. Der Käufer muss

a) alle die Ware betreffenden Kosten ab dem Zeitpunkt der Lieferung gemäß A2 tragen, mit Ausnahme der gemäß A9 vom Verkäufer zu übernehmenden Kosten;
b) die Kosten der Durchfuhr tragen, sofern diese Kosten nicht gemäß Beförderungsvertrag zu Lasten des Verkäufers gehen;
c) die Entladekosten tragen, einschließlich der Kosten für Leichterung und Kaigebühren, es sei denn, diese Kosten und Gebühren gehen nach dem Beförderungsvertrag zu Lasten des Verkäufers;
d) dem Verkäufer alle Kosten und Gebühren erstatten, die dem Verkäufer durch die Unterstützung bei der Beschaffung der erforderlichen Dokumente und Informationen gemäß A5 und A7(b) entstanden sind;
e) gegebenenfalls Zölle, Steuern und sonstige Kosten in Zusammenhang mit der Transit- oder Einfuhrabfertigung gemäß B7(b) zahlen; und
f) alle zusätzlichen Kosten tragen, die ab dem vereinbarten Termin für die Versendung oder ab dem Ende des hierfür vereinbarten Zeitraums entstehen, falls er es versäumt, eine Benachrichtigung gemäß B10 zu erteilen, vorausgesetzt, die Ware wurde eindeutig als die vertragliche Ware kenntlich gemacht.

B10. Benachrichtigungen. Wenn vereinbart wird, dass der Käufer berechtigt ist, den Zeitpunkt für die Verschiffung der Ware und/oder die Stelle für die Entgegennahme der Ware innerhalb des benannten Bestimmungshafens zu bestimmen, muss er den Verkäufer in hinreichender Weise von diesem Zeitpunkt und/oder der betreffenden Stelle in Kenntnis setzen.

CIF | Kosten, Versicherung und Fracht

CIF (fügen Sie den benannten Bestimmungshafen ein) *Incoterms® 2020*   438

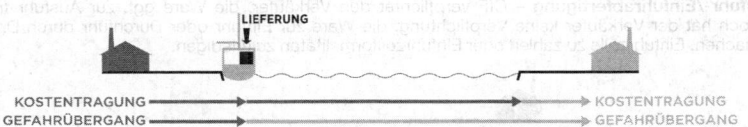

ERLÄUTERNDE KOMMENTARE FÜR NUTZER.

1. **Lieferung und Gefahrübergang** – Bei Nutzung der Klausel „Kosten, Versicherung und Fracht" liefert der   439 Verkäufer die Ware an den Käufer
   - an Bord des Schiffs,
   - oder er beschafft die bereits so gelieferte Ware.

Die Gefahr des Verlusts oder der Beschädigung der Ware geht über, sobald sich die Ware an Bord des Schiffs befindet, womit der Verkäufer seine Verpflichtung zur Lieferung der Ware erfüllt hat, unabhängig davon, ob die betreffende Ware in einwandfreiem Zustand, in der angegebenen Qualität oder überhaupt an ihrem Bestimmungsort eintrifft.

2. **Transportart** – Diese Klausel ist ausschließlich für den See- und Binnenschiffstransport geeignet. Wenn mehrere Transportarten genutzt werden, was häufig der Fall sein wird, wenn Waren an einen Frachtführer

an einem Containerterminal übergeben werden, sollte anstelle von CIF die besser geeignete Klausel CIP gewählt werden.

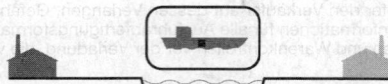

3. **„oder beschafft die so gelieferte Ware"** – Der Begriff „beschaffen" bezieht sich hier auf mehrere hintereinander geschaltete Verkäufe in einer Verkaufskette („string sales"), die häufig, wenn auch nicht ausschließlich, im Rohstoffhandel vorkommen.
4. **Liefer- und Bestimmungshafen** – In CIF sind zwei Häfen von Bedeutung: der Hafen, an dem die Ware an Bord des Schiffs geliefert wird, und der Hafen, der als Bestimmungsort der Ware vereinbart wurde. Der Gefahrübergang vom Verkäufer auf den Käufer erfolgt, wenn die Ware an den Käufer geliefert wird, indem sie im Verschiffungshafen an Bord des Schiffs gebracht oder indem die bereits so gelieferte Ware beschafft wird. Der Verkäufer muss jedoch einen Vertrag über die Beförderung der Ware ab dem Lieferort bis zum vereinbarten Bestimmungsort abschließen. Beispielsweise wird in Shanghai (ein Hafen) Ware an Bord eines Schiffs gebracht, die für den Transport nach Southampton (ebenfalls ein Hafen) bestimmt ist. Die Lieferung erfolgt in diesem Fall, sobald sich die Ware in Shanghai an Bord befindet, wobei auch der Gefahrübergang auf den Käufer zu diesem Zeitpunkt stattfindet, und der Verkäufer muss einen Beförderungsvertrag von Shanghai nach Southampton abschließen.
5. **Muss der Verschiffungshafen benannt werden?** – Obwohl man im Vertrag stets den Bestimmungshafen angibt, wird unter Umständen darauf verzichtet, den Verschiffungshafen festzulegen, in dem der Gefahrübergang auf den Käufer erfolgt. Falls der Verschiffungshafen für den Käufer von besonderer Bedeutung ist, z. B. weil sich der Käufer vergewissern möchte, ob der Fracht- oder Versicherungsanteil im Preis angemessen ist, sind die Parteien gut beraten, diesen Verschiffungshafen im Vertrag so genau wie möglich zu bezeichnen.
6. **Bezeichnung des Bestimmungsortes im Entladehafen** – Die Parteien sind gut beraten, den genauen Bestimmungsort im vereinbarten Bestimmungshafen möglichst präzise zu bezeichnen, da die Kosten bis zu diesem Ort zu Lasten des Verkäufers gehen. Der Verkäufer muss einen oder mehrere Beförderungsverträge abschließen, die den Transport der Ware ab der Lieferung bis zum benannten Hafen oder zur vereinbarten Stelle in diesem Hafen abdecken, wenn eine derartige Stelle im Kaufvertrag vereinbart wurde.
7. **Mehrere Frachtführer** – Es ist möglich, die Beförderung der Ware von mehreren Frachtführern durchführen zu lassen, die jeweils unterschiedliche Teilstrecken des Seetransports übernehmen, z. B. zuerst durch einen Frachtführer, der das Zubringerschiff von Hongkong nach Shanghai betreibt, woraufhin der Weitertransport von Shanghai nach Southampton durch ein Seeschiff übernommen wird. Hier ergibt sich allerdings die Frage, ob der Gefahrübergang vom Verkäufer auf den Käufer in Hongkong oder Shanghai stattfindet: Wo erfolgt die Lieferung? Die Parteien können diesen Punkt durchaus im Kaufvertrag geregelt haben. Wenn jedoch keine derartige vertragliche Regelung getroffen wurde, gilt die herkömmliche Sichtweise, gemäß welcher der Gefahrübergang auf den Käufer bei Lieferung der Ware an den ersten Frachtführer erfolgt, d. h. in Hongkong, wodurch sich der Zeitraum verlängert, in dem der Käufer die Verlust- oder Schadensgefahr trägt. Wünschen die Parteien einen späteren Gefahrübergang (in diesem Fall in Shanghai), müssen sie dies in ihrem Kaufvertrag festlegen.
8. **Versicherung** – Der Verkäufer muss ebenfalls einen Versicherungsvertrag für die auf den Käufer übergehende Gefahr des Verlusts oder der Beschädigung der Ware während des Transports vom Verschiffungshafen mindestens bis zum Bestimmungshafen abschließen. Dies kann zu Problemen führen, wenn das Bestimmungsland vorschreibt, dass der Versicherungsschutz in diesem Land erworben werden muss: In diesem Fall sollten die Parteien in Betracht ziehen, unter der Klausel CFR zu verkaufen bzw. zu kaufen. Der Käufer sollte ebenfalls bedenken, dass der Verkäufer unter der Klausel CIF der Incoterms® 2020 nur für einen eingeschränkten Versicherungsschutz sorgen muss, um die Bedingungen der Klausel (C) der Institute Cargo Clauses oder einer ähnlichen Klausel zu erfüllen, wohingegen die Klausel (A) der Institute Cargo Clauses einen umfassenderen Versicherungsschutz vorsieht. Den Parteien steht jedoch auch die Möglichkeit offen, einen höheren Versicherungsschutz zu vereinbaren.

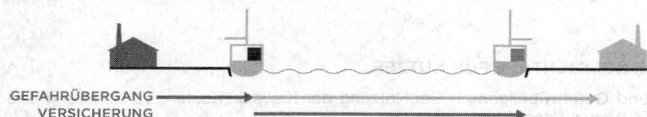

9. **Entladekosten** – Entstehen dem Verkäufer nach seinem Beförderungsvertrag Kosten in Zusammenhang mit der Entladung an der festgelegten Stelle im Bestimmungshafen, ist der Verkäufer nicht berechtigt, diese Kosten gesondert vom Käufer zurückzufordern, sofern nichts anderes zwischen den Parteien vereinbart ist.
10. **Ausfuhr-/Einfuhrabfertigung** – CIF verpflichtet den Verkäufer, die Ware ggf. zur Ausfuhr freizumachen. Jedoch hat der Verkäufer keine Verpflichtung, die Ware zur Einfuhr oder Durchfuhr durch Drittländer freizumachen, Einfuhrzölle zu zahlen oder Einfuhrzollformalitäten zu erledigen.

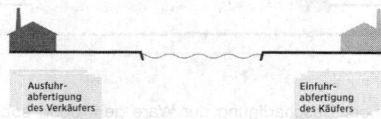

440 **A. VERPFLICHTUNGEN DES VERKÄUFERS. A1. Allgemeine Verpflichtungen.** Der Verkäufer hat die Ware und die Handelsrechnung in Übereinstimmung mit dem Kaufvertrag bereitzustellen und jeden sonstigen vertraglich vereinbarten Konformitätsnachweis zu erbringen.

Jedes vom Verkäufer bereitzustellende Dokument kann in Papierform oder in elektronischer Form vorliegen, je nachdem, wie dies zwischen den Parteien vereinbart wird oder handelsüblich ist.

A2. Lieferung. Der Verkäufer hat die Ware zu liefern, entweder, indem er sie an Bord des Schiffs verbringt oder die so gelieferte Ware beschafft. In beiden Fällen hat der Verkäufer die Ware zum vereinbarten Zeitpunkt oder innerhalb des vereinbarten Zeitraums und in der im Hafen üblichen Weise zu liefern.

A3. Gefahrübergang. Der Verkäufer trägt bis zur Lieferung gemäß A2 alle Gefahren des Verlusts oder der Beschädigung der Ware, mit Ausnahme von Verlust oder Beschädigung unter den in B3 beschriebenen Umständen.

A4. Transport. Der Verkäufer muss einen Vertrag über die Beförderung der Ware von der gegebenenfalls vereinbarten Lieferstelle am Lieferort bis zum benannten Bestimmungshafen oder einer gegebenenfalls vereinbarten Stelle in diesem Hafen abschließen oder beschaffen. Der Beförderungsvertrag ist zu den üblichen Bedingungen auf Kosten des Verkäufers abzuschließen und hat die Beförderung auf der üblichen Route mit einem Schiff der Bauart zu gewährleisten, die normalerweise für den Transport der verkauften Warenart verwendet wird.

Der Verkäufer muss alle transportbezogenen Sicherheitsanforderungen für die Beförderung der Waren bis zum Bestimmungsort erfüllen.

A5. Versicherung. Sofern nicht anders vereinbart oder handelsüblich, hat der Verkäufer auf eigene Kosten eine Transportversicherung abzuschließen, die der vorgeschriebenen Deckungshöhe gemäß den Klauseln (C) der Institute Cargo Clauses (LMA/IUA) oder ähnlichen Klauseln entspricht. Die Versicherung ist bei Einzelversicherern oder Versicherungsgesellschaften mit einwandfreiem Leumund abzuschließen und muss den Käufer oder jede andere Person mit einem versicherbaren Interesse an der Ware berechtigen, Ansprüche direkt bei dem Versicherer geltend zu machen.

Der Verkäufer muss auf Verlangen und Kosten des Käufers, vorbehaltlich der durch den Käufer zur Verfügung zu stellenden vom Verkäufer benötigten Informationen, zusätzlichen Versicherungsschutz beschaffen, falls erhältlich, z. B. Deckung entsprechend den Institute War Clauses und/oder Institute Strikes Clauses (LMA/IUA) oder ähnlichen Klauseln (es sei denn, ein derartiger Versicherungsschutz ist bereits in der im vorhergehenden Absatz beschriebenen Transportversicherung inkludiert).

Die Versicherung muss zumindest den im Vertrag genannten Preis zuzüglich zehn Prozent (d. h. 110 %) decken und in der Währung des Vertrags ausgestellt sein.

Der Versicherungsschutz für die Ware muss ab der Lieferstelle, wie in A2 festgelegt, bis mindestens zum benannten Bestimmungshafen wirksam sein.

Der Verkäufer muss dem Käufer die Versicherungspolice oder -urkunde bzw. einen sonstigen Nachweis über den Versicherungsschutz aushändigen.

Ferner hat der Verkäufer dem Käufer auf dessen Verlangen, Gefahr und Kosten jene Informationen zur Verfügung zu stellen, die der Käufer für den Abschluss etwaiger zusätzlicher Versicherungen benötigt.

A6. Liefer-/Transportdokument. Der Verkäufer hat dem Käufer auf eigene Kosten das übliche Transportdokument für den vereinbarten Bestimmungshafen zur Verfügung zu stellen.

Dieses Transportdokument muss über die vertragliche Ware lauten, ein innerhalb der für die Verschiffung vereinbarten Frist liegendes Datum tragen, den Käufer berechtigen, die Herausgabe der Ware im Bestimmungshafen von dem Frachtführer zu verlangen und, sofern nichts anderes vereinbart wurde, es dem Käufer ermöglichen, die Ware während des Transports an einen nachfolgenden Käufer durch Übertragung des Dokuments oder durch Mitteilung an den Frachtführer zu verkaufen.

Wird ein solches Transportdokument als begebbares Dokument und in mehreren Originalen ausgestellt, muss dem Käufer ein vollständiger Satz von Originalen übergeben werden.

A7. Ausfuhr-/Einfuhrabfertigung.

a) **Ausfuhrabfertigung**
   Gegebenenfalls hat der Verkäufer alle Ausfuhrabfertigungsformalitäten durchzuführen und zu bezahlen, die von dem jeweiligen Ausfuhrland vorgeschrieben sind, z. B.:
   ▸ Ausfuhrgenehmigung;
   ▸ Sicherheitsfreigabe für die Ausfuhr;
   ▸ Warenkontrolle vor der Verladung; und
   ▸ sonstige behördliche Genehmigung.
b) **Unterstützung bei der Einfuhrabfertigung**
   Gegebenenfalls hat der Verkäufer den Käufer auf dessen Verlangen, Gefahr und Kosten bei der Beschaffung von Dokumenten und/oder Informationen für alle Transit-/ Einfuhrabfertigungsformalitäten zu unterstützen, einschließlich Sicherheitsanforderungen und Warenkontrollen vor der Verladung, die von den Transit-/ Einfuhrländern vorgeschrieben sind.

A8. Prüfung/Verpackung/Kennzeichnung. Der Verkäufer hat die Kosten jener Prüfvorgänge (z. B. Qualitätsprüfung, Messen, Wiegen und Zählen) zu tragen, die notwendig sind, um die Ware gemäß A2 zu liefern.

Der Verkäufer hat auf eigene Kosten die Ware zu verpacken, es sei denn, es ist handelsüblich, die jeweilige Art der verkauften Ware unverpackt zu transportieren. Der Verkäufer muss die Ware in der für ihren Transport geeigneten Weise verpacken und kennzeichnen, es sei denn, die Parteien haben genaue Verpackungs- oder Kennzeichnungsanforderungen vereinbart.

A9. Kostenverteilung. Der Verkäufer muss

a) bis zur Lieferung gemäß A2 alle die Ware betreffenden Kosten tragen, ausgenommen die gemäß B9 vom Käufer zu tragenden Kosten;
b) die Frachtkosten und alle sonstigen gemäß A4 entstehenden Kosten tragen, einschließlich der Kosten für die Verladung der Ware sowie der transportbezogenen Sicherheitskosten;
c) alle Gebühren für die Entladung am vereinbarten Entladehafen entrichten, die laut Beförderungsvertrag zu Lasten des Verkäufers gehen;
d) die Kosten der Durchfuhr tragen, die gemäß Beförderungsvertrag zu Lasten des Verkäufers gehen;
e) die Kosten für die Erbringung des üblichen Nachweises für den Käufer gemäß A6 tragen, aus dem hervorgeht, dass die Ware geliefert wurde;
f) die sich aus A5 ergebenden Kosten der Versicherung tragen;
g) gegebenenfalls Zölle, Steuern und sonstige Kosten für die Ausfuhrabfertigung gemäß A7(a) tragen; und
h) dem Käufer alle Kosten und Gebühren erstatten, die dem Käufer durch die Unterstützung bei der Beschaffung der erforderlichen Dokumente und Informationen gemäß B7(a) entstanden sind.

A10. Benachrichtigungen. Der Verkäufer muss den Käufer benachrichtigen, dass die Ware gemäß A2 geliefert wurde.

Der Verkäufer muss den Käufer über alles Nötige benachrichtigen, damit dieser die Ware übernehmen kann.

441   **B. VERPFLICHTUNGEN DES KÄUFERS. B1. Allgemeine Verpflichtungen.** Der Käufer hat den im Kaufvertrag genannten Preis der Ware zu zahlen.

Jedes vom Käufer bereitzustellende Dokument kann in Papierform oder in elektronischer Form vorliegen, je nachdem, wie dies zwischen den Parteien vereinbart wird oder handelsüblich ist.

B2. Übernahme. Der Käufer muss die gemäß A2 gelieferte Ware übernehmen und von dem Frachtführer im benannten Bestimmungshafen entgegennehmen.

B3. Gefahrübergang. Der Käufer trägt ab dem Zeitpunkt der Lieferung gemäß A2 alle Gefahren des Verlusts oder der Beschädigung der Ware.

Falls der Käufer es versäumt, eine Benachrichtigung gemäß B10 zu erteilen, trägt er alle Gefahren des Verlusts oder der Beschädigung der Ware ab dem für die Verschiffung vereinbarten Zeitpunkt oder am Ende der hierfür vereinbarten Frist, vorausgesetzt, die Ware ist eindeutig als die vertragliche Ware kenntlich gemacht worden.

B4. Transport. Der Käufer hat gegenüber dem Verkäufer keine Verpflichtung, einen Beförderungsvertrag abzuschließen.

B5. Versicherung. Der Käufer hat gegenüber dem Verkäufer keine Verpflichtung, einen Versicherungsvertrag abzuschließen. Allerdings muss der Käufer dem Verkäufer auf dessen Verlangen hin alle Informationen übermitteln, die zum Abschluss der vom Käufer gemäß A5 ggf. verlangten zusätzlichen Versicherung benötigt werden.

B6. Liefer-/Transportdokument. Der Käufer hat das gemäß A6 zur Verfügung gestellte Transportdokument anzunehmen, wenn es mit dem Vertrag übereinstimmt.

B7. Ausfuhr-/Einfuhrabfertigung.

a) **Unterstützung bei der Ausfuhrabfertigung**
   Gegebenenfalls hat der Käufer den Verkäufer auf dessen Verlangen, Gefahr und Kosten bei der Beschaffung von Dokumenten und/oder Informationen für alle Ausfuhrabfertigungsformalitäten, zu unterstützen, einschließlich Sicherheitsanforderungen und Warenkontrollen vor der Verladung, die von dem betreffenden Ausfuhrland vorgeschrieben sind.
b) **Einfuhrabfertigung**
   Gegebenenfalls hat der Käufer alle Formalitäten durchzuführen und zu bezahlen, die von dem betreffenden Transit- und Einfuhrland vorgeschrieben sind, z. B.:
   ▸ Einfuhrgenehmigung und ggf. erforderliche Durchfuhrgenehmigungen;
   ▸ Sicherheitsfreigabe für die Einfuhr und etwaige Durchfuhr;
   ▸ Warenkontrolle vor der Verladung; und
   ▸ sonstige behördliche Genehmigungen.

B8. Prüfung/Verpackung/Kennzeichnung. Der Käufer hat gegenüber dem Verkäufer keine Verpflichtung.

B9. Kostenverteilung. Der Käufer muss

a) alle die Ware betreffenden Kosten ab dem Zeitpunkt der Lieferung gemäß A2 tragen, mit Ausnahme der gemäß A9 vom Verkäufer zu tragenden Kosten;
b) die Kosten der Durchfuhr tragen, sofern diese Kosten nicht gemäß dem Beförderungsvertrag zu Lasten des Verkäufers gehen;
c) die Entladekosten tragen, einschließlich der Kosten für Leichterung und Kaigebühren, es sei denn, diese Kosten und Gebühren gehen nach dem Beförderungsvertrag zu Lasten des Verkäufers;
d) die Kosten für jede zusätzliche auf Verlangen des Käufers nach A5 und B5 abgeschlossene Versicherung tragen;
e) dem Verkäufer alle Kosten und Gebühren erstatten, die dem Verkäufer durch die Unterstützung bei der Beschaffung der erforderlichen Dokumente und Informationen gemäß A5 und A7(b) entstanden sind;

f) gegebenenfalls Zölle, Steuern und sonstige Kosten in Zusammenhang mit der Transit- oder Einfuhrabfertigung gemäß B7(b) zahlen; und

g) alle zusätzlichen Kosten tragen, die ab dem vereinbarten Termin für die Versendung oder ab dem Ende des hierfür vereinbarten Zeitraums entstehen, falls er es versäumt, eine Benachrichtigung gemäß B10 zu erteilen, vorausgesetzt, die Ware wurde eindeutig als die vertragliche Ware kenntlich gemacht.

B10. Benachrichtigungen. Wenn vereinbart wird, dass der Käufer berechtigt ist, den Zeitpunkt für die Verschiffung der Ware und/oder die Stelle für die Entgegennahme der Ware innerhalb des benannten Bestimmungshafens zu bestimmen, muss er den Verkäufer in hinreichender Weise von diesem Zeitpunkt und/oder der betreffenden Stelle in Kenntnis setzen.

Wortlaut der einzelnen Regeln der Klauseln

A1. ALLGEMEINE VERPFLICHTUNGEN. EXW (Ab Werk). Der Verkäufer hat die Ware und die Handelsrech- **442** nung in Übereinstimmung mit dem Kaufvertrag bereitzustellen und jeden sonstigen vertraglich vereinbarten Konformitätsnachweis zu erbringen.

Jedes vom Verkäufer bereitzustellende Dokument kann in Papierform oder in elektronischer Form vorliegen, je nachdem, wie dies zwischen den Parteien vereinbart wird oder handelsüblich ist.

FCA (Frei Frachtführer). Der Verkäufer hat die Ware und die Handelsrechnung in Übereinstimmung mit dem Kaufvertrag bereitzustellen und jeden sonstigen vertraglich vereinbarten Konformitätsnachweis zu erbringen.

Jedes vom Verkäufer bereitzustellende Dokument kann in Papierform oder in elektronischer Form vorliegen, je nachdem, wie dies zwischen den Parteien vereinbart wird oder handelsüblich ist.

CPT (Frachtfrei). Der Verkäufer hat die Ware und die Handelsrechnung in Übereinstimmung mit dem Kaufvertrag bereitzustellen und jeden sonstigen vertraglich vereinbarten Konformitätsnachweis zu erbringen.

Jedes vom Verkäufer bereitzustellende Dokument kann in Papierform oder in elektronischer Form vorliegen, je nachdem, wie dies zwischen den Parteien vereinbart wird oder handelsüblich ist.

CIP (Frachtfrei versichert). Der Verkäufer hat die Ware und die Handelsrechnung in Übereinstimmung mit dem Kaufvertrag bereitzustellen und jeden sonstigen vertraglich vereinbarten Konformitätsnachweis zu erbringen.

Jedes vom Verkäufer bereitzustellende Dokument kann in Papierform oder in elektronischer Form vorliegen, je nachdem, wie dies zwischen den Parteien vereinbart wird oder handelsüblich ist.

DAP (Geliefert benannter Ort). Der Verkäufer hat die Ware und die Handelsrechnung in Übereinstimmung mit dem Kaufvertrag bereitzustellen und jeden sonstigen vertraglich vereinbarten Konformitätsnachweis zu erbringen.

Jedes vom Verkäufer bereitzustellende Dokument kann in Papierform oder in elektronischer Form vorliegen, je nachdem, wie dies zwischen den Parteien vereinbart wird oder handelsüblich ist.

DPU (Geliefert benannter Ort entladen). Der Verkäufer hat die Ware und die Handelsrechnung in Übereinstimmung mit dem Kaufvertrag bereitzustellen und jeden sonstigen vertraglich vereinbarten Konformitätsnachweis zu erbringen.

Jedes vom Verkäufer bereitzustellende Dokument kann in Papierform oder in elektronischer Form vorliegen, je nachdem, wie dies zwischen den Parteien vereinbart wird oder handelsüblich ist.

DDP (Geliefert verzollt). Der Verkäufer hat die Ware und die Handelsrechnung in Übereinstimmung mit dem Kaufvertrag bereitzustellen und jeden sonstigen vertraglich vereinbarten Konformitätsnachweis zu erbringen.

Jedes vom Verkäufer bereitzustellende Dokument kann in Papierform oder in elektronischer Form vorliegen, je nachdem, wie dies zwischen den Parteien vereinbart wird oder handelsüblich ist.

FAS (Frei Längsseite Schiff). Der Verkäufer hat die Ware und die Handelsrechnung in Übereinstimmung mit dem Kaufvertrag bereitzustellen und jeden sonstigen vertraglich vereinbarten Konformitätsnachweis zu erbringen.

Jedes vom Verkäufer bereitzustellende Dokument kann in Papierform oder in elektronischer Form vorliegen, je nachdem, wie dies zwischen den Parteien vereinbart wird oder handelsüblich ist.

FOB (Frei an Bord). Der Verkäufer hat die Ware und die Handelsrechnung in Übereinstimmung mit dem Kaufvertrag bereitzustellen und jeden sonstigen vertraglich vereinbarten Konformitätsnachweis zu erbringen.

Jedes vom Verkäufer bereitzustellende Dokument kann in Papierform oder in elektronischer Form vorliegen, je nachdem, wie dies zwischen den Parteien vereinbart wird oder handelsüblich ist.

CFR (Kosten und Fracht). Der Verkäufer hat die Ware und die Handelsrechnung in Übereinstimmung mit dem Kaufvertrag bereitzustellen und jeden sonstigen vertraglich vereinbarten Konformitätsnachweis zu erbringen.

Jedes vom Verkäufer bereitzustellende Dokument kann in Papierform oder in elektronischer Form vorliegen, je nachdem, wie dies zwischen den Parteien vereinbart wird oder handelsüblich ist.

CIF (Kosten, Versicherung und Fracht). Der Verkäufer hat die Ware und die Handelsrechnung in Übereinstimmung mit dem Kaufvertrag bereitzustellen und jeden sonstigen vertraglich vereinbarten Konformitätsnachweis zu erbringen.

Jedes vom Verkäufer bereitzustellende Dokument kann in Papierform oder in elektronischer Form vorliegen, je nachdem, wie dies zwischen den Parteien vereinbart wird oder handelsüblich ist.

Fest

443 **B1. ALLGEMEINE VERPFLICHTUNGEN. EXW (Ab Werk).** Der Käufer hat den im Kaufvertrag genannten Preis der Ware zu zahlen.

Jedes vom Käufer bereitzustellende Dokument kann in Papierform oder in elektronischer Form vorliegen, je nachdem, wie dies zwischen den Parteien vereinbart wird oder handelsüblich ist.

FCA (Frei Frachtführer). Der Käufer hat den im Kaufvertrag genannten Preis der Ware zu zahlen.

Jedes vom Käufer bereitzustellende Dokument kann in Papierform oder in elektronischer Form vorliegen, je nachdem, wie dies zwischen den Parteien vereinbart wird oder handelsüblich ist.

CPT (Frachtfrei). Der Käufer hat den im Kaufvertrag genannten Preis der Ware zu zahlen.

Jedes vom Käufer bereitzustellende Dokument kann in Papierform oder in elektronischer Form vorliegen, je nachdem, wie dies zwischen den Parteien vereinbart wird oder handelsüblich ist.

CIP (Frachtfrei versichert). Der Käufer hat den im Kaufvertrag genannten Preis der Ware zu zahlen.

Jedes vom Käufer bereitzustellende Dokument kann in Papierform oder in elektronischer Form vorliegen, je nachdem, wie dies zwischen den Parteien vereinbart wird oder handelsüblich ist.

DAP (Geliefert benannter Ort). Der Käufer hat den im Kaufvertrag genannten Preis der Ware zu zahlen.

Jedes vom Käufer bereitzustellende Dokument kann in Papierform oder in elektronischer Form vorliegen, je nachdem, wie dies zwischen den Parteien vereinbart wird oder handelsüblich ist.

DPU (Geliefert benannter Ort entladen). Der Käufer hat den im Kaufvertrag genannten Preis der Ware zu zahlen.

Jedes vom Käufer bereitzustellende Dokument kann in Papierform oder in elektronischer Form vorliegen, je nachdem, wie dies zwischen den Parteien vereinbart wird oder handelsüblich ist.

DDP (Geliefert verzollt). Der Käufer hat den im Kaufvertrag genannten Preis der Ware zu zahlen.

Jedes vom Käufer bereitzustellende Dokument kann in Papierform oder in elektronischer Form vorliegen, je nachdem, wie dies zwischen den Parteien vereinbart wird oder handelsüblich ist.

FAS (Frei Längsseite Schiff). Der Käufer hat den im Kaufvertrag genannten Preis der Ware zu zahlen.

Jedes vom Käufer bereitzustellende Dokument kann in Papierform oder in elektronischer Form vorliegen, je nachdem, wie dies zwischen den Parteien vereinbart wird oder handelsüblich ist.

FOB (Frei an Bord). Der Käufer hat den im Kaufvertrag genannten Preis der Ware zu zahlen.

Jedes vom Käufer bereitzustellende Dokument kann in Papierform oder in elektronischer Form vorliegen, je nachdem, wie dies zwischen den Parteien vereinbart wird oder handelsüblich ist.

CFR (Kosten und Fracht). Der Käufer hat den im Kaufvertrag genannten Preis der Ware zu zahlen.

Jedes vom Käufer bereitzustellende Dokument kann in Papierform oder in elektronischer Form vorliegen, je nachdem, wie dies zwischen den Parteien vereinbart wird oder handelsüblich ist.

CIF (Kosten, Versicherung und Fracht). Der Käufer hat den im Kaufvertrag genannten Preis der Ware zu zahlen.

Jedes vom Käufer bereitzustellende Dokument kann in Papierform oder in elektronischer Form vorliegen, je nachdem, wie dies zwischen den Parteien vereinbart wird oder handelsüblich ist.

444 **A2. LIEFERUNG/ÜBERNAHME. EXW (Ab Werk).** Der Verkäufer hat die Ware zu liefern, indem er sie dem Käufer am genannten Lieferort an der gegebenenfalls vereinbarten Stelle zur Verfügung stellt, jedoch ohne Verladung auf das abholende Beförderungsmittel. Wurde am benannten Lieferort keine bestimmte Stelle für die Lieferung vereinbart und kommen mehrere Stellen in Betracht, kann der Verkäufer die Stelle auswählen, die für diesen Zweck am besten geeignet ist. Der Verkäufer hat die Ware zum vereinbarten Zeitpunkt oder innerhalb des vereinbarten Zeitraums zu liefern.

FCA (Frei Frachtführer). Der Verkäufer hat die Ware an den Frachtführer oder eine andere vom Käufer benannte Person an der gegebenenfalls vereinbarten Stelle am benannten Ort zu liefern oder bereits so gelieferte Ware zu beschaffen.

Der Verkäufer muss die Ware

1. am vereinbarten Tag oder
2. zu dem innerhalb der vereinbarten Lieferfrist liegenden Termin, der vom Käufer gemäß B10(b) mitgeteilt wurde, oder,
3. wenn ein derartiger Termin nicht mitgeteilt wurde, zum Ende der vereinbarten Frist liefern.
   Die Lieferung ist abgeschlossen,
   a) falls der benannte Ort auf dem Gelände des Verkäufers liegt; sobald die Ware auf das vom Käufer bereit-gestellte Beförderungsmittel verladen worden ist; oder
   b) in allen anderen Fällen, wenn die Ware dem Frachtführer oder einer anderen vom Käufer benannten Person auf dem Beförderungsmittel des Verkäufers entladebereit zur Verfügung gestellt wird.

Wenn der Käufer am benannten Lieferort keine bestimmte Stelle gemäß B10(d) mitgeteilt hat und mehrere Stellen in Betracht kommen, kann der Verkäufer jene Stelle auswählen, die für den betreffenden Zweck am besten geeignet ist.

CPT (Frachtfrei). Der Verkäufer hat die Ware zu liefern, indem er sie an den gemäß A4 beauftragten Frachtführer übergibt oder indem er die so gelieferte Ware beschafft. In jedem Fall muss der Verkäufer die Ware zum vereinbarten Termin oder innerhalb der vereinbarten Frist liefern.

CIP (Frachtfrei versichert). Der Verkäufer hat die Ware zu liefern, indem er sie an den gemäß A4 beauftragten Frachtführer übergibt oder indem er die so gelieferte Ware beschafft. In jedem Fall muss der Verkäufer die Ware zum vereinbarten Termin oder innerhalb der vereinbarten Frist liefern.

DAP (Geliefert benannter Ort). Der Verkäufer muss die Ware liefern, indem er sie dem Käufer auf dem ankommenden Beförderungsmittel entladebereit an der ggf. benannten Stelle oder am benannten Bestimmungsort zur Verfügung stellt oder die so gelieferte Ware beschafft. In jedem Fall muss der Verkäufer die Ware zum vereinbarten Termin oder innerhalb der vereinbarten Frist liefern.

DPU (Geliefert benannter Ort entladen). Der Verkäufer muss die Ware vom ankommenden Beförderungsmittel entladen und dann liefern, indem er sie an der ggf. benannten Stelle oder am benannten Bestimmungsort dem Käufer zur Verfügung stellt oder die so gelieferte Ware beschafft. In jedem Fall muss der Verkäufer die Ware zum vereinbarten Termin oder innerhalb der vereinbarten Frist liefern.

DDP (Geliefert verzollt). Der Verkäufer muss die Ware liefern, indem er sie dem Käufer auf dem ankommenden Beförderungsmittel entladebereit an der ggf. benannten Stelle oder am benannten Bestimmungsort zur Verfügung stellt oder die so gelieferte Ware beschafft. In jedem Fall muss der Verkäufer die Ware zum vereinbarten Termin oder innerhalb der vereinbarten Frist liefern.

FAS (Frei Längsseite Schiff). Der Verkäufer muss die Ware liefern, indem er sie längsseits des vom Käufer benannten Schiffs an der gegebenenfalls vom Käufer bestimmten Ladestelle im benannten Verschiffungshafen verbringt oder die so gelieferte Ware beschafft.
Der Verkäufer muss die Ware

1. am vereinbarten Tag; oder
2. zu dem innerhalb des vereinbarten Zeitraums liegenden Zeit punkt, der vom Käufer gemäß B10 mitgeteilt wurde; oder,
3. wenn ein derartiger Zeitpunkt nicht mitgeteilt wurde, zum Ende des vereinbarten Zeitraums; und
4. in der im Hafen üblichen Weise liefern.

Falls keine bestimmte Ladestelle durch den Käufer angegeben worden ist, kann der Verkäufer die für den Zweck am besten geeignete Stelle innerhalb des benannten Verschiffungshafens auswählen.

FOB (Frei an Bord). Der Verkäufer muss die Ware liefern, indem er sie an Bord des vom Käufer benannten Schiffs an der gegebenenfalls vom Käufer bestimmten Ladestelle im benannten Verschiffungshafen verbringt oder die bereits so gelieferte Ware beschafft.
Der Verkäufer muss die Ware

1. am vereinbarten Tag: oder
2. zu dem innerhalb des vereinbarten Zeitraums liegenden Zeit punkt, der vom Käufer gemäß B10 mitgeteilt wurde; oder,
3. wenn ein derartiger Zeitpunkt nicht mitgeteilt wurde, zum Ende des vereinbarten Zeitraums; und
4. in der im Hafen üblichen Weise liefern.

Falls keine bestimmte Ladestelle durch den Käufer angegeben worden ist, kann der Verkäufer die für den Zweck am besten geeignete Stelle innerhalb des benannten Verschiffungshafens auswählen.

CFR (Kosten und Fracht). Der Verkäufer hat die Ware zu liefern, entweder, indem er sie an Bord des Schiffs verbringt oder die so gelieferte Ware beschafft. In beiden Fällen hat der Verkäufer die Ware zum vereinbarten Zeitpunkt oder innerhalb des vereinbarten Zeitraums und in der im Hafen üblichen Weise zu liefern.

CIF (Kosten, Versicherung und Fracht). Der Verkäufer hat die Ware zu liefern, entweder, indem er sie an Bord des Schiffs verbringt oder die so gelieferte Ware beschafft. In beiden Fällen hat der Verkäufer die Ware zum vereinbarten Zeitpunkt oder innerhalb des vereinbarten Zeitraums und in der im Hafen üblichen Weise zu liefern.

B2. LIEFERUNG/ÜBERNAHME. EXW (Ab Werk). Der Käufer muss die Ware übernehmen, wenn sie gemäß A2 **445** geliefert wurde und eine entsprechende Benachrichtigung gemäß A10 ergangen ist.

FCA (Frei Frachtführer). Der Käufer muss die Ware übernehmen, wenn sie gemäß A2 geliefert wurde.

CPT (Frachtfrei). Der Käufer muss die gemäß A2 gelieferte Ware übernehmen und am benannten Bestimmungsort oder ggf. an der an diesem Ort vereinbarten Stelle vom Frachtführer entgegennehmen.

CIP (Frachtfrei versichert). Der Käufer muss die gemäß A2 gelieferte Ware übernehmen und am benannten Bestimmungsort oder ggf. an der an diesem Ort vereinbarten Stelle vom Frachtführer entgegennehmen.

DAP (Geliefert benannter Ort). Der Käufer muss die Ware übernehmen, wenn sie gemäß A2 geliefert wurde.

DPU (Geliefert benannter Ort entladen). Der Käufer muss die Ware übernehmen, wenn sie gemäß A2 geliefert wurde.

DDP (Geliefert verzollt). Der Käufer muss die Ware übernehmen, wenn sie gemäß A2 geliefert wurde.

FAS (Frei Längsseite Schiff). Der Käufer muss die Ware übernehmen, wenn sie gemäß A2 geliefert wurde.

FOB (Frei an Bord). Der Käufer muss die Ware übernehmen, wenn sie gemäß A2 geliefert wurde.

CFR (Kosten und Fracht). Der Käufer muss die gemäß A2 gelieferte Ware übernehmen und von dem Frachtführer im benannten Bestimmungshafen entgegennehmen.

CIF (Kosten, Versicherung und Fracht). Der Käufer muss die gemäß A2 gelieferte Ware übernehmen und von dem Frachtführer im benannten Bestimmungshafen entgegennehmen.

446 **A3. GEFAHRÜBERGANG. EXW (Ab Werk).** Der Verkäufer trägt bis zur Lieferung gemäß A2 alle Gefahren des Verlusts oder der Beschädigung der Ware, mit Ausnahme von Verlust oder Beschädigung unter den in B3 beschriebenen Umständen.

FCA (Frei Frachtführer). Der Verkäufer trägt bis zur Lieferung gemäß A2 alle Gefahren des Verlusts oder der Beschädigung der Ware, mit Ausnahme von Verlust oder Beschädigung unter den in B3 beschriebenen Umständen.

CPT (Frachtfrei). Der Verkäufer trägt bis zur Lieferung gemäß A2 alle Gefahren des Verlusts oder der Beschädigung der Ware, mit Ausnahme von Verlust oder Beschädigung unter den in B3 beschriebenen Umständen.

CIP (Frachtfrei versichert). Der Verkäufer trägt bis zur Lieferung gemäß A2 alle Gefahren des Verlusts oder der Beschädigung der Ware, mit Ausnahme von Verlust oder Beschädigung unter den in B3 beschriebenen Umständen.

DAP (Geliefert benannter Ort). Der Verkäufer trägt bis zur Lieferung gemäß A2 alle Gefahren des Verlusts oder der Beschädigung der Ware, mit Ausnahme von Verlust oder Beschädigung unter den in B3 beschriebenen Umständen.

DPU (Geliefert benannter Ort entladen). Der Verkäufer trägt bis zur Lieferung gemäß A2 alle Gefahren des Verlusts oder der Beschädigung der Ware, mit Ausnahme von Verlust oder Beschädigung unter den in B3 beschriebenen Umständen.

DDP (Geliefert verzollt). Der Verkäufer trägt bis zur Lieferung gemäß A2 alle Gefahren des Verlusts oder der Beschädigung der Ware, mit Ausnahme von Verlust oder Beschädigung unter den in B3 beschriebenen Umständen.

FAS (Frei Längsseite Schiff). Der Verkäufer trägt bis zur Lieferung gemäß A2 alle Gefahren des Verlusts oder der Beschädigung der Ware, mit Ausnahme von Verlust oder Beschädigung unter den in B3 beschriebenen Umständen.

FOB (Frei an Bord). Der Verkäufer trägt bis zur Lieferung gemäß A2 alle Gefahren des Verlusts oder der Beschädigung der Ware, mit Ausnahme von Verlust oder Beschädigung unter den in B3 beschriebenen Umständen.

CFR (Kosten und Fracht). Der Verkäufer trägt bis zur Lieferung gemäß A2 alle Gefahren des Verlusts oder der Beschädigung der Ware, mit Ausnahme von Verlust oder Beschädigung unter den in B3 beschriebenen Umständen.

CIF (Kosten, Versicherung und Fracht). Der Verkäufer trägt bis zur Lieferung gemäß A2 alle Gefahren des Verlusts oder der Beschädigung der Ware, mit Ausnahme von Verlust oder Beschädigung unter den in B3 beschriebenen Umständen.

447 **B3. GEFAHRÜBERGANG. EXW (Ab Werk).** Der Käufer trägt ab dem Zeitpunkt der Lieferung gemäß A2 alle Gefahren des Verlusts oder der Beschädigung der Ware.

Falls der Käufer keine Benachrichtigung gemäß B10 erteilt, trägt der Käufer alle Gefahren des Verlusts oder der Beschädigung der Ware ab dem vereinbarten Lieferzeitpunkt oder nach dem Ende des vereinbarten Lieferzeitraums, vorausgesetzt, die Ware wurde eindeutig als die vertragliche Ware kenntlich gemacht.

FCA (Frei Frachtführer). Der Käufer trägt ab dem Zeitpunkt der Lieferung gemäß A2 alle Gefahren des Verlusts oder der Beschädigung der Ware.

Falls

a) der Käufer es versäumt, einen Frachtführer oder eine andere Person gemäß A2 zu benennen oder eine Benachrichtigung gemäß B10 zu erteilen; oder

b) der Frachtführer oder die vom Käufer gemäß B10(a) benannte Person es versäumt, die Ware zu übernehmen, trägt der Käufer alle Gefahren des Verlusts oder der Beschädigung der Ware:

  (i) ab dem vereinbarten Zeitpunkt oder, wenn kein bestimmter Zeitpunkt vereinbart wurde,

  (ii) ab dem vom Käufer gemäß B10(b) ausgewählten Zeitpunkt; oder, falls ein solcher Zeitpunkt nicht mitgeteilt wurde,

  (iii) ab dem Ende des jeweils vereinbarten Lieferzeitraums,

vorausgesetzt, die Ware wurde eindeutig als die vertragliche Ware kenntlich gemacht.

CPT (Frachtfrei). Der Käufer trägt ab dem Zeitpunkt der Lieferung gemäß A2 alle Gefahren des Verlusts oder der Beschädigung der Ware.

Falls der Käufer keine Benachrichtigung gemäß B10 erteilt, trägt der Käufer alle Gefahren des Verlusts oder der Beschädigung der Ware ab dem vereinbarten Lieferzeitpunkt oder nach dem Ende des vereinbarten Lieferzeitraums, vorausgesetzt, die Ware wurde eindeutig als die vertragliche Ware kenntlich gemacht.

CIP (Frachtfrei versichert). Der Käufer trägt ab dem Zeitpunkt der Lieferung gemäß A2 alle Gefahren des Verlusts oder der Beschädigung der Ware.

Falls der Käufer keine Benachrichtigung gemäß B10 erteilt, trägt der Käufer alle Gefahren des Verlusts oder der Beschädigung der Ware ab dem vereinbarten Lieferzeitpunkt oder nach dem Ende des vereinbarten Lieferzeitraums, vorausgesetzt, die Ware wurde eindeutig als die vertragliche Ware kenntlich gemacht.

DAP (Geliefert benannter Ort). Der Käufer trägt ab dem Zeitpunkt der Lieferung gemäß A2 alle Gefahren des Verlusts oder der Beschädigung der Ware.

Falls

a) der Käufer seine Verpflichtungen gemäß B7 nicht erfüllt, trägt er alle daraus resultierenden Gefahren des Verlusts oder der Beschädigung der Ware; oder
b) der Käufer es versäumt, eine Benachrichtigung gemäß B10 zu erteilen, trägt er alle Gefahren des Verlusts oder der Beschädigung der Ware ab dem vereinbarten Lieferzeitpunkt oder ab dem Ende des vereinbarten Lieferzeitraums,

vorausgesetzt, die Ware wurde eindeutig als die vertragliche Ware kenntlich gemacht.

DPU (Geliefert benannter Ort entladen). Der Käufer trägt ab dem Zeitpunkt der Lieferung gemäß A2 alle Gefahren des Verlusts oder der Beschädigung der Ware.

Falls

a) der Käufer seine Verpflichtungen gemäß B7 nicht erfüllt, trägt er alle daraus resultierenden Gefahren des Verlusts oder der Beschädigung der Ware; oder
b) der Käufer es versäumt, eine Benachrichtigung gemäß B10 zu erteilen, trägt er alle Gefahren des Verlusts oder der Beschädigung der Ware ab dem vereinbarten Lieferzeitpunkt oder ab dem Ende des vereinbarten Lieferzeitraums,

vorausgesetzt, die Ware wurde eindeutig als die vertragliche Ware kenntlich gemacht.

DDP (Geliefert verzollt). Der Käufer trägt ab dem Zeitpunkt der Lieferung gemäß A2 alle Gefahren des Verlusts oder der Beschädigung der Ware.

Falls

a) der Käufer seine Verpflichtungen gemäß B7 nicht erfüllt, trägt er alle daraus resultierenden Gefahren des Verlusts oder der Beschädigung der Ware; oder
b) der Käufer es versäumt, eine Benachrichtigung gemäß B10 zu erteilen, trägt er alle Gefahren des Verlusts oder der Beschädigung der Ware ab dem vereinbarten Lieferzeitpunkt oder ab dem Ende des vereinbarten Lieferzeitraums,

vorausgesetzt, die Ware wurde eindeutig als die vertragliche Ware kenntlich gemacht.

FAS (Frei Längsseite Schiff). Der Käufer trägt ab dem Zeitpunkt der Lieferung gemäß A2 alle Gefahren des Verlusts oder der Beschädigung der Ware.

Falls

a) der Käufer es versäumt, eine Benachrichtigung gemäß B10 zu erteilen; oder
b) das vom Käufer benannte Schiff nicht rechtzeitig eintrifft, um es dem Verkäufer zu ermöglichen, seine Pflichten entsprechend A2 zu erfüllen, oder das Schiff die Ware nicht übernimmt bzw. schon vor dem gemäß B10 mitgeteilten Zeitpunkt keine Ladung mehr annimmt;
dann trägt der Käufer alle Gefahren des Verlusts oder der Beschädigung der Ware
 (i) ab dem vereinbarten Zeitpunkt oder, wenn kein bestimmter Zeitpunkt vereinbart wurde,
 (ii) ab dem vom Käufer gemäß B10 ausgewählten Zeitpunkt oder, falls ein solcher Zeitpunkt nicht mitgeteilt wurde,
 (iii) ab dem Ende des jeweils vereinbarten Lieferzeitraums,
 vorausgesetzt, die Ware wurde eindeutig als die vertragliche Ware kenntlich gemacht.

FOB (Frei an Bord). Der Käufer trägt ab dem Zeitpunkt der Lieferung gemäß A2 alle Gefahren des Verlusts oder der Beschädigung der Ware.

Falls

a) der Käufer es versäumt, eine Benachrichtigung gemäß B10 zu erteilen; oder
b) das vom Käufer benannte Schiff nicht rechtzeitig eintrifft, um es dem Verkäufer zu ermöglichen, seine Pflichten entsprechend A2 zu erfüllen, oder das Schiff die Ware nicht übernimmt bzw. schon vor dem gemäß B10 mitgeteilten Zeitpunkt keine Ladung mehr annimmt; dann trägt der Käufer alle Gefahren des Verlusts oder der Beschädigung der Ware:
 (i) ab dem vereinbarten Zeitpunkt oder, wenn kein bestimmter Zeitpunkt vereinbart wurde,
 (ii) ab dem vom Käufer gemäß B10 ausgewählten Zeitpunkt oder, falls ein solcher Zeitpunkt nicht mitgeteilt wurde,
 (iii) ab dem Ende des jeweils vereinbarten Lieferzeitraums,
 vorausgesetzt, die Ware wurde eindeutig als die vertragliche Ware kenntlich gemacht.

CFR (Kosten und Fracht). Der Käufer trägt ab dem Zeitpunkt der Lieferung gemäß A2 alle Gefahren des Verlusts oder der Beschädigung der Ware.

Fest

Falls der Käufer es versäumt, eine Benachrichtigung gemäß B10 zu erteilen, trägt er alle Gefahren des Verlusts oder der Beschädigung der Ware ab dem für die Verschiffung vereinbarten Zeitpunkt oder ab dem Ende der hierfür vereinbarten Frist, vorausgesetzt, die Ware ist eindeutig als die vertragliche Ware kenntlich gemacht worden.

CIF (Kosten, Versicherung und Fracht). Der Käufer trägt ab dem Zeitpunkt der Lieferung gemäß A2 alle Gefahren des Verlusts oder der Beschädigung der Ware.

Falls der Käufer es versäumt, eine Benachrichtigung gemäß B10 zu erteilen, trägt er alle Gefahren des Verlusts oder der Beschädigung der Ware ab dem für die Verschiffung vereinbarten Zeitpunkt oder ab dem Ende der hierfür vereinbarten Frist, vorausgesetzt, die Ware ist eindeutig als die vertragliche Ware kenntlich gemacht worden.

448 **A4. TRANSPORT. EXW (Ab Werk).** Der Verkäufer hat gegenüber dem Käufer keine Verpflichtung, einen Beförderungsvertrag abzuschließen.

Jedoch muss der Verkäufer dem Käufer auf dessen Verlangen, Gefahr und Kosten jeweils im Besitz des Verkäufers befindliche Informationen zur Verfügung stellen, einschließlich transportbezogener Sicherheitsanforderungen, die der Käufer für die Organisation des Transports benötigt.

FCA (Frei Frachtführer). Der Verkäufer hat gegenüber dem Käufer keine Verpflichtung, einen Beförderungsvertrag abzuschließen. Jedoch muss der Verkäufer dem Käufer auf dessen Verlangen, Gefahr und Kosten jeweils im Besitz des Verkäufers befindliche Informationen zur Verfügung stellen, einschließlich transportbezogener Sicherheitsanforderungen, die der Käufer für die Organisation des Transports benötigt. Bei entsprechender Vereinbarung muss der Verkäufer einen Beförderungsvertrag zu den üblichen Bedingungen auf Gefahr und Kosten des Käufers abschließen.

Der Verkäufer muss alle transportbezogenen Sicherheitsanforderungen bis zur Lieferung erfüllen.

CPT (Frachtfrei). Der Verkäufer hat für die Ware einen Beförderungsvertrag von der gegebenenfalls vereinbarten Lieferstelle am Lieferort bis zum benannten Bestimmungsort oder einer gegebenenfalls vereinbarten Stelle an diesem Ort abzuschließen oder zu beschaffen. Der Beförderungsvertrag ist zu den üblichen Bedingungen auf Kosten des Verkäufers abzuschließen und hat die Beförderung auf der üblichen Route in der üblichen Weise und mit einem Transportmittel der Bauart zu gewährleisten, die normalerweise für den Transport der verkauften Warenart verwendet wird. Ist keine bestimmte Stelle vereinbart und ergibt sie sich auch nicht aus der Handelspraxis, kann der Verkäufer die Stelle am Lieferort und am benannten Bestimmungsort auswählen, die für den Zweck am besten geeignet ist.

Der Verkäufer muss alle transportbezogenen Sicherheitsanforderungen für die Beförderung der Waren bis zum Bestimmungsort erfüllen.

CIP (Frachtfrei versichert). Der Verkäufer hat für die Ware einen Beförderungsvertrag von der gegebenenfalls vereinbarten Lieferstelle am Lieferort bis zum benannten Bestimmungsort oder einer gegebenenfalls vereinbarten Stelle an diesem Ort abzuschließen oder zu beschaffen. Der Beförderungsvertrag ist zu den üblichen Bedingungen auf Kosten des Verkäufers abzuschließen und hat die Beförderung auf der üblichen Route in der üblichen Weise und mit einem Transportmittel der Bauart zu gewährleisten, die normalerweise für den Transport der verkauften Warenart verwendet wird. Ist keine bestimmte Stelle vereinbart und ergibt sie sich auch nicht aus der Handelspraxis, kann der Verkäufer die Stelle am Lieferort und am benannten Bestimmungsort auswählen, die für den Zweck am besten geeignet ist.

Der Verkäufer muss alle transportbezogenen Sicherheitsanforderungen für die Beförderung der Waren bis zum Bestimmungsort erfüllen.

DAP (Geliefert benannter Ort). Der Verkäufer muss auf eigene Kosten den Transport der Ware bis zum benannten Bestimmungsort oder zu der gegebenenfalls vereinbarten Stelle am benannten Bestimmungsort vertraglich beauftragen oder organisieren. Ist keine genaue Stelle vereinbart oder ergibt sie sich nicht aus der Handelspraxis, kann der Verkäufer eine beliebige Stelle am benannten Bestimmungsort auswählen, die für den Zweck am besten geeignet ist.

Der Verkäufer muss alle transportbezogenen Sicherheitsanforderungen für die Beförderung der Waren bis zum Bestimmungsort erfüllen.

DPU (Geliefert benannter Ort entladen). Der Verkäufer muss auf eigene Kosten den Transport der Ware bis zum benannten Bestimmungsort oder zu der gegebenenfalls vereinbarten Stelle am benannten Bestimmungsort vertraglich beauftragen oder organisieren. Ist keine genaue Stelle vereinbart oder ergibt sie sich nicht aus der Handelspraxis, kann der Verkäufer eine beliebige Stelle am benannten Bestimmungsort auswählen, die für den Zweck am besten geeignet ist.

Der Verkäufer muss alle transportbezogenen Sicherheitsanforderungen für die Beförderung der Waren bis zum Bestimmungsort erfüllen.

DDP (Geliefert verzollt). Der Verkäufer muss auf eigene Kosten den Transport der Ware bis zum benannten Bestimmungsort oder zu der gegebenenfalls vereinbarten Stelle am benannten Bestimmungsort vertraglich beauftragen oder organisieren. Ist keine genaue Stelle vereinbart oder ergibt sie sich nicht aus der Handelspraxis, kann der Verkäufer eine beliebige Stelle am benannten Bestimmungsort auswählen, die für den Zweck am besten geeignet ist.

Der Verkäufer muss alle transportbezogenen Sicherheitsanforderungen für die Beförderung der Waren bis zum Bestimmungsort erfüllen.

FAS (Frei Längsseite Schiff). Der Verkäufer hat gegenüber dem Käufer keine Verpflichtung, einen Beförderungsvertrag abzuschließen. Jedoch muss der Verkäufer dem Käufer auf dessen Verlangen, Gefahr und Kosten jeweils im Besitz des Verkäufers befindliche Informationen zur Verfügung stellen, einschließlich transportbezogener Sicherheitsanforderungen, die der Käufer für die Organisation des Transports benötigt. Bei entsprechender Vereinbarung muss der Verkäufer einen Beförderungsvertrag zu den üblichen Bedingungen auf Gefahr und Kosten des Käufers abschließen.
Der Verkäufer muss alle transportbezogenen Sicherheitsanforderungen bis zur Lieferung erfüllen.

FOB (Frei an Bord). Der Verkäufer hat gegenüber dem Käufer keine Verpflichtung, einen Beförderungsvertrag abzuschließen. Jedoch muss der Verkäufer dem Käufer auf dessen Verlangen, Gefahr und Kosten jeweils im Besitz des Verkäufers befindliche Informationen zur Verfügung stellen, einschließlich transportbezogener Sicherheitsanforderungen, die der Käufer für die Organisation des Transports benötigt. Bei entsprechender Vereinbarung muss der Verkäufer einen Beförderungsvertrag zu den üblichen Bedingungen auf Gefahr und Kosten des Käufers abschließen.
Der Verkäufer muss alle transportbezogenen Sicherheitsanforderungen bis zur Lieferung erfüllen.

CFR (Kosten und Fracht). Der Verkäufer muss einen Vertrag über die Beförderung der Ware von der gegebenenfalls vereinbarten Lieferstelle am Lieferort bis zum benannten Bestimmungshafen oder einer gegebenenfalls vereinbarten Stelle in diesem Hafen abschließen oder beschaffen. Der Beförderungsvertrag ist zu den üblichen Bedingungen auf Kosten des Verkäufers abzuschließen und hat die Beförderung auf der üblichen Route mit einem Schiff der Bauart zu gewährleisten, die normalerweise für den Transport der verkauften Warenart verwendet wird.
Der Verkäufer muss alle transportbezogenen Sicherheitsanforderungen für die Beförderung der Waren bis zum Bestimmungsort erfüllen.

CIF (Kosten, Versicherung und Fracht). Der Verkäufer muss einen Vertrag über die Beförderung der Ware von der gegebenenfalls vereinbarten Lieferstelle am Lieferort bis zum benannten Bestimmungshafen oder einer gegebenenfalls vereinbarten Stelle in diesem Hafen abschließen oder beschaffen. Der Beförderungsvertrag ist zu den üblichen Bedingungen auf Kosten des Verkäufers abzuschließen und hat die Beförderung auf der üblichen Route mit einem Schiff der Bauart zu gewährleisten, die normalerweise für den Transport der verkauften Warenart verwendet wird.
Der Verkäufer muss alle transportbezogenen Sicherheitsanforderungen für die Beförderung der Waren bis zum Bestimmungsort erfüllen.

B4. TRANSPORT. EXW (Ab Werk). Es ist dem Käufer überlassen, auf eigene Kosten einen Vertrag über die   **449**
Beförderung der Ware vom benannten Lieferort abzuschließen oder zu organisieren.

FCA (Frei Frachtführer). Der Käufer muss auf eigene Kosten einen Vertrag über die Beförderung der Ware vom benannten Lieferort schließen oder den Warentransport organisieren, es sei denn, der Beförderungsvertrag wird vom Verkäufer, wie in A4 geregelt, abgeschlossen.

CPT (Frachtfrei). Der Käufer hat gegenüber dem Verkäufer keine Verpflichtung, einen Beförderungsvertrag abzuschließen.

CIP (Frachtfrei versichert). Der Käufer hat gegenüber dem Verkäufer keine Verpflichtung, einen Beförderungsvertrag abzuschließen.

DAP (Geliefert benannter Ort). Der Käufer hat gegenüber dem Verkäufer keine Verpflichtung, einen Beförderungsvertrag abzuschließen.

DPU (Geliefert benannter Ort entladen). Der Käufer hat gegenüber dem Verkäufer keine Verpflichtung, einen Beförderungsvertrag abzuschließen.

DDP (Geliefert verzollt). Der Käufer hat gegenüber dem Verkäufer keine Verpflichtung, einen Beförderungsvertrag abzuschließen.

FAS (Frei Längsseite Schiff). Der Käufer hat auf eigene Kosten den Vertrag über die Beförderung der Ware vom benannten Verschiffungshafen abzuschließen, sofern der Beförderungsvertrag nicht vom Verkäufer gemäß der Regelung in A4 abgeschlossen wurde.

FOB (Frei an Bord). Der Käufer hat auf eigene Kosten den Vertrag über die Beförderung der Ware vom benannten Verschiffungshafen abzuschließen, sofern der Beförderungsvertrag nicht vom Verkäufer gemäß der Regelung in A4 abgeschlossen wurde.

CFR (Kosten und Fracht). Der Käufer hat gegenüber dem Verkäufer keine Verpflichtung, einen Beförderungsvertrag abzuschließen.

CIF (Kosten, Versicherung und Fracht). Der Käufer hat gegenüber dem Verkäufer keine Verpflichtung, einen Beförderungsvertrag abzuschließen.

A5. VERSICHERUNG. EXW (Ab Werk). Der Verkäufer hat gegenüber dem Käufer keine Verpflichtung, einen   **450**
Versicherungsvertrag abzuschließen. Jedoch muss der Verkäufer dem Käufer auf dessen Verlangen, Gefahr und

Kosten jeweils im Besitz des Verkäufers befindliche Informationen zur Verfügung stellen, welche der Käufer zur Erlangung des Versicherungsschutzes benötigt.

FCA (Frei Frachtführer). Der Verkäufer hat gegenüber dem Käufer keine Verpflichtung, einen Versicherungsvertrag abzuschließen. Jedoch muss der Verkäufer dem Käufer auf dessen Verlangen, Gefahr und Kosten jeweils im Besitz des Verkäufers befindliche Informationen zur Verfügung stellen, welche der Käufer zur Erlangung des Versicherungsschutzes benötigt.

CPT (Frachtfrei). Der Verkäufer hat gegenüber dem Käufer keine Verpflichtung, einen Versicherungsvertrag abzuschließen. Jedoch muss der Verkäufer dem Käufer auf dessen Verlangen, Gefahr und Kosten jeweils im Besitz des Verkäufers befindliche Informationen zur Verfügung stellen, welche der Käufer zur Erlangung des Versicherungsschutzes benötigt.

CIP (Frachtfrei versichert). Sofern nicht anders vereinbart oder handelsüblich, hat der Verkäufer auf eigene Kosten eine Transportversicherung abzuschließen, die der vorgeschriebenen Deckungshöhe gemäß den Klauseln (A) der Institute Cargo Clauses (LMA/IUA) oder ähnlichen Klauseln entspricht, oder die eingesetzten Transportmitteln angemessen sind. Die Versicherung ist bei Einzelversicherern oder Versicherungsgesellschaften mit einwandfreiem Leumund abzuschließen und muss den Käufer oder jede andere Person mit einem versicherbaren Interesse an der Ware berechtigen, Ansprüche direkt bei dem Versicherer geltend zu machen.

Der Verkäufer muss auf Verlangen und Kosten des Käufers, vorbehaltlich der durch den Käufer zur Verfügung zu stellenden, vom Verkäufer benötigten Informationen, zusätzlichen Versicherungsschutz beschaffen, falls erhältlich, z. B. Deckung entsprechend den Institute War Clauses und/oder Institute Strikes Clauses (LMA/IUA) oder ähnlichen Klauseln (es sei denn, ein derartiger Versicherungsschutz ist bereits in der im vorhergehenden Absatz beschriebenen Transportversicherung inkludiert).

Die Versicherung muss zumindest den im Vertrag genannten Preis zuzüglich zehn Prozent (d. h. 110 %) decken und in der Währung des Vertrags ausgestellt sein.

Der Versicherungsschutz für die Ware muss ab der in A2 festgelegten Lieferstelle mindestens bis zum benannten Bestimmungsort gelten.

Der Verkäufer muss dem Käufer die Versicherungspolice oder -urkunde bzw. einen sonstigen Nachweis über den Versicherungsschutz aushändigen.

Ferner hat der Verkäufer dem Käufer auf dessen Verlangen, Gefahr und Kosten jene Informationen zur Verfügung zu stellen, die der Käufer für den Abschluss etwaiger zusätzlicher Versicherungen benötigt.

DAP (Geliefert benannter Ort). Der Verkäufer hat gegenüber dem Käufer keine Verpflichtung, einen Versicherungsvertrag abzuschließen.

DPU (Geliefert benannter Ort entladen). Der Verkäufer hat gegenüber dem Käufer keine Verpflichtung, einen Versicherungsvertrag abzuschließen.

DDP (Geliefert verzollt). Der Verkäufer hat gegenüber dem Käufer keine Verpflichtung, einen Versicherungsvertrag abzuschließen.

FAS (Frei Längsseite Schiff). Der Verkäufer hat gegenüber dem Käufer keine Verpflichtung, einen Versicherungsvertrag abzuschließen. Jedoch muss der Verkäufer dem Käufer auf dessen Verlangen, Gefahr und Kosten jeweils im Besitz des Verkäufers befindliche Informationen zur Verfügung stellen, die der Käufer zur Erlangung des Versicherungsschutzes benötigt.

FOB (Frei an Bord). Der Verkäufer hat gegenüber dem Käufer keine Verpflichtung, einen Versicherungsvertrag abzuschließen. Jedoch muss der Verkäufer dem Käufer auf dessen Verlangen, Gefahr und Kosten jeweils im Besitz des Verkäufers befindliche Informationen zur Verfügung stellen, die der Käufer zur Erlangung des Versicherungsschutzes benötigt.

CFR (Kosten und Fracht). Der Verkäufer hat gegenüber dem Käufer keine Verpflichtung, einen Versicherungsvertrag abzuschließen. Jedoch muss der Verkäufer dem Käufer auf dessen Verlangen, Gefahr und Kosten jeweils im Besitz des Verkäufers befindliche Informationen zur Verfügung stellen, die der Käufer zur Erlangung des Versicherungsschutzes benötigt.

CIF (Kosten, Versicherung und Fracht). Sofern nicht anders vereinbart oder handelsüblich, hat der Verkäufer auf eigene Kosten eine Transportversicherung abzuschließen, die der vorgeschriebenen Deckungshöhe gemäß den Klauseln (C) der Institute Cargo Clauses (LMA/IUA) oder ähnlichen Klauseln entspricht. Die Versicherung ist bei Einzelversicherern oder Versicherungsgesellschaften mit einwandfreiem Leumund abzuschließen und muss den Käufer oder jede andere Person mit einem versicherbaren Interesse an der Ware berechtigen, Ansprüche direkt bei dem Versicherer geltend zu machen.

Der Verkäufer muss auf Verlangen und Kosten des Käufers, vorbehaltlich der durch den Käufer zur Verfügung zu stellenden, vom Verkäufer benötigten Informationen, zusätzlichen Versicherungsschutz beschaffen, falls erhältlich, z. B. Deckung entsprechend den Institute War Clauses und/oder Institute Strikes Clauses (LMA/IUA) oder ähnlichen Klauseln (es sei denn, ein derartiger Versicherungsschutz ist bereits in der im vorhergehenden Absatz beschriebenen Transportversicherung inkludiert).

Die Versicherung muss zumindest den im Vertrag genannten Preis zuzüglich zehn Prozent (d. h. 110 %) decken und in der Währung des Vertrags ausgestellt sein.

Der Versicherungsschutz für die Ware muss ab der Lieferstelle, wie in A2 festgelegt, bis mindestens zum benannten Bestimmungshafen wirksam sein.

Der Verkäufer muss dem Käufer die Versicherungspolice oder -urkunde bzw. einen sonstigen Nachweis über den Versicherungsschutz aushändigen.

Ferner hat der Verkäufer dem Käufer auf dessen Verlangen, Gefahr und Kosten jene Informationen zur Verfügung zu stellen, die der Käufer für den Abschluss etwaiger zusätzlicher Versicherungen benötigt.

B5. VERSICHERUNG. EXW (Ab Werk). Der Käufer hat gegenüber dem Verkäufer keine Verpflichtung, einen   **451** Versicherungsvertrag abzuschließen.

FCA (Frei Frachtführer). Der Käufer hat gegenüber dem Verkäufer keine Verpflichtung, einen Versicherungsvertrag abzuschließen.

CPT (Frachtfrei). Der Käufer hat gegenüber dem Verkäufer keine Verpflichtung, einen Versicherungsvertrag abzuschließen.

CIP (Frachtfrei versichert). Der Käufer hat gegenüber dem Verkäufer keine Verpflichtung, einen Versicherungsvertrag abzuschließen. Allerdings muss der Käufer dem Verkäufer auf dessen Verlangen hin alle Informationen übermitteln, die zum Abschluss der vom Käufer gemäß A5 ggf. verlangten zusätzlichen Versicherung benötigt werden.

DAP (Geliefert benannter Ort). Der Käufer hat gegenüber dem Verkäufer keine Verpflichtung, einen Versicherungsvertrag abzuschließen. Jedoch muss der Käufer dem Verkäufer auf dessen Verlangen, Gefahr und Kosten jeweils Informationen zur Verfügung stellen, die der Verkäufer zur Erlangung des Versicherungsschutzes benötigt.

DPU (Geliefert benannter Ort entladen). Der Käufer hat gegenüber dem Verkäufer keine Verpflichtung, einen Versicherungsvertrag abzuschließen. Jedoch muss der Käufer dem Verkäufer auf dessen Verlangen, Gefahr und Kosten jeweils Informationen zur Verfügung stellen, die der Verkäufer zur Erlangung des Versicherungsschutzes benötigt.

DDP (Geliefert verzollt). Der Käufer hat gegenüber dem Verkäufer keine Verpflichtung, einen Versicherungsvertrag abzuschließen. Jedoch muss der Käufer dem Verkäufer auf dessen Verlangen, Gefahr und Kosten jeweils Informationen zur Verfügung stellen, die der Verkäufer zur Erlangung des Versicherungsschutzes benötigt.

FAS (Frei Längsseite Schiff). Der Käufer hat gegenüber dem Verkäufer keine Verpflichtung, einen Versicherungsvertrag abzuschließen.

FOB (Frei an Bord). Der Käufer hat gegenüber dem Verkäufer keine Verpflichtung, einen Versicherungsvertrag abzuschließen.

CFR (Kosten und Fracht). Der Käufer hat gegenüber dem Verkäufer keine Verpflichtung, einen Versicherungsvertrag abzuschließen.

CIF (Kosten, Versicherung und Fracht). Der Käufer hat gegenüber dem Verkäufer keine Verpflichtung, einen Versicherungsvertrag abzuschließen. Allerdings muss der Käufer dem Verkäufer auf dessen Verlangen hin alle Informationen übermitteln, die zum Abschluss der vom Käufer gemäß A5 ggf. verlangten zusätzlichen Versicherung benötigt werden.

A6. LIEFER-/TRANSPORTDOKUMENT. EXW (Ab Werk). Der Verkäufer hat gegenüber dem Käufer keine Ver-   **452** pflichtung.

FCA (Frei Frachtführer). Der Verkäufer hat gegenüber dem Käufer auf eigene Kosten den üblichen Nachweis zu erbringen, dass die Ware gemäß A2 geliefert worden ist.

Der Verkäufer hat den Käufer auf dessen Verlangen, Gefahr und Kosten bei der Beschaffung eines Transportdokuments zu unterstützen.

Wenn der Käufer den Frachtführer angewiesen hat, dem Verkäufer ein Transportdokument gemäß B6 auszustellen, muss der Verkäufer dieses Dokument dem Käufer aushändigen.

CPT (Frachtfrei). Falls handelsüblich oder falls der Käufer es verlangt, hat der Verkäufer auf eigene Kosten dem Käufer das oder die übliche(n) Transportdokument(e) für den gemäß A4 vertraglich vereinbarten Transport zur Verfügung zu stellen.

Dieses Transportdokument muss die vertragliche Ware erfassen und innerhalb der zur Versendung vereinbarten Frist datiert sein. Falls vereinbart oder handelsüblich, muss das Dokument den Käufer auch in die Lage versetzen, die Herausgabe der Ware bei dem Frachtführer am benannten Bestimmungsort einfordern zu können und es dem Käufer ermöglichen, die Ware während des Transports durch Übergabe des Dokuments an einen nachfolgenden Käufer oder durch Benachrichtigung an den Frachtführer zu verkaufen.

Wird ein solches Transportdokument als begebbares Dokument und in mehreren Originalen ausgestellt, muss dem Käufer ein vollständiger Satz von Originalen übergeben werden.

CIP (Frachtfrei versichert). Falls handelsüblich oder falls der Käufer es verlangt, hat der Verkäufer auf eigene Kosten dem Käufer das oder die übliche(n) Transportdokument(e) für den gemäß A4 vertraglich vereinbarten Transport zur Verfügung zu stellen.

Dieses Transportdokument muss die vertragliche Ware erfassen und innerhalb der zur Versendung vereinbarten Frist datiert sein. Falls vereinbart oder handelsüblich, muss das Dokument den Käufer auch in die Lage versetzen, die Herausgabe der Ware bei dem Frachtführer am benannten Bestimmungsort einfordern zu können und es dem Käufer ermöglichen, die Ware während des Transports durch Übergabe des Dokuments an einen nachfolgenden Käufer oder durch Benachrichtigung an den Frachtführer zu verkaufen.

Wird ein solches Transportdokument als begebbares Dokument und in mehreren Originalen ausgestellt, muss dem Käufer ein vollständiger Satz von Originalen übergeben werden.

DAP (Geliefert benannter Ort). Der Verkäufer hat auf eigene Kosten alle erforderlichen Dokumente dem Käufer zur Verfügung zu stellen, die dem Käufer die Übernahme der Ware ermöglichen.

DPU (Geliefert benannter Ort entladen). Der Verkäufer hat dem Käufer auf eigene Kosten alle erforderlichen Dokumente zur Verfügung zu stellen, die dem Käufer die Übernahme der Ware ermöglichen.

DDP (Geliefert verzollt). Der Verkäufer hat dem Käufer auf eigene Kosten alle erforderlichen Dokumente zur Verfügung zu stellen, die dem Käufer die Übernahme der Ware ermöglichen.

FAS (Frei Längsseite Schiff). Der Verkäufer hat gegenüber dem Käufer auf eigene Kosten den üblichen Nachweis zu erbringen, dass die Ware gemäß A2 geliefert worden ist.

Sofern es sich bei einem solchen Nachweis nicht um ein Transportdokument handelt, hat der Verkäufer den Käufer auf dessen Verlangen, Gefahr und Kosten bei der Beschaffung eines Transportdokuments zu unterstützen.

FOB (Frei an Bord). Der Verkäufer hat gegenüber dem Käufer auf eigene Kosten den üblichen Nachweis zu erbringen, dass die Ware gemäß A2 geliefert worden ist.

Sofern es sich bei einem solchen Nachweis nicht um ein Transportdokument handelt, hat der Verkäufer den Käufer auf dessen Verlangen, Gefahr und Kosten bei der Beschaffung eines Transportdokuments zu unterstützen.

CFR (Kosten und Fracht). Der Verkäufer hat dem Käufer auf eigene Kosten das übliche Transportdokument für den vereinbarten Bestimmungshafen zur Verfügung zu stellen.

Dieses Transportdokument muss über die vertragliche Ware lauten, ein innerhalb der für die Verschiffung vereinbarten Frist liegendes Datum tragen, den Käufer berechtigen, die Herausgabe der Ware im Bestimmungshafen von dem Frachtführer zu verlangen und, sofern nichts anderes vereinbart wurde, es dem Käufer ermöglichen, die Ware während des Transports an einen nachfolgenden Käufer durch Übertragung des Dokuments oder durch Mitteilung an den Frachtführer zu verkaufen.

Wird ein solches Transportdokument als begebbares Dokument und in mehreren Originalen ausgestellt, muss dem Käufer ein vollständiger Satz von Originalen übergeben werden.

CIF (Kosten, Versicherung und Fracht). Der Verkäufer hat dem Käufer auf eigene Kosten das übliche Transportdokument für den vereinbarten Bestimmungshafen zur Verfügung zu stellen.

Dieses Transportdokument muss über die vertragliche Ware lauten, ein innerhalb der für die Verschiffung vereinbarten Frist liegendes Datum tragen, den Käufer berechtigen, die Herausgabe der Ware im Bestimmungshafen von dem Frachtführer zu verlangen und, sofern nichts anderes vereinbart wurde, es dem Käufer ermöglichen, die Ware während des Transports an einen nachfolgenden Käufer durch Übertragung des Dokuments oder durch Mitteilung an den Frachtführer zu verkaufen.

Wird ein solches Transportdokument als begebbares Dokument und in mehreren Originalen ausgestellt, muss dem Käufer ein vollständiger Satz von Originalen übergeben werden.

453 **B6. LIEFERUNG/TRANSPORTDOKUMENT. EXW (Ab Werk).** Der Käufer muss dem Verkäufer einen hinreichenden Nachweis der Warenübernahme zur Verfügung stellen.

FCA (Frei Frachtführer). Der Käufer muss den Nachweis über eine erfolgte Lieferung der Ware gemäß A2 annehmen.

Bei entsprechender Vereinbarung der Parteien muss der Käufer seinen Frachtführer anweisen, dem Verkäufer auf Kosten und Gefahr des Käufers ein Transportdokument auszustellen, aus dem hervorgeht, dass die Ware verladen wurde (z. B. ein Konnossement mit An-Bord-Vermerk).

CPT (Frachtfrei). Der Käufer hat das gemäß A6 zur Verfügung gestellte Transportdokument anzunehmen, wenn es mit dem Vertrag übereinstimmt.

CIP (Frachtfrei versichert). Der Käufer hat das gemäß A6 zur Verfügung gestellte Transportdokument anzunehmen, wenn es mit dem Vertrag übereinstimmt.

DAP (Geliefert benannter Ort). Der Käufer muss das gemäß A6 zur Verfügung gestellte Dokument annehmen.

DPU (Geliefert benannter Ort entladen). Der Käufer muss das gemäß A6 zur Verfügung gestellte Dokument annehmen.

DDP (Geliefert verzollt). Der Käufer muss das gemäß A6 zur Verfügung gestellte Dokument annehmen.

FAS (Frei Längsseite Schiff). Der Käufer muss den gemäß A6 bereitgestellten Liefernachweis annehmen.

FOB (Frei an Bord). Der Käufer muss den gemäß A6 bereitgestellten Liefernachweis annehmen.

CFR (Kosten und Fracht). Der Käufer hat das gemäß A6 zur Verfügung gestellte Transportdokument anzunehmen, wenn es mit dem Vertrag übereinstimmt.

CIF (Kosten, Versicherung und Fracht). Der Käufer hat das gemäß A6 zur Verfügung gestellte Transportdokument anzunehmen, wenn es mit dem Vertrag übereinstimmt.

A7. AUSFUHR-/EINFUHRABFERTIGUNG. EXW (Ab Werk). Soweit zutreffend, hat der Verkäufer den Käufer **454** auf dessen Verlangen, Gefahr und Kosten bei der Beschaffung von Dokumenten und/oder Informationen für alle Ausfuhr-/ Transit-/Einfuhrabfertigungsformalitäten, die von den Ausfuhr-/Transit-/Einfuhrländern vorgeschrieben sind, zu unterstützen, z. B.:

- Ausfuhr-/Durchfuhr-/Einfuhrgenehmigung;
- Sicherheitsfreigabe für Ausfuhr/Durchfuhr/Einfuhr;
- Warenkontrolle vor der Verladung; und
- sonstige behördliche Genehmigungen.

FCA (Frei Frachtführer).

a) **Ausfuhrabfertigung**
Gegebenenfalls hat der Verkäufer alle Ausfuhrabfertigungsformalitäten durchzuführen und zu bezahlen, die von dem jeweiligen Ausfuhrland vorgeschrieben sind, z. B.:
- Ausfuhrgenehmigung;
- Sicherheitsfreigabe für die Ausfuhr;
- Warenkontrolle vor der Verladung; und
- sonstige behördliche Genehmigungen.
b) **Unterstützung bei der Einfuhrabfertigung**
Gegebenenfalls hat der Verkäufer den Käufer auf dessen Verlangen, Gefahr und Kosten bei der Beschaffung von Dokumenten und/oder Informationen für alle Transit-/ Einfuhrabfertigungsformalitäten zu unterstützen, einschließlich Siche heitsanforderungen und Warenkontrollen vor der Verladung, die von den Transit-/Einfuhrländern vorgeschrieben sind.

CPT (Frachtfrei).

a) **Ausfuhrabfertigung**
Gegebenenfalls hat der Verkäufer alle Ausfuhrabfertigungsformalitäten durchzuführen und zu bezahlen, die von dem jeweiligen Ausfuhrland vorgeschrieben sind, z. B.:
- Ausfuhrgenehmigung;
- Sicherheitsfreigabe für die Ausfuhr;
- Warenkontrolle vor der Verladung; und
- sonstige behördliche Genehmigungen.
b) **Unterstützung bei der Einfuhrabfertigung**
Gegebenenfalls hat der Verkäufer den Käufer auf dessen Verlangen, Gefahr und Kosten bei der Beschaffung von Dokumenten und/oder Informationen für alle Transit-/ Einfuhrabfertigungsformalitäten zu unterstützen, einschließlich Sicherheitsanforderungen und Warenkontrollen vor der Verladung, die von den Transit-/Einfuhrländern vorgeschrieben sind.

CIP (Frachtfrei versichert).

a) **Ausfuhrabfertigung**
Gegebenenfalls hat der Verkäufer alle Ausfuhrabfertigungsformalitäten durchzuführen und zu bezahlen, die von dem jeweiligen Ausfuhrland vorgeschrieben sind, z. B.:
- Ausfuhrgenehmigung;
- Sicherheitsfreigabe für die Ausfuhr;
- Warenkontrolle vor der Verladung; und
- sonstige behördliche Genehmigungen.
b) **Unterstützung bei der Einfuhrabfertigung**
Gegebenenfalls hat der Verkäufer den Käufer auf dessen Verlangen, Gefahr und Kosten bei der Beschaffung von Dokumenten und/oder Informationen für alle Transit-/ Einfuhrabfertigungsformalitäten zu unterstützen, einschließlich Sicherheitsanforderungen und Warenkontrollen vor der Verladung, die von den Transit-/Einfuhrländern vorgeschrieben sind.

DAP (Geliefert benannter Ort).

a) **Ausfuhr- und Transitabfertigung**
Gegebenenfalls hat der Verkäufer alle Ausfuhr- und Transitabfertigungsformalitäten durchzuführen und zu bezahlen, die von dem jeweiligen Ausfuhr- und Transitland (außer dem Einfuhrland) vorgeschrieben sind, z. B.:
- Ausfuhr-/Durchfuhrgenehmigung;
- Sicherheitsfreigabe für Ausfuhr/Durchfuhr;
- Warenkontrolle vor der Verladung; und
- sonstige behördliche Genehmigungen.
b) **Unterstützung bei der Einfuhrabfertigung**
Gegebenenfalls hat der Verkäufer den Käufer auf dessen Verlangen, Gefahr und Kosten bei der Beschaffung von Dokumenten und/oder Informationen für alle Einfuhrabfertigungsformalitäten zu unterstützen, einschließlich Sicherheitsanforderungen und Warenkontrollen vor der Verladung, die von dem betreffenden Einfuhrland vorgeschrieben sind.

DPU (Geliefert benannter Ort entladen).

a) **Ausfuhr- und Transitabfertigung**

Gegebenenfalls hat der Verkäufer alle Ausfuhr- und Transitabfertigungsformalitäten durchzuführen und zu bezahlen, die von dem jeweiligen Ausfuhr- und Transitland (außer dem Einfuhrland) vorgeschrieben sind, z. B.:

- ▶ Ausfuhr-/Durchfuhrgenehmigung;
- ▶ Sicherheitsfreigabe für Ausfuhr/Durchfuhr;
- ▶ Warenkontrolle vor der Verladung; und
- ▶ sonstige behördliche Genehmigungen.

b) **Unterstützung bei der Einfuhrabfertigung**

Gegebenenfalls hat der Verkäufer den Käufer auf dessen Verlangen, Gefahr und Kosten bei der Beschaffung von Dokumenten und/oder Informationen für alle Einfuhrabfertigungsformalitäten zu unterstützen, einschließlich Sicherheitsanforderungen und Warenkontrollen vor der Verladung, die von dem betreffenden Einfuhrland vorgeschrieben sind.

DDP (Geliefert verzollt). Gegebenenfalls hat der Verkäufer alle Ausfuhr-/Transit- und Einfuhrabfertigungsformalitäten durchzuführen und zu bezahlen, die von den jeweiligen Ausfuhr-/Transit- und Einfuhrländern vorgeschrieben sind, z. B.:

- ▶ Ausfuhr-/Durchfuhr-/Einfuhrgenehmigung;
- ▶ Sicherheitsfreigabe für Ausfuhr/Durchfuhr/Einfuhr;
- ▶ Warenkontrolle vor der Verladung; und
- ▶ sonstige behördliche Genehmigungen.

FAS (Frei Längsseite Schiff).

a) **Ausfuhrabfertigung**

Gegebenenfalls hat der Verkäufer alle Ausfuhrabfertigungsformalitäten durchzuführen und zu bezahlen, die von dem jeweiligen Ausfuhrland vorgeschrieben sind, z. B.:

- ▶ Ausfuhrgenehmigung;
- ▶ Sicherheitsfreigabe für die Ausfuhr;
- ▶ Warenkontrolle vor der Verladung; und
- ▶ sonstige behördliche Genehmigungen.

b) **Unterstützung bei der Einfuhrabfertigung**

Gegebenenfalls hat der Verkäufer den Käufer auf dessen Verlangen, Gefahr und Kosten bei der Beschaffung von Dokumenten und/oder Informationen für alle Transit-/ Einfuhrabfertigungsformalitäten zu unterstützen, einschließlich Sicherheitsanforderungen und Warenkontrollen vor der Verladung, die von den Transit-/Einfuhrländern vorgeschrieben sind.

FOB (Frei an Bord).

a) **Ausfuhrabfertigung**

Gegebenenfalls hat der Verkäufer alle Ausfuhrabfertigungsformalitäten durchzuführen und zu bezahlen, die von dem jeweiligen Ausfuhrland vorgeschrieben sind, z. B.:

- ▶ Ausfuhrgenehmigung;
- ▶ Sicherheitsfreigabe für die Ausfuhr;
- ▶ Warenkontrolle vor der Verladung; und
- ▶ sonstige behördliche Genehmigungen.

b) **Unterstützung bei der Einfuhrabfertigung**

Gegebenenfalls hat der Verkäufer den Käufer auf dessen Verlangen, Gefahr und Kosten bei der Beschaffung von Dokumenten und/oder Informationen für alle Transit-/ Einfuhrabfertigungsformalitäten zu unterstützen, einschließlich Sicherheitsanforderungen und Warenkontrollen vor der Verladung, die von den Transit-/Einfuhrländern vorgeschrieben sind.

CFR (Kosten und Fracht).

a) **Ausfuhrabfertigung**

Gegebenenfalls hat der Verkäufer alle Ausfuhrabfertigungsformalitäten durchzuführen und zu bezahlen, die von dem jeweiligen Ausfuhrland vorgeschrieben sind, z. B.:

- ▶ Ausfuhrgenehmigung;
- ▶ Sicherheitsfreigabe für die Ausfuhr;
- ▶ Warenkontrolle vor der Verladung; und
- ▶ sonstige behördliche Genehmigungen.

b) **Unterstützung bei der Einfuhrabfertigung**

Gegebenenfalls hat der Verkäufer den Käufer auf dessen Verlangen, Gefahr und Kosten bei der Beschaffung von Dokumenten und/oder Informationen für alle Transit-/ Einfuhrabfertigungsformalitäten zu unterstützen, einschließlich Sicherheitsanforderungen und Warenkontrollen vor der Verladung, die von den Transit-/Einfuhrländern vorgeschrieben sind.

CIF (Kosten, Versicherung und Fracht).

a) **Ausfuhrabfertigung**

Gegebenenfalls hat der Verkäufer alle Ausfuhrabfertigungsformalitäten durchzuführen und zu bezahlen, die von dem jeweiligen Ausfuhrland vorgeschrieben sind, z. B.:

- ▶ Ausfuhrgenehmigung;
- ▶ Sicherheitsfreigabe für die Ausfuhr;
- ▶ Warenkontrolle vor der Verladung; und
- ▶ sonstige behördliche Genehmigungen.

b) **Unterstützung bei der Einfuhrabfertigung**

Gegebenenfalls hat der Verkäufer den Käufer auf dessen Verlangen, Gefahr und Kosten bei der Beschaffung von Dokumenten und/oder Informationen für alle Transit-/ Einfuhrabfertigungsformalitäten zu unterstützen, einschließlich Sicherheitsanforderungen und Warenkontrollen vor der Verladung, die von den Transit-/Einfuhrländern vorgeschrieben sind.

B7. AUSFUHR-/EINFUHRABFERTIGUNG. EXW (Ab Werk). Gegebenenfalls hat der Käufer alle Ausfuhr-/Transit-/ Einfuhrabfertigungsformalitäten durchzuführen und zu bezahlen, die von den Ausfuhr-/Transit-/Einfuhrländern vorgeschrieben sind, z. B.:   **455**

- Ausfuhr-/Durchfuhr-/Einfuhrgenehmigung;
- Sicherheitsfreigabe für Ausfuhr/Durchfuhr/Einfuhr;
- Warenkontrolle vor der Verladung; und
- sonstige behördliche Genehmigungen.

FCA (Frei Frachtführer).

a) Unterstützung bei der Ausfuhrabfertigung
Gegebenenfalls hat der Käufer den Verkäufer auf dessen Verlangen, Gefahr und Kosten bei der Beschaffung von Dokumenten und/oder Informationen für alle Ausfuhrabfertigungsformalitäten zu unterstützen, einschließlich Sicherheitsanforderungen und Warenkontrollen vor der Verladung, die von dem betreffenden Ausfuhrland vorgeschrieben sind.

b) Einfuhrabfertigung
Gegebenenfalls hat der Käufer alle Formalitäten durchzuführen und zu bezahlen, die von dem betreffenden Transit- und Einfuhrland vorgeschrieben sind, z. B.:
- Einfuhrgenehmigung und ggf. erforderliche Durchfuhrgenehmigungen;
- Sicherheitsfreigabe für die Einfuhr und etwaige Durchfuhr;
- Warenkontrolle vor der Verladung; und
- sonstige behördliche Genehmigungen.

CPT (Frachtfrei).

a) Unterstützung bei der Ausfuhrabfertigung
Gegebenenfalls hat der Käufer den Verkäufer auf dessen Verlangen, Gefahr und Kosten bei der Beschaffung von Dokumenten und/oder Informationen für alle Ausfuhrabfertigungsformalitäten zu unterstützen, einschließlich Sicherheitsanforderungen und Warenkontrollen vor der Verladung, die von dem betreffenden Ausfuhrland vorgeschrieben sind.

b) Einfuhrabfertigung
Gegebenenfalls hat der Käufer alle Formalitäten durchzuführen und zu bezahlen, die von dem betreffenden Transit- und Einfuhrland vorgeschrieben sind, z. B.:
- Einfuhrgenehmigung und ggf. erforderliche Durchfuhrgenehmigungen;
- Sicherheitsfreigabe für die Einfuhr und etwaige Durchfuhr;
- Warenkontrolle vor der Verladung; und
- sonstige behördliche Genehmigungen.

CIP (Frachtfrei versichert).

a) Unterstützung bei der Ausfuhrabfertigung
Gegebenenfalls hat der Käufer den Verkäufer auf dessen Verlangen, Gefahr und Kosten bei der Beschaffung von Dokumenten und/oder Informationen für alle Ausfuhrabfertigungsformalitäten zu unterstützen, einschließlich Sicherheitsanforderungen und Warenkontrollen vor der Verladung, die von dem betreffenden Ausfuhrland vorgeschrieben sind.

b) Einfuhrabfertigung
Gegebenenfalls hat der Käufer alle Formalitäten durchzuführen und zu bezahlen, die von dem betreffenden Transit- und Einfuhrland vorgeschrieben sind, z. B.:
- Einfuhrgenehmigung und ggf. erforderliche Durchfuhrgenehmigungen;
- Sicherheitsfreigabe für die Einfuhr und etwaige Durchfuhr;
- Warenkontrolle vor der Verladung; und
- sonstige behördliche Genehmigungen.

DAP (Geliefert benannter Ort).

a) Unterstützung bei der Ausfuhr- und Transitabfertigung
Gegebenenfalls hat der Käufer den Verkäufer auf dessen Verlangen, Gefahr und Kosten bei der Beschaffung von Dokumenten und/oder Informationen für alle Ausfuhr-/ Transitabfertigungsformalitäten zu unterstützen, einschließlich Sicherheitsanforderungen und Warenkontrollen vor der Verladung, die von dem betreffenden Ausfuhr- und Transitland (außer dem Einfuhrland) vorgeschrieben sind.

b) Einfuhrabfertigung
Gegebenenfalls hat der Käufer alle Formalitäten durchzuführen und zu bezahlen, die von dem betreffenden Einfuhrland vorgeschrieben sind, z. B.:
- Einfuhrgenehmigung;
- Sicherheitsfreigabe für die Einfuhr;
- Warenkontrolle vor der Verladung; und
- sonstige behördliche Genehmigungen.

DPU (Geliefert benannter Ort entladen).

a) Unterstützung bei der Ausfuhr- und Transitabfertigung
Gegebenenfalls hat der Käufer den Verkäufer auf dessen Verlangen, Gefahr und Kosten bei der Beschaffung von Dokumenten und/oder Informationen für alle Ausfuhr-/ Transitabfertigungsformalitäten zu unterstützen, einschließlich Sicherheitsanforderungen und Warenkontrollen vor der Verladung, die von dem betreffenden Ausfuhr- und Transitland (außer dem Einfuhrland) vorgeschrieben sind.

b) **Einfuhrabfertigung**
Gegebenenfalls hat der Käufer alle Formalitäten durchzuführen und zu bezahlen, die von dem betreffenden Einfuhrland vorgeschrieben sind, z. B.:

- ▸ Einfuhrgenehmigung;
- ▸ Sicherheitsfreigabe für die Einfuhr;
- ▸ Warenkontrolle vor der Verladung; und
- ▸ sonstige behördliche Genehmigungen.

DDP (Geliefert verzollt). Soweit zutreffend, hat der Käufer den Verkäufer auf dessen Verlangen, Gefahr und Kosten bei der Beschaffung von Dokumenten und/oder Informationen für alle Ausfuhr-/Transit-/Einfuhrabfertigungsformalitäten, die von den Ausfuhr-/ Transit-/Einfuhrländern vorgeschrieben sind, zu unterstützen, z. B.:

- ▸ Ausfuhr-/Durchfuhr-/Einfuhrgenehmigung;
- ▸ Sicherheitsfreigabe für Ausfuhr, Transport und Einfuhr;
- ▸ Warenkontrolle vor der Verladung; und
- ▸ sonstige behördliche Genehmigungen.

FAS (Frei Längsseite Schiff).

a) **Unterstützung bei der Ausfuhrabfertigung**
Gegebenenfalls hat der Käufer den Verkäufer auf dessen Verlangen, Gefahr und Kosten bei der Beschaffung von Dokumenten und/oder Informationen für alle Ausfuhrabfertigungsformalitäten zu unterstützen, einschließlich Sicherheitsanforderungen und Warenkontrollen vor der Verladung, die von dem betreffenden Ausfuhrland vorgeschrieben sind.

b) **Einfuhrabfertigung**
Gegebenenfalls hat der Käufer alle Formalitäten durchzuführen und zu bezahlen, die von dem betreffenden Transit- und Einfuhrland vorgeschrieben sind, z. B.:

- ▸ Einfuhrgenehmigung und ggf. erforderliche Durchfuhrgenehmigungen;
- ▸ Sicherheitsfreigabe für die Einfuhr und etwaige Durchfuhr;
- ▸ Warenkontrolle vor der Verladung; und
- ▸ sonstige behördliche Genehmigungen.

FOB (Frei an Bord).

a) **Unterstützung bei der Ausfuhrabfertigung**
Gegebenenfalls hat der Käufer den Verkäufer auf dessen Verlangen, Gefahr und Kosten bei der Beschaffung von Dokumenten und/oder Informationen für alle Ausfuhrabfertigungsformalitäten zu unterstützen, einschließlich Sicherheitsanforderungen und Warenkontrollen vor der Verladung, die von dem betreffenden Ausfuhrland vorgeschrieben sind.

b) **Einfuhrabfertigung**
Gegebenenfalls hat der Käufer alle Formalitäten durchzuführen und zu bezahlen, die von dem betreffenden Transit- und Einfuhrland vorgeschrieben sind, z. B.:

- ▸ Einfuhrgenehmigung und ggf. erforderliche Durchfuhrgenehmigungen;
- ▸ Sicherheitsfreigabe für die Einfuhr und etwaige Durchfuhr;
- ▸ Warenkontrolle vor der Verladung; und
- ▸ sonstige behördliche Genehmigungen.

CFR (Kosten und Fracht).

a) **Unterstützung bei der Ausfuhrabfertigung**
Gegebenenfalls hat der Käufer den Verkäufer auf dessen Verlangen, Gefahr und Kosten bei der Beschaffung von Dokumenten und/oder Informationen für alle Ausfuhrabfertigungsformalitäten zu unterstützen, einschließlich Sicherheitsanforderungen und Warenkontrollen vor der Verladung, die von dem betreffenden Ausfuhrland vorgeschrieben sind.

b) **Einfuhrabfertigung**
Gegebenenfalls hat der Käufer alle Formalitäten durchzuführen und zu bezahlen, die von dem betreffenden Transit- und Einfuhrland vorgeschrieben sind, z. B.:

- ▸ Einfuhrgenehmigung und ggf. erforderliche Durchfuhrgenehmigungen;
- ▸ Sicherheitsfreigabe für die Einfuhr und etwaige Durchfuhr;
- ▸ Warenkontrolle vor der Verladung; und
- ▸ sonstige behördliche Genehmigungen.

CIF (Kosten, Versicherung und Fracht).

a) **Unterstützung bei der Ausfuhrabfertigung**
Gegebenenfalls hat der Käufer den Verkäufer auf dessen Verlangen, Gefahr und Kosten bei der Beschaffung von Dokumenten und/oder Informationen für alle Ausfuhrabfertigungsformalitäten zu unterstützen, einschließlich Sicherheitsanforderungen und Warenkontrollen vor der Verladung, die von dem betreffenden Ausfuhrland vorgeschrieben sind.

b) **Einfuhrabfertigung**
Gegebenenfalls hat der Käufer alle Formalitäten durchzuführen und zu bezahlen, die von dem betreffenden Transit- und Einfuhrland vorgeschrieben sind, z. B.:

- ▸ Einfuhrgenehmigung und ggf. erforderliche Durchfuhrgenehmigungen;
- ▸ Sicherheitsfreigabe für die Einfuhr und etwaige Durchfuhr;
- ▸ Warenkontrolle vor der Verladung; und
- ▸ sonstige behördliche Genehmigungen.

456 **A8. PRÜFUNG/VERPACKUNG/KENNZEICHNUNG. EXW (Ab Werk).** Der Verkäufer hat die Kosten jener Prüfvorgänge (z. B. Qualitätsprüfung, Messen, Wiegen und Zählen) zu tragen, die notwendig sind, um die Ware gemäß A2 zu liefern.

Der Verkäufer hat auf eigene Kosten die Ware zu verpacken, es sei denn, es ist handelsüblich, die jeweilige Art der verkauften Ware unverpackt zu transportieren. Der Verkäufer muss die Ware in der für ihren Transport geeigneten Weise verpacken und kennzeichnen, es sei denn, die Parteien haben genaue Verpackungs- oder Kennzeichnungsanforderungen vereinbart.

FCA (Frei Frachtführer). Der Verkäufer hat die Kosten jener Prüfvorgänge (z. B. Qualitätsprüfung, Messen, Wiegen und Zählen) zu tragen, die notwendig sind, um die Ware gemäß A2 zu liefern.

Der Verkäufer hat auf eigene Kosten die Ware zu verpacken, es sei denn, es ist handelsüblich, die jeweilige Art der verkauften Ware unverpackt zu transportieren. Der Verkäufer muss die Ware in der für ihren Transport geeigneten Weise verpacken und kennzeichnen, es sei denn, die Parteien haben genaue Verpackungs- oder Kennzeichnungsanforderungen vereinbart.

CPT (Frachtfrei). Der Verkäufer hat die Kosten jener Prüfvorgänge (z. B. Qualitätsprüfung, Messen, Wiegen und Zählen) zu tragen, die notwendig sind, um die Ware gemäß A2 zu liefern.

Der Verkäufer hat auf eigene Kosten die Ware zu verpacken, es sei denn, es ist handelsüblich, die jeweilige Art der verkauften Ware unverpackt zu transportieren. Der Verkäufer muss die Ware in der für ihren Transport geeigneten Weise verpacken und kennzeichnen, es sei denn, die Parteien haben genaue Verpackungs- oder Kennzeichnungsanforderungen vereinbart.

CIP (Frachtfrei versichert). Der Verkäufer hat die Kosten jener Prüfvorgänge (z. B. Qualitätsprüfung, Messen, Wiegen und Zählen) zu tragen, die notwendig sind, um die Ware gemäß A2 zu liefern.

Der Verkäufer hat auf eigene Kosten die Ware zu verpacken, es sei denn, es ist handelsüblich, die jeweilige Art der verkauften Ware unverpackt zu transportieren. Der Verkäufer muss die Ware in der für ihren Transport geeigneten Weise verpacken und kennzeichnen, es sei denn, die Parteien haben genaue Verpackungs- oder Kennzeichnungsanforderungen vereinbart.

DAP (Geliefert benannter Ort). Der Verkäufer hat die Kosten jener Prüfvorgänge (z. B. Qualitätsprüfung, Messen, Wiegen und Zählen) zu tragen, die notwendig sind, um die Ware gemäß A2 zu liefern.

Der Verkäufer hat auf eigene Kosten die Ware zu verpacken, es sei denn, es ist handelsüblich, die jeweilige Art der verkauften Ware unverpackt zu transportieren. Der Verkäufer muss die Ware in der für ihren Transport geeigneten Weise verpacken und kennzeichnen, es sei denn, die Parteien haben genaue Verpackungs- oder Kennzeichnungsanforderungen vereinbart.

DPU (Geliefert benannter Ort entladen). Der Verkäufer hat die Kosten jener Prüfvorgänge (z. B. Qualitätsprüfung, Messen, Wiegen und Zählen) zu tragen, die notwendig sind, um die Ware gemäß A2 zu liefern.

Der Verkäufer hat auf eigene Kosten die Ware zu verpacken, es sei denn, es ist handelsüblich, die jeweilige Art der verkauften Ware unverpackt zu transportieren. Der Verkäufer muss die Ware in der für ihren Transport geeigneten Weise verpacken und kennzeichnen, es sei denn, die Parteien haben genaue Verpackungs- oder Kennzeichnungsanforderungen vereinbart.

DDP (Geliefert verzollt). Der Verkäufer hat die Kosten jener Prüfvorgänge (z. B. Qualitätsprüfung, Messen, Wiegen und Zählen) zu tragen, die notwendig sind, um die Ware gemäß A2 zu liefern.

Der Verkäufer hat auf eigene Kosten die Ware zu verpacken, es sei denn, es ist handelsüblich, die jeweilige Art der verkauften Ware unverpackt zu transportieren. Der Verkäufer muss die Ware in der für ihren Transport geeigneten Weise verpacken und kennzeichnen, es sei denn, die Parteien haben genaue Verpackungs- oder Kennzeichnungsanforderungen vereinbart.

FAS (Frei Längsseite Schiff). Der Verkäufer hat die Kosten jener Prüfvorgänge (z. B. Qualitätsprüfung, Messen, Wiegen und Zählen) zu tragen, die notwendig sind, um die Ware gemäß A2 zu liefern.

Der Verkäufer hat auf eigene Kosten die Ware zu verpacken, es sei denn, es ist handelsüblich, die jeweilige Art der verkauften Ware unverpackt zu transportieren. Der Verkäufer muss die Ware in der für ihren Transport geeigneten Weise verpacken und kennzeichnen, es sei denn, die Parteien haben genaue Verpackungs- oder Kennzeichnungsanforderungen vereinbart.

FOB (Frei an Bord). Der Verkäufer hat die Kosten jener Prüfvorgänge (z. B. Qualitätsprüfung, Messen, Wiegen und Zählen) zu tragen, die notwendig sind, um die Ware gemäß A2 zu liefern.

Der Verkäufer hat auf eigene Kosten die Ware zu verpacken, es sei denn, es ist handelsüblich, die jeweilige Art der verkauften Ware unverpackt zu transportieren. Der Verkäufer muss die Ware in der für ihren Transport geeigneten Weise verpacken und kennzeichnen, es sei denn, die Parteien haben genaue Verpackungs- oder Kennzeichnungsanforderungen vereinbart.

CFR (Kosten und Fracht). Der Verkäufer hat die Kosten jener Prüfvorgänge (z. B. Qualitätsprüfung, Messen, Wiegen und Zählen) zu tragen, die notwendig sind, um die Ware gemäß A2 zu liefern.

Der Verkäufer hat auf eigene Kosten die Ware zu verpacken, es sei denn, es ist handelsüblich, die jeweilige Art der verkauften Ware unverpackt zu transportieren. Der Verkäufer muss die Ware in der für ihren Transport geeigneten Weise verpacken und kennzeichnen, es sei denn, die Parteien haben genaue Verpackungs- oder Kennzeichnungsanforderungen vereinbart.

CIF (Kosten, Versicherung und Fracht). Der Verkäufer hat die Kosten jener Prüfvorgänge (z. B. Qualitätsprüfung, Messen, Wiegen und Zählen) zu tragen, die notwendig sind, um die Ware gemäß A2 zu liefern.

Der Verkäufer hat auf eigene Kosten die Ware zu verpacken, es sei denn, es ist handelsüblich, die jeweilige Art der verkauften Ware unverpackt zu transportieren. Der Verkäufer muss die Ware in der für ihren Transport geeigneten Weise verpacken und kennzeichnen, es sei denn, die Parteien haben genaue Verpackungs- oder Kennzeichnungsanforderungen vereinbart.

457 **B8. PRÜFUNG/VERPACKUNG/KENNZEICHNUNG. EXW (Ab Werk).** Der Käufer hat gegenüber dem Verkäufer keine Verpflichtung.

FCA (Frei Frachtführer). Der Käufer hat gegenüber dem Verkäufer keine Verpflichtung.

CPT (Frachtfrei). Der Käufer hat gegenüber dem Verkäufer keine Verpflichtung.

CIP (Frachtfrei versichert). Der Käufer hat gegenüber dem Verkäufer keine Verpflichtung.

DAP (Geliefert benannter Ort). Der Käufer hat gegenüber dem Verkäufer keine Verpflichtung.

DPU (Geliefert benannter Ort entladen). Der Käufer hat gegenüber dem Verkäufer keine Verpflichtung.

DDP (Geliefert verzollt). Der Käufer hat gegenüber dem Verkäufer keine Verpflichtung.

FAS (Frei Längsseite Schiff). Der Käufer hat gegenüber dem Verkäufer keine Verpflichtung.

FOB (Frei an Bord). Der Käufer hat gegenüber dem Verkäufer keine Verpflichtung.

CFR (Kosten und Fracht). Der Käufer hat gegenüber dem Verkäufer keine Verpflichtung.

CIF (Kosten, Versicherung und Fracht). Der Käufer hat gegenüber dem Verkäufer keine Verpflichtung.

458 **A9. KOSTENVERTEILUNG. EXW (Ab Werk).** Der Verkäufer muss bis zur Lieferung gemäß A2 alle die Ware betreffenden Kosten tragen, ausgenommen die gemäß B9 vom Käufer zu tragenden Kosten.

FCA (Frei Frachtführer). Der Verkäufer muss

a) bis zur Lieferung gemäß A2 alle die Ware betreffenden Kosten tragen, ausgenommen die gemäß B9 vom Käufer zu tragenden Kosten;
b) die Kosten für die Erbringung des üblichen Nachweises für den Käufer gemäß A6 tragen, aus dem hervorgeht, dass die Ware geliefert wurde;
c) gegebenenfalls Zölle, Steuern und sonstige Kosten in Zusammenhang mit der Ausfuhrabfertigung gemäß A7 (a) tragen; und
d) dem Käufer alle Kosten und Gebühren erstatten, die dem Käufer durch die Unterstützung bei der Beschaffung der erforderlichen Dokumente und Informationen gemäß B7(a) entstanden sind.

CPT (Frachtfrei). Der Verkäufer muss

a) bis zur Lieferung gemäß A2 alle die Ware betreffenden Kosten tragen, ausgenommen die gemäß B9 vom Käufer zu tragenden Kosten;
b) Transport- und alle sonstigen gemäß A4 entstehenden Kosten tragen, einschließlich der Kosten für die Verladung der Ware und der transportbezogenen Sicherheitskosten;
c) alle Kosten und Gebühren für die Entladung am vereinbarten Bestimmungsort tragen, sofern diese Kosten und Gebühren gemäß Beförderungsvertrag zu Lasten des Verkäufers gehen;
d) die Kosten der Durchfuhr tragen, die gemäß Beförderungsvertrag zu Lasten des Verkäufers gehen;
e) die Kosten für die Erbringung des üblichen Nachweises für den Käufer gemäß A6 tragen, aus dem hervorgeht, dass die Ware geliefert wurde;
f) gegebenenfalls Zölle, Steuern und sonstige Kosten für die Ausfuhrabfertigung gemäß A7(a) tragen; und
g) dem Käufer alle Kosten und Gebühren erstatten, die dem Käufer durch die Unterstützung bei der Beschaffung der erforderlichen Dokumente und Informationen gemäß B7(a) entstanden sind.

CIP (Frachtfrei versichert). Der Verkäufer muss

a) bis zur Lieferung gemäß A2 alle die Ware betreffenden Kosten tragen, ausgenommen die gemäß B9 vom Käufer zu tragenden Kosten;
b) Transport- und alle sonstigen gemäß A4 entstehenden Kosten tragen, einschließlich der Kosten für die Verladung der Ware und der transportbezogenen Sicherheitskosten;
c) alle Kosten und Gebühren für die Entladung am vereinbarten Bestimmungsort tragen, sofern diese Kosten und Gebühren gemäß Beförderungsvertrag zu Lasten des Verkäufers gehen;
d) die Kosten der Durchfuhr tragen, die gemäß Beförderungsvertrag zu Lasten des Verkäufers gehen;
e) die Kosten für die Erbringung des üblichen Nachweises für den Käufer gemäß A6 tragen, aus dem hervorgeht, dass die Ware geliefert wurde;
f) die sich aus A5 ergebenden Kosten der Versicherung tragen;
g) gegebenenfalls Zölle, Steuern und sonstige Kosten für die Ausfuhrabfertigung gemäß A7(a) tragen; und
h) dem Käufer alle Kosten und Gebühren erstatten, die dem Käufer durch die Unterstützung bei der Beschaffung der erforderlichen Dokumente und Informationen gemäß B7(a) entstanden sind.

DAP (Geliefert benannter Ort). Der Verkäufer muss

a) bis zur Lieferung gemäß A2 alle die Ware und ihren Transport betreffenden Kosten tragen, ausgenommen die gemäß B9 vom Käufer zu tragenden Kosten; alle Kosten und Gebühren für die Entladung am Bestimmungsort tragen, sofern diese Kosten und Gebühren gemäß Beförderungsvertrag zu Lasten des Verkäufers gehen;

b) die Kosten für die Beschaffung und Bereitstellung des Liefer-/Transportdokuments gemäß A6 tragen;
c) gegebenenfalls Zölle, Steuern und sonstige Kosten für die Ausfuhr- und Transitabfertigung gemäß A7(a) tragen; und
d) dem Käufer alle Kosten und Gebühren erstatten, die dem Käufer durch die Unterstützung bei der Beschaffung der erforderlichen Dokumente und Informationen gemäß B5 und B7(a) entstanden sind.

DPU (Geliefert benannter Ort entladen). Der Verkäufer muss

a) bis zur Entladung und Lieferung der Ware gemäß A2 alle die Ware und ihren Transport betreffenden Kosten tragen, ausgenommen die gemäß B9 vom Käufer zu zahlenden Kosten;
b) die Kosten für die Beschaffung und Bereitstellung des Liefer-/ Transportdokuments gemäß A6 tragen;
c) gegebenenfalls Zölle, Steuern und sonstige Kosten für die Ausfuhr- und Transitabfertigung gemäß A7(a) tragen; und
d) dem Käufer alle Kosten und Gebühren erstatten, die dem Käufer durch die Unterstützung bei der Beschaffung der erforderlichen Dokumente und Informationen gemäß B5 und B7(a) entstanden sind.

DDP (Geliefert verzollt). Der Verkäufer muss

a) bis zur Lieferung gemäß A2 alle die Ware und ihren Transport betreffenden Kosten tragen, ausgenommen die gemäß B9 vom Käufer zu tragenden Kosten;
b) alle Kosten und Gebühren für die Entladung am Bestimmungsort tragen, sofern diese Kosten und Gebühren gemäß Beförderungsvertrag zu Lasten des Verkäufers gehen;
c) die Kosten für die Beschaffung und Bereitstellung des Liefer-/ Transportdokuments gemäß A6 tragen;
d) gegebenenfalls Zölle, Steuern und sonstige Kosten in Zusammenhang mit der Einfuhr-, Transit- und Einfuhrabfertigung gemäß A7 zahlen; und
e) dem Käufer alle Kosten und Gebühren erstatten, die dem Käufer durch die Unterstützung bei der Beschaffung der erforderlichen Dokumente und Informationen gemäß B5 und B7 entstanden sind.

FAS (Frei Längsseite Schiff). Der Verkäufer muss

a) bis zur Lieferung gemäß A2 alle die Ware betreffenden Kosten tragen, ausgenommen die gemäß B9 vom Käufer zu tragenden Kosten;
b) die Kosten für die Erbringung des üblichen Nachweises für den Käufer gemäß A6 tragen, aus dem hervorgeht, dass die Ware geliefert wurde;
c) gegebenenfalls Zölle, Steuern und sonstige Kosten für die Ausfuhrabfertigung gemäß A7(a) tragen; und
d) dem Käufer alle Kosten und Gebühren erstatten, die dem Käufer durch die Unterstützung bei der Beschaffung der erforderlichen Dokumente und Informationen gemäß B7(a) entstanden sind.

FOB (Frei an Bord). Der Verkäufer muss

a) bis zur Lieferung gemäß A2 alle die Ware betreffenden Kosten tragen, ausgenommen die gemäß B9 vom Käufer zu tragenden Kosten;
b) die Kosten für die Erbringung des üblichen Nachweises für den Käufer gemäß A6 tragen, aus dem hervorgeht, dass die Ware geliefert wurde;
c) gegebenenfalls Zölle, Steuern und sonstige Kosten für die Ausfuhrabfertigung gemäß A7(a) tragen; und
d) dem Käufer alle Kosten und Gebühren erstatten, die dem Käufer durch die Unterstützung bei der Beschaffung der erforderlichen Dokumente und Informationen gemäß B7(a) entstanden sind.

CFR (Kosten und Fracht). Der Verkäufer muss

a) bis zur Lieferung gemäß A2 alle die Ware betreffenden Kosten tragen, ausgenommen die gemäß B9 vom Käufer zu tragenden Kosten;
b) die Frachtkosten und alle sonstigen gemäß A4 entstehenden Kosten tragen, einschließlich der Kosten für die Verladung der Ware sowie der transportbezogenen Sicherheitskosten;
c) alle Gebühren für die Entladung am vereinbarten Entladehafen entrichten, die laut Beförderungsvertrag zu Lasten des Verkäufers gehen;
d) die Kosten der Durchfuhr tragen, die gemäß Beförderungsvertrag zu Lasten des Verkäufers gehen;
e) die Kosten für die Erbringung des üblichen Nachweises für den Käufer gemäß A6 tragen, aus dem hervorgeht, dass die Ware geliefert wurde;
f) gegebenenfalls Zölle, Steuern und sonstige Kosten für die Ausfuhrabfertigung gemäß A7(a) tragen; und
g) dem Käufer alle Kosten und Gebühren erstatten, die dem Käufer durch die Unterstützung bei der Beschaffung der erforderlichen Dokumente und Informationen gemäß B7(a) entstanden sind.

CIF (Kosten, Versicherung und Fracht). Der Verkäufer muss

a) bis zur Lieferung gemäß A2 alle die Ware betreffenden Kosten tragen, ausgenommen die gemäß B9 vom Käufer zu tragenden Kosten;
b) die Frachtkosten und alle sonstigen gemäß A4 entstehenden Kosten tragen, einschließlich der Kosten für die Verladung der Ware sowie der transportbezogenen Sicherheitskosten;
c) alle Gebühren für die Entladung am vereinbarten Entladehafen entrichten, die laut Beförderungsvertrag zu Lasten des Verkäufers gehen;
d) die Kosten der Durchfuhr tragen, die gemäß Beförderungsvertrag zu Lasten des Verkäufers gehen;
e) die Kosten für die Erbringung des üblichen Nachweises für den Käufer gemäß A6 tragen, aus dem hervorgeht, dass die Ware geliefert wurde;
f) die sich aus A5 ergebenden Kosten der Versicherung tragen;
g) gegebenenfalls Zölle, Steuern und sonstige Kosten für die Ausfuhrabfertigung gemäß A7(a) tragen; und
h) dem Käufer alle Kosten und Gebühren erstatten, die dem Käufer durch die Unterstützung bei der Beschaffung der erforderlichen Dokumente und Informationen gemäß B7(a) entstanden sind.

459 **B9. KOSTENVERTEILUNG. EXW (Ab Werk).** Der Käufer muss

a) alle die Ware betreffenden Kosten ab dem Zeitpunkt der Lieferung gemäß A2 tragen;

b) dem Verkäufer alle Kosten und Gebühren erstatten, die dem Verkäufer durch die Unterstützung bei der Beschaffung der erforderlichen Dokumente und Informationen gemäß A4, A5, oder A7 entstanden sind;

c) ggf. alle Zölle, Steuern und sonstigen Abgaben und Gebühren sowie die bei der Ausfuhr fälligen Kosten der Zollformalitäten tragen; und

d) alle zusätzlichen Kosten tragen, die entweder dadurch entstanden sind, dass die ihm zur Verfügung gestellte Ware nicht übernommen worden oder keine Benachrichtigung gemäß B10 erfolgt ist, vorausgesetzt, die Ware ist eindeutig als die vertragliche Ware kenntlich gemacht worden;

FCA (Frei Frachtführer). Der Käufer muss

a) alle die Ware betreffenden Kosten ab dem Zeitpunkt der Lieferung gemäß A2 tragen, mit Ausnahme der gemäß A9 vom Verkäufer zu übernehmenden Kosten;

b) dem Verkäufer alle Kosten und Gebühren erstatten, die dem Verkäufer durch die Unterstützung bei der Beschaffung der erforderlichen Dokumente und Informationen gemäß A4, A5, A6 und A7(b) entstanden sind;

c) gegebenenfalls Zölle, Steuern und sonstige Kosten in Zusammenhang mit der Transit- oder Einfuhrabfertigung gemäß B7(b) zahlen; und

d) alle zusätzlichen Kosten übernehmen, die entweder dadurch entstehen, dass
  (i) der Käufer es versäumt, einen Frachtführer oder eine andere gemäß B10 zu bestimmende Person zu benennen, oder
  (ii) der Frachtführer oder die vom Käufer gemäß B10 benannte Person es versäumt, die Ware zu übernehmen, vorausgesetzt, die Ware wurde eindeutig als die vertragliche Ware kenntlich gemacht.

CPT (Frachtfrei). Der Käufer muss

a) alle die Ware betreffenden Kosten ab dem Zeitpunkt der Lieferung gemäß A2 tragen, mit Ausnahme der gemäß A9 vom Verkäufer zu übernehmenden Kosten;

b) die Kosten der Durchfuhr tragen, sofern diese Kosten nicht gemäß Beförderungsvertrag zu Lasten des Verkäufers gehen;

c) die Entladekosten tragen, sofern diese Kosten nicht gemäß Beförderungsvertrag zu Lasten des Verkäufers gehen;

d) dem Verkäufer alle Kosten und Gebühren erstatten, die dem Verkäufer durch die Unterstützung bei der Beschaffung der erforderlichen Dokumente und Informationen gemäß A5 und A7(b) entstanden sind;

e) gegebenenfalls Zölle, Steuern und sonstige Kosten in Zusammenhang mit der Transit- oder Einfuhrabfertigung gemäß B7(b) zahlen; und

f) alle zusätzlichen Kosten tragen, die ab dem vereinbarten Termin für die Versendung oder ab dem Ende des hierfür vereinbarten Zeitraums entstehen, falls er es versäumt, eine Benachrichtigung gemäß B10 zu erteilen, vorausgesetzt, die Ware wurde eindeutig als die vertragliche Ware kenntlich gemacht.

CIP (Frachtfrei versichert). Der Käufer muss

a) alle die Ware betreffenden Kosten ab dem Zeitpunkt der Lieferung gemäß A2 tragen, mit Ausnahme der gemäß A9 vom Verkäufer zu übernehmenden Kosten;

b) die Kosten der Durchfuhr tragen, sofern diese Kosten nicht gemäß Beförderungsvertrag zu Lasten des Verkäufers gehen;

c) die Entladekosten tragen, sofern diese Kosten nicht gemäß Beförderungsvertrag zu Lasten des Verkäufers gehen;

d) die Kosten für jede zusätzliche auf Verlangen des Käufers nach A5 und B5 abgeschlossene Versicherung tragen;

e) dem Verkäufer alle Kosten und Gebühren erstatten, die dem Verkäufer durch die Unterstützung bei der Beschaffung der erforderlichen Dokumente und Informationen gemäß A5 und A7(b) entstanden sind;

f) gegebenenfalls Zölle, Steuern und sonstige Kosten in Zusammenhang mit der Transit- oder Einfuhrabfertigung gemäß B7(b) zahlen; und alle zusätzlichen Kosten tragen, die ab dem vereinbarten Termin für die Versendung oder ab dem Ende des hierfür vereinbarten Zeitraums entstehen, falls er es versäumt, eine Benachrichtigung gemäß B10 zu erteilen, vorausgesetzt, die Ware wurde eindeutig als die vertragliche Ware kenntlich gemacht.

DAP (Geliefert benannter Ort). Der Käufer muss

a) alle die Ware betreffenden Kosten ab dem Zeitpunkt der Lieferung gemäß A2 tragen;

b) alle Entladekosten tragen, die erforderlich sind, um die Ware vom ankommenden Beförderungsmittel am benannten Bestimmungsort zu übernehmen, sofern diese Kosten gemäß Beförderungsvertrag nicht zu Lasten des Verkäufers gehen;

c) dem Verkäufer alle Kosten und Gebühren erstatten, die dem Verkäufer durch die Unterstützung bei der Beschaffung der erforderlichen Dokumente und Informationen gemäß A7(b) entstanden sind;

d) gegebenenfalls Zölle, Steuern und sonstige Kosten in Zusammenhang mit der Einfuhrabfertigung gemäß B7(b) zahlen; und

e) alle zusätzlichen Kosten tragen, die dem Verkäufer entstehen, falls der Käufer seine Verpflichtungen gemäß B7 nicht erfüllt oder es versäumt, eine Benachrichtigung gemäß B10 zu erteilen, vorausgesetzt, die Ware wurde eindeutig als die vertragliche Ware kenntlich gemacht.

DPU (Geliefert benannter Ort entladen). Der Käufer muss

a) alle die Ware betreffenden Kosten ab dem Zeitpunkt der Lieferung gemäß A2 tragen;

b) dem Verkäufer alle Kosten und Gebühren erstatten, die dem Verkäufer durch die Unterstützung bei der Beschaffung der erforderlichen Dokumente und Informationen gemäß A7(b) entstanden sind;
c) gegebenenfalls Zölle, Steuern und sonstige Kosten in Zusammenhang mit der Einfuhrabfertigung gemäß B7 (b) zahlen; und
d) alle zusätzlichen Kosten tragen, die dem Verkäufer entstehen, falls der Käufer seine Verpflichtungen gemäß B7 nicht erfüllt oder es versäumt, eine Benachrichtigung gemäß B10 zu erteilen, vorausgesetzt, die Ware wurde eindeutig als die vertragliche Ware kenntlich gemacht.

DDP (Geliefert verzollt). Der Käufer muss

a) alle die Ware betreffenden Kosten ab dem Zeitpunkt der Lieferung gemäß A2 tragen;
b) alle Entladekosten tragen, die erforderlich sind, um die Ware vom ankommenden Beförderungsmittel am benannten Bestimmungsort zu übernehmen, sofern diese Kosten gemäß Beförderungsvertrag nicht zu Lasten des Verkäufers gehen; und
c) alle zusätzlichen Kosten tragen, die dem Verkäufer entstehen, falls der Käufer seine Verpflichtungen gemäß B7 nicht erfüllt oder es versäumt, eine Benachrichtigung gemäß B10 zu erteilen, vorausgesetzt, die Ware wurde eindeutig als die vertragliche Ware kenntlich gemacht.

FAS (Frei Längsseite Schiff). Der Käufer muss

a) alle die Ware betreffenden Kosten ab dem Zeitpunkt der Lieferung gemäß A2 tragen, mit Ausnahme der gemäß A9 vom Verkäufer zu übernehmenden Kosten;
b) dem Verkäufer alle Kosten und Gebühren erstatten, die dem Verkäufer durch die Unterstützung bei der Beschaffung der erforderlichen Dokumente und Informationen gemäß A4, A5, A6 und A7(b) entstanden sind;
c) gegebenenfalls Zölle, Steuern und sonstige Kosten in Zusammenhang mit der Transit- oder Einfuhrabfertigung gemäß B7(b) zahlen; und
d) alle zusätzlichen Kosten übernehmen, die entweder dadurch entstehen, dass
   (i) der Käufer es versäumt hat, eine Benachrichtigung gemäß B10 zu erteilen, oder
   (ii) das vom Käufer gemäß B10 benannte Schiff nicht rechtzeitig eintrifft, die Ware nicht übernimmt oder schon vor dem gemäß B10 mitgeteilten Zeitpunkt keine Ladung mehr annimmt;
   vorausgesetzt, die Ware wurde eindeutig als die vertragliche Ware kenntlich gemacht.

FOB (Frei an Bord). Der Käufer muss

a) alle die Ware betreffenden Kosten ab dem Zeitpunkt der Lieferung gemäß A2 tragen, mit Ausnahme der gemäß A9 vom Verkäufer zu übernehmenden Kosten;
b) dem Verkäufer alle Kosten und Gebühren erstatten, die dem Verkäufer durch die Unterstützung bei der Beschaffung der erforderlichen Dokumente und Informationen gemäß A4, A5, A6 und A7(b) entstanden sind;
c) gegebenenfalls Zölle, Steuern und sonstige Kosten in Zusammenhang mit der Transit- oder Einfuhrabfertigung gemäß B7(b) zahlen; und
d) alle zusätzlichen Kosten übernehmen, die entweder dadurch entstehen, dass
   (i) der Käufer es versäumt hat, eine Benachrichtigung gemäß B10 zu erteilen, oder
   (ii) das vom Käufer gemäß B10 benannte Schiff nicht rechtzeitig eintrifft, die Ware nicht übernimmt oder schon vor dem gemäß B10 mitgeteilten Zeitpunkt keine Ladung mehr annimmt;
   vorausgesetzt, die Ware wurde eindeutig als die vertragliche Ware kenntlich gemacht.

CFR (Kosten und Fracht). Der Käufer muss

a) alle die Ware betreffenden Kosten ab dem Zeitpunkt der Lieferung gemäß A2 tragen, mit Ausnahme der gemäß A9 vom Verkäufer zu übernehmenden Kosten;
b) die Kosten der Durchfuhr tragen, sofern diese Kosten nicht gemäß Beförderungsvertrag zu Lasten des Verkäufers gehen;
c) die Entladekosten tragen, einschließlich der Kosten für Leichterung und Kaigebühren, es sei denn, diese Kosten und Gebühren gehen nach dem Beförderungsvertrag zu Lasten des Verkäufers;
d) dem Verkäufer alle Kosten und Gebühren erstatten, die dem Verkäufer durch die Unterstützung bei der Beschaffung der erforderlichen Dokumente und Informationen gemäß A5 und A7(b) entstanden sind;
e) gegebenenfalls Zölle, Steuern und sonstige Kosten in Zusammenhang mit der Transit- oder Einfuhrabfertigung gemäß B7(b) zahlen; und
f) alle zusätzlichen Kosten tragen, die ab dem vereinbarten Termin für die Versendung oder ab dem Ende des hierfür vereinbarten Zeitraums entstehen, falls er es versäumt, eine Benachrichtigung gemäß B10 zu erteilen, vorausgesetzt, die Ware wurde eindeutig als die vertragliche Ware kenntlich gemacht.

CIF (Kosten, Versicherung und Fracht). Der Käufer muss

a) alle die Ware betreffenden Kosten ab dem Zeitpunkt der Lieferung gemäß A2 tragen, mit Ausnahme der gemäß A9 vom Verkäufer zu übernehmenden Kosten;
b) die Kosten der Durchfuhr tragen, sofern diese Kosten nicht gemäß Beförderungsvertrag zu Lasten des Verkäufers gehen;
c) die Entladekosten tragen, einschließlich der Kosten für Leichterung und Kaigebühren, es sei denn, diese Kosten und Gebühren gehen nach dem Beförderungsvertrag zu Lasten des Verkäufers;
d) die Kosten für jede zusätzliche auf Verlangen des Käufers nach A5 und B5 abgeschlossene Versicherung tragen;
e) dem Verkäufer alle Kosten und Gebühren erstatten, die dem Verkäufer durch die Unterstützung bei der Beschaffung der erforderlichen Dokumente und Informationen gemäß A5 und A7(b) entstanden sind;
f) gegebenenfalls Zölle, Steuern und sonstige Kosten in Zusammenhang mit der Transit- oder Einfuhrabfertigung gemäß B7(b) zahlen; und

g) alle zusätzlichen Kosten tragen, die ab dem vereinbarten Termin für die Versendung oder ab dem Ende des hierfür vereinbarten Zeitraums entstehen, falls er es versäumt, eine Benachrichtigung gemäß B10 zu erteilen, vorausgesetzt, die Ware wurde eindeutig als die vertragliche Ware kenntlich gemacht.

460 **A10. BENACHRICHTIGUNGEN. EXW (Ab Werk).** Der Verkäufer muss den Käufer über alles Nötige benachrichtigen, damit dieser die Ware übernehmen kann.

FCA (Frei Frachtführer). Der Verkäufer muss den Käufer in hinreichender Weise davon in Kenntnis setzen, dass die Ware gemäß A2 geliefert wurde oder dass der Frachtführer bzw. eine andere vom Käufer benannte Person die Ware innerhalb der vereinbarten Frist nicht übernommen hat.

CPT (Frachtfrei). Der Verkäufer muss den Käufer benachrichtigen, dass die Ware gemäß A2 geliefert wurde.
Der Verkäufer muss den Käufer über alles Nötige benachrichtigen, damit dieser die Ware übernehmen kann.

CIP (Frachtfrei versichert). Der Verkäufer muss den Käufer benachrichtigen, dass die Ware gemäß A2 geliefert wurde.
Der Verkäufer muss den Käufer über alles Nötige benachrichtigen, damit dieser die Ware übernehmen kann.

DAP (Geliefert benannter Ort). Der Verkäufer muss den Käufer über alles Nötige benachrichtigen, damit dieser die Ware übernehmen kann.

DPU (Geliefert benannter Ort entladen). Der Verkäufer muss den Käufer über alles Nötige benachrichtigen, damit dieser die Ware übernehmen kann.

DDP (Geliefert verzollt). Der Verkäufer muss den Käufer über alles Nötige benachrichtigen, damit dieser die Ware übernehmen kann.

FAS (Frei Längsseite Schiff). Der Verkäufer muss den Käufer in hinreichender Weise davon in Kenntnis setzen, dass die Waren gemäß A2 geliefert worden sind oder dass das Schiff die Waren nicht innerhalb der vereinbarten Frist geladen hat.

FOB (Frei an Bord). Der Verkäufer muss den Käufer in hinreichender Weise davon in Kenntnis setzen, dass die Waren gemäß A2 geliefert worden sind oder dass das Schiff die Waren nicht innerhalb der vereinbarten Frist geladen hat.

CFR (Kosten und Fracht). Der Verkäufer muss den Käufer benachrichtigen, dass die Ware gemäß A2 geliefert wurde.
Der Verkäufer muss den Käufer über alles Nötige benachrichtigen, damit dieser die Ware übernehmen kann.

CIF (Kosten, Versicherung und Fracht). Der Verkäufer muss den Käufer benachrichtigen, dass die Ware gemäß A2 geliefert wurde.
Der Verkäufer muss den Käufer über alles Nötige benachrichtigen, damit dieser die Ware übernehmen kann.

461 **B10. BENACHRICHTIGUNGEN. EXW (Ab Werk).** Wenn vereinbart wurde, dass der Käufer berechtigt ist, innerhalb eines vereinbarten Zeitraums den Zeitpunkt und/ oder den benannten Ort die Stelle für die Warenübernahme zu bestimmen, muss der Käufer den Verkäufer hierüber in geeigneter Weise benachrichtigen.

FCA (Frei Frachtführer). Der Käufer muss den Verkäufer über folgende Einzelheiten in Kenntnis setzen:

a) Name des Frachtführers oder einer anderen benannten Person, wobei diese Inkenntnissetzung innerhalb einer ausreichenden Frist erfolgen muss, um dem Verkäufer die Lieferung der Ware gemäß A2 zu ermöglichen;
b) gewählter Zeitpunkt innerhalb des ggf. vereinbarten Lieferzeitraums, zu dem der Frachtführer oder die benannte Person die Ware übernehmen soll;
c) Transportart, die vom Frachtführer oder von der benannten Person genutzt wird, einschließlich aller transportbezogener Sicherheitsanforderungen; und
d) die Stelle, an der die Ware am benannten Lieferort entgegengenommen wird.

CPT (Frachtfrei). Wenn vereinbart wurde, dass der Käufer berechtigt ist, den Zeitpunkt für die Versendung der Ware und/oder die Stelle für die Entgegennahme der Ware am benannten Bestimmungsort zu bestimmen, muss der Käufer den Verkäufer hierüber in hinreichender Weise benachrichtigen.

CIP (Frachtfrei versichert). Wenn vereinbart wurde, dass der Käufer berechtigt ist, den Zeitpunkt für die Versendung der Ware und/oder die Stelle für die Entgegennahme der Ware am benannten Bestimmungsort zu bestimmen, muss der Käufer den Verkäufer hierüber in hinreichender Weise benachrichtigen.

DAP (Geliefert benannter Ort). Wenn vereinbart wurde, dass der Käufer berechtigt ist, innerhalb eines vereinbarten Lieferzeitraums den Zeitpunkt und/oder am benannten Bestimmungsort die Stelle für die Warenübernahme zu bestimmen, muss der Käufer den Verkäufer hierüber in geeigneter Weise benachrichtigen.

DPU (Geliefert benannter Ort entladen). Wenn vereinbart wurde, dass der Käufer berechtigt ist, innerhalb eines vereinbarten Lieferzeitraums den Zeitpunkt und/oder am benannten Bestimmungsort die Stelle für die Warenübernahme zu bestimmen, muss der Käufer den Verkäufer hierüber in geeigneter Weise benachrichtigen.

DDP (Geliefert verzollt). Wenn vereinbart wurde, dass der Käufer berechtigt ist, innerhalb eines vereinbarten Lieferzeitraums den Zeitpunkt und/oder am benannten Bestimmungsort die Stelle für die Warenübernahme zu bestimmen, muss der Käufer den Verkäufer hierüber in geeigneter Weise benachrichtigen.

FAS (Frei Längsseite Schiff). Der Käufer muss dem Verkäufer in hinreichender Weise alle transportbezogenen Sicherheitsanforderungen, den Namen des Schiffs, die Ladestelle und ggf. den gewählten Lieferzeitpunkt innerhalb des vereinbarten Lieferzeitraums mitteilen.

FOB (Frei an Bord). Der Käufer muss dem Verkäufer in hinreichender Weise alle transportbezogenen Sicherheitsanforderungen, den Namen des Schiffs, die Ladestelle und ggf. den gewählten Lieferzeitpunkt innerhalb des vereinbarten Lieferzeitraums mitteilen.

CFR (Kosten und Fracht). Wenn vereinbart wird, dass der Käufer berechtigt ist, den Zeitpunkt für die Verschiffung der Ware und/oder die Stelle für die Entgegennahme der Ware innerhalb des benannten Bestimmungshafens zu bestimmen, muss er den Verkäufer in hinreichender Weise von diesem Zeitpunkt und/oder der betreffenden Stelle in Kenntnis setzen.

CIF (Kosten, Versicherung und Fracht). Wenn vereinbart wird, dass der Käufer berechtigt ist, den Zeitpunkt für die Verschiffung der Ware und/oder die Stelle für die Entgegennahme der Ware innerhalb des benannten Bestimmungshafens zu bestimmen, muss er den Verkäufer in hinreichender Weise von diesem Zeitpunkt und/oder der betreffenden Stelle in Kenntnis setzen.

§ 347 [Sorgfaltspflicht]

(1) **Wer aus einem Geschäfte, das auf seiner Seite ein Handelsgeschäft ist, einem anderen zur Sorgfalt verpflichtet ist, hat für die Sorgfalt eines ordentlichen Kaufmanns einzustehen.**

(2) **Unberührt bleiben die Vorschriften des Bürgerlichen Gesetzbuchs, nach welchen der Schuldner in bestimmten Fällen nur grobe Fahrlässigkeit zu vertreten oder nur für diejenige Sorgfalt einzustehen hat, welche er in eigenen Angelegenheiten anzuwenden pflegt.**

Schrifttum: *Grunewald,* Zur Haftung von Fachleuten im Zivilrechtsverkehr, JZ 1982, 627; *Heller,* Der Haftungsmaßstab der „diligentia quam in suis", 1990; *Johannsen/Rademacher,* Produkthaftungsrisiken im Handel und Lösungsansätze, BB 1996, 2636; *König,* Die grobe Fahrlässigkeit, 1998; *Müller-Graff,* Rechtliche Auswirkungen der laufenden Geschäftsverbindung im amerikanischen und im deutschen Recht, Diss. Tübingen, 1974; *Philipowski,* Die Geschäftsverbindung – Tatsachen und rechtliche Bedeutung, 1963.

Übersicht

I. Normzweck

1   Die Bestimmung normiert den **Sorgfaltsmaßstab** beim kaufmännischen Handeln und Unterlassen. **Abs. 1** ergänzt § 276 Abs. 1 S. 1 BGB, wonach der Schuldner mangels abweichender gesetzlicher oder vertraglicher Bestimmung Vorsatz (→ Rn. 25) und Fahrlässigkeit (zu Einzelheiten → Rn. 26 ff.) zu vertreten hat. Fahrlässigkeit definiert das bürgerliche Recht als das Außerachtlassen der im Verkehr erforderlichen Sorgfalt (§ 276 Abs. 2 BGB). Hierfür enthält § 347 Abs. 1 eine Erläuterung, bei der es sich im Grunde nur um eine „schlichte Banalität"[1] handelt: Ist der Schuldner Kaufmann (→ Rn. 4) und ist das Geschäft auf seiner Seite ein Handelsgeschäft (→ Rn. 12), so hat er „für die Sorgfalt eines ordentlichen Kaufmanns" einzustehen. § 347 Abs. 1 enthält somit lediglich eine Konkretisierung des allgemeinen bürgerlich-rechtlichen Fahrlässigkeitsbegriffs. Da sich aber auch die Sorgfaltsanforderungen nach § 276 Abs. 2 BGB an den Verkehrssitten orientieren, hat § 347 Abs. 1 nur die klarstellende Funktion, dass sich im kaufmännischen Verkehr die Sorgfalt an den Besonderheiten des kaufmännischen Verkehrs (zu Einzelheiten → Rn. 27 ff.) zu orientieren hat. § 276 Abs. 1 BGB und § 347 Abs. 1 sind **keine Anspruchsgrundlagen.** Sie begründen weder Pflichten[2] oder Rechte noch bestimmen sie Haftungsfolgen; sie legen lediglich einen Haftungsmaßstab fest.[3]

2   Trotz der besonderen Sorgfaltsanforderungen (zu Einzelheiten → Rn. 27 ff.) an Kaufleute bleiben gem. § 347 **Abs. 2** die im BGB vorgesehenen Normen, welche die Haftung auf Vorsatz und grobe Fahrlässigkeit beschränken, sowie diejenigen Bestimmungen des BGB, die ein Einstehenmüssen auf die Sorgfalt in eigenen Angelegenheiten beschränken (diligentia quam in suis), „unberührt", sind also anzuwenden (zu Einzelheiten → Rn. 31 ff.). Diese Haftungsbeschränkungen werden auch für das kaufmännische Verhalten als sachgemäß angesehen. Bürgerlich-rechtliche Normen wie zB § 300 Abs. 1 BGB, §§ 521, 599, 968 BGB (Haftung nur für grobe Fahrlässigkeit, zu Einzelheiten → Rn. 32 ff.) und die §§ 690, 708 BGB (diligentia quam in suis, → Rn. 35 f.) gelten somit auch für den Kaufmann.

3   § 347 Abs. 1 (→ Rn. 1) und 2 (zu Einzelheiten → Rn. 2, 31 ff.) zeigen die Einbettung des Handelsrechts in das bürgerliche Recht auf. Das Handelsrecht kennt kein von allgemeinen zivilrechtlichen Grundsätzen abweichendes Haftungskonzept, sondern integriert die Verhaltensanforderungen und – bei deren Verletzung – die Verantwortlichkeit des Kaufmanns in das **Haftungskonzept des bürgerlichen Rechts.**

II. Persönlicher Anwendungsbereich

4   **1. Kaufleute.** Normadressat von § 347 Abs. 1 ist jeder Kaufmann iSd §§ 1–6 (zu Einzelheiten → § 343 Rn. 22 ff.). Auch der bloße Scheinkaufmann muss sich wie ein Kaufmann behandeln lassen (→ § 343 Rn. 31 f.) und unterliegt daher hinsichtlich seiner Haftung den möglicherweise gegenüber den allgemeinen objektiven Sorgfaltsmaßstäben höheren Anforderungen, die an ihn als vermeintlichen Kaufmann gestellt werden.

5   **2. Erfüllungsgehilfen.** § 347 gilt auch für das Handeln von Erfüllungsgehilfen. Der Kaufmann muss dafür einstehen, dass sein Erfüllungsgehilfe nicht (nur) den allgemeinen bürgerlich-rechtlichen Sorgfaltsanforderungen, sondern (auch) dem Maßstab kaufmännischer Sorgfalt genügt.[4] Erfüllungsgehilfe ist, wer mit dem Willen des Schuldners – hier also des Kaufmanns – bei der Erfüllung einer diesem obliegenden Verbindlichkeit als seine Hilfsperson tätig wird.[5] Anders als beim Verrichtungs-

---

   [1] So *K. Schmidt* HandelsR § 18 Rn. 44; ähnl. *Canaris* HandelsR § 26 Rn. 1 (Selbstverständlichkeit); *Schmitt,* Die Rechtsstellung der Kleingewerbetreibenden nach dem Handelsrechtsreformgesetz, 2003, 285 („nur klarstellende Bedeutung").
   [2] AA *Ceffinato* ZIP 2018, 453 (457); *Francuski* JuS 2017, 217 (219 mit Fn. 20), die der Vorschrift – ähnlich § 43 Abs. 1 GmbHG und § 93 Abs. 1 S. 1 AktG – für das Strafrecht auch objektive Sorgfaltspflichten entnehmen wollen.
   [3] BGH Urt. v. 13.11.1953 – I ZR 140/52, BGHZ 11, 80 (83) = NJW 1954, 229; Baumbach/Hopt/*Hopt* Rn. 1; Staub/*Koller* Rn. 1; Oetker/*Pamp* Rn. 1; MüKoHGB/*K. Schmidt* Rn. 3.
   [4] BGH Urt. v. 15.12.1959 – VI ZR 222/58, BGHZ 31, 358 (359) = NJW 1960, 669; BGH Urt. v. 16.4.1964 – VII ZR 221/62, NJW 1964, 2058; Staub/*Koller* Rn. 3; GK-HGB/*B. Schmidt* Rn. 30.
   [5] BGH Urt. v. 9.10.1986 – I ZR 138/84, BGHZ 98, 330 (334) = NJW 1987, 1323; BGH Urt. v. 27.3.1968 – VIII ZR 10/66, BGHZ 50, 32 (35) = NJW 1968, 1569.

gehilfen des § 831 BGB ist eine Weisungsgebundenheit des Erfüllungsgehilfen nicht erforderlich.[6] Daher kann auch jemand, der seinerseits Kaufmann ist, Erfüllungsgehilfe eines anderen Kaufmanns sein. Das ist zB der Fall, wenn ein Lieferant als Erfüllungsgehilfe auf Anweisung eines Verkäufers direkt an den Käufer liefert[7] oder ein Spediteur als Erfüllungsgehilfe eines Verkäufers fungiert.[8] Sogar ein selbstständiger Unternehmer kann Erfüllungsgehilfe sein[9], so zB der Lieferant eines Werkunternehmers im Rahmen von dessen Herstellungspflicht.[10] Auch im Bankverkehr kommt häufig ein Einstehenmüssen für Erfüllungsgehilfen in Betracht. So kann zB die von einer Bank im Rahmen eines Akkreditivgeschäfts eingeschaltete weitere Bank Erfüllungsgehilfe dieser Bank sein.[11] Für das Einstehenmüssen des Kaufmanns für seine Erfüllungsgehilfen ist es nicht erforderlich, dass der Kaufmann zu einer Kontrolle und Überwachung des Erfüllungsgehilfen überhaupt in der Lage ist. Da der Erfüllungsgehilfe in Erfüllung der Verbindlichkeit des Schuldners handeln muss, scheidet eine Erfüllungsgehilfenstellung aus, wenn der Erfüllungsgehilfe ausschließlich eine eigene Verbindlichkeit erfüllen will oder bei der willentlichen Erfüllung einer fremden Verbindlichkeit ohne den Willen des Schuldners tätig wird.[12]

3. Fracht- und Speditionsgeschäfte. Sonderregeln für die Verhaltenszurechnung finden sich in **6** den §§ 428, 462 für die Zurechnung der Haftung beim Frachtgeschäft und beim Speditionsgeschäft. Frachtführer und Spediteur haben Handlungen und Unterlassungen ihrer Leute in demselben Umfang zu vertreten wie eigene Handlungen und Unterlassungen, wenn die Leute in Ausübung ihrer Verrichtungen handeln. Gleiches gilt auch für andere Personen, derer sich Frachtführer oder Spediteure zur Erfüllung ihrer Pflichten bedienen. Die **§§ 428, 462** gehen insofern über § 347 Abs. 1 iVm § 278 BGB hinaus, als sie auf ein Einstehenmüssen für die „Leute" des Frachtführers bzw. Spediteurs abstellen. Bei den Leuten kann es sich um im Betrieb für irgendwelche Arbeiten Beschäftigte handeln, die ohne Beziehung zu dem in Rede stehenden Fracht- bzw. Speditionsgeschäft stehen, also nicht gerade in Erfüllung der Verbindlichkeit des Frachtführers bzw. Spediteurs handeln. Es genügt vielmehr, dass ihre Anstellung den Schadenseintritt erleichtert hat. Der Begriff der Leute geht somit über den Begriff des Erfüllungsgehilfen hinaus (→ § 428 Rn. 5, → § 462 Rn. 5).

4. Substitution. Besonderheiten gelten für die Substitution. Sie liegt vor, wenn es dem Schuldner **7** bei einem Auftrag oder bei einer Verwahrung gestattet wird, die gesamte Ausführung einem anderen zu übertragen, dem sog. Substituten. Der Schuldner haftet dann nicht für ein Verschulden des Substituten, sondern nur für eigenes Verschulden bei der Übertragung (§ 347 Abs. 1), vor allem bei der Auswahl des Beauftragten gem. **§ 664 Abs. 1 S. 2 BGB** oder **§ 691 S. 2 BGB** (culpa in eligendo). Ist dem Schuldner eine Substitution nicht vertraglich gestattet, so haftet er aus § 347 Abs. 1 für eine schuldhafte Verletzung der Pflicht zur persönlichen Erfüllung.[13]

5. Unlauterer Wettbewerb. Eine weitere Besonderheit besteht für Unterlassungs- und Schadens- **8** ersatzansprüche im Recht des unlauteren Wettbewerbs. **§ 8 Abs. 2 UWG** statuiert ein Einstehenmüssen des Betriebsinhabers für seine Angestellten oder Beauftragten für von diesen begangene Wettbewerbsverstöße. Demzufolge haftet der Betriebsinhaber schlechthin für ein wettbewerbswidriges Verhalten seiner Leute.[14]

6. Verantwortlichkeit nach §§ 31, 831 BGB. a) Haftung für Organe. Der kaufmännische **9** Sorgfaltsmaßstab nach § 347 Abs. 1 gilt auch bei der Zurechnung von Organhandeln gem. § 31 BGB. Wenn Organe einer juristischen Person oder einer Personenhandelsgesellschaft[15] handeln, so wird deren Handeln über § 31 BGB der juristischen Person bzw. der Handelsgesellschaft wie eigenes Handeln zugerechnet. Das Handeln des Organs beurteilt sich im vertraglichen ebenso wie im deliktischen Bereich nach § 347 Abs. 1 (als Sorgfaltsmaßstab für die Handelsgesellschaft). Ausreichend für eine Zurechnung nach § 31 BGB ist das **Handeln eines verfassungsmäßig berufenen Vertreters.**[16] Da dieser Begriff weit auszulegen ist, muss es sich nicht um ein Gesellschaftsorgan im engen gesellschaftsrechtlichen Sinn handeln; vielmehr genügt das Handeln eines mit selbstständiger Entscheidungsbefugnis versehenen Vertreters, soweit dessen Handeln Wirkung nach außen entfaltet.[17] Der eigentliche Anwendungsbereich von § 31 BGB ist überdies von der Rspr. durch die **Lehre vom**

---

[6] BGH Urt. v. 8.2.1974 – V ZR 21/72, BGHZ 62, 119 (124) = NJW 1974, 692; BGH Urt. v. 24.11.1995 – V ZR 40/94, NJW 1996, 451.
[7] RG Urt. v. 27.9.1943 – II 43/43, RGZ 172, 20 (22).
[8] RG Urt. v. 21.10.1926 – III 471/25, RGZ 115, 162 (164).
[9] BGH Urt. v. 24.9.1996 – XI ZR 318/95, BB 1997, 387 (388) = NJW-RR 1997, 116.
[10] OLG Karlsruhe Urt. v. 27.2.1997 – 11 U 31/96, NJW-RR 1997, 1240.
[11] Heymann/*Horn* Rn. 6; Oetker/*Pamp* Rn. 5.
[12] Heymann/*Horn* Rn. 7.
[13] Heymann/*Horn* Rn. 7.
[14] Röhricht/Graf v. Westphalen/*Steimle/Dornieden* Rn. 8.
[15] BGH Urt. v. 8.2.1952 – I ZR 92/51, NJW 1952, 537 f.
[16] BGH Urt. v. 30.10.1967 – VII ZR 82/65, BGHZ 49, 19 = NJW 1968, 391; Heymann/*Horn* Rn. 9.
[17] BGH Urt. v. 5.3.1998 – III ZR 183/96, NJW 1998, 1854 (1856); BGH Urt. v. 6.12.1983 – VI ZR 60/82, NJW 1984, 921 (922); BGH Urt. v. 12.7.1977 – VI ZR 159/75, NJW 1977, 2259 (2260).

Organisationsmangel erweitert worden. Demgemäß ist die Handelsgesellschaft verpflichtet, den gesamten Bereich ihrer Tätigkeit so zu organisieren, dass für alle wichtigen Aufgaben ein verfassungsmäßiger Vertreter zuständig ist. Fehlt ein solcher Vertreter, muss sich die Handelsgesellschaft so behandeln lassen, als wäre der tatsächlich eingesetzte Erfüllungs- oder Verrichtungsgehilfe ein verfassungsmäßiger Vertreter.[18]

10   **b) Haftung für Verrichtungsgehilfen.** Bei der deliktischen Haftung für Verrichtungsgehilfen gem. § 831 BGB ist ebenfalls der Sorgfaltsmaßstab des § 347 Abs. 1 relevant. Das Auswahl- und das Überwachungsverschulden beurteilen sich bei einem Kaufmann nach § 347 Abs. 1. Verrichtungsgehilfe ist jemand, dem von einem anderen, in dessen Einflussbereich er allgemein oder im konkreten Fall steht und von dem er in gewisser Weise abhängig ist,[19] eine Tätigkeit übertragen worden ist. Charakteristisch ist somit die **Weisungsabhängigkeit** des Verrichtungsgehilfen. Der Geschäftsherr muss die Tätigkeit des Handelnden jederzeit beschränken, unterbinden oder nach Art und Umfang sowie Zeit näher bestimmen können.[20]

11   **7. Eigenhaftung von Geschäftsleitern und Gesellschaftern.** Auf die Eigenhaftung von Mitgliedern des Geschäftsleitungsorgans von Handelsgesellschaften, die ausnahmsweise an die Stelle der Haftung der Handelsgesellschaft selbst tritt oder – häufiger – neben einer Haftung der Handelsgesellschaft besteht, lässt sich § 347 Abs. 1 entsprechend anwenden.[21] Hingegen geht es zu weit, auch bei der Eigenhaftung von Gesellschaftern einer Handelsgesellschaft eine analoge Anwendung von § 347 Abs. 1 zu befürworten.[22] Maßgeblich sind die bürgerlich-rechtlichen Sorgfaltsregeln, insbes. § 276 BGB.

III. Sachlicher Anwendungsbereich

12   **1. Handelsgeschäfte.** Der kaufmännische Sorgfaltsmaßstab gilt im Rahmen von Geschäften, die zumindest für den Schuldner Handelsgeschäfte sind (→ § 345 Rn. 12). Ob ein Handelsgeschäft vorliegt, richtet sich nach den §§ 343, 344 (zu Einzelheiten → § 343 Rn. 3 ff.). Es genügt, dass das zu beurteilende Verhalten im Zusammenhang mit einem Handelsgeschäft steht. Zum Recht der unerlaubten Handlungen → Rn. 24.

13   **2. Pflichten. a) Vorvertragliche Pflichten.** Der Sorgfaltsmaßstab nach § 347 gilt bereits für die Anbahnung eines Handelsgeschäfts. Im Bereich der vorvertraglichen Pflichten bestehen – wie im allgemeinen Zivilrecht – Schutzpflichten bei der Anbahnung geschäftlichen Kontakts im gleichen Umfang wie beim Vertragsverhältnis selbst.[23] Demgemäß haftet der Kaufmann nach **§ 280 Abs. 1 BGB iVm § 311 Abs. 2 BGB, § 241 Abs. 2 BGB** (culpa in contrahendo), wenn ein Kunde einen Schaden in seinen Geschäftsräumen erleidet, soweit seitens des Kaufmanns eine Sorgfaltspflichtverletzung vorliegt.[24] Ferner haftet der Kaufmann für die schuldhafte Beschädigung von Sachen, die er vor Vertragsschluss in Obhut genommen hat.[25]

14   Vorvertragliche besondere Sorgfaltspflichten des Kaufmanns können auch als **Aufklärungspflichten** bestehen. Allerdings hat der Kaufmann den Geschäftspartner nicht über sämtliche für den Geschäftsabschluss erheblichen Umstände aufzuklären. Vielmehr besteht die Aufklärungspflicht nur in dem Umfang, in dem Aufklärung von der Gegenseite nach Treu und Glauben erwartet werden kann.[26] Dabei ist im Einzelfall zu prüfen, ob ein berechtigter und für den Kaufmann erkennbarer Auskunftsbedarf gegeben ist.[27] Aufzuklären hat der Kaufmann jedenfalls über erkennbar für den Geschäftsabschluss bedeutsame Umstände,[28] und zwar auch über solche Umstände, die den Vertragszweck vereiteln könnten.[29] Die Aufklärung hat sachgerecht und umfassend zu erfolgen.[30]

15   Eine Haftung des Kaufmanns aus vorvertraglicher Sorgfaltspflichtverletzung kommt ferner in Frage, wenn er beim Verhandlungspartner schuldhaft die sichere Erwartung erzeugt hat, der Vertrag werde zustande kommen, dann aber seinerseits die **Vertragsverhandlungen** ohne jeglichen nachvollzieh-

[18] BGH Urt. v. 10.5.1957 – I ZR 234/55, BGHZ 24, 200 (213 f.) = NJW 1957, 1150; BGH Urt. v. 8.7.1980 – VI ZR 158/78, NJW 1980, 2810 (2811).

[19] BGH Urt. v. 28.2.1989 – XI ZR 70/88, WM 1989, 1047 (1050).

[20] BGH Urt. v. 12.6.1997 – I ZR 36/95, WM 1998, 257 (259) = NJW-RR 1998, 250.

[21] Baumbach/Hopt/*Hopt* Rn. 4; Heymann/*Horn* Rn. 10.

[22] So aber Heymann/*Horn* Rn. 20.

[23] BGH Urt. v. 2.12.1976 – VII ZR 302/75, NJW 1977, 376; Baumbach/Hopt/*Hopt* Rn. 2; GK-HGB/ *B. Schmidt* Rn. 6.

[24] BGH Urt. v. 28.1.1976 – VIII ZR 246/74, BGHZ 66, 51 (54) = NJW 1976, 712; BGH Urt. v. 26.9.1961 – VI ZR 92/61, NJW 1962, 31 f.

[25] BGH Urt. v. 2.12.1976 – VIII ZR 302/75, NJW 1977, 376.

[26] BGH Urt. v. 24.5.1993 – II ZR 136/92, NJW 1993, 2107; GK-HGB/*B. Schmidt* Rn. 42.

[27] BGH Urt. v. 7.11.1991 – III ZR 118/90, WM 1992, 432 (434) = NJW-RR 1992, 531.

[28] BGH Urt. v. 17.6.1991 – II ZR 121/90, WM 1991, 1543 = NJW-RR 1991, 1246.

[29] BGH Urt. v. 17.6.1994 – V ZR 204/92, NJW 1994, 2947 (2949); BGH Urt. v. 24.5.1993 – II ZR 136/92, NJW 1993, 2107.

[30] BGH Urt. v. 13.7.1983 – VIII ZR 112/82, BGHZ 88, 130 (135) = NJW 1983, 2697.

baren Grund **abbricht** (zu Einzelheiten → § 346 Rn. 212 ff.). Diese Haftung ist allerdings lediglich auf Ersatz des Vertrauensschadens, nicht aber auf den Vertragsabschluss gerichtet.[31] Ggf. besteht sogar dann eine Verpflichtung zum Ersatz des Vertrauensschadens, wenn der Kaufmann schuldlos, aber zurechenbar ein Vertrauen beim Verhandlungspartner dahingehend erzeugt hat, ein Vertrag werde zustande kommen, dann aber die Vertragsverhandlungen grundlos abbricht.[32] Bei der Annahme, es könne darüber hinausgehend eine Pflicht des Kaufmanns zum Abschluss von Verträgen bestehen, ist hingegen äußerste Zurückhaltung geboten. Der Grundsatz der Privatautonomie verbietet jegliches Überspannen eines Kontrahierungszwangs.

Unter besonderen Umständen können im vorvertraglichen Bereich die **Sorgfaltsanforderungen** 16 **erhöht** sein. Dies gilt etwa bei erkennbar geschäftsunerfahrenen Vertragspartnern[33] oder bei einem besonderen persönlichen Vertrauensverhältnis.

b) Vertragliche Pflichten. Der Kaufmann hat für die ordentliche Durchführung von Verträgen, 17 also die Erfüllung seiner **Leistungspflichten,** Sorge zu tragen. Der kaufmännische Sorgfaltsmaßstab wirkt sich insbesondere bei Leistungsstörungen aus. Nach § 347 ist zu beurteilen, ob der Kaufmann als Schuldner eine Pflichtverletzung nach § 280 Abs. 1 S. 2 BGB zu vertreten hat.[34] § 347 gilt unabhängig davon, ob der Kaufmann Schuldner oder Gläubiger im Vertragsverhältnis ist. Die Bestimmung ist daher zB auch im Bereich der Verantwortlichkeit des Kaufmanns als Gläubiger im Rahmen von § 326 Abs. 2 S. 1 Alt. 2 BGB anzuwenden.

§ 347 gilt auch für die **Organisationspflichten** des Kaufmanns. Bei einem Spediteur (→ Rn. 6) 18 liegt ein grobes Organisationsverschulden vor, wenn nicht ersichtlich ist, wer für die Suche nach verloren gegangenem Gut organisatorisch zuständig und verantwortlich ist.[35] Bei einem genehmigungsbedürftigen Geschäft hat der Kaufmann für die Einholung der Genehmigung zu sorgen.[36] Er muss ferner Hindernisse bei der Durchführung eines Vertrages beseitigen[37] und ggf. auch für eine Änderung des Vertrags, falls ihm eine solche zumutbar ist, Sorge zu tragen.[38]

§ 347 gilt allgemein für die vertraglichen **Nebenpflichten** des Kaufmanns. Er muss den Vertrags- 19 partner über die sachgerechte Verwendung des vertragsgegenständlichen Produkts unterrichten, uU mittels einer Bedienungsanleitung. Es kann eine Pflicht des Kaufmanns bestehen, den Vertragspartner auf bestimmte Eigenschaften des Vertragsgegenstands, insbesondere auf Gefahren, die von diesem ausgehen können, hinzuweisen, wenn diese dem Vertragspartner für den Kaufmann erkennbar nicht bekannt sind.[39] Bei komplexen Vertragsgegenständen mag die kaufmännische Sorgfaltspflicht sogar eine individuelle Einweisung gebieten.[40] Die Aufklärungspflichten des Kaufmanns reichen allerdings nur soweit, wie voraussehbare Gefahren typischerweise drohen.[41] Nebenpflicht des Kaufmanns kann es auch sein, für eine ordnungsgemäße Verpackung zu sorgen.[42] Außerdem kann eine Pflicht des Kaufmanns bestehen, für Versicherungsschutz bei Risiken zu sorgen, die aus dem Vertrag erwachsen.[43] Der Kaufmann hat dafür Sorge zu tragen, dass die Rechtsgüter des Vertragspartners nicht verletzt werden.[44]

Bei Dauerschuldverhältnissen und bei laufender Geschäftsverbindung besteht eine **erhöhte Auf-** 20 **klärungspflicht** des Kaufmanns. So hat dieser den Geschäftspartner sowohl über Änderungen des Geschäftsbetriebs zu informieren, soweit sie für den Geschäftspartner relevant sein können,[45] wie zB eine Haftungsbeschränkung als Folge einer solchen Änderung des Geschäftsbetriebs sowie über geplante Produktionseinstellungen und über Betriebsstilllegungen.[46] Insbesondere aber muss der Kauf-

---

[31] BGH Urt. v. 8.6.1978 – III ZR 48/76, BGHZ 71, 386 (395) = NJW 1978, 1802; BGH Urt. v. 28.3.1977 – VIII ZR 242/75, WM 1977, 619 (620).

[32] BGH Urt. v. 10.1.1996 – VIII ZR 327/94, WM 1996, 738 (740) = DtZ 1996, 113; BGH Urt. v. 22.2.1989 – VIII ZR 4/88, WM 1989, 685 (688) = NJW-RR 1989, 627.

[33] BGH Urt. v. 7.10.1991 – II ZR 194/90, NJW 1992, 300 (302).

[34] Vgl. BGH Urt. v. 14.12.1954 – I ZR 65/53, BGHZ 16, 4 (11) = NJW 1955, 460 zur positiven Vertragsverletzung.

[35] OLG Köln Urt. v. 16.9.1993 – 21 U 19/93, VersR 1994, 1452.

[36] BGH Urt. v. 25.6.1976 – V ZR 121/73, BGHZ 67, 34 = NJW 1976, 1939; BGH Urt. v. 4.6.1954 – V ZR 18/53, BGHZ 14, 1 (2) = NJW 1954, 1442.

[37] BGH Urt. v. 16.5.1968 – VIII ZR 40/66, BGHZ 50, 175 (178 f.) = NJW 1968, 1873; BGH Urt. v. 13.11.1953 – I ZR 140/52, BGHZ 11, 80 (87, 89) = NJW 1954, 229.

[38] BGH Urt. v. 25.6.1976 – V ZR 121/73, BGHZ 67, 34 = NJW 1976, 1939; BGH Urt. v. 25.1.1967 – VIII ZR 206/64, NJW 1967, 830.

[39] BGH Urt. v. 13.7.1983 – VIII ZR 112/82, BGHZ 88, 130 (135) = NJW 1983, 2697.

[40] OLG Stuttgart Urt. v. 23.6.1986 – 2 U 252/85, NJW-RR 1986, 1245.

[41] BGH Urt. v. 24.5.1993 – II ZR 136/92, NJW 1993, 2107.

[42] BGH Urt. v. 7.3.1983 – VIII ZR 331/81, BGHZ 87, 88 (92) = NJW 1983, 1496; BGH Urt. v. 28.4.1976 – VIII ZR 244/74, BGHZ 66, 208 (210) = NJW 1976, 1353.

[43] BGH Urt. v. 8.1.1986 – VIII ZR 8/85, NJW 1986, 1099.

[44] KG Urt. v. 14.11.1984 – 24 U 3084/84, NJW 1985, 2137; BGH Urt. v. 10.3.1983 – III ZR 169/81, NJW 1983, 2813 (2814).

[45] BGH Urt. v. 6.4.1987 – II ZR 101/86, NJW 1987, 3124; BGH Urt. v. 28.11.1980 – I ZR 159/78, WM 1981, 238 (239) = BeckRS 1980, 31064642.

[46] BGH Urt. v. 7.2.1974 – VII ZR 93/73, DB 1974, 718 = NJW 1974, 795.

mann bei Bestehen einer laufenden Geschäftsverbindung über Änderungen oder über geplante Änderungen der Beschaffenheit seiner Produkte informieren.[47]

20a   § 347 gilt für die Erfüllung von **Verkehrssicherungspflichten.** So muss zB ein Gefahrguttransport so durchgeführt werden, dass eine Gefahrgutsicherung gewährleistet ist.[48]

21   **c) Nachvertragliche Pflichten.** § 347 gilt für die Erfüllung nachvertraglicher Pflichten. Dazu gehört die Pflicht des Kaufmanns, sich darüber zu informieren, wie sich die von ihm veräußerten Produkte praktisch bewähren,[49] sowie die Pflicht, für die voraussichtliche Nutzungsdauer der von ihm veräußerten Produkte Ersatzteile bereitzuhalten.[50]

22   **d) Obliegenheiten.** § 347 Abs. 1 behandelt Sorgfaltsanforderungen bei der Erfüllung der Pflichten des Kaufmanns. Die Bestimmung ist aber in erweiternder Auslegung auch auf bloße Obliegenheiten des Kaufmanns anzuwenden, soweit sie im Zusammenhang mit Handelsgeschäften bestehen. Die Bestimmung gilt also nicht allgemein, sondern nur im Verhältnis des Kaufmanns zu Personen, mit denen er in geschäftlichem Kontakt steht. Der kaufmännische Sorgfaltsmaßstab gilt zB für die kaufmännische Untersuchungs- und Rügeobliegenheit (§ 377),[51] bei der Beurteilung des Mitverschuldens (§ 254 BGB)[52] oder der Unverzüglichkeit einer Anfechtung (§ 121 Abs. 1 S. 1 BGB), bei dem fahrlässigen Vertrauen auf eine Vertretungsmacht gem. § 179 Abs. 3 S. 1 BGB[53] und beim Unterbleiben der Einlegung eines Rechtsmittels im Rahmen eines Amtshaftungsanspruchs gem. § 839 Abs. 3 BGB.[54]

23   **e) Wirkung zugunsten Dritter.** Die Sorgfaltsanforderungen nach § 347 Abs. 1 bestehen grundsätzlich nur gegenüber dem an dem Handelsgeschäft (zu Einzelheiten → § 343 Rn. 3 ff.) beteiligten Geschäftspartner des Kaufmanns. Bei Verträgen zugunsten Dritter oder Verträgen mit Schutzwirkung zugunsten Dritter gelten die Sorgfaltsanforderungen jedoch auch gegenüber dem Dritten. So hat zB im Überweisungsverkehr die eine Bank besondere Sorgfaltspflichten auch gegenüber dem Kunden der anderen Bank.[55]

24   **f) Recht der unerlaubten Handlungen.** Die besonderen Sorgfaltsanforderungen nach § 347 Abs. 1 sind auf Handelsgeschäfte (→ Rn. 12) beschränkt und gelten daher nur für den geschäftlichen Bereich des Kaufmanns. Es genügt aber ein Zusammenhang mit Handelsgeschäften. Die Bestimmung ist daher auch auf die Verschuldenshaftung aus unerlaubter Handlung im Hinblick auf die Verletzung deliktsrechtlicher Pflichten anzuwenden, wenn der Anspruch aus unerlaubter Handlung mit einem vertraglichen Anspruch konkurriert.[56] Darüber hinaus sollte § 347 auch angewandt werden, wenn ein vertraglicher Anspruch nicht besteht, die Pflichtverletzung aber im Rahmen des Betriebs des Handelsgewerbes erfolgt ist.[57] Zur Gefährdungshaftung → Rn. 52 und zur Produkthaftung → Rn. 53 ff.

IV. Verschulden

25   **1. Vorsatz.** § 347 Abs. 1 setzt stillschweigend voraus, dass der Kaufmann für Vorsatz ebenso einzustehen hat wie im allgemeinen bürgerlichen Recht. Der Vorsatz umfasst dabei auch den bedingten Vorsatz, der vorliegt, wenn der Kaufmann den Erfolg als mögliche Folge seines Handelns vorausgesehen hat und ihn für den Fall seines Eintritts billigend in Kauf genommen hat.[58] Kein Vorsatz, sondern ggf. bewusste Fahrlässigkeit (→ Rn. 26) liegt hingegen vor, wenn der handelnde Kaufmann darauf vertraut hat, der Schaden werde nicht eintreten.[59] Der Vorsatz erfordert nicht nur die Kenntnis aller wesentlichen tatsächlichen Umstände, sondern auch das **Bewusstsein der Rechtswidrigkeit** (sog. Vorsatztheorie).[60] Ein Rechtsirrtum schließt daher den Vorsatz aus.[61] Wer sich auf einen Rechts-

---

[47] BGH Urt. v. 13.3.1996 – VIII ZR 333/94, NJW 1996, 1537 (1538); BGH Urt. v. 10.1.1996 – VIII ZR 81/95, WM 1996, 820 (822) = NJW-RR 1996, 497.

[48] BGH Urt. v. 30.1.1996 – VI ZR 408/94, BB 1996, 926 = NJW-RR 1996, 867.

[49] BGH Urt. v. 28.9.1970 – VIII ZR 166/68, BB 1970, 1414 = BeckRS 1970, 30404653.

[50] AG München Urt. v. 6.5.1971 – 1 C 289/70, NJW 1970, 1852.

[51] BGH Urt. v. 30.1.1985 – VIII ZR 238/83, BGHZ 93, 338 (349 f.) = NJW 1985, 1333.

[52] GK-HGB/*B. Schmidt* Rn. 9; Röhricht/Graf v. Westphalen/*Steimle/Dornieden* Rn. 11.

[53] Baumbach/Hopt/*Hopt* Rn. 2; HaKo-HGB/*Klappstein* Rn. 10; GK-HGB/*B. Schmidt* Rn. 9; MüKoHGB/*K. Schmidt* Rn. 16.

[54] RG Urt. v. 25.11.1930 – III 38/30, RGZ 131, 12 (14 f.).

[55] BGH Urt. v. 21.12.1983 – II ZR 142/82, NJW 1983, 1779; OLG München Urt. v. 4.12.1986 – 1 U 3855/86, WM 1988, 373 = DNotZ 1987, 694; Heymann/*Horn* Rn. 14.

[56] GK-HGB/*B. Schmidt* Rn. 7; MüKoHGB/*K. Schmidt* Rn. 15.

[57] Heymann/*Horn* Rn. 16; MüKoHGB/*K. Schmidt* Rn. 15.

[58] BGH Urt. v. 30.1.1953 – I ZR 88/52, BGHZ 8, 387 (393) = NJW 1953, 900 mAnm *Stiep*; RG Urt. v. 27.4.1911 – Rep. VI 371/10, RGZ 76, 313 (318 f.).

[59] BGH Urt. v. 7.6.1983 – 4 StR 51/83, NStZ 1983, 407.

[60] BGH Urt. v. 12.5.1992 – VI ZR 257/91, BGHZ 118, 201 (208) = NJW 1992, 2014; BGH Urt. v. 16.6.1977 – III ZR 179/75, BGHZ 69, 128 (142) = NJW 1977, 1875.

[61] RG Urt. v. 15.12.1927 – Rep. VI 209/27, RGZ 119, 265 (267); RG Urt. v. 16.2.1914 – Rep. VI 599/13, RGZ 84, 188 (194).

irrtum beruft, trägt dafür die Beweislast.[62] War der Rechtsirrtum vermeidbar, so liegt in aller Regel Fahrlässigkeit vor (zu Einzelheiten → Rn. 26 ff.).

2. Fahrlässigkeit. § 347 Abs. 1 nimmt indirekt Bezug auf die Definition der Fahrlässigkeit in § 276 **26** Abs. 2 BGB (→ Rn. 1). Es sind verschiedene Arten der Fahrlässigkeit zu unterscheiden. Bei der **bewussten Fahrlässigkeit** rechnet der Handelnde mit dem Eintritt des schädigenden Erfolgs, vertraut jedoch fahrlässig darauf, der Schaden werde nicht eintreten. Bei der **unbewussten Fahrlässigkeit** erkennt der Handelnde die Möglichkeit des Eintritts des schädigenden Erfolgs nicht, hätte ihn aber bei gehöriger Sorgfalt voraussehen und verhindern können. Zu unterscheiden sind ferner verschiedene Grade der Fahrlässigkeit. **Grobe Fahrlässigkeit** (zu Einzelheiten → Rn. 32 ff.) liegt vor, wenn die im Verkehr erforderliche Sorgfalt in besonders schwerem Maß verletzt wird, dh schon ganz nahe liegende Überlegungen nicht angestellt werden und nicht beachtet wird, was in der jeweiligen Situation jedem einleuchten muss.[63] **Einfache (gewöhnliche) Fahrlässigkeit** erfasst auch leichte Verstöße gegen die Sorgfaltsanforderungen. Die für das Arbeitsrecht außerdem relevante Unterscheidung von mittlerer und leichter bzw. leichtester Fahrlässigkeit, die für die Haftungsmilderung bei der Arbeitnehmerhaftung eine Rolle spielt, ist für das allgemeine Zivilrecht und ebenso für das Handelsrecht nicht von Bedeutung. Zur **Sorgfalt in eigenen Angelegenheiten** → Rn. 35 f.

Im bürgerlichen Recht und im Handelsrecht gilt ein an den allgemeinen Verkehrsbedürfnissen **27** ausgerichteter **objektiver Sorgfaltsmaßstab.** Die kaufmännische Sorgfaltspflicht des § 347 Abs. 1 bestimmt sich ebenso wie im Zivilrecht normativ-typisiert.[64] Mängel an persönlichen Kenntnissen und Fähigkeiten des Handelnden oder Unterlassenden sind somit irrelevant. Die Objektivierung des Fahrlässigkeitsbegriffs dient sowohl im bürgerlichen Recht als auch im Handelsrecht dem Vertrauens- und Verkehrsschutz. Umgekehrt ist es aber aus Vertrauens- und Verkehrsschutzgründen trotz Objektivierung des Sorgfaltsbegriffs möglich, besondere Kenntnisse und Fähigkeiten zu Lasten des Schuldners zu berücksichtigen.[65]

Die Objektivierung des kaufmännischen Sorgfaltsmaßstabs bedeutet nicht, dass für jeden Kauf- **28** mann – unabhängig von der Art und Größe seines Handelsgewerbes – derselbe objektive Maßstab gilt. Aus der seehandelsrechtlichen Vorschrift des § 497 über die Sorgfalt eines ordentlichen Reeders sowie § 559 Abs. 2 und § 606 über die Sorgfaltspflicht eines ordentlichen Verfrachters lässt sich ebenso wenig wie früher aus der mit dem In-Kraft-Treten des TRG am 1.7.1998 ohnehin abgeschafften Norm des § 429 Abs. 1 über die Sorgfalt eines ordentlichen Frachtführers schließen, dass für alle anderen außer den in diesen speziellen Normen genannten Kaufleuten ein einheitlicher Sorgfaltsmaßstab unter Ausblendung der besonderen Erfordernisse und Fachkenntnisse, die der Geschäftszweig des jeweiligen Kaufmanns verlangt, bestehen soll.[66] Vielmehr werden die Sorgfaltsanforderungen zwar objektiv-normativ, dennoch aber durch den **Idealtypus des konkreten Handelsgewerbes,** in dem der Kaufmann tätig ist, bestimmt.[67] So gibt es unterschiedliche Sorgfaltsanforderungen für Groß- und Einzelhändler, Edelmetallhändler (§§ 147a, 148b GewO),[68] Spediteure, Verleger und Bankiers. Auch kann der Umfang des betriebenen Handelsgewerbes von Bedeutung sein. Ein Kaufmann, der im großen Stil ein Handelsgewerbe betreibt, unterliegt anderen Anforderungen an die Sorgfalt als ein Kaufmann, der nur in kleinem Umfang einem Gewerbe nachgeht.[69] Das Ausmaß der Sorgfaltspflicht hängt bei den einzelnen Handelsgeschäften davon ab, in welchem Umfang die Geschäftspartner der Kaufleute Risiken eingehen. So sind gesteigerte Sorgfaltspflichten insbesondere im Bankgewerbe möglich, zB beim Wertpapierhandel[70] oder bei der Prüfung der auf eine Bank gezogenen Schecks durch die Bank.[71]

---

[62] BGH Urt. v. 16.6.1977 – III ZR 179/75, BGHZ 69, 128 (143) = NJW 1977, 1875; OLG Düsseldorf Urt. v. 4.5.1995 – 6 U 175/94, WM 1995, 1488 (1496).

[63] BGH Urt. v. 28.6.1994 – X ZR 95/9, NJW-RR 1994, 1469 (1471); BGH Urt. v. 29.9.1992 – XI ZR 265/91, NJW 1992, 3235 (3236); BGH Urt. v. 27.6.1985 – I ZR 40/83, NJW-RR 1986, 248 f.

[64] Heymann/*Horn* Rn. 24, 26; HaKo-HGB/*Klappstein* Rn. 11; Staub/*Koller* Rn. 5 f.; KKRD/*W.-H. Roth* Rn. 2 f.; GK-HGB/*B. Schmidt* Rn. 16 f.

[65] BGH Urt. v. 24.6.1997 – VI ZR 94/96, NJW 1997, 3090 (3091); BGH Urt. v. 2.7.1968 – VI ZR 154/67, VersR 1968, 1057 (1059) = BeckRS 1968, 30401736; BGH Urt. v. 24.4.1967 – II ZR 35/65, VersR 1967, 676 (677).

[66] Schlegelberger/*Hefermehl* Rn. 20.

[67] RG Urt. v. 3.11.1906 – Rep. I 125/06, RGZ 64, 254 (257); *Baumgarten* BB 2016, 949 f.; *Rinjes* wistra 2015, 7 (8); *Schmitt,* Die Rechtsstellung der Kleingewerbetreibenden nach dem Handelsrechtsreformgesetz, 2003, 284; ähnlich GK-HGB/*B. Schmidt* Rn. 21.

[68] *Bühler* wistra 2017, 375 (378 mit Fn. 47).

[69] RG Urt. v. 24.11.1922 – III 79/22, RGZ 105, 389; LG Köln Urt. v. 28.9.2012 – 2 O 457/08, GRUR-RR 2012, 444 ff. Rn. 70; *Schmitt,* Die Rechtsstellung der Kleingewerbetreibenden nach dem Handelsrechtsreformgesetz, 2003, 284.

[70] RG Urt. v. 15.2.1919 – Rep. I 207/18, RGZ 95, 16 (17); RG Urt. v. 21.9.1915 – Rep. III 13/15, RGZ 87, 141.

[71] BGH Urt. v. 25.1.1971 – II ZR 165/69, WM 1971, 474; BGH Urt. v. 20.1.1969 – II ZR 225/66, NJW 1969, 694.

29   Der Kaufmann muss sich über die für sein Handelsgewerbe maßgeblichen **Rechtsvorschriften** unterrichten[72] und diese sowie behördliche Anordnungen beachten. Er hat gerichtliche und behördliche Maßnahmen auf ihre Ordnungsgemäßheit hin zu prüfen.[73] Er muss die für sein Handelsgewerbe relevanten **Regelwerke** kennen und beachten, zB die DIN-Normen,[74] die VDE-Bestimmungen[75] sowie die Richtlinien der Spitzenverbände des Bankgewerbes.[76] Die Einhaltung dieser Regeln besagt allerdings noch nicht ohne Weiteres, dass der Kaufmann damit seiner Sorgfaltspflicht genüge getan hat, falls Anhaltspunkte dafür vorliegen, dass entweder diese Regeln unzulänglich sind oder im konkreten Einzelfall der Kaufmann aufgrund der Umstände gehalten war, ein anderes Verhalten als ein Vorgehen nach den Regeln einzuschlagen oder über die in den Regeln vorgeschriebenen Verhaltensanforderungen hinaus zusätzliche Maßnahmen zu ergreifen.[77]

30   Der Kaufmann hat die Pflicht zur **sorgfältigen Behandlung aller Ein- und Ausgänge**.[78] Ganz allgemein hat er diejenigen Vorkehrungen zu treffen, die ein gewissenhafter und umsichtiger Angehöriger seines Gewerbes für erforderlich halten muss, um Geschäftspartner und Dritte vor Schaden zu bewahren, soweit ihm das den Umständen nach zuzumuten ist.[79] Dabei kann eine Differenzierung danach angebracht sein, ob es sich um eine längerfristige Geschäftsverbindung oder um einen bloß punktuellen Leistungsaustausch mit der Gegenseite handelt. Er muss Geschäftspost je nach deren Versandform (Brief, Fax, E-Mail) pünktlich zur Kenntnis nehmen und dafür sorgen, dass die aus dieser **Korrespondenz** notwendig werdenden geschäftlichen Erklärungen unverzüglich abgegeben werden.[80] Erfordern die Besonderheiten des Geschäftszweiges eine ganz besonders schnelle Erledigung von Eingängen, ist für eine derartige Beschleunigung der Antworten Sorge zu tragen.[81] Telefonische Vereinbarungen[82] sowie Vereinbarungen unter Nutzung von EDV (Internet, E-Mail) können, falls sie nicht ganz nebensächlich, sondern von einiger Bedeutung sind, schriftlich zu bestätigen sein. Geschäftspapier, Geschäftsstempel[83] und den Zugang zu Formen elektronischer Korrespondenz muss der Kaufmann vor missbräuchlicher Verwendung durch Dritte schützen. Ferner muss er ggf. die Personenidentität eines Kunden prüfen, dessen Darlehensantrag er als Händler zwecks Weiterleitung an eine Bank entgegennimmt.[84] Bei längerer Abwesenheit muss der Kaufmann dafür sorgen, dass er vertreten wird, und ggf. einen Postbevollmächtigten bestellen.[85] Auch bei kürzerer Abwesenheit muss er für die Erledigung der Post Sorge tragen[86] bzw. dafür sorgen, dass ihm die Korrespondenz sofort nach Eingang inhaltlich mitgeteilt wird.[87] Registergerichtliche Mitteilungen hat der Kaufmann sorgfältig zu lesen.[88] Er hat dafür zu sorgen, dass wichtige Sendungen, die Urkunden oder Wertgegenstände enthalten, in gehöriger Form, ggf. mittels Einschreiben und ausreichend versichert,[89] verschickt werden.

V. Haftungsmilderungen

31   **1. Gesetzliche Haftungsmilderungen (Abs. 2).** Gesetzliche Abmilderungen des Sorgfaltsmaßstabs auf grobe Fahrlässigkeit bzw. eigenübliche Sorgfalt nach bürgerlichem Recht bleiben gem. § 347 Abs. 2 unberührt, gelten also auch für den Kaufmann bei seinen Handelsgeschäften.

32   **a) Grobe Fahrlässigkeit. aa) Begriff.** Im Grundsatz ist für das Zivilrecht und das Handelsrecht ein einheitlicher Begriff der groben Fahrlässigkeit zugrunde zu legen.[90] Grobe Fahrlässigkeit (→ Rn. 26) liegt vor, wenn die Pflichtwidrigkeit das gewöhnliche Maß an Fahrlässigkeit erheblich

---

[72] BGH Urt. v. 16.4.1964 – VII ZR 221/62, NJW 1964, 2058 f.; RG Urt. v. 25.11.1930 – III 38/30, RGZ 131, 12 (16); *Rinjes* wistra 2015, 7 (9); GK–HGB/*B. Schmidt* Rn. 35.

[73] RG Urt. v. 25.11.1930 – III 38/30, RGZ 131, 12 (15).

[74] BGH Urt. v. 1.3.1988 – VI ZR 190/87, BGHZ 103, 338 (342) = NJW 1988, 2667; BGH Urt. v. 11.12.1979 – VI ZR 141/78, NJW 1980, 1219 (1221).

[75] BGH Urt. v. 11.12.1979 – VI ZR 141/78, NJW 1980, 1219 (1221).

[76] OLG Köln Urt. v. 8.5.1990 – 22 U 299/89, NJW 1990, 2261 (2262).

[77] BGH Urt. v. 7.10.1986 – VI ZR 187/85, NJW 1987, 372 (373); RG Urt. v. 11.4.1935 – VI 540/34, RGZ 147, 353 (361).

[78] OLG Köln Urt. v. 30.3.1927 – 5 U 1/27, JW 1927, 1708.

[79] BGH Urt. v. 25.2.1988 – VII ZR 348/86, BGHZ 103, 298 (304) = NJW 1988, 1380; BGH Urt. v. 15.4.1975 – VI ZR 19/74, VersR 1975, 812 = BeckRS 1975, 30391745.

[80] RG Urt. v. 24.11.1922 – III 79/22, RGZ 105, 389.

[81] RG Urt. v. 10.3.1903 – VII 463/02, RGZ 54, 117 (119).

[82] BGH Urt. v. 20.9.1961 – VIII ZR 99/60, WM 1961, 1359 (1360) = BeckRS 1961, 31188250.

[83] RG Urt. v. 21.9.1934 – II 92/34, JW 1934, 3196; RG Urt. v. 16.11.1926 – II 252/26, JW 1927, 262.

[84] OLG Düsseldorf Urt. v. 17.4.1972 – 6 U 165/71, WM 1972, 815 (817).

[85] OLG Köln Urt. v. 30.3.1927 – 5 U 1/27, JW 1927, 1708.

[86] RG Urt. v. 24.11.1922 – III 79/22, RGZ 105, 389; RG Urt. v. 10.3.1903 – VII 463/02, RGZ 54, 117 (119).

[87] RG Urt. v. 2.11.1995 – X ZR 135/93, NJW 1996, 919.

[88] RG Urt. v. 25.11.1930 – III 38/30, RGZ 131, 12 (14 ff.); OLG Nürnberg Urt. v. 1.10.1963 – 3 U 234/62, BB 1964, 259.

[89] RG Urt. v. 5.2.1902 – I 341/01, RGZ 50, 169 (177); RG Urt. v. 30.6.1927 – II 35/27, SeuffA 81 Nr. 218.

[90] BGH Urt. v. 17.10.1966 – II ZR 123/64, VersR 1966, 1150 = BeckRS 1966, 30372555; BGH Urt. v. 5.2.1959 – II ZR 69/57, VersR 1959, 222.

übersteigt.[91] Anders als bei der einfachen Fahrlässigkeit, die sich ausschließlich objektiv bestimmt (→ Rn. 27), sind bei der groben Fahrlässigkeit in der Individualität des Handelnden liegende Umstände zu berücksichtigen.[92] Den Handelnden muss auch in subjektiver Hinsicht ein **schweres Verschulden** treffen.[93] Bei nach menschlichen Möglichkeiten typischem, einmaligem Versagen liegt in der Regel keine grobe Fahrlässigkeit vor,[94] jedoch schließt selbst ein bloßes „Augenblicksversagen" grobe Fahrlässigkeit nicht ohne Weiteres aus.[95] Die grobe Fahrlässigkeit erfordert in aller Regel das Bewusstsein der Gefährlichkeit bzw. das leichtfertige Nichterkennen der Gefährlichkeit des Handelns, nicht aber das Voraussehen des konkret eingetretenen Schadens.[96] Bei der Beurteilung, ob grobe Fahrlässigkeit vorliegt, ist die Kaufmannseigenschaft (→ Rn. 4) zu berücksichtigen. Dies ist kein Verstoß gegen die Einheitlichkeit des Begriffs der groben Fahrlässigkeit,[97] sondern die Konsequenz einer auch subjektiv verstandenen Definition der groben Fahrlässigkeit, die gerade wegen der Subjektbezogenheit auch auf die Kaufmannseigenschaft abstellt.

bb) Anwendungsfälle. Eine Haftung nur für grobe Fahrlässigkeit findet sich im Allgemeinen **33 Schuldrecht** beim Gläubigerverzug. Auch der Kaufmann als Schuldner haftet bei Annahmeverzug der Gegenseite nur für Vorsatz und grobe Fahrlässigkeit (§ 300 Abs. 1 BGB). Ferner gibt es eine Haftungsmilderung auf grobe Fahrlässigkeit bei der Schenkung (§ 521 BGB), bei der Leihe (§ 599 BGB) und bei der Geschäftsführung ohne Auftrag zwecks Gefahrenabwehr (§ 680 BGB). Außerdem ist die grobe Fahrlässigkeit im Rahmen der Sachmängelhaftung beim Kauf gem. § 442 Abs. 1 S. 2 BGB sowie bei der Miete gem. § 536b S. 2 BGB relevant. Auch bei der Gesellschaft bürgerlichen Rechts ist die grobe Fahrlässigkeit von Bedeutung: Bei der zeitlich befristeten BGB-Gesellschaft ist eine vorzeitige Kündigung insbesondere bei grob fahrlässiger Verletzung einer wesentlichen Pflicht aus dem Gesellschaftsvertrag durch einen anderen Gesellschafter zulässig (§ 723 Abs. 1 S. 3 Nr. 1 BGB). Daneben spielt die grobe Fahrlässigkeit im **Sachenrecht** beim gutgläubigen Erwerb (§ 932 Abs. 2 BGB) und beim Fund (§ 968 BGB) eine Rolle. Ferner stellt die Vorschrift des § 912 Abs. 1 BGB über den Überbau auf grobe Fahrlässigkeit ab.

Obwohl § 347 Abs. 2 sich dem Wortlaut nach nur auf Vorschriften des BGB bezieht, sind auch **34 andere gesetzliche Einschränkungen** der Sorgfaltsanforderungen auf den Kaufmann anwendbar, so bei schuldhafter Herbeiführung eines Versicherungsfalls gem. § 81 VVG oder beim wechsel- und scheckrechtlichen gutgläubigen Erwerb gem. Art. 16 Abs. 2 WG bzw. Art. 21 ScheckG.

b) Sorgfalt in eigenen Angelegenheiten. aa) Begriff. Ebenfalls von § 347 Abs. 1 grundsätzlich **35** unberührt bleiben die bürgerlich-rechtlichen Normen über die Sorgfalt in eigenen Angelegenheiten (diligentia quam in suis). Für die Sorgfalt in eigenen Angelegenheiten gilt kein objektiver (zu Einzelheiten → Rn. 27 ff.), sondern ein **subjektiver Maßstab**, der auf das gewohnheitsmäßige Verhalten des Handelnden abstellt.[98] Eine besonders hohe, über das übliche Maß hinaus gehende Sorgfalt in eigenen Angelegenheiten kann allerdings nicht zu einer Erhöhung der Sorgfaltsanforderungen über § 276 Abs. 2 BGB bzw. § 347 Abs. 1 hinaus führen; diese bilden vielmehr eine **Obergrenze**. Es kann somit durch ein Abstellen auf die Sorgfalt in eigenen Angelegenheiten nur zu einer Haftungsmilderung kommen, und zwar bis zur Grenze der groben Fahrlässigkeit (§ 277 BGB, zu Einzelheiten → Rn. 32 ff.). Für die Bestimmung, was unter der Sorgfalt in eigenen Angelegenheiten bei einem Kaufmann zu verstehen ist, kommt es nicht auf dessen Sorgfalt in Privatangelegenheiten,[99] sondern auf die persönliche Sorgfalt bei der Erledigung seiner Handelsgeschäfte an.[100]

bb) Anwendungsfälle. Ein Anwendungsfall der diligentia quam in suis ist die unentgeltliche **36** Verwahrung gem. § 690 BGB, die im kaufmännischen Verkehr nur ausnahmsweise bei der Widerlegung der Vermutung der Entgeltlichkeit (§ 354 Abs. 1) in Betracht kommt.[101] Für Kaufleute ist § 708 BGB wichtiger, der bestimmt, dass der **Gesellschafter einer BGB-Gesellschaft,** einer

---

[91] BGH Urt. v. 19.2.1998 – I ZR 233/95, WM 1998, 2064 (2065) = NJW-RR 1998, 1426; BGH Urt. v. 10.5.1994 – XI ZR 212/93, NJW 1994, 2093 (2094); BGH Urt. v. 29.9.1992 – XI ZR 265/91, NJW 1992, 3235 (3236).

[92] BGH Urt. v. 15.5.1997 – III ZR 250/95, NJW 1998, 298 (300) (insoweit nicht abgedr. in BGHZ 135, 341 ff.); BGH Urt. v. 8.7.1992 – IV ZR 223/91, BGHZ 119, 147 (149) = NJW 1992, 2418; BGH Urt. v. 11.5.1953 – IV ZR 170/52, BGHZ 10, 14 (17) = NJW 1953, 1139.

[93] BGH Urt. v. 18.10.1988 – VI ZR 15/88, NJW-RR 1989, 339 (340); BGH Urt. v. 12.1.1988 – VI ZR 158/87, NJW 1988, 1265 (1266).

[94] BGH Urt. v. 5.4.1989 – IV a ZR 39/88, NJW-RR 1989, 1187 (1188).

[95] BGH Urt. v. 8.7.1992 – IV ZR 223/91, BGHZ 119, 147 (149) = NJW 1992, 2418; OLG Köln Urt. v. 25.10.1995 – 13 U 42/95, VersR 1996, 1491 = NJWE-VHR 1996, 44; OLG Frankfurt a. M. Urt. v. 8.2.1995 – 23 U 108/94, NJW-RR 1995, 1368.

[96] BGH Urt. v. 27.6.1985 – I ZR 40/83, NJW-RR 1986, 248 f.

[97] So aber GK-HGB/*B. Schmidt* Rn. 63.

[98] MüKoBGB/*Grundmann* BGB § 277 Rn. 3; HaKo-HGB/*Klappstein* Rn. 17.

[99] So aber Schlegelberger/*Hefermehl* Rn. 32.

[100] Heymann/*Horn* Rn. 32; Oetker/*Pamp* Rn. 26.

[101] OLG München Urt. v. 8.8.2018 – 7 U 4106/17, NJW-RR 2018, 1245 Rn. 13, 21.

oHG (§ 105 Abs. 3) und einer **KG** (§ 161 Abs. 2 iVm § 105 Abs. 3) bei der Erfüllung seiner Gesellschafterpflichten nur für die eigenübliche Sorgfalt einzustehen hat. Grund für diese Haftungs-erleichterung ist das personenrechtliche Vertrauensverhältnis der Gesellschafter untereinander. Sie wollen einander so nehmen, wie sie im Allgemeinen sind.[102] Die Haftungserleichterung des § 708 BGB gilt allerdings nicht durchgängig. Bei **Publikumspersonengesellschaften** erfordert der Anlegerschutz einen Sorgfaltsmaßstab, der entweder dem allgemeinen Sorgfaltsmaßstab entspricht oder demjenigen von Personen, die in vergleichbarer Stellung bei Kapitalgesellschaften handeln.[103] § 708 BGB gilt außerdem nicht, wenn der Gesellschafter der Gesellschaft als Dritter gegenübersteht. Bei einer Teilnahme des Gesellschafters am allgemeinen Straßenverkehr als Fahrzeugführer ist § 708 BGB nicht anzuwenden; es verbleibt insoweit bei den allgemeinen Vorschriften.[104] Auf eine Gemeinschaft nach § 741 BGB ist § 708 BGB weder unmittelbar noch entsprechend anzuwen-den.[105]

37 **c) Ansprüche aus unerlaubten Handlungen.** Die gesetzlichen Bestimmungen über eine Haf-tungsmilderung – zum einen grobe Fahrlässigkeit (zu Einzelheiten → Rn. 32 ff.), zum anderen die eigenübliche Sorgfalt (→ Rn. 35 f.) – gelten nicht nur für vertragliche Ansprüche, sondern bei paralle-lem Bestehen vertraglicher und deliktischer Ansprüche aus demselben haftungsbegründenden Tat-bestand auch für die Ansprüche aus unerlaubter Handlung (→ Rn. 24).[106]

38 **2. Individualvertragliche Haftungsbeschränkung.** Kaufleute können wie gewöhnliche Per-sonen des Rechtsverkehrs ihre Haftung durch individuelle Vertragsabreden beschränken oder aus-schließen. Hierfür bestehen allerdings gewisse Grenzen (→ Rn. 42 f.).

39 **a) Gestaltungsmöglichkeiten.** Im Voraus kann die Haftung des Kaufmanns unter Beachtung von § 276 Abs. 3 BGB einschließlich der Verantwortlichkeit für grobe Fahrlässigkeit (zu Einzelheiten → Rn. 32 ff.) ausgeschlossen werden. Der Ausschluss kann auch Ansprüche aus unerlaubter Handlung erfassen.[107] Eine Haftungsbegrenzung kann sich auch nur auf einzelne Anspruchsgrundlagen beziehen, zB nur auf vertragliche Ansprüche, nicht aber auf deliktische (→ Rn. 41).[108] Die Haftungsbeschrän-kung kann sich auf die vertragliche Hauptpflicht beziehen.[109] Individualvertragliche Haftungsmil-derungen können sich auf das Organhandeln oder auf das Handeln von Erfüllungs- und Verrichtungs-gehilfen erstrecken. Die Haftung kann durch Abkürzung von Verjährungsfristen[110] oder durch sum-menmäßige Begrenzungen[111] beschränkt werden.

40 Haftungsbeschränkungen können ausdrücklich oder konkludent vereinbart werden. Für die Annah-me einer **stillschweigenden Vereinbarung** ist aber nur Raum, wenn konkrete Anhaltspunkte für einen entsprechenden Parteiwillen vorliegen.[112] Ein Ausschluss der Haftung für grobe Fahrlässigkeit (zu Einzelheiten → Rn. 32 ff.) kann sich nur aus einer eindeutigen Bestimmung ergeben.[113] Eine Haftungsmilderung kann aufgrund ergänzender Vertragsauslegung anzunehmen sein, wenn feststeht, dass der Schuldner bei (tatsächlich nicht erfolgter) Besprechung der Rechtsfolgen eines Vertrags-abschlusses einen Haftungsausschluss gefordert hätte und die Gegenseite diesen Haftungsausschluss billigerweise nicht hätte ablehnen dürfen.[114] Übernimmt ein Kaufmann eine unentgeltliche Gefäl-ligkeit, ist nicht ohne weitere Anhaltspunkte anzunehmen, dass die Sorgfalt auf grobe Fahrlässigkeit oder auf die Sorgfalt in eigenen Angelegenheiten reduziert sein soll, falls die Gefälligkeit erkennbar von wirtschaftlicher Bedeutung für die Gegenseite ist.[115]

41 Die Reichweite der Freizeichnung ist durch **Auslegung** der Vereinbarung festzustellen (§§ 133, 157 BGB). Haftungsmilderungsklauseln sind im Zweifel eng und gegen denjenigen auszulegen, der die

---

[102] BGH Urt. v. 4.7.1977 – II ZR 150/75, BGHZ 69, 207 (209) = NJW 1977, 2311.
[103] BGH Urt. v. 4.7.1977 – II ZR 150/75, BGHZ 69, 207 (209) = NJW 1977, 2311; GK-HGB/*B. Schmidt* Rn. 64.
[104] BGH Urt. v. 20.12.1966 – VI ZR 53/65, BGHZ 46, 313 (318) = NJW 1967, 558.
[105] BGH Urt. v. 26.3.1974 – VI ZR 103/72, BGHZ 62, 243 (245) = NJW 1974, 1189.
[106] BGH Urt. v. 20.11.1984 – IVa ZR 104/83, BGHZ 93, 23 (29) = NJW 1985, 794; BGH Urt. v. 9.6.1992 – VI ZR 49/91, NJW 1992, 2474 (2475).
[107] BGH Urt. v. 28.4.1953 – I ZR 47/52, BGHZ 9, 301 (306) = NJW 1953, 1180; RG Urt. v. 13.10.1916 – III 145/16, RGZ 88, 433 (436).
[108] BGH Urt. v. 24.11.1976 – VIII ZR 137/75, BGHZ 67, 359 (360) = NJW 1977, 379; BGH Urt. v. 5.5.1992 – VI ZR 188/91, NJW 1992, 2016 (2017).
[109] BGH Urt. v. 19.2.1998 – I ZR 233/95, WM 1998, 2064 (2065) = NJW-RR 1998, 1426.
[110] BGH Urt. v. 9.3.1989 – I ZR 138/87, WM 1989, 1519 (1521) = NJW-RR 1989, 992.
[111] BGH Urt. v. 5.12.1995 – X ZR 14/93, BB 1996, 1276 (1277) = NJW-RR 1996, 783; BGH Urt. v. 11.11.1992 – VIII ZR 238/91, NJW 1993, 335 (336).
[112] BGH Urt. v. 8.1.1965 – VI ZR 234/63, BGHZ 43, 72 (76) = NJW 1965, 907; BGH Urt. v. 11.2.1964 – VI ZR 271/62, BGHZ 41, 78 (81) = NJW 1964, 860.
[113] BGH Urt. v. 14.3.1956 – VI ZR 336/54, VersR 1956, 301 = BeckRS 1956, 31199170.
[114] BGH Urt. v. 14.11.1978 – VI ZR 178/77, NJW 1979, 414.
[115] BGH Urt. v. 22.6.1956 – I ZR 198/54, BGHZ 21, 102 (109 f.) = NJW 1956, 1313.

Haftung beschränken will.[116] Ein Ausschluss der Mängelrechte umfasst mangels abweichender vertraglicher Regelung nicht Ansprüche aus der Verletzung anderer Pflichten als der Pflicht zur mangelfreien Leistung (§ 434 Abs. 1 S. 1 BGB, § 633 Abs. 1 BGB)[117] oder aus Delikt.[118] Die Haftungsbeschränkung eines Lagerhalters bezieht sich im Zweifel nicht auf deliktische Ansprüche.[119] Der Ausschluss von Schadensersatzansprüchen erstreckt sich umgekehrt nicht auf andere vertragliche Sekundärrechte.[120]

b) Grenzen. Die Haftung wegen **Vorsatzes** (→ Rn. 25) kann auch Kaufleuten (→ Rn. 4) gem. **42** § 276 Abs. 3 BGB nicht im Voraus erlassen werden. Dies gilt auch für das vorsätzliche Handeln von Organen juristischer Personen (→ Rn. 9)[121] oder persönlich haftenden Gesellschaftern einer Personenhandelsgesellschaft. Für Erfüllungsgehilfen (→ Rn. 5) gilt diese Einschränkung nicht, §§ 278 S. 2 BGB.

Neben zahlreichen allgemeinen (zB §§ 639, 651p, 651y, 675e, 675z, 702a BGB, §§ 449, 451h, 466, **43** 475h) und spezialgesetzlichen Verboten (zB § 7 HaftPflG, § 14 ProdHaftG) kann sich eine weitere Grenze aus dem Grundsatz von **Treu und Glauben** (§ 242 BGB) ergeben. Vor allem bei ungewöhnlich belastender Wirkung der Haftungsbeschränkung für eine Seite und bei offensichtlich unangemessenem Interessenausgleich[122] kann eine Haftungsbeschränkung treuwidrig sein. Ferner ist die Möglichkeit zur vertraglichen Einschränkung durch § 138 BGB begrenzt.[123]

3. Haftungsbeschränkung in Allgemeinen Geschäftsbedingungen. Haftungsmilderungen **44** bzw. Haftungsausschlüsse können auch in Allgemeinen Geschäftsbedingungen eines Kaufmanns (→ Rn. 4) erfolgen. Die Zulässigkeit von Freizeichnungsklauseln hängt davon ab, ob diese Bestimmungen gegenüber Privatpersonen (zu Einzelheiten → Rn. 45 ff.) oder Unternehmern (→ Rn. 48 f.) verwendet werden.

a) Gegenüber Privatpersonen. Die besonderen Klauselverbote und die allgemeine Inhaltskontrolle gelten gegenüber Privatpersonen uneingeschränkt. Nach **§ 309 Nr. 7 BGB** ist ein Haftungs- **45** ausschluss für grob fahrlässige Pflichtverletzungen des Kaufmanns bzw. vorsätzliche oder grob fahrlässige Pflichtverletzungen seines Erfüllungsgehilfen unzulässig. Die Bestimmung gilt für jegliche Art von Verträgen, auch für unentgeltliche Verträge. Sie gilt nicht nur bei Anwendung des allgemeinen Leistungsstörungsrechts (§ 280 Abs. 1 BGB), sondern auch für Ansprüche auf Schadensersatz im Rahmen der vertraglichen Mängelrechte (§ 437 Nr. 3 BGB, §§ 536a, 634 Nr. 4 BGB). Der Kaufmann kann also seine Haftung für die grobe Verletzung der kaufmännischen Sorgfaltspflicht gegenüber Privaten nicht durch Allgemeine Geschäftsbedingungen einschränken. Das Klauselverbot erfasst neben dem Verwender nicht nur den nächsten, also unmittelbaren, gesetzlichen Vertreter oder Erfüllungsgehilfen, sondern die gesamte Kette, also alle nachgeordneten Vertreter und Erfüllungsgehilfen. Verstößt eine Klausel gegen § 309 Nr. 7 BGB, ist sie in aller Regel im Ganzen unwirksam,[124] es sei denn, sie enthält ausnahmsweise inhaltlich unbedenkliche, aus sich heraus verständliche, teilbare Bestimmungen.[125]

Nach **§ 309 Nr. 8 lit. a BGB** ist eine Bestimmung in Allgemeinen Geschäftsbedingungen unwirk- **46** sam, die bei einer von dem Kaufmann zu vertretenden, nicht in einem Mangel der Kaufsache oder des Werkes bestehenden Pflichtverletzung das Recht des anderen Vertragsteils, sich vom Vertrag zu lösen, ausschließt oder einschränkt. Die Bestimmung gilt für alle Pflichtverletzungen iSv § 280 Abs. 1 BGB.

Nach **§ 309 Nr. 12 lit. a BGB** ist eine Bestimmung in Allgemeinen Geschäftsbedingungen unwirk- **47** sam, durch die der Kaufmann dem anderen Vertragsteil zu dessen Nachteil die Beweislast für Umstände auferlegt, die im Verantwortungsbereich des Kaufmanns liegen. Unerheblich ist, ob die Beweislastverteilung auf Gesetzes- oder auf Richterrecht beruht. Einbezogen in das Verbot sind auch Beweismittelbeschränkungen sowie eine Änderung des Grundsatzes über den Beweis des ersten Anscheins.[126] Die Bestimmung ist wegen ihrer engen Verbindung mit § 309 Nr. 7 BGB teleologisch dahingehend zu reduzieren, dass bei Zulässigkeit eines völligen Haftungsausschlusses (zB für einfache Fahrlässigkeit des Erfüllungsgehilfen) auch ein Minus, etwa eine für den Kunden ungünstige Beweislastverteilung bei einfacher Fahrlässigkeit des Erfüllungsgehilfen, in Allgemeinen Geschäftsbedingungen vorgesehen werden kann.

[116] BGH Urt. v. 30.9.1970 – III ZR 87/69, BGHZ 54, 299 (305) = NJW 1970, 2208; BGH Urt. v. 5.4.1967 – VIII ZR 32/65, BGHZ 47, 312 (318) = NJW 1967, 1805.

[117] Vgl. BGH Urt. v. 23.4.1970 – VII ZR 150/68, BB 1970, 898 zur positiven Vertragsverletzung.

[118] BGH Urt. v. 24.11.1976 – VIII ZR 137/75, BGHZ 67, 359 (366) = NJW 1977, 379.

[119] BGH Urt. v. 19.2.1971 – I ZR 133/69, VersR 1971, 617 = BeckRS 1971, 30385582.

[120] Vgl. LG Frankfurt a. M. Urt. v. 24.6.1971 – 2/1 S 84/70, VersR 1970, 871 (872).

[121] BGH Urt. v. 28.4.1954 – II ZR 279/53, BGHZ 13, 198 (202 f.) = NJW 1954, 1193.

[122] Dazu BVerfG Beschl. v. 19.10.1993 – 1 BvR 567, 1044/89, BVerfGE 89, 214 (234) = NJW 1994, 36.

[123] Heymann/*Horn* Rn. 39; Oetker/*Pamp* Rn. 31.

[124] BGH Urt. v. 24.9.1985 – VI ZR 4/84, BGHZ 96, 18 (25) = NJW 1986, 1610; BGH Urt. v. 20.1.1983 – VII ZR 105/81, BGHZ 86, 284 (297) = NJW 1983, 1322.

[125] BGH Urt. v. 7.6.1989 – VIII ZR 91/88, BGHZ 108, 1 (11 f.) = NJW 1989, 2247; BGH Urt. v. 10.10.1996 – VII ZR 224/95, NJW 1997, 394 (395).

[126] BGH Urt. v. 8.12.1987 – VII ZR 185/86, NJW 1988, 258.

48 **b) Gegenüber Unternehmern.** Nach § 310 Abs. 1 S. 1 BGB gelten die **besonderen Klausel-verbote** in §§ 308, 309 BGB nicht bei einer Verwendung der Allgemeinen Geschäftsbedingungen gegenüber einem Unternehmer. Als Unternehmer ist gem. § 14 Abs. 1 BGB jede Person anzusehen, die bei Abschluss eines Rechtsgeschäfts in Ausübung ihrer gewerblichen oder selbstständigen beruf-lichen Tätigkeit handelt. Dazu gehören Kaufleute (→ Rn. 4) im Rahmen ihrer Handelsgeschäfte (→ Rn. 12). Die besonderen Klauselverbote gelten demzufolge nicht bei beiderseitigen Handels-geschäften (→ § 343 Rn. 60, → 345 Rn. 17).

49 Die Allgemeinen Geschäftsbedingungen unterliegen der Inhaltskontrolle nach **§ 307 BGB.** Das Verbot der Haftungsfreizeichnung für Vorsatz und grobe Fahrlässigkeit (§ 309 Nr. 7 BGB, → Rn. 45) gilt nach obergerichtlicher Rechtsprechung im Grundsatz auch im kaufmännischen Verkehr.[127] Der BGH hat für die Verletzung von sog. Kardinalpflichten entschieden, dass sich ein Verwender nicht vom groben Verschulden seines Erfüllungsgehilfen (→ Rn. 5) freizeichnen kann.[128] Darüber hinaus ist ganz generell eine Übertragung der in § 309 Nr. 7 BGB enthaltenen Grundsätze auf den kaufmännischen Verkehr geboten. Allerdings ist eine Begrenzung der Haftung auf die für das jeweilige Geschäft typischen Schäden im kaufmännischen Verkehr zulässig.[129] Bestimmte branchentypische Haftungs-beschränkungen und -freizeichnungen, die allgemein anerkannt sind, verstoßen bei Verwendung im kaufmännischen Verkehr nicht gegen § 307 BGB, so zB die ADSp[130] und der Haftungsausschluss der Werften für grobes Verschulden einfacher Erfüllungsgehilfen.[131] Auch § 309 Nr. 8 lit. a BGB (→ Rn. 46) gilt sinngemäß im kaufmännischen Verkehr mittels der Generalklausel des § 307 BGB. Eine Schadensersatzpflicht für einfache Fahrlässigkeit (zu Einzelheiten → Rn. 26 ff.) kann im kauf-männischen Verkehr grundsätzlich abbedungen werden, es sei denn, es geht um eine Verletzung von Kardinalpflichten, also von wesentlichen Pflichten. Das Verbot einer Beweislastverschiebung (§ 309 Nr. 12 lit. a BGB, → Rn. 47) gilt unter Anwendung von § 307 Abs. 2 Nr. 1 BGB im Grundsatz auch im kaufmännischen Verkehr.[132] Das Verbot der Tatsachenbestätigung in Allgemeinen Geschäftsbedin-gungen gem. § 309 Nr. 12 lit. b BGB gilt im kaufmännischen Verkehr hingegen nur, wenn es dadurch im Einzelfall zu einer Erschwerung der Haftungsvoraussetzungen für die Verletzung von Kardinal-pflichten kommt.

VI. Haftungsverschärfungen

50 **1. Gesetzliche Haftungsverschärfungen.** Es gibt eine Reihe zivilrechtlicher Normen, die einen schärferen Haftungsmaßstab als die in § 276 Abs. 2 BGB vorgesehene Orientierung an der im Verkehr erforderlichen Sorgfalt enthalten. Diese Normen gelten auch für Kaufleute; § 347 Abs. 1 tritt dem-gegenüber zurück. Ein Gegenschluss aus § 347 Abs. 2 in der Weise, dass nur die haftungsmildernden allgemeinen zivilrechtlichen Normen über die Beschränkung der Haftung auf grobe Fahrlässigkeit (zu Einzelheiten → Rn. 32 ff.) oder auf die Sorgfalt in eigenen Angelegenheiten (→ Rn. 35 f.) auf Kauf-leute anwendbar wären, nicht aber haftungsverschärfende allgemeine zivilrechtliche Normen, ist nicht möglich.[133] § 347 Abs. 2 ist insofern nicht abschließend gemeint.

51 **a) Zufallshaftung.** Die Zufallshaftung des **§ 287 S. 2 BGB** ggf. iVm § 292 Abs. 1 BGB, § 818 Abs. 4 BGB, § 819 Abs. 1 BGB und § 990 Abs. 2 BGB für die während des Schuldnerverzugs eintretende zufällige Unmöglichkeit trifft auch den Kaufmann. Dasselbe gilt für eine verschuldens-unabhängige Einstandspflicht des Schuldners bei einer Gattungsschuld nach **§ 276 Abs. 1 S. 1 BGB** und für die Zufallshaftung bei Unmöglichkeit der Herausgabe oder Verschlechterung einer durch unerlaub-te Handlung entzogenen Sache gem. **§ 848 BGB.** Ebenfalls auf Kaufleute anwendbar ist die Haftung bei unberechtigter Übernahme einer Geschäftsführung ohne Auftrag (**§ 678 BGB**), die nur ein Über-nahmeverschulden, aber kein sonstiges Verschulden bei der Ausführung der Geschäftsbesorgung vor-aussetzt.

52 **b) Gefährdungshaftung.** Die im BGB enthaltenen Gefährdungshaftungsnormen sind auf Kauf-leute anwendbar. Dies gilt zB für die verschuldensunabhängige Erfolgshaftung des Gastwirts gem. **§ 701 BGB,** die ein Fall der gesetzlichen Haftung für Betriebsgefahren ist[134] und insofern der Gefähr-

---

[127] OLG Hamm Urt. v. 10.10.1995 – 7 U 12/95, NJW-RR 1996, 969; OLG Köln Urt. v. 29.6.1993 – 22 U 38/93, BB 1993, 2044 = DStR 1993, 1377; OLG München Urt. v. 23.6.1993 – 7 U 3294/92, BB 1993, 1753; OLG Frankfurt a. M. Urt. v. 4.5.1983 – 17 U 95/82, NJW 1983, 1681 (1682).

[128] BGH Urt. v. 19.1.1984 – VII ZR 220/82, BGHZ 89, 363 (367) = NJW 1984, 1350; BGH Urt. v. 20.6.1984 – VIII ZR 137/83, NJW 1985, 914 (916).

[129] BGH Urt. v. 11.11.1992 – VIII ZR 238/91, NJW 1993, 335.

[130] BGH Urt. v. 14.4.1988 – I ZR 8/86, WM 1988, 1201 = NJW-RR 1988, 1437; BGH Urt. v. 10.10.1985 – I ZR 124/83, NJW 1986, 1435.

[131] BGH Urt. v. 3.3.1988 – X ZR 54/86, BGHZ 103, 316 (321 ff.) = NJW 1988, 1785.

[132] BGH Urt. v. 24.6.1987 – I ZR 127/85, BGHZ 101, 172 (184) = NJW 1988, 640; BGH Urt. v. 13.3.1996 – VIII ZR 333/94, NJW 1996, 1537 (1538).

[133] Heymann/*Horn* Rn. 33; HaKo-HGB/*Klappstein* Rn. 25.

[134] BGH Urt. v. 4.4.1960 – III ZR 91/59, BGHZ 32, 149 (150) = NJW 1960, 1199.

dungshaftung zugerechnet werden kann. Außerdem ist die Norm des **§ 231 BGB** über irrtümliche Selbsthilfe, ebenfalls eine Gefährdungshaftungsnorm, auf Kaufleute anwendbar. Dasselbe gilt für die Tierhalterhaftung nach **§ 833 S. 1 BGB**. Schließlich finden die in Sondergesetzen enthaltenen Gefährdungshaftungsnormen auf Kaufleute Anwendung, so zB **§§ 1 ff. HaftPflG, § 7 StVG, §§ 33, 44 LuftVG, § 89 WHG, §§ 84 ff. ArzneimittelG, § 1 f. UmwHG** und **§ 32 GenTG**. Die gesetzlich geregelten Gefährdungshaftungsnormen lassen sich nicht im Wege der Analogie auf nicht gesetzlich geregelte Fälle übertragen.[135] Zum ProdHaftG → Rn. 62.

c) Produkthaftung. Der Kaufmann unterliegt der von der Rspr. entwickelten verschuldensabhängigen Produkthaftung nach § 823 BGB (zu Einzelheiten → Rn. 54 ff.) und der verschuldensunabhängigen Produkthaftung nach dem Produkthaftungsgesetz (→ Rn. 62). **53**

aa) Deliktische Produkthaftung. Auf die deliktische Produkthaftung ist im Grundsatz § 347 Abs. 1 anwendbar, da die Bestimmung für unerlaubte Handlungen des Kaufmanns gilt, soweit sie mit Handelsgeschäften in Zusammenhang stehen bzw. im kaufmännischen Geschäftsbetrieb vorgenommen werden (→ Rn. 24). **54**

(1) Persönlicher Anwendungsbereich. Verantwortlich ist der Kaufmann (→ Rn. 4) als Hersteller eines fehlerhaften Produkts bzw. als die Person, die das fehlerhafte Produkt in Verkehr bringt. In Betracht kommt auch eine Haftung, wenn sich der Kaufmann als Hersteller ausgibt bzw. als Hersteller auftritt.[136] Bei Importeuren, Vertriebshändlern und Lieferanten wird es häufig an dem erforderlichen Verschulden fehlen.[137] Diese Personen müssen die Ware aber auf ihre Gefahrgeneigtheit prüfen, wenn die Umstände eine solche Überprüfung nahe legen. Wenn eine enge Beziehung zwischen Hersteller und Vertriebshändler besteht, ist es möglich, dass den Vertriebshändler eine solche Pflicht zur Überprüfung und damit eine deliktische Produkthaftung trifft.[138] Ein inländischer Vertriebshändler hat Instruktions- und Produktbeobachtungspflichten (→ Rn. 57, 58), wenn er entweder als Repräsentant des ausländischen Herstellers auf dem deutschen Markt auftritt oder aber vertraglich vom Hersteller mit der Produktinformation der Abnehmer der Ware betraut worden ist.[139] **55**

(2) Pflichten. Die deliktische Produkthaftung beruht auf der Verletzung von Verkehrspflichten. Der Hersteller (bzw. die Person, die das Produkt in Verkehr bringt) hat die Pflicht, für einen gefahrlosen Zustand des Produkts zu sorgen. Er hat die **Organisationspflicht**, seinen Betrieb so einzurichten, dass Fehler möglichst gar nicht erst auftreten oder zumindest rechtzeitig entdeckt und ausgeschaltet werden.[140] Das umfasst die Pflicht zur Prüfung der von Zulieferern gefertigten Teile,[141] es sei denn, der Zulieferer hat diese Prüfung bereits zuverlässig selbst vorgenommen.[142] **56**

Es besteht eine **Instruktionspflicht** als Pflicht zur ausreichenden Warnung vor gefahrbringenden Eigenschaften des an sich fehlerlosen Produkts. Der Hersteller muss auf die korrekte Handhabung des Produkts und auf mögliche Gefahren hinweisen, wobei Inhalt und Umfang der Warnhinweise an der am wenigsten informierten und damit gefährdetsten Benutzergruppe auszurichten sind.[143] Diese Warn- und Hinweispflichten können über spezialgesetzlich oder behördlich angeordnete Instruktionspflichten hinausgehen.[144] Auch den Hersteller eines Zulieferprodukts können Instruktionspflichten treffen.[145] Bei zu erwartender Weiterverwendung eines Produkts, insbesondere eines Zulieferteils, ausschließlich durch technisch oder ansonsten fachlich geschulte Personen sind geringere Anforderungen an Warnhinweise zu stellen, als wenn zu erwarten ist, dass das Produkt von jedermann oder von weiten Verbraucherkreisen benutzt werden kann. **57**

Der Hersteller hat eine **Produktbeobachtungspflicht**. Er muss ab Inverkehrbringen seine Produkte sowie fremde Zubehörprodukte dahingehend beobachten, ob bei ihnen schädliche Eigenschaften oder Verwendungsfolgen auftreten.[146] Diese Produktbeobachtungspflicht kann nicht nur den Hersteller, sondern auch seinen Vertriebshändler treffen, wenn es darum geht, Gefahren zu entdecken, **58**

[135] BGH Urt. v. 26.6.1972 – III ZR 32/70, VersR 1972, 1047 (1049) = BeckRS 1972, 30398713; RG Urt. v. 11.4.1935 – VI 540/34, RGZ 147, 353 (356).

[136] OLG Karlsruhe Urt. v. 28.4.1993 – 7 U 77/89, NJW-RR 1994, 798 (799).

[137] Vgl. BGH Urt. v. 9.12.1986 – VI ZR 65/86, BGHZ 99, 167 = NJW 1987, 1009; BGH Urt. v. 7.12.1993 – VI ZR 74/93, NJW 1994, 517.

[138] BGH Urt. v. 24.11.1976 – VIII ZR 137/75, BGHZ 67, 359 (363) = NJW 1977, 379; BGH Urt. v. 5.5.1981 – VI ZR 280/79, NJW 1981, 2250.

[139] BGH Urt. v. 9.12.1986 – VI ZR 65/86, BGHZ 99, 167 = NJW 1987, 1009; BGH Urt. v. 7.12.1993 – VI ZR 74/93, NJW 1994, 517.

[140] BGH Urt. v. 7.6.1988 – VI ZR 91/87, BGHZ 104, 323 (329, 331) = NJW 1988, 2611; BGH Urt. v. 9.5.1995 – VI ZR 158/94, NJW 1995, 2162 (2164).

[141] BGH Urt. v. 5.7.1960 – VI ZR 130/59, VersR 1960, 855 (856).

[142] BGH Urt. v. 3.6.1975 – VI ZR 192/73, NJW 1975, 1827; OLG Köln Urt. v. 15.3.1989 – 13 U 70/87, VersR 1990, 863 = NJW-RR 1990, 414.

[143] BGH Urt. v. 3.6.1975 – VI ZR 192/73, NJW 1975, 1827.

[144] BGH Urt. v. 9.6.1998 – VI ZR 238/97, NJW 1998, 2905 (2906).

[145] BGH Urt. v. 14.5.1996 – VI ZR 158/95, NJW 1996, 2224.

[146] BGH Urt. v. 17.3.1981 – VI ZR 286/78, BGHZ 80, 199 = NJW 1981, 1606.

die aus der Kombination des Herstellerprodukts mit dem Produkt anderer Hersteller entstehen können.[147] Die Produktbeobachtungspflicht kann ihrerseits eine entsprechende Warnpflicht zur Konsequenz haben, ferner eine Pflicht zur Gefahrbeseitigung oder sogar eine Rückrufpflicht.[148]

59   **(3) Produktfehler.** Der Hersteller haftet für **Konstruktionsfehler.** Ein solcher Fehler liegt vor, wenn die ganze Produktionsserie infolge fehlerhafter Konzeption für eine gefahrlose Benutzung ungeeignet ist.[149] Davon zu unterscheiden ist der sog **Fabrikationsfehler,** der nur einzelnen Stücken, nicht aber der ganzen Serie anhaftet. Handelt es sich bei einem derartigen Fabrikationsfehler um einen sog. „Ausreißer", bei dem der Fabrikationsfehler unverschuldet[150] war, so kommt nicht die deliktische, wohl aber die Haftung nach dem Produkthaftungsgesetz in Betracht. Der Hersteller haftet auch für **Instruktionsfehler,** die aus einer Verletzung der Hinweis- und Warnpflichten (→ Rn. 57) resultieren. Von der Haftung werden hingegen sog. **Entwicklungsfehler** nicht erfasst, dh Produktfehler, die zum Zeitpunkt des Inverkehrbringens des Produkts nach dem damaligen Stand der Wissenschaft und Technik nicht erkennbar waren (vgl. § 1 Abs. 2 Nr. 5 ProdHaftG).[151] Der Hersteller haftet für die Fehlerfreiheit seiner Produkte nur im Rahmen des technisch Möglichen und wirtschaftlich Zumutbaren.[152]

60   **(4) Verschulden.** Die deliktische Produkthaftung ist eine Verschuldenshaftung. Hierauf ist § 347 Abs. 1 anwendbar (→ Rn. 24). Der Kaufmann als Hersteller hat seine Pflichten mit der Sorgfalt eines ordentlichen Kaufmanns zu erfüllen (zu Einzelheiten → Rn. 27 ff.). Es handelt sich um eine Haftung für vermutetes Verschulden (→ Rn. 61).

61   **(5) Beweislast.** Für die deliktische Produkthaftung gelten besondere, von der Rechtsprechung entwickelte Beweislastregeln. Der Geschädigte hat den Fehler des Produkts (→ Rn. 59), den entstandenen Schaden sowie die Ursächlichkeit zwischen Fehler und Schaden nachzuweisen.[153] Allerdings können dem Geschädigten die Grundsätze über den Anscheinsbeweis zugutekommen.[154] Ausnahmsweise kann sogar eine Beweislastumkehr für die Fehlerfreiheit bei Inverkehrbringen des Produkts und für die Ursächlichkeit zwischen Fehler und Schaden bestehen.[155] Bei Produkten wie zB Mineralwasserflaschen ist der Hersteller im Interesse des Verbrauchers gehalten, das Produkt auf seine einwandfreie Beschaffenheit zu untersuchen und den Befund zu Beweiszwecken zu sichern. Verstößt er dagegen, hat er die Beweislast dafür, dass der Fehler nicht aus seinem Verantwortungsbereich stammt.[156] Der Geschädigte hat, wenn er einen Instruktionsfehler (→ Rn. 59) geltend macht, Tatsachen nachzuweisen, aus denen sich eine Warnpflicht des Herstellers ergibt.[157] Ferner hat er nachzuweisen, dass ein Kausalzusammenhang zwischen dem Unterlassen des Warnhinweises und dem Schaden besteht, wobei dem Geschädigten allerdings die Vermutung zugute kommen kann, dass ein solcher Warnhinweis von ihm beachtet worden wäre.[158] Für das Verschulden (→ Rn. 60) besteht eine Beweislastumkehr. Der Hersteller muss also beweisen, dass ihn an der Fehlerhaftigkeit des Produktes kein Verschulden trifft.[159] Diese Beweislastumkehr gilt auch für Kleinbetriebe, also für jede Art von Kaufmann.[160]

62   **bb) Haftung nach dem ProdHaftG.** Die Haftung des Herstellers nach dem Produkthaftungsgesetz ist verschuldensunabhängig ausgestaltet. § 347 Abs. 1 findet daher keine Anwendung. Der Kaufmann unterliegt der Produkthaftung nach dem ProdHaftG neben der deliktischen Haftung (zu Einzelheiten → Rn. 54 ff.). Trotz des Wegfalls des Verschuldenserfordernisses besteht zwischen beiden Haftungsgrundlagen hinsichtlich ihrer Voraussetzungen im Ergebnis kein wesentlicher Unterschied. Die im Rahmen der deliktischen Haftung bestehenden Pflichten und strengen Sorgfaltsanforderungen führen in Verbindung mit der für das Verschulden bestehenden Beweislastumkehr (→ Rn. 61) zu einer weiteren Angleichung beider Haftungssysteme. Erhebliche Unterschiede bestehen aber in den Rechtsfolgen. § 10 ProdHaftG sieht einen Haftungshöchstbetrag bei Personenschäden vor. Bei Sachbeschädigungen normiert § 11 ProdHaftG eine Selbstbeteiligung des Geschädigten.

---

[147] BGH Urt. v. 9.12.1986 – VI ZR 65/86, BGHZ 99, 167 = NJW 1987, 1009.

[148] BGH Urt. v. 6.7.1990 – 2 StR 549/89, NJW 1990, 2561.

[149] BGH Urt. v. 3.10.1984 – IVa ZR 170/82, BB 1984, 2150 = BeckRS 1984, 30374638.

[150] BGH Urt. v. 5.7.1960 – VI ZR 130/59, VersR 1960, 855; BGH Urt. v. 21.4.1956 – VI ZR 36/55, BB 1956, 572 = BeckRS 1956, 31371324.

[151] Dazu rechtsvergleichend *Kort* ZVglRWiss. 88 (1989), 387 ff.

[152] BGH Urt. v. 7.6.1988 – VI ZR 91/87, BGHZ 104, 323 (326) = NJW 1988, 2611; BGH Urt. v. 17.10.1989 – VI ZR 258/88, NJW 1990, 906.

[153] BGH Urt. v. 30.4.1991 – VI ZR 178/90, NJW 1991, 1948 (1951).

[154] BGH Urt. v. 9.11.1971 – VI ZR 58/70, BB 1972, 13 = BeckRS 1971, 30378624.

[155] BGH Urt. v. 7.6.1988 – VI ZR 91/87, BGHZ 104, 323 = NJW 1988, 2611; BGH Urt. v. 8.12.1992 – VI ZR 24/92, NJW 1993, 528.

[156] BGH Urt. v. 9.5.1995 – VI ZR 158/94, BGHZ 129, 353 (361) = NJW 1995, 2162 (2164).

[157] BGH Urt. v. 17.3.1981 – VI ZR 191/79, BGHZ 80, 186 (197 ff.) = NJW 1981, 1603.

[158] BGH Urt. v. 12.11.1991 – VI ZR 7/91, BGHZ 116, 60 (73) = NJW 1992, 560.

[159] BGH Urt. v. 26.11.1968 – VI ZR 212/66, BGHZ 51, 91 = NJW 1969, 269; BGH Urt. v. 11.6.1996 – VI ZR 202/95, NJW 1996, 2507; BGH Urt. v. 30.4.1991 – VI ZR 178/90, NJW 1991, 1948 (1951).

[160] BGH Urt. v. 19.11.1991 – VI ZR 171/91, BGHZ 116, 104 = NJW 1992, 1039.

2. Vertragliche Haftungsverschärfung. Eine Haftungserweiterung über § 347 Abs. 1 hinaus **63** kann individualvertraglich vereinbart werden, zB durch die Übernahme einer Garantie (→ § 348 Rn. 33) oder durch die Begründung einer Gefährdungshaftung (→ Rn. 52). Individualvertraglich unterliegt eine solche Haftungsverschärfung der Grenze des § 138 BGB. In Allgemeinen Geschäftsbedingungen, auch bei deren Verwendung im kaufmännischen Verkehr, ist die Vereinbarung einer Gefährdungshaftung hingegen im Grundsatz nicht möglich, weil das Verschuldensprinzip Ausdruck des Gerechtigkeitsgebots ist und daher § 307 Abs. 2 Nr. 1 BGB unterfällt (→ Rn. 49).[161]

§ 348 [Vertragsstrafe]

Eine Vertragsstrafe, die von einem Kaufmann im Betriebe seines Handelsgewerbes versprochen ist, kann nicht auf Grund der Vorschriften des § 343 des Bürgerlichen Gesetzbuchs herabgesetzt werden.

Schrifttum: *K. P. Berger,* Vertragsstrafen und Schadenspauschalierungen im Internationalen Wirtschaftsrecht, RIW 1999, 401; *K. P. Berger,* Vertragsstrafenklauseln im englischen Recht – Die *Cavendish/ParkingEye*-Entscheidung des englischen Supreme Court, RIW 2016, 321; *Beuthien,* Pauschalierter Schadensersatz und Vertragsstrafe, FS Larenz, 1973, 495; *Bötticher,* Wesen und Art der Vertragsstrafe sowie deren Kontrolle, ZfA 1970, 3; *Canaris,* Gesamtwirksamkeit und Teilgültigkeit rechtsgeschäftlicher Regelungen, FS Steindorff, 1990, 519; *Drygala,* Zur Inhaltskontrolle von Vertragsstrafeklauseln in Unternehmenskaufverträgen mit der Treuhandanstalt, DZWiR 1996, 101; *D. Fischer,* Rechtsnatur und Funktion der Vertragsstrafe im Wettbewerbsrecht unter Berücksichtigung der höchstrichterlichen Rechtsprechung, FS Piper, 1996, 205; *D. Fischer,* Vertragsstrafe und vertragliche Schadenspauschalierung: eine rechtsvergleichende Darstellung der neueren deutschen und französischen Rechtsentwicklung, 1981; *Flume,* Die Vereinsstrafe, FS Bötticher, 1969, 101; *Gottwald,* Zum Recht der Vertragsstrafe – Ein kritischer Blick über den Zaun, FS Söllner, 2000, 379; *Graf v. Westphalen,* Was bleibt von Vertragsstrafeklauseln und Schadenspauschalen in Bestellbedingungen?, BB 2018, 323; *C. Hess,* Die Vertragsstrafe: ein unerkanntes Mittel privater Genugtuung, 1993; *B. Kaiser,* Die Vertragsstrafe im Wettbewerbsrecht, 1999; *Kiethe,* Vertragsstrafeklauseln in Treuhand-Musterverträgen – Notwendigkeit und Möglichkeit von Korrekturen, VIZ 1993, 382; *Knütel,* Verfallsbereinigung, nachträglicher Verfall und Unmöglichkeit bei der Vertragsstrafe, AcP 175 (1975), 44; *Köhler,* Das strafbewehrte Unterlassungsversprechen im Wettbewerbsrecht, WiB 1994, 97; *Köhler,* Nachvertragliche Wettbewerbsverbote für Absatzmittler: Zivilrechtliche und kartellrechtliche Schranken, FS Rittner, 1991, 207; *Köhler,* Vereinbarung und Verwirkung der Vertragsstrafe, FS Gernhuber, 1993, 207; *Köhler,* Vertragsstrafe und Schadensersatz, GRUR 1994, 260; *Lindacher,* Phänomenologie der Vertragsstrafe – Vertragsstrafe, Schadensersatzpauschalierung und schlichter Schadensbeweisvertrag, 1972; *Lindacher,* Gesicherte Unterlassungserklärung, Wiederholungsgefahr und Rechtsschutzbedürfnis, GRUR 1975, 413; *Meyer-Cording,* Die Vereinsstrafe, 1957; *Rieble,* Das Ende des Fortsetzungszusammenhangs im Recht der Vertragsstrafe, WM 1995, 828; *Schlechtriem,* Richterliche Kontrolle von Schadensersatzpauschalierungen und Vertragsstrafen, in Leser/Marschall v. Bieberstein, Das Haager Einheitliche Kaufgesetz und das Deutsche Schuldrecht, 1973, 51; *K. Schmidt,* Unselbständige und selbständige Vertragsstrafeversprechen, FS Heinrichs, 1998, 529; *Steckler,* Zum Umfang der Schadensersatzansprüche infolge verspäteter oder mangelhafter Lieferungen und zur Vertragsgestaltung im Einkauf, BB 1995, 469; *Tausch,* Der Fortsetzungszusammenhang – Zur Rezeption einer strafrechtlichen Figur durch das Privatrecht, NJW 1997, 2656; *Teplitzky,* Die (Unterwerfungs-)Vertragsstrafe in der neueren BGH-Rechtsprechung, WRP 1994, 709; *Teplitzky,* Unterwerfung und konkrete Verletzungsform, WRP 1990, 26; *Ulrich,* Die fortgesetzte Handlung im Zivilrecht, WRP 1997, 75; *Weyer,* Verteidigungsmöglichkeiten des Unternehmers gegenüber einer unangemessen hohen Vertragsstrafe, BauR 1988, 28; *Wolfensberger/Langhein,* Die Anwendung des § 11 Nr. 1 VOB auf Vollkaufleute, BauR 1982, 20.

Übersicht

---

[161] BGH Urt. v. 25.6.1991 – XI ZR 257/90, BGHZ 115, 38 (42 f.) = NJW 1991, 2414.

I. Normzweck

1   Die Voraussetzungen und Wirkungen eines unselbstständigen Strafversprechens sind – weitgehend dispositiv – in den §§ 339–345 BGB geregelt. Nach § 343 BGB kann eine unverhältnismäßig hohe verwirkte Vertragsstrafe auf Antrag des Schuldners durch rechtsgestaltendes Urteil auf einen angemessenen Betrag herabgesetzt werden. § 348 schließt diese Möglichkeit bei Vertragsstrafen aus, die von einem Kaufmann im Betrieb seines Handelsgewerbes versprochen worden sind. Der rechtspolitische Grund für diese Verschärfung der Stellung des Schuldners bei der Vertragsstrafe liegt darin, dass der Kaufmann als selbstständiger Gewerbetreibender in höherem Maße als für seine Handlungen verantwortlich angesehen wird. Die Bestimmung bringt neben anderen Normen den handelsrechtlichen Grundsatz zum Ausdruck, dass ein Kaufmann die Tragweite seiner Handlungen selbst hinreichend beurteilen kann und muss. Der Schutz der allgemeinen Rechtsregeln (zB § 138 BGB) gilt aber auch für ihn (→ Rn. 18). Die praktische Bedeutung von § 348 ist dadurch eingeschränkt, dass Vertragsstrafeversprechen meist in Allgemeinen Geschäftsbedingungen enthalten und unangemessen hohe Vertragsstrafen nach § 307 BGB unwirksam sind (→ Rn. 27 ff.), sodass es einer Herabsetzung ohnehin nicht bedarf.

II. Die Vertragsstrafe

2   **1. Begriff.** Die Vertragsstrafe wird im HGB nicht definiert, sondern als bürgerlich rechtlicher Begriff vorausgesetzt. Eine (Teil-)Definition des Begriffs der Vertragsstrafe gibt **§ 339 BGB**. Dort wird sie als Versprechen des Schuldners dem Gläubiger gegenüber verstanden, eine Geldsumme als Strafe zu zahlen für den Fall, dass der Schuldner seine Verbindlichkeit nicht oder nicht in gehöriger Weise erfüllt. Die Vereinbarung einer Vertragsstrafe dient zwei unterschiedlichen Zwecken. Zum einen soll sie den Schuldner davon abhalten, den Vertrag zu verletzen,[1] zum anderen soll sie dem Gläubiger im Fall der Vertragsverletzung den Beweis eines konkreten Schadens ersparen.[2] Das Vertragsstrafeversprechen ist stets zukunftsbezogen; eine Abrede, die ein Verhalten in der Vergangenheit sichern soll, ist allenfalls ein garantieähnliches Versprechen, aber keine Vertragsstrafe.[3]

3   **2. Allgemeine zivilrechtliche Regeln. a) Akzessorietät.** Die Vertragsstrafe zeichnet sich dadurch aus, dass sie kein selbstständiges Strafversprechen (→ Rn. 31 f.), sondern an eine **Hauptverbindlichkeit** geknüpft ist. Die Hauptverbindlichkeit kann sich auf ein Handeln oder Unterlassen (§ 339 S. 2 BGB) des Schuldners beziehen. Der Rechtsgrund der Hauptverbindlichkeit kann sowohl vertraglicher als auch gesetzlicher Art sein. Es besteht mithin eine Akzessorietät der Vertragsstrafe zu der Hauptverbindlichkeit.[4] Bei Nichtigkeit der Hauptverbindlichkeit (→ Rn. 5) oder späterem Erlöschen (zB durch Erfüllung), ist die Geltendmachung der Vertragsstrafe ausgeschlossen.[5] Aus der Akzessorietät der Vertragsstrafe folgt, dass die Abtretung der primären Rechtspflicht in der Regel dahingehend auszulegen ist (§§ 133, 157 BGB), dass auch ein noch nicht verwirktes Vertragsstrafeversprechen auf den **Zessionar** übergeht.[6] Ist die Vertragsstrafe noch nicht verwirkt, kann der Gläubiger der Hauptpflicht einen Dritten nur dann zur Geltendmachung der Vertragsstrafe ermächtigen, wenn dieser ein eigenes Interesse an der Durchsetzung der Hauptverbindlichkeit hat.[7] Ist ein Dritter (zB ein Subunternehmer) in die Vertragsstraferegelung einbezogen, so kann er Schuldner der Vertragsstrafe sein.[8] Aus der Akzessorietät der Vertragsstrafe und aus der Eigenständigkeit des Vertragsverhältnisses zwischen Generalunternehmer und Bauherr folgt allerdings, dass eine dem Generalunternehmer auferlegte Vertragsstrafe nicht ohne Weiteres als Verzugsschaden gegenüber dem Subunternehmer geltend gemacht werden kann.[9]

---

[1] BGH Urt. v. 26.5.1999 – VIII ZR 102/98, BGHZ 141, 391 (394) = NJW 1999, 2662.

[2] BGH Urt. v. 23.6.1988 – VII ZR 117/87, BGHZ 105, 24 (27 f.) = NJW 1988, 2536; BGH Urt. v. 18.11.1982 – VII ZR 305/81, BGHZ 85, 305 (312 f.) = NJW 1983, 385; BGH Urt. v. 27.11.1974 – VIII ZR 9/73, BGHZ 63, 256 (259) = NJW 1975, 163; BGH Urt. v. 6.11.1967 – VIII ZR 81/65, BGHZ 49, 84 (89) = NJW 1968, 149; BGH Urt. v. 3.4.1998 – V ZR 6/97, NJW 1998, 2600 (2602).

[3] BGH Urt. v. 23.6.1988 – VII ZR 117/87, BGHZ 105, 24 (28) = NJW 1988, 2536.

[4] Heymann/*Horn* Rn. 2; GK-HGB/*B. Schmidt* Rn. 2.

[5] OLG München Urt. v. 8.3.1984 – 6 U 2985/83, BB 1984, 629 (630) = GRUR 1984, 375.

[6] MüKoBGB/*Gottwald* BGB § 339 Rn. 15.

[7] *K. Schmidt* FS Heinrichs, 1998, 529 (541); *B. Kaiser*, Die Vertragsstrafe im Wettbewerbsrecht, 1999, 20 f.

[8] OLG Frankfurt a. M. Urt. v. 17.1.1997 – 10 U 188/95, BauR 1997, 892.

[9] OLG Dresden Urt. v. 11.7.1996 – 7 U 1318/96, NJW-RR 1997, 83 mit Bespr. *Rieble* DB 1997, 1165.

b) Vertragliche Vereinbarung. Der Inhalt des Vertragsstrafeversprechens wird von den Parteien **4** vertraglich festgelegt. Er ist durch Auslegung nach den allgemeinen Regeln (§§ 133, 157 BGB) unter Berücksichtigung geltender Handelsbräuche (§ 346, zu Einzelheiten → § 346 Rn. 151 ff.) festzustellen.[10] Ein unklar formuliertes Strafversprechen ist daher nicht von vornherein unwirksam, sondern der Auslegung zugänglich.[11] Gelingt die Ermittlung des Inhalts auch durch Auslegung nicht, so ist das Strafversprechen wegen inhaltlicher Unbestimmtheit unwirksam.[12] Die Auslegung kann zB ergeben, dass sich eine ganz allgemein gefasste Strafbestimmung nicht auf eine Vertragsverletzung bezieht, die das Interesse des Gläubigers nicht oder nur in geringem Maße berührt.[13] Die Vertragsstrafe wird oft nicht individuell, sondern bloß formularmäßig in Allgemeinen Geschäftsbedingungen vereinbart. Das ist gegenüber einem Kaufmann zulässig, unterliegt aber der Inhaltskontrolle (→ zu Einzelheiten Rn. 27 ff.).

Das Versprechen einer Vertragsstrafe kann **nichtig** sein. Die nach allgemeinem bürgerlichen Recht **5** bestehenden Nichtigkeitsgründe gelten auch für das kaufmännische Vertragsstrafeversprechen.[14] In Betracht kommen insbesondere Verstöße gegen § 138 Abs. 1 und Abs. 2 BGB.[15] Nach hM soll die übermäßige Höhe der Vertragsstrafe für sich allein den Tatbestand des § 138 Abs. 1 BGB noch nicht erfüllen können,[16] sodass insoweit § 343 BGB allein gilt. Diese Auffassung überzeugt nicht. § 343 BGB regelt nur die unverhältnismäßige Höhe der Vertragsstrafe, nicht aber eine Höhe, welche die Grenze zur Sittenwidrigkeit überschreitet, und kann daher die Anwendung von § 138 Abs. 1 BGB nicht ausschließen. Auch aus § 138 Abs. 2 BGB ergibt sich kein Ausschluss, weil die Bestimmung die Generalklausel in § 138 Abs. 1 BGB nicht einschränken, sondern nur konkretisieren soll.[17] Eine Sittenwidrigkeit nur wegen der Höhe der Vertragsstrafe dürfte aber eine seltene Ausnahme sein. Die Vereinbarung einer Vertragsstrafe als solche oder – häufiger – die Forderung der vereinbarten Vertragsstrafe kann ferner gegen den Grundsatz von Treu und Glauben verstoßen, so insbesondere dann, wenn die Vertragsverletzung und ihre Folgen nur von geringer Bedeutung sind (→ Rn. 4).[18]

c) Vertragsstrafe bei Schlecht- oder Nichterfüllung (§§ 340, 341 BGB). aa) Inhalt. Nach **6** § 339 BGB kann die Zahlung einer Geldsumme als Strafe für den Fall vereinbart werden, dass der Schuldner seine Verbindlichkeit nicht oder nicht in genügender Weise erfüllt. Inhalt und Höhe der Strafe richten sich nach der vertraglichen Abrede (→ Rn. 4 f.), wobei die Festsetzung auch dem Gläubiger gem. § 315 BGB,[19] einem Dritten gem. § 317 BGB oder einem Schiedsgericht übertragen werden kann.

bb) Verschulden. Der Schuldner muss die in der Schlecht- oder Nichterfüllung liegende Pflicht- **7** verletzung **zu vertreten haben,** sofern nicht vertraglich etwas anderes vereinbart worden ist (→ Rn. 4).[20] Dies gilt auch, wenn die Hauptverbindlichkeit in einem Unterlassen besteht (→ Rn. 3).[21] Der Schuldner hat für eigenes Verschulden (§ 276 BGB) sowie für das Verschulden seines gesetzlichen Vertreters und seiner Erfüllungsgehilfen (§ 278 Satz 1 BGB) einzutreten.[22] Hierunter fällt auch das Verschulden eines Handelsvertreters des Schuldners.[23] Die Beweislast dafür, dass er die Pflichtverletzung nicht zu vertreten hat, trifft den Schuldner (§ 280 Abs. 1 S. 2 BGB).

---

[10] BGH Urt. v. 17.7.2008 – I ZR 168/05, NJW 2009, 1882 (1884); BGH Urt. v. 12.7.1990 – I ZR 237/88, NJW-RR 1991, 112.

[11] BGH Urt. v. 25.1.2001 – I ZR 323/98, BGHZ 146, 318 (322) = NJW 2001, 2622; BGH Urt. v. 13.3.1975 – VII ZR 205/73, WM 1975, 470 f.

[12] BGH Urt. v. 13.3.1975 – VII ZR 205/73, WM 1975, 470 f.

[13] RG Urt. v. 18.3.1919 – VII 395/18, JW 1923, 825 mAnm *Endemann;* vgl. auch BGH Urt. v. 13.3.1975 – VII ZR 205/73, WM 1975, 470 f.

[14] Vgl. MüKoHGB/*K. Schmidt* Rn. 11.

[15] *Canaris* FS Steindorff, 1990, 519 (536 ff.); Baumbach/Hopt/*Hopt* Rn. 2; Staub/*Koller* Rn. 12; Oetker/*Pamp* Rn. 14; GK-HGB/*B. Schmidt* Rn. 13; *Teplitzky* GRUR 1996, 696 (699); *Wolfensberger/Langhein* BauR 1982, 20. Zur Bestimmung der Vertragsstrafe durch den Gläubiger und deren Unwirksamkeit s. *Köhler* FS Gernhuber, 1993, 207 (212).

[16] *Canaris* § 24 Rn. 5; Staub/*Koller* Rn. 12; *Köhler* FS Gernhuber, 1993, 207 (210); *Lange* in Pfeiffer Handelsgeschäfte-HdB § 6 Rn. 20; GK-HGB/*B. Schmidt* Rn. 13.

[17] MüKoBGB/*Armbrüster* BGB § 138 Rn. 142.

[18] RG Urt. v. 30.10.1936 – VII 65/36, RGZ 152, 251 (259 f.); RG Urt. v. 18.3.1919 – VII 395/18, JW 1923, 825 mAnm *Endemann;* OLG Karlsruhe Urt. v. 19.1.1967 – 5 U 226/65, BB 1967, 1181; OLG Celle Urt. v. 7.12.1962 – 11 U 134/62, BB 1963, 116 (117) = NJW 1963, 351.

[19] BGH Urt. v. 30.9.1993 – I ZR 54/91, NJW 1994, 45.

[20] BGH Urt. v. 17.7.2008 – I ZR 168/05, NJW 2009, 1882 (1885); BGH Urt. v. 13.3.1975 – VII ZR 205/73, LM § 339 BGB Nr. 19 = WM 1975, 470; BGH Urt. v. 13.3.1953 – I ZR 136/52, LM BGB § 339 Nr. 2 = GRUR 1953, 262.

[21] BGH Urt. v. 29.6.1972 – II ZR 101/70, NJW 1972, 1893 (1894 f.).

[22] BGH Urt. v. 30.4.1987 – I ZR 8/85, NJW 1987, 3253 f.; BGH Urt. v. 15.5.1985 – I ZR 25/83, NJW 1986, 127; Heymann/*Horn* Rn. 5. Krit. zur Haftung für Verschulden von Erfüllungsgehilfen *Lindacher* GRUR 1975, 413 (415).

[23] OLG Hamm Urt. v. 29.9.1987 – 4 U 84/87, MDR 1988, 143.

8   Das Verschuldenserfordernis kann **vertraglich abbedungen** werden (→ Rn. 4).[24] Eine solche Abrede kann jedoch bedeuten, dass kein Vertragsstrafeversprechen vorliegt, sondern eine selbstständige Garantie, die nicht den Regeln der §§ 339 ff. BGB unterliegt (→ Rn. 33). Die vertragliche Vereinbarung einer Vertragsstrafe ohne Verschulden des Schuldners ist in aller Regel nur einzelvertraglich möglich. Ein **Ausschluss des Verschuldenserfordernisses in Allgemeinen Geschäftsbedingungen** kommt nur ausnahmsweise in Betracht (→ Rn. 27).[25] Insbesondere ist dann zu prüfen, ob die Abweichung vom dispositiven Recht noch mit Recht und Billigkeit zu vereinbaren ist.[26]

9   Umgekehrt können die **Anforderungen** an das Verschulden als Voraussetzung der Verwirkung der Vertragsstrafe auch gegenüber den Anforderungen in §§ 276, 278 BGB **vertraglich erhöht** werden. So kann zB vorgesehen werden, dass eine Vertragsstrafe nur bei grobem Verschulden verwirkt wird.

10   Das Verschuldenserfordernis gilt auch für § 339 S. 2 BGB,[27] wonach die geschuldete Handlung, auf die sich die Vertragsstrafe bezieht, in einem Unterlassen bestehen kann und die Vertragsstrafe verwirkt ist, wenn der Schuldner der Verpflichtung zuwiderhandelt. Auch hierbei sind vertragliche Modifizierungen des Verschuldenserfordernisses (→ Rn. 8 f.) in beide Richtungen möglich.

11   **cc) Verhältnis zu Erfüllungs- und Schadensersatzansprüchen. (1) Nichterfüllung (§ 340 BGB).** Wenn die Vertragsstrafe für den Fall der (auch teilweisen) Nichterfüllung versprochen wurde, kann der Gläubiger nicht die verwirkte Strafe und zusätzlich die Erfüllung verlangen (§ 340 Abs. 1 S. 2 BGB). Er kann lediglich zwischen der Vertragsstrafe und der Vertragserfüllung im Sinne **elektiver Konkurrenz** wählen.[28] Dabei ist nicht schon das Erfüllungsverlangen, wohl aber die Erfüllungsannahme als bindend anzusehen. Verlangt der Gläubiger hingegen die Vertragsstrafe, so ist das gem. § 340 Abs. 1 S. 2 BGB bindend. Der Anspruch des Gläubigers wird erst mit seiner Entscheidung für die Vertragserfüllung oder für die Vertragsstrafe erfüllbar. Daher kann der Gläubiger vor der Wahl die Erfüllung der Hauptverbindlichkeit zurückweisen.[29]

12   Ob der **Gegenanspruch des Schuldners** ebenfalls erlischt, wenn der Gläubiger statt der Erfüllung die Vertragsstrafe verlangt, lässt sich nicht einheitlich beantworten. Der Wortlaut von § 340 Abs. 1 BGB legt es nahe, dass der Gegenanspruch erhalten bleibt, denn die Vertragsstrafe tritt wortlautgemäß bloß an die Stelle der geschuldeten Leistung, nicht aber an die Stelle der geschuldeten Gegenleistung. Letztlich wird man auf die Gesamtumstände der vertraglichen Abrede, insbesondere auch auf das Verhältnis der Höhe der Vertragsstrafe zur Höhe von Leistung und Gegenleistung, abstellen und durch Auslegung (→ Rn. 4) ermitteln müssen, ob das Verlangen der Vertragsstrafe auch die Geltendmachung der Gegenleistung ausschließen soll.

13   Hat der Gläubiger einen Anspruch auf Schadensersatz statt der Leistung (§ 280 Abs. 3 BGB), so kann er nach § 340 Abs. 2 S. 1 BGB die verwirkte Strafe als Mindestbetrag des Schadens verlangen. Die Geltendmachung eines **weiteren Schadens** wird dadurch nicht ausgeschlossen, § 340 Abs. 2 S. 2 BGB. Eine Kumulierung von Vertragsstrafe und gesamtem Schaden wird dadurch aber nicht herbeigeführt; die Vertragsstrafe wird auf den Schadensersatzanspruch angerechnet. Die gesetzliche Regelung ist vertraglich abdingbar (→ Rn. 1).

14   **(2) Nicht gehörige Erfüllung (§ 341 BGB).** Wenn der Schuldner die Strafe für den Fall versprochen hat, dass er seine Verbindlichkeit nicht in gehöriger Weise erfüllt, so kann der Gläubiger gem. § 341 Abs. 1 BGB die verwirkte Strafe neben der Erfüllung verlangen. Hierzu gehören die Verzögerung der Leistung und die Schlechterfüllung. Aus diesem Nebeneinander von Vertragsstrafe und Erfüllungsanspruch folgt, dass der Gläubiger neben der Vertragsstrafe unter anderem Verzugszinsen auf die Hauptverbindlichkeit auch für die Zeit nach der Strafverwirkung fordern kann.[30]

15   Obwohl § 341 Abs. 1 BGB anders als § 340 Abs. 1 BGB eine Kumulation von Vertragsstrafe und Erfüllungsanspruch vorsieht (zu Einzelheiten → Rn. 11 ff.), ist es gem. § 341 Abs. 3 BGB erforderlich, dass sich der Gläubiger bei Erfüllungsannahme das Recht zur Geltendmachung der Vertragsstrafe **ausdrücklich vorbehält.** Dieser Vorbehalt ist nur dann ausnahmsweise nicht erforderlich, wenn der Vertragsstrafeanspruch schon rechtshängig ist.[31] Nimmt der Gläubiger die Erfüllung an, ohne einen solchen Vorbehalt geltend zu machen, erlischt der Vertragsstrafeanspruch *ex lege,* und zwar unabhängig von der Kenntnis des Vertragsstrafeanspruchs und der Rechtsfolge eines Fehlens des Vorbehalts. Die Regelung ist vertraglich abdingbar (→ Rn. 1).

16   Wenn dem Gläubiger ein **Anspruch auf Schadensersatz** wegen der nicht gehörigen Erfüllung zusteht, kann der Gläubiger gem. § 341 Abs. 2 BGB iVm § 340 Abs. 2 BGB die verwirkte Strafe als

---

[24] BGH Urt. v. 18.12.1981 – V ZR 233/80, BGHZ 82, 398 (402) = NJW 1982, 759; BGH Urt. v. 28.9.1978 – II ZR 10/77, BGHZ 72, 174 (178) = NJW 1979, 105; BGH Urt. v. 28.1.1997 – XI ZR 42/96, WM 1997, 560 (562).
[25] BGH Urt. v. 28.9.1978 – II ZR 10/77, BGHZ 72, 174 (179) = NJW 1979, 105; OLG Hamm Urt. v. 10.2.1989 – 7 U 96/88, OLGZ 1989, 461 (462); OLG Celle Urt. v. 25.9.1987 – 2 U 267/86, NJW-RR 1988, 946 (947).
[26] BGH Urt. v. 3.4.1998 – V ZR 6/97, NJW 1998, 2600 (2601).
[27] Schlegelberger/*Hefermehl* Rn. 4.
[28] MüKoBGB/*Krüger* BGB § 262 Rn. 12.
[29] AA *Knütel* AcP 175 (1975), 44 (60 f.).
[30] BGH Urt. v. 25.3.1963 – II ZR 83/62, NJW 1963, 1197.
[31] BGH Urt. v. 24.5.1974 – V ZR 193/72, BGHZ 62, 328 (329 f.) = NJW 1974, 1324.

Mindestbetrag des Schadens (→ Rn. 13) verlangen. Die Geltendmachung eines weiteren Schadens wird dadurch nicht ausgeschlossen. Es besteht aber das Kumulationsverbot, sodass die Vertragsstrafe auf den Schadensersatz anzurechnen ist. In Allgemeinen Geschäftsbedingungen kann dies nicht abbedungen werden.[32]

d) Andere als Geldstrafe (§ 342 BGB). Die Bestimmungen über die Geldstrafe (§§ 339–341 **17** BGB) finden gem. § 342 Hs. 1 BGB auch Anwendung, wenn der Schuldner eine andere Leistung als die Zahlung einer Geldsumme versprochen hat. Die Regelungen in § 340 Abs. 2 BGB und § 341 Abs. 2 BGB über die Geltendmachung eines weiteren Schadens sind jedoch nicht anzuwenden. Der Anspruch auf Schadensersatz ist vielmehr gem. § 342 Hs. 2 BGB ausgeschlossen, wenn der Gläubiger die Strafe verlangt. Der Anspruch auf die Vertragsstrafe tritt hier also an die Stelle des Schadensersatzanspruchs.

e) Unwirksames Leistungsversprechen (§ 344 BGB). Wenn das Versprechen einer Leistung **18** gegen das Gesetz verstößt, ist gem. § 344 BGB auch die für den Fall der Nichterfüllung des Versprechens getroffene Vereinbarung einer Strafe unwirksam (Grundsatz der Akzessorietät, → Rn. 3). Dies gilt auch dann, wenn die Parteien die Unwirksamkeit des Versprechens gekannt haben. Der Schuldner eines gesetzlich verbotenen Leistungsversprechens kann also nicht durch das Versprechen einer Vertragsstrafe unter Druck gesetzt werden. Hierher gehören insbesondere vertragliche Leistungsversprechen, die gegen § 134 BGB oder § 138 BGB (→ Rn. 5) verstoßen.

f) Beweislast (§ 345 BGB). Wenn der Schuldner die Verwirkung der Strafe bestreitet, weil er seine **19** Verbindlichkeit erfüllt habe, so hat er die Erfüllung gem. § 345 BGB zu beweisen. Besteht die geschuldete Leistung in einem Unterlassen (§ 339 S. 2 BGB, → Rn. 3), so hat der Gläubiger die Zuwiderhandlung zu beweisen.

3. Verwirkung der Vertragsstrafe. Die Vertragsstrafe ist verwirkt, wenn der Schuldner **den Ver- 20 pflichtungen aus der Hauptverbindlichkeit zuwiderhandelt** (→ Rn. 3). Für diese Feststellung kommt es auf den Inhalt der Hauptverbindlichkeit an, der durch Auslegung zu ermitteln ist. Ein Anspruch auf Vertragsstrafe besteht wegen Rechtsmissbrauchs nicht, wenn der Vertragsstrafegläubiger den Schuldner zu dessen vertragswidrigem Verhalten veranlasst hat.[33]

Ist Inhalt der durch eine Vertragsstrafe gesicherten Leistung eine **Unterlassung des Schuldners 21** (§ 339 S. 2 BGB, → Rn. 3), erfasst die Unterlassungsverpflichtung alle im Wesentlichen gleichartigen Verletzungsformen, die jeweils zur Verwirkung der Vertragsstrafe führen können.[34] Bei Bestehen mehrerer Unterlassungsversprechen kann eine einzelne Zuwiderhandlung nur zu der Verwirkung einer (nämlich der höheren bzw. höchsten) Vertragsstrafe führen, nicht aber zu der Kumulation mehrerer verwirkter Vertragsstrafen.[35] Ob mehrere gleiche oder gleichartige Verstöße gegen eine Unterlassungsverpflichtung zu einer rechtlichen Einheit zusammenzufassen sind, sodass die Strafe nur einmal verwirkt ist, beurteilt der BGH im Wege der Vertragsauslegung (→ Rn. 4).[36] Die in der früheren Rspr. für maßgeblich gehaltenen Erwägungen zum sog. **Fortsetzungszusammenhang**[37] können dabei berücksichtigt werden.[38] Im Allgemeinen wird danach eine Aufsummierung von Vertragsstrafen nicht anzunehmen sein.[39] Der darin liegenden Beschränkung der Vertragsstrafe steht § 348 nicht entgegen.[40]

4. Herabsetzung der Vertragsstrafe. a) Bürgerlich-rechtliche Regelung (§ 343 BGB). Nach **22** § 343 Abs. 1 S. 1 BGB kann eine unverhältnismäßig hohe verwirkte Strafe auf Antrag des Schuldners durch rechtsgestaltendes Urteil auf den angemessenen Betrag herabgesetzt werden. Es findet eine gerichtliche **Billigkeitskontrolle** statt, ähnlich wie bei der einseitigen Leistungsbestimmung nach § 315 Abs. 3 S. 2 BGB. Die Möglichkeit zur Herabsetzung der Strafe besteht bei jeder Vertragsstrafe, unabhängig davon, ob sie auf eine Geldleistung oder eine andere Leistung (→ Rn. 17) gerichtet ist. Die Art des Leistungsversprechens, das durch das Strafversprechen gesichert werden soll, ist unerheblich. Die Herabsetzung setzt voraus, dass die Strafe bereits verwirkt (→ Rn. 20 f.), der Verstoß gegen die Pflicht also schon erfolgt ist. Eine vorherige Herabsetzung für künftige Fälle ist nicht möglich. Die Herabsetzung kann bis zu der Entrichtung der Vertragsstrafe erfolgen. § 343 BGB ist **unabdingbar** (→ Rn. 1).[41]

---

[32] BGH Urt. v. 27.11.1974 – VIII ZR 9/73, BGHZ 63, 256 (258) = NJW 1975, 163.
[33] BGH Urt. v. 23.1.1991 – VIII ZR 42/90, WM 1991, 897; GK-HGB/*B. Schmidt* Rn. 10.
[34] BGH Urt. v. 9.11.1995 – I ZR 212/93, WRP 1996, 199 (201); OLG München Urt. v. 12.10.1995 – 29 U 4266/94, WRP 1996, 605 (606); GK-HGB/*B. Schmidt* Rn. 7.
[35] OLG Frankfurt a. M. Urt. v. 17.10.1991 – 6 U 57/91, NJW-RR 1992, 620.
[36] BGH Urt. v. 17.7.2008 – I ZR 168/05, NJW 2009, 1882 (1885).
[37] BGH Urt. v. 10.12.1992 – I ZR 186/90, BGHZ 121, 13 (18 f.) = NJW 1993, 721; BGH Urt. v. 6.5.1993 – I ZR 144/92, NJW 1993, 2993 (2994); BGH Urt. v. 1.6.1983 – I ZR 78/81, NJW 1984, 919 (921).
[38] BGH Urt. v. 25.1.2001 – I ZR 323/98, BGHZ 146, 318 (324 f.) = NJW 2001, 2622.
[39] BGH Urt. v. 25.1.2001 – I ZR 323/98, BGHZ 146, 318 (326) = NJW 2001, 2622.
[40] BGH Urt. v. 25.1.2001 – I ZR 323/98, BGHZ 146, 318 (326 f.) = NJW 2001, 2622.
[41] Baumbach/Hopt/*Hopt* Rn. 4; Heymann/*Horn* Rn. 11; MüKoHGB/*K. Schmidt* Rn. 10.

23   **b) Handelsrecht.** Für den kaufmännischen Verkehr schließt § 348 die Möglichkeit der gerichtlichen Herabsetzung der Strafe gem. § 343 BGB aus. Der Kaufmann als selbstständiger Gewerbetreibender hat für seine Handlungen eine größere Verantwortung zu übernehmen, als dies bei einer Person im allgemeinen Zivilrechtsverkehr gilt (→ Rn. 1). Die Vorschrift ist **vertraglich abdingbar**, sodass auch im kaufmännischen Verkehr die Möglichkeit der gerichtlichen Überprüfung der Höhe einer Vertragsstrafe vorgesehen werden kann.[42]

24   Der Ausschluss der Herabsetzungsmöglichkeit gilt für **Kaufleute** iSv §§ 1–6. Der Scheinkaufmann muss sich wie ein Kaufmann behandeln lassen, sodass auch ihm die Herabsetzungsmöglichkeit versagt ist.[43] Der Anwendungsbereich von § 348 erstreckt sich hingegen nicht generell auf kaufmannsähnliche Personen und Freiberufler. Jedoch kann ausnahmsweise eine Anwendung des § 348 auch auf **Nichtkaufleute** geboten sein, zB auf einen Fremdgeschäftsführer einer GmbH.[44] Die Rechtsprechung hat die Bestimmung auf einen Alleingesellschafter-Geschäftsführer einer GmbH angewandt, wenn dieser mittelbar gegen ein Wettbewerbsverbot verstößt, dem die GmbH unterliegt.[45]

25   Das Vertragsstrafeversprechen muss der Kaufmann **im Betriebe seines Handelsgewerbes** abgegeben haben.[46] Es muss also für den Kaufmann ein Handelsgeschäft iSd § 343 Abs. 1 (zu Einzelheiten → § 343 Rn. 3 ff.) vorliegen. Die Abgrenzung zum Privatgeschäft bestimmt sich nach § 343 Abs. 1 (zu Einzelheiten → § 343 Rn. 46 ff.) und § 344 (zu Einzelheiten → § 344 Rn. 2 ff., 38 ff.). Es kommt dabei nicht darauf an, ob das Versprechen einem Kaufmann oder einem Nichtkaufmann gegenüber abgegeben wird. § 348 findet somit auch bei bloß einseitigen Handelsgeschäften Anwendung (→ § 345 Rn. 11 f.), wenn nur der Versprechende Kaufmann ist (→ Rn. 24). Die Kaufmannseigenschaft des Versprechenden sowie die Zugehörigkeit des Versprechens zum Betriebe des Handelsgewerbes müssen im Zeitpunkt der Versprechensabgabe vorliegen;[47] auf den Zeitpunkt der Strafverwirkung kommt es nicht an.[48]

26   Die Beurteilung eines Vertragsstrafeversprechens als unwirksam nach **§ 138 Abs. 1 BGB** wegen einer sittenwidrigen Höhe des Versprechens (→ Rn. 5) wird durch § 348 nicht ausgeschlossen; die Bestimmung setzt ein wirksames Versprechen voraus. Gleiches gilt für die (ausnahmsweise) Herabsetzung nach **§ 313 BGB** (Störung der Geschäftsgrundlage) oder nach **§ 242 BGB**.[49] Eine Modifizierung der Vertragsstrafe kommt zB in Betracht, wenn die Parteien übereinstimmend die Höhe der durch das Strafversprechen zu sichernden Leistung überschätzt haben.[50] Kommt es allerdings erst nach Verwirkung der Vertragsstrafe zu einer Störung der Geschäftsgrundlage, kann die Vertragsstrafe in der vorgesehenen Höhe weiterhin verlangt werden.[51]

27   **5. Vertragsstrafe und Allgemeine Geschäftsbedingungen.** Gegenüber einem Kaufmann kann eine Vertragsstrafe auch in Allgemeinen Geschäftsbedingungen vereinbart werden. Zwar schließt § 309 Nr. 6 BGB Vertragsstrafen in Allgemeinen Geschäftsbedingungen in bestimmten Fällen aus. Die Bestimmung gilt jedoch gem. § 310 Abs. 1 S. 1 BGB nicht bei Verwendung von Allgemeinen Geschäftsbedingungen gegenüber einem Unternehmer (§ 14 Abs. 1 BGB). Der Kaufmann ist stets Unternehmer gem. § 14 BGB. Die Vereinbarung einer Vertragsstrafe in Allgemeinen Geschäftsbedingungen unterliegt aber der Inhaltskontrolle nach **§ 307 BGB**.[52] So kann zB ein in Allgemeinen Geschäftsbedingungen enthaltenes verschuldensunabhängiges Vertragsstrafeversprechen unwirksam sein, wenn kein Bedürfnis für eine derartige Regelung zu erkennen ist (→ Rn. 8).[53]

---

[42] Oetker/*Pamp* Rn. 6; *Rieble* WM 1995, 828 (832).

[43] OLG Stuttgart Urt. v. 16.12.2004 – 13 U 100/04, MDR 2005, 518 f.; Baumbach/Hopt/*Hopt* Rn. 6; GK-HGB/*B. Schmidt* Rn. 18; aA *A. Hueck* ArchBürgR 43, 415 (450 f.); diff. Staub/*Koller* Rn. 4; KKRD/*W. -H. Roth* Rn. 3.

[44] OLG Nürnberg Urt. v. 15.11.2009 – 12 U 681/09, GmbHR 2010, 141 (146) = BeckRS 2010, 1746.

[45] BGH Urt. v. 13.2.1952 – II ZR 91/51, BGHZ 5, 133 (136 f.) = NJW 1952, 623; Heymann/*Horn* Rn. 13; diff. MüKoHGB/*K. Schmidt* Rn. 4.

[46] Für das Wettbewerbsrecht wird derzeit die Einführung einer Sonderregelung für wettbewerbsrechtliche Unterlassungsverträge (§ 13b UWG-RefE) geprüft. Dazu *Fritzsche* WRP 2018, 1227 (1281 f.).

[47] BGH Urt. v. 13.2.1952 – II ZR 91/51, BGHZ 5, 133 (134 f.) = NJW 1952, 623; RG Urt. v. 23.4.1932 – I 19/32, SeuffA 86 Nr. 119; RG Urt. v. 27.3.1920 – V 420/19, WarnR 1920 Nr. 99; RG Urt. v. 14.1.1908 – II 303/07, JW 1908, 148 (149); *Lange* in Pfeiffer Handelsgeschäfte-HdB § 6 Rn. 3.

[48] RG Urt. v. 27.3.1920 – V 420/19, WarnR 1920 Nr. 99; RG Urt. v. 14.1.1908 – II 303/07, JW 1908, 148 (149).

[49] BGH Urt. v. 17.7.2008 – I ZR 168/05, NJW 2009, 1882 (1885). Abl. dazu *Rieble* GRUR 2009, 824 ff.

[50] BGH Urt. v. 24.3.1954 – II ZR 30/53, NJW 1954, 998; OLG Karlsruhe Urt. v. 19.1.1967 – 5 U 226/65, BB 1967, 1181 f.; *Canaris* § 24 Rn. 3; Baumbach/Hopt/*Hopt* Rn. 7; Staub/*Koller* Rn. 13; *Lange* in Pfeiffer Handelsgeschäfte-HdB § 6 Rn. 21; *Lindacher*, Phänomenologie der Vertragsstrafe, 1972, 141 f.

[51] BGH Urt. v. 18.10.1995 – I ZR 4/94, NJW-RR 1996, 362 (363).

[52] BGH Urt. v. 16.7.1998 – VII ZR 9/97, NJW 1998, 3488 (3489). Für die Musterverträge der ehemaligen Treuhandanstalt s. BGH Urt. v. 26.5.1999 – VIII ZR 102/98, BGHZ 141, 391 (397) = NJW 1999, 2662; BGH Urt. v. 9.2.2000 – VIII ZR 55/99, ZIP 2000, 789 (790) = BeckRS 2000, 3478.

[53] BGH Urt. v. 26.5.1999 – VIII ZR 102/98, BGHZ 141, 391 (397) = NJW 1999, 2662; BGH Urt. v. 28.9.1978 – II ZR 10/77, BGHZ 72, 174 (178 f.) = NJW 1979, 105; BGH Urt. v. 18.4.1984 – VIII ZR 50/83, NJW 1985, 57 f.

Die Inhaltskontrolle kann zur Unwirksamkeit einer in Allgemeinen Geschäftsbedingungen verein- 28
barten Vertragsstrafe führen, wenn deren **Höhe** unangemessen ist (zur Individualabrede → Rn. 5).[54]
§ 348 steht der Annahme einer Unwirksamkeit der Vertragsstrafenklausel wegen deren Höhe nicht
entgegen.[55] Dies gilt für Kaufleute aber nur bei einem krassen Missverhältnis von Vertragsstrafenhöhe
und Leistungsumfang.[56] Dies wird besonders wichtig bei zeitlich-prozentual an der Leistungshöhe
ausgerichteten Vertragsstrafen im Bauwesen. Sie müssen eine Beschränkung der Zeitdauer[57] und der
Gesamthöhe[58] vorsehen. Vertragsstrafeversprechen, die ohne derartige Begrenzungen zB täglich ein
Prozent der zu sichernden Leistung ausmachen, sind unwirksam.[59] Eine Klausel, nach der bei Verzug
eine Obergrenze von 20 % der Leistung bereits nach 100 Tagen erreicht wird, kann gegen § 307 BGB
verstoßen.[60] Bei einer pauschalen Höhe der Vertragsstrafe muss sie auch noch für den typischerweise
geringsten Vertragsverstoß angemessen sein.[61] Der Zulässigkeit derartiger Klauseln sind damit sehr enge
Grenzen gesetzt. Für den Bereich des Handelsvertreter- und Vertragshändlerrechts sind die für Bauverträge einschlägigen Grundsätze für Vertragsstrafen entsprechend anwendbar.[62] Generelle Aussagen
zur Unangemessenheit der Höhe einer Vertragsstrafe in kaufmännischen Geschäftsbedingungen lassen
sich jedoch nicht machen, vielmehr kommt es auf den einzelnen Vertragstyp und dessen besondere
Erfordernisse an. Bei geringer Vertragssumme und objektiv berechtigtem Interesse des Klauselverwenders an einer entsprechend strengen Leistungssicherung kann sogar ein Mehrfaches der Vertragssumme
noch angemessen sein.[63] Das Verbot der Kumulation von Vertragsstrafe und Schadensersatz (→ Rn. 11)
ist auch im kaufmännischen Verkehr zu beachten;[64] es gilt aber nur bei Identität zwischen dem
Anspruch auf Zahlung der Vertragsstrafe und dem Schadensersatzanspruch.[65]

Ergibt die Inhaltskontrolle, dass die Höhe der Vertragsstrafe unangemessen ist (→ Rn. 28), so ist die 29
ganze Klausel unwirksam. Zwar besteht im allgemeinen Zivilrechtsverkehr die Möglichkeit der
Herabsetzung der Vertragsstrafe nach § 343 BGB (→ Rn. 22); gegenüber einem Kaufmann ist sie nach
§ 348 ausgeschlossen. Hieraus könnte geschlossen werden, dass die Höhe der Vertragsstrafe gegenüber
einem Kaufmann nicht zu kontrollieren ist. § 348 gilt jedoch nur für individuell ausgehandelte
Strafversprechen und hat daher keine Auswirkungen auf die Beurteilung von Allgemeinen Geschäftsbedingungen.[66]

Das in § 340 Abs. 1 und 2 BGB, § 341 Abs. 2 BGB enthaltene **Verbot der Kumulation** von 30
Vertragsstrafe und zusätzlicher Erfüllung bzw. zusätzlichem vollem Schadensersatz gilt auch für den
Handelsverkehr (zu Einzelheiten → Rn. 11 ff.). Davon abweichende Bestimmungen in Allgemeinen
Geschäftsbedingungen verstoßen gegen § 307 BGB.[67] Das Erfordernis eines Vorbehalts bei der An-
nahme einer Leistung als Erfüllung nach § 341 Abs. 3 BGB kann durch Allgemeine Geschäftsbedin-
gungen nicht vollständig ausgeschlossen werden (→ Rn. 15).[68]

III. Ähnliche Gestaltungen

1. Selbstständiges Strafversprechen. Von der gesetzlich geregelten Vertragsstrafe ist das selbst- 31
ständige Strafversprechen (sog. Strafgedinge) zu unterscheiden. Darunter ist das Versprechen einer
Strafe für den Fall zu verstehen, dass eine Handlung vorgenommen oder unterlassen wird, ohne dass
sich der Versprechende zu der Handlung oder Unterlassung verpflichtet. Im Gegensatz zur Vertragsstrafe (→ Rn. 2) ist hier also der **Mangel einer erzwingbaren Hauptverbindlichkeit** kennzeichnend.[69] Das selbstständige Strafversprechen kann sich auch auf ein Gefälligkeitsverhältnis beziehen oder
auf das Verhalten eines Dritten.[70] Außerdem kann ein selbstständiges Strafversprechen vorliegen, wenn

---

[54] BGH Urt. v. 7.5.1997 – VIII ZR 349/96, NJW 1997, 3233 (3234).

[55] BGH Urt. v. 7.5.1997 – VIII ZR 349/96, NJW 1997, 3233 (3234).

[56] BGH Urt. v. 21.3.1990 – VIII ZR 196/89, NJW-RR 1990, 1076 (1077).

[57] BGH Urt. v. 18.11.1982 – VII ZR 305/81, BGHZ 85, 305 (313) = NJW 1983, 385.

[58] BGH Urt. v. 19.1.1989 – VII ZR 348/87, WM 1989, 449 = NJW-RR 1989, 527; BGH Urt. v. 22.10.1987 –
VII ZR 167/86, WM 1988, 170 (171) = NJW-RR 1988, 146; BGH Urt. v. 25.9.1986 – VII ZR 276/84, NJW
1987, 380.

[59] BGH Urt. v. 18.11.1982 – VII ZR 305/81, BGHZ 85, 305 (312 ff.) = NJW 1983, 385; BGH Urt. v. 12.3.1981
– VII ZR 293/79, NJW 1981, 1509.

[60] OLG Zweibrücken Urt. v. 10.3.1994 – 4 U 143/93, NJW-RR 1994, 1363 (1365).

[61] BGH Urt. v. 7.5.1997 – VIII ZR 349/96, NJW 1997, 3233 (3235).

[62] BGH Urt. v. 7.5.1997 – VIII ZR 349/96, NJW 1997, 3233 (3234).

[63] OLG Frankfurt a. M. Urt. v. 21.5.1985 – 5 U 206/84, BB 1985, 1560 (1561).

[64] BGH Urt. v. 29.2.1984 – VIII ZR 350/82, NJW 1985, 53 (56).

[65] BGH Urt. v. 8.5.2008 – I ZR 88/06, NJW 2008, 2849 f.

[66] BGH Urt. v. 18.11.1982 – VII ZR 305/81, BGHZ 85, 305 (315) = NJW 1983, 385.

[67] BGH Urt. v. 21.11.1991 – I ZR 87/90, NJW 1992, 1096 (1097); *Graf von Westphalen* BB 2018, 323 (325);
Lange in Pfeiffer Handelsgeschäfte-HdB § 6 Rn. 27.

[68] BGH Urt. v. 18.11.1982 – VII ZR 305/81, NJW 1983, 385 (387); *Graf von Westphalen* BB 2018, 323 (325).

[69] BGH Urt. v. 18.12.1981 – V ZR 233/80, BGHZ 82, 398 (401) = NJW 1982, 759; *B. Kaiser*, Die Vertragsstrafe
im Wettbewerbsrecht, 1999, 17; auch *Lange* in Pfeiffer Handelsgeschäfte-HdB § 6 Rn. 13.

[70] BGH Urt. v. 8.3.1967 – VIII ZR 214/65, NJW 1967, 1318 (1319); OLG Hamm Urt. v. 5.7.1994 – 21 U 20/
94, BauR 1995, 548 = BeckRS 1994, 30998034.

eine Strafe für den Fall vorgesehen ist, dass ein Vertragsantrag nicht innerhalb einer festgesetzten Zeit angenommen wird.[71]

32   Die §§ 339 ff. BGB gelten für das selbstständige Strafversprechen grundsätzlich nicht. Eine Ausnahme gilt aber für die **Herabsetzung der Strafe** aufgrund der richterlichen Billigkeitskontrolle gem. § 343 Abs. 1 BGB. Diese Bestimmung wird in § 343 Abs. 2 BGB ausdrücklich auf das selbstständige Strafversprechen erstreckt. Demgemäß findet auch § 348 auf das selbstständige Strafversprechen eines Kaufmanns Anwendung.[72] Wie bei der Vertragsstrafe ist außerdem der Grundsatz zu beachten, dass die Verwirkung der Strafe im Zweifel (also abdingbar) ein Verschulden voraussetzt (zu Einzelheiten → Rn. 7 ff.).[73] Ist das Verschuldenserfordernis ausgeschlossen, so wird das selbstständige Strafversprechen häufig als Garantie anzusehen sein (→ Rn. 33).

33   **2. Garantie.** Die Garantie ist das **selbstständige Versprechen,** dafür einzustehen, dass ein bestimmter tatsächlicher oder rechtlicher **Erfolg** eintritt oder sich die Gefahr eines bestimmten künftigen Schadens nicht verwirklicht.[74] § 343 BGB und § 348 finden darauf keine Anwendung. In aller Regel, aber nicht zwingend,[75] ist die Garantie somit auf ein zukünftiges Ereignis bezogen. Die Garantie ist auch dann, wenn sie eine Hauptforderung sichert, von dieser unabhängig, also im Gegensatz zu der Vertragsstrafe (→ Rn. 3) nicht akzessorisch. Der Garant haftet auch für untypische Zufälle.[76] Der garantierte Erfolg muss sich, falls er der Sicherung einer Hauptleistung dient, stets von der bloßen Erbringung der Vertragsleistung unterscheiden, so zB, wenn ein Baubetreuer gegenüber dem Vermieter eine Mietgarantie übernimmt,[77] der Vermittler für die Verluste aus dem Warentermingeschäft aufkommen soll[78] oder eine bestimmte Ausschüttungshöhe aus einem Gesellschaftsanteil gewährt wird.[79] Der Garant wird in der Regel die Garantie für das Einstehen eines nicht von ihm, sondern von einem Dritten geschuldeten Erfolgs oder eines sonstigen Erfolgs übernehmen. Zwingend ist das aber nicht. Vielmehr kann eine selbstständige Garantie auch bei Bestehen einer eigenen (Haupt-)Pflicht des Garanten vorliegen.[80]

34   **3. Draufgabe.** Die Draufgabe *(arrha),* auch Aufgeld oder Handgeld genannt, ist in den §§ 336–338 BGB geregelt. Sie kommt fast nur im landwirtschaftlichen Bereich vor und ist heute selten anzutreffen. Sie bewirkt eine gem. § 292 ZPO **widerlegbare Vermutung für den Vertragsschluss** durch Hingabe einer Leistung als „Zeichen" für den Vertragsschluss. Sie kann in einer Geld- oder Sachleistung bestehen und ist gem. § 337 Abs. 2 BGB bei Aufhebung des Vertrages zurückzugeben. Dasselbe gilt gem. § 337 Abs. 1 BGB bei Vertragserfüllung, wenn die Draufgabe nicht auf die Leistung angerechnet werden kann, sowie gem. § 338 S. 2 BGB bei Schadensersatz statt der Leistung, wenn die Draufgabe auf die Schadensersatzleistung nicht angerechnet werden kann. Die Draufgabe ist nach der Vermutungsregel des § 336 Abs. 2 BGB im Zweifel nicht als Reugeld (→ Rn. 35) anzusehen; der Leistende ist also nicht berechtigt, unter Preisgabe des Geleisteten vom Vertrag zurückzutreten. Greift allerdings aufgrund einer Vertragsauslegung die Vermutungsregel des § 336 Abs. 2 BGB nicht ein, so gilt § 353 BGB. Die Rückgabe der Draufgabe ist ihrerseits weder Vertragsstrafe (zu Einzelheiten → Rn. 2 ff.) noch Strafversprechen, sondern verhindert lediglich eine ungerechtfertigte Bereicherung des Gläubigers.[81]

35   **4. Reugeld.** Durch die Vereinbarung eines Reugelds wird dem Begünstigten das Recht eingeräumt, **sich gegen Zahlung des Reugelds vom Vertrag zu lösen,** sich also von seiner Vertragspflicht zu befreien.[82] Das Reugeld kann nicht gem. § 343 BGB herabgesetzt werden, denn es ist nicht als Vertragsstrafe (zu Einzelheiten → Rn. 2 ff.) für einen Pflichtverstoß anzusehen. Auch wird es nicht geschuldet. Der eigentliche Unterschied zwischen dem Anspruch auf Reugeld und demjenigen auf Vertragsstrafe besteht darin, dass der Anspruch auf Reugeld den Rücktritt vom Vertrag voraussetzt (§ 353 BGB), der Anspruch auf die Vertragsstrafe hingegen umgekehrt das (Weiter-)Bestehen einer (vertraglichen) Leistungspflicht (→ Rn. 3).[83] Daher haben Reugeld und Vertragsstrafe unterschiedliche Funktionen. Das Reugeld gibt dem Schuldner eine Möglichkeit zur Lösung vom Vertrag, die Vertragsstrafe soll ihn hingegen zur Vertragserfüllung anhalten. Wegen dieser unterschiedlichen Funktionen

---

[71] RG Urt. v. 22.3.1919 – V 374/18, RGZ 95, 199 (203).
[72] OLG Hamm Urt. v. 5.7.1994 – 21 U 20/94, BauR 1995, 548 = BeckRS 1994, 30998034; MüKoHGB/*K. Schmidt* Rn. 3.
[73] Heymann/*Horn* Rn. 22; Oetker/*Pamp* Rn. 18.
[74] BGH Urt. v. 21.2.1968 – Ib ZR 137/66, WM 1968, 680 (682); BGH Urt. v. 16.12.1960 – II ZR 137/59, WM 1961, 204 (206) = BeckRS 1960, 00048; BGH Urt. v. 28.10.1959 – V ZR 96/58, WM 1960, 18 (19).
[75] Ausnahme zB bei BGH Urt. v. 23.6.1988 – VII ZR 117/87, ZIP 1988, 1126 (1127) = NJW 1988, 2536.
[76] BGH Urt. v. 13.6.1996 – IX ZR 172/95, NJW 1996, 2569 (2570).
[77] BGH Urt. v. 20.5.1975 – III ZR 156/74, WM 1976, 977 = BeckRS 1976, 31114772.
[78] OLG Hamm Urt. v. 11.1.1991 – 29 U 108/90, WM 1991, 521 (522).
[79] BGH Urt. v. 13.6.1996 – IX ZR 172/95, NJW 1996, 2569.
[80] BGH Urt. v. 10.2.1999 – VIII ZR 70/98, NJW 1999, 1542.
[81] Baumbach/Hopt/*Hopt* Rn. 8; *Lange* in Pfeiffer Handelsgeschäfte-HdB § 6 Rn. 17.
[82] *Lange* in Pfeiffer Handelsgeschäfte-HdB § 6 Rn. 16; Oetker/*Pamp* Rn. 24; GK-HGB/*B. Schmidt* Rn. 25.
[83] BGH Urt. v. 4.10.1956 – II ZR 121/55, BGHZ 21, 370 (372) = NJW 1956, 1793.

gelten die §§ 339 ff. BGB nicht für das Reugeld, insbesondere auch nicht § 343 BGB[84] und somit ebenfalls nicht § 348. Hingegen ist das Reugeld an § 138 BGB zu messen.[85]

5. Verfallklausel. Bei der vertraglichen Verfallklausel, auch Verwirkungsklausel genannt, **verliert**   36 **der Schuldner** bei Nichtleistung oder nicht gehöriger Leistung **eigene (vertragliche) Rechte.** Mithin übt die Verfallklausel – insofern ähnlich der Vertragsstrafe – Druck auf den Schuldner zur ordnungsgemäßen Leistungserfüllung aus.[86] Allerdings verliert der Schuldner bei der Verfallklausel nur Rechte, ihm wird aber nicht eine zusätzliche bzw. ersatzweise Leistungspflicht aufgebürdet. Voraussetzungen und Inhalt von Verfallklauseln können sehr unterschiedlich ausgestaltet sein. Die Verfallklausel kann so zu verstehen sein, dass eine zusätzliche Erklärung oder Handlung des Gläubigers nicht mehr erforderlich ist, dass es also zu einem „automatischen" Verfall infolge der Nichtleistung oder der nicht gehörigen Leistung kommt, oder aber so, dass eine gewisse Mitwirkungshandlung des Gläubigers Voraussetzung des vereinbarten Verfalls sein soll.[87] Auch beim Umfang der Verfallklausel ist zu unterscheiden. Sollen alle Rechte wegfallen, gilt dies nach § 354 BGB als Rücktrittsgrund. Eine derartige vertragliche Abrede ist äußerst selten.[88] Wird hingegen vertraglich bloß vereinbart, dass bei Nichterfüllung oder nicht gehöriger Erfüllung einzelne Rechte wegfallen, so handelt es sich um eine zulässige Verfallklausel,[89] auf die § 354 BGB keine Anwendung findet. Die Verwirkung tritt hier automatisch ein, also ohne eine zusätzlich erforderliche Erklärung des Gläubigers,[90] so zB, wenn eine Klausel vorsieht, dass bei Verzug mit einer Zins- oder Tilgungsrate Fälligkeit der gesamten Restschuld eintritt.[91]

Anders als beim Reugeld (→ Rn. 35) sind bei Verfallklauseln die **§§ 339 ff. BGB grundsätzlich**   37 **anwendbar,** weil der Unterschied zwischen der zusätzlichen Leistung (bei der Vertragsstrafe) und dem Entfallen eigener Rechte (bei einer Verfallklausel) keine Ungleichbehandlung rechtfertigt.[92] Daraus folgt nicht nur – wie bei der Vertragsstrafe (→ Rn. 7 ff.) –, dass die Verwirkung des Verfalls eigener Rechte im Zweifel ein Verschulden voraussetzt,[93] sondern auch, dass § 343 BGB entsprechend anwendbar ist[94] und somit auch § 348. Das gilt allerdings nur, wenn es um quantifizierbare Rechtsverluste geht. Ist das nicht der Fall und greift demgemäß § 343 BGB ausnahmsweise nicht ein, ist die Höhe des in der Verfallklausel vorgesehenen Betrags – wie allgemein die Höhe des Betrags bei den Rechtsinstituten, die der Vertragsstrafe ähnlich sind – nur an §§ 134, 138, 242 BGB bzw. – bei der Verwendung von Allgemeinen Geschäftsbedingungen im Handelsverkehr – an § 307 BGB zu messen.[95] Ist hingegen § 343 BGB auf die Verfallklausel analog anwendbar, so findet auch § 348 entsprechend Anwendung.

6. Vereinsstrafe. Die Vereinsstrafe beruht auf der Satzung eines Verbandes und wird wegen der   38 **Verletzung mitgliedschaftlicher Pflichten** verhängt. Der Verein ist kraft seiner autonomen Vereinsgewalt berechtigt, Vereinsstrafen zu verhängen.[96] Das einzelne Vereinsmitglied unterwirft sich durch seinen Vereinsbeitritt der Möglichkeit, gegen ihn eine Vereinsstrafe zu verhängen. Sie bedarf stets eine zu ihrer Verhängung ermächtigende Grundlage in der Satzung.[97]

Die Vereinsstrafe ist keine Vertragsstrafe iSd §§ 339 ff. BGB,[98] denn sie ist keine auf schuldrechtlicher   39 Grundlage vereinbarte Absicherung einer Leistung, sondern erwächst aus der Ordnungsstrafgewalt des Verbandes. § 343 BGB und demzufolge auch § 348 finden auf die Vereinsstrafe keine Anwendung.

Die Vereinsstrafe unterliegt hinsichtlich ihrer Voraussetzungen und ihrer Höhe einer **richterlichen**   40 **Inhaltskontrolle.**[99] Sie beruht nicht auf einer entsprechenden Anwendung von §§ 339 ff. BGB,[100]

---

[84] OLG Köln Urt. v. 25.4.1967 – 9 U 147/66, MDR 1968, 48.

[85] OLG Köln Urt. v. 25.4.1967 – 9 U 147/66, MDR 1968, 48.

[86] Heymann/*Horn* Rn. 26; *B. Kaiser,* Die Vertragsstrafe im Wettbewerbsrecht, 1999, 20 f.; HaKo-HGB/*Klappstein* Rn. 4.

[87] Heymann/*Horn* Rn. 26.

[88] Palandt/*Grüneberg* BGB § 354 Rn. 1.

[89] BGH Urt. v. 22.1.1993 – V ZR 164/90, WM 1993, 907 (908) = NJW-RR 1993, 464.

[90] RG Urt. v. 19.6.1934 – III 298/33, RGZ 145, 26 (30).

[91] RG Urt. v. 28.2.1908 – II 472/07, RGZ 68, 41 (42).

[92] BGH Urt. v. 8.10.1992 – IX ZR 98/91, WM 1993, 420 (425) = NJW-RR 1993, 243; BGH Urt. v. 24.1.1991 – VIII ZR 180/90, NJW-RR 1991, 1013 (1015).

[93] RG Urt. v. 30.10.1936 – VII 65/36, RGZ 152, 251 (258); RG Urt. v. 19.6.1934 – III 298/33, RGZ 145, 26 (31); RG Urt. v. 22.3.1919 – V 374/18, RGZ 95, 202 (203).

[94] BGH Urt. v. 22.5.1968 – VIII ZR 69/66, NJW 1968, 1625 f.

[95] Heymann/*Horn* Rn. 27.

[96] BGH Urt. v. 30.5.1983 – II ZR 138/82, BGHZ 87, 337 (343 ff.) = NJW 1984, 918; BGH Urt. v. 6.3.1967 – II ZR 231/64, BGHZ 47, 172 (178) = NJW 1967, 1268.

[97] BGH Urt. v. 6.3.1967 – II ZR 231/64, BGHZ 47, 172 (178) = NJW 1967, 1268; BGH Urt. v. 13.7.1961 – II ZR 212/59, BB 1961, 843 = GRUR 1961, 496.

[98] BGH Urt. v. 20.4.1967 – II ZR 142/65, BGHZ 47, 381 (384) = NJW 1967, 1657 (1659); BGH Urt. v. 26.2.1959 – II ZR 137/57, BGHZ 29, 352 (355) = NJW 1959, 982; BGH Urt. v. 4.10.1956 – II ZR 121/55, BGHZ 21, 370 (372 ff.) = NJW 1956, 1793.

[99] *Meyer-Cording,* Die Vereinsstrafe, 1957, 100 ff.; Staudinger/*Schwennicke,* 2019, BGB § 25 Rn. 123 mwN.

[100] So aber Schlegelberger/*Hefermehl* Rn. 18.

sondern auf eigenständig entwickelten Rechtsgrundsätzen zur Einschränkung der Vereinsautonomie.[101] Die Inhaltskontrolle erstreckt sich auf das Bestehen einer ausreichenden Satzungsgrundlage, auf die Einhaltung der satzungsmäßigen Voraussetzungen, auf die Durchführung eines rechtsstaatlichen Anforderungen genügenden Verfahrens (rechtliches Gehör; Strafe nicht offenbar unbillig, gesetzes- oder satzungswidrig) und auf die Sanktion.[102] Die richterliche Kontrolle bezieht sich außerdem auf die Ermittlung der Tatsachen, die der Verhängung der Vereinsstrafe zugrunde gelegt werden.[103] Die richterliche Inhaltskontrolle ist nicht nur bei Monopolvereinen angebracht, also solchen Vereinen, die eine überragende wirtschaftliche oder soziale Machtstellung innehaben, sondern auch bei sonstigen Vereinen.

41   Der richterlichen Inhaltskontrolle unterliegen auch Klauseln, die eine Vereinsstrafe für **schuldloses Handeln** androhen.[104] Derartige Satzungsbestimmungen sind im allgemeinen Zivilrecht – soweit nicht ganz besondere, sie rechtfertigende Umstände vorliegen – im Wege richterlicher Inhaltskontrolle zu beanstanden. Im kaufmännischen Verkehr sind sie dagegen grundsätzlich zulässig, insbesondere bei der Zurechnung des Verhaltens von Erfüllungsgehilfen.[105]

42   Eine Vereinsstrafe kann grundsätzlich **nur gegen ein Mitglied** verhängt werden.[106] Möglich ist es aber auch, dass bei einem Verein der übergeordnete Verband, bei dem der nachgeordnete Verein Mitglied ist, eine Vereinsstrafgewalt über das Mitglied des nachgeordneten Vereins hat.[107] Voraussetzung hierfür ist entweder eine gleichzeitige Mitgliedschaft des Mitglieds des nachgeordneten Vereins auch im übergeordneten Verein oder eine Absicherung der Strafgewalt des übergeordneten Vereins in beiden Vereinssatzungen.[108] Es besteht ferner die Möglichkeit, sich als Nichtmitglied der Vereinsstrafgewalt zu unterwerfen.[109] Auch in diesem Fall handelt es sich um eine Vereins- und keine Vertragsstrafe.

43   Vereinsstrafen können als **Mittel der Durchsetzung** der Vereinsordnung in Geldbußen, Rügen, dem Entzug einzelner Mitgliedschaftsrechte und sogar dem Ausschluss aus dem Verein bestehen. Die Satzung kann die Festsetzung der Vereinsstrafe zwar einem Schiedsgericht übertragen, dadurch aber nicht die gerichtliche Nachprüfung ausschließen. Eine entgegenstehende Satzungsbestimmung ist nichtig.[110]

44   **7. Pauschalierter Schadensersatz.** Um Streitigkeiten über die Höhe eines Schadensersatzanspruchs auszuschließen, werden häufig vertragliche Abreden über einen pauschalierten Schadensersatz getroffen. Dabei handelt es sich nicht um Vertragsstrafevereinbarungen.[111] Die Abgrenzung zwischen beiden Gestaltungen bereitet allerdings Schwierigkeiten.[112] Die Vertragsstrafe ist ein Druckmittel zur Erfüllung der Hauptverbindlichkeit (→ Rn. 2); der pauschalierte Schadensersatz bezieht sich auf einen eingetretenen Schaden. Maßgeblich ist daher, ob mit der vertraglichen Abrede eine antizipierte Schätzung des typischerweise entstandenen Schadens vorgenommen wird (dann: pauschaler Schadensersatz) oder ob ein Druck zur Erfüllung einer Verbindlichkeit ausgeübt werden soll (dann: Vertragsstrafe).[113] Für die Abgrenzung ist die vertragliche Formulierung nicht entscheidend; sie kann jedoch ein Indiz sein. Im allgemeinen Zivilrechtsverkehr sind Abreden über pauschalierten Schadensersatz in **Allgemeinen Geschäftsbedingungen** nur eingeschränkt zulässig (§ 309 Nr. 5 BGB). Gegenüber einem Kaufmann unterliegt die Klausel lediglich der Inhaltskontrolle nach § 307 BGB.[114]

45   Auf die Pauschalierung von Schadensersatzansprüchen finden die Regeln über die Vertragsstrafe keine Anwendung.[115] Anders liegt es, wenn nicht die Schadenspauschalierung, sondern die Druck-

---

[101] Heymann/*Horn* Rn. 29.

[102] BGH Urt. v. 4.10.1956 – II ZR 121/55, BGHZ 21, 370 (372 ff.) = NJW 1956, 1793; BGH Urt. v. 13.7.1972 – II ZR 55/70, NJW 1972, 1892; BGH Urt. v. 13.7.1961 – II ZR 212/59, MDR 1961, 916 = GRUR 1961, 496.

[103] BGH Urt. v. 30.5.1983 – II ZR 138/82, BGHZ 87, 337 (343 ff.) = NJW 1984, 918.

[104] OLG Frankfurt a. M. Urt. v. 27.6.1985 – 6 U 122/84, NJW-RR 1986, 133 (135).

[105] BGH Urt. v. 26.2.1959 – II ZR 137/57, BGHZ 29, 352 (359 f.) = NJW 1959, 982.

[106] BGH Urt. v. 26.2.1959 – II ZR 137/57, BGHZ 29, 352 (359) = NJW 1959, 982; BGH Urt. v. 18.9.1958 – II ZR 332/56, BGHZ 28, 131 (133) = NJW 1958, 1867.

[107] BGH Urt. v. 18.9.1958 – II ZR 332/56, BGHZ 28, 131 (135 f.) = NJW 1958, 1867.

[108] BayObLG Beschl. v. 23.12.1986 – 3 Z 126/86, BayObLGZ 1986, 528 (534); vgl. auch BGH Urt. v. 18.9.1958 – II ZR 332/56, BGHZ 28, 131 (134) = NJW 1958, 1867.

[109] BGH Urt. v. 28.11.1994 – II ZR 11/94, BGHZ 128, 93 (96 f.) = NJW 1995, 583.

[110] BGH Urt. v. 26.2.1959 – II ZR 137/57, BGHZ 29, 352 (354) = NJW 1959, 982; BGH Urt. v. 4.10.1956 – II ZR 121/55, BGHZ 21, 370 (375 f.) = NJW 1956, 1793.

[111] BGH Urt. v. 6.11.1967 – VIII ZR 81/65, BGHZ 49, 84 (89) = NJW 1968, 149; BGH Urt. v. 8.10.1969 – VIII ZR 20/68, NJW 1970, 29 (31).

[112] Dazu K. P. *Berger* RIW 1999, 401 (404); *Beuthien* FS Larenz, 1973, 495 (498 ff.); *D. Fischer* FS Piper, 1996, 205 (218); *C. Hess,* Die Vertragsstrafe, 1993, 238 ff.; *Lange* in Pfeiffer Handelsgeschäfte-HdB § 6 Rn. 14. Rechtsvergleichend *D. Fischer,* Vertragsstrafe und vertragliche Schadensersatzpauschalierung, 1981, 42 ff.; *Gottwald* FS Söllner, 2000, 379 (383 ff.). Zum Inhalt einer Schadenspauschalierung s. *Steckler* BB 1995, 469 (476).

[113] BGH Urt. v. 8.10.1969 – VIII ZR 20/68, NJW 1970, 29 (32); OLG Köln Urt. v. 24.4.1974 – 16 U 115/73, NJW 1974, 1952 (1953).

[114] BGH Urt. v. 28.5.1984 – III ZR 231/82, NJW 1984, 2941.

[115] BGH Urt. v. 6.11.1967 – VIII ZR 81/65, BGHZ 49, 84 (89) = NJW 1968, 149; *Lange* in Pfeiffer Handelsgeschäfte-HdB § 6 Rn. 14; aA *Knütel/Rieger* NZBau 2010, 285 (286).

funktion der wesentliche Zweck der Abrede ist, insbesondere, wenn die Strafe den wahrscheinlichen Schaden weit übersteigt. In diesen Fällen ist die Abrede entweder als Vertragsstrafe zu verstehen[116] oder die Regeln über die Vertragsstrafe sind analog anzuwenden.[117]

8. Öffentliche Strafen. Öffentliche Strafen haben ihre **Grundlage** nicht in einer rechtsgeschäftlichen Vereinbarung, sondern **im Gesetz**. Eine Vertragsstrafe, ein pauschalierter Schadensersatz oder ähnliche privatrechtliche Vereinbarungen können neben die öffentliche Strafe treten; insbesondere kann ein öffentlich-rechtlich strafbewehrtes Verhalten zusätzlich mit einer Vereinsstrafe bewehrt werden.[118] Allerdings ist eine solche doppelte Strafe nicht in jedem Fall zulässig. So sah der BGH bei einer Vertragsstrafe im Rahmen eines Ausschreibungsverfahrens zur Bekämpfung von Submissionskartellen die dort mit der Verdoppelung der Strafe einhergehende Bereicherung des Versprechensempfängers (die ausschreibende öffentliche Körperschaft) als unangemessen an und erklärte demgemäß die entsprechende Vereinbarung für unzulässig.[119] Die Besonderheiten dieses Falls, bei dem Begünstigter der öffentlich-rechtlichen Strafe und der privatrechtlich vereinbarten Vertragsstrafe jeweils die öffentliche Hand war, lassen allerdings keinen generellen Schluss auf eine Einschränkung der Möglichkeit zu, eine Vertragsstrafe neben einer öffentlich-rechtlichen Strafe vorzusehen. **46**

§ 349 [Keine Einrede der Vorausklage]

[1] Dem Bürgen steht, wenn die Bürgschaft für ihn ein Handelsgeschäft ist, die Einrede der Vorausklage nicht zu. [2] Das gleiche gilt unter der bezeichneten Voraussetzung für denjenigen, welcher aus einem Kreditauftrag als Bürge haftet.

Schrifttum: *Bülow,* Blankobürgschaft und Rechtsscheinzurechnung, ZIP 1996, 1694; *Ehmann,* Das Schuldanerkenntnis, WM 2007, 329; *Grüneberg,* Aktuelle höchstrichterliche Rechtsprechung zur Bürgschaft, WM-Sonderbeilage 2/2010; *Hähnchen,* Das Gesetz zur Anpassung der Formvorschriften des Privatrechts und anderer Vorschriften an den modernen Rechtsgeschäftsverkehr, NJW 2001, 2831; *Herber,* Die Neuregelung des deutschen Transportrechts, NJW 1998, 3297; *Keim,* Das Ende der Blankobürgschaft, NJW 1996, 2774; *Kreft,* Die Rechtsprechung des Bundesgerichtshofes zur Bürgschaft, WM-Sonderbeilage 5/1997; *Musielak,* Bürgschaft, JA 2015, 161; *K. Schmidt,* Das Handelsrechtsreformgesetz, NJW 1998, 2161; *K. Schmidt,* Formfreie Bürgschaft eines geschäftsführenden Gesellschafters, ZIP 1986, 1510; *Schmolke,* Grundfälle zum Bürgschaftsrecht, JuS 2009, 585; *Weyer,* Handelsgeschäfte (§§ 343 ff. HGB) und Unternehmergeschäfte (§ 14 BGB), WM 2005, 490. S. ferner die Schrifttumsangaben zur Bürgschaft, → D Rn. 410.

I. Normzweck

Nach § 349 haften der kaufmännische Bürge und der kaufmännische Kreditauftraggeber grundsätzlich **selbstschuldnerisch.** Ihnen steht die in §§ 771–773 BGB für die bürgerlich-rechtliche Bürgschaft (§ 765 BGB) und damit auch den bürgerlich-rechtlichen Kreditauftrag (§ 778 BGB) vorgesehene Einrede der Vorausklage (besser: *Einrede der Vorausvollstreckung*) nicht zu. Als Kaufleute sind sie wegen ihrer größeren Geschäftserfahrung weniger schutzwürdig und haften strenger als Privatpersonen.[1] Die Vorschrift enthält wie § 350 **dispositive**[2] **Sonderregelung** zum allgemeinen Bürgschaftsrecht der §§ 765 ff. BGB. Der Kaufmann kann die Einrede daher auch vertraglich vereinbaren; für ihn gelten – sofern keine anderen Regelungen getroffen wurden – dann doch die §§ 771–773 BGB.[3] **1**

Die Vorschrift setzt **Kaufmannseigenschaft** voraus (→ Rn. 6 und → § 350 Rn. 9, 12 ff.). Zur Abschaffung des Minderkaufmanns durch das HRRefG im Jahre 1998 sowie zur Rechtslage für nicht eingetragene Kleingewerbetreibende gelten die Ausführungen zu → § 350 Rn. 4 entsprechend. **2**

§ 349 basiert auf der Prämisse, dass dem bürgerlich-rechtlichen Bürgen normalerweise die Einrede der Vorausklage zusteht. In der **Kredit- und Formularpraxis** muss er auf diese Einrede aber fast ausnahmslos nach § 773 Abs. 1 Nr. 1 BGB verzichten.[4] Weil die handelsrechtliche Ausnahme längst zur bürgerlich-rechtlichen Regel geworden ist, ist die **praktische Bedeutung** von § 349 gering.[5] Bedeutung hat die Vorschrift für den Kreditauftrag und iVm § 350, da bei mündlichen Handelsbürgschaften Vereinbarungen zur Einrede der Vorausklage fast immer fehlen werden. Der Verlust der Einrede ergibt sich in diesem Fall aus § 349. Kein Raum für die Einrede der Vorausklage ist ferner bei **3**

---

[116] BGH Urt. v. 6.11.1967 – VIII ZR 81/65, BGHZ 49, 84 (89) = NJW 1968, 149.
[117] MüKoBGB/*Gottwald* BGB Vor § 339 Rn. 34 f.; abw. *Lange* in Pfeiffer Handelsgeschäfte-HdB § 6 Rn. 14.
[118] BGH Urt. v. 4.10.1956 – II ZR 121/55, BGHZ 21, 370 (374) = NJW 1956, 1793.
[119] BGH Urt. v. 23.6.1988 – VII ZR 117/87, BGHZ 105, 24 ff. = NJW 1988, 2536 ff.
[1] Heymann/*Horn* Rn. 2; KKRD/*Roth* Rn. 1; Oetker/*Pamp* Rn. 1; Röhricht/*Graf v. Westphalen/Haas/Steimle/Dornieden* Rn. 1; HaKo-HGB/*Klappstein* Rn. 1.
[2] Baumbach/Hopt/*Hopt* Rn. 12; GK-HGB/*Schmidt* Rn. 38; Oetker/*Pamp* Rn. 22; BeckOK HGB/*Lehmann-Richter* Rn. 1; HaKo-HGB/*Klappstein* Rn. 1, 5, § 350 Rn. 1, 9.
[3] HK-HGB/*Ruß* Rn. 3; Oetker/*Pamp* Rn. 22.
[4] *Nobbe* in Schimansky/Bunte/Lwowski BankR-HdB § 91 Rn. 348, 696; MüKoHGB/*K. Schmidt* Rn. 7.
[5] BeckOK HGB/*Lehmann-Richter* Rn. 2; Oetker/*Pamp* Rn. 2; HaKo-HGB/*Klappstein* Rn. 1.

einer Bürgschaft auf erstes Anfordern (→ D Rn. 602 ff.) gegeben. Hier verpflichtet sich der Bürge auf die bloße Behauptung des Gläubigers zu zahlen, der Bürgschaftsfall sei eingetreten. § 349 ist hier nicht anwendbar.[6]

II. Tatbestandsvoraussetzungen

4   **1. Sachlicher Anwendungsbereich. a) Bürgschaft.** Durch den Bürgschaftsvertrag verpflichtet sich der Bürge gegenüber dem Gläubiger eines Dritten, für die Erfüllung der Verbindlichkeit des Dritten einzustehen, § 765 Abs. 1 BGB. Es handelt sich hierbei um die Grundform der Personalsicherheiten. Für die Handelsbürgschaft gelten die §§ 765 ff. BGB mit Ausnahme von §§ 771–773 BGB (§ 349) und § 766 S. 1 und 2 BGB (§ 350). Zur Bürgschaft ausführlich → D Rn. 410 ff.;[7] zur Frage, ob die Delkrederehaftung von Handelsvertreter und Kommissionär eine Bürgschaft ist und damit § 349 Anwendung findet → § 86b Rn. 13, → § 394 Rn. 2 f.[8] Auf verwandte Instrumente,[9] wie etwa Garantie oder Patronatserklärung, findet § 771 BGB keine Anwendung, sodass auch § 349 keine Wirkung entfalten kann.[10] Gleiches gilt für die kaum noch vorkommende Scheck- und Wechselbürgschaft.[11]

5   **b) Kreditauftrag.** Der Kreditauftrag ist ein **Auftragsvertrag,** durch den sich der Beauftragte nach § 778 BGB gegenüber dem Auftraggeber verpflichtet, einem Dritten im eigenen Namen und auf eigene Rechnung (vgl. § 488 BGB) oder eine Finanzierungshilfe (vgl. § 506 BGB) zu gewähren oder zu verlängern.[12] Der Vertrag ist formfrei[13] und stellt einen Unterfall des § 662 BGB dar. Ist der Kreditauftrag entgeltlich, liegt ein **Geschäftsbesorgungsvertrag** nach § 675 Abs. 1 BGB vor.[14] Durch Auslegung ist die uU schwierige Abgrenzung gegenüber der unverbindlichen Aufforderung zur Kreditgewährung, dem unverbindlichen Nachweis einer Möglichkeit zur Kreditgewährung oder der Kreditbürgschaft vorzunehmen. Entscheidend ist, dass der Auftraggeber einen Anspruch auf Gewährung des Darlehens bzw. der Finanzierungshilfe an den Dritten erwerben und der Beauftragte sich hierzu verpflichten will. Dabei wird der Auftraggeber regelmäßig ein besonderes wirtschaftliches Interesse an der Kreditgewährung haben.[15] Vor der Kreditgewährung gilt **Auftragsrecht,** danach vor allem **Bürgschaftsrecht,** da der Auftraggeber nach § 778 BGB dem Beauftragten für die aus der Kreditgewährung entstehende Verbindlichkeit des Dritten als Bürge haftet.[16] § 349 S. 2 stellt klar, dass dem kaufmännischen Kreditauftraggeber die Einrede der Vorausklage nicht zusteht.

6   **2. Persönlicher Anwendungsbereich. a) Kaufmann.** Die geforderte Kaufmannseigenschaft des Bürgen oder Kreditauftraggebers bestimmt sich nach **§§ 1–6.** Die Ausführungen zu → § 350 Rn. 9, 12 ff. gelten entsprechend. Kaufmannseigenschaft der anderen an der Bürgschaft oder dem Kreditauftrag beteiligten Personen ist nicht notwendig.[17] Die Kaufmannseigenschaft muss im **Zeitpunkt** des Abschlusses des Bürgschaftsvertrags bzw. des Auftragsvertrags vorliegen,[18] hierzu auch → § 350 Rn. 16. Der nachträgliche Verlust oder Erwerb der Kaufmannseigenschaft führt zu keinen rechtlichen Veränderungen. Allerdings kann der später Kaufmann gewordene Bürge wegen § 350 formlos auf die Einrede der Vorausklage verzichten.[19] Zur **Stellvertretung** → § 350 Rn. 17.

7   **b) Handelsgeschäft.** Bürgschaft und Kreditauftrag müssen für den Kaufmann ein Handelsgeschäft sein. Dies bestimmt sich nach §§ 343, 344 (→ § 350 Rn. 10). Im Zweifel wird die Betriebszugehörigkeit nach § 344 Abs. 1 **vermutet.** Ist die Bürgschaftserklärung des Kaufmanns in einer Urkunde enthalten, so handelt es sich um einen **Schuldschein iSv § 344 Abs. 2.**[20] Die Bedeutung dieser Vorschrift ist jedoch vom BGH stark eingeschränkt worden (→ § 350 Rn. 11). Im Übrigen wird es sich bei einer schriftlichen Bürgschaftserklärung bereits auf Grund der gängigen Formularpraxis um eine selbstschuldnerische Bürgschaft handeln (→ Rn. 3). Zur Problematik der **analogen Anwendung**

---

[6] MüKoHGB/*K. Schmidt* Rn. 10; Oetker/*Pamp* Rn. 9; HaKo-HGB/*Klappstein* Rn. 7.
[7] Ferner *Nobbe* in Schimansky/Bunte/Lwowski BankR-HdB § 91; Baumbach/Hopt/*Hopt* Rn. 2 ff.
[8] Sowie HaKo-HGB/*Klappstein* Rn. 8.
[9] Zur Garantie *Nobbe* in Schimansky/Bunte/Lwowski BankR-HdB § 92; ferner Baumbach/Hopt/*Hopt* Rn. 13 ff.
[10] *Füller* → D Rn. 350; *Wagner* → D Rn. 646; BeckOK HGB/*Lehmann-Richter* Rn. 5; HaKo-HGB/*Klappstein* Rn. 2, 12.
[11] Oetker/*Pamp* Rn. 17; BeckOK HGB/*Lehmann-Richter* Rn. 5; → B Rn. 42.
[12] *Nobbe* in Schimansky/Bunte/Lwowski BankR-HdB § 92 Rn. 115.
[13] MüKoBGB/*Habersack* BGB § 778 Rn. 3, 8; Oetker/*Pamp* Rn. 18; Palandt/*Sprau* BGB § 778 Rn. 1.
[14] MüKoBGB/*Habersack* BGB § 778 Rn. 3; BeckOK HGB/*Lehmann-Richter* Rn. 4.
[15] GK-HGB/*Schmidt* Rn. 35; Oetker/*Pamp* Rn. 18; Röhricht/Graf v. Westphalen/Haas/*Steimle/Dornieden* Rn. 4.
[16] *Nobbe* in Schimansky/Bunte/Lwowski BankR-HdB § 92 Rn. 121, 124; MüKoBGB/*Habersack* BGB § 778 Rn. 7 f.
[17] Heymann/*Horn* Rn. 4; Oetker/*Pamp* Rn. 19.
[18] Baumbach/Hopt/*Hopt* Rn. 12; Heymann/*Horn* Rn. 4; Oetker/*Pamp* Rn. 19; aA Staub/*Koller,* 4. Aufl. 2001, Rn. 10, § 350 Rn. 10; BeckOK HGB/*Lehmann-Richter* Rn. 7; HaKo-HGB/*Klappstein* Rn. 3, die wohl wegen § 151 BGB auf den Zeitpunkt der Abgabe der Verpflichtungserklärung abstellen.
[19] GK-HGB/*Schmidt* Rn. 40; Oetker/*Pamp* Rn. 19.
[20] *Fest* → § 344 Rn. 43; BGH Urt. v. 20.3.1997 – IX ZR 83/96, NJW 1997, 1779 (1780); Oetker/*Pamp* Rn. 20.

des § 349 **auf sonstige Personen,** insbesondere *Gesellschafter von Handelsgesellschaften, kaufmannsähnliche Personen* und die *öffentliche Hand* → § 350 Rn. 12 ff.

III. Rechtsfolge

Nach dem **gesetzlichen Leitbild** der §§ 765 ff. BGB haftet der Bürge **nachrangig bzw. sub-** **8** **sidiär.** Er kann die Befriedigung des Gläubigers nach § 771 BGB solange verweigern, bis der Gläubiger die Zwangsvollstreckung gegen den Hauptschuldner einmal[21] ohne Erfolg versucht hat (Einrede der Vorausklage). Sichert die Bürgschaft eine Geldforderung, was idR der Fall ist, muss ein Vollstreckungsversuch in die beweglichen Sachen des Hauptschuldners an seinem Wohnsitz und seiner gewerblichen Niederlassung erfolgen, § 772 Abs. 1 BGB. Sicherheiten an beweglichen Sachen sind ebenfalls vor Inanspruchnahme des Bürgen zu verwerten, § 772 Abs. 2 BGB. Ein Vollstreckungsversuch in Grundstücke, Forderungen oder andere Vermögensrechte ist dagegen nicht erforderlich.[22] Der Verzicht auf die Einrede der Vorausklage nach § 773 Abs. 1 Nr. 1 BGB unterliegt dem Schriftformerfordernis des § 766 S. 1 und 2 BGB, sofern nicht § 350 eingreift.[23]

Dem Kaufmann steht die Einrede der Vorausklage nicht zu. Er haftet sowohl als Bürge wie auch als **9** Kreditauftraggeber **selbstschuldnerisch.** Damit ist zwar die Subsidiarität der Bürgschaft aufgehoben, nicht aber ihre Akzessorietät.[24] Auch haften Kaufmann und Hauptschuldner damit nicht als Gesamtschuldner.[25] Die **Beweislast** für die Kaufmannseigenschaft des Bürgen oder Kreditauftraggebers trägt der Gläubiger,[26] → § 350 Rn. 18. Zum **IPR** → § 350 Rn. 23 ff.

§ 350 [Formfreiheit]

Auf eine Bürgschaft, ein Schuldversprechen oder ein Schuldanerkenntnis finden, sofern die Bürgschaft auf der Seite des Bürgen, das Versprechen oder das Anerkenntnis auf der Seite des Schuldners ein Handelsgeschäft ist, die Formvorschriften des § 766 Satz 1 und 2, des § 780 und des § 781 Satz 1 und 2 des Bürgerlichen Gesetzbuchs keine Anwendung.

Schrifttum: Vgl. § 349.

Übersicht

I. Normzweck

Das Prinzip des BGB, nach dem Rechtsgeschäfte grundsätzlich formfrei sind, gilt auch im HGB. **1** Gleichermaßen gelten auch die bürgerlich-rechtlichen Ausnahmen dieses Grundsatzes, etwa die §§ 311b, 518, 550, 761, 792, 1154 BGB, im kaufmännischen Verkehr.[1] Eine Ausnahme hiervon macht allerdings § 350. Danach unterliegen die kaufmännische Bürgschaft, das kaufmännische Schuldversprechen und das kaufmännische Schuldanerkenntnis nicht den bürgerlich-rechtlichen Formerfordernissen

---

[21] *Nobbe* in Schimansky/Bunte/Lwowski BankR-HdB § 91 Rn. 342 f.; MüKoBGB/*Habersack* BGB § 771 Rn. 3; Oetker/*Pamp* Rn. 1.

[22] GK-HGB/*Schmidt* Rn. 35; MüKoBGB/*Habersack* BGB § 772 Rn. 2.

[23] BGH Urt. v. 25.9.1968 – VIII ZR 164/66, NJW 1968, 2332; GK-HGB/*Schmidt* Rn. 37.

[24] MüKoBGB/*Habersack* BGB § 773 Rn. 2.

[25] BGH Beschl. v. 24.11.1983 – III ZR 160/83, WM 1984, 131 (132); MüKoBGB/*Habersack* BGB § 773 Rn. 2.

[26] Oetker/*Pamp* Rn. 22; HaKo-HGB/*Klappstein* Rn. 17.

[1] Baumbach/Hopt/*Hopt* Rn. 1 ff.

der §§ 766 S. 1 und 2, 780, 781 S. 1 und 2 BGB. Während in diesen drei Fällen die Verpflichtungserklärung nach BGB der Schriftform des § 126 Abs. 1 BGB bedarf, kehrt das Handelsrecht zum Grundsatz der **Formfreiheit** zurück. Zweck der Vorschrift ist es, durch Freistellung von angeblich hinderlichen Formvorschriften den kaufmännischen Handelsverkehr zu erleichtern und dem Bedürfnis nach einfacher und schneller Abwicklung Rechnung zu tragen.[2] Sofern die Schriftform Warnfunktion erfüllt, kann gegenüber einem Kaufmann hierauf verzichtet werden.[3] Insgesamt sind Kaufleute wegen ihrer größeren Geschäftserfahrung **weniger schutzwürdig** und haften strenger als Privatpersonen.[4]

2   § 350 ist **dispositiv** (→ Rn. 22). Tatsächlich sind mündliche Bürgschaften, Schuldversprechen oder Schuldanerkenntnisse in der kaufmännischen Praxis, häufig schon allein auf Grund des Vier-Augen-Prinzips, selten.[5] Die angeblich hinderlichen Formvorschriften werden im kaufmännischen Verkehr und seiner Formularpraxis als gar nicht so hinderlich angesehen und idR durch gewillkürte Formerfordernisse ersetzt. **Praktische Bedeutung** hat § 350 daher vor allem bei Blankobürgschaften (→ Rn. 11), sowie dann, wenn die von den Parteien gewählte Form nicht §§ 766 S. 1 und 2, 780, 781 S. 1 und 2 BGB genügt. Interessanterweise wurde in **Österreich** der entsprechende § 350 des im Unternehmensgesetzbuch umbenannten Handelsgesetzbuches mit Wirkung zum 1.7.2007 ersatzlos gestrichen.[6]

3   Durch das *Gesetz zur Anpassung der Formvorschriften des Privatrechts und anderer Vorschriften an den modernen Rechtsgeschäftsverkehr* vom 13.7.2001 (FormVAnpG)[7] wurden zwei neue Formarten, *Textform* (§ 126b BGB) und *elektronische Form* (§ 126a BGB) eingeführt. Hauptanwendungsfall der Textform waren ursprünglich das Telefax, das Computerfax, die einfach – nicht qualifiziert elektronisch signierte – E-Mail und die unterschriftslose, automatisch erstellte Erklärung.[8] Heute bilden gescannte Dokumente einen wichtigen Anwendungsfall, was die Neufassung des § 126b BGB nachzeichnete.[9] Die elektronische Form erfordert eine qualifizierte elektronische Signatur und kann, wenn sich nicht aus dem Gesetz ein anderes ergibt, nach § 126 Abs. 3 BGB die schriftliche Form ersetzen. Genau dies wird jedoch in §§ 766 S. 2, 780 S. 2 und § 781 S. 2 BGB für Bürgschaft, Schuldversprechen und Schuldanerkenntnis wegen der geringeren Warnfunktion der elektronischen Form ausgeschlossen. Die Verweisungen in § 350 stellen klar, dass diese Einschränkungen im Handelsrecht nicht gelten. Sofern § 350 anwendbar ist, können kaufmännische Verpflichtungserklärungen formfrei, aber selbstverständlich auch per Textform oder elektronischer Form abgegeben werden,[10] → Rn. 19, 21.[11] Die Anforderungen an eine qualifizierte elektronische Signatur finden sich in der VO (EU) Nr. 910/2014 vom 23.7.2014 über elektronische Identifizierung und Vertrauensdienste für elektronische Transaktionen im Binnenmarkt (eIDAS-VO).[12] Sie wird ergänzt durch das Vertrauensdienstegesetz vom 18.7.2017.[13]

4   Die Vorschrift setzt **Kaufmannseigenschaft** voraus. Früher war der Status eines *Voll*kaufmanns erforderlich, da nach § 351 aF die §§ 348–350 auf *Minderkaufleute* (§ 4 aF) keine Anwendung fanden. Mit Abschaffung des Minderkaufmanns durch das HRRefG wurde 1998 daher auch § 351 aF aufgehoben. Soweit die Idee des Minderkaufmanns fortlebt, dh dort, wo auch für nicht eingetragene Kleingewerbetreibende Handelsrecht gilt, bleibt es bei der Unanwendbarkeit der §§ 348–350 entsprechend dem Gedanken des § 351 aF. Dies ist explizit der Fall in § 383 Abs. 2 (Kommissionär), § 407 Abs. 3 S. 2 (Frachtführer), § 453 Abs. 3 S. 2 (Spediteur) und § 467 Abs. 3 S. 2 (Lagerhalter),[14] gilt aber gleichermaßen für § 84 Abs. 4 (Handelsvertreter) und § 93 Abs. 3 (Handelsmakler).

II. Tatbestandsvoraussetzungen

5   **1. Sachlicher Anwendungsbereich. a) Bürgschaft.** Vgl. hierzu → § 349 Rn. 4 sowie → D Rn. 410 ff.

---

[2] BGH Urt. v. 8.12.1992 – XI ZR 96/92, BGHZ 121, 1 = NJW 1993, 584 (585) = ZBB 1993, 168 = JuS 1993, 510 mAnm *K. Schmidt;* BeckOK HGB/*Lehmann-Richter* Rn. 1; Röhricht/Graf v. Westphalen/Haas/*Steimle/Dornieden* Rn. 2; Staub/*Koller,* 4. Aufl. 2001, Rn. 1; HaKo-HGB/*Klappstein* Rn. 1.

[3] GK-HGB/*Schmidt* Rn. 12; HaKo-HGB/*Klappstein* Rn. 1.

[4] Heymann/*Horn* § 349 Rn. 2; Oetker/*Pamp* Rn. 1.

[5] Oetker/*Pamp* Rn. 2.

[6] Art. I Nr. 133 des Handelsrechts-Änderungsgesetzes, BGBl. 2007 I 120/2005.

[7] BGBl. 2001 I 1542; dazu *Dästner* NJW 2001, 3469; *Hähnchen* NJW 2001, 2831; *Heil* NWB Fach 19, 2739 (2001); *Hontheim* NWB Fach 19, 2757 (2001); *Rossnagel* NJW 2001, 1817.

[8] *Hähnchen* NJW 2001, 2831 (2833); vgl. Palandt/*Ellenberger* BGB § 126b Rn. 3.

[9] Neugefasst durch Art. 1 des Gesetzes zur Umsetzung der Verbraucherrechterichtlinie v. 20.9.2013, BGBl. 2013 I 3642.

[10] Oetker/*Pamp* Rn. 3.

[11] Zur Änderung des § 350 im Jahre 2001 durch das FormVAnpG ausf. *M. Hakenberg* → 2. Aufl. 2003, § 350 Rn. 1 ff.

[12] ABl. 2014 L 257/73.

[13] BGBl. 2017 I 2745.

[14] *Herber* NJW 1998, 3297 (3299 f.); *K. Schmidt* NJW 1998, 2161 (2163); Oetker/*Pamp* Rn. 10, § 349 Rn. 19.

b) Schuldversprechen/Schuldanerkenntnis. Das **abstrakte** Schuldversprechen nach § 780 BGB **6** enthält das Versprechen einer beliebigen Leistung, das abstrakte Schuldanerkenntnis nach § 781 BGB das Anerkenntnis eines beliebigen Schuldverhältnisses.[15] Es handelt sich um **Verträge,** die zwar verschieden formuliert sind, sich aber inhaltlich gleichen und denselben Regeln unterliegen.[16] In beiden Fällen werden neue, **selbstständige Verpflichtungen** des Schuldners begründet, die von dem zugrunde liegenden Rechtsverhältnis (Grundgeschäft) losgelöst sind.[17] Abstraktes Schuldversprechen und Schuldanerkenntnis wirken daher konstitutiv und schaffen neue Anspruchsgrundlagen. Sie werden idR erfüllungshalber gegeben und treten in diesem Fall schuldverstärkend neben das Grundgeschäft. Ansprüche aus beiden verjähren, auch bei kürzerer Verjährung des Grundgeschäfts, innerhalb der regelmäßigen Verjährungsfrist von 3 Jahren nach §§ 195, 199 BGB.[18]

Beispiele für ein abstraktes Schuldversprechen oder Schuldanerkenntnis sind das Saldoanerkennt- **7** nis,[19] das Akkreditiv, → B Rn. 156, die Gutschrift einer Überweisung auf einem Girokonto des Zahlungsempfänger[20] oder die Autorisierungsmeldung des kartenherausgebenden Kreditinstituts an den Händler beim POS-System.[21] Auch die Zahlungsverpflichtung des Kreditkartenunternehmens gegenüber dem Vertragsunternehmen beim Kreditkartengeschäft ist ein abstraktes Schuldversprechen iSv § 780 BGB,[22] ebenso wie die Unterwerfungserklärung im gewerblichen Rechtsschutz.[23] Ferner kann die Umdeutung eines fehlerhaften Wechselakzepts oder Eigenwechsels zu einem abstrakten Schuldverhältnis führen,[24] → B Rn. 4. Ein abstraktes Schuldversprechen oder Schuldanerkenntnis ist nach § 812 Abs. 1, Abs. 2 BGB **kondizierbar** oder der Einrede des § 821 BGB ausgesetzt, wenn es ohne rechtlichen Grund erteilt wurde. Dies ist der Fall, wenn die Zweckvereinbarung, die Grundgeschäft und Schuldversprechen/Schuldanerkenntnis miteinander verbindet, fehlt oder unwirksam ist.[25] Beweispflichtig hierfür ist der Schuldner; es kommt zu einer Umkehr der Beweislast.[26]

Das feststellende, kausale oder **deklaratorische Schuldanerkenntnis** begründet dagegen keine **8** selbstständige Haftungsgrundlage.[27] Es bezweckt vielmehr, eine bestehende Verpflichtung zu klären und unstreitig zu stellen,[28] weist also eine gewisse Nähe zum Vergleich auf. Das deklaratorische Schuldanerkenntnis fällt nicht unter § 781 BGB, sondern hat seine Grundlage in §§ 311, 241 BGB. Es ist deshalb bereits nach diesen Vorschriften **formfrei**[29] und wird daher von § 350 nicht erfasst. Das deklaratorische Schuldanerkenntnis führt zum Ausschluss aller bei seiner Abgabe bekannten tatsächlichen und rechtlichen **Einreden und Einwendungen.**[30] Es ist nicht kondizierbar und daher für den Anerkennenden uU gefährlicher als ein abstraktes Schuldanerkenntnis.[31] Ob das Schuldanerkenntnis abstrakt oder deklaratorisch ist, muss im Wege der Auslegung ermittelt werden. Dabei kann die Angabe des Schuldgrundes oder des Zwecks auf ein deklaratorisches Schuldanerkenntnis hinweisen. Zu tatsächlichem Anerkenntnis und anderen, ähnlichen Rechtsfiguren vgl. Baumbach/ Hopt/*Hopt* Rn. 6.

2. Persönlicher Anwendungsbereich. a) Kaufmann. Die geforderte Kaufmannseigenschaft des **9** Bürgen, des Versprechenden oder des Anerkennenden bestimmt sich nach §§ 1–6. § 350 erfasst somit Verpflichtungserklärungen des *Istkaufmanns* nach § 1 Abs. 2, der eingetragenen *Kannkaufleute* nach § 2 und § 3, des *Kaufmanns kraft Eintragung* nach § 5[32] und der *Handelsgesellschaften* nach § 6 Abs. 1. Auch der **Scheinkaufmann** (→ § 5 Rn. 49 ff.) fällt in den Anwendungsbereich der Vor-

---

[15] Baumbach/Hopt/*Hopt* Rn. 4; MüKoHGB/*K. Schmidt* Rn. 13; Oetker/*Pamp* Rn. 5.

[16] Heymann/*Horn* Rn. 9; Palandt/*Sprau* BGB § 780 Rn. 1; HaKo-HGB/*Klappstein* Rn. 3.

[17] BGH Urt. v. 18.5.1995 – VII ZR 11/94, NJW-RR 1995, 1391 f.; BeckOK HGB/*Lehmann-Richter* Rn. 6; Baumbach/Hopt/*Hopt* Rn. 4; Heymann/*Horn* Rn. 11; Oetker/*Pamp* Rn. 5; Palandt/*Sprau* BGB § 780 Rn. 1a.

[18] Palandt/*Sprau* BGB § 780 Rn. 8; Oetker/*Pamp* Rn. 5.

[19] *Ehmann* WM 2007, 329 (334).

[20] BGH Urt. v. 7.12.2004 – XI ZR 361/03, WM 2005, 325 (326) = BB 2005, 685; BGH Urt. v. 16.4.1991 – XI ZR 68/90, NJW 1991, 2140; → A Rn. 201; Palandt/*Sprau* BGB § 675f Rn. 37.

[21] HM, → B Rn. 11; *Koch* in Schimansky/Bunte/Lwowski BankR-HdB § 68 Rn. 11; GK-HGB/*Schmidt* Rn. 6.

[22] BGH Urt. v. 16.3.2004 – XI ZR 13/03, WM 2004, 1124 (1125); BGH Urt. v. 13.1.2004 – XI ZR 479/ 02, NJW-RR 2004, 481; BGH Urt. v. 16.4.2002 – XI ZR 375/00, BGHZ 150, 286 = NJW 2002, 2234 (2236); *Martinek*/*Omlor* in Schimansky/Bunte/Lwowski BankR-HdB § 67 Rn. 58 ff., 66; Oetker/*Pamp* Rn. 6.

[23] BGH Urt. v. 12.5.1998 – XI ZR 285/97, NJW 1998, 2439 (2440); Oetker/*Pamp* Rn. 6; GK-HGB/*Schmidt* Rn. 6.

[24] GK-HGB/*Schmidt* Rn. 6; Oetker/*Pamp* Rn. 6.

[25] BGH Urt. v. 16.4.1991 – XI ZR 68/90, NJW 1991, 2140 (2141); Heymann/*Horn* Rn. 15; Palandt/*Sprau* BGB § 780 Rn. 11.

[26] GK-HGB/*Schmidt* Rn. 4; Heymann/*Horn* Rn. 11.

[27] GK-HGB/*Schmidt* Rn. 7; Oetker/*Pamp* Rn. 8.

[28] BGH Urt. v. 11.1.2007 – VII ZR 165/05, NJW-RR 2007, 530; BGH Urt. v. 24.6.1999 – VII ZR 120/98, NJW 1999, 2889; Heymann/*Horn* Rn. 12; Palandt/*Sprau* BGB § 781 Rn. 4.

[29] MüKoHGB/*K. Schmidt* Rn. 13; Oetker/*Pamp* Rn. 8; Palandt/*Sprau* BGB § 781 Rn. 3; BeckOK HGB/ *Lehmann-Richter* Rn. 6; mit Bedenken *Ehmann* WM 2007, 329 (333).

[30] Palandt/*Sprau* BGB § 781 Rn. 4; Oetker/*Pamp* Rn. 8.

[31] *Ehmann* WM 2007, 329 (333); Palandt/*Sprau* BGB § 781 Rn. 4.

[32] Baumbach/Hopt/*Hopt* § 349 Rn. 12; Heymann/*Horn* Rn. 4; HK-HGB/*Ruß* Rn. 1.

schrift, hM.[33] Die früher notwendige Begrenzung auf Vollkaufleute ist seit dem HRRefG von 1998 und der Aufhebung des § 351 aF nicht mehr erforderlich (→ Rn. 4). Kaufmannseigenschaft der anderen an der Bürgschaft, dem abstrakten Schuldversprechen oder dem Schuldanerkenntnis beteiligten Personen ist nicht notwendig.[34]

10   **b) Handelsgeschäft.** Bürgschaft, Schuldversprechen und Schuldanerkenntnis müssen für den kaufmännischen Bürgen oder Schuldner ein Handelsgeschäft sein. Dies bestimmt sich nach §§ 343, 344. Dabei genügt ein mittelbarer, entfernter Zusammenhang mit dem Handelsgewerbe des Kaufmanns.[35] Es reicht, wenn sein Handelsgewerbe durch seine Verpflichtungserklärung in irgendeiner Weise berührt wird.[36] Im Zweifel wird die Betriebszugehörigkeit nach § 344 Abs. 1 **vermutet.**[37] Eine aus rein privaten Gründen eingegangene Verpflichtung fällt nicht hierunter, wohl aber eine, die sowohl aus betrieblichen Erwägungen als auch aus privater Rücksichtnahme erfolgt. Entsprechend wurde die Haftung einer kaufmännischen Ehefrau aus mündlicher Bürgschaft für Verbindlichkeiten des einzelkaufmännischen Betriebs ihres Ehegatten, den sie faktisch fortgeführt hatte, bejaht.[38] Die Hauptschuld bei der Bürgschaft muss kein Handelsgeschäft sein.[39]

11   § 350 spielt auch bei **blanko unterschriebenen Bürgschaftsformularen** eine Rolle. Bedarf die Bürgschaft nämlich der Form des § 766 S. 1 und 2 BGB, so kann der Bürge sie nicht in der Weise erteilen, dass er ein Formular blanko unterzeichnet und den Gläubiger mündlich ermächtigt, seine Erklärung zu vervollständigen;[40] dazu auch → D Rn. 448. Die Wirksamkeit einer solchen Blanko- oder Blankettbürgschaft hängt vielmehr davon ab, ob im konkreten Fall § 766 BGB durch § 350 verdrängt wird. Da die Blankobürgschaft in einer Urkunde enthalten ist, handelt es sich bei ihr um einen **Schuldschein iSd § 344 Abs. 2.**[41] In diesem Fall muss sich der private Charakter der Bürgschaftserklärung *aus der Urkunde* ergeben. Anderenfalls gilt zwingend die Vermutung eines Handelsgeschäfts nach § 344 Abs. 2.[42] Die Bedeutung dieser Vorschrift ist vom BGH[43] eingeschränkt worden. Es soll sich nur noch um eine beweisrechtliche Vermutung handeln, die nur eingreift bei Zweifeln, ob die übernommene Verpflichtung zum Betrieb des Handelsgewerbes des Bürgen gehört. Ist allen Beteiligten der ausschließlich private Anlass der Bürgschaft bekannt, so soll danach, obwohl der Schuldschein hierauf nicht hinweist und entgegen dem klaren Wortlaut des § 344 Abs. 2, die Blankobürgschaft des Kaufmanns unter § 766 BGB fallen und damit unwirksam sein. Diese Auffassung des BGH wird von manchen geteilt,[44] ist aber nicht überzeugend. Sie macht aus der ursprünglich *unwiderleglichen* Vermutung des § 344 Abs. 2 eine *widerlegliche.*[45] Damit wird diese Vorschrift überflüssig, da sich alle Zweifelsfragen bereits über § 344 Abs. 1 sinnvoll lösen lassen. Das bisherige Verständnis des § 344 Abs. 2 bedeutete eine klare und verlässliche Regelung, was im kaufmännischen Geschäftsverkehr seine Vorteile hat. Härtefälle kann man individuell mit § 242 BGB besser lösen.[46]

12   **c) Analoge Anwendung auf sonstige Personen.** Es ist umstritten, ob § 350 auf Gesellschafter von Handelsgesellschaften iSv § 6 Abs. 1 (OHG, KG, EWIV, GmbH, AG, SE, KGaA sowie eG, SCE, VVaG) angewandt werden kann, die im *eigenen Namen* eine Bürgschaft, ein Schuldversprechen oder ein Schuldanerkenntnis *im Zusammenhang* mit einem Geschäft der Gesellschaft abgeben. Für **geschäftsführende persönlich haftende Gesellschafter** von Personenhandelsgesellschaften (OHG, KG) muss

---

[33] OLG Düsseldorf Urt. v. 11.3.2008 – I-24 U 98/07, BeckRS 2008, 10022, II. 3. b); Baumbach/Hopt/*Hopt* Rn. 7; GK-HGB/*Schmidt* Rn. 13; GroßkommHGB/*Ratz*, 3. Aufl. 1978, Rn. 9, § 351 Rn. 3; Heymann/*Horn* Rn. 4; HK-HGB/*Ruß* Rn. 1; Oetker/*Pamp* Rn. 10, § 349 Rn. 19; HaKo-HGB/*Klappstein* Rn. 7; diff. Staub/*Koller*, 4. Aufl. 2001, Rn. 4, § 349 Rn. 4; mit Einschränkungen KKRD/*Roth* Rn. 3; MüKoHGB/*K. Schmidt* Rn. 8, § 349 Rn. 4.

[34] Heymann/*Horn* § 349 Rn. 4; Röhricht/Graf v. Westphalen/Haas/*Steimle/Dornieden* Rn. 7.

[35] BeckOK HGB/*Lehmann-Richter* Rn. 7.

[36] BGH Urt. v. 8.1.1976 – III ZR 148/73, WM 1976, 424 (425); BGH Urt. v. 20.3.1997 – IX ZR 83/96, NJW 1997, 1779 (1780) = WM 1997, 909; OLG Koblenz Beschl. v. 12.7.2012 – 8 U 1480/11, BeckRS 2012, 21961.

[37] BGH Urt. v. 13.7.2011 – VIII ZR 215/10, NJW 2011, 3435 (3436).

[38] BGH Urt. v. 8.1.1976 – III ZR 148/73, WM 1976, 424 (425); krit. dazu Heymann/*Horn* Rn. 6.

[39] Baumbach/Hopt/*Hopt* Rn. 7; Staub/*Koller*, 4. Aufl. 2001, Rn. 10; Oetker/*Pamp* Rn. 14; HaKo-HGB/*Klappstein* Rn. 6.

[40] BGH Urt. v. 29.2.1996 – IX ZR 153/95, BGHZ 132, 119 = NJW 1996, 1467 (1468) = WM 1996, 762 = ZIP 1996, 745, dazu *Bülow* ZIP 1996, 1694 und *Keim* NJW 1996, 2774; BGH Urt. v. 20.3.1997 – IX ZR 83/96, NJW 1997, 1779 (1780).

[41] BGH Urt. v. 20.3.1997 – IX ZR 83/96, NJW 1997, 1779 (1780); BGH Urt. v. 24.9.1998 – IX ZR 425/97, NJW 1998, 3708 (3709) = BB 1998, 2280 mAnm *Edelmann* BB 1999, 123 = DB 1998, 2415 = JZ 1999, 144 mAnm *Grunewald*; HaKo-HGB/*Klappstein* Rn. 12; BeckOK HGB/*Lehmann-Richter* § 344 Rn. 10.

[42] Baumbach/Hopt/*Hopt* § 344 Rn. 4; KKRD/*Roth* § 344 Rn. 7; MüKoHGB/*K. Schmidt* § 344 Rn. 13; Röhricht/Graf v. Westphalen/Haas/*Steimle/Dornieden* § 344 Rn. 18.

[43] BGH Urt. v. 20.3.1997 – IX ZR 83/96, NJW 1997, 1779 (1780).

[44] *Fest* → § 344 Rn. 58 ff.; Baumbach/Hopt/*Hopt* § 344 Rn. 4 aE; Heymann/*Horn* § 344 Rn. 6, 12; HK-HGB/*Ruß* § 344 Rn. 2; KKRD/*Roth* § 344 Rn. 7.

[45] So BGH Urt. v. 24.9.1998 – IX ZR 425/97, NJW 1998, 3708 (3709): „Tatsachen, die geeignet sind, diese Vermutung [des § 344 Abs. 2] zu widerlegen, sind nicht vorgetragen."

[46] So auch MüKoHGB/*K. Schmidt* § 344 Rn. 15; *K. Schmidt* HandelsR § 18 Rn. 30.

dies bejaht werden, str.[47] Sie sind auf Grund der gesamthänderischen Konstruktion des Handels-gewerbes iVm ihrer Geschäftsführereigenschaft quasi Unternehmensträger. Mit einer Verpflichtungs-erklärung fördern sie das Handelsgewerbe nur deshalb, weil sie geschäftsführende persönlich haftende Gesellschafter sind. Es kommt deshalb nicht auf formale Kriterien wie Kaufmannseigenschaft oder Handelsgeschäft, sondern auf Sinn und Zweck des § 350 an.[48] Danach ist für unternehmensbezogene Verpflichtungserklärungen eines sowohl geschäftsführenden wie persönlich haftenden und damit ge-schäftserfahrenen Gesellschafters Schriftform nicht erforderlich. Gleiches gilt für geschäftsführende und persönlich haftende Gesellschafter von EWIV und KGaA.

Für **sonstige Gesellschafter von Handelsgesellschaften** ist § 350 dagegen unanwendbar. Hier **13** fehlt es an der die Ausdehnung rechtfertigenden Kombination von persönlicher Haftung und gleich-zeitiger geschäftsführender Tätigkeit. Dies gilt für *von der Geschäftsführung ausgeschlossene persönlich haftende Gesellschafter von Personenhandelsgesellschaften*[49] ebenso wie für *Kommanditisten,*[50] *Aktionäre*[51] und *GmbH-Gesellschafter.*[52] Auch der *geschäftsführende Alleingesellschafter* einer GmbH fällt aus diesem Grund, wenn er zB im eigenen Namen für Verbindlichkeiten der GmbH bürgt, nicht unter § 350, überwM. Seine Rspr. hat der BGH,[53] trotz teilweiser Kritik im Schrifttum,[54] erneut bestätigt und eine im Wege der Analogie oder Rechtsfortbildung zu schließende Lücke zu Recht verneint.[55] Ebenso wenig gehören in den Anwendungsbereich der Vorschrift **Organe von Handelsgesellschaften.** Auch hier fehlen Unternehmensleitung *und* persönliche Haftung, sodass die bloße Organstellung weder bei GmbH-Geschäftsführern,[56] noch Vorständen oder Aufsichtsräten einer AG[57] zur Anwendung des § 350 führt.

Die analoge Anwendung des § 350 auf **kaufmannsähnliche Personen** ist abzulehnen. Dabei **14** handelt es sich um Nichtkaufleute, die in ähnlicher Weise wie ein Kaufmann am Geschäftsverkehr teilnehmen und von denen erwartet werden kann, dass sie nach kaufmännischer Sitte verfahren.[58] Notwendig ist ferner eine Unternehmensgröße, die einen in kaufmännischer Weise eingerichteten Geschäftsbetrieb erfordert. Zu dieser Gruppe zählen vor allem die **Freiberufler.** Da das HGB die Freien Berufe bewusst ausgeklammert hat und das HRRefG von 1998 an dieser Rechtslage nichts ändern wollte,[59] fehlt es an einer die Analogie rechtfertigenden Lücke, str.[60] Die Frage der analogen

---

[47] So *Canaris* HandelsR § 24 Rn. 12; Staub/*Schäfer,* 5. Aufl. 2009, § 105 Rn. 79; MüKoBGB/*Habersack* BGB § 766 Rn. 3; MüKoHGB/*K. Schmidt* § 1 Rn. 100, § 350 Rn. 10; Röhricht/Graf v. Westphalen/Haas/*Steimle/ Dornieden* Rn. 9; *Weyer* WM 2005, 490 (497 f.); aA Heymann/*Horn* Rn. 5; KKRD/*Roth* Rn. 5; Staub/*Koller,* 4. Aufl. 2001, Rn. 8.

[48] So Röhricht/Graf v. Westphalen/Haas/*Steimle/Dornieden* Rn. 9; vgl. auch Oetker/*Pamp* Rn. 11.

[49] Staub/*Koller,* 4. Aufl. 2001, Rn. 8; aA *Canaris* HandelsR § 2 Rn. 20, § 24 Rn. 12.

[50] BGH Urt. v. 24.1.1980 – III ZR 169/78, NJW 1980, 1572 (1574) = WM 1980, 372; BGH Urt. v. 7.7.1980 – III ZR 28/79, ZIP 1980, 866 (868) = WM 1980, 1085; BGH Urt. v. 22.10.1981 – III ZR 149/80, NJW 1982, 569 (570); OLG München Urt. v. 12.10.2011 – 20 U 1345/11, BeckRS 2011, 24456; GK-HGB/*Schmidt* Rn. 13; Heymann/*Horn* Rn. 5; Oetker/*Pamp* Rn. 12.

[51] BGH Urt. v. 21.11.1996 – IX ZR 264/95, BGHZ 134, 127 = NJW 1997, 397 (399) = WM 1996, 2294; Heymann/*Horn* Rn. 5; *Kreft* WM-Sonderbeilage 5/1997, 15; Oetker/*Pamp* Rn. 12.

[52] BGH Urt. v. 8.11.2005 – XI ZR 34/05, BGHZ 165, 43 = NJW 2006, 431 (432) = WM 2006, 81 = NZG 2006, 114 = DNotZ 2006, 192 = DStR 2006, 574 (575) = JuS 2006, 463, bestätigt in BGH Urt. v. 24.7.2007 – XI ZR 208/06, NZG 2007, 820 (821) = WM 2007, 1833 = BKR 2007, 458 = DB 2007, 2251 = BB 2007, 2141; BGH Urt. v. 12.5.1986 – II ZR 225/85, ZIP 1986, 1457 = NJW-RR 1987, 42 (43) = WM 1986, 939, mkritAnm *K. Schmidt* ZIP 1986, 1510; BGH Urt. v. 29.2.1996 – IX ZR 153/95, BGHZ 132, 119 = NJW 1996, 1467 f.; BGH Urt. v. 20.3.1997 – IX ZR 83/96, NJW 1997, 1779 (1780); OLG München Urt. v. 12.10.2011 – 20 U 1345/11, BeckRS 2011, 24456; Heymann/*Horn* Rn. 5; Staub/*Koller,* 4. Aufl. 2001, Rn. 9.

[53] BGH Urt. v. 8.11.2005 – XI ZR 34/05, BGHZ 165, 43 = NJW 2006, 431 (432); BGH Urt. v. 12.5.1986 – II ZR 225/85, ZIP 1986, 1457 = NJW-RR 1987, 42 (43); BGH Urt. v. 28.1.1993 – IX ZR 259/91, BGHZ 121, 224 = NJW 1993, 1126 = WM 1993, 496; so auch BayVerfGH Entsch. v. 16.5.2011 – Vf. 60–VI/10, BeckRS 2011, 51076; GK-HGB/*Schmidt* Rn. 13; Heymann/*Horn* Rn. 5; *Kreft* WM-Sonderbeilage 5/1997, 15; *Schmolke* JuS 2009, 585 (586).

[54] MüKoBGB/*Habersack* BGB § 766 Rn. 3; MüKoHGB/*K. Schmidt* § 1 Rn. 100, § 350 Rn. 10 f.; *K. Schmidt* ZIP 1986, 1510 (1515); ähnl. *Canaris* HandelsR § 24 Rn. 13.

[55] BGH Urt. v. 8.11.2005 – XI ZR 34/05, BGHZ 165, 43 = NJW 2006, 431 (432).

[56] BGH Urt. v. 12.5.1986 – II ZR 225/85, ZIP 1986, 1457 = NJW-RR 1987, 42 (43); BGH Urt. v. 28.1.1993 – IX ZR 259/91, BGHZ 121, 224 = NJW 1993, 1126; BGH Urt. v. 29.2.1996 – IX ZR 153/95, BGHZ 132, 119 = NJW 1996, 1467 (1468); BGH Urt. v. 20.3.1997 – IX ZR 83/96, NJW 1997, 1779 (1780); OLG Schleswig Urt. v. 18.1.2013 – 17 U 14/11, BeckRS 2014, 06690; KKRD/*Roth* Rn. 5; Oetker/*Pamp* Rn. 12; ebenso für Hand-lungsbevollmächtigten einer GmbH BGH Urt. v. 16.12.1999 – IX ZR 36/98, NJW 2000, 1179 (1180) = WM 2000, 514 = BB 2000, 532.

[57] Baumbach/Hopt/*Hopt* Rn. 7; HK-HGB/*Ruß* Rn. 2; Oetker/*Pamp* Rn. 12.

[58] KKRD/*Roth* § 1 Rn. 38a.

[59] BT-Drs. 13/8444, 33 f.; Oetker/*Pamp* Rn. 12; BeckOK HGB/*Lehmann-Richter* § 349 Rn. 8; dazu krit. *K. Schmidt* NJW 1998, 2161 (2162).

[60] So OLG München Urt. v. 4.10.2012 – 6 U 1447/12, BeckRS 2013, 02699; *Canaris* HandelsR § 24 Rn. 10, 14; GK-HGB/*Schmidt* Rn. 13; KKRD/*Roth* Rn. 3, § 1 Rn. 38b; Staub/*Koller,* 4. Aufl. 2001, Rn. 6 f., Vor §§ 343 ff. Rn. 39 ff.; aA *Hopt* AcP 183 (1983), 608 (677); MüKoHGB/*K. Schmidt* Rn. 7, § 1 Rn. 86 f.

Anwendung auf rechtlich unselbstständige **Unternehmen der öffentlichen Hand** (Eigen- und Regiebetriebe) hat durch Privatisierungen und durch das HRRefG an Bedeutung verloren. Nach dessen Streichung des § 36 aF und seines handels- und registerrechtlichen Privilegs sind heute auch diejenigen unselbstständigen Unternehmen der öffentlichen Hand automatisch Kaufleute nach § 1, die früher unter § 2 aF fielen, sich aber wegen § 36 aF nicht einzutragen hatten. Eine analoge Anwendung auf die noch verbleibenden unselbstständigen *Kleinunternehmen* der öffentlichen Hand widerspricht dem Grundgedanken des § 2, ehemals verkörpert ua in § 351 aF, und ist abzulehnen.

15   In Härtefällen kann die Berufung auf das Formerfordernis als **Rechtsmissbrauch** nach § 242 BGB unzulässig sein,[61] → D Rn. 450.

16   **d) Zeitpunkt.** Bürgschaft, Schuldversprechen und Schuldanerkenntnis sind *Verträge* nach §§ 765 Abs. 1, 780, 781 BGB.[62] Die Kaufmannseigenschaft muss daher im Augenblick des **Vertragsschlusses** vorliegen.[63] Der nachträgliche Verlust der Kaufmannseigenschaft führt zu keinen rechtlichen Veränderungen; die wirksam formfrei entstandene Verpflichtung bleibt wirksam.[64] Umgekehrt heilt der nachträgliche Erwerb der Kaufmannseigenschaft die unwirksame Verpflichtungserklärung nicht.[65] Allerdings kann der Erklärende das Rechtsgeschäft nunmehr formfrei entweder bestätigen nach § 141 Abs. 1 BGB oder erneut vornehmen, wobei im Zweifel jedes Mal Rückbeziehung gewollt sein wird, was § 141 Abs. 2 BGB entspricht, str.[66]

17   **e) Stellvertretung.** Bei der grundsätzlich zulässigen Stellvertretung[67] kommt es für § 350 auf die **Kaufmannseigenschaft des Vertretenen** an, unstr.[68] Da die Rechtsfolgen wirksamer Stellvertretung allein den Vertretenen treffen, ist Kaufmannseigenschaft des Vertreters daneben nicht erforderlich. Nach dieser Regel beurteilen sich auch die Folgen der **Vertretung ohne Vertretungsmacht**, str. Der vollmachtlose nichtkaufmännische Vertreter haftet daher aus mündlicher Bürgschaft, wenn der angeblich Vertretene Kaufmann ist, str.[69] § 179 BGB stellt nämlich eine Form der gesetzlichen Garantiehaftung für veranlasstes und enttäuschtes Vertrauen dar.[70] Weckt der vollmachtlose Vertreter das Vertrauen in die Kaufmannseigenschaft des Vertretenen, dann hat er deshalb hierfür einzustehen. Fällt die Bürgschaft unter § 350, so ist eine **Vollmacht** zu ihrer Abgabe oder Vervollständigung ebenfalls formfrei möglich,[71] vgl. auch → Rn. 19.

18   **f) Beweislast.** Die Beweislast für die Kaufmannseigenschaft des Bürgen, Versprechenden oder Anerkennenden trägt der Gläubiger, der sich auf § 350 beruft.[72]

III. Rechtsfolgen

19   **1. Formerfordernisse nach BGB.** Die **Bürgschaftserklärung** bedarf nach § 766 S. 1 BGB der gesetzlichen Schriftform des § 126 Abs. 1 BGB. Sie kann durch die elektronische Form nicht ersetzt werden, § 766 S. 2 BGB (→ D Rn. 428). Hierdurch soll der Bürge gewarnt und zu größerer Vorsicht angehalten werden.[73] Aus diesem Grund bedarf auch die **Vollmacht** zur Abgabe einer formbedürfti-

---

[61] BGH Urt. v. 12.5.1986 – II ZR 225/85, ZIP 1986, 1457 = NJW-RR 1987, 42 (43); BGH Urt. v. 28.1.1993 – IX ZR 259/91, BGHZ 121, 224 = NJW 1993, 1126 (1128); BGH Urt. v. 29.2.1996 – IX ZR 153/95, BGHZ 132, 119 = NJW 1996, 1467 (1469); *Canaris* HandelsR § 24 Rn. 16; Heymann/*Horn* Rn. 5; Palandt/*Sprau* BGB § 766 Rn. 5.

[62] BeckOK HGB/*Lehmann-Richter* Rn. 5.

[63] GK-HGB/*Schmidt* § 349 Rn. 40; Heymann/*Horn* § 349 Rn. 4; KKRD/*Roth* § 349 Rn. 3; Röhricht/Graf v. Westphalen/Haas/*Steimle/Dornieden* § 349 Rn. 6; HK-HGB/*Ruß* § 349 Rn. 2. AA MüKoHGB/*K. Schmidt* Rn. 4; Oetker/*Pamp* Rn. 15; Staub/*Koller*, 4. Aufl. 2001, § 350 Rn. 10; HaKo-HGB/*Klappstein* Rn. 7; Baumbach/Hopt/*Hopt* Rn. 7 und BeckOK HGB/*Lehmann-Richter* Rn. 8, die auf die Abgabe der Verpflichtungserklärung abstellen, wohl weil dann der Empfänger nach § 151 BGB nicht immer zugehen muss.

[64] Baumbach/Hopt/*Hopt* Rn. 7; Röhricht/Graf v. Westphalen/Haas/*Steimle/Dornieden* § 349 Rn. 6.

[65] Baumbach/Hopt/*Hopt* Rn. 7, § 349 Rn. 12; GK-HGB/*Schmidt* Rn. 15; Oetker/*Pamp* Rn. 15; HaKo-HGB/*Klappstein* Rn. 7.

[66] IE ebenso Röhricht/Graf v. Westphalen/*Wagner*, 1. Aufl. 1998, § 351 Rn. 3; aA (Wirksamkeit lediglich *ex nunc*) Baumbach/Hopt/*Hopt*, 33. Aufl. 2008, Rn. 7 (nunmehr offengelassen); Staub/*Koller*, 4. Aufl. 2001, Rn. 10.

[67] BGH Urt. v. 29.2.1996 – IX ZR 153/95, BGHZ 132, 119 = NJW 1996, 1467 (1468); Oetker/*Pamp* Rn. 13.

[68] GK-HGB/*Schmidt* Rn. 14; KKRD/*Roth* § 343 Rn. 2; Oetker/*Pamp* Rn. 13.

[69] So GK-HGB/*Schmidt* Rn. 14; aA *Fest* → § 343 Rn. 30; *Canaris* HandelsR § 20 Rn. 5 f.; KKRD/*Roth* Rn. 3, § 343 Rn. 2; Röhricht/Graf v. Westphalen/Haas/*Steimle/Dornieden* § 343 Rn. 18; Staub/*Koller*, 4. Aufl. 2001, § 343 Rn. 2.

[70] Palandt/*Ellenberger* BGB § 179 Rn. 1.

[71] BGH Urt. v. 29.2.1996 – IX ZR 153/95, BGHZ 132, 119 = NJW 1996, 1467 (1468); BGH Urt. v. 20.3.1997 – IX ZR 83/96, NJW 1997, 1779 (1780).

[72] OLG Hamm Urt. v. 13.12.2012 – 4 U 107/12, BeckRS 2013, 05764; Heymann/*Horn* Rn. 4; MüKoHGB/*K. Schmidt* § 349 Rn. 6, § 351 Rn. 8; BeckOK HGB/*Lehmann-Richter* Rn. 13; Röhricht/Graf v. Westphalen/*Wagner*, 1. Aufl. 1998, § 351 Rn. 4.

[73] BGH Urt. v. 3.12.1992 – IX ZR 29/92, NJW 1993, 724 (725); BGH Urt. v. 21.1.1993 – IX ZR 90/92, NJW 1993, 1261 (1262); BGH Urt. v. 30.3.1995 – IX ZR 98/94, NJW 1995, 1886 (1887); Palandt/*Sprau* BGB § 766 Rn. 1; Röhricht/Graf v. Westphalen/Haas/*Steimle/Dornieden* Rn. 4.

gen Bürgschaft oder zur Vervollständigung einer Blankobürgschaft der Schriftform,[74] → Rn. 11, 17. § 126 Abs. 1 BGB erfordert eigenhändige Unterschrift und wird durch §§ 126 Abs. 4, 127a BGB ersetzt sowie gem. § 766 S. 3 BGB geheilt. Die Schriftform der Bürgschaftserklärung ist nur eingehalten, wenn die Urkunde neben dem Einstandswillen des Bürgen auch Gläubiger, Hauptschuldner und Hauptschuld enthält.[75] Nur so kann das Schriftformerfordernis seine Warnfunktion erfüllen. Außerhalb der Urkunde liegende Umstände dürfen deshalb zur **Auslegung** nur herangezogen werden, wenn das Auslegungsergebnis auch im Text der Urkunde eine Stütze findet.[76] Da die Bürgschaftserklärung eine empfangsbedürftige Willenserklärung ist, muss die eigenhändig unterschriebene Urkunde dem Empfänger im Original zugehen.[77] Für die formlose Annahmeerklärung gilt dagegen § 151 S. 1 BGB.

Bei **Schuldversprechen** und **Schuldanerkenntnis** bedürfen das Versprechen und die Anerken- **20** nungserklärung nach §§ 780 S. 1, 781 S. 1 BGB ebenfalls der gesetzlichen Schriftform des § 126 Abs. 1 BGB. Sie kann durch die elektronische Form ebenfalls nicht ersetzt werden, §§ 780 S. 2, 781 S. 2 BGB. Ausnahmsweise sind Schuldversprechen und Schuldanerkenntnis nach § 782 BGB formfrei möglich, wenn sie auf Grund einer Abrechnung oder eines Vergleichs erteilt werden. Wie bei der Bürgschaft muss die eigenhändig unterschriebene Erklärung dem Gläubiger im Original zugehen; für die Annahme des Vertrags ist Schriftform genauso wenig erforderlich.[78] Schriftform für den gesamten Vertrag oder sogar ein strengeres Formerfordernis kann sich ergeben, wenn für die Begründung des versprochenen oder anerkannten Schuldverhältnisses eine andere Form, etwa nach § 311b BGB oder § 518 BGB, erforderlich ist, vgl. § 781 S. 3 BGB. § 350 entfaltet in diesem Fall keine Wirkung, da die Vorschrift nur von den Erfordernissen der §§ 780, 781 BGB befreien will, nicht dagegen von anderen Formerfordernissen.[79] Genauso wenig befreit § 350 von den wertpapierrechtlichen Vorschriften,[80] nach denen zB das Wechselakzept eine Unterschrift erfordert, Art. 25 WG (→ B Rn. 10). **Schutzzweck** der Vorschriften ist nach überwM unter Hinweis auf § 782 BGB allein die Beweissicherung. Danach sollen die Formerfordernisse lediglich klare Beweisverhältnisse und damit Rechtssicherheit schaffen.[81] Tatsächlich sollen die Formerfordernisse aber auch warnen und vor übereilter Abgabe riskanter Erklärungen schützen.[82]

2. Formfreiheit. Nach § 350 können Bürgschaft, Schuldversprechen und Schuldanerkenntnis eines **21** Kaufmanns formfrei, dh **mündlich oder konkludent,** erteilt werden. Auch Verpflichtungserklärungen per **Textform** (zB per Telefax, Computerfax, E-Mail oder auf anderen dauerhaften Datenträgern wie USB-Stick, Festplatte usw. gespeichert) und **elektronischer Form** sind möglich.[83] So ist die schriftliche Blankobürgschaft eines Kaufmannes verbunden mit der mündlichen Vollmacht, sie auszufüllen, wirksam.[84] Gleiches gilt für die formlose Änderung des Sicherungszwecks einer von einem Kaufmann erklärten Prozessbürgschaft.[85] Eine Bankbürgschaft ist nach § 350 auch dann wirksam, wenn sie zum Zwecke der Abwehr der Zwangsvollstreckung gegen den Hauptschuldner erteilt wird und hierfür nach § 775 Nr. 3 ZPO Urkundenvorlage erforderlich ist.[86] Ob die Aussage des Vorstandssprechers einer Großbank in Fernsehinterviews bzw. einer Pressekonferenz, alle von einem bestimmten Konkurs betroffenen Bauhandwerker erhielten ihr Geld, grundsätzlich eine wirksame Bürgschaftserklärung sein kann, ist allerdings fraglich.[87] Trotz der Formfreiheit gilt weiterhin das Bestimmtheitserfordernis der Bürgschaft.[88]

---

[74] BGH Urt. v. 29.2.1996 – IX ZR 153/95, BGHZ 132, 119 = NJW 1996, 1467 (1468); BGH Urt. v. 20.3.1997 – IX ZR 83/96, NJW 1997, 1779 (1780); *Fischer* WM 1998, 1705 (1707).

[75] BGH Urt. v. 30.3.1995 – IX ZR 98/94, NJW 1995, 1886 (1887); BGH Urt. v. 29.2.1996 – IX ZR 153/95, BGHZ 132, 119 = NJW 1996, 1467 (1468); Oetker/*Pamp* § 349 Rn. 5; Röhricht/Graf v. Westphalen/Haas/ *Steimle/Dornieden* Rn. 3; Palandt/*Sprau* BGB § 766 Rn. 3; HaKo-HGB/*Klappstein* Rn. 3.

[76] BGH Urt. v. 3.12.1992 – IX ZR 29/92, NJW 1993, 724 (725); BGH Urt. v. 13.10.1994 – IX ZR 25/94, NJW 1995, 43 (45); GK-HGB/*Schmidt* § 349 Rn. 4; Oetker/*Pamp* § 349 Rn. 6; Röhricht/Graf v. Westphalen/Haas/ *Steimle/Dornieden* Rn. 3.

[77] BGH Urt. v. 28.1.1993 – IX ZR 259/91, BGHZ 121, 224 = NJW 1993, 1126; Palandt/*Ellenberger* BGB § 126 Rn. 12.

[78] Palandt/*Sprau* BGB § 780 Rn. 6.

[79] Heymann/*Horn* Rn. 2; Oetker/*Pamp* Rn. 2, 4; Röhricht/Graf v. Westphalen/Haas/*Steimle/Dornieden* Rn. 2; HK-HGB/*Ruß* Rn. 3.

[80] MüKoHGB/*K. Schmidt* Rn. 14.

[81] BGH Urt. v. 8.12.1992 – XI ZR 96/92, BGHZ 121, 1 = NJW 1993, 584; Baumbach/Hopt/*Hopt* Rn. 4; GK-HGB/*Schmidt* Rn. 11; KKRD/*Roth* Rn. 2; Röhricht/Graf v. Westphalen/Haas/*Steimle/Dornieden* Rn. 6.

[82] Heymann/*Horn* Rn. 3.

[83] HaKo-HGB/*Klappstein* Rn. 8.

[84] MüKoHGB/*K. Schmidt* Rn. 18; Staub/*Koller*, 4. Aufl. 2001, Rn. 13; Oetker/*Pamp* Rn. 16; BeckOK HGB/ *Lehmann-Richter* Rn. 10; HaKo-HGB/*Klappstein* Rn. 3.

[85] BGH Urt. v. 16.3.2004 – XI ZR 335/02, NJW-RR 2004, 1128 (1130) mAnm *Pohlmann* LMK 2004, 174.

[86] Baumbach/Hopt/*Hopt* Rn. 7.

[87] Oetker/*Pamp* Rn. 16; so im Prinzip OLG Frankfurt a. M. Beschl. v. 27.6.1996 – 10 W 37/95, NJW 1997, 136; Vorinstanz LG Frankfurt a. M. Beschl. v. 28.8.1995 – 2/14 O 179/95, NJW 1995, 2641.

[88] BGH Urt. v. 31.5.1978 – VIII ZR 109/77, WM 1978, 1065 (1066).

22   **3. Gewillkürte Schriftform.** In der Praxis wird von der dispositiven[89] Norm des § 350 idR abgewichen und Schriftform vereinbart (→ Rn. 2). Ob sogar ein entsprechender Handelsbrauch für Bankbürgschaften besteht, soll offen sein.[90] Für den Interbankenverkehr ist das, schon auf Grund des Vier-Augen-Prinzips, zu bejahen. Da im Handelsverkehr die Warnfunktion entfällt, hat die gewillkürte Schriftform allein **Beweisfunktion.** Sie soll den Umfang der Verpflichtung klarstellen und im Streitfall beweisen.[91] Für die gewillkürte Schriftform gelten daher nicht die Anforderungen der §§ 766 S. 1 und 2, 780, 781 S. 1 und 2 iVm § 126 Abs. 1 BGB, sondern die **Auslegungsregeln** des § 127 BGB mit den dort genannten Erleichterungen.[92] Da nach Abs. 2 im Zweifel auch die telekommunikative Übermittlung zulässig ist, genügen Telefax, Computerfax und einfache E-Mail der gewillkürten Schriftform,[93] ebenso wie Telegramm und Fernschreiben – wenn es wie noch gibt. Der Zugang eines eigenhändig unterschriebenen Originals ist nicht erforderlich.[94] Sofern durch Rechtsgeschäft die elektronische Form bestimmt wird, ist § 127 Abs. 3 BGB zu beachten. Danach genügt idR auch eine andere als die in § 126a BGB bestimmte elektronische Signatur zur Wahrung der gewillkürten Form. Für die **Auslegung** der Erklärung ist die Urkunde heranzuziehen, auch wenn die Erklärung formfrei möglich gewesen wäre.[95] In Abweichung von § 766 S. 1 BGB kann dabei aber auch dann auf Umstände außerhalb der Urkunde zurückgegriffen werden, wenn es für das Auslegungsergebnis im Text der Urkunde keinerlei Anhaltspunkte gibt,[96] etwa, wenn sich Art und Umfang der Hauptschuld allein aus externen Umständen ermitteln lassen.[97]

IV. IPR

23   Nach Art. 3 Abs. 1 Rom I-VO untersteht die Bürgschaft dem von den Parteien des Bürgschaftsvertrags ausdrücklich oder konkludent gewählten Recht, dem sog. **Bürgschaftsstatut.** Bei der Bürgschaft eines Kreditinstituts ist die Wahl deutschen Rechts in Nr. 6 (1) AGB-Banken und AGB-Sparkassen zu beachten. Das Bürgschaftsstatut regelt das Ob und Wie der Bürgenleistung. Es regelt auch, ob dem Bürgen bestimmte Einreden, etwa diejenige der Vorausklage nach § 771 BGB, zustehen.[98] Fehlt es an einer Rechtswahl, unterliegt die Bürgschaft nach Art. 4 Abs. 2 Rom I-VO dem Recht des Staates, in dem die Partei, welche die charakteristische Leistung erbringt, ihren gewöhnlichen Aufenthalt (dazu Art. 19 Rom I-VO) hat. Das ist der Staat des Bürgen, da er bei der Bürgschaft die **charakteristische Leistung** erbringt.[99] Grundsätzlich ist das Bürgschaftsstatut vom Statut der Hauptschuld losgelöst.[100] Ausnahmsweise kann allerdings eine besonders enge Beziehung zur Hauptschuld zu einem gemeinsamen Vertragsstatut nach Art. 4 Abs. 3 Rom I-VO führen.[101]

24   Für die **Form der Bürgschaft** gilt die **alternative Anknüpfung** des Art. 11 Abs. 1 Rom I-VO.[102] Danach ist der Bürgschaftsvertrag formgültig, wenn er entweder den Formerfordernissen des Bürgschaftsstatuts genügt oder denjenigen des Rechts des Ortes, an dem der Bürgschaftsvertrag geschlossen wird (Ortsrecht). Handelt ein **Vertreter,** ist für den Ort des Abschlusses der Staat maßgebend, in dem sich der Vertreter befindet, Art. 11 Abs. 1 Rom I-VO.[103] Bei Distanzbürgschaften, bei denen sich die Bürgschaftsparteien oder ihre Vertreter bei Vertragsschluss in verschiedenen Staaten befinden, genügt

---

[89] OLG Köln Urt. v. 27.11.2012 – 3 U 69/12, BeckRS 2014, 02154; BeckOK HGB/*Lehmann-Richter* Rn. 12; KKRD/*Roth* Rn. 6a; Oetker/*Pamp* Rn. 17; Röhricht/Graf v. Westphalen/Haas/*Steimle*/*Dornieden* Rn. 2, 4.

[90] OLG Bremen Urt. v. 12.7.2013 – 2 U 117/12, BeckRS 2013, 17628; GK-HGB/*Schmidt* Rn. 17.

[91] BGH Urt. v. 3.12.1992 – IX ZR 29/92, NJW 1993, 724 (725); BGH Urt. v. 24.9.1998 – IX ZR 425/97, NJW 1998, 3708 (3709); Baumbach/Hopt/*Hopt* Rn. 7 aE; Röhricht/Graf v. Westphalen/Haas/*Steimle*/*Dornieden* Rn. 4.

[92] OLG Bremen Urt. v. 12.7.2013 – 2 U 117/12, BeckRS 2013, 17628; Baumbach/Hopt/*Hopt* Rn. 7 aE; GK-HGB/*Schmidt* Rn. 17; Oetker/*Pamp* Rn. 17; Staub/*Koller,* 4. Aufl. 2001, Rn. 11; BeckOK HGB/*Lehmann-Richter* Rn. 12.

[93] Palandt/*Ellenberger* BGB § 127 Rn. 2; Oetker/*Pamp* Rn. 17.

[94] Oetker/*Pamp* Rn. 17.

[95] BGH Urt. v. 18.2.1993 – IX ZR 108/92, NJW-RR 1993, 945 (946).

[96] BGH Urt. v. 18.2.1993 – IX ZR 108/92, NJW-RR 1993, 945 (946); BGH Urt. v. 3.12.1992 – IX ZR 29/92, NJW 1993, 724 (725); *Fischer* WM 1998, 1705 (1708).

[97] *Kreft* WM-Sonderbeilage 5/1997, 15; Röhricht/Graf v. Westphalen/Haas/*Steimle*/*Dornieden* Rn. 4.

[98] Heymann/*Horn* Anh. § 372 Rn. VII/72.

[99] BGH Urt. v. 28.1.1993 – IX ZR 259/91, BGHZ 121, 224 = NJW 1993, 1126; OLG Saarbrücken Urt. v. 5.2.1997 – 1 U 468/96-77, WM 1998, 2465 (2466); *Welter* in Schimansky/Bunte/Lwowski BankR-HdB § 118 Rn. 39; Baumbach/Hopt/*Hopt* § 349 Rn. 23; MüKoBGB/*Martiny* Rom I-VO Art. 4 Rn. 224; MüKoHGB/*K. Schmidt* § 349 Rn. 20; Palandt/*Thorn* Rom I-VO Art. 4 Rn. 27; Oetker/*Pamp* § 349 Rn. 1; BeckOK HGB/*Lehmann-Richter* § 349 Rn. 2.

[100] OLG Saarbrücken Urt. v. 5.2.1997 – 1 U 468/96-77, WM 1998, 2465 (2466); Baumbach/Hopt/*Hopt* § 349 Rn. 23; Heymann/*Horn* Anh. § 372 Rn. VII/72; Palandt/*Thorn* Rom I-VO Art. 4 Rn. 27; BeckOK HGB/*Lehmann-Richter* § 349 Rn. 2.

[101] *Welter* in Schimansky/Bunte/Lwowski BankR-HdB § 118 Rn. 39; Baumbach/Hopt/*Hopt* § 349 Rn. 23; MüKoBGB/*Martiny* Rom I-VO Art. 4 Rn. 224.

[102] MüKoBGB/*Martiny* Rom I-VO Art. 4 Rn. 228; Oetker/*Pamp* § 349 Rn. 1; BeckOK HGB/*Lehmann-Richter* Rn. 2.

[103] Hierzu BGH Urt. v. 28.1.1993 – IX ZR 259/91, BGHZ 121, 224 = NJW 1993, 1126 (1128).

für die Formgültigkeit auch die Einhaltung der Formvorschriften eines dieser Staaten, Art. 11 Abs. 2 Rom I-VO.[104] Art. 11 Rom I-VO ist dispositiv.[105] Haben die Parteien das Bürgschaftsstatut ausdrücklich gewählt, regelt sich deshalb im Zweifel auch die Form der Bürgschaft allein danach.

Die Ausführungen zur Bürgschaft gelten entsprechend für das auf **Schuldversprechen** und 25 **Schuldanerkenntnis** anwendbare Recht. Die charakteristische Leistung erbringt in beiden Fällen der versprechende oder anerkennende Schuldner. Häufig wird allerdings die Nähe zum Grundgeschäft zu einem einheitlichen Schuldstatut führen. Das Vertragsstatut beim **Kreditauftrag** bestimmt sich ebenfalls nach Art. 3 f. Rom I-VO; die charakteristische Leistung erbringt der beauftragte Kreditgeber.

§ 351 *(aufgehoben)*

§ 351 wurde durch das HRRefG vom 22.6.1998 (BGBl. 1998 I 1474), in Kraft getreten am 1.7.1998, aufgehoben (→ § 350 Rn. 4).

§ 352 [Gesetzlicher Zinssatz]

(1) [1]**Die Höhe der gesetzlichen Zinsen, mit Ausnahme der Verzugszinsen, ist bei beiderseitigen Handelsgeschäften fünf vom Hundert für das Jahr.** [2]**Das gleiche gilt, wenn für eine Schuld aus einem solchen Handelsgeschäfte Zinsen ohne Bestimmung des Zinsfußes versprochen sind.**

(2) **Ist in diesem Gesetzbuche die Verpflichtung zur Zahlung von Zinsen ohne Bestimmung der Höhe ausgesprochen, so sind darunter Zinsen zu fünf vom Hundert für das Jahr zu verstehen.**

Schrifttum: *Bartsch,* Zum gesetzlichen Zinssatz, NJW 1980, 2564; *Bartsch,* Nochmals: Zur Höhe der gesetzlichen Zinsen, NJW 1981, 859; *Basedow,* Die Aufgabe der Verzugszinsen in Recht und Wirtschaft, ZHR 143 (1979), 317; *Basedow,* Verzugszinsen und Diskontsatz, ZRP 1980, 215; *Belke,* Abstrakte Schadensberechnung und Anscheinsbeweis am Beispiel des Zinsschadens, JZ 1969, 586; *Berger,* Der Zinsanspruch im internationalen Wirtschaftsrecht, RabelsZ 61 (1997), 313; *Brehm,* Anm. zu BGH 6.3.1987 (BGHZ 100, 211), ZZP 101 (1988), 453; *Büttner,* Der Anspruch auf Herausgabe von Kapitalnutzungen, BB 1970, 233; *Canaris,* Der Zinsbegriff und seine rechtliche Bedeutung, NJW 1978, 1891; *Casper,* Vorformulierte Verzugszinspauschalierung durch Diskontsatzverweis, NJW 1997, 240; *Crisolli,* Mehr als vier Prozent Zinsen in bürgerlich-rechtlichen Rechtsstreitigkeiten?, DJZ 1926, 167; *Deichfuß,* Die sogenannten Zukunftszinsen, MDR 1992, 334; *Ernst,* Negativzinsen aus zivilrechtlicher Sicht – ein Problemaufriss, ZfPW 2015, 250; *Fergen,* Der Nachweis des weitergehenden Zinsschadens gemäß § 288 Abs. 2 BGB, 1994; *Flessner,* Geldersatz bei Zahlungsverzug – eine Skizze aus Europäischen Vertragsrecht, Mélanges Fritz Sturm, 1999, Bd. II, 1165; *Frühauf,* Die Grenzen des Zinsurteils. Das prognostische Zinsurteil und die Notwendigkeit seiner Einschränkung, 1998; *Frühauf,* Zinsprognose und zivilrichterliche Verantwortung, NJW 1999, 1217, *Gelhaar,* Zur Höhe der gesetzlichen Verzugs- und Prozesszinsen, NJW 1980, 1372; *Gelhaar,* Nochmals: Zur Höhe der gesetzlichen Zinsen, NJW 1981, 859; *Gitschthaler,* Verzugsschaden und Verzugsbereicherung, ÖJZ 1985, 233; *Goltermann,* Höhe der Verzugszinsen, JW 1926, 1791; *Goltermann,* Zöpfe, DRiZ 1927, 50; *Graf,* Zinsen, Bereicherung und Verjährung, öJBl. 1990, 350; *Grothe,* Fremdwährungsverbindlichkeiten, 1999; *Gruber,* Die kollisionsrechtliche Anknüpfung der Verzugszinsen, MDR 1994, 759; *Grunsky,* Verzugsschaden und Geldentwertung, Gedächtnisschrift für Bruns, 1980, 19; *Grunsky,* Anwendbares Recht und gesetzlicher Zinssatz, FS Merz, 1992, 147; *Haberzettl,* Verschulden und Versprechen. Zur Haftung des Schuldners für die Verzögerung der Leistung, 2006; *Harke,* Schuldnerverzug, 2006 (rechtshistorisch); *Herr,* Das Ende der Zukunftszinsen?, NJW 1988, 3137; *Herr,* Zur Höhe der Verzugszinsen nach der mündlichen Verhandlung, MDR 1989, 778; *Hingst/Neumann,* Negative Zinsen – Die zivilrechtliche Einordnung eines nur scheinbar neuen geldpolitischen Phänomens, BKR 2016, 95; *Honsell,* Der Verzugsschaden bei der Geldschuld, FS Lange, 1992, 509; *Huber,* Das Gesetz zur Beschleunigung fälliger Zahlungen und die europäische Richtlinie zur Bekämpfung von Zahlungsverzug im Geschäftsverkehr, JZ 2000, 957; *Jacobus,* Der Rechtsbegriff der Zinsen, 1908; *Jud,* Marginalien zum Ersatz aufgewendeter oder entgangener Zinsen, FS Ostheim, 1990, 113; *Kahlert,* Nochmals: Ende der Zukunftszinsen?, NJW 1990, 1715; *Kindler,* Gesetzliche Zinsansprüche im Zivil- und Handelsrecht. Plädoyer für einen kreditmarktorientierten Fälligkeitszins, 1996; *Kindler,* Die höchstrichterliche Rechtsprechung zum Ersatz entgangener Anlagezinsen, WM 1997, 2017; *Königer,* Die Bestimmung der gesetzlichen Zinshöhe nach dem deutschen Internationalen Privatrecht. Eine Untersuchung unter besonderer Berücksichtigung der Artt. 78 und 84 UN-Kaufrecht (CISG), 1997 (dazu die Bespr. durch *J. Gruber* RabelsZ 2001, 758); *Koopmann/Wenzel/Winter,* Der Anspruch auf Verzugszinsen in der Prozesspraxis, ZZP 91 (1978), 209; *Krepold/Herrle,* Negative Zinsen – rechtliches Neuland, BKR 2018, 89; *Maaßen,* Ueber handelsrechtliche (kaufmännische) Zinsen, Busch's Archiv 1 (1863), 127; *Mannhardt,* Zur Rechtsprechung über Zinsen, JW 1926, 1790; *Müller,* AGB-rechtliche Zulässigkeit von Diskontsatz-Verzugszinsklauseln, NJW 1996, 1520; *Münzberg,* Rechtsbehelfe mit Absinken rechtskräftig titulierter Verzugszinssätze – BGHZ 100, 211, JuS 1988, 345; *Nasall,* Vertraglicher Zins- und Verzugsschaden – eine rechtshistorische Anmerkung, WM 1989, 705; *Omlor,* Geldprivatrecht: Entmaterialisierung, Europäisierung, Entwertung, 2014; *Peters,* Der Zinssatz des § 288 I 1 BGB, ZRP 1980, 90; *Reifner,* Zinsberechnung in Recht, AcP 214 (2014), 695; *Roll,* Die Höhe der Verzugszinsen, DRiZ 1973, 339; *Sandrock,* Verzugszinsen vor internationalen Schiedsgerichten, JbSchiedsgerichtb 3 (1989), 64; *R. Schmitz,* Zinsrecht. Zum Recht der Zinsen in Deutschland und in der

---

[104] BeckOK HGB/*Lehmann-Richter* Rn. 2.
[105] Palandt/*Thorn* Rom I-VO Art. 11 Rn. 4.

Europäischen Union, 1994; *Schopp,* Verzugszinsen, Verzugsschaden, MDR 1989, 1; *Schulze,* Zur Höhe der Verzugs-
zinsen nach der mündlichen Verhandlung, MDR 1989, 510; *Staub,* Die Höhe der Verzugszinsen nach neuem Recht,
DJZ 1900, 64; *R. H. Weber,* Gedanken zur Verzugsschadensregelung bei Geldschulden, FS Keller, 1989, 323;
W. Zimmermann, Der Zins im Zivilprozess, JuS 1991, 229, 583, 674, 758.

Übersicht

I. Normzweck und Stellung im System

1   **1. Überblick.** Die Vorschrift regelt die **Höhe des gesetzlichen Zinssatzes** bei beiderseitigen
Handelsgeschäften (Abs. 1) sowie für die Zinstatbestände des HGB (Abs. 2). Sie setzt dabei einen
entweder nach dem HGB (Abs. 2) oder anderen Gesetzen (Abs. 1 S. 1) bestehenden – dh gesetzlichen
– oder einen rechtsgeschäftlich vereinbarten (Abs. 1 S. 2) Zinsanspruch voraus und ist somit – anders
als § 353 S. 1 sowie § 354 Abs. 1[1] und 2[2] – **keine eigene Anspruchsgrundlage.**[3] Auf rechtsgeschäftlich begründete Zinsschulden findet die Vorschrift gem. Abs. 1 S. 2 – als Auslegungsregel – nur dann
Anwendung, wenn diese ausnahmsweise (jedenfalls ausdrücklich) nur dem Grunde nach versprochen
wurden („ohne Bestimmung des Zinsfußes"). § 352 ist handelsrechtliches **Pendant zu § 246 BGB;**

---

[1] BGH Urt. v. 23.11.2016 – VIII ZR 269/15 Rn. 10, 18, NJW 2017, 1388 (1389); BeckOK HGB/*Lehmann-
Richter* § 354 Rn. 4; Oetker/*Pamp* § 354 Rn. 2; dazu näher → § 354 Rn. 2 mwN; aA MüKoHGB/*K. Schmidt* § 354
Rn. 1; Staub/*Canaris,* 4. Aufl. 2001, § 354 Rn. 2; BeckOGK/*Beurskens* Rn. 30.

[2] Staub/*Canaris,* 4. Aufl. 2001, Rn. 14; BeckOK HGB/*Lehmann-Richter* § 354 Rn. 28; dazu näher → § 354
Rn. 33 ff.; aA MüKoHGB/*K. Schmidt* § 354 Rn. 1, 15; BeckOGK/*Beurskens* Rn. 57.

[3] MüKoHGB/*K. Schmidt* Rn. 2; Oetker/*Pamp* Rn. 1.

gem. Art. 2 Abs. 1 EGHGB verdrängt er diese Vorschrift innerhalb seines Anwendungsbereichs vollständig. Ebenso wie § 246 BGB statuiert § 352 einen – von dynamischen, auf dem Basiszinssatz (§ 247 BGB) aufsetzenden Zinssätzen zu unterscheidenden[4] – **Festzinssatz.**

2. Gesetzesgeschichte. Eine wesentliche Änderung hat die Vorschrift zuletzt durch das Gesetz zur 2 Beschleunigung fälliger Zahlungen vom 30.3.2000[5] erfahren. Seitdem regelt § 352 Abs. 1 S. 1 den Zinssatz für Forderungen, die ab dem 1.5.2000 fällig werden oder geworden sind (Art. 229 § 1 Abs. 1 S. 3 EGBGB), nur noch **„mit Ausnahme der Verzugszinsen",** statt wie früher „unter Einschluss der Verzugszinsen".[6] Der gesetzliche Verzugszins wurde dabei vom 1.5.2000 bis zum In-Kraft-Treten des SMG am 1.1.2002 zunächst für das Zivil- wie für das Handelsrecht gleichermaßen durch § 288 Abs. 1 S. 1 BGB idF des Gesetzes zur Beschleunigung fälliger Zahlungen bestimmt und betrug stets – dynamisch – fünf Prozentpunkte über dem Basiszinssatz nach (damals) § 1 des DÜG.[7] (Erst) seit dem 1.1.2002 differenziert das Verzugsrecht des BGB in Bezug auf Entgeltforderungen danach, ob an dem Rechtsgeschäft, auf dem die zu verzinsende Geldschuld beruht, ein Verbraucher beteiligt ist oder nicht (vgl. § 288 Abs. 1 und 2 BGB; → Rn. 35 ff.). Jenseits des Verzugs verbleibt es gem. § 352 bei dem **im Verhältnis zum Bürgerlichen Recht** (§ 246 BGB) um einen Prozentpunkt **erhöhten (Fest-)Zinssatz von 5 %.** Das SMG hat am Wortlaut des § 352 nichts geändert.

3. Geltungsgrund. Die **Rechtfertigung** für die unterschiedliche Regelung des gesetzlichen Zins- 3 satzes im Zivilrecht einerseits und im Handelsrecht andererseits setzt nach herkömmlicher Auffassung beim **kaufmännischen Geldgläubiger** an. Für ihn habe, so die überkommene Vorstellung, die Verfügungsmöglichkeit über geschuldetes Geld größere wirtschaftliche Bedeutung als für den Privatmann.[8] Diese Einschätzung (*„pecunia mercatoris valet plus quam pecunia non mercatoris"*) herrschte auch bei den Beratungen zum HGB vor und setzte sich schließlich gegen eine starke Gegenmeinung durch, die sich für einen einheitlichen Zinssatz im Zivil- und Handelsrecht ausgesprochen hatte.[9]

4. Verfassungsrechtliche Bedenken. Es ist indes **zweifelhaft,** ob die unterschiedlichen gesetzli- 4 chen Zinssätze im Zivil- und im Handelsrecht mit dem allgemeinen **Gleichheitssatz des Art. 3 Abs. 1 GG** in Einklang zu bringen sind. Dieser gebietet unter Gerechtigkeitsgesichtspunkten, gleiche Sachverhalte gleich und ungleiche Sachverhalte ungleich zu behandeln. Eine ungleiche Behandlung mehrerer Gruppen von Normadressaten ist nach der Rechtsprechung des Bundesverfassungsgerichts nur dann mit Art. 3 Abs. 1 GG zu vereinbaren, wenn „zwischen ihnen Unterschiede von solcher Art und solchem Gewicht bestehen, dass sie eine ungleiche Behandlung rechtfertigen können. Ungleichbehandlung und rechtfertigender Grund müssen in einem angemessenen Verhältnis zueinander stehen".[10] Die einzige Rechtfertigung für die Schlechterstellung der großen Gruppe der nichtkaufmännischen Gläubiger gegenüber den kaufmännischen Gläubigern durch die Normierung unterschiedlicher gesetzlicher Zinssätze für beide Gruppen ist die zuvor (→ Rn. 3) angeführte **angebliche größere Begabung des Kaufmanns im Umgang mit Geld.** Ein empirischer Beleg für diese Behauptung existiert jedoch soweit ersichtlich nicht. Sie entspricht insbesondere auch nicht den Gegebenheiten im heutigen Wirtschaftsleben, dh dem Anlageverhalten und der ausgeprägten „Zinsvernunft" auch von Nichtkaufleuten.[11] Mit den Worten des Bundesgerichtshofs ist daher „eine Ungleichbehandlung von Kaufleuten und Nichtkaufleuten [...] aus heutiger Sicht in Bezug auf das Zinsrecht **kaum nachzuvollziehen".**[12] Folglich vermag die bloße Behauptung einer größeren Begabung des Kaufmanns im Umgang mit Geld nur schwerlich die Disparität im Zinsrecht zu rechtfertigen. Auch der Umstand, dass diese Disparität historisch gewachsen ist, ändert an dieser Beurteilung nichts. Das Bundesverfassungsgericht hat es stets abgelehnt, eine historisch gewachsene Unterscheidung allein auf Grund ihrer Tradition mit Legitimationskraft für eine gesetzliche Differenzierung auszustatten.[13] Schließlich ist auch keine Verbindungslinie zwischen den allgemeinen Prinzipien des Handelsrechts und der vom Zivilrecht abweichenden Zinsregelung erkennbar, aus der sich sachliche Differenzierungspunkte für eine Besserstellung des Kaufmanns im Zinsrecht gewinnen ließen.[14]

---

[4] MüKoHGB/*K. Schmidt* Rn. 1.

[5] BGBl. 2000 I 330.

[6] Für Forderungen, die bis zum 30.4.2000 fällig geworden sind, verbleibt es bei der Regelung des § 352 Abs. 1 S. 1 aF, die innerhalb ihres Anwendungsbereichs die Zinssatzfestlegung durch § 288 Abs. 1 S. 1 BGB verdrängte; OLG Saarbrücken Urt. v. 16.5.2006 – 4 U 654/04, NJOZ 2006, 4753 (4758).

[7] Dazu → 1. Aufl. 2001, Rn. 111 ff. sowie *Grothe* IPRax 2002, 119 (122); das DÜG wurde mit Gesetz vom 4.4.2002 (BGBl. I 1219) aufgehoben.

[8] Heymann/*Horn* Rn. 11; BeckOGK/*Beurskens* Rn. 1 stellt zudem auf eine höhere Abschreckungswirkung ab.

[9] Näher Düringer/Hachenburg/*Werner* Anm. 1; *Kindler,* Gesetzliche Zinsansprüche im Zivil- und Handelsrecht, 1996, 207 f.

[10] BVerfG Urt. v. 30.5.1990 – 1 BvL 2/83 ua, BVerfGE 82, 126 (146) = NJW 1990, 2246.

[11] Vgl. hierzu ausf. *Kindler,* Gesetzliche Zinsansprüche im Zivil- und Handelsrecht, 1996, 155 ff.

[12] BGH Urt. v. 27.2.2018 – VI ZR 121/17, BGHZ 217, 374 Rn. 18 = NJW 2018, 2197 (2199).

[13] Vgl. dazu *Neuner* ZHR 157 (1993), 243 (288 f.).

[14] S. *Kindler,* Gesetzliche Zinsansprüche im Zivil- und Handelsrecht, 1996, 262.

5   Insgesamt sind daher die noch fortgeltenden unterschiedlichen Zinssätze im Zivil- und Handelsrecht **nicht gerechtfertigt.** Die Divergenz von einem Prozentpunkt ist auch durchaus nicht unerheblich. Dasselbe gilt im Hinblick auf die Größe der von der sachwidrigen Unterscheidung betroffenen Personengruppe. Folglich dürften die unterschiedlichen Zinssätze in § 246 BGB einerseits und in § 352 andererseits **gegen Art. 3 Abs. 1 GG** verstoßen.[15] Vor diesem Hintergrund ist zu bedauern, dass weder im Zuge der Neuregelung des Verzugszinses[16] noch anlässlich des SMG eine generelle Anpassung der Zinssätze im Zivil- und im Handelsrecht stattgefunden hat. Für eine derartige Angleichung der Zinssätze (durch Streichung von § 352) hatte sich nämlich die Schuldrechtskommission in ihrem Abschlussbericht ausgesprochen.[17] Sie stünde im Übrigen auch im Einklang mit der entsprechenden Rechtsentwicklung im europäischen Ausland.[18]

II. Gesetzlicher Zinssatz bei beiderseitigen Handelsgeschäften (Abs. 1)

6   Der *gesetzliche* **Zinssatz** des Handelsrechts beträgt nach § 352 Abs. 1 **S. 1** bei **gesetzlichen** Zinsschulden **5 %,** wenn die nachfolgend darzustellenden Voraussetzungen erfüllt sind. Für **rechtsgeschäftliche,** dh nicht bereits kraft Gesetzes entstehende, vertraglich vereinbarte Zinsschulden stellt demgegenüber § 352 Abs. 1 **S. 2** unter denselben Voraussetzungen eine gleichlautende **Auslegungsregel**[19] auf. Danach beträgt der gesetzliche Zinssatz bei Vereinbarung einer Verzinsungspflicht ohne ausdrückliche bzw. konkludente Bestimmung des Zinsfußes ebenfalls 5 % (→ Rn. 34a).

7   **1. Kaufmannseigenschaft von Schuldner und Gläubiger im Zeitpunkt der Begründung der Verbindlichkeit.** Zunächst müssen sowohl Anspruchsteller als auch Anspruchsgegner **Kaufleute** iSd §§ 1–6 sein. Gleichgestellt sind gem. § 383 Abs. 2 S. 2 (bei Vorliegen eines Kommissionsgeschäfts) sowie § 407 Abs. 2 S. 2 (beim Lagergeschäft), § 453 Abs. 3 S. 2 (beim Speditionsgeschäft), § 467 Abs. 3 S. 2 (beim Lagergeschäft) und § 481 Abs. 3 S. 2 (beim Stückgutfrachtvertrag) bestimmte kleingewerbliche Nichtkaufleute (→ Vor § 1 Rn. 9; → § 2 Rn. 42).

8   In Bezug auf **Scheinkaufleute** ist danach zu **differenzieren,** ob die Vorschrift *zugunsten* oder *zu Lasten* des jeweiligen Scheinkaufmanns angewendet werden soll: Nach **ganz hM** ist § 352 Abs. 1 (nur) **zu Lasten** des Scheinkaufmanns **uneingeschränkt** anwendbar.[20] Eine früher vertretene Mindermeinung wollte demgegenüber in Ausnahmefällen auch zugunsten eines nur scheinbar als Kaufmann Auftretenden eine Verzinsung nach § 352 Abs. 1 zulassen.[21] Dies widerspricht jedoch den Grundsätzen sowohl der Vertrauenshaftung im Allgemeinen als auch der Rechtsscheinlehre im Besonderen, wonach ein Rechtsschein Rechtswirkungen nur zugunsten gutgläubiger Dritter, nicht jedoch Bösgläubiger bzw. gar des Rechtsscheinverursachers selbst entfaltet.[22] Anders verhält es sich nur bei absolut, dh für und gegen jedermann wirkenden Verkehrsschutzvorschriften wie zB § 5, nicht jedoch bei „bloßen" Rechtsscheintatbeständen wie der Lehre vom Scheinkaufmann.[23] Entsprechend wird die Kaufmannseigenschaft beim Kaufmann kraft Rechtsschein allein zu seinem Nachteil fingiert (→ § 5 Rn. 80) und **verbietet sich eine Anwendung** des § 352 Abs. 1 **zugunsten des Scheinkaufmanns. Zu seinen Lasten** ist eine Anwendung der Vorschrift dagegen im Interesse des Handelsverkehrs, der wegen des Auftretens des Rechtsscheinveranlassers auf das Vorliegen der Kaufmannseigenschaft vertraut hat, **stets**

---

[15] So insbes. *Kindler,* Gesetzliche Zinsansprüche im Zivil- und Handelsrecht, 1996, 262 sowie *Kindler* → 3. Aufl. 2015, Rn. 4 f., der angesichts der Zinssatzdisparität sogar die Einholung einer verfassungsgerichtlichen Entscheidung nach Art. 100 Abs. 1 GG für erwägenswert hält; zust. *Canaris* HandelsR § 26 Rn. 10; Staub/*Canaris,* 4. Aufl. 2001, Rn. 4; zweifelnd bereits *Basedow* ZHR 143 (1979), 317 (335) bei Fn. 85.

[16] Durch das Gesetz zur Beschleunigung fälliger Zahlungen (BGBl. I 330) war zunächst ein einheitlicher Verzugszinssatz für das Zivil- und das Handelsrecht eingeführt worden (→ Rn. 2). Das SMG hat die Zinssatzdisparität dann jedoch auch im Verzugsrecht erneut eingeführt: Für seit dem 1.1.2002 entstandene Schuldverhältnisse betrug der Abstand der Verzugszinsen (nur) bei Entgeltforderungen, je nachdem, ob eine Verbraucherbeteiligung vorliegt oder nicht (§ 288 Abs. 1 und 2 BGB), zunächst 3 vH; für nach dem 28.7.2014 entstandene Schuldverhältnisse beträgt der Abstand nunmehr sogar 4 vH (Gesetz vom 22.7.2014, BGBl. I 1218); dazu näher → Rn. 35 ff. Krit. insofern *Kindler,* Gesetzliche Zinsansprüche im Zivil- und Handelsrecht, 1996, 258 f., wonach der gesetzliche Zinssatz für Verzugszinsen für Nichtkaufleute an sich sogar höher sein müsste als der dem Kaufmann zustehende, da kaufmännische Gläubiger bei einer durch den Verzug ihres Schuldners erforderlichen Kreditaufnahme den Kredit häufig zu günstigeren Konditionen erhalten als Privatleute.

[17] Vgl. § 246 BGB–KE; dazu Abschlussbericht S. 117. Für eine Streichung des § 352 plädiert auch Staub/*Canaris,* 4. Aufl. 2001, Rn. 5.

[18] Vgl. *Kindler,* Gesetzliche Zinsansprüche im Zivil- und Handelsrecht, 1996, 262; für England s. *Schellack* RIW 1999, 192.

[19] MüKoHGB/*K. Schmidt* Rn. 8; KKRD/*Roth* Rn. 1.

[20] Baumbach/Hopt/*Hopt* Rn. 1; MüKoHGB/*K. Schmidt* Rn. 6; Oetker/*Pamp* Rn. 7; BeckOK HGB/*Lehmann-Richter* Rn. 5; HK-HGB/*Ruß* Rn. 1; KKRD/*Roth* Rn. 2; Heymann/*Horn* Rn. 13; Röhricht/Graf v. Westphalen/Haas/*Wagner* Rn. 4; Schlegelberger/*Hefermehl* Rn. 15; Staub/*Canaris,* 4. Aufl. 2001, Rn. 7; BeckOGK/*Beurskens* Rn. 12.

[21] Staub/*v. Godin,* 2. Aufl. 1963, Anm. 3.

[22] S. nur *Canaris,* Die Vertrauenshaftung im Privatrecht, 1971, 30 f.

[23] MüKoHGB/*K. Schmidt* Rn. 6 („sehr im Unterschied zu den nach § 5 eingetragenen Kaufleuten") sowie *Canaris,* Die Vertrauenshaftung im Privatrecht, 1971, 30.

geboten.[24] Ein Handeln wider besseres Wissen ist insoweit nicht erforderlich. Denn die Rechtsscheinhaftung knüpft daran an, dass der Veranlasser durch sein Auftreten ein „erhöhtes Risiko"[25] geschaffen hat, das am ehesten er hätte beherrschen können. Auch ein Verschulden ist daher nicht erforderlich.[26]

Maßgeblicher Zeitpunkt für das Vorliegen der Kaufmannseigenschaft ist nach allgM der Zeitpunkt **9** der **Begründung der jeweiligen Schuld.**[27] Erwirbt der Gläubiger oder der Schuldner die Kaufmannseigenschaft erst zu einem späteren Zeitpunkt, ist § 352 Abs. 1 daher nicht anwendbar. Inwieweit der **Verlust** der Kaufmannseigenschaft nach Begründung der Schuld die Geltung des Zinssatzes aus § 352 Abs. 1 berührt, wird demgegenüber nicht einheitlich beurteilt. Nach überwiegender und richtiger Ansicht ist ein derartiger nachträglicher Verlust der Kaufmannseigenschaft für die Anwendbarkeit des § 352 Abs. 1 **unerheblich.**[28] Nach anderer, soweit ersichtlich jedoch nur zu Zeiten der Geltung der KO vertretener Ansicht sollte dagegen für den Fall, dass der „Gemeinschuldner" „durch den Konkurs" die Kaufmannseigenschaft verliert, ab diesem Zeitpunkt nur noch der bürgerlich-rechtliche Zinssatz des § 246 BGB anwendbar sein.[29] Dieser Ansicht kann nicht beigetreten werden. Neben der Maßgeblichkeit des Zeitpunkts der Schuldbegründung spricht dagegen insbesondere, dass ein kaufmännischer Insolvenzschuldner mit Eröffnung des Insolvenzverfahrens zwar gem. § 80 Abs. 1 InsO seine Verfügungsbefugnis, nach ganz hM[30] (auch bereits unter Geltung der KO[31]) nicht jedoch *(per se)* seine Kaufmannseigenschaft verliert (→ § 1 Rn. 81). Mithin verbleibt es auch im Insolvenzverfahren grundsätzlich bei der Anwendbarkeit des handelsrechtlichen Zinssatzes nach § 352 Abs. 1.[32]

2. Beiderseitiges Handelsgeschäft. Des Weiteren muss die zu verzinsende Forderung ihren **10** Ursprung in einem **beiderseitigen Handelsgeschäft** iSd § 343 haben;[33] insofern ist die Vermutung des § 344 zu beachten. Welche Arten von Ansprüche dabei im Einzelnen dieser Voraussetzung genügen – und damit § 352 Abs. 1 S. 1 unterfallen – und welche nicht, wird von der Rspr. auf der einen und der inzwischen wohl hL auf der anderen Seite uneinheitlich beantwortet.

a) Ansprüche aus rechtsgeschäftlichen Schuldverhältnissen. Einigkeit herrscht alleine darüber, **10a** dass jedenfalls aus einem *rechtsgeschäftlichen Schuldverhältnis* resultierende Ansprüche im Falle ihrer Verzinsung § 352 Abs. 1 unterfallen.[34] Dabei ist unerheblich, ob es sich bei der zu verzinsenden Schuld um einen Primär- oder Sekundäranspruch bzw. eine Haupt- oder Nebenleistungspflicht handelt,[35] solange sie nur – jedenfalls im Falle von § 352 Abs. 1 S. 1 – auf Zahlung von Geld gerichtet ist. Entsprechend unterfallen § 352 Abs. 1 ohne weiteres zB Rückgewähransprüche nach erfolgtem Rücktritt aus § 346 Abs. 1 BGB bzw. Wertersatzansprüche gem. § 346 Abs. 2 S. 1 BGB (→ Rn. 21).[36] Zudem ist der Begriff des (Handels-)Geschäfts iSv § 343 Abs. 1 nach allgM **weiter zu fassen als** derjenige des Rechtsgeschäfts iSv §§ 104–185 BGB (→ § 343 Rn. 6); darunter fallen auch **rechtgeschäftsähnliche Handlungen** wie die Mahnung, Mängelrüge oder Fristsetzung sowie im Einzelfall auch sonstige **willensgetragene rechtserhebliche Handlungen** (zB Zahlungen) oder **Unterlassungen.**[37]

b) Ansprüche aus gesetzlichen Schuldverhältnissen. Uneinheitlich beurteilt wird hingegen, ob **10b** im Einzelfall auch **gesetzliche Ansprüche,** insbesondere der Rückabwicklung (zB nichtiger) beider-

---

[24] Beachtenswert ist jedoch der Einwand von Staub/*Canaris,* 4. Aufl. 2001, Rn. 7 sowie *Canaris* HandelsR § 6 Rn. 78, wonach der Scheinkaufmann der Gegenbeweis offenstehe, dass das Vertrauen des anderen Teils auf die Kaufmannseigenschaft nicht kausal hinsichtlich der Zinshöhe geworden sei.

[25] *Canaris,* Die Vertrauenshaftung im Privatrecht, 1971, 482.

[26] Vgl. Staub/*Brüggemann,* 4. Aufl. 1982, Anh. § 5 Rn. 15 f.

[27] Oetker/*Pamp* Rn. 9; Baumbach/*Hopt* Rn. 1; BeckOK HGB/*Lehmann-Richter* Rn. 5; KKRD/*Roth* Rn. 2; Heymann/*Horn* Rn. 15; Staub/*Canaris,* 4. Aufl. 2001, Rn. 9.

[28] Staub/*Canaris,* 4. Aufl. 2001, Rn. 7; Oetker/*Pamp* Rn. 9; Düringer/Hachenburg/*Werner* Anm. 3; GK-HGB/*Schmidt* Rn. 4; Heymann/*Horn* Rn. 13; Schlegelberger/*Hefermehl* Rn. 16; BeckOGK/*Beurskens* Rn. 14 (wegen der „im Handelsverkehr gebotenen Transparenz").

[29] RG Urt. v. 29.1.1902 – Nr. 329/1901 I, JW 1902, 186 Nr. 24; Staub/*v. Godin,* 2. Aufl. 1963, Anm. 3; Staub/*Canaris,* 3. Aufl. 1978, Anm. 3 (jedoch nicht mehr in der 4. Aufl.).

[30] K. Schmidt/*Sternal* InsO § 80 Rn. 63 mwN.

[31] Staub/*Brüggemann,* 3. Aufl. 1967, § 1 Anm. 23; Jaeger/*Henckel,* Konkursordnung, 9. Aufl. 1997, § 6 Rn. 52; aA *Joseph* LZ 1909, 833.

[32] So auch Oetker/*Pamp* Rn. 9.

[33] Vgl. RG Urt. v. 10.2.1921 – IV 449/20, WarnRspr. 1921 Nr. 58.

[34] Vgl. (allerdings zu § 353) BGH Urt. v. 27.2.2018 – VI ZR 121/17, BGHZ 217, 374 Rn. 15 ff. = NJW 2018, 2197 (2198 f.); MüKoHGB/*K. Schmidt* Rn. 7a; Oetker/*Pamp* Rn. 8;.

[35] MüKoHGB/*K. Schmidt* Rn. 7a.

[36] BeckOK HGB/*Lehmann-Richter* Rn. 6 sowie (iErg) auch Oetker/*Pamp* Rn. 8; Staub/*Canaris,* 4. Aufl. 2001, Rn. 10; MüKoHGB/*K. Schmidt* Rn. 7a (dies bei § 353 Rn. 9 jedoch als gesetzlichen Anspruch bezeichnend).

[37] BGH Urt. v. 27.2.2018 – VI ZR 121/17, BGHZ 217, 374 Rn. 16 = NJW 2018, 2197 (2198); *M. Wolff* FS v. Gierke, 1950, 115, 148 ff.; Oetker/*Pamp* § 343 Rn. 4; MüKoHGB/*K. Schmidt* § 343 Rn. 3; *K. Schmidt* HandelsR § 18 Rn. 9; Baumbach/Hopt/*Hopt* § 343 Rn. 1; BeckOK HGB/*Lehmann-Richter* § 343 Rn. 10; *Kindler,* Gesetzliche Zinsansprüche im Zivil- und Handelsrecht, 1996, 134; Schlegelberger/*Hefermehl* § 343 Rn. 11.

seitiger Handelsgeschäfte dienende Bereicherungsansprüche oder Rückgewähransprüche nach erfolgreicher Insolvenzanfechtung sowie Schadensersatzansprüche zwischen Kaufleuten aus unerlaubter Handlung, § 352 Abs. 1 (S. 1) unterfallen können. Während der **BGH** dies **grundsätzlich verneint,**[38] hält ein Großteil der Lit. – unter anderem wegen der offenen Formulierung von § 352 Abs. 1 S. 1 (*„bei* beiderseitigen Handelsgeschäften") – eine Anwendung von § 352 Abs. 1 jedenfalls für bestimmte mit einem beiderseitigen Handelsgeschäft in Verbindung stehende gesetzliche Ansprüche für möglich.[39]

11   **aa) Rückabwicklung beiderseitiger Handelsgeschäfte.** Streitig ist insbesondere, ob **Leistungs-kondiktionen (condictio indebiti) mit Bezug zum Handelsgewerbe** der beteiligten Kaufleute im Falle ihrer Verzinsung jedenfalls dann unter § 352 Abs. 1 zu fassen sind, wenn sie der Rückabwicklung eines beiderseitigen Handelsgeschäfts dienen. Diesbezüglich werden – soweit ersichtlich – drei verschiedene Auffassungen vertreten: **(1.)** Der **BGH**[40] und mit ihm ein Teil der Lit.[41] **verneinen** dies mit der Begründung, dass *(gesetzliche)* Bereicherungsansprüche unabhängig von dem zugrunde liegenden Rechtsgeschäft niemals Forderungen aus einem (beiderseitigen) Handelsgeschäft darstellen **(hM).** Nach dieser (strengsten) Auffassung scheidet sowohl eine Verzinsung von Bereicherungsansprüchen nach § 353 S. 1 (→ § 353 Rn. 9) als auch eine Anwendung von § 352 Abs. 1 auf diese aus.[42] **(2.)** Nach anderer Ansicht kann dagegen zumindest das **eine condictio indebiti** begründende *Verhalten* **ein beiderseitiges Handelsgeschäft** iSd §§ 343, 344 darstellen und somit sowohl eine Zinspflicht nach § 353 S. 1 als auch eine Verzinsung nach § 352 Abs. 1 auslösen.[43] Zur Begründung wird angeführt, dass ein Handelsgeschäft iSd §§ 343, 344 HGB nach allgM (→ Rn. 10a sowie → § 343 Rn. 6) nicht nur bei zum Betrieb des Handelsgewerbes gehörenden Rechtsgeschäften (im technischen Sinne), sondern zT auch bei bloßen Rechtshandlungen, mithin also bei jedem zum Betrieb des Handelsgewerbes zu rechnenden rechtserheblichen Verhalten – inklusive rechtsgrundloser Leistungen – vorliegen könne, soweit dieses zum Zwecke der jeweiligen Vertragsdurchführung vogenommen werde.[44] Daher habe jedenfalls eine Leistungskondiktion idR ihre „Grundlage" in einem Handelsgeschäft und sei mithin ebenfalls „als Handelsgeschäft zu qualifizieren".[45] **(3.)** Die **wohl hLit** schließlich sieht zwar Verhaltensweisen, die gesetzliche Rückgewähransprüche auslösen, nicht (zwangsläufig) als Handelsgeschäft iSv § 343 Abs. 1 sowie § 352 Abs. 1 S. 1 an; wegen der **weiten Formulierung von § 352 Abs. 1 S. 1** (*„bei* beiderseitigen Handelsgeschäften" im Gegensatz zu *„aus"* bei § 352 Abs. 1 S. 2 und § 353 S. 1) seien die daraus resultierenden Ansprüche allerdings dennoch unter diese Vorschrift zu subsumieren, falls die rückabzuwickelnde Rechtshandlung ihrerseits ein beiderseitiges Handelsgeschäft darstellt.[46]

11a   Zu folgen ist entgegen der noch in der Vorauflage vertretenen Ansicht der **hM;** § 352 Abs. 1 S. 1 findet daher richtigerweise **nicht auch auf Zinsansprüche aus gesetzlichen Schuldverhältnissen** Anwendung. Für die im Vordringen befindlichen anderen Ansichten spricht zwar, dass so eine Gleichbehandlung von Verbindlichkeiten aus *allen* Arten von Rückgewährschuldverhältnissen auf Grund beiderseitiger Handelsgeschäfte in bestimmten Konstellationen hergestellt wird.[47] Andererseits besteht zwischen derartigen Ansprüchen regelmäßig gerade eine (keine Gleichbehandlung erforderlich machende) echte Anspruchskonkurrenz.[48] Entscheidend *gegen* ein derart weites Verständnis von § 352 Abs. 1 S. 1 spricht indes der eingangs dargestellte, kaum nachzuvollziehende und daher insgesamt

[38] BGH Urt. v. 27.2.2018 – VI ZR 121/17, BGHZ 217, 374 Rn. 16 = NJW 2018, 2197 (2198) – allerdings zu § 353; BGH Urt. v. 10.7.1986 – I ZR 102/84, NJW-RR 1987, 181 (183); BGH Urt. v. 2.12.1982 – III ZR 90/81, NJW 1983, 1420 (1423); BGH Urt. v. 9.7.1987 – IX ZR 167/86, BGHZ 101, 286 = NJW 1987, 2821 (2823).

[39] Oetker/*Pamp* Rn. 8; MüKoHGB/*K. Schmidt* Rn. 7a; Staub/*Canaris,* 4. Aufl. 2001, Rn. 12; Staudinger/*Omlor,* 2016, BGB § 246 Rn. 9.

[40] BGH Urt. v. 27.2.2018 – VI ZR 121/17, BGHZ 217, 374 Rn. 19 = NJW 2018, 2197 (2199) – allerdings zu § 353; BGH Urt. v. 2.12.1982 – III ZR 90/81, NJW 1983, 1420 (1423) mwN; RG Urt. v. 23.5.1919 – II 376/18, RGZ 96, 53 (57).

[41] Baumbach/Hopt/*Hopt* Rn. 1; GK–HGB/*Schmidt* Rn. 4; Palandt/*Sprau* BGB § 818 Rn. 11; → § 343 Rn. 14; unentschieden hingegen BeckOGK/*Beurskens* Rn. 16: „freilich nicht mehr" praktisch relevant.

[42] BGH Urt. v. 27.2.2018 – VI ZR 121/17, BGHZ 217, 374 Rn. 16 = NJW 2018, 2197 (2198) mwN; BGH Urt. v. 2.12.1982 – III ZR 90/81, NJW 1983, 1420 (1423); RG Urt. v. 23.5.1919 – II 376/18, RGZ 96, 53 (57).

[43] RG Urt. v. 2.7.1918 – Rep. II 63/18, RGZ 93, 227 (229); ROHG Urt. v. 3.12.1877 – Rep. 1343/77, ROHGE 23, 143 (144); *Kindler,* Gesetzliche Zinsansprüche im Zivil- und Handelsrecht, 1996, 134; *Kindler* → 3. Aufl. 2015, Rn. 11.

[44] RG Urt. v. 21.4.1888 – Rep. I 68/88, RGZ 20, 190 (194); *Kindler,* Gesetzliche Zinsansprüche im Zivil- und Handelsrecht, 1996, 134; Schlegelberger/*Hefermehl* § 343 Rn. 11.

[45] So *Kindler* → 3. Aufl. 2015, Rn. 11 sowie *Kindler,* Gesetzliche Zinsansprüche im Zivil- und Handelsrecht, 1996, 134.

[46] MüKoHGB/*K. Schmidt* Rn. 7a; Staub/*Canaris,* 4. Aufl. 2001, Rn. 12; Oetker/*Pamp* Rn. 8; wohl auch BeckOK HGB/*Lehmann-Richter* Rn. 7; KKRD/*Roth* Rn. 3.

[47] Heymann/*Kötter* Anm. 2; *Kindler,* Gesetzliche Zinsansprüche im Zivil- und Handelsrecht, 1996, 134; *Kindler* → 3. Aufl. 2015, Rn. 11; MüKoHGB/*K. Schmidt* Rn. 7a.

[48] So auch – in anderem Kontext – BGH Urt. v. 27.2.2018 – VI ZR 121/17, BGHZ 217, 374 Rn. 20 = NJW 2018, 2197 (2199); → § 343 Rn. 6.

zweifelhafte **Normzweck** der Vorschrift (→ Rn. 4). Vor dem Hintergrund, dass die *de lege lata* unterschiedlichen Zinssätze im Zivil- und Handelsrecht nach dem Gesagten (→ Rn. 5) **kaum zu rechtfertigen** sind, ist – wie der BGH jüngst in Bezug auf § 353 S. 1 betont hat[49] – eine **enge Auslegung (auch) von § 352 Abs. 1 S. 1** (*und* § 353 S. 1) erforderlich.

Umstritten ist weiterhin, ob **Rückgewähransprüche nach erfolgreicher Insolvenzanfechtung** 12 (§ 143 Abs. 1 S. 1 InsO) Ansprüche aus einem beiderseitigen Handelsgeschäft iSv § 352 Abs. 1 S. 1 sind. Dies ist aus den soeben (→ Rn. 11a) genannten Gründen **mit der hM** selbst für den Fall, dass die angefochtene Rechtshandlung ein beiderseitiges Handelsgeschäft darstellt, **abzulehnen.**[50] Eine sehr beachtliche Gegenansicht in der Literatur möchte demgegenüber neben den entsprechenden Bereicherungsansprüchen (→ Rn. 11) auch der *Rückabwicklung beiderseitiger Handelsgeschäfte* dienende Rückgewähransprüche gemäß § 143 InsO Abs. 1 S. 1 im Falle ihrer Verzinsung unter § 352 Abs. 1 S. 1 subsumieren.[51]

bb) Ansprüche aus unerlaubter Handlung. Aus dem notwendigerweise engen Verständnis von 13 § 352 Abs. 1 S. 1 und § 353 S. 1 (→ Rn. 11a) folgt, dass der gesetzliche Zinssatz nach § 352 auch auf **Ansprüche aus unerlaubter Handlung** – selbst wenn sie in einem inneren Zusammenhang mit einem beiderseitigen Handelsgeschäft entstanden sind – **keine Anwendung** findet **(hM).**[52] Die noch in der Vorauflage vertretene beachtliche Gegenmeinung[53] hingegen hält im Einzelfall auch eine Verzinsung von Schadensersatzansprüchen aus unerlaubter Handlung nach Maßgabe von § 352 Abs. 1 S. 1 für möglich.

c) Fehlen eines beiderseitigen Handelsgeschäfts. Fehlt es an einer aus einem beiderseitigen 14 Handelsgeschäft stammenden Hauptforderung, kommt nur eine **Verzinsung nach Bürgerlichem Recht** in Frage.[54]

3. Zinsverbindlichkeit. Schließlich muss für die aus dem beiderseitigen Handelsgeschäft stammende 15 Hauptforderung eine **Verpflichtung zur Zahlung von Zinsen** bestehen. Diese kann sich sowohl aus *Rechtsgeschäft* (§ 352 Abs. 1 S. 2; → Rn. 34a) als auch *kraft Gesetzes* ergeben (§ 352 Abs. 1 S. 1; für im HGB selbst geregelte Zinspflichten (insbesondere aus § 353 S. 1) gilt hingegen – dann ohne das Erfordernis eines beiderseitigen Handelsgeschäfts – § 352 Abs. 2, → Rn. 61 ff.). Zum (auch in § 246 BGB[55]) nicht legaldefinierten **Begriff der Zinsen** iSv[56] § 352 (und § 353 sowie § 354 Abs. 2) → Rn. 64. Nach hM fällt darunter eine nach der Laufzeit bemessene, gewinn- und umsatzunabhängige Vergütung für den Gebrauch eines auf Zeit überlassenen Kapitals, dh typischerweise von Geld; grds. möglich ist eine Verzinsung jedoch auch bei Überlassung von vertretbaren Sachen.[57] *Kraft Gesetzes* kommen Zinsen allerdings nach der gesetzlichen Regelung nur bei Geldschulden in Betracht (→ Rn. 16–34).[58] Soweit eine Zinsverbindlichkeit *rechtsgeschäftlich* begründet wurde, ist § 352 Abs. 1 nur dann anwendbar, wenn *keine* Vereinbarung über die Zinshöhe getroffen wurde, § 352 Abs. 1 S. 2 (→ Rn. 34a).

a) Einzelne gesetzliche Zinstatbestände des BGB. Das Bürgerliche Recht ordnet in einer 16 Reihe von Vorschriften *gesetzliche* **Verzinsungspflichten** an, die grundsätzlich auch für den Handelsverkehr gelten und damit potentiell § 352 Abs. 1 S. 1 unterfallen. Insbesondere sind folgende Zinstatbestände zu nennen:

aa) Verzinsung von Aufwendungen (§ 256 BGB). Nach **§ 256 S. 1 BGB** sind Aufwendungen 17 *vom Tag der Aufwendung an* zu verzinsen. Die Verzinsungs*pflicht* knüpft dabei an eine sich aus Gesetz

---

[49] BGH Urt. v. 27.2.2018 – VI ZR 121/17, BGHZ 217, 374 Rn. 18 = NJW 2018, 2197 (2199) – allerdings zu § 353 und in Bezug auf Forderungen aus unerlaubter Handlung.

[50] Vgl. BGH Urt. v. 27.2.2018 – VI ZR 121/17, BGHZ 217, 374 Rn. 13 = NJW 2018, 2197 (2198); BGH Urt. v. 9.7.1987 – IX ZR 167/86, BGHZ 101, 286 (288) = NJW 1987, 2821 (2822) = WM 1987, 1082 (1084); RG Urt. v. 15.4.1902 – Nr. 47/1902 VI., JW 1902, 273 Nr. 19; Düringer/Hachenburg/*Werner* Anm. 3; GK-HGB/*Schmidt* Rn. 3; Schlegelberger/*Hefermehl* Rn. 16, alle unter Bezug auf die mit § 143 InsO im Wesentlichen inhaltsgleiche Regelung des § 37 KO.

[51] MüKoHGB/*K. Schmidt* Rn. 7a; Oetker/*Pamp* Rn. 8; wohl auch Staudinger/*Omlor*, 2016, BGB § 246 Rn. 9.

[52] BGH Urt. v. 10.7.1986 – I ZR 102/84, NJW-RR 1987, 181 (183); → § 343 Rn. 15; GK-HGB/*Schmidt* Rn. 3; Schlegelberger/*Hefermehl* Rn. 16; indirekt auch BGH Urt. v. 27.2.2018 – VI ZR 121/17, BGHZ 217, 374 Rn. 16, 19 = NJW 2018, 2197 (2198 f.); differenzierend hingegen BeckOGK/*Beurskens* Rn. 17: Anwendbarkeit von § 352 Abs. 1 nur, wenn eine „Schädigung im Kontext einer Geschäftsbeziehung bzw. deren Anbahnung erfolgt".

[53] *Kindler* → 3. Aufl. 2015, Rn. 13; so auch Oetker/*Pamp* Rn. 8; KKRD/*Roth* Rn. 3; Staub/*Canaris*, 4. Aufl. 2001, Rn. 12.

[54] Düringer/Hachenburg/*Werner* Anm. 3; Heymann/*Horn* Rn. 13; Schlegelberger/*Hefermehl* Rn. 16.

[55] Staudinger/*Omlor*, 2016, BGB § 246 Rn. 21 ff.

[56] Ein einheitlicher, für das gesamte deutsche Recht insgesamt maßgebender Zinsbegriff besteht nicht, s. nur MüKoBGB/*Grundmann* BGB § 246 Rn. 3 ff.; MüKoHGB/*K. Schmidt* Rn. 5; Staudinger/*Omlor*, 2016, BGB § 246 Rn. 25.

[57] BGH Urt. v. 24.1.1992 – V ZR 267/90, NJW-RR 1992, 591 (592); BGH Urt. v. 16.11.1978 – III ZR 47/77, NJW 1979, 540 (541); BGH Urt. v. 9.11.1978 – III ZR 21/77, NJW 1979, 805 (806); MüKoHGB/*K. Schmidt* Rn. 7a; Oetker/*Pamp* Rn. 8; grundlegend *Canaris* NJW 1978, 1891.

[58] Schlegelberger/*Hefermehl* Rn. 7; Soergel/*Teichmann* BGB § 246 Rn. 22.

oder Rechtsgeschäft ergebende Verpflichtung zum Ersatz von Aufwendungen an, etwa gem. §§ 284, 304, 347 Abs. 2, 459 S. 1, 536a Abs. 2, 539 Abs. 1, 601 Abs. 1, 637 Abs. 1, 652 Abs. 2 oder 670 BGB (ggf. iVm § 683 S. 1 BGB).[59] Die Höhe des geschuldeten Zins*satzes* hingegen ergibt sich entweder aus vertraglicher Vereinbarung oder – bei deren Fehlen – aus § 246 BGB bzw. **§ 352**.[60] Unter **Aufwendung** iSv § 256 BGB ist – wie bei § 670 BGB – jede freiwillige Aufopferung von Vermögenswerten im Interesse eines anderen zu verstehen.[61] Durch das Merkmal der **Freiwilligkeit** – verstanden als „willentliche Selbstauferlegung des Vermögensopfers"[62] – unterscheidet sich die Aufwendung (grundsätzlich) vom Schaden.[63] Auch die Erfüllung einer Verbindlichkeit kann eine Aufwendung darstellen, sofern sie freiwillig erfolgt.[64] Kommen Aufwendungen im Einzelfall einer Sache zugute, werden sie vom Gesetz als **Verwendungen** bezeichnet (zB in § 459 S. 1 BGB oder §§ 994 ff. BGB).[65] Gemäß § 256 S. 2 BGB **entfällt** eine Verzinsungspflicht jedoch, solange und soweit der Ersatzberechtigte die Nutzungen des Gegenstandes, auf den er die Aufwendungen gemacht hat, unentgeltlich behalten darf, zB gem. § 1049 BGB oder § 2125 BGB.[66]

18   **bb) Verzug (§ 288 BGB).** Nach § 288 Abs. 1 BGB kann der Gläubiger einer **Geldschuld** während des Verzugs vom Schuldner für das Jahr Zinsen in Höhe von **fünf Prozentpunkten über dem Basiszinssatz** iSv § 247 BGB als Mindestschadensersatz verlangen.[67] Abweichend davon beträgt der Zinssatz für **Entgeltforderungen** aus Rechtsgeschäften, an denen ein Verbraucher nicht beteiligt ist, nach § 288 Abs. 2 BGB **neun Prozentpunkte über dem Basiszinssatz** nach § 247 BGB.[68] In beiden Fällen – dh bei einfachen Geldschulden wie auch bei Entgeltforderungen ohne Verbraucherbeteiligung – wird der Zinssatz des **§ 352 Abs. 1 S. 1 HGB** somit ab Verzugseintritt **durch** die Zinssätze des **§ 288 BGB verdrängt.** Dies folgt auch aus dem Wortlaut des § 352 Abs. 1 S. 1 HGB („mit Ausnahme der Verzugszinsen"). Zu § 288 BGB eingehend → Rn. 37 ff.

19   **cc) Wertersatz (§ 290 BGB).** Ebenfalls **keine Anwendung** findet § 352 Abs. 1 S. 1 (sondern: § 288 Abs. 1 BGB) nach richtiger – wenn auch zT bestrittener[69] – Auffassung auf etwaige gesetzliche Zinspflichten gem. **§ 290 BGB.**[70] Nach dieser Vorschrift besteht eine Verzinsungspflicht des Schuldners für **Wertersatz,** den er wegen des Untergangs oder der Verschlechterung eines Gegenstands **während des Verzugs** an den Gläubiger zu erbringen hat. Eine von § 290 BGB nicht etwa statuierte, sondern lediglich vorausgesetzte Wertersatzpflicht kann sich dabei insbesondere aus § 283 S. 1 BGB iVm § 280 Abs. 1, 3 BGB[71] oder § 280 Abs. 1, 2 iVm § 286 Abs. 1 BGB[72], jeweils ggf. iVm § 287 BGB, ergeben. Ebenso wie bei direkter Anwendung von § 288 Abs. 1 S. 1 BGB handelt es sich auch bei der Verzinsungspflicht nach § 290 BGB um eine Haftung des Schuldners für einen gesetzlich vermuteten Mindestschaden. Bei entsprechendem Nachweis kann der Gläubiger daher auch einen etwaigen höheren Zinsschaden geltend machen (vgl. § 288 Abs. 4 BGB). Für deliktische Wertersatzpflichten trifft **§ 849 BGB** eine dem § 290 BGB entsprechende Regelung (→ Rn. 26).

20   **dd) Rechtshängigkeit (§ 291 BGB).** Nach § 291 S. 1 BGB hat der Schuldner eine Geldschuld vom Eintritt der Rechtshängigkeit an zu verzinsen, und zwar unabhängig davon, ob er zu diesem Zeitpunkt in Verzug war. Die gesetzliche Pflicht zur Zahlung von **Prozesszinsen** ist mithin grundsätzlich eine materielle Folge alleine der Rechtshängigkeit und setzt daher keinerlei Vertretenmüssen voraus.[73] Befindet sich der Schuldner allerdings gleichzeitig im Verzug, besteht zwischen § 288 BGB und § 291 BGB echte Anspruchskonkurrenz; Prozess- und Verzugszinsen können daher nicht kumulativ gefordert werden.[74] Für den Beginn der Verzinsungspflicht nach § 291 BGB gilt (wie auch bei

---

[59] Palandt/*Grüneberg* BGB § 256 Rn. 1.

[60] BeckOGK/*Röver* BGB § 256 Rn. 34.

[61] BGH Urt. v. 12.10.1972 – VII ZR 51/72, BGHZ 59, 328 (329 f.) = NJW 1973, 46; BGH Urt. v. 26.4.1989 – IVb ZR, NJW 1989, 2816 (2818); MüKoBGB/*Krüger* BGB § 256 Rn. 2.

[62] MüKoBGB/*Krüger* BGB § 256 Rn. 3.

[63] Palandt/*Grüneberg* BGB § 256 Rn. 1.

[64] RG Urt. v. 6.4.1936 – VI 421/35, RGZ 151, 93 (99).

[65] BGH Urt. v. 24.11.1995 – V ZR 88/95, BGHZ 131, 220 = NJW 1996, 921.

[66] MüKoBGB/*Krüger* BGB § 256 Rn. 1, 12.

[67] Die Vorschrift erfasst auch Ansprüche, die auf die Herausgabe von Geld gerichtet sind, BGH Urt. v. 19.5.2005 – III/ZR 28/05, NJW 2005, 3709 (zu § 667 Alt. 2 BGB); zum Basiszinssatz *Petershagen* NJW 2002, 1455.

[68] Zum Begriff der Entgeltforderung BGH Urt. v. 16.6.2010 – VIII ZR 259/09, NJW 2010, 3226 Rn. 12 f. sowie ferner *Schermaier* NJW 2004, 2501.

[69] KKRD/*Roth* Rn. 3 und wohl auch Oetker/*Pamp* Rn. 11.

[70] Staudinger/*Löwisch/Feldmann*, 2014, BGB § 290 Rn. 4; BeckOGK/*Dornis* BGB § 290 Rn. 7; für eine Anwendbarkeit zusätzlich von § 288 Abs. 2 BGB Erman/*Hager* BGB § 290 Rn. 3; PWW/*Schmidt-Kessel* BGB § 290 Rn. 2; für eine Anwendbarkeit von „§ 288" BGB (wohl) insgesamt Palandt/*Grüneberg* BGB § 290 Rn. 2 sowie MüKoBGB/*Ernst* BGB § 290 Rn. 4.

[71] MüKoBGB/*Ernst* BGB § 290 Rn. 2.

[72] BeckOGK/*Dornis* BGB § 290 Rn. 2.

[73] MüKoBGB/*Ernst* BGB § 291 Rn. 1.

[74] BeckOGK/*Dornis* BGB § 291 Rn. 7; BeckOK BGB/*Lorenz* BGB § 291 Rn. 7; MüKoBGB/*Ernst* BGB § 291 Rn. 3.

§ 288 Abs. 1 und 2 BGB) **§ 187 Abs. 1 BGB** entsprechend.[75] Wird eine Forderung erst nach Eintritt der Rechtshängigkeit fällig, entsteht die Verzinsungspflicht nach § 291 S. 1 Hs. 2 BGB erst ab dem Zeitpunkt des Fälligkeitseintritts. Die **Höhe** der Prozesszinsen richtet sich nicht nach § 352 Abs. 1 S. 1, sondern gem. § 291 S. 2 BGB nach **§ 288 Abs. 1 S. 2 BGB** (fünf Prozentpunkte über dem Basiszinssatz) bzw. – wenn kein Verbraucher beteiligt ist und eine Entgeltforderung eingeklagt wird – **§ 288 Abs. 2 BGB** (neun Prozentpunkte über dem Basiszinssatz). Zu den durch das Gesetz zur Beschleunigung fälliger Zahlungen bedingten Problemen → 1. Aufl. 2001, Rn. 20 ff.

ee) Rücktritt (§§ 346 Abs. 1 und 347 Abs. 1 S. 1 BGB). Vor der Schuldrechtsmodernisierung **21** bestand im Fall des Rücktritts vom Vertrag nach § 347 S. 3 BGB aF für zurückzugewährende Geldsummen – gleichsam als „fingierte Mindestnutzung"[76] – eine Verzinsungspflicht *ab dem Zeitpunkt des Empfangs der Leistung* bis zur Rückgewähr,[77] für deren Höhe § 352 Abs. 1 S. 1 bzw. § 246 BGB maßgeblich war. Das SMG hat diese (dem § 354 Abs. 2 vergleichbare) Regelung nicht übernommen, weshalb der Rückgewährschuldner **Zinsen** nunmehr entweder – soweit sie tatsächlich erzielt worden sind – nach § 346 Abs. 1 BGB oder – als nicht gezogene Nutzungen – nach § 347 Abs. 1 S. 1 BGB **nur dann und nur insoweit** schuldet, **als** ihm eine **Nutzung des Geldbetrags** nach den Regeln einer ordnungsgemäßen Wirtschaft **möglich** gewesen wäre; ein Verschulden im technischen Sinn ist hierfür nicht erforderlich.[78] Die **Höhe** der erzielbaren Zinsen richtet sich im Fall von § 347 Abs. 1 S. 1 BGB nach deren objektivem *Wert;*[79] zu dessen Bezifferung kann zB auf die veröffentlichten Zinsstatistiken der Deutschen Bundesbank zurückgegriffen werden.[80]

ff) Kaufvertrag. Nach § 452 BGB aF war der Käufer früher ab *dem* Zeitpunkt zur Verzinsung des **22** Kaufpreises verpflichtet, von dem an ihm die Nutzungen des Kaufgegenstandes gebühren. Das SMG hat diese Bestimmung jedoch (anders als im Werkvertragsrecht mit § 641 Abs. 4 BGB, → Rn. 23) **nicht** in das neue Kaufrecht **übernommen.** Zum früheren Recht → 1. Aufl. 2001, Rn. 25.

gg) Werklohnforderung (§ 641 Abs. 4 BGB). Nach **§ 641 Abs. 4 BGB** ist bei einem **Werk- 23 vertrag** der Besteller ab dem Zeitpunkt der **Abnahme** zur Verzinsung einer etwaig in Geld festgesetzten Vergütung verpflichtet, sofern nicht die Zahlung der Vergütung gestundet ist. Da die Vergütung im Werkvertragsrecht gem. § 641 Abs. 1 S. 1 BGB grundsätzlich erst mit der Abnahme fällig wird, statuiert die Vorschrift somit einen im *Bürgerlichen* Recht (anders als im reinen Handelsverkehr, vgl. § 353 S. 1) an sich unüblichen **Fälligkeitszins.** Für dessen Höhe sind entweder § 246 BGB oder **§ 352** maßgeblich.[81] Zum Verhältnis von § 641 Abs. 4 BGB zu § 353 S. 1 → § 353 Rn. 29.

hh) Zweckfremde Verwendung von Geld im eigenen Interesse. Wer im Rahmen eines **24** Auftrags, einer Geschäftsbesorgung, einer Geschäftsbesorgung ohne Auftrag, eines Zahlungsdienstevertrags, einer Verwahrung oder als geschäftsführender Gesellschafter einer Personengesellschaft bzw. Vereins- oder Stiftungsvorstand **zweckfremd Geld** *für sich* **verwendet,** das er an sich dem Berechtigten herauszugeben oder für ihn zu verwenden hätte, ist zur Verzinsung des Betrages **von der Zeit der Verwendung an** verpflichtet (§§ 668, 675, 675c Abs. 1, 681 S. 2, 698, 713 BGB; §§ 105 Abs. 3, 161 Abs. 2 HGB; §§ 27 Abs. 3, 86 S. 1 BGB). Die **Zinshöhe** beurteilt sich dabei entweder nach § 246 BGB oder **§ 352.**[82]

ii) Ungerechtfertigte Bereicherung (§§ 818 Abs. 4, 819, 820 BGB). Wer nach §§ 812 ff. BGB **25** zur Herausgabe einer zu Unrecht erlangten **Bereicherung** verpflichtet ist, ist im Falle einer Geldsumme gem. § 818 Abs. 1 Alt. 1 BGB auch zur Herausgabe etwaig erzielter Zinseinnahmen verpflichtet. Darüber hinaus haften Bereicherungsschuldner nach § 818 Abs. 4 BGB vom Eintritt der Rechtshängigkeit an „nach den allgemeinen Vorschriften", dh insbesondere gem. §§ 291 und 292 BGB iVm §§ 987 ff. BGB,[83] und müssen daher eine fällige Geldschuld spätestens ab **Rechtshängigkeit** nach § 291 S. 1 BGB verzinsen. Die **Zinshöhe** richtet sich in einem derartigen Fall nicht nach § 352 Abs. 1 S. 1,[84] sondern gem. § 291 S. 2 BGB nach **§ 288 Abs. 1 S. 2** BGB und beträgt daher 5 Prozentpunkte über dem jeweiligen Basiszinssatz iSv § 247 BGB.[85] § 288 Abs. 2 BGB hingegen findet trotz gewich-

---

[75] BGH Urt. v. 24.1.1990 – VIII ZR 296/88, NJW-RR 1990, 518 (519); BeckOK BGB/*Lorenz* BGB § 291 Rn. 6; aA *Treber* NZA 2002, 1314.

[76] Staudinger/*Kaiser,* 2012, BGB § 347 Rn. 10.

[77] RG Urt. v. 3.7.1934 – II 43/34, RGZ 145, 79 (82).

[78] Staudinger/*Kaiser,* 2012, BGB § 347 Rn. 10; MüKoBGB/*Gaier* BGB § 347 Rn. 6: nach den Regeln des „Verschuldens gegen sich selbst"; so auch BeckOK BGB/*H. Schmidt* BGB § 347 Rn. 2.

[79] BeckOGK/*Schall* BGB § 347 Rn. 27.

[80] KG Urt. v. 13.6.2014 – 21 U 83/13, BeckRS 2015, 12822; BeckOK BGB/*H. Schmidt* BGB § 347 Rn. 2.

[81] MüKoBGB/*Busche* BGB § 641 Rn. 39.

[82] BeckOGK/*Riesenhuber* BGB § 668 Rn. 18.

[83] Staudinger/*S. Lorenz,* 2007, BGB § 818 Rn. 50; MüKoBGB/*Schwab* BGB § 818 Rn. 311.

[84] BGH Urt. v. 2.12.1982 – III ZR 90/81, NJW 1983, 1420 (1423).

[85] MüKoBGB/*Schwab* BGB § 818 Rn. 312.

tiger anderslautender Stimmen[86] richtigerweise keine Anwendung auf Bereicherungsansprüche, da diese keine „Entgeltforderungen" darstellen.[87] **Vor der Rechtshängigkeit** kann sich eine gleichlautende Verzinsungspflicht nach **§ 819 Abs. 1** BGB ab *dem* Zeitpunkt ergeben, in dem der ungerechtfertigt Bereicherte von dem Mangel des rechtlichen Grundes oder dem Nichteintritt des bezweckten Erfolges erfahren hat, oder aber in den Fällen der §§ 819 Abs. 2, 817 S. 1 BGB bzw. des § 820 Abs. 1 BGB.[88] Im letztgenannten Fall ist für den Beginn der Verzinsungspflicht § 820 Abs. 2 Hs. 1 BGB zu beachten. Zur umstrittenen Einordnung der condictio indebiti als **Handelsgeschäft** → Rn. 11.

26   **jj) Unerlaubte Handlung (§ 849 BGB).** Wer wegen der **Entziehung oder der Beschädigung einer Sache** zur Zahlung von Schadensersatz verpflichtet ist, hat nach **§ 849 BGB** den zu ersetzenden Betrag ab *dem* Zeitpunkt zu verzinsen, welcher der Bestimmung des Wertes der Sache bzw. von deren Wertminderung zugrunde gelegt wird. Dies ist in der Regel der Zeitpunkt des jeweiligen Eingriffs oder Schadensereignisses.[89] Zu verzinsen sind dabei nicht etwa alle Beträge, die wegen der Entziehung oder Beschädigung einer Sache geschuldet werden, sondern nur diejenigen Summen, die nach Wiederherstellung **endgültig** verbleibende Wertminderung bzw. den endgültigen Verlust an Nutzbarkeit kompensieren.[90] Die Zinspflicht endet entweder mit der Zahlung des Ersatzbetrages durch den Schädiger oder mit Beschaffung einer Ersatzsache aus Mitteln des Schädigers.[91] Die **Zinshöhe** beurteilt sich entgegen einer Mindermeinung, die § 288 Abs. 1 S. 2 BGB anwenden will,[92] nach **§ 246 BGB** und beträgt daher 4 %;[93] § 352 Abs. 1 S. 1 hingegen findet nach hier vertretener Meinung keine Anwendung, da unerlaubte Handlungen nicht als Handelsgeschäft eingeordnet werden können (sehr umstritten, → Rn. 13 sowie → § 343 Rn. 15).

27   **b) „Verzug" von Gesellschaftern.** Für die GmbH ordnet die Vorschrift des **§ 20 GmbHG** eine Verzinsungspflicht für den Fall der nicht rechtzeitigen Einzahlung des auf die Stammeinlage zu erbringenden Betrages durch einen GmbH-Gesellschafter an. Die Zinshöhe dieses Anspruchs der Gesellschaft auf **Fälligkeitszinsen**[94] richtet sich nach § 246 BGB (und nicht § 288 BGB[95]) und beträgt somit 4 %.[96] Eine Verzinsung nach § 352 Abs. 1 scheidet demgegenüber tatbestandlich aus, da die Übertragung der Einlage für die Gesellschaft kein Handelsgeschäft[97] sowie ein GmbH-Gesellschafter *als solcher* gar kein Kaufmann ist (→ § 1 Rn. 85).[98] Das Gleiche gilt zwar auch für die Gesellschafter von **Personengesellschaften** (→ § 105 Rn. 183);[99] allerdings kommt dort eine Verzinsung nach § 352 **Abs. 2** in Betracht, sofern die jeweilige Verzinsungspflicht – wie im Falle von § 110 Abs. 2 und § 111 Abs. 1 – im HGB geregelt ist (→ Rn. 61). Im Aktienrecht schreibt demgegenüber **§ 63 Abs. 2 S. 1 AktG** ausdrücklich eine Verzinsung der verspäteten Bareinlage ab Fälligkeit mit einem Zinssatz von 5 % vor.

28   **c) UN-Kaufrecht.** Bei grenzüberschreitenden Warenkaufverträgen kann sich eine gesetzliche Zinsverbindlichkeit aus **Art. 78 CISG** oder **Art. 84 Abs. 1 CISG** ergeben, wenn der Vertrag nach Art. 1–5 CISG in den Anwendungsbereich des Übereinkommens fällt. Nach Art. 78 CISG ist eine Partei zur Zahlung von **Fälligkeitszinsen** verpflichtet, wenn sie es versäumt, den Kaufpreis oder einen anderen fälligen Betrag rechtzeitig zu zahlen; nach Art. 84 Abs. 1 CISG beginnt die Verzinsungspflicht im Falle der Pflicht zur Rückgewähr des Kaufpreises nach „Vertragsaufhebung" (dh Rücktritt) – vergleichbar § 354 Abs. 2 – rückwirkend mit dem Tag, an dem die Zahlung des Kaufpreises erfolgt war.

29   **aa) Zinstatbestände.** Art. 78 CISG ordnet eine **Zinsverpflichtung für** (fast) **alle nicht fristgerecht erfüllten Geldforderungen** aus einem dem CISG unterfallenden Kaufvertrag an.[100] Neben

---

[86] Etwa MüKoBGB/*Schwab* BGB § 818 Rn. 312; Palandt/*Grüneberg* BGB § 288 Rn. 8; Palandt/*Grüneberg* BGB § 286 Rn. 27 („soweit Äquivalent für die erbrachte Leistung").

[87] BeckOK BGB/*Wendehorst* BGB § 818 Rn. 101; Staudinger/*S. Lorenz,* 2007, BGB § 818 Rn. 50.

[88] Vgl. Schlegelberger/*Hefermehl* Rn. 8; näher *Schäfer,* Der Zins im Bereicherungsrecht, 2002.

[89] BGH Urt. v. 3.12.1964 – III ZR 141/64, NJW 1965, 392; BeckOK BGB/*Spindler* BGB § 849 Rn. 4; Palandt/*Sprau* BGB § 849 Rn. 2.

[90] BGH Urt. v. 15.3.1962 – III ZR 17/61, MDR 1962, 464; MüKoBGB/*Wagner* BGB § 849 Rn. 5.

[91] BGH Urt. v. 24.2.1983 – VI ZR 191/81, BGHZ 87, 38 (42) = NJW 1983, 1614 (1615); Palandt/*Sprau* BGB § 849 Rn. 2.

[92] So MüKoBGB/*Wagner* BGB § 849 Rn. 6; hiermit sympathisierend BeckOGK/*Eichelberger* BGB § 849 Rn. 19.

[93] BGH Urt. v. 26.11.2007 – II ZR 167/06, NJW 2008, 1084; BeckOK BGB/*Spindler* BGB § 849 Rn. 3; Palandt/*Sprau* BGB § 849 Rn. 1; Staudinger/*Vieweg,* 2015, BGB § 849 Rn. 8; Soergel/*Krause* BGB § 849 Rn. 2.

[94] Vgl. BGH Urt. v. 20.7.2009 – II ZR 273/07, BGHZ 182, 103 = NZG 2009, 944 (947).

[95] So aber noch *Kindler* → 3. Aufl. 2015, Rn. 27 Fn. 44 mwN.

[96] BGH Urt. v. 20.7.2009 – II ZR 273/07, BGHZ 182, 103 = NZG 2009, 944 (947); MüKoGmbHG/*Schwandtner* GmbHG § 20 Rn. 12 f.; Michalski/*Ebbing* GmbHG § 20 Rn. 30; Baumbach/Hueck/*Fastrich* GmbHG § 20 Rn. 7.

[97] MüKoGmbHG/*Schwandtner* GmbHG § 20 Rn. 12.

[98] BGH Urt. v. 12.5.1986 – II ZR 225/85, NJW-RR 1987, 42 (43); MüKoGmbHG/*Merkt* GmbHG § 13 Rn. 83.

[99] MüKoHGB/*K. Schmidt* Rn. 7.

[100] Vgl. Staudinger/*Magnus,* 2018, CISG Art. 78 Rn. 1, 5 ff.; BeckOK BGB/*Saenger* CISG Art. 78 vor Rn. 1; *Königer,* Die Bestimmung der gesetzlichen Zinshöhe nach dem deutschen Internationalen Privatrecht, 1997, 86.

dem in Art. 78 CISG ausdrücklich genannten Anspruch auf die Kaufpreiszahlung unterfallen der Regelung insbesondere auch die folgenden Ansprüche: (1.) der Anspruch auf Rückzahlung nach erklärter Minderung (Art. 81 Abs. 2 CISG analog[101] iVm Art. 50 CISG), (2.) Ansprüche auf Auslagen- oder Verwendungsersatz (Art. 85 S. 2, 86 Abs. 1 S. 2, 87 CISG), (3.) der Anspruch auf Ausgleich von Vorteilen (Art. 84 Abs. 2 CISG) sowie (4.) der Anspruch auf Ausgleich von Überschüssen (Art. 88 Abs. 3 S. 2 CISG). Umstritten ist, ob (5.) auch **Schadenersatzansprüche** iSv Art. 74 CISG (iVm Art. 45 Abs. 1 lit. b CISG bzw. Art. 61 Abs. 1 lit. b CISG) nach Art. 78 CISG zu verzinsen sind. Zum Teil wird dies mit Hinweis darauf abgelehnt, dass Schadenersatzansprüche häufig im Zeitpunkt ihrer Entstehung noch nicht summenmäßig feststehen und nach manchen Rechtsordnungen nur der Höhe nach feststehende Forderungen zinsfällig werden können.[102] Nach überzeugenderer **hM** erfasst Art. 78 CISG demgegenüber sämtliche Schadenersatzforderungen, unabhängig davon, ob deren Höhe erst nach Fälligkeit festgestellt wird oder nicht.[103] Dafür spricht vor allem, dass das Übereinkommen selbst keinen Anhaltspunkt für eine derartige Einschränkung des Anwendungsbereichs des Art. 78 CISG enthält.[104] Für den Anspruch auf **Rückzahlung des Kaufpreises** bei Vertragsaufhebung aus Art. 81 Abs. 2 S. 1 CISG (iVm Art. 49, 64, 72 Abs. 1 oder 73 CISG) gilt hingegen der vorrangige[105] **Art. 84 Abs. 1 CISG** (Verzinsung ab dem Tag der ursprünglichen Zahlung).

bb) Beginn des Zinslaufs. Der Zinslauf beginnt iRv **Art. 78 CISG** im **Zeitpunkt der Fäl-** **30** **ligkeit.** Mithin genügt für die Entstehung des Zinsanspruchs die bloße, „objektive" Tatsache des Verstreichens des Fälligkeitszeitpunkts. Weiterer Voraussetzungen bedarf es nicht. Insbesondere ist weder das Vorliegen der Verzugsvoraussetzungen (wie zB einer Mahnung) erforderlich, noch muss der Gläubiger das tatsächliche Vorliegen eines Schadens nachweisen.[106] Die **Fälligkeit** der zu verzinsenden Forderung beurteilt sich wegen der weitgehenden Disponibilität der Regeln des UN-Kaufrechts (vgl. Art. 6 CISG) in erster Linie nach dem zugrundeliegenden Vertrag, hilfsweise nach Art. 58, 59 CISG.[107] Durch die eigenständige Regelung des Zinsanspruchs in einem gegenüber den schadensersatz-rechtlichen Vorschriften selbstständigen Abschnitt des Übereinkommens wird zudem klargestellt, dass sich ein Schuldner von der Zinspflicht nach Art. 78 CISG nicht nach Art. 79 CISG entlasten kann.[108] Die Verzinsung des Anspruchs auf Rückgewähr des Kaufpreises gem. **Art. 84 Abs. 1 CISG** hingegen beginnt **rückwirkend** mit dem Tag, an dem die Zahlung des Kaufpreises erfolgt war;[109] richtigerweise ist damit der Tag gemeint, ab dem der Verkäufer über den Kaufpreis verfügen kann, selbst wenn die Leistungs*handlung* (zB eine Überweisung) früher erfolgt ist (umstritten).[110] Der entsprechende Tag zählt dabei nach dem ausdrücklichen Wortlaut von Art. 84 Abs. 1 CISG („vom Tag der Zahlung an") bei der Berechnung des Zinslaufs mit.[111]

cc) Bemessung der Zinshöhe nach Abs. 1 bei deutschem Vertragsstatut. Eine ausdrückliche **31** Regelung über die **Zinshöhe** und die einzelnen **Modalitäten der Zinszahlung** enthält das CISG hingegen nicht. Daher ist fraglich, wie diese **Regelungslücke** zu schließen ist. Art. 7 Abs. 2 CISG verweist zur Entscheidung derartiger **interner** (dh an sich im CISG geregelte Gegenstände betreffender) *Lücken* primär auf die allgemeinen, dem CISG zugrundeliegenden Grundsätze, hilfsweise auf die Rechtsordnung, die nach dem Kollisionsrecht der *lex fori* anzuwenden ist.[112] Zum Teil wird diesbezüglich in der Literatur die Ansicht vertreten, das CISG enthalte Grundsätze, anhand derer die Bemessung

---

[101] So auch *Schlechtriem/Schroeter,* Internationales UN-Kaufrecht, 6. Aufl. 2016, Rn. 502; die Gegenmeinung hingegen will Art. 50 CISG selbst einen derartigen Rückzahlungsanspruch entnehmen, vgl. BeckOK BGB/*Saenger* CISG Art. 50 Rn. 6; Staudinger/*Magnus,* 2018, CISG Art. 50 Rn. 25 mwN.

[102] *Honnold,* Uniform Law of International Sales under the 1980 United Nations Convention, 3. Aufl. 1999, Rn. 422; einschr. auch Soergel/*Lüderitz/Dettmeier* CISG Art. 78 Rn. 3 („sicherlich muss die Forderung mindestens beziffert geltend gemacht werden").

[103] Tribunale di Forli Urt. v. 6.3.2012, CISG-online Nr. 2585; Staudinger/*Magnus,* 2018, CISG Art. 78 Rn. 8; Schlechtriem/Schwenzer/Schroeter/*Bacher* CISG Art. 78 Rn. 10, 14; BeckOK BGB/*Saenger* CISG Art. 78 Rn. 3; MüKoHGB/*Ferrari* CISG Art. 78 Rn. 4; *Herber/Czerwenka* CISG Art. 78 Rn. 2; *Königer,* Die Bestimmung der gesetzlichen Zinshöhe nach dem deutschen Internationalen Privatrecht, 1997, 87.

[104] MüKoBGB/*Huber* CISG Art. 78 Rn. 4; *Königer,* Die Bestimmung der gesetzlichen Zinshöhe nach dem deutschen Internationalen Privatrecht, 1997, 87.

[105] Staudinger/*Magnus,* 2018, CISG Art. 78 Rn. 1; vgl. zum umstrittenen Verhältnis von Art. 78 und 84 Abs. 1 CISG vgl. MüKoBGB/*Huber* CISG Art. 78 Rn. 5.

[106] Vgl. LG München II Urt. v. 15.3.2012 – 4 HK O 3633/11, CISG-online Nr. 2583; Tribunale di Forli Urt. v. 6.3.2012, CISG-online Nr. 2585 sowie *Faust* RabelsZ 68 (2004), 511 (512); MüKoHGB/*Ferrari* CISG Art. 78 Rn. 11; Staudinger/*Magnus,* 2018, CISG Art. 78 Rn. 11; *Kindler,* Gesetzliche Zinsansprüche im Zivil- und Handelsrecht, 1996, 100; *Koziol* in Basedow, Europäische Vertragsrechtsvereinheitlichung und deutsches Recht, 2000, 195, 209.

[107] Staudinger/*Magnus,* 2018, CISG Art. 78 Rn. 9.

[108] Staudinger/*Magnus,* 2018, CISG Art. 78 Rn. 11; MüKoHGB/*Ferrari* CISG Art. 78 Rn. 12; *Königer,* Die Bestimmung der gesetzlichen Zinshöhe nach dem deutschen Internationalen Privatrecht, 1997, 90.

[109] MüKoHGB/*Ferrari* CISG Art. 78 Rn. 11.

[110] Staudinger/*Magnus,* 2018, CISG Art. 84 Rn. 9 mwN; aA MüKoHGB/*Mankowski* CISG Art. 84 Rn. 6.

[111] BeckOGK/*Fervers* BGB § 187 Rn. 43.1.

[112] *Kindler,* Gesetzliche Zinsansprüche im Zivil- und Handelsrecht, 1996, 111.

des Zinssatzes vorgenommen werden könne (sog. „Einheitslösung“).[113] Gänzlich uneinig sind sich die Vertreter dieser Auffassung indes bereits bei der Frage, welcher allgemeine Grundsatz für die Bestimmung der Zinshöhe maßgeblich sein soll.[114] Schon aus diesem Grund ist mit der **hM** davon auszugehen, dass das **CISG keinen allgemeinen Grundsatz** enthält, nach dem sich die Zinshöhe bemessen ließe.[115] Daher ist der **Zinssatz** dem im Einzelfall – nach dem Internationalen Privatrecht der *lex fori* zu bestimmenden – **anwendbaren nationalen, autonomen Recht** zu entnehmen.[116] Innerhalb dieser Meinung ist wiederum streitig, ob für die Zinshöhe stets das nach dem Kollisionsrecht des Forums ermittelte **Vertragsstatut** maßgeblich sein soll,[117] oder ob bei Fehlen einer Rechtswahl eine am Regelungszweck der jeweiligen nationalen Bestimmung orientierte[118] bzw. eine dem Währungsstatut unterstellte[119] **Sonderanknüpfung** vorzunehmen ist. Die erstgenannte Ansicht (Vertragsstatut) ist vorzugswürdig. Sie kann sich iRd europäischen IPR zunächst auf Art. 12 Abs. 1 lit. c Rom I-VO stützen, wonach die Folgen der Nichterfüllung des Vertrages nach dem gem. Art. 3 und 4 Rom I-VO zu ermittelnden Vertragsstatut zu beurteilen sind.[120] Die Gegenansicht ist vor allem deswegen abzulehnen, weil sie – wie ihre Vertreter selbst einräumen[121] – häufig zu einer kollisionsrechtlichen Rechtsspaltung führen dürfte. Gerade weil auf einen Vertrag iSd Art. 78 CISG ohnehin mindestens zwei Rechtsordnungen anwendbar sind (CISG und autonomes innerstaatliches Recht), ist es geboten, einer weiteren Aufspaltung entgegenzuwirken. Dies entspricht auch dem Interesse der vertragsschließenden Parteien an der Kalkulierbarkeit der mit der kaufrechtlichen Transaktion verbundenen Risiken.[122] Aus deutscher Sicht ist daher in Ermangelung einer Rechtswahl nach Art. 4 Abs. 1 lit. a Rom I-VO regelmäßig das Recht des Niederlassungsstaats des Verkäufers für die Beurteilung der Zinshöhe nach Art. 78 CISG maßgeblich.

32   Ist danach **deutsches Recht Vertragsstatut,** beträgt der gesetzliche Zinssatz bei Vorliegen eines beiderseitigen Handelsgeschäfts grundsätzlich nach **§ 352 Abs. 1** fünf vom Hundert.[123] Die Frage, ob ein beiderseitiges Handelsgeschäft vorliegt, richtet sich dann nach dem HGB als Teil des Vertragsstatuts. Auch die Vorfrage der Kaufmannseigenschaft untersteht diesem Recht (eingehend → Vor § 1 Rn. 74 ff.). Liegt dagegen kein beiderseitiges Handelsgeschäft vor, soll der gesetzliche Zinssatz bei deutschem Vertragsstatut nach überwiegender Ansicht § 288 Abs. 1 S. 2 BGB zu entnehmen sein, ohne dass die Voraussetzungen dieser Vorschrift im Übrigen erfüllt sein müssen.[124] Dem kann jedoch nicht beigetreten werden. Soweit kein beiderseitiges Handelsgeschäft vorliegt, bestimmt sich die Zinshöhe vielmehr grds. **nach § 246 BGB** (dh 4 %). Dafür spricht schon die Tatsache, dass § 352 Abs. 1 HGB nach allgM als lex specialis zu § 246 BGB anzusehen ist (→ Rn. 1). Zudem statuiert Art. 78 CISG einen **Fälligkeitszins** (→ Rn. 23 sowie § 353 S. 1) und keinen (von weiteren Voraussetzungen als der Fälligkeit abhängigen) Verzugszins; letzteres gilt erst recht für Art. 84 Abs. 1 CISG, sodass auch insofern eine Anwendung von § 288 Abs. 1 oder 2 BGB – außer bei tatsächlichem Vorliegen eines Verzugs iSd § 286 BGB[125] – nicht passt. Sinn und Zweck von Art. 78 und 84 Abs. 1 CISG ist gerade *nicht* der Ausgleich des dem Gläubiger durch die Vorenthaltung des fälligen Betrages entstandenen Schadens, sondern die Abschöpfung der durch die Nichtleistung zu Unrecht eingetretenen Vermögensmehrung beim Schuldner.[126]

---

[113] Hierfür zB Schlechtriem/Schwenzer/Schroeter/*Bacher* CISG Art. 78 Rn. 26 ff., 36.

[114] Vgl. statt aller die Darstellung bei *Königer,* Die Bestimmung der gesetzlichen Zinshöhe nach dem deutschen Internationalen Privatrecht, 1997, 94 f.

[115] OLG Hamburg Urt. v. 25.1.2008 – 12 U 39/00, CISG-online Nr. 1681; Staudinger/*Magnus,* 2018, CISG Art. 78 Rn. 14; MüKoBGB/*Huber* CISG Art. 78 Rn. 15; MüKoHGB/*Ferrari* CISG Art. 78 Rn. 18.

[116] OLG Frankfurt a. M. Urt. v. 18.1.1994 – 5 U 15/93, NJW 1994, 1013; *Kindler,* Gesetzliche Zinsansprüche im Zivil- und Handelsrecht, 1996, 112; *Königer,* Die Bestimmung der gesetzlichen Zinshöhe nach dem deutschen Internationalen Privatrecht, 1997, 96; MüKoBGB/*Spellenberg* Rom I-VO Art. 12 Rn. 90 ff.; Staudinger/*Magnus,* 2018, CISG Art. 78 Rn. 12, 14 mwN; MüKoHGB/*Ferrari* CISG Art. 78 Rn. 18.

[117] So die wohl herrschende Rspr., etwa OLG Brandenburg Urt. v. 3.7.2014 – 5 U 1/13, CISG-online Nr. 2543; OLG Karlsruhe Urt. v. 15.2.2016 – 1 U 192/14, CISG-online Nr. 2740 Rn. 42; vgl. auch *Kindler,* Gesetzliche Zinsansprüche im Zivil- und Handelsrecht, 1996, 101 Fn. 36 m. zahlr. Nachw.; Staudinger/*Magnus,* 2018, CISG Art. 78 Rn. 14; MüKoHGB/*Ferrari* CISG Art. 78 Rn. 19; umfangreiche Nachw. zur Rspr. ferner bei Schlechtriem/Schwenzer/Schroeter/*Bacher* CISG Art. 78 Rn. 27 m. Fn. 46.

[118] So insbesondere *Stoll* IPRax 1993, 75.

[119] *Schlechtriem/Schroeter,* Internationales UN-Kaufrecht, 6. Aufl. 2016, Rn. 755 mwN.

[120] *Asam/Kindler* RIW 1989, 841 (842) m. Fn. 13.

[121] *Stoll* IPRax 1993, 75 f.

[122] *Kindler,* Gesetzliche Zinsansprüche im Zivil- und Handelsrecht, 1996, 113.

[123] So auch Oetker/*Pamp* Rn. 3; MüKoHGB/*K. Schmidt* Rn. 4; *Schlechtriem/Schroeter,* Internationales UN-Kaufrecht, 6. Aufl. 2016, Rn. 753; aA Staudinger/*Magnus,* 2018, CISG Art. 78 Rn. 16 (§ 288 Abs. 1 oder 2); Schlechtriem/Schwenzer/Schroeter/*Bacher* CISG Art. 78 Rn. 37; MüKoBGB/*Huber* CISG Art. 78 Rn. 16. Vgl. zu ausländischen Zinssatzregelungen den Überblick bei Schlechtriem/Schwenzer/Schroeter/*Bacher* CISG Art. 78 Rn. 37.

[124] *Herber/Czerwenka* CISG Art. 78 Rn. 7; Staudinger/*Magnus,* 2018, CISG Art. 78 Rn. 16.

[125] *Schlechtriem/Schroeter,* Internationales UN-Kaufrecht, 6. Aufl. 2016, Rn. 753.

[126] Eingehend *Kindler,* Gesetzliche Zinsansprüche im Zivil- und Handelsrecht, 1996, 106 ff., 110; *Königer,* Die Bestimmung der gesetzlichen Zinshöhe nach dem deutschen Internationalen Privatrecht, 1997, 93.

dd) Normenmangel. Umstritten ist zudem die Frage, wie die Zinshöhe zu bemessen ist, wenn das 33
anwendbare nationale Recht **keine Verzinsungspflicht kennt** oder sogar – wie zT in Staaten mit
islamischer Rechtsordnung[127] – ein **Zinsverbot** enthält. Die herrschende Meinung stellt in einem
derartigen Fall zunächst darauf ab, ob die berufene Rechtsordnung den Zinsen funktional vergleichbare
Kreditkosten kennt. Bejahendenfalls sollen diese Kreditkosten als Maßstab für die Zinshöhe dienen.[128]
Finden sich dagegen keine derartigen Regelungen, ist ein etwaiger Zinsverlust nicht nach Art. 78
CISG, sondern allein unter den Voraussetzungen des Art. 74 CISG (→ Rn. 34) zu ersetzen.[129]

ee) Ersatz des Zinsschadens. Nach Art. 78 CISG besteht der Zinsanspruch „unbeschadet eines 34
Schadenersatzanspruchs nach Artikel 74". Die Vorschrift schließt also die Geltendmachung eines
weitergehenden konkreten Zinsschadens (ebenso wie § 288 Abs. 4 BGB im autonomen deutschen
Recht) nicht aus. Für einen derartigen Anspruch müssen aber alle in Art. 74 CISG iVm 45 Abs. 1
lit. b bzw. 61 Abs. 1 lit. b CISG genannten Voraussetzungen vorliegen, und zugunsten des Schuldners
darf nicht die Entlastungsregel des Art. 79 CISG eingreifen.

4. Rechtsgeschäftliche Zinsschulden aus beiderseitigen Handelsgeschäften (Abs. 1 S. 2). 34a
§ 352 Abs. 1 S. 1 findet nur auf kraft Gesetzes bestehende Verzinsungspflichten (→ Rn. 15 ff.) Anwendung. Für die Zinshöhe bei *rechtsgeschäftlich* **begründeten** Zinsverbindlichkeiten stellt demgegenüber
§ 352 Abs. 1 **S. 2** – unter denselben Voraussetzungen wie § 352 Abs. 1 S. 1, nämlich dem Vorliegen
einer (Zins-)Schuld aus einem beiderseitigen Handelsgeschäft (→ Rn. 10 ff.) zwischen zwei Kaufleuten
(→ Rn. 7 ff.) – eine gleichlautende **Auslegungsregel**[130] auf. Danach beträgt der gesetzliche Zinssatz
bei Vereinbarung einer Verzinsungspflicht „ohne Bestimmung des Zinsfußes" ebenfalls **5 %**. § 352
Abs. 1 S. 2 greift demnach nur ein, wenn die Zinshöhe – ausnahmsweise – weder ausdrücklich
vereinbart wurde noch sich konkludent aus den Umständen ergibt. Entgegen dem ungenauen Wortlaut
der Vorschrift genügt es, wenn die Verpflichtung zur Leistung von Zinsen (und nicht die zu verzinsende Schuld) ein beiderseitiges Handelsgeschäft darstellt.[131] Anders als § 352 Abs. 1 S. 1 findet S. 2
zudem auch dann Anwendung, wenn es sich bei der zu verzinsenden Schuld um keine Geldschuld
handelt. Wird die Pflicht zur Verzinsung eines (Haupt-)Anspruchs in AGB statuiert, unterfällt eine
derartige Klausel auch den §§ 307 ff. BGB, da sie gem. § 307 Abs. 3 BGB als bloße Preisnebenabrede
(→ Rn. 76) einer **Inhaltskontrolle** nicht entzogen ist;[132] zur Inhaltskontrolle bei lediglich die Zins*höhe*
betreffenden Klauseln → Rn. 74 ff.

III. Verzugszinsen und Ersatz des Zinsschadens bei beiderseitigen Handelsgeschäften

1. Unanwendbarkeit des Abs. 1 S. 1. Wie bereits eingangs (→ Rn. 1) ausgeführt, regelt § 352 35
Abs. 1 S. 1 seit der Neufassung der Vorschrift durch das Gesetz zur Beschleunigung fälliger Zahlungen
vom 30.3.2000[133] ausdrücklich nicht mehr den für beiderseitige Handelsgeschäfte (→ Rn. 10 ff.) ab
Verzugseintritt (§ 286 BGB) geschuldeten Zinssatz. Für die Bestimmung des Verzugszinses maßgeblich
ist seither – mangels Bestehens einer handelsrechtlichen Sonderregelung, Art. 2 Abs. 1 EGHGB – die
allgemeine bürgerlich-rechtliche Verzugszinsregelung in § 288 Abs. 1 und 2 BGB. Auch bei Vorliegen
eines beiderseitigen Handelsgeschäfts sind **Geldschulden** somit während des Verzuges für das Jahr mit
fünf Prozentpunkten über dem Basiszinssatz nach § 288 Abs. 1 BGB zu verzinsen; (nur) bei
*Entgelt*forderungen *ohne* Verbraucherbeteiligung – wohl dem praktischen Regelfall des beiderseitigen Handelsgeschäfts – beträgt der Verzugszinssatz sogar **neun Prozentpunkte über dem Basiszinssatz**, § 288 Abs. 2 BGB.[134] Im etwaig davor liegenden Zeitraum zwischen der Fälligkeit (→ § 353
Rn. 13 ff.) und dem Verzugseintritt sind dagegen – bei Vorliegen eines beiderseitigen Handelsgeschäfts[135] – als Fälligkeitszinsen bloß 5 % jährlich geschuldet, § 353 S. 1 iVm § 352 Abs. 2.[136]

2. Ansprüche des Gläubigers bei Schuldnerverzug. Die zinsbasierten Ansprüche eines Gläubi- 36
gers im Zahlungsverzug des Schuldners lassen sich in **vier Gruppen** unterteilen: (a) den Anspruch auf
Verzugszinsen aus § 288 Abs. 1 und 2 BGB, (b) den Anspruch auf Schadensersatz in Gestalt verlorener

---

[127] Hierzu instruktiv *Amereller,* Hintergründe des „Islamic Banking", 1995.
[128] Staudinger/*Magnus,* 2018, CISG Art. 78 Rn. 17 mwN.
[129] Vgl. MüKoHGB/*Ferrari* CISG Art. 78 Rn. 20; *Herber/Czerwenka* CISG Art. 78 Rn. 7; Staudinger/*Magnus,*
2018, CISG Art. 78 Rn. 17 mwN.
[130] HM, s. MüKoHGB/*K. Schmidt* Rn. 8; KKRD/*Roth* Rn. 1; BeckOGK/*Beurskens* Rn. 25.
[131] MüKoHGB/*K. Schmidt* Rn. 8; Oetker/*Pamp* Rn. 17.
[132] BeckOGK/*Zschieschack* § 307 Zinsklausel Rn. 1, 2 ff.
[133] BGBl. 2000 I 330.
[134] Neufassung des § 288 Abs. 2 BGB für nach dem 28.7.2014 entstandene Schuldverhältnisse durch Gesetz vom
22.7.2014, BGBl. I 1218.
[135] Einen Fälligkeitszins potentiell auch außerhalb des Handelsverkehrs statuieren allerdings etwa § 641 Abs. 4
BGB (→ Rn. 23) sowie Art. 78 CISG (→ Rn. 28).
[136] Vgl. *Jani* BauR 2000, 949 (951); *Schimmel/Buhlmann* MDR 2000, 737 (738).

Anlagezinsen, (c) den Anspruch auf Schadensersatz in Gestalt aufgewendeter Kreditzinsen, und (d) den Anspruch auf Entrichtung einer etwaig vertraglich vereinbarten Verzugszinspauschale.

37   **a) Verzugszinsen (§ 288 Abs. 1 und 2 BGB).** Nach § 288 Abs. 1 und 2 BGB hat der Gläubiger einer **Geldschuld** unter den **Voraussetzungen von § 286 BGB** Anspruch auf Verzugszinsen. Darüber hinaus findet § 288 Abs. 1 BGB **entsprechende** Anwendung bei verzögerter Freigabe eines hinterlegten Geldbetrags[137] sowie auf Ansprüche, die auf die Herausgabe von Geld gerichtet sind, zB § 667 Alt. 2 BGB.[138] Nach dem jeweiligen **Rechtsgrund** der Geldschuld unterscheidet das Gesetz dabei zwei Fälle: **(1.) Grundsätzlich** sind nach § 288 Abs. 1 S. 2 BGB Verzugszinsen iHv fünf Prozentpunkten über dem Basiszinssatz (§ 247 BGB)[139] zu entrichten (**„B+5 %"**).[140] Neben der Kompensation eines Verzugs(mindest)schadens dient dieser Zinssatz nach dem Willen des Gesetzgebers insbesondere dazu, den Schuldner zur alsbaldigen Erfüllung anzuhalten (Präventivfunktion[141]) und gleichzeitig die aus der Säumnis typischerweise entstehenden Liquiditätsvorteile (ersparte Kreditzinsen, erwirtschaftete Habenzinsen etc.) abzuschöpfen.[142] Mit diesem Normzweck bestätigt die Vorschrift die hier vertretene bereicherungsrechtliche Einordnung von Zinsansprüchen (→ § 353 Rn. 3 f.).[143] **(2.)** Den gleichen Normzweck verfolgt die in § 288 Abs. 2 BGB enthaltene erhöhte Verzinsungspflicht für **Entgeltforderungen aus Rechtsgeschäften ohne Verbraucherbeteiligung,** die seit dem 29.7.2014 bei neun Prozentpunkten über dem Basiszinssatz liegt (**„B+9 %"**). Diese Regelung beruht auf der **Zahlungsverzugs-RL.**[144] Beiderseitige Handelsgeschäfte werden meist der 2. Fallgruppe unterliegen, doch umfasst diese auch Rechtsgeschäfte unter Beteiligung nichtkaufmännischer Unternehmer;[145] denn der Begriff des Unternehmers iSv § 14 BGB ist weiter als derjenige des Kaufmanns.[146] Im etwaigen Zeitraum zwischen Fälligkeit (→ § 353 Rn. 13 ff.) und Verzugseintritt schulden sich Kaufleute untereinander für Forderungen aus beiderseitigen Handelsgeschäften gem. § 353 S. 1 iVm § 352 Abs. 2 hingegen „nur" 5 % Fälligkeitszinsen jährlich. In der Praxis tritt freilich wegen § 286 Abs. 2 BGB in vielen Fällen gleichzeitig mit der Fälligkeit auch Verzug ein.

38   Durch § 288 **Abs. 3** BGB wird gewährleistet, dass die gesetzlichen Verzugszinsen die Zinsverpflichtung des Schuldners nicht begrenzen, wenn er aus einem **anderen Rechtsgrund höhere Zinsen** zu entrichten hat. Deshalb bleibt zB ein vertraglich vereinbarter Zinssatz (→ Rn. 64 ff.) auch im Verzugszeitraum maßgebend, wenn er den gesetzlichen Verzugszinssatz übersteigt.[147] Der vertragliche Zinssatz tritt dann an die Stelle des gesetzlichen Verzugszinses.[148] Zwar hat der **BGH** noch vor der Schuldrechtsreform in einem stark kritisierten[149] **Grundsatzurteil vom 28.4.1988** zu der Vorgängernorm von § 288 Abs. 3 BGB, § 286 Abs. 2 S. 2 BGB aF, entschieden, dass eine vertragliche Verzinsung grds. mit dem Verzugseintritt ende, außer sie wurde gerade (auch) für den Verzugsfall vereinbart.[150] Danach soll die Verpflichtung zur Zahlung des Vertragszinses bei einem Darlehensvertrag grds. mit der vertraglich vorgesehenen Fälligkeit bzw. Fälligstellung eines Darlehens enden. Insofern ist jedoch fraglich, ob diese Rechtsprechung – wie von gewichtigen Stimmen angenommen[151] – überhaupt jenseits von Darlehensverträgen (vgl. für Verbraucherdarlehensverträge § 497 BGB) gilt;[152] zT wird auch die Fortgeltung der genannten Rechtsprechung für die Zeit nach der Schuldrechtsmodernisierung ins-

---

[137] BGH Urt. v. 12.10.2017 – IX ZR 267/16, NJW 2018, 1006; BGH Urt. v. 25.4.2006 – XI ZR 271/05, NJW 2006, 2398.

[138] BGH Beschl. v. 15.9.2005 – III ZR 28/05, NJW 2005, 3709; BeckOK BGB/*Lorenz* BGB § 288 Rn. 2.

[139] Im Prozess ist die Antragstellung „5 % über dem Basiszinssatz" dahin auszulegen, dass in Anlehnung an § 288 Abs. 1 S. 2 BGB eine Verzinsung iHv fünf Prozentpunkten *über* dem Basiszinssatz – und nicht bloß iHv 105 % *des* Basiszinssatzes – begehrt wird, OLG Hamm Urt. v. 5.4.2005 – 21 U 149/04, NJW 2005, 2238 (2239); unhaltbar LAG Nürnberg Urt. v. 10.5.2005 – 7 Sa 622/04, NZA-RR 2005, 492.

[140] Die Vorschrift gilt auch für Ansprüche, die auf die Herausgabe von Geld gerichtet sind, BGH Urt. v. 15.9.2005 – III ZR 28/05, NJW 2005, 3709 (zu § 667 Alt. 2 BGB); zum Basiszinssatz *Petershagen* NJW 2002, 1455.

[141] BeckOGK/*Dornis* BGB § 288 Rn. 3 („Abschreckung").

[142] BT-Drs. 14/1246, 10 f.; Jauernig/*Stadler* BGB § 288 Rn. 1; MüKoBGB/*Ernst* BGB § 288 Rn. 4; BeckOGK/ *Dornis* BGB § 288 Rn. 2 ff.; *Basedow* ZHR 143 (1979), 317 (323 ff.).

[143] Umfassend hierzu *Kindler,* Gesetzliche Zinsansprüche im Zivil- und Handelsrecht, 1996, 119 ff.

[144] Richtlinie Nr. 2011/7/EU zur Bekämpfung von Zahlungsverzug im Geschäftsverkehr, ABl. EU L 48, 1; s. dazu die Schrifttumsangaben vor → Rn. 1.

[145] Daher ist die systematische Verortung im BGB gerechtfertigt, wenn man – wie der Gesetzgeber – das HGB weiterhin auf Kaufleute beschränkt; vgl. die RegBegr. zu § 288 BGB, in Beck'sche Gesetzesdokumentation Schuldrechtsmodernisierung 2002, 2002, 696.

[146] Denn er erfasst zB auch Kleingewerbetreibende (Staudinger/*Fritzsche,* 2018, BGB § 14 Rn. 17) sowie freiberuflich Tätige (MüKoBGB/*Micklitz/Purnhagen* BGB § 14 Rn. 31).

[147] *Nasall* WM 1989, 705 f.

[148] Vgl. OLG Hamm Urt. v. 26.3.1990 – 31 U 224/89, WM 1990, 1155 = ZIP 1990, 640 (641).

[149] Etwa *Rieble* ZIP 1988, 1027 (1028); Staudinger/*Feldmann,* 2019, BGB § 288 Rn. 22 f. mwN.

[150] BGH Urt. v. 28.4.1988 – III ZR 57/87, BGHZ 104, 337 = NJW 1988, 1967; BGH Urt. v. 8.10.1991 – XI ZR 259/90, BGHZ 115, 268 (269 f.) = NJW 1992, 109.

[151] ZB BeckOGK/*Dornis* BGB § 288 Rn. 50 sowie wohl MüKoBGB/*Ernst* BGB § 288 Rn. 25.

[152] Dagegen die Vorauflage sowie Palandt/*Grüneberg* BGB § 288 Rn. 11; Erman/*Hager* BGB § 288 Rn. 12; BeckOK BGB/*Lorenz* BGB § 288 Rn. 6.

gesamt in Zweifel gezogen.[153] Bei **negativem Basiszinssatz** folgt aus § 288 Abs. 3 BGB zudem, dass Verzugszinsen mindestens in der Höhe beansprucht werden können, wie sie bereits ab Fälligkeit der Forderung nach §§ 352, 353 HGB geschuldet sind, mithin in jedem Fall in Höhe vom 5 % p. a.[154]

Dem Gläubiger entsteht häufig ein über den gesetzlichen Zinssatz hinausgehender **weiterer Scha-** **39** **den.** § 288 Abs. 4 BGB stellt insofern klar, dass dieser unter den Voraussetzungen von §§ 280 Abs. 1, 286 BGB zu ersetzen ist und § 288 Abs. 1 bzw. 2 BGB insofern keine Sperrwirkung entfalten. Da es sich dabei um einen Schadensersatzanspruch und nicht um einen gesetzlichen Zinsanspruch handelt, verdrängt § 352 Abs. 1 S. 1 diese bürgerlich-rechtliche Regelung nicht. Auch im beiderseitigen Handelsgeschäft ist daher der Ersatz des weiteren Schadens nach §§ 280 Abs. 1 und 2, 286, 288 Abs. 4 BGB nicht ausgeschlossen. Besonderheiten für den Handelsverkehr ergeben sich aus der praktischen Anwendung dieser Vorschriften allerdings durch die im Folgenden darzustellende Rechtsprechung, die an die **Kaufmannseigenschaft des Geldgläubigers** teilweise bestimmte **Beweiserleichterungen** knüpft. Dabei wird zwischen dem Ersatz von Anlageverlusten (→ Rn. 40 ff.) und dem Ersatz aufgewendeter Kreditzinsen (→ Rn. 47 ff.) unterschieden. Beide Formen des Schadensersatzes können – in Bezug auf Teilbeträge der Hauptschuld – auch nebeneinander geltend gemacht werden.[155]

b) Verlust von Anlagezinsen.[156] In dieser Fallgruppe hat der Gläubiger seinen **Schaden** und die **40** **Ursächlichkeit des Verzuges hierfür** nach allgemeinen Grundsätzen grundsätzlich konkret **darzulegen** und zu **beweisen**.[157] Neben einer rein konkreten Schadensberechnung gewährt die Rechtsprechung jedoch hinsichtlich beider Stufen des Beweises – Verzugsbedingtheit *und* Höhe des Zinsausfalls – bestimmte Beweiserleichterungen. Dabei wird nicht immer deutlich, ob es sich um eine Schadensschätzung nach § 287 ZPO, einen Anscheinsbeweis, eine **abstrakte Schadensberechnung**[158] oder eine „typisierende Schadensberechnung" eigener Art[159] handelt.[160] Generell gilt, dass diese **Beweiserleichterungen** seit Inkrafttreten der kreditmarktnahen Zinssätze in § 288 Abs. 1 und 2 BGB stark **an Bedeutung verloren** haben.[161]

aa) Ursächlichkeit zwischen Verzug und Anlageverlusten. Ursächlich ist eine Zahlungsver- **41** zögerung für den Entgang von Anlagegewinnen dann, wenn der Gläubiger die **Möglichkeit** und die **Absicht** hatte, den nicht rechtzeitig gezahlten Betrag so **anzulegen,** dass ein **über den gesetzlichen Zinssatz hinausgehender Ertrag** zu erwarten war.[162]

Die Rechtsprechung zur Ausfüllung dieser Kausalitätsformel ist uneinheitlich.[163] Sie unterscheidet **42** **drei Gläubigerkategorien:** Privatgläubiger, Banken und sonstige – nicht im Bankgeschäft tätige – kaufmännische Unternehmen.[164] Einem **Privatgläubiger** wird der Ersatz des weiteren Schadens nach §§ 280 Abs. 1 und 2, 286, 288 Abs. 4 BGB schon dem Grunde nach überhaupt nur dann eingeräumt, wenn ihm ein **hoher Geldbetrag** zustand, den er nach der Lebenserfahrung typischerweise angelegt hätte.[165] Ein Großteil des Schrifttums geht hier von einer Bagatellgrenze in Höhe von **2.500 EUR** aus.[166] Zudem wird bisweilen darauf abgestellt, ob es sich bei dem Gläubiger um eine **geschäftserfahrene Person** gehandelt habe,[167] und dass er nicht selbst Kredit in Anspruch nehme; denn dann sei eher

---

[153] Offengelassen von BeckOGK/*Dornis* BGB § 288 Rn. 50 („praktische Relevanz der Frage aber gering"); die Rspr. insgesamt zu Recht abl. Staudinger/*Feldmann,* 2019, BGB § 288 Rn. 22 f.; grds. auch MüKoBGB/*Ernst* BGB § 288 Rn. 27.

[154] OLG München Urt. v. 20.11.2013 – 7 U 5025/11, NZG 2014, 545.

[155] BGH Urt. v. 30.11.1979 – V ZR 23/78, WM 1980, 85 (unter I.2. zu Anlageverlusten, unter II. zu Kreditkostenschäden); *Kindler,* Gesetzliche Zinsansprüche im Zivil- und Handelsrecht, 1996, 265.

[156] Hierzu allgemein *Kindler* WM 1997, 2017 ff.; MüKoBGB/*Ernst* BGB § 286 Rn. 140 ff.

[157] BGH Urt. v. 8.11.1973 – III ZR 161/71, BeckRS 1973, 31124939; MüKoBGB/*Oetker* BGB § 252 Rn. 36.

[158] So MüKoBGB/*Ernst* BGB § 286 Rn. 142 ff.

[159] Vgl. Staudinger/*Feldmann,* 2019, BGB § 288 Rn. 36, 38; ähnl. schon *Belke* JZ 1969, 586 (587 f.).

[160] Krit. *Kindler,* Gesetzliche Zinsansprüche im Zivil- und Handelsrecht, 1996, 266 ff.

[161] MüKoBGB/*Ernst* BGB § 288 Rn. 29.

[162] *Baumgärtel/Strieder,* Handbuch der Beweislast im Privatrecht, Bd. 1, 2. Aufl. 1991, BGB § 288 Rn. 14 mwN.

[163] Krit. *Basedow* ZHR 143 (1979), 317 (318): „Verworrene Kasuistik."; eingehende Kritik auch bei *Kindler,* Gesetzliche Zinsansprüche im Zivil- und Handelsrecht, 1996, 276 ff.; *Kindler* WM 1997, 2017 (2018 ff.).

[164] Zur Rechtslage bei Verbraucherdarlehensverträgen s. MüKoBGB/*Ernst* BGB § 286 Rn. 147 f.

[165] BGH Urt. v. 8.3.1973 – III ZR 161, 71, WM 1974, 128 (129) („größerer Geldbetrag": 358.600 DM); BGH Urt. v. 30.11.1979 – V ZR 23/78, WM 1980, 85 (86) („Eigenkapital in solcher Höhe": 100.000 DM); BGH Urt. v. 9.4.1981 – IV a ZR 144/80, NJW 1981, 1732 („Pflichtteil aus größerem Nachlass": 1,87 Mio. DM laut Soergel/*Wiedemann* BGB § 288 Rn. 27 m. Fn. 20); BGH Urt. v. 6.5.1981 – IV a ZR 170/80, BGHZ 80, 269 (279) = NJW 1981, 1729 („Eigenkapital in solcher Höhe": 180.032 DM); BGH Urt. v. 2.12.1991 – II ZR 141/90, NJW 1992, 1223 („Eigenkapital in solcher Höhe": 315.000 DM); BGH Urt. v. 20.12.1994 – VI ZR 338/93, NJW 1995, 733 (150.000 DM).

[166] BeckOGK/*Dornis* BGB § 286 Rn. 301; Soergel/*Benicke/Nalbantis* BGB § 288 Rn. 72; MüKoBGB/*Ernst* BGB § 286 Rn. 143; *Baumgärtel/Strieder,* Handbuch der Beweislast im Privatrecht, Bd. 1, 2. Aufl. 1991, BGB § 288 Rn. 16; aA Staudinger/*Feldmann,* 2019, BGB § 288 Rn. 38 („8.000 Euro").

[167] BGH Urt. v. 30.11.1979 – V ZR 23/78, WM 1980, 85 (leitender Bankangestellter); BGH Urt. v. 9.4.1991 – IV a ZR 144/80, NJW 1981, 1732 (der Kläger war es unstreitig „gewohnt", zinsgünstige Anlagen zu tätigen); BGH Urt. v. 6.5.1981 – IV a ZR 170/80, BGHZ 80, 269 (279) = NJW 1981, 1729; abgelehnt aber offenbar bei einem

anzunehmen, dass der Betrag zur Abdeckung dieser Kredite verwendet worden wäre.[168] Teilweise wird von Privatpersonen gar der Nachweis verlangt, dass sie sich im Verzugszeitraum „in geordneten wirtschaftlichen Verhältnissen" befanden.[169]

42a   Keinen gesonderten Kausalitätsnachweis haben indessen **Banken** zu erbringen. Bei einer Bank ist ohne weiteres davon auszugehen, dass sie einen ihr vorenthaltenen Geldbetrag im Rahmen ihres Geschäftsbetriebs durch Abschluss neuer Bankgeschäfte mit anderen Kreditnehmern gewinnbringend genutzt hätte.[170]

43   Auch bei **sonstigen – nicht im Bankgeschäft tätigen – kaufmännischen Geldgläubigern** geht die Rechtsprechung anscheinend ohne weiteres davon aus, dass vorenthaltene Geldbeträge im kaufmännischen Geschäftsverkehr investiert oder zinsbringend angelegt werden.[171] Ein ursächlicher Zusammenhang zwischen dem Zahlungsverzug und dem Eintritt von Anlageverlusten dem Grunde nach ist damit auch in dieser Gläubigerkategorie nach der Rechtsprechung stets gegeben. Nur beim **Nachweis der *Schadenshöhe*** legt die Rechtsprechung strengere Maßstäbe an als im Bankenbereich.[172]

44   Die derart praktizierte Ungleichbehandlung der Privatgläubiger einerseits und der Banken und sonstiger Kaufleute andererseits beim Kausalitätsnachweis **überzeugt nicht.** Die gesetzliche Wertung in § 288 Abs. 1 und 2 BGB zeigt nämlich, dass potentiell *jeder* Geldgläubiger ab Verzugseintritt Anlageverluste oder Kreditkostenschäden erleidet. Die dort getroffene Schadensfiktion[173] hängt weder von der Kaufmannseigenschaft noch der Geschäftserfahrung oder den persönlichen Vermögensverhältnissen des Gläubigers ab, und ebenso wenig von der Höhe des geschuldeten Betrages. Übernimmt man diese Wertung für den Schadensersatzanspruch aus §§ 280 Abs. 1 und 2, 286, 288 Abs. 4 BGB, so ist **richtigerweise** ein Kausalitätsnachweis für alle Gläubigerkategorien entbehrlich.[174] Dieses Ergebnis wurde mittelbar auch durch den Wegfall eines besonderen Verzugszinses für den Handel (→ Rn. 1 ff., → Rn. 5) bestätigt. Offenbar sah der Gesetzgeber keine ausreichenden sachlichen Gründe dafür gegeben, die ursprüngliche Differenzierung zwischen Kaufleuten und Nichtkaufleuten im Hinblick auf den ab Verzugseintritt geschuldeten Zinssatz beizubehalten. Auch der mit dem SMG verbundene Rückfall in die Zinssatzdisparität (§ 288 Abs. 1 und 2 BGB) ist durch die wirtschaftlichen Tatsachen nicht gerechtfertigt (→ Rn. 5).

45   **bb) Höhe der Anlageverluste.** Gelingt dem **Privatgläubiger** der Nachweis der Ursächlichkeit zwischen dem Verzug und dem Eintritt von Anlageverlusten, so nimmt die Rechtsprechung im Wege der Schadensschätzung nach § 287 ZPO ohne weiteres an, dass er den ausstehenden Betrag im Falle der rechtzeitigen Zahlung zu einem **„allgemein üblichen Zinssatz"** angelegt hätte.[175] Darunter sind insbesondere die – zB in den Zinsstatistiken der Deutschen Bundesbank ausgewiesenen[176] – Zinssätze für **Termingelder** (Festgeld, Kündigungsgeld) zu verstehen,[177] sollte der Gläubiger keinen konkreten höheren Zinsausfall nachweisen.

46   Bei den **Banken** unterscheidet die Rechtsprechung zwei Gruppen.[178] **Spezialbanken,** die im Wesentlichen nur Aktivgeschäfte einer Art betreiben (zB reine Hypothekenbanken), können danach ihre Anlageverluste „auf der Grundlage der für diese Geschäftsart in der fraglichen Zeitspanne üblichen Sollzinsen" berechnen.[179] Demgegenüber können **Universalbanken** und Spezialbanken mit diversifi-

---

Steuerberater (!) durch BGH Urt. v. 30.11.1994 – XII ZR 59/93, NJW 1995, 652; krit. zur uneinheitlichen Rspr. *Kindler* WM 1997, 2017 (2018 f.).

[168] Staudinger/*Feldmann,* 2019, BGB § 288 Rn. 43.

[169] *Baumgärtel/Strieder,* Handbuch der Beweislast im Privatrecht, Bd. 1, 2. Aufl. 1991, BGB § 288 Rn. 16; krasses Beispiel OLG Frankfurt a. M. Urt. v. 7.1.1988 – III U 162/85, NJW-RR 1988, 1107 (1109): Offenlegung von Unterhaltsverpflichtungen.

[170] Grundlegend BGH Urt. v. 1.2.1974 – IV ZR 2/72, BGHZ 62, 103 (106) = NJW 1974, 895 mAnm *Roll* 1281; stRspr, zB BGH Urt. v. 28.4.1988 – III ZR 57/87, BGHZ 104, 337 = NJW 1988, 1967; BGH Urt. v. 9.2.1993 – XI ZR 88/92, NJW 1993, 1260 (1261); hierzu *Kindler,* Gesetzliche Zinsansprüche im Zivil- und Handelsrecht, 1996, 273 f.; *Kindler* WM 1997, 2017 (2019 f.); Staudinger/*Feldmann,* 2019, BGB § 288 Rn. 40.

[171] Vgl. BGH Urt. v. 11.10.1994 – XI ZR 238/93, NJW 1994, 3344 (3346); hierzu *Kindler,* Gesetzliche Zinsansprüche im Zivil- und Handelsrecht, 1996, 275 f.; *Kindler* WM 1997, 2017 (2020); MüKoBGB/*Ernst* BGB § 286 Rn. 144; Staudinger/*Feldmann,* 2019, BGB § 288 Rn. 41 f.

[172] Vgl. auch BGH Urt. v. 4.6.1997 – VIII ZR 312/96, NJW 1997, 3166 (3167) (Leasingunternehmen).

[173] Vgl. BGH Urt. v. 26.4.1979 – VII ZR 188/78, BGHZ 74, 231 (234 f.) = NJW 1979, 1494; *Kindler,* Gesetzliche Zinsansprüche im Zivil- und Handelsrecht, 1996, 266; BeckOGK/*Dornis* BGB § 288 Rn. 4, 23 ff.

[174] *Kindler,* Gesetzliche Zinsansprüche im Zivil- und Handelsrecht, 1996, 277 f.; *Kindler* WM 1997, 2017 (2021).

[175] BGH Urt. v. 30.11.1979 – V ZR 23/78, WM 1980, 86; BGH Urt. v. 6.5.1981 – IV a ZR 170/80, BGHZ 80, 269 (279) = NJW 1981, 1729; BGH Urt. v. 2.12.1991 – II ZR 141/90, NJW 1992, 1223 (1224).

[176] Vgl. die Monatsberichte der Deutschen Bundesbank (Statistischer Teil, Abschnitt Soll- und Habenzinsen der Banken in Deutschland und ferner die statistischen Angaben unter www.bundesbank.de.

[177] MüKoBGB/*Oetker* BGB § 252 Rn. 36; zust. *Kindler,* Gesetzliche Zinsansprüche im Zivil- und Handelsrecht, 1996, 279 f.; *Kindler* WM 1997, 2017 (2021); Staudinger/*Feldmann,* 2019, BGB § 288 Rn. 39 stellt darauf ab, „welche Art der Kapitalanlage angesichts der persönlichen Verhältnisse und des in Rede stehenden Betrags in Betracht gekommen wäre und welcher Ertrag zu der in Rede stehenden Zeit zu erwarten war".

[178] Grundlegend BGH Urt. v. 1.2.1974 – IV ZR 2/72, BGHZ 62, 103 (107) = NJW 1974, 895 mAnm *Roll* 1281.

[179] BGH Urt. v. 1.2.1974 – IV ZR 2/72, BGHZ 62, 103 (107) = NJW 1974, 895.

ziertem Sortiment ihre Anlageverluste wahlweise **(1.)** nach ihrem institutsspezifischen Durchschnitts-gewinn,[180] **(2.)** nach dem marktüblichen Zinssatz in derjenigen Anlageart, die der Bank den geringsten Zinssatz erbringt,[181] oder **(3.)** in Höhe von 5 % über dem Diskontsatz der Deutschen Bundesbank (seit 1.1.1999: über dem Basiszinssatz iSd § 1 DÜG bzw. § 247 BGB)[182] berechnen,[183] und zwar auch gegenüber dem **Bürgen.**[184] Die zuletzt genannte Berechnungsart scheidet im Realkreditbereich aus.[185]

Die **sonstigen – nicht im Bankgeschäft tätigen – kaufmännischen Geldgläubiger** treffen **46a** hingegen beim Nachweis der Höhe ihrer Anlageverluste auf unerwartete Beweisschwierigkeiten. Während die Rspr. den Privatgläubigern ohne Weiteres einen Zinsausfall in Höhe der allgemein zugänglichen „üblichen Zinssätze" unterstellt (→ Rn. 45), muss ein **Kaufmann** nach einer BGH-Entscheidung v. 11.10.1994 konkrete **Anhaltspunkte** für eine Schadensschätzung nach § 287 ZPO liefern.[186] Mit dem Sachvortrag, der geschuldete Geldbetrag wäre – bei rechtzeitiger Zahlung – entweder im eigenen Geschäftsbetrieb oder bei einer Bank zu den üblichen Konditionen angelegt worden, soll nach dieser Entscheidung ein Anlageverlust, der über die gesetzlichen Zinssätze hinaus-geht, nicht dargetan sein.[187] Diese einschränkende Handhabung des § 287 ZPO **überzeugt nicht.** Ebenso wie bei Privatgläubigern kann auch bei sonstigen – nicht als Bank tätigen – Kaufleuten für die Schadensschätzung ohne weiteres auf die allgemein zugänglichen Habenzinsen zurückgegriffen wer-den.[188] Beruft sich der Kaufmann auf eine Investition des Geldes in seinem Betrieb, so kommt als Grundlage einer Schadensschätzung die durchschnittliche Eigenkapitalrentabilität im Betrieb des Gläubigers in einem angemessenen Vergleichszeitraum in Betracht. Wegen des damit verbundenen Zwangs zur Offenlegung interner Betriebsdaten wird eine derartige Schadensberechnung freilich nicht in jedem Fall zweckmäßig sein. Wenn die banküblichen Anlagezinsen deutlich unter den gesetzlichen Verzugszinsen liegen, wird das Problem allerdings nicht praktisch relevant.

c) Aufwendung von Kreditzinsen. Bei der Geltendmachung von **Kreditkostenschäden** im **47** Rahmen der §§ 280 Abs. 1 und 2, 286, 288 Abs. 4 BGB hat der Geldgläubiger auf Bestreiten des Schuldners hin die Tatsache der Verschuldung, den ursächlichen Zusammenhang zwischen dem Verzug und der Verschuldung (Neuverschuldung oder Fortbestand der Altverschuldung) sowie die Höhe der aufgewandten Kreditzinsen zu beweisen.[189] Ausreichend ist die Geltendmachung eines bestimmten Zinssatzes unter Hinweis auf die Inanspruchnahme von Bankkredit. In einem solchen Sachvortrag liegt die Behauptung, der Kläger habe während der ganzen Dauer der Zinspflicht Bankkredit in Anspruch genommen, der mindestens die Höhe der Klageforderung erreicht habe und für den er während der gesamten Zeit mindestens Zinsen in der beantragten Höhe zu zahlen gehabt habe.[190] Fehlt es auch an einem solchen Mindestsachvortrag zum Zinsschaden, bleibt es bei den gesetzlichen Zinssätzen gem. § 288 Abs. 1 und 2 BGB.[191]

aa) Verschuldung. Bei **Kaufleuten,** Großunternehmen und Betrieben der öffentlichen Hand **48** besteht ein allgemeiner **Erfahrungssatz,** dass sie mit **ständigem Kontokorrentkredit** arbeiten.[192] Bestreitet der Schuldner bereits die Tatsache der Verschuldung, so ist er in Anbetracht dieses all-gemeinen Erfahrungssatzes gehalten, besondere Umstände vorzutragen, aus denen sich ergibt, dass der Gläubiger ausnahmsweise keinen Kredit aufgenommen hat. Die formelhafte Wendung, der Zins-anspruch werde „nach Grund und Höhe bestritten", genügt hierfür nicht.[193]

---

[180] BGH Urt. v. 28.4.1988 – III ZR 57/87, BGHZ 104, 337 (345) = NJW 1988, 929; so auch Staudinger/*Feldmann*, 2019, BGB § 288 Rn. 40; MüKoBGB/*Ernst* § 286 Rn. 145.

[181] BGH Urt. v. 28.4.1988 – III ZR 57/87, BGHZ 104, 337 (348) = NJW 1988, 929.

[182] Hierzu eingehend *Kindler,* Gesetzliche Zinsansprüche im Zivil- und Handelsrecht, 1996, 280 ff. m. Kritik auf S. 284 f.; *Kindler* WM 1997, 2017 (2021 ff.); zum DÜG → 1. Aufl. 2001, Rn. 111 ff. sowie *Grothe* IPRax 2002, 119 (122); das DÜG wurde mit Gesetz vom 4.4.2002 (BGBl. I 1219) aufgehoben.

[183] BGH Urt. v. 3.5.1995 – XI ZR 195/94, NJW 1995, 1954; OLG Düsseldorf Urt. v. 4.7.1996 – 6 U 151/95, WM 1996, 1810 (1812) = NJW-RR 1997, 426.

[184] BGH Urt. v. 28.10.1999 – IX ZR 364/97, NJW 2000, 658 (661).

[185] BGH Urt. v. 22.6.1999 – XI ZR 316/98, WM 1999, 1555; BGH Urt. v. 18.2.1992 – XI ZR 134/91, NJW 1992, 1620; MüKoBGB/*Ernst* BGB § 286 Rn. 146.

[186] BGH Urt. v. 11.10.1994 – XI ZR 238/93, NJW 1994, 3344 (3346) (entschieden zu einer im Computerhandel tätigen GmbH).

[187] BGH Urt. v. 11.10.1994 – XI ZR 238/93, NJW 1994, 3344 (3346).

[188] *Kindler,* Gesetzliche Zinsansprüche im Zivil- und Handelsrecht, 1996, 286 f.; *Kindler* WM 1997, 2017 (2024).

[189] *Kindler,* Gesetzliche Zinsansprüche im Zivil- und Handelsrecht, 1996, 287; s. auch MüKoBGB/*Ernst* BGB § 286 Rn. 151 f.; Staudinger/*Feldmann,* 2019, BGB § 288 Rn. 49.

[190] BGH Urt. v. 24.11.1976 – IV ZR 232/74, DB 1977, 582 (insoweit nicht in NJW 1977, 529); MüKoBGB/*Ernst* BGB § 286 Rn. 151.

[191] BGH Urt. v. 30.11.1994 – XII ZR 59/93, NJW 1995, 652 (654); BGH Urt. v. 21.11.1996 – IX ZR 182/95, NJW 1997, 661 (664); OLG Rostock Urt. v. 15.2.1996 – 1 U 21/95, WM 1996, 2011 (2013) = NJW-RR 1996, 882.

[192] MüKoBGB/*Ernst* BGB § 288 Rn. 152.

[193] BGH Urt. v. 1.12.1976 – VIII ZR 266/75, WM 1977, 222 (223).

49   Demgegenüber haben **Privatgläubiger** die Verschuldung konkret nachzuweisen, zB durch Bankbestätigung, Bankauszüge, Darlehensurkunden oder Zeugenaussagen.[194]

50   **bb) Kausalität zwischen Verzug und Neuverschuldung.** Bei einer Kreditaufnahme oder -erweiterung *nach Verzugseintritt* verlangte die ganz **frühere Rechtsprechung** für alle Gläubigerkategorien gleichermaßen den Nachweis, dass eine solche Neuverschuldung bei – unterstellter – pünktlicher Zahlung unterblieben wäre. Der Geldgläubiger sei so zu stellen, „als ob [er] im Augenblick des Verzugs (…) das Geld erhalten hätte."[195] In Anwendung dieser Formel verlangten die Gerichte ursprünglich vom Geldgläubiger grundsätzlich den vollen Nachweis der Ursächlichkeit zwischen Verzug und Neuverschuldung.[196] Danach war die „wirtschaftliche Gesamtlage" des Gläubigers darzulegen und weiterhin darzutun, dass der Zinsschaden des Gläubigers „gerade wegen" des Verzuges des Schuldners eingetreten sei. An diesem Zusammenhang sollte es fehlen, wenn der Gläubiger eingehende Beträge gewöhnlich erst einmal in der Kasse behielt oder diese „für irgendwelche Anschaffungen verwendet oder anderweitig investiert haben würde".[197] Verschiedentlich forderte die Rechtsprechung vom Gläubiger gar den Nachweis fehlenden Aktivvermögens, das dieser zur Vermeidung einer Kreditaufnahme hätte einsetzen können.[198]

51   Unter Aufgabe dieser „gerade wegen"-Formel räumte der BGH erstmals 1965 ein, dass unter anderem **Kaufleute,** die einerseits über bedeutende Kassenbestände verfügen und andererseits regelmäßig mit Fremdgeld arbeiten, nicht „wegen des Verzuges" mit einem vergleichsweise kleinen Betrag gesondert Kredit aufnehmen werden. Die Ursächlichkeit des Verzuges für die Kreditaufnahme ergebe sich für Kaufleute daraus, „dass die beanspruchten Kredite im Ganzen entsprechend verringert werden könnten, wenn alle Außenstände bei Fälligkeit prompt eingingen".[199] Die Kausalität zwischen Verzugseintritt und Kreditkostenschaden wurde bei Großgläubigern deshalb als erfüllt angesehen, weil die Summe *aller* fälligen Außenstände diese Gläubiger zu größerer Kreditaufnahme, dh zu einem insgesamt höheren Zinsaufwand zwingt.[200] Seit 1983 **verzichtet** die Rechtsprechung sogar **vollständig auf den Nachweis,** dass der Gläubiger aufgrund des Verzuges Kredit aufgenommen habe und er den geschuldeten Geldbetrag auch tatsächlich zur Verminderung des Kredits genutzt hätte;[201] in Anwendung von § 287 ZPO müsse der Richter in jedem Fall den weitergehenden Zinsschaden „zumindest in Höhe der jeweils üblichen Zinssätze ermitteln und zusprechen".[202] Dies ist im Ergebnis zutreffend,[203] wobei ein Gegenbeweis des Schuldners möglich bleibt.[204]

52   **cc) Kausalität zwischen Verzug und Fortbestand der Altverschuldung.** Andere Grundsätze sollen indes gelten, wenn der Gläubiger aufgrund der Zahlungsverzögerung an der **Rückführung eines** *bereits laufenden* **Kredits** gehindert ist. Zum Nachweis der Verzugsbedingtheit eines solchen Kreditverlängerungsschadens haben **Privatgläubiger** grundsätzlich im vollen Umfang darzulegen und zu beweisen, dass bei rechtzeitiger Zahlung des Schuldners eine Verringerung des Kreditvolumens möglich und beabsichtigt gewesen wäre.[205]

53   Abweichend hiervon soll es bei **Kaufleuten** dem typischen Geschehensablauf entsprechen, dass der rechtzeitige Eingang von Zahlungen zu einer Verringerung des Kreditvolumens geführt hätte.[206] Die Finanzlage dieser Gläubigergruppe sei durch ein die Außenstände in der Regel übersteigendes Kredit-

---

[194] BGH Urt. v. 27.2.1991 – XII ZR 39/90, NJW-RR 1991, 1406; BGH Urt. v. 9.12.1996 – II ZR 240/95, NJW 1997, 741 (742); LG Koblenz Urt. v. 7.9.1990 – 14 S 240/89, NJW-RR 1991, 171 (172); *Baumgärtel/Strieder,* Handbuch der Beweislast im Privatrecht, Bd. 1, 2. Aufl. 1991, BGB § 288 Rn. 3; zur Zinsbescheinigung *Doms* NJW 1999, 2649; krit. *Kindler,* Gesetzliche Zinsansprüche im Zivil- und Handelsrecht, 1996, 288 f.

[195] BGH Urt. v. 29.10.1952 – II ZR 47/52, NJW 1953, 337.

[196] BGH Urt. v. 29.10.1952 – II ZR 47/52, NJW 1953, 337; ferner etwa OLG Köln Urt. v. 9.1.1969 – 12 U 149/68, NJW 1969, 1388; weit. Nachw. bei *Kindler,* Gesetzliche Zinsansprüche im Zivil- und Handelsrecht, 1996, 289 Fn. 171.

[197] So zB KG Urt. v. 24.4.1957 – 10 U 557/57, NJW 1957, 1561 (1562).

[198] ZB OLG Düsseldorf Urt. v. 17.3.1969 – 1 U 136/68, NJW 1969, 2051.

[199] BGH Urt. v. 26.1.1965 – VI ZR 207/63, VersR 1965, 479 (481) (insoweit nicht in BGHZ 43, 337 = NJW 1965, 754).

[200] BGH Urt. v. 17.4.1978 – II ZR 77/77, WM 1978, 616 (617) = LM § 288 BGB Nr. 7; ebenso schon OLG Hamburg Urt. v. 10.4.1974 – 5 U 116/73, MDR 1974, 930 unter Hinweis auf den Rechtsgedanken des § 830 Abs. 1 S. 2 BGB (alternative Kausalität); näher *Kindler,* Gesetzliche Zinsansprüche im Zivil- und Handelsrecht, 1996, 290.

[201] Staudinger/*Feldmann,* 2019, BGB § 288 Rn. 50.

[202] BGH Urt. v. 26.10.1983 – IV a ZR 21/82, NJW 1984, 371 (372); OLG Karlsruhe Urt. v. 16.8.1990 – 12 U 84/89, VersR 1992, 173 (174); BeckOGK/*Dornis* BGB § 286 Rn. 317 und MüKoBGB/*Ernst* BGB § 286 Rn. 152 sprechen von einem „Anscheinsbeweis".

[203] Vgl. *Kindler,* Gesetzliche Zinsansprüche im Zivil- und Handelsrecht, 1996, 291 f.

[204] MüKoBGB/*Ernst* BGB § 286 Rn. 152; Staudinger/*Feldmann,* 2019, BGB § 288 Rn. 54.

[205] BGH Urt. v. 27.2.1991 – XII ZR 39/90, WM 1991, 1005 = NJW-RR 1991, 1406 f.; LG Koblenz Urt. v. 7.9.1990 – 14 S 240/89, NJW-RR 1991, 171 (172) (mit deutlicher Unterscheidung zwischen Alt- und Neuverbindlichkeiten); Staudinger/*Feldmann,* 2019, BGB § 288 Rn. 53.

[206] BGH Urt. v. 12.12.1990 – VIII ZR 35/90, NJW-RR 1991, 793 (794) = WM 1991, 498 Ls. 2.

volumen beeinflusst, dessen Inanspruchnahme, im Ganzen gesehen, durch die Verzögerung von Zahlungseingängen mit bedingt ist und zu einem **laufenden Zinsaufwand** führt.[207]

dd) Höhe des Kreditkostenschadens. Während der **Privatgläubiger** seinen Zinsaufwand im **54** Einzelnen substantiiert dartun muss, zB anhand einer Bankbestätigung, durch Vorlage von Bankauszügen, Darlehensurkunden oder durch Zeugenbeweis,[208] erhalten **Kaufleute**, Großunternehmen und Betriebe der Öffentlichen Hand ohne weiteres bankübliche Sollzinsen ersetzt, wobei der Zinssatz früher häufig in Relation zum Diskontsatz der Deutschen Bundesbank und seit 1.1.1999 zum Basiszinssatz iSd § 1 DÜG bzw. § 247 BGB ausgedrückt wird.[209] Dies ist sachgerecht,[210] sollte aber auf alle Gläubigerkategorien erstreckt werden.[211]

Im **Regelfall** ist ein **Kreditkostenschaden in Höhe von 5,5 % über dem Diskontsatz / Basis-** **55** **zinssatz** angemessen.[212] Dies trägt der – auch vom BGH anerkannten – Leitbildfunktion von § 11 Abs. 1 VerbrKrG (heute § 497 Abs. 1 BGB iVm § 288 Abs. 1 BGB) für die Bemessung von AGB-Verzugszinspauschalen für sonstige, nicht als Banken tätige Handelsunternehmen Rechnung.[213]

Da für Zinsen keine Mehrwertsteuer zu entrichten ist,[214] kann eine **auf die Verzugszinsen** **56** **entfallende Mehrwertsteuer nicht als Teil des Verzugsschadens** geltend gemacht werden.[215]

d) Verzugszinspauschalen in AGB im kaufmännischen Verkehr. aa) Zulässigkeit. Nach **57** **§ 309 Nr. 5 lit. a BGB** sind Schadensersatzpauschalen für den Klauselverwender in AGB unwirksam, wenn die Pauschale den nach dem gewöhnlichen Lauf der Dinge zu erwartenden Schaden übersteigt. Diese Vorschrift ist – mittelbar als Leitbild über § 307 BGB – grundsätzlich auch im Verkehr zwischen Unternehmern anzuwenden (§ 310 Abs. 1 S. 2 BGB). Entsprechend sind Verzugszinspauschalen in AGB auch im Handelsverkehr (indirekt) an § 309 Nr. 5 lit. a BGB zu messen, weil diese den Schadensersatzanspruch aus §§ 280 Abs. 1 und 2, 286, 288 Abs. 4 BGB (→ Rn. 40 ff., → Rn. 47) pauschalieren, dh verbindlich festlegen, und damit einer Einzelfallbeurteilung entziehen. Von vornherein **ungeeignet** und **unwirksam** sind Verzugszinspauschalen in Gestalt eines **festen Zinssatzes,** da die Höhe des Zinsschadens von der Entwicklung der Marktzinsen im Verzugszeitraum abhängt.[216] Bezugspunkt einer zulässigen Schadenspauschalierung können daher nur das **allgemeine Zinsniveau** **und seine Wandlungen zurzeit des Verzuges** sein.[217] Dem kann zB durch eine Verknüpfung der Verzugszinspauschale mit dem Basiszinssatz nach § 247 BGB Rechnung getragen werden.[218] Auch der Lombard-Satz (seit 1.1.1999: der SRF-Satz iSd LombardV[219]) kommt als Referenzzins in Betracht.[220] Für die Zulässigkeit derartiger Schadenspauschalierungen spricht wiederum die Leitbildfunktion des § 497 Abs. 1 BGB iVm § 288 Abs. 1 BGB (früher: § 11 Abs. 1 VerbrKrG).[221] Dies statuiert auch keinen Verstoß gegen das AGB-rechtliche Transparenzgebot (§ 307 Abs. 1 S. 2 BGB), weil sich der

---

[207] BGH Urt. v. 17.4.1978 – II ZR 77/77, WM 1978, 616 (617) = LM § 288 BGB Nr. 7; zust. *Asam / Kindler* RIW 1989, 841 (843); für die Erstreckung dieser Grundsätze auf Privatgläubiger: *Kindler,* Gesetzliche Zinsansprüche im Zivil- und Handelsrecht, 1996, 293 und schon *Basedow* ZHR 143 (1979), 317 (318 f.).

[208] BGH Urt. v. 30.11.1979 – V ZR 23/78, WM 1980, 85 (86); BGH Urt. v. 28.11.1990 – VIII ZR 362/89, NJW 1991, 639 (640); BGH Urt. v. 9.12.1996 – II ZR 240/95, NJW 1997, 741 (742); OLG Celle Urt. v. 6.1.1999 – 14a (6) U 48/97, NZI 2000, 181; Soergel/*Wiedemann* BGB § 288 Rn. 21; krit. *Kindler,* Gesetzliche Zinsansprüche im Zivil- und Handelsrecht, 1996, 295 f.

[209] BGH Urt. v. 26.2.1975 – VIII ZR 265/73, NJW 1975, 867 (Diskontsatz zzgl. 3,5 % für Großunternehmen); OLG Frankfurt a. M. Urt. v. 24.6.1971 – 9 U 9/71, WM 1972, 436 (438) (Diskontsatz zzgl. 4,5 % für Bank); OLG Stuttgart Urt. v. 10.11.1987 – 6 U 90/87, NJW-RR 1988, 308 (310) = WM 1987, 1449 („diskontsatzabhängige Zukunftszinsen" für Teilzahlungsbank); vgl. zur Entwicklung der Rspr. *Kindler,* Gesetzliche Zinsansprüche im Zivil- und Handelsrecht, 1996, 220 ff., 295 ff.; zum DÜG → 1. Aufl. 2001, Rn. 111 ff. sowie *Grothe* IPRax 2002, 119 (122); das DÜG wurde mit Gesetz vom 4.4.2002 (BGBl. I 1219) aufgehoben.

[210] *Asam / Kindler* RIW 1989, 841 (844).

[211] *Kindler,* Gesetzliche Zinsansprüche im Zivil- und Handelsrecht, 1996, 297 f.

[212] Vgl. *Kindler,* Gesetzliche Zinsansprüche im Zivil- und Handelsrecht, 1996, 331 mit einem entsprechenden Gesetzgebungsvorschlag.

[213] Vgl. BGH Urt. v. 11.1.1995 – VIII ZR 61/94, NJW 1995, 954 (955).

[214] EuGH Urt. v. 1.7.1982 – C 222/81, Slg. 1982, 2527 = NJW 1983, 505.

[215] Vgl. BGH Urt. v. 23.2.1984 – IX ZR 26/83, BGHZ 90, 207 (209) = NJW 1984, 1968.

[216] *Kindler,* Gesetzliche Zinsansprüche im Zivil- und Handelsrecht, 1996, 221.

[217] Vgl. zuerst BGH Urt. v. 7.10.1981 – VIII ZR 229/80, NJW 1982, 331, (332) (unter Hinweis auf die diskontsatzabhängigen Zinsen im Wechsel- und Scheckrecht); grundlegend BGH Urt. v. 16.10.1986 – III ZR 92/85, NJW 1987, 184, (185;); BGH Urt. v. 8.10.1991 – XI ZR 259/90, BGHZ 115, 268, (273) = NJW 1992, 109; Soergel/*Wiedemann* BGB § 288 Rn. 44.

[218] Grundlegend BGH Urt. v. 16.10.1986 – III ZR 92/85, NJW 1987, 184 (185), Urt. v. 8.10.1991 – XI ZR 259/90, BGHZ 115, 268 (273) = NJW 1992, 109; ferner BGH Urt. v. 11.1.1995 – VIII ZR 61/94, NJW 1995, 954 (955); *Casper* NJW 1997, 240 (241).

[219] VO v. 18.12.1998, BGBl. I 3819.

[220] Vgl. § 16 Nr. 5 Abs. 3 VOB/B; OLG Hamm Urt. v. 13.1.1995 – 12 U 84/94, NJW-RR 1995, 593 = BB 1995, 539.

[221] BGH Urt. v. 11.1.1995 – VIII ZR 61/94, NJW 1995, 954 (955); *Casper* NJW 1997, 240; zur Leitbildfunktion des § 11 Abs. 1 VerbrKrG für die Bemessung des Kreditkostenschadens nach § 287 ZPO → Rn. 58.

Kunde über Stand und Entwicklung des Referenzzinssatzes unschwer selbst unterrichten kann und der Verwender tatsächlich nicht in der Lage ist, die künftige Entwicklung des Referenzzinssatzes vorherzusehen.[222]

58   Fraglich ist stets nur, ob der vom Verwender festgelegte **Aufschlag** zum Referenzzins **angemessen** ist.[223] Ohne weiteres angemessen sind AGB-Verzugszinspauschalen in Höhe von 5 % über dem Diskontsatz/Basiszinssatz. Dies gilt für Kreditinstitute – mit Ausnahme des Realkreditbereichs[224] – und sonstige Kaufleute[225] gleichermaßen.

59   Die Klausel darf allerdings nicht den Nachweis abschneiden, ein Verzugsschaden sei überhaupt nicht entstanden oder wesentlich niedriger als die Pauschale (**§ 309 Nr. 5 lit. b BGB**).[226] Zwar braucht eine Schadenspauschalierungsklausel nicht ausdrücklich das Recht zum Gegenbeweis zu enthalten. Aus der gewählten Formulierung darf sich aber auch nicht konkludent ergeben, dass der Gegenbeweis ausgeschlossen sein soll.[227] Die Formulierung „... ist zu verzinsen...“ etwa, die als weitere Voraussetzung der Zahlungspflicht lediglich den nicht fristgerechten Zahlungseingang aufführt, muss vom Gegner des Verwenders dahin verstanden werden, dass er ohne die Möglichkeit eines Gegenbeweises den vorgesehenen Zinssatz zu zahlen hat.[228]

60   **bb) Einzelfälle.** Nach der vorliegenden Rechtsprechung aus der Zeit des Bundesbankdiskontsatzes („D“) waren zB „D plus 2“[229] im Kfz-Handel unbedenklich,[230] „D plus 6“ für Geschäftsdarlehen einer Bank zu hoch,[231] „D plus 5“ für Kreditkartenausgeber zu hoch,[232] sowie „D plus 2“ in § 29 ADSp aF unbedenklich.[233]

IV. Verzinsungspflicht nach Abs. 2

61   Während § 352 Abs. 1 S. 1 die Höhe des gesetzlichen Zinssatzes nur bei gesetzlichen Zinsschulden regelt, die in anderen Gesetzen als dem HGB normiert sind (→ Rn. 63), ordnet **§ 352 Abs. 2** die Anwendung des gesetzlichen kaufmännischen Zinsfußes in Höhe von **5 %** für sämtliche *im Handelsgesetzbuch normierten* gesetzlichen Zinspflichten an, bei denen die Zinshöhe nicht bestimmt ist. Unter § 352 Abs. 2 fallen daher zur Verzinsungspflicht für Aufwendungsersatzansprüche des Gesellschafters einer oHG oder KG (**§§ 110 Abs. 2,** 161 Abs. 2), die Verzinsungspflicht bei nicht rechtzeitiger Erfüllung der gesellschaftsvertraglich geschuldeten Leistungen durch die Gesellschafter einer oHG oder KG (**§§ 111 Abs. 1,** 161 Abs. 2), die Zinspflicht für Forderungen aus beiderseitigen Handelsgeschäften vom Tag der Fälligkeit ab (**§ 353**), die Pflicht zur Verzinsung von Darlehen, Vorschüssen und Verwendungen ab dem Tag der Leistung (**§ 354 Abs. 2**), sowie die Verzinsungspflicht im Rahmen eines Kontokorrentverhältnisses (**§ 355 Abs. 1**).

62   Im Gegensatz zu § 352 Abs. 1 kommt es im Rahmen des § 352 Abs. 2 grundsätzlich *nicht* **auf das Vorliegen eines beiderseitigen Handelsgeschäfts** an (*argumentum e contrario;* vgl. auch § 345). Etwas anderes gilt allerdings für den Fälligkeitszinsanspruch aus § 353, weil das Vorliegen eines beiderseitigen Handelsgeschäfts dort zum gesetzlichen Tatbestand der Zinspflicht selbst gehört.

63   **Abzulehnen** ist dagegen die von einem Teil der Literatur vertretene Ansicht, dass der Zinsanspruch aus § 353 sowohl unter § 352 Abs. 1 S. 1 als auch unter § 352 Abs. 2 falle.[234] Zwar setzt der Zinsanspruch aus § 353, ebenso wie die Regelung des § 352 Abs. 1 S. 1, das Vorliegen eines beiderseitigen Handelsgeschäfts voraus. Aus § 352 Abs. 2 folgt indes im Umkehrschluss, dass von § 352 Abs. 1 Satz 1 nur gesetzliche Zinsregelungen *außerhalb* des HGB erfasst sind.

---

[222] *Casper* NJW 1997, 240 f.; aA *Müller* NJW 1996, 1520 f.

[223] *Kindler,* Gesetzliche Zinsansprüche im Zivil- und Handelsrecht, 1996, 221 f.; *Casper* NJW 1997, 240 (241).

[224] Vgl. BGH Urt. v. 8.10.1991 – XI ZR 259/90, BGHZ 115, 268 (273) = NJW 1992, 109; BGH Urt. v. 3.5.1995 – XI ZR 195/94, NJW 1995, 1954; BGH Urt. v. 22.6.1999 – XI ZR 316/98, WM 1999, 1555; s. auch → Rn. 46.

[225] BGH Urt. v. 11.1.1995 – VIII ZR 61/94, NJW 1995, 954 (955); *Kindler,* Gesetzliche Zinsansprüche im Zivil- und Handelsrecht, 1996, 223.

[226] BGH Urt. v. 26.1.1983 – VIII ZR 342/81, NJW 1983, 1320; MüKoBGB/*Ernst* BGB § 286 Rn. 169.

[227] BGH Urt. v. 31.1.1985 – III ZR 105/83, NJW 1986, 376.

[228] BGH Urt. v. 21.12.1995 – VII ZR 286/94, BGHZ 131, 356 = NJW 1996, 1209; BGH Urt. v. 19.6.1996 – VIII ZR 189/95, WM 1996, 2025 (2027 f.).

[229] Dh zwei Prozentpunkte über dem Diskontsatz der Deutschen Bundesbank.

[230] BGH Urt. v. 7.10.1981 – VIII ZR 229/80, NJW 1982, 331 Ls. 2.

[231] BGH Urt. v. 28.5.1984 – III ZR 231/82, NJW 1984, 2941.

[232] OLG Hamburg Urt. v. 13.6.1990 – 5 U 217/89, NJW 1991, 2841; wohl überholt durch BGH Urt. v. 11.1.1995 – VIII ZR 61/94, NJW 1995, 954 und § 11 Abs. 1 VerbrKrG.

[233] BGH Urt. v. 7.3.1991 – I ZR 157/89, NJW-RR 1991, 995 (997) = WM 1991, 1468; die Neuregelung in Nr. 18.3. ADSp 1999 (3 % über dem *zum Zeitpunkt des Eintretens des Verzuges* geltenden Basiszinssatz) dürfte als fixe Verzugszinspauschale unwirksam sein, vgl. BGH Urt. v. 16.10.1986 – III ZR 92/85, NJW 1987, 184 (185); Soergel/*Wiedemann* BGB § 288 Rn. 44.

[234] Vgl. Baumbach/Hopt/*Hopt* Rn. 1; Röhricht/Graf v. Westphalen/Haas/*Wagner* Rn. 1.

V. Vereinbarungen über die Zinshöhe

1. Zinsbegriff. a) Gesetzlicher Zinssatz und Vertragszins. Die Diskussion über den Zins- **64** begriff im Recht dreht sich **allein um den Vertragszins.** Vornehmlich geht es dabei darum, den gegenständlichen Anwendungsbereich der zinsbezogenen Schuldnerschutzvorschriften zu bestimmen (insbesondere §§ 138, 248, 289, 488 Abs. 3 [= 609 aF] BGB, Art. I § 4 PAngVO 1985,[235] auch iVm § 492 Abs. 2 BGB [= § 4 Abs. 2 S. 2 VerbrKrG]), dh diejenigen Faktoren auszumachen, die bei deren Anwendung in die Berechnung des Zinses einzustellen sind.[236] Demgegenüber stellt sich die Frage nach der Zinseigenschaft bestimmter im Wirtschaftsleben vorkommender Zahlungen aus der Sicht der *gesetzlichen* Zinstatbestände nicht; denn der Begriff der gesetzlichen Zinsen ist deskriptiv, nicht normativ.[237] Die nachfolgenden Erläuterungen betreffen daher allein den **Vertragszins.**

b) Einzelfragen. Das Gesetz enthält keine Definition des Zinsbegriffs, sondern setzt ihn voraus. **65** Unter Zinsen ist nach allgM **eine nach der Laufzeit bemessene, gewinn- und umsatzunabhängige Vergütung für den Gebrauch eines auf Zeit überlassenen Kapitals** zu verstehen.[238] **Zinsen** sind daher zB **Kreditgebühren,** weil sie abhängig von der Laufzeit der Kapitalüberlassung bemessen werden.[239] **Keine Zinsen** sind demgegenüber Zahlungen, die für andere Leistungen als für die Überlassung von Kapital erbracht werden. Hierzu zählen zB **Nutzungsvergütungen,** für den Entzug von Sachen gewährte **Nutzungsentschädigungen,**[240] **Zahlungen auf den Wertanteil des Gesellschafters einer Personengesellschaft,**[241] **Umsatzbeteiligungen,**[242] **Renten,**[243] auf eine Schuld erbrachte **Ratenzahlungen**[244] sowie nur für die Beschaffung und Bereitstellung von Kapital erhobene **Bearbeitungs-** oder **Vermittlungsgebühren.**[245] Auch **Vertragsstrafeversprechen** stellen keine Zinsvereinbarung dar, weil sie kein Entgelt für die Überlassung von Kapital sind. Zu derartigen Vertragsstrafeversprechen zählen auch Abreden, die für den Fall nicht rechtzeitiger Zahlung einen höheren Zinssatz als den zunächst vertraglich vereinbarten festschreiben.[246] Für solche Zahlungen gilt etwa das Zinseszinsverbot des § 248 Abs. 1 BGB nicht; sie können durch vertragliche Abrede auch im Voraus verzinslich gestellt werden.

Umstritten ist hingegen die Frage, ob sich ein **Disagio**[247] als Zins einordnen lässt. Ein Teil der Lit. **66** **(1.)** verneint dies generell unter Hinweis darauf, dass das Disagio zu den Darlehensnebenkosten gehöre und mithin kein Entgelt für die Kapitalüberlassung sei, sondern lediglich der Kapitalverschaffung diene.[248] Andere sehen das Disagio dagegen **(2.)** ganz grundsätzlich als vorweg gezahlten Zins an.[249] Im Gegensatz dazu ordnet eine dritte Auffassung **(3.)** das Disagio im Regelfall den Darlehensverschaffungskosten zu; nur ausnahmsweise handele es sich um eine verschleierte Zinsabrede. Die insbesondere von der neueren Rechtsprechung und Literatur vertretene vierte, **herrschende Auffassung (4.)** lehnt dagegen eine generelle Zuordnung des Disagios zu den Darlehensnebenkosten oder

---

[235] VO v. 14.3.1985, BGBl. I 589 idF d. Änderungsverordnung v. 3.4.1992, BGBl. I 846.

[236] *Kindler,* Gesetzliche Zinsansprüche im Zivil- und Handelsrecht, 1996, 3 f.

[237] *Kindler,* Gesetzliche Zinsansprüche im Zivil- und Handelsrecht, 1996, 5; ähnl. *Münzberg* WM 1991, 170 (171), der die Zinsen mit Vergütungscharakter unter einen „materiellen" Zinsbegriff fasst, die gesetzlichen Zinsen hingegen unter einen „formellen".

[238] BGH Urt. v. 13.5.2014 – XI ZR 405/12, NJW 2014, 2420 Rn. 43; BGH Urt. v. 24.1.1992 – V ZR 267/90, NJW-RR 1992, 591 (592); BGH, Urt. v. 16.11.1978 – III ZR 47/77, NJW 1979, 540 (541); BGH Urt. v. 9.11.1978 – III ZR 21/77, NJW 1979, 805 (806); enger noch RG Urt. v. 7.5.1915 – II 36/15, RGZ 86, 399 (400 f.) (vgl. zum Unterschied BeckOGK/*Coen* BGB § 246 Rn. 30); *K. Schmidt* JZ 1982, 829 (830) mwN in Fn. 37; Staudinger/*Omlor,* 2016, BGB § 246 Rn. 23; MüKoHGB/*K. Schmidt* Rn. 5; Oetker/*Pamp* Rn. 4; Palandt/*Grüneberg* BGB § 246 Rn. 2; grundlegend *Canaris* NJW 1978, 1891.

[239] Vgl. Palandt/*Grüneberg* BGB § 246 Rn. 3 und 6.

[240] BGH Urt. v. 14.11.1963 – III ZR 141/62, NJW 1964, 294.

[241] *K. Schmidt* JZ 1982, 829 (832).

[242] BGH Urt. v. 27.9.1982 – II ZR 16/82, BGHZ 85, 61 (63) = NJW 1983, 111.

[243] BGH Urt. v. 20.11.1970 – V ZR 71/68, DB 1971, 92 (93); Urt. v. 14.11.1963 – III ZR 141/62, NJW 1964, 294; RG Beschl. und Urt. v. 25.2.1931/19.10.1932 – VII StR 2 u. 8, RGZ 141, 1 (7).

[244] BGH Urt. v. 20.11.1970 – V ZR 71/68, DB 1971, 92 (93).

[245] BGH Urt. v. 9.11.1978 – III ZR 21/77, NJW 1979, 805 (806); OLG Frankfurt/Kassel Urt. v. 11.4.1978, NJW 1978, 1927 (1928); Staudinger/*Omlor,* 2016, BGB § 246 Rn. 27, 33.

[246] RG Urt. v. 15.4.1896 – Rep. V 319/95, RGZ 37, 274 (276); KG Urt. v. 5.3.1925 – 4 U 642/25, JW 1925, 2801; Düringer/Hachenburg/*Werner* § 353 Anm. 5; Schlegelberger/*Hefermehl* § 353 Rn. 9; Staub/*Canaris,* 3. Aufl. 1978, § 353 Anm. 4.

[247] Ein Disagio ist der Betrag, um den ein tatsächlich ausgegebenes Darlehen oder eine sonstige Auszahlung geringer ist als der Nennbetrag, den der Schuldner – abgesehen von den Zinsen – zurückzahlen muss, vgl. MüKoBGB/*Berger* BGB § 488 Rn. 202.

[248] *K. Schmidt* JZ 1982, 829 (832); Düringer/Hachenburg/*Werner* § 353 Anm. 5; Staub/*Canaris,* 3. Aufl. 1978, § 353 Anm. 4.

[249] *Belke* BB 1968, 1219 (1223 f.); *Longin/Schlehe* DStR 1979, 8 (10); BFH Urt. v. 20.10.1999 – XR 69/96, DStRE 2000, 119.

Zinsen ab;[250] es liege vielmehr **im Ermessen der Parteien,** wie sie das Disagio im Rahmen ihrer Vertragsgestaltungsfreiheit einstufen.[251] Dieser Wille sei gegebenenfalls durch Auslegung entsprechend den wirtschaftlichen Gegebenheiten und den Interessen der Beteiligten zu ermitteln.[252] Dabei sei zu berücksichtigen, dass sich die **Funktion** des Disagios in den letzten Jahrzehnten erheblich geändert habe. Sei das Disagio früher in der Regel zur Abdeckung der laufzeitunabhängigen Kreditbeschaffungskosten des Darlehensgebers eingesetzt worden, so diene es heute der **Zinskalkulation.**[253] Disagio und Zinsen stünden nämlich häufig dahingehend in einem Abhängigkeitsverhältnis voneinander, dass ein Darlehen mit demselben Nennbetrag entweder mit einem geringeren Disagio und höheren Zinsen oder mit einem höheren Disagio und niedrigeren Zinsen vereinbart wird. Zudem erhöhe sich in der Regel bei einer Festschreibung der Darlehenskonditionen (insbesondere der Zinsen) das Disagio mit der Länge der Festschreibungsperiode.[254] Diese Bankenpraxis müsse dazu führen, dass das Disagio *im Zweifel* als **laufzeitabhängiger Ausgleich für einen niedrigeren Nominalzins** und damit als **Zins im Rechtssinn** anzusehen sei.[255] Dem ist beizutreten. Die letztgenannte Ansicht dürfte durch die Vermeidung von Verallgemeinerungen im Einzelfall zu sachgerechten Ergebnissen gelangen. Auch spricht für die letztgenannte Ansicht die bereits vom Bundesgerichtshof angeführte[256] Änderung der Zinsstatistik durch die Deutsche Bundesbank. Seit Juni 1982 wird der Effektivzinssatz für Hypothekarkredite aus den Komponenten Nominalzinssatz und Auszahlungskurs berechnet, wobei unter anderem der Zinsfestschreibungszeitraum berücksichtigt wird, auf den sich das Disagio bezieht.[257]

67   **Erbbauzinsen** sind unstreitig keine Zinsen; denn sie stellen keine Vergütung für die Kapitalnutzung dar, sondern sind als Gegenleistung für die Bestellung des Erbbaurechts anzusehen (vgl. § 9 Abs. 1 ErbbauRG für die dinglichen Erbbauzinsen).[258] Zur Frage, ob für *dingliche* Erbbauzinsen gleichwohl das Zinseszinsverbot des § 289 S. 1 BGB gilt, → § 353 Rn. 36.

68   **2. Beschränkungen.** Aus der Vertragsfreiheit (§ 311 Abs. 1 BGB) folgt der **Grundsatz der Zinsfreiheit.**[259] Es gibt keine gesetzlich festgeschriebene Obergrenze für vertraglich vereinbarte Zinssätze. Dies wird durch § 246 BGB und § 352 Abs. 1 S. 2 mittelbar bestätigt.[260] Nur **ausnahmsweise** bestehen gesetzliche Beschränkungen.

69   **a) Kündigungsrecht.** Die Vorschrift des § **489 BGB** gewährt dem Darlehensnehmer unter bestimmten, von der Art der vertraglichen Bindung, der Zinsfestlegung und dem Zweck des Kredites abhängigen Voraussetzungen ein Kündigungsrecht. Näher dazu → D Rn. 134 ff.

70   **b) Zinseszinsverbot.** Zinseszinsvereinbarungen sind nur mit Einschränkungen zulässig (vgl. §§ 248, 289, 291 S. 2 BGB, § 353 S. 2; dazu näher → § 353 Rn. 30 ff.).

71   **c) Wucherverbot und Sittenverstoß (§ 138 BGB).** Die Vereinbarung einer bestimmten Zinshöhe kann wegen **Wuchers** nach § **138 Abs. 2 BGB** nichtig sein.[261] Voraussetzung ist zum einen (1.) ein auffälliges *objektives* **Missverhältnis** zwischen Leistung und Gegenleistung, zum anderen (2.) *subjektiv* das **Ausbeuten** einer besonderen, in § 138 Abs. 2 BGB genannten Schwäche **des Bewucherten** durch den Vertragspartner. Das objektive Missverhältnis kann sich bei Zinsvereinbarungen sowohl aus dem Zinsversprechen allein als auch in Verbindung mit anderen im Rahmen des Zins-

---

[250] BGH Urt. v. 4.4.2000 – XI ZR 200/99, NJW 2000, 2816; BGH Urt. v. 8.10.1996 – XI ZR 283/95, BGHZ 133, 355 = NJW 1996, 3337; Staudinger/*Omlor,* 2016, BGB § 246 Rn. 27; MüKoBGB/*Grundmann* BGB § 246 Rn. 9; BeckOGK/*Coen* BGB § 246 Rn. 71 ff.; BeckOK BGB/*Grothe* BGB § 246 Rn. 2.

[251] BGH Urt. v. 29.5.1990 – XI ZR 231/89, BGHZ 111, 287 = NJW 1990, 2250.

[252] BGH Urt. v. 2.7.1981 – III ZR 8/80, BGHZ 81, 124 (126 f.) = NJW 1981, 2181 (2182); Urt. v. 29.5.1990 – XI ZR 231/89, BGHZ 111, 287 (288) = NJW 1990, 2250; BGH Urt. v. 9.11.1999 – XI ZR 311/98, NJW 2000, 352.

[253] Staudinger/*Omlor,* 2016, BGB § 246 Rn. 34.

[254] BGH Urt. v. 29.5.1990 – XI ZR 231/89, BGHZ 111, 287 (289) = NJW 1990, 2250 (2251); *Prass* BB 1981, 1058 (1061 ff.).

[255] StRspr seit BGH Urt. v. 29.5.1990 – XI ZR 231/89, BGHZ 111, 287 (290) = NJW 1990, 2250 (2251); zuletzt Urt. v. 27.1.1998 – XI ZR 158/97, NJW 1998, 1062 (1063) mwN; Staudinger/*Omlor,* 2016, BGB § 246 Rn. 34; BeckOK BGB/*Grothe* BGB § 246 Rn. 2.

[256] BGH Urt. v. 29.5.1990 – XI ZR 231/89, BGHZ 111, 287 (290) = NJW 1990, 2250 (2251).

[257] Monatsbericht Januar 1983, 24.

[258] BGH Urt. v. 24.1.1992 – V ZR 267/90, NJW-RR 1992, 591 (592) mwN; Palandt/*Grüneberg* BGB § 246 Rn. 6; Staudinger/*Omlor,* 2016, BGB § 246 Rn. 25; BeckOGK/*Coen* BGB § 246 Rn. 52; *K. Schmidt* JZ 1982, 829 (832); *Bringezu* NJW 1971, 1168, der allerdings zu Unrecht meint, dass die Rspr. Erbbauzinsen als Zinsen im Rechtssinne ansehe. In der von ihm zitierten Entscheidung (BGH Urt. v. 27.10.1969 – III ZR 135/66, NJW 1970, 243) führt der BGH nur aus, § 289 S. 2 BGB gelte auch für Erbauzinsen. Im Folgenden wird auch in dieser Entscheidung hervorgehoben, dass Grund der Anwendung *nicht* die Klassifizierung des Erbbauzinses als Zins ist, sondern die Verweisung des § 9 Abs. 1 ErbbauVO auf § 1107 BGB.

[259] Vgl. Düringer/Hachenburg/*Werner* Vor §§ 352, 353 Anm. 16; Heymann/*Horn* Rn. 15.

[260] Vgl. Staub/*Canaris,* 4. Aufl. 2001, Rn. 15; zu früheren Höchstzinsregelungen s. *Kindler,* Gesetzliche Zinsansprüche im Zivil- und Handelsrecht, 1996, 204 f.

[261] Vgl. zB BGH Urt. v. 8.7.1982 – III ZR 1/81, NJW 1982, 2767; RG Beschl. v. 13.3.1936 – Nr. 558 – V 184/35, RGZ 150, 1 (2).

versprechens eingegangenen Verpflichtungen des Bewucherten ergeben.[262] Subjektiv ist zwar keine besondere Ausbeutungs*absicht* des Wucherers erforderlich, sondern es genügt, wenn er bewusst die Situation des Bewucherten ausnutzt, dh Kenntnis von dem auffälligen Leistungsmissverhältnis und der Ausbeutungssituation hatte.[263] Gleichwohl wird dem Bewucherten der Nachweis dieser Tatsachen meist praktisch **kaum möglich** sein;[264] mangels abschließenden Charakters von § 138 Abs. 2 BGB bleibt daneben jedoch ein Rückgriff auf § 138 Abs. 1 BGB möglich.[265]

Die Nichtigkeit einer Zinshöhevereinbarung kann sich neben § 138 Abs. 2 BGB auch aus **§ 138** **72** **Abs. 1 BGB** ergeben, wenn sie gegen die **guten Sitten,** dh das Anstandsgefühl aller billig und gerecht Denkenden,[266] verstößt. Maßgeblich ist danach die herrschende Rechts- und Sozialmoral, wobei ein durchschnittlicher Beurteilungsmaßstab anzulegen ist.[267] Die Frage, ob ein Rechtsgeschäft nach diesem Maßstab als sittenwidrig anzusehen ist, ist im Rahmen einer **Gesamtwürdigung** aller objektiven und subjektiven Geschäftsumstände zu ermitteln.[268] Danach liegt eine Sittenwidrigkeit zB vor, wenn ein Darlehensgeber bei Vorliegen eines auffälligen *objektiven* Missverhältnisses zwischen Leistung und Gegenleistung *subjektiv* die wirtschaftliche Unterlegenheit des Darlehensnehmers ausnutzt, oder wenn dessen wirtschaftliche Bewegungsfreiheit allzu stark eingeschränkt wird („Knebelung"). Allerdings wird die Frage, wann Kreditverträge wegen der in ihnen vereinbarten Zinshöhe nach § 138 Abs. 1 BGB als nichtig anzusehen sind („wucherähnliches Rechtsgeschäft" bzw. „wucherähnlicher Kredit"), für Kreditverträge von gewerblichen Darlehensgebern einerseits und für sog Gelegenheitskredite andererseits anhand unterschiedlicher Kriterien beurteilt.[269] Näher → D Rn. 182 ff.

d) Unzulässige Rechtsausübung. War die Höhe des Zinssatzes im Einzelfall zurzeit der Verein- **73** barung als wirksam anzusehen, kann sich die spätere Geltendmachung der Zinsforderung gleichwohl als **unzulässige Rechtsausübung (§ 242 BGB)** darstellen, wenn infolge einer *nach* der Vereinbarung eintretenden grundlegenden Veränderung der wirtschaftlichen Verhältnisse (oder: nachträglicher Sittenwidrigkeit) dem Schuldner die Erfüllung der Zinsvereinbarung nach Treu und Glauben nicht mehr zumutbar ist.[270]

e) Verstoß gegen §§ 307 ff. BGB. Eine vertragliche Zinsregelung kann schließlich wegen Ver- **74** stoßes gegen die Klauselverbote der §§ 307 ff. BGB unwirksam sein (zu AGB-Verzugszinspauschalen → Rn. 57 ff.). **Formularmäßige Zinsregelungen sind AGB** iSd § 305 Abs. 1 BGB.[271] Eine Anwendbarkeit der §§ 305 ff. BGB auf vorformulierte Zinsregelungen wird in der Regel auch nicht daran scheitern, dass die Parteien den konkreten Nominalzinssatz ausgehandelt haben. In einer derartigen Vereinbarung liegt nämlich idR kein Aushandeln des Zinssatzes als solchem iSv § 305 Abs. 1 S. 3 BGB. Vielmehr stellt der Nominalzinssatz lediglich einen – allerdings zentralen – Berechnungsfaktor für die Höhe der vom Darlehensnehmer für die Kreditgewährung zu entrichtenden Vergütung dar. Mit dem effektiven Jahreszins ist er somit nicht gleichzusetzen. Hierfür sind noch weitere Faktoren wie zB die einzelnen Zahlungstermine zu berücksichtigen.[272] Die formularmäßige Vereinbarung von **Nutzungszinsen** vor Fälligkeit – zB ab Übergang des Besitzes an der Kaufsache (→ Rn. 22) – ist **nicht ungewöhnlich** iSd § 305c Abs. 1 BGB.[273]

Soweit danach die Voraussetzungen für die Einbeziehung der vorformulierten Zinsregelung in den **75** Vertrag erfüllt sind, stellt sich die Frage, inwieweit die Bestimmung einer **Inhaltskontrolle** anhand der §§ 307 ff. BGB unterliegt. Dies beurteilt sich nach **§ 307 Abs. 3 S. 1 BGB.** Danach findet eine Inhaltskontrolle zum einen (1.) nicht bei rein deklaratorischen, nur den Wortlaut einer ohne die Regelung ohnehin eingreifenden Norm wiederholenden AGB-Bestimmungen statt.[274] Zum anderen sind aber auch (2.) solche AGB-Bestimmungen einer Inhaltskontrolle entzogen, die Art und Umfang der vertraglichen Hauptleistung und den dafür zu zahlenden Preis unmittelbar regeln. Etwas anderes

---

[262] Düringer/Hachenburg/*Werner* Vor §§ 352, 353 Anm. 17; Schlegelberger/*Hefermehl* Rn. 20; MüKoBGB/*Armbrüster* BGB § 138 Rn. 146, 119 f.

[263] BGH Urt. v. 8.7.1982 – III ZR 1/81, NJW 1982, 2767 (2768); MüKoBGB/*Armbrüster* BGB § 138 Rn. 154.

[264] Vgl. Heymann/*Horn* Rn. 19; Röhricht/Graf v. Westphalen/Haas/*Wagner* Rn. 11.

[265] Staudinger/*Sack/Fischinger,* 2017, BGB § 138 Rn. 306; krit. *Koziol* AcP 188 (1988), 183, (191 f.): „zweifellos bedenklich".

[266] Vgl. zu dieser sog. „Anstandsformel" nur BGH Urt. v. 9.7.1953 – IV ZR 242/52, BGHZ 10, 228 (232) = NJW 1953, 1665; RG Urt. v. 15.10.1912 – Rep. III 231/12, RGZ 80, 219 (221).

[267] Staudinger/*Sack/Fischinger,* 2017, BGB § 138 Rn. 57 ff.; MüKoBGB/*Armbrüster* BGB § 138 Rn. 14 f.; Palandt/*Ellenberger* BGB § 138 Rn. 2.

[268] Vgl. BGH Urt. v. 12.3.1981 – III ZR 92/79, BGHZ 80, 153 (156 u. 161) = NJW 1981, 1206 (1207).

[269] Dazu etwa MüKoBGB/*Armbrüster* BGB § 138 Rn. 119 ff.; Staudinger/*Sack/Fischinger,* 2017, BGB § 138 Rn. 306 ff. jeweils mwN.

[270] Baumbach/Hopt/*Hopt* Rn. 3; Schlegelberger/*Hefermehl* Rn. 23; vgl. allgemein Staudinger/*Sack/Fischinger,* 2017, BGB § 138 Rn. 36.

[271] Heymann/*Horn* Rn. 28; MüKoBGB/*Wurmnest* BGB § 307 Rn. 204 ff.

[272] BGH Urt. v. 24.11.1988 – III ZR 188/87, BGHZ 106, 42 = NJW 1989, 222 (223).

[273] BGH Urt. v. 26.5.2000 – V ZR 49/99, NJW-RR 2001, 195 = BB 2000, 1858 (1859); BeckOK BGB/*H. Schmidt* BGB § 305c Rn. 38; ausf. BeckOGK/*Zschieschack* BGB § 307 Zinsklausel Rn. 10 ff.

[274] BGH Urt. v. 5.4.1984 – III ZR 2/83, BGHZ 91, 55 (57) = NJW 1984, 2161 mwN.

gilt indes für sog **Preisnebenabreden,** die zwar mittelbar Auswirkungen auf Preis und Leistung haben, an deren Stelle aber bei Unwirksamkeit der vertraglichen Regelung dispositives Gesetzesrecht treten kann. Sie unterliegen nach § 307 Abs. 3 S. 1 BGB ohne weiteres der Inhaltskontrolle nach §§ 307 ff. BGB.[275] Die Vereinbarung von **Nutzungszinsen** etwa entspricht im Regelfall der Wertung des § 452 BGB aF, wonach der Käufer nicht den Kaufgegenstand und *zugleich* den Gegenwert des noch nicht entrichteten Kaufpreises sollte nutzen können. Ein Verstoß gegen § 307 BGB liegt hier nicht vor,[276] wohl aber bei Verabredung nutzungs*unabhängiger* Fälligkeitszinsen in AGB.[277]

76 Bei Zinsvereinbarungen in AGB ist daher zu unterscheiden. Wurde **nur die Zinshöhe** in AGB festgelegt, handelt es sich um eine der Inhaltskontrolle entzogene **Preisabrede,**[278] und zwar auch bei Vereinbarung eines variablen Zinssatzes.[279] Enthält die vorformulierte Klausel dagegen Grundsätze über die **Zinsberechnung, ist umstritten,** ob es sich um eine der Inhaltskontrolle nach § 307 Abs. 3 S. 1 BGB entzogene Preisabrede handelt. Ein Teil der Literatur nimmt dies an. Da die Grundsätze über die Zinsberechnung die Zinshöhe beeinflussen, seien sie als echter Preisbestandteil der Kontrolle durch §§ 307 ff. BGB entzogen.[280] Nach anderer Ansicht handelt es sich bei Klauseln über die Grundsätze der Zinsberechnung indes *dann* um Preisnebenabreden, wenn sie von gesetzlichen Vorschriften und allgemeinen rechtlichen Maßstäben abweichen. Dies sei etwa anzunehmen, wenn eine Klausel über die Zinsberechnung dazu führt, dass der Berechnung auch bereits getilgte Darlehensteile zugrunde gelegt werden (sog. Zinsberechnungsklausel nach Jahresstand).[281] Dieser Ansicht ist **beizutreten.** Echte Preisabreden sind nach § 307 Abs. 3 S. 1 BGB einer Inhaltskontrolle entzogen, weil es regelmäßig keine gesetzliche Vorschrift gibt, die eine unwirksame Preisabrede ersetzen könnte.[282] Soweit im Einzelfall indes eine gesetzliche Regelung existiert, auf die im Fall der Unwirksamkeit einer Klausel zurückgegriffen werden kann, muss auch eine Inhaltskontrolle nach §§ 307 ff. BGB möglich sein. Daraus folgt, dass vorformulierte Grundsätze über die Zinsberechnung *dann* der Kontrolle nach §§ 307 ff. BGB unterliegen, **wenn sie von dispositiven gesetzlichen Regelungen über die Zinsberechnung** (wie zB § 488 Abs. 2 BGB [= § 608 BGB aF]) **abweichen.** Derartige Zinsberechnungsklauseln müssen sich zudem – im kaufmännischen wie im nichtkaufmännischen Verkehr gleichermaßen (vgl. § 310 Abs. 1 S. 2 BGB)[283] – an dem in § 307 Abs. 1 S. 2 BGB verankerten **Transparenzgebot** messen lassen.[284] Danach ist der Verwender von AGB verpflichtet, die Rechte und Pflichten seines Vertragspartners möglichst klar und durchschaubar darzustellen.[285] Zinsberechnungsgrundsätze genügen diesen Anforderungen dann nicht, wenn ihre mittelbar preiserhöhende Wirkung für den Durchschnittskunden nicht erkennbar ist.[286] Vgl. hierzu auch → D Rn. 165, 168 ff.

VI. Zwangsvollstreckung

77 **1. Zukunftszinsen. a) Problemstellung.** Hat ein Kläger neben der Hauptforderung auch **Verzugszinsen** eingeklagt und wird der Beklagte antragsgemäß verurteilt, ergibt sich aus dem **Urteilstenor** nur der **Beginn** des Zinslaufs. **Endpunkt** ist der – bei Urteilserlass noch ungewisse – Zeitpunkt der Erfüllung der Hauptforderung durch den Beklagten. Bezüglich der Zinsen für den Zeitraum *nach* Urteilserlass wird der Beklagte mithin zu einer erst künftig fälligen Leistung iSd § 258 ZPO verurteilt.[287] Daher spricht man in diesem Zusammenhang von **„Zukunftszinsen".** Problematisch ist eine derartige Verurteilung dann, wenn dem Kläger wegen eines nachweislich eingetretenen Zinsschadens (→ Rn. 40 ff., → Rn. 47) ein **fester, den gesetzlichen Zinssatz übersteigender Zinssatz** zugesprochen wurde und sich das allgemeine Zinsniveau *nach* Urteilserlass deutlich ändert. Allerdings dürfte die praktische Relevanz dieses Problems geringer geworden sein, seit der gesetzliche Verzugszinssatz nach § 288 Abs. 1 und 2 BGB *variabel* und *kreditmarktorientiert* ausgestaltet ist (→ Rn. 5,

---

[275] BGH Urt. v. 24.11.1988 – III ZR 188/87, NJW 1989, 222; BGH Urt. v. 19.11.1991 – X ZR 63/90, NJW 1992, 688; *Canaris* NJW 1987, 609 (613 f.); *Canaris* AcP 200 (2000), 273 (330); MüKoBGB/*Wurmnest* BGB § 307 Rn. 307.

[276] BGH Urt. v. 1.3.2000 – VII ZR 77/99, NZG 2000, 946 = WM 2000, 925.

[277] BGH Urt. v. 11.12.1997 – IX ZR 46/97, NJW 1998, 991.

[278] BGH Urt. v. 24.11.1988 – III ZR 188/87, NJW 1989, 222 (223); MüKoBGB/*Wurmnest* BGB § 307 Rn. 17.

[279] BGH Urt. v. 13.4.2010 – XI ZR 197/09, BGHZ 185, 166 = NJW 2010, 1742; beachte aber auch BGH Urt. v. 19.10.1999 – XI ZR 8/99, NJW 2000, 651 (652) zur weiterhin möglichen Transparenzkontrolle nach § 307 Abs. 3 S. 2 BGB iVm § 307 Abs. 1 S. 2 BGB.

[280] LG Frankfurt a. M. Urt. v. 21.5.1987 – 2/15 O 428/86, NJW 1987, 2090; *Canaris* NJW 1987, 609 (614).

[281] BeckOK BGB/*Rohe* BGB § 488 Rn. 74; *Fandrich* in v. Westphalen/Thüsing VertragsR/AGB–Klauselwerke Darlehensvertrag Rn. 79; *Schmidt* in Wolf/Lindacher/Pfeiffer Klauseln D 16; *Heymann*/*Horn* Rn. 28.

[282] BGH Urt. v. 24.11.1988 – III ZR 188/87, BGHZ 106, 42 = NJW 1989, 222 (223).

[283] S. aber zu etwaigen Unterschieden BGH Urt. v. 23.5.1995 – XI ZR 129/94, NJW 1995, 2286 (2287); MüKoBGB/*Wurmnest* BGB § 307 Rn. 206.

[284] BGH Urt. v. 10.7.1990 – XI ZR 275/89, NJW 1990, 2383; BGH Urt. v. 24.11.1988 – III ZR 188/87, NJW 1989, 222 (223).

[285] MüKoBGB/*Wurmnest* BGB § 307 Rn. 54 ff.

[286] Vgl. BGH Urt. v. 24.11.1988 – III ZR 188/87, NJW 1989, 222 (224).

[287] Vgl. *Schmitz*, Zinsrecht, 1994, 260; *Zimmermann* JuS 1991, 674.

→ Rn. 35 ff.).[288] Hat sich das Zinsniveau dabei nach Urteilserlass **gesteigert,** wird dem Kläger durch die nicht rechtzeitige Begleichung der eingeklagten Forderung ein höherer Zinsschaden entstehen, als er ihn nach dem Urteil vom Beklagten ersetzt verlangen kann. Will der Kläger auch diese Zinsdifferenz vom Beklagten ersetzt erhalten, muss er diesen höheren Schaden daher in einem neuen Rechtsstreit einklagen. Hat sich das Zinsniveau dagegen gegenüber dem Zeitpunkt des Urteilserlasses erheblich **gesenkt,** kann der Kläger auf der Grundlage des Urteils einen höheren Zinsschaden ersetzt verlangen, als ihm letztlich (wegen der Zinssenkung) tatsächlich entstanden ist. In diesem Fall hat der Schuldner ein Interesse an einer Absenkung der von ihm zu erbringenden Verzugszinsen. Umstritten ist, wie sich der Schuldner gegen den titulierten Zinsanspruch wehren kann.

b) Streitstand. Einer Auffassung zufolge soll dem Schuldner in dieser Situation als Rechtsbehelf die **78** **Vollstreckungsgegenklage** nach § 767 ZPO zur Verfügung stehen.[289] Die Zwangsvollstreckung sei insoweit unzulässig, als der tatsächliche Zinsschaden des Gläubigers wegen des Absinkens des allgemeinen Zinsniveaus **geringer** sei als der ihm auf Grund des Urteils zustehende.[290]

Demgegenüber verweist die **hM** den Schuldner auf die **Abänderungsklage** nach § 323 ZPO. Auf **79** diesem Weg könne er wegen der Veränderung des Zinsniveaus nach der letzten mündlichen Verhandlung eine Herabsetzung der künftig zu zahlenden Zinsen erreichen.[291]

c) Stellungnahme. Der hM ist beizutreten. Einer Vollstreckungsgegenklage des Schuldners steht **80** die Rechtskraft des Zinsurteils entgegen. Wie der **BGH** mit Recht hervorhebt, enthält die Verurteilung zur Zahlung von Zukunftszinsen der Sache nach eine **Prognose** über die künftige Zinsentwicklung. Der Schuldner, der sich gegenüber dieser Prognose auf einen anderen Verlauf der Zinsentwicklung in der Wirklichkeit beruft, bringt daher keine neue nachträgliche Tatsachenlage iSd § 767 Abs. 2 ZPO vor, sondern einen Angriff gegen die Prognose und damit die Richtigkeit des Zinsurteils. Im Wege einer Vollstreckungsgegenklage wird aber nicht das Urteil selbst, sondern nur der titulierte Anspruch angegriffen.[292] Dem Schuldner bleibt daher **nur die Abänderungsklage** nach § 323 ZPO.

d) Titulierung. Nicht geholfen ist dem Schuldner in den vorbezeichneten Fällen mit dem Hinweis, **81** das Gericht hätte die Zukunftszinsen von vornherein variabel, zB in Relation zum Diskontsatz/Basiszinssatz[293] festsetzen müssen.[294] Diese Vorgehensweise ist zwar im Hinblick auf § 287 ZPO sachgerecht (→ Rn. 40 ff., → Rn. 47) und vermeidet Folgeprozesse. Sie ist der Praxis daher mit Nachdruck **zu empfehlen.**[295] Für einen bereits verurteilten Schuldner kommen diese Empfehlungen aber zu spät.

Völlig **untauglich** ist demgegenüber der Vorschlag, dem Kläger könnten für den Zeitraum zwischen **82** Urteilserlass und Erfüllung der Forderung überhaupt **keine über den gesetzlichen Zinssatz hinausgehenden Zinsen zugesprochen** werden, da man die künftige Entwicklung der Marktzinsen nicht mit hinreichender Sicherheit vorhersagen könne.[296] Der richtige Weg soll nach dieser Ansicht der Erlass eines Feststellungsurteils für die über den gesetzlichen Zinssatz hinausgehenden Zukunftszinsen sein.[297] Diese Vorgehensweise provoziert unnötig zusätzliche Leistungsklagen und ist unter dem Gesichtspunkt der Justizentlastung abzulehnen.[298]

2. Zinsberechnung. Grundsätzlich hat der Gläubiger dem Vollstreckungsauftrag eine genaue Zins- **83** berechnung nicht beizufügen. Dies wäre nämlich schon deshalb unmöglich, weil er nicht wissen kann, an welchem Tag der Gerichtsvollzieher die Vollstreckung durchführen wird. Daher nimmt der **Gerichtsvollzieher** die Zinsberechnung idR **selbst vor** (vgl. § 80 Abs. 1 S. 2 Nr. 2 GVGA). Sind allerdings bereits Teilzahlungen erfolgt, so ist streitig, ob dem Vollstreckungsauftrag eine Abrechnung und eine übersicht-

---

[288] Stein/Jonas/*Leipold* ZPO § 323 Rn. 11 Fn. 24; s. auch *Herr* NJW 1988, 3137 („Das Ende der Zukunftszinsen?").

[289] *Deichfuß* MDR 1992, 334 (336); RG Urt. v. 19.2.1929 – II 296/28, RGZ 124, 146 (151 f.).

[290] *Deichfuß* MDR 1992, 334 (337).

[291] OLG Karlsruhe Urt. v. 24.5.1989 – 6 U 2/89, NJW 1990, 1738; *Münzberg* JuS 1988, 345 (348); *Brehm* ZZP 101 (1988), 453 (456); *Kahlert* NJW 1990, 1715 (1716 f.); *Schmitz,* Zinsrecht, 1994, 270 f.; Zöller/*Vollkommer* ZPO § 323 Rn. 5; MüKoZPO/*Gottwald* ZPO § 323 Rn. 33; Stein/Jonas/*Leipold* ZPO § 323 Rn. 11.

[292] BGH Urt. v. 6.3.1987 – V ZR 19/86, BGHZ 100, 211 (213) = NJW 1987, 3266 = ZZP 101 (1988), 449 mAnm *Brehm.*

[293] Zum Basiszinssatz s. § 247 BGB.

[294] Vgl. OLG Stuttgart Urt. v. 10.11.1987 – 6 U 90/87, NJW-RR 1988, 307 (310); *Kahlert* NJW 1989, 1715 (1716); *Schmitz,* Zinsrecht, 1994, 273; *Schulze* MDR 1989, 510 (511); *Zimmermann* JuS 1991, 674 (676 f.).

[295] *Kindler,* Gesetzliche Zinsansprüche im Zivil- und Handelsrecht, 1996, 312 f.; so schon *Mannhardt* JW 1926, 1791.

[296] Vgl. KG Urt. v. 9.9.1988 – 21 U 7270/87, NJW 1989, 305; einschr. *Frühauf,* Die Grenzen des Zinsurteils, 1998, 99, 122 ff.: Eine Zukunftsklage auf unbefristete, starre, den gesetzlichen Zinssatz übersteigende Verzugszinsen sei unzulässig; schlüssig behauptet werden könne ein derartiger Zukunftszinsschaden allenfalls für einen Zeitraum von bis zu fünf Monaten.

[297] KG Urt. v. 9.9.1988 – 21 U 7270/87, NJW 1989, 305; zust. *Herr* NJW 1988, 3137; *Herr* MDR 1989, 778; ebenso OLG Karlsruhe Urt. v. 31.10.1989 – 17 U 90/89, WM 1991, 777 (778 f.).

[298] *Kindler,* Gesetzliche Zinsansprüche im Zivil- und Handelsrecht, 1996, 312; *Zimmermann* JuS 1991, 676; abzulehnen daher auch *Frühauf* NJW 1999, 1217 (1221 ff.), der einen „bedingten Zinstitel" vorschlägt.

liche Zinsberechnung beizufügen ist. Der Gedanke des Schuldnerschutzes und die Prozesswirtschaftlich-keit – Verhinderung von Klagen aus § 767 ZPO – sprechen hier dafür, in einem derartigen Fall vom Gläubiger eine genaue, nachprüfbare Zinsberechnung zu verlangen (vgl. auch § 80 Abs. 3 GVGA).[299]

84   **3. Anerkennung und Vollstreckung ausländischer Entscheidungen.** Im Rahmen der **Vollstreckung** EU-ausländischer Titel nach Art. 39 ff. EuGGVO und beim Erlass von **Vollstreckungs-urteilen** nach §§ 722, 723 ZPO kommt es vor, dass der ausländische Vollstreckungstitel die geschulde-ten Zinsen nicht in einer den Bestimmtheitsanforderungen des inländischen Prozessrechts (vgl. §§ 253 Abs. 2 Nr. 2, 313 Abs. 1 Nr. 4 ZPO) entsprechenden Weise angibt. So ist etwa in Frankreich, Italien und Belgien eine Verurteilung „zzgl. gesetzlicher Zinsen" üblich.[300] Der Anpassung einer Vollstre-ckungsklausel oder dem Erlass eines Vollstreckungsurteils steht dies indessen **nicht entgegen.**[301] Vielmehr ist bereits im Verfahren der Titelanpassung nach **Art. 54 Abs. 1 S. 2 EuGGVO** (analog)[302] bzw. der Vollstreckungsklage nach **§§ 722, 723 ZPO**[303] vom deutschen (Exequatur-)Richter der **geschuldete Zinssatz zu ermitteln.** Der um die Vollstreckbarerklärung bzw. das Vollstreckungsurteil ersuchte deutsche Richter hat hier auf einen Antrag hinzuwirken, der in der Zinsfrage den deutschen Bestimmtheitsanforderungen genügt. Ein nicht hinreichend konkretisierter Titel darf insoweit nicht für vollstreckbar erklärt werden.[304]

§ 353 [Fälligkeitszinsen]

[1]**Kaufleute untereinander sind berechtigt, für ihre Forderungen aus beiderseitigen Han-delsgeschäften vom Tage der Fälligkeit an Zinsen zu fordern.** [2]**Zinsen von Zinsen können auf Grund dieser Vorschrift nicht gefordert werden.**

Schrifttum: Vgl. die Nachw. zu § 352 sowie *Diehr,* Kein Ausschluss der kaufmännischen Fälligkeitszinsen durch die VOB/B, BauR 2004, 1040; *Fischer,* Zinskumulation? Zur Klärung des Verhältnisses von Fälligkeits- und Verzugs-zinsen, ZfPW 2018, 205.

Übersicht

---

[299] *Zimmermann* JuS 1991, 759; *Zöller/ Seibel* ZPO § 753 Rn. 6; beide m. Nachw. zur Gegenauffassung.
[300] Vgl. *Münch* RIW 1989, 18 (19).
[301] Vgl. BGH Urt. v. 30.11.2011 – III ZB 19/11, NJOZ 2012, 1207;
[302] BGH Beschl. v. 5.4.1990 – IX ZB 68/89, NJW 1990, 3084 (zum EuGVÜ); dazu näher *Peiffer/Peiffer* in Paulus/ Peiffer/Peiffer, EuGVVO (Brüssel Ia), 2017, EuGVVO Art. 54 Rn. 11 mwN.
[303] MüKoZPO/*Gottwald* ZPO § 722 Rn. 31.
[304] BGH Beschl. v. 5.4.1990 – IX ZB 68/89, NJW 1990, 3084; BGH Beschl. v. 4.3.1993 – IX ZB 55/92, BGHZ 122, 16 = NJW 1993, 1801 = IPRax 1994, 367 mAnm *H. Roth* IPRax 1994, 350 (Italien); BGH Beschl. v. 27.5.1992 – IX ZB 78/92, IPRspr. 1993 Nr. 174 (Niederlande); OLG Celle Beschl. v. 29.2.1988 – 8 W 729/87, NJW 1988, 2183 = RIW 1988, 565 mAnm *Laborde* (Frankreich); OLG Hamburg Beschl. v. 18.6.1993 – 6 W 57/92, RIW 1994, 424 m. Aufs. *Sieg* 973 (Frankreich); OLG Hamm Beschl. v. 18.6.1993 – 20 W 28/92, EWS 1993, 300 (Frankreich); OLG Düsseldorf Beschl. v. 27.11.1996 – 3 W 124/96, RIW 1997, 330 = IPRax 1998, 478 mAnm *Reinmüller* 460 (Frankreich); OLG Zweibrücken Beschl. v. 15.12.2004 – 3 W 207/04, IPRax 2006, 49 (Italien); anders OLG München Beschl. v. 16.9.1987 – 24 W 117/87, IPRax 1988, 291 mAnm *Nagel* 277 (Frankreich); OLG Köln Beschl. v. 15.9.2004 – 16 W 27/04, IPRax 2006, 51 (Frankreich); vgl. im Schrifttum *H. Roth* IPRax 2006, 22 ff. mwN; *Zimmermann* JuS 1991, 759.

I. Fälligkeitsverzinsung (Satz 1)

1. Normzweck und Stellung im System. § 353 S. 1 gewährt Kaufleuten für Forderungen „aus" **1** einem beiderseitigen Handelsgeschäft Anspruch auf Zinsen ab *Fälligkeit* der Forderung. Die danach bestehende **gesetzliche**[1] Verpflichtung des kaufmännischen Geldschuldners zur Zahlung von **Fälligkeitszinsen** stellt einen wesentlichen **Unterschied** zu den für Nichtkaufleute geltenden **bürgerlich-rechtlichen Regelungen** dar. Das Bürgerliche Recht kennt nämlich keine – jedenfalls allgemeine[2] – Regel, der zufolge jede Geldforderung vom Fälligkeitszeitpunkt an zu verzinsen wäre. Eine gesetzliche Verzinsungspflicht trifft den Schuldner dort grds. erst ab Verzugseintritt (§ 288 BGB) bzw. spätestens ab dem Zeitpunkt der Rechtshängigkeit (§ 291 BGB).[3] Das **UN-Kaufrecht** hingegen – kraft Ratifikation ebenfalls Bestandteil der deutschen Rechtsordnung[4] – sieht in Art. 78 CISG ebenfalls einen Anspruch auf Fälligkeitszinsen vor (→ § 352 Rn. 28).

§ 353 S. 1 ist nach allgM Ausdruck des **handelsrechtlichen Entgeltprinzips,** demzufolge ein **2** Kaufmann „nichts umsonst tut"[5].[6] In der Tat lässt sich die Bestimmung auf einen entsprechenden **Handelsbrauch** zurückführen.[7] Gleichwohl ist mit dieser deskriptiv-historischen Aussage noch nichts über den dogmatischen Stellenwert der Vorschrift gesagt.[8] Soweit sich die **Lit.** überhaupt mit dieser Frage auseinandersetzt, stehen sich im Wesentlichen drei verschiedene Erklärungsansätze gegenüber, die jedoch allesamt auf derselben Grundannahme fußen; der **BGH** hingegen hat den Normzweck der Vorschrift jüngst ausdrücklich offengelassen.[9] Nach allen Literaturauffassungen beruht § 353 S. 1 auf der **Erfahrungstatsache, dass ein Kaufmann ihm zustehendes Geld stets nutzbringend anlegen wird.** Zum Teil wird dabei auf die Perspektive des kaufmännischen Geld*gläubigers* abgestellt, der durch den Zinsanspruch für die Vorenthaltung des Kapitals entschädigt werde.[10] Damit wird § 353 S. 1 im Kern als ein dem Ausgleich von Vermögensnachteilen dienender **Schadensersatzanspruch** qualifiziert. Nach anderer Ansicht begründet § 353 S. 1 einen „Anspruch *sui generis*", in dem sich schadensersatzrechtliche mit bereicherungsrechtlichen Aspekten „miteinander verbinden".[11]

Nach zutr. Ansicht ist dagegen alleine die Perspektive des Geld*schuldners* maßgeblich, aus der sich der **3** Fälligkeitszins als **Entgelt** für die bei diesem präsumtiv eingetretene **Kapitalnutzung** darstellt.[12] Der **Zinsanspruch** ist mithin als **bereicherungsrechtlicher Vermögensausgleich** einzustufen. Gegen eine (auch) schadensersatzrechtliche Qualifizierung der Zinspflicht aus § 353 S. 1 spricht zunächst der Umstand, dass die Verpflichtung zur Zahlung von Fälligkeitszinsen verschuldensunabhängig ausgestaltet ist.[13] Denn verschuldensunabhängige Schadensersatzansprüche stellen im deutschen Leistungsstörungsrecht systematisch die Ausnahme dar. Des Weiteren besteht iRv § 353 S. 1 nicht die Möglichkeit, einen über den vertraglich vereinbarten oder gesetzlich festgelegten (§ 352 Abs. 2) Zinssatz hinausgehenden (Zins-)Schaden ersetzt verlangen zu können. Ein Vergleich mit den nach allgM als schadensersatzrechtlich zu beurteilenden Verzugszinstatbeständen wie zB § 288 Abs. 1 und 2, § 497 Abs. 1 BGB, § 110 Abs. 2 HGB oder § 320b Abs. 1 S. 6 AktG zeigt, dass dort die Möglichkeit besteht, bei entsprechendem Nachweis einen höheren als den gesetzlich festgelegten Mindestschaden ersetzt verlangen zu können. Dies entspricht der Regel, dass Schadensersatzansprüche nach allgemeinem Leistungsstörungsrecht grds. nicht höhenmäßig begrenzt sind. Folglich spricht auch der fehlende Hinweis auf die Möglichkeit weitergehenden Schadensersatzes in § 353 S. 1 gegen eine schadensersatzrechtliche Qualifikation der Vorschrift.[14] Sie bezweckt vielmehr, dass die mit der Kapitalverwen-

---

[1] MüKoHGB/*K. Schmidt* Rn. 1.

[2] Für Werkverträge statuiert allerdings § 641 Abs. 4 BGB potentiell auch außerhalb des Handelsverkehrs einen Fälligkeitszins (→ § 352 Rn. 23); das Kaufrecht hingegen kennt seit der Schuldrechtsmodernisierung keine derartige Zinspflicht mehr (zu § 452 BGB aF → § 352 Rn. 22).

[3] *Vertragliche* Fälligkeitszinsvereinbarungen im Wege von AGB sind im *nichtkaufmännischen* Verkehr wegen Verstoßes gegen § 307 Abs. 2 Nr. 1 BGB/§ 9 Abs. 2 Nr. 1 AGBG aF *unwirksam,* BGH Urt. v. 11.12.1997 – IX ZR 46/97, NJW 1998, 991 (992).

[4] S. nur *Schlechtriem/Schroeter,* Internationales UN-Kaufrecht, 6. Aufl. 2016, Rn. 51.

[5] Vgl. Staub/*Canaris,* 4. Aufl. 2001, § 354 Rn. 1.

[6] Vgl. *Gross,* Handelsrecht, 3. Aufl. 1994, 197; *Hübner* HandelsR Rn. 4 und 94; *Kindler,* Gesetzliche Zinsansprüche im Zivil- und Handelsrecht, 1996, 122; *Klunzinger* HandelsR 182; noch weiter BeckOGK/*Beurskens* Rn. 9.

[7] Eine dem § 353 S. 1 entsprechende Regelung enthielten bereits § 696 Abs. 2 S. 8 ALR sowie Art. 289 ADHGB, s. *Kindler,* Gesetzliche Zinsansprüche im Zivil- und Handelsrecht, 1996, 23 ff.

[8] *Kindler,* Gesetzliche Zinsansprüche im Zivil- und Handelsrecht, 1996, 119.

[9] BGH Urt. v. 27.2.2018 – VI ZR 121/17, BGHZ 217, 374 = NJW 2018, 2197 Rn. 18.

[10] RG Urt. v. 3.8.1938 – II 203/37, JW 1938, 3047 (3048); Heymann/*Horn* Rn. 1; GK-HGB/*Schmidt* Rn. 1.

[11] Staub/*Canaris,* 4. Aufl. 2001, Rn. 5.

[12] OLG München Urt. v. 10.4.1986 – 29 U 1727/86, BB 1986, 1256 (1257), aufgehoben durch BGH Urt. v. 8.10.1987 – VII ZR 185/86, BGHZ 102, 41 = NJW 1988, 258 (aber ohne Aussage zur Rechtsnatur des Zinsanspruchs nach § 353); *P. Bydlinski* ZIP 1998, 1169 (1176); *Goldschmidt* ZHR 28 (1882), 63 (80); *Karollus* AcP 198 (1998), 106 (110); *Kindler,* Gesetzliche Zinsansprüche im Zivil- und Handelsrecht, 1996, 142 f., 144 ff.

[13] So im Ansatz auch Staub/*Canaris,* 4. Aufl. 2001, Rn. 3.

[14] Vgl. *Kindler,* Gesetzliche Zinsansprüche im Zivil- und Handelsrecht, 1996, 121 f.

dung für den Schuldner verbundenen **Liquiditätsvorteile** nicht bei ihm verbleiben, sondern mit ihrem Gegenwert **dem Gläubiger der Geldforderung zu erstatten** sind.

4   Die Fälligkeitsverzinsung ist demnach keine Schadenspauschalierung, sondern schafft einen **berei-cherungsrechtlichen Ausgleich für den Eingriff des Schuldners in die Kapitalnutzungsbefug-nis des Gläubigers.**[15] Sie folgt damit der Grundwertung aller verschuldensunabhängigen gesetzlichen Zinsansprüche: Wer (wirtschaftlich) fremdes Geld nutzt, hat den Betrag vom Zeitpunkt der Nutzung an zu verzinsen.[16] Beispielhaft hierfür ist § 668 BGB als ebenfalls „typisierter Bereicherungs-anspruch"[17].[18] Die Vorschrift verpflichtet den Beauftragten, der zweckfremd Geld für sich verwendet, welches er an sich dem Auftraggeber herauszugeben (§ 667 BGB) oder für ihn zu verwenden hat, den zu eigenen Zwecken verwendeten Betrag von der Zeit der Verwendung an zu verzinsen. Gleichge-richtete Regelungen finden sich in §§ 698, 1834 BGB und § 111 Abs. 1 HGB. Anknüpfungspunkt der Verzinsungspflicht ist dabei alleine die **wirtschaftliche Zugehörigkeit des Geldes zum Gläubi-gervermögen.**[19] § 353 S. 1 geht nur insoweit über §§ 668, 698, 1834 BGB und § 111 Abs. 1 HGB hinaus, als diese Vorschrift nicht verlangt, dass sich das unbefugterweise genutzte Geld jemals tatsächlich im Vermögen des Schuldners befunden haben muss; (nur) für § 353 S. 1 genügt die ungerechtfertigte Verminderung seiner Passiva beim illiquiden Schuldner.[20] Zudem verzichtet § 353 S. 1 auf den konkreten Nachweis der Eigenverwendung des Kapitals durch den Schuldner. Dass der Schuldner aus von ihm zurückgehaltenen Beträgen oder verminderten Passiva gleichermaßen Nutzen zieht (durch Erzielung von Habenzinsen oder Ersparnis von Kreditzinsen), wird nämlich von § 353 S. 1 unwider-leglich vermutet.[21]

5   **2. Verfassungsrechtliche Bedenken.** Faktisch tritt die typische Bereicherung auf Seiten eines säumigen Geldschuldners unabhängig von dessen Kaufmannseigenschaft oder der Kaufmannseigen-schaft des Gläubigers ein. Gleichwohl gesteht das Gesetz (jedenfalls im Regelfall) nur Kaufleuten einen Anspruch auf Fälligkeitszinsen zu (→ Rn. 1). Gerechtfertigt wird dies gemeinhin mit dem handels-rechtlichen Entgeltprinzip (→ Rn. 2). Ein empirischer Beleg für eine wie auch immer geartete angeb-lich größere Begabung eines Kaufmanns im Umgang mit Geld existiert jedoch – soweit ersichtlich – nicht (→ § 352 Rn. 4). Die § 353 S. 1 (ebenso wie § 352) zugrunde liegende Prämisse einer höheren Produktivität von Geld in den Händen von Kaufleuten ist daher fragwürdig.[22] Auch der handels-geschäftliche Charakter (§§ 343, 344) einer Geldforderung hat auf die *Zinsbereicherung* keinen Einfluss. Vor diesem Hintergrund ist die *ratio legis* von § 353 S. 1 mit den Worten des BGH „schwer zu erfassen und aus heutiger Sicht in Bezug auf das Zinsrecht eine Ungleichbehandlung von Kaufleuten und Nichtkaufleuten kaum nachzuvollziehen"[23] – und auch zu rechtfertigen. Die derzeitige **Differenzie-rung zwischen der Verzinsung zivil- und handelsrechtlicher Geldforderungen** (→ Rn. 1) **dürfte** deshalb sogar gegen den **verfassungsrechtlichen Gleichheitssatz** (Art. 3 Abs. 1 GG) **ver-stoßen.**[24]

6   **3. Voraussetzungen. a) Kaufmannseigenschaft von Gläubiger und Schuldner.** Die Zins-pflicht aus § 353 S. 1 setzt zunächst voraus, dass sowohl Anspruchsteller als auch Anspruchsgegner **Kaufleute** iSd §§ 1–6 sind. Gleichgestellt sind gem. § 383 Abs. 2 S. 2 (bei Vorliegen eines Kommis-

---

[15] Eingehend zu dieser dogmatischen Einordnung der Fälligkeitsverzinsung *Kindler,* Gesetzliche Zinsansprüche im Zivil- und Handelsrecht, 1996, 138 ff.

[16] Düringer/Hachenburg/*Werner* Vor § 352 Anm. 11.

[17] So auch BeckOGK/*Riesenhuber* BGB § 668 Rn. 3.1; NK-BGB/*Schwab* BGB § 668 Rn. 1; diff. MüKoBGB/*Schäfer* BGB § 668 Rn. 2 („Abschöpfung und pauschalisierter Schadensersatz").

[18] Eingehend zu dieser Vorschrift *Kindler,* Gesetzliche Zinsansprüche im Zivil- und Handelsrecht, 1996, 138 ff. sowie → § 352 Rn. 24.

[19] Düringer/Hachenburg/*Werner* Vor § 352 Anm. 11; *Kindler,* Gesetzliche Zinsansprüche im Zivil- und Handels-recht, 1996, 140.

[20] *Kindler,* Gesetzliche Zinsansprüche im Zivil- und Handelsrecht, 1996, 141 f.

[21] Vgl. OLG München Urt. v. 10.4.1986 – 29 U 1727/86, BB 1986, 1256 (1257): „(§ 353 HGB) beruht darauf, dass ein Kaufmann Geld, das ihm zur Verfügung steht, nutzbringend anlegt"; *Kindler,* Gesetzliche Zinsansprüche im Zivil- und Handelsrecht, 1996, 142 ff.; zust. *Karollus* AcP 198 (1998), 106 (110).

[22] *Kindler,* Gesetzliche Zinsansprüche im Zivil- und Handelsrecht, 1996, 59.

[23] BGH Urt. v. 27.2.2018 – VI ZR 121/17, BGHZ 217, 374 = NJW 2018, 2197 Rn. 18.

[24] Eingehend *Kindler,* Gesetzliche Zinsansprüche im Zivil- und Handelsrecht, 1996, 152 ff.; zust. *Berger* RabelsZ 62 (1998), 349 (352, 356); *Canaris* HandelsR § 26 Rn. 12; Staub/*Canaris,* 4. Aufl. 2001, Rn. 7. Vor diesem Hintergrund hält *Kindler,* Gesetzliche Zinsansprüche im Zivil- und Handelsrecht, 1996, 183 ff. sowie *Kindler* → 3. Aufl. 2015, Rn. 5 für die Praxis sogar die Einholung einer verfassungsgerichtlichen Entscheidung nach Art. 100 Abs. 1 GG für erwägenswert, zumal eine verfassungskonforme Auslegung des § 353 S. 1 ausscheide; zust. *U. H. Schneider* WM 1997, 2051 (2052); Staub/*Canaris,* 4. Aufl. 2001, Rn. 7. Daher solle der Gesetzgeber den Beginn der Verzinsungspflicht im Zivil- und Handelsrecht einheitlich – iS eines allgemeinen Fälligkeitszinstatbestandes – regeln (*Kindler,* Gesetzliche Zinsansprüche im Zivil- und Handelsrecht, 1996, 189 ff.); zust. *Hirte* ZBB 1997, 309 (311); *Karollus* AcP 198 (1998), 106 (107); *Hoeren* JR 1998, 175; *P. Bydlinski* ZIP 1998, 1169 (1176); *Grundmann* AcP 204 (2004), 569 (592 f.); aA MüKoHGB/*K. Schmidt* Rn. 3; BeckOGK/*Beurskens* Rn. 10; BeckOK HGB/*Lehmann-Richter* Rn. 2; offengelassen von BGH Urt. v. 27.2.2018 – VI ZR 121/17, BGHZ 217, 374 = NJW 2018, 2197 Rn. 18.

sionsgeschäfts) sowie § 407 Abs. 2 S. 2 (beim Lagergeschäft), § 453 Abs. 3 S. 2 (beim Speditionsgeschäft), § 467 Abs. 3 S. 2 (beim Lagergeschäft) und § 481 Abs. 3 S. 2 (beim Stückgutfrachtvertrag) bestimmte kleingewerbliche Nichtkaufleute. Eine **analoge Anwendung** auf kaufmannsähnlich tätige Personen, zB allgemein Kleingewerbetreibende oder die Angehörige Freier Berufe, ist dagegen **abzulehnen.**[25]

Zur Frage, ob auch der **Scheinkaufmann** als Kaufmann iSd § 353 S. 1 gilt, werden die gleichen **7** Auffassungen wie iRv § 352 Abs. 1 vertreten; vgl. daher → § 352 Rn. 8. Nach zutreffender Ansicht ist auch im Rahmen des § 353 S. 1 zu differenzieren: Die Vorschrift ist **nur zu Lasten,**[26] nicht aber zugunsten des Rechtsscheinveranlassers anwendbar (zur Begründung → § 352 Rn. 8).[27]

Maßgeblicher Zeitpunkt für das Vorliegen der Kaufmannseigenschaft ist nach allgM der Zeitpunkt **8** der **Entstehung der jeweils zu verzinsenden Forderung.**[28] Ein späterer Erwerb oder Verlust der Kaufmannseigenschaft durch den Gläubiger oder den Schuldner ist iRv § 353 S. 1 daher unerheblich. Dies gilt auch, wenn die Forderung zu einem späteren Zeitpunkt an einen Nichtkaufmann abgetreten oder durch einen Nichtkaufmann im Wege der Schuldübernahme übernommen wird.[29] Entsprechend diesen Grundsätzen ist zB auch der Erbe eines oHG-Gesellschafters, der selbst Nichtkaufmann ist, im Rahmen der Auseinandersetzung mit den übrigen Gesellschaftern zur Zahlung von Fälligkeitszinsen verpflichtet.[30]

b) Beiderseitiges Handelsgeschäft. Des Weiteren muss die zu verzinsende Forderung ihren **9** Ursprung in einem **beiderseitigen Handelsgeschäft** iSd § 343 haben,[31] wobei insofern die Vermutung des § 344 Anwendung findet. Welche Ansprüche dieser Voraussetzung genügen, ist im Einzelnen äußerst **umstritten.** Soweit ersichtlich werden diesbezüglich die gleichen Ansichten wie bei § 352 Abs. 1 S. 1 vertreten; vgl. daher zum Ganzen auch → § 352 Rn. 10 ff. Einigkeit herrscht dabei zwischen allen vertretenen Meinungen alleine darüber, dass jedenfalls aus einem **rechtsgeschäftlichen Schuldverhältnis** resultierende Ansprüche § 353 S. 1 unterfallen können.[32] Die Forderung kann sich mithin sowohl aus einem gegenseitigen als auch einem einseitig verpflichtenden[33] **Vertrag,** ggf. sogar aus einer bloßen **Rechtshandlung** ergeben, sofern diese jeweils ein beiderseitiges Handelsgeschäft darstellen.[34] Dabei ist zu beachten, dass der Begriff des (Handels-)Geschäfts iSv § 343 Abs. 1 nach allgM weiter zu fassen ist als derjenige des Rechtsgeschäfts iSv §§ 104–185 BGB (→ § 343 Rn. 13); darunter können im Einzelfall zB auch zum Zweck der Vertragsdurchführung vorgenommene **rechtsgeschäftsähnliche Handlungen** fallen (→ § 352 Rn. 10a).[35] Daher besteht nach § 353 S. 1 zB eine Verzinsungspflicht bei einer Schuldübernahme oder einem Zahlungsversprechen, sofern es sich für beide Teile um ein zum Betrieb ihres Handelsgewerbes gehörendes Rechtsgeschäft handelt.[36] Unerheblich ist dabei, ob die zugrunde liegende Schuld ihrerseits auf einem beiderseitigen Handels-

---

[25] Staub/*Canaris,* 4. Aufl. 2001, Rn. 9; BeckOK HGB/*Lehmann-Richter* Rn. 6; BeckOGK/*Beurskens* Rn. 8; aA KKRD/*Roth* Rn. 2. MüKoHGB/*K. Schmidt* Rn. 6 hingegen hält es für bedenklich, dass die hM § 353 S. 1 nicht auf Angehörige Freier Berufe anwendet.

[26] Beachtenswert ist jedoch der Einwand von Staub/*Canaris,* 4. Aufl. 2001, Rn. 7, wonach dem Scheinkaufmann der Gegenbeweis offenstehe, dass das Vertrauen des anderen Teils auf die Kaufmannseigenschaft nicht kausal hinsichtlich der Zinshöhe geworden sei.

[27] Für diese differenzierte Betrachtungsweise etwa MüKoHGB/*K. Schmidt* Rn. 3; Oetker/*Pamp* Rn. 3; GK-HGB/*Schmidt* Rn. 2; BeckOK HGB/*Lehmann-Richter* Rn. 6; HK-HGB/*Ruß* Rn. 1; Heymann/*Horn* Rn. 3; KKRM/*Roth* Rn. 2; Röhricht/Graf v. Westphalen/Haas/*Wagner* Rn. 2; Schlegelberger/*Hefermehl* Rn. 2; Staub/*v. Godin,* 2. Aufl. 1963, Anm. 1; grds. auch Staub/*Canaris,* 4. Aufl. 2001, Rn. 8; wohl auch Baumbach/Hopt/*Hopt* Rn. 1; für die Unanwendbarkeit der Vorschrift auf Scheinkaufleute mit der Einschränkung, dass sich der wider besseres Wissen als Kaufmann Auftretende bei Berufung auf die fehlende Kaufmannseigenschaft die Arglisteinrede entgegenhalten lassen muss: Düringer/Hachenburg/*Werner* Anm. 2. Demgegenüber wollte Baumbach/Hopt/*Hopt,* 29. Aufl. 1995, Rn. 1 noch § 353 S. 1 auch zugunsten eines Scheinkaufmanns anwenden.

[28] Vgl. RG Urt. v. 31.1.1905 – Rep. III 301/04, RGZ 60, 74 (78); KKRM/*Roth* Rn. 2; Schlegelberger/*Hefermehl* Rn. 3; Heymann/*Horn* Rn. 3; Staub/*Canaris,* 4. Aufl. 2001, Rn. 11; BeckOGK/*Beurskens* Rn. 6; Oetker/*Pamp* Rn. 4; BeckOK HGB/*Lehmann-Richter* Rn. 6. Vgl. auch MüKoHGB/*K. Schmidt* Rn. 4: „Präziser scheint der Zeitpunkt, in dem die Forderung iS der bei §§ 25 f., 159 f. verwendeten Terminologie begründet ist".

[29] Heymann/*Horn* Rn. 3; Oetker/*Pamp* Rn. 4.

[30] RG Urt. v. 3.8.1938 – II 203/37, JW 1938, 3047; GK-HGB/*Schmidt* Rn. 2; Oetker/*Pamp* Rn. 4.

[31] Vgl. RG Urt. v. 10.2.1921 – IV 449/20, WarnRspr. 1921 Nr. 58.

[32] BGH Urt. v. 27.2.2018 – VI ZR 121/17, BGHZ 217, 374 = NJW 2018, 2197 Rn. 16; Staub/*Canaris,* 4. Aufl. 2001, Rn. 12; MüKoHGB/*K. Schmidt* Rn. 7; Oetker/*Pamp* Rn. 3; Baumbach/Hopt/*Hopt* Rn. 1;.

[33] MüKoHGB/*K. Schmidt* Rn. 7; Oetker/*Pamp* Rn. 3; KKRM/*Roth* Rn. 2; Baumbach/Hopt/*Hopt* Rn. 1; BeckOK HGB/*Lehmann-Richter* Rn. 8.

[34] RG Urt. v. 21.4.1888 – Rep. I 68/88, RGZ 20, 190 (194); Schlegelberger/*Hefermehl* § 343 Rn. 11; MüKoHGB/*K. Schmidt* Rn. 7 und 9; zu gesellschaftsrechtlichen Ansprüchen MüKoHGB/*K. Schmidt* Rn. 8.

[35] BGH Urt. v. 27.2.2018 – VI ZR 121/17, BGHZ 217, 374 = NJW 2018, 2197 Rn. 15 f.; *M. Wolff* FS v. Gierke, 1950, 115, 148 ff.; Oetker/*Pamp* § 343 Rn. 4; MüKoHGB/*K. Schmidt* § 343 Rn. 3; *K. Schmidt* HandelsR § 18 Rn. 1; Baumbach/Hopt/*Hopt* § 343 Rn. 1; BeckOK HGB/*Lehmann-Richter* § 343 Rn. 10; *Kindler,* Gesetzliche Zinsansprüche im Zivil- und Handelsrecht, 1996, 134; Schlegelberger/*Hefermehl* § 343 Rn. 11; → § 343 Rn. 6.

[36] Düringer/Hachenburg/*Werner* Anm. 3; Staub/*Canaris,* 3. Aufl. 1978, Anm. 3 (für das Schuldanerkenntnis); MüKoHGB/*K. Schmidt* Rn. 7 (für Schuldscheine unter Kaufleuten).

geschäft beruht.[37] Auch vertragliche **Neben-** sowie **Sekundäransprüche,** etwa Rückgewähransprüche aus § 346 Abs. 1 BGB bzw. Wertersatzansprüche gem. § 346 Abs. 2 S. 1 BGB nach erfolgtem Rücktritt, können ohne Weiteres § 353 S. 1 unterfallen, sofern sie aus einem beiderseitigen Handelsgeschäft resultieren.[38] Auch die Annahme einer Anweisung stellt ein beiderseitiges Handelsgeschäft dar, wenn Anweisungsempfänger und Annehmender Kaufleute sind und die Anweisung zum Betrieb ihres Gewerbes gehört.[39] Einseitige Rechtsgeschäfte wie zB eine Auslobung (§ 657 BGB) können dagegen schon begrifflich kein *beider*seitiges Handelsgeschäft darstellen.[40] Das Gleiche gilt idR[41] für Ansprüche aus einem **Gesellschaftsvertrag,** da die Gesellschafter einer Handelsgesellschaft jedenfalls *als solche* keine Kaufleute sind.[42]

9a   Während es damit nach Ansicht des **BGH** sein Bewenden hat,[43] will die inzwischen **wohl hLit** darüber hinaus im Einzelfall auch **Ansprüche aus gesetzlichen Schuldverhältnissen** unter § 353 S. 1 fassen, wenn diese der Rückabwicklung eines beiderseitigen Handelsgeschäfts dienen bzw. – im Falle zB der **§§ 823 ff. BGB** – sonst in einem inneren Zusammenhang mit einem beiderseitigen Handelsgeschäft stehen. Vertreten wird dies insbesondere für Bereicherungsansprüche (aus Leistungskondiktion)[44] sowie für bestimmte Ansprüche aus unerlaubter Handlung[45] (vgl. zur Diskussion und zur dogmatischen Begründung ausführlich → § 352 Rn. 11 ff.). Entgegen der noch in der Vorauflage vertretenen Meinung ist ein derart weites Verständnis sowohl des Handelsgeschäfts als auch von § 353 S. 1 jedoch **abzulehnen;**[46] wie der BGH jüngst zu Recht betont hat, bedingt der eingangs (→ Rn. 1 ff.) dargestellte, kaum nachzuvollziehende und daher insgesamt zweifelhafte Normzweck von § 353 S. 1 nämlich (jedenfalls[47]) eine **enge Auslegung** von § 353 S. 1.[48] Darüber hinaus spricht auch der im Vergleich zu § 352 Abs. 1 S. 1 („*bei* beiderseitigen Handelsgeschäften") engere Wortlaut von § 353 S. 1 („*aus* beiderseitigen Handelsgeschäften") gegen das weite Verständnis der wohl hLit.[49] Eine Anwendung von § 353 S. 1 auf die genannten gesetzlichen Ansprüche insbesondere aus §§ 812 ff. und 823 ff. BGB – sowie auch § 143 Abs. 1 S. 1 InsO – scheidet mithin selbst dann aus, wenn diese im Zusammenhang mit einem beiderseitigen Handelsgeschäft entstanden sind.

10   **c) Geldforderung.** Bei der aus dem beiderseitigen Handelsgeschäft herrührenden Forderung muss es sich um eine **Geldforderung** handeln.[50] Entsprechend fallen – mangels Einordnung als Geld im Rechtssinn[51] – jedenfalls nach dem zeitigen Stand der Gesetzgebung virtuelle bzw. Kryptowährungen nicht unter § 353 S. 1; insofern kommt jedoch eine analoge Anwendung in Betracht.[52] Das Erfordernis des Vorliegens einer Geldforderung ist indes dem Wortlaut des § 353 S. 1 nicht zu entnehmen. Danach scheint nämlich zur Begründung der Verzinsungspflicht das Vorliegen einer beliebigen verzinslichen Forderung aus einem beiderseitigen Handelsgeschäft zu genügen. Denn an sich sind alle auf die Leistung vertretbarer Sachen gerichteten Forderungen verzinslich.[53] Daraus könnte folgen, dass § 353 S. 1 bei jeder auf die Leistung vertretbarer Sachen gerichteten Forderung anwendbar ist, sofern diese nur aus einem beiderseitigen Handelsgeschäft herrührt. Diese Schlussfolgerung ließe aber die Tatsache unberücksichtigt, dass § 353 S. 1 als **handelsrechtliche Sonderregelung zu den**

---

[37] Düringer/Hachenburg/*Werner* Anm. 3; BeckOGK/*Beurskens* Rn. 11.
[38] MüKoHGB/*K. Schmidt* Rn. 7; BeckOK HGB/*Lehmann-Richter* Rn. 8; Oetker/*Pamp* Rn. 3.
[39] Düringer/Hachenburg/*Werner* Anm. 3.
[40] Baumbach/Hopt/*Hopt* Rn. 1; Düringer/Hachenburg/*Werner* Anm. 3.
[41] Nach MüKoHGB/*K. Schmidt* Rn. 8 kann ein Gesellschaftsvertrag jedoch bei rein schuldvertraglichen Innengesellschaften ein beiderseitiges Handelsgeschäft darstellen.
[42] Vgl. → § 1 Rn. 85 f. sowie → § 352 Rn. 27; MüKoHGB/*K. Schmidt* Rn. 8.
[43] BGH Urt. v. 27.2.2018 – VI ZR 121/17, BGHZ 217, 374 = NJW 2018, 2197 Rn. 18 f.; zustimmend BeckOGK/*Beurskens* Rn. 15 ff. und → § 343 Rn. 14 f. und wohl auch Baumbach/Hopt/*Hopt* Rn. 1.
[44] *Kindler,* Gesetzliche Zinsansprüche im Zivil- und Handelsrecht, 1996, 134 f.; Staub/*Canaris,* 4. Aufl. 2001, Rn. 12; MüKoHGB/*K. Schmidt* Rn. 9; Oetker/*Pamp* Rn. 3; KKRD/*Roth* Rn. 9; BeckOK HGB/*Lehmann-Richter* Rn. 9; aA → § 343 Rn. 14.
[45] BeckOK HGB/*Lehmann-Richter* Rn. 9; aA BGH Urt. v. 27.2.2018 – VI ZR 121/17, BGHZ 217, 374 = NJW 2018, 2197 Rn. 18.
[46] So auch BeckOGK/*Beurskens* Rn. 15 ff.
[47] Zu etwaigen Zweifeln an der Verfassungsmäßigkeit von § 353 S. 1 → Rn. 5.
[48] BGH Urt. v. 27.2.2018 – VI ZR 121/17, BGHZ 217, 374 = NJW 2018, 2197 Rn. 18.
[49] Dieses Argument im Hinblick auf die Gesetzgebungsgeschichte ablehnend MüKoHGB/*K. Schmidt* Rn. 9.
[50] Dazu gehören auch solche Ansprüche, die auf die Herausgabe von Geld gerichtet sind, vgl. BGH Urt. v. 15.9.2005 – III ZR 28/04, NJW 2005, 3709 (allerdings zu § 288 BGB und § 667 Alt. 1 BGB; dazu auch → § 352 Rn. 37); Beck/*Beurskens* Rn. 2 ff.
[51] S. nur *Omlor* JZ 2017, 754 (758 ff.); *Paulus/Motzke* ZfPW 2018, 413 (450), jeweils mwN. Zum rechtlichen Geldbegriff allgemein s. etwa Staudinger/*Omlor,* 2016, BGB Vorb §§ 244–248 Rn. 162 ff.
[52] So auch BeckOGK/*Beurskens* Rn. 3.
[53] Düringer/Hachenburg/*Werner* Vor §§ 352, 353 Anm. 1; Heymann/*Horn* Rn. 2; Schlegelberger/*Hefermehl* Rn. 5; BeckOK HGB/*Lehmann-Richter* Rn. 7; Staudinger/*Omlor,* 2016, BGB § 246 Rn. 24; MüKoBGB/*Grundmann* BGB § 246 Rn. 4; Soergel/*Arnold* BGB § 246 Rn. 12; aA MüKoHGB/*K. Schmidt* Rn. 10; Baumbach/Hopt/*Hopt* Rn. 1; Oetker/*Pamp* Rn. 5.

bürgerlich-rechtlichen Vorschriften der §§ 288, 291 BGB aufzufassen ist (→ Rn. 1). Diese beiden Normen setzen indes das Bestehen einer Geldschuld voraus. Folglich sollte auch für § 353 S. 1 nichts anderes gelten.[54] Zudem ist zu berücksichtigen, dass die Rechtsfolgen einer nicht rechtzeitigen Lieferung bei anderen vertretbaren Sachen als Geld idR anhand des zugrunde liegenden Rechtsgeschäfts bestimmt werden.[55]

Nicht erforderlich ist allerdings, dass die Forderung von Anfang an als Geldforderung bestand. **11 Ausreichend** ist vielmehr, dass die Forderung nachträglich **in eine Geldforderung übergegangen** ist.[56] Dies ist etwa der Fall, wenn sich ein Primärleistungsanspruch nach fruchtlosem Verstreichen einer nach § 281 Abs. 1 S. 1 BGB bzw. § 250 BGB gesetzten Nachfrist oder im Falle der Unmöglichkeit nach §§ 283 S. 1, 251 Abs. 1 BGB in einen Anspruch auf **Schadensersatz** statt der Leistung umwandelt.[57] Die Zinspflicht aus § 353 S. 1 entsteht in diesen Fällen allerdings erst ab dem Zeitpunkt, zu dem sich die Schuld in eine Geldschuld umwandelt.[58] Vor diesem Zeitpunkt ist § 353 S. 1 mangels Vorliegens einer Geldschuld unanwendbar.

Umstritten ist, ob § 353 S. 1 auch auf **Forderungen in ausländischer Währung** anwendbar ist **12** (vgl. § 244 BGB). Nach einer va früher vertretenen Ansicht soll § 353 S. 1 in einem solchen Fall nur dann anwendbar sein, wenn der Gläubiger vorgeleistet hat.[59] Die **ganz hM** wendet dagegen § 353 S. 1 **auch bei Fremdwährungsschulden** iSv § 244 Abs. 1 BGB an.[60] Hierfür spricht entscheidend, dass es sich auch bei derartigen Valuta(geld)schulden[61] um *Geldschulden* handelt, die lediglich in ausländischer Währung ausgedrückt sind.[62]

d) Fälligkeit. aa) Grundsatz. Der Zinslauf beginnt mit dem **Tag der Fälligkeit** des Zahlungs- **13** anspruchs (zum genauen Zinsbeginn näher → Rn. 27). Der Begriff der Fälligkeit bezeichnet dabei den Zeitpunkt, von dem an der Gläubiger die Leistung verlangen kann (daher auch: Leistungszeit);[63] die bloße Erfüllbarkeit hingegen genügt für § 353 S. 1 nicht (vgl. § 271 Abs. 2 BGB).[64]

Nach § 271 Abs. 1 BGB ist zur Bestimmung der Leistungszeit vorrangig auf eine etwaige – **14** ausdrückliche oder konkludente – **Parteivereinbarung** abzustellen.[65] Grenzen ergeben sich insbesondere aus § 271a BGB. Für die genaue Bestimmung etwaiger Fälligkeitsfristen und Termine sind dabei grundsätzlich die §§ 187–193 BGB maßgeblich;[66] entsprechend verschiebt sich zB der Zeitpunkt der Fälligkeit gem. **§ 193 BGB** auf den darauffolgenden Werktag, wenn der letzte Tag einer gesetzten Fälligkeitsfrist rechnerisch auf einen Sonnabend, Sonntag oder Feiertag fällt.[67] Unbestimmte Formulierungen hinsichtlich der Leistungszeit sind gem. §§ 133, 157 BGB, 346 nach billigem Ermessen zu konkretisieren. So bedeutet etwa die Klausel „Netto Kasse gegen Rechnung", dass die Fälligkeit des Zahlungsanspruchs schon mit Empfang der Rechnung vor Übergabe der Ware eintritt.[68] Ohne eine diesbezügliche Vereinbarung ist die Erteilung einer *Rechnung* hingegen nach hM grds. *keine* Fälligkeits-

---

[54] Staub/*Canaris*, 4. Aufl. 2001, Rn. 13; Düringer/Hachenburg/*Werner* Anm. 2; Heymann/*Horn* Rn. 2; Schlegelberger/*Hefermehl* Rn. 5.

[55] Düringer/Hachenburg/*Werner* Anm. 2; Schlegelberger/*Hefermehl* Rn. 5.

[56] Heymann/*Horn* Rn. 2; Röhricht/Graf v. Westphalen/Haas/*Wagner* Rn. 3; Schlegelberger/*Hefermehl* Rn. 5; MüKoHGB/*K. Schmidt* Rn. 10; Oetker/*Pamp* Rn. 5; BeckOK HGB/*Lehmann-Richter* Rn. 7; BeckOGK/*Beurskens* Rn. 5.

[57] RG Urt. v. 22.2.1888 – Rep. I 399/87, RGZ 20, 118 (122); RG Urt. v. 15.12.1913 – VI 307, 13, BankArch 13 (1913/14), 170 (173); Oetker/*Pamp* Rn. 5; BeckOK HGB/*Lehmann-Richter* Rn. 7; KKRD/*Roth* Rn. 3; nach MüKoHGB/*K. Schmidt* Rn. 10 soll es in einem solchen Fall für die Beurteilung der Kaufmannseigenschaft auf den Zeitpunkt der Begründung und nicht der Entstehung der Forderung ankommen.

[58] Düringer/Hachenburg/*Werner* Anm. 2.

[59] OLG Hamburg Urt. v. 6.5.1924 – Bf. 104/24, OLGE 44, 245.

[60] Baumbach/Hopt/*Hopt* Rn. 1; Düringer/Hachenburg/*Werner* Anm. 2; GK-HGB/*Schmidt* Rn. 1; Heymann/*Horn* Rn. 2; KKRD/*Roth* Rn. 3; Röhricht/Graf v. Westphalen/Haas/*Wagner* Rn. 3; Schlegelberger/*Hefermehl* Rn. 5; MüKoHGB/*K. Schmidt* Rn. 11; BeckOK HGB/*Lehmann-Richter* Rn. 7; Oetker/*Pamp* Rn. 5; BeckOGK/*Beurskens* Rn. 4.

[61] Vgl. zur Terminologie und zur Abgrenzung von der Valutawertschuld und der Valutasachschuld Staudinger/*Omlor*, 2016, BGB § 244 Rn. 17 ff.

[62] Vgl. Staudinger/*Omlor*, 2016, BGB § 244 Rn. 22, 101; Palandt/*Grüneberg* BGB § 245 Rn. 17; MüKoHGB/*K. Schmidt* Rn. 11.

[63] BGH Urt. v. 17.2.1971 – VIII ZR 4/70, BGHZ 55, 340 (341) = NJW 1971, 979; BGH Urt. v. 18.12.1980 – VII ZR 41/80, BGHZ 79, 176 (177 f.) = NJW 1981, 814 (beide zum Begriff der „Entstehung des Anspruchs" nach § 198 S. 1 BGB aF); BGH Beschl. v. 19.12.1990 – VIII ARZ 5/90, BGHZ 113, 188 (191 f.) = NJW 1991, 836 (zu § 198 S. 1 BGB aF und zum Begriff der Fälligkeit); BGH Urt. v. 11.12.2013 – IV ZR 46/13, NJW 2014, 847 Rn. 22; MüKoBGB/*Krüger* BGB § 271 Rn. 2; Soergel/*Forster* BGB § 271 Rn. 2; Palandt/*Heinrichs Grüneberg* BGB § 271 Rn. 1.

[64] MüKoHGB/*K. Schmidt* Rn. 13.

[65] Einzelheiten zB bei MüKoBGB/*Krüger* BGB § 271 Rn. 7 ff.

[66] BGH Urt. v. 1.2.2007 – III ZR 159/06, BGHZ 171, 33 = NJW 2007, 1581 Rn. 24.

[67] BGH Urt. v. 1.2.2007 – III ZR 159/06, BGHZ 171, 33 = NJW 2007, 1581 Rn. 24; MüKoHGB/*K. Schmidt* Rn. 12; KKRD/*Roth* Rn. 3.

[68] BGH Urt. v. 3.3.1988 – I ZR 33/86, WM 1988, 1134 = NJW-RR 1988, 925; BeckOK HGB/*Lehmann-Richter* Rn. 11.

voraussetzung;[69] jedoch folgt aus § 157 BGB und § 346 idR eine stillschweigende Abbedingung des Zinsanspruchs aus § 353 S. 1 für den Zeitraum bis zu deren Zugang (→ Rn. 25). Wird „Zahlung gegen Dokumente" vereinbart, so wird die Geldforderung erst mit Vorlage der Verladungsnachweise fällig.[70]

14a   Zu den Fällen der rechtsgeschäftlichen Bestimmung der Leistungszeit gehört auch die **Stundung**.[71] Sie bewirkt grundsätzlich ein **Herausschieben der Fälligkeit** bei fortbestehender Erfüllbarkeit.[72] Hinsichtlich der **Auswirkungen auf die Verzinsungspflicht** nach § 353 S. 1 ist indes zu unterscheiden: Eine bereits **bei Vertragsschluss vereinbarte Stundung** verschiebt den Fälligkeitszeitpunkt im Regelfall auch mit Wirkung für § 353 S. 1.[73] Da die Parteien die Stundung in einem derartigen Fall in die Bemessung der Geldforderung einkalkulieren können, ist dies ohne Weiteres sachgerecht.[74] War die Fälligkeit hingegen zum Zeitpunkt der Stundung bereits eingetreten, so werden ihre Wirkungen (nur) für § 353 S. 1 jedenfalls dann nicht durch eine **nachträgliche Stundungsabrede** wieder aufgehoben, wenn die **Auslegung** der Stundungsabrede ergibt, dass sich diese nur auf die Beitreibbarkeit der Forderung und nicht auch auf den Zinslauf auswirken soll.[75] In einem derartigen Fall ist der Gläubiger lediglich an der Geltendmachung der Forderung gehindert, wohingegen der gestundete Geldanspruch weiterhin einer Verzinsung nach § 353 S. 1 unterliegt. Mit der in der Vorauflage vertretenen Ansicht[76] dürfte dies im Falle einer nachträglichen Stundung sogar **im Zweifel** anzunehmen sein.[77] Im Übrigen stellt zB ein **Zahlungsziel von 90 Tagen** in AGB bei Vorliegen eines gegenseitigen Vertrags wegen § 286 Abs. 3 BGB und der zugrundeliegenden EG-Zahlungsverzugsrichtlinie (→ § 352 Rn. 37) idR eine **unangemessene Benachteiligung** des Vertragspartners dar und ist nach § 307 BGB unwirksam.[78]

15   Fehlt es an einer Bestimmung der Leistungszeit durch die Parteien, so kann sich diese aus dem **Gesetz** ergeben (zB §§ 488 Abs. 3 und 3, 614, 641 Abs. 1 BGB[79]),[80] weiter hilfsweise aus den **Umständen** (§ 271 Abs. 1 Alt. 2 BGB). Zu berücksichtigen sind dabei etwa die Natur des Schuldverhältnisses, die Verkehrssitte (§ 346) und die Beschaffenheit der Leistung. Ist danach eine Bestimmung der Leistungszeit **nicht möglich,** ist die Leistung nach § 271 Abs. 1 BGB **sofort** fällig und fallen damit Erfüllbarkeit und Fälligkeit zusammen.[81] Sofortige Fälligkeit bedeutet allerdings weder, dass die Leistung „auf der Stelle" fällig ist, noch ist damit „unverzügliches" Handeln iSv § 121 Abs. 1 S. 1 BGB gemeint.[82] Durch die unterschiedliche Formulierung in § 271 Abs. 1 BGB einerseits und § 121 Abs. 1 S. 1 BGB andererseits hat der Gesetzgeber vielmehr klargestellt, dass im Rahmen des § 271 Abs. 1 BGB keine Prüfung des Vertretenmüssens stattfinden, sondern ein objektiver Beurteilungsmaßstab gelten soll.[83] Der Schuldner muss daher nach allgM leisten, so schnell ihm dies nach Treu und Glauben und der für den jeweiligen Sachbereich einschlägigen Verkehrssitte (§§ 157, 242 BGB) **objektiv möglich** ist.[84] Dabei kann sich ergeben, dass dem Schuldner eine gewisse Zeitspanne für notwendige Vorbereitungshandlungen zu gewähren ist;[85] zudem ist § 358 zu beachten.[86] Bei den in § 353 S. 1 allein in Rede stehenden Geldforderungen dürfte allerdings regelmäßig keinerlei Vorbereitungszeit erforderlich sein.[87]

---

[69] BGH Urt. v. 18.12.1980 – VII ZR 41/80, NJW 1981, 814; MüKoBGB/*Krüger* BGB § 271 Rn. 19; BeckOK HGB/*Lehmann-Richter* Rn. 13.

[70] BGH Urt. v. 17.2.1971 – VIII ZR 4/70, BGHZ 55, 340 (342) = NJW 1971, 979; BeckOK HGB/*Lehmann-Richter* Rn. 11. Auf die Beschaffenheit der Ware kommt es für die Fälligkeit der Kaufpreisforderung nicht an, BGH Urt. v. 21.1.1987 – VIII ZR 26/86, NJW 1987, 2435 f. = IPRax 1989, 100 mAnm *Lebuhn* IPRax 1989, 87.

[71] Zu dieser Einordnung etwa MüKoBGB/*Krüger* BGB § 271 Rn. 22 ff.

[72] BGH Urt. v. 19.9.1985 – III ZR 213/83, BGHZ 95, 362 (369) = NJW 1986, 46; BGH Beschl. v. 25.3.1998 – VIII ZR 298/97, NJW 1998, 2060 (2061); MüKoBGB/*Krüger* BGB § 271 Rn. 21.

[73] Schlegelberger/*Hefermehl* Rn. 6 im Anschluss an ROHG Urt. v. 7.5.1878 – Rep. 501/78, ROHGE 23, 391 (392); MüKoHGB/*K. Schmidt* Rn. 13.

[74] Vgl. OLG Hamm Urt. v. 22.2.1988 – 22 U 239/87, NJW-RR 1989, 333 (334) = DNotZ 1989, 781 mAnm *Kanzleiter.*

[75] MüKoHGB/*K. Schmidt* Rn. 13; Oetker/*Pamp* Rn. 8.

[76] *Kindler* → 3. Aufl. 2015, Rn. 14.

[77] RG Urt. v. 18.3.1927 – VI 540/26, RGZ 116, 368 (376); Baumbach/Hopt/*Hopt* Rn. 1; eingeschränkt auch MüKoHGB/*K. Schmidt* Rn. 13 („wird häufig […] gemeint sein").

[78] OLG Köln Beschl. v. 1.2.2006 – 11 W 5/06, NJW-RR 2006, 670 f. für den Werkvertrag und einen unternehmerischen Auftragnehmer; zust. *v. Westphalen* NJW 2006, 2228 (2233).

[79] Gesamtüberblick bei MüKoBGB/*Krüger* BGB § 271 Rn. 6.

[80] Staudinger/*Bittner/Kolbe,* 2019, BGB § 271 Rn. 1, 3.

[81] Staudinger/*Bittner/Kolbe,* 2019, BGB § 271 Rn. 1.

[82] OLG München Urt. v. 12.11.1991 – 25 U 4121/91, NJW-RR 1992, 818 (820).

[83] Palandt/*Grüneberg* BGB § 271 Rn. 10.

[84] Staudinger/*Bittner/Kolbe,* 2019, BGB § 271 Rn. 26; Oetker/*Pamp* Rn. 5.

[85] Vgl. OLG München Urt. v. 12.11.1991 – 25 U 4121/91, NJW-RR 1992, 818 (820) mwN; MüKoBGB/*Krüger* BGB § 271 Rn. 33, 35; Staudinger/*Bittner/Kolbe,* 2019, BGB § 271 Rn. 26.

[86] So auch Staudinger/*Bittner/Kolbe,* 2019, BGB § 271 Rn. 26.

[87] GK-HGB/*Schmidt* Rn. 4; Oetker/*Pamp* Rn. 6.

bb) Einwendungen. Rechtsvernichtende Einwendungen gegen die Geldforderung, zB eine **16** Anfechtung (§ 142 Abs. 1 BGB), Aufrechnung (§ 389 BGB) oder ein Rücktritt (§§ 346 ff. BGB), beseitigen nicht erst die Fälligkeit, sondern schon den Bestand der Forderung. Übt der Schuldner die damit verbundenen Gestaltungsrechte aus, **entfällt** mithin schon die von § 353 S. 1 als Gegenstand der Verzinsungspflicht vorausgesetzte **Forderung.** Bis zu deren Ausübung bleiben derartige Gestaltungsrechte freilich unbeachtlich; das bloße Bestehen etwa eines Rücktritts- oder Anfechtungsrechts schließt die Zinspflicht noch nicht aus.[88] Erst die ordnungsgemäß geltend gemachte Einwendung hat zur Folge, dass die Zinspflicht – mangels Hauptschuld – entfällt.[89] Wirkt eine Gestaltungserklärung dabei – wie im Falle der Aufrechnung (§ 389 BGB) oder Anfechtung (§ 142 Abs. 1 BGB) zurück, so gilt dies auch für den Zinsanspruch aus § 353 S. 1, der damit ebenfalls (ggf. partiell) rückwirkend erlischt.[90]

cc) Einreden (Leistungsverweigerungsrechte). Steht der Forderung hingegen eine **Einrede** des **17** Schuldners entgegen, so beseitigt dies jedenfalls die Fälligkeit **nicht** (sondern allenfalls die Durchsetzbarkeit; → Rn. 18a).[91] Rechtstechnisch folgt dies ua aus § 390 BGB, wonach mit[92] einer Forderung, der eine Einrede entgegensteht, nicht aufgerechnet werden kann, und zwar grundsätzlich auch dann, wenn diese Einrede noch gar nicht erhoben worden ist[93]: Da die Fälligkeit der Aktivforderung aber gem. § 387 BGB bereits eine allgemeine Voraussetzung der Aufrechnung ist,[94] zeigt die Existenz jener Ausnahmevorschrift im Umkehrschluss, dass eine einredebehaftete Forderung im Grundsatz sehr wohl fällig ist; andernfalls wäre die Regelung des § 390 BGB neben § 387 BGB überflüssig.[95]

Vor diesem Hintergrund ist es zunächst abzulehnen, allein wegen des bloßen Bestehens eines **18** Leistungsverweigerungsrechts stets ohne Weiteres die Fälligkeit des davon betroffenen Anspruchs zu verneinen.[96] Auch andersherum darf jedoch freilich nicht der Schluss gezogen werden, das **bloße Bestehen** einer Einrede des Schuldners gegen eine fällige Geldforderung sei für § 353 S. 1 immer unbeachtlich. Etwas anderes gilt nämlich für § 214 Abs. 1 BGB (→ Rn. 19) sowie für § 320 Abs. 1 BGB (→ Rn. 20). Im Ergebnis ist somit für § 353 S. 1 im Einzelfall anhand des Normzwecks der jeweiligen Einrede **zu differenzieren** (→ Rn. 19–21).

Einigkeit besteht alleine darüber, dass eine Verzinsung nach § 353 S. 1 spätestens ab *dem* Zeitpunkt **18a** endet, zu dem eine Einrede nicht nur besteht, sondern auch **wirksam erhoben** wurde;[97] demgegenüber ist umstritten, ob (und ggf.: in welchen Fällen) die wirksame Erhebung einer Einrede auf den Zeitpunkt von deren Entstehung **zurückwirkt.** Die **Durchsetzbarkeit der zu verzinsenden Forderung** ist somit – wie zB auch beim Schuldnerverzug nach §§ 286 ff. BGB – **ungeschriebenes Tatbestandsmerkmal** von § 353 S. 1;[98] nach aA hingegen ist § 353 S. 1 in derartigen Fällen teleologisch zu reduzieren.[99] Denn als **akzessorischer Anspruch**[100] kann sich der Zinsanspruch nur auf solche Zeiträume beziehen, in denen der Schuldner auch zur Erbringung der Hauptleistung verpflichtet war[101] und dies auch nicht rechtsgestaltend durch Erheben der jeweiligen Einrede verhindert hat. Andernfalls wäre die Druckmittelfunktion bestimmter Leistungsverweigerungsrechte (zB nach § 273 Abs. 1 BGB) konterkariert. Entgegen beachtlichen Stimmen bleibt die Durchsetzbarkeit einer Forderung iRv § 353 S. 1 nach hier vertretener Meinung allerdings grds. – außer im Falle von § 320 Abs. 1 – **solange bestehen,** bis der Schuldner ihr diese durch **Geltendmachung** der jeweiligen Einrede nimmt.[102]

---

[88] Vgl. BGH Urt. v. 21.1.1987 – VIII ZR 26/86, NJW 1987, 2435 (2436) = IPRax 1989, 100 mAnm *Lebuhn* IPRax 1989, 87; Oetker/*Pamp* Rn. 11.

[89] MüKoHGB/*K. Schmidt* Rn. 14; Oetker/*Pamp* Rn. 11; KKRD/*Roth* Rn. 3.

[90] BGH Urt. v. 8.10.1987 – VII ZR 185/86, BGHZ 102, 41 = NJW 1988, 258; MüKoHGB/*K. Schmidt* Rn. 14; Oetker/*Pamp* Rn. 11.

[91] S. zB MüKoBGB/*Krüger* BGB § 273 Rn. 91; grundlegend *Oertmann* ZHR 78 (1916), 1 (11), der für alle Einreden eine Beeinflussung der Anspruchsfälligkeit verneint; ferner zB MüKoHGB/*K. Schmidt* Rn. 14.

[92] § 390 BGB betrifft somit nur die Aktivforderung; für die Passivforderung – dh die Forderung, gegen die aufgerechnet wird – ist das Bestehen einer Einrede hingegen ohne Belang (allgM, s. etwa Staudinger/*Gursky,* 2016, BGB § 390 Rn. 1, 29 ff.).

[93] S. (zu § 320 Abs. 1 BGB) BGH Urt. v 4.7.2002 – I ZR 313/99, NJW 2002, 3541 (3542) sowie allgemein Staudinger/*Gursky,* 2016, BGB § 390 Rn. 28 mwN.

[94] MüKoBGB/*Schlüter* BGB § 387 Rn. 37.

[95] Vgl. *H. Roth,* Die Einrede des Bürgerlichen Rechts, 1988, 157 f.; *Kindler,* Gesetzliche Zinsansprüche im Zivil- und Handelsrecht, 1996, 190.

[96] So aber Düringer/Hachenburg/*Werner* Anm. 4.

[97] So auch Oetker/*Pamp* Rn. 10; MüKoHGB/*K. Schmidt* Rn. 14.

[98] BGH Urt. v. 14.1.1971 – VII ZR 3/69, BGHZ 55, 198, (200) = NJW 1971, 615 (zu § 291 Abs. 1 S. 1 Hs. 2 BGB); Oetker/*Pamp* Rn. 10; so iErg auch MüKoHGB/*K. Schmidt* Rn. 14; Schlegelberger/*Hefermehl* Rn. 6.

[99] Staub/Canaris, 4. Aufl. 2001, Rn. 16; BeckOK HGB/*Lehmann-Richter* Rn. 12.

[100] Vgl. zum akzessorischen Charakter der Zinsschuld MüKoBGB/*Grundmann* BGB § 246 Rn. 10; Soergel/*Teichmann* BGB § 246 Rn. 7; Palandt/*Grüneberg* BGB § 246 Rn. 7.

[101] Ähnl. Soergel/*Wiedemann* BGB aF § 284 Rn. 15 zum Verzug: Der Verzugsanspruch verhalte sich „annexartig" zum Hauptanspruch.

[102] Sehr umstr.; wie hier auch *Larenz* SchuldR AT § 23 I c (S. 350) und BeckOGK/*Dornis* BGB § 286 Rn. 118, jeweils mwN; aA *Kindler* → 3. Aufl. 2015, Rn. 19 sowie die wohl hM zu §§ 286 ff. BGB (s. MüKoBGB/*Ernst* BGB § 286 Rn. 23 ff. mwN).

19   Entsprechend **schließt** nicht bereits das bloße Bestehen eines dauerhaften oder aufschiebenden **Leistungsverweigerungsrechts** zB gem. §§ 214 Abs. 1, 771, 821, 853, 2014 f. BGB eine **Fälligkeitsverzinsung** nach § 353 S. 1 aus,[103] sondern grundsätzlich erst deren Erhebung, und zwar idR mit *ex nunc*-Wirkung.[104] Erhebt der Schuldner allerdings die Einrede der **Verjährung** (§ 214 Abs. 1 BGB) der zu verzinsenden Forderung, so **wirkt** dies nach hier vertretener Ansicht auf den Zeitpunkt des Verjährungseintritts **zurück;** wegen § 217 BGB dürfte dies jedoch idR bedeutungslos sein (hierzu und zur von der Verjährung der zu verzinsenden Forderung zu unterscheidenden Verjährung der Zinsforderung selbst → Rn. 28). Und im Falle einer **Hinterlegung** ist der Schuldner, wenn er die Rücknahme nicht ausgeschlossen hat,[105] unabhängig von der Erhebung der Einrede des § 379 Abs. 1 BGB bereits kraft Gesetzes nach § 379 Abs. 2 Alt. 2 BGB von einer Zinszahlungspflicht befreit.[106]

20   Besonderheiten gelten jedoch für die **Einrede des nicht erfüllten Vertrages** nach § 320 Abs. 1 **BGB.** Diese Vorschrift war zwar bei Schaffung des BGB – va aus prozessualen Erwägungen – letztlich als Einrede konzipiert worden und nicht, wie ebenfalls erwogen, als anspruchsimmanente Beschränkung.[107] Aus dem **Wesen des Synallagmas** folgt jedoch, dass ausnahmsweise bereits das bloße Bestehen der Einrede des § 320 Abs. 1 BGB weitreichende, über diejenigen zB des allgemeinen Zurückbehaltungsrechts nach § 273 Abs. 1 BGB hinausgehende Wirkungen entfalten kann. Denn bei einem gegenseitigen Vertrag besteht bei den im Gegenseitigkeitsverhältnis stehenden Ansprüchen von Natur aus eine wechselseitige Abhängigkeit der Ansprüche voneinander.[108] Entsprechend hindert nach ganz hM (jedenfalls materiell-rechtlich) bereits das **bloße Bestehen** der Einrede des gegenseitigen Vertrags – unabhängig von ihrer Geltendmachung – den Eintritt des Schuldnerverzugs iSv §§ 286 ff. BGB, es sei denn, der mahnende Gläubiger bietet dem Schuldner seine Leistung in Annahmeverzug begründender Weise an.[109] Das Gleiche gilt **für § 353 S. 1;** auch dort schließt **alleine das Bestehen** der Einrede des nicht erfüllten Vertrages die Verpflichtung zur Leistung von Fälligkeitszinsen aus; anders als bei sonstigen Einreden ist hierfür nach hM **nicht erforderlich,** dass der Schuldner die Einrede auch tatsächlich geltend macht.[110] Der Gläubiger kann die Durchsetzbarkeit seiner Forderung – und damit eine Verzinsung nach § 353 S. 1 – **nur dadurch** herbeiführen, dass er dem Schuldner die Gegenleistung in einer den Annahmeverzug (§§ 293 ff. BGB) begründenden Weise anbietet.[111]

21   Das **allgemeine Zurückbehaltungsrecht** nach § 273 BGB hingegen lässt die Durchsetzbarkeit[112] (nicht: Fälligkeit[113]) und damit die Verzinsung eines Anspruchs nach § 353 S. 1 nur dann entfallen, wenn die Einrede **tatsächlich erhoben** wird.[114] Denn vorher ist der Gläubiger nicht in der Lage, die

---

[103] So aber wohl BeckOK HGB/*Lehmann-Richter* Rn. 12 aE.

[104] So nur iErg auch *Kindler* → 3. Aufl. 2015, Rn. 19; danach schließe in materiell-rechtlicher Hinsicht zwar schon das Bestehen dieser Einreden eine Fälligkeitsverzinsung aus; allerdings müsse sich der Schuldner im Prozess auf die Einrede berufen, um eine Verurteilung zur Zahlung von Fälligkeitszinsen zu vermeiden; s. auch MüKoHGB/*K. Schmidt* Rn. 14, wonach (nur) die Erhebung der Einrede des § 320 Abs. 1 BGB *ex tunc* wirke.

[105] Andernfalls greift bereits § 378 BGB ein, wonach die Hinterlegung bei ausgeschlossener Rücknahme Erfüllungssurrogat ist und somit keine Einrede, sondern eine Einwendung statuiert, MüKoBGB/*Fetzer* BGB § 378 Rn. 6.

[106] MüKoHGB/*K. Schmidt* Rn. 14.

[107] Mot. II 204; Prot. I 632 f. (sog. „Einredetheorie" im Gegensatz zur „Austauschtheorie"); dazu näher MüKoBGB/*Emmerich* BGB Vor § 320 Rn. 10 ff.; MüKoBGB/*Emmerich* BGB § 320 Rn 45.

[108] *Larenz* SchuldR AT § 23 I c (S. 351).

[109] BGH Urt. v. 7.5.1982 – V ZR 90/81, BGHZ 84, 42 (44) = NJW 1982, 2242; BGH Urt. v. 6.12.1991 – V ZR 229/90, BGHZ 116, 244 = NJW 1992, 556; BGH Urt. v. 29.11.1995 – VIII ZR 32/95 = NJW 1996, 923; BGH Urt. v. 7.10.1998 – VIII ZR 100/97, NJW 1999, 53; BGH Urt. v. 11.12.2009 – V ZR 217/08, NJW 2010, 1272 Rn. 23; MüKoBGB/*Ernst* BGB § 286 Rn. 24 ff.; BeckOK BGB/*Schmidt* BGB § 320 Rn. 24.

[110] RG Urt. v. 28.1.1925 – V 248/24, JW 1925, 1748 (1749) (allerdings noch unter Berufung auf § 285 BGB); RG Urt. v. 14.12.1929 – I 214/29, RGZ 126, 280 (285); BGH Urt. v. 4.6.1973 – VII ZR 112/71, BGHZ 61, 42 (46) = NJW 1973, 1792; BGH Urt. v. 6.5.1999 – VII ZR 180/98, NJW 1999, 2110; OLG Brandenburg Urt. v. 4.12.2002 – 7 U 79/02, BeckRS 2002, 30296717; BeckOGK/*Beurskens* Rn. 27; Staub/*Canaris*, 4. Aufl. 2001, Rn. 16; Oetker/*Pamp* Rn. 10; BeckOK HGB/*Lehmann-Richter* Rn. 12; KKRD/*Roth* Rn. 3; Baumbach/Hopt/*Hopt* Rn. 1; BeckOK BGB/*Schmidt* BGB § 320 Rn. 24; aA die ältere Rspr. RG Urt. v. 25.9.1918 – I 64/18, Gruchot 63 (1919), 216 (219); *Oertmann* ZHR 78 (1916), 1 (23, 47) und MüKoHGB/*K. Schmidt* Rn. 14 (allerdings wirke die Einredeerhebung *ex tunc*); *Düringer/Hachenburg/Werner* Allg. Einl. zum Dritten Buch Rn. 289; *H. Roth*, Die Einrede des Bürgerlichen Rechts, 1988, 150; *Jahr* JuS 1964, 293 (301): nur die Erhebung der Einrede hindere rückwirkend die Durchsetzbarkeit auch iRv § 353 S. 1.

[111] BGH Urt. v. 6.12.1991 – V ZR 229/90, BGHZ 116, 244 (249) = NJW 1992, 556; BGH Urt. v. 29.11.1995 – VIII ZR 32/95, NJW 1996, 923 f.; Soergel/*Wiedemann* BGB § 284 aF Rn. 16 (zum Verzug).

[112] So BGH Urt. v. 14.1.1971 – VII ZR 3/69, BGHZ 55, 198 (200) = NJW 1971, 615 in Bezug auf die Fälligkeitsverzinsung nach § 291 S. 1 Hs. 2 BGB; Heymann/*Horn* Rn. 5.

[113] So aber BGH Urt. v. 4.6.1973 – VII ZR 112/71, BGHZ 61, 42 (46) = NJW 1973, 1792 (zu §§ 291 S. 1 Hs. 2 BGB, 353 – richtig: 353 – HGB); BGH Urt. v. 6.12.1991 – V ZR 229/90, BGHZ 116, 244 (247) = NJW 1992, 556 und Baumbach/Hopt/*Hopt* Rn. 1.

[114] BGH Urt. v. 5.5.71 – VIII ZR 59/70, WPM 71, 1020; BGH Urt. v. 24.11.2006 – LwZR 6/05, NJW 2007, 1269 (1272) (zum Verzug); BeckOK HGB/*Lehmann-Richter* Rn. 12; MüKoHGB/*K. Schmidt* Rn. 14; Heymann/*Horn* Rn. 5; BeckOGK/*Beurskens* Rn. 28; gegen eine Auswirkung eines Zurückbehaltungsrechts auf § 353 S. 1 insgesamt wohl OLG Düsseldorf Urt. v. 25.10.1996 – 22 U 56/96, NJW-RR 1997, 757 (758); Baumbach/Hopt/*Hopt* Rn. 1.

Ausübung des Zurückbehaltungsrechts nach § 273 Abs. 3 BGB abzuwenden (iRv § 320 Abs. 1 BGB besteht eine solche Abwendungsbefugnis nicht, § 320 Abs. 1 S. 3 BGB).[115] Entsprechend entfällt die Pflicht zur Verzinsung im Falle der Geltendmachung des Zurückbehaltungsrechts aus § 273 Abs. 1 BGB auch nicht rückwirkend, sondern nur mit Wirkung *ex nunc*.[116] Dies liegt daran, dass in den Fällen des § 273 Abs. 1 BGB (anders als bei § 320 Abs. 1 BGB) eine wechselseitige Abhängigkeit der zugrunde liegenden Ansprüche nicht von vorneherein besteht, sondern erst durch die Geltendmachung des Zurückbehaltungsrechts hergestellt wird.[117] Das Gleiche gilt auch für das kaufmännische Zurückbehaltungsrecht aus § 369.[118]

dd) Transferverbot. Das Fehlen oder die Verweigerung einer Devisengenehmigung hindert lediglich den Verzugseintritt, nicht aber den Eintritt der Fälligkeit der Forderung. Folglich wird der Zinsanspruch aus § 353 S. 1 durch ein **staatliches Transferverbot im Schuldnerland** nicht ausgeschlossen.[119]   22

ee) Wechsel. Nimmt ein Gläubiger zur Begleichung einer Forderung einen **zahlungshalber aus-** **gestellten Wechsel** entgegen, so erfolgt dies meist erfüllungshalber (§ 364 Abs. 2 BGB) und führt idR zu einer **Stundung** der ursprünglichen Forderung;[120] diese endet entweder mit Erfüllung, oder wenn die Einlösung des Wechsels fehlgeschlagen ist.[121]. Insofern hängt von dem Zweck der Stundungsabrede (→ Rn. 14a) ab, ob dem Gläubiger bis zu diesem Zeitpunkt ein Zinsanspruch aus § 353 S. 1 aus der Kausalforderung zusteht.[122]   23

ff) Schadensersatz. Schadensersatzforderungen setzen voraus, dass ein Schaden im Sinne einer „konkreten objektiven Verschlechterung der Vermögenslage des Gläubigers"[123] eingetreten ist;[124] sie entstehen daher erst mit Schadenseintritt und sind frühestens ab diesem Zeitpunkt fällig.[125] Vgl. hierzu, insbesondere zur Entstehung der Zinspflicht für Schadensersatzansprüche statt der Leistung, → Rn. 11.   24

gg) Bezifferung der Forderung durch Rechnungserteilung. Kann der Schuldner die Höhe des geschuldeten Betrages nicht ohne Abrechnung bestimmen, ist fraglich, inwieweit die **Rechnungs-** **erteilung** durch den Gläubiger Voraussetzung für die Fälligkeit seiner Forderung ist. Zunächst kann sich im Einzelfall aus einer entsprechenden **Vereinbarung**[126] oder aus gesetzlichen **Sonderrege-** **lungen** ergeben, dass der Fälligkeitseintritt auf den Zeitpunkt des Rechnungszugangs hinausgeschoben ist. Derartige Sonderregeln bestehen zB für Werklohnforderungen gem. § 650g Abs. 4 BGB (ggf. iVm § 650u Abs. 1 BGB) bzw. bei Anwendbarkeit des § 16 Abs. 3 VOB/B[127] und für das Architektenhonorar (§ 8 HOAI,[128] ggf. iVm § 650q Abs. 2 BGB) sowie für das Arzthonorar (§ 12 Abs. 1 GOÄ).[129] Für den Fall, dass keine derartige Sonderregel eingreift und die Parteien auch nicht vereinbart haben, dass eine Forderung erst bei Rechnungserteilung fällig sein soll, werden die Auswirkungen des Erfordernisses einer Rechnungserteilung auf die Fälligkeit nicht einheitlich beurteilt. Nach einer va früher vertretenen **Mindermeinung** soll die Rechnungserteilung auch allgemein Voraussetzung der Fälligkeit sein.[130] Nach inzwischen **ganz hM** ist dagegen die **Erteilung einer Rechnung keine** **Fälligkeitsvoraussetzung,** und zwar selbst dann nicht, wenn der Schuldner im Einzelfall Anspruch auf eine spezifizierte Rechnung hat.[131] Dieser Ansicht ist beizutreten.[132] Denn die Fälligkeit des Anspruchs tritt grundsätzlich unabhängig davon ein, ob der Schuldner zur Erbringung der Leistung in   25

---

[115] HM, vgl. BGH Urt. v. 5.5.1971 – VIII ZR 59/70, WM 1971, 1020 (1021); MüKoBGB/*Ernst* BGB § 286 Rn. 29.
[116] BeckOK HGB/*Lehmann-Richter* Rn. 12; MüKoHGB/*K. Schmidt* Rn. 14; KKRD/*Roth* Rn. 3.
[117] *Larenz* SchuldR AT § 23 I c (S. 351).
[118] MüKoHGB/*K. Schmidt* Rn. 14.
[119] BGH Urt. v. 12.7.1963 – Ia ZR 134/63, NJW 1964, 100 (101 f.); Baumbach/Hopt/*Hopt* Rn. 1; Heymann/ *Horn* Rn. 5; KKRD/*Roth* Rn. 3; Schlegelberger/*Hefermehl* Rn. 6.
[120] Staudinger/*Olzen*, 2016, BGB § 364 Rn. 51; MüKoBGB/*Fetzer* BGB § 364 Rn. 7a.
[121] Palandt/*Grüneberg* BGB § 364 Rn. 8.
[122] Vgl. zum Ganzen auch BGH Urt. v. 30.10.1985 – VIII ZR 251/84, BGHZ 96, 182 (193) = NJW 1986, 424 (426): Wechselhingabe als Stundung; anders Düringer/Hachenburg/*Werner* Anm. 4: aufschiebende Bedingung.
[123] Soergel/*Benicke/Hellwig* BGB § 280 Rn. 227.
[124] BeckOGK/*Riehm* BGB § 280 Rn. 311.
[125] Düringer/Hachenburg/*Werner* Anm. 4.
[126] OLG Düsseldorf Urt. v. 21.6.2011 – 21 U 119/10, NJW 2011, 2593.
[127] BGH Urt. v. 20.10.1988 – VII ZR 302/87, BGHZ 105, 290 (293) = NJW 1989, 836.
[128] BGH Urt. v. 19.6.1986 – VII ZR 221/85, WM 1986, 1388 = NJW-RR 1986, 1279.
[129] Palandt/*Grüneberg* BGB § 271 Rn. 7 mit weiteren Beispielen.
[130] *Peters* NJW 1977, 552 (554); *Bartmann* BauR 1977, 16 (21), der als „Zinsstichtag" jedoch gleichwohl den Zeitpunkt der Abnahme für maßgeblich hält.
[131] BGH Urt. v. 18.12.1980 – VII ZR 41/80, BGHZ 79, 176 (178 f.) = NJW 1981, 814; *Grimme* NJW 1987, 468 (470 f.) für die Werklohnforderung; MüKoBGB/*Krüger* BGB § 271 Rn. 19; BeckOK HGB/*Lehmann-Richter* Rn. 13; Palandt/*Grüneberg* BGB § 271 Rn. 7; Oetker/*Pamp* Rn. 9; wohl auch GK-HGB/*Schmidt* Rn. 5 sowie Heymann/ *Horn* Rn. 4 und Staub/*Canaris*, 4. Aufl. 2001, Rn. 15.
[132] So auch KKRD/*Roth* Rn. 3; Oetker/*Pamp* Rn. 9.

der Lage ist.[133] Es läge auch nicht im Interesse des Schuldners, wenn der Fälligkeitseintritt grundsätzlich den Zugang einer im Einzelfall zu erteilenden Rechnung voraussetzen würde. Nach § 199 Abs. 1 BGB beginnt nämlich die (regelmäßige) Verjährung mit Ablauf des Jahres, in dem der Anspruch entstanden ist. Entstanden ist ein Anspruch dann, wenn er erstmals geltend gemacht werden kann.[134] Und aus § 271 Abs. 1 BGB folgt, dass der Anspruch erstmals geltend gemacht werden kann, wenn er fällig ist (→ Rn. 13).[135] Wäre die Rechnungserteilung bei Unkenntnis des Schuldners von der Höhe der gegen ihn gerichteten Forderung stets Fälligkeitsvoraussetzung, hätte es der Gläubiger somit in der Hand, den Verjährungsbeginn durch Nichtstellung der Rechnung hinauszuzögern.

25a   Auch wenn die Rechnungserteilung sonach keine Voraussetzung für die Fälligkeit der Forderung ist, darf jedoch die Tatsache nicht unberücksichtigt bleiben, dass dem Schuldner eine rechtzeitige Leistung mangels Bezifferung der Forderung **durch den Gläubiger** gar nicht möglich ist. Daher geht die **hM** in den Fällen, in denen der Schuldner wegen Unkenntnis über die Höhe des geschuldeten Betrages die Leistung noch nicht erbringen kann, richtigerweise von einer aus der Verkehrssitte (§ 157 BGB) bzw. einem entsprechenden Handelsbrauch (§ 346) folgenden **stillschweigenden Abbedingung des Zinsanspruchs** aus § 353 S. 1 für den Zeitraum **vor** dem **Zugang der Rechnung** aus.[136] Ebenso wenig wie im Falle des Annahmeverzuges (→ Rn. 28) dürfen dem Gläubiger nämlich aus seiner mangelnden Mitwirkung an der rechtzeitigen Erfüllung keine Zinsvorteile erwachsen. Entscheidend für die Aussetzung des Zinslaufs im Zeitraum zwischen der Fälligkeit und der Bezifferung der Forderung durch den Gläubiger spricht somit der **Rechtsgedanke des § 301 BGB**.[137] Etwas anderes gilt nur, wenn nach Abrede der Parteien keine Rechnungserteilung erfolgen soll.[138]

26   **hh) Wahlschuld (§ 262 BGB).** Hat der Gläubiger bei einer **Wahlschuld** nach § 262 BGB die Möglichkeit, sich für eine Geldleistung oder eine andere Leistung zu entscheiden, und wählt er die Geldleistung, so folgt aus **§ 263 Abs. 2 BGB,** dass diese Leistung als „von Anfang an" geschuldet anzusehen ist. Daher besteht in derartigen Fällen idR[139] auch der Anspruch auf Fälligkeitszinsen nach § 353 S. 1 nicht erst ab dem Zeitpunkt der Ausübung des Wahlrechts, sondern **rückwirkend ab dem Zeitpunkt der Fälligkeit** der Wahlschuld.[140]

27   **4. Rechtsfolge: Zinsanspruch.** Liegen die genannten Voraussetzungen von § 353 S. 1 vor, hat der Gläubiger **kraft Gesetzes** Anspruch auf die Verzinsung der Geldforderung **ab Fälligkeit.**

27a   **a) Zinsbeginn.** Aus dem Wortlaut von § 353 S. 1 („vom Tage der Fälligkeit an") scheint dabei zu folgen, dass der Tag, an dem eine Forderung fällig wird, in den Zinslauf mit einzurechnen ist.[141] Danach wäre der **Zinsbeginn** iRv § 353 S. 1 anders zu beurteilen als bei den gesetzlichen Zinsansprüchen des BGB, auf die gemein hin die **§§ 186 ff. BGB analog** angewendet werden;[142] so sind zB Verzugs- (§ 288 Abs. 1 bzw. 2 BGB) oder Rechtshängigkeitszinsen (§ 291 BGB) nach ganz hM analog § 187 Abs. 1 BGB erst ab Beginn desjenigen Tages zu entrichten, der auf den Eintritt der Rechtshängigkeit bzw. des Verzugseintritts folgt.[143] Für eine derartige Ungleichbehandlung der Fälligkeitszinsen auf der einen und der Verzugs- und Rechtshängigkeitszinsen auf der anderen Seite spricht va der unterschiedliche **Wortlaut** der betreffenden Vorschriften. Indes ist zu beachten, dass § 353 S. 1 textlich kaum verändert die Regelung von Art. 289 ADHGB aus dem Jahr 1869 übernommen hat[144] und somit vom Wortlaut her nicht zwangsläufig mit der Regelung in §§ 186 ff. BGB harmonisiert; so ordnete damals zB auch Art. 288 ADHGB, die Vorgängervorschrift von § 288 BGB,[145] im Falle des Verzugs eine Verzinsungspflicht „vom Tage der Mahnung an" an – und nicht wie heutzutage gem. §§ 288, 187 Abs. 1 BGB analog ab dem Tag danach. Dies spricht dafür, dem von §§ 288, 291 BGB abweichenden Wortlaut des § 353 S. 1 keine allzu große Bedeutung beizumessen.

---

[133] AA wohl BGH Beschl. v. 19.12.1990 – VIII ARZ 5/90, BGHZ 113, 188 = NJW 1991, 836.

[134] Vgl. BGH Urt. v. 18.12.1980 – VII ZR 41/80, BGHZ 79, 176 (177 f.) = NJW 1981, 814; Palandt/*Grüneberg* BGB § 199 Rn. 3.

[135] BGH Urt. v. 23.1.2001 – X ZR 247/98, ZIP 2001, 611 (613).

[136] *Grimme* NJW 1987, 468 (471) mwN in Fn. 38; GK-HGB/*Schmidt* Rn. 5; Heymann/*Horn* Rn. 4; KKRD/*Roth* Rn. 3; nur im Ergebnis auch Staub/*Canaris,* 4. Aufl. 2001, Rn. 15 („teleologische Reduktion" statt konkludente Abbedingung); BeckOGK/*Beurskens* Rn. 26.

[137] Wie hier iErg auch Heymann/*Horn* Rn. 4; Oetker/*Pamp* Rn. 9.

[138] Staub/*Canaris,* 4. Aufl. 2001, Rn. 15.

[139] Etwas anderes gilt, wenn die Parteien dies – ggf. konkludent (KKRD/*Roth* Rn. 3) – abbedungen haben, MüKoHGB/*K. Schmidt* Rn. 12.

[140] OLG München Urt. v. 2.7.1997 – 7 U 3100/97, BB 1997, 1658; KKRD/*Roth* Rn. 3; Schlegelberger/*Hefermehl* Rn. 6; Oetker/*Pamp* Rn. 7; BeckOK HGB/*Lehmann-Richter* Rn. 11.

[141] So zB – allerdings ohne Diskussion – OLG Hamburg Urt. v. 23.1.2013 – 13 U 198/10, BeckRS 2014, 17529 Rn. 136.

[142] BGH Urt. v. 24.1.1990 – VIII ZR 296/88, NJW-RR 1990, 518 (519); MüKoBGB/*Grothe* BGB § 186 Rn. 1; Staudinger/*Repgen,* 2014, BGB § 187 Rn. 6 mwN.

[143] BGH Urt. v. 24.1.1990 – VIII ZR 296/88, NJW-RR 1990, 518 (519); BeckOGK/*Fervers* BGB § 187 Rn. 39; Palandt/*Ellenberger* BGB § 187 Rn. 1.

[144] *Schubert*/*Schmiedel*/*Krampe* 180 f.; *Kindler,* Gesetzliche Zinsansprüche im Zivil- und Handelsrecht, 1996, 11.

[145] *Kindler,* Gesetzliche Zinsansprüche im Zivil- und Handelsrecht, 1996, 41 ff.

Dabei gilt es auch zu beachten, dass die Regelung in § 187 Abs. 1 BGB, wonach der Zeitraum vor dem Ende des Tages, in den ein fristauslösendes Ereignis fällt, bei der (Frist-)Berechnung grds. außer Betracht bleibt, einen über das Bürgerliche Recht weit hinausreichenden **allgemeinen Rechtsgedanken** verkörpert.[146] Auch das RG hat diesen mehrfach in Bezug auf Regelungen angewendet, die aus der Zeit vor Inkrafttreten des BGB zum 1.1.1900 stammen, „mochte auch nach dem Wortlaute des Gesetzes die Frist beginnen „von dem Tage" oder „mit dem Tage", an dem dies Ereignis stattfand".[147],[148] Vor diesem Hintergrund ist iRv § 353 S. 1 zu **differenzieren:**[149] **(1.)** Löst ein bestimmtes **Ereignis** die Fälligkeit aus, etwa der Zugang einer Rechnung oder einer Vertragserklärung etc, findet insoweit **§ 187 Abs. 1 BGB analoge** Anwendung und beginnt die Verzinsungspflicht erst an dem auf das jeweilige Ereignis folgenden Tag zu laufen. **(2.)** Das Gleiche – nämlich **Verzinsung ab dem darauffolgenden Tag** – gilt, wenn die Fälligkeit zu einem bestimmten Stichtag, etwa einem Bilanzstichtag,[150] oder mit dem Ablauf eines bestimmten Zeitraums (zB eines Geschäftsjahres oder eines Vertragsverhältnisses[151]) eintritt. **(3.)** Tritt die Fälligkeit hingegen kraft Vereinbarung der Parteien oder Gesetzes zu **Beginn** eines Tages ein, so ist die entsprechende Forderung analog **§ 187 Abs. 2 S. 1 BGB** bereits ab diesem Tag zu verzinsen.

b) Zinshöhe. Für die **Höhe** der Zinsen ist in erster Linie eine zwischen Gläubiger und Schuldner **27b** getroffene Vereinbarung maßgeblich. Fehlt eine solche, gilt nach **§ 352 Abs. 2** der gesetzliche Zinssatz iHv **5 %** für das Jahr. Da § 353 S. 1 dispositiv ist,[152] kann sich ein früherer Beginn des Zinslaufs im Einzelfall aus einer entsprechenden vertraglichen Regelung ergeben.[153] Die **Fälligkeit** der Zinsforderung beurteilt sich nach § 271 Abs. 1 BGB (→ Rn. 14 ff.).[154]

5. Beendigung des Zinslaufs; Verjährung. Die Zinspflicht endet naturgemäß zum einen dann, **28** wenn die **Hauptschuld erlischt.**[155] Entscheidend ist der Tag des Geldeingangs beim Gläubiger (zB der Gutschrift auf dem Gläubigerkonto) und nicht etwa bereits derjenige der Vornahme der Erfüllungshandlung durch den Schuldner,[156] wobei die Pflicht zur Verzinsung erst mit dem Ablauf des entsprechenden Tages erlischt.[157] Rückständige Zinsen sind hiervon nicht erfasst und naturgemäß weiterhin geschuldet.[158] Zum anderen entfällt die Zinspflicht gem. **§ 301 BGB** für den Zeitraum, in dem sich der Gläubiger in **Annahmeverzug** befindet; auch hier endet die Zinspflicht jedoch erst mit Ablauf des Tages, an dem der Gläubigerverzug eintritt. Wann dies der Fall ist, bestimmt sich nach Maßgabe der §§ 293 ff. BGB. War eine Holschuld vereinbart, gelangt der Gläubiger mithin grundsätzlich nur dann in Annahmeverzug, wenn der Schuldner ihm die Zahlung tatsächlich (§ 294 BGB) oder wörtlich angeboten bzw. ihn zur Leistung aufgefordert hat, § 295 BGB.[159] Etwas anderes gilt dann, wenn die Leistungszeit kalendermäßig bestimmt war: In diesen Fällen ist nach § 296 BGB kein Angebot seitens des Schuldners erforderlich. Der Gläubiger gerät dann allein durch die Nichtabholung in Annahmeverzug.[160]

Rückständige Zinsen verjähren grds. unabhängig von dem jeweiligen Hauptanspruch innerhalb der **28a** **regelmäßigen Verjährungsfristen** der §§ 194 ff. BGB, dh insbesondere nach §§ 195, 197 Abs. 2, 199 BGB.[161] Zusätzlich ist jedoch **§ 217 BGB** zu beachten, wonach Ansprüche auf von dem Hauptanspruch abhängende Nebenleistungen – worunter ua auch Fälligkeitszinsen fallen – **spätestens mit dem Hauptanspruch** verjähren.[162]

---

[146] MüKoBGB/*Grothe* BGB § 187 Rn. 3 mwN.

[147] RG Urt. v. 19.12.1906 – Rep. I 232/06, RGZ 65, 24 (25) mwN.

[148] MüKoBGB/*Grothe* BGB § 187 Rn. 3.

[149] AA wohl BeckOK HGB/*Lehmann-Richter* Rn. 14: „ab dem ersten Tag der Fälligkeit einen Anspruch auf Zinsen".

[150] BGH Urt. v. 11.10.1999 – II ZR 120/98, BGHZ 142, 382 = NJW 2000, 210 (211); BGH Urt. v. 16.6.2015 – II ZR 384/13, BGHZ 204, = NJW-RR 2015, 1175 Rn. 24; OLG München Urt. v. 20.11.2013 – 7 U 5025/11, ZIP 2014, 1067 („Zinsbeginn wäre mithin für den Verlustausgleichsanspruch des Jahres 1999 nach dem Tag der Fälligkeit, d. h. ab dem 1.1.2000 eingetreten").

[151] Vgl. BGH Urt. v. 5.6.1996 – VIII ZR 7/95, NJW 1996, 2302 (2303) (zu § 89b Abs. 1); aA wohl OLG Hamburg Urt. v. 23.1.2013 – 13 U 198/10, BeckRS 2014, 17529 Rn. 136

[152] Oetker/*Pamp* Rn. 12; MüKoHGB/*K. Schmidt* Rn. 16; KKRM/*Roth* Rn. 4.

[153] Vgl. Schlegelberger/*Hefermehl* Rn. 8.

[154] MüKoHGB/*K. Schmidt* Rn. 15.

[155] BGH Urt. v. 1.10.1999 – V ZR 112/98, NJW 2000, 71 (72); Oetker/*Pamp* Rn. 13.

[156] EuGH Urt. v. 3.4.2008 – C-306/06, Slg. 2008, I-1923 = NJW 2008, 1935; dazu *Gsell* GPR 2008, 165 ff.; BeckOK HGB/*Lehmann-Richter* Rn. 14.

[157] Vgl. zu § 288 BGB BeckOGK/*Dornis* BGB § 288 Rn. 51; MüKoBGB/*Ernst* BGB § 288 Rn. 19; Palandt/*Grüneberg* BGB § 288 Rn. 5.

[158] Düringer/Hachenburg/*Werner* Vor §§ 352, 353 Anm. 15; Oetker/*Pamp* Rn. 13.

[159] Düringer/Hachenburg/*Werner* Anm. 4; GK-HGB/*Schmidt* Rn. 6.

[160] Düringer/Hachenburg/*Werner* Anm. 4.

[161] BGH Urt. v. 16.6.2015 – II ZR 384/13, NJW-RR 2015, 1175 Rn. 29; dazu näher auch *Ricken* NJW 1999, 1146.

[162] BGH Urt. v. 16.6.2015 – II ZR 384/13, NJW-RR 2015, 1175 Rn. 29.

29   **6. Konkurrenzen.** § 353 S. 1 gibt für Geldforderungen aus beiderseitigen Handelsgeschäften bloß den spätesten Zeitpunkt für den Beginn der Verzinsung an. Unterliegt eine solche Forderung kraft rechtsgeschäftlicher oder gesetzlicher Bestimmung einer **früheren Verzinsung,** so ist **diese maß- geblich.**[163] Bedeutung hat dies namentlich in den Fällen des § 354 Abs. 2 sowie für Zinsen auf Aufwendungsersatzansprüche (§ 256 BGB [→ § 352 Rn. 17]; §§ 110 Abs. 2, 354 Abs. 2 HGB), Rücktrittszinsen (§ 347 Abs. 1 S. 1 BGB; → § 352 Rn. 21) und Verwendungszinsen (§ 668 BGB, insbes. auch iVm §§ 27 Abs. 3, 86 S. 1, 675, 681 S. 2, 698, 713 BGB [dazu jeweils → § 352 Rn. 24]; § 111 Abs. 1 HGB).[164] Da **Nutzungszinsen** nach § 641 Abs. 4 BGB die Fälligkeit der Geldforderung voraussetzen,[165] stehen sie bei beiderseitigen Handelsgeschäften in **echter Anspruchskonkurrenz** zu § 353 S. 1. Eine Verzinsung unter beiden Gesichtspunkten – und damit eine Kumulation derartiger gesetzlicher Zinsansprüche – ist somit ausgeschlossen. Das Gleiche gilt für das Verhältnis zur Verzugs- (§§ 288 Abs. 1 und 2 BGB) und Rechtshängigkeitsverzinsung (291 S. 1 BGB);[166] individualvertraglich kann jedoch ggf. eine Kumulation zB von Fälligkeits- und Verzugsverzinsung vereinbart werden.[167] In **prozessrechtlicher Hinsicht** ist ein Zinsbegehren regelmäßig als **einheitlicher Streitgegenstand** (und nicht etwa als aliud) anzusehen, gleichgültig, ob es auf die Gewährung von Rechtshängigkeits- zinsen, Verzugszinsen oder Fälligkeitszinsen bzw. sogar Herausgabe ersparter Zinsen als Nutzungen gerichtet ist.[168] Daher ist ein Gericht zB nicht gem. § 308 Abs. 1 S. 2 ZPO daran gehindert, einem Kläger iRd Antrags Fälligkeitszinsen zuzusprechen, wenn er fälschlicherweise Verzugs- oder Rechts- hängigkeitszinsen verlangt (und andersherum).[169]

II. Verbot von Zinseszinsen (Satz 2)

30   **1. Hintergrund und Reichweite.** Im Gegensatz zum gemeinen Recht kennt das allgemeine Bürgerliche Recht **kein grundsätzliches Verbot von Zinseszinsen.** Eine *vertragliche* Zinseszinsabrede ist nach **§ 248 Abs. 1 BGB** lediglich dann nichtig, wenn sie *im Voraus* getroffen wurde. Des Weiteren kann aus den Vorschriften des § 289 S. 1 (hinsichtlich Verzugszinsen) und § 291 S. 2 BGB (hinsichtlich Prozesszinsen) der Grundsatz entnommen werden, dass nach Bürgerlichem Recht kein *gesetzlicher* Anspruch auf Zinseszinsen besteht. Umstritten ist, ob dieser Grundsatz im Hinblick auf § 289 S. 2 BGB dahingehend einzuschränken ist, dass ein **Anspruch auf Zinseszinsen als Schadensersatz** in Betracht kommt. Die **hM** bejaht dies.[170] Der Gläubiger kann demnach gem. §§ 280 Abs. 1 und 2, 286, 288 Abs. 4, 289 S. 2 BGB Zinsen von Verzugszinsen als Schadensersatz verlangen, **sofern** er den Schuldner gerade für die rückständigen Verzugszinsbeträge wirksam **in Verzug gesetzt** hat. Nach **aA** ist dagegen § 289 S. 1 BGB ein generelles Verbot *gesetzlicher* Zinseszinsen zu entnehmen.[171] Die gläubigerfreundli- che Ausnahmeregelung des § 289 S. 2 BGB gelte nur für *vertraglich* vereinbarte Zinsen.[172]

31   Der **hM** ist beizutreten. Schon dem Wortlaut des § 289 S. 2 BGB ist nicht zu entnehmen, dass die Vorschrift – anders als § 289 S. 1 BGB – *vertragliche* Zinsansprüche meint.[173] Des Weiteren ist zu bedenken, dass das Verbot der *Vereinbarung* von Zinseszinsen in § 248 Abs. 1 BGB und die für den Bereich des Bürgerlichen Rechts geltenden Ausnahmen in § 248 Abs. 2 BGB normiert sind. Eine die Zulässigkeit von *vertraglichen* Zinseszinsansprüchen betreffende Vorschrift wäre mithin eher im Zusam- menhang mit § 248 Abs. 2 BGB als im Zusammenhang mit § 289 BGB zu verorten. Schließlich spricht auch die Entstehungsgeschichte gegen eine derartige Auslegung des § 289 S. 2 BGB: Die Vorschrift sollte nämlich sicherstellen, dass der Grundsatz des gesetzlichen Zinseszinsverbots nicht das allgemeine Prinzip durchbrach, nach dem der Gläubiger die Erstattung aller ihm durch den Verzug des Schuldners nachweislich entstandener Schäden verlangen kann.[174] Dieses Ergebnis wird im Umkehr-

---

[163] RG Urt. v. 3.8.1938 – II 203/37, JW 1938, 3047 (3048); Schlegelberger/*Hefermehl* Rn. 8; KKRD/*Roth* Rn. 4.

[164] Vgl. *Kindler,* Gesetzliche Zinsansprüche im Zivil- und Handelsrecht, 1996, 191; → § 352 Rn. 23.

[165] HM, vgl. MüKoBGB/*Busche* BGB § 641 Rn. 39.

[166] *Fischer* ZfPW 2018, 205 (218); OLG Düsseldorf Urt. v. 2.11.2005 – I-15 U 23/05, BeckRS 2005, 30364633; aA (alternative Konkurrenz) *Kindler* → 3. Aufl. 2015, Rn. 29; KKRD/*Roth* Rn. 4; *Becker* NJW 1996, 645 (646) (Anspruchsgrundlagenkonkurrenz); OLG Düsseldorf Urt. v. 2.11.2005 – I-15 U 23/05, BeckRS 2005, 30364633.

[167] *Fischer* ZfPW 2018, 205 (219 ff.).

[168] OLG Köln Urt. v. 17.2.2017 – 19 U 101/16, BeckRS 2017, 131528 Rn. 25.

[169] OLG Köln Urt. v. 17.2.2017 – 19 U 101/16, BeckRS 2017, 131528 Rn. 24 f.

[170] BGH Urt. v. 9.2.1993 – XI ZR 88/92, NJW 1993, 1260; *Reifner* AcP 214 (2014), 695 (733) („soweit der Schuldner die Zinsen rechtzeitig hätte zahlen können und es sich nachweislich um einen entgangenen Gewinn des Gläubigers handelt"); MüKoBGB/*Grundmann* BGB § 248 Rn. 14; Palandt/*Grüneberg* BGB § 289 Rn. 2; BeckOK HGB/*Lehmann-Richter* Rn. 15; Röhricht/Graf v. Westphalen/Haas/*Wagner* Rn. 9 f.; Schlegelberger/*Hefermehl* Rn. 11; Düringer/Hachenburg/*Werner* Anm. 7.

[171] Staub/*Canaris*, 3. Aufl. 1978, Anm. 4 ohne Begründung; *Reifner* NJW 1992, 337 (342 f.).

[172] *Reifner* NJW 1992, 337 (342 f.).

[173] BGH Urt. v. 9.2.1993 – XI ZR 88/92, NJW 1993, 1260; BGH Urt. v. 20.5.2003 – XI ZR 235/02, NJW-RR 2003, 1351 (1352); MüKoBGB/*Grundmann* BGB § 248 Rn. 14; dagegen etwa Staudinger/*Omlor*, 2016, BGB § 248 Rn. 7.

[174] *Mugdan* II 35.

schluss bestätigt durch die Regelung des **§ 497 Abs. 2 S. 2 BGB,** nach der ein Anspruch auf Zinseszinsen als Schadensersatz beim Verbraucherdarlehensvertrag nur bis zur Höhe des gesetzlichen Zinssatzes gefordert werden kann. Diese Einschränkung verfolgt nach der Absicht des Gesetzgebers den Zweck, für den Bereich des Verbraucherkredits von dem erwähnten allgemeinen schadensrechtlichen Prinzip der Totalreparation abzuweichen, um im Fall des Schuldnerverzuges ein rasches Anwachsen der Schulden durch Zinseszinseffekte zu verhindern.[175] Eine derartige Einschränkung wäre aber gar nicht erforderlich gewesen, wenn sich § 289 S. 2 BGB ohnehin nur auf vertragliche Zinsansprüche bezöge.

2. Kein gesetzlicher Anspruch auf Zinseszinsen (Satz 2). Durch § 353 S. 2 wird lediglich 32
klargestellt[176], dass der für das Bürgerliche Recht bestehende Grundsatz, keinen *gesetzlichen* Anspruch auf Zinseszinsen zu gewähren (§§ 289 S. 1, 291 S. 2 BGB), **auch im Handelsverkehr Geltung** beansprucht, und zwar auch für aufgelaufene Fälligkeitszinsen. Die gesetzliche Verzinsungspflicht nach § 353 S. 1 besteht sonach nur für die Kapitalschuld selbst, nicht für rückständige Zinsen.[177]

3. Vertragliche Vereinbarung von Zinseszinsen (§ 248 BGB). Für vertragliche Zinseszins- 33
abreden hingegen gilt auch im Handelsverkehr § 248 BGB. Die Vorausvereinbarung von Zinseszinsen ist mithin auch im kaufmännischen Verkehr grundsätzlich **unwirksam.** Die Unwirksamkeit folgt dabei unmittelbar aus **§ 248 Abs. 1 BGB;** eines Rückgriffs auf § 134 BGB bedarf es insoweit nicht.[178]

a) Vereinbarung im Voraus. Unzulässig sind nach § 248 Abs. 1 BGB **nur im Voraus** getroffene 34
Zinseszinsvereinbarungen. Der Begriff „im Voraus" bezieht sich dabei spätestens auf den Eintritt der Fälligkeit;[179] nach verbreiteter Ansicht genügt jedoch auch, wenn die Zinsschuld zwar noch nicht fällig, jedoch bereits *zahlenmäßig beziffert ist*.[180] Entsprechend ist die Vereinbarung einer Verzinsungspflicht für rückständige Zinsen wirksam, wenn sie entweder **nach Fälligkeit** vereinbart wird, oder nachdem die Zinsschuld durch **summenmäßige Bezifferung** in die verzinsliche Hauptschuld integriert wurde.[181]

b) Erfasste Abreden. Das Verbot des § 248 Abs. 1 BGB betrifft nur Abreden, durch die *Zinsen von* 35
Zinsen vereinbart werden (sog. **Anatozismus**). Damit wird in zweifacher Hinsicht an den Zinsbegriff angeknüpft. Zum einen muss die Verpflichtung zur *Zahlung* von Zinsen vereinbart werden. Zum anderen muss sich diese Zinspflicht *auf Zinsen* beziehen. Zum Zinsbegriff vgl. die Darstellung bei § 352 (→ Rn. 64 ff.).

In der Verzinsung der gesamten Summe bei einbehaltenem **Disagio** liegt keine Zinseszinsverein- 36
barung.[182] Obwohl **Erbbauzinsen** unstreitig keine Zinsen im Rechtssinne sind (→ § 352 Rn. 67), soll nach **hM** jedoch für *dingliche* Erbbauzinsen das Zinseszinsverbot des § 289 S. 1 BGB gelten.[183] Dies ergebe sich aus dem Umstand, dass nach § 9 Abs. 1 ErbbauRG auf dingliche Erbbauzinsen die Vorschriften über Reallasten – und damit auch § 1107 BGB – anwendbar sind, wonach auf die einzelnen Leistungen aus einer Reallast die für Hypothekenzinsen geltenden Vorschriften entsprechende Anwendung finden. Zu diesen Vorschriften zähle auch § 289 S. 1 BGB. Folgt man dieser Argumentation, müsste dementsprechend auch das Zinseszinsverbot aus § 248 Abs. 1 BGB auf Erbbauzinsen Anwendung finden. Nach **aA** soll hingegen mit der Verweisung des § 9 Abs. 1 ErbbauRG auf § 1107 BGB lediglich sichergestellt werden, dass das Grundstück für den Erbbauzins in gleicher Weise wie für Hypotheken haftet. Für diese Gleichstellung sei eine Anwendung des § 289 S. 1 BGB nicht erforderlich. Daher gelte diese Vorschrift entgegen der herrschenden Ansicht nicht für Erbbauzinsen. Entsprechendes müsse für das Zinseszinsverbot aus § 248 Abs. 1 BGB gelten.[184] Diese letztgenannte Auffassung verdient **Zustimmung.** Es erscheint nämlich widersprüchlich, wollte man die unstreitig *nicht* als Zinsen zu klassifizierenden Erbbauzinsen den ebenfalls unstreitig als Zinsen im Rechtssinne zu beurteilenden Hypothekenzinsen völlig gleichstellen. Eine solche Gleichstellung ist auch nicht zwingend durch § 1107 BGB geboten, da die Vorschrift die Bestimmungen über Hypothekenzinsen lediglich für *entsprechend* anwendbar erklärt. Damit sollte nur sichergestellt werden, dass das belastete

---

[175] BT-Drs. 11/5462, 14 und 26 (zur Vorläuferbestimmung in § 11 Abs. 2 S. 2 VerbrKrG).
[176] S. jedoch Staub/*Canaris,* 4. Aufl. 2001, Rn. 18 („keineswegs nur klarstellende Wirkung").
[177] Baumbach/Hopt/*Hopt* Rn. 3; MüKoHGB/*K. Schmidt* Rn. 18; Oetker/*Pamp* Rn. 15; Schlegelberger/*Hefermehl* Rn. 11.
[178] *K. Schmidt* JZ 1981, 126 (127); Staudinger/*Omlor,* 2016, BGB § 248 Rn. 22.
[179] MüKoBGB/*Grundmann* BGB § 248 Rn. 4; Heymann/*Horn* § 352 Rn. 18; Schlegelberger/*Hefermehl* Rn. 9; Palandt/*Grüneberg* BGB § 248 Rn. 2.
[180] *K. Schmidt* JZ 1982, 829 (831); Staudinger/*Omlor,* 2016, BGB § 248 Rn. 6; MüKoBGB/*Grundmann* BGB § 248 Rn. 3; aA *Bezzenberger* WM 2002, 1617 (1621 f.); BeckOGK/*Coen* BGB § 248 Rn. 18.
[181] Staudinger/*Omlor,* 2016, BGB § 248 Rn. 6; MüKoBGB/*Grundmann* BGB § 248 Rn. 4.
[182] BGH Urt. v. 9.11.1999 – XI ZR 311/98 NJW 2000, 352; diff. *Reifner* AcP 214 (2014), 695 (734).
[183] BGH Urt. v. 27.10.1969 – III ZR 135/66, NJW 1970, 243; BGH Urt. v. 13.1.1978 – V ZR 72/75, NJW 1978, 1261; BGH Urt. v. 24.1.1992 – V ZR 267/90, NJW-RR 1992, 591 (592); BeckOK BGB/*Lorenz* BGB § 289 Rn. 3; BeckOGK/*Dornis* BGB § 289 Rn. 3; Staudinger/*Feldmann,* 2019, BGB § 289 Rn. 3.
[184] *Bringezu* NJW 1971, 1168 (1169); *K. Schmidt* JZ 1982, 829 (832).

Grundstück für rückständige Leistungen im gleichen Maße haftet wie für rückständige Hypotheken-zinsen (vgl. § 1051 BGB–E I, dem „Vorläufer" des § 1107 BGB).[185] Eine Anwendung der Regeln des BGB über Zinseszinsen ist für diese Gleichstellung indes gerade nicht erforderlich.

37　　**c) Ausnahmen. aa) § 248 Abs. 2 S. 1 BGB.** Nach § 248 Abs. 2 **S. 1** BGB können Sparkassen, Kreditanstalten und Inhaber von Bankgeschäften entgegen dem Verbot des § 248 Abs. 1 BGB auch *im Voraus* vereinbaren, dass nicht erhobene **Zinsen von Einlagen als neue verzinsliche Einlagen** gelten sollen. Diese Regelung bezweckt allein eine Besserstellung des Gläubigers von Einlagen. Sie ist daher nur anwendbar, wenn die Kreditinstitute *Schuldner* des Zinseszinsanspruchs sind.[186] Die Frage, ob ein Unternehmen zu den in § 248 Abs. 2 S. 1 BGB genannten Kreditinstituten gehört, beurteilt sich nach Maßgabe der **§§ 1, 39, 40 KWG,** allerdings unabhängig von einer formellen Zulassung.[187] Zu den Sparkassen iSd KWG ist daher auch eine sog. Werkssparkasse zu rechnen, bei der die Anleger überwiegend Betriebsangehörige des Unternehmens sind.[188]

38　　**bb) § 248 Abs. 2 S. 2 BGB.** § 248 Abs. 2 **S. 2** BGB nimmt vom Verbot des § 248 Abs. 1 BGB des Weiteren *im Voraus* getroffene Vereinbarungen über Zinseszinsen für solche Darlehen aus, die durch hierzu berechtigte[189] **Kreditanstalten** gegen Ausgabe verzinslicher **Inhaberschuldverschreibungen** (§ 793 BGB) gewährt wurden. Anders als bei der Regelung des § 248 Abs. 2 S. 1 BGB wird somit eine im Voraus getroffene Zinseszinsvereinbarung *zugunsten* von Kreditanstalten für zulässig erklärt.[190] Kreditanstalten im Sinne dieser Vorschrift sind insbesondere Hypothekenbanken, Schiffspfandbrief-banken und andere das Pfandgeschäft betreibende öffentlich-rechtliche Kreditanstalten.[191]

39　　**cc) Kontokorrent (§ 355 Abs. 1).** Schließlich bestimmt auch **§ 355 Abs. 1** eine Ausnahmerege-lung vom Zinseszinsverbot des § 248 Abs. 1 BGB.[192] Nach § 355 Abs. 1 aE ist im **Kontokorrent-verkehr** mit Kaufleuten derjenige, zu dessen Gunsten bei Rechnungsabschluss ein Überschuss besteht, vom Tag des Abschlusses an berechtigt, Zinsen für den Überschuss auch insoweit zu verlangen, als „in der Rechnung Zinsen enthalten sind". Beachtliche Stimmen halten § 355 sogar für über dessen Wortlaut hinaus („jemand mit einem Kaufmann […] in Geschäftsverbindung") grds. *auch* auf Konto-korrentabreden *zwischen Nichtkaufleuten* anwendbar,[193] nehmen hiervon jedoch zT wiederum die Befreiung vom Zinseszinsverbot aus.[194]

§ 354 [Provision; Lagergeld; Zinsen]

(1) **Wer in Ausübung seines Handelsgewerbes einem anderen Geschäfte besorgt oder Dienste leistet, kann dafür auch ohne Verabredung Provision und, wenn es sich um Auf-bewahrung handelt, Lagergeld nach den an dem Orte üblichen Sätzen fordern.**

(2) **Für Darlehen, Vorschüsse, Auslagen und andere Verwendungen kann er vom Tage der Leistung an Zinsen berechnen.**

Schrifttum: Vgl. die Nachw. zu § 352.

Übersicht

---

[185] *Mugdan* III S. 782 ff.; ebenso *K. Schmidt* JZ 1982, 829 (832) in Fn. 55.

[186] Staudinger/*Omlor*, 2016, BGB § 248 Rn. 16; BeckOGK/*Coen* BGB § 289 Rn. 24; MüKoBGB/*Grundmann* BGB § 248 Rn. 11; Düringer/Hachenburg/*Werner* Anm. 6.

[187] MüKoBGB/*Grundmann* BGB § 248 Rn. 11; Staudinger/*Omlor* BGB § 248 Rn. 14; Palandt/*Grüneberg* BGB § 248 Rn. 3.

[188] RG Urt. v. 12.1.1927 – I 175/26, RGZ 115, 393 (397).

[189] Hierzu näher MüKoBGB/*Grundmann* BGB § 248 Rn. 11; Düringer/Hachenburg/*Werner* Anm. 6.

[190] BeckOGK/*Coen* BGB § 248 Rn. 25; Düringer/Hachenburg/*Werner* Anm. 6; Schlegelberger/*Hefermehl* Rn. 10.

[191] Staudinger/*Omlor*, 2016, BGB § 248 Rn. 17 verweist insbesondere auf „Pfandbriefbanken iSv § 1 Abs 1 S 2 Nr 1a KWG, § 1 Abs 1 PfandBG"; Düringer/Hachenburg/*Werner* Anm. 6, Schlegelberger/*Hefermehl* Rn. 10.

[192] Heymann/*Horn* § 355 Rn. 7; Schlegelberger/*Hefermehl* § 355 Rn. 9; MüKoBGB/*Grundmann* BGB § 248 Rn. 12 f.; Staudinger/*Omlor*, 2016, BGB § 248 Rn. 18 ff.

[193] So etwa BeckOK BGB/*Grothe* BGB § 248 Rn. 6; abl. Staudinger/*Omlor*, 2016, BGB § 248 Rn. 21; Beck-OGK/*Coen* BGB § 248 Rn. 22.

[194] RG Urt. v. 17.2.1919 – VI 286/18, RGZ 95, 18 (19); gegen eine Rückausnahme MüKoBGB/*Grundmann* BGB § 248 Rn. 13; diff. *K. Schmidt* HandelsR § 21 Rn. 10 f.

I. Vergütungsanspruch (Abs. 1)

1. Normzweck. Nach **§ 354 Abs. 1** gibt grundsätzlich **jede in Ausübung des Handelsgewer-** **1** **bes vorgenommene Geschäftsbesorgung oder Dienstleistung** dem Kaufmann einen Anspruch auf **Vergütung.** Dies stellt eine Erweiterung gegenüber den im Bürgerlichen Recht beim Dienst-, Werk-, Makler- oder Verwahrungsvertrag geltenden Regelungen dar. Dort wird bei Fehlen einer (ausdrücklichen oder nachweisbaren konkludenten[1]) Vergütungsvereinbarung gem. §§ 612 Abs. 1, 632 Abs. 1, 653 Abs. 1 BGB bzw. § 689 BGB eine stillschweigende Vergütungsvereinbarung fingiert[2] bzw. vermutet[3], wenn die in Rede stehende Leistung „den Umständen nach" nur gegen Entgelt zu erwarten ist.[4] Diese Vorschriften setzen dabei jeweils einen (wirksamen) Vertrag voraus und dienen als Ergänzungsnormen lediglich der Ausfüllung von Vertragslücken sowie der Vermeidung eines von den Rechtsfolgen her unerwünschten Dissenses.[5] Im Gegensatz dazu erblickt die **hM** in § 354 Abs. 1 eine **gesetzliche Anspruchsgrundlage** (→ Rn. 2).[6] Anders als bei den genannten bürgerlich-rechtlichen Vorschriften ist Anknüpfungspunkt der Vergütungspflicht nach § 354 Abs. 1 zudem nicht die nach objektiven Kriterien zu erwartende Vergütungspflicht, sondern die **Zugehörigkeit der Tätigkeit des Kaufmanns zu seinem Unternehmen.**[7] Dem liegt der Gedanke zugrunde, dass jedermann weiß, dass ein Kaufmann sein Gewerbe in der Absicht regelmäßiger Gewinnerzielung betreibt und daher Handlungen für andere im Rahmen seines Gewerbebetriebs nicht ohne Gegenleistung erbringen will („Ein Kaufmann tut nichts umsonst"[8]).[9] Eine § 354 Abs. 1 entsprechende Regelung enthielten bereits §§ 698 Abs. 2 S. 8–701 ALR, die über den preußischen HGB-Entwurf von 1857 (Art. 227) in Art. 290 ADHGB übernommen wurden. Diese Bestimmung wiederum ist nahezu wortgleich mit dem heutigen § 354 Abs. 1.

2. Normcharakter. Dass es sich bei § 354 Abs. 1 um eine **eigenständige gesetzliche An-** **2** **spruchsgrundlage** handelt, hat namentlich die **Rspr.** seit jeher hervorgehoben.[10] Anlass zu dieser Feststellung bestand in den entschiedenen Fällen gerade deshalb, weil die Parteien keinen oder

---

[1] S. beispielhaft Staudinger/*Peters,* 2019, BGB § 632 Rn. 54.

[2] So die hM zu § 612 Abs. 1 BGB und § 632 Abs. 1 BGB, s. Staudinger/*Richardi/Fischinger,* 2016, BGB § 612 Rn. 5 ff. („atypische Fiktion") und MüKoBGB/*Busche* BGB § 632 Rn. 3, jeweils mwN.

[3] (Nur) bei § 653 BGB und § 689 BGB geht die hM jeweils vom Vorliegen einer gesetzlichen Vermutung aus, s. BeckOGK/*Meier* BGB § 653 Rn. 4 und BeckOK BGB/*Gehrlein* BGB § 689 Rn. 1, jeweils mwN.

[4] BGH Urt. v. 5.6.1997 – VII ZR 124/96, BGHZ 136, 33 = NJW 1997, 3017.

[5] BeckOGK/*Maties* BGB § 612 Rn. 2; MüKoBGB/Busche BGB § 632 Rn. 3.

[6] BGH Urt. v. 23.11.2016 – VIII ZR 269/15, NJW 2017, 1388 Rn. 11; BGH Urt. v. 7.7.2005 – III ZR 397/04, BGHZ 163, 332 (338) = NJW-RR 2005, 1572; BGH Urt. v. 28.1.1993 – I ZR 292/90, NJW-RR 1993, 802; RG Urt. v. 6.11.1928 – II 235/28, RGZ 122, 229 (232); BeckOK HGB/*Lehmann-Richter* Rn. 4; Oetker/*Pamp* Rn. 7; Schlegelberger/*Hefermehl* Rn. 1 und Überschrift vor Rn. 3; Röhricht/Graf v. Westphalen/Haas/*Wagner* Rn. 4; wohl auch Heymann/*Horn* Rn. 6: „Vergütungsanspruch nach § 354"; Baumbach/Hopt/*Hopt* Rn. 6: „§ 354 I, II gewähren Anspruch auf..."; Palandt/*Sprau* BGB § 652 Rn. 10; aA K. *Schmidt* HandelsR § 18 Rn. 46; *Canaris* HandelsR § 26 Rn. 6; MüKoHGB/*K. Schmidt* Rn. 1, 4; Staub/*Canaris,* 4. Aufl. 2001, Rn. 2; KKRM/*Roth* Rn. 1; Staudinger/*Arnold,* 2016, BGB § 653 Rn. 62 f.; zweifelnd MüKoBGB/*Roth* BGB § 652 Rn. 82.

[7] Schlegelberger/*Hefermehl* Rn. 1; Düringer/Hachenburg/*Werner* Anm. 2; Staub/*Canaris,* 4. Aufl. 2001, Rn. 1.

[8] Staub/*Canaris,* 4. Aufl. 2001, Rn. 1.

[9] BGH Urt. v. 24.9.2013 – XI ZR 204/12, NJW 2013, 3574 Rn. 25; BGH Urt. v. 28.1.1993 – I ZR 292/90, NJW-RR 1993, 802; RG Urt. v. 6.11.1928 – II 235/28, RGZ 122, 229 (232); *Hahn* ADHGB Art. 290 § 1.

[10] Vgl. zuletzt BGH Urt. v. 23.11.2016 – VIII ZR 269/15, NJW 2017, 1388 Rn. 11 mwN.

jedenfalls keinen wirksamen Vertrag über die vergütungspflichtige Leistung abgeschlossen hatten.[11] Nach dieser Ansicht ist die Vorschrift folglich grds. unabhängig vom Vorliegen eines Vertrages (oder auch sonstiger Rechtsverhältnisse wie zB einer berechtigten GoA) anwendbar.[12] Nach einer beachtlichen **Gegenmeinung** in der **Lit.** statuiert § 354 Abs. 1 dagegen – ähnlich den vorerwähnten Vorschriften des BGB – eine **bloße Auslegungsregel** zugunsten einer ausdrücklichen oder stillschweigenden Entgeltvereinbarung.[13] Danach setzt auch § 354 Abs. 1 grundsätzlich das Vorliegen eines wirksamen Vertrages voraus, wobei einige Stimmen der Vorschrift allerdings sogar eine *widerlegbare Vermutung* zugunsten des Abschlusses eines entgeltlichen Vertrages insgesamt entnehmen.[14] Darüber hinaus soll § 354 Abs. 1 auch nach dieser Ansicht im Rahmen bestimmter gesetzlicher Anspruchsgrundlagen, etwa aus einer berechtigten Geschäftsführung ohne Auftrag oder Bereicherungsrecht, gelten.[15]

2a Für die Ansicht der Literatur spricht va, dass die von der hM vertretene Einordnung von § 354 Abs. 1 als gesetzliche Anspruchsgrundlage zu einer rechtfertigungsbedürftigen **Privilegierung von Kaufleuten** führt.[16] Die damit verbundene Besserstellung wird indes einerseits dadurch relativiert, dass die Rechtsprechung über dessen Wortlaut hinaus einen Anspruch aus § 354 Abs. 1 nur dann gewährt, wenn ein Kaufmann sowohl im Interesse des etwaigen Schuldners (→ Rn. 10 ff.) als auch befugtermaßen (→ Rn. 16) tätig geworden ist.[17] Andererseits erbringen Kaufleute Handlungen für andere im Rahmen ihres Gewerbebetriebs erfahrungsgemäß viel seltener als Nichtkaufleute unentgeltlich (→ Rn. 1). Für die **vorzugswürdige Einordnung als eigenständige Anspruchsgrundlage** spricht zudem der **Wortlaut** der Vorschrift, wonach ein Vergütungsanspruch „auch ohne Verabredung" besteht.[18] Bestätigt wird dies durch einen Vergleich des § 354 Abs. 1 mit der **Systematik**[19] und dem Wortlaut der zuvor → Rn. 1 aufgeführten Vorschriften des Bürgerlichen Rechts, wo ausdrücklich eine Vergütungsvereinbarung lediglich fingiert bzw. vermutet wird.[20] Der Zahlungsanspruch folgt dort jeweils aus einer *anderen* Bestimmung (nämlich §§ 611 Abs. 1, 631 Abs. 1, 652 Abs. 1 BGB). Demgegenüber gibt § 354 Abs. 1 dem Kaufmann unmittelbar das Recht, die Vergütung zu „fordern", was im Lichte der Legaldefinition des Anspruchs in § 194 Abs. 1 BGB auf eine **Anspruchsgrundlage** hindeutet.

2b In der Sache beruht § 354 Abs. 1 – wie auch §§ 612 Abs. 1, 632 Abs. 1 und 653 Abs. 1, 689 BGB – auf der **Wertung,** dass die aus den entsprechenden Diensten gezogenen **Vorteile** im wirtschaftlichen Ergebnis dem Empfänger der Dienste nicht vollständig verbleiben sollen, sondern er den **Gegenwert an den Erbringer der Dienste** – ohne Rücksicht auf die in Ermangelung von § 354 Abs. 1 anwendbaren Bestimmungen des § 818 Abs. 2, 3 BGB – zu **erstatten** hat.[21] Dogmatisch ist § 354 Abs. 1 daher ebenso wie § 353 (→ § 353 Rn. 1) als **Bereicherungsanspruch** einzuordnen.[22] Gleichzeitig ist die Bestimmung aber auch **gesetzliches Leitbild bei der AGB-Kontrolle,**[23] zB auf dem Gebiet der **Bankentgelte.**[24]

---

[11] RG Urt. v. 6.11.1928 – II 235/28, RGZ 122, 229 (232): Anwendung der Vorschrift, „gleichgültig, ob ein Vertragsverhältnis (...) vorliegt oder nicht."; RG Urt. v. 21.2.1938 – VII 180/37, WarnRspr. 1938 Nr. 58 (S. 135 ff.): Anwendung der Vorschrift, „auch wenn die Voraussetzungen eines Mäklervertrages nicht vorliegen."; BGH Urt. v. 4.4.1966 – VIII ZR 102/64, DB 1966, 776 = BB 1966, 559: Vergütungsanspruch eines Kreditmaklers aus § 354 Abs. 1 bei nichtigem Maklervertrag; BGH Urt. v. 25.9.1985 – IV a ZR 22/84, BGHZ 95, 393 (398) = NJW 1986, 177: Zur Anwendung der Vorschrift „bedarf es (...) keines wirksamen Maklervertrages."; BGH Urt. v. 28.1.1993 – I ZR 292/90, WM 1993, 1261 = NJW-RR 1993, 802: „Einer (...) vertraglichen Grundlage bedarf es nicht stets."; BGH Urt. v. 7.7.2005 – III ZR 397/04, BGHZ 163, 332 (337 f.) = ZIP 2005, 1516 (1518) = NJW-RR 2005, 1572.

[12] BeckOGK/*Beurskens* Rn. 5 ff.

[13] *K. Schmidt* HandelsR § 18 Rn. 46; *Canaris* HandelsR § 26 Rn. 6; MüKoHGB/*K. Schmidt* Rn. 1; Staub/*Canaris*, 4. Aufl. 2001, Rn. 2, 3; BeckOGK/*Beurskens* Rn. 30; KKRD/*Roth* Rn. 1; Staudinger/*Arnold,* 2016, BGB § 653 Rn. 62 f.; tendenziell auch MüKoBGB/*Roth* BGB § 652 Rn. 82.

[14] Staub/*Canaris*, 4. Aufl. 2001, Rn. 3.

[15] Staub/*Canaris*, 4. Aufl. 2001, Rn. 4; KKRD/*Roth* Rn. 5.

[16] So insbes. Staub/*Canaris*, 4. Aufl. 2001, Rn. 2 („ungewöhnliches Privileg"; „nicht der geringste Sachgrund dafür ersichtlich"); (nur) insoweit zustimmend BeckOK HGB/*Lehmann-Richter* Rn. 3.

[17] Dies betont BeckOK HGB/*Lehmann-Richter* Rn. 3.

[18] So auch Röhricht/Graf v. Westphalen/Haas/*Wagner* Rn. 4; Oetker/*Pamp* Rn. 2; BeckOK HGB/*Lehmann-Richter* Rn. 4.

[19] BeckOK HGB/*Lehmann-Richter* Rn. 4.

[20] ZB § 612 Abs. 1 BGB: „Eine Vergütung gilt als stillschweigend vereinbart".

[21] Näher *Kindler*, Gesetzliche Zinsansprüche im Zivil- und Handelsrecht, 1996, 128 f. mwN.

[22] *Kindler*, Gesetzliche Zinsansprüche im Zivil- und Handelsrecht, 1996, 126 ff.; vgl. auch MüKoBGB/*Müller-Glöge* BGB § 612 Rn. 1 aE.

[23] BGH Urt. v. 25.10.2006 – VIII ZR 23/06, BGHZ 170, 1 = NJW 2007, 1198 Rn. 34 ff.; OLG Stuttgart Urt. v. 22.12.2005 – 2 U 110/05, BeckRS 2007, 08372; MüKoHGB/*K. Schmidt* Rn. 3; KKRD/*Roth* Rn. 1; Oetker/*Pamp* Rn. 2; aA *Canaris* HandelsR § 26 Rn. 8; nach BeckOK HGB/*Lehmann-Richter* Rn. 7 ist die Abbedingung von § 354 Abs. 1 als Preisabrede gem. § 307 Abs. 3 S. 1 BGB der Inhaltskontrolle entzogen.

[24] Zur Rolle des § 354 HGB in diesem Zusammenhang eingehend *Kindler* in Hadding/Hopt/Schimansky, Entgeltklauseln in der Kreditwirtschaft und E-Commerce von Kreditinstituten – Bankrechtstag 2001, 2002, 1 ff.; 21 ff.; dazu auch die Diskussionsberichte in ZBB 2001, 287 ff. und WM 2001, 1585 ff.; *Kindler* ZIP 2003, 620 f.; zur

3. Voraussetzungen. a) Kaufmannseigenschaft des Anspruchstellers. Anspruchsberechtigt **3** sind nur Kaufleute iSd §§ 1–6, mithin seit dem HRefG idR **auch der Zivilmakler.**[25] Das Gesetz bringt dies durch die Bezugnahme auf das Handelsgewerbe zum Ausdruck. Der **Kaufmann kraft Rechtsscheins** (→ § 5 Rn. 49 ff.) kann sich dagegen **nicht** auf § 354 Abs. 1 stützen, weil die Kaufmannseigenschaft nach allgemeinen Prinzipien[26] nur zu Lasten, nicht jedoch zugunsten des Rechtsscheinveranlassers wirkt.[27] Auch im Handelsregister nicht eingetragene **Kleingewerbetreibende** unterfallen mangels Kaufmannseigenschaft (§ 2) **nicht** der Vorschrift des § 354,[28] es sei denn, die §§ 383 Abs. 2, 407 Abs. 3 S. 2, 453 Abs. 3 S. 2, 467 Abs. 3 S. 2 oder 481 Abs. 3 S. 2 bestimmten dies ausdrücklich.[29] Eine analoge Anwendung allgemein auf Kleingewerbetreibende scheidet im Umkehrschluss aus diesen Vorschriften aus,[30] genauso wie in Bezug auf Angehörige Freier Berufe.[31]

Maßgeblicher Zeitpunkt für das Vorliegen der Kaufmannseigenschaft ist derjenige der **Leis-** **4** **tung.**[32] Entscheidend ist demnach, ob der Leistende **zur Zeit der Geschäftsbesorgung oder Dienstleistung** Kaufmann war. War dies nicht der Fall, soll § 354 Abs. 1 unanwendbar sein. Umgekehrt lässt der spätere Verlust der Kaufmannseigenschaft den einmal erworbenen Vergütungsanspruch nach § 354 Abs. 1 unberührt.[33] Nach **aA** soll es dagegen statt auf den Zeitpunkt der Leistung grds. auf den des (etwaigen) **Vertragsschlusses** ankommen.[34] Nur sofern sich die Berechtigung des Kaufmanns zur Tätigkeit nach den Regeln der GoA ergibt, soll es nach dieser Ansicht auf den Leistungszeitpunkt ankommen.[35] Gegen eine solche Differenzierung spricht indes, dass § 354 Abs. 1 nach zutreffender Ansicht gerade eine vertragsunabhängige, gesetzliche Anspruchsgrundlage ist (→ Rn. 2, 2a). Deshalb bietet sich der Zeitpunkt der Leistungserbringung als **einheitlicher Beurteilungszeitpunkt** für das Vorliegen der Kaufmannseigenschaft an. Da ein im Rahmen des § 354 Abs. 1 relevanter Vertragsschluss allerdings häufig konkludent durch die Entgegennahme der Dienste des Kaufmanns – und somit im Leistungszeitpunkt – erfolgen wird, kommen beide Ansichten praktisch meist zu demselben Ergebnis.[36]

Weiterhin ist nach dem Gesetzeswortlaut erforderlich, dass der Kaufmann die Geschäftsbesorgung **5** oder Dienstleistung gerade **in Ausübung seines Handelsgewerbes** erbracht hat. Diese Voraussetzung ist nicht dahin zu verstehen, dass Kaufleute, die kein Handelsgewerbe iSd § 1 Abs. 2 ausüben, vom Anwendungsbereich des § 354 Abs. 1 ausgeschlossen wären. Denn der Begriff des Handelsgewerbes dient iRv § 354 Abs. 1 der Umschreibung *aller* Kaufleute unter Einschluss der Personenhandelsgesellschaften nach § 105 Abs. 2 und aller Formkaufleute (§ 6 Abs. 2; → § 6 Rn. 24 ff.). Die **Zugehörigkeit** der Tätigkeit zum Handelsgewerbe beurteilt sich dabei nach allgM anhand derselben Kriterien wie bei § 343.[37] Danach reicht es aus, wenn die Tätigkeit eine **Beziehung zu dem Unternehmen des Kaufmanns** aufweist.[38] Hierzu ist nicht erforderlich, dass die Tätigkeit für das betreffende Unternehmen charakteristisch ist.[39] Für die Frage der Betriebszugehörigkeit der Tätigkeit gilt zudem die Vermutung des § 344 Abs. 1.[40] Im Ergebnis werden damit nur die **reinen Privatgeschäfte** des Kaufmanns vom Anwendungsbereich des § 354 Abs. 1 **ausgenommen,** ferner im **öffentlichen**

---

[25] *Heße* NJW 2002, 1835 (1837 f.); MüKoBGB/*Roth* BGB § 652 Rn. 11 mwN. Leitbildfunktion ferner BGH Urt. v. 21.4.2009 – XI ZR 78/08, BGHZ 180, 257 = NJW 2009, 2051 Rn. 14; KKRD/*Roth* Rn. 1.

[26] → § 352 Rn. 8; *Canaris* HandelsR § 6 Rn. 80 ff.

[27] Vgl. Baumbach/Hopt/*Hopt* Rn. 2; BeckOK HGB/*Lehmann-Richter* Rn. 9; MüKoHGB/*K. Schmidt* Rn. 5; Staub/*Canaris*, 4. Aufl. 2001, Rn. 5; Schlegelberger/*Hefermehl* Rn. 7 mwN.

[28] AA OLG Jena Urt. v. 8.12.2004 – 2 U 81/04, OLG-NL 2005, 7: § 354 finde auch auf Kleingewerbetreibende Anwendung.

[29] Keine Verweisung auf § 354 findet sich für den kleingewerblichen, nichtkaufmännischen Handelsvertreter, vgl. § 84 Abs. 4.

[30] BeckOK HGB/*Lehmann-Richter* Rn. 10; Oetker/*Pamp* Rn. 4; KKRM/*Roth* Rn. 2; aA – dh für Analogie: MüKoHGB/*K. Schmidt* Rn. 5 (zudem auch auf nicht im Handelsregister eingetragene Handelsvertreter iSv § 84 Abs. 4 und Handelsmakler iSv § 93 Abs. 3); Staub/*Canaris*, 4. Aufl. 2001, Rn. 6; offen gelassen von BGH Urt. v. 5.4.2006 – VIII ZR 384/04, NJW-RR 2006, 976 Rn. 20.

[31] Staub/*Canaris*, 4. Aufl. 2001, Rn. 4; Oetker/*Pamp* Rn. 4; BeckOK HGB/*Lehmann-Richter* Rn. 10; KKRM/*Roth* Rn. 2; aA MüKoHGB/*K. Schmidt* Rn. 5.

[32] Baumbach/Hopt/*Hopt* Rn. 2; Oetker/*Pamp* Rn. 5; Heymann/*Horn* Rn. 3; Schlegelberger/*Hefermehl* Rn. 8.

[33] Vgl. Staub/*Canaris*, 3. Aufl. 1978, Anm. 2 mwN.

[34] MüKoHGB/*K. Schmidt* Rn. 5; KKRD/*Roth* Rn. 2; Staub/*Canaris*, 4. Aufl. 2001, Rn. 7.

[35] KKRD/*Roth* Rn. 2; Staub/*Canaris*, 4. Aufl. 2001, Rn. 7; MüKoHGB/*K. Schmidt* Rn. 5.

[36] So auch MüKoHGB/*K. Schmidt* Rn. 5; Oetker/*Pamp* Rn. 5.

[37] BGH Urt. v. 23.11.2016 – VIII ZR 269/15, NJW 2017, 1388 Rn. 12; MüKoHGB/*K. Schmidt* Rn. 6; Oetker/*Pamp* Rn. 6.

[38] RG Urt. v. 7.12.1928 – II 211/28, WarnRspr. 1929 Nr. 38, S. 63.

[39] BeckOGK/*Beurskens* Rn. 24; Oetker/*Pamp* Rn. 6 mwN.

[40] BGH Urt. v. 23.11.2016 – VIII ZR 269/15, NJW 2017, 1388 Rn. 12; RG Urt. v. 7.12.1928 – II 211/28, WarnRspr. 1929 Nr. 38, S. 63; Staub/*Canaris*, 4. Aufl. 2001, Rn. 8; MüKoHGB/*K. Schmidt* Rn. 6; Oetker/*Pamp* Rn. 6.

Interesse aufgrund allgemeiner gesetzlicher Pflichten erbrachte Leistungen wie etwa die Verwaltung von Freistellungsaufträgen oder die Bearbeitung von Kontopfändungen durch eine Bank.[41]

6　　Unerheblich ist, ob **der Anspruchsgegner** Kaufmann oder Nichtkaufmann ist (vgl. § 345).[42]

7　　**b) Geschäftsbesorgung oder Dienstleistung. aa) Grundsatz.** Der Kaufmann muss dem anderen Geschäfte besorgen oder Dienste leisten. Diese Begriffe sind nach allgM **weit auszulegen;**[43] eine genaue Differenzierung zwischen der Geschäftsbesorgung und der Dienstleistung ist nicht erforderlich.[44] § 354 Abs. 1 erfasst dabei grundsätzlich jede **selbstständige Tätigkeit wirtschaftlicher Art zur Wahrnehmung fremder Vermögensinteressen,**[45] ferner aber auch alle sonstigen Tätigkeiten rechtlicher oder tatsächlicher Art, die für den anderen Teil objektiv nützlich sind.[46] Bei Vorliegen eines Vertrages (→ Rn. 2) erfasst § 354 Abs. 1 insbesondere die jeweiligen Hauptleistungspflichten.[47] Handelt es sich hingegen um eine von mehreren Hauptleistungspflichten[48] oder lediglich um eine Nebenleistungspflicht,[49] so ist durch Auslegung (unter Berücksichtigung etwaiger Handelsbräuche, § 346) zu ermitteln, ob diese nicht bereits durch die vom anderen Teil erbrachte Gegenleistung für die Hauptleistung abgegolten sind (→ Rn. 18).

8　　**bb) Einzelfälle.** Als Beispiel für die Geschäftsbesorgung und Dienstleistung iSd § 354 Abs. 1 nennt das Gesetz selbst die **Aufbewahrung.**[50] Eine Aufbewahrung iSd § 354 Abs. 1 setzt dabei keinen Verwahrungsvertrag iSv § 688 BGB voraus. Vielmehr genügt es, wenn der Kaufmann allgemein zur Verwahrung berechtigt ist.[51] Eine derartige Berechtigung kann sich auch aus einer **berechtigten GoA** nach §§ 683, 679 BGB oder allgemein dem **Annahmeverzug** des Käufers ergeben (§§ 293 ff. BGB; zum Anspruchsinhalt → Rn. 27);[52] entsprechend unterfällt zB die fortgesetzte Einlagerung nach Beendigung eines Verwahrungsvertrags[53] bzw. ganz allgemein bei **Verstoß gegen eine Rücknahmepflicht** grds. § 354 Abs. 1.[54] Zu beachten ist dabei, dass sich die Aufbewahrung nicht in der bloßen Zurverfügungstellung eines Lagerraums erschöpft. Vielmehr beinhaltet sie auch die Verantwortlichkeit des Kaufmanns für die von ihm zu verwahrenden Gegenstände.[55] Daraus folgt, dass dem Kaufmann ein Vergütungsanspruch aus § 354 Abs. 1 auch dann zusteht, wenn er die Ware in eigenen Räumen aufbewahrt, für die er kein Lagergeld zu zahlen hat.[56] Mangels Erbringung einer Tätigkeit für einen anderen kann der Kaufmann indes **keine** Vergütung nach § 354 Abs. 1 beanspruchen, wenn in seinen Räumen ohne sein Wissen Ware gelagert wird.[57] In derartigen Fällen kommt in Einzelfall aber ein

[41] BGH Urt. v. 15.7.1997 – X I ZR 269/96, BGHZ 136, 261 = NJW 1997, 2752; BGH Urt. v. 15.7.1997 – XI ZR 279/96, NJW 1997, 2753; BVerfG Urt. v. 28.8.2000 – 1 BvR 1821/97, NJW 2000, 3635 (alle zu Freistellungsaufträgen); BGH Urt. v. 18.5.1999 – XI ZR 219/98, BGHZ 141, 380 = NJW 1999, 2276; BGH Urt. v. 19.10.1999 – XI ZR 8/99, NJW 2000, 651 (beide zur Kontopfändung); MüKoHGB/K. Schmidt Rn. 6; Oetker/Pamp Rn. 6; näher dazu Kindler, Entgeltklauseln in der Kreditwirtschaft, 2001, 31 f.; zu eng OLG Köln Urt. v. 27.2.2009 – 3 U 204/07, BeckRS 2009, 09720 = TranspR 2009, 171: erforderlich soll sein, dass die Tätigkeit für Dritte erkennbar zur gewerblichen Tätigkeit des Kaufmanns zählt (verneint für die Besorgung eines Schiffes durch einen Kaufmann, der kein Spediteur ist).

[42] BGH Urt. v. 25.10.2006 – VIII ZR 23/06, BGHZ 170, 1 = NJW 2007, 1198 Rn. 38; MüKoHGB/K. Schmidt Rn. 5; Oetker/Pamp Rn. 3; Baumbach/Hopt/Hopt Rn. 2.

[43] BGH Urt. v. 23.11.2016 – VIII ZR 269/15, NJW 2017, 1388 Rn. 13; BeckOK HGB/Lehmann-Richter Rn. 12; MüKoHGB/K. Schmidt Rn. 7; Oetker/Pamp Rn. 7; Baumbach/Hopt/Hopt Rn. 5; KKRD/Roth Rn. 3; Staub/Canaris, 4. Aufl. 2001, Rn. 9; Heymann/Horn Rn. 4; BeckOGK/Beurskens Rn. 2.

[44] Oetker/Pamp Rn. 7; Röhricht/Graf v. Westphalen/Haas/Wagner Rn. 8; Heymann/Horn Rn. 4.

[45] So der gängige (im Vergleich zu § 662 BGB engere, sog. „Trennungstheorie") Begriff der „Geschäftsbesorgung" iSv § 675 Abs. 1 BGB, s. BGH Urt. v. 25.4.1966 – VII ZR 120/65, BGHZ 45, 223 = NJW 1966, 1452; Staudinger/Martinek/Omlor, 2017, BGB § 675 Rn. A6, A9 ff.; Palandt/Sprau BGB § 675 Rn. 2.

[46] BGH Urt. v. 23.11.2016 – VIII ZR 269/15, NJW 2017, 1388 Rn. 13; Kindler, Entgeltklauseln in der Kreditwirtschaft, 2001, 25; Oetker/Pamp Rn. 7; MüKoHGB/K. Schmidt Rn. 7; BeckOK HGB/Lehmann-Richter Rn. 12.

[47] MüKoHGB/K. Schmidt Rn. 8.

[48] So MüKoHGB/K. Schmidt Rn. 8: „Bestandteil eines umfassenden Leistungspakets".

[49] So auch Oetker/Pamp Rn. 7; KKRD/Roth Rn. 3; Baumbach/Hopt/Hopt Rn. 5; aA MüKoHGB/K. Schmidt Rn. 8.

[50] BGH Urt. v. 14.2.1996 – VIII ZR 185/94, NJW 1996, 1464; RG Urt. v. 2.3.1900, RGZ 45, 300 (302); RG Urt. v. 24.3.1880, RGZ 1, 282 (286); MüKoHGB/K. Schmidt Rn. 7; Oetker/Pamp Rn. 8.

[51] BeckOK HGB/Lehmann-Richter Rn. 23; Düringer/Hachenburg/Werner Anm. 7; Schlegelberger/Hefermehl Rn. 6.

[52] BGH Urt. v. 14.2.1996 – VIII ZR 185/94, NJW 1996, 1464; Oetker/Pamp Rn. 8; MüKoHGB/K. Schmidt MüKoHGB/K. Schmidt Rn. 10; ausf. BeckOK HGB/Lehmann-Richter Rn. 23 ff.

[53] KG Urt. v. 25.9.2007 – 7 U 5/07, NJOZ 2008, 1435 (1436); Oetker/Pamp Rn. 8.

[54] BeckOK HGB/Lehmann-Richter Rn. 24.

[55] RG Urt. v. 13.4.1915 – II Rep. 590/14, JW 1915, 658 (659); ROHG Urt. v. 16.11.1877 – I Rep. 1108/77, ROHGE 23, 95 (97); Schlegelberger/Hefermehl Rn. 6.

[56] RG Urt. v. 24.3.1880 – Rep. III 467/79, RGZ 1, 282 (286); BGH Urt. v. 14.2.1996 – VIII ZR 185/94, NJW 1996, 1464 (1465).

[57] ROHG Urt. v. 16.11.1877 – I Rep. 1108/77, ROHGE 23, 95 (97); OLG Hamburg Urt. v. 5.6.1947 – 3 U 154/73, MDR 1947, 227 f.

Ausgleich nach Bereicherungsrecht gem. §§ 812 ff. BGB in Betracht.[58] Zur *Verwahrung einer Pfandsache während der Verpfändung* → Rn. 14.

Weitere Beispiele für Geschäftsbesorgungen und Dienstleistungen iSd § 354 Abs. 1 sind: der **9** Abschluss oder die Vermittlung eines Geschäfts für einen anderen,[59] dh **Maklerdienste,**[60] etwa in Form einer Vermittlung von Flugpassagen auf Aufforderung[61] oder von Krankenversicherungen,[62] die gebrauchsweise **Überlassung von Gegenständen,**[63] die **Beschaffung von Kapital,**[64] wobei es allerdings nicht ausreicht, wenn der Kaufmann das Kapital aus eigenen Mitteln aufbringt,[65] die **Kreditvermittlung,**[66] die Übernahme einer **Bürgschaft,**[67] die Einlösung von Transportpapieren,[68] die Einlösung einer Wechselverpflichtung aus Gefälligkeit,[69] die Gewährung eines **Kredits** durch Wechselausstellung und Verschaffung von Geldmitteln,[70] die **Verwaltung**[71] oder **Beförderung von Gütern,**[72] die **Überführung** und Zulassung eines verkauften oder vermieteten **Kfz,**[73] die Erteilung von **Auskünften**[74] sowie das Bemühen um **Zuteilung von Aktien aus einer Neuemission.**[75] Bei Gewährung einer Stundung gegen Hingabe eines Wechsels ist dagegen zu unterscheiden, ob die Gewährung eines Zahlungsziels gegen Hingabe eines Wechsels von vornherein vereinbart war oder die Stundung erst nachträglich auf Grund der Wechselhingabe bewilligt wurde (→ § 353 Rn. 23). Nur im letztgenannten Fall wird man hinsichtlich der Diskontspesen einen Vergütungs- anspruch des Stundenden aus § 354 Abs. 1 annehmen können.[76] **Keinen** Anspruch auf Vergütung nach § 354 Abs. 1 hat hingegen der geschäftsführende Gesellschafter einer GmbH für seine Geschäftsführungstätigkeit, weil er nicht in Ausübung *seines* Handelsgewerbes handelt.[77] Zur Be- rechnung einer **Vorfälligkeitsentschädigung** (vom BGH ebenfalls unter § 394 Abs. 1 gefasst[78]) → Rn. 18.

c) Handeln im Interesse des anderen. aa) Grundsatz. Da die Geschäftsbesorgung oder die **10** Dienstleistung nach § 354 Abs. 1 gegenüber **„einem anderen"** zu erbringen ist, setzt der Vergütungs- anspruch voraus, dass der Kaufmann **im Interesse** des anderen tätig wird.[79] Hierfür ist erforderlich, dass der andere die Leistung als Nachfrager einer entgeltlichen Leistung entgegengenommen hat bzw. jedenfalls hätte.[80] Ob der Kaufmann darüber hinaus **auch eigene Interessen** oder diejenigen Dritter

---

[58] Schlegelberger/*Hefermehl* Rn. 6.

[59] BGH Urt. v. 18.11.1957 – II ZR 33/56, NJW 1958, 180; BGH Urt. v. 28.1.1993 – I ZR 292/90, NJW-RR 1993, 802; OLG Hamburg Urt. v. 19.9.1995 – 9 U 171/94, NJW-RR 1996, 869 (871) für gelegentliche Vermitt- lungstätigkeit eines Handelsvertreters; OLG Jena OLG-NL 2005, 7 zur Ausweitung einer Handelsvertretertätigkeit.

[60] Oetker/*Pamp* Rn. 8; BeckOK HGB/*Lehmann-Richter* Rn. 13, 22; aA jedoch Staudinger/*Arnold*, 2016, BGB Vor § 652 ff. Rn. 4 sowie §§ 652, 653 Rn. 64: „Maklerleistung ihrer Eigenart nach schon gar keine Geschäfts- besorgung oder Dienstleistung iS des § 354 HGB".

[61] BGH Urt. v. 21.12.1973 – IV ZR 158/72, BGHZ 62, 71 (78 ff.) = NJW 1974, 852 (854); MüKoHGB/*Schmidt* Rn. 7; Baumbach/Hopt/*Hopt* Rn. 5.

[62] KG Urt. v. 14.7.1995 – 14 U 3888/93, BB 1995, 2287.

[63] Schlegelberger/*Hefermehl* Rn. 5; Staub/*Canaris*, 4. Aufl. 2001, Rn. 9; Heymann/*Horn* Rn. 4; BeckOK HGB/ *Lehmann-Richter* Rn. 12; KKRD/*Roth* Rn. 3; unrichtig daher OLG Düsseldorf Urt. v. 19.1.1995 – 10 U 43/94, NJW-RR 1996, 287 (288), wo für den Fall einer Gebrauchsüberlassung von Gegenständen § 354 Abs. 1 nur analog herangezogen wird; für eine Analogie jedoch auch Staub/*Canaris*, 4. Aufl. 2001, Rn. 9.

[64] RG Urt. v. 6.11.1928 – II 235/28, RGZ 122, 229 (232); MüKoHGB/*Schmidt* Rn. 7; Baumbach/Hopt/*Hopt* Rn. 5.

[65] Vgl. BGH Urt. v. 11.6.1964 – VII ZR 191/62, NJW 1964, 2343; Oetker/*Pamp* Rn. 8.

[66] BGH Urt. v. 7.7.2005 – III ZR 397/04, BGHZ 163, 332 = NJW-RR 2005, 1572 (iErg jedoch wegen Formverstoß Vergütungsanspruch abgelehnt); Baumbach/Hopt/*Hopt* Rn. 5; MüKoHGB/*Schmidt* Rn. 7.

[67] ROHG Urt. v. 28.10.1873 – Rep I 630/73, ROHGE 11, 247 (248); OLG Düsseldorf Urt. v. 21.5.1993 – 17 U 4/92, TranspR 1993, 431 (433); BeckOK HGB/*Lehmann-Richter* Rn. 13.

[68] Vgl. RG Urt. v. 10.1.1910 – VI 82/09, WarnRspr. 1910 Nr. 108; Oetker/*Pamp* Rn. 8.

[69] RG Urt. v. 7.12.1928 – II 211/28, WarnRspr. 1929 Nr. 38, S. 63.

[70] Staub/*Canaris*, 3. Aufl. 1978, Anm. 8.

[71] MüKoHGB/*Schmidt* Rn. 7; Oetker/*Pamp* Rn. 8.

[72] Schlegelberger/*Hefermehl* Rn. 5.

[73] BGH Urt. v. 23.11.2016 – VIII ZR 269/15, NJW 2017, 1388 Rn. 13.

[74] OLG Düsseldorf Urt. v. 21.5.1993 – 17 U 4/92, TranspR 1993, 431 (433); BeckOK HGB/*Lehmann-Richter* Rn. 13; Schlegelberger/*Hefermehl* Rn. 5.

[75] *Kindler* ZIP 2003, 620 f.; umständlich BGH Urt. v. 28.1.2003 – XI ZR 156/02, BGHZ 153, 344 = ZIP 2003, 617: Rechtfertigung der „Zeichnungsgebühr" aus § 396 HGB; Oetker/*Pamp* Rn. 8.

[76] Staub/*Canaris*, 3. Aufl. 1978, Anm. 8.

[77] OLG Koblenz Urt. v. 14.2.1986 – 2 U 1603/84, WM 1986, 590 (591).

[78] BGH Urt. v. 3.2.2004 – XI ZR 398/02, BGHZ 158, 11 = NJW 2004, 1730; BeckOK HGB/*Lehmann-Richter* Rn. 13.

[79] BGH Urt. v. 23.11.2016 – VIII ZR 269/15, NJW 2017, 1388 Rn. 14 ff.; BGH Urt. v. 18.11.1957 – II ZR 33/ 56, NJW 1958, 180; BGH Urt. v. 28.1.1993 – I ZR 292/90, NJW-RR 1993, 802; BGH Urt. v. 8.10.1986 – IVa ZR 20/85, NJW-RR 1987, 173; MüKoHGB/*Schmidt* Rn. 9 f.; Staub/*Canaris*, 4. Aufl. 2001, Rn. 10; BeckOK HGB/ *Lehmann-Richter* Rn. 16; Oetker/*Pamp* Rn. 10 f.

[80] BGH Urt. v. 29.7.2009 – I ZR 171/08, NJW 2009, 3239 Rn. 12; MüKoHGB/*Schmidt* Rn. 9; s. auch BeckOK HGB/*Lehmann-Richter* Rn. 16, der darauf abstellt, ob die Tätigkeit für den Schuldner objektiv *nützlich* ist.

verfolgt, ist – vergleichbar[81] der Rechtslage bei der berechtigten GoA beim sog. „auch-fremden Geschäft"[82] – unerheblich;[83] nach der Rspr. muss in einem derartigen Fall allerdings für den etwaigen Anspruchsgegner **erkennbar** gewesen sein, dass die Tätigkeit gerade auch für ihn entfaltet wurde (→ Rn. 16).[84] Eine Tätigkeit **ausschließlich im eigenen Interesse** ist hingegen **nicht ausreichend,**[85] und zwar selbst dann nicht, wenn hierbei auf die Interessen des anderen Rücksicht genommen wird oder die Tätigkeit (nur) im Ergebnis *auch* einem anderen zugute kommt.[86] Das Gleiche gilt bei einem Handeln allein im **öffentlichen Interesse** (→ Rn. 5).

11   **bb) Einzelfälle.** Im **Interesse des anderen** handelt etwa der Käufer bei der nach § 379 Abs. 1 gebotenen **Aufbewahrung** beanstandeter Ware, und zwar selbst dann, wenn er an der Aufbewahrung wegen eines ihm zustehenden Zurückbehaltungsrechts (dazu allgemein → Rn. 15) nach § 369 auch ein Eigeninteresse hatte.[87] Das Gleiche gilt, wenn ein Kaufmann von ihm verkaufte Ware nach § 373 Abs. 1 während des **Annahmeverzugs** des Käufers (§§ 293 ff. BGB) **einlagert,**[88] sowie ganz allgemein bei Verletzung von Rücknahmepflichten,[89] etwa im Falle fortgesetzter Einlagerung nach Beendigung eines Verwahrungsvertrags, oder bei Einlagerung von Ware durch einen Frachtführer.[90] Die Einlagerung erfolgt im letztgenannten Fall zwar auch im eigenen Interesse, weil der Frachtführer so regelmäßig sein Pfandrecht (§§ 440 ff.) erhalten will; jedoch werden zugleich auch die Interessen des anderen Teils gewahrt, da die Ware gesichert und Liegegelder vermieden werden.[91] Erkennbar **nicht** im Interesse des Leistungsempfängers liegt eine Lagerung hingegen dann, wenn er das Gut gar nicht mehr in den Handel bringen, sondern zB vernichtet sehen will,[92] oder wenn das aufgelaufene Lagergeld den Wert des verwahrten Gutes übersteigt.[93] Ein Handeln im Interesse des anderen liegt weiterhin bei einem **Notverkauf beanstandeter Ware** nach § 379 Abs. 2 vor, denn dadurch verhindert der Käufer den völligen Untergang der Ware und dient damit auch dem Interesse des Verkäufers.[94]

12   Im **eigenen Interesse** handelt demgegenüber nach allgM ein **Eigentumsvorbehaltsverkäufer,** der bei Zahlungseinstellung des Käufers die **Ware vereinbarungsgemäß zurücknimmt und verwertet,** obwohl die Verwertung infolge der Anrechnung des Erlöses auf die Kaufpreisschuld mittelbar auch dem Käufer zugute kommt.[95] Ein **Makler, der bereits auf Grund eines Vertrages mit einem Dritten tätig ist** und nicht erkennbar auch für dessen Geschäftspartner tätig wird, handelt ebenfalls nicht im Interesse dieses Geschäftspartners des Dritten.[96] Die Erfüllung allgemeiner gesetzlicher Pflichten erfolgt hingegen neben dem öffentlichen allenfalls im Eigeninteresse, so dass zB die Verwaltung von Frei-

---

[81] Staub/*Canaris*, 4. Aufl. 2001, Rn. 10.

[82] Dazu etwa MüKoBGB/*Schäfer* BGB § 677 Rn. 38.

[83] BGH Urt. v. 23.11.2016 – VIII ZR 269/15, NJW 2017, 1388 Rn. 15; BGH Urt. v. 21.12.1973 – IV ZR 158/72, BGHZ 62, 71 = NJW 1974, 852 (854); vgl. RG Urt. v. 5.12.1929 – VIII 335/29, RGZ 126, 287, (293) für den Fall einer Geschäftsführung ohne Auftrag; MüKoHGB/*Schmidt* Rn. 10; BeckOGK/*Beurskens* Rn. 9; BeckOK HGB/*Lehmann-Richter* Rn. 15; Oetker/*Pamp* Rn. 10.

[84] BGH Urt. v. 23.11.2016 – VIII ZR 269/15, NJW 2017, 1388 Rn. 15; BGH Urt. v. 25.9.1985 – IV a ZR 22/84, BGHZ 95, 393 (398) = NJW 1986, 177; BGH Urt. v. 12.2.1981 – IVa ZR 105/80, BeckRS 1981, 31070261.

[85] BGH Urt. v. 23.11.2016 – VIII ZR 269/15, NJW 2017, 1388 Rn. 15; BGH Urt. v. 21.12.1973 – IV ZR 158/72, BGHZ 62, 71 = NJW 1974, 852 (854); MüKoHGB/*Schmidt* Rn. 10; KKRD/*Roth* Rn. 4; Baumbach/Hopt/*Hopt* Rn. 5.

[86] BGH Urt. v. 23.11.2016 – VIII ZR 269/15, NJW 2017, 1388 Rn. 15; BGH Urt. v. 21.11.1983 – VIII ZR 173/82, NJW 1984, 435 (436); iErg auch BGH Urt. v. 21.10.1997 – XI ZR 5/97, BGHZ 137, 43 = NJW 1998, 309 (kein Bankentgelt für Prüfung der ausreichenden Deckung auf Kundenkonto); BGH Urt. v. 18.5.1999 – XI ZR 219/98, BGHZ 141, 380 (386) = NJW 1999, 2276 (kein Bankentgelt für Abgabe der Drittschuldnererklärung nach § 840 ZPO); Staub/*Canaris*, 4. Aufl. 2001, Rn. 10; Oetker/*Pamp* Rn. 11.

[87] RG Urt. v. 24.3.1880 – III. 467/79, RGZ 1, 282 (284 f.).

[88] BGH Urt. v. 25.10.2006 – VIII ZR 23/06, BGHZ 170, 1 = NJW 2007, 1198 Rn. 37; BGH Urt. v. 14.2.1996 – VIII ZR 185/94, NJW 1996, 1464 (1465); ferner OLG Brandenburg Urt. v. 12.4.2011 – 6 U 96/09, BeckRS 2011, 08301; Baumbach/Hopt/*Hopt* Rn. 5; Oetker/*Pamp* Rn. 10; BeckOK HGB/*Lehmann-Richter* Rn. 23 ff.; Düringer/Hachenburg/*Werner* Anm. 7; Heymann/*Horn* Rn. 4; KKRD/*Roth* Rn. 3.

[89] BGH Urt. v. 22.3.2006 – VIII ZR 173/04, NJW-RR 2006, 1328 Rn. 48: Vertragshändler bewahrt zurückzugebende Ersatzteile für den im Annahmeverzug befindlichen Hersteller auf; BeckOK HGB/*Lehmann-Richter* Rn. 23.

[90] BGH Urt. v. 29.7.2009 – I ZR 171/08, NJW 2009, 3239 Rn. 12; KG Urt. v. 25.9.2007 – 7 U 5/07, NJOZ 2008, 1435 (1436); Oetker/*Pamp* Rn. 10.

[91] Düringer/Hachenburg/*Werner* Anm. 6.

[92] BGH Urt. v. 29.7.2009 – I ZR 171/08, NJW 2009, 3239 Rn. 12; MüKoHGB/*K. Schmidt* Rn. 10.

[93] OLG Düsseldorf Urt. v. 30.11.1978 – 18 U 73/77, VersR 1979, 285 (286); MüKoHGB/*Schmidt* Rn. 10; BeckOK HGB/*Lehmann-Richter* Rn. 23.

[94] BeckOK HGB/*Lehmann-Richter* Rn. 17; Oetker/*Pamp* Rn. 10; Staub/*Canaris*, 4. Aufl. 2001, Rn. 12 („weil (und sofern) die Voraussetzungen einer berechtigten" GoA vorliegen); Düringer/Hachenburg/*Werner* Anm. 6; Baumbach/Hopt/*Hopt* Rn. 5.

[95] BGH Urt. v. 21.11.1983 – VIII ZR 173/82, NJW 1984, 435 (436); Staub/*Canaris*, 4. Aufl. 2001, Rn. 13; MüKoHGB/*K. Schmidt* Rn. 10; Oetker/*Pamp* Rn. 11; BeckOK HGB/*Lehmann-Richter* Rn. 17; KKRD/*Roth* Rn. 4; Baumbach/Hopt/*Hopt* Rn. 5.

[96] BGH Urt. v. 12.2.1981 – IV a ZR 105/80, WM 1981, 495 (496); Urt. v. 25.9.1985 – IV a ZR 22/84, BGHZ 95, 393 (398) = NJW 1986, 177; MüKoHGB/*K. Schmidt* Rn. 10.

stellungsaufträgen oder die Bearbeitung von **Kontopfändungen** durch eine Bank keinen Vergütungsanspruch nach § 354 Abs. 1 auslöst, mag sie auch mittelbar einem Dritten zugute kommen.[97]

Für die Fälle der **Verwertung eines Pfands** oder einer **zurückbehaltenen Sache nach § 371** sowie   **13**
für den **Selbsthilfeverkauf des Verkäufers** beim Annahmeverzug des Käufers **nach § 373 Abs. 2 S. 2**
ist umstritten, ob der Veräußerer hier ausschließlich im eigenen oder auch im Interesse des anderen Teils
tätig wird. Nach **einer Ansicht** nimmt der Verkäufer in diesen Fällen allein seine eigenen rechtlichen
Interessen wahr, mit der Folge, dass ihm für die Tätigkeit kein Vergütungsanspruch nach § 354 Abs. 1
zusteht.[98] Nach **vorzugswürdiger anderer Ansicht** handelt der Verkäufer in diesen Fällen dagegen
auch im Interesse des anderen Teils.[99] Dies ergibt sich beim Selbsthilfeverkauf nach § 373 schon daraus,
dass der Verkauf nach § 373 Abs. 3 für Rechnung des Käufers erfolgt.[100] Das Gleiche gilt für den
Pfandverkauf iSv § 1228 BGB.[101] Auch ein Pfandgläubiger ist nämlich nach Maßgabe der §§ 1228 ff.
BGB in stärkerem Maße gehalten, auf die Interessen des Pfandeigentümers Rücksicht zu nehmen, als
dies beim Vorbehaltseigentümer (→ Rn. 12) im Verhältnis zum Käufer der Fall ist. Die Notwendigkeit
dieser stärkeren Interessenbindung ergibt sich dabei schon daraus, dass der Pfandgläubiger **fremdes
Eigentum verwertet,** während der Vorbehaltseigentümer eine ihm gehörende Sache veräußert.[102]

Ob hingegen bereits die **Lagerung von Ware durch den Pfandgläubiger** eine Tätigkeit auch im   **14**
Interesse des Pfandschuldners darstellt, ist **umstritten.** (1.) Va in der älteren Lit. wird dies zT grundsätzlich verneint.[103] (2.) Nach anderer Ansicht soll dagegen zwischen einem Vertragspfand und einem
gesetzlichen Pfandrecht zu unterscheiden sein.[104] Denn bei der Aufbewahrung einer Pfandsache im
Rahmen eines *vertraglich begründeten* Pfandrechts verfolge der Pfandgläubiger ausschließlich seine eige-
nen Interessen, so dass insoweit nach dieser Ansicht kein Anspruch aus § 354 Abs. 1 in Betracht kommt.
Eine andere Interessenlage bestehe dagegen bei der Lagerung einer Sache, an der ein gesetzliches
Pfandrecht begründet ist. Hier diene die Aufbewahrung auch dem Interesse des Schuldners, weil dieser
durch den Verlust oder die Beschädigung der Sache einen Nachteil erleiden würde. (3.) Einer dritten
Ansicht nach soll für die Aufbewahrung eines Pfandes dagegen **stets** – sowohl bei einem vertraglichen
als auch bei einem gesetzlichen Pfandrecht – **ein Vergütungsanspruch aus § 354 Abs. 1** jedenfalls **in
Betracht kommen.**[105] Dem ist **beizutreten.** Für diese Ansicht spricht nämlich, dass der Pfandgläubiger auch bei einem vertraglichen Pfandrecht zT aufgrund des jeweiligen Vertrages bei der Verwahrung der Pfandsache (vgl. § 1215 BGB) zur Rücksichtnahme auf die Interessen des Pfandschuldners
verpflichtet ist.[106] Dann aber erfolgt die Aufbewahrung auch in dessen Interesse. Daher sollte die
Anwendung des § 354 Abs. 1 insofern nicht grundsätzlich abgelehnt, sondern stets **im Einzelfall** von
der **tatsächlichen Fremdnützigkeit** der Lagerung der Pfandsache **abhängig** gemacht werden. Soweit
sich bei der Vertragsauslegung indes ergibt, dass die Lagerung der Pfandsache eine unentgeltlich zu
erbringende Nebenleistung sein soll, ist der Anspruch aus § 354 Abs. 1 jedenfalls wegen des Vorliegens
einer vorrangigen Vergütungsabrede zu verneinen (→ Rn. 18 ff.).[107] Auch für die Lagerung einer
Pfandsache, an der ein gesetzlich begründetes Pfandrecht besteht, sollte eine verallgemeinernde Betrachtungsweise, nach der die Anwendung des § 354 Abs. 1 von vornherein ausgeschlossen ist, vermieden werden. Es ist nämlich durchaus denkbar, dass der Pfandgläubiger mit der Lagerung tatsächlich
den Interessen des Pfandschuldners an der Erhaltung der Sache dient und auch dienen will. Mithin
kommt es für die Frage der Anwendbarkeit des § 354 Abs. 1 auch beim gesetzlichen Pfandrecht auf die
Fremdnützigkeit im Einzelfall an.[108] Überdies kommt neben § 354 Abs. 1 ein Ersatz der Lagerkosten nach § 1216 S. 1 BGB iVm §§ 670, 683 S. 1, 677 ff. BGB in Betracht.[109]

---

[97] BGH Urt. v. 15.7.1997 – X I ZR 269/96, BGHZ 136, 261 = NJW 1997, 2752; BGH Urt. v. 15.7.1997 – XI
ZR 279/96, NJW 1997, 2753; BVerfG Urt. v. 28.8.2000 – 1 BvR 1821/97, NJW 2000, 3635 (alle zu Freistellungs-
aufträgen); BGH Urt. v. 18.5.1999 – XI ZR 219/98, BGHZ 141, 380 = NJW 1999, 2276; BGH Urt. v. 19.10.1999
– XI ZR 8/99, NJW 2000, 651 (beide zur Kontopfändung); Oetker/*Pamp* Rn. 11; BeckOK HGB/*Lehmann-Richter*
Rn. 17.
[98] OLG Karlsruhe Urt. v. 14.7.1921 – II 65/21, BadRspr. 1922, 2 (3) = Recht 1922 Nr. 863; Düringer/
Hachenburg/*Werner* Anm. 6.
[99] Staub/*Canaris,* 4. Aufl. 2001, Rn. 12; Oetker/*Pamp* Rn. 10; Baumbach/Hopt/*Hopt* Rn. 5; KKRD/*Roth*
Rn. 4; Schlegelberger/*Hefermehl* Rn. 4.
[100] So auch Schlegelberger/*Hefermehl* Rn. 4.
[101] Staub/*Canaris,* 4. Aufl. 2001, Rn. 12; Baumbach/Hopt/*Hopt* Rn. 5.
[102] Vgl. dazu auch BGH Urt. v. 21.11.1983 – VIII ZR 173/82, NJW 1984, 435 (436), wo die Streitfrage allerdings
offengelassen wurde.
[103] Düringer/Hachenburg/*Werner* Anm. 6; Heymann/*Horn* Rn. 5; so tendenziell auch BeckOK HGB/*Lehmann-
Richter* Rn. 25.
[104] Schlegelberger/*Hefermehl* Rn. 6.
[105] Oetker/*Pamp* Rn. 10; Baumbach/Hopt/*Hopt* Rn. 5.
[106] MüKoBGB/*Damrau* BGB § 1215 Rn. 3 mwN.
[107] Vgl. auch Schlegelberger/*Hefermehl* Rn. 6.
[108] So wohl auch Heymann/*Horn* Rn. 5, demzufolge der Pfandgläubiger die Lagerung von Pfandsachen nur
„regelmäßig" nicht im fremden Interesse vornimmt.
[109] Dies setzt voraus, dass Lagerkosten Verwendung iSd § 1216 S. 1 BGB darstellen, so OLG Düsseldorf Urt. v.
9.1.1936 – 9 U 266/35, HRR 1936, Nr. 726; Palandt/*Brudermüller* BGB § 1216 Rn. 1.

15   Ebenfalls nicht einheitlich beurteilt wird schließlich die Frage, ob ein Kaufmann für die **Aufbewahrung von Ware,** an der er ein ihm zustehendes **Zurückbehaltungsrecht** ausgeübt hat, Vergütung nach § 354 Abs. 1 verlangen kann. Zum Teil wird ein solcher Anspruch uneingeschränkt bejaht.[110] Nach anderer Ansicht kommt bei der Ausübung eines Zurückbehaltungsrechts kein Anspruch aus § 354 Abs. 1 in Betracht: Ist der Schuldner zur Entgegennahme der Sache bereit, beruhe der Verbleib der Sache beim die Herausgabe verweigernden Kaufmann nämlich nicht mehr auf dem Einverständnis des Schuldners.[111] Richtigerweise ist mit der wohl hM zu **differenzieren,** um die Druckmittelfunktion der Zurückbehaltungsrechte nicht zu konterkarieren: Danach schließt die Ausübung eines Zurückbehaltungsrechts einen Anspruch aus § 354 Abs. 1 grds. **nur dann** aus, wenn der Kaufmann eine Herausgabe **ohne sachlichen Grund** bzw. generell, zB selbst gegen Sicherheitsleistung,[112] ablehnt.[113]

16   **d) Befugnis zur Leistung.** Auch wenn sich diese Voraussetzung **nicht aus dem Wortlaut** von § 354 Abs. 1 ergibt, muss der Kaufmann zudem nach allgM dem anderen Teil gegenüber zur Geschäftsbesorgung oder Dienstleistung **befugt** (dh berechtigt) sein.[114] Diese **ungeschriebene Voraussetzung**[115] dient der Vermeidung einer ausufernden Kostentragung des Leistungsempfängers auch für letztlich unerwünschte, **aufgedrängte** Tätigkeiten des Kaufmanns[116] und setzt das Bestehen eines die Tätigkeit **rechtfertigenden Verhältnisses** zwischen dem Kaufmann und dem anderen Teil voraus.[117] In der Regel wird ein solches Verhältnis aus einem zwischen den Parteien abgeschlossenen **Vertrag,** etwa einem Geschäftsbesorgungsvertrag (§§ 675 ff., 631 ff., 611 ff. BGB) oder einem Maklervertrag (zB §§ 652 ff. BGB), bestehen.[118] Dann nämlich hat der Leistungsempfänger bereits durch den Vertragsschluss im Grundsatz die Tätigkeit des Kaufmanns **gebilligt** (zur Rechtslage bei **unwirksamen Verträgen** → Rn. 21a f.).[119] Eine Leistungsbefugnis des Kaufmanns zur Geschäftsbesorgung oder Dienstleistung kann aber nach der Rspr. und ganz hLit **auch ohne vertragliche Grundlage** gegeben sein (→ Rn. 2).[120] Die dann etwaig fehlende *rechtsgeschäftliche* „Einwilligung" des Leistungsempfängers in die Tätigkeit des Kaufmanns wird in einem solchen Fall durch eine rein *tatsächliche* oder ggf. sogar *mutmaßliche* (→ Rn. 16a) Einwilligung ersetzt.[121] Allgemein gesprochen genügt es mithin für die Auslösung eines Vergütungsanspruchs, wenn jemand die ihm erkennbar von einem Kaufmann geleisteten Dienste in Anspruch nimmt, obwohl er weiß bzw. sich nach den Umständen sagen muss, dass solche Dienste auch ohne ausdrückliche vertragliche Grundlage nur gegen entsprechende Vergütung erbracht werden.[122] In allen diesen Fällen ist eine Vergütungspflicht jedoch **ausgeschlossen,** wenn ihr eine vorrangige Vergütungsvereinbarung oder gesetzliche Wertungen bzw. der Handelsbrauch oder die Verkehrssitte entgegenstehen (→ Rn. 17 ff.).[123] Das Gleiche gilt, wenn eine Leistung ohne Kenntnis des vermeintlichen Geschäftsherrn lediglich gegenüber einem **vollmachtlosen Vertreter** erbracht wird.[124]

---

[110] Baumbach/Hopt/*Hopt* Rn. 5.

[111] BeckOK HGB/*Lehmann-Richter* Rn. 24.

[112] OLG Nürnberg Urt. v. 22.8.1979 – 9 U 4/79, MDR 1980, 231.

[113] OLG Düsseldorf Urt. v. 30.11.1978 – 18 U 73/77, VersR 1979, 285 (286); MüKoHGB/*K. Schmidt* Rn. 10; ähnlich Oetker/*Pamp* Rn. 10 („berechtigterweise"); s. auch Düringer/Hachenburg/*Werner* Anm. 7.

[114] Kritisch bezüglich dieser Voraussetzung BeckOGK/*Beurskens* Rn. 34.

[115] BeckOK HGB/*Lehmann-Richter* Rn. 11 spricht hingegen von einer teleologischen Reduktion.

[116] So pränant BeckOK HGB/*Lehmann-Richter* Rn. 19, der zudem zu Recht die Verwandtschaft dieses Tatbestandsmerkmals mit der Einwilligung im Deliktsrecht hervorhebt; letztlich gehe es um das Vorliegen einer „tatsächliche[n] oder mutmaßliche[n] Einwilligung des Schuldners" in die Tätigkeit des Kaufmanns; ähnl. BGH Urt. v. 19.11.1962 – VIII ZR 229/61, WM 1963, 165 (167) und BGH Urt. v. 12.2.1981 – IV a ZR 105/80, WM 1981, 495 (496); RG Urt. v. 23.1.1901 – I 340/1900, JW 1901, 164; Baumbach/Hopt/*Hopt* Rn. 3; Heymann/*Horn* Rn. 6; KKRD/*Roth* Rn. 5; HK-HGB/*Ruß* Rn. 2; Oetker/*Pamp* Rn. 12.

[117] BGH Urt. v. 23.11.2016 – VIII ZR 269/15, NJW 2017, 1388 Rn. 18; BGH Urt. v. 7.7.2005 – III ZR 397/04, NJW-RR 2005, 1572 (1574); BGH Urt. v. 25.9.1985 – IV a ZR 22/84, BGHZ 95, 393 (398) = NJW 1986, 177; BGH Urt. v. 19.11.1962 – VIII ZR 229/61, WM 1963, 165 (167); Baumbach/Hopt/*Hopt* Rn. 3; KKRD/*Roth* Rn. 5; MüKoHGB/*K. Schmidt* Rn. 11; Oetker/*Pamp* Rn. 12; Röhricht/Graf v. Westphalen/Haas/*Wagner* Rn. 11; BeckOK HGB/*Lehmann-Richter* Rn. 18 ff.

[118] BGH Urt. v. 28.1.1993 – I ZR 292/90, NJW-RR 1993, 802; MüKoHGB/*K. Schmidt* Rn. 11; Oetker/*Pamp* Rn. 12; Düringer/Hachenburg/*Hachenburg* Anm. 5; Heymann/*Horn* Rn. 6; GK-HGB/*Schmidt* Rn. 10; Schlegelberger/*Hefermehl* Rn. 3.

[119] BeckOK HGB/*Lehmann-Richter* Rn. 20.

[120] BGH Urt. v. 23.11.2016 – VIII ZR 269/15, NJW 2017, 1388 Rn. 18; BGH Urt. v. 7.7.2005 – III ZR 397/04, NJW-RR 2005, 1572 (1574); BGH Urt. v. 28.1.1993 – I ZR 292/90, NJW-RR 1993, 80; BGH Urt. v. 25.9.1985 – IV a ZR 22/84, BGHZ 95, 393 (398) = NJW 1986, 177; BGH Urt. v. 19.11.1962 – VIII ZR 229/61, WM 1963, 165 (167);OLG Hamm Urt. v. 6.2.1992 – 18 U 294/90, OLG-Report Hamm 1992, 117 f.; BeckOGK/*Beurskens* Rn. 5 ff.; MüKoHGB/*K. Schmidt* Rn. 11; Oetker/*Pamp* Rn. 12; BeckOK HGB/*Lehmann-Richter* Rn. 18; Röhricht/Graf v. Westphalen/Haas/*Wagner* Rn. 11; Baumbach/Hopt/*Hopt* Rn. 3.

[121] BeckOK HGB/*Lehmann-Richter* Rn. 19, 23.

[122] So der BGH Urt. v. 23.11.2016 – VIII ZR 269/15, NJW 2017, 1388 Rn. 18 mwN.

[123] BeckOK HGB/*Lehmann-Richter* Rn. 19 aE.

[124] OLG Dresden Urt. v. 17.2.1999, OLG-NL 1999, 147 (149); Oetker/*Pamp* Rn. 12; BeckOK HGB/*Lehmann-Richter* Rn. 21.

Offengelassen wurde durch die **Rspr.** bislang, ob eine Berechtigung des Kaufmanns sich auch **16a** unter den Voraussetzungen einer **berechtigten GoA** nach §§ 683, 679 BGB ergeben kann.[125] Im Lichte des in → Rn. 16 Gesagten folgerichtig **bejaht** die überwiegende Ansicht in der **Literatur** diese Frage.[126] Danach ist der Kaufmann auch dann zur Leistung befugt, wenn die Übernahme des Geschäfts entweder dem objektiven Interesse und dem wirklichen oder mutmaßlichen Willen des anderen Teils entspricht oder nach Maßgabe des § 679 BGB erforderlich ist. In diesen Fällen steht dem Kaufmann neben dem Aufwendungsersatzanspruch nach § 683 BGB auch der gesetzliche Vergütungsanspruch nach § 354 Abs. 1 zu.[127] Sofern der Kaufmann jedoch ohne eine derartige Befugnis tätig wird, kann er nach § 684 S. 1 BGB lediglich einen Ausgleich nach den Vorschriften über die ungerechtfertigte Bereicherung verlangen.[128]

e) Kein Ausschluss der Vergütung. Trotz Vorliegens der vorstehend beschriebenen Vorausset- **17** zungen greift § 354 Abs. 1 nach allgM dann **nicht ein,** wenn eine vorrangige (ggf. auch negative) Vergütungsvereinbarung getroffen wurde[129] oder eine Vergütung für die fragliche Tätigkeit kraft Handelsbrauchs, nach der Verkehrssitte oder kraft Gesetzes ausgeschlossen ist.[130]

aa) Vorrangige Vereinbarung; Nebenleistungen. Vorrangig ist zunächst eine von den Parteien **18** getroffene ausdrückliche oder konkludente **Vereinbarung** über eine **konkrete Vergütung;** denn § 354 Abs. 1 ist grundsätzlich **abdingbar.**[131] Des Weiteren ist ein Anspruch aus § 354 Abs. 1 auch dann ausgeschlossen, wenn die in Rede stehende Leistung nach dem Vertrag, einem Handelsbrauch oder nach der Verkehrssitte **unentgeltlich** zu erbringen ist.[132] § 354 Abs. 1 ist daher zum einen unanwendbar, wenn sich die Parteien ausdrücklich oder konkludent über die **Unentgeltlichkeit** der entsprechenden Tätigkeit **geeinigt** haben. Dies ist etwa anzunehmen bei einem Auftrag (§§ 662 ff. BGB), oder wenn eine durch den Kaufmann zu erbringende **Nebenleistung** bereits durch die vom anderen Teil erbrachte Gegenleistung für die Hauptleistung abgegolten sein soll.[133] Denn § 354 Abs. 1 HGB rechtfertigt **keine Verdoppelung der Vergütungspflicht.**[134] Ob eine Nebenleistung unentgeltlich zu erbringen ist, beurteilt sich dabei nach den Umständen des Einzelfalls und der Verkehrssitte sowie dem Handelsbrauch.[135] **Unentgeltlich** wird die Nebenleistung regelmäßig **in folgenden Fällen** zu erbringen sein: Abschluss eines Speditions- oder Frachtvertrags durch den Verkäufer beim Versendungskauf;[136] Erteilung von Auskunft über Vermögensverhältnisse eines Kreditsuchenden, die im geschäftlichen Leben mit Rücksicht auf Beziehungen gemeinhin aus Gefälligkeit erteilt werden, sofern nicht die befragte Firma ein Auskunftsbüro ist;[137] Verwahrung von Kommissionsware durch den Kommissionär;[138] Bearbeitung von Mängelrügen des Käufers durch den Handelsvertreter als Verkaufsvertreter.[139] Wegen einer – zumindest konkludent getroffenen – Einigung über die Unentgeltlichkeit der Leistung ist auch ein Anspruch des Verkäufers auf Lagergeld für die Einlagerung von Ware bei Annahmeverzug des Käufers *dann* nicht gegeben, wenn die Ware für den Verkäufer unentgeltlich bei dessen Lieferanten lagert.[140] Wegen deren Nebenleistungscharakters sind auch **folgende Bankdienst-**

---

[125] Ausdr. BGH Urt. v. 19.11.1962 – VIII ZR 229/61, WM 1963, 165 (167), weil die Voraussetzungen einer berechtigten GoA nicht erfüllt waren. Unrichtig insoweit GK-HGB/*Schmidt* Rn. 10, der die BGH-Entscheidung als Beleg dafür nennt, dass sich die Berechtigung iSd § 354 Abs. 1 auch aus einer berechtigten GoA ergeben kann. Auch die weitere von *Schmidt* herangezogene Entscheidung BGH Urt. v. 21.12.1973 – IV ZR 158/72, BGHZ 62, 71 (81) = NJW 1974, 852 (854) stützt seine Ansicht nicht. Der BGH nahm dort nämlich einen durch die bereitwillige Entgegennahme der Tätigkeit bestehenden Auftrag zur Geschäftsbesorgung und somit gerade keine Geschäftsführung *ohne* Auftrag an.
[126] Oetker/*Pamp* Rn. 12; KKRD/*Roth* Rn. 5; Baumbach/Hopt/*Hopt* Rn. 3; MüKoHGB/*K. Schmidt* Rn. 11; Düringer/Hachenburg/*Hachenburg* Anm. 5a; Heymann/*Horn* Rn. 6; Staub/*Canaris*, 4. Aufl. 2001, Rn. 12; Staub/ *v. Godin*, 2. Aufl. 1963, Anm. 4; GK-HGB/*Schmidt* Rn. 10; Schlegelberger/*Hefermehl* Rn. 3.
[127] Schlegelberger/*Hefermehl* Rn. 3; Heymann/*Horn* Rn. 6.
[128] Schlegelberger/*Hefermehl* Rn. 3; GK-HGB/*Schmidt* Rn. 10.
[129] BGH Urt. v. 31.3.1982 – IV a ZR 4/81, NJW 1982, 1523 mwN; BGH Urt. v. 28.1.1993 – I ZR 292/90, NJW-RR 1993, 802; BeckOK HGB/*Lehmann-Richter* Rn. 20; Baumbach/Hopt/*Hopt* Rn. 3; Oetker/*Pamp* Rn. 14;
[130] Vgl. etwa BeckOK HGB/*Lehmann-Richter* Rn. 20; Staub/*Canaris*, 4. Aufl. 2001, Rn. 11; Düringer/Hachenburg/*Werner* Rn. 8; Oetker/*Pamp* Rn. 15; Röhricht/Graf v. Westphalen/Haas/*Wagner* Rn. 5, 6; im Grundsatz auch MüKoHGB/*K. Schmidt* Rn. 11.
[131] Vgl. BGH Urt. v. 23.11.2016 – VIII ZR 269/15, NJW 2017, 1388 Rn. 16; MüKoHGB/*K. Schmidt* Rn. 2; Baumbach/Hopt/*Hopt* Rn. 4; Oetker/*Pamp* Rn. 14; BeckOK HGB/*Lehmann-Richter* Rn. 20.
[132] BGH Urt. v. 21.12.1973 – IV ZR 158/72, BGHZ 62, 71 (81) = NJW 1974, 852; Baumbach/Hopt/*Hopt* Rn. 4; Oetker/*Pamp* Rn. 14; MüKoHGB/*K. Schmidt* Rn. 2.
[133] BGH Urt. v. 16.10.2009 – V ZR 246/08, BeckRS 2009, 86149 Rn. 21 f.; Oetker/*Pamp* Rn. 7, 14; KKRM/ *Roth* Rn. 3; Baumbach/Hopt/*Hopt* Rn. 5.
[134] *Kindler*, Entgeltklauseln in der Kreditwirtschaft, 2001, 27.
[135] Heymann/*Horn* Rn. 8; Schlegelberger/*Hefermehl* Rn. 10.
[136] Schlegelberger/*Hefermehl* Rn. 10.
[137] Staub/*Canaris*, 3. Aufl. 1978, Anm. 7; Schlegelberger/*Hefermehl* Rn. 10.
[138] Röhricht/Graf v. Westphalen/Haas/*Wagner* Rn. 12.
[139] Vgl. BGH Urt. v. 3.10.1962 – VIII ZR 231/61, BB 1962, 1345.
[140] RG Urt. v. 4.1.1918 – Rep. II 250/17, RGZ 92, 14 (17).

leistungen nicht gesondert nach § 354 Abs. 1 HGB zu vergüten (und entsprechende AGB-Klauseln daher wegen Verstoßes gegen das gesetzliche Leitbild unwirksam): die Erteilung einer Löschungsbewilligung,[141] die Benachrichtigung über die Nichtausführung von Aufträgen mangels Kontodeckung,[142] die Berechnung einer **Vorfälligkeitsentschädigung** (sehr umstritten),[143] wohl schon aber die Entgegennahme von Bareinzahlungen.[144] Sofern allerdings die Erbringung der Nebenleistung für den Kaufmann mit einem höheren als dem normalerweise zumutbaren Aufwand verbunden ist, rechtfertigt dies ebenfalls einen Vergütungsanspruch nach § 354 Abs. 1.[145]

19   **bb) Sonstiger Ausschluss kraft Handelsbrauchs bzw. nach Verkehrssitte.** Auch soweit eine Vereinbarung über die Unentgeltlichkeit einer Tätigkeit nicht getroffen wurde, kann der Anspruch aus § 354 Abs. 1 ausgeschlossen sein, wenn die Tätigkeit nach der **Verkehrssitte** oder einem **Handelsbrauch** (§ 346) unentgeltlich zu erbringen ist.[146] Nicht nach § 354 Abs. 1 zu vergüten sind daher zB einfache vorbereitende Arbeiten wie die Erstellung eines **Kostenvoranschlags**.[147] Ebenso wenig besteht ein Vergütungsanspruch für die Vorbereitung einer im Ergebnis **fehlgeschlagenen Geschäftsvermittlung**[148] oder für das **Verpacken** von Ware zum Versand.[149] Auch hier gilt allerdings, dass ein über das übliche Maß hinausgehender Aufwand des Kaufmanns die Anwendung des § 354 Abs. 1 zu rechtfertigen vermag.[150]

20   **cc) Unwirksame Vergütungsvereinbarung.** Eine Vereinbarung über die **Unentgeltlichkeit** der Tätigkeit oder ein dahingehender Handelsbrauch kann allerdings den Anspruch aus § 354 Abs. 1 grundsätzlich nur dann ausschließen, wenn die entsprechende **Vereinbarung wirksam** bzw. der **Handelsbrauch rechtmäßig** ist. Daher steht zB ein kraft Gesetzes nichtiger, weil gesetzlich nicht gestatteter Verzicht auf die Vergütung idR einem Anspruch aus § 354 Abs. 1 nicht entgegen (s. aber → Rn. 21 aE).[151]

21   Umgekehrt scheidet ein Rückgriff auf § 354 Abs. 1 bei **Nichtigkeit einer zwischen den Parteien getroffenen Vergütungsabrede** ggf. aus, falls deren Unwirksamkeit (zB nach **§ 139 BGB**) auch die rechtsgeschäftliche Einwilligung des Schuldners (→ Rn. 16) **miterfasst**.[152] Dies ist zB meist dann der Fall, wenn ein Vertrag insgesamt gegen ein **Verbotsgesetz** (§ 134 BGB) oder die **guten Sitten** (§ 138 BGB) verstößt (→ Rn. 22).[153] Besonders umstritten ist die Möglichkeit eines Rückgriffs auf § 354 Abs. 1 für den Fall der **Nichtigkeit eines Maklervertrags**.[154] Zum Teil wird insofern **(1.)** die Ansicht vertreten, auch in dieser Situation sei § 354 Abs. 1 anwendbar, so dass dem Makler, der Kaufmann ist, nach erfolgreicher Tätigkeit ein Provisionsanspruch nach dieser Vorschrift zustehen könne; Voraussetzung sei dabei aber stets, dass ein Vergütungsanspruch auch bei Gültigkeit des Maklervertrags bestanden hätte.[155] Nach anderer Ansicht scheidet **(2.)** eine Anwendung von § 354 Abs. 1 in derartigen Fällen strikt aus; anderenfalls würden die durch das Maklerrecht an die Wirksamkeit des Maklervertrags (und damit auch an seine wesentliche Rechtsfolge: das Bestehen des Provisionsanspruchs) gestellten Anforderungen umgangen und damit „ad absurdum" geführt.[156] Einer vermittelnden Ansicht zufolge soll schließlich **(3.)** die Anwendbarkeit des § 354 Abs. 1 dagegen **davon**

---

[141] BGH Urt. v. 7.5.1991 – XI ZR 244/90, BGHZ 114, 330 = NJW 1991, 1953; dazu *Kindler,* Entgeltklauseln in der Kreditwirtschaft, 2001, 24 f., 28.

[142] BGH Urt. v. 13.2.2001 – XI ZR 197/00, WM 2001, 563; dazu *Kindler,* Entgeltklauseln in der Kreditwirtschaft, 2001, 47 f.

[143] AA jedoch BGH Urt. v. 3.2.2004 – XI ZR 398/02, NJW 2004, 1730 (1731) (unter Verkennung des Umstands, dass dem Darlehensgeber *in concreto* ein Anspruch auf vorzeitige Darlehensablösung gegen Entrichtung einer Vorfälligkeitsentschädigung zustand); BeckOK HGB/*Lehmann-Richter* Rn. 13; Oetker/*Pamp* Rn. 8.

[144] *Kindler,* Entgeltklauseln in der Kreditwirtschaft, 2001, 28 ff. AA BGH Urt. v. 30.11.1993 – XI ZR 80/93, BGHZ 124, 254 = NJW 1994, 318: unangemessene Benachteiligung privater Girokunden.

[145] BGH Urt. v. 3.10.1962 – VIII ZR 231/61, BB 1962, 1345; Schlegelberger/*Hefermehl* Rn. 10.

[146] Baumbach/Hopt/*Hopt* Rn. 4; Oetker/*Pamp* Rn. 14; Heymann/*Horn* Rn. 8; Röhricht/Graf v. Westphalen/Haas/*Wagner* Rn. 12; Staub/*Canaris,* 3. Aufl. 1978, Anm. 7.

[147] Düringer/Hachenburg/*Werner* Anm. 8; GK-HGB/*Schmidt* Rn. 2; Baumbach/Hopt/*Hopt* Rn. 4.

[148] ROHG Urt. v. 11.2.1875 – Rep. III 86/75, ROHGE 16, 33 (34).

[149] Staub/*Canaris,* 3. Aufl. 1978, Anm. 5.

[150] → Rn. 18 und ROHG Urt. v. 15.9.1871 – I Rep. 384/71, ROHGE 3, 112 (115) bezüglich einer Vergütung für Verpackung.

[151] BGH Urt. v. 21.12.1973 – IV ZR 158/72, BGHZ 62, 71 (81 f.) = NJW 1974, 852 (854 f.) für den Fall eines wegen Verstoßes gegen § 20 Abs. 1 GWB (§ 26 Abs. 2 GWB aF) nichtigen Provisionsverzichts; MüKoHGB/*K. Schmidt* Rn. 11; Baumbach/Hopt/*Hopt* Rn. 4; Oetker/*Pamp* Rn. 15; BeckOK HGB/*Lehmann-Richter* Rn. 20.

[152] So insbesondere BeckOK HGB/*Lehmann-Richter* Rn. 20.

[153] BGH Urt. v. 29.3.2000 – VIII ZR 81/99, DB 2000, 1456.

[154] S. dazu auch BeckOK HGB/*Lehmann-Richter* Rn. 20.

[155] BGH Urt. v. 4.4.1966 – VIII ZR 102/64, BB 1966, 559; Urt. v. 9.11.1966 – VIII ZR 170/64, NJW 1967, 198 (199), wobei der Anspruch aus § 354 Abs. 1 allerdings im Ergebnis abgelehnt wird, weil ein Vergütungsanspruch auch bei bestehendem Maklervertrag mangels Kausalität der Maklertätigkeit nicht bestanden hätte; RG Urt. v. 6.11.1928 – II 235/28, RGZ 122, 229 (232).

[156] So insbes. Staudinger/*Reuter,* 12. Aufl. 1995, BGB §§ 652, 653 Rn. 54; noch weitergehend jetzt Staudinger/*Arnold,* 2016, BGB §§ 652, 653 Rn. 64: Eine Maklerleistung sei „ihrer Eigenart nach schon gar keine Geschäftsbesorgung oder Dienstleistung iS des § 354 HGB".

abhängig sein, ob die Nichtigkeit des Maklervertrags **allein aus formalen Gründen** bestehe. (Nur) in diesem Fall bleibe § 354 Abs. 1 anwendbar.[157]

Dieser **3. Ansicht** ist im Grundsatz zuzustimmen: **Allgemein** gesprochen – dh nicht nur für den **21a** Maklervertrag – kommt es nämlich in den Fällen der Unwirksamkeit eines etwaigen Vertrags für die Anwendbarkeit von § 354 Abs. 1 darauf an, **ob der Normzweck** der die Unwirksamkeit anordnenden Norm jedenfalls *auch* **dem Schutz einer Vertragspartei dient** und deshalb einen Vergütungsanspruch insgesamt ausschließen will.[158] Ist dies nicht der Fall, kann sich ein Vergütungsanspruch aus § 354 Abs. 1 ergeben; dieser kann jedoch im Einzelfall zusätzlich dann **ausscheiden,** wenn die Unwirksamkeit eines Vertrags nicht gerade aus dem Vergütungsverzicht folgt (→ Rn. 20) und dem Kaufmann auch bei Wirksamkeit des Vertrages kein Provisionsanspruch zustünde.

dd) Einigungs- und Willensmängel. Leidet ein Vertrag an **Einigungs-** (§§ 145 ff. BGB) oder **21b** **Willensmängeln** (§§ 116 ff. BGB), so ist ebenfalls anhand der Art des Mangels und der Umstände des Einzelfalls zu **differenzieren.**[159] Ist ein Vertrag zB nur wegen eines die Vergütung betreffenden **Dissenses**[160] (§§ 154, 155 BGB) nicht zustande gekommen, hindert dies eine Anwendung von § 354 Abs. 1 nicht;[161] denn Zweck von § 354 Abs. 1 ist es gerade auch, das etwaige Fehlen einer Vergütungsabrede zu überbrücken.[162] Eine Vergütungspflicht nach § 354 Abs. 1 kommt bei Vorliegen der sonstigen Voraussetzungen dieser Norm zudem selbst dann in Betracht, wenn die Parteien ihre **Vertragsverhandlungen abgebrochen** haben.[163] Eine **Irrtumsanfechtung** (§ 119 Abs. 1 oder 2 BGB) schließt die Anwendung der Vorschrift ebenfalls nicht zwangsläufig aus.[164] Wegen deren besonderer Schutzwürdigkeit greift § 354 Abs. 1 jedoch **nicht** zu Lasten **arglistig Getäuschter** oder **Bedrohter** (§§ 123 Abs. 1, 142 Abs. 1 BGB).[165] Das Gleiche gilt wegen der herausragenden Bedeutung der §§ 104 ff. BGB auch für ohne die Zustimmung ihrer gesetzlichen Vertreter handelnde **Minderjährige** bzw. sonstige **nicht unbeschränkt Geschäftsfähige.**[166]

ee) Ausschluss der Vergütungspflicht kraft Gesetzes. Unabhängig vom Vorliegen einer (un-   **22** wirksamen) Vergütungsvereinbarung ist der Anspruch aus § 354 Abs. 1 **kraft Gesetzes** zum einen immer dann ausgeschlossen, wenn die Tätigkeit gegen das Gesetz oder die guten Sitten **(§§ 134, 138 BGB)** verstößt.[167] Zum anderen kann sich die Unzulässigkeit einer Entgeltvereinbarung auch direkt **aus einer Verbotsnorm selbst** ergeben. Zu nennen sind hier beispielsweise § 656 BGB für den Ehemäklerlohn oder § 655d BGB für Nebenentgelte im Rahmen eines Verbraucherdarlehensvermittlungsvertrages iSv § 655b BGB.[168]

4. Rechtsfolge. Sind die Voraussetzungen des § 354 Abs. 1 erfüllt, hat der Kaufmann nach dem   **23** Wortlaut des Gesetzes Anspruch auf Zahlung von **„Provision"** bzw. – im Falle der Aufbewahrung – auf Zahlung von **„Lagergeld".** Beide Begriffe sind dabei nicht rein technisch, sondern viel weiter iSv **„Vergütung"** zu verstehen (→ Rn. 24, → Rn. 27). Aus § 347 ergibt sich allerdings, dass kein Anspruch aus § 354 Abs. 1 für solche Kosten besteht, deren Entstehung der Kaufmann bei Anwendung der ihm obliegenden Sorgfalt hätte vermeiden können.[169] Da § 354 Abs. 1 einen gesetzlichen Vergütungsanspruch (→ Rn. 2) und keinen Schadensersatzanspruch statuiert, finden sowohl § 254 BGB als auch § 287 Abs. 1 ZPO keine (direkte) Anwendung.[170] Ggf. kann jedoch gem. **§ 287 Abs. 2**

---

[157] OLG Hamm Urt. v. 22.4.1996 – 18 U 189/95, MDR 1996, 1023 (1024).

[158] So für den Maklervertrag BGH Urt. v. 7.7.2005 – III ZR 397/04, NJW-RR 2005, 1572 (1574) sowie allgemein BeckOK HGB/*Lehmann-Richter* Rn. 20 und BeckOGK/*Beurskens* Rn. 13.

[159] So insbes. BeckOK HGB/*Lehmann-Richter* Rn. 21; uneindeutig jedoch BGH Urt. v. 7.7.2005 – III ZR 397/04, NJW-RR 2005, 1572 (1574): „sofern keine Bedenken gegen die Wirksamkeit des Maklergeschäfts wegen Einigungs- oder Willensmängeln (§§ 145 ff., 104 ff., 116 ff. BGB) bestehen und die Vorschrift, aus der sich die Nichtigkeit ergibt […], nicht den Schutz einer Vertragspartei im Blick hat"; stets für Unanwendbarkeit (aber : ggf. GoA) BeckOGK/*Beurskens* Rn. 15.

[160] Dazu allgemein *Leenen* AcP 188 (1988), 381.

[161] AA jedoch → § 87 Rn. 17.

[162] Staub/*Canaris*, 4. Aufl. 2001, Rn. 3.

[163] BeckOK HGB/*Lehmann-Richter* Rn. 21; aA OLG München Urt. v. 11.1.2012 – 7 U 2609/11, NJOZ 2013, 254 (255); → § 87 Rn. 19.

[164] So auch BeckOK HGB/*Lehmann-Richter* Rn. 21.

[165] BeckOK HGB/*Lehmann-Richter* Rn. 21.

[166] Oetker/*Pamp* Rn. 15; GK-HGB/*Schmidt* Rn. 14; BeckOK HGB/*Lehmann-Richter* Rn. 21.

[167] Vgl. BGH Urt. v. 29.3.2000 – VIII ZR 81/99, NJW 2000, 2272, wonach eine Tätigkeit, die gegen ein Verbotsgesetz iSd § 134 BGB verstößt und daher rechtsgeschäftlich nicht wirksam vereinbart werden kann, nach § 354 nicht vergütungspflichtig ist; MüKoHGB/*K. Schmidt* Rn. 11; Oetker/*Pamp* Rn. 15; BeckOK HGB/*Lehmann-Richter* Rn. 20; KKRD/*Roth* Rn. 5; s. auch Röhricht/Graf v. Westphalen/*Wagner* Rn. 6.

[168] Vgl. OLG Koblenz Urt. v. 11.5.1984 – 2 U 52/83, WM 1984, 1238 (zu § 1d AbzG aF); BGH Urt. v. 7.7.2005 – III ZR 397/04, ZIP 2005, 1516 (1517) (zu § 655b BGB); Oetker/*Pamp* Rn. 15.

[169] Vgl. BGH Urt. v. 14.2.1996 – VIII ZR 185/94, NJW 1996, 1464 (1465); RG Urt. v. 13.4.1915 – II Rep. 590/14, JW 1915, 658 (659); GK-HGB/*Schmidt* Rn. 14.

[170] RG Urt. v. 13.4.1915 – II 590/14, JW 1915, 658 (659); Schlegelberger/*Hefermehl* Rn. 15; GK-HGB/*Schmidt* Rn. 13.

ZPO von § 287 Abs. 1 ZPO entsprechend Gebrauch gemacht (und damit auch eine gerichtliche Schätzung der Höhe der geschuldeten Vergütung vorgenommen) werden.[171]

24   **a) Provision.** Der Provisionsanspruch ist zum Teil gesetzlich geregelt, vgl. insbesondere §§ **86b–87c** für den Handelsvertreter, § **65** für den Handlungsgehilfen, §§ **394 Abs. 2 S. 2, 396 Abs. 1, 403, 406** für den Kommissionär sowie § **652 BGB** und § **93** für den Zivil- und Handelsmakler („Mäklerlohn"). Im Unterschied dazu ist der Begriff der „Provision" iSv § 354 Abs. 1 nach einhelliger Ansicht in einem über die gesetzlich geregelten Anwendungsfälle hinausgehenden, allgemeinen Sinn als **Vergütung** für die vom Kaufmann erbrachte **Geschäftsbesorgung oder Dienstleistung** zu verstehen.[172]

25   Die **Berechnung der Provision** erfolgt gewöhnlich nach einem **Vomhundertsatz vom Wert des Gegenstands,** auf den sich die Geschäftsbesorgung oder die Dienstleistung bezieht.[173] **Möglich** ist aber auch die Ausweisung eines **festen Betrags.**[174] Ersteres wird vor allem dann in Betracht kommen, wenn die Tätigkeit des Kaufmanns in einer Mitwirkung an einem Rechtsgeschäft bestand, wie zB bei der typischen Tätigkeit eines Kommissionärs oder Maklers. Eine feste Summe wird demgegenüber vor allem bei der Erbringung rein tatsächlicher Dienstleistungen geschuldet.[175]

26   Die **Höhe der Provision** bemisst sich in erster Linie nach dem ortsüblichen Satz. Maßgeblich ist dabei zunächst eine den Satz festlegende **Taxe,** vgl. §§ 612 Abs. 2, 632 Abs. 2, 653 Abs. 2 BGB.[176] Soweit eine Taxe – wie zB die Tarife für den Güternahverkehr (GNT) – nicht existiert,[177] kommt es für die Feststellung des ortsüblichen Satzes auf den **Orts- bzw. Handelsbrauch** (vgl. § 346) an.[178] Maßgeblich ist dabei die Übung am Leistungsort.[179] Sofern eine ortsübliche Vergütung nicht feststellbar ist, kann der Kaufmann eine **angemessene Vergütung** verlangen.[180] Bei Vorliegen eines Vertrages steht dem Kaufmann im Zweifel nach §§ 315, 316 BGB die Befugnis zu, die angemessene Vergütung nach billigem Ermessen zu bestimmen, wobei im Streitfall eine gerichtliche Nachprüfung erfolgt (§ 315 Abs. 3 BGB).[181] Fehlt es an einem Vertrag, obliegt die Festsetzung der angemessenen Vergütung dem richterlichen Ermessen,[182] § 287 Abs. 2 ZPO.[183] Maßgeblich sind jeweils die Umstände des Einzelfalls, zB der Zeitaufwand oder, bei Übernahme eines Risikos, dessen Ausmaß.[184]

27   **b) Lagergeld.** Ebenso wie der Begriff der Provision ist auch der Begriff des **Lagergeldes** in § 354 Abs. 1 allgemein im Sinne einer **Vergütung** für die Aufbewahrung zu verstehen und nicht auf die Bedeutung der Vergütung des Lagerhalters beim Lagergeschäft iSv § 467 Abs. 2 beschränkt.[185]

28   Bezüglich der **Höhe des** nach § 354 Abs. 1 geschuldeten **Lagergeldes** gelten zunächst die zur Höhe der Provision gemachten Ausführungen entsprechend (→ Rn. 26). Soweit der Kaufmann danach mangels ortsüblicher Vergleichsmaßstäbe Anspruch auf eine **angemessene** Vergütung hat, ist bei der Festsetzung des Lagergelds zu berücksichtigen, dass es nicht lediglich eine Vergütung für die Raumnutzung darstellt, sondern darüber hinaus auch der Abgeltung des mit der Aufbewahrung verbundenen **Mühewaltung** dient.[186] Im Falle des **Annahmeverzugs** (§§ 293 ff. BGB) des anderen Teils kann ein Kaufmann somit nach § 354 Abs. 1 Zahlung des ortsüblichen Lagergeldes verlangen; nach § **304 BGB** steht ihm daneben lediglich ein Anspruch auf die durch die Verwahrung entstandenen Mehrkosten zu.[187] Im Einzelfall kann jedoch auch ein nach § 354 Abs. 1 zu zahlendes Lagergeld Mehraufwendung iSv § 304 BGB sein.[188]

---

[171] BGH Urt. v. 29.3.2000 – VIII ZR 81/99, NJW 2000, 2272 (2274); BeckOK HGB/*Lehmann-Richter* Rn. 26.
[172] Vgl. etwa ROHG Urt. v. 17.2.1877 – II Rep. 1240/76, ROHGE 22, 72 (73) zu Art. 290 ADHGB (→ Rn. 1); Urt. v. 11.9.1877 – I Rep. 720/77, ROHGE 22, 407 (408); Röhricht/Graf v. Westphalen/Haas/*Wagner* Rn. 15; MüKoHGB/*K. Schmidt* Rn. 12; KKRD/*Roth* Rn. 6; Heymann/*Horn* Rn. 10; Schlegelberger/*Hefermehl* Rn. 13; Düringer/Hachenburg/*Werner* Anm. 9; Oetker/*Pamp* Rn. 16; BeckOK HGB/*Lehmann-Richter* Rn. 26.
[173] So auch Oetker/*Pamp* Rn. 16.
[174] GK-HGB/*Schmidt* Rn. 12; Heymann/*Horn* Rn. 11; Schlegelberger/*Hefermehl* Rn. 13; Oetker/*Pamp* Rn. 16.
[175] Düringer/Hachenburg/*Werner* Anm. 9.
[176] Düringer/Hachenburg/*Werner* Anm. 9; Heymann/*Horn* Rn. 11; Schlegelberger/*Hefermehl* Rn. 14.
[177] Dies wird häufig der Fall sein, da Taxen weitgehend auf – für § 354 Abs. 1 nicht relevante – freiberufliche Tätigkeiten beschränkt sind, vgl. MüKoBGB/*Müller-Glöge* BGB § 612 Rn. 28.
[178] Baumbach/Hopt/*Hopt* Rn. 6; Röhricht/Graf v. Westphalen/Haas/*Wagner* Rn. 15.
[179] Düringer/Hachenburg/*Werner* Anm. 9.
[180] Baumbach/Hopt/*Hopt* Rn. 7; GK-HGB/*Schmidt* Rn. 12; Oetker/*Pamp* Rn. 16; iErg auch MüKoHGB/*K. Schmidt* Rn. 12.
[181] Schlegelberger/*Hefermehl* Rn. 14; KKRD/*Roth* Rn. 6; Oetker/*Pamp* Rn. 16.
[182] RG Urt. v. 13.4.1915 – II Rep. 590/14, JW 1915, 658 (659).
[183] BGH Urt. v. 29.3.2000 – VIII ZR 81/99, NJW 2000, 2272 (2274); BeckOK HGB/*Lehmann-Richter* Rn. 26.
[184] Vgl. Heymann/*Horn* Rn. 11; Röhricht/Graf v. Westphalen/Haas/*Wagner* Rn. 15; Oetker/*Pamp* Rn. 16.
[185] Vgl. Röhricht/Graf v. Westphalen/Haas/*Wagner* Rn. 15; KKRD/*Roth* Rn. 6; MüKoHGB/*K. Schmidt* Rn. 12; Oetker/*Pamp* Rn. 17.
[186] RG Urt. v. 13.4.1915 – II Rep. 590/14, JW 1915, 658 (659); Schlegelberger/*Hefermehl* Rn. 13; Staub/*Canaris*, 3. Aufl. 1978, Anm. 14.
[187] BGH Urt. v. 14.2.1996 – VIII ZR 185/94, NJW 1996, 1464; RG Urt. v. 2.3.1900, RGZ 45, 300 (302); BeckOK HGB/*Lehmann-Richter* Rn. 23.
[188] KG Urt. v. 25.9.2007 – 7 U 5/07, NJOZ 2008, 1435 (1436); Oetker/*Pamp* Rn. 17.

5. Rechtsverlust durch Zeitablauf. Der Vergütungsanspruch aus § 354 Abs. 1 unterliegt der **29**
Regelverjährung und verjährt daher gem. § 195 BGB in **drei Jahren,** gerechnet ab dem Schluss des
Jahres der Anspruchsentstehung und der Kenntnis (bzw. grob fahrlässigen Unkenntnis) des Kaufmanns
von den anspruchsbegründenden Umständen sowie der Person des Schuldners (§ 199 Abs. 1 BGB).
Eine analoge Anwendung von §§ 439, 463 oder 475a kommt dabei idR nicht in Betracht.[189] Macht
der Kaufmann seinen Vergütungsanspruch übermäßig spät geltend, kann im Einzelfall jedoch aus-
nahmsweise die Durchsetzung des Anspruchs schon vor Ablauf der regelmäßigen Verjährungsfrist nach
Treu und Glauben gehindert sein.[190]

6. Beweislast. § 354 Abs. 1 stellt die Regel auf, dass bei Vorliegen der dort genannten Voraus- **30**
setzungen die Leistung des Kaufmanns nur gegen Entgelt erbracht wird. Behauptet der **Leistungs-**
empfänger demgegenüber, dass auf Grund von Vereinbarung, Verkehrssitte oder Handelsbrauch die
Leistung **unentgeltlich** zu erbringen sei, trägt er als Anspruchsgegner hierfür die **Beweislast.**[191]

Umstritten ist demgegenüber, wie die **Beweislast** verteilt ist, wenn der Kaufmann die übliche bzw. **31**
eine angemessen Vergütung fordert und der andere Teil demgegenüber die **Vereinbarung einer**
niedrigeren Vergütung behauptet. Nach einer in der Lit. vertretenen Ansicht **(1.)** handelt es sich
bei dem von § 354 Abs. 1 vorausgesetzten Fehlen einer Vergütungsvereinbarung um ein **negatives**
Tatbestandsmerkmal.[192] Die **Beweislast** für rechtsbegründende Voraussetzungen trägt nach der
ungeschriebenen Grundregel des Beweisrechts aber immer der **Anspruchsteller.**[193] Dies gilt auch für
negative Tatbestandsmerkmale;[194] die Beweislast treffe hier also den Kaufmann. Er müsse die Behauptung des anderen Teils widerlegen, es sei eine niedrigere als die vom Kaufmann beanspruchte Vergütung vereinbart.[195] Eine zweite Ansicht beschränkt sich demgegenüber **(2.)** auf den allgemeinen
Hinweis, die Beweislast trage derjenige, der eine von § 354 Abs. 1 abweichende Vereinbarung
behauptet.[196] Danach müsste die Beweislast für die abweichende Vergütungsvereinbarung nicht den
Kaufmann, sondern seinen die abweichende Vergütungsabrede behauptenden Anspruchsgegner treffen.
Für diese Ansicht spricht, dass die Beweisführung für den Kaufmann auf der Grundlage der geschilderten Gegenansicht praktisch oftmals schwer fallen dürfte.[197] Wegen der Schwierigkeit des Beweises
negativer Tatsachen wird daher von einem Teil der Literatur, zT im Rahmen der mit § 354 Abs. 1
strukturell vergleichbaren Vorschriften der §§ 612 Abs. 1, 632 Abs. 1, 653 Abs. 1, 689 BGB
(→ Rn. 1 f.),[198] die Ansicht vertreten, **(3.)** soweit der **Anspruchsgegner** sich gegenüber dem Anspruch auf die übliche Vergütung auf eine niedrigere Vereinbarung berufe, obliege ihm auch der
Beweis für diese Tatsache.[199]

Für die Anwendung der **letztgenannten Ansicht** auch iRv § 354 Abs. 1 spricht entscheidend die **32**
Vergleichbarkeit mit der in → Rn. 30 dargestellten allgM zur Beweislast hinsichtlich des *Fehlens* einer
Vergütungsabrede. Es wäre **inkonsistent,** wenn den Anspruchsgegner zwar die Beweislast hinsichtlich
des *Vorliegens* einer negativen Vergütungsabrede, dh der Vereinbarung eines unentgeltlichen Tätigwerdens des Kaufmanns, träfe, es jedoch andersherum dem Kaufmann oblige, die Behauptung einer zwar
nicht unentgeltlichen, jedoch *niedrigeren* Vergütungsvereinbarung zu widerlegen; denn in beiden Fällen
liegt im Ergebnis gleichermaßen eine Abbedingung von § 354 Abs. 1 vor.[200] Die Behauptung der

---

[189] BeckOK HGB/*Lehmann-Richter* Rn. 27; aA zu § 475a: MüKoHGB/*K. Schmidt* Rn. 12; Baumbach/Hopt/
Hopt Rn. 8.
[190] Vgl. BGH Urt. v. 21.12.1973 – IV ZR 158/72, BGHZ 62, 71 (83) = NJW 1974, 852 (855).
[191] Vgl. OLG Düsseldorf Urt. v. 19.1.1995 – 10 U 43/94, NJW-RR 1996, 287 (288), wobei allerdings der
Anwendungsbereich des § 354 Abs. 1 zu eng verstanden wird. Vgl. dazu *Eckert* EWiR 1995, 491 (492); Baumgärtel/
Wittmann, Handbuch der Beweislast im Privatrecht, Bd. 4, 1988, HGB § 354 Rn. 1; ferner OLG Rostock NJW-RR
2000, 1005; MüKoHGB/*K. Schmidt* Rn. 4; Oetker/*Pamp* Rn. 19; BeckOK HGB/*Lehmann-Richter* Rn. 8.
[192] Vgl. GK-HGB/*Schmidt* Rn. 4; Heymann/*Horn* Rn. 7; Oetker/*Pamp* Rn. 20; so iErg auch *Kindler* → 3. Aufl.
2015, Rn. 31.
[193] BGH Urt. v. 14.1.1991 – II ZR 190/89, BGHZ 113, 222 = NJW 1991, 1052 (1053); *Rosenberg/Schwab/*
Gottwald, Zivilprozessrecht, 18. Aufl. 2018, ZPO § 116 Rn. 9; Zöller/*Greger* ZPO Vor § 284 Rn. 17a.
[194] Vgl. etwa BGH Urt. v. 8.10.1992 – I ZR 220/90, NJW-RR 1993, 746 (747) zu § 14 UWG; Urt. v. 31.3.1982
– IV a ZR 4/81, NJW 1982, 1523 zu § 653 Abs. 2 BGB mwN; *Rosenberg/Schwab/Gottwald,* Zivilprozessrecht,
18. Aufl. 2018, ZPO § 116 Rn. 9.
[195] GK-HGB/*Schmidt* Rn. 4; Heymann/*Horn* Rn. 7; Oetker/*Pamp* Rn. 20.
[196] Staub/*v. Godin,* 2. Aufl. 1963, Anm. 18; Staub/*Canaris,* 4. Aufl. 2001, Rn. 3.
[197] Zur grundsätzlichen Schwierigkeit des Beweises von negativen Tatsachen vgl. BGH Urt. v. 15.2.1955 – I ZR
108/53, BGHZ 16, 307 (310) = NJW 1955, 585,; BGH Urt. v. 13.5.1987 – VIII ZR 137/86, BGHZ 101, 49 (55) =
NJW 1987, 2235.
[198] MüKoBGB/*Schwerdtner,* 2. Aufl. 1986, BGB § 652 Rn. 224; Staudinger/*Reuter,* 12. Aufl. 1995, BGB §§ 652,
653 Rn. 159 sowie Staudinger/*Arnold,* 2016, BGB §§ 652, 653 Rn. 183; nach der Rspr. trifft hingegen beim
Maklervertrag den Makler, der gem. § 653 Abs. 2 BGB Zahlung des üblichen Lohns verlangt, die Beweislast dafür,
dass entgegen einer Behauptung des Auftraggebers keine (niedrigere) Provision vereinbart worden ist (außer dies
erfolgt erst nachträglich), s. BGH Urt. v. 31.3.1982 – IV a ZR 4/81, NJW 1982, 1523; so auch zu § 632 Abs. 2 BGB
BGH Urt. v. 9.4.1981 – VII ZR 262/80, BGHZ 80, 257 = NHJ 1981, 1442 (1443).
[199] BeckOK HGB/*Lehmann-Richter* Rn. 8.
[200] BeckOK HGB/*Lehmann-Richter* Rn. 8.

Vereinbarung einer geringeren Vergütung seitens des Anspruchsgegners ist mithin als Erhebung einer Einwendung und nicht etwa als Bestreiten des Vorliegens der rechtsbegründenden Voraussetzungen von § 354 Abs. 1 zu behandeln. Die **Beweislast** auch für das Vorliegen der **Vereinbarung einer niedrigeren Vergütung** trifft mithin **den Anspruchsgegner.**[201]

II. Zinsanspruch (Abs. 2)

33   **1. Normzweck.** § 354 Abs. 2 erweitert die **Verzinsungspflichten** des Bürgerlichen Rechts in Bezug auf Ansprüche auf Rückzahlung von Darlehen, Vorschüssen und Verwendungen zugunsten von Kaufleuten in **sachlicher** und **zeitlicher** Hinsicht. Besteht ein solcher Rückzahlungsanspruch – was § 354 Abs. 2 implizit voraussetzt –, so bestimmt die Vorschrift eine Verzinsung (1.) **kraft Gesetzes** und (2.) sogar **vom Tag der Leistung an.**

33a   Entgegen einer Mindermeinung[202] beinhaltet § 354 Abs. 2 mithin eine auf Zahlung von Zinsen gerichtete **gesetzliche Anspruchsgrundlage** und nicht bloß eine Auslegungsregel.[203] Wie § 353 S. 1 (→ § 353 Rn. 1) und § 354 Abs. 1 (→ Rn. 2 ff.) beruht auch § 354 Abs. 2 auf **bereicherungsrechtlichen Wertungen.** Die Vorschrift bezweckt, dass die mit der Verwendung verbundenen **Liquiditätsvorteile** nicht beim Nutznießer der Verwendung verbleiben sollen, sondern **mit ihrem Gegenwert** an den Verwender zu **erstatten** sind. Daher kann der Kaufmann die Verzinsung eines einem anderen gewährten Geldbetrags oder einer geldwerten Leistung bereits von dem Zeitpunkt (→ Rn. 42) an verlangen, in dem er den Geldbetrag seinem Betrieb zugunsten des Schuldners entzieht.[204]

34   **2. Regelungsinhalt.** § 354 Abs. 2 bewirkt zum einen eine **Erweiterung** der bürgerlich-rechtlichen **Zinsregelungen.** Eine gesetzliche Zinspflicht für **Darlehen und Vorschüsse** besteht dort nämlich im Falle des etwaigen Fehlens einer Vereinbarung einer Pflicht zur Zahlung von Zinsen (vgl. § 488 Abs. 1 S. 2 BGB) nur bei Verzug (§ 288 Abs. 1 und 2 BGB) oder bei Rechtshängigkeit des Rückzahlungsanspruchs (§ 291 S. 1 BGB). Zum anderen ist § 354 Abs. 2 aber auch als **Erweiterung der Regelung des § 353 S. 1** zu verstehen. Während nämlich nach § 353 S. 1 der Zinslauf erst mit der Fälligkeit eines Anspruchs beginnt, verlegt § 354 Abs. 2 den Beginn der Zinspflicht mit der Anknüpfung an den Tag der Leistung – vergleichbar dem Art. 84 Abs. 1 CISG (→ § 352 Rn. 29 ff.) – auf einen **ggf. noch früheren Zeitpunkt** vor.[205] Dies ist jedoch nur von Bedeutung für Rückzahlungsansprüche, bei denen die Fälligkeit entgegen der Grundregel in § 271 Abs. 1 aE BGB kraft Vereinbarung oder Gesetzes nicht sofort eintritt.[206] Soweit § 354 Abs. 2 die Verzinsung von **Auslagen und sonstigen Verwendungen** anordnet, stellt dies **keine** gegenüber dem Bürgerlichen Recht **weitergehende Regelung** dar: Auslagen und sonstige Verwendungen sind nämlich Aufwendungen iSd § 256 BGB (→ § 352 Rn. 17) und somit schon nach dieser Vorschrift vom Tag der Aufwendung an zu verzinsen.[207] Allerdings findet nur auf § 354 Abs. 2 die Regelung des **§ 352 Abs. 2** Anwendung.[208]

35   **3. Voraussetzungen. a) Kaufmannseigenschaft des Anspruchstellers.** Der Anspruch auf Verzinsung nach § 354 Abs. 2 ist hinsichtlich der von der Person des Anspruchstellers zu erfüllenden Voraussetzungen identisch mit den insoweit nach § 354 Abs. 1 bestehenden Anforderungen. Dies folgt aus dem Umstand, dass das Gesetz in § 354 Abs. 2 an den in Abs. 1 beschriebenen Kaufmann anknüpft („er").[209] Der Anspruchsteller muss mithin im **Zeitpunkt der Anspruchsentstehung**[210] Kaufmann iSd §§ 1–6 sein (zum erfassten Personenkreis vgl. → Rn. 3). Ein späterer Wegfall der Kaufmannseigenschaft hindert den Zinslauf nicht.[211] Des Weiteren muss der Kaufmann den nach § 354 Abs. 2 zu verzinsenden Anspruch im Rahmen der **Ausübung seines Handelsgewerbes** (→ Rn. 5) erworben haben.[212] Der **Anspruchsgegner** hingegen muss nicht Kaufmann sein (vgl. § 345).[213]

36   **b) Bestehender Rückzahlungs- oder Verwendungsersatzanspruch.** Auch wenn sich diese Voraussetzung nicht unmittelbar aus dem Wortlaut von § 354 Abs. 2 ergibt, muss der Kaufmann **nach**

---

[201] So auch BeckOK HGB/*Lehmann-Richter* Rn. 8.
[202] So insbesondere MüKoHGB/*K. Schmidt* Rn. 1, 15 und BeckOGK/*Beurskens* Rn. 57.
[203] Ganz hM, s. BGH Urt. v. 10.7.1975 – III ZR 16/74, MDR 1975, 1008; *Kindler,* Gesetzliche Zinsansprüche im Zivil- und Handelsrecht, 1996, 260; Staub/*Canaris,* 4. Aufl. 2001, Rn. 15; BeckOK HGB/*Lehmann-Richter* Rn. 22; Baumbach/Hopt/*Hopt* Rn. 6; Oetker/*Pamp* Rn. 22; KKRD/*Roth* Rn. 1.
[204] RG Urt. v. 3.8.1938 – II 203/37, JW 1938, 3047 (3048); GK-HGB/*Schmidt* Rn. 16; Heymann/*Horn* Rn. 12.
[205] BeckOK HGB/*Lehmann-Richter* Rn. 28; Heymann/*Horn* Rn. 12.
[206] Staub/*Canaris,* 4. Aufl. 2001, Rn. 15.
[207] Staub/*Canaris,* 3. Aufl. 1978, Anm. 15; BeckOK HGB/*Lehmann-Richter* Rn. 28.
[208] MüKoHGB/*K. Schmidt* Rn. 18; → Rn. 42.
[209] Düringer/Hachenburg/*Werner* Anm. 11.
[210] So auch Oetker/*Pamp* Rn. 22.
[211] Staub/*Canaris,* 3. Aufl. 1978, Anm. 16; Oetker/*Pamp* Rn. 22.
[212] Düringer/Hachenburg/*Werner* Anm. 11.
[213] BGH Urt. v. 10.7.1975 – III ZR 16/74, MDR 1975, 1008.

allgemeinen Regeln entweder einen Anspruch auf Rückzahlung eines Darlehens oder eines Vorschusses haben bzw. ihm muss ein Anspruch auf Verwendungsersatz zustehen.[214]

aa) Darlehen. Der Begriff des **Darlehens** in § 354 Abs. 2 entspricht grds. demjenigen in **§§ 488** 37 **und 607 BGB.**[215] Danach ist ein Darlehen ein Vertrag, durch den sich der Darlehensgeber zur Verschaffung von Geld oder zur Übereignung von vertretbaren Sachen und der Darlehensempfänger zur Rückerstattung des Geldbetrages oder von Sachen von gleicher Art, Güte und Menge verpflichtet. Da § 354 Abs. 2 – ebenso wie § 354 Abs. 1 (→ Rn. 18) – **abdingbar** ist, findet die Vorschrift jedoch keine Anwendung, wenn eine Verzinsung vertraglich ausgeschlossen ist, dh ein unverzinsliches Darlehen vereinbart wurde (→ Rn. 41).[216] Dementsprechend fällt auch unter die **Stundung** idR nicht unter § 354 Abs. 2, dh während etwa ein Darlehensrückzahlungsanspruch gestundet ist, ist er im Zweifel auch nicht nach § 354 Abs. 2 zu verzinsen.[217] Das Gleiche gilt im Zweifel, wenn eine Verzinsungspflicht ausdrücklich erst ab einem späteren Zeitpunkt als demjenigen der Leistung eingreifen soll.[218] Anwendung findet § 354 Abs. 2 darüber hinaus auch auf bestimmte **Haftungskredite** wie jedenfalls den sog. Avalkredit,[219] dh die Übernahme von Bürgschaften, Garantien oder sonstigen Gewährleistungen gegen Zahlung einer sog. Avalprovision durch eine Bank.[220] In der Lit. ist umstritten, ob auch ein sog. **Vereinbarungsdarlehen** die Zinspflicht nach § 354 Abs. 2 auslösen kann, dh wenn die Parteien vereinbaren, dass ein aus einem anderen Grund geschuldeter Geldbetrag künftig als Darlehen geschuldet sein soll.[221] Richtigerweise ist dies mit der **hM** zu bejahen.[222] Denn entgegen dem Wortlaut („vom Tage der Leistung an") kommt es nach dem Normzweck von § 354 Abs. 2 gerade nicht auf die tatsächliche Auszahlung als Darlehen, sondern bloß auf die Verwendung von Liquiditätsvorteilen an (→ Rn. 33).[223]

bb) Vorschuss. Über die Auslegung des Begriffs **Vorschuss** herrscht ebenfalls Uneinigkeit. Zum 38 Teil wird hierunter ganz allgemein jede in Erfüllungsabsicht geleistete Vorauszahlung auf künftig entstehende oder fällig werdende Forderungen des Vorschussempfängers verstanden (weiter Vorschussbegriff).[224] Nach **hM** sollen dagegen nur Vorauszahlungen **mit darlehensähnlicher Funktion** erfasst sein **(enger Vorschussbegriff).**[225] Dies ergebe sich aus dem Umstand, dass der Begriff Vorschuss vorliegend im Zusammenhang mit dem Begriff Darlehen verwendet wird. Folgt man dieser einschränkenden Ansicht, fallen zwar zB Vorschüsse, die der Kommissionär auf das Kommissionsgut (vgl. § 397) oder der Spediteur oder Frachtführer auf das Frachtgut gewähren, unter den Vorschussbegriff des § 354 Abs. 2, nicht aber ein vom Arbeitgeber an seinen Angestellten gewährter „Gehaltsvorschuss" oder eine Zahlung des Bestellers an seinen Lieferanten, die diesen in die Lage versetzen soll, die bestellte Ware fabrizieren zu können.[226] Der Wortlaut des § 354 Abs. 2 lässt indes eine derartige Beschränkung **nicht erkennen.** Soweit die Vertreter der hM anführen, eine Verzinsung des Vorschusses sei in den beiden letztgenannten Beispielsfällen völlig unüblich,[227] ist dem entgegenzuhalten, dass sich aus der Klassifizierung einer Vorausleistung als Vorschuss iSd § 354 Abs. 2 keinesfalls zwingend eine Verzinsungspflicht des Leistungsempfängers ergibt. Vielmehr kommt es zusätzlich darauf an, ob im Einzelfall hinsichtlich der Verzinsungspflicht eine die § 354 Abs. 2 ausschließende anderweitige Vereinbarung getroffen wurde (→ Rn. 41). Eine solche liegt aber im Zweifel immer dann vor, wenn nach der **Verkehrssitte oder einem Handelsbrauch** die in Rede stehende Vorausleistung – wie etwa im Fall der Zahlung eines „Gehaltsvorschusses" [228] – nicht verzinst zu werden pflegt. Entgegen der hM ist daher eine **weite Auslegung des Vorschussbegriffs** vorzugswürdig.[229]

---

[214] Staub/*Canaris*, 4. Aufl. 2001, Rn. 16; BeckOK HGB/*Lehmann-Richter* Rn. 28.

[215] BeckOGK/*Beurskens* Rn. 48; BeckOK HGB/*Lehmann-Richter* Rn. 30; Schlegelberger/*Hefermehl* Rn. 17; Heymann/*Horn* Rn. 15; ähnl. auch MüKoHGB/*K. Schmidt* Rn. 16 und Oetker/*Pamp* Rn. 23 (jeweils Verweis nur auf § 488 BGB).

[216] BGH Urt. v. 10.7.1975 – III ZR 16/74, MDR 1975, 1008.

[217] MüKoHGB/*K. Schmidt* Rn. 16; Oetker/*Pamp* Rn. 23.

[218] BeckOK HGB/*Lehmann-Richter* Rn. 30.

[219] LG Kleve Urt. v. 18.8.2015 – 4 O 13/15, NJW 2016, 258; MüKoHGB/*K. Schmidt* Rn. 16; BeckOK HGB/*Lehmann-Richter* Rn. 30.

[220] BeckOGK/*Binder* BGB § 488 Rn. 52; MüKoBGB/*Berger* BGB Vor § 488 Rn. 44.

[221] MüKoBGB/*Berger* BGB § 488 Rn. 18; Palandt/*Weidenkaff* BGB § 488 Rn. 20.

[222] MüKoHGB/*K. Schmidt* Rn. 16; Oetker/*Pamp* Rn. 23; BeckOK HGB/*Lehmann-Richter* Rn. 30; Röhricht/Graf v. Westphalen/Haas/*Wagner* Rn. 17; Heymann/*Horn* Rn. 15; GK-HGB/*Schmidt* Rn. 18; aA Düringer/Hachenburg/*Werner* Anm. 10; Schlegelberger/*Hefermehl* Rn. 17.

[223] So insbes. MüKoHGB/*K. Schmidt* Rn. 16.

[224] GK-HGB/*Schmidt* Rn. 18; Staub/*Canaris*, 3. Aufl. 1978, Anm. 10.

[225] MüKoHGB/*K. Schmidt* Rn. 17; Oetker/*Pamp* Rn. 24; BeckOGK/*Beurskens* Rn. 50; Heymann/*Horn* Rn. 15; Düringer/Hachenburg/*Werner* Anm. 10; Schlegelberger/*Hefermehl* Rn. 17.

[226] So ausdr. – unter Berufung auf die kaufmännische Übung – MüKoHGB/*K. Schmidt* Rn. 17; Oetker/*Pamp* Rn. 24.

[227] So etwa MüKoHGB/*K. Schmidt* Rn. 17.

[228] Vgl. Staub/*Canaris*, 3. Aufl. 1978, Anm. 10; MüKoHGB/*K. Schmidt* Rn. 17; Oetker/*Pamp* Rn. 24.

[229] So auch BeckOK HGB/*Lehmann-Richter* Rn. 31.

39   **cc) Auslagen und andere Verwendungen.** Die Zinspflicht besteht schließlich auch für nach allgemeinen Regeln gegebene **Verwendungsersatzansprüche** des Kaufmanns (zB aus § 670 BGB, ggf. iVm §§ 675 Abs. 1 bzw. 683 S. 1 BGB, oder aus § 693 BGB).

40   Der in § 354 Abs. 2 beispielhaft genannte Begriff der **Auslagen** bezeichnet nur eine Unterart der Verwendungen.[230] Es geht dabei um Zahlungen oder sonstige geldwerte Leistungen, die der Kaufmann aus seinem Vermögen *an einen anderen* für Rechnung seines Geschäftsherrn leistet,[231] zB Zahlungen für die Fracht oder für den Kaufpreis[232] oder Anwaltskosten iRe Abmahnung nach dem UWG.[233] **Andere Verwendungen** sind dagegen Zahlungen oder geldwerte Leistungen des Kaufmanns, die seinem Geschäftsherrn *unmittelbar* zugute kommen.[234] Entsprechend ist der Begriff der Verwendung iSv § 354 Abs. 2 **weiter** und damit nicht etwa gleichbedeutend mit dem Verwendungsbegriff iSv §§ 994 ff. BGB[235]);[236] er entspricht in etwa dem herkömmlichen Verständnis der **Aufwendung** iSv § 670 BGB.[237] Daher enthält § 354 Abs. 2 im Hinblick auf die Anordnung einer Verzinsung für Auslagen und andere Verwendungen im Ergebnis keine gegenüber **§ 256 BGB** (Verzinsung für Aufwendungen; → § 352 Rn. 17) weitergehende Regelung (→ Rn. 34). Allerdings ist nach § 256 BGB bei Aufwendung von anderen Gegenständen als Geld deren Wertersatz zu verzinsen. Da auch Auslagen und Verwendungen iSd § 354 Abs. 2 Aufwendungen iSd § 256 BGB darstellen, müssen daher auch sie sich auf Geld oder geldwerte Leistungen beziehen.[238] Folglich ist ein **Aufwand des Kaufmanns an Zeit oder Kraft nicht** über § 354 Abs. 2 zu **verzinsen**. Ebenso wenig kann er eine Verzinsung seines Verdienstausfalls beanspruchen.[239]

41   **c) Keine vorrangige anderweitige Vereinbarung.** § 354 Abs. 2 ist **abdingbar**. Ebenso wie eine anderweitige (ggf. negative) Vergütungsabrede die Entstehung des Vergütungsanspruchs aus § 354 Abs. 1 hindert, schließt eine von den Parteien ausdrücklich oder konkludent getroffene Abrede, die die Verzinsung ausschließt oder hinausschiebt, daher auch bei § 354 Abs. 2 eine Verzinsungspflicht aus (→ Rn. 37). Für die Frage, unter welchen **Voraussetzungen** ein derartiger Ausschluss anzunehmen ist, vgl. die entsprechenden Ausführungen zu § 354 Abs. 1 (→ Rn. 17 ff.).

42   **4. Rechtsfolge. a) Zinspflicht.** Liegen die vorstehend erörterten Voraussetzungen vor, ordnet § 354 Abs. 2 kraft Gesetzes die **Verzinslichkeit** des Darlehens, des Vorschusses, der Auslagen oder der anderweitigen Verwendungen an. Es handelt sich mithin nicht um Verzugszinsen.[240] Die **Höhe des Zinssatzes** beträgt nach § 352 Abs. 2 fünf Prozent für das Jahr. Der Zinslauf wird ausgelöst durch die Leistung, dh die Auszahlung des Darlehens, des Vorschusses oder mit der Vornahme der Verwendung. Entgegen dem missverständlichen Wortlaut von § 354 Abs. 2 („vom Tage der Leistung an") **beginnt die Verzinsungspflicht** jedoch **analog § 187 Abs. 1 BGB** erst an dem auf die jeweilige Leistung folgenden Tag zu laufen (vgl. die entsprechenden Ausführungen zu § 353 S. 1, → § 353 Rn. 27); insofern kommt es zudem wegen des bereicherungsrechtlichen Charakters von § 354 Abs. 2 auf den Zahlungs*eingang* (und nicht bereits die Vornahme der Leistungs*handlung*) an.[241] Der **Zinslauf endet** in den Fällen der §§ 301, 379 Abs. 2 BGB sowie mit dem – auch teilweisen – **Erlöschen der Hauptschuld** (→ Rn. 36 ff.), und zwar mit dem Ablauf des jeweiligen Tages; vgl. ferner § 39 Abs. 1 Nr. 1 InsO.[242]

43   **b) Konkurrenzen.** Besteht eine Zinspflicht nach § 354 Abs. 2, ist fraglich, ob der Kaufmann **daneben auch eine Vergütung nach § 354 Abs. 1** beanspruchen kann. Ein Teil der Lit. **(1.)** bejaht dies ohne nähere Begründung.[243] Diese Ansicht ist schon im Hinblick darauf abzulehnen, dass dem Kaufmann für die Fälle, in denen sich seine Leistung in der Darlehensgewährung etc. erschöpft, kein doppelter Ausgleichsanspruch zustehen kann.[244] Aus diesem Grund soll nach anderer Ansicht **(2.)** neben dem Zinsanspruch ein zusätzlicher Vergütungsanspruch aus § 354 Abs. 1 keinesfalls in Betracht kommen.[245] Die vorzugswürdig **vermittelnde Ansicht** hingegen will **(3.)** dem Kaufmann den

---

[230] Düringer/Hachenburg/*Werner* Anm. 11.

[231] Vgl. BGH Urt. v. 28.4.1975 – II ZR 5/74, WM 1975, 555 (556); Urt. v. 7.3.1983 – II ZR 82/82, NJW 1983, 1729; BeckOK HGB/*Lehmann-Richter* Rn. 32; Oetker/*Pamp* Rn. 25.

[232] Staub/*Canaris*, 3. Aufl. 1978, Anm. 10; Schlegelberger/*Hefermehl* Rn. 17.

[233] So BeckOK HGB/*Lehmann-Richter* Rn. 32 unter Verweis auf OLG Köln Urt. v. 23.8.1978 – 6 U 55/78, GRUR 1979, 76.

[234] So auch Oetker/*Pamp* Rn. 25; BeckOK HGB/*Lehmann-Richter* Rn. 33; s. auch MüKoHGB/*K. Schmidt* Rn. 18: „Aufwendungen, die für fremde Rechnung vorgenommen werden".

[235] Dh *Aufwendungen, die einer Sache zugute kommen sollen,* s. etwa MüKoBGB/*Raff* BGB § 994 Rn. 10 mwN.

[236] MüKoHGB/*K. Schmidt* Rn. 18.

[237] BeckOK HGB/*Lehmann-Richter* Rn. 34; MüKoHGB/*K. Schmidt* Rn. 18; Oetker/*Pamp* Rn. 25.

[238] Vgl. Staub/*Canaris*, 3. Aufl. 1978, Anm. 15 sowie Düringer/Hachenburg/*Werner* Anm. 11.

[239] Vgl. Staub/*Canaris*, 3. Aufl. 1978, Anm. 15.

[240] Düringer/Hachenburg/*Werner* Anm. 12.

[241] So die überzeugende (wohl) hM iRv Art. 84 Abs. 1 CISG; dazu → § 352 Rn. 30.

[242] Düringer/Hachenburg/*Werner* Anm. 12 und Vor §§ 352, 353 Anm. 15.

[243] Staub/*Canaris*, 3. Aufl. 1978, Anm. 15.

[244] GK-HGB/*Schmidt* Rn. 19.

[245] Düringer/Hachenburg/*Werner* Anm. 12.

Anspruch aus § 354 Abs. 1 immer dann neben dem Zinsanspruch nach § 354 Abs. 2 gewähren, wenn sich seine Tätigkeit **nicht in der Gewährung eines Darlehens oder eines Vorschusses bzw. in der Vornahme der Verwendung erschöpft** hat.[246] Dies wäre zB der Fall, wenn ein Makler einem Klienten dadurch einen sog mittelbaren Bankkredit beschafft, dass er im eigenen Namen einen Bankkredit aufnimmt und diesen an den Klienten weiterleitet. In diesem Fall erscheint es sachgerecht, dass dem Makler neben dem Zinsanspruch für seine zusätzliche Mühewaltung (Darlehensaufnahme im eigenen Namen) auch eine zusätzliche Vergütung zustehen soll.[247]

5. Verjährung. Der Zinsanspruch aus § 354 Abs. 2 unterliegt der **Regelverjährung** und verjährt **44** daher gem. § 195 BGB (ggf. iVm § 197 Abs. 2 BGB) in **drei Jahren**, gerechnet ab dem Schluss des Jahres der Anspruchsentstehung und der Kenntnis (bzw. grob fahrlässigen Unkenntnis) des Kaufmanns von den anspruchsbegründenden Umständen sowie der Person des Schuldners (§ 199 Abs. 1 BGB). Zusätzlich ist **§ 217 BGB** zu beachten, wonach Ansprüche auf von dem Hauptanspruch abhängige Nebenleistungen – worunter ua auch Zinsen iSv § 354 Abs. 2 fallen – **spätestens mit dem Hauptanspruch** verjähren.[248]

§ 354a [Wirksamkeit der Abtretung einer Geldforderung]

(1) [1]Ist die Abtretung einer Geldforderung durch Vereinbarung mit dem Schuldner gemäß § 399 des Bürgerlichen Gesetzbuchs ausgeschlossen und ist das Rechtsgeschäft, das diese Forderung begründet hat, für beide Teile ein Handelsgeschäft, oder ist der Schuldner eine juristische Person des öffentlichen Rechts oder ein öffentlich-rechtliches Sondervermögen, so ist die Abtretung gleichwohl wirksam. [2]Der Schuldner kann jedoch mit befreiender Wirkung an den bisherigen Gläubiger leisten. [3]Abweichende Vereinbarungen sind unwirksam.

(2) Absatz 1 ist nicht auf eine Forderung aus einem Darlehensvertrag anzuwenden, deren Gläubiger ein Kreditinstitut im Sinne des Kreditwesengesetzes ist.

Vorbemerkung. Abs. 2 wurde angefügt durch Art. 10 Gesetz zur Begrenzung der mit Finanzinvestitionen verbundenen Risiken (Risikobegrenzungsgesetz) vom 12.8.2008 (BGBl. 2008 I 1666 [1670 f.]), in Kraft getreten am 19.8.2008; → Rn. 3a, → Rn. 5, → Rn. 8, → Rn. 20a. Die Sätze 1–3 der ursprünglichen Fassung wurden Abs. 1.

Schrifttum: *Armgardt,* Die Wirkung vertraglicher Abtretungsverbote im deutschen und ausländischen Privatrecht, RabelsZ 73 (2009), 314; *Bauer,* § 354a HGB – eine geglückte gesetzgeberische Lösung eines rechtspolitischen Problems?, 2001 (dazu *v. Olshausen* ZHR 166 [2002], 124); *Baukelmann,* Der Ausschluß der Abtretung von Geldforderungen in AGB – Fragen zu § 354a HGB, FS Brandner, 1996, 185; *Bette,* Vertraglicher Abtretungsausschluß im deutschen und grenzüberschreitenden Geschäftsverkehr, WM 1994, 1909; *Bruns,* Die Dogmatik rechtsgeschäftlicher Abtretungsverbote im Lichte des § 354a HGB und der UNIDROIT Factoringkonvention, WM 2000, 505; *Derleder,* Absatzorganisation durch verlängerten Eigentumsvorbehalt: Wie ist die Hürde des § 354a HGB zu nehmen?, BB 1999, 1561; *Früh,* Übergang von Kreditrisiken, FS Hopt, 2010, 1824; *Grau,* Rechtsgeschäftliche Forderungsabtretungen im internationalen Rechtsverkehr, 2005; *Grub,* Der neue § 354a HGB – ein Vorgriff auf die Insolvenzrechtsreform, ZIP 1994, 1649; *Gundlach/Frenzel/Schmidt,* Die Schranken des Wahlrechts aus § 354a Satz 2 HGB in der Insolvenz des Vorbehaltskäufers, KTS 2000, 519; *J. Hager,* Die gesetzliche Einziehungsermächtigung, GS Helm, 2001, 697; *Henseler,* Die Neuregelung des Abtretungsverbots, BB 1995, 5; *Kieninger,* Das Abtretungsrecht des DCFR, ZEuP 2010, 724; *Kieninger,* Auf Drittwirkungen der Abtretung anwendbares Recht, NJW 2019, 3353; *Koch,* Abtretbarkeit von Darlehensforderungen im Lichte des AGB-Rechts, BKR 2006, 182; *Lodigkeit,* Die Entwicklung des Abtretungsverbotes von Forderungen bis zum § 354a HGB, 2004, 2003; *Maultzsch,* Rechtspolitische Grundfragen und Anwendungsprobleme des § 354a HGB, FS Baums, 2017, 787; *Müller-Chen,* Abtretungsverbote im internationalen Rechts- und Handelsverkehr, FS Schlechtriem, 2003, 903; *Münch,* Abtretungsverbote im deutschen und französischen Recht, 2001; *Nefzger,* Vertragliche Abtretungsverbote, 2013; *v. Olshausen,* Konkursrechtliche Probleme um den neuen § 354a HGB, ZIP 1995, 1950; *Piekenbrock,* Abtretungsausschlüsse von Gesellschaften bürgerlichen Rechts in der Insolvenz, NJW 2007, 1247; *Rudolf,* Einheitsrecht für internationale Forderungsabtretungen, 2006; *Saar,* Zur Rechtsstellung des Schuldners nach § 354a Satz 2 HGB, ZIP 1999, 988; *K. Schmidt,* Zur Rechtsfolgenseite des § 354a HGB, FS Schimansky, 1999, 503; *E. Schütze,* Zession und Einheitsrecht, 2005; *Seggewiße,* Das kaufmännische Abtretungsverbot und seine Rechtsfolgen, NJW 2008, 3256; *R. Stürner,* Verkauf und Abtretung von Darlehensforderungen, ZHR 173 (2009), 363; *E. Wagner,* Neue Rechtslage bei vertraglichen Abtretungsverboten im kaufmännischen Geschäftsverkehr, WM 1994, 2093; *E. Wagner,* Materiell-rechtliche und prozessuale Probleme des § 354a HGB, WM-Sonderbeilage 1/1996; *E. Wagner,* Vertragliche Abtretungsverbote im kaufmännischen Geschäftsverkehr, in Hadding/Schneider, Die Forderungsabtretung, insbesondere zur Kreditsicherung, in ausländischen Rechtsordnungen, 1999, 27; *E. Wagner,* Verkehrsfähigkeit contra Schuldnerschutz im kaufmännischen Geschäftsverkehr mit Geldforderungen, WM 2010, 202.

---

[246] BGH Urt. v. 11.6.1964 – VII ZR 191/62, NJW 1964, 2343; GK-HGB/*Schmidt* Rn. 19; Heymann/*Horn* Rn. 13; Schlegelberger/*Hefermehl* Rn. 20; Baumbach/Hopt/*Hopt* Rn. 6; BeckOK HGB/*Lehmann-Richter* Rn. 29 (auch zur Frage der alternativen Anwendung von § 354 Abs. 1 anstelle von § 354 Abs. 2).

[247] BGH Urt. v. 11.6.1964 – VII ZR 191/62, NJW 1964, 2343; Baumbach/Hopt/*Hopt* Rn. 6; BeckOK HGB/*Lehmann-Richter* Rn. 29.

[248] BeckOK HGB/*Lehmann-Richter* Rn. 28; Oetker/*Pamp* Rn. 27.

Übersicht

I. Normzweck und zeitlicher Anwendungsbereich[1]

1   **1. Duplizität des Normzwecks.** Nach der umstrittenen, aber ständigen Rechtsprechung des BGH ist eine Abtretung, die gegen ein vertragliches Abtretungsverbot iSd § 399 Alt. 2 BGB verstößt, absolut unwirksam.[2] Als Folge der flächendeckenden Verwendung in AGB,[3] zB in Einkaufsbedingungen der gewerblichen Wirtschaft oder Vergabebedingungen der öffentlichen Hand, waren bis zum Inkrafttreten des Gesetzes am 30.7.1994 vor allem mittelständische Unternehmen daran gehindert, ihre Außenstände zur Kreditsicherung oder Finanzierung einzusetzen.[4]

2   **Abs. 1 S. 1** soll daher sicherstellen, dass Geldforderungen aus Warenlieferungen und Dienstleistungen zediert werden können, sei es zur Sicherung an Waren- und Geldkreditgeber (Vorbehaltslieferanten und Kreditinstitute), sei es zur Finanzierung an Factoringinstitute **(Verkehrsschutzzweck).** § 354a Abs. 1 normiert hierzu eine Ausnahme von der allgemeinen Vorschrift des § 399 Alt. 2 BGB, derzufolge eine Forderung nicht abgetreten werden kann, wenn die Abtretung durch Vereinbarung mit dem Schuldner ausgeschlossen ist. Ähnliche Ausnahmen regeln § 22d Abs. 4 KWG für Forderungen, die in ein Refinanzierungsregister eingetragen sind (→ Rn. 6, → Rn. 20), § 16 Abs. 1 S. 2 FMStBG für die Übertragung sog. Risikopositionen auf den Finanzmarktstabilisierungsfonds FMS (→ Rn. 20a).

3   Die Vorschrift (Abs. 1) hat jedoch einen **doppelten Zweck.** Sie dient nicht nur dem Rechtsverkehr mit Forderungen, sondern zugleich dem Schuldnerschutz.[5] **Abs. 1 S. 2** soll gewährleisten, dass der Schuldner (Abtretungsverbotsverwender) sich nicht auf wechselnde Gläubiger einstellen muss

---

[1] Vgl. BT-Drs. 12/7912, 2, 24 f.; auch in ZIP 1994, 1650 ff.

[2] Unabhängig davon, ob die Abtretung ausgeschlossen oder nur beschränkt wird und das Abtretungsverbot individuell oder als AGB vereinbart ist, s. BGH Urt. v. 14.10.1963 – VII ZR 33/63, BGHZ 40, 156 = NJW 1964, 243; BGH Urt. v. 31.10.1990 – IV ZR 24/90, BGHZ 112, 387 = NJW 1991, 559; hM, vgl. etwa *Bülow,* Recht der Kreditsicherheiten, 9. Aufl. 2017, Rn. 1401 ff.; *Nefzger,* Vertragliche Abtretungsverbote, 2013, 226 ff.; ausf. Beck-OGK/*Lieder* BGB § 399 Rn. 100 ff. – AA für relative Unwirksamkeit *Armgardt* RabelsZ 73 (2009), 314 (333 f.) und die unten in Fn. 35 Genannten; diff. HKK/*Hattenhauer* BGB §§ 398–413 Rn. 55 ff., 59; *Müller-Chen* FS Schlechtriem, 2003, 903 ff.; ausf. *E. Wagner,* Vertragliche Abtretungsverbote im System zivilrechtlicher Verfügungshindernisse, 1994, 468 ff. – Gegen absolute Wirkung de lege lata *Goergen,* Das Pactum de non cedendo, 2000; de lege ferenda *Bauer,* § 354a HGB – eine geglückte gesetzgeberische Lösung eines rechtspolitischen Problems?, 2001, 339 ff.; *Bruns* WM 2000, 505 (513 f.); iErg auch *Eidenmüller* AcP 204 (2004), 457 ff. und *E. Schütze,* Zession und Einheitsrecht, 2005, 194 ff.; → Rn. 27 f. Zur Unterscheidung zwischen absoluter Wirkung (des Verbots) und relativer Unwirksamkeit (der verbotswidrigen Abtretung) s. *E. Wagner* JZ 1994, 227 ff.

[3] Zur Verwendungspraxis *E. Wagner,* Vertragliche Abtretungsverbote im System zivilrechtlicher Verfügungshindernisse, 1994, 36 ff.; auch zur Inhaltskontrolle Wolf/Lindacher/Pfeiffer/*Dammann* Klauseln A21 ff.; UBH/*Schmidt* Teil 2 (1) Rn. 1 ff.; Staudinger/*Coester,* 2013, BGB § 307 Rn. 350 ff. mwN sowie → Rn. 22.

[4] Zu den Motiven s. BT-Drs. 12/7912; *E. Schütze,* Zession und Einheitsrecht, 2005, 168 ff.

[5] Vgl. BT-Drs. 12/7912, 25 Nr. 5 zu lit. a einerseits, zu lit. b andererseits. Vgl. dazu eindringlich *Nörr* in Nörr/Scheyhing/Pöggeler, Sukzessionen, 2. Aufl. 1999, § 3 VII 1 f.

(Schuldnerschutzzweck). Insofern lässt sie die Wirkungen eines vereinbarten Abtretungsverbots zugunsten des Schuldners (→ Rn. 14, → Rn. 18) fortbestehen.[6] Diese Schutzrichtung ist wichtig für die nähere Bestimmung der Rechtsstellung der Beteiligten (→ Rn. 11 ff.), insbesondere des Leistungsbegriffs iSd Abs. 1 S. 2 (→ Rn. 16 ff.); sie ist praktisch besonders bedeutsam bei Teilzessionen, zB im verarbeitenden Gewerbe auf Grund von Vorausabtretungsklauseln zugunsten mehrerer Lieferanten (→ Rn. 21).

Abs. 2 soll es auch Kaufleuten und der öffentlichen Hand als Schuldner ermöglichen, beim **3a** Abschluss von Kreditverträgen ein voll wirksames Abtretungsverbot zu vereinbaren (vgl. BT-Drs. 16/ 9821, 25 zu Art. 10). Diese **Ausnahme von § 354a Abs. 1,** die (sachfremd) im Zuge der *Verbesserung des Verbraucherschutzes* gegen die Veräußerung von Krediten geregelt wurde (→ Vorbemerkung), bewirkt eine rechtspolitisch äußerst umstrittene Rückkehr zu § 399 Alt. 2 BGB (→ Rn. 20a), allerdings sachlich beschränkt auf Darlehensforderungen (§ 488 Abs. 1 BGB) von Kreditinstituten iSd § 1 Abs. 1 KWG gegen kaufmännische Darlehensschuldner und (insoweit str.) die öffentliche Hand. Ohne sie bliebe es auch insoweit bei der Wirksamkeit einer verbotswidrigen Abtretung, mithin bei den Rechtsfolgen nach Abs. 1 (→ Rn. 11 ff.). Abs. 2 gilt nicht für Übertragungen auf den Finanzmarktstabilisierungsfonds FMS (→ Rn. 20a).

2. Zwingendes Recht. Nach Abs. 1 S. 3 ist § 354a zwingendes Recht. Die Unwirksamkeit **4** abweichender Vereinbarungen (individualvertraglich oder als AGB) bezieht sich auf Abs. 1 S. 1 (Wirksamkeit der verbotswidrigen Abtretung) und Abs. 1 S. 2 (Empfangszuständigkeit des Zedenten), → Rn. 15.[7] Eine **nach und in Kenntnis der Abtretung** getroffene Vereinbarung des Schuldners mit dem Zessionar, dass Zahlungen an diesen erfolgen, sind aber (in einschränkender Auslegung von Abs. 1 S. 3) wirksam, weil der Schutzzweck der Norm gewahrt ist.[8] – Abs. 1 S. 3 steht sinngemäß auch *vertraglichen Unterlassungsverpflichtungen des Gläubigers* entgegen.[9] Zur denkbaren Umgehung durch Vereinbarung eines Kontokorrents → Rn. 7.

3. Zeitlicher Geltungsbereich. § 354a Abs. 1 erfasst Abtretungsverbote, die nach seinem Inkraft- **5** treten (am 30.7.1994) vereinbart worden sind. Mangels Übergangsregelung ist umstritten, ob die Vorschrift auch für früher vereinbarte (antizipierte) Abtretungsverbote gilt, wenn die zedierte Geldforderung erst am 30.7.1994 oder später entstanden ist.[10] Dies ist zu bejahen, um den Zweck des Gesetzes (→ Rn. 2) auch bei längerfristigen Verträgen zu erreichen. Demnach kommt es entscheidend auf den Zeitpunkt der **Forderungsentstehung** an,[11] nicht auf den der Ausschluss- oder Beschränkungsabrede,[12] nicht auf den der Abtretung und erst recht nicht auf die Durchsetzbarkeit oder Fälligkeit[13] der zedierten Forderung. – **Abs. 2** ist gem. Art. 64 EGHGB nur auf Vereinbarungen anzuwenden, die nach dem 18.8.2008 geschlossen wurden.[14]

---

[6] Dies verkennt die restriktive Auslegung des Abs. 1 S. 2 durch BGH Urt. v. 13.11.2008 – VII ZR 188/07, BGHZ 178, 315 (319 f.) = NJW 2009, 438 Rn. 20 ff.; BGH Urt. v. 25.11.2010 – VII ZR 16/10, NJW 2011, 443 = WM 2011, 213 Rn. 17 f. mkritAnm *E. Wagner* WuB I E 4.-3.11; ausf. *E. Wagner* WM 2010, 202 ff. – Vgl. zu den Lücken des gesetzlichen Schuldnerschutzes und deren Schließung durch eine normative Auslegung des § 407 BGB *Anna Quast*, Rechtskräftiger Titel des Zedenten und Schutz des Schuldners, 2009, 125 ff.

[7] Baumbach/Hopt/*Hopt* Rn. 3; NK-BGB/*Lehmann-Richter* Rn. 30; *Nörr* in Nörr/Scheyhing/Pöggeler, Sukzessionen, 2. Aufl. 1999, § 3 VII 5; MüKoHGB/*K. Schmidt* Rn. 30; für Klauseln mit Umgehungscharakter beim Factoring *Martinek/Omlor* in Schimansky/Bunte/Lwowski BankR-HdB § 102 Rn. 122 aE.

[8] BGHZ 178, 315 (321) = NJW 2009, 438 Rn. 26 mzustAnm *Vollborth* WuB IV E § 354a HGB 1.09; BGH Urt. v. 21.3.2018 – VIII ZR 17/17, NJW 2018, 2254 Rn. 48 ff. mwN; zust. Baumbach/Hopt/*Hopt* Rn. 3; Oetker/ *Maultzsch* Rn. 23; *Nefzger*, Vertragliche Abtretungsverbote, 2013, 219 f.; ebenso bereits Heymann/*Horn* Rn. 12; Ensthaler/*B. Schmidt* Rn. 15; MüKoHGB/*K. Schmidt* Rn. 30; *E. Wagner* in Hadding/Schneider, Die Forderungsabtretung, insbesondere zur Kreditsicherung, in ausländischen Rechtsordnungen, 1999, 32.

[9] AA *Nefzger*, Vertragliche Abtretungsverbote, 2013, 225; *E. Schütze*, Zession und Einheitsrecht, 2005, 180 f. mwN. – Wie hier iErg *Baukelmann* FS Brandner, 1997, 199; *Koch* BKR 2006, 182 (190 f.); *Reinicke/Tiedtke*, Kaufrecht, 8. Aufl. 2009, Rn. 1073; NK-BGB/*Lehmann-Richter* Rn. 30; Röhricht/Graf v. Westphalen/Haas/*Steimle/Dornieden* Rn. 10; Staudinger/*Coester*, 2013, AGBG § 9 Rn. 282; Heymann/*Horn* Rn. 13; MüKoHGB/*K. Schmidt* Rn. 32; *K. Schmidt* FS Schimansky, 1999, 508 f. Ausf. *E. Wagner* in Hadding/Schneider, Die Forderungsabtretung, insbesondere zur Kreditsicherung, in ausländischen Rechtsordnungen, 1999, 69 ff.

[10] Offengelassen in BGH Urt. v. 23.1.2001 – X ZR 247/98, NJW 2001, 1724 = WM 2001, 687 (688).

[11] BT-Drs. 12/7912, 26; OLG Braunschweig Urt. 20.3.1997 – 2 U 141/96, WM 1997, 1214; OLG Köln Urt. v. 21.5.1997 – 27 U 124/96, WM 1998, 859 = WuB IV E. § 354a HGB 1.98 *(E. Wagner)*; OLG Rostock Urt. v. 19.3.1998 – 7 U 112/97, OLG-Rp 1998, 363; *Herget* BuB Rn. 4/784c; Ensthaler/*B. Schmidt* Rn. 9; KKRM/*Roth* Rn. 5; MüKoHGB/*K. Schmidt* Rn. 5; Baumbach/Hopt/*Hopt* Rn. 1 aE; Röhricht/Graf v. Westphalen/Haas/*Steimle/Dornieden* Rn. 10; Erman/*Westermann* BGB § 399 Rn. 5; s. bereits *E. Wagner* WM 1994, 2093 und ausf. in WM-Sonderbeilage 1/1996, 4 ff.

[12] So aber OLG Hamm Urt. v. 5.12.1997 – 20 U 230/96, NJW-RR 1998, 1248; LG Bonn Urt. v. 11.12.1995 – 10 O 306/95, WM 1996, 931; Staudinger/*Busche*, 2017, BGB § 399 Rn. 72 mwN für Analogie zu Art. 170 EGBGB; s. dagegen *E. Wagner* WM-Sonderbeilage 1/1996, 4 ff.

[13] Ebenso BGH Urt. v. 23.1.2001 – X ZR 247/98, NJW 2001, 1724 = WM 2001, 687 (688) unter III 2c; *Ganter* in Schimansky/Bunte/Lwowski BankR-HdB § 96 Rn. 41.

[14] Art. 11 RisikobegrenzungsG (BGBl. I 1666 [1670 f.]).

II. Tatbestand

6   **1. Vertragliche Abtretungsverbote gem. § 399 BGB.** § 354a setzt seinem Wortlaut nach einen vertraglichen Abtretungs*ausschluss* iSd § 399 Alt. 2 BGB voraus, erfasst aber ebenso wie diese Vorschrift auch die praktisch weitaus bedeutsameren *Beschränkungsabreden,* insbesondere vertragliche Zustimmungs-, Form- und Anzeigeerfordernisse.[15] Dass der Gläubiger bei Form- und Anzeigeerfordernissen die Wirksamkeit der Abtretung ggf. gemeinsam mit seinem Vertragspartner herbeiführen kann und deshalb des Schutzes nach Abs. 1 S. 1 nicht bedürfe,[16] ändert nichts daran, dass eine den Schuldner schützende (dingliche) Drittwirkung iSd § 399 Alt. 2 BGB nur als Rechtsinhaltsbestimmung möglich ist.[17] Zu beachten sind jedoch die in Abs. 1 S. 1 normierten objektiven (→ Rn. 8) und subjektiven (→ Rn. 9) Grenzen des Anwendungsbereichs. – Bloße *Unterlassungsverpflichtungen* des Gläubigers gem. § 137 S. 2 BGB unterfallen nicht Abs. 1 S. 1, können aber analog S. 3 unwirksam sein (→ Rn. 4). Das *Bankgeheimnis* gem. Nr. 2 Abs. 1 AGB-Banken enthält keine stillschweigende Ausschlussvereinbarung; es steht der Abtretung von Darlehensrückzahlungsforderungen etwa im Rahmen von ABS-Transaktionen ebenso wenig entgegen wie die Bestimmungen des BDSG oder das Fehlen einer Erlaubnis für das Betreiben von Bankgeschäften nach § 32 KWG,[18] § 354a greift nicht ein. – Zur Inhaltskontrolle → Rn. 22.

7   *Kontokorrentbedingte Abtretungsverbote* sind als konkludente Ausschlussabreden iSd § 399 Alt. 2 BGB zu qualifizieren (str.), aber auf Grund ihrer speziellen Regelung in §§ 355 ff. von § 354a nicht erfasst.[19] Missbräuchliche Kontokorrentbindungen zur Umgehung von Abs. 1 S. 3 mit Abtretungsfolge gem. S. 1[20] dürften jedoch bei Abtretbarkeit der Saldoforderung kaum je feststellbar sein; außerdem lässt S. 2 Verrechnungen zu.

8   **2. Geldforderungen.** § 354a gilt *(objektiv)* nur für Geldforderungen (auch Teilbeträge),[21] insbesondere Zahlungsansprüche aus Lieferungen und Leistungen, einschließlich Provisionsansprüche aus Abonnementvermittlung.[22] Also nicht für Dienst-, Werk- und Sachleistungsansprüche,[23] auch nicht für Ansprüche auf Rechtsverschaffung, Schuldbefreiung oder Versicherungsschutz, soweit sie nicht auf Zahlung gerichtet sind. Abtretungsverbote in Verträgen über die Lieferung neuer Sachen (zB im Automobilhandel) oder in Kreditverträgen über die Rückgewähr geleisteter Sicherheiten (zB Grundschulden) sind daher nicht betroffen, ebenso wenig wie Abtretungsbeschränkungen in Versicherungsverträgen, soweit die Leistung des Versicherers nicht auf Zahlung gerichtet ist,[24] sondern zB auf Rechtsschutz (Deckungsschutz) in der Haftpflichtversicherung (vgl. §§ 100, 106 VVG, Nr. 5.1 AHB

---

[15] HM, vgl. BGH Urt. v. 26.1.2005 – VIII ZR 275/03, NJW-RR 2005, 624 = WM 2005, 429 (431) mwN; *Ganter* in Schimansky/Bunte/Lwowski BankR-HdB § 96 Rn. 41; für Zustimmungsvorbehalte BGH Urt. v. 13.11.2008 – VII ZR 188/07, BGHZ 178, 315 (318 ff.) = NJW 2009, 438 Rn. 13; BGH Urt. v. 25.11.2010 – VII ZR 16/10, NJW 2011, 443 = WM 2011, 213 Rn. 16. AA für Anzeige- und Schriftformerfordernisse OLG Schleswig Urt. v. 8.11.2000 – V 104/99, NJW-RR 2001, 818 (in casu aber nicht entscheidungsrelevant, s. BGH Urt. v. 28.2.2002 – VII ZR 455/00, NJW 2002, 1488 f.); NK-BGB/*Lehmann-Richter* Rn. 17; KKRM/*Roth* Rn. 2; *Rasche* The European Legal Forum 2002, 133 (137); dezidiert dagegen BGH Beschl. v. 22.1.2004 – VII ZR 170/03, IBR 2004, 190. – Zu Kautelarpraxis und rechtlicher Begründung ausf. *E. Wagner,* Vertragliche Abtretungsverbote im System zivilrechtlicher Verfügungshindernisse, 1994, 35 ff., 453 ff.

[16] NK-BGB/*Lehmann-Richter* Rn. 17 aE und die in der vorigen Fn. unter aA Genannten.

[17] Ausf. dazu BeckOGK/*Lieder* BGB § 399 Rn. 77 ff.; *Lieder,* Die rechtsgeschäftliche Sukzession, 2015, 215 ff.; auch zu Bedingungen und Befristungen bereits *E. Wagner,* Vertragliche Abtretungsverbote im System zivilrechtlicher Verfügungshindernisse, 1994, 455 ff.; *E. Wagner* JZ 1994, 227 (229 ff.).

[18] BGH Urt. v. 19.4.2011 – XI ZR 256/10, NJW 2011, 3024 Rn. 20, 24; BGH Urt. v. 27.2.2007 – XI ZR 195/05, BGHZ 171, 180 = NJW 2007, 2106 zur Klage einer Beitreibungs- und Verwertungsgesellschaft einer Bankengruppe; *Heer* BKR 2012, 45 ff.; *Koch* BKR 2006, 182 ff.; Bamberger/Roth/*Rohe* BGB § 399 Rn. 13; *Bülow,* Recht der Kreditsicherheiten, 9. Aufl. 2017, Rn. 1416a mwN.

[19] AllgM mit diversen Begründungen. Wie hier BGH Urt. v. 26.6.2002 – VIII ZR 327/00, NJW 2002, 2865 (2866) = ZIP 2002, 1488 (1490); Bamberger/Roth/*Rohe* BGB § 399 Rn. 13; *E. Wagner* WM-Sonderbeilage 1/1996, 6 f. und ausf. in Hadding/Schneider, Die Forderungsabtretung, insbesondere zur Kreditsicherung, in ausländischen Rechtsordnungen, 1999, 39 ff. mwN; zust. Langenbucher/Bliesener/Spindler/*Haertlein* Rn. 27/21, 27/25; *Saar* ZIP 1999, 990 Fn. 38; *E. Schütze,* Zession und Einheitsrecht, 2005, 190 f. zum ZessÜ (→ Rn. 27); jurisPK-BGB/*Knerr* BGB § 399 Rn. 22; s. auch Heymann/*Horn* Rn. 4 (teleologische Reduktion des § 354a); *Martinek/Omlor* in Schimansky/Bunte/Lwowski BankR-HdB § 102 Rn. 119 (arg. § 357 iVm § 400 BGB). Für Unabtretbarkeit kraft Gesetzes Staub/*Canaris* Rn. 9; MüKoBGB/*Roth/Kieninger* BGB § 399 Rn. 46; MüKoHGB/*K. Schmidt* Rn. 12; Staudinger/*Busche,* 2017, BGB § 399 Rn. 55 (Fall des § 399 Alt. 1 BGB).

[20] Vgl. Heymann/*Horn* Rn. 4; MüKoHGB/*K. Schmidt* Rn. 33.

[21] Zur Teilzession einer Bauwerklohnforderung OLG München Urt. v. 26.10.2004 – 9 U 1959/04, IBR 2006, 82.

[22] Vgl. LG Düsseldorf Urt. v. 22.10.2009 – 1 O 335/08, BeckRS 2009, 28637 (Renditeforderungen aus Zeitungsabonnementsverträgen).

[23] Wie hier Röhricht/Graf v. Westphalen/Haas/*Steimle/Dornieden* Rn. 6.

[24] ZB Geldforderungen aus Rechtsschutzversicherung, vgl. zutr. OLG Düsseldorf Urt. v. 26.2.2008 – 24 U 126/07, VersR 2008, 1685 = NJW-RR 2009, 205 Rn. 37 f. (zu § 17 Abs. 7 ARB 2000); aus Fahrzeugversicherung (Kfz-Vollkasko) OLG Hamm Urt. v. 5.12.1997 – 20 U 230/96, NJW-RR 1998, 1248, VersR 1999, 44 (zu § 3 Nr. 4 AKB); OLG Köln Urt. v. 20.11.2001 – 9 U 39/00, NVersZ 2002, 270 = RuS 2002, 104 (zu § 3 Nr. 4 AKB).

2008 [§§ 149, 154 VVG aF, § 5 Nr. 4, 5 AHB 2002]).[25] – Eine rechtspolitisch umstrittene **Ausnahme von § 354a Abs. 1** ermöglicht **Abs. 2** für Darlehensforderungen (§ 488 Abs. 1 BGB) von Kreditinstituten iSd KWG (→ Vorbemerkung, → Rn. 3a, → Rn. 20a).

3. Aus beiderseitigen Handelsgeschäften oder gegen die öffentliche Hand. Aber auch Geld- **9** forderungen werden von § 354a *(subjektiv)* nur insoweit erfasst, als sie aus beiderseitigen Handelsgeschäften stammen (s. §§ 343 f., 345) oder gegen die öffentliche Hand gerichtet sind. Dabei ist die Regelung selbst im Verkehr mit der öffentlichen Hand unanwendbar, wenn sie entgegen Wortlaut und Verkehrsschutzzweck (→ Rn. 1) dahin ausgelegt wird, dass der Gläubiger (Zedent) stets Kaufmann sein muss,[26] und dies im konkreten Fall nicht zutrifft. Wer **Kaufmann** ist, bestimmt sich nach den §§ 1 ff. Dazu zählen *Kleingewerbetreibende* mit Eintragung im Handelsregister (§ 2 S. 1) oder gem. §§ 383 Abs. 2, 407 Abs. 3, 453 Abs. 2 S. 2, 467 Abs. 3 S. 2, ferner der (Fiktiv-)Kaufmann kraft Eintragung iSd § 5; er ist zu unterscheiden vom (Rechts-)Scheinkaufmann, der sich nicht auf § 354a Abs. 1 S. 1 berufen kann, aber S. 2 gegen sich gelten lassen muss.[27] Der zugrunde liegende Vertrag muss aber nicht Gegenstand des vom Zedenten betriebenen Handelsgeschäfts sein; es genügt vielmehr, dass der Abschluss auch dem Handelsgeschäft dient, wie etwa bei der versicherungsvertraglichen Absicherung betrieblicher Risiken.[28] Ausgegrenzt sind *Träger freier Berufe*, etwa Architekten, Anwälte, Steuerberater und Wirtschaftsprüfer, selbst wenn ihr Unternehmen nach Art und Umfang einen in kaufmännischer Weise eingerichteten Geschäftsbetrieb erfordert.[29] Für **Lohn- und Gehaltsabtretungsverbote** bleibt es ebenfalls bei der Rechtslage gem. § 399 Alt. 2 BGB. *Arbeitnehmer* kommen daher nicht in den Genuss des § 354a. Gleiches gilt für Abtretungsbeschränkungen, denen der Einzelne als *Verbraucher,* zB als Kunde von Banken und Versicherungen, ausgesetzt ist.[30]

Die personale Beschränkung auf den kaufmännischen Geschäftsverkehr ist *sachlich nicht gerechtfertigt.*[31] **10** Weshalb zB Arbeitnehmer oder Versicherungsnehmer ein weniger schutzwürdiges Interesse an der Verwertbarkeit ihrer Forderungen zur Kreditsicherung haben sollen, ist nicht ersichtlich. Was für die auf Fremdfinanzierung angewiesenen Unternehmen die Außenstände, sind für viele Arbeitnehmer die (künftigen) Lohnforderungen, für nichtkaufmännische Versicherungsnehmer die (künftigen) Versicherungsforderungen.[32] Eine **analoge Anwendung** des § 354a scheidet insoweit mangels planwidriger Regelungslücke aus[33] und würde, auf Freiberufler und Kleingewerbetreibende[34] beschränkt, auch

---

[25] BGH Urt. v. 7.2.2007 – IV ZR 149/03, BGHZ 171, 56 (69) = NJW 2007, 2258 (2262) (zu § 7 Nr. 3 AHB); OLG Köln Urt. v. 22.1.2008 – 9 U 25/07, VersR 2008, 777 (Frachtführerhaftung); Urt. v. 13.11.2007 – 9 U 204/07, VersR 2008, 1103 (zu § 7 Nr. 3 AHB – Bauschadenshaftung), dazu BGH Beschl. v. 19.3.2010 – IV ZR 336/07, BeckRS 2010, 07497. Vgl. allg. *Baukelmann* FS Brandner, 1997, 194 f.; *Saar* ZIP 1999, 993; *E. Wagner* in Hadding/ Schneider, Die Forderungsabtretung, insbesondere zur Kreditsicherung, in ausländischen Rechtsordnungen, 1999, 41 f. – Nicht zu verwechseln mit dem auf Zahlung gerichteten Deckungsschutz in der Rechtsschutzversicherung, s. OLG Düsseldorf Urt. v. 26.2.2008 – 24 U 126/07, VersR 2008, 1685 = NJW-RR 2009, 205 Rn. 37 f.

[26] Dafür OLG Saarbrücken Urt. v. 14.12.1999 – 4 U 336/99, OLGReport 2000, 279 (280); Baumbach/Hopt/ *Hopt* Rn. 1; Heymann/*Horn* Rn. 5; KKRM/*Roth* Rn. 2; MüKoHGB/*K. Schmidt* Rn. 9; Ensthaler/*B. Schmidt* Rn. 8; Röhricht/Graf v. Westphalen/Haas/*Steimle/Dornieden* Rn. 8. Dagegen (wie hier) *Herget* BuB Rn. 4/784b; Oetker/*Maultzsch* Rn. 6; *Reinicke/Tiedtke*, Kaufrecht, 8. Aufl. 2009, Rn. 1066; *E. Schütze*, Zession und Einheitsrecht, 2005, 171; *E. Wagner* WM-Sonderbeilage 1/1996, 9; wohl auch die Gesetzesmaterialien (BT-Drs. 12/7912, 25 zu lit. d: „... und der Verkehr mit der öffentlichen Hand").

[27] Vgl. Staub/*Canaris* Rn. 7; Heymann/*Horn* Rn. 2; Röhricht/Graf v. Westphalen/Haas/*Steimle/Dornieden* Rn. 8. – Zur Anwendung des § 354a auf Handelsgesellschaften iSd § 6 Abs. 1 zutr. OLG Köln Urt. v. 21.5.1997 – 27 U 124/96, WM 1998, 859. Nach BGH Urt. v. 13.7.2006 – VII ZR 51/05, NJW 2006, 3486 Rn. 8 f. gilt § 354a nicht für Personengesellschaften, die ausschließlich als Besitz- bzw. Vermietungsgesellschaften fungieren. Nach OLG Karlsruhe Urt. v. 7.3.2006 – 17 U 73/05, IBR 2006, 332 *(Dinale)* gilt § 354a nicht für Abtretungsverbote in Nachunternehmerverträgen mit einer Bau-ARGE, deren Zweck nur ein Bauvorhaben umfasst; aA Oetker/*Maultzsch* Rn. 5 mit *Piekenbrock* NJW 2007, 1247 (1248 f.).

[28] Vgl. OLG Düsseldorf Urt. v. 26.2.2008 – 24 U 126/07, VersR 2008, 1685 = NJW-RR 2009, 205 Rn. 38: Rechtsschutzversicherungsvertrag (§ 17 Abs. 7 ARB 2000); OLG Hamm Urt. v. 5.12.1997 – 20 U 230/96, NJW-RR 1998, 1248, VersR 1999, 44 (zu § 3 Nr. 4 ARB).

[29] Vgl. *Canaris* HandelsR § 26 Rn. 34, 38; *E. Wagner* WM-Sonderbeilage 1/1996, 8; sehr krit. auch MüKoHGB/ *K. Schmidt* Rn. 8.

[30] Ausf. *E. Wagner*, Vertragliche Abtretungsverbote im System zivilrechtlicher Verfügungshindernisse, 1994, 77 ff., 181 ff., 453 ff. Vgl. → Rn. 1.

[31] Vgl. Staub/*Canaris* Rn. 20; *Canaris* HandelsR § 26 Rn. 33 ff.; *E. Wagner* in Hadding/Schneider, Die Forderungsabtretung, insbesondere zur Kreditsicherung, in ausländischen Rechtsordnungen, 1999, 44 f. mwN. AA MüKoHGB/*K. Schmidt* Rn. 8; Heymann/*Horn* Rn. 14.

[32] OLG Hamm Urt. v. 5.12.1997 – 20 U 230/96, NJW-RR 1998, 1248 betrifft die (Vollkasko-)Versicherungsforderung eines kaufmännischen Versicherungsnehmers (Leasingnehmers).

[33] BGH Urt. v. 13.7.2006 – VII ZR 51/05, NJW 2006, 3486 Rn. 10 ff. (Besitz-GbR).

[34] Dafür *Canaris* HandelsR § 26 Rn. 35; Baumbach/Hopt/*Hopt* Rn. 1; KKRM/*Roth* Rn. 2; MüKoHGB/ *K. Schmidt* Rn. 8. Dagegen Heymann/*Horn* Rn. 14; Röhricht/Graf v. Westphalen/Haas/*Steimle/Dornieden* Rn. 8; BGH Urt. v. 13.7.2006 – VII ZR 51/05, NJW 2006, 3486 Rn. 8 f., m. abl. Bspr. *Piekenbrock* NJW 2007, 1247 (1248 f.).

keine ausreichende Abhilfe schaffen, im Unterschied zu einer Rechtsfolgendifferenzierung im Rahmen des § 399 Alt. 2 BGB.[35] Zur Inhaltskontrolle → Rn. 22.

III. Rechtsfolgen

11   **1. Wirksamkeit der verbotswidrigen Abtretung (Abs. 1 S. 1).** Nach der Rspr. des BGH zu § 399 Alt. 2 BGB ist eine verbotswidrige Abtretung absolut unwirksam (→ Rn. 1). § 354a Abs. 1 S. 1 bestimmt als Ausnahme hierzu, dass eine verbotswidrige Abtretung „gleichwohl wirksam" ist. Danach ist der Zessionar neuer Gläubiger und hat alle mit der Rechtszuständigkeit verbundenen Befugnisse; er ist also auch gegenüber dem Schuldner berechtigt, die Forderung geltend zu machen (aber → Rn. 23) und über sie zu verfügen. Dies entspricht Art. 9 Abs. 1 UN-Konvention über Forderungsabtretungen im internationalen Handel (→ Rn. 29) sowie Art. 6 Abs. 1 UNIDROIT-Factoringübereinkommen (→ Rn. 27), die jedoch einen geringeren Schuldnerschutz vorsehen als Abs. 1 S. 2, steht aber der Annahme lediglich relativer Unwirksamkeit der Abtretung (nur gegenüber dem Schuldner) entgegen.[36]

12   **2. Empfangszuständigkeit des Zedenten (Abs. 1 S. 2).** Eine Leistung des Schuldners an den alten Gläubiger hat trotz wirksamer Abtretung schuldbefreiende Wirkung auf Grund der in Abs. 1 S. 2 normierten *gesetzlichen* Empfangszuständigkeit des Zedenten; der Zessionar kann nicht darüber entscheiden, ob die Erfüllungswirkung (Erlöschen der Schuld) eintreten soll oder nicht. Dementsprechend ändert eine Verurteilung des Schuldners zur Zahlung an den Zessionar nichts an der Empfangszuständigkeit des Zedenten; der Schuldner ist weder durch die materielle Rechtskraft des Urteils, das ihn zur Zahlung an den Zessionar verurteilt, noch durch § 767 Abs. 2 ZPO gehindert, der Vorschrift des § 354a S. 2 entsprechende Erfüllungshandlungen gegenüber dem Zedenten vorzunehmen.[37] Der Gesetzgeber will damit sicherstellen, dass die schutzwürdigen Interessen des Schuldners gewahrt sind (BT-Drs. 12/7912, 25). Die durch Abs. 1 S. 1 bestimmte Wirksamkeit der verbotswidrigen Abtretung und die danach gegebene Alleinzuständigkeit des Zessionars werden somit *praktisch* erheblich eingeschränkt (→ Rn. 16 ff.), dies rechtfertigt aber nicht die Annahme einer (gestörten) Gesamtgläubigerschaft mit dem Zedenten.[38] Der Zessionar muss die erfüllungstaugliche[39] Leistung des Schuldners an den Zedenten gegen sich gelten lassen; ihm bleibt – *insoweit* wie bei § 407 BGB – nur ein Herausgabeanspruch aus § 816 Abs. 2 BGB gegen den Zedenten.[40]

13   Der Zedent hat jedoch *kein (gesetzliches) Einziehungsrecht.*[41] Zur Einziehung ist er nur befugt, wenn der Zessionar ihn dazu ermächtigt (→ Rn. 23). Das ist typischerweise der Fall beim verlängerten Eigentumsvorbehalt und der verlängerten Sicherungsübereignung, soweit die Veräußerung der Vorbehaltsware bzw. des Sicherungsguts im ordnungsgemäßen Geschäftsgang erfolgt (→ Rn. 19).

14   **3. Wahlrecht des Schuldners.** Der Schuldner (Abtretungsverbotsverwender) *kann* nach Abs. 1 S. 2 an den Zedenten leisten, muss es aber nicht. Das Gesetz will dem Schuldner die mit einem Gläubigerwechsel verbundenen Nachteile ersparen, ihn aber nicht daran hindern, sich auf die durch Abs. 1 S. 1 bestimmte Wirksamkeit der Abtretung einzustellen. Der Schuldner hat deshalb die Wahl,

---

[35] Vgl. HKK/*Hattenhauer* BGB §§ 398–413 Rn. 55 ff., 59; *Müller-Chen* FS Schlechtriem, 2003, 903 ff.; ausf. *E. Wagner* JZ 1994, 227 ff. Für relative Unwirksamkeit verbotswidriger Abtretungen iSd § 399 Alt. 2 BGB *Canaris* FS Serick, 1992, 13 ff.; *Jakobs* JuS 1973, 152 (156 f.); *Nörr* in Nörr/Scheyhing/Pöggeler Sukzessionen, 2. Aufl. 1999, § 3 VI 1 Fn. 68; Erman/*Westermann* BGB § 399 Rn. 3a; auch in rechtsvergleichender Sicht *Armgardt* RabelsZ 73 (2009), 314 mwN. – Eine von *Canaris* HandelsR § 26 Rn. 37 vorgeschlagene Anrufung des BVerfG wäre dann weder erforderlich noch erfolgreich.

[36] AllgM. – Die Gesetzesfassung weicht insoweit vom Entwurf der SPD-Fraktion ab; unzutreffend daher *Bruns* WM 2000, 508. Diese „Abkehr von der Figur der relativen Unwirksamkeit" wird begrüßt von *Canaris* HandelsR § 26 Rn. 40 (anders in FS Serick, 1992, 9, 13 ff., s. vorige Fn.), ohne auf die Abweichung der Art. 6 ff. FactÜ von S. 2 einzugehen. Krit. *Medicus/Lorenz* SchuldR I Rn. 718; vgl. näher *E. Wagner* in Hadding/Schneider, Die Forderungsabtretung, insbesondere zur Kreditsicherung, in ausländischen Rechtsordnungen, 1999, 47 ff. und in → E Rn. 38 mit Fn. 166.

[37] BGH Urt. v. 25.11.2010 – VII ZR 16/10, NJW 2011, 443 = WM 2011, 213 Rn. 17 mkritAnm *E. Wagner* WuB I E 4.-3.11.

[38] AA *Seggewiße* NJW 2008, 3256 (3258). Zutr. dagegen wie hier *Nefzger*, Vertragliche Abtretungsverbote, 2013, 202.

[39] Nicht bei Überweisung auf ein anderes als das angegebene Konto; § 354a S. 2 ändert nichts an den Zahlungsmodalitäten, vgl. OLG Köln Urt. v. 20.1.2006 – 19 U 63/05, WM 2006, 1144 (1145).

[40] Vgl. zu den Folgen für das Kausalverhältnis Zedent-Zessionar *E. Wagner* WM 1994, 2100; *Canaris* HandelsR § 26 Rn. 23; Heymann/*Horn* Rn. 8; NK-BGB/*Lehmann-Richter* Rn. 23; MüKoHGB/*K. Schmidt* Rn. 19, 21.

[41] *E. Wagner* WM 1994, 2100 f.; ebenso *Bülow*, Recht der Kreditsicherheiten, 9. Aufl. 2017, Rn. 1415; Heymann/*Horn* Rn. 8; Ensthaler/*B. Schmidt* Rn. 12; MüKoHGB/*K. Schmidt* Rn. 19; Reinicke/*Tiedtke*, Kaufrecht, 8. Aufl. 2009, Rn. 1067. AM *Hager* GS Helm, 2001, 698 (701 ff.) – Zur begrifflichen Unterscheidung zwischen Empfangszuständigkeit und Einziehungsrecht *Gernhuber*, Erfüllung und ihre Surrogate, 2. Aufl. 1994, § 24 I 2.

entweder an den neuen Gläubiger zu leisten oder seinem Abtretungsverbot folgend an den alten. Seine Leistung an den Zedenten hat, anders als nach § 407 BGB, befreiende Wirkung auch dann, wenn er die Abtretung kennt.[42] Allerdings kann der Schuldner in diesem Fall nicht mehr beim Zedenten kondizieren, um (zB im Wege der Aufrechnung) an den Zessionar zu leisten.[43] Denn mit jener Leistung hat der Schuldner sein Wahlrecht nach Abs. 1 S. 2 ausgeübt.[44] Entsprechendes gilt bei einem Verzicht auf diese Befugnis,[45] auch durch „bewusste" Leistung an den Zessionar. Str. ist jedoch, ob der Schuldner bereits gebunden ist, wenn er sich dem Zessionar gegenüber berechtigter-weise darauf berufen hat, gem. Abs. 1 S. 2 an den Zedenten leisten zu wollen. Dies ist zu bejahen, um dem Gestaltungscharakter dieser Erklärung gerecht zu werden und widersprüchliches Verhalten auszuschließen.[46] Dagegen wäre es mit Wortlaut und Zweck des Abs. 1 S. 2 (→ Rn. 3) nicht zu vereinbaren, die Berufung auf Abs. 1 S. 2 von einer vorherigen Leistung an den Zedenten abhängig zu machen.[47] Dies hindert den Zessionar nicht daran, *seine* Forderung gerichtlich geltend zu machen (→ Rn. 23).

Der Schuldner ist in der Ausübung seines Wahlrechts **innerhalb der allgemeinen Grenzen** 15 (§§ 138, 226, 242, 826 BGB) frei. Im Hinblick auf den Zweck des Abs. 1 S. 1, vinkulierte Forderungen dem Rechtsverkehr zugänglich zu machen, setzt sich der Schuldner jedoch dem *Vorwurf miss-bräuchlicher Rechtsausübung* nicht erst dadurch aus, dass er an den Zedenten zahlt, um den Zessionar zu schädigen, sondern möglicherweise schon dann, wenn ihm Umstände bekannt sind, die eine Wei-terleitung des gezahlten Betrags an den Zessionar nicht erwarten lassen. Die Insolvenz des Zedenten (→ Rn. 24) genügt hierfür aber ebenso wenig wie die Kenntnis des Schuldners von der Abtretung,[48] deren Vorhandensein die Befugnis aus Abs. 1 S. 2 überhaupt erst als „Wahlrecht" erscheinen lässt.[49] Stets muss hinzukommen, dass der Schuldner *kein berechtigtes Interesse* mehr hat, nur an den Zedenten zu leisten.[50] Eine exakte Grenzziehung dürfte kaum möglich sein; wichtig ist die Erkenntnis, dass der Schuldnerschutzzweck (→ Rn. 3) und der Verkehrsschutzzweck (→ Rn. 2) der Vorschrift gleichrangig sind. Nur eine generelle Einschränkung des Abs. 1 S. 2 stellt methodisch eine teleologische Reduktion der Norm dar.[51]

4. Leistungen an den bisherigen Gläubiger. a) Leistungen iSd Abs. 1 S. 2. Leistungen iSd 16 Abs. 1 S. 2 sind Zahlungen (ggf. an eine Bank als Zahlstelle des Zedenten) und leistungsgleiche oder leistungsersetzende Erfüllungshandlungen des Schuldners, insbesondere Leistungen an Erfüllungs Statt

---

[42] Ebenso BGH Urt. v. 26.1.2005 – VIII ZR 275/03, NJW-RR 2005, 624 = WM 2005, 429 (431) mwN zu § 406 BGB, → Rn. 17; grds. BGH Urt. v. 21.3.2018 – VIII ZR 17/17, NJW 2018, 2254 Rn. 44.

[43] *Praktisch* wird diese Frage, wenn der Abtretungsverbotsverwender sich dem Zessionar gegenüber durch Auf-rechnung von seiner Schuld befreien könnte, insbes. dann, wenn die Forderung auf andere Weise nicht oder nur beschränkt realisierbar ist. Vgl. BGH Urt. v. 19.10.1987 – II ZR 9/87, BGHZ 102, 68 (71 f.) = NJW 1988, 700 (701) mwN. – AM OLG Dresden Urt. v. 14.7.1994 – 5 U 117/94, OLG-NL 1995, 163 (166) = NJW-RR 1996, 444; krit. dazu *G. Lüke* JuS 1996, 588 ff.

[44] Vgl. *E. Wagner* WM 1994, 2097 f.; *E. Wagner* WM-Sonderbeilage 1/1996, 11 f.; *Reinicke/Tiedtke,* Kaufrecht, 8. Aufl. 2009, Rn. 1087; *Saar* ZIP 1999, 992; Erman/*Westermann* BGB § 399 Rn. 5 aE; Staudinger/*Busche,* 2017, BGB § 399 Rn. 71.

[45] BGH Urt. v. 21.3.2018 – VIII ZR 17/17, NJW 2018, 2254 Rn. 44; PWW/*H. F. Müller* BGB § 399 Rn. 12.

[46] AM *Herget* BuB Rn. 4/784f Fn. 5; *Nefzger,* Vertragliche Abtretungsverbote, 2013, 203 f.; *Reinicke/Tiedtke,* Kaufrecht, 8. Aufl. 2009, Rn. 1087; *K. Schmidt* FS Schimansky, 1999, 511. Vgl. dagegen Oetker/*Maultzsch* Rn. 14; *E. Wagner* in Hadding/Schneider, Die Forderungsabtretung, insbesondere zur Kreditsicherung, in ausländischen Rechtsordnungen, 1999, 52 f.

[47] AM *Berger,* Rechtsgeschäftliche Verfügungsbeschränkungen, 1998, 281 f.; *Nefzger,* Vertragliche Abtretungsver-bote, 2013, 206 f.; MüKoHGB/*K. Schmidt* Rn. 18; Staudinger/*Busche,* 2017, § 399 Rn. 71 mwN. Dagegen wie hier *Bülow,* Recht der Kreditsicherheiten, 9. Aufl. 2017, Rn. 1415.

[48] LG Hamburg Urt. v. 20.11.1997 – 326 O 64/97, WM 1999, 428 = WuB IV E § 354a HGB 1.99 (*E. Wagner*) zur Offenlegung einer Vorausabtretung an Vorbehaltslieferanten; Heymann/*Horn* Rn. 11; Ensthaler/*B. Schmidt* Rn. 10; *E. Schütze,* Zession und Einheitsrecht, 2005, 178 f. – AM *K. Schmidt* NJW 1999, 401; *K. Schmidt* FS Schimansky, 1999, 514; *Gundlach/Frenzel/Schramm* KTS 2000, 523 (526). Vgl. → Rn. 19.

[49] Zust. OLG Jena Urt. v. 10.10.2007 – 7 U 137/07, OLG-Rp 2008, 18 (20); ebenso NK-BGB/*Lehmann-Richter* Rn. 29 mVa BGH Urt. v. 26.1.2005 – VIII ZR 275/03, NJW-RR 2005, 624.

[50] Wie hier OLG Jena Urt. v. 10.10.2007 – 7 U 137/07, OLG-Rp 2008, 18 (20); OLG München Urt. v. 26.10.2004 – 9 U 1959/04, IBR 2006, 82; KKRM/*Roth* Rn. 3; *Ganter* in Schimansky/Bunte/Lwowski BankR-HdB § 96 Rn. 41a. Tendenziell für eine leichtere Anwendung des § 242 BGB Staub/*Canaris* Rn. 14 f.; MüKoHGB/*K. Schmidt* Rn. 18; *K. Schmidt* NJW 1999, 401; *K. Schmidt* FS Schimansky, 1999, 514. Zurückhaltender *Reinicke/Tiedtke,* Kaufrecht, 8. Aufl. 2009, Rn. 1092; Ensthaler/*B. Schmidt* Rn. 10; Heymann/*Horn* Rn. 11; HaKo-HGB/*Klappstein* Rn. 12; *Maultzsch* FS Baums, 2017, 787 (801); *Nörr* in Nörr/Scheyhing/Pöggeler Sukzessionen, 2. Aufl. 1999, § 3 VII 6; noch strenger *Martinek/Omlor* in Schimansky/Bunte/Lwowski BankR-HdB § 102 Rn. 121: Schädigungsverbot aus § 826 BGB; Staudinger/*Oechsler,* 2018, BGB § 826 Rn. 265a; gegen jegliche Beschränkung des Wahlrechts Röhricht/Graf v. Westphalen/Haas/*Steimle/Dornieden* Rn. 18: „systemwidrig". Vgl. näher *Herget* BuB Rn. 4/784e; *E. Schütze,* Zession und Einheitsrecht, 2005, 177 ff.; *E. Wagner* in Hadding/Schneider, Die Forderungsabtretung, insbesondere zur Kreditsicherung, in ausländischen Rechtsordnungen, 1999, 53 f. und Anm. zu LG Hamburg Urt. v. 20.11.1997 – 326 O 64/97, WM 1999, 428.

[51] NK-BGB/*Lehmann-Richter* Rn. 29.

(§ 364 Abs. 1 BGB)[52] sowie Leistungen erfüllungshalber (vgl. § 364 Abs. 2 BGB), vor allem durch Wechsel und Scheck.[53]

17 **b) Forderungsbezogene Rechtsgeschäfte.** Durch Abs. 1 S. 2 soll „das Interesse des Forderungsschuldners, sich nicht auf wechselnde Gläubiger einzustellen sowie Verrechnungen und Zahlungsvereinbarungen mit dem alten Gläubiger vornehmen zu können, ... uneingeschränkt gewahrt" werden.[54] Schuldtilgende Wirkung hat daher die praktisch bedeutsame **Aufrechnung** des Schuldners mit einer Geldforderung gegen den Zedenten,[55] die er auch in Kenntnis der Abtretung (→ Rn. 18) und dem Zessionar gegenüber erklären kann.[56] Hierin liegt eine *partielle Ausnahme vom Gegenseitigkeitserfordernis* des § 387 BGB zugunsten des Schuldners.[57] Das gilt selbst dann, wenn der Schuldner die Gegenforderung in Kenntnis der Abtretung erwirbt oder wenn sie nach seiner Kenntnisnahme und später als die abgetretene Forderung fällig wird, § 406 BGB findet keine Anwendung.[58] Dagegen kommt eine (einseitige) Aufrechnung des Schuldners mit einer Forderung gegen den Zessionar nur diesem gegenüber in Betracht. Eine Tilgung durch mehrseitigen Aufrechnungsvertrag bleibt aber möglich.

18 Außerdem gewährt Abs. 1 S. 2 dem kaufmännischen Schuldner als Ausgleich für die Wirksamkeit der Abtretung entgegen § 399 Alt. 2 BGB Schutz über § 407 Abs. 1 BGB hinaus (→ Rn. 1, → Rn. 14, → Rn. 26). Deshalb kann er auch andere forderungsbezogene Rechtsgeschäfte **selbst in Kenntnis der Abtretung wirksam** vornehmen,[59] ggf. durch Vereinbarung mit dem Zedenten, wie **Verrechnung,**[60] **Stundung, Erlass** und **Vergleich.**[61] Die gegenteilige Ansicht des VII. Zivilsenats des BGH und des ihm folgenden Teils des Schrifttums will forderungsbezogene Rechtsgeschäfte nur unter den Voraussetzungen des § 407 BGB zulassen, dh nur bei Unkenntnis des Schuldners.[62] Sie

---

[52] HM, vgl. BGH Urt. v. 13.11.2008 – VII ZR 188/07, BGHZ 178, 315 (319) = NJW 2009, 438 Rn. 20; BGH Urt. v. 26.1.2005 – VIII ZR 275/03, NJW-RR 2005, 624 = WM 2005, 429 (432) mwN; *E. Wagner* WM 2010, 202 (204 ff.) mzN – AA *Nefzger,* Vertragliche Abtretungsverbote, 2013, 192 f.; MüKoHGB/*K. Schmidt* Rn. 22.

[53] HM, vgl. BGH Urt. v. 13.11.2008 – VII ZR 188/07, BGHZ 178, 315 (319) = NJW 2009, 438 Rn. 20; BGH Urt. v. 26.1.2005 – VIII ZR 275/03, NJW-RR 2005, 624 = WM 2005, 429 (432) mwN. AA *Berger,* Rechtsgeschäftliche Verfügungsbeschränkungen, 1998, 283; *Brink* in Hagenmüller/Sommer/Brink, Factoring-Handbuch, 3. Aufl. 1997, 184; *Nefzger,* Vertragliche Abtretungsverbote, 2013, 193 f.

[54] BT-Drs. 12/7912, 25, Nr. 5 zu b; vgl. → Rn. 12, 14.

[55] HM, vgl. BGH Urt. v. 13.11.2008 – VII ZR 188/07, BGHZ 178, 315 (319) = NJW 2009, 438 Rn. 20; BGH Urt. v. 26.1.2005 – VIII ZR 275/03, NJW-RR 2005, 624 = WM 2005, 429 (432) mwN; aA aber *Berger,* Rechtsgeschäftliche Verfügungsbeschränkungen, 1998, 284, der S. 2 wörtlich auslegt, mit unzutr. Hinweis auf § 407 Abs. 2 BGB; *Münch,* Abtretungsverbote im deutschen und französischen Recht, 2001, 106 f.

[56] BGH Urt. v. 26.1.2005 – VIII ZR 275/03, NJW-RR 2005, 624 = WM 2005, 429 (432); *Canaris* HandelsR § 26 Rn. 27 ff.; *Nörr* in Nörr/Scheyhing/Pöggeler Sukzessionen, 2. Aufl. 1999, § 3 VII 4; *Saar* ZIP 1999, 993; *E. Wagner* WM-Sonderbeilage 1/1996, 23 f.

[57] Vgl. Erman/*Wagner* BGB § 387 Rn. 9; Staudinger/*Gursky,* 2016, BGB § 387 Rn. 56 mwN.

[58] BGH Urt. v. 26.1.2005 – VIII ZR 275/03, NJW-RR 2005, 624 = WM 2005, 429 (432) mwN auch zur Gegenansicht. – Zu § 406 BGB eingehend *Reichold,* Aufrechnung nach Vorausabtretung, 2007, 104 ff.; *Mylich,* Die Aufrechnungsbefugnis des Schuldners bei der Vorausabtretung einer künftigen Forderung, 2008, 63 ff., 91 ff., 172 ff. (in der Insolvenz).

[59] Str., vgl. dafür *E. Wagner* WM 1994, 2099 f.; 2010, 202 (204 ff.) und in Hadding/Schneider, Die Forderungsabtretung, insbesondere zur Kreditsicherung, in ausländischen Rechtsordnungen, 1999, 56 f., 60 f., 77; zust. *Bauer,* § 354a HGB – eine geglückte gesetzgeberische Lösung eines rechtspolitischen Problems?, 2001, 117 ff., 134; Staub/*Canaris* Rn. 12; *Canaris* HandelsR § 26 Rn. 27; *Gottwald* in Gottwald InsR-HdB § 43 Rn. 65; Langenbucher/Bliesener/Spindler/*Haertlein* Rn. 27/26; NK-BGB/*Lehmann-Richter* Rn. 27; Oetker/*Maultzsch* Rn. 19; *Nörr* in Nörr/Scheyhing/Pöggeler Sukzessionen, 2. Aufl. 1999, § 3 VII 4; *Petersen* JURA 2005, 680 (681); *Saar* ZIP 1999, 988 (992); Erman/*Westermann* BGB § 407 Rn. 3a (arg. a fortiori). Für die Gegenansicht s. die in Fn. 62 Genannten.

[60] HM, vgl. BGH Urt. v. 13.11.2008 – VII ZR 188/07, BGHZ 178, 315 (319) = NJW 2009, 438 Rn. 20, wo allerdings nur die Aufrechnung genannt ist; BGH Urt. v. 26.1.2005 – VIII ZR 275/03, NJW-RR 2005, 624 = WM 2005, 429 (432) mwN; aA *Berger,* Rechtsgeschäftliche Verfügungsbeschränkungen, 1998, 284 und *Münch,* Abtretungsverbote im deutschen und französischen Recht, 2001, 106 f., die aber Verrechnungen *im Kontokorrent* ebenfalls für wirksam halten. Inkonsequent auch MüKoHGB/*K. Schmidt* Rn. 20 einerseits, Rn. 22 andererseits, ihm folgend *Nefzger,* Vertragliche Abtretungsverbote, 2013, 190; sowie alle, die – wie nunmehr der BGH Urt. v. 13.11.2008 – VII ZR 188/07, BGHZ 178, 315 (319 f.) = NJW 2009, 438 Rn. 20, 22 – Aufrechnung (und Verrechnung) gleichstellen, andere forderungsbezogene Geschäfte aber nur nach § 407 Abs. 1 BGB zulassen wollen, so die in Fn. 62 für die hL Genannten. Denn die *Verfügungsbefugnis* fehlt dem Zedenten hier wie dort.

[61] Vgl. OLG München Urt. v. 26.10.2004 – 9 U 1959/04, IBR 2006, 82; OLG Jena Urt. v. 10.10.2007 – 7 U 137/07, OLG-Rp 2008, 18. AA (nur gem. § 407 Abs. 1 BGB) BGH Urt. v. 13.11.2008 – VII ZR 188/07, BGHZ 178, 315 (320) = NJW 2009, 438 Rn. 20, 22 mzustAnm *Vollborth* WuB IV E § 354a HGB 1.09; BGH Urt. v. 25.11.2010 – VII ZR 16/10, NJW 2011, 443 = WM 2011, 213 Rn. 18 und hL, s. die in Fn. 62 Genannten. Dagegen *E. Wagner* WuB I E 4.-3.11 und ausf. in WM 2010, 202 (205 ff.); zust. Langenbucher/Bliesener/Spindler/*Haertlein* Rn. 27/26; Oetker/*Maultzsch* Rn. 19; NK-BGB/*Lehmann-Richter* Rn. 27.

[62] BGH Urt. v. 13.11.2008 – VII ZR 188/07, BGHZ 178, 315 (319 f.) = NJW 2009, 438 Rn. 16 ff., 22 mzustAnm *Vollborth* WuB IV E § 354a HGB 1.09; obiter BGH Urt. v. 25.11.2010 – VII ZR 16/10, NJW 2011, 443 = WM 2011, 213 Rn. 18; *Bette* WM 1994, 1918; hL, s. *Berger,* Rechtsgeschäftliche Verfügungsbeschränkungen, 1998, 284; *Baukelmann* FS Brandner, 1997, 195 f.; *Bruns* WM 2000, 509; Staudinger/*Busche,* 2017, BGB § 399 Rn. 71; *Derleder* BB 1999, 1562; *Herget* BuB Rn. 4/784f; Baumbach/Hopt/*Hopt* Rn. 2; HaKo-HGB/*Klappstein* Rn. 9; *Martinek/Omlor* in Schimansky/Bunte/Lwowski BankR-HdB § 102 Rn. 121; PWW/*H. F. Müller* BGB § 399

verkürzt indes contra legem den Schuldnerschutzzweck des § 354a (→ Rn. 3) und die praktischen Bedürfnisse des Rechtsverkehrs an einer einvernehmlichen, sach- und interessengerechten Abwicklung des Schuldverhältnisses (iwS) zwischen Schuldner und bisherigem Gläubiger, so etwa bei Dauerschuld-verhältnissen und Werkverträgen, insbes. Bauverträgen, mit vielfach erforderlichen Anpassungen des ursprünglichen Leistungsprogramms.[63] Dem stehen keine vorrangigen Belange des Zessionars ent-gegen. Sein berechtigtes Interesse, in Zwangsvollstreckung und Insolvenz des Schuldners abgesichert zu sein, ist durch Abs. 1 S. 1 gewährleistet. Im Übrigen gelten die allgemeinen Wirksamkeitsschranken insbesondere der §§ 138, 226, 242, 826 BGB auch für diese Rechtsgeschäfte.[64] Einfluss auf eine sachgerechte Abwicklung des ursprünglichen Schuldverhältnisses (iwS) zu nehmen, ist idR weder gewollt, was durch die dem Zedenten erteilte Einziehungsermächtigung zum Ausdruck kommt, noch schutzwürdig. Die Gegenansicht wird dieser Sach- und Interessenlage nicht gerecht; sie ist überdies dogmatisch inkonsistent, erstens indem sie weitergehende, nämlich schuldtilgende Leistungsersatzhand-lungen unabhängig vom Kenntnisstand des Schuldners für wirksam hält, zweitens indem sie verkennt, dass die Aufrechnung des Schuldners, die ebenfalls kenntnisunabhängig zulässig sein soll, keine Leis-tung iSd §§ 362, 364 BGB darstellt, sondern ein (einseitiges) forderungsbezogenes Rechtsgeschäft iSd § 407 BGB, und drittens indem sie auch Aufrechnungsverträge (Verrechnungen) zwischen Zedent und Schuldner unter Einbeziehung der vinkulierten Forderung als Leistungen iSd Abs. 1 S. 2 anerkennt.[65]

5. Weitere Auswirkungen auf den Rechtsverkehr mit Forderungen. Die Abtretbarkeit gem. **19** Abs. 1 S. 1 garantiert die Funktionsfähigkeit der **Sicherungszession** als Mittel der Kreditsicherung für Waren- und Geldkreditgeber im Wege des verlängerten Eigentumsvorbehalts, der verlängerten Sicherungsübereignung und der Sicherungsglobalzession.[66] Der Zedent (Vorbehaltskäufer beim ver-längerten Eigentumsvorbehalt bzw. Darlehensnehmer bei der Sicherungsübereignung) ist zur Weiter-veräußerung der Vorbehaltsware bzw. des Sicherungsguts im ordnungsgemäßen Geschäftsgang ermäch-tigt.[67] Der Abtretungsverbotsverwender erwirbt das Eigentum in Weiterverkaufsfällen mithin vom Berechtigten; die Frage nach seiner Kenntnis oder grob fahrlässiger Unkenntnis von der fehlenden Verfügungsbefugnis des Veräußerers (vgl. § 932 BGB, § 366 Abs. 1) stellt sich daher nicht.[68] Eine **teleologische Reduktion** des Abs. 1 S. 2 ist hierzu weder erforderlich noch zulässig, da ein norm-zweckwidriger Regelungsüberschuss nicht existiert.[69] Zu den einzelfallbezogenen Rechtsausübungs-schranken → Rn. 15. Gleichwohl kann der Zedent dem (Sicherungs-)Zessionar gem. § 280 Abs. 1 BGB, ggf. § 823 Abs. 2 BGB iVm § 263 StGB zum **Schadensersatz** verpflichtet sein, wenn er ihm erklärt (etwa um die gewünschte Kreditlinie zu erhalten), die Abtretbarkeit der zedierten Forderung sei nicht beschränkt, obwohl sie vertraglich ausgeschlossen oder eingeschränkt, insbesondere an eine Zustimmung des Schuldners gebunden ist.[70]

Rn. 12; MüKoBGB/*Roth* BGB § 399 Rn. 47; *Münch*, Abtretungsverbote im deutschen und französischen Recht, 2001, 106 f.; *Nefzger*, Vertragliche Abtretungsverbote, 2013, 191 ff.; KKRM/*Roth* Rn. 3; Ensthaler/*B. Schmidt* Rn. 11; MüKoHGB/*K. Schmidt* Rn. 20, 22; Röhricht/Graf v. Westphalen/Haas/*Steimle*/*Dornieden* Rn. 15; *E. Schütze*, Zession und Einheitsrecht, 2005, 177; *Seggewiße* NJW 2008, 3256 (3258 f.); Jauernig/*Stürner* BGB § 407 Rn. 2; *Reinicke*/*Tiedtke*, Kaufrecht, 8. Aufl. 2009, Rn. 1077 ff.

[63] *E. Wagner* WuB I E 4.-3.11 und ausf. in WM 2010, 202 (205 ff.); zust. Oetker/*Maultzsch* Rn. 19; *Maultzsch* FS Baums, 2017, 787 (800) mwN. AA BGH Urt. v. 13.11.2008 – VII ZR 188/07, BGHZ 178, 315 (319 f.) = NJW 2009, 438 Rn. 19 ff. mzustAnm *Vollborth* WuB IV E § 354a HGB 1.09; BGH Urt. v. 25.11.2010 – VII ZR 16/10, NJW 2011, 443 = WM 2011, 213 Rn. 18 obiter, wo im Wege einer petitio principii verkannt wird, dass die Bestimmung des materiell-rechtlichen Schutzumfangs unabhängig von etwaigen prozessualen Folgen einer Verurtei-lung zur Leistung an den Zessionar zu bestimmen ist; *Nefzger*, Vertragliche Abtretungsverbote, 2013, 199 f. – Die hier vertretene Auffassung wird auch durch die internationale Rechtsentwicklung bestätigt, s. *Eidenmüller ua* JZ 2008, 529 (541) zum DCFR, → Rn. 27 f.

[64] NK-BGB/*Lehmann-Richter* Rn. 27 aE: Grenze bei § 138 BGB; *Ludwig* ZInsO 2015, 2164 ff. zu § 242 BGB. – Ebenso beim Wahlrecht → Rn. 15.

[65] Vgl. eingehend *E. Wagner* WM 2010, 202 ff.; *E. Wagner* WuB I E 4.-3.11 zu BGH Urt. v. 25.11.2010 – VII ZR 16/10, NJW 2011, 443 = WM 2011, 213 Rn. 17 f.

[66] Vgl. MüKoInsO/*Ganter* InsO § 47 Rn. 208; *Ganter* in Schimansky/Bunte/Lwowski BankR-HdB § 96 Rn. 36, 41 ff.; Langenbucher/Bliesener/Spindler/*Haertlein* Rn. 27/25; *Bülow*, Recht der Kreditsicherheiten, 9. Aufl. 2017, Rn. 1415; *Häsemeyer*, InsolvenzR, 4. Aufl. 2007, Rn. 18.59, 18.63. Zur Bewertung der Sicherheit einerseits *Federlin* in Kümpel/Wittig BankR/KapMarktR Rn. 12.589 ff. (absetzbar), andererseits *E. Wagner* WM-Sonderbeilage 1/ 1996, 17 (vollwertig). – Vgl. zB den Fall OLG Koblenz Urt. v. 19.1.2009 – 2 U 419/08, ZInsO 2009, 1702 = NZI 2010, 24.

[67] AA Oetker/*Maultzsch* Rn. 22.

[68] *E. Wagner* WM 1994, 2102 f.; *K. Schmidt* NJW 1999, 401; MüKoHGB/*K. Schmidt* Rn. 3 mit zutr. Hinweis auf die damit verbundene Entlastung von Haftungsrisiken (s. auch bereits *E. Wagner* JZ 1994, 227 [232 f.] mwN). AA Oetker/*Maultzsch* Rn. 22 aE; UBH/*Schmidt* Teil 2 (1) Rn. 2 aE. Vgl. zur abw. Rechtslage nach § 399 Alt. 2 BGB nur BGH Urt. v. 9.7.1990 – II ZR 10/90, NJW-RR 1991, 343; s. dazu *E. Wagner*, Vertragliche Abtretungsverbote, 1994, 194 f. und WM-Sonderbeilage 1/1996, 16 f.

[69] AA zugunsten des verlängerten Eigentumsvorbehalts *Derleder* BB 1999, 1565 im Anschluss an *K. Schmidt* NJW 1999, 400 f., der jedoch auf § 242 BGB abstellt. Vgl. Staub/*Canaris* Rn. 15.

[70] BGH Urt. v. 22.1.2015 – III ZR 10/14, K&R 2015, 258 Rn. 17, 19.

20   **Factoring**institute können vinkulierte Geldforderungen im Anwendungsbereich des § 354a Abs. 1 wirksam erwerben.[71] Freilich müssen auch sie sich Abs. 1 S. 2 entgegenhalten lassen, sofern sie nicht eine wirksame Verzichtserklärung des Schuldners darlegen und falls erforderlich beweisen können.[72] In der Insolvenz des Zedenten sind sie gesichert durch ein Recht zur Aussonderung, nach aM beim unechten Factoring nur durch ein Recht zur Absonderung, → Rn. 24, → E Rn. 30. – § 354a Abs. 1 ermöglicht ferner die **Refinanzierung im Rahmen von ABS-Transaktionen,** durch Eintragung der vinkulierten Forderungen in ein Refinanzierungsregister und deren Übertragung an den Übertragungsberechtigten. § 22d Abs. 4 KWG stellt dies klar (S. 2) und sieht darüber hinaus für mündlich und konkludent vereinbarte Abtretungsverbote gesondert eine Ausnahme von § 399 Alt. 2 BGB vor (S. 1).[73]

20a   Die durch das Risikobegrenzungsgesetz vom 12.8.2008 (→ Vorbemerkung, → Rn. 3a) eingefügte Ausnahmeregelung des **Abs. 2** ermöglicht Kaufleuten die Vereinbarung nicht abtretbarer Unternehmenskredite und behindert ggf. die **Refinanzierungsmöglichkeiten der Kreditinstitute,** insbesondere bei der Zentralbank. Wegen der damit verbundenen Einschränkungen ihrer liquiditätspolitischen Operationen und deren Bedeutung für die Funktionsfähigkeit des Geldmarktes hatte sich die Deutsche Bundesbank gerade im Hinblick auf die jüngsten Finanzmarktturbulenzen gegen diese Änderung des § 354a ausgesprochen, jedoch ohne Erfolg.[74] Ein berechtigtes Interesse und Schutzbedürfnis vor ungehemmter und unkontrollierbarer Zirkulation ihrer Kreditverbindlichkeiten nebst Sicherheiten ist aber auch Unternehmen und der öffentlichen Hand im Rahmen der allgemeinen Vorschriften nicht abzusprechen.[75] Dies mag sogar auf Kreditinstitute zutreffen, soweit sie als Darlehensschuldner von Kreditinstituten selbst in den Genuss der Ausnahmeregelung kommen. – Zivilrechtliche Abtretungshindernisse stehen der Übertragung sog Risikopositionen, insbesondere Kreditforderungen von Unternehmen des Finanzsektors, auf den Finanzmarktstabilisierungsfonds **(FMS)** nicht entgegen (§ 16 Abs. 1 S. 2 FMStBG); das Finanzmarktstabilisierungsbeschleunigungsgesetz vom 17.10.2008 (BGBl. I 1982 [1986]) bestimmt als Gegenausnahme ausdrücklich, dass Abs. 2 auf Übertragungen an den Fonds nicht anwendbar ist (§ 16 Abs. 1 S. 5 FMStBG).[76]

21   Bei **Doppel- oder Mehrfachzession** ist nur die erste Abtretung gem. S. 1 wirksam; für jede weitere fehlt dem Zedenten die Verfügungsbefugnis. § 354a beseitigt somit die unhaltbare Durchbrechung des Prioritätsprinzips in Fällen des § 399 Alt. 2 BGB, welche durch eine nach hM im Belieben des Schuldners stehende Genehmigung der späteren Abtretung ermöglicht wird.[77] – Tritt der Zessionar die Forderung berechtigterweise (S. 1, → Rn. 11) weiter ab **(Weiter- oder Kettenzession),** so bleibt dem Schuldner der Schutz aus S. 2 erhalten,[78] ohne dass die Fortwirkung des Abtretungshindernisses in der Person des Zessionars gesondert vereinbart werden müsste. – Bei **kollidierenden Sicherungs- und Finanzierungsformen,** insbes. bei Kollision von verlängertem Eigentumsvorbehalt und Globalzession sowie für deren Verhältnis zum Factoring, gilt die durch die Rechtsprechung des BGH zu § 399 Alt. 2 BGB geschaffene Rechtslage fort.[79] – **Legalzessionen** werden nach Wortlaut und Sinn des § 354a ebenfalls nicht erfasst.[80] – Unselbständige Nebenrechte gehen gem. § 401 BGB auf den Erwerber über; **analog § 401 BGB** auch Hilfsrechte, die der Verwirklichung der Forderung dienen und damit dem Zessionar zustehen, so zB das Recht zur Fälligkeitskündigung oder das

---

[71] Vgl. *Brink* in Hagenmüller/Sommer/Brink, Factoring-Handbuch, 3. Aufl. 1997, 179 ff.; *Martinek/Omlor* in Schimansky/Bunte/Lwowski BankR-HdB § 102 Rn. 110 ff., 117 ff. mwN.

[72] BGH Urt. v. 21.3.2018 – VIII ZR 17/17, NJW 2018, 2254 Rn. 44 ff. Vgl. *E. Wagner* WM-Sonderbeilage 1/1996, 17; zur Bewertungsfrage s. *Brink* in Hagenmüller/Sommer/Brink, Factoring-Handbuch, 3. Aufl. 1997, 185 f. (situativ verschieden, aber grundsätzlich vollwertig); *Saar* ZIP 1999, 992 f. (keine andere Bewertung).

[73] Vgl. BT-Drs. 15/5852, 20; s. dazu Bette FLF 2006, 171 ff. *Schriftlich* vereinbarte Abtretungsverbote mit Nichtkaufleuten hindern demnach Eintragung und Abtretung an einen Übertragungsberechtigten.

[74] Vgl. Stellungnahme vom 22.1.2008 unter B II 6. Diese und viele weitere kritische Stellungnahmen aus Theorie und Praxis sind abrufbar unter www.bundestag.de/ausschuesse/a07/anhoerungen/082. Näher zu den verschiedenen Fallgruppen der Übertragung von Kreditrisiken *Früh* FS Hopt, 2010, 1824 (1828 ff.); im Überblick MüKoBGB/*Berger* BGB § 488 Rn. 146, jew. mwN.

[75] Vgl. MüKoHGB/*K. Schmidt* Rn. 34 ff. mit *Schalast* BB 2008, 2190 (2194 f.) zu sog. Debt-Equity-Swaps; *Maultzsch* FS Baums, 2017, 787 (795 f.).

[76] BT-Drs. 16/10600, 12; näher *Diem/Neuberger* BKR 2009, 177 ff.; *Früh* FS Hopt, 2010, 1841 ff. mwN.

[77] Vgl. für die hM OLG Koblenz Urt. v. 23.5.1991 – 5 U 1492/90, WM 1992, 73 (74); Palandt/*Grüneberg* BGB § 399 Rn. 11 aE; MüKoBGB/*Roth/Kieninger* BGB § 399 Rn. 46. AM *Berger*, Rechtsgeschäftliche Verfügungsbeschränkungen, 1998, 297 ff.; *E. Wagner* Vertragliche Abtretungsverbote im System zivilrechtlicher Verfügungshindernisse, 1994, 208 ff., 221 ff., 230 ff., 392, 396 ff., 480 ff., jew. mwN – Wie hier *Martinek/Omlor* in Schimansky/Bunte/Lwowski BankR-HdB § 102 Rn. 120.

[78] Ebenso KKRM/*Roth* Rn. 3; iErg *Saar* ZIP 1999, 993. Zur Fortwirkung des Abtretungsverbots nach Abtretung mit Zustimmung des Schuldners BGH Urt. v. 11.3.1997 – X ZR 146/94, NJW 1997, 3434 (3437); zum Verständnis als Rechtsinhaltsbestimmung *E. Wagner* JZ 1998, 259 mwN.

[79] BT-Drs. 12/7912, 25 Nr. 5 zu a, 2. Absatz: „Die Rechtsprechung zur Priorität, Verfügungsermächtigung und Sittenwidrigkeit bei Forderungsabtretungen bleibt unberührt.". Vgl. dazu → E Rn. 22 ff. Fn. 98 ff.

[80] BGH Urt. v. 4.3.2004 – I ZR 200/01, TranspR 2005, 460 (463) mit BGHZ 82, 162 (171) = NJW 1982, 992 (994) zu § 67 Abs. 1 VVG; Baumbach/Hopt/*Hopt* Rn. 1; Heymann/*Horn* Rn. 6; KKRM/*Roth* Rn. 2; *E. Wagner* in Hadding/Schneider, Die Forderungsabtretung, insbesondere zur Kreditsicherung, in ausländischen Rechtsordnungen, 1999, 63 f. AA MüKoHGB/*K. Schmidt* Rn. 14.

Austauschrecht iSd § 17 Nr. 3 VOB/B, das mit der Abtretung der jeweils als Gewährleistungssicherheit einbehaltenen Restwerklohnforderungen auf deren Zessionar übergehen.[81] – Bei Abtretung hypothekarisch gesicherter Geldforderungen ist **§ 1156 S. 1 BGB analog** anwendbar, so dass der Schuldner/ Eigentümer den Anspruch aus § 1147 BGB nicht durch eine Leistung gem. Abs. 1 S. 2 abwehren kann;[82] anders aber bei Sicherungshypotheken (vgl. § 1185 Abs. 2).

6. Inhaltskontrolle vorformulierter Abtretungsverbote. Str. ist, ob und ggf. wie § 354a HGB **22** bei der Inhaltskontrolle vertraglicher Abtretungsverbote im Rahmen des § 307 Abs. 1 BGB zu berücksichtigen ist. Der BGH verneint grundsätzlich eine unangemessene Benachteiligung des Gläubigers im Sinne dieser Vorschrift.[83] Dementsprechend geht der Gesetzgeber von der Wirksamkeit vertraglicher, meist in AGB enthaltener Abtretungsverbote iSd § 399 Alt. 2 BGB aus (→ Rn. 1). Eine einseitige wegen Abs. 1 S. 1 gläubigerbegünstigende Interessenabwägung ist daher ausgeschlossen, soweit § 354a anzuwenden ist.[84] Gleiches muss aber auch außerhalb seines zeitlichen und persönlichen Anwendungsbereichs (→ Rn. 5, → Rn. 9 f.) gelten.[85] Denn bei Unwirksamkeit einer Ausschluss- oder Beschränkungsklausel gem. § 307 Abs. 1 BGB bliebe Abs. 1 S. 2 und damit der gleichrangig normierte Schuldnerschutzzweck des § 354a (→ Rn. 3) außer acht.[86] *Dritt-Mitwirkungsklauseln* in AGB, welche zB den Zessionar anhalten, den Zedenten zur Einziehung zu ermächtigen, sind weder praktikabel noch bieten sie einen adäquaten Ersatz;[87] in AGB des Schuldners bleiben sie für den Zessionar unverbindlich und als Abtretungsvoraussetzung unterfallen sie wiederum § 399 Alt. 2 BGB. – Zu *Unterlassungsverpflichtungen* des Schuldners (→ Rn. 4, → Rn. 6).

IV. Zivilprozess, Zwangsvollstreckung, Insolvenz

1. Zivilprozess. Der nach Abs. 1 S. 1 klage- und sachbefugte Zessionar muss wegen Abs. 1 S. 2 **23** auf Zahlung an sich oder an den Zedenten klagen.[88] Nach *nunmehr* anderer Ansicht des BGH ist

---

[81] BGH Urt. v. 25.11.2010 – VII ZR 16/10, NJW 2011, 443 = WM 2011, 213 Rn. 19 f. mwN; insoweit zust. *E. Wagner* WuB I E 4 Bankbürgschaft/Avalgeschäft 3.11.

[82] *Thomale* WM 2007, 1916 ff. (in extensiver Auslegung des § 1156 S. 1 BGB). AM Oetker/*Maultzsch* Rn. 14; *Maultzsch* FS Baums, 2017, 787 (797); Ensthaler/*B. Schmidt* Rn. 14 mwN. – Zu weiteren Auswirkungen auch → Rn. 4, → Rn. 7, → Rn. 22. – Die Regelung des § 1156 S. 1 BGB ist auf Grundschulden entsprechend anwendbar, sodass der Grundstückseigentümer – entgegen der grds. möglichen Ablösung durch Aufrechnung – gegenüber dem Grundschuldzessionar nicht mit einer Forderung gegen den Grundschuldzedenten aufrechnen kann, nach BGH Urt. v. 23.2.2018 – V ZR 302/16, NJW 2018, 2261 Rn. 13 auch dann, wenn die Abtretung unentgeltlich oder rechtsgrundlos erfolgt ist.

[83] Vgl. Urt. 14.10.1963 – VII ZR 33/63, BGHZ 40, 156 = NJW 1964, 243; BGH Urt. v. 31.10.1990 – IV ZR 24/90, BGHZ 112, 387 = NJW 1991, 559 zu § 9 AGBG; BGH Urt. v. 13.7.2006 – VII ZR 51/05, NJW 2006, 3486 Rn. 13 ff. m. insoweit zust. Anm. *v. Westphalen;* BGH Beschl. v. 12.10.2011 – IV ZR 163/10, r+s 2012, 74 (75) zu § 17 Abs. 7 ARB; s. auch BGH Urt. v. 29.4.2003 – IX ZR 54/02, NJW-RR 2003, 1212 f. = WM 2003, 1628 zur Anwaltshaftung. Zu Ausnahmen s. Erman/*Westermann* BGB § 399 Rn. 1; Staudinger/*Busche,* 2017, BGB § 399 Rn. 56.

[84] AM OLG Koblenz Urt. v. 21.10.1999 – 2 U 1835/98, OLG-Rp 2001, 181 bei Ausschlussklauseln; Jauernig/ *Stürner* BGB §§ 399, 400 Rn. 8; *v. Westphalen* in v. Westphalen/Thüsing VertragsR/AGB-Klauselwerke s. v. Abtretungsausschluss Rn. 3. – Wie hier KKRM/*Roth* Rn. 2; Wolf/Lindacher/Pfeiffer/*Dammann* Klauseln A28 mVa BGH Urt. v. 25.11.1999 – VII ZR 22/99, NJW-RR 2000, 1220 (1221) zum AGBG; insoweit auch UBH/*Schmidt* Teil 2 (1) Rn. 3; anders *Baukelmann* FS Brandner, 1997, 194 („nicht [mehr] erforderlich"); *Saar* ZIP 1999, 990. – Zur Abtretbarkeit von Darlehensrückzahlungsforderungen s. BGH Urt. v. 19.4.2011 – XI ZR 256/10, NJW 2011; OLG Köln Urt. v. 15.9.2005 – 8 U 21/05, NJW-RR 2006, 263; *Heer* BKR 2012, 45; *Koch* BKR 2006, 182 (185 ff.), der im weitergehenden Verkehrsinteresse (→ Rn. 2) eine teleologische Reduktion ablehnt; § 354a greift aber schon mangels Abtretungsverbots nicht ein (→ Rn. 6).

[85] Vgl. BGH Urt. v. 13.7.2006 – VII ZR 51/05, NJW 2006, 3486 Rn. 17 zum Bauwerkvertrag; insoweit auch OLG Koblenz Urt. v. 19.1.2009 – 2 U 419/08, ZInsO 2009, 1702 = NZI 2010, 24; Wolf/Lindacher/Pfeiffer/ *Dammann* Klauseln A28. – AA mit Unterschieden im Detail UBH/*Schmidt* Teil 2 (1) Rn. 4: stets Interessenabwägung vorzunehmen; MüKoBGB/*Roth/Kieninger* BGB § 399 Rn. 39: vom Schuldner widerlegbare Vermutung der Unzulässigkeit, da § 399 BGB keine Leitbildfunktion habe.

[86] *E. Wagner* in Hadding/Schneider, Die Forderungsabtretung, insbesondere zur Kreditsicherung, in ausländischen Rechtsordnungen, 1999, 67 ff.; zust. *Saar* ZIP 1999, 990 Fn. 36; Heymann/*Horn* Rn. 14; MüKoHGB/*K. Schmidt* Rn. 31; Bamberger/Roth/*Rohe* BGB § 399 Rn. 16; ähnl. *Canaris* HandelsR § 26 Rn. 36. IErg ebenso BGH Urt. v. 13.7.2006 – VII ZR 51/05, NJW 2006, 3486 Rn. 17: kein Anhaltspunkt im Normtext; Wolf/Lindacher/Pfeiffer/ *Dammann* Klauseln A28. – Vgl. für „Altfälle" im kaufmännischen Geschäftsverkehr OLG Köln Urt. v. 21.5.1997 – 27 U 124/96, WM 1998, 859, das § 354a als abwägungsrelevanten Umstand überhaupt ablehnt; auch BGH Urt. v. 11.3.1997 – X ZR 146/94, NJW 1997, 3434 (3437), der § 354a gar nicht erwähnt, dazu krit. *M. Wolf* LM BGB § 399 Nr. 36, dagegen *E. Wagner* JZ 1998, 258 ff. und in Hadding/Schneider, Die Forderungsabtretung, insbesondere zur Kreditsicherung, in ausländischen Rechtsordnungen, 1999, 67 ff. – Für den nichtkaufmännischen Verkehr anders *Baukelmann* FS Brandner, 1997, 201 ff. (205); Erman/*Westermann* BGB § 399 Rn. 5; KKRM/*Roth* Rn. 2; Staudinger/*Coester,* 2013, BGB § 307 Rn. 353.

[87] AM *Baukelmann* FS Brandner, 1997, 201 ff.; UBH/*Schmidt* Teil 2 (1) Rn. 5; *Wolf*/Horn/Lindacher AGB-Gesetz, 4. Aufl. 1999, § 9 Rn. A 28 f. Anders, iErg wie hier Wolf/Lindacher/Pfeiffer/*Dammann* Klauseln A28.

[88] BGH Urt. v. 26.6.2002 – VIII ZR 327/00, NJW 2002, 2865 (2866) = ZIP 2002, 1488 (1490); *E. Wagner* WM 1994, 2101; zust. *Canaris* HandelsR § 26 Rn. 20; Baumbach/Hopt/*Hopt* Rn. 2; HaKo-HGB/*Klappstein* Rn. 12;

dagegen eine Klarstellung, dass die Zahlung auch an den Zedenten erfolgen kann, in dem vom Zessionar erwirkten Titel nicht notwendig und weder materiell-rechtlich noch prozessual vorgesehen.[89] Dasselbe gilt für einen denkbaren Vorbehalt, dass dem Schuldner nachgelassen wird, an den Zedenten zu zahlen.[90] Hatte der Zedent bereits *vor der Abtretung* Klage erhoben (vgl. § 265 ZPO), so führt er den Rechtsstreit *in gesetzlicher Prozessstandschaft* fort, muss aber nach der herrschenden Relevanztheorie den Klageantrag auf Leistung an den Zessionar umstellen. Der Zessionar darf nur mit Zustimmung des verklagten Schuldners den Prozess übernehmen. Ein Urteil wirkt aber auch ohne Übernahme für und gegen ihn (§ 325 ZPO) und ist für und – soweit die Klage abgewiesen wurde – (wegen der Kosten) gegen ihn vollstreckbar (§ 727 ZPO). Für eine Klage *nach der Abtretung* fehlt dem Zedenten ohne entsprechende Ermächtigung durch den Zessionar wegen Abs. 1 S. 1 die Prozessführungs- und die Sachbefugnis. Abs. 1 S. 2 vermittelt dem Zedenten *weder eine gesetzliche Prozessstandschaft noch eine gesetzliche Einziehungsbefugnis* (→ Rn. 13). Abs. 1 S. 2 gibt aber dem Schuldner eine rechtsvernichtende oder (falls die Leistung an den Zedenten noch aussteht) rechtsmodifizierende Einwendung gegen das Zahlungsbegehren des Zessionars.[91]

24   **2. Zwangsvollstreckung.** Die abredewidrig zedierte Geldforderung geht gemäß Abs. 1 S. 1 in das Vermögen des Zessionars über. Gegen (den Schein einer wirksamen) Pfändung durch *Gläubiger des Zedenten* hat der Zessionar ein Interventionsrecht gem. § 771 ZPO. – *Gläubiger des Zessionars* können die verbotswidrig abgetretene Geldforderung dagegen wirksam pfänden und sich zur Einziehung oder an Zahlungs Statt überweisen lassen. Der Drittschuldner kann jedoch nach Abs. 1 S. 2 mit befreiender Wirkung an den ursprünglichen Gläubiger leisten. – *Vor einer Abtretung* können Gläubiger des Gläubigers die vinkulierte Forderung pfänden und sich (wegen Abs. 1 S. 1) ohne die Einschränkung aus § 851 Abs. 2 ZPO zur Einziehung oder an Zahlungs Statt überweisen lassen. Zweifelhaft, aber wohl zu bejahen ist, ob Abs. 1 S. 2 auch in diesem Fall (trotz Zahlungsverbots aus § 829 Abs. 1 ZPO iVm §§ 135, 136 BGB) zugunsten des Drittschuldners eingreift.[92]

25   **3. Insolvenz.** *Beim Zedenten* fällt die zedierte Forderung nicht in die Masse, darf also vom Verwalter auch nicht eingezogen werden (§ 1 Abs. 4 KO, § 36 Abs. 1 InsO), anders bei Sicherungszessionen (§ 166 Abs. 2 InsO mit §§ 170 f., 52 InsO). Der Zessionar ist zur Aussonderung der noch nicht erfüllten Forderung berechtigt (§ 43 KO, § 47 InsO); bei Sicherungsabtretung nur zur Absonderung (§ 48 KO, § 51 Nr. 1 InsO), sodass der Drittschuldner analog §§ 407, 408, 412 mit § 82 Abs. 1 S. 1 InsO nicht mehr mit befreiender Wirkung an ihn leisten kann, wenn er die Insolvenzeröffnung und den Sicherungscharakter der Abtretung kennt.[93] Soweit im Verhältnis Zedent-Drittschuldner die §§ 91, 103 InsO anzuwenden sind, ist die Zession mangels Durchsetzbarkeit ausstehender Erfüllungsansprüche mit Verfahrenseröffnung (§ 320 BGB) wertlos oder (soweit der Zedent/spätere Insolvenzschuldner zuvor bereits erfüllt hatte) auf einen entsprechenden Teil der Gegenforderung gerichtet; Masseforderungen, die auf Grund Erfüllungswahl des Verwalters entstehen, erfasst sie nicht.[94] Zahlt der Drittschuldner nach Abs. 1 S. 2 an den Verwalter,[95] so hat der Zessionar ein Ersatzaus- bzw. Ersatz-

---

Münch, Abtretungsverbote im deutschen und französischen Recht, 2001, 110 f.; *Nörr* in Nörr/Scheyhing/Pöggeler Sukzessionen, 2. Aufl. 1999, § 3 VII 4; Ensthaler/*B. Schmidt* Rn. 12; KKRM/*Roth* Rn. 3; Röhricht/Graf v. Westphalen/Haas/*C. Wagner,* 4. Aufl. 2014, Rn. 11; s. auch Stein/Jonas/*Münzberg,* 22. Aufl. 2002, ZPO Vor § 803 Rn. 17.

[89] BGH Urt. v. 25.11.2010 – VII ZR 16/10, NJW 2011, 443 = WM 2011, 213 Rn. 15, 17 im Anschluss an *K. Schmidt* FS Schimansky, 1999, 514 f.; ebenso *Basedow* ZEuP 1997, 636 mit Fn. 92; *Nefzger,* Vertragliche Abtretungsverbote, 2013, 214 f.; MüKoHGB/*K. Schmidt* Rn. 23; Röhricht/Graf v. Westphalen/Haas/*Steimle/Dornieden* Rn. 11.

[90] MüKoHGB/*K. Schmidt* Rn. 23.

[91] Zur dogmatischen Einordnung *E. Wagner* in Hadding/Schneider, Die Forderungsabtretung, insbesondere zur Kreditsicherung, in ausländischen Rechtsordnungen, 1999, 72 ff.; krit. *Nefzger,* Vertragliche Abtretungsverbote, 2013, 203 ff.

[92] Ablehnend *Berger,* Rechtsgeschäftliche Verfügungsbeschränkungen, 1998, 284 unter Anwendung des § 851 Abs. 2 ZPO. Dazu und zu den Einzelheiten in der Zwangsvollstreckung *E. Wagner* in Hadding/Schneider, Die Forderungsabtretung, insbesondere zur Kreditsicherung, in ausländischen Rechtsordnungen, 1999, 76 ff.; Staub/*Canaris* Rn. 18 f.; MüKoHGB/*K. Schmidt* Rn. 25 f.; s. auch *Bruns* WM 2000, 510 f.

[93] BGH Urt. v. 23.4.2009 – IX ZR 65/08, NJW 2009, 2304 (2305) mkritAnm *Gundlach/Frenzel.* Vgl. iÜ OLG Koblenz Urt. v. 19.1.2009 – 2 U 419/08, ZInsO 2009, 1702 = NZI 2010, 2461); MüKoInsO/*Ganter* InsO § 47 Rn. 211 ff.; *Gottwald* in Gottwald InsR-HdB § 40 Rn. 21, § 43 Rn. 65 f.; *Häsemeyer,* InsolvenzR, 4. Aufl. 2007, Rn. 18.63; MüKoHGB/*K. Schmidt* Rn. 27 ff.; Staub/*Canaris* Rn. 18 f.; ausf. *v. Olshausen* ZIP 1995, 1950 ff.; *E. Wagner* in Hadding/Schneider, Die Forderungsabtretung, insbesondere zur Kreditsicherung, in ausländischen Rechtsordnungen, 1999, 85 ff.; s. auch *Bruns* WM 2000, 511 f.; *Gundlach/Frenzel/Schmidt* KTS 2000, 519 f.; *J. Hager* GS Helm, 2001, 710 ff.

[94] BGH Urt. v. 25.4.2002 – IX ZR 313/99, BGHZ 150, 353 (359) = NJW 2002, 2783 (2785). Vgl. ausf. MüKoInsO/*Ganter* InsO § 47 Rn. 144 ff., 148 ff.; s. auch *E. Wagner* in Hadding/Schneider, Die Forderungsabtretung, insbesondere zur Kreditsicherung, in ausländischen Rechtsordnungen, 1999, 86 mwN.

[95] Gegen diese von der hM bejahte Befugnis des Schuldners Oetker/*Maultzsch* Rn. 17; dagegen wiederum *Nefzger,* Vertragliche Abtretungsverbote, 2013, 217.

absonderungsrecht (§ 46 KO [analog], § 48 InsO [analog]), soweit der Erlös noch unterscheidbar vorhanden ist (vgl. § 948 BGB),[96] andernfalls eine Masseforderung gemäß § 55 Abs. 1 Nr. 3 InsO,[97] die aber nicht isoliert geltend gemacht werden kann.[98] Die Aussonderung scheitert, wenn sich der Drittschuldner nach Abs. 1 S. 2 über die Grenzen der §§ 406, 407 BGB hinaus, aber im Rahmen der allgemeinen Bestimmungen (§§ 94 ff.; 129 ff. InsO) durch **Aufrechnung** mit einer Insolvenzforderung befreien kann.[99] Hatte der Drittschuldner bereits vor Verfahrenseröffnung an den Zedenten geleistet, so bleibt dem Zessionar nur ein Anspruch aus § 816 Abs. 2 BGB, den er lediglich als Insolvenzforderung geltend machen kann.[100] – *Beim Zessionar* fällt die Forderung in die Masse. Leistungen nach Abs. 1 S. 2 muss der Verwalter vom Zedenten herausverlangen (§ 816 Abs. 2 BGB). Der Drittschuldner kann ggf. auch hier gem. Abs. 1 S. 2 unabhängig von den Voraussetzungen des § 406 BGB mit einer Forderung an den Zedenten aufrechnen.[101] – *In der Insolvenz des Schuldners* gelten die allgemeinen Regeln (§§ 94 ff.; 129 ff. InsO); der Insolvenzverwalter kann aber ggf. auch gem. Abs. 1 S. 2 an den Zedenten leisten. Anmeldungsberechtigt ist allein der Zessionar als Insolvenzgläubiger (§ 174 Abs. 1 InsO).[102]

V. Internationales Recht[103]

1. Deutsches IPR, Europäisches Kollisionsrecht. Im grenzüberschreitenden Rechtsverkehr **26** kommt es auf die hier erörterten Fragen der Abtretbarkeit von Geldforderungen gem. § 354a nur an, wenn das deutsche Sachrecht zur Anwendung berufen ist. Die internationale Anknüpfung der Abtretung ist heute indes umstrittener denn je. Nach der dem Schuldnerschutz dienenden Vorschrift des **Art. 14 Abs. 2 Rom I-VO** bestimmt das Recht, dem die übertragene Forderung unterliegt (Forderungsstatut), die Übertragbarkeit der Forderung, das Verhältnis zwischen Zessionar und Schuldner (Inhalt, Fälligkeit, Durchsetzbarkeit), die Voraussetzungen, unter denen die Übertragung dem Schuldner entgegengehalten werden kann (Publizitätserfordernisse), und die befreiende Wirkung einer Leistung des Schuldners.[104] Hiernach sind vertragliche Abtretungsverbote iSd § 399 Alt. 2 BGB und die Ausnahme gem. § 354a nach dem Forderungsstatut anzuknüpfen, also nach deutschem Recht zu beurteilen, wenn die zedierte Forderung deutschem Recht unterliegt.[105] Streitig ist auch, welche Rechtsordnung hinsichtlich der von Art. 14 Abs. 2 Rom I-VO nicht geregelten *Drittwirkungen* einer Forderungsübertragung zur Anwendung kommt.[106] Dies betrifft insbesondere den für Gläubiger des Zessionars wichtigen Zeitpunkt des Rechtsübergangs sowie die Zuordnung bei Mehrfachabtretungen (Parallel- und Kettenzession).[107] Dazu → E Rn. 37.

---

[96] Vgl. *Gottwald* in Gottwald InsR-HdB § 43 Rn. 66 zur Sicherungszession; aM *Gundlach/Frenzel/Schmidt* KTS 2000, 524 f., die aber übersehen, dass der Masse kein Anspruch auf einen Kostenbeitrag gem. §§ 170, 171 InsO zusteht, wenn keine Mehrkosten anfallen, vgl. BGH Urt. v. 9.10.2003 – IX ZR 28/03, NJW-RR 2004, 846 (847 f.).

[97] MüKoBGB/*Roth/Kieninger* BGB § 399 Rn. 47 mVa BGH ZIP 1990, 1417 (1419) zur KO und § 407 BGB.

[98] BGH Urt. v. 10.2.2011 – IX ZR 73/10, NJW 2011, 1282 Rn. 27; OLG Nürnberg Urt. v. 12.4.2017 – 12 U 1936/15, 24, nv; rkr. mit BGH Beschl. v. 7.3.2019 – IX ZR 102/17, nv → E Rn. 32.

[99] BGH Urt. v. 26.1.2005 – VIII ZR 275/03, NJW-RR 2005, 624 = WM 2005, 429 (431); Urt. v. 15.10.2003 – VIII ZR 358/02, NJW-RR 2004, 50 (51 f.) = WM 2004, 2338 (2340) mAnm *Mankowski* WuB VI C § 95 InsO 1.04 (Verlustausgleichsfonds und Feuerwehrfonds). Vgl. Staub/*Canaris* Rn. 18; *Canaris* HandelsR § 26 Rn. 29. MüKoInsO/*Ganter* InsO § 47 Rn. 213; *Reichold,* Aufrechnung nach Vorausabtretung, 2007, 117 ff. Zur Anfechtbarkeit des Erwerbs der Aufrechnungslage s. BGH Urt. v. 29.6.2004 – IX ZR 195/03, BGHZ 159, 388 (393 f.) = NJW 2004, 3118 (3119 f.).

[100] *Ganter* in Schimansky/Bunte/Lwowski BankR-HdB § 96 Rn. 42; *Häsemeyer,* InsolvenzR, 4. Aufl. 2007, Rn. 18.63. AM *Derleder* BB 1999, 1565 Fn. 46; *Gundlach/Frenzel/Schmidt* KTS 2000, 522; Staudinger/*Busche,* 2017, BGB § 399 Rn. 71, die ein Ersatzaussonderungsrecht zubilligen, was aber wegen Abs. 1 S. 2 nicht zutrifft.

[101] Vgl. Staub/*Canaris* Rn. 19; *Canaris* HandelsR § 26 Rn. 32; MüKoInsO/*Ganter* InsO § 47 Rn. 215; *Gottwald* in Gottwald InsR-HdB § 43 Rn. 65. Zur Anfechtbarkeit des Erwerbs der Aufrechnungslage s. BGH Urt. v. 15.10.2003 – VIII ZR 358/02, NJW-RR 2004, 50 (51 f.) = WM 2004, 2338 (2340).

[102] Vgl. auch zur Insolvenzanfechtung MüKoHGB/*K. Schmidt* Rn. 29.

[103] Zum Kollisionsrecht (Deutsches IPR) s. die Kommentierungen zu Art. 14 Rom I-VO; → E Rn. 36 f. Zur Reformdiskussion betr. Art. 14 Rom I-VO s. *Kieninger* IPRax 2012, 289 ff. (BIICL-Studie), 366 f. (Anm. zu OGH Urt. v. 28.4.2011 – 1 Ob 58/11b, IPRax 2012, 364 f. – Abtretung im Steuerparadies). Ein optionales Kollisionsrecht enthält die UN-Konvention vom 12.12.2001 (→ Rn. 27). – Zum *soft law* der Zessionsregeln des europäischen Vertragsrechts → Rn. 28.

[104] Vgl. zu den Einzelheiten Staudinger/*Hausmann,* 2016, Rom I-VO Art. 14 Rn. 42 ff.; MüKoBGB/*Martiny* Rom I-VO Art. 14 Rn. 26 ff.; näher → E Rn. 37.

[105] Str., wie hier Erman/*Hohloch* Rom I-VO Art. 14 Rn. 7; MüKoBGB/*Martiny* Rom I-VO Art. 14 Rn. 28; diff. *F. Bauer,* Die Forderungsabtretung im IPR, 2008, 139 f., 147 ff.; *Flessner* IPRax 2009, 35 (42); Staudinger/*Hausmann,* 2016, Rom I-VO Art. 14 Rn. 44: Art. 14 Abs. 1 Rom I-VO, wenn die Abtretung nach § 399 BGB extra omnes unwirksam ist; im Überblick Ferrari IntVertragsR/*Kieninger* Rom I-VO Art. 14 Rn. 9 ff.

[106] EuGH Urt. v. 9.10.2019 – C-548/18, NJW 2019, 3368 (3369); dazu *Kieninger* NJW 2019, 3353 ff.

[107] Näher dazu Staudinger/*Hausmann,* 2016, Rom I-VO Art. 14 Rn. 55 ff; MüKoBGB/*Martiny* Rom I-VO Art. 14 Rn. 35 ff.

27   **2. UNIDROIT-Übereinkommen vom 28.5.1988.** Das UNIDROIT-Übereinkommen vom 28.5.1988 (FactÜ, Ottawa-Konvention)[108] überwindet für das internationale Factoring gravierende nationale Unterschiede im Recht der Forderungsabtretung.[109] Es bestimmt die Wirksamkeit der Abtretung trotz vertraglichen Abtretungsverbots (Art. 6 Abs. 1 FactÜ – insoweit wie § 354a Abs. 1 S. 1 HGB), auch gegenüber dem Schuldner (Art. 6 Abs. 2 FactÜ), da die Bundesrepublik Deutschland keinen Vorbehalt gem. Art. 18 FactÜ erklärt hat. Unterlassungspflichten und Haftung des Gläubigers („Lieferanten") gegenüber dem Debitor („Schuldner") bleiben jedoch unberührt (Art. 6 Abs. 3). Vgl. näher → E Rn. 38 f.

28   **3. UN-Konvention vom 12.12.2001.** Das Wiener Übereinkommen der Vereinten Nationen über Verträge über den internationalen Warenkauf **(CISG)** vom 11.4.1980 dient zwar der Beseitigung rechtlicher Hindernisse im internationalen Handel, enthält aber keine Regeln zur Abtretung.[110] Dem trägt die von der UN-Kommission für internationales Handelsrecht (UNCITRAL) erarbeitete Konvention über Forderungsabtretung im internationalen Handel vom 12.12.2001 **(CARIT, ZessÜ)**[111] Rechnung. Sie hat den in ihrer Präambel fixierten Zweck, die Verfügbarkeit von Kapital und Kredit zu günstigeren Preisen durch einheitliche Regeln über die Abtretung von Geldforderungen zu fördern und damit die Entwicklung des internationalen Handels zu erleichtern. Sie enthält hauptsächlich Sachnormen über die Wirkungen der Abtretung (Art. 8–10 ZessÜ), Rechte, Pflichten und Einreden von Zedent und Zessionar (Art. 11–13 ZessÜ), Schuldner (Art. 15–21 ZessÜ) und Dritten (Art. 22–25 ZessÜ) sowie autonome kollisionsrechtliche Vorschriften (Art. 26–32 ZessÜ). – Vorbehaltlich zahlreicher Ausnahmen und Beschränkungen (Art. 4 ZessÜ) sowie der Möglichkeit bestimmter Ausschlusserklärungen (Art. 39 ff. ZessÜ) erfasst sie grundsätzlich jede **internationale Abtretung** (Zedent und Zessionar befinden sich bei Abschluss des Abtretungsvertrages in verschiedenen Staaten) und jede Abtretung **internationaler Forderungen** (Gläubiger und Schuldner befinden sich bei Abschluss des Grundgeschäfts in verschiedenen Staaten), sofern sich der Zedent bei Abschluss des Abtretungsvertrages in einem Vertragstaat befindet (Art. 1–3 ZessÜ) und nicht speziellere internationale Konventionen (Art. 38 ZessÜ) oder Ausnahmeregelungen der Konventionsstaaten anzuwenden sind (Art. 40, 41 ZessÜ).

29   Es bestimmt die **Wirksamkeit der Abtretung entgegen vertraglicher Abtretungsbeschränkungen** jeglicher Art (Art. 9 Abs. 1 ZessÜ – insoweit wie § 354a S. 1), ohne eigens klarzustellen, dass dies auch gegenüber dem Schuldner gilt (anders Art. 6 Abs. 2 FactÜ).[112] Im **Unterschied zu § 354a Abs. 1 S. 2** ist der Schuldner ohne Erhalt einer Abtretungsanzeige nicht mehr berechtigt, mit befreiender Wirkung an den Zedenten zu leisten (Art. 17 Abs. 2 ZessÜ).[113] Vorbehaltlich eines Einrede- und Aufrechnungsverzichts (Art. 19 ZessÜ) kann der Schuldner Einreden und Aufrechnungsrechte aus dem Grundgeschäft auch dem Zahlungsverlangen des Zessionars entgegenhalten (Art. 18 Abs. 1 ZessÜ), Aufrechnungsrechte aus anderen, nicht konnexen Geschäften dagegen nur, soweit sie ihm bei Empfang einer Abtretungsanzeige bereits zustanden (Art. 18 Abs. 2 ZessÜ).[114] Eine Verpflichtung oder **Haftung des Zedenten** wegen der Verletzung eines Abtretungsverbots bleibt unberührt, berechtigt aber nicht zur Aufhebung der Abtretung oder des Grundgeschäfts (Art. 9 Abs. 2 ZessÜ). Eine **Haftung Dritter** wegen bloßer Kenntnis der Abtretungsbeschränkung scheidet aus

---

[108] BT-Drs. 13/8690, 7 ff. Ausf. dazu MüKoHGB/*Ferrari* FactÜ Einl. Rn. 1 ff.; Staudinger/*Hausmann,* 2016, Rom I-VO Art. 14 Anh. I Rn. 8 ff.; im Überblick Ferrari IntVertragsR/*Mankowski* FactÜ Vor Art. 1 Rn. 1 ff.

[109] Vgl. Hadding/Schneider, Die Forderungsabtretung, insbesondere zur Kreditsicherung, in ausländischen Rechtsordnungen, 1999; *Grau,* Rechtsgeschäftliche Forderungsabtretungen im internationalen Rechtsverkehr, 2005, 47 ff.; Staudinger/*Hausmann,* 2016, Rom I-VO Art. 14 Rn. 15 ff. Zu Anzeigeerfordernissen und Abtretungshindernissen im Überblick *Armgardt* RabelsZ 73 (2009), 314 ff.; *Bette* WM 1994, 1909 (1913 f.); *Grau,* Rechtsgeschäftliche Forderungsabtretungen im internationalen Rechtsverkehr, 2005, 111 ff.; zur Neuregelung in Frankreich durch Art. 1321 ff. CC 2016 s. *Kämper,* Forderungsbegriff und Zession, 2019, 179 ff.; zum Factoring → E Rn. 38 Fn. 163.

[110] BGBl. 1989 II 588. Vgl. MüKoBGB/*Westermann* CISG Art. 4 Rn. 15; Schlechtriem/Schwenzer/*Ferrari* CISG Art. 4 Rn. 38.

[111] Text: www.uncitral.org. Die Konvention ist noch nicht in Kraft getreten; vgl. Ferrari IntVertragsR/*Kieninger* Rom I-VO Art. 14 Rn. 13. Zu Inhalt und Zweck *Horn* FS Wiegand, 2005, 373 ff.; *Kieninger* FS 600 Jahre Würzburger Juristenfakultät, 2002, 297 ff.; ausf. Staudinger/*Hausmann,* 2016, Rom I-VO Art. 14 Anh. II Rn. 2, 14 ff.; rechtsvergleichend *Grau,* Rechtsgeschäftliche Forderungsabtretungen im internationalen Rechtsverkehr, 2005, 47 ff. (UN-Konvention und die Zessionsordnungen Deutschlands, Frankreichs, Englands und der USA); *E. Schütze,* Zession und Einheitsrecht, 2005, 28 ff. (USA), 63 ff., 141 ff. (ZessÜ und deutsches Recht); *Rudolf,* Einheitsrecht für internationale Forderungsabtretungen, 2006 (ZessÜ – FactÜ); kollisionsrechtlich *Grau,* Rechtsgeschäftliche Forderungsabtretungen im internationalen Rechtsverkehr, 2005, 209 ff.; *E. Schütze,* Zession und Einheitsrecht, 2005, 301 ff.; *Stoll* FS Sonnenberger, 2004, 695 ff.

[112] Vgl. eingehend *Rudolf,* Einheitsrecht für internationale Forderungsabtretungen, 2006, 264 ff., 293 ff.

[113] Vgl. *Grau,* Rechtsgeschäftliche Forderungsabtretungen im internationalen Rechtsverkehr, 2005, 121; *Rudolf,* Einheitsrecht für internationale Forderungsabtretungen, 2006, 381 ff., 385 ff.; *E. Schütze,* Zession und Einheitsrecht, 2005, 194 ff., 199 mit der Empfehlung, § 354a S. 2 zu streichen; ebenso *Eidenmüller* AcP 204 (2004), 457 (472).

[114] Vgl. *Grau,* Rechtsgeschäftliche Forderungsabtretungen im internationalen Rechtsverkehr, 2005, 145 ff.; *Rudolf,* Einheitsrecht für internationale Forderungsabtretungen, 2006, 426 ff.; *E. Schütze,* Zession und Einheitsrecht, 2005, 251 ff.

E. Wagner

(Art. 9 Abs. 3 ZessÜ). Der *sachliche Anwendungsbereich* des Art. 9 ZessÜ stimmt weitgehend mit dem des § 354a Abs. 1 S. 1 überein (→ Rn. 6 ff.). Die *Positivliste* des Art. 9 Abs. 3 ZessÜ nimmt allerdings Forderungen aus Finanzdienstleistungen (Art. 4 Abs. 2 ZessÜ) aus, erfasst im Übrigen aber die im internationalen Handel wesentlichen finanzierungsrelevanten Geldforderungen aus Lieferungen und Vermietungen beweglicher Sachen sowie aus Dienstleistungen.[115] Er lässt gesetzliche Abtretungsverbote unberührt und erfasst Global-, Teil- und Vorauszessionen gleichermaßen (Art. 2a ZessÜ). Persönliche und dingliche **Sicherungsrechte** gehen ohne Weiteres auf den Zessionar über oder sind auf ihn zu übertragen (Art. 10 ZessÜ). Der *persönliche Anwendungsbereich* der Konvention umfasst anders als § 354a Abs. 1 S. 1 (→ Rn. 9 f.) auch Freiberufler und Kleingewerbetreibende sowie Forderungen gegen Verbraucher, aber nicht Abtretungen zu persönlichen, familiären oder haushaltsbezogenen Zwecken (Art. 4 Abs. 1 und 4 ZessÜ).[116] Ein Konventionsstaat kann jedoch die Geltung der Art. 9 und 10 ZessÜ für öffentliche Rechtsträger als Schuldner ganz oder teilweise ausschließen (Art. 40 ZessÜ) und insoweit ggf. einen weitergehenden Schuldnerschutz erhalten.

4. PECL, PICC etc. Die Vorschläge und Modellgesetze zur europäischen Rechtsvereinheitlichung **30** stimmen bezüglich vertraglicher Abtretungsverbote in der Ablehnung des in Deutschland vorherrschenden Verkehrsunfähigkeitsdogmas (→ Rn. 1, → Rn. 11) überein, bieten jedoch inhaltlich und konzeptionell disparate Regelungen mit höchst unterschiedlichen Rechtsfolgen bei verbotswidriger Abtretung an.[117] Nach **Art. 121 Abs. 4 Av-pr. CEC,** des Vorentwurfs für ein Europäisches Vertragsgesetzbuch, kann der Schuldner (*cédé*) dem Zessionar das Abtretungsverbot entgegenhalten, wenn es ihm gelingt, dessen Kenntnis im Zeitpunkt der Abtretung nachzuweisen; der Abtretungsausschluss hindert ggf. den Rechtserwerb des Zessionars im Verhältnis zum Schuldner, nicht aber gegenüber dem Zedenten (*cédant*).[118] Eine weitergehende Kombination von relativer Unwirksamkeit und Verkehrsschutz sehen die Grundregeln des Europäischen Vertragsrechts (2003) der *Lando*-Kommission vor. Nach **Art. 11:301 PECL** ist die verbotswidrige Abtretung nur dann und nur gegenüber dem Schuldner unwirksam, wenn (a) dieser nicht zustimmt, (b) der Zessionar die Vertragswidrigkeit weder kannte noch kennen musste und (c) es sich nicht um eine Geldforderung handelt (Abs. 1), unbeschadet einer Haftung des bisherigen Gläubiger für Vertragswidrigkeit (Abs. 2).[119] Die UNIDROIT Grundregeln der Internationalen Handelsverträge 2004 unterscheiden in **Art. 9.1.9 PICC** ebenfalls zwischen Geldforderungen und anderen Forderungen; während die verbotswidrige Abtretung von Geldforderungen stets absolut wirksam ist (Abs. 1), ist sie bei anderen Forderungen absolut unwirksam, vorbehaltlich der Gutgläubigkeit des dafür beweisbelasteten Zessionars (Abs. 2), bei jeweils möglicher Haftung des Zedenten wegen Vertragsverletzung.[120] Absolute Wirksamkeit der vertragswidrigen Zession statuiert auch der im Jahr 2008 veröffentlichte Gemeinsame Referenzrahmen, der Draft Common Frame of Reference, verschiedener Expertengruppen, allerdings ohne Unterschied für Geldforderungen und andere Forderungen; **Art. III.-5:108 DCFR** sieht im Übrigen eine dem § 354a Abs. 1 ähnliche Regelung vor mit der übereinstimmenden Klarstellung, dass das vertragliche Abtretungsverbot die Abtretbarkeit des Rechts nicht beeinträchtigt (Abs. 1). Der Schuldner erhält jedoch das Recht, mit befreiender Wirkung an den Zedenten zu leisten (Abs. 2 lit. a) und ihm gegenüber aufzurechnen (Abs. 2 lit. b), falls er der Zession nicht zugestimmt hat (Abs. 4 lit. a). Der im deutschen Schrifttum kritisch gesehene Gutglaubensschutz gem. PICC und PECL ist dahin modifiziert, dass der Schuldner nicht schuldbefreiend an den Zedenten leisten kann, wenn er die Gutgläubigkeit des Zessionars verursacht hat (Abs. 4 lit. b).[121]

---

[115] Vgl. *Grau,* Rechtsgeschäftliche Forderungsabtretungen im internationalen Rechtsverkehr, 2005, 122 f.; *Rudolf,* Einheitsrecht für internationale Forderungsabtretungen, 2006, 270 ff.; *E. Schütze,* Zession und Einheitsrecht, 2005, 187 ff.

[116] Vgl. *Grau,* Rechtsgeschäftliche Forderungsabtretungen im internationalen Rechtsverkehr, 2005, 119 ff.; *Rudolf,* Einheitsrecht für internationale Forderungsabtretungen, 2006, 109 ff.; *E. Schütze,* Zession und Einheitsrecht, 2005, 184 ff.

[117] Instruktiv zum Recht der Abtretung HKK/*Hattenhauer* BGB §§ 398–413 Rn. 70 ff.; im Überblick *Armgardt* RabelsZ 73 (2009), 314 ff. – Zu Inhalt und Genese im krit. Überblick *Zimmermann,* Europäisches Privatrecht – Irrungen, Wirrungen, in Begegnungen im Recht, BLS-FS K. Schmidt, 2011, 321 ff.; zum Gemeinsamen Referenzrahmen (DCFR) *Eidenmüller et al.* JZ 2008, 529 (541); *Kieninger* ZEuP 2010, 724 (732 ff.), jew. mwN.

[118] Code Européen des Contrats, Avant-projet (2001); vgl. HKK/*Hattenhauer* BGB §§ 398–413 Rn. 72; im Überblick *Armgardt* RabelsZ 73 (2009), 314 (330) mit Fn. 69.

[119] Principles of European Contract Law (PECL); Text: frontpage.cbs. dk. Vgl. insg. zu Teil III Kap. 11 *Rudolf,* Einheitsrecht für internationale Forderungsabtretungen, 2006, 3 ff., 216 ff. et passim; zu Art. 11:301 PECL s. *Armgardt* RabelsZ 73 (2009), 314 (330) mit Fn. 70; HKK/*Hattenhauer* BGB §§ 398–413 Rn. 72 mit Fn. 509.

[120] Principles of International Commercial Contracts (PICC); Text: www.unidroit.org. Vgl. insg. zu Kap. 9 Abschn. 1 *Zimmermann* ZEuP 2005, 264 (280 f.); zu Art. 9.1.9 PICC s. HKK/*Hattenhauer* BGB §§ 398–413 Rn. 72 mit Fn. 511.

[121] Text: ec.europa.eu. Zu Art. III.-5:108 (Buch III, Kap. 5) s. *Armgardt* RabelsZ 73 (2009), 314 (330 f.) mit Fn. 72; insges. krit. *Kieninger* ZEuP 2010, 724 (732 ff.); Systembrüche und Regelungsinkonsistenzen kritisieren auch *Eidenmüller ua* JZ 2008, 529 (541), jew. mwN.

§ 355 [Laufende Rechnung, Kontokorrent]

(1) **Steht jemand mit einem Kaufmanne derart in Geschäftsverbindung, daß die aus der Verbindung entspringenden beiderseitigen Ansprüche und Leistungen nebst Zinsen in Rechnung gestellt und in regelmäßigen Zeitabschnitten durch Verrechnung und Feststellung des für den einen oder anderen Teil sich ergebenden Überschusses ausgeglichen werden (laufende Rechnung, Kontokorrent), so kann derjenige, welchem bei dem Rechnungsabschluß ein Überschuß gebührt, von dem Tage des Abschlusses an Zinsen von dem Überschusse verlangen, auch soweit in der Rechnung Zinsen enthalten sind.**

(2) **Der Rechnungsabschluß geschieht jährlich einmal, sofern nicht ein anderes bestimmt ist.**

(3) **Die laufende Rechnung kann im Zweifel auch während der Dauer einer Rechnungsperiode jederzeit mit der Wirkung gekündigt werden, daß derjenige, welchem nach der Rechnung ein Überschuß gebührt, dessen Zahlung beanspruchen kann.**

Schrifttum:

1. Monographien, Sammelbände, Kommentare: *Baumbach/Hopt,* Handelsgesetzbuch, 39. Aufl. 2020; *Bitter,* Kontenpfändung, in Schimansky/Bunte/Lwowski, Bankrechts-Handbuch, 5. Aufl. 2017; *Häublein/Hoffmann-Theinert,* BeckOK HGB, 27. Edition 15.1.2020; *Herz,* Das Kontokorrent: insbesondere in der Zwangsvollstreckung und im Konkurs, 1974; *Koller/Kindler/Roth/Morck,* Handelsgesetzbuch, 9. Aufl. 2019; *Langenbucher* in Münchener Kommentar zum Handelsgesetzbuch, 4. Aufl. 2018; *Levy,* Der Contokorrent-Vertrag, 1884; *Oetker,* Handelsgesetzbuch, 5. Aufl. 2017; *Römer,* Die Auswirkungen des Kontokorrents auf die Haftung ausgeschiedener Personenhandelsgesellschafter: Zugleich ein Beitrag zur Lehre vom Kontokorrent, 1991; *Schmieder,* Girovertrag und Kontokorrent, in Schimansky/Bunte/Lwowski, Bankrechts-Handbuch, 5. Aufl. 2017; *Schwahn,* Der Aufrechnungsvertrag in der Insolvenz: Konzernverrechnungsklausel, Kontokorrent, Skontration, Inter-Banken-Abrechnungsverkehr, 2003; *Seifert,* Kontokorrent im Konkurs, 1965; *Unland,* Die Rückabwicklung unverbindlicher Börsentermingeschäfte im Kontokorrent, 2003.

2. Aufsätze und Beiträge: *Bader,* Der Kontokorrentkredit, FR 1998, 449; *Berger,* Pfändung von Girokontoguthaben, ZIP 1980, 946; *Berger,* Nochmals: Pfändung von Giroguthaben, ZIP 1981, 583; *Bezzenberger,* Das Verbot des Zinseszinses, WM 2002, 1617; *Bitter,* Pfändung des Dispositionskredits? – Anmerkung zum Urteil des BGH vom 29.3.2001 = WM 2001, 898, WM 2001, 889; *Bork,* Zur Gläubigerbenachteiligung durch Verrechnung wechselseitiger Forderungen im Kontokorrentverhältnis, EWiR 2017, 207; *Büchner,* Das Kontokorrent als Schlüssel der „Aufrechnung" im Vertragsarztverhältnis, SGb 2010, 503; *Canaris,* Börsentermingeschäft und Kontokorrent, ZIP 1985, 592; *Canaris,* Ersatzaussonderung an Veräußerungserlös bis zur Höhe des niedrigsten Tagessaldos trotz zwischenzeitlicher Saldoanerkenntnisse, EWiR 1999, 707; *Canaris,* Die Auswirkungen der Anerkennung eines aktiven Kontokorrents auf unverbindliche Börsentermingeschäfte, ZIP 1987, 885; *Dietrich,* Insolvenzanfechtung von Kontokorrentverrechnungen – Anmerkung zu BGH, Urteil vom 7.3.2002 – IX ZR 223/01, DZWiR 2002, 385; *Dörrscheidt,* Zur Anfechtbarkeit der Globalverpfändung von Kontokorrentforderungen, EWiR 2009, 149; *Edelmann,* Aufrechnung und Verrechnung durch Bankinstitute nach Erlass eines Veräußerungsverbotes i. S. von § 106 KO, WiB 1995, 992; *Felke,* Die Pfändung der „offenen Kreditlinie" im System der Zwangsvollstreckung – unter Berücksichtigung der Schuldrechtsreform –, WM 2002, 1632; *Fischer,* Pfändbarkeit von Dispositionskrediten, DZWiR 2002, 143; *Graf v. Westphalen,* BB-Kommentar: Einwendungen gegen Rechnungsabschlüsse bitte schriftlich, beweisbar und aktenfest, BB 2014, 718; *Gröger,* Die zweifache Doppelpfändung des Kontokorrents, BB 1984, 25; *Haertlein,* Keine Befriedigung des Bereicherungsanspruchs der Bank nach Verfügung trotz Widerruf der Kontovollmacht durch Lastschrift in Kontokorrent des Empfängers, EWiR 2003, 515; *Häuser,* Die Reichweite der Zwangsvollstreckung bei debitorischen Girokonten, ZIP 1983, 891; *Hammen,* Vorausabtretung versus Inrechnungstellung, JZ 1998, 1095; *Harter,* Zur Verjährung von Rückerstattungsansprüchen gegen die Bank wegen fehlerhafter Kontoabrechnungen im Kontokorrent, EWiR 2012, 53; *Henn/Kuballa,* Steuerliche Einordnung und Anerkennung von Bankkontoauszügen und Kontoumsatzdaten, DB 2016, 1900; *Hergenröder,* Kontokorrentmäßige Verrechnung unpfändbaren Arbeitseinkommens – Anmerkung zu BGH, Urteil vom 22.3.2005 – XI ZR 286/04, DZWiR 2005, 508; *Hüttche,* Bankbestätigungen: Kostspieliges Ärgernis oder prüferische Notwendigkeit?, BC 2002, 25; *Joswig,* Geltung eines Saldoanerkenntnisses des Hauptschuldners auch im Verhältnis des Gläubigers zum Bürgen, EWiR 2002, 281; *Joussen,* Konzernverrechnungsklauseln, ZIP 1982, 279; *Junghans,* Kein Rechtserwerb vorausabgetretener kontokorrentgebundener Forderungen bei Erlöschen der Kontokorrentabrede erst mit Insolvenzeröffnung, EWiR 2009, 777; *Klose,* Dispositionskredit – Zulässigkeit der Pfändung des Darlehensanspruchs, MDR 2002, 186; *Knees,* Das Girokonto im Verbraucherinsolvenz- und Restschuldbefreiungsverfahren, ZVI 2002, 89; *Kohte/Busch,* Kontenpfändungsschutz in der Insolvenz, ZVI 2006, 142; *Koller,* Keine Genehmigung von Lastschriftbelastungen durch Schweigen auf Rechnungsabschluss, EWiR 2000, 959; *Krull,* Ersatzaussonderung im Kontokorrent: Anmerkung zu BGH, Urteil vom 11.3.1999 – IX ZR 164/98, ZinsO 1999, 284, ZinsO 2000, 304; *Kuder,* Das kaufmännische Kontokorrent: eine Gefahr für Kreditsicherheiten?, FS Wellensiek, 2011, 577; *Lauer,* Verrechnung von Zahlungseingängen auf Kontokorrent-Konten im Anfechtungszeitraum und in der Insolvenz, ZAP 2003, 483; *Leithaus,* Verrechnung von Zahlungseingängen auf debitorischem Kontokorrent bei Vorliegen eines Sicherheitenpools, NZI 2005, 592; *Lwowski/Weber,* Pfändung von Ansprüchen auf Kreditgewährung, ZIP 1980, 609; *Maier,* Das Kontokorrent, JuS 1988, 196; *Masuch,* Formularvertragliche Globalbürgschaft für einen unlimitierten Kontokorrentkredit, BB 1998, 2590; *Mülbert/Grimm,* Der Kontokorrentkredit als Gelddarlehensvertrag – rechtsdogmatische Vereinfachungen und praktische Konsequenzen, WM 2015, 2217; *Onuseit,* Die Anfechtung von Verrechnungen im Kontokorrent unter besonderer Berücksichtigung der Rechtsprechung des Bundesgerichtshofs, FS Heumann, 2009, 199; *Pfeiffer,* Die laufende Rechnung (Kontokorrent), JA 2006, 105; *Piper,* Termin- und Differenzeinwand gegenüber Schuldanerkenntnis und Verrechnung im Kontokorrent, ZIP 1985, 725; *Placzek,* Die Verjährung von Ansprüchen des Kontoinhabers aufgrund rechtsgrundloser Belastungsbuchungen,

WM 2017, 1835; *Pleyer/Huber,* Wertstellungen im Giroverhältnis, DB 1989, 1857; *Reinicke/Tiedtke,* Bürgschaft für eine Verbindlichkeit aus laufender Rechnung, ZIP 1998, 545; *Rodine,* Zu den Anforderungen an einen Rechnungsabschluss bei der Genehmigungsfiktion für Lastschriftbuchungen, EWiR 2012, 137; *Rutke,* Drittschuldnerschutz für die Bank bei der Kontenpfändung, ZIP 1984, 538; *Schick,* Probleme der Einstellung der Einlagenforderung einer GmbH in ein Kontokorrent im Hinblick auf das Gebot der Leistung zur freien Verfügbarkeit, GmbHR 1997, 1048; *Schmidt,* Kontokorrent und Zinseszinsverbot, JZ 1981, 126; *Scholl,* Die Pfändung des Kontokorrentkredits, DZWiR 2005, 353; *Schultheiß,* Die Zwangsvollstreckung in das Kontokorrent am Beispiel des Girokontos, JuS 2014, 516; *Seehafer,* BB-Kommentar: Weitgehende Entwertung der Vorauszession von Kontokorrentforderungen als Sicherungsmittel, BB 2009, 2054; *Stapper/Jacobi,* Die Insolvenzanfechtung der Verrechnung im Kontokorrent, BB 2007, 2017; *Völzmann-Stickelbrock,* Das Kontokorrentkonto – Risikofaktor für den Pfändungsschutz von Arbeitseinkommen des Schuldners nach § 850k ZPO, ZVI 2005, 337; *Vortmann,* Kein Anspruch auf Verzugs- und Überziehungszinsen nach Ablauf der für einen Kontokorrentkredit vereinbarten Frist, aber fortdauernder geduldeter Überziehung, EWiR 2004, 15; *Vortmann,* Keine Erstreckung der Kontopfändung auf den Anspruch des Bankkunden auf Erteilung von Kontoauszügen und Rechnungsabschlüssen, EWiR 2006, 329; *Wacker,* Zur steuerrechtlichen Behandlung von Bankkontokorrentschulden, BB 1991, 248; *Wagner,* Pfändung der Deckungsgrundlage – ungeklärte Fragen bei der Zwangsvollstreckung in Girokonten, ZIP 1985, 849; *Weber,* Bearbeitungsentgelte für Kredite im Kontokorrent, BKR 2017, 106; *Werres,* Kontokorrent und Haftung nach § 64 Abs. 2 GmbHG: Zugleich Besprechung des Urteils des BGH vom 26.3.2007 – II ZR 310/05, ZInsO 2008, 1001; *Wilhelm,* BB-Kommentar: Im Kontokorrentverhältnis ist auf die richtige Ausgestaltung und Formulierung etwaiger Pfandrechte zu achten, BB 2017, 718; *Zwicker,* Die Pfändung kontokorrentzugehöriger Forderungen, DB 1984, 1713.

Übersicht

I. Entstehungsgeschichte

Die heutige Fassung des § 355 stimmt noch völlig mit der überein, die mit dem Inkrafttreten der **1** **Reichsjustizgesetze** in das Handelsgesetzbuch eingefügt wurde. Auch gegenüber der Entwurfsfassung wurde die spätere Gesetzesfassung kaum verändert. Während der Entwurf den ersten Absatz noch mit der Wendung „Steht ein Kaufmann mit jemand […]" einleitete, wurde lediglich diese Einleitung in die bis heute gültige Fassung „Steht jemand mit einem Kaufmann […]" verändert.[1] Die Einführung einer Regelung des Kontokorrents im Handelsgesetzbuch diente dem Zweck, die vorher Wissenschaft und Rspr. überlassene Ableitung der Wirkungen des Kontokorrentverhältnisses aus dessen Zweck und Bedeutung in einer für die Praxis befriedigenderen Weise zu leisten.[2] Nach Auffassung der Entwurfsverfasser bestand „der Zweck des durch die Kontokorrentverbindung begründeten Rechnungsverhältnisses an sich nur darin, die aus einem dauernden Geschäftsverkehre sich ergebenden Beziehungen zu vereinfachen und die Vielheit der gegenseitigen Ansprüche durch periodische Feststellung eines

---

[1] Vgl. Hahn/Mugdan VI 73.
[2] Hahn/Mugdan VI 354.

einzigen Forderungspostens zu ersetzen".[3] Unberührt bleiben sollten „insbesondere die Wirkungen eines mit dem Kontokorrentverhältnisse verbundenen Vertrags, durch den sich die eine Partei" verpflichtete, „dem Gegner bis zu einem gewissen Zeitpunkte einen Kredit in bestimmter Höhe zu gewähren".[4] Schon hier offenbart sich die bloß **dienende Funktion** der **Kontokorrentabrede.** Konsequent hielten die Entwurfsverfasser fest, welche Forderungen und Leistungen in das Kontokorrent gehörten, lasse „sich nur im einzelnen Falle aus der Art und dem Gegenstande der Geschäftsverbindung entnehmen".[5]

2   Die Entwurfsverfasser nahmen wesentliche Gesichtspunkte des Kontokorrents, auf die unten im Einzelnen näher einzugehen ist, in ihrer Begründung bereits vorweg. So hielten sie fest, ohnehin finde „eine eigentliche Aufrechnung der Einzelposten bei der Saldoziehung nicht statt"; denn es stünden sich „nicht nur wirkliche Forderungen gegenüber, und die gänzliche Ausgleichung" erfolge **buchmäßig** „nur durch Einstellung des Saldopostens selbst".[6] Ohne insoweit eine feste Regel aufstellen zu wollen, sahen es die Entwurfsverfasser als im Allgemeinen dem Wesen des Kontokorrents widersprechend an, „dass einzelne Forderungsposten aus der Rechnung herausgegriffen werden, um den Schuldner zur gesonderter Befriedigung derselben zu nöthigen".[7]

II. Erscheinungsformen des Kontokorrents

3   Ein Kontokorrent kann als **Periodenkontokorrent** oder als **Staffelkontokorrent** vereinbart werden.

4   Das **Periodenkontokorrent** iSd § 355 zeichnet sich dadurch aus, dass die aus der Geschäftsverbindung resultierenden beiderseitigen Ansprüche und Leistungen in Rechnung gestellt und in **regelmäßigen Zeitabschnitten** durch **Verrechnung** und **Feststellung** des sich für den einen oder anderen Teil ergebenden Überschusses ausgeglichen werden. Maßgebend für die Ansprüche aus dem Kontokorrent sind daher grundsätzlich die bei den **periodischen Rechnungsabschlüssen** festgestellten Salden.[8] Tagessalden haben nur die Bedeutung reiner Postensalden, die den Überblick erleichtern sollen und der Zinsberechnung dienen[9] und – sofern kein Kontokorrentkredit besteht – Auszahlungen verhindern sollen, die nicht durch ein Guthaben gedeckt sind.[10] Bleiben sie unwidersprochen, hat dies nicht die Folgen einer Genehmigung.[11]

5   Bei einem Periodenkontokorrent geschieht die periodische Verrechnung der in die laufende Rechnung einzustellenden Ansprüche und Leistungen und die Feststellung des Überschusses zugunsten einer der beiden Parteien durch **Saldoanerkenntnis.** Mit dem Saldoanerkenntnis, das nicht ausdrücklich erklärt werden muss, gehen die einzelnen Forderungen unter. An ihre Stelle tritt der Anspruch aus dem Saldoanerkenntnis, der als neue und auf einem **selbstständigen Verpflichtungsgrund** beruhende, vom früheren Schuldgrund gelöste Forderung an die Stelle der Einzelforderungen tritt.[12]

6   Ob für mehrere Konten eine einheitliche Kontokorrentabrede gilt oder mehrere Konten ein einheitliches Kontokorrent bilden, richtet sich nach den Vereinbarungen der Parteien.[13]

7   Anstelle des Periodenkontokorrents können die Parteien auch ein **Staffelkontokorrent** verabreden. In einem Staffelkontokorrent tilgen die wechselseitigen Ansprüche und Leistungen nicht erst am Tag des periodischen Rechnungsabschlusses, sondern kraft der Kontokorrentabrede bereits **während der Rechnungsperiode,** sobald sie sich **verrechnungsfähig** gegenübertreten und in die laufende Rechnung eingestellt werden.[14]

8   Allerdings ist **ohne weitere Anhaltspunkte** nicht von der Vereinbarung eines Staffelkontokorrents, sondern von der Vereinbarung eines **Periodenkontokorrents** auszugehen,[15] das auch – sofern nicht ausdrücklich anders gekennzeichnet – die folgenden Ausführungen zugrundelegen.

---

[3] Hahn/Mugdan VI 355.

[4] Hahn/Mugdan VI 355.

[5] Hahn/Mugdan VI 355.

[6] Hahn/Mugdan VI 356.

[7] Hahn/Mugdan VI 356.

[8] BGH Urt. v. 4.7.1985 – IX ZR 135/84, NJW 1985, 3007 (3009 f.).

[9] BGH Urt. v. 24.4.1985 – I ZR 176/83, NJW 1985, 3010 (3011); Urt. v. 4.7.1985 – IX ZR 135/84, NJW 1985, 3007 (3010).

[10] BGH Urt. v. 28.6.1968 – I ZR 156/66, BGHZ 50, 277 (280); Urt. v. 9.12.1971 – III ZR 58/69, WM 1972, 283 (284).

[11] BGH Urt. v. 5.5.1983 – III ZR 187/81, NJW 1983, 2879 (2880).

[12] BGH Urt. v. 4.7.1985 – III ZR 135/84, NJW 1985, 3007 (3009).

[13] BGH Urt. v. 4.7.1985 – III ZR 135/84, NJW 1985, 3007 (3009); *Schmieder* in Schimansky/Bunte/Lwowski BankR-HdB § 47 Rn. 37.

[14] BGH Urt. v. 28.6.1968 – I ZR 156/66, BGHZ 50, 277 (279); Urt. v. 9.12.1971 – III ZR 58/69, WM 1972, 283 (284).

[15] Vgl. schon BGH Urt. v. 28.6.1968 – I ZR 156/66, BGHZ 50, 277 (280).

III. Die Kontokorrentabrede

Zufolge der höchstrichterlichen Rspr. setzt die **Kontokorrentabrede** den zumindest schlüssig **9** erklärten Willen der Vertragspartner voraus, die gegenseitigen Ansprüche und Leistungen im Rahmen einer laufenden Geschäftsverbindung nicht einzeln geltend zu machen, sondern in regelmäßigen Abständen zu verrechnen und durch Saldofeststellung und -anerkennung auf eine neue, vom bisherigen Schuldgrund losgelöste Grundlage zu stellen.[16] Die im Kontokorrentvertrag enthaltene antizipierte Verrechnungsvereinbarung wird regelmäßig so zu verstehen sein, dass sich die Verrechnung **am Ende einer Rechnungsperiode automatisch** vollzieht.[17]

Dabei ist stets mit zu bedenken, dass gerade eine Darlehensabrechnung im Kontokorrent mit Zins- **10** belastung und Rechnungsabschluss vor allem im **Interesse des Darlehensgebers** liegen wird.[18]

Andererseits folgt allein aus der Kontokorrentabrede nicht, dass die Bank jede Forderung gegen den **11** Kunden in das Kontokorrentverhältnis einstellen müsste. Deckt das Guthaben des Kunden die Forderung der Bank nicht, würde die Bank ihre Forderung durch das Einstellen in das Kontokorrent kreditieren oder stunden. Dazu ist sie ohne eine besondere Vereinbarung allein aufgrund der Kontokorrentvereinbarung nicht verpflichtet.[19]

1. Kontokorrentabrede und Grundgeschäft. Die **Kontokorrentabrede** ist mit dem **Grund- 12 geschäft** zwischen dem Kontoinhaber und der kontoführenden Bank **nicht deckungsgleich.** Sie resultiert vielmehr aus einem **Kontokorrentvertrag,** der im Verhältnis der kontoführenden Bank zum Kontoinhaber typischerweise mit dem Girovertrag verbunden ist.[20] Daneben kann ein Kreditvertrag in Gestalt eines Kontokorrentkredits bestehen.[21]

Dem entsprechend führt etwa der Ablauf der für einen Kontokorrentkredit vereinbarten Frist nicht **13** ohne weiteres zur Beendigung auch des Kontokorrentverhältnisses. Vielmehr entscheidet über das Fortbestehen der Kontokorrentabrede nach Ablauf eines befristeten Kontokorrentkreditvertrages, was die Parteien insoweit ausdrücklich oder stillschweigend vereinbaren.[22] Da nach den Allgemeinen Geschäftsbedingungen der Banken dem Schweigen auf die Erteilung eines Rechnungsabschlusses rechtliche Bedeutung zukommen kann, kann bei der Ermittlung des von den Parteien Gewollten der Umstand berücksichtigt werden, dass der Kontoinhaber Rechnungsabschlüsse ohne Widerspruch entgegen nimmt.[23]

Das Kontokorrentverhältnis verpflichtet die Parteien zur Mitwirkung bei der Saldofeststellung. Es **14** gibt einen **klagbaren Anspruch auf Abgabe eines Saldoanerkenntnisses.**[24] Zugleich lässt ein Verstoß einer der Parteien gegen die Verpflichtung, den Saldo anzuerkennen, den sonstigen Inhalt der Kontokorrentabrede und insbesondere die Gebundenheit der zur Verrechnung gestellten Einzelforderungen bis zur Saldofeststellung unberührt.[25]

2. Wirkung der Kontokorrentabrede auf die kontokorrentgebundenen Forderungen. Die **15** Kontokorrentabrede berührt weder den Bestand noch die Rechtsnatur der kontokorrentgebundenen Forderungen.[26]

Allerdings werden durch die Kontokorrentabrede alle von ihr erfassten Ansprüche der Parteien **16** schon während der laufenden Rechnungsperiode gebunden. Sie sind damit insbesondere einer **selbstständigen Erfüllung** entzogen.[27] Das hat zur Folge, dass Zahlungen einer Kontokorrentpartei nicht der Tilgung bestimmter kontokorrentgebundener Forderungen dienen. Vielmehr bilden sie selbst Rechnungsposten, die erst bei der nächsten Saldierung Wirksamkeit entfalten. § 366 BGB und § 396 BGB gelten im Kontokorrentverhältnis nicht.[28] Lässt die kontoführende Bank Barabhebungen des Kontoinhabers oder sonstige Verfügungen zu, erfüllt sie dadurch nicht endgültig die in das Kontokorrentverhältnis eingestellten und nicht klagbaren Forderungen des Kontoinhabers.

Mit und gegen die in das Kontokorrentverhältnis eingestellten Forderungen kann **nicht aufgerech- 17 net** werden.[29]

---

[16] BGH Urt. v. 19.12.1969 – I ZR 33/68, WM 1970, 184 (185); Urt. v. 7.3.1991 – I ZR 157/89, NJW-RR 1991, 995 (996).

[17] BGH Urt. v. 18.4.1989 – XI ZR 133/88, BGHZ 107, 192 (197) = NJW 1989, 2120.

[18] BGH Urt. v. 4.12.1990 – XI ZR 340/89, NJW 1991, 832 (833).

[19] BGH Urt. v. 24.4.1985 – I ZR 176/83, NJW 1985, 3010 (3011).

[20] BGH Urt. v. 18.4.1989 – XI ZR 133/88, BGHZ 107, 192 (197) = NJW 1989, 2120.

[21] Sehr anschaulich zu den Vertragsbeziehungen *Stapper/Jacobi* BB 2007, 2017.

[22] BGH Urt. v. 20.5.2003 – XI ZR 235/02, NJW-RR 2003, 1351 (1352).

[23] BGH Urt. v. 20.5.2003 – XI ZR 235/02, NJW-RR 2003, 1351 (1352).

[24] BGH Urt. v. 19.12.1969 – I ZR 33/68, WM 1970, 184 (185).

[25] BGH Urt. v. 19.12.1969 – I ZR 33/68, WM 1970, 184 (185).

[26] BGH Urt. v. 2.2.2017 – IX ZR 245/14, NJW-RR 2017, 366 Rn. 15.

[27] BGH Urt. v. 4.2.1992 – XI ZR 32/91, BGHZ 117, 135 (140 f.) = NJW 1992, 1630.

[28] BGH Urt. v. 19.12.1969 – I ZR 33/68, NJW 1970, 560 (561).

[29] BGH Urt. v. 19.12.1969 – I ZR 33/68, WM 1970, 184 (187); Urt. v. 7.3.1991 – I ZR 157/89, NJW-RR 1991, 995 (996).

18   Die **Abtretbarkeit** und die **Pfändbarkeit** der der Kontokorrentabrede unterworfenen Forderungen sind im Verhältnis zu Dritten **eingeschränkt.** Ist ein Anspruch bereits kontokorrentgebunden, ist einem Dritten der Erwerb eines Pfandrechts frühestens mit einem Rechnungsabschluss möglich.[30] Im Verhältnis zu der kontoführenden Bank gelten indessen Besonderheiten. Sind der Bank als Sicherungsnehmerin im Wege der Globalzession anfechtungsfest Forderungen abgetreten und werden diese Forderungen anschließend durch Zahlung auf das Konto, für das die Kontokorrentabrede besteht, erfüllt, kann die Bank aufgrund einer entsprechenden Vereinbarung aufgrund ihrer Allgemeinen Geschäftsbedingungen ein Pfandrecht an dem gegen sie selbst gerichteten Anspruch auf Gutschrift erwerben.

19   **3. Wirkungen auf die Verjährung.** Auch für die **Verjährung** der in das Kontokorrent aufzunehmenden Forderungen ist die Kontokorrentabrede von Bedeutung. Die Verjährung solcher Forderungen ist bis zum Schluss der zur Zeit ihrer Entstehung laufenden Rechnungsperiode **gehemmt.** Dabei spielt keine Rolle, ob die Forderung in das Kontokorrent aufgenommen ist oder nicht. Nach dem Schluss der Rechnungsperiode beginnt die Verjährung nach den für die Forderung geltenden Regelungen, sofern die Forderung nicht in einem anerkannten Saldo enthalten ist und der die Forderung enthaltende und anerkannte Saldo nicht auf neue Rechnung vorgetragen wird. Die Verjährung der Saldoforderung ist gehemmt, solange das Kontokorrentverhältnis besteht und der Saldo nach den getroffenen Abreden nicht gefordert werden kann.[31]

20   Wird die **Einzelforderung** nicht erfasst, endet die Hemmung der Verjährung mit dem Schluss der Rechnungsperiode, in der die Forderung in das Kontokorrent hätte eingestellt werden müssen. Da die Einzelforderung nicht gebucht ist, wird sie von der Saldoziehung nicht erfasst. Anerkennt der Gläubiger der nicht gebuchten Einzelforderung den vermeintlich richtigen Saldo, kann er nach Maßgabe des § 812 Abs. 1 S. 1 Fall 1 BGB sein Anerkenntnis kondizieren und die Einstellung der übergangenen Einzelforderung verlangen, sofern die Einzelforderung noch nicht verjährt ist bzw. sofern sich der Schuldner nicht auf die bereits eingetretene Verjährung beruft. Mit der Einstellung steht die Einzelforderung wiederum zur Verrechnung, so dass ihre Verjährung wiederum gehemmt wird.[32]

21   **4. Wirkungen auf die Verzinsung.** Gemäß § 248 Abs. 1 BGB ist eine im Voraus getroffene Vereinbarung, dass fällige Zinsen wieder Zinsen tragen sollen, nichtig. Nach dem **Zinseszinsverbot** des § 289 S. 1 BGB sind Zinsen auf Verzugszinsen nicht zu entrichten. Davon macht § 355 Abs. 1 eine **Ausnahme.** Eine Verzinsung kann auch insoweit vereinbart werden, als der Saldo selbst schon Zinsen enthält

22   **5. Wirkungen für dritte Sicherungsgeber.** Die aus einem Kontokorrentverhältnis resultierende Saldoforderung kann (wie andere Forderungen auch) durch einen Dritten gesichert werden. Hat sich ein Dritter für Ansprüche aus einem Kontokorrentverhältnis verbürgt, haftet der Bürge auch für die Verbindlichkeit des Hauptschuldners aus einem Saldoanerkenntnis, das der Bürge gegen sich gelten lassen muss.[33]

23   Hat der dritte Sicherungsgeber den Kredit des Kontoinhabers auf unbestimmte Zeit durch eine **Bürgschaft,** ein **Grundpfandrecht** oder ein **Pfandrecht** an einer beweglichen Sache gesichert, kann ihm nach Treu und Glauben das Recht zustehen, den Sicherungsvertrag nach Ablauf eines gewissen Zeitraums oder infolge des Eintritts wichtiger Umstände mit Wirkung für die Zukunft zu kündigen. In diesem Fall beschränkt sich die Besicherung auf den Tagessaldo bei Wirksamwerden der Kündigung.[34]

24   Handelt es sich – so der Regelfall des § 355 – um ein **Periodenkontokorrent,** ermäßigt sich die fortbestehende Haftung einer gekündigten Sicherheit in Höhe des Tagessaldos bei Wirksamwerden der Kündigung nur, wenn sich bei einem der nachfolgenden Rechnungsabschlüsse ein geringerer Schuldsaldo ergibt.[35]

IV. Buchungen im Kontokorrent

25   „Kern des Kontokorrentvertrags“[36] ist das Verbuchen wechselseitiger Forderungen der Parteien auf einem Konto. Die zwischen den Parteien getroffene Kontokorrentabrede entscheidet darüber, welche Forderungen in das Kontokorrent eingestellt werden. Allerdings ist die Rechtsmacht der Parteien über die **Kontokorrentfähigkeit** von Einzelforderungen keine uneingeschränkte und findet ihre Grenze

---

[30] BGH Urt. v. 2.2.2017 – IX ZR 245/14, NJW-RR 2017, 366 Rn. 15.

[31] BGH Urt. v. 17.2.1969 – II ZR 30/65, BGHZ 51, 346 (347 f.).

[32] BGH Urt. v. 17.2.1969 – II ZR 30/65, BGHZ 51, 346 (348).

[33] BGH Urt. v. 4.7.1985 – IX ZR 135/84, NJW 1985, 3007 (3009).

[34] BGH Urt. v. 4.7.1985 – IX ZR 135/84, WM 1985, 969 (972); Urt. v. 7.10.2002 – II ZR 74/00, NJW 2003, 61.

[35] BGH Urt. v. 7.10.2002 – II ZR 74/00, NJW 2003, 61 (62); vgl. für die Fälle der Nachhaftung des persönlich haftenden Gesellschafters einer offenen Handelsgesellschaft noch BGH Urt. v. 28.6.1968 – I ZR 156/66, BGHZ 50, 277 (284); Urt. v. 9.12.1971 – III ZR 58/69, WM 1972, 283 (287).

[36] So treffend *Placzek* WM 2017, 1835 (1836).

dort, wo Forderungen nicht aufrechenbar – daher auch nicht verrechenbar – oder nicht durchsetzbar – etwa aufschiebend bedingt oder noch nicht fällig – sind.[37]

Kontokorrentfähige Forderungen des Geschäftspartners des Kaufmanns – praktisch am bedeutsams- **26** ten: des Kunden gegen die Bank – verbucht die Bank auf dem Kontokorrentkonto im Wege der **Gutschrift.** Forderungen der Bank gegen den Kunden werden in das Kontokorrent im Wege der **Belastungsbuchung** eingestellt.

Sowohl die (aus Sicht des Kunden) buchungstechnische Gutschrift einer Forderung als auch eine **27** Belastungsbuchung auf einem Kontokorrentkonto sind bloße Realakte mit rein **deklaratorischer Wirkung.**[38]

Das hat zur Konsequenz, dass in Fällen, in denen die angebliche Forderung nicht besteht, die **28** **Belastungsbuchung** also „**rechtsgrundlos**" ist, keine Forderung zulasten des Geschäftspartners des Kaufmanns (praktisch: zulasten des Kunden der das Girokonto führenden Bank) begründet wird.[39] Die Rechtsmacht, eine Forderung zulasten des Kunden durch einseitige Verbuchung zu begründen, räumt die Kontokorrentabrede nicht ein. Entsprechend ist die „rechtsgrundlose" Belastungsbuchung bei der Herstellung des kausalen Saldos am Ende der Rechnungsperiode nicht zu berücksichtigen.[40] Vielmehr ist sie – worauf der Zahlungsdienstnutzer im Anwendungsbereich des Zahlungsdiensterechts nach den insoweit abschließenden **§§ 675u, 675y, 675z S. 1 BGB** einen Anspruch hat – zu korrigieren. Erhebt der Kunde Einwände gegen die Einstellung von Ansprüchen in das Kontokorrent, liegt darin **keine Aufrechnung** mit Gegenansprüchen aus § 812 Abs. 1 S. 1 Fall 1 BGB. Der kausale Saldo ist ohne weiteres um den tatsächlich falsch deklarierten Betrag zu reduzieren.[41]

V. Herstellung des Rechnungsabschlusses

Das Kontokorrentverhältnis erschöpft sich nicht in der Vornahme von Gutschriften und Belastungs- **29** buchungen. Vielmehr soll am Ende jeder Rechnungsperiode der **Rechnungsabschluss** stehen, der den Saldo der Kontokorrentbeziehung zu einem bestimmten Stichtag ausweist.

1. Dauer der Rechnungsperiode. Das Gesetz unterstellt in § 355 Abs. 2 einen jährlichen Rech- **30** nungsabschluss. Die Parteien werden regelmäßig eine von Gesetzes wegen zulässige anderweitige Vereinbarung treffen und Rechnungsabschlüsse in kürzeren Intervallen vorsehen. Vielfach **üblich** ist der Rechnungsabschluss zum **Quartalsende.**

2. Form des Rechnungsabschlusses. Die kontoführende Bank, die das Ziel verfolgt, einen **31** abschließenden Saldo für die betreffende Abrechnungsperiode festzustellen, muss dies dem Kontoinhaber **klar zu erkennen** geben. Sie kann dies dadurch tun, dass sie den Rechnungsabschluss als „Jahresabschluss", „Halbjahresabschluss" oder „Vierteljahresabschluss" kennzeichnet. Allerdings ist der Rechnungsabschluss nicht formgebunden. Die Verwendung einer solchen Bezeichnung ist für den Rechnungsabschluss mithin nicht konstitutiv. Es reicht vielmehr aus, wenn eine Abrechnung, die kontokorrentunterworfene Ansprüche erfasst und saldiert, aufgrund weiterer Anhaltspunkte aus der insoweit maßgeblichen Sicht des Kontoinhabers als Rechnungsabschluss erkennbar ist. **Unzureichend** ist dagegen die Übersendung eines **Tagesauszuges.** Ebenfalls ungenügend ist die Zusendung eines sonstigen Postensaldos, in den die Bank periodisch abzurechnende Gebühren und Zinsen aufnimmt.[42]

VI. Wirkungen des anerkannten Rechnungsabschlusses

Der **anerkannte Rechnungsabschluss** zeitigt eine Vielzahl höchst unterschiedlicher Rechtswir- **32** kungen:

1. Entstehen der abstrakten Saldoforderung nach § 781 BGB. Die Herstellung des Rech- **33** nungsabschlusses dient nicht nur dazu, sich von Zeit zu Zeit über den Zwischenstand von Gutschriften und Belastungsbuchungen zu vergewissern. Vielmehr zielt die Herstellung des Rechnungsabschlusses darauf, einen **Schuldanerkenntnisvertrag** über die Saldoforderung zum Stichtag des Rechnungsabschlusses zustande zu bringen.[43] Die Bank, die den Rechnungsabschluss in der unter → Rn. 31 dargestellten Form hergestellt hat, bietet dem Kunden durch Übersendung dieses Rechnungsabschlus-

---

[37] IE *Schmieder* in Schimansky/Bunte/Lwowski BankR–HdB § 47 Rn. 41 ff.

[38] BGH Urt. v. 18.4.1989 – XI ZR 133/88, BGHZ 107, 192 (197) = NJW 1989, 2120; Beschl. v. 22.1.2013 – XI ZR 471/11, NJW-RR 2013, 948 Rn. 13, Beschl. v. 22.1.2013 – XI ZR 472/11, BeckRS 2013, 02812 Rn. 13

[39] BGH Urt. v. 11.10.2005 – XI ZR 85/04, BGHZ 164, 275 (278) = NJW 2006, 294; Urt. v. 29.4.2008 – XI ZR 371/07, BGHZ 176, 234 Rn. 26 = NJW 2008, 2331.

[40] *Placzek* WM 2017, 1835 (1840).

[41] BGH Beschl. v. 22.1.2013 – XI ZR 471/11, NJW-RR 2013, 948 Rn. 13, Beschl. v. 22.1.2013 – XI ZR 472/11, BeckRS 2013, 02812 Rn. 9

[42] BGH Urt. v. 8.11.2011 – XI ZR 158/10, NJW 2012, 306 Rn. 23 f.

[43] Instruktiv *Placzek* WM 2017, 1835 (1841).

ses den Abschluss des Saldoanerkenntnisvertrages an. Der Kunde nimmt – so der Ausgangspunkt der gesetzlichen Regelung, praktisch die Ausnahme – dieses Angebot entweder ausdrücklich oder – so praktisch die Regel – durch schlüssiges Handeln an. Tatsächlich wird die Annahme des Kunden überwiegend auf einer Fiktion beruhen. Die Voraussetzungen für die Annahme einer fingierten Erklärung normiert im Kontext Allgemeiner Geschäftsbedingungen, um die es im Verkehr des Kunden mit der Bank geht, § 308 Nr. 5 BGB, an dem sich wiederum die Allgemeinen Geschäftsbedingungen der Kreditwirtschaft und die von ihr erteilten Rechnungsabschlüsse – sollen sie wirksam sein bzw. die gewünschten Wirkungen erzeugen – orientieren (müssen).

34   Die Anerkennung periodischer Rechnungsabschlüsse innerhalb eines Kontokorrentverhältnisses durch den Schuldner begründet eine neue, von dem früheren Schuldgrund losgelöste Forderung, die an die Stelle der bisherigen Einzelforderungen tritt.[44] In der Anerkennung des Saldos liegt ein **abstraktes Schuldanerkenntnis** iSd § 781 BGB.[45]

35   **2. Schicksal der zuvor wirksam begründeten Einzelforderungen.** Das Zustandekommen des Saldoanerkenntnisvertrags hat auf die während der laufenden Rechnungsperiode wirksam begründeten **Einzelforderungen** erhebliche Auswirkungen. Diese Forderungen **gehen unter** oder – anders verstanden – in der neu begründeten abstrakten Saldoforderung auf.[46]

36   **3. Auswirkungen der Anerkennung des Rechnungsabschlusses auf Fehlbuchungen.** Während diese Wirkungen für sich völlig unbedenklich erscheinen, geben die weiteren Konsequenzen des Zustandekommens eines Saldoanerkenntnisvertrags durchaus Anlass zu einer nachträglichen Korrektur, wenn es während der Rechnungsperiode zu **Fehlbuchungen** gekommen ist:

37   Das Entstehen der abstrakten Saldoforderung führt nämlich zum Erlöschen auch der im Rechnungsabschluss zu Unrecht nicht berücksichtigten Forderungen.[47] Dieser Rechtsverlust ist aber nicht zwingend ein endgültiger. Der Gläubiger solcher Forderungen kann sein Anerkenntnis, dass weitere als die in das Kontokorrent aufgenommene Forderungen nicht zu berücksichtigen seien, unter den Voraussetzungen des § 812 Abs. 1 S. 1 Fall 1, Abs. 2 BGB zurückfordern.[48]

38   Das gilt – nunmehr anders als bei der bloßen Verrechnung während der laufenden Rechnungsperiode – auch, wenn umgekehrt eine in das Kontokorrent eingestellte Forderung tatsächlich gar nicht besteht. Gleiches gilt, wenn in die laufende Rechnung Schuldposten eingestellt worden sind, die in Wahrheit nicht bestehen.[49]

39   Die Kondiktion des abstrakten Saldoanerkenntnisses eröffnet wieder den Rückgriff auf die wirksam begründeten Einzelforderungen aus der Rechnungsperiode, die dem zur Grundlage des Saldoanerkenntnisvertrags gewordenen Rechnungsabschlusses vorangingen.[50] Auf der Grundlage dieser Einzelforderungen ist ein – nunmehr rechnerisch richtiger – kausaler Saldo zu bilden, der wiederum Ausgangsbasis der Verpflichtung der Parteien ist, durch Schuldanerkenntnisvertrag eine abstrakte Saldoforderung in Höhe des (nunmehr korrekten) kausalen Saldos zu bilden. Die dem vorangehende **Korrekturbuchung** ist wiederum lediglich ein deklaratorischer Akt, der zugleich der Erfüllung eines Anspruchs des Kunden aus **§§ 675u S. 2, 675f Abs. 4 S. 1 BGB** dienen mag, selbst aber nicht forderungsbegründend oder – über die Erfüllung des Anspruchs auf die Korrekturbuchung hinaus – forderungsvernichtend wirkt.[51]

40   **Keinesfalls richtig** ist es, im Falle einer unrichtigen Belastungsbuchung während der laufenden Rechnungsperiode einen **Anspruch auf Zahlung** des Kunden gegen die Bank aus § 812 Abs. 1 S. 1 Fall 1 BGB in Höhe der bloß vermeintlich der Bank zustehenden Forderung zu konstruieren. Weder liegt in der unrichtigen Belastungsbuchung der Bank eine Leistung des Kunden an die Bank, die Voraussetzung eines solchen Anspruchs wäre, noch erlangt die Bank durch die eigene fehlerhafte Belastungsbuchung etwas, da die fehlerhafte Buchung als rein deklaratorische Maßnahme die materielle Rechtslage nicht verändert. Damit fehlt es an sämtlichen Voraussetzungen des § 812 Abs. 1 S. 1 Fall 1 BGB.[52]

41   **4. Kontokorrentbindung der abstrakten Saldoforderung.** Nicht nur die in das Kontokorrent eingestellten Einzelposten, über die nicht gesondert verfügt werden kann, sondern **auch der festgestellte Saldo** ist grundsätzlich **kontokorrentgebunden**.[53] Das schließt es indessen nicht aus, dass

[44] BGH Urt. v. 28.11.1957 – VII ZR 42/57, BGHZ 26, 143 (150); Urt. v. 28.6.1968 – I ZR 156/66, BGHZ 50, 277 (279).
[45] BGH Urt. v. 9.12.1971 – III ZR 58/69, WM 1972, 283 (285).
[46] BGH Urt. v. 28.11.1957 – VII ZR 42/57, BGHZ 26, 142 (150); Urt. v. 28.6.1968 – I ZR 156/66, BGHZ 50, 277 (279).
[47] BGH Urt. v. 24.4.1985 – I ZR 176/83, NJW 1985, 3010.
[48] BGH Urt. v. 24.4.1985 – I ZR 176/83, NJW 1985, 3010 (3011); *Placzek* WM 2017, 1835 (1841 f.).
[49] BGH Urt. v. 9.12.1971 – III ZR 58/69, WM 1972, 283 (286).
[50] Vgl. *Placzek* WM 2017, 1835 (1842).
[51] *Placzek* WM 2017, 1835 (1842).
[52] So klar und deutlich *Placzek* WM 2017, 1835 (1842).
[53] BGH Urt. v. 9.12.1971 – III ZR 58/69, WM 1972, 283 (287).

der Gläubiger eines solchen Zwischensaldos von seinem Schuldner einen Beitrag zum Kontokorrent verlangen darf, weil etwa ein Kontokorrentkredit nicht eingeräumt ist.[54]

5. Kondiktion der abstrakten Saldoforderung. Die Kontokorrentbindung der abstrakten Saldo- **42** forderung hat in den Fällen der Verbuchung tatsächlich nicht bestehender Einzelforderungen zulasten des Kunden bzw. in Fällen des Übergehens tatsächlich bestehender Einzelforderungen zu seinen Lasten Konsequenzen, wenn die sachlich unrichtige abstrakte Saldoforderung wiederum Eingang in ein die folgende Rechnungsperiode abschließendes abstraktes Saldoanerkenntnis findet. Auch die zweite abstrakte Saldoforderung ist dann sachlich unrichtig, weil in sie eine in dieser Höhe sachlich nicht gerechtfertigte abstrakte Saldoforderung eingeflossen ist. Der Kunde, der die sachliche Unrichtigkeit nicht hinnehmen will, ist gehalten, das erste Saldoanerkenntnis nach § 812 Abs. 1 S. 1 Fall 1, Abs. 2 BGB zu kondizieren. Gelingt ihm dies, wird die Verbuchung des ersten Saldoanerkenntnisses selbst zur fehlerhaften Belastungsbuchung, die wiederum die Kondiktion des zweiten Saldoanerkenntnisses auf der Grundlage des § 812 Abs. 1 S. 1 Fall 1, Abs. 2 BGB rechtfertigt.[55] Entsprechendes gilt, wenn sich der Fehler über eine dritte Rechnungsperiode fortgesetzt und Eingang in ein weiteres abstraktes Saldoanerkenntnis gefunden hat. Die Kondiktion des ersten Saldoanerkenntnisses setzt sich damit gleichsam **kaskadenförmig** bis zur laufenden Rechnungsperiode oder bis zum Ende der Kontokorrentverbindung fort.

Im Anwendungsbereich des **§ 676b BGB** wirkt sich die dort genannte Ausschlussfrist allerdings auf **43** den Kondiktionsanspruch aus, so dass im Zahlungsdiensterecht auch die Verjährung des Kondiktionsanspruchs – dazu sogleich – nur eingeschränkte praktische Bedeutung hat. Nach § 676b Abs. 2 S. 1 BGB ist – eine Unterrichtung gem. § 676b Abs. 2 S. 2 BGB vorausgesetzt – nach Ablauf einer Frist von **13 Monaten** gerechnet ab dem Tag der Belastungsbuchung der Berichtigungsanspruch nach §§ 675u S. 2, 675f Abs. 4 S. 1, 675z S. 1 BGB, sofern er auf einem nicht autorisierten Zahlungsvorgang beruht, ausgeschlossen. Um zu verhindern, dass diese in Umsetzung unionsrechtlicher Vorgaben geschaffenen Vorschriften umgangen werden, kommt eine an eine **fehlerhafte Belastungsbuchung** anknüpfende Kondiktion der abstrakten Saldoforderung ohne Rücksicht auf die Grundsätze der Verjährung nur dann in Betracht, wenn der Berichtigungsanspruch nach §§ 675u S. 2, 675f Abs. 4 S. 1, 675z S. 1 BGB (zum Beispiel mangels Anlaufs der Ausschlussfrist) noch besteht.[56] Dieser Gesichtspunkt betrifft den Fortbestand des im Hinblick auf eine bestimmte Belastungsbuchung begründeten Kondiktionsanspruchs als solchem und ist vor seiner (nur auf eine Einrede hin zu untersuchenden) Verjährung zu prüfen.

VII. Verjährung

Bei der Frage der **Verjährung** sind die einzelnen für das Kontokorrentverhältnis potentiell bedeut- **44** samen Forderungen sorgsam zu unterscheiden.

1. Verjährung der Einzelforderungen. Die Kontokorrentbindung der **Einzelforderungen** (im **45** Verhältnis von Bank und Kunde etwa der in § 675u S. 1 BGB erwähnte Anspruch der Bank auf Aufwendungsersatz nach §§ 675c Abs. 1, 670 BGB und der Anspruch des Kunden auf Herausgabe des Erlangten nach §§ 675c Abs. 1, 667 BGB) hat zur Folge, dass ihre Verjährung in entsprechender Anwendung des § 205 BGB **während der laufenden Rechnungsperiode gehemmt** ist.[57] Nach Ende der jeweiligen Rechnungsperiode gelten die allgemeinen Grundsätze des § 199 BGB unabhängig davon, ob die Forderung bei der Erstellung des Rechnungsabschlusses Berücksichtigung gefunden hat oder nicht.

2. Verjährung der abstrakten Saldoforderung. Für die **abstrakte Saldoforderung** gelten keine **46** Besonderheiten: Beruht sie auf einem Schuldanerkenntnisvertrag, mit dem das Kontokorrentverhältnis endet, verjährt sie nach §§ 195, 199 BGB innerhalb der regelmäßigen gesetzlichen Verjährungsfrist. Fließt sie als Einzelforderung in die nächste Rechnungsperiode ein, gelten die oben dargestellten Grundsätze zur Verjährung von Einzelforderungen, die allerdings nur dann zu einer späteren Verjährung führen werden, wenn die folgende Rechnungsperiode über einen Jahreswechsel hinwegläuft.

3. Verjährung des Anspruchs auf Kondiktion der abstrakten Saldoforderung. Weil sich die **47** sachliche Unrichtigkeit der kontokorrentgebundenen abstrakten Saldoforderung über alle folgenden Rechnungsperioden hinweg in den anschließenden Saldoanerkenntnisverträgen fortsetzt, ist die Frage der **Verjährung des Kondiktionsanspruchs** aus § 812 Abs. 1 S. 1 Fall 1, Abs. 2 BGB von eminenter praktischer Bedeutung.[58] Maßgeblich ist – zu den Besonderheiten im Anwendungsbereich des **§ 676b BGB** → Rn. 43 – die regelmäßige dreijährige Verjährungsfrist des § 195 BGB. Der Bereicherungs-

---

[54] BGH Urt. v. 19.12.1969 – I ZR 33/68, NJW 1970, 560; Urt. v. 9.12.1971 – III ZR 58/69, WM 1972, 283 (287).

[55] *Placzek* WM 2017, 1835 (1842).

[56] Vgl. *Placzek* WM 2017, 1835 (1846).

[57] Baumbach/Hopt/*Hopt* Rn. 12; *Schmieder* in Schimansky/Bunte/Lwowski BankR-HdB § 47 Rn. 71.

[58] Dazu eingehend *Placzek* WM 2017, 1835 (1843 ff.).

anspruch entsteht iSd § 199 Abs. 1 Nr. 1 BGB in dem Zeitpunkt, zu dem der Schuldanerkenntnisvertrag zustande kommt. Auf den Zeitpunkt der Vornahme der unrichtigen Belastungsbuchung kommt es nicht an. Allerdings spielt die unrichtige Belastungsbuchung (oder das Unterbleiben der Verbuchung einer tatsächlich bestehenden Forderung des Kunden) insofern eine Rolle, als die Erkennbarkeit des Buchungsfehlers Anknüpfungspunkt für die subjektiven Voraussetzungen des § 199 Abs. 1 Nr. 2 BGB ist.

48   Die oben geschilderte Notwendigkeit, wegen der Kontokorrentgebundenheit auch der abstrakten Saldoforderung in Fällen einer in einer früheren Rechnungsperiode stattgehabten Fehlbuchung kaskadenförmig vorzugehen, zeigt, wie gefährlich die Verjährung des Bereicherungsanspruchs auf Herausgabe der abstrakten Saldoforderung nach § 812 Abs. 1 S. 1 Fall 1, Abs. 2 BGB ist. Kann nämlich der das Kontokorrentkonto führende Kaufmann einwenden, der die zeitlich erste abstrakte Saldoforderung betreffende Kondiktionsanspruch sei verjährt, bleibt es dabei, dass diese zeitlich erste abstrakte Saldoforderung in das Kontokorrent der folgenden Rechnungsperiode eingestellt werden durfte. Sind danach keine Fehlbuchungen mehr vorgekommen, können alle weiteren, nach Abschluss der folgenden Rechnungsperioden auf der Grundlage von Schuldanerkenntnisverträgen entstandenen abstrakten Saldoforderungen nicht mehr kondiziert werden, weil insoweit nichts „ohne rechtlichen Grund" erlangt worden ist. [59]

VIII. Beendigung des Kontokorrents

49   Die Parteien können das Kontokorrentverhältnis **befristen.** Allerdings kann in einem solchen Fall das Kontokorrentverhältnis – über die zunächst vereinbarte Frist hinaus – auch durch eine konkludente Vereinbarung verlängert werden.[60] In gleicher Weise kann ein Kontokorrentverhältnis, das die Parteien beendet haben, wieder aufgenommen werden.[61] Allein der Umstand, dass auf einem Konto längere Zeit keine Bewegungen mehr stattgefunden haben, spricht nicht für die Beendigung des Kontokorrents.[62]

50   Das Fälligwerden eines im Kontokorrent abgewickelten Kredits führt nicht notwendig zur Beendigung des Kontokorrentverhältnisses.[63] Das Kontokorrentverhältnis erlischt auch nicht notwendig erst mit der Geschäftsverbindung. Es kann vielmehr von beiden Parteien grundsätzlich auch gesondert – wiederum konkludent – **gekündigt** werden.[64]

51   Keine unmittelbaren Auswirkungen auf das Kontokorrentverhältnis zwischen den Parteien hat es allerdings, wenn ein dritter Sicherungsgeber – so etwa ein **Bürge** im Falle einer unbefristeten Kreditbürgschaft – aufgrund eines ihm nach § 242 BGB zustehenden Kündigungsrechts die Bürgschaftsverpflichtung zu einem anderen Zeitpunkt als dem Ende einer Rechnungsperiode beendet.[65]

52   Die Kontokorrentabrede erlischt mit der **Eröffnung des Insolvenzverfahrens** (→ Rn. 56 ff.). Das Kontokorrentverhältnis endet außerdem regelmäßig mit der Schließung des Bankbetriebs.[66]

IX. Wirkungen der Beendigung des Kontokorrents

53   Die Beendigung des Kontokorrents ändert nichts daran, dass alle vor der Beendigung entstandenen Ansprüche und Leistungen in die laufende Rechnung einzustellen sind. Die Beendigung wirkt sich mithin nur auf die **späteren Geschäftsvorfälle** aus.[67]

54   Für den Fall der Kündigung des Kontokorrents gewährt § 355 Abs. 3 einen fälligen Zahlungsanspruch auf den Überschuss schon vor der Feststellung und Anerkennung des Saldos.[68] Dieser Anspruch stellt allerdings keine neue, vom Schuldgrund der Einzelposten gelöste Forderung auf den Überschuss dar. Insofern unterscheidet er sich wesentlich vom Saldoanerkenntnis. Wesentlich wirkt sich dies dahin aus, dass Einwendungen und Einreden einschließlich der Einrede der Verjährung gegen die Einzelforderungen geltend gemacht werden können.

55   Mit der Beendigung des Kontokorrentverhältnisses **endet** das **Recht zur Zinseszinsberechnung** aus § 355 Abs. 1. Die kontoführende Bank kann danach vom Schlusssaldo nur noch Verzugszinsen, aber keine Zinseszinsen mehr verlangen.[69]

---

[59] *Palczek* WM 2017, 1835 (1846).
[60] BGH Urt. v. 21.5.1987 – III ZR 56/86, NJW-RR 1987, 1186.
[61] BGH Urt. v. 19.12.1969 – I ZR 33/68, WM 1970, 184 (185 f.).
[62] BGH Urt. v. 19.12.1969 – I ZR 33/68, NJW 1970, 560.
[63] BGH Beschl. v. 18.12.1986 – III ZR 56/86, WM 1987, 342 (343).
[64] BGH Urt. v. 21.5.1987 – III ZR 56/86, NJW-RR 1987, 1186; vgl. auch Beschl. v. 18.12.1986 – III ZR 56/86, WM 1987, 342 (343).
[65] BGH Urt. v. 4.7.1985 – III ZR 135/84, WM 1985, 969 (972).
[66] BGH Urt. v. 21.10.1955 – I ZR 187/53, NJW 1956, 17.
[67] BGH Urt. v. 19.12.1969 – I ZR 33/68, NJW 1970, 560.
[68] BGH Urt. v. 2.11.1967 – II ZR 46/65, BGHZ 49, 24 (26).
[69] BGH Urt. v. 21.5.1987 – III ZR 56/86, NJW-RR 1987, 1186; Urt. v. 13.11.1990 – XI ZR 217/89, NJW 1991, 1286 (1288).

X. Das Kontokorrent in der Insolvenz

Die **Eröffnung des Insolvenzverfahrens** hat naturgemäß erhebliche Auswirkungen auf das Kontokorrentverhältnis. **56**

Nach Anordnung des allgemeinen Verfügungsverbots gem. §§ 21 Abs. 2 S. 1 Nr. 2, 24, 81 InsO **57** kann der Schuldner einen schuldumschaffenden Rechnungsabschluss der das Kontokorrentkonto führenden Bank nicht mehr anerkennen und entsprechend auch keine abstrakte Saldoforderung mehr schaffen.[70]

Die Kontokorrentabrede **erlischt** nach §§ 115, 116 InsO mit der Eröffnung des Insolvenzverfahrens.[71] Zugleich und ohne, dass eine „logische Sekunde" dazwischenträte, treten die Wirkungen des § 91 InsO ein. Entsprechend können ab diesem Moment weder an den kontokorrentgebundenen Einzelforderungen noch an der kausalen Saldoforderung wirksam Rechte erworben werden. **58**

§ 96 Abs. 1 Nr. 3 InsO findet auf die Herstellung von Verrechnungslagen wie das Bankkontokorrent Anwendung.[72] Das bedeutet, dass eine **Aufrechnung unzulässig** ist, wenn ein Insolvenzgläubiger die Möglichkeit der Aufrechnung durch eine **anfechtbare Handlung** erlangt hat. Dabei ist der für die Anfechtbarkeit einer Verrechnungslage maßgebliche Zeitpunkt nach § 140 Abs. 1 InsO zu bestimmen. Nach der Rspr. des BGH ist es grundsätzlich unerheblich, ob die Forderung des Schuldners oder die des Insolvenzgläubigers früher entstanden ist. Entscheidend ist vielmehr, wann das Gegenseitigkeitsverhältnis begründet worden ist.[73] **59**

Eine Anfechtung setzt nach § 129 Abs. 1 InsO eine Benachteiligung der Insolvenzgläubiger voraus. **60** An einer objektiven Gläubigerbenachteiligung fehlt es, wenn der Gläubiger im Umfang der Zahlung insolvenzbeständig am Schuldnervermögen gesichert war. Daher benachteiligt die Verrechnung wechselseitiger Forderungen im Kontokorrentverhältnis die Insolvenzgläubiger nicht, soweit Gutschriften auf der Erfüllung solcher Forderungen beruhen, die der Bank im Sinne eines Absonderungsrechts nach § 51 Nr. 1 InsO anfechtungsfest (auch verdeckt) zur Sicherung abgetreten worden waren.[74] Da die Bank in solchen Fällen aufgrund ihrer Allgemeinen Geschäftsbedingungen ein Pfandrecht an dem (pfändbaren) Anspruch des Schuldners gegen sie selbst auf Gutschrift aus § 667 BGB erwirbt, findet ein unmittelbarer **Sicherheitentausch** statt.[75] Diesem Sicherheitentausch steht nicht entgegen, dass die Kontokorrentverbindung verhindert, dass nach Eintritt der Kontokorrentbindung selbstständige Verfügungen über die in das Kontokorrent eingebrachten Forderungen möglich sind.[76]

XI. Prozessuales

Die Kontokorrentabrede hat auch prozessuale Konsequenzen. **61**

1. Berücksichtigung des Kontokorrents im Prozess. Macht der Gläubiger eine kontokorrentgebundene Einzelforderung entgegen der Kontokorrentabrede isoliert geltend, führt dies nicht ohne weiteres zur Abweisung seiner Klage. Vielmehr muss der Schuldner dem mittels der Erhebung der **Kontokorrenteinrede** begegnen.[77] **62**

Während des laufenden Kontokorrents kann der Gläubiger auf Abgabe des Saldoanerkenntnisses **63** klagen. Nach Beendigung des Kontokorrentverhältnisses kann sogleich auf Zahlung geklagt werden.[78] Ebenso kann mit der Vollstreckungsabwehrklage, bei der der nachträglichen Erhebung der Kontokorrenteinrede § 767 Abs. 2 ZPO entgegensteht, geltend gemacht werden, der nunmehr zu ziehende Schlusssaldo ergebe ein Guthaben zugunsten des Schuldners, so dass die titulierte Forderung des Gläubigers nicht mehr bestehe.[79]

2. Darlegungs- und Beweislast. Macht die kontoführende Bank die **kausale Saldoforderung 64** aus § 355 Abs. 3 geltend, ist es an ihr, zu den in den Saldo eingestellten Aktiv- und Passivposten konkret vorzutragen. Dabei stehen ihr zwei Möglichkeiten offen. Sie kann zum einen das zeitlich letzte Saldoanerkenntnis und etwa danach eingetretene Änderungen des Saldos dartun.[80] Sie kann aber auch die in das Kontokorrent eingestellten Einzelforderungen darlegen, wobei sie unter Einschluss aller von

---

[70] BGH Urt. v. 25.6.2009 – IX ZR 98/08, BGHZ 181, 361 Rn. 9 = NJW 2009, 2677.

[71] BGH Urt. v. 4.7.1985 – IX ZR 135/84, NJW 1985, 3007 (3009); Urt. v. 13.11.1990 – XI ZR 217/89, NJW 1991, 1286 (1287); Urt. v. 25.6.2009 – IX ZR 98/08, BGHZ 181, 361 Rn. 10 = NJW 2009, 2677; *Stapper/Jacobi* BB 2007, 2017 (2018).

[72] BGH Urt. v. 2.2.2017 – IX ZR 245/14, NJW-RR 2017, 366 Rn. 8.

[73] BGH Urt. v. 2.2.2017 – IX ZR 245/14, NJW-RR 2017, 366 Rn. 8; vgl. auch *Stapper/Jacobi* BB 2007, 2017 (2020 f.).

[74] BGH Urt. v. 2.2.2017 – IX ZR 245/14, NJW-RR 2017, 366 Rn. 11 f.

[75] Zum Sicherheitentausch vgl. auch *Stapper/Jacobi* BB 2007, 2017 (2021 f.).

[76] BGH Urt. v. 2.2.2017 – IX ZR 245/14, NJW-RR 2017, 366 Rn. 14.

[77] BGH Urt. v. 19.12.1969 – I ZR 33/68, NJW 1970, 560.

[78] BGH Urt. v. 19.12.1969 – I ZR 33/68, NJW 1970, 560.

[79] BGH Urt. v. 19.12.1969 – I ZR 33/68, NJW 1970, 560.

[80] BGH Urt. v. 5.5.1983 – III ZR 187/81, NJW 1983, 2879 (2880).

ihr akzeptierten Passivposten so vortragen muss, dass das Gericht die eingeklagte Saldoforderung rechnerisch nachvollziehen und überprüfen kann. Diesen zweiten Weg wird sie beschreiten, wenn es zu einem bestätigten Rechnungsabschluss nicht gekommen ist oder sie einen solchen Rechnungsabschluss nicht nachzuweisen vermag.[81]

65 Allerdings muss die kontoführende Bank auch dann, wenn sie den zweiten Weg wählt, gegenüber dem Kunden nicht stets jede einzelne in das Kontokorrent eingestellte Forderung vom Beginn des Kontokorrentverhältnisses an darlegen. War der Kontokorrentsaldo für einen bestimmten Zeitpunkt vorprozessual nicht streitig, kann sich die Bank (zunächst) auf die Darlegung dieses Saldos und die danach etwa noch eingetretenen Änderungen beschränken. Näheres Vorbringen zu dem zum Ausgangspunkt genommenen Saldo ist erst und nur insoweit geboten, als der Kontoinhaber – global oder unter Angabe von Einzelheiten – nunmehr auch diesen Saldo bestreitet. Erst dadurch wird der Vortrag der kontoführenden Bank zum Saldo unklar und lässt den Schluss auf die Entstehung des geltend gemachten Anspruchs nicht mehr zu.[82]

66 Wie auch sonst kommt es für die allein von materiell-rechtlichen Grundsätzen beherrschte Verteilung der **Darlegungs- und Beweislast** nicht darauf an, ob die Bank im Wege der Leistungsklage vorgeht oder im Wege der negativen Feststellungsklage selbst in Anspruch genommen wird.

§ 356 [Sicherheiten]

(1) **Wird eine Forderung, die durch Pfand, Bürgschaft oder in anderer Weise gesichert ist, in die laufende Rechnung aufgenommen, so wird der Gläubiger durch die Anerkennung des Rechnungsabschlusses nicht gehindert, aus der Sicherheit insoweit Befriedigung zu suchen, als sein Guthaben aus der laufenden Rechnung und die Forderung sich decken.**

(2) **Haftet ein Dritter für eine in die laufende Rechnung aufgenommene Forderung als Gesamtschuldner, so findet auf die Geltendmachung der Forderung gegen ihn die Vorschrift des Absatzes 1 entsprechende Anwendung.**

Schrifttum: Vgl. die Angaben zu § 355.

I. Allgemeine Grundsätze

1 § 356 ordnet an, dass eine **Sicherheit,** die für eine in die laufende Rechnung aufgenommene Forderung bestellt worden ist, ungeachtet der Saldoanerkennung auch für den sich beim Rechnungsabschluss ergebenden Saldo **bestehen bleibt.**[1] Je nach rechtlicher Konstruktion der Folgen des Saldoanerkenntnisvertrags hat § 356 lediglich klarstellende oder konstitutive Bedeutung: Geht man davon aus, die in das Kontokorrent eingestellten (Einzel-)Forderungen bestünden – wenn auch nicht durchsetzbar – neben der abstrakten Saldoforderung fort, versteht sich der Fortbestand der Sicherheiten ohne weiteres und bedarf keiner besonderen dogmatischen Begründung.[2] Spricht man dem Schuldanerkenntnisvertrag mit der höchstrichterlichen Rspr. dagegen novierende Wirkung zu, bedarf es einer besonderen gesetzlichen Regelung. Der Fortbestand der Sicherheiten beruht – so von der höchstrichterlichen Rspr. ausformuliert – auf den Anschauungen und Bedürfnissen des Handelsverkehrs, denen das Gesetz Rechnung zu tragen sucht. Die Beteiligten wollen in der Formulierung des BGH beim Kontokorrent keinen Rechtsverlust des Gläubigers einer gesicherten Forderung, wenn sie eine vom Schuldgrund gelöste Saldoforderung schaffen.[3]

2 Voraussetzung der Forthaftung der Sicherheit ist, dass sich das Guthaben des Gläubigers aus dem Kontokorrentsaldo und die gesicherte Forderung decken.[4] § 356 dient damit dem Ziel, dem Saldogläubiger ein **Vorrecht in der Insolvenz** des Hauptschuldners zu erhalten, obwohl die Sicherheit ohne die Regelung des § 356 nur für die Forderung bestünde, die im Schlusssaldo des Kontokorrents aufgegangen und damit untergegangen ist.[5]

II. Sicherung durch Bürgschaft

3 Der **Bürge** haftet bei einer gegenständlich beschränkten Kontokorrentbürgschaft nach § 356 grundsätzlich in dem bei Fristende erreichten Umfang weiter, wenn das debitorische Kontokorrent bis zur

---

[81] Zum Ganzen BGH Urt. v. 4.7.1985 – IX ZR 135/84, WM 1985, 969 (971 f.); Urt. v. 28.5.1991 – XI ZR 214/90, NJW 1991, 2908; Beschl. v. 22.1.2013 – XI ZR 471/11, NJW-RR 2013, 948 Rn. 9; Beschl. v. 22.1.2013 – XI ZR 472/11, BeckRS 2013, 02812 Rn. 9.

[82] BGH Urt. v. 28.5.1991 – XI ZR 214/90, NJW 1991, 2908.

[1] BGH Urt. v. 11.3.1999 – IX ZR 164/98, BGHZ 141, 116 (121).

[2] So unter Verweis auf ältere Rspr. Baumbach/Hopt/*Hopt* Rn. 1 mit Baumbach/Hopt/*Hopt* § 355 Rn. 7.

[3] BGH Urt. v. 12.2.1959 – II ZR 232/58, BGHZ 29, 280 (284).

[4] BGH Urt. v. 11.6.1980 – VIII ZR 164/79, BGHZ 77, 256 (263).

[5] BGH Urt. v. 19.12.1969 – I ZR 33/68, NJW 1970, 560.

Inanspruchnahme des Bürgen ungekündigt fortbesteht,[6] soweit es nicht zuvor bereits durch die Insolvenz des Hauptschuldners gelöst ist.[7] § 767 Abs. 1 S. 3 BGB hilft dem Bürgen darüber nicht hinweg, wenn die Fortführung des Kontokorrents nicht auf einer nach Übernahme der Bürgschaft getroffenen Vereinbarung des Gläubigers mit dem Hauptschuldner beruht, sondern schon bei Abschluss des Bürgschaftsvertrags vereinbart war.

Die gegenständlich beschränkte Bürgenhaftung verringert sich dann nur bei nachfolgenden Rech-   **4** nungsabschlüssen mit einem niedrigeren Schuldsaldo. Nach stRspr schon des Reichsgerichts, aber auch des BGH kommt es auf einen niedrigeren Tagessaldo zwischen den Rechnungsabschlüssen bei einem fortbestehenden Kontokorrent nicht an.[8]

Anders verhält es sich allerdings bei einer nach einem Endtermin (§ 163 BGB) befristeten **Konto-   5 korrentzeitbürgschaft.**[9] Die rechtzeitige Kündigung des Kontokorrentkredits bei Sicherung durch eine Zeitbürgschaft kann zur Folge haben, dass sich die Haftung des Bürgen nach § 777 Abs. 2 BGB bei jedem Eingang auf dem Konto verringert. Denn die Einrede der Aufrechenbarkeit nach § 770 Abs. 2 BGB ist für den Bürgen nach Kündigung des Kontokorrents nicht mehr durch periodische Verrechnung und Ausschluss der Einzelaufrechnung gehindert.[10] Eine Klausel in einem Bürgschaftsformular, die diese Einrede abbedingt, ist unwirksam.[11] § 356 kann nicht angewandt werden, wenn infolge einer wirksamen Kündigung kein Kontokorrent mehr besteht.

III. Sicherung durch Haftung des ausgeschiedenen Gesellschafters

Auf den ausgeschiedenen Gesellschafter einer Personen(handels)gesellschaft findet § 356 entspre-   **6** chende Anwendung. Haftet er (zunächst) für eine Schuld der Gesellschaft, steht seiner Weiterhaftung nicht entgegen, dass es sich um eine Schuld aus laufender Rechnung handelt, bei der die periodischen Saldoanerkenntnisse eine schuldumschaffende Wirkung haben. Der **ausgeschiedene Gesellschafter** bleibt vielmehr an die während seiner Zugehörigkeit zur Gesellschaft getroffene Kontokorrentabrede gebunden und haftet für die Kontokorrentschuld bis zu der bei seinem Ausscheiden begründeten Höhe, nicht jedoch über den nach seinem Ausscheiden gezogenen niedrigsten Saldo hinaus.[12] Ergibt sich mithin auch nur einmal bei Abschluss einer Rechnungsperiode ein Guthaben zugunsten der früheren Gesellschaft, erlischt die Haftung des ausgeschiedenen Gesellschafters.[13] Alles dies gilt auch, wenn die Gesellschaft schon ursprünglich nur aus zwei Personen bestand und ein Gesellschafter das Handelsgeschäft mit allen Aktiven und Passiven übernimmt.[14]

IV. Sicherung durch Verpfändung

Auch **gesetzliche Pfandrechte,** die nur für bestimmte Forderungen entstehen, gehen nicht deshalb   **7** unter, weil die Pfandforderung in eine laufende Rechnung eingestellt und der Saldo anerkannt wird.[15]

V. Sicherung in anderer Weise

Die **Aufrechnungsmöglichkeit** des Gläubigers wird in § 356 zwar nicht ausdrücklich erwähnt.   **8** Der BGH rechnet sie aber „zu den Sicherungen in anderer Weise".[16] Ein Aufrechnungsgläubiger dürfe über die Gegenforderung in ähnlicher Weise verfügen, als ob sie ihm „pfandmäßig verstrickt" wäre. Die Aufrechnung erspart ihm nach der Argumentation des BGH den Umweg, die Gegenforderung zu pfänden und ihre Überweisung an Zahlungs Statt zu erwirken.

§ 357 [Pfändung des Saldos]

[1] **Hat der Gläubiger eines Beteiligten die Pfändung und Überweisung des Anspruchs auf dasjenige erwirkt, was seinem Schuldner als Überschuß aus der laufenden Rechnung zukommt, so können dem Gläubiger gegenüber Schuldposten, die nach der Pfändung durch**

---

[6] BGH Urt. v. 24.1.2006 – XI ZR 306/04, BeckRS 2006, 02358 Rn. 16.

[7] BGH Urt. v. 15.1.2004 – IX ZR 152/00, NJW 2004, 2232 (2234).

[8] RG Urt. v. 30.5.1911 – II 669/10, RGZ 76, 330 (334); BGH Urt. v. 28.11.1957 – VII ZR 42/57, BGHZ 26, 142 (150); Urt. v. 28.6.1968 – II ZR 156/66, BGHZ 50, 277 (283).

[9] BGH Urt. v. 15.1.2004 – IX ZR 152/00, NJW 2004, 2232 (2234 f.).

[10] BGH Urt. v. 15.1.2004 – IX ZR 152/00, NJW 2004, 2232 (2235).

[11] BGH Urt. v. 16.1.2003 – IX ZR 171/00, BGHZ 153, 293 (298 ff.).

[12] RG Urt. v. 30.5.1911 – II 669/10, RGZ 76, 330 (334); BGH Urt. v. 28.11.1957 – VII ZR 42/57, BGHZ 26, 142 (150); Urt. v. 17.9.1964 – II ZR 162/62, WM 1964, 1147 (1148); Urt. v. 28.6.1968 – I ZR 156/66, BGHZ 50, 277 (283 f.); Urt. v. 9.12.1971 – III ZR 58/69, WM 1972, 283 (287); Urt. v. 2.11.1973 – I ZR 88/72, NJW 1974, 100.

[13] BGH Urt. v. 9.12.1971 – III ZR 58/69, WM 1972, 283 (287).

[14] BGH Urt. v. 2.11.1973 – I ZR 88/72, NJW 1974, 100.

[15] BGH Urt. v. 12.2.1959 – II ZR 232/58, BGHZ 29, 280 (283 f.).

[16] BGH Urt. v. 21.6.1955 – I ZR 93/54, WM 1955, 1163 (1164).

neue Geschäfte entstehen, nicht in Rechnung gestellt werden. [2]Geschäfte, die auf Grund eines schon vor der Pfändung bestehenden Rechtes oder einer schon vor diesem Zeitpunkte bestehenden Verpflichtung des Drittschuldners vorgenommen werden, gelten nicht als neue Geschäfte im Sinne dieser Vorschrift.

Schrifttum: Vgl. die Angaben zu § 355. Zum Pfändungsschutzkonto vgl. die Kommentierungen zu § 850k ZPO und die durch den Regierungsentwurf eines Pfändungsschutz-Fortentwicklungsgesetzes (PKoFoG), BR-Drs. 166/20, in Aussicht genommenen Änderungen.

I. Allgemeine Grundsätze

1 § 357 regelt Gegenstand und Umfang eines gegenwärtigen Kontokorrentguthabens. Die Kontokorrentbindung der im Kontokorrent verbuchten Einzelforderungen setzt sich insoweit auch im Verhältnis zum Gläubiger eines der am Kontokorrent Beteiligten durch, als die Pfändung und Überweisung des „Überschusses" die Saldoforderung und nicht die kontokorrentzugehörigen Einzelforderungen erfasst.[1] Das ergibt sich aus dem Wortlaut der Vorschrift – **„Überschuss aus der laufenden Rechnung"** – und der Gesetzgebungsgeschichte. Der BGH verweist zur Rechtfertigung dieses Grundsatzes daneben auf das „Wesen des Kontokorrentvertrages im Sinne des § 355": Da es darin besteht, dass die in die laufende Rechnung aufgenommenen beiderseitigen Ansprüche und Leistungen „am Tage des periodischen Rechnungsabschlusses durch Anerkennung des Saldos als Einzelforderungen untergehen", können die **Einzelforderungen nicht selbstständiger Pfändungsgegenstand** sein.[2]

II. Satz 1 als Schutznorm zugunsten des Gläubigers

2 § 357 dient zunächst dem **Schutz des pfändenden Gläubigers** eines der am Kontokorrentverhältnis Beteiligten im Verhältnis zu seinem Schuldner. Sinn und Zweck der Vorschrift ist, dem Gläubiger einen ab dem Zeitpunkt der Pfändung unveränderbaren Rechnungsüberschuss seines Schuldners im Verhältnis zum Drittschuldner zu erhalten.[3]

3 Könnte – dem Wesen des Kontokorrents eigentlich gemäßer – nur der Abschlusssaldo gepfändet werden, hätte der Schuldner die Möglichkeit, seinem Gläubiger durch Zwischenverfügungen bis zum Abschluss der Rechnungsperiode das im Zeitpunkt des Zugangs eines Pfändungs- und Überweisungsbeschlusses etwa noch vorhandene Guthaben zu entziehen.[4] Das wird durch § 357 S. 1 verhindert.

III. Satz 2 als Schutznorm zugunsten des Drittschuldners

4 Daneben schützt § 357 aber auch den **Drittschuldner.** § 357 S. 2 soll – insoweit besteht eine Parallele zwischen der Vorschrift und § 404 BGB –[5] zu seinem Schutz verhindern, dass seine Rechtslage durch eine Pfändung verschlechtert wird. Deshalb bleiben dem Drittschuldner alle Einwendungen erhalten, die er seinem Vertragspartner entgegenhalten könnte, wenn dieser selbst Zahlung des Saldos verlangte.[6] Die Rechtsstellung, die er bis zum Wirksamwerden der Pfändung gegenüber seinem Vertragspartner hatte, soll durch die Pfändung nicht beeinträchtigt werden.[7]

IV. Gegenstand der Pfändung

5 Beide Regelungen des § 357 betreffen allerdings nur einen Teil der Fragen, die sich im Zusammenhang mit der Pfändung in Bezug auf ein Kontokorrent ergeben können.

6 **1. Pfändung des Zustellungssaldos.** Die Pfändung des gegenwärtigen Saldos erfasst den sogenannten **Zustellungssaldo,**[8] der dem Rechnungsüberschuss zugunsten des Schuldners im Zeitpunkt der Zustellung des Pfändungs- und Überweisungsbeschlusses entspricht.[9] Das gilt auch dann, wenn – wie regelmäßig – der Zeitpunkt der Zustellung des Pfändungs- und Überweisungsbeschlusses und der für den Rechnungsabschluss maßgebliche Zeitpunkt auseinanderfallen. Die Pfändung während der laufenden Rechnungsperiode bewirkt, dass das Kontokorrentkonto buchungstechnisch (nur) **im Verhältnis zwischen Gläubiger und Drittschuldner** – praktisch die Regel: im Verhältnis zum kontoführenden Kreditinstitut – als **auf den Zeitpunkt der Pfändung vorläufig abgeschlossen**

---

[1] BGH Urt. v. 13.3.1981 – I ZR 5/79, BGHZ 80, 172 (175).
[2] BGH Urt. v. 13.3.1981 – I ZR 5/79, BGHZ 80, 172 (176).
[3] *Rutke* ZIP 1984, 538 (539).
[4] BGH Urt. v. 13.3.1981 – I ZR 5/79, BGHZ 80, 172 (178).
[5] BGH Urt. v. 29.11.1984 – IX ZR 44/84, BGHZ 93, 71 (78 f.).
[6] BGH Urt. v. 13.5.1997 – IX ZR 129/96, NJW 1997, 2322 (2323).
[7] BGH Urt. v. 29.11.1984 – IX ZR 44/84, BGHZ 93, 71 (80 f.).
[8] BGH Urt. v. 13.3.1981 – I ZR 5/79, BGHZ 80, 172 (176).
[9] BGH Urt. v. 8.7.1982 – I ZR 148/80, BGHZ 84, 371 (376); *Berger* ZIP 1980, 946 (947).

behandelt wird.[10] Auf den Fortbestand der Kontokorrentabrede zwischen Schuldner und Drittschuldner hat die Pfändung keine Auswirkungen.[11]

Ergibt sich für den Zeitpunkt der Zustellung des Pfändungs- und Überweisungsbeschlusses kein **7** positiver Zustellungssaldo, geht die Pfändung (nur) des Zustellungssaldos ins Leere.[12]

2. Pfändung künftiger Salden. Daneben kommt die **Pfändung des künftigen Saldos** – selbst in **8** Gestalt aller künftigen Aktivsalden – in Betracht,[13] die allerdings nicht Regelungsgegenstand des § 357 ist.[14] Für die Pfändung und Überweisung gelten vielmehr die allgemeinen Vorschriften über die Pfändung künftiger Forderungen.

3. Pfändung des Anspruchs auf Auszahlung des Tagessaldos. Davon wiederum zu unterschei- **9** den ist die Pfändung des aus dem Girovertrag, nicht aus der Kontokorrentabrede resultierenden Anspruchs auf Auszahlung des jeweiligen zukünftigen **Tagessaldos**.[15] Sie wird von dem Antrag auf Pfändung der zukünftigen Saldoforderung nicht konkludent mitumfasst. Vielmehr muss die Pfändung eines solchen Anspruchs besonders beantragt und ausgesprochen werden.[16] Damit verbunden wird im Sinne einer **Hilfspfändung** die Pfändung **des Anspruchs auf Gutschrift** eingehender Beträge, die zur Folge hat, dass sie dem Konto auch tatsächlich gutgeschrieben werden müssen und der Kontoinhaber nicht vor der Gutschrift anderweitig über sie verfügen kann.[17]

Nach dem Girovertrag schließt es die Kontokorrentbindung der verbuchten Einzelforderungen **10** nicht aus, dass der Kunde die Auszahlung des jeweiligen Tagesguthabens auch während der laufenden Rechnungsperiode beansprucht.[18] Die Pfändung des girovertraglichen Anspruchs auf die Auszahlung des Tagesguthabens führt weder zur Änderung noch zur Beendigung des Kontokorrentverhältnisses. Zahlungen an den pfändenden Gläubiger stellt die Bank genauso in das Kontokorrent ein wie Barabhebungen oder sonstige Verfügungen des Schuldners über das Guthaben.

4. Pfändung des Anspruchs auf Gewährung eines Kontokorrentkredits. Bei der **geduldeten** **11** **Überziehung** entsprach es gefestigter Rspr. zum alten Recht, die Pfändbarkeit eines Anspruchs zu verneinen: Duldete die kontoführende Bank die Überziehung lediglich, stand dem Kunden ein Anspruch auf Gewährung eines Kredits nicht zu. Entsprechend fehlte es, da das Zustandekommen eines Darlehensvertrags als Realvertrag die Überweisung oder Auszahlung der Valuta voraussetzte, an einem der Pfändung zugänglichen vertraglichen Anspruch.[19]

Nach neuem Recht wird durch die geduldete Überziehung **konkludent** ein Darlehensvertrag als **12** **Konsensualvertrag** abgeschlossen, § 505 Abs. 2 und 4 BGB.[20] Insofern ist ein Substrat vorhanden, das für die Forderungspfändung zur Verfügung steht.

Ansprüche des Kunden gegen die kontoführende Bank aus einem vereinbarten **Dispositionskredit** **13** sind, soweit der Kunde den Kredit (durch Abruf vor der Auszahlungshandlung der Bank) in Anspruch nimmt, grundsätzlich schon vor dem Abruf als zukünftige Forderungen pfändbar.[21] Dass die Bank den Dispositionskredit in der Erwartung zur Verfügung stellen wird, der Kunde möge seine wirtschaftliche Lage verbessern und sich damit zur Rückzahlung befähigen, und dass zwischen Bank und Kunde ein besonderes Vertrauensverhältnis besteht, steht der Pfändung nach § 851 ZPO, § 399 BGB nicht entgegen.[22]

5. Pfändung bei Gemeinschaftskonten. Unabhängig davon, ob nun – nur insoweit ist § 357 **14** einschlägig – der Zustellungssaldo, künftige Salden jeweils zum Ende einer Rechnungsperiode oder der Anspruch aus dem Girovertrag auf Auszahlung des Tagessaldos gepfändet werden soll, stellt sich bei **Gemeinschaftskonten** die Frage nach der Pfändbarkeit. Insoweit ist das Innenverhältnis zwischen den Kontoinhabern ohne Bedeutung. Entscheidend ist vielmehr, ob sie im **Verhältnis zum Drittschuldner** (der kontoführenden Bank) als **Gesamtgläubiger** oder als **Gesamthandsgläubiger** anzusehen sind. Sind sie im Verhältnis zum Drittschuldner jeweils allein zur Verfügung berechtigt, genügt die Zwangsvollstreckung aus einem Titel, der sich nur gegen einen der Kontoinhaber richtet.[23]

---

[10] BGH Urt. v. 13.3.1981 – I ZR 5/79, BGHZ 80, 172 (176).
[11] Baumbach/Hopt/*Hopt* Rn. 3.
[12] Baumbach/Hopt/*Hopt* Rn. 2, 9.
[13] BGH Urt. v. 13.3.1981 – I ZR 5/79, BGHZ 80, 172 (178 f., 181); Urt. v. 8.7.1982 – I ZR 148/80, BGHZ 84, 371 (376); Baumbach/Hopt/*Hopt* Rn. 5; *Kohte/Busch* ZVI 2006, 142.
[14] BGH Urt. v. 13.3.1981 – I ZR 5/79, BGHZ 80, 172 (178).
[15] BGH Urt. v. 24.1.1985 – IX ZR 65/84, BGHZ 93, 315 (323); Baumbach/Hopt/*Hopt* Rn. 8.
[16] BGH Urt. v. 13.3.1981 – I ZR 5/79, BGHZ 80, 172 (180).
[17] BGH Urt. v. 24.1.1985 – IX ZR 65/84, BGHZ 93, 315 (322 f.).
[18] BGH Urt. v. 8.7.1982 – I ZR 148/80, BGHZ 84, 371 (376 f.).
[19] BGH Urt. v. 24.1.1985 – IX ZR 65/84, BGHZ 93, 315 (325).
[20] BGH Urt. v. 25.10.2016 – XI ZR 9/15, BGHZ 212, 329 Rn. 26; Urt. v. 25.10.2016 – XI ZR 387/15, WM 2017, 84 Rn. 23.
[21] BGH Urt. v. 29.3.2001 – IX ZR 34/00, BGHZ 147, 193 (195 f.); Urt. v. 22.1.2004 – IX ZR 39/03, BGHZ 157, 350 (355 f.); Urt. v. 9.2.2012 – VII ZB 49/10, BGHZ 192, 314 Rn. 10.
[22] BGH Urt. v. 29.3.2001 – IX ZR 34/00, BGHZ 147, 193 (196 f.).
[23] BGH Urt. v. 24.1.1985 – IX ZR 65/84, BGHZ 93, 315 (320 f.).

V. Neue Geschäfte iSd Satz 1

15   Der oben skizzierte doppelte Schutzzweck des § 357 verwirklicht sich in der Unterscheidung zwischen neuen und alten Geschäften, deren Ausführung **(neue Geschäfte)** entweder nicht zu Lasten des Gläubigers oder **(alte Geschäfte)** nicht zu Lasten des Drittschuldners (kontoführendes Kreditinstitut) wirkt.

16   § 357 schließt die Wirkung „neuer" Geschäfte zulasten des Gläubigers aus. Die **„Neuheit"** des Geschäfts knüpft an den **Zeitpunkt seiner Vornahme** an. Schuldposten sind neu, sofern sie nach der Zustellung des Pfändungs- und Überweisungsbeschlusses kontokorrentfähig werden.

17   Das ist aber kein ganz zwingendes Kriterium. So behandelte der BGH in der Vergangenheit eine nach Wirksamwerden der Pfändung eingetretene **Garantiehaftung** einer Bank nicht als neues Geschäft im Sinne der Vorschrift, weil sie die Rechtsmacht, sie zu verpflichten, dem Schuldner als Teilnehmer am eurocheque-Verfahren bereits mit der Aushändigung der Scheckkarte und der Vordrucke eingeräumt hatte, ohne im Regelfall auf die weitere Entwicklung Einfluss zu nehmen.[24]

VI. Altgeschäfte iSd Satz 2

18   § 357 S. 2 enthält gegenüber einem vertraglichen Pfandrecht eine speziellere und damit vorrangige Regelung.

19   Die Beschlagnahme durch die Pfändung verhindert nicht die wirksame **Abwicklung** solcher Geschäfte, die aufgrund eines schon vor der Pfändung bestehenden Rechts oder einer bereits vor diesem Zeitpunkt bestehenden Verpflichtung des Drittschuldners vorgenommen werden.[25]

20   Die Vorschrift erfasst aber nicht Zahlungen des Drittschuldners an den Pfändungsschuldner selbst, mit denen nur ein schuldrechtlicher Anspruch dieses Schuldners getilgt werden soll.[26] In solchen Fällen genießt das Zahlungsverbot des § 829 Abs. 1 ZPO Vorrang.

§ 358 [Zeit der Leistung]

Bei Handelsgeschäften kann die Leistung nur während der gewöhnlichen Geschäftszeit bewirkt und gefordert werden.

I. Normzweck

1   § 358 enthält eine **Auslegungsregel** für den Fall, dass sich die Parteien nicht ausdrücklich auf eine bestimmte Leistungszeit geeinigt haben. Sie steht im Zusammenhang mit § 271 BGB, der bei fehlender Festlegung davon ausgeht, dass der Gläubiger die Leistung sofort verlangen und der Schuldner sie sofort bewirken kann. Liegt eine Leistungszeitbestimmung vor, so ist nach § 271 Abs. 2 BGB im Zweifel anzunehmen, dass der Gläubiger die Leistung nicht vor dieser Zeit verlangen, der Schuldner aber sie vorher bewirken kann. Im Verhältnis zu dieser bürgerlich-rechtlichen Regelung stellt § 358 eine Ergänzung dar. Während erstere die Fälligkeit und Erfüllbarkeit einer Leistung betrifft, legt § 358 für den maßgeblichen Leistungstag die in Betracht kommenden Stunden auf die gewöhnlichen Geschäftszeiten fest. Durch diese Norm erfährt der allgemeine Grundsatz von Treu und Glauben (§ 242 BGB), wonach bei den Leistungsmodalitäten auch in zeitlicher Hinsicht auf die Interessen des anderen Teils Rücksicht zu nehmen ist, insbesondere die geschuldete Leistung nicht zur Unzeit erbracht werden darf, im handelsrechtlichen Verkehr eine Konkretisierung. Da allerdings die nach § 242 BGB ermittelte Leistungszeit bei Kaufleuten in der Regel mit der Geschäftszeit identisch sein wird, ist der normative Gehalt des § 358 recht gering.

II. Einzelerläuterung

2   **1. Inhalt.** Die Leistung kann im handelsrechtlichen Verkehr im Zweifel nur während der **gewöhnlichen Geschäftszeit** bewirkt und auch nur dann vom Gläubiger gefordert werden. Maßgeblich ist die gewöhnliche Geschäftszeit des Erfüllungsortes. Handelt es sich um eine Bringschuld, ist die übliche Geschäftszeit im Geschäftszweig des Gläubigers maßgeblich; im Falle einer Holschuld diejenige der Schuldnerbranche. Gewöhnliche Geschäftszeit ist die im betreffenden Geschäftszweig übliche Zeit, die wiederum örtlich unterschiedlich sein kann. So haben Banken üblicherweise andere Geschäftszeiten als Einzelhändler, diese wiederum können insbesondere branchenabhängig unterschiedliche Geschäftszeiten aufweisen. Abzustellen ist stets auf die objektivierten Gegebenheiten des Geschäftszweiges am jeweiligen Erfüllungsort, nicht auf die für das konkrete Unternehmen übliche Geschäftszeit. Haben beispielsweise Einzelhändler in Bahnhöfen oder Flugplätzen oder – auf Grund der Bäderordnung in

---

[24] BGH Urt. v. 29.11.1984 – IX ZR 44/84, BGHZ 93, 71 (80 f.).

[25] BGH Urt. v. 13.5.1997 – IX ZR 129/96, NJW 1997, 2322 (2323).

[26] BGH Urt. v. 13.5.1997 – IX ZR 129/96, NJW 1997, 2322 (2323).

Mecklenburg-Vorpommern – sämtliche Bekleidungsgeschäfte in Binz auf Rügen sonntags geöffnet, so kann eine Leistung an die entsprechenden Kaufleute auch am Sonntag bewirkt werden; hat ein einzelner Kaufmann im Gegensatz zu seinen Mitbewerbern am Sonntag geschlossen, so ändert dies an der Leistungsmöglichkeit nichts. Abgesehen von einem solchen Sonderfall ist nach § 193 BGB am nächstfolgenden Werktag zu erfüllen, wenn der Leistungstag auf einen Sonn- oder Feiertag fällt; dies gilt auch im Hinblick auf den Samstag, wenn nicht an diesem Tag gewöhnliche Geschäftszeiten bestehen.

§ 358 führt auch zur Klärung der Frage nach dem genauen Beginn und Ablauf von vertraglich **3** vereinbarten **Fristen.** Eine nach Tagen bemessene Leistungsfrist endet mit dem Geschäftsschluss des letzten Tages der Frist (→ Rn. 2 aE).

Sämtliche Aussagen des § 358 stehen unter dem Vorbehalt anderer Parteivereinbarung. Das bedeutet **4** nicht nur, dass die Vertragspartner ausdrücklich eine anderslautende Regelung für den Erfüllungszeitpunkt treffen können. Vielmehr geht auch eine an den §§ 133, 157, 242 BGB gemessene andere Auslegung des Parteiwillens den Wertungen des § 358 vor.[1] So können manche Leistungen oft nur außerhalb der Geschäftszeiten erbracht werden, wie etwa die Reinigung der Verkaufsräume.

2. Geltungsbereich. a) Handelsgeschäfte. Nach allgemeiner Ansicht gilt § 358 nicht nur bei **5** zweiseitigen sondern auch bei einseitigen Handelsgeschäften (vgl. § 345), sofern für den Empfänger der Leistung ein Handelsgeschäft nach § 343 vorliegt. Damit werden zwar auch Nichtkaufleute bei ihren Erfüllungshandlungen an die Geschäftszeiten der Gewerbetreibenden gebunden,[2] dies erscheint aber jedenfalls insofern unbedenklich, als die üblichen Geschäftsstunden nach gem. § 242 BGB in der Regel die maßgebliche Leistungszeit sind. Liegt ein einseitiges Handelsgeschäft in der Art vor, dass die Leistung an einen Nichtkaufmann zu erbringen ist, so kommt § 358 mangels gewöhnlicher Geschäftszeiten nicht zum Zuge. Etwas anderes gilt allerdings bei Leistungen an nichtgewerblich tätige freiberufliche Unternehmer, wie etwa an einen Rechtsanwalt oder einen Arzt, bei denen Büro- oder Praxisöffnungszeiten bestehen.

b) Leistung. Die Vorschrift erfasst ihrem Gegenstande nach **nur Leistungen,** nicht also Willens- **6** erklärungen, solange die geschuldete Leistung nicht gerade in der Abgabe der Willenserklärung liegt. Der Zugang von Willenserklärungen wird ausschließlich durch die §§ 130 f. BGB geregelt. Dasselbe gilt für die Mahnung, die Klageerhebung oder die Zustellung eines Mahnbescheids im Mahnverfahren, die alle nicht als „Fordern der Leistung" iSd § 358 zu werten sind. Schließlich ist der Norm auch keine Auslegungsregel dahingehend zu entnehmen, dass die Geschäftszeiten im Bereich der Handelsgeschäfte auch für weitere Tatbestände maßgeblich sind. So gilt etwa die Vollmachtsvermutung des § 56 für den Ladenangestellten durchaus auch außerhalb der gewöhnlichen Geschäftszeit.[3]

3. Rechtsfolgen. § 358 ist im Wesentlichen im Zusammenhang mit den allgemeinen zivilrecht- **7** lichen Vorschriften zu beachten, also bei Schuldner- oder Annahmeverzug im Rahmen von §§ 286 ff., 293 f., 326 Abs. 2 BGB, bei absoluten Fixgeschäften §§ 275, 283, 326 ff. BGB sowie beim Fixhandelskauf § 376. Als Auslegungsnorm dient § 358 der Ermittlung, ob im Einzelfall seitens des Gläubigers oder seitens des Schuldners **Verzug oder Unmöglichkeit** eingetreten ist.

Eine Leistung außerhalb der üblichen Geschäftszeiten ist in der Regel nicht ordnungsgemäß. Der **8** Schuldner gerät danach grundsätzlich gem. §§ 286 ff. BGB in Schuldnerverzug, wenn nicht bis zum gewöhnlichen Geschäftsschluss des letzten Leistungstages erfüllt wurde. Der Gläubiger kann eine Leistung außerhalb der Geschäftszeiten grundsätzlich zurückweisen, ohne dadurch in Annahmeverzug zu geraten. Sofern dann allerdings der Gläubiger die Leistung annimmt, tritt Erfüllung ein; eine spätere Berufung auf § 358 ist ausgeschlossen.[4] Die Vorschrift erlaubt demnach – trotz ihres Wortlauts („kann... nur") – nicht den Schluss, dass jede Leistung außerhalb der üblichen Geschäftszeit unzulässig und ohne rechtliche Wirkung ist. Auch kann die Zurückweisung einer außerhalb der Geschäftszeit erfolgten Leistung im Einzelfall ihrerseits gegen § 242 BGB verstoßen.[5]

§ 359 [Vereinbarte Zeit der Leistung; „acht Tage"]

(1) **Ist als Zeit der Leistung das Frühjahr oder der Herbst oder ein in ähnlicher Weise bestimmter Zeitpunkt vereinbart, so entscheidet im Zweifel der Handelsgebrauch des Ortes der Leistung.**

(2) **Ist eine Frist von acht Tagen vereinbart, so sind hierunter im Zweifel volle acht Tage zu verstehen.**

---

[1] RG Urt. v. 25.10.1917 – VI 367/17, RGZ 91, 60 (67); Schlegelberger/*Hefermehl* Rn. 4; Staub/*Canaris* Anm. 4.
[2] Vgl. zu den während des Gesetzgebungsverfahrens geäußerten Bedenken *Schubert/Schmiedel/Krampe* Bd. II 465, 1234, 1352, 1413.
[3] LG Hamburg Urt. v. 23.7.1986 – 67 S 5/86, VersR 1988, 513.
[4] Staub/*Canaris* Anm. 5.
[5] RG Urt. v. 12.2.1918 – II 420/17, RGZ 92, 208 ff. (211); KKRM/*Roth* Rn. 5.

I. Normzweck

1   Die Vorschrift beinhaltet neben § 358 eine weitere **Auslegungsregel** zur Ermittlung der Leistungszeit. Sie ergänzt § 271 BGB. § 359 betrifft pauschale, unbestimmte Zeitangaben unter Verwendung von Begriffen des allgemeinen Sprachgebrauchs. Die Vorschrift dient der Feststellung des maßgeblichen Leistungszeitraumes in Zweifelsfällen. Vorrangig ist vom ausdrücklichen Parteiwillen auszugehen. Erst wenn dieser der Auslegung bedarf, ist § 359 einschlägig.

II. Einzelerläuterung

2   **1. Inhalt. a) Zeitbestimmung.** Enthält die Parteiabrede als Lieferzeit generelle Angaben, die mehrfach gedeutet werden können, so soll bei der Auslegung des Parteiwillens im Zweifel der Handelsbrauch am Leistungsort maßgeblich sein. Der Leistungsort ist nach § 269 BGB zu bestimmen, sodass im Zweifel der Handelsbrauch (§ 346) am Wohnsitz bzw. am Sitz der Niederlassung des Schuldners zur Auslegung des Leistungszeitraumes heranzuziehen ist. Es kann aber auch, wenn Bringschuld vereinbart wurde, der Sitz des Gläubigers als Ort der Leistung maßgeblich sein.

3   § 359 Abs. 1 nennt als Bestimmungen der Leistungszeit neben „Frühjahr" und „Herbst" jeden weiteren „in ähnlicher Weise bestimmten Zeitpunkt". In Betracht kommen sämtliche Zeitraumangaben („Lieferung Oktober/November"; „Lieferzeit Oktober bis Mai") und auch alle nicht eindeutig kalendermäßig bestimmbare Zeitangaben („Lieferung zur Messezeit"; „Ab Schneeschmelze"). Für die konkretere Ermittlung der Leistungszeit ist im Zweifel der am Erfüllungsort geltende **Handelsbrauch** heranzuziehen. Fehlt ein entsprechender Handelsbrauch, verbleibt es bei den Auslegungsregeln der §§ 133, 157 BGB. Der wirkliche Parteiwille ist dann unter Berücksichtigung der Gesamtumstände des Vertrages, der Verkehrssitte und des Grundsatzes von Treu und Glauben im Einzelfalle zu ergründen. Zu berücksichtigen ist auch der Vertragszweck. Wird etwa „Saatgut zum Frühjahr" bestellt, darf nicht generell bis zum Ende des Frühjahrs gewartet werden, sondern es ist der Zeitpunkt maßgeblich, wann eine Bestellung des Ackers möglich ist.[1]

4   Zur **Konkretisierung der Jahreszeitangaben** (Frühjahr, Herbst) ist auf die kalendarischen Festlegungen abzustellen. Erfüllung im Herbst hat demnach spätestens am 21.12. zu erfolgen.[2] Die Bestimmung „Lieferzeit April/Mai" ebenso wie „Lieferzeit: Oktober bis Mai" erlaubt die Leistung bis einschließlich dem gesamten Mai.[3]

5   **b) „Acht Tage".** Entgegen dem allgemeinen Sprachgebrauch bedeutet die Wendung „acht Tage" bzw. „in acht Tagen" im handelsrechtlichen Verkehr im Zweifel nicht eine Woche, sondern **volle acht Tage.**[4] Für die Fristberechnung gelten die §§ 187 ff. BGB. Der Tag des Ereignisses, das die Frist auslöst, ist nach § 187 Abs. 1 BGB nicht mitzurechnen.

6   **2. Geltungsbereich.** Nach allgemeiner Ansicht gilt § 359 ebenso wie § 358 sowohl bei zweiseitigen als auch bei einseitigen Handelsgeschäften. Dabei kommt es nicht darauf an, ob die Kaufmannseigenschaft auf Gläubiger- oder Schuldnerseite vorliegt.

7   **3. Rechtsfolgen.** Wie § 358 dient auch § 359 als Auslegungsnorm der Ermittlung, ob im Einzelfalle seitens des Gläubigers oder seitens des Schuldners **Verzug oder Unmöglichkeit** eingetreten ist. Daher kann auf → § 358 Rn. 7 verwiesen werden.

8   **4. Parallelvorschriften.** Der Problemkreis der Zeit der Lieferung ist im **UN-Kaufrecht** in Art. 33 CISG geregelt.

Artikel 33 [Lieferzeit]

Der Verkäufer hat die Ware zu liefern,

a) wenn ein Zeitpunkt im Vertrag bestimmt ist oder aufgrund des Vertrages bestimmt werden kann, zu diesem Zeitpunkt,
b) wenn ein Zeitraum im Vertrag bestimmt ist oder aufgrund des Vertrages bestimmt werden kann, jederzeit innerhalb dieses Zeitraums, sofern sich nicht aus den Umständen ergibt, daß der Käufer den Zeitpunkt zu wählen hat, oder
c) in allen anderen Fällen innerhalb einer angemessenen Frist nach Vertragsabschluß.

Ähnlich den handelsrechtlichen Vorschriften verfolgt Art. 33 CISG den Zweck, festzulegen, ab wann dem Käufer bei Nichtleistung Rechtsbehelfe (Art. 45 ff. CISG) zustehen. Im Wesentlichen übereinstimmend mit § 271 BGB wird in erster Linie festgelegt, dass der geäußerte Parteiwille maßgeblich ist, und es auf den bestimmten oder aufgrund des Vertrages bestimmbaren Zeitpunkt ankommt (Art. 33 lit. a CISG).

---

[1] Schlegelberger/*Hefermehl* Rn. 2.
[2] Staub/*Canaris* Anm. 1.
[3] RG Urt. v. 18.2.1919 – II 369/18, RGZ 95, 20 (22).
[4] Baumbach/Hopt/*Hopt* Rn. 2, aA KKRM/*Roth* Rn. 4.

Sofern die Parteien – ähnlich § 359 – einen **Zeitraum als Lieferzeit** vereinbart haben, soll die 9
Lieferung im Zweifel zwischen dem Beginn und spätestens bis zum vollständigen Ablauf dieses
Zeitraums erfolgen (Art. 33 lit. b CISG). Grundsätzlich ist der Verkäufer im Rahmen dieses Zeitraums
berechtigt, den exakten Liefertermin festzulegen. Dieses Bestimmungsrecht kann aber auch dem
Käufer zustehen, was sich aus einer ausdrücklichen vertraglichen Vereinbarung („Lieferung nach Abruf
des Käufers") oder aus den Umständen ergeben kann, wie insbesondere dann, wenn der Käufer für das
Transportmittel zu sorgen hat.[5]

Art. 33 lit. c CISG enthält eine ergänzende Regel für den Fall, dass weder eine konkrete Lieferungs- 10
zeit noch ein Lieferungszeitraum vereinbart wurde oder der vereinbarte **Lieferungszeitpunkt mehrdeutig** ist.[6] Die Leistung soll dann „innerhalb einer angemessenen Frist nach Vertragsabschluss"
erfolgen. Die Angemessenheit ist nach den Umständen des Einzelfalles sowie den Gepflogenheiten der
betreffenden Branche unter Berücksichtigung der Interessen beider Parteien zu ermitteln.[7]

§ 360 [Gattungsschuld]

**Wird eine nur der Gattung nach bestimmte Ware geschuldet, so ist Handelsgut mittlerer
Art und Güte zu leisten.**

Übersicht

I. Normzweck

Die Vorschrift dient der Ermittlung der Leistungspflichten, sofern ein Vertrag über eine nur nach 1
gewissen Merkmalen bestimmte Ware geschlossen wurde. Für diesen Fall beinhaltet § 360 als Ausprägung des Grundsatzes von Treu und Glauben (§§ 133, 157, 242 BGB) eine Regelung, durch die
die entsprechende Vorschrift des § 243 Abs. 1 BGB für den handelsrechtlichen Verkehr modifiziert
wird. Während dort bei einer nur der Gattung nach geschuldeten Sache, eine solche mittlerer Art und
Güte zu leisten ist, erfordert § 360 für Waren ein Handelsgut mittlerer Art und Güte.

II. Einzelerläuterung

1. Inhalt. a) Gattungsschuld. § 360 gilt grundsätzlich nur für Verträge, bei denen eine Gattungs- 2
schuld vereinbart ist, nicht dagegen bei Stückschulden (zur analogen Anwendbarkeit → Rn. 14).
Gattungsware wird geschuldet, wenn die Leistung nur durch **abstrakte Merkmale** umschrieben ist,
die auf eine Vielzahl gleichartiger Gegenstände zutreffen, wie etwa bei einer Festlegung lediglich nach
Art und Gewicht oder Zahl (x Tonnen Stahlblech bestimmter Stärke; x-tausend Hühnereier der
Handelsklasse A). Die Parteien können allgemein übliche Gattungsbezeichnungen mit den darin
gewöhnlich enthaltenen inhaltlichen Vorstellungen verwenden, sie können aber auch vertraglich festlegen, welche besonderen Gattungsmerkmale die geschuldeten Waren aufweisen sollen.[1]

Stückschulden sind dadurch gekennzeichnet, dass der Vertragsinhalt sich auf eine ganz bestimmte, 3
individuelle Sache bezieht, wie etwa eine konkret bezeichnete Antiquität. Da auch bei einer Gattungsschuld am Ende ein individuell bestimmter Gegenstand geleistet wird, muss diese irgendwann zu einer
Stückschuld werden. Maßgeblich für eine solche **Konkretisierung** der Leistungspflicht auf eine

---

[5] Vgl. näher Schlechtriem/Schwenzer/*Widmer* CISG Art. 33 Rn. 10.

[6] So im Fall des AG Oldenburg i. H. Urt. v. 24.4.1990 – 5 C 73/89, IPRax 1991, 336 ff.

[7] Vgl. Schlechtriem/Schwenzer/*Widmer* CISG Art. 33 Rn. 16; aber auch Honsell/*Ernst/Lauko* CISG Art. 33
Rn. 11; Soergel/*Lüderitz/Schüßler-Langeheine* CISG Art. 33 Rn. 8, wo die Verkäuferinteressen in den Vordergrund
gestellt werden.

[1] BGH Urt. v. 30.4.1975 – VIII ZR 164/73, NJW 1975, 2011 f.; vgl. auch KKRM/*Roth* Rn. 1, 5.

bestimmte Sache ist, nach § 243 Abs. 2 BGB, dass der Schuldner das seinerseits Erforderliche getan hat. Entscheidend dafür ist, ob eine Hol-, Bring- oder Schickschuld vereinbart wurde. Bei einer Schickschuld ist dies in der Regel die Übergabe der ordentlich verpackten Ware an eine Spedition; im Überseehandel muss die Übersendung eines Konnossements oder einer Verladungsanzeige hinzukommen.[2] Bei einer Holschuld muss der Schuldner die Ware aussondern und den Gläubiger von der Möglichkeit benachrichtigen, sie abzuholen, wenn nicht bereits zuvor ein konkreter Abholtermin vereinbart worden war. Bei einer Bringschuld bedarf es zur Konkretisierung regelmäßig des tatsächlichen Angebots der Ware am Sitz des Gläubigers.

4   Eine wesentliche Folge der Vereinbarung einer Gattungsschuld ist die Begründung einer **Beschaffungspflicht** für den Schuldner. Solange Stücke aus der Gattung beschaffbar sind, muss der Schuldner, unabhängig vom eigenen Warenbestand, seiner Leistungspflicht nachkommen (vgl. § 276 Abs. 1 S. 1 BGB: Beschaffungsrisiko). Bei einem Untergang der Waren wird der Schuldner also nicht von seiner Leistungspflicht frei, wenn nicht sämtliche Sachen aus der Gattung untergegangen sind oder bereits Konkretisierung eingetreten ist (→ Rn. 3). Der Schuldner muss unter entsprechendem finanziellen Aufwand Ersatzstücke aus der Gattung beschaffen. Eine Grenze der Beschaffungspflicht liegt generell beim Wegfall der Geschäftsgrundlage (§ 313 BGB), etwa wenn es dem Schuldner nicht mehr zuzumuten ist, sich zum Zwecke der Erfüllung selbst Stücke der geschuldeten Gattung zu beschaffen.[3] Ist ein Vorbehalt der Selbstbelieferung vereinbart, so wird der Schuldner frei, wenn er seinerseits von seinem Lieferanten die Waren nicht erhält. Bei einer solchen Selbstbelieferungsklausel ist der Schuldner aber zum Abschluss kongruenter Deckungsgeschäfte verpflichtet.[4]

5   Durch die Vereinbarung einer **Vorratsschuld** kann der Schuldner seine Leistungspflicht auf Stücke aus dem Vorrat begrenzen. Eine solche beschränkte Gattungsschuld liegt vor, wenn die Gattung mengenmäßig oder hinsichtlich der Herkunft begrenzt ist, beispielsweise durch die Liefervereinbarung über Produkte einer bestimmten Fertigungsstelle, über Wein einer bestimmten Hanglage, über Waren aus einer bestimmten Lieferung oder aus einem bestimmten Lager.[5] Wenn die derart beschränkte Gattung untergeht, wird der Schuldner von seiner Leistungspflicht frei; ihn trifft keine Nachbeschaffungspflicht (§ 275 BGB). Im Zweifel sprechen bei Lieferverträgen über vom Schuldner selbst hergestellte Waren die Umstände für die Vereinbarung einer Vorratsschuld, nämlich begrenzt auf die eigene Produktion.[6] Die Anwendung des § 360 bleibt von der Vereinbarung einer Vorratsschuld unberührt. Anderes gilt dagegen für den Fall, dass nicht nur ein Teil, sondern der gesamte Vorrat von der Leistungspflicht erfasst wird. Dann handelt es sich um die Vereinbarung einer Stückschuld, weil der Schuldner hier keine Auswahlmöglichkeit hat.[7]

6   **b) Handelsgut.** Nach § 360 ist ein Handelsgut zu leisten, was voraussetzt, dass die Ware umsatzfähig und/oder für den vertraglich vereinbarten Zweck verwendbar ist. So ist Samen, der nicht keimfähig ist, bereits kein verwendbares Handelsgut.[8] **Umsatzfähigkeit** bedeutet, dass die betreffende Ware entweder weiterveräußert werden kann oder an einen anderen anstelle des Käufers veräußerbar wäre[9] und somit für den redlichen Handelsverkehr geeignet ist.[10] **Verwendbarkeit** verlangt zum einen die Einsatzfähigkeit zu den vertraglich vereinbarten Zwecken, sodass die Ware beispielsweise funktionstüchtig und zur Verarbeitung oder zum Konsum geeignet sein muss. Zum anderen ist erforderlich, dass die geleistete Ware zwingenden gesetzlichen Anforderungen – etwa aus dem Lebensmittelrecht – entspricht. Auch die Verpackung muss handelsüblich sein.

7   **c) Mittlere Art und Güte.** Zur Erfüllung der Schuld verlangt § 360 eine bestimmte Qualität des Handelsguts. Die erforderliche mittlere Art und Güte weist es auf, wenn es nach der Verkehrsanschauung am Erfüllungsort durchschnittlichen Anforderungen entspricht. Wann noch von der geschuldeten **Durchschnittsware** ausgegangen werden kann, ist stets im Einzelfall zu bestimmen. Die betreffenden Handelsverkehrskreise können dabei eine Qualitätsminderung genauso wie eine Qualitätssteigerung im Verhältnis zum Durchschnittsbegriff des § 243 Abs. 1 BGB hinsichtlich der geschuldeten Ware akzeptieren beziehungsweise fordern. So kann beispielsweise die Ware im privaten Rechtsverkehr nicht mehr durchschnittlichen Anforderungen entsprechen, gleichwohl aber eventuell gewerblich genutzt werden, sodass hier noch ein Handelsgut mittlerer Art und Güte vorliegt.[11] Haben die Parteien wiederum bestimmte Qualitätsmerkmale für die betreffende Gattung festgelegt, etwa nach einer ein-

[2] Schlegelberger/*Hefermehl* Rn. 3.
[3] Auch Fälle der „wirtschaftlichen Unmöglichkeit", vgl. BGH Urt. v. 16.1.1953 – I ZR 42/52, LM BGB § 242 [Bb] Nr. 12.
[4] BGH Urt. v. 14.11.1984 – VIII ZR 283/83, BGHZ 92, 396 (399) = NJW 1985, 738.
[5] RG Urt. v. 19.9.1924 – VII 719/23, RGZ 108, 419 (420).
[6] RG Urt. v. 30.10.1916 – II 263/16, RGZ 88, 287 (288).
[7] Schlegelberger/*Hefermehl* Rn. 1; Heymann/*Horn* Rn. 2; Staudinger/*Schiemann*, 2015, BGB § 243 Rn. 12.
[8] RG Urt. v. 22.4.1885 – I 42/85, RGZ 13, 22 ff. (23 f.) – noch zur zum Teil vergleichbaren Vorschrift des Art. 335 ADHGB.
[9] Heymann/*Horn* Rn. 10.
[10] Schlegelberger/*Hefermehl* Rn. 8.
[11] Heymann/*Horn* Rn. 11.

schlägigen DIN, fallen minderwertige Stücke nicht unter den Gattungsbegriff und sind somit nicht erfüllungstauglich.[12]

d) Rechtsfolge. Der Schuldner kann mit der Leistung von Durchschnittsware **Erfüllung** erreichen, **8** wenn eine Gattungsschuld vorliegt und das Geleistete sich im Bereich des vertraglich Vereinbarten hält oder dem der Verkehrsanschauung am Erfüllungsort zu entnehmenden Qualitätsrahmen entspricht. Fehlt der geleisteten Ware ein zur Gattung gehöriges Merkmal, ist regelmäßig nicht erfüllt. Dasselbe gilt für das Fehlen der Umsatzfähigkeit und der Verwendbarkeit der geleisteten Ware (→ Rn. 6). Ist aus der vereinbarten Gattung geliefert, fehlt der Ware jedoch ein Qualitätsmerkmal, führt dies zu **Gewähr-leistungsansprüchen,** auf Verlangen des Gläubigers zur Nachlieferungspflicht des Schuldners. Entscheidend für die Abgrenzung zwischen einer Gattungsbezeichnung und einer Qualitätsangabe ist die Verkehrsanschauung.[13] Selbst wenn die Parteien vereinbaren (zu den im Handelsverkehr gebräuchlichen Klauseln → Rn. 17 ff.), dass auch schlechteste Qualität erfüllungstauglich sein soll, muss der Gläubiger die Leistung nur dann annehmen, wenn die Ware noch Handelsgut darstellt.[14] Leistet der Schuldner überdurchschnittlich gute Ware, würde eine Zurückweisung der Ware durch den Gläubiger bei ansonsten gleich bleibenden Vertragskonditionen ganz regelmäßig rechtsmissbräuchlich und damit unwirksam sein.[15]

2. Geltungsbereich. a) Handelsgeschäft. § 360 erfordert, dass die Gattungsware im Rahmen **9** eines Handelsgeschäfts (§ 343) geschuldet wird. Umstritten ist, ob dabei stets ein einseitiges Handelsgeschäft (§ 345) genügt,[16] oder ob § 360 nur dann gilt, wenn auf der Schuldnerseite ein Kaufmann steht.[17] Für die letztgenannte Meinung spricht, dass von einem Nichtkaufmann typischerweise kein Handelsgut im Sinne der Norm gefordert werden kann. Daher bestimmt sich dann, wenn ein Nichtkaufmann Schuldner der Ware ist, die Beschaffenheit der geschuldeten Leistung nach § 243 Abs. 1 BGB. Die Auslegung der konkreten Verbindlichkeit nach den §§ 133, 157, 242 BGB kann jedoch ergeben, dass der Nichtkaufmann ausnahmsweise im Rahmen der Beschaffenheitserfordernisse des § 243 BGB die Qualitätsmerkmale von mittlerer Handelsware erfüllen muss.

b) Waren. Nach der Legaldefinition des § 1 Abs. 2 Nr. 1 aF handelte es sich nur bei **beweglichen 10 Sachen** um Waren im Sinne des Handelsrechts. Diese Bedeutung hat der Begriff der Ware auch nach Fortfall der Vorschrift infolge der Novelle des HGB durch das Gesetz zur Neuregelung des Kaufmanns- und Firmenrechts und zur Änderung anderer handels- und gesellschaftsrechtlicher Vorschriften (HRefG)[18] beibehalten. In erster Linie findet § 360 mithin auf den Gattungskaufvertrag Anwendung.

Den beweglichen Sachen sind im Anwendungsbereich des § 360 **Wertpapiere** gleichzustellen,[19] die **11** im HGB durchgehend wie Waren behandelt werden. Diese Gleichstellung wird hier jedoch kaum praktische Bedeutung erlangen.[20]

Auch wenn der Hauptanwendungsfall für § 360 der **Gattungskaufvertrag** ist, können auch andere **12** Schuldverträge über Gattungsleistungen von der Vorschrift erfasst werden. Als außerhalb des Kaufrechts stehende Vertragstypen kommen insbesondere Dienstverträge über Gattungsschulden, die Gattungsmiete und **Leasingverträge** über vertretbare bewegliche Sachen in Betracht.[21] Zumindest entsprechend lässt sich § 360 auf **Raumüberlassungen** anwenden,[22] sofern die betreffenden Räume lediglich der Art nach feststehen (Bsp.: x Quadratmeter beheizbarer Lagerfläche). Auch **Dienstleistungen** können im Einzelfall nur gattungsmäßig geschuldet sein, beispielsweise wenn abstrakt nur eine „fachgerechte" Handlung Leistungspflicht ist.[23]

Keine Anwendung findet § 360 bei **Frachtverträgen,**[24] denn Leistungsgegenstand sind nicht die **13** gelieferten Waren, sondern allein die Tätigkeit der Anlieferung.

§ 360 kann in Ausnahmefällen über ihren Wortlaut hinaus auch auf **Stückschulden analog 14** angewandt werden. Dies wird dann angenommen, wenn die geschuldete Leistung zwar bestimmt war, jedoch entweder überhaupt nicht oder nur sehr oberflächlich besichtigt werden konnte.[25]

---

[12] Heymann/*Horn* Rn. 4.

[13] BGH Urt. v. 16.5.1984 – VIII ZR 40/83, NJW 1984, 1955.

[14] RG Urt. v. 4.12.1886 – I 336/86, RGZ 19, 30 (31).

[15] Teilw. aA Schlegelberger/*Hefermehl* Rn. 2.

[16] So Schlegelberger/*Hefermehl* Rn. 6; Heymann/*Horn* Rn. 12, der allerdings grundsätzlich eine teleologische Einschränkung des § 345 bei einseitigen Handelsgeschäften befürwortet, s. Heymann/*Horn* § 345 Rn. 3.

[17] Baumbach/Hopt/*Hopt* Rn. 3; KKRM/*Roth* Rn. 2; ähnlich, mit dem Erfordernis einer besonders sorgfältigen Prüfung, ob tatsächlich Handelsgut geschuldet ist Staub/*Canaris* Anm. 4.

[18] BGBl. 1998 I 1474 ff.

[19] Schlegelberger/*Hefermehl* Rn. 7.

[20] Staub/*Canaris* Anm. 2.

[21] BGH Urt. v. 2.12.1981 – VIII ZR 273/80, NJW 1982, 873.

[22] Staub/*Canaris* Anm. 3.

[23] BGH Urt. v. 6.7.1988 – VII ARZ 1/88, BGHZ 105, 72 ff. (78) = NJW 1988, 2790, 2792 f.; Staudinger/*Schiemann,* 2015, BGB § 243 Rn. 46 f.

[24] OLG Hamburg Urt. v. 5.1.1961 – 6 U 202/60, NJW 1961, 1537 (1539).

[25] Staub/*Canaris* Anm. 2.

15   c) **Vorrang von Parteivereinbarungen.** § 360 ist **dispositives Recht.** Vertraglich kann – auch stillschweigend – vereinbart werden, dass die Verpflichtung besteht, überdurchschnittliche Qualität leisten oder unterdurchschnittliche Güte annehmen zu müssen. Im Handelsverkehr existiert dahingehend eine Vielzahl von Vertragsklauseln, die die Geltung des § 360 ausschließen oder deren Inhalt zumindest modifizieren. Schließlich kann auch aus Treu und Glauben oder aus einer Handelssitte folgen, so verneint er damit in beiden Fällen die Anspruchsvoraussetzungen; dafür trägt der Schuldner die vorgelegtes Ausstellungsstück höhere Qualitätsanforderungen aufweist.[26] § 360 greift erst ein, wenn keine Parteivereinbarung und keine anderslautende Regelung im Einzelfall vorrangig ist. Allerdings können die Parteien die Haftung für Artlist oder für eine Garantie für die Beschaffenheit der Sache gem. § 444 BGB nicht wirksam ausschließen.

16   **3. Beweislast.** Die Beweislast für das Bestehen oder auch das Nichtbestehen einer bestimmten Beschaffenheitsvereinbarung liegt beim Schuldner. Er hat zu beweisen, dass das Geleistete ein Handelsgut mittlerer Art und Güte darstellt. Verlangt der Gläubiger bessere Qualität, weil das Geleistete nicht durchschnittlichen Ansprüchen entspricht oder weil ihre überdurchschnittliche Qualität vereinbart war, so verneint er damit in beiden Fällen die Anspruchsvoraussetzungen; dafür trägt der Schuldner die Beweislast. Hat der Gläubiger allerdings die gelieferte Ware angenommen, so trifft ihn die Beweislast, wenn er diese Leistung gleichwohl nicht als Erfüllung gelten lassen will (§ 363 BGB).[27]

17   **4. Im Handelsverkehr gebräuchliche Klauseln. Besichtigungsklauseln** („wie besehen", „wie zu besehen") schließen die Haftung für solche Qualitätsabweichungen aus, die tatsächlich durch Besichtigung erkannt werden können. Versteckte Mängel der Ware und solche, die durch die übliche Begutachtung oder ohne Hinzuziehung eines Sachverständigen nicht erkennbar sind, werden von der Klausel nicht erfasst.[28] Anders ist gegebenenfalls dann zu entscheiden, wenn der Schuldner arglistig damit rechnet, dass der Gläubiger einen vorhandenen Qualitätsmangel nicht erkennt oder der Schuldner dessen Entdeckung sogar verhindert.[29] Die Besichtigungsklausel ist ansonsten für ihre Wirksamkeit nicht davon abhängig, ob der Gläubiger die Besichtigung tatsächlich vorgenommen hat oder nicht. Vielmehr kann der Gläubiger durch die Klauseln „Empfang erklärt", „Besicht erklärt", „besehen und akzeptiert" oder „vu et agrée" unabhängig davon, ob eine Besichtigung erfolgt ist, bis zur Grenze der Arglist auf eventuelle Gewährleistungsansprüche verzichten.[30]

18   Die Klausel **„tel quel"** (auch: „t. q.", „telle quelle") erlaubt die Erfüllung mit Waren geringster Qualität.[31] Diese Freizeichnungsklausel stammt aus dem Überseehandel, in welchem der Verkäufer oft selbst die Ware vor Verladung nicht gesehen hatte oder diese prüfen konnte. Aus diesem Grunde werden solche Mängel von der Freizeichnung erfasst, die in dem Herkunftsland üblich sind, also etwa fehlerhafte Sortierung, Behandlung, Lagerung oder Verpackung.[32] Dahingehend bleibt Ware bis zur Grenze völliger Unbrauchbarkeit oder gänzlichen Verderb erfüllungstauglich; selbst erhebliche Beschädigungen schaden also nicht, solange die Ware noch als Handelsgut (→ Rn. 6) anzusehen ist.[33] Fehler, die Folge des Seetransportes sind oder sonst für den Käufer nicht zu erwarten waren, unterfallen allerdings nicht mehr dem Anwendungsbereich der Klausel.

19   Die Klausel **„Laut Muster tel quel"** verlangt die Lieferung von Gattungsgegenständen, die zumindest der geringsten Qualität der nach dem Muster bestimmten Ware entsprechen.[34]

20   Vereinbaren die Parteien **„Ware, wie sie fällt"** (auch: „Ware, wie sie steht und liegt"), muss der Gläubiger gleichfalls selbst schlechteste Qualität zur Erfüllung ausreichen lassen, solange diese Waren überhaupt noch als Handelsgut angesehen werden können.[35]

21   **5. Parallelvorschriften.** Art. 35 Abs. 2 CISG regelt die Leistungspflicht des Verkäufers für den Fall, dass die Parteien keine oder keine ausreichende Leistungsbestimmung iSd Art. 35 Abs. 1 CISG getroffen haben und ein eindeutiger diesbezüglicher Wille dem Vertrag auch nicht im Wege der Auslegung zu entnehmen ist.

Artikel 35 [Vertragsmäßigkeit der Ware]

(1) Der Verkäufer hat Ware zu liefern, die in Menge, Qualität und Art sowie hinsichtlich Verpackung oder Behältnis den Anforderungen des Vertrages entspricht.

(2) Haben die Parteien nichts anderes vereinbart, so entspricht die Ware dem Vertrag nur,

a) wenn sie sich für die Zwecke eignet, für die Ware der gleichen Art gewöhnlich gebraucht wird;

---

[26] BGH Urt. v. 11.3.1987 – VIII ZR 203/86, NJW 1987, 1886.
[27] Schlegelberger/*Hefermehl* Rn. 10.
[28] OLG Köln Urt. v. 16.9.1991 – 2 U 551/91, NJW-RR 1992, 49 (50); Palandt/*Weidenkaff* BGB § 444 Rn. 16 f.
[29] Vgl. RG Urt. v. 27.3.1893 – VI 325/92, RGZ 31, 162 (163).
[30] Staub/*Canaris* Anm. 7.
[31] BGH Urt. v. 18.12.1953 – I ZR 109/52, NJW 1954, 385; KKRM/*Roth* Rn. 5.
[32] Staub/*Canaris* Anm. 5; Schlegelberger/*Hefermehl* Rn. 11.
[33] Staub/*Canaris* Anm. 5.
[34] BGH Urt. v. 18.12.1953 – I ZR 109/52, NJW 1954, 385.
[35] RG Urt. v. 22.6.1938 – II 61/38, JW 1938, 2411 (2412).

b) wenn sie sich für einen bestimmten Zweck eignet, der dem Verkäufer bei Vertragsabschluß ausdrücklich oder auf andere Weise zur Kenntnis gebracht wurde, sofern sich nicht aus den Umständen ergibt, daß der Käufer auf die Sachkenntnis und das Urteilsvermögen des Verkäufers nicht vertraute oder vernünftigerweise nicht vertrauen konnte;

c) wenn sie die Eigenschaften einer Ware besitzt, die der Verkäufer dem Käufer als Probe oder Muster vorgelegt hat;

d) wenn sie in der für Ware dieser Art üblichen Weise oder, falls es eine solche Weise nicht gibt, in einer für die Erhaltung und den Schutz der Ware angemessenen Weise verpackt ist.

(3) Der Verkäufer haftet nach Absatz 2 Buchstaben a bis d nicht für eine Vertragswidrigkeit der Ware, wenn der Käufer bei Vertragsschluß diese Vertragswidrigkeit kannte oder darüber nicht in Unkenntnis sein konnte.

Nach **Art. 35 Abs. 2 lit. a CISG** soll der Verkäufer Ware liefern, die für den gewöhnlichen Gebrauchszweck geeignet ist. Dies ist vornehmlich Ware, die kaufmännischer Verwendung und darin in erster Linie einer Wiederverkäuflichkeit zugänglich ist.[36] Umstritten ist, ob zur gewöhnlichen Gebrauchseignung bei Gattungswaren auch gehört, dass diese **durchschnittlichen Qualitätserfordernissen** entsprechen.[37] In Anbetracht dessen, dass die Festlegung der Leistungsqualität an dem Grundsatz von Treu und Glauben zu messen ist (→ Rn. 1), darf in der Regel weder der Käufer eine besonders gute Ware erwarten noch der Verkäufer mit minderwertigem Gut erfüllen, sondern es ist eine durchschnittliche Qualität geschuldet. Im Einzelfall können jedoch die besonderen Umstände des konkreten Vertrages zu einer abweichenden Wertung führen. Diese entscheiden auch darüber, ob für die Beurteilung der Erfüllungstauglichkeit auf den Maßstab der gewöhnlichen Nutzerkreise im Käufer- oder im Verkäuferstaat abzustellen ist.[38] Als unterste Grenze erfüllungstauglicher Durchschnittsqualität müssen die Waren bei objektiver Betrachtung im Handelsverkehr überhaupt noch umsatzfähig sein.

§ 361 [Maß, Gewicht, Währung, Zeitrechnung und Entfernungen]

Maß, Gewicht, Währung, Zeitrechnung und Entfernungen, die an dem Orte gelten, wo der Vertrag erfüllt werden soll, sind im Zweifel als die vertragsmäßigen zu betrachten.

I. Normzweck

Die Vorschrift betrifft den Problemkreis, dass in dem räumlichen Bereich, in dem sich der Vertrag **1** auf Gläubiger- oder Schuldnerseite auswirkt, ein unterschiedlicher Bedeutungsgehalt hinsichtlich wichtiger vertragsrelevanter Angaben (Maß, Gewicht, Währung, Zeit, Entfernung) besteht. Für derartige Fälle inhaltlicher Mehrdeutigkeit beinhaltet § 361 eine **Auslegungsregel.** Wenn die Parteien keine ausdrückliche Vereinbarung getroffen haben und auch dem konkreten Vertrag im Wege der Auslegung nach den §§ 133, 157 BGB keine diesbezügliche Bestimmung zu entnehmen ist, gilt der jeweils am Erfüllungsort gebräuchliche Wortsinn. Die wesentliche Bedeutung erlangt § 361 bei grenzüberschreitenden Geschäften. Auch wenn ein solches Auslandsgeschäft vorliegt, beinhaltet die Vorschrift dafür keine Kollisionsnorm (→ Rn. 9), sondern setzt die Geltung deutschen Rechts voraus.

II. Einzelerläuterung

1. Inhalt. a) Zweifelsregelung. § 361 soll nur „im Zweifel", also nur sekundär Geltung erlangen. **2** In jedem Falle geht der **Parteiwille** einer Anwendung der Norm vor. Der Parteiwille ist gegebenenfalls durch Auslegung zu ermitteln, wobei auch auf allgemeine Verkehrsgebräuche oder Erfahrungswerte Rückgriff genommen werden kann. So ist ein Darlehen üblicherweise und solange sich kein abweichender Parteiwille ermitteln lässt, in derselben Währung zurückzuzahlen, in der es gewährt wurde.[1]

b) Normmaße. In der Bundesrepublik Deutschland sind die in § 361 bezeichneten Mengenbegrif- **3** fe weitgehend **gesetzlich normiert:** Nach § 3 Abs. 1 des Gesetzes über die Einheiten im Messwesen vom 2.7.1969 (BGBl. I 709) idF der Bekanntmachung vom 22.2.1985 (BGBl. I 408) werden als Basiseinheiten die international anerkannten sog. SI-Einheiten (Abk. SI; Systèm International d'Unités) für Längen-, Gewicht- und Zeitmessung, Meter, Kilogramm und Sekunden kodifiziert. Zudem legt das Gesetz über das Eich- und Messwesen (Eichgesetz) vom 11.7.1969 (BGBl. I 759) idF der Bekanntmachung vom 23.3.1992 (BGBl. I 711) im geschäftlichen Verkehr eine Eichpflicht für sämtliche Messgeräte fest. Die Bedeutung des § 361 ist demnach im nationalen Handelsverkehr, anders als beim grenzüberschreitenden Handel, gering.

---

[36] Schlechtriem/*Schwenzer* CISG Art. 35 Rn. 14; Soergel/*Lüderitz/Schüßler-Langeheine* CISG Art. 35 Rn. 11.

[37] Bejahend zB Honsell/*Magnus* Rn. 13; aA: Soergel/*Lüderitz/Schüßler-Langeheine* CISG Art. 35 Rn. 10, unter Hinweis auf die Entstehungsgeschichte der Vorschrift.

[38] S. Schlechtriem/*Schwenzer* CISG Art. 35 Rn. 16 mwN; s. auch Schlechtriem/*Schwenzer* CISG Art. 35 Rn. 15, wo darauf hingewiesen wird, dass international unterschiedliche Ergebnisse auftreten können.

[1] Vgl. RG Urt. v. 30.11.1922 – VI 465/22, RGZ 105, 406 ff.

4   **c) Zeitrechnung.** Für den **Binnenhandel** ist § 361 lediglich insofern von Bedeutung, als im weitesten Sinne auch unterschiedliche gesetzliche Feiertage zur Zeitrechnung iSd Vorschrift gehören.[2] Wenn vertragliche Fristen oder sonstige Termine auf uneinheitliche Feiertage fallen, ist nach § 361 die Gegebenheit am Erfüllungsort maßgeblich. Daneben findet in solchen Fällen § 193 BGB Anwendung. Sollte eine Handlung an einem gesetzlichen Feiertag am Erfüllungsort erfolgen, ist diese stattdessen am kommenden Werktag während der gewöhnlichen Geschäftszeiten (§ 358) vorzunehmen.

5   Im **internationalen Handel** ist § 361 dann von Interesse, wenn das Internationale Privatrecht deutsches Recht zur Anwendung kommen lässt (→ Rn. 9). Beispielsweise sind lokale Feiertage, entsprechend der Regelung für den Binnenhandel (→ Rn. 4), jeweils am Erfüllungsort zu berücksichtigen. Zum anderen können Verschiebungen durch die Zeitzonen einen Anwendungsfall für § 361 bilden. So müssen im internationalen Finanzverkehr elektronisch übermittelte Zahlungen regelmäßig zu bestimmten Tageszeiten erfolgt sein.[3]

6   **d) Währung.** Hinsichtlich der Währungsbezeichnung konkretisiert § 361 die Leistungspflicht, wenn Mehrdeutigkeit besteht (zB „Dollar" ohne Hinweis auf Kanada oder die USA). Auch insofern geht in jedem Falle die Vertragsauslegung vor, wobei auch sämtliche den Vertrag betreffenden Umstände zu berücksichtigen sind, wie insbesondere Vertragssprache, Verhandlungssprache, Lieferort, Herkunft der Parteien. Dies gilt in besonderem Maße, wenn § 361 im Falle völlig fehlender Währungsvereinbarung herangezogen werden soll.[4] Die Anwendbarkeit des § 361 auf Verträge des innerdeutschen Handels zur Bestimmung der Währungseinheit („DM" oder „Mark der DDR") ist infolge der Wiedervereinigung der beiden deutschen Staaten obsolet geworden.[5] Durch die Einführung des Euro sind einige Währungen wegfallen, sodass die praktische Bedeutung der Auslegungsnorm des § 361 weiter zurückgegangen ist.

7   Im Zusammenhang mit der Währung einer zu erfüllenden Geldforderung stehen auch die §§ 244, 245 BGB. Während § 361 eine Auslegungsvorschrift im Hinblick auf die maßgebliche Währung beinhaltet, statuiert § 244 BGB für Fälle einer im Inland zu zahlenden Fremdwährungsschuld eine Ersetzungsbefugnis des Schuldners, der mit befreiender Wirkung in Inlandswährung zahlen kann. Auf diesbezügliche Einzelheiten soll im Rahmen der Kommentierung des § 361 ebenso wenig eingegangen werden wie auf die Spezialmaterie des Währungsrechts.[6]

8   **e) Erfüllungsort.** Unter dem Erfüllungsort ist gem. § 269 BGB der Ort zu verstehen, an welchem vom Schuldner die vertragsgemäße Leistung erbracht werden muss. Dieser **Leistungsort** ist bei Hol- und Schickschulden am Wohnsitz oder am Sitz der Niederlassung des Schuldners, bei Bringschulden ist der Sitz des Gläubigers maßgeblich. Für die Leistung von Geldschulden wird zwar in § 270 Abs. 1 BGB der Sitz des Gläubigers zum Zahlungsort bestimmt. Damit wird aber nur geregelt, wer die Gefahr der Geldübermittlung trägt, wovon die Vorschriften über den Erfüllungsort ausdrücklich unberührt bleiben (§ 270 Abs. 4 BGB). Im Rahmen eines einheitlichen Vertrages können somit für die Auslegung unklarer Angaben nach der Regel des § 361 unterschiedliche Orte maßgeblich sein, wie etwa wenn im Ausland zu liefern und im Inland zu zahlen ist.[7]

9   **2. Geltungsbereich. a) International.** Da § 361 keine Kollisionsnorm enthält und diese Vorschrift bei Sachverhalten mit Auslandsberührung grundsätzlich nur dann gelten kann, wenn der Vertrag deutschem Recht unterliegt, ist zunächst das Vertragsstatut nach deutschem Internationalen Privatrecht zu ermitteln. In erster Linie ist die **Parteivereinbarung** maßgeblich (Art. 27 EGBGB). Fehlt diese, so ist nach Art. 28 EGBGB das Recht des Staates anwendbar, zu dem die engste Verbindung besteht, die sich regelmäßig aus dem Sitz des Schuldners der vertragscharakteristischen Leistung ergibt. Bei Kaufverträgen über bewegliche Sachen ist das Recht des Verkäufersitzes maßgeblich, bei Miet- und Leasingverträgen gilt das Recht am Sitz des Vermieters, bei Werk-, Dienst- und Geschäftsbesorgungsverträgen grundsätzlich das Recht am Sitz des Auftragnehmers.[8] Findet nach internationalem Privatrecht ein fremdes Vertragsstatut Anwendung, so kommt eine **analoge Anwendung** des § 361 in Betracht, wenn das fremde Recht keine eigene Regelung enthält.[9]

10   **b) Handelsgeschäft.** § 361 betrifft die Auslegung eines Vertrages, wobei die Regelung auch für die einzelne Willenserklärung gilt. Erforderlich ist, dass ein Handelsgeschäft (§ 343) vorliegt, welches aber nicht notwendig ein beiderseitiges sein muss; auch **bei einseitigen Handelsgeschäften** gilt § 361.[10] Dies kann allerdings für den Nichtkaufmann zu nachteiligen Ergebnissen führen, wenn – unabhängig

---

[2] Heymann/*Horn* Rn. 4.
[3] Vgl. Heymann/*Horn* Rn. 4.
[4] RG Urt. v. 27.1.1928 – II 331/27, RGZ 120, 76 ff. (81); Schlegelberger/*Hefermehl* Rn. 5; skeptisch hinsichtlich der Anwendbarkeit des § 361 auf solche Fälle Heymann/*Horn* Rn. 5.
[5] Vgl. zu einem Problemfall OLG Hamburg Urt. v. 18.2.1949 – 1 U 97/49, NJW 1950, 76 f.
[6] S. dazu Schlegelberger/*Hefermehl* Anh. § 361; sowie Heymann/*Horn* Rn. 8 ff.; und auch KKRM/*Roth* Rn. 5.
[7] Schlegelberger/*Hefermehl* Rn. 4, 5.
[8] Vgl. iE MüKoBGB/*Martiny* Rom I-VO Art. 4 Rn. 5 ff.
[9] Heymann/*Horn* Rn. 2.
[10] Schlegelberger/*Hefermehl* Rn. 6.

davon, ob er Leistender oder Empfänger ist – nicht die an seinem Wohnsitz sondern die am Sitz des Kaufmanns bestehende Bedeutung einer Vertragsangabe maßgeblich ist. Dies darf allerdings nicht dazu veranlassen, den Geltungsbereich des § 361 auf beiderseitige Handelsgeschäfte zu reduzieren. Vielmehr ist zu beachten, dass bei einer Abweichung des Gewollten von dem durch Auslegung gewonnenen Erklärungsgehalt eine Anfechtung nach § 119 BGB in Betracht kommt.[11] Gegenüber § 361 geht nicht nur die Vertragsauslegung nach den §§ 133, 157 BGB vor (→ Rn. 1), sondern bei Verwendung der mehrdeutigen Bestimmung in einem Formularvertrag auch die Regelung in § 305c Abs. 2 BGB, wonach Unklarheiten zu Lasten des Verwenders gehen.

c) Schuldinhalt. Der Wortlaut des § 361 unterwirft die **primären Leistungspflichten** der Par- **11** teien, also etwa die Frage des Gewichts der Kaufsache und der Währung des Kaufpreises im Zweifel den Gegebenheiten des Erfüllungsortes. Nach allgemeiner Ansicht werden von der Auslegungsregelung aber auch sekundäre Leistungspflichten erfasst, in erster Linie also die **Schadensersatzansprüche** wegen Nicht- oder Schlechterfüllung. Daneben erstreckt sich § 361 auf bereicherungsrechtliche Ansprüche. Hat der Schuldner seinen Wohnsitz in der Bundesrepublik Deutschland, schuldet er grundsätzlich Schadensersatz in deutscher Währung, selbst wenn die Gegenleistung für die primäre Leistung in ausländischer Währung zu erbringen war.[12] Etwas anderes gilt in Ausnahmefällen im Hinblick auf den Grundsatz der Naturalrestitution nach § 249 BGB dann, wenn der Schaden in ausländischer Währung entstanden ist,[13] wie zum Beispiel, wenn ein Geldbetrag in gerade dieser Währung abhanden gekommen ist oder wenn der Käufer einer Ware wegen erfolgter Nichtbelieferung durch den Schuldner Schadensersatzansprüchen eines Dritten ausgesetzt ist, die in ausländischer Währung lauten. Ist allerdings der Schadensersatzanspruch nicht von vornherein auf fremde Währung gerichtet, so wirkt sich die Fremdwährung nur als Rechnungsfaktor bei der Bemessung des Schadens aus.[14] Ist Ersatz für Aufwendungen zu leisten, die in ausländischer Währung gemacht wurden, so ist dieser Anspruch von vornherein auf fremde Währung gerichtet.[15] **Bereicherungsrechtlicher Wertersatz** ist grundsätzlich in deutscher Währung zu leisten, sofern der Schuldner seinen Sitz in Deutschland hat. Ausnahmsweise sind ausländische Valuta herauszugeben, wenn Eigentum und/oder Besitz gerade an den ausländischen Geldscheinen oder Geldmünzen das erlangte „Etwas" iSd § 812 Abs. 1 BGB darstellten und der Schuldner nach wie vor im Besitz dieses Geldes ist.

3. Parallelvorschriften. Das **UN-Kaufrecht** enthält keine Auslegungsregelung für den Fall, dass **12** die Parteien sich über den Inhalt gebrauchter Maßeinheiten nicht einigen können. Verschiedentlich wird bei Zweifeln über die geschuldete Währung im Zusammenhang mit Art. 53, 54 CISG die Meinung vertreten, dass nach dem UN-Kaufrecht insofern stets auf den Verkäufersitz abzustellen sei.[16] Der Tatsache, dass gem. Art. 57 Abs. 1 lit. a CISG sowohl der Zahlungsort als auch gem. Art. 31 lit. a, c CISG der Lieferort der Sitz des Verkäufers ist, kommt aber allenfalls indizielle Wirkung für die Ermittlung der Schuldwährung zu. Diesen Bestimmungen kann jedoch keine Auslegungsregelung zugunsten der Maßgeblichkeit der Währung am Sitz des Verkäufers entnommen werden. Fehlt dem UN-Kaufrecht somit eine diesbezügliche Vorschrift, so ist für die Bestimmung der geschuldeten Währung in Zweifelsfällen das nach Kollisionsrecht anzuwendende nationale Recht entscheidend.[17]

§ 362 [Schweigen des Kaufmanns auf Anträge]

(1) [1]**Geht einem Kaufmanne, dessen Gewerbebetrieb die Besorgung von Geschäften für andere mit sich bringt, ein Antrag über die Besorgung solcher Geschäfte von jemand zu, mit dem er in Geschäftsverbindung steht, so ist er verpflichtet, unverzüglich zu antworten; sein Schweigen gilt als Annahme des Antrags.** [2]**Das gleiche gilt, wenn einem Kaufmann ein Antrag über die Besorgung von Geschäften von jemand zugeht, dem gegenüber er sich zur Besorgung solcher Geschäfte erboten hat.**

(2) **Auch wenn der Kaufmann den Antrag ablehnt, hat er die mitgesendeten Waren auf Kosten des Antragstellers, soweit er für diese Kosten gedeckt ist und soweit es ohne Nachteil für ihn geschehen kann, einstweilen vor Schaden zu bewahren.**

---

[11] Vgl. Staub/*Canaris* Rn. 2, aber auch → Rn. 4.

[12] RG Urt. v. 8.4.1921 – II 497/20, RGZ 102, 60 ff. (62); Staub/*Canaris* Anm. 5.

[13] Schlegelberger/*Hefermehl* Rn. 5.

[14] BGH Urt. v. 10.7.1954 – VI ZR 102/53, BGHZ 14, 212 ff. (217) = NJW 1954, 1441; BGH Urt. v. 9.2.1977 – VIII ZR 149/75, WM 1977, 478 (479).

[15] RG Urt. v. 22.10.1924 – I 481/23, RGZ 109, 85 ff. (88).

[16] Soergel/*Lüderitz/Budzikiewcz* CISG Art. 54 Rn. 3, Soergel/*Lüderitz/Budzikiewcz* CISG Art. 53 Rn. 2; noch zum EKG Soergel/*Lüderitz* EKG Art. 56 Rn. 4; Staub/*Koller* Vor § 373 Rn. 502.

[17] Schlechtriem/Schwenzer/*Hager/Maultsch* CISG Art. 54 Rn. 9 f.; KKRM/*Roth* Rn. 6.

Übersicht

I. Normzweck

1   § 362 **Abs. 1** enthält eine Ausnahme von dem allgemeinen zivilrechtlichen Grundsatz, dass das Schweigen keine Rechtswirkungen entfaltet. Auch im Handelsverkehr ist das Schweigen grundsätzlich nicht als Zustimmung zu werten. Einen dahingehenden allgemeinen Handelsbrauch gibt es ebenfalls nicht.[1] Unter gewissen Umständen kann jedoch das Schweigen eines Kaufmannes nach § 362 zur **Fiktion der Annahmeerklärung** und damit zum Vertragsschluss führen. Basierend auf den besonderen Anschauungen des kaufmännischen Verkehrs soll sich das Bestehen geschäftlicher Verbindungen dahingehend auswirken, dass von dem Willen des Kaufmanns ausgegangen wird, einer angetragenen Geschäftsbesorgung nachzukommen, sofern er nicht unverzüglich das Gegenteil anzeigt (Abs. 1 S. 1).[2] Entsprechend ist es zu werten, wenn der Kaufmann sich gerade zur Ausführung eines Geschäfts erboten hat (Abs. 1 S. 2).

2   Die Vorschrift erfüllt damit eine doppelte Funktion. Zum einen wird ein **Rechtsscheinstatbestand** dahingehend normiert, dass bei Vorliegen bestimmter Voraussetzungen der Schein der Annahme eines Antrags der Wirklichkeit gleichsteht. § 362 beinhaltet damit eine **Vertrauensschutznorm.** Potentielle Vertragspartner des Kaufmanns sollen in ihren typisierten Erwartungen an den kaufmännischen Verkehr geschützt werden.[3] Insofern steht die Vorschrift in einer Linie mit dem Handelsbrauch bei kaufmännischen Bestätigungsschreiben, wo dem Schweigen unter dem Aspekt des Vertrauensschutzes ebenfalls rechtliche Bedeutung zukommt. Bei § 362 geht es zudem darum, den Bedürfnissen nach rascher Klärung der Sach- und Rechtslage im handelsrechtlichen Verkehr Rechnung zu tragen. Der Antragende soll binnen kurzer Zeit wissen, ob der gewünschte Vertrag zustande gekommen ist oder nicht.[4]

3   Auch wenn der Kaufmann einen Antrag ablehnt, treffen ihn nach § 362 **Abs. 2** Rücksichts- und Sorgfaltspflichten. Er soll grundsätzlich dem Antrag mitgesandte Waren einstweilen vor Schaden schützen. Gleichfalls geht es um den **Schutz typisierten Vertrauens.** Wer auf Grund bestehender Geschäftsverbindung oder auf Grund konkreten Anerbietens einem Kaufmann einen Vertragsantrag unter Beifügung von Waren macht, soll darauf vertrauen dürfen, dass diese Waren unabhängig von der weiteren Reaktion des Kaufmannes keinen Schaden nehmen.

II. Verhältnis zu den Regeln des BGB

4   § 362 ist in das **allgemeine Vertragsrecht** des BGB eingebunden, das allerdings in gewichtiger Weise modifiziert wird. Nach §§ 145 ff. BGB ist für das Zustandekommen von Verträgen das Vorhandensein zweier aufeinander bezogener übereinstimmender Willenserklärungen – Angebot und Annahme – erforderlich. Beide müssen grundsätzlich dem Empfänger zugehen (vgl. § 130 BGB). Die auf den Vertragsschluss gerichteten Willenserklärungen können zwar auch durch schlüssiges Verhalten

---

[1] BGH Urt. v. 29.9.1955 – II ZR 210/54, BGHZ 18, 212 ff. (216) = NJW 1955, 1794 (1795); KKRM/*Roth* Rn. 3.
[2] Vgl. zum Gesetzgebungsverfahren *Schubert/Schmiedel/Krampe* Bd. II 466.
[3] S. Staub/*Canaris* Anm. 3; Schlegelberger/*Hefermehl* Rn. 16.
[4] Schlegelberger/*Hefermehl* Rn. 1; Heymann/*Horn* Rn. 1.

geäußert werden, bloßes Schweigen führt aber grundsätzlich nicht zum Vertragsschluss. Davon macht auch § 151 BGB keine Ausnahme. Nach dieser Vorschrift ist es zwar für das Zustandekommen eines Vertrages nicht erforderlich, dass die Annahmeerklärung dem Erklärungsempfänger zugeht, damit wird aber nur auf das Zugangserfordernis nach § 130 BGB verzichtet. Auch § 151 BGB erfordert einen Annahmewillen, der nach außen in Erscheinung getreten ist, wie insbesondere durch Vornahme einer Erfüllungshandlung. Das bloße Schweigen auf ein Angebot reicht also nicht aus. Insoweit stellt § 362 eine modifizierende Ergänzung der allgemeinen zivilrechtlichen Regeln dar, da nach dieser Norm ein Vertrag zustande kommt, wenn ein Vertragspartner auf ein Angebot des anderen Vertragspartners schweigt.[5] Liegen sowohl die Voraussetzungen des § 362 als auch diejenigen des § 151 BGB vor, wird die bürgerlich-rechtliche Norm von der Bestimmung des Handelsrechts verdrängt (vgl. Art. 2 EGHGB).

§ 362 ergänzt auch die **auftragsrechtliche Vorschrift des § 663 BGB,** nach welcher ebenfalls 5 unter gewissen Umständen die Ablehnung eines Auftrages unverzüglich angezeigt werden muss. Diese, gem. § 675 BGB auch auf entgeltliche Geschäftsbesorgungen (Dienst- und Werkverträge) anzuwendende Vorschrift betrifft zwar im Kern denselben Problemkreis wie § 362, gleichwohl bestehen zwischen den Rechtsnormen sowohl hinsichtlich der Tatbestandsvoraussetzungen als auch bezüglich ihrer Rechtsfolgen erhebliche Unterschiede. Als allgemeine bürgerlich-rechtliche Vorschrift erfasst § 663 BGB sämtliche Auftragnehmer, nicht nur die kaufmännischen. Während § 362 auf das Bestehen von Geschäftsbeziehungen abstellt, knüpft § 663 BGB an die öffentliche Bestellung oder das öffentliche Erbieten zu einer Geschäftsbesorgung an. Eine öffentliche Bestellung liegt vor, wenn der Auftragnehmer kraft öffentlich-rechtlichen Bestellungsaktes Geschäftsbesorgungen tätigt, beispielsweise der Notar und der Gerichtsvollzieher. Ein öffentliches Erbieten liegt vor, wenn sich der Geschäftsführer in irgendeiner Weise allgemein zur Geschäftsbesorgung für andere anbietet, was durch jede Mitteilung in den Medien wie auch durch den Aushang eines Firmenschildes erfolgen kann.

Bedeutsame Unterschiede zwischen § 362 und § 663 BGB bestehen im Hinblick auf die Rechts- 6 folgen. Die bürgerlich-rechtliche Vorschrift verschafft dem antragenden Geschäftspartner im Falle schuldhaften Schweigens lediglich einen Schadensersatzanspruch auf den Vertrauensschaden.[6] Der Vertragspartner ist also im Wege des Schadensersatzes so zu stellen, wie er stehen würde, wenn er auf das Zustandekommen des Vertrages nicht vertraut hätte; insbesondere ist er dafür zu entschädigen, dass er im Vertrauen auf die Durchführung des Auftrages diesen nicht anderweitig erledigen ließ. Der angetragene Geschäftsbesorgungsvertrag kommt aufgrund des Schweigens nach § 663 BGB jedoch nicht zustande. Demgegenüber führt der nach § 362 fingierte Vertragsschluss (→ Rn. 1 und → Rn. 2 ff.) im Falle der Nichterfüllung des Vertrages zu einem Anspruch auf Ersatz des Erfüllungsschadens (→ Rn. 29).

III. Inhalt

1. Voraussetzungen der Antwortpflicht. a) Kaufmann. § 362 setzt notwendig voraus, dass zum 7 Zeitpunkt des Zugangs eines Antrags der **Empfänger** die Kaufmannseigenschaft besitzt. Die das Vertragsangebot unterbreitende Person braucht hingegen nicht Kaufmann zu sein. Als Vertrauensschutznorm muss die Vorschrift zugunsten sämtlicher Teilnehmer am geschäftlichen Verkehr gelten. Auf der Empfängerseite werden alle Arten von Kaufleuten erfasst, also neben dem Kaufmann kraft Betreibens eines Gewerbebetriebs (§ 1), dem eingetragenen Kaufmann (§ 2), dem Formkaufmann (§ 6) auch der Kaufmann kraft Eintragung (§ 5).[7]

§ 362 gilt nach allgemeiner Ansicht auch, wenn der Antrag gegenüber einem **Scheinkaufmann** 8 abgegeben wurde, der zwar nicht in das Handelsregister eingetragen war, jedoch im geschäftlichen Verkehr so auftrat, als sei er tatsächlich Kaufmann (näher → § 5 Rn. 49 ff.). Diesen Rechtsscheinstatbestand erfüllt auch eine Gesellschaft bürgerlichen Rechts, die als OHG oder KG firmiert.[8] Für die Rechtsscheinshaftung ist neben einem vom Erklärungsempfänger zurechenbar gesetzten objektiven Vertrauenstatbestand erforderlich, dass der Erklärende auf den gesetzten Rechtsschein vertraut hat, er also die wahren Umstände nicht kannte und er auch nicht fahrlässig darüber in Unkenntnis geblieben ist.[9] Eine Nachforschungspflicht hinsichtlich dieser wahren Umstände besteht in aller Regel nicht.[10] Auch im Rahmen des § 362 ist ein Rückgriff auf die Rechtsscheinshaftung des Scheinkaufmanns nur möglich, wenn das Vertrauen auf die vermeintliche Kaufmannseigenschaft kausal für das geschäftliche Verhalten des Erklärenden war. Wenn er die den Rechtsschein begründenden Umstände gar nicht kannte, kann er sich grundsätzlich nicht auf diese Regeln berufen.[11]

---

[5] Vgl. dazu und allgemein zu den Ausnahmen *Kolbe* BB 2010, 2322 (2324 f.).
[6] BGH Urt. v. 17.10.1983 – II ZR 146/82, NJW 1984, 866 (867).
[7] *Heymann/Horn* Rn. 5.
[8] BGH Urt. v. 26.11.1979 – II ZR 256/78, NJW 1980, 784 (785).
[9] BGH Urt. v. 15.2.1982 – II ZR 53/81, NJW 1982, 1513 f.
[10] BGH Urt. v. 6.4.1987 – II ZR 101/86, NJW 1987, 3124 ff. (3126); BGH Urt. v. 30.6.1992 – XI ZR 145/91, WM 1992, 1392 ff. (1394).
[11] BGH Urt. v. 15.12.1955 – II ZR 181/54, NJW 1956, 460 (461).

9   Vom Anwendungsbereich des § 362 nicht erfasst werden **Nichtkaufleute,** die ähnlich einem Kaufmann durch **selbstständige berufliche Tätigkeit** am Markt teilnehmen. In Anbetracht des ausdrücklich auf die einem Kaufmann zugegangenen Anträge beschränkten Wortlauts der Vorschrift fallen freiberuflich tätige Personen ebenso wenig unter die Antwortpflichtigen nach § 362 wie Gewerbetreibende, deren Unternehmen einen in kaufmännischer Weise eingerichteten Geschäftsbetrieb nicht erfordert (vgl. § 1 Abs. 2) und die auch eine Eintragung nach § 2 nicht herbeigeführt haben. Ob eine analoge Anwendung des § 362 geboten ist, war vor der Novelle des Kaufmannsbegriffs 1998 umstritten.[12] Dagegen spricht zunächst, dass der Charakter als Ausnahmevorschrift grundsätzlich einer Analogiefähigkeit entgegensteht. Andererseits kann der Rechts- und Wirtschaftsverkehr auch von den selbstständigen kaufmannsähnlich tätigen Nichtkaufleuten erwarten, dass sie Geschäftsbesorgungen, die ihnen angetragen werden, entweder erledigen oder den Antrag alsbald ablehnen.

10   Unterbleibt dies, so sind die Antragenden hinsichtlich eines eventuellen Vertrauensschadens allerdings bereits durch § 663 BGB geschützt (→ Rn. 6). Ob hinsichtlich der kaufmannsähnlichen Nichtkaufleute eine weitergehende handelsrechtliche Norm entsprechend gelten soll, ist kein spezifisches Problem des § 362, sondern beruht allgemein auf der Bestimmung des Kaufmannsbegriffs. Die „Fragwürdigkeit des Katalogs der §§ 1 ff." (alter Fassung) ist allerdings als maßgebliches Argument gerade auch für die **analoge Anwendung** des § 362 auf **kaufmannsähnliche Nichtkaufleute** herangezogen worden.[13] Der Gesetzgeber hat die Vorschriften über den Kaufmannsbegriff 1998 geändert, ohne jedoch ein rechtspolitisches Bedürfnis an einer Einbeziehung der Freiberufler und anderer quasi kaufmännisch tätiger Nichtkaufleute in den Geltungsbereich des HGB zu sehen.[14] Dieser für das gesamte HGB geltende gesetzgeberische Wille ist auch im Rahmen des § 362 zu respektieren, sodass sich eine analoge Anwendung dieser Vorschrift auf kaufmannsähnliche Nichtkaufleute verbietet.

11   **b) Geschäftsverbindung mit dem Geschäftsbesorgungs-Gewerbebetrieb (Abs. 1 S. 1).** Nach dieser Alternative des § 362 Abs. 1 hat der Erklärungsempfänger eine Antwortpflicht, wenn er einen Gewerbebetrieb führt, der die Geschäftsbesorgung für andere mit sich bringt und er mit dem Antragenden in Geschäftsverbindung (→ Rn. 14) steht. Der **Begriff der Geschäftsbesorgung** entstammt dem Auftragsrecht der §§ 662 ff. BGB und umfasst sämtliche, rechtsgeschäftliche und rein tatsächliche Tätigkeiten für einen anderen in dessen Interesse. Wesentlich ist vor allem, dass der Gewerbebetrieb des Erklärungsempfängers diese Geschäftstätigkeit typischerweise mit sich bringt. Wann dies der Fall ist, entscheidet im Zweifel die Verkehrsanschauung. Maßgeblich ist, welche Geschäftsbesorgungsleistungen ein Gewerbebetrieb der jeweiligen Art nach objektiver Betrachtung üblicherweise mit sich bringt.[15] Die individuellen Verhältnisse des konkreten Betriebes und der Umfang der dort durchgeführten Geschäftsbesorgungen sind dagegen nicht entscheidend.

12   Generell erfordert eine **Geschäftsbesorgung** eine selbstständige Tätigkeit **wirtschaftlicher Art.**[16] Deshalb fallen unter die Gewerbebetriebe des § 362 Abs. 1 S. 1 zB die Gewerbebetriebe des Kommissionärs, des Lagerhalters, des Frachtführers sowie des Spediteurs, des Verwalters, des Treuhänders, zudem die Geschäfte der Agenten und Verwalter. Auch Bank- und Börsengeschäfte können, sofern die Tätigkeit über die reine Darlehensgewährung hinausgeht, unter die Geschäftsbesorgungen des § 362 fallen, also insbesondere Zahlungs-, Überweisungs- und Einziehungsaufträge sowie Finanzierungen und Sanierungen.[17]

13   Geschäftsbesorgungsverhältnisse liegen **nicht** vor, wenn der Geschäftsbetrieb auf den reinen Austausch von Leistungen gerichtet ist, wie insbesondere bei **Lieferungsgeschäften.** Da solche Verträge von einem Kaufmann regelmäßig nicht unbegrenzt abgeschlossen werden, kann das Schweigen des Kaufmanns nicht generell als Annahme eines dahingehenden Antrags gewertet werden.[18] Aus diesem Grunde unterfallen Kaufverträge nicht § 362 Abs. 1 S. 1, sodass der Adressat unbestellt zugesandter Waren nicht über § 362 durch bloßes Schweigen Partei eines Kaufvertrages wird. Andererseits kann wiederum der Antrag, treuhänderisch im Rahmen einer GmbH-Gründung einen Geschäftsanteil zu erwerben, durch bloßes Schweigen angenommen werden.[19]

14   Das **Bestehen einer Geschäftsverbindung** iSd § 362 Abs. 1 S. 1 setzt voraus, dass zwischen den Parteien eine auf Dauer angelegte geschäftliche Beziehung besteht. Es muss objektiv erkennbar sein,

---

[12] Abl. Heymann/*Horn* Rn. 5; Schlegelberger/*Hefermehl* Rn. 8; aA Staub/*Canaris* Anm. 5; KKRM/*Roth* Rn. 5; Baumbach/Hopt/*Hopt* Rn. 3.
[13] Staub/*Canaris* Anm. 5.
[14] Vgl. die Begründung des RegE, BT-Drs. 13/8444, 33 f.; s. auch die Begründung zu Art. 2 Nr. 1, BT-Drs. 13/8444, 46 f., wo durch Änderung des § 24 AGBG eine Gleichbehandlung aller gewerblich oder selbstständig beruflich Tätigen herbeigeführt wurde.
[15] Schlegelberger/*Hefermehl* Rn. 12; Staub/*Canaris* Anm. 9.
[16] Schlegelberger/*Hefermehl* Rn. 10.
[17] Schlegelberger/*Hefermehl* Rn. 9; KKRM/*Roth* Rn. 6.
[18] BGH Urt. v. 11.10.2017 – XII ZR 8/17, NZBau 2018, 148 (150); OLG Düsseldorf Urt. v. 9.2.2016 – I-21 U 100/15, BeckRS 2016, 115264 Rn. 35; Schlegelberger/*Hefermehl* Rn. 10; Staub/*Canaris* Anm. 7; Heymann/*Horn* Rn. 6.
[19] OLG Hamm Urt. v. 20.10.1993 – 8 U 40/93, GmbHR 1994, 880; GK-HGB/*Weber* Rn. 13.

dass die Parteien die wiederholte Durchführung von Geschäften beabsichtigen.[20] Dass die Parteien früher einmal Geschäfte geschlossen haben, ist weder ausreichend noch erforderlich. Maßgeblich ist der nach außen erkennbare Wille, (auch) in Zukunft miteinander geschäftlich zu verkehren. Dieser objektiv zu ermittelnde Tatbestand muss im Zeitpunkt des Antragszugangs vorliegen, da nur dann die Vertrauensschutzfunktion des § 362 Platz greifen kann.[21] Regelmäßig wird der frühere Abschluss von Geschäften zwischen den Parteien allerdings zur Ermittlung dieses Willens indiziell heranzuziehen sein, wobei es nicht darauf ankommt, dass das zu beurteilende Geschäft von derselben Art ist wie die früheren.[22]

c) Anbieten einer Geschäftsbesorgung (Abs. 1 S. 2). Während § 362 Abs. 1 S. 1 zur Erzeu- **15** gung der Vertrauensschutzfunktion auf das Bestehen geschäftlicher Kontakte zwischen den Parteien abstellt, knüpft das Vertrauen in Abs. 1 S. 2 an das vorausgegangene Anerbieten einer Geschäftsbesorgung seitens des Erklärungsempfängers an. Dabei ist nicht erforderlich, dass das betreffende Geschäft typischerweise zu dessen Handelsgeschäft gehört oder dass dieses überhaupt Geschäftsbesorgungen mit umfasst. Die potentiell zu übernehmenden Geschäfte werden durch das Anerbieten festgelegt und begrenzt.[23] Je weitreichender sich der Kaufmann zu Geschäftsbesorgungen erboten hat, umso größer ist der Kreis der Anträge, auf die er antworten muss.[24]

Das Anerbieten stellt selbst noch kein Angebot zum Abschluss eines Vertragsschlusses dar. Vielmehr **16** enthält es lediglich die (werbende) Aufforderung an die Angesprochenen, ihrerseits dem Anerbieten- den den Abschluss eines Geschäftsbesorgungsvertrages anzutragen (sog. invitatio ad offerendum). In welcher Form der spätere Erklärungsempfänger sich zur Geschäftsbesorgung erboten hat, ist unerheb- lich. Es kann also mündlich, schriftlich oder unter Zuhilfenahme der neuen Medien, insbesondere auch per E-Mail oder via Internet erfolgen. Erforderlich ist lediglich, dass das Erbieten sich entweder gerade an die später Antragenden richtet oder dieser zumindest ein konkret Angesprochener aus einer Vielzahl gezielt beworbener Personen ist. Für das Anerbieten im Sinne der Vorschrift genügt **nicht das öffentliche Anbieten** durch Fernseh- oder sonstige Werbung, durch Massenpostwurfsendungen, das Aushängen des Firmenschildes und ähnliches. Darin unterscheidet sich die Vorschrift von § 663 BGB, wonach jedes öffentliche Erbieten ausreicht (→ Rn. 5).

d) Antrag. Dem Gewerbetreibenden muss in beiden Alternativen des § 362 Abs. 1 ein Antrag **17** zum Abschluss einer Geschäftsbesorgung von einem anderen zugehen. Erfasst werden also nur solche Angebote, die auf den Abschluss eines Geschäftsbesorgungsvertrages gerichtet sind (vgl. hinsichtlich der in Betracht kommenden Geschäfte → Rn. 12 f. und → Rn. 15). Ein Antrag ist das für den Erklärenden **verbindliche** Angebot, einen bestimmten Vertrag zu schließen (vgl. § 145 BGB). Unverbindliche Hinweise, Reklame oder Mitteilungen fallen nicht darunter. Ebenfalls er- forderlich ist eine hinreichende **Bestimmtheit** des Angebotes, die es dem Erklärungsempfänger ermöglicht, seinen Willen hinsichtlich der Annahme oder Nichtannahme des Angebotes zu bil- den.[25]

Zugegangen ist das Angebot dem Erklärungsempfänger dann, wenn es dergestalt in seinen Macht- **18** bereich gelangt ist, dass unter gewöhnlichen Umständen mit seiner Kenntnisnahme zu rechnen war. Ein Angebotsschreiben, welches während des Tages in den Briefkasten am Sitz des Erklärungsemp- fängers geworfen wurde, geht diesem – je nach Wochentag und Tageszeit des Einwurfs – entweder am gleichen Tag, spätestens jedoch am nächsten Werktag zu den gewöhnlichen Geschäftszeiten zu.[26] Der Zugang eines per Telefax übermittelten Angebotsschreibens tritt während der üblichen Geschäftszeiten mit dem vollständigen und lesbaren Ausdruck beim Empfängergerät ein.[27] Ob der Kaufmann von dem Antrag auch tatsächlich Kenntnis erlangt hat, ist für den Zugang ohne Bedeutung. Eine eventuelle Unkenntnis kann lediglich insoweit beachtlich sein, als möglicherweise bei unverschuldet fehlender Kenntnisnahme kein schuldhaftes Verzögern der Antwort vorliegt (→ Rn. 23).

§ 362 greift auch, wenn das Angebot gegenüber einem rechtsgeschäftlichen oder gesetzlichen **Ver-** **19** **treter** erklärt wurde und dieser darauf schwieg. Erforderlich ist jedoch, dass die Voraussetzungen wirksamer Stellvertretung vorliegen, also insbesondere der Erklärungsempfänger Vertretungsmacht in einem für das betreffende Geschäft erforderlichen Umfang hatte. Davon abzugrenzen sind die Fälle, in denen für den Empfänger des Schreibens bei den Vertragsverhandlungen ein vollmachtloser Vertreter aufgetreten ist. Hier kommt, obwohl die Verhandlungen durch einen falsus procurator geführt wurden, durch das Schweigen des Empfängers auf das Bestätigungsschreiben ein Vertrag zwischen Absender

---

[20] Staub/*Canaris* Anm. 8; KKRM/*Roth* Rn. 7.
[21] Ähnl. Staub/*Canaris* Anm. 8.
[22] Schlegelberger/*Hefermehl* Rn. 13.
[23] Staub/*Canaris* Anm. 11; Heymann/*Horn* Rn. 9.
[24] Schlegelberger/*Hefermehl* Rn. 15.
[25] BGH Urt. v. 3.3.1988 – I ZR 33/86, WM 1988, 1134 f. (1135); Baumbach/Hopt/*Hopt* Rn. 3.
[26] Vgl. BGH Urt. v. 10.2.1994 – IX ZR 7/93, VersR 1994, 586 f.
[27] BGH Urt. v. 7.12.1994 – VIII ZR 153/93, NJW 1995, 665 (667).

und Empfänger des Schreibens zustande.[28] Zu Fragen der Vertretung, insbesondere im handelsrechtlichen Verkehr, s. §§ 48 ff.

20   **2. Erfüllung der Antwortpflicht. a) Unverzügliche Antwort.** Auf den Antrag hat der Kaufmann grundsätzlich unverzüglich zu antworten. Der Wortlaut des Gesetzes verlangt generell eine Antwort vom Kaufmann, also nicht nur, wenn er das Geschäft nicht ausführen will. Rechtsfolgen für eine unterlassene Antwort sieht § 362 aber lediglich für den Fall des Schweigens trotz einer eigentlich gewollten Ablehnung vor. Da der Vertrag dann zustande kommt, muss der Kaufmann sich nicht äußern, wenn dies seinem Willen entspricht. Die Beantwortungspflicht des § 362 Abs. 1 konkretisiert sich somit auf die **Ablehnung des Antrags.**

21   Eine solche Ablehnung liegt vor, wenn der Kaufmann ausdrücklich das Angebot zurückweist oder durch sein Verhalten schlüssig zu erkennen gibt, dass er das Vertragsangebot nicht annimmt.[29] Gleiches gilt, wenn er das Angebot zwar annimmt, die Annahme allerdings nur unter Erweiterungen, Einschränkungen oder sonstigen Änderungen erklärt (§ 150 Abs. 2 BGB), sodass ein Vertrag nur zustande kommt, wenn der Antragende seinerseits das geänderte Angebot annimmt. Für die Ablehnung reicht es aus, wenn sie der Erklärungsempfänger an den Antragenden ordnungsgemäß **abgesandt** hat, sodass sie bei normalem Verlauf rechtzeitig zugehen musste. Erreicht die Ablehnung den Erklärenden gleichwohl nicht oder verspätet, greift die Sanktion des § 362 nicht ein. Das Risiko der Übermittlung trägt somit der Antragende.[30]

22   Erforderlich ist, dass die Ablehnung **unverzüglich** in Richtung des Erklärenden gesandt wurde. Unverzüglich bedeutet, dass der Erklärungsempfänger nicht schuldhaft mit der Ablehnung gezögert hat (vgl. § 121 Abs. 1 S. 1 BGB). Innerhalb welcher Frist eine Antwort zu erfolgen hat, ist in jedem einzelnen Fall gesondert zu entscheiden. Im Wesentlichen wird dies vom Umfang des Geschäftes, von den bisherigen Übungen der Parteien sowie allgemeiner Branchenüblichkeit, von der erkennbaren Dringlichkeit einer Antwort für den Antragenden und schließlich von der objektiv erkennbaren Bedeutung des Geschäftes für den Erklärungsempfänger abhängen. Diese Faktoren bestimmen ihrerseits die Angemessenheit einer Überlegungsfrist bis zur Abgabe einer Antwort. Beispielsweise wird ein Antrag, welcher ein typisches Geschäft mittleren Umfangs betrifft und der per Telefax beim Erklärungsempfänger eingeht, bereits grundsätzlich noch am selben Geschäftstage zu beantworten sein. Ein mit umfangreichen Anlagen, Urkunden etc versehenes Antragsschreiben, welches bereits ausführliche Prüfung erfordert, erlaubt dagegen im Einzelfalle auch mehrtägige Überlegungsfrist. Eine Obergrenze für eine noch unverzügliche Reaktion ist bei zwei Wochen angenommen worden.[31]

23   Da die Verzögerung **schuldhaft** sein muss, werden solche Fälle nicht von den Rechtsfolgen des § 362 erfasst, in welchen der Kaufmann ohne jegliche Vorwerfbarkeit von dem zugegangenen Antrag keine oder erst verspätete Kenntnis erlangt.[32] Eine solche Schuldlosigkeit wird jedoch nur sehr selten anzunehmen sein, da dem Erklärungsempfänger mangelnde Betriebsorganisation und Fehler seiner Angestellten zuzurechnen sind. Verschiedentlich wird Krankheit oder Abwesenheit des Kaufmanns je nach Lage des Einzelfalles als Entschuldigungsgrund angesehen,[33] jedoch dürfte eine für diese Fälle fehlende betriebliche Vertretungsregelung grundsätzlich als Organisationsverschulden des Kaufmanns zu werten sein.[34]

24   **b) Schweigen.** Ein Schweigen iSv § 362 liegt nur vor, wenn der Erklärungsempfänger innerhalb angemessener Frist **keinerlei Antwort** gibt. Sobald er in irgendeiner Weise auf den Antrag antwortet, kann dies – unabhängig vom Inhalt der Antwort – nicht als Schweigen gewertet werden, das zu der Annahmefiktion des § 362 Abs. 1 führt. Eine unklare Antwort ist der Auslegung zugänglich, die ergibt, ob es sich um eine Ablehnung oder um die Annahme des Angebotes handelt. Jedenfalls kann der Antragende bei einer unklaren Antwort nicht davon ausgehen, dass sein Angebot angenommen wird, sodass sein Vertrauensschutz entfällt.[35] Will der Kaufmann die Vertragsverhandlungen in der Schwebe halten, etwa durch Inaussichtstellen einer künftigen (positiven) Äußerung, so hat dies ebenfalls nicht das Zustandekommen des Vertrages durch die Annahmefiktion zur Folge. Hat dabei der Kaufmann durch sein Verhalten das Vertrauen in einen künftigen Vertragsschluss erweckt und den Antragenden dadurch vom Abschluss eines anderweitigen Vertrages abgehalten, so muss der dadurch entstandene Schaden liquidiert werden können. Der Anspruch folgt aus dem Verschulden bei Vertragsschluss (§§ 241 Abs. 2, 311 Abs. 2 BGB) und erfasst nur den Vertrauensschaden.[36] Eine andere Wertung ist geboten, wenn der Kaufmann lediglich bestätigt, dass das Angebot eingegangen ist und er

---

[28] BGH Urt. v. 10.1.2007 – VIII ZR 380/04, NJW 2007, 987 (988) Anm. 21; vgl. dazu SuS 2007, 779 mAnm *Schmidt* NJW-Spezial 2007, 222.

[29] BGH Urt. v. 3.3.1988 – I ZR 33/86, WM 1988, 1134 (1135).

[30] Schlegelberger/*Hefermehl* Rn. 18; Staub/*Canaris* Anm. 12; Baumbach/Hopt/*Hopt* Rn. 5.

[31] OLG Hamm NJW-RR 1990, 523.

[32] Heymann/*Horn* Rn. 11.

[33] Schlegelberger/*Hefermehl* Rn. 20.

[34] IErg ebenso Staub/*Canaris* Anm. 14; KKRM/*Roth* Rn. 8.

[35] Staub/*Canaris* Anm. 12.

[36] BGH Urt. v. 17.10.1983 – II ZR 146/82, NJW 1984, 866 (867).

sich ansonsten nicht weiter dazu äußert. Dies ist nicht als Antwort zu werten, sodass, wenn keine weitere Äußerung erfolgt, ein vertragsbegründendes Schweigen vorliegt.[37]

3. Beweisfragen. Entsprechend den unterschiedlichen Pflichten und Obliegenheiten besteht im **25** Rahmen des § 362 Abs. 1 eine differenzierte Darlegungs- und Beweislast. **Inhalt und Zugang des Antrags** muss der Antragende vortragen und gegebenenfalls beweisen. Bei einem per Telefax übermittelten Antrag genügt zum Nachweis des Zugangs nicht der „OK-Vermerk" im Sendebericht. Solange keine wesentlichen technischen Verbesserungen bei den üblichen Übermittlungsgeräten eintreten, stellt der „OK-Vermerk" nur ein Indiz für den erfolgten Zugang dar, jedoch nicht einmal einen Beweis des ersten Anscheins.[38] Für die rechtzeitige **Absendung der Ablehnung** an den Antragenden ist der Kaufmann darlegungs- und beweispflichtig.[39] Dies erfasst nicht den Zugang bei dem Antragenden (→ Rn. 21). Es genügt, wenn der Erklärungsempfänger vorträgt und erforderlichenfalls beweist, dass er innerhalb angemessener Frist seine Ablehnung auf den Weg zum Antragenden gebracht hat, sei es mündlich, per Telefax oder per Brief.

4. Rechtsfolgen des Schweigens. a) Annahmefiktion. Das Schweigen gilt als Annahme des **26** Antrags. Diese Fiktion führt unmittelbar zum Vertragsschluss, mit der Folge der **Bindung beider Parteien.** Der Erklärungsempfänger ist damit an sein Schweigen gebunden, ohne dass ihm wegen des Fehlens einer Willensbetätigung eine Möglichkeit eingeräumt wäre, von diesem Vertrag wieder Abstand zu nehmen (zu eventuellen Anfechtungsmöglichkeiten → Rn. 32 ff.). Der Schweigende erlangt aber auch sämtliche Rechte aus dem zustande gekommenen Vertrag. Er kann dem Antragenden den Vertragsschluss entgegenhalten und Erfüllung des Vertrages verlangen. Die Bindung des Erklärenden ergibt sich aus seinem Antrag, der durch die Fiktion angenommen wurde.

Als **Zeitpunkt des Vertragsschlusses** ist der Moment anzunehmen, an dem die angemessene **27** Überlegungsfrist des Kaufmanns abgelaufen ist. Wenn die Zeitspanne für eine unverzügliche Antwort verstrichen ist, tritt die Annahmefiktion ein. Da der Vertrag nach dem Wortlaut des § 362 mit dem Schweigen des Kaufmannes zustande kommt, ist eine fiktive Übermittlungszeit vom Kaufmann zurück zum Antragenden nicht zu berücksichtigen.

b) Inhalt des Vertrages. Der Vertrag kommt mit dem Inhalt zustande, wie er im Antrag vor- **28** gezeichnet war. Damit werden auch **Allgemeine Geschäftsbedingungen** des Erklärenden Bestandteil des Vertrages, sofern sie im Antrag enthalten waren oder sofern der Antrag diese im Wege der Bezugnahme wirksam einbezogen hat. Der Kaufmann hat die Geschäftsbesorgung grundsätzlich ausschließlich nach den im Antrag vorgegebenen Weisungen zu erfüllen.[40] Lediglich unter den Voraussetzungen des § 665 BGB kann der Kaufmann von diesen Weisungen abweichen. Es müssen demnach Umstände vorliegen, die die Annahme rechtfertigen, dass der Geschäftsherr mit den Abweichungen einverstanden sein würde. Grundsätzlich muss der Kaufmann beabsichtigte Abweichungen von dem in dem Antrag enthaltenen Weisungen dem Geschäftsherrn zuvor anzeigen und dessen Entschließung abwarten, es sei denn, dass mit einem zeitlichen Aufschub der Geschäftsbesorgung Gefahr verbunden wäre. Auch dann ist aber eine Abweichung nur zulässig, wenn mit der Billigung durch den Geschäftsherrn zu rechnen ist.[41]

Durch den auf Grund der Annahmefiktion des § 362 Abs. 1 zustande gekommenen Vertrag werden **29** die Parteien zur Erfüllung verpflichtet. Kommt eine Partei dieser Verpflichtung nicht nach, so schuldet sie **Schadenersatz statt Leistung** nach den allgemeinen Vorschriften des BGB. Der Anspruch ist auf Ersatz des positiven Interesses gerichtet ist. Damit hat der Schuldner den Gläubiger so zu stellen, als wäre der Vertrag ordnungsgemäß erfüllt worden, womit insbesondere auch ein entgangener Gewinn (§ 252 BGB) zu ersetzen ist. Zum Ersatz des Vertrauensschadens bei einem nicht unter § 362 fallenden Verhalten des Kaufmanns → Rn. 24.

5. Grenzen des Abs. 1. a) Geschäftsfähigkeit. Die Rechtswirkungen des § 362 gelten nicht, **30** wenn der Erklärungsempfänger nach den Vorschriften der §§ 2, 104 ff. BGB nicht geschäftsfähig, insbesondere **minderjährig** ist und die für eine wirksame rechtsgeschäftliche Verpflichtung erforderlichen Vertretungsregelungen (insbesondere Zustimmung der Eltern oder des Vormundschaftsgerichtes) nicht beachtet wurden. Da das Schweigen durch die Fiktion die Wirkung einer Willenserklärung erhält, müssen auch sämtliche zur Wirksamkeit einer Willenserklärung erforderlichen Voraussetzungen und damit auch die Geschäftsfähigkeit des Erklärungsempfängers gegeben sein. § 362 darf nicht zu einer Beseitigung des Minderjährigenschutzes führen. Es wäre ein unverständliches Ergebnis, wenn die Rechtsordnung zwar der ausdrücklichen Willensbekundung eines Minderjährigen die rechtliche Wirksamkeit versagt, dem Schweigen aber vertragskonstitutive Bedeutung beimessen

---

[37] Schlegelberger/*Hefermehl* Rn. 17; Staub/*Canaris* Anm. 12.
[38] BGH Urt. v. 10.2.1994 – IX ZR 7/93, VersR 1994, 586; BGH Urt. v. 7.12.1994 – VIII ZR 153/93, BB 1995, 221 (222) mAnm *Burgard*.
[39] Schlegelberger/*Hefermehl* Rn. 18.
[40] Schlegelberger/*Hefermehl* Rn. 19.
[41] BGH Urt. v. 7.10.1976 – III ZR 110/74, VersR 1977, 421 ff. (423).

würde.[42] Wenn also eine Willenserklärung wegen eingeschränkter oder völliger Geschäftsunfähigkeit nichtig wäre, so gilt auch die Annahmefiktion des § 362 nicht.

31 Bei einer **vorübergehenden Bewusstseinsstörung** (§ 105 Abs. 2 BGB) wird § 362 regelmäßig mit Beendigung des betreffenden Zustands wieder gelten können. Lang anhaltende Bewusstlosigkeit (Koma) führt nicht zu verschuldeter Unkenntnis und damit auch nicht zu einer schuldhaften Verzögerung der Antwort, sodass bereits aus diesem Grund die Annahmefiktion des § 362 nicht zum Zuge kommt (→ Rn. 23 f.). Steht der Kaufmann unter **Betreuung** und ist für das betreffende Geschäft ein Einwilligungsvorbehalt angeordnet (§ 1903 BGB), kommt ein Vertrag nicht durch Schweigen des Betreuten auf einen Antrag zustande. Vielmehr ist zudem – ungeachtet möglicher weiterer Zustimmungserfordernisse durch einen Ergänzungspfleger oder durch das Vormundschaftsgericht – erforderlich, dass der Betreuer Kenntnis vom Antrag hat und er dem Verhalten des Betreuten zustimmt. Das Schweigen des Betreuers reicht für § 362 nicht aus, da er nicht die maßgebliche Person – Kaufmann und Adressat des Antrags – ist.

32 **b) Anfechtung.** Hinsichtlich der Anfechtbarkeit der durch das Schweigen fingierten Annahmeerklärung ist zu **differenzieren:** Täuscht sich der Kaufmann über die rechtliche Bedeutung seines Schweigens, liegt nach allgemeiner Ansicht ein **unbeachtlicher Rechtsfolgenirrtum** vor.[43] Eine darauf gestützte Anfechtung wäre mit dem Zweck des § 362 Abs. 1 unvereinbar, da der angestrebte Vertrauensschutz im Handelsverkehr (→ Rn. 2) gerade dadurch erreicht werden soll, dass das Schweigen auf einen Antrag auch dann als Annahme gewertet wird, wenn dem Angebotsempfänger der Annahmewillen fehlt. Würde diese Abweichung des inneren Willens von der gesetzlichen Wertung des kaufmännischen Verhaltens zur Anfechtung nach § 119 BGB berechtigen, würde die Wirkung des § 362 Abs. 1 weitestgehend vereitelt.

33 Nach heute wohl einhelliger Ansicht wird dem Kaufmann eine Anfechtung der durch § 362 Abs. 1 fingierten Annahme aber nicht generell verwehrt. Da die Rechtsfolge mit derjenigen übereinstimmt, die bei ausdrücklicher oder konkludenter Abgabe einer Willenserklärung besteht, wäre es unverständlich, wenn nur in diesem Fall eine Anfechtung möglich wäre, nicht aber wenn das Schweigen durch Irrtum **(§ 119 BGB)**, Täuschung oder Drohung **(§ 123 BGB)** beeinflusst wurde.[44] Ob dieses Anfechtungsrecht nach §§ 119, 123 BGB unmittelbar oder nur in analoger Anwendung besteht, weil dem Schweigen die Qualität einer Willenserklärung wegen des Fehlens eines Erklärungswillens abgesprochen wird,[45] ist für die praktische Rechtsanwendung ohne Bedeutung.

34 Bei **Täuschung oder Drohung** besteht für die Anfechtbarkeit nach § 123 kein Unterschied, ob die Beeinflussung des Kaufmanns darauf gerichtet ist, dass er das Vertragsangebot ausdrücklich annimmt, oder dass er dazu schweigen soll und damit seine Annahme fingiert wird. Zu beachten ist allerdings, dass dann, wenn eine zur Anfechtbarkeit führende Täuschung oder Drohung vorliegt, der Antragende auch nicht schutzwürdig erscheint und die Rechtsfolgen des § 362 Abs. 1 bereits wegen Rechtsmissbrauchs nicht eintreten (→ Rn. 35 f.). Hat der Kaufmann das Angebot missverstanden, so muss der daraus resultierende **Inhaltsirrtum** die Anfechtungsmöglichkeit des § 119 Abs. 1 BGB unabhängig davon eröffnen, ob eine ausdrückliche Annahme erfolgt ist oder ob diese wegen irrtumsbedingten Schweigens nach § 362 Abs. 1 fingiert wird.[46] Der Vertrauensschutz des Handelsverkehrs, den diese Vorschrift bezweckt, erfordert eine dahingehende Einschränkung des Anfechtungsrechts nach § 119 BGB nicht. Lediglich ein Irrtum über die rechtliche Bedeutung des Schweigens als solches ist in Anbetracht der Zielsetzung des § 362 Abs. 1 nicht anfechtbar (→ Rn. 32).

35 **c) Rechtsmissbrauch.** Die Rechtsfolgen des § 362 treten nicht ein, sofern der Antragende rechtsmissbräuchlich handelt. Dies ist der Fall, wenn er bösgläubig ist, weil er wusste, dass sein Antrag nicht angenommen werden würde oder er unter den gegebenen Umständen jedenfalls nicht damit rechnen konnte. Bösgläubigkeit ist demnach dann gegeben, wenn der Antrag auf Grund seines Inhalts die Annehmbarkeit ausschloss oder weil der Erklärungsempfänger einen gleich lautenden Antrag bereits kurz zuvor schon abgelehnt hatte.[47] Auch wenn der Antragende wusste, dass der Kaufmann tatsächlich keine Kenntnis von dem Antrag erhalten hatte (→ Rn. 18), ist ein Vertrauensschutz nicht geboten. Der Antragende durfte zB nicht mit der Annahme seines Antrages rechnen, in dem er die Herabsetzung einer Versicherung beantragt hat, die Versicherungsbedingungen dies aber ausschlossen. Da es bereits feststand, dass keine Annahme erfolgen würde, führt das Schweigen des Versicherungsunternehmens auf den Herabsetzungsantrag nicht zu der begehrten Vertragsänderung.[48]

---

[42] Schlegelberger/*Hefermehl* Rn. 19.

[43] Schlegelberger/*Hefermehl* Rn. 19; Staub/*Canaris* Anm. 13; s. auch *Flume* BGB 2. Band Das Rechtsgeschäft 119.

[44] Schlegelberger/*Hefermehl* Rn. 21; Staub/*Canaris* Anm. 15 mwN; KKRM/*Roth* Rn. 11; *Petersen* JURA 2003, 687 (690).

[45] Vgl. Schlegelberger/*Hefermehl* Rn. 21 mwN.

[46] Staub/*Canaris* Anm. 15.

[47] Staub/*Canaris* Anm. 12, 17; Schlegelberger/*Hefermehl* Rn. 18.

[48] Schlegelberger/*Hefermehl* Rn. 13.

Missbräuchlich ist es auch, einen Vertragsschluss im Wege des § 362 Abs. 1 S. 1 zu behaupten, **36** wenngleich das Angebot an einen Kaufmann erging, der bekanntermaßen die angetragene Dienstleistung infolge andersartiger Spezialisierung nicht erbringt. Der konkrete Umfang der ausgeübten Tätigkeiten eines Kaufmannes weicht oftmals von der üblichen Geschäftsbreite vergleichbarer Gewerbebetriebe ab. Dies ist zwar für die Anwendbarkeit von § 362 Abs. 1 grundsätzlich unbeachtlich (→ Rn. 11), jedoch verliert der Antragende die Schutzwürdigkeit, wenn ihm bekannt ist, dass die begehrte Geschäftsbesorgung von dem Kaufmann gar nicht angeboten wird. Wenn zB ein Antiquariat auf den Verkauf von Stichen sowie von schöngeistiger Literatur des letzten Jahrhunderts spezialisiert ist, kann bereits in Ermangelung entsprechender Kundschaft nicht erwartet werden, dass eine Kommission über den Verkauf naturwissenschaftlicher Erstausgaben desselben Zeitraums getätigt wird. Das Vertrauen des Antragenden wird nur soweit geschützt, wie das objektive Erscheinungsbild der Tätigkeit des Kaufmanns reicht. Wer weiß, dass der Kaufmann seinen Antrag nicht annehmen wird, ist bösgläubig und handelt rechtsmissbräuchlich, wenn er einen Vertragsschluss im Rahmen des § 362 Abs. 1 geltend macht.[49]

6. Pflichten bei Ablehnung des Geschäfts (Abs. 2). Werden dem Angebot Waren mitgesandt, **37** sieht § 362 Abs. 2 die Verpflichtung des Kaufmannes vor, diese Waren einstweilen vor Schaden zu bewahren. In welcher Weise diese **Schadensabwendungspflicht** erfüllt wird, bleibt dem Einzelfalle vorbehalten. Insoweit kommen im Wesentlichen Lagerung, Versicherung sowie in Einzelfällen der Notverkauf der Waren in Betracht (→ Rn. 38 ff.). Nach dem Wortlaut des § 362 Abs. 2 unterliegen die **mitgesendeten Waren** den Fürsorgepflichten des Kaufmannes. Dazu gehören zunächst diejenigen Waren, die unmittelbar mit dem Antrag übermittelt wurden, sodass bei einer angetragenen Kommission das Kommissionsgut die zu schützende Ware ist. Der Schutzzweck der Vorschrift (→ Rn. 3) erfasst aber auch Waren, die der Kaufmann auf andere Weise in Zusammenhang mit dem Auftrag erhalten hat.[50] Es ist also unerheblich, ob die betreffenden Waren zugleich mit dem Antrag in den Besitz des Kaufmanns gelangten oder kurz darauf oder sich sogar im Antragszeitpunkt bereits in seinem Besitz befanden.[51] § 362 Abs. 2 ist darüber hinaus auch anzuwenden, wenn dem Antrag Wertpapiere oder Urkunden, Schlüssel, Handbücher und ähnliche, die in Aussicht genommene Geschäftsführung betreffende Sachen beigefügt wurden. Unter Hinweis auf den späteren § 362 Abs. 2 hat dies bereits der historische Gesetzgeber gesehen und unter den Begriff der Ware „an sich alle Arten beweglicher Sachen" rechnen wollen.[52]

In erster Linie hat der Kaufmann die mitgesandten Waren **in geeigneter Weise zu verwahren** **38** beziehungsweise verwahren zu lassen. Je nach mitgesandter Ware ist die Form der Verwahrung zu bestimmen. Oftmals wird der Kaufmann die Waren nicht selbst verwahren (können); dann hat er die Verwahrung durch einen Lagerhalter vornehmen zu lassen. Im Einzelfall kann eine zusätzliche **Versicherung** geboten sein.[53] Vom Verbleib der Ware sowie von seinen, die Waren betreffenden Maßnahmen hat der Kaufmann den Antragenden zu benachrichtigen. Je nach den Umständen, insbesondere der betreffenden Waren, hat der Empfänger zudem warenspezifische Anweisungen des Antragenden zu berücksichtigen, etwa eine besondere Anfälligkeit der Ware im Hinblick auf die Anforderungen der Lagerung einzukalkulieren.

Bei leicht verderblichen Waren hat der Kaufmann zur Abwendung von Schaden auch das Recht, **39** diese im Wege des **Notverkaufs** zu veräußern. Dieses Recht folgt allerdings nicht aus § 362 Abs. 2, sondern es ist den Regeln über die Geschäftsführung ohne Auftrag (§§ 677 ff. BGB) zu entnehmen.[54] Demgemäß ist der Notverkauf nur eine Berechtigung des Kaufmannes, keinesfalls handelt es sich um eine Verpflichtung,[55] die im Unterlassensfall Schadensersatzansprüche auslösen könnte.

Kommt der Kaufmann seiner Schadensabwendungspflicht nicht oder nicht hinreichend nach, so **40** steht dem Antragenden ein **Schadensersatzanspruch** zu. Dieser kann zunächst gestützt werden auf eine positive Forderungsverletzung (§§ 280 Abs. 1, 241 Abs. 2 BGB) der sich aus der gesetzlichen Verpflichtung des § 362 Abs. 2 resultierenden Sonderverbindung. Erforderlich ist eine schuldhafte Pflichtverletzung durch den Kaufmann, dem das Verschulden eines von ihm beauftragten Lagerhalters wie eigenes Verschulden zuzurechnen ist (vgl. § 278 S. 1 BGB). Verschuldensmaßstab hinsichtlich des Sorgfältigkeitsverstoßes ist § 347. Auch ein Schadensersatzanspruch aus § 823 Abs. 1 BGB unter dem Aspekt einer schuldhaften Eigentumsverletzung kann in Betracht kommen.[56]

Die Schadensabwendung erfolgt **auf Kosten des Antragenden.** § 362 Abs. 2 bietet dem Kauf- **41** mann gegen den Antragsteller eine Anspruchsgrundlage für die Erstattung sämtlicher Kosten, die bei

---

[49] So auch Staub/*Canaris* Anm. 9, 17.
[50] Staub/*Canaris* Anm. 19.
[51] Schlegelberger/*Hefermehl* Rn. 24; KKRM/*Roth* Rn. 12.
[52] *Schubert/Schmiedel/Krampe* Bd. II 956.
[53] Heymann/*Horn* Rn. 15.
[54] Heymann/*Horn* Rn. 15; KKRM/*Roth* Rn. 12.
[55] Ebenso Schlegelberger/*Hefermehl* Rn. 24; Heymann/*Horn* Rn. 15; KKRM/*Roth* Rn. 12; aA Staub/*Canaris* Anm. 19 (Verpflichtung gem. § 242 BGB).
[56] Schlegelberger/*Hefermehl* Rn. 27.

der Erfüllung der gesetzlichen Schadensbewahrungspflicht entstanden sind. Ergreift der Kaufmann darüber hinausgehende Maßnahmen im Interesse des Antragenden – wie etwa die Durchführung eines Notverkaufs (→ Rn. 39) –, so kommt eine Erstattung nach den bürgerlich-rechtlichen Regeln der Geschäftsführung ohne Auftrag in Betracht.[57] Daneben gibt die spezielle Vorschrift des § 354 Abs. 1 dem Kaufmann gegen den Antragenden im Falle der Einlagerung einen Anspruch auf das Lagergeld. Vorschüsse und Auslagen kann der Kaufmann vom Tage ihres Entstehens an verzinst ersetzt verlangen, § 354 Abs. 2. Ist dem Kaufmann durch die mitgesandten Waren ein Schaden entstanden, etwa weil toxische Waren nicht hinreichend verpackt waren, so ist dieser Schaden auf Grund Verschuldens bei Vertragsschluss (§§ 311 Abs. 2, 241 Abs. 2 BGB) und unter Umständen auch nach § 823 Abs. 1 BGB vom Antragenden zu ersetzen.

42　　Bei der Beurteilung, ob und gegebenenfalls welche Schutzmaßnahmen über welchen Zeitraum zu treffen sind, darf der Kaufmann seine **Kostendeckung** berücksichtigen. Schutzpflichten nach § 362 Abs. 2 treffen ihn nur soweit und solange, wie die Kostendeckung gewährleistet ist. Diese wird sich aber in aller Regel aus den übersandten Waren selbst ergeben. Die Inanspruchnahme des Kaufmannes durch die Schadensabwendungspflichten soll in keinem Falle zu einer finanziellen Risikoerhöhung für ihn führen. Um die verauslagten Kosten von dem Antragenden erstattet zu erhalten, hat der Kaufmann ein Zurückbehaltungsrecht an den Waren (§ 273 BGB, § 369), welches sich ggf. zu einem Befriedigungsrecht aus den mitgesandten Waren verdichten kann (§ 371 Abs. 1).

43　　Die Schadensabwendungspflicht des Kaufmannes entfällt nach § 362 Abs. 2 auch, soweit ihm dadurch **eigener Nachteil** droht. Neben dem von der ersten Alternative erfassten Nachteil fehlender Kostendeckung kommt in Betracht, dass der Kaufmann wegen der Schadensabwendung eigenen wichtigen Geschäften nicht nachkommen könnte.[58]

44　　Die Verpflichtung des Kaufmannes erstreckt sich lediglich auf einen begrenzten Zeitraum. Er soll die mitgesandten Waren nur **einstweilen** vor Schaden schützen. Welche Dauer im Einzelfall geboten ist, lässt sich nur unter Berücksichtigung sämtlicher konkreter Umstände ermessen. Primärer Maßstab ist der Zeitraum, den der Antragende normalerweise benötigt, um selbst Vorsorgemaßnahmen zu treffen.[59] Auch in zeitlicher Hinsicht wird die Schadensabwendungspflicht begrenzt durch die Kostendeckungs- oder durch die Selbstschädigungsgrenze (→ Rn. 42 f.).

IV. UN-Kaufrecht

45　　Das UN-Kaufrecht kennt wie das BGB keine Bestimmung, nach welcher Schweigen im geschäftlichen Verkehr eine Zustimmung zu einem Vertragsangebot darstellt. Im Gegenteil stellt Art. 18 Abs. 1 S. 2 CISG ausdrücklich klar, dass „Schweigen oder Untätigkeit allein" keine Annahme darstellen. Aus der Betonung des „allein" und im Zusammenhang mit Art. 18 Abs. 3 CISG wird jedoch allgemein gefolgert, dass im Ausnahmefalle entsprechend den Gepflogenheiten und Gebräuchen der Parteien oder auf Grund ausdrücklicher Vereinbarung auch ein Schweigen zum Vertragsschluss führen kann.[60] Erforderlich ist allerdings in jedem Falle ein besonderer Anknüpfungspunkt, damit dem Schweigen im Verhältnis zwischen den konkreten Parteien rechtsgeschäftliche Bedeutung beigemessen werden kann.

§ 363 [Kaufmännische Orderpapiere]

(1) ¹**Anweisungen, die auf einen Kaufmann über die Leistung von Geld, Wertpapieren oder anderen vertretbaren Sachen ausgestellt sind, ohne daß darin die Leistung von einer Gegenleistung abhängig gemacht ist, können durch Indossament übertragen werden, wenn sie an Order lauten.** ²**Dasselbe gilt von Verpflichtungsscheinen, die von einem Kaufmann über Gegenstände der bezeichneten Art an Order ausgestellt sind, ohne daß darin die Leistung von einer Gegenleistung abhängig gemacht ist.**

(2) **Ferner können Konnossemente der Verfrachter, Ladescheine der Frachtführer, Lagerscheine sowie Transportversicherungspolicen durch Indossament übertragen werden, wenn sie an Order lauten.**

Schrifttum §§ 363–365: *Basedow,* Dokumentenlose Wertbewegungen im Gütertransport, in Kreuzer, Abschied vom Wertpapier? Dokumentenlose Wertbewegungen im Effekten-, Gütertransport- und Zahlungsverkehr, 1988, 67; *v. Bernstorff,* Das „reine Konnossement" im Seefrachtverkehr und die Ersatzmöglichkeit durch das elektronische „Bolero – bill of lading", RIW 2001, 504; *Bülow,* Wechselgesetz Scheckgesetz, 5. Aufl. 2013; *Drews,* Der multimodale Transport im historischen Zusammenhang, TranspR 2006, 177; *Geis,* Die Gesetzgebung zum elektronischen Geschäftsverkehr und die Konsequenzen für das Transportrecht, TranspR 2002, 89; *Gursky,* Wertpapierrecht, 3. Aufl. 2007; *Hager,* Lagerschein und gutgläubiger Erwerb, WM 1980, 666; *Hakenberg,* Die kaufmännischen Orderpapiere, NWB 11/1999, 1011; *Herber,* Die Neuregelung des deutschen Transportrechts, NJW 1998, 3297; *Herber,* Neue

---

[57] AA Schlegelberger/*Hefermehl* Rn. 25.
[58] Heymann/*Horn* Rn. 17.
[59] Baumbach/Hopt/*Hopt* Rn. 7.
[60] Staudinger/*Magnus,* 2018, CISG Art. 18 Rn. 12; *Schlechtriem*/Schwenzer/*Schroeter* CISG Art. 18 Rn. 9.

Entwicklungen im Recht des Multimodaltransports, TranspR 2006, 435; *Herber,* Seehandelsrecht, 2. Aufl. 2016; *Herber/Eckardt,* Zur Praxis der Auslieferung von Gütern unter einem Konnossement gegen PIN durch Seehafenbetriebe, TranspR 2018, 142; *Hilger,* Analoge Anwendung des § 44 KO beim „Durchhandeln" mit Orderlagerscheinen, ZIP 1989, 1246; *Koller,* Anspruch auf Ausstellung eines Ladescheins oder Konnossements und sein Erlöschen, TranspR 2017, 290; *Koller,* Die Bedeutung des Frachtvertrages für den Orderlagerschein, TranspR 2015, 133; *Koller,* Namensschuldverschreibungen des Kapitalmarkts – eine neue Wertpapierform?, WM 1981, 474; *Koller,* Fälschung und Verfälschung von Wertpapieren, WM 1981, 210; *Kümpel,* Zur Problematik des Vorlegungserfordernisses bei Namens-Papieren am Beispiel der Namens-Schuldverschreibung und des Sparbuches – Versuch einer Neudefinition des Wertpapierbegriffes, WM-Sonderbeilage 1/1981, 1; *Müller,* Das Wertpapier – Ein unbekanntes Wesen, JA 2017, 321, 401; *Meyer-Cording/Drygala,* Wertpapierrecht, 3. Aufl. 1995; *Müller-Christmann/Schnauder,* Grundfälle zum Wertpapierrecht, 4. Teil: Die handelsrechtlichen Orderpapiere, JuS 1992, 480; *Nielsen,* Dokumentäre Sicherungsübereignung bei Im- und Exportfinanzierung, WM-Sonderbeilage 9/1986; *Oberndörfer,* Digitale Wertpapiere im Lichte der neuen Formvorschriften des BGB, CR 2002, 358; *Paschke/Ramming,* Reform des deutschen Seehandelsrechts, RdTW 2013, 1; *Ramming,* Die Reichweite der Verbriefungswirkung des Ladescheins bzw. Konnossements, RdTW 2019, 81; *Ramming,* Die Sperrwirkung von Ladeschein und Konnossement, RdTW 2018, 45; *Ramming,* Seehandelsrecht, Bd. 1, 2017; *Ramming,* Hamburger Handbuch Multimodaler Transport, 2011; *Ramming,* Hamburger Handbuch zum Binnenschifffahrtsfrachtrecht, 2009; *Ramming,* Ermöglichen die neuen §§ 126 Abs. 3, 126a BGB die Ausstellung elektronischer Konnossemente?, VersR 2002, 539; *Saive,* Das Blockchain-Traditionspapier – Die transportrechtlichen Traditionspapiere vor dem Hintergrund neuer Technologien, TranspR 2018, 234; *Schnauder,* Sachenrechtliche und wertpapierrechtliche Wirkungen der kaufmännischen Traditionspapiere, NJW 1991, 1642; *Senck,* Der Versicherungsschein der versicherten Sache, VersR 1977, 213; *Sieg,* Der Versicherungsschein in wertpapierrechtlicher Sicht und seine Bedeutung bei der Veräußerung der versicherten Sache, VersR 1977, 213; *Thietz-Bartram,* Der Übergang von Schadensersatzansprüchen bei unrichtiger Konnossementausstellung mittels Indossament, WM 1988, 177; *Thume,* Das neue Transportrecht, BB 1998, 2117; *Weimar,* Der Orderlagerschein und das Frachtbriefduplikat, MDR 1971, 550.

I. Normzweck

Die §§ 363–365 enthalten – überwiegend im Wege der Verweisung auf das Wechselrecht – die **1** **wertpapierrechtlichen Regelungen** der sog *kaufmännischen Orderpapiere.* Die Regelungen sind teilweise unvollständig; sie bedürfen der Ergänzung durch analoge Anwendung weiterer Normen des WG,[1] zB der Art. 18, 19, 69 WG, oder allgemeiner Grundsätze des Wertpapierrechts, zB der Einwendungslehre.[2]

Nach dem Prinzip des *numerus clausus* der Wertpapiere darf es Orderpapiere nur in den gesetzlich **2** vorgesehenen Fällen geben.[3] Die Bedeutung des § 363 liegt deshalb vor allem darin, dass er den Ausstellern der aufgezählten sechs Wertpapiere die Möglichkeit eröffnet, durch Hinzufügung der **positiven Orderklausel** Orderpapiere zu *kreieren.* Die Aussteller dieser Wertpapiere können so deren Verkehrsfähigkeit erhöhen, denn diese Papiere sind nun per Indossament übertragbar.[4] Es handelt sich daher um *gewillkürte,* dh **gekorene Orderpapiere;** im Gegensatz dazu sind Wechsel (Art. 11 Abs. 1 WG), Scheck (Art. 14 Abs. 1 ScheckG) und Namensaktie (§ 68 Abs. 1 AktG) *geborene* Orderpapiere.[5] Die letzte Änderung der §§ 363–365 erfolgte 1998 durch das **Transportrechtsreformgesetz.**[6] Es führte nicht nur zur Streichung der Worte „der staatlich zur Ausstellung solcher Urkunden ermächtigten Anstalten" in Abs. 2 aF (→ Rn. 14), sondern vor allem zur Neuordnung des Fracht- und Lagergeschäfts, was wiederum Auswirkungen auf die entsprechenden Transportpapiere hatte. Die Reform des Seehandelsrechts 2013[7] brachte keine Änderungen der §§ 363–365. Die praktische Bedeutung der §§ 363–365 nimmt ab.[8]

II. Orderpapiere

1. Funktion. Die *gekorenen* Orderpapiere des § 363 müssen den Namen des Berechtigten sowie eine **3** Orderklausel enthalten. Es handelt sich um handelsrechtliche Wertpapiere ieS oder auch Wertpapiere *öffentlichen Glaubens.*[9] Zu ihrer **Entstehung** ist neben der Ausstellung (Skripturakt) die Begebung sowie nach heute hM die Übergabe des Papiers an den ersten Nehmer erforderlich.[10] Die **Übertragung** des

---

[1] Heymann/*Horn* § 365 Rn. 2.

[2] *Meyer-Cording/Drygala,* Wertpapierrecht, 3. Aufl. 1995, D. II.; Staub/*Canaris,* 4. Aufl. 2003, Rn. 24, § 364 Rn. 33; vgl. auch → § 364 Rn. 5.

[3] BGH Urt. v. 15.12.1976 – VIII ZR 295/74, BGHZ 68, 18 (22) = NJW 1977, 499 (500) = WM 1977, 171 = RIW 1977, 106; BGH Urt. v. 8.5.1978 – VIII ZR 46/77, NJW 1978, 1854 = WM 1978, 900 = MDR 1978, 836 = LM BGB § 933 Nr. 7 = JuS 1978, 853 mAnm *K. Schmidt;* Heymann/*Horn* Rn. 4, 6; *Koller* WM 1981, 474 (479); *Meyer-Cording/Drygala,* Wertpapierrecht, 3. Aufl. 1995, D. I.4., A. IV.9; Oetker/*Maultzsch* Rn. 6; BeckOK HGB/*Moussa* Rn. 1; HaKo-HGB/*Eberl* Rn. 1.

[4] Oetker/*Maultzsch* Rn. 1; BeckOK HGB/*Moussa* Vor § 363 Rn. 1; HaKo-HGB/*Eberl* Rn. 2.

[5] Oetker/*Maultzsch* Rn. 6; HaKo-HGB/*Eberl* Rn. 1.

[6] BGBl. 1998 I 1588, Art. 1 Nr. 1; dazu *Herber* NJW 1998, 3297 und *Thume* BB 1998, 2117.

[7] Gesetz zur Reform des Seehandelsrechts v. 20.4.2013, BGBl. 2013 I 831; dazu *Paschke/Ramming* RdTW 2013, 1.

[8] MüKoHGB/*Langenbucher* Rn. 17; Oetker/*Maultzsch* Rn. 7; BeckOK HGB/*Moussa* Rn. 2.

[9] KKRD/*Koller* §§ 363–365 Rn. 1, 2. Den Begriff des *öffentlichen Glaubens* lehnt ab *Kiehnle,* Das Öffentliche im Privaten, 2020, 43, 110 ff.

[10] Vgl. zum Wechsel → B Rn. 9; HK-HGB/*Ruß* Rn. 4.

Papiers erfolgt idR durch Indossament und führt dann im Interesse eines erhöhten Verkehrsschutzes zur Legitimation des durch eine ununterbrochene Indossamentenkette ausgewiesenen Inhabers, § 365 Abs. 1, Art. 16 Abs. 1 WG. Der **gesteigerten Handelbarkeit** des Papiers dient auch der verstärkte Einwendungsausschluss, § 364 Abs. 2 (→ § 364 Rn. 5 ff.). Dieser führt zu einer Durchbrechung der §§ 398 ff. BGB und damit zu einer größeren Sicherung des Erwerbers.[11] Zur Übertragung durch Zession → § 364 Rn. 4; zur Pfändung indossabler Papiere § 831 ZPO.[12]

4   **2. Abgrenzung zu anderen Wertpapieren. a) Inhaberpapiere.** Im Gegensatz zu Orderpapieren werden Inhaberpapiere nach **sachenrechtlichen Prinzipien**[13] übertragen. Neben dem Begebungsvertrag genügt die Übergabe des Papiers; ein Indossament ist nicht erforderlich. Von den kaufmännischen Papieren des § 363 können das **Konnossement,** der **Ladeschein** sowie der **Lagerschein** auch als Inhaberpapier ausgestellt werden,[14] dies geschieht jedoch eher selten. Ob dies auch für Transportversicherungspolicen möglich ist, ist str. (→ Rn. 15). Durch Blankoindossament werden die kaufmännischen Orderpapiere faktisch zu Inhaberpapieren.

5   **b) Rektapapieren.** Fehlt den Papieren des § 363 die Orderklausel, und liegt auch kein Inhaberpapier vor, so handelt es sich idR um Rekta- oder Namenspapiere.[15] Ihre **Übertragung** erfolgt nach **Zessionsrecht;** das Eigentum am Papier geht zwar nach § 952 BGB über; gleichwohl ist zur Wirksamkeit der Abtretung nach richtiger hM die Übergabe des Papiers erforderlich.[16]

6   **c) Andere Urkunden mit Orderklausel.** Fehlen die gesetzlichen Voraussetzungen für das Vorliegen eines Orderpapiers nach § 363, so entstehen **keine Orderpapiere.** Selbst wenn mit einer Orderklausel versehen, bleiben diese Urkunden was sie vorher waren, also idR Namenspapiere, evtl. auch bloße Legitimations- oder Beweisurkunden.[17] Ihre Übertragung richtet sich nach den §§ 398 ff. BGB; eine vertragliche Vereinbarung der Indossabilität scheitert am Prinzip des *numerus clausus* der Orderpapiere (→ Rn. 2). Orderklausel oder Indossament auf einem solchen Papier können aber Indiz für die (selbstverständliche) Abtretbarkeit bzw. erfolgte Abtretung sein. Auch eine vertragliche Absprache iSv § 364 Abs. 3 oder ein vertraglich vereinbarter Einwendungsverzicht sind möglich, allerdings ist hierfür mehr als eine bloße Orderklausel erforderlich.[18]

III. Die kaufmännischen Orderpapiere des Abs. 1

7   **1. Die kaufmännische Anweisung.** Die kaufmännische Anweisung des § 363 Abs. 1 ist eine Variation der BGB-Anweisung; die §§ 783 ff. BGB gelten subsidiär. In ihr weist der Aussteller (Anweisender) den Angewiesenen an, Geld, Wertpapiere oder andere vertretbare Sachen an einen Dritten (Anweisungsempfänger) zu leisten. Wirksam wird die kaufmännische Anweisung durch Übergabe an den Dritten und einen zumindest konkludent geschlossenen Begebungsvertrag.[19] Eine **Verpflichtung zur Leistung** entsteht für den Angewiesenen erst mit seiner schriftlichen (§ 126 Abs. 1 BGB), auf der Anweisung vermerkten Annahme, § 784 Abs. 2 BGB. Die Ersetzung der schriftlichen Form durch die elektronische Form ist nicht möglich.[20] Die kaufmännische Anweisung entspricht daher strukturell dem *gezogenen Wechsel*. Für die **Annahme** genügt die bloße Namensunterschrift auf der Vorderseite der Anweisung in entsprechender Anwendung des Art. 25 Abs. 1 S. 3 WG, str.[21]

8   Im Gegensatz zu § 783 BGB verlangt Abs. 1 die **Kaufmannseigenschaft des Angewiesenen;** Anweisender, Anweisungsempfänger oder spätere Indossanten brauchen keine Kaufleute zu sein.[22] Die Kaufmannseigenschaft muss im **Zeitpunkt** der Entstehung des verbrieften Rechts vorliegen, also im

[11] Baumbach/Hopt/*Hopt* Rn. 1; KKRD/*Koller* §§ 363–365 Rn. 5; HK-HGB/*Ruß* Rn. 1.
[12] BGH Urt. v. 21.5.1980 – VIII ZR 284/79, RIW 1981, 267 (268) = MDR 1980, 1016 = LM ZPO § 831 Nr. 1 (Pfändung einer Schiffsladung, über die ein Orderkonnossement ausgestellt war); dazu auch BeckOK ZPO/*Riedel* ZPO § 831 Rn. 9.
[13] Oetker/*Maultzsch* Rn. 3.
[14] → Rn. 11, 13 f.; etwas weitergehend *Meyer-Cording/Drygala,* Wertpapierrecht, 3. Aufl. 1995, D. I.
[15] GK-HGB/*Weber* Rn. 1; Staub/*Canaris,* 4. Aufl. 2003, Rn. 24.
[16] Vgl. hierzu beim Wechsel → B Rn. 11.
[17] Baumbach/Hefermehl/*Casper* WPR Rn. 60; HK-HGB/*Ruß* Rn. 2; Röhricht/Graf v. Westphalen/Haas/*Steimle/Dornieden* Rn. 11; differenzierter Staub/*Canaris,* 4. Aufl. 2003, Rn. 87 ff.
[18] RG Urt. v. 25.9.1927 – II 140/27, RGZ 119, 119 (124); Baumbach/Hopt/*Hopt* Rn. 2; MüKoHGB/*Langenbucher* Rn. 79 f.; HK-HGB/*Ruß* Rn. 2; Staub/*Canaris,* 4. Aufl. 2003, Rn. 89 ff.
[19] Oetker/*Maultzsch* Rn. 8; BeckOK HGB/*Moussa* Rn. 3; HaKo-HGB/*Eberl* Rn. 4.
[20] MüKoHGB/*Langenbucher* Rn. 17; Oetker/*Maultzsch* Rn. 7; BeckOK HGB/*Moussa* Rn. 3; HaKo-HGB/*Eberl* Rn. 4.
[21] So Heymann/*Horn* Rn. 7; Palandt/*Sprau* BGB § 784 Rn. 4; aA RG Urt. v. 13.5.1932 – II 464/31, RGZ 136, 207 (210); BGH Urt. v. 23.6.1955 – II ZR 348/53, WM 1955, 1324.
[22] Baumbach/Hopt/*Hopt* Rn. 3; HK-HGB/*Ruß* Rn. 5; MüKoHGB/*Langenbucher* Rn. 24; HaKo-HGB/*Eberl* Rn. 5.

Augenblick der ersten Begebung.[23] Während Kaufmannseigenschaft nach § 5 genügt, unstr.,[24] ist es str., ob Kaufmannseigenschaft kraft Auftretens ausreicht.[25] Die Antwort hängt davon ab, ob auch der Kaufmann kraft Auftretens vor den *wertpapierrechtlichen* Gefahren, die mit indossablen Papieren verbunden sind, geschützt werden soll. Dies ist jedoch abzulehnen, da den §§ 363–365 ein solches Privileg nicht zu entnehmen ist. Wer als Scheinkaufmann im Rechtsverkehr Anweisungen annimmt, soll daher auch den strengen Konsequenzen der §§ 363–365 unterworfen werden.[26] Auf Grund der unbestreitbaren Risiken indossabler Wertpapiere müssen jedoch Anweisung und evtl. Annahme für den angewiesenen Kaufmann Handelsgeschäft iSv §§ 343, 344 sein, str.[27] Nur dies entspricht der Systematik der §§ 343 ff., da sonst der als Verbraucher handelnde Kaufmann den strengeren Regeln des HGB unterworfen würde. Die angewiesene Leistung darf ferner nicht von einer **Gegenleistung** abhängen.[28] Zulässig sind aber nicht-äquivalente Leistungen wie Zahlung von Lagergeld oder Vorlage von Dokumenten, da es sich hierbei nicht um echte Gegenleistungen handelt.[29] Zulässig sind auch vertraglich, also außerhalb der Urkunde, vereinbarte Gegenleistungen.[30] Weitere Voraussetzung des § 363 Abs. 1 ist die **Orderklausel;** sie kann auch an *eigene Order* des Ausstellers lauten („an mich oder meine Order").[31] Ohne Orderklausel liegt eine Anweisung nach §§ 783 ff. BGB vor, deren Übertragung nach § 792 BGB erfolgt. In diesem Fall liegt ein Rektapapier vor,[32] → Rn. 5. Gleiches gilt, unabhängig von der Existenz einer Orderklausel, wenn der Angewiesene im Zeitpunkt der ersten Begebung des Papiers nicht Kaufmann ist[33] oder wenn, nach der hier vertretenen Auffassung, kein Handelsgeschäft des Angewiesenen vorliegt.

Die **praktische Bedeutung** der kaufmännischen Anweisung ist heute gering. Beispiele für sie sind **9** Warenlieferscheine und Effektenschecks.[34] Auch die Umdeutung eines fehlgeschlagenen gezogenen Wechsels kann zu einer kaufmännischen Anweisung führen.[35] Keine kaufmännischen Anweisungen sind Akkreditiv und Kreditbrief.[36] Auch der früher häufige **Reisescheck** kann als kaufmännische Anweisung aufgefasst werden, teilweise wird auch ein kaufmännischer Verpflichtungsschein angenommen.[37] Die Rechtsnatur des Reiseschecks hängt letztendlich von der Ausgestaltung seiner vertraglichen Bedingungen ab, die je nach Ausgabeinstitut variieren.

2. Der kaufmännische Verpflichtungsschein. Der kaufmännische Verpflichtungsschein ist eine **10** Sonderform des abstrakten Schuldversprechens des § 780 BGB.[38] Strukturell entspricht der kaufmännische Verpflichtungsschein damit dem *Eigenwechsel* (→ B Rn. 1). Neben der **Kaufmannseigenschaft** des Verpflichteten im Zeitpunkt der Begebung (es gelten die Ausführungen zur kaufmännischen Anweisung entsprechend, → Rn. 8), ist für Abs. 1 die Orderklausel, auch in der Variante *an eigene Order*,[39] erforderlich. Um indossables Wertpapier zu sein, ist Schriftform gem. §§ 126 Abs. 1, 780 oder § 793 Abs. 2 S. 2 BGB analog erforderlich.[40] § 350 gilt nicht, weil ohne Schriftform kein indossables Papier geschaffen werden kann.[41] Eine Erwähnung des Schuldgrundes in der Urkunde ist zulässig und

---

[23] Baumbach/Hopt/*Hopt* Rn. 3; MüKoHGB/*Langenbucher* Rn. 26; Staub/*Canaris,* 4. Aufl. 2003, Rn. 9; Oetker/*Maultzsch* Rn. 10; BeckOK HGB/*Moussa* Rn. 5; HaKo-HGB/*Eberl* Rn. 5. Zum Zeitpunkt der Rechtsentstehung BGH Urt. v. 12.11.1981 – III ZR 57/80, WM 1982, 155 (156).

[24] Heymann/*Horn* Rn. 9; HK-HGB/*Ruß* Rn. 5; Staub/*Canaris,* 4. Aufl. 2003, Rn. 5; Oetker/*Maultzsch* Rn. 10.

[25] Abl. Baumbach/Hopt/*Hopt* Rn. 3; BeckOK HGB/*Moussa* Rn. 6; Heymann/*Horn* Rn. 9; MüKoHGB/*Langenbucher* Rn. 28; Röhricht/Graf v. Westphalen/Haas/*Steimle/Dornieden* Rn. 9; HK-HGB/*Ruß* Rn. 5; Staub/*Canaris,* 4. Aufl. 2003, Rn. 9; Oetker/*Maultzsch* Rn. 10.

[26] So auch KKRM/*Koller* §§ 363–365 Rn. 3, anders jetzt KKRD/*Koller* §§ 363–365 Rn. 3.

[27] So auch Oetker/*Maultzsch* Rn. 10; aA OLG Hamm Urt. v. 26.6.1981 – 7 U 188/80, ZIP 1982, 48 (50 f.); Baumbach/Hopt/*Hopt* Rn. 3 f., der jedoch Betriebszugehörigkeit der Anweisung beim kaufmännischen Angewiesenen verlangt; Heymann/*Horn* Rn. 9; MüKoHGB/*Langenbucher* Rn. 24; Staub/*Canaris,* 4. Aufl. 2003, Rn. 5; HaKo-HGB/*Eberl* Rn. 5.

[28] RG Urt. v. 10.5.1910 – VII 296/09, RGZ 74, 11 (16); RG Urt. v. 25.9.1927 – II 140/27, RGZ 119, 119 (122); krit. dazu BeckOK HGB/*Moussa* Rn. 4.

[29] Staub/*Canaris,* 4. Aufl. 2003, Rn. 18; MüKoHGB/*Langenbucher* Rn. 22.

[30] Baumbach/Hopt/*Hopt* Rn. 3; GK-HGB/*Weber* Rn. 3; Heymann/*Horn* Rn. 9; HK-HGB/*Ruß* Rn. 5; Staub/*Canaris,* 4. Aufl. 2003, Rn. 19; Oetker/*Maultzsch* Rn. 11; HaKo-HGB/*Eberl* Rn. 6.

[31] MüKoHGB/*Langenbucher* Rn. 14; Staub/*Canaris,* 4. Aufl. 2003, Rn. 22; Oetker/*Maultzsch* Rn. 27; HaKo-HGB/*Eberl* Rn. 7.

[32] MüKoHGB/*Langenbucher* Rn. 25; Oetker/*Maultzsch* Rn. 28; BeckOK HGB/*Moussa* Rn. 7.

[33] Baumbach/Hopt/*Hopt* Rn. 2; MüKoHGB/*Langenbucher* Rn. 25; Staub/*Canaris,* 4. Aufl. 2003, Rn. 11; HaKo-HGB/*Eberl* Rn. 5; BeckOK HGB/*Moussa* Rn. 6.

[34] Hierzu GK-HGB/*Weber* Rn. 4; MüKoHGB/*Langenbucher* Rn. 12, 33 ff.; *K. Schmidt* HandelsR § 24 Rn. 10; Oetker/*Maultzsch* Rn. 9; HaKo-HGB/*Eberl* Rn. 8; aA Staub/*Canaris,* 4. Aufl. 2003, Rn. 36.

[35] Baumbach/Hopt/*Hopt* Rn. 3; Staub/*Canaris,* 4. Aufl. 2003, Rn. 33; Oetker/*Maultzsch* Rn. 9; hierzu auch → B Rn. 4.

[36] Baumbach/Hopt/*Hopt* Rn. 3.

[37] Vgl. MüKoHGB/*Hadding* ZahlungsV Rn. F 8; *Nobbe* in Schimansky/Bunte/Lwowski BankR-HdB, 3. Aufl. 2007, § 63 Rn. 54 sowie jetzt § 63 Rn. 14; Baumbach/Hopt/*Hopt* (7) Bankgeschäfte Rn. E/10.

[38] HaKo-HGB/*Eberl* Rn. 9.

[39] KKRD/*Koller* §§ 363–365 Rn. 4, 3; Staub/*Canaris,* 4. Aufl. 2003, Rn. 22.

[40] MüKoHGB/*Langenbucher* Rn. 40; Staub/*Canaris,* 4. Aufl. 2003, Rn. 21; HaKo-HGB/*Eberl* Rn. 10.

[41] HK-HGB/*Ruß* Rn. 6; HaKo-HGB/*Eberl* Rn. 10.

kann zu einer urkundlichen Einwendung führen.[42] **Beispiele** für kaufmännische Verpflichtungsscheine sind die früher häufigen Orderschuldverschreibungen und Industrieobligationen[43] sowie ferner die Umdeutung fehlgeschlagener Eigenwechsel[44] oder nichtiger Akzepte, str.[45] Ein spanisches „Pagaré„- Papier kann kaufmännischer Verpflichtungsschein sein, wenn der Aussteller Kaufmann ist, da ohne Wechselklausel kein Eigenwechsel vorliegt.[46] Zum Verpflichtungsschein im Seefrachtrecht BGH Urt. v. 15.6.1987 – II ZR 209/86, NJW-RR 1987, 1516.

IV. Die Wertpapiere des Fracht- und Lagergeschäfts

10a   Sofern mit einer Orderklausel versehen, gehören auch die folgenden Dokumente des Fracht- und Lagergeschäfts zu den kaufmännischen Orderpapieren:

11   **1. Konnossement.** Das Konnossement (frz. *connaissance,* engl. *bill of lading*) findet vor allem in der Stückgutverfrachtung Verwendung und wird seit der Reform des Seehandelsrechts (→ Rn. 2) in den §§ 513–525 (vorher §§ 642 ff.) geregelt. Es enthält nach § 514 Abs. 1 S. 1 das **Anerkenntnis** des Verfrachters an den Ablader, dass die im Seeverkehr zu transportierenden Güter an Bord empfangen wurden; gleichzeitig verbrieft es den Anspruch auf Herausgabe der Güter im Bestimmungshafen sowie etwaige Schadensersatzansprüche. Es ist nach Wahl des Abladers an seine Order, die Order des Empfängers oder lediglich an Order zu stellen. Das Konnossement kann theoretisch auch ein Namens- oder Inhaberpapier sein,[47] praktische Bedeutung hat dies jedoch nicht. Zu Inhalt und Form vgl. §§ 515 f. Dem „klassischen" Konnossement stellt § 516 Abs. 2 eine elektronische Aufzeichnung, die dieselben Funktionen erfüllt wie das Konnossement, gleich. Einzelheiten dieses elektronischen Konnossements kann das BMJV per Rechtsverordnung regeln. Dies ist bis jetzt noch nicht geschehen. Die dem Wechsel- und Scheckrecht immanente Formstrenge fehlt beim Konnossement.[48]

12   **Zur Empfangnahme der Güter legitimiert** ist nach § 519 der aus dem Konnossement Berechtigte. Dabei wird vermutet, dass der legitimierte Besitzer des Konnossements der Berechtigte ist, wenn es auf den Inhaber oder den Namen des Besitzers lautet oder er sich durch eine ununterbrochene Indossamentenkette ausweisen kann (→ § 365 Rn. 5 f.). Die Ablieferung des Gutes am Löschplatz erfolgt nur gegen **Rückgabe** einer Ausfertigung des Konnossements und Quittierung, §§ 521 Abs. 2, 364 Abs. 3. Das Konnossement ist maßgebend für das Rechtsverhältnis zwischen dem Verfrachter und dem aus dem Konnossement Berechtigten, § 519. Der Konnossementsbegebungsvertrag zwischen Verfrachter und Ablader ist daher ein Vertrag zugunsten Dritter.[49] Daher haftete nach altem Recht der Konnossementsverfrachter dem konnossementsmäßig legitimierten gutgläubigen Empfänger der Güter für schuldhaft unrichtige Konnossementsausstellung.[50] Jetzt regelt § 523 die Haftung für unrichtige Konnossmentsangaben. IdR sind Vertrags- und Haftungsbedingungen als AGB im Konnossements- formular enthalten; sie können deshalb, wenn sie dort ausformuliert sind, urkundliche Einwendungen darstellen. Die bloße Verweisung im Konnossement auf sie genügt nicht, § 522 Abs. 1 S. 2 (→ § 364 Rn. 8). Jedes Konnossement ist ein **Traditionspapier,** § 524 (→ Rn. 17 f.).

13   **2. Ladeschein.** Was das Konnossement für die Seefracht, ist der Ladeschein für den nationalen Transport von Gütern zu **Lande,** auf **Binnengewässern** oder mit **Luftfahrzeugen,** § 407 Abs. 3 Nr. 1. Er verbrieft die Verpflichtung des Frachtführers (Aussteller) zur Ablieferung der Güter, § 443 Abs. 1. Vor Inkrafttreten des TRG (→ Rn. 2) hatte der Ladeschein praktisch nur in der Binnenschiff- fahrt Bedeutung.[51] Seit seinem Inkrafttreten kann auch über den **kombinierten Transport** ein

---

[42] Oetker/*Maultzsch* Rn. 12.

[43] MüKoHGB/*Langenbucher* Rn. 40.

[44] Oetker/*Maultzsch* Rn. 14; BeckOK HGB/*Moussa* Rn. 9; HaKo-HGB/*Eberl* Rn. 9.

[45] Baumbach/Hefermehl/*Casper* WG Art. 2 Rn. 12, 16; Baumbach/Hopt/*Hopt* Rn. 4, 3; HK-HGB/*Ruß* Rn. 6; Staub/*Canaris,* 4. Aufl. 2003, Rn. 33, 34; aA (zum fehlgeschlagenen Akzept) RG Urt. v. 13.5.1932 – II 464/31, RGZ 136, 207 (210); BGH Urt. v. 23.6.1955 – II ZR 348/53, WM 1955, 1324; zur Umdeutung beim Wechsel → B Rn. 4.

[46] OLG Hamm Urt. v. 26.6.1981 – 7 U 188/80, ZIP 1982, 48 (50); vgl. hierzu auch BGH Urt. v. 1.10.1987 – III ZR 134/86, WM 1987, 1416 = NJW 1988, 1468.

[47] RegE BT-Drs. 17/10309, 90; *Herber,* Seehandelsrecht, 2. Aufl. 2016, § 30 II.1.a); Heymann/*Horn* Rn. 18; MüKoHGB/*Langenbucher* Rn. 51.

[48] Zu den Formvorschriften beim Wechsel → B Rn. 3.

[49] BGH Urt. v. 27.10.1960 – II ZR 127/59, BGHZ 33, 364 = NJW 1961, 665; BGH Urt. v. 25.9.1986 – II ZR 26/86, BGHZ 98, 284 = NJW 1987, 588 (589) = WM 1986, 1524 = LM HGB § 364 Nr. 4; *Meyer-Cording/Drygala,* Wertpapierrecht, 3. Aufl. 1995, D.I.2.; HK-HGB/*Ruß* Rn. 7; aA MüKoHGB/*Langenbucher* Rn. 45; Staub/*Canaris,* 4. Aufl. 2003, Rn. 58.

[50] BGH Urt. v. 27.10.1960 – II ZR 127/59, BGHZ 33, 364 = NJW 1961, 665; BGH Urt. v. 25.9.1986 – II ZR 26/86, BGHZ 98, 284 = NJW 1987, 588 = WM 1986, 1524 = LM HGB § 364 Nr. 4; hierzu *Thietz-Bartram* WM 1988, 177; vgl. auch GK-HGB/*Weber* Rn. 8.

[51] *K. Schmidt* HandelsR § 32 Rn. 22; *Herber* NJW 1998, 3297 (3300); MüKoHGB/*Herber,* 2. Aufl. 2009, § 444 Rn. 2 f. Die §§ 27–76 BinSchG aF wurden aufgehoben, Art. 2 TRG; es gilt seither ausschließlich HGB, § 26 BinSchG.

indossabler Ladeschein ausgestellt werden, § 452. Der Vertrag über *kombinierte* oder *multimodale* Beförderung ist nunmehr ein Unterfall des allgemeinen Frachtvertrags.[52] Zu Inhalt und Legitimation vgl. §§ 408, 444. Wird der Ladeschein nicht an Order gestellt, kann er Inhaber- oder Rektapapier sein (→ § 443 Rn. 3). Er ist für das Rechtsverhältnis zwischen Frachtführer und Empfänger maßgebend, § 444, seine Begebung ist daher, wie beim Konnossement auch, Vertrag zugunsten Dritter, str.[53] Jeder Ladeschein ist **Traditionspapier,** § 448 (→ Rn. 17 f.). Dem „klassischen" Ladeschein gleichgestellt ist der elektronische nach § 443 Abs. 3. Von der dortigen Ermächtigung, Einzelheiten per Verordnung zu regeln, wurde ebenfalls noch kein Gebrauch gemacht (→ Rn. 11).

3. Lagerschein. Der vom Lagerhalter dem Einlagerer ausgestellte Lagerschein verbrieft die Verpflichtung des Lagerhalters zur **Auslieferung des eingelagerten Gutes,** § 475c. Zu Inhalt, Legitimation, etc vgl. §§ 475c–475f. Der Lagerschein kann nach 475d Abs. 3 an Order gestellt werden, er kann aber auch Inhaber- und Rektapapier oder bloßer Lagerempfangsschein sein.[54] **Traditionspapier** ist seit der Reform des Seehandelsrechts grundsätzlich jeder Lagerschein, § 475g (→ Rn. 17). Art. 7 TRG hatte die *Verordnung über Orderlagerscheine* vom 16.12.1931[55] mit Wirkung zum 1.7.1998 **aufgehoben.** Eine staatliche Ermächtigung zur Ausstellung von Orderlagerscheinen ist damit nicht mehr erforderlich; § 363 Abs. 2 wurde entsprechend geändert (→ Rn. 2). Dem „klassischen" Ladeschein ist nach § 475c Abs. 4 ebenfalls ein elektronischer gleichgestellt, wenn er dieselben Funktionen erfüllt. Auch hier können Einzelheiten durch Rechtsverordnung des BMJV festgelegt werden, was jedoch auch noch nicht geschehen ist. **14**

4. Transportversicherungspolice. Die Transportversicherungspolice oder auch Beförderungsversicherungsschein beurkundet den **Transportversicherungsvertrag** und verbrieft die Rechte daraus. Nach § 3 Abs. 1 VVG ist der Versicherer zur Ausstellung eines solchen Versicherungsscheins in Textform, auf Verlangen des Versicherungsnehmers auch als Urkunde, verpflichtet. Die Transportversicherung zu **Lande** und auf **Binnengewässern** ist in §§ 130 ff. VVG geregelt, die **Seeversicherung** in den allgemeinen Bedingungswerken der Versicherer.[56] Ob der Binnentransportversicherungsschein neben Order- und Namenspapier auch (echtes) Inhaberpapier sein kann, ist str. Dies ist abzulehnen, da nach § 4 Abs. 1 VVG ein auf den Inhaber gestellter Versicherungsschein nur die (Legitimations- und Liberations-)Wirkungen des § 808 BGB hat.[57] Dagegen kann der Seeversicherungsschein Inhaberpapier sein, da nach § 209 VVG das VVG auf die Seeversicherung nicht anwendbar ist. **15**

V. Ausdehnung der §§ 363 ff. auf andere Transportdokumente

Das moderne, insbesondere internationale Transportwesen hat neue, dem § 363 Abs. 2 unbekannte Dokumente geschaffen, etwa *FIATA Multimodal Transport Bill of Lading* und *FIATA Forwarders Certificate of Transport.* Damit ist die Frage aufgeworfen, ob die Orderfähigkeit über den Kreis der dort genannten Papiere hinaus erweitert werden kann. Zum Teil wird zu Recht für eine **zurückhaltende Analogie,** insbesondere bei internationalen Dokumenten des kombinierten Transports und beim Durchkonnossement, plädiert.[58] Dem steht die Rspr. unter Berufung auf das Prinzip des *numerus clausus* der Wertpapiere (→ Rn. 2) ablehnend gegenüber.[59] Gegenwärtig besteht für den nationalen Transport kein wirklicher Anlass für eine Erweiterung, da seit der **Reform des Transportrechts** im Jahre 1998 sowohl für Luftfracht wie auch für den kombinierten Transport einheitliche indossable Ladescheine **16**

---

[52] *Reuschle* → § 452 Rn. 25; BR-Drs. 368/97, 98; BT-Drs. 13/8445, 99; *Herber* NJW 1998, 3297 (3306).

[53] → Rn. 12; aA MüKoHGB/*Herber/Harm* § 448 Rn. 5, MüKoHGB/*Herber* § 524 Rn. 8 ff.; *Schaffert* → § 443 Rn. 7.

[54] KKRD/*Koller* § 475c Rn. 1; MüKoHGB/*Hesse* § 475c Rn. 3; MüKoHGB/*Langenbucher* Rn. 56.

[55] RGBl. I 763, ber. RGBl. 1932 I 424, BGBl. III 4102-1; abgedr. in Baumbach/Hopt/*Hopt,* 29. Aufl. 1995, Transport (21); MüKoHGB, 1. Aufl. 1997, §§ 416–424 Anh. I.

[56] MüKoHGB/*Langenbucher* Rn. 57. Die früher für die Seeversicherung geltenden §§ 778–900, 905 wurden durch Art. 4 des Gesetzes zur Reform des Versicherungsvertragsrechts (BGBl. 2007 I 2631) aufgehoben.

[57] So BeckOK HGB/*Moussa* Rn. 15; *Meyer-Cording/Drygala,* Wertpapierrecht, 3. Aufl. 1995, D. I.3; MüKoHGB/*Hefermehl,* 1. Aufl. 2001, Rn. 69; *Sieg* VersR 1977, 213 (214); wohl ebenso MüKoHGB/*Langenbucher* Rn. 58; aA *Staub/Canaris,* 4. Aufl. 2003, Rn. 76, nach dem § 4 VVG abdingbar sei.

[58] Baumbach/Hopt/*Hopt* Rn. 5; KKRD/*Koller* §§ 363–365 Rn. 2; *Oetker/Maultzsch* Rn. 26; *Nielsen* WM-Sonderbeilage 9/1986, 4 (9 f.); Staub/*Canaris,* 4. Aufl. 2003, Rn. 78 ff.; zur FIATA-Bill of Lading OGH Wien Urt. v. 29.4.1992 – 3 Ob 519/92, IPRax 1993, 252 (254), mAnm *Koller* IPRax 1993, 257. Ausf. zu dieser Problematik MüKoHGB/*Langenbucher* Rn. 74 ff.

[59] BGH Urt. v. 15.12.1976 – VIII ZR 295/74, BGHZ 68, 18 (22) = NJW 1977, 499 (500) = WM 1977, 171 = RIW 1977, 106 (Forwarders Receipt = Spediteur-Empfangsbescheinigung); BGH Urt. v. 8.5.1978 – VIII ZR 46/77, NJW 1978, 1854 = WM 1978, 900 = MDR 1978, 836 = LM BGB § 933 Nr. 7 = JuS 1978, 853 (Kfz-Brief); OLG Düsseldorf Urt. v. 21.4.1994 – 18 U 190/93, RIW 1994, 597 (Forwarders Receipt); ebenso Baumbach/*Hefermehl/Casper* WPR Rn. 60; BeckOK HGB/*Moussa* Rn. 10; *Meyer-Cording/Drygala,* Wertpapierrecht, 3. Aufl. 1995, A. IV.9; MüKoHGB/*Hefermehl,* 1. Aufl. 2001, Rn. 67.

ausgestellt werden können,[60] → Rn. 13. Auch für das Durchkonnossement (als Ladeschein) besteht dieses Bedürfnis nicht mehr. Nicht unter § 363 fallen die Namensschuldverschreibungen des Kapitalmarkts.[61]

VI. Traditionspapiere und Traditionswirkung

17   Jeder **Ladeschein** (§ 448), jeder **Lagerschein** (§ 475g) sowie jedes **Konnossement** (§ 524) ist ein *Traditionspapier*[62] und verbrieft damit mehr als den bloßen Herausgabeanspruch: Die Übergabe des Papiers hat, wenn die Güter vom Frachtführer, Lagerhalter oder Verfrachter übernommen worden sind, für den Erwerb von Rechten an den Gütern dieselben Wirkungen wie die Übergabe der Güter selbst. Diese Eigenschaft eines Traditionspapiers ist von der Eigenschaft eines Orderpapiers zu trennen.[63] Die Traditionswirkung setzt daher nicht voraus, dass es sich auch um ein Orderpapier handelt.[64] Frachtbrief/Frachtbriefduplikat haben keine Traditionswirkung,[65] ebenso wenig der frühere KFZ-Brief[66] und das Forwarders Receipt (Spediteur-Empfangsquittung).[67]

18   Die Eingliederung der §§ 524, 448, 475g in die Systematik der §§ 929 ff. BGB war lange str.[68] Nach heute überwM *(Repräsentationstheorie)* ersetzt die Übergabe des Papiers die **Übergabe des unmittelbaren Besitzes** nach § 929 S. 1 BGB.[69] Zur Übereignung der eingelagerten bzw. transportierten Güter sind damit neben der Übergabe des Papiers noch die Einigung nach § 929 S. 1 BGB sowie ein Begebungsvertrag und ggf. ein Indossament erforderlich.[70] Den Zeitpunkt des gutgläubigen Erwerbs der Güter, nicht des Papiers, regeln §§ 932, 936 Abs. 1 S. 1 BGB. Eine Verpfändung erfolgt nach § 1205 Abs. 1 BGB; eine Anzeige nach § 1205 Abs. 2 BGB ist nicht erforderlich.[71] § 935 BGB kann nicht überwunden werden.[72] Die Traditionswirkung setzt ferner voraus, dass die Güter (i) übernommen worden sind und (ii) ihre Herausgabe weiterhin möglich ist, sie also nicht zerstört, gestohlen, gesunken oder sonst wie abhanden gekommen sind. Besitzmittlungswille des Verfrachters, Frachtführers oder Lagerhalters ist nach überwM zu Recht nicht erforderlich.[73] Zur Sicherungsübereignung durch Traditionspapiere *Nielsen* WM-Sonderbeilage 9/1986, 14 ff.

19   Als Kehrseite ihrer Traditionswirkung entwickeln Traditionspapiere bei einer gleichfalls möglichen Übereignung der Güter durch Abtretung des Herausgabeanspruchs nach §§ 870, 931 BGB **Sperrwirkung:** Die Abtretung ist nur wirksam bei Übergabe des Papiers.[74] Dies entspricht bereits den Regeln für die Abtretung von durch Wertpapiere ieS verbrieften Ansprüchen (zum Wechsel → B Rn. 11), gilt aber auch für Namenskonnossement und Namensladeschein. Sogar der Namenslagerschein, der vor der Reform des Seehandelsrechts weder Wertpapier ieS noch Traditionspapier war, sollte bei entsprechender Parteivereinbarung Sperrwirkung entfalten können.[75]

---

[60] So auch *Jäger/Haas* in Schimansky/Bunte/Lwowski BankR-HdB § 100 Rn. 42; *K. Schmidt* HandelsR § 24 Rn. 11.

[61] Baumbach/Hopt/*Hopt* Rn. 2; *Koller* WM 1981, 474 (479 f.); MüKoHGB/*Langenbucher* Rn. 76; aA *Kümpel* WM-Sonderbeilage 1/1981, 1 (31).

[62] Baumbach/Hefermehl/*Casper* WPR Rn. 62; *Nielsen* WM-Sonderbeilage 9/1986, 2 f.; MüKoHGB/*Langenbucher* Rn. 59; BeckOK HGB/*Moussa* Rn. 10.

[63] MüKoHGB/*Hefermehl,* 1. Aufl. 2001, Rn. 3.

[64] Oetker/*Maultzsch* Rn. 18.

[65] Baumbach/Hefermehl/*Casper* WPR Rn. 62.

[66] BGH Urt. v. 8.5.1978 – VIII ZR 46/77, NJW 1978, 1854 = WM 1978, 900 = MDR 1978, 836 = LM BGB § 933 Nr. 7 = JuS 1978, 853 mAnm *K. Schmidt.*

[67] BGH Urt. v. 15.12.1976 – VIII ZR 295/74, BGHZ 68, 18 (22) = NJW 1977, 499 (500) = WM 1977, 171 = RIW 1977, 106.

[68] Zum Theorienstreit Heymann/*Horn* Rn. 24; *Meyer-Cording/Drygala,* Wertpapierrecht, 3. Aufl. 1995, D. III.; *Müller-Christmann/Schnauder* JuS 1992, 480 (483 f.); MüKoHGB/*Langenbucher* Rn. 59 ff.; Oetker/*Maultzsch* Rn. 17; *Schnauder* NJW 1991, 1645 f.; Staub/*Canaris,* 4. Aufl. 2003, Rn. 95 ff. Zum Durchhandeln mit Orderlagerscheinen und dem damaligen § 44 KO vgl. *Hilger* ZIP 1989, 1246.

[69] BGH Urt. v. 19.6.1958 – II ZR 228/57, NJW 1958, 1485; BGH Urt. v. 27.10.1967 – Ib ZR 157/65, BGHZ 49, 160 (163) = NJW 1968, 591.

[70] BeckOK HGB/*Moussa* Rn. 17.

[71] *Meyer-Cording/Drygala,* Wertpapierrecht, 3. Aufl. 1995, D. III.3; Staub/*Canaris,* 4. Aufl. 2003, Rn. 132; BeckOK HGB/*Moussa* Rn. 18.

[72] BGH Urt. v. 19.6.1958 – II ZR 228/57, NJW 1958, 1485; Baumbach/Hopt/*Hopt* § 448 Rn. 3; *Jäger/Haas* in Schimansky/Bunte/Lwowski BankR-HdB § 100 Rn. 38; BeckOK HGB/*Moussa* Rn. 18.

[73] Heymann/*Horn* Rn. 25; *Meyer-Cording/Drygala,* Wertpapierrecht, 3. Aufl. 1995, D. III.4.; Oetker/*Maultzsch* Rn. 17; *Schnauder* NJW 1991, 1642 (1646 f.); Staub/*Canaris,* 4. Aufl. 2003, Rn. 107 f.

[74] BGH Urt. v. 27.10.1967 – Ib ZR 157/65, BGHZ 49, 160 (163) = NJW 1968, 591; *Jäger/Haas* in Schimansky/Bunte/Lwowski BankR-HdB § 100 Rn. 44; MüKoHGB/*Langenbucher* Rn. 73; *Schnauder* NJW 1991, 1642 (1648); *K. Schmidt* HandelsR § 24 Rn. 35; Staub/*Canaris,* 4. Aufl. 2003, Rn. 142, BeckOK HGB/*Moussa* Rn. 18.

[75] BGH Urt. v. 25.5.1979 – I ZR 147/77, NJW 1979, 2037 (2038) = WM 1979, 771 (773 f.) = JuS 1980, 298 mAnm *K. Schmidt;* krit. *Hager* WM 1980, 666; Staub/*Canaris,* 4. Aufl. 2003, Rn. 146 f.

§ 364 [Indossament]

(1) **Durch das Indossament gehen alle Rechte aus dem indossierten Papier auf den Indossatar über.**

(2) **Dem legitimierten Besitzer der Urkunde kann der Schuldner nur solche Einwendungen entgegensetzen, welche die Gültigkeit seiner Erklärung in der Urkunde betreffen oder sich aus dem Inhalte der Urkunde ergeben oder ihm unmittelbar gegen den Besitzer zustehen.**

(3) **Der Schuldner ist nur gegen Aushändigung der quittierten Urkunde zur Leistung verpflichtet.**

Schrifttum: Vgl. § 363.

I. Normzweck

§ 364 regelt die Übertragung durch Indossament, schließt die Übertragung nach allgemeinem **1** Zessionsrecht jedoch nicht aus (→ Rn. 4). Ferner enthält die Vorschrift eine Formulierung zum Einwendungsausschluss, die jedoch durch die moderne Einwendungslehre modifiziert wird. Insgesamt wäre eine schlichte Verweisung auf Art. 14 Abs. 1, 17 und 39 Abs. 1 WG sinnvoller.

II. Übertragung

1. Durch Indossament. Die Übertragung durch Indossament setzt neben dem schriftlichen Indos- **2** sament einen **Begebungsvertrag** zwischen Indossant und Indossatar und nach hM die **Übergabe** des Papiers voraus.[1] *Vollindossamente,* die alle Rechte übertragen, lauten typischerweise: „Für A an B" oder „Für A an die Order von B". *Inhaltlich beschränkte Indossamente* sind ebenso möglich wie *Blankoindossamente* (→ § 365 Rn. 3). Ein **Blankoindossament** macht das kaufmännische Orderpapier zum faktischen Inhaberpapier, da die weitere Übertragung durch bloße Übergabe nebst Begebungsvertrag geschehen kann, Art. 14 Abs. 2 Nr. 3 WG.[2]

Das Indossament hat, wenn Begebungsvertrag und Übergabe des Papiers hinzukommen, **Trans- 3 portfunktion,** vgl. Art. 14 Abs. 1 WG. Es überträgt das verbriefte Recht nebst den darin wurzelnden Ersatzansprüchen, zB dem Schadensersatzanspruch aus § 498 gegen den Verfrachter wegen Verlusts oder Beschädigung der verschifften Güter.[3] Konkurrierende Schadensersatzansprüche, etwa aus unerlaubter Handlung, oder Ansprüche aus dem zugrunde liegenden Vertragsverhältnis gehen nicht über; hierfür ist eine gesonderte Abtretung erforderlich.[4] Sicherheiten wie Bürgschaften oder Pfandrechte werden, wenn sie *zugunsten des jeweiligen Inhabers* bestellt sind, mit übertragen, andere Sicherheiten müssen dagegen gesondert übertragen werden.[5] Die Übertragung per Indossament hat ferner **Legitimationsfunktion,**[6] → § 365 Rn. 5. Dagegen fehlt den kaufmännischen Orderpapieren die **Garantiefunktion** des Indossaments, da auf Art. 15, 43 WG nicht verwiesen wird und eine analoge Anwendung nicht sachgerecht ist.[7] Der Indossant eines kaufmännischen Orderpapiers haftet weder dem Indossatar noch dessen Nachmännern wertpapierrechtlich. Eventuelle vertragliche Rückgriffsansprüche sind möglich.[8]

2. Durch Abtretung. Kaufmännische Orderpapiere können auch durch einfache Abtretung über- **4** tragen werden.[9] Nach richtiger hM ist zur Wirksamkeit der Abtretung auch die **Übergabe** des

---

[1] Vgl. zum Wechsel → B Rn. 12; ferner Baumbach/Hefermehl/*Casper* WPR Rn. 59; Baumbach/Hopt/*Hopt* Rn. 1; GK-HGB/*Weber* Rn. 2; Heymann/*Horn* Rn. 1; HK-HGB/*Ruß* Rn. 2; Oetker/*Maultzsch* Rn. 4; BeckOK HGB/*Moussa* Rn. 1; HaKo-HGB/*Eberl* Rn. 2; Staub/*Canaris,* 4. Aufl. 2003, Rn. 1.

[2] Baumbach/Hopt/*Hopt* Rn. 1; Oetker/*Maultzsch* § 365 Rn. 6; vgl. auch RG Urt. v. 12.9.1941 – I 121/40, RGZ 168, 1 (5).

[3] BGH Urt. v. 26.9.1957 – II ZR 267/56, BGHZ 25, 250 (257) = NJW 1957, 1838; BGH Urt. v. 5.2.1962 – II ZR 141/60, BGHZ 36, 329 (333) = NJW 1962, 681; Baumbach/Hopt/*Hopt* Rn. 1; GK-HGB/*Weber* Rn. 4; HK-HGB/*Ruß* Rn. 2; Oetker/*Maultzsch* Rn. 6; HaKo-HGB/*Eberl* Rn. 3; Staub/*Canaris,* 4. Aufl. 2003, Rn. 5.

[4] MüKoHGB/*Langenbucher* Rn. 8; Staub/*Canaris,* 4. Aufl. 2003, Rn. 5 f.; Oetker/*Maultzsch* Rn. 7; BeckOK HGB/*Moussa* Rn. 1.

[5] RG Urt. v. 3.6.1898 – III 40/98, RGZ 41, 170 (172); MüKoHGB/*Langenbucher* Rn. 7; GK-HGB/*Weber* Rn. 4; HK-HGB/*Ruß* Rn. 2; Staub/*Canaris,* 4. Aufl. 2003, Rn. 7; Oetker/*Maultzsch* Rn. 6; HaKo-HGB/*Eberl* Rn. 3.

[6] Oetker/*Maultzsch* Rn. 1 f.

[7] KKRD/*Koller* §§ 363–365 Rn. 6; HK-HGB/*Ruß* Rn. 2; MüKoHGB/*Hefermehl,* 1. Aufl. 2001, Rn. 5, 8; Oetker/*Maultzsch* Rn. 2; Oetker/*Maultzsch* § 365 Rn. 2.

[8] Baumbach/Hopt/*Hopt* Rn. 7.

[9] BGH Urt. v. 30.4.1979 – II ZR 181/78, WM 1979, 892; Baumbach/Hefermehl/*Casper* WPR Rn. 59; Baumbach/Hopt/*Hopt* Rn. 2; KKRD/*Koller* §§ 363–365 Rn. 7; MüKoHGB/*Langenbucher* Rn. 9; Staub/*Canaris,* 4. Aufl. 2003, Rn. 8, 18; Oetker/*Maultzsch* Rn. 1, 13; HaKo-HGB/*Eberl* Rn. 1, 4.

Papiers bzw. ein Übergabesurrogat erforderlich.[10] Ob das Papier hierdurch oder bereits gem. § 952 BGB übergeht, hat keine praktische Bedeutung. Es gelten die §§ 398 ff. BGB, allerdings ohne § 407. Nach § 404 BGB kann der Schuldner gegen den Abtretungsempfänger alle Einwendungen, die ihm gegenüber dem Abtretenden zustanden, erheben.[11] Die Vereinbarung eines vertraglichen Einwendungsausschlusses ist möglich, → § 363 Rn. 6. Liegen **Indossierung und Abtretung gleichzeitig** vor, so schwächt dies nicht die Rechtsfolgen des Indossaments.[12] Aus Gründen des Verkehrsschutzes bleibt es bei den wertpapierrechtlich geschaffenen Tatbeständen, insbesondere dem allgemeinen Einwendungsausschluss.

III. Einwendungsausschluss

5 **1. Vorbemerkung.** § 364 Abs. 2 verweist nicht auf Art. 17 WG, sondern entspricht §§ 784 Abs. 1, 796 BGB.[13] Gleichwohl besteht Einigkeit darüber, dass die **allgemeine Einwendungslehre** auch auf die kaufmännischen Wertpapiere anzuwenden ist, hM.[14] Grundsätzlich gelten daher die zum Wechsel entwickelten Regeln (→ B Rn. 26 ff.), ergänzt durch die *typusbedingten Einwendungen*. Ausgangspunkt ist dabei nach dem Wortlaut des Abs. 2 die Tatsache, dass der Schuldner eines kaufmännischen Orderpapiers dem Inhaber alle Einwendungen entgegensetzen kann, die in seiner **unmittelbaren Beziehung** zum Inhaber wurzeln (→ Rn. 11). Gegenstand der Einwendungslehre ist daher die Frage, welche Einwendungen durch (auch gutgläubigen) Erwerb verloren gehen. Sonderregelungen zu Einwendungen bei Ladeschein, Lagerschein und Konnossement enthalten die §§ 447, 475f und 522 Abs. 1. Sie gehen als Spezialgesetze dem allgemeinen § 364 Abs. 2 vor, unterscheiden sich jedoch weder sprachlich noch inhaltlich besonders von ihm.[15]

6 **2. Fehlende Legitimation.** Aus dem kaufmännischen Orderpapier berechtigt ist nur der *sachlich Legitimierte*. Die **Nichtberechtigung** des Inhabers kann der Schuldner deshalb immer geltend machen;[16] er hat bei förmlicher Legitimation des Inhabers aber die **Vermutung** von § 365 Abs. 1, Art. 16 Abs. 1 WG zu widerlegen; → § 365 Rn. 5. Gutgläubiger Erwerb führt zur vollständigen, dh sachlichen Legitimation.

7 **3. Fehlendes Verkehrsgeschäft.** Der Schuldner kann sich auf alle Einwendungen berufen, die ihm gegenüber dem Vormann des Inhabers zustanden, wenn die Übertragung nicht durch ein wertpapiermäßiges Verkehrsgeschäft erfolgte.[17] **Beispiele:** Abtretung, Gesamtrechtsnachfolge, Vollmachts-, Inkasso- und uU Treuhandindossament sowie wirtschaftliche oder personelle Identität zwischen Inhaber und Vormann.[18] Ein Verkehrsgeschäft liegt auch dann nicht vor, wenn vor oder bei Indossierung die sofortige Rückindossierung vereinbart wird und erfolgt;[19] vgl. hierzu insgesamt beim Wechsel → B Rn. 28.

8 **4. Urkundliche Einwendungen.** Aus der Urkunde ersichtliche Einwendungen können jedem Inhaber entgegengesetzt werden; ein Verkehrsschutz ist nicht erforderlich. **Beispiele:**[20] Aus der Urkunde ersichtliche Stundung, Verjährung, Teilleistung, Formmängel, Schiedsabrede, inhaltlich beschränkte Indossamente etc. Fraglich ist, ob zu den urkundlichen Einwendungen auch solche zählen, die sich aus Verträgen, einschließlich AGB, ergeben, auf die in der Urkunde lediglich verwiesen wird. Dies hatte der BGH 1958 für eine im Chartervertrag enthaltene Schiedsabrede bejaht, auf die im Konnossement Bezug genommen worden war.[21] Eine solche Ausdehnung der urkundlichen Einwendungen scheitert heute für Ladeschein, Lagerschein und Konnossement an den klaren Formulierungen der §§ 447 Abs. 1 S. 2, 475f S. 2 und 522 Abs. 1 S. 2. Danach ist eine Vereinbarung, auf die in der Urkunde lediglich verwiesen wird, nicht Inhalt des Konnossements. Für Lade- und Lagerschein sind

---

[10] Vgl. zum Wechsel → B Rn. 11; BGH Urt. v. 12.12.1957 – II ZR 43/57, WM 1958, 302 f.; ferner Baumbach/Hopt/*Hopt* Rn. 2; GK-HGB/*Weber* Rn. 5; Oetker/*Maultzsch* Rn. 13; BeckOK HGB/*Moussa* Rn. 3; HaKo-HGB/*Eberl* Rn. 4; Heymann/*Horn* Rn. 10; MüKoHGB/*Langenbucher* Rn. 9.

[11] GK-HGB/*Weber* Rn. 5; HK-HGB/*Ruß* Rn. 1; BeckOK HGB/*Moussa* Rn. 3; HaKo-HGB/*Eberl* Rn. 4.

[12] RG Urt. v. 20.3.1941 – II 95/40, RGZ 166, 306 (312 ff.); Baumbach/Hopt/*Hopt* Rn. 2; Heymann/*Horn* Rn. 3; HK-HGB/*Ruß* Rn. 1.

[13] *Koller* nennt die Vorschrift zu Recht missglückt, KKRD/*Koller* §§ 363–365 Rn. 8.

[14] *Meyer-Cording/Drygala,* Wertpapierrecht, 3. Aufl. 1995, D. II.; so iErg auch KKRD/*Koller* §§ 363–365 Rn. 8; MüKoHGB/*Langenbucher* Rn. 21.

[15] Oetker/*Maultzsch* Rn. 14, 21; dazu → Rn. 8.

[16] Heymann/*Horn* Rn. 21; MüKoHGB/*Hefermehl*, 1. Aufl. 2001, Rn. 29 und § 365 Rn. 25; HK-HGB/*Ruß* Rn. 7.

[17] Heymann/*Horn* Rn. 12; KKRD/*Koller* §§ 363–365 Rn. 8; MüKoHGB/*Langenbucher* Rn. 26; Oetker/*Maultzsch* Rn. 15; BeckOK HGB/*Moussa* Rn. 9; HaKo-HGB/*Eberl* Rn. 8; Staub/*Canaris*, 4. Aufl. 2003, Rn. 38.

[18] BGH Urt. v. 21.4.1998 – XI ZR 239/97, WM 1998, 1277 (1278) (zum Wechsel); MüKoHGB/*Langenbucher* Rn. 27; aA Staub/*Canaris*, 4. Aufl. 2003, Rn. 38.

[19] BGH Urt. v. 21.4.1998 – XI ZR 239/97, WM 1998, 1277 (1278) (zum Wechsel).

[20] S. auch Baumbach/Hopt/*Hopt* Rn. 5; MüKoHGB/*Langenbucher* Rn. 23, 28 ff.; Oetker/*Maultzsch* Rn. 20; Röhricht/Graf v. Westphalen/Haas/*Wagner* Rn. 10.

[21] BGH Urt. v. 18.12.1958 – II ZR 351/56, BGHZ 29, 120 = NJW 1959, 720.

die Formulierungen identisch. Ob urkundliche Einwendungen durch Bezugnahme für die übrigen handelsrechtlichen Wertpapiere des § 363 trotzdem noch möglich sind, erscheint daher zweifelhaft.[22] Auch die *typusbedingten Einwendungen* (→ Rn. 10) kann man als urkundliche auffassen.[23]

5. Gültigkeitseinwendungen.[24] **Nicht ausschließbare** oder *nicht präklusionsfähige* Gültigkeitsein- **9** wendungen sind mangelnde Geschäftsfähigkeit, fehlende Vertretungsmacht und fehlende Kaufmannseigenschaft des Ausstellers/Schuldners sowie Fälschung und Verfälschung, Art. 7, 69 WG analog.[25] Diese Einwendungen betreffen die Wirksamkeit der wertpapierrechtlichen Erklärungen und können jedem, auch dem gutgläubigen Erwerber, entgegengesetzt werden.[26] Für andere die Gültigkeit der wertpapierrechtlichen Erklärung des Schuldners betreffenden Einwendungen gelten *Rechtsscheinsprinzipien*. Diese Einwendungen gehen daher gegenüber dem gutgläubigen Erwerber verloren. Maßstab für die Gutgläubigkeit sind Art. 10, 16 Abs. 2 WG analog. Man spricht von **ausschließbaren** oder *präklusionsfähigen* **Gültigkeitseinwendungen.**[27] Hierzu gehören: Täuschung, Irrtum, Scheinbegebung, Sittenwidrigkeit des Begebungsvertrags[28] und Fälschung/Verfälschung des Papiers, wenn der Schuldner hierfür einen zurechenbaren Rechtsschein gesetzt hat, str.[29] (→ B Rn. 31).

6. Typusbedingte Einwendungen. Im Gegensatz zu Scheck und Wechsel ist dem kaufmännischen **10** Orderpapier idR zu entnehmen, aus welchem **Vertragstyp** die verbriefte Leistung stammt, zB Lager-, Fracht-, Seefracht- oder Versicherungsvertrag. Aus diesem Grund sollen dem Schuldner die gesetzlich vorgesehenen vertraglichen Einwendungen auch gegenüber jedem Wertpapierinhaber zustehen; man spricht von sog. *typusbedingten Einwendungen.* Hierzu gehören zB der Haftungsausschluss für Zufallsschäden (§§ 426, 427, 475) oder besondere Schadensursachen (§ 499)[30] Diesem Einwendungsdurchgriff ist grundsätzlich zuzustimmen, da der Wertpapierinhaber die Vertragsart und somit die gesetzlich vorgesehenen Verteidigungsmittel dem Papier entnehmen kann. Dies kann jedoch nur für zwingende gesetzliche Einwendungen gelten; vertraglich erweiterte oder vereinbarte greifen gegenüber dem gutgläubigen Erwerber nur nach allgemeinen Regeln.[31]

7. Persönliche Einwendungen. Hierbei handelt es sich um Einwendungen, die aus Kausalverhält- **11** nissen oder Nebenabreden stammen und nicht zu den vorstehend 2. bis 6. (→ Rn. 6–10) genannten Gruppen gehören. Gegenüber dem unmittelbar beteiligten Inhaber kann der Schuldner sie uneingeschränkt erheben,[32] gegenüber einem unbeteiligten Dritten nur unter den engen Voraussetzungen des Art. 17 WG analog.[33] Der Konnossementsverfrachter kann daher gegenüber dem gutgläubigen Konnossementsberechtigten nicht einwenden, das Konnossement sei dem Ablader mit dessen Kenntnis unrichtig ausgestellt worden.[34]

IV. Aushändigung der quittierten Urkunde

Nach Abs. 3 ist der Schuldner nur gegen *Aushändigung* der *quittierten* Urkunde zur Leistung verpflichtet. **12** Die Vorschrift entspricht Art. 39 Abs. 1 WG und enthält eine Selbstverständlichkeit. Ohne Aushändigung und Quittierung kann der Schuldner die **Leistung verweigern,** iZw erfolgt Leistung Zug um Zug. Nach § 266 BGB kann der Inhaber **Teilleistungen** ablehnen, Art. 39 Abs. 2 WG gilt nicht.[35] Akzeptiert

---

[22] Abl. Oetker/*Maultzsch* Rn. 21.

[23] So HK-HGB/*Ruß* Rn. 5; MüKoHGB/*Langenbucher* Rn. 30.

[24] Vgl. beim Wechsel → B Rn. 30 f.

[25] Baumbach/Hopt/*Hopt* Rn. 4; GK-HGB/*Weber* Rn. 9; Oetker/*Maultzsch* Rn. 18; BeckOK HGB/*Moussa* Rn. 12; HaKo-HGB/*Eberl* Rn. 11; Heymann/*Horn* Rn. 15; KKRD/*Koller* §§ 363–365 Rn. 8; MüKoHGB/*Langenbucher* Rn. 31 ff.; Röhricht/Graf v. Westphalen/Haas/*Steimle/Dornieden* Rn. 9; HK-HGB/*Ruß* Rn. 4.

[26] HaKo-HGB/*Eberl* Rn. 11.

[27] Heymann/*Horn* Rn. 16; Staub/*Canaris,* 4. Aufl. 2003, Rn. 50 ff.; HaKo-HGB/*Eberl* Rn. 11.

[28] Baumbach/Hopt/*Hopt* Rn. 4; MüKoHGB/*Langenbucher* Rn. 40 f.; Röhricht/Graf v. Westphalen/Haas/*Steimle/Dornieden* Rn. 10; HK-HGB/*Ruß* Rn. 4.

[29] *Koller* WM 1981, 210 ff.; KKRD/*Koller* §§ 363–365 Rn. 9; BeckOK HGB/*Moussa* Rn. 12; Staub/*Canaris,* 4. Aufl. 2003, Rn. 47; aA MüKoHGB/*Langenbucher* Rn. 38.

[30] MüKoHGB/*Langenbucher* Rn. 30; *Herber,* Seehandelsrecht, 2. Aufl. 2016, § 30 II. 1.c); Koller/Roth/Morck/*Koller,* 6. Aufl. 2007, §§ 363–365 Rn. 9; *K. Schmidt* HandelsR § 24 Rn. 13; Oetker/*Maultzsch* Rn. 21; BeckOK HGB/*Moussa* Rn. 11; *Meyer-Cording/Drygala,* Wertpapierrecht, 3. Aufl. 1995, D. II.; Staub/*Canaris,* 4. Aufl. 2003, Rn. 43.

[31] Staub/*Canaris,* 4. Aufl. 2003, Rn. 43 aE.

[32] Baumbach/Hopt/*Hopt* Rn. 6; GK-HGB/*Weber* Rn. 12; HK-HGB/*Ruß* Rn. 6; MüKoHGB/*Langenbucher* Rn. 46 f.

[33] *Hueck/Canaris* WertpapierR § 22 II 1a; Heymann/*Horn* Rn. 13; KKRD/*Koller* §§ 363–365 Rn. 9; Staub/*Canaris,* 4. Aufl. 2003, Rn. 56; Oetker/*Maultzsch* Rn. 22.

[34] BGH Urt. v. 25.9.1986 – II ZR 26/86, BGHZ 98, 284 = NJW 1987, 588 (589) = WM 1986, 1524 = LM HGB § 364 Nr. 4.

[35] Baumbach/Hopt/*Hopt* Rn. 8; MüKoHGB/*Langenbucher* Rn. 49; Röhricht/Graf v. Westphalen/Haas/*Steimle/Dornieden* Rn. 14; HK-HGB/*Ruß* Rn. 8; BeckOK HGB/*Moussa* Rn. 13; HaKo-HGB/*Eberl* Rn. 15, Oetker/*Maultzsch* § 365 Rn. 2.

er sie dennoch, kann der Schuldner verlangen, dass die Teilleistung auf dem Papier vermerkt wird, Art. 39 Abs. 3 WG analog. Die **Kosten der Quittung** trägt der Schuldner, § 369 BGB.[36] Spezialregelungen für Ladescheine, Lagerscheine und Konnossemente enthalten die §§ 445 Abs. 2 S. 1, 475e Abs. 2 S. 1 und § 521 Abs. 2 S. 1, die jedoch sprachlich und inhaltlich wenig anderes enthalten.

§ 365 [Anwendung des Wechselrechts; Aufgebotsverfahren]

(1) In betreff der Form des Indossaments, in betreff der Legitimation des Besitzers und der Prüfung der Legitimation sowie in betreff der Verpflichtung des Besitzers zur Herausgabe, finden die Vorschriften der *Artikel 11 bis 13, 36, 74 der Wechselordnung*[1]) entsprechende Anwendung.

(2) [1]Ist die Urkunde vernichtet oder abhanden gekommen, so unterliegt sie der Kraftloserklärung im Wege des Aufgebotsverfahrens. [2]Ist das Aufgebotsverfahren eingeleitet, so kann der Berechtigte, wenn er bis zur Kraftloserklärung Sicherheit bestellt, Leistung nach Maßgabe der Urkunde von dem Schuldner verlangen.

Schrifttum: Vgl. § 363.

I. Normzweck

1   Die Vorschrift regelt (i) die Förmlichkeiten des Indossaments, (ii) die Legitimation des Besitzers nebst dem daran geknüpften gutgläubigen Erwerb und (iii) die Kraftloserklärung des Papiers. An die Stelle der genannten Vorschriften der *Wechselordnung* treten die Art. 13, 14 Abs. 2, 16 und 40 Abs. 3 S. 2 WG, vgl. den ehemaligen Art. 3 Abs. 1 des inzwischen aufgehobenen EGWG.[2] Der genaue **Umfang der Verweisung** wird in der Lit. unterschiedlich angegeben.[3] Dies hat jedoch keine praktische Bedeutung, da die einschlägigen Vorschriften iZw zumindest analog angewandt werden.[4] Teilweise Sondervorschriften zur Legitimationswirkung von Ladescheinen, Lagerscheinen und Konnossementen enthalten die als *leges speciales* insoweit vorgehenden §§ 444 Abs. 3, 475d Abs. 3 und § 519.

II. Abgedruckte Vorschriften des WG

Artikel 13 [Form; Blankoindossament]

2 (1) [1]Das Indossament muß auf den Wechsel oder auf ein mit dem Wechsel verbundenes Blatt (Anhang) gesetzt werden. [2]Es muß von dem Indossanten unterschrieben werden.

(2) [1]Das Indossament braucht den Indossatar nicht zu bezeichnen und kann selbst in der bloßen Unterschrift des Indossanten bestehen (Blankoindossament). [2]In diesem letzteren Falle muß das Indossament, um gültig zu sein, auf die Rückseite des Wechsels oder auf den Anhang gesetzt werden.

Artikel 14 [Transportfunktion]

(1) Das Indossament überträgt alle Rechte aus dem Wechsel.

(2) Ist es ein Blankoindossament, so kann der Inhaber

1. das Indossament mit seinem Namen oder mit dem Namen eines anderen ausfüllen;
2. den Wechsel durch ein Blankoindossament oder an eine bestimmte Person weiter indossieren;
3. den Wechsel weiterbegeben, ohne das Blankoindossament auszufüllen und ohne ihn zu indossieren.

Artikel 16 [Legitimation; gutgläubiger Erwerb]

(1) [1]Wer den Wechsel in Händen hat, gilt als rechtmäßiger Inhaber, sofern er sein Recht durch eine ununterbrochene Reihe von Indossamenten nachweist, und zwar auch dann, wenn das letzte ein Blankoindossament ist. [2]Ausgestrichene Indossamente gelten hierbei als nicht geschrieben. [3]Folgt auf ein Blankoindossament ein weiteres Indossament, so wird angenommen, daß der Aussteller dieses Indossaments den Wechsel durch das Blankoindossament erworben hat.

(2) Ist der Wechsel einem früheren Inhaber irgendwie abhanden gekommen, so ist der neue Inhaber, der sein Recht nach den Vorschriften des vorstehenden Absatzes nachweist, zur Herausgabe des Wechsels nur verpflichtet, wenn er ihn in bösem Glauben erworben hat oder ihm beim Erwerb eine grobe Fahrlässigkeit zur Last fällt.

---

[36] GK-HGB/*Weber* Rn. 14.

[1] Jetzt Art. 13, 14 Abs. 2, Art. 16 und 40 Abs. 3 Satz 2 WechselG gemäß Art. 3 Abs. 1 G v. 21.6.1933 (RGBl. I S. 409).

[2] RG Urt. v. 12.9.1941 – I 121/40, RGZ 168, 1 (5 f.); MüKoHGB/*Langenbucher* Rn. 2; Oetker/*Maultzsch* Rn. 1; Röhricht/Graf v. Westphalen/*Haas*/*Steimle*/*Dornieden* Rn. 2; HK-HGB/*Ruß* Rn. 1.

[3] Vgl. die unterschiedlichen Zitate bei GK-HGB/*Weber* Rn. 1; Heymann/*Horn* Rn. 2. Am weitesten (Art. 11–14, 16 WG) KKRD/*Koller* §§ 363–365 Rn. 5.

[4] BeckOK HGB/*Moussa* Vor § 365 Rn. 1.

Artikel 40 Abs. 3 [Zahlung bei Verfall]

... (3) [1] Wer bei Verfall zahlt, wird von seiner Verbindlichkeit befreit, wenn ihm nicht Arglist oder grobe Fahrlässigkeit zur Last fällt. [2] Er ist verpflichtet, die Ordnungsmäßigkeit der Reihe der Indossamente, aber nicht die Unterschriften der Indossanten zu prüfen.

III. Form des Indossaments

Für die Förmlichkeiten des Indossaments gelten die Vorschriften des WG. Es bedarf der **Schrift-** **form** nach § 126 Abs. 1 BGB;[5] Firmenstempel etc sind *zusätzlich zur eigenhändigen Unterschrift* zulässig.[6] **Bedingungen** gelten analog Art. 12 Abs. 1 WG als nicht geschrieben. **Teilindossamente** über einen Teil der verbrieften Leistung sind unzulässig, Art. 12 Abs. 2 WG analog, str.[7] **Vollindossamente** enthalten die Namen von Indossant und Indossatar.[8] Das bei kaufmännischen Orderpapieren mögliche **Blankoindossament**, Art. 13 Abs. 2 WG, bezeichnet dagegen den Indossatar nicht an und besteht idR aus der bloßen Unterschrift des Indossanten.[9] Ein auf den Inhaber gestelltes Indossament gilt als Blankoindossament, Art. 12 Abs. 3 WG analog. Durch vom Indossanten autorisierte Streichung des Namens des Indossatars kann ebenfalls ein Blankoindossament entstehen.[10] Da die Verweisung in Abs. 1 auch § 13 Abs. 2 S. 2 WG mit umfasst, muss das Blankoindossament, wenn es aus der bloßen Unterschrift des Indossanten besteht, auf die Rückseite oder einen Anhang des Papiers gesetzt werden.[11] Für die Übertragung nach einem Blankoindossament enthält Art. 14 Abs. 2 WG drei Möglichkeiten; durch Abs. 2 Nr. 3 entsteht faktisch ein Inhaberpapier.[12] **Inhaltlich beschränkte Indossamente** sind Vollmachts-, Inkasso-, Pfand- und Prokuraindossament, Art. 18, 19 WG analog.[13] Das *Treuhandindossament* überträgt dagegen alle Rechte aus dem Papier auf den Indossatar und enthält lediglich im Innenverhältnis Beschränkungen.[14]

Bei Bezügen zu **ausländischem Recht** ist die Rom I-VO nach ihrem Art. 1 Abs. 2 lit. d nicht anwendbar auf Verpflichtungen aus Wechseln, Schecks, Eigenwechseln und anderen handelbaren Wertpapieren, soweit die Verpflichtungen aus diesen anderen Wertpapieren aus deren Handelbarkeit entstehen. Dies entspricht der deutschen Vorgängerregelung, dem zum Ende 2009 aufgehobenen Art. 37 S. 1. Nr. 1 EGBGB. Es gelten, sofern nicht internationale Übereinkommen eingreifen, die Art. 91 ff. WG.[15] Zur Rechtswahl in den Bedingungen eines Orderkonnossements BGH Urt. v. 15.12.1986 – II ZR 34/86.[16]

IV. Legitimationswirkung

Aktivlegitimiert ist derjenige Inhaber des Papiers, der es nach materiellem Recht wirksam erworben hat. Dies kann der erste Nehmer, aber auch jeder weitere Inhaber, ggf. nach gutgläubigem Erwerb, sein.[17] Um die Verkehrsfähigkeit der kaufmännischen Orderpapiere zu steigern, verweist § 365 Abs. 1 für die **förmliche Legitimation** auf Art. 16 Abs. 1 WG. Danach gilt als rechtmäßiger Inhaber, wer sein Recht durch eine ununterbrochene Reihe von Indossamenten nachweist,[18] auch wenn das letzte ein Blankoindossament ist. Diese dem Indossament innewohnende Legitimationsfunktion stellt eine **widerlegbare Vermutung** für die sachliche Berechtigung des Papierinhabers dar. Beweispflichtig für die Nichtberechtigung ist der Schuldner.[19] Wird die Indossamentenkette durch zivilrechtliche Nachfolge, etwa Abtretung oder Gesamtrechtsnachfolge, unterbrochen, muss der

---

[5] BeckOK HGB/*Moussa* Rn. 1.

[6] Baumbach/Hopt/*Hopt* Rn. 1; MüKoHGB/*Langenbucher* Rn. 4; Oetker/*Maultzsch* Rn. 3.

[7] Baumbach/Hopt/*Hopt* Rn. 1; Oetker/*Maultzsch* Rn. 2; HaKo-HGB/*Eberl* Rn. 4; zweifelnd BGH Urt. v. 26.9.1957 – II ZR 267/56, BGHZ 25, 250 (259) = NJW 1957, 1838 (zum Konnossement); aA Heymann/*Horn* Rn. 7; MüKoHGB/*Langenbucher* Rn. 12; Staub/*Canaris*, 4. Aufl. 2003, Rn. 10.

[8] Baumbach/Hopt/*Hopt* Rn. 1; Heymann/*Horn* Rn. 4.

[9] HaKo-HGB/*Eberl* Rn. 3.

[10] Baumbach/Hopt/*Hopt* Rn. 1; Heymann/*Horn* Rn. 5.

[11] Heymann/*Horn* Rn. 5; MüKoHGB/*Langenbucher* Rn. 6; HaKo-HGB/*Eberl* Rn 3; aA Staub/*Canaris*, 4. Aufl. 2003, Rn. 6; Oetker/*Maultzsch* Rn. 5.

[12] BeckOK HGB/*Moussa* Rn. 2 f.

[13] Baumbach/Hopt/*Hopt* § 364 Rn. 1; GK-HGB/*Weber* § 364 Rn. 7; Heymann/*Horn* § 364 Rn. 4–8; vgl. auch MüKoHGB/*Langenbucher* § 364 Rn. 11 ff.; Oetker/*Maultzsch* § 364 Rn. 8 ff.; BeckOK HGB/*Moussa* § 364 Rn. 4 ff.; HaKo-HGB/*Eberl* § 364 Rn. 5 ff. Zum (zulässigen) Inkassoindossament beim Konnossement BGH Urt. v. 5.2.1962 – II ZR 141/60, BGHZ 36, 329 (335 f.) = NJW 1962, 681.

[14] Staub/*Canaris*, 4. Aufl. 2003, § 364 Rn. 15; MüKoHGB/*Langenbucher* Rn. 16.

[15] Palandt/*Thorn* Rom I-VO Art. 1 Rn. 10; so Baumbach/Hopt/*Hopt* Rn. 1 für ein in Deutschland unterschriebenes Indossament.

[16] BGH NJW 1987, 1145 = RIW 1987, 215.

[17] KKRD/*Koller* §§ 363–365 Rn. 5a.

[18] BGH Urt. v. 30.4.1979 – II ZR 181/78, WM 1979, 892; Oetker/*Maultzsch* Rn. 9; HaKo-HGB/*Eberl* Rn. 5.

[19] Vgl. beim Wechsel → B Rn. 13; Heymann/*Horn* Rn. 11; MüKoHGB/*Langenbucher* Rn. 18; Oetker/*Maultzsch* Rn. 8, 18; HaKo-HGB/*Eberl* Rn. 6.

Inhaber seine sachliche Berechtigung nachweisen.[20] Nach hM soll er das Papier wirksam indossieren können.[21]

V. Befreiende Leistung

6   Der Schuldner kann grundsätzlich nur an den sachlich oder **materiell Berechtigten** befreiend leisten.[22] Die Leistung an einen sachlich nicht berechtigten, aber förmlich legitimierten Inhaber befreit nur unter bestimmten Voraussetzungen. Hierfür verweist Abs. 1 auf Art. 40 Abs. 3 S. 2 WG; die Verweisung ist aber ohne Hinzunahme von S. 1 des Abs. 3 wenig sinnvoll: Danach wirkt die Leistung befreiend, wenn dem Schuldner weder Arglist noch grobe Fahrlässigkeit vorzuwerfen sind, wobei er die Ordnungsmäßigkeit der Indossamentenreihe zu überprüfen hat. **Förmlich legitimiert** ist derjenige Inhaber, der sich nach Art. 16 Abs. 1 WG durch eine ununterbrochene Indossamentenkette ausweisen kann. §§ 444 Abs. 3, 445 Abs. 2 S. 2 (zum Ladeschein), §§ 475d Abs. 3, 475e Abs. 2 S. 3 (zum Lagerschein) und §§ 519, 521 Abs. 2 S. 2 (zum Konnossement) enthalten flankierende, iE übereinstimmende Aussagen zur Empfangslegitimation. Dieses Privileg gilt nicht nur für den Schuldner, sondern auch für Bürgen und Dritte iSv § 267 BGB,[23] greift aber nur im Falle der Leistung *bei* Fälligkeit.[24] Bei freiwilliger Leistung *vor* Fälligkeit handelt der Schuldner auf eigene Gefahr, Art. 40 Abs. 2 WG analog. Die Leistung ist auch befreiend, wenn dem Empfänger Geschäftsfähigkeit, Vertretungsmacht oder Verfügungsbefugnis fehlen, str.[25] Ob auch ein Irrtum über die Identität des Empfängers geheilt werden kann, ist ebenfalls str., da man die Identität relativ einfach überprüfen kann.[26]

VI. Gutgläubiger Erwerb

7   § 365 Abs. 1 verweist für die Verpflichtung des *Besitzers zur Herausgabe* auf Art. 16 Abs. 2 WG. Trotz dieser einschränkenden Formulierung ist damit der Erwerb des abhanden gekommenen Orderpapiers vom förmlich, nicht aber sachlich Berechtigten gemeint.[27] Abweichend von § 935 BGB, dessen Abs. 2 nicht für Orderpapiere gilt, kann der Gutgläubige das Eigentum am Papier erwerben;[28] es gelten die zum *Wechselrecht* gemachten Anmerkungen entsprechend, → B Rn. 15 f. Fehlt dem Veräußerer die Verfügungsbefugnis, so kann auch § 366 eingreifen.[29] Gutgläubigkeit scheidet schon bei grober Fahrlässigkeit aus.[30] Ob der gutgläubige Erwerber einredefrei erwirbt, ist eine andere Frage und je nach Einwendungstyp separat zu prüfen. Vom gutgläubigen Erwerb des *Papiers* ist ebenfalls die Frage zu unterscheiden, ob an den *Gütern* gutgläubig Eigentum, uU mittels Traditionspapier, erworben werden kann.

VII. Aufgebotsverfahren

8   Vernichtete oder abhanden gekommene Urkunden können im Wege des Aufgebotsverfahrens nach §§ 433 ff., 466–484 FamFG (früher: §§ 946 ff., 1003–1024 ZPO) durch Ausschließungsbeschluss für kraftlos erklärt werden. Vgl. dazu Art. 90 WG. Derjenige, der den Beschluss erwirkt, gilt danach als sachlich berechtigt, str.,[31] und kann die Rechte aus dem Papier geltend machen. Bis zur Beendigung des Verfahrens kann der Antragsteller gegen Sicherheitsleistung nach §§ 232 ff. BGB Leistung verlangen, Abs. 2 S. 2.[32] Große praktische Bedeutung hat das Verfahren nicht.

---

[20] Oetker/*Maultzsch* Rn. 9; HaKo-HGB/*Eberl* Rn. 6.

[21] Baumbach/Hefermehl/*Casper* WG Art. 16 Rn. 19, 11; Heymann/*Horn* Rn. 10; MüKoHGB/*Langenbucher* Rn. 17; Staub/*Canaris*, 4. Aufl. 2003, Rn. 16; BeckOK HGB/*Moussa* Rn. 5.

[22] HaKo-HGB/*Eberl* Rn. 8.

[23] Heymann/*Horn* Rn. 20; Staub/*Canaris*, 4. Aufl. 2003, Rn. 29, 31; Oetker/*Maultzsch* Rn. 19; BeckOK HGB/*Moussa* Rn. 10.

[24] Oetker/*Maultzsch* Rn. 19; BeckOK HGB/*Moussa* Rn. 10.

[25] So Heymann/*Horn* Rn. 21; KKRD/*Koller* §§ 363–365 Rn. 10; Oetker/*Maultzsch* Rn. 20; zT aA MüKoHGB/*Langenbucher* Rn. 31; Staub/*Canaris*, 4. Aufl. 2003, Rn. 35.

[26] Vgl. zu dieser Problematik beim Wechsel → B Rn. 15; ferner Heymann/*Horn* Rn. 22; Staub/*Canaris*, 4. Aufl. 2003, Rn. 35, 24.

[27] Oetker/*Maultzsch* Rn. 18; BeckOK HGB/*Moussa* Rn. 6 f.

[28] Baumbach/Hopt/*Hopt* Rn. 3; GK-HGB/*Weber* Rn. 10; MüKoHGB/*Langenbucher* Rn. 19 ff.; Oetker/*Maultzsch* Rn. 14; BeckOK HGB/*Moussa* Rn. 6; HaKo-HGB/*Eberl* Rn. 7.

[29] Heymann/*Horn* Rn. 14.

[30] Oetker/*Maultzsch* Rn. 11; BeckOK HGB/*Moussa* Rn. 7; HaKo-HGB/*Eberl* Rn. 7.

[31] So BGH Urt. v. 18.9.1958 – II ZR 50/56, JZ 1958, 746; Baumbach/Hefermehl/*Casper* WG Art. 90 Rn. 4; aA MüKoHGB/*Langenbucher* Rn. 35; Oetker/*Maultzsch* Rn. 24; GK-HGB/*Weber* Rn. 17, nach denen das Aufgebotsverfahren nur zur förmlichen Legitimation führen kann.

[32] GK-HGB/*Weber* Rn. 13; Röhricht/*Graf* v. Westphalen/Haas/*Steimle*/*Dornieden* Rn. 10; HK-HGB/*Ruß* Rn. 5; Oetker/*Maultzsch* Rn. 23.

§ 366 [Gutgläubiger Erwerb von beweglichen Sachen]

(1) **Veräußert oder verpfändet ein Kaufmann im Betriebe seines Handelsgewerbes eine ihm nicht gehörige bewegliche Sache, so finden die Vorschriften des Bürgerlichen Gesetzbuchs zugunsten derjenigen, welche Rechte von einem Nichtberechtigten herleiten, auch dann Anwendung, wenn der gute Glaube des Erwerbers die Befugnis des Veräußerers oder Verpfänders, über die Sache für den Eigentümer zu verfügen, betrifft.**

(2) **Ist die Sache mit dem Rechte eines Dritten belastet, so finden die Vorschriften des Bürgerlichen Gesetzbuchs zugunsten derjenigen, welche Rechte von einem Nichtberechtigen herleiten, auch dann Anwendung, wenn der gute Glaube die Befugnis des Veräußerers oder Verpfänders, ohne Vorbehalt des Rechtes über die Sache zu verfügen, betrifft.**

(3) **[1] Das gesetzliche Pfandrecht des Kommissionärs, des Frachtführers oder Verfrachters, des Spediteurs und des Lagerhalters steht hinsichtlich des Schutzes des guten Glaubens einem gemäß Absatz 1 durch Vertrag erworbenen Pfandrecht gleich. [2] Satz 1 gilt jedoch nicht für das gesetzliche Pfandrecht an Gut, das nicht Gegenstand des Vertrages ist, aus dem die durch das Pfandrecht zu sichernde Forderung herrührt.**

Schrifttum (Auswahl): *Benöhr,* Kann ein Dritter mit Zustimmung des Eigentümers das gesetzliche Unternehmerpfandrecht begründen?, ZHR 135 (1971), 14; *Bosch,* Nochmals: Schützt § 366 HGB auch das Vertrauen auf die Vertretungsmacht im Handelsverkehr, JuS 1988, 439; *Bülow,* Gutgläubiger Erwerb vom Scheinkaufmann, AcP 186 (1986), 576; *Frotz,* Gutgläubiger Mobiliarerwerb und Rechtsscheinprinzip, FS Kastner, 1972, 131; *Giehl,* Der gutgläubige Mobiliarerwerb, AcP 161 (1962), 357; *Glaser,* Gutgläubiger Eigentumserwerb vom nichtberechtigten Kaufmann, DB 1957, 301; *Hager,* Verkehrsschutz durch redlichen Erwerb, 1990; *Jacobi,* § 366 HGB in Bezug auf den Erwerb einer als Pfand vom Kaufmann veräußerten Sache, ZHR 88 (1926), 269; *Joost,* Der gute Glaube an die Verfügungsbefugnis, FS Fiedler, 2011, 889; *Langner,* Der gute Glaube an die Vertretungsmacht im Handelsrecht, LZ 1929, 1244; *Ogris,* Guter Glaube an die Vertretungsmacht, 1987; *Ossig,* Vertragliches Pfandrecht des Werkunternehmers an schuldnerfremden Sachen im Konkurs des Vorbehaltskäufers, ZIP 1986, 558; *Petersen,* Der gute Glaube an die Verfügungsmacht im Handelsrecht, JURA 2004, 247; *Raisch,* Bereicherungs- und schadensersatzrechtliche Konsequenzen einer Erstreckung des § 366 Abs. 1 HGB auf vollmachtlose Vertreter, FS Hagen, 1999, 449; *D. Reinicke,* Guter Glaube und Orderlagerschein, BB 1960, 1368; *M. Reinicke,* Schützt § 366 Abs. 1 HGB den guten Glauben an die Vertretungsmacht?, AcP 189 (1989), 79; *Rittner,* Handelsrecht und Zugewinngemeinschaft (II): Die Bedeutung des § 1369 BGB im Handelsrecht, FamRZ 1961, 185; *Siebert,* Die besitzrechtliche Grundlage der dinglichen Wirkungen der Traditionspapiere, ZHR 93 (1929), 1; *K. Schmidt,* Schützt § 366 HGB auch das Vertrauen auf die Vertretungsmacht im Handelsverkehr?, JuS 1987, 936; *K. Schmidt,* Gutgläubiger Eigentumserwerb trotz Abtretungsverbots in AGB – Zur Bedeutung des § 354a HGB für die Praxis des § 366 HGB, NJW 1990, 400; *Wiegand,* Fälle des gutgläubigen Erwerbs außerhalb der §§ 932 ff. BGB, JuS 1974, 545.

Ausländisches Recht: *Cargill,* Entrustment under UCC Section 2–403 and its implications for article 9, 9 Campbell Law Review 408 (1987); *Gilmore,* The good faith purchase idea and the Uniform Commercial Code: confessions of a repentant draftsman, 15 Georgia Law Review 605 (1981); *Holzner,* Umdenken beim Gutglaubenserwerb, öJZ 1997, 499; *Ibieta,* The transfer of ownership of movables, Louisiana Law Review 47 (1987), 841; *Minuth,* Besitzfunktionen beim gutgläubigen Mobiliarerwerb im deutschen und französischen Recht, 1988; *Pfetsch,* Die Ausweitung des Gutglaubensschutzes beim Kauf beweglicher Sachen im amerikanischen Recht durch den Uniform Commercial Code, 1973; *Römer,* Der gutgläubige Mobiliarerwerb im französischen Recht, 1984; *Siehr,* Der gutgläubige Erwerb beweglicher Sachen, ZVglRWi 80 (1981), 273; *Schulze,* Eigentum und Sicherungsrechte in den baltischen Staaten, RIW 1994, 731; *Stadler,* Gestaltungsfreiheit und Verkehrsschutz durch Abstraktion, 1996, 353; *Thorn,* Der Mobiliarerwerb vom Nichtberechtigten, 1996; *Thorn,* Mobiliarerwerb vom Nichtberechtigten – Neue Entwicklungen in rechtsvergleichender Perspektive, ZEuP 1997, 442.

Übersicht

I. Verhältnis zu den Gutglaubensvorschriften des BGB

1 § 366 erweitert im Interesse des Verkehrsschutzes die Möglichkeiten des gutgläubigen Eigentums- und Pfandrechtserwerbs gegenüber dem BGB. Die Gutglaubensvorschriften des BGB einerseits und § 366 andererseits sind grundsätzlich **nebeneinander anwendbar.** Doch ist ein Rückgriff auf § 366 entbehrlich, wenn bereits gutgläubiger Erwerb nach bürgerlichem Recht gegeben ist. § 366 ist gerade dann von Bedeutung, wenn der Erwerber im Hinblick auf das Eigentum des Veräußerers bösgläubig ist. Neben den Tatbestandsmerkmalen des § 366 müssen die **Erwerbsvoraussetzungen** nach §§ 929– 936 BGB bzw. §§ 1205 ff. BGB (mit Ausnahme der Gutgläubigkeit im Hinblick auf das Eigentum des Veräußerers) vorliegen. Es bedarf also einer **wirksamen Übereignung.** Daher gelten auch die sonstigen bürgerlich-rechtlichen **Grenzen des Vertrauensschutzes** für § 366: Gutgläubiger Erwerb ist ausgeschlossen, wenn die Sache gestohlen worden, verloren gegangen oder sonst abhanden gekommen war (§§ 935 Abs. 1, 1207 BGB), es sei denn, es handelt sich hierbei um Geld, Inhaberpapiere (→ Rn. 7 und § 367) oder öffentlich versteigerte Sachen (§ 935 Abs. 2 BGB).[1]

II. Gutgläubiger Erwerb bei Veräußerung oder Verpfändung (Abs. 1)

2 **1. Normzweck.** Das BGB schützt in §§ 932–936, 1207 f. BGB nur den guten Glauben des Erwerbers daran, dass der Verfügende Eigentümer der Sache ist oder die Sache nicht mit Rechten Dritter belastet ist. Grundlage dieses Vertrauens ist die Besitzverschaffungsmacht des Veräußerers. Den guten Glauben an die Verfügungsbefugnis des Veräußerers schützt das BGB hingegen nicht.[2] Ein solcher Schutz ist aber auf Grund der **besonderen Anforderungen des Handelsverkehrs** notwendig. Denn beim Erwerb einer Sache oder eines Pfandrechts von einem Kaufmann – die Denkschrift[3] erwähnt insbesondere den Kommissionär und den Handelsvertreter („Handelsagent") – weiß oder vermutet der Vertragspartner regelmäßig, dass der Kaufmann nicht Eigentümer der zu übereignenden oder zu verpfändenden Sache ist. Sein Vertrauen stützt sich hier auf die **Wahrscheinlichkeit,** dass der Kaufmann **verfügungsbefugt** ist. Zur Sicherheit und Leichtigkeit des Handelsverkehrs **erweitert** Abs. 1 den **Gutglaubensschutz** nach §§ 932–936, 1207 f. BGB. Denn diese Regelung schützt den guten Glauben des Erwerbers an das Vorhandensein der Verfügungsbefugnis;[4] einem Erwerber ist danach regelmäßig nicht zugemutet, Ermittlungen über die Verfügungsbefugnis des Veräußerers anzustellen.[5] Dem liegt der Gedanke zu Grunde, dass die Verfügungen eines Kaufmanns trotz seines fehlenden Eigentums häufig von der Einwilligung des Berechtigten nach § 185 Abs. 1 BGB gedeckt sind (etwa im Rahmen eines verlängerten Eigentumsvorbehaltes oder einer Verkaufskommission nach § 383).[6] Daher ist die Grundlage für das Vertrauen des Erwerbers die Kaufmannseigenschaft des Veräußerers, also dessen Stellung im Handelsverkehr.

3 **2. Voraussetzungen. a) Kaufmannseigenschaft des Verfügenden.** Gutgläubiger Erwerb nach Abs. 1 setzt voraus, dass der **Verfügende Kaufmann** ist. Der Erwerber muss hingegen nicht Kaufmann sein.[7] Obwohl nicht bei allen Kaufleuten eine Wahrscheinlichkeit für ihre Verfügungsbefugnis besteht (zB bei Frachtführer oder Lagerhalter), ist der Gutglaubensschutz des § 366 Abs. 1 nicht auf den Erwerb von bestimmten Kaufleuten beschränkt.[8] Unerheblich ist, auf welcher Regelung die Kaufmannseigenschaft des Verfügenden beruht. Sie kann durch §§ 1, 2, 3, 5[9] oder 6 begründet sein. Auf Verfügungen eines **Kommissionärs** „in Ansehung eines Kommissionsgeschäft"[10] ist § 366 auch dann anwendbar, wenn er nicht Kaufmann ist (§ 383 Abs. 2 S. 2). Dasselbe gilt für **Frachtführer** (§ 407 Abs. 3 S. 2), **Spediteure** (§ 453 Abs. 3 S. 2) und **Lagerhalter** (§ 467 Abs. 3 S. 2), doch ist die Bedeutung von § 366 hier wegen regelmäßig fehlender Veräußerungsgeschäfte gering. Für **Handels-**

---

[1] OLG Hamm Urt. v. 20.7.2010 – 28 U 2/10, DAR 2010, 707 (Ls.); Oetker/*Maultzsch* Rn. 22.
[2] Mit guten Gründen differenzierend *Joost* FS Fiedler, 2011, 889 (892 ff.).
[3] Denkschrift zu dem Entwurf eines Handelsgesetzbuchs, 1896, 207 f.
[4] KKRD/*Koller* Rn. 1.
[5] Denkschrift zu dem Entwurf eines Handelsgesetzbuchs, 1896, 207.
[6] MüKoHGB/*Welter* Rn. 22.
[7] AllgM, s. etwa Heymann/*Horn* Rn. 4.
[8] GroßkommHGB/*Canaris* Rn. 3.
[9] Zur streitigen Frage, welcher Anwendungsbereich für § 5 besteht, → § 5 Rn. 10 ff.
[10] Der Wortlaut von § 383 Abs. 2 S. 2 stellt damit auf das Rechtsverhältnis zwischen Kommissionär und Kommittent ab. Nach teilweise vertretener Auffassung handelt es sich dabei um ein Redaktionsversehen, sodass § 383 Abs. 2 S. 2 auf das Ausführungsgeschäft zwischen Kommissionär und Drittem anzuwenden ist; vgl. GroßkommHGB/*Canaris* Rn. 8; KKRD/*Koller* Rn. 2; MüKoHGB/*Welter* Rn. 30. Krit. auch *Bydlinski* ZIP 1998, 1169 (1171) und *Olshausen* JZ 1998, 717 (719).

vertreter und **Handelsmakler,** die nicht Kaufmann sind, gelten zwar die handelsrechtlichen Regelungen über den Handelsvertreter (§ 84 Abs. 4) und den Handelsmakler (§ 93 Abs. 3). Ein Verweis auf §§ 343 ff. fehlt indes. Auch für **kleingewerbliche Warenhändler** findet sich keine den §§ 383 Abs. 2 S. 2, 407 Abs. 3 S. 2, 453 Abs. 3 S. 2, 467 Abs. 3 S. 2 entsprechende Verweisung. Doch ist eine analoge Anwendung von Abs. 1 geboten, da diese Regelung auch auf Handelsvertreter, Handelsmakler und kleingewerbliche Warenhändler zugeschnitten ist.[11] In den übrigen Fällen fehlender Kaufmannseigenschaft kommt eine Anwendung von § 366 nicht in Betracht.[12] § 366 ist daher nicht auf alle **Unternehmensträger** und insbesondere nicht auf die **freien Berufe** anwendbar. Bei Veräußerung oder Verpfändung durch einen Stellvertreter ist auf die Kaufmannseigenschaft des **Vertretenen** abzustellen, da er der Verfügende ist.[13] Dies gilt auch für § 56. Die Kaufmannseigenschaft muss, da diese Eigenschaft Voraussetzung für den Schutz des guten Glaubens an die Verfügungsbefugnis ist, zu dem nach §§ 932 ff. BGB für den guten Glauben **maßgeblichen Zeitpunkt** des Erwerbsaktes vorliegen (→ Rn. 19).[14]

Auf Verfügungen eines **Scheinkaufmanns** ist Abs. 1 nicht anwendbar.[15] Andernfalls würde der **4** wahre Eigentümer auf Grund eines Rechtsscheins belastet, den nicht er, sondern der Scheinkaufmann gesetzt hat. Dies wäre mit den Grundsätzen der Zurechenbarkeit eines selbst gesetzten Rechtsscheins unvereinbar.[16] Der **gute Glaube** an die Kaufmannseigenschaft ist daher nicht geschützt.[17]

Der gute Glaube an die Kaufmannseigenschaft ist insbesondere dann nicht geschützt, wenn er auf **5** der negativen Publizität nach **§ 15 Abs. 1** beruht. So, wenn trotz vollständiger Einstellung des Gewerbebetriebs (§ 5 unanwendbar, dort → § 5 Rn. 20 f.) eine Löschung im Handelsregister nicht erfolgt, der Veräußerer also zu Unrecht durch das Handelsregister als Kaufmann ausgewiesen ist.[18] Hier soll nach teilweise vertretener Ansicht der Eingetragene iSv Abs. 1 sein.[19] Nach § 15 Abs. 1 kann sich aber nur der Eingetragene (hier: der Veräußerer oder Verpfänder) nicht auf den Wegfall seiner Kaufmannseigenschaft berufen. Eine „Reflexwirkung"[20] **zu Lasten des wahren Eigentümers,** dem die unterbliebene Löschung nicht zugerechnet werden kann, ist auch hier nicht gerechtfertigt;[21] § 15 Abs. 1 wirkt nämlich nur zu Lasten desjenigen, in dessen Angelegenheit die Tatsache einzutragen war. Dasselbe muss dann gelten, wenn der Verfügende auf Grund **unrichtiger Registerbekanntmachung** als Kaufmann ausgewiesen ist (§ 15 Abs. 3).

b) Im Betriebe des Handelsgewerbes. Die Veräußerung oder Verpfändung muss im Betrieb des **6** Handelsgewerbes des Kaufmanns erfolgen. Sie muss also für den Kaufmann (nicht notwendig auch für den Erwerber) ein **Handelsgeschäft** (§ 343) sein. Es genügt deshalb ein einseitiges Handelsgeschäft (§ 345). Tritt der Kaufmann als Privatperson auf, ist kein gegenüber dem bürgerlichen Recht gesteigerter Verkehrsschutz erforderlich. Nach § 344 Abs. 1 besteht eine **Vermutung** für die Betriebszugehörigkeit bei Rechtsgeschäften eines Kaufmanns. Die Tatsache, dass die Verfügung nicht zum gewöhnlichen Betrieb des Handelsgewerbes gehört, sondern ein Hilfs-, Neben- oder Abwicklungsgeschäft darstellt, ist für die Anwendbarkeit von Abs. 1 unbeachtlich, bestimmt aber wesentlich die Anforderungen an den guten Glauben des Erwerbers.[22] Der **gute Glaube** des Erwerbers an die objektiv nicht gegebene Betriebszugehörigkeit ist nicht geschützt;[23] dies gilt aus den unter → Rn. 4 („Scheinkaufmann") dargelegten Gründen selbst dann, wenn der Kaufmann die Betriebszugehörigkeit vorspiegelt.[24]

---

[11] Für analoge Anwendung von § 366 auf kleingewerbliche Warenhändler auch GroßkommHGB/*Canaris* Rn. 10; Baumbach/Hopt/*Hopt* Rn. 4; KKRD/*Koller* Rn. 2.

[12] GroßkommHGB/*Canaris* Rn. 10.

[13] GroßkommHGB/*Canaris* Rn. 14; Heymann/*Horn* Rn. 5; Röhricht/Graf v. Westphalen/Haas/*Wagner* Rn. 6; MüKoHGB/*Welter* Rn. 33; aA ohne Begründung Schlegelberger/*Hefermehl* Rn. 27.

[14] GroßkommHGB/*Canaris* Rn. 15; MüKoHGB/*Welter* Rn. 33.

[15] OLG Düsseldorf Urt. v. 18.11.1998 – 11 U 36/98, DB 1999, 89 ff.; *Bülow* AcP 186 (1986), 577 (581 ff.); Schlegelberger/*Hefermehl* Rn. 26; Heymann/*Horn* Rn. 4; Baumbach/Hopt/*Hopt* Rn. 4; Röhricht/Graf v. Westphalen/Haas/*Wagner* Rn. 3; aA GroßkommHGB/*Canaris* Rn. 12; GroßkommHGB/*Nickel* § 5 Rn. 20; *Petersen* JURA 2004, 247 (248); MüKoHGB/*Welter* Rn. 29 (Schutz des wahren Eigentümers durch § 935 BGB); aA KKRD/*Koller* Rn. 2; ausdr. offen gelassen in BGH Urt. v. 9.11.1998 – II ZR 144/97, NJW 1999, 425 (426).

[16] Schlegelberger/*Hefermehl* Rn. 26; Röhricht/Graf v. Westphalen/Haas/*Wagner* Rn. 3.

[17] Baumbach/Hopt/*Hopt* Rn. 4.

[18] Weitere Beispiele bei *Lieb* NJW 1999, 35 f.

[19] Heymann/*Horn* Rn. 4; GroßkommHGB/*Canaris* Rn. 13; *K. Schmidt* HandelsR § 23 II 1a.

[20] Allgemein die Möglichkeit von Reflexwirkungen zu Lasten Unbeteiligter befürwortend KKRD/*Koller* § 15 Rn. 8.

[21] So auch Schlegelberger/*Hefermehl* Rn. 26.

[22] GroßkommHGB/*Canaris* Rn. 6.

[23] Schlegelberger/*Hefermehl* Rn. 28; Baumbach/Hopt/*Hopt* Rn. 4; Heymann/*Horn* Rn. 6; GroßkommHGB/*Weber* Rn. 11; Röhricht/Graf v. Westphalen/Haas/*Wagner* Rn. 8.

[24] Röhricht/Graf v. Westphalen/Haas/*Wagner* Rn. 8; *K. Schmidt* HandelsR § 23 II 1d; MüKoHGB/*Welter* Rn. 34; aA GroßkommHGB/*Canaris* Rn. 17.

7   **c) Bewegliche Sache.** Abs. 1 erfasst nur Verfügungen über bewegliche Sachen,[25] nicht aber Verfügungen über **Grundstücke** und **Rechte.** Bei **Schiffen** ist zu unterscheiden: Nicht in einem Schiffsregister eingetragene Seeschiffe können nach §§ 932 ff. BGB (Sonderregelungen in § 929a BGB und § 932a BGB) gutgläubig erworben werden; daher ist insoweit auch § 366 Abs. 1 anwendbar. Bei eingetragenen Schiffen, gleich ob Binnen- oder Seeschiff, gelten beim Erwerb vom Nichtberechtigten die Sonderregelungen der §§ 15, 16 SchiffRG; eine Anwendung der §§ 932 ff. BGB und des Abs. 1 ist daher ausgeschlossen.[26] Entscheidend ist allein die objektive Sachlage, der gute Glaube an eine Nicht-Eintragung in ein Schiffsregister ist nicht geschützt.[27] **Inhaberpapiere** können vorbehaltlich des § 367 grundsätzlich gutgläubig nach § 366 erworben werden. Auf **Orderpapiere** ist § 366 Abs. 1 grundsätzlich nicht anwendbar, da §§ 932 ff. BGB sie nicht erfassen.[28] Ihre Veräußerung oder Verpfändung bedarf vielmehr einer zusätzlichen Legitimationsgrundlage (vgl. §§ 363–365, Art. 16 Abs. 1 WG, Art. 21 ScheckG).[29] Beim Warenerwerb mittels **Traditionspapier** kann § 366 Abs. 1 dann zur Anwendung kommen, wenn der Erwerber auf die Verfügungsbefugnis des Papierinhabers im Hinblick auf die im Papier genannten Waren vertraut. Sind diese Waren abhanden gekommen (§ 935 BGB), ist ein gutgläubiger Erwerb selbst dann nicht möglich, wenn das Papier nach § 365 iVm Art. 16 Abs. 2 WG gutgläubig erworben wurde; § 935 BGB muss nämlich auch dann seine Wirkung entfalten, wenn nicht die Sache selbst, sondern an ihrer Stelle ausnahmsweise ein Papier übergeben wird.[30]

8   **d) Fehlendes Eigentum des verfügenden Kaufmanns.** Die Sache darf nicht im Eigentum des Veräußerers oder Verpfänders stehen (für den Fall des lastenfreien Erwerbs nach Abs. 2 jedoch → Rn. 22). Es muss sich also für den Veräußerer oder Verpfänder um eine **fremde Sache** handeln. Auf bewegliche Sachen, die im Eigentum des verfügenden Kaufmanns stehen, ist Abs. 1 nicht anwendbar. Abs. 1 greift schon seinem Wortlaut nach auch dann nicht ein, wenn die Sache zwar im Eigentum des veräußernden Kaufmanns steht, er aber **absoluten Verfügungsbeschränkungen** im Hinblick auf das eigene Vermögen etwa nach §§ 1365, 1369 BGB oder § 81 InsO unterliegt. Auch eine **entsprechende Anwendung** von § 366 kommt nicht in Betracht,[31] zumal absolute Verfügungsbeschränkungen jeglichen Gutglaubensschutz ausschließen. Abs. 1 ist hingegen dann unmittelbar anwendbar, wenn der Kaufmann als Eigentümer einer Sache, die einer absoluten Verfügungsbeschränkung unterliegt (zB Sache ist ein Haushaltsgegenstand), einen anderen Kaufmann (zB Kommissionär) mit der Veräußerung der Sache in dessen Namen beauftragt.[32] Denn insoweit ist im Hinblick auf die Veräußerung allein auf den Beauftragten abzustellen, der bei der Veräußerung über eine nicht in seinem Eigentum stehende Sache verfügt und der keiner absoluten Verfügungsbeschränkung im Hinblick auf die Sache unterliegt.

9   **e) Guter Glaube. aa) Gegenstand: Verfügungsbefugnis.** Abs. 1 nennt als geschützten Gegenstand den „guten Glauben" des Erwerbers an „die Befugnis des Veräußerers oder Verpfänders, über die Sache für den Eigentümer zu verfügen". Abs. 1 vermag danach nur Mängel der Verfügungsbefugnis zu überwinden, nicht aber allgemein erkennbare Hinweise auf das Eigentum Unbeteiligter.[33] Diese Verfügungsbefugnis des Veräußerers oder Verpfänders bezieht sich auf die vom Eigentümer abgeleitete Berechtigung des Veräußerers oder Verpfänders, gerade für den Eigentümer über dessen Sache **im eigenen Namen zu verfügen.**[34] Der gute Glaube an die Verfügungsbefugnis kann darauf beruhen, dass der Erwerber einen Sachverhalt annimmt, bei dessen Vorliegen Verfügungsbefugnis bestünde.[35] Gutgläubig ist im Hinblick auf die Verfügungsbefugnis des Veräußerers ferner, wer trotz Kenntnis eines Sachverhalts, der keine Verfügungsbefugnis begründet, auf Grund eines entschuldbaren Rechtsirrtums Verfügungsbefugnis des veräußernden oder verpfändenden Kaufmanns annimmt.[36]

10   Geschützt ist der gute Glaube an eine **rechtsgeschäftliche Verfügungsbefugnis** zB iSv § 185 Abs. 1 BGB. Dies gilt insbesondere für den Erwerb von beweglichen Sachen, die der Veräußerer aus der Sicht des Erwerbers unter Eigentumsvorbehalt erworben hat. Ebenso, wenn der Eigentümer aus der Sicht des Erwerbers einen Kommissionär mit der Veräußerung beauftragt hat. Schutz nach Abs. 1 genießt auch der gute Glaube an eine **gesetzliche Verfügungsbefugnis.**[37] So ist der Erwerber

---

[25] Für Kulturgüter vgl. Kulturgutsicherungsgesetz v. 15.10.1998, BGBl. I 3162 ff.

[26] BGH Urt. v. 25.6.1990 – II ZR 178/89, BGHZ 112, 4 (7) = NJW 1990, 3209 (3210); dazu *K. Schmidt* JuS 1991, 246.

[27] BGH Urt. v. 25.6.1990 – II ZR 178/89, BGHZ 112, 4 (8 f.) = NJW 1990, 3209 (3210).

[28] MüKoBGB/*Oechsler* BGB § 935 Rn. 16.

[29] GroßkommHGB/*Canaris* Rn. 20.

[30] BGH Urt. v. 19.6.1958 – II ZR 228/57, NJW 1958, 1485; Schlegelberger/*Hefermehl* Rn. 56.

[31] GroßkommHGB/*Canaris* Rn. 24 f.; *Rittner* FamRZ 1961, 185 (194); für § 81 InsO kann dieses Ergebnis auch auf einen Umkehrschluss aus § 81 Abs. 1 S. 2 InsO gestützt werden.

[32] GroßkommHGB/*Canaris* Rn. 35.

[33] BGH Urt. v. 2.7.1992 – IX ZR 274/91, BGHZ 119, 75 (92 f.) = NJW 1992, 2570 (2575).

[34] OLG Hamm Urt. v. 20.7.2010 – 28 U 2/10, DAR 2010, 707 (Ls.); Oetker/*Maultzsch* Rn. 26.

[35] BGH Urt. v. 23.4.1951 – IV ZR 158/50, BGHZ 2, 37 (52) = NJW 1952, 219 (221).

[36] BGH Urt. v. 23.4.1951 – IV ZR 158/50, BGHZ 2, 37 (52) = NJW 1952, 219 (221).

[37] Baumbach/Hopt/*Hopt* Rn. 5.

geschützt, wenn er gutgläubig annimmt, die Verfügung erfolge im Wege des Selbsthilfeverkaufs (§§ 373 Abs. 2, 388 Abs. 2, 389, 419 Abs. 3 S. 3, 471 Abs. 2 S. 3).[38] Eines inneren Zusammenhangs mit der Kaufmannseigenschaft bedarf es nicht.

Nicht geschützte Gegenstände, insbesondere Vertretungsmacht. Nach dem Wortlaut des **11** Abs. 1 und bürgerlich-rechtlicher Terminologie ist der Erwerber nur geschützt, wenn der veräußernde Kaufmann **in eigenem Namen** handelt. Trotz der zumindest bisher fehlenden praktischen Relevanz[39] ist umstritten, ob der Erwerber auch dann geschützt ist, wenn er statt auf die Verfügungsbefugnis auf eine tatsächlich nicht vorhandene **Vertretungsmacht** des Kaufmanns vertraut. Dies ist zu **verneinen.**[40] Zwar sind dem Wortlaut zu dieser Frage keine eindeutigen Anhaltspunkte zu entnehmen. Denn das HGB unterscheidet nicht klar zwischen Handeln in fremdem Namen einerseits und Handeln in eigenem Namen andererseits (s. zB §§ 49, 54, 56, 126). Entscheidend sind **Normzweck** (→ Rn. 1) und **Systematik.** Der Erwerber bedarf bei Handeln des Veräußerers in eigenem Namen nicht in gleicher Weise des Schutzes durch § 366 Abs. 1 wie bei Handeln des Veräußerers in fremdem Namen. Denn der Erwerber hat bei Handeln des Veräußerers in fremdem Namen zumeist ohne weiteres die Möglichkeit, sich beim Eigentümer über das Bestehen der Vertretungsmacht zu vergewissern. Hinzu kommt, dass allein ein Handeln in eigenem Namen typisch für das Handelsrecht ist. **Nicht geschützt** ist darüber hinaus der gute Glaube an **(1)** die Geschäftsfähigkeit des Veräußerers (§§ 104 ff. BGB),[41] **(2)** die Genehmigung des Berechtigten (§ 185 Abs. 2 BGB),[42] **(3)** das Zustandekommen einer Einigung iSv §§ 929 ff., 932 ff. BGB,[43] **(4)** die Wahrung der Mindestanforderungen beim Pfandverkauf (vgl. §§ 1243 f. BGB),[44] **(5)** die formell ordnungsgemäße Anordnung der Versteigerung durch die Vollstreckungsbehörde,[45] **(6)** das Fehlen gesetzlicher bzw. behördlicher Veräußerungsverbote etwa nach §§ 135 f. BGB,[46] **(7)** die Kaufmannseigenschaft (→ Rn. 4), **(8)** die objektiv nicht gegebene Betriebszugehörigkeit (→ Rn. 6) und **(9)** das Fehlen absoluter Verfügungsbeschränkungen (→ Rn. 8).

bb) Maßstab: Keine Kenntnis und keine grob fahrlässige Unkenntnis. Abs. 1 verweist auf **12** §§ 932 ff. BGB. Daher ist der Maßstab für den guten Glauben des Erwerbers § 932 Abs. 2 BGB zu entnehmen. Der Erwerber ist also dann nicht in gutem Glauben, wenn ihm **bekannt** oder infolge **grober Fahrlässigkeit** unbekannt ist, dass der Veräußerer oder Verpfänder nicht zur Verfügung über die Sache befugt ist. Bösgläubigkeit im Hinblick auf das fehlende Eigentum des Veräußerers schließt Gutgläubigkeit im Hinblick auf die Verfügungsbefugnis des Veräußerers nicht aus.[47] Der Erwerber kann sich daher auch **im Prozess** in erster Linie auf die Gutgläubigkeit hinsichtlich des Eigentums des Veräußerers und hilfsweise auf die Gutgläubigkeit hinsichtlich der Verfügungsbefugnis des Veräußerers berufen. Beruft sich ein Erwerber schlechthin auf seinen guten Glauben, sind die Voraussetzungen des gutgläubigen Erwerbs sowohl nach BGB als auch nach Abs. 1 zu prüfen.[48] Positive Kenntnis des Erwerbers ist in den meisten Fällen nicht nachweisbar. **Grob fahrlässig** ist „ein Handeln, bei dem die erforderliche Sorgfalt nach den gesamten Umständen in ungewöhnlich großem Maße verletzt und bei dem dasjenige unbeachtet geblieben ist, was im gegebenen Falle jedem hätte einleuchten müssen."[49] Anders als bei der einfachen Fahrlässigkeit muss ein auch in subjektiver Hinsicht unentschuldbares Fehlverhalten gegeben sein, das ein gewöhnliches Maß erheblich übersteigt.[50] Danach lassen sich allgemein gültige Grundsätze dafür, welche Anforderungen an die Sorgfaltspflicht des Erwerbers zu stellen sind, nicht aufstellen. Vielmehr kommt es auf die **Umstände des Einzelfalls** an.

---

[38] Baumbach/Hopt/*Hopt* Rn. 5; Röhricht/Graf v. Westphalen/Haas/*Wagner* Rn. 11; aA GroßkommHGB/*Canaris* Rn. 31 (§ 1244 BGB analog); ebenso KKRD/*Koller* Rn. 4; für eine entsprechende Anwendung des § 366 in den Fällen der §§ 73, 80 EVO aF BGH Urt. v. 23.4.1951 – IV ZR 158/50, BGHZ 2, 37 (49) = NJW 1952, 219 (220 f.).

[39] *Reinicke* AcP 189 (1989), 79; *Tiedtke*, Gutgläubiger Erwerb, 1985, 231.

[40] GroßkommHGB/*Canaris* Rn. 37; Oetker/*Maultzsch* Rn. 28; KKRD/*Koller* Rn. 2, 4; *Petersen* JURA 2004, 247 (248); *Tiedtke*, Gutgläubiger Erwerb, 1985, 229 f.; einschränkend *Reinicke* AcP 189 (1989), 100 ff.; aA Denkschrift zu dem Entwurf eines Handelsgesetzbuchs, 1896, 207; MüKoHGB/*Welter* Rn. 42; Baumbach/Hopt/*Hopt* Rn. 5; Schlegelberger/*Hefermehl* Rn. 32; Heymann/*Horn* Rn. 16; Röhricht/Graf v. Westphalen/Haas/*Wagner* Rn. 16; *K. Schmidt* HandelsR § 23 III (extensive Auslegung, nicht Analogie) u. JuS 1987, 936 ff.; offen gelassen von BGH Urt. v. 2.7.1992 – IX ZR 274/91, BGHZ 119, 75 (92) = NJW 1992, 2575 u. OLG Hamm Urt. v. 20.7.2010 – 28 U 2/10, DAR 2010, 707 Rn. 73 (Ls.).

[41] Baumbach/Hopt/*Hopt* Rn. 3; MüKoHGB/*Welter* Rn. 41.

[42] KKRD/*Koller* Rn. 4.

[43] Baumbach/Hopt/*Hopt* Rn. 3; MüKoHGB/*Welter* Rn. 41.

[44] GroßkommHGB/*Canaris* Rn. 29; Baumbach/Hopt/*Hopt* Rn. 3; Röhricht/Graf v. Westphalen/Haas/*Wagner* Rn. 21; MüKoHGB/*Welter* Rn. 41.

[45] BGH Urt. v. 2.7.1992 – IX ZR 274/91, BGHZ 119, 75 (93) = NJW 1992, 2570 (2575).

[46] KKRD/*Koller* Rn. 4.

[47] BGH Urt. v. 18.6.1980 – VIII ZR 119/79, NJW 1980, 2245 f.; MüKoHGB/*Welter* Rn. 47.

[48] BGH Urt. v. 18.6.1980 – VIII ZR 119/79, NJW 1980, 2245 (2246).

[49] Grundlegend BGH Urt. v. 11.5.1953 – IV ZR 170/52, BGHZ 10, 14 (16) = NJW 1953, 1139; vgl. auch BGH Urt. v. 9.2.2005 – VIII ZR 82/03, NJW 2005, 1365 (1366).

[50] BGH Urt. v. 15.7.2008 – VI ZR 212/07, NJW 2009, 681 Rn. 35; Palandt/*Herrler* BGB § 932 Rn. 10.

13   Der Erwerber ist dann bösgläubig, wenn das Fehlen der Verfügungsbefugnis **evident** ist. Es besteht aber **keine allgemeine Nachforschungspflicht,**[51] da nach Abs. 1 der gute Glaube des Erwerbers zu vermuten ist.[52] So trifft den Erwerber grundsätzlich keine Nachforschungspflicht im Hinblick darauf, ob der Veräußerer die Sache **zur Sicherheit übereignet** hat.[53] Erst wenn der Erwerber konkrete Anhaltspunkte für das Fehlen der Verfügungsbefugnis hat, muss er Nachforschungen anstellen.[54] Soweit die Veräußerung **außerhalb des gewöhnlichen** oder **ordnungsgemäßen Geschäftsbetriebs** des Veräußerers liegt, muss sich der Erwerber nach der Verfügungsbefugnis des Veräußerers erkundigen, weil hier eine geringere Wahrscheinlichkeit dafür besteht, dass der Veräußerer verfügungsbefugt ist.[55] Daher sind, wenn ein Kaufmann Waren außerhalb seines nicht auf Veräußerungsgeschäfte angelegten Geschäftsbetriebs veräußert, erhöhte Anforderungen an den guten Glauben des Erwerbers zu stellen (zB Verkauf von mehreren hochwertigen und fabrikneuen Baumaschinen durch Baumaschinenvermietungsunternehmen).[56] Die Anforderungen an die Gutgläubigkeit des Erwerbers sind außerdem dann höher, wenn der Veräußernde zu **Sicherungszwecken** verfügt.[57] Denn auch hier ist das Bestehen von Verfügungsbefugnis weniger wahrscheinlich, da auch ein Kaufmann regelmäßig nicht befugt ist, über fremde Sachen zu (eigennützigen) Sicherungszwecken zu verfügen.[58] Guter Glaube des Erwerbers kann aber dann gerechtfertigt sein, wenn die „sichernde" Verfügung der Sache selbst zu Gute kommt (zB Einräumung eines rechtsgeschäftlichen Pfandrechts an dem zu reparierenden Kraftfahrzeug).[59] Nachforschungspflichten können sich ferner unter anderem ergeben aus den **Abwicklungsmodalitäten** oder der **Preisgestaltung** des Handelsgeschäfts sowie dem **Ort** von dessen Vornahme (zB hohe Barzahlung,[60] außergewöhnlich günstiger Preis,[61] Angebot eines hochwertigen Musikinstruments am Bahnhof ohne glaubhaften Legitimationsnachweis; Drängen des Verkäufers auf schnelle Abwicklung an einem Feiertag[62]).[63] Im Einzelfall bedarf es aber sorgfältiger Prüfung, ob die Verdachtsmomente auch Anlass geben, gerade an der Verfügungsbefugnis des Veräußerers zu zweifeln.

14   Abs. 1 unterscheidet nicht zwischen der Befugnis zur Übereignung und der Befugnis zur **Pfandrechtsbestellung,** obwohl für die Befugnis zur Pfandrechtsbestellung regelmäßig nicht dieselbe Wahrscheinlichkeit besteht. Ist doch gerade beim verlängerten Eigentumsvorbehalt oder der Verkaufskommission die Einwilligung des Eigentümers auf die Veräußerung im gewöhnlichen Geschäftsbetrieb beschränkt, zu der die Verpfändung regelmäßig nicht gehört (Auslegungsfrage!). Im Einzelfall findet dieser geringere Wahrscheinlichkeitsgrad bei den Anforderungen an den guten Glauben Berücksichtigung.[64]

15   Der Begriff der groben Fahrlässigkeit unterliegt als **Rechtsbegriff** der revisionsgerichtlichen Nachprüfung. Die Feststellung der einzelnen Voraussetzungen und die Beurteilung, ob das Vertrauen auf die Verfügungsbefugnis im Einzelfall grob fahrlässig war, ist hingegen **Tatfrage** und mit der Revision nur insoweit angreifbar, als Verstöße gegen § 286 ZPO, Denkgesetze oder Erfahrungssätze vorliegen.[65] Hat der Tatrichter den Begriff der groben Fahrlässigkeit verkannt, kann das Revisionsgericht auf Grund der getroffenen Feststellungen die Beurteilung selbst vornehmen.[66]

16   **Einzelfälle.** Der Erwerber darf auf die Verfügungsbefugnis des Veräußerers grundsätzlich selbst dann vertrauen, wenn er weiß, dass die zu veräußernde Sache unter (verlängertem) **Eigentumsvorbehalt** des Lieferanten steht. Denn die Einräumung von Verfügungsbefugnis auch bei Erwerb durch den Veräußerer unter (verlängertem) Eigentumsvorbehalt ist gängige Übung, soweit die Veräußerung der Sache im ordnungsgemäßen Geschäftsgang erfolgt.[67] Dieser Vertrauensschutz kann bei erkennbar

---

[51] BGH Urt. v. 5.2.1975 – VIII ZR 151/73, NJW 1975, 735 (736).

[52] BGH Urt. v. 23.4.1951 – IV ZR 158/50, BGHZ 2, 37 (53) = NJW 1952, 219 (221).

[53] BGH Urt. v. 24.1.1983 – VIII ZR 353/81, BGHZ 86, 300 (311 f.) = NJW 1983, 1114 (1116 f.); GroßkommHGB/*Canaris* Rn. 45; Baumbach/Hopt/*Hopt* Rn. 6; einschränkend MüKoHGB/*Welter* Rn. 52.

[54] BGH Urt. v. 24.1.1983 – VIII ZR 353/81, BGHZ 86, 300 (312) = NJW 1983, 1114 (1116).

[55] GroßkommHGB/*Canaris* Rn. 55; Staudinger/*Wiegand,* 2017, BGB § 932 Rn. 135.

[56] BGH Urt. v. 9.11.1998 – II ZR 144/97, NJW 1999, 425 (426).

[57] GroßkommHGB/*Canaris* Rn. 67.

[58] GroßkommHGB/*Canaris* Rn. 55; Staudinger/*Wiegand,* 2017, BGB § 932 Rn. 135.

[59] BGH Urt. v. 4.5.1977 – VIII ZR 3/76, BGHZ 68, 323 (326 ff.) = NJW 1977, 1240 (1241).

[60] OLG München Urt. v. 19.9.1996 – 29 U 5689/95, OLG-Report 1997, 59 (60).

[61] BGH Urt. v. 13.4.1994 – II ZR 196/93, NJW 1994, 2022 (2023); OLG Hamm Urt. v. 20.7.2010 – 28 U 2/10, DAR 2010, 707 (Ls.); OLG Schleswig Urt. v. 1.9.2006 – 14 U 201/05, NJW 2007, 3007 (3008); MüKoBGB/*Oechsler* BGB § 932 Rn. 48, 58.

[62] OLG Schleswig Urt. v. 1.9.2006 – 14 U 201/05, NJW 2007, 3007 (3008).

[63] OLG München Urt. v. 12.12.2002 – 19 U 4018/02, NJW 2003, 673.

[64] GroßkommHGB/*Canaris* Rn. 4; Heymann/*Horn* Rn. 1.

[65] Grundlegend BGH Urt. v. 11.5.1953 – IV ZR 170/52, BGHZ 10, 14 (16) = NJW 1953, 1139; BGH Urt. v. 10.5.1994 – XI ZR 212/93, NJW 1994, 2093 (2094); BGH Urt. v. 13.4.1994 – II ZR 196/93, NJW 1994, 2022 (2023); BGH Urt. v. 9.2.2005 – VIII ZR 82/03, NJW 2005, 1366.

[66] BGH Urt. v. 13.4.1994 – II ZR 196/93, NJW 1994, 2093 (2094); BGH Urt. v. 11.3.1991 – II ZR 88/90, NJW 1991, 1415 (1417).

[67] Heymann/*Horn* Rn. 19; *K. Schmidt* HandelsR § 23 II 1 f.

schlechter wirtschaftlicher Lage des Veräußerers (Widerruf der Ermächtigung)[68] entfallen. Der Erwerber handelt hingegen grob fahrlässig, wenn er nach den Umständen und insbesondere bei Bestehen eines entsprechenden Handelsbrauchs mit einem verlängerten Eigentumsvorbehalt des Vorlieferanten rechnen muss und weiß, dass die für die Verfügungsbefugnis im Rahmen eines solchen verlängerten Eigentumsvorbehalts konstitutive Vorausabtretung ins Leere geht, weil er selbst seine Leistung an seinen abtretungspflichtigen Vertragspartner im Voraus bereits erbracht hat.[69] Muss der Erwerber nach den Umständen mit einem verlängerten Eigentumsvorbehalt des Vorlieferanten seines Vertragspartners rechnen, so handelt er grob fahrlässig, wenn er die Abtretung der Kaufpreisforderung vertraglich (wirksam) ausschließt und keine Erkundigungen über das Verfügungsrecht und/oder die Eigentumsverhältnisse an der Kaufsache einzieht.[70] Soweit jedoch wegen § 354a die Abtretung an den Vorlieferanten trotz des vertraglichen Ausschlusses wirksam ist, muss der Erwerber regelmäßig nicht mit einem Wegfall der Verfügungsbefugnis des Veräußerers rechnen.[71] Eine gewerbliche **Leasinggesellschaft,** zu deren üblichen Geschäften die Finanzierung von Lastkraftwagen mit einem erheblichen wirtschaftlichen Wert gehört, erwirbt beim Kauf eines solchen Fahrzeugs von einem Vertragshändler des Herstellers nicht gutgläubig das Eigentum an dem Fahrzeug, wenn der Vertragshändler die Zulassungsbescheinigung Teil II nicht übergibt und die Leasinggesellschaft auf Grund ihrer zahlreichen einschlägigen Geschäfte weiß oder wissen müsste, dass sich der Hersteller das Eigentum an dem Fahrzeug bis zur vollständigen Weiterleitung des Kaufpreises an ihn vorbehält, der Hersteller die Verfügungsbefugnis der Händler entsprechend einschränkt und er die Zulassungsbescheinigung Teil II zur Verhinderung eines gutgläubigen Eigentumserwerbs durch Dritte zurückhält oder zum Zwecke des Dokumenteninkassos einem Treuhänder überlässt.[72] Ein Leasingnehmer, der nach dem Ablauf der Leasingzeit das Leasingfahrzeug kauft, ohne sich den Fahrzeugbrief vorlegen zu lassen, handelt nicht grob fahrlässig, wenn er an die Verfügungsbefugnis des Vertragshändlers glaubt, über den er zuvor das Fahrzeug als Neuwagen von dem Leasingunternehmen geleast hatte.[73]

Beim Kauf eines **Gebrauchtfahrzeugs** begründet der Besitz des Fahrzeugs allein nicht den für den   **17** Gutglaubenserwerb nach § 932 BGB bzw. § 366 erforderlichen Rechtsschein.[74] Vielmehr muss sich der Käufer zumindest die Zulassungsbescheinigung Teil II vorlegen lassen, um die Berechtigung des Veräußerers prüfen zu können. Denn bei gebrauchten Kraftfahrzeugen muss jeder Teilnehmer im Rechtsverkehr wissen, dass Kraftfahrzeuge häufig als Sicherheit für einen bei ihrer Anschaffung gewährten Kredit dienen. Kann der Veräußerer die Zulassungsbescheinigung Teil II nicht vorlegen, gibt dies Anlass zu weiteren Nachforschungen. Grob fahrlässig ist es daher, sich beim Erwerb eines gebrauchten Kraftfahrzeugs nicht das Original der Zulassungsbescheinigung Teil II vorlegen zu lassen. Unter Kraftfahrzeughändlern gelten insoweit keine geringeren Anforderungen. Auch wenn in bestimmten Kreisen oder zwischen in ständiger Geschäftsbeziehung stehenden Personen bestimmte leichtsinnige Handlungsweisen üblich sind und in der Vergangenheit trotz unterbliebener Vorlage der Kraftfahrzeugpapiere keine Schwierigkeiten aufgetreten sind, besteht kein schutzwürdiges Vertrauen darauf, dass der Veräußerer auch bei künftigen, in gleicher Weise abgewickelten Geschäften zumindest verfügungsbefugt ist, auch wenn er die Zulassungsbescheinigung Teil II nicht vorlegen kann. Die dargestellten Grundsätze gelten auch dann, wenn ein veräußertes Gebrauchtfahrzeug aus einem beendeten Leasinggeschäft stammt (→ Rn. 16). Aus der fehlenden Eintragung des Veräußerers ergibt sich nicht notwendig, dass der Veräußerer ohne Verfügungsbefugnis handelt. Da die Übergabe und Prüfung der Zulassungsbescheinigung Teil II nur ein Mindesterfordernis für gutgläubigen Eigentumserwerb darstellt, bedarf es aber bei besonderen Verdachtsmomenten der Erkundigung beim letzten eingetragenen Halter des Fahrzeugs. Ein solches Verdachtsmoment liegt immer vor, wenn ein Gebrauchtwagen auf der Straße verkauft wird und der Veräußerer nicht der letzte in der Zulassungsbescheinigung Teil II eingetragene Halter ist.[75] Beim Erwerb eines **fabrikneuen Kraftfahrzeugs** von einem autorisierten Vertragshändler fehlt die Gutgläubigkeit des Erwerbers nicht schon deshalb, weil er sich nicht die Zulassungsbescheinigung Teil II vorlegen lässt.[76]

cc) Kausalität. Die Verletzung einer Nachforschungspflicht führt nur dann zur Bösgläubigkeit des   **18** Erwerbers, wenn er bei ordnungsgemäßer Durchführung der erforderlichen Nachforschungen Kenntnis von der wahren Sachlage erlangt hätte („*infolge* grober Fahrlässigkeit").[77] Der Erwerber kann sich

---

[68] OLG Düsseldorf Urt. v. 18.11.1998 – 11 U 36/98, DB 1999, 89 (90).
[69] BGH Urt. v. 22.9.2003 – II ZR 172/01, NJW-RR 2004, 555 (556) = ZIP 2003, 2211 (2212).
[70] BGH Urt. v. 9.11.1998 – II ZR 144/97, NJW 1999, 425 (426).
[71] MüKoHGB/*Welter* Rn. 50; ausf. *K. Schmidt* NJW 1999, 400 f.
[72] BGH Urt. v. 9.2.2005 – VIII ZR 82/03, NJW 2005, 1365 (1366).
[73] AG Neuss Urt. v. 13.7.2010 – 87 C 667/10, NZV 2010, 621.
[74] BGH Urt. v. 13.5.1996 – II ZR 222/95, NJW 1996, 2226 (2227) = JuS 1996, 1032 f. mAnm *K. Schmidt*; BGH Urt. v. 5.2.1975 – VIII ZR 151/73, NJW 1975, 735 (736); BGH Urt. v. 2.12.1958 – VIII ZR 212/57, WM 1959, 138; OLG Zweibrücken Urt. v. 12.12.2013 – 4 U 57/13, BeckRS 2014, 02988.
[75] BGH Urt. v. 5.2.1975 – VIII ZR 151/73, NJW 1975, 735 (737).
[76] BGH Urt. v. 3.3.1960 – VIII ZR 40/59, BeckRS 1960, 31190833.
[77] BGH Urt. v. 5.2.1975 – VIII ZR 151/73, NJW 1975, 735 (737); MüKoHGB/*Welter* Rn. 48.

daher darauf berufen, dass auch die gebotenen Erkundigungen nichts an seiner Gutgläubigkeit geändert hätten.

19   **dd) Maßgeblicher Zeitpunkt.** Für den Zeitpunkt der Gutgläubigkeit ergeben sich keine Besonderheiten gegenüber §§ 929 ff. BGB. Die insoweit maßgeblichen Zeitpunkte gelten entsprechend für den gutgläubigen Pfandrechtserwerb. Da der gute Glaube an die Verfügungsbefugnis auch auf der Kaufmannseigenschaft des Veräußerers oder Verpfänders beruht, muss auch sie zu dem jeweils maßgeblichen Zeitpunkt vorliegen.

20   **3. Beweislast.** Es besteht eine Vermutung für die Gutgläubigkeit des Erwerbers (§ 932 Abs. 1 S. 1 BGB). Grundsätzlich muss daher der Eigentümer die Bösgläubigkeit des Erwerbers darlegen und erforderlichenfalls beweisen.[78] Eine hiervon teilweise abweichende Regelung trifft § 367 für bestimmte Wertpapiere.

III. Gutgläubiger lastenfreier Erwerb (Abs. 2)

21   **1. Normzweck.** Nach § 936 BGB kann der Erwerber, der hinsichtlich einer Belastung der übereigneten Sache gutgläubig ist, lastenfreies Eigentum erwerben. **Abs. 2 erweitert § 936 BGB.** Denn Gegenstand der Gutgläubigkeit des Erwerbers kann danach auch die Befugnis des Veräußerers oder Verpfänders sein, **ohne Vorbehalt des Rechts eines Dritten** über die Sache zu verfügen. Abs. 2 ermöglicht daher in Parallele zu Abs. 1 den lastenfreien Erwerb einer beweglichen Sache, auch wenn der Erwerber die Belastung der Sache kennt. Mit dem Eigentumserwerb geht nämlich die Belastung unter bzw. verliert ihren Vorrang gegenüber dem gutgläubigen Erwerber (§ 1208 S. 1 BGB). Allerdings können für den Dritten **Ausgleichsansprüche** nach § 816 BGB entstehen. Je nachdem, ob der Veräußerer Berechtigter oder Nichtberechtigter ist, bedarf es ggf. nicht nur für die Lastenfreiheit des Erwerbs, sondern daneben schon für den Eigentumserwerb als solchen der Gutgläubigkeit nach §§ 929, 932 ff. BGB bzw. nach Abs. 1. Gutgläubigkeit hinsichtlich des Eigentumserwerbs und hinsichtlich der Lastenfreiheit sind daher getrennt zu prüfen. Die Anwendung von Abs. 2 auf Verpfändungen ermöglicht den gutgläubigen Erwerb eines Pfandrechts, das dem Recht des Dritten im Rang vorgeht.

22   **2. Voraussetzungen.** Anders als bei Abs. 1 muss es sich nicht um eine für den Veräußerer oder Verpfänder fremde Sache handeln.[79] Es kann also auch eine eigene Sache des Veräußerers oder Verpfänders sein. Die **Gutgläubigkeit des Erwerbers** muss sich nicht wie bei § 936 BGB auf die Lastenfreiheit, sondern auf die Befugnis des Veräußerers (Verpfänders), über die Sache ungeachtet des Rechts des Dritten zu verfügen, beziehen. Sie muss im Zeitpunkt der Vollendung des Rechtserwerbs vorliegen.[80] Im Übrigen müssen alle **sonstigen Voraussetzungen** eines gutgläubigen Erwerbs **nach § 936 BGB** erfüllt sein. Selbst wenn die Voraussetzungen nach Abs. 2 vorliegen, kann daher § 936 Abs. 3 BGB lastenfreiem Erwerb entgegenstehen.

IV. Gutgläubiger Erwerb gesetzlicher Pfandrechte (Abs. 3)

23   **1. Normzweck.** Nach Abs. 3 können die gesetzlichen Pfandrechte des Kommissionärs (§ 397), Frachtführers (§ 440), Spediteurs (§ 464) und Lagerhalters (§ 475b) grundsätzlich (Einschränkung Abs. 3 aE) wie vertragliche Pfandrechte gutgläubig vom Nichtberechtigten erworben werden. Abs. 3 **erweitert** daher die **Möglichkeit gutgläubigen Pfandrechtserwerbs** auf diese gesetzlichen Pfandrechte, um dem berechtigten Sicherungsbedürfnis des genannten Personenkreises Rechnung zu tragen und ihnen Nachforschungen zu ersparen. Denn Kommissionär, Frachtführer etc tätigen oftmals Massengeschäfte, die hierfür keine Zeit lassen. Vielfach ist auch eine Vorleistung ihrerseits nicht zu vermeiden.[81] Die von Abs. 3 geschützten Personen sollen daher grundsätzlich darauf **vertrauen** dürfen, dass ihnen das Kommissionsgut, Frachtgut etc **als Sicherheit dient.** Sie erwerben daher ein Pfandrecht an der Sache für die in §§ 397, 464, 475b und 440 genannten Forderungen auch dann, wenn sie ihren in Wahrheit nichtberechtigten Vertragspartner (Kommittent, Versender etc) gutgläubig für den Eigentümer oder zumindest für gegenüber dem Eigentümer befugt halten, das Gut einem Kommissionär, Frachtführer etc zu übergeben (Verfügungsbefugnis).[82] Abs. 3 **erweitert die Regelungen zum Pfandrechtserwerb nach BGB,** indem er den gutgläubigen Erwerb von gesetzlichen besitzlosen Pfandrechten ermöglicht[83] und für die Gutgläubigkeit auf Abs. 1 verweist.[84] Die Kauf-

---

[78] Schlegelberger/*Hefermehl* Rn. 36; Heymann/*Horn* Rn. 22; MüKoHGB/*Welter* Rn. 61.

[79] KKRD/*Koller* Rn. 5.

[80] Schlegelberger/*Hefermehl* Rn. 39.

[81] GroßkommHGB/*Canaris* Rn. 96.

[82] MüKoHGB/*Welter* Rn. 64; KKRD/*Koller* Rn. 6.

[83] Die Rspr. lehnt dies für § 1257 BGB sogar beim gesetzlichen Besitzpfandrecht ab; vgl. BGH Urt. v. 2.7.1992 – IX ZR 274/91, BGHZ 119, 75 (89) = NJW 1992, 2570.

[84] MüKoHGB/*Welter* Rn. 23.

mannseigenschaft desjenigen, der den Entstehungstatbestand des Pfandrechts schafft (also Kommittent, Versender etc), ist nicht Voraussetzung für die Anwendbarkeit von Abs. 3.[85]

2. Voraussetzungen. a) Gesetzliches Pfandrecht. Abs. 3 findet nur Anwendung auf die genann- **24** ten und durch Verweisungen einbezogenen gesetzlichen Pfandrechte, **nicht** jedoch auf **Vertragspfandrechte** (also auch nicht auf Ziff. 20.1 ADSp). Für Letztere gelten bei gutem Glauben an das Eigentum des Verpfänders §§ 1207 f. BGB, bei gutem Glauben an dessen Verfügungsbefugnis Abs. 1 und 2. Der Gerichtsvollzieher ist im Anwendungsbereich des Abs. 3 nicht berechtigt, die Pfandverwertung deshalb abzulehnen, weil die Eigentumsverhältnisse an der Pfandsache nicht geklärt sind.[86]

b) Gegenstand des guten Glaubens. Ist der Kommissionär, Frachtführer, Spediteur oder Lager- **25** halter gutgläubig im Hinblick auf das **Eigentum** seines Vertragspartners (Kommittent, Versender, Absender, Einlagerer), erwirbt er ein gesetzliches Pfandrecht an der Sache, die Gegenstand des Vertrags ist. Dies gilt auch für den guten Glauben an das Eigentum des „Verpfänders".[87] Der Verweis auf Abs. 1 nimmt auch auf den guten Glauben an die **Verfügungsbefugnis** Bezug, obwohl gesetzliche Pfandrechte nicht durch Verfügung, sondern allein bei Vorliegen der gesetzlichen Voraussetzungen entstehen. „Verfügungsbefugnis" bedeutet insoweit lediglich, dass der Kommittent, Versender, Absender oder Einlagerer einen schuldrechtlichen Vertrag schließen darf, der zusammen mit der Einbringung bzw. Überlassung des Gutes trotz seiner fehlenden Eigentümerstellung das Pfandrecht begründet.[88] Der Kommissionär etc ist daher auch dann geschützt, wenn er zwar das fehlende Eigentum des Kommittenten etc kennt, aber gutgläubig annimmt, der **Berechtigte** sei mit den Handlungen des Kommittenten („Verfügung") **einverstanden.** Beim Frachtvertrag fehlt es an einem guten Glauben des Frachtführers in diesem Sinne, wenn sich der gute Glaube des Frachtführers allein auf die Ermächtigung des Absenders durch den Eigentümer zur Erteilung eines Beförderungsauftrags erstreckt.[89] Erhält ein Frachtführer einen Auftrag von einem Spediteur oder einem anderen Frachtführer, muss er regelmäßig davon ausgehen, dass der Auftraggeber nicht Eigentümer des zu befördernden Gutes ist.[90]

c) Gesicherte Forderungen. aa) Konnexe und inkonnexe Forderungen. Im Hinblick auf den **26** durch Abs. 3 gewährten Schutz ist zwischen konnexen und inkonnexen Forderungen zu unterscheiden. Konnexität bedeutet, dass das Gut, an dem das Pfandrecht erworben werden soll, Gegenstand desselben rechtlichen Verhältnisses ist, auf dem auch die zu sichernde Forderung beruht. Bei inkonnexen Forderungen besteht ein solcher Zusammenhang nicht. Konnexe Forderungen sind etwa die Forderungen des Frachtführers aus einem bestimmten Frachtvertrag im Hinblick auf das Frachtgut dieses Frachtvertrags (§ 440 Abs. 1 S. 1 Alt. 1). Inkonnexe Forderungen sind demgegenüber zB Forderungen des Frachtführers aus anderen Fracht-, Speditions- oder Lagerverträgen.

bb) Anknüpfungspunkt für den guten Glauben. Konnexe Forderungen sind bei gutem Glauben **27** des Kommissionärs, Frachtführers etc entweder an das **Eigentum** des Kommittenten, Absenders etc oder dessen **„Verfügungsbefugnis"** durch das Pfandrecht gesichert (Abs. 3 Hs. 1). **Inkonnexe** Forderungen des Frachtführers, Spediteurs und Lagerhalters sind nur dann durch das Pfandrecht gesichert, wenn sich der gute Glaube auf das **Eigentum** des Absenders etc bezieht (Abs. 3 Hs. 2). Erhält der Frachtführer das Gut von einer anderen Person als dem Absender, die nur scheinbar auf dessen Weisung handelt, genügt bei konnexen Forderungen der gute Glaube an den Anschein der Weisung (Umkehrschluss aus Abs. 3 Hs. 2).[91] Die Einschränkung des Abs. 3 Hs. 2 betrifft ihrem Wortlaut nach nicht den Kommissionär. Ein Umkehrschluss aus Abs. 3 Hs. 2 ergäbe an sich, dass das Pfandrecht des **Kommissionärs** inkonnexe Forderungen (also § 397 letzter Fall: „Forderungen aus laufender Rechnung") auch dann sichert, wenn der Kommissionär gutgläubig die „Verfügungsbefugnis" des Kommittenten annimmt. Eine Beschränkung des Pfandrechtserwerbs auf konnexe Forderungen erfolgt nur für den Fall der Effektenkommission (§§ 4 Abs. 1 S. 2, 30 Abs. 2 DepotG). Doch ist die Besserstellung des Kommissionärs ein Redaktionsversehen und zu berichtigen. Abs. 3 Hs. 2 ist deshalb in der Weise zu verstehen, dass auch das Kommissionärspfandrecht bei inkonnexen Forderungen nur entstehen kann, wenn der Kommissionär hinsichtlich des **Eigentums** des Kommittenten gutgläubig ist.[92]

[85] Denkschrift zu dem Entwurf eines Handelsgesetzbuchs, 1896, 208; GroßkommHGB/*Canaris* Rn. 95; Schlegelberger/*Hefermehl* Rn. 43; KKRD/*Koller* Rn. 6; MüKoHGB/*Welter* Rn. 70.

[86] OLG Düsseldorf Urt. v. 18.11.1998 – 11 U 36/98, MDR 2008, 1365.

[87] BR-Drs. 368/97, 32; Schlegelberger/*Hefermehl* Rn. 41; Heymann/*Horn* Rn. 26; Röhricht/Graf v. Westphalen/ Haas/*Wagner* Rn. 29.

[88] GroßkommHGB/*Canaris* Rn. 98; Röhricht/Graf v. Westphalen/Haas/*Wagner* Rn. 29; MüKoHGB/*Welter* Rn. 67.

[89] BGH Urt. v. 10.6.2010 – I ZR 106/08, NJW-RR 2010, 1546 Rn. 50.

[90] BGH Urt. v. 10.6.2010 – I ZR 106/08, NJW-RR 2010, 1546 Rn. 50.

[91] OLG Düsseldorf Urt. v. 10.9.2012 – I-3 VA 4/12, 3 VA 4/12, DGVZ 2017, 106.

[92] GroßkommHGB/*Canaris* Rn. 105; Baumbach/Hopt/*Hopt* Rn. 10; KKRD/*Koller* Rn. 6.

28   **3. Analoge Anwendung auf andere gesetzliche Pfandrechte?** Die hM im Schrifttum überträgt den Rechtsgedanken des Abs. 3 zu Recht auch auf andere gesetzliche Besitzpfandrechte, insbesondere das Pfandrecht des **Werkunternehmers** (§ 647 BGB), da eine Rechtsscheingrundlage auf Grund der Sachübergabe vorhanden ist und eine vergleichbare Interessenlage besteht.[93] Der BGH[94] beurteilt hingegen Abs. 3 als eine Sondervorschrift des Handelsrechts, deren Rechtsgedanke nicht verallgemeinerungsfähig ist. Danach kann ein Werkunternehmerpfandrecht nicht gutgläubig erworben werden.

V. Anwendbares Recht bei Auslandsbezug

29   § 366 ist nur anwendbar, wenn **inländisches Recht** maßgeblich ist. Daher ist bei einem grenzüberschreitenden Versendungskauf ins Ausland § 366 nicht anwendbar, wenn die nach § 929 S. 1 BGB erforderliche Übergabe der Kaufsache erst mit Ablieferung am Bestimmungsort stattfindet und infolgedessen die Übereignung der Sache bis zu deren Grenzübertritt nicht vollendet ist.[95] Denn dann gilt für den Eigentumsübergang (auch für den gutgläubigen Erwerb vom Nichtberechtigten) nach Art. 43 Abs. 1 EGBGB das nach dem für das Recht des Lageortes anwendbare ausländische Sachrecht.[96]

§ 367 [Gutgläubiger Erwerb gewisser Wertpapiere]

(1) [1]**Wird ein Inhaberpapier, das dem Eigentümer gestohlen worden, verlorengegangen oder sonst abhanden gekommen ist, an einen Kaufmann, der Bankier- oder Geldwechslergeschäfte betreibt, veräußert oder verpfändet, so gilt dessen guter Glaube als ausgeschlossen, wenn zur Zeit der Veräußerung oder Verpfändung der Verlust des Papiers im Bundesanzeiger bekanntgemacht und seit dem Ablauf des Jahres, in dem die Veröffentlichung erfolgt ist, nicht mehr als ein Jahr verstrichen war.** [2]**Für Veröffentlichungen vor dem 1. Januar 2007 tritt an die Stelle des Bundesanzeigers der Bundesanzeiger in Papierform.** [3]**Inhaberpapieren stehen an Order lautende Anleiheschuldverschreibungen sowie Namensaktien und Zwischenscheine gleich, falls sie mit einem Blankoindossament versehen sind.**

(2) **Der gute Glaube des Erwerbers wird durch die Veröffentlichung nach Absatz 1 nicht ausgeschlossen, wenn der Erwerber die Veröffentlichung infolge besonderer Umstände nicht kannte und seine Unkenntnis nicht auf grober**
Fahrlässigkeit beruht.

(3) **Auf Zins-, Renten- und Gewinnanteilscheine, die nicht später als in dem nächsten auf die Veräußerung oder Verpfändung folgenden Einlösungstermin fällig werden, auf unverzinsliche Inhaberpapiere, die auf Sicht zahlbar sind, und auf Banknoten sind diese Vorschriften nicht anzuwenden.**

Schrifttum: *Schwindelwick,* Die Rechtsverhältnisse bei Abhandenkommen von Inhaberpapieren. Eine rechtsvergleichende Darstellung, Sonderbeilage Nr. 5 zu WM 1960; *Ziganke,* Der Schutz des Verlierers von Wertpapieren durch das Gesetz, WM 1966, 846 (Teil I) und WM 1967, 838 (Teil II).

I. Normzweck

1   Beim Erwerb beweglicher Sachen wird der gute Glaube an die Eigentümerstellung, im Handelsrecht zusätzlich an die Verfügungsbefugnis des Veräußerers oder Verpfänders vermutet (vgl. § 932 Abs. 2 BGB, § 366). Abs. 1 enthält demgegenüber für Verfügungen über Wertpapiere, die in hohem Maße verkehrsfähig sind, die **Fiktion der Bösgläubigkeit**[1] des erwerbenden Kaufmanns, sofern er Bankier- oder Geldwechslergeschäfte betreibt („so gilt dessen guter Glaube als ausgeschlossen"). Diese – nur unter den Voraussetzungen des Abs. 2 zu widerlegende – Fiktion **konkretisiert die Sorgfaltspflichten** nach §§ 932 Abs. 2 BGB.[2] Abs. 1 und 2 kehren daher die Beweislast gegenüber § 932 Abs. 2 BGB um: Der erwerbende Kaufmann muss im Bestreitensfall seine Gutgläubigkeit beweisen. Eine Regelung für die hier genannten abhanden gekommenen Wertpapiere ist deshalb erforderlich, weil insoweit gutgläubiger Erwerb möglich ist (für Inhaberpapiere §§ 935 Abs. 2, 1207 BGB; für Orderpapiere Art. 16 Abs. 2 WG, 21 ScheckG, § 68 Abs. 1 AktG; für kaufmännische Orderpapiere Art. 16 Abs. 2 WG).

---

[93] GroßkommHGB/*Canaris* Rn. 113 ff.; MüKoBGB/*Damrau* BGB § 1257 Rn. 3; *Baur/Stürner* SachenR § 55 C II 2a; aA KKRD/*Koller* Rn. 6; Palandt/*Sprau* BGB § 647 Rn. 3.
[94] BGH Urt. v. 21.12.1960 – VIII ZR 146/59, BGHZ 34, 153 (154 f.) = NJW 1961, 502 ff.; BGH Urt. v. 18.5.1983 – VIII ZR 86/82, BGHZ 87, 274 (280) = NJW 1983, 2140 (2141).
[95] BGH Urt. v. 10.6.2009 – VIII ZR 108/07, NJW 2009, 2824 Rn. 9.
[96] BGH Urt. v. 10.6.2009 – VIII ZR 108/07, NJW 2009, 2824 Rn. 9.
[1] Schlegelberger/*Hefermehl* Rn. 1; Heymann/*Horn* Rn. 1.
[2] GroßkommHGB/*Canaris* Rn. 1; KKRD/*Koller* Rn. 1.

II. Voraussetzungen

1. Erfasste Wertpapiere. a) Inhaberpapiere. § 367 gilt für alle Inhaberpapiere und unter be- 2
stimmten Voraussetzungen auch für Zins-, Renten- und Gewinnanteilscheine (Abs. 3; → Rn. 4).
Inhaberpapiere sind Wertpapiere, deren Rechte (zB Zinsen, Rückzahlung) allein an den Besitz des
Papiers und nicht, wie bei den Rektapapieren, an eine namentlich bestimmte Person gebunden sind.
Die Verfügung über das im Inhaberpapier verbriefte Recht erfolgt durch Übereignung des Papiers, ein
Nachweis der Verfügungsberechtigung ist regelmäßig nicht erforderlich. Abs. 1 erfasst daher zB
Inhaberschuldverschreibungen (§§ 793 ff. BGB; mit Ausnahme des Versicherungsscheins auf den
Inhaber, vgl. § 4 Abs. 1 VVG), **Inhabergrundschuld–** und **Inhaberrentenschuldbriefe** (§§ 1195,
1199 BGB), **Inhaberaktien** (§ 10 Abs. 1 AktG) und **Anteilscheine** einer Kapitalanlagegesellschaft
(Investmentzertifikat) auf den Inhaber (§ 95 Abs. 1 KAGB). Unerheblich ist, ob es sich um ein
inländisches oder ein ausländisches Papier handelt.[3]

b) Orderpapiere. Abs. 1 findet nach S. 2 Anwendung auf an Order lautende Anleiheschuldver- 3
schreibungen, Namensaktien (§§ 10 Abs. 1, 68 Abs. 1 AktG), Zwischenscheine (§§ 10 Abs. 3, 68
Abs. 4 AktG) und, anstelle der Reichsbankanteilscheine,[4] Bundesbankgenussscheine. Anteilscheine
einer Kapitalgesellschaft (Investmentzertifikat) auf den Namen stehen Namensaktien gleich (vgl. auch
§ 95 Abs. 1 KAGB).[5] Die Vermutung des Abs. 1 greift bei Orderpapieren jedoch nur, wenn ein
Blankoindossament vorliegt, das diese Papiere einem Inhaberpapier in der Umlauffähigkeit weitgehend annähert.[6]

c) Ausgenommene Papiere. Zins-, Renten- und Gewinnanteilscheine fallen nur dann in den 4
Anwendungsbereich von § 367, wenn sie frühestens am übernächsten auf die Verfügung folgenden
Einlösetermin fällig werden (Abs. 3). Auf Grund der Ausnahmeregelung des Abs. 3 gilt die Vermutung
des Abs. 1 darüber hinaus nicht für **unverzinsliche, auf Sicht zahlbare Inhaberpapiere** und **Banknoten,** die ohnehin vom Wertpapierbegriff nicht erfasst werden. Eine vorherige Überprüfung anhand
des Bundesanzeigers wäre mit der erforderlichen Leichtigkeit des Verkehrs unvereinbar.[7] Ein unverzinsliches Inhaberpapier in diesem Sinne ist im Hinblick auf Art. 28 Abs. 1, 7 ScheckG auch der
Inhaberscheck.[8] Auf andere als die in Abs. 1 S. 2 genannten blankoindossierten Orderpapiere (mit
Ausnahme des Namensinvestmentzertifikats, → Rn. 3) ist § 367 nach hM weder unmittelbar noch
entsprechend anzuwenden.[9] § 367 erfasst ferner nicht Erneuerungsscheine (Talon, § 805 BGB),
Inhaberkarten und -marken wie Fahr- und Eintrittskarten (§ 807 BGB) oder sonstige Legitimationsurkunden iSv § 808 BGB (zB Sparbuch, Depotschein).[10]

2. Abhandenkommen. Ein von § 367 erfasstes Papier muss dem Eigentümer gestohlen worden, 5
verloren gegangen oder sonst abhanden gekommen sein. Dieser Begriff des Abhandenkommens ist
nach hM weiter als der des § 935 Abs. 1 BGB. Denn beide Regelungen verfolgen unterschiedliche
Schutzzwecke. Während § 935 BGB den Eigentümer schützt, der den Besitz an einer Sache unfreiwillig verloren hat, stehen bei § 367 die **Sorgfaltspflichten** des erwerbenden Kaufmanns im Vordergrund.[11] Ihre Erfüllung ist auch dann zu erwarten, wenn der Berechtigte freiwillig den unmittelbaren
Besitz aufgegeben hat. Abhandenkommen iSv Abs. 1 ist daher auch dann gegeben, wenn das freiwillig
weggegebene Papier **veruntreut** oder **unterschlagen** wurde.[12]

3. Kaufmann. Der Erwerber muss **Kaufmann** (§§ 1–6) sein, der Bankier- oder Geldwechsler- 6
geschäfte betreibt; der Veräußerer oder Verpfänder muss dagegen nicht Kaufmann sein.[13] Obwohl vom
Gesetzeswortlaut nicht vorausgesetzt, ist erforderlich, dass der Eigentums- oder Pfandrechtserwerb des
Kaufmanns zum **Betrieb seines Handelsgewerbes** gehört;[14] es gilt jedoch die Vermutung des § 344.

---

[3] GroßkommHGB/*Canaris* Rn. 7; Baumbach/Hopt/*Hopt* Rn. 2; Heymann/*Horn* Rn. 2; Röhricht/Graf v. West-
phalen/Haas/*Wagner* Rn. 3. Ob sich der Erwerb ausländischer Wertpapiere nach § 367 richtet, bestimmt sich nach
dem Wertpapiersachstatut, dh dem Recht des Belegenheitsorts; vgl. BGH Urt. v. 19.1.1994 – IV ZR 207/92, NJW
1994, 939 (940) mAnm *St. Lorenz* NJW 1995, 176 f.

[4] Vgl. §§ 9 Abs. 4, 5 des Gesetzes über die Liquidation der Deutschen Reichsbank und der Deutschen Golddiskontbank v. 2.8.1961 (BGBl. I 1165).

[5] GroßkommHGB/*Canaris* Rn. 13.

[6] GroßkommHGB/*Canaris* Rn. 11.

[7] GroßkommHGB/*Canaris* Rn. 9; Schlegelberger/*Hefermehl* Rn. 11.

[8] GroßkommHGB/*Canaris* Rn. 10; aA Heymann/*Horn* Rn. 2; Röhricht/Graf v. Westphalen/Haas/*Wagner*
Rn. 3.

[9] GroßkommHGB/*Canaris* Rn. 14; Schlegelberger/*Hefermehl* Rn. 3; Heymann/*Horn* Rn. 3; Röhricht/Graf v.
Westphalen/Haas/*Wagner* Rn. 5.

[10] GroßkommHGB/*Canaris* Rn. 8; MüKoHGB/*Welter* Rn. 8.

[11] GroßkommHGB/*Canaris* Rn. 15; Röhricht/Graf v. Westphalen/Haas/*Wagner* Rn. 6.

[12] GroßkommHGB/*Canaris* Rn. 16; Schlegelberger/*Hefermehl* Rn. 4; Baumbach/Hopt/*Hopt* Rn. 3; Heymann/
Horn Rn. 5; Röhricht/Graf v. Westphalen/Haas/*Wagner* Rn. 6.

[13] MüKoHGB/*Welter* Rn. 12.

[14] GroßkommHGB/*Canaris* Rn. 6; Baumbach/Hopt/*Hopt* Rn. 4; Schlegelberger/*Hefermehl* Rn. 5.

Über die in § 1 KWG genannten Tätigkeiten hinaus bestimmt sich nach der Verkehrsauffassung, ob ein Bankiergeschäft vorliegt.[15] Der Erwerber muss nicht ausschließlich Bank- oder Geldwechslergeschäfte betreiben, eine **regelmäßige Betätigung** in diesem Bereich genügt.[16]

7   **4. Bekanntmachung und guter Glaube.** Sofern im Zeitpunkt der Veräußerung oder Verpfändung (zu den Fristen → Rn. 9) der Verlust des Papiers im elektronischen Bundesanzeiger (vor dem 1.1.2007: Bundesanzeiger in Papierform; § 367 Abs. 1 S. 2) bekannt gemacht war, gilt die Vermutung des Abs. 1 S. 1 (§ 367 Abs. 1 S. 1). **Antragsberechtigt** für die Bekanntmachung im Bundesanzeiger sind neben Behörden (zB Gerichte, Staatsanwaltschaft) der aus dem abhanden gekommenen Papier Verpflichtete sowie der Berechtigte, dessen Interessen durch § 367 geschützt werden sollen. Auch andere Personen, die ein berechtigtes Interesse an der Bekanntmachung geltend machen können (zB Banken oder ihr Verband) sind antragsberechtigt.[17] Ist die Veröffentlichung erfolgt, ist § 367 unabhängig von der Befugnis des Antragstellers anwendbar.[18] Die Bekanntmachung muss **aus Anlass des Verlusts** des Papiers erfolgen.

8   Abs. 1 gilt nur für **Veröffentlichungen im Bundesanzeiger,** nicht für sonstige Mitteilungen.[19] Auch auf die in der Zeitschrift „Wertpapiermitteilungen" veröffentlichten **Oppositionslisten,** zu deren Beachtung sich die privaten Banken in Nr. 17 S. 1 der Sonderbedingungen für Wertpapiergeschäfte und die Sparkassen in Nr. 17 der Bedingungen für Wertpapiergeschäfte verpflichtet haben, findet Abs. 1 keine Anwendung. In diesem Fall kann jedoch auf die allgemeine Regelung des § 932 Abs. 2 BGB zurückgegriffen werden.[20] Eine Bank handelt regelmäßig grob fahrlässig, wenn sie die Oppositionslisten nicht oder nicht ausreichend beachtet.[21]

9   **5. Maßgeblicher Zeitpunkt.** Abs. 1 gilt nur, wenn im Zeitpunkt der Verfügung über das Wertpapier seit dem Ablauf des Jahres, in dem die Verlustanzeige veröffentlicht wurde, nicht mehr als ein Jahr vergangen ist. Ist die Veröffentlichung im Bundesanzeiger also zB im Februar 2017 erfolgt, so ist § 367 nur dann anwendbar, wenn die Veräußerung oder Verpfändung des Papiers spätestens am 31.12.2018 vorgenommen wurde. Auch nach Fristablauf ist zwar grundsätzlich § 932 Abs. 2 BGB anwendbar. Auf Grund der Wertung des Abs. 1 S. 1 ist hierbei aber nicht zu berücksichtigen, dass der Verlust im Bundesanzeiger veröffentlicht war.[22] Denn Abs. 1 S. 1 befreit den Kaufmann von der Verpflichtung, **ältere Ausgaben** des Bundesanzeigers durchzusehen. Dies gilt jedoch nicht uneingeschränkt: In besonders einprägsamen Fällen ist von einem im Gewerbe tätigen Kaufmann zu erwarten, dass er sich auch ohne weitere Nachforschung daran erinnert.[23] Allerdings werden die Verlustmitteilungen des Bundesanzeigers auch in den genannten **Oppositionslisten** veröffentlicht. Da aber Nr. 17 der Sonderbedingungen bzw. der Bedingungen für Wertpapiergeschäfte keine § 367 entsprechende Fristenregelung enthält, übernehmen die Banken letztlich eine zeitlich unbeschränkte Sorgfaltspflicht. Bei **Nichtbeachtung der Oppositionslisten** kann daher auch bei größeren zeitlichen Abständen grobe Fahrlässigkeit vorliegen.[24]

III. Rechtsfolgen

10   Sind die Voraussetzungen nach Abs. 1 erfüllt, wird vermutet, dass der Kaufmann beim Erwerb des Papiers weder im Hinblick auf die Eigentümerstellung noch auf die Verfügungsbefugnis des Veräußerers oder Verpfänders gutgläubig war. Aufgrund der **Beweislastumkehr** (→ Rn. 1) gegenüber § 932 Abs. 2 BGB muss der Kaufmann seine Gutgläubigkeit darlegen und beweisen, wobei er sich ausschließlich auf die in Abs. 2 genannten Gründe stützen kann. So genügt es nicht, wenn der Erwerber etwa im Vertrauen auf die (angebliche) Zuverlässigkeit des ihm bekannten Veräußerers eine Überprüfung anhand des Bundesanzeigers nicht für notwendig erachtet. Ein Kaufmann kann außer-

---

[15] *K. Schmidt* HandelsR § 35 III 1a.

[16] Baumbach/Hopt/*Hopt* Rn. 4; aA wohl Heymann/*Horn* Rn. 6.

[17] Bejahend Schlegelberger/*Hefermehl* Rn. 6; Heymann/*Horn* Rn. 7; *Ziganke* WM 1967, 843; aA GroßkommHGB/*Canaris* Rn. 18.

[18] GroßkommHGB/*Canaris* Rn. 19.

[19] GroßkommHGB/*Canaris* Rn. 20; MüKoHGB/*Welter* Rn. 14.

[20] BGH Urt. v. 10.5.1994 – XI ZR 212/93, NJW 1994, 2093 (2094); ausdr. OLG Frankfurt a. M. Urt. v. 24.10.1996 – 16 U 153/95, OLG-Report 1997, 197 (199); LG Wiesbaden Urt. v. 19.4.1990 – 2 O 42/90, NJW 1991, 45 (46); missverständlich KG Urt. v. 29.9.1993 – 24 U 1883/93, WM 1994, 18 (20); *Lwowski* WuB IV A. § 935 BGB 1.90.

[21] OLG Frankfurt a. M. Urt. v. 24.10.1996 – 16 U 153/95, OLG-Report 1997, 197 (199); LG Wiesbaden Urt. v. 19.4.1990 – 2 O 42/90, NJW 1991, 45 (46). Die Sorgfaltspflicht der Bank geht aber nicht so weit, dass sie im Falle der Scheckeinreichung und gleichzeitigen Kontoeröffnung durch einen ihr bis dahin unbekannten 19-jährigen zusätzlich zur Überprüfung des Reisepasses und der veröffentlichten Oppositionslisten auch noch die Veröffentlichung der nächsten Oppositionsliste abwarten muss, BGH Urt. v. 10.5.1994 – XI ZR 212/93, NJW 1994, 2093 (2094).

[22] GroßkommHGB/*Canaris* Rn. 24.

[23] GroßkommHGB/*Canaris* Rn. 24.

[24] GroßkommHGB/*Canaris* Rn. 25.

dem nicht einwenden, er beziehe den Bundesanzeiger überhaupt nicht.[25] Er kann sich aber nach Abs. 2 darauf berufen, dass ihm der Bundesanzeiger verspätet zugegangen und deshalb eine Durchsicht nicht möglich war. Hat der Kaufmann den **Entlastungsbeweis** nach Abs. 2 **erfolgreich** geführt, entfällt zunächst nur die Vermutung nach Abs. 1 S. 1 und es gelten die allgemeinen Vorschriften: Der gute Glaube wird vermutet (§ 932 Abs. 2 BGB), diese Vermutung kann der Gegner aber widerlegen.[26]

§ 368 [Pfandverkauf]

(1) **Bei dem Verkauf eines Pfandes tritt, wenn die Verpfändung auf der Seite des Pfandgläubigers und des Verpfänders ein Handelsgeschäft ist, an die Stelle der in § 1234 des Bürgerlichen Gesetzbuchs bestimmten Frist von einem Monat eine solche von einer Woche.**

(2) **Diese Vorschrift ist auf das gesetzliche Pfandrecht des Kommissionärs, des Frachtführers oder Verfrachters, des Spediteurs und des Lagerhalters entsprechend anzuwenden, auf das Pfandrecht des Frachtführers, Verfrachters und Spediteurs auch dann, wenn nur auf ihrer Seite der Vertrag ein Handelsgeschäft ist.**

I. Normzweck

§ 368 **erleichtert** die **Pfandverwertung** und trägt damit dem Bedürfnis des Handelsverkehrs nach **1** **rascher Abwicklung** Rechnung.[1] Das BGB sieht für den Pfandverkauf eine Wartefrist von einem Monat zwischen Androhung des Verkaufs und dem Pfandverkauf vor (§ 1234 Abs. 2 BGB); diese Frist **verkürzt** § 368 auf eine Woche und schränkt damit den von § 1234 BGB bezweckten Schutz des Schuldners, den Pfandverkauf noch abzuwenden, ein. § 368 ist lediglich eine **Ordnungsvorschrift**,[2] die das Pfandverwertungsverfahren regelt.

II. Dispositivität

Wegen § 1245 Abs. 1 S. 1 BGB ist auch § 368 grundsätzlich abdingbar.[3] Jedoch ist eine in All- **2** gemeinen Geschäftsbedingungen enthaltene Klausel, die eine Verwertung **ohne jede Androhung oder Benachrichtigung** und ohne **Wartefrist** ermöglicht, mit § 307 Abs. 2 Nr. 1 BGB nicht vereinbar.[4] Sie verstößt gegen wesentliche Grundgedanken der § 1234 BGB, § 368 und nimmt nicht hinreichend Rücksicht auf die Interessen des Verpfänders (Vorbringen von Einwendungen, Ablösung nach § 1249 BGB, Vermeidung der Offenlegung). Die Verpfändung selbst bleibt bei nichtiger Abbedingungsklausel wirksam, an ihre Stelle tritt die gesetzliche Regelung (§ 306 Abs. 1 BGB).[5]

III. Voraussetzungen

1. BGB. Die Voraussetzungen des BGB für die Rechtmäßigkeit der Pfandverwertung, die neben **3** dem Vorhandensein eines wirksamen Pfandrechts[6] auch im Falle des § 368 erfüllt sein müssen, ergeben sich aus § 1243 Abs. 1 BGB: **Pfandreife** (§ 1228 Abs. 2 BGB), dh die Forderung muss ganz oder teilweise fällig und ggf. in eine Geldforderung übergegangen sein; Beachtung des **Übermaßverbotes** nach § 1230 S. 2 BGB und der Regelung in § 1240 BGB; **öffentliche Versteigerung** (§ 1235 BGB) bzw. **freihändiger Verkauf** bei Sachen, die einen Börsen- oder Marktpreis haben (§§ 1235 Abs. 2, 1221 BGB); **öffentliche Bekanntmachung** von Ort und Zeit der Versteigerung (§ 1237 S. 1 BGB). Androhung und Wartefrist nach § 1234 BGB, § 368 gehören nicht zu den Rechtmäßigkeitsvoraussetzungen (§ 1243 Abs. 1 BGB). Fehlt eine der in § 1243 Abs. 1 BGB genannten Voraussetzungen, ist die Pfandverwertung rechtswidrig.[7] Der Ersteher kann jedoch Eigentum an den verpfändeten Sachen

[25] GroßkommHGB/*Canaris* Rn. 26; Schlegelberger/*Hefermehl* Rn. 9.

[26] GroßkommHGB/*Canaris* Rn. 27; Schlegelberger/*Hefermehl* Rn. 10; Röhricht/Graf v. Westphalen/Haas/*Wagner* Rn. 10.

[1] GroßkommHGB/*Canaris* Rn. 1; Röhricht/Graf v. Westphalen/Haas/*Wagner* Rn. 1.

[2] Heymann/*Horn* Rn. 2.

[3] Baumbach/Hopt/*Hopt* Rn. 1; Heymann/*Horn* Rn. 6; Palandt/*Wicke* BGB § 1234 Rn. 2.

[4] BGH Urt. v. 17.1.1995 – XI ZR 192/93, NJW 1995, 1085 (1086) (zu Nr. 20 Abs. 2 AGB-Banken 1986) und die Rspr. zur Sicherungsabtretung, s. etwa BGH Urt. v. 14.6.1994 – XI ZR 210/93, NJW 1994, 2754 f.; Urt. v. 7.7.1992 – XI ZR 274/91, NJW 1992, 2626 (2627); Staudinger/*Wiegand*, 2009, BGB § 1257 Anh. Rn. 13; offen gelassen von OLG Stuttgart Urt. v. 15.12.1993 – 9 U 216/93, WM 1994, 626 (630 f.); aA (keine generelle Unwirksamkeit der Klausel) LG Osnabrück Urt. v. 13.5.1993 – 8 O 30/93, WM 1993, 1628 (1630); wohl auch LG Fulda Urt. v. 27.4.1994 – 4 O 414/93, WM 1994, 1070 (1071 f.).

[5] BGH Urt. v. 17.1.1995 – XI ZR 192/93, NJW 1995, 1085 (1086 f.) für Verpfändung von Warenlager; insoweit aA für die *Sicherungsabtretung* von Lohn- und Gehaltsforderungen wegen ihrer existentiellen Bedeutung BGH Urt. v. 14.6.1994 – XI ZR 210/93, NJW 1994, 2754 f. und 7.7.1992 – XI ZR 274/91, NJW 1992, 2626 (2627).

[6] GK-HGB/*Pabst* Rn. 2; Heymann/*Horn* Rn. 2.

[7] MüKoHGB/*Welter* Rn. 4.

erwerben, wenn er nicht hinsichtlich des fehlenden Pfandrechts oder der Rechtmäßigkeitsvorausset-zungen bösgläubig ist (§§ 1244, 932 Abs. 2 BGB).

4 **2. Vertragspfandrecht (Abs. 1).** § 368 setzt ein **vertragliches Pfandrecht** iSd §§ 1205 ff. BGB voraus. Diese Verpfändung muss im Verhältnis zwischen Pfandgläubiger und Verpfänder ein **beidersei-tiges Handelsgeschäft** (zum Begriff § 343) sein. Sind Verpfänder und Eigentümer der Pfandsache personenverschieden, kommt es für die Anwendbarkeit des § 368 auf die Person des Verpfänders, nicht des Eigentümers an.[8] Nicht erforderlich ist, dass auch die durch die Verpfändung gesicherte Forderung selbst auf einem Handelsgeschäft beruht.[9]

5 **3. Gesetzliche Pfandrechte (Abs. 2). a) Gesetzliches Pfandrecht des Kommissionärs und Lagerhalters.** Für die gesetzlichen Pfandrechte nach Abs. 2 ist zu unterscheiden: Bei den Pfandrech-ten des **Kommissionärs** (§ 397) und **Lagerhalters** (§ 475b) ist eine Verkürzung der Wartefrist auf eine Woche nur dann möglich, wenn sowohl auf Seiten des Kommissionärs oder Lagerhalters als auch auf Seiten des Kommittenten bzw. Einlagerers ein Handelsgeschäft iSd §§ 343 f. vorliegt (**beiderseiti-ges Handelsgeschäft).** Dabei ist auf den Kommissions- oder Lagervertrag abzustellen, da eine rechts-geschäftliche „Bestellung" des Pfandrechts fehlt.

6 **b) Gesetzliches Pfandrecht des Spediteurs und Frachtführers.** Beim gesetzlichen Pfandrecht des **Spediteurs** (§ 464), **Frachtführers** (§ 440) und **Verfrachters** (§ 495) ist eine Verkürzung der Frist des § 1234 Abs. 2 BGB schon dann möglich, wenn das Speditions- oder Frachtgeschäft lediglich auf Seiten des Spediteurs, Frachtführers oder Verfrachters ein Handelsgeschäft iSd §§ 343 f. darstellt (**einseitiges Handelsgeschäft;** § 345). Die unterschiedliche Behandlung von Kommissionär und Lagerhalter einerseits und Spediteur, Frachtführer und Verfrachter andererseits beruht darauf, dass von Letzteren als Transportunternehmen nicht die Vorhaltung von Räumlichkeiten für die Aufbewahrung der dem Pfandrecht unterliegenden Güter erwartet werden kann.[10] Die Möglichkeit der Fristverkür-zung bei einseitigen Handelsgeschäften gilt nach § 26 BinSchG[11] iVm §§ 440, 407 Abs. 3 Nr. 1 auch für das Pfandrecht des Frachtführers bei Frachtgeschäften zur Beförderung von Gütern auf Binnenge-wässern.

IV. Rechtsfolgen

7 § 368 verkürzt lediglich die Wartefrist zwischen Androhung und Pfandverwertung. Das Erfordernis der **Androhung** des Pfandverkaufs selbst entfällt nicht. Sie muss gegenüber dem **Eigentümer der Pfandsache,** nicht dem Verpfänder erfolgen,[12] um diesem das Vorbringen von Einwendungen oder eine Ablösung (§ 1249 BGB) zu ermöglichen.[13] Jedoch gilt zu Gunsten des gutgläubigen Pfand-gläubigers der Verpfänder als Eigentümer (§ 1248 BGB). Sein guter Glaube entfällt nur bei **positiver Kenntnis** vom fehlenden Eigentum des Pfandgebers.[14] Frachtführer (§§ 407 ff., § 26 BinSchG), Spediteur (§§ 453 ff.) und Verfrachter (§§ 481 ff.) haben die Androhung an den Empfänger zu richten (§§ 440 Abs. 4 S. 1, 464 S. 3, 495 Abs. 4 S. 1). Ist der Empfänger nicht zu ermitteln oder verweigert er die Annahme, ist die Verwertung dem Absender gegenüber anzudrohen (§§ 440 Abs. 4 S. 2, 464 S. 3, 495 Abs. 4 S. 2). Wird die einwöchige **Wartefrist nicht eingehalten,** so bleibt, da § 368 lediglich eine Ordnungsvorschrift darstellt (→ Rn. 1), die Pfandverwertung rechtmäßig (§ 1243 Abs. 1 BGB). Der Pfandgläubiger macht sich jedoch nach § 1243 Abs. 2 BGB schadensersatzpflichtig, falls ihm ein Verschulden (§§ 276, 278 BGB) zur Last fällt.[15]

§ 369 [Kaufmännisches Zurückbehaltungsrecht]

(1) [1]**Ein Kaufmann hat wegen der fälligen Forderungen, welche ihm gegen einen anderen Kaufmann aus den zwischen ihnen geschlossenen beiderseitigen Handelsgeschäften zuste-hen, ein Zurückbehaltungsrecht an den beweglichen Sachen und Wertpapieren des Schuld-ners, welche mit dessen Willen auf Grund von Handelsgeschäften in seinen Besitz gelangt sind, sofern er sie noch im Besitze hat, insbesondere mittels Konnossements, Ladescheins**

---

[8] Baumbach/Hopt/*Hopt* Rn. 1; Heymann/*Horn* Rn. 3; Schlegelberger/*Hefermehl* Rn. 4.

[9] GroßkommHGB/*Canaris* Rn. 2; Schlegelberger/*Hefermehl* Rn. 4; Baumbach/Hopt/*Hopt* Rn. 1; Heymann/ *Horn* Rn. 3; MüKoHGB/*Welter* Rn. 9.

[10] GroßkommHGB/*Canaris* Rn. 1; vgl. auch die Denkschrift zu dem Entwurf eines Handelsgesetzbuchs, 1896, 210, zum inhaltsgleichen § 339 HGB-E (1896).

[11] BR-Drs. 368/97, 123: Aufgrund von § 407 Abs. 3 nur noch deklaratorische Wirkung.

[12] MüKoBGB/*Damrau* BGB § 1234 Rn. 2; Palandt/*Wicke* BGB § 1234 Rn. 1; Jauernig/*Berger* BGB § 1234 Rn. 1; Röhricht/Graf v. Westphalen/Haas/*Wagner* Rn. 3.

[13] MüKoBGB/*Damrau* BGB § 1234 Rn. 1; Soergel/*Habersack* BGB § 1234 Rn. 1.

[14] Staudinger/*Wiegand*, 2009, BGB § 1248 Rn. 3; Palandt/*Wicke* BGB § 1248 Rn. 2.

[15] RG Urt. v. 12.12.1924 – I 17/24, RGZ 109, 324 (327); Schlegelberger/*Hefermehl* Rn. 9; Baumbach/Hopt/ *Hopt* Rn. 4.

oder Lagerscheins darüber verfügen kann. [2] Das Zurückbehaltungsrecht ist auch dann begründet, wenn das Eigentum an dem Gegenstande von dem Schuldner auf den Gläubiger übergegangen oder von einem Dritten für den Schuldner auf den Gläubiger übertragen, aber auf den Schuldner zurückzuübertragen ist.

(2) Einem Dritten gegenüber besteht das Zurückbehaltungsrecht insoweit, als dem Dritten die Einwendungen gegen den Anspruch des Schuldners auf Herausgabe des Gegenstandes entgegengesetzt werden können.

(3) Das Zurückbehaltungsrecht ist ausgeschlossen, wenn die Zurückbehaltung des Gegenstandes der von dem Schuldner vor oder bei der Übergabe erteilten Anweisung oder der von dem Gläubiger übernommenen Verpflichtung, in einer bestimmten Weise mit dem Gegenstande zu verfahren, widerstreitet.

(4) [1] Der Schuldner kann die Ausübung des Zurückbehaltungsrechts durch Sicherheitsleistung abwenden. [2] Die Sicherheitsleistung durch Bürgen ist ausgeschlossen.

Schrifttum: *Ahrens,* Zivilrechtliche Zurückbehaltungsrechte, 2003; *Altmeppen,* Zur Rechtsnatur der handelsrechtlichen Pfandrechte, ZHR 157 (1993), 541; *Braunmüller,* Das Zurückbehaltungsrecht in Exekution und Insolvenz, 1991.

Übersicht

I. Normzweck

1. Funktion, Rechtsnatur und Dispositivität. Im Handelsverkehr besteht ein **besonderes 1 Sicherungsbedürfnis.** Zu dessen Befriedigung reichen Aufrechnung, Pfandrechte, Sicherungsübertragungen und die Zurückbehaltungsrechte des BGB, insbesondere das nur auf konnexe Forderungen beschränkte Zurückbehaltungsrecht nach § 273 Abs. 1 BGB, nicht aus. Dies gilt umso mehr, als selbst die meisten Pfandrechte des Handelsrechts (§§ 440, 464, 475b; Ausnahme § 397) inkonnexe Forderungen nur insoweit sichern, als sie unbestritten sind.[1] Deshalb erweitert § 369 das Zurückbehaltungsrecht eines Kaufmanns. Denn ihm steht an Sachen und Wertpapieren wegen fälliger Forderungen ein Zurückbehaltungsrecht auch dann zu, wenn **keine Konnexität** zur jeweiligen Forderung gegeben ist.[2] Dieses insolvenzfeste Zurückbehaltungsrecht hat zwar pfandrechtsähnlichen Charakter, ist aber ein **obligatorisches Recht**.[3] Das kaufmännische Zurückbehaltungsrecht kann abbedungen werden, ist also **dispositiv**.[4]

2   **2. Abgrenzung zu § 273 BGB.** § 369 unterscheidet sich in Tatbestand und Rechtsfolgen erheblich von § 273 BGB. So enthält § 273 BGB keine Beschränkung auf bewegliche Sachen und Wertpapiere. Andererseits setzt § 273 Abs. 1 BGB einen Anspruch aus demselben rechtlichen Verhältnis (Konnexität) voraus. § 273 BGB Abs. 1 BGB gewährt dem Gläubiger lediglich eine aufschiebende Einrede, wohingegen das kaufmännische Zurückbehaltungsrecht nach § 369 zusätzlich ein **Befriedigungsrecht** (§ 371) und ein **Aussonderungsrecht** (§ 51 Nr. 3 InsO) begründet. Wegen dieser Unterschiede sind § 273 Abs. 1 BGB und § 369 grundsätzlich **nebeneinander** anwendbar.[5] Im Gegensatz zur Einrede nach § 320 BGB, die zu einer Verurteilung Zug um Zug (§ 322 BGB) führt, können weder § 273 BGB noch § 369 eine vom Gegner geschuldete **Leistung erzwingen**; dieser kann vielmehr das Zurückbehaltungsrecht durch Sicherheitsleistung abwenden (anders § 320 Abs. 1 S. 3 BGB). Die praktische **Bedeutung** des § 369 ist gering.[6]

II. Voraussetzungen (Abs. 1)

3   **1. Kaufmannseigenschaft. a) Allgemeines.** Sowohl Gläubiger als auch Schuldner der zu sichernden Forderung müssen bei **Entstehung** (→ Rn. 5) des Zurückbehaltungsrechts Kaufleute sein (§§ 1–6). Auf Schuldnerseite genügt auch Kaufmannseigenschaft kraft **negativer Publizität** des Handelsregisters (§ 15 Abs. 1)[7] oder kraft Auftretens als **Rechtsscheinkaufmann**.[8] Die Anwendung von Abs. 1 ist aber ausgeschlossen, wenn dies wie bei der Insolvenz des Kaufmanns kraft Rechtsscheins zu Lasten Dritter ginge.[9] Auch kann sich der Rechtsscheinkaufmann nicht selbst auf das Zurückbehaltungsrecht berufen.[10] Da das Erfordernis der Kaufmannseigenschaft den Anwendungsbereich der §§ 369 ff. begrenzen soll, besteht das kaufmännische Zurückbehaltungsrecht bei einer **Gesamtschuldnerschaft** nur gegenüber den Schuldnern, die Kaufleute sind.[11] Auch gegenüber dem **Bürgen** kann das Zurückbehaltungsrecht nach Abs. 1 nur geltend gemacht werden, wenn er selbst Kaufmann ist.[12]

4   **b) Personenhandelsgesellschaften. Persönlich haftende Gesellschafter** einer OHG oder KG sind Kaufleute, nicht aber Kommanditisten (→ § 1 Rn. 86).[13] Persönlich haftenden Gesellschaftern steht bei Haftung mit ihrem Privatvermögen wegen einer Verbindlichkeit der Gesellschaft ein Zurückbehaltungsrecht an Sachen zu, die der Gesellschafter in eben dieser Funktion dem Gläubiger anlässlich eines **Handelsgeschäfts** dem Gläubiger übergeben hat,[14] nicht aber an Gegenständen des Privatvermögens, die sich auf Grund eines Geschäfts zwischen Gesellschaftsgläubiger und Gesellschafter beim Gesellschaftsgläubiger befinden.[15]

5   **c) Maßgeblicher Zeitpunkt.** Die Kaufmannseigenschaft beider Parteien muss bei **Entstehung des Zurückbehaltungsrechts,** insbesondere bei Entstehung der zu Grunde liegenden Forderung (ansonsten schon kein beiderseitiges Handelsgeschäft; → Rn. 7 ff.) vorliegen.[16] Der **Wegfall** der Kaufmannseigenschaft bei einer Partei oder beiden Parteien lässt ein entstandenes Zurückbehaltungsrecht unberührt.[17]

---

[1] GroßkommHGB/*Canaris* §§ 369–372 Rn. 1.
[2] MüKoHGB/*Welter* Rn. 11.
[3] GroßkommHGB/*Canaris* §§ 369–372 Rn. 2.
[4] KKRD/*Koller* §§ 369–372 Rn. 1.
[5] Schlegelberger/*Hefermehl* Rn. 9; Röhricht/Graf v. Westphalen/Haas/*Wagner* Rn. 1.
[6] Schlegelberger/*Hefermehl* Rn. 10.
[7] GroßkommHGB/*Canaris* §§ 369–372 Rn. 5; MüKoHGB/*Welter* Rn. 18.
[8] GroßkommHGB/*Canaris* §§ 369–372 Rn. 9; MüKoHGB/*Welter* Rn. 16.
[9] Baumbach/Hopt/*Hopt* Rn. 3; aA GroßkommHGB/*Canaris* §§ 369–372 Rn. 9.
[10] GroßkommHGB/*Canaris* §§ 369–372 Rn. 9.
[11] GroßkommHGB/*Canaris* §§ 369–372 Rn. 7.
[12] GroßkommHGB/*Canaris* §§ 369–372 Rn. 7; MüKoHGB/*Welter* Rn. 20.
[13] GroßkommHGB/*Canaris* §§ 369–372 Rn. 8.
[14] Schlegelberger/*Hefermehl* Rn. 14.
[15] *K. Schmidt* HandelsR § 22 IV 2a.
[16] Baumbach/Hopt/*Hopt* Rn. 3; Röhricht/Graf v. Westphalen/Haas/*Wagner* Rn. 4.
[17] GroßkommHGB/*Canaris* §§ 369–372 Rn. 10; Schlegelberger/*Hefermehl* Rn. 15; Heymann/*Horn* Rn. 7; Röhricht/Graf v. Westphalen/Haas/*Wagner* Rn. 4; MüKoHGB/*Welter* Rn. 19.

d) Vereinbarung. Die Parteien können unabhängig von der Kaufmannseigenschaft ein Zurück- 6
behaltungsrecht iSv Abs. 1 vereinbaren.[18] Es gewährt aber kein Absonderungsrecht nach § 51 Nr. 3
InsO.[19]

2. Beiderseitiges Handelsgeschäft. a) Allgemeines. Die mit dem Zurückbehaltungsrecht zu 7
sichernde Forderung muss aus einem beiderseitigen Handelsgeschäft, also einem Geschäft stammen,
das **für beide Kaufleute** zum Betrieb des jeweiligen Handelsgewerbes gehört (§§ 343 Abs. 1, 344).
Sie kann auf Vertrag beruhen oder kraft Gesetzes bestehen.[20] Ausreichend ist daher etwa ein bereicherungsrechtlicher Anspruch wegen Überzahlung oder Wegfall des Verpflichtungsgeschäfts, wenn die
Leistung auf Grund eines beiderseitigen Handelsgeschäfts bewirkt worden war.[21] Ebenso können
Ansprüche nach §§ 280 Abs. 1, 311 Abs. 2, 241 Abs. 2, 677 ff., 823 ff. BGB sowie nach § 985 BGB
gesichert sein, wenn die anspruchsbegründende Handlung **im Zusammenhang mit dem Handelsgeschäft** steht.[22]

b) Unmittelbarkeit. Das Geschäft muss **zwischen den beiden Kaufleuten** geschlossen worden 8
sein (sog Unmittelbarkeit). Dieses Erfordernis soll die nachträgliche Schaffung des kaufmännischen
Zurückbehaltungsrechts zu Lasten des Schuldners der zu sichernden Forderung begrenzen.[23] Das
Unmittelbarkeitserfordernis ist daher **einschränkend auszulegen,** wenn es einer solchen Begrenzung
nicht bedarf. So, wenn für den Schuldner keine Gefahr besteht, künstlich geschaffene Zurückbehaltungsrechte gegen sich gelten lassen zu müssen.[24] Dies trifft insbesondere für den Versprechenden beim
Vertrag zu Gunsten Dritter zu.[25]

aa) Schuldnerwechsel. Ein Wechsel des Schuldners der zu sichernden Forderung steht der Be- 9
gründung des Zurückbehaltungsrechts an Gegenständen des neuen Schuldners, die sich im Besitz des
Gläubigers befinden, nie entgegen.[26] Dies gilt unabhängig davon, ob der Wechsel auf einer Gesamtrechtsnachfolge (Erbfall, Verschmelzung nach §§ 1 Abs. 1 Nr. 1, 2 ff. UmwG) beruht oder ein
Schuldbeitritt oder eine **Geschäftsübernahme** nach § 25[27] vorliegt.[28] Hat der Gläubiger Gegenstände des neuen Schuldners in Besitz, kann er – unabhängig davon, ob diese vor oder nach dem
Schuldnerwechsel in seinen Besitz gelangt sind – das Zurückbehaltungsrecht ausüben. Bei der **Schuldübernahme** nach §§ 414, 415 BGB ist das Unmittelbarkeitserfordernis ohnehin erfüllt.

bb) Gläubigerwechsel. Auch ein Wechsel des Gläubigers auf Grund **Gesamtrechtsnachfolge** 10
durch Verschmelzung oder Erbfall steht der Begründung eines Zurückbehaltungsrechts nicht ent-
gegen.[29] Unerheblich ist, ob die zurückzubehaltenden Gegenstände vor oder nach dem Erbfall in den
Besitz des Erben bzw. Gesamtrechtsnachfolgers gelangt sind.[30] Bei einem Forderungsübergang wegen
Geschäftsübernahme nach § 25 Abs. 1 S. 2 sind die neuen Gläubiger hingegen nicht einem
Zurückbehaltungsrecht nach Abs. 1 ausgesetzt, da § 25 Abs. 1 S. 2 in erster Linie dem Vorteil der
Gläubiger dient.[31] Außerdem ist die Begründung eines Zurückbehaltungsrechts bei **Abtretung** (§ 398
BGB) und **gesetzlichem Forderungsübergang** (zB §§ 268 Abs. 3, 426 Abs. 2, 774 Abs. 1 BGB) im
Hinblick auf Gegenstände, die sich bereits im Besitz des Zessionars befinden, ausgeschlossen.[32] Denn
hier muss der Schuldner nicht mit einem Zurückbehaltungsrecht rechnen. Dagegen ist ein Schutz des
Schuldners nicht erforderlich, wenn er mit der Zession einverstanden war oder er dem Zessionar die
zurückzubehaltende Sache erst nach Kenntniserlangung vom Forderungsübergang überlassen hat
(Rechtsgedanke des § 407 Abs. 1 BGB).[33] Beim gesetzlichen Forderungsübergang ist darüber hinaus
dann auf das Unmittelbarkeitserfordernis zu verzichten, wenn die den Forderungsübergang begründende Handlung auf einer Rechtspflicht des neuen Gläubigers beruht (zB Verpflichtung aus Bürgschaftsvertrag) und die Voraussetzungen für das Zurückbehaltungsrecht erst nach Entstehung des die
Rechtspflicht begründenden Rechtsverhältnisses (Übernahme der Bürgschaft) erfüllt sind.[34]

---

[18] GroßkommHGB/*Canaris* §§ 369–372 Rn. 11; Röhricht/Graf v. Westphalen/Haas/*Wagner* Rn. 5.
[19] BGH Urt. v. 20.1.1965 – V ZR 214/62, WM 1965, 408 (410).
[20] BGH Urt. v. 27.3.1985 – VIII ZR 75/84, NJW 1985, 2417 (2418); BGH Urt. v. 11.6.1956 – II ZR 173/55,
WM 1956, 1214 (1215).
[21] BGH Urt. v. 27.3.1985 – VIII ZR 75/84, NJW 1985, 2417 (2418) u. BGH Urt. v. 11.6.1956 – II ZR 173/55,
WM 1956, 1214 (1215).
[22] GroßkommHGB/*Canaris* §§ 369–372 Rn. 44; Heymann/*Horn* Rn. 9.
[23] GroßkommHGB/*Canaris* §§ 369–372 Rn. 45.
[24] GroßkommHGB/*Canaris* §§ 369–372 Rn. 45; MüKoHGB/*Welter* Rn. 22.
[25] GroßkommHGB/*Canaris* §§ 369–372 Rn. 46; MüKoHGB/*Welter* Rn. 27.
[26] GroßkommHGB/*Canaris* §§ 369–372 Rn. 46; Heymann/*Horn* Rn. 11.
[27] Baumbach/Hopt/*Hopt* Rn. 6.
[28] Schlegelberger/*Hefermehl* Rn. 19; Heymann/*Horn* Rn. 11.
[29] GroßkommHGB/*Canaris* §§ 369–372 Rn. 46 (Erbfall); Heymann/*Horn* Rn. 12; MüKoHGB/*Welter* Rn. 26.
[30] Schlegelberger/*Hefermehl* Rn. 18; Baumbach/Hopt/*Hopt* Rn. 6.
[31] GroßkommHGB/*Canaris* §§ 369–372 Rn. 48; MüKoHGB/*Welter* Rn. 26.
[32] GroßkommHGB/*Canaris* §§ 369–372 Rn. 48 f.; MüKoHGB/*Welter* Rn. 24.
[33] GroßkommHGB/*Canaris* §§ 369–372 Rn. 49; MüKoHGB/*Welter* Rn. 24.
[34] GroßkommHGB/*Canaris* §§ 369–372 Rn. 49.

11 Keine Anwendung findet das Unmittelbarkeitserfordernis bei Forderungen, die in **Inhaber-** oder **Orderpapieren** verbrieft sind, sofern das Papier nicht nachweisbar zur Schaffung eines Zurückbehaltungsrechts erworben worden ist.[35] Denn auf Grund der hohen Umlauffähigkeit dieser Papiere muss der Schuldner jederzeit damit rechnen, dass das Papier auch Personen erhalten können, die im Besitz von zu seinen Lasten zurückbehaltungsfähigen Sachen sind.[36]

12 **3. Gesicherte Forderung. a) Geldforderung.** Wegen § 371 Abs. 2 S. 1 iVm § 1228 Abs. 2 S. 2 BGB besteht ein kaufmännisches Zurückbehaltungsrecht nur wegen einer Geldforderung oder einer solchen, die in eine Geldforderung übergehen kann.[37]

13 **b) Fälligkeit.** Die zu sichernde Forderung muss grundsätzlich **fällig** (§ 271 BGB) sein. Entscheidender Zeitpunkt ist die **Geltendmachung** des Zurückbehaltungsrechts, nicht die Besitzerlangung durch den Gläubiger.[38] Die Kaufmannseigenschaft muss zum Zeitpunkt der Fälligkeit der Forderung auf beiden Seiten gegeben sein (→ Rn. 5).[39] Ein **vertraglicher Verzicht** auf das Erfordernis der Fälligkeit ist möglich.[40]

14 **c) Klagbarkeit, Verjährung.** Nicht klagbare, bei Besitzerlangung **verjährte** oder **sonst einrede-behaftete Forderungen** werden nicht durch ein Zurückbehaltungsrecht gesichert. Dagegen wird ein entstandenes Zurückbehaltungsrecht durch den Eintritt der Verjährung der gesicherten Forderung nicht berührt.[41] Dies folgt aus dem Rechtsgedanken des § 216 Abs. 1 BGB.

15 **d) Konnexität.** Für die Begründung eines kaufmännischen Zurückbehaltungsrechts ist es im Gegensatz zu § 273 BGB grundsätzlich **nicht erforderlich,** dass der zurückzubehaltende Gegenstand und die zu sichernde Forderung aus **demselben rechtlichen Verhältnis** stammen (Konnexität).[42] Ausnahmen hiervon gelten für die Weitergabe von Aufträgen im Rahmen von Wertpapierkommissionsgeschäften (§ 30 DepotG) und bei der Verwahrung von Wertpapieren (§ 4 DepotG).[43] Zur Bedeutung der Inkonnexität für den Ausschluss des Zurückbehaltungsrechts nach Abs. 3 oder § 242 BGB → Rn. 33 ff.

16 **4. Gegenstände des Zurückbehaltungsrechts.** Abs. 1 beschränkt das Zurückbehaltungsrecht auf **bewegliche Sachen** und **Wertpapiere,** doch können die Parteien durch Vereinbarung den Kreis der sichernden Gegenstände – zB auf unbewegliche Sachen oder Forderungen – erweitern (str.).[44] Die **Unpfändbarkeit** dieser Gegenstände steht dem nicht entgegen.[45] Ein Zurückbehaltungsrecht kann auch an Gegenständen bestehen, die mit einem nicht gerade den Schutz des Schuldners bezweckenden relativen **Veräußerungsverbot** (zB §§ 935, 938 ZPO; § 21 Abs. 2 Nr. 2 InsO) belegt sind, sowie an Gegenständen, die einem absoluten Veräußerungsverbot unterliegen[46] (allerdings fehlt bei einem absoluten Veräußerungsverbot die Verwertbarkeit nach § 371, bei einem relativen Veräußerungsverbot ist die Verwertung gegenüber den geschützten Personen unwirksam). Das Zurückbehaltungsrecht kann nicht an folgenden Gegenständen bestehen: Grundstück, Forderung, sonstige nicht in einem Wertpapier verbriefte Rechte, **Seeschiffe,** die in ein deutsches Schiffsregister eingetragen sind. Die Sicherung der Forderungen des Inhabers einer Schiffswerft ist daher abschließend in § 647a BGB geregelt.[47]

17 Ein Zurückbehaltungsrecht kann nur an selbstständig nach § 371 verwertbaren Gegenständen entstehen.[48] Unter das Tatbestandsmerkmal des **Wertpapiers** fallen daher zwar **Inhaber-** und **Orderpapiere,** nicht aber Rektapapiere.[49] Ein Zurückbehaltungsrecht kann somit entstehen an Inhaberaktien, Namensaktien (auch vinkulierte Namensaktien),[50] Schuldverschreibungen auf den Inhaber, auf

---

[35] GroßkommHGB/*Canaris* §§ 369–372 Rn. 47.

[36] GroßkommHGB/*Canaris* §§ 369–372 Rn. 47; MüKoHGB/*Welter* Rn. 28.

[37] GroßkommHGB/*Canaris* §§ 369–372 Rn. 51; Heymann/*Horn* Rn. 10; Röhricht/Graf v. Westphalen/Haas/*Wagner* Rn. 7; MüKoHGB/*Welter* Rn. 31; aA Baumbach/Hopt/*Hopt* Rn. 4.

[38] GroßkommHGB/*Canaris* §§ 369–372 Rn. 40; Heymann/*Horn* Rn. 16.

[39] Schlegelberger/*Hefermehl* Rn. 21; Heymann/*Horn* Rn. 16; aA GroßkommHGB/*Canaris* §§ 369–372 Rn. 42 (Zeitpunkt der Grundlegung der Forderung ausreichend).

[40] MüKoHGB/*Welter* Rn. 32.

[41] GroßkommHGB/*Canaris* §§ 369–372 Rn. 52; Schlegelberger/*Hefermehl* Rn. 22; Baumbach/Hopt/*Hopt* Rn. 5; Heymann/*Horn* Rn. 16; Röhricht/Graf v. Westphalen/Haas/*Wagner* Rn. 7; MüKoHGB/*Welter* Rn. 32.

[42] GroßkommHGB/*Canaris* §§ 369–372 Rn. 53; Baumbach/Hopt/*Hopt* Rn. 4; Heymann/*Horn* Rn. 17; Röhricht/Graf v. Westphalen/Haas/*Wagner* Rn. 8; MüKoHGB/*Welter* Rn. 33.

[43] GroßkommHGB/*Canaris* §§ 369–372 Rn. 53; MüKoHGB/*Welter* Rn. 34.

[44] KKRD/*Koller* §§ 369–372 Rn. 1 f.; aA Schlegelberger/*Hefermehl* Rn. 41; diff. MüKoHGB/*Welter* Rn. 8.

[45] Baumbach/Hopt/*Hopt* Rn. 7; MüKoHGB/*Welter* Rn. 40.

[46] MüKoHGB/*Welter* Rn. 39.

[47] OLG Hamburg Urt. v. 16.7.1986 – 7 U 69/86, VersR 1987, 404; s. aber – offenbar für ein ausländisches Schiff – OLG Hamburg Urt. v. 1.7.1987 – 8 U 193/85, MDR 1988, 235.

[48] OLG Frankfurt a. M. Urt. v. 9.5.1969 – 3 U 9/69, NJW 1969, 1719 (1720); Schlegelberger/*Hefermehl* Rn. 26; Heymann/*Horn* Rn. 18.

[49] Schlegelberger/*Hefermehl* Rn. 26; Röhricht/Graf v. Westphalen/Haas/*Wagner* Rn. 11 f.; Heymann/*Horn* Rn. 18; mit abw. Begründung auch GroßkommHGB/*Canaris* §§ 369–372 Rn. 15.

[50] RG Urt. v. 5.11.1895 – II 195/95, RGZ 36, 35 (38 f.).

Grund der Verweisung des § 1195 S. 2 BGB auch an Inhabergrundschuldbriefen,[51] Wechseln, Schecks und Papieren iSv § 363, sofern sie an Order lauten.[52] **Nicht zurückbehaltungsfähig**, auch nicht als bewegliche Sachen,[53] sind dagegen sonstige Grundpfandbriefe sowie Beweis- und Legitimationsurkunden[54] (zB Sparbücher, Gesellschaftsanteilscheine, Schuldscheine, Depotscheine, Versicherungsscheine nach §§ 3 f. VVG[55] und die Zulassungsbescheinigung Teil II).[56]

Nach hM ist auch ein **eigenes Wechselakzept** des Schuldners grundsätzlich zurückbehaltungs- **18** fähig.[57] Die Zurückbehaltung ist zumindest als bewegliche Sache möglich, da eine selbstständige Verwertung nach § 371 Abs. 2 iVm §§ 1221, 1295, 1273 BGB erfolgen kann. Bedeutung kann diese Sicherungsmöglichkeit bei der unvereinbarten Zusendung eines **Prolongationswechsels** durch den Schuldner und Ablehnung der Prolongation durch den Gläubiger erlangen. Eine Zurückbehaltung ist dann zwar an sich zulässig. Sie wird aber häufig daran scheitern, dass eine stillschweigende Anweisung des Schuldners zur Rückgabe des Akzepts für den Fall der Nichtannahme nach Abs. 3 besteht oder das Zurückbehaltungsrecht nach § 242 BGB ausgeschlossen ist.[58]

5. Eigentum des Schuldners (Abs. 1 S. 1). a) Grundsatz. Das Zurückbehaltungsrecht entsteht **19** nach Abs. 1 S. 1 nur, wenn der zurückbehaltene Gegenstand im Eigentum des Schuldners steht. Ein späterer **Eigentümerwechsel** berührt das bereits entstandene Zurückbehaltungsrecht unter den Voraussetzungen des Abs. 2 nicht (→ Rn. 28 ff.).[59] Bei **Miteigentum** des Schuldners entsteht das Zurückbehaltungsrecht an dessen Miteigentumsanteil[60] (Rechtsgedanke der §§ 1066 Abs. 1, 1095, 1106, 1114, 1258 Abs. 1 BGB). Dagegen kann an **Gesamthandseigentum** von Personenhandelsgesellschaften nur dann ein Zurückbehaltungsrecht entstehen, wenn die zu sichernde Forderung sich gegen die OHG bzw. KG richtet, alle Gesamthänder haften und auch der Gegenstand auf Grund eines Handelsgeschäfts mit der Gesellschaft und mit Willen aller Gesamthänder in den Besitz des Gläubigers gelangt ist.[61] Wer lediglich aus einem privaten Geschäft mit einem Gesellschafter eine Forderung erworben hat, kann daher an Gegenständen der Gesellschaft kein Zurückbehaltungsrecht geltend machen. Das **Anwartschaftsrecht** steht dem Eigentum gleich.[62]

b) Eigentum Dritter. Das **Zurückbehaltungsrecht entsteht grundsätzlich nicht** an fremden **20** Sachen. Dies gilt auch dann, wenn der Gläubiger hinsichtlich des Eigentums des Schuldners gutgläubig ist; §§ 932 ff., 1207 f. BGB, § 366 sind nicht anwendbar.[63] Ein den guten Glauben rechtfertigender rechtsgeschäftlicher Erwerbstatbestand ist regelmäßig nicht gegeben; für eine Analogie zu § 366 Abs. 2 fehlt es nicht nur an der Vergleichbarkeit der Interessenlage, sondern bereits an einer planwidrigen Gesetzeslücke. Nur ausnahmsweise kann daher ein Zurückbehaltungsrecht an schuldnerfremden Sachen bestehen. Dies gilt in den Fällen des § 185 BGB analog (Einverständnis mit der Begründung des Rechts)[64] oder bei Abschluss eines Vertrags durch den Schuldner zwar nicht im Namen, aber **für Rechnung des Eigentümers** (zB Kommissionsgeschäft). Der Eigentümer muss dann nach Treu und Glauben ein Zurückbehaltungsrecht des Gläubigers an seinen Sachen gegen sich gelten lassen, weil der Vertrag zwar von einer anderen Person – dem Nichteigentümer –, aber wirtschaftlich betrachtet für den Eigentümer geschlossen ist.[65] In anderen Fällen ist die Berufung des Eigentümers, der nicht selbst am Vertrag beteiligt ist, auf sein Eigentum nur ausnahmsweise **treuwidrig** und damit ausgeschlossen. So, wenn er selbst dem Zurückbehaltenden das Eigentum des Schuldners vorgespiegelt hat.[66]

6. Eigentum des Gläubigers (Abs. 1 S. 2). a) Geregelte Fallgruppen. Abs. 1 S. 2 gibt dem **21** Gläubiger unter bestimmten Voraussetzungen ein Verwertungsrecht an Gegenständen, die er aus dem Vermögen des Schuldners erworben hat und für die eine (Rück-)Übereignungspflicht an den Schuldner besteht. Die **erste Fallgruppe** von S. 2 betrifft die Fälle, in denen der Gläubiger durch Verfügung

[51] BGH Urt. v. 26.1.1973 – V ZR 47/71, BGHZ 60, 174 (175) = BB 1973, 307.
[52] Schlegelberger/*Hefermehl* Rn. 26; Heymann/*Horn* Rn. 18; MüKoHGB/*Welter* Rn. 36.
[53] Schlegelberger/*Hefermehl* Rn. 26.
[54] Schlegelberger/*Hefermehl* Rn. 26; Heymann/*Horn* Rn. 19; Röhricht/Graf v. Westphalen/Haas/*Wagner* Rn. 12; MüKoHGB/*Welter* Rn. 38.
[55] RG Urt. v. 14.3.1902 – II 416/01, RGZ 51, 83 (86).
[56] OLG Frankfurt a. M. Urt. v. 9.5.1969 – 3 U 9/69, NJW 1969, 1719 (1720); *K. Schmidt* HandelsR § 22 IV 2c.
[57] OLG Stuttgart Urt. v. 2.7.1931 – U 341/31, JW 1931, 3143 (3144); GroßkommHGB/*Canaris* §§ 369–372 Rn. 17; Schlegelberger/*Hefermehl* Rn. 27; KKRD/*Koller* §§ 369–372 Rn. 2.
[58] GroßkommHGB/*Canaris* §§ 369–372 Rn. 17; *K. Schmidt* HandelsR § 22 IV 2c; aA OLG Stuttgart Urt. v. 2.7.1931 – U 341/31, JW 1931, 3143 (3144).
[59] Schlegelberger/*Hefermehl* Rn. 31; Heymann/*Horn* Rn. 26.
[60] GroßkommHGB/*Canaris* §§ 369–372 Rn. 32; Röhricht/Graf v. Westphalen/Haas/*Wagner* Rn. 17.
[61] GroßkommHGB/*Canaris* §§ 369–372 Rn. 32; Heymann/*Horn* Rn. 25.
[62] GroßkommHGB/*Canaris* §§ 369–372 Rn. 34; MüKoHGB/*Welter* Rn. 42.
[63] RG Urt. v. 29.5.1908 – VII 322/07, RGZ 69, 13 (16 f.); GroßkommHGB/*Canaris* §§ 369–372 Rn. 36; Heymann/*Horn* Rn. 24; MüKoHGB/*Welter* Rn. 48.
[64] GroßkommHGB/*Canaris* §§ 369–372 Rn. 37; KKRD/*Koller* §§ 369–372 Rn. 3.
[65] RG Urt. v. 4.9.1936 – VII 42/36, RGZ 152, 119 (121 f.); Baumbach/Hopt/*Hopt* Rn. 8; GroßkommHGB/*Canaris* §§ 369–372 Rn. 37.
[66] Baumbach/Hopt/*Hopt* Rn. 8; Heymann/*Horn* Rn. 24.

des Schuldners (oder eines von ihm ermächtigten Dritten) Eigentum an zuvor *schuldnereigenen* Sachen erworben hat, diese aber auf Grund einer schuldrechtlichen Verpflichtung zurück übertragen muss (zB Rücktritt, Rückübertragungsverpflichtung aus Sicherungsvertrag oder ungerechtfertigter Bereicherung).[67] Die **zweite Fallgruppe** von S. 2 erfasst die Fälle, in denen der *Gegenstand nicht unmittelbar aus dem Vermögen des Schuldners* stammt, dieser aber veranlasst hat, dass ein Dritter ihn auf den Gläubiger überträgt, der Gläubiger aber wieder an den Schuldner rückübereignen muss. So bei Veräußerungsketten (Lieferant – verkaufender Schuldner – Gläubiger/Zweitkäufer), wenn der Schuldner Sachen erwirbt und seinen Lieferanten anweist, sie an den Zweitkäufer, der seinerseits einen Kaufvertrag mit dem Schuldner geschlossen hat, zu übereignen, der Schuldner aber etwa wegen Rücktritts die Sache an den Lieferanten rückübereignen muss. S. 2 trägt damit der Verkehrsauffassung Rechnung, die den zurückzubehaltenden Gegenstand aus wirtschaftlicher Sicht dem Schuldnervermögen zuordnet.[68] Über das Zurückbehaltungsrecht des § 273 BGB hinausgehende Bedeutung hat die Regelung auf Grund des Verwertungsrechts des § 371.[69]

22   **b) Weitere Fallgruppen.** Nach allgM ist S. 2 **zu eng**.[70] Umstritten ist jedoch, auf welche Fälle sein Anwendungsbereich zu erweitern ist. Teilweise wird gefordert, S. 2 grundsätzlich auf alle Fälle des Gläubigereigentums zu erstrecken.[71] Wegen seiner systematischen Stellung als Ausnahmetatbestand ist S. 2 aber eng auszulegen; daher ist S. 2 über seinen Wortlaut hinaus nur in den Fällen anzuwenden, in denen der Gläubiger den in seinem Eigentum stehenden Gegenstand dem Schuldner zu übertragen hat und dieser Gegenstand mit dem **Willen des Schuldners** (nicht notwendigerweise aus seinem Besitz!) auf Grund eines Handelsgeschäfts in den Besitz des Gläubigers gelangt ist.[72] Erforderlich ist dabei stets ein sachlicher Zusammenhang zwischen der Besitzerlangung des Gläubigers und dem Übertragungsanspruch des Schuldners.[73] Ein Zurückbehaltungsrecht nach S. 2 entsteht daher zB zu Gunsten des Einkaufskommissionärs an den ihm gehörenden, für den Kommittenten erworbenen Gegenständen.[74]

23   **7. Sachherrschaft des Gläubigers. a) Besitz.** Der Gegenstand muss im Besitz des Gläubigers sein. Dabei ist grundsätzlich vom Besitzbegriff des vertraglichen Pfandrechts nach §§ 1205 ff. BGB auszugehen.[75] **Mittelbarer Besitz** genügt, sofern nicht der Schuldner selbst Besitzmittler ist.[76] Es bedarf einer **Anzeige** analog § 1205 Abs. 2 BGB.[77] **Mitbesitz** von Gläubiger und Schuldner ist nur dann ausreichend, wenn er in der **qualifizierten** Form des § 1206 BGB ausgeübt wird.[78] Ein kaufmännisches Zurückbehaltungsrecht entsteht somit nicht, wenn der Schuldner ohne Mitwirkung des Gläubigers tatsächlich auf die Sache zugreifen kann.[79] Am Inhalt eines von Bank und Kunde gemeinsam zu öffnenden **Bankfachs** hat der Kunde nach hM Alleinbesitz, da die Ausübung von Herrschaftsgewalt durch die Bank nicht gewollt und von der Verkehrsauffassung nicht getragen ist.[80] Bei einer Bankfachmiete daher hat die Bank zwar das gesetzliche Pfandrecht des § 562 BGB wegen Forderungen aus diesem Mietverhältnis, ein darüber hinausgehendes Zurückbehaltungsrecht entsteht jedoch wegen des fehlenden Besitzes nicht.[81]

24   Dem Besitz des Gläubigers iSv Abs. 1 gleichgestellt ist die Verfügungsmöglichkeit über die Gegenstände mittels **Traditionspapier:** Konnossement (§§ 513 ff.), Ladeschein (§ 443) oder Lagerschein (§§ 475c ff.). Deren Übergabe ersetzt für die Übereignung der jeweiligen Güter die Besitzübertragung. Voraussetzung dieser Traditionswirkung ist, dass sich die Gegenstände im Fremdbesitz des Verfrachters, Frachtführers oder Lagerhalters befinden. Scheitert das Zurückbehaltungsrecht an der Ware wegen des fehlenden Besitzes des Besitzmittlers, so kann der berechtigte Inhaber des Traditionspapiers wenigstens dieses zurückbehalten.[82] Der Gläubiger muss nicht notwendig durch ein Indossament auf seinen Namen oder auch durch Blankoindossament **formell legitimiert** sein, über die Ware zu verfügen.

---

[67] Denkschrift zu dem Entwurf eines Handelsgesetzbuchs, 1896, 211; Großkomm HGB/*Canaris* §§ 369–372 Rn. 38; Baumbach/Hopt/*Hopt* Rn. 10; Heymann/*Horn* Rn. 27; Schlegelberger/*Hefermehl* Rn. 32.
[68] Denkschrift zu dem Entwurf eines Handelsgesetzbuchs, 1896, 211.
[69] Heymann/*Horn* Rn. 27; K. *Schmidt* HandelsR § 22 IV 2e.
[70] Großkomm HGB/*Canaris* §§ 369–372 Rn. 39; Schlegelberger/*Hefermehl* Rn. 33; Baumbach/Hopt/*Hopt* Rn. 10; K. *Schmidt* HandelsR § 22 IV 2e; Göppert ZHR 95 (1930), 52 (58).
[71] Großkomm HGB/*Canaris* §§ 369–372 Rn. 39.
[72] Schlegelberger/*Hefermehl* Rn. 33; Baumbach/Hopt/*Hopt* Rn. 10; GK-HGB/*Weber* Rn. 21.
[73] Heymann/*Horn* Rn. 29; K. *Schmidt* HandelsR § 22 IV 2e.
[74] Schlegelberger/*Hefermehl* Rn. 33; Baumbach/Hopt/*Hopt* Rn. 10; Heymann/*Horn* Rn. 29.
[75] BGH Urt. v. 1.4.1963 – VIII ZR 41/62, WM 1963, 560 (561).
[76] Schlegelberger/*Hefermehl* Rn. 35; Baumbach/Hopt/*Hopt* Rn. 9; Heymann/*Horn* Rn. 20.
[77] Großkomm HGB/*Canaris* §§ 369–372 Rn. 20; KKRD/*Koller* §§ 369–372 Rn. 2; MüKoHGB/*Welter* Rn. 49; aA Heymann/*Horn* Rn. 20.
[78] BGH Urt. v. 1.4.1963 – VIII ZR 41/62, WM 1963, 560 (561 f.); Großkomm HGB/*Canaris* §§ 369–372 Rn. 21; Schlegelberger/*Hefermehl* Rn. 35; Baumbach/Hopt/*Hopt* Rn. 9; Heymann/*Horn* Rn. 20.
[79] BGH Urt. v. 1.4.1963 – VIII ZR 41/62, WM 1963, 560 (561 f.).
[80] OLG Düsseldorf Urt. v. 17.11.1995 – 7 U 216/94, NJW-RR 1996, 839 (840); MüKoBGB/*Damrau* § 1206 Rn. 6 (Mitbesitz aber auf Grund Parteivereinbarung möglich).
[81] MüKoBGB/*Damrau* § 1206 Rn. 6; *Liesecke* WM 1969, 546 (556); aA Schlegelberger/*Hefermehl* Rn. 35.
[82] Heymann/*Horn* Rn. 21.

Denn das Zurückbehaltungsrecht besteht bereits dann, wenn der Gläubiger seine **materielle Berechtigung** nachweisen kann;[83] denn auch dann kann er über die Gegenstände verfügen. Ist umgekehrt der Gläubiger zwar formell legitimiert, fehlt jedoch seine materielle Berechtigung, hat er zumindest eine faktische Verfügungsmacht. Sie reicht zur Entstehung des Zurückbehaltungsrechts aus.[84] Ein Zurückbehaltungsrecht entsteht dagegen nicht, wenn der Gläubiger weder formell legitimiert noch materiell berechtigt ist.[85]

b) Wille des Schuldners. Die zurückzuhaltenden Gegenstände müssen mit dem (ausdrücklich oder **25** konkludent[86] erklärten) Willen des Schuldners (oder seines Stellvertreters[87]) in den Besitz des Gläubigers gelangt sein. Dieser Wille des Schuldners kann insbesondere dadurch zum Ausdruck kommen, dass ein **Dritter** mit Zustimmung des Schuldners dem Gläubiger den Besitz verschafft. Ausreichend ist ferner die nachträgliche Zustimmung des Schuldners (**Genehmigung, § 184 BGB**).[88] Die Vorschriften über Geschäftsfähigkeit und Willensmängel finden entsprechende Anwendung.[89] Gelangen die Gegenstände durch **erlaubte Eigenmacht** in den Besitz des Gläubigers, entsteht kein Zurückbehaltungsrecht; der Gläubiger muss nach § 230 Abs. 2 BGB vorgehen.[90] Ein Recht zum Besitz ersetzt nicht den Willen des Schuldners. Nicht erforderlich ist, dass der auf die Besitzerlangung durch den Gläubiger gerichtete Wille des Schuldners bis zur Entstehung des Zurückbehaltungsrechts **fortbesteht**.[91] Die Geltendmachung des Zurückbehaltungsrechts ist daher selbst dann nicht ausgeschlossen, wenn sich der Gläubiger mit der Herausgabepflicht hinsichtlich der zurückbehaltenen Gegenstände im **Verzug** befindet. Etwas anderes gilt aber, wenn die zu sichernde Forderung erst fällig wurde, nachdem der Gläubiger mit der Herausgabeverpflichtung in Verzug geraten war.[92] Die bloße Geltendmachung des Zurückbehaltungsrechts beendet zwar nicht den Verzug; der Gläubiger kann jedoch Zug um Zug gegen Herausgabe des Gegenstands Erfüllung seines eigenen Anspruchs verlangen und durch dieses Herausgabeangebot den Verzug für die Zukunft beenden (→ Rn. 27).[93]

c) Handelsgeschäft. Der Gläubiger muss den Besitz auf Grund eines Geschäfts erlangt haben, das **26** für ihn ein Handelsgeschäft ist; es genügt ein **einseitiges Handelsgeschäft** (§ 345). Ein beiderseitiges Handelsgeschäft oder gar ein Vertrag ist nicht erforderlich.[94] So entsteht ein Zurückbehaltungsrecht auch dann, wenn der Gläubiger unbestellte Ware entgegennimmt.[95]

III. Rechtsfolgen

1. Rechtsfolgen gegenüber dem Schuldner. Auf Grund des Zurückbehaltungsrechts darf der **27** Gläubiger die **Herausgabe** bzw. Rückübertragung (im Fall von Abs. 1 S. 2) der zurückbehaltenen Gegenstände **verweigern.** Es handelt sich um eine Einrede. Ein Zurückbehaltungsrecht ist also vom Berechtigten geltend zu machen und nicht von Amts wegen zu berücksichtigen. Nur wenn der Gläubiger die **Einrede** auch erhebt, kommt es zu einer Verurteilung Zug um Zug (§ 274 BGB).[96] **Konkludente Geltendmachung** ist möglich, muss aber so deutlich sein, dass der Schuldner von seiner Abwendungsbefugnis (Abs. 4) Gebrauch machen kann.[97] Nach gefestigter Rspr. des BGH begründet das Zurückbehaltungsrecht nach seiner Geltendmachung ein Recht zum Besitz iSd § 986 Abs. 1 BGB.[98] Jedenfalls berechtigt das kaufmännische Zurückbehaltungsrecht den Gläubiger nach § 371, sich aus dem zurückbehaltenen Gegenstand zu befriedigen (**Verwertungsrecht**). Es beseitigt

[83] GroßkommHGB/*Canaris* §§ 369–372 Rn. 29; Heymann/*Horn* Rn. 21; aA Schlegelberger/*Hefermehl* Rn. 36 (nur Zurückbehaltungsrecht am Schein).

[84] GroßkommHGB/*Canaris* §§ 369–372 Rn. 30; aA Heymann/*Horn* Rn. 21.

[85] GroßkommHGB/*Canaris* §§ 369–372 Rn. 31; Heymann/*Horn* Rn. 21.

[86] Schlegelberger/*Hefermehl* Rn. 37; MüKoHGB/*Welter* Rn. 52.

[87] GroßkommHGB/*Canaris* §§ 369–372 Rn. 22; Heymann/*Horn* Rn. 22; GK-HGB/*Weber* Rn. 17; Röhricht/ Graf v. Westphalen/Haas/*Wagner* Rn. 15; MüKoHGB/*Welter* Rn. 52.

[88] Schlegelberger/*Hefermehl* Rn. 37; Baumbach/Hopt/*Hopt* Rn. 9; Heymann/*Horn* Rn. 22.

[89] GroßkommHGB/*Canaris* §§ 369–372 Rn. 22; Heymann/*Horn* Rn. 22.

[90] GroßkommHGB/*Canaris* §§ 369–372 Rn. 22; Baumbach/Hopt/*Hopt* Rn. 9.

[91] Schlegelberger/*Hefermehl* Rn. 38; Heymann/*Horn* Rn. 22; Röhricht/Graf v. Westphalen/Haas/*Wagner* Rn. 15; MüKoHGB/*Welter* Rn. 53; aA GroßkommHGB/*Canaris* §§ 369–372 Rn. 6.

[92] BGH Urt. v. 25.11.1970 – VIII ZR 101/69, NJW 1971, 421; BGH Urt. v. 8.11.1994 – X ZR 104/91, NJW-RR 1995, 564 (565); Heymann/*Horn* Rn. 41; aA Schlegelberger/*Hefermehl* Rn. 48.

[93] BGH Urt. v. 8.11.1994 – X ZR 104/91, NJW-RR 1995, 564 (565) u. BGH Urt. v. 25.11.1970 – VIII ZR 101/69, NJW 1971, 421 f.

[94] OLG Hamburg Urt. v. 5.6.1963 – 4 U 181/62, DB 1963, 1214; GroßkommHGB/*Canaris* §§ 369–372 Rn. 24; Baumbach/Hopt/*Hopt* Rn. 9; Heymann/*Horn* Rn. 23.

[95] OLG Hamburg Urt. v. 5.6.1963 – 4 U 181/62, DB 1963, 1214; GroßkommHGB/*Canaris* §§ 369–372 Rn. 24; Schlegelberger/*Hefermehl* Rn. 40; Baumbach/Hopt/*Hopt* Rn. 9.

[96] GroßkommHGB/*Canaris* §§ 369–372 Rn. 60; Schlegelberger/*Hefermehl* Rn. 50; KKRD/*Koller* §§ 369–372 Rn. 7; MüKoHGB/*Welter* Rn. 65.

[97] BGH Urt. v. 27.3.1985 – VIII ZR 75/84, NJW 1985, 2417 (2418).

[98] BGH Urt. v. 14.7.1995 – V ZR 45/94, NJW 1995, 2627; GroßkommHGB/*Canaris* §§ 369–372 Rn. 61; KKRD/*Koller* §§ 369–372 Rn. 7; Röhricht/Graf v. Westphalen/Haas/*Wagner* Rn. 21; aA MüKoBGB/*Baldus* BGB

jedoch weder den vor seinem Entstehen eingetretenen Verzug (vgl. aber → Rn. 25) noch hemmt es die Verjährung der zu sichernden Forderung. Entsprechend dem Rechtsgedanken des § 216 Abs. 1 BGB bleibt ein entstandenes Zurückbehaltungsrecht auch nach Eintritt der Verjährung der gesicherten Forderung bestehen (→ Rn. 14). Als „sonstiges Recht" unterfällt es dem **deliktsrechtlichen Schutz** des § 823 Abs. 1 BGB.[99]

28   **2. Rechtsfolgen gegenüber dem Dritten. a) Nach Abs. 2.** An Gegenständen Dritter entsteht grundsätzlich auch bei Gutgläubigkeit des Gläubigers kein Zurückbehaltungsrecht (→ Rn. 20). Abs. 2 sieht vor, dass ein entstandenes Zurückbehaltungsrecht (einschließlich des Verwertungsrechts) gegenüber Dritten bei Abtretung des Herausgabeanspruchs **fortbesteht,** wenn Einwendungen gegen den abgetretenen Herausgabeanspruch auch dem Dritten entgegengesetzt werden können. Abs. 2 bestätigt daher das bereits nach § 986 Abs. 2 BGB iVm § 931 BGB ohnehin bestehende Zurückbehaltungsrecht des Gläubigers gegenüber Dritten und **erweitert** das **Verwertungsrecht** des Gläubigers gegenüber Dritten. So insbesondere dann, wenn die Sache durch Abtretung des Herausgabeanspruchs veräußert, verpfändet oder mit einem Nießbrauch belastet worden ist und dem Herausgabeanspruch eine Einwendung des Zurückbehaltungsberechtigten entgegenstand (§ 986 Abs. 2 BGB). Diese Einwendung kann bereits vor Fälligkeit der gesicherten Forderung entstanden sein;[100] der Gläubiger ist insoweit schutzwürdig, als er die Sache bereits in Besitz hat und der Grund für die gesicherte Forderung bereits gelegt ist. Der Gläubiger erwirbt gegen den Dritten aber dann kein Zurückbehaltungsrecht, wenn die zu sichernde Forderung erst **nach Abtretung** des Herausgabeanspruchs auf Grund eines zwischen dem Gläubiger und dem Alteigentümer geschlossenen Rechtsgeschäfts entsteht. Dies gilt auch dann, wenn der Gläubiger die Abtretung des Herausgabeanspruchs nicht kennt.[101] Denn das Zurückbehaltungsrecht entsteht nach § 369 **kraft Gesetzes** und nicht durch Rechtsgeschäft. Das Entstehen der gesicherten Forderung ist kein Rechtsgeschäft „in Ansehung" des Herausgabeanspruchs iSv § 407 BGB.[102]

29   Abs. 2 ist nicht anwendbar, wenn der Dritte das Eigentum mittels Übertragung eines **Traditionspapiers** (Konnossement, Ladeschein, Lagerschein) erworben hat und durch das Papier legitimiert ist.[103] Obwohl auch hier die Übereignung wie bei § 931 BGB erfolgt, besteht erhöhte Schutzwürdigkeit des Erwerbers. Nach § 364 Abs. 2 muss dieser nur mit ganz **bestimmten Einwendungen** des Besitzers rechnen.[104] Daher kann das Zurückbehaltungsrecht dem neuen Eigentümer gegenüber nicht geltend gemacht werden. Etwas anderes gilt, wenn der neue Eigentümer nicht legitimiert ist iSv § 364 Abs. 2 (weder Blanko- noch Vollindossament auf seinen Namen).

30   Das obligatorische kaufmännische Zurückbehaltungsrecht entfaltet keine Wirkung gegenüber später entstandenen **gesetzlichen Pfandrechten.**[105] Etwas anderes gilt nur, wenn das gesetzliche Pfandrecht durch Abtretung des mittelbaren Besitzes (§ 870 BGB) entstanden ist.[106] Vorrang hat das Zurückbehaltungsrecht nach dem Rechtsgedanken von § 443 auch gegenüber einer **Schiffshypothek.**[107] Der **Bürge** der gesicherten Forderung kann den Gläubiger vor einer Inanspruchnahme auf das bestehende Zurückbehaltungsrecht verweisen (§ 772 Abs. 2 S. 1 BGB).

31   **b) Wirkung in der Zwangsvollstreckung.** Das kaufmännische Zurückbehaltungsrecht geht einem später entstandenen **Pfändungspfandrecht** vor (Umkehrschluss aus § 804 Abs. 2 Hs. 2 ZPO iVm § 51 Nr. 3 InsO).[108] Wird trotz des Zurückbehaltungsrechts gepfändet, steht dem Gläubiger die Erinnerung (§ 766 ZPO iVm § 809 ZPO), die Drittwiderspruchsklage nach § 771 ZPO[109] oder wahlweise die Klage auf vorzugsweise Befriedigung nach § 805 ZPO[110] zur Verfügung. Im letzten Fall ist kein vollstreckbarer Titel nach § 371 Abs. 3 erforderlich. Betreibt der **Gläubiger** die Zwangs-

---

§ 986 Rn. 53; Palandt/*Herrler* BGB § 986 Rn. 5. Diff. Soergel/*Stadler* BGB § 986 Rn. 9 (ausnahmsweise Besitzrecht, soweit kraft Gesetzes Berechtigung zur Verwertung der zurückbehaltenen Sache, § 1003 Abs. 1 S. 2 BGB).

[99] MüKoHGB/*Welter* Rn. 64; *Medicus* AcP 165 (1965), 115 (124 f.); diff. GroßkommHGB/*Canaris* §§ 369–372 Rn. 84 f.

[100] GroßkommHGB/*Canaris* §§ 369–372 Rn. 71; Schlegelberger/*Hefermehl* Rn. 55; MüKoHGB/*Welter* Rn. 70.

[101] So aber Schlegelberger/*Hefermehl* Rn. 54; Röhricht/Graf v. Westphalen/Haas/*Wagner* Rn. 24.

[102] So auch überzeugend GroßkommHGB/*Canaris* §§ 369–372 Rn. 72 (zugleich für eine analoge Anwendung von § 406 BGB); krit. zu einer analogen Anwendung von § 407 BGB auch MüKoHGB/*Welter* Rn. 71; aA Schlegelberger/*Hefermehl* Rn. 54; Röhricht/Graf v. Westphalen/Haas/*Wagner* Rn. 24.

[103] Schlegelberger/*Hefermehl* Rn. 56; Heymann/*Horn* Rn. 34; aA GroßkommHGB/*Canaris* §§ 369–372 Rn. 76.

[104] Heymann/*Horn* Rn. 34.

[105] Denkschrift zu dem Entwurf eines Handelsgesetzbuchs, 1896, 211 f.; Schlegelberger/*Hefermehl* Rn. 59; Baumbach/Hopt/*Hopt* Rn. 12; Heymann/*Horn* Rn. 3; diff. GroßkommHGB/*Canaris* §§ 369–372 Rn. 79.

[106] Schlegelberger/*Hefermehl* Rn. 59; Heymann/*Horn* Rn. 35.

[107] OLG Hamburg Urt. v. 1.7.1987 – 8 U 193/85, MDR 1988, 235.

[108] GroßkommHGB/*Canaris* §§ 369–372 Rn. 93; Schlegelberger/*Hefermehl* Rn. 61; MüKoHGB/*Welter* Rn. 74.

[109] Schlegelberger/*Hefermehl* Rn. 61; Baumbach/Hopt/*Hopt* Rn. 12; aA GroßkommHGB/*Canaris* §§ 369–372 Rn. 93; KKRD/*Koller* §§ 369–372 Rn. 10; MüKoHGB/*Welter* Rn. 74.

[110] GroßkommHGB/*Canaris* §§ 369–372 Rn. 93.

vollstreckung in das sonstige Vermögen des Schuldners, kann dieser den Gläubiger auf die zurückbehaltenen Gegenstände verweisen (§§ 777, 766 ZPO).[111]

c) Wirkung im Insolvenzverfahren des Schuldners. Der durch ein kaufmännisches Zurück- **32** behaltungsrecht (im Gegensatz zu § 273 BGB) gesicherte Gläubiger ist in der Insolvenz des Schuldners nach §§ 51 Nr. 3, 50 Abs. 1 InsO zur **abgesonderten Befriedigung** aus dem Gegenstand berechtigt. Sämtliche Entstehungsvoraussetzungen mit Ausnahme der Fälligkeit der gesicherten Forderung (§ 41 InsO) müssen bereits **vor Eröffnung** des Insolvenzverfahrens erfüllt sein.[112] Die **Verwertung** der Gegenstände, an denen ein kaufmännisches Zurückbehaltungsrecht besteht, erfolgt abweichend vom gesetzlichen Regelfall bei Absonderungsrechten (§ 166 InsO) wegen des **fehlenden Besitzes** des Insolvenzverwalters außerhalb des Insolvenzverfahrens durch den Gläubiger selbst (§ 173 Abs. 1 InsO).[113] Die Tilgungsreihenfolge des Erlöses richtet sich nach § 367 Abs. 1 BGB (Anrechnung zuerst auf die Kosten).[114] Die für das Entstehen des Zurückbehaltungsrechts erforderliche Besitzübertragung auf den Gläubiger kann anfechtbare Rechtshandlung iSd §§ 129 ff. InsO sein.[115] **Nach Eröffnung** des Insolvenzverfahrens kann ein Zurückbehaltungsrecht an Gegenständen der Insolvenzmasse wegen § 91 Abs. 1 InsO nicht erworben werden.[116]

IV. Ausschluss des Zurückbehaltungsrechts

1. Ausschluss nach Abs. 3. a) Grundsatz. Das Zurückbehaltungsrecht nach Abs. 1 oder Abs. 2 **33** ist ausgeschlossen, wenn eine diesem Recht entgegenstehende **Anweisung des Schuldners** oder **Verpflichtung des Gläubigers** besteht. Abs. 3 konkretisiert den Grundsatz von Treu und Glauben (§ 242 BGB).[117] Der Ausschluss durch Anweisung des Schuldners kann sich nur aus einer ausdrücklichen oder konkludenten[118] Erklärung **vor oder bei** Übergabe des Gegenstands ergeben. Einer vorangegangenen Einigung mit dem Gläubiger als Grundlage der Anweisung bedarf es nicht; die Anweisung muss sich jedoch ihrerseits im Rahmen des nach Treu und Glauben dem Gläubiger Zumutbaren halten. **Nach** der Übergabe genügt die einseitige Erklärung des Schuldners nicht mehr, vielmehr ist eine Verpflichtung des Gläubigers erforderlich. Abs. 3 setzt insoweit eine **besondere Verpflichtung** des Gläubigers voraus, mit der Sache auf eine bestimmte Weise zu verfahren. Die bei jedem Zurückbehaltungsrecht notwendigerweise bestehende grundsätzliche Herausgabepflicht genügt nicht.[119] Vielmehr kommt es darauf an, ob unter Berücksichtigung des Grundsatzes von Treu und Glauben im Einzelfall der Rück- oder Weitergabeverpflichtung des Gläubigers ausnahmsweise **Vorrang** vor dem kaufmännischen Zurückbehaltungsrecht zukommt.[120]

b) Einzelfälle. Hat der Gläubiger den **Gegenstand** nach der Vereinbarung mit dem Schuldner auf **34** einen **Dritten** zu **übertragen** oder jederzeit zu dessen Verfügung zu halten, muss das Zurückbehaltungsrecht regelmäßig hinter die Übertragungsverpflichtung zurücktreten. Handelsvertreter, Kommissionär, Spediteur oder Frachtführer können daher Sachen, die sie zur Übergabe, zum Verkauf, zur Versendung oder Beförderung erhalten haben, nicht wegen Forderungen zurückhalten, die ihnen gegen ihren Auftraggeber zustehen.[121] Der Handelsvertreter unterliegt aber nach Beendigung des Handelsvertretervertrags grundsätzlich nicht dem Ausschlussgrund des Abs. 3 (§ 88a Abs. 2, dort → § 88a Rn. 11 ff.).[122] Auch bei einer Herausgabeverpflichtung an den **Schuldner selbst** kann die Zurückbehaltung dann **ausgeschlossen** sein, wenn der Gläubiger die Sache zur jederzeitigen Verfügbarkeit des Schuldners halten muss oder ihm Wertpapiere „zu treuen Händen" überlassen wurden.[123] Eine als Zeichnungsstelle tätige Bank kann an Anleihen kein Zurückbehaltungsrecht wegen anderer, geschäftsfremder Forderungen gegen den Bankkunden geltend machen.[124] Da sich die Verpflichtung, in besonderer Weise mit dem Gegenstand zu verfahren, auch aus der **Art des Rechtsgeschäfts** ergeben kann, kann zB der Zweck einer Einlagerung dazu führen, dass der Lagerhalter die

---

[111] Musielak/Voit/*Lackmann* ZPO § 777 Rn. 3; MüKoHGB/*Welter* Rn. 75.

[112] GroßkommHGB/*Canaris* §§ 369–372 Rn. 92; KKRD/*Koller* §§ 369–372 Rn. 10; MüKoHGB/*Welter* Rn. 76.

[113] Vgl. RegE. BR-Drs. 1/92, 178 (zur vergleichbaren Lage bei rechtsgeschäftlicher Verpfändung).

[114] BT-Drs. 12/7302, 160.

[115] Baumbach/Hopt/*Hopt* Rn. 12.

[116] GroßkommHGB/*Canaris* §§ 369–372 Rn. 92; MüKoHGB/*Welter* Rn. 77.

[117] GroßkommHGB/*Canaris* §§ 369–372 Rn. 55; Heymann/*Horn* Rn. 40.

[118] BGH Urt. v. 3.11.1965 – I b ZR 1373/63, WM 1966, 115 (117); Urt. v. 18.10.1962 – II ZR 213/60, WM 1962, 1350 (1351); Schlegelberger/*Hefermehl* Rn. 42; Baumbach/Hopt/*Hopt* Rn. 13.

[119] GroßkommHGB/*Canaris* §§ 369–372 Rn. 56; Schlegelberger/*Hefermehl* Rn. 44; MüKoHGB/*Welter* Rn. 57.

[120] GroßkommHGB/*Canaris* §§ 369–372 Rn. 56; GK-HGB/*Weber* Rn. 23.

[121] GroßkommHGB/*Canaris* §§ 369–372 Rn. 56; Schlegelberger/*Hefermehl* Rn. 45; Heymann/*Horn* Rn. 37; GK-HGB/*Weber* Rn. 23; *K. Schmidt* HandelsR § 22 IV 2g.

[122] OLG Düsseldorf Urt. v. 2.2.1990 – 16 U 125/89, BB 1990, 1086 (1087); GroßkommHGB/*Canaris* §§ 369–372 Rn. 56; Schlegelberger/*Hefermehl* Rn. 45 f.; MüKoHGB/*Welter* Rn. 60.

[123] OLG Hamburg Urt. v. 14.4.1894, SeuffA 50 (1895), Nr. 191.

[124] RG Urt. v. 28.11.1934, RGZ 146, 57 (59) = JW 1935, 701.

eingelagerten Gegenstände ausnahmsweise nicht zurückbehalten darf.[125] Auch Schuldscheine und Wechsel können nicht wegen anderer Forderungen zurückbehalten werden, wenn die ursprünglich zu Grunde liegende Forderung getilgt oder nie wirksam entstanden ist.[126] Wer **auf Probe gekauft** hat, kann nur hinsichtlich solcher Forderungen ein Zurückbehaltungsrecht geltend machen, die mit dem Kauf zusammenhängen.[127] An genormten Paletten und Gitterboxen ist auf Grund ihrer Bedeutung für den Warenumschlag und der daraus folgenden treuhänderischen Verwahrung durch den Gläubiger ein Zurückbehaltungsrecht ausgeschlossen.[128]

35   **Nicht** per se **ausgeschlossen** ist das Zurückbehaltungsrecht dagegen, wenn der Gläubiger die Ware zur Bearbeitung in Besitz genommen hat.[129] In der **Verpfändung** liegt ohne besondere Anhaltspunkte nicht zugleich eine Anweisung des Schuldners, den Gegenstand sofort nach Tilgung der durch das Pfandrecht gesicherten Forderung zurückzugeben.[130] Ebenso wenig stellt der **Versuch nachträglicher Erfüllung** eine Anweisung zur Rücksendung dar, wenn der Gläubiger die verspätete Leistung zurückweist.[131] Auch hinsichtlich **zahlungshalber übersandter Gegenstände** und Wertpapiere ist das Zurückbehaltungsrecht nicht ausgeschlossen.[132]

36   **2. Sonstige Ausschlussgründe.** Schon nach dem allgemein geltenden Grundsatz von **Treu und Glauben** (§ 242 BGB) kann das Zurückbehaltungsrecht ausgeschlossen sein, wenn der Wert der zurückbehaltenen Gegenstände **außer Verhältnis** zum Wert der gesicherten Forderung steht,[133] der Gläubiger anderweitig **ausreichend gesichert** ist,[134] dem Schuldner ein unverhältnismäßiger Schaden durch die Zurückbehaltung entstehen würde,[135] die zurückbehaltene Sache keinen Verkehrswert hat[136] oder der Gegenstand durch eine **vorsätzliche unerlaubte Handlung** erlangt wurde[137] (Rechtsgedanke § 393 BGB). Letzteres lässt sich in der Weise verallgemeinern, dass ein Zurückbehaltungsrecht jedenfalls dann nicht ausgeübt werden darf, wenn dies wirtschaftlich **einer Aufrechnung gleichkommt,** letztere aber ausgeschlossen ist.[138] Bei der Beurteilung der Treuwidrigkeit ist aber zu berücksichtigen, dass Abs. 4 dem Schuldner gestattet, die Ausübung des Zurückbehaltungsrechts durch Sicherheitsleistung abzuwenden.[139]

37   **3. Ausschluss durch Vertrag.** Ein vertraglicher Ausschluss des Zurückbehaltungsrechts ist ausdrücklich wie konkludent **grundsätzlich möglich.**[140] Dasselbe gilt für eine Einschränkung in der Weise, dass vor der Ausübung dieses Rechts eine **Ankündigung** zu erfolgen hat.[141] Beides kann auch durch AGB geschehen.[142] Das Klauselverbot des § 309 Nr. 2 lit. b BGB greift im Verhältnis zwischen Kaufleuten nicht ein (§ 310 Abs. 1 S. 1 BGB) und erfasst regelmäßig auch nicht über § 307 BGB das kaufmännische Zurückbehaltungsrecht. Gleichwohl kann in Einzelfällen ein Verstoß gegen §§ 305c Abs. 1, 307 BGB gegeben sein. So kommt ein Ausschluss nicht in Betracht, wenn die der Geltendmachung des Zurückbehaltungsrechts zu Grunde liegende **Gegenforderung unbestritten oder rechtskräftig festgestellt** ist (Rechtsgedanke § 309 Nr. 3 BGB).[143] Der in Allgemeinen Geschäftsbedingungen enthaltene wirksame Ausschluss des Zurückbehaltungsrechts hindert den Gläubiger nicht daran, die **Einrede des nicht erfüllten Vertrags** (§ 320 BGB) geltend zu machen.[144] Die Berufung auf einen wirksamen Ausschluss des Zurückbehaltungsrechts kann bei eigener grober Vertragsuntreue nach

---

[125] BGH Urt. v. 18.10.1962 – II ZR 213/60, WM 1962, 1350 (1351 f.).

[126] BGH Urt. v. 27.4.1983 – VIII ZR 24/82, NJW 1983, 2508; BGH Urt. v. 10.10.1958 – VIII ZR 141/57, NJW 1958, 2112.

[127] Baumbach/Hopt/*Hopt* Rn. 13; *K. Schmidt* HandelsR § 22 IV 2g.

[128] OLG Frankfurt a. M. Urt. v. 14.2.1985 – 12 U 44/84, MDR 1985, 502 f.

[129] RG Urt. v. 8.12.1898 – VI 262/98, RGZ 43, 27 (39).

[130] Schlegelberger/*Hefermehl* Rn. 46; Heymann/*Horn* Rn. 39.

[131] RG Urt. v. 4.6.1890 – I 92/90, RGZ 26, 58 (60).

[132] OLG Stuttgart Urt. v. 2.7.1931 – U 341/31, JW 1931, 3143 (3144).

[133] BGH Urt. v. 3.11.1965 – I b ZR 137/63, WM 1966, 115 (117); OLG Karlsruhe Urt. v. 3.12.2007 – 1 U 244/06, CR 2008, 801 (Verstoß gegen Treu und Glauben bei Sperrung von Internetkapazitäten wegen Zahlungsrückstands in Höhe von ca. 8 EUR); GroßkommHGB/*Canaris* §§ 369–372 Rn. 58.

[134] BGH Urt. v. 3.11.1965 – I b ZR 137/63, WM 1966, 115 (117); Urt. v. 14.7.1952 – IV ZR 28/52, BGHZ 7, 123 (127) = NJW 1952, 1175 (1176).

[135] BGH Urt. v. 3.11.1965 – I b ZR 137/63, WM 1966, 115 (117).

[136] OLG Karlsruhe Urt. v. 8.8.1972 – 8 U 69/71, BB 1972, 162.

[137] GroßkommHGB/*Canaris* §§ 369–372 Rn. 59, 25; Heymann/*Horn* Rn. 40; hier wird es freilich regelmäßig schon an einer Überlassung des Besitzes mit Willen des Schuldners fehlen; vgl. MüKoHGB/*Welter* Rn. 63.

[138] BGH Urt. v. 16.6.1987 – X ZR 61/86, NJW 1987, 3254 (3255) (für § 273 BGB).

[139] BGH Urt. v. 17.2.1988 – IV a ZR 262/86, NJW 1988, 2607 (2608).

[140] Schlegelberger/*Hefermehl* Rn. 42; Heymann/*Horn* Rn. 42; MüKoHGB/*Welter* Rn. 55.

[141] OLG Hamburg Urt. v. 1.10.1997 – 4 U 229/96, NJW-RR 1998, 586 (587).

[142] OLG Hamburg Urt. v. 1.10.1997 – 4 U 229/96, NJW-RR 1998, 586 (587) (Vorankündigung); Heymann/*Horn* Rn. 42 (Ausschluss).

[143] So zu §§ 273, 320 BGB BGH Urt. v. 10.10.1991 – III ZR 141/90, BGHZ 115, 324 (327) = NJW 1992, 575 (577); BGH Urt. v. 16.10.1984 – X ZR 97/83, BGHZ 92, 312 (315 f.) = NJW 1985, 319 (320).

[144] OLG Düsseldorf Urt. v. 21.10.1997 – 24 U 223/96, NJW-RR 1998, 587.

§ 242 BGB ausgeschlossen sein.[145] Ein **Handelsvertreter** kann nicht im Voraus auf gesetzliche Zurückbehaltungsrechte verzichten (§ 88a Abs. 1).

V. Erlöschen des kaufmännischen Zurückbehaltungsrechts

1. Erlöschen nach Abs. 4. Der Schuldner kann nach Abs. 4 die Ausübung des Zurückbehaltungs- **38** rechts durch Sicherheitsleistung nach §§ 232 ff. BGB abwenden, wobei abweichend von § 232 Abs. 2 BGB eine Sicherheitsleistung durch Bürgen ausgeschlossen ist (Abs. 4 S. 2). Die **Höhe** der Sicherheitsleistung bemisst sich grundsätzlich nach dem **Wert der** zu sichernden **Forderung,** auch wenn der Wert der zurückbehaltenen Sache höher ist.[146] Ist der Wert des zurückbehaltenen Gegenstands geringer als die gesicherte Forderung, kann im Einzelfall nach Treu und Glauben, etwa wenn der Gläubiger durch andere Sicherungsmittel ausreichend gesichert ist, auch eine Sicherheit in Höhe des Wertes des Gegenstands genügen.[147] Nicht ausreichend ist es, dass die Sicherheitsleistung angeboten wird; sie muss tatsächlich **geleistet** werden.[148] Eine Abs. 4 entsprechende Hinterlegung ist nach der Hinterlegungsordnung nur beim zuständigen Amtsgericht möglich.[149] An der hinterlegten Sicherheit erlangt der Gläubiger ein Pfandrecht (§ 233 BGB). Das **Zurückbehaltungsrecht erlischt.**[150]

2. Sonstige Erlöschensgründe. Das Zurückbehaltungsrecht erlischt ferner durch **Besitzaufgabe** **39** des Gläubigers oder Begründung eines **Besitzmittlungsverhältnisses mit dem Schuldner** (→ Rn. 23). Verliert der Gläubiger den Besitz gegen seinen Willen, lebt das Zurückbehaltungsrecht jedoch wieder auf, wenn er den Gegenstand zurückerlangt (Rechtsgedanke § 940 Abs. 2 BGB, dessen Fristen aber keine Anwendung finden)[151] und zwischenzeitlich keine Verfügungen zu Gunsten Dritter stattgefunden haben.[152] Weitere Erlöschensgründe sind der **Untergang** des zurückbehaltenen Gegenstandes, ein **Verzichtsvertrag** zwischen Gläubiger und Schuldner sowie das **Erlöschen der zu sichernden Forderung.**[153] Bei Erlöschen einer von mehreren gesicherten Forderungen kann aber zur Sicherung einer anderen Forderung ein Zurückbehaltungsrecht an dem Gegenstand entstehen. Eine **Stundung** der gesicherten Forderung führt grundsätzlich ebenfalls zum Erlöschen des Zurückbehaltungsrechts.[154]

Der **Eigentumsverlust** des Schuldners bringt das Zurückbehaltungsrecht grundsätzlich zum Er- **40** löschen, wenn es nicht nach Abs. 2 ausnahmsweise auch gegen den neuen Eigentümer wirkt.[155] Ein Forderungsübergang **(Gläubigerwechsel)** bringt das zu Gunsten des Zedenten bereits entstandene Zurückbehaltungsrecht ebenfalls grundsätzlich zum Erlöschen, da § 401 BGB nicht anwendbar ist (zur Entstehung eines neuen Zurückbehaltungsrechts an Gegenständen im Besitz des Neugläubigers → Rn. 10).[156] Etwas anderes gilt, wenn der Zedent dem Zessionar gleichzeitig den Besitz am Gegenstand verschafft,[157] ohne damit gegen seine Verpflichtungen gegenüber dem Schuldner zu verstoßen (→ Rn. 10). Das Zurückbehaltungsrecht kann dann auch vom neuen Gläubiger geltend gemacht werden (vgl. auch § 401 Abs. 2 BGB).

§ 370 *(aufgehoben)*

---

[145] BGH Urt. v. 15.3.1972 – VIII ZR 12/71, DB 1972, 868.

[146] RG Urt. v. 9.7.1932 – VI 205/32, RGZ 137, 324 (355) = JW 1932, 3817; RG Urt. v. 30.11.1927 – V 135/27, RGZ 119, 163 (169 f.) = JW 1928, 168 (170); Mugdan I 563; MüKoHGB/*Welter* Rn. 80.

[147] RG Urt. v. 9.7.1932 – VI 205/32, RGZ 137, 324 (355) = JW 1932, 3817; RG Urt. v. 30.11.1927 – V 135/27, RGZ 119, 163 (169 f.) = JW 1928, 168 (170); Soergel/*Wolf* BGB § 273 Rn. 68; auf den geringeren Wert des Gegenstands stellen ab Schlegelberger/*Hefermehl* Rn. 68 f.; Palandt/*Grüneberg* BGB § 273 Rn. 25; Baumbach/Hopt/*Hopt* Rn. 14; Heymann/*Horn* Rn. 43; Röhricht/Graf v. Westphalen/Haas/*Wagner* Rn. 31.

[148] RG Urt. v. 9.7.1932 – VI 205/32, RGZ 137, 324 (354 f.).

[149] BGH Urt. v. 20.10.1987 – X ZR 49/86, NJW 1988, 484.

[150] Schlegelberger/*Hefermehl* Rn. 69; Baumbach/Hopt/*Hopt* Rn. 2; GK-HGB/*Weber* Rn. 29 aA GroßkommHGB/*Canaris* §§ 369–372 Rn. 108.

[151] Schlegelberger/*Hefermehl* Rn. 66; Heymann/*Horn* Rn. 45; MüKoHGB/*Welter* Rn. 81; GroßkommHGB/*Canaris* §§ 369–372 Rn. 104.

[152] GroßkommHGB/*Canaris* §§ 369–372 Rn. 104; MüKoHGB/*Welter* Rn. 81.

[153] GroßkommHGB/*Canaris* §§ 369–372 Rn. 106; Heymann/*Horn* Rn. 45.

[154] Schlegelberger/*Hefermehl* Rn. 66; Heymann/*Horn* Rn. 45; MüKoHGB/*Welter* Rn. 81; aA GroßkommHGB/*Canaris* §§ 369–372 Rn. 107.

[155] GroßkommHGB/*Canaris* §§ 369–372 Rn. 105; Schlegelberger/*Hefermehl* Rn. 66; Heymann/*Horn* Rn. 45; MüKoHGB/*Welter* Rn. 81.

[156] Schlegelberger/*Hefermehl* Rn. 67; Baumbach/Hopt/*Hopt* Rn. 6; *K. Schmidt* HandelsR § 22 IV 2b (für analoge Anwendung von § 406 BGB); aA Palandt/*Grüneberg* BGB § 401 Rn. 4.

[157] Schlegelberger/*Hefermehl* Rn. 67; aA KKRD/*Koller* §§ 369–372 Rn. 4 im Hinblick auf die Tatsache, dass § 369 inkonnexe Forderungen betrifft.

§ 371 [Befriedigungsrecht]

(1) ¹Der Gläubiger ist kraft des Zurückbehaltungsrechts befugt, sich aus dem zurückbehaltenen Gegenstande für seine Forderung zu befriedigen. ²Steht einem Dritten ein Recht an dem Gegenstande zu, gegen welches das Zurückbehaltungsrecht nach § 369 Abs. 2 geltend gemacht werden kann, so hat der Gläubiger in Ansehung der Befriedigung aus dem Gegenstande den Vorrang.

(2) ¹Die Befriedigung erfolgt nach den für das Pfandrecht geltenden Vorschriften des Bürgerlichen Gesetzbuchs. ²An die Stelle der in § 1234 des Bürgerlichen Gesetzbuchs bestimmten Frist von einem Monate tritt eine solche von einer Woche.

(3) ¹Sofern die Befriedigung nicht im Wege der Zwangsvollstreckung stattfindet, ist sie erst zulässig, nachdem der Gläubiger einen vollstreckbaren Titel für sein Recht auf Befriedigung gegen den Eigentümer oder, wenn der Gegenstand ihm selbst gehört, gegen den Schuldner erlangt hat; in dem letzteren Falle finden die den Eigentümer betreffenden Vorschriften des Bürgerlichen Gesetzbuchs über die Befriedigung auf den Schuldner entsprechende Anwendung. ²In Ermangelung des vollstreckbaren Titels ist der Verkauf des Gegenstandes nicht rechtmäßig.

(4) Die Klage auf Gestattung der Befriedigung kann bei dem Gericht, in dessen Bezirke der Gläubiger seinen allgemeinen Gerichtsstand oder den Gerichtsstand der Niederlassung hat, erhoben werden.

I. Normzweck

1　　§ 371 gibt dem Gläubiger, dem ein kaufmännisches Zurückbehaltungsrecht nach § 369 zusteht, das Recht, sich durch **Verwertung** zu befriedigen. Ihm stehen hierzu **zwei Möglichkeiten** zur Verfügung: Der Gläubiger hat das Recht zur Befriedigung aus dem zurückbehaltenen Gegenstand nach den für das Pfandrecht geltenden Regelungen des BGB (**Verkaufsbefriedigung**, Abs. 2 iVm §§ 1228 Abs. 1, 1233 Abs. 1 BGB), bedarf hierfür allerdings abweichend von den Regeln des Pfandrechts eines Duldungstitels gegen den Schuldner (Abs. 3). Daneben besteht die Möglichkeit der **Vollstreckungsbefriedigung** nach den Vorschriften der ZPO, insbesondere §§ 809, 814 ff. ZPO, für die ein Titel auf Grund einer gewöhnlichen Zahlungsklage des Gläubigers Voraussetzung ist.

2　　§ 371 begründet ein Recht, **keine Verpflichtung** des Gläubigers, sich aus dem Gegenstand zu befriedigen. Muss ein Dritter nach § 369 Abs. 2 das Zurückbehaltungsrecht gegen sich gelten lassen, kann der Gläubiger wegen der gesicherten Forderung nach den allgemeinen Regeln in das Schuldnervermögen vollstrecken. Steht der zurückbehaltene Gegenstand dagegen im Eigentum des Schuldners, so kann dieser einer Vollstreckung in sein sonstiges Vermögen nach §§ 777, 766 ZPO widersprechen, soweit die Forderung durch den zurückbehaltenen Gegenstand gedeckt ist.

II. Allgemeine Voraussetzungen und Drittwirkung

3　　**1. Befriedigungsreife.** Die rechtmäßige Verwertung des zurückbehaltenen Gegenstands setzt Befriedigungsreife voraus (§ 1243 Abs. 1 BGB).¹ Nach § 1228 Abs. 2 BGB muss die zu sichernde Forderung **fällig** und ggf. bereits in eine **Geldforderung** übergegangen (→ § 369 Rn. 12 f.) sein. **Abreden,** welche die Verwertung vor Befriedigungsreife ermöglichen sollen, unterfallen nicht der Regelung des § 1245 BGB und sind damit unzulässig (§ 1243 BGB).² Solche Vereinbarungen sind jedoch im Allgemeinen dahin auszulegen, dass der Gläubiger die Forderung jederzeit fällig stellen und damit die Befriedigungsreife herbeiführen kann.³

4　　**2. Wirkung gegen Dritte.** Wirkt das Zurückbehaltungsrecht nach § 369 Abs. 2 gegenüber einem Dritten, der ebenfalls ein Recht an dem zurückbehaltenen Gegenstand des Schuldners hat, steht dem Gläubiger ein Recht auf **vorzugsweise Befriedigung** zu (Abs. 1 S. 2). Belastungen des zurückbehaltenen Gegenstands erlöschen bei rechtmäßiger Verwertung (§ 1242 Abs. 2 BGB). Ist der Verwertungserlös jedoch höher als die gesicherte Forderung, setzen sie sich am überschießenden Teil des Erlöses fort (§ 1247 S. 2 BGB). Der Dritte darf nach § 1249 BGB den Gläubiger befriedigen. In diesem Fall geht die Forderung auf ihn über (§§ 1249 S. 2, 268 Abs. 3 S. 1 BGB). Anders als beim Pfandrecht (§§ 1250 Abs. 1, 401 BGB) geht jedoch das Zurückbehaltungsrecht selbst nicht auf den Dritten über,⁴ da dies dem **Unmittelbarkeitserfordernis** des § 369 Abs. 1 widerspräche (→ § 369 Rn. 8 ff.).

---

¹ GroßkommHGB/*Canaris* §§ 369–372 Rn. 66; MüKoHGB/*Welter* Rn. 4.
² MüKoBGB/*Damrau* BGB § 1228 Rn. 10; Palandt/*Wicke* BGB § 1228 Rn. 2.
³ KG Beschl. v. 16.1.1911 – 1 X 2/11, KGJ 40 (1911), 285 (293 f.); MüKoBGB/*Damrau* BGB § 1228 Rn. 10; Soergel/*Habersack* BGB § 1228 Rn. 8; Palandt/*Wicke* BGB § 1228 Rn. 2.
⁴ Baumbach/Hopt/*Hopt* Rn. 1.

III. Vollstreckungsbefriedigung an beweglichen Sachen

Abs. 3 S. 1 Hs. 1 stellt klar, dass sich die Verwertung nicht auf die Möglichkeit der Verkaufs- 5 befriedigung beschränkt. Der Gläubiger kann den zurückbehaltenen Gegenstand auf Grund eines zur Durchsetzung der gesicherten Forderung erlangten Vollstreckungstitels auch nach § 809 ZPO bei sich selbst pfänden und nach §§ 814 ff. ZPO verwerten lassen. Diese Möglichkeit hat der Gläubiger grundsätzlich auch dann, wenn das Zurückbehaltungsrecht wegen § 369 Abs. 1 S. 2 **an eigenen Sachen** entstanden ist.[5] Insoweit ergeben sich keine Besonderheiten, die Regelung hat **deklaratorischen Charakter.** Vollstreckt der Gläubiger auf Grund des Zahlungstitels in andere Gegenstände des Schuldners als denjenigen, an dem das Zurückbehaltungsrecht besteht, so ist dies grundsätzlich möglich (aber → Rn. 2).

IV. Verkaufsbefriedigung an beweglichen Sachen

1. Erfordernis eines vollstreckbaren Titels. Die Verkaufsbefriedigung folgt zwar grundsätzlich 6 den für das Pfandrecht geltenden Vorschriften des BGB (Abs. 2), der Gläubiger muss jedoch zuvor einen vollstreckbaren Titel für die Verwertung erwirken (Abs. 3 S. 1). Dieses **gegenüber der Pfandverwertung zusätzliche Erfordernis** beruht darauf, dass beim kaufmännischen Zurückbehaltungsrecht der zurückbehaltene Gegenstand regelmäßig nicht von vornherein zur Sicherung der Forderung bestimmt ist. Außerdem ist das Vorliegen der Voraussetzungen des Zurückbehaltungsrechts schwerer als bei einem Pfandrecht festzustellen, sodass eine vorherige gerichtliche Entscheidung zum Zwecke des Schuldnerschutzes im Streitfall sinnvoll ist.[6] Eine **Vereinbarung,** nach der auf das Erfordernis eines vollstreckbaren Titels verzichtet wird, ist aber jederzeit möglich,[7] auch schon vor Eintritt der Befriedigungsreife.[8]

2. Erlangung eines vollstreckbaren Titels. a) Klageart und -weg. Die Klage des Gläubigers ist 7 nach Abs. 4 auf **Gestattung der Befriedigung** zu richten. Materiell-rechtliche Grundlage einer solchen Klage ist nicht die Forderung, sondern das Zurückbehaltungsrecht selbst.[9] Einer **Bezifferung** der gesicherten Forderung bedarf es grundsätzlich nicht; es genügt, wenn der Gläubiger darlegt und ggf. beweist, dass ihm eine näher bestimmte Forderung zusteht.[10] Auch für die übrigen Voraussetzungen des Zurückbehaltungsrechts ist der Gläubiger beweispflichtig. Das stattgebende Urteil gibt ihm die Befugnis, sich aus dem zurückbehaltenen Gegenstand zu befriedigen; diese richtet sich dann nach den für das Pfandrecht geltenden Vorschriften der §§ 1233 ff. BGB.[11] Eine **Zwangsvollstreckung** in den Gegenstand auf Grund dieses Urteils ist weder notwendig noch möglich,[12] allerdings darf der Gläubiger die Sache nach § 1233 Abs. 2 BGB *wie* eine gepfändete Sache verwerten lassen. Die Klage nach Abs. 3 ist nicht Gestaltungsklage,[13] sondern **Leistungsklage.**[14]

Die Klage auf Duldung der Verwertung kann auch im **Urkundenprozess** und **Mahnverfahren** 8 geltend gemacht werden.[15] In diesen Fällen ist die gesicherte Forderung zu beziffern.[16] Die Gestattungsklage kann mit einer Klage auf Auskunftserteilung oder Rechnungslegung zur Ermittlung der Höhe des gesicherten Anspruchs **verbunden** werden (Stufenklage, § 254 ZPO).[17] Dies gilt jedoch wegen des grundsätzlichen Verbots einer Stufenklage nicht im Urkundenprozess.[18] Auch eine **Zwischenfeststellungsklage** im Hinblick auf das Bestehen oder die Höhe der gesicherten Forderung ist möglich.[19]

---

[5] BGH Urt. v. 10.11.1954 – II ZR 21/54, BGHZ 15, 171 (173) = NJW 1955, 64; GroßkommHGB/*Canaris* §§ 369–372 Rn. 67; Schlegelberger/*Hefermehl* Rn. 5; MüKoHGB/*Welter* Rn. 6.

[6] Denkschrift zu dem Entwurf eines Handelsgesetzbuchs, 1896, 213; Schlegelberger/*Hefermehl* Rn. 6; MüKoHGB/*Welter* Rn. 8.

[7] Schlegelberger/*Hefermehl* Rn. 7; Baumbach/Hopt/*Hopt* Rn. 3; K. Schmidt HandelsR § 22 IV 3b.

[8] AA Heymann/*Horn* Rn. 6.

[9] GroßkommHGB/*Canaris* §§ 369–372 Rn. 68; Schlegelberger/*Hefermehl* Rn. 8.

[10] OLG Hamburg Urt. v. 20.11.1959 – 1 U 127/59, MDR 1960, 315; OLG Hamburg Urt. v. 14.1.1958 – 7 U 162/57, MDR 1958, 343; Schlegelberger/*Hefermehl* Rn. 9; Baumbach/Hopt/*Hopt* Rn. 4; KKRD/*Koller* §§ 369–372 Rn. 9.

[11] Denkschrift zu dem Entwurf eines Handelsgesetzbuchs, 1896, 213; MüKoHGB/*Welter* Rn. 8.

[12] Baumbach/Hopt/*Hopt* Rn. 4.

[13] So aber OLG Hamburg Urt. v. 14.1.1958 – 7 U 162/57, MDR 1958, 343; Schlegelberger/*Hefermehl* Rn. 9; Baumbach/Hopt/*Hopt* Rn. 4; *Wieser* ZZP 102 (1989), 261 (263).

[14] GroßkommHGB/*Canaris* §§ 369–372 Rn. 68; Heymann/*Horn* Rn. 7; MüKoHGB/*Welter* Rn. 16.

[15] MüKoZPO/*Braun* ZPO § 592 Rn. 4 aE; Schlegelberger/*Hefermehl* Rn. 9; Baumbach/Hopt/*Hopt* Rn. 4; Heymann/*Horn* Rn. 7; MüKoHGB/*Welter* Rn. 17.

[16] Schlegelberger/*Hefermehl* Rn. 9; Baumbach/Hopt/*Hopt* Rn. 4; Heymann/*Horn* Rn. 7.

[17] OLG Hamburg Urt. v. 14.1.1958 – 7 U 162/57, MDR 1958, 343.

[18] MüKoZPO/*Braun* ZPO § 592 Rn. 7.

[19] OLG Hamburg Urt. v. 21.11.1959 – 1 U 127/59, MDR 1960, 315 (316); MüKoHGB/*Welter* Rn. 18.

9   **b) Passivlegitimation.** Die Klage ist grundsätzlich gegen den **Eigentümer** des Gegenstandes zu richten, auch wenn dieser wegen § 369 Abs. 2 nicht gleichzeitig Schuldner der persönlichen Forderung ist (Abs. 3 S. 1 Hs. 1 Alt. 1). Zu Gunsten des Gläubigers, der von einer Eigentumsübertragung durch den Schuldner auf einen Dritten keine Kenntnis hat, gilt nach § 372 Abs. 1 der Schuldner auch weiterhin als Eigentümer, sofern er bei Besitzerwerb des Gläubigers Eigentümer des Gegenstands war. Besteht die **Unkenntnis** noch bei Rechtshängigkeit der Klage, muss der neue Eigentümer das zwischen Gläubiger und Schuldner ergangene Urteil gegen sich gelten lassen (§ 372 Abs. 2). Sofern das Zurückbehaltungsrecht iSv § 369 Abs. 1 S. 2 an **eigenen Sachen des Gläubigers** besteht, ist die Klage gegen den Schuldner zu richten (Abs. 3 S. 1 Hs. 1 Alt. 2). Bei Zurückbehaltungsrechten, die eine Forderung gegen eine OHG sichern, ist nur diese passivlegitimiert, nicht aber die nach § 128 persönlich haftenden Gesellschafter.[20] Hat der Schuldner über die zurückbehaltene Sache durch Abtretung des Übertragungsanspruchs verfügt (vgl. § 369 Abs. 1 S. 2), ist die Klage bei Kenntnis vom Eigentumswechsel gegen den Dritten zu richten;[21] § 372 gilt in diesem Fall sinngemäß.

10   **c) Kosten.** Die Verteilung der Kosten des Rechtsstreits erfolgt nach den **allgemeinen Regeln** (§§ 91 ff. ZPO). Der unterlegene Beklagte trägt die Kosten auch dann, wenn er nicht Schuldner der gesicherten Forderung ist (Fälle des § 369 Abs. 2).[22] Da der Kläger nach der gesetzlichen Regelung des Titels bedarf (Abs. 3 S. 1), kommt **§ 93 ZPO** nur zur Anwendung, wenn der Beklagte einen anderen Vollstreckungstitel in Form einer vollstreckbaren Urkunde anbietet oder sich schon vor Klageerhebung mit der Verwertung ohne vollstreckbaren Titel (zur Zulässigkeit einer solchen Vereinbarung → Rn. 6) einverstanden erklärt.[23]

11   **d) Zuständigkeit.** Für die Gestattungsklage ist nach **Abs. 4** auch das Gericht zuständig, in dessen Bezirk der Gläubiger seinen allgemeinen Gerichtsstand (§§ 12 ff. ZPO) oder den Gerichtsstand der Niederlassung (§ 21 ZPO) hat. Es handelt sich um einen **besonderen Gerichtsstand,** der die Zuständigkeitsregelungen der ZPO (§§ 12 ff. ZPO) unberührt lässt. Als sog Klägergerichtsstand soll er dem Gläubiger die Durchsetzung seines Rechtes erleichtern.[24] Hat der Gläubiger mehrere Zweigniederlassungen, ist der Ort derjenigen Zweigniederlassung maßgeblich, die das – das Zurückbehaltungsrecht begründende – Handelsgeschäft vorgenommen hat; es besteht kein Wahlrecht des Gläubigers zwischen verschiedenen Zweigstellen.[25] Auch für Surrogate des zurückbehaltenen Gegenstands gilt die Zuständigkeit des Abs. 4.[26] So, wenn der zunächst zurückbehaltene Gegenstand wegen drohenden Verderbs versteigert und der Erlös hinterlegt oder auf Grund Sicherheitsleistung zurückgegeben worden war.[27] **Gerichtsstandsvereinbarungen** sind zulässig.[28] Ob sie im Einzelfall die Zuständigkeit nach Abs. 4 verdrängen, ist durch Auslegung zu ermitteln.

12   **e) Sonstige Vollstreckungstitel.** Als vollstreckbare Titel iSd Abs. 3 kommen neben einem Urteil auch die Titel des § 794 Abs. 1 Nr. 1, 4 lit. a, b und 5 ZPO in Betracht. Bei einer **vollstreckbaren Urkunde** nach § 794 Abs. 1 Nr. 5 ZPO bedarf es keiner Bezifferung der gesicherten Forderung.

13   **3. Verwertungsverfahren. a) Besonderheiten.** Hat der Gläubiger einen vollstreckbaren Titel für sein Recht auf Befriedigung erwirkt, kann er sich nach den für das Pfandrecht geltenden Vorschriften des BGB befriedigen. Dabei gelten jedoch folgende **Abweichungen:**[29] Die **Wartefrist** zwischen Verwertungsandrohung und Verwertung beträgt nach Abs. 2 S. 2 **eine Woche** (so auch beim kaufmännischen Pfandverkauf nach § 368, anders § 1234 BGB: ein Monat); in Abs. 3 ist das Verfahren für die im BGB nicht denkbaren Fälle des Gläubigereigentums geregelt; die Verwertung ist über die Fälle des § 1243 BGB hinaus auch dann rechtswidrig, wenn kein vollstreckbarer Titel (Abs. 3 S. 2) oder keine entsprechende Vereinbarung[30] (→ Rn. 6) vorliegt.

14   **b) Verfahren.** Die Verwertung erfolgt regelmäßig im Wege **öffentlicher Versteigerung** (§ 1235 Abs. 1 BGB) durch eine nach § 383 Abs. 3 BGB hierzu befugte Person, die als Vertreter des Gläubigers einen privatrechtlichen Kaufvertrag mit dem Ersteigerer abschließt. Bei Vorliegen eines Börsen- oder Marktpreises kann **freihändiger Verkauf** iSd §§ 1235 Abs. 2, 1221 BGB erfolgen. Eine andere Art des Pfandverkaufs kann vereinbart, aus Billigkeitsgründen auch vom Gericht bestimmt werden

---

[20] LG Hamburg Urt. v. 23.1.1952 – 29 O 191/51, NJW 1952, 826 mzustAnm *Duden* NJW 1952, 826; Schlegelberger/*Hefermehl* Rn. 8; Baumbach/Hopt/*Hopt* Rn. 4.

[21] Schlegelberger/*Hefermehl* Rn. 8; *Göppert* ZHR 95 (1930), 52 (53).

[22] GroßkommHGB/*Canaris* §§ 369–372 Rn. 68; Schlegelberger/*Hefermehl* Rn. 10; Heymann/*Horn* Rn. 8; MüKoHGB/*Welter* Rn. 19.

[23] Schlegelberger/*Hefermehl* Rn. 10; Heymann/*Horn* Rn. 8; MüKoHGB/*Welter* Rn. 19.

[24] Denkschrift zu dem Entwurf eines Handelsgesetzbuchs, 1896, 213.

[25] Schlegelberger/*Hefermehl* Rn. 11; Heymann/*Horn* Rn. 9.

[26] RG Urt. v. 6.5.1919 – 367/18, RGZ 95, 334 (336); OLG Hamburg Urt. v. 17.10.1962 – 4 U 107/62, DB 1962, 1503; MüKoHGB/*Welter* Rn. 21.

[27] Schlegelberger/*Hefermehl* Rn. 11; MüKoHGB/*Welter* Rn. 21.

[28] OLG Hamburg Urt. v. 20.11.1959 – 1 U 127/59, MDR 1960, 314 (315); Baumbach/Hopt/*Hopt* Rn. 5.

[29] Vgl. Denkschrift zu dem Entwurf eines Handelsgesetzbuchs, 1896, 214.

[30] Schlegelberger/*Hefermehl* Rn. 16.

(§§ 1245 f. BGB). Der Gläubiger muss grundsätzlich dem Eigentümer bzw. im Fall des § 369 Abs. 1 S. 2 dem Schuldner den Verkauf mindestens eine Woche zuvor **androhen** (§ 1234 BGB, § 371 Abs. 2 S. 2) und ihn danach vom Ergebnis **benachrichtigen** (§ 1241 BGB). Diese Verpflichtung gegenüber dem Schuldner gilt nach Abs. 3 S. 1 letzter Hs. auch, wenn der Gläubiger selbst Eigentümer ist.

c) Erlösverteilung. Bei **unrechtmäßiger Verwertung** (§ 1243 Abs. 1 BGB, § 371 Abs. 3 S. 2) **15** gebührt der Erlös nicht dem Gläubiger. Dies gilt unabhängig davon, ob ein gutgläubiger Erwerb des Gegenstands nach § 1244 BGB stattgefunden hat.[31] Der Erlös steht in diesem Fall dem **bisherigen Eigentümer** zu. Bei nach § 1244 BGB wirksamer Veräußerung setzt sich das Zurückbehaltungsrecht des Gläubigers nach der Verwertung am Erlös fort. Mögliche Schadensersatzansprüche gegen den Gläubiger nach § 1243 BGB bleiben unberührt. Bei **rechtmäßiger Veräußerung** gilt der Gläubiger, soweit ihm der Erlös gebührt, als durch den Eigentümer befriedigt (§ 1247 Abs. 1 BGB). An einem überschießenden Erlösanteil setzen sich die Eigentumsverhältnisse fort, wie sie vor der Verwertung an dem Gegenstand bestanden. Das gilt auch, wenn der Gläubiger Eigentümer der verwerteten Sache war. Als Berechtigter kann er in diesem Fall dem Erwerber wirksam das Eigentum an der Sache verschaffen.

V. Verwertung von Wertpapieren

Auch für die **Verwertung** von Wertpapieren bedarf es stets eines vollstreckbaren Titels (Abs. 3 S. 1) **16** oder einer entsprechenden Vereinbarung (→ Rn. 6). Bei **Inhaberpapieren** finden die für bewegliche Sachen geltenden Vorschriften Anwendung (§ 1293 BGB für Verkaufsbefriedigung). Die **Vollstreckungsbefriedigung** erfolgt durch Pfändung und Verwertung nach §§ 809, 821 ZPO. Die **Verkaufsbefriedigung** richtet sich nach §§ 1233 Abs. 1, 1234 ff. BGB, nach § 1233 Abs. 2 BGB, § 821 ZPO oder erfolgt, wenn aus dem Papier eine Leistung verlangt werden kann, durch Einziehung der verbrieften Forderung nach § 1294 BGB. Auch diese Einziehung ist nur bei Vorliegen eines vollstreckbaren Titels iSd Abs. 3 oder einer entsprechenden Verzichtsvereinbarung (→ Rn. 6) rechtmäßig.[32]

Orderpapiere unterfallen bei der Vollstreckungsbefriedigung den §§ 831, 835 ZPO; demzufolge **17** kann sich der Gläubiger die verbriefte Forderung zur Einziehung oder an Zahlungs Statt zum Nennwert überweisen lassen. Hat das Orderpapier einen Börsen- oder Marktpreis, kann die Verwertung neben der Forderungseinziehung (§ 1294 BGB) auch durch **freihändigen Verkauf** (§§ 1295, 1221 BGB) erfolgen. Das Orderpapier kann auch nach § 1277 BGB verwertet werden. Dann ist anders als bei § 1233 Abs. 2 BGB eine Pfändung des verbrieften Rechts erforderlich.[33] Existiert kein Börsen- oder Marktpreis und ist auch keine Forderung verbrieft, ist nur die Befriedigung nach Zwangsvollstreckungsvorschriften (§ 1277 BGB) möglich.[34]

Bei **Traditionspapieren** scheidet nach der hier vertretenen Auffassung (→ § 369 Rn. 24) eine **18** Verwertung nach wertpapierrechtlichen Grundsätzen aus: Ist der Gläubiger aus dem Papier legitimiert, hat er ein Zurückbehaltungsrecht **an der Sache selbst** und die Verwertung folgt den für die Sache geltenden Bestimmungen. Ist der Gläubiger nicht legitimiert, entsteht weder ein Zurückbehaltungsrecht an der Sache noch am Papier.

§ 372 [Eigentumsfiktion und Rechtskraftwirkung bei Befriedigungsrecht]

(1) **In Ansehung der Befriedigung aus dem zurückbehaltenen Gegenstande gilt zugunsten des Gläubigers der Schuldner, sofern er bei dem Besitzerwerbe des Gläubigers der Eigentümer des Gegenstandes war, auch weiter als Eigentümer, sofern nicht der Gläubiger weiß, daß der Schuldner nicht mehr Eigentümer ist.**

(2) **Erwirbt ein Dritter nach dem Besitzerwerbe des Gläubigers von dem Schuldner das Eigentum, so muß er ein rechtskräftiges Urteil, das in einem zwischen dem Gläubiger und dem Schuldner wegen Gestattung der Befriedigung geführten Rechtsstreit ergangen ist, gegen sich gelten lassen, sofern nicht der Gläubiger bei dem Eintritte der Rechtshängigkeit gewußt hat, daß der Schuldner nicht mehr Eigentümer war.**

I. Normzweck

Die Gestattungsklage nach § 371 Abs. 3 ist grundsätzlich **gegen den Eigentümer** des zurück- **1** behaltenen Gegenstandes zu richten. Obwohl schon das Zurückbehaltungsrecht nur an im Eigentum des Schuldners stehenden Sachen (zu den eng umgrenzten Ausnahmen → § 369 Rn. 20 ff.) entsteht

---

[31] MüKoBGB/*Damrau* BGB § 1247 Rn. 3; Staudinger/*Wiegand,* 2009, BGB § 1247 Rn. 14 ff.; Schlegelberger/ *Hefermehl* Rn. 17; Heymann/*Horn* Rn. 13. Diff. Soergel/*Habersack* BGB § 1247 Rn. 7.

[32] GroßkommHGB/*Canaris* §§ 369–372 Rn. 69; Schlegelberger/*Hefermehl* Rn. 23; Heymann/*Horn* Rn. 17; wohl übersehen von OLG Stuttgart Urt. v. 2.7.1931 – U 341/31 mablAnm *Hirsch* JZ 1931, 3143 (3144).

[33] MüKoBGB/*Damrau* BGB § 1277 Rn. 4; Staudinger/*Wiegand,* 2009, BGB § 1277 Rn. 4; Soergel/*Habersack* BGB § 1277 Rn. 3; Palandt/*Wicke* BGB § 1277 Rn. 2; Schlegelberger/*Hefermehl* Rn. 25.

[34] Denkschrift zu dem Entwurf eines Handelsgesetzbuchs, 1896, 214; Schlegelberger/*Hefermehl* Rn. 25.

und der gutgläubige Erwerb eines Zurückbehaltungsrechts an schuldnerfremden Gegenständen nicht möglich ist (→ § 369 Rn. 20), hätte der Gläubiger ohne die Regelung in Abs. 1 nach allgemeinen Grundsätzen nicht nur das Erwerbsrisiko zu tragen. Es ginge zudem zu seinen Lasten, wenn der Gegenstand zwischen Entstehung des Zurückbehaltungsrechts und Gestattungsklage ohne sein Wissen übereignet worden wäre. Deshalb befreit Abs. 1 den Gläubiger von dem Risiko, dass sich ohne sein Wissen zwischen Besitzerlangung und Verwertung die **Eigentumsverhältnisse** an dem Gegenstand **ändern** und er deshalb zB seine Gestattungsklage gegen den falschen Beklagten richtet. Dies geschieht dadurch, dass Abs. 1 für den gutgläubigen Gläubiger das **Eigentum des bisherigen Eigentümers fingiert**. Abs. 1 ergänzt insoweit die Regelung des § 369 Abs. 2 und entspricht damit der für das Pfandrecht geltenden Regelung des § 1248 BGB[1] sowie der Regelung des § 407 Abs. 1 BGB. Daneben erfolgt durch Abs. 2 eine dem § 407 Abs. 2 BGB entsprechende **Rechtskrafterstreckung** gegenüber einem neuen Eigentümer in Fällen, die durch die allgemeinen Regelungen der §§ 325, 727 ZPO nicht erfasst sind.

II. Eigentumsfiktion

2   **1. Voraussetzungen.** Der Schuldner muss zum **Zeitpunkt des Besitzerwerbs** durch den Gläubiger Eigentümer des Gegenstandes sein. Nur für den Fall, dass der Gläubiger vom Eigentumswechsel weiß **(positive Kenntnis)**, gilt die Fiktion des Abs. 1 nicht; selbst grob fahrlässige Unkenntnis schadet nicht. Der Gläubiger ist daher von einer Nachprüfung der Eigentumsverhältnisse bzw. deren nachträglicher Änderung befreit. Kennt der Gläubiger den Eigentumswechsel, muss er alle gegenüber dem Eigentümer vorzunehmenden Handlungen und die Gestattungsklage nach § 371 Abs. 3 gegen den neuen Eigentümer richten. Ungeschriebene Voraussetzung ist schließlich, dass der neue Eigentümer das Zurückbehaltungsrecht nach **§ 369 Abs. 2** gegen sich gelten lassen muss,[2] da anderenfalls schon kein wirksames Zurückbehaltungsrecht (mehr) bestünde.

3   **2. Rechtsfolge.** Die Fiktionswirkung des Abs. 1 gilt lediglich im Hinblick auf die **Verwertung** des zurückbehaltenen Gegenstandes („in Ansehung der Befriedigung"), wobei auch die Verwertung iSv § 1233 Abs. 2 BGB erfasst ist.[3] Sie gilt nicht für die Entstehung des Zurückbehaltungsrechts oder die Rückgabe des Gegenstandes, nachdem die Forderung (und damit das Zurückbehaltungsrecht, → § 369 Rn. 38 f.) erloschen ist.[4] Bedeutung hat Abs. 1 daher insbesondere für Mitteilungen nach §§ 1241, 1234 BGB iVm § 371 Abs. 2 S. 2; auch bei der Aushändigung eines Erlösüberschusses an den mutmaßlichen Eigentümer greift die Fiktion ein.[5]

III. Rechtskrafterstreckung

4   Abs. 2 stellt die prozessualen Folgen der Eigentumsfiktion klar: Soweit die Wirkung des Abs. 1 reicht, kann ein Gestattungsurteil gegen den Alteigentümer erlangt werden, das auch gegen den neuen Eigentümer wirkt. Diese Wirkung des Abs. 2 tritt nur **zu Gunsten** des Gläubigers ein; anderes kann dann gelten, wenn der Eigentumswechsel im Prozess offen gelegt wird.[6] Die Rechtskrafterstreckung setzt voraus, dass der neue Eigentümer nach § 369 Abs. 2 das Zurückbehaltungsrecht gegen sich gelten lassen muss und der Gläubiger bis zur Rechtshängigkeit der Gestattungsklage nichts von dem Eigentumswechsel wusste.

5   Abs. 2 erfasst in **Erweiterung von § 325 ZPO** Fälle, in denen der Eigentumswechsel zwischen Besitzerlangung durch den Gläubiger und Rechtshängigkeit der Klage erfolgt. Bei Eigentumsübergang nach Rechtshängigkeit ergibt sich die Rechtskrafterstreckung schon aus § 325 ZPO. Da die Gestattungsklage eine Leistungsklage darstellt (→ § 371 Rn. 7), kann der Gläubiger (über den Wortlaut von Abs. 2 hinaus) auch eine **vollstreckbare Ausfertigung** gegen den neuen Eigentümer verlangen bzw. Klage auf Erteilung der **Vollstreckungsklausel** erheben.[7]

---

[1] Denkschrift zu dem Entwurf eines Handelsgesetzbuchs, 1896, 214.

[2] GroßkommHGB/*Canaris* §§ 369–372 Rn. 72.

[3] Staudinger/*Wiegand*, 2009, BGB § 1248 Rn. 2.

[4] MüKoBGB/*Damrau* BGB § 1248 Rn. 2; Staudinger/*Wiegand*, 2009, BGB § 1248 Rn. 2; Schlegelberger/ *Hefermehl* Rn. 2; GK-HGB/*Pabst* Rn. 2; Röhricht/Graf v. Westphalen/Haas/*Wagner* Rn. 2.

[5] MüKoBGB/*Damrau* BGB § 1248 Rn. 2; Staudinger/*Wiegand*, 2009, BGB § 1248 Rn. 2.

[6] Vgl. zur ähnlich gelagerten Problematik bei § 407 Abs. 2 BGB: BGH Urt. v. 28.5.1969 – V ZR 46/66, BGHZ 52, 150 (152 ff.) = NJW 1969, 1479 (1480); MüKoBGB/*Roth/Kieninger* BGB § 407 Rn. 19.

[7] GroßkommHGB/*Canaris* §§ 369–372 Rn. 91; Röhricht/Graf v. Westphalen/Haas/*Wagner* Rn. 4; aA Schlegel-berger/*Hefermehl* Rn. 3.

Zweiter Abschnitt. Der Handelskauf

Vorbemerkung §§ 373–381

Schrifttum: *Baums,* Entwurf eines allgemeinen Handelsgesetzbuches für Deutschland (1848/49), ZHR 1982, Heft 54; *Canaris,* Auswirkungen des Gesetzes zur Modernisierung des Schuldrechts auf das Recht des Handelskaufs und der Kommission, FS Konzen, 2006, 43; *Dreier,* Handelsrechtliche Untersuchungs- und Rügeobliegenheit beim Grundstückskauf, ZflR 2004, 416; *Emmerich,* Der Handelskauf JuS 1997, 98; *Hadding,* Zur Falschlieferung beim beiderseitigen Handelskauf nach „modernisiertem" Schuldrecht, FS Kollhosser Bd. II, 2004, 175; *Hoffmann,* Das Zusammentreffen von Handelskauf und Verbrauchsgüterkauf: Wertungswidersprüche und Korrekturbedarf, BB 2005, 2090; *v. Hoyningen-Huene,* Der Handelskauf, JURA 1982, 8; *U. Huber,* Wandlungen im Recht des Handelskaufs, ZHR 161 (1997), 160; *Hüffer,* Rechtfragen des Handelskaufs, JA 1981, 70; *Kronthaler/Schwangler,* Aufgespaltener Vertrag: Kann für einen Vertragspartner ein und dasselbe Rechtsgeschäft gleichzeitig Unternehmer- und Verbraucher-geschäft sein?, RdW 2016, 249; *Piltz,* Incoterms® 2020, IHR 2019, 177; *Raisch,* Geschichtliche Voraussetzungen, dogmatische Grundlagen und Sinnwandlung des Handelsrechts, 1965, *Raisch,* Zur Analogie handelsrechtlicher Normen, FS Stimpel, 1985, 29; *Tonikidis,* Das Zusammentreffen von Verbrauchsgüterkauf (§ 474 I BGB) und Handelskauf (§§ 373 ff. HGB), JURA 2018, 556.

Übersicht

I. Rechtsquellen

Eine **Definition** des **Handelskaufs** enthält das Gesetz nicht. Aus dem Regelungszusammenhang **1** der §§ 373 ff. ergibt sich jedoch, dass hierunter jeder Kauf oder kaufähnliche Vertrag fällt, der zumindest für eine Vertragspartei, bei §§ 377, 379 sogar für beide Teile ein Handelsgeschäft iSd §§ 343, 344 darstellt (näher → § 377 Rn. 8 ff.) und den entgeltlichen Umsatz von Waren oder Wertpapieren zum Gegenstand hat.[1] Einer eingehenden Regelung des Handelskaufs, wie sie das Allgemeine Deutsche Handelsgesetzbuch gem. Art. 337 ff. ADHGB noch vorsah,[2] bedurfte es aber nicht, da der größte Teil dieser Vorschriften – teils auch in veränderter oder verallgemeinerter Form – in das Bürgerliche Gesetzbuch verlagert worden ist, sodass der Gesetzgeber eigenständige handelsrechtliche Regelungen insoweit für entbehrlich erachtet hat.[3] Die §§ 373 ff. enthalten lediglich noch einige wenige und auch innerlich jedenfalls auf den ersten Blick nicht zusammenhängende **Sonderregelungen,** die als für den bürgerlichen Rechtsverkehr nicht verallgemeinerungsfähig angesehen, aber wegen der besonderen Bedeutung der darin geregelten Fragen vom Gesetzgeber für unentbehrlich erachtet wurden.[4] Die Klammer für die in den §§ 373 ff. getroffenen Regelungen ist – abgesehen von der bestimmten Gewohnheiten des Handelsverkehrs fortschreibenden Auslegungsregel des § 380 zur Berechnung des Kaufpreises nach Gewicht[5] – das ihnen innewohnende Bedürfnis des kaufmännischen Verkehrs nach **Beschleunigung der Vertragsabwicklung.**[6] Für die §§ 373 ff. ist deshalb kennzeichnend, dass eine im Handelsverkehr notwendige **rasche Klärung** und endgültige Abwicklung des Rechtsverhältnisses erreicht werden soll.[7]

---

[1] S. etwa Schlegelberger/*Hefermehl* Einl. Rn. 2 und 3; Heymann/*Emmerich/Hoffmann* Rn. 1 f.; Baumbach/Hopt/ *Hopt* Rn. 8; MüKoHGB/*Grunewald* Rn. 1; *Canaris* HandelsR § 29 I Rn. 1, 2 f.; vgl. auch *Hüffer* JA 1981, 70; *Oetker* HandelsR § 8 Rn. 1 ff.; *Emmerich* JuS 1997, 98.

[2] Dazu eingehend *U. Huber* ZHR 161 (1997), 160 mwN.

[3] *Hahn/Mugdan,* Die gesammten Materialien zu den Reichs-Justizgesetzen, 6. Bd.: Materialien zum Handelsgesetzbuch, 1897, 369.

[4] *Hahn/Mugdan,* Die gesammten Materialien zu den Reichs-Justizgesetzen, 6. Bd.: Materialien zum Handelsgesetzbuch, 1897, 369.

[5] Vgl. *Hahn/Mugdan,* Die gesammten Materialien zu den Reichs-Justizgesetzen, 6. Bd.: Materialien zum Handelsgesetzbuch, 1897, 378.

[6] Vgl. *K. Schmidt* HandelsR § 29 Rn. 1.

[7] S. etwa *Hadding* FS Kollhosser Bd. II, 2004, 175.

2   An den §§ 373 ff. hat der Gesetzgeber der **Schuldrechtsreform** nichts Grundlegendes geändert. Er hat sich vielmehr darauf beschränkt, bei § 375 auf den Wegfall des bisher in Bezug genommenen § 326 BGB aF im Wege einer Folgeänderung zu reagieren und auf die nunmehr stattdessen einschlägigen neuen Vorschriften des BGB zu verweisen. In gleicher Weise ist er bei § 381 nur die den Werklieferungsvertrag in § 651 BGB (neuerdings § 650 BGB) umfassender regelnde Begriffsbestimmung nachvollzogen.[8] Darüber hinaus hat er lediglich noch als Folgeänderung zu § 434 Abs. 3 BGB den dadurch überflüssig gewordenen § 378 BGB und den ebenfalls durch Aufhebung der Viehgewährschaftsregelungen obsolet gewordenen § 382 gestrichen.[9] Die Berechtigung der in § 377 vorgesehenen Untersuchungs- und Rügeobliegenheit hat der Gesetzgeber dagegen im Zusammenhang mit der Rückgriffsregelung aus § 478 BGB (nunmehr §§ 445a, 478 BGB) ausdrücklich bekräftigt[10] und diese Sichtweise bei Schaffung des seit dem 1.1.2018 in Kraft stehenden § 445a BGB noch einmal bestätigt.[11]

II. Voraussetzungen des Handelskaufs

3   **1. Der Kaufvertrag als Gegenstand des Handelskaufs.** Der Kaufvertrag muss sich auf **Waren** oder **Wertpapiere** beziehen. Die Vorschriften der §§ 373 ff. sind aber nicht für jeden Kaufvertrag iSd §§ 433, 453 BGB bestimmt. Vielmehr gelten sie, wie sich aus § 373 Abs. 1, 2, § 376 Abs. 2, 3, § 377 Abs. 1–3, § 379, § 380 Abs. 1, § 381 Abs. 1 unübersehbar ergibt, nur für den **Umsatz von Waren,** also – entsprechend der seinerzeitigen Legaldefinition in § 1 Abs. 2 Nr. 1 aF, die von ihrer Aussagekraft aber nichts eingebüßt hat – für handelbare bewegliche Sachen (§ 375 Abs. 1).[12] Dem gleichgestellt sind gem. § 381 Abs. 1 der Kauf **marktgängiger (verbriefter) Wertpapiere** und nach § 381 Abs. 2 die von Kaufleuten geschlossenen Verträge über die Lieferung herzustellender oder zu erzeugender beweglicher Sachen (**Werklieferungsvertrag** iSd § 650 BGB). Zu den zu handelnden Waren zählen auch Tiere (§§ 90, 90a S. 3 BGB) sowie ungeachtet der Verweisung in § 452 BGB Schiffe.[13] Ebenso wenig kommt es auf den Aggregatzustand der zu handelnden Ware an, sodass etwa auch Energieträger oder Wasser, auf die das Kaufrecht über § 453 Abs. 1 BGB Anwendung findet, grundsätzlich darunter fallen.[14] Dementsprechend finden bei Vorliegen der weiteren Voraussetzungen die §§ 373 ff. selbst auf **Energielieferungs-** und **Wasserversorgungsverträge** Anwendung.[15] Als Kauf können – in Abgrenzung zu Abfallentsorgungsverträgen – auch Verträge über die Lieferung von Recyclingmaterialien zu qualifizieren sein, sodass etwa hinsichtlich vereinbarter Qualitäten oder Mengen § 377 Anwendung finden kann.[16] Zur Sacheigenschaft und damit zum Kauf von (Standard-) **Software** in Abgrenzung zu einer werkvertraglichen Leistungserbringung → § 377 Rn. 5 und → § 381 Rn. 10. Zur nicht von den §§ 373 ff. erfassten **werkvertraglichen Leistungserbringung** → § 381 Rn. 8 f.

4   **Grundstückskäufe** stellen keine Handelskäufe dar, sondern unterliegen, auch wenn sie nach dem Willen der Vertragsparteien gewerblichen Zwecken dienen, ausschließlich den Regelungen des Bürgerlichen Gesetzbuches. Dies entsprach ungeachtet der Aufhebung des Art. 275 ADHGB, wonach Verträge über unbewegliche Sachen keine Handelsgeschäfte waren, dem Willen des historischen Gesetzgebers und hat so auch in der Legaldefinition der Ware als beweglicher Sache in § 1 Abs. 2 Nr. 1 aF niedergeschlagen.[17] Die Beseitigung dieser durch das gewandelte Kaufmannsverständnis nicht mehr benötigten Legaldefinition im Zuge der Handelsrechtsreform von 1998 hat an dem überkommenen Verständnis des Warenbegriffs aber nichts geändert, sodass etwa Sachmängel eines Grundstücks nach wie vor nicht gem. § 377 zu rügen sind.[18]

5   Der in Gestalt eines sog. asset deal vereinbarte **Unternehmenskauf,** bei dem nach der dabei anzustellenden wirtschaftlichen Gesamtbetrachtung nicht nur einzelne Wirtschaftsgüter oder Inventargegenstände, sondern ein Unternehmen als Solches ganz oder teilweise veräußert wird, wird heute allgemein als Kauf eines nicht bloß aus beweglichen Sachen bestehenden Inbegriffs von **Sach- und**

---

[8] BT-Drs. 14/6040, 280 f.

[9] BT-Drs. 14/6040, 281; BT-Drs. 14/6857, 41; BT-Drs. 14/7052, 199.

[10] BT-Drs. 14/7052, 199.

[11] BT-Drs. 18/8486, 42.

[12] So bereits die Materialien, dazu *Hahn/Mugdan,* Die gesammten Materialien zu den Reichs-Justizgesetzen, 6. Bd.: Materialien zum Handelsgesetzbuch, 1897, 196; vgl. ferner BGH Urt. v. 14.7.1993 – VIII ZR 147/92, NJW 1993, 2436 (2437 f.); BGH Urt. v. 11.10.2018 – V ZB 241/17, WM 2019, 514 Rn. 14.

[13] MüKoHGB/*Grunewald* Rn. 3 mwN.

[14] BGH Urt. v. 29.9.1993 – VIII ZR 107/93, NJW-RR 1994, 175 (177) mwN; vgl. auch OLG Brandenburg Urt. v. 19.12.2001 – 3 U 44/01, RdE 2004, 20 (23); ferner Heymann/*Emmerich/Hoffmann* § 377 Rn. 9.

[15] Heymann/*Emmerich/Hoffmann* Rn. 4; HaKo-HGB/*Stöber* Rn. 4, Staub/*Koller* Rn. 17 mwN.

[16] KG Urt. v. 29.1.1998 – 2 U 3082/97, KGR 1998, 173; ähnl. MüKoHGB/*Grunewald* Rn. 19.

[17] *Hahn/Mugdan,* Die gesammten Materialien zu den Reichs-Justizgesetzen, 6. Bd.: Materialien zum Handelsgesetzbuch, 1897, 193, 196 f.

[18] AA *Dreier* ZflR 2004, 416 ff.; dagegen zu Recht *Canaris* HandelsR § 29 V Rn. 51; eingehend *Mock,* Der Ausschluss von Käuferrechten gem. § 377 HGB, 2010, 27 f. mwN; s. auch *Baums* ZHR 54 (1982), 49; Baumbach/Hopt/*Hopt* Rn. 8; HaKo-HGB/*Stöber* Rn. 6.

Rechtsgesamtheiten verstanden.[19] In erster Linie geht es dabei um die im zu kaufenden Unternehmen zusammengefassten Sachen, Rechte und immateriellen Güter wie Goodwill, Know-how, Geschäftsgeheimnissen, Kundenstamm und Lieferantenbeziehungen, aber etwa auch um das Ermöglichen oder Zugänglichmachen bestimmter wettbewerblicher Positionen oder Chancen.[20] Selbst wenn sich der so in seinen Gegenständen umrissene asset deal bei wirtschaftlicher Betrachtungsweise genauso wie ein (nahezu) alle Geschäftsanteile umfassender share deal letztlich als Sachkauf darstellt,[21] ändert das nichts daran, dass Mängel einzelner mitverkaufter Unternehmensgegenstände nicht per se mangelbegründend sind, sondern sich nur dann als Mängel des verkauften Unternehmens darstellen, wenn sie so schwerwiegend sind, dass dadurch die wirtschaftliche Grundlage des Unternehmens nachhaltig betroffen wird.[22] An dieser Sichtweise hat sich durch die Schuldrechtsreform nichts geändert. Soweit vereinzelt angenommen wird, die nunmehr bestehenden Nachbesserungsmöglichkeiten müssten sich auch in der Mängelbeurteilung bei einzelnen mitverkauften Unternehmensgegenständen niederschlagen,[23] wird letztlich unzulässig vom Gewährleistungsinstrumentarium auf das Bestehen eines Sachmangels rückgeschlossen, um darüber wiederum das Eingreifen bestimmter Gewährleistungsrechte zu begründen.[24] Da hiernach die Einzelgegenstände des verkauften Unternehmens ungeachtet der Frage, ob bei deren Fehlen schon vollständig erfüllt worden ist oder insoweit noch Erfüllung beansprucht werden kann,[25] gerade nicht schon für sich Gegenstand eines vielmehr durch die Sach- und Rechtsgesamtheit gekennzeichneten Unternehmenskaufvertrages sind,[26] geht es bei diesen Verträgen, auch wenn sie Handelsgeschäfte iSd §§ 343 ff. darstellen, **nicht** um den für ein Eingreifen der Vorschriften zum Handelskauf erforderlichen **Umsatz von Waren** (→ Rn. 3).[27] Schon deshalb kommt insbesondere auch die Untersuchungs- und Rügeobliegenheit nicht zum Tragen, ganz abgesehen davon, dass mit der Feststellung eines Mangels an einzelnen Gegenständen des verkauften Unternehmens noch nichts gewonnen wäre, sondern es einer abschließenden wertenden Gesamtbetrachtung bedürfte, für die das Prozedere des § 377 ersichtlich nicht ausgelegt ist.[28]

Auf den Kauf von **Rechten** (§ 453 BGB) finden die §§ 373 ff. keine Anwendung, da es bei ihnen **6** nicht um Waren im vorgenannten Sinne (→ Rn. 3) geht. Ob mit Blick auf § 453 Abs. 3 BGB etwas anderes gelten kann bei dem Verkauf von Rechten, die den Besitz einer Sache berechtigen und den Verkäufer deshalb verpflichten, dem Käufer die Sache frei von Sach- und Rechtsmängeln zu übergeben, wird für den Verkauf von Forderungen, die wie zB der Verkauf von Ansprüchen des Käufers aus einem Kaufvertrag auf das Erlangen einer Sachleistung gerichtet sind, bezweifelt, weil dadurch der Rechtskauf sonst praktisch einem Sachkauf gleichgestellt und dem Verkäufer eine für Rechtskäufe unübliche Haftung für die wirtschaftliche Werthaltigkeit, also die Bonität, des Anspruchs auferlegt werde.[29] Ob diese deutlich hinter dem auf § 433 Abs. 1 S. 2 Alt. 2 BGB aF zurückgehenden Wortlaut des § 453 Abs. 3 BGB zurückbleibende, im Gesetzgebungsverfahren nicht angeklungene[30] und auch teleologisch nicht unbedingt zwingende Sichtweise überzeugend ist,[31] hat für den Anwendungsbereich des Handelskaufs aber kaum Bedeutung, da die betreffenden Rechtskäufe schon von der Zahl her eher zufällig als planmäßig anfallen und schon deshalb allenfalls Gelegenheitscharakter haben, was nicht unbedingt dafür spricht, sie zu den Umsatzgeschäften des Handelsverkehrs zu zählen, die die §§ 373 ff. typischerweise im Auge haben (zu sog. Dokumentenkäufen → Rn. 7).

Anders verhält es sich mit dem Kauf von **Wertpapieren,** für den § 381 Abs. 1 die Bestimmungen **7** zum Handelskauf für anwendbar erklärt. Bei diesen marktgängigen Handelspapieren, bei denen ungeachtet ihrer Qualifizierung als Inhaber-, Namens-, Order- oder Rektapapier das Recht aus dem Papier an den Besitz der wertpapiermäßig verbrieften Urkunde geknüpft ist und zusammen mit dieser

---

[19] BGH Urt. v. 26.10.1984 – V ZR 140/83, WM 1985, 32 (33); BGH Urt. v. 2.3.1988 – VIII ZR 63/87, NJW 1988, 1668 (1669); BGH Urt. v. 14.6.1989 – VIII ZR 176/88, NJW 1990, 44 (45); Urt. v. 11.11.1992 – VIII ZR 211/91, WM 1993, 249 (250); BGH Urt. v. 28.11.2001 – VIII ZR 37/01, NJW 2002, 1042 (1043); ferner etwa *K. Schmidt* HandelsR § 5 Rn. 23; *Canaris* HandelsR § 8 I Rn. 1 ff.; Baumbach/Hopt/*Hopt* Rn. 8; Heymann/*Emmerich/Hoffmann* Rn. 4; KKRD/*Roth* Rn. 1; HaKo-HGB/*Stöber* Rn. 7; GK-HGB/*Achilles* Rn. 5; *Böhler,* Grundwertungen zur Mängelrüge, 2000, 137 ff.; → § 377 Rn. 2 f.

[20] BeckOK BGB/*Faust* BGB § 453 Rn. 27 mwN.

[21] Vgl. zuletzt BGH Urt. v. 26.9.2018 – VIII ZR 187/17, NJW 2019, 145 Rn. 19 ff. mwN.

[22] Vgl. BGH Urt. v. 7.1.1970 – I ZR 99/68, NJW 1970, 556 f.; Urt. v. 27.2.1970 – I ZR 103/68, WM 1970, 819 (821); OLG Karlsruhe Urt. v. 14.8.2008 – 4 U 137/06, OLGR 2009, 305 (306); OLG Köln Urt. v. 29.1.2009 – 12 U 20/08, ZIP 2009, 2063 (2065); vgl. auch BGH v. Urt. v. 14.7.1978 – I ZR 154/76, NJW 1979, 33.

[23] ZB Staudinger/*Matusche-Beckmann,* 2014, BGB § 434 Rn. 184.

[24] So mit Recht OLG Köln Urt. v. 29.1.2009 – 12 U 20/08, ZIP 2009, 2063 (2065).

[25] Vgl. dazu MüKoBGB/*Westermann* BGB § 453 Rn. 25.

[26] So zutreffend etwa auch BeckOK BGB/*Faust* BGB § 453 Rn. 29 mwN zum Streitstand.

[27] Vgl. nur *K. Schmidt* HandelsR § 29 Rn. 3 mwN.

[28] S. etwa *Hommelhoff,* Die Sachmängelhaftung beim Unternehmenskauf, 1975, 118 ff. mwN; *Schröcker* ZGR 2005, 63 (95 ff.); KKRD/*Roth* Rn. 28; Staub/*Koller* Rn. 28; aA MüKoHGB/*Grunewald* Rn. 4; *Hiddemann* ZGR 1982, 435 (442); näher → § 377 Rn. 2 f.

[29] So etwa BeckOK BGB/*Faust* BGB § 453 Rn. 5 mwN zum Streitstand.

[30] BT-Drs. 14/6040, 242.

[31] Dagegen etwa BeckOGK/*Wilhelmi* BGB § 453 Rn. 70 ff.

übertragen wird, hat der Verkäufer aber grundsätzlich nur für den Bestand des Rechts (Verität) und nicht für die Einbringlichkeit der verkauften Forderung (Bonität) in bestimmter Weise Gewähr zu leisten. Dabei kommt für Teile dieses aus Sach- und Rechtskaufelementen zusammengesetzten Rechtsgeschäfts allerdings auch die Untersuchungs- und Rügeobliegenheit des § 377 zum Tragen (näher → § 381 Rn. 1 ff.). Sog. **Dokumentenkäufe,** bei denen der Verkäufer verpflichtet ist, dem Käufer die ihn über die Sache berechtigenden Wertpapiere, wie sie in § 363 Abs. 2 genannt sind, zu übergeben, werden im Übrigen schon immer ganz selbstverständlich als Sachkäufe betrachtet, durch die das im Papier genannte Gut verkauft ist, sodass zB bei Sachmängeln die dafür in § 453 Abs. 3 BGB (zuvor § 433 Abs. 1 S. 2 Alt. 2 BGB aF) vorgesehene Sachmängelhaftung eingreift.[32] Zur Ablieferung der durch Dokumentenkauf veräußerten Waren iSd § 377 Abs. 1 → § 377 Rn. 24.

8   **2. Kaufähnliche Verträge.** Abgesehen von **Werklieferungsverträgen,** für die nicht nur § 650 S. 1 BGB eine Anwendbarkeit der Kaufvorschriften festlegt, sondern auch § 381 Abs. 1 ausdrücklich die Anwendung der Vorschriften zum Handelskauf anordnet (→ § 381 Rn. 7), finden nach § 480 BGB die Vorschriften über den Kauf auch auf den **Tausch** entsprechende Anwendung, der nicht – wie der Kauf – in einem Austausch von Sachen und/oder Rechten gegen Geld, sondern in seinem Kern in einem Austausch solcher Gegenstände besteht. Durch diese Verweisung auf das Kaufrecht verweist das BGB zugleich auf die das Kaufrecht betreffenden Regelungen des HGB und damit uneingeschränkt[33] auch auf die Bestimmungen zum Handelskauf.[34] Ein solcher Handelstausch kommt gelegentlich im internationalen Handel in Gestalt sog. **Kompensationsgeschäfte** vor, deren Grund zumeist in einer Devisenknappheit oder dem Bestreben nach Schonung von Liquidität liegt. Allerdings müssen die Kompensationsgeschäfte nicht unbedingt als direkte Tauschverträge (sog. „Barter-Geschäfte") abgeschlossen werden. Geläufiger sind eher Vereinbarungen, wonach der Exporteur sich verpflichtet, seinerseits innerhalb eines bestimmten Zeitraums Waren vom Importeur in Höhe eines bestimmten Prozentsatzes des Lieferwerts zu kaufen (sog. Counterpurchase) oder einen Dritten als Käufer zu benennen (sog. Countertrade)[35]. Ebenso können auf **Sachdarlehen** iSd § 607 BGB, bei denen es sich angesichts dabei erfolgenden entgeltlichen Überlassung einer vertretbaren Sache zu Eigentum auf Zeit und der Pflicht zur Rückerstattung von Sachen gleicher Art, Güte und Menge unübersehbar um ein **kaufähnliches Geschäft** handelt, die §§ 373 ff. Anwendung finden, sofern es dabei – wie zB bei bestimmten Palettengeschäften (→ § 380 Rn. 8) – um über bloße Gebrauchsüberlassungen hinausgehende und mit einem Eigentumswechsel verbundene, wenn auch nicht notwendig streng synallagmatisch ausgestaltete Umsatzgeschäfte des Handelsverkehrs geht; in diesem Fall findet – ähnlich einem Tauschgeschäft – insbesondere § 377 Anwendung.[36]

9   An dem erforderlichen **Warenumsatzgeschäft** iSd §§ 373 ff. **fehlt es** hingegen, wenn der Vertrag in seiner Zweckrichtung nicht auf einen handelstypischen Austausch von Ware gegen Geld oder Ware gegen Ware abzielt, sondern vorrangig von anderen Zwecken getragen wird. Das ist bei gesellschaftsrechtlich geprägten Leistungen wie etwa der Erbringung einer **Sacheinlage** oder der Ausschüttung einer **Sachdividende** der Fall.[37] Das gilt genauso, wenn im Zuge einer Gesellschaftsauseinandersetzung oder bei Ausscheiden von Gesellschaftern diesen Waren oder Wertpapiere aus dem Gesellschaftsvermögen übereignet werden; hierfür sind die für Umsatzgeschäfte getroffenen Regeln der §§ 373 ff. weder bestimmt noch geeignet.[38] **Keinen Warenumsatz** haben als solche auch **Vertriebs- und Franchiseverträge** aufgrund ihres Charakters als Rahmenverträge etwa zur Gestaltung eines künftigen Warenumsatzes zum Gegenstand; die Bestimmungen zum Handelskauf können allerdings auf die auf ihrer Grundlage zwecks Warenbezugs geschlossenen Einzelverträge zur Anwendung kommen, deren Regeln sich bereits aus den Rahmenverträgen ergeben können.[39] Genauso geht es bei **Sicherungsgeschäften** nicht um Warenumsatz, sondern selbst bei Sicherungsübereignungen nur um eine vorübergehende und bei Erledigung des Sicherungszwecks zurückzugewährende Sicherungsposition.[40]

---

[32] Soergel/*Huber* BGB § 433 Rn. 43, 175, 177 mwN.

[33] Die Rechtspraxis in Österreich, dessen ABGB eine entsprechende Verweisung aber auch nicht kennt (vgl. § 1066 ABGB), wendet § 377 UGB auf den Handelstausch nicht an, vgl. österr. OGH Urt. v. 26.11.1981 – 7 Ob 642/81, RIS-Justiz RS 0019838; Staudinger/*Schermaier*, 2014, BGB § 480 Rn. 26 mwN.

[34] Staub/*Koller* Rn. 4, 14; MüKoHGB/*Grunewald* Rn. 8 mwN.

[35] Vgl. dazu *Karl* JZ 1988, 643 (644 ff.) mwN; Soergel/*Huber* BGB aF § 515 Rn. 2; MüKoHGB/*Grunewald* Rn. 8 mwN.

[36] Vgl. BGH Urt. v. 27.3.1985 – VIII ZR 75/84, NJW 1985, 2417 f.; MüKoBGB/*Berger* BGB § 607 Rn. 34 mwN; MüKoHGB/*Grunewald* Rn. 14; aA Staub/*Koller* Rn. 24.

[37] *Schnorbus* ZIP 2003, 509 (517); s. auch MüKoHGB/*Grunewald* Rn. 17.

[38] Staub/*Koller* Rn. 16; aA neben *G. Müller* → 3. Aufl. 2015, Rn. 18 etwa Oetker/*Koch* Rn. 47; MüKoHGB/*Grunewald* Rn. 17 mwN. Das zur Stützung letztgenannter Auffassung herangezogene Urt. des BGH v. 20.11.1954 (II ZR 104/53, WM 1955, 224) gibt abgesehen davon, dass der BGH über § 445 BGB aF eine Kaufähnlichkeit und darüber eine Rechtsmängelhaftung bei der Auseinandersetzung einer OHG grundsätzlich in Betracht gezogen hat, für eine Anwendbarkeit der §§ 373 ff. aber nichts her.

[39] MüKoHGB/*Grunewald* Rn. 10; Oetker/*Koch* Rn. 46.

[40] MüKoHGB/*Grunewald* Rn. 15; Oetker/*Koch* Rn. 44; Staub/*Koller* Rn. 25.

3. Leasingverträge. Auf Leasingverträge findet das Recht des Handelskaufs keine Anwendung. Das　**10** Leasing wird, gleich ob es sich um ein sog. Operating-Leasing oder Finanzierungsleasing handelt, ganz überwiegend als **mietrechtlich geprägte Gebrauchsüberlassung** verstanden.[41] Darauf sind die §§ 373 ff. mangels Kaufähnlichkeit nicht anwendbar, sodass für den Leasingnehmer auch keine Rügeobliegenheit iSd § 377 besteht.[42] Etwas anderes gilt nur dann, wenn der Leasingnehmer nach dem Vertragsinhalt zum Kauf der Sache nach Ablauf der Leasingzeit verpflichtet ist.[43] Auf diese (zukünftige) Verpflichtung kommt Kaufrecht zur Anwendung und es besteht bei einem beiderseitigen Handelsgeschäft gem. § 377 eine Untersuchungs- und Rügeobliegenheit.[44] Eine bloße **Kaufoption** kann die Obliegenheit hingegen nicht auslösen, weil zum Zeitpunkt der Ablieferung noch nicht feststeht, ob es überhaupt zu einem Kauf kommt.[45] Hier ist allenfalls eine mit Optionsausübung einsetzende Rügeobliegenheit nach Maßgabe von § 377 Abs. 3 denkbar, sofern nicht bereits §§ 442 Abs. 1, 454 Abs. 1 BGB eingreifen bzw. etwaige Mängelrechte ausgeschlossen worden oder längst verjährt sind. Zur Untersuchungs- und Rügeobliegenheit des Leasinggebers gegenüber dem Lieferanten → § 377 Rn. 18 ff.

4. Kommissionsgeschäfte. Auf Kommissionsgeschäfte iSd § 383 findet das Recht des Handels-　**11** kaufs ebenfalls keine Anwendung. Darauf deuten schon die systematische Stellung des Kommissionsvertrags im Dritten Abschnitt des Vierten Buches im Anschluss an den zuvor geregelten Handelskauf und die damit einher gehende Sichtweise des Gesetzgebers[46] hin, dass Kommission und Handelskauf unterschiedliche Geschäftstypen darstellen, die jeweils eigenen Regeln folgen.[47] Denn der Kommissionsvertrag stellt in seinem Kern einen entgeltlichen **Geschäftsbesorgungsvertrag** iSd § 675 BGB zwischen dem Kommittenten und dem Kommissionär dar, auf den – je nach Lage des Falles – die Vorschriften über den Dienst- oder Werkvertrag ergänzend Anwendung finden.[48] Die §§ 373 ff. finden in dieser Rechtsbeziehung zum einen unmittelbar nur dann Anwendung, wenn der (kaufmännische) Verkaufskommissionär von einem (kaufmännischen) Kommittenten im Wege des Selbsteintritts gekauft hat.[49] Zum anderen gelten sie bei einem Einkaufskommissionär im Verhältnis zum Verkäufer, wenn bei diesem **Ausführungsgeschäft** die sonstigen Voraussetzungen der jeweiligen Handelskaufnorm gegeben sind.[50] Ansonsten bedarf es für die auf Herausgabe des aus der Kommissionsausführung Erlangten gerichteten Rechtsbeziehung zwischen Kommissionär und Kommittenten eigens des in § 391 S. 1 getroffenen Verweises auf eine entsprechende Anwendbarkeit der §§ 377–379, sofern deren sonstige Voraussetzungen vorliegen.[51] Eine eingeschränkte Untersuchungs- und Rügepflicht des Kommissionärs findet sich schließlich noch bei zugesendetem Gut in § 388 Abs. 1.

III. Handelskauf und Verbrauchsgüterkauf

Verbrauchsgüterkäufe sind nach § 474 Abs. 1 BGB dadurch gekennzeichnet, dass ein Verbraucher　**12** von einem Unternehmer eine bewegliche Sache kauft. Sie erfüllen so typischerweise zugleich die Merkmale eines einseitigen Handelsgeschäfts iSd § 345. Hinsichtlich der bereits bei einseitigen Handelskäufen eingreifenden §§ 373–376 ist das Konfliktpotenzial mit den in den §§ 474 ff. BGB getroffenen Regelungen jedoch gering, weil die jeweiligen Regelungsbereiche sich abgesehen von einer allerdings nur sehr begrenzt praxisrelevanten Ausnahme im Rahmen von § 376 nicht überschneiden. So geht es bei den §§ 373, 375 um Fragen, durch die einzelne Bestimmungen im allgemeinen Schuldrecht des BGB zu den Möglichkeiten einer Hinterlegung und (Not-)Verwertung (§§ 372 ff. BGB) sowie der Ausübung von Leistungsbestimmungsrechten (§§ 262 ff., § 315 ff. BGB) besonderen Regelungen zugeführt werden. Da das Verbrauchsgüterkaufrecht des BGB durch die Vorgaben der Verbrauchsgüterkauf-RL vom 25.5.1999[52] geprägt ist und deshalb in erster Linie auf eine Regelung

---

[41] S. etwa BGH Urt. v. 29.10.2008 – VIII ZR 258/07, BGHZ 178, 227 Rn. 31 = NJW 2009, 575; BGH Urt. v. 9.10.1985 – VIII ZR 217/84, BGHZ 96, 103 (106) mwN = NJW 1986, 179; *K. Schmidt* HandelsR § 29 Rn. 6; MüKoHGB/*Grunewald* Rn. 16 mwN; Baumbach/Hopt/*Hopt* Rn. 19; Heymann/*Emmerich/Hoffmann* Rn. 4; HaKoHGB/*Stöber* Rn. 13.

[42] S. etwa BGH Urt. v. 24.1.1990 – VIII ZR 22/89, BGHZ 110, 130 (142) = NJW 1990, 1290 (1293); Baumbach/Hopt/*Hopt* § 377 Rn. 2; Staub/*Brüggemann* § 377 Rn. 13; Oetker/*Koch* Rn. 45; eingehend *Sieber,* Die Mängelanzeige beim Warenkauf, 2008, 28 ff. mwN; differenzierend *Böhler,* Grundwertungen zur Mängelrüge, 2000, 142 f.

[43] MüKoHGB/*Grunewald* Rn. 16 mwN; aA Staub/*Koller* Rn. 21.

[44] Vgl. Oetker/*Koch* Rn. 45; MüKoHGB/*Grunewald* Rn. 16.

[45] AA *G. Müller* → 3. Aufl. 2015, Rn. 19 sowie Oetker/*Koch* Rn. 45.

[46] Vgl. *Hahn/Mugdan,* Die gesammten Materialien zu den Reichs-Justizgesetzen, 6. Bd.: Materialien zum Handelsgesetzbuch, 1897, 385.

[47] Staub/*Koller* Rn. 20.

[48] Vgl. nur *Füller* → § 383 Rn. 13 f.; MüKoHGB/*Häuser* § 383 Rn. 44 f. mwN.

[49] So schon die Materialien, vgl. *Hahn/Mugdan,* Die gesammten Materialien zu den Reichs-Justizgesetzen, 6. Bd.: Materialien zum Handelsgesetzbuch, 1897, 385.

[50] BGH Beschl. v. 2.7.2019 – VIII ZR 74/18, NJW-RR 2019, 1202 Rn. 30 mwN.

[51] Dazu *Hahn/Mugdan,* Die gesammten Materialien zu den Reichs-Justizgesetzen, 6. Bd.: Materialien zum Handelsgesetzbuch, 1897, 385 f.

[52] ABl. 1999 L 171/12.

von Fragen abzielt, die sich auf eine kaufrechtliche Mängelgewährleistung beim Verbrauchsgüterkauf einschließlich der Abdingbarkeit und Verjährung der Gewährleistungsrechte sowie einen Regress innerhalb der Lieferkette beziehen, sind **Normkollisionen** nicht zu erwarten und folgerichtig bisher noch nicht praktisch geworden.[53] Dementsprechend können die §§ 373, 375 auch bei Verbraucherkäufen gem. Art. 2 Abs. 1 EGHGB uneingeschränkt Geltung beanspruchen. Das gilt in gleicher Weise für die §§ 379 f., da selbst in sog. dual use-Fällen (→ § 377 Rn. 16) die Regelungsmaterien des Handels- und des Verbrauchsgüterkaufrechts keine Überschneidungen aufweisen.

13   Anders sieht es zum einen im Anwendungsbereich des § 377 bei den sog. **dual use-Fällen** und möglicherweise auch in Existenzgründerfällen[54] aus, da die dort geregelte Untersuchungs- und Rügeobliegenheit Auswirkungen auf die Gewährleistungsfristen hat und Art. 5 Abs. 2 Verbrauchsgüterkauf-RL insoweit nur deutlich eingeschränktere nationale Regelungen zulässt. Zur Beantwortung der Frage, ob § 377 Anwendung finden kann, ist richtigerweise auf die dem jeweiligen Einzelfall zu entnehmende und objektiv zu bestimmende Zweckrichtung des Rechtsgeschäfts abzustellen (→ § 377 Rn. 16 f.). [55] Zu Kollisionen kann es zum anderen bei den Folgen einer Versäumung der Leistungszeit bei besonders zeitgebundenen Geschäften (§§ 281, 323 BGB) zwischen den zur Beschleunigung und Klärung der Vertragsabwicklung in § 376 Abs. 1 getroffenen Regelungen und den Vorgaben in Art. 4, 18 Abs. 1, 2 UAbs. 2 Verbraucherrechte-RL vom 25.11.2011[56] kommen (näher → § 376 Rn. 8).

14   Zu dem auf Art. 4 Verbrauchsgüterkauf-RL zurückgehenden **Lieferantenregress,** der bis 2017 gem. §§ 478 f. BGB aF auf Lieferketten mit einem Verbrauchsgüterkauf am Ende beschränkt war und seither nach § 445a BGB in einer ohne diese Beschränkung auf die Lieferung bestimmter Baustofflieferungen erweiterten Fassung zur Anwendung kommt, und seinem Verhältnis zu § 377 → § 377 Rn. 234.

IV. Handelsklauseln und standardisierte Geschäftsbedingungen

15   Ein Charakteristikum des Handelskaufs ist die Verwendung von **Handelsklauseln.** Diese sind dadurch gekennzeichnet, dass sie bestimmte Vertragsinhalte oder einzelne Vertragsbedingungen, namentlich zu Fragen der Lieferung und/oder Zahlung, schlagwortartig durch bestimmte Formeln oder Abkürzungen beschreiben und durch ihren Gebrauch die betreffenden Leistungsmodalitäten mit dem dahinter stehenden typisierten und damit auf ein durch eine objektive Sichtweise geprägten Verständnis näher ausgestalten.[57] Besonders gebräuchliche Klauseln wiederum haben Eingang in sog. **Trade Terms** gefunden, welche die Internationale Handelskammer in Paris zuletzt im Jahr 1953 für 18 Staaten, darunter Deutschland, zusammengestellt hat.[58] Sie haben mittlerweile aber merklich an Bedeutung verloren, was nicht zuletzt auch damit zusammenhängt, dass die jeweiligen nationalen Verständnisse vom Bedeutungsinhalt unterschiedlich sein können und es wegen dieser mangelnden Einheitlichkeit geschehen kann, dass bereits über die Klauselbedeutung bzw. eine Maßgeblichkeit des jeweiligen nationalen Verständnisses Streit entsteht.

16   Nicht zuletzt deshalb kommt eine weitaus größere Bedeutung mittlerweile den von der Internationalen Handelskammer in Paris herausgegebenen **Incoterms** zu, die in einem 10-Jahresrhythmus immer wieder überarbeitet worden sind und seit Kurzem in der Fassung von 2020 vorliegen.[59] Sie umfassen gegenwärtig 11 Klauseln, von denen sieben Klauseln für alle Transportarten und vier Klauseln speziell für den See- und Binnenschifffstransport vorgesehen sind. Untereinander gliedern die 11 Incoterms sich wiederum in vier Gruppen, nämlich in

– die E-Klausel EXW (ab Werk), nach der die Lieferung darin besteht, dass der Verkäufer dem Käufer die Ware bei sich oder einem anderen benannten Ort (zB Werk, Fabrik, Lager) zur Abholung zur Verfügung stellt,
– die drei F-Klauseln FCA (Frei Frachtführer), FAS (Frei Längsseite Schiff) und FOB (Frei an Bord), nach denen der Verkäufer die Ware einem vom Käufer benannten Frachtführer am benannten Ort zur vereinbarten Zeit, ggf. unter Verschaffung an Bord eines Schiffes, zu übergeben hat,
– die vier C-Klauseln CFR (Kosten und Fracht), CIF (Kosten, Versicherung, Fracht), CPT (Frachtfrei) und CIP (Frachtfrei versichert), die dadurch gekennzeichnet sind, dass der Verkäufer zusätzlich zur

---

[53] Staub/*Koller* Rn. 6; GK–HGB/*Achilles* Rn. 7.
[54] Dazu etwa BGH Beschl. v. 24.2.2011 – 5 StR 514/09, NJW 2011, 1236 Rn. 24; BeckOGK/*Alexander* BGB § 13 Rn. 333 f., 337 mwN zum Streitstand.
[55] Ferner dazu eingehend Staub/*Koller* Rn. 7 ff. mwN zum Streitstand.
[56] ABl. 2011 L 304/64.
[57] Vgl. BGH Urt. v. 7.11.2012 – VIII ZR 108/12, BGHZ 195, 243 Rn. 17 = NJW-RR 2013, 309; BGH Urt. v. 14.11.1984 – VIII ZR 283/83, BGHZ 92, 396 (401) = NJW 1985, 738; BGH Urt. v. 19.9.1984 – VIII ZR 108/83, NJW 1985, 550; BGH Urt. v. 15.6.1954 – I ZR 6/53, BGHZ 14, 61 (62) = NJW 1954, 1561; ferner dazu etwa *Joost* → § 346 Rn. 96 ff. sowie Rn. 105 ff. mit einer Erläuterung des Bedeutungsgehalts der gebräuchlichen einzelnen Klauseln.
[58] Dazu näher *Fest* → § 346 Rn. 368; MüKoHGB/*K. Schmidt* § 346 Rn. 109 f.
[59] Abgedruckt bei *Fest* → § 346 Rn. 400; zu den Neuerungen gegenüber der Vorgängerfassung von 2010 näher *Piltz* IHR 2019, 177 ff.

Übergabe der Ware an den erster Beförderer oder der Verschaffung auf das Schiff im Verschiffungshafen noch den Beförderungsvertrag bis zum Bestimmungsort sowie ggf. die Transportversicherung abzuschließen hat, ohne jedoch das Risiko von Verlust oder Beschädigung der Ware durch Ereignisse nach Ablieferung tragen zu müssen,
– die drei D-Klauseln DAP (Geliefert benannter Ort), DPU (Geliefert benannter Ort entladen) und DDP (Geliefert verzollt), nach denen der Verkäufer alle Risiken und Kosten für die Ware bis zu deren Eintreffen am benannten Bestimmungsort zu tragen hat.

Zu den einzelnen Klauseln findet sich nach Verkäufer- und Käuferseite getrennt eine jeweils zehn **17** Punkte umfassende Erläuterung ihrer Vertragspflichten, die mit der Einbeziehung des betreffenden Incoterm in den Vertrag im geregelten Umfang zugleich die Pflichtenlage bindend ausgestalten, wenn und soweit durch Individualabrede nicht konkret Abweichendes vereinbart ist. Beginnend mit einer Benennung der jeweils bestehenden allgemeinen Vertragspflichten betr. die Bereitstellung der Ware bzw. die Kaufpreiszahlung (A1 bzw. B1) behandelt der Pflichtenkatalog anschließend für beide Seiten jeweils detailliert folgende Punkte:
– Lieferung (A2) bzw. Übernahme (B2),
– Gefahrenübergang (A3/B3),
– Transport (A4/B4),
– Versicherung (A 5/B5),
– Liefer-/Transportdokument (A 6/B6),
– Ausfuhr-/Einfuhrabfertigung (A7/B7),
– Prüfung/Verpackung/Kennzeichnung (A8/B8),
– Kostenverteilung (A9/B9),
– Benachrichtigungen (A10/B10),

Handelsklauseln sind zwar wie Rechtsnormen nach der ihnen von den beteiligten Verkehrskreisen **18** beigelegten Bedeutung **objektiv** und ohne Rücksicht auf die Einzelfallumstände zu verstehen und **auszulegen,** wenn und soweit die Vertragsparteien sie nicht übereinstimmend in einem bestimmten anderen und dann gem. § 305b BGB maßgeblichen Sinne verstanden haben.[60] Bei den Incoterms sind dies die unter den einzelnen Klauseln iSv (abdingbaren) Auslegungsregeln zusammengefassten Rechte und Pflichten der Vertragsparteien, die mit der von der Internationalen Handelskammer weltweit feststellbaren Praxis von Außenhandelsgeschäften orientieren.[61] Handelsklauseln bedürfen aber, weil sie in der Sache weder Rechtsnormen noch Handelsbrauch sind, auch wenn sie häufig eine verbreitete Verkehrsauffassung wiedergeben, zur Einbeziehung in den Vertrag einer dahingehenden Vereinbarung der Vertragsparteien, indem diese etwa den betreffenden Incoterm benennen; dieser wird dann mit der für ihn beschriebenen Auslegung zum Vertragsinhalt, selbst wenn dies ohne Hinweis auf das zugrunde liegende Regelwerk geschieht.[62] Insoweit stellen die Handelsklauseln, namentlich die Incoterms, nur standardisierte Geschäftsbedingungen dar, die den Einbeziehungsvoraussetzungen des jeweils auf den Vertrag anwendbaren Rechts einschließlich der danach bestehenden Inhaltskontrolle, bei Anwendbarkeit unvereinheitlichten deutschen Rechts also der §§ 305 ff., 307 BGB, unterliegen, wobei allerdings mit Blick auf § 310 Abs. 1 S. 2 Hs. 2 BGB ein AGB-rechtliches Verdikt kaum denkbar erscheint.[63]

Daneben existieren in einer Reihe von Branchen standardisierte Geschäftsbedingungen für Geschäf- **19** te mit in der jeweiligen Branche gehandelten Waren.[64] Eine besondere Stellung nehmen dabei zB die Geschäftsbedingungen des Waren-Vereins der Hamburger Börse ein,[65] die vor allem für den Importhandel mit bestimmten Lebensmitteln ein umfassendes Regelwerk unter Einschluss einer Schiedsklausel sowie zusätzlich besondere Vorschriften für Abladegeschäfte, Einfuhrgeschäfte über Land, Ab-Kai-Geschäfte und Ab-Lager-Geschäfte enthalten. Sie sind nicht zuletzt darauf angelegt, ihrem Charakter als verschriftlichte Handelsbräuche ausreichend Rechnung zu tragen und neuere Entwicklungen aufzunehmen, wenn diese zu neuen Regeln geführt und sich verfestigt haben. Diesem Umstand kommt deshalb auch im Rahmen einer AGB-rechtlichen Klauselkontrolle gem. § 310 Abs. 1 S. 2 Hs. 2 BGB ein besonderes Gewicht zu. Für die Anwendung der §§ 373 ff. sind dabei von besonderer Bedeutung die in einer Reihe von Bestimmungen der Geschäftsbedingungen getroffenen Regelungen zur Konkretisierung der Untersuchungs- und Rügeobliegenheiten bei vertragswidriger Ware, zur Behandlung und etwaigen Rüge von Fehlmengen sowie – über § 377 hinaus – zur fristgerechten Rüge und Zurückweisung ansonsten als genehmigt geltender vertragswidriger Dokumente.

---

[60] *Fest* → § 346 Rn. 362 ff.
[61] BGH Urt. v. 7.11.2012 – VIII ZR 108/12, BGHZ 195, 243 Rn. 20 mwN = NJW-RR 2013, 309.
[62] BGH Urt. v. 7.11.2012 – VIII ZR 108/12, BGHZ 195, 243 Rn. 24 mwN = NJW-RR 2013, 309.
[63] *Fest* → § 346 Rn. 361; MüKoHGB/*K. Schmidt* § 346 Rn. 112 f.
[64] Vgl. nur die standardisierten Bestimmungen für Geschäftsbedingungen, Musterkontrakte oder Schlussscheine des Verein der Getreidehändler der Hamburger Börse e. V., abrufbar unter https://www.vdg-ev.de/kontraktwesen-und-schiedsgerichtsbarkeit/.
[65] Abrufbar unter https://www.waren-verein.de/de/schiedsgericht-und-wvb/waren-vereins-bedingungen.

V. Internationales Kaufrecht

20   Ein internationaler Warenkauf liegt vor, wenn Verkäufer und Käufer ihren **Sitz in verschiedenen Staaten** haben. Ob die §§ 373 ff. Anwendung finden, bestimmt sich nach den jeweils maßgeblichen Kollisionsregeln des internationalen Privatrechts (IPR). Diese ergeben sich, wie Art. 3 Nr. 1 lit. b, Nr. 2 EGBGB klarstellend auflistet, entweder aus der Rom I-VO oder Regelungen in völkerrechtlichen Vereinbarungen, soweit sie unmittelbar anwendbares innerstaatliches Recht geworden sind. Letzteres zielt auf die Anwendung des UN-Kaufrechtsübereinkommens (CISG) ab, das in Art. 1 ff. CISG Kollisionsregeln zur Bestimmung seiner Anwendbarkeit enthält, die denjenigen der Rom I-VO vorgehen (Art. 25 Abs. 1 Rom I-VO). Allerdings räumen sowohl Art. 3 Rom I-VO als auch Art. 6 CISG einer Rechtswahl der Parteien den grundsätzlichen Vorrang ein, was ausdrücklich oder bei entsprechender Deutlichkeit eines Rechtswahlwillens auch konkludent geschehen kann.[66] Die §§ 373 ff. finden dementsprechend nur dann Anwendung, wenn der Kaufvertrag nicht dem **UN-Kaufrecht** unterfällt, das gem. Art. 3 Abs. 1 CISG auch Werklieferungsverträge erfasst. Das UN-Kaufrecht sieht seine Anwendung unabhängig von der Staatsangehörigkeit oder Kaufmannseigenschaft der Vertragsparteien für alle Kaufverträge über Waren vor, wenn die Parteien ihren Sitz in verschiedenen Staaten haben und diese Staaten Vertragsstaaten sind (Art. 4 Abs. 1 lit. a CISG) oder bei einseitigem Vertragsstaatenbezug die Regeln des IPR zur Anwendung des Rechts eines Vertragsstaates führen (Art. 4 Abs. 1 lit. b CISG). Das hat im Ergebnis zur Folge, dass das UN-Kaufrecht maßgeblich ist, wenn der Verkäufer in einem Vertragsstaat der Übereinkommens ansässig ist. Anders als in § 381 Abs. 1 sind Wertpapiere jedoch gem. Art. 2 lit. d CISG vom Anwendungsbereich des Übereinkommens ausgenommen, wie auch sonst der Katalog der unter das Übereinkommen fallenden Waren geringfügig enger gefasst ist (vgl. Art. 2 lit. a, e, f CISG).

21   Soweit das UN-Kaufrecht Anwendung findet, gilt es für die darin geregelten Materien gem. **Art. 4 S. 1 CISG** ausschließlich, verdrängt also das unvereinheitlichte Kaufrecht des BGB wie auch die Bestimmungen des HGB einschließlich der §§ 373 ff. vollständig. Das beginnt mit den in Art. 7 ff. CISG vor die Klammer gezogenen Regeln zur Auslegung von Übereinkommen und Verträgen sowie zur Anwendung von Gebräuchen und Gepflogenheiten. Das setzt sich fort in den anstelle der §§ 145 ff. BGB zur Anwendung kommenden Bestimmungen über den Vertragsschluss (Art. 14 ff. CISG). Das gilt erst recht für das im III. Teil des Übereinkommens geregelte materielle Kaufrecht, das sich eingehend mit den Pflichten und Obliegenheiten von Verkäufer (Art. 30 ff. CISG) und Käufer (Art. 53 ff. CISG) im Rahmen der Vertragserfüllung befasst und die jeweiligen Rechtsbehelfe im Falle von Vertragsverletzungen regelt sowie sich mit Fragen des Gefahrübergangs (Art. 66 ff. CISG), eines zu leistenden Ersatzes (Art. 74 ff. CISG), der Rückabwicklung gescheiterter Verträge (Art. 81 ff. CISG) und schließlich noch vertragsbegleitender Obhutspflichten (Art. 85 ff. CISG) beschäftigt.

22   Das UN-Kaufrecht enthält eine Reihe von Bestimmungen, die unübersehbare **Parallelen zu den §§ 373 ff.** aufweisen. § 373 mit seinen Regelungen zur Hinterlegung und zum Selbsthilfeverkauf beim Annahmeverzug des Käufers findet etwa eine Entsprechung in Art. 85, 87 f. CISG. Die Regeln zum Bestimmungskauf in § 375 haben dem Art. 65 CISG sogar unmittelbar als Vorbild gedient. Der Untersuchungs- und Rügeobliegenheit des § 377 bei Sachmängeln entsprechende Bestimmungen finden sich in Art. 38 ff. CISG. Eine dem § 379 entsprechende Bestimmung zur Aufbewahrungspflicht und zum Selbsthilfeverkauf enthalten Art. 86 ff. CISG. Eine mit § 380 Abs. 1 zur Bestimmung des Kaufpreises nach dem Gewicht übereinstimmende Auslegungsregel enthält Art. 56 CISG. Und eine dem § 381 Abs. 2 zur Anwendung des Kaufrechts auf Werklieferungsverträge weitgehend entsprechende Bestimmung findet sich schließlich in Art. 3 Abs. 1 CISG. Zu den Einzelheiten wird auf die jeweiligen Spezialkommentierungen des UN-Kaufrechts verwiesen.

23   Soweit auf einen internationalen Warenkauf gleichwohl gem. Art. 4 Abs. 1 lit. a Rom I-VO unvereinheitlichtes deutsches Recht und damit §§ 373 ff. Anwendung finden, ist für die **Untersuchungs- und Rügeobliegenheit** Art. 12 Abs. 2 Rom I-VO von gewisser Bedeutung. Danach ist in Bezug auf die Art und Weise der Erfüllung und die vom Gläubiger im Fall mangelhafter Erfüllung zu treffenden Maßnahmen auch das Recht des Staates zu berücksichtigen, in dem die Erfüllung erfolgen soll. Zu diesen Maßnahmen zählt ua die Rügeobliegenheit iSd § 377.[67] Soweit das Recht am Erfüllungsort allerdings keine Rügeobliegenheit vorsieht oder die Regeln von denen des § 377 erheblich abweichen, wird die Rügeobliegenheit dadurch nicht obsolet. Vielmehr ist, da Art. 12 Abs. 2 Rom I-VO lediglich eine Berücksichtigung des Rechts am Erfüllungsort fordert, dem Vertragsstatut grundsätzlich Vorrang einzuräumen.[68] Eine Modifikation kommt allenfalls hinsichtlich Umfang, Frist und Form von Untersuchung und Rüge in Betracht.[69]

---

[66] Dazu näher *Achilles*, UN-Kaufrechtsübereinkommen (CISG), 2. Aufl. 2019, CISG Art. 6 Rn. 2 ff. mwN.
[67] Vgl. Heymann/*Emmerich/Hoffmann* § 377 Rn. 6; Oetker/*Koch* Rn. 23 mwN.
[68] Heymann/*Emmerich/Hoffmann* § 377 Rn. 6; Oetker/*Koch* Rn. 23 mwN.
[69] Heymann/*Emmerich/Hoffmann* § 377 Rn. 6; Oetker/*Koch* Rn. 23 mwN.

§ 373 [Annahmeverzug des Käufers]

(1) Ist der Käufer mit der Annahme der Ware im Verzuge, so kann der Verkäufer die Ware auf Gefahr und Kosten des Käufers in einem öffentlichen Lagerhaus oder sonst in sicherer Weise hinterlegen.

(2) [1] Er ist ferner befugt, nach vorgängiger Androhung die Ware öffentlich versteigern zu lassen; er kann, wenn die Ware einen Börsen- oder Marktpreis hat, nach vorgängiger Androhung den Verkauf auch aus freier Hand durch einen zu solchen Verkäufen öffentlich ermächtigten Handelsmakler oder durch eine zur öffentlichen Versteigerung befugte Person zum laufenden Preise bewirken. [2] Ist die Ware dem Verderb ausgesetzt und Gefahr im Verzuge, so bedarf es der vorgängigen Androhung nicht; dasselbe gilt, wenn die Androhung aus anderen Gründen untunlich ist.

(3) Der Selbsthilfeverkauf erfolgt für Rechnung des säumigen Käufers.

(4) Der Verkäufer und der Käufer können bei der öffentlichen Versteigerung mitbieten.

(5) [1] Im Falle der öffentlichen Versteigerung hat der Verkäufer den Käufer von der Zeit und dem Orte der Versteigerung vorher zu benachrichtigen; von dem vollzogenen Verkaufe hat er bei jeder Art des Verkaufs dem Käufer unverzüglich Nachricht zu geben. [2] Im Falle der Unterlassung ist er zum Schadensersatze verpflichtet. [3] Die Benachrichtigungen dürfen unterbleiben, wenn sie untunlich sind.

Übersicht

I. Ausgangslage und Anwendungsbereich

§ 373 **erweitert und/oder modifiziert** die dem Verkäufer bei einem Annahmeverzug des 1 Käufers nach den §§ 372 ff. BGB zustehenden **Rechte zur Hinterlegung und Verwertung** der Kaufsache, welche der Gesetzgeber als für den Handelsverkehr unzureichend erachtet hat.[1] Dadurch soll es im Handelsverkehr möglich werden, sich leichter und schneller von der vor allem bei größeren Liefermengen lästigen, nicht selten das eigene Lager blockierenden sowie unnötig Liquidität bindenden Aufbewahrungspflicht zu befreien und für eine beschleunigte Vertragsabwicklung zu sorgen. Zwar hat der Verkäufer auch dann, wenn die Abnahmeverpflichtung des Käufers aus § 433 Abs. 2 BGB keine Haupt-, sondern – wie im Regelfall – nur eine außerhalb des Synallagmas stehende Nebenpflicht darstellt,[2] im Gegensatz zur Rechtslage vor der Schuldrechtsreform[3] nunmehr die Möglichkeit, sich bei einer unberechtigten Abnahmeverweigerung des Käufers unter den Voraussetzungen des § 323 Abs. 1, 2, 4 BGB vom Vertrag zu lösen,[4] um auf diese Weise in der Verfügung über die verkaufte Ware wieder frei zu werden und den Käufer ggf. auf Schadensersatz statt der Leistung in

---

[1] *Hahn/Mugdan,* Die gesammten Materialien zu den Reichs-Justizgesetzen, 6. Bd.: Materialien zum Handelsgesetzbuch, 1897, 369.

[2] BGH Urt. v. 26.10.2016 – VIII ZR 211/15, NJW 2017, 1100 Rn. 29; BGH Urt. v. 28.5.1975 – VIII ZR 6/74, WM 1975, 863 (864) mwN.

[3] Vgl. BGH Urt. v. 3.9.1971 – VII ZR 20/70, NJW 1972, 99 mwN.

[4] Vgl. BT-Drs. 14/6040, 183 f.

Anspruch zu nehmen.[5] Will der Verkäufer dagegen am Vertrag festhalten und sich gleichwohl von den Lasten einer fortdauernden Aufbewahrung befreien, die mit der für den Fall einer Beendigung des Annahmeverzugs erforderlichen Leistungsbereithaltung zwecks Sicherstellung der dann wieder akut werdenden Lieferfähigkeit regelmäßig verbunden ist,[6] ist ein Vorgehen nach den §§ 372 ff. BGB ein umständlicher, nicht ganz risikoloser und zumeist auch langwieriger Weg. Dem Verkäufer steht in diesem Fall nämlich in erster Linie nur der Weg einer Hinterlegung der nicht abgenommenen Ware bei einer gesetzlich bestimmten Hinterlegungsstelle offen. Da nach § 372 BGB aber nur Geld, Wertpapiere und sonstige Urkunden sowie Kostbarkeiten hinterlegt werden können, bleibt dem Verkäufer in der Menge der Fälle lediglich die nach § 383 BGB dann noch bestehende Möglichkeit, die nicht hinterlegungsfähige Ware bei **Annahmeverzug** des Gläubigers am Leistungsort öffentlich versteigern zu lassen und den Erlös für den Gläubiger zu hinterlegen, was bei Wertpapieren, bei denen angesichts auftretender Kursschwankungen eigentlich eine alsbaldige Verwertung angezeigt wäre, wegen ihrer Hinterlegungsfähigkeit aber wiederum nicht möglich ist.[7]

2 Angesichts der mangelnden Eignung dieses Vorgehens zu einer gerade bei Handelsgeschäften gebotenen **zügigen und endgültigen Abwicklung** hat der Gesetzgeber für den Handelsverkehr eine Notwendigkeit zur Verfahrensvereinfachung und -beschleunigung gesehen.[8] So kann nach § 373 bei einem Handelskauf **jede Ware** unabhängig von ihrer Hinterlegungsfähigkeit iSd § 372 BGB auf Gefahr und Kosten des sich in Annahmeverzug befindlichen Käufers hinterlegt werden, und zwar losgelöst von staatlichen Hinterlegungsstellen an jedem **sicheren Ort**, also neben einem öffentlichen Lagerhaus auch bei jedem zur Aufbewahrung geeigneten Dritten. Dementsprechend kann der Verkäufer selbst bei an sich nach § 372 BGB hinterlegungsfähigen Sachen wie vor allem Wertpapieren in dem von § 241 Abs. 2 BGB gezogenen Rahmen frei entscheiden, ob er hinterlegen oder zwecks Beschleunigung der Vertragsabwicklung den Weg des Selbsthilfeverkaufs beschreiten will (§ 373 Abs. 2: „ferner").[9] Zudem ermöglicht § 373 Abs. 3 dem Verkäufer dadurch, dass ein im Wege des Selbsthilfeverkaufs erzielter Erlös nicht wie nach § 383 Abs. 1 S. 1 BGB hinterlegt werden muss, sondern zunächst einmal dem Zugriff des den Selbsthilfeverkauf für Rechnung des Käufers betreibenden Verkäufer offensteht, um sich zügig Liquidität zu verschaffen, indem er sich aus dem Erlös des Verkaufs bis zur Höhe der vom Käufer vertraglich geschuldeten Kaufpreissumme selbst befriedigt und nur noch eine verbleibende Differenz zwischen dem erzielten Veräußerungserlös und dem Vertragspreis geltend machen muss.[10]

3 § 373 gilt auch bei einem **einseitigen Handelskauf** (§ 345), ohne dass es darauf ankommt, ob der Kaufmann an dem Vertrag auf Verkäufer- oder Käuferseite beteiligt ist. Allerdings kann sich ein Scheinkaufmann gegenüber einem Nichtkaufmann nicht einseitig[11] auf eine Anwendbarkeit § 373 berufen; Entsprechendes gilt gem. § 15 Abs. 1 für den entgegen § 29 nicht im Handelsregister eingetragen Ist-Kaufmann.[12] Zu weiteren Einzelheiten vgl. die gleichgelagerten Ausführungen unter → § 375 Rn. 8.

4 Die Regeln des § 373 sind **dispositiv** und grundsätzlich auch durch Allgemeine Geschäftsbedingungen modifizierbar und/oder abdingbar.[13] Das gilt namentlich für Klauseln, die davon zu Lasten des Verkäufers abweichen, ohne dass eine Inhaltskontrolle nach § 307 BGB hiergegen übermäßige Schranken aufrichtet. Denn es steht einem Verkäufer dann in der Regel immer noch frei, ob er unter den Voraussetzungen des Annahmeverzugs (vgl. §§ 300 ff. BGB) verwahren und auf Abnahme klagen will oder ob er – was ihm seit der Schuldrechtsreform auch bei einer nicht synallagmatisch ausgestalteten Abnahmepflicht möglich ist – wegen eines insoweit eingetretenen Schuldnerverzugs nach Maßgabe des § 323 BGB vom Vertrag zurücktreten und die Ware im Wege des Deckungsverkaufs verwerten will (→ Rn. 1, → Rn. 51).[14] Klauseln hingegen, die zum Nachteil der Käuferseite wesentliche Schutzbestimmungen wie etwa die Durchführung des Selbsthilfeverkaufs durch die im Gesetz genannten fachkundigen und mit einer gewissen Unabhängigkeit ausgestatteten Personen, grundlegende Benachrichtigungspflichten oder die Möglichkeit des Mitbietens zu beseitigen versuchen oder den Käufer unverhältnismäßig oder ohne Rücksicht auf die Voraussetzungen eines Annahmeverzugs mit Kosten belasten, wird man gem. § 307 Abs. 1 S. 1, Abs. 2 Nr. 1 BGB für unwirksam

---

[5] Staudinger/*Beckmann*, 2014, BGB § 433 Rn. 227; Palandt/*Grüneberg* BGB § 323 Rn. 10; BeckOK BGB/*Faust* BGB § 433 Rn. 63.

[6] Vgl. BGH Urt. v. 14.2.1958 – VIII ZR 8/57, LM Nr. 3 BGB § 651 = BeckRS 1958, 31198019; Staudinger/*Feldmann*, 2014, BGB § 297 Rn. 10 f.

[7] *Hahn/Mugdan*, Die gesammten Materialien zu den Reichs-Justizgesetzen, 6. Bd.: Materialien zum Handelsgesetzbuch, 1897, 369.

[8] *Hahn/Mugdan*, Die gesammten Materialien zu den Reichs-Justizgesetzen, 6. Bd.: Materialien zum Handelsgesetzbuch, 1897, 369.

[9] Oetker/*Koch* Rn. 61.

[10] Oetker/*Koch* Rn. 1 mwN.

[11] Vgl. zum Wahlrecht des Nichtkaufmanns *Kindler* → § 5 Rn. 80.

[12] So auch MüKoHGB/*Grunewald* Rn. 1; Oetker/*Koch* Rn. 4; HaKo-HGB/*Stöber* Rn. 2.

[13] Österr. OGH Urt. v.13.1.1981 – 5 Ob 778/80, RIS-Justiz RS 0033391.

[14] MüKoHGB/*Grunewald* Rn. 41.

erachten müssen. [15] Erst recht gilt dies für Klauseln, welche das Ob und Wie eines Selbsthilfeverkaufs in das freie Ermessen des Verkäufers stellen. [16]

II. Voraussetzungen und Folgen eines Annahmeverzuges des Käufers

1. Voraussetzungen. Grundvoraussetzung für die Vornahme des in § 373 geregelten Selbsthilfe- **5** verkaufs ist ein Annahmeverzug des Käufers. Dieser bestimmt sich nach den §§ 293 ff. BGB und erfordert, dass der Gläubiger die ihm angebotene Leistung nicht annimmt (§ 293 BGB). Dazu muss grundsätzlich ein tatsächliches Angebot erfolgen (§ 294 BGB); unter bestimmten Voraussetzungen genügt aber auch ein wörtliches Angebot (§ 295 BGB) bzw. ist ein Angebot der Leistung ganz entbehrlich (§ 296 BGB). Soweit ein tatsächliches Angebot nicht erforderlich ist, setzt der Eintritt des Annahmeverzuges die (fort-)bestehende Leistungsbereitschaft des Schuldners voraus; er muss also fähig und willens sein, die geschuldete Leistung zu bewirken (§ 297 BGB). Bei Zug um Zug-Leistungen muss der Gläubiger zur Vermeidung eines Annahmeverzuges zudem die ihm obliegende Leistung anbieten (§ 298 BGB). Eine lediglich vorübergehende Annahmeverhinderung begründet unter den Voraussetzungen des § 299 BGB noch keinen Annahmeverzug. Dass der Gläubiger die Umstände seines Annahmeverzugs zu vertreten hat, ist nicht erforderlich. [17]

2. Rechtsfolgen. Die Rechtsfolgen des Annahmeverzugs bestehen zunächst einmal in einem **6** umfassenden **Gefahrübergang** auf den Gläubiger, und zwar sowohl hinsichtlich der Preisgefahr (§ 326 Abs. 2 BGB) und der Leistungsgefahr (§ 300 Abs. 2 BGB) als auch hinsichtlich der Sachgefahr (§ 446 BGB). Zudem beschränkt sich die **Haftung** des Schuldners gem. § 300 Abs. 1 BGB auf Vorsatz und grobe Fahrlässigkeit. Er hat weiter gem. § 304 BGB ein Recht auf **Erstattung** seiner Mehrkosten für das erfolglose Angebot sowie die Aufbewahrung und Erhaltung des geschuldeten Gegenstandes. Hinterlegungsfähige Gegenstände kann er nach Maßgabe der §§ 372 ff. BGB **hinterlegen** und andere bewegliche Sachen nach Maßgabe der §§ 383 f., 386 BGB auf Kosten des Gläubigers **versteigern** lassen bzw. unter den Voraussetzungen des § 385 BGB **freihändig verkaufen**. Zu den Voraussetzungen und Rechtsfolgen des bei einem Handelskauf in erweitertem Umfang möglichen Selbsthilfeverkaufs nach § 373 → Rn. 16 ff.

Nach dem Willen des Gesetzgebers hat der Annahmeverzug aber **keine Erfüllungs- oder erfül- 7 lungsgleiche Wirkung.** [18] Eine Erfüllungswirkung tritt bei einem bürgerlich-rechtlichen Kauf vielmehr nur dann ein, wenn der Schuldner den Leistungsgegenstand oder den nach Selbsthilfeverkauf (§ 383 Abs. 1 S. 1 BGB) an seine Stelle getretenen Erlös unter Ausschluss des Rücknahmerechts (§ 376 Abs. 2 BGB) zugunsten des Gläubigers hinterlegt (§ 378 BGB) bzw. statt der Hinterlegung des Erlöses diesen an den Gläubiger auskehrt oder gegen den jetzt auf Geld gerichteten Anspruch des Gläubigers mit Gegenansprüchen aufrechnet. [19] Andernfalls bleibt der Schuldner ungeachtet des Annahmeverzugs des Gläubigers weiterhin im ursprünglichen Umfang zur Leistung verpflichtet, wobei die Gefahrtragung jedoch auf den Gläubiger verlagert und eine Haftung des Schuldners im Falle eines späteren Unmöglichwerdens der Leistung oder einer Verschlechterung der zu liefernden Kaufsache gem. § 300 Abs. 1 BGB auf Vorsatz und grobe Fahrlässigkeit beschränkt ist (→ Rn. 6). Umgekehrt treffen den Gläubiger die sich gem. §§ 304, 381, 386, 670 BGB, § 373 Abs. 1 aus dem Annahmeverzug ergebenden Kosten; für einen darüber hinausgehenden Schaden ist er aber nur verantwortlich, wenn er mit seiner Pflicht zur Abnahme der Kaufsache in Schuldnerverzug geraten ist (§§ 433 Abs. 2, 280 Abs. 1, 2, 286 BGB). [20] Zur Erfüllungswirkung eines ordnungsgemäßen Selbsthilfeverkaufs gem. § 373 Abs. 2 → Rn. 45.

3. Andienung vertragswidriger Ware – Zurückweisungsrecht. Der Käufer muss grundsätzlich **8** nur Ware in vertragsgemäßer Beschaffenheit abnehmen. Denn wegen der sich aus § 433 Abs. 1 S. 2 BGB ergebenden Verpflichtung des Verkäufers zur Verschaffung einer von **Sach- und Rechtsmängeln** iSd. §§ 434 f. BGB freien Sache ist der Käufer jedenfalls bei behebbaren Mängeln grundsätzlich berechtigt, gem. § 320 Abs. 1 BGB die Zahlung des (vollständigen) Kaufpreises und gem. § 273 Abs. 1 BGB die Abnahme der gekauften Sache bis zur Beseitigung des Mangels zu verweigern. [21] Ist der Mangel dagegen unbehebbar und auch die Lieferung einer Ersatzsache unmöglich (§ 275 Abs. 1 BGB) oder dem Verkäufer unzumutbar (§§ 275 Abs. 2, 3, 439 Abs. 4 BGB), [22] muss der Käufer die man-

[15] Oetker/*Koch* Rn. 103; abw. MüKoHGB/*Grunewald* Rn. 42.
[16] BeckOK HGB/*Schwartze* Rn. 3.
[17] Mot. II, 69 = *Mugdan*, Die gesammten Materialien zum BGB für das Deutsche Reich. II Bd., 38; BGH Urt. v. 11.4.1957 – VII ZR 280/56, BGHZ 24, 91 (96) = NJW 1957, 989; BGH Beschl. v. 22.7.2010 – VII ZR 117/08, NJW-RR 2011, 21 Rn. 10 mwN.
[18] Mot. II, 73 = *Mugdan*, Die gesammten Materialien zum BGB für das Deutsche Reich. II Bd., 40; Palandt/*Grüneberg* BGB § 300 Rn. 1.
[19] Vgl. MüKoBGB/*Fetzer* BGB § 383 Rn. 8 mwN.
[20] MüKoHGB/*Grunewald* Rn. 14.
[21] BGH Urt. v. 26.10.2016 – VIII ZR 211/15, NJW 2017, 1100 Rn. 18, 30 ff.; BGH Urt. v. 6.12.2017 – VIII ZR 219/16, NJW-RR 2018, 822 Rn. 41 ff.
[22] Vgl. dazu BGH Urt. v. 11.12.2019 – VIII ZR 361/18, ZIP 2020, 419 Rn. 39 ff.

gelhafte Sache nur dann nicht abnehmen, wenn er vom Kaufvertrag zurücktritt (§§ 437 Nr. 2, 440, 323, 326 Abs. 5 BGB) oder Schadensersatz statt der ganzen Leistung verlangt (§§ 437 Nr. 3, 440, 280 f. BGB); andernfalls gerät er in Annahmeverzug.[23] Kommt dagegen etwa mit Blick auf § 323 Abs. 5 S. 2 BGB nur ein Minderungsrecht (§§ 437 Nr. 2, 441 BGB) oder ein Schadensersatzanspruch neben der Leistung (§§ 437 Nr. 3, 280 BGB) in Betracht, führt die mangelgestützte Nichtabnahme zum Annahmeverzug des Käufers. Dient der Verkäufer dem Käufer entgegen § 266 BGB **Teilleistungen** an, müssen diese ebenfalls grundsätzlich nicht abgenommen werden. Bei **Mehrlieferungen,** die nicht unter § 434 Abs. 3 BGB fallen, darf der Käufer die Mehrleistung als unbestellt zurückweisen; ggf. darf er sogar die Annahme der gesamten Lieferung ablehnen, wenn die Mehrleistung nicht ohne Mühe vom geschuldeten Teil getrennt werden kann. Kein Zurückweisungsrecht wegen vertragswidriger Beschaffenheit der gelieferten Ware besteht schließlich beim Versendungskauf, wenn es sich um (reine) **Transportschäden** handelt, die nicht auf einer unzureichenden Transportverpackung des Verkäufers beruhen und deshalb gem. § 447 BGB in den Risikobereich des Käufers fallen.

9   **4. Beendigung des Annahmeverzugs.** Der Annahmeverzug endet mit Wirkung ex nunc, wenn sich der Gläubiger nachträglich zur Annahme der Leistung bereit erklärt und/oder eine etwaige Mitwirkungshandlung nachholt. Ebenso endet er, wenn der Abnahmeanspruch erlischt, weil der Schuldner nicht mehr zu leisten braucht, sei es nach § 378 BGB durch Hinterlegung des Kaufgegenstandes oder des Erlöses aus einem Selbsthilfeverkauf, nach § 275 BGB durch Unmöglichwerden der Leistung oder dadurch, dass der Verkäufer die Abnahmeverweigerung zum Anlass nimmt, nach § 323 BGB vom Vertrag Abstand zu nehmen.[24]

III. Die Rechte des Verkäufers aus § 373

10   **1. Das Hinterlegungsrecht. a) Allgemeines.** § 373 Abs. 1 bringt allein schon durch die Formulierung „kann" zum Ausdruck, dass es sich bei der Hinterlegung um ein im Ermessen des Verkäufers stehendes Recht handelt, von dem er grundsätzlich frei Gebrauch machen kann, aber nicht muss. Grenzen des Hinterlegungsrechts können sich jedoch aus der Art der zu hinterlegenden Ware sowie der Eignung der gewählten Art von Hinterlegung und Hinterlegungsstelle für den entsprechenden Hinterlegungszweck ergeben. Aus der Notwendigkeit, gem. § 241 Abs. 2 BGB bei der **Ermessensausübung** auf die zugleich berührten Interessen des Käufers angemessen Rücksicht zu nehmen, auf dessen Gefahr und Kosten die Verwahrung erfolgen soll, kann sich etwa ergeben, dass sich bei verderblicher Ware, die der Käufer in der Kürze der Zeit nicht übernehmen kann oder ersichtlich nicht übernehmen will, die Hinterlegung für eine bestandswahrende Erhaltung nicht eignet und die einzig taugliche Maßnahme in einem Selbsthilfeverkauf nach § 373 Abs. 2 besteht.[25] Lässt der Verkäufer dies außer Acht, macht er sich gem. § 280 Abs. 1 BGB schadensersatzpflichtig, ohne dass ihm dabei die Haftungsmilderung des § 300 Abs. 1 BGB zugutekommt (→ Rn. 11). Macht der Verkäufer von seinem Recht zur Hinterlegung keinen Gebrauch, muss er die Ware selbst (wieder) in Obhut nehmen und im Rahmen des Möglichen und Zumutbaren für ihre Unversehrtheit sorgen. Das schließt es ein, dass er die bei einem Frachtführer befindliche Ware nicht einfach sich selbst überlassen darf, sondern zurückholen oder anderweit sicher einlagern muss, selbst wenn er dafür zunächst noch zusätzlichen, im Ergebnis aber dem säumigen Käufer zur Last fallenden Aufwand treiben muss.[26] § 373 Abs. 1 ist auf diese Eigenverwahrung allerdings nicht anwendbar;[27] zur Frage eines hierbei zu beanspruchenden Lagergeldes → Rn. 46.

11   **b) Durchführung der Hinterlegung. aa) Hinterlegungsort.** Gem. § 373 hat der Verkäufer die Ware in einem **öffentlichen Lagerhaus,** dh bei einem Lagerhalter iSd § 467, oder **sonst in sicherer Weise** zu hinterlegen. Das schließt jeden zuverlässigen Dritten mit geeigneten Lagerräumlichkeiten und den nötigen organisatorischen Möglichkeiten zum sicheren Verschluss und zur Ergreifung der nötigen Erhaltungsmaßnahmen ein. Bei **Auswahl der Hinterlegungsstelle** ist gem. § 347 Abs. 1 die von einem ordentlichen Kaufmann zu erwartende Sorgfalt aufzuwenden, wobei das nach § 347 Abs. 2 grundsätzlich auch für Handelsgeschäfte in Betracht kommende Haftungsprivileg des § 300 Abs. 1 BGB in diesem Zusammenhang keine Anwendung findet. Aus den Gesetzesmaterialien geht klar hervor, dass die nach ihrem Wortlaut auf den ersten Blick vielleicht weitergehende Haltungsprivilegierung sich nur auf „die Sorge für einen in den Händen des Schuldners befindlichen Leistungsgegenstand", nicht aber „auch auf die vom Schuldner in Erfüllung seiner fortdauernden Verpflichtung vorzunehmenden sonstigen Handlungen" erstrecken sollte.[28] Die mit § 300 BGB beabsichtigte Aussage geht hiernach dahin, dass mit dem Verzug des Gläubigers die Gefahr auf ihn übergehen und der Schuldner nur hinsichtlich des Leistungsgegenstandes, also der Hauptleistungspflicht, privilegiert

---

[23] BeckOK BGB/*Faust* BGB § 433 Rn 42; Jauernig/*Berger* BGB § 437 Rn. 29.
[24] Zum Ganzen BeckOK BGB/*Lorenz* BGB § 293 Rn. 14 ff. mwN.
[25] Oetker/*Koch* Rn. 61 mwN.
[26] Staub/*Koller* Rn. 28; aA G. *Müller* → 3. Aufl. 2015, Rn. 20.
[27] BGH Urt. v. 14.2.1996 – VIII ZR 185/94, NJW 1996, 1464 (1465); MüKoHGB/*Grunewald* Rn. 17 mwN.
[28] Mot. II, 74 = *Mugdan,* Die gesammten Materialien zum BGB für das Deutsche Reich. II Bd., 40 f.

haften, die Haftungsmilderung aber nicht Platz greifen sollte, soweit der Schuldner Handlungen wie Selbsthilfeverkauf oder dergleichen vornimmt.[29] Da dieser Zweck aber nur bei einer schuldhaften Verletzung der Pflicht zur Aufbewahrung der Ware und nicht bei einer diese möglicherweise schadensträchtige Aufbewahrung gerade vermeidenden sicheren Hinterlegung einschlägig ist, kommt eine Haftungsmilderung für eine fehlerhafte Auswahl der Hinterlegungsstelle ebenso wenig in Betracht (vgl. ferner → Rn. 43).[30]

bb) Gefahrtragung. § 373 Abs. 1 bestimmt, dass die Hinterlegung der Ware auf **Gefahr des** **12** **säumigen Käufers** geschieht. Der Drittverwahrer ist daher kein Erfüllungsgehilfe des Verkäufers iSd § 278 BGB.[31] Für eine schuldhafte Beschädigung oder Zerstörung der hinterlegten Sache hat der Verkäufer, dessen Pflichtenkreis mit der Auswahl des Verwahrers und der Übergabe der Ware an ihn schließt, somit mangels Zurechenbarkeit des Fremdverschuldens nicht gem. § 280 Abs. 1 BGB einzustehen. Vielmehr kann ihn nur ein **Auswahlverschulden** (vgl. § 664 Abs. 1 S. 2 BGB) treffen. Ob der Verkäufer die Ware auf Kosten des Käufers für den Fall des Verlustes oder Verschlechterung von sich aus **versichern** muss, richtet sich nach den Umständen des Einzelfalles (→ § 379 Rn. 12).

cc) Kosten. Gem. § 373 Abs. 1 erfolgt die Hinterlegung auf **Kosten des Käufers.** Der Verkäufer **13** ist allerdings nicht berechtigt, den Verwahrungsvertrag im Namen des Käufers und damit auf dessen Rechnung abzuschließen. Eine Abschlussvollmacht ist aus dem Gesetz nicht herzuleiten.[32] Im Gegenteil zielt der Verkäufer mit der Hinterlegung in erster Linie darauf ab, sich von den Lasten einer fortdauernden eigenen Aufbewahrung zu befreien, die als solche bereits in den Materialien vorausgesetzt worden ist[33] und folgerichtig mit der bei einem Annahmeverzug für den Fall seiner Beendigung erforderlichen Bereithaltung zur Leistungserbringung (vgl. § 297 BGB) regelmäßig verbunden ist, damit der Verkäufer seine dann wieder akut werdende Lieferfähigkeit aufrechterhalten kann.[34] Es handelt sich deshalb nicht um eine ggf. zur Anwendung von § 670 BGB führende Geschäftsführungsmaßnahme des Verkäufers für den Käufer,[35] sondern nur um eine dem wohlverstandenen Interesse des säumigen Käufers am Erhalt der ihm zustehenden Leistung zwar objektiv nützliche, gleichwohl aber vornehmlich dem Interesse des Verkäufers am Erhalt seiner eigenen Lieferfähigkeit und damit der Vorsorge für den Leistungsgegenstand dienende Tätigkeit, die – wie auch § 381 BGB zeigt, wonach die Kosten der Hinterlegung grundsätzlich dem Gläubiger zur Last fallen – in einem engen Zusammenhang mit § 304 BGB steht, dessen Wortlaut auch nicht auf die Selbstaufbewahrung begrenzt ist.[36] Dementsprechend ist für die Erstattungsfähigkeit auf die objektiv erforderlichen Aufwendungen abzustellen,[37] wie es genauso auch ganz überwiegend iRv § 304 BGB angenommen wird (→ § 374 Rn. 3).[38]

dd) Anzeigepflicht. Die Hinterlegung der Kaufsache ist dem Käufer grundsätzlich **unverzüglich,** **14** also ohne schuldhaftes Zögern (§ 121 Abs. 1 S. 1 BGB), anzuzeigen.[39] Diese als Konkretisierung der allgemeinen Rücksichtnahmepflicht (§ 241 Abs. 2 BGB) des Verkäufers zu begreifende und für das

---

[29] RG Urt. v. 29.11.1920 – VII (VI) 275/20, JW 1921, 394 mwN; RG Urt. v. 19.6.1923 – VI 917/22, Recht 1923 Nr. 1227; ebenso BGH Urt. v. 28.6.1994 – X ZR 95/92, NJW-RR 1994, 1469 (1470); BGH Urt. v. 14.4.2010 – VIII ZR 145/09, NJW 2010, 2426 Rn. 34; OLG Saarbrücken Urt. v. 29.6.2001 – 1 U 951/00, NJW-RR 2002, 528 (529); OLG Braunschweig Urt. v. 23.11.2015 – 9 U 18/15, BeckRS 2015, 121143 Rn. 34 f.; aA noch RG Urt. v. 23.2.1904 – II 298/03, RGZ 57, 105 (107); ferner auch OLG Köln Urt. v. 6.6.1994 – 19 U 150/93, NJW-RR 1995, 52 (54).

[30] Soergel/*Schubel* BGB § 300 Rn. 9 mwN; Palandt/*Grüneberg* BGB § 300 Rn. 2; BeckOK BGB/*Lorenz* BGB § 300 Rn. 2; Staudinger/*Feldmann,* 2014, BGB § 300 Rn. 5; Erman/*Hager* BGB § 300 Rn. 4; Schlegelberger/ *Hefermehl* § 374 Rn. 17; Baumbach/Hopt/*Hopt* Rn. 8; *Oetker* HandelsR § 8 B I 2 Rn. 8; Heymann/*Emmerich/ Hoffmann* Rn. 7; GK-HGB/*Achilles* Rn. 4; Düringer/Hachenburg/*Hoeniger* Anm. 16; aA G. *Müller*→ 3. Aufl. 2015, Rn. 23 sowie Staub/*Koller* Rn. 22, 30; MüKoHGB/*Grunewald* Rn. 17, 22; *Grunewald* FS Canaris Bd. I, 2007, 329, 332 ff.

[31] Einhellige Ansicht, s. etwa Staub/*Koller* Rn. 31; Baumbach/Hopt/*Hopt* Rn. 8; MüKoHGB/*Grunewald* Rn. 19; KKRD/*Roth* Rn. 7; HaKo-HGB/*Stöber* Rn. 10.

[32] Schlegelberger/*Hefermehl* Rn. 14; Baumbach/Hopt/*Hopt* Rn. 10; Staub/*Koller* Rn. 31; HaKo-HGB/*Stöber* Rn. 8.

[33] *Hahn/Mugdan,* Die gesammten Materialien zu den Reichs-Justizgesetzen, 6. Bd.: Materialien zum Handelsgesetzbuch, 1897, 369.

[34] Vgl. RG Urt. v. 11.4.1902 – II 407/01, RGZ 50, 255 (261 f.); BGH Urt. v. 14.2.1958 – VIII ZR 8/57, LM Nr. 3 BGB § 651 = BeckRS 1958, 31198019; Staudinger/*Feldmann,* 2014, BGB § 297 Rn. 10 f.

[35] So noch G. *Müller* → 3. Aufl. 2015, Rn. 25 sowie Staub/*Koller* Rn. 30 f.; Baumbach/Hopt/*Hopt* Rn. 10; HaKo-HGB/*Stöber* Rn. 11; KKRD/*Roth* Rn. 7.

[36] Ähnl. Oetker/*Koch* Rn. 69; vgl. auch MüKoBGB/*Fetzer* BGB § 381 Rn. 1.

[37] Oetker/*Koch* Rn. 69.

[38] BGH Urt. v. 14.2.1996 – VIII ZR 185/94, NJW 1996, 1464 (1465); BGH Urt. v. 25.10.2006 – VIII ZR 23/ 06, BGHZ 170, 1 Rn. 35 = NJW 2007, 1198; abw. Staub/*Koller* Rn. 24.

[39] AllgA, s. etwa Düringer/Hachenburg/*Hoeniger* Anm. 16a; Baumbach/Hopt/*Hopt* Rn. 8; Staub/*Koller* Rn. 32; Schlegelberger/*Hefermehl* Rn. 18; KKRD/*Roth* Rn. 7; *Lettl* HandelsR Rn. 13.

bürgerlich-rechtliche Hinterlegungsrecht in § 374 Abs. 2 BGB ausdrücklich normierte Verpflichtung gilt auch iRd § 373.[40]

15   **ee) Rechtsfolge der Hinterlegung.** Die nach § 378 BGB eintretende Befreiung von einer Verbindlichkeit hat der Gesetzgeber[41] als ein Erfüllungssurrogat konzipiert, das nur bei einer öffentlich-rechtlichen Hinterlegung iSd §§ 372 ff., nicht dagegen bei anderen Hinterlegungsarten zur Anwendung kommt.[42] Die Hinterlegung iSd § 373 Abs. 1 geschieht aufgrund eines privatrechtlichen Verwahrungsvertrages zwischen dem Verkäufer und dem Lagerhalter.[43] Schon deshalb kann sie **keine Erfüllungswirkungen** erzeugen, sondern soll den Verkäufer nur von der Last der eigenen Aufbewahrung der Ware befreien.[44]

16   **2. Das Selbsthilfeverkaufsrecht. a) Allgemeines.** Mit Hilfe des sog. Selbsthilfeverkaufs iSd § 373 kann sich der Verkäufer der Verantwortung für die zu liefernde Ware endgültig entledigen und darüber zugleich für eine zügige Vertragsabwicklung sorgen. Das Recht erstreckt sich unabhängig von ihrer Hinterlegungsfähigkeit auf alle Waren und Wertpapiere (§ 381 Abs. 1), hinsichtlich deren sich der Käufer in Annahmeverzug befindet. Damit geht das Gesetz im Interesse des Handelsverkehrs über den Anwendungsbereich des § 383 Abs. 1 BGB deutlich hinaus. Nach vorheriger Androhung (§ 373 Abs. 2) kann der Selbsthilfeverkauf entweder im Wege **öffentlicher Versteigerung** (§ 373 Abs. 2 S. 1 Alt. 1) oder unter bestimmten Voraussetzungen auch mittels **freihändigen Verkaufs** (§ 373 Abs. 2 S. 1 Alt. 2) durch einen zu solchen Verkäufen öffentlich ermächtigten Handelsmakler oder durch eine zur öffentlichen Versteigerung befugte Person zum laufenden Preis erfolgen bewirkt werden, wenn die Ware oder das Wertpapier einen Börsen- oder Marktpreis besitzt.

17   **b) Formen des Selbsthilfeverkaufs. aa) Öffentliche Versteigerung.** Die eine Form des Selbsthilfeverkaufs ist die öffentliche Versteigerung. Ihre grundlegenden Regeln finden sich in § 383 Abs. 3 BGB. Danach muss die öffentliche Versteigerung durch einen für den Versteigerungsort bestellten Gerichtsvollzieher oder einen zu Versteigerungen befugten anderen Beamten oder öffentlich bestellten Versteigerer durchgeführt werden. Die öffentliche **Bestellung von Versteigerern** ist in § 34b Abs. 5 GewO geregelt. Deren Befugnisse ergeben sich aus der Verordnung über gewerbsmäßige Versteigerungen (VerstV) vom 24.4.2003 (BGBl. 2003 I 547 mit Änderungen; vgl. auch § 20 Abs. 3 BNotO) bzw. bei Gerichtsvollziehern aus der Geschäftsanweisung für Gerichtsvollzieher (GVGA).

18   Die Versteigerung der Ware hat **öffentlich** zu erfolgen. Sie muss also an einem allgemein zugänglichen Ort vorgenommen werden. Zeit und Ort der Versteigerung sind öffentlich bekannt zu geben (§ 383 Abs. 3 S. 2 BGB). Die Art und Weise der Bekanntmachung ist im Gesetz selbst nicht vorgeschrieben, sondern richtet sich nach den örtlichen Gepflogenheiten oder Gebräuchen.[45] Sie muss in angemessener Zeit vor dem Versteigerungstermin erfolgen[46] und die Kaufsache hinreichend deutlich beschreiben.[47] Bei der Versteigerung selbst dürfen Verkäufer und Käufer gem. § 373 Abs. 4 mitbieten. Macht der Verkäufer davon Gebrauch und erwirbt er die Sache zu einem unter dem Kaufpreis liegenden Preis, muss er sich dies gegenüber dem Käufer aber nicht nach den allgemeinen Regeln der Vorteilsausgleichung anrechnen lassen.[48]

19   **bb) Freihändiger Verkauf.** Ein freihändiger Verkauf als weitere Form des Selbsthilfeverkaufs ist gem. § 373 Abs. 2 S. 1 Alt. 2 (nur) zulässig, wenn die Ware einen **Börsen-** oder **Marktpreis** hat. Marktpreis ist der Preis, der an einer Börse oder einem Markt im Wege der fortlaufenden Preisnotierung durch eine offiziell bestellte oder allgemein anerkannte Stelle festgestellt wird.[49] Eine amtliche Notierung ist nicht unbedingt erforderlich. Ein relevanter Marktpreis kann aber auch ein Preis sein, der sich nachträglich anhand einer erheblichen Anzahl von Kaufverträgen zuverlässig feststellen lässt, die an einem bestimmten Ort zu einer bestimmten Zeit über Gegenstände der gleichen Art abgeschlossen worden sind.[50] Der Preisbildung zugrunde zu legen sind dabei in aller Regel Geschäfte, die sofort oder demnächst zu erfüllen sind, an der Börse also der Kassakurs.[51] Eine Unterart des Marktpreises ist der **Börsenpreis.** Er ist der nach Maßgabe von § 24 BörsG an einer Börse festgestellte Preis.

---

[40] Oetker/*Koch* Rn. 70.

[41] Mot. II, 96 f. = *Mugdan*, Die gesammten Materialien zum BGB für das Deutsche Reich. II Bd., 53.

[42] MüKoBGB/*Fetzer* BGB § 378 Rn. 1.

[43] BeckOK HGB/*Schwartze* Rn. 8 mwN.

[44] Baumbach/Hopt/*Hopt* Rn. 10; Staub/*Koller* Rn. 32; MüKoHGB/*Grunewald* Rn. 19; KKRD/*Roth* Rn. 7; Oetker/*Koch* Rn. 71; Heymann/*Emmerich/Hofmann* Rn. 9; HaKo-HGB/*Stöber* Rn. 12; *Lettl* HandelsR Rn. 15.

[45] Staub/*Koller* Rn. 38.

[46] Vgl. RG Urt. v. 5.12.1900 – I 277/00, JW 1910, 298; vgl. auch Staub/*Koller* Rn. 38.

[47] Ähnl. Staub/*Koller* Rn. 38.

[48] Staub/*Koller* Rn. 39.

[49] S. zB Düringer/Hachenburg/*Hoeniger* Einl. Anm. 14; Schlegelberger/*Hefermehl* Rn. 25; s. auch Soergel/*Huber* BGB aF § 453 Rn. 3 mwN; Heymann/*Emmerich/Hoffmann* Rn. 18.

[50] Düringer/Hachenburg/*Hoeniger* Einl. Anm. 14; vgl. ferner RG Urt. v. 29.1.1909 – II 299/08, LZ 1909, 478; BGH Urt. v. 24.1.1979 – VIII ZR 16/78, NJW 1979, 758 (759).

[51] Soergel/*Huber* BGB aF § 453 Rn. 3.

Die Durchführung des freihändigen Verkaufs darf nicht durch den Verkäufer selbst erfolgen; er muss **20** sich dazu vielmehr zwingend einer in bestimmter Weise für Preisermittlungen und Verkäufe dieser Art **qualifizierten neutralen Person** bedienen, da dies am ehesten die Gewähr bietet, dass die Interessen des Käufers gewahrt werden und ein Verkauf der Ware unter Wert verhindert wird.[52] Zu diesem Personenkreis zählen neben den zu einer öffentlichen Versteigerung befugten Personen (→ Rn. 17) auch zu solchen Verkäufen öffentlich ermächtigte Handelsmakler. Ein Verkauf durch eine nicht zu diesem Kreis gehörende Person geht nicht auf Rechnung des Käufers, und zwar selbst dann nicht, wenn der laufende Preis erzielt worden ist, weil eine qualifizierte Person möglicherweise einen höheren Preis hätte erzielen können. Darüber hinaus darf der Verkäufer − anders als bei öffentlichen Versteigerungen − nicht selbst als Käufer auftreten und erst recht nicht die Ware einfach zum Tageskurs behalten.[53]

c) Gegenstand des Selbsthilfeverkaufs. Gegenstand eines Selbsthilfeverkaufs können nur die **zu** **21** **liefernde Ware selbst** bzw. dem gem. § 381 Abs. 1 gleichgestellt die zu liefernden Wertpapiere oder die im Falle eines Werklieferungsvertrages herzustellenden oder zu erzeugenden beweglichen Sachen, nicht dagegen der Anspruch auf Lieferung oder Herstellung solcher Gegenstände durch einen Dritten sein.[54] Allerdings können auch **Traditionspapiere** (Orderlagerschein, Ladeschein und Konnossement) Gegenstand eines Selbsthilfeverkaufs sein, da sie über den Anspruch auf Auslieferung hinaus bereits eine Verfügung über die Ware selbst ermöglichen, sofern nach den getroffenen Vereinbarungen, zB durch Verwendung der Klausel „Kasse gegen Dokumente", schon die Dokumentenübergabe zur Erfüllung des Kaufvertrages genügt.[55]

Beim **Gattungskauf** muss die Ware, um für einen Selbsthilfeverkauf in Betracht zu kommen, **22** entweder im Besitz des Verkäufers oder für ihn sonst frei verfügbar sein. Auch eine erst noch auszusondernde Ware kann zum Selbsthilfeverkauf gestellt werden.[56] Es muss sich aber, da es sonst bereits am Erfordernis des Annahmeverzugs fehlen würde (→ Rn. 8, → Rn. 16), um Ware handeln, die am Maßstab des § 243 Abs. 1 BGB erfüllungstauglich ist. Außerdem muss dem Kaufinteressenten erforderlichenfalls etwa unter Hinweis auf einen bestimmten, durch Angabe des Lagerortes individualisierten Vorrat bekannt gegeben werden, welche Ware zum Selbsthilfeverkauf steht und wo er sie besichtigen kann.[57] Eine Ausnahme von diesen Konkretisierungsanforderungen besteht lediglich beim **Spezifikationskauf** iSd § 375, bei dem es möglich ist, die noch nicht hinreichend bestimmte Kaufsache zusammen mit dem Recht zur Spezifikation zu veräußern.[58] An dieser bereits nach Art. 354, 343 ADHGB bestehenden Rechtslage, wonach der mit der Spezifikation säumige Käufer zugleich in Annahmeverzug gerät und dem Verkäufer die Befugnis zuwächst, die von ihm an den Käufer zu liefernde Ware durch Selbsthilfeverkauf in der Weise zu veräußern, dass er nunmehr die verkaufte Ware an den neuen Käufer nach Maßgabe der von diesem vorzunehmenden Spezifikation zu liefern hat,[59] hat der Gesetzgeber seinerzeit ausdrücklich nichts ändern wollen (→ § 375 Rn. 2).[60]

Teillieferungen können nur dann im Wege des Selbsthilfeverkaufs veräußert werden, wenn sie **23** selbstständiger Gegenstand des ursprünglichen Kaufvertrages waren und der Käufer sie daher abweichend von § 266 BGB als vertragsgemäße Lieferung hätte annehmen müssen. Ob der Verkäufer die ablieferungsreifen Teile der geschuldeten Menge zunächst verwahrt oder die einzelnen Teillieferungen nach Eintritt des Annahmeverzugs jeweils gesondert bzw. in bestimmten Bündeln zum Verkauf bringt oder die Vertragsware nach Annahmeverzug des Käufers mit der letzten Rate insgesamt veräußert, steht in seinem pflichtgemäßen Ermessen, sofern er dabei die gem. § 241 Abs. 2 BGB nach Lages des Falles gebotene Rücksicht auf die Interessen des Käufers an der Erzielung eines möglichst hohen Verkaufspreises nimmt (→ Rn. 10). Ebenso kann er aber auch eine einheitlich geschuldete Gesamtmenge nach Eintritt des Annahmeverzugs in kurzer Zeitabfolge sukzessive in Teilen verkaufen, sofern dies einen besseren Erlös erwarten lässt. Er darf sich dabei jedoch nicht vornherein auf einen Teil beschränken und den Rest hinterlegen, weil dies letztlich auf die Herbeiführung einer unzulässigen Teilerfüllung hinausliefe.[61]

---

[52] Vgl. OLG Köln Urt. v. 6.6.1994 – 19 U 150/93, NJW-RR 1995, 52 (54); Staudinger/*Olzen,* 2016, BGB § 385 Rn. 4.

[53] Staub/*Koller* Rn. 45 f.

[54] Staub/*Koller* Rn. 47 mwN. – Der Gesetzgeber hatte diese Frage bewusst offen gelassen, vgl. *Hahn/Mugdan,* Die gesammten Materialien zu den Reichs-Justizgesetzen, 6. Bd.: Materialien zum Handelsgesetzbuch, 1897, 370.

[55] RG Urt. v. 11.7.1901 – VI 156/01 JW 1901, 654; RG Urt. v. 16.3.1906, DJZ 1906, 541; Oetker/*Koch* Rn. 74; Staub/*Koller* Rn. 48; Schlegelberger/*Hefermehl* Rn. 35; aA MüKoHGB/*Grunewald* Rn. 27.

[56] RG Urt. v. 24.9.1881 – I 570/81, RGZ 5, 58 (66); vgl. auch Schlegelberger/*Hefermehl* Rn. 35.

[57] Vgl. dazu RG Urt. v. 11.10.1912 – II 263/12, JW 1913, 47; Staub/*Koller* Rn. 47 mwN.

[58] Vgl. Staub/*Koller* Rn. 47; Oetker/*Koch* Rn. 75 mwN.

[59] RG Urt. v. 21.2.1899 – II 345/98, RGZ 43, 101 (103).

[60] *Hahn/Mugdan,* Die gesammten Materialien zu den Reichs-Justizgesetzen, 6. Bd.: Materialien zum Handelsgesetzbuch, 1897, 371 f.

[61] Staub/*Koller* Rn. 49.

24   **d) Ort des Selbsthilfeverkaufs.** Anders als bei einem Selbsthilfeverkauf nach bürgerlichem Recht, das in § 383 Abs. 1 S. 1 BGB als Versteigerungsort den Leistungsort bestimmt und für den freihändigen Verkauf nach § 385 BGB mangels abweichender Bestimmung hieran ebenfalls anknüpft,[62] enthält § 373 keine dahin gehenden Vorgaben. Im Regelfall wird bei Anwendung dieser Bestimmung deshalb sowohl für die öffentliche Versteigerung als auch für den Verkauf aus freier Hand an den Ort anzuknüpfen sein, an dem sich die Ware aufgrund der Abnahmeverweigerung befindet, es sei denn, dass an diesem Ort kein Markt für einen Weiterverkauf besteht oder an einem anderen Ort auch unter Berücksichtigung des zur Hinschaffung der Ware erforderlichen logistischen Aufwands mit eindeutig besseren Absatzchancen zu rechnen ist.[63] Dabei ist der Verkäufer berechtigt, die Transportkosten von dem erzielten höheren Erlös als Aufwand abzusetzen, es sei denn, er ist nach dem Vertrag zu einer vergleichbaren Transportkostentragung verpflichtet und hat diese Kosten bis dahin nicht schon aufwenden müssen.[64] Der **Ort des Selbsthilfeverkaufs** ist hiernach bei einer Holschuld zumeist der Abholort und bei einer Bringschuld wie auch bei einem Versendungskauf der Bestimmungsort, es sei denn, der Transport ist etwa wegen einer zwischenzeitlichen Abnahmeverweigerung des Käufers gar erst nicht in Gang gekommen oder unterwegs abgebrochen worden, sodass die Ware sich noch beim Verkäufer oder unterwegs befindet oder zum Verkäufer zurückgeschafft werden musste und deshalb grundsätzlich auch an ihrem jeweiligen Lagerungsort zum Selbsthilfeverkauf gebracht werden kann.[65]

25   Wird die Ware unter Verstoß gegen die aus § 241 Abs. 2 BGB resultierende Pflicht des Verkäufers zur Rücksichtnahme auf die Interessen des Käufers am **falschen Ort** verkauft, berührt dies, wie auch die in § 1243 BGB vergleichbar geregelte Interessenlage zeigt, die Wirksamkeit des Selbsthilfeverkaufs nicht.[66] Der Käufer kann aber im Falle einer vom Verkäufer zu vertretenden Wahl eines falschen Verkaufsortes gem. § 280 Abs. 1 BGB verlangen, dass ihm der Preis in Rechnung gestellt wird, der an dem richtigerweise zu wählenden Verkaufsort vermutlich erzielt worden wäre; dass ein solcher höherer Preis am richtigen Ort erzielbar gewesen wäre, hat der pflichtwidrig handelnde Verkäufer zu widerlegen.[67] Allerdings muss es sich der Käufer zumeist gem. § 254 BGB als Mitverschulden anrechnen lassen, wenn er gegen einen ihm mitgeteilten Verkaufsort nicht remonstriert hat.

26   **e) Zeitpunkt des Selbsthilfeverkaufs.** Auch für den Zeitpunkt der Vornahme des Selbsthilfeverkaufs gibt es keine gesetzlichen Vorgaben. Der Verkäufer ist vielmehr berechtigt, jederzeit nach Eintritt des frühestens mit Erfüllbarkeit der Lieferforderung iSd § 271 Abs. 1 BGB beginnenden Annahmeverzugs[68] den Selbsthilfeverkauf zu tätigen, wobei dann besondere Umstände wie ein drohender Verderb der Ware, ein ersichtlich bevorstehendes Umschlagen der Marktverhältnisse zum Schlechteren oder ein gewisser Fixcharakter des Geschäfts ein umgehendes Tätigwerden sogar erfordern können.[69] Grundsätzlich wird aber der Käufer durch eine zögerliche Entschließung des Verkäufers wirtschaftlich nicht benachteiligt, weil er es in der Hand hat, den Annahmeverzug jederzeit mit Wirkung ex nunc zu beenden und die Ware selbst zu verwerten.[70] Selbst nach Fehlschlagen des Versuch eines (wirksamen) Selbsthilfeverkaufs kann der Verkäufer jedenfalls bei Gattungsware sowie auch dann, wenn er noch über den Kaufgegenstand verfügen kann, den Versuch wiederholen, solange sich der Käufer in Annahmeverzug befindet.[71] Hat er dem Käufer allerdings einen bestimmten Selbsthilfeverkauf angekündigt, muss er ihn auch von einer Verschiebung umgehend unterrichten, um ihm Gelegenheit zu abweichender Disposition zu geben.[72]

27   **f) Bedingungen des Selbsthilfeverkaufs.** Abweichend von einem Selbsthilfeverkauf nach den §§ 383 ff. BGB, den der Schuldner im eigenen Namen betreibt, um sich durch Hinterlegung des erzielten Erlöses gem. § 378 BGB von seiner Leistungsverpflichtung zu befreien (näher → § 374 Rn. 7 f.), sieht § 373 Abs. 3 vor, dass der handelsrechtliche Selbsthilfeverkauf für Rechnung des säumigen Käufers erfolgt. Dadurch weist das Gesetz dem Verkäufer die **Stellung eines Beauftragten** zu.[73] Dass der Gesetzgeber damit dem Verkäufer über das Innenverhältnis hinaus zugleich nach außen

---

[62] Staudinger/*Olzen*, 2016, BGB § 385 Rn. 1; jurisPK-BGB/*Ehlers* BGB § 385 Rn. 1 f.; MüKoBGB/*Fetzer* BGB § 385 Rn. 1 f. mwN.

[63] Vgl. RG Urt. v. 24.9.1881 – I 570/81, RGZ 5, 58 (59 f.); RG Urt. v. 1.10.1901 – VII 217/1901, JW 1901, 756; Oetker/*Koch* Rn. 85; Baumbach/Hopt/*Hopt* Rn. 21; MüKoHGB/*Grunewald* Rn. 31; BeckOK HGB/*Schwartze* Rn. 15; KKRD/*Roth* Rn. 12.

[64] Vgl. RG Urt. v. 1.10.1901 – VII 217/1901, JW 1901, 756; Heymann/*Emmerich/Hoffmann* Rn. 21 mwN; aA G. *Müller* → 3. Aufl. 2015, Rn. 45 sowie Baumbach/Hopt/*Hopt* Rn. 21; Staub/*Koller* Rn. 51.

[65] Baumbach/Hopt/*Hopt* Rn. 21.

[66] AllgA, s. etwa GK-HGB/*Achilles* Rn. 16; Staub/*Koller* Rn. 52a; MüKoHGB/*Grunewald* Rn. 26; Baumbach/Hopt/*Hopt* Rn. 21; Oetker/*Koch* Rn. 95; HaKo-HGB/*Stöber* Rn. 21, 95; ebenso schon RG Urt. v. 14.3.1925 – I 292/24, RGZ 110, 268 (270).

[67] RG Urt. v. 14.3.1925 – I 292/24, RGZ 110, 268 (270).

[68] BGH Urt. v. 11.5.2016 – VIII ZR 123/15, WM 2017, 389 Rn. 31 mwN.

[69] Vgl. RG Urt. v. 7.6.1907 – II 39/07, RGZ 66, 186 (191 f.).

[70] S. zB Baumbach/Hopt/*Hopt* Rn. 22; Heymann/*Emmerich/Hoffmann* Rn. 22 mwN.

[71] Heymann/*Emmerich/Hoffmann* Rn. 22 mwN.

[72] Staub/*Koller* Rn. 53 mit Bezugnahme auf OLG Hamburg SeuffA 69, 110.

[73] Staub/*Koller* Rn. 54; Baumbach/Hopt/*Hopt* Rn. 23; BeckOK HGB/*Schwartze* Rn. 27 mwN.

eine gesetzliche Abschlussvollmacht für den Käufer einräumen wollte, ist jedoch nicht ersichtlich.[74] Die Abwicklung eines ordnungsgemäß durchgeführten Selbsthilfeverkaufs beschränkt sich für den Käufer folglich zunächst einmal darauf, dass der Verkäufer verpflichtet ist, ihm über die Durchführung des Selbsthilfeverkaufs Rechenschaft abzulegen (§ 666 BGB) und ihm den erzielten Erlös herauszugeben (§ 667 BGB), während umgekehrt der Verkäufer berechtigt ist, vom Käufer Ersatz der Aufwendungen zu verlangen, die er den Umständen nach für erforderlich halten durfte (§ 670 BGB).[75]

Zu den **inhaltlichen Bedingungen** des zu tätigenden Selbsthilfeverkaufs verhält sich das Gesetz **28** nicht. Grundsätzlich ist allerdings davon auszugehen, dass die Ware in vertragsgemäßer Beschaffenheit unter Berücksichtigung des Interesses beider Teile zum höchstmöglichen Preis zu verwerten ist und dass die Ausführung des Verkaufs selbst in geschäftsüblicher Weise und den Umständen des Falles angemessen zu erfolgen hat.[76] Einen nahe liegenden Ausgangspunkt bilden insoweit sicherlich die Bedingungen des Ausgangsvertrages, die ein Richtmaß für das aufzeigen, was der Käufer selbst als für sich angemessen und marktkonform erachtet hat.[77] Diese Bedingungen bilden jedoch für den Verkäufer kein sklavisch zu befolgendes Korsett. Zwar muss der Verkäufer bei einem Selbsthilfeverkauf gegenüber dem Erwerber etwa keine Gewährleistungsrisiken eingehen, die er beim Ausgangsvertrag nicht zu tragen hatte. Aus dem Umstand, dass der Selbsthilfeverkauf für Rechnung des säumigen Käufers erfolgt, lässt sich aber ablesen, dass der Verkäufer dabei ansonsten das Interesse des Käufers in den Vordergrund zu stellen hat, einen möglichst hohen Kaufpreis zu erzielen.[78] Das eröffnet Spielraum für dem Käufer voraussichtlich günstige Abweichungen, den der Verkäufer bei seinem mit der gebotenen Sorgfalt (§ 347 HGB) zu entfaltenden Bemühen, die Ware im Interesse des Käufers zu einem nach den Umständen bestmöglichen Preis zu verwerten, auch zu nutzen hat. Soweit es ihm gelingt, den Marktpreis zu erzielen, können die Abweichungen uU sogar erheblich sein, ohne dass daraus eine pflichtwidrige Benachteiligung des Käufers hergeleitet werden kann.[79] Dagegen sind abweichende Vertragsbedingungen unzulässig, die üblicherweise zu Preisabschlägen führen, ohne dass es für die Abweichung vom ursprünglich zwischen den Parteien vereinbarten einen am Maßstab der beiderseitigen Interessen hinreichend rechtfertigenden Grund gibt. Dazu wird man zumeist im ursprünglichen Kaufvertrag nicht vorgesehene Gewährleistungsausschlüsse oder -beschränkungen ebenso zu zählen haben wie etwa Verschärfungen der Untersuchungs- und Rügeanforderungen iSd § 377.[80]

Analog der in § 1243 BGB getroffenen Wertung, wonach ein solcher Verkauf nur bei Verstoß gegen **29** im Gesetz aufgezählte wesentliche Verfahrensvorschriften rechtswidrig ist und keine Geltung beanspruchen kann, während bei sonstigen Pflichtverletzungen die Veräußerung zwar ordnungswidrig, aber wirksam ist, ist ein **zu interessenwidrigen Konditionen** vorgenommener Selbsthilfeverkauf genauso wie ein Verkauf am falschen Ort wirksam und führt lediglich zu einem Ausgleich über Schadensersatzpflichten (→ Rn. 25).[81] Denn das Gesetz enthält keinerlei spezifizierte Vorschriften über Zeit, Ort und Bedingungen des Selbsthilfeverkaufs, sondern verweist in § 373 Abs. 3 lediglich allgemein auf das Auftragsrecht und eine hierbei gegenüber dem Käufer bestehende Interessenwahrnehmungspflicht (→ Rn. 27). Dass der Gesetzgeber bei einem nach § 373 Abs. 2 befugt ausgeübten Selbsthilfeverkauf bereits jede im Rahmen der Durchführung vorkommende Überschreitung des dem Verkäufer dabei zustehenden Beurteilungs- oder Ermessensspielraums zum Anlass nehmen wollte, dem gesamten Selbsthilfeverkauf im Verhältnis der Kaufvertragsparteien von vornherein jegliche Wirkung ohne Rücksicht auf die Ausgleichsfähigkeit des bei dem Käufer lediglich in Form eines Mindererlöses eingetretenen Nachteils abzusprechen, ist nicht ersichtlich und liegt – wie nicht zuletzt § 373 Abs. 5 S. 2 zeigt – allein schon aus Gründen der Verhältnismäßigkeit fern.

Bestimmte **Preisvorgaben** sieht § 373 Abs. 2 S. 1 Hs. 2 nur für den freihändigen Verkauf dahin **30** vor, dass dieser zum laufenden Preis zu bewirken ist. Für die **öffentliche Versteigerung** bestehen insoweit keine Vorgaben. Der Gesetzgeber hat abgesehen von den einer öffentlichen Versteigerung vorgegebenen besonderen Verfahrensregeln allerdings einer Verschleuderung der Ware auch dadurch vorbeugen wollen, dass er in § 373 Abs. 4 ausdrücklich ein Recht des Verkäufers wie des Käufers anerkannt hat, bei der Versteigerung mitzubieten, und dem Käufer ein Gebrauchmachen von diesem

---

[74] Vgl. dazu *Hahn/Mugdan,* Die gesammten Materialien zu den Reichs-Justizgesetzen, 6. Bd.: Materialien zum Handelsgesetzbuch, 1897, 370.

[75] Staub/*Koller* Rn. 54 mwN.

[76] So schon RG Urt. v. 28.10.1887 – III 128/87, RGZ 19, 198 (200).

[77] Vgl. Baumbach/Hopt/*Hopt* Rn. 22; MüKoHGB/*Grunewald* Rn. 34.

[78] RG Urt. v. 30.9.1904 – II 196/04, JW 1904, 560, 561; RG Urt. v. 21.2.1905 – II 359/04, Recht 1905, 623 Nr. 2605; RG Urt. v. 6.12.1926 – I 299/26, LZ 1927, 454 (455); Staub/*Koller* Rn. 50 mwN.

[79] Vgl. Staub/*Koller* Rn. 50 mwN.

[80] Vgl. RG Urt. v. 28.10.1887 – III 128/87, RGZ 19, 198 (200 f.); ferner MüKoHGB/*Grunewald* Rn. 34; BeckOK HGB/*Schwartze* Rn. 17 mwN.

[81] Schlegelberger/*Hefermehl* Rn. 36, Staub/*Koller* Rn. 59; Baumbach/Hopt/*Hopt* Rn. 20 u. 27; Oetker/*Koch* Rn. 95; BeckOK HGB/*Schwartze* Rn. 17; HaKo-HGB/*Stöber* Rn. 25 f.; ebenso RG Urt. v. 14.3.1925 – I 292/24, RGZ 110, 268 (270) zum Selbsthilfeverkauf am falschen Ort; aA wohl RG Urt. v. 3.2.1905 – VII 289/04, Recht 1906 Nr. 101; RG Urt. v. 6.12.1926 – I 299/26, LZ 1927, 454 f.; ferner Heymann/*Emmerich/Hoffmann* Rn. 23; MüKoHGB/*Grunewald* Rn. 36.

Recht durch die in § 373 Abs. 5 vorgesehenen Benachrichtigungspflichten hat sicherstellen wollen.[82]

31 Ein **freihändiger Verkauf** ist dagegen zum Schutz vor Verschleuderung der Ware nur in Fällen zulässig, in denen sich der am Markt erzielbare Preis relativ leicht bestimmen lässt, weil als Börsen- oder Marktpreis in neutraler Weise zuverlässig festgestellt. Hierbei sieht § 373 Abs. 2 S. 1 Hs. 2 als zusätzliche Sicherung vor, dass sich der Verkäufer zwingend einer in bestimmter Weise für Preisermittlungen und Verkäufe dieser Art qualifizierten neutralen Person bedienen muss, um darüber zu gewährleisten, dass die Interessen des Käufers gewahrt werden und ein Verkauf nicht unter Wert stattfindet (→ Rn. 19 f.).[83] Ausgehend von dem maßgeblichen Börsen- oder Marktpreis ist zudem nur ein Verkauf zum **laufenden Preis** zulässig, worunter ein mittlerer Durchschnittspreis zu verstehen ist, den eine marktgängige Ware an einem bestimmten Tag und Ort unter Außerachtlassung von Ausreißern nach oben und unten erzielt. In der Regel können die amtlichen oder sonst anerkannten Tagespreisnotierungen als Berechnungsgrundlage herangezogen werden, müssen aber auf wirklich erzielten Abschlüssen beruhen und dürfen nicht nur Angaben über Angebot und Nachfrage enthalten.[84] Laufender Preis ist auch der fortlaufend ermittelte Börsenkurs (§ 24 BörsG).[85] Lässt sich der laufende Preis voraussichtlich nicht erzielen, muss die Sache grundsätzlich öffentlich versteigert werden.[86] Eine amtliche oder ihr gleichstehende Feststellung des Börsen- oder Marktpreises hat im Übrigen die tatsächliche Vermutung der Richtigkeit für sich, kann jedoch vom Käufer durch den Nachweis widerlegt werden, dass es an dafür erforderlichen Feststellungsvoraussetzungen gemangelt hat.[87]

32 Welche Folgen es für die Wirksamkeit eines freihändigen Verkaufs hat, wenn er entgegen § 373 Abs. 2 S. 1 Hs. 2 **nicht zum laufenden Preis getätigt** worden ist, weil sich der zulässigerweise mit dem freihändigen Verkauf einer dafür als solche geeigneten Ware betraute Person etwa bei Feststellung des laufenden Preises vertan hat, wird unterschiedlich beantwortet. Teilweise wird – namentlich vom ROHG in seiner früheren Rspr. – die Auffassung vertreten, dass jeder unterhalb des laufenden Preises getätigte Selbsthilfeverkauf unwirksam ist,[88] während das ROHG in seiner späteren Rspr. den Verkauf als gültig angesehen hat, wenn der Verkäufer bei Anwendung kaufmännischer Sorgfalt nicht voraussehen konnte, dass der laufende Preis vermutlich nicht erzielt werde, sodass der Verkäufer dann lediglich die Differenz zum laufenden Preis schulde.[89] Im handelsrechtlichen Schrifttum wird dagegen mit Recht mehrheitlich angenommen, dass es bei der Verpflichtung, den Verkauf zum laufenden Preis zu bewirken, nicht um eine die Wirksamkeit bedingende Zulässigkeitsvoraussetzung für den freihändigen Verkauf, sondern um eine auf Wahrung der Interessen des Käufers abzielende Ordnungsvorschrift bei Durchführung des zulässigerweise begonnenen Selbsthilfeverkaufs handelt, deren Verletzung dessen Verbindlichkeit grundsätzlich unberührt lässt und bei schuldhaftem Verhalten des Verkäufers lediglich zu dessen Schadensersatzpflicht führt.[90] Insoweit kann sachlich nichts anderes gelten wie bei einem Selbsthilfeverkauf am falschen Ort oder zu interessewidrigen Konditionen (→ Rn. 25, → Rn. 29). Genauso ist es als Verletzung bloßer Ordnungsvorschriften anzusehen, wenn der Versteigerer die für ihn geltenden Bestimmungen zB der GVGA (→ Rn. 17, → Rn. 44) nicht beachtet.[91] Allerdings ist hierbei zu berücksichtigen, dass der Verkäufer den Selbsthilfeverkauf nicht selbst tätigen kann, sondern sich eines Personenkreises bedienen muss, denen der Staat eine besondere, von den Weisungen des Auftraggebers unabhängige Vertrauensposition eingeräumt hat. Sie wirken daher bei Durchführung des Selbsthilfeverkaufs außerhalb des eigentlichen Pflichtenkreises des Verkäufers und können folglich im Verhältnis zum Käufer nicht als Erfüllungsgehilfen des Verkäufers iSd § 278 BGB angesehen werden. Dementsprechend haftet der Verkäufer in diesen Fällen nur für ein Verschulden bei Auswahl dieser Personen oder bei unzutreffenden Instruktionen, nicht jedoch für ein hiervon unabhängiges Fehlverhalten dieser Personen (→ Rn. 44).[92] Ist der laufende Preis ausschließlich infolge eines Fehlverhaltens der öffentlich ermächtigten Handelsmakler bzw. öffentlich bestellten Versteigerer nicht

[82] *Hahn/Mugdan*, Die gesammten Materialien zu den Reichs-Justizgesetzen, 6. Bd.: Materialien zum Handelsgesetzbuch, 1897, 370.

[83] OLG Köln Urt. v. 6.6.1994 – 19 U 150/93, NJW-RR 1995, 52 (54); MüKoHGB/*Grunewald* Rn. 31; BeckOK HGB/*Schwartze* Rn. 20.

[84] Vgl. RG Urt. v. 23.1.1895 – I 345/94, RGZ 34, 117 (120 f.); Schlegelberger/*Hefermehl* Rn. 26; Staub/*Koller* Rn. 42; vgl. auch MüKoHGB/*Grunewald* Rn. 36; Baumbach/Hopt/*Hopt* Rn. 12; HaKo-HGB/*Stöber* Rn. 20.

[85] Staub/*Koller* Rn. 42.

[86] Staub/*Koller* Rn. 42.

[87] Staub/*Koller* Rn. 43 mwN.

[88] S. ROHG Urt. v. 10.9.1872 – I 398/72, ROHGE 7, 66 (69); ROHG Urt. v. 27.11.1873 – II 684/72, ROHGE 8, 98 (101 f.); Heymann/*Emmerich/Hoffmann* Rn. 19; MüKoHGB/*Grunewald* Rn. 36 (anders aber Rn. 34); ebenso etwa die ganz überwiegende Auffassung zu § 385 BGB MüKoBGB/*Fetzer* BGB § 385 Rn. 4; BeckOK BGB/*Dennhardt* BGB § 385 Rn. 2; jurisPK-BGB/*Ehlers* BGB § 385 Rn. 4; Staudinger/*Olzen*, 2016, BGB § 385 Rn. 8.

[89] ROHG Urt. v. 30.6.1874 – I 343/73, ROHGE 10, 367 ff.; vgl. ferner RG Urt. v. 31.1.1880 – I. ZS, ZHR 26, 564 Nr. 14; ebenso Schlegelberger/*Hefermehl* Rn. 26; *Würdinger/Röhricht* Rn. 55.

[90] Oetker/*Koch* Rn. 95; Staub/*Koller* Rn. 44; Baumbach/Hopt/*Hopt* Rn. 20; BeckOK HGB/*Schwartze* Rn. 21.

[91] MüKoBGB/*Fetzer* BGB § 383 Rn. 7 mwN.

[92] Staub/*Koller* Rn. 44; Baumbach/Hopt/*Hopt* Rn. 20; BeckOK HGB/*Schwartze* Rn. 21; Oetker/*Koch* Rn. 57.

erreicht worden ist, kann der Käufer vom Verkäufer lediglich die Abtretung der diesem erwachsenen Schadensersatzforderung unter dem Gesichtspunkt einer Drittschadensliquidation beanspruchen.[93]

g) Vorgängige Androhung. Nach § 373 Abs. 2 S. 1 ist die öffentliche Versteigerung oder der 33 freihändige Verkauf der Ware grundsätzlich erst dann zulässig, wenn die geplante Veräußerung zuvor dem Käufer ordnungsgemäß, dh mit der notwendigen Klarheit, angedroht worden ist. Die Androhung ist eine einseitige empfangsbedürftige **rechtsgeschäftsähnliche Handlung,** auf die die Vorschriften über Willenserklärungen (§§ 104 ff. BGB) entsprechende Anwendung finden.[94] Zeitlich kann sie sogar schon mit dem überhaupt erst einen Annahmeverzug begründenden Angebot der Ware verbunden werden und damit auch schon vor Eintritt des Annahmeverzuges erfolgen.[95] Ebenso kann sie bei einer Wahlschuld iSd § 262 BGB zusammen mit der Ausübung des Wahlrechts bzw. bei einem Spezifikationskauf mit der Ersatzbestimmung erklärt werden.[96] Sie ist an keine Form gebunden; allerdings ist zu bedenken, dass der Verkäufer für die Erfüllung der Pflicht zur Androhung darlegungs- und beweispflichtig ist.[97]

Zweck der Androhung ist es, den Käufer in die Lage zu versetzen, die zur Abwendung des uU 34 nachteilhaften Selbsthilfeverkaufs erforderlichen Schritte einzuleiten.[98] Die Androhung muss daher rechtzeitig und in einer Weise erfolgen, dass die Veräußerung der Ware etwa durch Beendigung des Annahmeverzugs noch gestoppt werden kann oder andere schadensverhütende Maßnahmen ergriffen werden.[99] Das erfordert neben einer Benennung der beabsichtigten Maßnahme (→ Rn. 35) eine hinreichend genaue Beschreibung der betroffenen Ware, wenn sich dies nicht sonst mit der nötigen Klarheit aus den Umständen ergibt.[100] Zudem muss dem Käufer hinreichend Zeit bleiben, um sich auf die Situation angemessen einstellen zu können.[101] Eine feste Frist für die ihm einzuräumende Reaktionszeit gibt es nicht, sie hängt vielmehr von den Umständen des Falles ab.[102] Wenn keine besondere, häufig bereits zur Untunlichkeit iSd § 373 Abs. 2 S. 2 führende Eilbedürftigkeit besteht, bedarf es schon besonderer Gründe, um die Frist nur auf wenige Tage beschränken zu können.[103]

Wie konkret die Androhung den beabsichtigten Selbsthilfeverkauf bereits bezeichnen muss, ist 35 umstritten. Vereinzelt wird von einem Unterrichtungsbedürfnis des Käufers zur genauen Art des geplanten Verkaufs ausgegangen, da dieser wissen müsse, womit er zur Ausschöpfung seiner Reaktionsmöglichkeiten zu rechnen habe, während umgekehrt dem Verkäufer eine relativ genaue Androhung zugemutet werden könne.[104] Das wird zusätzlich noch auf den vermeintlich klaren Wortlaut des § 373 Abs. 2 S. 1 gestürzt, der für jede der beiden Verkaufsalternativen jeweils eine Androhung vorschreibt.[105] Die Entstehungsgeschichte der Norm, die auf den nahezu gleichlautenden Art. 343 Abs. 2 ADHGB zurückgeht, belegt jedoch, dass der Wortlaut vorgenannte Deutung gerade nicht hergibt. Denn die hierbei gewählte Wiederholung der Worte „nach vorgängiger Androhung" hat allein redaktionelle Bedeutung gehabt, durch die der Gesetzgeber unter Ergänzung der ursprünglichen Entwurfsfassung klarstellen wollte, dass sich das Androhungserfordernis als solches nicht auf die öffentliche Versteigerung beschränken, sondern genauso auch für den freihändigen Verkauf gelten sollte.[106] Zudem ist auch nicht ersichtlich, wodurch die Reaktionsmöglichkeiten des Käufers in einer ins Gewicht fallenden Weise beeinträchtigt werden, wenn ihm die genaue Art des Selbsthilfeverkaufs nicht angedroht wird. Das gilt sowohl für die Möglichkeit einer Beendigung des Annahmeverzugs als auch für die Frage, ob ggf. durch gerichtliche Eilmaßnahmen gegen eine aus Sicht des Käufers drohende Vertragsverletzung vorgegangen werden soll. Ebenso wenig vereitelt eine fehlende **Benennung der Art des Selbsthilfeverkaufs** etwaige Möglichkeiten des Käufers, sich hieran zu beteiligen. Denn im Falle einer öffentlichen Versteigerung erhält er durch die in § 373 Abs. 5 vorgeschriebene Mitteilung ohnehin Kenntnis von Zeit und Ort der Versteigerung, sodass er dadurch von der ihm nach § 373 Abs. 4 offen stehenden Möglichkeit des Mitbietens Gebrauch machen kann, während ihm eine solche Beteiligungsmöglichkeit bei einem freihändigen Verkauf von vornherein

---

[93] Staub/*Koller* Rn. 44; Baumbach/Hopt/*Hopt* Rn. 20; KKRD/*Roth* Rn. 10.

[94] BGH Beschl. v. 18.9.2018 – XI ZR 74/17, BeckRS 2018, 26275 Rn. 27 mwN.

[95] KG Urt. v. 10.6.1907 – XIII ZS, OLGE 16, 124; Baumbach/Hopt/*Hopt* Rn. 16; MüKoHGB/*Grunewald* Rn. 21; Staub/*Koller* Rn. 35; vgl. auch Oetker/*Koch* Rn. 45.

[96] MüKoHGB/*Grunewald* Rn. 21; Oetker/*Koch* Rn. 80 mwN.

[97] Baumbach/Hopt/*Hopt* Rn. 15; KKRD/*Roth* Rn. 9.

[98] S. etwa Düringer/Hachenburg/*Hoeniger* Anm. 18; Staub/*Koller* Rn. 35; MüKoHGB/*Grunewald* Rn. 21 mwN; GK-HGB/*Achilles* Rn. 8; KKRD/*Koller* Rn. 9; ferner etwa MüKoBGB/*Fetzer* BGB § 385 Rn. 1.

[99] Staub/*Koller* Rn. 35; MüKoHGB/*Grunewald* Rn. 21; Heymann/*Emmerich/Hoffmann* Rn. 11 mwN; Oetker/*Koch* Rn. 45 mwN.

[100] Baumbach/Hopt/*Hopt* Rn. 14.

[101] Vgl. MüKoBGB/*Fetzer* BGB § 385 Rn. 1 mwN.

[102] Oetker/*Koch* Rn. 80.

[103] Unangemessen streng G. *Müller* → 3. Aufl. 2015, Rn. 52 sowie BeckOK HGB/*Schwartze* Rn. 23 und erst recht MüKoHGB/*Grunewald* Rn. 21.

[104] So neben G. *Müller* → 3. Aufl. 2015, Rn. 54 auch MüKoHGB/*Grunewald* Rn. 21.

[105] So G. *Müller* → 3. Aufl. 2015, Rn. 53 f.

[106] Dazu näher RG Urt. v. 1.11.1879 – I 13/79, RGZ 1, 5 (6 f.).

nicht offen steht.[107] In seinen Reaktionsmöglichkeiten wäre er allenfalls dann beeinträchtigt, wenn ihm ausdrücklich (nur) eine öffentliche Versteigerung angedroht wäre, weil in diesem Fall nicht ausgeschlossen werden könnte, dass er im Hinblick auf das dabei bestehende Recht zum Mitbieten von anderen Reaktionsmöglichkeiten absieht, die in Betracht zu ziehen gewesen wären, wenn auch die Möglichkeit eines freihändigen Verkaufs im Raum gestanden hätte.[108]

36   Demgemäß wird ganz überwiegend mit Recht angenommen, dass die Androhung zu ihrer Wirksamkeit nur erkennen lassen muss, dass ein Selbsthilfeverkauf bevorsteht, ohne dass zusätzlich noch dessen **Art näher** zu **bezeichnen** ist.[109] Nicht zu überzeugen vermag dabei allerdings die Auffassung, dass die unspezifische Ankündigung eines Selbsthilfeverkaufs als Ankündigung einer öffentlichen Versteigerung als dem Regelfall zu verstehen sei mit der Folge, dass ein freihändiger Verkauf davon nicht erfasst sei und noch einmal eigenständig angedroht werden müsse.[110] Denn einen solchen Regelfall gibt es nicht, wenn die Ware einen Börsen- oder Marktpreis hat; in diesem ohne Weiteres auch für den Käufer erkennbaren Fall stehen beide Formen des Selbsthilfeverkaufs vielmehr gleichrangig nebeneinander, sodass auch nicht ersichtlich ist, woher der Verkehr Anlass nehmen sollte, auf ein Regel-Ausnahme-Verhältnis zu schließen.[111] Nur dies entspricht auch der in § 373 gewählten Terminologie, die in Abs. 3 mit dem Begriff Selbsthilfeverkauf beides meint und im Übrigen die Alternativen terminologisch genau trennt.

37   Keine **hinreichend konkrete Androhung** liegt dagegen für sich allein in der Ankündigung, „nach Handelsrecht zu verfahren", da dies ohne zusätzliche Anhaltspunkte für die Bildung eines abweichenden Verständnisses beim Empfänger auch die Möglichkeit einer bloßen Hinterlegung der nicht abgenommenen Ware gem. § 373 Abs. 1 beinhaltet.[112] Die Erklärung, dass „Waren anderer Art verkauft werden sollen", enthält noch nicht einmal einen deutlichen Hinweis auf eine öffentliche Versteigerung.[113] Ist die Androhung als solche hinreichend konkret, muss sie weitere Angaben zu Ort und Zeit des Selbsthilfeverkaufs auch dann nicht enthalten, wenn diese Daten schon feststehen.[114] Dies sieht das Gesetz nur für die Benachrichtigung nach § 373 Abs. 5 S. 1 vor, die allerdings schon mit der Androhung verbunden werden kann[115] und ggf. sogar verbunden werden muss, wenn andernfalls für den Käufer die Zeit für eine angemessene Vorbereitung auf einen Versteigerungstermin zu knapp würde.

38   Die Androhung als solche verpflichtet den Verkäufer aber noch nicht zur Durchführung des angedrohten Selbsthilfeverkaufs, erzeugt also **keine Selbstbindung.** Der Verkäufer kann daher seine Wahl noch jederzeit ändern, zur Hinterlegung nach § 373 Abs. 1 umschwenken und/oder zu seinem Verlangen nach Abnahme der Ware nebst Zahlung des Kaufpreises zurückkehren.[116] Allerdings ist der Verkäufer in diesem Fall gem. § 241 Abs. 2 BGB gehalten, den Käufer von seiner geänderten Vorgehensweise in Kenntnis zu setzen, damit dieser sich seinerseits darauf einrichten kann und vor allem im Vertrauen auf die ursprüngliche Androhung keine unnützen Aufwendungen tätigt.[117]

39   Nach § 373 Abs. 2 S. 2 bedarf es der vorgängigen Androhung des ins Auge gefassten Selbsthilfeverkaufs ausnahmsweise nicht, wenn die Ware dem Verderb ausgesetzt ist und Gefahr in Verzug ist oder wenn die Androhung aus anderen Gründen untunlich ist. **Drohender Verderb** und Gefahr im Verzug müssen bereits nach dem Gesetzeswortlaut kumulativ vorliegen. Verderb meint nach seinem Wortsinn eine über bloße Wertminderungen hinausgehende Zerstörung der stofflichen Substanz oder seiner Brauchbarkeit und damit letztlich einen zumindest wirtschaftlichen Totalverlust der Ware.[118] Mit Gefahr im Verzug ist gemeint, dass – wie § 384 BGB zum Ausdruck bringt, an den der Gesetzgeber sich angelehnt hat[119] – mit einem durch die Androhung verbundenen Aufschub des Selbsthilfeverkaufs der Verderb greifbar zu befürchten muss.[120]

---

[107] RG Urt. v. 1.11.1879 – I 13/79, RGZ 1, 5 (8).

[108] Vgl. RG Urt. v. 5.11.1924 – I 635/23, RGZ 109, 134 (135 f.).

[109] RG Urt. v. 1.11.1879 – I 13/79, RGZ 1, 5 (7); Oetker/*Koch* Rn. 78; BeckOK HGB/*Schwartze* Rn. 22; Baumbach/Hopt/*Hopt* Rn. 14; Staub/*Koller* Rn. 34; KKRD/*Roth* Rn. 9.

[110] So etwa RG Urt. v. 22.11.1924 – I 657/23, JW 1925, 946 (947); Staub/*Koller* Rn. 34; BeckOK HGB/*Schwartze* Rn. 22; Heymann/*Emmerich/Hoffmann* Rn. 12; KKRD/*Roth* Rn. 9; Baumbach/Hopt/*Hopt* Rn. 14. – Die hierbei vielfach zum Beleg angezogene Entscheidung des RG v. 5.11.1924 – I 635/23, RGZ 109, 134 (136) gibt dafür jedoch nichts her.

[111] Ebenso *G. Müller* → 3. Aufl. 2015, Rn. 53 aE sowie iErg auch Oetker/*Koch* Rn. 78; HaKo-HGB/*Stöber* Rn. 15.

[112] S. Baumbach/Hopt/*Hopt* Rn. 14; MüKoHGB/*Grunewald* Rn. 21 mwN; Heymann/*Emmerich/Hoffmann* Rn. 12.

[113] RG Urt. v. 6.6.1913 – II 126/13, LZ 13, 675.

[114] Staub/*Koller* Rn. 34; aA MüKoHGB/*Grunewald* Rn. 21.

[115] MüKoHGB/*Grunewald* Rn. 25 mwN.

[116] Vgl. RG Urt. v. 11.12.1907 – I 146/07, LZ 1908, 224; Baumbach/Hopt/*Hopt* Rn. 14; MüKoHGB/*Grunewald* Rn. 23; BeckOK HGB/*Schwartze* Rn. 22; KKRD/*Roth* Rn. 9.

[117] Vgl. MüKoHGB/*Grunewald* Rn. 23.

[118] Oetker/*Koch* Rn. 81; aA Baumbach/Hopt/*Hopt* Rn. 17; Staub/*Koller* Rn. 36.

[119] Vgl. *Hahn/Mugdan,* Die gesammten Materialien zu den Reichs-Justizgesetzen, 6. Bd.: Materialien zum Handelsgesetzbuch, 1897, 370.

[120] Vgl. Mot. II, 102 f. = *Mugdan,* Die gesammten Materialien zum BGB für das Deutsche Reich. II Bd., 56.

Daneben kann die Androhung auch aus anderen Gründen untunlich sein. Ob die Androhung **40** untunlich, also nicht sachdienlich, ist, bestimmt sich genauso wie im Rahmen von § 384 BGB, dessen Bestimmungen der Gesetzgeber bei Fassung von § 373 Abs. 2 vor Augen hatte, als er über die Vorgängerbestimmung des Art. 343 ADHGB hinaus das Hindernis der **Untunlichkeit** eingefügt hat,[121] unter Berücksichtigung von Treu und Glauben (§ 242 BGB) durch eine umfassende Abwägung der beiderseitigen Interessen (→ Rn. 1, → Rn. 34).[122] Das kann einerseits der Fall sein, wenn die Erfüllung der vom Gesetzgeber im Interesse des Käufers vorgesehene Androhung im Einzelfall aus besonderen Gründen gleichwohl nicht im Interesse eines vernünftigen Käufers liegt oder ein gegenläufiges Interesse des Verkäufers nach den Umständen des Falles einen höheren Stellenwert beanspruchen kann, oder wenn dem Verkäufer die Erfüllung der Benachrichtigungspflicht sonst aus besonderen Gründen nicht zugemutet werden kann.[123] Letztgenannten Fall hat bereits der Gesetzgeber für gegeben erachtet, wenn die Androhung wegen unbekannten Aufenthalts seines Adressaten öffentlich zugestellt werden müsste.[124] Untunlichkeit kann aber zB auch vorliegen, wenn der verkauften Ware oder dem verkauften Wertpapier binnen kurzer Frist ein über die normalen Schwankungsbreiten weit hinausgehender Preis- oder Kursverfall oder bei einem verkauften Wechsel etwa in wenigen Tagen eine ihn entwertende Präjudizierung nach Art. 53 WG droht und der Käufer selbst auf einem schnellen Kommunikationsweg nicht kurzfristig erreichbar ist.[125]

h) Benachrichtigungen. Bei einer öffentlichen Versteigerung ist der Verkäufer gem. § 373 Abs. 5 **41** verpflichtet, den Käufer von der Zeit und dem Ort der Versteigerung vor ihrer Durchführung zu benachrichtigen. Der Verkäufer muss ferner den Käufer von dem bereits durchgeführten Selbsthilfeverkauf unverzüglich, dh ohne schuldhaftes Zögern (vgl. § 121 Abs. 1 S. 1 BGB), unterrichten. Letztgenannte Benachrichtigungspflicht gilt für jede Art des Selbsthilfeverkaufs, also auch für den freihändigen Verkauf.[126] Die Benachrichtigung bedarf keiner bestimmten Form. Sie kann unterbleiben, wenn sie untunlich ist (§ 373 Abs. 5 S. 3). Diese Ausnahme wird jedoch wegen der Abrechnungspflicht des Verkäufers kaum relevant werden.[127]

Die Benachrichtigung des Käufers ist **keine Wirksamkeitsvoraussetzung.** Ihr schuldhaftes Unter- **42** lassen kann aber – wie § 373 Abs. 5 S. 2 klarstellt – eine **Schadenersatzhaftung** des Verkäufers gegenüber dem Käufer auslösen, weil etwa bei einem dadurch vereitelten Mitbieten des Käufers nach § 373 Abs. 4 ein höherer Preis hätte erzielt werden können.[128]

i) Haftung für Fehler beim Selbsthilfeverkauf. Ob der Verkäufer für Fehler bei Durchführung **43** des Selbsthilfeverkaufs nach dem allgemeinen, in § 347 Abs. 1, § 276 BGB normierten Sorgfaltsmaßstab eingeschränkt für Vorsatz und jede Fahrlässigkeit haften muss oder ob ihm gem. § 347 Abs. 2 die **Haftungsprivilegierung des § 300 BGB** zugute kommt, ist umstritten. Während eine Minderheit der Ansicht ist, dass letztgenannte Vorschrift, und sei es auch nur im Wege eines Analogieschlusses, zugleich die Fälle erfasst, in denen dem Verkäufer bei der Durchführung des Selbsthilfeverkaufs selbst ein Fehler unterlaufen ist,[129] wird ganz überwiegend mit Recht eine Anwendbarkeit dieser Haftungsprivilegierung auf die Durchführung eines Selbsthilfeverkaufs verneint. Denn aus dem Gesetzesmaterialien geht klar hervor, dass die nach ihrem Wortlaut auf den ersten Blick vielleicht weitergehende Haftungsprivilegierung sich nur auf „die Sorge für einen in den Händen des Schuldners befindlichen Leistungsgegenstand", nicht aber „auch auf die vom Schuldner in Erfüllung seiner fortdauernden Verpflichtung vorzunehmenden sonstigen Handlungen" erstrecken sollte.[130] Die mit § 300 BGB beabsichtigte Aussage geht hiernach dahin, dass mit dem Verzug des Gläubigers die Gefahr auf ihn übergehen und der Schuldner nur hinsichtlich des Leistungsgegenstandes, also der Hauptleistungspflicht, privilegiert haften, die Haftungsmilderung aber nicht Platz greifen sollte, soweit der Schuldner Handlungen wie Selbsthilfeverkauf oder dergleichen vornimmt.[131] Da dieser Zweck nur bei einer

---

[121] Vgl. *Hahn/Mugdan,* Die gesammten Materialien zu den Reichs-Justizgesetzen, 6. Bd.: Materialien zum Handelsgesetzbuch, 1897, 370.
[122] MüKoBGB/*Fetzer* BGB § 384 Rn. 2 mwN.
[123] Vgl. BeckOGK/*Ulrici* BGB § 384 Rn. 32.
[124] Vgl. Mot. II, 102 = *Mugdan,* Die gesammten Materialien zum BGB für das Deutsche Reich. II Bd., 56 iVm Bd. I, LXXVIII.
[125] Vgl. Oetker/*Koch* Rn. 82; Heymann/*Emmerich/Hoffmann* Rn. 14; Röhricht/Graf v. Westphalen/Haas/*Steimle/Dornieden* § 374 Rn. 25; KKRD/*Roth* Rn. 9; Baumbach/Hopt/*Hopt* Rn. 17; (teilw.) abw. Staub/*Koller* Rn. 36; MüKoHGB/*Grunewald* Rn. 24.
[126] Baumbach/Hopt/*Hopt* Rn. 18; BeckOK HGB/*Schwartze* Rn. 25 mwN.
[127] Staub/*Koller* Rn. 46.
[128] Baumbach/Hopt/*Hopt* Rn. 18; Oetker/*Koch* Rn. 95; BeckOK HGB/*Schwartze* Rn. 25 mwN.
[129] S. Staub/*Koller* Rn. 22, 36; MüKoHGB/*Grunewald* Rn. 5, 17, 22, 26 u. 33 ff.; *Grunewald* FS Canaris Bd. I., 2007, 329, 333 f.; HaKo-HGB/*Stöber* Rn. 27.
[130] Mot. II, 74 = *Mugdan,* Die gesammten Materialien zum BGB für das Deutsche Reich. II Bd., 40 f.
[131] RG Urt. v. 29.11.1920 – VII (VI) 275/20, JW 1921, 394 mwN; RG Urt. v. 19.6.1923 – VI 917/22, Recht 1923 Nr. 1227; ebenso BGH Urt. v. 28.6.1994 – X ZR 95/92, NJW-RR 1994, 1469 (1470); BGH Urt. v. 14.4.2010 – VIII ZR 145/09, NJW 2010, 2426 Rn. 34; OLG Saarbrücken Urt. v. 29.6.2001 – 1 U 951/00, NJW-RR 2002, 528 (529); OLG Braunschweig Urt. v. 23.11.2015 – 9 U 18/15, BeckRS 2015, 121143 Rn. 34 f.; aA noch RG Urt.

schuldhaften Verletzung der Pflicht zur Aufbewahrung der Ware und nicht bei einem diese möglicherweise schadenstächtige Aufbewahrung gerade vermeidenden Selbsthilfeverkauf einschlägig ist, kommt
eine Haftungsmilderung für hierbei unterlaufende Fehler nicht in Betracht (vgl. ferner → Rn. 11).[132]

44   Bei der Reichweite einer etwaigen Haftung ist aber zu bedenken, dass der Verkäufer den Selbsthilfeverkauf nicht selbst tätigen kann, sondern sich eines Personenkreises bedienen muss, denen der Staat
eine besondere, von den Weisungen des Auftraggebers unabhängige Vertrauensposition eingeräumt
hat. Diese wirken daher bei Durchführung des Selbsthilfeverkaufs außerhalb des eigentlichen Pflichtenkreises des Verkäufers und können folglich im Verhältnis zum Käufer nicht als **Erfüllungsgehilfen** des
Verkäufers iSd § 278 BGB. angesehen werden; dessen Pflichtenkreis endet vielmehr mit der Auswahl
dieser Personen, die ihrerseits etwa nach Maßgabe von §§ 189, 98 f. GVGA tätig werden. Dementsprechend haftet der Verkäufer in diesen Fällen nur für ein Verschulden bei Auswahl dieser Personen
oder bei unzutreffenden Instruktionen sowie für die Richtigkeit und Rechtzeitigkeit von Androhun-
gen und Mitteilungen nach § 373 Abs. 2 und 5 bzw. den dazu erforderlichen Anweisungen, soweit sie
ihm etwa gem. § 189 Abs. 2 und 4 GVGA obliegen, nicht jedoch für ein hiervon unabhängiges
Fehlverhalten dieser Personen (→ Rn. 32).[133] Soweit der Pflichtenkreis des Verkäufers dabei reicht,
greift die Haftungsprivilegierung des § 300 Abs. 1 BGB ebenfalls nicht ein.[134]

45   **j) Rechtswirkungen des Selbsthilfeverkaufs. aa) Ordnungsmäßiger Verkauf.** Ist der Selbsthilfeverkauf ordnungsgemäß verlaufen, wird der Verkäufer durch ihn von seiner Lieferschuld frei. Es
handelt sich bei dem anstelle der Lieferung der Ware an den säumigen Käufer getätigten Selbsthilfeverkauf
nämlich um ein **Erfüllungssurrogat,** das der Verkäufer in Erfüllung des Kaufvertrags als Beauftragter des
Käufers nach § 373 Abs. 3 für dessen Rechnung erbringt.[135] Da dies keinen Fall der Unmöglichkeit nach
§ 275 BGB darstellt, kann der Käufer folglich auch nicht gem. § 326 Abs. 5 BGB vom Vertrag zurücktreten.[136] Ein noch nicht erfüllter Kaufpreisanspruch bleibt demgegenüber bestehen.[137] Der aufgrund
seiner Stellung als **Beauftragter** (→ Rn. 28) gem. § 666 BGB zur Auskunfts- und Rechenschaftsertei-
lung verpflichtete Verkäufer muss den erzielten Erlös einschließlich eines etwaigen Mehrerlöses gem.
§ 667 BGB herausgeben.[138] Im Gegenzug steht ihm nach § 670 BGB ein Anspruch auf Ersatz der
notwendigen Aufwendungen zu. Gegenüber dem Anspruch des Käufers auf Herausgabe des erzielten
Erlöses (§ 667 BGB) kann er mit seinem Kaufpreisanspruch (§ 433 Abs. 2 BGB) und seinem Aufwendungsersatzanspruch (§ 670 BGB) aufrechnen,[139] sodass der Käufer im Anschluss nur noch den Teil des
Versteigerungserlöses herausverlangen kann, der die Gegenforderungen des Verkäufers übersteigt und
nicht wegen dessen Aufrechnung erloschen ist.[140] Bei Unterdeckung ist er umgekehrt verpflichtet, den
nicht durch Aufrechnung erloschenen Teil des Kaufpreises noch an den Verkäufer zu entrichten.[141]

46   Zu den vom Käufer gem. § 670 BGB zu ersetzenden **Aufwendungen** zählen vor allem die angefallenen Vergütungen und Auslagen der mit der Versteigerung oder dem freihändigen Verkauf beauftragten
Personen sowie die entstandenen Kosten für einen dafür erforderlichen Transport der Waren und etwaiger
damit einhergehenden Einlagerungen. Ob der Verkäufer darüber hinaus gem. § 354 Abs. 1 Provision
beanspruchen kann, ist allerdings streitig. Dies wird teilweise mit der Überlegung verneint, dass der
Verkäufer die Wahl habe, ob er die Ware hinterlege oder ob er sich des Kostenrisikos der Hinterlegung
entledige und letztlich im eigenen Interesse einen Selbsthilfeverkauf vornehme.[142] Die gegenteilige
Auffassung sieht hingegen mit Recht keinen Grund, dem Verkäufer einen eigenen Provisionsanspruch zu
versagen, da der Selbsthilfeverkauf zumindest auch im Interesse des säumigen Käufers erfolge.[143] Dies
entspricht zugleich der von der Rspr. zu § 304 BGB verfolgten Linie, wonach für den kaufmännischen

---

v. 23.2.1904 – II 298/03, RGZ 57, 105 (107); ferner auch OLG Köln Urt. v. 6.6.1994 – 19 U 150/93, NJW-RR
1995, 52 (54).
    [132] Soergel/*Schubel* BGB § 300 Rn. 9 mwN; Palandt/*Grüneberg* BGB § 300 Rn. 2; BeckOK BGB/*Lorenz* BGB
§ 300 Rn. 2; Staudinger/*Feldmann,* 2014, BGB § 300 Rn. 5; Erman/*Hager* BGB § 300 Rn. 4; Schlegelberger/
Hefermehl § 374 Rn. 17; Baumbach/Hopt/*Hopt* Rn. 8; *Oetker* HandelsR § 8 B I 2 Rn. 8; Heymann/*Emmerich*/
Hoffmann Rn. 7; GK-HGB/*Achilles* Rn. 4; Düringer/Hachenburg/*Hoeniger* Anm. 16.
    [133] Staub/*Koller* Rn. 44; Baumbach/Hopt/*Hopt* Rn. 20; BeckOK HGB/*Schwartze* Rn. 21; Oetker/*Koch* Rn. 57.
    [134] Oetker/*Koch* Rn. 57.
    [135] RG Urt. v. 22.11.1924 – I 657/23,, JW 1925, 946 (947); österr. OGH Urt. v. 26.11.1981 – 7 Ob 642/81,
RIS-Justiz RS 0019838; Heymann/*Emmerich*/*Hoffmann* Rn. 26; GK-HGB/*Achilles* Rn. 17; Oetker/*Koch* Rn. 89.
    [136] Baumbach/Hopt/*Hopt* Rn. 24.
    [137] Staub/*Koller* Rn. 55; KKRD/*Roth* Rn. 14; Oetker/*Koch* Rn. 89.
    [138] RG Urt. v. 24.9.1921 – I 24/21, RGZ 102, 388 (389); Schlegelberger/*Hefermehl* Rn. 42 mwN; Staub/*Koller*
Rn. 55.
    [139] S. Heymann/*Emmerich*/*Hoffmann* Rn. 27; Staub/*Koller* Rn. 55; Schlegelberger/*Hefermehl* Rn. 40; HaKo-
HGB/*Stöber* Rn. 30; vgl. auch RG Urt. v. 27.1.1925 – VI 378/24, JW 1925, 948.
    [140] RG Urt. v. 24.9.1921 – I 24/21, RGZ 102, 388 (389); Oetker/*Koch* Rn. 90; Staub/*Koller* Rn. 55.
    [141] Staub/*Koller* Rn. 55.
    [142] Staub/*Koller* Rn. 55; GK-HGB/*Achilles* Rn. 17; *Weyer* WM 2005, 490 (498 f.); offen gelassen in BGH Urt. v.
21.11.1983 – VIII ZR 173/82, WM 1984, 165 f. mwN.
    [143] Schlegelberger/*Hefermehl* Rn. 41; *Würdinger*/*Röhricht* Rn. 58; Baumbach/Hopt/*Hopt* Rn. 24; *Canaris* Han-
delsR § 29 II Rn. 10; Oetker/*Koch* Rn. 91.

Verkäufer ergänzend § 354 Abs. 1 eingreift, sodass der Verkäufer bei Verwahrung der vom Käufer grundlos abgelehnten Kaufsachen für die Dauer des Annahmeverzugs auch ohne Verabredung die ortsüblichen Lagekosten beanspruchen kann (→ § 374 Rn. 3).[144] Bedenkt man, dass zu den von § 354 Abs. 1 erfassten Geschäftsbesorgungen oder Dienstleistungen angesichts der insoweit gebotenen weiten Auslegung nach allgemeiner Auffassung jede selbstständige Tätigkeit wirtschaftlicher Art zur Wahrnehmung fremder Vermögensinteressen sowie alle sonstigen, für den anderen Teil objektiv nützlichen Tätigkeiten tatsächlicher oder rechtlicher Art rechnen,[145] kann für eine Vergütungspflicht der vom Verkäufer im Zusammenhang mit dem Selbsthilfeverkauf entfalteten Geschäftsbesorgungstätigkeiten kaum anderes gelten. Zwar kann ein Kaufmann, der ausschließlich eigene Interessen oder Interessen Dritter verfolgt, keine Vergütung nach § 354 Abs. 1 verlangen, selbst wenn die entfalteten Bemühungen auch dem in Anspruch Genommenen zugute kommen. Ein solcher Vergütungsanspruch ist hingegen nicht ausgeschlossen, wenn der tätig Gewordene neben den Interessen des in Anspruch Genommenen zugleich eigene Interessen verfolgt.[146] So liegt es auch hier, zumal § 373 Abs. 3 ausdrücklich bestimmt, dass der Selbsthilfeverkauf für Rechnung des säumigen Käufers erfolgt, und auf diese Weise den auf ihn bezogenen Geschäftsbesorgungscharakter der Tätigkeit des Verkäufers noch eigens hervorhebt.

bb) Mit Rechtsverstößen behafteter Selbsthilfeverkauf. (1) Verstoß gegen Ordnungsvor- 47
schriften. Bei Verstößen des Verkäufers gegen die gesetzlichen Vorgaben ist zwischen der Verletzung **wesentlicher Schutzvorschriften** einerseits und bloßer **Ordnungsregeln** andererseits zu unterscheiden. Hiervon ausgehend führt eine Verletzung bloßer Ordnungsregeln entsprechend des für den rechtsähnlichen Pfandverkauf in gleiche Richtung weisenden § 1243 BGB gewöhnlich nicht zur Unwirksamkeit des Selbsthilfeverkaufs. Dies gilt namentlich für Selbsthilfeverkäufe am falschen Ort, zur falschen Zeit oder zu interessenwidrigen Konditionen, insbesondere bei Verfehlung des laufenden Preises; insoweit reicht normalerweise eine Schadensersatzhaftung zur Wahrung der schutzwürdigen Interessen des Käufers aus (näher → Rn. 25, → Rn. 29, → Rn. 32).[147] Soweit Teillieferungen für sich selbsthilfeverkaufsfähig sind oder eine einheitliche Lieferung grundsätzlich auch in Teilen zum Selbsthilfeverkauf gebracht werden kann (näher → Rn. 23), berühren Fehler des Verkäufers genauso wie sonstige interessenwidrige Konditionen die Wirksamkeit eines getätigten Selbsthilfeverkaufs ebenfalls nicht. Dasselbe gilt nach § 373 Abs. 5 S. 2 ausdrücklich auch für ein Unterlassen der gem. Satz 1 vorgeschriebenen Benachrichtigungen, obgleich gerade die fehlende Benachrichtigung über Zeit und Ort der Versteigerung häufig sogar das dem Käufer nach § 373 Abs. 4 eingeräumte Recht zum Mitbieten vereitelt (→ Rn. 42).[148]

(2) Verstoß gegen wesentliche Schutzvorschriften. Grundvoraussetzung eines wirksamen 48
Selbsthilfeverkaufs ist nach § 373 Abs. 1 („ist der Käufer mit der Annahme der Ware im Verzug") und Abs. 2 („Er ist ferner befugt") das Vorliegen eines Annahmeverzugs (→ Rn. 5, → Rn. 8) gegenüber der Lieferung einer Ware oder einer ihr gem. § 381 gleichgestellten Sache (→ Rn. 21 ff.). Dessen Fehlen macht einen nach § 373 Abs. 2 durchgeführten Selbsthilfeverkauf stets unwirksam. Ferner führt ein Verstoß gegen die in § 373 Abs. 2 zugunsten des Käufers enthaltenen **wesentlichen Schutzvorschriften,** nämlich wenn die Versteigerung nicht durch eine dafür berufene, also durch eine zur öffentlichen Versteigerung befugte Person – bei einem Verkauf aus freier Hand alternativ – durch einen zu solchen Verkäufen öffentlich ermächtigten Handelsmakler (→ Rn. 17, → Rn. 20) vorgenommen wird, wenn es an der erforderlichen vorherigen Androhung fehlt (→ Rn. 33 ff.) oder wenn die Versteigerung nicht öffentlich erfolgt, zur Unwirksamkeit des Selbsthilfeverkaufs.[149] Zu den wesentlichen Schutzvorschriften wird man bei einem freihändigen Verkauf weiter das Vorhandensein eines Börsen- oder Marktpreises rechnen müssen.

Wird gegen diese Vorschriften verstoßen, ist der Selbsthilfeverkauf gegenüber dem Käufer unver- 49
bindlich, entfaltet in diesem Rechtsverhältnis also keine Rechtswirkungen; ob der Verkäufer den Verstoß zu vertreten hat, ist dafür ohne Bedeutung.[150] Ebenso wenig kommt es darauf an, ob der Käufer einer Durchführung des Selbsthilfeverkauf widersprochen oder sich sogar – gleich ob mit oder ohne Erfolg – an einer Versteigerung beteiligt hat, solange sein Verhalten nicht nach den Umständen als Genehmigung gewertet werden kann oder ein Berufen auf die Unwirksamkeit sonst aus besonderen Gründen treuwidrig (§ 242 BGB) erscheint.[151] Mangels Eintritts einer Erfüllungswirkung besteht dann

---

[144] BGH Urt. v. 14.2.1996 – VIII ZR 185/94, NJW 1996, 1464 (1465); BGH Urt. v. 22.3.2006 – VIII ZR 173/04, NJW-RR 2006, 1328 Rn. 48; BGH Urt. v. 25.10.2006 – VIII ZR 23/06, BGHZ 170, 1 Rn. 37 f. = NJW 2007, 1198; ebenso etwa Baumbach/Hopt/*Hopt* § 354 Rn. 5; Düringer/Hachenburg/*Werner* § 354 Anm. 7; *Paulus* → § 354 Rn. 11 mwN; s. ferner Palandt/*Grüneberg* BGB § 304 Rn. 2; MüKoHGB/*Grunewald* Rn. 7 mwN.

[145] BGH Urt. v. 23.11.2016 – VIII ZR 269/15, NJW 2017, 1388 Rn. 13 mwN.

[146] BGH Urt. v. 23.11.2016 – VIII ZR 269/15, NJW 2017, 1388 Rn. 15 mwN.

[147] Oetker/*Koch* Rn. 95; Staub/*Koller* Rn. 59 mwN; (teilw.) aA Heymann/*Emmerich/Hoffmann* Rn. 24; MüKoHGB/*Grunewald* Rn. 36.

[148] Baumbach/Hopt/*Hopt* Rn. 18; Oetker/*Koch* Rn. 95; BeckOK HGB/*Schwartze* Rn. 25 mwN.

[149] Staub/*Koller* Rn. 56, 59; Oetker/*Koch* Rn. 93 mwN; weitergehend MüKoHGB/*Grunewald* Rn. 28.

[150] Oetker/*Koch* Rn. 93 f. mwN.

[151] Oetker/*Koch* Rn. 94 mwN.

der Anspruch des Käufers aus § 433 Abs. 1 BGB auf – bei Gattungsware ohnehin regelmäßig möglicher – Lieferung fort, es sei denn, dem Verkäufer ist die Leistung infolge des Selbsthilfeverkaufs gem. § 275 Abs. 1 BGB unmöglich geworden, was neben einer Stückschuld auch bei einer Gattungsschuld unter den Voraussetzungen einer nach §§ 243 Abs. 2, 300 Abs. 2 BGB eingetretenen Konkretisierung der Fall sein kann.[152] Allerdings wird man dem Verkäufer für letztgenannten Fall die Möglichkeit einer Rekonzentration zubilligen müssen.[153] Hat er die zu seinem Unvermögen führende Unwirksamkeit des Selbsthilfeverkaufs zu vertreten, ist er gem. §§ 280 Abs. 1, 3, 283 BGB unter Anrechnung des auf Käuferseite gem. § 326 Abs. 1 S. 1 BGB ersparten Kaufpreises zum Schadensersatz verpflichtet. Fehlt es am Vertretenmüssen (→ Rn. 32, → Rn. 44), wird er zwar nach § 275 BGB von seiner Verbindlichkeit frei und muss dem Käufer den bei dem unwirksamen Selbsthilfeverkauf erzielten Erlös gem. § 285 BGB einschließlich ggf. bestehender Ersatzansprüche gegen Dritte (→ Rn. 32) herausgeben, behält aber nach § 326 Abs. 2 S. 1 BGB seinen Kaufpreisanspruch, mit dem er gegen den Anspruch des Käufers auf Erlösherausgabe nach § 285 BGB aufrechnen kann.[154]

50   **(3) Geschäftsführung ohne Auftrag.** Ein gegen wesentliche Schutzvorschriften verstoßender Selbsthilfeverkauf (näher → Rn. 48 f.) entbehrt jedoch nicht in allen Fällen jeglicher Rechtswirkungen gegenüber dem Käufer. Dieser muss vielmehr zum einen den Verkauf als für seine Rechnung erfolgt gegen sich gelten zu lassen, wenn er ihn gem. § 184 Abs. 1 BGB nachträglich genehmigt, wobei die Genehmigung in zulässiger Weise etwa auch von der Potestativbedingung abhängig gemacht werden kann, dass der Verkäufer für den durch den gesetzeswidrigen Verkauf in bestimmter Weise eingetretenen Schaden Ersatz leistet.[155] Zum anderen ist es denkbar, dass ein solcher Verkauf für den Käufer Rechtswirkungen unter dem Gesichtspunkt einer berechtigten **Geschäftsführung ohne Auftrag** iSd §§ 677 ff. BGB entfalten kann. Dass im Annahmeverzug des Käufers Hinterlegung und Selbsthilfeverkauf für den Verkäufer zugleich ein sog. „auch-fremdes" Geschäft darstellen, entspricht nicht nur zur Anwendbarkeit des § 354 durchgesetzter Auffassung (→ Rn. 46), sondern wird – wie allein schon der Wortlaut des § 373 Abs. 3 zeigt, wonach der Selbsthilfeverkauf „für Rechnung" des säumigen Käufers erfolgt – auch für den Fall eines wegen Nichteinhaltung wesentlicher Schutzvorschriften an sich unwirksamen Selbsthilfeverkaufs nicht ernstlich in Zweifel gezogen.[156] Ebenso wenig können die in § 373 zum Selbsthilfeverkauf getroffenen Regelungen als derart abschließend angesehen werden, dass daneben eine Geschäftsführung ohne Auftrag selbst dann von vornherein auszuscheiden hat, wenn diese Regelungen wegen einer Unwirksamkeit des Verkaufs nicht greifen.[157] Voraussetzung ist aber, dass der Verkauf in der konkreten, nicht den Anforderungen des § 373 Abs. 2 genügenden Form gleichwohl die Anforderungen des § 677 BGB erfüllt, insbesondere dass der Verkauf dem wirklichen oder mutmaßlichen Willen des Käufers entspricht. Das setzt indes besondere Umstände wie etwa eine besonders vorteilhafte, zeitlich nicht unbegrenzt wahrnehmbare Verkaufsmöglichkeit oder eine besondere Eilbedürftigkeit etwa wegen eines drohenden Verderbs der Ware voraus, da sonst regelmäßig davon ausgegangen werden kann, dass dem mutmaßlichen Willen des Käufers gerade auch die Einhaltung der seinem Schutz dienenden Vorschriften entspricht und er nur in ihm besonders vorteilhaften Ausnahmefällen darüber hinwegzusehen bereit ist.[158] Liegen diese Voraussetzungen vor, muss sich der Käufer so behandeln lassen, als hätte der Verkäufer in seinem Auftrag gehandelt hat und durch den Selbsthilfeverkauf den mit ihm bestehenden Vertrag erfüllt, wobei dann nach §§ 681 S. 2, 667, 670 BGB und damit im Ergebnis genauso wie nach § 373 Abs. 3 abzurechnen wäre (→ Rn. 45).[159]

51   **(4) Unwirksamer Selbsthilfeverkauf als Deckungsverkauf.** Befindet sich der Käufer mit seinen sich aus § 433 Abs. 2 ergebenden Pflichten zugleich im Schuldnerverzug, kann der Verkäufer, sofern zum Zeitpunkt des Selbsthilfeverkaufs die Voraussetzungen des § 281 BGB gegeben waren, diesen ungeachtet seiner am Maßstab des § 373 gegebenen Unwirksamkeit als normalen Deckungsverkauf behandeln und mit Blick auf die nach § 281 Abs. 4 BGB eintretenden Leistungsfreiheit danach seinen

---

[152] MüKoHGB/*Grunewald* Rn. 28; Oetker/*Koch* Rn. 54; Staub/*Koller* Rn. 57; MüKoBGB/*Fetzer* BGB § 383 Rn. 9 mwN.

[153] Vgl. dazu BeckOK HGB/*Schwartze* Rn. 26; MüKoHGB/*Grunewald* Rn. 28; Staub/*Koller* Rn. 58; ferner etwa MüKoBGB/*Emmerich* BGB § 243 Rn. 32; Palandt/*Grüneberg* BGB § 243 Rn. 7; Erman/*Westermann* BGB § 243 Rn. 18.

[154] MüKoBGB/Fetzer BGB § 383 Rn. 9 mwN; Oetker/*Koch* Rn. 54; vgl. auch BGH Urt. v. 21.5.1987 – IX ZR 77/86, MittBayNot 1988, 31 (33).

[155] Vgl. dazu etwa KG Urt. v. 6.8.1998 – 8 U 8923/96, KGR 1998, 369 (370); Staudinger/*Gursky*, 2014, BGB § 184 Rn. 4.

[156] Vgl. nur MüKoHGB/*Grunewald* Rn. 38.

[157] BGH Urt. v. 18.6.1957 – VIII ZR 218/56, BeckRS 1957, 31194764; RG Urt. v. 7.6.1907 – II 39/07, RGZ 66, 186 (197); österr. OGH Urt. v. 26.11.1981 – 7 Ob 642/81, RIS-Justiz RS 0019838; Schlegelberger/*Hefermehl* Rn. 43; *Würdinger/Röhricht* Rn. 44 aE; MüKoHGB/*Grunewald* Rn. 38; Baumbach/Hopt/*Hopt* Rn. 28; BeckOK HGB/*Schwartze* Rn. 28; Heymann/*Emmerich/Hoffmann* Rn. 25; Staub/*Koller* Rn. 56; zweifelnd wohl nur grundsätzlich auch Oetker/*Koch* Rn. 101.

[158] Heymann/*Emmerich/Hoffmann* Rn. 25; BeckOK HGB/*Schwartze* Rn. 28; Oetker/*Koch* Rn. 101; tendenziell auch BGH Urt. v. 18.6.1957 – VIII ZR 218/56, BeckRS 1957, 31194764; aA wohl MüKoHGB/*Grunewald* Rn. 38.

[159] Heymann/*Emmerich/Hoffmann* Rn. 25.

Schaden berechnen.[160] Das kann insoweit vorteilhaft sein, als der Verkäufer in diesem Fall einen den Verkehrswert übersteigenden Mehrerlös in der Regel behalten darf.[161]

IV. Beweislast

Will der Verkäufer Rechte aus Anlass einer von ihm vorgenommenen Hinterlegung, insbesondere **52** die ihm entstandenen Kosten geltend machen, trägt er die Beweislast für die tatsächlichen Voraussetzungen sämtlicher Merkmale des § 373 Abs. 1 einschließlich der erfolgten Hinterlegung und der Angemessenheit der dafür aufgewandten Kosten. Leitet er Rechte aus einem vollzogenen Selbsthilfeverkauf her, hat er im Streitfall die tatsächlichen Voraussetzungen für dessen Wirksamkeit dartun und beweisen (→ Rn. 33).[162] Bei der Frage, ob der Verkauf am rechten Ort, zur richtigen Zeit und zu angemessenen Konditionen durchgeführt wurde, handelt es sich nicht um Gültigkeitsvoraussetzungen. Ihre Verletzung kann daher (nur) eine verschuldensabhängige Schadenersatzhaftung des Verkäufers auslösen. Insoweit hat der Käufer zu beweisen, wie der zuvor allerdings aus Auftragsrecht rechenschaftspflichtige Verkäufer hinsichtlich Zeit, Ort oder Verkaufsbedingungen den Verkauf pflichtgemäß hätte ausführen müssen; ist dieser Beweis geführt, ist es Sache des Verkäufers nachzuweisen, dass er dem gerecht geworden ist, also ordnungsgemäß erfüllt hat.[163] Zudem obläge es ihm auch, sich bei feststehender Pflichtverletzung gem. § 280 Abs. 1 S. 2 BGB durch den Nachweis entlasten, dass er nicht schuldhaft gehandelt und/oder die Pflichtwidrigkeit den Erlös gleichwohl nicht geschmälert hat.[164]

§ 374 [Vorschriften des BGB über Annahmeverzug]

Durch die Vorschriften des § 373 werden die Befugnisse nicht berührt, welche dem Verkäufer nach dem Bürgerlichen Gesetzbuche zustehen, wenn der Käufer im Verzuge der Annahme ist.

I. Ausgangspunkt

§ 374 stellt klar, dass dem Verkäufer im Falle eines Annahmeverzugs des Käufers beim Handelskauf **1** mit dem Hinterlegungsrecht (§ 373 Abs. 1) und dem Recht zum Selbsthilfeverkauf (§ 373 Abs. 2–5) **zwei zusätzliche Rechte** gegenüber den ihm nach dem BGB zukommenden Befugnissen zustehen. Ansonsten bleibt es aber bei den allgemeinen Annahmeverzugsregeln iSd §§ 293 ff. BGB und den Möglichkeiten, die dem Käufer nach dem Hinterlegungsrecht der §§ 372 ff. BGB einschließlich der danach gem. §§ 383 ff. BGB gegebenen Verwertungsmöglichkeiten offenstehen.

II. Die Rechtsstellung des Verkäufers nach den §§ 293 ff. BGB (Überblick)

1. Der Aufwendungsersatzanspruch nach § 304 BGB. § 304 BGB gewährt dem Schuldner **2** einen Anspruch auf Ersatz der **Mehraufwendungen,** die ihm neben dem erfolglosen Angebot infolge des Gläubigerverzuges (§§ 293 ff. BGB) für die Aufbewahrung und Erhaltung des geschuldeten Gegenstandes anfallen. Die Vorschrift stellt also klar, dass dem Schuldner aus der fehlenden Annahmebereitschaft des Gläubigers kein wirtschaftlicher Nachteil entstehen soll. Über den in § 304 BGB vorgesehenen Anspruch auf Kostenersatz hinaus verpflichtet der Annahmeverzug den Gläubiger aber für sich allein noch nicht zum Schadensersatz. Denn der Eintritt eines Gläubigerverzugs setzt als solcher kein dafür nach § 280 Abs. 1 BGB erforderliches Verschulden voraus.[1] Für einen über die Ersatzpflicht nach § 304 BGB hinausgehenden Schaden ist der Gläubiger vielmehr nur verantwortlich, wenn er auch mit seiner Pflicht zur Abnahme der Kaufsache in Schuldnerverzug gerät (§§ 433 Abs. 2, 280 Abs. 1, 2, 286 BGB).[2]

---

[160] AllgA, s. etwa RG Urt. v. 5.11.1924 – I 635/23, RGZ 109, 134 (136); RG Urt. v. 3.2.1925 – VI 274/24, RGZ 110, 155 (156 f.); Schlegelberger/*Hefermehl* Rn. 45; Baumbach/Hopt/*Hopt* Rn. 25; Staub/*Koller* Rn. 61; KKRD/*Roth* Rn. 14; Heymann/*Emmerich/Hoffmann* Rn. 28; MüKoHGB/*Grunewald* Rn. 39; Oetker/*Koch* Rn. 96; HaKo-HGB/*Stöber* Rn. 28.

[161] Vgl. BGH Urt. v. 20.5.1994 – V ZR 64/93, BGHZ 126, 131 (132) = NJW 1994, 2480; BGH Urt. v. 6.6.1997 – V ZR 115/96, BGHZ 136, 52 (56 f.) = NJW 1997, 2378; BeckOK HGB/*Schwartze* Rn. 29; Heymann/*Emmerich/Hoffmann* Rn. 28 mwN.

[162] S. etwa Staub/*Koller* Rn. 62.

[163] Vgl. Erman/*Berger* BGB § 662 Rn. 23 mwN.

[164] Vgl. RG Urt. v. 14.3.1925 – I 292/24, RGZ 110, 268 (269 f.); Oetker/*Koch* Rn. 59 mwN; Staub/*Koller* Rn. 52a; aA MüKoHGB/*Grunewald* Rn. 26.

[1] RG Urt. v. 27.2.1929 – V 200/28, RGZ 123, 338 (340); BGH Urt. v. 11.4.1957 – VII ZR 280/56, BGHZ 24, 91 (96) = NJW 1957, 989; Palandt/*Grüneberg* BGB § 293 Rn. 10 mwN.

[2] MüKoHGB/*Grunewald* Rn. 14.

3　　Ersatzfähig sind nach § 304 BGB ausschließlich die dem Verkäufer tatsächlich entstandenen **Mehraufwendungen,** die für das erfolglose Angebot sowie für die Aufbewahrung und Erhaltung des geschuldeten Gegenstandes objektiv erforderlich waren.[3] Ist der Verkäufer zum Zeitpunkt des Vertragsschlusses ein Kaufmann, greift ergänzend § 354 Abs. 1 ein. Danach kann er für die Dauer des Annahmeverzugs die ortsüblichen Lagerkosten beanspruchen.[4] Zu den für die Erhaltung des geschuldeten Gegenstandes notwendigen Aufwendungen zählen hauptsächlich Aufwendungen, welche diesen vor Beschädigungen und Abhandenkommen sichern sollen. Das können neben den **üblichen Lagerkosten** auch Prämien für eine weitergeführte oder neu abgeschlossene **Versicherung** sein, soweit die Fortführung oder der Neuabschluss sachlich geboten sind.[5] Allgemeine Vermögenseinbußen, die etwa durch einlagerungsbedingte Betriebsbeeinträchtigungen entstehen, fallen dagegen nicht unter § 304 BGB. [6] Ohne wesentliche praktische Bedeutung ist schließlich die hieran anknüpfende Frage, ob der Gläubiger zur Beendigung des Annahmeverzugs neben seiner Annahmebereitschaft auch den Ersatz der Mehraufwendungen anbieten muss oder ob es – wofür nach den Gesetzesmaterialien mehr spricht – ausreicht, dass der Schuldner auf seinen Anspruch aus § 304 BGB ein *Zurückbehaltungsrecht* (§ 273 BGB) hinsichtlich seiner eigenen anzubietenden Leistung stützen und seine Leistung davon abhängig machen kann, dass der Gläubiger die Mehraufwendungen Zug-um-Zug erstattet, sodass Letzterer gem. § 298 BGB in Annahmeverzug bleibt oder erneut gerät, wenn er hierauf nicht eingeht.[7]

4　　**2. Das Hinterlegungsrecht nach § 372 BGB.** Geld, Wertpapiere und sonstige Urkunden sowie Kostbarkeiten kann der Schuldner nach § 372 S. 1 BGB bei einer dazu bestimmten Stelle für den Gläubiger ua dann hinterlegen, wenn dieser objektiv im Verzuge der Annahme (§§ 293 ff. BGB) ist. Die Hinterlegung der geschuldeten Sache muss grundsätzlich beim Amtsgericht erfolgen, in dessen Bezirk der Leistungsort liegt. Die Hinterlegungsstelle verfügt in diesem Fall auf Antrag des Hinterlegers die Annahme der hinterlegten Sache (§ 6 HO), wodurch selbst dann ein wirksames öffentlich-rechtliches Hinterlegungsverhältnis entsteht, wenn die materiell-rechtlichen Voraussetzungen für eine Hinterlegung an sich nicht vorlagen. Für die befreiende Wirkung der Hinterlegung gem. § 378 BGB müssen die Tatbestandsmerkmale des § 372 BGB zur Zeit der Hinterlegung erfüllt sein. Durch spätere Erklärungen und Handlungen wird die befreiende Wirkung der Hinterlegung (§ 378 BGB) nicht beeinflusst.[8]

5　　**3. Das Selbsthilfeverkaufsrecht nach § 383 BGB. a) Voraussetzungen.** Ein Selbsthilfeverkauf des Schuldners gem. § 383 BGB setzt voraus, dass der Leistungsanspruch des Gläubigers sich auf eine am Maßstab des § 372 BGB **hinterlegungsunfähige Sache** richtet. Befindet sich der Gläubiger einer solchen Sache in Annahmeverzug (§§ 293 ff. BGB), kann der Schuldner die Sache ohne Weiteres nach Maßgabe des § 383 BGB öffentlich versteigern lassen.

6　　**b) Durchführung des Selbsthilfeverkaufs.** Der Verkauf ist gem. § 383 Abs. 1 S. 1, Abs. 3 BGB regelmäßig durch **öffentliche Versteigerung** am Leistungsort vorzunehmen. Besteht für die Kaufsache ein Börsen- oder Marktpreis, kann also für Sachen der geschuldeten Art am Verkaufsort aus einer größeren Zahl von Verkäufen ein Durchschnittswert ermittelt werden (näher → § 373 Rn. 19, → § 373 Rn. 31)[9], kommt darüber hinaus auch ein **freihändiger Verkauf** nach Maßgabe von § 385 BGB in Betracht. Ort der Versteigerung ist grundsätzlich der Erfüllungsort iSd § 269 Abs. 1 S. 1 BGB. Ist von der Versteigerung dort aufgrund bestimmter Umstände oder Verhältnisse kein angemessener Erfolg zu erwarten, ist sie nach Abs. 2 an einem anderen Ort durchzuführen. Gem. § 383 Abs. 3 S. 2 BGB sind Zeit und Ort der Versteigerung unter allgemeiner Bezeichnung der Sache bekannt zu machen.

7　　Nach der **Legaldefinition** des § 383 Abs. 3 S. 1 BGB liegt eine öffentliche Versteigerung vor, wenn sie von einem für den Versteigerungsort bestellten oder befugten Versteigerer oder einer vergleichbaren Person durchgeführt wird und es sich um einen öffentlichen Versteigerungstermin handelt. **Zuständig** für die Durchführung öffentlicher Versteigerungen sind hauptsächlich die für den Versteigerungsort bestellten Gerichtsvollzieher. Welche Personen zur Versteigerung befugt sind, richtet sich dabei nach Landesrecht.[10] An dem Selbsthilfeverkauf, gleich ob öffentliche Versteigerung oder

---

[3] BGH Urt. v. 14.2.1996 – VIII ZR 185/94, NJW 1996, 1464 (1465); BGH Urt. v. 25.10.2006 – VIII ZR 23/06, BGHZ 170, 1 Rn. 35 = NJW 2007, 1198; abw. Staub/*Koller* Rn. 24.

[4] BGH Urt. v. 14.2.1996 – VIII ZR 185/94, NJW 1996, 1464 (1465); BGH Urt. v. 22.3.2006 – VIII ZR 173/04, NJW-RR 2006, 1328 Rn. 48; BGH Urt. v. 25.10.2006 – VIII ZR 23/06, BGHZ 170, 1 Rn. 37 f. = NJW 2007, 1198; HaKo-HGB/*Stöber* Rn. 2; Baumbach/Hopt/*Hopt* § 354 Rn. 5; Düringer/Hachenburg/*Werner* § 354 Anm. 7; *Paulus* → § 354 Rn. 11 mwN; s. ferner Palandt/*Grüneberg* BGB § 304 Rn. 2; MüKoHGB/*Grunewald* Rn. 7 mwN.

[5] S. etwa Palandt/*Grüneberg* BGB § 304 Rn. 2; Staudinger/*Feldmann*, 2014, BGB § 304 Rn. 3 mwN; vgl. auch MüKoHGB/*Grunewald* Rn. 7 mwN.

[6] Dazu eingehend *Löwisch* AcP 174 (1974), 202 (255); zust. MüKoHGB/*Grunewald* Rn. 7.

[7] Zum Ganzen näher BeckOGK/*Dötterl* BGB § 304 Rn. 127 ff.; vgl. ferner BAG Urt. v. 21.5.1981 – 2 AZR 95/79, NJW 1982, 121 (122).

[8] RG Urt. v. 20.12.1902 – I 383/82, RGZ 53, 204 (210 f.); RG Urt. v. 5.1.1921 – V 358/20, Recht 1921, Nr. 2776 f.

[9] RG Urt. v. 23.1.1895 – I 345/94, RGZ 34, 117 (120).

[10] Vgl. etwa MüKoBGB/*Fetzer* BGB § 383 Rn. 6 mwN.

freihändiger Verkauf, dürfen die mit der Verkaufsdurchführung betrauten Personen gem. §§ 450, 451 BGB grundsätzlich nicht als Bieter oder Käufer teilnehmen. Der Vertrag kommt zwischen Ersteher/ Käufer und dem den Selbsthilfeverkauf betreibenden Schuldner, vertreten durch den Versteigerer, zustande.[11] Sowohl der Schuldner als auch der Gläubiger dürfen entsprechend § 1239 BGB bzw. § 373 Abs. 4 mitbieten.[12] Gem. § 384 Abs. 2 BGB ist der Gläubiger unverzüglich von der durchgeführten Versteigerung unter Mitteilung des Ergebnisses zu benachrichtigen.[13]

c) Rechtsfolgen des Selbsthilfeverkaufs. aa) Rechtmäßiger Selbsthilfeverkauf. Lagen die **8** Voraussetzungen zur Durchführung des Selbsthilfeverkaufs im Zeitpunkt der Versteigerung vor und wurde der Verkauf ordnungsgemäß durchgeführt, ist der Verkauf **rechtmäßig.** Der Schuldner ist dann berechtigt, den Erlös zu hinterlegen. Die nach § 383 Abs. 1 S. 1 BGB vorzunehmende Hinterlegung des Erlöses hat die in §§ 378 f. BGB beschriebenen Wirkungen, sodass bei ausgeschlossener Rücknahme die Hinterlegung des Erlöses nach § 378 BGB selbst dann, wenn der Erlös hinter dem Sachwert zurückbleibt, wie die **Hinterlegung** der geschuldeten Sache selbst und damit **schuldbefreiend** wirkt.[14] Der Anspruch des Gläubigers ist somit nunmehr auf einen Geldbetrag in Höhe des Versteigerungserlöses gerichtet; allerdings kann der Schuldner bei Wegfall des Leistungshindernisses den Erlös auch unmittelbar an den Gläubiger zahlen und braucht nicht zu hinterlegen.[15] Ebenso kann er gegen die nunmehr auf Geldzahlung lautende Forderung des Gläubigers mit etwaigen Gegenansprüchen aufrechnen.[16]

bb) Unrechtmäßiger Selbsthilfeverkauf. Liegen die für einen Selbsthilfeverkauf nach §§ 383 **9** Abs. 1, 384 Abs. 1 BGB **wesentlichen Voraussetzungen** bei Versteigerung der Kaufsache oder einem freihändigen Verkauf nicht vor, ist der Verkauf unrechtmäßig. Dies ist der Fall, wenn die Sache hinterlegungsfähig gewesen wäre, aber kein Hinterlegungsgrund, also etwa nicht der von § 372 S. 1 BGB vorausgesetzte Annahmeverzug, vorgelegen hat, wenn die Voraussetzungen des § 383 Abs. 3 nicht gegeben sind, wenn die Versteigerung entgegen § 384 Abs. 1 nicht angedroht oder ein freihändiger Verkauf nicht nach Maßgabe von § 385 BGB durchgeführt worden ist. Wie es sich verhält, wenn eine vom Schuldner im Wege der Selbsthilfe verkaufte Ware nicht die dem Gläubiger vertraglich geschuldete Qualität hatte, ist umstritten.[17] Richtigerweise darf in diesem Fall von vornherein kein Selbsthilfeverkauf stattfinden, weil der Käufer eine mangelhafte Ware grundsätzlich zurückweisen darf und deshalb bereits nicht in den nach § 372 S. 1 BGB erforderlichen Annahmeverzug geraten kann (→ § 373 Rn. 8).[18]

Liegt dagegen kein Verstoß gegen wesentliche Verfahrensvoraussetzungen oder Schutzvorschriften **10** (→ Rn. 9), sondern nur gegen **Ordnungsvorschriften** vor, ist – wie auch § 1243 BGB zeigt – den objektiven Interessen des Gläubigers mit einer Schadensersatzleistung hinreichend Rechnung getragen.[19] Das ist etwa der Fall, wenn die Vorschriften über den Ort der Versteigerung oder die Benachrichtigung nach § 384 Abs. 2 BGB verletzt worden sind oder wenn der Versteigerer die für ihn maßgebenden Verwaltungsvorschriften nicht beachtet hat.[20] Die Versteigerung an einem anderen Ort als dem Leistungsort begründet demgemäß nur eine auf Leistung des objektiven Marktwertes gehende Schadensersatzpflicht des Schuldners, die dieser abwenden kann, wenn er seinerseits beweist, dass durch eine Versteigerung am gesetzlich bestimmten Ort kein höherer Erlös erzielt worden wäre.[21]

War der Selbsthilfeverkauf in dem unter → Rn. 9 beschriebenen Sinne unrechtmäßig und hat **11** deshalb die in § 378 BGB beschriebenen Wirkungen nicht entfalten können, führt dies bei Stückschulden und nach §§ 243 Abs. 2, 300 Abs. 2 BGB konkretisierten Gattungsschulden für den Schuldner zur nachträglichen subjektiven Unmöglichkeit der Leistung gem. § 275 Abs. 1 BGB. Der Schuldner ist bei einem Vertretenmüssen gem. §§ 280 Abs. 1, 3, 283 BGB **schadensersatzpflichtig,** es sei denn, man lässt ausnahmsweise eine dem Schuldner mögliche Rekonzentration zu (→ § 373 Rn. 49).[22] Das Haftungsprivileg des § 300 Abs. 1 BGB findet wie bei § 373 Abs. 2 keine entsprechende Anwendung, weil es bei dem Verkauf nicht um die Obhut für die Kaufsache geht (→ § 373 Rn. 11,

---

[11] S. etwa Staudinger/*Olzen*, 2016, BGB § 383 Rn. 13; MüKoBGB/*Fetzer* BGB § 383 Rn. 6 mwN.
[12] MüKoBGB/*Fetzer* BGB § 383 Rn. 6, zugleich zur Eigentumsübertragung in diesen Fällen.
[13] MüKoBGB/*Fetzer* BGB § 384 Rn. 1 mwN.
[14] MüKoBGB/*Fetzer* BGB § 383 Rn. 8.
[15] MüKoBGB/*Fetzer* BGB § 383 Rn. 8 mwN.
[16] MüKoBGB/*Fetzer* BGB § 383 Rn. 8 mwN.
[17] Vgl. einerseits etwa Staudinger/*Olzen*, 2016, BGB § 383 Rn. 18 und BeckOK BGB/*Dennhardt* BGB § 383 Rn. 7 andererseits.
[18] Vgl. BGH Urt. v. 6.12.2017 – VIII ZR 219/16, NJW-RR 2018, 822 Rn. 24, 41; BGH Urt. v. 26.10.2016 – VIII ZR 211/15, NJW 2017, 1100 Rn. 15, 38; BGH Urt. v. 20.5.2009 – VIII ZR 191/07, BGHZ 181, 170 Rn. 20 = NJW 2009, 2807; MüKoHGB/*Grunewald* Rn. 28.
[19] So auch Staudinger/*Olzen*, 2016, BGB § 383 Rn. 18; vgl. ferner Palandt/*Grüneberg* BGB § 383 Rn. 5.
[20] MüKoBGB/*Fetzer* BGB § 384 Rn. 7 mwN.
[21] Vgl. RG Urt. v. 14.3.1925 – I 292/24, RGZ 110, 268 (270); Palandt/*Grüneberg* BGB § 383 Rn. 5.
[22] Vgl. dazu Erman/*Westermann* BGB § 243 Rn. 18.

→ § 373 Rn. 43). Handelt es sich um eine **Gattungsschuld** und war noch keine Konkretisierung gem. § 300 Abs. 2 BGB eingetreten, bleibt der Schuldner zur Leistung der geschuldeten Ware verpflichtet.[23]

§ 375 [Bestimmungskauf]

(1) **Ist bei dem Kaufe einer beweglichen Sache dem Käufer die nähere Bestimmung über Form, Maß oder ähnliche Verhältnisse vorbehalten, so ist der Käufer verpflichtet, die vorbehaltene Bestimmung zu treffen.**

(2) **[1] Ist der Käufer mit der Erfüllug dieser Verpflichtung in Verzug, so kann der Verkäufer die Bestimmung statt des Käufers vornehmen oder gemäß den §§ 280, 281 des Bürgerlichen Gesetzbuchs Schadensersatz statt der Leistung verlangen oder gemäß § 323 des Bürgerlichen Gesetzbuchs vom Vertrag zurücktreten. [2] Im ersteren Falle hat der Verkäufer die von ihm getroffene Bestimmung dem Käufer mitzuteilen und ihm zugleich eine angemessene Frist zur Vornahme einer anderweitigen Bestimmung zu setzen. [3] Wird eine solche innerhalb der Frist von dem Käufer nicht vorgenommen, so ist die von dem Verkäufer getroffene Bestimmung maßgebend.**

Schrifttum: *Canaris,* Auswirkungen des Gesetzes zur Modernisierung des Schuldrechts auf das Recht des Handelskaufs und der Kommission, FS Konzen, 2006, 43; *Merz,* Qualitätssicherungsvereinbarungen, 1991; *Rieble/Gutfried,* Spezifikationskauf und BGB – Schuldrecht, JZ 2008, 593.

Übersicht

I. Regelungsinhalt und Zweck der Norm

1   **1. Ausgangspunkt.** Die Vorschrift des § 375 regelt die Voraussetzungen und Rechtsfolgen eines Verzugs des Käufers mit der ihm vorbehaltenen Bestimmung bestimmter Merkmale der Kaufsache bei einem sog. **Spezifikations-** oder **Bestimmungskauf.** Bei derartigen Verträgen erlegt § 375 Abs. 1 dem Käufer die Vornahme einer vertraglich vereinbarten Spezifikation eigens als echte und an sich auch einklagbare Hauptpflicht auf (→ Rn. 18). Dies eröffnet umgekehrt dem Verkäufer zum einen die in § 375 Abs. 2 S. 1 ausdrücklich hervorgehobene Möglichkeit, sich bei pflichtwidrigem Ausbleiben der Spezifikation unter den Voraussetzungen der §§ 280, 281, 323 BGB, die dazu seit der Schuldrechtsreform eine synallagmatischen Pflichtenverknüpfung ohnehin nicht mehr erfordern,[1] vom Vertrag zu lösen, um dann ggf. Schadensersatz statt der Leistung zu verlangen, ohne den sonst in den

---

[23] *Gernhuber,* Die Erfüllung und ihre Surrogate, 2. Aufl. 1994, § 15 III 8; MüKoBGB/*Fetzer* BGB § 383 Rn. 9.
[1] Vgl. BT-Drs. 14/6040, 183; ferner OLG Hamm Urt. v. 18.1.2018 – 2 U 75/17, UA S. 29 (nv, rkr aufgrund Beschl. des BGH v. 16.10.2018 – VIII ZR 87/18).

tatsächlichen Anforderungen mühseligen Weg über §§ 282, 324 BGB gehen zu müssen. Zum andern eröffnet § 375 Abs. 2 dem an einer Vertragsdurchführung gelegenen Verkäufer die Möglichkeit, die dazu erforderliche Leistungskonkretisierung selbst herbeizuführen. Insoweit handelt es sich rechtssystematisch um eine Erweiterung der nach §§ 315 ff. BGB bestehenden Möglichkeiten der Leistungsbestimmung.[2]

Den Ausgangspunkt der in § 375 getroffenen Regelung hat die seinerzeit vom Gesetzgeber auf der **2** Grundlage von Art. 354, 343 ADHGB vorgefundene Rechtslage[3] gebildet, wonach der mit der Spezifikation säumige Käufer in Annahmeverzug geraten und dem am Vertrag festhaltenden Verkäufer die Befugnis zugewachsen ist, die von ihm an den Käufer zu liefernde Ware durch Selbsthilfeverkauf in der Weise zu veräußern, dass nunmehr der neue Käufer die Spezifikation vornehmen konnte.[4] Alternativ hat der Verkäufer vom bisherigen Käufer unter Vorbehalt der von diesem nachzuholenden Ausübung des Spezifikationsrechts sofort die Zahlung des sich bei der billigsten Spezifikation ergebenden Preises fordern können, um den Vertrag dann nachträglich nach Maßgabe einer vom Käufer doch noch vorgenommenen Spezifikation auszuführen.[5] Ein Übergang des Spezifikationsrechts auf den Verkäufer ist dagegen überwiegend verneint worden. Diese aus verschiedenen Gründen als unbefriedigend empfundene Ausgangssituation hat der Gesetzgeber mit § 375 dahin verändern wollen, dass er es nicht einfach bei den Folgen eines gem. § 295 BGB eintretenden Annahmeverzugs belassen wollte. Er hat vielmehr in Anlehnung an die in § 264 Abs. 2 BGB für die Wahlschuld getroffene Regelung bei Verzug des Käufers mit Vornahme der Spezifikation und vorbehaltlich einer von diesem in gewissem Rahmen noch nachholbaren Spezifikation einen Übergang des Spezifikationsrechts auf den Verkäufer vorgesehen sowie dem Verkäufer wahlweise ein Vertragslösungsrecht als Alternative zugebilligt. Ansonsten hat der Gesetzgeber an einem Annahmeverzug des mit der Spezifikation säumigen Käufers sowie der Möglichkeit eines daran anknüpfenden Selbsthilfeverkaufs nichts ändern wollen (→ § 373 Rn. 22).[6]

Bedeutung hat der so geregelte Spezifikationskauf fast ausschließlich bei Gattungssachen,[7] bei denen **3** sich der Käufer einerseits schon frühzeitig eine feste Bezugsmöglichkeit zu in ihren Grundzügen feststehenden und damit kalkulierbaren Konditionen sichern will. Andererseits ermöglicht ihm das Recht zur nachträglichen Spezifikation bei einem noch nicht genau feststehenden künftigen Bedarf hinsichtlich der genauen Ausführungsformen eine gewisse Variationsbreite. Auf diese Weise kann er sein Beschaffungsrisiko durch frühzeitige Eindeckung mit Ware ohne sofortigen Liquiditätsabfluss und Bereitstellung von Lagerkapazität mindern und gleichzeitig das Risiko einer nicht bedarfsgerechten Beschaffung herabsetzen, wobei die Vertragsgestaltung häufig Lieferungen einer bestimmten (Mindest-) Gesamtmenge in festgelegten Raten oder auf Abruf nach jeweiligem Bedarf innerhalb eines definierten Zeitraums vorsieht. Umgekehrt sichert sich auch der Verkäufer schon frühzeitig eine feste Absatzmenge zu einer überschaubaren Breite an Produktvariationen, sodass er seinerseits eine halbwegs verlässliche Kalkulationsgröße für seine Materialbeschaffung, Produktionsplanung und Lagerhaltung erhält. Um unter diesen, vor allem für den Verkäufer mit gewissen betriebsinternen Vorleistungen verbundenen Verhältnissen einer Vertragsuntreue des Käufers effektiver begegnen zu können, der etwa im Falle einer bei ihm eingetretenen Bedarfsänderung und/oder Liquiditätsenge häufig bereits eine geschuldete Warenspezifikation unterlässt, sodass eine Durchführung des Kaufvertrags allein schon an der erforderlichen Bestimmung des für einen Kaufvertrag an sich essentiellen Bestimmung des genauen Kaufgegenstandes zu scheitern droht, sieht § 375 zur Sicherstellung der Durchführbarkeit einen nach einem bestimmten Prozedere eintretenden Wechsel des Leistungsbestimmungsrechts auf den Verkäufer vor. Wahlweise weist § 375 dem Verkäufer den Weg zu einer Vertragsaufhebung und/oder zu einem Recht auf Schadensersatz statt der Leistung, wobei sich dieser Weg und die Vornahme des Bestimmungsrechts bereits nach dem Willen des Gesetzgebers wechselseitig ausschließen.[8] Und durch die in § 375 Abs. 1 normierte Rechtspflicht, die vorbehaltene Bestimmung vereinbarungsgemäß zu treffen, wird schließlich unübersehbar der über § 295 BGB führende Weg zum Annahmeverzug mit allen daraus resultierenden Folgen einschließlich der Möglichkeit des Selbsthilfeverkaufs gewiesen.

2. Abgrenzung zur Wahlschuld und ähnlichen Vertragsgestaltungen. Die in den §§ 262 ff. **4** BGB geregelte **Wahlschuld** ist nach dem Verständnis des Gesetzgebers auf mehrere Leistungen in der Weise gerichtet, dass nur die eine oder die andere erfolgen soll, sämtliche Leistungen aber von Anfang an bis zu der Entscheidung, welche tatsächlich zu bewirken ist, im Sinne einer sog. **Alternativobliga-**

---

[2] Oetker/*Koch* § 375 Rn. 1 mwN.

[3] Dazu *Hahn/Mugdan,* Die gesammten Materialien zu den Reichs-Justizgesetzen, 6. Bd.: Materialien zum Handelsgesetzbuch, 1897, 371.

[4] RG Urt. v. 21.2.1899 – II 345/98, RGZ 43, 101 (103).

[5] RG Urt. v. 27.5.1892 – III 7/92, RGZ 30, 97 (99, 103).

[6] *Hahn/Mugdan,* Die gesammten Materialien zu den Reichs-Justizgesetzen, 6. Bd.: Materialien zum Handelsgesetzbuch, 1897, 371 f.

[7] Vgl. Oetker/*Koch* Rn. 3.

[8] *Hahn/Mugdan,* Die gesammten Materialien zu den Reichs-Justizgesetzen, 6. Bd.: Materialien zum Handelsgesetzbuch, 1897, 372.

tion geschuldet sind; dabei kann die mit der schließlich zu bewirkenden Leistung zunächst verbunden und später durch Wahl der gewünschten Alternative zu beseitigende Unbestimmtheit nicht nur den unmittelbaren Gegenstand, sondern auch den Inhalt der Leistung überhaupt oder einzelne Modalitäten wie zB Zeit und Ort betreffen.[9] Eine Verpflichtung des Wahlberechtigten, die Wahl vorzunehmen, hat der Gesetzgeber jedoch nicht anordnen wollen, sondern einer Verzögerung der Leistungsbestimmung etwa bei einem dem Gläubiger zugewiesenen Wahlrecht durch § 264 Abs. 2 BGB in der Weise Rechnung getragen, dass das Wahlrecht auf den Schuldner übergeht, wenn der Gläubiger dieses auch nach Aufforderung, die Wahl binnen einer angemessenen Frist vorzunehmen, nicht ausübt.[10] Demgegenüber hat der Gesetzgeber den in § 375 geregelten Spezifikationskauf als einen Kaufvertrag charakterisiert, bei dem die Menge und Beschaffenheit der vom Verkäufer zu liefernden Gegenstände unter Festsetzung gewisser Grundpreise nur im Allgemeinen vereinbart, die nähere Bestimmung über Form, Maß oder ähnliche Verhältnisse aber dem Käufer vorbehalten wird.[11]

5 Dadurch, dass der Gesetzgeber für die Wahlschuld angenommen hat, sie könne nicht nur den unmittelbaren Gegenstand, sondern auch den Inhalt der Leistung überhaupt oder einzelne Modalitäten betreffen, dass also die Wahl auf verschiedener Gegenstände, aber auch auf Verschiedenheiten in Zeit und Ort gerichtet sein kann,[12] bereitet eine exakte Abgrenzung von Wahlschuld und Bestimmungskauf bisweilen Schwierigkeiten. Richtigerweise ist der entscheidende **Unterschied** darin zu sehen, dass bei der Wahlschuld die Leistungsinhalte der zur (späteren) Wahl stehenden Alternativen bereits von Anfang an in einer Weise konkretisiert sind, dass der Wahlberechtigte allein durch Benennen der oder Zeigen auf die von ihm dann ausgewählte Alternative den Vertragsinhalt abschließend festlegen kann.[13] Der Gestaltungsspielraum des Wahlberechtigten erschöpft sich deshalb in der freien Auswahl der bei Vertragsschluss bereits abschließend festgelegten Leistungsalternativen,[14] die – wie ein Urteil des BGH vom 2.2.1960[15] zeigt – überaus zahlreich sein können. Dementsprechend stellt es sich nur als eine Wahlschuld dar, wenn dem Käufer etwa die schlichte Wahl zwischen bestimmten vorhandenen Kaufgegenständen in ihrer bei Vertragsschluss bestehenden Ausführungsform eingeräumt ist.[16] Eine Wahlschuld liegt auch vor, wenn der Käufer im Rahmen einer fest vorgegebenen Gesamtmenge genau bezeichnete unterschiedliche und in ihrer Beschaffenheit jeweils unveränderlich vorgegebene Warensorten aus eine Liste zu fest vorgegebenen Listenpreisen beziehen muss, indem er die aufgelisteten einzelnen Warensorten (nur noch) in der von ihm gewünschten Weise auf die zu erreichende Gesamtmenge verteilt.[17] Dagegen stellt es einen Spezifikationskauf dar, wenn zwar ein bestimmter Gegenstand oder eine bestimmte Menge eines Gegenstandes zu liefern ist, diese Gegenstände aber erst in einer vom Käufer noch näher zu bestimmenden Weise, etwa hinsichtlich der bei Bedarf benötigten Leistungs- oder Ausstattungsmerkmale, konfiguriert werden sollen, sodass die tatsächlich geschuldeten Liefergegenstände in ihrer Zusammensetzung und/ oder Ausstattung erst mit Vornahme der Spezifikation feststehen, bei Vertragsschluss dagegen noch offen sind.[18]

6 Kennzeichen des Spezifikationskaufs ist es also, dass der Leistungsgegenstand lediglich dem Grunde nach, also im Allgemeinen,[19] feststeht und vom Käufer noch um offen gelassene Eigenschaften iSd § 375 abschließend ergänzt werden muss.[20] Vor diesem Hintergrund kann man aus dem Umstand, dass der BGH in seinem Urteil vom 10.12.1975[21] auf die Befugnis des Käufers abgestellt hat, zwischen verschiedenen, sich offenbar im Wesentlichen nur durch die Heizleistung unterscheidenden Ausführungen eines einheitlichen Kesseltyps auszuwählen, lediglich eine Beschreibung der im konkreten Fall für entscheidungserheblich erachteten Merkmale des zu beurteilenden Bestimmungskaufs, nicht jedoch darüber hinaus in Abgrenzung zur Wahlschuld zugleich eine Beschränkung des Anwendungsbereichs

---

[9] Mot. II, 6 = *Mugdan,* Die gesammten Materialien zum BGB für das Deutsche Reich. II Bd., 3.
[10] Mot. II, 8 = *Mugdan,* Die gesammten Materialien zum BGB für das Deutsche Reich. II Bd., 4 f.
[11] *Hahn/Mugdan,* Die gesammten Materialien zu den Reichs-Justizgesetzen, 6. Bd.: Materialien zum Handelsgesetzbuch, 1897, 370.
[12] Vgl. dazu etwa RG Urt. v. 25.2.1904 – VI 266/03, RGZ 57, 138 (141); BGH Urt. v. 2.2.1960 – VIII ZR 59/59, NJW 1960, 674 f.; BGH Urt. v. 11.11.1994 – V ZR 276/93, NJW 1995, 463 (464).
[13] jurisPK-BGB/*Toussaint* BGB § 262 Rn. 4; ähnl. BeckOGK/*Krafka* BGB § 262 Rn. 18; BeckOK BGB/*Lorenz* BGB § 262 Rn. 4; so bei näherem auch BGH Urt. v. 2.2.1960 – VIII ZR 59/59, NJW 1960, 674 f.; aA zB MüKoHGB/*Grunewald* Rn. 9; Oetker/*Koch* Rn. 17 f.
[14] *Rieble/Gutfried* JZ 2008, 593 f.
[15] BGH Urt. v. 2.2.1960 – VIII ZR 59/59, NJW 1960, 674.
[16] Vgl. RG Urt. v. 31.1.1928 – VII 540/27, Recht 1928 Nr. 523; RG Urt. v. 15.5.1934 – II 68/34, HRR 1934 Nr. 1302.
[17] Vgl. BGH Urt. v. 2.2.1960 – VIII ZR 59/59, NJW 1960, 674 f.
[18] Vgl. BGH Urt. v. 10.12.1975 – VIII ZR 201/74, WM 1976, 124; RG Urt. v. 15.5.1934 – II 68/34, HRR 1934 Nr. 1302; OLG München Urt. v. 16.6.2016 – 23 U 1877/15, juris Rn. 30 f.; OLG Hamm Urt. v. 18.1.2018 – 2 U 75/17, UA S. 29 ff. (nv); OLG München Beschl. v. 3.7.2018 – 19 U 742/18, ZVertriebsR 2018, 311.
[19] So die Terminologie des Gesetzgebers, vgl. *Hahn/Mugdan,* Die gesammten Materialien zu den Reichs-Justizgesetzen, 6. Bd.: Materialien zum Handelsgesetzbuch, 1897, 370.
[20] Oetker/*Koch* Rn. 13.
[21] BGH Urt. v. 10.12.1975 – VIII ZR 201/74, WM 1976, 124.

des § 375 auf Fallgestaltungen herauslesen, bei denen der Käufer etwa vergleichbare Bestimmungsbefugnisse in Bezug auf gänzlich verschiedene Warensorten[22] gehabt hätte.[23] Die Abgrenzung zur Wahlschuld findet sich vielmehr erst im Folgesatz, indem dort in ersichtlichem Gegensatz zu einer die Wahlschuld kennzeichnenden Alternativobliegenheit hervorgehoben ist, dass es im konkreten Streitfall nicht um die Wahl zwischen verschiedenen Leistungen, sondern lediglich um die Verpflichtung zur Bestimmung von Formen, Massen und ähnlichen Verhältnissen im Rahmen einer einheitlich geschuldeten Leistung gegangen ist. Aufgrund der aufgezeigten strukturellen Unterschiede schließen sich Wahlschuld und Bestimmungskauf also letztlich wechselseitig aus, sodass sich auch die Frage nach der Behandlung eines Konkurrenzverhältnisses nicht stellt.[24]

Von der Wahlschuld nach § 262 BGB und dem Bestimmungskauf nach § 375 sind ferner Vertragsgestaltungen abzugrenzen, nach denen der Käufer befugt ist, bei einer der Gattung nach geschuldeten Sache sich aus einem bestimmten **Vorrat** die zu liefernden Stücke oder die zu liefernde Menge **auszuwählen**.[25] Denn nicht der Käufer bestimmt die Beschaffenheit der vom Verkäufer geschuldeten Warengattung; die geschuldete Beschaffenheit bestimmt sich vielmehr auch in solch einem Fall nach § 360, wonach Handelsgut mittlerer Art und Güte zu liefern ist. Zudem handelt es sich bei der vorzunehmenden *Konkretisierung durch Aussonderung* nicht um einen rechtsgeschäftlichen oder rechtsgeschäftsähnlichen Vorgang, sondern um einen im Rahmen des Erfüllungsgeschehens zu bewirkenden Realakt.[26] Ebenso wenig kann ein **Kauf auf Abruf** für sich schon als Spezifikationskauf angesehen werden, da allein die Bestimmung der Leistungszeit als bloße Abwicklungsmodalität eines im Übrigen feststehenden Leistungsinhalts noch nicht zu den ähnlichen Verhältnissen gerechnet werden kann, deren Behandlung § 375 regeln will;[27] dies bestimmt sich vielmehr nach § 315 BGB.[28] Genauso werden auch sonst Leistungsbestimmungsrechte zu Vertragsmodalitäten, die sich wie etwa Leistungszeit oder Leistungsort nicht ohne Weiteres unter die ähnlichen Verhältnisse iSd § 375 Abs. 1 subsumieren lassen, zumeist im Anwendungsbereich des **Leistungsbestimmungsrechts nach § 315 BGB** verortet.[29] 7

II. Die Voraussetzungen des Spezifikationskaufs

1. Anwendungsbereich. Ein Spezifikationskauf iSd § 375 liegt vor, wenn beim Verkauf einer 8 beweglichen Sache dem Käufer die nähere Bestimmung über Form, Maß oder ähnliche Verhältnisse der Kaufsache vorbehalten ist. Nach ihrem **persönlichen Anwendungsbereich** gilt die Vorschrift gem. § 345 gleichermaßen für den einseitigen wie für den zweiseitigen Handelskauf. Es genügt daher, dass die Kaufmannseigenschaft in der Person des Verkäufers gegeben ist. Ist der Verkäufer nur ein Scheinkaufmann oder ein nichtkaufmännischer Unternehmer iSd § 14 BGB, kann er sich gegenüber einem nichtkaufmännischen Vertragspartner auf die Regeln des § 375 nicht berufen. Dasselbe gilt nach der Wertung des § 15 Abs. 1 für den Fall, dass der Ist-Kaufmann entgegen § 29 nicht in das Handelsregister eingetragen worden ist.[30] Beruft sich ein nichtkaufmännischer Käufer gegenüber einem als Scheinkaufmann auftretenden Verkäufer auf § 375, muss dieser sich nach allgemeinen Rechtsscheinsgrundsätzen wie ein echter Kaufmann behandeln lassen. Dasselbe gilt umgekehrt für den sich als Kaufmann gerierenden Käufer. Ansonsten ist die Kaufmannseigenschaft mindestens einer Vertragspartei, gleich auf welcher Vertragsseite sie steht, für die Anwendbarkeit von § 375 zwingend. Für eine darüber hinausgehende entsprechende Anwendung der Vorschrift auf Kaufverträge zwischen nichtkaufmännischen Unternehmern iSd § 14 BGB fehlt es hingegen an einer planwidrigen wie auch ausfüllungsbedürftigen Regelungslücke.[31] Im Gegenteil hat der Gesetzgeber der Handelsrechtsreform von 1998 eine derartige Erweiterung des Kaufmannsbegriffs auf den weiter gefassten Personenkreis der Unternehmer sogar ausdrücklich abgelehnt.[32]

In **sachlicher Hinsicht** gilt § 375 zunächst einmal für Kaufverträge über bewegliche Sachen. In der 9 Praxis geht es dabei in aller Regel um Gattungssachen, bei denen dem Käufer eine Bestimmungsbefugnis hinsichtlich offen gelassener und erst später zu konkretisierender Eigenschaften eingeräumt ist. § 375 kann aber auch für Spezieskäufe Bedeutung haben, indem zB dem Käufer das Recht zugestanden wird, eine noch in bestimmter Weise zu konkretisierende Zusatz- oder Sonderausstattung zu einer

---

[22] Auf den Fall bezogen zB Gas-, Öl-, Holz oder Pelletheizkessel; diese Frage hat aber nicht zur Entscheidung angestanden.

[23] So aber etwa *Staub/Koller* Rn. 9.

[24] AA *G. Müller* → 3. Aufl. 2015, Rn. 20 sowie etwa MüKoHGB/*Grunewald* Rn. 9; *Staub/Koller* Rn. 10; Oetker/*Koch* Rn. 17 f.; *Rieble/Gutfried* JZ 2008, 593 (599).

[25] Vgl. RG Urt. v. 25.2.1904 – VI 266/03, RGZ 57, 138 (141); *Staub/Koller* Rn. 12 mwN.

[26] Oetker/*Koch* Rn. 19 mwN.

[27] Oetker/*Koch* Rn. 20; offengelassen von BGH Urt. v. 30.9.1971 – VII ZR 20/70, NJW 1972, 99 (100).

[28] MüKoBGB/*Würdinger* BGB § 315 Rn. 24 mwN.

[29] MüKoBGB/*Würdinger* BGB § 315 Rn. 24 mwN; *Staub/Koller* Rn. 12 mwN; vgl. dazu auch BGH Urt. v. 14.7.1983 – VII ZR 306/82, NJW 1983, 2934 (2935); ferner zB Staudinger/*Rieble,* 2015, BGB § 315 Rn. 214 mwN.

[30] Oetker/*Koch* Rn. 5; *Staub/Koller* Rn. 6.

[31] AA Heymann/*Emmerich/Hoffmann* Rn. 4.

[32] Vgl. BT-Drs. 13/8444, 22 f., 30 f., 47.

gekauften Speziessache zu verlangen.[33] Über § 381 findet § 375 zudem auf den Kauf von Wertpapieren und auf Verträge über die Lieferung herzustellender oder zu erzeugender beweglicher Sachen iSd § 650 BGB Anwendung, wobei es im letztgenannten Fall nicht darauf ankommt, ob es um die Herstellung und Lieferung vertretbarer oder unvertretbarer Sachen geht.[34]

10   Soll der **Verkäufer** oder ein **Dritter** nach dem Vertragsinhalt die Bestimmung über eine bestimmte Eigenschaft der zu liefernden oder noch herzustellenden Sache treffen, findet § 375 keine Anwendung. Einschlägig sind hierfür vielmehr die §§ 315, 317 BGB.[35] Ist dagegen vertraglich vereinbart, dass eine andere Person die Bestimmung für den Käufer vornehmen soll, so handelt es sich um einen Anwendungsfall des § 375. Insoweit muss sich der Käufer die Untätigkeit des Dritten gem. § 278 BGB zurechnen lassen.[36]

11   **2. Gegenstand des Bestimmungsrechts.** Nach dem Gesetzeswortlaut bezieht sich das dem Käufer vorbehaltene Bestimmungsrecht beim Kauf einer beweglichen Sache auf Form, Maß und ähnliche Verhältnisse. Während die **Form** in ihrem unübersehbaren Bezug auf die äußere plastische Gestalt mit bestimmten Umrissen und das **Maß** in seinem Bezug auf Mengen-, namentlich Größen- und/oder Gewichtsverhältnisse,[37] noch einen verhältnismäßig sicher greifbaren Begriffskern enthalten, gehen die Ansichten hinsichtlich der von § 375 erfassten **ähnlichen Verhältnisse** weit auseinander. Angesichts des stofflichen Bezugs, der in diesen durch die Ähnlichkeitsklammer zusammengehaltenen Begriffen unübersehbar durchscheint, bereitet es keine aber Schwierigkeiten, hierunter jedenfalls Sacheigenschaften zu fassen, die sich nach der Verkehrsauffassung etwa in Farbe, Materialbeschaffenheit, Zusammensetzung der Grundstoffe,[38] Leistungs- und Ausstattungsmerkmalen,[39] Verarbeitungsart und -qualität, Güte- und Leistungsklassen[40] oder Herkunft als Beschaffenheitsmerkmal des jeweiligen Kaufgegenstandes niederschlagen können.[41] Unterschiedlich beurteilt wird dagegen, ob etwa auch nicht stoffgebundene Leistungsmodalitäten wie zB Kaufpreis, Liefermenge, Leistungsort und -zeit oder Transportart und Zahlungsweise zu den ähnlichen Verhältnissen gerechnet werden können oder ob dies nach anderen Regeln wie etwa dem Leistungsbestimmungsrecht gem. §§ 315 f. BGB[42] oder der Wahlschuld gem. §§ 262 ff. zu beurteilen ist.[43]

12   Einen Fingerzeig zur Behandlung dieser Fragen geben bereits die Gesetzesmaterialien. Darin heißt es etwa zur Wahlschuld, dass die mit der schließlich zu bewirkenden Leistung zunächst verbundene und später durch Wahl der gewünschten Alternative zu beseitigende Unbestimmtheit nicht nur den unmittelbaren Gegenstand, sondern den Inhalt der Leistung überhaupt oder einzelne Modalitäten wie zB Zeit und Ort betreffen kann.[44] Demgegenüber werden in der Denkschrift zum HGB-Entwurf Spezifikationskäufe als Kaufverträge definiert, bei denen die Menge und Beschaffenheit der vom Verkäufer zu liefernden Gegenstände unter Festsetzung gewisser Grundpreise nur im Allgemeinen vereinbart, die nähere Bestimmung über Form, Maß oder ähnliche Verhältnisse aber dem Käufer vorbehalten wird.[45] Es geht danach also um die dem Käufer überlassene nähere Bestimmung der von den Vertragsparteien nur im Allgemeinen getroffenen Vereinbarungen zu Menge und Beschaffenheit der zu liefernden Gegenstände, nicht dagegen um die viel weiter gehende Bestimmung des Inhalts der Leistung überhaupt oder einzelne Modalitäten wie zB Zeit und Ort, wie dies Gegenstand einer von vornherein feststehenden und auf Konsens der Parteien beruhenden Alternativobligation ist. Der hierbei unübersehbar zum Ausdruck gekommene stoffliche Bezug zu der zu liefernden Ware und ihren Eigenschaften (→ Rn. 11) schließt es deshalb von vornherein aus, Leistungsmodalitäten wie etwa **Kaufpreis, Leistungsort und Leistungszeit, Warentransport und Zahlungsweise** zu den der näheren Bestimmung des Käufers anheim gegebenen ähnlichen Verhältnissen iSd § 375 Abs. 1 zu rechnen und ihm zu ermöglichen, bei Fehlen konkreter Absprachen dies abweichend von den sonst zur Anwendung kommenden §§ 269 ff., 447 f. BGB einseitig zu bestimmen.[46] Im Gegenteil zeigt allein die Existenz dieser auf Lückenfüllung angelegten Auslegungs- und Abwicklungsregeln, dass es bei Fehlen konkreter Absprachen keiner ergänzenden Leistungsbestimmung zur Herstellung einer

---

[33] OLG München Beschl. v. 3.7.2018 – 19 U 742/18, ZVertriebsR 2018, 311; Staub/*Koller* Rn. 6; Oetker/*Koch* Rn. 3.

[34] OLG Hamm Urt. v. 18.1.2018 – 2 U 75/17, UA S. 28 (nv).

[35] Oetker/*Koch* Rn. 6 mwN.

[36] Vgl. MüKoHGB/*Grunewald* Rn. 6.

[37] Oetker/*Koch* Rn. 11

[38] OLG Hamm Urt. v. 18.1.2018 – 2 U 75/17, UA S. 29 (nv).

[39] BGH Urt. v. 10.12.1975 – VIII ZR 201/74, WM 1976, 124; OLG München Beschl. v.3.7.2018 – 19 U 742/18, ZVertriebsR 2018, 311.

[40] OLG München Urt. v. 16.6.2016 – 23 U 1877/15, juris Rn. 30 f.

[41] Oetker/*Koch* Rn. 11 mwN.

[42] Dazu etwa BGH Urt. v. 14.7.1983 – VII ZR 306/82, NJW 1983, 2934 (2935).

[43] Zum Streitstand etwa Oetker/*Koch* Rn. 12 oder MüKoHGB/*Grunewald* Rn. 7 f.; jeweils mwN.

[44] Mot. II, 6 = *Mugdan,* Die gesammten Materialien zum BGB für das Deutsche Reich. II Bd., 3.

[45] *Hahn/Mugdan,* Die gesammten Materialien zu den Reichs-Justizgesetzen, 6. Bd.: Materialien zum Handelsgesetzbuch, 1897, 370.

[46] Oetker/*Koch* Rn. 12; Staub/*Koller* Rn. 12 mwN.

Vollzugsfähigkeit des Vertrages mehr bedarf, wie dies von § 375 gerade bezweckt ist. Soweit die vertraglichen Absprachen dem Käufer eigens ein die gesetzlichen Auslegungs- und Abwicklungsregeln beiseite schiebendes Bestimmungsrecht zu diesen Leistungsmodalitäten zuweisen, beurteilt sich dessen Ausübung nach § 315 BGB.[47]

Was den **Preis** anbelangt, baut dieser auf dem vorausgesetzten Grundpreis auf und korreliert dadurch **13** mit der stofflichen Leistungsbestimmung und/oder der zu liefernden Menge, sodass er in seiner Höhe ebenfalls einer eigenständigen Leistungsbestimmung des Käufers nicht zugänglich ist. Die **Menge** selbst steht zum einen in engem Zusammenhang mit der stofflichen Leistungsbestimmung, die je nach Wahl von Form und Maß des einzelnen Liefergegenstandes unmittelbare Auswirkungen auf etwa auf Gewicht, Abmessung, Volumen oder Stückzahl und damit auf die zu beziehende Gesamtliefermenge haben kann. Letztere wiederum zählt aber nicht zu den vom Bestimmungsrecht erfassten ähnlichen Verhältnissen, sondern zu den ihnen zugrunde liegenden, im Allgemeinen vereinbarten und deshalb durch Konsens etwa in der Weise festgelegten Vertragsmodalitäten, dass eine Mindestmenge oder ein Mengenkorridor, ggf. noch gepaart mit zeitlichen Vorgaben, vereinbart werden.[48] Soweit hierbei dem Käufer zB über Abrufrechte eine Bestimmungsmöglichkeit eingeräumt ist, beurteilt sich dies nach § 315 BGB (→ Rn. 7).[49]

Soweit angenommen wird, dass § 375 wegen einer ihm innewohnenden Eignung zur beschleunig- **14** ten Vertragsabwicklung uU über seinen Wortlaut hinaus weit auszulegen oder sogar analog heranzuziehen sei,[50] verdient dies keine Zustimmung. Denn der Spezifikationskauf nach § 375 wird allgemein mit Recht als spezialgesetzlich geregelter Fall eines auf bestimmte Leistungsmodalitäten gerichteten Bestimmungsrechts angesehen, der für seinen Anwendungsbereich bzw. seine speziellen Anwendungsmodalitäten eine § 315 BGB verdrängende Sonderregelung darstellt.[51] Es ist aber nicht angängig, den Bereich der vom Gesetzgeber umschriebenen Spezialität eigenmächtig zu erweitern und aus vermeintlichen Zweckmäßigkeitserwägungen dem Anwendungsbereichs der an sich einschlägigen Grundnorm des § 315 BGB mit seinen ggf. abweichenden Anwendungsvoraussetzungen und Rechtsfolgen zu entziehen, insbesondere auch die für diesen Fall in Betracht zu ziehenden Möglichkeiten einer Vertragsauslegung[52] einfach über das als probat empfundene Rechtsfolgenkonzept des § 375 Abs. 2 beiseite zu schieben. Erst recht kann in solch einem Fall, in dem hinter der Spezialnorm eine allgemeinere Grundnorm steht, nicht von einer als Analogievoraussetzung unerlässlichen planwidrigen Regelungslücke die Rede sein, ganz abgesehen davon, dass auch eine vermeintliche Interessengleichheit nicht geeignet ist, den Umstand zu überspielen, dass der Gesetzgeber diesen Fall in den Anwendungsbereich seiner – hier zudem als Ausnahme konzipierten – Regelung einbezogen hat.[53]

3. Inhalt des Bestimmungsrechts. Anders als zum Gegenstand des Bestimmungsrechts **15** (→ Rn. 11 ff.) enthält der Gesetzeswortlaut zu den inhaltlichen Maßstäben einer dem Käufer nach § 375 Abs. 1 vorbehaltenen Leistungsbestimmung keine Aussage. Teilweise wird angenommen, der Käufer könne grundsätzlich nach freiem Belieben,[54] jedenfalls aber nach freiem Ermessen verfahren, ohne dabei auf die Interessen des Verkäufers, namentlich dessen Lieferfähigkeit, Rücksicht nehmen zu müssen.[55] Dies wird dabei teilweise noch auf einen Bereich innerhalb eines mehr oder minder großen vertraglich vereinbarten, inhaltlich allerdings nicht näher umrissenen Spielraums begrenzt bzw. soll bei Bindung des Ermessens des Bestimmenden kraft besonderer Vereinbarung ggf. ergänzend auf die §§ 315 ff. BGB zurückgegriffen werden.[56] Teilweise wird dagegen insoweit § 315 Abs. 1 BGB mit seinem an ein billiges Ermessen gebundenen Bestimmungsrecht für vorrangig anwendbar erachtet.[57] Konsequenterweise wird das spiegelbildlich bei Verzug des Käufers mit seiner Spezifikation gem. § 375 Abs. 2 statt seiner auf den Verkäufer übergegangene Bestimmungsrecht ganz überwiegend an den gleichen inhaltlichen Maßstäben gemessen.[58]

Insoweit enthalten die Gesetzesmaterialien zwar einen gewissen Hinweis dahin, dass der selbst **16** spezifizierende Verkäufer das Interesse des Käufers tunlichst zu wahren und in diesem Zusammenhang seine Spezifikation dem Käufer unter Fristsetzung zu übermitteln hat, damit dieser seine bislang

---

[47] MüKoBGB/*Würdinger* BGB § 315 Rn. 24 mwN.

[48] So ersichtlich die Vorstellung des Gesetzgebers, vgl. *Hahn/Mugdan,* Die gesammten Materialien zu den Reichs-Justizgesetzen, 6. Bd.: Materialien zum Handelsgesetzbuch, 1897, 370.

[49] Oetker/*Koch* Rn. 12; Staub/*Koller* Rn. 12 mwN.

[50] So mit unterschiedlichen Erwägungen etwa MüKoHGB/*Grunewald* Rn. 7; Soergel/*Huber* BGB Vor § 433 Rn. 112; *Merz,* Qualitätssicherungsvereinbarungen, 1991, 137 ff.; Oetker/*Koch* Rn. 18.

[51] Vgl. MüKoBGB/*Würdinger* BGB § 315 Rn. 25; Staudinger/*Rieble,* 2015, BGB § 315 Rn. 212; Palandt/*Grüneberg* BGB § 315 Rn. 7.

[52] Vgl. BGH Urt. v. 14.7.1983 – VII ZR 306/82, NJW 1983, 2934 (2935).

[53] Vgl. BGH Urt. v. 13.3.2002 – I ZR 290/00, NJW 2003, 1932 (1933).

[54] So *Rieble/Gutfried* JZ 2008, 593 (596).

[55] So etwa Baumbach/Hopt/*Hopt* Rn. 5; KKRD/*Roth* Rn. 2; Oetker/*Koch* Rn. 8 mwN.

[56] So Staub/*Koller* Rn. 7.

[57] MüKoHGB/*Grunewald* Rn. 6; GK-HGB/*Achilles* Rn. 3.

[58] Zum Meinungsstand etwa Oetker/*Koch* Rn. 32 ff.

unterbliebene Spezifikation nachholen kann.[59] Darüber hinausgehende Hinweise finden sich aber nicht, was seinen Grund nicht zuletzt darin findet, dass der Gesetzgeber sich bei Schaffung des § 375 nur mit der Frage befasst hat, was geschehen muss, wenn der Käufer mit seiner Pflicht zur Spezifikation in Verzug gerät. Von dieser Fragestellung ausgehend ist in § 375 zum einen geregelt worden, dass „in der Spezifikation ebensowohl ein Recht wie eine selbstständige Vertragspflicht des Käufers" liegt. Zum anderen ist geregelt worden, dass „falls die Spezifikation nicht rechtzeitig geschieht, nicht einfach die Folgen des Annahmeverzugs eintreten", sondern dass vielmehr der Verkäufer für befugt erklärt wird, „nach seiner Wahl entweder die Spezifikation selbst vorzunehmen oder die gemäß § 326 BGB bei dem Erfüllungsverzug einer Partei dem nichtsäumigen Theile zustehenden Rechte geltend zu machen, d. h. Schadensersatz wegen Nichterfüllung zu fordern oder vom Vertrage zurückzutreten."[60] Mit der Frage, was zu geschehen hat, wenn der Käufer die Spezifikation rechtzeitig vornimmt, sie aber inhaltlich von den bestehenden vertraglichen Vorgaben nicht mehr gedeckt ist, namentlich zu weit geht, oder sonst unerlässliche Rücksichtnahmen auf ein möglicherweise entgegenstehendes Interesse der anderen Seite vermissen lässt, befasst sich die Regelung gar nicht erst und braucht sich damit auch nicht zu befassen. Denn für diesen Fall hält das Gesetz mit der **Auslegungsregel des § 315 BGB** eine zur Anwendung bereit stehende Auffanglösung vor, nach der in Fällen, in denen die Leistung durch einen der Vertragsschließenden bestimmt werden soll, im Zweifel anzunehmen ist, dass die Bestimmung nach billigem Ermessen zu treffen ist.

17   Dass die § 375 zugrunde liegende Interessenlage an einer beschleunigten Vertragsabwicklung einer Anwendbarkeit des § 315 BGB mit seinem Billigkeitsmaßstab und der Möglichkeit einer gerichtlichen Nachprüfung auf Verbindlichkeit entgegensteht und deshalb abweichend vom Regelfall[61] einen freieren Bestimmungsmaßstab mehr oder weniger unüberprüfbar in sich trägt, dieser Maßstab dem Anwendungsbereich der Norm also gleichsam unausgesprochen immanent ist,[62] kann nicht angenommen werden. Das gilt umso mehr, als bei Streit über die Verbindlichkeit einer erfolgten Bestimmung selbst bei Zugrundelegung eines dem Käufer zustehenden freien Ermessens oder gar Beliebens eine gerichtliche Überprüfung jedenfalls am Maßstab des § 319 BGB mit einer damit zwangsläufig einher gehenden Abwicklungsverzögerung eröffnet wäre[63] und mit Blick auf den verfassungsrechtlichen Justizgewährleistungsanspruch auch eröffnet sein müsste (→ Rn. 25).[64] Die Wahl des Maßstabs taugt deshalb nicht oder allenfalls sehr bedingt zu einer Beschleunigung einer Vertragsabwicklung. Auch sonst ist der Maßstab des billigen Ermessens zur sachgerechten Erfassung der Spezifikationsinteressen des Käufers keineswegs ungeeignet mit der Folge, dass etwa die Natur des Schuldverhältnisses zwangsläufig einen anderen Maßstab erfordern würde. Denn auch bei Ausübung eines billigen Ermessens, welches erst dann zur Unverbindlichkeit der getroffenen Entscheidung führt, wenn die dabei abgesteckten Grenzen der Ermessensausübung überschritten sind, müssen selbstverständlich der Vertragszweck unter Einschluss etwaig vereinbarter Bestimmungskriterien und die Interessenlage der Parteien berücksichtigt werden.[65] Dieser Ermessensrahmen ist mit Blick auf den von § 375 verfolgten Zweck, auf der einen Seite dem Käufer für einen noch nicht genau feststehenden künftigen Bedarf hinsichtlich der genauen Ausführungsformen eine gewisse Variationsbreite zu eröffnen und auf der anderen Seite dem Verkäufer schon frühzeitig eine feste Absatzmenge zu einer überschaubaren Breite an Produktvariationen zu sichern (→ Rn. 3), für den bestimmungsberechtigten Käufer deshalb naturgemäß recht weit gezogen. Er muss sich einerseits zwar innerhalb der Bandbreite der zu Menge und Beschaffenheit im Allgemeinen festgelegten Spezifikationsmöglichkeiten bewegen. Andererseits liegt der Sinn der zeitlich aufgeschobenen Spezifikation aber nicht zuletzt darin, dass der Käufer sich über seine genauen Verwendungsabsichten erst bei Vornahme der Leistungsbestimmung festzulegen braucht und deshalb innerhalb des im dafür nach den Umständen zustehenden Zeitrahmens nicht die erstbeste Gelegenheit nutzen muss, sondern die ihm günstig erscheinenden Marktentwicklungen wahrnehmen darf, was wegen eines dadurch möglicherweise bedingten Abwartens für den Verkäufer gewisse Unsicherheiten mit sich bringt, die er sich jedoch durch die frühzeitige Festbestellung erkauft hat und deshalb grundsätzlich hinnehmen muss.[66]

---

[59] *Hahn/Mugdan,* Die gesammten Materialien zu den Reichs-Justizgesetzen, 6. Bd.: Materialien zum Handelsgesetzbuch, 1897, 372.

[60] *Hahn/Mugdan,* Die gesammten Materialien zu den Reichs-Justizgesetzen, 6. Bd.: Materialien zum Handelsgesetzbuch, 1897, 371 f.

[61] Vgl. BGH Urt. v. 23.4.2015 – VII ZR 131/13, BGHZ 205, 107 Rn. 38.

[62] So etwa *Rieble/Gutfried* JZ 2008, 593 (596); Oetker/*Koch* Rn. 8 mwN.

[63] Vgl. BAG Urt. v. 16.3.1982 – 3 AZR 1124/79, BB 1982, 1486 (1487); Staudinger/*Rieble,* 2015, BGB § 315 Rn. 20.

[64] Vgl. zuletzt BVerfG Beschl. v. 12.1.2016 – 1 BvR 3102/13, BVerfGE 141, 121 Rn. 44 mwN = NJW 2016, 930; aA offenbar Oetker/*Koch* Rn. 53, der diesen über das Prozedere nach § 375 Abs. 2 schlechthin nicht zu lösenden Aspekt aber nicht in den Blick nimmt.

[65] BGH Urt. v. 13.6.2007 – VIII ZR 36/06, BGHZ 172, 315 Rn. 17 = NJW 2007, 2540; BGH Urt. v. 4.4.2006 – X ZR 80/85, NJW-RR 2007, 56 Rn. 16 f.; BGH Urt. v. 2.10.1991 – VIII ZR 240/90, NJW-RR 1992, 183 (184).

[66] GK-HGB/*Achilles* Rn. 3.

4. Bestimmungserklärung. Die Spezifikation selbst ist eine dem Verkäufer gegenüber auszuspre-   18
chende **empfangsbedürftige Gestaltungserklärung,** die keiner Form bedarf und auch konkludent
erfolgen kann. Dabei muss die nähere Bestimmung der offen gebliebenen Warenmerkmale mit
hinreichender Deutlichkeit zum Ausdruck kommen, sodass der Verkäufer in die Lage versetzt wird,
nunmehr die aufgeschobene Lieferung zu tätigen, ohne dass es weiterer, von einer ergänzenden
Willensbildung des Käufers abhängiger Angaben bedarf.[67] Dass die Spezifikation auslegungsbedürftig
ist, die Auslegung aber anhand objektiver Kriterien wie etwa verkehrsüblicher Warenspezifikationen
erfolgen bzw. vorhandene Lücken schließen kann, steht der erforderlichen Bestimmtheit nicht entgegen. Für die grundsätzlich nach dem Empfängerhorizont vorzunehmende Auslegung (§§ 133, 157
BGB) gelten die allgemeinen Maßstäbe. Auf Grund ihrer rechtsgestaltenden Wirkung wird die
Spezifikation mit Zugang grundsätzlich unwiderruflich, kann aber im Falle eine relevanten Irrtums
nach §§ 119 ff. BGB angefochten werden.[68]

5. Bestimmungspflicht. a) Übersicht. § 375 Abs. 1 setzt voraus, dass der Käufer die noch zu   19
spezifizierende Ware überhaupt abnehmen muss, er also nicht die Möglichkeit hat, von einer Bestimmung ganz abzusehen, weil es ihm nach den getroffenen Vereinbarungen noch möglich ist, ganz
vom Kauf Abstand zu nehmen.[69] Ist allerdings nach Maßgabe des § 375 Abs. 1 fest verkauft, korrespondiert mit dem sich danach ergebenden Bestimmungsrecht zugleich eine **Bestimmungspflicht,**
mit der der Käufer bei Säumigkeit in Schuldnerverzug geraten kann.[70] Dies ermöglicht dem Verkäufer
zum einen gem. § 375 Abs. 2 S. 1, sich bei pflichtwidrigem Ausbleiben der Spezifikation unter den
Voraussetzungen der §§ 280, 281, 323 BGB vom Vertrag zu lösen und ggf. Schadensersatz statt der
Leistung zu verlangen. Zum andern eröffnet § 375 Abs. 2 dem an einer Vertragsdurchführung
gelegenen Verkäufer die Möglichkeit, die dazu erforderliche Leistungskonkretisierung im Verzugsfalle
selbst herbeizuführen. Mit Rücksicht auf dieses Recht zur Selbstspezifikation ist es dem Verkäufer
allerdings im Regelfall verwehrt, gegen den Käufer auf Vornahme der Spezifikation – richtigerweise
auf Vornahme einer billigen Bestimmung durch Urteil gem. § 315 Abs. 3 S. 2 BGB (→ Rn. 25) – zu
klagen, da wegen dieses einfacheren und schnelleren Wegs zur Herstellung der Spezifikation das
notwendige Rechtsschutzbedürfnis fehlen wird.[71]

b) Schuldnerverzug. Voraussetzung für einen **Verzug** des Käufers mit seiner nach § 375 Abs. 1   20
bestehenden Pflicht zur Vornahme der vereinbarten Spezifikation ist jedoch zunächst einmal gemäß
§ 286 Abs. 1 S. 1 BGB deren **Fälligkeit.** Die Fälligkeit ergibt sich in erster Linie aus den im Vertrag
getroffenen Vereinbarungen der Parteien oder aus zwischen im Rahmen von früheren Geschäftsbeziehungen entstandenen Gepflogenheiten, ansonsten aus etwaigen Branchengewohnheiten und bei
deren Fehlen aus der Auslegungsregel des § 271 Abs. 1 BGB, soweit sich aus der Natur des Schuldverhältnisses nichts anderes ergibt. Dieses geht bei Bestimmungskäufen regelmäßig dahin, dass eine
sofortige Spezifikation nicht verlangt werden kann, weil sich der Käufer gerade noch nicht sofort auf
einen bestimmten Kaufgegenstand festlegen sollte, sondern sich das Recht zur nachträglichen Spezifikation bis zur Klärung seines künftigen Bedarfs an den zur Bestimmung stehenden Ausführungsformen
vorbehalten wollte und durfte. Andererseits kann dem Verkäufer eine damit korrespondierende Bereithaltung seiner zur Leistungserbringung erforderlichen Produktions- und Beschaffungskapazitäten
aber auch nicht über einen beliebig langen Zeitraum zugemutet werden. Es kommt deshalb maßgeblich darauf an, wann nach den Umständen, insbesondere nach der Art des Kaufgegenstandes und
der gekauften Menge sowie den bestehenden Markt- und Beschaffungs- oder Produktionsverhält-
nissen, die Bedarfsklärung spätestens erwartet werden kann, wobei im Falle zugelassener sukzessiver
Spezifikation dieser Zeitpunkt regelmäßig deutlich früher als bei einer größeren Gesamtmenge anzusiedeln ist. Insbesondere dann, wenn der Markt durch ein hohes Maß von Volatilität geprägt ist, wird
man bei Fehlen gegenteiliger Anhaltspunkte das Veränderungsrisiko dem Verkäufer zumeist nur über
einen verhältnismäßig überschaubaren Zeitraum hinweg zumuten und dementsprechend den spätest-
zulässigen Spezifikationszeitpunkt ohne besonderen Grund nicht allzu weit hinausschieben dürfen. Ist
eine teilweise Spezifikation nicht zugelassen, stellt deren Vornahme keine taugliche Erfüllung dar und
hindert einen Verzugseintritt nicht.[72]

Der Verkäufer muss den Käufer darüber hinaus nach Fälligkeit des Spezifikationsanspruchs auf   21
Vornahme der Spezifikation gemahnt haben (§ 286 Abs. 1 S. 1 BGB), es sei denn, die Mahnung war
entbehrlich (§ 286 Abs. 2 BGB). Das kann der Fall sein, wenn eine Frist vereinbart ist, bis zu der
spätestens spezifiziert sein musste (§ 286 Abs. 2 Nr. 1 BGB). Ist der Verkäufer zur Lieferung bis zu

---

[67] Vgl. auch Oetker/*Koch* Rn. 7.

[68] Dazu Oetker/*Koch* Rn. 7 mwN.

[69] OLG Hamm Urt. v. 18.1.2018 – 2 U 75/17, UA S. 29 (nv); Soergel/*Huber* BGB Vor § 433 Rn. 112;
MüKoHGB/*Grunewald* Rn. 6.

[70] *Hahn/Mugdan,* Die gesammten Materialien zu den Reichs-Justizgesetzen, 6. Bd.: Materialien zum Handelsgesetzbuch, 1897, 371.

[71] MüKoHGB/*Grunewald* Rn. 10; BeckOK HGB/*Schwartze* Rn. 5; Oetker/*Koch* Rn. 25 mwN.

[72] Vgl. OLG Hamm Urt. v. 18.1.2018 – 2 U 75/17, UA S. 32 (nv); KG Urt. v. 23.11.1909, OLGE 19, 398;
Staub/*Koller* Rn. 13; Oetker/*Koch* Rn. 23.

einem bestimmten Termin verpflichtet, so hat Käufer spätestens zum Fristablauf die Leistung zu bestimmen. Fällig wird die Spezifikationspflicht in diesem Fall allerdings schon vorher, nämlich spätestens zu einem Zeitpunkt, ab dem der Verkäufer mit seinen Leistungsvorbereitungen beginnen muss, um bis zum Fristablauf erfüllen zu können. Ansonsten tritt ein Verzug auch ein, wenn der Käufer seine Bestimmungspflicht ernsthaft und endgültig verweigert (§ 286 Abs. 2 Nr. 3 BGB).

22   Ein im Unterlassen der Leistungsbestimmung liegender Verzug setzt darüber hinaus nach § 286 Abs. 4 BGB ein – allerdings widerleglich vermutetes – **Vertretenmüssen** des Käufers voraus, das sich aber nur auf die unterlassene Erklärung und Mitteilung der geschuldeten Spezifikation beziehen kann.[73] Die dafür in Betracht kommenden Ursachen betreffen jedoch regelmäßig das dem Käufer gem. § 347 Abs. 1, § 276 Abs. 1 S. 1 BGB verschuldensunabhängig zugewiesene Verwendungsrisiko, sodass – von ungewöhnlichen Verhinderungen durch unvorhersehbare und unbeeinflussbare äußere Einwirkungen wie zB Krieg, Streik, Krankheit oder dergleichen oder einer unverschuldet fehlenden Erreichbarkeit des Verkäufers einmal abgesehen[74] – der Käufer sich auf solche, seinen Absatzmarkt oder seine Verwendungsplanung betreffenden Hinderungsumstände nicht mit Erfolg berufen kann.[75]

23   **c) Annahmeverzug.** Nimmt der Käufer ab Fälligkeit (→ Rn. 20) die geschuldete Spezifikation trotz dahingehender Aufforderung des seinerseits grundsätzlich leistungsbereiten Verkäufers nicht vor, gerät er wegen Unterlassens seiner zur Lieferung erforderlichen Mitwirkungshandlung gem. §§ 293, 295 BGB in Annahmeverzug.[76] Ist die Leistungsbestimmung zu oder bis zu einem festen Termin vorzunehmen, tritt der Annahmeverzug gem. § 296 S. 1 BGB sogar automatisch ein, ohne dass es einer Aufforderung bedarf. § 297 BGB steht dem nicht entgegen, da es gerade an der fehlenden Spezifikation des Käufers liegt, dass der Verkäufer noch nicht in der Lage ist, seine Leistung zu bewirken. Das wäre nur dann anders, wenn der insoweit darlegungs- und beweispflichtige Käufer[77] nachweist, dass der Verkäufer nicht in der Lage ist, jede der auf Grund der vorzunehmenden Spezifikation in Betracht kommenden Ausstattungsvarianten zu beliefern.[78] Dem wird zwar vereinzelt entgegen gehalten, die dem Käufer vorbehaltene Spezifikation stelle keine zur Bewirkung der Leistung erforderliche Handlung des Gläubigers iSd § 295 S. 2 BGB dar. Vielmehr könne der Verkäufer, wenn der Käufer mit der Erfüllung der Bestimmungsverpflichtung in Verzug gerate, diese Spezifikation nach § 375 Abs. 2 selbst vornehmen und sodann den Käufer durch wörtliches Angebot der danach bestimmten Ware in Annahmeverzug setzen, sofern seine eigene Leistungsbereitschaft feststehe (§ 297 BGB). Die Tatsache, dass der Käufer die Bestimmung unterlasse, reiche deshalb für sich allein nicht aus, um den Annahmeverzug des Käufers auszulösen.[79] Hierbei wird übersehen, dass § 375 Abs. 2 die Selbstspezifikation nur als eine von mehreren Wahlmöglichkeiten neben einem Vorgehen nach §§ 280 f. BGB oder nach § 323 BGB ausgestaltet hat, von der der Verkäufer bei einem Verzug des Käufers mit dessen Bestimmungspflicht Gebrauch machen kann, aber nicht muss, und dass bei allen nach dieser Bestimmung in Betracht kommenden Wahlmöglichkeiten der Annahmeverzug nach §§ 300 ff. BGB, § 373 Abs. 2 für sich allein schon bestimmte vorteilhafte Wirkungen und Rechte erzeugt (→ Rn. 24). Es kann deshalb nicht angehen, eine in der freien Entscheidung des Verkäufers liegende vorgängige Selbstspezifikation und eine daran konkret ausgerichtete Leistungsbereitschaft zur zwingenden Voraussetzung eines Annahmeverzugs des Käufers zu erheben.

24   Unmittelbare Folge des Annahmeverzugs, dessen Rechtsfolgen nach dem Willen des Gesetzgebers von denen des Schuldnerverzuges nicht berührt werden sollen,[80] ist zunächst die Haftungsmilderung gem. § 300 Abs. 1 BGB, was etwa von Bedeutung sein kann, wenn die Spezifikation sich auf Waren aus einem bei dem Verkäufer vorhandenen Vorrat beziehen soll, ferner der Anspruch auf Ersatz von Mehrausweidungen gem. § 304. Zudem ermöglicht es überhaupt erst der Annahmeverzug, anstelle eines Vorgehens nach § 375 Abs. 2 die Ware zusammen mit dem Spezifikationsrecht im Wege des Selbsthilfeverkaufs nach § 373 Abs. 2 abzusetzen (→ § 373 Rn. 22).[81]

III. Das Recht des Verkäufers zur Selbstspezifikation

25   **1. Grundsätze.** Nach § 375 Abs. 2 S. 1 darf der Verkäufer die notwendige Bestimmung (Spezifikation) **statt des Käufers** vornehmen, wenn dieser mit der sich aus § 375 Abs. 1 ergebenden Verpflichtung, die vorbehaltene Bestimmung zu treffen, im Verzug ist. Der Verkäufer tritt also kraft Gesetzes in die die Spezifikation betreffende Rechtsstellung des Vertragspartners ein. Insoweit beschreitet § 375 Abs. 2 einen Sonderweg, der einer sonst nach § 315 Abs. 3 S. 2 Hs. 2 BGB eröffneten

[73] Staub/*Koller* Rn. 14; Schlegelberger/*Hefermehl* Rn. 15; Oetker/*Koch* Rn. 24.
[74] Vgl. Schlegelberger/*Hefermehl* Rn. 15.
[75] Staub/*Koller* Rn. 17.
[76] BeckOK HGB/*Schwartze* Rn. 7 mwN.
[77] Dazu näher Staudinger/*Feldmann*, 2014, BGB § 297 Rn. 25 mwN.
[78] Oetker/*Koch* Rn. 21.
[79] Schlegelberger/*Hefermehl* Rn. 16.
[80] *Hahn/Mugdan*, Die gesammten Materialien zu den Reichs-Justizgesetzen, 6. Bd.: Materialien zum Handelsgesetzbuch, 1897, 372.
[81] BeckOK HGB/*Schwartze* Rn. 7 mwN.

gerichtliche Billigkeitskontrolle bei verzögerter Leistungsbestimmung regelmäßig das Rechtsschutzbedürfnis nimmt (→ Rn. 19). Dem Verzug nicht gleichgesetzt werden kann aber ein Streit über die Billigkeit als solche und die davon nach § 315 Abs. 3 S. 1 BGB abhängige Verbindlichkeit einer vom Käufer vorgenommenen Spezifikation. Dies muss durch Klage nach § 315 Abs. 3 S. 2 BGB auf Bestimmung einer der Billigkeit entsprechenden Spezifikation durch das Gericht ausgefochten werden (→ Rn. 17).[82]

2. Spezifikationsverzug des Käufers. Bis zur Schuldrechtsreform hat Einigkeit darüber bestan- **26** den, dass der Spezifikationsverzug einen Fall des Leistungsverzuges regelt. Das ergibt sich so auch aus den Gesetzesmaterialien. Die vom Gesetzgeber nach dem ADHGB bei einem Annahmeverzug des Käufers infolge Unterlassens der Spezifikation vorgefundene Rechtslage hat so ausgesehen, dass der Verkäufer entweder im Wege des Selbsthilfeverkaufs die Ware nebst Spezifikationsrecht zum Verkauf bringen oder vom Käufer unter Vorbehalt des vom diesem noch auszuübenden Spezifikationsrechts sofort die Zahlung des sich nach der billigsten Spezifikation ergebenden Preises verlangen konnte (→ Rn. 2). Diese als unbefriedigend empfundenen Möglichkeiten hat der Gesetzgeber durch § 375 dahin erweitern wollen, dass er in der Spezifikation sowohl ein Recht wie auch eine selbstständige Vertragspflicht des Käufers gesehen und bei nicht rechtzeitiger Vornahme der Spezifikation nicht einfach die Folgen des Annahmeverzugs eintreten lassen, sondern den Verkäufer als befugt ansehen wollte, „nach seiner Wahl entweder die Spezifikation selbst vorzunehmen oder die gemäß § 326 BGB bei dem **Erfüllungsverzug** einer Partei dem nichtsäumigen Theile zustehenden Rechte geltend zu machen, d. h. Schadensersatz wegen Nichterfüllung zu fordern oder vom Vertrage zurückzutreten.“[83]

Seitdem § 375 Abs. 2 S. 1 im Zuge der Schuldrechtsreform dahin geändert worden ist, dass der **27** Passus „gemäß § 326 des Bürgerlichen Gesetzbuchs Schadensersatz wegen Nichterfüllung fordern oder vom Vertrage zurücktreten“ durch die Formulierung „gemäß §§ 280,281 des Bürgerlichen Gesetzbuchs Schadensersatz statt der Leistung verlangen oder gemäß § 323 des Bürgerlichen Gesetzbuchs vom Vertrag zurücktreten“ ersetzt worden ist, wird teilweise die Auffassung vertreten, dass der Begriff des Verzuges nunmehr als Annahmeverzug zu verstehen[84] bzw. die Neufassung zur Korrektur eines dem Gesetzgeber unterlaufenen Redaktionsversehens als „Verzögert der Käufer die Bestimmung…“ zu lesen sei.[85] Begründet wird dies zum einen damit, dass sonst ein Wertungswiderspruch mit § 264 Abs. 2 BGB entstehe, bei dem für die Wahlschuld der bloße Annahmeverzug genüge. Zum anderen wird geltend gemacht, dass ein Verzugserfordernis nicht mehr zu den in Bezug genommenen §§ 281, 323 BGB passe, für deren Anwendbarkeit es auf einen Schuldnerverzug gerade nicht mehr ankomme. Es leuchte deshalb nicht ein, dass ein Verkäufer, der sich gegen einen mit der Spezifikation säumigen Käufer wenden wolle, nach § 375 schlechter gestellt werden solle als bei einer unmittelbaren Berufung auf die §§ 281, 323 BGB. Das hat im Schrifttum aber nur insoweit Gefolgschaft gefunden, als es um einen Verzicht auf das Verzugserfordernis bei einem vom Verkäufer auf die unterbliebene Spezifikation gestützten Rücktritt vom Vertrag geht.[86]

Dem kann abgesehen davon, dass das Problem angesichts der extrem engen Brandbreite an **28** Entlastungsmöglichkeiten von dem nach § 286 Abs. 4 BGB vermuteten Vertretenmüssen kaum jemals praxisrelevant werden dürfte (→ Rn. 22), nicht beigetreten werden.[87] Denn der Wortlaut des § 375 Abs. 2 S. 1, der die in Abs. 1 geregelte Spezifikationspflicht des Käufers unübersehbar aufgreift und die anschließend vorgesehenen Rechtsfolgen an die Voraussetzung geknüpft, dass „der Käufer mit der Erfüllung dieser Verpflichtung im Verzug“ ist, meint insoweit eindeutig nur den Schuldnerverzug iSd § 286 BGB, der seit jeher an das Erfordernis des Vertretenmüssens geknüpft war (vgl. § 285 BGB aF). Dass sich der Gesetzgeber bei seiner Formulierung vertan hat oder dass ihm ein Redaktionsversehen unterlaufen ist, dürfte nach der Gesetzesbegründung ebenfalls auszuschließen sein. Zu der durch den Wegfall des bisherigen § 326 BGB veranlassten Folgeänderung findet sich dort vielmehr der Hinweis, dass der Käufer (richtig: Verkäufer), wenn er (der Käufer) mit seiner Verpflichtung zu näherer Bestimmung der Kaufsache gem.§ 375 Abs. 1 in Verzug komme, nach Abs. 2 S. 1 der Vorschrift zurücktreten könne, um die Änderung damit zu begründen, dass „die bisher in § 326 BGB für den Verzug geregelten Rechtsfolgen […] sich nun in den §§ 280, 281 BGB-RE (Schadensersatz statt der Leistung) und § 323 BGB-RE (Rücktritt)“ fänden.[88] Dem

---

[82] Dazu etwa MüKoBGB/*Würdinger* BGB § 315 Rn. 49 ff.; aA Oetker/*Koch* Rn. 53, der hierbei aber den damit eng verbundenen und über das Prozedere nach § 375 Abs. 2 schlechthin nicht zu lösenden Aspekt der verfassungsrechtlichen Justizgewährleistungspflicht nicht in den Blick nimmt.

[83] *Hahn/Mugdan*, Die gesammten Materialien zu den Reichs-Justizgesetzen, 6. Bd.: Materialien zum Handelsgesetzbuch, 1897, 371 f.

[84] So *Canaris* HandelsR § 29 III Rn. 20; *Canaris* FS Konzen, 2006, 43 (45 ff.).

[85] So *Rieble/Gutfried* JZ 2008, 593 (599 f.); MüKoHGB/*Grunewald* Rn. 22, 25.

[86] S. etwa Baumbach/Hopt/*Hopt* Rn. 10; Oetker/*Koch* Rn. 50; *Lettl* HandelsR § 12 Rn. 38; iErg auch Staub/ *Koller* Rn. 18: Beim Rücktritt werde der Käufer nicht damit konfrontiert, dass der Verkäufer eine für den Käufer besonders ungünstige Wahl treffe. Eines besonderen Schutzes durch das Verzugserfordernis bedürfe er nach der Schuldrechtsreform nicht mehr.

[87] IErg, wenn auch mit wesentlich anderer Begründung ebenso Oetker/*Koch* Rn. 47.

[88] BT-Drs. 14/6040, 280.

Gesetzgeber zu unterstellen, [89] er sei sich nicht bewusst gewesen, was er mit seiner den unmittelbaren Zugang zu den genannten Bestimmungen durch Vorschalten des Verzugserfordernisses einengenden, inhaltlich sonst aber mit deren Voraussetzungen nicht kollidierenden Verweisung gemeint und gewollt habe, entbehrt nicht einer gewissen Verwegenheit, arbeitet diese Unterstellung doch mit einem Verständnis von Systemkonformität, die nicht unbedingt dem Verständnis des Gesetzgebers entsprechen musste. Denn auch die Frage der Systemkonformität kann man mit Blick auf die Besonderheiten des in § 375 Abs. 2 zur Klärung der Leistungsbestimmung vorgesehenen Prozedere mit guten Gründen anders sehen, dass nämlich die auf eine Vertragserhaltung und rasche Vertragsdurchführung gerichtete Selbstspezifikation nur bei Verzug des Käufers möglich sein und durch Übertragung des Verzugserfordernisses auf eine Anwendbarkeit der §§ 281, 323 BGB der inhaltliche Gleichlauf unter den drei Alternativen des § 375 Abs. 2 S. 1 hergestellt oder gewahrt werden sollte.

29   **3. Lieferbereitschaft des Verkäufers.** Vereinzelt wird die Auffassung vertreten, dass der Käufer mit der ihm vorbehaltenen Spezifikation nur bei Lieferungsbereitschaft des Verkäufers in Verzug geraten könne, wenn bei dem Verkäufer also keine Umstände vorliegen, die einen Annahmeverzug des Käufers hindern.[90] Wollte man dem folgen, könnte der Verkäufer seine Rechte aus § 375, namentlich die Selbstspezifikation, nur ausüben, wenn er bei ihrer Ausübung selbst iSd § 297 BGB leistungsbereit gewesen wäre. Diese den Verzugseintritt ausschließende Leistungsbereitschaft muss aber nur im gegenseitigen Vertrag bei einer Zug um Zug-Leistungspflicht bestehen, sodass der Schuldner erst in Verzug geraten kann, wenn der Gläubiger seinerseits die eigene Leistung in einer den Annahmeverzug begründenden Leistung anbietet (→ Rn. 23 f.).[91] Das trifft indes auf das zeitlich gestreckte Prozedere des § 375 Abs. 2 schon deshalb nicht zu, weil hiernach die genaue Leistungspflicht des Verkäufers ohnehin erst nach Ablauf der dem Käufer zu setzenden Frist zur anderweitigen Spezifikationsvornahme feststeht und dem Verkäufer nicht zugemutet werden kann, sich schon auf eine noch unsicherere Spezifikationsalternative hin leistungsbereit zu halten.[92]

30   **4. Spezifikationsmaßstab.** Die Frage nach dem inhaltlichen Maßstab einer Selbstspezifikation, also ob der Verkäufer diese nach freiem Belieben, nach freiem Ermessen oder nur nach billigem Ermessen vornehmen kann, ist ähnlich umstritten wie bei dem Maßstab, der dem Käufer iRv § 375 Abs. 1 zuzubilligen ist (zu Letzterem → Rn. 15 ff.).[93] Dass die auf den Verkäufer übergegangene Bestimmungsbefugnis mit derjenigen des Käufers identisch sein muss, klingt schon unübersehbar im Wortlaut des § 375 Abs. 2 S. 1 an, nach der „der Verkäufer die Bestimmung **statt des Käufers** vornehmen" kann und versteht sich auch in der Sache aufgrund ihrer Ableitung aus der Verpflichtung des Käufers nach Abs. 1 eigentlich von selbst. Insbesondere darf der Verkäufer dem nur zur Abnahme einer Mindestmenge verpflichteten Käufer auf diesem Wege keine darüber hinausgehende Menge aufzwingen.[94] Rechtliche Relevanz kommt der Frage jedoch nicht wirklich zu. Überschreitet der Verkäufer nämlich sein Ermessen, nimmt der Käufer aber innerhalb der ihm gesetzten angemessenen Frist keine eigene Bestimmung vor, wird die Bestimmung des Verkäufers gleichwohl gem. § 375 Abs. 2 S. 3 (rechtsgestaltend) verbindlich (→ Rn. 36 f.). Nimmt der Käufer dagegen fristgerecht eine abweichende Bestimmung vor, erledigt sich die vorangegangene Spezifikation des Verkäufers von selbst, sodass es nur noch darauf ankommt, ob die Bestimmung des Käufers verbindlich ist oder bei Unbilligkeit gem. § 315 Abs. 3 BGB durch eine andere gerichtliche Bestimmung ersetzt werden muss (→ Rn. 19, → Rn. 25).

31   **5. Spezifikationsmitteilung.** Der Verkäufer ist nach § 375 Abs. 2 S. 2 verpflichtet, dem Käufer die von ihm getroffene Bestimmung mitzuteilen, damit dieser Gelegenheit erhält, seine Interessen durch Vornahme einer abweichenden Spezifikation zu wahren. Zeitlich kann die Mitteilung nach dem klaren Wortlaut des Satzes 1 erst erfolgen, wenn der Käufer mit der Erfüllung seiner Spezifikationsverpflichtung im **Verzug** ist. Eine vorzeitig ausgebrachte Selbstspezifikation geht deshalb ins Leere und bleibt ohne Vornahme einer zeitgerechten Wiederholung selbst dann wirkungslos, wenn nachträglich noch Verzug eintritt. Allerdings kann die Mitteilung in der Weise mit einer verzugsbegründenden Mahnung des Verkäufers verbunden werden, dass die Selbstspezifikation erst mit Zugang der Mahnung bzw. eine logische Sekunde danach als mitgeteilt gelten soll.[95]

32   Die Mitteilung ist eine einseitige **empfangsbedürftige Willenserklärung,** die keiner bestimmten Form bedarf. Aus ihr muss jedoch mit hinreichender Deutlichkeit hervorgehen, welche Spezifikation für die zu liefernde Ware getroffen werden soll; insoweit gelten die gleichen Bestimmtheitsmaßstäbe

---

[89] Vgl. etwa *Rieble/Gutfried* JZ 2008, 593 (599 f.).

[90] *Würdinger/Röhricht* Rn. 12; vgl. auch *v. Hoyningen-Huene* JURA 1982, 8 (11).

[91] BGH Urt. v. 6.12.1991 – V ZR 229/90, BGHZ 116, 244 (249) = NJW 1992, 556; BeckOK BGB/*Lorenz* BGB § 286 Rn. 14 mwN.

[92] Vgl. *Hahn/Mugdan,* Die gesammten Materialien zu den Reichs-Justizgesetzen, 6. Bd.: Materialien zum Handelsgesetzbuch, 1897, 371.

[93] Zum Streitstand etwa Oetker/*Koch* Rn. 32 mwN.

[94] MüKoHGB/*Grunewald* Rn. 14.

[95] Schlegelberger/*Hefermehl* Rn. 22; Staub/*Koller* Rn. 26; GK-HGB/*Achilles* Rn. 7; MüKoHGB/*Grunewald* Rn. 15; Oetker/*Koch* Rn. 35; HaKo-HGB/*Stöber* Rn. 13.

wie für die vom Käufer vorzunehmende Bestimmung (→ Rn. 18).[96] Deshalb ist es ungenügend und begründet keine wirksame Selbstspezifikation, wenn der Verkäufer etwa nur erklärt, „er werde selbst nach eigener Wahl die Ware spezifizieren" oder „er nehme an, der Käufer sei mit jeder Art von Spezifikation einverstanden".[97] Unzureichend ist auch die bloße Androhung der Selbstbestimmung.[98] Im Gegensatz zur Spezifikation des Käufers nach § 375 Abs. 1, die vorbehaltlich einer vom Verkäufer zu betreibenden Ersetzung nach § 315 Abs. 3 BGB für den Käufer in ihrer Gestaltungswirkung sofort verbindlich wird (→ Rn. 18 f., → Rn. 25, → Rn. 30), kann der Verkäufer seine Selbstspezifikation bis zum Eintritt ihrer Verbindlichkeit gem. § 375 Abs. 2 S. 3 jederzeit frei zurücknehmen oder mit neuer Fristsetzung abändern.[99] Das gilt auch dann, wenn der Käufer sich bereits auf eine nach § 375 Abs. 2 S. 3 eintretende Verbindlichkeit in seinen Dispositionen eingestellt hat, da es ihm frei steht, die vorangegangene Selbstspezifikation umgehend durch eine inhaltsgleiche eigene Bestimmung zu ersetzen.

§ 375 Abs. 2 S. 2 sieht weiter vor, dass dem Käufer mit der Mitteilung der getroffenen Selbst- **33** spezifikation „zugleich" eine **angemessene Frist** zur Vornahme einer anderweitigen Bestimmung zu setzen ist. Zweck dieses Erfordernisses ist es, den bislang säumigen Käufer vor einem Verlust seiner Bestimmungsbefugnis zu warnen und ihm letztmalig Gelegenheit zu geben, seine Spezifikationsinteressen durch Nachholung einer eigenen Bestimmung zu wahren.[100] Fehlt es an der Fristsetzung, hat die mitgeteilte Selbstspezifikation des Verkäufers lediglich unverbindliche Ankündigungs- und Warnfunktion, kann aber sonst keine Rechtswirkungen entfalten. Dazu bedarf es vielmehr der zwingend vorgeschriebenen Verbindung mit der genannten Fristsetzung. Die Fristsetzung kann allerdings nachgeholt werden, ohne dass es zugleich noch einmal der ausdrücklichen Wiederholung der vorangegangenen Selbstspezifikation bedarf.[101] Es genügt vielmehr die unübersehbare Bezugnahme auf diese, was sich bei einer korrekten Fristsetzung kaum vermeiden lässt, wenn diese zur Vornahme einer „anderweitigen" Bestimmung auffordert. Denn darin liegt zwangsläufig zugleich die Wiederholung der vorangegangenen Selbstspezifikation.[102] Nicht ausreichend ist es dagegen, wenn der Käufer lediglich zur Vornahme einer Bestimmung aufgefordert wird, da dies vielfach nur als Wiederholung einer zuvor ggf. nach § 286 Abs. 1 S. 1 BGB erfolgten verzugsbegründenden Erstmahnung verstanden werden kann. Und erst recht nicht ausreichend ist es, wenn ohne Mitteilung einer Selbstspezifikation dem Käufer zunächst eine Frist zur Spezifikation gesetzt wird und dem die Mitteilung einer Selbstspezifikation nachfolgt, ohne dass noch einmal zugleich zur Vornahme einer nunmehr nötigen abweichenden Bestimmung eigens eine Frist gesetzt wird.[103]

Die **Fristsetzung** iSd § 375 Abs. 2 S. 2, die genauso wie die Mitteilung der Selbstspezifikation eine **34** einseitige empfangsbedürftige Willenserklärung ist, welche keiner bestimmten Form bedarf, muss **angemessen** sein, dh dem Käufer hinreichend Zeit geben, um sich über das Ob und Wie einer anderweitigen Bestimmung klar zu werden sowie diese zu formulieren und zu übermitteln. Dabei ist berücksichtigen, dass der Käufer zu diesem Zeitpunkt bereits mit seiner Leistungsbestimmung im Verzug ist, also zuvor bereits ausreichend Zeit hatte, sich über eine Willensbildung klar zu werden. Die angemessene Frist ist deshalb wie vergleichbaren Gesichtspunkten wie die angemessene (Nach-) Frist iSd § 323 Abs. 1 BGB zu bestimmen. Diese hat nicht den Zweck, den Schuldner in die Lage zu versetzen, nun erst die Bewirkung seiner Leistung in die Wege zu leiten; sie soll ihm vielmehr nur eine letzte Gelegenheit gewähren, die bereits begonnene Erfüllung zu beenden, sodass sie regelmäßig wesentlich kürzer sein wird als die ursprüngliche Leistungsfrist.[104] Das bestimmt sich zwar nach den Umständen, namentlich der Komplexität der zu treffenden Entscheidung. Eine Frist von mehr als einer Woche wird dem Käufer aber nur in besonderen Ausnahmefällen zuzubilligen sein.[105] Eine ihm anfänglich noch zustehende Möglichkeit, den Markt nach den günstigsten Verwendungsmöglichkeiten zu beobachten und zu diesem Zweck mit seiner Entscheidung eine gewisse Zeit zuzuwarten, steht ihm jedenfalls nicht mehr zu Gebote, da diese ursprünglich zur Minimierung des Verwendungsrisikos noch vorhandene Option mit Verzugseintritt verbraucht ist. Ist eine vom Verkäufer gesetzte Frist zu kurz bemessen, führt das allerdings nicht zur Unwirksamkeit der Fristsetzung, sondern setzt eine angemessene Frist in Lauf.[106]

---

[96] Oetker/*Koch* Rn. 35.

[97] Vgl. Schlegelberger/*Hefermehl* Rn. 19; Heymann/*Emmerich/Hoffmann* Rn. 15 mwN; MüKoHGB/*Grunewald* Rn. 15.

[98] Oetker/*Koch* Rn. 35 mwN.

[99] Oetker/*Koch* Rn. 35; MüKoHGB/*Grunewald* Rn. 19.

[100] Oetker/*Koch* Rn. 36.

[101] Baumbach/Hopt/*Hopt* Rn. 7; Oetker/*Koch* Rn. 36.

[102] Vgl. Staub/*Koller* Rn. 27.

[103] Vgl. BeckOK HGB/*Schwartze* Rn. 10; Staub/*Koller* Rn. 27; MüKoHGB/*Grunewald* Rn. 19.

[104] BGH Urt. v. 31.10.1984 – VIII ZR 226/83, NJW 1985, 320 (323); ferner Palandt/*Grüneberg* BGB § 323 Rn. 14.

[105] Ähnl. Oetker/*Koch* Rn. 37; BeckOK HGB/*Schwartze* Rn. 10; MüKoHGB/*Grunewald* Rn. 17.

[106] AllgA, s. etwa Baumbach/Hopt/*Hopt* Rn. 7; KKRD/*Roth* Rn. 4; Staub/*Koller* Rn. 28; GK-HGB/*Achilles* Rn. 7; MüKoHGB/*Grunewald* Rn. 17; Heymann/*Emmerich/Hoffman* Rn. 16; Oetker/*Koch* Rn. 37; HaKo-HGB/*Stöber* Rn. 14; *Lettl* HandelsR § 12 Rn. 35.

35   Ob die Setzung der in § 375 Abs. 2 S. 1 vorgesehenen und zugleich mit der Selbstspezifikation zu verbindenden Frist entsprechend den Regelungen in §§ 286 Abs. 2 Nr. 3, 281 Abs. 2, 323 Abs. 2 Nr. 1 BGB entbehrlich ist, wenn der Käufer zuvor eine Vornahme der Leistungsbestimmung ernsthaft und endgültig verweigert hat, ist umstritten,[107] richtigerweise aber zu verneinen. Dafür spricht bereits der Wortlaut, der anders als bei den Schadensersatz- und Rücktrittsalternativen für die nachzuholende Spezifikation gerade keinen Verweis auf die §§ 281, 323 BGB enthält. Das hat seinen guten Grund darin, dass selbst bei begrenzten Spezifikationsalternativen und vom Verkäufer geäußerten Präferenzen nie endgültig klar ist, wie die Selbstspezifikation im Ergebnis ausfällt. Wollte man deshalb vom Fristsetzungserfordernis absehen, würde die Selbstspezifikation im Augenblick ihrer Mitteilung gem. § 375 Abs. 2 S. 3 aufgrund der ihr vom Gesetzgeber bei Ausbleiben einer anderweitigen Spezifikation des Käufers zugedachten Gestaltungswirkung (→ Rn. 37) verbindlich, ohne dass dieser – anders als im umgekehrten Fall der Verkäufer (→ Rn. 19, → Rn. 25, → Rn. 30) – noch die Möglichkeit hätte, dagegen vorzugehen. Er wäre, wenn es ihm nicht gelingt, den Vertrag in seinem Bestand insgesamt zu beseitigen, indem man den Verkäufer insoweit schutzlos ausgeliefert. Allein schon in dieser Rechtsfolge liegt ein entscheidender Unterschied zu den Fallgestaltungen, bei denen eine ernsthafte und endgültige Erfüllungsverweigerung dem Gläubiger einen sofortigen, dann allerdings umfassend auf Rechtmäßigkeit nachprüfbaren Übergang zu bestimmten Sekundärrechten eröffnet. Es kann dem Käufer deshalb schlechthin nicht die Möglichkeit verwehrt werden, zur Wahrung seiner Rechte auf die Selbstspezifikation des Verkäufers – wenn auch ggf. mit dem Vorbehalt einer Nachprüfung des gesamten Vertragsbestandes – noch mit einer eigenen Spezifikation zu reagieren.[108]

36   **6. Wirkungen der Selbstspezifikation.** Die Selbstspezifikation des Verkäufers wird gem. § 375 Abs. 2 S. 3 **maßgebend,** wenn der Käufer bis zum Ablauf der ihm – wirksam – gesetzten Frist keine anderweitige Spezifikation vorgenommen hat. Dies gilt nicht nur für den Fall, dass der Käufer sich überhaupt nicht geäußert hat, sondern auch dann, wenn er der Selbstspezifikation des Verkäufers zwar widersprochen, aber keine eigene Spezifikation an deren Stelle gesetzt hat.[109] Während des Fristlaufs kann der Verkäufer die von ihm getroffene Bestimmung zwar noch abändern. Dem Käufer muss dann aber eine neue (angemessene) Frist eingeräumt werden, um auf die veränderte Situation angemessen reagieren zu können (→ Rn. 32).[110]

37   Die nach § 375 Abs. 2 S. 3 maßgebend gewordene Selbstspezifikation ist darauf gerichtet, für beide Parteien rechtsgestaltend Bindungswirkungen dahin zu erzeugen, dass Kaufgegenstand iSd § 433 Abs. 1 BGB nunmehr die vom Verkäufer näher bestimmte Ware ist.[111] Das gilt auf der einen Seite für den Käufer, der die Gelegenheit zu einer abweichenden Spezifikation nicht wahrgenommen hat und deshalb mit etwaigen Einwendungen gegen die Richtigkeit oder Angemessenheit der Selbstspezifikation ausgeschlossen ist, insbesondere diese auch nicht nach § 315 Abs. 3 BGB angreifen kann. Das gilt umgekehrt auch für den Verkäufer, der seinerseits mit Fristablauf an die von ihm getroffene Bestimmung gebunden ist und sie nicht mehr einseitig ändern darf. Es schuldet der Verkäufer nunmehr also die Ware mit der von ihm festgelegten Beschaffenheit, nur diese muss der Käufer gem. § 433 Abs. 2 BGB abnehmen und bezahlen.[112] Die vertraglichen Ansprüche auf Leistung sowie aus Anlass von Leistungsstörungen beurteilen sich von jetzt an wie bei einem Kauf mit einem von vorherein bestimmten Vertragsgegenstand.[113] Gerät der Käufer deshalb mit der Abnahme der so spezifizierten Ware in Annahmeverzug, kann nur diese Ware zum Selbsthilfeverkauf nach § 373 Abs. 2 gestellt werden, wohingegen der zuvor mögliche Selbsthilfeverkauf der Ware mit Spezifikationsbefugnis (→ Rn. 24) wegen deren Verbrauchs ausgeschlossen ist.[114] Dagegen bleibt es bei der Undurchführbarkeit des Vertrages, solange weder Käufer noch Verkäufer (selbst-) spezifizieren. In diesem Fall hat der Verkäufer nur die Möglichkeit, den Vertrag gem. § 375 Abs. 2 S. 1 iVm § 281 BGB oder § 323 BGB zu beenden.[115]

38   Trifft der Käufer im Zeitraum vom Beginn des **Spezifikationsverzugs** (→ Rn. 20 ff.) bis zum Ablauf einer ihm gem. § 375 Abs. 2 S. 2 gesetzten Frist die vom ihm nach § 375 Abs. 1 geschuldete Spezifikation, entfällt der Spezifikationsverzug mit Wirkung ex nunc. Dasselbe gilt ab dem Zeitpunkt,

---

[107] Dagegen zB Staub/*Koller* Rn. 29; GK-HGB/*Achilles* Rn. 7; Heymann/*Emmerich/Hoffmann* Rn. 16; Oetker/*Koch* Rn. 38; Schlegelberger/*Hefermehl* Rn. 18; HaKo-HGB/*Stöber* Rn. 14; einschränkend auch Baumbach/Hopt/*Hopt* Rn. 7; dafür *G. Müller* → 3. Aufl. 2015, Rn. 40 f. sowie etwa KKRD/*Roth* Rn. 4; MüKoHGB/*Grunewald* Rn. 18; *Lettl* HandelsR § 12 Rn. 36.

[108] Ähnl. Oetker/*Koch* Rn. 38; Schlegelberger/*Hefermehl* Rn. 18.

[109] AllgA, s. etwa Staub/*Koller* Rn. 30; Baumbach/Hopt/*Hopt* Rn. 7; KKRD/*Roth* Rn. 7; Oetker/*Koch* Rn. 39.

[110] MüKoHGB/*Grunewald* Rn. 19.

[111] Vgl. *Hahn/Mugdan*, Die gesammten Materialien zu den Reichs-Justizgesetzen, 6. Bd.: Materialien zum Handelsgesetzbuch, 1897, 372.

[112] Oetker/*Koch* Rn. 39 f.; BeckOK HGB/*Schwartze* Rn. 11; Baumbach/Hopt/*Hopt* Rn. 8; HaKo-HGB/*Stöber* Rn. 15.

[113] *Hahn/Mugdan,* Die gesammten Materialien zu den Reichs-Justizgesetzen, 6. Bd.: Materialien zum Handelsgesetzbuch, 1897, 372.

[114] Schlegelberger/*Hefermehl* Rn. 24.

[115] Vgl. auch Oetker/*Koch* Rn. 41.

zu dem eine Selbstspezifikation des Verkäufers gem. § 375 Abs. 2 S. 3 maßgebend wird.[116] Ein bis dahin bereits entstandener Verzugsschaden bleibt gleichwohl gem. §§ 280 Abs. 1, 2, 286 BGB ersatzfähig. Ab erfolgter Spezifikation gelten für die nunmehr feststehenden Vertragspflichten die dafür neu anlaufenden Leistungsfristen, wobei im Falle bereits abgelaufener Fristen im Zweifel § 271 Abs. 1 BGB eingreift. Zugleich entfällt mit Vorliegen einer tauglichen Spezifikation wegen Wegfalls eines Spezifikationsverzugs für den Verkäufer die Möglichkeit, über § 375 Abs. 2 S. 1 Schadensersatz statt der Leistung zu fordern oder vom Vertrag zurückzutreten. Schon vorher besteht diese Möglichkeit nicht mehr, wenn der Verkäufer den Weg der Selbstspezifikation gewählt hat und die dazu dem Käufer gesetzte Frist noch läuft. Denn die über § 375 Abs. 2 S. 1 vorgesehenen Rechte stehen, wie im Wortlaut über die Oder-Beziehung klargestellt ist, dem Verkäufer nur wahlweise, nicht jedoch nebeneinander zu und schließen sich – seit der Schuldrechtsreform von 2002 aber vorbehaltlich § 325 BGB (→ Rn. 39, → § 376 Rn. 2) – jeweils wechselseitig aus.[117]

IV. Die Rechte des Verkäufers anstelle der Spezifikation

1. Schadenersatz. Ist der Käufer mit der von ihm vorzunehmenden Bestimmung in Verzug, hat **39** der Verkäufer zunächst einmal nach den allgemeinen Regeln einen Anspruch auf Ersatz des dadurch entstandenen **Verzögerungsschadens** (§§ 280 Abs. 1, 2, 286 BGB).[118] Ferner kann er nach § 375 Abs. 2 S. 1 Alt. 2 bei Verzug des Käufers mit „Erfüllung seiner Bestimmungspflicht gem. §§ 280 Abs. 1, 3, 281 BGB" **Schadensersatz statt der Leistung** fordern. Bei der genannten Verweisung handelt es sich – genauso wie zuvor schon bei der Verweisung auf § 326 BGB aF – nicht nur um eine bloße Rechtsfolgen-, sondern um eine **Rechtsgrundverweisung**.[119] Zum Erfordernis eines über die für § 281 Abs. 1 BGB an sich ausreichenden objektiven Säumnis des Käufers hinausgehenden Verzugs mit seiner Spezifikationspflicht näher → Rn. 27 f. Notwendig ist darüber hinaus im Regelfall eine **Fristsetzung.**[120] Aus der Rechtsgrundverweisung des § 375 folgt, dass der Verkäufer die Rechte aus §§ 280, 281 BGB gewöhnlich erst dann geltend machen kann und darf, wenn er dem Käufer zuvor fruchtlos eine angemessene Nachfrist zur Nachholung der Spezifikation gesetzt hat, es sei denn, die Nachfrist ist gem. § 281 Abs. 2 BGB ausnahmsweise erkennbar. Die Frage, ob die in § 375 Abs. 2 S. 1 geregelte Oder-Beziehung zu den anderen Alternativen einer Anwendbarkeit von § 325 BGB entgegensteht, wonach das Recht, bei einem gegenseitigen Vertrag Schadensersatz zu verlangen, durch den Rücktritt nicht ausgeschlossen wird, wird ganz überwiegend mit Recht verneint.[121] Denn § 325 BGB hatte der Gesetzgeber bei seiner Folgeänderung zu § 375 Abs. 2 S. 1 ersichtlich nicht in den Blick genommen,[122] und es ist auch kein Grund ersichtlich, der ihn hätte bei Befassung mit der Frage veranlassen können, eine Anwendung auszuschließen. Allerdings kann dies in der Praxis wohl sogar mit Blick auf den weitgehend wirkungsgleichen § 281 Abs. 4 BGB dahinstehen, der mit Erhebung des Schadenersatzverlangens auch die die beiderseitigen Erfüllungsansprüche zum Erlöschen bringt[123] und deshalb in Fällen der vorliegenden Art den Rücktrittswirkungen regelmäßig gleichkommen wird.[124]

Die Schadensberechnung hat nach der Differenzmethode zu erfolgen, da der Verkäufer seine **40** Leistung mit Blick auf § 281 Abs. 4 nicht mehr erbringen kann und muss.[125] Hierzu kann er konkret oder abstrakt berechnen.[126] Berechnet er abstrakt, kann er seiner Berechnung die ihm günstigste Spezifikationsmöglichkeit zugrunde legen.[127] Dabei ist es dann an dem trotz Nachfristsetzung säumigen Käufer, darzulegen und zu beweisen, dass er im Falle einer dahin gehenden Selbstspezifikation diese fristgerecht durch eine bestimmte anderweitige Spezifikation ersetzt hätte, die dann auch einer Überprüfung auf Billigkeit nach § 315 Abs. 3 BGB standgehalten hätte und nicht durch eine anderweitige billige Bestimmung ersetzt worden wäre.[128] Diese Berechnungsmethode schließt es ein, dass der Verkäufer sich ein Unterlassen der ohnehin nach § 375 Abs. 1 S. 1 in seinem freien Ermessen

---

[116] BeckOK HGB/*Schwartze* Rn. 11; Oetker/*Koch* Rn. 39.

[117] *Hahn/Mugdan,* Die gesammten Materialien zu den Reichs-Justizgesetzen, 6. Bd.: Materialien zum Handelsgesetzbuch, 1897, 372.

[118] S. etwa KKRD/*Roth* Rn. 3.

[119] S. etwa BGH Urt. v. 10.12.1975 – VIII ZR 201/74, WM 1976, 124 (125); Staub/*Koller* Rn. 24; Baumbach/Hopt/*Hopt* Rn. 9; MüKoHGB/*Grunewald* Rn. 22; Oetker/*Koch* Rn. 43; HaKo-HGB/*Stöber* Rn. 17; Oetker HandelsR § 8 Rn. 25.

[120] OLG Hamm Urt. v. 18.1.2018 – 2 U 75/17, UA S. 37 f. (nv); Heymann/*Emmerich/Hoffmann* Rn. 20; Baumbach/Hopt/*Hopt* Rn. 9.

[121] Baumbach/Hopt/*Hopt* Rn. 10; MüKoHGB/*Grunewald* Rn. 26; Staub/*Koller* Rn. 34; Heymann/*Emmerich/Hoffmann* Rn. 19; HaKo-HGB/*Stöber* Rn. 16; *Lettl* HandelsR § 12 Rn. 39.

[122] BT-Drs. 14/6040, 280.

[123] BeckOK BGB/*Lorenz* BGB § 281 Rn. 54, 56; Palandt/*Grüneberg* BGB § 281 Rn. 52.

[124] Vgl. BT-Drs. 14/6040, 140; ferner jurisPK-BGB/*Seichter* BGB § 281 Rn. 55.

[125] OLG Hamm Urt. v. 18.1.2018 – 2 U 75/17, UA S. 38 (nv); Oetker/*Koch* Rn. 48; BeckOK HGB/*Schwartze* Rn. 13 mwN.

[126] OLG Hamm Urt. v. 18.1.2018 – 2 U 75/17, UA S. 38 (nv).

[127] MüKoHGB/*Grunewald* Rn. 23; Oetker/*Koch* Rn. 48 f.; Staub/*Koller* Rn. 34; HaKo-HGB/*Stöber* Rn. 19.

[128] Ähnl. MüKoHGB/*Grunewald* Rn. 23; aA G. *Müller* → 3. Aufl. 2015, Rn. 51 sowie Oetker/*Koch* Rn. 48 f.

stehenden Selbstspezifikation („kann") nicht als Mitverschulden iSd § 254 BGB anrechnen lassen muss.[129] Bei einer stattdessen möglichen konkreten Berechnung lassen sich mit hinreichender Genauigkeit wohl nur fehlgeschlagene Aufwendungen erfassen, während sich ein entgangener Gewinn angesichts der ausgebliebenen Spezifikation selbst am Maßstab des § 287 ZPO bestenfalls anhand einer etwaigen Basisversion, soweit feststellbar, als Mindestschaden schätzen lässt.[130]

41   **2. Rücktritt.** Nach § 375 Abs. 2 S. 1 Alt. 2, 3 kann der Verkäufer ferner unter den Voraussetzungen des § 323 BGB wegen des Spezifikationsverzuges des anderen Teils vom Kaufvertrag zurücktreten. Auch der Zugang zum Rücktrittsrecht ist nach dem klaren und eindeutigen Gesetzeswortlaut an den Spezifikationsverzug des Käufers und damit an ein Verschulden (§ 286 Abs. 4 BGB) gebunden (näher → Rn. 27 f.). Ansonsten handelt es sich genauso wie bei dem Verweis auf die §§ 280 f. BGB um eine Rechtsgrundverweisung (→ Rn. 39). Das erfordert, dass der Verkäufer die Rechte aus §§ 323 BGB gewöhnlich erst dann geltend machen kann und darf, wenn er dem Käufer zuvor fruchtlos eine angemessene Nachfrist zur Nachholung der Spezifikation gesetzt hat, es sei denn, die Nachfristsetzung ist gem. § 323 Abs. 2 BGB ausnahmsweise entbehrlich. Zur Anwendbarkeit von § 325 BGB → Rn. 39).

42   **3. Sukzessivlieferungsvertrag.** Bei einem Sukzessivlieferungsvertrag sind die Rechte des Verkäufers aus einem Spezifikationsverzug grundsätzlich auf die einzelne fällige Rate beschränkt.[131] Ob der Verkäufer Schadensersatz auch für die noch ausstehenden Raten verlangen oder vom ganzen Vertrag zurücktreten kann, hängt gem. §§ 281 Abs. 1 S. 2, 323 Abs. 5 S. 1 BGB entscheidend davon ab, ob er an der erbrachten Teilleistung billigerweise kein Interesse mehr hat.[132] Handelt es sich um einen als Dauerschuldverhältnis ausgestalteten Bezugsvertrag, kann der Verkäufer unter den Voraussetzungen des § 314 BGB den gesamten Vertrag kündigen.[133]

V. Abdingbarkeit

43   § 375 steht ganz oder teilweise zur Disposition der Parteien. Ist die Bestimmung ganz abbedungen, bestimmt sich ein Leistungsbestimmungsrecht des Käufers nach § 315 BGB, wobei dann, wenn die Leistungsbestimmung unterbleibt oder verzögert, also nicht innerhalb einer objektiv angemessenen Zeit vorgenommen wird, die Gegenseite nach § 315 Abs. 3 BGB vorgehen kann, ohne dass es eines Verzugs des Bestimmungsberechtigten bedarf.[134] Außerdem kann der Bestimmungsberechtigte in diesen Fällen bei Verletzung seiner regelmäßig anzunehmenden Bestimmungspflicht gem. §§ 286, 293, 295 BGB in Schuldner- und Gläubigerverzug geraten, und die Gegenseite kann uU sogar nach §§ 280, 281, 323 BGB vorgehen, nachdem es dazu seit der Schuldrechtsreform keiner synallagmatischen Pflichtenverknüpfung mehr bedarf (→ Rn. 1).[135] Formularmäßige Bestimmungsvorbehalte müssen sich gem. § 310 Abs. 1 S. 2 BGB auch im unternehmerischen Verkehr an den Anforderungen des § 307 BGB messen lassen.[136] Dabei ist es genauso wie im Rahmen von § 315 BGB auf jeden Fall erforderlich, dass die Voraussetzungen und der Umfang des Bestimmungsrechts tatbestandlich hinreichend konkretisiert und die berechtigten Belange des anderen Teils ausreichend gewahrt sind.[137]

VI. Beweislast

44   Macht der Käufer Rechte aus einem Bestimmungskauf geltend, obliegt ihm der Beweis, dass und mit welchem Inhalt ein solcher Kauf abgeschlossen worden ist, dass er ein ihm danach zukommendes Bestimmungsrecht in bestimmter, von den getroffenen Vereinbarungen gedeckter Weise und bei Einschlägigkeit von § 375 Abs. 2 S. 3 auch rechtzeitig gegenüber dem Verkäufer ausgeübt hat. Macht der Verkäufer von den ihm nach § 375 Abs. 2 S. 1 zukommenden Rechten Gebrauch, ist er für die Säumnis des Käufers und die objektiven Verzugsvoraussetzungen beweispflichtig, während der Käufer ein fehlendes Vertretenmüssen nachzuweisen hat. Beruft sich der Verkäufer auf die Verbindlichkeit einer von ihm vorgenommenen Selbstspezifikation, hat er neben dem Vorliegen des von ihm beanspruchten Bestimmungskaufs und eines daraus herrührenden Spezifikationsverzugs des Käufers die für eine wirksame Selbstspezifikation nach § 375 Abs. 2 S. 2, 3 vorgesehenen Voraussetzungen ebenso

---

[129] OLG Hamm Urt. v. 18.1.2018 – 2 U 75/17, UA S. 40 (nv); Oetker/*Koch* Rn. 49 mwN.

[130] Abw. Oetker/*Koch* Rn. 48.

[131] RG Urt. v. 14.7.1904 – II 544/03, RGZ 58, 419 (421); BGH Urt. v. 10.12.1975 – VIII ZR 201/74, WM 1976, 124 f.; Schlegelberger/*Hefermehl* Rn. 28; HaKo-HGB/*Stöber* Rn. 18.

[132] Oetker/*Koch* Rn. 52.

[133] S. dazu MüKoHGB/*Grunewald* Rn. 24; Heymann/*Emmerich/Hoffmann* Rn. 20 mwN; Baumbach/Hopt/*Hopt* Rn. 12; Oetker/*Koch* Rn. 52.

[134] BGH Urt. v. 9.5.2012 – XII ZR 79/10, NJW 2012, 2187 Rn. 37.

[135] Zum Ganzen Erman/*Hager* BGB § 315 Rn. 17 f.; MüKoBGB/*Würdinger* BGB § 315 Rn. 40.

[136] Oetker/*Koch* Rn. 54.

[137] Vgl. BGH Urt. v. 18.1.2017 – VIII ZR 263/15, BGHZ 213, 302 Rn. 27 = NJW 2017, 1301; BGH Urt. v. 20.7.2005 – VIII ZR 121/04, BGHZ 164, 11 (26 f.) mwN = NJW-RR 2005, 1496.

zu beweisen wie die tatsächlichen Voraussetzungen eines stattdessen ggf. geltend gemachten Schadensersatzanspruchs statt der Leistung oder eines Rücktrittsrecht nach §§ 280, 281, 323 BGB.

§ 376 [Fixhandelskauf]

(1) [1]Ist bedungen, daß die Leistung des einen Teiles genau zu einer festbestimmten Zeit oder innerhalb einer festbestimmten Frist bewirkt werden soll, so kann der andere Teil, wenn die Leistung nicht zu der bestimmten Zeit oder nicht innerhalb der bestimmten Frist erfolgt, von dem Vertrage zurücktreten oder, falls der Schuldner im Verzug ist, statt der Erfüllung Schadensersatz wegen Nichterfüllung verlangen. [2]Erfüllung kann er nur beanspruchen, wenn er sofort nach dem Ablaufe der Zeit oder der Frist dem Gegner anzeigt, daß er auf Erfüllung bestehe.

(2) Wird Schadensersatz wegen Nichterfüllung verlangt und hat die Ware einen Börsen- oder Marktpreis, so kann der Unterschied des Kaufpreises und des Börsen- oder Marktpreises zur Zeit und am Orte der geschuldeten Leistung gefordert werden.

(3) [1]Das Ergebnis eines anderweit vorgenommenen Verkaufs oder Kaufes kann, falls die Ware einen Börsen- oder Marktpreis hat, dem Ersatzanspruche nur zugrunde gelegt werden, wenn der Verkauf oder Kauf sofort nach dem Ablaufe der bedungenen Leistungszeit oder Leistungsfrist bewirkt ist. [2]Der Verkauf oder Kauf muß, wenn er nicht in öffentlicher Versteigerung geschieht, durch einen zu solchen Verkäufen oder Käufen öffentlich ermächtigten Handelsmakler oder eine zur öffentlichen Versteigerung befugte Person zum laufenden Preise erfolgen.

(4) [1]Auf den Verkauf mittels öffentlicher Versteigerung findet die Vorschrift des § 373 Abs. 4 Anwendung. [2]Von dem Verkauf oder Kaufe hat der Gläubiger den Schuldner unverzüglich zu benachrichtigen; im Falle der Unterlassung ist er zum Schadensersatze verpflichtet.

Schrifttum: *Canaris,* Auswirkungen des Gesetzes zur Modernisierung des Schuldrechts auf das Recht des Handelskaufs und der Kommission, FS Konzen, 2006, 43; *Herresthal,* Der Anwendungsbereich der Regelungen über den Fixhandelskauf (§ 376 HGB) unter Berücksichtigung des reformierten Schuldrechts, ZIP 2006, 883; *U. Huber,* Abstrakte Schadensberechnung des Käufers, FS. K. Schmidt, 2009, 725; *Knobbe-Keuk,* Möglichkeiten und Grenzen abstrakter Schadensberechnung, VersR 1976, 401; *Leßmann,* Der Fixhandelskauf, JA 1990, 143; *G. Müller,* § 376 Abs. 2 HGB – Ausnahmevorschrift oder Leitbild für die „abstrakte" Schadensberechnung?, WM 2013, 1; *Schmitt,* Die Änderungen beim Rücktrittsrecht nach § 323 BGB durch das Gesetz zur Umsetzung der Verbraucherrechterichtlinie, VuR 2014, 90; *Schwarze,* „Steht und fällt" – Das Rätsel der relativen Fixschuld, AcP 207 (2007), 437.

Übersicht

I. Anwendungsbereich und Zweck der Vorschrift

1   **1. Regelungsgegenstand.** § 376 enthält im Sinne eines den entsprechenden Bestimmungen des BGB gem. Art. 2 Abs. 1 EGHGB vorgehenden lex specialis besondere Regelungen für Kaufverträge, die als sog. **relatives Fixgeschäft** abgeschlossen sind.[1] Nach ihrem **persönlichen Anwendungsbereich** gilt die Vorschrift gem. § 345 gleichermaßen für den einseitigen wie für den zweiseitigen Handelskauf. Es genügt daher, dass die Kaufmannseigenschaft in der Person des Verkäufers gegeben ist. Zur Behandlung von Rechtsscheinssachverhalten vgl. die gleichgelagerten Ausführungen unter → § 375 Rn. 8. Die Kaufmannseigenschaft mindestens einer Vertragspartei ist, gleich auf welcher Vertragsseite sie steht, für die Anwendbarkeit von § 375 allerdings zwingend. Hingegen fehlt es für eine darüber hinausgehende entsprechende Anwendung der Vorschrift auf Kaufverträge zwischen nichtkaufmännischen Unternehmern iSd § 14 BGB an der erforderlichen planwidrigen wie auch ausfüllungsbedürftigen Regelungslücke[2] Im Gegenteil hat der Gesetzgeber der Handelsrechtsreform von 1998 eine derartige Erweiterung des Kaufmannsbegriffs auf den weiter gefassten Personenkreis der Unternehmer sogar ausdrücklich abgelehnt.[3] Nach seinem **sachlichen Anwendungsbereich** muss sich der Vertrag auf Waren (→ Vor §§ 373–381 Rn. 3) und ihnen gem. § 381 Abs. 1 gleichgestellte marktgängige Wertpapiere beziehen (→ § 381 Rn. 1). **Werklieferungsverträge** iSd § 650 BGB werden über § 381 Abs. 2 ebenfalls erfasst.

2   Besonderes Kennzeichen des Fixgeschäfts ist nach § 376 Abs. 1 S. 1 die Abrede, dass die Leistung der einen Vertragspartei „genau zu einer festbestimmten Zeit oder innerhalb einer festbestimmten Frist bewirkt werden soll". Die einfache Terminsbestimmung wie etwa die kalendermäßige Fixierung des vereinbarten Leistungstermins iSd § 286 Abs. 2 Nr. 1 BGB genügt nicht; vielmehr ist es erforderlich, dass die Leistungspflicht nach dem erkennbaren Parteiwillen mit Einhaltung der Leistungszeit **steht und fällt** (→ Rn. 5). Ist dies der Fall und überschreitet der jeweilige Schuldner den vertraglich festgelegten Fixtermin, erlischt abweichend von § 323 Abs. 1, Abs. 2 Nr. 2 BGB, der hieran nur ein im Belieben des Gläubigers stehendes Rücktrittsrecht knüpft, der Erfüllungsanspruch ex lege, es sei denn, der Gläubiger erklärt dem Vertragsgegner sofort nach Terminsüberschreitung, dass er auf einer Vertragserfüllung besteht (§ 376 Abs. 1 S. 2). Nach dem wegen eines Redaktionsversehens nicht dem neuen § 325 BGB angepassten Wortlaut des § 376 Abs. 1 S. 1 hat der Gläubiger, der sich nicht sofort für ein Erfüllungsverlangen entscheidet, dann allerdings die freie Wahl zwischen Schadenersatz statt der Leistung und Rücktritt im Sinne einer Kumulationsmöglichkeit beider Rechtsbehelfe (zum ähnlichen Problem beim Bestimmungskauf → § 375 Rn. 39).[4]

3   Von diesem relativen Fixgeschäft ist das sog **absolute Fixgeschäft** zu unterscheiden. Dieses ist dadurch gekennzeichnet, dass bei ihm die Unmöglichkeit durch bloßen Zeitablauf eintritt. Anders als bei dem relativen Fixgeschäft iSd § 376 Abs. 1 hat der Gläubiger hier nicht nur ein besonderes sachliches oder persönliches Interesse an der pünktlichen Leistung. Vielmehr ist die Leistung bereits ihrem Inhalt nach so beschaffen, dass sie nach dem festgelegten Termin gem. § 275 Abs. 1 BGB **objektiv unmöglich** ist, weil sie ihrer Natur nach nur (bis) zu einem bestimmten Zeitpunkt erbracht werden kann und nach dessen Verstreichen nicht mehr nachholbar ist, weil bei ihr nämlich allein der Zeitablauf dazu führt, dass eine spätere Leistung nicht mehr als dieselbe Leistung angesehen werden kann, wie sie vereinbart worden ist.[5] Das ist bei Kaufgeschäften äußerst selten der Fall, kann aber etwa zutreffen auf den Kauf von sog. kleinen Inhaberpapieren gem. § 809 BGB wie etwa Eintrittskarten, wenn diese nach den getroffenen Abreden bis zur Veranstaltung geliefert sein müssen, aber erst danach eintreffen und dadurch den ihnen verkörperten Wert vollständig eingebüßt haben.[6] Streitig ist dagegen, ob auch **Saisonartikel** wie etwa Weihnachtsbäume, Schokoladenosterhasen oder andere ereignisgebundene Gegenstände wie etwa Brautkleider zu den absoluten Fixgeschäften zählen, wenn sie nicht zu den betreffenden Festtagen und Feierlichkeiten eingetroffen sind.[7] Richtigerweise wird man darauf abzustellen haben, dass sich bei dieser saison- und ereignisgebundenen Ware nicht der Inhalt der Leistung als solcher ändert, diese also keine andere wird, sondern dass nach Verstreichen der Leistungs-

---

[1] Staub/*Koller* Rn. 6.
[2] AA Heymann/*Emmerich/Hoffmann* Rn. 4.
[3] Vgl. BT-Drs. 13/8444, 22 f., 30 f., 47.
[4] MüKoHGB/*Grunewald* Rn. 27; Oetker/*Koch* Rn. 36 mwN.
[5] BGH Urt. v. 15.12.2016 – I ZR 63/15, WM 2017, 301 Rn. 32; BGH Urt. v. 28.8.2012 – X ZR 128/11, NJW 2013, 378 Rn. 34.
[6] Vgl. BeckOGK/*Riehm* BGB § 275 Rn. 94.1; MüKoHGB/*Grunewald* Rn. 11.
[7] Dafür etwa Staudinger/*Schwartze,* 2015, BGB § 323 Rn. B 101, 103; *Medicus/Lorenz* SchuldR AT Rn. 411; *Schmitt* VuR 2014, 90, 94; dagegen zB BeckOGK/*Riehm* BGB § 275 Rn. 94; Oetker/*Koch* § 375 Rn. 9; so ferner Erwägungsgrund 52 Verbraucherrechte-RL (ABl. 2011 L 304/64).

zeit nur ihre vom Käufer geplante Verwendung unmöglich geworden ist, er sie jetzt also für seine Zwecke nicht mehr gebrauchen kann. Das ist aber kein Fall, auf den die Unmöglichkeitsregeln zugeschnitten sind, sondern ein nach der Interessenlage typischerweise im Anwendungsbereich von § 323 Abs. 2 Nr. 2 BGB, § 376 Abs. 1 angesiedelter Fall.

2. Normentstehung und -zweck. Den Ausgangspunkt der Entstehung des § 375 hat die vom **4** Gesetzgeber seinerzeit in Art. 357 Abs. 1 ADHGB eine vorgefundene Regelung gebildet, die er abgesehen von einer sachlichen Erweiterung auf alle in Betracht kommenden Leistungspflichten eines Handelskaufs, also auch auf Kaufpreiszahlungspflichten, für sachgerecht und bewährt erachtet und deshalb im Interesse einer Herbeiführung **rascher Klarheit** über das weitere Schicksal der bestehenden Leistungspflichten sowie eine **zügigen Vertragsabwicklung** weitgehend inhaltsgleich in § 376 Abs. 1 übernommen hat. Bestimmend für ihn war, dass das Schicksal des Erfüllungsanspruchs nicht längere Zeit in der Schwebe bleiben sollte, wie es im Falle eines Erfüllungsverzugs bei Bestehen eines bloßen Rücktrittsrechts sonst möglich wäre, weil dies für die wichtigsten Fälle des Fixgeschäfts, nämlich Geschäfte über Waren und Wertpapiere mit einem Markt- oder Börsenpreis, nicht gepasst hätte. Für diese Art von Geschäften ist der Gesetzgeber vielmehr davon ausgegangen, dass nach der regelmäßigen Absicht der Vertragsparteien eine verspätete Erfüllung von vornherein ausgeschlossen sein soll. Dementsprechend sollte der Gläubiger, wenn er nach Ablauf des Termins noch auf Erfüllung bestehen wollte, gehalten sein, dem Schuldner sofort und ohne Aufforderung zur Erklärung mitzuteilen, da dies sonst zu einem Zeitverlust führen könnte, durch den es dem Gläubiger möglich wäre, auf Kosten des Schuldners zu spekulieren.[8] Zugleich sollte die Möglichkeit, vom Vertrag zurückzutreten oder Schadensersatz wegen Nichterfüllung zu verlangen, in Übereinstimmung mit dem gleichzeitig vorgesehenen § 361 BGB aF an die Säumnis und nicht wie zuvor an das Vorliegen eines Verzugs geknüpft sein, da dies dem Wesen des Fixgeschäfts entspreche und auch mit den Bedürfnissen des Handelsverkehrs im Einklang stehe.[9] Zu den in § 376 Abs. 2 und 3 getroffenen Regelungen zur abstrakten Schadensberechnung hat der Gesetzgeber unter Erweiterung auf Ersatzansprüche auch des Käufers auf die weitgehend inhaltsgleichen Regelungen in Art. 357 Abs. 2 und 3 ADHGB zurückgegriffen, die er ebenfalls als dem Fixgeschäft angemessen erachtet hat.[10]

Der Gesetzgeber der **Schuldrechtsreform** von 2002 hat in Bezug auf § 376 keinen Änderungs- oder **5** Anpassungsbedarf gesehen. Er hat sich mit der Vorschrift zwar im Zuge seiner Regelungen zur Überführung des § 361 BGB aF in § 323 Abs. 2 Nr. 2 BGB befasst und dabei ausgeführt, dass die zur Bewertung einer Terminsangabe als „fix" verwendete Formel, wonach der Vertrag aufgrund der Terminsvereinbarung mit der Einhaltung des Leistungstermins „stehen oder fallen" soll, in der neu gefassten Bestimmung in die Formulierung gekleidet worden sei, der andere Teil habe im Vertrag den Fortbestand seines Erfüllungsinteresses an die Rechtzeitigkeit der Erfüllung gebunden; diese Begründung des Erfüllungsinteresses an die Einhaltung eines bestimmten Termins wiederum müsse sich aus dem Vertrag oder aus den objektiven, im Vertrag hinreichend deutlich zum Ausdruck gekommenen und dem Schuldner bekannten Umständen ergeben.[11] Bei Neufassung des § 323 Abs. 2 Nr. 2 BGB aufgrund des **Gesetzes zur Umsetzung der Verbraucherrechterichtlinie** vom 20.9.2013[12] hat der Gesetzgeber diese Formulierung dahin an die Terminologie von Art. 18 Abs. 2 UAbs. 2 Verbraucherrechte-RL[13] angepasst, dass die termin- oder fristgerechte Leistung nach einer Mitteilung des Gläubigers an den Schuldner vor Vertragsschluss oder aufgrund anderer den Vertragsabschluss begleitenden Umstände für den Gläubiger wesentlich ist. Diese Wesentlichkeit soll danach insbesondere dann anzunehmen sein, wenn der Gläubiger das Fortbestehen seines Leistungsinteresses wie nach geltendem Recht an die Rechtzeitigkeit der Leistung gebunden hat, der Vertrag also aufgrund der Termins- oder Fristvereinbarung mit deren Einhaltung stehen oder fallen soll, was sich entweder aus einer entsprechenden Mitteilung des Gläubigers vor Vertragsschluss oder aus sonstigen den Vertragsschluss begleitenden Umständen ergeben könne.[14] Mit diesem Verständnis ist der Gesetzgeber einerseits zwar ungeachtet seiner Absicht, im Wesentlichen keine Anpassungen von begrifflicher Natur vorzunehmen,[15] von dem in § 361 BGB aF noch klar zum Ausdruck gekommenen und in § 323 Abs. 2 Nr. 2 BGB schon etwas undeutlicher gewordenen Vereinbarungserfordernis[16] abgerückt.[17] Andererseits ist aus der Gesetzgebungshistorie aber auch klar hervorgegangen, dass die Formel des Stehens oder Fallens sich nicht auf das absolute Fixgeschäft, bei der

---

[8] *Hahn/Mugdan,* Die gesammten Materialien zu den Reichs-Justizgesetzen, 6. Bd.: Materialien zum Handelsgesetzbuch, 1897, 374 f.

[9] *Hahn/Mugdan,* Die gesammten Materialien zu den Reichs-Justizgesetzen, 6. Bd.: Materialien zum Handelsgesetzbuch, 1897, 375.

[10] *Hahn/Mugdan,* Die gesammten Materialien zu den Reichs-Justizgesetzen, 6. Bd.: Materialien zum Handelsgesetzbuch, 1897, 375.

[11] BT-Drs. 14/6040, 185 f.

[12] BGBl. 2013 I 3642.

[13] ABl. 2011 L 304/64.

[14] BT Drs. 17/12637, 35, 58 f.

[15] BT Drs. 17/12637, 58.

[16] Vgl. MüKoBGB/*Ernst,* 6. Aufl. 2012, BGB § 323 Rn. 115.

[17] So zutreffend *Schmitt* VuR 2014, 90 (92 f.).

die Leistung mit Fristablauf unmöglich wird (→ Rn. 3) und der Erfüllungsanspruch deshalb automatisch nach § 275 Abs. 1 BGB erlischt, sondern auf die von der Säumnis betroffenen Verwendungsabsichten des Gläubigers, also den Fortbestand seines Leistungsinteresses, bezieht.[18]

6   **3. Verhältnis zum BGB-Fixkauf.** Die Regelungen des HGB und des BGB zum Fixkauf haben sich im Laufe der Zeit zunehmend voneinander entfernt. Bei **ursprünglich kongruentem Verständnis** vom Vorliegen eines Fixkaufs in dem in § 361 BGB aF wie auch in § 376 Abs. 1 übereinstimmend definierten Sinne, nämlich dass die Leistung des einen Teiles vereinbarungsgemäß genau zu einer festbestimmten Zeit oder innerhalb einer festbestimmten Frist bewirkt werden soll, sind nur die Rechtsfolgen dieser Vertragsgestaltungen unterschiedlich dahin geregelt worden, dass bei einem Handelskauf im Sinne einer strengen Alternativität von Primär- und Sekundärrechten[19] der Erfüllungsanspruch bei Ausbleiben der Leistung zum vereinbarten Zeitpunkt automatisch untergehen sollte, wenn der Gläubiger nicht sofort auf Erfüllung besteht (→ Rn. 4).[20] Demgegenüber hat man sich bei einem BGB-Fixkauf mit der Auslegungsregel begnügt, dass der Erfüllungsanspruch auch bei Ausbleiben einer terminrechten Leistung weiterbestehen, der Gläubiger im Zweifel jedoch zum Rücktritt berechtigt sein sollte, weil nach der Absicht der Vertragsschließenden dem Fixgeschäft des bürgerlichen Verkehrs zumeist eine wesentlich andere Bedeutung als im Handelsverkehr zukomme.[21] Das übereinstimmende Verständnis zum Zustandekommen einer Fixkaufabrede ist jedoch trotz des in § 323 Abs. 2 Nr. 2 BGB aF gewählten Wortlauts, wonach der Gläubiger im Vertrag den Fortbestand seines Leistungsinteresses an die Rechtzeitigkeit der Leistung gebunden hat, im Zuge der **Schuldrechtsreform** erstmals leicht erodiert, nachdem der Gesetzgeber davon ausgegangen war, dass durch die Bindung des Leistungsinteresses an die Rechtzeitigkeit der Leistung „im Vertrag" hinreichend deutlich sei, dass die entscheidenden Umstände für den Schuldner bekannt sein müssten.[22] Damit hat sich der Gesetzgeber zur Verbindlichkeit einer Fixabrede ein Stück weit vom Konsensprinzip weg und auf Fallgestaltungen hin bewegt, wie sie über § 434 Abs. 1 S. 2 Nr. 1 BGB aus dem Kaufgewährleistungsrecht zur Verbindlichkeit einer lediglich vertraglich vorausgesetzten Verwendung bekannt sind.[23] Mit der Änderung des § 323 Abs. 2 Nr. 2 BGB im Zuge des Gesetzes zur – insoweit überschießend erfolgten[24] – **Umsetzung der Verbraucherrechterichtlinie** dürfte das Erfordernis der Vereinbarung zugunsten einer schlichten vertraglich vorausgesetzten bzw. einer dem Vertrag vom Gläubiger einseitig unterlegten Wesentlichkeit aufgegeben sein.[25] Zudem erscheint es nicht ganz zweifelsfrei, ob in dem über Art. 18 Abs. 2 UAbs. 2 Verbraucherrechte-RL gemeinschaftsrechtlich unterlegten Wesentlichkeitsmaßstab des § 323 Abs. 2 Nr. 2 BGB zumindest für den Verbraucherkauf nicht sogar noch eine gewisse Absenkung des zuvor noch auf einen „Stehen oder Fallen" (→ Rn. 5) lautenden Maßstabs zur Bestimmung des Fixgeschäfts liegt,[26] bei dem es der Gesetzgeber mit der aus seiner Sicht lediglich begrifflichen Änderung auch belassen wollte.[27] Dieses bisherige Verständnis lässt sich wohl nur halten, wenn man das inhaltlich eher schwache deutsche Wort „wesentlich" durch die in den englischen, französischen und spanischen Sprachfassungen verwendeten weitaus stärkeren Begriffe „essential", „essentielle" oder „esencial" ersetzt.[28]

7   Abgesehen vom Schicksal des Erfüllungsanspruchs besteht ansonsten in den Rechtsfolgen, also soweit § 376 Abs. 1 S. 1 dem Käufer bei Terminsüberschreitung eo ipso ein Rücktrittsrecht oder im regelmäßig gegebenen Verzugsfall einen Anspruch auf Schadensersatz wegen Nichterfüllung zubilligt, ein in den einzelnen Voraussetzungen kaum zu unterscheidender Gleichlauf zwischen beiden Arten des Fixkaufs. Gewisse Unterschiede gibt es dann aber wieder bei der Berechnung des zu ersetzenden Schadens auf der Grundlage eines – gedachten – Deckungsgeschäfts. § 376 Abs. 2 konkretisiert einerseits ohne Rücksicht auf die Kaufmannseigenschaft des Gläubigers die in § 252 BGB allgemein getroffene Bestimmung zum Gewinnentgang anders als diese[29] als unwiderlegliche

---

[18] Nichts anderes hatte nach den getroffenen tatsächlichen Feststellungen seinerzeit auch das RG in seinem Urt. v. 27.5.1902 – II 32/02, RGZ 51, 347 (348) gemeint; aA MüKoHGB/*Grunewald* Rn. 6.

[19] Dazu näher *Herresthal* ZIP 2006, 883 (885 f.).

[20] *Hahn/Mugdan,* Die gesammten Materialien zu den Reichs-Justizgesetzen, 6. Bd.: Materialien zum Handelsgesetzbuch, 1897, 374 f.

[21] Prot. II 1285 f. = Mugdan II 631.
  Hahn/Mugdan, Die gesammten Materialien zu den Reichs-Justizgesetzen, 6. Bd.: Materialien zum Handelsgesetzbuch, 1897, 370.

[22] BT-Drs. 14/6040, 186.

[23] Vgl. BGH Urt. v. 20.5.2009 – VIII ZR 191/07, BGHZ 181, 170 Rn. 9 = NJW 2009, 2807; BGH Urt. v. 26.4.2017 – VIII ZR 80/16, NJW 2017, 2817 Rn. 13 ff.

[24] *Schmitt* VuR 2014, 90 (91).

[25] Dazu näher *Schmitt* VuR 2014, 90 (92 f.); *Riehm* NJW 2014, 2065 (2067).

[26] So *Schmitt* VuR 2014, 90 (92); aA MüKoBGB/*Ernst* BGB § 323 Rn. 117; jurisPK-BGB/*Beckmann* BGB § 323 Rn. 42.

[27] BT-Drs. 17/12637, 58.

[28] So zutreffend BeckOGK/*Looschelders* BGB § 323 Rn. 177.

[29] Vgl. BGH Urt. v. 29.6.1994 – VIII ZR 317/93, BGHZ 126, 305 (308) = NJW 1994, 2478; BGH Urt. v. 19.10.2005 – VIII ZR 392/03, NJW-RR 2006, 243 Rn. 9; BGH Urt. v. 15.11.2011 – VI ZR 4/11, NJW 2012, 601 Rn. 11.

Regel und lässt andererseits eine konkrete Berechnung nur unter den in Abs. 3 genannten Voraussetzungen zu.[30] Dabei steht es den Parteien auch nicht frei, zwischen einer Anwendung entweder der Bestimmungen zum Fixhandelskauf oder zum bürgerlich-rechtlichen Fixkauf zu wählen; vielmehr gebührt § 376 bei Vorliegen seiner Voraussetzungen zunächst einmal gem. Art. 2 Abs. 1 EGHGB der Vorrang. Allerdings haben die Parteien angesichts der Dispositivität des § 376 die Möglichkeit, diese Vorschrift ganz oder teilweise abzubedingen oder zu modifizieren, so dass im abbedungenen Teil dann grundsätzlich die Bestimmungen zum bürgerlich-rechtlichen Fixkauf eingreifen.[31]

4. Verbraucherkäufe. Die vorstehend angesprochene **Verbraucherrechte-RL** (→ Rn. 5) wirkt 8 sich auch auf den Anwendungsbereich des § 376 aus, wenn auf Verkäuferseite ein Unternehmer (§ 14 BGB) und auf Käuferseite ein Verbraucher (§ 13 BGB) an einem Kaufvertrag über Waren (Art. 17 Abs. 1 Verbraucherrechte-RL) beteiligt sind, zu denen – wie die Begriffsbestimmungen in Art. 2 Nr. 3 und 12 Verbraucherrechte-RL zeigen – aber keine Finanzdienstleistungen und damit zB keine Wertpapiergeschäfte zählen, sodass der Bereich der Anwendungsfälle sehr schmal ist (vgl. ansonsten zur Verbraucherbeteiligung an Handelskäufen → Vor §§ 373–381 Rn. 12 f.). Die Verbraucherrechte-RL geht in Art. 18 Abs. 1 Verbraucherrechte-RL nämlich von einer Lieferpflicht des Unternehmers binnen einer bestimmten Frist aus und sieht in Abs. 2 UAbs. 2 Verbraucherrechte-RL unter anderem vor, dass der Verbraucher in Fällen, in denen die Lieferung innerhalb der vereinbarten Frist unter Berücksichtigung aller den Vertragsabschluss begleitenden Umstände wesentlich ist oder in denen der Verbraucher dem Unternehmer vor Vertragsabschluss mitteilt, dass die Lieferung bis zu einem bestimmten Datum oder an einem bestimmten Tag wesentlich ist, das Recht hat, sofort vom Vertrag zurückzutreten, wenn der Unternehmer die Waren nicht zu dem mit dem Verbraucher vereinbarten Zeitpunkt oder innerhalb der vertraglichen Frist liefert. Diese als Rücktrittsrecht ausgestaltete Befugnis dürfte es allein schon angesichts der Harmonisierungsklausel in Art. 4 Verbraucherrechte-RL ausschließen, dass ein Verbraucherkäufer in solch einem Fall bei einem einseitigen Handelskauf (→ Rn. 1) seinen auf Lieferung gerichteten Erfüllungsanspruch automatisch gem. § 376 Abs. 1 verliert, wenn er diesen nicht sofort nach Fristablauf geltend macht.[32] Insoweit wird man § 376 Abs. 1 vielmehr im Wege richtlinienkonformer Rechtsfortbildung[33] zugunsten von § 323 Abs. 2 Nr. 2 BGB außer Anwendung lassen müssen.

II. Voraussetzungen des relativen Fixhandelskaufs

1. Festbestimmte Lieferzeit als vertraglicher Hauptzweck. § 376 Abs. 1 setzt für den darin 9 geregelten Fixhandelskauf eine Einigung der Vertragsparteien darüber voraus, dass die vereinbarte Leistungszeit für die Verwendungsabsichten einer Partei nicht nur wesentlich ist, sondern dass der ganze Vertrag mit der Fristeinhaltung **„stehen und fallen"** soll.[34] Erforderlich ist hierfür zunächst eine eindeutige **Zeitbestimmung** für die zu erbringende Leistung.[35] Diese kann zwar nicht nur in einer genauen Terminangabe (etwa Lieferung zum „1. Januar 2005"), sondern auch in einer exakten Fristbestimmung (etwa Lieferung „im Mai") liegen, weil dann die Frist am 31.5. um 24 Uhr abläuft. Der Endzeitpunkt der Leistungsfrist muss sich aber ohne Wertungsspielraum anhand der Vereinbarung eindeutig feststellen lassen.[36] Dies geht über eine bloße Bestimmung der Leistungszeit im Sinne einer Fälligkeitsvereinbarung gem. § 271 Abs. 1 BGB hinaus und verlangt auch mehr als eine kalendermäßige Festlegung der Leistungszeit nach § 286 Abs. 2 Nr. 1 BGB. Vor allem ist eine zusätzliche Abrede der Vertragsparteien erforderlich, die den Fixcharakter des Rechtsgeschäfts, dh das überragende Interesse des Gläubigers an pünktlicher Lieferung und das Fehlen jedweden Interesses an verspäteter Lieferung, klar und deutlich zum Ausdruck bringt. Aus der Vereinbarung einer fest bestimmten Lieferzeit folgt also für sich genommen noch nicht, dass mit der Nichteinhaltung der Frist jedes Interesse des Gläubigers an der Erbringung der geschuldeten Leistung entfällt.[37] Vielmehr muss ein die

---

[30] MüKoHGB/*Grunewald* Rn. 24 f. mwN.

[31] Staub/*Koller* Rn. 6.

[32] Ebenso *Schmitt* VuR 2014, 90 (98 f.); MüKoHGB/*Grunewald* Rn. 31; aA Oetker/*Koch* Rn. 5.

[33] Vgl. dazu BGH Urt. v. 21.12.2011 – VIII ZR 70/08, BGHZ 192, 148 Rn. 30 ff. = NJW 2012, 1073.

[34] StRspr s. zB RG Urt. v. 27.5.1902 – II 32/02, RGZ 51, 347 (348); RG Urt. v. 25.2.1921 – II 200/20, RGZ 101, 361 (363); BGH Urt. v. 27.10.1982 – VIII ZR 190/81, WM 1982, 1384 (1385); BGH Urt. v. 14.3.1984 – VIII ZR 287/82, WM 1984, 639 (641); BGH Urt. v. 18.4.1989 – X ZR 85/88, WM 1989, 1180; BGH Urt. v. 17.1.1990 – VIII ZR 292/88, BGHZ 110, 88 (96 f.) mwN = NJW 1990, 2065; BGH Urt. v. 10.3.1998 – X ZR 7/96, NJW-RR 1998, 1489 (1490); aus der Lit. s. zB Schlegelberger/*Hefermehl* Rn. 4; Staub/*Koller* Rn. 10 u. 13; Baumbach/Hopt/*Hopt* Rn. 6 f.; KKRD/*Roth* Rn. 5; *Oetker* HandelsR § 8 II Rn. 18; *Hübner* HandelsR § 7c Rn. 567; krit. *Schwarze* AcP 207 (2007), 437 ff. mwN.

[35] S. etwa BGH Urt. v. 17.1.1990 – VIII ZR 292/88, BGHZ 110, 88 (96 f.) = NJW 1990, 2065; BGH Urt. v. 25.1.2001 – I ZR 287/98, NJW 2001, 2878 f.; Baumbach/Hopt/*Hopt* Rn. 6; Heymann/*Emmerich/Hoffmann* Rn. 5 mwN; Oetker/*Koch* Rn. 11.

[36] Vgl. RG Urt. v. 25.2.1921 – II 200/20, RGZ 101, 361 (363); Staub/*Koller* Rn. 12.

[37] BGH Urt. v. 28.1.2003 – X ZR 151/00, NJW 2003, 1600.

herausragende Bedeutung der Fristeinhaltung besonders betonendes, über den Normalfall deutlich hinausweisendes Element hinzukommen.[38] Zeitlich muss dieses Element als Teil des – ausdrücklich oder konkludent – Bedungenen (→ Rn. 11) bereits bei Vertragsschluss vorliegen, sodass sich erst später ergebende Entwicklungen, welche bei Fristüberschreitung die Vertragsdurchführung für den Gläubiger sinnlos machen, für den Charakter des Geschäfts als Fixgeschäft ohne Bedeutung sind.

10 **2. Auslegungskriterien und Einzelfälle.** Ein auf den Abschluss eines relativen Fixgeschäftes iSd § 376 Abs. 1 gerichteter Wille der Vertragsparteien kann zB dadurch zum Ausdruck gebracht werden, dass der genauen Zeitbestimmung bestimmte, im Verkehr typischerweise auf einen Fixkauf hindeutende **Zusätze** wie zB „fix", „genau", „präzis", „spätestens" oder „Nachlieferung ausgeschlossen" beigefügt werden.[39] Ebenso kann die Vereinbarung einer **Verfallklausel** auf den Fixcharakter des Vertrages hindeuten, während die Vereinbarung einer **Vertragsstrafe** über ihre Eigenschaft als Druckmittel hinaus für einen Fixcharakter eher indifferent ist, zumindest aber von zusätzlichen Umständen getragen werden muss.[40] Eher indifferent ist auch die Vereinbarung einer deutlich **höheren Gegenleistung** bei Pünktlichkeit, besagt dies doch für sich allein noch nichts über einen Fortbestand der Verwendungsmöglichkeiten bei Fristüberschreitung.[41] Auch die Klausel **ohne Nachfrist** begründet für sich allein noch kein relatives Fixgeschäft, sondern hat im Allgemeinen nur die Bedeutung, dass dem Gläubiger die Rechte aus § 323 Abs. 1 BGB, § 281 Abs. 1 S. 1 BGB bei Verzugseintritt sofort zustehen sollen, das Erfordernis einer Fristsetzung also abbedungen ist.[42] Entsprechendes gilt etwa für Lieferzeitklauseln wie „binnen kürzester Frist"; „bei offener Schifffahrt"; „täglich"; „umgehend"; „sofort"; „prompt"; „rasch"; „spätestens bis Ende des Monats"; „bis Ultimo" und „von Woche zu Woche", oder „sobald wie möglich", die für sich genommen den Verkäufer nur zu schneller und/oder pünktlicher Lieferung verpflichten oder anhalten sollen.[43] Umgekehrt kann sich ein relatives Fixgeschäft iSd § 376 auch ohne besondere Fixklausel aus den Umständen des Falles oder einem Handelsbrauch ergeben,[44] und zwar insbesondere auch daraus, dass der Verkehr einem an sich nur fixähnlichem Geschäft kraft Verkehrssitte oder Handelsbrauch Fixcharakter beizumessen pflegt, sodass es sich dann um Fixgeschäfte kraft **Handelsbrauchs** handelt.[45] So werden denn auch **Börsen- und Finanztermingeschäfte** nach der Verkehrsauffassung häufig als relative Fixgeschäfte iSd § 376 abgeschlossen, weil eine Nachfrist bei ihnen angesichts ihres spekulativen Charakters für nicht interessengerecht erachtet wird.[46] Ferner sind „relative" Fixgeschäfte bei **internationalen Abladegeschäften** (→ Rn. 15) branchenüblich.

11 Abweichend von der heutigen Rechtslage im BGB (→ Rn. 6) verlangt § 376 wie zuvor schon Art. 357 Abs. 1 ADHGB für das Vorliegen eines Fixgeschäfts, dass neben der exakten Leistungszeitbestimmung (→ Rn. 9) zugleich das Erfordernis der Fixleistung „bedungen" sein muss. Diese Vereinbarung bedarf zwar keiner Form und kann sogar konkludent geschlossen werden[47] bzw. kann der Fixcharakter einem Kauf aufgrund bestimmter Umstände oder einer bestimmten Verkehrsanschauung immanent sein. Insbesondere kann die hierzu erforderliche Willensübereinstimmung auch konkludent in der Weise erzielt werden, dass etwa der Käufer dem Verkäufer bestimmte Anforderungen, aus denen sich der Fixcharakter des Geschäfts ergibt, zur Kenntnis bringt und dieser zustimmt oder jedenfalls zustimmend reagiert.[48] Ein lediglich **einseitig gebliebenes Interesse** des Vertragspartners an der Einhaltung des im Vertrag festgelegten Termins reicht deshalb für sich allein zur Annahme einer stillschweigenden „Fixvereinbarung" iSd § 376 Abs. 1 nicht aus.[49] Folglich genügt es für sich allein zur Annahme eines Fixgeschäfts noch nicht, dass es sich etwa um zu liefernde Ware handelt, die innerhalb kurzer Zeiträume sehr großen **Preisschwankungen** unterliegt, so der Käufer ein erkennbar großes Interesse an rechtzeitiger Lieferung haben kann, um zu verhindern, dass der Verkäufer sonst auf seine

---

[38] Vgl. auch MüKoHGB/*Grunewald* Rn. 6.

[39] Vgl. etwa BGH Urt. v. 27.10.1982 – VIII ZR 190/81, WM 1982, 1384 (1385); vgl. auch zB Staub/*Koller* Rn. 14; Baumbach//Hopt/*Hopt* Rn. 8; KKRD/*Roth* Rn. 5; MüKoHGB/*Grunewald* Rn. 7; *Oetker* HandelsR § 8 II Rn. 22; *Canaris* HandelsR § 29 IV Rn. 40.

[40] Teilw. abw. Schlegelberger/*Hefermehl* Rn. 5; MüKoHGB/*Grunewald* Rn. 7.

[41] Tendenziell anders BGH Urt. v. 27.10.1982 – VIII ZR 190/81, ZIP 1982, 1444 (1446).

[42] S. BGH Urt. v. 22.1.1959 – II ZR 321/56, NJW 1959, 933; ferner Oetker/*Koch* Rn. 13; abw. *G. Müller* → 3. Aufl. 2015, Rn. 16.

[43] S. etwa Staub/*Koller* Rn. 12; KKRD/*Roth* Rn. 4; Heymann/*Emmerich/Hoffmann* Rn. 5; vgl. auch Oetker/*Koch* Rn. 11 mwN.

[44] S. etwa BGH Urt. v. 4.2.1955 – I ZR 57/53, MDR 1955, 343 (344); BGH Urt. v. 12.12.1990 – VIII ZR 332/89, WM 1991, 464 (466).

[45] Vgl. BGH Urt. v. 4.2.1955 – I ZR 57/53, BeckRS 1955, 31395213; ferner *U. Huber,* Leistungsstörungen Bd. II, 1999, § 35 III 3b mit Fn. 51; Staub/*Koller* Rn. 18 mwN.

[46] BGH Urt. v. 22.10.1984 – II ZR 262/83, BGHZ 92, 317 (320 f.) = NJW 1985, 634; MüKoHGB/*Grunewald* Rn. 7 mwN; Baumbach/Hopt/*Hopt* Rn. 5; KKRD/*Roth* Rn. 5; HaKo-HGB/*Stöber* Rn. 9; Staub/*Koller* Rn. 18 mwN.

[47] RG Urt. v. 23.2.1921 – II 200/20, RGZ 101, 361 (363).

[48] Vgl. BGH Urt. v. 20.5.2009 – VIII ZR 191/07, BGHZ 181, 170 Rn. 9 = NJW 2009, 2807; BGH Urt. v. 19.12.2012 – VIII ZR 96/12, NJW 2013, 1074 Rn. 16.

[49] OLG Karlsruhe Urt. v. 15.2.2016 – 1 U 192/14, IHR 2016, 147 (149).

Kosten spekuliert. Ebenso wenig verleiht sonst die **spekulative Natur** eines Geschäfts der Liefer-verpflichtung des Verkäufers für sich genommen schon zwingend einen Fixcharakter, bildet aber bei Fehlen gegenteiliger Anhaltspunkte ein starkes Indiz.[50] Allgemein gilt im Übrigen, dass Fixgeschäfte Ausnahmecharakter haben und deshalb jeder verbleibende Zweifel zu Lasten dessen geht, der sich auf den Fixcharakter einer Leistungspflicht beruft.[51]

Beim Verkauf von leicht **verderblicher Ware** oder von **Saisonartikeln** ist naturgemäß eher auf 12 einen Fixschuldcharakter zu schließen als beim Verkauf langlebiger Wirtschaftsgüter. So enthält zB die Liefervereinbarung „Nüsse und Zwiebeln zu Weihnachten" zunächst einmal nur eine Bestimmung für den Zeitpunkt der letztmöglichen Lieferung. Aus den Umständen und der Interessenlage ergibt sich jedoch, dass der Käufer mit der Saisonware sein bevorstehendes Weihnachtsgeschäft bestreiten will, die zeitgerechte Leistungserbringung nach dem vereinbarten Verwendungszweck also unaufschiebbar ist.[52] Zwar handelt es sich bei dieser Saisonware kraft Vereinbarung nicht um ein „absolutes" Fixgeschäft, weil die Leistung mit Verpassen des vereinbarten Lieferzeitpunktes nicht gem. § 275 BGB unmöglich wird, sondern nachgeholt werden kann (→ Rn. 3). Andererseits liegt es aber in der Natur eines solchen Vertrages, dass die Ware für die bevorstehende Saison, wie sie im Vertrag bezeichnet ist, geliefert werden muss, da sie nach den getroffenen Vorbereitungen sonst nur noch unter Bedingungen verwert-bar ist, die der Käufer nach den Abreden gerade nicht auf sich nehmen wollte und sollte, die er insbesondere nicht in einer umsatzärmeren Zeit auf Lager nehmen wollte, um sie mit ungewissen Erfolgsaussichten mühsam und mit dem erhöhten Risiko des Verderbs abzuverkaufen. Das gilt erst recht, wenn Saisonartikel im eigentlichen Sinne wie zB Weihnachtsbäume oder Schokoladenosterhasen verkauft sind, da es bei ihnen in der Natur der Sache liegt, dass an einer Lieferung nach den Festtagen kein Interesse mehr besteht, weil für die Ware entweder überhaupt keine Absatzmöglichkeiten mehr bestehen oder sie allenfalls noch verramscht werden kann. Ein bestimmter Lieferzeitpunkt vor dem Ende der Verkaufssaison begründet dagegen ohne zusätzliche Fixabrede noch kein Fixgeschäft, wenn er noch so weit vom Saisonende entfernt ist, dass die Chancen eines regulären Absatzes der geordneten Warenmenge bei Terminsüberschreitung zwar geschmälert sind, aber nach dem normalen Lauf der Dinge gleichwohl nicht zu erwarten steht, dass der Käufer bei Saisonende auf einem Großteil der Ware sitzen bleibt. Entsprechendes hat – ggf. auch kraft Branchenübung – bei **Modeartikeln** oder Materia-lien zu deren Herstellung zu gelten. Insbesondere liegt hier ein aus der Natur des Geschäfts folgender Fixcharakter eher fern, wenn etwa bis zu einem genau bezeichneten Zeitpunkt vor oder zu Beginn der Saison geliefert werden soll, sodass selbst bei Terminsüberschreitung noch genügend Abverkaufszeit innerhalb der laufenden Saison zur Verfügung steht bzw. der zur fertigende Modeartikel noch in einer solchen Zeit auf den Markt gebracht werden kann und es deshalb von der jeweiligen Beurteilungs-situation des Käufer abhängt, seine Absatzinteressen sachgerecht über das ihm normalerweise nach §§ 281, 323 BGB zukommende Instrumentarium zur Geltung zu bringen.[53] Saison- oder Mode-artikeln gleichsam per se einen Fixcharakter anzuheften, soweit nicht noch zusätzliche Gesichtspunkte wie etwa eine infolge der Fristüberschreitung erfahrungsgemäß drohende Verderblichkeit der Ware hinzukommen, dürfte daher nur selten sachgerecht sein.[54]

Nach diesen Maßstäben ist deshalb der Kauf einer Vorrichtung zu einem nicht streng zeitgebunde-13 nen Zweck (zB Kauf eines Mähdreschers zum Einsatz in der anstehenden Ernte) nicht als Fixgeschäft angesehen worden, weil die Vorrichtung wegen der Wiederholbarkeit der Einsatzmöglichkeiten auch später noch eine ihrem Zweck entsprechende Verwendung finden kann.[55] Entsprechendes gilt bei Fehlen einer konkreten Fixabrede für Fälle, in denen etwa eine Maschine bis zu einem bestimmten Tag montiert und mit der Produktion begonnen werden soll. Auch bei Lieferungen im Rahmen einer **Just-in-Time-Produktion** kann entgegen einer verbreiteten Auffassung[56] nicht ohne Weiteres von einem Fixcharakter ausgegangen werden, bei dem das Geschäft nach Sinn und Zweck des Vertrages mit der exakten Einhaltung der festgelegten Lieferfrist steht und fällt. Bei einer verspäteten Bereit-stellung der Ware bleibt zwar die Produktion stehen. Aber dass der Käufer, dessen vordringliches Interesse regelmäßig auf eine alsbaldige Fortsetzung der Produktion unter Verwendung der ausgeblie-benen Teile gerichtet ist, seinen Erfüllungsanspruch ohne Weiteres preisgeben bzw. von einem sofortigen Erfüllungsverlangen abhängig stellen will, liegt fern, sofern er nicht eine Bezugsquelle in Reserve hat, die augenblicklich für den säumigen Lieferanten einspringen und diesen in der Liefer-geschwindigkeit überholen kann. Ohne besondere Fixabrede ergibt sich aus der Natur eines solchen

[50] Vgl. RG Urt. v. 23.2.1921 – II 200/20, RGZ 101, 361 (363); MüKoHGB/*Grunewald* Rn. 7 mwN.

[51] BGH Urt. v. 14.3.1983 – VIII ZR 287/82, WM 1984, 639 (641); BGH Urt. v. 19.1.1990 – VIII ZR 292/88, BGHZ 110, 88 (96) = NJW 1990, 2065; BGH Urt. v. 28.1.2003 – X ZR 151/00, NJW 2003, 1600; *Canaris* HandelsR § 29 IV Rn. 39; aA MüKoHGB/*Grunewald* Rn. 9.

[52] Vgl. OLG Braunschweig Urt. v. 5.1.1922, OLGE 43, 38; zust. *Schwarze* AcP 207 (2007), 437 (451); s. ferner Schlegelberger/*Hefermehl* Rn. 5; MüKoHGB/*Grunewald* Rn. 7.

[53] Vgl. Staub/*Koller* Rn. 17.

[54] So aber wohl zB MüKoHGB/*Grunewald* Rn. 7.

[55] OLG Hamm Beschl. v. 15.12.1994 – 23 U 95/93, NJW-RR 1995, 350 (351).

[56] Aus der umfangreichen Lit. s. etwa *Nagel* DB 1991, 319 (320 f.); *Emmerich* JuS 1997, 98 (100); Heymann/*Emmerich/Hoffmann* Rn. 10; MüKoHGB/*Grunewald* Rn. 7 mwN.

Schuldverhältnisses jedenfalls in der Regel kein Fixcharakter;[57] die Durchführung der Lieferung hängt bei dieser Interessenlage vielmehr von einem Gebrauchmachen des Instrumentariums gem. §§ 281, 323 BGB ab, wobei sich bei Fehlen abweichender Vereinbarungen nicht selten eine Anwendbarkeit von §§ 281 Abs. 2, 323 Abs. 2 Nr. 3 BGB aufdrängen dürfte.

14   **3. Formularmäßige Fixklauseln.** Fixgeschäftsabreden werden nicht nur individualvertraglich – uU sogar aufgrund eines kaufmännischen Bestätigungsschreibens[58] – getroffen, indem einer ausgehandelten Lieferzeitbestimmung ein auf einen Fixcharakter hindeutender Zusatz beigefügt wird (→ Rn. 10).[59] Fixgeschäftsabreden finden sich bisweilen auch – und dann häufig versteckt – in den von einer Vertragsseite gestellten Allgemeinen Geschäftsbedingungen. Dies grundsätzlich ausschließen zu wollen,[60] verkennt jedoch die unter Verwendung von Allgemeinen Geschäftsbedingungen eröffneten Möglichkeiten der Vertragsgestaltung, zumal auch Geschäfte, denen typischerweise ein Fixcharakter anhaftet, durchaus einer gewissen Standardisierung zugänglich sind. Allerdings ist in diesen Fällen zunächst einmal zu prüfen, ob die formularmäßige Vereinbarung eines relativen Fixgeschäfts iSd § 376 mit dem damit verbundenen Ausschluss des Erfordernisses der Nachfristsetzung sich für den anderen Vertragsteil nicht als überraschend darstellt und dann gem. § 305c Abs. 1 BGB gar nicht erst Vertragsinhalt wird. Dies kann namentlich der Fall sein, wenn der Vertrag seinem Inhalt und/oder Wesen nach keinen Bezug zu einem Fixgeschäft aufweist, so dass damit ohne zusätzliche Anhaltspunkte nicht gerechnet werden muss.[61] Weist die Klausel hingegen eine unmittelbare textliche Nähe zur Leistungszeit oder Leistungsfrist auf, wird man davon nicht mehr ohne Weiteres ausgehen können,[62] sofern ein solcher Fix-Zusatz dann in seiner aus sich heraus verständlichen Kurzbedeutung nicht sogar Teil der Individualvereinbarung ist.[63] Hat der Zusatz AGB-rechtlichen Klauselcharakter oder findet er sich für Geschäfte, bei denen dies naheliegt, in einem Klauselwerk, unterliegt er jedoch der Inhaltskontrolle nach §§ 307, 310 Abs. 1 BGB, der im kaufmännischen Verkehr auch mit Blick auf den Gerechtigkeitsgehalt, den die Nachfristsetzung nach §§ 281 Abs. 1, 323 Abs. 1 BGB mit der von ihr ausgehenden Warnfunktion ausstrahlt, aber dann standhält, wenn die in Rede stehende Leistungspflicht tatsächlich einen hinreichender Fixcharakter aufweist oder dies sonst der maßgeblichen Verkehrsanschauung entspricht, so dass eine gewisse, auch formularmäßige Klarstellung und ggf. Konkretisierung durchaus veranlasst sein kann.[64] Dementsprechend wird man bei **Just-in-Time-Geschäften,** die Fixgeschäft sein können, aber nicht zwingend müssen (→ Rn. 13), mit einer solchen Fixklausel rechnen und sie auch grundsätzlich für zulässig halten müssen. Dasselbe gilt bei Kaufverträgen über **Saisonwaren** oder Waren mit stark und/oder rasch schwankenden Preisen.

15   **4. Fixgeschäfte beim Überseekauf.** Einen besonderen Fall des Fixgeschäfts bilden die Klauseln **C & F, CIF und FOB** im internationalen **Seefrachtgeschäft,** nach denen der Verkäufer verpflichtet ist, die Ware auf seine Kosten zum vereinbarten Zeitpunkt innerhalb der vereinbarten Frist an Bord des Seeschiffes im Verschiffungshafen abzuladen. Diese Verpflichtung und ein damit verbundenes besonderes Interesse an einer zeitgenauen Vertragserfüllung sind es, die einem solchen **Abladegeschäft** nach ganz überwiegender Auffassung[65] einen zumindest fixgeschäftsähnlichen Charakter dahin verleihen können, dass der Verkäufer hinsichtlich der Abladung kein Recht auf eine Nachfrist hat und der Käufer, wenn ihm ein die verspätete Abladung ausweisendes Konnossement angedient wird, die Andienung als nicht vertragsgemäß zurückweisen kann. Der Fixcharakter des internationalen Seefrachtgeschäfts hängt damit zusammen, dass es sich – wie häufig bei Massengütern – um Waren mit stark schwankenden Preisen handeln kann, so dass derartige Geschäfte wegen dieses spekulativen Elements schon von Natur aus eher nachfristfeindlich sind. Weiter kann sich ein Fixschuldcharakter daraus ergeben, dass die Aufnahme der Dokumente bei Verwendung der Klausel „Kasse gegen Dokumente" vielfach durch die vom Käufer beauftragte Bank erfolgt, die grundsätzlich aber nur vertragsgemäße Dokumente aufnehmen darf und kein Dokument, das eine verspätete Abladung aus-

---

[57] So wohl auch Staub/*Koller* Rn. 17.

[58] Vgl. OLG Köln Urt. v. 9.8.1995 – 19 U 57/95, CR 1996, 216 f.

[59] Vgl. Oetker/*Koch* Rn. 48; abw. MüKoHGB/*Grunewald* Rn. 14.

[60] So wohl Oetker/*Koch* Rn. 20; anders mit Recht Staub/*Koller* Rn. 22; Baumbach/Hopt/*Hopt* Rn. 15; BeckOK HGB/*Schwartze* Rn. 5.

[61] BGH Urt. v. 17.1.1990 – VIII ZR 292/88, BGHZ 110, 88 (97 f.) = NJW 1990, 2065 (2067).

[62] Baumbach/Hopt/*Hopt* Rn. 15; aA *G. Müller* → 3. Aufl. 2015, Rn. 24 sowie MüKoHGB/*Grunewald* Rn. 14; Staub/*Koller* Rn. 22; offen gelassen in BGH Urt. v. 17.1.1990 – VIII ZR 292/88, BGHZ 110, 88 (98) = NJW 1990, 2065 (2067).

[63] So mit Recht Oetker/*Koch* Rn. 48; abw. MüKoHGB/*Grunewald* Rn. 14.

[64] Vgl. dazu BGH Urt. v. 18.12.1985 – VIII ZR 47/85, NJW 1986, 842 (843 f.); BGH Urt. v. 17.1.1990 – VIII ZR 292/88, BGHZ 110, 88 (97 f.) = NJW 1990, 2065 (2067).

[65] S. etwa *Haage,* Das Abladegeschäft, 4. Aufl. 1958, 8 ff.; *Liesecke* WM-Sonderbeilage 3/1978, 24; Schlegelberger/*Hefermehl* Rn. 6; KKRD/*Roth* Rn. 5; MüKoHGB/*Grunewald* Rn. 10; Baumbach/Hopt/*Hopt* Rn. 7; Oetker/*Koch* Rn. 17; HaKo-HGB/*Stöber* Rn. 10 mwN; *K. Schmidt* HandelsR § 29 Rn. 24 f.; Soergel/*Huber* BGB § 433 Anh. III Rn. 30; vgl. auch BGH Urt. v. 12.12.1990 – VIII ZR 332/89, NJW 1991, 1292 f; zurückhaltender *Leßmann* JA 1990, 143 (145); vgl. ferner *Magnus/Lüsing* IHR 2007, 1 (9); *Ostendorf* IHR 2009, 100 (102); differenzierend Staub/*Koller* Rn. 15 mwN.

weist. Ebenso kann ein Fixschuldcharakter mit darin begründet liegen, dass das vorgesehene Schiff wegen der hohen Liegekosten und der daraus resultierenden kurzen Liegezeit im Hafen nicht zuzuwarten pflegt und es nach dem Ablegen des vorgesehenen Schiffes zumeist unmöglich ist, kurzfristig passenden Ersatz zu bekommen, sodass der Käufer darauf angewiesen ist, sich nicht zuletzt mit Blick auf bestehende eigene Lieferverpflichtungen alsbald anderweitig mit bereits schwimmender Ware einzudecken. Demgemäß hat es sich eingebürgert, dass der Käufer unter derartigen Umständen bei Überschreitung der festgelegten Abladezeit ohne Nachfristsetzung Schadensersatz verlangen oder vom Vertrag zurücktreten kann, sofern nicht eine einvernehmliche Verlängerung der Abladezeit dem Geschäft nachträglich noch den Fixcharakter nimmt.[66]

Hat der Verkäufer bei derartigen Abladegeschäften eine bestimmte Ankunftszeit zugesagt, kann die **Angabe des Ankunftstermins** einerseits rein informatorische Bedeutung haben. So wird etwa die Klausel „erwartet" (ETA) verstanden.[67] Die Angabe des Ankunftstermins kann, wenn sie ohne Verbindung mit einer Abladeklausel erfolgt, auch bedeuten, dass überhaupt erst mit Ankunft der Ware am Bestimmungsort geliefert sein soll, wobei der vorgesehene Ankunftstermin der verbindliche („fixe") Liefertermin sein soll.[68] Der Erfüllungsort liegt dann im Ankunftshafen. Schließlich kann das Geschäft bei Verbindung mit einer Abladeklausel auch ein Abladegeschäft bleiben und die Lieferpflicht des Verkäufers sich auf die Abladung der Ware beschränken. Allerdings muss der Verkäufer dann nicht nur die Abladefrist einhalten, sondern außerdem so rechtzeitig abladen, dass die Ware noch innerhalb der vorgesehenen Zeit im Bestimmungshafen eintrifft.[69] Wird der vereinbarte Termin überschritten, schließt man hieraus ohne Weiteres auf eine verspätete Abladung bzw. wird die Leistung schlechthin als verspätet angesehen.[70] Der Ankunftsklausel wird in diesem Fall ein fixgeschäftsähnlicher Charakter beigemessen, aus dem ein sofortiges Rücktrittsrecht des Käufers, wenn nicht sogar vereinbart, jedenfalls aus einer entsprechenden Anwendung des § 376 folgt.[71] In diesem Fall verlagert die Ankunftsklausel ungeachtet der vom Käufer zu tragenden Transportrisiken das Verzögerungsrisiko auf den Verkäufer zurück.[72] 16

5. Fixschuldhindernde oder –beseitigende Klauseln und Praktiken. Erfüllt das Geschäft nach den individualvertraglichen Vereinbarungen der Parteien die strengen Voraussetzungen des § 376 Abs. 1, ist eine davon abweichende Klausel – wie etwa die Gewährung einer Nachfrist – wegen des in § 305b BGB geregelten Vorrangs der Individualvereinbarung bedeutungslos. Würde sich ein etwaiger Fixcharakter des Geschäfts allerdings nur im Wege der Auslegung aus den Umständen des konkreten Falles erschließen, käme einer solchen Klausel eine eher gegen die Annahme einer stillschweigenden Fixvereinbarung sprechende indizielle Wirkung zu.[73] Einem bestehenden Fixschuldcharakter kann es zudem abträglich sein, wenn die festgelegte Lieferfrist von den Vertragsparteien nachträglich **einvernehmlich verlängert** wird. Dies hängt aber von den Umständen des Falles ab, aus denen sich bei entsprechenden Anhaltspunkten ausnahmsweise auch ergeben kann, dass sich abgesehen von der Terminsverschiebung am Fixcharakter des Geschäfts nichts ändern sollte.[74] Dagegen wird der Fixcharakter eines Geschäfts durch die nachträgliche Vereinbarung einer zeitlich aus den Umständen nach angemessener Nachfrist oder einer zeitlich nicht exakt umrissenen Abrufmöglichkeit beseitigt, da es dann schon an dem notwendigen bestimmten Termin fehlt.[75] Nimmt der Gläubiger schließlich eine eindeutig verspätete Leistung vorbehaltlos an, ist darin ebenfalls gewöhnlich eine **stillschweigende Aufhebung** der Fixschuldabrede zu sehen.[76] Ob dies auch für die vorbehaltlose Entgegennahme verspäteter **Teilleistungen** gilt oder nur ein konkludenter Verzicht auf ein Rücktrittsrecht bzw. auf Schadensersatz wegen Nichterfüllung gerade im Hinblick auf diese Teile vorliegt, ist Tatfrage.[77] 17

Setzt der Gläubiger dem säumigen Schuldner eine Nachfrist, hängt deren Bedeutung vom Zeitpunkt der Nachfristsetzung ab. Denn normalerweise bedarf es einer auf die Vertragserfüllung gerichteten Nachfrist, wie sie im Normalfall in § 281 Abs. 1 BGB für den Schadensersatzanspruch statt der 18

---

[66] Soergel/*Huber* BGB § 433 Anh. III Rn. 30 mwN.

[67] Soergel/*Huber* BGB § 433 Anh. III Rn. 33b mwN auch zur Gegenmeinung.

[68] S. auch dazu Soergel/*Huber* BGB § 433 Anh. III Rn. 33b.

[69] Vgl. Soergel/*Huber* BGB § 433 Anh. III Rn. 33b mwN; ferner BGH Urt. v. 22.1.1959 – II ZR 321/56, NJW 1959, 933, wonach die Klausel „Lieferung zwischen 20. und 31.5 ohne Nachfrist, eintreffen CIF B", bei Lieferung einer starken Preisschwankungen unterliegenden Ware, über die ein Konnossement ausgestellt ist, für ein relatives Fixgeschäft spricht.

[70] Soergel/*Huber* BGB § 433 Anh. III Rn. 33b.

[71] Sorgel/*Huber* BGB § 433 Anh. III Rn. 33b mwN.

[72] Soergel/*Huber* BGB § 433 Anh. III Rn. 33b.

[73] BGH Urt. v. 27.10.1982 – VIII ZR 190/81, ZIP 1982, 1444 (1446); s. auch MüKoHGB/*Grunewald* Rn. 15 mwN.

[74] Dazu eingehend *Würdinger*/*Röhricht* Rn. 14; *Leßmann* JA 1990, 143 (147); ferner BGH Urt. v. 10.3.1998 – X ZR 7/96, NJW-RR 1998, 1489 (1491) mwN; Oetker/*Koch* Rn. 18; MüKoHGB/*Grunewald* Rn. 8; HaKoHGB/*Stöber* Rn. 11; *G. Müller* WM 2013, 1 (7); Staub/*Koller* Rn. 21.

[75] Vgl. OLG Celle Urt. v. 27.4.2000 – 11U 58/99, OLGR 2000, 199; Oetker/*Koch* Rn. 18.

[76] Oetker/*Koch* Rn. 19; *Leßmann* JA 1990, 143 (146) mwN; aA MüKo-HGB/*Grunewald* Rn. 8.

[77] Vgl. Staub/*Koller* Rn. 21.

Leistung und in § 323 Abs. 1 BGB für das Rücktrittsrechts vorgesehen ist, im Rahmen des § 376 Abs. 1 gerade nicht, da bei Fristablauf grundsätzlich ex lege ein Rücktrittsrecht entsteht oder Schadensersatz verlangt werden kann. Setzt der Gläubiger gleichwohl eine Nachfrist, kann dies sinnvollerweise nur bedeuten, dass er ungeachtet des Fristablaufs Erfüllung beanspruchen will. Das ist nach § 376 Abs. 1 S. 2 aber ohne Weiteres nur möglich, wenn die Nachfristsetzung, der in aller Regel zugleich das Beharren auf weiterer Erfüllung innewohnt, ohne jede Verzögerung nach Ablauf der fest bestimmten Leistungsfrist erfolgt; mit ihrem Zugang wandelt sich Fixhandelsgeschäft in ein Handelsgeschäft ohne Fixcharakter,[78] wobei eine Anfechtung der Nachfristsetzung wegen Irrtums über das damit regelmäßig verbundene Erfüllungsverlangen einen unbeachtlichen Rechtsfolgenirrtum darstellt.[79] Eine nicht sofort ausgebrachte Nachfristsetzung wie auch sonst ein einfaches Erfüllungsverlangen können dagegen wegen des bereits ex lege eingetretenen Untergangs des Erfüllungsanspruchs keine Umwandlung des Fixhandelsgeschäfts mehr bewirken; in ihnen kann allenfalls ein Angebot auf Erneuerung des Vertrages, ggf. verbunden mit einer neuen Fixfrist, liegen, das seinerseits wiederum der Annahme bedarf.[80]

III. Rechtsfolgen bei Nichteinhaltung des Fixtermins

19   **1. Erlöschen des Erfüllungsanspruchs. a) Ausgangslage.** Logische Konsequenz des den Fixhandelskauf kennzeichnenden Zwecks, dass nämlich der Vertrag mit der exakten Einhaltung der festgelegten Lieferfrist stehen und fallen soll, ist bei Säumigkeit des Schuldners zum Fixtermin gem. § 376 Abs. 1 S. 2 das automatische Erlöschen des Erfüllungsanspruchs des Gläubigers, sofern dieser gegenüber dem Schuldner nicht sofort auf Erfüllung besteht. Bei Unterbleiben eines sofortigen Erfüllungsverlangens kann er folglich gem. § 376 Abs. 1 ohne weitere Voraussetzungen vom Vertrag zurücktreten oder bei Vorliegen der Verzugsvoraussetzungen Schadensersatz wegen Nichterfüllung beanspruchen. Zur Anwendbarkeit des § 325 BGB in diesen Fällen → Rn. 2. Damit einher geht das Erlöschen der Pflicht des Gläubigers, die Gegenleistung zu erbringen. Um die ursprünglichen Leistungspflichten erneut aufleben zu lassen, bedarf es dann eigens der Wiederherstellung des Vertragsverhältnisses durch Neuabschluss.

20   **b) Das Erfordernis der sofortigen Anzeige des Erfüllungsverlangens.** Anders als beim absoluten Fixgeschäft (→ Rn. 3) ist bei einem relativen Fixgeschäft iSd § 376 nicht auszuschließen, dass der Gläubiger trotz der ursprünglichen Fixvereinbarung ein Interesse am Fortbestand des Erfüllungsanspruchs besitzt. Diesem Interesse gibt § 376 Abs. 1 S. 2 unter der Voraussetzung Raum, dass der Gläubiger sofort nach Ablauf des fix vereinbarten Liefertermins dem Gegner seinen diesbezüglichen Willen anzeigt. Die Anzeige ist eine einseitige, bedingungsfeindliche und empfangsbedürftige Willenserklärung.[81] Ein Widerruf kommt wie bei allen Gestaltungserklärungen des Gläubigers nicht in Betracht. Die Mitteilung bedarf keiner besonderen Form. Aus ihr muss für den Erklärungsgegner aber eindeutig hervorgehen, dass trotz der Fristüberschreitung Erfüllung des Vertrages verlangt wird. Die bloße Anzeige des Ausbleibens der geschuldeten Leistung[82] und/oder ein allgemeiner Protest gegen die Nichterfüllung[83] genügen dazu nicht. Ausreichend ist dagegen eine sofortige Nachfristsetzung, da sie in aller Regel zugleich Ausdruck eines zugrunde liegenden Nacherfüllungsverlangens ist (→ Rn. 18).

21   Die Anzeige des Gläubigers, die nicht fristgemäß erbrachte Leistung gleichwohl beanspruchen zu wollen, muss sofort erfolgen, also nicht nur ohne schuldhaftes Zögern iSd § 121 Abs. 1 S. 2 BGB, sondern **ohne jede Verzögerung** nach Ablauf der fest bestimmten Leistungszeit abgegeben und dem Vertragsgegner zugänglich gemacht werden.[84] Auf ein Verschulden kommt es bei dieser als Ausschlussfrist konzipierten Frist nicht an.[85] Vor allem hat der Gesetzgeber wegen des damit verbundenen Zeitverlusts ausdrücklich auch keine Aufforderung des Schuldners an den Gläubiger vorgesehen, sich über einen Fortbestand seines Erfüllungsverlangens zu erklären, da dies dem Gläubiger die zu verhindernde Möglichkeit eröffnen würde, die weitere Entwicklung der Marktverhältnisse abzuwarten und zu Lasten des Schuldners zu spekulieren.[86] Lediglich in den Fällen, in denen der Gläubiger (zB

---

[78] BGH Urt. v. 10.3.1998 – X ZR 7/96, NJW-RR 1998, 1489 (1490) mwN; ebenso etwa Baumbach/Hopt/*Hopt* Rn. 9; Oetker/*Koch* Rn. 24; Staub/*Koller* Rn. 21; *Leßmann* JA 1990, 143 (146); aA MüKoHGB/*Grunewald* Rn. 16.

[79] Oetker/*Koch* Rn. 24; Baumbach/Hopt/*Hopt* Rn. 9.

[80] BGH Urt. v. 10.3.1998 – X ZR 7/96, NJW-RR 1998, 1489 (1491).

[81] S. etwa Staub/*Koller* Rn. 26; MüKoHGB/*Grunewald* Rn. 28.

[82] Vgl. BGH Urt. v. 10.3.1998 – X ZR 7/96, NJW-RR 1998, 1489 (1490).

[83] S. zB Staub/*Koller* Rn. 26; *Leßmann* JA 1990, 143 (150).

[84] BGH Urt. v. 27.10.1982 – VIII ZR 190/81, ZIP 1982, 1444 (1446 f.); BGH Urt. v. 10.3.1998 – X ZR 7/96, NJW-RR 1998, 1489 (1490) mwN; Baumbach/Hopt/*Hopt* Rn. 9; KKRD/*Roth* Rn. 7; Schlegelberger/*Hefermehl* Rn. 16; Staub/*Koller* Rn. 27; GK-HGB/*Achilles* Rn. 11; *Leßmann* JA 1990, 143 (150); *G. Müller* WM 2013, 1 (2) mwN.

[85] MüKoHGB/*Grunewald* Rn. 28 mwN.

[86] *Hahn/Mugdan,* Die gesammten Materialien zu den Reichs-Justizgesetzen, 6. Bd.: Materialien zum Handelsgesetzbuch, 1897, 374 f.

beim überseeischen Abladegeschäft) von der Nichteinhaltung des Termins naturgemäß erst später Kenntnis erlangt, genügt es, dass er sein Erfüllungsverlangen sofort nach Kenntniserlangung mitteilt.[87] Gibt der Gläubiger die Anzeige seines Erfüllungsverlangens sofort ab, geht die Erklärung aber verspätet zu, geht das zu seinen Lasten. Er trägt also mangels einer dem § 377 Abs. 4 entsprechenden Bestimmung das Verzögerungsrisiko.[88] Dass das Erfüllungsbegehren rechtzeitig und in richtiger Form bewirkt worden ist, hat im Streitfall der auf Vertragserfüllung bestehende Vertragspartner darzulegen und zu **beweisen**.[89]

Ob auf eine **Anzeige** des Erfüllungsbegehrens unter bestimmten Umständen ausnahmsweise **ver- 22 zichtet** werden kann, ist streitig. Nach einer Ansicht in der Literatur ist die Anzeige nach Gesetzeswortlaut und Normzweck des § 376 unverzichtbar.[90] Dagegen halten andere Stimmen eine Anzeige für entbehrlich, wenn etwa aufgrund einer schon vor Fristablauf aus Anlass von Abwicklungsproblemen abgegebenen Anzeige eindeutig feststeht, dass der Gläubiger unter allen Umständen auf einer Erfüllung des Vertrages besteht.[91] Richtigerweise wird man auch ein mit der nötigen Eindeutigkeit erklärtes antizipiertes Erfüllungsverlangen zulassen müssen, da auch dieses die vom Gesetzgeber erstrebte Rechtsklarheit darüber herstellt, dass das Fixgeschäft mit fruchtlosem Fristablauf als normaler Kaufvertrag fortgeführt wird.[92]

c) Wirkungen der rechtzeitigen Anzeige. Durch einen vom Gläubiger fristgerecht geltend 23 gemachten Erfüllungsanspruch verliert das Geschäft seinen Fixcharakter und **wandelt** sich automatisch in einen **gewöhnlichen Handelskauf** um. Der Gläubiger kann deshalb von dem in Verzug befindlichen Schuldner Erfüllung des Vertrages verlangen und für den Fall der weiteren Nichtleistung nach den allgemeinen Regeln der §§ 280 ff., 323 ff. BGB vorgehen.[93] Umgekehrt bleibt er zur Gegenleistung verpflichtet. Neben dem Erfüllungsbegehren kann der Gläubiger den Ersatz seines Verzugsschadens (§§ 280, 286 BGB) beanspruchen.

2. Rücktrittsrecht. a) Voraussetzungen. Das Rücktrittsrecht des Gläubigers ist bei fehlendem 24 oder verfristetem Erfüllungsverlangen nach § 376 Abs. 1 S. 1 an keine zusätzlichen Voraussetzungen geknüpft und kann sofort ausgeübt werden. Bei Zug um Zug zu erbringenden Leistungen braucht der säumige Vertragsteil nicht erst durch das Angebot der Gegenleistung in Annahmeverzug (§§ 293 ff. BGB) gesetzt zu werden. Das Rücktrittsrecht entsteht allein dadurch, dass der Gläubiger die Nichterbringung der ihm zustehenden Leistung zum vertraglich vereinbarten Fixzeitpunkt darlegt. Es ist dann Sache des Schuldners zu beweisen, dass der Gläubiger zur Erbringung der Gegenleistung nicht bereit oder imstande war.[94]

b) Beschränkungen des Rücktrittsrechts. Der Rücktritt des Gläubigers kann in Ausnahmefällen 25 **rechtsmissbräuchlich** und damit wirkungslos sein. So kann es sich insbesondere verhalten, wenn die Verspätung der Leistung allenfalls geringfügig und unter Würdigung des Interesses des Gläubigers an der strikten Fristwahrung nach den Umständen des Falles ausnahmsweise so unwesentlich ist, dass eine Berücksichtigung der Säumnis gegen Treu und Glauben (§ 242 BGB) verstieße[95] bzw. in entsprechender Anwendung des § 323 Abs. 5 S. 2 BGB, der sachlich nichts anderes zum Ausdruck bringt, ausgeschlossen wäre.[96] Denn die nur kurze Überschreitung der Lieferzeit tritt unter diesen besonderen Voraussetzungen im Verhältnis zur Dringlichkeit der Lieferung derart in den Hintergrund, dass ein vernünftiger und redlicher Vertragspartner über die marginale Säumnis offensichtlich hinwegsehen würde. Von diesen besonderen Fallgestaltungen abgesehen braucht der Gläubiger sich aber für die in seinem Belieben stehende Ausübung eines ihm zukommenden Rücktrittsrechts nicht zu rechtfertigen.

Ein Rücktritt vom Kaufvertrag ist ferner ausgeschlossen, wenn der Käufer die verspätet gelieferte 26 Ware **widerspruchslos abgenommen** und **weiterverkauft** hat.[97] In diesem Fall wird aber gewöhn-

---

[87] Staub/*Koller* Rn. 27; Oetker/*Koch* Rn. 23.

[88] Baumbach/Hopt/*Hopt* Rn. 9.

[89] Statt aller Staub/*Koller* Rn. 28.

[90] Düringer/Hachenburg/*Hoeniger* Anm. 13; Schlegelberger/*Hefermehl* Rn. 16; *Leßmann* JA 1990, 143 (149); vgl. KKRD/*Roth* Rn. 7; *Lettl* HandelsR § 12 Rn. 40 und 45; wohl auch Baumbach/Hopt/*Hopt* Rn. 9; Oetker/*Koch* Rn. 25.

[91] *Würdinger/Röhricht* Rn. 35; Staub/*Koller* Rn. 27; vgl. auch MüKoHGB/*Grunewald* Rn. 28; Heymann/*Emmerich/Hoffmann* Rn. 11 mwN; abw. Oetker/*Koch* Rn. 25.

[92] Vgl. dazu BGH Urt. v. 10.3.1998 – X ZR 7/96, NJW-RR 1998, 1489 (1490); ferner etwa BeckOK HGB/*Schwartze* Rn. 9 f.

[93] BGH Urt. v. 27.10.1982 – VIII ZR 190/81, ZIP 1982, 1444 (1446); BGH Urt. v. 10.3.1998 – X ZR 7/96, NJW-RR 1998, 1489 (1490); Schlegelberger/*Hefermehl* Rn. 17; Staub/*Koller* Rn. 29; Heymann/*Emmerich/Hoffmann* Rn. 12; Staub/*Koller* Rn. 18; *U. Huber*, Leistungsstörungen Bd. I, 1999, § 21 I 3.

[94] RG Urt. v. 30.4.1924 – I 540/23, RGZ 108, 158 (159); Staub/*Koller* Rn. 30 mwN.

[95] RG Urt. v. 29.6.1927 – I 34/27, RGZ 117, 354 (356 f.); ferner Baumbach/Hopt/*Hopt* Rn. 10; Staub/*Koller* Rn. 20; KKRD/*Roth* Rn. 8; MüKoHGB/*Grunewald* Rn. 19 mwN; Heymann/*Emmerich/Hoffmann* Rn. 13; *Leßmann* JA 1990, 143 (146).

[96] So Oetker/*Koch* Rn. 30.

[97] Vgl. Heymann/*Emmerich/Hoffmann* Rn. 13 mwN.

Achilles

lich schon eine stillschweigende Aufhebung der Fixabrede vorliegen, sodass es einer Anwendung von § 242 BGB nicht bedarf. Dagegen reichen allein die geringen Auswirkungen einer Verspätung auf die Dispositionsinteressen des Gläubigers, etwa weil er sonst noch ausreichend bevorratet ist, schon im Ansatz nicht zu einem Treuwidrigkeitsverdikt aus.[98] Erst recht steht einer Ausübung des Rücktrittsrechts ein vom Schuldners zuvor noch unterbreitetes Angebot des auf Erbringung der Leistung ungeachtet ihrer Verspätung nicht entgegen.[99]

27   Auf das Rücktrittsrecht nach § 376 Abs. 1 S. 1 ist allerdings § 323 Abs. 6 BGB als spezieller Ausdruck von Treu und Glauben (§ 242 BGB) entsprechend anwendbar, wonach der Rücktritt ausgeschlossen ist, wenn der Gläubiger für den Umstand, der ihn zum Rücktritt berechtigen würde, allein oder weit überwiegend verantwortlich ist. Schon vor der Schuldrechtsreform war allgemein anerkannt, dass das Rücktrittsrecht entfällt, wenn der Gläubiger die Säumnis des Schuldners allein oder überwiegend zu vertreten hat, weil er zB eine ihm nach dem Vertragsinhalt obliegende Mitwirkungshandlung nicht oder nicht vollständig bzw. nicht rechtzeitig erbracht hat, oder wenn dem Schuldner ein Leistungsverweigerungsrecht zustand.[100] Im Kern geht es dabei um Fallgestaltungen, in denen die Ausübung des Rücktrittsrechts ein widersprüchliches Verhalten des Gläubigers darstellt oder sein Begehren aus anderen Gründen, etwa wegen mangelnder eigener Vertragstreue,[101] gegen Treu und Glauben verstößt.[102]

28   **c) Geltendmachung des Rücktritts.** Das Rücktrittsrecht wird durch formlose, einseitige, empfangsbedürftige Erklärung des Gläubigers gegenüber dem Schuldner ausgeübt und ist nach ihrem Zugang (§ 130 BGB) unwiderruflich. Ob der Gläubiger sein Rücktrittsrecht aus § 376 Abs. 1 S. 1 innerhalb einer **bestimmten Frist** ausüben muss, wird aber unterschiedlich beantwortet. Nach Auffassung des RG und eines Teils der Literatur ist der Rücktritt vom Gläubiger im Zweifel sofort oder alsbald nach der Terminsüberschreitung zu erklären.[103] Nach der zutreffenden Gegenmeinung[104] ist dagegen eine Frist nicht einzuhalten. Weder dem Wortlaut der Norm noch ihrer Entstehungsgeschichte ist – anders als für das Erfüllungsverlangen – eine Pflicht des Gläubigers, sein Rücktrittsrecht innerhalb einer bestimmten Frist auszuüben, zu entnehmen. Zwar kann dadurch eine Schwebelage entstehen, während der der Schuldner nicht weiß, ob der Gläubiger wegen der Fristversäumung zurücktreten oder Schadensersatz wegen Nichterfüllung verlangen will. Er weiß aber – und das ist entscheidend –, dass er sich nicht mehr lieferbereit halten muss, weil seine Leistungspflicht nach § 376 Abs. 1 S. 2 untergegangen ist. Er ist deshalb frei, über die Ware anderweit zu verfügen, und keinen abträglichen Spekulation des Gläubigers ausgesetzt. Wollte man das anders sehen, wäre zu erwarten gewesen, dass der Gesetzgeber nicht nur den Erfüllungsanspruch, sondern auch das Rücktrittsrecht und/oder das Schadensersatzbegehren mit einer Ausübungsfrist versehen hätte, wobei sich dann die weitere Frage nach dem Sinn einer solchen Regelung gestellt hätte. Denn dass der Vertrag nicht über in ihrem Kern weitgehend gleichlaufende (vgl. § 281 Abs. 4 BGB) bzw. sich mittlerweile sogar ergänzende (vgl. § 325 BGB) Sekundäransprüche abgewickelt, sondern bei zu langem Zögern in das kraft ausdrücklicher gesetzlicher Anordnung längst erloschene Erfüllungsstadium zurückgeführt werden sollte, kann nicht ernstlich angenommen werden wie auch sonst die Rechtsfolge einer Versäumung der Ausübungsfrist mehr oder weniger offen bliebe.

29   Die weitere Streitfrage, ob der nach § 376 säumige Schuldner in entsprechender Anwendung des § 355 BGB aF dem Gläubiger eine angemessene Frist zur Ausübung seines Rücktrittsrechts setzen und damit die Schwebelage von sich aus beseitigen darf,[105] stellt sich nach der Schuldrechtsmodernisierung von 2002 nicht mehr. Gemäß § 350 BGB ist das Fristsetzungsrecht nunmehr auf vertraglich vorbehaltene Rücktrittsrechte beschränkt. Den Vorschlag der Schuldrechtskommission,[106] dem Schuldner auch im Fall des gesetzlichen Rücktrittsrechts das Recht zu geben, dem Gläubiger für die Ausübung des Rücktrittsrechts eine angemessene Frist zu setzen, hat der Gesetzgeber gerade nicht übernommen, sondern die Regelung bewusst auf vertragliche Rücktrittsrechte begrenzt.[107] Abgesehen von der nicht

[98] Oetker/*Koch* Rn. 31; aA MüKoHGB/*Grunewald* Rn. 19; vgl. ferner *Merz,* Qualitätssicherungsvereinbarungen, 1992, 153.

[99] RG Urt. v. 30.4.1924 – I 540/23, RGZ 108, 158 (159); Staub/*Koller* Rn. 31 mwN.

[100] BGH Urt. v. 23.11.1964 – VIII ZR 117/63, MDR 1965, 377; Baumbach/Hopt/*Hopt* Rn. 10.

[101] Vgl. Oetker/*Koch* Rn. 31.

[102] Vgl. etwa Palandt/*Grüneberg* BGB § 323 Rn. 29 mwN.

[103] S. RG Urt. v. 28.3.1930 – II 264/29, Recht 1930, Nr. 1245; ebenso *Würdinger/Röhricht* Rn. 16; offen gelassen in BGH Urt. v. 12.12.1990 – VIII ZR 332/89, NJW 1991, 1292 (1294).

[104] S. etwa Baumbach/Hopt/*Hopt* Rn. 10; KKRD/*Roth* Rn. 8; Heymann/*Emmerich/Hoffmann* Rn. 14; HaKoHGB/*Stöber* Rn. 18; *Canaris* HandelsR § 29 IV Rn. 41; *Hübner* HandelsR § 7 C III Rn. 576; *Leßmann* JA 1990, 143 (147); *Lettl* HandelsR § 12 Rn. 46; s. ferner Oetker/*Koch* Rn. 33 f.

[105] So Staub/*Koller* Rn. 32; Schlegelberger/*Hefermehl* Rn. 8; *Wagner* Rn. 10; *Leßmann* JA 1990, 143 (147); s. auch *G. Müller* → 1. Aufl. 2001, Rn. 20.

[106] Abschlussbericht der Kommission zur Überarbeitung des Schuldrechts, herausgegeben vom Bundesministerium der Justiz 1992, 163.

[107] BT-Drs. 14/6040, 185, 197; vgl. ferner Oetker/*Koch* Rn. 33.

bestehenden Regelungslücke[108] fehlt im Übrigen auch jegliches Regelungsbedürfnis, da es in diesem bereits eingetretenen (Abwicklungs-) Stadium nur noch um die Frage geht, ob der Gläubiger gem. § 376 Abs. 1 S. 1 Rücktritt oder Schadensersatz wählt. Schützenswerte Dispositionsinteressen des säumigen und damit vertragsbrüchigen Schuldners in die eine oder andere Richtung sind daher nicht zu erkennen. Ebenso wenig kommt eine entsprechende Anwendung des § 264 Abs. 2 BGB in Betracht. Eine in der Literatur[109] teilweise befürwortete Analogie[110] betrifft ausschließlich den hier nicht gegebenen Fall der elektiven Konkurrenz zwischen dem Erfüllungsanspruch und Rücktrittsrecht, die im Verhältnis von Rücktrittsrecht und Schadensersatz mit Blick auf § 325 BGB gerade nicht gegeben ist.[111] Zudem fehlt es auch deshalb an der erforderlichen Regelungslücke, weil der Gesetzgeber der Schuldrechtsreform das Problem gesehen und in § 350 BGB zum Ausdruck gebracht hat, der vertragsbrüchige Schuldner müsse es eben hinnehmen, dass der Gläubiger innerhalb eines gewissen Zeitraums zwischen verschiedenen Rechtsbehelfen wählen kann.[112] Der Gläubiger darf sich also mit der Ausübung seines Rücktrittsrechts bis zur Grenze der Verwirkung Zeit lassen, für die allenfalls zu bedenken ist, dass Treu und Glauben es bei Gestaltungsrechten gebieten können, dass der Berechtigte im Interesse der anderen Vertragspartei alsbald Klarheit darüber schafft, ob er beabsichtigt, seine Rechte auszuüben, und damit nicht länger zögert als notwendig.[113] Hat der Schuldner allerdings noch keine Leistungen erbracht, besteht angesichts des erloschenen Erfüllungsanspruchs nur das den Schuldner nicht sonderlich belastende Wahlrecht zwischen den in § 376 Abs. 1 S. 1 genannten Alternativen (→ Rn. 28), für die ein anerkennenswertes Interesse des Schuldners an einer alsbaldigen Klärung der geltend zu machenden Rechte nicht zu erkennen ist. Anders kann es lediglich dann liegen, wenn der Schuldner Teilleistungen erbracht hat und auf die zeitnahe Klärung des Verbleibs dieser Leistungen vor dem Hintergrund des hierbei entsprechend anwendbaren § 323 Abs. 5 S. 1 BGB angewiesen ist,[114] es sei denn, es handelt sich um eine vorbehaltlos entgegengenommene verspätete Teilleistung, für die ein Rücktrittsrecht von vornherein ausscheidet (→ Rn. 17).

Der Rücktritt kann grundsätzlich erst mit Ablauf der fixen Leistungsfrist erklärt werden. Ganz **30** überwiegend wird zudem angenommen, dass der Gläubiger aber – wie § 324 Abs. 4 BGB zeige – ausnahmsweise nicht bis zur Fälligkeit zu warten brauche, wenn eindeutig feststeht, dass der Schuldner den vereinbarten Leistungstermin unmöglich einhalten kann oder will.[115] Das begegnet indes grundlegenden Bedenken. Denn die Abwicklung eines gescheiterten Fixhandelskaufs, die in diesem Fall wegen der von einem Rücktritt ausgehenden Gestaltungswirkung zwangsläufig vorgezogen werden müsste, hat der Gesetzgeber, wie § 376 Abs. 2 und 3 unübersehbar zeigen, auf den Zeitpunkt des vereinbarten Fixtermins bezogen. Abgesehen davon, dass ein vorgezogener Rücktritt nicht mehr mit der Berechnungsweise von § 376 Abs. 2 und 3 für den dann nahe liegenden Schadensersatz in Einklang zu bringen wäre, würde dem Gläubiger bei Zulassung einer früheren Rücktrittsmöglichkeit zudem eine gewisse Spekulationsmöglichkeit eröffnet, die der Gesetzgeber gerade unterbinden wollte.[116] Im Übrigen hätte die Zulassung eines vorzeitigen Rücktrittsrechts auch sonst zur Folge, dass der Fixhandelskauf in einer im Gesetz gerade nicht angelegten Weise seinen Fixcharakter verlieren und sich in einen normalen Handelskauf mit anderen, nämlich sich nunmehr bei Leistungsstörungen ausschließlich aus den §§ 280 ff., 323 ff. BGB ergebenden Rechtsfolgen umwandeln würde (näher → Rn. 46). Dagegen kann nach Versäumung des Fixtermins und einem dadurch bedingten Erlöschen des Erfüllungsanspruchs das nach § 376 Abs. 1 S. 1 automatisch gegebene Rücktrittsrecht, für dessen Ausübung aus den dargelegten Gründen eine Frist nicht vorgesehen ist (→ Rn. 28), uU sogar wirksam noch im **Prozess** geltend gemacht werden.[117] Allerdings ist nach einem rechtzeitigen **Erfüllungsverlangen** des Gläubigers gem. § 376 Abs. 1 S. 2 der Rücktritt nicht mehr möglich, weil sich der Fixhandelskauf in diesem Falle zu einem gewöhnlichen Handelskauf ohne Fixcharakter umgewandelt hat (→ Rn. 23). Ein Rücktrittsrecht kann sich dann nur noch aus § 323 BGB ergeben.

---

[108] Oetker/*Koch* Rn. 33; Heymann/*Emmerich*/*Hoffmann* Rn. 14; HaKo-HGB/*Stöber* Rn. 18 mwN; *Hübner* HandelsR § 7 C III Rn. 576; vgl. ferner *Canaris* HandelsR § 29 V Rn. 41; aA MüKoHGB/*Grunewald* Rn. 18; ebenso Staub/*Koller* Rn. 32; *Lettl* HandelsR § 12 Rn. 46.

[109] S. *Heinrichs* FS E. Schmidt, 2005, 159, 161; ferner *Schwab* JR 2003, 133 (136); Palandt/*Grüneberg* BGB § 350 Rn. 1.

[110] AA mit Recht BGH Urt. v. 20.1.2006 – V ZR 124/05, NJW 2006, 1198 Rn. 17; ferner BGH Urt. v. 24.10.2018 – VIII ZR 66/17, NJW 2019, 292 Rn. 45 f.

[111] OLG Düsseldorf Urt. v. 28.10.2016 – 22 U 84/16, BeckRS 2016, 118018 Rn. 4 mwN.

[112] BT-Drs. 14/6040, 185, 197.

[113] BGH Urt. v. 18.10.2001 – I ZR 91/99, NJW 2002, 669 (670); BGH Urt. v. 11.3.1969 – III ZR 198/65, WM 1969, 721 (723).

[114] So zutr. Oetker/*Koch* Rn. 34.

[115] S. etwa OLG Köln Urt. v. 27.2.1959 – 9 U 180/57, JR 1959, 302; Staub/*Koller* Rn. 32; Baumbach/Hopt/*Hopt* Rn. 10; Oetker/*Koch* Rn. 29 mwN.

[116] *Hahn/Mugdan,* Die gesammten Materialien zu den Reichs-Justizgesetzen, 6. Bd.: Materialien zum Handelsgesetzbuch, 1897, 374 f.

[117] Vgl. RG Urt. v. 9.6.1909 – V 578/08, RGZ 71, 276 (277).

31   **3. Schadensersatz wegen Nichterfüllung. a) Ausgangspunkt.** Gemäß § 376 Abs. 1 S. 1 kann der Gläubiger bei einem Fristversäumnis des Schuldners, statt vom Kaufvertrag zurückzutreten, auch Schadensersatz wegen Nichterfüllung verlangen. Damit ist der in § 281 Abs. 1 BGB geregelte **Schadensersatz statt der Leistung** gemeint,[118] was der Gesetzgeber der Schuldrechtsreform infolge eines Redaktionsversehens bei § 376 nicht an die neue Terminologie angepasst hat. Einer Nachfristsetzung bedarf es aber – anders als nach § 281 Abs. 1 S. 1 BGB – wegen des bei Ausbleiben eines sofortigen Erfüllungsverlangens automatisch erlöschenden Erfüllungsanspruchs nicht.[119] Zu beachten ist zudem, dass § 325 BGB einen Schadensersatzanspruch wegen Nichterfüllung auch dann zulässt, wenn der Gläubiger den Rücktritt vom Vertrag erklärt hat (→ Rn. 2).[120]

32   **b) Voraussetzungen.** Voraussetzung für den Schadensersatz ist gem. § 376 Abs. 1 S. 1 Alt. 2 ein **Verzug** des Schuldners iSd § 286 BGB unter Einschluss des gem. § 286 Abs. 4 BGB erforderlichen, wenn auch vermuteten Vertretenmüssens.[121] Zwar sollte im Rahmen der Schuldrechtsreform der Anspruch auf Schadensersatz statt der Leistung von den förmlichen Voraussetzungen des Verzugs iSd § 286 BGB gelöst werden.[122] Das ist aber – genauso wie bei 375 Abs. 2 (→ § 375 Rn. 27 f.) – noch längst kein Grund, um mit vermeintlichen Systemüberlegungen, die sich von den Intentionen des Gesetzgeber lösen, den eindeutigen Wortlaut des § 376 Abs. 1 S. 1 Alt. 2 einfach zu überspielen und auf das Erfordernis des Verzugs zu verzichten, um sich an dessen Stelle mit einem allgemeinen Vertretenmüssen nach § 280 Abs. 1 S. 2 BGB zu begnügen.[123] Im Gegenteil hatte sich nämlich der seinerzeitige Gesetzgeber mit der Frage des in Art. 354 f., 357 Abs. 1 S. 2 ADHGB sowohl für den Rücktritt wie auch für den Schadensersatz wegen verspäteter Erfüllung vorgesehenen Verzugserfordernisses befasst und hiervon in § 376 lediglich für das Rücktrittsrecht abgesehen.[124] Dass sich der Gesetzgeber der Schuldrechtsreform, der noch nicht einmal den Wortlaut des § 376 angefasst hat, von dieser seinerzeit tragenden Erwägung distanzieren wollte, ist nicht ersichtlich. Zudem darf das praktische Bedürfnis für eine Gesetzeskorrektur bezweifelt werden, weil eine Mahnung im Rahmen des § 376 entbehrlich ist und es – für das Vertretenmüssen nach § 286 Abs. 4 BGB allein auf den Zeitpunkt ankommt, zu dem die Leistung termingenau zu erbringen war.[125]

33   Wegen der Bezugnahme des § 376 Abs. 1 S. 1 auf einen Verzug des Schuldners mit der Leistung müssen für einen Anspruch auf Schadensersatz die in § 286 BGB genannten Voraussetzungen vorliegen. Allerdings erfordert das Fixgeschäft zwangsläufig eine nach dem Kalender bestimmte Leistung (→ Rn. 9), sodass nach § 286 Abs. 2 Nr. 1 BGB eine **Mahnung entbehrlich** ist. Da im Bereich des § 376 Abs. 1 dem Zeitmoment naturgemäß entscheidende Bedeutung zukommt, tritt der Verzug allein schon mit der Fristüberschreitung ein, sofern der Schuldner, was die Gesetzesformulierung als Vermutung aufstellt, die Verzögerung der Leistung iSd § 286 Abs. 4 zu vertreten hat.[126]

34   **c) Geltendmachung des Schadensersatzanspruchs.** Geltend gemacht wird der Schadensersatzanspruch wegen Nichterfüllung durch formlose, empfangsbedürftige Erklärung gegenüber dem Schuldner. Eine bestimmte Frist ist dafür im Gesetz nicht vorgesehen. Für seine Durchsetzbarkeit gelten die allgemeinen Grenzen der Verjährung, sofern nicht aufgrund außergewöhnlicher Umstände schon vorher eine Verwirkung eintritt.[127]

35   **4. Schadensberechnung. a) Abs. 2.** Nach § 376 Abs. 2, der auf Art. 357 Abs. 3 ADHGB zurückgeht,[128] kann der Gläubiger – im Regelfall der Käufer – den Schaden wegen Nichterfüllung der fix vereinbarten Lieferpflicht des Verkäufers **abstrakt** berechnen, falls die Kaufsache einen **Börsen- oder Marktpreis** hat. Maßgeblich ist der Unterschied zwischen Kaufpreis und Börsen- bzw. Marktpreis zur Zeit und am Ort der geschuldeten Leistung. Der Käufer kann – wie in Art. 375 Abs. 3 ADHGB, den der Gesetzgeber insoweit übernommen hat, ausdrücklich geregelt

---

[118] S. etwa Baumbach/Hopt/*Hopt* Rn. 11; KKRD/*Roth* Rn. 9; MüKoHGB/*Grunewald* Rn. 21; Oetker/*Koch* Rn. 35; *Hübner* HandelsR § 7 C III Rn. 569; *Canaris* HandelsR § 29 IV Rn. 29.

[119] *Herresthal* ZIP 2006, 883 (889); Baumbach/Hopt/*Hopt* Rn. 11; Heymann/*Emmerich/Hoffmann* Rn. 15; Oetker/*Koch* Rn. 37; *Brox* HandelsR Rn. 397; *Oetker* HandelsR § 8 B II Rn. 20; vgl. auch KKRD/*Roth* Rn. 9.

[120] Baumbach/Hopt/*Hopt* Rn. 11; KKRD/*Roth* Rn. 8; Heymann/*Emmerich/Hoffmann* Rn. 15; Oetker/*Koch* Rn. 36; *Herresthal* ZIP 2006, 883 (889); *Hübner* HandelsR § 7 C II Rn. 573; *Oetker* HandelsR § 8 C II Rn. 20 mwN.

[121] *Oetker* HandelsR § 8 B II Rn. 20; Heymann/*Emmerich/Hoffmann* Rn. 15; Staub/*Koller* Rn. 34; Oetker/*Koch* Rn. 38; HaKo-HGB/*Stöber* Rn. 20; s. auch *U. Huber* FS K. Schmidt, 2009, 725.

[122] Vgl. BT-Drs. 14/6040, 138.

[123] So aber KKRD/*Roth* Rn. 9; MüKoHGB/*Grunewald* Rn. 21; *Hübner* HandelsR § 7 C II Rn. 571; *Canaris* HandelsR § 29 Rn. 30; *Canaris* FS Konzen, 2006, 43, 47.

[124] *Hahn/Mugdan,* Die gesammten Materialien zu den Reichs-Justizgesetzen, 6. Bd.: Materialien zum Handelsgesetzbuch, 1897, 375.

[125] Ebenso Oetker/*Koch* Rn. 38; vgl. auch Staub/*Koller* Rn. 34.

[126] S. etwa Schlegelberger/*Hefermehl* Rn. 11.

[127] Vgl. Oetker/*Koch* Rn. 39 mwN.

[128] *Hahn/Mugdan,* Die gesammten Materialien zu den Reichs-Justizgesetzen, 6. Bd.: Materialien zum Handelsgesetzbuch, 1897, 375.

war[129] und sich mittelbar zugleich aus § 376 Abs. 3 ergibt – auch einen erweislich höheren Schaden geltend machen. Die in § 376 Abs. 3 vorgesehene konkrete Schadensberechnung auf der Grundlage eines tatsächlich abgeschlossenen Deckungsgeschäfts ist aber nur bei Beachtung besonderer Regeln und Einschränkungen zulässig.

Der im Rahmen der abstrakten Schadensberechnung gem. § 376 Abs. 2 zu ersetzende Differenz- **36** betrag zwischen Kaufpreis und Börsen- bzw. Marktpreis der Ware zum vertraglich festgelegten Liefertermin ist danach der vom jeweiligen Schuldner zu ersetzende **Mindestschaden**. Diese Form der Schadensberechnung setzt voraus, dass die zu liefernde Sache einen Börsen- oder Marktpreis hat und dass dieser zum maßgeblichen Lieferzeitpunkt über dem Vertragspreis liegt. Der anzusetzende Wert der nicht gelieferten Sache bemisst sich hierbei nach dem auf den Lieferzeitpunkt festzustellenden objektiven Verkehrswert, dh dem Wert, den die Sache am Absatzmarkt des Gläubigers oder auf dessen Beschaffungsmarkt (hypothetisches Deckungsgeschäft) hat.[130] An die Stelle des Anspruchs auf Lieferung der Sache wird tritt also der nach der Differenzhypothese zu bemessende Anspruch auf den Ersatz ihres aktuellen Wertes.[131] Dabei geht das Gesetz davon aus, dass der Gläubiger, wenn er die ihm zustehende Leistung nicht zum vereinbarten Fixzeitpunkt erhält, jedenfalls um 'eine ihm bei einem hypothetischen Deckungsgeschäft sich ergebende günstige Differenz zwischen dem objektiven Verkehrswert der zu liefernden Sache und dem Vertragspreis in seinem Vermögen beeinträchtigt ist.[132] Da § 376 auch bei einseitigen Handelskäufen Anwendung findet (→ Rn. 1), kommt diese Art der Schadensberechnung zugleich einem nichtkaufmännischen Gläubiger zugute. [133]

Der Schuldner kann gegenüber dem auf § 376 Abs. 2 gestützten Schadensersatzanspruch nicht **37** einwenden, dass der Gläubiger in Wirklichkeit keinen oder nur einen geringeren Schaden erlitten habe, weil er die Differenz zum Börsen- oder Marktpreis etwa durch ein späteres Deckungsgeschäft tatsächlich oder jedenfalls bei gehörigem Bemühen ganz oder teilweise wieder hätte aufholen können, weil er gar nicht die Absicht zur Tätigung eines Deckungsgeschäfts gehabt habe[134] oder weil der Schaden durch ein überholendes Ereignis auch sonst eingetreten wäre.[135] Denn im Gegensatz zu § 252 S. 2 BGB formuliert § 376 Abs. 2 BGB bereits seinem Wortlaut nach einen abstrakt zu berechnenden gesetzlichen Mindestschaden,[136] von dem der Gläubiger – wie der Vergleich mit dem in § 376 Abs. 2 aufgegangenen Art. 357 Abs. 3 ADHGB zeigt – durch konkrete Berechnung eines erweislich höheren Schadens nach oben abweichen kann, der ihm ansonsten aber – genauso wie die gesetzlichen Verzugszinsen nach § 288 BGB[137] – auf jeden Fall kraft unwiderleglicher gesetzlicher Vermutung als pauschalierter Mindestschadensersatz zustehen soll.[138] Folglich kann dieser abstrakten Berechnung auch nicht der Mitverschuldenseinwand des § 254 BGB etwa dahin entgegengehalten werden, dass der Gläubiger angesichts des bereits absehbaren Vertragsbruchs beizeiten ein vorteilhaftes Deckungsgeschäft hätte tätigen müssen.[139]

b) Abs. 3. Die speziellen Regeln des § 376 Abs. 3 sind Ausdruck des allgemein anerkannten **38** Grundsatzes, dass der Geschädigte seinen Schaden immer **konkret,** also nach Maßgabe der §§ 249, 252 BGB, berechnen darf. Diese Wahl wird er vor allem dann treffen, wenn die eingetretene Vermögenseinbuße größer als der nach § 376 Abs. 2 berechnete Schaden ist, er den Anforderungen des Abs. 3 gerecht geworden ist und der Schaden sich ohne Weiteres nachweisen lässt. Der Geschädigte muss diesen Weg sogar wählen, wenn die Ware keinen Börsen- oder Marktpreis hat oder wenn die abstrakte Schadensberechnungsmöglichkeit vertraglich ausgeschlossen ist, was auch in Allgemeinen Geschäftsbedingungen als Umkehrung einer AGB-rechtlich uU problematischen Pauschalierung (vgl. § 309 Nr. 5 BGB) keinen rechtlichen Bedenken unterliegt.[140]

Abweichend von § 252 S. 2 BGB kann der Gläubiger bei Ware, die einen Börsen- oder Marktpreis **39** hat, das Ergebnis eines anderweit getätigten **Deckungsgeschäfts** seiner Schadensberechnung nur zugrunde legen, wenn das Geschäft sofort nach Ablauf der vertraglich festgelegten Leistungszeit bzw. Leistungsfrist in den dafür nach § 376 Abs. 3 S. 2 vorgesehenen Bahnen abgeschlossen worden ist. Dadurch soll – wie schon bei der zeitlichen Bindung des Erfüllungsverlangens (→ Rn. 4, 21) – ein mit

---

[129] Vgl. *Hahn/Mugdan,* Die gesammten Materialien zu den Reichs-Justizgesetzen, 6. Bd.: Materialien zum Handelsgesetzbuch, 1897, 375.

[130] Vgl. *Rabel,* Das Recht des Warenkaufs Bd. I, 1936, 455; *U. Huber* FS K. Schmidt, 2009, 725, 739 ff.

[131] Vgl. *Keuk,* Vermögensschaden und Interesse, 1972, 109 ff.; Schlegelberger/*Hefermehl* Rn. 24; s. auch *U. Huber* FS K. Schmidt, 2009, 725, 739; *G. Müller* WM 2013, 1.

[132] *U. Huber* FS K. Schmidt, 2009, 725, 739.

[133] Staub/*Koller* Rn. 35; BeckOK HGB/*Schwartze* Rn. 14; aA *Herresthal* ZIP 2006, 883 (888 f.).

[134] MüKoHGB/*Grunewald* Rn. 25 mwN; *U. Huber* FS K. Schmidt, 2009, 725, 741; *G. Müller* WM 2013, 1 (2).

[135] V. *Caemmerer,* Das Problem der überholenden Kausalität im Schadensersatzrecht, 1962, 7 f.; zust. *U. Huber* FS K. Schmidt, 2009, 725, 741; aA *G. Müller* WM 2013, 1 (2).

[136] BeckOGK/*Brand* BGB § 252 Rn. 71; MüKoHGB/*Grunewald* Rn. 25; vgl. ferner Staudinger/*Schiemann,* 2017, BGB § 252 Rn. 23.

[137] Vgl. Mot. II 62 = Mugdan II 34.

[138] *Knobbe-Keuk* VersR 1976, 401 (405).

[139] Staub/*Koller* Rn. 44.

[140] Vgl. Schlegelberger/*Hefermehl* Rn. 26.

der strengen Zeitgebundenheit des Fixgeschäfts unverträgliches spekulatives Hinausschieben des Deckungsgeschäfts zu Lasten des säumigen Schuldners verhindert werden.[141] Das zeitliche Erfordernis der
sofortigen Vornahme hat die gleiche Bedeutung wie das Erfordernis der Sofortigkeit des Erfüllungsverlangen nach § 376 Abs. 1 S. 2. Das Deckungsgeschäft muss also nicht nur ohne schuldhaftes Zögern
iSd § 121 Abs. 1 S. 2 BGB, sondern **ohne jede Verzögerung** nach Ablauf der fest bestimmten
Leistungszeit vorgenommen werden, ohne dass es dabei auf ein Verschulden des Gläubigers ankommt
(→ Rn. 21).[142] Tritt allerdings bei einem vom Gläubiger sofort eingeleiteten Deckungsgeschäft eine
Verzögerung dadurch ein, dass die nach § 373 Abs. 3 S. 2 zwingend mit der Tätigung des Deckungsgeschäfts zu betrauenden Personen (→ Rn. 40) zögerlich handeln, kann dies dem Gläubiger – genauso
wie bei einem Selbsthilfeverkauf nach § 373 Abs. 2 (→ § 373 Rn. 32, 44) – nicht zugerechnet werden,
da er sich dieses Personenkreises bedienen muss, es sei denn, ihm unterläuft dabei ein Auswahl- oder
Instruktionsfehler.[143]

40   Zur Durchführung des Deckungsgeschäfts bestimmt § 376 Abs. 3 S. 2, dass der Verkauf oder Kauf
in **öffentlicher Versteigerung** stattfinden oder durch einen zu solchen Rechtsgeschäften öffentlich
ermächtigten **Handelsmakler** bzw. eine zur öffentlichen Versteigerung autorisierten Person zum
laufenden Preis erfolgen muss. Eine öffentliche Versteigerung kommt allerdings in der Praxis nur bei
einem Deckungsverkauf in Betracht.[144] Mit dem laufenden Preis meint das Gesetz einen mittleren
Durchschnittspreis, der beim Verkauf der Ware an einem bestimmten Tag und Ort erzielt wird. Diese
Voraussetzungen entsprechen den Regelungen in § 373 Abs. 2 (→ § 373 Rn. 31). Zur Abwicklung
ordnet § 376 Abs. 4 S. 1 im Falle der öffentlichen Versteigerung eine entsprechende Anwendung des
§ 373 Abs. 4 an, was bedeutet, dass Verkäufer und Käufer mitbieten können (näher → § 373 Rn. 18,
30). Anders als bei einem Selbsthilfeverkauf nach § 373 Abs. 2 und 5 ist in § 376 Abs. 4 aber keine
vorherige Information des Schuldners zu Zeit und Ort des Deckungsgeschäfts vorgesehen; ihrer bedarf
es deshalb auch nicht.[145] Der Schuldner ist nach § 376 Abs. 4 S. 2 lediglich vom vollzogenen
Deckungsgeschäft **unverzüglich zu benachrichtigen.** Unterbleibt die Benachrichtigung, ist das
Deckungsgeschäft allerdings nicht ungültig. § 376 Abs. 4 S. 3 sieht vielmehr eine verschuldensabhängige Schadensersatzhaftung für den Fall vor, dass das Unterlassen der Information bei dem Schuldner
zu einem Schaden geführt hat.

41   Ein Deckungsgeschäft über Ware mit einem Börsen- oder Marktpreis, das entgegen § 376 Abs. 3
nicht sofort oder nicht unter Heranziehung des in Satz 2 genannten Personenkreises erfolgt, kann nicht
als Grundlage einer konkreten Schadensberechnung dienen. Der Gläubiger hat in diesem Fall nur die
Möglichkeit, den Schaden nach Maßgabe des § 376 Abs. 2 abstrakt zu berechnen.[146] Bei Waren, die
keinen Börsen- oder Marktpreis besitzen, gelten die besonderen Einschränkungen des § 376 Abs. 3
nicht, so dass die allgemeinen Grundsätze der Schadensberechnung (§§ 249, 252 BGB) ohne Weiteres
zur Anwendung gebracht werden können.

42   **c) Schadensberechnung außerhalb von § 376 Abs. 2 und 3.** Außerhalb des Anwendungsbereichs von § 376 Abs. 2 und Abs. 3 bemisst sich ein Schadensersatz nach den allgemeinen Regeln
des § 281 Abs. 1 BGB. Das gilt generell für Waren, die keinen Börsen- oder Marktpreis haben. Das gilt
aber auch bei Waren mit Börsen- oder Marktpreis für Schäden, die über die dort geregelten (Mindest-)
Schäden hinausgehen, soweit diese Schadenspositionen nicht mit den in § 376 Abs. 2 und Abs. 3
geregelten, auf einen sog. großen Schadensersatz abzielenden Ansätzen kollidieren. Insoweit zielt die
Ersatzpflicht darauf ab, dem Gläubiger alle Schäden zu ersetzen, die sich aus dem nach § 376 Abs. 1
mangels (rechtzeitigen) Erfüllungsbegehrens eingetretenen Erlöschen der ursprünglichen Leistungspflicht und dem dadurch bedingten endgültigen Ausbleiben der Leistung ergeben.[147] Dazu ist die bei
dem Gläubiger in der Folge des § 376 Abs. 1 eingetretene Vermögenslage mit derjenigen zu vergleichen, die bei ordnungsgemäßer Erfüllung bestanden hätte, um hiernach zu einem Ausgleich der
sich dabei ergebenden Wertdifferenz zu gelangen.[148]

43   **aa) Käuferschaden.** Bei Waren ohne Börsen- oder Marktpreis kann ein Käufer seinen Schaden
stets konkret berechnen anhand der tatsächlich entstandenen Mehrkosten eines zur Beschaffung der
ausgebliebenen Ware getätigten Deckungsgeschäfts.[149] Das kann neben einem höheren Beschaffungs-
preis etwa auch zusätzliche Aufwendungen zur Tätigung der Ersatzbeschaffung ausmachen. Ebenso

---

[141] Heymann/*Emmerich*/*Hoffmann* Rn. 19; MüKoHGB/*Grunewald* Rn. 23; BeckOK HGB/*Schwartze* Rn. 15;
Oetker/*Koch* Rn. 43 mwN.

[142] BeckOK HGB/*Schwartze* Rn. 15; MüKoHGB/*Grunewald* Rn. 24; Oetker/*Koch* Rn. 43.

[143] Vgl. Staub/*Koller* Rn. 37.

[144] Heymann/*Emmerich*/*Hoffmann* Rn. 19; Oetker/*Koch* Rn. 44 mwN.

[145] Staub/*Koller* Rn. 38; Heymann/*Emmerich*/*Hoffmann* Rn. 20; Oetker/*Koch* Rn. 44 mwN; aA Röhricht/*Graf
v. Westphalen*/*Haas*/*Steimle*/*Dornieden* Rn. 20.

[146] *Würdinger*/*Röhricht* Rn. 29; Schlegelberger/*Hefermehl* Rn. 15; *G. Müller* WM 2013, 1 (2 f.).

[147] Vgl. BGH Urt. v. 14.4.2010 – VIII ZR 145/09, NJW 2010, 2426 Rn. 13; Staub/*Koller* Rn. 43.

[148] Vgl. BGH Urt. v. 13.3.1981 – V ZR 46/80, NJW 1981, 1834; BGH Urt. v. 11.2.1983 – V ZR 191/81,
WM 1983, 418; BGH Urt. v. 31.10.1997 – V ZR 248/96, NJW 1998, 535 (536).

[149] Vgl. BGH Urt. v. 3.7.2013 – VIII ZR 169/12, BGHZ 197, 357 Rn. 27 = NJW 2013, 2959.

können Regressschäden in Ansatz kommen, weil der Käufer infolge der ausgebliebenen Leistung seinen eigenen Abnehmer nicht rechtzeitig hat beliefern können.[150] Seinen durch Weiterverkauf erzielten Gewinn braucht der Käufer sich aber nicht anrechnen zu lassen, wenn und soweit dieser auch bei ordnungsgemäßer Vertragserfüllung hätte erzielt werden können.[151] Haben sich die Marktverhältnisse oder Absatzmöglichkeiten allerdings infolge der durch den Deckungskauf bedingten Verzögerung signifikant verbessert oder verschlechtert, sind dadurch bedingte Veränderungen der Preise eines Weiterverkaufs schadensmindernd oder -vergrößernd in die Schadensberechnung einzustellen, soweit sie nicht auf individuellen Umständen außerhalb der allgemeinen Marktverhältnisse beruhen.[152] Zeitlich muss der Deckungskauf zwar nicht sofort iSv. § 376 Abs. 1 S. 2, Abs. 3 S. 1 vorgenommen werden, zumal mangels Börsen- oder Marktpreises regelmäßig eine Marktsondierung nach Angebot und Preis erforderlich werden wird. Zur Vermeidung nachteiliger Spekulation zu Lasten des säumigen Verkäufers (→ Rn. 4, 21, 39) muss er aber zu seiner uneingeschränkten Berücksichtigungsfähigkeit in einen verhältnismäßig engen zeitlichen Zusammenhang mit dem Ablauf des Fixtermins erfolgen.[153]

Daneben eröffnet § 252 S. 2 BGB dem Käufer die Möglichkeit einer abstrakten Schadensberechnung. Nach dieser Vorschrift gilt der Gewinn als entgangen, welcher nach dem gewöhnlichen Lauf der Dinge oder nach den besonderen Umständen mit Wahrscheinlichkeit erwartet werden konnte. Jedenfalls im kaufmännischen Verkehr gehört zum gewöhnlichen Verlauf der Dinge, dass der Kaufmann gewisse Geschäfte im Rahmen seines Gewerbes tätigt und daraus Gewinn erzielt, was einschließt, dass er marktgängige Waren jederzeit zum Marktpreis beschaffen und auch wieder absetzen kann, es sei denn, der Ersatzpflichtigen weist nach, dass der Gewinn nach dem späteren Verlauf oder aus irgendwelchen anderen Gründen dennoch nicht erzielt worden wäre.[154] Diese Vermutung dürfte regelmäßig auch sonst im unternehmerischen Verkehr zum Tragen kommen, nicht jedoch für einen am Fixhandelskauf beteiligten Verbraucher.[155] Bei dieser Art der Berechnung kann der Käufer entweder die Differenz zwischen dem vereinbarten Einkaufpreis und einem bei zeitnaher fiktiver Eindeckung am Markt zu zahlenden höheren Kaufpreis oder die Differenz zwischen dem vereinbarten Einkaufpreis und einem abzüglich anfallender Vertriebskosten auf seiner Handelsstufe fiktiv am Markt erzielbaren höheren Weiterverkaufspreis als Schadensersatz beanspruchen.[156] Allerdings ist dem säumigen Verkäufer der von ihm zu führende Gegenbeweis eröffnet, dass der Käufer sich nach den Umständen des Falles hätte günstiger eindecken können und müssen oder die Ware sonst nicht mehr benötigt hat.[157]

bb) Verkäuferschaden. Hat der Verkäufer nach Erlöschen der ursprünglichen Leistungspflichten   **45** den zu liefernden Kaufgegenstand zeitnah nur zu einem geringeren Preis anderweit absetzen können, kann er bei einer unvertretbaren Sache seinen Schaden (nur) nach dieser Differenz konkret berechnen. Behält er die Kaufsache für sich, so tritt an die Stelle des Deckungsverkaufs der Wert, zu dem der Verkäufer die Sache verkaufen könnte, also der Schätzwert der Sache.[158] Ist die Sache weder für ihn selbst noch sonst anderweit verwertbar, beläuft sich der zu ersetzende Schaden sogar auf den ungekürzten Kaufpreisbetrag. Bei vertretbaren Sachen kann der Verkäufer darüber hinaus auf der Grundlage von § 252 BGB und der danach bestehenden Rentabilitätsvermutung als entgangenen Gewinn den vollen Unterschied zwischen Vertragspreis einerseits und Herstellungs- oder Einkaufpreis andererseits als abstrakt zu berechnenden Nichterfüllungsschaden beanspruchen,[159] ohne dass der Käufer in der Regel hiergegen etwa einwenden kann, die Vornahme eines Deckungsverkaufs sei schadensmindernd zu berücksichtigen.[160]

d) Schadensminderungsobliegenheit. Ob der Gläubiger zur Minderung eines drohenden oder   **46** eingetretenen Schadens ein Deckungsgeschäft tätigen muss, ist nicht ganz unumstritten. Teilweise wird angenommen, dass der Verkäufer nach § 254 Abs. 2 BGB gehalten sein könne, den vom Gesetz vorgezeichneten Weg nicht zu beschreiten.[161] Das begegnet indes grundlegenden Bedenken. Zwar kann ein Gläubiger im Rahmen der ihm nach § 254 Abs. 2 S. 1 BGB obliegenden Schadensminderungspflicht auch einmal gehalten sein, ein Deckungsgeschäft vorzunehmen, wenn es im Einzelfall

[150] BeckOK BGB/*Lorenz* BGB § 281 Rn. 43; Staub/*Koller* Rn. 43.

[151] Vgl. RG Urt. v. 17.4.1917 – II 564/16, RGZ 90, 160 (162); BeckOK BGB/*Lorenz* BGB § 281 Rn. 43.

[152] Vgl. BGH Urt. v. 6.6.1997 – V ZR 115/96, BGHZ 136, 52 (54 ff.) = NJW 1997, 2378.

[153] Vgl. auch Staub/*Koller* Rn. 43.

[154] BGH Urt. v. 29.6.1994 – VIII ZR 317/93, BGHZ 126, 305 (308 f.) = NJW 1994, 2478; BGH Urt. v. 19.10.2005 – VIII ZR 392/03, NJW-RR 2006, 243 Rn. 9; BGH Urt. v. 15.11.2011 – VI ZR 4/11, NJW 2012, 601 Rn. 11.

[155] Vgl. BGH Urt. v. 18.1.1980 – V ZR 110/76, NJW 1980, 1742 (1743).

[156] Staub/*Koller* Rn. 41; MüKoHGB/*Grunewald* Rn. 22.

[157] Staub/*Koller* Rn. 41; MüKoHGB/*Grunewald* Rn. 25 mwN.

[158] BGH Urt. v. 13.3.1981 – V ZR 46/80, NJW 1981, 1834, s. auch *U. Huber,* Leistungsstörungen Bd. II, 1999, § 38 II 1 mwN.

[159] BGH Urt. v. 1.3.2001 – III ZR 361/99, NJW-RR 2001, 985 (986) mwN.

[160] BGH Urt. v. 22.12.1999 – VIII ZR 135/99, NJW 2000, 1409 f.

[161] MüKoHGB/*Grunewald* Rn. 26.

von der Sache her geboten und ihm zumutbar ist.[162] Vor Eintritt des Fixtermins wird man dies bei einem Fixhandelskauf aber generell verneinen müssen. Es ist bereits zweifelhaft, ob die §§ 281 Abs. 2, 323 Abs. 4 BGB, von denen der Gläubiger zur unabdingbaren Klärung des Fortbestandes der primären Leistungspflichten vor Erreichen des Fixtermins Gebrauch machen müsste, in diesem Stadium der Vertragsdurchführung überhaupt anstelle oder neben § 376 Anwendung finden können (→ Rn. 30). Denn der Gesetzgeber hat seinerzeit die Regeln zum Fixhandelskauf, die geprägt sind durch eine exakte Termingebundenheit sowie einen in strenger Alternativität von Primär- und Sekundärrecht (→ Rn. 6) vorgesehenen Automatismus hinsichtlich des Fortbestandes der Erfüllungspflichten, gerade in bewusster Abgrenzung zu den in andere Richtung weisenden §§ 326, 355 BGB aF geschaffen, um das Gelingen der Vertragserfüllung auf den Fixtermin hin zu klären und jede davon abweichende Spekulationsmöglichkeit zu Lasten des Schuldners zu unterbinden.[163] Eine Obliegenheit, bereits vorzeitig ein Deckungsgeschäft zu tätigen und darüber aus dem Erfüllungsgeschehen auszusteigen, würde deshalb in die Vertragsabwicklung eine Rechtsunsicherheit und Spekulationsmöglichkeit hineintragen, die mit dem Charakter des Fixgeschäfts unverträglich wäre.[164] Zudem würde eine Obliegenheit zur vorzeitigen Vertragsbeendigung angesichts eines damit verbundenen, einseitig aber wohl gar nicht ohne Weiteres möglichen Wechsels in einen normalen Handelskauf ohne Fixcharakter (→ Rn. 7, 23) den Gläubiger bei Waren mit einem Börsen- oder Marktpreis der Möglichkeit berauben, die ihm uU günstige und keinem Gegenbeweis zugängliche abstrakte Schadensberechnung nach § 376 Abs. 2 zu wählen (→ Rn. 37), wobei sich die Vorteilhaftigkeit in der Regel zudem überhaupt erst nach Ablauf des Fixtermins klären lässt.

47   Auch nach dem Fixzeitpunkt stellt sich die Frage nach der Vornahme eines Deckungsgeschäfts von vornherein nicht, soweit es um Waren mit einem Börsen- oder Marktpreis geht. Denn für die abstrakte Schadensberechnung nach § 376 Abs. 2, die keines Gegenbeweises zum Beleg eines geringeren Schadens zugänglich ist (→ Rn. 37), sind etwaige Deckungsgeschäfte bedeutungslos. Ebenso setzt die konkrete Berechnung nach § 376 Abs. 3 zwingend ein sofort vorgenommenes Deckungsgeschäft voraus mit der Folge, dass über § 254 BGB keine abweichenden Anforderungen zur Geltung gebracht werden können bzw. im Falle einer von den gesetzlichen Anforderungen abweichenden Geschäftsvornahme dem Gläubiger nur noch die Möglichkeit offen steht, den Schaden nach Maßgabe des § 376 Abs. 2 abstrakt zu berechnen (→ Rn. 41). Lediglich bei Waren ohne Börsen- oder Marktpreis, bei denen der Schaden nach §§ 249, 252 BGB zu berechnen ist und dem Schuldner die Möglichkeit des Gegenbeweises eröffnet ist, dass der Schaden unter bestimmten Umständen geringer ausgefallen wäre (→ Rn. 43 ff.), kann sich ausnahmsweise eine Obliegenheit zur alsbaldigen Vornahme eines schadensmindernden Deckungsgeschäfts ergeben, wenn besondere Preisausschläge zu erwarten stehen.[165]

48   **5. Sukzessivlieferungen.** Sind die Lieferungen vereinbarungsgemäß in bestimmten Raten oder Mengen zu jeweils genau bestimmten Zeitpunkten fix zu erbringen, findet § 376 auf jede einzelne Rate oder Liefermenge Anwendung, die zum vereinbarten Fixtermin ausbleibt, erfasst aber nicht automatisch auch den gesamten Vertrag. Hinsichtlich der Auswirkungen auf den Gesamtvertrag und die insoweit gegebenen Rechtsbehelfe des Gläubigers gilt dasselbe wie im Rahmen von § 375 (→ § 375 Rn. 42).[166]

49   **6. Abweichende Vereinbarungen.** § 376 ist dispositiv, sodass die Parteien die Möglichkeit haben, diese Vorschrift ganz oder teilweise abzubedingen oder zu modifizieren mit der Folge, dass im abbedungenen Teil dann grundsätzlich die Bestimmungen zum gewöhnlichen Handelskauf ohne Fixcharakter iSd § 376 (→ Rn. 23) eingreifen.[167] Zur Zulässigkeit formularmäßiger Fixklauseln, wobei Fixklauseln in unmittelbarem Zusammenhang mit einer ausgehandelten Leistungszeit dann zumeist sogar Teil der Individualvereinbarung werden, vgl. → Rn. 14. Ebenso kann etwa grundsätzlich auch das Erfordernis eines nach § 376 Abs. 1 S. 2 auszubringenden sofortigen Erfüllungsverlangens zur Erhaltung des Erfüllungsanspruch selbst in Allgemeinen Geschäftsbedingungen abweichend ausgestaltet werden.[168] Problematisch sind häufig aber formularmäßige Bestimmungen, die einen Fixcharakter versteckt in einem Klauselwerk formulieren und dann nicht selten als überraschend iSd § 305c Abs. 1 BGB zu werten sind,[169] oder Klauseln, die einem individuell vereinbarten Fixcharakter wieder signifikant von ihrer Wirkung zu nehmen versuchen und dann uU sogar schon gem. § 305b BGB unbeachtlich sind (→ Rn. 17).[170]

---

[162] BGH Urt. v. 15.5.2008 – III ZR 170/07, NJW 2008, 2430 Rn. 11 mwN.

[163] Vgl. *Hahn/Mugdan,* Die gesammten Materialien zu den Reichs-Justizgesetzen, 6. Bd.: Materialien zum Handelsgesetzbuch, 1897, 374 f.

[164] Staub/Koller Rn. 44.

[165] Vgl. dazu RG Urt. v. 10.10.1913 – II 332/13, JW 1914, 72; ferner OLG Hamburg Urt. v. 30.1.1923 – VI 449/22, JW 1924, 549.

[166] Oetker/*Koch* Rn. 46 mwN.

[167] Staub/*Koller* Rn. 6.

[168] Vgl. Oetker/*Koch* Rn. 48.

[169] MüKoHGB/*Grunewald* Rn. 14

[170] MüKoHGB/*Grunewald* Rn. 15.

7. Beweislast. Die Beweislast für die Abreden oder die Umstände, aus denen sich das Bestehen 50
einer Fixschuld ergeben soll, liegt bei demjenigen, der daraus Rechte herzuleiten versucht. Bei der
Würdigung ist allerdings zu bedenken, dass ein Fixgeschäft Ausnahmecharakter hat.[171] Wer die
Sekundärrechte nach § 376 Abs. 1 S. 2 geltend machen will, hat den Ablauf der vereinbarten Leistungszeit zu beweisen, während der Nachweis einer rechtzeitigen Erfüllung der Leistungspflicht oder
einer mangelnden Empfangsbereitschaft des Gläubigers der Gegenseite obliegt (→ Rn. 24).[172] Verlangt
der Gläubiger nach Ablauf des Fixtermins Erfüllung der primären Leistungspflicht, ist es an ihm, die
nach Maßgabe von § 376 Abs. 1 S. 2 vorgenommene Erhebung seines Erfüllungsbegehrens zu beweisen (→ Rn. 21). Zur Schadensberechnung ist es Sache des Gläubigers, der gem. § 376 Abs. 2 abstrakt
abrechnen will, das Bestehen eines Börsen- oder Marktpreises und dessen Höhe sowie den gegenüber-
zustellenden Vertragspreis nachzuweisen. Will er gem. § 376 Abs. 3 konkret berechnen, muss er den
Börsen- oder Marktpreis der Ware, den bei dem Deckungsgeschäft erzielten Preis, die Sofortigkeit des
Deckungsgeschäfts sowie dessen Durchführung nach Maßgabe von Satz 2 nachweisen, während der
Schuldner für die Umstände nach § 373 Abs. 4 beweispflichtig ist, wenn er für deren Nichtbeachtung
Schadensersatz begehrt. Für die Geltendmachung eines Schadensersatzes bei Waren ohne Börsen- oder
Marktpreis und die dazu erforderlichen Nachweise gelten die allgemeinen Grundsätze.[173]

Vorbemerkung § 377

Schrifttum: *Altmeppen/Reichard,* Die aliud-Lieferung beim Kauf, FS U. Huber, 2006, 73; *Barnert,* Mängelhaftung
und Unternehmenskauf zwischen Sachgewährleistung und Verschulden bei Vertragsschluss im neuen Schuldrecht,
WM 2003, 416; *Barnert,* Auswirkungen des Gesetzes zur Modernisierung des Schuldrechts auf das Recht des
Handelskaufs und der Kommission, FS Konzen, 2006, 43; *Beckmann/Glose,* Irrtumsanfechtung bei der Mängelrüge
nach § 377 HGB, BB 1989, 857; *Boerner,* Kaufrechtliche Sachmängelhaftung und Schuldrechtsreform, ZIP 2001,
2264; *Boujong,* Rechtsfortbildung, Rechtsprechungsänderung und Vertrauensschutz in der Judikatur des Bundes-
gerichtshofes, FS Heldrich, 2005, 1235; *Böhle,* Die teleologische Reduktion der §§ 478 Abs. 1 und 3, 479 Abs. 2
Satz 1 BGB auf das Regressinteresse, WM 2004, 1616; *Böhler,* Grundwertungen zur Mängelrüge, 2000; *Brors,* Die
Falschlieferung in der Schuldrechtsreform, JR 2002, 133; *Bredemeyer,* Der Anwendungsbereich von § 377 HGB im
Folge- und Begleitschadensbereich, JA 2009, 161; *Brox/Hensler,* Handelsrecht, Brox/Henssler 22. Aufl. 2016; *Büden-
bender,* Grundlagen der Gewährleistung beim Unternehmenskauf in: Unternehmenskauf und Schuldrechtsmoderni-
sierung. Fachtagung der Bayer-Stiftung für deutsches und internationales Arbeits- und Wirtschaftsrecht 2003, 5;
Canaris, Interessenlage, Grundprinzipien und Rechtsnatur des Finanzierungsleasing, AcP 190 (1990), 410; *Canaris,*
Schuldrechtsmodernisierung 2002, 2002; *Canaris,* Handelsrecht, 24. Aufl. 2006; *Canaris,* Die Neuregelung des
Leistungsstörungs- und des Kaufrechts – Grundstrukturen und Problemschwerpunkte, in Lorenz, Karlsruher Forum
2002, 5; *Dastis/Werner,* Übertragung der Rügeobliegenheit nach § 377 HGB auf Verbraucher-Leasingnehmer, ZMR
1918, 654; *Dietz,* Anspruchskonkurrenz bei Vertragsverletzung und Delikt, 1934; *Dreier,* Handelsrechtliche Unter-
suchungs- und Rügeobliegenheit beim Grundstückskauf, ZfIR 2004, 416; *Emmerich,* Verschulden bei Vertragsverhandlungen, positive Vertragsverletzung und Sachmängelhaftung beim Kauf, FS Günther, 1993, 267; *Ensthaler,* Haftungsrechtliche Bedeutung von Qualitätssicherungsvereinbarungen, NJW 1994, 817; *St. Ernst,* Gewährleistungsrecht
– Ersatzansprüche des Verkäufers gegen den Hersteller auf Grund von Mangelfolgeschäden, MDR 2003, 4; *W. Ernst,*
Die Zurückweisung der Ware, NJW 1997, 896; *W. Ernst,* Sachmängelhaftung und Gefahrtragung, FS U. Huber,
2006, 165; *Fabricius,* Zur Rechtsnatur des § 377 HGB, JZ 1965, 271; *Fitz,* Rügeversäumnis und Schlechterfüllungs-
folgen, FS Ostheim, 1990, 241; *Flume,* Die Rechtsfigur des Finanzierungsleasing, DB 1991, 265; *Gabius,* Zur
Rügelast des § 377 HGB bei Verletzung von vertraglichen Nebenpflichten, VersR 1995, 761; *Gaul,* Mangelhafte
Standardsoftware-Untersuchungs- und Rügepflichten bei Lieferung, MDR 2000, 549; *v. Gierke,* Handelsrecht und
Schifffahrtsrecht, 8. Aufl. 1958; *Grigoleit/Herresthal,* Grundlagen der Sachmängelhaftung im Kaufrecht, JZ 2003, 118;
Grigoleit/Herresthal, Die Beschaffenheitsvereinbarung und ihre Typisierungen in § 434 I BGB, JZ 2003, 233; *Grune-
wald,* Just-in-time-Geschäfte-Qualitätssicherungsvereinbarungen und Rügelast, NJW 1995, 1777; *Grunewald,* Der
Verdacht als Mangel, FS Konzen, 2006, 131; *Haage,* Das Abladegeschäft, 4. Aufl. 1958; *Haage,* Die Rechte des Käufers
wegen Mängel der Ware bei dem überseeischen Abladegeschäft, BB 1955, 944; *Hadding,* Zur Falschlieferung beim
beiderseitigen Handelskauf nach „modernisiertem" Schuldrecht, FS Kollhosser Bd. II, 2004, 175; *Hager,* Rechtsfragen
des Finanzierungsleasing von Hard- und Software, AcP 190 (1990), 324; *Haas,* Vorschläge zur Überarbeitung des
Schuldrechts: Die Mängelhaftung bei Kauf- und Werkverträgen, NJW 1992, 2389; *Hönn,* Positive Vertragsverletzung
und kaufmännische Untersuchungs- und Rügeobliegenheit, BB 1978, 685; *U. Huber,* Zur Haftung des Verkäufers
wegen positiver Vertragsverletzung, AcP 177 (1977), 281; *U. Huber,* Wandlungen im Recht des Handelskaufs,
ZHR 161 (1997), 160; *U. Huber,* Die Praxis des Unternehmenskaufs im System des Kaufrechts, AcP 202 (2002), 179;
Hübner, Handelsrecht, 5. Aufl. 2004; *Hüffer,* Rechtsfragen des Handelskaufs, JA 1981, 70 und JA 1981, 143; *D. Kaiser,* Reform des Kaufmannsbegriffs – Verunsicherung des Handelsverkehrs?, JZ 1999, 495; *Knops,* Rügepflicht beim
Handelskauf und Leasingvertrag, JuS 1994, 106; *Korth,* Minderung beim Kauf, 2010; *A. Kramer,* Abwicklungs-
störungen bei Kaufverträgen, 1996; *Kreifels,* Qualitätssicherungsvereinbarungen – Einfluss und Auswirkungen auf die
Gewährleistung und Produkthaftung von Hersteller und Zulieferer, ZIP 1990, 489; *Kronthaler/Schwangler,* Aufgespal-
tener Vertrag: Kann für einen Vertragspartner ein und dasselbe Rechtsgeschäft gleichzeitig Unternehmer- und
Verbrauchergeschäft sein?, RdW 2016, 249; *K. W. Lange,* Die Untersuchungs- und Rügeobliegenheit beim Strecken-
geschäft, JZ 2008, 661; *Leenen,* § 477 BGB: Verjährung oder Risikoverlagerung?, 1997; *Leenen,* Die Neuregelung der
Verjährung, JZ 2001, 552; *M. Lehmann,* Die Untersuchungs- und Rügepflicht des Käufers in BGB und HGB,
WM 1980, 1162; *Lettl,* Die Falschlieferung durch den Verkäufer nach der Schuldrechtsreform, JuS 2002, 866; *Lettl,*

---

[171] BGH Urt. v. 17.1.1990 – VIII ZR 292/88, BGHZ 110, 88 (96) mwN = NJW 1990, 2065.
[172] RG Urt. v. 30.4.1924 – I 540/23, RGZ 108, 158 (159).
[173] Dazu näher etwa MüKoBGB/*Oetker* § 252 Rn. 37 ff.

Die Untersuchungs- und Rügepflicht des Käufers nach § 377 HGB, JURA 2006, 721; *Lettl,* Handelsrecht, 4. Aufl. 2018; *Lieb,* Probleme des neuen Kaufmannbegriffs, NJW 1999, 35; *Lieder/Hohmann,* Falschlieferung und Qualitätsabweichung beim Handelskauf nach § 377 HGB, JURA 2017, 1136; *Liesecke,* Die typischen Klauseln des internationalen Handelsverkehrs in der neueren Praxis, WM-Sonderbeilage 3/1978; *St. Lorenz,* Aliud peius und indebitum im neuen Kaufrecht, JuS 2003, 37; Der Unternehmenskauf nach der Schuldrechtsreform, FS Heldrich, 2005, 305; *Lorenz/Riehm,* Lehrbuch zum neuen Schuldrecht, 2002; *Mailänder,* Die Lieferung falscher Mengen im Handelsrecht, ZHR 126 (1964), 89; *Mankowski,* Das Zusammenspiel der Nacherfüllung mit den kaufmännischen Untersuchungs- und Rügeobliegenheiten, WM 2006, 865; *Marburger,* Die Sachmängelhaftung beim Handelskauf, JuS 1983, 1; *Martinek,* Moderne Vertragstypen, Bd. I 1991, Bd. III 1993; *Meeske,* Die Mängelrüge, 1965; *Menhofer,* Probleme bei der Rügelast nach §§ 377, 378 HGB im Lichte der neueren Rechtsprechung und Literatur, 1994; *Mertens,* Culpa in contrahendo beim zustande gekommenen Kaufvertrag nach der Schuldrechtsreform, AcP 203 (2003), 818; *Mock,* Der Ausschluss von Käuferrechten gemäß § 377 HGB, 2010; *Mönkemöller,* Die „Kleingewerbetreibenden" nach neuem Kaufmannsrecht, JuS 2002, 30; *Mössle,* Verlustrisiko bei § 377 HGB, NJW 1988, 1190; *G. Müller,* Die Rügeobliegenheit des Kaufmanns, ZIP 1997, 661; *G. Müller,* Zu den Folgen des Rügeversäumnisses iSd. § 377 HGB, ZIP 2002, 1178; *G. Müller,* Abschied von der Haftung des Verkäufers aus culpa in contrahendo oder Wiedergeburt?, FS Hadding, 2004, 199; *G. Müller,* Zur Beachtlichkeit des Eigenschaftsirrtums des Käufers, FS U. Huber, 2006, 449; *G. Müller,* Zur Haftung des Verkäufers von GmbH-Anteilen für falsche Auskünfte über den Wert des Unternehmens, ZIP 2000, 817; *G. Müller,* Zu den Auswirkungen der Schuldrechtsreform auf die Rügeobliegenheit i. S. d. § 377 HGB, WM 2011, 1249; *G. Müller,* Das Mysterium der „höherwertigen Lieferung", WM 2018, 1673; *Niedrig,* Die Mängelrüge, 1994; *Oertmann,* Der gewöhnliche Handelskauf, in Ehrenberg, Handbuch des gesamten Handelsrechts, Bd. IV/2, 1918; *Oetker,* Handelsrecht, 7. Aufl. 2015; *Oetker,* Quantitätsabweichungen beim Handelskauf nach der Schuldrechtsreform, FS Canaris Bd. II, 2007, 313; *Pick,* Zum Stand der Schuldrechtsmodernisierung, ZIP 2001, 1173; *Raab,* Austauschverträge mit Drittbeteiligung, 1999; *Rabel,* Das Recht des Warenkaufs, Bd. 2, 1958; *Raisch,* Geschichtliche Voraussetzungen, dogmatische Grundlagen und Sinnwandlung des Handelsrechts, 1965; *Raisch,* Zum Einfluss des Weiterverkaufs mangelhafter Waren auf die Gewährleistungsansprüche des Käufers, FS Duden, 1977, 399; *Raisch,* Die Abgrenzung des Handelsrechts vom Bürgerlichen Recht als Kodifikationsproblem im 19. Jahrhundert, 1962; *Recknagel,* Die Trennung von Zivil- und Handelsrecht unter besonderer Berücksichtigung der Untersuchungs- und Rügepflicht nach § 377 HGB, 1985; *Reinicke/Tiedtke,* 8. Aufl. 2009; *H. Roth,* Vertragsordnung und außervertragliche Haftung und Rügeversäumnis (§ 377 II HGB) – BGHZ 101, 337, JuS 1988, 938; *W.H. Roth,* Die Rügelast des § 377 bei mehrstufigen Verkaufsketten, FS Canaris Bd. II, 2007, 365; *Schlechtriem,* Vertragsordnung und außervertragliche Haftung, 1972; *Schlechtriem,* Aufhebung von CISG-Kaufverträgen wegen vertragswidriger Beschaffenheit, FS U. Huber, 2006, 563; *Schmidt-Räntsch,* Die Haftung des Verkäufers nach der Schuldrechtsreform am Beispiel des Unternehmenskaufs, AnwBl. 2003, 529; *D. Schmidt,* Qualitätssicherungsvereinbarungen und ihr rechtlicher Rahmen, NJW 1991, 144; *K. Schmidt,* Handelsrecht, 6. Aufl. 2014; *R. Schmidt,* Die Obliegenheiten, 1953; *R. Schmitt,* Die Rechtsstellung der Gewerbetreibenden nach dem Handelsreformgesetz, 2003; *E. Schneider,* Übermittlungsverzögerung und Verlust des Rügeschreibens (§ 377 Abs. 4 HGB), MDR 1977, 537; *Schubel,* Mysterium Lieferkette, ZIP 2002, 2061; *W. Schubert,* Anm. zu BGH JR 1988, 411 = BGHZ 101, 337, JR 1988, 414; *Schubert/Schmiedel/Krampe,* Quellen zum Handelsgesetzbuch von 1897, Bd. I (1986), Bd. II 1. Halbbd. (1987), 2. Halbbd. (1988); *Schwark,* Auswirkungen einer Verletzung der Rügeobliegenheit des § 377 HGB auf deliktische Ansprüche, JZ 1990, 374; *Schwark,* Kaufvertragliche Mängelhaftung und deliktische Ansprüche, AcP 179 (1979), 57; Sieber, Die Mängelanzeige beim Warenkauf, 2008; *Steck,* Das HGB nach der Schuldrechtsreform, NJW 2002, 3201; *Steinmann,* Abdingbarkeit der Wareneingangskontrolle in Qualitätssicherungsvereinbarungen BB 1993, 873; *Stewing/Schütze,* Irrtumsanfechtung bei der Mängelrüge nach § 377 HGB, BB 1989, 2130; *Straatmann/Ulmer,* Handelsrechtliche Schiedsgerichtspraxis Bd. I, 1975; *Thamm/Möffert,* Die Mängelrüge im Handelsverkehr im Lichte jüngster Rechtsprechung, NJW 2004, 2710; *Thier,* Aliud- und Minus-Lieferung im neuen Kaufrecht des Bürgerlichen Gesetzbuches, AcP 203 (2003), 399; *Tiedtke,* Ablieferung der Kaufsache und Verjährungsbeginn der Gewährleistungsansprüche, NJW 1988, 2578; *Tiedtke,* Verjährungsbeginn der Gewährleistungsansprüche, JZ 1996, 549; *Tiedtke,* Die Rügelast des Käufers bei Verletzung von Nebenpflichten durch den Verkäufer, NJW 1990, 14; *Tonikidis,* Das Zusammentreffen von Verbrauchsgüterkauf(§ 474 I BGB) und Handelskauf (§§ 373 ff. HGB), JURA 2018, 556; *Ulbrich/Ulbrich,* Probleme der kaufmännischen Rügepflicht bei Werklieferungsverträgen in Verbindung mit Bauwerken, FS Thode, 2005, 181; *Walter,* Kaufrecht, 1987; *Weitzel,* Die Rügeobliegenheit nach § 377 HGB im Stoffrecht- ein Überblick, StoffR 2018, 7; *Wellenhofer-Klein,* Zulieferverträge im Privat- und Wirtschaftsrecht, 1999; *Wertenbruch,* Gewährleistung beim Unternehmenskauf, in Dauner-Lieb/Konzen/K. Schmidt, Das neue Schuldrecht in der Praxis, 2003, 493; *H. P. Westermann,* Das Recht des Verkäufers zur „zweiten" Andienung: bestimmende Leitidee des neuen Kaufrechts oder Ärgernis?, FS Canaris Bd. II, 2007, 1261; *v. Westphalen,* Qualitätssicherungsvereinbarungen: Rechtsprobleme des „Just-in-Time-Delivery", FS 40 Jahre Der Betrieb, 1988, 223; *v. Westphalen,* Der Leasingnehmer als Nichtkaufmann: Einbeziehung der Lieferanten-AGB und Rügepflichten, BB 1990, 1; *E. Wolf,* Die Rechtsprechung des Bundesgerichtshof zum Kaufrecht, WM-Sonderbeilage 1/1998; Woitkewitsch, Rügeobliegenheit bei Verbrauchsgüterkauf, MDR 2005, 841; *Wolf/Kaiser,* Die Mängelhaftung beim Unternehmenskauf nach neuem Recht, DB 2002, 411; *Zahrnt,* Abnahme bei Programmerstellungen, CR 1993, 676; *Zirkel,* Sanktion reduzierter Prüfungspflichten des Käufers in Qualitätssicherungsvereinbarungen, VersR 1990, 1092; *Zirkel,* Das Verhältnis zwischen Zulieferer und Assembler – Eine Vertragsart sui generis?, NJW 1990, 345.

Übersicht

I. Normzweck und Interessenlage

1. Zweckbestimmung in der Gesetzgebung. Die Regeln des § 377 gehen zurück auf Art. 347 **1** des Allgemeinen Deutschen Handelsgesetzbuches (ADHGB) von 1861, der lediglich für den Fall des **Versendungskaufs** eine Obliegenheit zur sofortigen Untersuchung und Rüge der mit einem Sachmangel behafteten Ware durch den Käufer angeordnet hatte. Als Rechtfertigung für die Rügepflicht (genauer: Rügeobliegenheit) wurden folgende Gesichtspunkte genannt:

– andernfalls bestehende Gefahren für den Kommissions- und Zwischenhandel;
– die Verhinderung schikanöser Prozesse;
– der Käufer solle nicht auf Kosten des Verkäufers spekulieren können;
– das Beweissicherungsinteresse des Verkäufers;
– das Interesse des Verkäufers sowie allgemein des Handelsverkehrs an einer schnellen und endgültigen Abwicklung von Rechtsgeschäften, um danach Dispositionen treffen zu können.[1]

Ferner wurde darauf hingewiesen, dass der Handel treibende Käufer nicht zu hart belastet würde, weil ein ordentlicher Kaufmann die angediente Ware ohnehin sorgfältig untersuchen und gegebenenfalls bemängeln würde.[2] Andererseits würde der reelle Verkäufer, auch wenn ein Fehler bei der Unter-

---

[1] Vgl. Motive zum Entwurf eines Handelsgesetzbuchs für die Preußischen Staaten, nebst Motiven (1857), Zweiter Theil, 141 zum Art. 264 und *I. Lutz,* Protokolle zur Beratung eines allgemeinen deutschen Handelsgesetzbuches, II. Theil, 1858, 644 ff.; zur Geschichte der Mängelrüge *Niedrig,* Die Mängelrüge, 1994, 17 ff.; *Ulbrich/Ulbrich* FS Thode, 2005, 181 ff.

[2] Motive zum Entwurf eines Handelsgesetzbuches für die Preußischen Staaten, nebst Motiven (1857), Zweiter Theil, 141 und *I. Lutz,* Protokolle zur Beratung eines allgemeinen deutschen Handelsgesetzbuches, II. Theil, 1858, 645, 648.

suchung des Kaufgegenstandes einmal nicht entdeckt worden sei, eher bereit sein, einen Verlust zu tragen, den er nicht zu tragen verpflichtet sei, als dass er seinen guten Ruf gefährde.[3] Der Verkäufer werde schließlich durch die Untersuchungs- und Rügepflicht gehalten, nur einwandfreie Ware zu verschicken.[4]

2   Aus dem ADHGB wurde die Regelung über die Mängelrüge in das **Handelsgesetzbuch von 1897** übernommen.[5] Der noch heute geltende § 377 war schon im ersten Entwurf des Reichsjustizamtes[6] enthalten und blieb im weiteren Gesetzgebungsverfahren unverändert.[7] Gegenüber Art. 347 ADHGB weist § 377 aber zwei wesentliche Unterschiede auf. Zum einen ist die Rügepflicht auf **alle Arten** von Handelskäufen, also auch auf die sog. **Platzgeschäfte**, erstreckt worden. Zum anderen ist die Anwendung des § 377 jedoch auf den **beiderseitigen Handelskauf** beschränkt worden.[8]

3   Umstritten war die Beschränkung der Untersuchungs- und Rügepflicht auf beiderseitige Handelsgeschäfte. Gemäß Art. 273, 277 ADHGB war der Käufer schon dann zur Untersuchung und Rüge verpflichtet, wenn nur eine Vertragspartei (Käufer oder Verkäufer) ein Kaufmann war. Ferner war auch ein Nichtkaufmann nach Art. 271 ADHGB zur Untersuchung und Rüge verpflichtet, wenn er die Ware zum Zweck des Weiterverkaufs erworben hatte (sog. absolutes Handelsgeschäft). Die Beschränkung der Rügeobliegenheit in § 377 auf beiderseitige Handelskäufe wurde in der Denkschrift zum ersten Entwurf des Reichsjustizamtes hauptsächlich damit begründet, dass dem normalen Käufer häufig die notwendige Sachkunde und Erfahrung fehle und die Interessen des Verkäufers auch nicht überbewertet werden dürften.[9] In der Denkschrift zum zweiten Entwurf des Reichsjustizamtes wurde hinzugefügt, dass das Argument, ein Händler, der unmittelbar an einen Konsumenten verkaufe, müsse unverzüglich von einem Fehler erfahren, um bei seinem Vormann Regress nehmen zu können, nicht stichhaltig sei. Ein solcher Händler verkaufe nämlich häufig vom Lager, sodass er wegen der von seinem Vertragspartner rechtzeitig gerügten Mängel keinen Gewährleistungsanspruch mehr gegen seinen Verkäufer habe.[10] Abgelehnt wurde eine Rügepflicht auch für den Fall, dass ein Kaufmann von einem Nichtkaufmann erwirbt. Dagegen wurde angeführt, dass eine solche einseitige Rügepflicht eine Benachteiligung des Kaufmanns gegenüber dem Nichtkaufmann darstelle.[11]

4   **2. Zweckbestimmung in der höchstrichterlichen Rspr. und in der Lit.** Nach **Ansicht des BGH** dient die Mängelrüge iSd § 377 in erster Linie den **Interessen des redlichen Verkäufers.** Er solle in die Lage versetzt werden, schnell und zuverlässig Feststellungen zur wirklichen Beschaffenheit der gelieferten Ware und etwaige Dispositionen zu treffen,[12] sowie davor bewahrt werden, noch nach längerer Zeit wegen häufig nur unsicher feststellbarer Mängel in Anspruch genommen zu werden.[13] Zudem solle der Verkäufer mit Hilfe von § 377 einen ihm durch Gewährleistungsansprüche des Käufers drohenden Schaden abwehren können.[14] Hinzu kommt als weiterer wichtiger Aspekt die Verhinderung der Entstehung von Mangelfolgeschäden oder Mangelschäden.[15] § 377 HGB sorge außerdem für eine sachgerechte Risikoverteilung zwischen den Kaufvertragsparteien[16] und helfe auf diese Weise, den Rechtsfrieden möglichst schnell wieder herzustellen.[17] Die Rügepflicht dient damit

---

[3] *I. Lutz,* Protokolle zur Beratung eines allgemeinen deutschen Handelsgesetzbuches, II. Theil, 1858, 644 f.

[4] Vgl. *I. Lutz,* Protokolle zur Beratung eines allgemeinen deutschen Handelsgesetzbuches, II. Theil, 1858, 645.

[5] Vgl. *Hahn/Mugdan,* Die gesammten Materialien zu den Reichs-Justizgesetzen, 6. Bd.: Materialien zum Handelsgesetzbuch, 1897, 375.

[6] Abgedr. bei *Schubert/Schmiedel/Krampe,* Quellen zum Handelsgesetzbuch von 1897, Bd. I, 217, 316 f.

[7] *Schubert/Schmiedel/Krampe,* Quellen zum Handelsgesetzbuch von 1897, Bd. I, 345, 444 f.

[8] Vgl. *Hahn/Mugdan,* Die gesammten Materialien zu den Reichs – Justizgesetzen, 6. Bd.: Materialien zum Handelsgesetzbuch, 1897, 376; *Lange* JZ 2008, 661 mwN.

[9] Vgl. *Hahn/Mugdan,* Die gesammten Materialien zu den Reichs – Justizgesetzen, 6. Bd.: Materialien zum Handelsgesetzbuch, 1897, 376.

[10] *Hahn/Mugdan,* Die gesammten Materialien zu den Reichs–Justizgesetzen, 6. Bd.: Materialien zum Handelsgesetzbuch, 1897, 376.

[11] S. *Schubert/Schmiedel/Krampe,* Quellen zum Handelsgesetzbuch von 1897, Bd. I, 77, 86.

[12] S. jüngst BGH Urt. v. 24.2.2016 – VIII ZR 38/15, NJW 2016, 2645 Rn. 21 mwN; BGH Urt. v. 30.5.1984 – VIII ZR 20/83, BGHZ 91, 293 (299 f.) = NJW 1984, 1964; BGH Urt. v. 13.5.1987 – VIII ZR 137/86, BGHZ 101, 49 (53) = NJW 1987, 2235.

[13] BGH Urt. v. 24.2.2016 – VIII ZR 38/15, NJW 2016, 2645 Rn. 21; BGH Urt. v. 24.1.1990 – VIII ZR 22/89, BGHZ 110, 130 (138) = NJW 1990, 1290; BGH Urt. v. 13.5.1987 – VIII ZR 137/86, BGHZ 101, 49 (53) = NJW 1987, 2235; BGH Urt. v. 16.9.1987 – VIII ZR 334/86, BGHZ 101, 337 (345) = NJW 1988, 52; vgl. auch BGH Urt. v. 27.3.1985 – VIII ZR 75/84, NJW 1985, 2417 f.

[14] S. jüngst BGH Urt. v. 24.2.2016 – VIII ZR 38/15, NJW 2016, 2645 Rn. 21; BGH Urt. v. 28.4.1976 – VIII ZR 244/74, BGHZ 66, 208 (213) = NJW 1976, 1353; BGH Urt. v. 30.5.1984 – VIII ZR 20/83, BGHZ 91, 293 (299 f.) = NJW 1984, 1964; BGH Urt. v. 13.5.1987 – VIII ZR 137/86, BGHZ 101, 337 (345) = NJW 1988, 52.

[15] So jüngst BGH Urt. v. 24.2.2016 – VIII ZR 38/15, NJW 2016, 2645 Rn. 21 mwN; s. ferner BGH Urt. v. 16.3.1977 – VIII ZR 194/75, LM HGB § 377 Nr. 18; BGH Urt. v. 27.3.1985 – VIII ZR 75/84, NJW 1985 2417 f.; s. auch BGH Urt. v. 16.9.1987 – VIII ZR 334/86, WM 1987, 1299 (1302).

[16] BGH Urt. 28.4.1976 – VIII ZR 244/74, BGHZ 66, 208 (213) = NJW 1976, 1353; BGH Urt. v. 30.9.1984 – VIII ZR 20/83, BGHZ 91, 293 (299 f.) = NJW 1984, 1964.

[17] BGH Urt. v. 13.5.1987 – VIII ZR 137/86, BGHZ 101, 337 (345) = NJW 1988, 52.

zugleich dem **allgemeinen Interesse des Handelsverkehrs** an einer schnellen und endgültigen Abwicklung von Handelsgeschäften.[18]

Allerdings wird man daraus, dass der BGH in stRspr eine Untersuchungs- und Rügepflicht auch bei **5** einem vom Verkäufer/Warenhersteller verschuldeten Mangelschaden oder Mangelfolgeschaden bejaht (→ § 377 Rn. 58), nicht folgern können, dass es der Vorschrift des § 377 in dieser Art von Fällen im Grunde nur noch um eine Begrenzung der Schadensabwicklung gehe.[19] Es geht im Kern vielmehr unabhängig von einer Ursachen- oder Verschuldenszurechnung um die **zeitnahe Verhinderung einer Schadensentstehung oder -vergrößerung** und damit bei näherer Betrachtung um eine im Vorfeld des § 254 BGB anzusiedelnde vertragliche Obliegenheit, an deren Verletzung das daraus folgende Genehmigungswirkung nicht zuletzt auch im Interesse einer alsbaldigen Klärung der Verhältnisse eine besondere Rechtsfolge knüpft.

Dieselben Argumente für die Untersuchungs- und Rügeobliegenheit iSd § 377 werden durchweg – **6** zum Teil mit etwas anderer Formulierung und Gewichtung – auch in der Lit. genannt.[20] Dabei spielt der Gesichtspunkt der Sicherung des Kommissions- und Zwischenhandels aber heute keine Rolle mehr.[21] Es bestanden seit immer erhebliche Zweifel, ob die Rechtsstellung der Kommissionäre und Zwischenhändler durch eine Untersuchungs- und Rügepflicht wirklich verbessert wird. Grundsätzlich ist auch der Zwischenhändler – als Kaufmann – zur Untersuchung und Rüge verpflichtet, sofern sein Lieferant ebenfalls Kaufmann ist. Zwar kann in diesem Fall auch sein Abnehmer Mängel nur innerhalb der kurzen Gewährleistungsfrist rügen. Hat der Abnehmer die Sache aufgrund seiner Kaufmannseigenschaft bzw. aus anderen Gründen untersucht oder tritt der Sachmangel innerhalb der Gewährleistungsfrist auf und wird dieser rechtzeitig gerügt, ist der **Regress des Zwischenhändlers** gegen seinen Vertragspartner unabhängig davon nur möglich, wenn er seinerseits unverzüglich gerügt hat. Dies hat man seinerzeit bei Schaffung des HGB schon erkannt.[22]

Für die neuere Lit. ist es vor allem das **Beweissicherungsinteresse** des Verkäufers oder Werk- **7** lieferanten sowie die damit regelmäßig verbundene **schnelle und endgültige Abwicklung** des beiderseitigen Handelsgeschäfts, die die Rügepflicht iSd § 377 sachlich rechtfertigt. Er soll nach kurzer Zeit sicher wissen, ob die Transaktion endgültig durchgeführt ist oder ob er weiterhin mit einer Inanspruchnahme wegen Sachmängel der gelieferten Ware rechnen muss und als sorgfältiger Kaufmann dafür wirtschaftlich belastende Rückstellungen zu bilden hat.[23] Zwar meint Recknagel,[24] die Beweisfrage sei nur dann von Bedeutung, wenn der Verkäufer die Beweislast für die Mängelfreiheit der angedienten Ware trage. Sobald dem Käufer dagegen die Beweislast für das Vorliegen eines Mangels obliege, sei die Regelung des Art. 347 ADHGB bzw. § 377 nicht gerechtfertigt. Da mit heutigem Recht mit Annahme der Kaufsache der Käufer beweisen muss, dass diese mangelhaft ist,[25] könne man danach weitgehend auf die Regeln des § 377 verzichten. Eine Rügepflicht sei nur dann gerechtfertigt, wenn der Verkäufer ausnahmsweise die Beweislast für die Mangelfreiheit der Ware trage. Folgerichtig könnte als Sanktion für die Versäumung der Mängelrüge eine Beweislastumkehr ausreichen.[26] Gleichwohl sind die Regeln des § 377 HGB (vormals Art. 347 ADHGB) auch dann sachlich gerechtfertigt, wenn der Käufer die Beweislast trägt. Dafür spricht nicht nur, dass auch der Verkäufer vor allem unter dem Gesichtspunkt der Beweissicherung ein berechtigtes Interesse an einer unverzüglichen Mängelrüge haben kann. Die Vorschrift folgt vielmehr zugleich einem das Handelsrecht prägenden objektiven Interesse nach Einfachheit und Schnelligkeit und ist damit zugleich Ausdruck eines allgemeinen Interesses des Handelsverkehrs an einer raschen und endgültigen Abwicklung von Rechtsgeschäften, welches den Kaufmann nicht zuletzt auch zur raschen Äußerung und Disposition zwingen soll.[27] Das

---

[18] BGH Urt. v. 28.4.1976 – VIII ZR 244/74, BGHZ 66, 208 (213) = NJW 1976, 1353; BGH Urt. 30.5.1984 – VIII ZR 20/83, BGHZ 91, 293 (299 f.) = NJW 1984, 1964; BGH Urt. v. 13.5.1987 – VIII ZR 137/86, BGHZ 101, 49 (53) = NJW 1987, 2235; vgl. ferner BGH Urt. v. 27.3.1985 – VIII ZR 75/84, NJW 1985, 2417 f.; s. auch jüngst BGH Urt. v. 24.2.2016 – VIII ZR 38/15, NJW 2016, 2645 Rn. 21.

[19] So noch G. *Müller* → 3. Aufl. 2015, Rn. 5.

[20] S. zB Staub/*Brüggemann* Rn. 1 ff.; Schlegelberger/*Hefermehl* Rn. 1 ff.; Baumbach/Hopt/*Hopt* Rn. 1; Heymann/ *Emmerich/Hoffmann* Rn. 4; MüKoHGB/*Grunewald* Rn. 3; KKRD/*Roth* Rn. 10; *K. Schmidt* HandelsR § 29 III Rn. 36; *Oetker* HandelsR § 8 I Rn. 27; *Hübner* HandelsR § 7 Rn. 577; *M. Lehmann* WM 1980, 1162 (1168); *Marburger* JuS 1983, 1; vgl. auch *Niedrig,* Die Mängelrüge, 1994, 100; *Lange* JZ 2008, 661; *Canaris* HandelsR § 29 V Rn. 42; s. auch *Böhler,* Grundwertungen zur Mängelrüge, 2000, 11 ff. Zu den Gemeinsamkeiten und Unterschieden der Untersuchungs- und Rügepflicht im CISG und im HGB, s. *Linnerz,* Die Untersuchungs- und Rügepflicht im CISG und im HGB, 2014, 11 ff. mwN.

[21] Vgl. *Niedrig,* Die Mängelrüge, 1994, 100.

[22] *Niedrig,* Die Mängelrüge, 1994, 100.

[23] BeckOK HGB/Schwartze § 377 Rn. 1; ähnl. *Schwartze,* Europäische Sachmängelgewährleistung beim Warenkauf, 2000, 516.

[24] *Recknagel,* Die Trennung von Zivil- und Handelsrecht unter besonderer Berücksichtigung der Untersuchungs- und Rügepflicht nach § 377 HGB, 1985, 55, 56.

[25] S. etwa BGH Urt. v. 13.5.1987 – VIII ZR 137/86, BGHZ 101, 49 (53) = NJW 1987, 2235.

[26] *Niedrig,* Die Mängelrüge, 1994, 97.

[27] Vgl. BGH Urt. v. 28.4.1976 – VIII ZR 244/74, BGHZ 66, 208 (231); BGH Urt. v. 4.4.1977 – VIII ZR 143/ 75, BGHZ 68, 281 (286) = NJW 1977, 1236 (1237); BGH Urt. v. 16.9.1987 – VIII ZR 334/86, BGHZ 101, 337

erhellt, dass etwaige Beweisfragen nach Möglichkeit nicht übermäßig lange in der Schwebe bleiben, sondern alsbald einer Klärung zugeführt werden sollen.

8 Dies hat bereits in der Denkschrift zum HGB[28] mit dem dort angeführten Gesichtspunkt der **schnellen und endgültigen Abwicklung** von Handelsgeschäften seinen Ausdruck gefunden. Rügt der Käufer, kann der Verkäufer sofort weitere Maßnahmen ergreifen, indem er etwa Beweise für die einwandfreie Beschaffenheit der Sache zum maßgebenden Zeitpunkt des Gefahrübergangs sichert. Denkbar ist ferner, dass der Verkäufer die Mängelrüge für berechtigt hält und Maßnahmen zur Nacherfüllung veranlasst. Ebenso kann er dann seine Vermögensinteressen wahrenden Dispositionen etwa durch anderweitige Verfügung über die gerügte Ware treffen.

9 Damit nützt § 377 zugleich dem Handelsverkehr insgesamt.[29] Dieser ist naturgemäß auf eine schnelle und endgültige Abwicklung von Geschäften unter Kaufleuten angelegt. Der Käufer ist häufig nicht Endverbraucher, sondern will die Ware möglichst schnell weiterverkaufen oder weiterverarbeiten. Es wäre dem **Beschleunigungszweck** abträglich, wenn Rechtsstreitigkeiten über die Beschaffenheit der Ware geführt werden, die der Käufer schon vor längerer Zeit weiterverkauft oder weiterverarbeitet hat. Es besteht also ein allgemeines Interesse daran, dass der Käufer, sofern er Kaufmann ist, bestimmte Ansprüche nicht mehr durchsetzen kann, wenn er die Mängelrüge in vorwerfbarer Weise versäumt hat. Die rechtlichen Beziehungen der Vertragsparteien bleiben auf diese Weise überschaubar. Mögliche Prozesse werden verhindert oder dadurch vereinfacht, dass sich ein Gericht nicht mehr mit der Frage der Mangelhaftung des Verkäufers befassen muss.

10 Aus der **Rechtsfolge** des § 377 Abs. 2 und 3 ergibt sich zugleich, dass es sich bei der Untersuchungs- und Anzeigepflicht nicht um eine echte und einklagbare Rechtspflicht, sondern um eine bloße **Obliegenheit** handelt.[30] Dem Handel treibenden Käufer wird zwar im Interesse des ebenfalls zum Berufsstand der Kaufleute zählenden Verkäufers und des Rechtsverkehrs an einer raschen Klärung etwaiger Gewährleistungsfragen die Verhaltenspflicht auferlegt, die gelieferte Ware unverzüglich und gewissenhaft zu untersuchen sowie etwaige Mängel genauso schnell und präzise anzuzeigen. Die Folge einer schuldhaften Verletzung dieser Verhaltenspflicht ist aber – anders als bei der echten Rechtspflicht – nicht die Begründung neuer Ansprüche des Verkäufers, sondern der **Rechtsverlust** auf Seiten des Käufers. Dadurch wird den schützwürdigen Interessen des gewährleistungspflichtigen Verkäufers und des Rechtsverkehrs ausreichend Rechnung getragen.

11 Aus den Regeln des § 377 ist auch keine Untersuchungspflicht des Zwischenhändlers im Verhältnis zu seinem Käufer herzuleiten. Die Gegenmeinung[31] übersieht, dass aus einer reinen Obliegenheit keine Verpflichtung hergeleitet werden kann.[32] Erst recht kann und darf es nicht sein, dass der Käufer wie der Warenhersteller für die Produktsicherheit verantwortlich ist, nur weil er die Ware entgegen den Regelungen in § 377 nicht unverzüglich oder nicht mit der notwendigen kaufmännischen Sorgfalt (§ 347 Abs. 1) untersucht hat.

12 **3. Die Rügeobliegenheit nach der Schuldrechtreform.** Obwohl die Regeln des § 377 im Rahmen der Schuldrechtsmodernisierung nicht geändert wurden, sind neue Probleme entstanden. Dazu gehört in erster Linie die Frage, ob unter § 377 seither auch **Rechtsmängel** iSd § 435 BGB fallen. Der Grund hierfür liegt in der nunmehr weitgehenden Gleichstellung der Rechtsmängelgewährleistung mit der Sachmängelgewährleistung. Die Auffassung, nach der § 377 nunmehr sowohl für Sachmängel der angedienten Kaufsache als auch für Rechtsmängel gilt, stützt sich vor allem auf die Überlegung, dass der Wandel des Mangelbegriffs auch an dem unverändert gebliebenen Wort Mangel in § 377 nicht spurlos vorbeigehen könne. Die eindeutig besseren Argumente[33] sprechen indes für die Gegenmeinung, derzufolge der Käufer nach wie vor (nur) Sachmängel rügen muss (näher → § 377 Rn. 60 ff.).

13 Seit § 378 in der Schuldrechtsreform ersatzlos gestrichen wurde, herrscht weiterhin Streit darüber, ob die Regeln des § 377 für jede Anderslieferung iSd § 434 Abs. 3 BGB gelten oder **besonders krasse Abweichungen,** wie sie in § 378 vernünftigerweise von der Rügeobliegenheit ausgenommen waren, nach wie vor nicht gerügt werden müssen. Letzteres ist zu bejahen, weil es sich in diesen

---

(345); Urt. v. 24.1.1990 – VIII ZR 22/89, BGHZ 110, 130 (138); Urt. v. 24.2.2016 – VIII ZR 38/15, NJW 2016, 2645 Rn. 21.

[28] Vgl. dazu *Hahn/Mugdan,* Die gesammten Materialien zu den Reichs-Justizgesetzen, 6. Bd.: Materialien zum Handelsgesetzbuch, 1897, 376.

[29] S. etwa *Hadding* FS Kollhosser Bd. II, 2004, 175; *Böhler,* Grundwertungen zur Mängelrüge, 2000, 13; Schlegelberger/*Hefermehl* Rn. 1.

[30] S. zB Baumbach/Hopt/*Hopt* Rn. 21; Staub/*Brüggemann* Rn. 60; MüKoHGB/*Grunewald* Rn. 3; HaKo-HGB/*Stöber* Rn. 20 u. 36; KKRD/*Roth* Rn. 1 u. 7; *Canaris* HandelsR § 23 V Rn. 42; *K. Schmidt* HandelsR § 29 III Rn. 37; *Oetker* HandelsR § 8 II Rn. 27; *Padeck* JURA 1987, 454 (457 f.); *Lange* JZ 2008, 661; *G. Müller* ZIP 1997, 661 mwN; *Schroeter* JZ 2010, 495 f.

[31] *Schmidt/Räntsch* AnwBl. 2003, 529 (532); vormals bereits *U. Huber* AcP 177 (1977), 281 (301); daran hat *U. Huber* aber später nicht mehr festgehalten, s. Soergel/*Huber* BGB § 433 Anh. I Rn. 98 in Fn. 38.

[32] Wie hier OLG Brandenburg Urt. v. 18.2.2020 – 6 U 50/18, BeckRS 2020, 5439 Rn. 13; *Linnerz,* Die Untersuchungs- und Rügepflicht im CISG und im HGB, 2014, 16 f.

[33] S. nur etwa *K. Schmidt* HandelsR § 29 III Rn. 63.

absoluten Ausnahmefällen, die praktisch nur in Lehrbüchern vorkommen, entweder um offensichtliche Verwechselungen handelt, denen der Käufer sofort ansieht, dass der Verkäufer damit seine Lieferpflicht nicht erfüllen wollte, oder um die bewusste Zusendung einer anderen als der bestellten Sache handelt, bei der jedermann klar ist, dass der Verkäufer damit nicht erfüllen, sondern ein Angebot auf Änderung des Kaufvertrages auf die angelieferte Sache hin unterbreiten will und deshalb keine Rüge, sondern eine irgendwie geartete Erklärung des Käufers zum Änderungsangebot erwartet (näher → Rn. 59 ff., → § 377 Rn. 67 ff.). Zum Eingreifen des § 377 bei sog. dual use-Fällen → § 377 Rn. 16 f.

Nach Sinn und Zweck von § 377 muss der Käufer dem Verkäufer die Sache zwecks Prüfung der **14** Mängelrüge **zur Verfügung stellen.** Damit korrespondiert die in § 379 normierte zeitlich begrenzte Aufbewahrungspflicht. Das deckt sich allerdings nicht zwingend mit dem Ort, an dem die Sache dem Verkäufer im Rahmen eines Nacherfüllungsverlangens des Käufers gem. § 439 BGB zwecks Überprüfung der Berechtigung des erhobenen Begehrens zugänglich zu machen ist, nämlich am **Erfüllungsort** der Nacherfüllung. Dieser Ort bestimmt sich dabei nach den in § 269 BGB aufgestellten Regeln zum Leistungsort. Dementsprechend ist der Verkäufer nicht verpflichtet, sich auf ein Nacherfüllungsverlangen des Käufers einzulassen, bevor dieser ihm Gelegenheit zur Untersuchung des Kaufgegenstandes an dem nach diesen Regeln zu bestimmenden Leistungsort gegeben hat.[34]

Im Fall des § 377 muss dem Verkäufer die Untersuchung dagegen an dem regelmäßig mit dem **15** Untersuchungsort des Käufers deckungsgleichen **Ablieferungsort** ermöglicht werden. Handelt es sich um einen versteckten Mangel, der bei ordnungsgemäßer Untersuchung nicht zu entdecken war, ist dem Verkäufer die Untersuchung grundsätzlich an dem Ort zu ermöglichen, an den die Ware nach abgeschlossener Untersuchung bestimmungsgemäß verbracht worden ist. Die Zurverfügungstellung der Ware an einem anderen Ort sieht die in anderem Kontext als § 269 BGB stehende Vorschrift des § 377 nicht vor. Insoweit erwachsen aus der in dieser Vorschrift geregelten Obliegenheit auch keine Leistungspflichten des Käufers etwa i. S. einer Rückverschaffungspflicht. Ebenso wenig kann eine vom Käufer zurechenbar verhinderte Untersuchung durch den Verkäufer eine zuvor ordnungsgemäß ausgebrachte Rüge obsolet machen. Den Käufer trifft insoweit vielmehr nur eine Rücksichtnahmepflicht gem. § 241 Abs. 2 BGB, deren Verletzung ggf. zu Beweisnachteilen oder, wenn der Verkäufer dadurch etwa in seinen Nacherfüllungs- oder Schadensminderungsmöglichkeiten beeinträchtigt wird, zu Schadensersatzpflichten bzw. zu einem Mitverschulden nach § 254 BGB führen kann.

4. § 377 im Systemvergleich. Fällt dem Käufer eine Rügepflichtverletzung nach § 377 zur Last, **16** muss er die Sache trotz des hiervon betroffenen **Sachmangels** iSd § 434 BGB – nicht **Rechtsmangels** gem. § 435 BGB (→ § 377 Rn. 60 ff.) – akzeptieren. **Gewährleistungsansprüche** iSd § 437 BGB kann er zumindest wegen des nicht oder nicht ordnungsgemäß gerügten Mangels in aller Regel nicht mehr geltend machen. Der Käufer kann daher die Zahlung des Kaufpreises nicht mehr gem. § 320 BGB im Hinblick auf den ungerügt gebliebenen Sachmangel verweigern, und zwar gleichgültig, ob dieser behoben werden könnte oder nicht. Dies gilt selbst dann, wenn der Warenhersteller/ Verkäufer den Mangel der Sache verschuldet hat, er also den Mangelschaden oder Mangelfolgeschaden an sich in voller Höhe ersetzen müsste. Dass der Totalverlust eines solchen Schadensersatzanspruchs wegen einer bloßen Obliegenheitsverletzung des Käufers im Einzelfall zu großen Härten führen kann, liegt auf der Hand. Zudem kann das Rügeversäumnis – man denke etwa nur an eine geringfügige Überschreitung der Rügefrist – auf ein gewisses Verständnis stoßen, während etwa ein als Verkäufer beteiligter Warenhersteller angesichts der hohen Anforderungen an die Produktsicherheit häufig ein nicht unerhebliches Verschulden kann.

Nicht zuletzt deshalb wird die Vorschrift des § 377 bisweilen als heute nicht mehr zeitgemäß oder **17** interessengerecht eingestuft.[35] Dem ist jedoch zu widersprechen. Die Bestimmung aufzugeben, besteht schon deshalb kein Anlass, weil sie sich in ihrer Tendenz nahtlos in die für das Handelsrecht charakteristischen Grundprinzipien der **Selbstverantwortlichkeit des Kaufmanns** nach Maßgabe der für den Handelsverkehr spezifischen Anforderungen und Maßstäbe sowie der **Einfachheit und Schnelligkeit** bei der Herstellung und Abwicklung von Rechtsverhältnissen einfügt. Sie entspricht zudem in ihrem Kern **international verbreiteten Maßstäben.** Abgesehen vom UN-Kaufrecht (Art. 38 f. CISG) bestehen vergleichbare Rügepflichten etwa im österreichischen (§§ 377, 378 UGB), im schweizerischen (Art. 201 OR), im italienischen (Art. 1495 Abs. 1 Codice civile), im spanischen (Art. 336, 342 Código de Comercio), im dänischen (§§ 51, 52 Løv om køp),im niederländischen (Art. 7:23 Abs. 1 BW) und eingeschränkt auch im englischen Recht (sec. 35 Abs. 4 Sale of Goods Act 1979); teilweise ist die Rügeobliegenheit dabei sogar nicht nur bei Handelskäufen, sondern auch bei Zivilkäufen vorgesehen. Selbst bei Verbraucherkäufen belässt die Verbrauchsgüterkaufrichtlinie in ihrem Art. 5 Abs. 2 den Mitgliedsstaaten die Möglichkeit vorzusehen, dass der Verbraucher den Verkäufer zur Inanspruchnahme seiner Rechte binnen zwei Monaten nach Feststellung der Vertragswidrigkeit über deren Vorliegen unterrichten muss[36]. Falls man danach gleichwohl noch einen Bedarf

---

[34] BGH Urt. v.19.7.2017 – VIII ZR 278/16, NJW 2017, 2758 Rn. 27 mwN.
[35] S. *D. Schmidt* NJW 1991, 144 (148); *U. Huber* ZHR 161 (1997), 160 (184 f.); *G. Müller* ZIP 2002, 1178 (1185); *G. Müller* → 3. Aufl. 2015, Rn. 13; vgl. auch *Ulbrich/Ulbrich* FS Thode, 2005, 181 ff.
[36] Dazu auch Erwägungsgrund 19 Verbrauchsgüterkauf-RL (ABl. EG 1999 L 171, 12).

nach Anpassung der Vorschrift an vermeintlich geänderte Ausgangsbedingungen annehmen wollte, wäre allenfalls daran zu denken, den Bahnen des UN-Kaufrechts zu folgen und etwa – wie in Art. 40 CISG – den Arglistausschluss nach § 377 Abs. 5 bereits bei grober Fahrlässigkeit des Verkäufers eingreifen zu lassen[37] oder eine dem Art. 44 CISG vergleichbare Entschuldigungsmöglichkeit vorzusehen.

II. Die Sachmängelhaftung des Verkäufers

18 **1. Der subjektive Fehlerbegriff. a) Grundsätze.** Das Schuldrechtsmodernisierungsgesetz hat die Sachmängelhaftung beim Kauf grundlegend geändert. Danach ist dem Verkäufer bereits als Inhalt seiner Leistungspflicht auferlegt, die Kaufsache im vertragsgemäßen Zustand, nämlich frei von Sach- und Rechtsmängeln, zu leisten, § 433 Abs. 1 S. 2 BGB.[38] Die Mangelfreiheit ist nunmehr also **integraler Bestandteil** der Leistungsverpflichtung des Verkäufers. Die Verpflichtung, die Kaufsache im vertragsgemäßen Zustand zu liefern, ist dabei aber nicht nur wegen des etwaigen Anspruchs auf Nacherfüllung von Bedeutung, der vom Käufer mit dem Ziel geltend gemacht werden kann, noch nachträglich eine sachmängelfreie Leistung zu erhalten, § 439 BGB. Der Verkäufer hat die Mangelfreiheit vielmehr schon vor der Lieferung als **Leistungsziel** einzuplanen. Er muss – vom Vertragsschluss an – dafür sorgen, dass die Sache mangelfrei ist oder jedenfalls bei Lieferung mangelfrei sein wird. Aus der Neuregelung ergibt sich deshalb zugleich, dass sich die Sachmängelfrage zeitlich weniger am Vertragsschluss als vielmehr am **Erfüllungsvorgang** orientieren hat.[39]

19 Nach § 434 Abs. 1 S. 1 BGB bestimmt in erster Linie die **Parteivereinbarung,** welche Beschaffenheit die Kaufsache zum Zeitpunkt des Gefahrübergangs haben soll. Damit wurde der schon iRd § 459 Abs. 1 BGB aF vorherrschende **subjektive (vertragsbezogene) Mangelbegriff** im Gesetz verankert.[40] Das vorrangig subjektive bzw. konkrete Verständnis des Sachmangels wird von den anderen europäischen Rechtsordnungen geteilt[41] und findet auch in den **internationalen Kaufgesetzen** (s. zB Art. 35 Abs. 1 und 2 CISG) seinen Niederschlag.

20 Von größerer Bedeutung als die Kodifizierung des subjektiven Fehlerbegriffs ist auf den ersten Blick die ersatzlose Streichung des Begriffs der zugesicherten Eigenschaft in § 459 Abs. 2 BGB aF (bzw. § 480 Abs. 2 BGB aF). Die Zweiteilung des § 459 BGB aF ist vielmehr einem einheitlichen Begriff des Sachmangels gewichen (§ 434 Abs. 1 BGB). Vordergründig wird dadurch erreicht, dass die schwierige Differenzierung zwischen den alten Tatbeständen des Fehlers und der zugesicherten Eigenschaft überflüssig wird. Wie sich aus § 276 Abs. 1 S. 1 Hs. 2 BGB ergibt, ist aber auch weiterhin eine verschuldensunabhängige Garantiehaftung des Verkäufers für die Beschaffenheit der Kaufsache im Zeitpunkt des Gefahrübergangs möglich (→ Rn. 44 ff.). An die Stelle der ehemaligen **Zusicherung** iSd § 459 Abs. 2 aF ist begrifflich die **Garantie** getreten.[42] Die Garantie braucht wie die Zusicherung alten Rechts nicht ausdrücklich im Vertrag übernommen zu werden, sondern kann sich auch im Wege der Auslegung (§§ 133, 157 BGB) aus den Umständen des Einzelfalles ergeben. Ausweislich der Motive ist entscheidend für eine Garantiehaftung neuen Rechts, ob der Käufer die Äußerungen des Verkäufers unter Berücksichtigung seines sonstigen Verhaltens und der Umstände, die zum Vertragsschluss geführt haben, nach Treu und Glauben mit Rücksicht auf die Verkehrssitte als Gewährübernahme für das Vorhandensein bestimmter Eigenschaften auffassen durfte.[43] Dies entspricht wortgetreu der Formulierung in der Fensterlack – Entscheidung des BGH aus dem Jahre 1972.[44] Auch insoweit hat sich also gegenüber der alten Rechtslage nicht allzu viel geändert. Da der Verkäufer für verschuldete Sachmängel nach dem allgemeinen Leistungsstörungsrecht auf Schadensersatz haftet (§ 437 Nr. 3 BGB), verliert die neue Garantiehaftung gegenüber der alten Zusicherungshaftung allerdings zusehends an Bedeutung.[45]

21 **b) Der Beschaffenheitsbegriff.** Der Gesetzgeber hat entsprechend dem Abschlussbericht zum Kommissionsentwurf auf eine Definition der Beschaffenheit iSd § 434 Abs. 1 S. 1 BGB verzichtet. Daher wird die tatbestandliche Abgrenzung zwischen Sachmängeln und Umweltbeziehungen keiner Lösung zugeführt, sondern bewusst der Rspr. und der Lehre überlassen. Allerdings sollen durch die Neuregelung des Gewährleistungsrechts in der Schuldrechtsreform die **Unterschiede** im früheren Recht zwischen den Fehlern (§ 459 Abs. 1 BGB aF) und zusicherungsfähigen Eigenschaften (§ 459

---

[37] Vgl. BGH Urt. v. 29.9.2012 – VIII ZR 100/11, BGHZ 194, 370 Rn. 23 ff. = NJW 2013, 304.

[38] BT-Drs. 14/6040, 208 ff.

[39] S. dazu *W. Ernst* FS U. Huber, 2006, 165, 181 ff.

[40] Dazu BGH Urt. v. 15.6.2016 – VIII ZR 134/15, NJW 2016, 2874 Rn. 9 ff. mwN.

[41] S. *Rust,* Das kaufrechtliche Gewährleistungsrecht, 1997, 90 mwN.

[42] BT-Drs. 14/6040, 226, 236; vgl. auch BGH Urt. v. 22.10.2014 – VIII ZR 195/13, NJW 2015, 544 Rn. 19 f.; BGH Urt. v. 15.6.2016 – VIII ZR 134/15, NJW 2016, 2874 Rn. 10 ff. mwN.

[43] *Kötz* 60. DJT, K 9 (K 21 f.); s. dazu auch *Rust,* Das kaufrechtliche Gewährleistungsrecht, 1997, 92.

[44] BGH Urt. v. 5.7.1972 – VIII ZR 74/71, BGHZ 59, 158 (160) = NJW 1972, 1706; ferner Urt. v. 9.2.1994 – VIII ZR 282/93, NJW-RR 1994, 601 mwN.

[45] Vgl. BGH Urt. v. 15.6.2016 – VIII ZR 134/15, NJW 2016, 2874 Rn. 10 ff. mwN.

Abs. 2 BGB aF) **eingeebnet**[46] und die Möglichkeiten für eine **privatautonome Vereinbarung** dessen, was der Verkäufer nach §§ 433, 434 BGB als Erfüllung des Vertrages schuldet, erweitert werden.[47]

Nach stRspr des BGH fielen solche Verhältnisse und Umstände nicht unter den Sachmangelbegriff 22 des alten Rechts, die der Kaufsache nicht selbst innewohnten und nicht von ihr ausgingen, sondern außerhalb davon lagen. So war es nach Ansicht des BGH etwa kein Sachmangel der gekauften Kreissäge,[48] wenn sie nicht an dem dafür vor Abschluss des Kaufvertrages ausgesuchten Platz im Betrieb des Käufers aufgestellt oder der gekaufte Wäschetrockner[49] nicht an dem unterdimensionierten Kamin des Käufers angeschlossen werden konnte. Nur solche Beziehungen der Kaufsache zur Umwelt konnten Eigenschaften derselben sein, die nach der allgemeinen Verkehrsanschauung für die Brauchbarkeit und den Wert der Sache von Bedeutung waren. Diese Beziehungen mussten jedoch in der **Beschaffenheit der Sache selbst ihren Grund haben,** von ihr ausgehen, ihr auch **auf gewisse Dauer** anhaften und nicht lediglich durch Heranziehung von Umständen oder Verhältnissen in Erscheinung treten, die außerhalb der Sache lagen.[50]

Die Relevanz dieser Unterscheidung lag hauptsächlich im **Konkurrenzverhältnis** zwischen dem 23 **Gewährleistungsrecht** einerseits und der Verkäuferhaftung aus **culpa in contrahendo** (jetzt § 241 Abs. 2 BGB, § 311 Abs. 2 BGB, § 280 BGB) andererseits. Klärte der Verkäufer den Käufer nicht über in der Umwelt der Kaufsache liegende Umstände auf oder machte er in Bezug auf die Umweltbeziehungen fahrlässig falsche oder unvollständige Angaben, so kam eine verschuldensabhängige Haftung aus culpa in contrahendo in Betracht. Hätte der Verkäufer den Käufer hingegen über eine Beschaffenheit der Kaufsache – sei es gefragt oder ungefragt – informieren müssen, kam eine vorvertragliche Haftung aus culpa in contrahendo wegen eines Vorrangs der **Sachmängelhaftung** grundsätzlich nicht in Frage (→ Rn. 100 ff.) Der Käufer musste daher in diesem Fall selbst und eigenverantwortlich dafür sorgen, dass bei Vertragsschluss entsprechende Vereinbarungen hinsichtlich der Beschaffenheit der Kaufsache getroffen werden. Gelang ihm dies nicht, fehlte es also an einer Beschaffenheitsvereinbarung, konnte er sich später nicht mit Erfolg darauf berufen, es habe zwar kein Sachmangel vorgelegen, gleichwohl hätte der Verkäufer ihn auf die betreffende Beschaffenheit ungefragt hinweisen müssen.[51]

Nach seinerzeitiger Rspr. des BGH gab es Umstände oder Verhältnisse, die zwar Gegenstand einer 24 Zusicherung iSd § 459 Abs. 2 BGB aF, nicht aber einer (einfachen) Beschaffenheitsvereinbarung gem. § 459 Abs. 1 BGB aF sein konnten. Danach war etwa der Ertrag eines Grundstücks kein Mangel, der seine Ursache in der Beschaffenheit des Grundstücks oder in den davon ausgehenden rechtlichen und tatsächlichen Beziehungen zur Umwelt hat.[52] Gleichzeitig hat der BGH in Fortführung der Rspr. des RG die Auffassung vertreten, dass die **Ertragsfähigkeit** sowie der Ertrag eines Unternehmens, der vor dem Verkauf über einen längeren Zeitraum erzielt worden war, Gegenstand einer Zusicherung nach § 459 Abs. 2 BGB aF sein kann.[53] Der Unterschied zu Miet- oder Pachterträgen beim Grundstückskauf lag hiernach darin, dass nur längerfristig erzielte Erträge eines Unternehmens Gegenstand einer Zusicherung gem. § 459 Abs. 2 BGB aF sein konnten.[54] Zudem wurde die Ertragsfähigkeit einer Eigenschaft lediglich gleichgestellt.[55] Allerdings bestand das Erfordernis eines längeren Zeitraums nach der sehr differenzierten Rspr. des BGH nicht im Hinblick auf die – von Angaben über die in der Vergangenheit erzielten Erträge zu unterscheidende – Zusicherung der gegenwärtigen Ertragsfähigkeit des Unternehmens.[56]

Dagegen konnten Umsatzzahlen nach Ansicht des BGH generell nicht als zusicherungsfähige 25 Eigenschaften anerkannt werden.[57] Entsprechendes wurde bisher für **einzelne Bilanzdaten** eines Unternehmens angenommen.[58] Die Folge war, dass die alte Sachmängelhaftung im Bereich des Unter-

---

[46] BT-Drs. 14/6040, 210.

[47] BT-Drs. 14/6040, 212; vgl. auch BGH Urt. v. 15.6.2016 – VIII ZR 134/15, NJW 2016, 2874 Rn. 10 ff. mwN.

[48] BGH Urt. v. 31.1.1962 – VIII ZR 120/60, NJW 1962, 1196.

[49] BGH Urt. v. 12.6.1985 – VIII ZR 176/84, NJW 1985, 2472 (2473).

[50] So BGH Urt. v. 12.6.1985 – VIII ZR 176/84, NJW 1985, 2472 (2473).

[51] Dazu eingehend G. *Müller* FS Hadding, 2004, 199, 200 ff. mwN; *Rust,* Das kaufrechtliche Gewährleistungsrecht, 1997, 95.

[52] BGH Urt. v. 8.2.1980 – V ZR 174/568, NJW 1980, 1456.

[53] S. etwa BGH Urt. v. 12.11.1969 – I ZR 93/67, NJW 1970, 653 (655); BGH Urt. v. 25.5.1977 – VIII ZR 186/75, NJW 1977, 1536 (1537); BGH Urt. v. 30.3.1990 – V ZR 13/89, NJW 1990, 1658 f.; BGH Urt. v. 8.2.1995 – VIII ZR 8/94, MDR 1995, 682 f. mwN.

[54] S. *Gruber* MDR 2002, 433 (434); eingehend *Stöber,* Beschaffenheitsgarantien des Verkäufers, 2006, 101 ff. mwN.

[55] S. BGH Urt. v. 12.11.1969 – I ZR 93/67, NJW 1970, 653 (655) = WM 1970, 132 mit Bezugnahme auf RG Urt. v. 15.11.1907 – II 383/07, RGZ 67, 86 (87).

[56] BGH Urt. Urt. v. 8.2.1995 – VIII ZR 8/94, MDR 1995, 682 (683).

[57] BGH Urt. v. 12.11.1969 – I ZR 93/67, NJW 1970, 653 (655).

[58] Grundlegend BGH Urt. v. 5.10.1973 – I ZR 43/72, WM 1974, 51 (52); BGH Urt. v. 4.6.2003 – VIII ZR 91/02, ZIP 2003, 1399 (1402).

nehmenskaufs bis zur Schuldrechtsreform keine große Rolle spielte, sondern die allgemeine vorvertragliche Verschuldenshaftung (culpa in contrahendo) eindeutig im Vordergrund stand.

26   In seinem Urteil vom 5.11.2010 hat der für das Grundstücksrecht zuständige V. Zivilsenat[59] des BGH entschieden, dass falsche oder unvollständige Angaben über die Mieten und Betriebskosten eines Grundstücks eine Sachmängelhaftung nach § 434 Abs. 1 BGB auslösen. Begründet wird dies im Wesentlichen damit, dass jedenfalls jede nach früherem Recht zusicherungsfähige Eigenschaft iSd § 459 Abs. 2 BGB aF nunmehr eine Beschaffenheit iSd § 434 Abs. 1 BGB sei. Danach geht der **neue Beschaffenheitsbegriff** in § 434 Abs. 1 S. 1 BGB zumindest insoweit über den des früheren Kaufrechts hinaus, als er auch solche Umstände bzw. Verhältnisse erfasst, die nach altem Recht zwar eine zusicherungsfähige Eigenschaft iSd § 459 Abs. 2 BGB aF, aber kein Beschaffenheitsmerkmal im Sinne der (einfachen) Fehlerhaftung nach § 459 Abs. 1 BGB aF darstellen konnten.[60] Dem hat sich der für den Kauf beweglicher Sachen zuständige VIII. Zivilsenat des BGH sowohl im Ergebnis als auch weitgehend in der Begründung angeschlossen.[61]

27   Im Schrifttum wird verbreitet die Ansicht vertreten, der neue Beschaffenheitsbegriff gehe nicht nur über den Beschaffenheitsbegriff, sondern auch über den Eigenschaftsbegriff des alten Kaufrechts weit hinaus.[62] Zur Begründung wird insbesondere angeführt, der Gesetzgeber habe mit der Kodifizierung des subjektiven Fehlerbegriffs die Privatautonomie und damit die Eigenverantwortlichkeit der Vertragspartner stärken wollen. Der subjektive Fehlerbegriff gestatte es ihnen, in einem weiteren Umfang als vor der Schuldrechtsreform all diejenigen Umstände und Verhältnisse zum Gegenstand einer Beschaffenheitsvereinbarung iSd § 434 Abs. 1 BGB zu machen, die ihnen wesentlich erscheinen, ohne dass sie an die aus dem alten Beschaffenheits- oder Eigenschaftsbegriff folgenden Einschränkungen gebunden seien. Allerdings gibt es Unterschiede. Während zum Teil der Beschaffenheitsbegriff auf alle, dh auch auf gänzlich außerhalb der Kaufsache liegende Umstände ausgedehnt wird, gibt es Stimmen, die einen Zusammenhang des defizitären Umstandes mit dem physischen Zustand der Kaufsache verlangen.[63] Die weitere Frage, ob das von der höchstrichterlichen Rspr. aufgestellte Erfordernis einer gewissen Dauer aufgegeben werden sollte, wird ebenfalls unterschiedlich beantwortet.[64]

28   Beim **Unternehmenskauf** verbietet sich aber regelmäßig bereits die Annahme nicht näher spezifizierter Beschaffenheiten. Wie U. Huber mit Recht betont,[65] liegt der Grund hierfür darin, dass es abgesehen von einer fehlenden Insolvenzreife bei einem werbenden Unternehmen wohl keine **Standardbeschaffenheit** gibt, die sich als Gegenstand einer Beschaffenheitsanforderung iSd § 434 Abs. 1 S. 2 BGB eignet. Dementsprechend ist es in der Praxis üblich, bestimmte Beschaffenheitsanforderungen explizit als geschuldet zu vereinbaren und sie häufig sogar zusätzlich noch in eine Garantie einzukleiden, wobei die Rechtsfolgen nicht selten zwecks Vermeidung problematischer Rückabwicklungen auf eine Erhaltung des Vertragsbestandes abzielen und deshalb in erster Linie Schadensersatzpflichten vorsehen. Fehlt es an derartigen Vereinbarungen, hat die Rechtsprechung[66] den Unternehmensverkäufer – wie auch den Anteilsverkäufer – für unrichtige und/oder unvollständige Bilanzangaben bisher nach den allgemeinen Regeln der culpa in contrahendo haften lassen bzw. eine Vertragsanpassung wegen Störung der Geschäftsgrundlage in Betracht gezogen. Auf das Bestehen einer Aufklärungs- und Hinweispflicht kommt es in diesen Fällen schon deshalb nicht entscheidend an, weil die Haftung auf einem positiven Tun des Verkäufers (Vorlage falscher bzw. unvollständiger Bilanzen) bzw. einem Fehlverhalten der für den Bilanzfehler verantwortlichen Personen beruht, das sich der Verkäufer sich gem. § 278 BGB regelmäßig zurechnen lassen muss.[67] Entsprechendes gilt für eine daraus resultierende Risikoverteilung. Ansonsten ist die Rspr. davon ausgegangen, dass keine Pflicht des Verkäufers bestanden hat, den Käufer ungefragt über alle für ihn erheblichen Umstände aufzuklären; entscheidend war vielmehr, ob ungeachtet einer kaufrechtlichen Gewährleistungshaftung eine solche Aufklärung nach Treu und Glauben unter Berücksichtigung der Verkehrsanschauung im Einzelfall erwartet werden durfte. Das wiederum wurde für solche Umstände angenommen, die den

---

[59] BGH Urt. v. 15.6.2016 – VIII ZR 134/15, NJW 2016, 2874 Rn. 10 ff. mwN; vgl. ferner BGH Urt. v. 26.9.2018 – VIII ZR 187/17, WM 2018, 2112 Rn. 28 ff.

[60] S. *Stöber*, Beschaffenheitsgarantien des Verkäufers, 2006, 111 ff. mwN.

[61] BGH Urt. v. 15.6.2016 – VIII ZR 134/15, NJW 2016, 2874 Rn. 10 ff.

[62] S. etwa BeckOK BGB/*Faust* BGB § 434 Rn. 22 ff.; *Reinicke/Tiedtke* KaufR Rn. 304 ff.; *v. Gierke/Paschen* GmbHR 2002, 457 (462); *Dauner-Lieb/Thiessen* ZIP 2002, 108 (110); *Mertens* AcP 203 (2003), 818 (835 ff.); *Schmidt-Räntsch* AnwBl 2003, 529 (531); *Seibt/Reiche* DStR 2002, 1135 (1138); *Berger* JZ 2004, 276 (278 ff.); vgl. auch *Barnert* WM 2003, 416 (418 f., 421); *Tröger* JuS 2005, 503 f.

[63] S. etwa BeckOK BGB/*Faust* BGB § 434 Rn. 22 f.

[64] S. dazu *Stöber*, Beschaffenheitsgarantien des Verkäufers, 2006, 124 ff. mwN.

[65] *U. Huber* AcP 2002 (2002), 179 (212 ff.); ebenso *Gaul* ZHR 166 (2002), 48; *Weitnauer* NJW 2002, 2514; *Kindl* WM 2003, 412; krit. *Canaris* HandelsR § 8 II Rn. 24.

[66] BGH Urt. v. 5.10.1973 – I ZR 43/72, WM 1974, 51; BGH Urt. v. 12.11.1975 – VIII ZR 142/74, BGHZ 65, 246 (252 f.) = NJW 1976, 236; BGH Urt. v. 4.4.2001 – VIII ZR 32/00, NJW 2001, 2163 (2164 f.); Urt. v. 4.6.2003 – VIII ZR 91/02, NJW-RR 2003, 11192 (1195).

[67] Grundlegend BGH Urt. v. 5.10.1973 – I ZR 43/72, WM 1974, 51 (52) = BB 1974, 152; s. ferner BGH Urt. v. 4.6.2003 – VIII ZR 91/02, ZIP 2003, 1399 (1402).

Vertragszweck vereiteln konnten und daher für den anderen Teil von wesentlicher Bedeutung waren.[68]

Hieran hat sich im Zuge der Schuldrechtsreform nichts Grundlegendes geändert. Denn auch danach **29** ist eine Anwendung der allgemeinen Regeln zur culpa in contrahendo bzw. zur Vertragsanpassung wegen Störung der Geschäftsgrundlage (nur) insoweit ausgeschlossen, als der Anwendungsbereich der kaufrechtlichen Sach- und Rechtsmängelhaftung berührt ist, was seinerseits wiederum voraussetzt, dass die betreffenden Umstände überhaupt geeignet sind, entsprechende Sach- oder Rechtsmängelansprüche auszulösen.[69] Das gilt erst recht bei einem **Anteilskauf** (share deal), und zwar insbesondere dann, wenn dieser nicht alle oder nahezu alle Anteile erfasst. Denn in diesem Falle sind wirtschaftliche oder bilanzielle Defizite des von der Gesellschaft betriebenen Unternehmens ungeachtet der Tatsache, dass hierdurch zugleich der Bestand des erworbenen Geschäftsanteils gefährdet sein könnte, nicht geeignet, einen Rechtsmangel der Anteile zu begründen, weil etwa selbst die Überschuldung oder auch Insolvenzreife einer Gesellschaft für sich den rechtlichen Bestand eines vom Verkäufer abgetretenen Geschäftsanteils gerade noch nicht beeinträchtigen, sondern der Anteil vielmehr mit dem ihm innewohnenden Stimmrechten und Gewinnansprüchen mangelfrei übertragen wird.[70]

c) Die Beschaffenheitsvereinbarung als Grundtatbestand der Sachmängelhaftung. **30** **aa) Ausgangspunkt.** Die individuelle Beschaffenheitsvereinbarung der Vertragsparteien hat gem. § 434 Abs. 1 S. 1 BGB immer **Vorrang** gegenüber den übrigen (objektiven) Beschaffenheitskriterien.[71] Die Vertragsschließenden können also eine von den Merkmalen des § 434 Abs. 1 S. 2 und 3 BGB abweichende Vereinbarung über die sog. Sollbeschaffenheit der Sache treffen. Dies ergibt sich bereits daraus, dass die Kriterien des § 434 Abs. 1 S. 2 und 3 BGB nach dem Gesetzeswortlaut unter dem Vorbehalt stehen, dass zur Beschaffenheit nichts anderes vereinbart ist. Inhaltlich setzt eine Beschaffenheitsvereinbarung iSv § 434 Abs. 1 S. 1 BGB voraus, dass der Verkäufer in vertragsgemäß bindender Weise die Gewähr für das Vorhandensein einer Eigenschaft der Kaufsache übernimmt und damit seine Bereitschaft zu erkennen gibt, für alle Folgen des Fehlens dieser Eigenschaft einzustehen. Sie kann ausdrücklich oder durch schlüssiges Verhalten getroffen werden, wobei Letzteres ein zureichendes Maß an Eindeutigkeit voraussetzt.[72]

bb) Die Bestimmung des Verwendungszwecks. Gemäß § 434 Abs. 1 S. 2 Nr. 1 BGB muss die **31** Kaufsache sich – falls die Beschaffenheit nicht auf andere Weise vereinbart wurde – zur vertraglich vorausgesetzten Verwendung eignen. Mit dieser Wendung werden Geschäfte erfasst, bei deren Abschluss die Parteien davon ausgehen, dass der Käufer die Sache für einen bestimmten Zweck verwenden kann, ohne die dafür erforderliche Beschaffenheit unmittelbar zu bestimmen.[73] Geschuldet ist also eine auf den generellen Einsatzzweck bezogene **verwendungstaugliche Beschaffenheit.**[74] Der Tatbestand erfordert allerdings keine rechtsgeschäftliche Einigung der Vertragsparteien.[75] Vertraglich vorausgesetzt iSd § 434 Abs. 1 S. 2 Nr. 1 BGB ist vielmehr schon die zwar nicht vereinbarte, aber von beiden Vertragsparteien durch Aufnahme in ihren Vertragswillen übereinstimmend unterstellte Verwendung der Kaufsache, die dabei auch von der gewöhnlichen Verwendung iSd § 434 Abs. 1 S. 2 Nr. 2 BGB abweichen kann.[76] Das Merkmal der Eignung der Kaufsache für die nach dem Vertrag vorausgesetzte Verwendung zielt deshalb nicht auf konkrete Eigenschaften der Kaufsache ab, die sich der Käufer vorstellt, sondern darauf, ob die Sache für die dem Verkäufer erkennbare Verwendung (Nutzungsart) durch den Käufer geeignet ist. Ebenso wenig ist es daran zu messen, ob bestimmte vom Käufer gewünschte Qualitätsmerkmale „Geschäftsgrundlage" oder „Vertragszweck" geworden sind. Bei diesem Merkmal geht es vielmehr um die konkrete Nutzung der Kaufsache durch den Käufer, welche die Parteien zwar nicht vereinbart, aber übereinstimmend unterstellt haben, wobei zur Ermittlung dieser Verwendung sind neben dem Vertragsinhalt die Gesamtumstände des Vertragsabschlusses

---

[68] BGH Urt. v. 24.5.1993 – II ZR 136/92, NJW 1993, 2107; BGH Urt. v. 6.12.1995 – VIII ZR 192/94, NJW-RR 1996, 429; BGH Urt. v. 4.4.2001 – VIII ZR 32/00, NJW 2001, 2163 (2164).
[69] BGH Urt. v. 26.9.2018 – VIII ZR 187/17, WM 2018, 2112 Rn. 15 ff. mwN. – Soweit die Gesetzesmaterialien zu § 453 nF davon ausgehen, dass unzutreffende Angaben des Verkäufers über Umsatz oder Ertrag des verkauften Unternehmens künftig nicht mehr nach den Regeln des Verschuldens bei Vertragsschluss, sondern nach den kaufrechtlichen Gewährleistungsregeln zu behandeln seien (BT-Drs. 14/6040, 242), setzt dies allerdings voraus, dass insoweit ein Mangel iSd § 434 BGB vorliegt. Ob und inwieweit dies bei Fehlen entsprechender Beschaffenheitsvereinbarung bereits im einzelnen Bilanzpositionen der Fall ist bzw. welche Auswirkungen eine Unrichtigkeit auf das Ergebnis oder die Ertragsfähigkeit insgesamt haben muss, dürfte dann Tatfrage sein.
[70] BGH Urt. v. 26.9.2018 – VIII ZR 187/17, WM 2018, 2112 Rn. 41 mwN.
[71] BT-Drs. 14/6040, 212.
[72] BGH Urt. v. 20.3.2019 – VIII ZR 213/18, NJW 2019, 1937 Rn. 22; BGH Urt. v. 18.10.2017 – VIII ZR 32/16, NJW 2018, 150 Rn. 16, 20 mwN.
[73] Vgl. BT-Drs. 14/6040, 213.
[74] BGH Urt. v. 20.3.2019 – VIII ZR 213/18, NJW 2019, 1937 Rn. 27.
[75] AA *Canaris* Karlsruher Forum 2002, 57 mit Fn. 162; *Grigoleit/Herresthal* JZ 2003, 233 (234 f.); *Korth,* Minderung beim Kauf, 2010, 16 f. mwN.
[76] BGH Urt. v. 26.4.2017 – VIII ZR 80/16, NJW 2017, 2817 Rn. 16; BGH Urt. v. 6.12.2017 – VIII ZR 219/16, NJW-RR 2018, 822 Rn. 26, 33 f.

heranzuziehen sind.[77] Soll die Kaufsache nach dem Willen der Vertragsschließenden an einen Dritten geliefert werden, können dessen Gebrauchserwartungen maßgebend sein, sofern diese bei den Vertragsverhandlungen hinreichend deutlich zum Ausdruck gebracht und in die zwischen Käufer und Verkäufer geschlossene Vereinbarung nach vorstehenden Maßstäben Eingang gefunden haben.

32   **cc) Die Normalbeschaffenheit.** Haben die Parteien eine konkret-individuelle Beschaffenheit weder unmittelbar durch Vereinbarung (§ 434 Abs. 1 S. 1 BGB) noch mittelbar durch Bestimmung des Verwendungszwecks (§ 434 Abs. 1 S. 2 Nr. 1 BGB) festgelegt, muss sich die Kaufsache nach § 434 Abs. 1 S. 2 Nr. 2 BGB zur **gewöhnlichen Verwendung** eignen und die artübliche Beschaffenheit aufweisen. Ferner stellt § 434 Abs. 1 S. 1 Nr. 2 BGB auf die **berechtigten Erwartungen** des Käufers ab. Maßgebend ist insoweit der Erwartungshorizont eines **Durchschnittskunden.**[78] Die Vorschrift berücksichtigt, dass Sachen gewöhnlich eine **Standardbeschaffenheit** haben. Die Ware muss sich also für alle Verwendungsformen und Verwendungsmöglichkeiten eignen, die nach ihrer stofflichen und technischen Auslegung und der hieran anknüpfenden allgemeinen Verkehrserwartung nahe liegen.[79] Das wiederum lässt sich nicht allgemeingültig beantworten, sondern hängt regelmäßig von den jeweiligen Umständen des Einzelfalls ab.[80] Bei der weiter zu prüfenden Käufererwartung kommt es auf die objektiv berechtigte Erwartung an, die sich in Ermangelung abweichender Anhaltspunkte jedenfalls im Regelfall an der üblichen Beschaffenheit gleichartiger Sachen orientiert. Nicht entscheidend ist dagegen, welche Beschaffenheit der Käufer tatsächlich erwartet und wie er auf eine hiervon abweichende Beschaffenheit reagiert Vielmehr muss er, wenn er in der Kaufsituation höhere Erwartungen hat, eine entsprechende Beschaffenheit iSv § 434 Abs. 1 S. 1 BGB individuell vereinbaren.[81]

33   **dd) Öffentliche Äußerungen.** Gemäß § 434 Abs. 1 S. 3 BGB sind die öffentlichen Äußerungen des Verkäufers oder des Warenherstellers ein wesentliches Kriterium für die Bestimmung der Sollbeschaffenheit der Kaufsache. Aus systematischer Sicht konkretisiert diese Regelung, die sich allerdings nur auf hinreichend konkrete Produkteigenschaften und nicht auf inhaltsleere allgemeine Anpreisungen bezieht, den in § 434 Abs. 1 S. 2 Nr. 2 BGB vorgesehenen Maßstab der **Normalbeschaffenheit.**[82] Eigene Werbeaussagen des Verkäufers können bei entsprechender konkreter Inbezugnahme in den Vertragsgesprächen sogar zu einer dahin gehenden Beschaffenheitsvereinbarung führen.[83] Aber auch sonst sind Äußerungen des Herstellers einer Ware für den Käufer häufig von kaufentscheidender Bedeutung, sodass ihre Berücksichtigung bei der Sachmangelhaftung sachgerecht erscheint. Durch das Erfordernis der öffentlichen Äußerung wird die Verkäuferhaftung dabei hinreichend begrenzt.[84]

34   Zudem ist die Sachmängelhaftung nach § 434 Abs. 1 S. 3 BGB ausgeschlossen, wenn der Verkäufer die öffentliche Äußerung bei Vertragsschluss nicht kannte oder kennen musste (Alt. 1). Dem Verkäufer schadet bereits **einfach fahrlässige Unkenntnis** der jeweiligen Veröffentlichung.[85] Ob und in welchem Umfang einem gewerblichen Verkäufer zuzumuten ist, dass er die Fachpresse wie auch die nationale Werbung des Herstellers aufmerksam verfolgt, ist streitig; dies hängt richterweise von den Umständen ab, und zwar namentlich von der Frage, ob der Verkauf innerhalb eines spezialisierten Fachhandels stattfindet oder nicht.[86]

35   Die Sachmängelhaftung ist ferner ausgeschlossen, wenn die öffentliche Äußerung zur Beschaffenheit der Kaufsache bis zum Zeitpunkt des Vertragsschlusses **in gleichwertiger Weise berichtigt** worden ist (Alt. 2). Dazu bedarf es einer deutlichen Erklärung gegenüber dem Käufer vor Vertragsschluss bzw. einer Berichtigung in der Weise, dass normalerweise deren Kenntniserlangung in gleicher Weise wie die Kenntnis der Werbeaussage erwartet werden kann.[87]

36   Die Sachmängelhaftung entfällt auch dann, wenn die unrichtige Werbung die Kaufentscheidung **nicht beeinflussen** konnte (Alt. 3). Bei der durch den Wortlaut der insoweit gleichlautenden Regelungen von Art. 2 Abs. 4 Alt. 3 Verbraucherkredit-RL und § 434 Abs. 1 Nr. 3 BGB nahe gelegten konkreten Betrachtung, die allerdings durch allgemeine Erfahrungssätze aufgefüllt werden kann, obliegt dem Verkäufer der Beweis, dass die unrichtig oder unvollständig veröffentliche Beschaffenheit der Sache die Kaufentscheidung des Vertragsgegners nicht beeinflusst hat.[88]

---

[77] BGH Urt. v. 20.3.2019 – VIII ZR 213/18, NJW 2019, 1937 Rn. 24 ff. mwN.

[78] Vgl. BT-Drs. 14/6040, 214.

[79] Vgl. auch BGH Urt. v. 26.9.2012 – VIII ZR 100/11, ZIP 2012, 2349.

[80] BGH Urt. v. 29.6.2016 – VIII ZR 191/15, NJW 2016, 3015 Rn. 42.

[81] BGH Urt. v. 29.6.2016 – VIII ZR 191/15, NJW 2016, 3015 Rn. 42 mwN.

[82] BGH Urt. v. 27.9.2017 – VIII ZR 271/16, NJW 2018, 146 Rn. 24; BGH Urt. v. 25.1.2019 – V ZR 38/18, NJW 2019, 2380 Rn. 13.

[83] BT-Drs. 14/6040, 214; vgl. auch BGH Urt. v. 6.11.2015 – V ZR 78/14, BGHZ 207, 349 Rn. 19 = NJW 2016, 1815.

[84] Vgl. BT-Drs. 14/6040, 214.

[85] BT-Drs. 14/6040, 215.

[86] Dazu Erman/*Grunewald* BGB § 434 Rn. 26 mwN.

[87] BT-Drs. 14/6040, 215.

[88] Vgl. BT-Drs. 14/6040, 215; *Haas* BB 2001, 1313 (1314).

ee) Mangelhafte Montage. Gemäß § 434 Abs. 2 S. 1 BGB liegt ein Sachmangel vor, wenn die im **37** Kaufvertrag vereinbarte Montage durch den Verkäufer oder dessen Erfüllungsgehilfen unsachgemäß durchgeführt wurde. Diese Vorschrift, die auf die Verbrauchsgüterkauf-RL zurückgeht,[89] gilt für alle Kaufverträge. Ihre Bedeutung ist erheblich, da bei vielen technischen Gebrauchsgütern die Montage von fachkundigen Personen ausgeführt werden muss. Die Vorschrift führt dazu, dass die Frage, ob die Montage eine bloße kaufvertragliche Nebenpflicht darstellt oder den Schwerpunkt des Vertrages bildet und deshalb Werkvertragsrecht (§§ 631 ff. BGB) Anwendung findet,[90] an Bedeutung verloren hat.

ff) Mangelhafte Montageanleitung. Gemäß § 434 Abs. 2 S. 2 BGB liegt ein Sachmangel bei **38** einer zur Montage bestimmten Kaufsache vor, wenn die Montageanleitung als solche mangelhaft ist, es sei denn, die Sache ist dennoch fehlerfrei montiert worden. Diese – als sog. **IKEA-Klausel** bezeichnete – Vorschrift beruht ebenfalls auf der Verbrauchsgüterkauf-RL.[91] Vor ihrer Geltung gehörte es zu den typischen Nebenpflichten des Verkäufers, den Käufer so umfassend über die Kaufsache zu informieren, dass ihm ein bestimmungsgemäßer und gefahrloser Gebrauch der Sache ermöglicht wird. Ein Verstoß gegen diese Pflicht konnte im Falle des Verschuldens eine Schadensersatzhaftung wegen positiver Vertragsverletzung auslösen.[92] Die unsachgemäße oder unvollständige Montageanleitung ist wertungsmäßig im Ergebnis nichts anderes als eine unzureichende Gebrauchs- oder Bedienungsanweisung.[93] Nach zutreffender Auffassung kommt § 434 Abs. 2 S. 2 BGB deshalb auch bei diesen zur Anwendung.[94]

2. Beschaffenheits- und Haltbarkeitsgarantien iSv § 443 BGB. a) Regelungsgehalt und **39** **Entstehungsgeschichte der §§ 443, 447 BGB (Überblick).** § 443 BGB regelt den Fall, dass der Verkäufer, der Hersteller oder ein sonstiger Dritter in einer Erklärung oder einer spätestens bei Abschluss des Kaufvertrags verfügbaren einschlägigen Werbung zusätzlich zu der gesetzlichen Mängelhaftung insbesondere die Verpflichtung eingeht, den Kaufpreis zu erstatten, die Sache auszutauschen, nachzubessern oder in ihrem Zusammenhang Dienstleistungen zu erbringen, falls die Sache nicht diejenige Beschaffenheit aufweist oder andere als die Mängelfreiheit betreffende Anforderungen nicht erfüllt, die in der Erklärung oder einschlägigen Werbung beschrieben sind (Garantie). Für diesen Garantiefall sollen dem Käufer unbeschadet der gesetzlichen Ansprüche die Rechte aus der Garantie gegenüber demjenigen zustehen, der die Garantie gegeben hat (Garantiegeber). Mit dieser durch Art. 1 Nr. 11 des Gesetzes zur Umsetzung der Verbraucherrechte-RL und zur Änderung des Gesetzes zur Regelung der Wohnungsvermittlung v. 20.9.2013 (BGBl. I 3642) leicht veränderten Regelung sollte Art. 6 Abs. 1 Verbrauchsgüterkauf-RL umgesetzt werden, wonach die Garantie denjenigen, der sie anbietet, zu den in der Garantieerklärung und der einschlägigen Werbung angegebenen Bedingungen binden muss. Mit der sog. Haltbarkeitsgarantie in § 443 Abs. 2 BGB wollte der Gesetzgeber der Schuldrechtsreform zugleich die höchstrichterliche Rspr. zu Garantien umsetzen, mit denen Verkäufer oder Hersteller unter Geltung des früheren Kaufrechts die gesetzlichen Gewährleistungsrechte des Käufers erweiterten, insbesondere die kurze Verjährungsfrist des § 477 Abs. 1 S. 1 BGB aF zugunsten des Käufers modifizierten.[95] Da die Haftung auf dem modifizierten Sachmängelrecht beruhte, sprach man bei ihnen allgemein von einer sog. **unselbstständigen Garantie.**[96]

Damit erfasst § 443 BGB auch **Garantieerklärungen Dritter,** die vom Verkäufer unter Umstän- **40** den an den Käufer als verkaufsfördernde Maßnahme weitergegeben werden.[97] Inhaltlich unterscheidet sich der Garantiebegriff in § 443 Abs. 1 BGB von dem in den §§ 442, 444, 445 BGB verwendeten Garantiebegriff allerdings dadurch, dass diese Vorschriften an die Eigenschaftszusicherung des alten Gewährleistungsrechts anknüpfen, während für § 443 Abs. 1 BGB der in Art. 6 Abs. 1 Verbrauchsgüterkauf-RL verwendete Begriff der Garantie maßgeblich sein soll.[98] Nach Sinn und Zweck der Verbrauchsgüterkauf-RL liegt zudem eine verbindliche Garantie auch dann vor, wenn die Verpflichtungserklärung sich nicht auf sämtliche dem Käufer nach dem Gesetz zustehenden Rechtsbehelfe erstreckt.[99]

§ 443 Abs. 1 hat rein deklarische Bedeutung, soweit er vorsieht, dass der Verkäufer oder der **41** Dritte, der eine Beschaffenheits- oder Haltbarkeitsgarantie übernommen hat, im Garantiefall unter den

[89] Art. 2 Abs. 5 S. 1 Verbrauchsgüterkauf-RL.

[90] S. die eingehende Analyse der früheren Rspr. bei Soergel/Huber BGB Vor § 433 Rn. 272 ff. Ähnlich im internationalen Kaufrecht etwa auch Art. 3 Abs. 2 CISG.

[91] Zur Entstehungsgeschichte der sog. „IKEA-Klausel", s. Westermann JZ 2001, 530 (533) mwN.

[92] Vgl. etwa Soergel/Huber BGB § 433 Anh. I Rn. 24a mwN.

[93] *Boerner* ZIP 2001, 2264 (2267).

[94] Erman/*Grunewald* BGB § 434 Rn. 59 mwN.

[95] Vgl. BT-Drs. 14/6040, 238 f.

[96] S. etwa Soergel/*Huber* BGB aF § 459 Rn. 207 ff. mwN.

[97] *Gasteyer/Branscheid* AG 2003, 307 (314); *Stöber*, Beschaffenheitsgarantien des Verkäufers, 2006, 290 f.

[98] BT-Drs. 14/6040, 236, 238, 240; dazu eingehend *Stöber*, Beschaffenheitsgarantie des Verkäufers, 2006, 291 ff. mwN.

[99] So *Stöber*, Beschaffenheitsgarantie des Verkäufers, 2006, 305 mwN.

in der Garantieerklärung oder in der einschlägigen Werbung bestimmten Voraussetzungen zu den darin genannten Bedingungen haftet; denn dies ergibt sich schon aus dem Garantieversprechen selbst.[100] Handelt es sich um eine Garantie, die über die gesetzlichen Rechtsbehelfe hinausgeht bzw. für diese Ansprüche abweichende Voraussetzungen und Folgen vorsieht, wird also mit der Garantie ein **eigenständiges,** von der gesetzlichen Gewährleistung unabhängiges **Haftungsregime** begründet, liegt im Zweifel eine selbstständige (besondere) Garantie vor;[101] für die aus ihr folgenden verschuldensunabhängigen Ansprüche gilt, wenn keine andere Frist vereinbart ist, die allgemeine Verjährungsfrist nach §§ 195, 199 BGB und nicht § 438 BGB.[102]

42   **b) Haltbarkeitsgarantie.** Die sog. Haltbarkeitsgarantie in § 443 Abs. 2 BGB entspricht weitgehend der Rechtslage, wie sie schon im früheren Kaufrecht galt. Der Verkäufer konnte schon immer aufgrund der allgemeinen schuldrechtlichen Verpflichtungsfreiheit die Garantie dafür übernehmen, dass die Sache für eine gewisse Dauer eine bestimmte Beschaffenheit behält. Der Verkäufer (oder ein Dritter) verspricht also, dass der Kaufgegenstand im Zeitpunkt des **Gefahrübergangs und darüber hinaus,** nämlich während der Dauer der sich daran anschließenden Garantiefrist, eine bestimmte Beschaffenheit aufweist oder sonst frei von Mängeln bleibt.[103] Die Garantiefrist kann nach der Zeitdauer, aber auch anhand anderer Umstände wie etwa nach der Kilometerleistung eines Fahrzeuges oder nach den Betriebsstunden einer Maschine bestimmt werden.[104] Die Frist beginnt – wenn ihr Beginn nicht in der Garantieerklärung selbst bestimmt ist – mit Ablieferung oder Übergabe der Kaufsache.[105]

43   Zwar übernimmt der Verkäufer mit einer Haltbarkeitsgarantie auch in Bezug auf die **zukünftige Beschaffenheit** der Sache eine verschuldensunabhängige Einstandspflicht; garantiert wird aber nicht das zukünftige Eintreten (oder Nichteintreten) bestimmter Beschaffenheitsmerkmale, sondern nur das **Fortbestehen** solcher Merkmale, die bereits zum Zeitpunkt des Gefahrübergangs vorlagen.[106] Haltbarkeitsgarantien sind deshalb in der Regel so auszulegen, dass der Verkäufer aus ihnen nicht für solche Mängel der Kaufsache haftet, die nicht auf deren Zustand beruhen, sondern erst später durch ein schuldhaftes Verhalten des Käufers oder in seinen Risikobereich fallende Umstände eingetreten sind.[107] Weil für die Haftung bei Übernahme der Haltbarkeitsgarantie der Zeitpunkt des **Gefahrübergangs** maßgeblich ist, haftet der Verkäufer bei Fehlen der garantierten Beschaffenheit – sofern die Haftung nicht in der Garantieerklärung eigenständig geregelt ist – im Zweifel analog § 437 BGB.[108] **Erschöpft** sich die Garantieerklärung also beispielsweise in der schlichten Aussage „zwei Jahre Garantie", ist bei Fehlen eines abweichenden Haftungsregelungen oder sonst eines abweichenden Parteiwillens zumeist der Rückgriff auf die in § 437 BGB geregelten Rechtsbehelfe interessengerecht. Der Haftungsmaßstab wird hierbei allerdings durch die Haltbarkeitsgarantie in der Weise erweitert, dass es auf ein Verschulden des Verkäufers nicht ankommt und beim Sachkauf die tatsächliche Vermutung eingreift, dass ein Mangel der Kaufsache auf deren Beschaffenheit bei Gefahrübergang zurückzuführen ist, auch wenn er erst später, aber noch innerhalb der Garantiefrist aufgetreten ist.[109] Eine Haltbarkeitsgarantie ohne eigenständige Haftungsvereinbarung ist somit – wie schon nach altem Recht – eine sog. **unselbstständige Garantie.**[110]

44   **3. Selbstständige (besondere) Garantien.** Der verschuldensunabhängige Haftungsmaßstab des § 276 Abs. 1 S. 1 Hs. 2 BGB gilt nicht nur für die sog. **unselbstständigen Beschaffenheitsgarantien** des Verkäufers, sondern für alle Erklärungen, mit denen er sich verpflichtet, für einen bestimmten Umstand oder Erfolg bedingungslos einzustehen, der keine Beschaffenheit iSv § 434 Abs. 1 BGB darstellt.[111] Die Neufassung des § 443 Abs. 1 BGB stellt dies mittlerweile durch die Formulierung klar, dass die Garantie sich auch auf die Erfüllung anderer als die Mängelfreiheit betreffende Anforderungen beziehen kann. Für welchen Umstand und/oder Erfolg der Verkäufer eine verschuldensunabhängige

---

[100] Ebenso *Stöber,* Beschaffenheitsgarantien des Verkäufers, 2006, 314 mwN.

[101] Dazu BGH Urt. v. 27.9.2017 – VIII ZR 99/16, NJW 2018, 387 Rn. 22 ff.

[102] *Stöber,* Beschaffenheitsgarantien des Verkäufers, 2006, 316 mwN.

[103] S. etwa *Stöber,* Beschaffenheitsgarantien des Verkäufers, 2006, 320 mwN.

[104] BT-Drs. 14/6040, 239; BeckOK BGB/*Faust* BGB § 443 Rn. 20; Palandt/*Weidenkaff* BGB § 443 Rn. 11.

[105] BT-Drs. 14/6040, 239; Erman/*Grunewald* BGB § 443 Rn. 12; Jauernig/*Berger* BGB § 443 Rn. 12; BeckOK BGB/*Faust* BGB § 443 Rn. 39; *Fahl/Giedinghausen* ZGS 2004, 344 (346).

[106] S. *Loebell* BB 1973, 1237 (1238) zum alten Recht.

[107] BeckOK BGB/*Faust* BGB § 443 Rn. 40; NK-BGB/*Büdenbender* BGB § 443 Rn. 41; *Fahl/Giedinghausen* ZGS 2004, 344 (346); *Stöber,* Beschaffenheitsgarantien des Verkäufers, 2006, 321 mwN; zum alten Recht s. etwa Staudinger/*Honsell,* 1995, BGB aF § 459 Rn. 175; Soergel/*Huber* BGB aF § 459 Rn. 212; *Loebell* BB 1973, 1237 f.; teils abw. *G. Müller* ZIP 1981, 707 (712 ff.)

[108] Vgl. Staudinger/*Matusche-Beckmann,* 2014, BGB § 443 Rn. 26; *Stöber,* Beschaffenheitsgarantien des Verkäufers, 2006, 321.

[109] S. etwa *Stöber,* Beschaffenheitsgarantien des Verkäufers, 2006, 321.

[110] *Hilgard/Kraayvanger* MDR 2002, 678 (680); *Zerres* VuR 2002, 3 (12); *Stöber,* Beschaffenheitsgarantien des Verkäufers, 2006, 321; zum alten Recht s. etwa Soergel/*Huber* BGB aF § 459 Rn. 208 mwN.

[111] S. etwa *Stöber,* Beschaffenheitsgarantien des Verkäufers, 2006, 67 mwN; *U. Huber* AcP 202 (2003), 179 (225).

Einstandspflicht bei Vertragsabschluss übernimmt, ist – notfalls im Wege der Auslegung (§§ 133, 157 BGB) – dem Inhalt des jeweiligen Vertrages zu entnehmen.[112]

Eine **Garantie** kann der Verkäufer deshalb namentlich für Umstände übernehmen, die zwar nicht **45** als mangelbegründende Beschaffenheitsmerkmale der Kaufsache anzusehen, aber gleichwohl für den Käufer von Interesse sind. Dies betrifft zum Beispiel zukünftige Umstände, die nach dem Willen der Vertragsparteien erst nach Gefahrübergang eintreten oder nicht eintreten sollen. Dasselbe gilt bei einem Unternehmenskauf für Umsätze, Erträge und Bilanzdaten, sofern man sie nicht für Eigenschaften bzw. Beschaffenheitsmerkmale des werbenden Unternehmens hält. Im Bereich des Unternehmens- und Anteilskaufs ist außerdem zwischen **uneingeschränkten** Garantien und Garantien „**nach bestem Wissen**" zu unterscheiden.[113]

Was die **Rechtsfolgenseite** anbetrifft, so steht dem Käufer aus einem **selbstständigen Garan-** **46** **tievertrag** ein Anspruch auf Erfüllung zu, d. h. der Verkäufer ist verpflichtet, den vertraglich garantierten Umstand oder Erfolg herbeizuführen.[114] Kommt der Verkäufer der mit dem selbstständigen Garantievertrag übernommenen Erfüllungspflicht nicht nach, so haftet er – sofern der Vertrag keine andere Vereinbarung enthält – wie schon nach altem Recht nicht nach Kaufgewährleistungsrecht, sondern nach den allgemeinen Bestimmungen des **Leistungsstörungsrechts** (§§ 280 ff., 311a Abs. 2, 323 ff. BGB). Für die **Verjährung** gelten daher nicht die speziellen Regeln des § 438 BGB, sondern die allgemeinen Verjährungsvorschriften iSd §§ 195 ff. BGB.[115]

4. Die Haftung wegen Verschweigens eines Sachmangels. a) Ausgangspunkt. Nach stRspr **47** des BGH zu § 463 S. 2 BGB aF (s. jetzt § 438 Abs. 3 BGB und § 444 BGB) ist ein zum Schadensersatz verpflichtendes arglistiges Verschweigen eines mehr als nur unerheblichen Mangels der Kaufsache dann gegeben, wenn der Verkäufer eine vertragliche **Aufklärungs- und Informationspflicht** vorsätzlich verletzt hat.[116] Dies ist nach dem neuen Sachmängelrecht grundsätzlich bei allen Sachmängeln der Fall. Gemäß § 434 BGB gibt es keine geringfügigen Sachmängel mehr, die vom Verkäufer verschwiegen werden dürfen. Nach heutigem Recht (§ 323 Abs. 5 S. 2 BGB) kann insoweit lediglich die Rückabwicklung des Kaufvertrages ausgeschlossen sein. Und selbst diese Einschränkung gilt nicht im Bereich der Arglisthaftung des Verkäufers. Die Vorschrift kommt dem dolos handelnden Verkäufer nicht zugute, weil ein schutzwürdiges Interesse am Bestand des Vertrages für ihn nicht besteht.[117]

b) Arglistiges Verschweigen. Arglist setzt eine **positive Kenntnis** des Verkäufers vom Sach- **48** mangel (§ 434 Abs. 1 BGB) voraus. Dem steht der Fall gleich, dass der Verkäufer den Mangel zwar nicht positiv kennt, aber mit seiner Existenz ernsthaft rechnet, seine Existenz also für möglich hält und gleichzeitig damit rechnet und billigend in Kauf nimmt, dass der Vertragspartner den Fehler nicht kennt und bei Kenntnis den Kaufvertrag nicht oder nicht mit dem vereinbarten Inhalt abgeschlossen hätte.[118] Für die Arglist ist keine betrügerische Absicht, sondern lediglich **bedingter Vorsatz** erforderlich. Ein **fahrlässiges Verhalten**, auch ein grob fahrlässiges, reicht indes nicht aus.[119]

Der Verkäufer muss den ihm bekannten Sachmangel bei den Vertragsverhandlungen **uneinge-** **49** **schränkt offenbaren.** Bagatellisierungen des Mangels stehen dem vollständigen Verschweigen gleich.[120] Auch den sich **bewusst unwissend haltenden** Verkäufer kann die Arglisthaftung treffen.[121]

Eine Pflicht zur Offenbarung besteht im Allgemeinen nicht, wenn es sich um einen der Besichti- **50** gung zugänglichen und damit **ohne Weiteres erkennbaren Sachmangel** handelt.[122] Indessen schließt die Möglichkeit des Käufers, sich Kenntnis anderweit – etwa aus übergebenen Unterlagen – zu verschaffen, die Pflicht zur schonungslosen Offenbarung auf Seiten des Verkäufers nicht von vornherein aus.[123]

c) Arglistiges Vorspiegeln von Eigenschaften. Dem Tatbestand des arglistigen Verschweigens **51** eines Mangels steht der gesetzlich nicht geregelte Fall des arglistigen Vorspiegelns von Beschaffenheits-

---

[112] Vgl. *Jaques* BB 2002, 417 f.; *Stöber,* Beschaffenheitsgarantien des Verkäufers, 2006, 67; vgl. ferner Baumbach/Hopt/*Hopt* § 349 Rn. 17 ff.

[113] Dazu eingehend *U. Huber* AcP 202 (2002), 179 (205) mwN.

[114] *Stöber,* Beschaffenheitsgarantien des Verkäufers, 2006, 67 mwN.

[115] *Reinicke/Tiedtke* KaufR Rn. 878; *Stöber,* Beschaffenheitsgarantien des Verkäufers, 2006, 68 mwN.

[116] Vgl. etwa BGH Urt. v. 8.12.1989 – V ZR 246/87, BGHZ 109, 327 (329 f.) = NJW 1990, 975; BGH Urt. v. 20.1.1989 – V ZR 137/87, NJW-RR 1989, 650 f.

[117] BGH Urt. v. 24.3.2006 – V ZR 173/05, BGHZ 167, 19 Rn. 7 ff. = NJW 2006, 1960; aA etwa *St. Lorenz* NJW 2006, 1925.

[118] BGH Urt. v. 7.7.1989 – V ZR 21/88, NJW 1990, 42 f.; BGH Urt. v. 19.3.1992 – III ZR 16/90, BGHZ 117, 363 (368) = NJW 1992, 1953; BGH Urt. v. 26.4.2017 – VIII ZR 233/15, NJW 2017, 3292 Rn. 26 mwN.

[119] BGH Urt. v. 16.3.1977 – VIII ZR 283/75, NJW 1977, 1055; BGH Urt. v. 21.7.2017 – V ZR 250/15, NJW 2018, 389 Rn. 17 mwN.

[120] BGH Urt. v. 3.3.1995 – V ZR 43/94, NJW 1995, 1549.

[121] BGH Urt. v. 12.3.1992 – VII ZR 5/91, BGHZ 117, 318 = NJW 1992, 1754.

[122] S. BGH Urt. v. 12.11.2010 – V ZR 181/09, ZIP 2011, 383 Rn. 10; s. ferner *Krüger* in Krüger/Hertel, Der Grundstückskauf, 11. Aufl. 2016, Rn. 731 ff., jeweils mwN.

[123] BGH Urt. v. 12.11.2010 – V ZR 181/09, ZIP 2011, 383 Rn. 10.

merkmalen (Eigenschaften) gleich.[124] Vorspiegeln setzt im Gegensatz zum Verschweigen ein aktives Tun auf Seiten des Verkäufers voraus. Es erfordert, dass die Existenz einer Eigenschaft (Beschaffenheit) oder die Abwesenheit eines Mangels der Kaufsache bei den Vertragsverhandlungen ausdrücklich oder konkludent behauptet wird.

52   **d) Zeitpunkt der Arglisthaftung.** Beim **Spezieskauf** muss die Arglist des Verkäufers bereits zur Zeit des **Vertragsschlusses** vorliegen.[125] Andernfalls ist eine auf Arglist beruhende Schadensersatzhaftung nicht gegeben. Der Zeitpunkt des Vertragsschlusses ist auch dann maßgebend, wenn der Spezieskauf sich auf eine Sache bezieht, die erst künftig herzustellen oder zu erzeugen ist.[126] Bei **Montagefehlern** (§ 434 Abs. 2 S. 1 BGB) ist der Zeitpunkt des Abschlusses der Montage maßgeblich.

53   Beim **Gattungskauf** genügt für die Arglisthaftung, dass der Verkäufer den Sachmangel bei der Lieferung kennt oder mit ihm rechnet.[127] Arglist kann ausnahmsweise auch schon **bei Vertragsschluss** vorliegen, wenn der Verkäufer weiß oder sicher davon ausgeht, dass die gesamte Gattung fehlerhaft ist, dh auch die noch herzustellende und zu liefernde vertretbare Sache fehlerhaft sein wird.[128] Für die mit der speziellen Sachmängelhaftung des Verkäufers konkurrierende Haftung wegen **vorsätzlicher culpa in contrahendo** müssen zur Vermeidung von Wertungswidersprüchen dieselben Grundsätze gelten.

54   Der Käufer trägt die **Darlegungs- und Beweislast** für das Vorliegen sämtlicher Umstände, die den Arglisttatbestand erfüllen, wozu bei einer Täuschung durch Verschweigen auch die fehlende Offenbarung gehört.[129] Bei der unterbliebenen Offenbarung des Sachmangels handelt es sich aber um eine **negative Tatsache**, sodass dem Käufer die Grundsätze über die **sekundäre Darlegungslast** zugute kommen. Er muss daher lediglich den von dem Verkäufer in räumlicher, zeitlicher und inhaltlicher Weise zu spezifizierende (umfassende) Aufklärung über den streitgegenständlichen Sachmangel der Kaufsache ausräumen.[130]

55   **5. Die Falschlieferung. a) Rückblick.** Bis zur Schuldrechtsreform richteten sich die Rechtsfolgen der **aliud-Lieferung** beim beiderseitigen Handelskauf gem. § 378 aF nach Gewährleistungsrecht, wenn es sich um eine Gattungssache handelte und das aliud genehmigungsfähig war.[131] Auf die genehmigungsunfähige Falschlieferung einer Gattungssache blieb hingegen das allgemeine Leistungsstörungsrecht anwendbar. Das Tatbestandsmerkmal der Genehmigungsunfähigkeit iSd § 378 Hs. 2 aF wurde von der Rspr. zumindest theoretisch zwar als Ausnahmevorschrift verstanden. Sie lag etwa vor, wenn die gelieferte Sache mit der bestellten gar nichts gemein hatte und für den Zweck des Käufers ohne Bedeutung war.[132] Es sind aber nur wenige Entscheidungen ergangen, in denen die Genehmigungsfähigkeit der Falschlieferung anerkannt wurde. Die Genehmigungsunfähigkeit war bereits in der Rspr. des RG zum Regelfall geworden.[133] Daran hat sich in Rspr. des BGH nichts geändert. So hat der BGH etwa die Lieferung von Spannbetttüchern mit fehlender EG-Ursprungseigenschaft ungeachtet ihrer Qualität als Falschlieferung eingeordnet, da die Vertragsparteien durch die Vereinbarung der Herkunft der Ware von der Gestaltungsmöglichkeit Gebrauch gemacht haben, eine eng begrenzte Warengattung festzulegen. Ferner wurde die Falschlieferung kurzerhand als nicht genehmigungsfähig angesehen, weil bei der Zahlung von Einfuhrzoll eine wirtschaftlich sinnvolle Kalkulation nicht möglich sei.[134]

56   Nach Ansicht eines Teils der Lit. war die aliud-Lieferung beim Gattungskauf bis auf wenige Ausnahmen unter den subjektiven Fehlerbegriff zu subsumieren. Habe bei der gelieferten Sache eine Artabweichung vorgelegen, so habe dieser Lieferung die vertraglich vereinbarte Beschaffenheit ebenso wie bei einer normalen Qualitätsabweichung gefehlt. Es wurde deshalb kein Bedürfnis zur Differenzierung gesehen, weil beide Abweichungen den Käufer gewöhnlich gleich schwer getroffen hätten.[135]

---

[124] StRspr zu § 463 S. 2 BGB aF, s. etwa BGH Urt. v. 25.3.1992 – VIII ZR 74/91, NJW-RR 1992, 1076 mwN; allg. hierzu BeckOK BGB/*Faust* BGB § 438 Rn. 39; Erman/*Grunewald* BGB § 438 Rn. 20; Baumbach/Hopt/*Hopt* Rn. 52; HaKo-HGB/*Stöber* Rn. 74; *Hüffer* JA 1981, 70 (73).

[125] Vgl. RG Urt. v. 3.12.1921 – V 218/21, Das Recht 1922, Nr. 419; BGH Urt. v. 10.7.1963 – V ZR 66/62, LM BGB § 463 Nr. 8; BGH Urt. v. 5.4.1989 – VIII ZR 72/88, NJW 1989, 2051 (2052).

[126] BGH Urt. v. 5.4.1989 – VIII ZR 72/88, NJW 1989, 2051, 2052; BGH Urt. v. 25.11.1997 – VI ZR 402/96, NJW 1998, 983, 984; s. auch zB *Soergel/Huber* § 463 BGB aF Rn. 30 mwN.

[127] BGH Urt. v. 5.4.1989 – VIII ZR 72/88, NJW 1989, 2051 f.

[128] BGH Urt. v. 5.4.1989 – VIII ZR 72/88, NJW 1989, 2051 f.; s. ferner Soergel/*Huber* BGB aF § 463 Rn. 31.

[129] BGH Urt. v. 7.3.2003 – V ZR 437/01, NJW-RR 2003, 989 (990); BGH Urt. v. 12.11.2010 – V ZR 181/09, ZIP 2011, 383 Rn. 12, jeweils mwN.

[130] BGH Urt. v. 20.10.2000 – V ZR 285/99, NJW 2001, 64 f. = ZIP 2000, 2257; BGH Urt. v. 12.11.2010 – V ZR 181/09, ZIP 2011, 383 Rn. 12 mwN.

[131] S. dazu G. *Müller* → 1. Aufl. 2001, § 378 Rn. 1 ff. und G. *Müller* → 2. Aufl. 2003, Vor § 373 Rn. 19 ff., jeweils mwN.

[132] Grundlegend RG Urt. v. 18.12.1914 – II 433/14, RGZ 86, 90 (92).

[133] S. dazu *Rust,* Das kaufrechtliche Gewährleistungsrecht, 1997, 83, 84 mwN.

[134] BGH Urt. v. 23.3.1994 – VIII ZR 47/93, NJW 1994, 2230.

[135] S. etwa *Rust,* Das kaufrechtliche Gewährleistungsrecht, 1997, 85 ff. mwN.; zuletzt und ausdrücklich auf den Kommissionsentwurf bezogen, *Flume* AcP 193 (1993), 89 (95); ausf. Soergel/*Huber* BGB aF Vor § 459 Rn. 121, 125 ff. mwN.

b) Die neue Gesetzeslage. aa) Ausgangspunkt. Der im Rahmen der Schuldrechtsreform ge- 57
schaffene § 434 Abs. 3 Alt. 1 BGB **stellt** die **Falschlieferung** ausdrücklich dem in § 434 Abs. 1
definierten **Sachmangel gleich.** Damit hat der Gesetzgeber für die vorgenannten Autoren
(→ Rn. 56) aber nicht die letzte Konsequenz aus dem subjektiven Fehlerbegriff beim Gattungskauf
gezogen. Denn im Unterschied zur Gleichsetzung der Falschlieferung mit der Schlechtlieferung nimmt
§ 434 Abs. 3 Alt. 1 BGB eine Gleichsetzung nur im Hinblick auf die Rechtsfolgen, nämlich die
Anwendbarkeit des kaufrechtlichen Gewährleistungsrechts, vor.

Wesentlich wichtiger für die Praxis ist die Tatsache, dass § 434 Abs. 3 Alt. 1 BGB die Gleichstellung 58
von Falschlieferung und Schlechtlieferung nicht nur für den beiderseitigen Handelskauf, sondern auch
für den bürgerlichrechtlichen Kauf (§§ 433 ff. BGB) und darüber hinaus für den Verbrauchsgüterkauf
(§§ 474 ff. BGB) anordnet.

bb) Der Streit über die Anwendung des § 434 Abs. 3 Alt. 1 BGB auf evidente Falsch- 59
lieferungen. Nach dem Wortlaut des § 434 Abs. 3 Alt. 1 BGB greift die Gleichstellung von Falsch-
und Schlechtlieferung in allen Fällen ein, also auch bei besonders krassen und unrealistischen Abweichungen. Im Gegensatz dazu sah der Kommissionsentwurf zur Schuldrechtsmodernisierung in § 435
Abs. 2 eine Ausnahme für den Fall vor, dass die gelieferte Gattungssache als vertragsgemäße Erfüllung
offensichtlich ausscheidet.[136] Dieser Lösungsweg geht zurück auf die von v. Caemmerer[137] bereits lange
zuvor schon vertretene Auffassung, wonach eine Gleichsetzung der Falschlieferung mit der Schlechtlieferung nur bei kaum vorkommenden **Extremabweichungen** nicht in Betracht kommt. Als Beispiel
nennt er die Lieferung von Gänsen statt der bestellten Weihnachtskarpfen. Entweder handele es sich
dabei um eine **offensichtliche Verwechslung** oder um die bewusste **Lieferung unbestellter Ware,**
mit welcher der Verkäufer durch konkludentes Handeln dem anderen Vertragspartner ein neues
Vertragsangebot unterbreite, um etwa einen Lieferengpass bei der geschuldeten Kaufsache zu überbrücken. Die Schuldrechtskommission sah die Schwierigkeit, dass damit das sich als untauglich
erwiesene Abgrenzungskriterium der Genehmigungsuntauglichkeit iSd § 378 Hs. 2 aF doch wieder
Geltung erlangt. Dennoch wollte man bloße Erfüllungsversuche aus der Sachmängelhaftung heraus-
nehmen, die in besonders auffälliger Weise in keinem hinreichenden Zusammenhang zu der geschuldeten Leistung stehen.[138]

Nach der Gegenauffassung hat sich der Gesetzgeber ausweislich des Wortlauts des § 434 Abs. 3 Alt. 60
1 BGB letztlich anders entschieden. Auch gravierende Abweichungen wie etwa die Lieferung von
Stehlampen statt der gekauften Glühbirnen würden demnach von § 434 Abs. 3 Alt. 1 BGB erfasst und
unterlägen damit dem Sachmängelrecht.[139] Neben dem Wortlautargument ist es vor allem der Gesichtspunkt der Rechtssicherheit, der nach dieser Auffassung für eine uneingeschränkte Anwendung
des § 434 Abs. 3 Alt. 1 BGB auf Falschlieferungen beim Gattungskauf spricht. Demzufolge müsse der
Handel treibende Käufer grundsätzlich jede Falschlieferung gem. § 377 unverzüglich rügen, wolle er
seine Gewährleistungsansprüche aus § 437 BGB nicht verlieren.

Dies wird in der Lit.[140] allerdings überwiegend anders beurteilt. Danach setzt die Anwendung des 61
§ 434 Abs. 3 Alt. 1 BGB voraus, dass der Verkäufer mit der gelieferten Gattungssache den Kaufvertrag
tatsächlich erfüllen will. Bloße Erfüllungsversuche, die – für Jedermann ohne Weiteres erkennbar – in
keinem Zusammenhang mit der geschuldeten Leistung stehen, lösen hiernach keine Sachmängelhaftung und damit bei einem beiderseitigen Handelsgeschäft auch keine Rügeobliegenheit iSd § 377 aus;
vielmehr bleibt der ursprüngliche Erfüllungsanspruch wie bei einer nicht genehmigungsfähigen Falschlieferung alten Rechts bestehen.

Der vorgenannten differenzierenden Auffassung gebührt der Vorzug. Zwar ist zuzugeben, dass die 62
von der früheren Rspr. iRd § 378 aF verlangte doppelte Abgrenzung – erst zwischen der Schlechtlieferung und Falschlieferung, dann nochmals innerhalb der Falschlieferung zwischen den Fällen der
Genehmigungsfähigkeit einerseits und der fehlenden Genehmigungsfähigkeit andererseits – kompli-

---

[136] Abschlussbericht der Kommission zur Überarbeitung des Schuldrechts, 1992, 203; hierzu auch *Haas* NJW
1992, 2389 (2391).
[137] S. *v. Caemmerer* FS M. Wolf, 1952, 8 f.
[138] Abschlussbericht der Kommission zur Überarbeitung des Schuldrechts, 1992, 203.
[139] S. etwa BeckOK BGB/*Faust* BGB § 434 Rn. 111; PWW/*D. Schmidt* BGB § 434 Rn. 85; NK-BGB/*Büdenbender* BGB § 434 Rn. 71; Oetker/*Koch* § 377 Rn. 29; Baumbach/Hopt/*Hopt* § 377 Rn. 16; HaKo-HGB/*Stöber*
§ 377 Rn. 13; wohl auch *Stöber,* Beschaffenheitsgarantien des Verkäufers, 2006, 43; s. ferner *Hübner* HandelsR § 7 D
II 3 Rn. 601; *Broers* JR 2002, 133 (135); Palandt/*Weidenkaff* BGB § 434 Rn. 52a; vgl. ferner *Linnerz,* Die Unter-
suchungs- und Rügepflicht im CISG und im HGB, 2014, 62 ff.
[140] Für eine Einschränkung des sachlichen Anwendungsbereichs des § 434 Abs. 3 BGB bzw. der Rügepflicht, ua
St. Lorenz JuS 2003, 36 (37 f.); *Tiedtke/Schmitt* JZ 2004, 1092 (1095); *Thier* AcP 203 (2003), 401 (414 ff.); Erman/
Grunewald BGB § 434 Rn. 60; MüKoHGB/*Grunewald* § 377 Rn. 54; KKRD/*Roth* § 377 Rn. 27a; Oetker/
Maultzsch, Vertragliche Schuldverhältnisse, 3. Aufl. 2007, § 2 Rn. 161; *Oetker* FS Canaris Bd. II, 2007, 313, 314;
Oetker HandelsR § 8 II Rn. 36; *Canaris* HandelsR § 29 V Rn. 55 mit Fn. 75; *K. Schmidt* HandelsR § 29 III
Rn. 71 f. unter Berufung auf den Grundsatz von Treu und Glauben; *Rust,* Das kaufrechtliche Gewährleistungsrecht
1997, 87, 99; Soergel/*Huber* BGB aF Vor § 459 Rn. 129; eingehend *G. Müller* WM 2011, 1249 (1251 ff.) mwN; vgl.
ferner *Altmeppen/Reichard* FS U. Huber, 2008, 73, 93 ff.

ziert und schwierig war. Richtig ist auch, dass der Gesetzgeber diese Schwierigkeit mit Hilfe des § 433 Abs. 3 Alt. 1 BGB beheben und endlich für klare Rechtsverhältnisse sorgen wollte. Dennoch sprechen für eine Einschränkung des sachlichen Anwendungsbereichs des § 434 Abs. 3 BGB die besseren Argumente.

63   Besteht an der Erfüllungsuntauglichkeit der gelieferten Gattungssache nach dem Empfängerhorizont des Käufers objektiv kein Zweifel, so ist die Anwendung des Sachmängelrechts iSd §§ 434 ff. BGB unangebracht. Das gilt zunächst für die von v. Caemmerer angeführten Verwechslungsfälle (→ Rn. 59). Deren Besonderheit besteht darin, dass die gelieferte Sache mit der Kaufsache absolut keine Ähnlichkeit hat, wobei häufig auch ein erheblicher Wertunterschied besteht. Bei einem derartigen **Totalaliud**[141] fehlt die notwendige **Tilgungseignung.** So hat denn auch der Gesetzgeber der Schuldrechtsreform bei seinen Ausführungen zur Zuweniglieferung (Mankolieferung) dem Verständnis Ausdruck gegeben, dass Voraussetzung für die Gleichstellung von Falsch- und Zuweniglieferung mit Sachmängeln ist, dass der Verkäufer die Leistung als Erfüllung seiner Pflicht erbringt und dass dieser Zusammenhang zwischen Leistung und Verpflichtung für den Käufer erkennbar bestehen muss, es sich also etwa nicht um eine Leistung aufgrund einer anderen Verbindlichkeit handeln darf.[142] Hiernach wird man die Lieferung eines Totalaliud kaum dahin werten können, dass der Verkäufer damit ernstlich die eingegangene Lieferverpflichtung erfüllen wollte, sondern dass er eine über eine zugleich angebotene Vertragsänderung erst noch neu zu vereinbarende andere Verpflichtung hin leisten wollte.

64   Davon ist vor allem dann auszugehen, wenn der Verkäufer, der die bestellte Sache etwa nicht schnell genug produzieren oder beschaffen kann, dem Käufer absichtlich eine andere Ware (Gänse statt Weihnachtskarpfen) schickt in der ausdrücklich erklärten oder offenkundigen Absicht, ihm auf diese Art und Weise ein **neues Vertragsangebot** zu unterbreiten. Zwar haben diese Fälle nichts mit der Arglisthaftung zu tun, bei der die Untersuchungs- und Rügepflicht schon kraft Gesetzes (§ 377 Abs. 5) entfällt. Vielmehr geht es dem Verkäufer ersichtlich darum, einer Inanspruchnahme des Vertragsgegners wegen Nichtlieferung zuvorzukommen und einen völlig neuen Vertrag über eine ganz andere Sache mit einem möglicherweise höheren oder niedrigeren Kaufpreis abzuschließen. Mit einer Schlechtleistung hat das absolut nichts zu tun.[143] Der Verkäufer erwartet keine Mängelrüge, sondern hofft darauf, dass sein neues Vertragsangebot angenommen wird.

65   **c) Das sog. Identitäts–aliud. aa) Ausgangspunkt.** Nach früherem Recht kam eine Anwendung des Sachmängelrechts iSd §§ 459 ff. BGB aF auf die Lieferung eines Identitäts-aliuds nicht in Betracht. War etwa ein bestimmter Pkw mit einer bestimmten Fahrgestellnummer verkauft, wurde aber ein anderer Pkw geliefert, lag eindeutig ein Fall von Nichterfüllung vor, und zwar schon deshalb, weil der verkauften Sache überhaupt kein Sachmangel anhaftete.[144] Dem Käufer standen infolgedessen einerseits der ursprüngliche Erfüllungsanspruch und andererseits die Rechte aus §§ 320 ff. BGB aF zu.

66   Dennoch bestand aber die kaufmännische Rügeobliegenheit gem. § 378 aF für das sog. Identitäts-aliud. Nur kam deshalb im Gegensatz zum Gattungskauf eine Gleichstellung der Falschlieferung mit der Schlechtleistung nicht in Frage. Auch wenn den Käufer eine Untersuchungs- und Rügeobliegenheit traf, fanden die Gewährleistungsvorschriften (§§ 459 ff. BGB aF) keine Anwendung; vielmehr hatte es auch dann mit den allgemeinen Regeln über die Nichterfüllung (§§ 320 ff. BGB aF) sein Bewenden. Allerdings war der originäre Erfüllungsanspruch im Falle eines Rügeversäumnisses gem. § 378 aF iVm § 377 Abs. 2 oder 3 präkludiert.[145]

67   **bb) Die neue Gesetzeslage.** Nach überwiegender Ansicht in der Lit. wird auch die Lieferung eines sog. **Identitäts–aliuds** von den Regeln des § 434 Abs. 3 Alt. 1 BGB erfasst und muss daher beim beiderseitigen Handelskauf grundsätzlich gem. § 377 ordnungsgemäß gerügt werden. Das Identitäts-aliud wird also in Abweichung von der früheren Rechtslage einem **Sachmangel gleichgestellt** und stellt damit nicht mehr eine Nichtlieferung dar.[146] Anders die Gegenmeinung, die davon ausgeht, dass

---

[141] Zu diesem Terminus *St. Lorenz* JuS 2003, 36 (37).

[142] BT-Drs. 14/6040, 216; s. dazu *St. Lorenz* JuS 2003, 36 (38); *Tietdke/Schmitt* JZ 2004, 1092 (1095 ff.) mwN; *Thomale,* Leistung als Freiheit, 2012, 38 f.

[143] S. *G. Müller* WM 2011, 1249 (1252 f.); s. ferner *Rust,* Das kaufrechtliche Gewährleistungsrecht, 1997, 99, 101; zust. insoweit Baumbach/Hopt/*Hopt* § 377 Rn. 16.

[144] Vgl. BGH Urt. v. 20.12.1978 – VIII ZR 236/77, NJW 1979, 811; Soergel/*Huber* BGB aF Vor § 459 Rn. 132; *Rust,* Das kaufrechtliche Gewährleistungsrecht, 1997, 88 f., beide mwN.

[145] Ganz überwiegende Ansicht, s. etwa Düringer/Hachenburg/*Hoeniger* HGB aF § 378 Anm. 3; Staub/*Brüggemann* HGB aF § 378 Rn. 9, 13, 39, 42, 72; Soergel/*Huber* BGB aF Vor § 459 Rn. 132; Schlegelberger/*Hefermehl* HGB aF § 378 Rn. 11; *Altmeppen/Reichard* FS. Huber, 2006, 73, 82 f. mwN; s. dazu auch *G. Müller* WM 2011, 1249 (1250, 1254); aA *Kramer* NJW 1979, 2023 ff.; wohl auch *Canaris,* Schuldrechtsmodernisierung 2002, 2002, Einführung S. XXIII.

[146] S. etwa Staudinger/*Matusche-Beckmann,* 2014, BGB § 434 Rn. 115; BeckOK BGB/*Faust* BGB § 434 Rn. 110; Palandt/*Weidenkaff* BGB § 434 Rn. 52a; MüKoHGB/*Grunewald* § 377 Rn. 55; Erman/*Grunewald* BGB § 434 Rn. 61; Baumbach/Hopt/*Hopt* § 377 Rn. 16; KKRD/*Roth* § 377 Rn. 5a; BeckOK HGB/*Schwartze* Rn. 20; HaKo-HGB/*Stöber* § 377 Rn. 13; Oetker/*Koch* § 377 Rn. 26; *K. Schmidt* HandelsR § 29 III Rn. 61; *Hübner* HandelsR § 7 D II 3 Rn. 599, 600; *Stöber,* Beschaffenheitsgarantien des Verkäufers, 2006, 43; *Brors* JR 2002, 133 f.; *Tiedtke/Schmitt* JZ 2004, 1092 f.; *Reinicke/Tiedtke* KaufR Rn. 357; *St. Lorenz* JuS 2003, 228 f.; *Dauner-Lieb/Arnold*

die Regelungen des § 434 Abs. 3 Alt. 1 BGB auf die Falschlieferung beim Stückkauf keine Anwendung finden könnten, sondern es insoweit bei der alten Rechtslage, also bei der Anwendung des allgemeinen Leistungsstörungsrechts verbleiben müsse.[147] Da es die Vorschrift des § 378 aF nicht mehr gibt, bestünde bei diesem Ausgangspunkt nach neuem Recht in diesen Fällen beim beiderseitigen Handelskauf keine Untersuchungs- und Rügeobliegenheit.

Richtigerweise kommt die in § 434 Abs. 3 Alt. 1 BGB normierte Gleichstellung von Falschliefe-   **68** rung und Schlechtlieferung auch in Fällen des Stückkaufs bei einem Identitäts-aliud zur Anwendung. Zwar weist die Gesetzesbegründung auf den ersten Blick in andere Richtung,[148] ist bei näherer Betrachtung in dieser Frage aber keineswegs eindeutig.[149] Vor allem im Gesetzeswortlaut hat eine unterschiedliche Behandlung des Identitäts-aliud gegenüber sonstigen aliud-Fällen keinen Niederschlag gefunden. Auch sonst sprechen keine durchgreifenden sachlichen Gesichtspunkte für eine dahin gehende teleologische Reduktion des § 434 Abs. 3 BGB.

Für die Anwendbarkeit des Gewährleistungsrechts spricht allein schon, dass bei einem Stückkauf   **69** eine **Nachlieferung** prinzipiell möglich ist, vorausgesetzt, dass die Kaufsache nach dem Willen der Vertragsparteien **austauschbar** ist bzw. die Verweigerung eines Austauschs treuwidrig wäre, etwa weil die ersatzweise nachgelieferte alle vertragswesentlichen Merkmale in mindestens der geforderten Beschaffenheit aufweist.[150] Hinzu kommt, dass der Gesetzgeber die aus § 378 aF bekannte Unterscheidung zwischen genehmigungsfähigen und nicht genehmigungsfähigen Mängeln gerade nicht in das BGB übernehmen, sondern unter Einbeziehung des aliud künftig einheitlich fassen und einem einheitlichen Gewährleistungsregime unterstellen wollte; insbesondere wollte er bei einer ohnehin in erster Linie nur für den Stückkauf in Betracht kommenden Unmöglichkeit einer Nacherfüllung die allgemeinen Vorschriften, namentlich § 275 BGB, auf § 439 BGB bezogen zur Anwendung gebracht wissen.[151] Mit dem dadurch bedingten Fortfall des zweifelhaften Kriteriums der Genehmigungsfähigkeit iSd § 378 aF ist zugleich die Rügeobliegenheit erheblich erweitert worden. Denn es wäre auch nicht zu verstehen, wenn etwa der Käufer einer ganz bestimmten Partie Kartoffeln die Falschlieferung mangels Anwendbarkeit des Sachmängelrechts nicht nach § 377 rügen müsste, während der Gattungskäufer seine Gewährleistungsansprüche wegen eines Rügeversäumnisses verlieren würde.[152] Ausgenommen sind insoweit lediglich die unter → Rn. 63 f. erörterten und mit Blick auf § 362 BGB abweichend zu beurteilenden Fälle eines Total-aliud.

d) Die höherwertige Lieferung. Nach überwiegender Meinung[153] kann § 434 Abs. 3 BGB auch   **70** bei der Lieferung eines höherwertigen aliud Anwendung finden. Allerdings ist zu differenzieren. Geht es nur darum, dass der Verkäufer die gekaufte Ware in besserer Qualität als vereinbart oder sonst als gem. § 243 Abs. 1 BGB geschuldet geliefert hat, muss der Käufer die Ware grundsätzlich als vertragsgemäß entgegennehmen, es sei denn, er ist dadurch aus besonderen Gründen zur Zahlung eines höheren Preises verpflichtet oder er hat ein anerkennenswertes Interesse an der Lieferung gerade der vereinbarten Qualität oder an Qualität mittlerer Art und Güte.[154] Ansonsten, insbesondere bei anderen Abweichungen von der geschuldeten Beschaffenheit, stehen dem Käufer die gesetzlichen Gewährleistungsrechte grundsätzlich uneingeschränkt zu. Es ist in diesen Fällen allein die Vertragswidrigkeit der Lieferung, welche die Anwendung des § 434 Abs. 3 Alt. 1 BGB rechtfertigt.

Der Verkäufer, der in besserer Qualität als vereinbart oder nach § 243 Abs. 1 BGB geschuldet oder   **71** sonst ein höherwertiges aliud leistet, ist hieran grundsätzlich gebunden. Das gilt zumindest in Fällen, in denen einem bereicherungsrechtlichen Herausgabeanspruch aus § 812 Abs. 1 BGB der Umstand, dass der Verkäufer die Abweichung von den vertraglichen Maßstäben kennt, und damit § 814 BGB entgegensteht. Ansonsten kommt ein Rückgabeverlangen nur dann in Betracht, wenn es dem Verkäufer gelingt, seine Tilgungsbestimmung gem. §§ 119, 123 BGB wirksam anzufechten, wobei selbst

---

JuS 2002, 1175; *Brüggemeier* WM 2002, 1376 (1378); *Musielak* NJW 2003, 89 (90); *G. Müller* WM 2011, 1249 (1253 ff.).

[147] *Canaris,* Schuldrechtsmodernisierung 2002, 2002, Einführung S. XXIII; *Canaris* Karlsruher Forum 2002, 5, 68 ff.; *Lettl* JuS 2002, 866 (871); *G. Schulze* NJW 2003, 1022 (1023); vgl. auch *Westermann* NJW 2002, 241 (246); *Altmeppen/Reichard* FS U. Huber, 2006, 73, 82; *Thier* AcP 203 (2003), 399 (403 ff.) mwN.

[148] BT-Drs. 14/6040, 216.

[149] S. dazu *Altmeppen/Reichard* FS Huber, 2006, 73, 81; *G. Müller* WM 2011, 1249 (1253 f.) mwN.

[150] BGH Urt. v. 7.6.2006 – VIII ZR 209/05, BGHZ 168, 64 Rn. 18 ff. = NJW 2006, 2839 (2841); BGH Urt. v. 29.11.2006 – VIII ZR 92/06, BGHZ 170, 86 Rn. 17 = NJW 2007, 1346 f.; BGH Beschl. v. 8.1.2019 – VIII ZR 225/17, NJW 2019, 1133 Rn. 31, 33; BGH Urt. v. 11.12.2019 – VIII ZR 361/18, ZIP 2020, 419 Rn. 39 ff.; zust. ua Palandt/*Weidenkaff* BGB § 439 Rn. 15; MüKoBGB/*Westermann* BGB § 439 Rn. 15; Erman/*Grunewald* BGB § 439 Rn. 4; aA insbesondere *U. Huber* FS Schlechtriem, 2003, 521, 523 f.; *Ackermann* JZ 2002, 278 f.

[151] Vgl. BT-Drs. 14/6040, 216, 232; ferner etwa BGH Urt. v. 11.12.2019 – VIII ZR 361/18, ZIP 2020, 419 Rn. 39 ff. mwN.

[152] S. *G. Müller* WM 2011, 1249 (1254); vgl. ferner *K. Schmidt* HandelsR § 29 III Rn. 61.

[153] Vgl. etwa Palandt/*Weidenkaff* BGB § 434 Rn. 57; BeckOK BGB/*Faust* BGB § 437 Rn. 214 f.; *Lettl* JuS 2002, 866 (869 f.); *St. Lorenz* JuS 2003, 36 (39); *Musielak* NJW 2003, 89 (90); *Tiedtke/Schmitt* JZ 2004, 1092 (1097 f.) mwN; aA *Wenzel* DB 2003, 1887 (1890); wohl auch *Brors* JR 2002, 133 (135); vgl. ferner *Thier* AcP 203 (2003), 399 (419).

[154] MüKoBGB/*Emmerich* BGB § 243 Rn. 21; BeckOK BGB/*Sutschet* BGB § 243 Rn. 14, 60 mwN.

eine Anfechtung ausgeschlossen wäre, wenn sie zur Folge hätte, dass der Verkäufer dadurch dem Käufer die Möglichkeit der die Ausübung bereits entstandener Gewährleistungsrechte entziehen würde (→ § 377 Rn. 199).[155]

72 **6. Die Zuweniglieferung. a) Grundsätze.** In § 434 Abs. 3 Alt. 2 BGB wird die **Zuwenigliefe- rung** (eine zu geringe Menge) genauso wie die Falschlieferung ausdrücklich einem Sachmangel gleich- gestellt. In den Gesetzesmaterialien wird dies vor allem damit begründet, es könne Fälle geben, in denen es für den Käufer wichtig sei, die Gesamtlieferung aus einer Partie zu erhalten, und dies gewährleiste allein der gewährleistungsrechtliche Anspruch auf völlige Neulieferung der nunmehr richtigen Menge.[156]

73 Nach bisherigem Recht verlor der Käufer beim beiderseitigen Handelskauf den Anspruch auf Lieferung des vertraglich geschuldeten Restes, wenn er das Manko nicht unverzüglich rügte (§ 378 aF), es sei denn, der Verkäufer handelte arglistig (§ 377 Abs. 5) oder die gelieferte Teilmenge wich von der bestellten Menge so erheblich ab, dass der Verkäufer die Genehmigung des Käufers schlechterdings als ausgeschlossen erachten musste (§ 378 Hs. 2 aF). Der Unterschied zur Schlechtlieferung bestand danach nur darin, dass selbst die schwersten Qualitätsmängel nach § 377 gerügt werden mussten,[157] während bei Zuweniglieferungen wie bei Aliudlieferungen eine Genehmigungsunfähigkeit gem. § 378 Hs. 2 aF die Rügelast entfallen lies.

74 Das vertragswidrige Manko war schon immer ein Sachmangel. Wurde zB eine schwimmende Schiffsladung Holz unter Angabe einer Kubikmeterzahl, eine Schiffsladung Kohle unter Angabe des Gewichts oder eine gelieferte Partie Konserven unter Angaben der Stückzahl verkauft und blieb der wirkliche Bestand hinter der Angabe zurück, wies die verkaufte Partie einen Mangel iSd § 459 Abs. 1 BGB aF auf.[158] War der Gerüstbestand des verkauften Gerüstbauunternehmens erheblich kleiner als von den Vertragsparteien bei Vertragsabschluss angenommen, stellte dies ebenfalls einen Sachmangel iSd § 459 Abs. 1 BGB aF dar, sofern der Fehlbestand den Wert oder die Gebrauchstauglichkeit des Betriebes als Ganzes beeinträchtigte.[159] Ob und inwieweit eine Mindermenge vorlag, dh die Beschaf- fenheit der gelieferten Sache nicht der Mengenangabe entsprach, richtete sich grundsätzlich nach Stückzahl, Maß und Gewicht.[160] Die kaufmännische Untersuchungs- und Rügepflicht hätte sich in diesen Fällen beim beiderseitigen Handelskauf auch ohne die von der Rspr. herangezogene Sonder- regelung des § 378 aF[161] aus dem Grundtatbestand des § 377 ergeben.[162]

75 **b) Der Anwendungsbereich des § 434 Abs. 3 Alt. 2 BGB.** Unter einer Minderlieferung iSd § 434 Abs. 3 Alt. 2 BGB ist die **zu geringe Lieferung gleichartiger Sachen** zu verstehen, dh von Sachen, die nach Stück oder Gewicht bestimmt werden.[163] Die Vorschrift ist daher nicht anwendbar, wenn von mehreren verschiedenen Kaufsachen nicht alle oder von einer einheitlichen Kaufsache nur einzelne abtrennbare Teile geliefert werden.[164] Vielmehr gilt hier das allgemeine Leistungsstörungs- recht. Zwar findet sich für diese differenzierende Betrachtungsweise im Gesetzestext keine unmittel- bare Stütze. Die restriktive Auslegung der Vorschrift entspricht aber der bisherigen höchstrichterlichen Rspr. So hat der BGH[165] zum Beispiel bei einer nicht komplett geleisteten Sachgesamtheit eine teilweise Nichterfüllung und keine Sachmangelhaftung iSd § 459 BGB aF bejaht. Ziel der restriktiven Anwendung des Sachmängelrechts war es, dem Gläubiger seinen ursprünglichen Erfüllungsanspruch zu erhalten.[166] Diese Überlegung trägt auch heute noch.

76 Auf die Regeln des § 434 Abs. 3 Alt. 2 BGB muss auch dann nicht zurückgegriffen werden, wenn die gelieferte Sache nicht die vertraglich vorausgesetzten Abmessungen hat und deshalb für den vertraglich vorausgesetzten Zweck ungeeignet oder in ihrer Eignung bzw. ihrem Wert beeinträchtigt ist.[167] Ein

---

[155] IE allerdings str., vgl. nur Erman/*Grunewald* BGB Vor § 437 Rn. 29; BeckOK BGB/*Faust* BGB § 437 Rn. 214 f. mwN.

[156] BT-Drs. 14/6040, 216.

[157] S. BGH Urt. v. 20.4.1977 – VIII 141/75, BGH LM HGB § 377 Nr. 19 = BB 1977, 1019; s. auch *Rust,* Das kaufrechtliche Gewährleistungsrecht, 1997, 84 mit Fn. 72; *G. Müller* WM 2011, 1249 (1252).

[158] Vgl. BGH Urt. v. 30.5.1984 – VIII ZR 20/83, BGHZ 91, 293 (298 ff.) = NJW 1984, 1964; vgl. dazu auch *Oetker* FS Canaris Bd. II, 2007, 313, 317 mwN.

[159] BGH Urt. v. 14.7.1978 – I ZR 154/76, NJW 1979, 33; krit. *Friesen* NJW 1979, 2288.

[160] Vgl. BGH Urt. v. 13.3.1996 – VIII ZR 36/95, WM 1996, 1013 f.= NJW 1996, 1826mwN; vgl. auch *E. Wolf* WM-Sonderbeilage 2/1998, 31.

[161] BGH Urt. v. 30.5.1984 – VIII ZR 20/83, BGHZ 91, 293 (297 ff.) = NJW 1984, 1964.

[162] S. etwa Soergel/*Huber* BGB aF § 459 Rn. 50.

[163] S. zB Palandt/*Weidenkaff* BGB § 434 Rn. 53; PWW/*D. Schmidt* BGB § 434 Rn. 96; BeckOK BGB/*Faust* BGB § 434 Rn. 115; HaKo-HGB/*Stöber* § 377 Rn. 14; *Windel* JURA 2003, 793 (795); wohl auch *Oetker* FS Canaris Bd. II, 2007, 313 ff.; aA NK-BGB/*Büdenbender* BGB § 434 Rn. 75, 76; Erman/*Grunewald* BGB § 434 Rn. 63.

[164] BeckOK BGB/*Faust* BGB § 434 Rn. 115 mwN.

[165] Vgl. etwa BGH Urt. v. 1.10.1991 – V ZR 36/91, NJW 1992, 3224 f.; Urt. v. 4.11.1992 – VIII ZR 165/91, NJW 1993, 461 (462 f.).

[166] Vgl. *Ehmann/Sutschet,* Modernisiertes Schuldrecht, 2002, § 7 X 1b; *Lorenz/Riehm,* Lehrbuch zum neuen Schuldrecht, 2002, Rn. 496; MüKoBGB/*Ernst* BGB § 323 Rn. 216.

[167] S. etwa BGH Urt. v. 30.4.1975 – VIII ZR 164/73, NJW 1975, 2011.

echter Sachmangel und keine ihm (nur) gleichgestellte Zuweniglieferung liegt ferner vor, wenn die gelieferte Ware zwar der Anzahl nach mit der vertraglichen Vereinbarung übereinstimmt, die gelieferten Stücke aber gegenüber dem Vertragsinhalt Untergewicht haben oder andere vertragswidrige Abweichungen aufweisen.[168]

Im Unterschied zu § 378 aF ordnet § 434 Abs. 3 BGB Alt. 2 BGB die Gleichstellung von einer **77** Minderlieferung mit einem Mangel **unabhängig von dem Ausmaß der Quantitätsabweichung** an. Dementsprechend bejaht die allgemeine Ansicht die Anwendbarkeit der Vorschrift selbst in den Fällen, in denen die Abweichung nur gering ist. Umgekehrt muss konsequenterweise dasselbe gelten.[169] Bestätigt wird dies durch die Entstehungsgeschichte, da der ursprünglich erwogene Vorbehalt, dass die zu gering gelieferte Menge als Erfüllung offensichtlich nicht in Betracht kommt, im Verlauf des Gesetzgebungsverfahrens fallen gelassen wurde und auch das Tatbestandsmerkmal der Genehmigungsfähigkeit in § 378 aF nicht übernommen werden sollte.[170]

c) Bewusste und/oder evidente Zuweniglieferung. Nach nahezu einhelliger Auffassung[171] **78** erfasst § 433 Abs. 3 Alt. 2 BGB nicht den Fall, dass der Verkäufer gegenüber dem Käufer klar und deutlich zum Ausdruck bringt, dass er entgegen der ursprünglichen Vereinbarung vorerst oder endgültig nur eine **Teillieferung** iSd § 266 BGB erbringt, wobei Lieferschein und/oder Rechnung hierfür normalerweise einen deutlichen Anhaltspunkt liefern. Das ist unübersehbar der Entstehungsgeschichte zu entnehmen, wonach Voraussetzung für die Gleichstellung von Falsch- und Zuweniglieferungen mit Sachmängeln ist, dass der Verkäufer die Leistung als Erfüllung seiner Pflicht erbringt, für den Käufer also nach dessen Empfängerhorizont erkennbar sein muss, dass der Verkäufer mit der Lieferung wirklich erfüllen und nicht nur eine Teilleistung erbringen will.[172]

Ist die Lieferung dagegen nicht offen als Teilleistung deklariert (sog. **verdeckte Teilleistung**), muss **79** der Käufer im Regelfall davon ausgehen, dass der Verkäufer seine kaufvertraglichen Pflichten mit der Lieferung vollständig und ordnungsgemäß erfüllen will. Es liegt daher eine **Minderlieferung** iSd § 434 Abs. 3 Alt. 2 BGB vor, die bei einem beiderseitigen Handelskauf grundsätzlich nach den Regeln des § 377 gerügt werden muss. Allerdings kann sich aus den Umständen ergeben, dass der Käufer mit einer zeitnahen Nachlieferung rechnen durfte. Besteht etwa ein dem Käufer bekannter Lieferengpass und war deshalb nach den anders nicht zu verstehenden Umständen zu erwarten, dass die noch ausstehenden Waren einigermaßen zeitnah geliefert werden, besteht keine Untersuchungs- und Rügepflicht.[173]

Schwierigkeiten können die Fälle bereiten, in denen die Zuwenig- oder Mankolieferung sofort ins **80** Auge springt, aber unklar bleibt, ob es sich bei der Lieferung um eine Verwechselung handelt oder ob der Verkäufer damit endgültig ganz oder nur teilweise erfüllen wollte. Hier wird man angesichts eines in § 266 BGB zum Ausdruck kommenden Ausnahmecharakters der Teilleistung im Zweifel jedenfalls von einer abschließenden Leistungserbringung ausgehen müssen mit der Folge, dass bei einem beiderseitigen Handelskauf ein gem. § 377 Abs. 1 unverzüglich zu rügender offener Mangel iSd § 434 Abs. 3 BGB gegeben wäre.

7. Die Zuviellieferung. Nach § 434 Abs. 3 Alt. 2 BGB wird zwar die Zuweniglieferung, nicht **81** aber die Zuviellieferung der Schlechtleistung gleichgestellt, während § 378 aF noch beide Fälle erfasste. Der Grund hierfür liegt darin, dass die Zuviellieferung als solche im Regelfall keine Ähnlichkeit mit einer Schlechtlieferung hat und infolgedessen mit ihr nicht gleichgesetzt werden darf. Wird bei einem Gattungskauf mehr geliefert als bestellt, handelt es sich regelmäßig um die **Zusendung unbestellter Ware,** die der Käufer ohne Weiteres zurückzuweisen darf. Dasselbe gilt für den Spezieskauf. Ist etwa die verkaufte Partie Kohlen größer als vereinbart, wird hierdurch weder die Gebrauchstauglichkeit noch der Wert der bestellten Kaufsache beeinträchtigt. Im Gegenteil erhält der Käufer schlicht mehr, als ihm nach dem Vertragsinhalt zusteht.[174]

Bei einem beiderseitigen Handelskauf musste der Käufer die Zuviellieferung nach § 378 aF rügen, **82** soweit es sich nicht um eine offensichtlich erhebliche Abweichung handelte. Die Zuviellieferung galt demnach gem. § 378 aF iVm § 377 Abs. 2 grundsätzlich als genehmigt. Der Käufer musste zudem

---

[168] BGH Urt. v. 10.11.1976 – VIII ZR 112/75, WM 1977, 220; s. dazu auch Soergel/*Huber* BGB aF § 459 Rn. 58 mwN; BeckOK BGB/*Faust* BGB § 434 Rn. 115.

[169] S. etwa *Oetker* FS Canaris Bd. II, 2007, 313, 317 f.

[170] BT-Drs. 11/6040, 216; s. auch *Thier* AcP 202 (2003), 73 (91); *Oetker* FS Canaris Bd. II, 2007, 313, 318.

[171] S. etwa *Lorenz/Riehm,* Lehrbuch zum neuen Schuldrecht, 2002, Rn. 496; *Ehmann/Sutschet,* Modernisiertes Schuldrecht, 2002, § 7 X 1b; *Thier* AcP 203 (2003), 399 (424 f.); Jauernig/*Berger* BGB § 434 Rn. 21; *Oetker/ Maultzsch,* Vertragliche Schuldverhältnisse, 2007, 86; Erman/*Grunewald* BGB § 434 Rn. 60; vgl. auch Palandt/*Sprau* BGB § 633 Rn. 8; PWW/*D. Schmidt* BGB § 434 Rn. 96; Staudinger/*Matusche-Beckmann,* 2014, BGB § 434 Rn. 122; eingehend *Oetker* FS Canaris Bd. II, 2007, 313, 318 mwN; *St. Lorenz* JuS 2003, 36 (37 f.) mit Fn. 26; abw. *Windel* JURA 2003, 393 (394 f.).

[172] BT-Drs. 14/6040, 216.

[173] Vgl. *Linnerz,* Die Untersuchungs- und Rügepflicht im CISG und im HGB, 2014, 274 zu Art. 122 Abs. 5 GEKR (Vorschlag für eine Verordnung über ein Gemeinsames Europäisches Kaufrecht).

[174] So schon *U. Huber,* Gutachten und Vorschläge zur Überarbeitung des Schuldrechts, 1981, 870.

nach der überwiegenden Ansicht eine **offene** (durch Lieferschein oder Rechnung ausgewiesene) **Mehrlieferung** bezahlen.[175] Erfolgte die Mehrlieferung hingegen **verdeckt,** hatte es damit grundsätzlich sein Bewenden. Der Verkäufer konnte nicht nachträglich, nachdem der Käufer die Rüge unterlassen hatte, die Rechnung nach oben korrigieren.[176] Andernfalls hätte der unredliche Verkäufer sich mit Hilfe der Untersuchungs- und Rügeobliegenheit einen höheren Kaufpreis erschleichen können, was sowohl der Wertung von § 377 Abs. 5 als auch dem allgemeinen Grundsatz von Treu und Glauben (§ 242 BGB) widersprochen hätte. Nach **heutigem Recht besteht** grundsätzlich **keine Rügeobliegenheit** mehr (→ § 377 Rn. 71).

83   Von der reinen Zuviellieferung sind die Fälle zu unterscheiden, in denen der Ware der verkauften Gattung vertragswidrig **Waren anderer Güte beigemischt** sind (neben den Schrauben der verkauften Sorte enthält die Lieferung auch Schrauben anderer Sorte). Hier ist die Lieferung insgesamt mangelhaft, wenn die **Aussortierung** mit ins Gewicht fallenden Mühen und Kosten verbunden ist. Zur Sortierung ist der Käufer nicht verpflichtet, sondern nur berechtigt.[177] Ob der Verkäufer berechtigt ist, die Sortierung an Ort und Stelle vorzunehmen, richtet sich mangels Handelsbrauchs nach Treu und Glauben (§ 242 BGB). Man wird dies grundsätzlich nur dann bejahen können, wenn sich nach Sortierung ohne Weiteres feststellen lässt, dass die nach Aussortierung verbleibenden Stücke mangelfrei sind.[178] Beim beiderseitigen Handelskauf ergab sich die Rügepflicht schon vor der Schuldrechtsreform aus dem Grundtatbestand des § 377 Abs. 1 und nicht aus § 378 aF.

84   Mit der Zuviellieferung haben auch die Fälle nichts gemein, in denen die gelieferte Kaufsache nicht über die vereinbarte Größe oder das festgelegte Gewicht verfügt. Sind etwa die gekauften Stahlträger zu kurz oder zu lang, liegt weder ein Aliud[179] noch eine Zuwenig- oder Zuviellieferung vor. Dasselbe gilt für den Fall, dass die gelieferte Ware ein den Wert oder die Gebrauchstauglichkeit beeinträchtigendes Übergewicht aufweist.[180]

85   Während unter Geltung des § 378 aF vielfach erwogen wurde, in der unterbliebenen Mängelrüge eine die Mehrlieferung erfassende konkludente (stillschweigende) Vertragsänderung zu sehen, fehlt hierfür seit der Schuldrechtsreform jede normative Grundlage.[181] Allerdings kann in der **offenen Zuviellieferung** ein **konkludentes Angebot zur Vertragsänderung** liegen, während verdeckte Mehrlieferungen keinen auf Vertragsänderungen gerichteten rechtsgeschäftlichen Willen erkennen lassen.[182] Ob ein nach diesen Maßstäben anzunehmendes Angebot vom Käufer etwa durch Gebrauch oder Verarbeitung der Ware angenommen wurde, ist Tatfrage.[183]

86   In der neueren Lit.[184] wird vereinzelt vorgeschlagen, die Zuviellieferung bzw. Mehrlieferung in Anlehnung an die Verbrauchsgüterkauf-RL entweder generell oder bei Nachteiligkeit der Mehrleistung für den Käufer einem Sachmangel gleichzusetzen und beim beiderseitigen Handelskauf die Regeln von § 377 anzuwenden. Dem steht aber der klare und eindeutige Wortlaut des § 434 Abs. 3 BGB sowie seine Entstehungsgeschichte mitsamt der ersatzlosen Streichung des die Mehrleistung einbeziehenden § 378 aF entgegen.[185] Eine etwaige Diskrepanz zu Art. 2 Abs. 1 Verbrauchsgüterkauf-RL reicht für sich genommen nicht aus, um eine planwidrige Regelungslücke anzunehmen,[186] ganz abgesehen davon, dass eine etwaige richtlinienkonforme Auslegung auf den Verbrauchsgüterkauf (§ 474 BGB) beschränkt wäre und sich angesichts des klar entgegenstehenden Wortlaut des § 434 Abs. 3 BGB nicht auf Kaufverträge zwischen Unternehmern erstrecken würde.[187] Zudem wird die Mehrleistung den Wert oder die Gebrauchstauglichkeit der Gattungs- oder Speziessache ohnehin

---

[175] S. *G. Müller* → 1. Aufl. 2001, § 378 Rn. 29 ff.; s. ferner Soergel/*Huber* BGB aF § 459 Rn. 53 mwN.

[176] *G. Müller* → 1. Aufl. 2001, § 378 Rn. 31; KKRD/*Roth* § 377 Rn. 27b mwN auch zur Gegenmeinung.

[177] Vgl. OLG Kiel Urt. v. 24.2.1917 – III 102/16, SeuffA 72 Nr. 214; Soergel/*Huber* BGB aF § 469 Rn. 9.

[178] So auch Soergel/*Huber* BGB aF § 469 Rn. 9.

[179] BGH Urt. v. 30.4.1975 – VIII ZR 164/73, NJW 1975, 2011 = WM 1975, 562.

[180] Vgl. BGH Urt. v. 10.11.1976 – VIII ZR 112/75, WM 1977, 220 f.

[181] AA wohl *Hadding* FS Kollhosser Bd. II, 2004, 175, 177 f.: keine Anwendung des § 434 Abs. 3 BGB, wohl aber Bestehen einer Untersuchungs- und Rügepflicht nach § 377.

[182] Dazu bereits zutr. *Hein* ZHR 87 (1924), 54 (101).

[183] Dazu ausf. *Oetker* FS Canaris Bd. II, 2007, 313, 323 f. mwN.

[184] So insbes. *Pfeiffer* ZGS 2002, 138 (140); ähnl. KKRD/*Roth* Rn. 19e u. 27b; iErg ferner *Canaris* HandelsR § 29 V Rn. 56, sofern die vertragswidrige Mehrleistung für den Käufer auf irgendeine Weise nachteilig sein kann; Heymann/*Emmerich/Hoffmann* Rn. 32; MüKoHGB/*Grunewald* § 377 Rn. 57; *Reinicke/Tiedtke* KaufR Rn. 383.

[185] So auch Staudinger/*Matusche-Beckmann*, 2014, BGB § 434 Rn. 121 mwN; PWW/*D. Schmidt* BGB § 434 Rn. 100; Palandt/*Weidenkaff* BGB § 434 Rn. 57; s. ferner Baumbach/Hopt/*Hopt* Rn. 19; *K. Schmidt* HandelsR § 29 III Rn. 61 u. 118; *Oetker* FS Canaris Bd. II, 2007, 313, 316 mwN; Bamberger/Roth/*Faust* BGB § 434 Rn. 117; HaKo-HGB/*Stöber* Rn. 15; *Sieber,* Die Mängelanzeige beim Warenkauf, 2008, 35 f., die allerdings eine Vorlage an den EuGH empfiehlt. Indessen war sich der Gesetzgeber der Schuldrechtsreform der Ausgrenzung der Zuviellieferung aus § 434 BGB bewusst, was auch aus den Erörterungen zur ersatzlosen Streichung von § 378 aF ergibt, s. dazu auch *U. Huber,* Leistungsstörungen, in Gutachten und Vorschläge zur Überarbeitung des Schuldrechts Bd. I, 1981, 870.

[186] Zutr. *Oetker* FS Canaris Bd. II, 2007, 313, 316.

[187] Dazu näher BGH Urt. v. 17.10.2012 – VIII ZR 226/11, BGHZ 195, 135 Rn. 17 ff. = NJW 2013, 220; BGH Urt. v. 2.4.2014 – VIII ZR 46/13, BGHZ 200, 337 Rn. 27 = NJW 2014, 2183.

normalerweise nicht in fehlerbegründender Weise schmälern. Werden etwa 500 ccm statt 50 ccm Erde geliefert,[188] so kann der Käufer die evident zuviel gelieferte Sache ohne Weiteres zurückweisen. Dass die Zuviellieferung auf Grund der kaufvertraglichen Vereinbarung auf Kosten des Verkäufers ausgesondert werden muss, führt nicht dazu, dass die bestellte geringere Menge Erde sich zum vertraglich vorausgesetzten oder gewöhnlichen Gebrauch nicht eignet. Aber selbst wenn es tatsächlich einen Fall geben sollte, in dem die Zuviellieferung die Gebrauchstauglichkeit der Kaufsache beeinträchtigt, so wäre das noch kein Grund, die Zuviellieferung ausschließlich einer Schlechtleistung gleichzustellen.

8. Die verschuldensabhängige Schadensersatzhaftung für Sachmängel. a) Grundsatz. Die 87 Schadensersatzhaftung gem. § 437 Nr. 3 BGB, § 280 BGB iVm § 433 Abs. 1 S. 2 BGB, § 434 BGB greift ein, wenn sich der Verkäufer im Hinblick auf den Sachmangel **schuldhaft** verhalten hat, wenn ihn also zumindest ein Fahrlässigkeitsvorwurf trifft[189]. Im Unterschied zur Rechtslage haftete der Verkäufer nach gefestigter Rspr. des BGH vor der Rechtsänderung wegen positiver Vertragsverletzung nur für die sog. Mangelfolgeschäden (Personenschäden, Sachschäden, aber auch bestimmte Vermögensschäden), während er für die eigentlichen Mangelschäden (Mehrkosten des Deckungsgeschäfts, Mängelbeseitigungskosten, Kosten des Nutzungsausfalls bis zur Beseitigung des Sachmangels oder bis zur Ersatzbeschaffung und entgangener Gewinn aus der Weiterveräußerung der Sache) nur bei Arglist (§§ 463 S. 2, 480 Abs. 2 Fall 2 BGB aF) bzw. Zusicherung (§§ 463 S. 1, 480 Abs. 2 Fall 1 BGB aF) oder beim Gattungskauf dann einstehen musste, wenn er mit der Ersatzlieferung in Verzug geraten war (§§ 480 Abs. 1, 326 BGB aF).[190]

Nach dem **heutigem Gewährleistungsrecht** geht die verschuldensabhängige Haftung des Ver- 88 käufers wesentlich weiter. Von § 437 Nr. 3 BGB iVm § 280 BGB werden nicht nur die **Mangelfolgeschäden,** sondern auch die **eigentlichen Mangelschäden** erfasst. Für den Kauf besteht damit eine ähnliche Rechtslage, wie sie vor der Schuldrechtsreform mit § 635 BGB aF bereits für den Werkvertrag galt. Damit wurden die erheblichen Lücken der kaufrechtlichen Schadensersatzhaftung und die unlösbaren Probleme der Abgrenzung zwischen Mangelfolgeschaden und Mangelschaden beseitigt.[191]

Was die Bedeutung des neu eingeführten **Nachfristerfordernisses** (§ 437 Nr. 3 BGB) für die 89 verschuldensabhängige Schadensersatzhaftung des Verkäufers anbetrifft, ist zu unterscheiden. Entbehrlich ist eine Nachfristsetzung grundsätzlich nur bei Vorliegen besonderer Umstände wie Erfüllungsverweigerung, Unmöglichkeit oder Unzumutbarkeit (§ 281 Abs. 2 BGB, § 283 BGB, § 311a Abs. 2 BGB, § 440 BGB). Die Nachfristsetzung ist nur für solche mangelbedingten Schäden von Bedeutung, die durch die nachträgliche Beseitigung des verantwortlichen Sachmangels noch ganz oder teilweise abzuwenden sind. Dagegen sind bereits **eingetretene Schäden** gem. § 437 Nr. 3 BGB iVm § 280 BGB ohne Weiteres zu ersetzen. Eine Nachfristsetzung wäre hier zwecklos und sinnwidrig. Das ist bei den sog. Mangelfolgeschäden durchweg der Fall.[192] Folgerichtig sind als Schadensersatz etwa auch die Kosten zu ersetzen, die dem Käufer durch das Erfordernis einer zweiten Untersuchung der nunmehr nachgelieferten oder nachgebesserten Ware entstehen, wenn der nachgebesserte Mangel vom Verkäufer zu vertreten war.

b) Haftung beim Kauf vom Hersteller. Ist der Verkäufer gleichzeitig Hersteller (Produzent) der 90 Kaufsache, gelten für die Verschuldenshaftung **strengere Maßstäbe.** Nach Ansicht des BGH[193] muss der Hersteller nicht nur hinsichtlich der Deliktshaftung, sondern auch hinsichtlich der Haftung aus Kaufvertrag wegen positiver Vertragsverletzung sein fehlendes Verschulden nachweisen, wenn der Schaden bei bestimmungsgemäßer Verwendung eingetreten ist. Der **Entlastungsbeweis** bezieht sich darauf, dass den Hersteller selbst und die von ihm eingesetzten Erfüllungsgehilfen in Bezug auf den Herstellungsprozess kein Verschulden trifft.[194] Insoweit bringt die Beweislastregel des § 280 Abs. 1 S. 2 BGB nichts Neues. Dabei macht es für die allgemeine Verschuldenshaftung keinen Unterschied, ob der Verkäufer die bestellte Ware erst nach Vertragsabschluss produziert oder ob er die Lieferpflicht aus vorhandenen, von ihm bereits produzierten Beständen erfüllt. Die Rechtslage ist nicht anders, als wenn ein Werkunternehmer zur Herstellung Teile verwendet, die er schon vor Vertragsabschluss gefertigt hat. Der Verkäufer, der selbst Hersteller (Produzent) ist, verspricht zugleich einwandfreie Herstellung der verkauften Ware.[195]

---

[188] Bsp. nach MüKoHGB/*Grunewald* Rn. 57 mit Fn. 179 und Bezugnahme auf *Pfeifer* ZGS 2002, 139.

[189] S. etwa BGH Urt. v. 17.10.2012 – VIII ZR 226/11, BGHZ 195, 135 Rn. 11.

[190] Vgl. zB BGH Urt. v. 9.6.1999 – VIII ZR 149/98, BGHZ 142, 36 (38 ff.) = NJW 1999, 2884.

[191] S. *Haas* NJW 1992, 2389 (2390); *G. Müller* → 2. Aufl. 2003, Vor § 373 Rn. 45.

[192] *U. Huber* FS Ulmer, 2003, 1165, 1180 ff.; *Haas* NJW 1992, 2389 (2393).

[193] BGH Urt. v. 4.10.1972 – VIII ZR 117/71, BGHZ 59, 303 (309) = NJW 1972, 2300.

[194] Vgl. BGH Urt. v. 21.6.1967 – VIII ZR 26/65, BGHZ 48, 118 (121) = NJW 1967, 1903; zust. ua Soergel/*Huber* BGB aF Anh. § 463 Rn. 10; aA *Jakobs,* Gesetzgebung im Leistungsstörungsrecht, 1985, 141.

[195] *U. Huber* FS Ulmer, 2003, 1165, 1187.

91   **c) Der Kauf vom Händler.** Eine andere Situation ergibt sich dagegen in den Fällen, in denen der Verkäufer die Sache nur weiterverkauft hat. Der Kaufvertrag ist hier nicht auf die eigene Produktion der Ware bezogen. Folgerichtig hat der Händler nach st. Rspr. des BGH für schuldhafte Herstellungsfehler des Vorlieferanten nicht nach Grundsätzen der Gehilfenhaftung gem. § 278 BGB einzustehen.[196] Der in der neuen Lit. zum Teil erhobene Einwand, die Ansicht des BGH stehe nicht im Einklang mit der seit der Schuldrechtsreform in § 434 Abs. 1 S. 2 BGB normierten Pflicht des Verkäufers zur Lieferung einer mangelfreien Sache,[197] greift nicht. In der Gesetzesbegründung zu § 433 BGB wird auf die Judikatur des BGH zur Nichtanwendung von § 278 BGB in diesen Fällen ausdrücklich Bezug genommen und das Einverständnis mit deren Fortgeltung unmissverständlich zum Ausdruck gebracht.[198] Das in § 276 Abs. 1 BGB als Verschärfung des üblichen Vertretenmüssens angesprochene Beschaffungsrisiko mit der daran anknüpfenden Beschaffungspflicht erstreckt sich also in erster Linie nur auf die körperliche Beschaffung der Kaufsache, nicht jedoch ohne Weiteres noch darüber hinaus auf die Freiheit von Sachmängeln, die nicht bzw. bei etwaigem Bestehen einer Untersuchungspflicht auch im Verhältnis zum Abnehmer mit zumutbaren Untersuchungsanstrengungen nicht zu erkennen sind. So wird verhindert, dass die sehr strenge und weitreichende Produkthaftung auf dem Umweg über das Vertragsrecht mittels einer Erfüllungsgehilfenhaftung (§ 278 BGB) vom hierfür (allein) zuständigen Hersteller auf den Händler verlagert wird. Dieselben Grundsätze gelten für den Werklieferungsvertrag, da § 650 BGB nicht auf das Werkvertragsrecht, sondern – anders als vor der Schuldrechtsreform – uneingeschränkt auf das Kaufrecht verweist.[199]

92   Dieses Ergebnis wird von der höchstrichterlichen Rspr. durch zwei weitere Regeln abgesichert. Erstens verneint sie eine allgemeine Pflicht des Händlers, die Ware vor der Weiterlieferung an den Abnehmer auf Herstellungsfehler hin zu untersuchen.[200] Dies gilt auch dann, wenn der Händler im Verhältnis zu seinem Vertragspartner eine Untersuchungs- und Rügeobliegenheit iSd § 377 hat.[201] Auf die unterlassene oder unsorgfältige Untersuchung der Sache konnte also bisher schon eine Händlerhaftung nach den allgemeinen Regeln der positiven Vertragsverletzung nicht gestützt werden. Daran hat sich durch die Erweiterung der Verschuldenshaftung des Verkäufers gem. § 437 Nr. 3 BGB auf die eigentlichen Mangelschäden nichts geändert.[202] Der Haftungsmaßstab ist nach § 276 Abs. 1 iVm § 280 Abs. 1 S. 1 BGB trotz der Beweislastumkehr (§ 280 Abs. 1 S. 2 BGB) gleich geblieben. Beruht der Sachmangel auf einem **Herstellungsfehler,** kann die Schadensersatzhaftung **mangels Zurechenbarkeit des Mangels gem. § 278 BGB** und mangels einer allgemeinen Untersuchungspflicht nur darauf gestützt werden, dass der Händler den Mangel zum damaligen Zeitpunkt kannte oder hätte erkennen müssen. Die Vermutung des § 280 Abs. 1 S. 1 BGB ist also bereits widerlegt, wenn der Sachmangel nicht offensichtlich war und infolgedessen, wenn überhaupt, nur durch eine besondere Untersuchung zu erkennen gewesen wäre. Wann der Mangel bei Beachtung der von einem Kaufmann im Verkehr zu erwartenden Sorgfalt (§ 347 Abs. 1) erkennbar war, hängt naturgemäß von den Umständen des Einzelfalles ab. Als Sorgfaltsmaßstab werden vor allem die Gesichtspunkte eines besonders hochwertigen oder fehleranfälligen Produkts, leicht erkennbarer Mängel, besondere Sachkunde des Verkäufers und Verkauf von Gebrauchtfahrzeugen durch den Verkäufer mit eigener Werkstatt angeführt.[203]

93   Zweitens entspricht es gefestigter Rspr. des BGH, dass der Zwischenhändler dem Abnehmer im Zweifel nicht die Freiheit der Ware von Herstellungsfehlern stillschweigend garantiert (bzw. zusichert).[204] Allerdings kann sich eine Untersuchungspflicht des Verkäufers auf Mängel der Kaufsache aus einer entsprechenden Verkehrssitte oder einem Handelsbrauch ergeben.[205]

---

[196] S. etwa BGH Urt. v. 21.6.1967 – VIII ZR 26/65, BGHZ 48, 118 (121 f.); BGH Urt. v. 25.9.1968 – VIII ZR 108/66, NJW 1968, 2238 f.; vgl. ferner BGH Urt. v. 18.2.1981 – VIII ZR 108/66, NJW 1981, 1269 f.; BGH Urt. v. 16.5.1984 – VIII ZR 40/83, WM 1984, 1059; sowie zuletzt BGH Urt. v. 2.4.2014 – VIII ZR 46/13, BGHZ 200, 337 Rn. 31 mwN = NJW 2014, 2183; BGH Urt. v. 24.10.2018 – VIII ZR 66/17, NJW 2019, 292 Rn. 97.

[197] S. etwa *Schroeter* JZ 2010, 495 (497 ff.); *Peters* ZGS 2010, 24 (27); *Weller* NJW 2012, 2312 (2315); MüKoBGB/*Grundmann* BGB § 278 Rn. 31.

[198] BT-Drs. 14/6040, 209 f.; *Lorenz* ZGS 2004, 408 (410); BGH Urt. v. 2.4.2014 – VIII ZR 46/13, BGHZ 200, 337 Rn. 32 = NJW 2014, 2183; BGH Urt. v. 29.4.2015 – VIII ZR 104/14, NJW 2015, 2244 Rn. 13; BGH Urt. v. 18.10.2017 – VIII ZR 86/16, BGHZ 216, 193 Rn. 24 = NJW 2018, 291.

[199] S. auch dazu BGH Urt. v. 2.4.2014 – VIII ZR 46/13, BGHZ 200, 337 Rn. 34 ff. = NJW 2014, 2183; aA *Wältermann/Kluth* ZGS 2006, 296 (304).

[200] Grundlegend BGH Urt. v. 25.9.1968 – VIII ZR 108/66, NJW 1968, 2238 f. = WM 1968, 1249; zur stRspr des BGH s. *Stoppel* ZGS 2006, 49 ff.

[201] Erman/*Grunewald* BGB § 437 Rn. 26; Soergel/*Huber* BGB Anh. I § 433 Rn. 98; *Stoppel* ZGS 2006, 49 (52 ff.) mwN; *Linnerz*, Die Untersuchungs- und Rügepflicht im CISG und im HGB, 2014, 16; aA *Schmidt-Räntsch* AnwBl 2003, 529 (532).

[202] S. BGH Urt. v. 2.4.2014 – VIII ZR 46/13, BGHZ 200, 337 Rn. 30; = NJW 2014, 2183.

[203] Vgl. die Reg. Begr. BT-Drs. 14/6040, 210.

[204] S. etwa BGH Urt. v. 25.9.1968 – VIII ZR 108/66, NJW 1968, 2238 f. = WM 1968, 1249; BGH Urt. v. 2.6.1980 – VIII ZR 78/79, NJW 1980, 1950 mwN.

[205] BGH Urt. v. 25.9.1968 – VIII ZR 108/66, NJW 1968, 2238; BGH Urt. v. 16.3.1977 – VIII ZR 283/75, NJW 1977, 1055 f.; BGH Urt. v. 17.6.1994 – VIII ZR 204/92, ZIP 1994, 1863 (1865); s. auch *Stoppel* ZGS 2006, 49 (51).

d) Die Falsch- und Minderlieferung. Bei Falschlieferungen iSd § 434 Abs. 3 Alt. 1 BGB wird 94 im Regelfall ein eigenes Verschulden des Verkäufers vorliegen. Der Verkäufer muss sich entlasten, weil die Schadensursache normalerweise in seinem Einfluss- und Verantwortungsbereich liegt.[206] Auch richten sich Bestehen und Umfang der leistungsbezogenen Verpackungspflicht des Verkäufers bei einer Falschlieferung nicht nach der vertraglich geschuldeten, sondern nach der tatsächlich zum Versand gebrachten Sache. Muss die Ware wegen ihrer Beschaffenheit besonders sicher verpackt sein, kann sich der Verkäufer daher nicht mit Erfolg darauf berufen, dass die bestellte Sache nicht in derselben Weise hätte verpackt werden müssen.[207] Ein sich auf die Verpackungspflicht bezogenes Verschulden des Vorlieferanten muss sich der Verkäufer nach den Regeln des § 278 BGB zurechnen lassen, wenn er die Verpackung auf dem von ihm zu besorgenden Transportweg weiterverwendet (→ § 377 Rn. 211 ff.). Ebenso muss sich der Verkäufer für eine schadensursächliche Minderlieferung entlasten.

9. Die Rechtsfolgen der Sachmängelhaftung. Was die **Rechtsfolgenseite** der aktuellen Sach- 95 mängelhaftung betrifft, ergeben sich keine handelsrechtlichen Besonderheiten. Allerdings ist *Hadding*[208] der Ansicht, dass das bei Falschlieferungen neuerdings an eine Fristsetzung gebundene Rücktrittsrecht des Käufers gegen das handelsrechtliche Grundbedürfnis verstoße, im Interesse der Vertragsparteien möglichst schnell für klare und eindeutige Rechtsverhältnisse zu sorgen. Dieses Anliegen habe der Gesetzgeber der Schuldrechtsreform nicht beachtet. Um diesen Fehler zu korrigieren, schlägt Hadding für beiderseitige Handelsgeschäfte eine analoge Anwendung des § 323 Abs. 2 Nr. 3 BGB oder eine teleologische Reduktion des neuen Fristsetzungserfordernisses vor.

Dem ist zu widersprechen. Durch das neue Nachfristerfordernis iSd § 437 Nr. 3 BGB werden der 96 Handel treibende Käufer und der allgemeine Rechtsverkehr nicht unzumutbar belastet. Zwar konnte für den Käufer die Anwendung des alten Sachmängelrechts über § 378 aF insofern von Vorteil sein, als er die genehmigungsfähige Falschlieferung zum Anlass nahm, sich bei fallenden Preisen sofort durch Wandelung vom Kaufvertrag zu lösen, um anschließend ein wirtschaftlich wesentlich günstigeres Geschäft abzuschließen. Dieser Vorteil war aber in der Praxis nur von untergeordneter Bedeutung.[209] Hinzu kam, dass das Recht des Verkäufers zur sog. zweiten Andienung in den Allgemeinen Geschäftsbedingungen gerade im Handelsverkehr regelmäßig ausbedungen war (vgl. § 11 Nr. 10b AGBG aF). Die durch § 480 BGB aF eröffnete Möglichkeit, dass der Käufer sich bei gesunkenem Marktpreis im Falle der mangelhaften Lieferung durch sofortige Wandelung von den Folgen eines für ihn nachteiligen Kaufs löst, wurde dadurch versperrt. Zudem bestand in den Fällen des sog. Identitäts-aliuds und der nicht genehmigungsfähigen Falschlieferung iSd § 378 aF ohnehin ein Nachfristerfordernis, weil in diesen Störungsfällen die §§ 320 ff. BGB aF zur Anwendung kamen.

III. Das Verhältnis der Sachmängelhaftung zu anderen Rechtsinstituten

1. Der selbstständige Beratungsvertrag. Nach der stRspr des BGH kann unter bestimmten 97 Voraussetzungen neben dem Kaufvertrag ein **selbstständiger Beratungsvertrag** zustande kommen, wenn der Verkäufer im Zuge eingehender Vertragsverhandlungen dem Käufer, insbesondere auf Befragen, einen über die sachgemäße Anwendung oder den Einsatz des Kaufgegenstandes weit hinausgehenden Rat erteilt (→ § 377 Rn. 219).[210] Im Regelfall ist eine beratende Tätigkeit des Verkäufers aber nur als Teil seiner Absatzbemühungen anzusehen.[211] Bezieht sie sich auf Eigenschaften des Kaufgegenstandes, kommt ihr keine eigenständige rechtliche Bedeutung zu; es handelt sich dann lediglich um eine kaufrechtliche Nebenverpflichtung. Für die Annahme eines selbstständigen, neben dem Kaufvertrag stehenden Beratungsvertrages bedarf es demgegenüber besonderer und außergewöhnlicher Umstände. Nur wenn die Beratung des Verkäufers eindeutig über das hinausgeht, was im allgemeinen seitens des Verkäufers für die sachgemäße Anwendung oder den Einsatz des Kaufgegenstandes in beratender oder empfehlender Weise, auch in Erfüllung einer rechtlichen Verpflichtung, geleistet wird, wenn sich die beratende Tätigkeit also nach Inhalt, Umfang, Intensität und Bedeutung den Käufer so sehr verselbstständigt hat, dass sie gewissermaßen als eine andersartige, auf eigener tatsächlicher und rechtlicher Grundlage beruhende Aufgabe des Verkäufers erscheint, kann es gerechtfertigt sein, zwi-

---

[206] Vgl. BGH Urt. v. 23.3.1994 – VIII ZR 47/93, WM 1994, 1394 (1396); s. auch *E. Wolf* WM-Sonderbeilage 2/1998, 31.

[207] S. *G. Müller* FS Baums, 2017, 827, 841 mwN auch zur Gegenmeinung.

[208] *Hadding* FS Kollhosser Bd. II, 2004, 175, 180 ff., 182; aA KKRD/*Roth* Rn. 19a; *Canaris* HandelsR § 29 V Rn. 54.

[209] Dazu eingehend Soergel/*Huber* BGB aF Vor § 459 Rn. 107.

[210] S. zB BGH Urt. v. 27.11.1998 – V ZR 344/97, BGHZ 140, 111 (115) = NJW 1999, 638; BGH Urt. v. 6.4.2001 – V ZR 402/99, NJW 2001, 1021 = WM 2001, 1158; BGH Urt. v. 14.3.2003 – V ZR 308/02, NJW 2003, 1811 = WM 2003, 1686; BGH Urt. v. 16.6.2004 – VIII ZR 258/03, MDR 2004, 1174 f.; BGH Urt. v. 15.10.2004 – V ZR 223/03, NJW 2005, 983.

[211] Vgl. BGH Urt. v. 15.7.2016 – V ZR 168/15, BGHZ 211, 216 Rn. 21 = WM 2016, 2344.

schen Käufer und Verkäufer eine besondere, selbstständig neben dem Kaufvertrag stehende Rechtsbeziehung anzunehmen.[212]

98 Der selbstständige Beratungsvertrag verpflichtet den Verkäufer **zu richtiger und vollständiger Information** über die tatsächlichen Umstände und Verhältnisse, die für den Kaufentschluss des Interessenten von wesentlicher Bedeutung sind oder sein können.[213] Rechtsgrundlage für Schadensersatzansprüche aus der Verletzung eines selbstständigen Beratungsvertrages sind §§ 311 Abs. 1, 241 Abs. 1 S. 1, 280 Abs. 1 BGB. Daneben wird regelmäßig auch ein Anspruch auf Schadensersatz statt der Leistung gem. §§ 280 Abs. 1, Abs. 3, 281 Abs. 1 S. 1 BGB oder auf Aufwendungsersatz nach § 284 BGB gegeben sein.[214] Wenn die Beratungsleistungen vom sachkundigen **Warenhersteller,** der nicht zugleich Verkäufer ist, erbracht wird, sind auch gesonderte vertragliche Beziehungen zu diesem und bei Beratungsfehlern Ersatzansprüche des Käufers gegen ihn denkbar.[215]

99 Die **Bedeutung des selbstständigen Beratungsvertrages** bestand nach der zitierten Rspr. des BGH vor allem darin, dass die Ersatzansprüche des Käufers nicht nach Sachmängelrecht gem. § 477 BGB aF verjährten, sondern der allgemeinen dreißigjährigen Verjährungsfrist des § 195 BGB aF unterlagen. Mit der neuen Gewährleistungsfrist von zwei Jahren (§ 438 Abs. 1 Nr. 3 BGB) ab Lieferung des Kaufgegenstandes hat die Rechtsfigur erheblich an Bedeutung verloren. Dennoch kann die bei Fortführung der bisherigen höchstrichterlichen Rspr. für den Schadensersatzanspruch geltende neue kenntnisabhängige dreijährige allgemeine Verjährungsfrist (§§ 195, 199 BGB) im Einzelfall wesentlich länger sein als die starre zweijährige Gewährleistungsfrist.

100 **2. Die Haftung des Verkäufers aus culpa in contrahendo. a) Ausgangspunkt.** Das Schuldrechtsmodernisierungsgesetz stellt mit der Neuregelung des § 311 Abs. 2 Nr. 1 BGB ausdrücklich klar, dass durch die Aufnahme von Vertragsverhandlungen zwischen den Betroffenen ein **gesetzliches Schuldverhältnis iSd § 241 Abs. 2 BGB** entsteht. Gemäß dieser Vorschrift kann ein Schuldverhältnis jeden Teil zur Rücksicht auf die Rechte, Rechtsgüter und berechtigten Interessen des anderen Teils verpflichten. Der Gesetzgeber der Schuldrechtsreform wollte damit nur den bestehenden Rechtszustand kodifizieren, ohne daran Änderungen oder Ergänzungen vorzunehmen. Der Pflichtenmaßstab bleibt daher weiter offen und entzieht sich einer konkreten gesetzlichen Regelung.[216] Bei schuldhafter Verletzung einer solchen Pflicht besteht ein Schadensersatzanspruch aus § 280 Abs. 1 S. 1 BGB.[217] In Bezug auf das Vertretenmüssen liegt gem. § 280 Abs. 1 S. 2 BGB die Beweislast beim Schuldner, dh er muss sich bei Vorliegen einer objektiven Pflichtverletzung exkulpieren.[218] Die Pflichtverletzung muss allerdings der Gläubiger nachweisen.[219] Nach der Rspr. des BGH[220] setzt dabei auch der auf Rückabwicklung des Vertrages aufgrund einer Verletzung von Aufklärungspflichten gerichtete Schadensersatzanspruch einen Vermögensschaden voraus. Hierfür genügt aber jeder wirtschaftliche Nachteil, der für den Gläubiger mit dem aufgrund der Aufklärungspflichtverletzung eingegangenen Vertrag verbunden ist, so z. B. die nachhaltige Beeinträchtigung der wirtschaftlichen Dispositionsfreiheit. Wer durch ein haftungsbegründendes Verhalten zum Abschluss eines Vertrages verleitet wird, den er ohne dieses Verhalten nicht geschlossen hätte, kann deshalb auch bei objektiver Werthaltigkeit von Leistung und Gegenleistung einen Vermögensschaden dadurch erleiden, dass die Leistung für seine Zwecke nicht voll brauchbar ist.[221]

101 **b) Einschränkung der culpa-Haftung.** Nach Ansicht des RG[222] war eine Anwendung der allgemeinen Regeln der culpa in contrahendo grundsätzlich durch die speziellen Sachmängelvorschriften iSd §§ 459 ff. BGB aF ausgeschlossen. Die Sachmängelhaftung bildete danach nicht nur den Grund, sondern zugleich die Grenze der Haftung des Verkäufers für alle negativen Beschaffenheitsabweichungen.[223]

---

[212] Vgl. BGH Urt. v. 16.6.2004 – VIII ZR 258/03, MDR 2004, 1174, 1175; s. auch *Kluth/Böckmann/Grün* MDR 2003, 241 (242).

[213] Vgl. BGH Urt. v. 6.7.1993 – XI ZR 12/93, BGHZ 123, 126 (129) = NJW 1993, 2433; BGH Urt. v. 20.11.1987 – V ZR 66/86, WM 1988, 95 (96).

[214] Vgl. OLG Düsseldorf NJW-RR 2006, 1074 (1075).

[215] Vgl. *Kluth/Böckmann/Grün* MDR 2003, 241 (244).

[216] S. dazu *St. Lorenz* FS Heldrich, 2005, 305, 317 mwN.

[217] Palandt/*Grüneberg* BGB § 241 Rn. 7; Erman/*Westermann* BGB § 241 Rn. 13; Jauernig/*Vollkommer* BGB § 241 Rn. 9.

[218] Palandt/*Grüneberg* BGB § 280 Rn. 34; Jauernig/*Vollkommer* BGB § 280 Rn. 25.

[219] Palandt/*Grüneberg* BGB § 280 Rn. 34.

[220] BGH Urt. v.26.9.1997 – V ZR 29/96, NJW 1998, 302 (303); BGH Urt. v. 19.12.1997 – V ZR 112/96, NJW 1998, 898; offengelassen in BGH Urt. v. 7.9.2000 – VII ZR 443/99, BGHZ 145, 121 (131); s. auch *Keul* DB 2006, 1664 (1668); *Krüger* FS Kollhosser Bd. II, 2004, 329, 331; *G. Müller* WM 2017, 981 (986) mwN.

[221] BGH Urt. v. 26.9.1997 – V ZR 29/96, NJW 1998, 302 (303 f.); BGH Urt. v. 8.3.2005 – XI ZR 170/04, BGHZ 162, 306 (309 f.); BGH Urt. v. 30.3.2007 – V ZR 89/06, WM 2007, 1182 Rn. 8; BGH Urt. v. 11.7.2012 – IV ZR 164/11, BGHZ 194, 39 Rn. 64; BGH Urt. v. 26.3.2019 – XI ZR 372/18, NJW 2019, 1739 Rn. 14 mwN.

[222] RG Urt. v. 11.3.1932 – II 307/31, RGZ 135, 339 (346); RG Urt. v. 13.8.1935 – III 314/34, RGZ 148, 286 (296); s. auch RG Urt. v. 28.8.1939 – V 38/39, RGZ 161, 193 (195 f.).

[223] Besonders deutlich Soergel/*Huber* BGB aF Vor § 459 Rn. 221.

Diesen Grundsatz hat der V. Zivilsenat des BGH in der bekannten Seegrundstück-Entscheidung[224] **102** bestätigt. Der Käufer eines Grundstücks hatte nach der Besichtigung geglaubt, das Grundstück reiche bis zum See, während in Wirklichkeit der Uferstreifen nur dazu gemietet war. In den Kaufverhandlungen und im Kaufvertrag selbst war davon nicht weiter die Rede; eine Sachmängelhaftung nach § 459 Abs. 1 BGB aF war daher mangels einer Beschaffenheitsvereinbarung der Parteien nicht gegeben. Die Durchführung des Vertrages unterblieb aus anderen Gründen. Der Käufer verlangte Ersatz seiner Vertragskosten aus culpa in contrahendo, weil es bei pflichtgemäßer Aufklärung des Verkäufers darüber, dass das Grundstück nicht bis zum See reichte, gar nicht erst zum Vertragsabschluss gekommen wäre. Der V. Zivilsenat des BGH hat eine vorvertragliche Schadensersatzhaftung wegen des Vorrangs des Sachmängelrechts abgelehnt. Hätten die Parteien die Lage des Grundstücks am Seeufer als Beschaffenheit des Grundstücks iSd § 459 Abs. 1 BGB aF vereinbart, so hätte der Käufer nach § 462 BGB aF Aufhebung des Kaufvertrags und gem. § 467 S. 2 BGB aF Ersatz seiner (nutzlosen) Vertragskosten verlangen können. Haben die Parteien dagegen die Beschaffenheit Lage am See nicht vereinbart, so kann der Käufer nicht versuchen, den Anspruch, der ihm nach Sachmängelrecht nicht zusteht, mit Hilfe der allgemeinen Regeln der culpa in contrahendo doch noch durchzusetzen. Andernfalls würde die Haftung wegen fahrlässiger culpa in contrahendo im praktischen Ergebnis zu einer Sachmängelhaftung auch für solche Umstände oder Verhältnisse führen, die keine Sachmängel der Sache darstellen, also zu einer Fortsetzung gescheiterter Sachmängelprozesse mit anderen Mitteln.[225]

Der Gesetzgeber hat die Frage auch im Zuge der Schuldrechtsreform ersichtlich keiner eigenen **103** Klärung zuführen wollen.[226] Dementsprechend vielgestaltig ist der Meinungsstand.[227] Die Rspr. jedenfalls geht in Fortsetzung ihrer schon vor der Schuldrechtsreform eingeschlagenen Linie[228] mittlerweile dahin, dass nach Gefahrübergang zwar von einem grundsätzlichen Vorrang der §§ 434 ff. BGB auszugehen ist, eine Ausnahme jedoch zumindest bei vorsätzlichem Verhalten zu machen ist.[229] Zugleich ist die Streitfrage im Ergebnis weitgehend entschärft worden, weil Umweltbeziehungen der Kaufsache, wenn sie sich in irgendeiner Weise zumindest auf deren physische Eigenschaften auswirken oder sonst nach der Verkehrsauffassung Einfluss auf deren Wertschätzung haben, als Sachmangel gewertet werden und darüber in das kaufrechtliche Haftungssystem einbezogen sind,[230] wie überhaupt der gewährleistungsrechtlich relevante Beschaffenheitsbegriff eine merkliche Aufweitung erfahren hat (→ Rn. 26 ff.).

3. Die deliktische Verkäuferhaftung. a) Grundsatz. Der BGH[231] geht in stRspr davon aus, dass **104** zwischen dem Schadensersatzanspruch aus Vertragsverletzung und demjenigen aus unerlaubter Handlung eine **echte Anspruchskonkurrenz** mit der Folge besteht, dass jeder Anspruch der ihm eigenen gesetzlichen Regelung folgt. Die Anwendung des § 823 BGB hatte für den Käufer vor der Schuldrechtsmodernisierung vor allem den Vorteil, dass der deliktische Ersatzanspruch normalerweise nicht der für die Vertragshaftung geltenden kurzen Gewährleistungsfrist des § 477 BGB aF unterfiel, sondern nach den Regeln des § 852 BGB aF verjährte.[232] Eine entsprechende Anwendung der kurzen Verjährungsfrist des § 477 Abs. 1 BGB aF auf den konkurrierenden Anspruch aus § 823 BGB wurde insbesondere deshalb nicht für erforderlich erachtet, weil die deliktische Haftung des Verkäufers die Ausnahme bilde und die speziellen Verjährungsregelungen des § 477 BGB aF daher nicht ausgehöhlt würden. Außerdem stehe dem Verkäufer hinsichtlich des Verhaltens seiner Gehilfen der Entlastungsbeweis (§ 831 BGB) offen.[233] Diese Beurteilung ist die durch die neuen Verjährungsregeln in § 438 BGB keineswegs obsolet geworden. Sie gilt ohne Rücksicht darauf, ob der Grund für die deliktische

---

[224] BGH Urt. v. 16.3.1973 – V ZR 118/71, BGHZ 60, 319 = NJW 1973, 1234; danach zB BGH Urt. v. 13.7.1983 – VIII ZR 112/82, BGHZ 88, 130 (134) = NJW 1983, 2697; BGH Urt. v. 10.2.1992 – II ZR 54/91, BGHZ 117, 168 (174) = NJW 1992, 1615.

[225] Soergel/*Huber* BGB aF Vor § 459 Rn. 222; ähnl. *Willemsen* AcP 182 (1982), 515 (526).

[226] Vgl. BT-Drs. 14/6040, 161 f.

[227] Dazu eingehend BGH Urt. v. 27.3.2009 – V ZR 30/08, BGHZ 180, 205 Rn. 13 ff.

[228] Vgl. BGH Urt. v. 16.3.1973 – V ZR 118/71, BGHZ 60, 319 (320 ff.); BGH Urt. v. 10.7.1987 – V ZR 236/85, NJW-RR 1988, 10 (11); BGH Urt. v. 3.7.1992 – V ZR 97/91, NJW 1992, 2564 (2566); Urt. v. 5.10.2001 – V ZR 275/00, NJW 2002, 208 (210).

[229] BGH Urt. v. 27.3.2009 – V ZR 30/08, BGHZ 180, 205 Rn. 19 ff.; BGH Urt. v. 12.1.2011 – VIII ZR 346/09, NJW-RR 2011, 462 Rn. 16; Urt. v. 6.11.2015 – V ZR 78/14, BGHZ 207, 349 Rn. 24; BGH Urt. v. 29.6.2016 – VIII ZR 191/15, NJW 2016, 3015 Rn. 63; BGH Urt. v. 19.1.2018 – V ZR 256/16, NJW-RR 2018, 752 Rn. 19.

[230] BGH Urt. v. 30.11.2012 – V ZR 25/12, NJW 2013, 1671 Rn. 10; BGH Urt. v. 19.4.2013 – V ZR 113/12, NJW 2013, 1948 Rn. 15; BGH Urt. v. 30.11.2012 – V ZR 25/12, NJW 2013, 1671 Rn. 10; BGH Beschl. v. 26.8.2014 – VIII ZR 335/13, BeckRS 2014, 17609 Rn. 17; BGH Urt. v. 15.6.2016 – VIII ZR 134/15, NJW 2016, 2874 Rn. 10.

[231] S. ua BGH Urt. v. 24.5.1976 – VIII ZR 10/74, BGHZ 66, 315 (318 ff.) = NJW 1976, 1505; BGH Urt. v. 3.7.1985 – VIII ZR 152/84, NJW-RR 1986, 52 (54); BGH Urt. v. 16.2.1993 – VI ZR 252/92, NJW-RR 1993, 1113 (1114); BGH Urt. v. 11.2.2004 – VIII ZR 386/02, NJW 2004, 1032 (1033).

[232] StRspr, s. ua BGH Urt. v. 3.7.1985 – VIII ZR 152/84, NJW-RR 1986, 52 (54) und BGH Urt. v. 11.2.2004 – VIII ZR 386/02, NJW 2004, 1032 (1033).

[233] S. zB BGH v. 24.5.1976 – VIII ZR 10/74, BGHZ 66, 315 (319 ff.) = NJW 1976, 1505.

Haftung die Verletzung einer das Schuldverhältnis begleitenden allgemeinen Schutz- und/oder Verkehrspflicht ist oder eigentlich nur die allgemeine Pflicht zur Lieferung einer vertragsgemäßen Sache verletzt wurde. Die Deliktshaftung gewinnt nach wie vor weiter dadurch an Bedeutung, dass der BGH die Genehmigungswirkung des § 377 Abs. 2 und Abs. 3 im Regelfall auf den vertraglichen Schadensersatzanspruch wegen schuldhafter Nicht- bzw. Schlechterfüllung beschränkt (→ § 377 Rn. 228 ff.).

105   An die Deliktshaftung des Verkäufers, der nicht zugleich für die Produktsicherheit zuständiger Hersteller der Ware ist, sind hohe Anforderungen zu stellen. Zwar ist nach gefestigter Rspr. des BGH derjenige, der eine Gefahrenlage – gleich welcher Art – schafft, grundsätzlich verpflichtet, die notwendigen und zumutbaren Vorkehrungen zu treffen, um die Schädigung anderer zu verhindern.[234] Die rechtlich gebotene Verkehrssicherung umfasst diejenigen Maßnahmen, die ein umsichtiger Mensch für notwendig und ausreichend hält, um andere vor Schäden zu bewahren. Dabei ist aber zu berücksichtigen, dass nicht jeder abstrakten Gefahr vorbeugend begegnet werden kann. Nach diesen strengen Maßstäben ist der Verkäufer grundsätzlich nur dann für Mängel der Kaufsache nach § 823 BGB haftbar, wenn er den Mangel bei Anwendung der im Verkehr erforderlichen Sorgfalt hätte erkennen können. Der Einzelhändler ist daher zB für die Explosion der verkauften Limonadenflasche nicht verantwortlich, wenn die schadensursächlichen Haarrisse nicht erkennbar waren.[235] Darin unterscheidet sich die Haftung des Verkäufers grundlegend von der des Warenherstellers, den in solchen Fällen grundsätzlich die strenge Gefährdungshaftung nach § 1 ProdHaftG trifft.

106   **b) Die Rechtsfigur des weiterfressenden Sachmangels.** Die Deliktshaftung des Warenherstellers wird dadurch ausgeweitet, dass der BGH auch dann eine Eigentumsverletzung nach § 823 Abs. 1 BGB bejaht, wenn die im Eigentum des Käufers stehende Kaufsache durch ein defektes Einzelteil nach Gefahrübergang beschädigt oder zerstört wird und der geltend gemachte Schaden mit dem bereits bei Gefahrübergang wegen des Sachmangels vorhandenen Mangelunwert nicht stoffgleich ist.[236] Während bei Stoffgleichheit zwischen Mangel und Schaden nur das Vertragsinteresse (bzw. Äquivalenzinteresse) betroffen ist, ist bei Stoffungleichheit das vom Deliktsrecht geschützte Integritätsinteresse verletzt.

107   **4. Das Anfechtungsrecht des Käufers wegen Irrtums. a) Der Eigenschaftsirrtum. aa) Bisherige Rspr.** Nach der stRspr des BGH[237] und der überwiegenden Ansicht in der Lit.[238] war die Irrtumsanfechtung wegen Eigenschaftsirrtums gem. § 119 Abs. 2 BGB durch die spezielle Sachmängelhaftung iSd §§ 459 ff. BGB aF grundsätzlich ausgeschlossen. Begründet wurde dies vor allem mit dem Gesichtspunkt der Umgehungsgefahr. Ließe man die Anfechtung nach § 119 Abs. 2 BGB trotz Fehlerhaftigkeit der Kaufsache zu, könnte der Käufer die gesetzlichen Grenzen der Sachmängelhaftung mit Hilfe der Irrtumsanfechtung überspielen. Das galt vor allem für folgende Beschränkungen der früheren Gewährleistungshaftung: die kurze Verjährung § 477 BGB aF (vgl. demgegenüber § 121 BGB), den Ausschluss der Haftung, wenn der Käufer den Sachmangel grob fahrlässig übersehen hat (§ 460 S. 2 BGB aF), und den Ausschluss der Haftung im Falle der öffentlichen Pfandversteigerung (§ 461 BGB aF). Ferner wurden zusätzlich die kaufmännische Untersuchungs- und Rügeobliegenheit nach § 377, der Ausschluss der Wandelung bei schuldhaftem Verlust oder schuldhafter erheblicher Verschlechterung der Kaufsache durch den Käufer (§ 467 S. 1 iVm § 351 BGB aF) sowie der Ausschluss der Wandelung bei Fehlen der zugesicherten Grundstücksgröße (§ 468 BGB aF) genannt.[239]

108   Nach der höchstrichterlichen Rspr. bestand eine andere Rechtslage, wenn sich bereits vor Gefahrübergang (dh vor Übergabe bzw. Angebot der Übergabe, §§ 446, 300 Abs. 2 BGB) beim Spezieskauf ein nicht durch Nachbesserung zu beseitigender Sachmangel iSd § 459 Abs. 1 BGB aF zeigte. In diesem Sonderfall durfte der Käufer die Sachmängelansprüche alten Rechts schon vor Gefahrübergang im Wege der Rechtsanalogie geltend machen. Gleichwohl sollte er zwischen den Rechtsbehelfen des Sachmängelrechts und der Anfechtung nach § 119 Abs. 2 BGB frei wählen können, weil sonst die aus dem Analogieschluss resultierende Vergünstigung wieder entfiele.[240]

109   **bb) Die Rechtslage nach der Schuldrechtsmodernisierung.** Nach der Schuldrechtsmodernisierung ergibt sich für das Verhältnis von kaufrechtlicher Sachmängelhaftung (§§ 434 ff. BGB) und einer Anfechtung des Kaufvertrages wegen Eigenschaftsirrtums nach § 119 Abs. 2 BGB kein grundlegend anderes Bild. Vielmehr hat der Gesetzgeber der Schuldrechtsreform an das bis dahin geltende

---

[234] S. zB BGH Urt. v. 16.5.2006 – VI ZR 189/05, VersR 2006, 1083 (1084) mwN.

[235] BGH Urt. v. 31.10.2006 – VI ZR 223/05, VersR 2007, 72 f. mwN.

[236] Vgl. nur BGH Urt. v. 31.3.1998 – VI ZR 109/97, BGHZ 138, 230 (235 ff.) mwN = NJW 1998, 1942.

[237] BGH Urt. v. 18.12.1954 – II ZR 296/53, BGHZ 16, 54 (57) = NJW 1955, 340; BGH Urt. v. 14.12.1960 – V ZR 40/60, BGHZ 34, 32 (34) = NJW 1961, 772; BGH Urt. v. 15.1.1975 – VIII ZR 80/75, BGHZ 63, 369 (376); BGH Urt. v. 9.10.1980 – VII ZR 332/79, BGHZ 78, 216 (218) = NJW 1981, 224; BGH Urt. v. 16.10.1968 – I ZR 81/66, NJW 1969, 184; BGH Urt. v. 8.6.1988 – VIII ZR 135/87, NJW 1988, 2597.

[238] S. Soergel/*Huber* BGB aF Vor § 459 Rn. 187 ff. mwN.

[239] So Soergel/*Huber* BGB aF Vor § 459 Rn. 188.

[240] Grundlegend BGH Urt. v. 14.12.1960 – V ZR 40/60, BGHZ 34, 32 (34) = NJW 1961, 772; dazu eingehend *Herberger*, Rechtsnatur, Aufgabe und Funktion der Sachmängelhaftung nach dem Bürgerlichen Gesetzbuch, 1974, 169 ff. mwN.

Recht unverändert anknüpfen wollen, wonach für den Käufer eine Anfechtung des Kaufvertrags gem. § 119 Abs. 2 BGB wegen Fehlens einer verkehrswesentlichen Eigenschaft jedenfalls ab Gefahrübergang für ausgeschlossen erachtet wurde, soweit die Sachmängelhaftung eingegriff, weil es einem Käufer nach wie vor nicht möglich sein sollte, sich den Sonderregeln der Sachmängelhaftung zu entziehen; lediglich für die Zeit vor Gefahrübergang hat der Gesetzgeber die Frage eines Ausschlusses der Anfechtung offen gelassen, allerdings auch insoweit einen Ausschluss für nahe liegend erachtet.[241] Danach wird für die Zeit vor Gefahrübergang mit Blick auf das nunmehr bestehende Nacherfüllungsrecht des Verkäufers zumindest noch weiter zu differenzieren und der Gefahr, dass das ausgewogene und in sich geschlossene Gewährleistungssystem durch eine weitgehende Anfechtungsmöglichkeit des Käufers nach § 119 Abs. 2 BGB zu Lasten des Verkäufers umgangen werden könnte, durch eine entsprechend restriktive Zulassung zu begegnen sein. Denn durch das mit dem Nachfristmodell verbundene Nacherfüllungsrecht des Verkäufers (vgl. §§ 434 Nr. 2, 323 Abs. 1, 439 BGB) ist ein wesentliches Erschwernis hinsichtlich der Vertragsauflösung hinzugekommen, das durch ein Anfechtungsrecht wegen Eigenschaftsirrtums nicht unterlaufen werden darf.[242] Deshalb strahlt jedenfalls bei behebbaren Mängeln, soweit deren Beseitigung nicht ernsthaft und endgültig verweigert ist, das kaufrechtliche Gewährleistungsrecht derart in die Zeit vor Ablieferung aus, dass es nicht vertretbar erscheint, seiner sich abzeichnenden Anwendung durch ein inhaltlich in gleiche Richtung weisendes Anfechtungsrecht nach § 119 Abs. 2 BGB einseitig die Grundlage zu entziehen und dadurch die Zielrichtung des Gewährleistungsrechts zu konterkarieren, den Vertragsbestand nach Möglichkeit zu erhalten. Ein unübersehbarer Fingerzeig findet sich insoweit auch in der neueren Rspr. des BGH, wenn dort ausgeführt ist, dass der Käufer bei behebbaren Mängeln, auch wenn sie geringfügig sind, grundsätzlich ein Zurückbehaltungsrecht nach § 273 Abs. 1 BGB geltend machen kann, die Sache also nicht abnehmen muss, sondern sie bis zur Beseitigung des Mangels zurückweisen kann.[243] Daraus lässt sich im Umkehrschluss ableiten, dass der Käufer sich auch schon in diesem frühen Stadium auf eine etwaige Mangelbeseitigung einlassen muss und den Vertrag nicht einseitig wegen einer irrigen Vorstellung über die Beschaffenheit der Kaufsache zu Fall bringen kann.

cc) Die Rechtslage beim Gewährleistungsausschluss. Ist die Sachmängelhaftung des redlichen **110** Verkäufers vertraglich wirksam ausgeschlossen, ist für die Irrtumsanfechtung gem. § 119 Abs. 2 BGB kein Raum mehr.[244] Denn eine solche Vertragsklausel bringt zugleich eine Risikozuweisung dahin zum Ausdruck, dass negative Abweichungen der Kaufsache von der Vorstellung des Käufers nur unter den speziellen Voraussetzungen des § 434 BGB beachtlich sein sollen.[245]

b) Der Erklärungsirrtum. Kein Eigenschaftsirrtum (§ 119 Abs. 2 BGB), sondern ein Erklärungs- **111** irrtum (§ 119 Abs. 1 BGB) liegt vor, wenn der Käufer hinsichtlich der gewünschten Beschaffenheit der Sache eine Erklärung abgibt, die er so nicht abgeben wollte. Ein **Konkurrenzproblem** ergibt sich in diesen seltenen Fällen nicht. Sachmängelrecht, das als lex specialis eine Anwendung des § 119 Abs. 2 BGB vor und nach Gefahrübergang ausschließt, ist schon dem Tatbestand nach nicht anwendbar.[246]

c) Anfechtung wegen arglistiger Täuschung. Das Recht zur Anfechtung des Kaufvertrages nach **112** § 123 BGB wegen arglistiger Täuschung oder widerrechtlicher Drohung des Verkäufers bleibt durch die alte und neue Sachmängelhaftung iSd §§ 434 ff. BGB unberührt.[247] Es steht vielmehr selbstständig neben den Gewährleistungsansprüchen aus § 437 BGB. Soweit dem Käufer die Anfechtung nach § 123 BGB im Vergleich zur Sachmängelhaftung vorteilhaft erscheint, gibt es keinen vernünftigen Grund, ihm diesen Vorteil vorzuenthalten. Der Käufer hat also ein **unbeschränktes Wahlrecht.** Schutzwürdige Interessen des Verkäufers, die eine andere Beurteilung rechtfertigen könnten, gibt es wegen seiner Arglist (vgl. auch § 377 Abs. 5) nicht.

§ 377 [Untersuchungs- und Rügepflicht]

(1) **Ist der Kauf für beide Teile ein Handelsgeschäft, so hat der Käufer die Ware unverzüglich nach der Ablieferung durch den Verkäufer, soweit dies nach ordnungsmäßigem**

---

[241] BT-Drs. 14/6040, 210.

[242] Dazu eingehend *P. Huber* FS Hadding, 2004, 105, 116 ff.; *G. Müller* FS U. Huber, 2006, 449, 467; Staudinger/ *Matusche-Beckmann,* 2014, BGB § 437 Rn. 28 ff.; MüKoBGB/*Westermann* BGB § 437 Rn. 54 ff.; jeweils mwN.

[243] BGH Urt. v. 26.10.2016 – VIII ZR 211/15, NJW 2017, 1100 Rn. 32 ff.

[244] BGH Urt. v. 18.1.1975 – VIII ZR 80/73, BGHZ 63, 369 (376) = NJW 1975, 970; s. auch Soergel/*Huber* BGB aF Vor § 459 Rn. 199 mwN; vgl. ferner *St. Lorenz,* Der Schutz vor dem unerwünschten Vertrag, 1997, 304 mit Fn. 535 u. S. 312; zum neuen Recht s. etwa Erman/*Grunewald* BGB Vor § 437 Rn. 24 mwN.

[245] Ähnl. Soergel/*Huber* BGB aF Vor § 459 Rn. 199.

[246] Statt aller Soergel/*Huber* BGB aF Vor § 459 Rn. 201 mwN.

[247] BGH Urt. v. 8.1.1970 – VII ZR 130/68, BGHZ 53, 144 = NJW 1970, 656; BGH Urt. v. 14.10.1971 – VII ZR 313/69, BGHZ 57, 137 = NJW 1972, 36; BGH Urt. v. 6.8.2008 – XII ZR 67/06, NJW 2009, 1266 Rn. 34 ff.; Erman/*Grunewald* BGB Vor § 437 Rn. 26; Palandt/*Ellenberger* BGB § 123 Rn. 29 mwN.

Geschäftsgange tunlich ist, zu untersuchen und, wenn sich ein Mangel zeigt, dem Verkäufer unverzüglich Anzeige zu machen.

(2) Unterläßt der Käufer die Anzeige, so gilt die Ware als genehmigt, es sei denn, daß es sich um einen Mangel handelt, der bei der Untersuchung nicht erkennbar war.

(3) Zeigt sich später ein solcher Mangel, so muß die Anzeige unverzüglich nach der Entdeckung gemacht werden; anderenfalls gilt die Ware auch in Ansehung dieses Mangels als genehmigt.

(4) Zur Erhaltung der Rechte des Käufers genügt die rechtzeitige Absendung der Anzeige.

(5) Hat der Verkäufer den Mangel arglistig verschwiegen, so kann er sich auf diese Vorschriften nicht berufen.

Übersicht

I. Die Voraussetzungen der Rügeobliegenheit

1. Beiderseitiger Handelskauf. a) Vertragsgegenstand. Die **Untersuchungs- und Rüge- 1 obliegenheit** des Käufers iSd § 377 gilt ausschließlich für den Bereich des **beiderseitigen Handelsgeschäfts** (§§ 343, 344) betreffend den Kauf von **Waren,** wobei Waren als handelbare bewegliche Sachen verstanden werden. Dieses Erfordernis stellte die Legaldefinition in § 1 Abs. 2 Nr. 1 aF klar. Auch nach Aufhebung der Legaldefinition im Zuge der Handelsrechtsreform von 1998 fällt der Verkauf von **Grundstücken** nicht in den Anwendungsbereich des § 377 (→ Vor §§ 373–381 Rn. 3). Dem Verkauf von Waren steht nach § 381 Abs. 1 der Kauf von **verbrieften Wertpapieren** und gem. Abs. 2 ein Vertrag **über die Lieferung herzustellender oder zu erzeugender beweglicher Sachen** iSd § 650 BGB (Werklieferungsvertrag) gleich. Auf **kaufähnliche** Rechtsgeschäfte kann die Vorschrift des § 377 entsprechende Anwendung finden, vorausgesetzt, dass ein entgeltliches Umsatzgeschäft zweier Kaufleute über Waren oder Wertpapiere vorliegt und der Normzweck sowie die Interessenlage im konkreten Einzelfall einen Analogieschluss erfordern (→ Vor §§ 373–381 Rn. 8 f.). Die Untersuchungs- und Rügepflicht iSd § 377 setzt wie die Sachmängelvorschriften (§§ 434 ff. BGB) die **Wirksamkeit des Kauf- oder Werklieferungsvertrages** voraus.

Kein idS warenbezogenes Handelsgeschäft ist der **Unternehmenskauf.** Ein werbendes Unterneh- 2 men, gleich welcher Größe und Ausrichtung, ist kein Handelsobjekt, das im Fall des Annahmeverzugs des Käufers vom Verkäufer gem. § 373 verwahrt werden oder im Wege des Selbsthilfeverkaufs weiterveräußert werden kann (→ Vor §§ 373–381 Rn. 5). Es besteht daher nach zutreffender Ansicht auch keine Untersuchungs- und Rügeobliegenheit iSd § 377.[1] Die Gegenmeinung[2] übersieht, dass die Regelungen des § 377 nicht für den Unternehmenskauf und die hierbei bestehenden Beschaffenheitsanforderungen (→ Vor § 377 Rn. 28) konzipiert worden sind. Von dem Käufer kann nämlich nicht erwartet werden, dass er nach Übernahme des Unternehmens sofort eine umfangreiche und vielleicht

---

[1] S. zB *Hommelhoff,* Die Sachmängelhaftung beim Unternehmenskauf, 1975, 118 ff.; *Wunderlich* WM 2002, 981 (988 f.) mwN; Schlegelberger/*Hefermehl* Rn. 6; Baumbach/Hopt/*Hopt* Rn. 2; KKRD/*Roth* Rn. 3; Staub/*Brüggemann* Rn. 11; *Schröcker* ZGR 2005, 63 (95 ff.) zum neuen Sachmängelrecht; s. ferner *Stöber,* Beschaffenheitsgarantien des Verkäufers, 2006, 171; *Sieber,* Die Mängelanzeige beim Warenkauf, 2008, 24 f.; *Mock,* Der Ausschluss von Käuferrechten gemäß § 377 HGB, 2010, 29 mwN; *Böhler,* Grundwertungen zur Mängelrüge, 2000, 139; *Linnerz,* Die Untersuchung- und Rügepflicht im CISG und im HGB, 2014, 30 ff.
[2] *Hiddemann* ZGR 1982, 435 (442); vgl. ferner *Döser* JuS 2000, 1076; MüKoHGB/*Grunewald* Vor § 373 Rn. 4; Oetker/*Koch* Vor §§ 373–381 Rn. 36.

lange Zeit dauernde Inventur durchführt und gleichzeitig die Bilanzen der letzten Jahre durch fachkundige Dritte auf ihre Richtigkeit bzw. Vollständigkeit hin überprüfen lässt. Eine solche Obliegenheit wäre allein schon wegen der hohen Kosten häufig unverhältnismäßig und unzumutbar. Zudem wäre sie mit dem von § 377 verfolgten **Beschleunigungszweck** unvereinbar. Der Käufer eines Unternehmens ist nach der Wertung des § 442 Abs. 1 BGB nicht einmal zu einer sog. **Due Diligence-Prüfung** verpflichtet. Mangels entsprechender Verkehrssitte handelt er auch nicht grob fahrlässig, wenn er vor Abschluss des Kaufvertrages auf das aus dem US-amerikanischen Common Law stammende Verfahren verzichtet.[3] Hatte der Käufer sich zwecks Erkundung der komplexen finanziellen und wirtschaftlichen Verhältnisse des Zielunternehmens zur Durchführung einer Due Diligence entschieden, so ist es erst recht unverhältnismäßig und dem Käufer nicht zumutbar, das umfangreiche Zahlenmaterial noch einmal durch fachkundiges Personal aufwändig untersuchen zu lassen.

3   Der Einwand, der Käufer müsse zumindest die zur sachlichen Beschaffenheit des Unternehmens gehörenden Gegenstände wie etwa den Waren- oder Maschinenbestand gem. § 377 untersuchen und vorhandene Mängel unverzüglich rügen, greift schon deshalb nicht, weil es keine partielle Untersuchungs- und Rügeobliegenheit gibt. Zudem müsste der Käufer mit Hilfe eines Rechtsbeistandes in einem aufwendigen und zeitraubenden Verfahren erst einmal feststellen lassen, was zur Beschaffenheit des Unternehmens (→ Vor § 377 Rn. 28) gehören und infolgedessen den Regelungen des § 377 unterliegen könnte. Dass das nicht mit dem Beschleunigungszweck der Vorschrift in Einklang zu bringen ist, liegt auf der Hand. Außerdem **passen** die im Fall der Mängelrüge häufig anwendbaren Regeln über die Aufbewahrungspflicht iSd § 379 nicht. Auch sie wurden nicht für die komplexe und vielleicht sehr lange Zeit dauernde Rückabwicklung eines Unternehmenskaufs geschaffen. Dasselbe gilt auch für den **Anteilskauf** (share deal), und zwar unabhängig davon, ob er im Einzelfall wie ein Unternehmenskauf zu behandeln ist oder nicht.[4]

4   Nach Wortlaut und Entstehungsgeschichte ist § 377 auf den **reinen Werkvertrag** iSd § 631 BGB grundsätzlich nicht anwendbar.[5] Dabei macht es keinen Unterschied, ob sich jemand zur Herstellung eines unkörperlichen oder körperlichen Werks verpflichtet. Auch für die Herstellung einer beweglichen (körperlichen) Sache aus dem Stoff des Bestellers gelten nicht die Regeln des § 377. Vielmehr soll der reine Werkvertrag – wie auch § 381 Abs. 2 unmissverständlich zeigt – ausschließlich den Vorschriften des BGB unterliegen. Angesichts des eindeutigen Gesetzeswortlauts und der Materialien kommt zudem eine Analogie nicht in Betracht. Das gilt umso mehr, als die Regeln des § 377 mit der **Abnahme** iSd § 640 Abs. 1 BGB kollidieren. Bevor es zur rechtsgeschäftlichen Abnahme, dh zur Anerkennung (Billigung) des Werkes als im Wesentlichen vertragsgemäße Leistung durch den Besteller kommt, müsste der Besteller bereits die keinen Aufschub duldende Rügeobliegenheit erfüllen. Der Besteller könnte also seine Gewährleistungsrechte aus §§ 633 ff. BGB verlieren, obwohl es an einer Abnahme des Werkes iSd § 640 BGB fehlt. Zudem entsprechen die an die Abnahme der Werkleistung anknüpfenden speziellen Verjährungsregeln des § 634a BGB nicht der Ratio des § 377, möglichst schnell für klare und endgültige Rechtsverhältnisse zu sorgen. Die Anwendung des § 377 hängt deshalb davon ab, ob es sich um einen reinen Werkvertrag iSd § 631 BGB oder um einen Werklieferungsvertrag gem. § 650 BGB handelt, auf den über § 381 Abs. 2 die Regeln des § 377 Anwendung finden. Die Entscheidung, ob ein – von der Rügeobliegenheit nach § 377 erfasster – Kauf- bzw. Werk-

---

[3] *Goldschmidt* ZIP 2005, 1305 ff.; s. ferner *U. Huber* AcP 202 (2002), 179 (200 ff.); *Stöber,* Beschaffenheitsgarantien des Verkäufers, 2006, 267 f. mwN; eingehend *Larisch,* Gewährleistungshaftung beim Unternehmens- und Beteiligungskauf, 2004, 132 ff., 151 mwN; s. auch *G. Müller* WM 2017, 929 (935); aA Palandt/*Grüneberg* BGB § 276 Rn. 21 mwN; zweifelnd wohl *K. Schmidt* HandelsR § 5 II Rn. 44; vgl. ferner OLG Oldenburg Urt. v. 22.6.2006 – 1 U 34/03, ZIP 2006, 2087; *Theiselmann* EWiR 2017, 685 f. Offen gelassen von BGH Urt. v. 1.2.2013 – V ZR 72/11, NJW 2013, 1807 (1809) unter dem Gesichtspunkt eines Mitverschuldens für die Fallgestaltung, dass die Käuferin im Vertrag festgehalten hatte, sie werde den Kaufgegenstand in technischer, wirtschaftlicher und rechtlicher Hinsicht überprüfen lassen (Due Dilligence) und behalte sich daher das Recht vor, innerhalb von zehn Tagen nach Vertragsabschluss Nachverhandlungen zu verlangen, bei deren Scheitern jede Partei vom Vertrag zurücktreten könne.
[4] Zudem käme bei einem Anteilskauf, der sich bei wirtschaftlicher Betrachtungsweise nicht als Kauf des Unternehmens selbst darstellt, gewährleistungsrechtlich nur eine Haftung für Rechtsmängel (§ 435 BGB) in Betracht (vgl. BGH Urt. v. 26.9.2018 – VIII ZR 187/17, WM 2018, 2090 Rn. 39 ff.); abgesehen von der fehlenden Wareneigenschaft des Anteil bestünde hinsichtlich etwaiger Rechtsmängel auch von vornherein keine Untersuchungsobliegenheit (→ Rn. 60 ff.).
[5] S. etwa BGH Urt. v. 1.3.1951 – III ZR 203/50, BGHZ 1, 234 (240 f.), wo höchstens in nicht näher bezeichneten einzelnen Beziehungen eine entsprechende Anwendung des § 377 für denkbar erachtet wurde; ebenso – aber nur bei Vorliegen ganz besonderer Voraussetzungen – BGH Urt. v. 4.2.1992 – X ZR 105/90, NJW-RR 1992, 626; gegen eine Anwendung des § 377 zuletzt BGH Urt. v. 7.12.2017 – VII ZR 101/14, BGHZ 217, 103 Rn. 48 = ZIP 2018, 130; vgl. auch BVerfG Beschl. v. 1.9.1995 –1 BvR 632/94, ZIP 1995, 1853 mwN; BGH Urt. v. 9.10.2001 – X ZR 58/00, BGH-Report 2002, 221 f. mwN; aus der Lit. s. etwa Baumbach/Hopt/Hopt Rn. 2 und § 381 Rn. 5; KKRD/*Roth* § 381 Rn. 2; Schlegelberger/*Hefermehl* Rn. 8; MüKoHGB/Grunewald Vor § 373 Rn. 8 ff. und § 381 Rn. 10 ff.; Heymann/*Emmmerich/Hoffmann* Rn. 8; Oetker/*Koch* Rn. 3; *G. Müller* WM 2011, 1249 (1257) mwN; s. ferner *Sieber,* Die Mängelanzeige beim Warenkauf, 2008, 26 ff. Dagegen für eine Anwendung des § 377 auf Werkverträge, *Thamm/Detzer* EWiR 1992, 893 f.; vgl. auch *Michalski* DB 1997, 81; diff. *Böhler,* Grundwertungen zur Mängelrüge, 2000, 154 ff.

lieferungsvertrag oder ein Werkvertrag vorliegt, richtet sich danach, ob der Vertrag hauptsächlich auf einen (reinen) **Warenaustausch** gerichtet ist oder die **Schöpfung eines Werkes** – und damit ein bestimmter zu schaffender Erfolg – im Vordergrund steht.[6]

Ob auf den Vertrag über die Herstellung und Lieferung von **Software** Werkvertrags- oder gem. § 650 **5** BGB Kaufvertragsrecht zur Anwendung kommt, hängt von der jeweiligen Fallgestaltung ab. Die Herstellung von **Individualsoftware** erfolgt nach Werkvertragsrecht,[7] die Überlassung von **Standardsoftware** richtet sich dagegen nach den Regelungen des Kaufrechts (→ § 381 Rn. 10).[8] Das gilt auch für komplexe Standardsoftware, die vom Verkäufer mit erheblichen Arbeitsleistungen lauffähig gemacht werden muss (Anpassung, Installation und Integration in das IT-Umfeld des Bestellers).[9] Überhaupt können **Planungsleistungen** nur dann die Anwendung des Werkvertragsrechts rechtfertigen, wenn sie bei objektiver Betrachtungsweise den **Schwerpunkt** des Vertrages bilden.[10] **Spezialsoftware** liegt vor, wenn die Software speziell auf die Wünsche eines bestimmten Abnehmers, nicht aber auf eine ganze Gruppe von Abnehmern zugeschnitten ist.[11] Im letzteren Fall läge dann vielfach schon wieder eine für Kaufverträge typische **Serienanfertigung** vor. Wird die Standardsoftware den individuellen Bedürfnissen des Bestellers angepasst, kann dies auf einer **Nebenpflicht** aus dem Kaufvertrag beruhen.[12] Allerdings liegt ein Werkvertrag vor, wenn das Programm vollkommen oder weitgehend umgestaltet wird.[13] Dies gilt auch, wenn Standardhardware und Software **komplex** zu installieren sind.[14] Ferner handelt es sich nach Ansicht des BGH[15] um einen reinen Werkvertrag, wenn das vom Besteller selbst zur Verfügung gestellte Computerprogramm bestimmte Bearbeitungen erfahren soll.

Eine Untersuchungs- und Rügeobliegenheit iSd § 377 besteht unter Umständen auch bei **kauf- 6 ähnlichen Verträgen**, soweit sie beiderseitige Handelsgeschäfte sind. Dies kann sowohl bei **Tauschverträgen** gem. § 480 BGB als auch bei **Sachdarlehnsverträgen iSd** § 607 BGB (→ Vor §§ 373–381 Rn. 8 f.), nicht aber bei **Leasingverträgen** zu bejahen sein, bei denen die Gebrauchsüberlassung im Vordergrund steht (→ Vor §§ 373–381 Rn. 10). Davon ist allerdings der Fall zu unterscheiden, dass der Leasingvertrag am **Ende der Laufzeit eine Kaufverpflichtung** vorsieht. Ist der Kauf zu jenem Zeitpunkt ein beiderseitiges Handelsgeschäft, besteht für den Leasingnehmer (Käufer) bereits mit Ablieferung der Leasingsache eine Untersuchungs- und Rügeobliegenheit nach § 377 (→ Vor §§ 373–381 Rn. 10). Eine bloße **Kaufoption** kann die Obliegenheit hingegen nicht auslösen, weil zum Zeitpunkt der Ablieferung noch nicht feststeht, ob es überhaupt zu einem Kauf kommt.

Auch **außerhalb** des beiderseitigen Handelskaufs über eine Sache und den Fällen des § 381 kann **7** ausnahmsweise eine Untersuchungs- und Rügeobliegenheit gem. § 377 (analog) in Verbindung mit dem allgemeinen Grundsatz von Treu und Glauben (§ 242 BGB) bestehen.[16] Spezialvorschriften wie § 377 sind zwar allenfalls in engen Grenzen **analogiefähig**.[17] Damit eine unterlassene oder nicht ordnungsgemäße Rüge die weitreichenden Rechtsfolgen einer Genehmigung iSd § 377 Abs. 2 oder 3 im Wege eines Analogieschlusses auslöst, der Käufer sich also im Ergebnis so behandeln muss, als habe er eine in jeder Hinsicht mangelfreie Sache erhalten, müssen ganz besondere Umstände oder Verhältnisse vorliegen.[18] Davon kann grundsätzlich nur dann ausgegangen werden, wenn eine unverzügliche Untersuchung der Ware und eine etwaige Mängelanzeige nach dem Vertragszweck unentbehrlich sind, sodass eine analoge Anwendung des § 377 dem erkennbaren oder mutmaßlichen Parteiwillen entspricht.[19] Bloße Sonderinteressen auf Seiten des Handel treibenden Verkäufers reichen jedenfalls für einen Analogieschluss nicht aus. Vielmehr muss das Interesse an einer unverzüglichen Mängelrüge so

---

[6] S. zuletzt BGH Urt. v. 7.12.2017 – VII ZR 101/14, BGHZ 217, 103 Rn. 49 mwN = ZIP 2018, 130; so schon Mot. II 476 = Mugdan, Die gesammten Materialien zum BGB für das Deutsche Reich. II Bd., 1899, 265.

[7] BGH Urt. v. 4.3.2010 – III ZR 79/09, BGHZ 184, 345 Rn. 21 mwN.

[8] BGH Urt. v. 24.1.1990 – VIII ZR 22/89, NJW 1990, 1290; BGH Urt. v. 22.12.1999 – VIII ZR 299/98, BGHZ 143, 307 (309 f.) = NJW 2000, 1415; BFH Urt. v. 28.10.2008 – IX R 22/08, DStRE 2009, 130 Rn. 14 f.; krit. *Müller-Hengstenberg* NJW 2000, 3545.

[9] BGH Urt. v. 14.7.1993 – VIII ZR 147/92, NJW 1993, 2436 (2437 f.); MüKoHGB/*Grunewald* Vor § 373 Rn. 12; aA wohl *Thewald* CR 2002, 1 ff. mwN.

[10] S. dazu BGH Urt. v. 23.7.2009 – VII ZR 151/08, BGHZ 182, 140 Rn. 22 ff. mwN = NJW 2009, 2877 = WM 2009, 1901 = ZIP 2009, 1963.

[11] Vgl. zB OLG Celle Urt. v. 3.3.1992 – 20 U 69/80, NJW-RR 1993, 432; OLG Brandenburg Urt. v. 1.12.1988 – 6 U 301/97, NJW–RR 1999, 850; vgl. auch OLG Karlsruhe Urt. v. 16.8.2002 –1 U 250/01, CR 2003, 95; MüKoHGB/*Grunewald* Vor § 373 Rn. 12.

[12] S. zB MüKoBGB/*Westermann* BGB Vor § 433 Rn. 23.

[13] OLG Köln Urt. v. 26.6.1992 –19 U 261/91, NJW–RR 1992, 1329.

[14] OLG Hamm Urt. v. 14.2.2000 – 13 U 196/99, NJW–RR 2000, 1224, wo unter anderem ein Datenaustausch mit bereits vorhandenen Rechnern einzurichten war; s. auch MüKoHGB/*Grunewald* Vor § 373 Rn. 12.

[15] BGH Urt. v. 9.10.2001 – X ZR 58/00, BGH-Report 2002, 221 f.

[16] S. etwa BGH Urt. v. 1.3.1951 – III ZR 203/50, BGHZ 1, 234 (240 f.).

[17] *Canaris,* Die Feststellung von Lücken im Gesetz, 2. Aufl. 1983, 180 f. mwN; vgl. ferner *Raisch* FS Stimpel, 1985, 29 ff.; *Heck* AcP 112 (1914), 1 ff.; *Pisko,* Beitrag zur Analogie, 1935, 9 ff.; → Vor §§ 373–381 Rn. 6.

[18] BGH Beschl. v. 2.7.2019 – VIII ZR 74/18, NJW-RR 2019, 1202 Rn. 31.

[19] Ähnl. Schlegelberger/*Hefermehl* Rn. 10; vgl. auch Baumbach/Hopt/*Hopt* Rn. 4, beide unter Berufung auf OLG Stuttgart Urt. v. 14.7.1958 – 2 U 64/58, MDR 1958, 774.

groß und evident sein, dass ein rational handelnder Käufer von sich aus die Ware unverzüglich prüft und etwaige Mängel umgehend geltend macht.

8   **b) Beteiligte.** Während im Allgemeinen Deutschen Handelsgesetzbuch von 1861 zunächst das **Handelsgeschäft** als solches definiert wurde (Art. 271 ff. ADHGB) und im Anschluss daran jede Person zum Kaufmann erklärt wurde, die ein solches Geschäft abschloss, haben sich die Gesetzesverfasser des HGB letztlich für ein **statusbezogenes System** entschieden. Ein beiderseitiges Handelsgeschäft liegt demnach nur dann vor, wenn Käufer und Verkäufer nach Maßgabe der gesetzlichen Bestimmungen (§§ 1 ff.) **Kaufleute**[20] sind. Die Regeln über die Rügelast iSd § 377 greifen darüber hinaus zwar zum Nachteil des Scheinkaufmanns (als Käufer), nicht aber zu seinem Vorteil (als Verkäufer) ein.[21] Der sich im Geschäftsverkehr als Kaufmann gerierende Verkäufer verdient nicht den persönlichen Schutz des § 377 mit seinen weitreichenden Rechtsfolgen. Das gilt auch dann, wenn der Schein, zu den Kaufleuten zu gehören, ohne ein Verschulden hervorgerufen wurde.

9   Eine entsprechende Anwendung des § 377 zu Lasten eines nur **kaufmannsgleich agierenden Käufers** ist nach Sinn und Zweck der gesetzlichen Regelung ausgeschlossen. Zwar hält man es in der Lit. zum Teil für ausreichend, dass an dem Kaufvertrag auf beiden Seiten ein werbendes Unternehmen beteiligt ist, weil dann in aller Regel die Voraussetzungen für eine entsprechende Anwendung des § 377 erfüllt seien.[22] Für andere Autoren kommt eine entsprechende Anwendung des § 377 auch auf selbstständig **am Markt auftretende Nichtkaufleute**[23] oder auf nicht in das Handelsregister eingetragene **Kleingewerbetreibende**[24] in Betracht. Diesen Auffassungen, denen es um eine moderate Erweiterung des persönlichen Anwendungsbereichs von § 377 geht, ist aber **de lege lata** nicht zu folgen.[25] Ihnen ist entgegenzuhalten, dass sich der Gesetzgeber – anders kann man etwa das Festhalten am Begriff des Handelsgewerbes und die explizite Herausnahme selbst der Minderkaufleute aus weiten Anwendungsbereichen des HGB einschließlich der Handelsgeschäfte schlechthin nicht verstehen[26] – ganz bewusst gegen die Einbeziehung des gesamten Spektrums der Unternehmer iSd § 14 BGB in den persönlichen Anwendungsbereich des Handelsgesetzbuches und damit des Handelskaufs entschieden hat, sodass schon **keine planwidrige Regelungslücke** vorliegt.[27] Hierbei spielt freilich auch der Gesichtspunkt der Rechtssicherheit und Rechtsklarheit eine entscheidende Rolle. Denn man müsste von Fall zu Fall prüfen, ob bei einem nichtkaufmännischen Käufer dieselbe oder eine zumindest vergleichbare inhaltliche und/organisatorische Professionalität vorausgesetzt werden kann wie bei einem echten Kaufmann. Allenfalls in ganz besonders gelagerten Fällen kann ein Käufer einmal nach Treu und Glauben (§ 242 BGB) ausnahmsweise verpflichtet sein, trotz fehlender Kaufmannseigenschaft gleichwohl eine alsbaldige Untersuchung der Ware und Anzeige etwaiger Mängel vorzunehmen, um einem Verlust seiner Mängelrecht zu entgehen.[28]

10   Der Verkäufer wird hierdurch im Regelfall nach dem geltenden Recht nicht unzumutbar belastet. Zwar wurde er bis zur Schuldrechtsreform bereits durch die kurze Gewährleistungsfrist von sechs Monaten iSd § 477 BGB aF weitgehend geschützt. Auch wenn die neuen Gewährleistungsfristen in § 438 BGB deutlich länger sind und der Verkäufer deshalb für längere Zeit wirtschaftlich belastende Rückstellungen bilden muss,[29] darf aber nicht übersehen werden, dass die Frist zumeist doch wesentlich kürzer ist als die kenntnisabhängige Regelverjährung gem. §§ 195, 199 BGB. Der Umstand, dass die strengen Regeln des § 377 früher auch für Minderkaufleute (§ 4 aF), also für kleine und kleinste Betriebe galt, hat seine Bedeutung verloren, nachdem dies durch die Handelsrechtsreform von 1998 geändert worden ist und der Gesetzgeber die damit verbundenen Konsequenzen (vor allem auch in Bezug auf die Rügeobliegenheit iSd § 377) bewusst in Kauf genommen hat.[30]

---

[20] Zum geänderten Kaufmannsbegriff s. etwa *Siems* NJW 2003, 1296; zur Geschichte des Handelsrechts und des Kaufmannsbegriffs s. *Raisch,* Die Abgrenzung des Handelsrechts vom Bürgerlichen Recht als Kodifikationsproblem im 19. Jahrhundert, 1962.

[21] So auch Staub/*Brüggemann* Rn. 17; MüKoHGB/*Grunewald* Rn. 10; Baumbach/Hopt/*Hopt* Rn. 3; KKRD/ *Roth* Rn. 4; Heymann/*Emmerich/Hoffmann* Rn. 12; Oetker/*Koch* Rn. 3; HaKo-HGB/*Stöber* Rn. 2; aA *Oetker* HandelsR § 8 II Rn. 30.

[22] *Raisch,* Geschichtliche Voraussetzungen, dogmatische Grundlagen und Sinnwandlung des Handelsrechts, 1965, 292; *K. Schmidt* HandelsR § 29 III Rn. 43 ff.

[23] *Hopt* AcP 183 (1983), 608 (689 f.); vgl. auch *Deckert* JuS 1998, 121 f.

[24] *R. Schmitt,* Die Rechtsstellung der Kleingewerbetreibenden nach dem Handelsreformgesetz, 2003, 298 ff.

[25] So auch iErg Staub/*Brüggemann* Rn. 22; Heymann/*Emmerich/Hoffmann* Rn. 12; MüKoHGB/*Grunewald* Rn. 10 ff.; Baumbach/Hopt/*Hopt* Rn. 3; KKRD/*Roth* Rn. 4; Oetker/*Koch* Rn. 3 sowie Vor §§ 373–381 Rn. 14 f.; HaKo-HGB/*Stöber* Rn. 2; *Canaris* HandelsR § 29 V Rn. 46 f.; vgl. ferner *Neuner* ZHR 157 (1993), 279 f. u. 284; *C. Meier* NJW 2012, 2125 f.; *Linnerz,* Die Untersuchungs- und Rügepflicht im CISG und im HGB, 2014, 42 ff.

[26] Vgl. BT-Drs. 13/8444, 26, 29 f., 47.

[27] S. *Böhler,* Grundwertungen zur Mängelrüge, 2000, 90; *Sieber,* Die Mängelanzeige beim Warenkauf, 2008, 23 mwN; s. ferner die Nachw. in Fn. 21.

[28] BGH Beschl. v. 2.7.2019 – VIII ZR 74/18, NJW-RR 2019, 1202 Rn. 31.

[29] S. dazu *Schwartze,* Europäische Sachmängelgewährleistung beim Wa- renkauf, 2000, 516.

[30] S. *J. Hoffmann* BB 2005, 2090 (2091 ff.); *Canaris* HandelsR § 29 V Rn. 47 mit Fn. 56 unter Hinweis auf BT-Drs. 13/8444, 30, wonach „alle Kleingewerbetreibenden künftig von den Bestimmungen über den Handelskauf (§§ 373 ff.) ausgenommen bleiben sollen". Krit. *K. Schmidt* HandelsR § 29 III Rn. 43 f.

In **Missbrauchsfällen** kann die Berufung auf das Fehlen der notwendigen Kaufmannseigenschaft　**11** des Vertragsgegners gem. § 242 BGB treuwidrig und damit unbeachtlich sein. Dies gilt aber nicht für den Fall, dass **zwei Kaufleute** ein Bauunternehmen **(ARGE)** in der Rechtsform der BGB-Gesellschaft betreiben. Die Kaufmannseigenschaft aller oder einiger Gesellschafter führt für sich noch nicht daran vorbei, dass die BGB-Gesellschaft die Vertragspartei ist und als solche nicht den Regelungen des § 377 unterliegt.[31] Allerdings spricht mittlerweile spricht viel dafür, dass die ARGE, auch wenn sich ihre Tätigkeit auf die Durchführung eines einzigen großen Bauprojektes beschränkt, einen vollkaufmännischen Betrieb erfordert und auch sonst bei wertungsgerechter Betrachtung als OHG einzuordnen ist mit der Folge, dass sie die strengen Regeln des § 377 beachten muss.[32] Die **Kaufmannseigenschaft** des Käufers im Zeitpunkt des Vertragsabschlusses hat im Streitfall der Verkäufer **darzulegen** und zu **beweisen**.[33] Allerdings kommt es im Fall des § 1 Abs. 2 zu einer Beweislastumkehr.

Einigkeit besteht in der Lit. im Ergebnis darüber, dass sich der entgegen § 29 nicht in das Handels-　**12** register eingetragene **Ist-Kaufmann** nach § 1 grundsätzlich nicht mit Erfolg auf ein Rügeversäumnis seines Vertragspartners berufen kann. Denn der nicht im Handelsregister eingetragene Ist-Kaufmann gilt gegenüber seinem Vertragspartner unter den Voraussetzungen des § 15 Abs. 1 nicht als Kaufmann, sodass mangels eines beiderseitigen Handelskaufs keine Untersuchungs- und Rügeobliegenheit gem. § 377 besteht.[34]

Für das Vorliegen eines beiderseitigen Handelskaufs ist der **Zeitpunkt des Kaufabschlusses** maß-　**13** gebend. Daher ist es gleichgültig, ob die Kaufmannseigenschaft der Vertragspartei bei Ablieferung der Ware noch besteht.[35] Auch ein Erbe muss die vom Erblasser durch dessen Kaufmannseigenschaft herrührenden Pflichten bzw. Obliegenheiten gegen sich gelten lassen, wozu die kaufmännische Mängelrüge (§ 377) gehört.[36] Dem liegt die zutreffende Erwägung zugrunde, dass derjenige, der mit einem Kaufmann kontrahiert, **keine Verschlechterung** seiner Rechtsstellung durch den Wegfall des ursprünglichen Vertragspartners erleiden soll. Aus demselben Grund hindert auch die **Insolvenz** des Käufers die Anwendung von § 377 nicht.[37]

Wird die Sache auf **Weisung** des Käufers an einen **Dritten** abgeliefert, spielt es keine Rolle, ob　**14** dieser Kaufmann ist oder nicht. Die Belastung mit der Rügepflicht iSd § 377 trifft allein den Handel treibenden Käufer. Er allein trägt daher die Verantwortung dafür, dass sein Abnehmer die gelieferte Ware rechtzeitig und ordnungsgemäß untersucht und gegebenenfalls ihm die Sachmängel rechtzeitig anzeigt oder die Mängelrüge gegenüber dem Verkäufer selbst erhebt. Fehlt dazu die notwendige kaufmännische Professionalität des eingeschalteten Dritten, muss der Käufer uU eigene Leute mit der Untersuchung der Ware beauftragen und/oder das zur Untersuchung notwendige Spezialwerkzeug zur Verfügung stellen.

Der Käufer muss sich – notfalls durch Einholung juristischer Beratung – **vergewissern**, ob er　**15** Kaufmann im Sinne des Gesetzes ist oder nicht. Der Käufer kann sich daher gewöhnlich nicht auf einen die Rechtsfolgen der Rügepflichtverletzung ausschließenden **Rechtsirrtum** berufen. Auch muss der Kaufmann grundsätzlich mit einer Änderung der höchstrichterlichen Rspr. bezüglich des Bestehens oder Nichtbestehens der Untersuchungs- und Rügeobliegenheit iSd § 377 rechnen.

Ob eine Rügeobliegenheit auch in den sog. **dual use-Fällen** besteht, in denen die Kaufsache nur　**16** **teilweise** für den Betrieb des Kaufmannes und teilweise zu **privaten Zwecken** genutzt werden soll, hängt von den Umständen des Falles ab. Denn die zugunsten eines Bezugs zum Betrieb des Käufers und damit eines Handelsgeschäfts sprechende Vermutung des § 344 wird man in diesen Fällen ungeachtet des Art. 2 Abs. 1 EGHGB, der für diese spezielle, seinerzeit nicht vorhersehbare Fallgestaltung durch § 13 BGB als lex posterior derogiert wird, nicht mehr zur Anwendung bringen können.[38] Zwar besteht entgegen einer teilweise vertretenen Auffassung[39] keine Veranlassung, § 377 im Wege einer **richtlinienkonformen Auslegung der Verbrauchsgüterkauf-RL** bzw. einer **teleologischen Reduktion** in diesen Fällen von vornherein nicht mehr für anwendbar zu erachten. Auf

---

[31] Anders aber OLG Brandenburg Urt. v. 22.2.2012 – 4 U 69/11, NJW 2012, 2124 (in einem obiter dictum), wonach es nicht gerechtfertigt sei, den Zusammenschluss zweier Vollkaufleute zu einer ARGE nur deshalb von der Rügeobliegenheit iSd § 377 zu entbinden, weil der Zusammenschluss bloß gelegentlich und vorübergehend ist.

[32] So Oetker/*Lieder* § 105 Rn. 20; *Wertenbruch* → § 105 Rn. 29 ff. mwN; OLG Dresden Urt. v. 20.11.2001 – 2 U 1928/01, NZG 2003, 124 (125 f.); krit. Staub/*Schäfer* § 105 Rn. 30 mwN.

[33] S. zB BGH Urt. v. 11.10.1995 – VIII ZR 15/94, JZ 1996, 257 mwN; KKRD/*Roth* Rn. 4; Baumbach/Hopt/ *Hopt* Rn. 3.

[34] *Canaris* HandelsR § 3 Rn. 11; *D. Kaiser* JZ 1999, 495 (501); *Hübner* HandelsR § 7 D II 1 Rn. 582 mwN.

[35] Schlegelberger/*Hefermehl* Rn. 11; MüKoHGB/*Grunewald* Rn. 13; Heymann/*Emmerich/Hoffmann* Rn. 13; GK-HGB/*Achilles* Rn. 2; Oetker/*Koch* Rn. 4; HaKo-HGB/*Stöber* Rn. 2; *Oetker* HandelsR § 8 II 1 Rn. 30; aA Staub/ *Brüggemann* Rn. 14; v. *Westphalen* BB 1990, 1 (3).

[36] *Vogt* DStR 2007, 1373 (1377) mwN; zust. KKRD/*Roth* Rn. 4.

[37] Schlegelberger/*Hefermehl* Rn. 11.

[38] Zum Meinungsstand etwa *Tonikidis* JURA 2018, 556 (558 f.); Staudinger/*Fritzsche*, 2018, BGB § 13 Rn. 44 ff.; jeweils mwN.

[39] *J. Hoffmann* BB 2005, 2090 (2091 ff.); s. ferner Heymann/*Emmerich/Hoffmann* Vor § 373 Rn. 8 ff.; Oetker/*Koch* Rn. 3; MüKoHGB/*Grunewald* Rn. 7; BeckOK HGB/*Schwartze* Rn. 5.

eine Vermutungswirkung für das Vorliegen eines beiderseitigen Handelsgeschäfts kann man sich dabei jedoch nicht mehr stützen. Vielmehr ist für die Abgrenzungsfrage bei dual use-Geschäften zunächst einmal auf die Legaldefinition des Verbrauchers in § 13 BGB zurückzugreifen, zu dem jede natürliche Person zählt, die ein Rechtsgeschäft zu Zwecken abschließt, die überwiegend weder ihrer gewerblichen noch ihrer selbstständigen beruflichen Tätigkeit zugerechnet werden können.

17 Diese Legaldefinition geht zurück auf den Erwägungsgrund 17 Verbraucherrechte-RL[40], wonach es bei diesen Geschäften auf den überwiegenden Zweck ankommt, sodass eine natürliche Person, die einen Vertrag nicht überwiegend zu gewerblichen oder selbstständigen beruflichen Zwecken abschließt, als Verbraucher handelt. Das wiederum ist – wie der EuGH in anderem Zusammenhang ausgeführt hat – nach objektiven Kriterien unter Berücksichtigung aller Beweise und insbesondere des Wortlauts des jeweiligen Vertrages zu prüfen, wobei sämtliche Umstände des Einzelfalls, die belegen könnten, zu welchem Zweck die Ware oder Dienstleistung erworben worden ist, berücksichtigt werden müssen.[41] Dementsprechend geht auch der BGH davon aus, dass für die Abgrenzung zwischen Verbraucher- und Unternehmerhandeln grundsätzlich die objektiv zu bestimmende Zweckrichtung des Rechtsgeschäfts entscheidend ist, wobei es maßgeblich auf die jeweiligen Umstände des Einzelfalls, insbesondere das Verhalten der Parteien bei Vertragsschluss, ankommt.[42] Lässt sich anhand dieser Maßstäbe ein Überwiegen des gewerblichen Zwecks nicht feststellen und wird eine Zuordnung auch nicht dadurch geprägt, dass der Verbraucher-Käufer sich bei Vertragsschluss wie ein gewerblich Handelnder geriert hat,[43] ist angesichts der nicht zuletzt auch in Erwägungsgrund 17 Verbraucherrechte-RL zum Ausdruck gebrachten Intention grundsätzlich von einem die Anwendbarkeit des § 377 ausschließenden Verbraucherhandeln auszugehen.[44] Soweit der EuGH[45] im Zusammenhang mit Zuständigkeitsfragen (zB Art. 17 Abs. 1 EuGVVO, Art. 6 Rom I-VO) zu einem gegenteiligen Ergebnis kommt, hängt dies mit dem aus diesen ersichtlich gegenteiligen Regel-Ausnahme-Verhältnis zusammen,[46] wie es ähnlich auch im Zusammenspiel von Art. 1 Abs. 1 CISG und Art. 2 lit. a CISG zum Ausdruck kommt.

18 Ein kontrovers diskutiertes Sonderproblem ergibt sich weiter beim sog. **Finanzierungsleasing,** wenn – wie üblich – der Leasinggeber, nicht aber der Leasingnehmer Kaufmann ist. Nach Ansicht des BGH[47] besteht in diesen Fällen selbst dann für den Leasinggeber eine Rügepflicht iSd § 377, wenn der Kaufvertrag zunächst zwischen dem Lieferanten und dem späteren Leasingnehmer geschlossen wird, sodann der Leasinggeber in diesen Kaufvertrag als Käufer eintritt und der Leasingnehmer etwaige Gewährleistungsansprüche für den Käufer geltend machen soll. Für die Untersuchungs- und Rügepflicht gem. § 377 sei der Leasingnehmer der **Erfüllungsgehilfe** (§ 278 BGB) des Leasinggebers. Auch wenn der Erfüllungsgehilfe nicht Kaufmann sei, ändere sich an der Anwendbarkeit des § 377 nichts.

19 Dagegen lehnt ein großer Teil der Lit. in diesen Fällen eine Anwendung des § 377 entweder aufgrund einer **teleologischen Reduktion**[48] oder mit dem Hinweis auf eine **konkludente Abbedingung** der Untersuchungs- und Rügepflicht ab[49] oder will zumindest den Verbraucher-Leasingnehmer durch ein AGB-rechtliches Verdikt einer Übertragung der Untersuchungs- und/oder Rügeobliegenheit geschützt wissen.[50] Das verdient keine Zustimmung. Insbesondere greift das Argument nicht durch, der in allen Tatbestandsmerkmalen einschlägige § 377 passe nicht, weil das Finanzierungsleasing keinen gewöhnlichen Handelskauf darstelle.[51] Denn der mit dem Warenaustausch vom Käufer

---

[40] ABl. 2011 L 304/64.

[41] EuGH Urt. v. 3.9.2015 – C-110/14, EuZW 2015, 767 Rn. 21 ff.; Urt. v. 9.11.2016 – C-149/15, NJW 2017, 874 Rn. 44.

[42] BGH Urt. v.27.9.2017 – VIII ZR 271/16, NJW 2018, 146 Rn. 41; BGH Urt. v. 18.10.2017 – VIII ZR 32/16, NJW 2018, 150 Rn. 31.

[43] Vgl. BGH Urt. v. 11.5.2017 – I ZR 60/16, GRUR 2017, 1140 Rn. 20 mwN.

[44] Vgl. BGH Urt. v. 30.9.2009 – VIII ZR 7/09, NJW 2009, 3780 Rn. 10 f.; Urt. v. 13.3.2013 – VIII ZR 186/12, NJW 2013, 2107 Rn. 18; Urt. v. 11.5.2017 – I ZR 60/16, GRUR 2017, 1140 Rn. 20.

[45] EuGH Urt. v. 20.1.2005 – C-464/01, NJW 2005, 653 Rn. 39 ff.; Urt. v. 25.1.2018 – C-498/16, NJW 2018, 1003 Rn. 30 ff.

[46] Das übersieht der österr. OGH (zuletzt Urt. v.18.2.2015 – 7 OB 94/14w, RIS-Justiz RS 0062274 unter 1.2 mwN.), der keine Bedenken trägt, § 344 UGB auch in dual use-Fällen zur Anwendung zu bringen. Dagegen mit Recht *Kronthaler/Schwangler* RdW 2016, 249 (250 f., 253).

[47] BGH Urt. v. 24.1.1990 – VIII ZR 22/89, BGHZ 110, 130 (137 ff.) = NJW 1990, 1290; vgl. auch OLG Hamm Urt. v. 6.2.2008 – 2 U 197/05, DAR 2006, 390 (391 f.); OLG Zweibrücken Urt. v. 24.7.2014 – 4 U 112/13, MDR 2014, 1383 = BeckRS 2014, 19909; OLG Hamm Urt. v. 10.12.2019 – 13 U 86/18, BeckRS 2019, 35115 Rn. 192.

[48] *Canaris* AcP 190 (1990), 410 (428 ff.); s. auch *Canaris* HandelsR § 29 V Rn. 29; zust. KKRD/*Roth* Rn. 3; sympathisierend Baumbach/Hopt/*Hopt* Rn. 34.

[49] S. *Hager* AcP 190 (1990), 324 (348 f.); *Lieb* JZ 1991, 977 (978); *Tiedtke* JZ 1991, 907 (909 f.); zum Meinungsstand in der Lit. ausf. *Knops* JuS 1994, 106 (108 f.) mwN; s. auch *Raab*, Austauschverträge mit Drittbeteiligung, 1999, 406 ff. mwN; aA MüKoHGB/*Grunewald* Rn. 15; HaKo-HGB/*Stöber* Rn. 27; ähnl. *Lettl* HandelsR § 12 VI Rn. 79; vgl. auch *K. Schmidt* HandelsR § 29 III Rn. 46; zweifelnd Heymann/*Emmerich/Hoffmann* Rn. 11.

[50] Mit Recht abl. bei gleichzeitigem Überblick zum Meinungsstand aber *Dastis/Werner* ZMR 2018, 654 (655 ff.).

[51] So aber *Flume* DB 1991, 265 (269); *G. Müller* → 3. Aufl. 2015, Rn. 18.

im Ergebnis verfolgte Beschaffungs- oder Verwendungszweck und der damit verbundene Transportweg ist abgesehen von einem ggf. bei der Ablieferungsfrage zu berücksichtigenden zeitlichen Aufschub für die Anwendung des § 377 ohne Bedeutung. Dementsprechend spielt es für die Rügeobliegenheit bei einem in allen maßgeblichen Merkmalen vergleichbaren Streckengeschäft auch keine Rolle, ob an einen Unternehmer oder an einen Verbraucher durchgeliefert wird.[52]

2. Ablieferung der Ware. a) Ausgangspunkt. Gemäß § 377 Abs. 1 S. 1 hat der Käufer die Ware **20** **unverzüglich** nach Ablieferung durch den Verkäufer zu **untersuchen.** Die weitreichende Genehmigungsfiktion des § 377 Abs. 2 und Abs. 3 kann also erst eintreten, wenn der Käufer die Ware in Augenschein nehmen und auf ihre vertragsgemäße Beschaffenheit hin untersuchen kann. Die Vereinbarung, auch eine noch nicht übergebene oder aus anderen Gründen nicht prüfbare Ware bezahlen zu müssen, stellt deshalb eine atypische Vorleistungspflicht des Käufers dar. Vor der Ablieferung braucht der Käufer also keinen Vorbehalt zu erklären, um einen Verlust seiner Rechte zu verhindern. Auch sein Schweigen bei Ablieferung bedeutet keine Annahme als Erfüllung, sondern erst das Verstreichen der Frist, die ihm § 377 für die Untersuchung der angedienten Ware und eine etwaige Mängelrüge einräumt. Nur in besonders gelagerten Fällen kann beim beiderseitigen Handelskauf das Verhalten des Käufers vor Ablauf der Rügefrist, also bei oder auch vor Ablieferung, als stillschweigender Verzicht auf Gewährleistungsansprüche gewertet werden, so zB der Abruf der Kaufsache trotz Kenntnis des Sachmangels.[53] Ein vertraglicher Ausschluss der kaufmännischen Rügeobliegenheit lässt die Vorschrift des § 442 Abs. 1 BGB im Übrigen unberührt.[54]

Dass das Gesetz die Untersuchungsobliegenheit genauso wie die Verjährungsfrist für Sachmängel **21** einer beweglichen Sache gem. § 438 Abs. 2 BGB erst mit der **Ablieferung** beginnen lässt, hat ihren Ursprung in Art. 347 Abs. 1, 349 ADHGB. Die Verfasser dieser Vorschriften hatten angenommen, im Falle des Versendungskaufs sei schon die Aushändigung an den Spediteur oder Frachtführer als **Übergabe** der Ware an den Käufer anzusehen.[55] Unter diesen Umständen konnte die Übergabe aber nicht der maßgebliche Zeitpunkt für den Beginn der kaufmännischen Rügefrist oder Verjährung der Gewährleistungsansprüche sein. Infolgedessen sollte nicht schon die Übergabe der Ware durch den Verkäufer an den Spediteur oder Frachtführer, sondern erst deren Ablieferung durch den Frachtführer oder Spediteur an den Käufer die Rüge- und Verjährungsfrist in Gang setzen.

Die **Ablieferung** iSd § 377 Abs. 1 muss **objektiv erkennbar** sein. Etwas anderes gilt ausnahms- **22** weise dann, wenn die noch beim Verkäufer lagernde Ware nach entsprechender Parteivereinbarung bereits auf den Käufer übergehen soll, er also die zumindest in seinem Mitgewahrsam zum Ausdruck kommende Verfügungsmöglichkeit über die Ware tatsächlich eingeräumt erhält.[56] Die Ablieferung ist keine Willenserklärung, sondern ein **Realakt.** Der Begriff der Ablieferung iSd Entgegennahme zum Zwecke der Untersuchung deckt sich weder mit dem der Abnahme gem. § 433 Abs. 2 noch mit dem Gefahrübergang (§§ 446, 447 BGB)[57] oder der Annahme als Erfüllung iSv § 363 BGB[58] oder der Ablieferung nach § 425 Abs. 1 (Haftung des Frachtführers). Übergabe (§ 446 BGB) und Ablieferung nach § 377 Abs. 1 fallen aber häufig zusammen.[59]

b) Tatsächliche Sachherrschaft über die Ware als Grundvoraussetzung der Untersuchungs- **23** **pflicht.** Die **Ablieferung** erfolgt grundsätzlich in dem Moment, in dem der Verkäufer die Ware in Vollzug des Kaufvertrages aus seiner Verfügungsgewalt entlässt und sie so in den Machtbereich des Käufers verbracht hat, dass dieser sie dort, wo sie sich befindet, auf ihre sachliche Beschaffenheit hin untersuchen kann.[60] Dass die Untersuchung im Hinblick auf die Beschaffenheit der Ware schwierig ist, ist rechtlich irrelevant.[61] Darauf nimmt das Gesetz keine Rücksicht. Allerdings kann sich in diesen Fällen die Rügefrist verlängern (→ Rn. 47). Der Eintritt in den Machtbereich des Käufers muss im Zuge der Abwicklung des Kaufvertrages erfolgen. Bei einer **Nachbesserung** im Machtbereich des

---

[52] So zuletzt etwa OLG Köln Urt. v. 13.4.2015 – 11 U 183/14, NJW-RR 2015, 859; vgl. ferner BGH Beschl. v. 8.4.2014 – VIII ZR 91/13, BeckRS 2014, 12900 Rn. 9.

[53] Soergel/*Huber* BGB aF § 464 Rn. 13 mwN.

[54] BGH Urt. v. 14.6.1978 – VIII ZR 97/77, WM 1978, 1094 (1095).

[55] Dazu eingehend Soergel/*Huber* BGB Vor § 446 Rn. 19 mwN.

[56] Vgl. BGH Urt. v. 30.1.1985 – VIII ZR 238/83, BGHZ 93, 338 (345 f.) = NJW 1985, 1333.

[57] Vgl. BGH Urt. v. 29.11.1972 – VIII ZR 122/71, BGHZ 60, 5 (6) = NJW 1973, 189.

[58] MüKoBGB/*Fetzer* BGB § 363, Rn. 5; *W. Ernst* NJW 1997, 896 (899 f.).

[59] Baumbach/Hopt/*Hopt* Rn. 5; KKRD/*Roth* Rn. 6a; BeckOK HGB/*Schwartze* Rn. 11 aE.

[60] StRspr s. zB BGH Urt. v. 30.1.1983 – VIII ZR 238/83, BGHZ 93, 338 = NJW 1985, 1333; BGH Urt. v. 20.4.1988 – VIII ZR 1/87, NJW 1988, 2608 (2609); BGH Urt. v. 11.10.1995 – VIII ZR 151/94, JZ 1996, 257; BGH Urt. v. 22.12.1999 –VIII ZR 299/98, NJW 2000, 1415 f.; s. auch MüKoHGB/*Grunewald* Rn. 18; Baumbach/Hopt/*Hopt* Rn. 5; KKRD/*Roth* Rn. 6a; Oetker/*Koch* Rn. 7; HaKo-HGB/*Stöber* Rn. 4. Insoweit besteht ein Unterschied zu Art. 58 Abs. 3 CISG, der lediglich eine kurze, vorab zu ermöglichende Augenscheinnahme zur Feststellung der äußeren Warenbeschaffenheit und der Entdeckung etwaiger offener Mängel und Falschlieferungen beeinhaltet; die eigentliche Untersuchungsobliegenheit nach Art. 38 CISG setzt aber ebenfalls erst mit untersuchungsgeeigneter Zurverfügungstellung der gelieferten Ware ein.

[61] BGH Urt. v. 22.12.1999 – VIII ZR 299/98, NJW 2000, 1415 (1416); HaKo-HGB/*Stöber* Rn. 4; *K. Schmidt* HandelsR § 29 III Rn. 48 aE.

Käufers tritt der Abschluss der Nachbesserungsarbeiten gewöhnlich an die Stelle der Ablieferung.[62] Für die **Nachlieferung** im Rahmen der Nacherfüllungspflicht (§§ 437 Nr. 1, 439 Abs. 1 BGB) gelten dieselben Grundsätze wie bei der Erstlieferung.[63] Erhält der Käufer die Ware aufgrund **anderer Umstände** (etwa durch verbotene Eigenmacht oder sonst ohne Wissen und Wollen des Verkäufers), liegt keine Ablieferung iSd § 377 Abs. 1. vor.[64]

24 Die Übergabe von **Traditionspapieren** ist nicht mit der Übergabe der Ware gleichzusetzen. Die Traditionspapiere selbst sind nach dem Inhalt des Kaufvertrages nicht die Kaufsache und müssen daher auch nicht nach den Regeln des § 377 untersucht werden. Die Übergabe von Traditionspapieren ohne Ware ist deshalb keine Übergabe.[65] Nimmt der Käufer die Ware ohne die geschuldeten Papiere entgegen, ist aber abgeliefert.[66] Denn die Papiere werden zur Untersuchung des Kaufgegenstandes im Normalfall nicht benötigt; zudem hat es der Käufer auch in der Hand, die Ware ohne die Papiere annehmen oder ihre Annahme unter Hinweis auf die fehlenden Papiere zu verweigern.

25 Ob und inwieweit die Ware auch dann abgeliefert wird, wenn der Käufer sie (nur) unter **Vorbehalt** annimmt, ist umstritten. Grundsätzlich stehen derartige Erklärungen der Ablieferung als rein tatsächlichem Vorgang nicht entgegen.[67] Will der Käufer mit der Untersuchung der Ware nicht alsbald beginnen, mag er die Sache als nicht vertragsgemäß zurückweisen. Denkbar ist allerdings, dass der Käufer mit seiner Erklärung konkludent um ein Hinausschieben des Ablieferungszeitpunktes und damit des Beginns der Untersuchungs- und Rügeverpflichtung bittet. Ob dies der Fall war und der Verkäufer sich darauf stillschweigend eingelassen hat, ist Tatfrage. Jedenfalls muss die Ablieferung der Kaufsache aber **zur vereinbarten Zeit** und **am vereinbarten Ort** erfolgen.[68] Ablieferungen der Kaufsache zur Unzeit etwa durch eine Abladung ohne Wissen des Käufers gelten grundsätzlich erst dann als erfolgt, wenn mit der Ablieferung normalerweise zu rechnen war.[69] Ob man allerdings so weit gehen kann, die Untersuchungs- und Rügefrist bei **verfrühten Lieferungen** generell nicht schon mit dem Realakt der Ablieferung iSd § 377 Abs. 1 beginnen zu lassen,[70] erscheint fraglich. Zutreffender ist es, den Umstand, dass der Käufer im Allgemeinen mit einer vertragsgerechten Lieferung rechnen darf und daher zB keine vorzeitigen Vorbereitungen für die bevorstehende Untersuchung der Ware treffen und/oder geschultes Personal bereithalten muss, also das berechtigte Vertrauen des Käufers darauf, nicht vorzeitig mit der Untersuchung des Kaufgegenstandes beginnen zu müssen, über eine angemessene, diesen Gesichtspunkten Rechnung tragende Verlängerung der Fristen zu berücksichtigen.

26 Erteilt der Käufer dem Verkäufer die Weisung, die Kaufsache nicht an ihn, sondern an einen namentlich benannten Dritten zu liefern, so ist das Gelangen der Ware in den Machtbereich dieses Dritten die Ablieferung iSd § 377 Abs. 1. Beim sog. **Streckengeschäft,** bei dem der Verkäufer die Ware aufgrund einer Weisung des Käufers direkt an dessen Abnehmer zu versenden hat, ist für die Ablieferung erforderlich, dass der vom Verkäufer beauftragte Frachtführer die Ware dem Abnehmer am vorgesehenen Ort zur Verfügung stellt.[71] Auf den Zeitpunkt der Weisung des Käufers zur Auslieferung der Ware an seinen Abnehmer kommt es nicht entscheidend an. Auch eine erst nach Vertragsabschluss erteilte Anweisung muss der Käufer in Bezug auf das Merkmal der Ablieferung iSd § 377 Abs. 1 gegen sich gelten lassen.[72] Umgekehrt muss sich der Verkäufer nach Treu und Glauben (§ 242 BGB) im Rahmen des Üblichen und Zumutbaren auf die nachträgliche Weisung einlassen, wenn auch gegebenenfalls gegen zusätzliche (angemessene) Vergütung.

27 Nach Ansicht des BGH[73] ist die **bloße Befugnis** zur Ablieferung der Ware an den **Dritten** für sich genommen noch kein hinreichender Grund, um die Untersuchungs- und Rügepflicht mit Übergabe an diesen unmittelbar beginnen zu lassen. Dies erscheint zweifelhaft. Zwar muss der Käufer in diesem

---

[62] BGH Urt. v. 22.12.1999 – VIII ZR 299/98, NJW 2000, 1415 (1417); KKRD/*Roth* Rn. 6b; Baumbach/Hopt/ *Hopt* Rn. 6; HaKo-HGB/*Stöber* Rn. 11.

[63] Oetker/*Koch* Rn. 19 mwN.

[64] Vgl. RG Urt. v. 11.6.1881 – I 320/80, RGZ 5, 28 (33); Staub/*Brüggemann* Rn. 27; MüKoHGB/*Grunewald* Rn. 18.

[65] HaKo-HGB/*Stöber* Rn. 5; BeckOK HGB/*Schwartze* Rn. 11.

[66] Baumbach/Hopt/*Hopt* Rn. 5; MüKoHGB/*Grunewald* Rn. 19; Oetker/*Koch* Rn. 8; aA *Meeske,* Die Mängelrüge, 1965, 220.

[67] MüKoHGB/*Grunewald* Rn. 20; BeckOK HGB/*Schwartze* Rn. 12; aA RG Urt. v. 8.7.1902 – II 332/1901, JW 1902, 425; Staub/*Brüggemann* Rn. 30; *Meeske,* Die Mängelrüge, 1965, 36.

[68] BGH Urt. v. 21.12.1960 – VIII ZR 9/60, NJW 1961, 730 (731; vgl. auch BGH Urt. v. 25.9.1985 – VIII ZR 175/84, NJW 1986, 316 f.; OLG Köln Urt. v. 6.3.1998 – 19 U 185/97, NJW-RR 1999, 565; Baumbach/Hopt/ *Hopt* Rn. 6; KKRD/*Roth* Rn. 6a; Heymann/*Emmerich/Hoffmann* Rn. 39; vgl. HaKo-HGB/*Stöber* Rn. 5; ferner Oetker/*Koch* Rn. 9; BeckOK HGB/*Schwartze* Rn. 12.

[69] Vgl. BGH Urt. v. 21.12.1960 – VIII ZR 9/60, NJW 1961, 730 f.; Baumbach/Hopt/*Hopt* Rn. 6; KKRD/*Roth* Rn. 6a.

[70] Vgl. *Linnerz,* Die Untersuchungs- und Rügeobliegenheit im CISG und im HGB, 2014, 108.

[71] Vgl. zuletzt BGH Beschl. v. 8.4.2014 – VIII ZR 91/13, BeckRS 2014, 12900 Rn. 9 f.; OLG Köln NJW-RR 2015, 859; OLG Karlsruhe Urt. v. 19.7.2016 – 12 U 31/16, NJW-RR 2017, 177 (178); jeweils mwN.

[72] Wie hier MüKoHGB/*Grunewald* Rn. 21; aA Staub/*Brüggemann* Rn. 38; wohl auch Baumbach/Hopt/*Hopt* Rn. 6.

[73] Vgl. BGH Urt. v. 29.6.1993 – X ZR 60/92, WM 1993, 1850 (1853) = NJW-RR 1993, 1461.

Falle uU eine sofortige Untersuchung der Kaufsache gem. § 377 Abs. 1 an zwei Orten vorbereiten.[74] Andererseits darf aber nicht unberücksichtigt bleiben, dass die Möglichkeit der alternativen Auslieferung an den Dritten auf einer individualvertraglichen Weisung des Käufers oder einer damit vergleichbaren Vereinbarung beruht. Ist der Dritte **autorisiert,** die Ware für den Käufer entgegenzunehmen, muss der Käufer für den in Betracht kommenden Ablieferungsvorgang auch die mit Blick auf § 377 erforderlichen organisatorischen Vorkehrungen einschließlich einer Erteilung der dazu nötigen Instruktionen zur Untersuchung und Rüge bzw. der Information über die Untersuchungsergebnisse treffen und dementsprechend auch die sich daraus für die Rügelast ergebenden rechtlichen Konsequenzen tragen.

Ob ein vom Käufer eingeschalteter **Dritter zur Entgegennahme** der Kaufsache im Sinne einer **28** Ablieferung **befugt** ist und mit dieser Entgegennahme schon die Rügefrist nach § 377 Abs. 1 beginnt, richtet sich in erster Linie nach den kaufvertraglichen Vereinbarungen. So ist nach der Ansicht eines Teils der Lit. ein vom Käufer ausgesuchter **Spediteur** oder **Frachtführer** grundsätzlich nicht befugt, die Kaufsache zu untersuchen und damit das Tatbestandsmerkmal der Ablieferung mit Wirkung für den Käufer/Besteller zu erfüllen. Ein Spediteur oder Frachtführer solle die Kaufsache im Zweifel lediglich transportieren. Die Übergabe der Ware an die Transportperson beinhalte daher im Regelfall keine Ablieferung iSd § 377 Abs. 1.[75] Die vorzugwürdige Gegenmeinung[76] liest im Merkmal der Ablieferung die daran im Regelungszusammenhang des § 377 unausgesprochen zu stellende Anforderung mit, dass der Käufer – ggf. unter Zuhilfenahme von Verfrachter oder Spediteur – zu einer sachgerechten Untersuchung tatsächlich in der Lage sein muss. Das ist bereits im Gesetzeswortlaut dadurch angelegt, dass auch einem kaufmännischen Käufer nichts abverlangt werden kann, was nach dem ordnungsgemäßen Geschäftsgang nicht mehr tunlich wäre. Prägend sind insoweit naturgemäß die in der jeweiligen Branche bestehenden Gebräuche und Gepflogenheiten. Ansonsten kommt es auf die Umstände des Falles an. Ist der Zeitraum zwischen Übernahme der Ware durch den Frachtführer und Ablieferung im Betrieb des Käufers nur gering, kann diese kleine Zeitdifferenz häufig schon bei Bemessung des Untersuchungszeitraums angemessene Berücksichtigung finden. Erfordert bei längeren Transportzeiträumen etwa die zu fordernde Untersuchung ein spezielles, bei branchenfremden Personen nicht vorauszusetzendes (Erfahrungs-) Wissen, eine besondere Fachkunde oder ein spezielles, uU sogar nur stationär zu handhabendes Untersuchungsequipment, wird man zumindest eine eingehendere Untersuchung durch Dritte an einem außerhalb des Ankunftsortes liegenden Ort nur unter besonderen Voraussetzungen wie etwa der kurzfristigen nachteiligen Veränderung der gelieferten Ware und einer dadurch drohenden Unaufklärbarkeit des Warenzustandes bei Übernahme verlangen können.[77] Geht es allerdings nur um einfache sensorische Prüfungen, ein schlichtes Messen und Zählen oder den einfachen Abgleich der gelieferten Ware anhand bestehender Unterlagen und/oder Kennzeichnungen auf Übereinstimmungen zwischen Bestelltem und Geliefertem, wird man ein Untersuchungserfordernis bereits am Übernahmeort nicht ohne Weiteres von der Hand weisen können, sodass in einem solchen Fall der Spediteur oder Frachtführer vom Käufer entsprechend instruiert werden muss. Erscheint aus besonderen Gründen bereits am Übernahmeort eine Untersuchung nach Augenschein auf Identität und offenkundige Mängel angezeigt, kann auch eine zeitlich gestreckte zweiteilige Untersuchung gefordert sein, wobei der zweite Teil dann mit der Ankunft der Ware im Betrieb des Käufers beginnt.

c) Ablieferung bei der Holschuld. Hat der Käufer die Sache nach dem Vertragsinhalt in der **29** Niederlassung des Verkäufers abzuholen, ist die Kaufsache dem Käufer erst abgeliefert, wenn dieser körperlich auf vom Verkäufer bereitgestellte Ware zugreift und sich über die dadurch begründeten Gewahrsam zugleich die Möglichkeit einer ungehinderten Untersuchung verschafft. Wenn der Verkäufer die Kaufsache zur Abholung durch den Käufer bereitstellt und diesem mitteilt, er könne sie bei ihm abholen, bereitet dies die Ablieferung nur vor. Der Käufer kann die Ware aber erst untersuchen, wenn er sie tatsächlich in Händen hat. Dass er sie abholen kann, stellt einen **Wechsel der Verfügungsmacht** vom Verkäufer auf den Käufer lediglich in Aussicht. Solange der Käufer die Sache nicht abgeholt hat, befindet sie sich immer noch im Machtbereich des Verkäufers; es hat sich deshalb an den Gewahrsamsverhältnissen noch nichts geändert.[78] Dass der Käufer in Annahmeverzug gerät,

---

[74] Vgl. MüKoHGB/*Grunewald* Rn. 22; vgl. auch Baumbach/Hopt/*Hopt* Rn. 6.

[75] MüKoHGB/*Grunewald* Rn. 23 mit Hinweis auf BGH Urt. v. 11.10.1995 – VIII ZR 151/94, JZ 1996, 257, wo auf RG Urt. v. 1.3.1918 – III 501/17, RGZ 92, 271 (273) Bezug genommen wird; vgl. ferner Staudinger/*Honsell,* 1995, BGB aF § 477 Rn. 38; KKRD/*Roth* Rn. 6b; Oetker/*Koch* Rn. 11.

[76] BGH Urt. v. 25.9.1985 – VIII ZR 175/84, NJW 1986, 316 f.; vgl. auch OLG Köln Urt. v. 12.5.1975 – 1 U 183/74, DB 1975, 2124 f.; OLG Nürnberg Urt. v. 27.7.1989 – 12 U 1649/89, NJW-RR 1990, 294; Baumbach/ Hopt/*Hopt* Rn. 5; *Canaris* HandelsR § 29 V Rn. 65; *Oetker* HandelsR § 8 III Rn. 42; wohl auch Soergel/*Huber* BGB aF § 464 Rn. 10 u. 13; Schlegelberger/*Hefermehl* Rn. 12.

[77] Vgl. dazu BGH Urt. v. 24.2.2016 – VIII ZR 38/15, NJW 2016, 2645 Rn. 21 f.

[78] BGH Urt. v. 30.1.1983 – VIII ZR 238/83, BGHZ 93, 338 (346 f.) = NJW 1985, 1333; BGH Urt. v. 11.10.1995 – VIII ZR 151/94, NJW 1995, 3381 (3382); dazu eingehend *Tiedtke* JZ 1996, 549 (550 f.); s. auch *Tiedtke* NJW 1988, 2578 f.; GK-HGB/*Achilles* Rn. 24; *K. Schmidt* HandelsR § 29 III Rn. 48; Baumbach/Hopt/*Hopt*

wenn er die zur Abholung bereitgestellte Sache nach Aufforderung durch den Verkäufer nicht abholt, spielt für die Ablieferung iSd § 377 Abs. 1 keine Rolle.[79] Ebenso entscheiden die Hamburger kaufmännischen Schiedsgerichte,[80] dass bei bestimmten **Lieferklauseln** wie ex Tank, frei Käufers Lastzug, frei Lkw, frei verladen, frei Hamburg, ex Kühlhaus bzw. ab Lager die Ablieferung der Ware im Allgemeinen erst in der **tatsächlichen Übernahme** durch den Fahrer des Käufers liegt. Das kann allenfalls dann im Einzelfall anders zu beurteilen sein, wenn die Ware den Machtbereich des Verkäufers bereits äußerlich sichtbar verlassen hat und für den Käufer hinreichend deutlich erkennbar ist, dass nunmehr ihm die uneingeschränkte Verfügungsmöglichkeit über die Sachen zusteht,[81] sodass er – wenn auch ggf. nur bei gleichzeitiger Erfüllung einer eingegangenen Zug um Zug-Verpflichtung – uneingeschränkt darauf zugreifen kann.[82]

30 Befindet sich die Kaufsache im **Besitz** eines **Dritten** (zB Lagerhalter) und soll der Käufer sie vereinbarungsgemäß von diesem abholen, genügt nach Ansicht des BGH[83] für die Ablieferung, dass die Ware beim Dritten uneingeschränkt zur Verfügung des Käufers steht, er sie also ohne Mitwirkung des Verkäufers an sich nehmen kann. In diesem Fall habe sich der Verkäufer seiner Verfügungsmacht bereits entäußert.[84] Nach der Gegenmeinung[85] spielt es bei einer Holschuld keine Rolle, ob der Käufer die Ware beim Verkäufer oder bei einem Dritten abholen muss, der sie im Besitz hat. Bei einem Verkauf ex Tank, bei dem das Lager offenbar von einem Dritten unterhalten wurde, hat das Schiedsgericht der Hamburger freundschaftlichen Arbitrage[86] es daher für die Ablieferung nicht genügen lassen, dass der Verkäufer dem Käufer gegen Zahlung des Kaufpreises den Freistellungsschein aushändigt, und zwar auch dann nicht, wenn der Käufer daraufhin im Lager des Dritten mehrere Proben zieht.

31 Richterweise wird man diese Fallgestaltung analog zur Holschuld behandeln und verlangen müssen, dass eine Ablieferung erst ab dem Zeitpunkt erfolgt ist, ab dem der Verkäufer jegliche Verfügungsmöglichkeit über die zu liefernde Ware zugunsten des Käufers aufgegeben und dieser davon durch Abholung und den dadurch begründeten Gewahrsam tatsächlich Gebrauch gemacht hat. Davon wird man allenfalls dann eine Ausnahme machen und den Ablieferungszeitpunkt vorverlagern können, wenn der Lagervertrag entweder von vornherein oder aber jedenfalls nachträglich als ein echter Vertrag zugunsten Dritter aus- oder umgestaltet worden ist, indem etwa der Verkäufer mit dem Lagerhalter vereinbart hat, dass dieser das Gut unwiderruflich zur Verfügung eines Dritten halten soll, wenn der Lagerhalter dem Käufer bestätigt oder mitteilt, künftig nur noch in dieser Weise verfahren zu wollen,[87] und wenn der Käufer – in welcher Form auch immer – sein Einverständnis mit dieser Vorgehensweise bestätigt hat. Fehlt es an einer unbedingten Herausgabebereitschaft des Lagerhalters, etwa weil er vom Verkäufer angewiesen worden ist, die Ware nur Zug um Zug gegen Zahlung des Kaufpreises herauszugeben, muss sich der Käufer uU trotzdem so behandeln lassen, als habe er die Ablieferungsmöglichkeit genutzt, wenn der Verkäufer nach dem Inhalt des Kaufvertrages berechtigt war, eine solche Bedingung zu stellen.[88]

32 Ist im Kauf- oder Werklieferungsvertrag eine sog. **Empfangszeit** vereinbart, innerhalb derer der Käufer die Ware zu übernehmen hat, liegt Ablieferung iSd § 377 Abs. 1 vor, sobald der Käufer die ihm am Bestimmungsort von einem ablieferungsbereiten Dritten (zB dem Frachtführer) bereit gehaltene Ware tatsächlich übernommen hat, mag auch die Empfangszeit zu diesem Zeitpunkt noch nicht abgelaufen sein. Im Fall der Nichtabholung gilt die Ware erst mit Ablauf der Frist als abgeliefert (→ Rn. 35). Insoweit ist der Beginn der Rügefrist hinausgeschoben.[89]

33 Bei **frei zugänglicher Ware** fällt die Ablieferung im Regelfall mit der Besitzübertragung nach § 854 Abs. 2 BGB zusammen. Entscheidend ist also die Einigung der Vertragsparteien über den Abtransport.[90]

Rn. 7; KKRD/*Roth* Rn. 6b; Oetker/*Koch* Rn. 14; HaKo-HGB/*Stöber* Rn. 7; BeckOK HGB/*Schwartze* Rn. 13; aA MüKoHGB/*Grunewald* Rn. 24.

[79] BGH Urt. v. 11.10.1995 – VIII ZR 151/94, NJW 1995, 3381 (3383).
[80] Schiedsgericht der Hamburger freundschaftlichen Arbitrage v. 18.10.1965, HSG J 6 Nr. 4; 27.10.1970, HSG E 6b Nr. 39 und v. 18.3.1971, HSG J 2 Nr. 7; vgl. auch Soergel/*Huber* BGB aF § 477 Rn. 41.
[81] Dazu BGH Urt. v. 30.1.1985 – VIII ZR 238/83, NJW 1985, 1333 (1334).
[82] Vgl. BGH Urt. v. 20.4.1988 – VIII ZR 1/87, NJW 1988, 2608 (2609 f.); offengelassen von BGH Urt. v. 11.10.1995 – VIII ZR 151/94, NJW 1995, 3381 (3383).
[83] Zusammenfassend BGH Urt. v. 30.1.1985 – VIII ZR 238/83, BGHZ 93, 338 (345) = NJW 1985, 1333.
[84] S. auch Soergel/*Huber* BGB aF § 477 Rn. 42; Oetker/*Koch* Rn. 15; Baumbach/Hopt/*Hopt* Rn. 7; KKRD/*Roth* Rn. 6b; HaKo-HGB/*Stöber* Rn. 7 aE; MüKoHGB/*Grunewald* Rn. 24; vgl. ferner *Wolf* WM-Sonderbeilage 2/1998, 40.
[85] S. insbesondere *Tiedtke* JZ 1996, 549 (552 f.) und NJW 1988, 2578 (2580).
[86] Schiedsgericht der Hamburger freundschaftlichen Arbitrage 27.10.1970, HSG E 6b Nr. 39.
[87] Vgl. zu dieser Vertragsgestaltung OLG Bremen Urt. v. 27.2.1997 – 2 U 140/96, OLGR 1997, 191 (192).
[88] BGH Urt. v. 20.4.1988 – VIII ZR 1/87, NJW 1988, 2608 (2609 f.); zust. ua Oetker/*Koch* Rn. 15 mwN; Soergel/*Huber* BGB aF § 477 Rn. 42; zust. insoweit auch *Tiedtke* NJW 1988, 2578 (2580). Ausdr. offengelassen aber von BGH Urt. v. 11.10.1995 – VIII ZR 151/94, NJW 1995, 3381 (3383).
[89] S. Soergel/*Huber* BGB aF § 477 Rn. 38.
[90] S. auch dazu Soergel/*Huber* BGB aF § 477 Rn. 43.

d) Ablieferung beim Versendungskauf. Wird die Kaufsache auf Veranlassung des Käufers nach **34** einem anderen Ort als dem Erfüllungsort versendet, geht nach den Regeln des § 447 BGB die (Preis-)Gefahr auf den Käufer über, sobald der Verkäufer die Sache dem Beförderer übergeben hat. Mit dem **Gefahrübergang** hat aber die Ablieferung iSd § 377 nichts zu tun.[91] Unter Ablieferung ist beim Versendungskauf grundsätzlich die Übergabe der Kaufsache durch den Frachtführer bzw. Spediteur an den Käufer oder an denjenigen zu verstehen, den der Käufer dem Verkäufer als empfangsberechtigt bezeichnet. Das gilt unbeschadet der Tatsache, dass der Käufer schon vorher die Transportgefahr trägt.[92]

Nach der Rspr. des BGH[93] ist die Übergabe durch den Frachtführer für die Annahme einer **35** Ablieferung beim Versendungskauf nicht unbedingt erforderlich. Vielmehr liegt eine Ablieferung schon dann vor, wenn die Ware am Erfüllungsort eingetroffen ist, wo der Käufer sie vereinbarungsgemäß abzuholen oder entgegenzunehmen hat, und der Beförderer den Käufer aufgefordert hat, dies zu tun. Der **Wechsel** in der tatsächlichen **Verfügungsmacht** findet danach in dem Moment statt bzw. wird fingiert, in dem der Käufer die Mitteilung des Beförderers erhält, vorausgesetzt, das Angebot durch den Beförderer entspricht den ausgehandelten Vertragsbedingungen. Der BGH[94] hat eine von der Vorinstanz angenommene Ablieferung daher auch in einem Fall gebilligt, in dem die Ware am Bestimmungsort angekommen war, dort unter Zollverschluss lagerte und der Käufer ohne Weiteres die zur Übernahme erforderlichen Maßnahmen treffen konnte.

Nach der Rspr. des BGH[95] liegt eine Ablieferung selbst dann vor, wenn der Käufer nach dem **36** Vertragsinhalt **vorleistungspflichtig** ist und der Beförderer die Auslieferung und die Gewährung der Untersuchungsmöglichkeit entsprechend der Weisung des Verkäufers von Bedingungen – etwa Zahlung des Kaufpreises und der Frachtkosten – abhängig macht. Entscheidend ist demnach, dass der Verkäufer die Kaufsache dem Käufer durch den Beförderer in vertragsgemäßer Weise zur Übernahme angeboten hat. Dem wird in der Lit.[96] zum Teil entgegen gehalten, dass es unter solchen Umständen gerade an der für die Begründung der Untersuchungs- und Rügeobliegenheit notwendigen Ablieferung gem. § 377 Abs. 1 iS eines Gewahrsamswechsels fehle.

Letzteres überzeugt aber nicht. Die Bestimmung des § 377 geht zurück auf Art. 347 ADHGB, der **37** lediglich für den Versendungskauf eine Obliegenheit zur sofortigen Untersuchung und etwaiger Rüge der Ware angeordnet hatte (→ Vor § 377 Rn. 1) Hierdurch sollten Streitigkeiten darüber tunlichst vermieden werden, ob der zu Recht gerügte Sachmangel erst auf dem Transport entstanden ist und wenn ja, ob durch ein Verschulden des Verkäufers oder durch ein Ereignis, das der Beförderer allein zu vertreten hat. Das gilt umso mehr, als der Verkäufer – auch das macht einen bedeutsamen Unterschied zur Holschuld aus (→ Rn. 29) – grds. die Beweislast für den vertragsgemäßen Zustand des Kaufgegenstandes bei Versendung und für die ordnungsgemäße Versendung trägt, solange der Käufer die Ware nicht als Erfüllung angenommen hat. Das würde ihm aber unverhältnismäßig erschwert, wenn der Käufer die Ware, obwohl er sie ohne Weiteres entgegennehmen könnte und nach der Vertragslage auch müsste, einfach am Bestimmungsort im „Niemandsland" zwischen den beiderseitigen Leistungs- und Zugriffssphären belässt.[97]

Bezüglich des **Bestimmungsortes** ergeben sich Probleme, wenn die Ware nach dem Vertragsinhalt **38** nicht ins Haus zu liefern ist, sondern auf beiden Seiten Beförderer bzw. Lagerhalter tätig sind. Bei überseeischen **Abladegeschäften** (vor allem beim sog. **cif-Geschäft**), bei denen der Verkäufer die Waren im benannten Bestimmungshafen abzuladen bzw. dorthin zu verschiffen und dem Käufer die Abladedokumente anzudienen hat, erfolgt die Ablieferung nach feststehendem Handelsbrauch im klauselmäßig vereinbarten Bestimmungshafen, und zwar mit Abnahme der Ware vom Kai (→ Rn. 119).[98] Dagegen ist nach Ansicht des BGH[99] beim sog. **fob-Geschäft** die Untersuchung – sofern keine besondere vertragliche Vereinbarung vorliegt oder ein Handelsbrauch besteht – grundsätzlich am Ort der Verschiffung vorzunehmen. Etwas anderes soll nur dann gelten, wenn dies dem Käufer nach den konkreten Umständen und Verhältnissen nicht zuzumuten ist. Diese Ausnahme liegt

---

[91] BGH Urt. v. 29.11.1972 – VIII ZR 122/71, BGHZ 60, 5 f. = NJW 1973, 189; missverständlich BGH Urt. v. 2.6.1980 – VIII ZR 78/79, BGHZ 77, 215 (220) = NJW 1980, 1950.
[92] S. etwa Soergel/*Huber* BGB aF § 477 aF Rn. 32.
[93] S. etwa BGH Urt. v. 30.1.1985 – VIII ZR 238/83, BGHZ 93, 338 (345) = NJW 1985, 1333; BGH Urt. v. 20.4.1988 – VIII ZR 1/87, NJW 1988, 2608 (2610); BGH Urt. v. 11.10.1995 – VIII ZR 151/94, WM 1995, 2105 (2106); zust. *Tiedtke* NJW 1988, 2578; GK-HGB/*Achilles* Rn. 24; Oetker/*Koch* Rn. 11; Baumbach/Hopt/*Hopt* Rn. 5; Heymann/*Emmerich/Hoffmann* Rn. 41; Soergel/*Huber* BGB aF § 477 Rn. 33, 34; aA ROHG Urt. v. 17.5.1878 – I 598/78, ROHG 24, 28 f.
[94] BGH Urt. v. 14.2.1958 –VIII ZR 10/57, DB 1958, 396.
[95] BGH Urt. v. 29.4.1988 – VIII ZR 1/87, NJW 1988, 2608 (2610) = WM 1988, 1024 f.
[96] *Tiedtke* JZ 1996, 549 (552); *Tiedtke* NJW 1988, 2578 (2580 f.) und EWiR 1988, 665.
[97] Vgl. Soergel/*Huber* BGB aF § 477 Rn. 34.
[98] S. dazu Soergel/*Huber* BGB aF § 477 Rn. 37 mwN; Baumbach/Hopt/*Hopt* Rn. 10; KKRD/*Roth* Rn. 6b; HaKo-HGB/*Stöber* Rn. 10; aA Heymann/*Emmerich/Hoffmann* Rn. 42.
[99] BGH Urt. v. 29.11.1972 – VIII ZR 122/71, BGHZ 60, 5 f. = NJW 1973, 189; aA Soergel/*Huber* BGB aF § 477 Rn. 37; MüKoHGB/*Grunewald* Rn. 25 mit Fn. 54; krit. auch Heymann/*Emmerich/Hoffmann* Rn. 42.

in der Regel bei der Vereinbarung einer seemännischen Verpackung vor, nach der der Käufer die Sache erst nach Ankunft im Bestimmungshafen zu untersuchen braucht (→ Rn. 120).[100] Zudem kann auch die Ziehung von Stichproben nach Lieferung an Bord untunlich oder gar zweckwidrig und deshalb noch nicht gefordert sein.[101]

39   Bei der Versendung der Kaufsache **im Container** (zB frei im Container gestaut) ist diese nach feststehendem Handelsbrauch immer erst mit Eintreffen im Lager des Käufers abgeliefert.[102]

40   Im Fall des sog. **Streckenkaufs**, bei dem die Kaufsache auf Weisung des Käufers direkt an dessen Abnehmer zu versenden ist, ist für die Ablieferung erforderlich, dass der vom Verkäufer beauftragte Frachtführer bzw. Spediteur die Sache dem Abnehmer des Käufers am vereinbarten Ort zur Verfügung stellt. Versendet dagegen der Käufer die Sache selbst umgehend an den eigenen Abnehmer weiter, liegt die Ablieferung schon in der Übernahme der Ware durch den Käufer und nicht erst, wenn diese bei seinem Vertragspartner eintrifft.[103] Bestimmungsgemäß abgeliefert ist die Ware im Übrigen etwa selbst dann bereits am Hauptsitz des Käufers, wenn er sie anschließend von dort sofort mit der Originalverpackung in eine seiner Filialen weiterleitet.

41   **e) Ablieferung bei Bringschulden.** Bei der Bringschuld beginnt die Untersuchungs- und Rügeobliegenheit gem. § 377 Abs. 1 jedenfalls mit **Übergabe** der Kaufsache. Dem kann aber nicht der Fall gleichgestellt werden, dass die Ware bei dem nicht anwesenden Käufer wie vereinbart vorbeigebracht und dann wieder mitgenommen wird, weil man andernfalls einem Verkäufer raten müsse, die Sache beim Käufer zurückzulassen, da dann Ablieferung auf jeden Fall erfolge.[104] Jedenfalls solange der Verkäufer an der Kaufsache den Gewahrsam hat oder behält, ist gerade noch keine Ablieferung erfolgt.[105] Und selbst eine Gewahrsamsaufgabe des Verkäufers begründet für sich allein noch keine Ablieferung, solange sie nicht mit einer Gewahrsamübernahme des Käufers korrespondiert. Ein **Annahmeverzug** des Käufers ändert hieran aus den dargelegten Gründen (→ Rn. 29) nichts.[106]

42   Nach der Ansicht von *U. Huber*[107] soll eine Ablieferung jedoch wegen der Nähe zum Versendungskauf zu bejahen sein, wenn der Verkäufer bei Vorliegen einer Bringschuld die Ware durch einen **selbstständigen Beförderer** versendet. Im Unterschied zum gewöhnlichen Versendungskauf trägt hier der Verkäufer aber die Transportgefahr über den gesamten Lieferweg hinweg, sodass die Umstände, die bei einem Versendungskauf die Vorverlegung des Ablieferungszeitpunkt rechtfertigen (→ Rn. 37), bei der Bringschuld nicht in gleicher Weise wirken. Für die Anwendung des § 377 fehlt in diesen Fällen deshalb mangels Aufgabe eines dem Verkäufer zuzurechnenden Gewahrsams bzw. einer korrespondierenden Gewahrsamserlangung durch den Käufer die notwendige Ablieferung.

43   **f) Die Bedeutung der Lieferklauseln.** Ob und gegebenenfalls welche Bedeutung eine von einem Vertragspartner einseitig gestellte Lieferklausel für den Lieferort hat, ist häufig eine Frage der Auslegung. Möglicherweise beziehen sich solche Klauseln nur auf andere Aspekte wie etwa die Kostentragung und/oder den Gefahrübergang. Sie können aber auch Bedeutung für die Ablieferung erlangen, wenn sie den Lieferort mit regeln, wobei dies aber namentlich bei der Klausel „frei Haus" (*Fest* → § 346 Rn. 375) zweifelhaft sein kann.[108] Im Rahmen der Auslegung sind nicht zuletzt auch verwendete Incoterms mit der ihnen beigegebenen Beschreibung zu berücksichtigen (→ Vor §§ 373 – 383 Rn. 16 ff.).

44   **g) Die Bedeutung der vollständigen Vertragserfüllung. aa) Ausgangspunkt.** Eine Ablieferung iSd § 377 Abs. 1 liegt in aller Regel erst dann vor, wenn alle kaufvertraglichen Pflichten auf der Verkäuferseite ordnungsgemäß erfüllt sind. Denn erst dann ist der Käufer gewöhnlich in der Lage, den Kaufgegenstand unverzüglich und mit der notwendigen kaufmännischen Sorgfalt (§ 347 Abs. 1) zu untersuchen. Wann danach eine Ablieferung vorliegt, ist namentlich bei komplexen Wirtschaftsgütern – wie etwa Maschinen und EDV-Geräten etc – häufig zweifelhaft. Die Tendenz der höchstrichterlichen Rspr. geht insgesamt dahin, den Übergabezeitpunkt in diesen Fällen hinauszuschieben und auf diese Weise die weitgehenden Rechtsfolgen eines Rügeversäumnisses nicht eintreten zu lassen.

---

[100] S. ua RG Urt. v. 1.11.1904 – II 59/04, RGZ 59, 120 (124); BGH Urt. v. 20.1.1953 – I ZR 37/52, BB 1953, 186; BGH Urt. v. 29.11.1972 – VIII ZR 122/71, BGHZ 60, 5 (8) = NJW 1973, 189 mAnm *Gelhaar;* KKRD/*Roth* Rn. 5b; Heymann/*Emmerich/Hoffmann* Rn. 42 mwN; s. außerdem Oetker/*Koch* Rn. 12.

[101] Vgl. BGH Urt. v. 6.5.1981 – VIII ZR 125/80, DB 1981, 1816 f.; Oetker/*Koch* Rn. 12.

[102] BGH Urt. v. 6.5.1981 – VIII ZR 125/80, DB 1981, 1816 f.; Schiedsgericht des Waren-Vereins der Hamburger Börse, 20.6.1980, HSG E 6 Nr. 79; Baumbach/Hopt/*Hopt* Rn. 8; GK-HGB/*Achilles* Rn. 25; Oetker/*Koch* Rn. 12.

[103] Soergel/*Huber* BGB aF § 477 Rn. 37 mit Hinweis auf das Schiedsgericht der Hamburger freundschaftlichen Arbitrage, 20.5.1964, HSG J 6 Nr. 3; zust. Baumbach/Hopt/*Hopt* Rn. 9; vgl. auch MüKoHGB/*Grunewald* Rn. 21.

[104] So aber MüKoHGB/*Grunewald* Rn. 26; s. auch Baumbach/Hopt/*Hopt* Rn. 11; Oetker/*Koch* Rn. 13.

[105] Zutr. Soergel/*Huber* BGB aF § 477 Rn. 44; s. ferner KKRD/*Roth* Rn. 6b; zust. BeckOK HGB/*Schwartze* Rn. 13.

[106] Soergel/*Huber* BGB aF § 477 Rn. 44.

[107] Soergel/*Huber* BGB aF § 477 Rn. 44.

[108] S. dazu *Mankowski* EWiR 2011, 597 (598) mwN.

bb) Hinausschieben des Ablieferungszeitpunktes. Hat der Verkäufer im Kaufvertrag eine **45** **Montagepflicht** übernommen, genügt zur Ablieferung iSd § 377 Abs. 1 nicht die Übergabe der einzelnen Bauteile; vielmehr muss eine Inaugenscheinnahme und Untersuchung der verkauften Gesamtsache möglich sein, was normalerweise eine vollständige Erfüllung der Montagepflicht des Verkäufers voraussetzt.[109] Dies gilt ohne Rücksicht darauf, ob die geschuldete Montage dem Kaufvertrag das Gepräge gibt oder wertmäßig eher in den Hintergrund tritt. So gehört nach Ansicht des BGH[110] beim Verkauf einer aus **Hard- und Software** bestehenden Computeranlage die Lieferung der Hard- und Softwarehandbücher zur vertraglichen Hauptleistungspflicht. Sind dem Käufer nicht alle Handbücher übergeben worden, fehlt es an einer Ablieferung, sodass weder die Rügefrist des § 377 Abs. 1 noch die Gewährleistungsfrist des § 438 Abs. 2 BGB in Gang gesetzt wird. Dasselbe gilt für den Fall, dass bei einem verkauften Computersystem, bestehend aus Hardware, System- und Anwendersoftware, die Software nicht geliefert ist.[111] Wird bei einem verkauften Computer mit Steuerungssoftware erst die Software und dann der Drucker geliefert, beginnt die Verjährung für Fehler der Software und folgerichtig auch die Untersuchungsfrist erst mit Ablieferung des Druckers.[112] Dagegen steht das Fehlen der Online-Hilfsfunktionen der Annahme einer Ablieferung nicht entgegen, weil sie – im Gegensatz zum Handbuch – Bestandteile der Software sind und infolgedessen ein zu rügender Sachmangel vorliegt.[113]

Ob zur **Ablieferung** bei einer **EDV-Anlage** neben der vollständigen Lieferung der Hard- und **46** Software weitere Umstände hinzukommen müssen, ist streitig. Teilweise wird vorgeschlagen, die Ablieferung erst nach Durchführung eines im Wesentlichen ungestörten Probelaufs zu bejahen.[114] Nach einer noch weitergehenden Auffassung[115] setzt die Ablieferung iSd § 377 Abs. 1 (§ 477 Abs. 1 BGB aF) voraus, dass die Software sich im Betrieb des Käufers in einer ausführlichen Erprobungsphase letztlich als fehlerfrei erwiesen hat. Zur Begründung weisen beide Meinungen im Kern darauf hin, dass die Feststellung von Sachmängeln – insbesondere bei komplizierter Software – in aller Regel schwierig und zeitaufwendig sei.

Der BGH ist diesen Auffassungen zu Recht nicht gefolgt.[116] Danach bleibt es auch beim Kauf von **47** standardisierter Software grundsätzlich dabei, dass die Kaufsache abgeliefert ist, wenn sie in einer die Untersuchung ermöglichenden Weise in den Machtbereich des Käufers gelangt ist. Für eine andere Betrachtungsweise besteht auch kein praktisches Bedürfnis, weil den typischen Schwierigkeiten bei der Erprobung der Datenverarbeitungsanlagen und -programmen durch eine **angemessene Verlängerung** der Rügefrist iSd § 377 hinreichend Rechnung getragen werden kann. Nur wenn die Kaufvertragsparteien zusätzlich die Installation der gekauften Software auf der EDV-Anlage des Käufers oder die Einweisung seines Personals vereinbaren, ist die Ablieferung erst mit Erbringung der vertraglich geschuldeten Zusatzleistung erfüllt.[117]

Nach der Ansicht von *Grunewald*[118] soll sich in den Fällen, in denen der Verkäufer einer EDV-Anlage **48** die Bedienungsanleitung oder das Handbuch nicht mitliefert, nach der Schuldrechtsmodernisierung eine andere rechtliche Beurteilung ergeben, weil die Zuwenig-Lieferung gem. § 434 Abs. 3 Alt. 2 BGB einem Sachmangel iSd § 434 Abs. 1 BGB gleichzusetzen ist. Es genüge daher für eine Ablieferung iSd § 377 Abs. 1, dass der Verkäufer mit der Lieferung ersichtlich seine Verpflichtung vollständig

---

[109] BGH Urt. v. 21.12.1960 – VIII ZR 9/60, NJW 1961, 730 = LM BGB § 477 Nr. 4; BGH Urt. v. 2.12.1999 – VIII ZR 299/98, BGHZ 143, 307 (310 ff.) = NJW 2000, 1415 (1417); OLG Köln Urt. v. 31.3.1995 – 19 U 248/94, NJW-RR 1995, 1457 f.; *Graue* AcP 163 (1963), 401 (406); Baumbach/Hopt/*Hopt* Rn. 6; MüKoHGB/*Grunewald* Rn. 27; Oetker/*Koch* Rn. 17; HaKo-HGB/*Stöber* Rn. 6 mwN; s. auch *K. Schmidt* HandelsR § 29 III Rn. 48; BeckOK HGB/*Schwartze* Rn. 12.

[110] BGH Urt. v. 4.11.1992 – VIII ZR 165/91, NJW 1993, 461 = WM 1993, 111 = BB 1993, 424; BGH Urt. v. 14.7.1993 – VIII ZR 147/92, NJW 1993, 2436 = ZIP 1993, 1394 = WM 1993, 1639; vgl. ferner BGH Urt. v. 29.6.1993 – X ZR 60/92, WM 1993, 1850 (1853) mwN.

[111] BGH Urt. v. 27.4.1994 – VIII ZR 154/93, NJW 1994, 1720 = WM 1994, 1339 mAnm *Hoeren* EWiR 1994, 541; s. auch BGH NJW 1993, 2436 = ZIP 1993, 1394 = WM 1993, 1639.

[112] BGH Urt. v. 24.1.1990 – VIII ZR 22/89, BGHZ 110, 130 (146) = NJW 1990, 1290 (1293).

[113] BGH Urt. v. 22.12.1999 –VIII ZR 299/98, BGHZ 143, 307 (310 ff.) = NJW 2000, 1415 (1416) = ZIP 2000, 456 (457 f.).

[114] Vgl. OLG Köln Urt. v. 26.10.1990 – 19 U 28/90, NJW 1991, 2156 = CR 1991, 154; OLG Hamm Urt. v. 8.7.1991 – 31 U 291/90, CR 1992, 335; *v. Westphalen* WuB IV A § 477 BGB aF 1.89.

[115] Vgl. OLG Düsseldorf Urt. v. 7.12.1988 – 17 U 27/87, WM 1989, 459 = ZIP 1989, 580 = DR 1989, 689; OLG Düsseldorf Urt. v. 12.7.1990 – 6 U 115/89, CR 1991, 538; *Hager* AcP 190 (1990), 324 (330 f.); vgl. auch *Heussen* BB 1988, 1835 (1836).

[116] BGH Urt. v. 22.12.1999 – VIII ZR 299/98, BGHZ 143, 307 (310 ff.) = NJW 2000, 1415 (1416) = ZIP 2000, 456 (457 f.); s. ferner Soergel/*Huber* BGB aF § 477 Rn. 45; *Schneider* CR 1994, 385 (389); *Saenger* NJW 1997, 1945 (1950) und CR 1997, 354 (356); HaKo-HGB/*Stöber* Rn. 4 mwN.

[117] BGH Urt. v. 21.12.1960 – VIII ZR 6/60, NJW 1961, 730 = LM BGB aF § 477 Nr. 4; Soergel/*Huber* BGB Vor § 433 Rn. 280 mwN; ähnl. *Graue* AcP 163 (1963), 401 (409); vgl. auch BGH Urt. v. 31.1.1966 – VII ZR 43/64, LM HGB § 377 Nr. 10.

[118] MüKoHGB/*Grunewald* Rn. 28 mwN; ebenso *Hübner* HandelsR § 7 D II 2 Rn. 589; *Canaris* HandelsR § 29 V Rn. 66; s. auch KKRD/*Roth* Rn. 6a; aA Baumbach/Hopt/*Hopt* Rn. 6; GK-HGB/*Achilles* Rn. 21; HaKo-HGB/ *Stöber* Rn. 6; *Lettl* HandelsR § 12 V Rn. 58; vgl. ferner Oetker/*Koch* Rn. 17; BeckOK HGB/*Schwartze* Rn. 12.

erfüllen wolle. Wann dieses der Fall sei, hänge vom **Empfängerhorizont** des Käufers ab und ist letztlich Tatfrage.

49   Dem ist nicht zu folgen. Solange der Verkäufer die zur unverzüglichen und sachgerechten Über-prüfung der gelieferten Sache notwendigen **Hilfsmittel** (wie Bedienungsanleitung usw.) vertragswid-rig nicht aushändigt, liegt keine Ablieferung iSd § 377 Abs. 1 vor. Es besteht kein Grund, die Rügefrist beginnen zu lassen, obwohl dem Käufer die für die Untersuchung notwendigen Unterlagen fehlen. Daran ändern auch die Regeln des § 434 Abs. 3 Alt 2 BGB nichts. Sie betreffen nicht den Fall, dass der Verkäufer seine Leistungspflichten nicht ordnungsgemäß erfüllt und damit die Untersuchung der Ware erschwert. Vor allem aber wollte der Gesetzgeber der Schuldrechtsreform mit der Vorschrift nicht erreichen, dass die kurze Rügefrist des § 377 beginnt, bevor der Käufer etwa die Bedienungsanleitung in Händen hat. Es gilt daher im Ergebnis nicht anders als in den Fällen, in denen der Verkäufer nach dem Vertragsinhalt etwa eine fachmännische Einweisung des Käufers und/oder seines Personals schuldet, ohne die die komplexe Kaufsache nicht sachgerecht benutzt werden kann.

50   Ist nach dem Vertragsinhalt eine Maschine in Einzelteilen ohne Montageverpflichtung zu leisten, liegt eine Ablieferung iSd § 377 Abs. 1 erst vor, sobald der **letzte Teil** geliefert ist, also mit dem Zusammenbau der Maschine begonnen werden kann.[119] Das gilt selbstverständlich auch für den Fall, dass der Verkäufer vertragswidrig (vgl. § 266 BGB) zusammengehörende Teile einzeln anliefert.[120] Gehört zur Leistungspflicht die Aushändigung einer **Montageanleitung** oder dergleichen, ist die Maschine aus den vorgenannten Gründen im Allgemeinen erst mit der vollständigen Vertragserfüllung abgeliefert. Bei komplexen Anlagebauverträgen ist der Ablieferungsvorgang erst beendet, wenn die Anlage vollständig und betriebsbereit geliefert und errichtet wird.[121] Ferner wird zum Teil zusätzlich eine **Einweisung des Personals** gefordert,[122] weil dem Käufer/Besteller erst dann die Erprobung der komplexen Anlage uneingeschränkt möglich ist. Ob dies wirklich der Fall ist, hängt indes von den Umständen des Einzelfalles ab. Nimmt der Käufer die Anlage allerdings ohne Einweisung des Ver-käufers in Gebrauch, ist dies möglicherweise ein Indiz dafür, dass sie nicht notwendig bzw. geschuldet ist oder man auf sie verzichtet.[123] Die Inbetriebnahme kann jedoch auch auf Gründen beruhen, die einen Verzichtswillen ausschließen.[124]

51   Haben die Parteien einen **Sukzessivlieferungsvertrag** geschlossen, ist grundsätzlich **jede Einzel-lieferung** nach § 377 zu rügen ist.[125] Daher beginnt mit der Ablieferung der jeweiligen Einzelpartie für sie eine gesonderte Rügeobliegenheit.[126]

52   Liefert der Verkäufer vertragswidrig in **Teilen,** ist zu unterscheiden. Eine Ablieferung liegt vor, wenn der Käufer die trotz des Verweigerungsrechts iSd § 266 BGB in Besitz nimmt und eine teilweise Bewirkung der vertraglich geschuldeten Leistung iSd § 323 Abs. 5 S. 1 BGB vorliegt. Hierzu muss es sich aber um eine **technisch und rechtlich selbstständige Teilleistung** handeln (näher → Vor § 377 Rn. 78 ff.), die Teile müssen also für sich genommen verwendbar sein. Ist dies nicht der Fall, sondern handelt es sich etwa um eine aus mehreren Teilen bestehende Gesamtsache, die zB aus Gründen der speziellen Verpackung oder der Lagerkapazität bzw. Transportmittel in kurzen zeitlichen Abständen geliefert werden soll, wird die Ablieferung erst mit dem Entgegennahme des letzten Einzelteils bewirkt.[127] Zudem besteht keine Rügepflicht, wenn der Käufer aufgrund der Umstände erwarten durfte, dass der Rest alsbald geliefert wird (ferner dazu → Rn. 202).

53   Die Vertragsparteien können den **Beginn** der Untersuchungspflicht ausdrücklich oder stillschwei-gend **hinausschieben.** Dies muss nicht unbedingt schon bei Abschluss des Vertrages, sondern kann auch erst bei der Lieferung geschehen. Ist etwa eine Maschine zu liefern und sieht der Vertrag eine Abnahme entsprechend der werkvertraglichen Regelung § 640 Abs. 1 BGB vor, so kann dies bedeuten, dass die Rüge- und Verjährungsfrist iSd § 377 Abs. 1, § 438 BGB erst durch eine Handlung des Käufers/Bestellers beginnen soll, durch die dieser die rechtsgeschäftliche Anerkennung der Ver-tragsmäßigkeit hinreichend deutlich zum Ausdruck bringt. Dies kann etwa durch einen oder mehrere Probeläufe oder durch eine mehrere Tage dauernde Benutzung der Anlage unter den vertraglich

[119] BGH Urt. v. 21.12.1960 – VIII ZR 6/60, NJW 1961, 730 = LM BGB aF § 477 Nr. 4; vgl. ferner *Graue* AcP 163 (1963), 401 (406); Baumbach/Hopt/*Hopt* Rn. 6; Oetker/*Koch* Rn. 17.

[120] Vgl. RG Urt. v. 18.11.1932 – II 140/32, RGZ 138, 331 (338 f.).

[121] So BGH Urt. v. 21.12.1960 – VIII ZR 6/60, NJW 1961, 730 = LM BGB aF § 477 Nr. 4.

[122] OLG Köln Urt. v. 31.3.1995 – 19 U 248/94, NJW-RR 1995, 1457 (1458); *Winz/Scheef* BauR 2013, 655 (665).

[123] Vgl. dazu *Winz/Scheef* BauR 2013, 655 (665) mwN.

[124] Vgl. *Winz/Scheef* BauR 2013, 655 (665).

[125] Dazu eingehend Soergel/*Huber* BGB aF § 462 Rn. 15 und BGB aF § 480 Rn. 45 mwN.

[126] S. etwa RG Urt. v. 30.5.1922 – II 680/21, RGZ 104, 382 (384); BGH Urt. v. 16.9.1987 – VIII ZR 334/86, BGHZ 101, 337 (339) = NJW 1988, 52 mAnm *Schubert* JR 1988, 414 und *Paulusch* EWiR 1987, 1113; BGH Urt. v. 25.6.2002 – X ZR 150/00, BeckRS 2002, 30267865; s. ferner Düringer/Hachenburg/*Hoeniger* Anm. 9, 41; MüKoHGB/*Grunewald* Rn. 29; GK-HGB/*Achilles* Rn. 22; Heymann/*Emmerich/Hoffmann* Rn. 39; Baumbach/Hopt/*Hopt* Rn. 37; KKRD/*Roth* Rn. 12; Oetker/*Koch* Rn. 18; HaKo-HGB/*Stöber* Rn. 6; *G. Müller* ZIP 1997, 661 mwN; *Linnerz,* Die Untersuchungs- und Rügepflicht im CISG und im HGB, 2014, 90.

[127] S. BGH Urt. v. 25.6.2002 – X ZR 150/00, BeckRS 2002, 30267865.

vorausgesetzten oder handelsüblichen Produktionsbedingungen geschehen.[128] Eine stillschweigende Verlängerung der Rügefrist iSd § 377 kann auch in der Vereinbarung zu sehen sein, dass der Käufer erst zahlen soll, nachdem die gelieferte Maschine gewisse Zeit – gemeint ist damit im Zweifel eine angemessene Probezeit – in Betrieb war und sich hierbei im Großen und Ganzen bewährt hat.[129] Ferner können die Parteien mit der Vereinbarung einer sog. **Empfangszeit** den Beginn für die Untersuchung und Mängelrüge hinausschieben (→ Rn. 32).

Liegt keine derartige Vertragsklausel vor, gelten für **Maschinen** und andere **technische Anlagen,** 54 bei denen sich Mängel häufig nicht sofort, sondern erst im täglichen Betrieb zeigen, in Bezug auf den Beginn der Rüge- und Verjährungsfrist grundsätzlich keine besonderen Regeln.[130] Die Ablieferung iSd § 377 Abs. 1 setzt daher nicht voraus, dass die Maschine oder sonstige Sache im Betrieb des Käufers in einer Erprobungsphase einwandfrei gelaufen ist.[131] Allerdings braucht der Käufer auch nur das zu untersuchen und ggf. zu rügen, was bei einem normalen Probelauf aufgrund der dabei gemachten Beobachtungen erkennbar ist.

II. Methode der Untersuchung

1. Bedeutung der Untersuchung und Kostentragungsgrundsätze. In den Motiven[132] zum 55 preußischen HGB ist ausgeführt, dass ein ordentlicher Kaufmann es niemals unterlässt, die gelieferte Ware unverzüglich eingehend zu untersuchen, um sich von ihrer vertragsgemäßen Beschaffenheit zu überzeugen und den Verkäufer gegebenenfalls von einem Sachmangel oder dem Fehlen der garantierten Beschaffenheit zu unterrichten. Dennoch hat das ROHG schon früh auf die nur **eingeschränkte Bedeutung der Untersuchung** als solcher hingewiesen. In der Entscheidung ROHG 12, 91 ff. hatte der Käufer die Ware ohne eine vorangegangene Untersuchung zu Recht als fehlerhaft gerügt. Das ROHG stellte fest, dass die Mängelanzeige trotz unterlassener Untersuchung rechtswahrend gewesen sei, weil es nach dem Gesetz nur auf die rechtzeitige und ordnungsgemäße Mängelrüge ankomme. Woher der Käufer die Kenntnis von dem Mangel habe, sei gleichgültig. Die Untersuchung der angedienten Ware sei nicht die Voraussetzung für die Geltendmachung von Mängeln. In gleicher Weise hat Staub[133] zu Art. 347 ADHGB zutreffend bemerkt, dass die Untersuchung nicht den Charakter einer der Mängelanzeigepflicht koordinierten Rechtspflicht habe.

Unter der Geltung des HGB hat sich an dieser rechtlichen Beurteilung nichts geändert. So hat 56 schon das RG[134] hervorgehoben, dass nicht die Unterlassung der Untersuchung der gelieferten Ware, sondern die nicht rechtzeitige oder nicht hinreichend genaue Mängelrüge die in § 377 Abs. 2 bestimmte Rechtsfolge auslöst. Dem haben sich der BGH[135] und die Lit.[136] alsbald angeschlossen. Selbst eine vom Käufer ins Blaue hinein erhobene Mängelrüge kann also fristwahrend sein, sofern er sie rechtzeitig erhebt und mit ihr zufälligerweise das Richtige trifft.[137] Schutzwürdige Interessen des Verkäufers bzw. Werklieferanten und/oder des allgemeinen Rechtsverkehrs werden dadurch nicht berührt.

Die Untersuchung der gelieferten Ware hat demnach gegenüber der Mängelrüge nur eingeschränkte 57 Bedeutung.[138] Die Untersuchung dient zunächst dem Interesse des Käufers, da er sich gewöhnlich nur durch sie über die stoffliche Beschaffenheit der Sache alsbald ein **zuverlässiges Bild machen** sowie etwaige Sachmängel rechtzeitig und substantiiert rügen und damit einen Verlust der Gewährleistungsrechte verhindern kann. Ferner bestimmen Art und Umfang der vorzunehmenden Untersuchung den Zeitpunkt, zu dem der Mangel dem Verkäufer spätestens angezeigt werden muss. Konnte der Mangel mit Hilfe der branchenüblichen Untersuchungsmethode nicht entdeckt werden (sog. **verborgener** oder **verdeckter** Sachmangel), ist dieser erst nach der Entdeckung, dann allerdings unverzüglich anzuzeigen (§ 377 Abs. 3). Ein Sachmangel, der dagegen bei der Untersuchung mit an Sicherheit grenzender Wahrscheinlichkeit zu Tage getreten wäre (sog. **offener Mangel**), muss gem. § 377 Abs. 1

---

[128] Vgl. Soergel/*Huber* BGB aF § 477 Rn. 45.

[129] Vgl. auch Staub/*Brüggemann* Rn. 115 mwN.

[130] Soergel/*Huber* BGB aF § 477 Rn. 45.

[131] BGH Urt. v. 22.12.1999 – VIII ZR 299/98, BGHZ 143, 307 (313) = NJW 2000, 1415; Oetker/*Koch* Rn. 17 mwN auch zur Gegenmeinung.

[132] Entwurf eines Handelsgesetzbuches für die Preussischen Staaten, Zweiter Teil: Motive, 1857, 141 (zu Art. 264).

[133] *Staub,* Kommentar zum Allgemeinen Deutschen Handelsgesetzbuch, 2. Aufl. 1894, ADHGB Art. 347 § 17.

[134] RG Urt. v. 8.7.1919 – III 37/19, RGZ 96, 175 f.; vgl. ferner RG Urt. v. 13.3.1923 – III 344/22, RGZ 106, 359 (360 f.).

[135] Vgl. BGH Urt. v. 18.3.1952 – I ZR 77/51, LM HGB § 377 Nr. 1 = BB 1952, 330; BGH Urt. v. 16.3.1977, NJW 1977, 1130 (1131); s. ferner jüngst BGH Urt. v. 6.12.2017 – VIII ZR 246/16, NJW 2018, 1957 Rn. 40 mwN.

[136] S. zB Schlegelberger/*Hefermehl* Rn. 53; Heymann/*Emmerich* Rn. 9; Oetker/*Koch* Rn. 33; HaKo-HGB/*Stöber* Rn. 20; Baumbach/Hopt/*Hopt* Rn. 22; HaKo-HGB/*Stöber* Rn. 20; *Raisch* FS Duden, 1977, 399, 409, 410; *Marburger* JuS 1983, 1 (5); *Grunewald* NJW 1995, 1777 (1778); *Raab,* Austauschverträge mit Drittbeteiligung, 1999, 400; *K. Schmidt* HandelsR § 29 III Rn. 74 mwN.

[137] Vgl. auch Staub/*Brüggemann* Rn. 70.

[138] *Niedrig,* Die Mängelrüge, 1994, 168 ff. mwN.

grundsätzlich unverzüglich nach Ablauf der für die Untersuchung der Ware und für die Abfassung der Mängelrüge zur Verfügung stehenden Zeit angezeigt werden.[139]

58   Der Untersuchung der Kaufsache entsprechend den Regeln des § 377 Abs. 1 kommt zudem eine weitere Bedeutung zu. Zwar hat der Verkäufer keinen einklagbaren Anspruch auf eine unverzügliche und sorgfältige Untersuchung der gelieferten Ware. Nach der Rspr. des BGH[140] dient die Rügeobliegenheit aber trotzdem auch dazu, den Verkäufer/Warenhersteller vor der weitreichenden Haftung für fahrlässig verschuldete **Mangelschäden** oder **Mangelfolgeschäden** zu schützen (→ Vor § 377 Rn. 5). Deshalb spielt das Gewicht der zu erwartenden Mangelschäden bei der Abwägung, ob im konkreten Einzelfall uU gesteigerte Untersuchungsanforderungen zum Schutz des Verkäufers gestellt werden müssen, eine bedeutsame Rolle.[141]

59   Aus der Rügeobliegenheit des Käufers resultiert das Recht, Teile der gelieferten Ware im Rahmen des Erforderlichen **zu Untersuchungszwecken** zu **beschädigen** oder sogar zu zerstören. Werden etwa 500 Obstkonserven geliefert, muss der Käufer hinreichende Stichproben nehmen, was eine Öffnung einiger Konserven und im Normalfall zu deren Unbrauchbarkeit führt (→ Rn. 83 ff.). Der Käufer schuldet insoweit im Falle eines Scheiterns des Kaufvertrages keinen Wertersatz nach § 346 Abs. 2 S. 1 Nr. 3 Hs. 2 BGB.[142] Ist eine **Verarbeitung** oder **Umgestaltung** der Kaufsache notwendig, muss er dem Verkäufer ebenfalls keinen Wertersatz gem. § 346 Abs. 3 Nr. 1 BGB leisten, der entsprechende Anwendung auf den bestimmungsgemäßen Verbrauch einer Sache findet.[143] Ferner scheidet eine Schadensersatzhaftung aus. Die **Kosten der Untersuchung** muss der Käufer allerdings als Folge der ihn treffenden Obliegenheit und damit nach § 448 Abs. 1 BGB als Kosten der Abnahme selbst tragen, auch wenn sich dabei ein Mangel herausstellt, den der Verkäufer zu vertreten hat. Es handelt sich hierbei um sog. Ohnehin– oder Sowieso–Kosten, die als allgemeine Geschäftsunkosten unabhängig vom Mangelbefund anfallen, sodass es für einen Schadensersatzanspruch gem. §§ 437 Nr. 3, 280 Abs. 1 BGB letztlich schon an der erforderlichen Kausalität fehlt.[144] Anders sieht es nur aus, wenn die Untersuchung bei einer mangelbedingten Nachlieferung oder Nachbesserung wiederholt werden muss.

60   **2. Gegenstand der Untersuchung. a) Beschränkung der Untersuchungs- und Rügeobliegenheit auf Sachmängel.** Inhaltlich zielt die vorzunehmende Untersuchung auf die Überprüfung ab, ob die gelieferte Ware die vereinbarte, vorausgesetzte oder sonst nach den Umstande zu beanspruchende Warenbeschaffenheit aufweist; sie erfordert deshalb einen Abgleich zwischen dem konkret zu fordernden Sollzustand und dem bei der gelieferten Ware tatsächlich angetroffenen Istzustand.[145] Ihrem Gegenstand nach bestand allerdings bis zur Schuldrechtsreform Einigkeit darüber, dass der Käufer die aufgrund eines beiderseitigen Handelsgeschäfts gelieferte Ware ausschließlich auf das Vorliegen von **Sachmängeln iSd §§ 459 ff. BGB aF.** untersuchen muss. Auf Rechtsmängel iSd § 434 BGB aF. fanden die Regeln des § 377 keine Anwendung. Zwar gab es immer schon Überschneidungsmöglichkeiten, weil die einen Fehler iSd § 459 Abs. 1 BGB aF kennzeichnende Abweichung der wirklichen Beschaffenheit der Kaufsache von der vertraglich festgelegten Sollbeschaffenheit auch durch Rechte Dritter iSd § 434 BGB aF begründet werden konnte. Denn bestellt ein Käufer etwa Dieselkraftstoff und wird ihm dieser mit Heizöl vermischt geliefert, sodass ein Beschlagnahmerecht der Zollbehörde entsteht,[146] liegt ein Rechtsmangel vor, der genauso wie der ebenfalls vorliegende Sachmangel seine Ursache in der physischen Beschaffenheit der Kaufsache hat.[147] Die Mängelrüge iSd § 377 bezog sich aber dennoch nur auf Sachmängel. Der Grund hierfür liegt darin, dass Rechtsmängel in der Mehrzahl der Fälle nicht auf einer **physischen Beschaffenheit**, sondern auf der **Vorgeschichte** der Kaufsache – etwa auf der Bestellung einer Dienstbarkeit oder ähnlichen Handlungen des Verkäufers – beruhen.[148] Die häufig im Verborgenen liegende Vorgeschichte zu ergründen, ist aber nicht die Aufgabe des Käufers und auch nicht die des § 377. Vielmehr widerspräche es sogar dem **Beschleunigungszweck** der handelsrechtlichen Untersuchungs- und Rügeobliegenheit, wenn der Käufer gezwungen wäre, zeitraubende und kostspielige Nachforschungen anzustellen, ob die Kaufsache mit Rechten Dritter belastet ist oder nicht. Nach der Rspr. des BGH[149] darf die Untersuchung aber nicht unverhältnismäßig

---

[139] RG Urt. v. 8.7.1919 – III 37/19, RGZ 96, 175 f.; MüKoHGB/*Grunewald* Rn. 32; Baumbach/Hopt/*Hopt* Rn. 35; KKRD/*Roth* Rn. 8; vgl. auch *Roth* FS Canaris Bd. II, 2007, 365.

[140] S. jüngst BGH Urt. 24.2.2016 – VIII ZR 38/15, NJW 2016, 2645 Rn. 23 mwN.

[141] BGH Urt. v. 24.2.2016 – VIII ZR 38/15, NJW 2016, 2645 Rn. 23 mwN.

[142] Vgl. Heymann/*Emmerich/Hoffmann* Rn. 67; Oetker/*Koch* Rn. 36.

[143] Oetker/*Koch* Rn. 36 mwN.

[144] So auch HaKo-HGB/*Stöber* Rn. 35; aA *G. Müller* → 3. Aufl. 2015, Rn. 59 sowie Heymann/*Emmerich/Hoffmann* Rn. 49; Oetker/*Koch* Rn. 36.

[145] BFH Beschl. v. 14.3.2019 – V B 3/19, BB 2019, 1124 Rn. 18.

[146] S. dazu BGH Urt. v. 5.12.1990 – VIII ZR 75/90, BGHZ 113, 106, wo es allerdings erst nach Gefahrübergang zu der einen Sach- und Rechtsmangel begründenden Vermischung gekommen war.

[147] Zutr. *Stöber*, Beschaffenheitsgarantien des Verkäufers, 2006, 146 ff. mwN.

[148] S. dazu *Heck,* Grundriß des Schuldrechts, 1929, 270; zust. im Grundsatz etwa Soergel/*Huber* BGB aF § 434 Rn. 19.

[149] S. jüngst BGH Urt. v. 24.2.2016 – VIII ZR 38/15, ZIP 2016, 722 Rn. 22 mwN; bestätigt in BGH Urt. v. 6.12.2017 – VIII ZR 246/16, NJW 2018, 1957 Rn. 24 ff.

oder sonst unzumutbar sein. Anhaltspunkt für die Unzumutbarkeit bilden vor allem der für eine professionelle Überprüfung erforderliche Kosten- und Zeitaufwand. Nur weil der Sachmangel auf der physischen Beschaffenheit der Sache beruht und deshalb in der Mehrzahl der Fälle mit Erlangung des durch die Ablieferung vermittelten Besitzes erkennbar ist oder mit Hilfe branchenüblicher Untersuchungsmethoden normalerweise entdeckt werden kann, ist es gerechtfertigt, den Handel treibenden Käufer mit der Untersuchungs- und Rügeobliegenheit zu belasten.[150] Diese seit jeher als selbstverständlich angesehene Beschränkung auf Sachmängel hat im Übrigen auch der Gesetzgeber seinerzeit an anderer Stelle ausdrücklich hervorgehoben, als er zu § 372 Abs. 1 des dem heutigen § 381 Abs. 1 entsprechenden Entwurfs ausgeführt hat, dass es nicht besonders ausgesprochen müsse, dass der – dem heutigen § 377 entsprechende – § 369 des Entwurfs auf die Haftung des Verkäufers eines für kraftlos erklärten Wertpapiers keine Anwendung finde, da es sich hierbei nicht um einen Sachmangel, sondern um einen Mangel im Rechte handele.[151]

Nach der wohl überwiegenden Ansicht in der Lit. hat sich durch die **Schuldrechtsmodernisie-** **61** **rung** von 2002 an der Beschränkung der Rügeobliegenheit auf Sachmängel der Kaufsache nichts geändert.[152] Die Tatsache, dass das BGB in den Rechtsfolgen nicht mehr zwischen Sachmängeln (§ 434 BGB) und Rechtsmängeln (§ 435 BGB) der Kaufsache unterscheidet und § 438 die Rechtsmängel sogar hinsichtlich der Verjährung den Sachmängeln gleichstellt, hat demnach die Untersuchungs- und Rügeobliegenheit iSd § 377 nicht erweitert. Dem steht die nicht viel weniger verbreitete Ansicht[153] entgegen, dass die Vereinheitlichung der Sach- und Rechtsmängelhaftung im Zuge der Schuldrechtsreform auf die Regeln des § 377 **ausstrahle** und auch hier die mitunter schwierige Abgrenzung zwischen Sach- und Rechtsmängel überflüssig mache.

Letztgenannte Sichtweise trifft indes nicht zu. Dadurch, dass sich die Rechtsfolgen der Sach- und **62** Rechtsmängelhaftung gem. §§ 437 ff. BGB entsprechen, ist der Anwendungsbereich des § 377 nicht quasi über Nacht erweitert worden. Die Rechtsmängelhaftung als solche ist vielmehr dieselbe geblieben.[154] Es ist daher, damals wie heute, im Regelfall die **Vorgeschichte** und nicht die **physische Beschaffenheit** der Kaufsache, auf die der Rechtsmangel iSd § 435 BGB beruht. Da die Kenntnis der Vorgeschichte aber nicht durch den mit der Ablieferung einher gehenden Besitz der Sache vermittelt wird, sondern diese weiterhin im Verborgenen liegt, wäre auch die Anknüpfung an die Ablieferung ohne jeden Sinn. Die Untersuchungsobliegenheit auf Rechtsmängel auszudehnen, würde bedeuten, dass der Käufer im Regelfall **zeitraubende und kostspielige Nachforschungen** bezüglich außerhalb der Kaufsache liegender Umstände oder Verhältnisse, häufig noch unter Hinzuziehung eines Rechtsbeistandes, anstellen müsste, die keinen inhaltlichen Zusammenhang mit dem Ablieferungserfordernis und dem dadurch vermittelten Besitz aufwiesen. Dass dies nicht der Zielsetzung des § 377, möglichst schnell für klare und endgültige Rechtsverhältnisse zu sorgen, entspricht, liegt auf der Hand.[155] Zudem ist das Interesse eines vernünftigen und redlichen Verkäufers an einer späteren Anzeige des Rechtsmangels begrenzt, da hier gewöhnlich feststeht, ob und wann der Mangel aufgetreten ist, sodass sich unabhängig vom Gefahrübergang und danach möglichen Veränderungen der Bestand eines Rechtsmangels und seine Zuordnung zum Käufer in aller Regel problemlos klären lässt.[156]

Der Umstand, dass für die Rechtsmängelhaftung des § 435 BGB ebenfalls die **zweijährige Ver-** **63** **jährung** des § 438 Abs. 3 BGB gilt, rechtfertigt keine andere Beurteilung. Die Vorschrift des § 438 BGB stellt – anders als noch § 477 BGB aF – keine Flankierung zu § 377 dar.[157] Vielmehr wollte der Gesetzgeber der Schuldrechtsreform mit der Verlängerung der Gewährleistungsfrist von sechs Monaten

---

[150]　G. Müller WM 2011, 1249 (1258 f.).

[151]　Hahn/Mugdan, Die gesammten Materialien zu den Reichs-Justizgesetzen, 6. Bd.: Materialien zum Handelsgesetzbuch, 1897, 379.

[152]　S. etwa Heymann/Emmerich/Hoffmann Rn. 35; GK-HGB/Achilles Rn. 11; KKRD/Roth Rn. 5; MüKoHGB/Grunewald Rn. 53; BeckOK HGB/Schwartze Rn. 18; BeckOGK/Gutzeit BGB § 435 Rn. 12; K. Schmidt HandelsR § 29 III Rn. 63; Oetker HandelsR § 8 II Rn. 32 ff.; Brox/Henssler HandelsR § 20 Rn. 401; Pick ZIP 2001, 1173 (1180); wohl auch Roth FS Canaris Bd. II, 2007, 365; eingehend G. Müller WM 2011, 1249 (1255 ff.) mwN; s. ferner Sieber, Die Mängelrüge beim Warenkauf, 2008, 31; Mock, Der Ausschluss von Käuferrechten gemäß § 377 HGB, 2010, 38 ff.; Linnerz, Die Untersuchungs- und Rügepflicht im CISG und im HGB, 2014, 65 ff.

[153]　S. OLG Düsseldorf Beschl. v. 4.12.2012 – 23 U 47/12, BeckRS 2013, 06665; Baumbach/Hopt/Hopt Rn. 12 u. § 381 Rn. 4; HaKo-HGB/Stöber Rn. 16; anders aber Stöber, Beschaffenheitsgarantieen des Verkäufers, 2006, 145; Hübner HandelsR § 7 D II 2 Rn. 595; Canaris HandelsR § 29 V Rn. 52; Canaris FS Konzen, 2006, 43, 52 f.; Lettl JURA 2009, 721 (722); Lettl HandelsR § 12 VI Rn. 71; vgl. auch Staudinger/Magnus, 2018, CISG Art. 43 Rn. 4a; Böhler, Grundwertungen zur Mängelrüge, 2000, 175 ff.: Keine gänzliche Ablehnung einer Anwendung von § 377 auf Rechtsmängel, sondern Bejahung einer Rügepflicht nach Entdeckung des Rechtsmangels gem. § 377 Abs. 3 (analog).

[154]　S. nur Palandt/Weidenkaff BGB § 435 Rn. 1; BeckOGK/Gutzeit BGB § 435 Rn. 10 mwN.

[155]　G. Müller WM 2011, 1249 (1256).

[156]　S. auch dazu G. Müller WM 2011, 1249 (1256); aA Oetker/Koch Rn. 24; Böhler, Grundwertungen zur Mängelrüge, 2000, 175 ff.

[157]　So aber Canaris HandelsR § 29 V Rn. 43. – Dass der Gesetzgeber der Schuldrechtsreform solche Zusammenhänge auch nur im Ansatz erwogen hat, lässt sich den Materialien selbst bei wohlwollender Lesart nicht entnehmen.

auf zwei Jahre den Vorgaben des Art. 5 Verbrauchsgüterkauf-RL[158] und damit in erster Linie den schutzwürdigen Interessen des Käufers Rechnung tragen.[159]

64   Der Gesetzgeber der Schuldrechtsreform hätte deshalb wohl sogar den mit dem Ablieferungserfordernis deutlich auf die physische Beschwertheit hinweisenden **Wortlaut des § 377 ändern,** zumindest aber eine beabsichtige Änderung in der bisherigen Terminologie mit der nötigen Eindeutigkeit klarstellen müssen, wenn er die Abgrenzung zwischen Sach- und Rechtsmängeln im Bereich des § 377 und damit einer gehend die überkommene und vom damaligen Gesetzgeber unmissverständlich so gewollte **Beschränkung des hier verwendeten Mangelbegriffs auf Sachmängel**[160] hätte aufgeben wollen.[161] Im Gegenteil hat der Gesetzgeber sich bei Befassung mit der Vorschrift inhaltlich eigentlich nur mit der Implementierung der bis dahin in § 378 aF geregelten aliud-Lieferung und Quantitätsabweichung in § 434 BGB, insbesondere in dessen Abs. 3, beschäftigt,[162] gleichzeitig aber mehrfach klargestellt, dass sich ansonsten an der in § 377 HGB vorgesehenen Untersuchungs- und Rügeobliegenheit nichts ändern sollte.[163] Die Gesetzesverfasser sind also ersichtlich davon ausgegangen, dass nur der **neu gefasste Sachmangelbegriff** (§ 434 BGB) über die Anwendung des § 377 bestimmen sollte.[164] Das gilt umso mehr, als dem Gesetzgeber der Schuldrechtsreform das Leistungsstörungsrecht des UN-Kaufrechts genauso bekannt war wie die dort in Art. 41 f. CISG geregelte Rechtsmängelhaftung.[165] Spätestens danach wäre zu erwarten gewesen, dass er sich im Falle einer von ihm beabsichtigten Einbeziehung der Rechtsmängel in den sachlichen Anwendungsbereich des § 377 auch mit der in Art. 43 CISG deutlich abweichend geregelten Frage einer ohne Untersuchungsobliegenheit eingreifenden Rügeobliegenheit befasst hätte. Zudem hätte er dann auch beachten müssen, dass sich die Untersuchungspflicht nach § 377 auf den Zeitpunkt der **Ablieferung** der Kaufsache bezieht, die Freiheit von Rechtsmängeln hingegen auf den Zeitpunkt des damit längst nicht immer identischen Eigentumsübergangs, sodass bei Ablieferung nicht selten noch gar kein Anlass zur Untersuchung und Rüge gegeben ist.[166] Hinzu kommt weiter, dass die über **§ 381 Abs. 1** vorgesehene Rügeobliegenheit nur für **verbriefte Wertpapiere** gilt, bei denen der Mangel anhand der sachlichen Beschaffenheit der angedienten Urkunde schnell und zuverlässig festgestellt und gerügt werden kann (→ § 381 Rn. 1, 5 f.). Diese Einschränkung ergäbe aber keinen Sinn, wenn seit der Schuldrechtsreform auch **unsichtbare Rechtsmängel** gerügt werden müssten. Schließlich hat der Gesetzgeber – wie sich für den Werklieferungsvertrag anhand von § 381 Abs. 2 unübersehbar zeigt – auch sonst für den Handelskauf relevante Änderungen des BGB in den Bestimmungen des HGB nachvollzogen;[167] dass er ausgerechnet eine solch grundlegende Änderung des § 377 wie die Ausweitung der Untersuchungs- und Rügeobliegenheit auf Rechtsmängel ohne jeglichen Hinweis schweigend implementieren wollte, wird niemand ernstlich annehmen können.

65   Die Rügepflicht für Rechtsmängel ist auch im Rechtsvergleich den meisten **nationalen Rechtsordnungen** fremd.[168] Eine Ausnahme bildet insoweit zwar das **UN-Kaufrecht.** Nach Art. 43 CISG besteht aber auch dort keine Untersuchungsobliegenheit, weil sie im Normalfall zu aufwendig wäre und dem Käufer nicht zugemutet werden könnte.[169] Zudem muss die Anzeige des Rechtsmangels dort nicht unverzüglich, sondern nur innerhalb angemessener Frist erfolgen (→ Rn. 167 ff.). Und schließlich gibt es nach Art. 44 CISG die Möglichkeit der Entschuldigung für unterlassene Rügen gibt. Insgesamt lässt sich deshalb die Rügelast des CISG mit der des nationalen Rechts nicht zu vergleichen ist.[170] Vielmehr zeigen gerade die Regeln des UN-Kaufrechts, dass die Rügeobliegenheit nur dann für Rechtsmängel sinnvoll ist, wenn es für sie **spezielle Regeln** gibt. Denn man muss sich nur vergegen-

---

[158] BT-Drs. 14/6040, 228.

[159] S. dazu *G. Müller* WM 2012, 1249 (1256) mwN.

[160] Art. 347 Abs. 1 ADHGB iVm Art. 335 ADHGB. Dies hat der Gesetzgeber des HGB unverändert übernommen und dabei einerseits die ursprünglich auf Distanzgeschäfte begrenzte Untersuchungs- und Rügeobliegenheit sachlich auf Platzgeschäfte ausgedehnt sowie andererseits die Obliegenheit personell auf beiderseitige Handelsgeschäfte begrenzt; zugleich hat er hinsichtlich einer Anwendbarkeit der Vorschriften zum Kauf von Waren auf die heute in § 381 Abs. 1 behandelten Wertpapiere ausdrücklich hervorgehoben, dass nicht besonders ausgesprochen müsse, dass der – dem heutigen § 377 entsprechende – § 369 des Entwurfs auf die Haftung des Verkäufers eines für kraftlos erklärten Wertpapiers keine Anwendung finde, da es sich hierbei nicht um einen Sachmangel, sondern um einen Mangel im Rechte handele; vgl. *Hahn/Mugdan,* Die gesammten Materialien zu den Reichs-Justizgesetzen, 6. Bd.: Materialien zum Handelsgesetzbuch, 1897, 375 f., 379.

[161] Zutr. *K. Schmidt* HandelsR § 29 III Rn. 63.

[162] BT-Drs. 14/6040, 211, 281; BT-Drs. 14/6854, 41; BT-Drs. 14/7052, 211.

[163] BT-Drs. 14/6040, 249; BT-Drs. 14/7052, 199.

[164] BT-Drs. 14/6040, 281 und BT-Drs. 14/6857, 40 f.; s. dazu GK-HGB/*Achilles* Rn. 11; vgl. ferner *G. Müller* WM 2012, 1249 (1256); *Oetker* HandelsR § 8 II Rn. 33.

[165] BT-Drs. 14/6040, 86, 217 f.

[166] S. *Linnerz,* Die Untersuchungs- und Rügepflicht im CISG und im HGB, 2014, 66, der diese Unterscheidung in den Vordergrund stellt, s. ferner MüKoHGB/*Grunewald* Rn. 53.

[167] BT-Drs. 14/6040, 281.

[168] S. nur Schlechtriem/Schwenzer/*Schwenzer* CISG Art. 43 Rn. 1.

[169] S. *Kiene* IHR 2006, 93 ff.; Staudinger/*Magnus,* 2018, CISG Art. 41 Rn. 8; *Linnerz,* Die Untersuchungs- und Rügepflicht im CISG und im HGB, 2014, 58 mwN.

[170] *G. Müller* WM 2012, 1249 (1255 f.) mwN.

wärtigen, dass der Käufer gem. Art. 39 Abs. 2 CISG das Recht verliert, sich auf die Vertragswidrigkeit der Ware zu berufen, wenn er sie dem Käufer nicht spätestens innerhalb von zwei Jahren anzeigt. Die in den Verhandlungen zum Übereinkommen umstrittene Ausschlussfrist wurde auch damit gerechtfertigt, dass die Ansprüche des Käufers wegen der Vertragswidrigkeit der Ware normalerweise schon nach Abs. 1 ausgeschlossen seien.[171] Das ist aber bei den Rechtsmängeln bekanntlich anders. Da sie häufig erst nach vielen Jahren erkennbar werden und vorher denknotwendigerweise nicht geltend gemacht werden können, gilt die zweijährige Ausschlussfrist nicht für die Rüge bei Rechtsmängeln (Art. 43 CISG).[172]

Das alles bedeutet jedoch nicht, dass eine Rügeobliegenheit iS § 377 entfällt, wenn die Kaufsache **66** wegen ihrer physischen Beschaffenheit **sowohl einen Sachmangel als auch einen Rechtsmangel** aufweist. Da der Käufer die Beschaffenheit der Ware mit kaufmännischer Sorgfalt (§ 347 Abs. 1) auf ihre Vertragsmäßigkeit hin prüfen muss, darf ihn der Umstand, dass die Abweichung von der Sollbeschaffenheit nicht nur einen Sachmangel, sondern zugleich einen Rechtsmangel darstellt, in Bezug auf die Untersuchungs- und Rügeobliegenheit nicht entlasten. Das Beschlagnahmerecht der Zollbehörde im vorgenannten **Dieselkraftstoff-Fall** (→ Rn. 60) führte also dazu, dass der Käufer die dafür ursächliche Beschaffenheitsabweichung – vorbehaltlich einer Arglist des das Heizöl heimlich beimischenden Verkäufers – nicht nach § 377 rügen musste. Dasselbe gilt zB auch in den Fällen, in denen der zuständigen Behörde ein Beschlagnahmerecht in Bezug auf Lebensmittel zusteht, die gesundheitsgefährdende Stoffe enthalten.[173]

b) Falschlieferung. aa) Grundsatz. Gemäß § 434 Abs. 3 Alt. 1 BGB steht es einem Sachmangel **67** iSd § 434 Abs. 1 gleich, wenn der Verkäufer eine andere als die geschuldete Sache liefert. Das betrifft nach dem weiten Gesetzeswortlaut auch die Lieferung eines sog. **Identitäts-aliuds,** für das vor der Schuldrechtsreform das allgemeine Leistungsstörungsrecht galt. Hierfür spricht nicht zuletzt die Tatsache, dass der Handel treibende Käufer das genehmigungsfähige Identitäts-aliud wie das Gattungs-aliud nach § 378 aF rügen musste, sodass die Genehmigungswirkung des § 377 Abs. 2 oder 3 den ursprünglichen Erfüllungsanspruch erfasste (iE → Vor § 377 Rn. 67 ff.). Da der Gesetzgeber der Schuldrechtsreform mit der ersatzlosen Streichung des § 378 aF die Rügeobliegenheit nicht teilweise beseitigen, sondern im Hinblick auf den Wegfall des umstrittenen Merkmals der Genehmigungsfähigkeit eher erweitern wollte, liegt es nahe, dass nach seinem Willen § 434 Abs. 3 Alt. 1 BGB auch für die Lieferung eines Identitäts-aliuds gelten sollte. Der Käufer muss daher heute beim beiderseitigen Handelskauf im Normalfall **jede Falschlieferung** nach § 377 unverzüglich rügen, will er seine Gewährleistungsansprüche aus § 437 behalten (ferner → Rn. 198). Es gilt also insoweit nichts anders als bei **peius-Lieferungen,** bei denen die Anwendung des § 377 nicht deshalb entfällt, weil die gelieferte Sache für die Zwecke des Käufers völlig unbrauchbar ist.[174]

bb) Einschränkung der Rügeobliegenheit. Eine Ausnahme gilt indes in den Fällen, in denen es **68** sich um eine in der Rechtswirklichkeit so gut wie nie vorkommende **Extremabweichung** handelt, die objektiv in keinem Zusammenhang mit der vertraglich geschuldeten Lieferung der Kaufsache steht. Hier liegt für jedermann zweifelfrei erkennbar keine auf eine Bewirkung der geschuldeten Leistung gerichtete **Tilgungsbestimmung** auf der Verkäuferseite vor, sodass mangels Zusammenhangs zwischen Leistung und Verpflichtung für eine Anwendung des § 434 Abs. 3 Alt. 1 BGB[175] und damit auch für eine Rügepflicht die notwendige Grundlage fehlt. Wird etwa ein Kühlschrank statt der gekauften Stehlampe oder statt des Klaviers eine Blockflöte geliefert, so handelt es sich – für jedermann ohne weiteres erkennbar – lediglich um einen untauglichen Erfüllungsversuch, der keinen Bezug zur Sachmängelhaftung hat. Eine solche Erfüllungsuntauglichkeit ist freilich nur bei **offensichtlichen Verwechslungen** oder bei **absichtlicher Lieferung anderer Ware** im Sinne eines stillschweigenden Angebots zum Abschluss eines neuen Kaufvertrages mit anderem Kaufgegenstand anzunehmen, wenn also die Lieferung eindeutig der Nichterfüllung näher steht als dem Sachmangel. Nimmt der Käufer das **(neue) Angebot** an, so kommt vorbehaltlich der Einigung über den Kaufpreis ein neuer Vertrag zustande. Dabei macht es keinen Unterschied, ob es sich um eine Gattungs- oder Stückschuld handelt. Dort, wo die Einzelsache vom Käufer persönlich ausgesucht wurde und besondere, vielleicht sogar einzigartige Beschaffenheitsmerkmale aufweist, kann die absolute bzw. evidente Erfüllungsuntauglichkeit allerdings ganz besonders deutlich zu Tage treten.[176] Es bedarf daher in aller Regel keiner Mängelrüge gemäß § 377, wenn eine völlig andere und damit auch unter Umständen wesentlich teurere oder billigere Sache als die vertraglich geschuldete Sache geliefert wird. Ob für die Feststellung

---

[171] Vgl. *Linnerz,* Die Untersuchungs- und Rügepflicht im CISG und im HGB, 2014, 145 mwN.
[172] S. etwa Honsell/*Magnus* CISG Art. 43 Rn. 1; Staudinger/*Magnus,* 2018, CISG Art. 43 Rn. 3; *Schlechtriem,* Einheitliches UN-Kaufrecht, 1981, 65.
[173] S. dazu *Stöber,* Beschaffenheitsgarantien des Verkäufers, 2006, 148.
[174] S. *Rust,* Das kaufrechtliche Gewährleistungsrecht, 1997, 84 mit Fn. 72 und Hinweis auf BGH Urt. v. 20.4.1977 – VIII 141/75, LM § 377 Nr. 19 = MDR 1977, 836 = BB 1977, 1019; s. dazu auch Schlegelberger/*Hefermehl* HGB aF § 378 Rn. 30; *G. Müller* WM 2011, 1249 (1252) mwN.
[175] BT-Drs. 14/6040, 216.
[176] *G. Müller* WM 2011, 1249 (1252 f.); zust. Baumbach/Hopt/*Hopt* Rn. 16.

der Evidenz der Erfüllungsuntauglichkeit die **Perspektive des Käufers** allein entscheidend ist oder ein **objektiver Beurteilungsmaßstab** herangezogen werden muss, ist mehr eine theoretische Frage, da solche Extremabweichungen auch bei Anlegung rein objektiver Maßstäbe nicht mit einer Schlecht-leistung zu vergleichen sind. Die weit verbreitete **Gegenmeinung,**[177] wonach vor allem aus Gründen der Rechtssicherheit und Rechtsklarheit prinzipiell sogar **jede Extremabweichung** von den § 434 Abs. 3 Alt. 1 BGB erfasst wird und infolgedessen nach § 377 gerügt werden muss, überzeugt deshalb nicht. Sie übersieht, dass das Gewährleistungsrecht mangels Bestehens einer offensichtlichen Tilgungs-eignung der gelieferten Ware nicht anwendbar ist (iE → Vor § 377 Rn. 59 ff.).

69   **c) Zuweniglieferung.** Nach § 434 Abs. 3 Alt. 2 BGB steht es ferner einem Sachmangel gleich, wenn der Verkäufer unbewusst eine zu geringe Menge **gleichartiger Sachen** liefert (zu Einzelheiten → Vor § 377 Rn. 72 ff.). Dies entspricht weitgehend der früheren Rechtslage, wonach das Sachmän-gelrecht (§§ 459 ff. BGB aF) in diesen Fällen unmittelbar anwendbar war. **Quantitätsmängel** eines speziell verkauften Vorrats waren eindeutig Sachmängel.[178] § 434 Abs. 3 Alt. 2 BGB ist allerdings nicht anwendbar, wenn von verschiedenen, in ihrer Verwendbarkeit aufeinander bezogen verkauften Sachen nicht alle geliefert werden oder Teile einer verkauften Gesamtsache fehlen; vielmehr gilt hier – wie vor der Schuldrechtsmodernisierung – das allgemeine Leistungsstörungsrecht (→ Vor § 377 Rn. 75 ff.; ferner → Rn. 201). In diesem Fall besteht daher für den Handel treibenden Käufer mangels Abliefe-rung keine Untersuchungs- und Rügepflicht (→ Rn. 52). Ferner findet § 434 Abs. 3 Alt. 2 BGB keine Anwendung, wenn der Verkäufer mit der Mankolieferung seine Pflicht aus § 433 Abs. 1 BGB noch nicht vollständig erfüllen will. Denn bei **offen deklarierter Teilleistung** kann der Käufer aus seiner Warte nicht von einem Erfüllungswillen des Verkäufers ausgehen.[179] Es gilt daher im Ergebnis nichts anderes als bei der Lieferung eines Total-aliud (→ Rn. 68).

70   Ist die Lieferung dagegen nicht offen als Teilleistung deklariert (sog. **verdeckte Teilleistung**), muss der Käufer im Regelfall davon ausgehen, dass der Verkäufer seine kaufvertraglichen Pflichten mit der Lieferung vollständig und ordnungsgemäß erfüllen will. Es liegt daher eine **Minderlieferung** iSd § 434 Abs. 3 Alt. 2 BGB vor, die bei einem beiderseitigen Handelskauf grundsätzlich nach den Regeln des § 377 gerügt werden muss. Zu den Einzelheiten → Vor § 377 Rn. 79 f.)

71   **d) Zuviellieferung.** Die bewusste oder unbewusste Zuviellieferung löst grundsätzlich keine Sach-mangelhaftung aus. Vielmehr geht es in der Regel um die Lieferung **unbestellter Ware.** Die Zuviellieferung hat deshalb keinen Bezug zur Schlechtleistung und ist zu Recht in § 434 Abs. 3 BGB nicht erwähnt. Einer in der Lit. erwogenen analogen Anwendung des § 434 Abs. 3 BGB steht der klare Wortlaut und der Wille des Gesetzgebers entgegen, der die Mehrlieferung in Abweichung von § 378 aF bewusst nicht in den Tatbestand des § 433 Abs. 3 BGB einbezogen hat (näher → Vor § 377 Rn. 86). Es bedarf daher keiner Mängelrüge gem. § 377, wenn etwa 500 ccm Erde statt 50 ccm Erde geliefert werden. Dass die nicht bestellte Mehrmenge vom Verkäufer getrennt werden muss, stellt für sich allein keinen rügepflichtigen Sachmangel dar,[180] es sei denn, die **Aussortierung** ist mit ins Gewicht fallenden Umständen und Kosten verbunden und schlägt auf diese Weise zugleich auf die geschuldete Beschaffenheit der vertraglich vereinbarten Warenmenge durch (→ Vor § 377 Rn. 83). Bei der Zuviellieferung steht deshalb im Regelfall die **Rückforderung nach § 812 BGB** im Vor-dergrund.

72   Von der **Zuviellieferung** sind die Fälle zu unterscheiden, in denen die Kaufsache etwa nicht die vereinbarte **Größe** oder das vereinbarte **Gewicht** besitzt. Da die Kaufsache hier von der vertraglich vereinbarten Sollbeschaffenheit abweicht und im Regelfall auch eine Wert- bzw. Gebrauchsbein-trächtigung vorliegt, handelt es sich um einen normalen Sachmangel (→ Vor § 377 Rn. 84), sodass beim beiderseitigen Handelskauf eine Rügeobliegenheit iSv § 377 besteht. Es macht deshalb keinen Unterschied, ob etwa die bestellten Wellstegträger für das konkrete Bauvorhaben zu kurz oder zu lang sind.[181] In beiden Fällen liegt sowohl nach altem wie nach neuem Recht weder eine Zuwenig- oder Zuviellieferung bzw. Falschlieferung, sondern eine (normale) Schlechtlieferung vor. Dasselbe gilt für

---

[177] S. etwa Baumbach/Hopt/*Hopt* Rn. 16; Oetker/*Koch* Rn. 29; *Linnerz,* Die Untersuchungs- und Rügepflicht im CISG und im HGB, 2014, 62 ff. mwN.

[178] S. etwa Soergel/*Huber* BGB aF § 459 Rn. 271; aA *v. Friesen* NJW 1979, 2288.

[179] S. BT-Drs. 14/6040, 216; s. ferner ua *Thomale,* Leistung als Freiheit, 2012, 39; *St. Lorenz* JuS 2003, 36 (38) mwN.

[180] Gegen eine Rügeobliegenheit auch GK-HGB/*Achilles* Rn. 10; Baumbach/Hopt/*Hopt* Rn. 19; Oetker/*Koch* Rn. 32; HaKo-HGB/*Stöber* Rn. 15; BeckOK HGB/*Schwartze* Rn. 22; *K. Schmidt* HandelsR § 29 III Rn. 61; *Oetker* HandelsR § 8 II Rn. 37; *Oetker* FS Canaris Bd. II, 2007, 313 ff.; *Linnerz,* Die Untersuchungs- und Rügepflicht im CISG und im HGB, 2014, 216 mwN; aA MüKoHGB/*Grunewald* Rn. 57 mit Fn. 179; KKRD/*Roth* Rn. 5b; *Canaris* HandelsR § 29 V Rn. 56 u.73: Das Rügeversäumnis führt (nur) dazu, dass der Verkäufer die – für ihn uU unökonomische – Rücknahme des Überschusses verweigern, aber grundsätzlich keinen höheren Kaufpreis fordern kann; diff. *Hadding* FS Kollhosser Bd. II, 2004, 175, 177 f.: Keine Anwendung des § 434 Abs. 3 BGB, wohl aber von § 377.

[181] S. BGH Urt. v. 30.4.1975 – VIII ZR 164/73, NJW 1975, 2011.

den Fall, dass der Ware der verkauften Gattung vertragswidrig Waren anderer Gattung **beigemischt** werden (→ Vor § 377 Rn. 83 sowie ferner → Rn. 203).

e) Montagefehler. Gemäß § 434 Abs. 2 S. 1 und 2 BGB ist ein Montagefehler oder eine unzurei- **73** chende Montageanleitung einem Sachmangel ausdrücklich gleichgestellt. Auch ein solcher Mangel muss daher beim beiderseitigen Handelskauf nach den Regeln von § 377 gerügt werden. Dies gilt aber dann nicht, wenn es sich nicht um einen Kaufvertrag mit einer unselbstständigen Montageverpflichtung, sondern um einen den Regeln des § 377 entzogenen reinen Werkvertrag iSd § 631 BGB handelt (zur Abgrenzung → § 381 Rn. 8).

3. Art und Umfang der Untersuchung. a) Grundsätze. Gemäß § 377 Abs. 1 hat die Unter- **74** suchung **unverzüglich** nach Ablieferung der Ware zu erfolgen, soweit dies **nach einem ordnungsgemäßen Geschäftsgang tunlich** ist. Unverzüglich im Sinne der Vorschrift bedeutet ohne schuldhaftes Zögern (vgl. § 121 Abs. 1 S. 1 BGB). Was nach einem ordnungsgemäßen Geschäftsgang im Sinne des Gesetzes tunlich ist, kann nicht nach einem generellen Maßstab bestimmt werden, sondern richtet sich naturgemäß nach den Umständen und Verhältnissen des konkreten Einzelfalles, wobei vor allem die Beschaffenheit der gelieferten Ware eine große Rolle spielt. In bestimmten Geschäftszweigen hat sich in Betrieben vergleichbarer Art im Laufe der Zeit nicht selten eine ganz spezielle Untersuchungsmethode herausgebildet. Möglicherweise besteht sogar ein Handelsbrauch. In diesem Fall reicht es normalerweise aus, dass der Käufer die branchenübliche Untersuchungsmethode zur Prüfung der sachlichen Beschaffenheit der angedienten Ware mit der notwendigen kaufmännischen Sorgfalt (§ 347 Abs. 1) anwendet. In allen anderen Fällen sind die an eine Untersuchung zu stellenden Anforderungen letztlich durch eine umfassende Interessenabwägung zu ermitteln.[182]

Grundsätzlich muss der Käufer aufgrund seiner Kaufmannseigenschaft die gelieferte Ware einer **75** genauen Untersuchung unterziehen, auch wenn diese zeitraubend oder technisch schwierig ist und vielleicht sogar besondere betriebliche Einrichtungen sowie Fachkenntnisse erfordert. Der Käufer ist also in jedem Fall verpflichtet, die Untersuchung mit **fachmännischer Sorgfalt** durchzuführen, und zwar auch dann, wenn er ausschließlich Serienprodukte weiterverkauft und eine Vielzahl unterschiedlicher Produkte vertreibt.[183] Verfügt der Betroffene selbst nicht über die notwendigen Fachkenntnisse und/oder technischen Mittel, die zur Untersuchung notwendig sind, muss er einen **Sachverständigen** bzw. eine **sachkundige Person** mit der Untersuchung beauftragen, wobei er gegebenenfalls die zur Prüfung notwendigen Unterlagen bereitstellen muss.[184] Dass die Untersuchung längere Zeit in Anspruch nimmt und ein Untersuchungsergebnis uU erst nach Verarbeitung der Ware vorliegt, steht einer Tunlichkeit dieser Art der Untersuchung nicht entgegen.[185]

Andererseits dürfen im Rahmen der gebotenen **Interessenabwägung** zwischen Verkäufer und **76** Käufer die Anforderungen nicht überspannt werden. Zwar darf hierbei nicht übersehen werden, dass die Untersuchungsobliegenheit insoweit auch den Interessen des Käufers dient, als sie verhindern kann, dass der Sachmangel erst nach Ablauf der Gewährleistungsfrist entdeckt wird. Wie der VIII. Zivilsenat des BGH jüngst zu Recht ausgeführt hat,[186] muss der Käufer im Regelfall aber keine **Rundum-Untersuchung** vornehmen, um alle irgendwie in Betracht kommenden Mängel der Ware zu entdecken. Denn ansonsten könnte der Verkäufer, aus dessen Einflussbereich der Mangel kommt und der ihn vielleicht sogar als Warenhersteller verschuldet hat, in die Lage versetzt werden, das aus seinen eigenen fehlerhaften Leistungen herrührende Risiko über den Weg der Mängelrüge auf den Käufer abzuwälzen.[187] Anhaltspunkte für die Grenzen der **Zumutbarkeit** bilden vor allem der für eine sorgfältige Überprüfung erforderliche Kosten- und Zeitaufwand, die dem Käufer zur Verfügung stehenden technischen Prüfungsmöglichkeiten und das Erfordernis eigener technischer Kenntnisse für die Durchführung der Untersuchung bzw. die Notwendigkeit der Hinzuziehung von Experten[188].

Hat der Verkäufer bei Vertragsschluss für die Existenz (oder Nichtexistenz) eines bestimmten **77** Beschaffenheitsmerkmals der Kaufsache eine **Garantie** übernommen, ergibt sich nichts anderes. Die nach der Schuldrechtsreform an die Stelle der Eigenschaftszusicherung getretene Beschaffenheitsgaran-

---

[182] Vgl. BGH Urt. v. 24.2.2016 – VIII ZR 38/15, NJW 2016, 2645 Rn. 20 mwN.

[183] BGH Urt. v. 5.10.2005 – VIII ZR 16/05, BGHZ 164, 196 (208) = NJW 2006, 47; vgl. auch *Meeske,* Die Mängelrüge, 1965, 88.

[184] S. etwa BGH Urt. v. 30.4.1975 – VIII ZR 164/73, NJW 1975, 2011 (2012) = WM 1975, 562 = DB 1975, 1116; vgl. ferner OLG Naumburg Urt. v. 3.4.2001 – 9 U 8/01, OLG-Report 2001, 417; MüKoHGB/*Grunewald* Rn. 43; Heymann/*Emmerich/Hoffmann* Rn. 62 mwN; Staub/*Brüggemann* Rn. 87; Oetker/*Koch* Rn. 40; HaKo-HGB/*Stöber* Rn. 21.

[185] OLG Köln Urt. v. 2.9.2016 – 19 U 47/15, BeckRS 2016, 112213 Rn. 94.

[186] BGH Urt. v. 6.12.2017 – VIII ZR 246/16, NJW 2018, 1957 Rn. 26 unter Berufung auf OLG Nürnberg Urt. v. 25.11.2009 – 12 U 715/09, BeckRS 2010, 67; s. ferner Oetker/*Koch* Rn. 41; MüKoHGB/*Grunewald* Rn. 38; BeckOK HGB/*Schwartze* Rn. 32.

[187] S. BGH Urt. v. 24.2.2016 – VIII ZR 38/15, ZIP 2016, 722 Rn. 22 mwN; BGH Urt. v. 6.12.2017 – VIII ZR 246/16, BGHZ 217, 72 Rn. 25 f. = NJW 2018, 1957.

[188] Zusammenfassend BGH Urt. v. 24.2.2016 – VIII ZR 38/15, ZIP 2016, 722 Rn. 20 ff. mwN = NJW 2016, 2645; BGH Urt. v. 6.12.2017 – VIII ZR 246/16, BGHZ 217, 72 Rn. 25 = NJW 2018, 1957.

tie entbindet den Käufer nicht von der Untersuchungsobliegenheit iSd § 377 Abs. 1.[189] Das durch die Garantie des Verkäufers hervorgerufene (besondere) Vertrauen in die Existenz (bzw. das Fehlen) der betreffenden Beschaffenheit führt nicht dazu, dass der Käufer auf die Garantie blind vertrauen und auf die Untersuchung verzichten darf oder weniger Sorgfalt aufwenden muss. Die Annahme, die Vertragsparteien hätten die Untersuchungsobliegenheit im Hinblick auf die Garantiezusage stillschweigend **abbedungen**[190] oder einen geringeren **Pflichtenmaßstab** vereinbart, findet ohne konkrete gegenteilige Anhaltspunkte in der Realität jedenfalls keine Stütze. In eine Garantievereinbarung einen derartigen Willen hineinzulesen, liegt – vergleichbar mit häufig anzutreffenden Spekulationen über einen vermeintlichen Verzichtswillen[191] – vielmehr denkbar fern.

78   Was nach ordnungsgemäßem Geschäftsgang tunlich ist (§ 377 Abs. 1), richtet sich grundsätzlich nach objektiven Kriterien.[192] Nicht entscheidend ist daher eine individuelle Übung des Käufers wie etwa das obligatorische Hinausschieben der Untersuchung bis zur nächsten Inventur[193] oder die Anwendung einer in dem Geschäftszweig nicht anerkannten Untersuchungsmethode. Vielmehr kommt es auf die dort **allgemein herrschende Übung** an.[194] Auf die speziellen betrieblichen Gegebenheiten und auf die wirtschaftlichen Verhältnisse beim Käufer darf nur dann Rücksicht genommen werden, wenn es sich um Umstände oder Verhältnisse handelt, die ganz allgemein in der betreffenden Branche vorherrschen[195] und nach den maßgeblichen objektiven Maßstäben berücksichtigungswürdig sind.[196]

79   Besteht ein **Handelsbrauch,** so ist dieser maßgebend, sofern er als gerecht und damit als sachlich zu billigen und zu akzeptieren ist.[197] Allerdings kann auch der Handelsbrauch nach zutreffender Ansicht den Käufer grundsätzlich nicht von jeder Untersuchung der angedienten Ware bzw. Mängelrüge befreien (→ Rn. 138, → Rn. 260).

80   Die Untersuchung des Kaufgegenstandes darf für den Käufer nicht **unzumutbar** sein.[198] Dies ist grundsätzlich aber erst dann der Fall, wenn die Untersuchungsanstrengungen, die für den Käufer erforderlich sind, um die abgelieferte Ware auf ihre vertragsgemäße Beschaffenheit hin unverzüglich und gewissenhaft zu untersuchen, nicht nur schwierig und/oder zeitraubend sind, sondern zu dem materiellen Interesse, das der Verkäufer und der Rechtsverkehr an der zügigen Geltendmachung etwaiger Gewährleistungsansprüche haben, in keinem vernünftigen Verhältnis zueinander stehen. Daher dürfen etwa die Kosten für einen mit der Untersuchung zu beauftragenden Sachverständigen nicht über dem mit dem Weiterverkauf der Ware zu erwartenden Gewinn liegen.[199] Im Gegenteil dürfte eine weit gespannte Untersuchungsobliegenheit schon dann entfallen oder in einem jedenfalls nur erheblich reduzierten Umfang zu billigen sein, wenn die normalerweise anfallenden Kosten den Gewinn aus dem geplanten Weiterverkauf der Ware so schmälern, dass sich das Geschäft für einen Kaufmann nicht mehr lohnt oder zu gravierenden Einbußen führt. Hier ist dem Käufer im Regelfall nur zuzumuten, die eingehende Ware oberflächlich durch Besicht, Riechen, Betasten, Zählen, Wiegen oder Messen auf ihre vertragsgemäße Beschaffenheit zu überprüfen; eine eingehendere Untersuchung, etwa in Form von teuren Laboranalysen, ist hier nicht zumutbar.[200] Erst recht wird man, und zwar auch im Fachhandel nicht, eine darüber noch weiter hinausgehende Untersuchung gelieferter Waren auf das Vorliegen ihr anhaftender Konstruktionsfehler regelmäßig nicht fordern können.[201] Etwas anderes kann sich allenfalls bei Vorliegen ganz besonderer Umstände ergeben, die das Interesse des Verkäufers oder Werklieferanten an einer umfassenden und besonders aufwendigen Untersuchung rechtfertigen. Dabei kann namentlich eine Rolle spielen, ob von der fehlerhaften Beschaffenheit der Kaufsache erhebliche Gefahren für die Gesundheit Dritter ausgehen (→ Rn. 86).

---

[189] S. etwa BGH Urt. v. 19.6.1991 – VIII ZR 149/90, NJW 1991, 2633; vgl. auch BGH Urt. v. 17.9.2002 – X ZR 248/00, BGH-Report 2003, 285 (287); zust. KKRD/*Roth* Rn. 8; GK-HGB/*Achilles* Rn. 33; Oetker/*Koch* Rn. 43; BeckOK HGB/*Schwartze* Rn. 33.

[190] *Stoppel* ZGS 2006, 49 (54).

[191] Vgl. dazu zuletzt etwa BGH Urt. v. 21.3.2018 – VIII ZR 17/17, NJW 2018, 2254 Rn. 46 mwN.

[192] BGH Urt. v. 14.10.1970 – VIII ZR 156/68, LM HGB § 377 Nr. 13 = WM 1970, 1402; BGH Urt. v. 16.3.1977 – VIII ZR 194/75, NJW 1977, 1150 (1151); KKRD/*Roth* Rn. 8; *Steinmann* BB 1993, 873 (874) mwN; s. ferner Baumbach/Hopt/*Hopt* Rn. 25; Heymann/*Emmerich/Hoffmann* Rn. 61; MüKoHGB/*Grunewald* Rn. 33; Oetker/*Koch* Rn. 39; HaKo-HGB/*Stöber* Rn. 30; BeckOK HGB/*Schwartze* Rn. 32.

[193] Vgl. OLG Hamburg Urt. v. 30.4.1918 – III 80/18, JW 1919, 257.

[194] BGH Urt. v. 3.12.1975 – VIII ZR 237/74, NJW 1976, 625 f.; Staub/*Brüggemann* Rn. 94 mwN; KKRD/*Roth* Rn. 8; Baumbach/Hopt/*Hopt* Rn. 25; GK-HGB/*Achilles* Rn. 31.

[195] *v. Westphalen* FS 40 Jahre Der Betrieb, 1988, 223, 230 mwN.

[196] Vgl. BGH Urt. v. 3.12.1975 – VIII ZR 237/74, LM HGB § 377 Nr. 16 = DB 1976, 145.

[197] *v. Westphalen* FS 40 Jahre Der Betrieb, 1988, 223, 230; vgl. ferner BGH Urt. v. 3.12.1975 – VIII ZR 237/74, NJW 1976, 625 f.; HaKo-HGB/*Stöber* Rn. 21 mwN.

[198] AllgM s. etwa RG Urt. v. 29.1.1904 – II 261/03, RGZ 57, 7 (8 ff.); Staub/*Brüggemann* Rn. 96; Schlegelberger/*Hefermehl* Rn. 67; Baumbach/Hopt/*Hopt* Rn. 25; KKRD/*Roth* Rn. 8a; Oetker/*Koch* Rn. 39; Heymann/*Emmerich/Hoffmann* Rn. 62; vgl. auch OLG Oldenburg Urt. v. 5.9.1997 – 6 U 113/97, NJW 1998, 388; HaKo-HGB/*Stöber* Rn. 21; *Linnerz,* Die Untersuchungs- und Rügepflicht im CISG und im HGB, 2014, 87.

[199] Vgl. Staub/*Brüggemann* Rn. 97; Heymann/*Emmerich/Hoffmann* Rn. 62; vgl. ferner GK-HGB/*Achilles* Rn. 31; *St. Ernst* MDR 2003, 4 (6).

[200] Vgl. auch OLG Koblenz Urt. v. 7.7.2016 – 2 U 504/15, NJW-RR 2017, 83 (84 f.).

[201] OLG Brandenburg Urt. v. 18.2.2020 – 6 U 50/18, BeckRS 2020, 5439 Rn. 13 ff.

Besteht auf Käuferseite **konkreter Anlass zu Misstrauen** an der Mangelfreiheit der Ware, darf 81 grundsätzlich nicht auf eine besonders sorgfältige Untersuchung verzichtet werden. So sind aus früheren Lieferungen bekannte **Schwachstellen** eher zu prüfen als das Vorliegen bestimmter vertraglich vereinbarter Beschaffenheitsmerkmale, die noch nie gefehlt haben.[202] Das gilt erst recht im Falle einer Falschlieferung, bei der unklar ist, ob sie die vertraglichen Anforderungen gleichwohl erfüllt.[203]

Besonderheiten können sich nach der Judikatur des BGH im Bereich einer **ständigen Geschäfts-** 82 **verbindung** ergeben. Zwar ist nach stRspr.[204] bei Sukzessiv- oder Teillieferungen desselben Vertrages die Untersuchung jeder einzelnen Lieferung grundsätzlich erforderlich (→ Rn. 51). Dabei werden die an die Untersuchung zu stellenden Anforderungen im Allgemeinen nicht dadurch geringer, dass die ersten Lieferungen allesamt einwandfrei waren. Vielmehr muss sich der Käufer grundsätzlich so verhalten, als ob es sich um die erste Warenlieferung handelt. Etwas anderes ergibt sich aber dann, wenn dem Hersteller/Verkäufer im Rahmen einer **langjährig störungsfrei verlaufenen Geschäftsbeziehung** erstmals pflichtwidrig eine fehlerrelevante **Produktionsänderung** nicht angekündigt hat. Unter diesen besonderen Umständen kann eine Untersuchung der Sache im Hinblick auf das besondere, im Laufe der Zeit entstandene Vertrauen des Käufers in deren vertragsgemäße Beschaffenheit ggf. als entbehrlich zu werten sein, auch wenn die Sache verarbeitet wurde und im Falle der Mangelhaftigkeit mit hohen Mangel- bzw. Mangelfolgeschäden gerechnet werden musste. Allerdings entfällt die Rügeobliegenheit in diesem Sonderfall nicht ganz; vielmehr müssen infolge der unterlassenen Untersuchung erst später erkannte Sachmangel wegen Wegfalls des in die vertragsgemäße Beschaffenheit der Ware gesetzten Vertrauens in entsprechender Anwendung des § 377 Abs. 3 unverzüglich gerügt werden.[205]

b) Einzelfälle. aa) Lieferung gleichartiger Massengüter. Handelt es sich bei der Kaufsache um 83 gleichartige Massengüter, so genügt der Käufer seiner Obliegenheit zur Untersuchung in der Regel schon durch die Entnahme von **Stichproben**, sofern diese repräsentativ sind, dh sinnvoll auf die Gesamtmenge verteilt werden.[206] Eine andere Untersuchungsmethode wäre in diesen Fällen normalerweise unökonomisch und letztendlich unzumutbar. Zeigt sich bei der Stichprobe, dass über vereinzelte Ausreißer hinausgehende Teile mangelhaft sind, darf der Käufer – ggf. nach einmaliger zu Kontrollzwecken vorzunehmender Erweiterung der Stichprobenmenge – dieses Untersuchungsergebnis pars pro toto als insgesamt repräsentativ ansehen und in Bezug auf die Gesamtmenge seine Gewährleistungsansprüche aus § 437 BGB geltend machen. Eine weitere Untersuchung, die nunmehr in der Konsequenz auf eine Vollprüfung mit den damit einher gehenden Schäden hinauslaufen müsste, ist hier im Regelfall weder notwendig noch zumutbar.

Wie viele Stichproben vom Käufer zur Erfüllung der Untersuchungsobliegenheit zu nehmen sind, 84 hängt naturgemäß von den Umständen des Einzelfalles ab und wird maßgeblich vom Gesichtspunkt der **Zumutbarkeit** und **Verhältnismäßigkeit** bestimmt.[207] So hat das RG[208] bei einer Lieferung von 5.000 Konservendosen mit Lebensmitteln die probeweise Öffnung von 10 Dosen für ausreichend erachtet. Ebenso hat der BGH[209] die Entnahme von 5 jeweils einen Mangel zutage fördernden Stichproben bei einer Lieferung von 2.400 Dosen als ausreichend angesehen. Gehören die gelieferten Einzelsachen zu verschiedenen Gattungen, so sind von jeder Gattung ausreichende Stichproben zu nehmen.

Weitere Einzelfälle: Beim Kauf von 150 Kartons Lebensmitteln zu je 24 Dosen müssen 10 bis 15 85 Dosen geöffnet und untersucht werden.[210] Bei der Lieferung von vier Partien zu je 750 Kartons reicht es aus, wenn den gelieferten Partien einmal acht, dann zehn, dann sieben und dann vier Muster

---

[202] BGH Urt. v. 19.6.1991 – VIII ZR 149/90, NJW 1991, 2623; BGH Urt. v. 17.9.2002 – X ZR 248/00, BGH-Report 2003, 285 (287); BGH Urt. v. 24.2.2016 – VIII ZR 38/15, ZIP 2016, 722 Rn. 23 mwN; BGH Urt. v. 6.12.2017 – VIII ZR 246/16, NJW 2018, 1957 Rn 27; s. ferner MüKoHGB/*Grunewald* Rn. 38; Oetker/*Koch* Rn. 41; GK-HGB/*Achilles* Rn. 29; BeckOK HGB/*Schwartze* Rn. 34 mwN; *Stoppel* ZGS 2006, 49 (53).

[203] Vgl. OLG Karlsruhe Urt. v. 19.7.2016 – 12 U 31/16, NJW-RR 2017, 177 (180).

[204] S. zB BGH Urt. v. 16.9.1987 – VIII ZR 334/86, BGHZ 101, 337 (339) = NJW 1988, 52 mAnm *Schubert* JR 1988, 414.

[205] BGH Urt. v. 13.3.1996 – VIII ZR 333/94, BGHZ 132, 175 (177 ff.) = NJW 1996, 1537; dazu krit. *G. Müller* ZIP 1997, 661 ff.; *G. Müller* ZIP 2002, 1178 (1180 ff.); s. auch *v. Olshausen* JR 1997, 64; vgl. ferner MüKoHGB/*Grunewald* Rn. 39.

[206] S. etwa BGH Urt. v. 20.4.1977 – VIII ZR 141/75, BB 1977, 1019 = DB 1977, 1408; großzügiger im Ansatz *K. Schmidt* HandelsR § 29 III Rn. 76.

[207] Vgl. OLG München Urt. v. 31.3.1955 – 6 U 2009/54, BB 1955, 748; Staub/*Brüggemann* Rn. 81; HaKo-HGB/*Stöber* Rn. 22.

[208] RG Urt. v. 13.3.1923 – III 344/22, RGZ 106, 359 (362).

[209] BGH Urt. v. 20.4.1977 – VIII ZR 141/75, BB 1977, 1019 = DB 1977, 1408; zust. Baumbach/Hopt/*Hopt* Rn. 27; Heymann/*Emmerich*/*Hoffmann* Rn. 64 mwN; *Canaris* HandelsR § 29 V Rn. 61; *St. Ernst* MDR 2003, 4 (6); vgl. ferner MüKoHGB/*Grunewald* Rn. 38; Oetker/*Koch* Rn. 45.

[210] *Straatmann*/*Ulmer*, Handelsrechtliche Schiedsgerichts – Praxis, Schiedsgericht der Hamburger Freundschaftlichen Arbitrage HSG E 6b Nr. 54; Oetker/*Koch* Rn. 57.

entnommen und geprüft werden.[211] Das Öffnen von 4 % der gekauften Lebensmittelkonserven wird für zumutbar, aber auch für ausreichend erachtet.[212] Dagegen genügt die Untersuchung von nur einem Karton bei 400 gekauften Kartons nicht den an eine Untersuchung iSd § 377 Abs. 1 zu stellenden Anforderungen.[213]

86   **Lebensmittel/Agrarprodukte:** Bei Lebensmitteln ist im Allgemeinen eine chemische oder technische Untersuchung nicht erforderlich, wenn ein spezifischer Verdacht auf Genussuntauglichkeit nicht besteht und die einfache Untersuchung durch **sensorische Feststellungen** nach Aussehen, Geschmack und Geruch keine Beanstandungen ergibt.[214] Das ist zwar nicht ganz unbedenklich, weil etwaige (verborgene) Schadstoffbelastungen zu großen **Gesundheitsschäden** führen können. Ferner könnte sich im Hinblick auf die VO (EG) Nr. 178/2002 des EU-Parlaments und des Rates vom 28.1.2002 zur Festlegung der allgemeinen Grundsätze und Anforderungen des Lebensmittelrechts ergeben, dass gewisse Intensivierungen der Untersuchung angezeigt sein können. Andererseits darf aber nicht unberücksichtigt bleiben, dass gerade im Lebensmittelrecht hohen Anforderungen an die **Qualitätssicherung bereits der vorgelagerten Handelsstufen** gestellt werden und sich – nicht zuletzt auch deshalb – bestimmte Risiken noch nie verwirklicht haben. Folgerichtig hat der BGH[215] die Ansicht der Vorinstanz bestätigt, wonach eine labortechnische Untersuchung der von der Schuldnerin gelieferten Futterfette auf eine mögliche Dioxinbelastung bei Abwägung aller Umstände unverhältnismäßig und dem Käufer nicht zuzumuten war. Allerdings muss die einfache (äußere) Untersuchung im Hinblick auf drohende Gesundheitsgefahren besonders sorgfältig vorgenommen werden.[216] Ergeben sich **konkrete Verdachtsmomente** in Bezug auf eine Genussuntauglichkeit, muss im Rahmen der Zweckmäßigkeit und Zumutbarkeit weiter untersucht werden.

87   Reicht die Untersuchung nach Geschmack und Geruch aus bestimmten Gründen, etwa im Hinblick auf die drohenden Schäden, nicht aus, ist möglicherweise sogar eine **Probeverarbeitung** vorzunehmen. So müssen etwa Braugerste, Mehl und andere Agrarprodukte uU sogar stichprobenartig verarbeitet werden.[217] Bei tiefgekühltem Fleisch ist eine hinreichende Stichprobe zu nehmen und das Fleisch aufzutauen, um es im gebrauchsfertigen Zustand zu untersuchen.[218] Die Probeverarbeitung ist mit fachmännischer Sorgfalt durchzuführen.[219] Reichen einfache chemische bzw. technische Proben zur Prüfung der Beschaffenheit der Ware aus, kann auf die uU aufwendige Verarbeitung verzichtet werden.[220]

88   **Textilien und ähnliche Produkte:** Bei der Lieferung von **Stoffballen** genügt etwa nach einem im Bereich von Aachen bestehenden Handelsbrauch die Beschränkung der Untersuchung auf jeweils die ersten Meter der Stoffballen.[221] Wird eine Ware in **einzelnen Stapeln** geliefert, so müssen nach Ansicht des OLG München[222] Stichproben an sämtlichen Stapeln entnommen werden. Damit werden an die Erfüllung der Untersuchungspflicht aber zu hohe Anforderungen gestellt, weil der Käufer sich bei größeren Warenmengen grundsätzlich auf eine repräsentative stichprobenartige Prüfung beschränken darf. Richtigerweise hat das RG[223] Mängel an gelieferten Zuckersäcken, die nicht bei der Besichtigung oder einer mit der Hand vorgenommenen stichprobenartigen Prüfung, sondern erst beim Füllen und Stapeln der Säcke sichtbar wurden, für verborgene Mängel iSd § 377 Abs. 3 gehalten.

89   Im Bereich des Handels mit **Strümpfen** oder im **Wollhandel** ist eine **chemische Untersuchung** im Allgemeinen nicht erforderlich. Ein Käufer von Perlonstrümpfen muss daher nicht mit Hilfe einer aufwendigen und kostspieligen chemischen Untersuchung der Frage nachgehen, ob Perlon- oder Nylonstrümpfe geliefert worden sind.[224] Der Käufer von 2.810 Damenblusen kann sich

---

[211] *Straatmann/Ulmer,* Handelsrechtliche Schiedsgerichts – Praxis, Schiedsgericht der Hamburger Freundschaftlichen Arbitrage HSG E 6b Nr. 36; Oetker/*Koch* Rn. 57.

[212] S. auch Oetker/*Koch* Rn. 57 unter Bezugnahme auf OLG Hamburg Urt. v. 12.11.1964 – 3b U 51/64, MDR 1965, 390 f.

[213] Oetker/*Koch* Rn. 57 mwN.

[214] S. BGH Urt. v. 19.6.1991 – VIII ZR 140/90, NJW 1991, 2633: Salami; BGH Urt. v. 6.12.2017 – VIII ZR 246/16, NJW 2018, 1957 Rn. 82: Futterfett.

[215] BGH Urt. v. 6.12.2017 – VIII 246/16, NJW 2018, 1957 Rn. 26 ff.

[216] BGH Urt. v. 20.4.1977 – VIII ZR 141/75, BB 1977, 1019 = DB 1977, 1408; vgl. auch BGH Urt. v. 19.6.1991 – VIII ZR 149/90, NJW 1991, 2633 f.; Baumbach/Hopt/*Hopt* Rn. 26; zu weiteren Einzelheiten, s. Staub/*Brügge-mann* Rn. 97; vgl. auch *Linnerz,* Die Untersuchungs- und Rügepflicht im CISG und im HGB, 2014, 90; BeckOK HGB/*Schwartze* Rn. 34 mwN.

[217] Vgl. RG Urt. v. 12.5.1908, RGZ 68, 368 (369 f.).

[218] Vgl. OLG Oldenburg Urt. v. 5.9.1997 – 6 U 113/97, NJW 1998, 388; vgl. ferner MüKoHGB/*Grunewald* Rn. 38.

[219] Vgl. etwa BGH Urt. v. 14.10.1970 – VIII ZR 156/68, LM HGB § 377 Nr. 13; BGH Urt. v. 3.12.1975 – VIII ZR 237/74, NJW 1976, 625; OLG Oldenburg Urt. v. 5.9.1997 – 6 U 113/97, NJW 1998, 388.

[220] Vgl. BGH Urt. v. 14.10.1970 – VIII ZR 156/68, LM HGB § 377 Nr. 13; BGH Urt. v. 3.12.1975 – VIII ZR 237/74, NJW 1976, 625; HaKo-HGB/*Stöber* Rn. 23 mwN.

[221] LG Aachen Urt. v. 7.1.1952 – 6 O 60/51, BB 1952, 213.

[222] OLG München Urt. v. 27.11.1953 – 6 U 1153/53, BB 1954, 144; zust. Schlegelberger/*Hefermehl* Rn. 69.

[223] RG Monatsschrift für Handel- und Bankwesen 1911, 309.

[224] BGH Urt. v. 17.2.1959 – VIII ZR 47/58, LM HGB § 377 Nr. 6; s. auch Schiedsgericht der Vereinigung des Wollhandels in Bremen BB 1960, 963.

bezüglich der im Inland gängigen Größenfestlegung im Allgemeinen auf ausreichende Stichproben beschränken.[225]

Bei einem zur Weiterverarbeitung bestimmten **Diolen-Noppenmaterial** hat der BGH[226] eine **90** kaum Kosten verursachende, nicht zeitraubende und auch von einem Laien leicht zu handhabende Neocarminprobe auch wegen der dem Hersteller/Verkäufer drohenden hohen Mangelfolgeschäden als zumutbar angesehen. **Flaschenkorken**[227] sind durch Zerschneiden stichprobenartig auf ihre Tauglichkeit hin zu überprüfen. **Vollimprägniertes Bergleder** zur Herstellung von Spezialschuhen ist auf seine Wasserundurchlässigkeit mit Hilfe des in der Branche üblichen und als zuverlässig geltenden sog. Wassertropfentestes zu untersuchen.[228] Sehr weit geht die Entscheidung des BGH,[229] nach der **Spanplatten** probeweise in einem geschlossenen Raum aufgestellt werden müssen, um festzustellen, ob Formaldehyd-Gase aus der Lackierung austreten. Eine aufwendige Laboruntersuchung ist indes nach dem auch iRd § 377 geltenden Grundsatz der Verhältnismäßigkeit im Normalfall nicht zu verlangen.[230] Ein solcher Untersuchungsaufwand sprengt gewöhnlich nicht nur den Rahmen der Zumutbarkeit, sondern ist auch mit dem Grundsatz nicht zu vereinbaren, dass die in Frage stehende Untersuchungsmethode nicht zu lange dauern darf, weil sie sonst den Beschleunigungszweck des § 377 gefährdet.[231]

Die Farbechtheit von **Stoffen** für Damenoberbekleidung ist nach der in der Branche herrschenden **91** Gepflogenheit mit einem feuchten Lappen festzustellen.[232] **Messer** müssen zur Probe eingespannt werden,[233] wobei grundsätzlich Stichproben genügen. Bei **Rollen–Zellglas** ist die vertraglich vorausgesetzte Siegelbarkeit zu untersuchen.[234]

bb) Markenware. Ist Markenware verkauft, so kann dies uU Auswirkungen auf das Ausmaß der **92** Untersuchungsobliegenheit iSd § 377 Abs. 1 haben. Allerdings lässt der Umstand, dass Sachmängel bei der gelieferten Sache wegen ihrer hohen Qualität vermeintlich seltener auftreten, die Untersuchungsobliegenheit nicht automatisch ganz oder teilweise entfallen.[235] Dies gilt entgegen einer in der Lit. vertretenen Auffassung[236] auch dann, wenn die Qualität der Ware durch Behörden oder berufsständische Überwachungsorganisationen kontrolliert wird, da der Dispositionsschutz des Verkäufers in diesen Fällen grundsätzlich nicht geringer ist.[237] Bei einer durch Erfahrungswerte untermauerten geringeren **Fehlerwahrscheinlichkeit** oder bei **Risiken,** die sich erfahrungsgemäß eher selten verwirklichen, können an Umfang und Intensität der Untersuchung von Markenware im Allgemeinen aber weniger strenge Anforderungen gestellt werden. Möglicherweise können hier schon einige wenige Stichproben genügen.[238] Insbesondere dann, wenn die Markenware qualitativ höherwertig ausgelegt und daher weniger fehleranfällig ist sowie ggf. auch einer tauglichen **Qualitätssicherungsprüfung des Herstellers** unterliegt, steht nicht ohne Weiteres zu erwarten, dass eine eingehendere Untersuchung gem. § 377 Abs. 1 noch zusätzliche Erkenntnisse zutage fördern würde. Ist dagegen allgemein bekannt, dass bestimmte inländische oder ausländische Markenprodukte häufig Mängel aufweisen, muss der Käufer besonders sorgfältig prüfen.[239] Überhaupt müssen bekannte Schwachstellen der Ware (→ Rn. 81) im Regelfall intensiver geprüft werden als das Vorliegen von Beschaffenheitsmerkmalen (Eigenschaften), die bislang nie gefehlt haben.[240]

cc) Originalverpackung. Bei der Lieferung von Waren in Originalverpackung bestehen im Aus- **93** gangspunkt grundsätzlich keine Unterschiede zu den Fällen, in denen etwa Obst oder andere Lebens-

---

[225] BGH Urt. v. 3.12.1985 – 5 U 11/85, NJW–RR 1986, 838 f.

[226] BGH Urt. v. 17.2.1959 – VIII ZR 47/58, LM HGB § 377 Nr. 6.

[227] BGH Urt. v. 16.9.1987 – VIII ZR 334/86, BGHZ 101, 337 (340) = NJW 1988, 52 = NJW–RR 1988, 90.

[228] BGH Urt. v. 13.3.1996 – VIII ZR 333/94, BGHZ 132, 175 (177 ff.) = NJW 1996, 1557 = ZIP 1996, 756.

[229] BGH Urt. v. 11.11.1974 – VIII ZR 137/73, WM 1974, 1204 (1205).

[230] S. KG Urt. v. 19.6.1986 – 2 U 618/86, NJW–RR 1986, 1162.

[231] S. MüKo-HGB/*Grunewald* Rn. 45, wonach die Untersuchungsmethode grundsätzlich nicht länger als eine Woche in Anspruch nehmen sollte; s. dazu auch *G. Müller* WM 2011, 1249, (1255); Oetker/*Koch* Rn. 61 f.; KKRD/ *Roth* Rn. 17; vgl. ferner BGH Urt. v. 6.12.2017 – VIII ZR 246/16, NJW 2018, 1957 Rn. 29.

[232] BGH Urt. v. 3.12.1975 – VIII ZR 237/74, NJW 1976, 625.

[233] OLG Köln Urt. v. 14.7.1986 – 13 U 20/86, BB 1988, 20.

[234] OLG Frankfurt a. M. Urt. v. 14.8.1984 – 5 U 14/84, ZIP 1985, 107 f.

[235] Vgl. etwa RG Urt. v. 26.6.1929 – I 17/29, RGZ 125, 76 (79) mwN; OLG Köln Urt. v. 11.12.1956 – 9 U 168/56, MDR 1957, 233; Staub/*Brüggemann* Rn. 85.

[236] S. Staub/*Brüggemann* Rn. 98.

[237] Zust. MüKoHGB/*Grunewald* Rn. 42; vgl. auch *Grunewald* NJW 1995, 1777 (1779); ähnlich für Ablieferungsinspektionen des Vertragshändlers bei Kfz-Neufahrzeugen OLG München Beschl. v. 25.5.2020 – 7 U 5611/19, BeckRS 2020, 10644 Rn. 10 ff.

[238] Noch weitergehend *Meeske,* Die Mängelrüge, 1965, 96 f., wonach bei bekannten und altbewährten Markenartikeln uU sogar eine rein äußerliche Prüfung genügen soll; s. auch MüKoHGB/*Grunewald* Rn. 42 ähnl. Baumbach/Hopt/*Hopt* Rn. 27 aE; *K. Schmidt* HandelsR § 29 III Rn. 76 f.

[239] OLG Frankfurt a. M. Urt. v. 3.12.1985 – 5 U 11/85, NJW–RR 1986, 838 f.: zur Untersuchung in Portugal hergestellter Blusen; zust. *K. Schmidt* HandelsR § 29 III Rn. 78.

[240] BGH Urt. v. 17.9.2002 – X ZR 248/00, BGH-Report 2003, 285 (286 f.): Lieferung fehlerhafter Kabel; *Thamm/Möffert* NJW 2004, 2710 (2711).

mittel in Dosen bzw. anderen Behältnissen geliefert werden. Es ist daher auch hier eine ausreichende Probe zu nehmen, um die Beschaffenheit der Sache – notfalls durch Verarbeitung usw. – zu untersuchen. Gehört die Verpackung zur Beschaffenheit der verkauften Ware und wird die Ware durch eine Zerstörung der Verpackung wertlos und/oder unverkäuflich, sind der Untersuchungsobliegenheit aber nach dem **Grundsatz der Verhältnismäßigkeit** und **Zumutbarkeit** Grenzen gesetzt. Der Käufer muss prinzipiell nicht untersuchen, wenn er Gefahr läuft, dass er durch die Beschädigung der Sache mit dem Geschäft keinen Gewinn mehr macht, falls sich diese als fehlerfrei erweist (→ Rn. 80). Hier genügt es, dass die Verpackung selbst äußerlich keinen Mangel aufweist und auch sonst kein begründeter Verdacht auf eine vertragswidrige Beschaffenheitsabweichung besteht. Bei **größeren Mengen** der gleichen Ware muss freilich im Rahmen des wirtschaftlich Vertretbaren eine ausreichende Probe genommen werden, zumal wenn es sich nicht um eine Markenware handelt und/oder keine laufende, ein gewisses Vertrauen in die Zuverlässigkeit von Vertragspartner und Ware erzeugende Geschäftsbeziehung zwischen den Vertragsparteien besteht.[241] Allerdings kann bei bestimmten Verpackungen wie etwa einer für den **Seetransport bestimmten Verpackung** eine Untersuchung durch den (Erst-)Käufer vor deren Weitersendung an den Zweitkäufer unzumutbar sein, wenn er ansonsten gezwungen wäre, die Verpackung aufwendig zu erneuern, und auch die weiteren Umstände, namentlich die Art der gelieferten Ware, eine sofortige Untersuchung nicht erfordern.[242]

94   **dd) Maschinen.** Grundsätzlich kann von dem Käufer/ Besteller einer Maschine verlangt werden, dass diese nach kompletter Montage und etwaiger Einweisung des Bedienungspersonals alsbald in Gang gesetzt und erforderlichenfalls längere Zeit unter normaler betrieblicher Belastung beobachtet wird.[243] Das bedeutet aber nicht, dass der Käufer zum Zweck der Untersuchung gem. § 377 Abs. 1 alsbald eine zeit- und kostenaufwendige Serienanfertigung vornehmen muss.[244] Den bei größeren Warenlieferungen grundsätzlich ausreichenden Stichproben entspricht bei einer gelieferten Maschine im Allgemeinen die **probeweise Fertigung** der mit ihr herzustellenden Erzeugnisse unter ähnlichen Bedingungen wie bei einer serienmäßigen Produktion. Mängel der Maschine, die sich nicht bei einer solchen Fertigung, sondern erst bei einer echten Serienproduktion zeigen, sind daher nicht als bei einer ordnungsgemäßen Untersuchung erkennbare, sondern als verborgene Mängel anzusehen, die gem. § 377 Abs. 3 erst nach ihrer Entdeckung unverzüglich angezeigt werden müssen.[245]

95   **ee) Technisches Gerät.** Der Käufer von **Schaltnetzteilen** muss nicht mit Hilfe teurer Prüfungsgeräte eine Störimpulsfestigkeit feststellen oder die tatsächliche Einhaltung von VDE-Vorschriften prüfen.[246] **Leiterplatten** sind im Rahmen der Wareneingangskontrolle stichprobenweise auf das Vorliegen der vereinbarten Stärke hin zu untersuchen.[247] Bei **Netzteilen** für den Einbau in den Computer bedarf es einer stichprobenartigen Öffnung und Überprüfung auf handwerkliche Mängel hinsichtlich der Beschaffenheiten (wie Isolation, Kabelführung und dergleichen), und zwar auch dann, wenn das Gerät ein CE-Kennzeichen führt.[248] **Datenträger** für elektronisch gespeicherte Daten müssen auf ihre Lesbarkeit hin überprüft werden. Bei einer Gesamtliefermenge von 20.000 Stück sind 15 bis 20 Stichproben nicht ausreichend, 200 Stichproben aber sehr wohl.[249] **Ventilatoren** für den Einsatz in einem Rückkühlwerk sind innerhalb von zwei Monaten auf das Erreichen der vertraglich festgelegten Leistungsdaten unter Zugrundelegung der vereinbarten Normbedingungen (notfalls unter Hinzuziehung eines Sachverständigen oder in einem den Vertragsbedingungen entsprechenden Untersuchungslabor) zu prüfen.[250] Bei **Kfz- Zubehörteilen** sind an die Untersuchung nach § 377 Abs. 1 besonders hohe Anforderungen zu stellen, wenn bei einem etwaigen Sachmangel die Gefahr für Leib und Leben besteht. Die Prüfung muss daher einen sorgfältigen Funktionstest umfassen.[251] Bei **Heizmatten** ist die Hitzebeständigkeit durch fachkundige Messungen festzustellen.[252] Bei einem **Ofen** für ein Gewächshaus muss aber nicht über mehrere Tage mit voller Kraft geheizt werden.[253]

---

[241] Vgl. RG Urt. v. 29.1.1904 – II 261/03, RGZ 57, 7 (9 f.); großzügiger *Steck* NJW 2002, 3201 (3203); vgl. auch *Canaris* HandelsR § 29 V Rn. 61; MüKoHGB/*Grunewald* Rn. 41; Heymann/*Emmerich/Hoffmann* Rn. 67; vgl. auch *K. Schmidt* HandelsR § 29 III Rn. 76; *Linnerz,* Die Untersuchungs- und Rügepflicht im CISG und im HGB, 2014, 91.

[242] Vgl. BGH Urt. v. 29.11.1972 – VIII ZR 122/71, BGHZ 60, 5 (7) = NJW 1973, 189; BGH Urt. v. 6.5.1981 – VIII ZR 125/80, DB 1981, 1816 f.; vgl. auch Baumbach/Hopt/*Hopt* Rn. 26; MüKoHGB/*Grunewald* Rn. 41.

[243] Vgl. RG Urt. v. 20.11.1908 – II 95/08, WarnRspr. 1909 Nr. 152;; s. ferner *Winz/Scheef* BauR 2013, 655 (667).

[244] BGH Urt. v. 16.3.1977 – VIII ZR 194/75, NJW 1977, 1150 (1151).

[245] BGH Urt. v. 16.3.1977 – VIII ZR 194/75, NJW 1977, 1150 f.

[246] OLG München Urt. v. 8.11.1991 – 23 U 6990/90, NJW-RR 1992, 1523 (1524).

[247] LG Gera Urt. v. 8.7.2004 – 1 HK O 26/04, MDR 2005, 101.

[248] OLG Köln Urt. v. 28.3.2003 – 19 U 142/02, NJW-RR 2004, 1141 (1143).

[249] OLG Köln Urt. v. 6.3.1998 – 19 U 185/97, NJW-RR 1999, 565 f.; zust. Oetker/*Koch* Rn. 58.

[250] OLG Düsseldorf Urt. v. 18.9.1998 – 22 U 46/98, NJW-RR 1999, 1714.

[251] OLG Düsseldorf Urt. v. 31.5.1996 – 22 U 13/96, NJW-RR 1997, 1344 (1346); s. auch Oetker/*Koch* Rn. 58.

[252] OLG Frankfurt a. M. Urt. v. 12.8.1999 – 15 U 71/98, BauR 2000, 423.

[253] BGH Urt. v. 19.1.1977 – VIII ZR 319/95, WM 1977, 365 (366).

ff) Baumaterialien und Baustoffe. Ob Baustoffe oder Baumaterialien überhaupt vor ihrer be- **96** stimmungsmäßigen Verwendung nach den Regeln des § 377 untersucht werden müssen, beurteilt sich im Gegensatz zur Rechtslage vor der Schuldrechtsmodernisierung, nach der bei Verträgen über die **Herstellung und Lieferung** von Bauteilen für ein bestimmtes Bauwerk Werkvertragsrecht (§§ 631 ff. BGB) herangezogen wurde,[254] während bei einer die Bestellung von Bauteilen vom **Baustoffhändler** generell ein Kaufvertrag iSd § 433 BGB zustande kam,[255] seither auch bei Verträgen mit dem **Produzenten** der Baustoffe bzw. Bauteile ungeachtet der Frage, ob es sich bei dem Gegenstand der Lieferung um vertretbare oder unvertretbare Sachen handelt, nach **Kaufrecht.**[256] Bei einem beiderseitigen Handelskauf besteht deshalb aufgrund der neu gefassten § 651 BGB (jetzt 650 BGB) und § 381 Abs. 2 für die bloße Lieferungen solcher Materialien uneingeschränkt die Untersuchungs- und Rügeobliegenheit iSd § 377 (iE → § 381 Rn. 7 ff.).

Was die Art und Weise der **Untersuchung von Bauteilen** und Baustoffen anbelangt, ergeben **97** sich keine großen Unterschiede zu anderen Kaufgegenständen. Auch Bauteile bzw. Baustoffe gehören im Regelfall zu den Massenprodukten, bei denen eine gewisse Fehlerhäufigkeit nahezu unvermeidlich ist.[257] Ferner ist zu beachten, dass mangelhafte Bauteile und Baustoffe große Bauschäden verursachen können. Beides zusammen spricht dafür, dass Bauteile und Baustoffe vor ihrer Verwendung im Regelfall besonders sorgfältig zu untersuchen sind.[258] Dabei ist die Statik heranzuziehen, wenn es um die Prüfung der vertragsgemäßen Abmessung oder dergleichen geht.[259] Notfalls muss ein Bausachverständiger oder eine andere fachkundige Person zur Untersuchung hinzugezogen werden.[260]

c) Besondere Fälle. aa) Sukzessivlieferungsvertrag. Bei Sukzessivlieferungsverträgen, durch die **98** sich der Verkäufer verpflichtet, eine bestimmte Warenmenge in mehreren Teilleistungen zu liefern, muss der Käufer grundsätzlich **jede einzelne Lieferung** gesondert untersuchen, selbst wenn alle denselben oder ähnlichen Sachmangel aufweisen.[261] Auf ein Vertrauen in die einwandfreie Beschaffenheit der Ware kann sich der Käufer im Normalfall nicht berufen, weil sog. Ausreißer selbst bei hochpreisigen Markenwaren nie ganz auszuschließen sind.

Ist zu Beginn der Geschäftsbeziehung vereinbarungsgemäß eine **Probe** genommen worden und ist **99** die Probe zufriedenstellend ausgefallen, so hat dies nur Bedeutung für die Festlegung der vertraglich geschuldeten Sollbeschaffenheit der Kaufsache iSd § 434 Abs. 1 BGB. Der Käufer wird also von der Untersuchung und einer etwaigen Mängelrüge bezüglich der einzelnen Teillieferungen nicht befreit.[262] Wurde die Mangelanzeige hinsichtlich einer fehlerhaften Teillieferung unterlassen, gilt diese gem. § 377 Abs. 2 (oder Abs. 3) als genehmigt. Das hindert den Käufer jedoch nicht, den gleichen Sachmangel bei späteren Lieferungen zu rügen und sich insoweit seine Gewährleistungsansprüche aus § 437 BGB zu erhalten.[263]

bb) Nachbesserung und Nachlieferung. Nach Beendigung der im Machtbereich des Käufers **100** ausgeführten Nachbesserung iSd § 439 Abs. 1 BGB oder bei Rückgabe der reparierten Sache muss dieser zur Erhaltung etwaiger Gewährleistungsrechte die **Ordnungsmäßigkeit** und **Vollständigkeit** der Nachbesserung unverzüglich und sorgfältig untersuchen.[264] Der Käufer (Besteller) kann sich auf das Fehlschlagen der Nachbesserung deshalb nur dann berufen, wenn er das weitere Bestehen des Sachmangels erneut rechtzeitig gerügt hat.[265] Dasselbe gilt für die **Nachlieferung** gem. § 439 Abs. 1 BGB.[266] Die Nachlieferung ist ein neuer Erfüllungsversuch. Sie ist daher separat von der ursprüng-

---

[254] Grundlegend BGH Urt. 27.3.1980 – VII ZR 44/79, NJW 1980, 2081.

[255] S. BGH Urt. v. 30.4.1975 – VIII ZR 164/73, NJW 1975, 2011.

[256] BGH Urt. v. 23.7.2009 – VII ZR 151/08, BGHZ 182, 140 Rn. 13 ff. = NJW 2009, 2877 s. ferner OLG Rostock Beschl. v. 16.2.2010 – 4 U 99/09, BauR 2010, 1223.

[257] S. dazu G. *Müller* WM 2011, 1249 (1260).

[258] OLG Karlsruhe Urt. v. 19.7.2016 – 12 U 31/16, NJW-RR 2017, 177 (180).

[259] S. BGH Urt. v. 30.4.1975 – VIII ZR 164/73, NJW 1975, 2011 (2012) = WM 1975, 562.

[260] Vgl. BGH Urt. v. 30.4.1975 – VIII ZR 164/73, NJW 1975, 2011 (2012) = WM 1975, 562.

[261] S. etwa RG Urt. v. 30.5.1922 – II 680/21, RGZ 104, 382 (384); BGH Urt. v. 31.3.1955 – II ZR 176/54, BB 1955, 490; BGH Urt. v. 16.9.1987 – VIII ZR 334/86, BGHZ 101, 337 (339) = NJW 1988, 52 mAnm *Schubert* JR 1988, 414; s. ferner BGH Urt. v. 17.9.2002, BGHR 2003, 285 (287); aus der instanzgerichtlichen Judikatur, s. OLG Frankfurt a. M. Urt. v. 26.9.1986 – 10 U 311/85, WM 1986, 1566 f.; OLG Köln Urt. v. 2.9.2016 – 19 U 47/15, BechRS 2016, 112213 Rn. 93.

[262] OLG Köln Urt. v. 24.6.1955 – 9 U 28/55, MDR 1956, 42; BeckOK HGB/*Schwartze* Rn. 37 mwN.

[263] S. etwa *Meeske*, Die Mängelrüge, 1965, 176; Heymann/*Emmerich/Hoffmann* Rn. 70 mwN.

[264] BGH Urt. v. 10.1.1983 – VIII ZR 244/81, NJW 1983, 1495 f.; vgl. ferner BGH Urt. v. 17.12.1997 – VIII ZR 231/96, WM 1998, 636 (638); BGH Urt. v. 22.12.1999 – VIII ZR 299/98, BGHZ 143, 307 (313) = NJW 2000, 1417, 456 (459); Staub/*Brüggemann* Rn. 52; E. *Wolf* WM-Sonderbeilage 2/1998, 34; s. ferner KKRD/*Roth* Rn. 6b; Baumbach/Hopt/*Hopt* Rn. 6; BeckOK HGB/*Schwartze* Rn. 38 mwN.

[265] BGH Urt. v. 22.12.1999 – VIII ZR 299/98, BGHZ 143, 307 (313) = NJW 2000, 1417.

[266] S. nur BGH Urt. v. 10.1.1983 – VIII ZR 244/81, NJW 1983, 1495 f. = WM 1983, 331; BGH Urt. v. 22.5.1985 – VIII ZR 140/84, ZIP 1985, 1204 (1205 f.); *Mankowski* NJW 2006, 865 mwN; Baumbach/Hopt/*Hopt* Rn. 6; BeckOK HGB/*Schwartze* Rn. 38; Oetker/*Koch* Rn. 51.

lichen Schlechtlieferung zu betrachten (→ Rn. 187). Dabei kann die mangelhafte bzw. unvollständige Erstlieferung dazu führen, dass der Käufer – ähnlich wie bei einer bekannten Schwachstelle – ganz besonders sorgfältig untersuchen muss.

101   **cc) Streckengeschäft.** Das Streckengeschäft[267] besteht aus einer Folge von zwei oder mehr Versendungskäufen, indem A an B verkauft, der seinerseits an C weiter verkauft und A anweist, direkt an C zu liefern. Durch die Lieferung an C erfüllt A seine eigene, gegenüber B bestehende Lieferpflicht und zugleich die Lieferpflicht des B im Verhältnis zu C. An dem Streckengeschäft können auch vier und mehr Personen beteiligt sein. Sowohl der Produzent (Erstverkäufer) als auch der Händler (Zweitverkäufer bzw. Zwischenhändler) können von dieser Form des Warenabsatzes profitieren. Das auf diese Weise bestehende Einsparpotenzial hinsichtlich der vermiedenen Lagerkosten und reduzierten Transportkosten erkauft sich B als Zwischenhändler dadurch, dass er sich der Möglichkeit begibt, die Mangelfreiheit und Vollständigkeit der empfangenen Kaufsache selbst und eigenverantwortlich zu überprüfen. Dies ist für ihn insbesondere dann nicht ungefährlich, wenn sein Käufer (häufig Endabnehmer) **Verbraucher** ist, also die empfangene Ware nicht nach den strengen Grundsätzen des § 377 Abs. 1 untersuchen muss und dazu vielleicht mangels hinreichender Fachkenntnisse oder aus anderen Gründen (fehlendes Spezialwerkzeug usw.) auch gar nicht der Lage ist.[268]

102   Liefert der Verkäufer (Hersteller) die Sache auf **Geheiß** des (Erst-)Käufers **unmittelbar** an dessen Abnehmer aus, weiß der Verkäufer, dass die Untersuchung der Ware erst beim Zweitkäufer durchgeführt werden soll und kann. In solchen Fällen hat der (kaufmännische) Zweitkäufer einen etwaigen Mangel oder eine Falsch- bzw. Zuweniglieferung seinem Vertragspartner rechtzeitig anzuzeigen, der die Information unmittelbar weiterleiten oder möglicherweise erst ergänzen und sodann ohne schuldhaftes Zögern an seinen Verkäufer weitergeben muss.[269] Die Rechte und Pflichten des Zwischenhändlers gegenüber dem Lieferanten und damit zugleich dessen Rügeobliegenheit bestimmen sich also allein nach dem zwischen ihnen bestehenden Vertrag.[270] Dagegen ist der Zweitkäufer nicht gehalten, den festgestellten Mangel unmittelbar gegenüber dem Erstverkäufer (Hersteller) zu rügen. Allerdings kann der Erstkäufer die Wahrnehmung der im Verhältnis zu seinem Verkäufer bestehenden Untersuchungs- und Rügeobliegenheit ohne Weiteres, und zwar auch durch AGB,[271] seinem Abnehmer übertragen.[272] Selbst wenn dies, etwa um Zeit zu sparen, ohne ausdrückliche Absprache geschieht, ist im Zweifel zumindest von einem mutmaßlichen **Einverständnis** des Erstkäufers auszugehen.[273] Jedoch muss sich der Erstkäufer in diesen Fällen eine etwaige Ungenauigkeit oder Unvollständigkeit der Mängelrüge entsprechend § 278 BGB zurechnen lassen mit der Folge, dass er seine Gewährleistungsrechte aus § 437 BGB verliert, sofern er nicht noch rechtzeitig eine ordnungsgemäße Rüge nachschiebt.[274]

103   Auch wenn der Zweitkäufer **kein Kaufmann** ist, muss sich der Erstkäufer im Verhältnis zu seinem Verkäufer (Hersteller) grundsätzlich so behandeln lassen, als wenn er selbst die Kaufsache erhalten und den Regeln des § 377 entsprechend untersucht hätte. Der Erstkäufer muss also auch dann dafür sorgen, dass er möglichst bald und umfassend über etwaige Sachmängel der Kaufsache oder der Schlechtleistung gleichgestellte Sachverhalte informiert wird, damit er die gegenüber dem Verkäufer bestehende Rügeobliegenheit iSd § 377 rechtzeitig und ordnungsgemäß erfüllen kann.[275]

---

[267] Zur Definition des Streckengeschäfts, s. etwa Soergel/*Huber* BGB § 433 Rn. 100; Staub/*Brüggemann* Rn. 38; Heymann/*Emmerich/Hoffmann* Rn. 60; *K. Schmidt* HandelsR § 29 III Rn. 101; vgl. dazu auch *Canaris* HandelsR § 27 V Rn. 65; *Lange* JZ 2008, 661 (662) mwN; *Böhler,* Grundwertungen zur Mängelrüge, 2000, 218.

[268] S. dazu *Lange* JZ 2008, 661 (662 ff.).

[269] BGH Urt. v. 24.1.1990 – VIII ZR 22/89, BGHZ 110, 130 (138 f.) = NJW 1990, 1290 mwN; OLG Karlsruhe Urt. v. 19.7.2016 – 12 U 31/16, NJW-RR 2017, 177 (178); Heymann/*Emmerich/Hoffmann* Rn. 60 mwN; Baumbach/Hopt/*Hopt* Rn. 9 und 23; Soergel/*Huber* BGB § 433 Rn. 103; *Reinicke/Tiedtke* KaufR Rn. 894; *K. Schmidt* HandelsR § 29 III Rn. 96; *Padeck* JURA 1987, 454 f.; s. ferner *Roth* FS Canaris Bd. II, 2004, 365, 367; vgl. auch *Böhler,* Grundwertungen zur Mängelrüge, 2000, 218.

[270] Dementsprechend eignet sich eine Direktrüge an einen diesem Vertragsverhältnis ggf. noch vorgelagerten Hersteller oder Vorlieferanten mangels Adressateneigenschaft nicht zur Erfüllung der Rügelast, so zutreffend OLG Karlsruhe Urt. v. 19.7.2016 – 12 U 31/16, NJW-RR 2017, 177 (178).

[271] Dazu näher *Dastis/Werner* ZMR 2018, 654 (655 ff.).

[272] BGH Beschl. v. 8.4.2014 – VIII ZR 91/13, CR 2015, 434 Rn. 9; OLG Karlsruhe Urt. v. 19.7.2016 – 12 U 31/16, NJW-RR 2017, 177 (178); OLG Köln Beschl. v. 13.4.2015 – 11 U 183/14, NJW-RR 2015, 859.

[273] Vgl. GK-HGB/*Achilles* Rn. 39; MüKoHGB/*Grunewald* Rn. 69; Oetker/*Koch* Rn. 77; HaKo-HGB/*Stöber* Rn. 38; *Raisch* FS Duden, 1977, 399, 410.

[274] BGH Beschl. v. 8.4.2014 – VIII ZR 91/13, CR 2015, 434 Rn. 9; OLG Köln Beschl. v. 13.4.2015 – 11 U 183/14, NJW-RR 2015, 859 mwN.

[275] S. etwa RG Urt. v. 12.4.1921 – II 505/20, RGZ 102, 91 f.; BGH Urt. v. 24.1.1990 – VIII ZR 22/89, BGHZ 110, 130 (137 f.) = NJW 1990, 1290; OLG Köln Beschl. v. 13.4.2015 – 11 U 183/14, NJW-RR 2015, 859; OLG Hamm, Urt. v. 10.12.2019 – 13 U 86/16, BeckRS 2019, 35115 Rn. 192; Schlegelberger/*Hefermehl* Rn. 75; KKRD/*Roth* Rn. 8b; Baumbach/Hopt/*Hopt* Rn. 9; MüKoHGB/*Grunewald* Rn. 21; Oetker/*Koch* Rn. 93; *K. Schmidt* HandelsR § 29 III Rn. 105; s. ferner *Michalski* DB 1997, 81 (84); *Raab,* Austauschverträge mit Drittbeteiligung, 1999, 403; GK-HGB/*Achilles* Rn. 39; vgl. auch *Böhler,* Grundwertungen zur Mängelrüge, 2000, 218 ff.

Die Ansicht,[276] wonach die Untersuchung der Ware für den Käufer, sofern er Zwischenhändler ist, **104** allgemein untunlich iSd § 377 Abs. 1 sei und seine Obliegenheit deshalb nur darin bestehe, eine etwaige Reklamation seines nichtkaufmännischen Kunden unverzüglich weiterzugeben, überzeugt schon deshalb nicht, weil der Verkäufer bei Abschluss des Kaufvertrages häufig nicht einmal weiß, ob es sich bei dem Empfänger der Kaufsache um einen Verbraucher, Unternehmer oder Kaufmann handelt. Zudem hätte eine solche praeter legem erfolgende Reduktion der Untersuchungs- und Rügeobliegenheit auf die bloße Obliegenheit zur unverzüglichen Weitergabe einer mehr oder minder zufälligen Reklamation des Endabnehmers innerhalb der Gewährleistungsfrist bei verdeckten Mängeln zur Folge, dass der Beschleunigungsgrundsatz des § 377 beim Streckengeschäft weitgehend aufgehoben wäre. Es wäre nämlich nicht einmal gewährleistet, dass der Nichtkaufmann (Verbraucher) einen offenen Mangel der Kaufsache entsprechend den Regeln des § 377 Abs. 2 unverzüglich und mit der notwendigen Präzision rügt. Eine solche grundlegende Einschränkung der Untersuchungs- und Rügeobliegenheit ist aber aus dem Tatbestandsmerkmal des ordnungsmäßigen Geschäftsgangs in § 377 Abs. 1 nicht herzuleiten. Letztlich kommt es auch nicht entscheidend darauf an, ob sich der Zwischenhändler eine die Rügeobliegenheit betreffendes Fehlverhalten des Dritten nach Verschuldensgesichtspunkten gem. § 278 BGB zurechnen lassen muss oder ob es bei der Konkretisierung des Rügeerfordernisses weniger um ein echtes Verschulden im Sinne einer vorwerfbaren Pflichtverletzung des Käufers als um eine bloße Risikozuweisung geht.[277] Denn der Dritte (Zweitkäufer) wird jedenfalls im engeren Pflichtenkreis des Zwischenlieferanten tätig, sodass dieser sich das Verhalten des Dritten zumindest nach der Wertung des § 278 BGB zurechnen lassen muss.[278]

Mit dem Vorliegen eines Streckengeschäfts ist auch keine automatische Verlängerung der Rügefrist **105** auf unbestimmte Zeit verbunden. Der Erstverkäufer (häufig Hersteller) muss grundsätzlich nur die mit dem Streckengeschäft **unvermeidbare Verzögerung** der Abgabe einer etwaigen Mängelrüge hinnehmen.[279] Allerdings kann sich aus den Vereinbarungen zwischen Erstverkäufer und Käufer auch etwas anderes ergeben. Die von Anfang an fehlende oder später entfallende Kaufmannseigenschaft des Endabnehmers (Verbrauchers) ist aber für sich genommen kein ausreichendes Indiz dafür, dass die Parteien die Rügelast **stillschweigend** ganz **abbedungen** oder zugunsten des Erstkäufers zumindest hinsichtlich der gesetzlichen Rügefrist **modifiziert** haben. Dazu bedarf es – ähnlich einem Verzicht – vielmehr besonderer Anhaltpunkte.

dd) Direkter Weiterverkauf. Zweifelhaft ist die Rechtslage, wenn der Käufer die **Ware ohne** **106** **Umladung direkt weiterverkauft** und seinem Käufer (häufig Endabnehmer) übergibt. An sich ist die Ware in Bezug auf den Erstkäufer unter diesen Umständen gem. § 377 Abs. 1 abgeliefert. Er muss sie demnach – anders als das UN-Kaufrecht dies in Art. 38 Abs. 3 CISG vorsieht – unverzüglich vor der Weiterversendung untersuchen, soweit dies nach ordnungsgemäßem Geschäftsgang tunlich ist. Es lässt sich allerdings nicht von der Hand weisen, dass bei bestimmten Fallgestaltungen ein Ausladen, Untersuchen, Aufladen und Weiterversenden (eventuell mit neuer und aufwendiger Verpackung) zum Abnehmer, der die Ware dann vielleicht noch einmal untersuchen muss, evident **untunlich** sein kann. Dies kann man vor allem dann annehmen, wenn der Erstkäufer (Zwischenhändler) im Gegensatz zu dem Zweitkäufer keine besonderen persönlichen Erfahrungen mit dem Produkt hat oder die Beschaffenheit der Kaufsache – man denke etwa an schnell verderbliche Ware – eine direkte Weiterlieferung erfordert und/oder vor allem der sich anschließende weitere Lieforvorgang sehr kurzfristig abgeschlossen ist. Dementsprechend hat etwa der BGH – ohne es allerdings abschließend entscheiden zu müssen – mit Recht die Frage nach der Tunlichkeit einer Untersuchung vor Weitertransport für den Fall aufgeworfen, dass bei Öffnung der Ware die Gefahr einer Beschädigung auf dem Weitertransport bestanden hätte.[280]

Im Grundsatz ist deshalb zwar davon auszugehen, dass auch ein Zwischenhändler von der Unter- **107** suchungsobliegenheit gem. § 377 Abs. 1 nicht entbunden ist, mag sie von ihm häufig auch als besonders lästig und/oder unökonomisch empfunden werden.[281] Ist jedoch der mit einer sofortigen Untersuchung verbundene Aufwand des Zwischenhändlers, wenn er die Ware dazu etwa eigens auf

---

[276] S. HaKo-HGB/*Stöber* Rn. 28; *Lange* JZ 2008, 661 (666, 668); Soergel/*Wertenbruch* BGB § 478 Rn. 212a; s. auch OLG Nürnberg Urt. v. 25.11.2009 – 12 U 715/09, BeckRS 2010, 00067; vgl. ferner MüKoHGB/*Grunewald* Rn. 44.

[277] S. dazu *Raab*, Austauschverträge mit Drittbeteiligung, 1999, 399 mit Fn. 34 u. S. 403 mwN; weitergehend *K. Schmidt* HandelsR § 29 III Rn. 103, wonach es bei § 377 auf ein Verschulden nicht ankommt und es daher keiner Zurechnung über § 278 BGB (analog) bedarf.

[278] *Raab*, Austauschverträge mit Drittbeteiligung, 1999, 399 in Fn. 34 u. S. 403; *Lange* JZ 2008, 661 (663) mwN; vgl. auch GK-HGB/*Achilles* Rn. 39; Oetker/*Koch* Rn. 52 f.

[279] RG Urt. v. 13.5.1919 – III 557/18, RGZ 96, 13 (15); BGH Urt. v. 24.1.1990 – VIII ZR 22/89, BGHZ 110, 130 (138 f.) = NJW 1990, 1290 (1292); ebenso Soergel/*Huber* BGB § 433 Rn. 103; Heymann/*Emmerich/Hoffmann* Rn. 60; vgl. auch *Roth* FS Canaris Bd. II, 2007, 365, 367; vgl. ferner *Hübner* HandelsR § 7 D III 1 Rn. 628, s. aber auch MüKoHGB/*Grunewald* Rn. 35 u. 64.

[280] BGH Beschl. v. 8.4.2014 – VIII ZR 91/13, BeckRS 2014, 12900 Rn. 10.

[281] Eingehend dazu *Raisch* FS Duden, 1977, 399, 409 ff. mwN; s. auch RG Urt. v. 29.1.1904 – II 261/03, RGZ 57, 7 (11); *Meeske*, Die Mängelrüge 1965, 222 mwN; Heymann/*Emmerich/Hoffmann* Rn. 58; Oetker/*Koch* Rn. 54 f.;

Lager ziehen müsste, erheblich, während insbesondere der durch eine Verlagerung der Untersuchung auf den Abnehmer eintretende Zeitverlust praktisch kaum ins Gewicht fällt und auch sonst die Interessen des Verkäufers an einer unverzüglichen Klärung des Gelingens seines Erfüllungsversuchs angesichts der umgehenden Fortsetzung des Liefervorgangs und dessen kurzfristigen Abschlusses allenfalls marginal berührt sind, kann schon die Wertung gerechtfertigt sein, dass eine eigene Untersuchung bereits durch den Zwischenhändler nach den Umständen untunlich ist und er sich zur Erfüllung seiner Untersuchungsobliegenheit ausnahmsweise seines in der Lieferkette unvermittelt nachfolgenden Abnehmers bedienen darf.[282] Ansonsten bedarf es, wenn eine sofortige Untersuchung am Ablieferungsort nicht aus sonstigen Gründen untunlich ist (zB → Rn. 93 aE), zur Hinauszögerung der Untersuchung schon einer dahin gehenden Verkehrssitte oder einer entsprechende Vereinbarung der Parteien. Die bloße Kenntnis des Verkäufers von der Absicht des Vertragspartners zur direkten Weiterversendung der Kaufsache reicht also für sich genommen in aller Regel zum schlüssigen Nachweis einer stillschweigenden Einigung nicht aus.

108   **ee) Keine grundlegende Modifikation der Rügelast beim Streckengeschäft bzw. direkten Weiterverkauf ohne Verkäuferbeteiligung.** Canaris[283] will in Bezug auf Inhalt und Intensität der Untersuchungsanforderungen iSd § 377 Abs. 1 generell zwischen Zwischenhändler und Endabnehmer unterscheiden. Die **spezifische Funktion** des Zwischenhändlers sei auf raschen Durchlauf der Ware gerichtet, was eine eingehende Untersuchung nicht als sinnvoll erscheinen lasse, sondern sie sogar unter Umständen ausschließe. Das sei nach der beschriebenen Rolle und Funktion des Zwischenhändlers im Wirtschaftsverkehr jedenfalls dann sachgerecht, wenn der Abnehmer des Zwischenhändlers nicht Kaufmann sei und damit nicht den Regeln des § 377 unterliege. Sei der Endabnehmer dagegen Kaufmann und rüge er gegenüber dem Zwischenhändler zu spät, drohe ein unangemessenes Ergebnis insoweit, als letzterer seinem Abnehmer die verspätete Rüge entgegenhalten könne, er selbst aber gegenüber seinem Lieferanten die Gewährleistungsrechte – vorbehaltlich rechtzeitiger und ordnungsgemäßer Mängelrüge – geltend machen könne. Für diesen Fall schlägt Canaris vor, dass nicht nur der Zwischenhändler von der Sachmängelhaftung (bzw. Rechtsmängelhaftung) gem. § 377 Abs. 2 oder 3 frei wird, sondern auch der Erstverkäufer.

109   Das findet im geltenden Recht indes keine Stütze. Wortlaut, Entstehungsgeschichte und Normzweck des § 377 weisen vielmehr unübersehbar in die gegenteilige Richtung. Schon bei den Beratungen zu § 377 waren die Probleme bekannt, die sich beim Streckengeschäft aus der fehlenden Kaufmannseigenschaft des Endabnehmers ergeben können (→ Vor § 377 Rn. 3, 6). Außerhalb des geltenden Rechts steht auch der Vorschlag, ob man – was letztlich zu unterschiedlichen Untersuchungsmaßstäben innerhalb ein und derselben Lieferkette führen würde – an die Untersuchungsobliegenheit des Zwischenhändlers generell geringere Anforderungen als sonst stellen sollte, indem sich der Zwischenhändler etwa mit einer **oberflächlich-sensorischen Untersuchung** (durch Besicht, Betasten, Riechen, Wiegen usw.) begnügen darf, während erst der Endabnehmer eine **eingehendere Prüfung** (etwa in Form einer chemischen Untersuchung bzw. Verarbeitung) vornehmen muss.[284] Soweit sich in der höchstrichterlichen Rspr. die Formulierung findet, dass ein Zwischenhändler grundsätzlich nicht zur Untersuchung der an die Verbraucher weiterveräußerten Ware verpflichtet sei[285] bzw. ihn meist weniger strenge Sorgfaltsmaßstäbe träfen,[286] ist an anderer Stelle klargestellt worden, dass sich dies allein auf ggf. bestehende Rechtspflichten des Zwischenhändlers zur Vermeidung von Schadensersatzpflichten gegenüber seinem eigenen Abnehmer und nicht auf das Bestehen und den Umfang einer Untersuchungsobliegenheit aus § 377 im Verhältnis zum Lieferanten des Zwischenhändlers bezieht.[287]

110   **ff) Just-in-time-Geschäfte.** Einen fest umrissenen Begriff des sog. just-in-time-Vertrages gibt es nicht. Dennoch ist klar, um was es geht. Der Hersteller eines Wirtschaftsguts stellt die für die Produktion erforderlichen Einzelteile nicht mehr selbst her, sondern erhält sie von verschiedenen Zulieferern. Da er aus Kosten- und Platzgründen keine Lagerkapazitäten bereithalten will, werden die zur Produktion erforderlichen Teile nach einem festen **Terminplan** oder auf **Abruf** unmittelbar in die

---

Soergel/*Wertenbruch* BGB § 478 Rn. 212; ebenso HaKo-HGB/*Stöber* Rn. 29 mwN; vgl. ferner *Böhler,* Grundwertungen zur Mängelrüge, 2000, 218 ff.

[282] Ähnl. auch BeckOK HGB/*Schwartze* Rn. 40.

[283] *Canaris* HandelsR § 29 V Rn. 62; s. ferner *Lange* JZ 2008, 661 (666 f.); *Roth* FS Canaris Bd. II, 2007, 365 ff.; *Ostendorf/Kluth* IHR 2007, 104 f.

[284] Vgl. *Roth* FS Canaris Bd. II, 2007, 365, 370; vgl. auch *Lange* JZ 2008, 661 (666 f.).

[285] ZB BGH Urt. v. 18.2.1981 – VIII ZR 14/80, NJW 1981, 1269 (1270); Urt. v. 25.9.1968 – VIII ZR 108/66, NJW 1968, 2238 (2239).

[286] BGH Urt. v. 25.1.1989 – VIII ZR 49/88, NJW-RR 1989, 559 (560).

[287] BGH Urt. v. 14.10.1970 – VIII ZR 156/68, LM Nr. 13 zu § 377 HGB; Urt. v. 16.3.1977 – VIII ZR 283/75, NJW 1977, 1055 f. Dies wird in der Instanzrechtsprechung (OLG Nürnberg Urt. v. 25.11.2009 – 12 U 715/09, juris Rn. 33; OLG Düsseldorf Urt. v. 7.2.2013 – 16 U 66/12, juris Rn. 18) bisweilen verkannt, wenn dort die genannte Formulierung auch auf § 377 gelesen wird.

Produktion geliefert. Der Käufer soll die in seinem Produktionsablauf benötigten Teile also vom Verkäufer genauso abrufen können, als hätte er sie im eigenen Lager.

Normalerweise wird der **just-in-time-Vertrag** mit einer **Qualitätssicherungsvereinbarung** 111 kombiniert. Danach sind bereits beim Verkäufer/Hersteller umfangreiche und fachmännische Kontrollmaßnahmen vorgesehen, um eine bestimmte und konstante Qualität der Waren zu gewährleisten.[288] Angesichts dessen und des Umstandes, dass bei zeitgenauer, uU sogar stundengenauer Anlieferung vor der unmittelbar bevorstehenden Verarbeitung für eine ins Detail gehende Prüfung der Ware durch den Assembler naturgemäß keine Zeit (mehr) bleibt, würde eine eingehende Untersuchung unter strenger Anwendung des § 377 der Zielsetzung des Vertrages entgegenstehen.

Zur Lösung des Problems werden verschiedene Vorschläge unterbreitet. Für *M. Lehmann*[289] ent- 112 halten die den modernen Lieferbeziehungen zugrunde liegenden Vertragssysteme neben dem Austauschelement kooperative und damit auch **gesellschafts- und dienstvertragsrechtliche** Elemente. Diese Elemente seien mitunter derart dominant, dass bei wertungsgerechter Betrachtung nicht mehr von einem Kauf im eigentlichen Sinne gesprochen werden könne. In eine ähnliche Richtung geht die Überlegung, dass die Vereinbarungen der Parteien über die Verlagerung der Wareneingangskontrolle auf den Lieferanten, verbunden mit dessen Verpflichtung zur Anwendung eines ausgereiften **Qualitätssicherungssystems,** einen von den Regeln des § 377 nicht erfassten selbstständigen (besonderen) **Garantievertrag** darstellten.[290]

Nach anderer und weit verbreiteter Ansicht in der Lit.[291] soll bei just-in-time-Verträgen mit 113 Qualitätsvereinbarungen grundsätzlich ein **legitimes Interesse** auf Seiten des Käufers bestehen, die strengen Regeln über die Untersuchungs- und Rügelast iSd § 377 notfalls einseitig abzubedingen oder zumindest zu beschränken. Dabei geht eine Auffassung[292] davon aus, dass die Untersuchungs- und Rügeobliegenheit bei einem besonderen Interesse des Käufers industrieller Güter **ausgeschlossen** werden kann und diese Voraussetzung bei just-in-time-Geschäften mit Qualitätssicherungsabreden regelmäßig vorliege. Allerdings dürfe danach auf eine unverzügliche Untersuchung der gelieferten Waren nicht völlig verzichtet werden, sondern sei eine **Restkontrolle** erforderlich, die sich im Wesentlichen auf eine Inaugenscheinnahme wegen etwaiger auffälliger Transportschäden und auf eine Identitätsprüfung anhand der überreichten Dokumente beschränke.

Andere Autoren[293] lehnen dagegen ein Sonderrecht für Qualitätssicherungsvereinbarungen ab und 114 halten die formularmäßige Abbedingung der Rügelast auch bei just-in-time-Verträgen mit Qualitätssicherungsvereinbarung **generell** für **unwirksam** oder verlangen zumindest **ausreichende Stichproben.** Die für die eingehende Untersuchung der Ware erforderliche Entnahme von angemessenen Stichproben verzögere die Produktion kaum. Notfalls müsse geringfügig vor dem Einbau ausgeliefert werden.[294] Ein großzügigerer Maßstab könne nur dann angelegt werden, wenn der Verkäufer oder Werklieferant durch andere Klauseln, die mit dem Verzicht auf eine ordnungsmäßige Untersuchung und der damit verbundenen Herabminderung des Produkthaftungsrisikos der Kaufsache in einem inneren Zusammenhang stünden, in ausreichender Weise begünstigt werde,[295] das **gesamte Vertragswerk** also **ausgewogen** erscheine. Eine solche Vergünstigung wird zum Teil darin gesehen, dass ein etwaiger Mangelfolgeschaden nach dem Klauselwerk gar nicht oder nur zum Teil vom Hersteller/Verkäufer trotz des verschuldeten Sachmangels ersetzt werden muss.[296]

Letztgenannte Sichtweise verdient den Vorzug. Der Umstand, dass die Ware (zumeist Zubehörteile) 115 für die Produktion des Käufers fortlaufend genau zu dem vom Käufer angegebenen Zeitpunkt und in den von ihm angegebenen Mengen zu liefern ist, was voraussetzt, dass der Lieferant in das Qualitätssicherungssystem des Abnehmers eingebunden ist und die vorgesehenen Qualitätssicherungsmaßnahmen bereits weitgehend in seinen Organisationsbereich zur Umsetzung kommen müssen, ändert nichts

---

[288] S. etwa *Steinmann,* Qualitätssicherungsvereinbarungen zwischen Endproduktherstellern und Zulieferern, 1992, passim; *Stürtz,* Der Einfluss qualitätssichernder Maßnahmen auf die Untersuchungs- und Rügeobliegenheit nach dem UN-Kaufrecht, 2002, passim; vgl. ferner *Sieber,* Die Mängelanzeige beim Warenkauf, 2008, 15 f.

[289] *M. Lehmann* BB 1990, 1849 ff.; vgl. auch *Zirkel* NJW 1990, 345 (350).

[290] *Martinek,* Zulieferverträge und Qualitätssicherung, 1991, 49; vgl. auch *M. Lehmann* BB 1990, 1849 (1853).

[291] S. ua *Zirkel* NJW 1990, 345 ff.; *M. Lehmann* BB 1990, 1849 (1853); *Borgwardt* ZIP 1992, 966 (968); *Steinmann* BB 1993, 873 (876 ff.); s. ferner *Canaris* HandelsR § 29 V Rn. 63; *Baumbach/Hopt/Hopt* Rn. 59; KKRD/*Roth* Rn. 32 mwN; BeckOK HGB/*Schwartze* Rn. 35; *Franz,* Qualitätssicherungsvereinbarungen und Produkthaftung, 1995, 227; *Merz,* Qualitätssicherungsvereinbarungen, Zulieferverträge, Vertragstypologie, Risikoverteilung, AGB-Kontrolle, 1992, 292; vgl. ferner *Lange* ZGS 2011, 393 ff.

[292] So etwa *Steinmann* BB 1993, 873 (876 ff.) mwN.

[293] *Grunewald* NJW 1995, 1775 (1780); MüKoHGB/*Grunewald* Rn. 138 ff., 144 ff.; vgl. ferner *v. Westphalen* FS 40 Jahre Betriebsberater, 1988, 223, 233 ff.; *v. Westphalen* CR 1990, 567 (570 ff.); s. ferner *Quittnat* BB 1989, 571 (572); *D. Schmidt* NJW 1991, 144 (148, 150); *Kreifels* ZIP 1990, 489 (495); *Migge* VersR 1992, 665 (672); *Martinek,* Moderne Vertragstypen Bd. III., 1993, § 28 V 2d; vermittelnd auch *K. Schmidt* HandelsR § 29 III Rn. 129.

[294] So MüKoHGB/*Grunewald* Rn. 136 unter Berufung auf *D. Schmidt* NJW 1991, 144 (150).

[295] So insbes. *Grunewald* NJW 1995, 1775 (1780); s. auch MüKoHGB/*Grunewald* Rn. 139 mwN; *Oetker/Koch* Rn. 153, mit der Tendenz, dass eine Kompensation grds. schon in der Einrichtung eines Qualitätssicherungssystems liegen kann.

[296] *Grunewald* NJW 1995, 1775 (1780); MüKoHGB/*Grunewald* Rn. 139 mwN.

daran, dass der Vertrag ungeachtet eines notwendigen Zusammenwirkens bei der Umsetzung und ggf. schon Konzipierung des Systems als **Kaufvertrag** zu qualifizieren ist.[297] Denn die Vertragsparteien verfolgen dabei zwar ein gleichgerichtetes, aber kein für die Annahme eines gesellschaftsrechtlich geprägten Vertragsverhältnisses gemeinsames Interesse. Das Zusammenwirken nach Maßgabe bestimmter qualitätssichernder, vom Abnehmer regelmäßig sogar einseitig vorgegebener Regularien ist vielmehr Mittel zum Zweck der im Rahmen des Austauschvertrags jeweils eigenbestimmten Interessen an einer ordnungsgemäßen Abwicklung der Lieferbeziehung, insbesondere einer pünktlichen Bereitstellung mangelfreier Ware am Ort ihrer Verarbeitung. Das kann jedoch nicht als Ausdruck einer auf Verfolgung eines gemeinsamen Zwecks gerichteten Vereinbarung angesehen werden, wie sie für eine gesellschaftsrechtliche Vertragsbeziehung begriffsnotwendig und typisch ist, sondern stellt sich lediglich als ein im Rahmen eines Austauschvertrages liegendes Mittel zum Zweck der jeweils eigenbestimmten Interessen an einer mangelfreien und pünktlichen Erfüllung der Lieferpflichten des Verkäufers einerseits und dem Käuferinteresse am Erhalt einer sich reibungslos in seinen Produktionsprozess einfügenden Ware andererseits dar.[298] Angesichts dieser ins Auge springenden Interessenlage hat der BGH bei der in seinem Urteil vom 18.10.2017 erfolgten Beurteilung der AGB-rechtlichen Zulässigkeit einer Qualitätssicherungsvereinbarung auch keine Veranlassung gehabt, sich als Prüfungsmaßstab mit anderen als kaufrechtsbezogenen Leitbildern zu befassen.[299]

116   Es ist anerkannt, dass die Untersuchungs- und Rügeobliegenheit iSd § 377 auch in AGB aus sachlichen Gründen modifiziert oder eingeschränkt werden kann, und zwar auch mit Blick auf das bei modernen Industrieprodukten weit verbreitete just-in-time-Geschäft. Ebenso wäre die mit einer just-in-time-Vereinbarung üblicherweise einhergehende und als solche ebenfalls rechtlich nicht zu beanstandende Qualitätssicherungsabrede weitgehend ihres Sinnes beraubt, wenn der Käufer gehalten wäre, die dabei in den Bereich des Lieferanten vorverlagerten Qualitätsprüfungen bei Ablieferung der Ware noch einmal weitgehend zu wiederholen, um einen Verlust etwaiger Gewährleistungsansprüche zu verhindern. Das gilt umso mehr, als sog. Ausreißer, die im Rahmen der Qualitätssicherungsprüfung, mag sie auch noch so umfassend sein und sorgfältig vorgenommen werden, nicht festzustellen sind, gewöhnlich auch bei einer Untersuchung gem. § 377 Abs. 1 nicht entdeckt werden können.[300] Eine völlige Entlastung des Käufers von der Untersuchungs- und Rügeobliegenheit, insbesondere auch bei offen zu Tage liegenden Mängeln, wäre in AGB gleichwohl mit dem in § 377 HGB zum Ausdruck gekommenen Leitbild unvereinbar. Denn dieses offenbart für den kaufmännischen Verkehr eine eindeutige Risikoverteilung zugunsten des Verkäufers, der durch die den Käufer treffende Obliegenheit zur unverzüglichen Mängelrüge in die Lage versetzt werden soll, entsprechende Feststellungen und notwendige Dispositionen zu treffen, insbesondere einen möglichen Schaden abwenden zu können, der sich aus Gewährleistungs-, Schadensersatz- oder Nachlieferungsansprüchen des Käufers ergeben könnte.[301] Daran ändert auch eine gewisse Verbreitung von Qualitätssicherungsvereinbarungen im Handelsverkehr nichts. Bereits der Umstand, dass diese in der Regel auf Initiative einer marktstarken Abnehmerseite einseitig als Vertragsinhalt durchgesetzt werden, hindert die Entstehung eines dahingehenden Handelsbrauchs oder einer berücksichtigungswürdigen Verkehrsübung, sodass jedenfalls allein aus der Häufigkeit einer dahingehenden Praxis keine tragfähigen Schlüsse gezogen werden können.[302]

117   Dementsprechend kann es formularmäßig nicht abbedungen werden, dass der Käufer, auch wenn nach dem Vertragsinhalt direkt ans Fließband geliefert wird, eine **grobe Überprüfung** der Ware vornehmen muss. Vielmehr muss er ungeachtet des relativ kleinen Zeitfensters seine Wareneingangskontrolle so organisieren, dass **evidente Sachmängel** oder **ins Auge springende Falsch- bzw. Zuweniglieferungen** nicht unbemerkt bleiben.[303] Haben sich bei dem Produkt in der Vergangenheit bestimmte Schwachstellen gezeigt, hat sich also das vorgeschaltete Qualitätssicherungssystem über vereinzelte Ausreißer hinaus als symptomatisch unzuverlässig erwiesen, muss bis zu seiner Verbesserung im Zweifel nach den Regeln des § 377 untersucht werden, sodass auch dieser Umstand mit Blick auf § 305c Abs. 2 BGB in aufzustellenden AGB berücksichtigt werden muss. Zudem wird eine formular-

---

[297] MüKoHGB/*Grunewald* Rn. 136 mit Fn. 425 und mwN; vgl. ferner KKRD/*Roth* Rn. 32; Soergel/*Huber* BGB § 433 Rn. 111a.

[298] Vgl. BGH Urt. v. 28.10.1987 – VIII ZR 383/86, NJW-RR 1988, 417 (418) mN; BGH Urt. v. 29.1.1951 – IV ZR 171/50, NJW 1951, 308.

[299] BGH Urt. v. 18.10.2017 – VIII ZR 86/16, NJW 2018, 291 Rn. 18 ff., 28 ff.

[300] So auch *Steinmann,* Qualitätssicherungsvereinbarungen zwischen Endproduktherstellern und Zulieferern, 1992, 45; *Stürtz,* Der Einfluss qualitätssichernder Maßnahmen auf die Untersuchungs- und Rügeobliegenheit nach dem UN-Kaufrecht, 2002, 38.

[301] BGH Urt. v. 19.6.1991 – VIII ZR 149/90, NJW 1991, 2633 (2634); ferner etwa MüKoHGB/*Grunewald* Rn. 137 mwN.

[302] Vgl. nur MüKoHGB/*K. Schmidt* § 346 Rn. 14 mwN.

[303] Vgl. BGH Urt. v. 5.10.2005 – VIII ZR 16/05, BGHZ 164, 196 (208); s. auch *Wellenhofer-Klein,* Zulieferverträge im Privat- und Wirtschaftsrecht, 1999, 346 ff.; KKRD/*Roth* Rn. 32 mwN; *Sieber,* Die Mängelanzeige beim Warenkauf, 2008, 16 f.; *Steinmann,* Qualitätssicherungsvereinbarungen zwischen Endproduktherstellern und Zulieferern, 1992, 48.

mäßige Vorverlagerung des durch die Untersuchungsobliegenheit in gewissem Maße auch bei dem Abnehmer angesiedelten Schadensvermeidungsrisikos zum Lieferanten hin eine auf die (Wieder-) Herstellung von Ausgewogenheit erfordernde **Kompensation** erfordern, wie sie etwa hinsichtlich einer angemessenen Beteiligung des Käufers an Mangelfolgeschäden vorgeschlagen wird.[304]

4. Ort der Untersuchung. a) Grundsatz. Im Allgemeinen wird die Untersuchung der Ware gem. **118** § 377 Abs. 1 am Ort der **Ablieferung** erfolgen.[305] Das bedeutet aber nicht, dass die Untersuchung vom Käufer oder der von ihm beauftragten Person dort unbedingt vorgenommen werden muss. Denn das Gesetz schreibt dem Käufer nicht vor, wo er die Ware in Augenschein zu nehmen hat. Da die Mängelrüge nicht sofort, sondern (nur) unverzüglich erhoben werden muss, kann und darf er die Ware grundsätzlich auch an jedem anderen Ort untersuchen.[306]

b) Sonderfälle. Haben die Parteien auf der Grundlage einer üblichen Handelsklausel kontrahiert, **119** ist die Frage des Untersuchungsortes dort zum Teil ausdrücklich geregelt. Ist etwa **c & f** (benannter Bestimmungshafen) vereinbart, muss die Ware nach den deutschen Trade Terms[307] erst bei Ankunft im Bestimmungshafen untersucht werden (→ Rn. 38).[308] Dasselbe gilt im Hinblick auf das **cif-Geschäft.**[309] Bei Importgeschäften wird die **cif-Klausel** jedoch zT, nämlich im Verhältnis des Importeurs zum inländischen Abnehmer, als reine **Spesenklausel** verwandt.[310] In diesem Falle ist für die Ablieferung nach § 377 Abs. 1 entscheidend, ob der Käufer die Ware im Hafen abholt oder ob der Importeur die Ware ab Bestimmungshafen zur Niederlassung des Abnehmers im Binnenland verschickt. Für das **Ab-Kai-Geschäft** enthalten die Trade Terms keine besonderen Regelungen. Hier muss der Käufer die Ware, sofern nichts anderes vereinbart ist, am Kai untersuchen.[311] Hat der Käufer **ab Schiff** gekauft, ist die Kaufsache nach den deutschen Trade Terms aus dem Schiff abzunehmen. Kraft **Handelsbrauchs** muss die Ware aber erst nach dem **Löschen auf dem Kai** untersucht werden.[312]

Ob der Käufer die Kaufsache bei den Klauseln **fas** und **fob** generell erst im Bestimmungshafen **120** nach Beendigung des Löschvorgangs oder Anzeige des Verkäufers oder Erhalt der Dokumente untersuchen muss, ist zweifelhaft. Nach Ansicht von *Haage*[313] ist die Frage für das sog. **fas-Geschäft** zu bejahen, weil es **untunlich** sei, dass der Käufer die Ware bereits im Verschiffungshafen untersucht. Dagegen lässt die **fob-Klausel** nach Auffassung des BGH[314] für sich genommen nicht auf einen derartigen Vertragswillen schließen. Besteht insoweit auch kein in bestimmte Richtung weisender Handelsbrauch, kommt es auf die konkreten Umstände des Falles, insbesondere auf die Warengattung und die Art der Verpackung an. Hat der Verkäufer die Ware nach dem Vertragsinhalt in sog. **verstärkter seemännischer Verpackung** zu liefern, so liegt hierin gewöhnlich die stillschweigende Vereinbarung der Vertragspartner, wonach es genügen soll, wenn die Ware im überseeischen Bestimmungshafen (vom Käufer oder seinem Agenten bzw. Abnehmer) unverzüglich untersucht wird (→ Rn. 38).[315]

Das OLG Hamburg hat in HRR 1928, 1218 die Ansicht vertreten, das **Einverständnis des** **121** **Verkäufers** mit der Verlegung der Untersuchung an den Bestimmungsort sei im Überseehandel mit Holz immer dann anzunehmen, wenn eine Ziehung von Stichproben nach Lieferung an Bord bei ordnungsgemäßem Geschäftsgang untunlich oder zweckwidrig erscheine, wovon auszugehen sei, wenn das Seeschiff binnen kurzer Zeit auslaufen solle. Kann dagegen das Schnittholz auf dem Hafenlagerplatz vor und beim Verstauen in die Container auf Maßgenauigkeit, ordnungsgemäße Oberflächenbehandlung usw. untersucht werden und ist eine zuverlässige Feuchtigkeitsmessung vor Ort unter zumutbaren

---

[304] Dazu näher MüKoHGB/*Grunewald* Rn. 141 mwN.

[305] RG Urt. v. 30.11.1917 – II 264/17, RGZ 91, 289; BGH Urt. v. 21.12.1960 – VIII ZR 9/60, NJW 1961, 730; OLG Köln Urt. v. 6.3.1998 – 19 U 185/97, NJW–RR 1999, 565; Staub/*Brüggemann* Rn. 74 mwN; Baumbach/Hopt/*Hopt* Rn. 6; KKRD/*Roth* Rn. 6a; MüKoHGB/*Grunewald* Rn. 46; Heymann/*Emmerich/Hoffmann* Rn. 50; GK-HGB/*Achilles* Rn. 38.

[306] S. nur Oetker/*Koch* Rn. 70; HaKo-HGB/*Stöber* Rn. 34; Heymann/*Emmerich/Hoffmann* Rn. 50; MüKoHGB/*Grunewald* Rn. 46; BeckOK HGB/*Schwartze* Rn. 29.

[307] Die Incoterms sehen weder bei der entsprechenden Klausel CFR noch sonst eine Regelung zur Untersuchung der Ware und etwaiger Rüge vor.

[308] S. *Straatmann/Ulmer,* Handelsrechtliche Schiedsgerichts-Praxis, Schiedsgericht der Hamburger Freundschaftlichen Arbitrage HSG E 6b Nr. 43.

[309] Zu Einzelheiten s. *Haage,* Die Vertragsklauseln cif, fob, ab Kai unter Berücksichtigung der Trade Terms, 1956, 38 ff.; aus der Praxis s. etwa RG Urt. v. 4.1.1907 – II 286/06, LZ 1907, Sp. 289; Schiedssprüche E 6b Nr. 31 u. 42 bei *Straatmann/Ulmer,* Handelsrechtliche Schiedsgerichts – Praxis, Schiedsgericht der Hamburger Freundschaftlichen Arbitrage HSG E 6b Nr. 43.

[310] Vgl. OLG Hamburg Urt. v. 12.3.1964 – 6 U 7/63, MDR 1964, 601; *Liesecke* WM-Sonderbeilage 1978, 37.

[311] *Haage,* Die Vertragsklauseln cif, fob, ab Kai unter Berücksichtigung der Trade Terms, 1956, 58.

[312] S. *Straatmann/Ulmer, Handelsrechtliche Schiedgerichts-Praxis,* Schiedsgericht der Hamburger Freundschaftlichen Arbitage HSG E 6b Nr. 37 u. 56; *Raisch* FS Duden, 1977, 399, 414.

[313] *Haage,* Das Abladegeschäft, 4. Aufl. 1958, 171, 202.

[314] BGH Urt. v. 29.11.1972 – VIII ZR 122/71, BGHZ 60, 5 (7 f.) = NJW 1973, 189; s. ferner Staub/*Brüggemann* Rn. 32.

[315] BGH Urt. v. 29.11.1972 – VIII ZR 122/71, BGHZ 60, 5 (8 f.) = NJW 1973, 189.

Bedingungen möglich, ist nach Auffassung des BGH[316] beim sog. **fob-Verkauf** von **Schnittholz** keine konkludente Einigung bezüglich der Verlegung der Untersuchung an den Bestimmungsort anzunehmen. Es kommt, wie in dieser Entscheidung zutreffend hervorgehoben, zur Beantwortung der Frage, ob dem Käufer zuzumuten ist, die Ware bei der Verladung, also im Abladehafen, zu untersuchen, vielmehr auf die Umstände des Einzelfalles, insbesondere auch auf die Warengattung und die Art der Verpackung, an; diese Umstände waren im Streitfall noch zusätzlich durch die Feststellung geprägt, dass genügend Zeit zur Durchführung der Untersuchungen bestanden und die Käuferin sogar über eine Niederlassung am Verschiffungsort verfügt hat.

122   Die Klausel **frei im Container gestaut** ist nicht unbedingt mit einer fob-Klausel gleichzusetzen.[317] Hat der Verkäufer nicht nur den Transport der Ware bis an Bord des Schiffes zu besorgen, sondern auch noch den Seefrachtvertrag mit der Reederei abzuschließen, wird erst im Bestimmungshafen abgeliefert. Es handelt sich hierbei um eine Abweichung vom echten fob-Geschäft, wie sie in den Trade Terms wiedergegeben ist. Die Abweichung muss sich aus dem Vertrag (etwa: fob-verschifft oder fob-Bestimmungshafen) ergeben.[318]

123   Der in AGB häufig verwendete Passus, wonach „**nach Empfang**" zu untersuchen ist, bedeutet im Allgemeinen nichts anderes als nach Ablieferung gem. § 377 Abs. 1.[319] Bei der Klausel **frei Waggon** besteht kein Handelsbrauch, wonach die Ware erst am Bestimmungsort zu untersuchen ist.[320] Bei der Klausel **frei Lkw (Abgangsort)** oder **frei verladen (Abgangsort)** ist die Ware am Abgangsort zu untersuchen, bevor sie der Spediteur des Käufers auf den Lkw übernimmt.[321] Etwas anderes gilt, wenn der Verkäufer das Beförderungsmittel auszuwählen und die Ware an den Bestimmungsort abzuschicken hat, wie das die **Incoterms** bei der Klausel **CPT/frachtfrei (Bestimmungsort)** verlangen. In diesem Falle kommt es mangels feststehender Auslegung auf die Einzelfallumstände an. Ist **geliefert Grenze** vereinbart, wird die Ware dem Käufer an der Grenze übergeben und ist grundsätzlich auch dort zu untersuchen. Eine andere Betrachtungsweise kann sich hier in aller Regel nur aus der Art der Verpackung ergeben.[322]

124   Nimmt der Käufer die Untersuchung der Ware an einem **anderen Ort** vor, ist die Mängelrüge nach Sinn und Zweck des § 377 grundsätzlich immer so, insbesondere in der Zeit, zu erstatten, wie wenn am Ablieferungsort oder dem sonst maßgebenden Ort untersucht worden wäre. Weiß der Verkäufer, dass die Ware nicht am Ort der Ablieferung untersucht werden soll, kann daraus aber nicht ohne Vorliegen weiterer aussagekräftiger Indizien auf eine stillschweigende Verlängerung der Rügefrist geschlossen werden.

125   **5. Rechtzeitigkeit der Untersuchung. a) Ausgangspunkt.** Gemäß § 377 Abs. 1 muss die Untersuchung **unverzüglich nach der Ablieferung** der bestellten Ware erfolgen, soweit dies **nach ordnungsmäßigem Geschäftsgang tunlich** ist. Damit wird der Zeitpunkt durch zwei Erfordernisse bestimmt: die Unverzüglichkeit des Handelns und die Tunlichkeit im Geschäftsgang. Die beiden Erfordernisse müssen sich nicht unbedingt entsprechen. Nimmt der Käufer die Untersuchung erst nach einiger Zeit vor, muss er sich notfalls bei ihrer Durchführung und/oder der Erhebung der Mängelrüge beeilen. Überhaupt darf die Untersuchung als solche im Regelfall nicht übermäßig lange dauern, wie auch die Abfassung der schriftlichen Mängelrüge zügig erfolgen muss.

126   Das Merkmal der Unverzüglichkeit bedeutet **ohne schuldhaftes Zögern** (vgl. § 121 Abs. 1 S. 1 BGB) und enthält damit eine subjektive Komponente, während der Verweis auf den ordnungsgemäßen Geschäftsgang rein objektiv zu verstehen ist. Unverzüglichkeit ist nicht gleichbedeutend mit sofort, was etwa beim relativen Fixgeschäft iSd § 376 Abs. 1 S. 2 und Abs. 3 noch nicht einmal den kleinsten Aufschub duldet (→ § 376 Rn. 21). Die Untersuchung iSd § 377 Abs. 1 ist nur dann verspätet, wenn der Käufer sie durch unsorgfältiges Verhalten hinausgezögert. Wendet der Käufer alsbald nach Ablieferung der Ware die branchenübliche Untersuchungsmethode mit der verkehrsüblichen Beschleunigung und Sorgfalt (§ 347 Abs. 1) an, kann ihm kein Schuldvorwurf gemacht werden

127   Der Einschub **nach ordnungsmäßigem Geschäftsgang tunlich iSd** § 377 Abs. 1 ist erst bei den Nürnberger Beratungen zum Entwurf eines ADHGB[323] hinzugekommen. Er gilt der Frage, wann und in welcher Art und Weise die Untersuchung der angedienten Sache vorzunehmen ist. Das Merkmal ist objektiv zu verstehen. Es kommt daher nicht auf den Geschäftsgang an, wie er in dem Betrieb des Käufers bei der Untersuchung eingehender Ware üblich ist, sondern wie der Geschäftsgang nach **kaufmännischen Gepflogenheiten** sein sollte.[324] Herrscht in dem betroffenen Geschäftszweig eine anerkannte Übung, so ist sie maßgebend, wobei es grundsätzlich auf die Übung am Erfüllungsort

---

[316] BGH Urt. v. 6.5.1981 – VIII ZR 125/80, LM HGB § 377 Nr. 23 = MDR 1981, 1010.

[317] Offen gelassen in BGH Urt. v. 6.5.1981 – VIII ZR 125/80, LM HGB § 377 Nr. 23 = MDR 1981, 1010.

[318] Vgl. *Haage,* Das Abladegeschäft, 4. Aufl. 1958, 164 ff. mwN.

[319] BGH Urt. 6.5.1981 – VIII ZR 125/80, LM HGB § 377 Nr. 23 = MDR 1981, 1010.

[320] *Raisch* FS Duden, 1977, 399, 415.

[321] Vgl. *Raisch* FS Duden, 1977, 399, 415.

[322] S. *Raisch* FS Duden, 1977, 399, 415, 416.

[323] S. Prot. LXXII, 646 f.

[324] OLG Karlsruhe Urt. v. 19.7.2016 – 12 U 31/16, NJW-RR 2017, 177 (179).

ankommt.[325] Auf die betrieblichen Gegebenheiten und wirtschaftlichen Verhältnisse beim Käufer darf daher nur dann Rücksicht genommen werden, wenn sie allgemein in der betreffenden Branche vorherrschen oder mit diesen sonst harmonieren. Der Käufer muss danach also grundsätzlich eine Untersuchungsmethode anwenden, die auf die widerstreitenden Interessen der Vertragsparteien hinreichend Rücksicht nimmt und sich in der Praxis bewährt hat.

Ob die Untersuchung der empfangenen Ware rechtzeitig vorgenommen wurde, hängt von dem **128** jeweiligen Untersuchungsbedarf und den daraus herzuleitenden Untersuchungsmaßnahmen ab, wobei der erforderliche Zeitbedarf nach objektiven Maßstäben zu bestimmen ist. Welche Anforderungen deshalb an die Art und Weise der Untersuchung zu stellen sind, lässt sich nicht allgemein festlegen. Es ist vielmehr darauf abzustellen, welche in den Rahmen eines ordnungsgemäßen Geschäftsgangs fallenden Maßnahmen einem ordentlichen Kaufmann im konkreten Einzelfall unter Berücksichtigung auch der schutzwürdigen Interessen des Verkäufers zur Erhaltung seiner Gewährleistungsrechte zugemutet werden können. Hierbei kommt es auf die objektive Sachlage und auf die allgemeine Verkehrsanschauung an, wie sie sich hinsichtlich eines Betriebs vergleichbarer Art herausgebildet hat. Anhaltspunkte für die Tunlichkeit einer zu fordernden Untersuchung und die Bemessung eines dem Käufer dafür zuzubilligenden Zeitbedarfs bilden vor allem der für eine zumutbare Überprüfung erforderliche Kosten- und Zeitaufwand, die dem Käufer zur Verfügung stehenden technischen Prüfungsmöglichkeiten, das Erfordernis eigener technischer Kenntnisse für die Durchführung der Untersuchung bzw. eine Notwendigkeit, die Prüfung von Dritten vornehmen zu lassen.[326] Soweit sich aus den Umständen allerdings eine stillschweigende Einigung der Parteien über die Länge der Untersuchungs- und Rügefrist ergibt oder sich zwischen ihnen maßstabsprägende Gepflogenheiten entwickelt haben, kommt es auf diese an. Ansonsten sind die Anforderungen an eine durchzuführende Untersuchung und deren höchstens hinzunehmende Dauer letztlich durch eine Interessenabwägung zu ermitteln.

Bei den kurzen Fristen, die ein im Handelsverkehr tätiger Käufer zur Wahrung seiner Gewährleis- **129** tungsansprüche wegen einer vertragswidrigen Beschaffenheit der gelieferten Ware zu beachten hat, wird von der höchstrichterlichen Rspr. nicht immer deutlich zwischen der **Untersuchungsfrist** einerseits und der eigentlich entscheidenden **Rügefrist** andererseits unterschieden.[327] In frühen Entscheidungen hat der BGH allerdings schon klargestellt, dass nicht das Unterlassen der Untersuchung, sondern das Unterlassen einer rechtzeitigen Anzeige der Mängel die in § 377 Abs. 2 HGB bestimmten rechtlichen Folgen hat. Die Bedeutung der Untersuchung liegt deshalb nur darin, dass die für eine ordnungsmäßige Untersuchung erforderliche Frist einen maßgebenden Baustein der Frist für die Ausbringung einer rechtzeitigen Mängelrüge bildet, und dass das Unterlassen einer nach einem ordnungsmäßigen Geschäftsgange tunlichen Untersuchung den Käufer der Gefahr aussetzt, dass eine bei verzögerter Mängelerkenntnis erstattete Anzeige als verspätet zurückgewiesen wird, weil die Mängel bei ordnungsmäßiger Untersuchung bereits früher hätten angezeigt werden können (→ Rn. 135).[328]

Dadurch, dass die höchstrichterliche Rspr. bislang verständlicherweise auf die Festlegung bestimmter **130** Rügefristen für einzelne Geschäftszweige verzichtet hat und infolgedessen im Einzelfall eine gewisse Rechtsunsicherheit entstehen kann, ist für den Käufer ein alsbaldiger Untersuchungsbeginn angezeigt. Zwar hat er nicht jede andere Tätigkeit sofort einzustellen. Er muss aber grundsätzlich jede sich bietende Gelegenheit, die sich zur Untersuchung der angedienten Ware anbietet, wahrnehmen.[329] Dabei kann auch die **Größe des Betriebes** eine gewisse Bedeutung haben. So ist bei **Großbetrieben** nach den ihnen abzuverlangenden organisatorischen Vorkehrungen grundsätzlich eine zügigere Aufnahme der Untersuchungstätigkeit als bei einem **Einzelhändler** zu erwarten.[330]

Der Käufer ist aber grundsätzlich nicht gehalten, über die normale Empfangsbereitschaft hinaus **131** schon **im Voraus** die tatsächlichen Voraussetzungen für eine unverzügliche und gewissenhafte Untersuchung der Ware zu schaffen. Der Käufer einer Maschine muss daher nicht schon vor der Ablieferung mit den etwa zur Installation notwendigen Bauarbeiten (Fundamenterrichtung etc) beginnen; vielmehr genügt es, dass sie unmittelbar nach Abladung der Maschine vorgenommen werden.[331] Der Beginn der

---

[325] RG Urt. v. 1.11.1904 – II 59/04, RGZ 59, 120 (125); OLG Köln Urt. v. 11.12.1956 – 9 U 168/58, MDR 1957, 233 = BB 1957, 910 Nr. 1802; OLG Oldenburg Urt. v. 5.9.1997 – 6 U 113/97, NJW 1998, 388; *Meeske,* Die Mängelrüge, 1965, 83.

[326] BGH Urt. v. 24.2.2016 – VIII ZR 38/15, WM 2016, 1899 Rn. 20 ff. mwN; BGH Urt. v. 6.12.2017 – VIII ZR 246/16, NJW 2018, 1957 Rn. 25.

[327] Vgl. nur BGH Urt. v. 3.11.1999 – VIII ZR 287/98, ZIP 2000, 234 (236) = WM 2000, 481 = NJW-RR 2000, 1361 f. mAnm *Schlechtriem* EWiR 2000, 125; s. auch *Hübsch/Hübsch* WM-Sonderbeilage 1/2006, 31.

[328] BGH Urt. v. 29.1.1952 – I ZR 33/51, JurionRS 1952, 12517 unter I; BGH Urt. v. 18.3.1952 – I ZR 77/51, BeckRS 1952, 30851448 unter II 2 = LM HGB § 377 Nr. 1; ferner BGH Urt. v. 16.3.1977 – VIII ZR 194/75, NJW 1977, 1150.

[329] S. *Meeske,* Die Mängelrüge, 1965, 84.

[330] Zust. HaKo-HGB/*Stöber* Rn. 32; Oetker/*Koch* Rn. 65 mwN; BeckOK HGB/*Schwartze* Rn. 26; vormals schon *Meeske,* Die Mängelrüge, 1965, 83. Zum CISG s. OLG München Urt. v. 8.2.1995, CISG-online Nr. 142; s. ferner *Linnerz,* Die Untersuchungs- und Rügepflicht im CISG und im HGB, 2014, 238 mwN.

[331] RG Urt. v. 13.12.1927 – VII 498/27, HRR 1928 Nr. 446; vgl. auch RG Urt. v. 15.2.1929 – II 356/28, SeuffA 83, 220 f.

Untersuchung kann sich uU auch durch die Einschaltung eines **Sachverständigen** verzögern,[332] wobei ggf. auch noch eine kurze Frist zur Entscheidung über die Beauftragung und Auswahl des Sachverständigen anzusetzen ist.

132   **b) Einzelfälle.** Besonders **strenge Maßstäbe** gelten allgemein im **Obst-, Gemüse-** und **Blumenhandel,** wo eine am zweiten Tage nach Ablieferung erfolgte Rüge schon nicht mehr rechtzeitig sein kann; vielmehr muss unter Umständen sogar schon nach wenigen Stunden gerügt werden.[333] Eine sehr kurze Rügefrist gilt ebenso für **lebendes Schlachtvieh.**[334] Der Käufer einer farbigen **Beklebegarnitur** muss zum Zwecke der Prüfung der vertraglich zugesicherten Lichtbeständigkeit unverzüglich einzelne Stücke dem Licht aussetzen und darf nicht abwarten, ob sich der Sachmangel beim bestimmungsgemäßen Gebrauch zeigt.[335] Soll die gelieferte **Schrottladung** mit anderem Schrott vermischt werden, so muss die Überprüfung auf einen vertragswidrigen Chromgehalt umgehend durch Zerschlagen einer repräsentativen Anzahl an Stahlstücken erfolgen.[336] Für die Untersuchung eines **Werbefilms** hat der BGH[337] angenommen, dass die Mängelrüge spätestens innerhalb 24 Stunden nach Erhalt des Films vorzunehmen ist. Eine Frist von 2 Wochen ist für die Untersuchung von **Sandentwässerungssilos** als nicht mehr rechtzeitig angesehen worden.[338]

133   Kommt aufgrund der Umstände – etwa wegen fehlender Sachkunde des Käufers und/oder wegen der besonderen Beschaffenheit der Kaufsache – die Beauftragung eines **Sachverständigen** in Betracht, verlängert sich die Rügefrist in mehrfacher Hinsicht. Zum einen darf der Käufer/Besteller zunächst einmal überlegen, ob und in welcher Hinsicht die Beauftragung eines Sachverständigen notwendig und sinnvoll erscheint.[339] Hieran schließt sich dann die erforderliche Zeit für die Erstellung des Gutachtens an, der anschließend noch die übliche Rügefrist hinzuzurechnen ist.

134   Die Rügefrist verlängert sich aber grundsätzlich nicht dadurch, dass der Käufer zunächst noch **Rechtsrat einholt.** Zwar mag es Grenzfälle geben, in denen zweifelhaft ist, ob die bei der Untersuchung festgestellte Beschaffenheitsabweichung gem. § 434 BGB fehlerbegründend ist oder nicht. Das rechtfertigt es aber nicht, die Rügefrist mit der Begründung zu verlängern, dass vor Erhebung der Mängelrüge eine schwierige Rechtsfrage geklärt werden musste. Denn es geht bei der Rügeobliegenheit allein um eine streng fristgebundene Tatsachenmitteilung zur Erhaltung etwaiger Gewährleistungsrechte, die für sich allein im Regelfall noch keine weitergehen Rechtsfolgen auslöst als diejenigen, die § 377 mit einer dadurch bewirkten Erhaltung der Gewährleistungsrechte vorsieht. Sie kann, solange sie nicht unnötigerweise bereits mit einem konkreten Mangelbeseitigungsverlangen verbunden wird,[340] insbesondere auch noch nicht ohne Weiteres als Berühmung bestimmter Gewährleistungsrechte verstanden werden, welche dem Verkäufer Veranlassung zur Erhebung einer negativen Feststellungsklage geben könnte.

135   Die Frage, ob man die Untersuchungs- und Rügefrist streng unterscheiden sollte[341] oder ob man sie als Gesamtfrist mit einer Untersuchungskomponente und einer Entscheidungs- und Formulierungskomponente ansehen will[342], ist im Ergebnis ohne Bedeutung.[343] Denn die Untersuchungsfrist endet mit Entdeckung des Mangels, spätestens aber zu dem Zeitpunkt, zu dem der Mangel nach den zu fordernden Untersuchungsanstrengungen hätte entdeckt sein müssen. Daran wiederum schließt sich die Frist an, die dem Käufer bei der gebotenen Beschleunigung zur Entschließung und Formulierung einer ordnungsgemäßen Rüge zuzubilligen ist, wobei – was eher für eine **Gesamtfrist** spricht – im Falle nachlässiger oder sogar unterbliebener Untersuchung zur Bemessung der Frist bei gleichwohl noch erfolgender Rüge der Zeitraum anzusetzen wäre, den Käufer zur Mangelentdeckung (höchstens) hätte beanspruchen können (→ Rn. 129).

---

[332] Vgl. OLG Hamburg Urt. v. 11.3.1904, OLGR 9, 273.

[333] OLG München Urt. v. 20.9.1956 – 6 U 1304/56, BB 1957, 663; zust. *v. Westphalen* FS 40 Jahre Der Betrieb, 1988, 223, 231 unter Berufung auf einen im Südfruchthandel geltenden Handelsbrauch; ferner *Meeske,* Die Mängelrüge, 1965, 81; Staub/*Brüggemann* Rn. 106; Baumbach/Hopt/*Hopt* Rn. 23 u. 35; HaKo-HGB/*Stöber* Rn. 31 u. 45; Oetker/*Koch* Rn. 72; s. auch OLG Saarbrücken Urt. v. 3.6.1998 – 1 U 703/97 – 143, NJW-RR 1999, 780; OLG Düsseldorf Urt. v. 8.1.1993 – 17 U 82/92, IPrax 1993, 412 (413), jeweils zu Art. 38 Abs. 1, 39 Abs. 1 CISG; vgl. auch MüKoHGB/*Grunewald* Rn. 65; BeckOK HGB/*Schwartze* Rn. 29; *Linnerz,* Die Untersuchungs- und Rügepflicht im CISG und im HGB, 2014, 97, 98.

[334] BeckOK HGB/*Schwartze* Rn. 29.

[335] Vgl. Würdinger/*Röhricht* Rn. 17.

[336] RG Urt. v. 1.2.1930 – I 232/29, Recht 1930 Nr. 827; vgl. auch OLG Köln Urt. v. 24.4.1998 – 19 U 160/97, NJW–RR 1998, 1496.

[337] BGH Urt. v. 31.1.1966 – VII ZR 43/64, LM HGB § 377 Nr. 10.

[338] BGH Urt. v. 30.1.1985 – VIII ZR 238/83, BGHZ 93, 338 (348) = NJW 1985, 1333.

[339] BGH Urt. v. 3.11.1999 – VIII ZR 287/98, NJW-RR 2000, 1361 (1362) = ZIP 2000, 234 (236) = WM 2000, 481 mAnm *Schlechtriem* EWiR 2000, 125.

[340] Dazu BGH Urt. v. 23.1.2008 – VIII ZR 246/06, NJW 2008, 1147 Rn. 12 f.; BGH Urt. v. 2.9.2010 – VII ZR 110/09, NJW 2010, 3649 Rn. 20.

[341] So im UN-Kaufrecht tendenziell etwa BGH Urt. v. 8.3.1995 – VIII ZR 159/94, BGHZ 129, 75 (85); BGH Urt. v. 3.11.1999 – VIII ZR 287/98, WM 2000, 481 (483).

[342] So für das UN-Kaufrecht etwa österr. OGH 27.8.1999, IHR 2001, 81 (83).

[343] Anders noch G. *Müller* → 3. Aufl. 2015, Rn. 142.

Beim **Versendungskauf** erfordert der ordnungsmäßige Geschäftsgang iSd § 377 Abs. 1, dass die **136** Ware unmittelbar nach der Ablieferung auf etwaige **Transportschäden** untersucht wird. Derartige Schäden lassen sich in der Mehrzahl der Fälle schon bei einer ersten groben Überprüfung zuverlässig feststellen. Bei der **Nachbesserung** (oder **Nachlieferung**) gelten keine besonderen Regeln. Zwar ist der Käufer wegen der Nachbesserung bzw. Nachlieferung in gewisser Weise vorgewarnt. Dennoch steht ihm dieselbe Rügefrist wie bei der Erstlieferung zur Verfügung.[344]

Bei der Lieferung von **Hard- oder Software** wird die Ablieferung iSd § 377 Abs. 1 von der **137** höchstrichterlichen Rspr.[345] zwar dadurch hinausgeschoben, dass die vertraglich geschuldeten Handbücher erst übergeben sein müssen, damit eine ordnungsgemäße Untersuchung überhaupt stattfinden kann. Allerdings ist dabei auch klargestellt worden, dass für eine generelle **Sonderregelung** der Abwicklung von Softwarekäufen kein Bedürfnis besteht.[346] Anstatt durch Hinausschieben des Zeitpunktes der Ablieferung ist den regelmäßigen Schwierigkeiten bei der Untersuchung der vertragsgemäßen Beschaffenheit der Software mit einer **großzügigen Bemessung** der Untersuchungs- und Rügefrist iSd § 377 Abs. 1 Rechnung zu tragen. Welche Frist letztendlich angemessen ist, richtet sich auch hier nach den Umständen und Verhältnissen des Falles.[347] Nur wenn die Kaufvertragsparteien **weitere Leistungen** vereinbart haben, ist die Ablieferung im Zweifel erst mit vollständiger Erbringung der betreffenden Zusatzleistung erfolgt.

c) Handelsbrauch und Verkehrsanschauung. Der Begriff des ordnungsmäßigen Geschäftsganges **138** iSd § 377 Abs. 1 wird häufig durch eine in dem betreffenden Geschäftszweig von beiden Vertragsseiten mit gewisser Beständigkeit getragene Übung ausgefüllt. Entscheidend ist die **ständige Übung**, wie sie **am Erfüllungsort** des Käufers besteht. Das können auch lokale Handelsbräuche sein, sofern eine auswärtige Partei, der gegenüber der Handelsbrauch geltend gemacht wird, mit dessen Bestehen bei Vertragsschluss rechnen musste und der andere Teil davon ausgehen durfte, dass sein Vertragspartner den Handelsbrauch kennt oder jedenfalls mit ihm rechnet.[348] Auf die einseitigen Anschauungen bestimmter marktstarker Interessenkreise, wie sie namentlich in AGB bestimmter Einkaufs- oder Verkaufsverbände ihren Niederschlag gefunden haben, kommt es nicht an. Besteht ein Handelsbrauch, darf dieser die Rügelast aber nicht rechtsmissbräuchlich ausschließen oder einschränken.[349]

Beispiele: Im **Holzhandel** gilt nach den Handelsbräuchen der Mitglieder des Vereins Deutscher **139** Holzeinfuhrhäuser e. V. (1952) eine Rügefrist von 5 Tagen. Nach der im **Kartoffelhandel** geltenden Verkehrsanschauung (sog. Berliner Bedingungen) ist die Ware schon vor der Entladung zu prüfen und sind Mängel ohne Verzögerung telegraphisch zu rügen.[350] Nach Ansicht des Hamburger Platzgeschäfts beträgt die Untersuchungs- und Rügefrist beim sog. **cif-Geschäft** in aller Regel **3 Tage,** beginnend mit der Löschung der Güter am Kai.[351] Bei kleineren Warenmengen soll sich die Rügefrist noch weiter verkürzen.[352] Im **Eierhandel** soll die Rügefrist allgemein 3 Tage betragen.[353] Bei leicht verderblichen **Früchten** werden nur 4 Stunden als üblich bezeichnet.[354] Dies entspricht im Kern der neuen instanzgerichtlichen Rspr. (→ Rn. 132), nach der Mängel zB im **Blumenhandel** jedenfalls noch am **selben Tag** gerügt werden müssen.

d) Pauschale Fristen (Mittelwerte). Pauschale Fristangaben zur Bemessung von Untersuchungs- **140** fristen sucht man jedenfalls in der Rspr. des BGH vergeblich. Es ging dabei in Konkretisierung der Aussage, dass die Anzeige eines erkannten oder bei gehöriger Untersuchung ohne Weiteres erkennbaren Mangels alsbald zu erfolgen hat, vielmehr zumeist um Fallgestaltungen, bei denen die noch hinnehmbare Frist zur Ausbringung der Anzeige des bekannten oder leicht feststellbaren Mangels mehr oder minder deutlich überschritten war,[355] oder bei denen nach den konkret getroffenen Feststellungen von einer Untersuchungsdauer ausgegangen werden musste, die im Streitfall noch nicht abgelaufen

[344] S. *Mankowski* NJW 2006, 865 f.; BeckOK HGB/*Schwartze* Rn. 27.

[345] BGH Urt. v. 4.11.1992 – VIII ZR 165/91, NJW 1993, 461 mAnm *Bartsch* CR 1993, 422 = BGH BGB § 477 LM Nr. 57 mAnm *Marly:* für Software; BGH Urt. v. 5.7.1989 – VIII ZR 344/88, NJW 1989, 3222: für Hardware; zust. *E. Wolf* NJW 1994, 298 (299); *Knops* JuS 1994, 106 (111).

[346] BGH Urt. v. 22.12.1999 – VIII ZR 299/98, ZIP 2000, 436 (437 ff.).

[347] S. auch etwa *Knops* JuS 1994, 106 (111); Soergel/*Huber* BGB aF § 477 Rn. 45.

[348] BGH Urt. v. 7.3.1973 – VIII ZR 214/71, WM 1973, 382 f.; BGH Urt. v. 2.12.1982 – III ZR 85/81, NJW 1983, 1267 f.; *Fest* → § 346 Rn. 1144.

[349] BGH Urt. v. 3.12.1975 – VIII ZR 237/74, NJW 1976, 625; BGH Urt. v. 17.9.2002 – X ZR 248/00, BGH-Report 2003, 285 f.; s. ferner MüKoHGB/*Grunewald* Rn. 37 mwN; Baumbach/Hopt/*Hopt* Rn. 25 u. 56; KKRD/*Roth* Rn. 31; vgl. auch BeckOK HGB/*Schwartze* Rn. 98; *Lehmann* BB 1990, 1849 (1852); *D. Schmidt* NJW 1991, 144 (149); *G. Müller* WM 2011, 1249 (1259).

[350] OLG Hamburg Urt. v. 19.11.1927 – II 638/27, HRR 1928, Nr. 641.

[351] Schiedsgericht der Handelskammer Hamburg JW 1930, 1457.

[352] *Würdinger*/*Röhricht* Rn. 29.

[353] *Würdinger*/*Röhricht* Rn. 29 mit Hinweis auf KG Urt. v. 3.7.1931 – II 532/30, WarnRspr. 1931 Nr. 186.

[354] *Würdinger*/*Röhricht* Rn. 29; vgl. auch Staub/*Brüggemann* Rn. 106.

[355] ZB BGH Urt. v. 30.1.1985 – VIII ZR 238/83, BGHZ 93, 338 (348) = NJW 1985, 1333; BGH Urt. v. 24.1.1990 – VIII ZR 22/89, BGHZ 110, 130 (143) = NJW 1990, 1290; Urt. v. 22.12.1999 – VIII ZR 299/98, NJW 2000, 1415 (1417).

war.[356] Zudem findet sich in diesem Zusammenhang regelmäßig die Aussage, dass es für die Fristbemessung auf die konkreten Fallumstände ankommt, was naturgemäß jede weitergehende Abstrahierung ausschließt.[357] Demgegenüber schlägt etwa *Hefermehl*[358] eine Rügefrist von 10 Tagen oder 1 Woche vor, will aber für **Minderungsansprüche** des Käufers auch längere Fristen, zB von einem Monat anerkennen. Dem kann jedoch nicht gefolgt werden. Denn weder die vorgeschlagene, an die Rechtsfolge anknüpfende Differenzierung, wie sie unter einschränkten Voraussetzungen zB in Art. 44 CISG ausdrücklich eröffnet ist, noch starre Fristen lassen sich mit der unübersehbar am jeweiligen Einzelfall („soweit dies nach ordnungsgemäßem Geschäftsgang tunlich ist") orientierten Gesetzeslage vereinbaren.

141   **e) Berücksichtigung subjektiver Momente.** Für die Beantwortung der Frage, ob der Käufer seiner Untersuchungs- und Rügeobliegenheit rechtzeitig nachgekommen ist, kommt es stets auf die konkreten Fallumstände an.[359] Dabei können grundsätzlich auch in der Person des Käufers liegende Umstände und Verhältnisse Berücksichtigung finden. Das ergibt sich daraus, dass die Untersuchung nach § 377 Abs. 1 unverzüglich, dh ohne schuldhaftes Zögern (vgl. § 121 Abs. 1 BGB) vorzunehmen ist. Eine Schuld an der Verzögerung kann sachgerecht nur unter Berücksichtigung der objektiven wie auch der subjektiven persönlichen Momente im Zeitpunkt des Rügeversäumnisses festgestellt werden.[360] Allerdings werden die Fälle, in denen den Handel treibenden Käufer an der Verzögerung der Untersuchung der gelieferten Ware kein **Verschulden** trifft, eher Seltenheitswert haben. Denn ein Kaufmann ist gehalten, die Voraussetzungen für eine zügige und gründliche Untersuchung der Ware zu schaffen, insbesondere die dazu erforderlichen organisatorischen Vorkehrungen nach den im betreffenden Verkehr üblichen Maßstäben zu treffen. Kann er die Obliegenheit nicht persönlich wahrnehmen, muss er dafür sorgen, dass ein Mitarbeiter oder eine andere geeignete Person (notfalls ein Sachverständiger) anwesend ist und die eingehende Ware zügig und ordnungsgemäß untersucht.[361] Ebenso hat der Käufer mit **kaufmännischer Sorgfalt** (§ 347 Abs. 1) dafür zu sorgen, dass sein Abnehmer, auch wenn dieser Verbraucher iSd § 13 BGB ist und etwa die Schwachstellen der Ware nicht kennt, die Rügefrist wie sonst ein Kaufmann einhält (→ Rn. 18 f., → Rn. 101 ff.).

142   Die Frage, ob und wieweit **in der Person des Käufers liegende Behinderungen** oder **unerwartete Ereignisse** eine schuldhafte Verzögerung der Mängelrüge ausschließen, wird nicht einheitlich beantwortet. So soll eine zeitweilige Überlastung[362] oder eine kurze Abwesenheit des Käufers[363] entschuldigen. Der Verkäufer kann und darf daher, was die Einhaltung der Rügefrist angeht, im Normalfall keinen **Idealbetrieb** erwarten. Dagegen sollen sogar zufällige und kaum vorhersehbare **persönliche Behinderungen** den Käufer regelmäßig nicht entlasten.[364] Ob dem in dieser Rigidität zu folgen ist, mag bezweifelt werden. Jedenfalls muss ein ordentlicher Kaufmann aber durch geeignete organisatorische Vorkehrungen rechtzeitig dafür sorgen, dass er in Verhinderungsfällen in seinem Gewerbebetrieb ausreichend und zuverlässig vertreten ist.[365] Dieser tendenziell auch in der Rspr. des BGH[366] anzutreffende strenge Maßstab an die zu fordernde Organisation des kaufmännischen Geschäftsbetriebs lässt deshalb auch unter Berücksichtigung der Wertung des § 121 Abs. 1 BGB für eine Rücksichtnahme auf persönliche Hindernisse oder Erschwernisse in der Person des Käufers und/oder seines Personals allenfalls beschränkt Raum. Denn was durch verkehrsübliche organisatorische Vorkehrungen des Käufers abzufangen ist, fällt gewöhnlich in seinen **Risikobereich** und kann ihn deshalb nicht von den Rechtsfolgen des § 377 Abs. 2 und Abs. 3 entlasten.

143   Anders wird die Rechtslage indes bei **unerwarteten und/oder unabwendbaren Störungen des Geschäftsganges** beurteilt, die sich auch bei ordnungsmäßiger und sogar mustergültiger Führung des Betriebes ergeben können. Kann die Ware etwa wegen notwendiger Instandsetzungsarbeiten am Aufzug nicht in den Lagerraum verbracht werden und ist eine Untersuchung im Freien aus bestimmten Gründen nicht möglich oder zumutbar, so ist die sich daraus ergebende Verzögerung der Untersuchung im Allgemeinen entschuldigt.[367] Dasselbe gilt etwa, wenn das zur Untersuchung notwendige Spezialwerkzeug unerwartet ausfällt und ein Ersatz nicht schnell beschafft werden kann. Das RG[368] hat auch eine nach mehreren gesetzlichen Feiertagen plötzlich auftretende kurzfristige **Arbeitsüberlas-**

---

[356] BGH Urt. v. 18.3.2003 – X ZR 209/00, NJOZ 2003, 868 (869).

[357] Vgl. nur BGH Urt. v. 18.3.2003 – X ZR 209/00, NJOZ 2003, 868 (869) mwN.

[358] Schlegelberger/*Hefermehl* Rn. 72.

[359] BGH Urt. v. 18.3.2003 – X ZR 209/00, NJOZ 2003, 868 mwN.

[360] Vgl. Schlegelberger/*Hefermehl* Rn. 72; KKRD/*Roth* Rn. 16; Heymann/*Emmerich/Hoffmann* Rn. 52 f.; Oetker/*Koch* Rn. 61 f.; GK-HGB/*Achilles* Rn. 52; MüKoHGB/*Grunewald* Rn. 33; HaKo-HGB/*Stöber* Rn. 32; Staub/*Brüggemann* Rn. 95; BeckOK HGB/*Schwartze* Rn. 26; *Böhler*, Grundwertungen zur Mängelrüge, 2000, 217.

[361] *Meeske*, Die Mängelrüge, 1965, 84.

[362] RG Urt. v. 14.6.1921 – III 531/20, JW 1922, 802 mAnm *Manigk;* zust. Schlegelberger/*Hefermehl* Rn. 72 aE.

[363] Vgl. auch Staub/*Brüggemann* Rn. 77.

[364] Vgl. OLG Hamburg Urt. v. 7.2.1916, OLGE 32, 169.

[365] *Meeske*, Die Mängelrüge, 1965, 84 f.

[366] S. nur BGH Urt. v. 30.1.1985 – VIII ZR 238/83, BGHZ 93, 338 (348 f.) = NJW 1985, 1333.

[367] So auch *Meeske*, Die Mängelrüge, 1965, 84 f.

[368] RG Urt. v. 14.6.1921 – III 531/20, JW 1922, 802 mAnm *Manigk*.

tung als einen den Käufer entlastenden Umstand gewertet. Gleiches gilt etwa bei saisonbedingter Überlastung eines Einzelkaufmanns und bei **Betriebsferien** oder **Streik**.[369] Ganz überzeugend sind diese Differenzierungen aber nicht, da ein gewissenhafter Kaufmann beispielsweise mit einer saisonbedingten Überlastung rechnen muss.

Allerdings kann bei den zu berücksichtigenden Gesamtumständen auch eine gewisse Bedeutung **144** erlangen, ob das Verkäuferinteresse an einer unverzüglichen Mängelrüge ausnahmsweise zurücktreten muss, weil ein anständiger Kaufmann gewisse subjektive Erschwernisse auf Seiten des Käufers normalerweise noch akzeptieren und eine gewisse Nachsicht üben würde. Das verleiht naturgemäß auch dem Gesichtspunkt der **Verhältnismäßigkeit** und **Zumutbarkeit** ein gewisses Gewicht. So kann man zB von einem Einzelkaufmann normalerweise nicht verlangen, dass er vorsichtshalber einen Mitarbeiter anstellt, um ein etwaiges Rügeversäumnis wegen persönlicher Überlastung oder Krankheit usw. auszuschließen. Dieses würde den Rahmen des wirtschaftlich Vernünftigen sprengen.

6. Rechtzeitigkeit der Mängelrüge. a) Grundsätze. Wie die Untersuchung der Ware muss auch **145** die Mängelrüge selbst unverzüglich, d. h. ohne schuldhaftes Zögern (§ 121 Abs. 1 S. 1 BGB) erfolgen. Zwar bezieht sich das Tatbestandsmerkmal „soweit nach ordnungsmäßigem Geschäftsgang tunlich" iSd § 377 Abs. 1 nicht auf die Mängelanzeige als solche. Dies ist aber auch nicht nötig, da von einem Kaufmann bei einem offenbar gewordenen Mangelbefund per se eine **unverzügliche Erhebung** der Mängelrüge verlangt werden kann. Anders als bei der Untersuchung angedienter Waren, bei der die Gegebenheiten des konkreten Einzelfalles zu berücksichtigen sind und mitunter ein Handelsbrauch besteht, geht es insoweit nur noch um eine sachgemäße Abwicklung der eigenen Geschäftskorrespondenz.[370] Insoweit ist allgemein anerkannt, dass der Kaufmann die sich aus seiner Geschäftstätigkeit notwendigerweise ergebenden Erklärungen unverzüglich abgeben muss.[371] Erfordern die Besonderheiten des Geschäftszweiges eine ganz besonders schnelle Erledigung von Eingängen, ist für eine derartige Beschleunigung der Antwort zu sorgen.[372] Die Rspr. stellt deshalb seit jeher an das Erfordernis der Unverzüglichkeit der Mängelrüge als solcher zu Recht besonders strenge Anforderungen.[373] Allerdings bedeutet unverzüglich auch hier nicht sofort; vielmehr wird dem Käufer von der Rspr. in der Regel eine Erklärungsfrist von – wenn auch nur – **wenigen Tagen** zugebilligt.[374] Denn von einem mit der zu fordernden Sorgfalt (§ 347) agierenden Kaufmann kann erwartet werden, dass er seine dringliche Korrespondenz umgehend erledigt. Im Obst-, Gemüse- und Blumenhandel, der wegen der Verderblichkeit der Ware durch eine besondere Dringlichkeit gekennzeichnet ist, wird sogar nur eine Stundenfrist gelten können.[375] Grundsätzlich muss dabei zudem **jeder entdeckte Mangel** für sich unverzüglich und mit der gebotenen Klarheit gerügt werden.[376]

Aus den in AGB des Verkäufers häufig festgelegten sog. **Spätest-Fristen** ergeben sich in Bezug auf **146** die Regeln des § 377 keine Besonderheiten. Sie entbinden den Käufer nicht von der Obliegenheit zur unverzüglichen Anzeige nach Entdeckung des betreffenden Mangels (→ Rn. 249).

b) Streckengeschäft. Eine **Modifikation** ist allerdings beim Streckengeschäft hinsichtlich der Frist **147** für die Mängelanzeige angebracht. In aller Regel muss der Zweitkäufer zunächst den Zwischenhändler (Zweitverkäufer) von dem Vorliegen des offenen oder verborgenen Sachmangels in Kenntnis setzen, woraufhin dieser dann die Mängelrüge an seinen Vertragspartner unverändert oder – ggf. sogar erst nach Rückfrage – sachgerecht ergänzt/präzisiert weitergeben muss. Selbst wenn der Zweitkäufer die gelieferte Ware genauso rasch und gründlich untersucht, wie dies von dem Zwischenhändler gem. § 377 zu erwarten gewesen wäre, kann die Absendung der Anzeige an den Lieferanten daher normalerweise nicht so früh erfolgen wie bei einer unmittelbaren Belieferung des Zwischenhändlers. Da sich der Verkäufer auf diese Art der Vertragsabwicklung eingelassen hat, würde er sich zu seinem eigenen Verhalten in Widerspruch setzen, wenn er sich gleichwohl darauf berufen würde, dass die Mängelrüge in gleicher Zeit wie bei einer gerade nicht gewollten Ablieferung an seinen Vertrags-

---

[369] Vgl. MüKoHGB/*Grunewald* Rn. 62; Staub/*Brüggemann* Rn. 95; zust. Oetker/*Koch* Rn. 65; HaKo-HGB/*Stöber* Rn. 32; vgl. auch BeckOK HGB/*Schwartze* Rn. 47; *Böhler*, Grundwertungen zur Mängelrüge, 2000, 217, 218.
[370] Zutreffend und überzeugend Schlegelberger/*Hefermehl* Rn. 74.
[371] Vgl. RG Urt. v. 24.11.1922 – III 79/22, RGZ 105, 389 f.
[372] RG Urt. v. 10.3.1903 – VII 463/02, RGZ 54, 117 (119); s. dazu auch *Fest* → § 347 Rn. 30.
[373] S. etwa RG Urt. v. 13.3.1923 – III 344/22, RGZ 106, 359 f.; BGH Urt. v. 17.9.1954 – I ZR 62/53, NJW 1954, 1841; vgl. auch BGH Urt. v. 30.1.1985 – VIII ZR 238/83, BGHZ 93, 338 (348 f.) = NJW 1985, 1333; Baumbach/Hopt/*Hopt* Rn. 35; vgl. ferner Oetker/*Koch* Rn. 62 u. 71; BeckOK HGB/*Schwartze* Rn. 50 mwN.
[374] S. zB BGH Urt. v. 3.7.1985 – VIII ZR 152/84, NJW–RR 1986, 52 (53) = LM (Ba) AGBG § 9 Nr. 10; BGH Urt. v. 10.1.2006 – X ZR 58/03, NJW-RR 2006, 851 (853); OLG Koblenz Urt. 24.6.2004 – 2 U 39/04, NJW-RR 2004, 1553; OLG Hamm Urt. v. 6.2.2006 – 2 U 197/05, DAR 2006, 390; vgl. ferner *Grunewald* NJW 1995, 1777 (1780); MüKoHGB/*Grunewald* Rn. 61, 81; KKRD/*Roth* Rn. 16; Baumbach/Hopt/*Hopt* Rn. 35; vgl. auch Oetker/*Koch* Rn. 62, 71 u. 92; ähnl. *K. Schmidt* HandelsR § 29 III Rn. 84; rechtsvergleichend *Schwartze*, Europäische Sachmängelgewährleistung beim Warenkauf, 2000, 487 ff.; s. ferner BeckOK HGB/*Schwartze* Rn. 50.
[375] S. etwa Schlegelberger/*Hefermehl* Rn. 74; Baumbach/Hopt/*Hopt* Rn. 35; HaKo-HGB/*Stöber* Rn. 45; BeckOK HGB/*Schwartze* Rn. 50.
[376] AllgA s. etwa OLG München Urt. v. 16.12.1985 – 23 U 3798/85, NJW 1986, 1111; vgl. ferner BGH Urt. v. 17.12.1997 – VIII ZR 231/96, NJW-RR 1998, 680 (681 f.;) Oetker/*Koch* Rn. 74.

partner hätte ausgebracht sein müssen. Die Anzeige des Zwischenhändlers ist deshalb auch dann noch unverzüglich, wenn der Zweitkäufer die Anzeige seinerseits unverzüglich an den Zwischenhändler absendet und dieser dann seinerseits – notfalls nach Rückfrage und Ergänzung der Rüge (Reklamation) – ohne schuldhaftes Zögern gegenüber seinem Lieferanten rügt.[377] Dabei ist dem Zwischenhändler freilich keine **große Zeitspanne** einzuräumen; vielmehr muss er grundsätzlich auf die Richtigkeit und Vollständigkeit der Anzeige des Zweitkäufers vertrauen und sie zur Grundlage seiner maßgeblichen eigenen Mängelrüge machen. Diese Grundsätze gelten auch, wenn der Zwischenhändler dem Lieferanten erst nach Abschluss des Kaufvertrages eine entsprechende Weisung erteilte und der Lieferant die Weisung widerspruchslos befolgt.[378]

148 Damit nicht zu verwechseln ist der **direkte Weiterverkauf.** Allein die Tatsache, dass der Zwischenhändler die Ware direkt an seinen Käufer weiterliefern will, führt nicht zu einer automatischen Verlängerung der Rügefrist (→ Rn. 106 f.). Auch sind an eine stillschweigende vertragliche Hinausschiebung des Beginns der Untersuchungs- und Rügepflicht hohe Anforderungen zu stellen. Allein der Umstand, dass der Verkäufer bei Vertragsschluss aufgrund der Gesamtumstände mit einer direkten Weiterlieferung der Kaufsache rechnen musste, reicht für die Annahme einer stillschweigenden Abrede über die Verlängerung der Rügefrist normalerweise nicht aus.[379] Ist allerdings der mit einer sofortigen Untersuchung verbundene Aufwand des Zwischenhändlers, wenn er die Ware dazu etwa eigens auf Lager ziehen müsste, erheblich, während insbesondere der durch eine Verlagerung der Untersuchung auf den Abnehmer eintretende Zeitverlust praktisch kaum ins Gewicht fällt und auch sonst die Interessen des Verkäufers an einer unverzüglichen Klärung des Gelingens seines Erfüllungsversuchs angesichts der umgehenden Fortsetzung des Liefervorgangs und dessen kurzfristigen Abschlusses allenfalls marginal berührt sind, kann schon die Wertung gerechtfertigt sein, dass eine Untersuchung bereits durch den Zwischenhändler nach den Umständen untunlich ist (→ Rn. 107). In diesen Fällen verlängert sich dann auch die Rügefrist in einer mit Streckengeschäften vergleichbaren Weise (→ Rn. 147).

149 Im Allgemeinen gereicht es dem Käufer nicht zum Nachteil, wenn er die Mängelrüge trotz der schnelleren modernen Kommunikationsmittel durch **Brief** erhebt. Das Gesetz setzt vielmehr auch die briefliche Übersendung einer Mängelanzeige als geschäftsüblich voraus. In besonderen Fällen kann aber eine **schnellere Übermittlung** der Anzeige erforderlich sein. Im Obst-, Gemüse- und Blumenhandel ist eine telefonische oder telegrafische Mängelanzeige jedenfalls keine Seltenheit, sondern die Regel.[380] Hier kann sich ggf. sogar ein dahin gehender **Handelsbrauch** gebildet haben, der dann strikt beachtet werden muss. Der Käufer, der sich bei der Untersuchung der Ware aus von ihm zu vertretenden Gründen viel Zeit gelassen hat, muss uU sogar auf eine telefonische oder telegrafische Mängelrüge zurückgreifen, um einen schon eingetretenen Zeitverlust durch Wahl einer schnelleren Übermittlungsart als an sich nötig wieder auszugleichen.[381] Bei Beantwortung der Frage, ob der Käufer die Mängelrüge rechtzeitig erhoben hat, sind weder **Wochenenden**[382] noch **gesetzliche Feiertage**[383] in die Rügefrist einzurechnen.

150 **c) Unterscheidung zwischen offenen und verdeckten Mängeln. aa) Die gesetzliche Unterscheidung.** Die Vorschrift des § 377 unterscheidet zwischen **offenen** und **verdeckten** Mängeln (→ dazu näher Rn. 153 ff.). Tritt ein Mangel offen zu Tage oder kennt der Käufer den Mangel bereits im Zeitpunkt der Ablieferung, handelt es sich um einen offenen bzw. offensichtlichen Mangel. Solche Mängel müssen unverzüglich gerügt werden. Eine besondere Frist zur Untersuchung der Ware steht dem Käufer hier denknotwendig nicht zu.[384] Allerdings muss man ihm im Allgemeinen eine kurze Frist von wenigen Tagen zur sachgemäßen Abwicklung der eigenen Korrespondenz zubilligen, es sei denn, dass etwa wegen der Verderblichkeit der angedienten Ware oder aus vergleichbaren Gründen besondere Eile geboten ist.

---

[377] RG Urt. v. 13.5.1919 – III 557/18, RGZ 96, 13 (15); BGH Urt. v. 24.1.1990 – VIII ZR 22/89, BGHZ 110, 130 (138 f.) = NJW 1990, 1290 (1292); *Marburger* JuS 1983, 1 (8); *K. Schmidt* HandelsR § 29 III Rn. 89, 103; *Raab,* Austauschverträge mit Drittbeteiligung, 1999, 404; MüKoHGB/*Grunewald* Rn. 35 u. 64; Staub/*Brüggemann* Rn. 111; Baumbach/Hopt/*Hopt* Rn. 37; KKRD/*Roth* Rn. 16; HaKo-HGB/*Stöber* Rn. 44, 46 u. 52; vgl. auch MüKoHGB/*Grunewald* Rn. 35; Oetker/*Koch* Rn. 93: BeckOK HGB/*Schwartze* Rn. 50; aA Heymann/*Emmerich*/ *Hoffmann* Rn. 60; *Roth* FS Canaris Bd. II, 2007, 365, 367.

[378] RG Urt. v. 13.5.1919 – III 557/18, RGZ 96, 13 (15); ebenso *Raab,* Austauschverträge mit Drittbeteiligung, 1999, 404; aA offenbar Staub/*Brüggemann* Rn. 38.

[379] Anders noch *G. Müller* → 1. Aufl. 2001, Rn. 56; s. dazu *Roth* FS Canaris Bd. II, 2007, 365, 368, 369.

[380] OLG München Urt. v. 20.9.1956 – 6 U 1304/56, BB 1957, 663; vgl. ferner Schlegelberger/*Hefermehl* Rn. 74; MüKoHGB/*Grunewald* Rn. 61; vgl. auch Baumbach/Hopt/*Hopt* Rn. 40.

[381] Vgl. RG Urt. v. 14.6.1921 – III 531/20, JW 1922, 802 f.; vgl. auch BGH Urt. v. 3.7.1985 – VIII ZR 152/84, NJW-RR 1986, 52 (53) = LM (Ba) AGBG § 9 Nr. 10.

[382] OLG Brandenburg MDR 2013, 534 (535) mwN; Oetker/*Koch* Rn. 92; Baumbach/Hopt/*Hopt* Rn. 35 aE; BeckOK HGB/*Schwartze* Rn. 50.

[383] Heymann/*Emmerich*/*Hoffmann* Rn. 55; MüKoHGB/*Grunewald* Rn. 34; Baumbach/Hopt/*Hopt* Rn. 23; Oetker/*Koch* Rn. 66.

[384] So schon RG Urt. v. 13.3.1923 – III 324/22, RGZ 106, 359 (361); s. auch OLG Koblenz Urt. v. 24.6.2004 – 2 U 39/04, NJW-RR 2004, 1553; Schlegelberger/*Hefermehl* Rn. 64; HaKo-HGB/*Stöber* Rn. 41 mwN.

Erfährt der Käufer schon vor der maßgeblichen Ablieferung, dass die Kaufsache (bzw. die ganze **151** Gattung) mit einem (unbehebbaren) Sachmangel behaftet ist, kann er – muss aber nicht – bereits zu diesem Zeitpunkt rügen.[385] In der Lit.[386] wird vereinzelt die Auffassung vertreten, dass die Mängel, die für den Käufer etwa aufgrund einer Qualitätssicherungsvereinbarung bereits vor Ablieferung erkennbar sind, auch bereits zu diesem frühen Zeitpunkt gerügt werden müssen. In diesem Stadium besteht indes für den Käufer nach dem eindeutigen Gesetzeswortlaut noch keine Untersuchungs- und damit auch keine Rügeobliegenheit. So wie die Verjährung gem. § 438 BGB erst mit Ablieferung der Sache beginnt, entsteht auch die Rügelast erst ab diesem Zeitpunkt. Das gilt umso mehr, als es grundsätzlich im Belieben des Käufers steht, ob er die mit Mängeln behaftete Sache überhaupt entgegennehmen oder ob er sie nicht bereits als erfüllungsuntauglich zurückweisen will,[387] und als im Regelfall auch keine Verpflichtung besteht, diese Entscheidung vorzuziehen.

Verdeckte Mängel sind gem. § 377 Abs. 3 nach ihrer Entdeckung **unverzüglich** zu rügen. **152** Soweit der BGH[388] diese Vorschrift in einem besonders gelagerten, durch unerkannte Änderung bis dahin immer gegebener Beschaffenheitsmerkmale gekennzeichneten Fall für nur **entsprechend anwendbar** erachtet und ausgeführt hat, dass der Käufer unter besonderen **Vertrauensschutzgesichtspunkten** die gelieferte Ware zwar ausnahmsweise nicht unverzüglich untersuchen musste, dass sein Vertrauen in deren vertragsgemäße Beschaffenheit jedoch unter Ingangsetzung der Rügefrist mit der Entdeckung des Sachmangels entfallen ist, handelt es sich nach dem Gesamtzusammenhang der Erörterungen nur um eine wohl etwas unpräzise Umschreibung des auf den teleologischen Aspekt gestützten Auslegungsergebnisses im Zusammenhang mit einem mangelgleichen Mangelverdacht.[389] Zwar ist ein Verdacht, der nicht schon für sich allein der gelieferten Ware etwa die Verkehrsfähigkeit nimmt und dadurch mangelbegründend wirkt,[390] als solcher noch kein rügebedürftiger Umstand. Gleichwohl kann sich ein Käufer, auch wenn er im Rahmen der ihm obliegenden Untersuchung nicht auf den Mangel stoßen musste, nicht darauf zurückziehen, die von ihm heranzuziehenden Erkenntnisquellen abschließend ausgeschöpft zu haben und künftig nur noch offen zu Tage tretende Mängel rügen zu müssen, dagegen nachträglich auftretenden Verdachtsmomenten zB aufgrund von Abnehmerreklamationen bis zu einer selbsttätigen Mangelverdichtung nicht mehr nachgehen zu müssen. Denn dass § 377 Abs. 1 HGB die Untersuchungsobliegenheiten abschließend regeln und die Rügeobliegenheit nach Abs. 3 auf nachträglich auftretende, unschwer erkennbare Mängel beschränken wollte, lässt sich den Gesetzesmaterialien[391] nicht entnehmen. Sinn und Zweck des § 377, dem Verkäufer schnell und zuverlässig Feststellungen zur wirklichen Beschaffenheit der gelieferten Ware zu ermöglichen und die erforderlichen Dispositionen zu treffen, legen es vielmehr nahe, den Käufer als verpflichtet anzusehen, jedenfalls einem nicht zu übersehenden Mangelverdacht diesem – aber auch nur diesem – in zumutbarer Weise nachzugehen und ihn im Falle seiner Verdichtung zum Mangelbefund dem Verkäufer nach Maßgabe des § 377 Abs. 3 unverzüglich zur Kenntnis zu bringen.[392]

bb) Offener Mangel. Ein offener Sachmangel liegt vor, wenn die Abweichung der Ist- von der **153** Sollbeschaffenheit iSd § 434 Abs. 1 BGB schon **bei der Ablieferung offen zu Tage tritt** oder bei einer Untersuchung, soweit sie nach ordnungsgemäßen Geschäftsgang sachlich geboten war, alsbald nach Ablieferung hätte festgestellt werden können.[393] Das Gleiche gilt für den Fall, dass der Käufer den Mangel **bei oder unmittelbar nach Ablieferung durch eine Untersuchung entdeckt** oder aus einer anderen Quelle, etwa von dritter Seite, zuverlässig von seiner Existenz erfährt.[394] Um einen offenen Mangel handelt es sich daher auch dann, wenn der Käufer zwar keine Untersuchung oder eine unzulängliche Untersuchung vorgenommen hat, der Mangel aber zB bei Anwendung der handelsüblichen Untersuchungsmethode mit an Sicherheit grenzender Wahrscheinlichkeit entdeckt worden

---

[385] Vgl. BGH Urt. v. 4.11.1992 – VIII ZR 165/91, NJW 1993, 461 (462); Staub/*Brüggemann* Rn. 24; MüKoHGB/*Grunewald* Rn. 60 mwN; Oetker/*Koch* Rn. 85; HaKo-HGB/*Stöber* Rn. 41 aE; BeckOK HGB/*Schwartze* Rn. 51; *Grunewald* NJW 1995, 1777 (1779).

[386] Vgl. *Merz,* Qualitätssicherungsvereinbarungen, Zulieferveträge, Vertragstypologie, Risikoverteilung, AGB-Kontrolle, 1992, 298, 299.

[387] Vgl. dazu näher BGH Urt. v. 26.10.2016 – VIII ZR 211/15, NJW 2017, 1100 Rn. 17 ff., 30 ff.; BGH Urt. v. 6.12.2017 – VIII ZR 219/16, NJW-RR 2018, 822 Rn. 42 ff.

[388] BGH Urt. v. 13.3.1996 – VIII ZR 333/94, BGHZ 132, 175 (178 f.) = NJW 1996, 1537.

[389] In seinem Urt. 10.1.2006 – X ZR 58/03, NJW-RR 2006, 851 (853) hat der BGH zu Recht keine Bedenken gesehen, § 377 Abs. 3 HGB unmittelbar anzuwenden.

[390] Dazu etwa BGH Urt. v. 22.10.2014 – VIII ZR 195/13, BGHZ 203, 98 Rn. 43 mwN.

[391] Vgl. *Hahn/Mugdan,* Die gesammten Materialien zu den Reichs-Justizgesetzen, 6. Bd.: Materialien zum Handelsgesetzbuch, 1897, 375 f.

[392] So bereits überzeugend RG Urt. v. 2.7.1920 – III 141/20, RGZ 99, 247 (249 f.) mwN. Ebenso BGH Urt. v. 3.7.1985 – VIII ZR 152/84, NJW-RR 1986, 52 (53); OLG München Urt. v. 5.8.1955 – 6 U 731/55, NJW 1955, 1560; OLG Stuttgart Urt. v. 16.6.2009 – 12 U 206/08, NJW-RR 2010, 933; Oetker/*Koch* Rn. 89; MüKoHGB/*Grunewald* Rn. 79 mwN. – Anders noch G. *Müller* → 3. Aufl. 2015, Rn. 162, 250 ff.

[393] BGH Urt. v. 14.10.1970 – VIII ZR 156/68, LM HGB § 377 Nr. 13.

[394] Vgl. OLG Nürnberg Urt. v. 24.4.2018 – 6 U 409/17, NZV 2018, 315.

wäre oder der Käufer tatsächlich von dem Mangel Kenntnis hatte.[395] Die objektive Wahrnehmbarkeit reicht also aus.[396] **Entdeckt** ist der Sachmangel in dem Augenblick, in dem der Käufer oder Personen, die für ihn tätig sind und von denen eine Weiterleitung der entsprechenden Information an den Käufer nach der allgemeinen Verkehrsanschauung erwartet werden kann, den Mangel erstmals wahrnehmen, sodass eine hinreichend genaue Mängelrüge erhoben werden kann.[397]

154   **cc) Verdeckter bzw. verborgener Mangel.** Verdeckte Mängel sind Mängel, die bei einer ordnungsgemäßen Untersuchung iSd § 377 Abs. 1 objektiv nicht in Erscheinung getreten sind, oder falls eine solche Untersuchung unterlassen wurde, dabei mit an Sicherheit grenzender Wahrscheinlichkeit nicht entdeckt worden wären (vgl. § 377 Abs. 2). Ein verdeckter Sachmangel kann folglich erst dann gerügt werden, wenn er **sichtbar geworden** ist. Mit einer dem Käufer zurechenbaren Wahrnehmung des Mangels, also positiver Kenntnis, beginnt die (kurze) Rügefrist. Die bloße **Erkennbarkeit** genügt abgesehen von den Fällen des nach weiterer Aufklärung drängenden Mangelverdachts (→ Rn. 152) nicht.[398] Ein Käufer, der beim beiderseitigen Handelsgeschäft – aus welchen Gründen auch immer – auf eine Untersuchung verzichtet, geht somit ein erhebliches Risiko ein. Dies gilt auch in den Fällen, in denen **keine Stichproben** genommen werden. Zwar ist die Untersuchung anhand bloßer Stichproben häufig nur eine bedingt zuverlässige Untersuchungsmethode. Sie ist aber dort, wo sie unter Wahrung der Interessen beider Vertragsteile ökonomisch sinnvoll ist, eine vollwertige und ausreichende Prüfung. Deshalb kann der Käufer, der überhaupt keine Stichproben vorgenommen hat, nicht mit Erfolg einwenden, er hätte den Sachmangel ohnehin nicht entdeckt, weil er vermutlich nur auf einwandfreie Stücke gestoßen wäre.[399] Erst wenn der Käufer den in der Praxis kaum zu führenden Beweis erbringt, dass die Entnahme ausreichender Stichproben den Sachmangel mit an Sicherheit grenzender Wahrscheinlichkeit nicht zu Tage gefördert hätte und sich auch keine konkreten Verdachtsmomente ergeben hätten, ist er entlastet.[400]

155   Die Feststellung des genauen **Zeitpunktes,** an dem der Sachmangel entdeckt worden ist, bereitet mitunter erhebliche Schwierigkeiten. Insbesondere kann es vorkommen, dass sich für den Käufer im Rahmen einer Untersuchung nur ein **bestimmter Verdacht** auf eine Vertragswidrigkeit der gelieferten Ware ergibt. In diesem Falle muss der Käufer den über lediglich vage Anhaltspunkte hinausgehenden, hinreichend konkreten Verdachtsmomenten auf dem schnellsten Wege und mit der von einem ordentlichen Kaufmann zu erwartenden Gründlichkeit nachgehen.[401] Eine Rüge schon in dem Moment, in dem der Verdacht aufkommt, wird jedoch zu Recht nicht gefordert.[402] Sie wäre häufig auch nicht sinnvoll, weil sie voreilig und irreführend sein kann. Dem Käufer wird daher grundsätzlich hinreichend Zeit gelassen werden, um etwa zu prüfen, ob es sich wirklich um einen Sachmangel und nicht etwa um einen bloßen Bedienungsfehler handelt. Dies kann ausnahmsweise dort anders sein, wo – wie etwa bei scheinbar verdorbenen Lebensmitteln – ein schnelles Handeln im Interesse des Verkäufers geboten ist. Wird die Untersuchung zu spät oder nicht gründlich genug vorgenommen und ein tatsächlich vorhandener Sachmangel dadurch nicht oder verspätet erkannt, hat der Käufer seine Gewährleistungsrechte nach dem Normzweck des § 377 nicht gewahrt.[403]

156   Was den **Verdacht** der Mangelhaftigkeit der angedienten Ware selbst angeht, so muss sich für einen sorgfältigen Kaufmann aufgrund konkreter Anhaltspunkte ein **berechtigter Zweifel an der Mangelfreiheit** der empfangenen Ware ergeben. Bei einer Falschlieferung muss die Möglichkeit bestehen, dass die gelieferte Ware nicht zu der geschuldeten Gattung gehört. Ob und wann dies der Fall ist, kann auch von der Erfahrung und Sachkunde des Käufers oder seines Personals abhängen. Schlechte Erfahrungen aus früheren Lieferungen können unter Umständen einen Anfangsverdacht begründen oder erhärten. Bei **Kundenreklamationen** liegt im Allgemeinen zumindest ein hinreichender Anfangsverdacht vor.[404] Nur wenn die Reklamation vage und unspezifisch ist, aber nach den Umständen gleichwohl nicht als irrelevant abgetan werden kann, kann sich der Beginn der Rügefrist um den

---

[395] Schlegelberger/*Hefermehl* Rn. 61.
[396] S. etwa Schlegelberger/*Hefermehl* Rn. 61, aA HaKo–HGB/*Stöber* Rn. 42.
[397] *Grunewald* NJW 1995, 1777 (1780); MüKoHGB/*Grunewald* Rn. 78; vgl. auch Oetker/*Koch* Rn. 88.
[398] RG Urt. v. Urt. v. 2.7.1920 – III 141/20, RGZ 99, 247 (249 f.); OLG Brandenburg Urt. v. 12.12.2012 – 7 U 102/11, MDR 2013, 534 (535); Baumbach/Hopt/*Hopt* Rn. 39; vgl. ferner BeckOK HGB/*Schwartze* Rn. 48 mwN; HaKo–HGB/*Stöber* Rn. 42.
[399] Vgl. RG Urt. 2.11.1932 – I 177/32, SeuffArch. 87, 55; s. auch *Meeske,* Die Mängelrüge, 1965, 94.
[400] S. auch MüKoHGB/*Grunewald* Rn. 77; *Grunewald* NJW 1995, 1777 (1780); zust. Oetker/*Koch* Rn. 87.
[401] Vgl. RG Urt. v. 2.7.1920 – III 141/20, RGZ 99, 247 (249); Staub/*Brüggemann* Rn. 124; Oetker/*Koch* Rn. 89; vgl. ferner Baumbach/Hopt/*Hopt* Rn. 36 mwN; vgl. auch BeckOK HGB/*Schwartze* Rn. 49.
[402] Vgl. OLG Celle Urt. v. 10.5.1957 – 11 U 12/57, BB 1957, 595; OLG Stuttgart Urt. v. 16.6.2009 – 12 U 206/08, NJW-RR 2010, 933; Schlegelberger/*Hefermehl* Rn. 66; HaKo–HGB/*Stöber* Rn. 43; MüKoHGB/*Grunewald* Rn. 42 mwN u. Rn. 79.
[403] Vgl. BGH Urt. v. 3.7.1985 – VIII ZR 152/84, NJW-RR 1986, 52 (53); Staub/*Brüggemann* Rn. 124; MüKoHGB/*Grunewald* Rn. 79 mwN; vgl. auch RG Urt. v. 2.7.1920 – III 141/20, RGZ 99, 247 (249); Schlegelberger/*Hefermehl* Rn. 66.
[404] Vgl. Oetker/*Koch* Rn. 90 mit Hinweis auf OLG Hamm Urt. v. 26.2.2006, BeckRS 2006, 4919; Staub/*Brüggemann* Rn. 125; HaKo–HGB/*Stöber* Rn. 44; BeckOK HGB/*Schwartze* Rn. 49 mwN.

Zeitraum nach hinten verschieben, den der Käufer für gezielte **Rückfragen** bei seinen Abnehmern benötigt.[405] Dasselbe gilt, wenn man die Reklamation des Kunden tatsächlicher Auswertung und/oder rechtlicher Bewertung bedarf.[406]

III. Die Durchführung der Mängelanzeige

1. Rechtscharakter und Bedeutung. Die Erstattung der **Mängelanzeige** ist zwar Voraussetzung **157** für die Geltendmachung von Sachmängelansprüchen. Sie dient jedoch nicht dazu, eine bestimmte Rechtsfolge herbeizuführen, sondern soll den Verkäufer im Sinne einer **Tatsachenmitteilung** lediglich schnell und möglichst präzise über festgestellte Sachmängel oder Falsch- bzw. Zuweniglieferungen, also einen Mangelbefund, informieren. Die Erhaltung der Gewährleistungsrechte des Käufers aus § 437 BGB ist bloße Folge der rechtzeitigen und ordnungsgemäßen Mängelrüge. Sie ist daher keine auf die Herbeiführung einer Rechtswirkung gerichtete Willenserklärung.[407] Wäre die Mängelrüge iSd § 377 eine echte Willenserklärung, so müsste der Wille des Käufers bei Erstattung der Mängelanzeige darauf gerichtet sein, die ihm wegen der vertragswidrigen Lieferung zustehenden Gewährleistungsansprüche (etwa Rücktritt oder Minderung) zu erhalten. Dies ist aber nicht der Fall, weil der Käufer seine Rechte auch und gerade dann behält, wenn er bei der Mängelrüge (noch) keinen Willen zu einer etwaigen Sachmängelhaftung des Verkäufers bildet und/oder zum Ausdruck bringt. Die fristgerechte und inhaltlich hinreichend präzise Mängelanzeige ändert für sich an der bestehenden Rechtslage nichts, sondern hat neben einer Befriedigung des Informationsinteresses des Verkäufers nur den Zweck, dem Käufer etwaige Gewährleistungsansprüche zu erhalten.[408]

Die Mängelrüge iSd § 377 ist daher nach allgemeiner Auffassung[409] nur eine **geschäftsähnliche** **158** **Handlung** in Form einer sog. Vorstellungs- oder Tatsachenmitteilung (→ Rn. 134). Die Regeln über die Willenserklärungen werden indes grundsätzlich auch auf geschäftsähnliche Handlungen entsprechend angewandt, weil auch diese die Äußerung eines Willens – hier zur Kundgabe eines Mangelbefundes gegenüber dem dafür verantwortlichen Verkäufer – beinhalten.[410] Denn bei geschäftsähnlichen Handlungen in Form von Willensäußerungen, die auf eine Erhaltung bestimmter Rechte abzielen, besteht insofern eine unübersehbare Nähe zu Willenserklärungen, als auch sie gewöhnlich im Bewusstsein der nach dem Gesetz eintretenden Rechtsfolgen oder sogar in der Absicht, sie hervorzurufen, vorgenommen werden, sodass wegen dieser Ähnlichkeit die allgemeinen Vorschriften über Willenserklärungen – jedenfalls soweit sie passen –entsprechend Geltung beanspruchen können.[411] Zu den nicht zur Anwendung kommenden Vorschriften wird man allerdings die Anfechtungsvorschriften (§§ 119 ff. BGB) zählen müssen, für deren Eingreifen schon deshalb kein Bedürfnis besteht, weil eine irrtumsbedingt unrichtige Rüge als Tatsachenmitteilung einer jederzeitigen Richtigstellung durch Korrektur oder Ergänzung, ggf. verbunden mit einer dann wiederum auf Rechtzeitigkeit zu prüfenden neuen Rüge, zugänglich ist,[412] bzw. weil im Falle einer arglistigen Einwirkung des Verkäufers auf die Mangelerkenntnis des Käufers § 377 Abs. 5 eine eigenständige Rechtsfolge vorsieht, sodass für die Zulassung einer Anfechtung regelmäßig bereits das Bedürfnis fehlt.[413] Zu Fragen der Geschäftsfähigkeit, des Zugangs und der Vertretung → Rn. 159 ff.

2. Beteiligte und Form. a) Beteiligte. Die Mängelanzeige muss grundsätzlich vom Käufer aus- **159** gehen und an den Verkäufer oder Werklieferanten gerichtet sein.[414] Wenn für den Käufer andere Personen auftreten, hängt die Wirksamkeit der Mängelrüge davon ab, ob die betroffene Person mit **Vertretungsmacht**[415] handelt oder die Vollmacht durch einen zurechenbaren Rechtsschein ersetzt wird. Wird ein Handlungsgehilfe oder Handelsvertreter tätig, beurteilt sich die Vertretungsbefugnis

---

[405] Staub/*Brüggemann* Rn. 124; Oetker/*Koch* Rn. 90; BeckOK HGB/*Schwartze* Rn. 49.

[406] Vgl. BGH Urt. v. 10.1.2006 – X ZR 58/03, NJW-RR 2006, 851 (853); Oetker/*Koch* Rn. 90.

[407] S. etwa Schlegelberger/*Hefermehl* Rn. 53 (geschäftsähnliche Handlung); MüKoHGB/*Grunewald* Rn. 69; KKRD/*Roth* Rn. 11; Baumbach/Hopt/*Hopt* Rn. 32; Heymann/*Emmerich/Hoffmann* Rn. 82; *Beckmann/Glose* BB 1989, 857 f. mwN.

[408] RG Urt. v. 13.3.1923 – III 344/22, RGZ 106, 359 (361); s. auch Schlegelberger/*Hefermehl* Rn. 53.

[409] BGH Urt. v. 17.10.2000 – X ZR 97/99, BGHZ 145, 343 (347) = NJW 2001, 289; *K. Schmidt* HandelsR § 29 III Rn. 90; *Niedrig*, Die Mängelrüge, 1994, 105; *Beckmann/Glose* BB 1989, 857 (858) jeweils mwN; s. ferner Schlegelberger/*Hefermehl* Rn. 53; Baumbach/Hopt/*Hopt* Rn. 32; KKRD/*Roth* Rn. 11; BeckOK HGB/*Schwartze* Rn. 42; Oetker/*Koch* Rn. 75.

[410] *Beckmann/Glose* BB 1989, 857 (858) mwN; Schlegelberger/*Hefermehl* Rn. 53; Baumbach/Hopt/*Hopt* Rn. 32; Heymann/*Emmerich/Hoffmann* Rn. 82; KKRD/*Roth* Rn. 11; MüKoHGB/*Grunewald* Rn. 69.

[411] BGH Urt. v. 17.10.2000 – X ZR 97/99, BGHZ 145, 343 (348) mwN= NJW 2001, 289.

[412] Zutr. *Stewing/Schütze* BB 1989, 2130 ff.; Oetker/*Koch* Rn. 76; KKRD/*Roth* Rn. 11; MüKoHGB/*Grunewald* Rn. 76; Heymann/*Emmerich/Hoffmann* Rn. 82; Baumbach/Hopt/*Hopt* Rn. 32; zust. HaKo-HGB/*Stöber* Rn. 36; vgl. auch *Beckmann/Glose* BB 1989, 857; BeckOK HGB/*Schwartze* Rn. 43.

[413] Heymann/*Emmerich/Hoffmann* Rn. 82; Staub/*Brüggemann* Rn. 129; ebenso iErg MüKoHGB/*Grunewald* Rn. 76.

[414] OLG Karlsruhe Urt. v. 19.7.2016 – 12 U 31/16, NJW-RR 2017, 177 (178).

[415] Vgl. BGH Urt. v. 30.1.1985 – VIII ZR 238/83, BGHZ 93, 338 (348) = NJW 1985, 1333; OLG Karlsruhe Urt. v. 19.7.2016 – 12 U 31/16, NJW-RR 2017, 177 (178); Schlegelberger/*Hefermehl* Rn. 58; KKRD/*Roth* Rn. 14;

nach den speziellen Regelungen der §§ 54, 55 Abs. 1 und § 91. Die Rüge kann auch durch einen **Boten** überbracht werden. Ein **Geschäftsunfähiger** kann nicht wirksam für den Käufer rügen. **Beschränkt Geschäftsfähige** sind dagegen hierzu gem. § 165 BGB (analog) in der Lage.[416]

160   Bei der **Abtretung des Lieferanspruchs,** bei dem die Ansprüche auf Sachmängelgewährleistung als sekundäre, den Hauptanspruch unterstützende Ansprüche nach § 401 BGB auf den Zessionar mit übergehen,[417] oder bei der **isolierten Abtretung** aller **Gewährleistungsansprüche** trifft die mit der Untersuchungs- und Rügelast korrespondierende Befugnis zur rechtserhaltenden Rüge zwecks Wahrung des erforderlichen Gleichlaufs von Haupt- und Nebenrechten letztlich den **Zessionar.**[418] An der Obliegenheit des Käufers, sich nach Maßgabe von § 377 Abs. 1 und 3 die zur Ausbringung einer tauglichen Rüge erforderlichen Erkenntnisse zu verschaffen und eine erlangte Mangelkenntnis in eine rechtzeitige Rüge umzusetzen, ändert sich durch einen Forderungsübergang nichts. Sofern zwischen dem Käufer und seinem Zessionar keine konkreten Absprachen getroffen sind, wird man den Käufer vielmehr gem. § 241 Abs. 2 BGB als verpflichtet ansehen müssen, einen darüber möglicherweise unkundigen Zessionar hinsichtlich der bei schon bei diesem befindlichen oder an ihn direkt auszuliefernden Ware auf eine bestehende Untersuchungs- und Rügeobliegenheit hinzuweisen und ihm dazu die erforderlichen Auskünfte zu erteilen. Soweit der ursprüngliche Käufer nach Übergang der Gewährleistungsansprüche noch gegenüber seinem Verkäufer eigene oder ihm von seinem Abnehmer übermittelte Mangelerkenntnisse rügt, wird man ihn nicht zuletzt mit Blick auf § 677 BGB angesichts eines sonst drohenden Rechtsverlustes zumindest als nach der Interessenlage zur Rüge ermächtigt ansehen müssen. Entsprechendes gilt umgekehrt bei einem normalen Streckengeschäft für die vom unmittelbar belieferten Abnehmer gegenüber dem Lieferanten direkt erklärte Rüge (→ Rn. 102).

161   Geht die Mängelrüge einer anderen Person als dem Verkäufer zu, ist sie nur wirksam, wenn der Betreffende entweder **Empfangsvertreter oder Empfangsbote** des Verkäufers ist.[419] Empfangsbote ist, wer entweder vom Empfänger zur Entgegennahme von Erklärungen ermächtigt worden ist oder wer aufgrund seiner Stellung im Empfängerbetrieb nach der Verkehrsauffassung als ermächtigt anzusehen ist, Willenserklärungen oder diesen gleichstehende Mitteilungen mit Wirkung für den Erklärungsempfänger entgegenzunehmen, und wer darüber hinaus zur Übermittlung an den Empfänger geeignet und bereit ist.[420] Ein Transporteur, der die beanstandete Ware überbracht hat, ist kein Empfangsbote,[421] kann aber ggf. als Erklärungsbote des Käufers fungieren.[422] Die Anzeige eines Sachmangels bei einem vom Hersteller erworbenen Kfz gegenüber einer Vertragswerkstatt genügt nicht.[423] Bei einer Personengesellschaft reicht die Rüge gegenüber einem von möglicherweise mehreren vertretungsberechtigten Gesellschaftern aus.[424] Im Übrigen kann sich eine Ermächtigung zur Erhebung der Mängelrüge auch im Wege der Auslegung aus den jeweiligen Umständen ergeben. So ist beim **Streckengeschäft** im Zweifel anzunehmen, dass der Endabnehmer nach dem erkennbaren Willen des Käufers berechtigt sein soll, einen etwaigen Sachmangel unmittelbar beim Verkäufer gem. § 377 zu rügen (→ Rn. 102).

162   Der Verkäufer kann die **Mängelanzeige entsprechend § 174 BGB zurückweisen,** wenn die Vertretungsmacht für den Käufer nicht hinreichend nachgewiesen wird.[425] Denn grundsätzlich findet die Vorschrift des § 174 BGB auch auf geschäftsähnliche Handlungen entsprechende Anwendung.[426] Der gegen eine Anwendbarkeit dieser Bestimmung vor allem erhobene Einwand,[427] die Mängelrüge erzeuge keine unmittelbaren Rechtswirkungen auf Seiten des Erklärungsempfängers, wie dies bei

---

Heymann/*Emmerich*/*Hoffmann* Rn. 83; Baumbach/Hopt/*Hopt* Rn. 33; GK-HGB/*Achilles* Rn. 42; HaKo–HGB/*Stöber* Rn. 40; BeckOK HGB/*Schwartze* Rn. 44; ähnl. MüKoHGB/*Grunewald* Rn. 69.

[416] So auch iErg *Canaris* HandelsR § 29 V Rn. 68; Staub/*Brüggemann* Rn. 129; *Meeske,* Die Mängelrüge, 1965, 121; s. ferner MüKoHGB/*Grunewald* Rn. 70; HaKo-HGB/*Stöber* Rn. 36 mwN; *Marburger* JuS 1983, 1 (6).

[417] Vgl. BGH Urt. v. 1.6.1973 – V ZR 134/72, NJW 1973, 1793 (1794); eingehend Soergel/*Huber* BGB aF § 462 Rn. 76 ff. mwN.

[418] So auch KKRD/*Roth* Rn. 14; vgl. ferner BGH Urt. v. 9.2.2012 – VII ZB 117/09, NJW-RR 2012, 434 Rn. 14; BGH Urt. v. 11.7.1985 – VII ZR 52/83, BGHZ 95, 250 (253 f.) = ZIP 1985, 1141.

[419] MüKoHGB/*Grunewald* Rn. 71; Heymann/*Emmerich*/*Hoffmann* Rn. 83; Baumbach/Hopt/*Hopt* Rn. 33; Oetker/*Koch* Rn. 82; HaKo-HGB/*Stöber* Rn. 40; enger wohl BeckOK HGB/*Schwartze* Rn. 44.

[420] BGH Urt. v. 12.12.2001 – X ZR 192/00, NJW 2002, 1565 (1566) mwN.

[421] RG Urt. v. 24.6.1921 – III 15/21, RGZ 102, 295 (296); OLG Köln Urt. v. 13.7.1954 – 9 U 214/54, BB 1954, 613; Staub/*Brüggemann* Rn. 138; Heymann/*Emmerich*/*Hoffmann* Rn. 84; GK-HGB/*Achilles* Rn. 43; HaKo-HGB/*Stöber* Rn. 40; *Meeske,* Die Mängelrüge, 1965, 125; aA MüKoHGB/*Grunewald* Rn. 71.

[422] Vgl. Baumbach/Hopt/*Hopt* Rn. 33; Heymann/*Emmerich*/*Hoffmann* Rn. 84; Oetker/*Koch* Rn. 82.

[423] BeckOK HGB/*Schwartze* Rn. 44 unter Berufung auf LG Krefeld Urt. v. 13.3.2014 – 3 O 311/13, BeckRS 2014, 14245.

[424] Heymann/*Emmerich*/*Hoffmann* Rn. 84.

[425] Vgl. BGH Urt. v. 17.10.2000 – X ZR 97/99, BGHZ 145, 343 (347 ff.) = NJW 2001, 289 (291); zust. Heymann/*Emmerich*/*Hoffmann* Rn. 83; Baumbach/Hopt/*Hopt* Rn. 33; Staub/*Brüggemann* Rn. 138; HaKo-HGB/*Stöber* Rn. 39; BeckOK HGB/*Schwartze* Rn. 44; vgl. auch *Meeske,* Die Mängelrüge, 1965, 115; *Linnerz,* Die Untersuchungs- und Rügepflicht im CISG und im HGB, 2014, 165 f.; zweifelnd wohl KKRD/*Roth* Rn. 14.

[426] BGH 25.11.1982 – III ZR 92/81, NJW 1983, 1542 mwN; BGH Urt. v. 10.2.2011 – VII ZR 53/10, NJW 2011, 2120 Rn. 13.

[427] Oetker/*Koch* Rn. 79 ff.; ähnl. MüKoHGB/*Grunewald* Rn. 70; *K. Schmidt* HandelsR § 29 III Rn. 90.

einseitigen Gestaltungserklärungen (zB Kündigung, Widerruf, Anfechtung, Aufrechnung) der Fall sei, trägt jedoch nicht. Denn umgekehrt besteht für den Verkäufer wegen der strengen Zeitgebundenheit des Rügeverfahrens und dem damit verbundenen Erfordernis nach Klarheit über die Rechtzeitigkeit der in ihrer Wirksamkeit von einer entsprechenden Vollmacht oder Ermächtigung des Käufers abhängigen Rüge sowie wegen des bei einem Eingehen auf die Rüge häufig erheblichen Bearbeitungs- und Beweissicherungsaufwandes ein anzuerkennendes und schützenswertes Interesse daran, diese Tätigkeiten nicht vergeblich in Gang setzen zu müssen.[428] Allerdings kommt in diesen Fällen vielfach § 174 S. 2 BGB zur Anwendung, wonach die Zurückweisung ausgeschlossen ist, wenn der Vollmacht- geber den anderen von der Bevollmächtigung in Kenntnis gesetzt hat oder wenn er dem Vertreter im Sinne einer konkludenten Inkenntnissetzung eine Position eingeräumt hat, die normalerweise mit einer entsprechenden Vollmacht oder Ermächtigung verbunden ist. Von dieser Konstellation muss ein Verkäufer namentlich bei Strecken- und Leasinggeschäften mit einer vom Käufer veranlassten Direkt- belieferung des später rügenden Endabnehmers in aller Regel ausgehen.

b) Form und Verfahrensweise. Eine **bestimmte Form** ist für die Mängelanzeige in § 377 nicht **163** vorgeschrieben;[429] zu Formvorgaben in AGB → Rn. 250. Die Mängelanzeige kann deshalb sogar noch im Prozess, etwa durch Klageerhebung oder Streitverkündung, abgegeben werden, sofern dies am Maßstab des § 377 Abs. 3 rechtzeitig ist.[430] Die Mängelanzeige muss vom Käufer so abgesendet werden, dass sie ihre Aufgabe, den Verkäufer über die Mangelhaftigkeit der Ware rechtzeitig und umfassend zu informieren, erfüllt. Sie ist in **geschäftsüblicher Weise** vorzunehmen, muss also ins- besondere ordnungsgemäß adressiert und frankiert auf einen tauglichen Übermittlungsweg gegeben werden (→ Rn. 164, → Rn. 176).[431]

Ist der Verkäufer (fern-)mündlich nicht zu erreichen, bleibt dem Käufer nur die Möglichkeit, auf **164** anderem Übermittlungsweg schriftlich zu rügen.[432] Bei bekannter Abwesenheit des Empfangsver- treters (oder Empfangsboten) ist die Mängelanzeige unmittelbar dem Verkäufer zuzusenden.[433] Erfolgt die Mängelrüge in einem Brief, muss der Käufer ihn ausreichend frankieren und zutreffend adressieren.[434] Insbesondere bei verderblicher Ware[435] kann aber eine schnellere Übermittlungsart (Telefon, Telegramm, Telefax oder E-Mail) notwendig und/oder branchenüblich sein bzw. dahin sogar ein entsprechender Handelsbrauch bestehen. Dies ist allerdings keine Frage der richtigen Erhebung der Mängelrüge, sondern der Wahrung der Rügefrist.[436] Dem rügepflichtigen Käufer obliegt im Streitfall der **Beweis** dafür, dass er die schriftliche Mängelanzeige in geschäftsüblicher Weise abgesandt hat.[437]

3. Verlust einer Mängelrüge auf dem Postwege. Der BGH[438] vertritt – wie auch ein großer Teil **165** der Lit.[439] – die Auffassung, dass § 377 Abs. 4 den Verkäufer zwar mit der **Verzögerungs-,** nicht aber mit der **Verlustgefahr** belastet. Danach ist in entsprechender Anwendung des § 130 Abs. 1 S. 1 BGB ein Zugang der schriftlichen Mängelrüge beim Verkäufer (bzw. Vertreter oder Empfangsboten) zur Verhinderung eines Eintritts der in § 377 Abs. 2, 3 vorgesehenen Genehmigungswirkung notwendig. Eine nicht zugegangene Rüge entfaltet deshalb nach dieser Sichtweise keinerlei Rechtswirkungen. Der Käufer wird mithin so gestellt, als habe er den Mangel der Ware gar nicht erst gerügt hat. Den rechtserhaltenden Zugang der Mängelanzeige wie deren rechtzeitige Absendung muss der Käufer danach im Streitfall auch darlegen und beweisen.[440]

---

[428] So zutr. BGH Urt. v. 17.10.2000 – X ZR 97/99, BGHZ 145, 343 (349 f.).

[429] S. zB BGH Urt. v. 18.3.1952 – I ZR 77/51, LM HGB § 377 Nr. 1; BGH Urt. v. 8.11.1979 – III ZR 115/78, NJW 1980, 782 f.; MüKoHGB/*Grunewald* Rn. 75; Heymann/*Emmerich/Hoffmann* Rn. 96; KKRD/*Roth* Rn. 13; Baumbach/Hopt/*Hopt* Rn. 43; HaKo-HGB/*Stöber* Rn. 54.

[430] Vgl. RG Urt. v. 9.11.1904 – V 183/04, RGZ 59, 150 (152); OLG Hamburg Urt. v. 16.6.1913, OLGE 32, 170.

[431] Vgl. BGH Urt. v. 20.11.1961 – VIII ZR 167/60, BeckRS 1961, 31188226 mwN.

[432] BGH Urt. v. 8.11.1979 – III ZR 115/78, NJW 1980, 782 (783); Heymann/*Emmerich/Hoffmann* Rn. 96.

[433] BGH v. 30.1.1985 – VIII ZR 238/83, BGHZ 93, 338 (349) = NJW 1985, 1333; KKRD/*Roth* Rn. 18.

[434] BGH Urt. v. 20.11.1961 – VIII ZR 167/60, BeckRS 1961, 31188226.

[435] Vgl. OLG München Urt. v. 5.8.1955 – 6 U 731/55, NJW 1955, 1560 (1561).

[436] Staub/*Brüggemann* Rn. 139; s. ferner *Niedrig,* Die Mängelrüge, 1994, 101; Baumbach/Hopt/*Hopt* Rn. 40; vgl. auch HaKo-HGB/*Stöber* Rn. 54.

[437] S. zB Staub/*Brüggemann* Rn. 206; *Niedrig,* Die Mängelrüge, 1994, 101.

[438] Grundlegend BGH Urt. v. 13.5.1987 – VIII ZR 137/86, BGHZ 101, 49 (52 ff.) = NJW 1987, 2235.

[439] ZB Schlegelberger/*Hefermehl* Rn. 76; Staub/*Brüggemann* Rn. 142; MüKoHGB/*Grunewald* Rn. 71 ff.; KKRD/ *Roth* Rn. 18; GK-HGB/*Achilles* Rn. 44; Röhricht/Graf v. Westphalen/Haas/*Steimle/Dornieden* Rn. 64; HaKo- HGB/*Stöber* Rn. 47; Staudinger/*Honsell,* 1995, BGB aF § 478 Rn. 5; *Menhofer,* Probleme bei der Rügelast nach §§ 377, 378 HGB im Lichte der neueren Rechtsprechung und Literatur, 1994, 18 ff.; *Meeske,* Die Mängelrüge, 1965, 128; Oetker/*Koch* Rn. 95; Palandt/*Ellenberger* BGB § 130 Rn. 3; *Bühler* JA 1987, 518 ff.; iErg auch *Linnerz,* Die Untersuchungs und Rügepflicht im CISG und im HGB, 2014, 171 ff.; s. ferner *Canaris* HandelsR § 29 V Rn. 69; s. auch *K. Schmidt* HandelsR § 29 III Rn. 92 ff. mit der Einschränkung, dass der Käufer die nachweislich abgesandte, aber nicht zugegangene Mängeltügef unverzüglich wiederholen darf.

[440] BGH Urt. v. 13.5.1987 – VIII ZR 137/86, BGHZ 101, 49 (54 f.) = NJW 1987, 2235.

166   Nach Ansicht zahlreicher Autoren[441] trägt der Verkäufer hingegen mit Blick auf § 377 Abs. 4 das gesamte **Versendungsrisiko.** Auf einen Zugang der Mängelanzeige analog § 130 BGB kommt es danach nicht an, sofern der Käufer diese rechtzeitig und in geschäftsüblicher Weise abgesandt hat. *Brüggemann*[442] will allerdings dem Verkäufer (nur) die Beweislast dafür auferlegen, dass die Mängelrüge nicht zugegangen ist. Lässt sich die Frage des Zugangs im Prozess nicht zuverlässig klären, muss im Zweifel zugunsten des Käufers entschieden werden.

167   Nach einer **vermittelnden Auffassung**[443] ist die Mängelanzeige zwar grundsätzlich gem. § 130 BGB (analog) empfangsbedürftig. Der Käufer soll seine Gewährleistungsrechte jedoch dadurch wahren können, dass er eine **weitere Mängelrüge** unverzüglich abschickt (nachschiebt), wenn er nach einer von den Umständen abhängenden Zeit erfährt, dass die erste Mängelanzeige beim Adressaten nicht angekommen ist. Demzufolge muss der Käufer die Übermittlung seiner Rüge sorgfältig überwachen und bei Verzögerung oder Verlust unverzüglich oder sogar sofort mit einer neuen Mängelrüge reagieren. Für diese Rüge gilt dann wieder § 377 Abs. 4. Wird die Anzeige nicht rechtzeitig nachgeholt, verliert der Käufer seine Sachmängelansprüche auch dann, wenn die erste Rüge schließlich doch noch ankommt.

168   Entgegen der Auffassung insbesondere des BGH ist ein **Zugang** der Mängelanzeige gem. § 130 BGB **nicht erforderlich.** Denn es war die ausdrückliche Absicht des Gesetzgebers, den Verkäufer durch Schaffung des § 377 Abs. 4 nicht nur mit dem Verspätungsrisiko, sondern auch mit dem Verlustrisiko zu belasten. Bereits unter Geltung des Art. 347 ADHGB, der insoweit keine ausdrückliche Regelung enthielt, war in der hierzu ergangenen Rspr. anerkannt, dass der Verkäufer auch die Gefahr der Ankunft einer vom Käufer ordnungsgemäß abgesandten Rüge trägt.[444] Hieran anknüpfend heißt es in der Denkschrift zur Schaffung des § 377 Abs. 4, dass die Gefahr der Ankunft der Mängelanzeige schon nach dem AHGB vom Verkäufer zu tragen sei; gegenüber dem § 130 BGB müsse dies aber jetzt besonders zum Ausdruck gebracht werden. Der Abs. 4 enthalte eine entsprechende Vorschrift.[445] § 377 Abs. 4 sollte nach dem Willen des Gesetzgebers also in Bezug auf eine mögliche Anwendbarkeit § 130 BGB zum Ausdruck bringen, dass der Verkäufer nicht nur die Gefahr der rechtzeitigen Ankunft der Mangelanzeige, sondern die **Gefahr der Ankunft überhaupt** zu tragen habe. In diesem Sinne wurde § 377 Abs. 4 dann auch zunächst einhellig verstanden.[446] Das gleiche, bis auf das ADHGB zurückgehende Verständnis hat ebenso in der österreichischen Rspr. zur Risikotragung bei einem Verlust der Mängelrüge im Rahmen des dort von 1939 bis 2006 in identischer Form in Geltung stehenden § 377 vorgeherrscht.[447]

169   Der BGH hat die Gesetzesmaterialien zwar zur Kenntnis genommen, indes gleichwohl gemeint, dass der darin geäußerte Wille des Gesetzgebers im Wortlaut der Bestimmung nicht in einer Weise zum Ausdruck gekommen sei, die zu einem derartigen Verständnis zwinge. Entscheidend für seine gegenteilige Auslegung hat er auf den Sinn und Zweck der Vorschrift abstellen wollen, den er darin zu sehen gemeint hat, dass § 377 Abs. 1 HGB davon ausgehe, dass – wie bereits das Wort „Anzeige" nahelege – die unverzügliche Anzeige den Verkäufer erreicht. Demgegenüber habe Absatz 4 der Bestimmung nur die Bedeutung, dass für die Beurteilung der Rechtzeitigkeit nicht auf den Zugang, sondern auf die Absendung der Mängelanzeige abzustellen sei, sodass dem Käufer lediglich das Verzögerungsrisiko, nicht aber die Verlustgefahr abgenommen sei.[448] Mit diesen Erwägungen dürfte der BGH indessen die Grenzen vertretbarer Auslegung oder zulässiger Rechtsfortbildung überschritten haben. Denn die Gerichte dürfen sich nicht dem vom Gesetzgeber festgelegten Sinn und Zweck des Gesetzes entziehen, sondern müssen die gesetzgeberische Grundentscheidung respektieren. Eine Interpretation, die sich über den klar erkennbaren Willen des Gesetzgebers hinwegsetzt, wie er sich neben Wortlaut und Systematik den Gesetzesmaterialien entnehmen lässt, greift unzulässig in dessen Kompetenzen ein.[449] Vorliegend hat der Gesetzgeber unmissverständlich zum Ausdruck gebracht, dass er die Gefahr der Ankunft der Mängelanzeige wie

---

[441] *Mössle* NJW 1988, 1190 (1191); *Reinicke* JZ 1987, 1030 f.; Soergel/*Huber* BGB aF § 478 Rn. 13 f.; *v. Gierke,* Handelsrecht und Schiffahrtsrecht, 8. Aufl. 1958, § 60 V 3b, S. 480; *Rabel,* Das Recht des Warenkaufs, 2. Bd., 1958, § 94 3a, S. 214; s. auch Baumbach/Hopt/*Hopt* Rn. 41; Heymann/*Emmerich/Hoffmann* Rn. 98 (anders noch G. *Müller* → 3. Aufl. 2015, Rn. 58); eingehend *Niedrig,* Die Mängelrüge, 1994, 103 ff. mwN; s. auch *Böhler,* Grundwertungen zur Mängelrüge, 2000, 213 ff. mwN.

[442] Staub/*Brüggemann* Rn. 142 u. 206.

[443] *Hager,* Anm. zu BGH Urt. v. 13.5.1987 – VIII ZR 137/86, JR 1988, 285 ff.; s. auch E. *Schneider* MDR 1977, 537 (540); s. auch K. *Schmidt* HandelsR § 29 III Fn. 94, der dem BGH nur unter der Bedingung zustimmt, dass der Käufer in der Lage ist, die nicht zugegangene Mängelanzeige unverzüglich zu wiederholen).

[444] RG Urt. v. 23.3.1880 – Annal. I 516, ZHR 26, 571 (572).

[445] Hahn/*Mugdan,* Die gesammten Materialien zu den Reichs-Justizgesetzen, 6. Bd.: Materialien zum Handelsgesetzbuch, 1897, 376.

[446] S. auch dazu *Niedrig,* Die Mängelrüge, 1994, 113 ff.; ferner etwa RGRK-HGB/*Heinichen* § 377 Anm. 26.

[447] Österr. OGH Urt. v. 11.1.1961 – 1 Ob 479/60, JBl. 1961, 418 = SZ 344/2; vgl. ferner Urt. v. 24.5.2005 – 4 Ob 80/05a, IHR 2005, 249. Der neue § 377 UGB schreibt diese Rechtslage nunmehr in Abs. 4 unter Anlehnung an die Formulierung in Art. 27 CISG dahin fort, dass eine rechtzeitige Absendung der Anzeige die Rechte des Käufers auch dann erhält, wenn sie dem Verkäufer nicht zugeht.

[448] BGH Urt. v. 13.5.1987 – VIII ZR 137/86, BGHZ 101, 49 (52 f.) = NJW 1987, 2235.

[449] BVerfG Beschl. v. 6.6.2018 – 1 BvL 7/14, 1 BvR 1375/14, NJW 2018, 2542 Rn. 73 ff. mwN.

bisher schon bei dem Verkäufer angesiedelt wissen und die Mängelanzeige deshalb gerade nicht als zugangsbedürftig iSv § 130 BGB ansehen wollte; dies wiederum wollte er in der Formulierung des § 377 Abs. 4 zum Ausdruck bringen, was nur das Verständnis zulässt, dass der Käufer allein schon mit der rechtzeitigen Absendung der Anzeige alles Notwendige zum Erhalt seiner Rechte getan hat. Darüber hat sich der BGH in der genannten Entscheidung mit teleologischen Erwägungen hinweggesetzt, die in den Gesetzesmaterialien nicht nur keinen Ausdruck gefunden haben, sondern ihnen sogar zuwider laufen.

Auch der in die Gesetzessystematik weisende Vergleich mit den gesetzestechnisch vermeintlich **170** ähnlich angelegten Bestimmungen des § 121 Abs. 1 S. 1 BGB und des § 478 Abs. 1 S. 1 BGB aF, für die es der einhelligen bzw. überwiegenden Ansicht entspreche, dass der Zugang der Anfechtungserklärung und der Mängelanzeige Wirksamkeitserfordernis sei,[450] trägt bei näherem Hinsehen nicht. Denn dass die Anfechtungserklärung zu ihrer Wirksamkeit des Zugangs bedarf, ergibt sich zwangsläufig aus ihrer Gestaltungswirkung und ist so in § 143 Abs. 1 BGB sogar ausdrücklich geregelt; eine Vergleichbarkeit mit der in ihren Rechtswirkungen weit dahinter zurückbleibenden Mängelanzeige besteht danach nicht entfernt. Hinsichtlich der einredeerhaltenden Mängelanzeige nach § 478 Abs. 1 S. 1 BGB aF ergibt sich bereits aus dem eindeutigen Gesetzeswortlaut, wonach Voraussetzung des Leistungsverweigerungsrechts ist, dass der Käufer den Mangel dem Verkäufer angezeigt oder die Anzeige an den abgesendet hat, dass ein (zeitgerechter) Zugang der Anzeige zum Einredeerhalt gerade nicht erforderlich ist.[451] Auch dies hat der Gesetzgeber seinerzeit in den Materialien unmissverständlich dahin zum Ausdruck gebracht, dass die Aufrechnung mit Mangelgewährleistungsansprüchen trotz Verjährung dieser Ansprüche zulässig bleibt, wenn der Käufer vor der Verjährung eine Anzeige des Mangels an den Verkäufer absendet oder eine sonstige der Anzeige gleichgestellte Handlung vorgenommen hat.[452] Die vom Gesetzgeber vorgenommene Zuweisung des Ankunftsrisikos an den Verkäufer leuchtet im Übrigen auch unmittelbar ein. Denn es ist der Verkäufer, der durch sein in der Lieferung mangelhafter Ware liegendes vertragswidriges Verhalten die gesamten Weiterungen veranlasst hat, sodass es allein schon mit Blick auf die scharfen Rechtsfolgen des § 377 Abs. 2 und 3 unter Verhältnismäßigkeitsgesichtspunkten nicht mehr vertretbar erscheint, einen Käufer über das in seinem Risikobereich liegende Risiko der Mangelentdeckung hinaus auch noch mit dem außerhalb seiner Sphäre liegenden Risiko des Transports einer an sich rechtzeitig ausgesprochenen Mitteilung zu belasten.[453]

4. Verlust einer Mängelrüge auf sonstigen Übermittlungswegen. a) Anzeige unter Abwe- **171** **senden mit privaten Kurierdienst.** Wird die schriftliche Mängelanzeige mit Hilfe eines privaten Kurierdienstes übersandt, so gilt grundsätzlich nichts anderes als bei Einschaltung der Post. Mitunter kann die Beauftragung eines Kurierdienstes oder anderer als zuverlässig geltender Personen geboten sein, da sie nicht selten eine **schnellere Übermittlung** ermöglicht.[454] Dies zeigt auch ein Vergleich mit Art. 39 Abs. 3 EKG und Art. 27 CISG, wonach ein anderer geeigneter Übermittlungsweg bzw. die Übermittlung mit nach den Umständen geeigneten Mitteln genügt, um den Verkäufer mit dem Versendungsrisiko zu belasten. Ist der Kurierdienst oder die zur Übermittlung der Mängelanzeige bestimmte Person ausnahmsweise nicht als zuverlässig anzusehen und musste dies der Käufer bei Anwendung kaufmännischer Sorgfalt (§ 347 Abs. 1) erkennen, liegt keine ordnungsgemäße Mängelanzeige vor, sodass die Gefahrtragungsregelung des § 377 Abs. 4 mangels einer in geschäftsüblicher Weise erfolgten Absendung der Anzeige (→ Rn. 163) keine Anwendung findet.[455]

Kommt die schriftliche Mängelrüge ungeachtet der Einschaltung eines allgemein als unzuverlässig **172** geltenden Kurierdienstes beim Verkäufer rechtzeitig an, kann sich der Käufer auf diese Rüge gleichwohl berufen. Denn im Ergebnis ist die Dispositionsfreiheit des Verkäufers genauso wenig beeinträchtigt wird wie bei einer ordnungsgemäßen Mängelanzeige.[456] Den rechtzeitigen Zugang der Rüge muss dann aber der in diesem Fall mit dem Ankunftsrisiko belastete Käufer beweisen.[457] Dasselbe gilt, wenn die schriftliche Mängelrüge etwa trotz fehlender Frankierung oder falscher Adressierung usw. rechtzeitig zugeht.

b) Anzeige unter Abwesenden bei Einsatz eigener Leute. Nach einer in der Lit.[458] verbreiteten **173** Auffassung trägt der Verkäufer das Verzögerungsrisiko iSd § 377 Abs. 4 zumindest in den Fällen, in

---

[450] So BGH Urt. v. 13.5.1987 – VIII ZR 137/86, BGHZ 101, 49 (52) = NJW 1987, 2235.

[451] So etwa auch Soergel/*Huber* BGB aF § 478 Rn. 13 f. mwN.

[452] *Mugdan,* Die gesammten Materialien zum Bürgerlichen Gesetzbuch für das Deutsche Reich, 2. Bd., 1899, 1247.

[453] Vgl. österr. OGH Urt. v. 11.1.1961 – 1 Ob 479/60, JBl. 1961, 418 = SZ 344/2; ROHG Urt. v. 11.1.1876 – I 1373/75, ROHG 19, 155 (155); s. auch *Niedrig,* Die Mängelrüge, 1994, 124.

[454] Vgl. *E. Schneider* MDR 1977, 537 (539).

[455] *Niedrig,* Die Mängelrüge, 1994, 131.

[456] RG Urt. v. 14.6.1921 – III 531/20, JW 1922, 802 (803); s. ferner BGH Urt. v. 20.11.1961 – VIII ZR 167/60, MDR 1962, 399 f. = LM HGB § 377 Nr. 8; *Niedrig,* Die Mängelrüge, 1994, 131; *Marburger* JuS 1983, 1 (7); Oetker/*Koch* Rn. 97; HaKo-HGB/*Stöber* Rn. 49.

[457] So auch *Niedrig,* Die Mängelrüge, 1994, 131.

[458] S. zB *Meeske,* Die Mängelrüge, 1965, 130; *E. Schneider* MDR 1977, 537 (539); *Niedrig,* Die Mängelrüge, 1994, 133 f.; s. ferner MüKoHGB/*Grunewald* Rn. 74, vor allem Fn. 260.

denen der Käufer die schriftliche Mängelanzeige von **eigenen Leuten** überbringen lässt. Dagegen liegt nach der Ansicht von *Brüggemann*[459] in diesem Falle noch **keine Absendung** vor, weil der Käufer aufgrund der Besitzdienerstellung des von ihm eingeschalteten Überbringers (§ 855 BGB) Besitzer der schriftlichen Mängelanzeige bleibe. Zudem bestehe eine Parallele zur Gefahrtragungsregel des § 447 BGB, die ebenfalls nicht anwendbar sei, wenn der Verkäufer den Versendungskauf durch eigene Leute durchführen lasse.[460]

174   Richtigerweise ist § 377 Abs. 4 ist auf den Fall der Selbstüberbringung der schriftlichen Mängelanzeige weder unmittelbar noch entsprechend anzuwenden. Die Belastung des Verkäufers mit der Verzögerung des Zugangs der Mängelrüge wie auch mit dem Verlustrisiko (→ Rn. 168 ff.) lässt sich nur mit der Erwägung rechtfertigen, dass die Überbringung sich außerhalb des **Herrschaftsbereichs des Käufers** abspielt. Zwar gilt dasselbe auch für den Verkäufer. Da er für den Sachmangel haftet, ist es aber wertungsmäßig näher an ihm, die typischen Übermittlungsrisiken allein zu tragen (→ Rn. 170). Auf die Selbstüberbringung der Mängelanzeige indes trifft dieser Gesichtspunkt nicht zu. Der Einwand, dass die Einschaltung eigener Leute in bestimmten Situationen notwendig sein könne,[461] greift nicht. Wer mit der Untersuchung der gelieferten Ware rechtzeitig beginnt und die Durchführung nicht grundlos verzögert, hat normalerweise genügend Zeit, um die Mängelrüge per Post oder mit einem erfahrenen Kurierdienst zu verschicken oder notfalls fernmündlich bzw. durch elektronische Medien zu rügen.

175   **c) Einsatz eigener Leute bei mündlicher Mängelrüge.** Für den eher seltenen Fall einer mündlichen, durch einen Boten auszurichtenden Mängelanzeige hat das OLG München[462] unter breiter Zustimmung der Lit.[463] die Vorschrift des § 377 Abs. 4 nicht angewendet. Für diese Ansicht spricht, dass in § 377 Abs. 4 von der Absendung der Anzeige die Rede ist und von einer Absendung üblicherweise nur bei schriftlichen Erklärungen gesprochen wird.[464] Es gibt in der Lit. aber auch vereinzelte Stimmen, die sich in diesem Sonderfall für eine entsprechende Anwendung des § 377 Abs. 4 aussprechen.[465] Eine sonderlich praktische Bedeutung kann der Kontroverse aber nicht beigemessen werden, da bei (fern-)mündlichen Erklärungen Absendung und Zugang zusammenfallen, zumindest aber der Käufer sich bei Anzeichen einer möglicherweise eingetretenen Störung des dadurch nicht mehr sicheren Übertragungsweges ad hoc über den für ihn ersichtlich nicht zweifelsfreien Zugang der Mängelrüge vergewissern kann und muss.

176   **5. Zugangsverzögerung.** Nach § 377 Abs. 4 genügt für die Erhaltung der Käuferrechte die **rechtzeitige Absendung** der Mängelrüge. Demgemäß trägt der Verkäufer das Risiko, dass sich der Zugang der Rüge aufgrund von Faktoren verzögert, die nicht in seinem Macht- und Risikobereich liegen. Der Verkäufer kann daher nach Ablauf der normalen Rügefrist noch nicht absolut sicher sein und darauf vertrauen, dass es nicht doch noch zum Eintreffen einer wirksamen Mängelanzeige kommt.[466] Auch in diesem Fall tritt also – was der BGH bei seiner Auslegung des § 377 Abs. 4 übersieht[467] – der in § 377 angelegte **Beschleunigungsgrundsatz** hinter den Schutz des Käufers vor einem schuldlosen und unbeherrschbaren Verlust seiner Gewährleistungsansprüche zurück.[468] Damit der Verkäufer das Verzögerungsrisiko – und richtigerweise auch das **Verlustrisiko** (→ Rn. 168 ff.) – trägt, ist aber erforderlich, dass der Käufer einen ordnungsgemäßen Übermittlungsweg – Post oder Kurierdienst, richtige Adresse,[469] Postleitzahl, ausreichende Frankierung,[470] ordnungsgemäße Telegramm-, Telefax- oder E-Mail-Adresse – wählt. Bedient sich der Käufer allerdings **eigener Leute,** ist es aus den bereits genannten Gründen nicht sachgerecht, den Verkäufer mit dem Verzögerungsrisiko gem. § 377 Abs. 4 zu belasten (→ Rn. 173 f.). In diesen Fällen fällt die Verzögerung der Zustellung der Mängelrüge stets in den Risikobereich des Käufers. Ist der Käufer darüber informiert, dass die Mängel-

---

[459] Staub/*Brüggemann* Rn. 143.

[460] Vgl. Staub/*Brüggemann* Rn. 143. Gegen eine Anwendung des § 377 Abs. 4 bei Einschaltung eigener Leute, auch Baumbach/Hopt/*Hopt* Rn. 40; Oetker/*Koch* Rn. 96; s. ferner BeckOK HGB/*Schwartze* Rn. 53.

[461] So *Niedrig*, Die Mängelrüge, 1994, 133, 134.

[462] OLG München Urt. v. 12.5.1955 – 6 U 745/55, NJW 1955, 1153.

[463] S. zB Heymann/*Emmerich/Hoffmann* Rn. 99; Staub/*Brüggemann* Rn. 142, Schlegelberger/*Hefermehl* Rn. 79; *Meeske,* Die Mängelrüge, 1965, 130; *E. Schneider* MDR 1977, 537 (538); s. dazu auch *Niedrig,* Die Mängelrüge, 1994, 133.

[464] Vgl. *E. Schneider* MDR 1977, 537 f.; *Meeske,* Die Mängelrüge, 1965, 130.

[465] So insbesondere *Niedrig,* Die Mängelrüge, 1994, 132: Gegen eine Beschränkung auf schriftliche Erklärungen spreche, dass auch der Einsatz eines Boten rechtlich zulässig sei und in diesem Fall die Situation vorliege, die § 377 Abs. 4 regele.

[466] Zutr. MüKoHGB/*Grunewald* Rn. 74.

[467] BGH Urt. v. 13.5.1987 – VIII ZR 137/86, BGHZ 101, 49 (53 f.) = NJW 1987, 2235.

[468] Vgl. MüKoHGB/*Grunewald* Rn. 74.

[469] Vgl. etwa Staub/*Brüggemann* Rn. 143. Im Regelfall ist dies die Geschäftsadresse; in Einzelfällen (zB bei kleineren Betrieben) kann uU auch die Privatanschrift des Firmeninhabers genügen, s. dazu MüKoHGB/*Grunewald* Rn. 74; offen gelassen in BGH Urt. v. 20.11.1964 – VIII ZR 167/63, LM HGB § 377 Nr. 8.

[470] Vgl. BGH Urt. v. 20.11.1964 – VIII ZR 167/63, LM HGB § 377 Nr. 8; Staub/*Brüggemann* Rn. 143; MüKoHGB/*Grunewald* Rn. 74.

anzeige einen Vertreter des Verkäufers etwa wegen Urlaubs nicht alsbald erreichen wird, soll § 377 Abs. 4 ebenfalls nicht anwendbar sein.[471] Das wird man allerdings als einen Unterfall der unzutreffenden Adressierung anzusehen haben. In diesem Fall ist nur der Verkäufer selbst der richtige Adressat.

IV. Inhalt der Mängelanzeige

1. Zweck der Anzeige. Die Mängelrüge iSd § 377 Abs. 1 soll den Verkäufer in die Lage versetzen, **177** sich ein **schnelles und zuverlässiges Bild** über die als vertragswidrig gerügte sachliche Beschaffenheit der gelieferten Sache zu machen,[472] um die zur Wahrung seiner berechtigten Interessen erforderlichen Schritte umgehend ergreifen, namentlich die Kaufsache untersuchen und gegebenenfalls Beweismaterial für eine drohende Auseinandersetzung über die Vertragsmäßigkeit der Lieferung im Zeitpunkt des Gefahrübergangs sichern oder eventuell aus Kulanzgründen eine Ersatzlieferung vornehmen zu können. Jedoch darf nicht erwartet werden, dass der Käufer den Mangel in allen Einzelheiten beschreibt oder sogar die vermutete **Ursache** für sein Vorliegen benennt. Angesichts der von § 377 Abs. 1 geforderten Unverzüglichkeit der Rüge, die häufig mit einer gewissen Eile verbunden ist, darf man dem Käufer, und zwar insbesondere dort, wo die Beschreibung des Mangels technisches Knowhow oder eine besondere Berufserfahrung voraussetzt, grundsätzlich nicht zu viel abverlangen.[473] Auch ist dem Verkäufer ungeachtet der damit verbundenen leichten Verzögerung gem. § 241 Abs. 2 BGB grundsätzlich eher eine **Nachfrage** zuzumuten, als dass man dem sich ersichtlich um eine inhaltlich korrekte Rüge bemühenden Käufer vorhalten darf, er hätte sich präziser ausdrücken müssen.

Mit Hilfe der Mängelrüge soll außerdem verhindert werden, dass der Käufer andere noch **nicht 178 gerügte Sachmängel** der gelieferten Sache oder vergleichbare Sachverhalte zur Begründung der Verkäuferhaftung nach Ablauf der Rügefrist **nachschiebt**.[474] Deshalb reichen allgemeine Redewendungen des Käufers wie zB, dass die gelieferte Ware schlecht oder Schund bzw. der reinste Müll oder Mist sei,[475] für eine ordnungsgemäße Mängelanzeige nicht aus. Sie bringen zwar klar und deutlich zum Ausdruck, dass der Käufer mit der Beschaffenheit der angedienten Sache nicht einverstanden ist, mehr aber auch nicht. Der Zweck der Mängelrüge, den Verkäufer umgehend und umfassend über die Existenz eines (konkreten) Sachmangels iSd § 434 BGB zu informieren und ihn vor verspäteten Mängelanzeigen hinreichend zu schützen, wird dadurch nicht erreicht.

Dagegen ist es nicht Aufgabe und Ziel der Mängelrüge, den Verkäufer unverzüglich darüber zu **179** informieren, welche **rechtlichen Schritte** wegen der Mangelhaftigkeit der gelieferten Ware eingeleitet werden sollen (→ Rn. 134, → Rn. 157).[476] Streit herrscht allerdings in der Frage, ob aus der Mängelrüge hervorgehen muss, dass der Käufer überhaupt einen der zur Auswahl stehenden Sachmängelansprüche geltend machen will. Während ein Teil der Lit.[477] dies verneint, wird von einem anderen Teil eine entsprechende Erklärung gefordert.[478] Große Bedeutung kommt der Streitfrage jedoch nicht zu. Richtig ist, dass die Mängelanzeige darauf abzielt, dem Käufer alle Rechte aus § 437 BGB zu erhalten. Beim Verkäufer darf deshalb nicht der Eindruck entstehen, dass die geltend gemachte Mangelhaftigkeit der angedienten Ware etwa aus Kulanzgründen hingenommen wird, der Käufer also auf seine Gewährleistungsansprüche allesamt verzichten will.[479] Die Mängelanzeige als solche ver-

---

[471] S. BGH Urt. v. 30.1.1985 – VIII ZR 238/83, BGHZ 93, 349 (348 ff.) = NJW 1985, 1333 (1335); zust. Baumbach/Hopt/*Hopt* Rn. 40, 44; s. ferner BeckOK HGB/*Schwartze* Rn. 53.

[472] AllgA s. nur BGH Urt. v. 17.12.1997 – VIII ZR 231/96, NJW-RR 1998, 680 = WM 1998, 936 (938) mwN; OLG Hamm Urt. v. 21.1.2010 –28 U 178/09, NJW-RR 2010, 930 f.; Baumbach/Hopt/*Hopt* Rn. 42; GK-HGB/ *Achilles* Rn. 52; Heymann/*Emmerich/Hoffmann* Rn. 91; *K. Schmidt* HandelsR § 29 III 91; *Hübner* HandelsR § 7 III Rn. 627; *Oetker* HandelsR § 8 IV Rn 49; s. auch KKRD/*Roth* Rn. 10. Rechtsvergleichend *Schwartze,* Europäische Sachmängelgewährleistung beim Warenkauf, 2000, 486.

[473] Vgl. BGH Urt. v. 14.5.1996 – VIII ZR 75/94, NJW 1996, 2228 (2229).

[474] Zur sog. Präklusionsfunktion der Sachmängelrüge, s. etwa BGH Urt. v. 19.3.1969 – VIII ZR 78/67, LM HGB § 377 Nr. 12; BGH Urt. v. 14.10.1970 – VIII ZR 156/68, LM HGB § 377 Nr. 13 und BGH Urt. v. 21.6.1978 – VIII ZR 91/77, LM HGB § 377 Nr. 21; BGH Urt. v. 17.12.1997 – VIII ZR 231/96, NJW-RR 1998, 680 = WM 1998, 936 (938); BGH Urt. v. 10.1.2006 – X ZR 58/03, NJW-RR 2006, 851 (853) mwN; s. ferner Baumbach/Hopt/*Hopt* Rn. 42; Heymann/*Emmerich/Hoffmann* Rn. 91; MüKoHGB/*Grunewald* Rn. 66; KKRD/ *Roth* Rn. 12; Oetker/*Koch* Rn. 74; *Oetker* HandelsR § 8 IV Rn. 49; vgl. auch *Böhler,* Grundwertungen zur Mängelrüge, 2000, 212, 213; *Linnerz,* Die Untersuchungs- und Rügepflicht im CISG und im HGB, 2014, 156 f.

[475] Vgl. etwa OLG Düsseldorf Urt. v. 19.1.2001 – 22 U 99/00, NJW-RR 2001, 821 (822).

[476] S. BGH Urt. v. 14.12.1958 – VIII ZR 175/57, LM HGB § 377 Nr. 4; BGH Urt. v. 14.5.1996 – VIII ZR 75/ 94, NJW 1996, 2228 f. = ZIP 1996, 1379 f.; Baumbach/Hopt/*Hopt* Rn. 42; Heymann/*Emmerich/Hoffmann* Rn. 92 mwN; MüKoHGB/*Grunewald* Rn. 68; Oetker/*Koch* Rn. 99; HaKo-HGB/*Stöber* Rn. 50; KKRD/*Roth* Rn. 10; GK-HGB/*Achilles* Rn. 53; *K. Schmidt* HandelsR § 29 III Rn. 91; s. auch *Böhler,* Grundwertungen zur Mängelrüge, 2000, 212.

[477] S. etwa Schlegelberger/*Hefermehl* Rn. 56; Oetker/*Koch* Rn. 99; vgl. ferner *Thamm* BB 1994, 2224 (2226); *K. Schmidt* HandelsR § 29 III Rn. 91.

[478] So etwa Baumbach/Hopt/*Hopt* Rn. 42 mwN; Staub/*Brüggemann* Rn. 131; *Linnerz,* Die Untersuchungs- und Rügepflicht im CISG und im HGB, 2014, 157 mwN; vgl. ferner BeckOK HGB/*Schwartze* Rn. 57.

[479] Vgl. BGH Urt. v. 14.12.1958 – VIII ZR 175/57, LM HGB § 377 Nr. 4; *K. Schmidt* HandelsR § 29 III Rn. 91; ähnl. MüKoHGB/*Grunewald* Rn. 68.

hindert aber gewöhnlich schon aus sich heraus, dass bei einem Verkäufer ernstlich ein solcher Eindruck entstehen kann, und zwar auch dann, wenn sich der Käufer dabei etwaige Ansprüche aus § 437 BGB nicht ausdrücklich vorbehält. Da dem Käufer zunächst grundsätzlich nur gem. §§ 437, 439 BGB ein Anspruch auf Nacherfüllung zusteht, wird ohnehin klar sein, dass nur dieser Rechtsbehelf gemeint sein kann, auf dessen Erhaltung die Mängelrüge zunächst abzielt.

180   **2. Anforderungen an den Inhalt der Mängelrüge. a) Grundsätze.** Bei **mehreren Mängeln** ist jeder von ihnen gesondert zu rügen,[480] es sei denn, dass die gesamte Gattung mit demselben Mangel behaftet ist. Ebenso genügt der bloße Hinweis auf die Beschädigung etwa der Hälfte der Sendung den Bestimmtheitserfordernissen nicht.[481] Bei **verschiedenen Lieferungen** muss der Mängelanzeige mit der gebotenen Klarheit zu entnehmen sein, welche Lieferung gemeint ist.[482] Dasselbe gilt für einen **Sukzessivlieferungsvertrag**.[483] Auch eine bloße **Zurückweisung** der zunächst angenommenen Sache ohne Angabe von Gründen genügt den an eine ordnungsmäßige Mängelrüge zu stellenden Anforderungen nicht. Ebenso ist eine Zurückweisung der Ware als **nicht bestellt**, als **unvollständig** oder wegen bestehender **Preisdifferenzen** für eine wirksame Mängelrüge nicht hinreichend.[484] Genauso wenig reicht die telefonische Ankündigung des Käufers aus, mit dem Geschäftsinhaber wegen eines Mangels der gelieferten Sache sprechen zu wollen.[485] Das Gleiche gilt für die pauschale Mitteilung, der Kaufgegenstand **funktioniere nicht.**[486] Allerdings können auf den ersten Blick zu allgemein gehaltene Rügen einen in der Fachwelt überaus konkreten und damit für den Fachmann eindeutigen Inhalt haben. So bedeutet etwa das Wort beschädigt im Hamburger Handel mit gesalzenen Importhäuten, dass die Ware haarlassend ist.[487] Hier verbirgt sich hinter der scheinbar unpräzisen Mängelanzeige ein spezifischer **Fachausdruck,** der für die Beteiligten eine genaue Kennzeichnung des Sachmangels beinhaltet.

181   In den Fällen der sog. **Beschaffenheitsgarantie** iSd § 443 Abs. 2 Alt. 1 BGB, § 444 Alt. 2 BGB muss die Mängelrüge zumindest erkennen lassen, dass die gelieferte Kaufsache im Zeitpunkt des Gefahrübergangs nicht die bei Vertragsschluss verbindlich zugesagte Beschaffenheit besaß. Wurde zB eine bestimmte Ergiebigkeit des Materials zwecks standfester Verdichtung der Sportplatzdecke bei Vertragsschluss zugesichert (garantiert), ist jedenfalls das **ungefähre Ausmaß der Abweichung** anzugeben, zumal wenn für die versprochene Qualität eine bestimmte Marge existiert und der Verkäufer als Fachmann daher ein berechtigtes Interesse an der Prüfung hat, ob und wieweit die Beanstandung sich noch in den handelsüblichen Grenzen hält.[488] Der Verkäufer muss also anhand der Mängelrüge erkennen können, in welchem Umfang er möglicherweise aus der Beschaffenheitsgarantie in Anspruch genommen wird und ob er eine drohende Schadensersatzhaftung wegen Nichterfüllung durch eine entsprechende Nachlieferung abwenden kann und soll. Macht der Käufer Ansprüche aus der sog. **Haltbarkeitsgarantie** nach § 443 Abs. 1 BGB geltend, muss aus der Mängelrüge zu erkennen sein, dass der behauptete Sachmangel während der Garantiezeit aufgetreten ist bzw. die garantierte Laufzeit noch nicht abgelaufen ist.

182   Bei Verkäufen nach **Probe** (Muster) reicht die bloße Erklärung, die Ware entspreche nicht dem Muster oder sei **probewidrig,** im Allgemeinen für eine ordnungsgemäße Mängelrüge iSd § 377 Abs. 1 nicht aus. Etwas anderes gilt jedoch dann, wenn der Verkäufer aufgrund der Umstände weiß oder ohne Mühe erkennen kann, dass es dem Käufer bei Vertragsschluss auf eine ganz bestimmte Beschaffenheit oder Eigenschaft ankam und mit der Mängelrüge bei vernünftiger Betrachtung nur das Fehlen dieser Eigenschaft gemeint sein kann.[489] Ebenso ist eine genaue Kennzeichnung der bemängelten Sache nicht erforderlich, wenn diese Kennzeichnung sich hinreichend aus den Umständen ergibt. So liegt es etwa bei einem **Serienfehler** oder in Fällen, in denen der Käufer bei Bemängelung eines Maschinenfehlers im Jahr der Mängelrüge lediglich die eine Maschine vom Verkäufer erworben hat.[490]

---

[480] BGH Urt. v. 17.12.1997 – VIII ZR 231/96, NJW-RR 1998, 680 = WM 1998, 936 (938) mwN; MüKoHGB/*Grunewald* Rn. 67; Staub/*Brüggemann* Rn. 116; Baumbach/Hopt/*Hopt* Rn. 42; KKRD/*Roth* Rn. 12; Oetker/*Koch* Rn. 100; HaKo-HGB/*Stöber* Rn. 51.

[481] Vgl. OLG Bamberg Urt. v. 23.2.1979 – 2 U 127/77, RIW 1979, 566 zu Art. 39 CISG, s. auch RG Urt. v. 2.4.1925 – IV 641/24, LZ 1925, 654 f.

[482] RG Urt. v. 2.4.1925 – IV 641/24, LZ 25, 654 f.

[483] BGH Urt. v. 16.9.1987 – VIII ZR 334/86, BGHZ 101, 337 (339) = NJW 1988, 52 mwN; OLG Köln Urt. v. 13.7.1954 – 9 U 214/54, BB 1954, 613; Baumbach/Hopt/*Hopt* Rn. 37; MüKoHGB/*Grunewald* Rn. 67; Heymann/*Emmerich/Hoffmann* Rn. 70; KKRD/*Roth* Rn. 12; Oetker/*Koch* Rn. 100, HaKo-HGB/*Stöber* Rn. 51; s. auch G. *Müller* ZIP 1997, 661 mwN.

[484] Vgl. *Meeske,* Die Mängelrüge, 1965, 107.

[485] OLG Hamburg Urt. v. 28.3.1952 – 1 U 436/51, BB 1953, 98 (99).

[486] Vgl. OLG Düsseldorf Urt. v. 25.9.1998 – 22 U 62/98, OLG-Report 1999, 1; vgl. auch OLG Hamm Urt. v. 31.8.2004 – 29 U 19/04, OLG-Report 2005, 136.

[487] OLG Hamburg Urt. v. 9.12.1909, OLGE 22, 46; s. dazu auch *Meeske,* Die Mängelrüge, 1965, 108 f.

[488] BGH Urt. v. 21.6.1978 – VIII ZR 91/77, MDR 1979, 50 = BB 1978, 1489.

[489] Vgl. *Meeske,* Die Mängelrüge, 1965, 109.

[490] So auch Oetker/*Koch* Rn. 105.

Wurde die Ware unter einer **handelsüblichen Qualitätsbezeichnung** verkauft, muss der Unter- **183** schied des Istzustandes von der vereinbarten Qualität(Sollbeschaffenheit) in der Mängelrüge gewöhnlich genau bezeichnet werden. Unterscheidet sich die bestellte erste Wahl von der zweiten Wahl durch ein ganz bestimmtes Beschaffenheitsmerkmal, kann die Angabe genügen, dass die gelieferte Sache von **minderer Qualität** ist.[491] Für den Verkäufer als Fachmann ist hier klar zu ersehen, dass die Kaufsache nach Ansicht des Käufers nicht die vertraglich festgelegte Qualitätsstufe hat. Er könnte daher aufgrund der Rüge ohne Nachfrage von sich aus nacherfüllen, indem er Ware in der geschuldeten Qualität liefert. Wird die Rüge bereits auf einen bloßen **Mangelverdacht** gestützt (→ Rn. 154 ff.), müssen grundsätzlich die den Verdacht begründenden Tatsachen mitgeteilt oder zumindest die Symptome beschrieben werden, damit bei Bestätigung des Mangelverdachts die Anzeige sich auch als nicht eigens noch einmal zu wiederholende Mängelrüge tauglich erweist. Grundsätzlich sollte es insoweit ausreichen, dass der Verkäufer dem mehr oder weniger genau beschriebenen Verdacht sofort nachgehen kann. Bestehen Unklarheiten, mag der Verkäufer notfalls nachfragen.

Bei **Mengenabweichungen** iSd § 434 Abs. 3 Alt. 2 BGB sind grundsätzlich genaue Angaben über **184** das **Manko** erforderlich, damit der Verkäufer uU eine entsprechende Nachlieferung vornehmen kann. Allerdings ist auch hier insoweit Zurückhaltung geboten, als bei bestimmten Anhaltspunkten eine Nachlieferung auch ohne präzise Angabe zum Umfang der **Zuweniglieferung** möglich sein kann. Umgekehrt genügt die Erklärung des Käufers, er komme auf einen Gewichtsunterschied zwischen dem angebotenen und dem gelieferten Material auf Verlangen des Bauherrn noch einmal zurück, nicht den Anforderungen von § 377 Abs. 1, da dies inhaltlich über die Ankündigung einer Mängelrüge nicht hinausgeht und auch sonst der Mitteilung noch nicht einmal im Ansatz zu entnehmen ist, wie die Abweichung genau aussieht und ob sie sich dabei noch im Rahmen einer handelsüblichen Toleranz hält, sodass sie auch nicht geeignet ist, den Verkäufer in die Lage zu versetzten, alsbald geeignete Schritte zur Wahrung seiner Rechte zu ergreifen.[492] Ansonsten sind an die Genauigkeit der Mangelanzeige im Allgemeinen geringere Anforderungen zu stellen, wenn aufgrund der Rüge eine sofortige **Arbitrage** eintritt, da dann die Interessen des Verkäufer durch das Arbitrageverfahren hinreichend gewahrt sind und er darüber hinaus ohnehin nur wenig unternehmen kann.[493]

Bei **schnell verderblicher Ware** sind an die Mängelbeschreibung besonders hohe Anforderungen **185** zu stellen, weil sich der Verkäufer häufig selbst nicht mehr von der die Richtigkeit und Vollständigkeit der Angaben überzeugen kann.[494] Bei **Falschlieferungen** (§ 434 Abs. 3 Alt. 1 BGB) muss angegeben werden, worin sich die gelieferte von der bestellten Ware unterscheidet. Dabei ist gleichgültig, ob es sich um ein Identitäts- oder Gattungs-aliud handelt.

An das Gebot der Klarheit und Vollständigkeit der Mängelanzeige iSd § 377 Abs. 1 dürfen anderer- **186** seits keine **übertriebenen Anforderungen** gestellt werden. So ist es nicht nötig, den Sachmangel oder das Fehlen der garantierten Beschaffenheit in **allen Einzelheiten** zu beschreiben. Zur Darstellung der äußeren Erscheinungsform des Mangels iSd § 434 Abs. 1 BGB sind grundsätzlich nur Beschreibungen des Mangelbildes oder Hinweise zu denjenigen Auswirkungen erforderlich, die zur Zeit der Mängelrüge erkannt wurden bzw. erkennbar waren. Es reicht daher aus, wenn die gelieferten Kinderroller als instabil und als bruchanfällig bezeichnet werden.[495] Bei Maschinen und technischen Geräten kann im Allgemeinen nur eine möglichst genaue Beschreibung der Funktionsstörung, nicht aber die Nennung der vermutlichen Fehlerquelle für die Funktionsstörung verlangt werden.[496] Etwas anderes gilt nur in den Fällen, in denen ausnahmsweise ein **Sachverständiger** hinzugezogen wurde. Hier ist zu verlangen, dass die gewonnenen Erkenntnisse in der Mängelrüge fachlich korrekt wiedergegeben werden. Ebenso hat das OLG Düsseldorf[497] etwa zur Rüge eines Mangels einer gekauften, aus Hard- und Software bestehenden EDV-Anlage mit Recht angenommen, die bloße Mitteilung des Käufers, die Anlage funktioniere nicht, sei unzureichend, da auch ein Laie auf dem Gebiet der Datenverarbeitung den Mangel und seine Erscheinungsform – ggf. unter Rückgriff auf die Erfahrungen und Kenntnisse seiner Mitarbeiter – so genau beschreiben muss, dass eine Überprüfung seiner Angaben und der Ausschluss eines Bedienungsfehlers möglich sind.

b) Besondere Interessenlagen. aa) Nachlieferung und Nachbesserung. Der allgemeine **187** Grundsatz, dass nach Sinn und Zweck des § 377 jeder Mangel gesondert gerügt werden muss, damit der Gewährleistungsanspruch erhalten bleibt (→ Rn. 180), gilt nicht uneingeschränkt. Vielmehr ist in den Fällen eine Ausnahme zu machen, in denen der Käufer die Ware nur zum Teil untersucht und wegen eines dabei entdeckten Sachmangels einen nicht von der Hand zu weisenden Nachlieferungs-

---

[491] Vgl. *Meeske*, Die Mängelrüge, 1965, 109.

[492] BGH Urt. v. 21.6.1978 – VIII ZR 91/77, BB 1978, 1489 = LM HGB § 377 Nr. 21; s. auch Baumbach/Hopt/*Hopt* Rn. 42.

[493] MüKoHGB/*Grunewald* Rn. 66 mwN.

[494] Vgl. etwa Baumbach/Hopt/*Hopt* Rn. 23.

[495] BGH Urt. v. 18.6.1986 – VIII ZR 195/85, NJW 1986, 3136 (3137 f.).

[496] Vgl. BGH Urt. v. 19.3.1969 – VIII ZR 78/67, LM HGB § 377 Nr. 12; BGH Urt. v. 3.11.1999 – VIII ZR 287/98, ZIP 2000, 234 (236) = WM 2000, 481 zu Art. 38 Abs. 1, 39 Abs. 1 CISG.

[497] OLG Düsseldorf Urt. v 25.9.1998 – 22 U 62/98, NJW-RR 1999, 563 (564).

anspruch aus § 439 BGB geltend gemacht hat. Unter diesen Umständen kann dem Käufer nicht mit Erfolg entgegengehalten werden, dass er einen weiteren, bis dahin verdeckten Mangel der Kaufsache nicht rechtzeitig gerügt habe. Der Käufer hat die erste Untersuchung der Sache vielmehr zu Recht abgebrochen, weil er sie wegen des entdeckten Mangels zurückgeben wollte. Eine Fortsetzung der Untersuchung wäre jedenfalls dann, wenn sie nicht nur nebenbei hätte mit erledigt werden können, sondern einen nicht unerheblichen zusätzlichen Aufwand erfordert hätte, untunlich gewesen; auch der Verkäufer hätte dies redlicherweise nicht erwarten können. In einem solchen Fall, in dem die angediente Ware wegen des ordnungsgemäß gerügten Mangels komplett gegen eine neue Ware ausgetauscht wird, sind für die Nachlieferung etwaige weitere unentdeckt gebliebene Mängel nicht präkludiert.[498] Dies gilt allerdings dann nicht, wenn die mangelhafte Ware gem. § 439 BGB nicht ausgetauscht, sondern vorerst (nur) **nachgebessert** werden soll. Da der Käufer die Sache hier – vorbehaltlich einer erfolgreichen Nachbesserung – behalten will, können der Verkäufer und der Rechtsverkehr im Allgemeinen erwarten, dass **alle vorhandenen Mängel** unverzüglich und substantiiert gerügt werden.[499] Hierfür spricht auch, dass durch eine (separate) zweite Nachbesserung in aller Regel zusätzliche Kosten entstehen.

188   **bb) Grundsatz der situationsangemessenen Auslegung.** Bevor die rechtzeitige Mängelrüge für nicht hinreichend substantiiert und daher für bedeutungslos angesehen wird, ist im Einzelfall zu prüfen, ob nicht doch im Wege der Auslegung festgestellt werden kann, auf welchen Sachmangel sich die Reklamation bezieht. Mitunter lässt sich aus den Vertragsverhandlungen und/oder aus den nachvertraglichen Erklärungen gem. §§ 133, 157 BGB entnehmen, dass mit der Mangelanzeige aus der maßgeblichen, vielfach zudem durch eine spezifische Sachkunde geprägten Empfängersicht des Verkäufers nur ein ganz bestimmter Mangel iSd § 434 Abs. 1 BGB gemeint sein kann, er trotz unklarer Formulierung aus seiner Sicht und Kenntnis der Dinge also recht genau in der Lage ist zu erkennen, in welchen Punkten und in welchem Umfang der gelieferte Ware als nicht vertragsgemäß beanstandet.[500] Die Kennzeichnung durch Kraftworte wie etwa das gekaufte Apfelmark rieche wie Mist und Jauche[501] oder der Pfefferkuchen sei das reine Leder[502] mögen zwar maßlose Übertreibungen darstellen, lassen aber den gerügten Sachmangel in seinem Kern klar genug erkennen. Dasselbe gilt, wenn der nachgelieferten Sache derselbe Sachmangel anhaftet. Hier muss man bei hinreichenden Bezugnahmen zumeist den ausreichenden Inhalt der ersten Rüge in zweite hineinlesen.[503] Auch kann sich im Fall der Nachbesserung aus der zweiten Rüge mit der gebotenen Klarheit ergeben, dass die Nachbesserung aus der maßgeblichen Sicht des Käufers fehlgeschlagen ist. Zu berücksichtigen ist weiter, dass vom Verkäufer regelmäßig ein gewisses Maß an Fachkunde erwartet werden kann und dass er bei hinreichendem Bemühen des Käufers um Klarheit gem. § 241 Abs. 2 BGB zwecks Erlangung endgültiger Klarheit zum raschen Nachfassen gehalten sein kann, zumal der Käufer die Rüge angesichts ihres Unverzüglichkeitserfordernisses häufig unter einem gewissen Zeitdruck hat fertigen müssen (→ Rn. 177).

189   Ist die Mängelrüge iSd § 377 Abs. 1 unvollständig oder mehrdeutig, kann der Käufer sie innerhalb der ihm noch zur Verfügung stehenden Zeit **ergänzen** und sogar ggf. ganz **neu fassen.** Beim **Streckengeschäft** muss dem Erstkäufer hinreichend Zeit bleiben, um eine Rüge (Reklamation) seines Käufers zu korrigieren oder zu ergänzen, damit sie den Anforderungen von § 377 genügt (→ Rn. 147). Erst wenn die Rügefrist verstrichen ist, ist der redliche Verkäufer vor einem **Nachschieben** von Gründen für die geltend gemachte Sachmängelhaftung geschützt. Einer Anfechtung der ersten Anzeige analog § 119 Abs. 1 BGB bedarf es daher nicht, weil die unvollstände Rüge bis zum Ablauf der Rügefrist korrigiert bzw. ergänzt oder durch eine ganz neue Mängelanzeige ersetzt werden kann (→ Rn. 158).

190   **cc) Kenntnis des Sachmangels.** Allein die Tatsache, dass der Verkäufer den betreffenden Mangel kennt, reicht – worauf auch die Arglistregelung des § 377 Abs. 5 hindeutet – nicht aus, um einer fehlenden oder unzureichenden Mängelrüge rechtliche Bedeutung beizumessen.[504] Denn uU kann für den Verkäufer aus dem Schweigen des Käufers in Verbindung mit anderen aussagekräftigen Umständen der Schluss gerechtfertigt sein, dass dieser mit der Schlechtleistung einverstanden oder, um die Geschäftsbeziehung nicht zu belasten, etwa aus Kulanz oder sonstigen Gründen von seinen Gewährleistungsrechten keinen Gebrauch machen will. Besteht kein berechtigter Zweifel daran, dass der Käufer die Ware nicht genehmigen, sondern den Mangel rügen will, ist die Mängelanzeige letztlich ein

---

[498] Ähnl. *Mankowski* NJW 2006, 865 (866); MüKoHGB/*Grunewald* Rn. 95; Staub/*Brüggemann* Rn. 152; vgl. ferner OLG Düsseldorf Urt. v. 26.11.2004 – 16 U 45/04, NJW-RR 2005, 832 (833).

[499] *Mankowski* NJW 2005, 865 (868); MüKoHGB/*Grunewald* Rn. 96; Staub/*Brüggemann* Rn. 154; Baumbach/Hopt/*Hopt* Rn. 42 mwN; vgl. auch *Lettl* HandelsR § 12 VI Rn. 75.

[500] Vgl. BGH Urt. v. 14.5.1996 – X ZR 75/94, ZIP 1996, 1379 f.; vgl. auch Baumbach/Hopt/*Hopt* Rn. 42.

[501] Vgl. OLG Hamburg Urt. v. 24.10.1902, OLGE 6, 93 f.

[502] *Meeske,* Die Mängelrüge, 1965, 108.

[503] *Mankowski* NJW 2005, 865 (867 f.); zust. HaKo-HGB/*Stöber* Rn. 53.

[504] BGH Urt. v. 24.1.1990 – VIII ZR 22/89, BGHZ 110, 130 (143) = NJW 1990, 1290; MüKoHGB/*Grunewald* Rn. 67; Oetker/*Koch* Rn. 111; HaKo-HGB/*Stöber* Rn. 51 u. 56; BeckOK HGB/*Schwartze* Rn. 60.

– wenn auch als solcher unverzichtbarer – **Formalakt.**[505] Der Verkäufer erfährt durch die Rüge nur etwas, was er selbst schon weiß, sodass jedenfalls an ihren Inhalt **geringere Anforderungen** zu stellen als sonst. Wird dem Verkäufer mit der Anzeige also nur ihm bereits **Bekanntes** mitgeteilt, erfüllt diese generell auch dann ihren Zweck, wenn sie keine hinreichend konkrete Mängelbeschreibung enthält. Das setzt freilich voraus, dass an der Kenntnis des Sachmangels oder der Falsch- bzw. Zuweniglieferung auf Seiten des Verkäufers kein vernünftiger Zweifel besteht. Denkbar ist in dieser Art von Fällen auch, dass der Verkäufer stillschweigend auf eine Mängelrüge oder eine Fristeinhaltung ganz **verzichten** will. Zwar reicht die bloße Kenntnis vom Bestehen des Sachmangels für sich genommen nicht aus.[506] Ein **Verzichtswille** kann sich aber daraus ergeben, dass der Verkäufer die unstreitig mangelhafte Kaufsache vorbehaltlos zurücknimmt oder von sich aus eine kostenlose Nachbesserung vor Ort anbietet.

3. Die Geltendmachung des Rügeversäumnisses. Die Frage, ob ein Rügeversäumnis iSd § 377 **191** von Amts wegen** zu berücksichtigen oder vom Verkäufer in Gestalt einer **Einrede** zumindest konkludent geltend zu machen ist, wird unterschiedlich beantwortet. Nach Ansicht des BGH[507] und der vorherrschenden Ansicht in der Lit.[508] muss der Tatrichter beim beiderseitigen Handelskauf von Amts wegen prüfen, ob der betreffende Sachmangel rechtzeitig und ordnungsgemäß gerügt worden ist. Die einem Eingreifen der Untersuchungs- und Rügeobliegenheit vorgelagerte Ablieferung und deren Zeitpunkt hat allerdings zunächst einmal der Verkäufer darzulegen und zu beweisen,[509] es sei denn, der Käufer hat einen Ablieferungsvorgang vorbehaltlos quittiert.[510] Ist dieser Nachweis geführt, hat der Käufer darzulegen und zu beweisen, dass er den Mangel rechtzeitig nach Ablieferung der Ware ordnungsgemäß gerügt hat, eine bestimmte Rüge also rechtzeitig abgesandt hat (→ Rn. 165 ff., → Rn. 263 f.).[511] Eine auf den Sachmangel gestützte Klage des Käufers ist demzufolge unschlüssig, wenn sich aus ihr nicht ergibt, dass die Regeln des § 377 in der gebotenen Weise beachtet wurden, es sei denn, dass er eine Arglist des Verkäufers substantiiert behauptet.[512] Ansonsten muss der Käufer im Streitfall schlüssig dartun und notfalls beweisen, dass sich der Vertragsgegner etwa wegen schuldhafter Verletzung einer zusätzlichen Nebenpflicht oder nach Treu und Glauben (§ 242 BGB) ausnahmsweise nicht mit Erfolg auf die Regeln des § 377 berufen kann. Das kann der Fall sein, wenn der Verkäufer für die Verspätung der Mängelrüge mitverantwortlich ist oder eine solche (etwa wegen Umzugs oder Geschäftsaufgabe) zwecklos gewesen wäre.[513]

Dagegen steht eine **Mindermeinung**[514] auf dem Standpunkt, dass die Versäumung der Rügefrist – **192** wie die die Sachmängelhaftung betreffende Einrede der Verjährung iSd § 438 BGB iVm § 214 Abs. 1 BGB – lediglich eine **Einrede** zugunsten des Verkäufers begründet, der diese zumindest konkludent erheben muss. Dieser Sichtweise steht aber bereits die der Wortlaut des § 377 Abs. 2 unüberbrückbar entgegen.[515] Denn im Gegensatz zu einer Einrede, die dem Berechtigten eine üblicherweise durch ein „kann" gekennzeichnete Ausübungsbefugnis einräumt,[516] handelt es sich bei dem „gilt … als geneh-

---

[505] So auch HaKo-HGB/*Stöber* Rn. 51 mwN; vgl. ferner Oetker/*Koch* Rn. 105.

[506] BGH Urt. v. 27.6.1990 – VIII ZR 72/89, NJW-RR 1990, 1462 (1464); Baumbach/Hopt/*Hopt* Rn. 47.

[507] BGH Urt. v. 8.11.1979 – III ZR 115/78, NJW 1980, 782 (784) = LM HGB § 377 Nr. 22; ferner OLG Stuttgart Urt. v. 25.9.2003 – 2 U 3/03, CR 2004, 825; OLG München Urt. v. 7.2.2013 – 23 U 4160/12, BeckRS 2013, 3054.

[508] S. zB Heymann/*Emmerich*/*Hoffmann* Rn. 110; Staub/*Brüggemann* Rn. 148; Schlegelberger/*Hefermehl* Rn. 85; Baumbach/Hopt/*Hopt* Rn. 46; KKRD/*Roth* Rn. 21; MüKoHGB/*Grunewald* Rn. 97; HaKo-HGB/*Stöber* Rn. 59; Röhricht/Graf v. Westphalen/Haas/*Steimle*/*Dornieden* Rn. 85; Oetker/*Koch* Rn. 116; im Grundsatz auch *K. Schmidt* HandelsR § 29 III Rn. 37; wohl auch BeckOK HGB/*Schwartze* Rn. 67.

[509] BGH Urt. v. 30.1.1985 – VIII ZR 238/83, BGHZ 93, 338 (347) mwN = NJW 1985, 1333; BGH Urt. v. 4.11.1992 – VIII ZR 165/91, NJW 1993, 461 (463); aA Schiedsgericht des Waren-Vereins der Hamburger Börse 12.9.1986, RKS E 6b Nr. 89; Soergel/*Huber* BGB aF § 462 Rn. 12.

[510] BGH Urt. v. 4.11.1992 – VIII ZR 165/91, NJW 1993, 461 (463).

[511] S. BGH Urt. v. 22.12.1999 – VIII ZR 299/98, NJW 2000, 1415 (1417); BGH Urt. v. 17.12.1997 – VIII ZR 231/96, WM 1998, 936 (938) = NJW-RR 1998, 680; BGH Urt. v. 4.11.1992 – VIII ZR 165/91, NJW 1993, 461 (463); BGH Urt. v. 30.1.1985 – VIII ZR 238/83, BGHZ 93, 338 (347); Urt. v. 13.5.1987 – VIII ZR 137/86, BGHZ 101, 49 (51 ff.) = NJW 1987, 2235.

[512] S. Soergel/*Huber* BGB aF § 462 Rn. 12; aA *K. Schmidt* HandelsR § 29 III Rn. 37: Prüfung „von Amts wegen" nur, soweit sich für den Tatrichter aus dem Prozessstoff ein hinreichender Anhalt für ein Rügeversäumnis aufseiten des Käufers ergibt.

[513] Vgl. BGH Urt. v. 19.6.1991 – VIII ZR 149/90, NJW 1991, 2633 (2634) mwN; BGH Urt. v. 8.11.1979 – III ZR 115/78, NJW 1980, 782 (784); zur Darlegungs- und Beweislast, s. auch BGH Urt. v. 10.1.1983 – VIII ZR 244/81, BGHZ 86, 198 (200) = NJW 1983, 1495 u. BGH Urt. v. 30.1.1985 – VIII ZR 283/83, BGHZ 93, 338 (347) = NJW 1985, 1333.

[514] Düringer/*Hachenburg*/*Hoeniger* Anm. 56; Soergel/*Huber* BGB aF § 462 Rn. 12 Fn. 2; *Fabricius* JZ 1965, 271 (273 f.); s. auch *G. Müller* ZIP 1997, 661 (665) mit Fn. 44 mwN. Dies entspricht der österreichischen Rspr. s. etwa österr. OGH Beschl. v. 28.9.1989 – 7Ob626/89, RIS-Justiz RS0021708 = JBl. 1990, 254; dazu näher Heymann/*Emmerich*/*Hoffmann* Rn. 110 mwN; BeckOK HGB/*Schwartze* Rn. 67. Ebenso noch *G. Müller* → 3. Aufl. 2015, Rn. 214.

[515] So zutr. etwa Heymann/*Emmerich*/*Hoffmann* Rn. 110; MüKoHGB/*Grunewald* Rn. 97.

[516] ZB §§ § 273, 320 f. BGB, ähnl. § 214 Abs. 1 BGB.

Achilles

migt" um eine unwiderlegliche gesetzliche Vermutung bzw. Fiktion[517], die – wenn auch als seitens des Verkäufers verzichtbare Einwendung (→ Rn. 239) – ipso jure Geltung beanspruchen kann.

V. Rechtsfolgen versäumter Mängelrügen

193   **1. Vorüberlegung.** § 377 Abs. 2 und 3 sprechen im Falle des Rügeversäumnisses des Käufers von einer **Genehmigung** der mangelhaften Ware. Ansprüche wegen der vertragswidrigen Beschaffenheit der angedienten Sache stehen dem Käufer danach –vorbehaltlich eines arglistigen Verschweigens des Sachmangels (Abs. 5) – nicht mehr zu. Insoweit muss der Käufer sich rechtlich im Ergebnis so behandeln lassen, als habe er sich durch konkludente Vertragsänderung mit der Lieferung der ursprünglich nicht vertragsgemäßen Ware einverstanden erklärt.[518] Anders als in §§ 182 ff. BGB ist mit Genehmigung iSd § 377 Abs. 2 und 3 die **Billigung** des gelieferten Gegenstandes **als vertragsgemäß** gemeint.[519] Die Genehmigung iSv. § 377 Abs. 2 und 3 wirkt uU auch im Verhältnis zu Dritten, ohne dass es auf die Kaufmannseigenschaft des Betroffenen ankommt.[520] Dagegen ist die Genehmigungswirkung in dinglicher Hinsicht bedeutungslos. Hat der Käufer das Eigentum an der Ware bei oder nach ihrer Ablieferung nicht gem. §§ 929 ff. BGB erworben, so wird er nicht durch Versäumung der Mängelrüge automatisch Eigentümer.[521]

194   **2. Verlust sämtlicher Gewährleistungsansprüche. a) Grundsätze.** Die Folge des Rügeversäumnisses ist, dass die angediente Ware trotz der ihr zum maßgeblichen Zeitpunkt des Gefahrübergangs anhaftenden Sachmängel iSd § 434 BGB als **vertragsgerecht** anzusehen ist.[522] Infolgedessen sind vorbehaltlich weiterer, aber erst später sichtbar werdender verdeckter Mängel alle Ansprüche des Käufers ausgeschlossen, die nichts weiter voraussetzen als das Vorliegen eines Sachmangels zum Zeitpunkt des Gefahrübergangs. Der Betroffene kann daher zumindest nicht mehr die aus dem Sachmangel resultierenden und in § 437 BGB aufgeführten Gewährleistungsansprüche geltend machen. Dagegen werden **Rechtsmängel** nach zutreffender Ansicht von § 377 nicht erfasst (→ Rn. 60 ff.), sodass eine etwa nach § 377 Abs. 2 und 3 wegen Sachmängeln eingetretene Genehmigungsfunktion sich hierauf nicht erstreckt und Gewährleistungsansprüche aus Anlass von Rechtsmängeln unberührt bleiben. Eine Ausnahme bildet allerdings der Fall, dass die Kaufsache mit einem Sachmangel behaftet ist, der zugleich einen Rechtsmangel beinhaltet, also wenn der Käufer zB Dieselkraftstoff bestellt und dieser vertragswidrig mit Heizöl vermischt geliefert wird, sodass ein Beschlagnahmerecht der Zollbehörde entsteht.[523] Zwar muss in einer solchen Konstellation lediglich der Sachmangel gerügt werden.[523] Hier bestand im Übrigen auch schon vor der Schuldrechtsreform für den Kaufmann gem. § 377 eine Rügepflicht, da er die **physische Beschaffenheit** des Heizöls untersuchen und gegebenenfalls als nicht vertragsgemäß rügen musste, um wegen dieses Umstandes seine Gewährleistungsrechte zu erhalten (→ Rn. 66).

195   Von der Genehmigungswirkung des § 377 Abs. 2 (bzw. Abs. 3) werden **alle** in § 437 BGB normierten **Gewährleistungsansprüche** (Nacherfüllung in Form der Nachbesserung oder Nachlieferung, Rücktritts- und Minderungsrecht, mangelbedingter Schadens- und Aufwendungsersatz) erfasst. Der Käufer kann sich daher nicht durch die Wahl eines bestimmten Gewährleistungsrechts oder durch Erhebung der allgemeinen Mängeleinrede bzw. Einrede der mangelbedingten Nichterfüllung[524] den weitreichenden Rechtsfolgen des Rügeversäumnisses entziehen. Letzteres gilt freilich nur in dem Fall, dass die Einrede nach Gefahrübergang erhoben wird. Erhebt er sie vorher, kann § 377 mangels Ablieferung der mangelhaften und unvollständigen Ware keine Rechtswirkungen zum Nachteil des Käufers entfalten (→ Rn. 151). Bei Vorliegen einer **Lieferkette** iSd §§ 478, 479 BGB mit einer neu hergestellten Sache als Kaufgegenstand verliert der säumige Käufer gem. § 445a Abs. 4 BGB zudem auch den besonderen **Aufwendungsersatzanspruch aus § 445a BGB bzw. § 439 Abs. 2 BGB**

---

[517] BGH Urt. v. 8.11.1979 – III ZR 115/78, NJW 1980, 782 (784); vgl. ferner BGH Urt. v. 8.11.2016 – II ZR 304/15, BGHZ 212, 342 Rn. 27; BGH Urt. v. 21.3.1986 – V ZR 10/85, BGHZ 97, 269 (270 f.); Urt. v. 14.11.1979 – VIII ZR 241/78, ZIP 1980, 186 (188); MüKoZPO/*Prütting* ZPO § 292 Rn. 9.

[518] Zu der iErg aber eher bedeutungslosen Streitfrage, ob eine Genehmigung iSd § 377 Abs. 2 und 3 sogar unmittelbar eine Änderung der von den Parteien vertraglich festgelegten Sollbeschaffenheit bewirkt oder nicht G. *Müller* → 3. Aufl. 2015, Rn. 219.

[519] Zur Beurteilung der Genehmigungswirkung in der Rspr. des Reichsgerichts G. *Müller* → 3. Aufl. 2015, Rn. 220.

[520] S. BGH Urt. v. 8.11.1979 – III ZR 115/78, NJW 1980, 782 (784): zum finanzierten Kauf; vgl. auch KKRD/*Roth* Rn. 21; Heymann/*Emmerich/Hoffmann* Rn. 104; MüKoHGB/*Grunewald* Rn. 116; Baumbach/Hopt/*Hopt* Rn. 45.

[521] RG Urt. v. 2.11.1923 – II 529/22, RGZ 108, 26 f.; s. auch Schlegelberger/*Hefermehl* Rn. 83.

[522] StdRspr, s. etwa BGH Urt. v. 16.9.1987 – VIII ZR 334/86, BGHZ 101, 337 (348) = NJW 1988, 52; Staub/ *Brüggemann* Rn. 166; KKRD/*Roth* Rn. 24; Heymann/*Emmerich/Hoffmann* Rn. 103; Baumbach/Hopt/*Hopt* Rn. 45; GK–HGB/*Achilles* Rn. 54; *Hübner* HandelsR § 7 D IV Rn. 631; *K. Schmidt* HandelsR § 29 III Rn. 112 ff.; *Oetker* HandelsR § 8 D II 2a Rn. 32 ff.; *Hönn* BB 1978, 685 (688).

[523] S. *Stöber*, Beschaffenheitsgarantien des Verkäufers, 2006, 148 mwN unter Bezugnahme auf die Entscheidung des BGH v. 5.12.1990 – VIII ZR 75/90, BGHZ 113, 106 ff., in der es jedoch erst nach Gefahrübergang zu der Vermischung gekommen war.

[524] Vgl. etwa Schlegelberger/*Hefermehl* Rn. 82; *Niedrig*, Die Mängelrüge, 1994, 136, jeweils zum alten Sachmängelrecht; Baumbach/Hopt/*Hopt* Rn. 38; MüKoHGB/*Grunewald* Rn. 97: zum neuen Gewährleistungsrecht.

gegen seinen Vorlieferanten, wenn er von seinem Käufer wegen der Vertragswidrigkeit der Ware in Anspruch genommen wurde.[525]

Gleiches gilt in Bezug auf die an die Stelle der früheren Zusicherungshaftung getretene **verschul-** **196** **densunabhängige Schadensersatzhaftung** des Verkäufers wegen Fehlens einer bei Vertragsschluss **garantierten Beschaffenheit** der Sache (§§ 442, 444, 445 BGB).[526] Da die sich auf die sachliche Beschaffenheit der Sache im Zeitpunkt des Gefahrübergangs beziehende kaufvertragliche Garantie- erklärung den Käufer nicht von der Untersuchung der gelieferten Kaufsache nach § 377 Abs. 1 entbindet (→ Rn. 77, → Rn. 222 f.), versteht es sich von selbst, dass der Schadensersatzanspruch wegen Nichterfüllung von der Genehmigungsfiktion der § 377 Abs. 2 und 3 erfasst wird.[527] Übernimmt der Verkäufer dagegen bei Vertragsschluss die Garantie für einen Umstand, der nicht zur Beschaffenheit der Ware gehört, handelt es sich um einen **selbstständigen (besonderen) Garantievertrag,** für den die Regelungen des § 377 nicht einschlägig sind (→ Rn. 221) Das Gleiche gilt für den aus einem **selbst- ständigen Beratungsvertrag** resultierenden Schadensersatzanspruch (→ Rn. 219 f.).

Nach der Rspr. des BGH erfasst die Genehmigungsfiktion des § 377 Abs. 2 (bzw. Abs. 3) **alle** **197** **Gewährleistungsansprüche** des Käufers iSd § 437 BGB, also auch solche Ansprüche, die darauf beruhen, dass der Verkäufer/Hersteller den Käufer durch die Lieferung der fehlerhaften Sache geschä- digt und der Verkäufer die Schlechtleistung verschuldet hat, und zwar ohne Rücksicht darauf, ob der Schaden beim Käufer selbst oder erst bei seinem Vertragspartner auftritt und er diesen Schaden entweder ganz oder zum Teil ersetzen muss.[528] Der Umstand, dass der Verkäufer nach den Regeln des § 437 Nr. 3 BGB iVm §§ 280 ff. BGB grundsätzlich für alle durch den Sachmangel verursachten Schäden haftet, sofern er für den Mangel verantwortlich ist, ihn also ein Eigenverschulden oder zurechenbares Fremdverschulden trifft, führt dazu, dass § 377 Abs. 2 (bzw. Abs. 3) alle Ersatzansprüche einschließlich eines mangelbedingten Schadensersatzes neben der Leistung erfasst, die aus einer ver- schuldeten Schlechtlieferung resultieren.[529] Erst wenn zu der verschuldensabhängigen Vertragshaftung des Verkäufers oder Werklieferanten eine **deliktische Haftung** aus § 823 BGB hinzukommt, geht nur der vertragliche Schadensersatzanspruch nach § 377 Abs. 2 oder Abs. 3 unter, während der deliktische Anspruch im Regelfall bestehen bleibt, allerdings wegen des Rügeversäumnisses gem. § 254 BGB gekürzt werden kann (näher → Rn. 228 ff.).[530]

b) Einzelheiten. aa) Falschlieferung. Nach § 434 Abs. 3 Alt. 1 BGB steht es einem Sachmangel **198** im Sinne von Abs. 1 gleich, wenn der Verkäufer eine andere als die geschuldete Sache liefert. Da dies auch für den beiderseitigen Handelskauf gilt und es nach dem Willen des Gesetzgebers der Schuldrechtsreform nicht mehr auf die umstrittene Frage der Genehmigungsfähigkeit der Falsch- lieferung iSd § 378 aF ankommt, wurde letztere Vorschrift ersatzlos gestrichen. § 434 Abs. 3 Alt. 1 BGB erfasst nach Wortlaut und Entstehungsgeschichte auch das sog. Identitäts-aliud. Bereits der eindeutige Gesetzeswortlaut unterscheidet nicht zwischen Stück- und Gattungskauf (→ Vor § 377 Rn. 67 ff.). Zudem musste das Identitäts-aliud beim beiderseitigen Handelskauf grundsätzlich schon gem. § 378 aF gerügt werden, und die Untersuchungs- und Rügeobliegenheit sollte nach dem Willen des Gesetzgebers der Schuldrechtsreform gerade nicht eingeschränkt, sondern infolge des Wegfalls des Erfordernisses der Genehmigungsfähigkeit iSd § 378 aF eher erweitert werden. Die umfassende Gleichstellung von Schlecht- und Falschlieferung nach § 434 Abs. 1 Alt. 1 setzt jedoch auf Seiten des Verkäufers einen als Tilgungsbestimmung für den Käufer erkennbar gewordenen Zusammenhang zwischen Leistung und Verpflichtung des Verkäufers voraus.[531] Die gelieferte Sache muss daher aus der Sicht eines vernünftigen Käufers als Erfüllung der Lieferpflicht in Betracht kommen. Dies ist bei **offensichtlicher Verwechslung** oder bei **bewusster,** ersichtlich ein neues Vertragsangebot enthaltener **Lieferung anderer Ware** nicht der Fall.[532] Beide Fälle stehen daher der

---

[525] MüKoHGB/*Grunewald* Rn. 97; Baumbach/Hopt/*Hopt* Rn. 48; HaKo-HGB/*Stöber* Rn. 60 u. 57; KKRD/ *Roth* Rn. 24; BeckOK HGB/*Schwartze* Rn. 73; Soergel/*Wertenbuch* BGB aF § 478 Rn. 211; *Schubel* ZIP 2002, 2061 (2070); vgl. ferner *Hübner* HandelsR § 7 D IV 6 Rn. 640.

[526] Vgl. BGH Urt. v. 28.4.1976 – VIII ZR 244/74, BGHZ 66, 208 (212) = NJW 1976, 1353; BGH Urt. v. 12.12.1958 – VIII ZR 175/57, LM HGB § 377 Nr. 4; *Niedrig,* Die Mängelrüge, 1994, 136 mwN.

[527] *G. Müller* ZIP 2002, 1178; zust. *Sieber,* Die Mängelanzeige beim Warenkauf, 2008, 45; s. ferner Oetker/*Koch* Rn. 117 mwN; eingehend HaKo-HGB/*Stöber* Rn. 76 ff.; s. auch *Canaris* HandelsR § 29 V Rn. 50; *K. Schmidt* HandelsR § 29 III Rn. 73; BeckOK HGB/*Schwartze* Rn. 69; vgl. auch Baumbach/Hopt/*Hopt* Rn. 48; KKRD/ *Roth* Rn. 24.

[528] So insbes. BGH Urt. v. 30.4.1975 – VIII ZR 164/73, WM 1975, 562 (564) = NJW 1975, 2011; vgl. auch *U. Huber* AcP 177 (1977), 281 (308).

[529] Zutr. *Canaris* HandelsR § 29 V Rn. 75; s. ferner MüKoHGB/*Grunewald* Rn. 102 u. 103; Oetker/*Koch* Rn. 117; Baumbach/Hopt/*Hopt* Rn. 48; KKRD/*Roth* Rn. 24 u. 27; HaKo-HGB/*Stöber* Rn. 60; *Oetker* HandelsR § 8 V Rn. 60. So zur Rechtslage vor der Schuldrechtsreform bereits BGH Urt. v. 16.9.1987 – VIII ZR 334/86, BGHZ 101, 337 (339 f.) = NJW 1988, 52.

[530] BGH Urt. v. 16.9.1987 – VIII ZR 334/86, BGHZ 101, 337 (343 ff.) = NJW 1988, 52.

[531] Vgl. BT-Drs. 14/6040, 216.

[532] Dazu eingehend *G. Müller* WM 2011, 1249 (1251 ff.); zust. Baumbach/Hopt/*Hopt* Rn. 16; vgl. auch *K. Schmidt* HandelsR § 29 III Rn. 71 f.

nicht von § 377 erfassten Nichterfüllung wesentlich näher als die üblichen Fälle der Schlecht- oder Falschlieferung (iE → Rn. 67 ff.).

199   **bb) Die höherwertige Lieferung.** Wer vor der Schuldrechtsreform der Ansicht war, dass der Käufer die genehmigungsfähige Mehrlieferung nach § 378 aF im Regelfall voll bezahlen muss, weil die Nichtrüge für den Käufer sonst ohne Folgen bliebe, musste dies bei der irrtümlichen Lieferung eines **höherwertigen Aliud** genauso entscheiden. Die Versäumung der Rüge führte dann also gem. § 377 Abs. 2 nicht nur dazu, dass der Käufer die wertvollere Ware behalten musste, weil der Anspruch auf Lieferung der bestellten, geringerwertigen Ware erloschen war. Vielmehr bewirkte die Genehmigungsfiktion nach dieser Sichtweise auch, dass der Käufer zugleich einen **höheren Preis** für die an die Stelle der Kaufsache getretene Ware schuldete.[533] Die heute ganz überwiegende Meinung beurteilt die Rechtslage mit Recht anders. Sofern am Maßstab des § 243 Abs. 1 BGB, der nicht selten auch die Lieferung höherwertiger Ware aus der vereinbarten Gattung als vertragsgemäß zulässt,[534] überhaupt ein rügepflichtiger, zur Zurückweisung der Ware berechtigender Mangel vorliegt (→ Vor § 377 Rn. 70 f.),[535] führt eine Verletzung der Rügeobliegenheit jedenfalls nicht zur Anpassung des Kaufpreises.[536] Denn das wäre in der Rechtsfolge eine Sanktion, die § 377 als Folge einer Obliegenheitsverletzung des Käufers gerade nicht vorsieht.[537] Ferner ist man sich jedenfalls im Ergebnis darin einig, dass der Verkäufer die wertvollere Sache gem. § 812 Abs. 1 S. 1 Alt. 1 BGB herausverlangen kann, wenn es ihm gelingt, seine Tilgungsbestimmung analog § 119 Abs. 1 BGB wirksam anzufechten,[538] weil er einem **Identitätsirrtum** iSd § 119 Abs. 1 BGB erlegen ist, indem er oder seine Leute sich etwa bei der Zuordnung der Ware zu dem zu beliefernden Vertrag vergriffen haben, oder wenn es – was dann ggf. sogar zur Anwendung von § 120 BGB führen könnte – sonst im Zuge der Versendung zu einer Vertauschung gekommen ist.[539] In diesem Fall würde die erbrachte Leistung entsprechend § 142 Abs. 1 BGB ex tunc bestimmungslos mit der Folge, dass es damit an einer auf den zugrunde liegenden Kaufvertrag bezogenen (Erst-)Erfüllung fehlte und der zu ihrem Zweck erbrachte Liefervorgang ohne causa dastünde.[540] Dagegen läge bereits kein zur Anfechtung der Tilgungsbestimmung berechtigender Irrtum vor, wenn der Verkäufer sich nur über den Inhalt seiner Lieferpflicht, namentlich die Qualität der zu liefernden Ware, geirrt hat. Denn die bessere Qualität als solche kann mit Rücksicht darauf, dass auch eine derartige Leistung vielfach zur Herbeiführung der Erfüllungswirkung nach § 362 Abs. 1 BGB geeignet ist, kaum als irrtumstaugliche wesentliche Eigenschaft der Ware iSv § 119 Abs. 2 BGB angesprochen werden.[541]

200   Eine **Kollision** mit dem an sich vorrangigen kaufrechtlichen Gewährleistungsrecht entsteht durch die Zulassung einer solchen Rückforderungsmöglichkeit schon deshalb nicht, weil der Verkäufer dem Käufer nicht dessen Gewährleistungsrechte entziehen will, die ihrerseits eine zwar wirksame, aber nicht den Anforderungen des § 433 Abs. 1 S. 2 entsprechende Ersterfüllung voraussetzen,[542] sondern nur die irrtümlich als vermeintlich erfüllungstauglich gelieferte wertvollere Sache Zug um Zug (§ 273 BGB) gegen die tatsächlich geschuldete Kaufsache austauschen will. Denn auch § 434 Abs. 3 Alt. 1 BGB und die daran anknüpfenden Gewährleistungsregeln setzen voraus, dass der Verkäufer die Sache nach dem Empfängerhorizont des Käufers zuvor wirksam als Leistung zur Erfüllung seiner Lieferpflicht erbracht hat.[543] Mit der erfolgreichen Anfechtung der Tilgungsbestimmung verliert jedoch nicht nur der ursprüngliche Erfüllungsakt entsprechend § 142 Abs. 1 BGB ex tunc seine Wirkung. Dass dies wertungsmäßig auch § 377 nicht zuwider läuft, folgt im Übrigen bereits daraus, dass die Genehmigungsfiktion des § 377 Abs. 2 ein in erster Linie zu Lasten des Käufers wirkendes Instrument

---

[533] So ausdr. Schlegelberger/*Hefermehl* HGB aF § 378 Rn. 10, 22 f., vgl. ferner *Marburger* JuS 1983, 1 (11); zum Meinungsstand zuletzt *G. Müller* WM 2018, 1673 (1674).

[534] Dazu MüKoBGB/*Emmerich* BGB § 243 Rn. 21; BeckOGK/*Beurskens* BGB § 243 Rn. 59; Staudinger/*Schiemann*, 2015, BGB § 243 Rn. 25 mwN; vgl. zur ähnlichen Problemlage bei § 439 BGB, bei dem der Nachlieferungsanspruch auch auf eine höherwertige Sache gehen kann, sofern diese alle vertragswesentlichen Merkmale in mindestens der geforderten Beschaffenheit aufweist, BGH Urt. v. 11.12.2019 – VIII ZR 361/18, ZIP 2020, 419 Rn. 41 f. sowie BGH Beschl. v. 8.1.2019 – VIII ZR 225/17, WM 2019, 424 Rn. 31, 33 mwN.

[535] Dazu BeckOK BGB/*Sutschet* BGB § 243 Rn. 14; BeckOGK/*Beurskens* BGB § 243 Rn. 60 f. mwN.

[536] S. etwa OLG Hamm Urt. v. 29.11.2002 – 11 U 92/02, NJW-RR 2003, 613 f.; MüKoHGB/*Grunewald* Rn. 110; Oetker/*Koch* Rn. 132; Heymann/*Emmerich/Hoffmann* Rn. 117; KKRD/*Roth* Rn. 27a; *Canaris* HandelsR § 29 V Rn. 73 f.; *K. Schmidt* HandelsR § 29 III Rn. 120; *Oetker* HandelsR § 8 V Rn. 58; früher schon *Koppensteiner* BB 1971, 547 (551); s. ferner *Böhler*, Grundwertungen zur Mängelrüge, 2000, 196.

[537] HaKo–HGB/*Stöber* Rn. 62; MüKoHGB/*Grunewald* Rn. 110; Heymann/*Emmerich/Hoffmann* Rn. 115.

[538] Eingehend *Thomale*, Leistung als Freiheit, 2012, 38 ff.; *Tiedtke/Schmitt* JZ 2004, 1092 (1097 ff.) – Zur Anfechtungsmöglichkeit bei der Tilgungsbestimmung BGH Urt. v. 6.12.1988 – XI ZR 81/88, BGHZ 106, 163 (167 f.); ferner MüKoBGB/*Fetzer* BGB § 366 Rn. 9, 11 mwN.

[539] *G. Müller* WM 2018, 1673 (1677); vgl. ferner Staudinger/*Schiemann*, 2015, BGB § 243 Rn. 26.

[540] *G. Müller* WM 2018, 1673 (1677 f.).

[541] s. zur Staudinger/*Schiemann*, 2015, BGB § 243 Rn. 26; BeckOGK/*Beurskens* BGB § 243 Rn. 59.

[542] Vgl. MüKoBGB/*Grundmann* BGB § 276 Rn. 25.

[543] Vgl. BT-Drs. 14/6040, 216; *Thomale*, Leistung als Freiheit, 2012, 39.

darstellt; dagegen hat es der Verkäufer in der Hand, aufgrund der Dispositivität des § 377 auf die Genehmigungswirkung zu verzichten.[544]

cc) Zuweniglieferung. Gemäß § 434 Abs. 3 Alt. 2 BGB steht es einem Sachmangel gleich, wenn **201** der Verkäufer vertragswidrig eine zu geringe Menge gleichartiger Sachen liefert. Jede unbewusste Minderlieferung, auch eine geringe, wird von den Regeln des § 377 Abs. 2 bzw. 3 erfasst. Dagegen ist § 434 Abs. 3 Alt. 2 BGB nicht anwendbar, wenn von mehreren verschiedenen Kaufsachen nicht alle oder von einer einheitlichen Kaufsache nur Teile geliefert werden (→ Rn. 69). Die Anwendung von § 434 Abs. 3 Alt. 2 BGB ist außerdem in Bezug auf die Minderlieferung von Sachen, die nach Stück und Gewicht bestimmt werden, dahin einzuschränken, dass die Lieferung für den Käufer erkennbar als **vollständige Erfüllung des Vertrages** ausgeführt wird, wozu Lieferschein und/oder Rechnung einen deutlichen Anhalt bieten können. Bei einer bewussten und für den Käufer erkennbaren **Teilleistung** erbringt der Verkäufer dagegen ersichtlich nicht die nach dem Vertrag geschuldete Menge, sondern lediglich eine Teilleistung (→ Rn. 69 f.). Je größer die Abweichung im Einzelfall ist, desto eher ist nach dem objektiven Empfängerhorizonts anzunehmen, dass es sich um eine bewusste Teilleistung handeln soll. Damit entfällt dann jedenfalls hinsichtlich des Leistungsumfangs zugleich der für die Anwendung der handelsrechtlichen Untersuchungs- und Rügeobliegenheit in § 377 Abs. 1 unerlässliche, nach §§ 433 f. BGB aus dem bürgerlichem Recht heraus zu bestimmende Mangel.[545] Ist die Zuweniglieferung hingegen nach § 434 Abs. 3 Alt. 2 BGB einem Mangel gleichzustellen, muss der Käufer sie bei Vorliegen der Voraussetzungen des § 377 Abs. 2 oder Abs. 3 in voller Höhe bezahlen, und zwar unabhängig davon, ob im zugrunde liegenden Kaufvertrag ein Pauschalpreis vereinbart wurde oder sich der Preis nach Einheiten bestimmt.[546]

dd) Vertragswidrige Teilleistungen. Nicht vereinbarte oder handelsunübliche Teilleistungen (zur **202** Abgrenzung von Zuwenigleistungen → Rn. 201 sowie Vor § 377 Rn. 78 ff.) kann der Käufer nach § 266 BGB zurückweisen. Macht er von diesem Recht – etwa aus Unkenntnis oder Rücksichtnahme auf den Vertragspartner – keinen Gebrauch, ist streitig, ob bereits hinsichtlich des jeweils empfangenen Teils der Ware eine Untersuchungs- und Rügeobliegenheit nach § 377 besteht oder ob diese bis zum Empfang der letzten Teilleistung aufgeschoben werden kann. Voraussetzung für ein Eingreifen der Untersuchungs- und Rügeobliegenheit ist jedoch stets, dass jede **Teilleistung für sich verwendbar ist,**[547] sodass die einzelnen Teile einer selbstständigen Beurteilung zugänglich sind.[548] Ist hingegen nur der vollständige Lieferumfang in seiner Gesamtheit verwend- oder überprüfbar (wie etwa bei einem Bausatz zur Errichtung eines Gartenhauses) oder erfolgen die vertragswidrigen Teillieferungen in so kurzen zeitlichen Abständen, dass eine gesonderte Untersuchung unter Berücksichtigung der Umstände untunlich erscheint, insbesondere der Zeitgewinn so gering ist, dass der abredewidrig liefernde Verkäufer den mit einer unverzüglichen Überprüfung verbundenen Mehraufwand billigerweise nicht erwarten darf, kann der Käufer verzögerungsunschädlich das Eintreffen der Gesamtmenge abwarten.[549] Die Untersuchungs- und Rügeobliegenheit bei vertragswidrigen Teilleistungen dagegen generell erst mit der letzten Teilleistung entstehen zu lassen,[550] ist nicht gerechtfertigt. Denn der Käufer hat es in der Hand, die offen ausgewiesene Teilleistung, um die es in diesen Fällen allein geht,[551] gem. § 266 BGB zurückzuweisen. Wenn er von diesem Recht, dessen Ausübung keiner weiteren Begründung bedarf, keinen Gebrauch macht, kann er sich auch nicht den daraus resultierenden gesetzlichen Folgen – hier einer Anwendbarkeit des § 377 – entziehen (dazu auch → Rn. 50, 52).

ee) Zuviellieferung. Zuviellieferungen stellen als solche keinen Sachmangel dar und werden daher **203** von § 434 Abs. 3 BGB einem solchen nicht gleichgestellt. Vielmehr geht es bei der Zuviellieferung in ihrem Kern um nichts anderes als um die **Zusendung unbestellter Ware,** und zwar unabhängig davon, ob die Zuviellieferung auf der Rechnung offen ausgewiesen ist oder nicht. Der Käufer ist in diesen Fällen berechtigt, die Annahme der ganzen Lieferung zu verweigern und die Entgegennahme auf die geschuldete Menge zu beschränken bzw. bei – bisweilen sogar notgedrungener (vgl. § 379) – Annahme der ganzen Lieferung vom Verkäufer die Abholung der Zuviellieferung zu verlangen. § 377 findet hierauf keine Anwendung. Anders sieht es aber aus, wenn die Zuviellieferung über den üblichen Aufbewahrungsaufwand hinaus von der geschuldeten Liefermenge zu deren Verwendung erst noch

---

[544] So etwa HaKo-HGB/*Stöber* Rn. 63; Oetker/*Koch* Rn. 130 f.; KKRD/*Roth* Rn. 27a; *Canaris* HandelsR 3 29 V Rn. 74; *Oetker* HandelsR § 8 V Rn. 60; s. auch *Steinbeck* HandelsR § 35 Rn. 33.

[545] *Oetker* FS Canaris Bd. II, 2007, 313, 321; ebenso *Hübner* HandelsR § 7 D Rn. 603.

[546] Baumbach/Hopt/*Hopt* Rn. 18; HaKo-HGB/*Stöber* Rn. 64; MüKoHGB/*Grunewald* Rn. 110 mwN; Oetker/*Koch* Rn. 133; *Canaris* HandelsR § 29 V Rn. 72; *Linnerz,* Die Untersuchungs- und Rügepflicht im CISG und im HGB, 2014, 215 f.

[547] S. etwa Heymann/*Emmerich/Hoffmann* Rn. 69 mwN.

[548] Vgl. etwa BGH Urt. v. 1.2.1962 – VII ZR 213/60, BGHZ 36, 316 (318); dazu eingehend *U. Huber,* Leistungsstörungen, Bd. II, 1999, § 45 I 2b mwN.

[549] S. RG Urt. v. 12.1.1899 – VI 361/98, RGZ 43, 64 (65 f.); RG Urt. v. 18.11.1932 – II 140/32, RGZ 138, 331 (338 ff.) = JW 1933, 1249 ff.; Baumbach/Hopt/*Hopt* Rn. 30; Heymann/*Emmerich/Hoffmann* Rn. 69.

[550] So noch *G. Müller* → 3. Aufl. 2015, Rn. 229.

[551] So zutr. Oetker/*Koch* Rn. 31 mwN.

unter Mühen und Kosten **getrennt werden muss,** sodass die Zuviellieferung auf diese Weise zugleich auf die geschuldete Beschaffenheit der vertraglich vereinbarten Warenmenge durchschlägt (→ Vor § 377 Rn. 83). Dann liegt es genauso wie in dem Fall, dass die gelieferte Kaufsache nicht das im Kaufvertrag vereinbarte Maß oder Gewicht hat (→ Rn. 72). Auch hier weicht die vertraglich fest-gelegte Sollbeschaffenheit der Sache von der Istbeschaffenheit zum Nachteil des Käufers/Bestellers ab mit der Konsequenz, dass im Regelfall ein Sachmangel gemäß § 434 Abs. 1 BGB besteht, der nach § 377 zu rügen ist (→ Rn. 72).

204   **ff) Montagefehler.** Montagefehler oder **mangelhafte Montageanleitungen** des Verkäufers stellen unter den Voraussetzungen des § 434 Abs. 2 Satz 1 BGB einen Sachmangel der Kaufsache dar (näher → Vor § 377 Rn. 37 f.). Sie werden daher ebenfalls von der Genehmigungswirkung des § 377 Abs. 2 und 3 erfasst. Dies gilt aber nicht für **reine Werkverträge** iSd § 631 BGB, auf die § 377 keine unmittelbare oder entsprechende Anwendung findet (→ Rn. 4, 73).

205   **c) Ausnahme: Arglist des Verkäufers. aa) Grundsätze.** Gemäß § 377 Abs. 5 bleibt das Rüge-versäumnis ohne Folgen, wenn der Verkäufer den Sachmangel der gelieferten Sache arglistig ver-schwiegen hat. Diese Regelung entspricht dem auch in § 438 Abs. 3 S. 1 BGB zum Ausdruck kommenden Gedanken, dass der arglistige Verkäufer weit weniger schutzwürdig ist und allgemeine Verkehrsinteressen an einer möglichst kurzen Verjährungsfrist unter diesen Umständen zurückzutreten haben. Nach stRspr des BGH[552] verschweigt ein Verkäufer einen offenbarungspflichtigen Mangel bereits dann arglistig, wenn er ihn mindestens für möglich hält und gleichzeitig damit rechnet und billigend in Kauf nimmt, dass der Vertragspartner den Fehler nicht kennt und bei Kenntnis den Kaufvertrag nicht oder nicht mit dem vereinbarten Inhalt abgeschlossen hätte. Wann das der Fall ist, ist Tatfrage. Der Tatrichter darf dabei nicht nur einzelne Umstände des Falles isoliert in den Blick nehmen; vielmehr müssen alle Umstände und Verhältnisse in ihrer Gesamtheit Berücksichtigung finden.[553] Dem **arglistigen Verschweigen** eines Sachmangels ist der Fall des **Vorspiegelns** einer nicht vorhandenen positiven Beschaffenheit (Eigenschaft) der Sache gleichzustellen (weitere Einzelnen → Vor § 377 Rn. 47 ff.).[554] Die sofortige Erkennbarkeit eines Mangels kann dabei zwar der Annahme einer Arglist auf Seiten des Verkäufers entgegen stehen, wenn infolge der Offensichtlichkeit des Mangels an eine Täuschung nicht zu denken ist; das gilt jedoch nicht, wenn der Verkäufer gleichwohl mit einem Untersuchungs- und Rügeversäumnis durch den Käufer rechnet, weil nach den Umständen die Offensichtlichkeit nur auf Verdachtsmomenten aufbaut, bei denen es durchaus nicht fernliegt, dass der Käufer sie übersieht oder ihnen nicht die nötige Bedeutung beimisst.[555] Eine **Ursächlichkeit** zwischen dem arglistigen Verschweigen des Sachmangels (oder dem arglistigen Vorspiegeln der Mangelfreiheit) und dem Unterbleiben einer fristgemäßen Mängelrüge ist nicht erforderlich.[556] Allerdings beschränkt sich die Wirkung des § 377 Abs. 5 auf diejenigen Mängel, die der Verkäufer arglistig verschwiegen oder deren Fehlen er arglistig vorgespiegelt hat; nur insoweit bleibt eine Rügeversäumnis des Käufers folgenlos. Weist die Kaufsache dagegen noch **weitere Mängel** auf, muss der Käufer zur Erhaltung der sich aus diesen Mängeln ergebenden Rechte rechtzeitig rügen.[557] Eine insoweit eingetretene Säumnis des Käufers schließt es aber nicht aus, dass er die Täuschung des Verkäufers zum Anlass nimmt, den Kaufvertrag insgesamt gem. § 123 BGB anzufechten, um darüber einer Anwendung des § 377 die Grundlage zu entziehen.

206   **bb) Maßgeblicher Zeitpunkt.** Für die Arglisthaftung ist (spätestens) der Zeitpunkt der **Abliefe-rung** der Kaufsache entscheidend. Der Verkäufer handelt arglistig und kann sich infolgedessen weder auf ein Rügeversäumnis iSd § 377 noch auf die gegenüber der kenntnisabhängigen Regelverjährung (§§ 195, 199 BGB) kürzere Verjährung des § 438 BGB berufen, wenn er spätestens bei der Abliefe-rung weiß, dass die gelieferte Ware nicht der im Kaufvertrag festgelegten Sollbeschaffenheit entspricht oder aus anderen Gründen mangelbehaftet ist.[558] Denn die Offenbarungspflicht, von der § 377 Abs. 5 ausgeht, bezieht sich darauf, dass der Käufer in der Wahrnehmung seiner Untersuchungs- und Rüge-obliegenheit nicht durch unlauteres Verhalten des Verkäufers behindert werden soll und dem Verkäufer trotz seiner Arglist der Vorteil zuwächst, dass der Käufer aus einem ihm zu offenbarenden Mangel, der typischerweise zur Zurückweisung der angedienten Ware geführt hätte, gem. § 377 Abs. 2 einen

---

[552] S. nur BGH Urt. v. 26.4.2017 – VIII ZR 233/15, NJW 2017, 3292 Rn. 26 mwN =.
[553] BGH Urt. v. 26.4.2017 – VIII ZR 233/15, NJW 2017, 3292 Rn. 27.
[554] BGH Urt. v. 25.3.1992 – VIII ZR 74/91, NJW-RR 1992, 1076; BGH Urt. v. 12.3.1997 – VIII ZR 15/96, NJW 1997, 1914 (1916) mwN.
[555] Vgl. BGH Urt. v. 25.3.1992 – VIII ZR 74/91, NJW-RR 1992, 1076 (1077).
[556] RG Urt. v. 26.6.1903 – II 4/04, RGZ 55, 210 (217); KKRD/*Roth* Rn. 28; Baumbach/Hopt/*Hopt* Rn. 51; HaKo–HGB/*Stöber* Rn. 75; *Hübner* HandelsR § 7 D IV 6 Rn. 641; vgl. ferner BGH Urt. v. 14.9.2018 – V ZR 165/17, WM 2019, 561 Rn. 7 mwN.
[557] Schlegelberger/*Hefermehl* Rn. 46.
[558] S. BGH Urt. v. 17.9.1954 – I ZR 62/53, MDR 1955, 31 zu § 377 Abs. 5; BGH Urt. v. 13.3.1996 – VIII ZR 36/95, NJW 1996, 1826 (1827) mwN; zust. ua Baumbach/Hopt/*Hopt* Rn. 51; KKRD/*Roth* Rn. 28; Oetker/*Koch* Rn. 114; HaKo–HGB/*Stöber* Rn. 75; aA MüKoHGB/*Grunewald* Rn. 90; *K. Schmidt* HandelsR § 29 III 5f; Hey-mann/*Emmerich/Hoffmann* Rn. 129.

Verlust seiner Gewährleistungsrechte erleidet. Es liegt deshalb auf der Hand, insoweit auf den in § 377 Abs. 1 beschriebenen Moment der Ablieferung abzustellen.[559] Ein (vermeintlich) arglistiges Verhalten des Verkäufers erst **nach Ablieferung** der Ware hat auf die einmal in Lauf gesetzte Rügefrist des § 377 dagegen keinen Einfluss mehr.

cc) Arglist Dritter. Soweit Arglist bereits beim Vertragsabschluss vorliegt, muss sich der Verkäufer **207** die Arglist seines **Vertreters** zurechnen lassen (§ 166 Abs. 1 BGB). Das gilt nicht nur, wenn der Vertreter Abschlussvollmacht hat, sondern auch dann, wenn er lediglich Verhandlungsvollmacht hatte. Da es im Rahmen von § 377 auf den Zeitpunkt der Ablieferung ankommt (→ Rn. 206), muss der Verkäufer auch für die Arglist derjenigen **Hilfspersonen** gem. § 278 BGB einstehen, deren er sich zur Konkretisierung der Gattungsschuld, d. h. zur Durchführung der Lieferung, bedient.[560] Ist eine vom Verkäufer herzustellende Sache verkauft und erkennt eine bei der Herstellung eingesetzte Hilfsperson den Sachmangel, ist diese Person allerdings nicht Erfüllungsgehilfe bei der Konkretisierung; ein arglistiges Verschweigen des Verkäufers bei der Lieferung liegt deshalb nicht vor.[561] Davon ist der Fall zu unterscheiden, bei dem die betreffende Hilfsperson im Auftrag des Verkäufers bestimmte Überwachungs- und Kontrollaufgaben erfüllen muss.[562] Der Händler jedoch, von dem der Verkäufer die Kaufsache bezogen hat, ist kein Erfüllungsgehilfe des Verkäufers.[563] Ebenso wenig ist eine Kenntnis **Dritter** von der Existenz des Mangels, die weder Stellvertreter noch Verhandlungsvertreter noch sonst Erfüllungsgehilfe bei der Ablieferung der Ware sind, dem Verkäufer zuzurechnen, es sei denn, dass er sich das arglistige Verhalten des Dritten bewusst zunutze macht.[564] Da der Verkäufer sich in Bezug auf die Mangelhaftigkeit der Kaufsache nicht willentlich blind stellen darf, muss er seinen Betrieb so organisieren, dass die Kenntnis eines sog. **Wissensvertreters** von der Fehlerhaftigkeit der Ware nicht verloren geht, sondern an die Verkaufsabteilung weitergeleitet wird.[565] Klare Verstöße gegen die Dokumentationspflicht sind daher im Zweifel als ein bewusstes Blindstellen zu werten.

3. Die Rechtslage bei schuldhafter Schlechtleistung. a) Regelfall. Nach der Rspr. des BGH[566] **208** und der ganz überwiegenden Ansicht im Schrifttum[567] waren nach der Rechtslage vor der Schuldrechtsreform bei einem Rügeversäumnis des Käufers auch alle auf dem Sachmangel beruhenden Ersatzansprüche aus **positiver Vertragsverletzung** ausgeschlossen, soweit es sich um einen **Mangelfolgeschaden** handelte und der Schaden bei einer rechtzeitigen und ordnungsgemäßen Untersuchung vermieden worden wäre (→ Rn. 197). Dabei machte es keinen Unterschied, ob dem Verkäufer leichte oder grobe Fahrlässigkeit zur Last fiel. Dies galt nur dann nicht, wenn die Lieferung der mangelhaften Ware zugleich zu einer Verletzung von deliktsrechtlich **geschützten Rechtsgütern** des Käufers führte und nicht nur eine Vertragsverletzung vorlag, sondern sich daneben auch eine Haftung aus § 823 BGB ergab (dazu näher → Rn. 228 ff.).[568]

Daran hat die Schuldrechtsreform nichts geändert. Hiernach erfasst die Genehmigungsfiktion des **209** § 377 Abs. 2 und 3 – wie bisher schon [569] – **alle Gewährleistungsansprüche** des Käufers iSd § 437 BGB, also auch solche Ansprüche, die darauf beruhen, dass der Verkäufer den Käufer durch die Lieferung der fehlerhaften Sache geschädigt und der Verkäufer die Schlechtleistung verschuldet hat, und zwar ohne Rücksicht darauf, ob der Schaden beim Käufer selbst oder erst bei seinem Vertragspartner auftritt und er diesen Schaden entweder ganz oder zum Teil ersetzen muss. Der Umstand, dass der Verkäufer nach den

---

[559] So auch BGH Urt. v. 25.9.1985 – VIII ZR 175/84, NJW 1986, 316 (317).

[560] Vgl. BGH Urt. v. 12.3.1992 – VII ZR 5/91, BGHZ 117, 318 (320) = NJW 1992, 1754; Baumbach/Hopt/ *Hopt* Rn. 54; KKRD/*Roth* Rn. 28; Oetker/*Koch* Rn. 112; HaKo-HGB/*Stöber* Rn. 75, jeweils mwN; s. ferner BeckOK HGB/*Schwartze* Rn. 82 mwN.

[561] S. Soergel/*Huber* BGB aF § 476 Rn. 44.

[562] Vgl. BGH Urt. v. 8.5.1968 – VIII ZR 62/66, BB 1968, 689 (690); BGH Urt. v. 20.12.1973 – VII ZR 184/72, BGHZ 62, 63 (66); Staub/*Brüggemann* Rn. 194; HaKo-HGB/*Stöber* Rn. 75 mit Hinweis auf BGHZ 62, 63 (66 ff.); zust. BeckOK HGB/*Schwartze* Rn. 82.

[563] S. BGH Urt. v. 21.6.1967 – VIII ZR 26/65, BGHZ 48, 118 (121 f.); BGH Urt. v. 2.4.2014 – VIII ZR 46/13, BGHZ 200, 337 Rn. 31 mwN = NJW 2014, 2183; Schlegelberger/*Hefermehl* Rn. 47 mwN; Staub/*Brüggemannn* Rn. 194; Baumbach/Hopt/*Hopt* Rn. 54; HaKo-HGB/*Stöber* Rn. 75; BeckOK HGB/*Schwartze* Rn. 82.

[564] Vgl. BGH Urt. v. 16.1.1976 – V ZR 63/74, WM 1976, 323 (324) = LM BGB aF § 463 Nr. 29.

[565] S. etwa BGH Urt. v. 31.1.1996 – VIII ZR 297/94, NJW 1996, 1205 (1206); zum Wissensvertreter etwa BGH Urt. v. 24.1.1992 – V ZR 262/90, BGHZ 117, 104 (106 f.) = NJW 1992, 1029 = LM BGB aF § 463 Nr. 62.

[566] S. etwa BGH Urt. v. 31.5.1989 – VIII ZR 140/88, BGHZ 107, 331 (337) = NJW 1989, 2532; BGH Urt. v. 13.3.1996 – VIII ZR 333/94, BGHZ 132, 175 (177 f.) = NJW 1996, 1537 = ZIP 1996, 756 (757) mwN.

[567] Auswahl zum alten und neuen Sachmängelrecht: Staub/*Brüggemann* Rn. 166; Schlegelberger/*Hefermehl* Rn. 82; Heymann/*Emmerich/Hoffmann* Rn. 103; Baumbach/Hopt/*Hopt* Rn. 48; KKRD/*Roth* Rn. 24, 27; GK-HGB/*Achilles* Rn. 54; MüKoHGB/*Grunewald* Rn. 102; HaKo-HGB/*Stöber* Rn. 60, 66; *Canaris* HandelsR § 29 V Rn. 75; *K. Schmidt* HandelsR § 29 III Rn. 114; *Oetker* HandelsR § 8 V Rn. 54; *Schwark* AcP 179 (1979), 57 (77 f.); *Rabel,* Das Recht des Warenkaufs, Bd. 2, 1958, 217; *Meeske,* Die Mängelrüge, 1965, 152; *Gounalakis/Hobert* in Pfeiffer, Handbuch der Handelsgeschäfte, Teil 3, Einzelne handelsrechtliche Verträge, 1999, § 11 Rn. 117; *Bredemeyer* JA 2009, 161 (162); *Linnerz,* Die Untersuchungs- und Rügepflicht im CISG und im HGB, 2014, 217.

[568] Grundlegend BGH Urt. v. 16.9.1987 – VIII ZR 334/86, BGHZ 101, 337 (341 ff.) = NJW 1988, 52.

[569] So insbes. BGH Urt. v. 30.4.1975 – VIII ZR 164/73, WM 1975, 562 (564) = NJW 1975, 2011; vgl. auch *U. Huber* AcP 177 (1977), 281 (308).

Regeln des § 437 Nr. 3 BGB iVm §§ 280 ff. BGB grundsätzlich für alle durch den Sachmangel verursachten Schäden haftet, sofern er für den Mangel verantwortlich ist, ihn also ein Eigenverschulden oder zurechenbares Fremdverschulden trifft, führt dazu, dass § 377 Abs. 2 und 3 alle Ersatzansprüche einschließlich eines mangelbedingten Schadensersatzes neben der Leistung erfasst, die aus einer verschuldeten Schlechtlieferung resultieren.[570] Erst wenn zu der Vertragshaftung des Verkäufers eine **deliktische Haftung** aus § 823 BGB hinzukommt, geht nur der vertragliche Schadensersatzanspruch infolge des Rügeversäumnisses unter, während der deliktische Anspruch im Regelfall bestehen bleibt, allerdings wegen dieses Versäumnisses gem. § 254 BGB gekürzt werden kann (→ Rn. 228 f.).[571]

210   **b) Vertragliche Nebenpflichtverletzungen. aa) Ausgangspunkt.** Keine Schwierigkeiten bereiten die Fälle, in denen der Schaden des Käufers auf einer vertraglichen Nebenpflichtverletzung des Verkäufers beruht, die keinen Bezug zur Mangelfreiheit der Ware aufweist, also Umstände betrifft, die von vornherein nicht geeignet sind, Sachmängelansprüche auszulösen.[572] Da der Schaden auch dann entstanden wäre, wenn der Verkäufer eine fehlerfreie Ware geliefert hätte, versteht es sich von selbst, dass das Rügeversäumnis keinen Einfluss auf die verschuldensabhängige Verkäuferhaftung hat. Problematisch sind dagegen die Fälle, in denen eine an sich nach § 377 Abs. 2 als genehmigt geltende Schlechtleistung und eine hiervon getrennt behandelte schuldhafte Nebenpflichtverletzung zusammen den Schaden verursacht haben. Dabei geht es in der Praxis vor allem um zwei Fallgestaltungen. Zum einen sind es die sog. Verpackungsfälle, in denen namentlich bei Distanzgeschäften der Verkäufer im Rahmen einer von ihm zu organisierenden Versendung bestimmte, zumeist im Zusammenhang mit § 447 BGB erörterte, richtigerweise aber aus der Pflicht zur Verschaffung der Ware in unbeschädigtem oder unverdorbenem Zustand (vgl. § 433 Abs. 1 S. 2 BGB) herzuleitende Neben- oder Begleitpflichten etwa zur ordnungsgemäßen Verladung und/oder Verpackung der versendenden Ware hat, damit sie sich in einem transporttauglichen Zustand befindet und während des Transports keinen Schaden nimmt.[573] Zum anderen sind es Fallgestaltungen, bei denen der Verkäufer im Rahmen laufender Lieferbeziehungen die ursprüngliche Beschaffenheit der Ware nachträglich ändert, ohne den Käufer, der die Ware im Vertrauen auf den unveränderten Fortbestand der ursprünglichen Eigenschaften in dieser Hinsicht nicht mehr eigens untersucht, über die Änderung in Kenntnis zu setzen. Der VIII. Zivilsenat des BGH hat sich in seiner Rspr. schwer getan, diese Fallgestaltungen in eine sachgerechte Beziehung insbesondere zur Genehmigungswirkung des § 377 Abs. 2 zu bringen, weil es ihm nicht immer gelungen ist, die zutreffende Verbindung von Nebenpflicht und Sachmangel herzustellen.[574]

211   **bb) Verpackungspflichtverletzung.** Anders als das UN-Kaufrecht, nach dessen Art. 35 Abs. 2 lit. d CISG zur Vertragsmäßigkeit der Ware auch eine ordnungsgemäße Transportverpackung gehört,[575] wird am Maßstab des BGB von der Rspr. danach unterschieden, ob ein Mangel der Verpackung als Mangel der verkauften Sache selbst anzusehen ist, weil von der (Original-)Verpackung die Haltbarkeit der Ware, ihr Wert oder die Möglichkeit des Weiterverkaufs abhängen, oder ob die Verpackung lediglich der Versendung und dem Schutz der Ware auf dem Transport zum Bestimmungsort dient.[576] Während für die erstgenannte Fallgestaltung eine Anwendung des Kaufgewährleistungsrechts und damit auch des § 377 Abs. 2 im Falle einer unterlassenen Mängelrüge außer Frage steht, sodass vertragliche Gewährleistungsansprüche einschließlich eines etwaigen Schadensersatzes bei einem nicht rechtzeitig gerügten Sachmangel aufgrund der dadurch eingetretenen Genehmigungswirkung verloren gehen,[577] hat der BGH[578] in der sog. **Batterie-Entscheidung** angenommen, dass in Fällen,

---

[570] *Canaris* HandelsR § 29 V Rn. 75; s. ferner MüKoHGB/*Grunewald* Rn. 102 u. 103; Oetker/*Koch* Rn. 117; Baumbach/Hopt/*Hopt* Rn. 48; KKRD/*Roth* Rn. 24 u. 27; HaKo-HGB/*Stöber* Rn. 60; *Oetker* HandelsR § 8 V Rn. 60. So zur Rechtslage vor der Schuldrechtsreform bereits BGH Urt. v. 16.9.1987 – VIII ZR 334/86, BGHZ 101, 337 (339 f.) = NJW 1988, 52.

[571] BGH Urt. v. 16.9.1987 – VIII ZR 334/86, BGHZ 101, 337 (343 ff.) = NJW 1988, 52.

[572] Vgl. BGH Urt. v. 30.9.2011 – V ZR 17/11, BGHZ 191, 139 Rn. 12 f. = NJW 2012, 373; BGH Urt. v. 26.9.2018 – VIII ZR 187/17, WM 2018, 2090 Rn. 16 f.

[573] Dazu näher BeckOGK/*Tröger* BGB § 447 Rn. 69; Staudinger/*Beckmann*, 2014, BGB § 447 Rn. 30; jurisPK-BGB/*Leible/Müller* BGB § 447 Rn. 38.

[574] S. dazu iE *G. Müller* ZIP 1997, 661; *G. Müller* ZIP 2002, 1178 (1182 ff.) mwN.

[575] Dazu näher *Achilles*, UN-Kaufrecht (CISG), 2. Aufl. 2019, CISG Art. 35 Rn. 14 f.; Staudinger/*Magnus*, 2018, CISG Art. 35 Rn. 41 f.

[576] BGH Urt. v. 7.3.1983 – VIII ZR 331/81, BGHZ 87, 88 (91 f.) mwN.

[577] BGH Urt. v. 18.4.1976 – VIII ZR 244/74, BGHZ 66, 208 (212 f.) = NJW 1976, 1353; BGH Urt. v. 7.3.1983 – VIII ZR 331/81, BGHZ 87, 88 (91); RG Urt. v. 1.11.1904 – II 59/04, RGZ 59, 120 (123 f.).

[578] BGH Urt. v. 18.4.1976 – VIII ZR 244/74, BGHZ 66, 208 (213 f.) = NJW 1976, 1353; zust. iErg *Hönn* BB 1978, 685 (688); *K. Schmidt* HandelsR § 29 III Rn. 115; Schlegelberger/*Hefermehl* Rn. 82; *Canaris* HandelsR § 29 V Rn. 78; *Stoppel* ZGS 2006, 49 (54); *Stieper* AcP 208 (2008), 818 (839) mit Fn. 94; *Sieber*, Die Mängelrüge beim Warenkauf, 2008, 51 f.; *Mock*, Der Ausschluss von Käuferrechten gemäß § 377 HGB, 2010, 80 ff., 82; vgl. auch KKRD/*Roth* Rn. 25; Baumbach/Hopt/*Hopt* Rn. 49; HaKo-HGB/*Stöber* Rn. 68; *Oetker* HandelsR § 8 V Rn. 55; aA *Schneider* JR 1977, 68 f.; *Marburger* JuS 1983, 1 (10); *G. Müller* ZIP 2002, 1178 (1184 f.); vgl. auch *G. Müller* ZIP 1997, 661 (668); diff. *Niedrig*, Die Mängelrüge, 1994, 180.

in denen die Schadensersatzpflicht ungeachtet des bei dem Schadenseintritt zum Tragen gekommenen Mangels der Ware in erster Linie auf die unzureichende Verpackung und damit auf die schuldhafte Verletzung einer **vertraglichen Nebenpflicht** zurückzuführen sei, § 377 Abs. 3 keine Anwendung finden könne. Das greift allerdings in mehrfacher Hinsicht zu kurz.

Dient die Verpackung lediglich der Versendung und dem Schutz der Ware auf dem Transport zum 212 Bestimmungsort, bleibt eine Verletzung der Verpackungspflichten folgenlos, wenn die zu liefernde Ware gleichwohl unversehrt bei dem Käufer eintrifft. Denn mit der Ablieferung hat sich der Verpackungszweck erledigt. Ist die Ware dagegen aufgrund einer unzureichenden Verpackung beschädigt worden, führt dies zu einem Sachmangel, der nach § 377 rügen ist und bei unterbliebener Rüge gem. § 377 Abs. 2 folgenlos bleibt. Insoweit ist die Rechtsfolge nicht ein außerhalb der kaufrechtlichen Gewährleistung einschließlich des § 377 zu leistender Schadensersatz, sondern eine nach Gewährleistungsrecht zu beurteilende Schlechtleistung, da der sich in einem Sachmangel realisierende Verpackungsfehler zur Folge hat, dass der Verkäufer sich wegen seiner Fehlleistung nicht auf den vorgezogenen Gefahrübergang nach § 447 Abs. 1 BGB berufen kann.[579] Die Verpackungspflichtverletzung mündet auf diese Weise also – wie sich etwa im UN-Kaufrecht sogar ausdrücklich aus Art. 35 Abs. 2 lit. d, 36 Abs. 2 CISG ergibt – unmittelbar in eine Anwendbarkeit des Gewährleistungsrechts ein. Kommt der vom Verkäufer zu besorgenden Verpackung dagegen für die spätere Verwendung durch den Käufer ein Eigenwert zu, der über die Gewährleistung eines beschädigungsfreien Eintreffens der Ware am Bestimmungsort hinausgeht, liegt nach wohl einhelliger Auffassung bei Schäden der Ware, die durch Verletzung von Verpackungspflichten zumindest mitverursacht sind, ein ebenfalls von der Untersuchungs- und Rügepflicht des § 377 erfasster Gewährleistungsfall vor.[580] Diese Gegebenheiten sind in der sog. Batterie-Entscheidung, in der der fehlerhafte Ladezustand der gelieferten Batterien als solcher wegen einer festgestellten Verletzung der Rügeobliegenheit zutreffend gem. § 377 Abs. 2 als unbeachtlich angesehen wurde,[581] nur unzureichend berücksichtigt und dadurch letztlich unzutreffend beschieden worden. Denn entweder hatte sich die Verpackungspflichtverletzung mit der unversehrten Ablieferung der Batterien bei dem Käufer erledigt, oder der Verpackung kam ein über den bloßen Transport zum Bestimmungsort hinausgehender, in der Batterie-Entscheidung jedoch nicht festgestellter Eigenwert – hier in einer verkehrsüblichen Nachverwendung zum Weitertransport vom Bestimmungsort – zu, sodass die Batterien dann unter diesem Gesichtspunkt mangelhaft gewesen wären und der Käufer dies ebenfalls bei Ablieferung unverzüglich hätte rügen müssen.[582]

Ohnehin wird man diese durch das frühere Kaufgewährleistungsrecht (§§ 462 f. BGB aF) und seine 213 nicht immer klare Abgrenzung zu Ansprüchen aus positiver Vertragsverletzung geprägte Sichtweise nicht unbesehen in die Rechtslage nach der Schuldrechtsreform übertragen können.[583] Vor allem aber hat der Sachmangelbegriff in § 434 BGB eine Neufassung erfahren, die eng an Art. 2 Abs. 1 der Verbrauchsgüterkaufrichtlinie angelehnt war,[584] welche sich dabei ihrerseits an Art. 35 CISG orientiert hat, nach dessen Abs. 2 lit. d ein Verpackungsmangel als Sachmangel gilt; das wiederum muss auch auf die in § 434 BGB angelegte Sichtweise zum Mangelverständnis durchschlagen.[585] Dementsprechend sind diejenigen leistungsbezogenen Nebenpflichten, die wie die Verpackungspflicht darauf angelegt sind, dem Käufer gem. § 433 Abs. 1 S. 2 BGB die Ware in mangelfreiem Zustand zu verschaffen, bei Verletzung der Pflicht an einem dadurch verursachten Mangel zu messen und mit diesem nach Maßgabe von § 377 zu rügen, um die in Abs. 2 vorgesehene Genehmigungsfiktion zu vermeiden.[586]

cc) Unterlassener Hinweis auf Produktionsänderung. Bei der in diesem Zusammenhang häufig 214 erörterten **Wellpappe – Entscheidung** des BGH[587] geht es in Wirklichkeit nicht um einen Anwendungsfall des § 377, weil nach dem damaligen Mangelverständnis trotz der geänderten Zusammensetzung der gelieferten Wellpappe weder ein Sachmangel noch eine Eigenschaftszusicherung iSv § 459 BGB aF als Voraussetzung für ein Eingreifen der Untersuchungs- und Rügeobliegenheit festgestellt werden konnte, sodass es zugleich an der Grundlage für ein Eingreifen der Genehmigungsfiktion nach § 377 Abs. 2 gefehlt hat. Hieran anknüpfend hat der BGH – nach seinem Ausgangspunkt folgerichtig – angenommen, dass der Verkäufer, der im Rahmen einer laufenden Geschäftsverbindung Ware zur

---

[579] BGH Urt. v. 14.10.1964 – VIII ZR 40/63, BB 1964, 1451; BGH Urt. v. 18.6.1968 – VI ZR 120/67, NJW 1968, 1929 (1930); iErg ebenso schon RG Urt. v. 20.2.1923 – III 225/23, RGZ 106, 309 (310).

[580] Vgl. nur BGH Urt. v. 7.3.1983 – VIII ZR 331/81, BGHZ 87, 88 (91) mwN.

[581] BGH Urt. v. 18.4.1976 – VIII ZR 244/74, BGHZ 66, 208 (212 f.) = NJW 1976, 1353.

[582] Ähnl. auch MüKoHGB/*Grunewald* Rn. 106.

[583] Vgl. dazu BT-Drs. 14/6040, 224.

[584] Vgl. BT-Drs. 14/6040, 211 f.

[585] Dazu *Schmidt-Räntsch* in Kullmann/Pfister/Stöhr/Spindler, Produzentenhaftung, 02/17, Haftung aus Kaufvertrag, Anm. 6a mwN.

[586] So auch Oetker/*Koch* Rn. 124; MüKoHGB/*Grunewald* Rn. 105; aA *G. Müller* → 3. Aufl. 2015, Rn. 268 f. sowie *G. Müller* ZIP 1997, 661 (666); *G. Müller* ZIP 2002, 1178 (1185 f.); Heymann/*Emmerich*/*Hoffmann* Rn. 106.

[587] BGH Urt. v. 31.5.1989 – VIII ZR 140/88, BGHZ 107, 331 ff. = NJW 1989, 2532; zust. HaKo-HGB/*Stöber* Rn. 68; wohl auch *Sieber*, Die Mängelanzeige beim Warenkauf, 2008, 51 mwW; abl. *Niedrig*, Die Mängelrüge, 1994, 180 ff.; *Tiedtke* NJW 1990, 14 (16); vgl. auch *Schwark* JZ 1990, 374 (380); zweifelnd *Mock*, Der Ausschluss von Käuferrechten gemäß § 377 HGB, 2010, 83 ff. mwN.

Verarbeitung durch den Käufer liefert und es unterlässt, diesen auf die geänderte, wenngleich nicht mangelhafte Beschaffenheit der Ware hinzuweisen, sich unter dem Gesichtspunkt einer positiven Vertragsverletzung schadensersatzpflichtig machen kann, ohne dass es darauf ankommt, ob der Käufer die geänderte Beschaffenheit unverzüglich rügt.[588]

215   Der **Schuhleder-Fall**[589] (→ Rn. 82) war dadurch gekennzeichnet, dass die Verkäuferin, welche die Käuferin zur Anfertigung von Bergschuhen im Rahmen einer etwa 10-jährigen Geschäftsbeziehung mit dem dafür benötigten vollimprägnierten Leder beliefert hatte, die Zurichtung des Leders dahin geändert hatte, dass dieses zwar nach wie vor wasserdicht war, bei Berührung mit Wasser jedoch Feuchtigkeit aufnahm, was innerhalb kurzer Zeit zu pockennarbigen Aufwölbungen führte. Die Käuferin, die über diese Änderung nicht unterrichtet worden war, überprüfte die einzelnen Lieferungen zwar in gewohnter Weise jeweils auf Menge und Dicke des Leders, seine Farbechtheit sowie darauf, ob Wasser abtropfte. Zu einem spezielleren Test, bei dessen Anwendung der Mangel des neu zugerichteten Leders hätte aufgedeckt werden können, sah sie jedoch keine Veranlassung. Da mangels Feststellbarkeit einer zugesicherten Eigenschaft ein Schadensersatzanspruch nach § 463 BGB aF nicht in Betracht kam und das Kaufgewährleistungsrecht bei dem festgestellten einfachen Mangel (§ 459 Abs. 1 BGB aF) für den geltend gemachten Schaden keine vertragliche Anspruchsgrundlage enthielt, ist der BGH von einer parallel zum Gewährleistungsrecht verlaufenden Nebenpflicht des Verkäufers zur Aufklärung über die geänderte Stoffbeschaffenheit und damit zu einem Schadensersatzanspruch aus positiver Vertragsverletzung gelangt. Diesen Ersatzanspruch hat der BGH zwar unter Bezugnahme auf ältere Rspr.[590] als einen eng mit dem Mangel zusammenhängenden Gewährleistungsanspruch im weiteren Sinne qualifiziert und ihn dadurch als in seiner Grundlage von einer etwaigen Genehmigungswirkung nach § 377 Abs. 2 erfasst angesehen, die Aufklärungspflichtverletzung jedoch zum Anlass genommen, das durch die langjährige Geschäftsbeziehung gewonnene besondere Vertrauen des Käufers in den unveränderten Fortbestand der Lederbeschaffenheit als einen Grund zu erachten, das angelieferte Leder nicht jedes Mal wieder eigens auf eine danach nicht zu erwartende Wasseraufnahmefähigkeit überprüfen zu müssen. Das läuft damals wie heute, auch wenn man mit Blick auf §§ 434 Abs. 1 S. 2, 437 Nr. 3 BGB jetzt nicht mehr den Umweg über eine positive Vertragsverletzung zu gehen braucht, darauf hinaus, über ein in besonderer Weise verfestigtes Vertrauen in den Fortbestand bestimmter ausreichend geprüfter Wareneigenschaften im Rahmen der vorzunehmenden Gesamtabwägung[591] (→ Rn. 80 ff.) die Tunlichkeit einer dahin gehend als überflüssig anzusehenden Untersuchung zu verneinen, solange das Vertrauen nicht durch zwischenzeitlich auftauchende gegenläufige Verdachtsmomente erschüttert wird, was dann ggf. allein noch zu einer Anwendbarkeit des § 377 Abs. 3 führen kann.[592]

216   **dd) Genehmigungswirkungen gegenüber dem fahrlässig handelnden Warenhersteller/Verkäufer.** In der Lit. wird vereinzelt die Ansicht[593] vertreten, dass der in Bezug auf den Sachmangel schuldhaft handelnde Warenhersteller/Verkäufer vom Schutz des § 377 grundsätzlich nicht profitieren dürfe. Diese Sichtweise findet jedoch weder im Wortlaut noch in der Entstehungsgeschichte des § 377 einen Anhalt und hat deshalb mit Recht auch kaum Gefolgschaft erfahren.[594] Allein schon die Existenz des § 377 Abs. 5 deutet unübersehbar darauf hin, dass eine Verletzung der Untersuchungs- und Rügeobliegenheit des Käufers nur bei Arglist des Verkäufers folgenlos bleiben sollte; das wiederum lässt umgekehrt darauf schließen, dass ein geringeres Maß an Verschulden für ein Eingreifen der Genehmigungsfiktion unbeachtlich sein sollte. Diese Rechtsfolgenbeschränkung auf Fälle der Arglist entspricht zudem auch den Vorstellungen des historischen Gesetzgebers, der in Anknüpfung an Art. 350 ADHGB die dem Art. 347 ADHGB entsprechende Bestimmung des § 377 ersichtlich nur bei arglistigem Verschweigen für unanwendbar erklären wollte.[595] Wollte man dies anders sehen, würde die

---

[588] BGH Urt. v. 31.5.1989 – VIII ZR 140/88, BGHZ 107, 331 (337 f.) = NJW 1989, 2532.

[589] BGH Urt. v. 13.3.1996 – VIII ZR 333/94, BGHZ 132, 175 ff. = NJW 1996, 1537 = ZIP 1996, 756 mAnm *Emmerich* JuS 1996, 844; *v. Olshausen* ZIP 1997, 62 ff.; iErg zust. ua *Sieber,* Die Mängelanzeige beim Warenkauf, 2008, 51; s. auch *Mock,* Der Ausschluss von Käuferrechten gemäß § 377 HGB, 2010, 85 ff., beide mwN; vgl. auch *K. Schmidt* HandelsR § 29 III Rn. 67 u. 88.

[590] BGH Urt. v. 18.4.1976 – VIII ZR 244/74, BGHZ 66, 208 (213) = NJW 1976, 1353; BGH Urt. v. 31.5.1989 – VIII ZR 140/88, BGHZ 107, 331 (337) = NJW 1989, 2532.

[591] Vgl. zuletzt BGH Urt. v. 24.2.2016 – VIII ZR 38/15, ZIP 2016, 722 Rn. 20 mwN.

[592] BGH Urt. v. 13.3.1996 – VIII ZR 333/94, BGHZ 132, 175 (178 f.) = NJW 1996, 1537.

[593] *G. Müller* ZIP 1997, 661 (666); *G. Müller* ZIP 2002, 1178 (1185 f.); s. ferner Heymann/*Emmerich*/*Hoffmann* Rn. 106; *Gabius* VersR 1995, 761 (763 ff.). So auch *G. Müller* → 3. Aufl. 2015, Rn. 259 ff.

[594] Die in der Lit. vorherrschende Ansicht geht davon aus, dass die Genehmigungswirkung des § 377 Abs. 2 und 3 auch die verschuldensabhängige Gewährleistungsansprüche er fasst, s. etwa KKRD/*Roth* Rn. 24, 27; Baumbach/Hopt/*Hopt* Rn. 48; MüKoHGB/*Grunewald* Rn. 102 f.; Schlegelberger/*Hefermehl* Rn. 82; Oetker/*Koch* Rn. 117; BeckOK HGB/*Schwartze* Rn. 70; HaKo-HGB/*Stöber* Rn. 60; *Sieber,* Die Mängelanzeige beim Warenkauf, 2008, 44 ff.; *Bredemeyer* JA 2009, 161 (166); *Mock,* Der Ausschluss von Käuferrechten gemäß § 377 HGB, 2010, 66 ff.; *Linnerz,* Die Untersuchungs- und Rügepflicht im CISG und im HGB, 2014, 217.

[595] Vgl. *Hahn*/*Mugdan,* Die gesammten Materialien zu den Reichs-Justizgesetzen, 6. Bd.: Materialien zum Handelsgesetzbuch, 1897, 377.

im Gesetz vorgesehene Genehmigungsfiktion sogar systemwidrig in weiten Bereichen leerlaufen. Insbesondere wären dann die Vielzahl der Herstellerverkäufe von einer Anwendung des § 377 weitgehend ausgenommen wären, da bei ihnen auftretende Sachmängel zumeist auf Fehler zurückzuführen sind, die auf einer dem Hersteller zumindest gem. § 278 BGB zurechenbaren unzureichenden Konstruktion oder Fabrikation beruhen. Dass dem Gesetzgeber, als er – abgesehen von den beschriebenen Arglistfällen – den Anwendungsbereich des § 377 im Vergleich zur Vorgängerregelung des Art. 347 ADHGB schon auf zweiseitige Handelskäufe beschränkt hat,[596] dahingehend noch eine weitere, allerdings weder im Gesetzeswortlaut noch sonst zum Ausdruck gebrachte Anwendungsbeschränkung vorgeschwebt hat, erscheint danach insgesamt denkbar fernliegend.

c) Rügelast und vorvertragliche Pflichtverletzungen. Zwar fällt ein auf vorvertragliche Pflicht- **217** verletzungen gestützter Schadensersatzanspruch des Käufers aus dem nunmehr in §§ 280, 311 Abs. 2 BGB kodifizierten Verschulden bei Vertragsschluss nicht in den Anwendungsbereich von § 377, wenn von vornherein klar ist, dass diese Pflichtverletzungen ungeeignet sind, konkurrierende Sachmängelansprüche auszulösen.[597] Ansonsten besteht aber für einen solchen Schadensersatzanspruch im Verhältnis zur kaufrechtlichen Mangelgewährleistung, die ihrerseits auch den Anwendungsbereich des § 377 prägt, allenfalls noch in eng begrenztem Umfang Raum (→ Rn. 210 ff.). Die Rspr. geht seit jeher davon aus, dass eine Haftung aus culpa in contrahendo grundsätzlich durch die speziellen Sachmängelvorschriften (§§ 459 ff. BGB aF, nunmehr §§ 434 ff. BGB) ausgeschlossen wird. Die Sachmängelhaftung bildet danach nicht nur den Grund, sondern zugleich die Grenze der Haftung des Verkäufers für alle negativen Beschaffenheitsabweichungen (näher → Vor § 377 Rn. 101 f.).[598] Daran hat sich im Zuge der Schuldrechtsreform nichts geändert. Denn die mit der fortbestehenden Konkurrenz zu den Gewährleistungsregeln verbundenen Streitfragen hat der Gesetzgeber auch bei dieser Gelegenheit nicht selbst klären, sondern einer Klärung durch die Rspr. überlassen wollen.[599] Dementsprechend vielgestaltig ist der Meinungsstand bislang geblieben.[600] Die Rspr. geht in Fortsetzung ihrer schon vor der Schuldrechtsreform eingeschlagenen Linie[601] dahin, dass nach Gefahrübergang von einem grundsätzlichen Vorrang der §§ 434 ff. BGB auszugehen ist, welcher eine Sperrwirkung gegenüber konkurrierenden Ansprüchen aus culpa in contrahendo auslöst, weil ansonsten die nicht von der Hand zu weisende Gefahr besteht, dass die Besonderheiten des kaufrechtlichen Gewährleistungsrechts unterlaufen würden.[602]

Abweichend von der früheren Rechtslage (→ Vor § 377 Rn. 23) ist der Anwendungsbereich der **218** konkurrierenden **culpa-Haftung** allein schon dadurch beträchtlich geschrumpft, dass die Schuldrechtsreform zu einer signifikanten Aufweitung des nunmehr § 434 BGB zugrunde liegenden Beschaffenheitsbegriffs geführt hat. Durch die Neuregelung des Gewährleistungsrechts im Schuldrechtsmodernisierungsgesetz sind die im früheren Recht vorhandenen Unterschiede zwischen Fehlern (§ 459 Abs. 1 BGB aF) und zusicherungsfähigen Eigenschaften (§ 459 Abs. 2 BGB aF) dergestalt aufgehoben worden, dass über den engen Fehlerbegriff hinaus zumindest jede nach früherem Recht zusicherungsfähige Eigenschaft jetzt eine Beschaffenheit iSd § 434 Abs. 1 BGB darstellt (→ Vor § 377 Rn. 26 ff.). Damit sind als Beschaffenheit einer Sache iSv. § 434 Abs. 1 BGB nunmehr jedenfalls sowohl alle Faktoren anzusehen, die der Sache selbst anhaften, als auch alle Beziehungen der Sache zur Umwelt, die nach der Verkehrsauffassung Einfluss auf die Wertschätzung der Sache haben.[603] Soweit sich die Pflichtverletzung deshalb in einem Defizit an einem Merkmal der so definierten Beschaffenheit niederschlägt, weil etwa Verhaltenspflichten im Zusammenhang mit der Beschaffenheit der Kaufsache verletzt sind, sind Ansprüche aus vorvertraglichem Verschulden grundsätzlich durch die vorrangigen Bestimmungen über die Haftung des Verkäufers wegen Sachmängeln (§§ 434 ff. BGB) ausgeschlossen.[604] Das hat zur Folge, dass sich eine gem. § 377 Abs. 2 und 3 durch Rügeversäumung eintretende Genehmigungsfiktion auch auf die mit dem ungerügt gebliebenen Mangel einher gehende beschaffenheitsbezogene Pflichtverletzung erstreckt, sodass hierauf ebenfalls keine vertraglichen Ansprüche mehr gestützt werden können (→ Rn. 212 f.).

Eine Ausnahme hiervon ist jedoch bei **arglistigem (vorsätzlichem) Verhalten** des Verkäufers **219** hinsichtlich eines Mangels der Kaufsache zu machen, da in diesen Fällen kaufrechtliche Sonder-

---

[596] Vgl. *Hahn/Mugdan,* Die gesammten Materialien zu den Reichs-Justizgesetzen, 6. Bd.: Materialien zum Handelsgesetzbuch, 1897, 376.

[597] Vgl. BGH Urt. v. 30.9.2011 – V ZR 17/11, BGHZ 191, 139 Rn. 12 f. = NJW 2012, 373; BGH Urt. v. 26.9.2018 – VIII ZR 187/17, WM 2018, 2090 Rn. 16 f.

[598] Besonders deutlich Soergel/*Huber* BGB aF Vor § 459 Rn. 221.

[599] Vgl. BT-Drs. 14/6040, 161 f.

[600] Dazu eingehend BGH Urt. v. 27.3.2009 – V ZR 30/08, BGHZ 180, 205 Rn. 13 ff.

[601] Vgl. BGH Urt. v. 16.3.1973 – V ZR 118/71, BGHZ 60, 319 (320 ff.); BGH Urt. v. 10.7.1987 – V ZR 236/85, NJW-RR 1988, 10 (11); BGH Urt. v. 3.7.1992 – V ZR 97/91, NJW 1992, 2564 (2566); Urt. v. 5.10.2001 – V ZR 275/00, NJW 2002, 208 (210).

[602] Grundlegend BGH Urt. v. 27.3.2009 – V ZR 30/08, BGHZ 180, 205 Rn. 20 ff. Ferner zum Meinungsstand etwa BeckOGK/*Herresthal* BGB § 311 Rn. 258 ff.

[603] BGH Urt. v. 15.6.2016 – VIII ZR 134/15, NJW 2016, 2874 Rn. 10 ff. mwN.

[604] BGH Urt. v. 30.11.2012 – V ZR 25/12, NJW 2013, 1671 Rn. 22.

vorschriften, die umgangen werden könnten, nicht eingreifen.[605] Das gilt genauso iRd für § 377, dessen Abs. 5 dem arglistig handelnden Verkäufer explizit untersagt, sich hinsichtlich des jeweiligen Mangels auf eine Verletzung von Untersuchungs- und Rügeobliegenheiten und deren Folgen zu berufen. Nicht ganz so einfach ist die Rechtslage bei lediglich fahrlässiger Verletzung insbesondere von Aufklärungs- und/oder Beratungspflichten zu beurteilen. Beschränkt sich die Tätigkeit des Verkäufers auf eine bloße Unterrichtung über die Eigenschaften der zum Kauf stehenden Ware oder auf Nachfrage erteilte Erläuterungen, wie dies im Vorfeld eines Kaufvertrages häufig der Fall ist, gelten, wenn die tatsächliche Beschaffenheit der Ware dem nicht entspricht, keine Besonderheiten. Pflichtverletzungen beurteilen sich ausschließlich anhand der aus ihnen am Maßstab des § 434 BGB erwachsenden Beschaffenheitsdefizite nach Maßgabe der §§ 437 ff. BGB.[606] Wird ein sich daraus ergebender Mangel entgegen § 377 BGB nicht gerügt, kassiert die Genehmigungsfiktion im Hinblick auf vertragliche Ansprüche auch die Pflichtverletzung. Nicht von § 377 erfasst sind auf der anderen Seite selbstständige, neben dem Kaufvertrag stehende und deshalb den genannten Spezialitätserwägungen nicht zugängliche Beratungsverträge zwischen Käufer und Verkäufer, für deren ausnahmsweise Bejahung es aber besonderer und außergewöhnlicher Umstände bedarf (→ Vor § 377 Rn. 97 ff.).[607] Denn sie sind nur dann ernstlich in Betracht zu ziehen, wenn die Beratung des Verkäufers eindeutig über das hinausgeht, was im Allgemeinen seitens des Verkäufers für die sachgemäße Anwendung oder den Einsatz des Kaufgegenstandes an Beratung oder Empfehlung, auch in Erfüllung einer rechtlichen Verpflichtung, geleistet wird, weil die letztlich erbrachte Beratung etwa nach ihrem Gesamtbild mehr der Tätigkeit eines unabhängigen Sachverständigen als der Beratung im Zusammenhang mit einem Kauf entspricht.[608]

220   Im Schrifttum wird, soweit nicht ohnehin die Spezialität des kaufrechtlichen Gewährleistungsrechts generell verneint wird,[609] eine Ausnahme vom Vorrang der kaufrechtlichen Mängelhaftung für den Fall vorgeschlagen, dass der Verkäufer fahrlässig über einen beschaffenheitsrelevanten Umstand falsch aufklärt oder berät und den Käufer etwa aufgrund des erweckten Vertrauens in eine vorhandene Sachkunde ersichtlich davon abhält, die gewünschte Beschaffenheit eigens in einer entsprechenden Beschaffenheitsvereinbarung zu fixieren.[610] Dem wird man für den Fall zustimmen können, dass ohne eine andernfalls mit Sicherheit zustande gekommene Vereinbarung über die tatsächlich gewünschte Beschaffenheit am Maßstab der Alternativen des § 434 Abs. 1 S. 2 BGB sonst ein Mangel verneint werden müsste. Dabei wäre allerdings zu bedenken, dass auch ohne Beschaffenheitsvereinbarung in solchen Fällen häufig § 434 Abs. 1 S. 2 Nr. 1 BGB zum Tragen kommt, weil sich der bei Lieferung unrealisiert gebliebene Beschaffenheitswunsch dann zugleich in einer nach dem Vertrag vorausgesetzten Verwendungseignung widerspiegelt.[611] Nur wenn die Pflichtverletzung deshalb das Vorhandensein eines Mangels und dadurch das Eingreifen der kaufrechtlichen Mängelhaftung verhindert hat, behält die culpa-Haftung eine eigenständige Bedeutung. Entsprechend kommt in diesem Fall auch § 377 nicht zur Anwendung, da es dann bereits an einem rügefähigen Mangel fehlt.

221   **4. Rügepflicht bei Garantieverträgen. a) Selbstständiger (besonderer) Garantievertrag.** Bei selbstständigen (besonderen) Garantieverträgen iSd § 311 Abs. 1 findet die Untersuchungs- und Rügepflicht gem. § 377 grundsätzlich keine Anwendung.[612] Das versteht sich von selbst, wenn und soweit sich die selbstständige (besondere) Garantieerklärung des Verkäufers nicht auf eine prüffähige Beschaffenheit der Kaufsache iSd § 434 Abs. 1 BGB, sondern auf einen anderen, **außerhalb der Kaufsache liegenden Umstand** bzw. **Erfolg** bezieht. Dies gilt auch dann, wenn sich die selbstständige (besondere) Garantie auf Umstände oder Verhältnisse erstreckt, die erst in näher oder ferner Zukunft – also **nach Gefahrübergang** – eintreten bzw. nicht eintreten sollen. Zwar kann sich die Garantieerklärung in diesem Fall auf ein bestimmtes Beschaffenheitsmerkmal der Kaufsache iSd § 434 Abs. 1 BGB beziehen.[613] Ihr vertragswidriges Fehlen bzw. Vorhandensein führt aber nicht zur Gewährleistungs-

---

[605] BGH Urt. v. 27.3.2009 – V ZR 30/08, BGHZ 180, 205 Rn. 19 ff.; BGH Urt. v. 16.12.2009 – VIII ZR 38/09, NJW 2010, 858 Rn. 20; BGH Beschl. v. 2.11.2010 – VIII ZR 287/09, DAR 2011, 520; BGH Urt. v. 12.1.2011 – VIII ZR 346/09, NJW-RR 2011, 462 Rn. 16; BGH Urt. v. 12.12.2012 – VIII ZR 89/12, NJW-RR 2013, 687 Rn. 12; BGH Urt. v. 6.11.2015 – V ZR 78/14, BGHZ 207, 349 Rn. 24; BGH Urt. v. 29.6.2016 – VIII ZR 191/15, NJW 2016, 3015 Rn. 63; BGH Urt. v. 19.1.2018 – V ZR 256/16, NJW-RR 2018, 752 Rn. 19.

[606] Vgl. BGH Urt. v. 16.6.2004 – VIII ZR 303/03, NJW 2004, 2301 (2302).

[607] Ebenso auch Baumbach/Hopt/*Hopt* Rn. 49; KKRD/*Roth* Rn. 25; Heymann/*Emmerich*/*Hoffmann* Rn. 107; MüKoHGB/*Grunewald* Rn. 100.

[608] BGH Urt. v. 23.7.1997 – VIII ZR 238/96, NJW 1997, 3227 (3228); BGH Urt. v. 23.6.1999 – VIII ZR 84/98, NJW 1999, 3192 (3194).

[609] So etwa BeckOK BGB/*Faust* BGB § 437 Rn. 199 mwN.

[610] MüKoBGB/*Westermann* BGB § 437 Rn. 59; BeckOGK/*Herresthal* BGB § 311 Rn. 261.

[611] Vgl. dazu BGH Urt. v. 6.12.2017 – VIII ZR 219/16, NJW-RR 2018, 822 Rn. 32 ff.; BGH Urt. v. 20.3.2019 – VIII ZR 213/18, NJW 2019, 1937 Rn. 24 ff.

[612] S. BGH Urt. v. 19.1.1977 – VIII ZR 319/75, WM 1977, 365 (366); Heymann/*Emmerich*/*Hoffmann* Rn. 9; Baumbach/Hopt/*Hopt* Rn. 49; KKRD/*Roth* Rn. 25; Oetker/*Koch* Rn. 117; HaKo-HGB/*Stöber* Rn. 80; BeckOK HGB/*Schwartze* Rn. 75; *G. Müller* ZIP 2002, 1178 (1181 f.); im Ansatz auch MüKoHGB/*Grunewald* Rn. 98.

[613] S. dazu *Stöber*, Beschaffenheitsgarantien des Verkäufers, 2006, 108, 109 mwN.

haftung, weil der Gefahrübergang die Grenze für die Sachmängelhaftung bildet. Überdies entfällt eine kaufmännische Untersuchungspflicht, da der garantierte Umstand bzw. die Gegebenheit nach dem maßgeblichen Willen der Vertragsparteien nicht schon zu dem nach § 377 Abs. 1 maßgeblichen Zeitpunkt der Ablieferung prüffähig vorhanden sein, sondern erst in Zukunft eintreten oder nicht eintreten soll. Und schließlich ist denkbar, dass die Betroffenen das Schuldverhältnis inhaltlich vollständig selbst ausgestalten, dh vereinbaren, dass die kaufrechtlichen Gewährleistungsbestimmungen durch eine selbstständige (besondere) Garantie ersetzt werden. Auch in diesem Sonderfall unterliegt ein etwaiger Ersatzanspruch des Käufers aus der selbstständigen Garantie nicht der kurzen Gewährleistungsverjährung (§ 438 BGB) und ist konsequenterweise auch den Regeln über die Untersuchungs- und Rügepflicht in § 377 entzogen.[614]

b) Die Beschaffenheits- und Haltbarkeitsgarantie iSv § 443 BGB. Die Überlegungen zur **222** selbstständigen Garantie lassen sich aber nicht unbesehen auf die Fälle übertragen, in denen der Verkäufer eine Garantie iSd §§ 443, 444 Alt. 2 BGB für die Existenz (oder das Fehlen) einer bestimmten Beschaffenheit der Sache zum Zeitpunkt des Gefahrübergangs übernimmt. Ob die kaufmännische Rügelast iSd § 377 für diese **Beschaffenheitsgarantie** gilt, ist umstritten. So ist Canaris der Ansicht,[615] dass zwar die Schadensersatzansprüche wegen Fehlens der gem. § 276 Abs. 1 S. 1 BGB garantierten Beschaffenheit iSd § 434 BGB infolge des Rügeversäumnisses entfallen, nicht aber die aus der **Haltbarkeitsgarantie.** Es fehle insoweit am Tatbestand des § 377, weil bei der Verkäuferhaftung nicht an das Vorliegen eines Mangels im Zeitpunkt der Ablieferung angeknüpft werde. Vielmehr gehe die Garantie des Verkäufers (und erst recht des als Garantiegeber auftretenden Dritten) über eine die Sachmängelhaftung begründende Beschaffenheitsvereinbarung nach § 434 Abs. 1 BGB hinaus. Für eine analoge Anwendung der Vorschrift bestehe kein Anlass, zumal es mit der in einer solchen Garantie liegenden besonderen Vertrauenswerbung unvereinbar wäre, wenn der Verkäufer erwarten würde, dass der Käufer die Sache unverzüglich nach Erhalt auf etwaige Mängel untersucht. Die überwiegende Ansicht[616] beurteilt die Rechtslage anders. Danach lässt die Übernahme der Haltbarkeitsgarantie des Verkäufers die Untersuchungs- und Rügepflicht nicht entfallen. Ausschlaggebend ist hierbei der Gedanke, dass die Sachmängelhaftung iSd § 434 BGB durch eine solche unselbstständige Garantie nach § 443 BGB lediglich mehr oder weniger um **bestimmte Beschaffenheitsanforderungen erweitert** wird.

Letztgenannte Sichtweise verdient den Vorzug. In § 443 BGB hat der Gesetzgeber die Garantien **223** mittlerweile in folgender Hinsicht geregelt. Eine Gruppe bilden die der Beschaffenheitsvereinbarung nach § 434 Abs. 1 BGB und damit der gesetzlichen Mängelhaftung noch relativ nahe stehende Beschaffenheitsgarantie einerseits, durch die der Verkäufer die Gewähr übernimmt, dass der Kaufgegenstand zu einem bestimmten, zumeist auf den Gefahrübergang oder die Ablieferung bezogenen Zeitpunkt eine bestimmte Beschaffenheit aufweist, und die Haltbarkeitsgarantie andererseits, die auf eine Gewährübernahme dafür abzielt, dass der Kaufgegenstand eine bestimmte Beschaffenheit über einen bestimmten Zeitraum hinweg behält. Zur anderen Gruppe zählt die Garantie sonstiger Anforderungen, die zum Gegenstand hat, dass die Kaufsache andere als die Mängelfreiheit betreffende Anforderungen oder Erwartungen zu in der Zukunft liegenden Umständen erfüllt.[617] Während die zweite Gruppe zweifelsfrei außerhalb des Anwendungsbereich von § 377 anzusiedeln ist (→ Rn. 221), zielt die erste Gruppe in ihrer Anknüpfung an die Beschaffenheitsanforderungen im Ergebnis auf eine vertragliche Erweiterung der gesetzlichen Sachmängelhaftung ab, wobei im Falle der **Beschaffenheitsgarantie** der Überschuss zur einfachen Beschaffenheitsvereinbarung häufig in der gesteigerten Einstandspflicht iSv § 276 Abs. 1 S. 1 BGB liegt. Da der Käufer aber nach den von § 377 vorgegebenen Maßstäben die stoffliche Beschaffenheit der Sache ohne Rücksicht darauf prüfen muss, worauf die vertraglichen Beschaffenheitsanforderungen letztlich beruhen, gibt es keinen sachlichen Grund, der es rechtfertigt, die Ansprüche aus dem Garantieversprechen iSd § 443 Abs. 1 von der Genehmigungswirkung des § 377 Abs. 2 bzw. 3 auszunehmen.[618] Für **Haltbarkeitsgarantien** iSd § 443 Abs. 2, deren Dauer sich nach näher bestimmten Zeiteinheiten (zB kalendermäßig bestimmbarer Zeitraum, Betriebs- oder Nutzungsdauer) bemisst,[619] gilt nichts anderes. Denn auch die Haltbarkeit eines Gegenstandes für eine bestimmte (betriebsgewöhnliche) Nutzung ist etwas, das nach Konstruktion und/oder Materialbeschaffenheit von vornherein im Kaufgegenstand angelegt ist. Der Umstand, dass Haltbarkeitsdefizite sich üblicherweise erst längere Zeit nach Ablieferung zeigen, führt allerdings dazu, dass sich in ihnen ein durch die Ablieferungsuntersuchung

---

[614] Zust. Baumbach/Hopt/*Hopt* Rn. 49; zurückhaltend MüKoHGB/*Grunewald* Rn. 98; Heymann/*Emmerich/ Hoffmann* Rn. 107.

[615] *Canaris* HandelsR § 29 IV Rn. 83.

[616] HaKo-HGB/*Stöber* Rn. 76 ff.; vgl. ferner G. *Müller* ZIP 2002, 1178 (1181); Baumbach/Hopt/*Hopt* Rn. 49; Oetker/*Koch* Rn. 117; KKRD/*Roth* Rn. 25; vgl. ferner BeckOK HGB/*Schwartze* Rn. 75.

[617] BT-Drs. 17/12637, 68.

[618] So auch HaKo-HGB/*Stöber* Rn. 79.

[619] Vgl. Begründung zum Regierungsentwurf, BT-Drs. 14/6040, 239; Bamberger/Roth/*Faust* BGB § 443 Rn. 16.

regelmäßig nicht erkennbarer versteckter Mangel offenbart, der nach Maßgabe von § 377 Abs. 3 zu rügen ist.

224 **5. Irrtumsanfechtung und die Regeln über den Wegfall der Geschäftsgrundlage. a) Erklä-rungs- und Inhaltsirrtum.** Die Anfechtung wegen Erklärungs- oder Inhaltsirrtums gem. § 119 Abs. 1 BGB weist **keine Berührungspunkte** zur Rügeobliegenheit iSd § 377 auf (→ Rn. 158, 199). Der Grund hierfür liegt darin, dass im Falle des Versprechens oder Verschreibens usw. die angediente Kaufsache selbst in Ordnung ist. Konkurrenzprobleme im Verhältnis zur Sachmängelhaftung iSd §§ 434 ff. BGB und der Gewährleistungsfrist nach § 438 BGB bestehen daher nicht. Eine analoge Anwendung des § 377 scheidet aus, weil der dazu notwendiger Bezug zur Sachmängelhaftung fehlt.[620] Die variable und möglicherweise sehr lange Anfechtungsfrist des § 121 Abs. 1 BGB gilt somit grund-sätzlich auch im Bereich des Handelskaufs.

225 **b) Eigenschaftsirrtum.** Der für den Vorrang des Kaufgewährleistungsrecht maßgebliche Umstand, dass dem Käufer eine Anfechtung des Kaufvertrags gem. § 119 Abs. 2 BGB wegen Fehlens einer verkehrswesentlichen Eigenschaft jedenfalls ab Gefahrübergang verschlossen sein soll, soweit die Sach-mängelhaftung eingreift, weil er sich sonst deren Sonderregeln entziehen könnte (näher → Vor § 377 Rn. 107 ff.), findet im Handelskauf seine Fortsetzung. Denn auch hier wird nach ganz überwiegender Ansicht[621] eine Anfechtung wegen Irrtums über eine verkehrswesentliche Eigenschaft iSd § 119 Abs. 2 BGB im Falle des Rügeversäumnisses nach Sinn und Zweck des § 377 mit Recht für ausgeschlossen erachtet. Ausschlaggebend dafür ist die Erwägung, dass sich der Käufer andernfalls unter **Umgehung der Rügeobliegenheit** und rückwirkender Beseitigung einer regelmäßig bereits eingetretenen Ge-nehmigungswirkung vom Kaufvertrag lossagen könnte. Das teilweise gegen einen Vorrang des Sach-mängelgewährleistungsrechts angeführte Argument, die Anfechtung nach § 119 Abs. 2 und die Gewährleistungsrechte stellten unterschiedliche Rechtsbehelfe mit jeweils unterschiedlichen Vorzügen und Nachteilen dar, sodass die Wahl des einen mit all den damit verbundenen Vor- und Nachteilen keine Umgehung des anderen darstelle,[622] greift für § 377 schon deshalb nicht, weil sich im Falle einer Verletzung der Rügeobliegenheit die Vertragslage aufgrund der nach dem Gesetz eintretenden Genehmi-gungsfiktion für den Käufer ausnahmslos nachteilig gestaltet, ihm danach also die Nachteile aus-schließlich und abschließend zugewiesen sind. Anderes kann nur dann gelten, wenn der Irrtum keine Beschaffenheit der Sache betrifft und deshalb ein zur Anwendbarkeit der §§ 437 ff. BGB wie auch des § 377 erforderlicher Mangel nicht in Rede steht.

226 **c) Anfechtung wegen arglistiger Täuschung.** Die Anfechtung wegen arglistiger Täuschung (§ 123 BGB) scheitert niemals an § 377 Abs. 2 und 3. Insoweit gilt im Ergebnis nichts anderes wie bei einer gewährleistungsrechtlichen Arglisthaftung des Verkäufers, bei der eine Mängelrüge wegen § 377 Abs. 5 nicht erforderlich ist (→ Rn. 205). Der über die Beschaffenheit der Ware arglistig getäuschte Käufer kann sich außerdem mit Hilfe der allgemeinen Regeln der **culpa in contrahendo** (§ 311 Abs. 2 BGB iVm § 280 BGB), also schadensrechtlichen Grundsätzen, vom Vertrag lossagen, ohne diesen zuvor nach § 123 BGB anfechten zu müssen.

227 **d) Fehlen oder Wegfall der Geschäftsgrundlage.** Durch den in § 313 Abs. 1 BGB enthaltenen Verweis auf die gesetzliche Risikoverteilung kommt zum Ausdruck, dass eine Anwendung der Regeln über die Störung der Geschäftsgrundlage auszuscheiden hat, wenn und soweit es um Fehlvorstellungen geht, deren Auswirkungen auf den Vertrag der Gesetzgeber bereits durch Aufstellung bestimmter gesetzlicher Regeln zu erfassen versucht hat. Dementsprechend kann § 313 BGB nach der Rspr. des BGH[623] im Anwendungsbereich der kaufrechtlichen Sach- und Rechtsmängelhaftung grundsätzlich nicht herangezogen werden, da andernfalls die den Bestimmungen der §§ 434 ff. BGB zugrunde liegende Risikoverteilung durch die Annahme einer Störung der Geschäftsgrundlage verändert werden würde. Allerdings besteht dieser Vorrang des Gewährleistungsrechts nur insoweit, als der maßgebliche Umstand überhaupt geeignet ist, entsprechende Mängelansprüche auszulösen. Streiten die Parteien also um Vorhandensein und Rechtsfolgen eines Mangels, kann der Käufer sich insoweit auch im Anwen-dungsbereich des § 377 nicht zugleich auf eine Störung der Geschäftsgrundlage berufen. Dass die Mangelfreiheit der Kaufsache nicht selbst als Geschäftsgrundlage aufgefasst werden kann, beruht allein schon darauf, dass sie sich nach § 433 Abs. 1 S. 2 BGB unmittelbar aus dem Inhalt des Kaufvertrages ergibt.

---

[620] BeckOK HGB/*Schwartze* Rn. 72.
[621] S. etwa KKRD/*Roth* Rn. 24; Baumbach/Hopt/*Hopt* Rn. 48; Heymann/*Emmerich/Hoffmann* Rn. 104; GK-HGB/*Achilles* Rn. 54; Schlegelberger/*Hefermehl* Rn. 83; MüKoHGB/*Grunewald* Rn. 97; *Oetker* HandelsR § 8 V Rn. 53; *Oetker/Koch* Rn. 119; HaKo-HGB/*Stöber* Rn. 66, *Niedrig*, Die Mängelrüge, 1994, 136 mwN, vgl. auch BeckOK HGB/*Schwartze* Rn. 73.
[622] So etwa BeckOK BGB/*Faust* BGB § 477 Rn. 190.
[623] BGH Urt. v. 29.9.2018 – VIII ZR 187/17, WM 2018, 2090 Rn. 15 ff. mwN; ebenso das Schrifttum, vgl. etwa Oetker/*Koch* Rn. 119 mwN.

6. Deliktshaftung und Rügelast. Nach der Rspr. des **BGH,**[624] der sich das Schrifttum zumindest **228** im Ergebnis überwiegend angeschlossen hat,[625] werden deliktische Ansprüche des Käufers iSd § 823 Abs. 1 und 2 BGB, die aus der Mangelhaftigkeit der gelieferten Kaufsache resultieren, durch ein Rügeversäumnis nicht ausgeschlossen. Hiernach besteht zwischen vertraglichen und deliktischen Schadensersatzansprüchen des Käufers vielmehr eine uneingeschränkte Anspruchskonkurrenz mit der Folge, dass jeder Anspruch nach seinen eigenen Voraussetzungen zu beurteilen ist. Die im Schrifttum vertretene **Gegenposition**[626] geht dahin, dass der Käufer durch ein Rügeversäumnis automatisch auch den mit der verschuldeten Mangelhaftigkeit der Sache unmittelbar zusammenhängenden deliktischen Schadensersatzanspruch verliert. Der in § 377 Abs. 2 und 3 beschriebenen Genehmigungswirkung wird also die Bedeutung beigemessen, dass sich der Käufer in jeder Hinsicht, zumindest aber für Schäden, die sich als Verwirklichung des ungerügt gebliebenen Mangels darstellen, so behandeln lassen muss, als sei die schuldhafte Schlechtleistung zu Recht erfolgt und damit für den vom Verkäufer geschuldeten Verhaltensstandard maßgeblich. Die Lieferung der fehlerhaften Sache könne mithin weder als Vertragsbruch noch als rechtswidrige Handlung iSd § 823 BGB angesehen werden.

Ausgangspunkt der Behandlung des häufiger zwischen vertraglichen und deliktischen Ansprüchen **229** auftretenden Konkurrenzproblems durch die Rspr. ist in allen Fällen seit jeher die zutreffende Überlegung, dass ein rechtlicher Grundsatz, dem zufolge vertragliche und gesetzliche Haftung stets den gleichen Inhalt haben müssten, nicht existiert, sondern jeder Anspruch nach seinen Voraussetzungen, seinem Inhalt und seiner Durchsetzung selbstständig zu beurteilen ist und seinen eigenen Regeln folgt.[627] Eine abweichende Beurteilung kann zwar geboten sein, wenn einer Vorschrift zu entnehmen ist, dass sie einen Sachverhalt erschöpfend regeln und dementsprechend die Haftung aus anderen Anspruchsgrundlagen ausschließen oder in bestimmter Hinsicht beschränken will.[628] Solche Abweichungen kommen aber nur ausnahmsweise in Betracht und beschränken sich typischerweise auf Fallgestaltungen, in denen die deliktischen Ansprüche den Zweck einer für den vertraglichen Anspruch geltenden Vorschrift vereiteln und die gesetzliche Regelung im Ergebnis aushöhlen würden.[629] Für eine solche Ausnahme geben jedoch weder der Wortlaut des § 377 noch dessen systematische Stellung im Gesetz oder die Entstehungsgeschichte der Vorschrift etwas her.[630] Ebenso wenig führt die Möglichkeit eines geschädigten Käufers, nach einem Ausschluß mit seinen vertraglichen Schadensersatzansprüchen auf die aus demselben Sachverhalt hergeleiteten deliktischen Ansprüche auszuweichen, zu einer Vereitelung des von § 377 verfolgten Zwecks. Zwar dient die Bestimmung neben der von ihr angestrebten raschen Wiederherstellung des Rechtsfriedens unter anderem auch dem Interesse des Verkäufers, von den bei zumutbarer Prüfung zutage tretenden Mängeln der von ihm gelieferten Sache möglichst rasch zu erfahren, um dadurch drohenden Schaden noch rechtzeitig abwenden zu können. Dies betrifft indessen stets nur den vertraglichen Abwicklungsschutz; ein mit der Genehmigungsfiktion darüber hinaus erstrebter Schutz des Verkäufers vor seiner deliktischen Verantwortlichkeit ist dagegen nicht mehr ohne Weiteres vom Zweck der Norm umfasst, zumindest wäre dies nach den Gesamtumständen keinesfalls derart zwingend, dass es die erforderliche Ausnahme vom eingangs genannten Grundsatz tragen könnte. Insbesondere kann keine Rede davon sein, dass § 377 HGB seinen Sinn verlöre, wenn dem Käufer auch nach Rügeversäumung die Rechte aus unerlaubter Handlung erhalten bleiben. Denn der Käufer bleibt systemkonform mit seinem Erfüllungsinteresse sowie der Geltendmachung eines allgemeinen Vermögensschadens ausgeschlossen und ist auf die sein Integritätsinteresse erfassenden Ansprüche beschränkt, die auf einer Verletzung der in § 823 BGB genannten

---

[624] Grundlegend BGH Urt. v. 16.9.1987 – VIII ZR 334/86, BGHZ 101, 337 (343 ff.) = NJW 1988, 52; BGH Urt. v. 25.10.1988 – VI ZR 344/87, BGHZ 105, 346 (357) = NJW 1989, 707; vgl. zuletzt BGH Urt. v. 27.2.2018 – VI ZR 121/17, NJW 2018, 2197 Rn. 13 ff.

[625] S. etwa Staub/*Brüggemann* Rn. 168; Heymann/*Emmerich/Hoffmann* Rn. 109; Baumbach/Hopt/*Hopt* Rnr. 50; KKRD/*Roth* Rn. 26; *Hönn* BB 1978, 685 f.; *Stoll,* Das Handeln auf eigene Gefahr, 1961, 340; *Ott* WuB IV D § 377 HGB 1.87; *H. Roth* JuS 1988, 938 (940); *Mertens/Rehbinder,* Internationales Kaufrecht, 1974, EKG Art. 89 Rn. 6; s. ferner GK-HGB/*Achilles* Rn. 54 aE; MüKoHGB/*Grunewald* Rn. 113; Oetker/*Koch* Rn. 135 iVm Rn. 5; HaKo-HGB/*Stöber* Rn. 69; BeckOK HGB/*Schwartze* Rn. 76; *Hübner* HandelsR § 7 D IV 2 Rn. 637; *Oetker* HandelsR § 8 V Rn. 57; *Canaris* HandelsR § 29 V Rn. 76; *Lettl* HandelsR § 12 VI Rn. 92; ebenso G. *Müller* ZIP 1997, 661 (667); G. *Müller* ZIP 2002, 1178 (1181 ff.); G. *Müller* FS Baums, 2017, 827, 838 f. mwN; vgl. schließlich *Fitz* FS Ostheim, 1990, 241, 252 ff.; *Bredemeyer* JA 2009, 161 (167 f.); *Sieber,* Die Mängelanzeige beim Warenkauf, 2008, 54 ff.; *Mock,* Der Ausschluss von Käuferrechten gemäß § 377 HGB, 2010, 95 ff.; *Linnerz,* Die Untersuchungs- und Rügepflicht im CISG und im HGB, 2014, 222 ff.; Medicus/Petersen BürgerlR Rn. 316.

[626] Grundlegend *Dietz,* Anspruchskonkurrenz bei Vertragsverletzung und Delikt, 1934, 145 *Rabel,* Das Recht des Warenkaufs, Bd. 2, 1958, 217 ff.; *Meeske,* Die Mängelrüge, 1965, 152; Schlegelberger/*Hefermehl* Rn. 82; *Brüggemann* JA 1977, 102 (104); *Niedrig,* Die Mängelrüge, 1994, 135 ff. mwN; vgl. auch *Schwark* AcP 179 (1979), 57 (77 f.); später aber einschränkend *Schwark* JZ 1990, 375 (379).

[627] Zuletzt etwa BGH Urt. v. 27.2.2018 – VI ZR 121/17, NJW 2018, 1297 Rn. 20; BGH Urt. v. 28.10.2014 – VI ZR 15/14, NJW-RR 2015, 275 Rn. 32; BGH Urt. v. 22.7.2014 – KZR 27/13, NJW 2014, 3089 Rn. 53; jeweils mwN.

[628] BGH Urt. v. 22.7.2014 – KZR 27/13, NJW 2014, 3089 Rn. 53 mwN.

[629] BGH Urt. v. 28.10.2014 – VI ZR 15/14, NJW-RR 2015, 275 Rn. 32 mwN.

[630] Dazu näher BGH Urt. v. 16.9.1987 – VIII ZR 334/86, BGHZ 101, 337 (343).

Rechtsgüter oder Schutzgesetze beruhen.[631] Darüber hinaus spricht gegen eine Ausweitung der Genehmigungsfiktion in die Rechtmäßigkeitsbeurteilung bei deliktischen Ansprüchen, dass ihr dann – systemfremd – zudem nur relative Wirkung im Verhältnis zum Verkäufer zukäme, sie aber bei genauso nahe liegenden Schäden weiterer Abnehmer oder Dritter ohne jede Bedeutung wäre.[632]

230   Die beschriebene Anspruchskonkurrenz hat zur Folge, dass der vertragliche und der deliktische Schadensersatzanspruch jeweils unabhängig voneinander nach den für sie maßgeblichen Voraussetzungen beurteilt werden müssen. Demzufolge stellt es keinen Wertungswiderspruch dar, wenn eine Verletzung der Untersuchungs- und Rügeobliegenheit abweichend von der im Vertragsrecht vorgesehenen Rechtsfolge eines Alles oder Nichts anhand der für deliktsrechtliche Schadensersatzpflichten bestehenden Maßstäbe und Lösungen beurteilt wird. Der BGH wendet deshalb folgerichtig § 254 BGB an, der abweichend von § 377 einen flexiblen und abgestuften Ausgleich der beiderseitigen Interessen ermöglicht und häufig nur zu einer Anspruchskürzung führt.[633] Das liegt auch deshalb nahe, weil die Untersuchungsobliegenheit des § 377 Abs. 1 – insoweit auf einer Linie mit den Intentionen § 254 BGB liegend[634] – nicht zuletzt den Zweck verfolgt, eine Schadensentstehung durch Lieferung mangelhafter Ware möglichst zu vermeiden und darüber zugleich eine Inanspruchnahme des Verkäufers wegen solcher Schäden zu verhindern.[635]

231   **7. Sonstige Ersatzansprüche. a) Gesamtschuldnerausgleich (§ 426 BGB).** Es steht außer Frage, dass eine Verletzung der Untersuchungs- und/oder Rügeobliegenheit des Käufers, im Rahmen einer Lieferkette[636] auch mehrfache derartige Verletzungen, eine Entstehung von Ersatzansprüchen Dritter nicht verhindern können, die diesen etwa als Abnehmer der Ware am Ende der Lieferkette auf deliktischer oder produkthaftungsrechtlicher Grundlage (§ 823 BGB, § 1 Abs. 1 ProdHaftG) wegen Mangelfolgeschäden an ihren Rechtsgütern entstanden sind. Sind mehrere Lieferanten innerhalb der Lieferkette aus den genannten Anspruchsgrundlagen zum Schadensersatz verpflichtet, haften sie gem. § 840 BGB, § 5 ProdHaftG als **Gesamtschuldner** mit der Folge eines nach § 426 BGB vorzunehmenden Gesamtschuldnerausgleichs. Entstehen die Ersatzpflichten in unterschiedlicher Höhe, weil einer der Lieferanten seinem Abnehmer etwa auf vertraglicher Grund nicht nur zum Ersatz des Integritäts-, sondern auch des Äquivalenzinteresses verpflichtet ist, besteht eine Gesamtschuld aber nur in Höhe der sich deckenden Ersatzpflichten, während es hinsichtlich des überschießenden Betrags zu einer außerhalb des Gesamtschuldnerausgleichs verbleibenden Einzelhaftung kommt.[637]

232   Geht man mit der ganz überwiegend vertretenen Ansicht zutreffenderweise davon aus, dass zwischen den aus den Lieferbeziehungen erwachsenen vertraglichen Ansprüchen und etwaigen daneben entstandenen deliktischen und/oder produkthaftungsrechtlichen Ansprüchen eine echte Anspruchskonkurrenz besteht (→ Rn. 228 ff.), führt eine daraus resultierende **Ersatzpflicht von Beteiligten der vorgelagerten Lieferkette,** so sie denn sie nach der Pflichten- oder Risikolage als verantwortlich anzusehen sind, zur Begründung einer Gesamtschuldnerschaft zwischen ihnen. Es stellt sich dann die Frage, zu welchen Anteilen sie nach dem Maß ihrer Verantwortlichkeit verpflichtet sind. Die Auffassung, eine Verletzung der Untersuchungs- und Rügeobliegenheit führe entsprechend den Wertungen des § 377 Abs. 2 dazu, dass der betreffende Käufer bei einem nach § 426 BGB vorzunehmenden Gesamtschuldnerausgleich als allein verantwortlich anzusehen sei,[638] wird heute wohl nicht mehr ernstlich vertreten. Es kommt für die Anteilsbemessung vielmehr – wie bei Nebentätern üblich – auf das unter Heranziehung von § 254 BGB zu bestimmende **Maß der beiderseitigen Verursachungs- und Verschuldensbeiträge** an.[639] Dabei kann auch dem Umstand ein gewisses Gewicht beizumessen sein, dass der Sachmangel bei gebotener Untersuchung hätte entdeckt werden und der später eingetretene Schaden deshalb hätte verhindert werden können.[640] Das gilt auch für die Legalzession nach § 426 Abs. 2 BGB, deren Umfang in der Regel dem Ausgleichsanspruch gem. § 426 Abs. 1 S. 1 BGB folgt.[641]

---

[631] So überzeugend BGH Urt. v. 16.9.1987 – VIII ZR 334/86, BGHZ 101, 337 (345 f.).

[632] Vgl. BGH Urt. v. 16.9.1987 – VIII ZR 334/86, BGHZ 101, 337 (346 ff.).

[633] Vgl. BGH Urt. v. 16.9.1987 – VIII ZR 334/86, BGHZ 101, 337 (346) mwN.

[634] So zutr. MüKoHGB/*Grunewald* Rn. 115 mwN.

[635] BGH Urt. v. 24.2.2016 – VIII ZR 38/15, NJW 2016, 2645 Rn. 21 mwN.

[636] Dabei ist es gleich, ob die schadenursächliche Ware unverändert durchgehandelt worden ist oder ob der entstandene Schaden etwa auf ein Zulieferteil für ein daraus hergestelltes Gesamtprodukt zurückzuführen ist.

[637] BGH Urt. v. 26.3.2009 – I ZR 44/06, NJW-RR 2009, 1053 Rn. 44; Staudinger/*Vieweg*, 2015, BGB § 840 Rn. 20 mwN.

[638] So noch LG Nürnberg-Fürth Urt. v. 22.3.1990 – 7 O 8531/88, NJW 1990, 3023 f.

[639] BGH Urt. v. 17.12.1998 – VII ZR 243/97, BGHZ 140, 241 (245) mwN; BGH Urt. v. 22.4.1980 – VI ZR 134/78, NJW 1980, 2348 (2349); Staudinger/*Vieweg*, 2015, BGB § 840 Rn. 49 mwN.

[640] Wenn auch mit teilweise unterschiedlicher Begründung im Ergebnis ebenso etwa *Niedrig*, Die Mängelrüge, 1994, 177 f.; KKRD/*Roth* Rn. 25; Baumbach/Hopt/*Hopt* Rn. 50; MüKoHGB/*Grunewald* Rn. 116; Oetker/*Koch* Rn. 136 ff.; HaKo-HGB/*Stöber* Rn. 70; BeckOK HGB/*Schwartze* Rn. 77; *Wellenhofer-Klein,* Zulieferverträge im Privat- und Wirtschaftsrecht, 1999, 296.

[641] BGH Urt. v. 6.10.2009 – VI ZR 24/09, NJW-RR 2010, 831 Rn. 10; Staudinger/*Looschelders,* 2017, BGB § 426 Rn. 139.

b) Die Rügeobliegenheit in der Lieferkette. Der mit Wirkung vom 1.1.2018 neu geschaffene 233
§ 445a BGB ermöglicht bei Lieferketten ohne die bis dahin vorgesehene Begrenzung auf Fallgestaltungen, bei denen der letzte Verkaufsvorfall ein Verbrauchsgüterkauf war, den jeweiligen Käufern bei neu hergestellten Kaufsachen im Falle von Mängeln einen erleichterten Rückgriff auf ihren Lieferanten für Aufwendungen, die im Zusammenhang mit dem Einbau oder der Anbringung der Kaufsache in andere Gegenstände durch die Geltendmachung von Gewährleistungsrechten des Letztkäufers ausgelöst werden. Dahinter steht die Erwägung, dass der für den Mangel letztlich Verantwortliche möglichst auch die dadurch verursachten Aufwendungen tragen soll; ein Durchgriff außerhalb der Vertragsbeziehungen auf den Hersteller unter Übergehung eines Zwischenhändlers findet allerdings nicht statt.[642] Inhaltlich geht es dabei um einen **verschuldensunabhängigen Ersatz** der in § 439 Abs. 2 und 3 BGB genannten **Aufwendungen,** eine Befreiung vom Fristsetzungserfordernis auf dem Rückweg innerhalb der Lieferkette, wenn der Letztabnehmer wirksam zurückgetreten ist oder gemindert hat, und um einen Aufschub der Verjährung für die im Rückgriffsfall bestehenden Ansprüche. Voraussetzung ist aber stets, dass auch innerhalb der Lieferkette im Verhältnis zwischen Verkäufer und Lieferant jeweils ein Mangel vorliegt.

Der nunmehr in § 445a geregelte Lieferantenregress hat an einer Anwendbarkeit des §§ 377 auf die 234
einzelnen kaufrechtlichen Lieferbeziehungen nichts geändert; § 445a Abs. 4 BGB bestimmt vielmehr ausdrücklich, dass **§ 377 unberührt bleibt.** Insoweit hat der Gesetzgeber klargestellt, dass der Zweck dieser Bestimmung, Handelskäufe schnell abzuwickeln und dem Verkäufer möglichst bald Klarheit über auf ihn etwa noch zukommende Gewährleistungsansprüche zu verschaffen, auch bei den einzelnen Lieferbeziehungen innerhalb der Lieferkette Geltung beanspruchen kann und kein Grund besteht, unter Hintanstellung der schutzwürdigen Interessen des Vormannes in der Lieferkette den haftenden (Letzt-)Verkäufer davor zu bewahren, die gesamte Verantwortung für den Mangel zu übernehmen, wenn er sich selbst rechtzeitig durch eine Untersuchung und Rüge der Ware vor Rechtsnachteilen hätte schützen können.[643] Jeder Lieferant muss sich also jeweils an seinen Vorlieferanten halten und bei Vorliegen der Voraussetzungen des § 377 rügen, um die sonst mit der Folge eines Abbrechens der Regresskette nach § 377 Abs. 2 oder 3 eintretende Genehmigungswirkung zu verhindern. Dementsprechend ist ein kaufmännischer Käufer nicht nur zur Untersuchung und Rüge dabei erkennbarer Mängel gehalten. Er muss auch bei verdeckten Mängeln, die erst im weiteren Verlauf der Lieferkette offenbar werden, nach Kenntniserlangung unverzüglich rügen, um eine **Unterbrechung der Regresskette** und einen damit einher gehenden Verlust seiner Regressansprüche zu vermeiden.[644]

c) Dauerschuldverhältnis – Sukzessivlieferungsvertrag. Die Reichweite der Genehmigungs- 235
fiktion iSd § 377 Abs. 2 und 3 bei Kaufverträgen, die den Verkäufer zu Teillieferungen verpflichten (Dauerlieferungsvertrag, Sukzessivlieferungsvertrag), ist nicht ganz unumstritten. Zwar gilt § 377 für **jede einzelne Teillieferung** gesondert, sodass eine Rügepflichtverletzung und die daraus resultierende Genehmigungsfiktion jedenfalls die jeweilige mangelhafte **Teillieferung** erfasst (→ Rn. 51, 98).[645] Da sich die Genehmigung mangels anderslautender Erklärung des Käufers nicht auf in der Zukunft liegende Ereignisse erstreckt, ist es dagegen ausgeschlossen, dass erst in der Zukunft entstehende Gewährleistungsrechte wegen des Rügeversäumnisses erlöschen. **Streitig** ist aber, ob und inwieweit sich die Genehmigungsfiktion auf ein den gesamten **Ratenlieferungsvertrag** erfassendes Rücktrittsrecht gem. § 323 Abs. 5 S. 1 BGB oder ein bei einem **Dauerschuldverhältnis** aus § 314 BGB abzuleitendes Recht des Käufers auswirkt, sich von dem **gesamten Vertrag** durch eine außerordentliche Kündigung zu lösen und sich dabei ua auch auf die nicht gerügten Schlechtlieferungen zu stützen. Teilweise wird dies mit der Überlegung für unbedenklich erachtet, dass die Ursache für das den ganzen Vertrag betreffende Lossagungsrecht weniger in dem (nicht gerügten) Mangel, sondern vor allem in dem wiederholt schuldhaft vertragswidrigen Verhalten liegt, das den Zweck des Vertrages und seine reibungslose Durchführung entscheidend gefährdet.[646]

Die zutreffende, auch von der Rspr. ansonsten bislang durchgängig vertretene Gegenmeinung[647] 236
steht auf dem Standpunkt, dass die genehmigten mangelhaften Teillieferungen als eine Vertragsverletzung des gesamten Vertrages nicht mehr in Betracht kommen. Da die ungerügt gebliebene Ware nach § 377 Abs. 2 und 3 als genehmigt gilt und der Käufer sich aufgrund dieser Fiktion behandeln lassen

---

[642] Vgl. BT-Drs. 14/6040, 247, 249.

[643] BT-Drs. 14/6857, 41, 72; BT-Drs. 14/7052, 199.

[644] Oetker/*Koch* Rn. 143; BeckOGK/*Arnold* BGB § 445a Rn. 159; BeckOK BGB/*Faust* BGB § 445a Rn. 34; aA *Schubel* ZIP 2002, 2061 (2070 f.).

[645] Einhellige Ansicht, s. etwa RG Urt. v. 30.5.1922 – II 680/21, RGZ 104, 382 (384); BGH Urt. v. 16.9.1987 – VIII ZR 334/86, BGHZ 101, 337 (339 f.) = NJW 1988, 52; KKRD/*Roth* Rn. 8; Baumbach/Hopt/*Hopt* Rn. 29; MüKoHGB/*Grunewald* Rn. 39; HaKo-HGB/*Stöber* Rn. 61.

[646] *Oetker* HandelsR § 8 V Rn. 56; zust. Oetker/*Koch* Rn. 128; ähnl. Staub/*Brüggemann* Rn. 155; ähnl. auch *Canaris* HandelsR § 29 V Rn. 58, 80; Baumbach/Hopt/*Hopt* Rn. 49; offen gelassen in BGH Urt. v. 31.5.1989 – VIII ZR 140/88, BGHZ 107, 331 (339) = NJW 1989, 2532 (2534).

[647] BGH Urt. v. 3.2.1959 – VIII ZR 14/58, BB 1959, 281 mwN = BeckRS 1959, 31197291; MüKoHGB/*Grunewald* Rn. 107; *U. Huber* AcP 177 (1977), 281 (308) in Fn. 107; BeckOK HGB/*Schwartze* Rn. 74; HaKo-HGB/*Stöber* Rn. 61.

muss, als habe er sich durch nachträgliche Vertragsänderung mit der Lieferung der ursprünglich nicht vertragsgemäßen Ware einverständen erklärt, wäre etwa auch die Verweigerung einer Nachlieferung oder Nachbesserung durch den Verkäufer keine Vertragsverletzung. Vielmehr stellte es sogar ein mit der gesetzlich angeordneten Genehmigungswirkung unvereinbares venire contra factum proprium dar, wenn der Käufer sich in anderem vertraglichen Zusammenhang bei Beurteilung der Vertragslage auf die gegenteilige Position zurückziehen und die durch sein Verhalten herbeigeführte Genehmigungswirkung, aufgrund derer er sich so behandeln lassen muss, als habe er einwandfreie Ware erhalten, beiseite schieben könnte, um die Vertragswidrigkeit der betreffenden Teillieferung geltend zu machen. Der dagegen erhobene Einwand, § 377 Abs. 2 und 3 dürften keine Rechtswirkungen beigemessen werden, die über den Ausschluss der Gewährleistungsrechte hinausgingen,[648] stellt auf vermeintliche Schutzzweckerwägungen ab, die im Gesetz keine Stütze finden. Davon zu unterscheiden ist der Fall, dass die einzelnen Teillieferungen (auch) **aus anderen, von § 377 nicht erfassten Gründen** – wie etwa aufgrund wiederholter Unpünktlichkeit – zu beanstanden sind, die ihrerseits etwa einen Interessefortfall oder einen kündigungstauglichen Vertrauensverlust tragen.[649]

237   **8. Ansprüche Dritter.** § 377 betrifft ausschließlich das Rechtsverhältnis von Verkäufer und Käufer. Von der Genehmigungswirkung nach den Regeln des § 377 Abs. 2 bzw. 3 erfasst wird aber – wie sich aus dem in § 334 BGB enthaltenen Rechtsgedanken ergibt, wonach sich der Versprechende in einem zugleich einen Dritten begünstigenden Vertragsverhältnis nicht schlechter stehen soll als bei einer unmittelbar gegenüber dem Vertragspartner selbst bestehenden Leistungspflicht[650] – auch ein mangelbedingter Schadensersatzanspruch gem. § 437 Nr. 3 BGB aus einem Vertrag mit **Schutzwirkung zugunsten Dritter.** Ebenso ist eine auf einen Sachmangel gestützte **Drittschadensliquidation** des Käufers zugunsten seines Abnehmers wegen der von einem Rügeversäumnis ausgehenden Genehmigungsfiktion nicht möglich.[651]

238   Der **deliktische oder produkthaftungsrechtliche Schadensersatzanspruch** eines in die persönliche Schutzwirkung des Kaufvertrages einbezogenen Dritten aus § 823 BGB, § 1 Abs. 1 ProdHaftG gegenüber dem Verkäufer bleibt dagegen von einem Rügeversäumnis des Käufers unberührt. Insoweit gilt nichts anderes als für den Käufer selbst (→ Rn. 228 ff.). Vor allem kann auf den eigenständigen deliktischen Schadensersatzanspruch des Dritten auch § 334 BGB nicht zur Anwendung gebracht werden, da dies sonst auf die unzulässige Bejahung eines Vertragsschlusses zulasten eines Dritten hinausliefe.[652] Folgerichtig kommt auch die Zurechnung eines **Mitverschuldens** des Käufers – außer in den Sonderfällen des § 254 Abs. 2 S. 2 BGB iVm § 278 BGB – nicht in Betracht.

VI. Zur Abdingbarkeit des § 377

239   **1. Verzicht auf die Genehmigungswirkung.** Die Regeln über die Rügeobliegenheit iSd § 377 stehen grundsätzlich zur **Disposition** der Vertragsparteien[653]. Diese Disposition kann schon im Vertrag selbst durch Abbedingung oder Modifikation aller oder einzelner Modalitäten des § 377 geschehen (→ Rn. 242 ff.). Möglich sind aber auch ein die Vertragsabwicklung begleitender, häufig sogar einvernehmlicher Verzicht bereits auf die Erhebung einer Mängelrüge, sodass Verspätungsfolgen gar nicht erst eintreten können, oder ein nachträglicher einseitiger Verzicht des Verkäufers auf eine durch verspätete Rüge gem. § 377 Abs. 2, 3 an sich bereits eingetretene Genehmigungswirkung. Erstgenannter Fall ist etwa gegeben, wenn der Verkäufer schon bei Vertragsschluss oder jedenfalls vor Ablieferung der Ware um den Mangel weiß und sich zur Ermöglichung des Vertragsschlusses oder zur Verhinderung einer Zurückweisung der Ware zur Mängelbeseitigung verpflichtet.[654] Aus der Einräumung einer Beschaffenheits- oder Haltbarkeitsgarantie kann ein solcher Verzicht aber nicht hergeleitet werden (→ Rn. 222 f.).[655] Ebenso wenig kann ein konkludenter Verzicht auf das Rügeerfordernis allein schon in der bloßen **Mangelkenntnis** des Verkäufers[656] oder in der Kenntnis gesehen werden, dass die

---

[648] S. *Canaris* HandelsR § 29 V Rn. 58, 80; Oetker/*Koch* Rn. 128.

[649] MüKoHGB/*Grunewald* Rn. 107.

[650] BGH Beschl. v. 24.1.2011 – X ZB 33/08, GRUR 2011, 409 Rn. 15.

[651] OLG Brandenburg Urt. v. 19.7.2006 – 7 U 194/05, BeckRS 2006, 19284; OLG Hamburg Urt. v. 9.8.1990 – 6 U 112/90, VersR 1991, 716; vgl. auch RG Urt. v. 26.6.1929 – I 17/29, RGZ 125, 76 (77 ff.); s. auch *Niedrig,* Die Mängelrüge, 1994, 177.

[652] Vgl. BGH Beschl. v. 24.1.2011 – X ZB 33/08, GRUR 2011, 409 Rn. 15; so auch *Niedrig,* Die Mängelrüge, 1994, 177; eingehend *Wertenbruch* FS U. Huber, 2006, 637 ff. mwN.

[653] S. nur OLG Frankfurt a. M. Urt. v. 21.1.2009 – 21 U 81/04, BeckRS 2009, 139153; MüKoHGB/*Grunewald* Rn. 120; KKRD/*Roth* Rn. 31; Baumbach/Hopt/*Hopt* Rn. 57; Schlegelberger/*Hefermehl* Rn. 81; Oetker/*Koch* Rn. 145; BeckOK HGB/*Schwartze* Rn. 87; *K. Schmidt* HandelsR § 29 III Rn. 124; *Hübner* HandelsR § 7 D IV 6 Rn. 645; *Stoppel* ZGS 2006, 49 (54); *K. W. Lange* JZ 2008, 661 (664 ff.); *G. Müller* WM 2011, 1249 (1259) mwN; *Böhler,* Grundwertungen zur Mängelrüge, 2000, 250.

[654] Vgl. BGH Urt. v. 27.6.1990 – VIII ZR 72/89, NJW-RR 1990, 1462 (1464).

[655] Vgl. OLG Frankfurt a. M. Urt. v. 14.8.1984 – 5 U 14/84, ZIP 1985, 107 (108).

[656] BGH Urt. v. 27.6.1990 – VIII ZR 72/89, NJW-RR 1990, 1462 (1464); vgl. auch BGH Urt. v. 24.1.1990 – VIII ZR 22/89, BGHZ 110, 130 (140) = NJW 1990, 1290.

Ware unmittelbar an einen nichtkaufmännischen Abnehmer ausgeliefert werden und dort zum Einsatz kommen soll.[657] Gleiches gilt für eine Vertragsklausel, nach der der Käufer Ansprüche auf Mängelbeseitigung beim Hersteller oder bei anderen vom Hersteller für die Betreuung des Kaufgegenstands anerkannten Betrieben geltend machen kann.[658]

Auch nach Ablieferung der Ware und dem damit einher gehenden Einsetzen der Untersuchungs- **240** und Rügeobliegenheit kann der Verkäufer noch in jeder Lage, und zwar sogar noch im Prozess, auf den **Verspätungseinwand,** also die Geltendmachung der Rechtsfolgen aus einer unterbliebenen oder verspäteten Mängelanzeige, **verzichten** und damit einer bereits gem. § 377 Abs. 2 und 3 eingetretenen Genehmigungsfiktion, deren Voraussetzungen an sich von Amts wegen zu prüfen sind (→ Rn. 191), nachträglich die Grundlage entziehen.[659] Dies kann auch **stillschweigend** geschehen. Allerdings dürfen gerade an die Annahme eines konkludent ausgesprochenen Verzichts nicht zu geringe Anforderungen gestellt werden. Da ein Verzicht auf Rechte im Allgemeinen nämlich nicht zu vermuten ist, müssen eindeutige Anhaltspunkte vorliegen, die der Käufer als Aufgabe des Rechts – hier des Verspätungseinwands – durch den Vertragspartner verstehen darf. Dementsprechend scheidet die Annahme eines stillschweigenden Verzichts aus, wenn es sich um Rechte handelt, die dem Erklärenden unbekannt sind und mit deren Bestehen er nicht rechnet.[660] Nur wenn **eindeutige Anhaltspunkte** in den Erklärungen und im sonstigen Verhalten des Verkäufers vorliegen, die für einen verständigen Käufer den sicheren Schluß gestatten, dass der Verkäufer sich zur Abwehr etwaiger Gewährleistungsansprüche nicht auf ein Rügeversäumnis berufen will, kann ein konkludenter Verzicht angenommen werden.[661] Das setzt insbesondere voraus, dass der Käufer das Verhalten des Verkäufers nach den Gesamtumständen dahin verstehen darf, dass dieser die Verletzung der Rügeobliegenheit des Käufers kennt, hieraus aber ungeachtet des auch von ihm als bestehend angenommenen Mangels der Kaufsache keine Rechte herleiten, sondern vorbehaltlos zur Nacherfüllung übergehen will.

Hiernach sieht die Rspr. in der **vorbehaltlosen Zusage** der Nachbesserung (bzw. Nachlieferung) **241** des mit den Umständen vertrauten Verkäufers oder seiner vorbehaltlosen Rücknahme der reklamierten Ware vielfach einen konkludenten Verzicht auf die Geltendmachung des Rügeversäumnisses.[662] Das ist ebenso sachgerecht wie die Sichtweise, nach der das bloße **Verhandeln** der Parteien über die Wirksamkeit der erhobenen Mängelrüge zwecks gütlicher Einigung oder Unterbreitung eines Nachbesserungsangebots bei gleichzeitigem Insistieren auf sofortiger Bezahlung grundsätzlich nicht als konkludente (stillschweigende) Verzichtserklärung gewertet werden kann.[663] Auch eine gemeinsame Begutachtung der Ware, ob und in welchem Umfang überhaupt von einem Mangel ausgegangen werden kann, erfüllt nicht die Anforderungen an die Annahme eines Verzichts.[664] Erst recht kann dies der bloßen Zusage, den angeblichen Mangel prüfen zu wollen, nicht entnommen werden.[665] Dasselbe gilt zB auch für ein schlichtes Unterlassen des ohnehin von Amts wegen zu berücksichtigenden Verspätungseinwands in der vorprozessualen Auseinandersetzung und dann lange Zeit auch im Prozess;[666] denn dies kann in nahe liegender Weise seine Ursache auch in bloßer Rechtsunkenntnis haben.[667]

2. Modifizierung der Regeln über die Rügeobliegenheit. a) Begünstigungen des Verkäu- 242 fers. aa) Individualvereinbarungen. Grundsätzlich können Verkäufer und Käufer durch Individualvereinbarung im Einzelnen festlegen, wie die nach § 377 gebotene **Untersuchung** der gelieferten Ware zu erfolgen hat. Ferner können die Parteien gemeinsam festlegen, in welcher **Frist** und/oder **Form** eine **Mängelrüge** erhoben werden muss und wie das die Rüge betreffende **Zugangs- und Verzögerungsrisiko** zu verteilen ist. Dabei ist es auch möglich, die **Länge** der Rügefrist abstrakt und ohne Rücksicht auf die konkreten Verhältnisse oder auf ein Verschulden des Käufers festzulegen.[668]

[657] BGH Urt. v. 24.1.1990 – VIII ZR 22/89, BGHZ 110, 130 (141) = NJW 1990, 1290.

[658] OLG Hamm Urt. v. 12.4.2012 – 2 U 177/11, NJW-RR 2012, 1444 (1445).

[659] AllgA, s. etwa BGH Urt. v. 19.6.1991 – VIII ZR 149/90, NJW 1991, 2633 (2634) mwN; BGH Urt. v. 25.11.1998 – VIII ZR 259/97, NJW 1999, 1259 (1260); Baumbach/Hopt/*Hopt* Rn. 47; KKRD/*Roth* Rn. 31; Staub/*Brüggemann* Rn. 172 mwN; Heymann/*Emmerich/Hoffmann* Rn. 111; GK-HGB/*Achilles* Rn. 14; *Lettl* HandelsR § 12 VI Rn. 93; *Brox* HandelsR Rn. 406; *Thamm/Möffert* NJW 2004, 2710 (2711); vgl. auch *Böhler,* Grundwertungen zur Mängelrüge, 2000, 251.

[660] Vgl. zB BGH Urt. v. 25.11.1998 – VIII ZR 259/97, NJW 1999, 1259 (1260) mwN. = WM 1999, 868.

[661] Vgl. *Thamm/Möffert* NJW 2004, 2710 f.

[662] BGH Urt. v. 19.6.1991 – VIII ZR 149/90, NJW 1991, 2633 f. mwN; s. auch BGH Urt. v. 25.11.1998 – VIII ZR 259/97, NJW 1999, 1259 f.; vgl. ferner OLG Oldenburg Urt. v. 5.12.2000 – 12 U 40/00, DB 2001, 1088 f.; OLG Saarbrücken Urt. v. 11.9.2014 – 4 U 179/13, NJW-RR 2015, 117 (119); OLG Nürnberg Urt. v. 24.4.2018 – 6 U 409/17, NZV 2018, 315; Heymann/*Emmerich/Hoffmann* Rn. 111; Baumbach/Hopt/*Hopt* Rn. 47; KKRD/*Roth* Rn. 33; GK-HGB/*Achilles* Rn. 15; s. auch *Böhler,* Grundwertungen zur Mängelrüge, 2000, 251 mwN.

[663] BGH Urt. v. 29.3.1978 – VIII ZR 245/76, BB 1978, 1489 (1490); vgl. ferner BGH Urt. v. 25.11.1998 – VIII ZR 259/97, NJW 1999, 1259 (1260) = WM 1999, 868 sowie BGH Urt. v. 17.9.2002 – X ZR 248/00, BGH-Report 2003, 285 (287); *K. Schmidt* HandelsR § 29 III Rn. 124; *Thamm/Möffert* NJW 2004, 2710 f.

[664] BGH Urt. v. 19.6.1991 – VIII ZR 149/90, NJW 1991, 2633 (2634).

[665] MüKoHGB/*Grunewald* Rn. 88 mwN.

[666] BGH Urt. v. 29.3.1978 – VIII ZR 245/76, BB 1978, 1489 (1491) mwN.

[667] OLG Hamm Urt. v. 12.4.2012 – I-2 U 177/11, NJW-RR 2012, 1444 (1445).

[668] So auch MüKoHGB/*Grunewald* Rn. 121.

Ebenso sind Bestimmungen über den für die einzuleitende Untersuchung der Ware maßgeblichen, nicht notwendig mit ihrer Ablieferung übereinstimmenden **Ort** sowie die **Untersuchungsgegenstände** und die anzuwendende **Untersuchungsmethode** zulässig.[669] Darüber hinaus können ohne die Vertragsparteien die Untersuchungs- und Rügeobliegenheit einvernehmlich zur Rechtspflicht aufwerten mit der Folge, dass der Käufer mit Verweigerung einer vereinbarten Untersuchung und Billigung bei Ablieferung in Annahmeverzug gerät oder sogar einen Rücktrittsgrund setzt.[670] Insgesamt sind die Parteien in ihrer Gestaltungsmacht weitgehend frei. Zwar wird überwiegend angenommen, dass die Grenzen für die **Zulässigkeit** solcher Individualvereinbarungen überschritten seien, wenn dem Käufer durch die vereinbarten Modalitäten und/oder Anforderungen die Möglichkeit zur Geltendmachung von Mängelrechten faktisch genommen werde.[671] Das trifft jedoch nicht den Kern. Denn bei Kaufverträgen im Unternehmensverkehr ist vorbehaltlich des in erster Linie als Maßstabsnorm heranzuziehenden § 444 BGB, wonach Gewährleistungsausschlüsse oder -beschränkungen gegenüber Arglist und Beschaffenheitsgarantien nicht toleriert werden, sowie der sonst ganz allgemein unter Berücksichtigung der Wertungen dieser Maßstabsnorm durch §§ 138 Abs. 1, 242, 276 Abs. 3 BGB gezogenen Grenzen auch ein individuell vereinbarter vollständiger Gewährleistungsausschluss grundsätzlich zulässig.[672] Innerhalb dieser sehr weit gezogenen Grenzen kommt bei Auslegungsfähigkeit und Auslegungsbedürftigkeit einer getroffenen Vereinbarung deshalb allenfalls eine einschränkende Auslegung zugunsten des Käufers in Betracht, soweit die Regelung sonst etwa mit Beschaffenheitsvereinbarungen iSv § 434 Abs. 1 S. 1 BGB kollidieren würde[673] oder bei wertender Betrachtung der Grundsatz zum Tragen kommt, dass Freizeichnungsklauseln – als Ausnahme von der sich aus dem dispositiven Recht ergebenden Haftung – grundsätzlich eng auszulegen sind.[674] Leitbilderwägungen iSv § 307 Abs. 2 BGB spielen dagegen bei Individualvereinbarungen keine Rolle.

243   Auch eine individualvertragliche **Erstreckung** der Genehmigungsfiktion iSd § 377 Abs. 2 und 3 auf **gesetzliche Schadensersatzansprüche** (§ 823 BGB, § 1 Abs. 1 ProdHaftG), die auf einer Mangelhaftigkeit der Ware beruhen, ist in den vorstehend beschriebenen Grenzen und vorbehaltlich entgegen stehender besonderer Regelungen (zB § 14 ProdHaftG) grundsätzlich zulässig.[675] Allerdings wird man solche Vereinbarungen zumeist schon einschränkend dahin auslegen müssen, dass dies nicht für außergewöhnliche Schäden gelten kann, die das Leben oder die Gesundheit des Käufers betreffen. Ebenso wird man auch Eigentumsschäden, mit denen normalerweise niemand rechnet, nicht ohne Weiteres als von einer Erweiterung der Genehmigungswirkung erfasst ansehen können.

244   Eine sich aus der Art der Vertragsabwicklung ergebende Besonderheit besteht bei der Übersendung sog. **Ausfallmuster.** Derartige Käufe sind in Abgrenzung zu einem unter einer Bedingung stehenden Kauf auf Probe oder Besichtigung iSv § 454 BGB[676] dadurch gekennzeichnet, dass ein bereits fest geschlossener Vertrag vorliegt und mit der Ausfallmustervereinbarung das Herstellungs- oder Beschaffungsrisiko des Verkäufers dergestalt vermindert werden soll, dass vor Anlaufen der eigentlichen Produktion oder Beschaffung vorab ein die anschließend zu liefernde Ware repräsentierendes Muster an den Käufer zur Überprüfung auf Vertragsmäßigkeit ausgeliefert wird. Bei Ausfallmustern soll also die Überprüfung des Musters in aller Regel **an die Stelle** der verkauften Ware treten.[677] Diesem Zweck entsprechend hat der Käufer das ihm angelieferte Muster genauso wie die später zu liefernde Ware nach Maßgabe des § 377 zu untersuchen mit der Folge, dass die Prüfung der Musterpartie ebenso wie ihr Unterbleiben den Käufer in der Weise präjudiziert, dass die anschließend hergestellte oder angeschaffte Ware bei ausgebliebener Rüge als genehmigt gilt, soweit sie mit dem Ausfallmuster übereinstimmt.[678] Der Käufer hat also bereits das Ausfallmuster unverzüglich und ordnungsgemäß zu untersuchen sowie etwaige Mängel gem. § 377 anzuzeigen. Nicht gerügte Mängel des Ausfallmusters können daher in Bezug auf die eigentliche Ware nicht mehr geltend gemacht werden.[679] Dass die eigentliche Ware anschließend noch auf ihre Übereinstimmung mit dem bereits untersuchten Muster nach den Regeln des § 377 geprüft werden muss, ändert daran nichts.[680]

---

[669] MüKoHGB/*Grunewald* Rn. 121 ff. mwN.

[670] Vgl. RG Urt. v. 1.3.1918 – III 506/17, RGZ 92, 268 (270 f.); ferner GK-HGB/*Achilles* Rn. 15; Heymann/ *Emmerich/Hoffmann* Rn. 130; HaKo-HGB/*Stöber* Rn. 82; BeckOK HGB/*Schwartze* Rn. 88.

[671] MüKoHGB/*Grunewald* Rn. 121; BeckOK HGB/*Schwartze* Rn. 88 ff.; Oetker/*Koch* Rn. 145 mwN.

[672] OLG Frankfurt a. M. Urt. v. 27.8.2013 – 15 U 7/12, BeckRS 2013, 17776; Erman/*Grunewald* BGB § 444 Rn. 1; BeckOGK/*Stöber* BGB § 444 Rn. 25 mwN; vgl. auch BGH Urt. v. 14.10.1966 – V ZR 188/63, NJW 1967, 32.

[673] Vgl. zuletzt BGH Urt. v. 9.2.2018 – V ZR 274/16, NJW 2018, 1954 Rn. 22; BGH Urt. v. 27.9.2017 – VIII ZR 271/16, NJW 2018, 146 Rn. 23 mwN.

[674] BGH Urt. v. 26.4.2017 – VIII ZR 233/15, NJW 2017, 3292 Rn. 24 mwN.

[675] Dazu etwa Staudinger/*Hager*, 2017, BGB Vor §§ 823 ff. Rn. 41 mwN.

[676] Vgl. dazu OLG Karlsruhe Urt. v. 12.10.1971 – 8 U 101/71, BB 1971, 1385.

[677] RG Urt. v. 24.4.1906, RGZ 63, 219 (221 f.); OLG Düsseldorf Urt. v. 26.11.2004 – 16 U 45/04, NJW-RR 2005, 832 (833).

[678] RG Urt. v. 24.4.1906, RGZ 63, 219 (222); BGH Urt. v. 6.5.1981 – VIII ZR 125/80, WM 1981, 847 (848).

[679] Staub/*Brüggemann* Rn. 145; *Meeske*, Die Mängelrüge, 1965, 98; vgl. auch RG Urt. v. 24.4.1906 – II 419/05, RGZ 63, 219 (221); MüKoHGB/*Grunewald* Rn. 124 mwN.

[680] MüKoHGB/*Grunewald* Rn. 125.

bb) Allgemeine Geschäftsbedingungen. Formularmäßige Abweichungen von § 377 zugunsten **245** einer Vertragspartei sind im Rahmen der **Inhaltskontrolle** in erster Linie an **§ 307 BGB** zu messen. Die diese Maßstäbe konkretisierenden §§ 308, 309 BGB finden insoweit einerseits zwar gem. § 310 Abs. 1 BGB keine unmittelbare Anwendung, weil der dort verwendete Unternehmerbegriff (§ 14 BGB) die an Handelskäufen iSv § 377 beteiligten Kaufleute mit einschließt. Allerdings wird anderer- seits den in § 309 Nr. 8 lit. b BGB enthaltenen Klauselverboten zu Haftungsauschlüssen oder -be- schränkungen bei Mängeln ein gewisser, in die Wertungen des § 307 BGB mittelbar einfließender Gerechtigkeitsgehalt dahin entnommen, dass ein völliger Ausschluss der Gewährleistung, wie er in § 309 Nr. 8 lit. b aa BGB beschrieben ist, auch im kaufmännischen Geschäftsverkehr grundsätzlich als unangemessen zu werten ist[681] bzw. ein völliger Anspruchsverlust nur dann einer Rechtfertigung zugänglich ist, wenn der Käufer zumutbaren, zur redlichen Abwicklung des Vertrages gebotenen Obliegenheiten – etwa der zur unverzüglichen Untersuchung nach § 377 HGB – nicht nachkommt.[682] Dagegen kollidiert § 309 Nr. 8 lit. b ee BGB schon auf den ersten Blick mit § 377 HGB, soweit es um Mängel geht, die in unverjährter Zeit offenbar werden und zu deren betreff eine unverzügliche Mangelrüge erforderlich ist; diese Alternative des Unwirksamkeitsverdikts ist deshalb für die von § 377 erfassten Handelskäufe ohne jede Indizwirkung.[683] Zudem kommt gerade im Anwendungsbereich des § 377 mit seiner vielfältig überkommenen Praxis der Bestimmung des § 310 Abs. 1 S. 2 Hs. 2 BGB eine besondere Bedeutung zu, wonach nämlich auf die im Handelsverkehr geltenden Gewohnheiten und Gebräuche angemessen Rücksicht zu nehmen ist. Inhaltlich befassen sich die auf diesem Gebiet anzutreffenden AGB-Klauseln in erster Linie mit dem Umfang der vorzunehmenden Untersuchung und den Fristen für eine auszubringende Mängelrüge. Insoweit wird man für eine unter Beachtung der Unklarheitenregel des § 305c Abs. 2 BGB vorzunehmende Klauselkontrolle von Folgendem ausgehen können:

Bei **offenkundigen** Sachmängeln ist eine formularmäßige Verkürzung der ohnehin schon kurzen **246** Rügefrist grundsätzlich nicht hinzunehmen.[684] Zwar hat sich der Gesetzgeber mit den Regeln des § 377 im Grundsatz für einen **Vorrang** der Verkäuferinteressen entschieden. Die Verkürzung der Rügefrist dahin, dass die Mängelrüge nicht **unverzüglich,** sondern **sofort,** also innerhalb kürzester Zeit zu formulieren und abzugeben ist, wird aber von billigenswerten Interessen eines redlichen Verkäufers im Allgemeinen nicht mehr getragen. Sein Interesse an einer raschen und endgültigen Abwicklung beiderseitiger Handelsgeschäfte erfordert regelmäßig nicht, dass der Käufer zur Mängel- anzeige alles stehen und liegen lässt und sich ungeachtet anderer vorrangiger oder ebenso dringlicher Angelegenheiten augenblicklich einer Formulierung und Absendung der Rüge widmet. Insoweit entfaltet § 377 Abs. 1, 3 mit der dortigen Zeitvorgabe eine gewisse Leitbildfunktion, der gegenüber eine weitere Fristverkürzung schon eines gewichtigen Grundes bedarf. Vor allem bei rasch verderb- licher Ware wird man einen solchen Grund aber regelmäßig annehmen können. So liegt es etwa im **Gemüse-, Obst- und Blumenhandel** oder in vergleichbaren Branchen gleichsam in der Natur der Sache, dass die Mängelrüge praktisch ad hoc erfolgen muss. Die hier formularmäßig anzutreffende Festschreibung einer lediglich nach **Stunden bemessenen Frist** stellt daher gewöhnlich keine sach- fremde und unzumutbare Belastung des Käufers dar.

Was die einseitige Modifizierung der **branchenüblichen Untersuchungsmethode** anbetrifft, darf **247** dem Käufer grundsätzlich nur ein Verfahren vorgeschrieben werden, das ein vernünftiger und sorg- fältiger Kaufmann unter den gegebenen Umständen durchführen würde. Zu den wesentlichen Grund- gedanken des § 377 Abs. 1 HGB zählt nämlich, dass die Untersuchungsobliegenheit des kaufmän- nischen Käufers nicht beliebig ist, sondern durch dasjenige begrenzt wird, was nach dem ordnungs- gemäßen Geschäftsgang tunlich ist. Dementsprechend findet diese Obliegenheit eine ihr wesensmäßig innewohnende Grenze darin, dass dem Käufer nichts Unbilliges abverlangt werden kann und dass ihm unter Berücksichtigung der damit einhergehenden Interessen des Verkäufers und des Rechtsverkehrs eine Untersuchung nach ihrer jeweils durch die konkreten Umstände geforderten Art und im danach gebotenen Umfang zumutbar sein muss.[685] Ausgehend von diesem Leitbild sind zwar vom Verkäufer gestellte Klauseln zulässig, die Art und Umfang einer gebotenen Untersuchung in bestimmter Weise, etwa hinsichtlich der zu untersuchenden Eigenschaften und der dabei vorzugsweise anzuwendenden Methoden, konkretisieren und gegebenenfalls auch generalisieren, sofern dies durch die Umstände veranlasst oder durch eine in dieser Richtung verlaufende Verkehrsübung vorgezeichnet ist und die Konkretisierung oder Generalisierung eine hinreichende Rücksichtnahme auf die beiderseitigen Inte- ressen erkennen lässt. Unangemessen benachteiligend ist es aber, wenn eine Klausel etwa ohne nähere Differenzierung nach Anlass und Zumutbarkeit eine vollständige, häufig zudem sehr zeit- und kosten- aufwändige sowie erhebliche betriebliche Kapazitäten bindende Untersuchung der Ware, die in dieser

---

[681] BGH Urt. v. 12.1.1994 – VIII R 165/92, NJW 1994, 1060 (1066); UBH/*Christensen* BGB § 309 Rn. 46; MüKoBGB/*Wurmnest* BGB § 309 Nr. 8 Rn. 33.

[682] BGH Urt. v. 13.3.1996 – VIII ZR 333/94, BGHZ 132, 175 (180) = NJW 1996, 1537.

[683] UBH/*Christensen* BGB § 309 Rn. 97; MüKoBGB/*Wurmnest* BGB § 309 Nr. 8 Rn. 74.

[684] MüKoHGB/*Grunewald* Rn. 130 mwN.

[685] BGH Urt. v. 6.12.2017 – VIII ZR 246/16, NJW 2018, 1957 Rn. 36.

Zeit dann auch deutlichen Verwendungsbeschränkungen unterliegt, auf ein Vorhandensein aller denkbaren Mängel fordert ist mit der weiteren Folge, dass bei einer derart weit gefassten Untersuchungsobliegenheit das Mangelrisiko zugleich einseitig auf den Käufer verlagert würde.[686] Ebenso wenig halten Klauseln einer Inhaltskontrolle stand, welche dem Käufer Untersuchungsmethoden oder -anforderungen vorschreiben, die auf eine abschließende Klärung von Mängelursachen abzielen und dadurch den Zweck der Untersuchungsobliegenheit, eine im Falle der Mangelhaftigkeit erforderliche Mängelrüge vorzubereiten, also etwaige Mängel zu erkennen und über die dabei gewonnenen Erkenntnisse eine danach gebotene Mängelrüge durch Beschreibung der Mängelsymptome hinreichend konkret zu formulieren, zu Lasten des Käufers grundlegend aus den Augen verlieren.[687] Und erst recht darf in Allgemeinen Geschäftsbedigungen die Wirksamkeit einer sonst ordnungsgemäßen Mängelrüge nicht davon abhängig gemacht werden, dass eine Untersuchung der Ware stattgefunden hat oder nachgewiesen wird.[688]

248   Klauseln, die den Ort der Untersuchung an einen anderen Ort als den mit einer dem Käufer zurechenbaren Gewahrsamserlangung einhergehenden Ablieferungsort verlegen, sind wegen der sich daraus ergebenden eingeschränkten Möglichkeiten einer fristgerechten Mangelerkenntnis in Regelfall unzulässig. Überhaupt sind ohne triftigen Grund vorgesehene **Verlegungsklauseln** in der Regel angreifbar, weil sie das Untersuchungsverfahren gewöhnlich nicht verbesern, sondern ein die Sachmängelhaftung ausschließendes Rügeversäumnis herbeizuführen trachten. Auch sonst stellt namentlich die Rspr. bei verborgenen bzw. verdeckten Sachmängeln an die Wirksamkeit von Regelungen, welche die normale **Rügefrist verkürzen,** mit Recht strenge Anforderungen. So hält eine Klausel, nach der offene und verborgene Sachmängel der gelieferten Sache unterschiedslos innerhalb von 3. Werktagen nach Ablieferung gerügt werden müssen, einer Inhaltskontrolle nicht stand, weil dies dem Käufer bei verborgenen Mängeln nahezu jede Rügemöglichkeit nimmt und deshalb unter Verkehrung der Zielsetzungen des § 377 in ihr Gegenteil faktisch einem Gewährleistungsausschluss gleichkommt.[689] Erst recht gilt dies für eine Bestimmung, nach der ein verborgener Mangel ohne Rücksicht auf seine Erkennbarkeit bei Ablieferung der Ware gerügt werden muss.[690]

249   Überaus problematisch ist auch die Festschreibung einer Rügefrist für verdeckte Sachmängel, die häufig zum Haftungsausschluss durch bloßen Fristablauf führt. Dabei handelt es sich um sog. **Spätest-Fristen,** die nicht von der Obliegenheit zur unverzüglichen Anzeige nach Entdeckung des Mangels entbinden, sondern hierfür einen **äußersten Zeitpunkt** setzen sollen.[691] Da diese Frist in aller Regel kürzer ist als die gesetzlichen Verjährungfristen, liegt es nahe, sie an den Regeln über die Zulässigkeit einer Verkürzung der gesetzlichen Gewährleistungsfrist[692] zu messen.[693] Ob eine Verkürzung der Mängelrügefristen danach bei verborgenen Sachmängeln überhaupt als zulässig erachtet werden kann, erscheint zweifelhaft. Sie ist jedenfalls als unangemessen und damit unzulässig anzusehen, wenn sie bei typischer Benutzung zu einer wesentlichen Verkürzung der sonst bestehenden Verjährungsfristen führen würde.[694] Die hiernach bestehenden Anforderungen an die Gestaltung einer wirksamen Klausel werden sich in der Praxis aber kaum umsetzen lassen. Denn ohne eine genaue Fristvorgabe wird eine solche Klausel bereits nicht dem Transparenzgebot des § 307 Abs. 1 S. 2 BGB gerecht werden können.[695] Soweit aber eine bestimmte Rügefrist vorgegeben wird, wird sie einer Inhaltskontrolle bereits deshalb nicht standhalten, weil zumeist ganz unterschiedliche verborgene Mängel auftreten können, sodass sich eine solche Frist an allen ernstlich in Betracht kommenden Mängeln messen lassen müsste, was in der Kautelarpraxis wiederum kaum in den Griff zu bekommen sein dürfte.[696]

250   Was die **Form** der Mängelrüge angeht, ist in AGB häufig bestimmt, dass die Rüge **schriftlich** zu erfolgen hat. Diese Formvorschrift, gegen deren Wirksamkeit als solche keine grundlegenden Bedenken bestehen,[697] dient im Zweifel reinen **Beweiszwecken.** Sie hat daher nicht den Sinn, dem Käufer seine Rechte zu nehmen, wenn er etwa auf anderem Weg als der Absendung einer schriftlichen Rüge

---

[686] BGH Urt. v. 6.12.2017 – VIII ZR 246/16, NJW 2018, 1957 Rn. 26, 37.

[687] BGH Urt. v. 6.12.2017 – VIII ZR 246/16, NJW 2018, 1957 Rn. 38.

[688] S. BGH Urt. v. 6.12.2017 – VIII ZR 246/16, NJW 2018, 1957 Rn. 39 f.

[689] BGH Urt. v. 10.10.1991 – VIII ZR 141/90, BGHZ 115, 324 (326 f.) = NJW 1992, 575; vgl. ferner *D. Schmidt* NJW 1991, 144 (148); OLG Hamburg Urt. v. 28.2.1974 – 8 U 176773, MDR 1974, 377.

[690] BGH Urt. v. 3.7.1985 – VIII ZR 152/84, NJW-RR 1986, 52 (53).

[691] Vgl. OLG Koblenz Urt. v. 24.6.2004 – 2 U 39/04, NJW-RR 2004, 1553; Baumbach/Hopt/*Hopt* Rn. 59; KKRD/*Roth* Rn. 32; Staub/*Brüggemann* Rn. 114; GK-HGB/*Achilles* Rn. 52; *K. W. Lange* JZ 2008, 661 (665) mit Fn. 39.

[692] Hierzu näher BGH Urt. v. 8.9.2016 – VII ZR 168/15, NJW 2017, 265 Rn. 35; BGH Urt. v. 20.4.1993 – X ZR 67/92, BGHZ 122, 241 (245) = NJW 1993, 2054; BGH Urt. v. 19.2.1992 – VIII ZR 65/91, NJW 1992, 1236 f.; BGH Urt. v. 8.3.1984 – VII ZR 349/82, BGHZ 90, 273 (276 f.) = NJW 1984, 1750.

[693] Vgl. dazu MüKoHGB/*Grunewald* Rn. 132 mwN.

[694] BGH Urt. v. 20.4.1993 – X ZR 67/92, BGHZ 122, 241 (245 ff.) = NJW 1993, 2054; UBH/*Christensen* BGB § 309 Nr. 8 Rn. 106.

[695] AA etwa *G. Müller* → 3. Aufl. 2015, Rn. 319 sowie Baumbach/Hopt/*Hopt* Rn. 58; Schlegelberger/*Hefermehl* Rn. 81; wohl auch UBH/*Christensen* BGB § 309 Nr. 8 Rn. 106.

[696] Ähnl. etwa auch MüKoHGB/*Grunewald* Rn. 132.

[697] OLG Brandenburg Urt. v. 9.1.2019 – 7 U 73/18, BeckRS 2019, 124.

den Sachmangel rechtzeitig rügt. Dem Beweisinteresse des Verkäufers kann zudem auch durch Vorsehen der zeitnahen **schriftliche Bestätigung** einer etwa bereits fernmündlich erklärten Rüge in genügendem Maße entsprochen werden.[698] Ob der Verkäufer darüber hinaus sogar noch eine **strengere Form** als die Schriftform – zB die Abgabe der Mängelrüge durch Einschreiben- verlangen kann, wird nicht ganz einheitlich beantwortet.[699] Da der Verkäufer jedenfalls gem. § 377 Abs. 4 das **Verzögerungsrisiko** trägt, ist entgegen dem im Rechtsverkehr unter Kaufleuten nicht anwendbaren § 309 Nr. 13 BGB zumindest jede Klausel wirksam, die bei Berücksichtigung eines dadurch bedingten zeitlichen Mehrbedarfs Streitigkeiten über die Rechtzeitigkeit der Abgabe der Mängelrüge verhindert.[700] Ob jedoch eine Klausel unbedenklich ist, die über § 377 Abs. 4 hinaus für die Wirksamkeit einer Mängelrüge auf deren **rechtzeitigen Zugang** (§ 130 BGB) abstellt,[701] erscheint fraglich. Das gilt umso mehr, wenn man berücksichtigt, dass § 377 Abs. 4, dem mit der Zuweisung des Verzögerungsrisikos an den Verkäufer für sich schon ein erheblicher Gerechtigkeitsgehalt iSv § 307 Abs. 2 Nr. 1 BGB zukommt, dem Verkäufer richtigerweise sogar das Zugangsrisiko zuweist (→ Rn. 168 ff.). Unwirksam sind darüber hinaus Klauseln, die dem Käufer durch unklare oder sonst intransparente Adressierungsvorgaben die Ausbringung einer wirksamen Mängelrüge erschweren.[702]

b) Begünstigungen des Käufers. aa) Individualvereinbarungen. Die Vertragsparteien können **251** im Rahmen der ihnen zukommenden Vertragsfreiheit festlegen, dass der Käufer seine Gewährleistungsansprüche auch ohne eine Mängelrüge iSd § 377 behält. Denn den schutzwürdigen Interessen des Verkäufers trägt auch die **Verjährungsvorschrift** des § 438 BGB (§ 477 BGB aF) ausreichend Rechnung.[703] Der Umstand, dass die neue Gewährleistungsfrist des § 438 BGB gegenüber § 477 BGB aF deutlich länger ist, ändert daran nichts. Zwar kommt der dem § 377 zugrunde liegende Beschleunigungszweck in § 438 BGB nicht mehr so deutlich zum Ausdruck, wie es bei der kurzen sechsmonatigen Verjährungsfrist des § 477 BGB aF der Fall war.[704] Gleichwohl weicht die neue Gewährleistungsfrist noch erheblich zugunsten des redlichen Verkäufers von der kenntnisabhängigen dreijährigen Regelverjährung (§§ 195, 199 BGB) ab. Da eine vollständige individualvertragliche Beseitigung der Untersuchungs- und Rügeobliegenheit also keinen rechtlichen Bedenken unterliegt, ist denknotwendig auch jede **individualvertragliche Beschränkung** als wesensgleiches Minus akzeptabel.

bb) Allgemeine Geschäftsbedingungen. Ein genereller Ausschluss der Rügeobliegenheit in **252** AGB, also auch für **offene Sachmängel** der gelieferten Ware oder eine **ins Auge springende Minder- bzw. Falschlieferung,** wird allgemein nicht für zulässig erachtet und ist deshalb gemäß § 307 Abs. 1 S. 1, Abs. 2 Nr. 1 BGB unwirksam. Denn der Gesetzgeber hat mit § 377 eine eindeutige Risikoverteilung für den kaufmännischen Verkehr getroffen, nach der im Handelsverkehr möglichst schnell Klarheit darüber geschaffen werden soll, ob das Geschäft ordnungsgemäß abgewickelt worden ist. Der Verkäufer, dessen Interessen nach der vom Gesetz getroffenen Wertentscheidung der Vorrang zu geben ist, soll durch die den Käufer treffende Obliegenheit zur unverzüglichen Mängelrüge in die Lage versetzt werden, entsprechende Feststellungen und notwendige Dispositionen zu treffen, insbesondere einen möglichen Schaden abzuwenden, der sich aus Gewährleistungs-, Schadensersatz- oder Nachlieferungsansprüchen des Käufers ergeben könnte.[705] Dagegen hatte der BGH in einer vorangegangenen Entscheidung ohne nähere Begründung in Einkaufsbedingungen durch Abbedingung jeglicher Fristen vorgesehenen **vollständigen Ausschluss der Untersuchungs- und Rügeobliegenheit** in einer heute nicht mehr denkbaren Weise geltungserhaltend auf eine Wirksamkeit der

---

[698] Schlegelberger/*Hefermehl* Rn. 55 mwN.

[699] Vgl. Schlegelberger/*Hefermehl* Rn. 55, wonach der Verkäufer in seinen Allgemeinen Vertragsbedingungen jedenfalls keine notarielle Beurkundung oder öffentliche Beglaubigung der Mängelrüge verlangen darf; zust. HaKo-HGB/*Stöber* Rn. 84.

[700] BeckOK HGB/*Schwartze* Rn. 92; aA wohl MüKoHGB/*Grunewald* Rn. 128.

[701] Vgl. Schlegelberger/*Hefermehl* Rn. 81 aE.

[702] BGH Beschl. v. 8.1.2019 – VIII ZR 18/18, IHR 2019, 141 Rn. 2: Ausschließliche Empfangszuständigkeit der Betriebsleitung.

[703] *Kreifels* ZIP 1990, 489 (492); *M. Lehmann* BB 1990, 1849 (1852); *Nagel* DB 1991, 319 (322); *Ensthaler* NJW 1994, 817 (820); s. auch *Martinek,* Moderne Vertragstypen Bd. 3, 1993, 332; MüKoHGB/*Grunewald* Rn. 135; Baumbach/Hopt/*Hopt* Rn. 57; KKRD/*Roth* Rn. 31; Oetker/*Koch* Rn. 145; Heymann/*Emmerich/Hoffmann* Rn. 130; HaKo-HGB/*Stöber* Rn. 82; BeckOK HGB/*Schwartze* Rn. 91, vgl. ferner *Böhler,* Grundwertungen zur Mängelrüge, 2000, 251; *Hübner* HandelsR § 7 D IV 6 Rn. 645.

[704] S. dazu *G. Müller* WM 2011, 1249 (1256) mwN.

[705] BGH Urt. v. 19.6.1991 – VIII ZR 149/90, NJW 1991, 2633 (2634) mwN; UBH/*Christensen* Anh. § 310 BGB Rn. 632; *Schmidt-Salzer* NJW 1971, 654 (655); *Lehmann* BB 1990, 1849 (1851); *Martinek* FS Jahr, 1993, 305, 329; s. ferner *K. Schmidt* HandelsR § 29 III Rn. 127 f.; Baumbach/Hopt/*Hopt* Rn. 59; KKRD/*Roth* Rn. 32; MüKoHGB/*Grunewald* Rn. 137 mwN; Schlegelberger/*Hefermehl* Rn. 81; HaKo-HGB/*Stöber* Rn. 85; BeckOK HGB/*Schwartze* Rn. 95; *Hübner* HandelsR § 7 D IV 6 Rn. 645; *K. W. Lange,* Recht der Netzwerke, Moderne Formen der Zusammenarbeit in Produktion und Vertrieb, 1998, Rn. 327 ff.; *K. W. Lange* JZ 2008, 661 (665) mwN; *Linnerz,* Die Untersuchungs- und Rügepflicht im CISG und im HGB, 2014, 261; vgl. auch *Böhler,* Grundwertungen zur Mängelrüge, 2000, 254.

Fristbeseitigung für verdeckte Mängel reduziert.[706] Das wird mit Recht kritisiert.[707] Denn dass dem Gerechtigkeitsgehalt, den der Gesetzgeber der Regelung des § 377 Abs. 1 beigelegt hat, ein anderes und vor allem geringes Gewicht zukommt als demjenigen, der der Regelung des § 377 Abs. 3 zugrunde liegt, ist nicht ersichtlich. Es handelt sich vielmehr um einheitliche, aufeinander aufbauende Regelungen, die beide mit der gleichen Intensität den gleichen Zweck verfolgen, nämlich im Handelsverkehr möglichst schnell Klarheit darüber zu schaffen, ob das Geschäft ordnungsgemäß abgewickelt worden ist. Entsprechend kritisch sind Klauseln zu sehen, durch die der Käufer seine Wareneingangskontrolle auf den Verkäufer in Gestalt einer dort mehr oder weniger umfassend vorzunehmenden Warenausgangskontrolle zu verlagern versucht.[708] Das ist insbesondere für den Bereich der zumeist mit Qualitätssicherungsvereinbarungen unterlegten **Just-in-time-Verträge** bedeutsam, bei denen unter bestimmten Voraussetzungen lediglich gewisse Beschränkungen der Untersuchungsobliegenheit in Betracht kommen (iE → Rn. 110 ff.).

253   Was die formularmäßige Verlängerung der **Rügefrist** iSd § 377 Abs. 1 angeht, ist grundsätzlich zu unterscheiden. Bei **offenen Mängeln** besteht gewöhnlich kein Bedürfnis, die Verpflichtung zur Abgabe einer unverzüglichen Mängelrüge aufzuheben oder abzuschwächen.[709] Da es hier nur noch um die wenige Zeit benötigende **Abfassung** und **Absendung** der schriftlichen Anzeige geht, kann allenfalls eine Klausel akzeptiert werden, in der die sonst ausreichende Frist von 1–2 Tagen um 1 Tag, höchstens 2 Tage erweitert wird.[710] Gilt in der betreffenden Branche wegen der sich sehr schnell ändernden Beschaffenheit der Kaufsache oder aus anderen triftigen Gründen für die Mängelrüge eine **Stundenfrist**, darf diese grundsätzlich vom Käufer nicht abbedungen werden, solange jedenfalls die Klausel keine verallgemeinerungsfähigen triftigen Gründe für eine Gegenausnahme erkennen lässt. Da eine spätere Mängelrüge den **Dispositionsschutz** des Verkäufers ansonsten in der Mehrzahl der Fälle nicht mehr hinreichend gewährleistet, ist eine solche Klausel gem. § 307 Abs. 1, Abs. 2 Nr. 1 BGB unwirksam.

254   Auch bei **verdeckten** oder **verborgenen Mängeln** kann die Rügeobliegenheit in AGB grundsätzlich nicht wirksam abbedungen werden.[711] Da ein **Mangel-** oder **Mangelfolgeschaden** in diesen Fällen aber häufig bereits eingetreten ist und Abhilfemöglichkeiten dann eher noch beschränkt bestehen, ist das **Informationsinteresse** des Verkäufers nicht selten geringer zu veranschlagen als bei der Rüge eines während der Untersuchung entdeckten oder offenkundigen Sachmangels. Daher wird eine pauschale Verlängerung der Rügefrist **bis zu 2 Wochen** ab Entdeckung vielfach noch zu tolerieren sein.[712] Allerdings kommt es dabei nicht zuletzt auf die Art des Geschäfts an, für das die AGB verwendet worden sind. Denn auch im Rahmen einer Inhaltskontrolle nach § 307 BGB sind auf der Grundlage einer generalisierenden Betrachtungsweise gleichwohl Art und Gegenstand, Zweck und besondere Eigenart des jeweiligen Vertrages zu berücksichtigen.[713] Die daraus folgenden unterschiedlichen Interessen führen mithin auch zu Differenzierungen in der Beurteilung der Angemessenheit. Deshalb kann es zweifelhaft sein, ob undifferenziert pauschale Rügefristverlängerungen etwa selbst bei **Just-in-time-Geschäften** mit den ihnen zugrunde liegenden Qualitätssicherungsvereinbarungen ohne Weiteres zulässig sind.[714] Denn der Verkäufer hat gerade auch bei diesen Geschäften ein eminentes Interesse an unverzüglicher Information, um den Mangel jedenfalls im weiteren Verlauf der Lieferbeziehung möglichst umgehend abstellen zu können. Das schließt es aber nicht aus, dass als Konkretisierung der in § 377 vorausgesetzten Tunlichkeit in vom rügepflichtigen Käufer gestellten AGB eine gewisse Rücksichtnahme auf die **Größe seines Betriebes** oder auf andere **individuelle Umstände** etwa mit Blick auf dadurch bedingte Abläufe bei Beginn und Durchführung einer Untersuchung vorgesehen ist (→ Rn. 130).[715]

255   Rechtlich unbedenklich sind normalerweise Klauseln, die den **Ort**, den **Umfang** oder das **Verfahren der Untersuchung** näher festlegen, sofern sich dies in einem Rahmen hält, der auch unter Berücksichtigung der Interessen des Verkäufers an einer raschen Information über das Gelingen der

---

[706] BGH Urt. v. 29.10.1980 – VIII ZR 148/79, NJW 1981, 222 (223) iVm Urt. v. 14.6.1978 – VIII ZR 97/77, JurionRS 1978, 13059 Rn. 3, 15; zust. BeckOK HGB/*Schwartze* Rn. 95.

[707] So etwa MüKoHGB/*Grunewald* Rn. 143, 146; Oetker/*Koch* Rn. 150 mwN.

[708] MüKoHGB/*Grunewald* Rn. 135; Oetker/*Koch* Rn. 150.

[709] BGH Urt. v. 19.6.1991 – VIII ZR 149/90, NJW 1991, 2633 (2634) mwN; vgl. auch OLG Koblenz Urt. v. 24.6.2004 – 2 U 39/04, NJW 2004, 1553.

[710] Vgl. *Thamm/Möffert* NJW 2004, 2710 f.

[711] S. etwa MüKoHGB/*Grunewald* Rn. 147 mwN; *Merz*, Qualitätssicherungsvereinbarungen Zulieferverträge, Vertragstypologie, Risikoverteilung, AGB-Kontrolle, 1992, 289; *K. W. Lange*, Recht der Netzwerke, Moderne Formen der Zusammenarbeit in Produktion und Vertrieb, 1998, Rn. 328; *K. W. Lange* JZ 2008, 661 (665); aA *D. Schmidt* NJW 1991, 144 (149 f.); vgl. auch *Hollmann* PHI 1989, 146 (150).

[712] So *Grunewald* NJW 1995, 1777 (1782); *Wellenhofer-Klein*, Zulieferverträge im Privat- und Wirtschaftsrecht, 1999, 342; Baumbach/Hopt/*Hopt* Rn. 59; MüKoHGB/*Grunewald* Rn. 147 mwN; mit Recht zurückhaltend aber Oetker/*Koch* Rn. 151.

[713] BGH Urt. v. 8.1.1986 – VIII ARZ 4/85, NJW 1986, 2102 (2103); BGH Urt. v. 1.7.1987 – VIII ARZ 9/86, BGHZ 101, 253 (264) = NJW 1987, 2575.

[714] So zB *Grunewald* NJW 1995, 1777 (1782) mwN; MüKoHGB/*Grunewald* Rn. 147.

[715] UBH/*Hensen* AGBG § 11 Nr. 10e Rn. 76; aA *G. Müller* → 3. Aufl. 2015, Rn. 328.

getätigten Lieferung als sachgerechte Konkretisierung dessen angesehen werden kann, was nach dem ordnungsgemäßen Geschäftsgang tunlich ist. Dies darf allerdings nicht zu einer unverhältnismäßigen Einengung des Untersuchungsgegenstandes führen, indem über eine bloße Sicht- oder sonstige sensorische Prüfung hinaus jede weitere Überprüfung ausgeschlossen wird, auch wenn dies nach den Umständen, etwa aufgrund spezifischer Verdachtsmomente oder wegen Fehlens einer gesicherter Warenausgangskontrolle in den vorherigen Lieferstufen, naheliegend wäre (→ Rn. 116 f.). Ebenso wenig dürfen die Regelungen zur Folge haben, dass sich die Untersuchungs- und damit auch die Rügefrist des § 377 Abs. 1 über das insgesamt zumutbare Maß hinaus verlängert.[716] Wird der Untersuchungsort abweichend von § 377 Abs. 1 bestimmt und führt dies wegen eines späteren Untersuchungsbeginns zu einer signifikanten Verlängerung der Rügefrist, ist allerdings zu unterscheiden. Ist eine Überprüfung der Ware am Ort der **Ablieferung** bei objektiver Betrachtung mit **besonderen Erschwernissen** verbunden oder folgt der Käufer damit einer verbreiteten Branchenübung, wird man die Klausel regelmäßig als zulässige Konkretisierung der Tunlichkeit und damit als wirksam anzusehen haben, sofern umgekehrt die Fristverlängerung für den Verkäufer üblicherweise keine unverhältnismäßigen Nachteile mit sich bringt.[717] Ohne ein hinreichend gewichtiges Bedürfnis nach Verlegung des Untersuchungsortes ist eine solche Regelung dagegen mit einem wesentlichen Grundgedanken des § 377 kaum noch zu vereinbaren und dann gem. § 307 Abs. 1 S. 1, Abs. 2 Nr. 1 BGB unwirksam.

Ein **unzulässiger Rügeverzicht** wird bisweilen angenommen, wenn eine Klausel vorsieht, dass   **256** eine **Originalverpackung** nicht geöffnet zu werden braucht.[718] Hier ist allerding zu differenzieren. Hätte die Öffnung der Verpackung bei der betreffenden Markenware zur Folge, dass die Ware ihren Neuheitscharakter verlieren und und für einen Wiederkäufer unverkäuflich würde oder nur noch als B-Ware bzw. Ausstellungsstück abzusetzen wäre, wäre eine über eine optische Besichtigung der verpackten Ware hinausgehende Untersuchung auch am Maßstab des § 377 Abs. 1 untunlich und die Klausel nicht zu beanstanden (→ Rn. 93). Bei **größeren Mengen** der gleichen Ware muss freilich im Rahmen des wirtschaftlich Vertretbaren eine ausreichende Stichprobe genommen werden, die bei bestimmten Verdachtsmomenten sogar intensiviert werden müsste. In solch einem Fall käme ein genereller Öffnungsverzicht einem unzulässigen Rügeverzicht zumindest sehr nahe. Gleiches gilt, wenn die mit einem Öffnungsverzicht unterlegte Originalware für den Eigenverbrauch angeschafft ist. Ein unzulässiger Rügeverzicht liegt ferner vor, wenn der Verkäufer nach dem Inhalt der Klausel für das Fehlen einer im Kaufvertrag **garantierten Eigenschaft** auch ohne Untersuchung der Ware und Mängelrüge in Anspruch genommen werden kann (→ Rn. 77).[719]

Beim sog. **Streckengeschäft** hat der **Zwischenhändler** ein nicht von der Hand zu weisendes   **257** Interesse, seine Gewährleistungsansprüche gegen den Verkäufer nicht dadurch zu verlieren, dass sein nichtkaufmännischer Abnehmer (Zweitkäufer) die übergebene Ware nicht rechtzeitig untersucht oder die Untersuchung nicht mit der notwendigen kaufmännischen Sorgfalt (§ 347 Abs. 1) durchführt. Eine Verlagerung dieser Obliegenheiten durch AGB auf einen kaufmännischen (Zweit-) Abnehmer würde im Verhältnis zu diesem die sich aus § 377 ergebende Rechtslage nur deklaratorisch wiederholen und wäre dann sogar gem. § 307 Abs. 3 BGB kontrollfrei, aber auch sonst im unternehmerischen Verkehr nicht zu beanstanden,[720] während bei einem Verbrauchergeschäft einer solchen Klausel bereits § 476 Abs. 1 BGB entgegen stünde. Im Verhältnis zum Lieferanten kämen eine formularmäßige Abbedingung der Untersuchungs- und Rügeobliegenheit, soweit im Einverständnis mit diesem Verkäufer eine Direktlieferung an einen Nichtkaufmann erfolgt, oder eine Beschränkung auf die Pflicht zur unverzüglichen Anzeige ab eigener Kenntnis (§ 377 Abs. 3) einem am Maßstab des § 307 Abs. 1, Abs. 2 Nr. 1 BGB unzulässigen Rügeverzicht gleich.[721] Denn es ist Sache des Erstkäufers, sich insoweit an seinen selbst rügepflichtigen Abnehmer zu halten und dessen Defizite bei der ihm gegenüber auszubringenden Rüge zum Anlass zu nehmen, sich auf die auch ihm gegenüber eingetretene Genehmigungswirkung zu berufen. Für eine von § 377 abweichende Verlagerung dieses Risikos auf den diesen Vorgängen fern stehenden Lieferanten sind dagegen sachliche Gründe im Regelfall nicht erkennbar. Dem Erstkäufer bleibt vielmehr nur die auch in AGB zulässige Möglichkeit, gegenüber seinem Lieferanten die Rügefrist zur sachgerechten Erfassung der bei Streckengeschäften wesensmäßig bestehenden Besonderheiten angemessen auszuweiten (näher → Rn. 147).

Noch nicht einmal das kommt bei **direkten Weiterverkäufen** (näher → Rn. 148) ohne Weiteres   **258** in Betracht. Zwar wird auch hier eine durch AGB vorgesehene maßvolle Verlängerung der Rügefrist nicht als von vorherein unzulässig anzusehen sein. Allerdings wird es dem Erstkäufer kaum gelingen, dies in einer für AGB erforderlichen generalierenden Form mit der von § 307

---

[716] Oetker/*Koch* Rn. 152.
[717] Vgl. MüKoHGB/*Grunewald* Rn. 134.
[718] So *Linnerz*, Die Untersuchungs- und Rügepflicht im CISG und im HGB, 2014, 261 mwN.
[719] So auch MüKoHGB/*Grunewald* Rn. 140 mwN.
[720] So auch *K. W. Lange* JZ 2008, 661 (666).
[721] Anders wohl *Raab*, Austauschverträge mit Drittbeteiligung, 1999, 406.

Abs. 1 S. 2 BGB geforderten Transparenz zu beschreiben, da im Gegensatz zu Streckengeschäften der Ablieferungszeitpunkt und damit der Fristbeginn häufig variieren wird, sodass allenfalls mit problematischen Spätest-Fristen gearbeitet werden kann (→ Rn. 249). Vor allem bei unterschiedlichen Produkten lässt sich in diesen Fristen weder der die Fristdauer prägende Zeitbedarf für die jeweils erforderliche Untersuchung in einer den Maßstäben des § 377 Abs. 1 gerecht werdenden Weise hinreichend genau abbilden noch lässt sich dies mit den anschließend beim Zweitabnehmer selbstständig laufenden Fristen in einer auch diesem gerecht werdenden Weise verlässlich koordinieren.

259   Auch bei einem **Finanzierungsleasing** (→ Rn. 18 f.) bestehen insoweit keine Besonderheiten. Denn der mit dem Warenaustausch vom kaufenden Leasinggeber im Ergebnis verfolgte Beschaffungs- oder Verwendungszweck und der damit verbundene Transportweg ist abgesehen von einem ggf. bei der Ablieferungsfrage zu berücksichtigenden zeitlichen Aufschub für die Anwendung des § 377 ohne Bedeutung. Dementsprechend spielt es für die Rügeobliegenheit bei einem in allen maßgeblichen Merkmalen vergleichbaren Streckengeschäft auch keine Rolle, ob an einen Unternehmer oder an einen Verbraucher durchgeliefert wird.[722] Der Leasinggeber unterliegt deshalb denselben AGB-rechtlichen Schranken wie ein Erstkäufer bei einem Streckengeschäft.[723]

260   **c) Handelsbrauch.** Die in § 377 normierte Untersuchungs- und Rügeobliegenheit kann durch **Handelsbrauch (§ 346)** bzw. **Handelsgewohnheitsrecht** eingeschränkt oder erweitert werden. In der Praxis sind diese in erster Linie darauf angelegt, die in den einzelnen Branchen von den beteiligten Kreisen über einen längeren Zeitraum geübte Praxis zu Art und Umfang der Untersuchung im jeweiligen Geschäftszweig zu konkretisieren sowie Aufschluss über die in diesen Kreisen jeweils für angemessen erachtete und deshalb entsprechend gehandhabte Fristbemessung zu geben.[724] Allerdings geht der Vorrang eines Handelsbrauchs nach ganz überwiegender Auffassung nicht so weit, dass er den Käufer **völlig** von der Untersuchungs- und Rügeobliegenpflicht **entbinden kann.** Ein solcher Handelsbrauch wird allgemein als **rechtsmissbräuchlich** und damit als wirkungslos erachtet.[725]

VII. Einwand von Treu und Glauben

261   In besonders gelagerten Ausnahmefällen kann sich über die von § 377 Abs. 5 erfassten Arglistfälle (→ Rn. 205 ff.) hinaus ein Berufen des Verkäufers auf eine Überschreitung der Frist zur Mängelanzeige und der damit einer gehenden Genehmigungswirkung als **missbräuchliche Rechtsausübung** iSv § 242 BGB darstellen. Zwar löst eine Verletzung bestehender Pflichten oder Obliegenheiten die daran geknüpfte Rechtsfolge auch dann aus, wenn der Rechtsverstoß sich als nur geringfügig erweist.[726] Das gleichwohl bestehende Übermaßverbot kann es in solchen Fällen aber verbieten, hieraus Rechte herzuleiten, wenn sich der Rechtsverstoß im Ergebnis nicht ausgewirkt und die Rechtsstellung des Begünstigten sich letztlich nicht verschlechtert hat.[727] Dementsprechend kann die Berufung des Verkäufers auf die Verspätung der Mängelanzeige als eine unzulässige Rechtsausübung in Fällen zu werten sein, in denen die fristgemäße und ordnungsgemäße **Mängelrüge objektiv zwecklos** gewesen wäre, weil der Verkäufer sein **Geschäft** längst **aufgegeben**[728] oder seinen **Geschäftssitz verlegt** hatte, ohne dass dies jeweils dem rügepflichtigen Käufer mitgeteilt oder sonst bekannt war, sodass er für den Käufer nicht mehr, zumindest aber nicht rechtzeitig erreichbar gewesen wäre.[729]

VIII. Beweislastregeln

262   **1. Beweislastverteilung bei der Sachmängelhaftung.** Hat der Käufer die Kaufsache als Erfüllung angenommen,[730] muss er im Streitfall darlegen und beweisen, dass der rechtzeitig gerügte Sachmangel schon zum maßgeblichen Zeitpunkt des **Gefahrübergangs** vorlag. Das folgt aus § 363 BGB, wonach den Gläubiger, der eine ihm als Erfüllung angebotene Leistung als Erfüllung angenommen hat, die Beweislast trifft, wenn er die Leistung deshalb nicht als Erfüllung gelten lassen will, weil sie eine andere

---

[722] So zuletzt etwa OLG Köln Urt. v. 13.4.2015 – 11 U 183/14, NJW-RR 2015, 859; vgl. ferner BGH Urt. v. 8.4.2014 – VIII ZR 91/13, BeckRS 2014, 12900 Rn. 9 f.

[723] MüKoHGB/*Grunewald* Rn. 142; aA *G. Müller* → 3. Aufl. 2015, Rn. 336 sowie *v. Westphalen* BB 1990, 1 (5); *Raab*, Austauschverträge mit Drittbeteiligung, 1999, 406.

[724] Oetker/*Koch* Rn. 38.

[725] BGH Urt. v. 17.9.2002 – X ZR 248/00, BGH-Report 2003, 285 (286); BGH Urt. v. 3.12.1975 – VIII ZR 237/74, NJW 1976, 625; Baumbach/Hopt/*Hopt* Rn. 25 u. 56; KKRD/*Roth* Rn. 31 mwN; BeckOK HGB/*Schwartze* Rn. 98; *G. Müller* WM 2011, 1259 (1259) mwN.

[726] BGH Urt. v. 8.7.1983 – V ZR 53/82, BGHZ 88, 91 (95) = NJW 1983, 2437; BGH Urt. v. 8.5.2003 – VII ZR 216/02, NJW 2003, 2448 (2449).

[727] BGH Urt. v. 19.12.1979 – VIII ZR 46/79, NJW 1980, 1043; vgl. ferner Erman/*Böttcher* BGB § 242 Rn. 128 f. mwN.

[728] Vgl. BGH Urt. v. 8.11.1979 – III ZR 115/78, NJW 1980, 782 (783).

[729] BGH Urt. v. 30.1.1985 – VIII ZR 238/83, BGHZ 93, 338 (350); s. auch KKRD/*Roth* Rn. 29; Baumbach/Hopt/*Hopt* Rn. 46.

[730] Dazu näher MüKo/BGB/*Fetzer* BGB § 363 Rn. 5.

als die geschuldete Leistung oder weil sie unvollständig gewesen sei.[731] Die Annahme als Erfüllung ist gegeben, wenn das Verhalten des Gläubigers bei oder nach Entgegennahme der Leistung erkennen lässt, dass er sie als eine im Wesentlichen ordnungsmäßige Erfüllung betrachtet.[732] Beim beiderseitigen Handelskauf wird es als solche Annahme angesehen, wenn der Käufer die zu ihm verbrachte Ware nicht unverzüglich nach (vollständiger) **Ablieferung** rügt; erst später entdeckte (verborgene) Sachmängel muss also der Käufer beweisen.[733] Rügt dagegen der Käufer den Sachmangel unverzüglich und stellt er die Sache dem Verkäufer zur Verfügung, so hat er diese nicht als Erfüllung angenommen.[734] Allerdings kann eine Annahme als Erfüllung gem. § 363 BGB schon vor Ablauf der Rügefrist vorliegen, wenn der Käufer zB durch eine sofortige **Ingebrauchnahme** oder **Verarbeitung** der Ware[735] oder einen direkten **Weiterverkauf**[736] zu erkennen gibt, dass er sie als eine im Wesentlichen ordnungsmäßige Erfüllung gelten lassen will. Rügt der Käufer den Sachmangel unverzüglich und ordnungsgemäß, verwendet er die Sache aber unter Vorbehalt seiner Gewährleistungsansprüche, liegt – wegen Unbeachtlichkeit des Vorbehalts unter dem Gesichtspunkt des Widerspruch mit seinem eigenen tatsächlichen Verhalten (protestatio facto contraria)[737] – hierin gleichwohl eine Annahme als Erfüllung.[738] Entsprechendes gilt, wenn der Käufer den Sachmangel zwar unverzüglich rügt, zugleich aber eine auf ein Behaltenwollen der Ware als jedenfalls eingeschränkt erfüllungstauglich abzielende **Minderung** begehrt.[739] Keine Annahme liegt dagegen vor, wenn der Käufer die Ware im Weg des **Notverkaufs** gem. § 379 Abs. 2 oder in **Geschäftsführung ohne Auftrag** für den Verkäufer verwertet.[740] Ist streitig, ob die Kaufsache überhaupt **geliefert** wurde, so muss der Verkäufer die Lieferung **darlegen** und **beweisen**.[741]

2. Beweislastverteilung bei der Rügelast. Als Grundvoraussetzung hat der Verkäufer zunächst **263** einmal das Vorliegen eines **beiderseitigen Handelsgeschäfts** darzulegen und zu beweisen.[742] Gleiches gilt für die **Tatsache** und den **Zeitpunkt der Ablieferung**.[743] Beruft sich der Käufer hiergegen auf eine genehmigungshindernde **Rüge**, hat er im Einzelnen darzutun, wann und wie er nach Ablieferung die Untersuchung vorgenommen hat, welche Zeitdauer diese beansprucht und welche Ergebnisse sie zutage gefördert hat sowie wann, wie und mit welchem Inhalt daraufhin die Mängelanzeige erfolgt ist.[744] Ob über deren gem. § 377 Abs. 4 rechtswahrende Absendung hinaus auch der Zugang vom Käufer bewiesen werden muss, ist streitig (→ Rn. 165 ff.). Nach dem Standpunkt des BGH[745] und eines Teils der Lehre[746] muss der Käufer den **Zugang** der Mängelrüge beweisen. Hält man dagegen richtigerweise den Zugang einer Mängelrüge zur Entfaltung ihrer genehmigungshemmenden Wirkung nicht für notwendig, verbleibt es bei der Beweislast des Käufers für die in seiner Sphäre liegende rechtzeitige Absendung.

Behauptet der Käufer, die Kaufsache sei mit einem **verdeckten Mangel** iSd § 377 Abs. 3 **264** behaftet gewesen, muss er im Einzelnen darlegen und beweisen, dass der Sachmangel bei der Untersuchung nicht zu entdecken war, sowie den genauen Zeitpunkt der Entdeckung nachweisen.[747] Ferner liegt es beim Käufer, im Streitfall zu beweisen, dass der Verkäufer sich gem. § 377 Abs. 5 nicht auf die ihm günstigen Wirkungen des § 377 berufen kann, weil er den Sachmangel **arglistig verschwiegen** hat.[748]

---

[731] S. etwa BGH Urt. v. 31.5.1989 – VIII ZR 140/88, NJW 1989, 2532 (2533); BGH Urt. v. 23.11.2005 – VIII ZR 43/05, NJW 2006, 435 Rn. 20; BGH Urt. v. 12.10.2016 – VIII ZR 103/15, BGHZ 212, 224 Rn. 23 mwN = NJW 2017, 1093.

[732] BGH Urt. v. 12.6.2013 – XII ZR 50/12, NJW-RR 2013, 1232 Rn. 37; MüKoBGB/*Fetzer* BGB § 363 Rn. 5 mwN.

[733] So ausdr. Soergel/*Huber* BGB aF § 459 Rn. 102; zust. MüKoHGB/*Grunewald* Rn. 148.

[734] Soergel/*Huber* BGB aF § 459 Rn 102 mit Hinweis auf Mot. II 205.

[735] Vgl. BGH Urt. v. 3.11.1960 – VII ZR 150/59, NJW 1961, 115.

[736] Vgl. Palandt/*Grüneberg* BGB § 363 Rn. 2.

[737] Vgl. nur BGH Urt. v. 6.12.1964 – VIII ZR 51/63, NJW 1965, 387 (388).

[738] RG Urt. v. 16.4.1909 – II 483/08, RGZ 71, 23; Soergel/*Huber* BGB aF § 459 Rn. 102; aA MüKoHGB/*Grunewald* Rn. 149.

[739] RG Urt. v. 19.11.1887 – I 268/87, RGZ 20, 5 (7); aA Soergel/*Huber* BGB aF § 459 Rn. 102.

[740] Vgl. Soergel/*Huber* BGB aF § 459 Rn. 102 mwN.

[741] Vgl. BGH Urt. v. 30.1.1985 – VIII ZR 238/83, BGHZ 93, 338 (347) = NJW 1985, 1333; BGH Urt. v. 4.11.1992 – VIII ZR 165/91, NJW 1993, 461 (463); *Meeske,* Die Mängelrüge, 1965, 166; Röhricht/Graf v. Westphalen/Haas/*Steimle/Dornieden* Rn. 85; MüKoHGB/*Grunewald* Rn. 148; Oetker/*Koch* Rn. 144 mwN.

[742] BGH Urt. v. 11.10.1995 – VIII ZR 151/94, NJW 1995, 3381 (3382).

[743] BGH Urt. v. 4.11.1992 – VIII ZR 165/91, NJW 1993, 461 (463); BeckOK HGB/*Schwartze* Rn. 84 mwN.

[744] OLG Düsseldorf Urt. v. 10.1.1990 – 19 U 23/89, NJW 1990, 1306 (1307); OLG Koblenz Urt. v. 4.1.2012 – 5 U 980/11, MDR 2012, 982; Oetker/*Koch* Rn. 144.

[745] BGH Urt. v. 13.5.1987 – VIII ZR 137/86, BGHZ 101, 49 (54 f.) = NJW 1987, 2235.

[746] MüKoHGB/*Grunewald* Rn. 73, 150 mwN zum Meinungsstand.

[747] OLG Hamm Urt. v. 10.12.2019 – 13 U 86/18, BeckRS 2019, 35115 Rn. 134; Baumbach/Hopt/*Hopt* Rn. 55; MüKoHGB/*Grunewald* Rn. 148; Oetker/*Koch* Rn. 144.

[748] BGH Urt. v. 13.3.1996 – VIII ZR 36/95, NJW 1996, 1826 (1827); Oetker/*Koch* Rn. 144 mwN.

§ 378 *[aufgehoben]*

§ 379 [Einstweilige Aufbewahrung; Notverkauf]

(1) **Ist der Kauf für beide Teile ein Handelsgeschäft, so ist der Käufer, wenn er die ihm von einem anderen Orte übersendete Ware beanstandet, verpflichtet, für ihre einstweilige Aufbewahrung zu sorgen.**

(2) **Er kann die Ware, wenn sie dem Verderb ausgesetzt und Gefahr im Verzug ist, unter Beobachtung der Vorschriften des § 373 verkaufen lassen.**

Übersicht

I. Die Aufbewahrungspflicht

1   **1. Ausgangslage.** § 433 BGB regelt, wie allein schon §§ 446 Abs. 1 S. 2, 448 BGB zeigen, die wechselseitigen Rechte und Pflichten der Kaufvertragsparteien nicht abschließend. Neben spezifischen Leistungspflichten kommen insbesondere auch eine Reihe von Rücksichtnahmepflichten iSv § 241 Abs. 2 BGB zum Tragen. Das gilt namentlich für die Pflicht jedes Vertragspartners, im Rahmen des Zumutbaren den ihm bekannten Interessen der anderen Seite Rechnung zu tragen und dabei einerseits an der Erreichung und Verwirklichung von Ziel und Zweck des Vertrages mitzuwirken und sich gegenseitig zu unterstützen, soweit dies mit den eigenen Interessen vernünftigerweise vereinbar ist. Andererseits ist alles zu unterlassen, was die Erreichung des Vertragszwecks und den Eintritt des Leistungserfolgs gefährden oder beeinträchtigen könnte.[1] Dementsprechend wird ein Käufer zB bei Distanzkäufen auch über seine Hauptleistungspflichten hinaus als verpflichtet angesehen, bei Beschädigungen der Kaufsache, die vor ihrer Übergabe eingetreten sind, die daraus resultierenden Ansprüche des Verkäufers gegen Dritte zu sichern, soweit sich Anlass oder Notwendigkeit dafür aus besonderen Umstände des Falles ergeben und gleichrangige Eigeninteressen dadurch nicht zurückgestellt werden müssen.[2] Auf der gleichen Linie liegt es, wenn überwiegend ganz allgemein, also auch für den nichtkaufmännischen Verkehr, angenommen wird, dass der Käufer beanstandete Ware, wenn er sie nicht von vornherein zurückweist oder aus eigener Initiative zurückschicken will, nicht einfach ihrem Schicksal überlassen darf, sondern dass ihn im Hinblick auf eine etwaige Rückgewähr eine Aufbewahrungspflicht bis zu dem Zeitpunkt trifft, zu dem der hierüber unterrichtete Verkäufer die Sache selbst wieder in Obhut hätte nehmen können.[3]

2   Von einer in diese Richtung weisenden, sich aus Treu und Glauben ergebenden allgemeinen Vertragspflicht des Käufers zu rücksichtsvollem Verhalten ist schon der Gesetzgeber bei Schaffung des § 379 ausgegangen, der seinerseits im Kern auf § 348 Abs. 1, 5 ADHGB zurückgeht. Dabei hat der Gesetzgeber einerseits mit der in § 379 Abs. 1 normierten Aufbewahrungspflicht zugunsten des Ver-

---

[1] BGH Urt. v. 19.1.2018 – V ZR 273/16, DNotZ 2018, 686 Rn. 19 mwN; BGH Urt. v. 12.7.1968 – V ZR 161/66, WM 1968, 1299 (1301).

[2] BGH Urt. v. 8. 20.1.1987 – VIII ZR 46/86, NJW-RR 1987, 742 (743).

[3] MüKoHGB/*Grunewald* Rn. 4; Erman/*Grunewald* BGB § 433 Rn. 80; Staudinger/*Beckmann,* 2014, BGB § 433 Rn. 242 mwN; abw. *G. Müller* → 3. Aufl. 2015, Rn. 1 sowie Heymann/*Emmerich/Hoffmann* Rn. 51.

käufers regeln wollen, dass der Käufer die von ihm entgegengenommene Ware nicht einfach unter Belastung mit hohen Frachtkosten zurücksenden darf, bevor der Verkäufer in die Lage versetzt wird, darüber anderweitig zu verfügen. Andererseits hat er dem Käufer durch § 379 Abs. 2 aber auch das Recht einräumen wollen, die beanstandete Ware unter den dort genannten Voraussetzungen verkaufen zu lassen, und im Übrigen die Regeln der Geschäftsführung ohne Auftrag als zur Interessenwahrung genügend angesehen. Zugleich hat der Gesetzgeber klargestellt, dass durch einen solchen Verkauf bestehende Mängelgewährleistungsrechte nicht ausgeschlossen werden sollen.[4]

Anders als § 377, dessen Abs. 5 ausdrücklich vorsieht, dass ein Verkäufer, der den Mangel arglistig **3** verschwiegen hat, sich auf die Vorschrift nicht berufen kann, steht einer Anwendbarkeit des § 379 kein Arglistvorbehalt entgegen.[5] Ein diesen Vorbehalt erübrigender Rechtssatz, wonach ein dolos handelnder Verkäufer bei typisierender Betrachtung in keiner Weise schutzwürdig ist,[6] existiert in dieser allgemeinen Form ebenso wenig wie ein allgemeiner Grundsatz, dass nur derjenige Rechte geltend machen kann, der sich selbst rechtstreu verhalten hat.[7] Das gilt umso mehr, als § 379 Abs. 1 ohne nähere Wertung für die danach geforderte Rücksichtnahme unterschiedslos an den Umstand der Beanstandung der übersendeten Ware anknüpft und mehr als eine solche Rücksichtnahme nicht verlangt.[8]

2. Die Voraussetzungen der Aufbewahrungspflicht (Abs. 1). a) Beiderseitiges Handels- **4** **geschäft.** § 379 setzt dadurch, dass der Kauf für beide Seiten ein Handelsgeschäft sein muss, für seine Anwendbarkeit eine Kaufmannseigenschaft iSv §§ 1 ff. bei beiden Vertragsparteien zu dem dabei maßgeblichen Zeitpunkt des Vertragsschlusses voraus. Insoweit gilt dasselbe wie bei § 377 (näher → § 377 Rn. 8 ff.). Eine Besonderheit besteht zum einen nur für den Scheinkaufmann, der auf Verkäuferseite nicht von den Vorteilen der dem Käufer sonst auferlegten Aufbewahrungspflicht profitieren soll, der sich aber auf Käuferseite nicht von den Nachteilen der Aufbewahrungspflicht soll lossagen können. Zum anderen kann sich auch ein entgegen § 29 nicht in das Handelsregister eingetragener Ist-Kaufmann nicht auf § 379 berufen, soweit ihm die jeweilige Vorschrift Vorteile vermittelt.[9]

b) Inbesitznahme der Kaufsache. Die Aufbewahrungspflicht des Käufers bezieht sich auf eine **5** **übersendete,** also in Vollzug eines bestimmten beiderseitigen Handelskaufs bereits bei ihm befindliche Sache. Nur wenn die Ware tatsächlich in den **Gewahrsam** des Käufers gelangt ist oder wegen einer nach § 433 Abs. 2 BGB bestehenden Abnahmeverpflichtung hätte gelangen müssen, kann von ihm verlangt werden, dass er solange die **Obhut** über die Ware ausübt, wie der Verkäufer normalerweise braucht, um zu entscheiden, was mit ihr geschehen soll.[10] Hat der Käufer die ihm angediente Sache im Hinblick auf ihre vertragswidrige Beschaffenheit aber erst gar nicht **angenommen** hat, entsteht auch keine Aufbewahrungspflicht. Am Recht des Käufers, sich zu weigern, die ihm vom Beförderer angebotene Sache wegen ihrer mangelhaften Beschaffenheit entgegenzunehmen,[11] ändert § 379 Abs. 1 also nichts.[12] Dasselbe gilt für die im Rahmen der Schuldrechtsreform neu geregelte Falsch- oder Zuweniglieferung iSd § 434 Abs. 3 BGB. Im Fall einer unberechtigten Verweigerung der Entgegennahme und eines daraus resultierenden **Annahme- und Schuldnerverzugs** muss der Käufer sich jedoch im Rahmen der Schadensersatzhaftung nach §§ 280 Abs. 2, 286, 249 BGB im Ergebnis so behandeln lassen, als habe er die **unberechtigterweise zurückgewiesene Ware** in Besitz genommen.[13] Andernfalls könnte er sich der für ihn lästigen Aufbewahrungspflicht treuwidrig entziehen.

Die Übersendung der Sache muss nach dem Normzusammenhang zu Zwecken, zumindest aber im **6** Rahmen der Erfüllung eines bereits bestehenden Handelskaufs erfolgen. Für **unbestellt zugesandte** Ware[14] gilt die Vorschrift des § 379 nicht, auch nicht analog.[15] Die in § 379 konkretisierte Treuepflicht gegenüber dem Verkäufer besteht vielmehr nur, wenn ein auf Lieferung der angedienten Ware gerichtetes Schuldverhältnis tatsächlich vorliegt.[16] Die Aufbewahrungspflicht darf einem Nichtkäufer

[4] Vgl. *Hahn/Mugdan,* Die gesammten Materialien zu den Reichs-Justizgesetzen, 6. Bd.: Materialien zum Handelsgesetzbuch, 1897, 377.

[5] MüKoHGB/*Grunewald* Rn. 15; HaKo-HGB/*Stöber* Rn. 9.

[6] So G. *Müller* → 3. Aufl. 2015, Rn. 3; ähnl. Oetker/*Koch* Rn. 9; BeckOK HGB/*Schwartze* Rn. 8.

[7] Erman/*Böttcher* BGB § 242 Rn. 110; Palandt/*Grüneberg* BGB § 242 Rn. 46 mwN.

[8] MüKoHGB/*Grunewald* Rn. 15.

[9] Oetker/*Koch* Rn. 3.

[10] BGH Urt. v. 20.12.1978 – VIII ZR 236/77, NJW 1979, 811 (812); Baumbach/Hopt Rn. 5; KKRD/*Roth* Rn. 2; Schlegelberger/*Hefermehl* Rn. 5; MüKoHGB/*Grunewald* Rn. 5; GK-HGB/*Achilles* Rn. 3.

[11] Dazu BGH Urt. v. 26.10.2016 – VIII ZR 211/15, NJW 2017, 1100 Rn. 28 ff.

[12] Staub/*Brüggemann* Rn. 16; vgl. ferner Oetker/*Koch* Rn. 8; s. dazu auch → § 373 Rn. 12 f.

[13] RG Urt. v. 19.3.1926 – VI 472/25, Warn Rspr. 1926, Nr. 180, 265; Heymann/*Emmerich/Hoffmann* Rn. 12 mwN; Schlegelberger/*Hefermehl* Rn. 5; Baumbach/Hopt/*Hopt* Rn. 5; KKRD/*Roth* Rn. 2; GK-HGB/*Achilles* Rn. 3; Oetker/*Koch* Rn. 8 mwN; vgl. auch BGH Urt. v. 20.12.1978 – VIII ZR 236/77, NJW 1979, 811 (812).

[14] Zur Abgrenzung von unbestellter Ware iSv § 241a BGB und fehlerhafter Ware iSv § 434 BGB BeckOK BGB/*Sutschet* BGB § 241a Rn. 13 mwN.

[15] So schon die Denkschrift zum Entwurf des HGB, vgl. *Hahn/Mugdan,* Die gesammten Materialien zu den Reichs-Justizgesetzen, 6. Bd.: Materialien zum Handelsgesetzbuch, 1897, 378.

[16] Heymann/*Emmerich/Hoffmann* Rn. 11; KKRD/*Roth* Rn. 2; Baumbach/Hopt/*Hopt* Rn. 4; MüKoHGB/*Grunewald* Rn. 7; HaKo-HGB/*Stöber* Rn. 4.

also nicht aufgedrängt werden. Für ihn existiert mangels Zustandekommens eines vertraglichen Schuldverhältnisses grundsätzlich nur eine Herausgabepflicht nach §§ 985, 812 BGB, wobei die Haftung des Empfängers in diesem Fall richtigerweise analog § 300 Abs. 1 BGB auf Vorsatz und grobe Fahrlässigkeit beschränkt ist.[17] Allenfalls dann, wenn die Ware in der irrigen Vorstellung einer Leistungspflicht zugesandt worden ist und der Empfänger sie entgegengenommen hat, obwohl er dies erkannt hat oder bei Anwendung der im Verkehr erforderlichen Sorgfalt hätte erkennen können, wird man ein Rücksichtnahmepflichten gem. § 241 Abs. 2 BGB begründendes Schuldverhältnis iSv § 311 Abs. 2 Nr. 3 BGB annehmen können, das zur Benachrichtigung des Absenders und vorübergehenden Aufbewahrung verpflichten kann, wobei der Haftungsmaßstab für die Zeit der Aufbewahrung analog § 690 BGB auf eigenübliche Sorgfalt begrenzt ist.

7   Die in § 379 Abs. 1 geregelte Aufbewahrungspflicht greift auch bei **offenen** (durch Lieferschein oder Rechnung ausgewiesenen) oder **versehentlichen Mehrlieferungen** ein, obwohl diese eigentlich keinen Sachmangel darstellen, sondern einen Unterfall der Lieferung unbestellter Ware bilden (näher → § 377 Rn. 71, → Rn. 203). Denn es besteht angesichts des engen Zusammenhangs mit der im Übrigen doch geschuldeten und dadurch in einen vertraglichen Gesamtkontext eingebetteten Liefermenge vom Schutzzweck der Norm her kein Anlass, den Anwendungsbereich des § 379 dogmatisch eng auf den insoweit nicht völlig deckungsgleichen Anwendungsbereich des § 434 BGB zu beziehen, zumal etwa auch in den nach § 434 Abs. 3 BGB einem Sachmangels gleichgestellten Fällen der aliud-Lieferung[18] der Käufer die gelieferte Ware nicht oder jedenfalls so bestellt hat. Entscheidend für die Anwendung von § 379 ist vielmehr, dass der Verkäufer zum Zwecke der Erfüllung des Kaufvertrages geliefert und damit zumindest zu erfüllen versucht hat.[19] Hiervon abgesehen hat in Übereinstimmung mit dem Schutzzweck der Norm der redliche Verkäufer gerade bei versehentlichen Mehrlieferungen häufig ein erhebliches Interesse daran, die an sich einwandfreie Ware direkt vom Aufbewahrungsort an einen anderen Abnehmer weiterzuleiten.[20]

8   c) **Distanzkauf.** Eine Aufbewahrungspflicht iSd § 379 besteht nur für solche Waren, die dem Käufer von einem anderen Ort in Erfüllung des Kaufvertrages übersandt worden sind (sog. **Distanzkauf**). Das trifft zweifellos für alle Fälle des bürgerlich-rechtlichen **Versendungskaufs** zu. Indessen ist der Anwendungsbereich des § 379 weiter. Nach seinem Schutzzweck soll der Verkäufer die Möglichkeit haben, die reklamierte Ware an dem Ort, an dem sie sich befindet, kostengünstig zu verwerten und damit Geld und Zeit zu sparen.[21] Ort in diesem Sinn ist die **politische Gemeinde,** bei wirtschaftlich verbundenen Gemeinden der dadurch gebildete Wirtschaftsraum.[22] Die Vorschrift des § 379, die insoweit lediglich Platzgeschäfte ausnehmen wollte,[23] gilt danach auch dann, wenn der Verkäufer dem Käufer die Ware von einem anderen Ort durch **eigene Leute** oder **Transportmittel** bringt[24] oder wenn sie dem Käufer schon anderswo übergeben worden war, und zwar ungeachtet dessen, ob der Verkäufer am Bestimmungsort etwa noch Montagehandlungen oder ähnliche Verrichtungen an der Sache schuldet.[25] Nur wenn die Kaufsache vom selben Ort kommt, also ein sog. **Platzgeschäft** vorliegt oder die Sache erst gar nicht bewegt wurde, findet § 379 keine Anwendung.[26] Da der Verkäufer unter diesen besonderen Umständen normalerweise nicht vor nutzlosen Kosten einer Rücksendung der Ware geschützt zu werden braucht, wäre die gesetzliche Begründung einer Aufbewahrungspflicht überflüssig und sinnlos.[27] Im sog. **Platzverkehr** lassen sich deshalb etwaige Aufbewahrungspflichten nur unmittelbar aus § 241 Abs. 2 BGB herleiten (→ Rn. 1).[28]

---

[17] Vgl. Staudinger/*Bork,* 2015, BGB § 146 Rn. 16; Erman/*Armbrüster* BGB § 147 Rn. 4; BeckOGK/*Fritzsche* BGB § 241a Rn. 130 f.; iE str.

[18] Vgl. auch die Gesatzesmaterialien bei *Hahn/Mugdan,* Die gesammten Materialien zu den Reichs-Justizgesetzen, 6. Bd.: Materialien zum Handelsgesetzbuch, 1897, 378.

[19] Oetker/*Koch* Rn. 9; vgl. Staub/*Brüggemann* Rn. 12; MüKoHGB/*Grunewald* Rn. 7; abw. Heymann/*Emmerich/Hoffmann* Rn. 10.

[20] So auch KKRD/*Roth* Rn. 2; Baumbach/Hopt/*Hopt* Rn. 4.

[21] *Hahn/Mugdan,* Die gesammten Materialien zu den Reichs-Justizgesetzen, 6. Bd.: Materialien zum Handelsgesetzbuch, 1897, 377.

[22] S. Staub/*Brüggemann* Rn. 11; KKRD/*Roth* Rn. 2; Heymann/*Emmerich/Hoffmann* Rn. 7 mwN; aA MüKoHGB/*Grunewald* Rn. 8.

[23] *Hahn/Mugdan,* Die gesammten Materialien zu den Reichs-Justizgesetzen, 6. Bd.: Materialien zum Handelsgesetzbuch, 1897, 377.

[24] Baumbach/Hopt/*Hopt* Rn. 4; Heymann/*Emmerich/Hoffmann* Rn. 8 mwN; GK-HGB/*Achilles* Rn. 2; vgl. ferner Oetker/*Koch* Rn. 7; aA Ehrenberg/*Oertmann,* Handbuch des gesamten Handelsrechts, Bd. IV 2 Abt., 1918, 524; Staub/*Brüggemann* Rn. 6 mwN.

[25] S. auch Baumbach/Hopt/*Hopt* Rn. 4.

[26] *Hahn/Mugdan,* Die gesammten Materialien zu den Reichs-Justizgesetzen, 6. Bd.: Materialien zum Handelsgesetzbuch, 1897, 377.

[27] S. etwa KKRD/*Roth* Rn. 2; Baumbach/Hopt/*Hopt* Rn. 4; aA MüKoHGB/*Grunewald* Rn. 8 aE, wonach die Aufbewahrungspflicht iSd § 379 grundsätzlich auch dann besteht, wenn die Kaufsache gar nicht bewegt wurde.

[28] Etwa KKRD/*Roth* Rn. 2; Baumbach/Hopt/*Hopt* Rn. 4; Heymann/*Emmerich/Hoffmann* Rn. 7; abw. MüKoHGB/*Grunewald* Rn. 8.

Bei einem sog. **Streckengeschäft** besteht für den Zwischenhändler unmittelbar keine Aufbewah- **9** rungspflicht iSd § 379 Abs. 1, da er selbst an der Ware keinen Gewahrsam erhält und der Endabnehmer im Regelfall nicht als sein **Gewahrsamsdiener** iSd § 855 BGB angesehen werden kann. Der Käufer (Zwischenhändler) muss in diesem Fall aber nur dafür sorgen, dass der Verkäufer die von dem Zweitkäufer zu Recht beanstandete Sache direkt an Ort und Stelle untersuchen und notfalls die erforderlichen Dispositionen (zB Rück- oder Weiterversendung) treffen kann. Man wird ihn nach der einer solchen Streckengeschäftsabrede zugrunde liegenden Interessenlage (§§ 133, 157 BGB) regelmäßig auch für verpflichtet halten müssen, die ihn ohne die Direktbelieferung sonst treffende gesetzliche Aufbewahrungspflicht an seinen eigenen Abnehmer, ggf. sogar nach Maßgabe von § 328 BGB, weiterzureichen, soweit im Verhältnis zu diesem nicht ebenfalls § 379 Anwendung findet und er darüber den Erhaltungs- und Dispositionsinteressen seines Lieferanten letztlich hinreichend Rechnung tragen kann. Unterlässt der Käufer dies, verletzt er eine dem vereinbarten Streckengeschäft innewohnende Nebenpflicht und macht sich schadensersatzpflichtig.[29] Allerdings geht dies nicht so weit, dass der Käufer sich über eine Abtretung ihm zugefallener Ansprüche hinaus ein schuldhaftes Fehlverhalten des Dritten bei der Aufbewahrung gem. § 278 BGB als eigenes zurechnen lassen muss.[30] In Fällen des **direkten Weiterverkaufs**, in denen der Zwischenhändler ausnahmsweise die nach § 377 Abs. 1 bestehende Obliegenheit zur Untersuchung der angedienten Ware zunächst einmal auf seinen Abnehmer verlagern darf, um dann anhand des bei diesem angefallenen Untersuchungsergebnisses die sich dabei ergebenden Beanstandungen weiterzugeben (näher → § 377 Rn. 106 f.), hat Entsprechendes zu gelten.

d) Beanstandung der Ware. Der Käufer muss am. § 379 Abs. 1 die entgegengenommene Ware **10** gegenüber dem Verkäufer **beanstandet** haben. Dabei beschränkt sich die auf Zurückweisung der Ware gerichtete Beanstandung nicht nur auf Qualitätsmängel, sondern bezieht sich auch auf andere zurückweisungsgeeignete Gründe wie Quantitätsabweichungen, aliud-Lieferungen, Rechtsmängel oder – wie etwa im Falle des § 376 – auf Lieferverspätungen.[31] Die erfolgte Beanstandung muss in der Sache aber berechtigt sein, weil der Käufer sonst mangels Rückgaberechts die Ware behalten muss, also für sich selbst verwahren und sich bei mangelnder Sorgfalt selbst schädigen würde.[32] Mit der Beanstandung ist allerdings bei Sachmängeln keine qualifizierte Mängelrüge iSd § 377 Abs. 1 gemeint. Aus der Erklärung des Käufers muss lediglich deutlich genug hervorgehen, dass er die gelieferte Sache wegen ihres vertragswidrigen Zustandes oder der vertragswidrigen Umstände ihrer Lieferung nicht als die geschuldete Leistung anerkennt und sie infolgedessen **nicht behalten will.** Nur einer solchen, einen Rückgabewillen zum Ausdruck bringenden Erklärung kann der Verkäufer entnehmen, dass ihm die gelieferte Ware zwecks Rücknahme und anderweitiger Disposition wieder zur Verfügung steht. Die Beanstandung iSd § 379 Abs. 1 kann dabei auch mit einer inhaltlich teilweise weitergehenden Anforderungen unterliegenden Mängelanzeige iSd § 377 Abs. 1 (→ § 377 Rn. 177 ff.) verbunden werden,[33] muss jedoch darüber hinaus unmissverständlich zum Ausdruck bringen, dass ein Behalten der gelieferten Kaufgegenstandes nicht mehr in Frage kommt. Zwar braucht der Käufer sich bei seiner Beanstandung wegen Mängeln noch nicht genau darauf festzulegen, welches der in § 437 BGB genannten Gewährleistungsrechte er genau geltend machen will.[34] Er muss aber deutlich machen, dass besitzrechtserhaltende Rechtsbehelfe wie die Nachbesserung (§ 437 Nr. 1, 439 Abs. 1 BGB), die Minderung (§§ 437 Nr. 2, 441 BGB) oder ein bloßer Schadensersatz neben der Leistung (§§ 437 Nr. 3, 280 Abs. 1 BGB) ausscheiden und allein noch eine Nachlieferung (§§ 437 Nr. 1, 439 Abs. 1, 5 BGB), ein Rücktritt vom Vertrag (§§ 437 Nr. 2, 440, 323, 325 Abs. 5, 346 ff. BGB) oder ein die Erfüllung ausschließender Schadensersatz statt der Leistung (§§ 437 Nr. 3, 280, 281 BGB) in Betracht kommen.[35] Kommt dies nicht zum Ausdruck, verwahrt er nicht iSd § 379 Abs. 1 für den Verkäufer, sondern besitzt weiterhin aufgrund des ihm gem. § 433 Abs. 1 S. 1 BGB durch den Kaufvertrag vermittelten Besitzes im eigenen Interesse, bis er die erforderliche Beanstandung – ggf. auch durch Ausübung eines auf Beseitigung des Besitzrechts an der gelieferten Ware abzielenden Gestaltungs- oder gestaltungsähnlichen Rechts – nachholt. Entsprechend muss er im Fall vertragswidriger Mehrlieferung diese beanstanden, wobei anders als iRv § 377 das Ausmaß der Mehrlieferung nicht angegeben werden muss.

Anders als die Mängelrüge unterliegt die zu ihrer Wirksamkeit zugangsbedürftige Ausübung des **11** Beanstandungsrechts grundsätzlich keinen zeitlichen Grenzen.[36] Kann die Beanstandung allerdings in der Sache nicht mehr durchgesetzt werden, weil die übersendete Ware etwa wegen Versäumung der Rügefrist gem. § 377 Abs. 2, 3 als genehmigt gilt oder Gewährleistungsrechte gem. § 438 BGB

---

[29] GK-HGB/*Achilles* Rn. 3; MüKoHGB/*Grunewald* Rn. 9.

[30] MüKoHGB/*Grunewald* Rn. 8; aA *G. Müller* → 3. Aufl. 2015, Rn. 9.

[31] *Hahn/Mugdan*, Die gesammten Materialien zu den Reichs-Justizgesetzen, 6. Bd.: Materialien zum Handelsgesetzbuch, 1897, 635.

[32] Baumbach/Hopt/*Hopt* Rn. 6; GK-HGB/*Achilles* Rn. 3; KKRD/*Roth* Rn. 2; BeckOK HGB/*Schwartze* Rn. 6 mwN.

[33] AllgA, s. zB KKRD/*Roth* Rn. 2; Baumbach/Hopt/*Hopt* Rn. 6.

[34] Staub/*Brüggemann* Rn. 15; HaKo-HGB/*Stöber* Rn. 7.

[35] BeckOK HGB/*Schwartze* Rn. 6 mwN.

[36] Oetker/*Koch* Rn. 10 mwN.

verjährt sind, kann sie auch die in § 379 vorgesehenen Rechtsfolgen nicht mehr auslösen. Ist die Beanstandung indes einmal wirksam ausgesprochen, entfaltet sie für den Käufer Bindungswirkung und kann wegen der dadurch auch zugunsten des Verkäufers ausgelösten Rechtsfolgen einseitig nicht mehr in dem Sinne zurückgenommen werden, dass er Gewährleistungsrechte ausübt, die auf ein Behaltendürfen der übersendeten Ware hinauslaufen.[37] Denn andernfalls wäre es dem Käufer möglich, die vom Verkäufer als Folge der Beanstandung zulässigerweise etwa durch anderweitige Verfügung über die Ware getätigten Dispositionen treuwidrig zu unterlaufen.

12   **3. Inhalt der Aufbewahrungspflicht. a) Art und Ort der Aufbewahrung.** Die dem Käufer auferlegte Sorge zur einstweiligen Aufbewahrung zielt darauf ab, die beanstandete Ware in einem dem Käufer möglichen und zumutbaren Umfang vor Verlust oder Beschädigung zu schützen, um dem Verkäufer auf diese Weise die Möglichkeit der Wiedererlangung in einem zur Weiterverwertung tauglichen Zustand zu erhalten.[38] Der Käufer braucht die beanstandete Ware nicht notwendig bei sich aufzubewahren, sondern kann auch auf andere Weise für eine sichere Aufbewahrung sorgen. Insbesondere kann er die Ware bei einem dafür geeigneten Dritten einlagern.[39] Da er keine eigene Aufbewahrung, sondern nur die Sorge für eine geeignete Aufbewahrung schuldet, haftet er bei einer Fremdeinlagerung nur für die sorgfältige Auswahl des Lagerhalters, der dadurch für die Aufbewahrung selbst auch nicht zu seinem Erfüllungsgehilfen iSd § 278 BGB wird.[40] Allerdings kann der Verkäufer, in dessen Interesse die Aufbewahrung erfolgt und der dafür auch die Kosten zu tragen hat (→ Rn. 15), gewisse Weisungen erteilen, soweit deren Erfüllung dem Käufer möglich und zumutbar ist. Ob und unter welchen Voraussetzungen der Käufer bei einer Fremdeinlagerung eine Versicherung zu nehmen hat,[41] wird nicht ganz einheitlich beantwortet. Richtigerweise hängt dies neben den konkreten Schadenseintrittsrisiken von den jeweiligen Einlagerungsbedingungen nebst Art und Umfang einer Freizeichnung des Einlagerers sowie deren Üblichkeit ab. In Zweifelsfällen kann der Käufer im Rahmen des Möglichen gem. § 241 Abs. 2 BGB gehalten sein, eine Weisung des Verkäufers einzuholen.

13   **b) Dauer der Aufbewahrung.** Der Käufer muss nach Wortlaut und Schutzzweck des § 379 Abs. 1 (nur) für die **einstweilige** Aufbewahrung der zu Recht beanstandeten Ware sorgen. Die Zeitspanne bemisst sich danach, wann im regelmäßigen Geschäftsgang eine Entscheidung des Verkäufers darüber, was mit der zu Recht beanstandeten Ware geschehen soll, erwartet werden kann, oder wann er jedenfalls selbst in der Lage sein sollte, für den Erhalt der Ware zu sorgen.[42] Im Regelfall dürfte eine Frist von höchstens einer Woche ab Kenntniserlangung von der Beanstandung, eher sogar weniger, ausreichend sein, um dem Verkäufer eine seinen Interessen gerecht werdende, zugleich aber auch mit der gebotenen Beschleunigung zu treffende Entscheidung über die Rückforderung oder Weiterleitung der Ware zu ermöglichen.[43]

14   Äußert der Verkäufer sich innerhalb der genannten Aufbewahrungsfrist nicht oder lehnt er eine Rücknahme bzw. Weiterleitung der übersendeten Ware ab, endet für den Käufer die durch § 379 begründete Pflicht zur weiteren Aufbewahrung. Er ist nunmehr zur einseitigen **Rücksendung** der Ware auf Kosten und Gefahr des Verkäufers berechtigt, in der Regel aber nicht, mit Blick auf §§ 348, 281 Abs. 5, 439 Abs. 5 BGB zumindest nicht einseitig, verpflichtet.[44] Ebenso kann der Käufer unter den engen Voraussetzungen des § 379 Abs. 2 einen **Notverkauf** vornehmen. Veranlasst er weder eine Rücksendung noch einen Notverkauf, wird man ihn gem. § 241 Abs. 2 BGB weiterhin als zu einer nach allgemeinen Maßstäben (§ 276 BGB) sorgfältigen Verwahrung als verpflichtet ansehen müssen. Erst wenn er bei einem nicht rücknahmebereiten Verkäufer von einem ihm in § 437 BGB genannten, auf Rückgängigmachung des Leistungsaustauschs abzielenden Gestaltungs- oder gestaltungsähnlichen Recht (Nachlieferung, Rücktritt, Schadensersatz statt der Leistung) wirksam Gebrauch macht und dem Verkäufer die Ware gem. §§ 348, 281 Abs. 5, 439 Abs. 5 BGB in einer den Annahmeverzug begründenden Weise (§§ 293 ff. BGB) zur Rücknahme angeboten hat, ist die Haftung nach § 300 Abs. 1 BGB auf Vorsatz und grobe Fahrlässigkeit beschränkt.[45] Zudem liegt es nahe, nach Eintritt des

---

[37] Oetker/*Koch* Rn. 12; MüKoHGB/*Grunewald* Rn. 11.

[38] Vgl. BGH Urt. v. 20.12.1978 – VIII ZR 236/77, NJW 1979, 811 (812).

[39] AllgA, vgl. RG Urt. v. 23.1.1920 – II 397/19, RGZ 98, 69 (70); BeckOK HGB/*Schwartze* Rn. 9 mwN.

[40] MüKoHGB/*Grunewald* Rn. 17; Oetker/*Koch* Rn. 17; HaKo-HGB/*Stöber* Rn. 9; vgl. auch RG Urt. v. 23.1.1920 – II 397/19, RGZ 98, 69 (70).

[41] Zum Streitstand etwa BeckOK HGB/*Schwartze* Rn. 9.

[42] AllgA, vgl etwa RG Urt. v. 8.12.1898 – VI 262/98, RGZ 43, 27 (32); BGH Urt. v. 20.12.1978 – VIII ZR 236/77, NJW 1979, 811 (812); KKRD/*Roth* Rn. 4; Baumbach/Hopt/*Hopt* Rn. 8; GK-HGB/*Achilles* Rn. 4; vgl. auch Schlegelberger/*Hefermehl* Rn. 7.

[43] BeckOK HGB/*Schwartze* Rn. 10; Schlegelberger/*Hefermehl* Rn. 7; Oetker/*Koch* Rn. 18; HaKo-HGB/*Stöber* Rn. 10; eher kürzer MüKoHGB/*Grunewald* Rn. 13.

[44] BeckOK HGB/*Schwartze* Rn. 10; Oetker/*Koch* Rn. 19; HaKo-HGB/*Stöber* Rn. 10; MüKoHGB/*Grunewald* Rn. 13.

[45] MüKoHGB/*Grunewald* Rn. 13; aA etwa BeckOK HGB/*Schwartze* Rn. 10; Oetker/*Koch* Rn. 20; KKRD/*Roth* Rn. 4, die ersichtlich von einem Annahmeverzug bereits ab Ende der Aufbewahrungsfrist ausgehen.

Annahmeverzugs die Regeln des § 373 als logische Fortsetzung der in § 379 angelegten Interessenlage spiegelbildlich entsprechend zugunsten des Käufers anzuwenden und durch die darin beispielhaft vorgezeichnete Lösung der von §§ 303 f. BGB nicht mehr erfassten besonderen Interessenlage des kaufmännischen Verkehrs zwecks endgültiger Bereinigung der Aufbewahrungssituation Rechnung zu tragen.

c) Kosten der Aufbewahrung. § 379 enthält keine Regelung über die **Erstattung der Kosten** 15 für die zeitweise Aufbewahrung der Ware. Daraus folgt einerseits, dass die vom Käufer zu besorgende sichere Aufbewahrung der Ware nicht davon abhängt, ob er eine Deckung für die voraussichtlichen Kosten hat.[46] Andererseits besagt die Norm aber auch nicht, wer letztendlich die Kosten für die Aufbewahrung zu tragen hat. Liegt eine wirksame Beanstandung der übersendeten Ware vor (→ Rn. 10), hat der Verkäufers bei einem von ihm verschuldeten Sachmangel die Kosten als einen von ihm nach §§ 437 Nr. 3, 280 Abs. 1 BGB zu ersetzenden Schaden zu tragen. Ansonsten greift ergänzend § 354 ein,[47] der im kaufmännischen Verkehr auch zur Anwendung kommt, wenn eine Vertragspartei die von der anderen Partei grundlos abgelehnte Ware ungeachtet seiner dabei zugleich verfolgten eigenen Interessen bei sich verwahrt.[48] Demgemäß kann der Käufer bei eigener Aufbewahrung den Ersatz der üblichen Lagerkosten verlangen,[49] während ihm bei einer Fremdverwahrung neben einer Erstattung des aufgewendeten Lagergeldes und in erforderlichem Umfang angefallener Versicherungsprämien zugleich eine übliche Provision zusteht.[50] Das gilt selbst bei Verweigerung einer Rücknahme durch den Verkäufer für die gesamte Dauer der Aufbewahrung.[51] Wegen seiner hieraus resultierenden Ersatzansprüche steht dem Käufer ein Zurückbehaltungsrecht (§ 273 BGB) zu; der Fortbestand seiner Aufbewahrungspflicht bleibt davon aber nicht zuletzt auch mit Blick auf die Möglichkeit, wegen seiner Erstattungsansprüche auf die Ware selbst zuzugreifen, unberührt.[52]

II. Das Notverkaufsrecht (Abs. 2)

1. Voraussetzungen. Ist die nach § 379 Abs. 1 aufzubewahrende Kaufsache dem **Verderb** aus- 16 gesetzt und **Gefahr im Verzug,** kann der Käufer die Ware unter Beachtung der für den Selbsthilfeverkauf maßgeblichen Bestimmungen des § 373 verkaufen lassen (Abs. 2). § 379 Abs. 2 dient vor allem dem mutmaßlichen Interesse des Verkäufers, eine ohne den Notverkauf zu befürchtende erhebliche Entwertung der übersendeten Ware, gegebenenfalls sogar deren Totalverlust, zu verhindern.[53] Für den Käufer hat ein Notverkauf den Vorteil, dass er nicht mehr für eine sich als mehr oder minder aussichtslos abzeichnende Aufbewahrung sorgen muss. Der dabei vorausgesetzte Verderb muss – genauso wie dies in § 373 Abs. 2 S. 2 Hs. 1 in Abgrenzung zu Hs. 2 gemeint ist (→ § 373 Rn. 39; ferner → § 381 Rn. 3) – physischer Art sein; eine lediglich drohende wirtschaftliche Verschlechterung der Sache genügt nicht.[54] Ist nur ein **abtrennbarer Teil** der Ware dem Verderb ausgesetzt, muss der Notverkauf grundsätzlich auf den gefährdeten Teil beschränkt werden.[55] Etwas anderes gilt in diesem Fall nur dann, wenn eine Trennung dem Käufer unverhältnismäßige Mühe bereiten und der Verkauf der ganzen Sache deshalb angesichts des dieser sonst insgesamt drohenden Verlusts ersichtlich dem Interesse und mutmaßlichen Willen des Verkäufers entspricht.[56] Darüber hinaus muss Gefahr im Verzug sein, also ohne eine alsbaldige Verwertung der Ware deren Verderb nach objektiven Maßstäben greifbar zu befürchten sein. Das wiederum setzt voraus, dass eine kurzfristige Kontaktaufnahme mit dem Verkäufer zwecks Einholung der in erster Linie ihm obliegenden Entscheidung über das weitere Vorgehen nicht möglich ist.[57]

Die Durchführung eines danach möglichen, zeitlich aber auf die Aufbewahrungsdauer nach Abs. 1 17 beschränkten Notverkaufs (→ Rn. 13 ff.)[58] steht nach dem Wortlaut des § 379 Abs. 2 („kann“) in einem allerdings durch etwaige Rücksichtnahmepflichten nach § 241 Abs. 1 BGB gebundenen **Er-**

---

[46] Schlegelberger/*Hefermehl* Rn. 6; Heymann/*Emmerich/Hoffmann* Rn. 17.
[47] So bereits RG Urt. v. 24.3.1880 – III 467/79, RGZ 1, 282 (284 f.) zu den Vorgängerbestimmungen der Art. 290, 348 ADHGB; heute allgA, vgl. nur Baumbach/Hopt/*Hopt* Rn. 9; KKRD/*Roth* Rn. 5; MüKoHGB/*Grunewald* Rn. 14; Schlegelberger/*Hefermehl* Rn. 6; Heymann/*Emmerich/Hoffmann* Rn. 17; *Paulus* → § 354 Rn. 11.
[48] BGH Urt. v. 14.2.1996 – VIII ZR 185/94, NJW 1996, 1464 (1465); zu den sehr weiten Anwendungsvoraussetzungen dieser Norm ferner BGH Urt. v. 23.11.2016 – VIII ZR 269/15, NJW 2017, 1388 Rn. 11 ff.
[49] Vgl. BGH Urt. v. 14.2.1996 – VIII ZR 185/94, NJW 1996, 1464 (1465).
[50] Heymann/*Emmerich/Hoffmann* Rn. 17; Oetker/*Koch* Rn. 21 mwN; BeckOK HGB/*Schwartze* Rn. 11.
[51] RG Urt. v. 24.3.1880 – III 467/79, RGZ 1, 282 (285).
[52] Vgl. Staub/*Brüggemann* Rn. 25; Oetker/*Koch* Rn. 21 mwN.
[53] RG Urt. v. 27.5.1919 – III 423/18, RGZ 96, 72 (73); MüKoHGB/*Grunewald* Rn. 19 mwN.
[54] Oetker/*Koch* Rn. 29; MüKoHGB/*Grunewald* § 373 Rn. 24 mwN; abw. Staub/*Brüggemann* § 373 Rn. 36.
[55] ROHG Urt. v. 22.4.1874 – II 126/74, ROHGE 13, 353 (358); s. auch Oetker/*Koch* Rn. 29; HaKo-HGB/*Stöber* Rn. 15.
[56] Oetker/*Koch* Rn. 29.
[57] Oetker *Koch* Rn. 28.
[58] Vgl. RG Urt. v. 7.6.1907 – II 39/07, RGZ 66, 186 (196); Oetker/*Koch* Rn. 28.

messen des Käufers. Diesen Rücksichtnahmepflichten kommt er in aller Regel schon dadurch hinreichend nach, dass er sich um eine Kontaktaufnahme mit dem Verkäufer zwecks Herbeiführung einer Entscheidung durch diesen bemüht, und anschließend danach verfährt. Widerspricht der Verkäufer einem Notverkauf oder trifft er eine abweichende Entscheidung, hat die Maßnahme grundsätzlich zu unterbleiben. [59] Ein derartiger **Widerspruch** kann bei fehlenden gegenteiliger Anhaltspunkte jedoch nicht schon darin gesehen werden, dass der Verkäufer sich gegen die Berechtigung der Beanstandung als solche wendet.[60] Umgekehrt braucht der Käufer auch nur eine ihm zumutbare Weisung zu befolgen, was bei erheblichen zusätzlichen Kosten voraussetzt, dass der Verkäufer auf Verlangen des Käufers eine taugliche Kostenübernahmezusage abgibt.[61] Eine Pflicht zur Durchführung des Notverkaufs kann aus dem Rücksichtnahmegebot aber dann folgen, wenn ein schneller Verderb der Ware droht, der Verkäufer nicht mehr rechtzeitig erreicht werden kann und der Notverkauf für den Käufer ohne größere Schwierigkeiten und Aufwand möglich ist.[62] Ein Verstoß gegen das Rücksichtnahmegebot kann zudem dann vorliegen, wenn der Käufer es bewusst oder grob nachlässig unterlässt, den Verkäufer rechtzeitig vom Erfordernis einer umgehenden Verwertung der beanstandeten Ware zu unterrichten, und eine an sich gebotene Notverwertung dadurch nicht zustande kommt.[63] Seine eigenen Interessen braucht der Käufer bei Ausübung seines Ermessens oder einer zu nehmenden Rücksicht nicht hintan zu stellen, sondern darf bei Vornahme des Notverkaufs selbstverständlich auf die von ihm zuvor ausgesprochene Beanstandung hinweisen oder den Verkäufer von vornherein auf die eigene Verwertung der aus seiner Sicht mängelbehafteten und dadurch möglicherweise sogar rufschädigenden Ware verweisen.[64]

18   Der Gesetzgeber hat die Notverkaufsvoraussetzungen des § 379 Abs. 2 indes nicht als abschließend verstanden wissen wollen, sondern im Übrigen die Vorschriften der **Geschäftsführung ohne Auftrag** (§§ 677 ff. BGB) für genügend erachtet.[65] Deshalb ist nach diesen Vorschriften ein (Not-)Verkauf grundsätzlich nicht nur bei verderblicher Ware und Gefahr im Verzuge, sondern auch bei drohendem Preisverfall oder besonders günstigen Verkaufsgelegenheiten zulässig.[66] Ferner kommt bei Verzug des Verkäufers mit der Rücknahme der zu Recht beanstandeten Ware ein Verkauf nach Maßgabe des § 383 Abs. 1 BGB in Betracht wie auch im Falle eines kaufmännischen Zurückbehaltungsrechts (§ 369) des Käufers ein Befriedigungsrecht gem. § 371 möglich ist.[67]

19   **2. Durchführung.** Der Notverkauf ist unter Beachtung der Vorschriften des § 373 durchzuführen, also in Form einer **öffentlichen Versteigerung** iSd § 383 BGB sowie bei Bestehen eine Börsen- oder Marktpreises für die Ware alternativ im Wege des **freihändigen Verkaufs** durch einen zu solchen Verkäufen öffentlich ermächtigten Handelsmakler oder durch eine zur öffentlichen Versteigerung befugte Person zum laufenden Preis. Dabei müssen die für den Selbsthilfeverkauf geltenden Formvorschriften eingehalten werden (näher → § 373 Rn. 17 ff.). Lediglich eine **Androhung** des Verkaufs (§ 373 Abs. 2 S. 2) ist entbehrlich. Dies ergibt sich schon daraus, dass § 373 bereits unter den Voraussetzungen, die nach § 379 Abs. 2 für einen Notverkauf vorliegen müssen, auf die Androhung verzichtet.[68] Der Notverkauf der Ware erfolgt entsprechend § 373 Abs. 3 **für Rechnung** des Verkäufers, sodass ihm der erzielte Erlös zusteht. Der Käufer kann mitbieten, aus den ihm bereits bekannten Mängeln der Ware jedoch gem. § 442 Abs. 1 BGB keine neuen Gewährleistungsansprüche herleiten.[69] In wessen Namen der Notverkauf durchgeführt wird, ist indessen mit Blick auf § 373 Abs. 4, wonach Verkäufer und Käufer bei der öffentlichen Versteigerung mitbieten können, streitig. Entgegen einer vor allem früher vielfach vertreten Auffassung, nach der die Befugnis zur Durchführung des Notverkaufs zugleich die gesetzliche Befugnis des Käufers zur Vertretung des Verkäufers eingeschlossen hat,[70] wird genauso wie bei der parallel gelagerten Fallgestaltung des § 383 BGB (→ § 373 Rn. 27,

---

[59] RG Urt. v. 8.12.1898 – VI 262/98, RGZ 43, 27 (32); RG Urt. v. 27.5.1919 – III 423/18, RGZ 96, 72 (73); RG Urt. v. 23.11.1920 – III 239/20, RGZ 101, 18 (19); Schlegelberger/*Hefermehl* Rn. 10; Staub/*Brüggemann* Rn. 29; Baumbach/Hopt/*Hopt* Rn. 10; KKRD/*Roth* Rn. 8; Heymann/*Emmerich/Hoffmann* Rn. 18 mwN; MüKoHGB/*Grunewald* Rn. 19.

[60] Vgl. RG Urt. v. 27.5.1919 – III 423/18, RGZ 96, 72 (73).

[61] MüKoHGB/*Grunewald* Rn. 19.

[62] MüKoHGB/*Grunewald* Rn. 19 mwN; BeckOK HGB/*Schwartze* Rn. 12.

[63] Vgl. RG Urt. v. 7.6.1907, RGZ 66, 186 (192).

[64] Oetker/*Koch* Rn. 30.

[65] *Hahn/Mugdan,* Die gesammten Materialien zu den Reichs-Justizgesetzen, 6. Bd.: Materialien zum Handelsgesetzbuch, 1897, 377.

[66] S. etwa RG Urt. v. 23.11.1920 – III 239/20, RGZ 101, 18 (19); Heymann/*Emmerich/Hoffmann* Rn. 19; Schlegelberger/*Hefermehl* Rn. 13; Staub/*Brüggemann* Rn. 38; KKRD/*Roth* Rn. 12; MüKoHGB/*Grunewald* Rn. 18 u. 21; GK-HGB/*Achilles* Rn. 7; HaKo-HGB/*Stöber* Rn. 17.

[67] S. zB Heymann/*Emmerich/Hoffmann* Rn. 98; MüKoHGB/*Grunewald* Rn. 21; Baumbach/Hopt/*Hopt* Rn. 11; GK-HGB/*Achilles* Rn. 7.

[68] BeckOK HGB/*Schwartze* Rn. 13 mwN.

[69] Vgl. RG Urt. v. 7.6.1907 – II 39/07, RGZ 66, 186 (194 f.); Baumbach/Hopt/*Hopt* Rn. 13.

[70] RG Urt. v. 7.6.1907 – II 39/07, RGZ 66, 186 (194); ebenso Staub/*Brüggemann* Rn. 33; Röhricht/Graf v. Westphalen/Haas/ *Steimle/Dornieden* Rn. 18.

→ § 374 Rn. 7)[71] mittlerweile zu Recht der die Notveräußerung betreibende Veräußerungsberechtigte selbst als Vertragspartner des Erstehers oder Erwerbers angesehen.[72]

3. Rechtsfolgen. a) Berechtigter Notverkauf. Der zulässige und ordnungsgemäß durchgeführte **20** Notverkauf geschieht allerdings in entsprechender Anwendung des § 373 Abs. 3 **für Rechnung** des Verkäufers. Der **Erlös** tritt an die Stelle der mangelbehafteten Ware und gebührt dem Verkäufer. **Unberührt** bleiben die Sachmängelansprüche aus § 437 BGB, derentwegen der Käufer die gelieferte Ware gem. § 379 Abs. 1 beanstandet hat und zurückgeben wollte. Er kann also nach wie vor Nachlieferung (§ 439 Abs. 1 Alt. 2 BGB) beanspruchen, vom Kaufvertrag zurücktreten (§§ 440, 323, 326 Abs. 5 BGB) oder Schadensersatz statt der Leistung (§§ 440, 280 ff. BGB) verlangen.[73] Dagegen scheidet eine **Minderung** des Kaufpreises wegen des gerügten Sachmangels gem. § 441 BGB schon deshalb aus, weil sie mit dem Zurückweisungscharakter der Beanstandung (→ Rn. 10) sowie dem durch die daraus nach § 379 Abs. 1 resultierende Aufbewahrungspflicht überhaupt erst legitimierten Notverkauf (→ Rn. 17) unvereinbar kollidieren würde, sodass sich die nachträgliche Wahl des Minderungsrechts nach durchgeführtem Notverkauf genauso wie ein nunmehr erhobenes Nachbesserungsbegehren als ein nach § 242 BGB unzulässiges venire contra factum proprium darstellen würde.[74]

b) Unberechtigter Notverkauf. Der unzulässige oder nicht ordnungsgemäß durchgeführte Not- **21** verkauf geht nicht für Rechnung des Verkäufers, sondern **für eigene Rechnung des Käufers.** Dieser muss zumindest die Kosten des Notverkaufs selbst tragen.[75] Die allerdings nur im Verhältnis der Kaufvertragsparteien untereinander gegebene Unwirksamkeit des Notverkaufs kann sich nicht allein daraus ergeben, dass die Voraussetzungen des § 379 Abs. 1 und/oder die darauf aufbauenden materiellen Voraussetzungen der Beanstandung nicht vorgelegen haben, sondern auch daraus, dass bei seiner Durchführung gegen **wesentliche Schutzvorschriften des § 373** verstoßen wurde (zusammenfassend → § 373 Rn. 48 f.).[76] Allerdings lässt sich ein nach § 379 Abs. 2 unberechtigter Verkauf im Fall des Annahmeverzugs möglicherweise als **Selbsthilfeverkauf** nach § 383 BGB deuten bzw. können gegebenenfalls die allgemeinen Regeln der **Geschäftsführung ohne Auftrag** (§§ 677 ff. BGB) Anwendung finden (→ Rn. 18).[77] In letztgenanntem Fall dürfen indes die nach objektiven Maßstäben festzustellenden Voraussetzungen des § 379 Abs. 2 nicht durch die abweichenden Maßstäbe der §§ 679 f. BGB unterlaufen werden.[78]

Der unberechtigte Notverkauf (→ Rn. 21) hindert den Käufer jedoch nicht, bei Berechtigung der **22** Beanstandung Nachlieferung (§ 439 Abs. 1 Alt. 2 BGB) zu beanspruchen, vom Kaufvertrag zurückzutreten (§§ 440, 323, 326 Abs. 5 BGB) oder Schadensersatz statt der Leistung zu fordern (§§ 440, 280 ff. BGB). Vielmehr muss er in diesem Fall für die durch den Notverkauf veräußerte Ware **Wertersatz** und gegebenenfalls auch Schadensersatz leisten (§ 346 Abs. 2 Nr. 2, Abs. 4 BGB); ebenso bleiben ihm das Minderungsrecht (§§ 437 Nr. 2, 441 BGB) und ein Anspruch auf einen uU zuvor bereits entstandenen Anspruch auf Schadensersatz neben der Leistung (§§ 437 Nr. 3, 280 BGB), während die Geltendmachung eines Nachbesserungsanspruchs wegen Wegfalls des Nachbesserungssubstrats regelmäßig ausscheiden dürfte.[79] Als Wert ist die vertragliche Gegenleistung, dh der Kaufpreis, anzusetzen. Der Käufer muss also, auch wenn er – etwa aufgrund des Mangels der Ware – im Rahmen des Notverkaufs nur einen viel geringeren Preis erzielen konnte, nochmals den gesamten Kaufpreis als Wertersatz leisten, darf aber den Erlös des Notverkaufs vereinnahmen und erhält zudem die (mangelfreie) Nachlieferung.[80] Tritt der Käufer vom Vertrag zurück (§ 323 BGB), kann er danach im Ergebnis aus § 346 BGB nichts verlangen, da sich Rückgewähransprüche hinsichtlich Kaufpreis und Wertersatz in gleicher Höhe gegenüberstehen.[81]

---

[71] Vgl. Staudinger/*Olzen*, 2016, BGB § 383 Rn. 13; BeckOGK/*Ulrici* BGB § 383 Rn. 74; MüKoBGB/*Fetzer* BGB § 383 Rn. 6 mwN; ferner etwa Staudinger/*Bork*, 2015, BGB § 156 Rn. 6.

[72] Heymann/*Emmerich/Hoffmann* Rn. 20; Baumbach/Hopt/*Hopt* Rn. 12; Schlegelberger/*Hefermehl* Rn. 12; vgl. auch *Ehrenberg/Oertmann*, Handbuch des gesamten Handelsrechts Bd. IV 2 Abt., 1918, 529 f.; KKRD/*Roth* Rn. 9; GK-HGB/*Achilles* Rn. 7; MüKoHGB/*Grunewald* Rn. 20; Oetker/*Koch* Rn. 33 mwN.

[73] S. BeckOK HGB/*Schwartze* Rn. 14; Heymann/*Emmerich/Hoffmann* Rn. 22; Baumbach/Hopt/*Hopt* Rn. 13; HaKo-HGB/*Stöber* Rn. 21; aA KKRD/*Roth* Rn. 10: weder Minderung noch Nacherfüllung.

[74] IErg ebenso Heymann/*Emmerich/Hoffmann* Rn. 22; Düringer/*Hachenburg/Hoeniger* Anm. 16 f.; Staub/*Brüggemann* Rn. 32; *Ehrenberg/Oertmann*, Handbuch des gesamten Handelsrechts Bd. IV 2 Abt., 1918, 530; Baumbach/Hopt/*Hopt* Rn. 13; KKRD/*Roth* Rn. 10; GK-HGB/*Achilles* Rn. 8; aA Soergel/*Huber* BGB aF § 472 Rn. 17; Oetker/*Koch* Rn. 34; unklar MüKoHGB/*Grunewald* Rn. 20.

[75] S. etwa Staub/*Brüggemann* Rn. 37; Oetker/*Koch* Rn. 36; BeckOK HGB/*Schwartze* Rn. 14.

[76] Oetker/*Koch* Rn. 39 mwN.

[77] MüKoHGB/*Grunewald* Rn. 21; Baumbach/Hopt/*Hopt* Rn. 14.

[78] RG Urt. v. 23.11.1920 – III 239/20, RGZ 101, 18 (19); Oetker/*Koch* Rn. 36.

[79] Heymann/*Emmerich/Hoffmann* Rn. 23; Oetker/*Koch* Rn. 37; teilw. abw. BeckOK HGB/*Schwartze* Rn. 15; KKRD/*Roth* Rn. 11.

[80] Dazu eingehend Heymann/*Emmerich/Hoffmann* Rn. 23 mwN.

[81] Heymann/*Emmerich/Hoffmann* Rn. 23.

III. Die Ersatzpflicht des Käufers bei unzureichender Verwahrung

23 **1. Grundsatz.** Verletzt der Käufer die ihm nach § 379 Abs. 1 obliegende Aufbewahrungspflicht in schuldhafter Weise, muss er dem Verkäufer den dadurch hervorgerufenen Schaden nach § 280 Abs. 1 BGB ersetzen.[82] Es reicht jede Verschlechterung der Ware aus, welche bei angemessener Verwahrung mit an Sicherheit grenzender Wahrscheinlichkeit nicht eingetreten wäre. Der Schaden kann nach dem **Schutzzweck der Norm** auch darin bestehen, dass der gewährleistungspflichtige Verkäufer mit unnötigen Transportkosten zB für einen Rücktransport oder mit vergleichbaren Kosten belastet wird.[83] Wird ein zwischenzeitlich vom Verkäufer eingeleiteter Weiterverkauf der beanstandeten Ware schuldhaft vereitelt, kann der Schadensersatzanspruch auch den entgangenen Gewinn nach § 252 BGB oder die Kosten eines Abnehmerregresses umfassen.[84] Zu ersetzen ist ebenfalls der durch den **rechtswidrigen** und **schuldhaften Notverkauf** verursachte Schaden.[85] Zwar dient der Verkauf nicht der Erhaltung der Sache, sondern soll die Verwahrung vorzeitig beenden. Es gehört aber zu den Pflichten der handelsrechtlichen Aufbewahrung, nur rechtmäßige Notverkäufe durchzuführen.

24 **2. Verschuldensmaßstab.** Der Verschuldensmaßstab richtet sich nach § 347 Abs. 1, § 276 BGB[86] und nicht nach § 277 BGB (→ Rn. 14).[87] Eine analoge Anwendung des § 690 BGB scheidet allein schon mit Blick auf das zwischen den Vertragsparteien im Zuge der Verwahrung entstandene gesetzliche Schuldverhältnis nach § 354 aus (→ Rn. 15).[88] Allerdings gerät der Verkäufer, wenn er nicht innerhalb angemessener Zeit über die zu Recht beanstandete Ware disponiert, unter den dann vom Käufer zu veranlassenden Voraussetzungen der §§ 293 ff. BGB (→ Rn. 14) in **Annahmeverzug,** sodass dem Käufer ab diesem Zeitpunkt das Haftungsprivileg des § 300 Abs. 1 BGB zugute kommt (→ § 373 Rn. 11, 43 f.).[89]

IV. Abweichende Vereinbarungen

25 § 379 ist **individualvertraglich abdingbar.** Eine entsprechende Vereinbarung erfasst im Zweifel auch die Pflicht zur Aufbewahrung aus dem infolge der Beanstandung eingetretenen Rückgewährschuldverhältnis (→ Rn. 10).[90] Dagegen wird man eine **formularmäßige Abbedingung** der Pflicht zur einstweiligen Aufbewahrung angesichts des dieser Norm als Ausdruck grundlegender Rücksichtnahmeanforderungen innewohnenden Gerechtigkeitsgehalts auch im unternehmerischen Rechtsverkehr (§ 310 Abs. 1 BGB) als im Zweifel gem. § 307 Abs. 2 Nr. 1 BGB unangemessen anzusehen haben.[91] **Inhaltliche Beschränkungen** der Aufbewahrungspflicht oder Modifikationen sind aber grundsätzlich zulässig, soweit sie auf die schutzwürdigen Interessen des Verkäufers hinreichend Rücksicht nehmen. Das kann einerseits namentlich über **Fristen** geschehen, die allerdings so bemessen sein müssen, dass der Verkäufer sich ungeachtet einer gewissen Beschleunigung ein sachgerechtes Urteil über die Beanstandung bilden und darauf reagieren kann, sowie andererseits über ein Recht des Käufers zur **Rücksendung oder Fremdeinlagerung** der Ware bei unzureichender oder ausbleibender Reaktion auf Kosten des Verkäufers bzw. auch zum Notverkauf, wenn der Käufer bei fehlender Reaktion oder offensichtlicher Berechtigung der Beanstandung eine ihm in zumutbarer Weise eröffnete Rücknahmemöglichkeit nicht nutzt. Ebenso wenig bestehen gegen **Kostentragungsregeln** Bedenken, sofern sie sich an den normalen Aufwendungen des Käufers orientieren. Allerdings dürfen die Regelungen nicht so weit gehen, dass der Verkäufer außerstande ist, die Berechtigung der Beanstandung zu überprüfen und darauf angemessen zu reagieren, oder dass die Klausel sonst faktisch die Berechtigung der Beanstandung zugunsten des Käufers präjudiziert. Umgekehrt dürfen dem Käufer formularmäßig keine Aufbewahrungslasten auferlegt werden, die das Mängel- und Kostentragungsrisiko einseitig auf ihn verlagern oder ihn nach Ablauf einer angemessenen Frist an einer interessengerechten Benutzung, Verwertung oder Einlagerung der beanstandeten Ware hindern oder ihm sonst eine sachgerechte Wahrnehmung von Gewährleistungsrechten versperren.

---

[82] S. etwa Heymann/*Emmerich/Hoffmann* Rn. 15 mwN; Staub/*Brüggemann* Rn. 26; MüKoHGB/*Grunewald* Rn. 16; Baumbach/Hopt/*Hopt* Rn. 14; Oetker/*Koch* Rn. 22; KKRD/*Roth* Rn. 6; HaKo-HGB/*Stöber* Rn. 13.

[83] Vgl. Staub/*Brüggemann* Rn. 26; Oetker/*Koch* Rn. 22.

[84] Vgl. BGH Urt. v. 29.1.1993 – V ZR 160/91, NJW-RR 1993, 626 f.; Oetker/*Koch* Rn. 22 mwN.

[85] S. auch Oetker/*Koch* Rn. 36 und 22.

[86] KKRD/*Roth* Rn. 6; Baumbach/Hopt/*Hopt* Rn. 7 u. 14; Heymann/*Emmerich/Hoffmann* Rn. 15 mwN; HaKo-HGB/*Stöber* Rn. 13.

[87] So aber Staub/*Brüggemann* Rn. 1; s. auch MüKoHGB/*Grunewald* Rn. 16.

[88] So zutreffend Oetker/*Koch* Rn. 25.

[89] Vgl. etwa Düringer/*Hachenburg/Hoeniger* Anm. 8; Heymann/*Emmerich/Hoffmann* Rn. 15; Baumbach/Hopt/*Hopt* Rn. 7 u. 14; MüKoHGB/*Grunewald* Rn. 16; GK-HGB/*Achilles* Rn. 5.

[90] Oetker/*Koch* Rn. 44.

[91] Oetker/*Koch* Rn. 44; vgl. auch Baumbach/Hopt/*Hopt* Rn. 15; aA MüKoHGB/*Grunewald* Rn. 22 für den Fall, dass nur die Aufbewahrungspflicht abbedungen und stattdessen eine sofortige Rücksendung der reklamierten Kaufsache vorgesehen ist.

§ 380 [Taragewicht]

(1) **Ist der Kaufpreis nach dem Gewichte der Ware zu berechnen, so kommt das Gewicht der Verpackung (Taragewicht) in Abzug, wenn nicht aus dem Vertrag oder dem Handelsgebrauche des Ortes, an welchem der Verkäufer zu erfüllen hat, sich ein anderes ergibt.**

(2) **Ob und in welcher Höhe das Taragewicht nach einem bestimmten**
Ansatz oder Verhältnisse statt nach genauer Ausmittelung abzuziehen ist, sowie, ob und wieviel als Gutgewicht zugunsten des Käufers zu berechnen ist oder als Vergütung für schadhafte oder unbrauchbare Teile (Refaktie) gefordert werden kann, bestimmt sich nach dem Vertrag oder dem Handelsgebrauche des Ortes, an welchem der Verkäufer zu erfüllen hat.

I. Verpackungskosten

1. Grundsätze. Der Gesetzgeber hat das Recht der Verpackung nur rudimentär geregelt. Grund-   1
sätzlich sind die **Verpackungskosten** (Material und Arbeitsaufwand) vom Verkäufer zu tragen, wenn die Verpackung nach der vertraglichen Vereinbarung zur Aufmachung der Ware (Herrichtung/Ausstattung) gehört.[1] Das ist anzunehmen, wenn die Verpackung Teil der vertraglich geschuldeten Beschaffenheit der Ware ist, ein Verpackungsfehler also den Wert oder die Gebrauchstauglichkeit der Kaufsache beeinträchtigt und infolgedessen einen Sachmangel gem. § 434 Abs. 1 BGB darstellen würde.[2] Dasselbe gilt, wenn die Verpackung als selbstverständlicher Bestandteil einer originalverpackten Ware oder zB aufgrund die Klausel „brutto für netto" mitverkauft und schon deshalb durch den zu zahlenden Kaufpreis abgegolten ist[3] oder sonst nach dem Vertragsinhalt der dauerhaften Aufbewahrung der Ware zu dienen bestimmt ist. Auch sonst hat der Verkäufer, soweit nichts anderes vereinbart ist oder sich aus den Umständen nichts Abweichendes ergibt, aufgrund einer leistungsbezogenen Nebenpflicht für die ordnungsgemäße Verpackung auf eigene Kosten zu sorgen. Bei der **Bringschuld** versteht sich dies von selbst, da der dem Verkäufer obliegende Transport die sachgerechte Transportverpackung einschließt.[4] Bei der **Holschuld** kommt es entscheidend darauf an, ob die Ware nach dem Vertragsinhalt in unverpacktem Zustand transportiert werden kann. Ist dies nicht der Fall, muss der Verkäufer die Ware auch ohne ausdrückliche Vereinbarung der Vertragsparteien ordnungsgemäß verpacken und die dafür notwendigen Kosten tragen, da dies jedenfalls in Fällen, in denen der Käufer – wie regelmäßig – am Abholort selbst keine Möglichkeit zur sachgerechten Verpackung hat, Bestandteil der vom Verkäufer geschuldeten Bereitstellung der Ware in einem abholfähigen Zustand, also der Übergabe, ist.[5] Bei einem **Versendungskauf** iSd § 447 BGB wird dagegen überwiegend angenommen, dass die Kosten der Verpackung (Material- und Arbeitskosten) als Teil der Kosten einer Versendung der Sache nach einem anderen Orte als dem Erfüllungsorte gem. § 448 Abs. 1 BGB vom Käufer getragen werden müssen.[6] Das trifft indes nicht zu. Genauso wie schon bei der Holschuld ist es Sache des Verkäufers, die Ware in einen übergabefähigen Zustand zu versetzen. Kann sie nicht lose versandt werden, gehört zur Herstellung der Übergabefähigkeit naturgemäß noch die Herstellung einer versandtauglichen Verpackung, ohne die – wie nicht zuletzt § 411 zeigt (dazu näher *Reuschle* → § 411 Rn. 1 ff., 18) – der Frachtführer bereits die Übernahme der Ware ablehnen kann.[7] Die einem Versand vorgelagerte Herstellung einer solchen Verpackung ist deshalb richtigerweise noch der Übergabepflicht nach § 433 Abs. 1 S. 1 BGB zuzurechnen, deren Kosten bei Fehlen anderslautender Abreden bereits durch den Kaufpreis abgegolten sind und deshalb gem. § 448 Abs. 1 BGB folgerichtig vom Verkäufer zu tragen sind.[8] Das gilt umso mehr, als die gegenteilige Sichtweise längst mit den Gepflogenheiten und Anschauungen der Handelspraxis kollidiert, wie nicht zuletzt daran deutlich wird, dass seit langem sowohl sämtliche Incoterms unter Abschnitt A 9 (abgedruckt bei *Fest* → § 346 Rn. 400) als auch die deutschen Trade Terms durchweg davon ausgehen, dass der Verkäufer auf eigene Kosten für die notwendige und angemessene Verpackung der Ware zu sorgen hat, sofern diese einer Verpackung bedarf.[9] Zumindest im kaufmän-

---

[1] S. etwa Baumbach/Hopt/*Hopt* Rn. 6; Staub/*Brüggemann* Rn. 1; Schlegelberger/*Hefermehl* Rn. 1; KKRD/*Roth* Rn. 1.

[2] Vgl. zB *Zimmer* BB 1988, 2192 ff. mwN; zum neuen Recht s. *Stieper* AcP 208 (2008), 818 ff. mwN.

[3] Staudinger/*Beckmann*, 2014, BGB § 448 Rn. 14.

[4] MüKoBGB/*Westermann* BGB § 448 Rn. 5.

[5] Soergel/*Huber* BGB § 448 Rn. 14; MüKoBGB/*Westermann* BGB § 448 Rn. 4; Erman/*Grunewald* BGB § 448 Rn. 4.

[6] ROHG Urt. v. 15.9.1871 – I 384/71, ROHGE 3, 112 (115); Düringer/*Hachenburg/Hoeniger* Anm. 1; Würdinger/*Röhricht* Vor § 373 Rn. 235; Schlegelberger/*Hefermehl* Rn. 1; Staub/*Brüggemann* Rn. 1; Heymann/*Emmerich/Hoffmann* Rn. 5; KKRD/*Roth* Rn. 1; Oetker/*Koch* Rn. 3; Baumbach/Hopt/*Hopt* Rn. 6; Staudinger/*Beckmann*, 2014, BGB § 448 Rn. 13; ebenso jetzt auch – allerdings ohne jegliche Begründung – BGH Urt. v. 23.8.2018 – III ZR 192/17, NJW 2019, 47 Rn. 24.

[7] Oetker/*Paschke* § 411 Rn. 10; MüKoHGB/*Thume* § 411 Rn. 22 mwN.

[8] Soergel/*Huber* BGB § 448 Rn. 17; Erman/*Grunewald* BGB § 448.

[9] Soergel/*Huber* BGB § 448 Rn. 16 mwN; Staudinger/*Beckmann*, 2014, BGB § 448 Rn. 13.

nischen Verkehr geht das Verkehrsverständnis zur Frage der in § 448 Abs. 1 BGB behandelten Über-gabekosten deshalb dahin, dass darunter in der Regel auch die Verpackungskosten fallen.

2   **2. Das Prinzip der Nettoberechnung (Abs. 1).** Nach § 380 Abs. 1 greift bereits bei einseitigen Handelsgeschäften (§§ 343, 345) die Auslegungsregel ein, dass beim Kauf nach Gewicht für die Berechnung des Kaufpreises im Zweifel das **Nettogewicht** maßgebend sein soll. Dieses ermittelt sich aus dem um das **Taragewicht** bereinigten **Bruttogewicht.** Letzteres ist das (Roh-)Gewicht der Ware einschließlich des als Taragewicht oder Tara bezeichneten Verpackungsgewichts.[10] Die **Auslegungs-regel** tritt allerdings bei Bestehen einer abweichenden vertraglichen Vereinbarung der Vertragsparteien oder eines abweichenden Handelsbrauchs an dem Ort, an welchem der Verkäufer zu erfüllen hat (§ 269 Abs. 1 BGB), zurück. Das ist etwa der Fall bei der im Handel häufig anzutreffenden Vertrags-klausel „Brutto für netto", die bedeutet, dass das Gewicht der Verpackung mitberechnet wird und die Verpackung dann im Zweifel als mitverkauft gilt. Die Verpackung wird danach wie Ware bezahlt.[11]

3   **3. Ermittlung des Taragewichts (Abs. 2).** Auf die Fragen, wie das **Taragewicht** im jeweiligen Einzelfall zu bestimmen ist, ob und in welcher Höhe ein sog. **Gutgewicht** zugunsten des Käufers zu berücksichtigen ist oder er einen Abzug vom Kaufpreis für schadhafte oder unbrauchbare Teile der Ware (sog. **Refaktie**) fordern kann, geben die Regelungen des § 380 keine Antwort. Abs. 2 verweist insoweit lediglich auf den jeweiligen **Vertragsinhalt** oder auf den **Handelsbrauch** des Ortes, an dem der Verkäufer den Vertrag zu erfüllen hat (§ 269 Abs. 1 BGB). Zur Berechnung eines abzuziehenden **Taragewichts** zeigt § 380 Abs. 2 lediglich als in Betracht kommende Ermittlungsmethoden das Wiegen der Verpackung und den Abzug dieses Ergebnisses von dem Gesamtgewicht (effektive Berech-nung: rein Netto-Tara) oder die Festsetzung des Gewichts der Verpackung nach einem bestimmten Verhältnis zum Gewicht der Ware etwa auf der Grundlage von Erfahrungswerten oder nach sonstigen Maßstäben. Maßgebend ist der Vertrag, die ständige Übung in der Geschäftsverbindung, auch die stillschweigende Vereinbarung durch Genehmigung eines Fakturenvermerks[12] oder der am Erfüllungs-ort des Verkäufers herrschende Handelsbrauch. Im Zweifel ist das Taragewicht aber genau zu ermit-teln.

4   Unter einem **Gutgewicht** iSd § 380 Abs. 2 ist eine vom Käufer nicht besonders zu vergütende Gewichtszugabe zu verstehen. Damit soll eine **pauschalierte Entschädigung** für einen zB bei Nahrungs- und Futtermitteln bisweilen warenspezifischen Schwund durch Schwinden oder Eintrock-nen eines Teils der Lieferung gezahlt werden. Bemessungsart und Höhe der die Wertminderung ausgleichenden **Zugabe** ergeben sich entweder aus Kaufvertrag oder Handelsbrauch. Der pauschalierte Ausgleich kann anstelle eines Mehrgewichts auch auf anderer Basis (zB Menge oder Stückzahl) bewil-ligt werden.[13]

5   **Refaktie** iSd § 380 Abs. 2 ist ein Abzug vom Gewicht oder vom Kaufpreis, den der Käufer für **schadhafte** und/oder **unbrauchbare Teile** der Ware machen darf, die sich etwa in Gestalt von Verunreinigungen oder (transportbedingten) Deformierungen eines bestimmten Ausmaßes bei gewis-sen Waren, vor allem bei Massenware, aufgrund ihrer Beschaffenheit typischerweise leicht einstellen können. Der einer pauschalen Minderung vergleichbare Anspruch des Käufers ist aber unabhängig von einer echten Sachmängelhaftung und einer Mängelrüge iSd § 377. Dafür muss der Käufer die Ware trotz dieser üblichen und entweder gar nicht oder nur mit einem unverhältnismäßig hohen Kosten-aufwand vermeidbaren Defizite ohne weitere Entschädigung als vertragsgemäß abnehmen und behal-ten.[14] Hierbei ist es nicht entscheidend, ob eine Verschlechterung der Ware im Einzelfall überhaupt vorliegt und ob sie vor oder erst nach dem Gefahrübergang eingetreten ist. In den meisten Fällen ist die auf den pauschalen Ausgleich solcher Äquivalenzstörungen abzielende Refaktie prozentual festgelegt.[15] Der Anspruch auf Berücksichtigung der Refaktie ist dementsprechend auch nicht von der Erhebung irgendeiner Mängelrüge abhängig, sondern besteht von vornherein.[16] Übersteigen die Mängel das normale Maß an schadhaften oder unbrauchbaren Teilen so erheblich, dass die Refaktie auch unter Berücksichtigung ihres durch eine gewisse Bandbreite geprägten Abgeltungszwecks keinen angemesse-nen Ausgleich mehr bieten kann, liegt insoweit ein rechtlich relevanter **Sachmangel** iSd § 434 Abs. 1 BGB vor, sodass beim beiderseitigen Handelskauf eine Rügeobliegenheit gem. § 377 besteht.[17] Die Frage einer Bemessung der Abzüge für Gutgewicht und Refaktie ist auch bei Fehlen einschlägiger Abreden Gegenstand zahlreicher **Handelsbräuche.** Die betreffende Vereinbarung oder den Handels-brauch muss dabei diejenige Vertragspartei darlegen und beweisen, die hieraus Recht geltend macht.

---

[10] BGH Urt. v. 11.10.2018 – I ZR 18/18, NJW-RR 2018, 1521 Rn. 16.
[11] Staub/*Brüggemann* Rn. 5 unter Berufung auf *Zander* Gruchot 49, 785.
[12] Vgl. ROHG Urt. v. 19.11.1870 – I 50/70, ROHGE 1, 122 (125).
[13] Vgl. Staub/*Brüggemann* Rn. 8.
[14] ROHG Urt. v. 15.6.1872 – I 332/72, ROHGE 7, 1 (8).
[15] Vgl. OLG Hamburg Urt. v. 6.1.1928 – VII 136/27, HRR 1928 Nr. 1216; Schlegelberger/*Hefermehl* Rn. 10.
[16] Schlegelberger/*Hefermehl* Rn. 10; Baumbach/Hopt/*Hopt* Rn. 5; Oetker/*Koch* Rn. 7.
[17] Vgl. Baumbach/Hopt/*Hopt* Rn. 5.

4. Zeitpunkt für die Ermittlung des Gewichts. Maßgeblich ist das Gewicht zum Zeitpunkt des **6** **Gefahrübergangs,** nicht der Lieferung. Denn es ist sachgerecht, das Risiko für den Gewichtsschwund zum gleichen Zeitpunkt auf den Käufer übergehen zu lassen wie das Risiko einer Verschlechterung der gelieferten Ware. Das gilt jedoch nicht für den Fall, dass der Gewichtsverlust zwar erst nach Gefahrübergang eintritt, aber auf einem vertragswidrigen Verhalten des Verkäufers wie etwa einer fehlenden oder unzureichenden Verpackung beruht.

II. Eigentumsverhältnisse an der Verpackung und weitere Fragen

1. Ausgangslage. Wer das Eigentum an dem Verpackungsmaterial erwirbt, ist weder in § 380 noch **7** in § 448 BGB geregelt. Es ist daher in erster Linie auf die Vereinbarung der Vertragsparteien und in zweiter Linie auf einen etwaigen **Handelsbrauch** – wie etwa im Getreidehandel[18] – bzw. auf die allgemeine Verkehrsanschauung abzustellen.[19] Dabei ist zu beachten, dass die Verpackung, soweit sie zur Ausstattung der Ware gehört, Zubehör (§ 311c BGB) darstellt und im Zweifel mitverkauft ist. Dem ist der Fall gleichzustellen, dass die Verpackung der dauernden Aufbewahrung der Ware dient. Ein **Verpackungsfehler** löst in diesem Falle die Sachmängelhaftung nach § 434 Abs. 1 BGB und damit bei einem beiderseitigen Handelsgeschäft die Untersuchungs- und Rügeobliegenheit nach § 377 aus. Dient die Verpackung dagegen ausschließlich Transportzwecken, ist grundsätzlich davon auszugehen, dass der Verkäufer die Rückgabe vereinbaren muss, sofern die Rückgabepflicht sich nicht schon aus den Umständen (zB dem Wert der wiederverwendbaren Verpackung) und/oder der allgemeinen Verkehrsanschauung ergibt.[20] Danach müssen die **modernen Transportmittel** wie vor allem Container oder Mehrweg-Paletten, aber auch wiederverwendbare Säcke und Behälter dem Eigentümer zurückgegeben werden (→ Rn. 8). Bei dem Vertrieb von Waren in **Flaschen** und **Flaschenkästen** kommt es darauf an, ob diese eindeutig als Eigentum eines bestimmten Lieferanten gekennzeichnet sind oder nicht. Besondere Probleme können sich bei Leergut mehrerer in einem Verbund, meistens einer Genossenschaft, zusammengeschlossener Hersteller ergeben, das (nur) als Eigentum der verbandsangehörigen Hersteller gekennzeichnet ist.[21]

2. Benutzung von Mehrweg-Paletten usw. Um etwa die Rückführung der Mehrweg-Paletten **8** vom Empfänger der Ware an den Versender sicherzustellen, werden häufig sog. **Paletten-Tauschverträge** geschlossen.[22] Hierbei sind zwei Grundsachverhalte zu unterscheiden. Zum einen, dass der Lieferant die Rückgabe der angelieferten Paletten innerhalb eines bestimmten vereinbarten Zeitraums erwartet und andernfalls ein vorher festgelegter Geldbetrag vom Empfänger zu zahlen ist; bei endgültiger Nichtrückgabe sind in diesem Fall die Paletten-Neubeschaffungskosten zu ersetzen. Zum anderen, dass der Lieferant die Rückgabe von Paletten gleicher Art, Güte und Menge innerhalb eines bestimmten Zeitraums bei ansonsten gleichlautender Vereinbarung erwartet. Entgegen dem handelsüblichen Sprachgebrauch liegt in beiden Konstellationen kein Tauschvertrag im Rechtssinne vor. Vielmehr handelt es sich im ersten Fall um eine **Leihe** (§§ 598, 604 BGB), sofern von den Vertragsparteien keine sog. Tauschgebühr vereinbart ist. Ist dies der Fall, ist ein **Mietverhältnis** anzunehmen.[23] Ist der Empfänger lediglich zur Rückgabe von Paletten gleicher Art, Güte und Menge verpflichtet, nicht aber zur Rückgewähr der angelieferten Paletten selbst, liegt ein **Darlehensvertrag** (Sachdarlehen) vor, und zwar auch dann, wenn eine **Tauschgebühr** vom Lieferanten erhoben wird.[24] Dasselbe gilt auch für andere Verpackungsmaterialien wie Flaschen, Säcke, Fässer usw. Der BGH[25] hat ein sog. **Flaschendarlehen** bejaht, wenn eine Brauerei einem Groß- oder Einzelhändler Einheitsbierflaschen mit der Verpflichtung überlässt, Flaschen gleicher Art, Güte und Menge zurückzugeben. Zum **Flaschenpfand** ist entschieden worden, dass die vertraglich festgelegte Verzögerungsgebühr eine Vertragsstrafe darstellen soll.[26] Ein Mietvertrag wird bei der sog. **Sackleihe** bejaht, wenn regelmäßig eine sog. **Leihgebühr** erhoben wird.[27] Liegt keine vertragliche Vereinbarung vor, verliert der Eigentümer einer individualisierten Mehrwegpfandflasche das Eigentum an der Flasche weder durch den Verkauf des Getränks an den Großhandel noch durch den weiteren Vertrieb des Getränkes bis zum Endverbraucher. Er kann von seinem Konkurrenten Herausgabe der leeren

---

[18] Vgl. ROHG Urt. v. 19.1.1876 – II 35/76, ROHGE 19, 303 (306); RG Urt. v. 29.9.1880 – I 96/79, RGZ 2, 135.

[19] Vgl. OLG Hamburg Urt. v. 13.2.1907 – I 273/1906, SeuffA 62 Nr. 224; GK-HGB/*Achilles* Rn. 4.

[20] Soergel/*Huber* BGB § 448 Rn. 18.

[21] S. zB *Martinek* JuS 1989, 268; *Hellmann* JuS 2001, 853 (854); vgl. auch Heymann/*Emmerich/Hoffmann* Rn. 9.

[22] Zu den gängigen Geschäftsmodellen näher BeckOGK/*Lohsse* BGB § 607 Rn. 36 ff.

[23] Dazu eingehend *Haake* BB 1982, 1389 f. mwN.

[24] *Haake* BB 1982, 1389 f.; str., zum Meinungsstand BeckOGK/*Lohsse* BGB § 607 Rn. 36, 43.

[25] BGH Urt. v. 5.10.1955 – IV ZR 302/54, NJW 1956, 298; zust. ua Staub/*Brüggemann* Rn. 8; *Dürkes* BB 1948, 68 ff.; *Dürkes* BB 1956, 25 ff.

[26] BGH Urt. v. 28.10.1963 – VII ZR 96/62, DB 1963, 1710; s. auch Staub/*Brüggemann* Rn. 9; Heymann/*Emmerich/Hoffmann* Rn. 14.

[27] Staub/*Brüggemann* Rn. 6.

Flaschen fordern und ihn wegen Vernichtung der Flaschen auf Unterlassung und grundsätzlich auch auf Schadensersatz in Anspruch nehmen.[28]

§ 381 [Kauf von Wertpapieren; Werklieferungsvertrag]

(1) Die in diesem Abschnitte für den Kauf von Waren getroffenen Vorschriften gelten auch für den Kauf von Wertpapieren.

(2) Sie finden auch auf einen Vertrag Anwendung, der die Lieferung herzustellender oder zu erzeugender beweglicher Sachen zum Gegenstand hat.

Schrifttum: *G. Müller,* Zu den Auswirkungen der Schuldrechtsreform auf die Rügeobliegenheit iSd § 377 HGB, WM 2011, 1249; *Ulbrich/Ulbrich,* Probleme der kaufmännischen Rügepflicht bei Werklieferungsverträgen in Verbindung mit Bauwerken, FS Thode, 2005, 181.

I. Der Kauf von Wertpapieren (Abs. 1)

1   **1. Voraussetzungen. a) Kauf von Wertpapieren.** Nach § 381 Abs. 1 finden die Vorschriften der §§ 373–380 nicht nur auf den Kauf von Waren, dh von beweglichen Sachen, sondern darüber hinaus auch auf den Kauf von Wertpapieren Anwendung. Damit hat der Gesetzgeber den Anwendungsbereich des Handelskaufs erheblich erweitert. Einen in allen Gesetzen einheitlich gebrauchten **Wertpapierbegriff** gibt es aber nicht. Was die jeweilige Norm unter Wertpapier versteht, muss deshalb im konkreten Einzelfall ermittelt werden. Da § 381 Abs. 1 die speziellen Regelungen über den Handelskauf, soweit sie für den Kauf von Waren konzipiert sind, auf den Kauf von Wertpapieren erweitert, muss es sich bei ihnen deshalb systemimmanent um **marktgängige Handelspapiere** handeln, bei denen ungeachtet ihrer Qualifizierung als Inhaber-, Namens-, Order- oder Rektapapier zur Ausübung des Rechts die Innehabung des Papiers erforderlich ist, das Recht aus dem Papier also an den Besitz der Urkunde geknüpft ist und zusammen mit dieser übertragen wird.[1] Dazu gehören etwa Schuldverschreibungen auf den Inhaber (§ 793 BGB), Wechsel, Schecks, Orderpapiere einschließlich der in § 363 genannten Urkunden, Aktien jeder Gattung mit ihren Zins- und Gewinnanteilen einschließlich der Zwischenscheine (§ 8 Abs. 6 AktG) sowie schließlich auch ausländische Banknoten.[2] Von § 381 Abs. 1 nicht erfasst werden dagegen – wie seinerzeit schon der Gesetzgeber zum Ausdruck gebracht hat[3] – der Kauf von Rechten, die nicht **in Wertpapieren verbrieft** sind, insbesondere Hypothekenforderungen und GmbH-Anteile, auch wenn sie etwa zu Beweiszwecken in einem Dokument verkörpert sind.[4] Dementsprechend scheitert eine Anwendbarkeit der Vorschriften über den Handelskauf auf **Beteiligungskäufe** (share deal) mittels Erwerb von nicht in Wertpapieren verbrieften Gesellschaftsanteilen, namentlich Mitgliedschaftsrechten an einer GmbH, bereits an deren fehlender Marktgängigkeit. Auch bei marktgängigen Wertpapieren ist vor allem mit Blick auf eine Anwendbarkeit des § 377 zu beachten, dass sie nicht mit den Gegenständen gleichgesetzt werden können, auf die sich das verkaufte Recht bezieht. Denn Kaufgegenstand ist in diesen Fällen gerade keine Sache, sondern ein Recht, für das der Verkäufer grundsätzlich nur eine Gewährleistung für den Bestand des Rechts (Verität) übernimmt, nicht aber für die Einbringlichkeit der Forderung (Bonität) und dementsprechend ebenso wenig für die Güte des Gegenstands, auf welchen sich das Recht bezieht.[5] Eine Ausnahme sieht § 453 Abs. 3 BGB nur für den Fall vor, dass ein Recht verkauft ist, welches – wie zB bei Orderpapieren iSd § 363 – zum Besitz an einer Sache berechtigt; nur in diesem Fall haftet der Verkäufer auch dafür, dass die Sache frei von Sach- und Rechtsmängeln ist.[6] Allerdings führt dies selbst in Fällen, in den sich etwa ein Aktienerwerb sowohl nach den Vorstellungen der Vertragsparteien als auch objektiv bei wirtschaftlicher Betrachtungsweise als Kauf des Unternehmens selbst darstellt, da der Käufer mit den Anteilen – wirtschaftlich betrachtet – das Unternehmen als Ganzes erwirbt,[7] nicht zu einer Anwendbarkeit des § 377, da die Bestimmung aus anderen Gründen auf Unternehmenskäufe keine Anwendung findet (näher → § 377 Rn. 2 ff.).

---

[28] BGH Urt. v. 9.7.2007 – II ZR 233/05, NJW 2007, 2913 mwN.

[1] Allgemeine, bereits in den Materialien (*Hahn/Mugdan,* Die gesammten Materialien zu den Reichs-Justizgesetzen, 6. Bd.: Materialien zum Handelsgesetzbuch, 1897, 379) zum Ausdruck gebrachte Ansicht, s. etwa Staub/*Brüggemann* Rn. 2; KKRD/*Roth* Rn. 1; Baumbach/Hopt/*Hopt* Rn. 1; MüKoHGB/*Grunewald* Rn. 1; Heymann/*Emmerich/Hoffmann* Rn. 1; Oetker/*Koch* Rn. 2; HaKo-HGB/*Stöber* Rn. 2; BeckOK HGB/*Schwartze* Rn. 4.

[2] Heymann/*Emmerich/Hoffmann* Rn. 1; GK-HGB/*Achilles* Rn. 1.

[3] *Hahn/Mugdan,* Die gesammten Materialien zu den Reichs-Justizgesetzen, 6. Bd.: Materialien zum Handelsgesetzbuch, 1897, 379.

[4] OLG München Urt. v. 14.11.1966 – 12 U 1738, 1739/65, NJW 1967, 1326 (1328); BeckOK HGB/*Schwartze* Rn. 4; KKRD/*Roth* Rn. 1; Baumbach/Hopt/*Hopt* Rn. 1; Heymann/*Emmerich/Hoffmann* Rn. 1; Staub/*Brüggemann* Rn. 2; *Mock,* Der Ausschluss von Käuferrechten gemäß § 377 HGB, 2010, 29.

[5] BGH Urt. v. 26.9.2018 – VIII ZR 187/17, NJW 2019, 145 Rn. 31 ff.

[6] Vgl. BGH Urt. v. 26.9.2018 – VIII ZR 187/17, NJW 2019, 145 Rn. 34; MüKoBGB/*Westermann* BGB § 433 Rn. 12.

[7] Dazu BGH Urt. v. 26.9.2018 – VIII ZR 187/17, NJW 2019, 145 Rn. 35 ff.

b) Anwendbarkeit der Handelskaufsvorschriften. Ist ein Recht in einem Wertpapier (Inhaber- **2** oder Orderpapier) verkörpert, ist der Kauf in erster Linie **Rechtskauf iSd** § 453 BGB, nämlich Kauf des im Papier verkörperten Rechts, zugleich aber auch **Sachkauf,** soweit um das Eigentum am Papier geht, das der Verkäufer dem Käufer zusammen mit dem darin verkörperten Recht in der wertpapierrechtlich vorgesehenen Form übertragen muss.[8] Der Verkäufer ist danach entsprechend § 433 Abs. 1 verpflichtet, dem Käufer das Papier mit dem darin verkörperten Recht frei von Sach- und Rechtsmängeln zu verschaffen, und zwar mit dem Inhalt, den es nach dem Vertrag haben soll. Die Anwendbarkeit der §§ 373 ff. auf diese Kaufgeschäfte bereitet überwiegend keine Probleme. Grundvoraussetzung ist aber, dass es sich bei dem Kauf des marktgängigen Wertpapiers um einen **Handelskauf** handelt, also abgesehen von den in §§ 377, 379 angesprochenen Fallgestaltungen mindestens ein Kaufmann am Vertrag beteiligt und das Geschäft im Betrieb des Handelsgewerbes geschlossen worden sein muss (§§ 343 ff.).

Keine Bedeutung hat die Verpackungs- und Gewichtsvorschrift des § 380 für Wertpapiere. Ebenfalls **3** spielen in der Praxis die in § 375 getroffenen Regelungen zum Bestimmungskauf keine Rolle. Anders sieht es bei den in § 373 abweichend insbesondere von § 372 ff. BGB zur Hinterlegungsbefugnis und zum Selbsthilfeverkauf bei Annahmeverzug des Käufers getroffenen Regelungen. Diese haben für Wertpapierkäufe durchaus praktische Bedeutung. Das gilt insbesondere auch für die in § 373 Abs. 2 getroffenen Bestimmungen zum Selbsthilfeverkauf einschließlich des ohne vorherige Androhung möglichen, nach Abs. 2 S. 2 Hs. 2 „aus anderen Gründen" getätigten Notverkaufs bei einem drohenden oder schon beginnenden Kursverfall.[9] Anwendbar ist ferner **§ 379,** wobei entgegen einer teilweise vertretenen Auffassung[10] ein drohender Kursverfall nicht dem von Abs. 2 vorausgesetzten Verderb gleichgesetzt werden kann (→ § 379 Rn. 16, 18). Dass der Wortlaut der Norm eine solche Auslegung nicht hergibt, zeigt bereits der Vergleich mit § 373 Abs. 2 S. 2, der die Möglichkeiten des Notverkaufs über den Verderb hinaus auch auf andere Gründe erweitert. Zudem besteht nach der gesetzgeberischen Konzeption auch keine Regelungslücke, da die Materialien für diesen Fall explizit auf die Regelungen zur Geschäftsführung ohne Auftrag verweisen (→ § 379 Rn. 16, 18).[11] Von erheblicher Bedeutung für Wertpapierkäufe ist im Übrigen **§ 376,** da insbesondere Börsengeschäfte regelmäßig Fixcharakter haben.[12]

Schwieriger kann sich allerdings die Anwendbarkeit von **§ 377** gestalten, da die Bestimmung nach **4** zutreffender Auffassung bei Rechtsmängeln keine Anwendung findet (näher → § 377 Rn. 60 ff.). Diese seit jeher als selbstverständlich angesehene Beschränkung auf Sachmängel hat auch der Gesetzgeber des HGB seinerzeit schon ausdrücklich hervorgehoben, als er zu § 372 Abs. 1 des dem heutigen § 381 Abs. 1 entsprechenden Entwurfs ausgeführt hat, es müsse nicht besonders ausgesprochen, dass der – dem heutigen § 377 entsprechende – § 369 des Entwurfs auf die Haftung des Verkäufers eines für kraftlos erklärten Wertpapiers keine Anwendung finde, da es sich hierbei nicht um einen Sachmangel, sondern um einen Mangel im Rechte handele.[13]

Sachmängelrecht und damit § 434 BGB kommt zur Anwendung, wenn das Papier das Recht zwar **5** in wertpapierrechtlich wirksamer Weise verkörpert, aber seiner äußeren (sachlichen) Beschaffenheit nach zur Geltendmachung oder Weiterveräußerung des Rechts nicht ausreichend brauchbar ist. Sachmängel sind danach zB die erhebliche Beschädigung des Papiers, Korrekturen und Rasuren oder andere zur Unleserlichkeit führende Umstände, ferner das Fehlen oder die Undeutlichkeit der Nummern von Schuldverschreibungen,[14] die Trennung von Kupons, die normalerweise verbunden übereignet werden,[15] oder etwa das Fehlen des Stempels über die Errichtung der Wertpapiersteuer.[16] Dagegen ist die Haftung des Verkäufers für Mängel des Papiers, die den Bestand des im Papier verkörperten Rechts berühren, eine **Rechtsmängelhaftung** iSd § 435 BGB. Dazu gehört die Fälschung von Echtheitsmerkmalen des Papiers,[17] die Ungültigkeit von Unterschriften aus anderen Gründen sowie die nachträgliche Verfälschung des Textes[18] oder die Formungültigkeit des Pa-

---

[8] Erman/*Grunewald* BGB § 453 Rn. 2; Palandt/*Weidenkaff* BGB § 453 Rn. 1, 10; MüKoBGB/*Westermann* BGB § 453 Rn. 4

[9] S. Staub/*Brüggemann* Rn. 4 u. 10; Baumbach/Hopt/*Hopt* Rn. 2; MüKoHGB/*Grunewald* Rn. 1, vgl. auch Oetker/*Koch* Rn. 3; HaKo-HGB/*Stöber* Rn. 3.

[10] Röhricht/Graf v. Westphalen/Haas/*Steimle/Dornieden* Rn. 3.

[11] *Hahn/Mugdan,* Die gesammten Materialien zu den Reichs-Justizgesetzen, 6. Bd.: Materialien zum Handelsgesetzbuch, 1897, 377.

[12] Oetker/*Koch* § 376 Rn. 16; MüKoHGB/*Grunewald* § 376 Rn. 7 mwN.

[13] *Hahn/Mugdan,* Die gesammten Materialien zu den Reichs-Justizgesetzen, 6. Bd.: Materialien zum Handelsgesetzbuch, 1897, 379.

[14] *Zahn* Bank A 34 (1934/35), 547 (549); s. auch Soergel/*Huber* BGB aF § 437 Rn. 35.

[15] Staub/*Brüggemann* Rn. 29.

[16] *Zahn* Bank A 34 (1934/35), 547 (549); Soergel/*Huber* BGB aF § 437 Rn. 35.

[17] RG Urt. v. 9.11.1918 – V 205/18, Das Recht 1919 Nr. 238 = Gruchot 63, 335; RG Urt. v. 25.6.1924 – I 7/24, RGZ 108, 316 (318); ferner Soergel/*Huber* BGB aF § 437 Rn. 34; Heymann/*Emmerich/Hoffmann* Rn. 5; MüKoHGB/*Grunewald* Rn. 1; aA *Enneccerus-Lehmann* SchuldR § 108 IV 5; Staub/*Brüggemann* Rn. 8; KKRD/*Roth* Rn. 1; Baumbach/Hopt/*Hopt* Rn. 3.

[18] Vgl. Soergel/*Huber* BGB aF § 437 Rn. 34.

piers.[19] Die Rechtsmängelhaftung begründen außerdem eine Zahlungssperre, die der Staat über die verkaufte Schuldverschreibung verhängt hat[20] und die nachträgliche Kraftloserklärung.[21] Gehören zu dem verkauften Papier Zins-, Dividenden-, Erneuerungsscheine oder dgl. und sind sie nicht mitübergeben worden, liegt eine **teilweise Nichterfüllung** vor.[22] Als einen Fall der Nichterfüllung hat der historische Gesetzgeber schließlich die Lieferung eines ausgelosten oder gekündigten Wertpapiers angesehen, bei denen in der Regel die Lieferung einer anderen als der bedungenen Sache anzunehmen sei, wobei die Abweichung aber als so erheblich angesehen werden müsse, dass eine Genehmigung von vornherein ausgeschlossen erscheine und die § 369 des Entwurfs entsprechende Vorschrift des § 377 daher auch in solch einem Falle nicht Platz greife.[23] Das dürfte nach heutigem Recht anders, nämlich als eine dem Rechtsmangel gem. § 435 BGB gleichgestellte und damit von der Untersuchungs- und Rügeobliegenheit des § 377 HGB nicht erfasste Fallgestaltung anzusehen sein.[24]

6   Über die Verweisung des § 381 Abs. 1 erstreckt sich die Untersuchungs- und Rügeobliegenheit iSd § 377 deshalb auch auf die vorstehend unter → Rn. 5 beschriebenen Sachmängel, wenn und soweit die gekauften Wertpapiere dem Käufer dergestalt abgeliefert werden, dass sie – was im Kundengeschäft bei einer sofortigen Inverwahrungnahme durch den Verkäufer kaum in Betracht kommt und sich in diesem Fall mit Blick auf die Prüfungspflichten der verwahrenden Kreditinstitute nach Nr. 17 der Sonderbedingungen für Wertpapiergeschäfte auch erübrigen dürfte – einer körperlichen Untersuchung überhaupt zugänglich sind.[25] Nr. 17 der genannten Sonderbedingungen sieht darüber hinaus vor, dass das verwahrende Kreditinstitut etwa anhand der Veröffentlichungen in den Wertpapier-Mitteilungen Nachforschungen zu einer etwaigen Auslosung oder Kündigung des Wertpapiers anzustellen hat.[26] Denn diesen Prüfungsumfang setzt etwa auch § 14 Abs. 1 lit. b–d, Abs. 3 der Bedingungen für Geschäfte an der Frankfurter Wertpapierbörse voraus, wonach Mängel von Wertpapieren, die nicht lieferbar sind, weil sie unvollständig oder unvollständig ausgefertigt sind, wesentliche Beschädigungen aufweisen oder aufgeboten oder mit Opposition belegt sind, vom Käufer spätestens einen Monat nach Lieferung gegenüber dem Verkäufer geltend gemacht werden müssen, andernfalls die Lieferung als genehmigt gilt, während Fälschungen hiervon ausgenommen sind.

II. Der Werklieferungsvertrag

7   Gemäß § 381 Abs. 2 finden die Vorschriften der §§ 373–380 über den Handelskauf auf einen Vertrag Anwendung, der die **Lieferung herzustellender** oder zu **erzeugender beweglicher Sachen** zum Gegenstand hat. Damit nimmt das Gesetz auf § 650 S. 1 BGB Bezug. Da die im Rahmen der Schuldrechtsmodernisierung ursprünglich als § 651 BGB neu gefasste Vorschrift eine generelle Verweisung auf das Kaufrecht enthält, hat § 381 Abs. 2 keine sonderlich eigenständige Bedeutung mehr.[27] Er stellt deshalb allenfalls noch klar, dass das Sonderrecht des Handelskaufs auch dann Anwendung findet, wenn im konkreten Einzelfall gem. § 650 S. 3 BGB ergänzend werkvertragliche Vorschriften gelten, und dass Werkverträge selbst von einer Anwendbarkeit der der §§ 373–380 ausgenommen sind.[28] Dagegen kommt es für die Anwendbarkeit kaufrechtlicher Bestimmungen einschließlich der §§ 373 ff. nicht mehr auf die stoffliche Herkunft der herzustellenden oder zu erzeugenden beweglichen Sache oder darauf an, ob sie als vertretbar oder nicht vertretbar einzustufen ist.[29] Dementsprechend ist die Abgrenzung zwischen Kauf- und Werklieferungsverträgen für die Anwendbarkeit des § 381 Abs. 2 bedeutungslos geworden. Es kommt vielmehr maßgeblich auf die Abgrenzung zum Werkvertrag sowie gegebenenfalls die Frage an, ob die Lieferung sich auf eine bewegliche Sache bezieht.[30]

---

[19] Vgl. RG Urt. v. 30.10.1925 – II 216/25, RGZ 112, 46 (48); Soergel/*Huber* BGB aF § 437 Rn. 34; aA *Zahn* Bank A (1934/35), 547 (549).

[20] RG Urt. v. 10.12.1924 – I 564/24, RGZ 109, 295 (297 f.).

[21] BGH Urt. v. 16.12.1952 – I ZR 29/52, BGHZ 8, 222, (232); vgl. ferner BGH Urt. v. 10.2.1958 – II ZR 300/56, WM 1958, 357 f.; KG Urt. v. 10.6.1953 – 10 U 208/53, MDR 1953, 622, MüKoHGB/*Grunewald* Rn. 1.

[22] Soergel/*Huber* BGB aF § 437 Rn. 34; vgl. auch MüKoHGB/*Grunewald* Rn. 1; aA *Zahn* Bank A 34 (1934/35), 547 (549); Staub/*Brüggemann* Rn. 6; Baumbach/Hopt/*Hopt* Rn. 3: Anwendung des Sachmängelrechts.

[23] *Hahn/Mugdan,* Die gesammten Materialien zu den Reichs-Justizgesetzen, 6. Bd.: Materialien zum Handelsgesetzbuch, 1897, 379.

[24] Vgl. MüKoBGB/*Westermann* BGB § 435 Rn. 7; BeckOK BGB/*Faust* BGB § 453 Rn. 11.

[25] Abw. einerseits MüKoHGB/*Grunewald* Rn. 2 und andererseits *G. Müller* → 3. Aufl. 2015, Rn. 15 ff. sowie Soergel/*Huber* BGB aF § 437 Rn. 33.

[26] Dazu MüKoHGB/*Einsele* Depotgeschäft Rn. 169, 174 f.

[27] Heymann/*Emmerich/Hoffmann* Rn. 7; vgl. ferner MüKoHGB/*Grunewald* Rn. 3; BeckOK HGB/*Schwartze* Rn. 8; KKRD/*Roth* Rn. 3; aA HaKo-HGB/*Stöber* Rn. 1; Oetker/*Koch* Rn. 1.

[28] Vgl. BGH Urt. v. 7.2.2007 – IV ZR 149/03, BGHZ 171, 56 Rn. 26 = NJW 2007, 2258; BGH Urt. v. 9.10.2001 – X ZR 58/00, BB-Report 2002, 221 (222) mwN; Baumbach/Hopt/*Hopt* Rn. 5; MüKoHGB/*Grunewald* Rn. 5; HaKo–HGB/*Stöber* Rn. 6

[29] BGH Urt. v. 23.7.2009 – VII ZR 151/08, BGHZ 182, 140 Rn. 19 =NJW 2009, 2877; BGH Urt. v. 9.2.2010 – X ZR 82/07, BB 2010, 1561; BeckOK HGB/*Schwartze* Rn. 8.

[30] Vgl. Röhricht/Graf v. Westphalen/Haas/*Steimle/Dornieden* Rn. 8.

Prägendes Merkmal eines Kaufvertrags in Abgrenzung zum Werkvertrag ist die **Lieferung.** Diese **8**
meint die in § 433 Abs. 1 S. 1 BGB geregelte, mit dem Warenumsatz verbundene Übertragung von
Eigentum und Besitz auf den Käufer.[31] Liegt dagegen der Schwerpunkt des Vertragsinhalts nicht in der
Lieferung von – ggf. noch herzustellenden oder zu erzeugenden – Sachen, sondern in einer – wenn
auch die Herstellung und Lieferung von Sachen voraussetzenden – Schöpfung eines Werks und damit
im **Herstellungsvorgang,** handelt es sich um einen reinen Werkvertrag.[32] Wie der schwerpunkt-
mäßig auf eine Eigentums- und Besitzübertrag gerichtete kauf- oder werklieferungsvertragsrechtliche
Liefervorgang im Einzelnen aussieht, ist für die rechtliche Einordnung des Vertrages ohne Bedeutung.
Keine Lieferverpflichtung begründen dagegen insbesondere Bauverträge, deren charakteristisches
Merkmal der Einbau gelieferter Sachen in das Gebäude des Bestellers oder eine feste Verbindung der
Sache mit dem Grundstück ist.[33] Das gilt regelmäßig auch für die ortsfeste Errichtung technischer
Anlagen.[34] Bei beiden ist zudem Gegenstand der nach dem prägenden Vertragszweck zu erbringenden
Leistung nicht eine bewegliche Sache. Hat der Vertrag dagegen allein die Lieferung von herzustellen-
den Bau- oder Anlagenteilen und nicht zugleich deren Einbau in ein Bauwerk zum Gegenstand, findet
gem. § 650 BGB Kaufrecht Anwendung.[35]

Soweit **Montage- oder Bauleistungen** hinzutreten, kommt es darauf an, auf welcher der beiden **9**
Leistungen bei der gebotenen Gesamtbetrachtung der Schwerpunkt liegt. Je mehr die mit dem Warenumsatz verbundene Übertragung von Eigentum und Besitz der zu montierenden Sache auf den
Vertragspartner im Vordergrund steht und je weniger dessen individuelle Anforderungen und die
geschuldete Montage- und Bauleistung das Gesamtbild des Vertragsverhältnisses prägen, desto eher ist
die Annahme eines Kaufvertrags mit Montageverpflichtung geboten. Liegt der Schwerpunkt dagegen
auf der Montage- und Bauleistung, etwa auf dem Einbau oder der Einpassung einer Sache in die
Räumlichkeit, und dem damit verbundenen individuellen Erfolg, liegt ein Werkvertrag vor.[36] Die
Frage, auf welcher der beiden Leistungen bei der gebotenen Gesamtbetrachtung der Schwerpunkt
liegt, beantwortet sich dabei vor allem mit Blick auf die Art des zu liefernden Gegenstands, auf das
Wertverhältnis von Lieferung und Montage sowie auf die Besonderheiten des geschuldeten Ergebnisses, wobei selbst bei hohem Wert des Liefergegenstandes der Umstand, dass dieser nicht nur einfach
montiert, sondern mittels Ausführung einer speziellen Handwerkerleistung fachgerecht verbaut oder
eingepasst werden muss, häufig den Ausschlag zur Einordnung des Vertrages als Werkvertrag geben
wird.[37] Entsprechendes gilt, wenn der Vertragsgegenstand eine Anpassung typisierter Einzelteile an die
individuellen Wünsche des Bestellers erfordert und deshalb nach Beendigung der Montage, sofern eine
(halbwegs zerstörungsfreie) Demontage überhaupt ohne größeren Aufwand möglich ist, nur noch
schwer anderweitig verwendet oder absetzt werden kann.[38] Allerdings führt – wie § 650 S. 2 BGB mit
seiner Einbeziehung unvertretbarer Sachen zeigt – allein der Umstand der Sonderanfertigung selbst bei
Montagepflicht noch nicht zur Annahme einer Werkleistung, wenn andere Umstände wie etwa die
Einfachheit und/oder ein verhältnismäßig geringer Wert einer Montageleistung deutlich in andere
Richtung weisen.[39] Entsprechendes gilt für Planungsleistungen, wie sie gerade auch bei unvertretbaren
Sachen jeder Herstellung in einem gewissen Maße vorausgehen.[40]

Bei Verträgen über Computersoftware ist zu unterscheiden. Die Herstellung von **Individualsoft-** **10**
ware erfolgt aufgrund eines reinen Werkvertrages, während die Überlassung von **Standardsoftware**
den Regeln des Kaufrechts unterliegt (näher → § 377 Rn. 5).[41] Denn auch eine Standardsoftware ist
als ein auf einem Datenträger verkörpertes Programm selbst dann als bewegliche Sache anzusehen,
wenn sie den speziellen Wünschen des Käufers/Bestellers angepasst und diesem in kaufvertraglichen
Formen endgültig überlassen wird, sodass auch sie im Falle eines beiderseitigen Handelskaufs dem
§ 381 Abs. 2 unterfällt (zur Ablieferung gem. § 377 Abs. 1 in diesen Fällen → § 377 Rn. 45 ff.,

---

[31] BGH Urt. v. 15.4.2004 – VII ZR 291/03, NJW-RR 2004, 1205; BGH Urt. v. 22.12.2005 – VII ZR 183/04,
BGHZ 165, 325 (328) = NJW 2006, 904; ferner MüKoHGB/*Grunewald* Rn. 4 mwN.

[32] BGH Urt. v. 22.12.2005 – VII ZR 183/04, BGHZ 165, 325 (328) = NJW 2006, 904; BGH Urt. v. 7.12.2017
– VII ZR 101/14, ZIP 2018, 130 Rn. 49 mwN.

[33] Vgl. BGH Urt. v. 4.12.1986 – VII ZR 354/85, NJW 1987, 837; BGH Urt. v. 20.5.2003 – X ZR 57/02, NJW-
RR 2003, 1320 (1321).

[34] Vgl. BGH Urt. v. 7.12.2017 – VII ZR 101/14, ZIP 2018, 130 Rn. 52 ff.; BGH Urt. v. 20.5.2002 – X ZR 57/
02, NJW-RR 2003, 1320 f.

[35] BGH Urt. v. 23.7.2009 – VII ZR 151/08, BGHZ 182, 140 Rn. 14 = NJW 2009, 2877; OLG Köln Urt. v.
2.9.2016 – 19 U 47/15, BechRS 2016, 112213 Rn. 91.

[36] BGH Urt. v. 3.3.2004 – VIII ZR 76/03, NJW-RR 2004, 850; BGH Urt. v. 19.7.2018 – VII ZR 19/18,
ZfBR 2018, 775 Rn. 19 mwN.

[37] BGH Beschl. v. 16.4.2013 – VIII ZR 375/11, BeckRS 2013, 15325.

[38] BGH Urt. v. 3.3.2004 – VIII ZR 76/03, NJW-RR 2004, 850.

[39] Vgl. OLG Köln Beschl. v. 26.3.2015 – 19 U 156/14, BeckRS 2016, 1703; OLG Köln Beschl. v. 13.4.2015 – 11
U 183/14, NJW-RR 2015, 859 f. mwN.

[40] BGH Urt. v. 23.7.2009 – VII ZR 151/08, BGHZ 182, 140 Rn. 25 f. = NJW 2009, 2877.

[41] BGH Urt. v. 24.1.1990 – VIII ZR 22/89, NJW 1990, 1290 f.; BGH Urt. v. 22.12.1999 – VIII ZR 299/98,
BGHZ 143, 307 (309 f.) = NJW 2000, 1415; BFH Urt. v. 28.10.2008 – IX R 22/08, DStRE 2009, 130 Rn. 14 f.;
krit. *Müller-Hengstenberg* NJW 2000, 3545; → § 377 Rn. 5.

137).[42] Schuldet eine Partei nach dem Vertragsinhalt dagegen nicht die Herstellung, sondern die Bearbeitung eines vom Vertragspartner zur Verfügung gestellten Computerprogramms, findet Werkvertragsrecht und nicht Kaufrecht Anwendung.[43]

§ 382 *(aufgehoben)*

---

[42] BGH Urt. v. 14.7.1993 – VIII ZR 147/92, NJW 1993, 2436 (2437 f.); vgl. ferner BGH Urt. v. 15.11.2006 – XII ZR 120/04, NJW 2007, 2394 Rn. 15 mwN.
[43] BGH Urt. v. 9.10.2001 – X ZR 58/00, BGH-Report 2002, 221 f. mwN.

Dritter Abschnitt. Kommissionsgeschäft

Schrifttum: *Altmeppen,* Zur Rechtsnatur der handelsrechtlichen Pfandrechte, ZHR 157 (1993), 541; *Apathy,* Probleme der Treuhand, ÖJZ 2006, 221; *Avancini,* Ist § 392 Abs. 2 HGB auf die vom Kommissionär in Durchführung eines Kommissionsgeschäftes erworbenen Sachenrechte analog anwendbar?, FS Kastner, 1972, 1; *Böhm,* Auslegung und systematische Einordnung des § 392 II HGB – zum Verhältnis von Analogie und Fiktion bei mittelbarer Stellvertretung, 1971; *Breit,* Das Selbsteintrittsrecht des Kommissionärs nach dem neuen deutschen HGB, 1899; *Canaris,* Die Verdinglichung obligatorischer Rechte, FS Flume I, 1978, 372; *Canaris,* Auswirkungen des Gesetzes zur Modernisierung des Schuldrechts auf das Recht des Handelskaufs und der Kommission, FS Konzen, 2006, 43; *Capelle,* Das Außenverhältnis bei der Vertretung fremder Interessen nach skandinavischem Recht, FS Raape, 1948, 325; *v. Dalwigk zu Lichtenfels,* Das Effektenkommissionsgeschäft 1975; *Deumer,* Die Exportkommission, ZHR 84 (1921), 257; *Dreher,* Das Finanzkommissionsgeschäft nach § 1 Abs. 1 Satz 2 Nr. 4 KWG, ZIP 2004, 2161; *Dressler,* Die entsprechende Anwendung handelsrechtlicher Normen auf Nichtkaufleute am Beispiel des § 392 Abs. 2 HGB – ein Beitrag zur Methode der Analogie, 1968; *Dressler,* Aufrechnung des Käufers von Kommissionsgut mit Forderung gegen Kommissionär, NJW 1969, 655; *Einsele,* Inhalt, Schranken und Bedeutung des Offenkundigkeitsprinzips, JZ 1990, 1005; *Eßer/Deppmeyer,* Das Finanzkommissionsgeschäft nach § 1 Abs. 1 Satz 1 Nr. 4 KWG – Ein Zwischenruf, BKR 2009, 230; *Grünhut,* Das Recht des Kommissionshandels, 1879; *Gundlach/Frenzel/Schmidt,* Die Anwendbarkeit des § 392 Abs. 2 HGB auf das aus dem Ausführungsgeschäft Erlangte in der Insolvenz des Kommissionärs, DZWIR 2000, 449; *Hagen,* Die Drittschadensliquidation im Wandel der Rechtsdogmatik, 1971; *Hager,* Die Prinzipien der mittelbaren Stellvertretung, AcP 180 (1980), 239; *Hammen,* Genussscheinfinanzierte Geschäfte mit Finanzinstrumenten und Finanzkommissionsgeschäft nach § 1 Abs. 1 KWG, WM 2005, 813; *Herbert,* Die Beteiligung des Kommittenten am Ausführungsgeschäft bei der Warenkommission, 1972; *Hopt,* Das Vertragsverhältnis zwischen Verlag und Pressegrossisten – Ein Beispiel für den Kommissionsagentenvertrag, FS Hadding, 2004, 443; *Hüffer,* Vorrang des Kommittenten bei Mehrfachabtretung durch den Kommissionär, JuS 1991, 195; *Jacoby,* Das Recht der Bank- und Warenkommission, 1891; *Jenny,* Die Außenseite der Warenkommission in der Rechtsvereinheitlichung unter Berücksichtigung des deutschen, schweizerischen, englischen und amerikanischen Rechts, 1962; *Kevekordes,* Nichtanwendbarkeit des Preisbindungsverbots auf Kommissionärs- und Kommissionsagentenverträge, DB 1988, 1885; *Knütel,* Weisungen bei Geschäftsbesorgungsverhältnissen, insbesondere bei Kommission und Spedition, ZHR 137 (1973), 285; *Koller,* Interessenkonflikte im Kommissionsverhältnis, BB 1978, 1733; *Koller,* Provisions- und Aufwendungsrisiko bei der Kommission, BB 1979, 1725; *Kroitzsch,* Der Kommissionsvertrag in kartellrechtlicher Sicht, WuW 1981, 687; *Kümpel,* Die neuen Sonderbedingungen für Wertpapiergeschäfte, WM 1995, 137; *Kümpel,* Die allgemeinen Verhaltensregeln des Wertpapierhandelsgesetzes, WM 1995, 689; *Kümpel,* Wertpapierhandelsgesetz, 1997, 19 ff.; *Kumpan,* Vorteilsabschöpfung bei Interessenkonflikten am Beispiel der kommissionsrechtlichen Herausgabepflicht, Beiträge für Klaus J. Hopt, 2008, 33; *Landwehr,* Das Kommissionsgeschäft in Rechtswissenschaft, Gesetzgebung und Rechtspraxis vom 16. bis zum Ende des 18. Jahrhunderts, 2003; *Lepa,* Über den Ursprung des Kommissionshandels, ZHR 26 (1881), 438; *Lubitz,* Der Handelsvertreter und das europäische Kartellrecht, EWS 2003, 556; *Martinek,* Das allgemeine Geschäftsbesorgungsrecht und die analoge Anwendung des § 392 Abs. 2 HGB, FS Musielak, 2004, 355; *Modest,* Über den Selbsteintritt des Bankkommissionärs, NJW 1950, 52; *Mues,* Die Irrtumsanfechtung im Handelsverkehr, 2004; *Mülbert,* Auswirkungen der MiFiD-Rechtsakte für Vertriebsvergütungen im Effektengeschäft der Kreditinstitute, ZHR 172 (2008), 170; *Nußbaum,* Tatsachen und Begriffe im deutschen Kommissionsrecht, 1917; *v. Olshausen,* die Kunst der Gesetzesformulierung – oder: Welche Rechtsfolgen gelten für kleingewerbliche Gelegenheitskommissionäre nach dem Handelsrechtsreformgesetz?, NJW 2001, 1842; *Petri,* Zur Frage der Eigentumsverhältnisse am Kommissionsgute, AcP 111 (1914), 359; *Plambeck,* Die Eingriffskondiktion in Kommissionsfällen, JuS 1987, 793; *Rasmus,* Der Selbsteintritt des Effektenkommissionärs, 1968; *Schilken,* Wissenszurechnung im Zivilrecht, 1983; *K. Schmidt,* Rechtsprechungsübersicht – Kommittentenschutz gegen Globalzession, JuS 1989, 409; *K. Schmidt,* Wertpapierhandel im Kommissionsgeschäft, JuS 2003, 198; *K. Schmidt,* Die Kommission: Treuhand am Rechtsverhältnis. Ein Versuch über die Rechtsdogmatik der mittelbaren Stellvertretung, FS Medicus, 2009, 457; *Schmidt-Rimpler,* Das Kommissionsgeschäft, Ehrenbergs Handbuch des gesamten Handelsrechts, Bd. V/1 2. Hälfte, 1928; *Schütte,* Leistungsstörungen im Kommissionsrecht, 1988; *Schwark,* Rechtsprobleme bei der mittelbaren Stellvertretung, JuS 1980, 777; *Schwarz,* § 392 Abs. 2 HGB als Aufrechnungshindernis, NJW 1969, 1942; *Simon,* Die sachenrechtlichen Wirkungen bei der Wareneinkaufskommission, 1936; *Stoll,* Kollisionsrechtliche Fragen beim Kommissionsgeschäft, RabelsZ 24 (1959), 601; *Voge,* Schuldrechtlich ausgestaltete Anlagemodelle als Finanzkommissionsgeschäft im Sinne des § 1 Abs. 1 Satz 2 Nr. 4 KWG, WM 2007, 1640; *Vogel,* Die sachenrechtlichen Wirkungen des Kommissionsgeschäfts, 1919; *Vrbaski,* Forderungszuständigkeit und Insolvenzschutz beim Handel in Kommission 2005; *Weidmann,* Das Kommissionsgeschäft: Das Kommissionsgeschäft im Allgemeinen, Band 1, 1908; *Weidmann,* Das Kommissionsgeschäft: Das Selbsteintrittsrecht, Band 2, 1908; *Wolter,* Effektenkommission und Eigentumserwerb 1979.

§ 383 [Kommissionär; Kommissionsvertrag]

(1) **Kommissionär ist, wer es gewerbsmäßig übernimmt, Waren oder Wertpapiere für Rechnung eines anderen (des Kommittenten) in eigenem Namen zu kaufen oder zu verkaufen.**

(2) [1]**Die Vorschriften dieses Abschnittes finden auch Anwendung, wenn das Unternehmen des Kommissionärs nach Art oder Umfang einen in kaufmännischer Weise eingerichteten Geschäftsbetrieb nicht erfordert und die Firma des Unternehmens nicht nach § 2 in das**

Handelsregister eingetragen ist. [2]**In diesem Fall finden in Ansehung des Kommissionsgeschäfts auch die Vorschriften des Ersten Abschnittes des Vierten Buches mit Ausnahme der §§ 348 bis 350 Anwendung.**

Übersicht

I. Überblick und Bedeutung

1   **1. Typologische Erfassung.** Das Gesetz definiert das Kommissionsgeschäft nicht. Der subjektiven Anknüpfung verhaftet beschränkt sich § 383 Abs. 1 darauf, den **Kommissionär** zu **definieren.** Die §§ 383 ff. übernehmen teilweise wörtlich die Vorläufernormen des ADHGB und richten sich in dessen Tradition an der **Warenkommission** aus. Damit zählen die Vorschriften über das Kommissionsgeschäft zu den ältesten Teilen des Handelsrechts. Nicht nur die subjektive Anknüpfung, sondern auch die gesetzliche Systematik ist unübersichtlich.[1] Der Grundtatbestand des § 383 erfasst nur einen beschränkten Ausschnitt von Kommissionsgeschäften. § 406 Abs. 1 erweitert daher den persönlichen und sachlichen Anwendungsbereich. Nach Abs. 1 S. 2 sind die Vorschriften des Dritten Abschnittes auch dann anwendbar, wenn ein Kaufmann, der nicht Kommissionär ist, im Betriebe seines Handels-

---

[1] Teilw. ist sie als methodisch verfehlt angesehen worden, s. Ehrenbergs-HdB V/1–2 S. 477 ff., 481. Verglichen mit dem Transportrecht kennt das HGB ein Mischsystem aus objektiver Anknüpfung (§§ 407 ff.) und der traditionellen subjektiven Anküpfung (§§ 383 ff.).

gewerbes gelegentlich (daher oft auch Gelegenheitskommissionär genannt) ein Geschäft übernimmt, das § 383 als Gewerbe des Kommissionärs beschreibt. Außerdem erfasst Abs. 1 S. 1 kommissionsähnliche Geschäfte, die ein Kommissionär oder auch ein sonstiger Kaufmann tätigt. Schließlich stellt § 406 Abs. 2 den Werklieferungsvertrag dem Kauf oder Verkauf im Rahmen eines Kommissionsgeschäftes gleich, eine obsolete Norm (→ § 406 Rn. 3). Aus dieser subjektiven Anknüpfung und dem Zusammenspiel der gesetzlichen Erweiterungen lässt sich das Kommissionsgeschäft wie folgt umschreiben: Es ist jedes beliebige **Handelsgeschäft,** das ein Kaufmann im Betrieb seines Handelsgewerbes in **eigenem Namen für fremde Rechnung** zu schließen übernimmt,[2] wobei nach Abs. 2 der Norm die Vorschriften über das Kommissionsgeschäft auch auf den Kannkaufmann (§ 2) Anwendung finden, wenn er nicht in das Handelsregister eingetragen ist.

Der Kommissionär steht in zwei voneinander zu unterscheidenden Rechtsverhältnissen. Das eine **2** Rechtsgeschäft ist das Vertragsverhältnis zu seinem Auftraggeber, dem Kommittenten, welcher nicht Kaufmann sein muss **(Kommissionsvertrag).** Dieser Vertrag verpflichtet den Kommissionär, in eigenem Namen, aber für Rechnung des Kommittenten, Waren oder Wertpapiere zu kaufen oder zu verkaufen. Rechtssystematisch ist der Kommissionsvertrag daher ein **Auftrag,** ein bestimmtes Rechtsgeschäft für den Kommittenten abzuschließen.[3] Das zweite Rechtsgeschäft begründet der Kommissionär, wenn er den Kommissionsvertrag erfüllt, indem er den Kauf oder Verkauf mit einem Dritten vornimmt **(Ausführungsgeschäft).** Wie dieses Ausführungsgeschäft abgewickelt wird, hängt von den jeweiligen Vereinbarungen ab. Denkbar ist, dass der Einkaufskommissionär Eigentümer der gekauften Ware ist oder dass der Verkaufskommissionär Inhaber der Kaufpreisforderung gegen den Dritten ist. In beiden Fällen hat er das aus der Ausführung erlangte nach § 384 Abs. 2 herauszugeben, sei es durch Übereignung oder Abtretung. Denkbar ist jedoch auch, dass der Kommittent selbst an dem Ausführungsgeschäft beteiligt ist, indem er direkt zum Eigentümer der eingekauften Sache wird oder die Kaufpreisforderung an ihn zu entrichten ist (§§ 362 Abs. 2, 185 BGB).

2. Wirtschaftliche Bedeutung. Leitbild der gesetzlichen Regelung war die **Warenkommission,**[4] **3** die im ausgehenden 19. Jahrhundert noch von erheblicher – wenngleich schon zurückgehender – wirtschaftlicher Bedeutung war.[5] Heute stellt die Warenkommission nur noch eine Randerscheinung dar.[6] Als Vertriebsinstrument ist die Kommission verzichtbar, da der elektronische Rechtsverkehr eine kostengünstige Direktvermarktung der Hersteller erlaubt und das Verkehrswesen eine schnelle Lieferung.[7] Während zur Entstehung des HGB Markenwaren eher die Ausnahme waren, ist es heute umgekehrt. Hersteller haben ein Interesse daran, ihre Markenware auf dem Markt zu präsentieren und wollen nicht im Hintergrund bleiben. Diesem Bestreben ist der Kommissionshandel geradezu abträglich. Er spielt nur noch eine Rolle auf solchen Märkten, auf denen der Verkäufer oder Käufer **anonym** bleiben möchte. Zu nennen sind hier der Kunst- und Antiquitätenhandel sowie das Versteigerungsgewerbe.[8] Anzutreffen ist die Kommission beim Gebrauchtwarenhandel.[9] Rückläufig ist die Verbreitung im Außenhandel bei der **Konsignationskommission.** Will der Kommittent eine Ware ausführen, kann er diese direkt an einen ausländischen Kommissionär versenden (direkte Konsignation) oder sich eines Exportkommissionärs (Konsignanten) bedienen, der im Bestimmungsland einen Kommissionär einschaltet. Bei dieser sog. Exportkommission, auch genannt indirekte Konsignation sind zwei Kommissionsverhältnisse vereinbart, wobei der Konsignant als Zwischenhändler auftritt.[10]

---

[2] BGH Urt. v. 23.8.2018 – III ZR 192/17, NJW 2019, 47 Rn. 19; Oetker/*Martinek* Rn. 1; Staub/*Koller* Rn. 3. – Die bisweilen anzutreffende Unterscheidung zwischen echten (eigentlichen, regelmäßigen) und unechten (uneigentlichen, unregelmäßigen) Kommissionsgeschäften, *v. Gierke/Sandrock* HandelsR § 27 I 3; Ehrenbergs-HdB 482; ist ohne Belang; s. MüKoHGB/*Häuser* Rn. 3; Staub/*Koller* Rn. 6.

[3] So zutr. Baumbach/Hopt/*Hopt* Rn. 1; Oetker/*Martinek* Rn. 7.

[4] Vgl. Schlegelberger/*Hefermehl* Rn. 4.

[5] S. Ehrenbergs-HdB V/1–2, 567 ff.; *K. Schmidt* HandelsR § 31 II 1. Zur historischen Entwicklung s. *Landwehr,* Das Kommissionsgeschäft in Rechtswissenschaft, Gesetzgebung und Rechtspraxis vom 16. bis zum Ende des 18. Jahrhunderts, 2003, 1 ff.; *Lepa* ZHR 26 (1881), 438 ff.

[6] MüKoHGB/*Häuser* Rn. 6; Schlegelberger/*Hefermehl* Rn. 2, 3; s. auch schon Ehrenbergs-HdB V/1–2, 563 ff.

[7] Dies ist kein neuer Befund. Bereits im Jahre 1917 (!) stellte *Nußbaum* fest, dass „moderne Verkehrsmittel und Informationsquellen" es ermöglichen, den Kommissionär als kostenträchtigen Mittler auszuschalten, *Nußbaum,* Tatsachen und Begriffe im deutschen Kommissionsrecht, 1917, 15 f.

[8] OLG Frankfurt a. M. Urt. v. 20.1.1993 – 21 U 13/91, NJW 1993, 1477; OLG Köln Urt. v. 28.4.2004 – 2 U 91/04, NZI 2005, 37; OLG Zweibrücken Urt. v. 7.5.1997 – 6 U 8–96, NJW 1998, 1409 = ZUM 1998, 163; BeckOK HGB/*Baer* Rn. 3; MüKoHGB/*Häuser* Rn. 11.

[9] MüKoHGB/*Häuser* Rn. 11; Oetker/*Martinek* Rn. 21. Falsch ist es, den typischen Agenturvertrag im Gebrauchtwagenhandel als Anwendungsfall der Kommission zu bezeichnen; so aber Heymann/*Herrmann* Rn. 2; exemplarisch falsch BGH Urt. v. 28.5.1980 – VIII ZR 147/79, NJW 1980, 2190 = WM 1980, 1010. Denn in den meisten Fällen soll der Autohändler das „in Zahlung genommene" Fahrzeug nicht im eigenen Namen, sondern im Namen des Kunden veräußern. Das ist gerade kein Fall der Kommission.

[10] RGZ 63, 301 (303); BeckOGK/*Fischinger* Rn. 24–26; MüKoHGB/*Häuser* § 406 Rn. 36–40; Oetker/*Martinek* Rn. 20; Staub/*Koller* § 383 Rn. 80–82.

4   Wirtschaftlich und damit auch praktisch im Vordergrund steht heute die **Effektenkommission.** Der Kauf und Verkauf von Aktien oder sonstigen verbrieften Wertpapieren wird im Regelfall über Banken als Kommissionäre abgewickelt. Handelt es sich um nicht um verbriefte Papiere, ist das Kommissionsrecht über § 406 Abs. 1 anwendbar. Im HGB finden sich dazu einige Sondernormen, §§ 400–405, die jedoch der Entwicklung nicht haben standhalten können. Daher finden sich Sonderregelungen in kapitalmarktrechtlichen Vorschriften. § 1 Abs. 1 S. 2 Nr. 4 KWG, § 2 Abs. 8 Nr. 1 WpHG definieren als **Finanzkommission** solche Aufträge, die die Anschaffung oder Veräußerung von Finanzinstrumenten zum Gegenstand haben und unterwirft diese Geschäfte einer besonderen Aufsicht.[11] Nach der Rspr. weist ein Finanzkommissionsgeschäft eine „hinreichende Ähnlichkeit" mit der Kommission nach den §§ 383 ff. auf.[12] Ergänzend treten allgemeinen Geschäftsbedingungen der Banken hinzu wie die **Sonderbedingungen** für das **Wertpapiergeschäft** (SBW), nach denen sich in der Praxis vornehmlich die Rechte und Pflichten im Wertpapiergeschäft zwischen Bank und Kunden bestimmen.[13] Schließlich regeln die §§ 18–30 DepotG besondere Rechte und Pflichten für die Einkaufskommission bei Wertpapieren.

II. Der Kommissionär

5   **1. Struktur des Tatbestandes.** Der Kommissionär betreibt ein idR ein Handelsgewerbe. Er ist nach § 1 Kaufmann, es sein denn dass sein Unternehmen keinen kaufmännisch eingerichteten Gewerbebetrieb erfordert. Sind die Voraussetzungen des § 1 Abs. 2 nicht erfüllt, sind nach § 383 Abs. 2 S. 1 die Vorschriften des Kommissionsrechts gleichwohl anwendbar. Es kommt entgegen § 2 nicht darauf an, ob der kleingewerbliche Kommissionär über eine eingetragene Firma verfügt. Abs. 2 S. 2 bestimmt, dass die besonders strengen Regeln der §§ 348–350 für kleingewerbliche Kommissionäre nicht gelten. Zweck dieser Sondervorschrift ist es, einen kleingewerblichen Kommissionär unter den Schutz des Kommissionsrechts zu stellen.[14] Kommissionär kann eine natürliche oder eine juristische Person sein.

6   **2. Tatbestandsvoraussetzungen. a) Verkauf von Waren oder Wertpapieren.** Darunter fallen Kaufverträge nach § 433 BGB, Tauschverträge (§ 480 BGB) und Werklieferungsverträge, da auf diese Kaufrecht anwendbar ist (§ 651 BGB). Soweit bei der Herstellung nicht vertretbarer Sachen nach Satz 3 der Norm auch einige werkvertragliche Vorschriften anwendbar sind, ändert sich daran nichts. Andere Verträge können nach § 406 Abs. 1 unter die Regelungen der §§ 383 ff. fallen (→ Rn. 1).

7   Kommissionsgut sind Waren oder Wertpapiere. Unter Waren fallen nur **bewegliche Sachen.**[15] Kein taugliches Kommissionsgut sind unbewegliche Sachen (Grundstücke), Vermögensinbegriffe oder Rechte wie Geschäftsanteile an einer Gesellschaft,[16] Grundpfandrechte und Forderungen. Sie können aber nach § 406 Abs. 1 dem Kommissionsrecht unterstehen. Unter **Wertpapieren** versteht das Gesetz nur die Wertpapiere im engeren Sinn, bei denen das verbriefte Recht durch die Übereignung der verkehrsfähigen Urkunde nach §§ 929 ff. BGB übertragen wird („das Recht aus dem Papier folgt dem Recht am Papier").[17] Hierzu rechnen die Inhaberpapiere und die Orderpapiere, insbes. also Inhaberschuldverschreibungen (zB öffentliche Anleihen des Bundes und der Länder) und Aktien,[18] seien es bereits umlaufende, seien es neu emittierte.[19] Andere Wertpapiere wie Sparkassenbücher, Schuldscheine, Versicherungsscheine, Grundschuld- und Hypothekenbriefe oder ähnliche können wiederum unter den Voraussetzungen des § 406 Abs. 1 erfasst sein.

8   **b) In eigenem Namen für fremde Rechnung.** Das Ausführungsgeschäft schließt der Kommissionär in eigenem Namen. Ihn treffen daher dessen rechtliche Wirkungen. Als Einkaufskommissionär ist er verpflichtet, den Kaufpreis zu zahlen, als Verkaufskommissionär hat er das verkaufte Kommissionsgut zu übergeben und zu übereignen. Die wirtschaftlichen Folgen trägt der Kommittent. Ihm hat

---

[11] Umstritten ist, ob der aufsichtsrechtliche Begriff „Finanzkommission" mit dem handelsrechtlichen Typus der Effektenkommission übereinstimmt. Bejahend VG Frankfurt a. M. Urt. v. 27.10.2005 – 11 E 1159/05 (V), ZIP 2006, 415; *Dreher* ZIP 2004, 2161 (2162 f.). Dagegen zu Recht *Hammen* WM 2005, 813 (821); MüKoHGB/*Ekkenga* Effektengeschäft Rn. 106; *Voge* WM 2007, 1640 (1642).

[12] BGH Urt. v. 20.9.2011 – XI ZR 434/10, NZG 2011, 1388 (1389) – Phönix; BVerwG Urt. v. 27.2.2008 – 6 C 11&12.07, BVerwGE 130, 262 = ZIP 2008, 911; krit. dazu *Deppmeyer/Eßer* BKR 2009, 230 f.

[13] Zur Entstehungsgeschichte *Kümpel* WM 1995, 137 (AGB) und WM 1995, 689 (WpHG).

[14] BeckOGK/*Fischinger* Rn. 29; MüKoHGB/*Häuser* Rn. 16.

[15] Zum Kauf von Standardsoftware s. BGH Urt. v. 18.10.1989 – VIII ZR 325/88, BGHZ 109, 97 (99 ff.) = NJW 1990, 320 = JZ 1990, 236 mAnm *Hoeren* JZ 1990, 239 ff. Dies regelte § 1 Abs. 2 Nr. 1 aF ausdrücklich. Die Handelsrechtsreform 1998 strich diese Norm, an die § 383 ursprünglich anknüpfte.

[16] BGH Urt. v. 5.5.1960 – II ZR 128/58, NJW 1960, 1852 (1853) = MDR 1960, 825 = BB 1960, 797; BeckOGK/*Fischinger* Rn. 18; Staub/*Koller* Rn. 9.

[17] BeckOK HGB/*Baer* Rn. 16; MüKoHGB/*Häuser* Rn. 17.

[18] MüKoHGB/*Häuser* Rn. 11; *K. Schmidt* HandelsR § 31 III 1 c.

[19] Vgl. BGH Urt. v. 28.1.2003 – XI ZR 156/02, BGHZ 153, 344 = NJW 2003, 1447.

der Kommissionär das aus der Geschäftsbesorgung Erlangte nach § 384 Abs. 2 herauszugeben, während der Kommittent eine Provision schuldet. Dieses Auseinanderfallen von rechtlicher Zurechnung und wirtschaftlicher Zuordnung ist kennzeichnend für die **mittelbare Stellvertretung.** Gleichzeitig unterscheidet die mittelbare Stellvertretung das Kommissionsgeschäft von anderen Absatzmittlungsverhältnissen. Im Gegensatz zum Kommissionär handelt der selbstständige, mit Handlungsvollmacht versehene **Handelsvertreter** (§§ 84 ff.) im fremden Namen. Dies unterscheidet auch **Prokuristen** (§ 48 Abs. 1) und **Handlungsbevollmächtigte** (§ 54) vom Kommissionär. Die rechtliche Zuordnung und wirtschaftlichen Wirkungen sind in den beschriebenen Fällen kongruent. **Handelsmakler** (§§ 93 ff.) oder nur mit der **Geschäftsvermittlung betraute Handelsvertreter** (§§ 84 ff.) schließen im Gegensatz zum Kommissionär kein Geschäft selbst ab, sondern vermitteln es nur bis zur Abschlussreife. Im eigenen Namen aber anders als der Kommissionär auf eigene Rechnung handelt schließlich der **Eigenhändler.**

Ein hybrider Typus zwischen Kommissionär und Handelsvertreter ist der **Kommissionsagent.** Er **9** wird dauerhaft für den Kommittenten als Kommissionär tätig. Die Rechte und Pflichten bestimmen sich nach der Kombinationsmethode, sodass teilweise Kommissions- und teilweise Handelsvertreterrecht gilt (näher → § 406 Rn. 5 ff.). Verbinden die Parteien das Handeln für fremde und das Handeln für eigene Rechnung, greift die **Absorptionsmethode** und es entscheidet, ob nach dem Schwerpunkt der Vereinbarung Kauf- oder Kommissionsrecht anwendbar ist.[20] Praktisch bedeutsam ist dies für das **Konditionsgeschäft,** das typischerweise im Buchhandel zwischen dem Verleger und dem Sortimenter abgeschlossen wird. Danach steht die Kaufpreiszahlung unter der aufschiebenden Bedingung des Weiterverkaufs der Ware.[21] Hierdurch erreichen die Parteien eine ähnliche Risikoverteilung wie bei einer Verkaufskommission, da der Verkäufer das Risiko des zufälligen Untergangs nach § 446 BGB trägt. Gleichwohl ist auf den Vertrag ausschließlich Kaufrecht anwendbar. Entgegen einer vereinzelten Entscheidung ist eine analoge Anwendung des § 396 Abs. 2 auf Aufwendungen des Käufers abzulehnen.[22] Als Kompensation für die Aufwendungen sollte die Marge aus dem Weiterverkaufspreis dienen. Im Schrifttum will man die Anzeigepflicht aus § 384 Abs. 2 und die Sorgfaltspflichten aus §§ 388 ff. *analog* anwenden.[23]

c) Gewerbsmäßiges Handeln. Kommissionär ist nur, wer gewerbsmäßig handelt. Dies 10 verlangt eine selbstständige, entgeltliche, nach **außen gerichtete** und **planmäßige** Tätigkeit in **Gewinnerzielungsabsicht.**[24] Dabei hat die Praxis besonders das Merkmal „Gewinnerzielungsabsicht" verschliffen. Entscheidend ist die Absicht, fortgesetzt Einnahmen in Form von Provisionen aus der Tätigkeit zu erzielen. Liegt sie vor, so erfüllt schon das erste Kommissionsgeschäft die Voraussetzungen der Gewerbsmäßigkeit. Fehlt sie, so soll nach einer älteren Entscheidung weder eine einmalige besonders hohe Vergütung noch der mehrfache Abschluss von Kommissionsgeschäften den Schluss auf ein gewerbsmäßiges Handeln gestatten.[25] Das ist zu eng. Wenn der Kommissionär in der Vergangenheit auf dem Markt seine Kommissionsleistungen anbot, müssen besondere Umstände dafür sprechen, warum eine weitere Kommissionstätigkeit nicht gewerblicher Natur sein soll. Immerhin kommt es nach der Praxis nicht darauf an, ob tatsächlich ein Gewinn erzielt wurde.[26] Auch der erfolglose Kommissionär handelt gewerbsmäßig.

Der nur gelegentlich, also nicht gewerbsmäßig Kommissionsgeschäfte Betreibende ist kein Kom- **11** missionär iSd Gesetzes. Ist er aber – aus anderen Gründen – Kaufmann, so greift § 406 Abs. 1 S. 2 ein. Die gelegentliche **unentgeltliche Übernahme** einer Kommission durch einen gewerbsmäßig handelnden Kommissionär ist differenzierend zu betrachten. Entscheidend ist, ob das Geschäft im Rahmen des Gewerbebetriebs übernommen und abgewickelt wird.[27] Auch das unentgeltliche Geschäft dient der Fortführung des Handelsgewerbes und kann Vorteile bringen, etwa durch Festigung oder Anknüpfung von Geschäftskontakten. Nutzt der Kommissionär hingegen nur seine Kenntnisse aus und schließt außerhalb seines Geschäftsbetriebes unentgeltlich ein Kommissionsgeschäft, so sind die §§ 383 ff. unanwendbar. Das Auftragsrecht (§§ 662 ff. BGB) enthält dafür

---

[20] *Canaris* HandelsR § 30 Rn. 8 f.

[21] BGH Urt. v. 19.2.1975 – VIII ZR 175/73, NJW 1975, 776 (777); OLG Hamburg Urt. v. 12.6.1960, DB 1960, 1388 (1389); OLG Karlsruhe DB 1971, 1410; BeckOGK/*Fischinger* § 406 Rn. 22; *Canaris* HandelsR § 30 Rn. 9; MüKoHGB/*Häuser* § 406 Rn. 35; Staub/*Koller* Rn. 76.

[22] OLG Hamburg DB 1960, 1388 (1389) bejaht allerdings eine Analogie zu § 396. Wie hier abl. BeckOGK/ *Fischinger* § 406 Rn. 23; MüKoHGB/*Häuser* § 406 Rn. 36; Staub/*Koller* Rn. 78.

[23] So BeckOGK/*Fischinger* § 406 Rn. 23; MüKoHGB/*Häuser* § 406 Rn. 36; Staub/*Koller* Rn. 78.

[24] BGH Urt. v. 7.7.1960 – VIII ZR 215/59, BGHZ 33, 321 (324 f.) = NJW 1961, 725; Urt. v. 10.5.1979 – VII ZR 97/78, BGHZ 74, 273 (276) = NJW 1979, 1650. Mit der mittlerweile hL sollte man auf den Begriff „Gewinnerzielungsabsicht" verzichten, BeckOK HGB/*Fischinger* Rn. 22; *Canaris* HandelsR § 2 Rn. 14; MüKoHGB/*K. Schmidt* § 1 Rn. 31; MüKoHGB/*Häuser* Rn. 14; Oetker/*Körber* § 1 Rn. 29; *K. Schmidt* HandelsR § 9 IV 2d.

[25] BGH Urt. v. 5.5.1960 – II ZR 128/58, NJW 1960, 1852 = BB 1960, 797.

[26] BGH Urt. v. 2.7.1985 – X ZR 77/84, BGHZ 95, 155 (158).

[27] Vgl. RG Urt. v. 17.2.1894 – I 413/93, RGZ 33, 105 (110); BeckOGK/*Fischinger* Rn. 23; MüKoHGB/*Häuser* Rn. 24; Oetker/*Martinek* Rn. 6; Ehrenbergs-HdB 501 f.; ebenso wohl Schlegelberger/*Hefermehl* Rn. 14.

ausreichende und angemessene Regelungen bereit. Auch für eine ergänzende Anwendung von Kommissionsrecht[28] besteht kein Bedürfnis.

12   Das Merkmal der **Selbstständigkeit** wird – anders als etwa in § 84 – nicht ausdrücklich erwähnt, folgt aber aus dem Gewerbebegriff.[29] Gleichwohl wird man sich an § 84 Abs. 1 S. 2 orientieren können, um zu bestimmen, wann ein Kommissionär selbstständig auftritt. Das Weisungsrecht (§ 384) des Kommittenten ändert nichts an der Selbständigkeit des Kommissionärs, da es dem Kommissionsverhältnis immanent ist. Jedoch fehlt es an der Kommissionärseigenschaft, wenn die Tätigkeit in rechtlich abhängiger Stellung, als Arbeitnehmer oder auch als Geschäftsführer einer Kapitalgesellschaft[30] geschieht. Eine lediglich wirtschaftliche Abhängigkeit steht einem selbständigen Handeln und demgemäß der Kommissionärseigenschaft nicht entgegen.[31] So ist § 383 anwendbar, wenn der Kommissionär nur für einen oder wenige Kommittenten tätig wird oder mit einzelnen Kommittenten durch Kreditverträge verbunden ist.

III. Der Kommissionsvertrag

13   **1. Rechtsnatur.** Der Kommissionsvertrag ist ein **gegenseitiger Vertrag** zwischen Kommissionär und Kommittent und regelt deren rechtliches **Innenverhältnis.** Das Außenverhältnis, das Ausführungsgeschäft zwischen dem Kommissionär und dem Dritten, gestaltet er nicht. Er legt jedoch fest, was der Kommissionär bei Abschluss und Abwicklung des Ausführungsgeschäfts zu beachten hat. Missachtet der Kommissionär diese Vorgaben, schlägt dies nicht auf das Ausführungsgeschäft durch. Veräußert der Verkaufskommissionär das Kommissionsgut an einen bestimmten Dritten, an den er nach dem Kommissionsvertrag nicht verkaufen darf, ist diese Veräußerung rechtlich wirksam. Der Rechtsgedanke des § 137 S. 1 BGB gilt. Er ist entgeltlicher Geschäftsbesorgungsvertrag iSv § 675 BGB.[32] Vorrangig gelten für ihn die §§ 383 ff., subsidiär die durch § 675 Abs. 1 BGB verwiesenen §§ 663, 665–670, 672–674 BGB. Die Parteien können Abweichendes vereinbaren.

14   Ein Geschäftsbesorgungsvertrag kann **Dienst- oder Werkvertrag** sein. Infolgedessen ist umstritten, zu welchem Vertragstyp der Kommissionsvertrag rechnet. Weder die §§ 383 ff. noch das Auftragsrecht geben hierüber Aufschluss. Relevant wird diese Streitigkeit für die Antwort auf die Frage, ob der Kommissionsvertrag nach Dienst- oder Werkvertragsrecht zu kündigen ist. Nach Werkvertragsrecht steht dem Besteller (dem der Kommittent entspricht) ein jederzeitiges Kündigungsrecht zu (§ 649 BGB), nicht hingegen dem Unternehmer (dessen Rolle dem Kommissionär zukommt). Nach Dienstvertragsrecht können beide Vertragsteile idR jederzeit kündigen (§§ 621 Nr. 5, 627 BGB). Eine verbreitete Ansicht klassifiziert den Kommissionsvertrag als Dienstvertrag, da der Kommissionär gegenüber dem Kommittenten nur Bemühungen um das Ausführungsgeschäft schulde.[33] Andere betonen den Charakter als Werkvertrag und heben hervor, dass der Kommittent die Gegenleistung nur bei einem Erfolg des Kommissionärs schulde.[34] Die überwiegende Ansicht versteift sich auf keine generelle Festlegung, sondern stellt auf die vertragliche Interessenlage ab und entscheidet danach, ob Dienst- oder Werkvertragsrecht einschlägig ist.[35] In der Tat ist eine abstrakte Zuordnung wenig hilfreich, da Kommissionsverträge unterschiedlich ausgestaltet sein können. Die entbindet aber nicht davon, von einem gesetzestypischen Regelfall auszugehen und zu begründen, wann von dem Regelfall abzuweichen ist.

15   Beim Handeln des Kommissionsagenten (→ § 406 Rn. 5 ff.) überwiegen dienstvertragliche Elemente, was die ergänzende Heranziehung der für das Dienstvertragsrecht geltenden Normen rechtfertigen soll,[36] soweit nicht wiederum die Vorschriften des Handelsvertreterrechts (§§ 89 ff.) vor-

---

[28] So aber Staub/*Koller* Rn. 11.

[29] BAG Urt. v. 4.12.2002 – 5 AZR 667/01, AP BGB § 611 Abhängigkeit Nr. 115; BeckOGK/*Fischinger* Rn. 26; MüKoHGB/*Häuser* Rn. 23; Staub/*Koller* Rn. 12.

[30] Oetker/*Martinek* Rn. 16; Staub/*Koller* Rn. 12.

[31] BAG Urt. v. 4.12.2002 – 5 AZR 667/01, AP BGB § 611 Abhängigkeit Nr. 115 mit dem Hinweis, dass der Kommissionär in diesem Fall eine arbeitnehmerähnliche Person sein kann (dazu BAG Beschl. v. 8.7.1997 – 5 AZB 3/92, AP § 5 ArbGG Nr. 38); MüKoHGB/*Häuser* Rn. 13; Oetker/*Martinek* Rn. 16.

[32] BGH Urt. v. 12.9.2017 – XI ZR 590/15, BGHZ 215, 359 Rn. 58 = NJW 2017, 3649; Urt. v. 28.5.2002 – XI ZR 336/01, NJW-RR 2002, 1272; BeckOK HGB/*Baer* Rn. 19; BeckOGK/*Fischinger* Rn. 34; *Canaris* HandelsR § 30 Rn. 5; KKRD/*Roth* Rn. 3; MüKoHGB/*Häuser* Rn. 44; Oetker/*Martinek* Rn. 27; Röhricht/Graf v. Westphalen/Haas/*Lenz* Rn. 6; Schlegelberger/*Hefermehl* Rn. 36; *K. Schmidt* HandelsR § 31 III 3.

[33] RG Urt. v. 24.1.1925 – I 728/23, RGZ 110, 119 (123); RG JW 1932, 2607 (2608); OLG Oldenburg Urt. v. 16.12.1998 – 3 U 105/98, NJW-RR 2000, 507; BeckOGK/*Fischinger* Rn. 37; *Canaris* HandelsR § 30 Rn. 5; MüKoHGB/*Häuser* Rn. 45; Ehrenbergs-HdB V/1–2, 488 f.; ähnl. KKRD/*Roth* Rn. 3, wonach im Zweifel nur die Bemühung geschuldet ist.

[34] RG Urt. v. 17.4.1909 – I 209/08, RGZ 71, 76 (78); *v. Gierke/Sandrock* HandelsR § 27 III 2; *Knütel* ZHR 137 (1973), 285 (286 f.).

[35] BeckOK HGB/*Baer* Rn. 20; Heymann/*Herrmann* Rn. 6; MüKoHGB/*Häuser* Rn. 45; Oetker/*Martinek* Rn. 28; Röhricht/Graf v. Westphalen/Haas/*Lenz* Rn. 6; *K. Schmidt* HandelsR § 31 III 3.

[36] Vgl. BGH Urt. v. 9.1.1967 – II ZR 226/64, LM § 383 Nr. 4 = MDR 1967, 384 = JR 1967, 218, freilich ohne Erörterung der Problematik; ebenso schon RG Urt. v. 5.2.1918 – III 311/17, RGZ 92, 158 (159 f.).

gehen. Im Schrifttum schlägt man teilweise vor, nach der **Dauer** der jeweiligen Kommissionsverhältnisse zu unterscheiden. So will man bei Einzelverträgen, denen das für den Dienstvertrag oft charakteristische Element der Dauer abgeht, überwiegend Werkvertragsrecht für anwenden.[37] Diese Differenzierung ist abzulehnen, da sie von einem verengten Verständnis über Dienst- und Werkverträge ausgeht. Dienstverträge begründen nicht notwendig Dauerschuldverhältnisse wie etwa beim Arztvertrag. Umgekehrt existieren auch Werkverträge, die dauerhaft angelegt sind (Architektenvertrag; Verträge mit Bauunternehmern).[38] An den Abschluss des Ausführungsgeschäfts oder an dessen Abwicklung anzuknüpfen und damit von einem Werkvertrag auszugehen, überzeugt nicht. Gerade bei den praktisch bedeutsamen Effektenkommission verpflichtet sich die Bank nur dazu, sich sorgfältig um die Ausführung des Kundengeschäfts zu bemühen. Ein Erfolg wird gerade nicht geschuldet.[39] Wer einem Werkvertrag das Wort redet, übersieht zudem § 394. Hieraus lässt sich der Umkehrschluss ziehen, dass eine Einstandspflicht des Kommissionärs und damit wie beim Werkvertrag ein geschuldeter Erfolg nur ausnahmsweise besteht, wenn dies zwischen den Parteien vereinbart wurde oder Handelsbrauch ist.

Diese Ansatzpunkte weisen zur Lösung. Im Regelfall gilt für die **Kündigung** des Kommissions- **16** vertrags **Dienstvertragsrecht** – auch bei Einzelaufträgen. Dafür spricht die pragmatische Erwägung, dass es keinen überzeugenden Grund gibt, dem Kommissionär nicht ebenso wie dem Kommittenten ein jederzeitiges Kündigungsrecht zu geben. Die Rechte des Kommittenten sind idR durch § 627 Abs. 2 BGB hinreichend gewahrt. Die Rechtsfolgen bei einer Schlechterfüllung richten sich nach der Gestaltung und der Interessenlage des konkreten Falles. Im Regelfall wird § 280 BGB eine angemessene Lösung bieten. Ähneln die Leistungspflichten des Kommissionärs denen eines Werkunternehmers, sind die §§ 634 ff. BGB anzuwenden.

2. Abgrenzung des Kommissionsvertrages vom Eigenhandel. a) Kriterien. Die Parteien des **17** Grundgeschäfts bestimmen, ob sie ihre Beziehungen dem Kommissionsrecht unterstellen wollen oder ob der „Beauftragte" für eigene Rechnung kaufen oder verkaufen soll und seinerseits mit dem „Auftraggeber" einen Kaufvertrag schließt. Ist ein übereinstimmender Wille nicht feststellbar, müssen die Erklärungen nach den anerkannten Auslegungsgrundsätzen (§§ 133, 157 BGB) ausgelegt werden. Hierbei ist zu würdigen, wer das wirtschaftliche Risiko des Geschäfts tragen sollte. Dabei entscheidet wie auch sonst eine Gesamtwürdigung; ein einzelner Anhaltspunkt liefert noch keinen Ausschlag für die eine bestimmte Sicht. **Für die Vereinbarung eines Kommissionsgeschäfts** sprechen: Provisionsabrede,[40] Abmachung, zum bestmöglichen Preis zu kaufen oder zu verkaufen,[41] Lieferung und/oder Zahlung direkt vom Kommittenten an den Dritten bzw. vom Dritten an den Kommittenten,[42] Vorschuss des Kaufpreises durch den Auftraggeber. **Gegen die Vereinbarung eines Kommissionsgeschäfts** sprechen: Festpreisabrede,[43] Ausschluss einer Abrechnung,[44] Ausführungsgeschäft nicht mehr erforderlich, da der „Beauftragte" – wie die Parteien wissen – die Ware schon beschafft hat,[45] Fehlen jeglicher Weisungsbefugnis,[46] Belastung des „Beauftragten" mit der Transportgefahr.[47] **Keinen Rückschluss** für oder gegen eine Kommission lassen zu: Vereinbarung eines Eigentumsvorbehalts zugunsten des Überlassenden[48] oder Vereinbarung einer Mindesterlösgarantie.[49]

---

[37] Baumbach/Hopt/*Hopt* Rn. 6; KKRD/*Roth* Rn. 3; *K. Schmidt* HandelsR § 31 III 3.

[38] Krit. gegenüber diesem Ansatz daher auch BeckOGK/*Fischinger* Rn. 37; MüKoHGB/*Häuser* Rn. 45.

[39] BGH Urt. v. 28.5.2002 – XI ZR 336/01, NJW-RR 2002, 1272; hierauf weisen besonders hin MüKoHGB/ *Häuser* R. 45; *Oetker/Martinek* Rn. 28.

[40] BGH Urt. v. 25.6.2002 – XI ZR 239/01, NJW-RR 2002, 1344 (1345); Urt. v. 9.12.1958 – VIII ZR 165/57, LM § 384 Nr. 2; Schlegelberger/*Hefermehl* Rn. 24.

[41] RG Urt. v. 16.10.1918 – I 110/18, RGZ 94, 65 (66); Urt. v. 19.5.1926 – I 309/25, RGZ 114, 9 (11); OLG München Urt. v. 26.5.1955 – 6 U 1482/54, BB 1955, 682; implizit BGH Urt. v. 26.6.2012 – XI ZR 316/11, NJW 2012, 2873 Rn. 21; MüKoHGB/*Häuser* Rn. 51; Staub/*Koller* Rn. 19.

[42] BGH Urt. v. 9.12.1958 – VIII ZR 165/57, LM § 384 Nr. 2.

[43] BGH Urt. v. 16.12.1952 – I ZR 29/52, BGHZ 8, 222 (226); Urt. v. 25.6.2002 – XI ZR 239/01, NJW-RR 2002, 1344 (1345); Urt. v. 27.2.1991 – VIII ZR 106/90, NJW-RR 1991, 994 (995 – unter dem Vorbehalt, dass sonst keine Umstände für eine Kommission sprechen); RG Urt. v. 4.3.1921 – III 390/20, RGZ 101, 380; OLG Karlsruhe Urt. v. 29.6.1971 – 8 U 37/71, BB 1971, 1123; Baumbach/Hopt/*Hopt* Rn. 7; Heymann/*Herrmann* Rn. 4; MüKoHGB/*Häuser* Rn. 50; Staub/*Koller* Rn. 38.

[44] OLG Hamburg Urt. v. 29.6.1957 – 1 U 142/56, BB 1957, 911; MüKoHGB/*Häuser* Rn. 52.

[45] RG Urt. v. 4.3.1921 – III 390/20, RGZ 101, 380 (381).

[46] BGH Urt. v. 27.2.1991 – VIII ZR 106/90, NJW-RR 1991, 994 (995); Urt. v. 19.2.1975 – VIII ZR 175/73, NJW 1975, 776 (777); Urt. v. 19.1.1951 – I ZR 15/50, BGHZ 1, 75 (79); OLG Hamburg Urt. v. 29.6.1957 – I U 142/56, BB 1957, 911; *Canaris* HandelsR § 30 Rn. 8; Staub/*Koller* Rn. 37.

[47] BGH Urt. v. 19.1.1951 – I ZR 15/50, BGHZ 1, 75 (79).

[48] MüKoHGB/*Häuser* Rn. 53.

[49] BGH Urt. v. 24.11.1980 – VIII ZR 339/79, NJW 1981, 388 (389); Heymann/*Herrmann* Rn. 4; MüKoHGB/ *Häuser* Rn. 50.

18   **b) Effektengeschäfte.** Im **Effektengeschäft** ist – bei Einkaufs- und Verkaufskommission gleichermaßen – in der Regel von einem Kommissionsgeschäft der Bank auszugehen.[50] Das folgt aus den allgemeinen Geschäftsbedingungen der Banken.[51] Davon ausgenommen sind im Wertpapierhandel die **Festpreisgeschäfte,** hier kommt zwischen Kunde und Bank ein Kaufvertrag zustande.[52] Anzutreffen sind sie vor allem beim Kauf festverzinslicher Wertpapiere aber auch „moderner" Anlageformen, bei denen man oftmals auf das Festpreisgeschäft auswich, um den Kunden nicht über die Marge aufklären zu müssen. Das Kreditinstitut hat in den Ausführungsgrundsätzen für Wertpapiergeschäfte festzulegen (§ 82 Abs. 1 WpHG), welches Rechtsgeschäft sie wählt. Die frühere Motivation, auf ein Festpreisgeschäft auszuweichen, ist nunmehr überholt, da nach § 63 WpHG unabhängig vom Vertragstyp bestimmte Aufklärungs- und Beratungspflichten bestehen. Von den früher üblichen Eigenhändlergeschäften (vgl. § 2 Abs. 8 Nr. 2 lit. c WpHG) unterscheiden sie sich dadurch, dass der Festpreis vereinbart wird und nicht – wie früher – dem Bestimmungsrecht der Bank unterliegt.[53] Die SBW sehen Eigenhändlergeschäfte nicht mehr vor, da man sie zu Recht als anlegerfeindlich kritisierte.[54]

19   **3. Begründung des Vertrages. a) Vertragsschluss.** Für den Vertragsschluss gelten die allgemeinen Vorschriften (§§ 145 ff. BGB). Der Antrag zum Abschluss eines Kommissionsvertrages wird idR vom Kommittenten ausgehen. Dabei wird er meist die für ihn wesentlichen Bedingungen für das Ausführungsgeschäft enthalten, insbes. Dauer für die Durchführung des Auftrags und ein Preislimit. Erforderlich ist das jedoch nicht. Stehen die essentialia fest (Kauf oder Verkauf; Bestimmbarkeit der Waren oder Wertpapiere), so gilt im Übrigen der allgemeine Pflichtenkatalog des § 384 Abs. 1.[55] Enthält das Angebot ein Zeitlimit für die Durchführung, liegt darin zugleich die Bestimmung einer Annahmefrist iSd § 148 BGB. Die Annahmeerklärung wird im Geschäftsverkehr, zumal bei bestehenden Geschäftsbeziehungen, häufig konkludent abgegeben werden. Dabei kommt nach § 362 Abs. 1 insbesondere Schweigen als schlüssige Annahmeerklärung in Betracht. Auf den Zugang der Annahmeerklärung kann zumeist nach § 151 BGB verzichtet werden.[56] Ausnahmsweise können die §§ 19, 20 GWB einen Kontrahierungsanspruch begründen, was voraussetzt, dass der Kommissionär ein marktmächtiges oder gar marktbeherrschendes Unternehmen ist.

20   **b) Form.** Der Abschluss des Kommissionsvertrages unterliegt grundsätzlich keiner Form. Dies gilt auch im Grundsatz dann, wenn das Ausführungsgeschäft formbedürftig ist (§ 311b Abs. 1 S. 1 BGB bei An- und Verkauf von Grundstücken; § 15 Abs. 4 GmbHG bei An- und Verkauf von GmbH-Anteilen). Allerdings lässt sich dies nicht (analog) mit § 167 Abs. 2 BGB begründen und danach vertreten, dass der Kommissionsvertrag nicht der Form des Ausführungsgeschäfts bedürfe, es sei denn, der Auftrag ist unwiderruflich erteilt worden.[57] Man wird vielmehr im Einzelfall darauf abstellen müssen, ob der Kommissionsvertrag zwangsläufig in eine formbedürftige Verpflichtung mündet. Ist in dem Kommissionsvertrag der Selbsteintritt gestattet, unterliegen eine Einkaufs- oder Verkaufskommission über GmbH-Anteile oder Grundstücke in jedem Fall dem jeweiligen Formerfordernis.[58]

21   Für **Grundstücksgeschäfte** (uneigentliche Kommission, § 406 Abs. 1 Satz 1) ist zu unterscheiden: Bei der **Einkaufskommission** bedarf die Verpflichtung des Kommissionärs, das Grundstück an den Kommittenten weiterzuleiten, keiner notariellen Beurkundung. Diese Verpflichtung ergibt sich aus dem Gesetz (§ 667 BGB, § 384), sei es auch als Folge des Vertrages.[59] Beurkundungsbedürftig ist der Kommissionsvertrag, wenn er eine Erwerbsverpflichtung des Kommissionärs (gegenüber dem Dritten) und/oder eine Erwerbsverpflichtung des Kommittenten (gegenüber dem Kommissionär)

---

[50] BGH Urt. v. 25.6.2002 – XI ZR 239/01, NJW-RR 2002, 1344; OLG Frankfurt a. M. Beschl. v. 22.4.2015 – 23 Kap 1/13, WM 2015, 1105 (1108); OLG Köln Urt. v. 8.6.2001 – 13 U 55/10, BKR 2011, 334 (336 „Regelfall"); OLG Nürnberg Urt. v. 10.7.2015 – 14 U 468/07, WM 2015, 2146; OLG Stuttgart Urt. v. 10.12.2012 – 9 U 87/12, NJW 2013, 320; RG Urt. v. 19.5.1926 – I 309/25, RGZ 114, 9, (10 ff.).

[51] Vgl. Sonderbedingungen für Wertpapiergeschäfte der deutschen Banken (SBW), Nr. 1 Abs. 2.

[52] OLG Köln Urt. v. 8.6.2001 – 13 U 55/10, BKR 2011, 334 (336); OLG Karlsruhe Urt. v. 2.11.2010 – 17 U 62/ 10, BKR 2010, 517; SBW Nr. 1 Abs. 3.

[53] *Kümpel* WM 1995, 137 (139).

[54] *Kümpel* WM 1995, 137 (139); MüKoHGB/*Ekkenga* Effektengeschäft Rn. 126.

[55] Staub/*Koller* Rn. 89.

[56] MüKoHGB/*Häuser* Rn. 36.

[57] So jedoch Schlegelberger/*Hefermehl* Rn. 39; Heymann/*Herrmann* Rn. 7; Röhricht/Graf v. Westphalen/Haas/ *Lenz* Rn. 8. – Unmittelbar einschlägig ist § 167 Abs. 2 BGB ohnehin nicht, da der Kommissionär nicht als bevollmächtigter Stellvertreter handelt. Für eine analoge Anwendung des Stellvertretungsrechts besteht keine Berechtigung, da der Kommissionär nicht dem Leitbild eines Vertreters entspricht. Der hier vertretenen Auffassung zustimmend jetzt KKRD/*Roth* Rn. 9.

[58] BeckOGK/*Fischinger* Rn. 43; Baumbach/Hopt/*Hopt* Rn. 9; Heymann/*Herrmann* Rn. 7; MüKoHGB/*Häuser* Rn. 40; Oetker/*Martinek* Rn. 29.

[59] StRspr des BGH, s. Urt. v. 17.10.1980 – V ZR 143/79, NJW 1981, 1267 = WM 1981, 361; Urt. v. 5.11.1982 – V ZR 228/80, BGHZ 85, 245 (248 ff.) = NJW 1983, 566; Urt. v. 7.10.1994 – V ZR 102/93, BGHZ 127, 168 = NJW 1994, 3346, jew. mwN; BeckOK HGB/*Baer* Rn. 26; Staub/*Koller* Rn. 92.

begründet.[60] Dabei kann sich der Kommissionär idR nach § 242 BGB nicht auf die infolge der Erwerbsverpflichtung des Kommittenten gegebene Formbedürftigkeit berufen, da sie nicht seinem Schutz dient.[61] Ob eine Erwerbsverpflichtung des Kommissionärs und/oder des Kommittenten besteht, ist Tatfrage, wird aber im Regelfall zu bejahen sein. Kommt es zur Zwischeneintragung des Kommissionärs, wird ein Formmangel, der auf seiner Erwerbsverpflichtung beruht, geheilt (§ 311b Abs. 1 S. 2 BGB). Bei der **Verkaufskommission** verfügt der Kommissionär mit Einwilligung des Kommittenten über dessen Grundstück (§§ 182, 185 BGB). Diese Ermächtigung ist grundsätzlich ebenso formfrei (§ 182 Abs. 2 BGB) wie Kommissionsvertrag, der die Einwilligung enthält.[62] Etwas anderes gilt, wenn der Kommissionsvertrag den Kommittenten endgültig bindet und damit das Ausführungsgeschäft wirtschaftlich vorwegnimmt, wie etwa bei einer unwiderruflich Ermächtigung oder unwiderruflich vereinbarten Kommission.[63]

Beim **An- und Verkauf von GmbH-Anteilen** richtet sich nach dem Schutzzweck des § 15 Abs. 4 **22** GmbHG, ob der Kommissionsvertrag einer notariellen Form bedarf. Diese Norm will den Handel mit GmbH-Geschäftsanteilen verhindern.[64] Der Schutzzweck des § 15 Abs. 4 GmbHG gebietet es, jede Abrede dem Formzwang zu unterwerfen, die **zwangsläufig** die Verpflichtung zur Anteilsübertragung begründet.[65] Deswegen bedarf Kommissionsvertrag über den Ankauf von GmbH-Anteilen der Form des § 15 Abs. 4 GmbHG.[66] Die Parallelwertung zu Grundstücksgeschäften, wonach sich die Übertragung des Erworbenen nach dem Gesetz bestimmt, verfängt bei GmbH-Anteilen nicht, da hier – im Gegensatz zu Grundstücken – der Handel tunlichst unterbunden werden soll. Im Einklang damit hat der BGH beispielsweise auch die Abtretung eines formgerecht begründeten Anspruchs auf Übertragung eines Geschäftsanteils unter Hinweis auf den Schutzzweck generell dem Formzwang unterstellt, sich also nicht etwa auf die Prüfung der Umgehung der Formvorschrift im Einzelfall beschränkt.[67] Wie bei Grundstücksgeschäften ist eine Verkaufskommission über GmbH-Anteile formfrei, sofern weder die Verkaufsermächtigung noch der Kommissionsvertrag unwiderruflich sind.[68]

4. Besondere Nichtigkeitsgründe. a) Spieleinwand und Finanztermingeschäfte. Von gerin- **23** ger praktischer Bedeutung ist der Spieleinwand nach § 762 BGB. Soll der Kommissionsvertrag eine ein beiderseitiges Verlustrisiko in Gestalt eines Spieles oder einer Wette verdecken, begründet er nach dem Gesetzeswortlaut keine Verbindlichkeit (§ 762 Abs. 1 S. 1 BGB). § 762 Abs. 1 S. 2 BGB erweitert in diesem Fall den Kondiktionsausschluss des § 814 BGB und schließt einen Ausgleich auch aus, wenn der Leistende nicht wusste, dass Spiel und Wette keine Leistungspflicht begründen.[69] Der Kommittent hat keinen durchsetzbaren Anspruch auf Ausführung, der Kommissionär keinen durchsetzbaren Anspruch auf Vergütung und Aufwendungsersatz. Der Kommittent kann die Herausgabe des

[60] Vgl. nur BGH Urt. v. 7.10.1994 – V ZR 102/93, BGHZ 127, 168 = NJW 1994, 3346; Urt. v. 5.11.1982 – V ZR 228/80, BGHZ 85, 245 (250) = NJW 1983, 566; BeckOK HGB/*Baer* Rn. 26; BeckOGK/*Fischinger* Rn. 42; MüKoHGB/*Häuser* Rn. 39; Staub/*Koller* Rn. 94.

[61] BGH Urt. v. 5.11.1982 – V ZR 228/80, BGHZ 85, 245 (251 f.) = NJW 1983, 566; Urt. v. 7.10.1994 – V ZR 102/93, BGHZ 127, 168 (175); Ausnahmefall: BGH Urt. v. 2.5.1996 – III ZR 50/95, NJW 1996, 1960 = MDR 1996, 895.

[62] Vgl. nur BGH Urt. v. 25.2.1994 – V ZR 63/93, BGHZ 125, 218 = NJW 1994, 1344 zur nachträglichen Zustimmung (Genehmigung); BeckOK HGB/*Baer* Rn. 26; Staub/*Koller* Rn. 93.

[63] BeckOK HGB/*Baer* Rn. 26; BeckOGK/*Fischinger* Rn. 42; MüKoHGB/*Häuser* Rn. 39; Staub/*Koller* Rn. 93; Jauernig/*Stadler* BGB § 311b Rn. 22, 27; vgl. auch BGH Urt. v. 18.12.1981 – V ZR 233/80, BGHZ 82, 398 (403) = NJW 1982, 759; Urt. v. 1.7.1970 – IV ZR 1178/68, NJW 1970, 1915 (1916) = MDR 1970, 995 = BB 1970, 1195.

[64] BGH Urt. v. 24.3.1954 – II ZR 23/53, BGHZ 13, 49 (51 f.); Urt. v. 19.4.1999 – II ZR 365/97, BGHZ 141, 207 = NJW 1999, 2594; BGH Beschl. v. 12.12.2005 – II ZR 330/04, DStR 2006, 1378 Rn. 3; MüKoGmbHG/*Reichert/Weller* GmbHG § 15 Rn. 79.

[65] Grdl. BGH Beschl. v. 12.12.2005 – II ZR 330/04, DStR 2006, 1378 Rn. 3. Dieser (im handelsrechtlichen Schrifttum nicht immer ausreichend beachtete) Beschluss gebietet es m. E., die tradierten Ansichten zum Formerfordernis zu überdenken, so zutr. MüKoGmbHG/*Reichert/Weller* GmbHG § 15 Rn. 86; aA Baumbach/Hopt/*Servatius* GmbHG § 15 Rn. 34; MHLS/*Ebbing* GmbHG § 15 Rn. 60.

[66] BeckOGK/*Fischinger* Rn. 42; KKRD/*Roth* Rn. 9; MüKoGmbHG/*Reichert/Weller* GmbHG § 15 Rn. 87; Rowedder/Schmidt-Leithoff/*Görner* GmbHG § 15 Rn. 20; aA BeckOK HGB/*Baer* Rn. 27; Baumbach/Hopt/*Servatius* GmbHG § 15 Rn. 60; MHLS/*Ebbing* GmbHG § 15 Rn. 60; Staub/*Koller* Rn. 94.

[67] BGH Urt. v. 5.11.1979 – II ZR 83/79, BGHZ 75, 352 (353 f.) = NJW 1980, 1100; ebenso für eine Treuhandabrede BGH Urt. v. 19.4.1999 – II ZR 365/97, BGHZ 141, 207 = NJW 1999, 2594; BGH Beschl. v. 12.12.2005 – II ZR 330/04, DStR 2006, 1378 Rn. 3.

[68] BeckOGK/*Fischinger* Rn. 42; MüKoGmbHG/*Reichert/Weller* GmbHG § 15 Rn. 89; Staub/*Koller* Rn. 92 f.; s. auch MHLS/*Ebbing* GmbHG § 15 Rn. 60; Rowedder/Smidt-Leithoff/*Görner* GmbHG § 15 Rn. 20; aA KKRD/ *Roth* Rn. 9.

[69] Die dogmatische Einordnung dieser Norm ist umstritten. Nach einer neueren Ansicht erschöpft sich ihre Ratio in einem weiteren Bereicherungsausschluss: *Henssler*, Risiko als Vertragsgegenstand, 1994, 435 ff.; *Fuchs* FS Medicus, 1999, 123 (130 ff.); MüKoBGB/*Habersack* BGB § 762 Rn. 3; Wieder andere sehen in der Norm eine unvollkommene Verbindlichkeit, wonach der Verpflichtete schuldet aber nicht haftet: BeckOGK/*Haertlein* BGB § 762 Rn. 10; MüKoHGB/*Häuser* Rn. 43; Staudinger/*Engel*, 2015, BGB Vor § 762 Rn. 3 a ff. Die praktische Bedeutung dieser Streitigkeit hält sich in Grenzen.

Erlangten auch nicht durchsetzen, wenn das Geschäft ausgeführt worden ist. § 762 Abs. 1 BGB normiert keinen wie auch immer zu konstruierenden Behaltensgrund, der eine Herausgabe rechtfertigen könnte.[70]

24   Für **Finanztermingeschäfte** schließt § 99 S. 1 WpHG den Spieleinwand aus. Nach § 99 S. 2 WpHG handelt es sich hierbei um alle derivativen Rechtsgeschäfte iSv § 2 Abs. 3 WpHG, wobei mindestens eine Partei unternehmerisch (§ 14 BGB) oder kaufmännisch handeln muss. Erfasst sind von § 99 S. 1 WpHG namentlich die Finanzkommission bzw. die Kommissionsgeschäfte nach § 2 Nr. 8 WpHG.[71] Die Geschäfte, also auch ein Kommissionsvertrag, sind voll wirksam. Der Kommittent hat dann auch einen Anspruch auf Herausgabe des Gewinns. Allerdings besteht im Interesse des Anlegerschutzes eine Verordnungsermächtigung nach § 100 Abs. 1 WpHG. Widerspricht ein Rechtsgeschäft einer solchen Verordnung, ist es nach § 100 Abs. 2 S. 1 WpHG nichtig. Diese Rechtsfolge verdrängt die Anordnung nach § 762 BGB. Dann besteht auch kein Anspruch auf Herausgabe des aus der Durchführung des Auftrags Erlangten.[72]

25   **b) Recht gegen Wettbewerbsbeschränkungen.** Enthält ein Kommissionsvertrag eine wettbewerbsbeschränkende Klausel, kann der gesamte Vertrag kartellrechtswidrig und damit nichtig sein. Die rechtlichen Maßstäbe lassen sich aus den §§ 1, 2 Abs. 2 GWB iVm der Vertikal-GVO ableiten.[73] Berührt die Klausel den zwischenstaatlichen Handel, ist Art. 101 AEUV iVm der Vertikal-GVO einschlägig. Die inländischen und europäischen Maßstäbe sind deckungsgleich.[74] Auch wenn die Vertikal-GVO keine Sonderregelung für Kommissionsverträge kennt, stecken die Leitlinien für vertikale Vereinbarungen den rechtlichen Rahmen hierfür ab.[75] Die kartellrechtliche Beurteilung stellt das Handeln im fremden Namen dem Handeln im eigenen Namen gleich, sofern der Mittler für fremde Rechnung handelt.[76] Unanwendbar ist das Kartellverbot auf Wettbewerbsbeschränkungen in Kommissionsverträgen, wenn der Kommittent das überwiegende finanzielle bzw. wirtschaftliche Risiko aus der Durchführung des Kommissionsvertrages trägt. Dies gilt auch für Kommissionsagenten. Unerheblich ist für diese Betrachtung, ob der Kommissionär in eine etwaige Vertriebsorganisation des Kommittenten eingegliedert ist. Die europäische Praxis hat ein Eingliederungskriterium für Handelsvertreterverträge aufgegeben[77] und es besteht kein Anlass, es für Kommissionsverträge aufrecht zu erhalten, zumal dort die Bindung des Vertriebsmittlers an den Prinzipal meist locker ist.

26   Entscheidend ist damit die **vertragliche Risikoverteilung** inter partes, wofür die Bezeichnung des Vertrages als „Kommissionsvertrag" keine Rolle spielt. Titulieren die Parteien ihre Vereinbarung als Kommissionsvertrag, wählen sie jedoch eine **atypische Risikoverteilung**, die dem Kommissionär die Geschäftsrisiken überwiegend zuweist, fällt diese Vereinbarung unter § 1 GWB.[78] In diesem Fall sind meist zwei Kaufverträge hintereinandergeschaltet, in denen Wettbewerbsbeschränkungen nur im engen Rahmen des § 2 Abs. 2 GWB iVm Art. 3 ff. Vertikal-GVO vereinbart werden können. Hingegen genießt der Kommissionsvertrag ein Kartellprivileg, wenn der Kommissionär keine oder nur unwe-

---

[70] LG Paderborn Urt. v. 15.8.1979 – 4 O 326/79, WM 1979, 1110; BeckOGK/*Fischinger* Rn. 46; MüKoHGB/*Häuser* Rn. 43; Staub/*Koller* Rn. 97. AA (einen Herausgabeanspruch bejahend) OLG Frankfurt a. M. Urt. v. 12.6.1979 – 6 U 147/78, WM 1979, 1251; BeckOK BGB/*Janoschek* BGB § 762 Rn. 12; Baumbach/Hopt/*Hopt* Rn. 10; Staudinger/*Engel,* 2015, BGB § 762 Rn. 36; Voraufl. Rn. 23. Zweifelnd (die o. a. Entscheidung des OLG Frankfurt a. M. aus anderen Gründen aufhebend) BGH Urt. v. 19.5.1980 – II ZR 269/79, NJW 1980, 1957 (1958) = WM 1980, 768.

[71] Assmann/Schneider/Mülbert/*Mülbert* WpHG § 99 Rn. 4, 8.

[72] BeckOGK/*Fischinger* Rn. 47. Zum früheren Recht BGH Urt. v. 19.5.1980 – II ZR 269/79, NJW 1980, 1957 (1958) = WM 1980, 768; BGH Urt. v. 16.3.1981 – II ZR 110/80, NJW 1981, 1897 = WM 1981, 711 (712).

[73] Verordnung (EU) Nr. 330/2010 der Kommission vom 20.4.2010 über die Anwendung von Artikel 101 Absatz 3 des Vertrages über die Arbeitsweise der Europäischen Union auf Gruppen von vertikalen Vereinbarungen und abgestimmten Verhaltensweisen, ABl. 2010 L 102/1.

[74] Regierungsbegründung zur 7.-GWB Novelle, BT-Drs. 153640, 22 f.

[75] Mitteilung der Kommission – Leitlinien für vertikale Beschränkungen vom 10.5.2010, ABl. 2010 C 130/1.

[76] Leitlinien für vertikale Beschränkungen vom 10.5.2010, ABl. 2010 C 130/1 Rn. 12. Handelsvertreter und Kommissionäre werden daher aus kartellrechtlicher Perspektive gleich behandelt. Ebenso Grabitz/Hilf/Nettesheim/*Stockenhuber* AEUV Art. 101 Rn. 171; Kölner Komm KartellR/*Füller* AEUV Art. 101 Rn. 72; Langen/Bunte, Kartellrecht Band 1, 13. Aufl. 2018, GWB Nach § 2 Rn. 335; Liebscher/Flohr/*Petsche/Lager,* Handbuch der EU-Gruppenfreistellungsverordnungen, 2. Aufl. 2012, § 7 Rn. 36; *Lubitz* EWS 2003, 556 (557); *Rittner* DB 2000, 1211; *Schultze/Pautke/Wagener,* Vertikal-GVO, 4. Aufl. 2018, Rn. 153 f.; *Stein* ZVertriebsR 2015, 372 (373).

[77] EuGH Urt. v. 11.9.2008 – C-279/06, Slg. 2008, I-6681 Rn. 36 ff. – CEPSA Estaciones de Servicio SA/LV Tobar e Hijos SL; zuvor angedeutet EuGH Urt. v. 14.12.2006 – C-217/05, Slg. 2006, I-11987 Rn. 43–46 – CEPSA/Confederacíon Española de Empresarios de Estaciones de Servicio. Ebenso aus der Lit. etwa *Eilmannsberger* ZWeR 2006, 64 (70 f.); *Ensthaler/Gesmann-Nuissl* EuZW 2006, 167 (168 ff.). Grabitz/Hilf/Nettesheim/*Stockenhuber* AEUV Art. 101 Rn. 172; Kölner Komm KartellR/*Füller* AEUV Art. 101 Rn. 67. AA *Nolte* in Langen/Bunte, Kartellrecht Band 2, 13. Aufl. 2018, AEUV Nach Art. 101 Rn. 667 ff.

[78] So bereits zum alten § 16 GWB BGH Beschl. v. 15.4.1986 – KVR 3/85, BGHZ 97, 317 (322 ff.) = NJW 1986, 2954 – Telefunken. Ebenso die Leitlinien für vertikale Beschränkungen vom 10.5.2010, ABl. 2010 C 130/1 Rn. 13. Die alte Rspr. hat insoweit nach wie vor Bestand.

sentliche geschäftliche Risiken trägt:[79] Das ist anzunehmen, wenn der Kommissionär sich nicht an den Kosten beteiligt, die durch die Ausführung der Kommission bestehen. Dies ist der Regelfall, da dem Kommittenten über § 396 Abs. 2 iVm §§ 670, 675 BGB ein Aufwendungsersatzanspruch zusteht und daneben weitere Kosten über die Provision nach § 396 Abs. 1 aufgefangen werden können. Schränken die Parteien hingegen den Aufwendungsersatzanspruch ein oder bedingen sie ihn gar ab, rechtfertigt diese atypische Ausgestaltung die Anwendung der § 1 GWB, Art. 101 Abs. 1 AEUV. Grundsätzlich sind nur solche Vereinbarungen kartellfrei, bei denen der Vertriebsmittler keine Haftung dafür übernimmt, dass der Dritte seine Pflichten erfüllt. Eine vereinbarte Delkredereprovision steht dem nicht entgegen, da der Verlust des Provisionsanspruchs zu den Risiken gehört, die der Kommittent zu tragen hat. Das bloße Weisungsrecht des Kommittenten hingegen genügt nicht, um einen Kommissionsvertrag von den kartellrechtlichen Schranken auszunehmen, da sich dieses Recht innerhalb der vertraglichen Risikoverteilung zu bewegen hat und damit von ihr abhängt.

Die ältere Praxis zum GWB[80] dürfte im Ergebnis weitgehend mit den Maßstäben des Unionsrechts **27** im Einklang stehen. **Preisbindungen** des „typischen" Kommissionärs sind erlaubt, zumal § 386 dem Kommittenten ausdrücklich ein Preisbestimmungsrecht einräumt.[81] Nicht anders wird man für Konditionenbindungen zu entscheiden haben. Preisbindungen in **AGB** stellen regelmäßig keine unangemessene Benachteiligung des Kommissionärs iSv § 307 Abs. 1 S. 1 BGB dar.[82] Eine unangemessene Benachteiligung ist demgegenüber in einer Regelung zu sehen, wonach ein Kommissionär (auch wenn er Unternehmer ist) für den Warenschwund ab einem bestimmten Prozentsatz unabhängig davon haftet, ob er den Schwund zu vertreten hat.[83] **Wettbewerbsverbote** des Kommissionärs sind wenigstens für die Dauer des Kommissionsverhältnisses zulässig.[84] Umstritten ist, ob ein nachvertragliches Wettbewerbsverbot erlaubt ist. Dies wird man wegen § 2 Abs. 2 GWB iVm Art. 5 lit. b Vertikal-GVO die Dauer von einem Jahr nach Beendigung des Kommissionsvertrages bejahen können.[85] Ein Wettbewerbsverbot für zwei Jahre nach Vertragsbeendigung ist hingegen kartellrechtswidrig.[86] Zulässig sind schließlich Gebietsbeschränkungen des Kommissionärs und damit die Verpflichtung auf ein bestimmtes Absatzgebiet. Ebenso kartellfrei dürften Beschränkungen des Kundenkreises sein, da der Kommittent bestimmen kann, von wem der Kommissionär kauft oder an wen er verkauft.

In erster Linie von dogmatischem Interesse ist die Frage, an welcher Stelle im Tatbestand des § 1 **28** GWB, Art. 101 Abs. 1 AEUV die Risikoverteilung einzubinden ist. Die europäische Praxis scheint sie sie beim Unternehmensbegriff zu verankern, sodass Wettbewerbsbeschränkungen in typischen Kommissionsverträgen keine Vereinbarung zwischen Unternehmen darstellen.[87] Am Unternehmensbegriff anzusetzen ist unglücklich, da der Kommissionär im Außenverhältnis als Unternehmen angesehen wird, im Innenverhältnis jedoch nicht. Verbreitet hielt man solche Wettbewerbsbeschränkungen für erlaubt, die dem Kommissionsvertrag wesensimmanent sind, so zB das Verbot eigener Konkurrenztätigkeit des Kommissionärs (sog. Immanenztheorie).[88] Diese Ansicht greift den entscheidenden Aspekt auf, ist aber zu konkretisieren. Das GWB will keine überkommenen Vertriebsformen konterkarieren und hat insoweit vertragstypische Wettbewerbsbeschränkungen hinzunehmen.[89] Überschreitet eine Klausel das vertragstypische Maß, – wie dies etwa bei langfristigen nachvertraglichen Wettbewerbsverboten der Fall sein kann (→ Rn. 27) – so ist diese Abrede insoweit nichtig.

5. Beendigung des Vertragsverhältnisses. Das Kommissionsverhältnis endet, wenn es pflicht- **29** gemäß ausgeführt wurde. Dies richtet sich danach, was der Kommissionär im Einzelfall gegenüber dem

---

[79] S. zum folgenden die Aufzählung in den Leitlinien für vertikale Beschränkungen vom 10.5.2010, ABl. 2010 C 130/1 Rn. 16; außerdem *Eilmansberger* ZWeR 2006, 64; *Pfeffer/Wegner* EWS 2006, 296 (298 f.).

[80] BGH Beschl. v. 15.4.1986 – KVR 3/85, BGHZ 97, 317 (320 ff.) = NJW 1986, 2954; Urt. v. 2.2.1999 – KZR 11/97, BGHZ 140, 342 (351 f.) = NJW 1999, 2671; vgl. auch schon BGH Beschl. v. 5.12.1968 – KVR 2/68, BGHZ 51, 163, (168); Beschl. v. 27.1.1981 – KVR 4/80, BGHZ 80, 43 (53), NJW 1981, 2052; Urt. v. 23.9.1975 – KZR 14/74, LM GWB § 15 Nr. 7 = MDR 1976, 121 = BB 1976, 6.

[81] So für Handelsvertreter: EU-Kommission v. 18.10.1991, ABl. 1991 L 306/22 – Eirpage; BGH Urt. v. 20.3.2003 – I ZR 225/00, NJW-RR 2003, 1056 = WM 2004, 132 (137).

[82] BGH Urt. v. 20.3.2003 – I ZR 225/00, NJW-RR 2003, 1056 = WM 2004, 132 (137).

[83] BGH Urt. v. 20.3.2003 – I ZR 225/00, NJW-RR 2003, 1056 = WM 2004, 132 (137 f.).

[84] BGH Urt. v. 17.10.1991 – I ZR 248/89, NJW-RR 1992, 481 zu § 89a; *Kapp* WuW 2007, 1218 (1224); *Rittner* WuW 2007, 365 (367), *Kapp/Andresen* BB 2006, 2253 (2254 f.).

[85] S. zu Handelsvertretern BGH Urt. v. 28.1.1993 – I ZR 224/90, NJW 1993, 1786 f.; Kölner Komm KartellR/ *Maritzen* GWB § 1 Rn. 319; *Lange* EWS 2001, 18 (22).

[86] EU-Kommission v. 18.10.1991, ABl. 1991 L 306/22 – Eirpage.

[87] ZB EuGH Urt. v. 14.12.2006 – C-217/05, Slg. 2006, I-11987 Rn. 43–46 – CEPSA/ Confederacíon Española de Empresarios de Estaciones de Servicio; Urt. v. 24.10.1995 – C-266/93, Slg. 1995, I-3477 Rn. 19 – VAG Leasing (jew. für Handelsvertreterverträge). Teile des Schrifttums wollen hier (für Handelsvertreterverträge) eine Parallele zu konzerninternen Vereinbarungen ziehen, *Bunte/Kreutzmann* FS Helm, 2002, 19 (32); *Walz,* Das Kartellrecht des Automobilvertriebs, 2005, 120. Krit. hierzu *de Bronett* EWS 2017, 61 (65); Kölner Komm KartellR/*Füller* AEUV Art. 101 Rn. 75.

[88] Vgl. BGH Beschl. v. 25.9.1990 – KVR 2/89, BGHZ 112, 218 (221 ff.) = NJW 1991, 490; in diese Richtung geht auch BGH Urt. v. 20.3.2003 – I ZR 225/00, WM 2004, 132 (137); KKRD/*Roth* Rn. 10.

[89] Vgl. dazu Immenga/Mestmäcker/*Zimmer* GWB § 1 Rn. 323.

Kommittenten schuldet. Bei der Einkaufskommission endet das Kommissionsverhältnis, wenn der Kommissionär dem Kommittenten das Eigentum am Kommissionsgut verschafft hat. Die Verkaufskommission endet zu dem Zeitpunkt, zu dem der Kommittent den Erlös aus dem Ausführungsgeschäft erlangt hat. Schuldet der Kommissionär ausnahmsweise keine Ausführung, endet das Kommissionsverhältnis, sofern der der Kommissionär die geschuldete Handlung erbracht hat.

30 **a) Zeitablauf und auflösende Bedingung.** Ist der Vertrag für eine bestimmte Zeit geschlossen worden, endet er automatisch mit dem Ablauf dieses Zeitraums. Die Zeitbestimmung kann sich, wenn nicht ausdrücklich getroffen, aus den Besonderheiten der Kommission ergeben, insbes. aus ihrem Zweck oder aus einem Handelsbrauch.[90] Die **Effektenkommission** ist nach den **Sonderbedingungen für Wertpapiergeschäfte** der deutschen Banken befristet. Nach Nr. 6 Abs. 1 SBW (→ Rn. 4) gilt ein preislich unlimitierter Auftrag zum Kauf oder Verkauf von Wertpapieren nur für einen Handelstag. Konnte der Auftrag für eine gleichtägige Ausführung im Rahmen des ordnungsgemäßen Ablaufs nicht berücksichtigt werden, wird er für den nächsten Handelstag vorgemerkt (Nr. 6 Abs. 1 S. 2 SBW). Ein preislich limitierter Auftrag ist nach Nr. 6 Abs. 2 SBW bis zum letzten Handelstag des laufenden Monats gültig (Monats-Ultimo). Auch hier wird der Auftrag für den nächsten Monat vorgemerkt, wenn er am letzten Handelstag eines Monats einging und nicht mehr berücksichtigt werden konnte (Nr. 6 Abs. 2 S. 2 SBW). Das Kommissionsgeschäft ist bedingungsfeindlich, es endet daher durch den Eintritt einer auflösenden Bedingung.[91] Ein Beispiel hierfür bildet Nr. 8 SBW. Danach erlöschen laufende Aufträge zum Kauf oder Verkauf von Aktien ua bei einer **Kursaussetzung.** Diese Bestimmung verkürzt aus Praktikabilitätsgründen das Weisungsrecht des Kommittenten nach § 384 Abs. 1, da der Kommissionär den Kommittenten zuvor nicht benachrichtigen und dessen Weisung abwarten muss.

31 **b) Tod.** Der Tod des Kommissionärs führt nach § 673 S. 1 BGB im Zweifel zum Erlöschen des Kommissionsvertrages. Diese Auslegungsregel geht ins Leere, wenn der Kommissionär eine juristische Person ist. Sie kommt auch nicht zum Zuge, wenn die Umstände ergeben, dass der Auftrag nicht an die Person gebunden ist, sondern an das Unternehmen, dem er erteilt wurde. Der Tod des Kommissionärs bleibt dann ohne Einfluss auf den Bestand des Vertragsverhältnisses.[92] Unbenommen bleibt hiervon das Recht des Kommissionärs, den Kommissionsvertrag zu kündigen. Der Tod des Kommittenten führt schon nach der gesetzlichen Auslegungsregel im Zweifel nicht zum Erlöschen des Kommissionsvertrages (§ 672 S. 1 BGB). Etwas anderes gilt, wenn für den Kommissionär erkennbar ist, dass der Kommissionsvertrag auf die persönlichen Interessen des Kommittenten zugeschnitten war und dieser Vertrag für die Erben ohne Belang ist.[93]

32 **c) Kündigung.** Als entgeltliche Geschäftsbesorgung (§ 675 BGB) ist auf den Kommissionsvertrag das Widerrufsrecht nach § 671 Abs. 1 BGB nicht anwendbar. Die rechtliche Einordnung des Kommissionsvertrages spielt eine Rolle bei der Antwort auf die Frage, welche Kündigungsvorschriften anzuwenden sind (→ Rn. 14 ff.). Legt man **Werkvertragsrecht** zugrunde, besteht für den Kommittenten ein grundsätzlich jederzeitiges Kündigungsrecht nach § 649 S. 1 BGB. Die Kündigung ist aber nur möglich, solange der Kommissionär das Ausführungsgeschäft noch nicht getätigt hat.[94] Besteht die Ausführung darin, dass der Kommissionär selbst eintritt, wird die zeitliche Grenze des Rücktritts durch § 405 Abs. 3 modifiziert: Absendung der Ausführungsanzeige. Ob der Kommissionär im Falle der Kündigung des Kommittenten eine Vergütung erhält, beurteilt sich nicht nach § 649 S. 2 BGB, sondern nach der spezielleren Norm des § 396.[95] Dem Kommissionär gewährt das Werkvertragsrecht kein ordentliches Kündigungsrecht, was dafür spricht, im Regelfall von einem Dienstvertrag auszugehen.

33 Wendet man das **Dienstvertragsrecht** an, dem nach der hier vertretenen Auffassung (→ Rn. 16) im Zweifel der Vorzug gebührt, können beide Teile grundsätzlich jederzeit kündigen (§ 627 BGB). Der Kommittent indes kann nur vor der Ausführung des Kommissionsauftrags (Abschluss des Ausführungsgeschäfts) kündigen.[96] Für den Kommissionär ist § 627 Abs. 2 BGB zu beachten: die Kündi-

[90] MüKoHGB/*Häuser* Rn. 106.

[91] BGH Urt. v. 28.5.2002 – XI ZR 336/01, NJW-RR 2002, 1272; BeckOGK/*Fischinger* Rn. 64; Baumbach/Hopt/*Hopt* Rn. 12; Oetker/*Martinek* Rn. 31.

[92] BeckOGK/*Fischinger* Rn. 62; Heymann/*Herrmann* Rn. 11; MüKoHGB/*Häuser* Rn. 108; Röhricht/Graf v. Westphalen/Haas/*Lenz* Rn. 16; Staub/*Koller* Rn. 158.

[93] BeckOGK/*Fischinger* Rn. 63; Baumbach/Hopt/*Hopt* Rn. 13; KKRD/*Roth* Rn. 8; MüKoHGB/ *Häuser* Rn. 109; Staub/*Koller* Rn. 159.

[94] OLG Koblenz Urt. v. 14.7.2005 – 2 U 974/04, BeckRS 2005, 9590; BeckOK HGB/*Fischinger* Rn. 67; Baumbach/Hopt/*Hopt* Rn. 12; MüKoHGB/*Häuser* Rn. 112; Oetker/*Martinek* Rn. 32; Staub/*Koller* Rn. 163. Noch weitergehend RG Urt. v. 11.4.1923 – IV 80/22, RGZ 107, 136 (139), wonach die Kündigung bereits dann unwirksam sein soll, wenn der Kommissionär mit Vorbereitungsmaßnahmen zur Ausführung begonnen habe. Für diese Ausdehnung besteht kein Anlass.

[95] BeckOGK/*Fischinger* Rn. 67; KKRD/*Roth* Rn. 8; Oetker/*Martinek* Rn. 32.

[96] BGH Urt. v. 12.9.2017 – XI ZR 590/15, BGHZ 215, 359 Rn. 59 = NJW 2017, 3649; BeckOGK/*Fischinger* Rn. 66; Baumbach/Hopt/*Hopt* Rn. 12; MüKoHGB/*Häuser* Rn. 112; Staub/*Koller* Rn. 165.

gung darf nicht zur Unzeit, es sei denn aus wichtigem Grund, erklärt werden. Anderenfalls ist sie zwar nicht unwirksam, hat aber eine Verpflichtung zum Schadensersatz zur Folge. Ob das Kündigungsrecht des Kommittenten sachlich oder zeitlich eingeschränkt ist, ist eine Frage der Parteivereinbarungen bzw. der Vertragsauslegung. Erfordert die Durchführung der Kommission einen erheblichen Aufwand, kann das dafür sprechen, dass die Kündigung nur bei Vorliegen eines wichtigen Grundes möglich sein soll.[97] Ungeachtet dessen ist ein formularmäßiger Ausschluss unwirksam.

6. Insolvenz einer Vertragspartei. a) Insolvenz des Kommittenten. Mit der Eröffnung des **34** Insolvenzverfahrens über das Vermögen des Kommittenten **erlischt** nach §§ 115 Abs. 1, 116 InsO grundsätzlich der noch **nicht ausgeführte Kommissionsvertrag.** Das gilt sowohl für die Einkaufs- wie auch für die Verkaufskommission.[98] Diese Regelung verdrängt insoweit § 103 InsO, sodass der Insolvenzverwalter keine Erfüllung wählen kann.[99] Die §§ 115, 116 InsO sollen sicherstellen, dass der Insolvenzverwalter allein und ohne Einfluss Dritter die Masse verwaltet. Dieses Ziel könnte der Kommissionär (aus der Sicht des Insolvenzrechts als Dritter) behindern.[100] Mit diesem Zweck der §§ 115, 116 InsO ist ein Selbsteintritt des Insolvenzverwalters unvereinbar.[101] Das Erlöschen setzt voraus, dass sich die Kommission das zur Insolvenzmasse gehörende Vermögen erfasst (§ 115 Abs. 1 InsO). Bei der Verkaufskommission entscheidet damit Zugehörigkeit des Kommissionsgutes zur Insolvenzmasse (§ 35 Abs. 1 InsO), was regelmäßig der Fall ist. Bei der Einkaufskommission ist es darauf an, ob die Gegenstände der Kommission für das von der Insolvenz erfasste Vermögen bestimmt waren. Trifft dies zu, gehört der Herausgabeanspruch nach § 384 Abs. 2 zur Insolvenzmasse, auch wenn er nur eine reine Erwerbschance ist.[102] Der Kommissionär kann entstandene Aufwendungsansprüche zur Tabelle anmelden, eine Auslieferungsprovision nach § 396 Abs. 1 S. 2 Hs. 2 steht ihm jedoch nicht zu.[103] Als fortbestehend gilt die Kommission trotz Insolvenzeröffnung, wenn die Voraussetzungen des § 672 S. 2 BGB (Gefahr im Verzuge) oder des § 674 BGB (schuldlose Unkenntnis des Kommissionärs von der Insolvenzeröffnung) gegeben sind.

Nach Ausführung der Kommission, also nach Abschluss des Ausführungsgeschäfts, finden **35** §§ 115, 116 InsO keine Anwendung, auf die Ausführungsanzeige kommt es insoweit nicht an.[104] Der Kommissionsvertrag erlischt durch die Insolvenz des Kommittenten nicht. Das rechtliche Schicksal der noch nicht erfüllten gegenseitigen Ansprüche beurteilt sich nach den Regeln der InsO. Die mit der Ausführung entstanden Provisions- und Aufwendungsersatzansprüche des Kommittenten sind Insolvenzforderungen. Unter den Voraussetzungen der §§ 397–399 hat der Kommissionär nach § 50 InsO ein Absonderungsrecht wegen seiner Ansprüche gegen den Kommittenten (→ § 397 Rn. 7, → § 399 Rn. 6). In zwei Fällen ist § 103 InsO anwendbar: Hat der Kommissionär den Selbsteintritt vor Eröffnung des Insolvenzverfahrens über das Vermögen des Kommittenten erklärt, haftet er für die Erfüllung des noch nicht erfüllten Kommissionsvertrages. Dies gilt auch für eine Selbsthaftung des Kommissionärs nach § 384 Abs. 3. In beiden Konstellationen hat der Kommittent einen Erfüllungsanspruch gegenüber dem Kommissionär.[105] Wählt der Insolvenzverwalter die Erfüllung, werden die Ansprüche des Kommissionärs Masseansprüche. Bei der Einkaufskommission sind nicht nur die Kaufpreisschuld, sondern auch der Provisions- und Aufwendungsersatzanspruch eine Masseschuld.[106] Lehnt er die Erfüllung ab, hat der Kommissionär als Insolvenzforderung einen Schadensersatzanspruch gem. § 103 Abs. 2 S. 1 InsO.[107]

b) Insolvenz des Kommissionärs. Die **Insolvenz des Kommissionärs** führt nicht automatisch **36** zum Erlöschen des Kommissionsvertrages, da die §§ 115, 116 InsO nur die Insolvenz des Auftraggebers (Kommittent) erfassen.[108] Sie stellt für den Kommittenten aber einen wichtigen Grund zur Kündigung

---

[97] Vgl. RG Urt. v. 24.1.1925 – I 728/23, RGZ 110, 119 (123); MüKoHGB/*Häuser* Rn. 112.

[98] MüKoHGB/*Häuser* Rn. 114.

[99] BGH Urt. v. 6.7.2006 – IX ZR 121/05, BGHZ 168 Rn. 12; MüKoHGB/*Häuser* Rn. 114; MüKoInsO/*Ott/ Vuia* InsO § 116 Rn. 48; Staub/*Koller* Rn. 184; Uhlenbruck/*Sinz* InsO §§ 115, 116 Rn. 10.

[100] Zu diesem Zweck der §§ 115, 116 InsO BFH Urt. v. 11.10.2007 – IV R 52/04, DStR 2008, 237 (238); Uhlenbruck/*Sinz* InsO §§ 115, 116 Rn. 1.

[101] MüKoHGB/*Häuser* Rn. 114; Staub/*Koller* Rn. 184.

[102] BeckOGK/*Fischinger* Rn. 113; Baumbach/Hopt/*Hopt* Rn. 14; MüKoHGB/*Ekkenga* Effektengeschäft Rn. 231; Staub/*Koller* Rn. 184.

[103] Die Insolvenz ließe sich ansonsten als ein Grund auffassen, der die Ausführung des Provisionsgeschäfts als der Sphäre des Kommittenten zuzurechnender Grund ausschließt. Die Regeln der InsO verdrängen den Provisionsanspruch; s. MüKoHGB/*Häuser* Rn. 114.

[104] BeckOGK/*Fischinger* Rn. 114; Baumbach/Hopt/*Hopt* Rn. 14; MüKoHGB/*Häuser* Rn. 117; Staub/*Koller* Rn. 186.

[105] MüKoHGB/*Häuser* Rn. 119; MüKoInsO/*Huber* InsO § 103 Rn. 74; wohl auch Nehrlich/Römmermann/ *Balthasar* InsO § 103 InsO Rn. 23.

[106] BeckOGK/*Fischinger* Rn. 115; MüKoHGB/*Häuser* Rn. 119.

[107] MüKoHGB/*Häuser* Rn. 119.

[108] BeckOGK/*Fischinger* Rn. 116; Baumbach/Hopt/*Hopt* Rn. 15; MüKoHGB/*Häuser* Rn. 97; Röhricht/Graf v. Westphalen/Haas/*Lenz* Rn. 20.

dar.[109] Im Einzelfall kann die Vertragsauslegung ergeben, dass mit der Eröffnung des Insolvenzverfahrens über das Vermögen des Kommissionärs der Kommissionsvertrag erlischt. Ohne konkrete Anhaltspunkte ist dies fiktiv und lässt sich nicht allein mit der Parallele zum Tod des Kommissionärs begründen (§ 673 S. 1 BGB, → Rn. 29).[110] Die Fälle sind nicht vergleichbar. Ist der Kommissionsvertrag nicht ausgeführt, so kann der Insolvenzverwalter nach § 103 InsO vorgehen. Entscheidet er sich für die Erfüllung, hat er statt des Kommissionärs das Ausführungsgeschäft abzuschließen und/oder abzuwickeln. Für das Depotgeschäft ist die Sonderregelung des § 32 DepotG in der Insolvenz des Kommissionärs zu beachten. Nach Ausführung der Kommission kann der Kommittent aussondern, soweit § 392 Abs. 2 erfüllt ist (→ § 392 Rn. 15).

IV. Das Ausführungsgeschäft

37   **1. Mittelbare Stellvertretung.** Es kennzeichnet die Kommission, dass der Kommissionär das Ausführungsgeschäft im eigenen Namen abschließt, den schuldrechtlichen Teil ebenso wie den dinglichen Teil. Neben die Kommission tritt das Ausführungsgeschäft als zweites Vertragsverhältnis. Dessen Parteien sind der Kommissionär und der Dritte, der Kommissionär hat mithin eigene Rechte und Ansprüche aus dem Ausführungsgeschäft.[111] Will der Kommittent Rechte aus diesem Ausführungsgeschäft in Anspruch nehmen, so bedarf es grundsätzlich ihrer Zession (§ 392 Abs. 1). Im rechtlichen Bestand sind beide Geschäfte voneinander unabhängig. Die Unwirksamkeit des Kommissionsvertrages berührt nicht die des Ausführungsgeschäfts und umgekehrt.[112] § 392 Abs. 2 fingiert einen beschränkten rechtlichen Zusammenhang zwischen beiden Geschäften, allerdings ist umstritten, ob sich aus dieser Vorschrift allgemeine Grundsätze ableiten lassen (→ § 392 Rn. 6 ff.).

38   **a) Rechtliche Zurechnung.** Im Gegensatz zu einem Stellvertreter handelt der Kommissionär im eigenen Namen und begründet somit eigene Rechte und Pflichten gegenüber dem Dritten. Zum Handeln im eigenen Namen kann der Kommissionär verpflichtet sein, wobei es im Zweifel auf das Interesse des Kommittenten ankommt (der sich uU gerade der Kommission bedient, um im Hintergrund zu bleiben). Handelt der Kommissionär entgegen der gesetzlichen Konzeption im Namen des Kommittenten, so beurteilt sich die Rechtslage nach den Regeln über die **Stellvertretung.** Im Regelfall wird es an einer Vollmacht fehlen, sodass die Wirksamkeit von der Genehmigung des Kommittenten abhängt (§ 177 BGB) und die Haftung des *falsus procurator* droht (§ 179 BGB).[113] Ist der Kommissionär als Vertreter ohne Vertretungsmacht aufgetreten, besteht uU für den Kommittenten aus dem zugrunde liegenden Geschäftsbesorgungsvertrag nach § 241 Abs. 2 BGB die Pflicht zur Genehmigung, sofern der Kommittent kein besonderes Interesse daran hat, nicht selbst Vertragspartei zu werden.[114] Eine derartige Pflicht wird indes die Ausnahme sein, wenn der Kommittent bewusst das Kommissionsverhältnis gewählt hat, um anonym zu bleiben.

39   Nach den allgemeinen Grundsätzen ist auszulegen, ob der Kommissionär im eigenen oder im fremden Namen aufgetreten ist. Gibt er sich als Kommissionär zu erkennen, ist das ein starkes Indiz für ein Handeln im eigenen Namen. Das Auftreten „für Rechnung eines anderen" ist ambivalent,[115] spricht aber eher für ein Eigengeschäft als für ein Handeln im fremden Namen.[116] Es weist auf den wirtschaftlichen Hintergrund hin und weniger auf die vertretungstypischen Rechtswirkungen des Handelns. Ergibt die Auslegung, dass der Kommissionär in eigenem Namen aufgetreten ist, obwohl er im fremden Namen zu handeln geglaubt hat, besteht **kein Anfechtungsrecht** nach § 119 Abs. 1 BGB. Das folgt aus § 164 Abs. 2 BGB.[117] Umstritten ist, ob umgekehrt eine Irrtumsanfechtung ausgeschlossen ist, wenn ein Handeln objektiv im fremden Namen geschieht, der Kommissionär aber im eigenen Namen auftreten wollte. Analog zu § 164 Abs. 2 BGB nehmen dies einige an.[118] Dies überzeugt nicht. § 164 Abs. 2 BGB will nur den Dritten schützen, der davon ausgehen durfte, mit

[109] MüKoHGB/*Häuser* Rn. 120.
[110] BeckOGK/*Fischinger* Rn. 116; Baumbach/Hopt/*Hopt* Rn. 15; MüKoHGB/*Häuser* Rn. 120; aA Staub/*Koller* Rn. 190.
[111] BAG Urt. v. 25.1.2006 – 4 AZR 622/04, AP § 1 TVG Tarifverträge Großhandel Nr. 22; MüKoHGB/*Häuser* Rn. 61; Staub/*Koller* Rn. 123.
[112] OLG Oldenburg Urt. v. 16.12.1998 – 3 U 105/98, NJW-RR 2000, 507; Baumbach/Hopt/*Hopt* Rn. 18; KKRD/*Roth* Rn. 13; MüKoHGB/*Häuser* Rn. 61.
[113] BGH Urt. v. 5.10.1961 – VII ZR 207/60, BGHZ 36, 30 (33); Baumbach/Hopt/*Hopt* Rn. 17; KKRD/*Roth* Rn. 11; MüKoHGB/*Häuser* Rn.; Staub/*Koller* Rn. 126.
[114] BeckOGK/*Fischinger* Rn. 75; MüKoGB/*Häuser* Rn. 63; Staub/*Koller* Rn. 126.
[115] BeckOK HGB/*Baer* Rn. 42; Staub/*Koller* Rn. 124.
[116] Für letzteres aber RG Urt. v. 9.12.1919 – II 300/19, RGZ 97, 260 (261).
[117] BGH Urt. v. 1.4.1992 – VIII ZR 97/91, NJW-RR 1992, 1010 (1011); BeckOGK/*Fischinger* Rn. 77; BeckOK BGB/*Schäfer* BGB § 164 Rn. 43; MüKoBGB/*Schubert* BGB § 164 Rn. 62; Staudinger/*Schilken*, 2019, BGB § 164 Rn. 17. Der Gesetzgeber hatte bei dieser Vorschrift besonders die mittelbare Stellvertretung im Auge, sie soll hierbei „Streitigkeiten und Schikanen in zahlreichen Fällen" vermeiden, Mot. I 226.
[118] BGH Urt. v. 5.10.1961 – VII ZR 207/60, BGHZ 36, 30 (34). Aus der Lit. etwa *Fikentscher* AcP 154 (1954), 1 (13 f.); Palandt/*Ellenberger* BGB § 164 Rn. 16; Staub/*Koller* Rn. 126.

dem Handelnden zu kontrahieren. Für alle anderen Konstellationen gelten die allgemeinen Regeln, sodass richtigerweise eine Anfechtung zuzulassen ist.[119]

b) Wirtschaftliche Zuordnung. Haben die Parteien *inter partes* ein Kommissionsverhältnis vereinbart, muss das Geschäft des Kommissionärs mit dem Dritten als Ausführungsgeschäft qualifiziert und der Kommission zugeordnet werden. Dies ist aus zwei Gründen wichtig:[120] Zum einen ist das Ausführungsgeschäft von einem Eigengeschäft (Propergeschäft) des Kommissionärs abzugrenzen, für das die §§ 383 ff. nicht gelten. Unerheblich ist hierbei, ob das Geschäft letztlich dem Kommittenten zugute kommt, etwa wenn der Kommissionär Waren kauft und an den Kommittenten weiterverkauft (nicht weiterleitet in Erfüllung des Anspruchs aus §§ 675, 667 BGB). Zum anderen darf der Kommissionär grundsätzlich für mehrere Kommittenten tätig werden, sodass mehrere Ausführungsgeschäfte einem bestimmten Kommissionsverhältnis zuzuordnen sind. Von der wirtschaftlichen Zuordnung zu trennen und vorgelagert ist die Frage, ob die Parteien im Innenverhältnis überhaupt ein Kommissionsverhältnis vereinbart haben (→ Rn. 17 f.). An die Zuordnung als Ausführungsgeschäft ist der Kommissionär gebunden. Einseitig und nachträglich kann er das Ausführungsgeschäft weder als Eigengeschäft noch dies als Ausführungsgeschäft umwidmen. Hierzu ist stets eine Vereinbarung mit dem Kommittenten nötig.[121] Wer sich auf ein Ausführungsgeschäft oder ein Eigengeschäft beruft, hat dies darzulegen und zu beweisen.[122] **40**

Nach der hM entscheidet **bekundete Wille** des Kommissionärs darüber, ob und für wen er ein Ausführungsgeschäft geschlossen hat.[123] Dogmatisch betrachtet ist dies eine nicht zugangsbedürftige, rechtsgeschäftsähnliche Handlung, die den Charakter einer Tilgungsbestimmung hat. Ihre Auslegung bestimmt sich nach dem Verständnis eines „objektiven Dritten".[124] Bei der Verkaufskommission über eine Speziessache bereitet die wirtschaftliche Zuordnung keine Schwierigkeiten, da in dem Verkauf an den Dritten die Tilgungsbestimmung erkennbar bekundet wird und eine Mentalreservation des Kommissionärs auf eigene Rechnung zu handeln unbeachtlich ist.[125] Verkauft der Kommissionär eine Gattungssache, bietet das Prioritätsprinzip einen Anhaltspunkt dafür, dass er die Aufträge mehrerer Kommissionäre nach ihrem Eingang erfüllt und seine Eigengeschäfte hintanstellt. Bei der Einkaufskommission spricht viel für ein Ausführungsgeschäft, wenn sich dieses mit den Weisungen des Kommittenten deckt und danach eine zweifelsfreie Zuordnung gestattet.[126] Sind die Weisungen unergiebig, kommt es darauf an, ob sich der Wille des Kommissionärs in typischen kaufmännischen Begleithandlungen wie Eintragung in die Bücher, Kennzeichnung im Lager usw. äußert.[127] Erst in letzter Linie wird man auf die Ausführungsanzeige abstellen können und muss dies sogar, wenn dem Kommissionär der Selbsteintritt erlaubt war.[128] **41**

2. Willensmängel und Zurechnung subjektiver Umstände. a) Grundsatz. Die Trennung von Kommissions- und Ausführungsgeschäft hat zur Folge, dass ein **Willensmangel des Kommittenten** sich nur auf das Kommissionsgeschäft auswirkt, nicht auf das Ausführungsgeschäft. Eine Anfechtung des Kommissionsvertrages gestaltet nur diesen *ex tunc* nichtig (§ 142 BGB). Das Ausführungsgeschäft bleibt wirksam.[129] Ein etwaiger Irrtum des Kommissionärs über die Rechtsbeständigkeit des Kommissionsvertrages ist lediglich ein Motivirrtum und berechtigt nicht zur Anfechtung des Ausführungsgeschäfts nach § 119 Abs. 1, 2 BGB.[130] Der Bestand des Kommissionsvertrages ist nicht Geschäfts- **42**

---

[119] BeckOK BGB/*Schäfer* BGB § 164 Rn. 44; BeckOGK/*Fischinger* Rn. 77; Erman/*Maier-Reimer* BGB § 164 Rn. 26; Jauernig/*Mansel* BGB § 164 Rn. 3; MüKoBGB/*Schubert* BGB § 164 Rn. 179 f.; MüKoHGB/*Häuser* Rn. 64; *Neuner* AcP 193 (1993), 1 (15); Staudinger/*Schilken*, 2019, BGB § 164 Rn. 21.

[120] *Canaris* HandelsR § 30 Rn. 62.

[121] BeckOGK/*Fischinger* Rn. 84; Baumbach/Hopt/*Hopt* Rn. 16; *Canaris* HandelsR § 30 Rn. 64; KKRD/*Roth* Rn. 12; MüKoHGB/*Häuser* Rn. 69.

[122] BeckOGK/*Fischinger* Rn. 85; Baumbach/Hopt/*Hopt* Rn. 16; MüKoHGB/*Häuser* Rn. 69.

[123] BeckOGK/*Fischinger* Rn. 80; Baumbach/Hopt/*Hopt* Rn. 16; *Canaris* HandelsR § 30 Rn. 64; KKRD/*Roth* Rn. 12; MüKoHGB/*Häuser* Rn. 69. IErg auch OLG Nürnberg Beschl. v. 6.12.2006 – 8 U 1857/05, WM 2007, 647. Die subjektive „Theorie" stellt ausschließlich auf den inneren Willen des Kommissionärs ab, Ehrenbergs-HdB § 167. Sie ist heute überholt.

[124] *Canaris* HandelsR § 30 Rn. 64 f.; KKRD/*Roth* Rn. 12; MüKoHGB/*Häuser* Rn. 69.

[125] RG Urt. v. 25.5.1935 – I 310/34, RGZ 148, 190 (192); BeckOGK/*Fischinger* Rn. 82; Baumbach/Hopt/*Hopt* Rn. 16; *Canaris* HandelsR § 30 Rn. 65; KKRD/*Roth* Rn. 12; MüKoHGB/*Häuser* Rn. 69; Staub/*Koller* Rn. 125. AA Röhricht/Graf v. Westphalen/Haas/*Lenz* Rn. 28.

[126] BeckOGK/*Fischinger* Rn. 81; Baumbach/Hopt/*Hopt* Rn. 16; KKRD/*Roth* Rn. 12; MüKoHGB/*Häuser* Rn. 71.

[127] *Canaris* HandelsR § 30 Rn. 65; KKRD/*Roth* Rn. 12.

[128] Wie hier (in der beschriebenen Hierarchie) *Canaris* HandelsR § 30 Rn. 65; MüKoHGB/*Häuser* Rn. 72; s. auch RGZ 18, 20, 22. Zu eng ist hingegen die sog. Anzeigetheorie, wonach stets auf die Ausführungsanzeige abzustellen sei, so heute noch Röhricht/Graf v. Westphalen/Haas/*Lenz* Rn. 28. Gegen diese „Theorie" spricht bereits, dass sie dem Kommittenten den Schutz des § 392 Abs. 2 nimmt.

[129] BeckOK HGB/*Baer* Rn. 48; BeckOGK/*Fischinger* Rn. 86; *Hager* AcP 180 (1980), 239 f.; Oetker/*Martinek* Rn. 33; MüKoHGB/*Häuser* Rn. 75; Staub/*Koller* Rn. 129.

[130] BeckOK HGB/*Baer* Rn. 49.

grundlage des Ausführungsgeschäfts, da es sich dabei um einen Umstand handelt, der in den Risiko-bereich des Kommissionärs fällt. Der Dritte muss sich dies nicht entgegenhalten lassen, auch wenn er von der Kommission wusste. Umgekehrt berühren **Willensmängel des Kommissionärs** über das Ausführungsgeschäft nicht den Kommissionsvertrag.

43 Es entspricht der ständigen Rechtsprechung, dass nichtige Geschäftsbesorgungsverhältnisse nach den Regeln der Geschäftsführung ohne Auftrag abgewickelt werden.[131] Der Kommissionär kann danach seine Aufwendungen für das Ausführungsgeschäft nach §§ 677, 683 BGB von dem Kom-mittenten verlangen. Allerdings überzeugt das nicht. Zur Rückabwicklung nichtiger Verträge eignen sich die §§ 677 ff. BGB nicht, vielmehr gelten mit der hL ausschließlich die §§ 812 ff. BGB.[132] Die bereicherungsrechtliche Rückabwicklung sollte stets vorgehen und nicht nur, wenn anderenfalls die Wertungen der §§ 814, 817 818 Abs. 3 BGB umgangen werden. Zudem verwischt die Lösung über die §§ 677 ff. BGB ohne Not die Konturen des „auch fremden Geschäfts".[133] Hat der Kommissionär das Ausführungsgeschäft angefochten, da er hierüber selbst anfechtungserheblich irrte, kann er seine Bereicherungsansprüche gegen den Dritten an den Kommittenten abtreten. Entgegen einer ver-einzelten Entscheidung des RG kommt es hierbei nicht auf den identischen Irrtum des Kommitten-ten an.[134] Für die Anfechtung und Abtretung der Bereicherungsansprüche genügt der Irrtum des Kommissionärs, wofür es unerheblich ist, ob er nach bestimmten Weisungen des Kommittenten gehandelt hat.[135]

44 **b) Arglistige Täuschung. D**er Kommittent ist kein Dritter iSd § 123 Abs. 2 BGB, wenn des Ausführungsgeschäft wegen einer arglistigen Täuschung anfechtbar ist. Dies folgt daraus, dass dem Kommittenten das Ausführungsgeschäft wirtschaftlich zugeordnet wird, mithin aus der mittelbaren Stellvertretung selbst.[136] Anfechten kann der Vertragsgegner das mit dem Kommissionär abgeschlos-sene Ausführungsgeschäft, wenn der Kommittent arglistig getäuscht hat, ohne dass es auf die Kenntnis oder die fahrlässigen Unkenntnis des Kommissionärs ankommt.[137] Hat der Vertragspartner des Kommis-sionärs arglistig getäuscht, kann der Kommittent weder das Ausführungsgeschäft noch den Kommis-sionsvertrag anfechten. Letzteres hat man vertreten,[138] indes zu unrecht. Dem Kommissionär ist die Täuschung seines Vertragspartners nicht zuzurechnen. Dieser ist gegenüber dem Kommittenten „Drit-ter" iSd § 123 Abs. 2 BGB.[139] Anfechtbar ist der Kommissionsvertrag nur, wenn der Kommissionär die Täuschung durch seinen Vertragspartner kannte oder kennen musste. Gegenüber der Vertragspartei des Kommissionärs ist der Kommittent auf Deliktsansprüche (§§ 826, 823 Abs. 2 BGB) beschränkt und kann gegenüber Ansprüchen des Dritten eine unzulässige Rechtsausübung einwenden (§ 242 BGB).

45 **c) Wissenszurechnung.** Die Kenntnis oder das Kennenmüssen des Kommissionärs bestimmt die Wissenszurechnung beim Ausführungsgeschäft. Schließt er das Ausführungsgeschäft als Vertrag zu Gunsten des Kommittenten ab (§ 328 BGB), so muss sich dies der Kommittent zurechnen lassen.[140] Umstritten ist, ob § 166 Abs. 2 BGB analog anzuwenden ist, wenn der Kommittent einen rechts-erheblichen Umstand kennt, der dem Kommissionär verborgen ist, dieser aber auf Weisung des Kommittenten handelt. Die hM bejaht dies, da die Stellung des Kommissionärs insoweit einem weisungsabhängigen Vertreter gleichzustellen sei.[141] Demgemäß scheitert ein gutgläubiger Erwerb des Einkaufskommissionärs, sofern nur der Kommittent um die fehlende Verfügungsberechtigung des

---

[131] ZB BGH Urt. v. 25.6.1962 – VII ZR 120/61, BGHZ 37, 258 (263); Urt. v. 24.9.1987 – VII ZR 306/86, BGHZ 101, 393 (399); Urt. v. 26.11.1998 – III ZR 223/97, BGHZ 140, 102 (109); zust. Röhricht/Graf v. West-phalen/Haas/*Lenz* Rn. 29; Staudinger/*Bergmann*, 2015, BGB Vor § 677 Rn. 334 f.; Staub/*Koller* Rn. 129.

[132] Zutr. OLG Koblenz Urt. v. 16.12.1998 – 7 U 124/98, NJW 1999, 2904 (2905); BeckOK BGB/*Gehrlein* BGB § 677 Rn. 18; BeckOK BGB/*Wendehorst* BGB § 812 Rn. 74; *Canaris* NJW 1985, 2404 (2405); *Gursky* AcP 185 (1985), 13 (31 f.); *Larenz/Canaris* SchuldR BT II § 74 II 2; *Lorenz* NJW 1996, 883 (884 f.); MüKoBGB/*Schäfer* BGB § 677 Rn. 88; *Schildt* JuS 1995, 953 (957); *Schubert* AcP 178 (1978), 425 (452); Staudinger/*Lorenz*, 2007, BGB Vor §§ 812 ff. Rn. 45.

[133] Zusammenfassend *Larenz/Canaris* SchuldR BT II § 74 II 2; *Lorenz* NJW 1996, 883 (884 f.).

[134] RG Urt. v. 22.2.1929 – II 357/28, RGZ 124, 115 (120).

[135] *Schilken*, Wissenszurechnung im Zivilrecht, 1983, 153 f.; Schlegelberger/*Hefermehl* Rn. 31; einschränkend MüKoHGB/*Häuser* Rn. 76; Staub/*Koller* Rn. 133, wonach der Entscheidung des RG nur zu folgen sei, wenn sich der Kommissionär streng an die Weisungen des Kommittenten gehalten habe. Ansonsten sei eine Anfechtung – im Einklang mit der hier vertretenen Ansicht – stets zuzulassen.

[136] Über diese Wertung herrscht Einigkeit, grdl. *Capelle* FS Raape, 1948, 325 (337); BeckOK HGB/*Baer* Rn. 45; BeckOGK/*Fischinger* Rn. 88; Baumbach/Hopt/*Hopt* Rn. 19; *Hager* AcP 180 (1980), 239 (241); KKRD/*Roth* Rn. 14; MüKoHGB/*Häuser* Rn. 77; Oetker/*Martinek* Rn. 33; Staub/*Koller* Rn. 135.

[137] *Hager* AcP 180 (1980), 239 (241); KKRD/*Roth* Rn. 14; MüKoHGB/*Häuser* Rn. 77; Staub/*Koller* Rn. 134.

[138] *Capelle* FS Raape, 1948, 325 (337); ebenso schon Ehrenbergs-HdB § 122.

[139] MüKoHGB/*Häuser* Rn. 56; Staub/*Koller* Rn. 136.

[140] BGH Urt. v. 15.1.1964 – VII ZR 236/62, BGHZ 41, 17; BGH Urt. v. 10.2.1971 – VIII ZR 182/69, BGHZ 55, 307; KKRD/*Roth* Rn. 15; MüKoHGB/*Häuser* Rn. 74; Oetker/*Martinek* Rn. 33; Staub/*Koller* Rn. 131.

[141] RG Urt. v. 22.2.1929 – II 357/28, RGZ 124, 115 (120); Heymann/*Herrmann* Rn. 12; KKRD/*Roth* Rn. 15; Staub/*Koller* Rn. 132.

Dritten weiß. Eine Gegenansicht will hingegen § 242 BGB anwenden.[142] Danach erwirbt der Kommittent das Eigentum und kann dem Herausgabeanspruch des Kommissionärs den Einwand der unzulässigen Rechtsausübung entgegensetzen. Abgesehen davon, dass diese Ansicht die gebotene Rückabwicklung offen lässt, überzeugt auch nicht ihre Begründung. Die Parallelwertung zu § 166 Abs. 2 BGB ist deswegen sachgerecht, da diese Norm den Weisungsmöglichkeiten eines Prinzipals Rechnung trägt, die sich beim Vertreter vergleichbar zum Kommissionär darstellt.

3. Schadensersatz. Schadensersatzansprüche wegen Nicht- oder Schlechterfüllung im Verhältnis **46** Kommittent/Kommissionär unterliegen keinen Besonderheiten. Anders ist es im Verhältnis des Kommissionärs zum Dritten. Verletzt der Partner des Ausführungsgeschäfts seine Pflichten, entstehen Schadensersatzansprüche (etwa aus §§ 437 Nr. 3, 280 ff. BGB) in der Person des Kommissionärs. Eigene Ansprüche hat der Kommittent gegenüber dem Dritten erst, wenn sie der Kommissionär abgetreten hat (§ 392 Abs. 1). Hingegen erleidet der Kommissionär keinen eigenen Schaden, da er das Geschäft für die Rechnung des Kommittenten abgeschlossen hat und seinen Aufwendungsersatzanspruch nach § 396 Abs. 2 behält. Der Kommissionär ist regelmäßig nur zur Herausgabe des Erlangten im Istzustand verpflichtet, er hat nichts erlangt und schuldet dem Kommittenten keinen Schadensersatz. Dieser hat aber den Schaden, da er nichts oder nur eine mangelhafte Ware erhält, dem Kommissionär aber Aufwendungsersatz (§ 396 Abs. 2 HGB, §§ 675, 670 BGB) und die Vergütung (§ 675 BGB) schuldet. Eigene vertragliche Ansprüche gegen den Dritten stehen ihm nicht zu. Damit der Dritte von der Schadensverlagerung nicht profitiert, gewähren Rechtsprechung[143] und Lehre[144] dem Kommissionär das Recht, den Schaden des Kommittenten wie einen eigenen Schaden geltend zu machen **(Drittschadensliquidation).** Der geschädigte Kommittent hat gegenüber dem Kommissionär einen Anspruch auf Abtretung des Schadensersatzanspruches gem. § 285 BGB.[145] Eine Vorausabtretung dieser Ansprüche kann bereits im Kommissionsvertrag vereinbart werden.[146] Der Kommissionär ist nach § 384 Abs. 2 dazu verpflichtet, den erhaltenen Ersatz an den Kommittenten auszukehren oder kann direkt die Zahlung an den Kommittenten verlangen.[147] Will der Kommittent keinen Ersatz geltend machen, kann der Kommissionär den Schaden nicht liquidieren, da die Drittschadensliquidation nur den Interessen des Geschädigten dient.[148]

Nach der hM bemisst sich der Schadensumfang nach den Verhältnissen des Kommittenten, auch bei **47** atypischen Schäden.[149] Bei der Drittschadensliquidation ist dem Kommissionär (ausnahmsweise) ein Mitverschulden des Kommittenten nach § 254 BGB zuzurechnen.[150] Ein eigener deliktischer Anspruch des Kommittenten gegen den Dritten schließt eine Schadensliquidation des Kommissionärs nicht aus.[151]

---

[142] BeckOGK/*Fischinger* Rn. 89; Baumbach/Hopt/*Hopt* Rn. 20; BeckOK HGB/*Baer* Rn. 46; *Schilken,* Wissenszurechnung im Zivilrecht, 1983, 153 f.; Schlegelberger/*Hefermehl* Rn. 31; unentschieden MüKoHGB/*Häuser* Rn. 74.

[143] BGH Urt. v. 26.9.1957 – II ZR 267/56, BGHZ 25, 250 (258); Urt. v. 10.7.1963 – VIII ZR 204/61, BGHZ 40, 91, (100) = NJW 1963, 2071; Urt. v. 10.5.1984 – I ZR 52/82, NJW 1985, 2411 (2412); BGH Urt. v. 21.5.1996 – XI ZR 119/95; BGHZ 133, 36 (42) = NJW 1996, 2734; OLG Nürnberg Urt. v. 10.7.2015 – 14 U 468/07, BeckRS 2015, 15238 Rn. 162 = WM 2015, 2146; RG Urt. v. 16.5.1917 – V 30/17, RGZ 90, 240 (246); Urt. v. 15.1.1927 – I 171/26, RGZ 115, 419 (425).

[144] BeckOK HGB/*Baer* Rn. 50; BeckOGK/*Fischinger* Rn. 91; Baumbach/Hopt/*Hopt* Rn. 21; *Canaris* HandelsR § 30 Rn. 85 f.; *v. Caemmerer* ZHR 127 (1965), 241 (255 ff.); Erman/*Ebert* BGB Vor § 249 Rn. 126; *Fleckner* Beiträge für Hopt, 2008, 3 ff.; *Hagen,* Die Drittschadensliquidation im Wandel der Rechtsdogmatik, 1971, 252 ff.; Heymann/*Herrmann* Rn. 14; KKRD/*Roth* Rn. 16; MüKoBGB/*Oetker* BGB § 249 Rn. 296; MüKoHGB/*Häuser* Rn. 80; Oetker/*Martinek* Rn. 34; Röhricht/Graf v. Westphalen/Haas/*Lenz* Rn. 31; Staub/*Koller* Rn. 140; Staudinger/*Kaiser,* 2017, BGB Vor §§ 249–254 Rn. 69.

[145] BeckOK HGB/*Baer* Rn. 50; *Hagen,* Die Drittschadensliquidation im Wandel der Rechtsdogmatik, 1971, 254; KKRD/*Roth* Rn. 16; MüKoHGB/*Häuser* Rn. 80.

[146] MüKoHGB/*Häuser* Rn. 80; so auch BeckOGK/*Fischinger* Rn. 91.

[147] BeckOGK/*Fischinger* Rn. 91; Baumbach/Hopt/*Hopt* Rn. 21; MüKoHGB/*Häuser* Rn. 80; allgemein hierzu Staudinger/*Kaiser,* 2017, BGB Vor §§ 249–254 Rn. 67.

[148] BGH Urt. v. 8.12.1986 – II ZR 2/86, NJW RR 1987, 880 (882); Urt. v. 4.2.1997 – IX ZR 41/97, NJW 1998, 1864 (1865); BeckOGK/*Fischinger* Rn. 91; *Canaris* HandelsR § 30 Rn. 86; KKRD/*Roth* Rn. 16; MüKoBGB/*Oetker* § 249 Rn. 297; Röhricht/Graf v. Westphalen/Haas/*Lenz* Rn. 31; *K. Schmidt* FS Medicus, 2009, 467 (474 ff. – dort gestützt auf eine Treuhänderstellung); Staub/*Koller* Rn. 140; Staudinger/*Kaiser,* 2017, BGB Vor §§ 240 –254 Rn. 67.

[149] BGH Urt. v. 29.1.1968 – II ZR 18/65, BGHZ 49, 356 (360); Urt. v. 2.12.1971 – VII ZR 73/70, BGHZ 57, 335, (336) = NJW 1972, 288; Baumbach/Hopt/*Hopt* Rn. 21; *Canaris* HandelsR § 30 Rn. 86; KKRD/*Roth* Rn. 16; MüKoBGB/*Oetker* § 249 Rn. 298; MüKoHGB/*Häuser* Rn. 80; Staub/*Koller* Rn. 140; Staudinger/*Kaiser,* 2017, BGB Vor §§ 249–254 Rn. 70. AA *Peters* AcP 180 (1980), 329 (352 ff.); konzeptionell abweichend von der hM. will man die Wertungen des Stellvertretungsrechts auf die Schadensberechnung übertragen, ohne dass dies zu signifikant abweichenden Ergebnissen führt, *Fleckner* Beiträge für Hopt, 2008, 3 (26 ff.).

[150] BGH Urt. v. 25.11.1971 – VII ZR 37/70, BGH NJW 1972, 289; OLG Hamm Urt. v. 11.3.1976 – 18 U 245/75, NJW 1976, 2078; KKRD/*Roth* Rn. 16; MüKoBGB/*Oetker* BGB § 254 Rn. 132; MüKoHGB/*Häuser* Rn. 80; Röhricht/Graf v. Westphalen/Haas/*Lenz* Rn. 31; Staub/*Koller* Rn. 140.

[151] BGH Urt. v. 10.5.1984 – I ZR 52/82, NJW 1985, 2411 (2412); BeckOGK/*Fischinger* Rn. 91; KKRD/*Roth* Rn. 16; MüKoHGB/*Häuser* Rn. 58.

Ein solcher Anspruch folgt nicht aus § 823 Abs. 1 BGB, da keines der dort geschützten Rechte oder Rechtsgüter verletzt sein wird. Anspruchsgrundlage kann aber § 823 Abs. 2 BGB iVm § 263 StGB oder § 826 BGB sein. Umgekehrt gilt dasselbe. Eine vorsätzliche sittenwidrige Schädigung des Dritten durch den Kommittenten kann gegeben sein, wenn dieser die Ansprüche des Dritten gegen den Kommissionär vereitelt, etwa dadurch, dass er im Fall der Einkaufskommission den Kaufpreis nicht dem Dritten, sondern dem zahlungsunfähigen Kommissionär zur Verfügung stellt, wissend, dass dieser die Forderung des Dritten nicht erfüllen kann (zB wegen Kontenpfändung) oder will.[152]

V. Eigentumserwerb am Kommissionsgegenstand

48   **1. Verkaufskommission. a) Veräußerungsermächtigung.** Bei der Verkaufskommission geht das Eigentum an der Ware im Regelfall vom Kommittenten auf den Vertragspartner des Kommissionärs über. Der Kommissionär verfügt im eigenen Namen als Nichtberechtigter mit Einwilligung des Kommittenten (§§ 185 Abs. 1, 929 BGB). Diese **Ermächtigung** ergibt sich aus dem Kommissionsvertrag. Sie ist im Normalfall dahin auszulegen, dass der Kommissionär nur zugunsten des Vertragspartners des Ausführungsgeschäfts verfügen darf.[153] (also nicht nur Bindung im Innenverhältnis, sondern Beschränkung der Befugnis nach außen). Wird jedoch das Ausführungsgeschäft vom Käufer finanziert, deckt die Ermächtigung auch die Sicherungsübereignung an die finanzierende Bank.[154] Überschreitet der Kommissionär die Ermächtigung oder fehlt sie ganz, kann der Käufer – von der Möglichkeit der Genehmigung nach § 185 Abs. 2 BGB abgesehen – nur unter den Voraussetzungen der §§ 932 ff. BGB erwerben, wobei nach § 366 auch der gute Glaube an die Verfügungsbefugnis geschützt wird.

49   Im Falle des **Selbsteintritts** erwirbt der Kommissionär nach § 929 S. 2 BGB. Die Erklärung des Selbsteintritts bringt allerdings nur das schuldrechtliche Geschäft, die Anpassung des Kommissionsgeschäfts an das Kaufrecht, zustande. Die hL trennt hiervon die die dingliche Rechtsänderung und diskutiert unterschiedliche Modelle, wie die Übereignung zustande kommt. Eine restriktive Ansicht verlangt, dass der mögliche Selbsteintritt vorab vereinbart wurde und damit bereits eine aufschiebend bedingte Übereignungserklärung des Kommittenten abgegeben wurde.[155] Das ist zu eng. Erklärt der Kommissionär den Selbsteintritt, stellt er dadurch einen konkludenten Antrag für eine Einigung. Der Kommittent nimmt diesen in der billigenden Entgegennahme der Selbsteintrittserklärung an, wobei der Zugang jener Erklärung § 151 S. 1 BGB entbehrlich ist. Abgesehen hiervon erwirbt der Verkaufskommissionär ausnahmsweise das das Eigentum am Kommissionsgut, wenn der Kommissionär es ihm zur Sicherheit übereignet.[156]

50   **b) Bereicherungsausgleich bei fehlendem Eigentum.** Veräußert der Kommissionär eine Sache, die dem Kommittenten nicht gehört und erwirbt die Partei des Ausführungsgeschäfts gutgläubig das Eigentum an dem Gegenstand, stellt sich die Frage, wen der ursprüngliche Eigentümer nach § 816 Abs. 1 S. 1 BGB in Anspruch nehmen kann. Der BGH lies dies bislang offen,[157] während eine obergerichtliche Entscheidung und die hL den Kommissionär als unberechtigt Verfügenden ansehen.[158] Nimmt man dies an, so kann der Kommissionär den Entreicherungseinwand nach § 818 Abs. 3 BGB geltend machen, wenn er den Kaufpreis an den Kommittenten ausgekehrt hat.[159] Teilweise befürwortet man zusätzlich einen Bereicherungsanspruch gegen den Kommittenten.[160] Beide Lösungen überzeugen nicht, vielmehr ist ausschließlich der Kommittent Schuldner des Anspruchs aus § 816 Abs. 1

---

[152] BGH Urt. v. 8.10.1964 – II ZR 132/64, NJW 1965, 249 = WM 1964, 1293; zust. MüKoHGB/*Häuser* Rn. 82; Staub/*Koller* Rn. 139.

[153] BGH Urt. v. 5.6.1959 – I ZR 63/58, NJW 1959, 1678; OLG Hamburg Urt. v. 25.2.1993 – 3 U 132/92, GRUR 1993, 772 (773) – Kaffeeverkauf; BeckOK HGB/*Baer* Rn. 52; BeckOGK/*Fischinger* Rn. 100; Baumbach/ Hopt/*Hopt* Rn. 22; MüKoHGB/*Häuser* Rn. 90; Staub/*Koller* Rn. 173.

[154] RG Urt. v. 6.3.1931 – VII 270/30, RGZ 132, 196 (198); BeckOK HGB/*Baer* Rn. 52; Baumbach/Hopt/*Hopt* Rn. 22; MüKoHGB/*Häuser* Rn. 90.

[155] Röhricht/Graf v. Westphalen/Haas/*Lenz* Rn. 34; Staub/*Koller* Rn. 172. In diesem Fall erwirbt der selbsteintretende Kommissionär nach § 929 S. 1 BGB das Eigentum, so zutr. BeckOGK/*Fischinger* Rn. 103.

[156] BeckOGK/*Fischinger* Rn. 103; MüKoHGB/*Häuser* Rn. 90, der dies insbesondere bei einem Vorschuss auf den herauszugebenden Verkaufserlös erwägt; s. auch BAG Urt. v. 25.1.2006 – 4 AZR 622/04, AP § 1 TVG Tarifverträge, Großhandel Nr. 22 Rn. 34 = NZA 2007, 472.

[157] BGH Urt. v. 1.3.1967 – VIII ZR 247/64, BGHZ 47, 128 (131).

[158] OLG Hamburg Urt. v. 12.3.1954 – 1 U 177/53, MDR 1954, 356 (357); OLG Karlsruhe Urt. v. 6.7.2000 – 9 U 159/99, OLGR Karlsruhe 2000, 434 Rn. 21 = WM 2003, 584; BeckOK BGB/*Wendehorst* BGB § 816 Rn. 5; Oetker/*Martinek* Rn. 37; Palandt/*Sprau* BGB § 816 Rn. 11; Röhricht/Graf v. Westphalen/Haas/*Lenz* Rn. 35.

[159] OLG Hamburg v. 12.3.1954 – 1 U 177/53; MDR 1954, 356 (357); Baumbach/Hopt/*Hopt* Rn. 17; MüKoBGB/*Schwab* BGB § 816 Rn. 11; *Plambeck* JuS 1987, 293.

[160] Dabei wollen einige den zusätzlichen Anspruch gegen den Kommissionär auf § 816 Abs. 1 S. 1 BGB stützen: *G. Hager* AcP 180 (1980), 239 (258 f.); *Plambeck* JuS 1987, 293 (296 f.); *K. Schmidt* HandelsR § 31 V 2c bb. Wieder andere stellen auf § 822 BGB ab: Staub/*Koller* § 384 Rn. 98. Letzteres ist immerhin konsequent, wenn man dem Kommissionär den Entreicherungseinwand einräumt. Gegen die Lösung aus § 816 Abs. 1 S. 1 BGB spricht, dass man so zwei (!) nicht berechtigt Verfügende konstruieren müsste, was dogmatisch kaum begründbar ist.

S. 1.[161] Geht man davon aus, dass der Kommissionär aus dem Ausführungsgeschäft eine Forderung gegen den Dritten erlangt hat, so könnte er den Anspruch des wahren Berechtigten aus § 816 Abs. 1 S. 1 BGB gar nicht erfüllen. Die dazu notwendige Zession des Kaufpreisanspruchs scheitert an § 392 Abs. 2.[162] Diese Norm widerlegt zugleich das begriffliche Gegenargument, dass nur der Kommissionär verfügen könne, da das Gesetz materiellen Folgen dieser Verfügung und damit den Ausgleich zwischen Kommissionär und Kommittenten teilweise vorverlegt.[163] Abgesehen davon würde ein Anspruch gegen den Kommissionär dem Kommittenten etwaige Einwendungen abschneiden, die ihm gegenüber dem wahren Berechtigten zustehen.[164]

2. Einkaufskommission. a) Durchgangserwerb. Bei der Einkaufskommission erwirbt der Kom- 51
missionär von der Vertragspartei des Ausführungsgeschäfts das Eigentum am Kommissionsgut. Un-
erheblich hierfür ist, dass der Kommissionär für fremde Rechnung handelt, da die Zuordnung des Eigentums nur vom Handeln im eigenen Namen abhängt. Aufgrund des Kommissionsvertrages ist der Kommissionär verpflichtet, das Eigentum an den Kommittenten weiter zu übertragen (§ 384 Abs. 2, §§ 675, 667 BGB). Bevor der Kommittent das Eigentum erwirbt, war der Kommissionär Eigentümer, sei es auch für die vielbemühte logische Sekunde **(Durchgangserwerb).** Konstruktiv ist dieser Durchgangserwerb unvermeidbar. Einige erwägen einen Direkterwerb des Kommittenten mit der Rechtsfigur des **Geschäfts für den, den es angeht,** wobei diese nur für das Erfüllungsgeschäft gelten soll.[165] Abgesehen davon, dass sich diese Rechtsfigur dogmatisch unzulänglich begründen lässt, da sie den Schutz des Dritten über den des Rechtsverkehrs stellt,[166] wird es im Regelfall auch an den Voraussetzungen fehlen. Zum einen widerspricht es der Struktur der Kommission, dass der Kommissionär beim Ausführungsgeschäft als Vertreter des Kommittenten auftritt. Zum anderen handelt es sich zumeist weder um Bargeschäfte (gar des täglichen Lebens), noch kann davon ausgegangen werden, dass dem Dritten die Person des Geschäftsherrn gleichgültig ist.[167]

b) Arten des Eigentumsübergangs. Tritt der Kommissionär den **schuldrechtlichen Verschaf- 52
fungsanspruch** aus dem Ausführungsgeschäft im Voraus dem Kommittenten ab, erwirbt dieser aus-
nahmsweise direkt das Eigentum. Indes ist dies die unübliche Ausnahme. Sie setzt zum einen voraus, dass der Kommissionär nicht die Abwicklung des Ausführungsgeschäfts schuldet und zum anderen gegenüber dem Dritten im Namen des Kommittenten auftritt.[168] Der Kommissionär handelt in diesem Fall als Besitzmittler des Kommittenten. Er ist kein Besitzdiener, da er in keiner von § 855 BGB verlangten sozialen Abhängigkeit zum Kommittenten steht.[169] Ein Durchgangserwerb tritt beim **Geheißerwerb** ein,[170] was voraussetzt, dass der Kommissionär kein Besitzmittler ist. Weist er die Vertragspartei des Ausführungsgeschäfts dazu an, die Ware direkt dem Kommittenten zu liefern, ist nur

---

[161] BeckOGK/*Fischinger* Rn. 104; *Canaris* HandelsR § 30 Rn. 91; KKRD/*Roth* Rn. 17; MüKoHGB/*Häuser* Rn. 94; Staudinger/*Lorenz*, 2007, BGB § 816 Rn. 4.

[162] So *Canaris* HandelsR § 30 Rn. 90 sowie *Larenz*/*Canaris* SchuldR BT II § 69 II 1a. Dagegen MüKoBGB/*Schwab* BGB § 816 Rn. 11 mit dem Hinweis, dass der Kommissionär eine Befreiung von einer Verbindlichkeit erlangt habe, die nicht unter § 392 Abs. 2 falle. Dies ist konstruktiv zutreffend, allerdings widerspricht die Praemisse der hM zu § 816 Abs. 1 S. 1 BGB. Danach ist das „Erlangte" im Sinne dieser Norm die Gegenleistung, die der Verfügende erlangt hat oder fordern kann, BGH Urt. v. 8.1.1959 – VII ZR 26/56, BGHZ 29, 157 (159); s. auch BeckOK BGB/*Wendehorst* BGB § 816 Rn. 16; *Reuter*/*Martinek*, Ungerechtfertigte Bereicherung, 1983, § 8 I 4d.

[163] Es entscheidet damit das fremdnützige Handeln, *Canaris* HandelsR § 30 Rn. 91; MüKoHGB/*Häuser* Rn. 94. AA MüKoBGB/*Schwab* BGB § 816 Rn. 11, wonach der Kommissionär einen Befreiungsanspruch aus §§ 670, 257 BGB gegen den Kommittenten dem Bereicherungsgläubiger abzutreten habe. Dies überzeugt nicht. Diesen Befreiungsanspruch hat der Kommissionär weder aus dem Ausführungsgeschäft erlangt noch stellt sich dieser Anspruch als „Befreiung" von einer Verbindlichkeit dar.

[164] *Canaris* HandelsR § 30 Rn. 90 aE.

[165] Weitgehend bejahend *v. Lübtow* ZHR 112 (1949), 227 (347), da aus der Herausgabepflicht des Kommissionärs dessen Wille folge, die Sache für den Kommittenten zu erwerben, ebenso KKRD/*Roth* Rn. 19; Staub/*Koller* Rn. 182. Weitgehend abl. Baumbach/Hopt/*Hopt* Rn. 28; MüKoHGB/*Häuser* Rn. 101 f.; Oetker/*Martinek* Rn. 41.

[166] *Canaris* FS Flume I, 1978, 372, 418 f.; *Canaris* HandelsR § 30 Rn. 69; *Flume* BGB 2. Band Das Rechtsgeschäft § 44 II 2; *Krüger*, Erwerbszurechnung nach Status, 1979, 145; krit. auch Heymann/*Herrmann* Rn. 16; *Schwark* JuS 1980, 777 (778); *K. Schmidt* JuS 1987, 425 (429); *Wolff*/*Raiser* SachenR § 66 I 1b. Grundsätzlich befürwortend *Einsele* JZ 1990, 1005 (1010).

[167] Demgemäß ebenso abl. MüKoHGB/*Häuser* Rn. 101; Oetker/*Martinek* Rn. 41. Außerdem *Canaris* HandelsR § 30 Rn. 69.

[168] MüKoHGB/*Häuser* Rn. 96; Oetker/*Martinek* Rn. 41.

[169] Die hM hält (noch) das soziale Abhängigkeitsverhältnis für das entscheidende Kennzeichen des Besitzdieners, BGH Urt. v. 9.2.1955 – IV ZR 188/54, BGHZ 16, 259; Urt. v. 13.12.2013 – V ZR 58/13, BGHZ 199, 227 Rn. 10 = NJW 2014, 1542; Erman/*Lorenz* BGB § 855 Rn. 2; Staudinger/*Gutzeit*, 2018, BGB § 855 Rn. 6 ff. Indes ist dieses Merkmal unklar und geht nicht aus dem Gesetz hervor, zutr. *Witt* AcP 201 (2001), 165 (166). Präziser ist der Ansatz, wonach es einen Besitzdiener kennzeichnet, wenn er derart weisungsgebunden ist, dass dem jederzeitigen Zugriff des Besitzherrn keine Hindernisse entgegenstehen, so MüKoBGB/*Schäfer* BGB § 855 Rn. 5; damit sympathisierend OLG Frankfurt a. M. Urt. v. 2.9.2016 – 2 U 71/16, BeckRS 2015, 16936 Rn. 40. Die Pfandrechte und Sicherungsmöglichkeiten des Kommissionärs nach den §§ 397 ff. verdeutlichen, dass der Kommittent keinen vorbehaltlosen Zugriff auf die Kommissionsware hat.

[170] *Canaris* HandelsR § 30 Rn. 66.

die Besitzübergabe verkürzt. Gleichwohl bestehen hier zwei sachenrechtlichen Einigungen nach § 929 BGB zwischen dem Dritten und dem Kommissionär sowie zwischen diesem und dem Kommittenten. Ist die Vertragspartei des Ausführungsgeschäfts nicht im Besitz der Kommissionsware, wie dies beim Streckengeschäft der Fall ist, kommt es zu einem doppelten (gestaffelten) Geheißerwerb.[171]

53   Ferner kann das Eigentum durch eine **vorweggenommene dingliche Einigung** und ein **vorweggenommenes Besitzkonstitut** übertragen werden (§§ 929, 930 BGB). Das Besitzmittlungsverhältnis nach § 868 BGB begründet bereits der Kommissionsvertrag, sodass besondere Abreden hierfür entbehrlich sind.[172] Das Eigentum geht dann auf den Kommittenten über, sobald der Dritte die Ware an den Kommissionär übereignet und dieser sie als Besitzmittler für den Kommittenten in Besitz nimmt. Der Besitzmittlungswille des Kommissionärs kann kraft des Kommissionsvertrages vermutet werden.[173] Es kommt auch hier zu einem Durchgangserwerb, sodass Gläubiger des Kommissionärs auf die Ware zugreifen können. Dies hat man mit unterschiedlichen Begründungen bestritten,[174] jedoch zu Unrecht. Das antizipierte Besitzkonstitut ist kein Geschäft für den, den es angeht. Es nimmt nur die rechtsgeschäftlichen Einigungen einer späteren Übertragung nach §§ 929, 930 BGB vorweg, ändert aber nichts daran, wem die Erklärungen rechtlich zugerechnet werden.

54   Nach wie vor noch nicht abschließend geklärt, ob der Wille des Kommissionärs, die Sache künftig für den Kommittenten zu besitzen, kundbar zu machen ist.[175] Anlass für diese Diskussion ist das Bestreben, zu Lasten der Gläubiger behauptete Scheinbesitzkonstitute zu verhindern. Wer allerdings § 392 Abs. 2 auf das Eigentum am Kommissionsgut anwendet, wird hierfür kein Bedürfnis sehen (→ § 392 Rn. 7). Entscheidend für eine antizipierte Übereignung nach §§ 929, 930 ist, dass die äußeren Umstände einen Rückschluss auf den ernsthaften Übereignungswillen der Parteien zulassen. Dabei ist zu differenzieren: Ist das Besitzkonstitut derart bestimmt, dass es eine klare eigentumsrechtliche Zuordnung des Kommissionsgutes erlaubt, reicht dies aus. Eine Ausführungshandlung ist hierbei entbehrlich.[176] Eine Ausführungshandlung als Akt, der die Besitzmittlung erkennbar macht, wird man nur fordern können, wenn anderenfalls die kraft des Kommissionsvertrages erworbenen Gegenstände unbestimmt sind, wie dies bei Gattungsschulden der Fall ist.[177]

55   Scheidet eine vorweggenommene Einigung aus, weil etwa der zur erwerbende Gegenstand noch nicht bestimmt genug ist, kann der Kommissionär durch ein **Insichgeschäft** (§ 181 BGB) sich über den Eigentumsübergang einigen. Er handelt in diesem Fall als Erwerber auf der einen Seite und Vertreter des Kommittenten auf der anderen Seite. Die dazu erforderliche Vollmacht und die Gestattung des Selbstkontrahierens werden sich idR dem Kommissionsvertrag entnehmen lassen.[178] Letztere ist an sich obsolet, da die Übereignung die Erfüllung der dem Kommissionär obliegenden Verbindlichkeit ist (§ 384 Abs. 2, §§ 675, 667 BGB) und deswegen § 181 BGB nicht eingreift.[179] Das Insichgeschäft kann der Kommissionär abschließen, nachdem er selbst von dem Dritten Eigentum erlangt hat. Er kann es auch vorwegnehmen (→ Rn. 53). Um sicherzustellen, dass kein Scheinkonstitut vereinbart wurde, muss der Kommissionär hier stets den Wechsel vom Eigenbesitz- in den Fremdbesitzwillen kenntlich machen.[180] Diesen Anforderungen an eine Ausführungshandlung ist genügt, wenn der Kommissionär die erworbenen Waren kennzeichnet oder gesondert lagert.[181]

56   **c) Direkterwerb und Effektenkommission.** Bei der **Effektenkommission** ergänzt das DepotG die bürgerlich-rechtlichen Regeln über den Eigentumsübergang (vgl. §§ 18 ff. DepotG, insbesondere §§ 18 Abs. 3, 24 DepotG). Hat der Kommissionär einen Auftrag zum Einkauf von Wertpapieren ausgeführt, ist er verpflichtet, dem Kommittenten unverzüglich ein Stückeverzeichnis zu übersenden, das die Wertpapiere kennzeichnet, § 18 Abs. 1 DepotG. Bereits mit der **Absendung** dieses Stückever-

---

[171] Zu dem damit verbundenen konstruktiven Fragen *Martinek* AcP 188 (1988), 673 (615 ff.); MüKoBGB/*Oechsler* BGB § 929 Rn. 68 ff.

[172] MüKoHGB/*Häuser* Rn. 100; Staub/*Koller* Rn. 180.

[173] S. dazu allgemein MüKoBGB/*Oechsler* BGB § 930 Rn. 17, 26; Soergel/*Henssler* BGB § 930 Rn. 48. Anderenfalls müsste man dem Kommissionär unterstellen, dass er von vornherein beabsichtigte, seine Pflichten aus dem Kommissionsvertrag zu verletzen.

[174] *Ernst*, Eigenbesitz und Mobiliarerwerb, 1992, 177 f., 182 f.

[175] *Ernst*, Eigenbesitz und Mobiliarerwerb, 1992, 182 f. hält dies für entbehrlich. Hierfür spricht zweifelsohne, dass die Übereignung nach § 930 BGB eine publizitätsfreie Übereignung ist. Allerdings hat die Rechtsanwendung auch dem Bestimmtheitsgrundsatz Rechnung zu tragen, dazu sogleich im Text.

[176] So wohl BGH Urt. v. 31.1.1979 – VIII ZR 93/78, BGHZ 73, 253 (258) = NJW 1979, 976 und BGH Urt. v. 8.6.1989 – IX ZR 234/87, LM BGB § 930 Nr. 21 = NJW 1989, 2542; BeckOGK/*Klinck* BGB § 930 Rn. 51; *Canaris* HandelsR § 30 Rn. 67; Erman/*Bayer* BGB § 930 Rn. 6; *v. Lübtow* ZHR 112 (1949), 227 (258); KKRD/*Roth* Rn. 20; MüKoBGB/*Oechsler* BGB § 930 Rn. 25; Staudinger/*Wiegand*, 2017, BGB § 930 Rn. 32. Anders noch die Rspr. des RG RGZ 56, 52 (54); RGZ 139, 114 (117); RGZ 140, 225 (231) und derzeit Staub/*Koller* Rn. 89 f.

[177] S. etwa MüKoHGB/*Häuser* Rn. 100; MüKoBGB/*Oechsler* § 930 Rn. 25.

[178] MüKoHGB/*Häuser* Rn. 99.

[179] *Canaris* HandelsR § 30 Rn. 67; KKRD/*Roth* Rn. 20; MüKoHGB/*Häuser* Rn. 99; Röhricht/Graf v. Westphalen/Haas/*Lenz* Rn. 40; Staub/*Koller* Rn. 181.

[180] Baumbach/Hopt/*Hopt* Rn. 26; MüKoHGB/*Häuser* Rn. 99; MüKoBGB/*Oechsler* BGB § 930 Rn. 29; Staudinger/*Wiegand*, 2017, BGB § 930 Rn. 34; aA jedoch Staub/*Koller* Rn. 181.

[181] Baumbach/Hopt/*Hopt* Rn. 26; MüKoHGB/*Häuser* Rn. 77.

zeichnisses geht das Eigentum an den Effekten gem. § 18 Abs. 3 DepotG auf den Kommittenten über. Dies gilt jedoch nur, sofern das Eigentum nicht bereits früher nach den §§ 929 ff. BGB übergegangen ist. Teile des Schrifttums nehmen dies an und bejahen einen direkten Erwerb der Wertpapiere durch den Kommittenten, gestützt auf die Lehre vom Geschäft für den, den es angeht.[182] Ein Bargeschäft des täglichen Lebens, bei dem der Geschäftspartner gleichgültig ist, ist die Effektenkommission jedoch nicht.[183] Nach der hier vertretenen Ansicht (→ Rn. 51) ist ein Direkterwerb abzulehnen. Die Anwendung der Lehre vom Geschäft für den, den es angeht auf die Effektenkommission krankt an einem dogmatischen Defizit, da sie bestenfalls mit pragmatischen Erwägungen begründen kann, warum das Offenkundigkeitsprinzip durchbrochen wird. Außerdem bedarf es dieser Lehre nicht. Bejaht man ein Interesse des Kommittenten am Direkterwerb, so ist eine analoge Anwendung des § 392 Abs. 2 der sachgerechte Weg. Diese Analogie ist zum einen methodisch geboten und vermeidet zum anderen die nur schwer begründbare Ausnahme vom Offenkundigkeitsgrundsatz (näher → § 392 Rn. 7).

§ 384 [Pflichten des Kommissionärs]

(1) **Der Kommissionär ist verpflichtet, das übernommene Geschäft mit der Sorgfalt eines ordentlichen Kaufmanns auszuführen; er hat hierbei das Interesses des Kommittenten wahrzunehmen und dessen Weisungen zu befolgen.**

(2) **Er hat dem Kommittenten die erforderlichen Nachrichten zu geben, insbesondere von der Ausführung der Kommission unverzüglich Anzeige zu machen; er ist verpflichtet, dem Kommittenten über das Geschäft Rechenschaft abzulegen und ihm dasjenige herauszugeben, was er aus der Geschäftsbesorgung erlangt hat.**

(3) **Der Kommissionär haftet dem Kommittenten für die Erfüllung des Geschäfts, wenn er ihm nicht zugleich mit der Anzeige von der Ausführung der Kommission den Dritten namhaft macht, mit dem er das Geschäft abgeschlossen hat.**

Übersicht

---

[182] BeckOGK/*Fischinger* Rn. 112; Baumbach/Hopt/*Hopt* Rn. 29; *Wolter,* Effektenkommission und Eigenerwerb, 1977, 155 ff., 201 ff.; KKRD/*Roth* Rn. 21; *Kümpel* WM 1976, 942 (953 f.); *Heinsius/Horn/Than* DepotG § 6 Rn. 84, § 24 Rn. 36 f.; MüKoBGB/*Schramm* BGB § 164 Rn. 52.

[183] Dies wird man mindestens fordern müssen, um überhaupt ein Geschäft für den, den es angeht, bejahen zu können, vgl. BGH Urt. v. 25.3.2003 – XI ZR 224/02, BGHZ 154, 276 = BGH NJW-RR 2003, 921 (922, Tafelgeschäft).

I. Normzweck

1   Die Norm zählt eine **Reihe von Pflichten** auf, die der Kommissionär gegenüber dem Kommittenten bei der Ausführung des übernommenen Geschäfts zu beachten hat. Gäbe es diese Auflistung nicht, wäre die Rechtslage nicht anders. Die Pflichten ergeben sich weitgehend aus den Vorschriften über die Geschäftsbesorgung (§§ 675, 666, 667 BGB). Die Auflistung ist im Übrigen auch nicht vollständig. Aus dem Treueverhältnis zwischen Kommissionär und Kommittent, auch aus der spezifischen Gestaltung des Kommissionsvertrages, können sich weitere Pflichten ergeben. Zu nennen ist insbesondere die Beratungspflicht, die dem Kommissionär schon bei den Vertragsverhandlungen obliegen kann. In diesem Stadium unterliegt der Kommissionär außerdem einer Aufklärungspflicht.

2   Neben diesem Pflichtenkanon bestimmt die Vorschrift in Abs. 3 eine besondere **Haftung des Kommissionärs.** Der Kommissionär hat dem Kommittenten die Vertragspartei des Ausführungsgeschäfts zu nennen. Unterlässt er dies oder benennt er den Dritten nicht zeitgleich mit der Ausführungsanzeige, haftet der Kommissionär für die Erfüllung des Geschäfts. Die Vorschrift hat kein Vorbild im Auftragsrecht des BGB und soll den Kommissionär zur Transparenz anhalten.

II. Ausführungspflicht

3   **1. Inhalt.** Während es in Abs. 1 heißt, dass der Kommissionär verpflichtet ist, „das übernommene Geschäft" auszuführen, spricht Abs. 2 von der „Ausführung der Kommission", deren Anzeige der Kommissionär schuldet. Hinter dieser sprachlichen Differenzierung, die mehrfach begegnet,[1] verbirgt sich auch ein sachlicher Unterschied. Mit **Ausführung der Kommission** ist der Abschluss des Ausführungsgeschäfts gemeint.[2] **Ausführung des Geschäfts** lässt eine weitergehende Interpretierung zu; darunter kann neben dem Abschluss auch die Abwicklung des Ausführungsgeschäfts fallen. Was im Einzelfall gemeint ist, ist Tatfrage und daher durch Auslegung zu ermitteln.[3] Interessenlage und Üblichkeit in der Praxis sprechen dafür, die Verpflichtung zur Ausführung des Geschäfts weit zu fassen und die Abwicklung des Ausführungsgeschäfts regelmäßig einzuschließen.[4] Nicht aufrechterhalten lässt sich die vereinzelte Aussage des BGH, wonach in der Regel der Kommissionär nur den Abschluss des Geschäfts schulde.[5] Dies verkürzt das Interesse des Kommittenten.

4   Ob der Kommissionär Abschluss (und Abwicklung) des Ausführungsgeschäfts schlechthin (wie beim Werkvertrag) oder lediglich eingehende Bemühungen darum (wie bei einem Dienstvertrag) schuldet, hängt wiederum von den jeweiligen – unter Umständen auszulegenden – Vereinbarungen ab. Dabei ist es der entscheidende Wertungsgesichtspunkt, dass dem Kommissionär eine **bestmögliche Interessenwahrung** obliegt.[6] Daneben richten sich nach der Art des Geschäfts und der Marktsituation, was der Kommissionär *in concreto* schuldet. Generelle Aussagen scheiden daher aus. Bei einer auf Aktienzeichnung gerichteten **Effektenkommission** zB muss der Kommissionär alles tun, was zu dem beabsichtigten Aktienerwerb durch den Kommittenten erforderlich ist. Dazu gehört die Erstellung,

---

[1] Ausführung des Geschäfts: §§ 386, 396 Abs. 1; Ausführung der Kommission: §§ 384 Abs. 2 und 3, 400 Abs. 2 und 3, 404, 405.

[2] Baumbach/Hopt/*Hopt* Rn. 4; BeckOGK/*Fischinger* Rn. 6; *Canaris* HandelsR § 30 Rn. 11; KKRD/*Roth* Rn. 2; Röhricht/Graf v. Westphalen/Haas/*Lenz* Rn. 1; Staub/*Koller* Rn. 4.

[3] BGH Urt. v. 9.12.1958 – VIII ZR 165/57, WM 1959, 269 (270) = DB 1959, 346; MüKoHGB/*Häuser* Rn. 6; Staub/*Koller* Rn. 4.

[4] *Canaris* HandelsR § 30 Rn. 11; Heymann/*Herrmann* Rn. 2; MüKoHGB/*Häuser* Rn. 4.

[5] So BGH Urt. v. 9.12.1958 – VIII ZR 165/57, LM § 384 Nr. 2; BeckOK HGB/*Baer* Rn. 2; dagegen wie hier Staub/*Koller* Rn. 4; KKRD/*Roth* Rn. 2; Baumbach/Hopt/*Hopt* Rn. 4.

[6] BeckOGK/*Fischinger* Rn. 7; Staub/*Koller* Rn. 7.

Prüfung und Weitergabe eines ordnungsgemäßen Zeichnungsscheins.[7] Bestmögliche Interessenwahrung kann im Einzelfall auch bedeuten, ein Geschäft nicht zu schließen, wenn nämlich der Markt ein wirtschaftlich befriedigendes Ergebnis – aus der Sicht des Kommittenten – nicht hergibt. Vielfach wird der Kommissionsvertrag den Rahmen durch Limitierungen nach oben oder unten stecken. Die Ausführungspflicht kann auch zum Abschluss ergänzender Verträge berechtigen und verpflichten, wie etwa Fracht-, Lager- und Speditionsgeschäften.[8]

2. Erfüllungsort, Zeitspanne. Es gilt § 269 BGB. Der Kommissionär muss am Ort seiner Nieder- **5** lassung leisten (§ 269 Abs. 2 BGB), wenn er mit dem Kommittenten nichts anderes vereinbart hat oder die Umstände nichts anderes ergeben. Für die Gegenleistungspflicht (Provisionszahlungspflicht) des Kommittenten gilt im Zweifel dessen Wohnsitz (Niederlassung) als Erfüllungsort. Die Auslegung des Kommissionsvertrages kann auch für einen einheitlichen Leistungsort sprechen, an dem die vertragscharakteristische Leistung zu erbringen ist. Dies wäre die **Niederlassung des Kommissionärs**.[9] Darf der Kommissionär seine Verpflichtung zur Abwicklung des Kommissionsgeschäfts durch Abtretung der sich daraus ergebenden Rechte erfüllen, ist für die Leistung des Dritten auch im Verhältnis zum Kommittenten maßgeblich, wo gegenüber dem Kommissionär zu leisten war. Innerhalb welcher Zeitspanne der Kommissionär das Geschäft auszuführen hat, richtet sich nach dem Kommissionsvertrag oder einer diesen ausfüllenden Weisung. Ergeben sich hieraus keine Anhaltspunkte, hat der Kommissionär die Zeitspanne mit der Sorgfalt eines ordentlichen Kaufmannes zu setzen.[10]

Für **Effektengeschäfte** gilt § 82 Abs. 5 WpHG. Danach hat das Wertpapierdienstleistungsunter- **6** nehmen Ausführungsgrundsätze aufzustellen und dabei einen solchen Ausführungsplatz zu wählen, an denen gleichbleibend die bestmöglichen Ergebnisse bei der Ausführung von Kundenaufträgen erzielt werden können.[11] Diese Ausführungsgrundsätze gelten auch gegenüber dem Kunden, da sie Bestandteil der Sonderbedingungen der deutschen Banken für Wertpapiergeschäfte (SBW – derzeit Stand 2018) sind. Der Ort des Ausführungsplatzes kann von dem Erfüllungsort abweichen, sodass es bei der Einkaufskommission nur darauf ankommt, an welchem Ort im In- oder Ausland die Wertpapiere dem Kommittenten zur Verfügung gestellt werden sollen.[12] Die Ausführungsplätze hat das Wertpapierdienstleistungsunternehmen in den Ausführungsgrundsätzen zu gewichten. Es muss nicht alle anbieten, sondern darf unter mehreren geeigneten auswählen.[13] Zu erfüllen hat die Bank als Kommissionär ihre Pflicht zur Lieferung der Wertpapiere nach den §§ 18 ff. DepotG. Mit der Absendung des Stückeverzeichnisses geht das Eigentum an den Effekten auf den Kommittenten über (§ 18 Abs. 3 DepotG). Handelt es sich um sammelverwahrte Wertpapiere, erlangt der Kommittent das Miteigentum am Sammelbestand, wenn der Übertragungsvermerk in das Verwahrungsbuch eingetragen ist (§ 24 Abs. 2 DepotG). Für die Effektenkommission gilt das Gebot der schnellstmöglichen Ausführung. Die Aufträge sind so schnell wie möglich auszuführen (§ 69 Abs. 1 Nr. 1 WpHG).[14]

3. Substitution. Wenn nicht anders vereinbart, schuldet der Kommissionär persönliche Ausfüh- **7** rung, wie sich aus § 664 Abs. 1 S. 1 BGB ergibt. Er kann außerdem nach den Umständen konkludent zu einer Substitution ermächtigt sein, wenn dem Kommittenten erkennbar ist, dass der Kommissionär das Geschäft nicht ohne eine weitere Delegation ausführen kann. Nahe liegt das insbesondere bei Außenhandelsgeschäften wie der Konsignationskommission.[15] Eine Substitutionsgestattung kommt auch bei Effektengeschäften in Betracht (keine Börsenzulassung).[16] Nr. 1 Abs. 2 der Sonderbedingungen für Wertpapiergeschäfte erlaubt den Banken eine Substitution. Nach Nr. 9 dieser Bedingungen haftet die Bank bis zur Durchführung des Ausführungsgeschäfts nur für die sorgfältige Auswahl und Überwachung des Zwischenkommissionärs, danach für dessen ordnungs-

---

[7] BGH Urt. v. 28.1.2003 – XI ZR 156/02 , BGHZ 153, 344 (347) = NJW 2003, 1447.

[8] BeckOK HGB/*Baer* Rn. 2; BeckOGK/*Fischinger* Rn. 7; MüKoHGB/*Häuser* Rn. 5.

[9] BeckOGK/*Fischinger* Rn. 24; MüKoHGB/*Häuser* Rn. 15. Die Rspr. des BGH ist hier jetzt allerdings zurückhaltender, vgl. BGH Beschl. v. 11.11.2003 – X ARZ 91/03, NJW 2004, 54; Urt. v. 4.3.2004 – IX ZR 101/03, NJW-RR 2004, 932; kein gemeinsamer Erfüllungsort nach BGH Urt. v. 22.10.1987 – I ZR 224/85, NJW 1988, 966 auch für den Handelsvertretervertrag, der insofern mit dem Kommissionsvertrag aber nicht vergleichbar ist.

[10] BeckOGK/*Fischinger* Rn. 25; MüKoHGB/*Häuser* Rn. 13; Staub/*Koller* Rn. 40.

[11] Konkretisiert ist diese Pflicht in den Art. 64–66 Delegierte VO (EU) 2017/565, ABl. 2017 L 87/1. Im Einzelfall mag es umständlich sein, diese Kriterien einzuhalten. Erteilt der Kunde eine besondere Weisung für den Einzelfall, die von den Ausführungsgrundsätzen abweicht, hat das Kreditinstitut diese Weisung umzusetzen, *Ebermann/Chromek* RdF 2011, 228 (234); Kümpel/Mülbert/Früh/Seyfried/*Braun,* Bank- und Kapitalmarktrecht, 5. Aufl. 2019, Rn. 17.268. Deswegen gehen namentlich Direktbanken dazu über, Aufträge ausschließlich auf eine Weisung des Kunden zu bearbeiten.

[12] Vgl. Kümpel/Mülbert/Früh/Seyfried/*Braun,* Bank- und Kapitalmarktrecht, 5. Aufl. 2019, Rn. 17.2.

[13] Assmann/Schneider/Mülbert/*Koller* WpHG § 82 Rn. 12. Auch außerhalb des organisierten Marktes nach § 2 Abs. 11 WpHG darf eine Order ausgeführt werden, wenn dort marktkonforme Bedingungen angeboten werden.

[14] OLG Oldenburg 22.5.1992 – 11 U 12/92, WM 1993, 1879 (1881); BeckOGK/*Fischinger* Rn. 27; MüKoHGB/ *Häuser* Rn. 14; Staub/*Koller* Rn. 40; *Seiler/Geier* in Schimansky/Bunte/Lwowski BankR-HdB § 104 Rn. 56.

[15] MüKoHGB/*Häuser* Rn. 10; Staub/*Koller* Rn. 41.

[16] BeckOGK/*Fischinger* Rn. 16; KKRD/*Roth* Rn. 3; Schlegelberger/*Hefermehl* Rn. 7; Staub/*Koller* Rn. 41.

gemäße Erfüllung. Man mag zweifeln, ob diese echte Substitution bei Inlandsgeschäften zulässig ist.[17] Jenseits der beschriebenen Fälle ist die vollständige Übertragung des Kommissionsgeschäfts (ganz oder in abtrennbaren Teilbereichen) auf einen Dritten in eigener Verantwortung unzulässig.[18] Substituiert der Kommissionär gleichwohl, geschieht dies auf sein Risiko. Nach den Gesetzesmaterialien muss der Auftraggeber (Kommittent) die Durchführung durch den Dritten nicht als vertragsgemäße Leistung des Auftragnehmers (Kommissionär) annehmen.[19] Indes ist zu unterscheiden: Führt der Dritte das Kommissionsgeschäft ordnungsgemäß aus, wird es an einem Schaden des Kommittenten fehlen, sodass dessen Annahmeverweigerung mit § 242 BGB kollidiert.[20] Fehler des Unterkommissionärs hingegen stellen eine Verletzung der Ausführungspflicht dar, die der Kommissionär ohne Rücksicht auf ein Verschulden des Substituten zu vertreten hat.[21] Die Haftungsbeschränkung nach § 664 Abs. 1 S. 2 BGB gilt nicht.

8   Gestattet der Kommittent die Substitution, sei es ausdrücklich oder konkludent, haftet der Kommissionär nur für ein Auswahl- und Überwachungsverschulden (§ 664 Abs. 1 S. 2 BGB, *culpa in eligendo*).[22] Zweierlei ist in diesen Fällen denkbar: Scheidet der Kommissionär wegen der Übertragung aus dem Kommissionsvertrag aus, ist die Übertragung die Erfüllung des Kommissionsvertrages.[23] Möglich und zumeist näher liegend ist, dass er neben dem Unterkommissionär[24] zur Ausführung der Kommission verpflichtet bleibt.[25] In diesem Fall hat der Kommissionär die Weisungen des Kommittenten gegenüber dem Unterkommissionär zu erteilen und für deren Einhaltung zu sorgen.[26] Was der Unterkommissionär erlangt hat, muss der Kommissionär dem Kommittenten herausgeben. Gezahlte Provisionen an den Unterkommissionär sind keine Aufwendungen des Kommissionärs gem. § 670 BGB. Gegenüber dem Erlösherausgabeanspruch des Kommittenten kann der Kommissionär daher nicht einwenden, dass er eine Provision an den Dritten gezahlt habe.[27] In jedem Fall darf der Kommissionär Erfüllungsgehilfen einschalten, für die er nach § 278 S. 1 BGB haftet.

9   **4. Sorgfalt.** Die Vorschrift verlangt, dass der Kommissionär das Geschäft mit der Sorgfalt eines ordentlichen Kaufmanns ausführt. Das folgt schon aus § 347, der direkt anwendbar ist, wenn der Kommissionär Kaufmann ist, anderenfalls kraft des Verweises in § 383 Abs. 2.[28] Geschuldet wird die Sorgfalt eines ordentlichen Kommissionärs, wobei die Art der Kommission (Waren- oder Effektenkommission) den Maßstab bestimmt.[29] Der Sorgfaltsmaßstab gilt für die gesamte Tätigkeit des Kommissionärs und damit für den Abschluss, die Durchführung und auch die Abwicklung des Kommissionsgeschäfts.[30] Er ist auch einschlägig, wenn der Kommissionär selbst eintritt (vgl. auch § 401 Abs. 1). Im Streitfall hat der Kommissionär darzulegen und zu beweisen, dass er die Sorgfalt eines ordentlichen Kaufmanns an den Tag gelegt hat.[31]

III. Interessenwahrungspflicht

10   **1. Allgemeines.** Kennzeichnend für den Kommissionsvertrag ist die Treue- und Interessenwahrungspflicht des Kommissionärs. Er muss sein gesamtes Verhalten danach ausrichten, die Interessen des Kommittenten bestmöglich zu wahren. Konfligieren die Interessen des Kommissionärs mit denen des Kommittenten, muss der Kommissionär dies beim Vertragsschluss offen legen, sofern dies erkennbar war.[32] Lässt sich danach der Konflikt nicht beheben, müssen eigene Interessen des Kommissionärs

---

[17] Abl. MüKoHGB/*Ekkenga* Effektengeschäft Rn. 307 f.; zweifelnd MüKoHGB/*Häuser* Rn. 11.

[18] RG Urt. v. 14.5.1906 – I 472/05, RGZ 63, 301 (304); Baumbach/Hopt/*Hopt* Rn. 3; Heymann/*Herrmann* Rn. 3; MüKoHGB/*Häuser* Rn. 10; Staub/*Koller* Rn. 41.

[19] Mot. II 534; im Anschluss daran noch RGRK–BGB/*Steffen* BGB § 664 Rn. 9.

[20] BeckOK BGB/*Czub* BGB § 664 Rn. 5; Erman/*Ehmann* BGB § 664 Rn. 20; MüKoBGB/*Schäfer* BGB § 664 Rn. 19; Soergel/*Beuthien* BGB § 664 Rn. 5.

[21] BeckOGK/*Fischinger* Rn. 20; MüKoHGB/*Häuser* Rn. 12; MüKoBGB/*Schäfer* BGB § 664 Rn. 18.

[22] Baumbach/Hopt/*Hopt* Rn. 3; BeckOGK/*Fischinger* Rn. 20; KKRD/*Roth* Rn. 3; MüKoHGB/*Häuser* Rn. 12; Oetker/*Martinek* Rn. 11 mit dem Hinweis, dass ein Entlastungsbeweis vergleichbar zum Verrichtungsgehilfen nach § 831 Abs. 1 S. 2 BGB ausscheidet; Staub/*Koller* Rn. 41.

[23] RG Urt. v. 2.3.1912 – I 147/11, RGZ 78, 310 (313); RG Urt. v. 10.12.1924 – I 583/23, RGZ 109, 299 (302).

[24] Wobei der Unterkommissionär entweder nur dem Kommissionär verpflichtet ist oder auch dem Kommittenten; das ist eine Frage der Vertragsauslegung.

[25] Vgl. RGRK–BGB/*Steffen* BGB § 664 Rn. 7.

[26] Staub/*Koller* Rn. 41.

[27] BGH WM 1961, 750; KKRD/*Roth* § 396 Rn. 8; MüKoHGB/*Häuser* Rn. 10; Staub/*Koller* Rn. 41. AA BeckOGK/*Fischinger* Rn. 18; Oetker/*Martinek* Rn. 12.

[28] MüKoHGB/*Häuser* Rn. 8.

[29] LG Köln Urt. v. 5.10.2017 – 20 O 59/16, NJW 2018, 799; BeckOGK/*Fischinger* Rn. 21; MüKoHGB/*Häuser* Rn. 9; Staub/*Koller* Rn. 115.

[30] S. etwa BeckOGK/*Fischinger* Rn. 21; Oetker/*Martinek* Rn. 5.

[31] BGH Urt. v. 9.12.1958 – VIII ZR 165/57, WM 1959, 269 (272); LG Köln Urt. v. 5.10.2017 – 20 O 59/16, NJW 2018, 799; BeckOGK/*Fischinger* Rn. 22; MüKoHGB/*Häuser* Rn. 9; Staub/*Koller* Rn. 116.

[32] *Canaris* HandelsR § 30 Rn. 15; KKRD/*Roth* Rn. 7; MüKoHGB/*Häuser* Rn. 18; Staub/*Koller* Rn. 21.

hintanstehen.[33] Das gilt auch, wenn er die Kommission durch Selbsteintritt ausführt.[34] Kollidieren die Interessen mehrerer Kommittenten, hat der Kommissionär nach dem **Prioritätsprinzip** vorzugehen. Er hat danach insbesondere die Aufträge in der Reihenfolge ihres Eingangs abzuarbeiten.[35] Indes folgt daraus keine Pflicht, dem ersten Kommittenten stets die besten Konditionen einzuräumen.[36] Wohl ergeben sich jedoch Aufklärungspflichten gegenüber den Kommittenten (→ Rn. 14).

2. Vorvertragliche Pflichten. Wie bei jedem anderen Vertrag begründet die Aufnahme von **11** Vertragsverhandlungen zwischen Kommissionär und Kommittent gegenseitige Pflichten zur Rücksichtnahme, Fürsorge und Loyalität, §§ 311 Abs. 2, 241 Abs. 2 BGB. Die Eigenheiten des Kommissionsvertrages konkretisieren diese vorvertraglichen Pflichten. Aus der Interessenwahrungspflicht lassen im Vorfeld des Vertrages insbesondere **Aufklärungspflichten** ableiten,[37] etwa über die Besonderheiten und Risiken des intendierten Geschäfts. Jenseits einer laufenden Geschäftsbeziehung entsteht keine **Beratungspflicht** bei einem vorvertraglichen Kontakt.[38]

a) Beratungspflicht. Eine vorvertragliche Beratungspflicht bei der **Effektenkommission** ist keine **12** Nebenpflicht aus dem Kommissionsvertrag, sondern setzt den Abschluss eines gesonderten Beratungsvertrages voraus.[39] Er kommt schlüssig dadurch zustande, indem sich der Kommittent an die Bank als Kommissionärin wendet, um über die Anlage eines Geldbetrages beraten zu werden, die Bank darauf in ein Beratungsgespräch eintritt und dadurch stillschweigend den Antrag des Kunden auf den Abschluss eines Beratungsvertrages annimmt.[40] Unerheblich ist, von wem die Initiative zur Beratung ausgeht. Bietet der Kommissionär von sich aus eine Beratung an, so kommt auch hier ein Beratungsvertrag durch das Beratungsgespräch zustande.[41] Erfüllt ist die Pflicht, wenn über die zu den Risiken und Vorteilen einer Anlageentscheidung vollständig und richtig beraten wurde. Fortdauernde Beratungspflichten bestehen nicht.[42] Es entsteht jedoch ein neuer Beratungsvertrag, wenn der Kunde sich später ratsuchend an die Bank wendet, weil etwa die Kurse der erworbenen Papiere gefallen sind.[43] Ein über die einzelne Anlageentscheidung hinausreichender Dauerberatungsvertrag muss ausdrücklich vereinbart werden.[44] Beratungspflichten entfallen nach § 63 Abs. 11 WpHG, wenn etwa die Bank darauf vor der Geschäftsbeziehung darauf hinweist, nicht individuell zu beraten[45] oder wenn der Anleger gegenüber der Bank erklärt, keine Informationen zu benötigen.[46] Allerdings besteht eine Warnpflicht der Bank, wenn der Auftraggeber die Tragweite und Risiko des Auftrags falsch eingeschätzt hat oder wenn der Discount-Broker eine tatsächlich bestehende Aufklärungsbedürftigkeit des Kunden erkennt oder grob fahrlässig verkannt hat.[47]

Der Inhalt der Beratungspflicht hängt von den Umständen des Einzelfalls ab. Der BGH verlangt eine **13** **anlegergerechte** und **objektgerechte Beratung.** Damit richtet sich die Beratung an den Bedürfnissen des Kommittenten aus, an seinen Vorinformationen, seiner Sachkunde, dem Zweck der Kommission (zB im Effektenhandel: Anlage- oder Spekulationsgeschäft), den Risiken und Chancen des Geschäfts. Dabei muss die Beratung zwischen den allgemeinen Risiken wie der Konjunkturlage

---

[33] *Canaris* HandelsR § 30 Rn. 15; *Koller* BB 1978, 1734 (1736); MüKoHGB/*Häuser* Rn. 18.

[34] BGH Urt. v. 18.3.1959 – IV ZR 155/58, WM 1959, 999 (1001); MüKoHGB/*Häuser* Rn. 17.

[35] *Canaris* HandelsR § 30 Rn. 16; Heymann/*Herrmann* Rn. 10; KKRD/*Roth* Rn. 11; *K. Schmidt* HandelsR § 31 IV 1a; Staub/*Koller* Rn. 20.

[36] Zutr. *Canaris* HandelsR § 30 Rn. 16.

[37] Staub/*Koller* R. 13 ff.; Röhricht/Graf v. Westphalen/Haas/*Lenz* Rn. 3.

[38] Baumbach/Hopt/*Hopt* Rn. 2; KKRD/*Roth* Rn. 6; Staub/*Koller* Rn. 30.

[39] BGH Urt. v. 22.3.1979 – VII ZR 259/77, BGHZ 74, 103 (106); Urt. v. 4.3.1987 – IV a ZR 122/85, BGHZ 100, 117 (118 ff.); Urt. v. 28.1.1997 – XI ZR 22/96, BGHZ 123, 126 (128 ff.) – Bond I; Urt. v. 25.9.2007 – XI ZR 320/06, BKR 2008, 199 Rn. 12.

[40] BGH Urt. v. 4.3.1987 – IV a ZR 122/85, BGHZ 100, 117 (118 ff.); Urt. v. 28.1.1997, XI ZR 22/96, BGHZ 123, 126 (128) – Bond I; Urt. v. 9.5.2000 – XI ZR 159/99, WM 2000, 1441 (1442); Urt. v. 21.3.2006 – XI ZR 63/05, WM 2006, 851 Rn. 10; Urt. v. 25.9.2007 – XI ZR 320/06, BKR 2008, 199 Rn. 12; Urt. v. 1.7.2014 – XI ZR 247/12, NJW 2014, 3360 Rn. 21; Urt. v. 28.4.2015 – XI ZR 378/13, BGHZ 205, 117 Rn. 23 = BKR 2015, 370.

[41] BGH Urt. v. 28.1.1997 – XI ZR 22/96, BGHZ 123, 126 (128); MüKoHGB/*Häuser* Rn. 21; *Hannöver* in Schimansky/Bunte/Lwowski BankR-HdB § 110 Rn. 19 ff.

[42] BGH Urt. v. 28.4.2015 – XI ZR 378/13, BGHZ 205, 117 Rn. 23 = BKR 2015, 370; Urt. v. 8.3.2005 – XI ZR 170/04, BGHZ 162, 306 (311); OLG Karlsruhe Urt. v. 22.11.2016 – 17 U 25/16, BKR 2017, 167 Rn. 24; OLG Koblenz Beschl. v. 20.8.2019 – 8 U 459/19, BeckRS 2019, 25331; MüKoHGB/*Häuser* Rn. 21.

[43] BGH Urt. v. 21.3.2006 – XI ZR 63/05, NJW 2006, 2041 Rn. 9 f = BKR 2006, 256; Urt. v. 15.10.2013 – XI ZR 51/11, BeckRS 2013, 19537 Rn. 21.

[44] BGH Urt. v. 28.4.2015 – XI ZR 378/13, BGHZ 205, 117 Rn. 24 = BKR 2015, 370; OLG Karlsruhe Urt. v. 22.11.2016 – 17 U 25/16, BKR 2017, 167 Rn. 24; MüKoHGB/*Häuser* Rn. 21.

[45] OLG Karlsruhe Urt. v. 27.10.2015 – 17 U 60/15, WM 2016, 600 Rn. 15 = MDR 2016, 273; OLG Schleswig Beschl. v. 2.6.2014 – 5 U 67/14, NJW-RR 2015, 109 Rn. 7.

[46] BGH Urt. v. 5.10.1999 – IX ZR 296/98, BGHZ 142, 345 (355); Urt. v. 19.3.2013 – XI ZR 431/11, BGHZ 196, 370 Rn. 17 = BKR 2013, 248; Urt. v. 4.3.2014 – XI ZR 313/12, BKR 2014, 203 Rn. 14; MüKoHGB/*Häuser* Rn. 21; *Wiechers* WM 2014, 145 (149).

[47] BGH Urt. v. 19.3.2013 – XI ZR 431/11 BGHZ 196, 370 Rn. 25 = BKR 2013, 248; OLG Schleswig Beschl. v. 2.6.2014 – 5 U 67/14, NJW-RR 2015, 109 Rn. 7; KKRD/*Roth* Rn. 6; MüKoHGB/*Häuser* Rn. 21.

und den speziellen Risiken unterscheiden, die sich aus der Struktur des Anlageobjekts ergeben. Letztere sind etwa das Kurs-, Zins- und Währungsrisiko. Stellt der Kommissionär fest, dass er ihm die Kenntnisse fehlen, um den Kommittenten über die relevanten Risiken zu beraten, so hat er ihm das offen zu legen und mitzuteilen.[48] Die Beratung und Auskunft umfasst eine richtige und vollständige Ermittlung der wesentlichen Tatsachen sowie – soweit zur zweckentsprechenden Interessenwahrung geboten – eine fachliche Bewertung unter Offenbarung von etwaigen Zweifeln oder Unsicherheiten.[49] Ähnliche Beratungspflichten normiert die§ 64 Abs. 1 WpHG. Nach der zutreffenden hM verdrängen diese öffentlich-rechtlichen Wohlverhaltensregeln nicht die zivilrechtlichen Pflichten aus dem Beratungsvertrag. Sie strahlen allenfalls aus,[50] setzten aber keinen Maximalstandard, sodass die zivilrechtlichen Beratungspflichten durchaus strikter sein können als nach den Regeln des WpHG.

14   **b) Aufklärungs- und Informationspflichten.** Diese Pflichten können aus möglichen **Interessenkollisionen** entstehen. Zu denken ist einmal an einen Konflikt der Interessen zwischen Kommissionär und Kommittent und zum anderen an widerstreitende Interessen mehrerer Kommittenten, für die der Kommissionär tätig werden soll. Für den ersten Konflikt gilt zunächst der Grundsatz, dass es Aufgabe des Kommissionärs ist, eigene Interessen zurückzustellen (→ Rn. 10). Aufklärungspflichten löst diese Konstellation nicht aus. Gefährden aber eigene Interessen eine sachgerechte Durchführung der Kommission, so muss der Kommissionär den Kommittenten darüber aufklären oder – wenn er dies nicht will oder dazu nicht befugt ist – die Übernahme ablehnen.[51] Gegenläufige Interessen mehrerer Kommittenten müssen nur offenbart werden, wenn der einzelne Kommittent damit nicht rechnen musste. Kommen für verschiedene Kommittenten unterschiedlich günstige Ausführungsgeschäfte in Betracht, hat der Kommissionär nach Prioritätsprinzip vorzugehen (→ Rn. 10). Die Beratungspflicht und die Informationspflicht werden sich vielfach überschneiden. Während eine Pflicht zur fortlaufenden Beratung im Grundsatz nicht besteht (→ Rn. 12), überdauern die Informationspflichten den Vertragsschluss. Zu informieren ist damit stets, wenn ein Anlass besteht.

15   Im **Effektenhandel** bestehen oft widerstreitende Interessen, da die Bank als Kommissionär für ihre Kunden nur Wertpapiere kaufen kann, wenn andere, deren Interesse sie möglicherweise auch zu wahren hat, zum Verkauf bereit sind. Soweit die Preise für Kauf und Verkauf festgelegt sind und nicht vom Kommissionär beeinflusst werden können, wirkt sich der Interessenwiderstreit nicht aus. Aus dem Beratungsvertrag folgt zunächst die Pflicht der Kommissionärsbank, über die Existenz und Höhe von Rückvergütungen oder Innenprovisionen unter bestimmten Voraussetzungen aufzuklären.[52] Kennzeichnend für Rückvergütungen ist ein Dreiecksverhältnis, bei dem an den Dritten Ausgabeaufschläge uÄ gezahlt werden, die „hinter dem Rücken" des Kommittenten **umsatzabhängig** an den Kommissionär zurückfließen. Über den Bestand verdeckter Rückvergütungen hat die beratende Bank den Kommittenten (als Anleger) aufzuklären. Hierbei muss auch über die Höhe dieser Vergütung aufgeklärt werden. Eine Fehlvorstellung des Anlegers über die Werthaltigkeit mag hier nicht entstehen, allerdings folgt die Aufklärungspflicht aus dem besonderen Interesse der beratenden Bank.[53] Über versteckte Innenprovisionen (die aus dem Anlagevermögen fließen) muss die Bank aufklären, wenn der Anlageberatungsvertrag ab dem 1.8.2014 geschlossen wurde. Solche Provisionen beeinträchtigen die Werthaltigkeit der Anlage, sodass das kapitalmarktrechtliche Transparenzgebot es gebietet, das Ob und die Höhe offen zu legen.[54]

16   **3. Pflichten bei der Ausführung der Kommission.** Was für die vorvertraglichen Pflichten gilt (→ Rn. 11 ff.), gilt in noch höherem Maße für die Pflichten, die der Kommissionär bei der Ausführung der Kommission zu beachten hat. Er muss die Interessen des Kommittenten wahrnehmen und eigene Interessen zurückstellen. Umstände, die für die Entschließung des Kommittenten von Bedeutung sein

---

[48] BGH Urt. v. 28.1.1997 – XI ZR 22/96, BGHZ 123, 126 (129); BGH Urt. v. 29.9.2011 – XI ZR 182/10, NZG 2012, 25 Rn. 22 = BKR 2011, 514.

[49] BGH Urt. v. 27.2.1996 – XI ZR 133/95, NJW 1996, 1744; Urt. v. 6.7.1993 – XI ZR 12/93, BGHZ 123, 126; Urt. v. 4.3.1987 – IV a ZR 122/85, BGHZ 100, 117; Urt. v. 22.3.1979 – VII ZR 259/77, BGHZ 74, 103; vgl. auch Staub/*Koller* Rn. 6, 7; Heymann/*Herrmann* Rn. 9.

[50] BGH Urt. v. 19.12.2006 – XI ZR 56/05, BGHZ 170, 226 (232); BeckOGK/*Fischinger* Rn. 42; *Brinckmann* BKR 2010, 45 (48); *Podewils/Reisch* NJW 2009, 116 (119 f.); *Veil* ZBB 2008, 34 (40 f.).

[51] BeckOGK/*Fischinger* Rn. 37; KKRD/*Roth* Rn. 7; MüKoHGB/*Häuser* Rn. 19; Staub/*Koller* Rn. 22.

[52] BGH Urt. v. 19.12.2006 – XI ZR 56/05, BGHZ 170, 226 Rn. 22 f.; Urt. v. 27.10.2009 – XI ZR 33/08, WM 2009, 2306 Rn. 31; Beschl. v. 9.3.2011 – XI ZR 191/10, BKR 2011, 300 f.; Urt. v. 27.9.2011 – XI ZR 182/10, NZG 2012, 25 Rn. 39 = BKR 2011, 514; OLG Saarbrücken Urt. v. 22.12.2011 – 8 U 465/10–128, BKR 2012, 171 Rn. 33.

[53] BGH Urt. v. 19.12.2006 – XI ZR 56/05, BGHZ 170, 226 Rn. 22 f.; Urt. v. 27.10.2009 – XI ZR 33/08, WM 2009, 2306 Rn. 31; Beschl. v. 9.3.2011 – XI ZR 191/10, BKR 2011, 300 f.; Urt. v. 27.9.2011 – XI ZR 182/10, NZG 2012, 25 Rn. 39 = BKR 2011, 514; BeckOGK/*Fischinger* Rn. 38; MüKoHGB/*Häuser* Rn. 24.

[54] BGH Urt. v. 3.6.2014 – IX ZR 147/12, BGHZ 201, 310 Rn. 31 ff. = BKR 2014, 370; *Hoffmann/Bartlitz* ZIP 2014, 1505 (1507 ff.); MüKoHGB/*Häuser* Rn. 25; Für Verträge, die vor diesem Zeitpunkt abgeschlossen wurden, musste nach einer verbreiteten Ansicht erst über den Bestand einer Vertriebsprovision aufgeklärt werden, wenn diese mehr als 15 % des Anlagebetrags ausmacht: OLG Celle Urt. v. 29.9.2010 – 3 U 70/10, BeckRS 2010, 28704; so auch jetzt noch BeckOGK/*Fischinger* Rn. 38.

können, hat er mitzuteilen. Die weitere Beratung muss er an den Erfordernissen im konkreten Fall ausrichten.[55] Später aufgetretene Interessenkonflikte hat er zu offenbaren. Mögliche Irrtümer des Kommittenten muss er richtig stellen. Sein gesamtes Handeln hat sich an seiner Treuepflicht zu orientieren und muss dem Ziel dienen, die Kommission für den Kommittenten sachgerecht und vorteilhaft auszuführen. Daran fehlt es zB, wenn sich der Kommissionär darauf einlässt, dem Vertragspartner ein Stornierungsrecht im Irrtumsfalle einzuräumen, ohne dass eine Schadensersatzpflicht entsprechend § 122 BGB vereinbart wird.[56] Der Kommissionär hat unter mehreren Alternativen das Ausführungsgeschäft zu wählen, das die günstigsten Konditionen für den Kommittenten bietet. Dies richtet sich nach dessen Weisungen und Interessen. Bei der Verkaufskommission hat der Kommissionär im Grundsatz die am höchsten bepreiste Kaufofferte anzunehmen, sofern der Kommittent kein Interesse an einem niedrigeren (Durchschnitts-)Preis hat, da er in einem bestimmten Markt eindringen will.[57] Je nach Sachlage gehören zur Interessenwahrung auch nachwirkende Pflichten zur Sicherung und Abwicklung des Geschäfts.

Streitig diskutiert wird, ob den Kommissionär ein **Wettbewerbsverbot** trifft. Vielfach nimmt man **17** dies an und stützt sich dabei auf die Treuepflicht des Kommissionärs, woraus sich ergeben soll, dass der Kommissionär keine gleichlaufenden Eigengeschäfte durchführen darf, bis er den Kommissionsauftrag ausgeführt hat.[58] Das geht zu weit und ist mit § 1 GWB unvereinbar. Ein derartiges Wettbewerbsverbot ist mit den Vorgaben nach § 2 Abs. 2 GWB iVm Art. 4 Vertikal-GVO unvereinbar. Daran ändert auch der Umstand nichts, dass Kommissionsverträge als Absatzmittlerverträge teilweise kartellrechtlich legitimiert sind.[59] Besonders im Effektengeschäft ist in letzter Zeit umstritten, ob der Kommissionär durch die Entgegennahme von Vergütungen durch Dritte seine Interessenwahrungspflicht verletzt. Am Weitesten gehen die Ansichten, die die Entgegennahme jeglicher Drittprovisionen durch den Kommissionär als Interessenverletzung ansehen.[60] Das überzeugt nicht, da die Interessenwahrungspflicht vor keinen abstrakten Gefahren schützt. Herauszugeben ist eine von einem Dritten erlangte Provision daher nur, wenn diese die Werthaltigkeit des Kommissionsgutes beeinträchtigt oder sonst die Konditionen zu Lasten des Kommittenten verschlechtert.[61]

IV. Pflicht zur Befolgung von Weisungen

1. Begriff und Rechtsnatur. Das Weisungsrecht des Kommittenten nach Abs. 1 Hs. 2 Var. 2 ist **18** ein typusprägendes Merkmal des Kommissionsvertrages.[62] Dem Kommittenten als wirtschaftlicher Herr des Ausführungsgeschäfts muss die Möglichkeit gegeben sein, auch nach Abschluss des Kommissionsvertrages Einfluss auf dessen Durchführung auszuüben. Ihm steht daher ein Weisungsrecht zu. Die Interessenwahrungspflicht des Kommissionärs kann dadurch im Einzelfall konkretisiert werden. Eine Weisung iSd § 384 ist die **nach Vertragsschluss** abgegebene Erklärung des Kommittenten darüber, ob und wie das Ausführungsgeschäft abzuschließen ist.[63] Keine Weisung ist eine zum Vertragsschluss gehörenden Erklärung, da diese einen Vertragsantrag darstellt.[64] Es überzeugt nicht, wenn eine Gegenansicht auch zum Vertragsschluss führende Erklärungen als Weisung ansieht.[65] Lehnt der Adressat eine derartige „Weisung" ab, fehlt es an einem Vertragsschluss. Eine Weisung ist keine Anregung oder Empfehlung.[66] Vielmehr muss sie der Kommittent mit dem nach außen deutlich werdenden Willen erteilen, den Kommissionär zu binden.[67] Sie wirkt gestaltend auf das Vertragsverhältnis und ist eine einseitige, **empfangsbedürftige Willenserklärung** und bedarf im Gegensatz zu einer Weisung beim Vertragsschluss keiner Annahme. Sie ist frei widerruflich.

2. Inhalt und Grenzen. Da das Weisungsrecht dazu dient, die Pflichten aus dem Kommissions- **19** vertrag inhaltlich zu konkretisieren, bestimmt der Vertrag Umfang und Grenzen. Der Kommittent kann nur **im Rahmen des Kommissionsvertrages** Weisungen erteilen, bei einer Verkaufskommis-

---

[55] S. BGH WM 1959, 269 (270); Baumbach/Hopt/*Hopt* Rn. 7; MüKoHGB/*Häuser* Rn. 32.

[56] BGH Urt. v. 25.6.2002 – XI ZR 239/01, NJW-RR 2002, 1344 (1345).

[57] BeckOGK/*Fischinger* Rn. 44; Staub/*Koller* Rn. 39.

[58] So vor allem *Koller* BB 1978, 1733 (1736 f.); Staub/*Koller* Rn. 47; dem folgend *Canaris* HandelsR § 30 Rn. 15.

[59] MüKoHGB/*Häuser* Rn. 34.

[60] So insbesondere *Koller* BB 1978, 1733 (1736 f.); Staub/*Koller* Rn. 47.

[61] MüKoHGB/*Häuser* Rn. 26.

[62] BGH Urt. v. 19.1.1951 – I ZR 15/50, BGHZ 1, 75 (79 f.); *Canaris* HandelsR § 30 Rn. 17; MüKoHGB/*Häuser* Rn. 43.

[63] RG WarnR 1940 Nr. 20 S. 38 f.; Baumbach/Hopt/*Hopt* Rn. 1; MüKoHGB/*Häuser* Rn. 29; Heymann/*Herrmann* § 385 Rn. 2.

[64] RG WarnR 1940 Nr. 20 S. 38 f.; Baumbach/Hopt/*Hopt* Rn. 1; *Canaris* HandelsR § 30 Rn. 21; KKRD/*Roth* § 385 Rn. 2; MüKoHGB/*Häuser* Rn. 31. So auch für § 384 Staub/*Koller* Rn. 54 (weiter jedoch für § 385).

[65] So aber *Knütel* ZHR 137 (1973), 285 (287); Röhricht/Graf v. Westphalen/Haas/*Lenz* Rn. 1; Ehrenbergs-HdB 664.

[66] Die aber auch nicht unbeachtlich ist, da sie der Kommissionär im Rahmen der ihm obliegenden Interessenwahrung bedenken muss.

[67] *Knütel* ZHR 137 (1985), 285 (287); MüKoHGB/*Häuser* Rn. 44; Staub/*Koller* Rn. 59.

sion beispielsweise keine Weisung zum Einkauf erteilen.[68] Nach dem Abschluss des Kommissionsvertrages kann der Kommittent so lange Weisungen erteilen, bis der Kommissionär seine Pflichten aus dem Vertrag erfüllt hat. Widerspricht die Weisung dem Kommissionsvertrag, kann die Erklärung als dessen Widerruf und gleichzeitiger Antrag zum Abschluss eines neuen Kommissionsvertrages ausgelegt werden.[69] Nach § 362 hat der Kommissionär in diesem Falle dem Kommittenten unverzüglich mitzuteilen, dass er der Weisung nicht nachkommt. Unterlässt der Kommissionär dies oder reagiert er nicht unverzüglich, so ist der Kommissionsvertrag gemäß der Weisung geändert.[70] Lehnt der Kommissionär den Änderungsantrag unverzüglich ab, verbleibt es bei den Rechten und Pflichten aus dem abgeschlossenen Kommissionsvertrag.

20   Nicht gedeckt sind auch solche Weisungen, die die vertraglich begründeten Rechte des Kommissionärs schmälern würden, etwa die Weisung, von dem Pfandrecht am Kommissionsgut keinen Gebrauch zu machen oder ein bereits abgeschlossenes Ausführungsgeschäft mit Rücksicht auf veränderte Rahmenbedingungen nicht zu erfüllen.[71] Dasselbe gilt für eine nachträgliche Änderung eines Preislimits (→ § 386 Rn. 3). Der Kommittent darf eine gesicherte Erwerbsaussicht des Kommissionärs durch eine Weisung nicht gefährden. Hat der Verkaufskommissionär eine Mindestpreisgarantie abgegeben, so darf der Kommittent nicht auf Kosten des Kommissionärs spekulieren, indem er etwa die Weisung erteilt, mit dem Verkauf verderblichen Gutes zuzuwarten.[72] Eine unzulässige Weisung löst keine Folgepflicht des Kommissionärs aus. Durch eine Weisung kann dem Kommissionär eine eng umgrenzte Handlungsvariante vorgeschrieben werden oder dem Kommissionär ein Spielraum belassen werden, indem ihm nur ein Rahmen gesteckt wird (zB Limitierungen nach oben und/oder unten). Unbestimmte Angaben, wie „beste" oder „schnellste" Ausführung, bedürfen der Auslegung nach dem objektivierten Empfängerhorizont.

21   **3. Verbindlichkeit der Weisung.** Der Kommittent ist „Herr des Geschäfts" und bestimmt. Seine (zulässige) Weisung ist daher selbst dann verbindlich, wenn sie unvernünftig erscheint. Wie sich aus § 683 BGB ergibt, geht der wirkliche Wille vor, mag er auch objektiv unvernünftig sein.[73] Die Verbindlichkeit der Weisung enthebt den Kommissionär aber nicht seiner **Interessenwahrungspflicht.** Das bedeutet, dass er Weisungen nicht blindlings ausführen darf, sondern darauf überprüfen muss, ob sie aus seiner fachlichen Sicht dem wohlverstandenen Interesse des Kommittenten entsprechen. Etwaige Bedenken hat er, in Erfüllung seiner Beratungspflicht (→ Rn. 10, 12), vorzutragen. Bleibt der Kommittent bei seiner Weisung, ist ihr zu folgen. Die Weisung ersetzt auch nicht die Pflicht, sich um eine bestmögliche Ausführung der Kommission, über die durch Weisung vorgegebenen Bedingungen hinaus, zu bemühen[74] (es sei denn, die Weisung schließt das aus). Im Einzelfall kann es gegen Treu und Glauben verstoßen, wenn der Kommittent eine weisungswidrige Ausführung nicht als Erfüllung gelten lässt; darlegungs- und beweispflichtig für die den Treueverstoß rechtfertigenden Umstände ist der Kommissionär.[75]

V. Benachrichtigungspflicht

22   **1. Allgemeine Benachrichtigungspflicht.** Der Kommissionär hat den Kommittenten nach Abs. 2 Hs. 1 soweit erforderlich über den Stand des Geschäfts zu beachrichtigen, zumal diese einen Anlass für Weisungen geben können.[76] Dieser Pflicht ist auf Verlangen des Kommittenten, im Übrigen unaufgefordert dann nachzukommen, wenn es eine sachgerechte, den Interessen des Kommittenten Rechnung tragende Geschäftsbesorgung erfordert. Machen die Umstände bei bestehendem Benachrichtigungsbedarf ein schnelles Handeln erforderlich, muss der Kommissionär alle zur Verfügung stehenden Möglichkeiten nutzen, um vorher zu benachrichtigen. Entbehrlich ist das nur, wenn die Möglichkeit einer rechtzeitigen Reaktion des Kommittenten ausgeschlossen erscheint. Die Pflicht besteht sowohl vor als auch nach Abschluss des Ausführungsgeschäfts, erfährt hierdurch lediglich inhaltliche Veränderungen. Nach Abschluss des Ausführungsgeschäfts dient sie der sachgerechten Abwicklung. Das Gesetz hebt insoweit die Ausführungsanzeige (→ Rn. 17 ff.) hervor. Daneben können Nachrichten über Zustand, Lagerung und Transport des Kommissionsgutes sowie Umstände in der Person des Geschäftsgegners (zB drohende Insolvenz, Geltendmachung von Ansprüchen, soweit sie

---

[68] BeckOGK/*Fischinger* Rn. 62; Staub/*Koller* Rn. 58.

[69] BAG Urt. v. 4.12.2002 – 5 AZR 667/01, AP Nr. 115 zu § 611 BGB (Abhängigkeit) = DB 2003, 1386; *Knütel* ZHR 137 (1973), 285 (294); MüKoHGB/*Häuser* Rn. 32; Ehrenbergs-HdB 668; Staub/*Koller* Rn. 26.

[70] BAG Urt. v. 4.12.2002 – 5 AZR 667/01, AP Nr. 115 zu § 611 BGB (Abhängigkeit) = DB 2003, 1386; MüKoHGB/*Häuser* Rn. 32; Staub/*Koller* Rn. 59.

[71] *Knütel* ZHR 137 (1973), 285 (292); Staub/*Koller* Rn. 58.

[72] OLG München Urt. v. 26.5.1955 – 6 U 1482/54, BB 1955, 682; MüKoHGB/*Häuser* Rn. 47; Staub/*Koller* Rn. 58.

[73] BGH Urt. v. 15.12.1975 – II ZR 28/74, WM 1976, 630 (631 f.); MüKoHGB/*Häuser* Rn. 48; Staub/*Koller* Rn. 57.

[74] Staub/*Koller* Rn. 57.

[75] BGH Urt. v. 15.12.1975 – II ZR 28/74, WM 1976, 630 (632).

[76] BGH Urt. v. 9.12.1958 – VIII ZR 165/57, LM Nr. 2 unter II.

den Kommittenten betreffen) von Bedeutung sein.[77] Die Benachrichtigungspflicht ist eine Schickschuld; der Kommissionär genügt ihr durch rechtzeitige Absendung an den Kommittenten. Das Risiko, dass sie dort nicht eintrifft, trägt er nicht.[78] Benachrichtigungs-, Auskunfts- und Beratungspflicht ergänzen einander.

2. Ausführungsanzeige. a) Einordnung. Die Ausführungsanzeige soll sicherstellen, dass dem 23 Kommittenten nicht nachträglich ein ungünstigeres Geschäft untergeschoben wird. Sie muss daher **unverzüglich** iSd § 121 BGB auf dem schnellstmöglichen Weg erklärt werden.[79] Über die **Rechtsnatur** der Anzeige besteht Streit, der seine Ursache darin findet, dass man über das Wirksamwerden und die Widerrufbarkeit der Ausführungsanzeige unterschiedlicher Ansicht ist. Am besten wird man der Funktion einer Ausführungsanzeige gerecht, wenn man sie als **geschäftsähnliche Handlung** einstuft.[80] Sie ist eine **bloße Vollzugsmeldung**, eine Mitteilung über die Tatsache, dass das Ausführungsgeschäft abgeschlossen worden ist, sei es durch Vertrag mit einem Dritten, sei es durch Selbsteintritt (wobei die Besonderheiten des § 405 Abs. 1 zu beachten sind; s. die Erläuterungen dort). Die Ausführungsanzeige wird erst **mit Zugang wirksam** (§ 130 Abs. 1 S. 1 BGB *analog*), die Absendung genügt nicht.[81] Die Gegenansicht, wonach die Ausführungsanzeige nur eine Tatsachenmitteilung sei und danach bereits mit der Absendung wirksam sei,[82] ist abzulehnen. Sie führt zu der eigenartigen Konsequenz, dass man von dem Kommissionär eine nochmalige Anzeige verlangt, wenn festgestellt wird, dass die Erste nicht zugegangen ist.[83] Die Anzeige ist **frei widerruflich**.[84]

b) Inhalt. Die Ausführungsanzeige bildet einen Ausschnitt aus den allgemeinen Benachrichtigungs- 24 pflichten des Kommissionärs gegenüber dem Kommittenten. Sie muss derart genau sein, dass der Kommittent entscheiden kann, ob er das Geschäft zurückweist. Anzugeben sind deswegen der **Name** des Dritten (vgl. Abs. 3),[85] die **Konditionen** wie insbesondere der Preis und die **Zeit** des Vertragsschlusses.[86] Im Einzelfall kann die Pflicht zur Benennung des Dritten abbedungen sein, sei es ausdrücklich oder sei es kraft Handelsbrauchs.[87] Letzteres sollte man zurückhaltend annehmen. Teile des Schrifttums wollen aus der Ausführungsanzeige die Pflicht zur Benennung des Dritten ausklammern.[88] Zum einen habe der Kommittent beim Abschluss des Kommissionsvertrages auf die Namensnennung verzichtet,[89] zum anderen bestehe ein legitimes Geheimhaltungsinteresse des Kommissionärs.[90] Letzteres mag im Einzelfall (stillschweigend) eine Pflicht zur Benennung des Dritten ausschließen, beim Kunsthandel mag man dies erwägen. Auch bei der Effektenkommission entfällt die Pflicht, den Dritten zu benennen, da der Handel insoweit anonym ist.[91] Ein allgemeines Geheimhaltungsinteresse lässt sich indes kaum begründen, da die Person des Dritten für den Kommittenten wichtig sein kann.[92] Unabhängig von der Sanktion des Abs. 3 schuldet der Kommissionär im Rahmen der **allgemeinen Benachrichtigungspflicht** die Namhaftmachung des Dritten, mit dem er das Ausführungsgeschäft abgeschlossen hat. Diese Pflicht kann also zeitlich auch noch nach Vornahme der Ausführungsanzeige

---

[77] Vgl. KKRD/*Roth* Rn. 12; MüKoHGB/*Häuser* Rn. 51; Staub/*Koller* Rn. 64.

[78] Vgl. BGH Urt. v. 7.5.2002 – XI ZR 197/01, BGHZ 151, 5 (9f.) = NJW 2002, 2703f., zu der Benachrichtigungspflicht aus Nr. 15 Abs. 2 Sonderbedingungen für Wertpapiergeschäfte (Verfall von Rechten aus Optionsscheinen); Heymann/*Herrmann* Rn. 12; MüKoHGB/*Häuser* Rn. 52; Staub/*Koller* Rn. 63.

[79] KKRD/*Roth* Rn. 13; MüKoHGB/*Häuser* Rn. 53; Staub/*Koller* Rn. 68.

[80] Baumbach/Hopt/*Hopt* Rn. 7; MüKoHGB/*Häuser* Rn. 55. Schlegelberger/*Hefermehl* Rn. 26 betrachtet die Ausführungsanzeige als Willenserklärung, was nicht zutrifft, da sie keine Rechtsfolgen schafft, sondern gesetzliche Rechtsfolgen in Gang setzt. Wiederum aA BeckOK HGB/*Baer* Rn. 14; Staub/*Koller* Rn. 69 (Tatsachenmitteilung).

[81] Baumbach/Hopt/*Hopt* Rn. 7; BeckOK HGB/*Baer* Rn. 15; Heymann/*Herrmann* Rn. 15; MüKoHGB/*Häuser* Rn. 43; aA Staub/*Koller* Rn. 69.

[82] Baumbach/Hopt/*Hopt* Rn. 7; KKRD/*Roth* Rn. 13; *Fürst* JW 1926, 1961.

[83] So insbes. Staub/*Koller* Rn. 68.

[84] RG JW 1926, 1961 mAnm *Fürst;* Baumbach/Hopt/*Hopt* Rn. 7, 13; BeckOK HGB/*Baer* Rn. 16; MüKoHGB/*Häuser* Rn. 45.

[85] BGH Urt. v. 22.3.1984 – I ZR 40/82, WM 1984, 930 (931); Urt. v. 23.6.2015 – XI ZR 386/13, BKR 2015, 394 Rn. 12; Baumbach/Hopt/*Hopt* Rn. 7; Heymann/*Herrmann* Rn. 14; MüKoHGB/*Häuser* Rn. 57; Staub/*Koller* Rn. 66f.

[86] MüKoHGB/*Häuser* Rn. 54; Staub/*Koller* Rn. 65.

[87] BGH Urt. v. 18.1.1952 – I ZR 105/51, LM BGB § 675 Nr. 3 unter II 3 mwN.

[88] *Canaris* HandelsR § 30 Rn. 25; *Grundmann,* Der Treuhandvertrag, 1997, 412; Röhricht/Graf v. Westphalen/Haas/*Lenz* Rn. 7; Schlegelberger/*Hefermehl* Rn. 25.

[89] So Schlegelberger/*Hefermehl* Rn. 25.

[90] *Canaris* HandelsR § 30 Rn. 25; Röhricht/Graf v. Westphalen/Haas/*Lenz* stellt auf § 405 ab und meint, eine Ausführungsanzeige sei eine Mitteilung, die keine Einzelheiten nenne. Das überzeugt nicht, da die Erklärung des Selbsteintritts und die Ausführungsanzeige unterschiedliche Rechtsfolgen nach sich ziehen, zutr. MüKoHGB/*Häuser* Rn. 54.

[91] BeckOK HGB/*Baer* Rn. 18; KKRD/*Roth* Rn. 14; MüKoHGB/*Häuser* Rn. 101.

[92] Ausf. Staub/*Koller* Rn. 67. Dies spricht auch gegen die Fiktion, dass der Kommittent vorab auf die Benennung des Dritten verzichtet habe.

erfüllt werden. Sie hat sich auch nicht dadurch erledigt, dass der Haftungstatbestand des Abs. 3 verwirklicht wurde.[93]

25   **c) Widerruf und Anfechtung.** Umstritten ist, ob und wie es sich auf die **Schadensersatzpflicht des Abs. 3** auswirkt, wenn der Kommissionär es pflichtwidrig unterlässt, den Dritten zu benennen. Einige gestatten eine schlichte Berichtigung und einen Widerruf der bisherigen Anzeige, wenn die Anfechtungsvoraussetzungen analog §§ 119 ff. BGB erfüllt sind.[94] Indes überzeugt dies schon deswegen nicht, da § 384 Abs. 3 eine Vertrauenshaftung begründet, die nicht nachträglich einseitig beseitigt werden kann.[95] Wieder andere gestatten zutreffend eine Irrtumsanfechtung analog §§ 119 ff. BGB, wobei der Kommissionär dem Kommittenten nach der Anfechtung den Vertrauensschaden analog § 122 BGB schuldet.[96] Eine Anfechtung scheidet aus, wenn der Kommissionär einem unbeachtlichen Motivirrtum unterlag, etwa wenn er sich darüber geirrt hat, dass ein Dritter in der Ausführungsanzeige zu benennen ist.[97] Wie auch sonst hat der Kommissionär unverzüglich anzufechten, nachdem ihm sein Irrtum und damit die unrichtige Ausführungsanzeige bekannt geworden ist.

26   Gleicht man diese Prämissen mit der Haftung nach § 384 Abs. 3 ab, ergibt sich folgendes Bild: Hat sich der Kommissionär über die Person des Dritten geirrt oder versehentlich das falsche Ausführungsgeschäft genannt, so kann er anfechten.[98] Gibt der Kommissionär bewusst falsche Angaben über die Person des Dritten ab, scheidet eine Anfechtung aus.[99] Unterlässt es der Kommissionär bewusst, einen Dritten zu benennen, greift nach § 405 Abs. 1, 384 Abs. 3 eine Selbsthaftung. In diesem Fall erklärt der Kommissionär, die Selbsthaftung zu übernehmen. Er geht dabei davon aus, ein Deckungs- oder ein Ausführungsgeschäft abgeschlossen zu haben. Hat der Kommissionär hierüber geirrt, mithin irrtümlich angenommen, ein Deckungs- oder Ausführungsgeschäft sei abgeschlossen, kann er seine Ausführungsanzeige anfechten.[100] Beide Umstände gehören zum Inhalt seiner Erklärung.[101] Fehlt ein Ausführungsgeschäft, scheidet eine Haftung nach § 384 Abs. 3 aus.

VI. Rechenschaftspflicht

27   **1. Inhalt.** Abs. 2 Hs. 2 Var. 1 wiederholt mit der Rechenschaftspflicht des Kommissionärs, was sich bereits aus §§ 675 Abs. 1, 666 Var. 3 BGB ergeben würde. Rechenschaft hat der Kommissionär gegenüber dem Kommittenten stets abzulegen, ohne dass es dieser verlangen muss.[102] Gegenstand der Rechenschaft ist das „Geschäft" und damit die gesamte vertraglich geschuldete Tätigkeit des Kommissionärs.[103] Der Inhalt des Anspruches auf Rechenschaftslegung richtet sich nach § 259 BGB. Er ist ein qualifizierter Auskunftsanspruch, der neben der mit der Auskunft verbundenen Unterrichtung die weitergehende genauere Information durch die Vorlage einer geordneten und verständlichen **Aufstellung der Einnahmen und Ausgaben** enthält.[104] Muss sich der Kommittent die einzelnen Posten aus den Belegen selbst zusammensuchen, verletzt der Kommissionär seine Rechenschaftspflicht.[105] Die Aufstellung muss jeden Einzelposten ausweisen, damit der Kommittent die Berechtigung überprüfen kann. Sie muss vollständig sein, demgemäß ist eine Saldierung einzelner Posten unzulässig.[106] Zur Rechenschaftspflicht gehört die **Vorlage von Belegen,** soweit dies der Verkehrsüblichkeit entspricht (§ 259 Abs. 1 BGB). Vorzulegen sind im Handelsverkehr danach etwa Rechnungen, Quittungen, Schlussscheine, Frachtbriefe, Versicherungspolicen und Provisionslisten.[107] Die Rechenschaftspflicht

---

[93] KKRD/*Roth* Rn. 14.

[94] Baumbach/Hopt/*Hopt* Rn. 7; KKRD/*Roth* Rn. 13. Entgegen *Hopt* lässt sich dies jedoch nicht aus RG JW 1926, 1961 („Widerruf wegen Irrtums") herleiten.

[95] So zutr. Staub/*Koller* Rn. 157.

[96] RG Urt. v. 16.10.1918 – I 110/18, RGZ 94, 65 (67); Baumbach/Hopt/*Hopt* Rn. 13; Heymann/*Herrmann* Rn. 16; MüKoHGB/*Häuser* Rn. 57 f.; Staub/*Koller* Rn. 160.

[97] MüKoHGB/*Häuser* Rn. 59; Staub/*Koller* Rn. 158.

[98] Staub/*Koller* Rn. 158.

[99] MüKoHGB/*Häuser* Rn. 57.

[100] RG Urt. v. 16.10.1918 – I 110/18, RGZ 94, 65 (67); MüKoHGB/*Häuser* Rn. 58; Staub/*Koller* Rn. 159.

[101] Nicht abschließend geklärt ist dabei, ob Anfechtungsgrund ein Inhaltsirrtum ist (so MüKoHGB/*Häuser* Rn. 58) oder ob die Existenz eines Deckungs- oder Ausführungsgeschäfts der Anzeige als verkehrswesentliche Eigenschaft darstellt (Staub/*Koller* Rn. 159). Für die Rechtsanwendung ist diese Diskussion bedeutungslos, da sich keine unterschiedlichen Rechtsfolgen ergeben.

[102] KKRD/*Roth* Rn. 16; MüKoHGB/*Häuser* Rn. 64.

[103] OLG München Urt. v. 18.9.2007 – 5 U 2012/07, BeckRS 2007, 17029; KKRD/*Roth* Rn. 16; MüKoHGB/*Häuser* Rn. 64; Oetker/*Martinek* Rn. 26 („Gesamtbericht"); Staub/*Koller* Rn. 99.

[104] BGH Urt. v. 29.1.1985 – X ZR 54/83, BGHZ 93, 327 (329 f.); vgl. auch RGZ 100, 150 (151 f.); OLG München Urt. v. 18.9.2007 – 5 U 2012/07, BeckRS 2007, 17029; MüKoHGB/*Häuser* Rn. 68; Staub/*Koller* Rn. 101.

[105] S. RGZ 100, 150; Staub/*Koller* Rn. 49.

[106] BGH Urt. v. 8.5.1961 – II ZR 205/59, LM ZPO § 254 Nr. 6 unter II; Heymann/*Herrmann* Rn. 17; MüKoHGB/*Häuser* Rn. 68; Staub/*Koller* Rn. 101.

[107] LAG Rheinland-Pfalz Urt. v. 31.7.1986 – 1 Ta 117/86, BB 1987, 1038 (1039); MüKoHGB/*Häuser* Rn. 68.

des Kommissionärs ist typusprägend, sodass man einen Kommissionvertrag anzweifeln muss, wenn die Parteien die Rechenschaftspflicht abbedingen.[108]

Praktisch von marginaler Bedeutung ist der Streit, ob die Belege herauszugeben oder nur zur **28** Überprüfung vorzulegen sind,[109] da jederzeit Kopien überlassen werden können. Originalbelegen hat der Kommissionär kraft seiner Interessenwahrungspflicht nur an den Kommittenten herauszugeben, wenn er jene benötigt, um Ansprüche gegen Dritte geltend zu machen. Umgekehrt hat der Kommissionär einen Anspruch auf Rückgabe, wenn er die Originale benötigt. Ein Anspruch auf Einsicht in die Handelsbücher besteht nur unter den engeren Voraussetzungen des § 810 BGB.[110] Sollte ausnahmsweise das Rechtsverhältnis zwischen dem Kommissionär und dem Kommittenten beurkundet sein, dürfte es doch regelmäßig an einem rechtlichen Interesse des Kommittenten an der Einsichtnahme fehlen.[111] Rechenschaft muss der Kommissionär erst nach Beendigung seiner Tätigkeit – nach angemessener Frist für die Zusammenstellung – ablegen.[112] Bei laufenden Geschäftsbeziehungen ist eine Rechnungslegung in periodischen Zeitabschnitten üblich.[113] Von der Auskunftspflicht umfasst sind – soweit noch nicht aus der Aufstellung der Ein- und Ausgaben ersichtlich – alle für den Kommittenten maßgeblichen Umstände. Dazu gehört die genaue Darstellung des abgeschlossenen Geschäfts nach Inhalt und Zeitpunkt,[114] auch eine Erläuterung, weshalb gegebenenfalls ein Geschäft nicht zustande gekommen ist.[115]

2. Erfüllung. Der Kommissionär erfüllt die Verpflichtung zur Rechenschaftslegung, wenn er eine **29** **formal ordnungsgemäße Auskunft** erteilt. Sachliche Beanstandungen der Richtigkeit und Vollständigkeit der Angaben lassen die Erfüllung unberührt.[116] Es besteht dann der Anspruch auf Abgabe einer eidesstattlichen Versicherung, dass die Angaben über die Einnahmen vollständig und richtig sind (§ 259 Abs. 2 BGB). Dieser Anspruch besteht nicht bei Angelegenheiten geringerer Bedeutung (§ 259 Abs. 3 BGB). Unvollständige Angaben genügen nur dann nicht den formellen Erfordernissen, wenn sie auf den ersten Blick Lücken aufweisen, etwa weil eine verständliche Gegenüberstellung von Einnahmen und Ausgaben fehlt.[117] Es kann dann Ergänzung oder Berichtigung verlangt werden.[118] Lässt die Aufstellung auf der Ausgabenseite unvollständige Angaben vermuten, besteht insoweit kein Anspruch nach § 259 Abs. 2 BGB, weil sich der Kommissionär dadurch nur selbst benachteiligt.[119] Die Gefahr, sich strafrechtlicher Verfolgung auszusetzen, lässt die Auskunftspflicht nicht entfallen,[120] ebenso wenig der Umstand, Pflichtwidrigkeiten aufdecken zu müssen, die zur Haftung führen können.

Der Anspruch auf ergänzende Rechnungslegung oder Versicherung der Richtigkeit und Vollständig- **30** keit an Eides Statt ist ausgeschlossen, wenn der Kommittent die Rechenschaftslegung **als richtig anerkannt** hat. Sie dient dann als Grundlage für die Abrechnung der beiderseitigen Ansprüche verbindlich, soweit die Ansprüche in der Abrechnung ihren Niederschlag gefunden oder – soweit nicht – für den Kommittenten erkennbar waren.[121] Das Anerkenntnis kann entweder als Schuldanerkenntnis nach § 781 BGB oder als Erlass nach § 397 BGB auszulegen sein oder es steht der Berufung auf weitergehende Rechte nach § 242 BGB entgegen. Ein nach § 812 Abs. 2 BGB kondizierbares Schuldanerkenntnis wird man regelmäßig annehmen können, wenn die Rechnung Ansprüche des Kommissionärs gegen den Kommittenten ausweist.[122] Wann der Kommittent die Rechenschaftslegung anerkannt hat, richtet sich den Regeln über das kaufmännische Bestätigungsschreiben.[123] Danach braucht der Kommittent kein Kaufmann zu sein, die kaufmannsähnliche Teilnahme am Geschäftsverkehr genügt.[124] Eine bewusst unrichtige Abrechnung löst die Wirkungen nicht aus.[125] Unter den Voraus-

---

[108] OLG Hamburg BB 1957, 911; MüKoHGB/*Häuser* Rn. 56.

[109] Die hM belässt es bei einer Vorlagepflicht, Heymann/*Herrmann* Rn. 16; KKRD/*Roth* Rn. 16; MüKoHGB/ *Häuser* Rn. 69; Röhricht/Graf v. Westphalen/*Lenz* Rn. 8. Teilw. bejaht man eine Herausgabepflicht Staub/*Koller* R. 102.

[110] BeckOK HGB/*Baer* Rn. 22; MüKoHGB/*Häuser* Rn. 70; Röhricht/Graf v. Westphalen/Haas/*Lenz* Rn. 8; aA Baumbach/Hopt/*Hopt* Rn. 8; Staub/*Koller* Rn. 104.

[111] KKRD/*Roth* Rn. 16; MüKoHGB/*Häuser* Rn. 70.

[112] OLG Düsseldorf Urt. v. 26.10.2015 – I-9 U 175/14, WM 2016, 598 (600); MüKoHGB/*Häuser* Rn. 67; Staub/*Koller* Rn. 110.

[113] MüKoHGB/*Häuser* Rn. 67; Staub/*Koller* R. 49.

[114] BGH Urt. v. 1.2.1988 – II ZR 152/87, WM 1988, 402 (403 f.).

[115] Vgl. OLG Celle Urt. v. 11.6.1974 – 11 U 219/73, WM 1974, 735 (736).

[116] RGZ 100, 150 (152); BGH Urt. v. 29.10.1957 – I ZR 192/56, LM ZPO § 254 Nr. 3 und Urt. v. 8.5.1961 – II ZR 205/59, LM ZPO § 254 Nr. 6; vgl. auch Urt. v. 31.1.1963 – VII ZR 284/61, BGHZ 39, 87 (95).

[117] BGH Urt. v. 31.1.1963 – VII ZR 284/61, BGHZ 39, 87 (95).

[118] MüKoBGB/*Krüger* BGB § 259 Rn. 24.

[119] BGH Urt. v. 8.5.1961 – II ZR 205/59, LM ZPO § 254 Nr. 6 unter II.

[120] BGH Urt. v. 30.4.1964 – VII ZR 156/62, BGHZ 41, 318 (322 ff.).

[121] MüKoHGB/*Häuser* Rn. 75; Staub/*Koller* Rn. 114.

[122] KKRD/*Roth* Rn. 16; MüKoHGB/*Häuser* Rn. 75.

[123] Heymann/*Herrmann* Rn. 17; KKRD/*Roth* Rn. 16; MüKoHGB/*Häuser* Rn. 74; Staub/*Koller* Rn. 114.

[124] BGH Urt. v. 25.2.1987 – VIII ZR 341/86, NJW 1987, 1940 (1941).

[125] Vgl. BGH Urt. v. 26.6.1963 – VIII ZR 61/62, BGHZ 40, 42 (45).

setzungen der §§ 119 ff. BGB kann sich der Kommittent von den Wirkungen des Anerkenntnisses lösen.[126]

31   **3. Prozessuales.** Der Anspruch auf Rechenschaftslegung dient der Vorbereitung der sich aus der Durchführung der Kommission ergebenden Ansprüche. Er kann daher im Wege der Stufenklage geltend gemacht werden (§ 254 ZPO). Für eine Feststellungsklage darüber, was nach Abrechnung gefordert werden kann, fehlt das Rechtsschutzinteresse; die Stufenklage ermöglicht den Leistungsantrag.[127] Da der Anspruch auf Rechenschaftslegung den Anspruch auf Auskunft mitumfasst, steht die rechtskräftige Abweisung des weitergehenden Anspruchs einer auf demselben Sachverhalt beruhenden Auskunftsklage entgegen.[128] Der Kommissionär kann die Rechenschaftslegung nicht unter Hinweis auf Gegenansprüche zurückhalten (§ 273 BGB), sondern erst, wenn die beiderseitigen Leistungspflichten durch die Rechnungslegung konkretisiert sind. Das Gericht kann während des Verfahrens auf Antrag oder von Amts wegen nach § 258 anordnen, dass die Handelsbücher (§ 257 Abs. 1 Nr. 1) vorgelegt werden. Vollstreckt wird die Verpflichtung zur Rechnungslegung als unvertretbare Handlung nach § 888 ZPO.

VII. Herausgabepflicht

32   **1. Umfang.** Der Kommissionär hat dem Kommittenten herauszugeben, was er aus der Geschäftsbesorgung erlangt hat. Entscheidend für den Umfang dieses Anspruches, ist in erster Linie die Art der Ausführung, die der Kommissionär schuldet. Bei der **Einkaufskommission** schuldet er die Übereignung des Kommissionsguts und Besitzübertragung sowie Herausgabe von Früchten und Nutzungen, im Falle des Untergangs Herausgabe der Surrogate.[129] Der **Verkaufskommissionär** muss den Erlös herausgeben, einschließlich Zinsen seit Fälligkeit (§ 353). Er muss alles unterlassen, was die Erfüllung des Herausgabeanspruchs gefährden könnte. Er darf daher den Erlös nicht auf ein Konto verbuchen, das einen Passivsaldo aufweist oder in anderer Weise dem sofortigen Zugriff Dritter ausgesetzt ist (zB durch erteilte Einziehungsermächtigungen).[130] Bei der Verkaufskommission hat der Kommissionär dem Kommittenten die Waren herauszugeben, die ihm zum Verkauf überlassen wurden, aber nicht verkauft werden konnten.[131] Gleiches gilt für unverbrauchte Vorschüsse im Rahmen einer Einkaufskommission. Unerheblich ist, ob das Ausführungsgeschäft nichtig ist. Auch das aus einem solchen Geschäft Erlangte hat der Kommissionär dem Kommittenten herauszugeben.[132]

33   Beschränkt sich die Geschäftsbesorgung auf den Abschluss des Ausführungsgeschäfts, besteht die Herausgabe in der **Abtretung der aus dem Ausführungsgeschäft erlangten Ansprüche**. Dies sind Ansprüche auf Erfüllung ebenso wie Sekundäransprüche (zB Mängelrechte, Schadensersatzansprüche, auch Vertragsstrafenansprüche)[133] und die Ansprüche auf Surrogate (auch Ansprüche auf Versicherungsleistungen).[134] Gestaltungsrechte sind abzutreten, wenn sie übertragbar sind. Ansonsten (zB Anfechtungsrechte) muss sie der Kommissionär im Rahmen seiner Interessenwahrungspflicht – uU nach Rücksprache mit dem Kommittenten (Benachrichtigungspflicht) – selbst ausüben.[135] Wurde das Ausführungsgeschäft vertraglichen Änderungen, zB durch Vergleich, unterzogen, sind die geänderten Ansprüche abzutreten.[136] Wann die Herausgabe fällig ist, richtet sich nach der Parteivereinbarung, sonst danach, wann die Geschäftsbesorgung ausgeführt wurde. In jedem Fall setzt der Herausgabeanspruch voraus, dass der Kommissionär etwas erlangt hat. Vereinbaren die Parteien allerdings, dass der Verkaufskommissionär bereits vor der Ausführung Vorauszahlungen zu leisten hat, handelt es sich um eine atypische Ausgestaltung, die nicht von der Herausgabepflicht des § 384 Abs. 1 Hs. 2 Var. 2 gedeckt ist.[137]

34   **2. Herausgabe von Vorteilen. a) Keine rein persönliche Zuwendung.** Zum herauszugebenden Erlangten rechnen auch alle Zuwendungen und sonstigen Vorteile, die dem Kommissionär zugeflossen sind, soweit sie in einem **inneren Zusammenhang mit der Geschäftsbesorgung**

---

[126] Heymann/*Herrmann* Rn. 17; MüKoHGB/*Häuser* Rn. 63; Staub/*Koller* Rn. 114.

[127] Vgl. BGH Urt. v. 8.5.1961 – I ZR 205/59, LM ZPO § 254 Nr. 6 unter I = MDR 1961, 751; BeckOK HGB/*Baer* Rn. 26.

[128] BGH Urt. v. 29.1.1985 – X ZR 54/83, BGHZ 93, 327 (329 f.); BeckOK HGB/*Baer* Rn. 26.

[129] Oetker/*Martinek* Rn. 34.

[130] Vgl. BGH Urt. v. 4.12.1962 – VI ZR 28/62, NJW 1963, 486 (487); Urt. v. 14.1.1953 – VI ZR 8/52, BGHZ 8, 276 (280).

[131] BGH Urt. v. 1.3.2007 – I ZR 79/04, WM 2007, 1381 Rn. 18 = NJW-RR 2007, 1177; OLG Karlsruhe Urt. v. 17.3.2016 – 9 U 93/14, NJW-RR 2016, 1328 = WM 2016, 2016 (zur Herausgabe von Bargeld); MüKoHGB/*Häuser* R. 82.

[132] MüKoHGB/*Häuser* Rn. 82; Staub/*Koller* Rn. 75.

[133] Staub/*Koller* Rn. 75.

[134] OLG Koblenz MDR 1967, 770.

[135] BeckOK HGB/*Baer* Rn. 27; KKRD/*Roth* Rn. 17; MüKoHGB/*Häuser* Rn. 83; Staub/*Koller* Rn. 75.

[136] Staub/*Koller* Rn. 75.

[137] BGH Urt. v. 9.6.1959 – VIII ZR 175/58, NJW 1959, 1678; MüKoHGB/*Häuser* Rn. 77.

stehen.[138] Das RG begründet diese weite Auslegung mit einem Präventionsgedanken und will dem Geschäftsbesorger (Kommissionär) die Versuchung nehmen, eignen oder den Interessen des Geschäftsgegners einen Einfluss auf die Entschließungen des Geschäftsbesorgers einzuräumen.[139] Ein innerer Zusammenhang soll immer dann bestehen, wenn eine Zuwendung eines Dritten an den Kommissionär befürchten lässt, dass dieser zum Nachteil des Kommittenten handelt.[140] Der Ansatzpunkt ist wenig klar.[141] **Rein persönliche** Zuwendungen an den Kommittenten sind von der Herausgabepflicht ausgenommen.[142] In einem inneren Zusammenhang stehen Rabatte, Boni, Sachzuwendungen aber auch Schmiergelder.[143] Das Schmiergeld verfällt dabei nicht zu Gunsten des Staates, da nach der hM der Kommittent als Verletzter nach § 73 Abs. 1 S. 2 StGB anzusehen ist.[144] Insgesamt bilden rein persönliche Zuwendungen die Ausnahme. Zu denken ist an den Fall, wenn dem Kommissionär eine Bonifikation von dritter Seite „aus Freundschaft", völlig losgelöst vom Kommissionsgeschäft, zuteil wird.[145] Die **Darlegungs- und Beweislast** dafür trifft den Kommissionär. Daneben fehlt der innere Zusammenhang, wenn ein Vierter an den Kommissionär leistet, etwa als Subvention.[146]

b) Effektenkommission und Provisionen. Bei der **Effekten- und Finanzkommission** gewäh- **35** ren die emittierenden Stellen den Banken oftmals sog. **Emissionsbonifikationen** oder sonstige Provisionen dafür, dass diese die Effekten auf dem Markt unterbringen. Kauft nun die Bank als Kommissionär für einen Kunden solche Wertpapiere, stellt sich die Frage, ob sie ihm die Bonifikation herauszugeben hat. Der BGH ließ diese Frage bisher offen.[147] Einige Stimmen lehnen dies ab. So soll die Vertriebsvereinbarung zwischen der Bank und dem Emittenten einen Rechtsgrund dafür bilden, dass die Bank eine dort vereinbarte Zuwendung behalten darf.[148] Dies wäre indes ein Vertrag zu Lasten Dritter.[149] Die Existenz einer Aufklärungspflicht aus § 70 WpHG (vormals § 31d WpHG) nichts darüber aus, wem die Zuwendung zusteht. Hingegen ist nach einer verbreiteten Ansicht eine Herausgabe der Provisionen ausgeschlossen, wenn die Bank hierüber tatsächlich aufklärt. Danach kenne der Kommittent die tatsächlichen Zahlungswege und sei folglich damit einverstanden, wenn die Bank eine Provision erhält. In diesem Fall sieht man Bonifikationen als persönliche Zuwendungen ohne einen inneren Zusammenhang mit der Geschäftsbesorgung stünden.[150] Die Diskussion über diese Fragen hat sich allerdings entschärft. In AGB darf die Bank die Herausgabe „allfälliger" Vertriebsprovisionen an den Kunden ausschließen, sofern sie zuvor aufgeklärt hat, dass sie im Rahmen des gesetzlich zulässigen (§ 70 WpHG) solche Provisionen erhält.[151]

3. Einwendungen. Gegenüber dem Herausgabeanspruch steht dem Kommissionär wegen seiner **36** Forderungen auf Provision und Aufwendungsersatz ein Zurückbehaltungsrecht zu (§ 369 HGB, § 273 BGB). Bei Gleichartigkeit der Forderungen kann er mit seinem Provisions- und Aufwendungsersatzanspruch nach §§ 387 ff. BGB aufrechnen. Dies kommt nur in Betracht, wenn der Kommittent gegenüber dem Kommissionär eine Geldforderung hat, der auch in einer Verpflichtung zur Herausgabe des erlangten Kaufpreises (bei der Verkaufskommission) bestehen kann.[152] Im Falle des Selbsteintritts bestimmen sich die Erfüllungspflichten der Parteien nach Kaufrecht; der Kommittent hat dann gegen den Kommissionär eine Kaufpreisforderung, die an die Stelle des Herausgabeanspruchs tritt.

---

[138] Vgl. BGH Urt. v. 7.1.1963 – VII ZR 149/61, BGHZ 39, 1 (2 f.); Urt. v. 24.2.1982 – IVa ZR 306/80, NJW 1982, 1752; Urt. v. 11.3.2004 – IX ZR 178/03, NJW-RR 2004, 1290; Urt. v. 10.7.2015 – V ZR 206/14, BGHZ 211, 211 Rn. 36 = GRUR 2016, 109; BeckOK HGB/*Baer* Rn. 29; Heymann/*Herrmann* Rn. 18; KKRD/*Roth* Rn. 17; MüKoHGB/ *Häuser* Rn. 83; Oetker/*Martinek* Rn. 35.

[139] RGZ 99, 31 (32).

[140] S. etwa BGH Urt. v. 24.2.1982 – IVa ZR 306/80, NJW 1982, 1752; Urt. v. 7.1.1963 – VII ZR 149/61, BGHZ 39, 1 (4); KKRD/*Roth* Rn. 17; MüKoHGB/*Häuser* Rn. 83; Oetker/*Martinek* Rn. 35.

[141] Kritik an dem „konturenlosen" Begriff bei Staub/*Koller* Rn. 78 sowie bei *Hadding* ZIP 2008, 529 (531).

[142] So zB *Canaris* HandelsR § 30 Rn. 31; MüKoHGB/*Häuser* Rn. 87; Oetker/*Martinek* Rn. 35.

[143] Zu Schmiergeldern s. BGH Urt. v. 29.10.1962 – II ZR 194/60, BGHZ 38, 171 (175); Urt. v. 17.10.1991 – II ZR 352/89, NJW-RR 1992, 560 (561); Baumbach/Hopt/*Hopt* Rn. 9; *Koch* ZBB 2013, 217 (220); KKRD/*Roth* Rn. 17; MüKoHGB/*Häuser* Rn. 84; Röhricht/Graf v. Westphalen/Haas/*Lenz* Rn. 12; aA MüKoBGB/*Schäfer* BGB § 667 Rn. 13.

[144] MüKoHGB/*Häuser* Rn. 85; Staub/*Koller* Rn. 85; aA allerdings BGH Urt. v. 7.1.1963 – VII ZR 149/61, BGHZ 39, 1 (2 f.).

[145] Staub/*Koller* Rn. 86; im Ansatz zustimmend, aber einschränkend *Mülbert* ZHR 172 (2008), 170 (193 ff., 196 ff.).

[146] Staub/*Koller* Rn. 86.

[147] ZB BGH Urt. v. 26.6.2012 – XI ZR 355/11, BKR 2013, 17 Rn. 47; Urt. v. 10.11.2014 – XI ZR 355/12, BGHZ 199, 355 Rn. 12 = NJW 2014, 924.

[148] So anscheinend OLG Frankfurt a. M. Urt. v. 16.7.2015 – 3 U 180/14, WM 1995, 1852 f.; *Hadding* ZIP 2008, 529 (535); *Regenfus* WM 2015, 209 (213).

[149] MüKoHGB/*Häuser* Rn. 89.

[150] So wohl LG Kiel Urt. v. 17.6.2010 – 18 O 266/09, WM 2011, 1228 f.; *Koch* ZBB 2013, 217 (223 ff.); MüKoHGB/*Häuser* Rn. 92.

[151] BGH Urt. 14.1.2014 – XI ZR 355/12, BGHZ 199, 355 Rn. 31 ff.; MüKoHGB/*Häuser* Rn. 93.

[152] Oetker/*Martinek* Rn. 40.

VIII. Leistungsstörungen

37   **1. Pflichtenstruktur.** Der Kommissionsvertrag ist ein gegenseitiger Vertrag. Die Ausführungspflicht des Kommissionärs und die Provisionszahlungspflicht des Kommittenten stehen im Gegenseitigkeitsverhältnis.[153] Ansonsten ist umstritten, ob darüber hinaus Pflichten synallagmatisch verknüpft sind. Die die Pflicht zur Herausgabe des Erlangten steht nicht im Synallagma zur Provisionszahlungspflicht, was die wohl hM aus einer Parallele zum Auftragsrecht herleitet.[154] Auch wenn der Kommittent am Ergebnis des Ausführungsgeschäfts besonders interessiert sein mag, verspreche er die Provision für die Ausführung, nicht für die Weiterleitung dessen, was der Kommissionär erlangt hat.[155] Allerdings hat der Kommittent ein Interesse daran, dass der Kommissionär das Geschäft nicht nur aus- und durchführt, sondern dass auch das wirtschaftliche Ziel erreicht wird. Dieses besteht für den Kommittenten in der Herausgabe des Erlangten.[156] Dies spräche für eine synallagmatische Verknüpfung, allerdings hat die Antwort auf diese Frage heute keine entscheidende dogmatische Konsequenz.. Die Pflicht des Kommittenten, Aufwendungsersatz zu leisten, ist ebenso keine synallagmatische Pflicht, da der Kommissionär den Kommissionsvertrag nicht abschließt, um Aufwendungen ersetzt zu verlangen.[157] Auch die Ansprüche auf Rechnungslegung oder Benachrichtigung sind nicht in das Synallagma eingebunden.[158]

38   **2. Unmöglichkeit und Verzug. a) Unmögliche Ausführung. Ist es unmöglich,** die Kommission **auszuführen,** wird der Kommissionär von seiner Leistungspflicht frei (§ 275 Abs. 1 BGB). Dies gilt auch, wenn er die Unmöglichkeit insoweit zu vertreten hat.[159] In beiden Fällen entfällt der Anspruch auf die Provision nach § 396 Abs. 1, da das Geschäft nicht ausgeführt wurde und damit ein Tatbestandsmerkmal des Provisionsanspruchs fehlt. Dies gilt auch dann, wenn der Kommittent als Gläubiger die Unmöglichkeit zu vertreten hat. Nach § 326 Abs. 2 S. 1 BGB behält hier der Schuldner den Anspruch auf die Gegenleistung, dessen Voraussetzungen nach § 396 Abs. 1 allerdings nicht erfüllt sind.[160] Hat umgekehrt der Kommissionär verschuldet, dass die Ausführung der Kommission unmöglich wird, stehen dem Kommittenten die üblichen Ansprüche nach § 275 Abs. 4 BGB zu: Er kann nach §§ 326 Abs. 5, 323 Abs. 1 BGB vom Vertrag zurücktreten und diesen Rücktritt nach § 325 BGB mit einem Schadensersatzanspruch verbinden. Verlangen kann der Kommittent nach §§ 283, 280 Schadensersatz statt der Leistung. Verlangt er nach §§ 275 Abs. 4, 285 BGB das stellvertretende Commodum, mindert sich der Schadensersatzanspruch um den Wert des Ersatzes (§ 285 Abs. 2 BGB). Nach der Gesetzessystematik bleibt der Anspruch auf die Gegenleistung bestehen, wenn der Gläubiger das stellvertretende Commodum herausverlangt (§ 326 Abs. 3 BGB). Indes folgt hieraus kein Provisionsanspruch des Kommissionärs, da kein Ausführungsgeschäft abgeschlossen wurde.[161]

39   Das rechtliche Schicksal des **Aufwendungsersatzanspruches** hängt nicht von dem des Provisionsanspruches ab (→ § 396 Rn. 12). Ist die Ausführung der Kommission unmöglich, ohne dass dies der Kommissionär zu vertreten hat, behält er seinen Anspruch auf Aufwendungsersatz. So kann er bei einer Einkaufskommission von dem Kommittenten den Ersatz des an den Dritten gezahlten Kaufpreises verlangen, wenn dort die Ware zerstört wird. Dem entgeht der Kommittent auch nicht durch einen Rücktritt. Hierdurch erlöschen die beiderseitigen Leistungspflichten, nicht jedoch der Aufwendungsersatzanspruch des Kommissionärs, da dieser bereits entstanden ist und keine synallagmatische Pflicht ist.[162] Den Aufwendungsersatz schuldet der Kommittent auch, er nach § 326 Abs. 5, 323 Abs. 1 BGB vom Vertrag zurücktritt und dabei der Kommissionär die Unmöglichkeit der Ausführung zu vertreten hat.[163] Das Rücktrittsrecht stellt insoweit nicht darauf ab, wer die Leistungsstörung zu vertreten hat. Der Kommittent kann in diesem Fall aber gleichzeitig (§ 325 BGB) einen Schadensersatzanspruch aus

---

[153] BGH Urt. v. 26.9.1980 – I ZR 119/78, BGHZ 79, 89 (93); Heymann/*Herrmann* Rn. 4; KKRD/*Roth* Rn. 4; MüKoHGB/*Häuser* Rn.; Oetker/*Martinek* Rn. 3; Staub/*Koller* Rn. 119.

[154] *Knütel* ZHR 137 (1973), 286 (314 ff.); KKRD/*Roth* Rn. 4, 18; MüKoHGB/*Häuser* Rn. 104; Röhricht/Graf v. Westphalen/Haas/*Lenz* Rn. 14; Schlegelberger/*Hefermehl* Rn. 46; Staub/*Koller* Rn. 120; aA Voraufl. Rn. 37.

[155] BGH Urt. v. 17.10.1980 – V ZR 143/79, NJW 1981, 1267; Urt. v. 5.11.1982 – V ZR 228/80, BGHZ 85, 245 (248 ff.); BGH Urt. v. 7.10.1994 – V ZR 102/93, BGHZ 127, 168 = NJW 1994, 3346, jew. zu der von § 384 Abs. 2 inhaltlich gleichen Vorschrift des § 667 BGB; s. auch Staudinger/*Martinek/Omlor*, 2017, BGB § 662 Rn. 3.

[156] *Canaris* HandelsR § 30 Rn. 45; *Hadding* FS Nobbe, 2009, 565 (569); Schlegelberger/*Hefermehl* Rn. 46; Voraufl. Rn. 37.

[157] Treffend *Canaris* FS Konzen, 2006, 43, 57 f.; *Canaris* HandelsR § 30 Rn. 52; RGZ 82, 400 (403); Heymann/*Herrmann* Rn. 4; MüKoHGB/*Häuser* Rn. 105; Staub/*Koller* Rn. 119. Anders und überholt RGZ 53, 363 (371).

[158] MüKoHGB/*Häuser* Rn. 106; Staub/*Koller* Rn. 121.

[159] Die Leistungsbefreiung nach § 275 Abs. 1 BGB setzt nur den Tatbestand einer Unmöglichkeit voraus. Auf ein Verschulden kommt es nicht an, MüKoBGB/*Ernst* BGB § 275 Rn. 56.

[160] So zutr. MüKoHGB/*Häuser* Rn. 111.

[161] MüKoHGB/*Häuser* Rn. 110.

[162] *Canaris* HandelsR § 30 Rn. 54 = FS Konzen, 2006, 43 (58 f.); MüKoHGB/*Häuser* Rn. 109; Staub/*Koller* Rn. 125.

[163] *Canaris* HandelsR § 30 Rn. 55 = FS Konzen, 2006, 43 (58 f.); Staub/*Koller* Rn. 126; aA MüKoHGB/*Häuser* Rn 110; *Knütel* ZHR 137 (1973), 285 (330 f.); Schlegelberger/*Hefermehl* Rn. 50.

§ 280 BGB gegenüber dem Kommissionär geltend machen und damit gegenüber dem Anspruch auf Aufwendungsersatz aufrechnen. Der Kommissionär kann nach § 323 BGB zurücktreten, wenn der Kommittent den Aufwendungsersatzanspruch nicht erfüllt. Auf ein Synallagma kommt es hierbei nicht an.[164]

b) Unmögliche Herausgabe. Wird nach **durchgeführter** Kommission die **Herausgabe des** **40** **Erlangten** unmöglich, wird der Kommissionär von seiner Leistungspflicht frei (§ 275 Abs. 1 BGB), gleich, ob er die Unmöglichkeit zu vertreten hat. Wie sich dies auf die Gegenleistung auswirkt, ist umstritten. Zunächst setzt der Provisionsanspruch stets voraus, dass das Geschäft ausgeführt wurde und damit dessen wirtschaftliches Ziel erreicht (→ § 396 Rn. 7 ff.). Ist dies nicht der Fall, ist der Rückgriff auf § 326 Abs. 1 BGB entbehrlich.[165] Sind die Voraussetzungen für einen Provisionsanspruch nach § 396 Abs. 1 HGB erfüllt, so entfällt dieser gleichwohl, wenn der Kommittent nach §§ 326 Abs. 5, 323 Abs. 1 BGB vom Vertrag zurücktritt. Hierfür spielt es keine Rolle, ob die Herausgabepflicht im Synallagma steht, da das Rücktrittsrecht hierauf nicht abstellt (→ Rn. 39).[166] Hat der Kommissionär die Unmöglichkeit der Herausgabe zu vertreten, stehen dem Kommittenten Schadensersatzansprüche zu (§ 280 BGB), mit dem er ggf. gegen den Aufwendungsersatzanspruch des Kommissionärs aufrechnen kann.[167] Hat der Kommittent die Unmöglichkeit der Herausgabe zu verantworten, so besteht der Anspruch des Kommissionärs auf die Gegenleistung fort (§ 396 Abs. 1 S. 2).[168] Aufwendungsersatz wird in jedem Fall geschuldet.

c) Verzug. Ist der **Kommissionär** mit einer geschuldeten Leistung bei der Ausführung, Durch- **41** führung oder Abwicklung im **Verzug,** schuldet er dem Kommittenten Schadensersatz (§§ 286, 280 Abs. 2 BGB). Nach § 323 BGB kann der Kommittent daneben (§ 325 BGB) vom Kommissionsvertrag zurücktreten, wobei es nach der zutreffenden Ansicht nicht darauf ankommt, ob eine synallagmatische Pflicht verletzt wurde.[169] Der Aufwendungsersatzanspruch des Kommissionärs bleibt bestehen. Ein Annahmeverzug des Kommittenten kommt besonders bei einer unterlassenen Mitwirkungshandlung (§ 295 S. 1 BGB) in Betracht. Der Kommissionär hat weder einen Vergütungsanspruch nach (§ 615 BGB) noch einen Entschädigungsanspruch (§ 642 BGB).[170] Er hat nämlich keinen Anspruch darauf, das den Provisionsanspruch auslösende Geschäft auch abzuschließen. Der Kommittent kann – jedenfalls vor Ausführung – den Kommissionsvertrag jederzeit kündigen. Nur vor der Ausführung sind keine Dienste zu entlohnen oder Werkarbeiten zu vergüten. Die Rechte des Kommissionärs werden dadurch gewahrt, dass er Aufwendungsersatz beanspruchen kann,[171] der auch speziell durch den Annahme- verzug verursachte Mehraufwendungen umfasst (§ 304 BGB).

3. Schlechtleistung. Bei allen Leistungsstörungen, die weder Verzug noch Unmöglichkeit dar- **42** stellen, kommt eine Schadensersatzhaftung unter den Voraussetzungen der §§ 280, 281 BGB in Betracht. Das gilt insbesondere auch für die verschiedenen Pflichten des Kommissionärs, die der Kommission das Gepräge geben (Interessenwahrungspflicht usw.). Für den Schadensersatzanspruch gelten die allg. Regeln (§§ 249 ff. BGB). So ist bei einem Verstoß gegen die Interessenwahrungspflicht der Kommittent so zu stellen, wie er bei ordnungsgemäßer Erfüllung gestanden hätte (Naturalrestituti- on).[172] Unterlässt es der Kommittent, einen Deckungskauf zur Schadensminderung zu tätigen, kann § 254 Abs. 2 BGB anwendbar sein; das gilt aber nicht, wenn die Pflichtverletzung des Kommissionärs so schwer wiegt, dass das Versäumnis des Kommittenten dahinter zurücktritt.[173] Im Kunsthandel hat man bei der Verkaufskommission bisweilen eine **Haftung nach kaufvertraglichem Gewährleis- tungsrecht** für Mängel des Kommissionsgutes vereinbart. Das ist – auch im Rahmen von allgemeinen Geschäftsbedingungen – zulässig.[174] Zulässig ist auch die Vereinbarung von Haftungsbeschränkungen,

---

[164] Begr. RegE, BT-Drs. 14/6040, 183; *Canaris* HandelsR § 30 Rn. 57 f.; MüKoHGB/*Häuser* Rn. 112 aE. All- gemein hierzu BeckOK BGB/*H. Schmidt* BGB § 323 Rn. 4; Erman/*Westermann* BGB § 323 Rn. 5; Palandt/*Grüne- berg* BGB § 323 Rn. 10. AA MüKoBGB/*Ernst* BGB § 323 Rn. 13; einschränkend: Staudinger/*Schwarze,* 2015, BGB § 323 Rn. 10 ff. wonach § 323 BGB eine „von den Parteien gewollte(n) Verbindung der gestörten Leistungspflicht mit den anderen Leistungspflichten" voraussetze. Das soll durch Auslegung zu ermitteln sein und opfert dadurch die Dogmatik des § 323 BGB einer im Einzelfall kaum vorhersehbaren Tatfrage.
[165] MüKoHGB/*Häuser* Rn. 112.
[166] Mit der synallagmatischen Verknüpfung begründen das Rücktrittsrecht Baumbach/Hopt/*Hopt* Rn. 11; *Canaris* HandelsR § 30 Rn. 45; Staub/*Koller* Rn. 120, 134.
[167] Heymann/*Herrmann* Rn. 5; KKRD/*Roth* Rn. 18; MüKoHGB/*Häuser* Rn. 113; Staub/*Koller* Rn. 130.
[168] Wiederum vorausgesetzt, dass das Geschäft ausgeführt wurde. S. MüKoHGB/*Häuser* Rn. 114; Staub/*Koller* Rn. 133. IÜ würde sich das beschriebene Ergebnis auch aus § 326 Abs. 2 S. 1 BGB ergeben.
[169] *Canaris* HandelsR § 30 Rn. 57; MüKoHGB/*Häuser* Rn. 115.
[170] MüKoHGB/*Häuser* Rn. 116; Staub/*Koller* Rn. 137.
[171] MüKoHGB/*Häuser* Rn. 117; Staub/*Koller* Rn. 137.
[172] BGH Beschl. v. 28.5.2002 – XI ZR 336/01, WM 2002, 1502 (1503); s. auch OLG Frankfurt a. M. Urt. v. 18.5.2011 – 17 U 253/11, BeckRS 2011, 19450.
[173] BGH Beschl. v. 28.5.2002 – XI ZR 336/01, WM 2002, 1502 (1503 f.).
[174] OLG Frankfurt a. M. Urt. v. 20.1.1993 – 21 U 13/91, NJW 1993, 1477 = JZ 1993, 853; OLG Zweibrücken Urt. v. 7.5.1997 – 6 U 8/96, JZ 1998, 196.

und zwar sowohl im Verhältnis Kommissionär/Kommittent wie im Verhältnis Kommissionär/Dritter.[175] Der Kommissionär muss nur Sorge tragen, dass er dabei nicht in einen Konflikt mit seiner Interessenwahrungspflicht gegenüber dem Kommittenten gerät.[176] Unbedenklich ist es, wenn er seine Haftung gegenüber dem dritten Erwerber ausschließt, sich aber verpflichtet, etwaige Ansprüche gegen den Kommittenten geltend zu machen und den Dritten dann schadlos zu stellen.[177] Er muss dann auch nicht einer Weisung des Kommittenten folgen, Ansprüche des Dritten zurückzuweisen.[178]

IX. Selbsthaftung des Kommissionärs

43   **1. Normzweck und Regelungsgehalt.** Abs. 3 legt dem Kommissionär eine Haftung für die Erfüllung des Ausführungsgeschäfts auf, wenn er nicht zugleich mit der Ausführungsanzeige den Vertragspartner des Ausführungsgeschäfts benennt. Diese Bestimmung soll den Kommittenten vor Spekulationen des Kommissionärs schützen, indem ihm nach der Anzeige des Ausführungsgeschäfts ein weniger solventer Vertragspartner untergeschoben wird oder indem der Kommissionär einen leistungsfähigeren Kontrahenten für sich oder einen anderen beansprucht.[179] Dieser Schutzzweck überlagert abweichende privatautonome Gestaltungen oder einen abweichenden Handelsbrauch. Die Selbsthaftung greift daher auch, wenn die Parteien eine Namhaftmachung abbedungen hatten[180] oder, wenn Verkehrssitte oder Handelsbrauch der Benennung des Dritten entgegenstehen. Im Falle des **Selbsteintritts** greift Abs. 3 nicht ein, wenn der Selbsteintritt ordnungsgemäß angezeigt worden ist (§ 405 Abs. 1). Fehlt es daran, wird dem Kommissionär auch dann die Selbsthaftung auferlegt, wenn der Selbsteintritt unwirksam war und auch kein Drittgeschäft abgeschlossen wurde.[181] Gerade hierbei ist der Schutzzweck des Abs. 3 berührt.

44   **2. Voraussetzungen. a) Identifizierung des Dritten. Die** Selbsthaftung setzt voraus, dass der Kommissionär die Ausführung angezeigt hat, ohne gleichzeitig den Dritten zu benennen. Auf **Verschulden** kommt es nicht an, mithin nicht darauf, ob der Kommissionär berechtigt oder pflichtwidrig den Namen des Dritten verschweigt.[182] Unterlässt der Kommissionär die Ausführungsanzeige, führt das nicht zur Erfüllungshaftung nach Abs. 3, sondern zur Schadensersatzhaftung wegen schuldhafter Verletzung der Benachrichtigungspflicht (§§ 280, 286 BGB).[183] Die Ausführungsanzeige muss zugegangen sein. Überholt hat sich die umstrittene Frage, ob eine zunächst unterlassene Benennung des Dritten nachgeholt werden kann, indem sie gleichzeitig mit der Ausführungsanzeige eintrifft. Angesichts der modernen Kommunikationsmittel und der Pflicht des Kommissionärs, den schnellstmöglichen Weg zu wählen (→ Rn. 19), kann eine einmal abgegebene Ausführungsanzeige in aller Regel nicht mehr durch spätere Verlautbarungen eingeholt werden.

45   Die **Namhaftmachung des Dritten** muss so bestimmt sein, dass dem Kommittenten die Identifizierung ohne weiteres möglich ist.[184] Regelmäßig verlangt dies die Angabe einer Adresse oder eines Geschäftssitzes. Eine Identifizierung des Dritten ist ausnahmsweise entbehrlich, wenn der Kommittent wegen einer längeren Geschäftsbeziehung mit dem Kommissionär davon ausgehen kann, dass der Kommissionär mit einem bestimmten Dritten kontrahiert hat oder wenn der Kommittent den Kommissionär dazu angewiesen hat, mit einem bestimmten Dritten zu kontrahieren.[185] Wenn der Dritte als Erwerber von Optionsscheinen von vornherein bekannt ist, erübrigt sich dessen identifizierende Benennung.[186] Die Benennung eines gar nicht existierenden Dritten oder eines Dritten, mit dem der Kommissionär gar kein Geschäft abgeschlossen hat oder ein unwirksamer Selbsteintritt führen ebenfalls zur Selbsthaftung wie eine Nichtbenennung.[187] Zeigt der Kommissionär hingegen ein Geschäft unter zutreffender Nennung des Dritten an, das sich später als unwirksam erweist, so liegt

---

[175] Vgl. auch schon BGH Urt. v. 15.1.1975 – VIII ZR 80/73, BGHZ 63, 369.

[176] Vgl. *Braun* JZ 1993, 855.

[177] OLG Zweibrücken Urt. v. 7.5.1997 – 6 U 8/96, JZ 1998, 196; mzustAnm *Braun* JZ 1998, 197 (199).

[178] OLG Zweibrücken Urt. v. 7.5.1997 – 6 U 8/96, JZ 1998, 196.

[179] BGH Urt. v. 22.6.2015 – XI ZR 386/13, NJW 2015, 3031 Rn. 14; = BKR 2015, 394; BeckOK HGB/*Baer* Rn. 33; *Canaris* HandelsR § 30 Rn. 24; KKRD/*Roth* Rn. 21; MüKoHGB/*Häuser* Rn. 118; Staub/*Koller* Rn. 146.

[180] Baumbach/Hopt/*Hopt* Rn. 12; KKRD/*Roth* Rn. 22; MüKoHGB/*Häuser* Rn. 118; Staub/*Koller* Rn. 143.

[181] BGH Urt. v. 18.1.1952 – I ZR 105/51, LM BGB § 675 Nr. 3.

[182] BeckOK HGB/*Baer* Rn. 35; *Canaris* HandelsR § 30 Rn. 24; KKRD/*Roth* Rn. 22; MüKoHGB/*Häuser* Rn. 118; Röhricht/Graf v. Westphalen/Haas/*Lenz* Rn. 20; Staub/*Koller* Rn. 154.

[183] BGH Urt. v. 7.5.2002 – XI ZR 197/91, BGHZ 151, 5 = NJW 2002, 2703; MüKoHGB/*Häuser* Rn. 124; Röhricht/Graf v. Westphalen/Haas/*Lenz* Rn. 17.

[184] RGZ 101, 413 (415); KKRD/*Roth* Rn. 22; MüKoHGB/*Häuser* Rn. 125; Staub/*Koller* Rn. 152.

[185] MüKoHGB/*Häuser* Rn. 125.

[186] OLG Nürnberg Urt. v. 10.7.2015 – 14 U 468/07, WM 2015, 2146 (2160) = BeckRS 2015, 15238; MüKoHGB/*Häuser* Rn. 125; Staub/*Koller* Rn. 156.

[187] BGH Urt. v. 22.6.2015 – XI ZR 386/13, NJW 2015, 3031 Rn. 15; = BKR 2015, 394; Baumbach/Hopt/*Hopt* Rn. 13; Heymann/*Herrmann* Rn. 15; KKRD/*Roth* Rn. 22; MüKoHGB/*Häuser* Rn. 125; einschränkend Staub/*Koller* Rn. 151, wonach die Selbsthaftung ausgeschlossen sei, wenn der Kommissionär mit dem benannten Dritten überhaupt kein Geschäft getätigt hat. Hier könne sich der Kommittent selbst erkundigen, ob das Geschäft zustandegekommen sei.

kein Fall des Abs. 3 vor. Der Kommissionär hat im Streitfall darzulegen und zu beweisen, dass er spätestens mit der Ausführungsanzeige die Person des Dritten namhaft gemacht hat.[188] Den Kommissionär trifft auch die Darlegungs- und Beweislast dafür, dass eine identifizierende Namhaftmachung des Dritten (ausnahmsweise) entbehrlich ist.

b) Effektenkommission. Im **Effektenhandel** war früher der Selbsteintritt ohne Ausführungs- **46** anzeige nach den Bankbedingungen die Regel. Damit kam Abs. 3 nicht ins Spiel. Die Sonderbedingungen für Wertpapiergeschäfte (SBW) sehen heute entweder die Abwicklung über ein Drittgeschäft (Nr. 1 Abs. 1 SBW) oder – bei Festpreisgeschäften – ein Eigenhändlergeschäft, also einen Kaufvertrag zwischen Bank und Kunde, vor (Nr. 9). Handelt die Bank als Kommissionär, kommt somit eine Selbsthaftung unter den Voraussetzungen des Abs. 3 in Betracht. Daran ändert die Haftungsregelung in den Bedingungen (Nr. 8) nichts. Börsentermingeschäfte führt die Bank im Inland regelmäßig durch Selbsteintritt ohne Anzeigepflicht durch, im Ausland nach ihrer Wahl durch Fremdgeschäft oder Selbsteintritt. Die Haftung nach § 384 Abs. 3 besteht gleichwohl, wenn der Kommissionär – wie bei Effektenhandel üblich – nicht dazu verpflichtet ist, den Dritten namhaft zu machen, kann aber durch AGB ausgeschlossen werden (→ Rn. 35).[189]

c) Ausschluss und Grenzen der Haftung. Abs. 3 greift nicht ein, wenn ein wirksamer **Selbst-** **47** **eintritt** ausgeübt worden ist. Dies setzt voraus, dass die Voraussetzungen des § 400 erfüllt sind und dass der Kommissionär den Selbsteintritt gem. § 405 Abs. 1ausdrücklich erklärt hat. Fehlt es an einer dieser Voraussetzungen, verbleibt es bei der Selbsthaftung des Kommissionärs. Die Selbsthaftung kann durch Parteivereinbarung, auch im Rahmen von AGB, abbedungen oder durch Handelsbrauch außer Kraft gesetzt sein.[190] Verzichtet der Kommittent auf die Namhaftmachung, gibt er dadurch nicht seine Ansprüche aus Abs. 3 auf.[191] Nach der hier vertretenen Ansicht kann der Kommissionär die Ausführungsanzeige nur unter eingeschränkten Voraussetzungen widerrufen und damit die Selbsthaftung vermeiden (→ Rn. 21). Eine spätere Nennung des Dritten lässt die eingetretene Haftung nicht entfallen. Hat der Kommittent durch eine Weisung den Kommissionär dazu veranlasst, das Ausführungsgeschäft nicht durchzuführen, haftet der Kommissionär nicht nach Abs. 3. Einem derartigen Anspruch steht der Einwand der unzulässigen Rechtsausübung entgegen, da der Kommittent keine Erfüllungshaftung geltend machen darf, wenn er selbst die Erfüllung vereitelt hat.[192]

3. Rechtsfolgen. Die angeordnete Haftung ist eine Erfüllungshaftung, deren Umfang im Wesentli- **48** chen der Delkrederehaftung nach § 394 entspricht.[193] Dabei ist zu unterscheiden: Ist das Ausführungsgeschäft abgeschlossen, schuldet der Kommissionär dem Kommittenten das, was der Dritte aufgrund des abgeschlossenen Ausführungsgeschäfts an den Kommissionär zu leisten hat. Die Konditionen des Ausführungsgeschäfts bestimmen daher den Inhalt der Selbsthaftung. Die Selbsthaftung hängt allerdings nicht davon ab, dass ein Ausführungsgeschäft abgeschlossen wurde. Sie greift auch, wenn überhaupt kein Ausführungsgeschäft abgeschlossen wurde, es nachträglich unwirksam oder anfänglich unmöglich war.[194] Der selbsthaftende Kommissionär bleibt zur vollen Rechnungslegung nach Abs. 2 verpflichtet; § 400 Abs. 2 gilt nicht. Die Geltendmachung der Selbsthaftung des Kommissionärs bedeutet **nicht Selbsteintritt,** zumal dieser an andere Voraussetzungen gebunden ist (vgl. §§ 400, 405 Abs. 1). Leistet der Kommissionär aufgrund der Selbsthaftung, steht das der Ausführung des Geschäfts gleich und löst den Provisionsanspruch aus (§ 396 Abs. 1). Außerdem kann der Kommissionär den Aufwendungsersatzanspruch nach § 396 Abs. 2, § 670 BGB geltend machen.[195]

a) Ausgeführtes Kommissionsgeschäft. Ist das Kommissionsgeschäft ausgeführt, hat der Kom- **49** mittent die Wahl: Er kann den Kommissionär auf Erfüllung in Anspruch zu nehmen. Stattdessen kann der Kommittent dem Kommissionär die ordnungsgemäße Abwicklung überlassen, den Herausgabeanspruch geltend machen oder Abtretung der Ansprüche gegen den Dritten verlangen. Nach Abtretung haften Kommissionär und Dritter als Gesamtschuldner.[196] Beide Ansprüche bilden keine Wahlschuld, sodass der Kommittent den Erfüllungsanspruch nicht verliert, wenn er den Selbsthaftungs-

---

[188] BGH Urt. v. 22.3.1984 – I ZR 40/82, WM 1984, 930 (931); MüKoHGB/*Häuser* Rn. 129; Oetker/*Martinek* Rn. 43.

[189] OLG Frankfurt a. M. Beschl. v. 18.10.2011 – 9 U 42/11, MDR 2012, 44; Baumbach/Hopt/*Hopt* Rn. 14.

[190] Vgl. BGH Urt. v. 18.1.1952 – I ZR 105/51, LM BGB § 675 Nr. 3; BeckOK HGB/*Baer* Rn. 35.

[191] Meist wird der Verzicht dadurch motiviert sein, dass der Kommissionär nach Abs. 3 haftet, s. KKRD/*Roth* Rn. 22; MüKoHGB/*Häuser* R. 131; Oetker/*Martinek* Rn. 42; Staub/*Koller* Rn. 143, 156; aA BeckOK HGB/*Baer* Rn. 35.

[192] BGH Urt. v. 22.3.1984 – I ZR 40/82, WM 1984, 930 (931); MüKoHGB/*Häuser* Rn. 132.

[193] MüKoHGB/*Häuser* Rn. 133; Staub/*Koller* Rn. 161.

[194] OLG Frankfurt a. M. Beschl. v. 18.10.2011 – 9 U 42/11, MDR 2012, 44; Staub/*Koller* Rn. 161.

[195] Dies gilt unabhängig davon, ob die Kommission ausgeführt wurde oder nicht, zutr. MüKoHGB/*Häuser* Rn. 146; Staub/*Koller* Rn. 169.

[196] BeckOK HGB/*Baer* Rn. 40; MüKoHGB/*Häuser* Rn. 136; Staub/*Koller* Rn. 165. Entgegen Staub/*Koller* Rn. 165 richtet sich die weitere Abwicklung nicht nach § 255 BGB analog, sondern ausschließlich nach der vorrangigen Vorschrift des § 426 BGB.

anspruch geltend macht.[197] Ob der Kommissionär das Recht hat, dem Kommittenten eine Frist zu setzen, binnen deren er sich zur Geltendmachung des Anspruchs nach Abs. 3 verbindlich erklären soll, wollen manche nach Treu und Glauben (§ 242 BGB) beurteilen.[198] Das ist abzulehnen. Der Anspruch aus § 384 Abs. 3 unterliegt auch den Vorschriften über den Annahmeverzug, die den Kommissionär ausreichend schützen.[199] Macht der Kommittent den Selbsthaftungsanspruch geltend, verliert er dadurch nicht den Anspruch auf namentliche Benennung des Dritten.[200]

50   Der Umfang der Erfüllungshaftung richtet sich nach den Konditionen des tatsächlich abgeschlossenen Geschäft mit dem Dritten, da die Selbsthaftung den Kommittenten so stellen will, als habe der Kommissionär mit der Ausführungsanzeige den Dritten benannt (Haftung für das Istgeschäft).[201] Daher entfällt eine Haftung des Kommissionärs, wenn er vom Geschäft hätte zurücktreten können oder die Ausführung unmöglich geworden ist.[202] Hat der Kommissionär mit seiner Ausführungsanzeige vom Istgeschäft abweichende, für den Kommittenten günstigere Konditionen mitgeteilt, so muss er sich daran festhalten lassen und nach diesen Bedingungen erfüllen.[203] In diesem Falle ist das Vertrauen des Kommittenten auf die Ausführungsanzeige zu schützen, sodass er sich nicht auf das tatsächlich ungünstigere Drittgeschäft einlassen muss. Die Selbsthaftung konkurriert mit einem Anspruch aus § 280 BGB, wenn die Ausführungsanzeige ein Ausführungsgeschäft benennt, das nicht zustande gekommen ist oder sonst sachlich unrichtig ist. Der Kommissionär haftet bei Verschulden auf den Ersatz des durch die falsche Anzeige entstandenen Schadens (zB infolge besonderer Vorkehrungen im Hinblick auf das günstige Geschäft). Weist der Kommittent das Geschäft nach § 385 Abs. 1 zurück, erlischt die Haftung aus Abs. 3.[204]

51 **b) Unterbliebenes Ausführungsgeschäft.** Fehlt ein abgeschlossenes Ausführungsgeschäft, kann der Kommittent zunächst verlangen, dass der Kommissionär das Geschäft mit dem Dritten weisungsgemäß ausführt.[205] Unterblieb die Ausführung schuldhaft, steht dem Kommittenten ein Schadensersatzanspruch zu (§ 384 Abs. 1, § 280 BGB). Ist die Ausführung des Kommissionsauftrages in der Zwischenzeit unmöglich geworden, schuldet der Kommissionär Schadensersatz statt der Leistung (§§ 281, 283 BGB), daneben kann der Kommittent vom Kommissionsvertrag zurücktreten (§§ 326 Abs. 5, 323, 325 BGB). Hat der Kommissionär ein Geschäft angezeigt, das er nicht geschlossen hat, so kann der Kommittent auch die Erfüllung dieses Geschäfts verlangen.[206] Die lückenhaften oder fehlenden Angaben müssen sie auf der Grundlage eines hypothetischen Ausführungsgeschäfts ergänzt werden, das den Weisungen und Interessen des Kommittenten sowie der Marktsituation Rechnung trägt.[207] Fiktive Einreden (iwS) stehen dem Kommissionär nur zu, wenn sie zum einen handelsüblich sind und zum anderen mit den übrigen fiktiven Konditionen im Einklang stehen.[208]

§ 385 [Weisungen des Kommittenten]

(1) Handelt der Kommissionär nicht gemäß den Weisungen des Kommittenten, so ist er diesem zum Ersatze des Schadens verpflichtet; der Kommittent braucht das Geschäft nicht für seine Rechnung gelten zu lassen.

(2) Die Vorschriften des § 665 des Bürgerlichen Gesetzbuchs bleiben unberührt.

I. Normzweck

1   Die Vorschrift knüpft an die Verpflichtung aus § 384 Abs. 1 an, die Weisungen des Kommittenten zu befolgen, und nennt die **Sanktionen** im Falle der Nichterfüllung: Der Kommittent kann **Schadensersatz** verlangen (Abs. 1 Hs. 1) und das Geschäft **zurückweisen** (Abs. 1 Hs. 2). Abs. 2 verweist

---

[197] MüKoHGB/*Häuser* Rn. 141; Staub/*Koller* Rn. 165. Insbesondere § 263 Abs. 2 BGB gilt deshalb nicht.

[198] Schlegelberger/*Hefermehl* Rn. 72.

[199] MüKoHGB/*Häuser* Rn. 141; Staub/*Koller* Rn. 165.

[200] KKRD/*Roth* Rn. 23.

[201] BGH Urt. v. 22.6.2015 – XI ZR 386/13, NJW 2015, 3031 Rn. 16; = BKR 2015, 394; OLG Düsseldorf Urt. v. 29.6.2012 – I-7 U 4/12, BeckRS 2012, 18203; MüKoHGB/*Häuser* Rn. 137; Röhricht/Graf v. Westphalen/Haas/*Lenz* Rn. 22; Staub/*Koller* Rn. 162.

[202] BGH Urt. v. 9.12.1958 – VIII ZR 165/57, WM 1959, 269 (270); BGH Urt. v. 22.6.2015 – XI ZR 386/13, NJW 2015, 3031 Rn. 16; MüKoHGB/*Häuser* Rn. 142. Der Kommittent sollte in diesem Fall einen Schadensersatzanspruch nach § 122 BGB vereinbaren oder sich auf dessen Ausschluß durch AGB nicht einlassen.

[203] BeckOK HGB/*Baer* Rn. 39; MüKoHGB/*Häuser* Rn. 138; Röhricht/Graf v. Westphalen/*Lenz* Rn. 22; Staub/*Koller* Rn. 163.

[204] MüKoHGB/*Häuser* Rn. 139; Staub/*Koller* Rn. 162.

[205] MüKoHGB/*Häuser* Rn. 144; Staub/*Koller* Rn. 167.

[206] MüKoHGB/*Häuser* Rn. 144; Staub/*Koller* Rn. 167.

[207] BeckOK HGB/*Baer* Rn. 39; Staub/*Koller* Rn. 167; nur auf die Weisung des Kommittenten abstellend: MüKoHGB/*Häuser* Rn. 144.

[208] MüKoHGB/*Häuser* Rn. 145; Staub/*Koller* Rn. 168.

auf § 665 BGB, welche Vorschrift regelt, unter welchen Voraussetzungen der Kommissionär den Weisungen des Kommittenten nicht nachzukommen braucht. Der Hinweis auf die Schadensersatzpflicht ist überflüssig. Sie ergibt sich schon aus allgemeinen Grundsätzen (→ § 384 Rn. 33). Ebenso überflüssig ist der Verweis in Abs. 2. Da der Kommissionsvertrag ein Geschäftsbesorgungsvertrag ist, ließe sich § 665 BGB schon nach allgemeinen Grundsätzen anwenden.[1] § 385 dient daher weitgehend der Klarstellung. Eigenständige Bedeutung kommt dem Zurückweisungsrecht zu.[2] Für Verstöße gegen gesetzte Preislimits gelten die Sondervorschriften des § 386. Ausgeweitet werden die Rechte des Kommittenten bei der **Effektenkommission** durch § 25 DepotG.

II. Verstoß gegen Weisungen

1. Weisungsbegriff. Der **Begriff der Weisungen** ist zunächst derselbe wie in § 384 Abs. 1.[3] **2** Umstritten ist, ob der Begriff für § 385 Abs. 1 weiter zu fassen ist. Dies bejahen einige und wenden die Vorschrift auch auf Erklärungen an, die Abreden im Kommissionsvertrag wiederholen und somit das Interesse des Kommittenten an der vertragsgemäßen Ausführung der Kommission widerspiegeln.[4] Dies überzeugt schon nicht für § 384 und auch nicht für § 385. Der weitgehend deklaratorische Gehalt dieser Norm rechtfertigt keine abweichende teleologische Auslegung. Daher besteht kein Anlass, den Begriff der Weisung anders auszulegen als in § 384. Auf vertragliche Erklärungen ist § 385 allenfalls *analog* anzuwenden.[5] Analog gilt die Norm auch für dispositive Vorschriften, die das Ausführungsgeschäft rechtlich zuordnen.[6] Eine unverbindliche oder unbeachtliche Weisung kann nicht missachtet werden und fällt nicht unter § 385.[7] Den Inhalt des Auftrags und die hierbei erteilten Weisungen hat der Kommittent darzulegen und zu beweisen.[8]

2. Reichweite des Weisungsrechts. Erfasst sind nur Weisungen für den **Abschluss** des Aus- **3** führungsgeschäfts.[9] Nach einer Gegenansicht sollen auch Weisungen über die Durchführung des Ausführungsgeschäfts unter die Norm fallen, da der Kommittent ein berechtigtes Interesse daran habe, dass aus dem Ausführungsgeschäft Erlangte zu erhalten.[10] Das überzeugt nicht. Zurückweisen kann der Kommittent nach dem Gesetzeswortlaut das Ausführungsgeschäft und nicht dessen Durchführung. Ein weitergehendes Weisungsrecht schafft unannehmbare Rechtsfolgen. Zum einen könnte der Kommittent eine bereits eingetretene Konkretisierung rückgängig machen und zum anderen könnte die Durchführung zurückweisen, obwohl er die Ausführung gebilligt hat.[11] Beides geht nicht an. Der Kommittent ist gegenüber Verstößen bei der Durchführung ausreichend anderweitig geschützt. Er kann sich die Rechte aus dem Ausführungsgeschäft abtreten lassen und im übrigen Schadensersatz geltend machen (bei Pflichtverletzung durch Verzug, Unmöglichkeit oder Schlechtleistung).[12] Folgenlos ist der Streit darüber, ob § 385 auch gilt, wenn der Kommissionär weisungswidrig kein Geschäft tätigt. Wer dies bejaht, muss folgerichtig kommissionsvertragliche Handlungspflichten als Weisungsgegenstand anerkennen,[13] was nach der hier vertretenen Ansicht (→ Rn. 2) ausscheidet.[14] Ein Schadensersatzanspruch ergibt sich nach allgemeinen Regeln. Für eine Zurückweisung ist kein Raum.

III. Rechtsfolgen

1. Schadensersatz. Da die Vorschrift keine eigenständige Anspruchsgrundlage darstellt, gelten die **4** allgemeinen Regeln. Es kommt auf ein **Verschulden** des Kommissionärs am Weisungsverstoß an.[15] Auch ansonsten bestehen keine Besonderheiten. Gerichtet ist der Schadensersatz nach den §§ 249 ff.

---

[1] MüKoHGB/*Häuser* Rn. 2; Oetker/*Martinek* Rn. 2.

[2] BeckOK HGB/*Baer* Rn. 1; MüKoHGB/*Häuser* Rn. 1; Staub/*Koller* Rn. 1.

[3] S. dazu § 384 Rn. 13; MüKoHGB/*Häuser* Rn. 4, 5.

[4] *Canaris* HandelsR § 30 Rn. 21; Röhricht/Graf v. Westphalen/Haas/*Lenz* Rn. 1; Staub/*Koller* Rn. 5.

[5] BeckOGK/*Fischinger* Rn. 7; KKRD/*Roth*/*Drüen* Rn. 2; MüKoHGB/*Häuser* Rn. 4.

[6] Baumbach/Hopt/*Hopt* Rn. 1; MüKoHGB/*Häuser* Rn. 4. Eine Analogie vertritt insoweit auch *Canaris* HandelsR § 30 Rn. 21.

[7] MüKoHGB/*Häuser* Rn. 6.

[8] BGH Urt. v. 19.2.2004 – III ZR 147/03, NJW-RR 2004, 927 (zum Auftragsrecht des BGB); BeckOGK/*Fischinger* Rn. 10.

[9] BeckOK HGB/*Baer* Rn. 3, 7; *Canaris* HandelsR § 30 Rn. 21; Heymann/*Herrmann* Rn. 3; *Knütel* ZHR 137 (1973), 285 (309 ff.); KKRD/*Roth*/*Drüen* Rn. 2; MüKoHGB/*Häuser* Rn. 3.

[10] BeckOGK/*Fischinger* Rn. 8; Staub/*Koller* Rn. 7; *Koller* BB 1979, 1725 (1731); Oetker/*Martinek* Rn. 3; Röhricht/Graf v. Westphalen/Haas/*Lenz* Rn. 1; so bereits Düringer/Hachenburg/*Lehmann* Rn. 2.

[11] *Knütel* ZHR 137 (1973), 285 (316 ff.); MüKoHGB/*Häuser* Rn. 8.

[12] Heymann/*Herrmann* Rn. 4; MüKoHGB/*Häuser* Rn. 8.

[13] *Knütel* ZHR 137 (1973), 285 (326 f.).

[14] MüKoHGB/*Häuser* Rn. 7. Da der Schadensersatzanspruch aus den allgemeinen Grundsätzen folgt, besteht keine planwidrige Regelungslücke, die zu schließen ist.

[15] RGZ 56, 151; MüKoHGB/*Häuser* Rn. 10; Staub/*Koller* Rn. 18.

BGB auf Naturalrestitution.[16] Der Schadensumfang hängt von der materiellen Regelung (Verzug, Unmöglichkeit, Schlechtleistung) und davon ab, ob der Kommittent daneben auch das Geschäft zurückweist oder ob er die Durchführung hinnimmt. Im letzteren Fall ist zudem zu prüfen, ob darin ein Verzicht auf Schadensersatz liegt. Eine dahin gehende Vermutung besteht allerdings nicht. Ein Mitverschulden des Kommissionärs nach § 254 BGB ist die Ausnahme. Versäumt es ein Effektenkommissionär, rechtzeitig Aktien zu erwerben, so trifft den Kommittenten keine Obliegenheit, seinen Schaden durch einen Deckungskauf zu mindern.[17] Genehmigt der Kommittent die Weisungsabweichung, verliert er den Schadensersatzanspruch.[18] Die Beweislast richtet sich nach den allgemeinen Regeln. Der Kommittent hat den Schaden darzulegen und zu beweisen, der Kommissionär, dass ihn kein Verschulden trifft (§ 280 Abs. 1 S. 2 BGB).

5   **2. Zurückweisung.** Nach Abs. 1 Hs. 2 kann der Kommittent das getätigte Ausführungsgeschäft als Erfüllung abzulehnen, es zurückzuweisen, sodass es nicht für seine Rechnung gilt. Entgegen einer verbreiteten Terminologie handelt es sich dabei um kein „Recht",[19] sondern ein (selbstverständliche) Ablehnungsbefugnis gegenüber einem vertragswidrigen Erfüllungsversuch.[20] Die Zurückweisung kann formlos, ausdrücklich oder konkludent erklärt werden. Der Kommittent muss nicht unverzüglich zurückweisen.[21] § 386 Abs. 1 ist nicht analog anwendbar. Nach der zutreffenden hM setzt die Zurückweisung kein Verschulden des Kommissionärs voraus.[22] Gestützt auf die Wertung des § 670 BGB wollen einige die Zurückweisungsmöglichkeit auf schuldhafte Weisungsverstöße des Kommittenten beschränken.[23] Indes trägt die Wertung aus § 670 BGB nicht. Abgesehen von § 665 Abs. 2 BGB hat der Kommissionär die Weisung des Kommittenten nicht zu bewerten, sondern muss sie befolgen, sodass der objektive Pflichtverstoß ausreicht.

6   Die Zurückweisung beendet nicht den Kommissionsvertrag. Vielmehr bleibt der Kommissionär verpflichtet, ein den Weisungen entsprechendes Ausführungsgeschäft zu tätigen, da das zurückgewiesene Geschäft nicht dem entsprach, was der Kommissionär schuldete. Aufwendungen, die er für das zurückgewiesene Geschäft hatte, durfte er nicht für erforderlich halten (§ 670 BGB) und sind daher nicht erstattungsfähig,[24] es sei denn, sie bleiben der Vornahme des späteren ordnungsgemäßen Geschäfts dienlich. Die Provision steht dem Kommissionär erst nach weisungsgerechter Ausführung zu. Der Anspruch des Kommittenten auf Herausgabe des aus der Geschäftsbesorgung Erlangten (§ 384 Abs. 2) erstreckt sich nicht auf das zurückgewiesene Geschäft. Insoweit kann er nur Herausgabe dessen verlangen, was er dem Kommissionär zur Ausführung des Geschäfts überlassen hatte (vgl. § 667 BGB), soweit dies nicht der weiteren vertragsgemäßen Tätigkeit des Kommissionärs dient.[25]

7   Das **Verlangen nach Schadensersatz** schließt die Zurückweisung des weisungswidrig getätigten Geschäfts nicht aus.[26] Der Kommittent kann beides verbinden.[26] Dies kann die Höhe des ersatzfähigen Schaden beeinflussen (→ Rn. 4). Weist der Kommittent das Ausführungsgeschäft zurück, beschränkt sich der Schaden auf die Position, die dem Kommittenten aus dem ausgebliebenen, ordnungsgemäßen Vertragsabschluss entstanden ist. Ob sich der Kommittent vom Kommissionsvertrag insgesamt lösen kann, hängt von den allgemeinen Regeln ab. Neben Rücktritt unter den Voraussetzungen des § 323 BGB kommt eine Kündigung nach § 649 BGB oder nach § 627 BGB in Betracht (→ § 383 Rn. 30, 31).

8   **3. Schranken der Zurückweisung.** Zurückweisen kann der Kommittent kein Geschäft, bei dessen Ausführung der Kommittent berechtigt von einer Weisung abgewichen ist (Abs. 2, → Rn. 11 f.). Daneben unterliegt die Zurückweisung den Schranken aus § 242 BGB. Auch wenn die Zurückweisung nicht unverzüglich erklärt werden muss, kann ihre Ausübung durch Zeitablauf verwirkt

---

[16] BGH Urt. v. 28.5.2002 – XI ZR 336/01, WM 2002, 1502 (1503) = NJW-RR 2002, 1272; MüKoHGB/*Häuser* Rn. 10.

[17] BGH Urt. v. 28.5.2002 – XI ZR 336/01, NJW-RR 2002, 1272 f. Ein Mitverschulden wurde erwogen in BGH Urt. v. 11.5.1981 – II ZR 32/80, ZIP 1981, 719 (713).

[18] *Knütel* ZHR 137 (1973), 285 (333); MüKoHGB/*Häuser* Rn. 11; Oetker/*Martinek* Rn. 30.

[19] So jedoch *Knütel* ZHR 137 (1973), 285 (297); wohl auch Staub/*Koller* Rn. 19.

[20] Zutr. *Canaris* HandelsR § 30 Rn. 20; dem folgend MüKoHGB/*Häuser* Rn. 13.

[21] BeckOK HGB/*Baer* Rn. 17; KKRD/*Roth*/*Drüen* Rn. 5; MüKoHGB/*Häuser* Rn. 14; Röhricht/Graf v. Westphalen/Haas/*Lenz* Rn. 7.

[22] Vgl. RGZ 106, 26 (31 f.); BeckOGK/*Fischinger* Rn. 13; BeckOK HGB/*Baer* Rn. 17; *Canaris* HandelsR § 30 Rn. 20; *Knütel* ZHR 137 (1973), 285 (325); KKRD/*Roth*/*Drüen* Rn. 5; MüKoHGB/*Häuser* Rn. 23; Röhricht/Graf v. Westphalen/Haas/*Lenz* Rn. 7; *K. Schmidt* HandelsR § 31 IV 1a.

[23] *Koller* BB 1979, 1725 (1730 f.); Staub/*Koller* Rn. 16; dem folgend: Heymann/*Herrmann* Rn. 7.

[24] RGZ 106, 26 (32); *Knütel* ZHR 137 (1973), 285 (330); KKRD/*Roth*/*Drüen* Rn. 5; MüKoHGB/*Häuser* Rn. 14.

[25] MüKoHGB/*Häuser* Rn. 24; Röhricht/Graf v. Westphalen/Haas/*Lenz* Rn. 7; differenzierend Staub/*Koller* Rn. 11. Teilw. aA RG SeuffA 85 Nr. 52, wonach nur herauszugeben ist, was der Kommittent bei ordnungsgemäßer Ausführung erlangt *hätte*. Ansonsten soll Bereicherungsrecht eingreifen. Diese Einschränkung überzeugt nicht, ist zudem nicht begründet und überholt.

[26] RG JW 1914, 102 (103); BeckOK HGB/*Baer* Rn. 15; KKRD/*Roth*/*Drüen* Rn. 5; MüKoHGB/*Häuser* Rn. 15; Staub/*Koller* Rn. 18.

werden, was der Kommissionär darzulegen und zu beweisen hat.[27] Die Ausübungsschranke aus § 242 BGB ist nicht mit einer nach Abs. 2 berechtigten Abweichung zu vermengen. In den zu beschreibenden Fällen durfte der Kommissionär nicht abweichen, gleichwohl kann ihm gegenüber die Zurückweisung nicht ausgeübt werden. Nicht zurückweisen kann der Kommittent ein solches Ausführungsgeschäft, dessen **wirtschaftliches Ergebnis** dem entspricht, was bei weisungsgerechtem Verhalten zu erwarten gewesen wäre, ungeachtet dessen, dass der Kommissionär weisungswidrig gehandelt hat.[28] Ist das weisungswidrige Ausführungsgeschäft teilbar, so darf der Kommittent dieses nur teilweise zurückweisen, wenn der abtrennbare Rest zur Gänze das wirtschaftliche Interesse des Kommittenten befriedigt.[29]

Rechtsmissbräuchlich ist eine Zurückweisung, sofern ein Weisungsverstoß die Interessen des Kommittenten gar nicht oder vernachlässigbaren Umfanges beeinträchtigt.[30] **Analog § 386 Abs. 2** kann der Kommittent das Ausführungsgeschäft nicht zurückweisen, wenn der Kommissionär einen wirtschaftlichen **Ausgleich anbietet**.[31] Er muss sich erbieten, das zu leisten, was der Kommittent bei weisungsgemäßer Ausführung erhalten hätte. Hinzukommen muss, dass er leistungsfähig ist. Der Kommissionär muss den Ausgleich stets zugleich mit der Ausführungsanzeige anbieten.[32] Nach der Zurückweisung ist ein Ausgleichsanerbieten ausgeschlossen. Der Kommittent kann bereits eingetretenen Rechtsfolgen des § 385 nicht durch eine einseitige Erklärung rückgängig machen. Abzulehnen ist damit eine ältere Ansicht, wonach der Kommissionär auch noch unmittelbar nach Zurückweisung des Geschäfts durch den Kommittenten einen Ausgleich anbieten darf, wenn er davon ausging, dass der Kommittent die weisungswidrige Ausführung unbeanstandet lasse.[33] Dies überzeugt deswegen nicht, weil die Annahme des Kommissionärs durch die entgegengesetzte Äußerung des Kommittenten getrübt wurde. Die Zurückweisung gestaltet das Kommissionsverhältnis und nimmt dem Kommissionär Teile seines Handlungsspielraums.[34]

Nicht zurückweisen kann der Kommittent ein weisungswidrig abgeschlossenes Geschäft, das er im **10** Wissen um den Weisungsverstoß **nachträglich genehmigt**.[35] Dabei handelt es sich um die Annahme eines Antrags auf Vertragsänderung durch den Kommissionär, indem dieser das weisungswidrig abgeschlossene Geschäft dem Kommittenten anzeigt.[36] Beide Erklärungen können ausdrücklich oder konkludent abgegeben werden. Benutzt der Kommittent vorbehaltlos das von dem Einkaufskommissionär übergebene, jedoch nicht vertragsgemäße Gut, genehmigt er dadurch die Vertragsabweichung.[37] Der Kommittent muss im Gegensatz zu § 386 nicht unverzüglich nach dem Zugang der Ausführungsanzeige genehmigen, sondern kann eine einzelfallabhängige Überlegungsfrist beanspruchen. Dies folgt aus § 151 S. 2 BGB. Unverzüglich hat er nur zu genehmigen, wenn die Konditionen des Ausführungsgeschäfts erheblich schwanken, wie das oftmals bei der Effektenkommission der Fall ist.[38] Ist die Erklärungsfrist nach § 151 S. 2 BGB abgelaufen oder verweigert der Kommittent nach § 146 BGB die Genehmigung, so erlischt der Änderungsantrag des Kommissionärs. Dabei können die Verweigerung nach § 146 BGB und die Zurückweisung in einer Erklärung zusammengefasst sein. Schweigt der Kommittent gegenüber dem Änderungsantrag des Kommissionärs, kommt dem kein Erklärungswert zu. § 362 Abs. 1 gilt nicht.[39]

IV. Berechtigte Abweichung

Ist der Kommissionär berechtigt, von einer Weisung des Kommittenten abzuweichen, so treten die **11** unter III. (→ Rn. 4 ff.) dargestellten Rechtsfolgen nicht ein. Wann das der Fall ist, ergibt sich aus § 665

---

[27] BeckOGK/*Fischinger* Rn. 13; MüKoHGB/*Häuser* Rn. 20; zur Beweislastverteilung s. BGH Urt. v. 15.12.1975 – II ZR 28/74, BeckRS 1975, 31115095 = WM 1976, 630 (632).

[28] Vgl. BGH Urt. v. 9.5.1983 – II ZR 284/81, WM 1983, 837 (839); OLG Frankfurt a. M. Urt. v. 2.3.1989 – 16 U 46/88, WM 1989, 711 = NJW-RR 1989, 997; *Canaris* HandelsR § 30 Rn. 39; KKRD/*Roth/Drüen* Rn. 3; MüKoHGB/*Häuser* Rn. 19; Röhricht/Graf v. Westphalen/Haas/*Lenz* Rn. 3; Staub/*Koller* Rn. 10.

[29] BeckOGK/*Fischinger* Rn. 13; MüKoHGB/*Häuser* Rn. 14, 19; *Knütel* ZHR 137 (1973), 285 (331).

[30] BGH WM 1981, 712 (714); RG SeuffA 85 Nr. 52; Baumbach/Hopt/*Hopt* Rn. 4; *Canaris* HandelsR § 30 Rn. 39; Heymann/*Herrmann* Rn. 8; *Koller* BB 1979, 1725 (1731); MüKoHGB/*Häuser* Rn. 19; Staub/*Koller* Rn. 10.

[31] RGZ 57, 392 (394); RG SeuffA 85 Nr. 52; Baumbach/Hopt/*Hopt* Rn. 4; *Canaris* HandelsR § 30 Rn. 39; Heymann/*Herrmann* Rn. 6; KKRD/*Roth/Drüen* Rn. 3; MüKoHGB/*Häuser* Rn. 21; Oetker/*Martinek* Rn. 33; Staub/*Koller* Rn. 11.

[32] Dies folgt aus der Analogie zu § 386 Abs. 2. so zutr. MüKoHGB/*Häuser* Rn. 22.

[33] Vgl. RG SeuffA 85 Nr. 52; BeckOK HGB/*Baer* Rn. 12; Schlegelberger/*Hefermehl* Rn. 10; Staub/*Koller* Rn. 11; Voraufl. Rn. 7.

[34] MüKoHGB/*Häuser* Rn. 22; so jetzt auch BeckOGK/*Fischinger* Rn. 16.

[35] *Canaris* HandelsR § 30 Rn. 33; *Knütel* ZHR 173 (1973), 285 (333); MüKoHGB/*Häuser* Rn. 17; Oetker/*Martinek* Rn. 34; Staub/*Koller* Rn. 12; *K. Schmidt* HandelsR § 31 IV 1a.

[36] *Canaris* HandelsR § 30 Rn. 33; MüKoHGB/*Häuser* Rn. 18; Staub/*Koller* Rn. 12. Ähnl. *Knütel* ZHR 137 (1973), 285 (332) sowie Oetker/*Martinek* Rn. 34, wonach ein Abänderungsvertrag notwendig sei, wenn der Kommissionär ein völlig andersartiges Geschäft besorge.

[37] MüKoHGB/*Häuser* Rn. 18; Oetker/*Martinek* Rn. 34 mit dem Hinweis auf § 363 BGB.

[38] *Canaris* HandelsR § 30 Rn. 34; MüKoHGB/*Häuser* Rn. 18.

[39] *Canaris* HandelsR § 30 Rn. 30; MüKoHGB/*Häuser* Rn. 18; aA Heymann/*Herrmann* Rn. 5.

BGB, auf den Abs. 2 verweist, der aber auch unabhängig davon gelten würde. § 665 BGB ist missglückt aufgebaut und deswegen unklar. Einzuschränken ist § 665 S. 1 BGB, wonach der Kommissionär von einer Weisung des Kommittenten abweichen darf, wenn er den Umständen nach davon ausgehen kann, dass der Kommittent bei Kenntnis der Sachlage die Abweichung billigen würde. § 665 S. 2 BGB überlagert diese Aussage. Der Kommissionär hat in diesen Fällen dem Kommittenten Anzeige machen und dessen Entschließung abwarten. Nur bei Gefahr im Verzuge darf er von der Anzeige abzusehen. Anlass für die Abweichung können veränderte objektive Umstände geben. Auch eine geänderte Einschätzung der Situation durch den Kommissionär kann die Frage nach einer Abweichung aufwerfen. **Darlegungs- und beweispflichtig** für die die Abweichung rechtfertigenden Umstände ist der Kommissionär.[40] Sein Verhalten ist ex ante aus der Sicht eines ordentlichen Kommissionärs zu bewerten, der die maßgeblichen Umstände, soweit erkennbar, berücksichtigt. Für Weisungen, die die Durchführung des Ausführungsgeschäfts betreffen (→ Rn. 3) gilt § 665 BGB entsprechend.[41]

12   Die Anzeige muss verdeutlichen, dass sich die objektiven Umstände geändert haben und deswegen die Weisung nicht mehr befolgt werden kann. Sollte der unbedingte Gehorsam zu einem Schaden des Kommittenten führen, hat der Kommissionär darauf hinzuweisen.[42] Wie lange die angemessene Wartefrist nach der Anzeige zu bemessen ist, hängt von den Umständen des Einzelfalls ab.[43] Lässt der Kommittent die Wartefrist verstreichen, darf der Kommissionär im Interesse des Kommittenten handeln, ohne dass dieser das Geschäft zurückweisen kann. Erst recht darf der Kommissionär handeln, wenn in der Zwischenzeit eine Gefahr im Verzuge ist. Die Wartefrist erledigt sich dadurch.[44] Ist Gefahr im Verzug, muss der Kommissionär sogar von der Weisung abweichen, wenn dies eine sachgerechte Interessenwahrung gebietet und der Kommissionär davon ausgehen darf, dass der Kommittent dies billigen würde.[45] Ausnahmsweise ist der Kommissionär aus Treu und Glauben nicht dazu verpflichtet, die Weisung des Kommittenten zu befolgen, sei es das diese treuwidrig ist. Hat der Verkaufskommissionär (unwissentlich) ein unechtes Bild des Kommittenten verkauft und tritt darauf der Dritte zurück, so muss der Kommissionär die Weisung des Kommittenten nicht beachten, den kaufrechtlichen Ansprüchen des Dritten entgegenzutreten.[46]

§ 386 [Preisgrenzen]

(1) **Hat der Kommissionär unter dem ihm gesetzten Preise verkauft oder hat er den ihm für den Einkauf gesetzten Preis überschritten, so muß der Kommittent, falls er das Geschäft als nicht für seine Rechnung abgeschlossen zurückweisen will, dies unverzüglich auf die Anzeige von der Ausführung des Geschäfts erklären; anderenfalls gilt die Abweichung von der Preisbestimmung als genehmigt.**

(2) [1] **Erbietet sich der Kommissionär zugleich mit der Anzeige von der Ausführung des Geschäfts zur Deckung des Preisunterschieds, so ist der Kommittent zur Zurückweisung nicht berechtigt.** [2] **Der Anspruch des Kommittenten auf den Ersatz eines den Preisunterschied übersteigenden Schadens bleibt unberührt.**

I. Normzweck

1   Die Vorschrift knüpft an § 385 an und **schränkt das Zurückweisungsrecht des Kommittenten ein,** soweit sich der Verstoß gegen Preisgrenzen richtet, die der Kommittent gesetzt hat (Abs. 1). Die Vorschrift dient der Rechtssicherheit und -klarheit. Ob Preisgrenzen unter- oder überschritten sind, kann der Kommittent leicht feststellen. Ihn trifft die Obliegenheit, sich daher unverzüglich dazu äußern, ob sein Zurückweisungsrecht geltend machen will, anderenfalls hat er die Abweichung hinzunehmen. Dadurch wird schnellstmöglich geklärt, ob dem Ausführungsgeschäft Erfüllungswirkung – vorbehaltlich anderer Mängel – zukommt oder nicht. Der historische Gesetzgeber wollte durch diesen Mechanismus Spekulationen des Kommittenten zu Lasten des Kommissionärs unterbinden.[1] Abs. 2 schließt das Zurückweisungsrecht in den Fällen des Abs. 1 aus, wenn sich der Kommissionär zur Deckung des Preisunterschieds erbietet. Das entspricht einer an § 242 BGB ausgerichteten Rechtsaus-

---

[40] MüKoHGB/*Häuser* Rn. 25; Staub/*Koller* Rn. 23.

[41] MüKoHGB/*Häuser* Rn. 25.

[42] Staub/*Koller* Rn. 24. Ebenso MüKoHGB/*Häuser* Rn. 26, der darauf hinweist, dass der Kommissionär gleichwohl die Weisung einzuhalten hat, wenn der Kommittent vorab für jeden Fall einen Weisungsgehorsam verlangte.

[43] S. dazu MüKoBGB/*Schäfer* BGB § 665 Rn. 19. Eine Analogie zu § 147 Abs. 2 BGB erscheint hingegen nicht sachgerecht. Die Vorschrift soll Ungewissheiten nach einem Vertragsantrag mildern. Darum geht es hier nicht. Zudem erwachsen dem Kommissionär aus einer längeren Wartezeit keine Nachteile.

[44] Oetker/*Martinek* Rn. 26; Staub/*Koller* Rn. 24.

[45] Baumbach/Hopt/*Hopt* Rn. 2; BeckOGK/*Fischinger* Rn. 30; *Knütel* ZHR 137 (1973), 285 (297); KKRD/*Roth/ Drüen* Rn. 3; MüKoHGB/*Häuser* Rn. 26; Oetker/*Martinek* Rn. 20, 22; Staub/*Koller* Rn. 26.

[46] OLG Zweibrücken Urt. v. 7.5.1997 – 6 U 8–96, NJW 1998, 1409 = ZUM 1998, 163.

[1] Denkschrift 234; Staub/*Koller* Rn. 1.

übung. Die Geltendmachung weiteren Schadens bleibt unberührt. Mit dem Wettbewerbsrecht (§ 1 GWB, Art. 101 Abs. 1 AEUV) ist das Preissetzungsrecht des Kommittenten vereinbar.[2]

II. Gesetzter Preis

Von einem gesetzten Preis ist nur auszugehen, wenn der Kommittent dem Kommissionär **bindend** **2** **einen bestimmten Preis**[3] oder ein bestimmtes Preislimit vorgegeben hat. Er muss dazu verpflichtet sein, nicht unter einem bestimmten Preis zu verkaufen oder nicht über einem bestimmten Preis einzukaufen. Im Zweifel ist der Kommissionsvertrag auszulegen, ob er Kommissionär einen Verhandlungsspielraum bei der Preisgestaltung hat.[4]Unterliegt der Kommissionär einer Preisbindung, spielt es keine Rolle, wenn es ihm gestattet ist, einen über dem vorgegebenen Mindestpreis erzielten Erlös als Vergütung zu behalten.[5] Die Bestimmung, zum höchsten Marktpreis oder bestmöglich zu verkaufen, stellt keine Preissetzung dar, sondern verweist nur auf die Pflicht des Kommissionärs zur optimalen Interessenwahrung.[6] Demgemäß ist das Mindestgebot in einem Versteigerungsauftrag kein Preislimit, sondern hält den versteigernden Kommissionär nur dazu an, die Ware nicht zu Schleuderpreisen zu verkaufen.[7] Bei Waren oder Papieren, die an der Börse gehandelt werden, gilt die Kursangabe als Limit.[8] Keine Preissetzung durch den Kommittenten liegt vor, wenn der Kommissionär eine Mindestgarantie übernimmt. Es ist ihm dann unbenommen, billiger zu verkaufen, er muss dem Kommittenten aber den garantierten Preis zahlen.[9]

Der Preis wird vom Kommittenten im Regelfall bei Vertragsschluss gesetzt, ist Bestandteil der **3** vertraglichen Einigung. Er beruht nicht auf einer Weisung, sodass die Norm insoweit die Regelung des Zurückweisungsrechts (§ 385 Abs. 1) erweitert.[10] Wenn das Gesetz von einem gesetzten Preis redet, reicht es über eine Weisung inhaltlich hinaus. Eine nachträgliche Weisung fällt somit auch unter § 386. Zu beachten sind aber die Grenzen, die dem Kommittenten bei der Erteilung von Weisungen gesetzt sind. Diese müssen sich stets im Rahmen des Kommissionsvertrages halten (→ § 384 Rn. 14). Sie sind daher unbedenklich, wenn der Kommittent sich die nachträgliche Setzung von Limits ausdrücklich im Kommissionsvertrag vorbehalten hat. Ansonsten dürfen sie dem Kommissionär die Ausführung nicht unmöglich machen oder in unvertretbarer Weise erschweren.[11]

Teilweise wird in der Lit. der **entsprechenden Anwendung** der Norm auf andere Weisungsverlet- **4** zungen das Wort geredet, wenn es sich um solche handelt, die „einfach und zuverlässig ermittelt werden können".[12] Das ist abzulehnen.[13] Der Gesetzgeber hat die Vorschrift auf Verstöße gegen Preisgrenzen beschränkt. Eine zwingende Notwendigkeit, das auf andere Verstöße auszudehnen, besteht nicht. Nicht von der Norm erfasst ist auch der Fall, dass der Kommissionär noch günstiger kauft oder verkauft, als es die Preissetzung vorgibt. Dies gilt auch, wenn dem Kommissionär erkennbar ein verschärftes Limit auferlegt ist und er von dem gesetzten Preis auch nicht abweichen darf, wenn die Abweichung für den Kommittenten günstig wäre. Weicht der Kommissionär von einem verschärften Limit ab, richten sich die Sanktionen nicht nach § 386, sondern nach § 385.[14] Im Einzelfall können Treu und Glauben eine eingeschränkte Geltendmachung der Rechte aus § 385 gebieten.

III. Rechtsfolgen bei Nichteinhaltung der Preisgrenze

1. Unverzügliche und eindeutige Zurückweisung. Wenn der Kommittent das Geschäft wegen **5** des Verstoßes nicht gegen sich gelten lassen will, muss er das Zurückweisungsrecht unverzüglich (§ 121 BGB) nach Erhalt der Ausführungsanzeige ausüben. Die Frist hierfür beginnt mit Zugang einer

---

[2] BGH Urt. v. 5.12.1968 – KVR 2/68, BGHZ 51, 163 (168) – Farbumkehrfilme; Urt. v. 20.3.2003 – I ZR 225/ 00, NJW-RR 2003, 1056 (1059) = ZIP 2003, 1707; Oetker/*Bergmann* Rn. 1. Man wird dies nach der aktuellen kartellrechtlichen Rechtslage darauf stützen können, dass der gesetzestypische Kommissionsvertrag dem sog. Handelsvertreterprivileg unterliegt. Trägt der Kommittent das überwiegende wirtschaftliche Risiko, ist es ihm gestattet, den Preis des Ausführungsgeschäfts zu bestimmen, Kölner Komm KartellR/*Füller* AEUV Art. 101 Rn. 72.

[3] Sofern dann nicht statt von einem Kommissionsvertrag von einem Kaufvertrag auszugehen ist. Zur Abgrenzung → § 383 Rn. 38 ff.

[4] BeckOGK/*Fischinger* Rn. 3; MüKoHGB/*Häuser* Rn. 2; Oetker/*Bergmann* Rn. 2.

[5] Vgl. RG Urt. v. 24.1.1925 – I 728/23, RGZ 110, 119 (121); Urt. v. 24.1.1919 – II 324/18, RGZ 94, 288 (289); BeckOK HGB/*Baer* Rn. 5; MüKoHGB/*Häuser* Rn. 2; Staub/*Koller* Rn. 3.

[6] BeckOGK/*Fischinger* Rn. 3; MüKoHGB/*Häuser* Rn. 2; Oetker/*Bergmann* Rn. 2;

[7] BeckOGK/*Fischinger* Rn. 3; MüKoHGB/*Häuser* Rn. 4; Röhricht/Graf v. Westphalen/Haas/*Lenz* Rn. 2.

[8] RGZ 114, 9 (11); MüKoHGB/*Häuser* Rn. 2; Röhricht/Graf v. Westphalen/Haas/*Lenz* Rn. 2; Staub/*Koller* Rn. 2.

[9] S. BGH Urt. v. 25.6.2002 – XI ZR 239/01, NJW-RR 2002, 1344 f.; OLG München BB 1960, 642; BB 1955, 682; BeckOGK/*Fischinger* Rn. 4; MüKoHGB/*Häuser* Rn. 5.

[10] RG Urt. v. 24.1.1925 – I 728/23, RGZ 110, 119 (123); Heymann/*Herrmann* Rn. 1; MüKoHGB/*Häuser* Rn. 3.

[11] MüKoHGB/*Häuser* Rn. 3; Staub/*Koller* Rn. 4.

[12] Staub/*Koller* Rn. 3.

[13] KKRD/*Roth/Drüen* Rn. 1; MüKoHGB/*Häuser* Rn. 9.

[14] MüKoHGB/*Häuser* Rn. 8; Oetker/*Bergmann* Rn. 5; Röhricht/Graf v. Westphalen/Haas/*Lenz* Rn. 3.

vollständigen Ausführungsanzeige. Vollständig bedeutet, dass aus der Ausführungsanzeige die Abweichung vom Preislimit ersichtlich ist und alle für die Prüfung des Kommittenten bedeutsamen Umstände.[15] Der Kommittent muss erst reagieren, wenn die Anzeige vollständig ist. Für die **Rechtzeitigkeit der Ausübung** kommt es analog § 377 Abs. 4 auf die **Absendung** an; zur **Wirksamkeit** ist der **Zugang** erforderlich (§ 130 BGB).[16] Der Kommittent hat nicht sofort zu reagieren, sondern erst innerhalb einer einzelfallabhängigen Überlegungsfrist. Für deren maximale Länge bietet die Praxis zur Irrtumsanfechtung einen Anhaltspunkt. Zur unverzüglichen Zurückweisung hat der Kommissionär bis zu zwei Wochen ab Zugang der vollständigen Ausführungsanzeige Zeit.[17] Im Einzelfall kann die Frist kürzer sein. Eine rechtzeitig abgesandte, aber nicht zugegangene Erklärung kann (unverzüglich) wiederholt werden. In diesem Fall muss der Kommissionär nach § 242 BGB die Erklärung gegenüber sich gelten lassen.[18] Beruht die Verspätung des Zugangs auf einem vom Kommittenten zu vertretenden Umstand, wahrt die rechtzeitig abgesandte Zurückweisung nicht die Rechte.

6   Der Erklärungsinhalt der Zurückweisung muss **eindeutig** erkennen lassen, dass der Kommittent das Geschäft nicht für seine Rechnung anerkennt.[19] Dabei muss die Erklärung nicht notwendig den Begriff „zurückweisen" verwenden. Es genügt etwa, dass der Kommittent ein Geschäft missbilligt, da ein gesetztes Limit nicht eingehalten wurde.[20] Unzureichend ist jedoch eine schlichte Rüge oder eine Kritik des Kommittenten, da der Kommissionär daraus nicht ableiten kann, ob der Kommittent das Geschäft nur als untunlich einstuft oder für seine Rechnung ablehnt. Die Zurückweisungserklärung ist bedingungsfeindlich. Wie auch sonst sind Potestativbedingungen unschädlich. So kann der Kommittent die Zurückweisung davon abhängig machen, dass der Kommissionär den Preisunterschied nicht ausgleicht.[21]

7   **2. Genehmigungsfiktion und Anfechtung.** Fehlt es an der (rechtzeitigen) Zurückweisung, gilt die Abweichung als genehmigt (Abs. 1 letzter Hs.). Hierbei handelt es sich um den seltenen Fall, in dem Schweigen ein Erklärungswert zukommt.[22] Ähnlich wie bei den zum Schweigen auf ein kaufmännisches Bestätigungsschreiben entwickelten Regeln oder wie bei der Vorschrift des § 362 dient die gesetzliche Fiktion hier dem Bedürfnis nach Rechtssicherheit auf der Grundlage eines erhöhten Vertrauens- und Verkehrsschutzes. Der Kommissionär soll unverzüglich wissen, ob die Abweichung vom Kommittenten genehmigt wird oder nicht.[23]

8   Umstritten ist, ob der Kommittent die fingierte Genehmigung **anfechten** kann und sich dadurch nach § 142 Abs. 1 BGB von den Rechtsfolgen lösen kann, die durch die verspätete Zurückweisung eingetreten sind. Wie sich aus § 1956 BGB ergibt, ist es keineswegs ausgeschlossen, gesetzlich fingierte Erklärungen anzufechten. Anknüpfend an die Rechtslage beim kaufmännischen Bestätigungsschreiben (→ § 346 Rn. 83 f.) lehnt ein Teil des Schrifttums eine Anfechtung ab: Sie sei zum einen damit unvereinbar, dass § 386 Abs. 1 einen gesteigerten Verkehrsschutz beabsichtige. Zum anderen fehle bei einem normierten Schweigen ein relevanter Erklärungswert, auf dem sich eine Anfechtung gründen könne.[24] Demgegenüber unterstellt eine entgegengesetzte Ansicht dem Schweigen einen Erklärungswert und gestattet dem Kommittenten eine Anfechtung, wenn er keine Genehmigung abgeben wollte.[25] Beide Ansichten überzeugen nicht, vielmehr ist zu differenzieren: Um einen unbeachtlichen Rechtsfolgenirrtum handelt es sich, wenn dem Kommittenten die rechtlichen Wirkungen seines Schweigens unbekannt sind.[26] Hat der Kommittent die Ausführungsanzeige missverstanden oder deswegen eine Zurückweisung nicht für erforderlich gehalten, kann er analog § 119 Abs. 1 BGB anfechten. Dies gilt auch, wenn der Kommittent meint, ein Geschäft zurückgewiesen zu haben, während seine Erklärung objektiv nicht eindeutig ist (→ Rn. 6). Schließlich berechtigt auch eine arglistige Täuschung des Kommissionärs zur Anfechtung, sofern sie ursächlich für das Schweigen war.[27]

---

[15] BeckOGK/*Fischinger* Rn. 11; MüKoHGB/*Häuser* Rn. 11; Oetker/*Bergmann* Rn. 7; Staub/*Koller* Rn. 11.

[16] BeckOGK/*Fischinger* Rn. 13; KKRD/*Roth*/*Drüen* Rn. 2; MüKoHGB/*Häuser* Rn. 13.

[17] So der Ansatz von MüKoHGB/*Häuser* Rn. 12.

[18] Baumbach/Hopt/*Hopt* Rn. 1; MüKoHGB/*Häuser* Rn. 13.

[19] KKRD/*Roth*/*Drüen* Rn. 2; MüKoHGB/*Häuser* Rn. 14; Oetker/*Bergmann* Rn. 7; Ehrenbergs-HdB § 165. Anders Staub/*Koller* Rn. 18, der diese Prämisse ablehnt und stattdessen auf die allgemeinen Auslegungsregeln für empfangsbedürftige Willenserklärungen abstellt. Der Sache nach dürfte dies kaum vom Ausgangspunkt der hM abweichen.

[20] ROHGE 16, 247 (252); Oetker/*Bergmann* Rn. 7; s. auch Staub/*Koller* Rn. 18.

[21] MüKoHGB/*Häuser* Rn. 14.

[22] *Canaris* HandelsR § 30 Rn. 35.

[23] *Canaris* HandelsR § 30 Rn. 35; MüKoHGB/*Häuser* Rn. 16; Oetker/*Bergmann* Rn. 8.

[24] *Larenz*/*Wolf* BGB AT § 28 Rn. 77; Oetker/*Bergmann* Rn. 8; MüKoBGB/*Armbrüster* BGB § 119 Rn. 73 (zu § 362). Zur Anfechtung über die Erklärungswirkungen des Schweigens bei einem kaufmännischen Bestätigungsschreiben s. BGH Urt. v. 27.10.1953 – I ZR 111/52, BGHZ 11, 1 (5); Urt. v. 7.10.1971 – VII ZR 177/69, NJW 1972, 45.

[25] Staub/*Koller* Rn. 10.

[26] MüKoHGB/*Häuser* R. 16 aE; so auch Staub/*Koller* Rn. 10.

[27] *Canaris*, Die Vertrauenshaftung im Deutschen Privatrecht, 1971, 211; so wohl auch MüKoHGB/*Häuser* Rn. 16.

3. Schadensersatz. Gilt die Abweichung als genehmigt, kann der Kommittent wegen der Nicht- **9** einhaltung des Preislimits keinen Schadensersatz geltend machen. Will der Kommittent diese Rechtsfolge vermeiden, muss er sich unverzüglich die Geltendmachung vorbehalten.[28] Andere Verstöße unterliegen den Regelungen des § 385. Im Falle der rechtzeitigen Zurückweisung kann neben dem fortbestehenden Erfüllungsanspruch ein Schadensersatzanspruch wegen (schuldhaften) Verstoßes gegen die Preisfestsetzung bestehen, sofern dadurch ein Schaden entstanden ist, der durch die nachträgliche ordnungsgemäße Erfüllung nicht ausgeglichen wird.

IV. Deckungszusage

Das Zurückweisungsrecht besteht nicht, wenn sich der Kommissionär mit der Ausführungsanzeige **10** zur Deckung des Preisunterschieds erbietet. Diese Deckungszusage setzt eine **deckungsfähige** Preisdifferenz voraus. Weicht die Quantität oder die Qualität der via Ausführungsgeschäft ein- oder verkauften Ware von den Weisungen des Kommittenten ab, scheidet eine Deckungszusage aus. In beiden Fällen lässt sich keine Differenz zwischen dem Preislimit und dem im Ausführungsgeschäft vereinbarten Preis ermitteln.[29] **Inhaltlich** verlangt ein wirksames Anerbieten, dass es den vollen Preisunterschied abdecken will und ohne Bedingungen erklärt worden ist.[30] Das bloße Versprechen, etwaige Schäden auszugleichen, genügt dem nicht. Außerdem muss der Kommissionär leistungsfähig und leistungswillig sein, da er sich anderenfalls rechtsmissbräuchlich nicht auf die Deckungszusage berufen würde (§ 242 BGB).[31] Es reicht aus, wenn der Kommissionär die Deckung erbietet. Nach dem Wortlaut ist er nicht dazu verpflichtet, zeitgleich mit dem Erbieten zu zahlen oder eine Sicherheit zu leisten.

Den **zeitlichen** Anforderungen ist genügt, wenn die Deckungszusage nicht später zugeht als die **11** Ausführungsanzeige. Dem Kommissionär bleibt es unbenommen, bereits vorher die Deckungszusage abzugeben. Als empfangsbedürftige Willenserklärung unterliegt sie den allgemeinen Regeln. Förmlichkeiten sind nicht zu beachten. Kraft der Deckungszusage entsteht in der Höhe des Preisunterschieds ein kausaler Zahlungsanspruch des Kommittenten.[32] Auf ein Verschulden des Kommissionärs kommt es nicht an. Das Anerbieten schließt nur das Zurückweisungsrecht aus. Schadensersatzansprüche bleiben unberührt. Sie bestehen wegen des durch Deckungszusage begründeten Anspruchs aber nur, wenn der Schaden die anerbotene Deckungssumme übersteigt (Abs. 2 S. 2).

§ 387 [Vorteilhafterer Abschluss]

(1) **Schließt der Kommissionär zu vorteilhafteren Bedingungen ab, als sie ihm von dem Kommittenten gesetzt worden sind, so kommt dies dem Kommittenten zustatten.**

(2) **Dies gilt insbesondere, wenn der Preis, für welchen der Kommissionär verkauft, den von dem Kommittenten bestimmten niedrigsten Preis übersteigt oder wenn der Preis, für welchen er einkauft, den von dem Kommittenten bestimmten höchsten Preis nicht erreicht.**

I. Normzweck

Der Kommissionär ist kraft seiner Interessenwahrungspflicht (→ § 384 Rn. 9 ff.) verpflichtet, das **1** Ausführungsgeschäft zu den bestmöglichen Konditionen abzuschließen. Die Vorgaben des Kommittenten sind daher idR **Mindestbedingungen.**[1] Schließt der Kommissionär ein vorteilhafteres Geschäft, muss er die Vorteile an den Kommittenten weitergeben. Dies ergäbe sich ohne Not aus § 384 Abs. 2, gleichwohl betont § 387 die Herausgabepflicht zusätzlich für alle Vorteile (Abs. 1) und für Preise (Abs. 2). Sinn der Vorschrift ist es, das Entgelt des Kommissionärs auf die geschuldete Provision und den Aufwendungsersatz zu begrenzen. Aus einem günstigeren Ausführungsgeschäft soll der Kommissionär keinen Gewinn erzielen.[2] Deswegen sind Kursschnitte bei der Effektenkommission mit

---

[28] Baumbach/Hopt/*Hopt* Rn. 1; Heymann/*Herrmann* Rn. 4; MüKoHGB/*Häuser* Rn. 17; Oetker/*Bergmann* Rn. 10; Staub/*Koller* Rn. 12; aA nur Ehrenbergs-HdB § 165, wonach trotz Genehmigung die Geltendmachung eines Schadensersatzanspruches wegen einer Limitverletzung nicht ausgeschlossen sei. In der Tat ist die primäre Rechtsfolge einer Genehmigung, dass das Geschäft für Rechnung des Kommittenten abgeschlossen ist. Allerdings provoziert diese Ansicht ein widersprüchliches Verhalten des Kommittenten, wenn sie ihm auch nach einer Genehmigung gestattet, Schadensersatz zu verlangen.

[29] MüKoHGB/*Häuser* Rn. 18; Staub/*Koller* Rn. 15

[30] KKRD/*Roth* Rn. 3; MüKoHGB/*Häuser* Rn. 20; Oetker/*Bergmann* Rn. 12.

[31] Baumbach/*Hopt* Rn. 2; KKRD/*Roth* Rn. 3; MüKoHGB/*Häuser* Rn. 20; Oetker/*Bergmann* Rn. 12; Röhricht/Graf v. Westphalen/Haas/*Lenz* Rn. 7; K. Schmidt HandelsR § 31 IV 1b; Staub/*Koller* Rn. 14.

[32] So zutr. Oetker/*Bergmann* Rn. 13.

[1] Baumbach/*Hopt* Rn. 1; KKRD/*Roth*/*Drüen* Rn. 1; MüKoHGB/*Häuser* Rn. 1.

[2] MüKoHGB/*Häuser* Rn. 1; Staub/*Koller* Rn. 1.

der Vorschrift des § 387 unvereinbar.[3] Die Norm setzt den Abschluss eines Ausführungsgeschäfts voraus. Beim **Selbsteintritt** gilt eine modifizierte Regelung, vgl. §§ 401, 400 Abs. 2.

II. Tatbestand

2   Unter **vorteilhaften Bedingungen** versteht man alle Umstände, die für den Kommittenten von Interesse sind: Preise, Zahlungsweise, Zahlungsziele, Rabatte, Boni, Warenqualität.[4] Sie kommen dem Kommittenten dadurch zustatten, dass der Kommissionär das aus der Geschäftsbesorgung Erlangte an ihn herauszugeben hat (§ 384 Abs. 2). Anwendbar ist § 387 auch, wenn der Kommissionär dem Kommittenten ein **verschärftes Limit** (Abweichungsverbot) vorgegeben hat. Statt der Vorteilsherausgabe kann der Kommissionär nach § 385 das Geschäft zurückweisen.[5] Keine Vorteile im Sinne der Vorschrift sind solche, für die keine Herausgabepflicht nach § 384 Abs. 2 besteht, weil sie dem Kommissionär gebühren. Das sind aber Ausnahmefälle (→ § 384 Rn. 25). Die Abgrenzung richtet sich nach dem Normzweck und der daran anknüpfenden Verkehrsanschauung. Danach gebührt eine Emmissionsbonifikation nicht dem Kommittenten.[6] Kein relevanter Vorteil iSd § 387 ist, was nur aus Anlass oder Gelegenheit dem Kommissionär zugewandt wurde und damit nicht mit der Geschäftsbesorgung zusammenhängt.[7] Lässt ein (gewährter) Vorteil befürchten, dass er den Kommissionär dazu verleitet, die Interessen des Kommittenten zu missachten, ist jener herauszugeben.[8] Derartige Vorteile sind etwa Schmiergelder.

III. Rechtsfolgen

3   Bei der Verkaufskommission hat der Kommissionär den Mehrerlös aus dem Ausführungsgeschäft an den Kommittenten abzuführen. Umgekehrt begrenzt bei der Einkaufskommission der niedrigere Einkaufspreis den Aufwendungsersatzanspruch des Kommissionärs. Hat der Kommissionär wider § 387 zu viel an die Kommittenten entrichtet, steht ihm ein Rückzahlungsanspruch zu (§§ 675 Abs. 1, 667, 812 BGB). Die Regeln sind abdingbar.[9] Vereinbaren die Parteien, dass der Kommissionär den Mehrerlös behalten darf, kann statt der Kommission ein Eigengeschäft zustande gekommen sein (→ § 383 Rn. 38 ff.).[10] Ein Beispiel hierfür ist das Konditionsgeschäft im Sortimentsbuchhandel, wonach der Buchhändler als Käufer und Weiterverkäufer auftritt, der Kaufvertrag jedoch durch den Weiterverkauf bedingt ist.[11] Die Parteien können auch vereinbaren, dass die Vorteile zwischen ihnen aufzuteilen sind.[12]

§ 388 [Beschädigtes oder mangelhaftes Kommissionsgut]

(1) **Befindet sich das Gut, welches dem Kommissionär zugesendet ist, bei der Ablieferung in einem beschädigten oder mangelhaften Zustande, der äußerlich erkennbar ist, so hat der Kommissionär die Rechte gegen den Frachtführer oder Schiffer zu wahren, für den Beweis des Zustandes zu sorgen und dem Kommittenten unverzüglich Nachricht zu geben; im Falle der Unterlassung ist er zum Schadensersatze verpflichtet.**

(2) **Ist das Gut dem Verderb ausgesetzt oder treten später Veränderungen an dem Gute ein, die dessen Entwertung befürchten lassen, und ist keine Zeit vorhanden, die Verfügung des Kommittenten einzuholen, oder ist der Kommittent in der Erteilung der Verfügung säumig, so kann der Kommissionär den Verkauf des Gutes nach Maßgabe der Vorschriften des § 373 bewirken.**

---

[3] Heymann/*Herrmann* Rn. 1; MüKoHGB/*Häuser* Rn. 1; Oetker/*Bergmann* Rn. 1. Zur Entstehungsgeschichte: *Weidmann,* Das Kommissionsgeschäft: Das Kommissionsgeschäft im Allgemeinen, Band 1, 1908, 103. S. auch Art. 12 der Verhaltensregeln für Effektenhändler, erlassen vom Verwaltungsrat der Schweizerischen Bankiervereinigung (2008), wonach Kursschnitte generell unzulässig sind.

[4] Staub/*Koller* Rn. 3.

[5] BeckOGK/*Fischinger* Rn. 4; MüKoHGB/*Häuser* Rn. 3; Oetker/*Bergmann* Rn. 3; Staub/*Koller* Rn. 3.

[6] OLG Frankfurt a. M. Beschl. v. 10.9.2014 – 3 U 200/13, BeckRS 2016, 5416; MüKoHGB/*Häuser* Rn. 6; Röhricht/Graf v. Westphalen/Haas/*Lenz* RN. 2;

[7] BeckOK HGB/*Baer* Rn. 2; MüKoHGB/*Häuser* Rn. 5; Oetker/*Bergmann* Rn. 5; Röhricht/Graf v. Westphalen/Haas/*Lenz* Rn. 2.

[8] RG Urt. v. 27.4.1920 – III 411/19, RGZ 99, 31 (33); Urt. v. 7.12.1934, RGZ 164, 98 (101); Urt. v. 30.5.1930, RGZ 146, 195 (204); BeckOGK/*Fischinger* Rn. 6; MüKoHGB/*Häuser* Rn. 7; Oetker/*Bergmann* Rn. 5.

[9] Baumbach/Hopt/*Hopt* Rn. 1; BeckOGK/*Fischinger* Rn. 10; KKRD/*Roth/Drüen* Rn. 2; MüKoHGB/*Häuser* Rn. 10; Röhricht/Graf v. Westphalen/Haas/*Lenz* Rn. 1; Oetker/*Bergmann* Rn. 7 mit Hinweis auf den gemeinrechtlichen Trödelvertrag.

[10] OLG Hamburg DB 1960, 1388 (1389); KKRD/*Roth/Drüen* Rn. 2.

[11] BeckOGK/*Fischinger* Rn. 10; MüKoHGB/*Häuser* Rn. 10; Oetker/*Bergmann* Rn. 7; *K. Schmidt* HandelsR § 31 III 2c.

[12] MüKoHGB/*Häuser* Rn. 10.

I. Normzweck

Die Vorschrift konkretisiert einen Ausschnitt aus der **allgemeinen Interessenwahrungspflicht** des **1** Kommissionärs (→ § 384 Rn. 9 ff.). Ist das dem Kommissionär übersandte Gut beschädigt oder mangelhaft, muss er sicherstellen, dass der Kommittent einen Rückgriff gegenüber den Beförderungspersonen geltend machen kann. Hierzu hat der Kommissionär die Rechte gegenüber den Beförderungspersonen zu **wahren,** den **Beweis** zu sichern und den Kommittenten unverzüglich zu **benachrichtigen.** Als Konkretisierung ist die Norm nicht abschließend. Rechtswahrungs- und Benachrichtigungspflichten des Kommissionärs gegenüber dem Kommittenten können sich aus § 384 Abs. 2 ergeben, wenn die besonderen Voraussetzungen des § 388 nicht erfüllt sind.[1] Schließlich kann sogar § 384 Abs. 2 weiterreichende Interessenwahrungspflichten begründen, sodass § 388 Abs. 1 keinen Maximalstandard darstellt.[2] Das Notverkaufsrecht nach Abs. 2 dient auch dazu, die Interessen des Kommittenten zu wahren. Dieses Recht konkretisiert die Pflichten aus § 384 Abs. 1. Im Einzelfall kann der Kommissionär nach dieser Vorschrift zum Notverkauf gehalten sein, wenn die Voraussetzungen des Abs. 2 nicht erfüllt sind.[3] § 388 ist dispositives Recht und kann ganz oder in Teilen abbedungen werden.[4]

II. Rechtswahrung; Beweissicherung; Benachrichtigung (Abs. 1)

1. Voraussetzungen. Die Pflichten nach Abs. 1 erfassen das **zugesandte Gut.** Gut sind Waren **2** oder Wertpapiere, die dem Kommissionär entweder vom Kommittenten überlassen worden sind (Verkaufskommission) oder die er von Dritten erhalten hat (Einkaufskommission) und die Gegenstand des Kommissionsgeschäfts sind. Zugesandt ist das Gut, das der Kommittent über Beförderungspersonen erhalten hat.[5] Bei unmittelbarer Aushändigung vom Kommittenten oder vom Dritten bedarf es keiner Regelung. Hat es der Kommittent übergeben, konnte dieser selbst den Zustand überprüfen. Hat er es vom Dritten unmittelbar erhalten, stehen ihm die Rechte aus dem Kaufvertrag zu, die er im Interesse des Kommittenten geltend zu machen verpflichtet ist. Frachtführer oder Schiffer sind nur Beispiele für **Beförderungspersonen.** Auch Spediteure, Boten oder sonstige Dritte, die das Gut vom Kommittenten oder vom Dritten erhalten haben und an den Kommissionär ausliefern, fallen darunter.

Das Gut muss **beschädigt oder sonst mangelhaft** sein. Gemeint sind Qualitäts- wie Quantitäts- **3** mängel. Auch eine aliud-Lieferung stellt nach § 434 Abs. 3 BGB einen Mangel dar, den folglich Abs. 1 erfasst.[6] Auch wenn das Gesetz nicht nach dem Grund des Mangels differenziert, kommen nur Transportschäden in Betracht, anderenfalls hat der Kommissionär keine zu sichernden Rechte gegenüber der Transportperson.[7] Bei der Ablieferung des Gutes an den Kommissionär muss es deswegen mangelhaft sein, wobei der Fehler kann daher auch schon vor Ablieferung an die Zwischenperson vorgelegen haben mag. Nach der Ablieferung entstandene Mängel erfasst die Norm nicht.[8] Die im Gesetz angelegte Trennung zwischen Beschädigung und Mangel ist praktisch bedeutungslos, da in beiden Fällen der Istzustand vom Sollzustand abweicht. Ungeachtet dessen meint Beschädigung, dass auf das Gut von außen eingewirkt wurde.[9]

Die Beschädigung bzw. der Mangel muss **äußerlich erkennbar** sein. Er muss ohne besondere **4** Untersuchung, ohne besondere Fachkenntnisse, aber bei Anwendung der gebotenen Sorgfalt wahrnehmbar sein.[10] Welche Maßnahmen zu ergreifen sind, hängt von den Umständen ab: die Verpackung muss im Regelfall nicht geöffnet werden; eine rein äußerliche Prüfung genügt; ist die Verpackung beschädigt oder bestehen andere Verdachtsmomente, ist näher zu untersuchen. Auf die subjektive Kenntnis des Kommissionärs stellt das Gesetz nicht ab. Daher ist Abs. 1 nicht einschlägig, wenn das Kommissionsgut äußerlich einwandfrei erscheint, der Kommissionär den Mangel aber kennt, weil er ihn von einem Dritten erfahren hat. In diesem Fall begründet § 384 Abs. 1 die Untersuchungs- und Rechtswahrungspflicht des Kommissionärs.[11]

2. Rechtsfolgen. Den Kommissionär treffen drei miteinander zusammenhängende Pflichten. Er **5** muss in erster Linie die **Rechte gegen die Zwischenperson wahren.** Das Gesetz nennt Frachtführer

---

[1] BeckOK HGB/*Baer* Rn. 1; MüKoHGB/*Häuser* Rn. 1; Oetker/*Bergmann* Rn. 1; entgegen Staub/*Koller* Rn. 1 bedarf es dazu keiner Analogie.

[2] MüKoHGB/*Häuser* Rn. 1; Staub/*Koller* Rn. 1.

[3] MüKoHGB/*Häuser* Rn. 2; Oetker/*Bergmann* Rn. 2.

[4] MüKoHGB/*Häuser* Rn. 1; Oetker/*Bergmann* Rn. 13.

[5] MüKoHGB/*Häuser* Rn. 4; Oetker/*Bergmann* Rn. 4; Röhricht/Graf v. Westphalen/Haas/*Lenz* Rn. 2; Staub/*Koller* Rn. 3.

[6] BeckOGK/*Fischinger* Rn. 7; KKRD/*Roth* Rn. 2; MüKoHGB/*Häuser* Rn. 6; Oetker/*Bergmann* Rn. 6.

[7] BeckOGK/*Fischinger* Rn. 7; MüKoHGB/*Häuser* Rn. 6.

[8] BeckOGK/*Fischinger* Rn. 8.

[9] BeckOGK/*Fischinger* Rn. 7; Oetker/*Bergmann* Rn. 6; *Weidmann,* Das Kommissionsgeschäft: Das Kommissionsgeschäft im Allgemeinen, Band 1, 1908, 169.

[10] MüKoHGB/*Häuser* Rn. 7; Oetker/*Bergmann* Rn. 7.

[11] MüKoHGB/*Häuser* Rn. 7; Oetker/*Bergmann* Rn. 7; aA (Analogie zu § 388 Abs. 1) Staub/*Koller* Rn. 5.

(§§ 421, 425 ff.) und Schiffer (§§ 511 ff.) nur beispielsweise. Erfasst ist jedermann, der befördert.[12] Zu wahren sind die Ansprüche gegen Frachtführer aus §§ 421, 425 ff., gegen Schiffer aus §§ 511 ff., gegen den Spediteur aus § 461, gegen den Lagerhalter aus § 475 oder gegen den Verfrachter aus §§ 461 ff. Wie der Kommissionär die Rechte wahrt, richtet sich nach der Sorgfalt eines ordentlichen Kaufmanns. Die beschriebenen Ansprüche stehen dem Kommissionär zu, gleichwohl hat der Kommittent ein Interesse an der Wahrnehmung dieser Ansprüche. Der Kommissionär muss sie nicht durchsetzen aber alles unternehmen, um die spätere Durchsetzung zu ermöglichen. Beispiele: Mängelrüge bei der Einkaufskommission (§§ 377, 378), Erwirkung eines Arrestes oder einer einstweiligen Verfügung.[13] Insbesondere gegenüber dem Frachtführer hat der Kommissionär § 438 zu beachten und hat äußerlich erkennbare Mängel anzuzeigen, da anderenfalls vermutet wird, dass das Gut vollständig und unbeschädigt abgeliefert wurde.[14]

6   Der Kommissionär muss ferner die **Beweise sichern,** idR durch ein selbständiges Beweisverfahren (§§ 485 ff. ZPO). Bei Ansprüchen gegen die Bahn sowie Frachtführer oder Schiffer mag die Beweissicherung durch einen amtlich bestellten Sachverständigen ausreichen.[15] Allerdings genügt es nicht, wenn der Kommissionär nur eine beschädigte Verpackung dokumentiert, dabei aber eine Untersuchung der Ware unterlässt.[16] Schließlich hat er den Kommittenten unverzüglich (§ 121 BGB) zu benachrichtigen, damit dieser nähere Weisungen erteilen kann. Besteht nicht die Gefahr des Rechtsverlustes, geht die Benachrichtigung der Beweissicherung vor, sodass der Kommittent die weiteren Maßnahmen durch Weisungen lenken kann.

7   Unterlässt der Kommissionär schuldhaft die Handlungspflichten aus Abs. 1, hat er dem Kommittenten **Schadensersatz** zu leisten. Die Haftung ergibt sich aus § 280 BGB, setzt also Verschulden voraus, was allerdings vermutet wird (Abs. 1 S. 2). Zu ersetzen ist nur der auf dem Pflichtverstoß beruhende Schaden, der etwa darin liegt, dass die Durchsetzung der Ansprüche gegen die Zwischenperson nicht mehr möglich ist. Auf die übrigen Rechte von Kommittent und Kommissionär wirkt sich der Pflichtverstoß nicht aus. Ein Zurückweisungsrecht des Kommittenten folgt daraus nicht; es bleibt bei § 385 Abs. 1. Der Kommissionär ist im Falle der Verkaufskommission nicht gehindert, die Mangelhaftigkeit des Kommissionsguts geltend zu machen.[17] Dies gilt auch, wenn der Verkaufskommissionär eine Delkrederehaftung nach § 394 übernommen hat.

III. Notverkaufsrecht (Abs. 2)

8   **1. Voraussetzungen.** Das Notverkaufsrecht ist bei jedem Kommissionsgut anwendbar. Eine ältere Ansicht will dieses Recht nur bei iSd Abs. 1 zugesandten Waren gestatten und auf sonstige Abs. 2 analog anwenden.[18] Indes bedarf es dieser Analogie nicht.[19] Das betroffene Gut muss entweder dem Verderb ausgesetzt sein oder es müssen **stoffliche Veränderungen** eintreten, die eine Entwertung befürchten lassen.[20] Teilweise will man das Notverkaufsrechts bei jedem Mangel annehmen.[21] Der Verdacht einer stofflichen Veränderung oder eines Mangels (Beispiel: Salmonellenverdacht bei Lebensmitteln)begründet ein Notverkaufsrecht, allerdings ein obsoletes, da das Gut hier unverkäuflich sein wird.[22] Umstritten ist, ob und welchen Umfanges **Marktrisiken** zum Notverkauf berechtigen. Ein derartiges Recht bejahen einige bei einem marktunüblichen Preisverfall oder nunmehr unverkäuflichen Saisonartikeln.[23] Das ist abzulehnen.[24] Die Marktrisiken beruhen nicht darauf, dass sich das Gut verändert, sondern dass das unveränderte Gut keine Nachfrager findet und deswegen die Gewinnerwartung getrübt ist.

9   Das Handeln des Kommissionärs steht unter dem Gebot der bestmöglichen Interessenwahrung. Dies gilt auch für das Notverkaufsrecht. Im Grundsatz verlangen solche Umstände, eine **Weisung** des Kommittenten einzuholen (→ § 384 Rn. 15). Der Kommissionär ist daher nur zum Handeln berechtigt, wenn dafür nicht genügend Zeit zur Verfügung steht oder wenn die erbetene Weisung nicht rechtzeitig kommt. Letzteres kann darauf beruhen, dass der Kommittent säumig ist und nicht in angemessener Frist reagiert (wobei es auf Verschulden nicht ankommt). Über den Wortlaut hinaus

---

[12] Heymann/*Herrmann* Rn. 1; KKRD/*Roth* Rn. 2; MüKoHGB/*Häuser* Rn. 9; Staub/*Koller* Rn. 5.

[13] MüKoHGB/*Häuser* Rn. 12; Oetker/*Bergmann* Rn. 9; RGZ 47, 118 (121).

[14] MüKoHGB/*Häuser* Rn. 10 mit dem Hinweis, dass die Ansprüche erlöschen, wenn der Kommissionär vorbehaltlos die Frachtkosten zahlt.

[15] MüKoHGB/*Häuser* Rn. 13; Röhricht/Graf v. Westphalen/Haas/*Lenz* Rn. 8.

[16] LG Augsburg Urt. v. 10.8.1995 – 1 HK S 935/95, TranspR 1996, 439; MüKoHGB/*Häuser* Rn. 13.

[17] OLG München Urt. v. 28.3.1957 – 6 U 2017/56, MDR 1957, 678; OLG Stuttgart Urt. v. 14.7.1958 – 2 U 61/58, MDR 1958, 774.

[18] Düringer/Hachenburg/*Lehmann* Rn. 11; *Schmidt/Rimpler* § 139 S. 785; auch Staub/*Koller* Rn. 17.

[19] BeckOGK/*Fischinger* Rn. 18; KKRD/*Roth* Rn. 5; MüKoHGB/*Häuser* Rn. 19; Oetker/*Bergmann* Rn. 14 unter Verweis auf *Weidmann,* Das Kommissionsgeschäft: Das Kommissionsgeschäft im Allgemeinen, Band 1, 1908, 182.

[20] BeckOK HGB/*Baer* Rn. 14; MüKoHGB/*Häuser* Rn. 20; Röhricht/Graf v. Westphalen/Haas/*Lenz* Rn. 11.

[21] Staub/*Koller* Rn. 17.

[22] BeckOK HGB/*Baer* Rn. 15; BeckOGK/*Fischinger* Rn. 19; MüKoHGB/*Häuser* Rn. 20; Staub/*Koller* Rn. 17.

[23] Heymann/*Herrmann* Rn. 5; Oetker/*Bergmann* Rn. 15.

[24] Ebenso KKRD/*Roth* Rn. 5; MüKoHGB/*Häuser* Rn. 20; Staub/*Koller* Rn. 17.

kann der Notverkauf auch geboten sein, wenn sich die Umstände so entwickeln, dass eine Weisung – obwohl noch nicht überfällig – nicht mehr abgewartet werden kann. Umgekehrt hat der Kommissionär eine dem Notverkauf entgegenstehende Weisung des Kommittenten zu beachten, selbst wenn sie wirtschaftlich unvernünftig erscheint.

2. Rechtsfolgen. Die Norm gibt dem Kommissionär die Möglichkeit, das Kommissionsgut nach **10** den Regeln des Selbstverkaufs gem. § 373, zu verwerten. Dieses Recht steht unter dem Vorbehalt, dass einzelfallgemäß die Interessen des Kommittenten gewahrt werden. Sind die Voraussetzungen des Notverkaufs erfüllt, kann nicht nur eine Berechtigung dazu gegeben sein, sondern auch – und das ist der Regelfall – eine Verpflichtung. Ausnahmsweise kann aber auch die **Interessenwahrungspflicht** gebieten, den Verkauf zu unterlassen. Denkbar ist dies bei der Verkaufskommission, bei der regelmäßig eine Rückgabe des mangelhaften Kommissionsguts interessengerecht ist.[25] Als Ausnahmetatbestand obliegt dem Kommittenten dafür die Darlegungs- und Beweislast, wenn er den Notverkauf als pflichtwidrig rügt.[26] Umgekehrt können die Interessen des Kommittenten eine andere als in § 373 vorgesehene Form der Verwertung rechtfertigen, etwa den freihändigen Verkauf. Für diesen Ausnahmefall ist der Kommissionär darlegungs- und beweispflichtig.[27]

3. Durchführung. Der Notverkauf muss nach § 373 Abs. 2 S. 1 vorher angedroht werden, es denn, **11** dass dies untunlich ist (§ 373 Abs. 2 S. 2).[28] Die Androhung des Notverkaufs ist daher nur in den gesetzlich geregelten Fällen entbehrlich, mithin bei Gefahr im Verzug oder ansonsten, wenn der Kommittent eine Weisung versäumt.[29] Der Kommissionär hat den Kommittenten in jedem Fall vorab Zeit und Ort der Versteigerung mitzuteilen, es sei dann, auch dies ist nach § 373 Abs. 5 untunlich. Auch über den Vollzug hat der Kommissionär zu unterrichten (§§ 373 Abs. 5 S. 1, 384 Abs. 2).[30]

Verletzt der Kommissionär ihm beim Notverkauf obliegende Pflichten, kann der Kommittent **12** deswegen nur Schadensersatz verlangen, wenn der Kommissionär dadurch zugleich gegen die Interessenwahrungspflicht verstoßen hat. Sind lediglich die in § 373 geregelten Förmlichkeiten nicht beachtet worden, die Interessen des Kommittenten aber nicht verletzt worden, besteht im Grundsatz keine Verpflichtung zum Schadensersatz.[31] Trägt der Kommittent allerdings vor, dass ein höherer Preis bei einem ordnungsgemäßen Notverkauf erzielt worden wäre, hat der Kommissionär in Anlehnung an § 427 ZPO das Gegenteil darzulegen und zu beweisen.[32] Die Rechtsfolgen des § 385 treten nur ein, wenn der Kommissionär Weisungen nicht beachtet hat; die Verletzung anderer Pflichten rechtfertigt dies nicht.[33]

§ 389 [Hinterlegung; Selbsthilfeverkauf]

Unterläßt der Kommittent über das Gut zu verfügen, obwohl er dazu nach Lage der Sache verpflichtet ist, so hat der Kommissionär die nach § 373 dem Verkäufer zustehenden Rechte.

I. Normzweck

Die Norm geht davon aus, dass sich das Kommissionsgut vor oder nach Abschluss des Ausführungs- **1** geschäfts – je nachdem, ob es sich um eine Verkaufs- oder Einkaufskommission handelt – beim Kommissionär befindet. Diesem obliegen daher vorübergehende Aufbewahrungspflichten, begrenzt durch den Zweck des Kommissionsvertrages. Erweist sich der Verkauf als nicht möglich, muss der Kommittent das Gut alsbald zurücknehmen. Hat der Einkaufskommissionär die Ware erhalten, muss sie ihm der Kommittent in angemessener Frist abnehmen. Unterlässt der Kommittent die Rücknahme oder Abnahme, kann ihn der Kommissionär an sich in Annahmeverzug setzen und die Rechte aus §§ 372, 383 BGB wahrnehmen. Die **Vorschrift erweitert** diese **Rechte.** Sie stellt nicht auf den Annahmeverzug ab, obwohl die Voraussetzungen im Regelfall gegeben sind. Außerdem modifiziert sie das Recht zum Selbsthilfeverkauf und erweitert es auf Gegenstände, die hinterlegungsfähig sind. Die Norm dient den Interessen des Kommissionärs. Sie enthebt ihn nicht der Pflicht, auch jetzt die

---

[25] MüKoHGB/*Häuser* Rn. 23, 24.

[26] MüKoHGB/*Häuser* Rn. 23.

[27] OLG München Urt. v. 28.3.1957 – 6 U 2017/56, MDR 1957, 678 (679); BeckOGK/*Fischinger* Rn. 23; Oetker/*Bergmann* Rn. 17; MüKoHGB/*Häuser* Rn. 23; Staub/*Koller* Rn. 23.

[28] Baumbach/Hopt/*Hopt* Rn. 4; BeckOGK/*Fischinger* Rn. 25; Oetker/*Bergmann* Rn. 18; aA (Einholung von Weisungen ersetzt die Androhung) Staub/*Koller* Rn. 20.

[29] KKRD/*Roth* Rn. 6; MüKoHGB/*Häuser* Rn. 27; ausf. Oetker/*Bergmann* Rn. 18.

[30] BeckOGK/*Fischinger* Rn. 25; KKRD/*Roth* 6.

[31] OLG München Urt. v. 28.3.1957 – 6 U 2017/56, MDR 1957, 678 (679); BeckOGK/*Fischinger* Rn. 26; MüKoHGB/*Häuser* Rn. 29.

[32] OLG München Urt. v. 28.3.1957 – 6 U 2017/56, MDR 1957, 678 (679); MüKoHGB/*Häuser* Rn. 30.

[33] AA, weil von einem anderen Weisungsbegriff ausgehend, Staub/*Koller* Rn. 23; → § 385 Rn. 2.

Interessen des Kommittenten zu wahren, sie erlaubt aber – anders als sonst – die Wahrnehmung der eigenen Interessen. Im Konfliktfall muss abgewogen werden.

II. Voraussetzungen

2   Die Vorschrift setzt voraus, dass der Kommittent das **Gut abnehmen bzw. zurücknehmen** muss. Der Begriff „verfügen" ist ebenso wenig wie der Begriff „verpflichtet" rechtstechnisch zu verstehen.[1] Zumeist besteht nur eine Obliegenheit des Kommittenten, keine Verpflichtung im eigentlichen Sinn. Das genügt. Dem Kommittenten obliegt es mitzuwirken, wenn der Kommissionär das Gut aufgrund vertraglicher Abreden oder nach Sinn und Zweck des Vertrages nicht länger aufzuwahren hat und wenn er dem Kommittenten von der Notwendigkeit der Rücknahme bzw. der Möglichkeit der Abnahme nach § 384 Abs. 2 Kenntnis gegeben hat. Bei einer Verkaufskommission kann bspw. Das Gut unverkäuflich sein oder bei einer Einkaufskommission weigert sich der Kommittent, das Gut abzunehmen.[2] Der Kommittent muss es unterlassen haben, über das Gut zu verfügen. Auf **Verschulden** kommt es nicht an.[3] Hat er rechtzeitig Maßnahmen zur Wegschaffung des Gutes eingeleitet, unterlässt der Kommissionär nur dann pflichtwidrig, wenn die Maßnahmen ungeeignet sind, nicht der Verkehrsüblichkeit entsprechen oder wenn sie in angemessener Frist nicht zum Erfolg führen.

III. Rechtsfolgen

3   Die Vorschrift berechtigt den Kommissionär zur Hinterlegung nach § 373 Abs. 1 oder wahlweise zum Selbsthilfeverkauf nach § 373 Abs. 2. Er muss dabei die in den Vorschriften geregelten Verfahrensweisen beachten, zB im Falle des Selbsthilfeverkaufs diesen vorher androhen.[4] Auf einen Annahmeverzug des Kommittenten (als Käufer) kommt es nicht an.[5] **Widerstreitende Interessen** des Kommittenten stehen der Wahrung der Rechte des Kommissionärs nicht generell entgegen, können im Einzelfall aber die Wahlmöglichkeiten einschränken (zB nur Hinterlegung rechtfertigen) oder eine andere Art der Verwertung gebieten.[6] Geht der Kommissionär nach § 373 vor, ohne dass dafür die Voraussetzungen gegeben sind, macht er sich – bei schuldhaftem Handeln – nach § 280 BGB schadensersatzpflichtig. Besteht das ungerechtfertigte Vorgehen in einem Selbsthilfeverkauf, ist dieses Geschäft schon aufgrund allgemeiner Regeln für den Kommittenten nicht maßgeblich. Liegt eine Einkaufskommission zugrunde, geht es allein darum, dass der Kommissionär nicht mehr in der Lage ist, das aus der Geschäftsbesorgung Erlangte herauszugeben. Der Schaden des Kommittenten orientiert sich an den Bedingungen des Ausführungsgeschäfts, nicht an denen des Selbsthilfeverkaufs. Im Falle einer Verkaufskommission fehlt ein Ausführungsgeschäft; es wird durch den Selbsthilfeverkauf nicht ersetzt.

4   Meist wird sich der Kommittent im Annahmeverzug befinden, wenn er eine Obliegenheit zur Mitwirkung versäumt. In diesem Fall haftet der Kommissionär nach § 300 Abs. 1 BGB nur noch beschränkt und hat kann nach den Voraussetzungen des § 383 BGB das hinterlegungsfähige Kommissionsgut versteigern. Die Obliegenheiten nach § 389 begründen im Grundsatz keine Pflicht nach § 241 BGB. Unterlässt der Kommittent eine Mitwirkungshandlung, gerät er nicht in **Schuldnerverzug.**[7] Etwas anderes gilt, wenn die Mitwirkungshandlung des Kommittenten **vertraglich** als Handlungspflicht ausgestaltet ist, da der Kommissionär ein besonderes Interesse an der Mitwirkung des Kommittenten hat.[8] In diesem Fall kann der Kommissionär nach erfolgloser Fristsetzung nach § 323 BGB vom Kommissionsvertrag zurücktreten.[9]

§ 390 [Haftung des Kommissionärs für das Gut]

(1) **Der Kommissionär ist für den Verlust und die Beschädigung des in seiner Verwahrung befindlichen Gutes verantwortlich, es sei denn, daß der Verlust oder die Beschädigung auf Umständen beruht, die durch die Sorgfalt eines ordentlichen Kaufmanns nicht abgewendet werden konnten.**

---

[1] Hierüber scheint man sich im Schrifttum uneins zu sein. Eine Verpflichtung im schuldrechtlichen Sinne nimmt an MüKoHGB/*Häuser* Rn. 3. Von einer Obliegenheit geht aus KKRD/*Roth* Rn. 1. Auf das praktische Ergebnis wirkt sich dies selten aus, BeckOGK/*Fischinger* Rn. 6.

[2] MüKoHGB/*Häuser* Rn. 4; ebenso BeckOGK/*Fischinger* Rn. 6.

[3] MüKoHGB/*Häuser* Rn. 4; Röhricht/Graf v. Westphalen/Haas/*Lenz* Rn. 3; Staub/*Koller* Rn. 4.

[4] MüKoHGB/*Häuser* Rn. 5; Oetker/*Bergmann* Rn. 4; Staub/*Koller* Rn. 5.

[5] MüKoHGB/*Häuser* Rn. 4; Oetker/*Bergmann* Rn. 4.

[6] BeckOGK/*Fischinger* Rn. 8; MüKoHGB/*Häuser* Rn. 6; Staub/*Koller* Rn. 6.

[7] BeckOGK/*Fischinger* Rn. 11; KKRD/*Roth* Rn. 1; Oetker/*Bergmann* Rn. 5; Staub/*Koller* Rn. 7.

[8] Baumbach/Hopt/*Hopt* Rn. 1; Heymann/*Herrmann* § 390 Rn. 1; KKRD/*Roth* Rn. 1; MüKoHGB/*Häuser* Rn. 7; Röhricht/Graf v. Westphalen/Haas/*Lenz* Rn. 4; Staub/*Koller* Rn. 3.

[9] BeckOGK/*Fischinger* Rn. 11.

(2) **Der Kommissionär ist wegen der Unterlassung der Versicherung des Gutes nur ver-antwortlich, wenn er von dem Kommittenten angewiesen war, die Versicherung zu bewir-ken.**

I. Normzweck

Sowohl bei der Einkaufs- als auch bei der Verkaufskommission befindet sich das Gut in der Sphäre 1
des Kommissionärs. Als Ausfluss der Interessenwahrungspflicht aus § 384 Abs. 1 hat er es zu ver-wahren.[1] Verletzt er schuldhaft diese Pflicht, haftet er nach § 280 Abs. 1 BGB. Darüber hinausgehend
kehrt § 390 Abs. 1 die Darlegungs- und Beweislast um. Die Norm vermutet (§ 292 ZPO) die
objektive Pflichtwidrigkeit, Kausalität und das Verschulden des Kommissionärs.[2] Abs. 2 stellt klar, dass
der Kommissionär nicht von sich aus, sondern nur auf Weisung des Kommittenten verpflichtet ist, für
das Gut eine Sachversicherung abzuschließen. Die Haftung bei vertragswidrigem Unterlassen einer
Versicherung folgt schon aus allgemeinen Grundsätzen.

II. Haftung nach Abs. 1

1. Wirksamer Kommissionsvertrag. Erforderlich ist, dass der **Kommissionsvertrag wirksam** 2
ist. Fehlt es daran, scheidet eine Haftung nach Abs. 1 aus. Ungeachtet dessen kann der Kommissionär
dafür haften, dass er vorvertragliche Pflichten verletzt hat, indem er die Unwirksamkeit des Kommis-sionsverhältnisses veranlasst hat (§§ 280, 311 Abs. 2, 241 Abs. 2 BGB).[3] Geht dem Kommissionär das
Gut zusammen mit dem Antrag auf Abschluss eines Kommissionsvertrages zu und lehnt er den Antrag
ab, unterliegt er einer Schutz- und Erhaltungspflicht nach § 362 Abs. 2.[4] § 390 ist in diesem Falle
unanwendbar. Umgekehrt haftet der Kommissionär nach dieser Vorschrift, wenn kraft eines wirk-samen, aber nunmehr beendeten Kommissionsverhältnisses das Gut besitzt.[5] Mit Gut sind Waren oder
Wertpapiere gemeint, die der Kommissionär im Rahmen des Kommissionsvertrages zu Besitz erhält.

2. Verwahrung. Die Vorschrift setzt voraus, dass der Kommissionär die Verwahrung des Gutes **als** 3
Nebenpflicht des Kommissionsvertrages schuldet. Keine kommissionsrechtliche Verwahrungspflicht
besteht, wenn der Kommissionär das Gut mit dem Einverständnis des Kommittenten einem Dritten
(Frachtführer, Lagerhalter, Spediteur) zur Aufbewahrung gibt. Die Nebenpflicht erlischt in diesem Fall.
Der Kommissionär schuldet aufgrund der Interessenwahrungspflicht (§ 384 Abs. 1) nur eine sorgfältige
Auswahl des Dritten, der allerdings kein Erfüllungsgehilfe ist, sodass eine Haftung für dessen Ver-schulden nach § 278 BGB ausscheidet.[6] Übergibt der Kommissionär *ohne* Einverständnis des Kom-mittenten das Gut einem Dritten zur Aufbewahrung, so ist bereits dieses Verhalten pflichtwidrig.[7]
Diese Fallkonstellationen verdeutlichen, dass die Haftung an die Einwirkungsmöglichkeit des Kommis-sionärs voraussetzt und damit dessen unmittelbaren Besitz. Ist der Kommissionär nur mittelbarer
Besitzer, haftet er nur für die Auswahl des Dritten oder bei fehlendem Einverständnis des Kommit-tenten bereits für die Aufgabe des unmittelbaren Besitzes.[8] Schuldet der Kommissionär die Ver-wahrung kraft eines gesonderten Vertrages, verdrängen die Verwahrungspflichten aus diesem Vertrag
die Norm des § 390. Eine solche besondere Verwahrungspflicht trifft eine Bank bei der Effekten-kommission für eingekaufte Wertpapiere aufgrund Depotvertrages.[9]

3. Verlust oder Beschädigung. Zwischen der Verwahrungstätigkeit des Kommissionärs und dem 4
Verlust oder der Beschädigung des Guts muss ein zeitlicher oder ursächlicher Zusammenhang bestehen.
War die Ware schon vorher beschädigt, greift die Norm nicht ein, wohl aber, wenn die Beschädigung
erst nachträglich auftritt, der Grund dafür aber während der Aufbewahrungszeit bei dem Kommissionär
gelegt wurde. **Verlust** bedeutet, dass der Kommissionär das Gut nicht mehr an den Kommittenten
nach § 384 aushändigen kann.[10] Mit Beschädigung sind stoffliche Veränderungen des Guts gemeint
(→ § 388 Rn. 6).[11] Bloße Wertverluste, die unabhängig von einer solchen Veränderung, etwa aufgrund

---

[1] MüKoHGB/*Häuser* Rn. 1; Oetker/*Bergmann* Rn. 1; aA Staub/*Koller* Rn. 1, wonach die Haftung aus § 385
folge.
[2] OLG Hamm Urt. v. 31.10.2003 – 19 U 5/99, BeckRS 2003, 10606; BeckOGK/*Fischinger* Rn. 2; Heymann/
Herrmann Rn. 1; KKRD/*Roth* Rn. 2; MüKoHGB/*Häuser* Rn. 1.
[3] BGH Urt. v. 6.12.1991 – V ZR 311/89, BGHZ 116, 251 (257).
[4] BeckOGK/*Fischinger* Rn. 4; MüKoHGB/*Häuser* Rn. 3; Oetker/*Bergmann* Rn. 3; Staub/*Koller* Rn. 5; *Weid-mann*, Das Kommissionsgeschäft: Das Kommissionsgeschäft im Allgemeinen, Band 1, 1908, 172 f.
[5] BeckOGK/*Fischinger* Rn. 5; MüKoHGB/*Häuser* Rn. 3; Oetker/*Bergmann* Rn. 3.
[6] BeckOGK/*Fischinger* Rn. 8; MüKoHGB/*Häuser* Rn. 5; Oetker/*Bergmann* Rn. 4; Staub/*Koller* Rn. 7.
[7] BeckOGK/*Fischinger* Rn. 8; MüKoHGB/*Häuser* Rn. 5; Staub/*Koller* Rn. 7.
[8] → 3. Aufl. 2015, Rn. 3. Diese Ansicht wird hiermit aufgegeben.
[9] BeckOGK/*Fischinger* Rn. 7; MüKoHGB/*Häuser* Rn. 4; Oetker/*Bergmann* Rn. 4 mit dem Hinweis, dass es sich
insoweit um kein Kommissionsgut handele; Staub/*Koller* Rn. 4.
[10] BGH Urt. v. 1.3.2007 – I ZR 79/04, NJW-RR 2007, 1177 Rn. 18; Oetker/*Bergmann* Rn. 5; MüKoHGB/
Häuser Rn. 7.
[11] Auch Geruchsveränderungen können darunter fallen, vgl. RGZ 60, 44; 66, 39.

Kursverfalls, eintreten, fallen nicht darunter. Unerheblich sind solche Wertverluste auch, wenn sie auf atypischen wirtschaftlichen Risiken beruhen.[12]

5   **4. Verschulden; Beweislast.** Verlust oder Beschädigung müssen auf Umständen beruhen, die der Kommissionär, gemessen an der Sorgfalt eines ordentlichen Kaufmanns, zu vertreten hat. Solche Umstände werden vermutet; der Kommissionär muss sie ausräumen und sich entlasten. Der Kommittent muss daher nur darlegen und beweisen, dass Verlust oder Beschädigung während der Verwahrungszeit eingetreten oder darauf zurückzuführen sind.[13] Bei einer Verkaufskommission ist der Verlust bewiesen, wenn der Kommittent darlegt, dass er das Kommissiongut an den Kommissionär übergeben hat und dieser die Waren nicht herausgeben kann, obwohl die Kommission nicht ausgeführt wurde.[14] Alles andere, Pflichtverletzung des Kommissionärs, Kausalität zwischen Pflichtverletzung und Schaden, Vertretenmüssen, muss der Kommissionär widerlegen. Die **Beweislastumkehr** betrifft also nicht nur das Verschulden.

6   **5. Rechtsfolge und Abdingbarkeit.** Der Kommissionär haftet auf Schadensersatz (→ Rn. 1) nach den allg. Regeln (§§ 249 ff. BGB). Die Parteien können die Haftung in den Grenzen des § 276 Abs. 3 BGB abbedingen oder einschränken. Im Rahmen von allgemeinen Geschäftsbedingungen geht das nur innerhalb der durch §§ 307, 309 Nr. 7, Nr. 12 BGB gesetzten Beschränkungen.[15]

III. Versicherungspflicht (Abs. 2)

7   Eine Versicherungspflicht trifft den Kommissionär nur, wenn er dazu vom Kommittenten angewiesen worden ist. Weder das Gesetz (§ 384 Abs. 1) noch die Sorgfalt eines ordentlichen Kaufmanns gebieten es, dass der Kommissionär das Kommissionsgut auf eigene Initiative versichert. **Weisung** ist dabei **nicht technisch** iSd § 384 Abs. 2 gemeint (→ § 384 Rn. 13), sondern erfasst auch vertraglich festgelegte Verpflichtungen.[16] Als solche können sie nach den allgemeinen Regeln begründet werden; dh. soweit nicht ausdrücklich bestimmt, kann sich eine Verpflichtung durch Auslegung nach den Kriterien der §§ 133, 157 BGB ergeben. Die bisherige Verfahrensweise zwischen den Parteien kann dabei ebenso von Bedeutung sein wie ein entsprechender Handelsbrauch (§ 346).[17] Soweit nicht näher festgelegt, geht die Verpflichtung dahin, den **vollen Warenwert**[18] bei einem soliden Versicherungsunternehmen zu den allg. üblichen Bedingungen zu versichern. Ohne eine Weisung ist der Kommissionär nicht dazu verpflichtet, darüber hinaus den imaginären Gewinn zu versichern.[19] Der Vertrag kann auf Rechnung des Kommittenten (Folge: §§ 74 ff. VVG) oder auf eigene Rechnung abgeschlossen werden. Im letzteren Fall gilt § 392. Der Kommissionär muss die Forderung aus dem Versicherungsvertrag nach § 384 Abs. 2 (Herausgabe des Erlangten) abtreten. Hat er eine Versicherungsleistung erhalten, muss er diese herausgeben.[20]

8   Kommt der Kommissionär schuldhaft der Versicherungspflicht nicht nach, haftet er nach § 280 BGB auf **Schadensersatz.**[21] § 385 Abs. 1 greift hingegen nicht ein; es besteht kein Zurückweisungsrecht (→ § 385 Rn. 2, 4). Unabhängig von einer durch Vertrag oder nachträgliche Weisung begründeten Verpflichtung zum Abschluss einer Versicherung, kann sich aus der allg. Interessenwahrungspflicht (§ 384 Abs. 1) ein **Recht** des Kommissionärs ergeben, das Gut zu versichern.[22] Die Prämien dafür kann er unter den Voraussetzungen der § 396 Abs. 2, §§ 675, 670 BGB erstattet verlangen.[23] Keinen Aufwendungsersatz kann der Kommissionär verlangen, wenn er das Kommissionsgut weisungswidrig versichert hat.[24]

---

[12] BeckOGK/*Fischinger* Rn. 11; MüKoHGB/*Häuser* Rn. 9; Oetker/*Bergmann* Rn. 5; Staub/*Koller* Rn. 8; aA Heymann/*Herrmann* Rn. 9.

[13] BGH Urt. v. 17.2.1964 – II ZR 98/62, BGHZ 41, 151 (153); BGH Urt. v. 1.3.2007 – I ZR 79/04, NJW-RR 2007, 1177 Rn. 17; OLG Düsseldorf Urt. v. 26.2.2009 – I-5 U 2/08, BeckRS 2009, 27109.

[14] BGH Urt. v. 1.3.2007 – I ZR 79/04, NJW-RR 2007, 1177 Rn. 18; BeckOGK/*Fischinger* Rn. 17; MüKoHGB/*Häuser* Rn. 18; Oetker/*Bergmann* Rn. 6.

[15] Vgl. – vor Geltung des AGBG – schon BGH Urt. v. 17.2.1964 – II ZR 98/62, BGHZ 41, 151; ausf. MüKoHGB/*Häuser* Rn. 13 ff.

[16] BeckOGK/*Fischinger* Rn. 24; Heymann/*Herrmann* Rn. 2; KKRD/*Roth* Rn. 3; Oetker/*Bergmann* Rn. 10.

[17] Zur Bedeutung des Handelsbrauchs bei der Auslegung vgl. BGH Urt. v. 1.12.1965 – VIII ZR 271/63, NJW 1966, 502. Das ROHG nahm eine stillschweigende Weisung an, wenn in Vergangenheit der Kommittent stets eine Versicherung des Kommissionsgutes verlangte, ROHGE 7, 356 (360). Aus der Lit. BeckOGK/*Fischinger* Rn. 24; KKRD/*Roth* Rn. 3; MüKoHGB/*Häuser* Rn. 20 f.; Staub/*Koller* Rn. 19.

[18] RG Urt. v. 1.4.1882, RGZ 6, 114 (116).

[19] ROHGE 21, 171 (173); MüKoHGB/*Häuser* Rn. 22; Oetker/*Bergmann* Rn. 11; aA Staub/*Koller* Rn. 9.

[20] OLG Koblenz Urt. v. 27.1.1967 – 2 U 774/65, MDR 1967, 770; ob auch die ausgezahlte Versicherungssumme von § 392 erfasst wird, hängt davon ab, ob man die Norm auch auf Surrogate erstreckt, → § 392 Rn. 6 ff.

[21] MüKoHGB/*Häuser* Rn. 26; Röhricht/Graf v. Westphalen/Haas/*Lenz* Rn. 26.

[22] Heymann/*Herrmann* Rn. 3; MüKoHGB/*Häuser* Rn. 27; Oetker/*Bergmann* Rn. 12; Staub/*Koller* Rn. 27.

[23] MüKoHGB/*Häuser* Rn. 27; Oetker/*Bergmann* Rn. 12 mit dem zutr. Hinweis, dass ein Rückgriff auf § 683 S. 1 BGB entbehrlich ist.

[24] MüKoHGB/*Häuser* Rn. 27; Oetker/*Bergmann* Rn. 12.

§ 391 [Untersuchungs- und Rügepflicht; Aufbewahrung; Notverkauf]

[1] **Ist eine Einkaufskommission erteilt, die für beide Teile ein Handelsgeschäft ist, so finden in bezug auf die Verpflichtung des Kommittenten, das Gut zu untersuchen und dem Kommissionär von den entdeckten Mängeln Anzeige zu machen, sowie in bezug auf die Sorge für die Aufbewahrung des beanstandeten Gutes und auf den Verkauf bei drohendem Verderbe die für den Käufer geltenden Vorschriften der §§ 377 bis 379 entsprechende Anwendung.** [2] **Der Anspruch des Kommittenten auf Abtretung der Rechte, die dem Kommissionär gegen den Dritten zustehen, von welchem er das Gut für Rechnung des Kommittenten gekauft hat, wird durch eine verspätete Anzeige des Mangels nicht berührt.**

I. Normzweck

Ist eine Wareneinkaufskommission ein beiderseitiges Handelsgeschäft, besteht eine Untersuchungs- **1** und Rügepflicht des Kommittenten, obwohl dieser nicht Partei des Kaufvertrages war. Daneben stehen auch dem Kommissionär die als Käufer die Rechte nach § 437 BGB gegen den Dritten zu, die er im Interesse des Kommittenten (§ 384 Abs. 1) und bei Vermeidung von Nachteilen (Schadensersatz bei Verletzung) zu wahren hat. Dazu gehören eine rechtzeitige und ordnungsgemäße Rüge (§ 377) und kein Vertragsschluss über Waren, deren Mangelhaftigkeit bekannt ist (§ 442 BGB). Lässt es der Kommissionär insoweit an der erforderlichen Sorgfalt fehlen, sodass er Mängelrechte gegenüber dem Dritten einbüßt und dadurch Ansprüchen gegen den Kommittenten ausgesetzt ist, so soll er alsbald Gewissheit darüber erhalten, ob der Kommittent die Ware beanstandet und ihn auf Schadensersatz in Anspruch nimmt[1] oder ob er die Ware akzeptiert.

II. Voraussetzungen

Die Vorschrift erfasst nur die **Wareneinkaufskommission** und damit keine Wertpapiere.[2] Auf eine **2** Verkaufskommission ist § 391 auch nicht analog anwendbar. Ausnahmsweise trifft den Kommittenten bei einer Verkaufskommission nach § 242 BGB eine Rügeobliegenheit, wenn der Kommissionär die Ware zurückgibt und der Kommittent einen Mangel feststellt. Dies dient dem Interesse des Kommissionärs, damit dieser gegen Beförderungspersonen vorgehen kann oder eine Entlastungsmöglichkeit hat.[3] Den **Kommissionär** trifft ausnahmsweise eine Rügeobliegenheit bei einer Verkaufskommission, wenn er gegenüber dem Kommittenten eine Mindestpreisgarantie abgegeben hat. Rügt der Kommissionär gegenüber dem Kommittenten, wird die Mindesterlösgarantie hinfällig (§ 242 BGB).[4] Im Falle des **Selbsteintritts** (§ 400 Abs. 1) gelten die Vorschriften der §§ 377 ff. unmittelbar. Bei Selbsthaftung nach § 384 Abs. 3 lässt sich darüber streiten, ob die Vorschriften unmittelbar oder über S. 1 der Norm gelten.[5] Dieser Streit ist müßig.

Weiter verlangt § 391, dass das Kommissionsgeschäft für beide, also auch für den Kommittenten (für **3** den Kommissionär s. § 383 Abs. 2), ein Handelsgeschäft ist. Sind die Parteien des Ausführungsgeschäfts Kaufmann, nicht hingegen der Kommittent, trifft diesen gem. § 242 BGB eine Obliegenheit, innerhalb angemessener Zeit zu rügen.[6] Der Verweis auf §§ 377–379 hat zur Folge,[7] dass dem Kommittenten die Ware abgeliefert worden sein muss, damit eine Beschaffenheitsprüfung möglich ist. Er muss also die selbstständige Verfügungsgewalt erlangt haben. Unerheblich ist, ob er die Ware vom Kommissionär oder direkt von dem Dritten erhalten hat. Im letzteren Fall muss er den Kommissionär auch deswegen von etwaigen Mängeln unterrichten, damit dieser die Ansprüche gegen den Dritten geltend machen kann.[8]

Die **Obliegenheiten des Kommittenten** ergeben sich aus § 377: unverzügliche Untersuchung **4** der Ware auf Mängel und deren Anzeige. Mängel sind Sachmängel einschließlich Falschlieferung oder Mengenabweichung (§ 434 BGB), aber auch Abweichungen von den vertraglich oder durch Weisung getroffenen Festlegungen des Kommissionsvertrages.[9] Mängel, die der Kommissionär nach § 390

---

[1] Unter den Voraussetzungen des § 385 kommt auch die Zurückweisung des Geschäfts in Betracht.
[2] MüKoHGB/*Häuser* Rn. 3; Oetker/*Bergmann* Rn. 4; Röhricht/Graf v. Westphalen/Haas/*Lenz* Rn. 2; Staub/*Koller* Rn. 2.
[3] OLG Stuttgart Urt. v. 14.7.1958 – 2 U 61/58, MDR 1958, 774; OLG Colmar Recht 1906 Nr. 1696; BeckOGK/*Fischinger* Rn. 20; MüKoHGB/*Häuser* Rn. 16.
[4] OLG München Urt. v. 24.11.1959 – 6 U 958/59, BB 1960, 642; BeckOGK/*Fischinger* Rn. 18; Heymann/ *Herrmann* Rn. 3; MüKoHGB/*Häuser* Rn. 15; Staub/*Koller* Rn. 3; aA Röhricht/Graf v. Westphalen/Haas/*Lenz* Rn. 2.
[5] Vgl. nur Heymann/*Herrmann* Rn. 3.
[6] Oetker/*Bergmann* Rn. 5.
[7] Zutreffend müsste die Norm auf §§ 377, 379 verweisen, da § 378 durch die Schuldrechtsmodernisierung aufgehoben Wurde. Indes ist dies ein Redaktionsversehen, vgl. Oetker/*Bergmann* Rn. 3.
[8] MüKoHGB/*Häuser* Rn. 5; Oetker/*Bergmann* Rn. 6; Staub/*Koller* Rn. 6.
[9] KKRD/*Roth* Rn. 2; MüKoHGB/*Häuser* Rn. 7.

Abs. 1 zu verantworten hat, fallen auch unter die Untersuchungs- und Rügeobliegenheit.[10] Zu den für die Rechtswahrung des Kommittenten wesentlichen Obliegenheiten nach § 377 treten bei beanstandeter Ware die Aufbewahrungspflicht und das Recht zum Selbsthilfeverkauf (§ 379) hinzu. Auf die dortigen Erläuterungen wird verwiesen.

III. Rechtsfolgen

5   **1. Rechtzeitige Rüge.** Eine rechtzeitige Rüge wahrt die Rechte des Kommittenten. Er kann Schadensersatz von dem Kommissionär verlangen, wenn dieser schuldhaft seine Rechte nicht gegenüber dem Dritten gewahrt hat (§ 280 BGB). Ferner kann er – unabhängig davon, ob der Kommissionär schuldhaft gehandelt hat – das Ausführungsgeschäft zurückweisen, wenn der Kommissionär gegen Weisungen verstoßen hat (§ 385 Abs. 1). Liegt kein Weisungsverstoß vor, so steht ihm ein Zurückweisungsrecht nach der hier vertretenen Auffassung nicht zu.[11] Auch § 320 BGB greift nicht ein, da nur die Ausführungspflicht im Gegenseitigkeitsverhältnis steht (→ § 384 Rn. 28) und der Kommissionär diese Pflicht erfüllt hat. Der Kommittent ist dann auf den Schadensersatzanspruch beschränkt.

6   **2. Nicht rechtzeitige Rüge.** Bei nicht rechtzeitiger Rüge gelten die Bestimmungen des § 377 Abs. 2–5 entsprechend. Gilt danach die Ware als genehmigt (kommt bei arglistigem Verschweigen des Mangels durch den Kommissionär nicht in Betracht, § 377 Abs. 5), kann der Kommittent wegen der Mangelhaftigkeit keine Ansprüche gegen den Kommissionär mehr geltend machen, also weder Schadensersatz fordern noch ein etwaiges Zurückweisungsrecht (→ Rn. 5) ausüben. Ansprüche, die auf andere, mit der Mangelhaftigkeit nicht zusammenhängende Pflichtverletzungen gestützt werden, bleiben selbstverständlich unberührt.

IV. Bedeutung von S. 2

7   S. 2 ist eine Klarstellung. Die Genehmigungsfiktion nach § 377 Abs. 2 wirkt nur *inter partes,* deswegen bleiben etwaige Gewährleistungsansprüche des Kommissionärs gegenüber dem Dritten unberührt. Hat der Kommissionär Gewährleistungsrechte gegen seinen Vertragspartner (die er auch nicht seinerseits verloren hat), so gehören diese zum Erlangten und sind nach § 384 Abs. 2 an den Kommittenten abzutreten. Hat der Kommissionär hingegen die Rüge rechtzeitig erhoben und den Kaufpreis bereits gemindert, sodass eine Abtretung der Rechte an den Kommittenten nicht mehr möglich ist, kommt die Minderung dem Kommittenten in der Weise zugute, dass sich der Aufwendungsersatzanspruch des Kommissionärs entsprechend verringert.[12]

§ 392 [Forderungen aus dem Kommissionsgeschäft]

(1) **Forderungen aus einem Geschäfte, das der Kommissionär abgeschlossen hat, kann der Kommittent dem Schuldner gegenüber erst nach der Abtretung geltend machen.**

(2) **Jedoch gelten solche Forderungen, auch wenn sie nicht abgetreten sind, im Verhältnisse zwischen dem Kommittenten und dem Kommissionär oder dessen Gläubigern als Forderungen des Kommittenten.**

I. Normzweck

1   Die Vorschrift ist Ausfluss des Grundkonzepts der Kommission: der Kommissionär schließt den Vertrag mit dem Dritten im eigenen Namen ab. Er ist **mittelbarer Stellvertreter** (→ § 383 Rn. 35 ff.). Im Verhältnis zu dem Vertragspartner (Außenverhältnis) stehen daher die Forderungen aus dem Ausführungsgeschäft allein dem Kommissionär zu. Der Kommittent ist zwar wirtschaftlich der Herr des Geschäfts: auf seine Rechnung wird es geschlossen; ihm gebührt das Erlangte. Seine Rechtsposition ist aber eine andere. Die Vorteile des Ausführungsgeschäfts erlangt er nur über seine schuldrechtlichen Ansprüche aus dem Kommissionsvertrag mit dem Kommissionär. Gegen den Dritten kann er daher erst vorgehen, wenn ihm der Kommissionär die Ansprüche aus dem Ausführungsgeschäft abgetreten hat. Abs. 1 stellt das klar.

2   Im **Innenverhältnis** zwischen Kommittent und Kommissionär hat der Gesetzgeber die schuldrechtlichen Rechtsverhältnisse durch eine wirtschaftliche Betrachtungsweise korrigiert (Abs. 2): weil der Kommittent wirtschaftlich der Geschäftsherr ist, soll dies im Verhältnis zum Kommissionär auch rechtlich so gewertet werden. Im Innenverhältnis gelten daher die Forderungen des Kommissionärs gegen den Dritten schon vor der Abtretung als Forderungen des Kommittenten **(Fiktion)**. Diese Wertung gilt auch für die Gläubiger des Kommissionärs. Sie können auf die Forderungen ihres

---

[10] Vgl. Staub/*Koller* Rn. 1.
[11] → § 384 Rn. 13, → § 385 Rn. 2.
[12] Vgl. Heymann/*Herrmann* Rn. 2; MüKoHGB/*Häuser* Rn. 12; Staub/*Koller* Rn. 8.

Schuldners gegen den Vertragspartner des Ausführungsgeschäfts nicht zugreifen. Aus Vermögen, das wirtschaftlich dem Kommittenten zusteht, sollen sie sich nicht befriedigen können. Über die Ratio dieser wirtschaftlichen Betrachtungsweise streitet man: Einige entnehmen den Materialien zum ADHGB, dass eine Offenkundigkeit kraft Gewerbes Abs. 2 rechtfertige: Der Gläubiger eines gewerbsmäßigen Kommissionär wissen um die Fremdnützigkeit und müssen daher nicht geschützt werden, wenn sie das Haftungssubstrat falsch einschätzen.[1] Bei der Gelegenheitskommission versagt dieser Gesichtspunkt. Überzeugender ist der **Treuhandgedanke.** Den Kommissionär treffen die Pflichten eines Treuhänders und sein Rechtserwerb ist nur treuhänderisch.[2]

II. Voraussetzungen

1. Kommissionsgeschäfte. Die Vorschrift setzt ein Ausführungsgeschäft des Kommissionärs voraus **3** und damit einen Vertragsabschluss im eigenen Namen für fremde Rechnung (→ § 383 Rn. 7). Tritt er im Namen des Kommittenten auf und hat er dazu Vollmacht, kommt das Geschäft mit dem Kommittenten zustande. Bei einem Vertretergeschäft stehen die Rechte dem Kommittenten wirtschaftlich und rechtlich zu. Tätigt der Kommissionär ein Eigengeschäft (→ § 383 Rn. 38 ff.), ist der Kommittent weder rechtlich noch wirtschaftlich beteiligt; für die Norm ist kein Raum. Unanwendbar ist die Norm auch im Falle des **Selbsteintritts,** da es hier an einem Ausführungsgeschäft fehlt.[3] Bei der Selbsthaftung (§ 384 Abs. 3) oder der Delkrederehaftung (§ 394) bleibt die Konzeption des Kommissionsgeschäfts hingegen unverändert bestehen; die Norm findet daher Anwendung.[4]

War der Abschluss des Eigengeschäfts pflichtwidrig, ist zu unterscheiden: Der Kommissionär ist dem **4** Kommittenten gegenüber schadensersatzpflichtig. Er muss sich so behandeln lassen (§ 249 BGB), als habe er ein Ausführungsgeschäft getätigt und muss die Ansprüche gegen den Dritten abtreten. Die Abtretungspflicht folgt dabei aus schadensrechtlichen Grundsätzen. § 392 Abs. 2 soll hierbei *analog* anwendbar sein, wie viele meinen,[5] was aber zu weit geht. Der Kommittent kann hier die Rechte aus dem Ausführungsgeschäft nicht beanspruchen, weil sie ihm wirtschaftlich gebühren, sondern weil ihm der Kommissionär auf Schadensersatz haftet. Er steht dann den anderen Gläubigern des Kommissionärs gleich und kann nicht die durch Abs. 2 gewährte Vorzugsstellung beanspruchen.[6]

2. Forderungen. a) Abtretbare Forderung aus dem Ausführungsgeschäft. Gemeint sind nur **5** die Forderungen des Kommissionärs aus dem Ausführungsgeschäft gegen Dritte, in erster Linie also der Lieferungsanspruch bei der Einkaufs- und der Zahlungsanspruch bei der Verkaufskommission. Neben diesen **Primärleistungsansprüchen** fallen darunter sämtliche **Nebenleistungsansprüche,** die Gegenstand des Ausführungsgeschäfts sind, zB Ansprüche auf Bestellung einer Sicherheit, auf besondere Vergünstigungen (Boni), soweit sie dem Kommittenten gebühren (→ § 384 Rn. 25). Ferner sind **Sekundäransprüche** wie Gewährleistungs-, Schadensersatz-, Rückgewähransprüche und Ansprüche auf Surrogate erfasst. Deliktsrechtliche Schadensersatzansprüche gehören dazu, soweit der haftungsbegründende Tatbestand auf einer Vertragsverletzung des Dritten fußt.[7] Andere deliktsrechtliche Ansprüche sowie Bereicherungsansprüche fallen *analog* unter die Norm, wenn der Kommittent deren Abtretung nach § 384 Abs. 2 verlangen kann.[8] In jedem Fall muss die Forderung aus dem Ausführungsgeschäft übertragbar sein. Auf **un**übertragbare Forderungen findet die Norm keine Anwendung.[9] Die Übertragbarkeit kann kraft Gesetzes oder kraft Vereinbarung ausgeschlossen sein (Beispiel: Einzelforderung, die von einer Kontokorrentabrede erfasst wird). Forderungen aus **Hilfs- und Nebengeschäften** (zB Speditions-, Lager- oder Frachtgeschäfte) werden von der Norm ebenfalls erfasst.[10] Das gilt für die primären wie für die sekundären Ansprüche.

b) Kommissionsgut. Anwendbar ist die Norm nur auf die Wareneinkaufs- oder Verkaufskommis- **6** sion, nicht hingegen, wenn der Kommissionär eine Forderung zu verkaufen hat.[11] Stark umstritten ist,

---

[1] So namentlich *Canaris* FS Flume, 1978, 372, (407); *Canaris* HandelsR § 30 Rn. 74; *Neuner* ZHR 157 (1993), 243 (255); Staub/*Koller* Rn. 3. Auch *Bydlinski,* System und Prinzipien des Privatrechts, 1996, 340.

[2] *Löhnig,* Treuhand: Interessenwahrnehmung und Interessenkonflikte, 2006, 751 f.; MüKoHGB/*Häuser* Rn. 2; *K. Schmidt* HandelsR § 31 V 4a; *K. Schmidt* FS Medicus, 2009, 467 ff.; Schlegelberger/*Hefermehl* Rn. 1.

[3] BeckOK HGB/*Baer* Rn. 3; MüKoHGB/*Häuser* Rn. 4; Staub/*Koller* Rn. 2; aA *Vrbaski,* Forderungszuständigkeit und Insolvenzschutz bei Handel in Kommission, 2005, 101 f.

[4] Oetker/*Bergmann* Rn. 3; Staub/*Koller* Rn. 6.

[5] So Staub/*Koller* Rn. 9; offen gelassen Oetker/*Bergmann* Rn. 4.

[6] Ebenso BeckOGK/*Fischinger* Rn. 8

[7] BeckOGK/*Fischinger* Rn. 10; MüKoHGB/*Häuser* Rn. 6; Oetker/*Bergmann* Rn. 5; Staub/*Koller* Rn. 11.

[8] MüKoHGB/*Häuser* Rn. 7; Staub/*Koller* Rn. 6.

[9] BeckOGK/*Fischinger* Rn. 13; MüKoHGB/*Häuser* Rn. 11; Oetker/*Bergmann* Rn. 5; teilw. aA Staub/*Koller* Rn. 10 für ein vertraglich vereinbartes Abtretungsverbot, da der Kommittent davor geschützt werden müsse, dass die Forderung nach § 851 Abs. 2 ZPO gepfändet werden kann. Mit dem eindeutigen Wortlaut des Abs. 2 ist das unvereinbar, da „solche Forderungen" nur abtretbare iSv Abs. 1 sind, gleichviel, ob das Abtretungsverbot vertraglich vereinbart ist oder auf dem Gesetz beruht.

[10] Heymann/*Herrmann* Rn. 2; MüKoHGB/*Häuser* Rn. 10; Staub/*Koller* Rn. 12.

[11] Heymann/*Herrmann* Rn. 2; MüKoHGB/*Häuser* Rn. 12; Staub/*Koller* Rn. 10.

ob die Formulierung „Forderungen aus einem Geschäft, das der Kommissionär abgeschlossen hat" abschließend ist oder ob das Gesetz eine planwidrige Regelungslücke eröffnet. Die hM lehnt letzteres ab. Danach fällt bei der Verkaufskommission der Kaufpreisanspruch des Kommissionärs unter § 392 Abs. 2, nicht hingegen die Erfüllung dieses Anspruches und damit das Guthaben des Kommissionärs. Umgekehrt ist bei der Einkaufskommission der Anspruch auf Eigentumsverschaffung eine Forderung aus dem Kommissionsgeschäft, das erlangte Eigentum des Kommissionärs jedoch nicht. Die hM lehnt mithin eine Analogie des § 392 Abs. 2 auf Surrogate und damit das zur Erfüllung Geleistete ab.[12] Eine im Vordringen befindliche Meinung möchte darauf die Norm analog anwenden: Wenn die Forderung aus dem Ausführungsgeschäft nach Abs. 2 gegenüber dem Kommissionär und seinen Gläubigern als Forderung des Kommittenten gelte, sei nicht einzusehen, warum das für das zur Erfüllung Geleistete anders sein solle. Es sei wertungswidersprüchlich, dass der Gläubiger des Kommissionärs nicht den Kaufpreis- oder Lieferanspruch pfänden dürfe, wohl aber das gezahlte Geld oder die gelieferte Ware.[13]

7   Der Wertungswiderspruch ist nicht von der Hand zu weisen. Die hM beruft sich demgegenüber auf die historische und grammatikalische Auslegung. Mag auch eine entsprechende Behandlung der Sachverhalte nahe liegen, der historische Gesetzgeber kannte das Problem.[14] Zudem ist der Wortlaut eindeutig. Beide, ehedem methodisch überzeugende Argumente haben seit der Transportrechtsreform an Überzeugungskraft eingebüßt.[15] §§ 422 Abs. 2, 457 S. 2 erfassen Surrogate, die der Frachtführer bzw. Spediteur erlangt hat. Der Gesetzgeber hat dadurch erklärtermaßen § 392 Abs. 2 erweitern wollen.[16] Daraus lässt sich indes nicht der Schluss ziehen, dass § 392 Abs. 2 hinter den Regeln des Transportrechts zurückbleiben soll.[17] Vielmehr hat das Gesetz mit einer dinglichen Surrogation ein Rechtsprinzip der mittelbaren Stellvertretung anerkannt. Der entgegenstehende Wille des historischen Gesetzgebers hat sich dadurch überholt. Zu bemängeln bleibt nur das Umsetzungsdefizit. Mit der vordringenden Ansicht ist daher § 392 Abs. 2 auf das zu erstrecken, was der Kommissionär aus dem Ausführungsgeschäft erlangt hat. Allerdings setzt dies voraus, dass das Surrogat von dem sonstigen Vermögen des Kommittenten unterscheidbar ist.[18]

8   Die derzeit hM gebietet es, dass der Kommittent sich gegenüber den Gläubigern des Kommissionärs besonders absichert. Bei der Einkaufskommission kann der Kommittent mit dem Kommissionär ein **antizipiertes Besitzkonstitut** vereinbaren. Zudem kann sich bei einer Verkaufskommission der Kommittent die Forderungen aus dem Ausführungsgeschäft abtreten lassen (Vorausabtretungsklausel). Dies setzt voraus, dass die Forderung bestimmt oder wenigstens bestimmbar ist. Nimmt man dabei an, dass der Kommittent im Wege des Durchgangserwerbs vom Kommissionär (Zedent) erwirbt, besteht nur ein abgeschwächter Schutz. Hat der Kommissionär seinerseits Forderungen vorab abgetreten, ist der Kommittent nach der hM nicht geschützt.

9   **c) Leistungen an Erfüllungs Statt und erfüllungshalber.** Die hM klammert alle Leistungen, die an **Erfüllungs Statt** erbracht werden, aus dem Anwendungsbereich der Norm. Nach der hier vertretenen Ansicht (→ Rn. 7) trifft das Gegenteil zu. Leistungen **erfüllungshalber** fallen nach allen Ansichten unter die Vorschrift. Begründet der Dritte durch Wechsel- oder Scheckhingabe eine zusätzliche Forderung, zur leichteren Durchsetzbarkeit und Sicherung der von der Norm erfassten Forderung, spricht nichts dagegen, auch diese der Regelung zu unterstellen.[19] Ebenso ist nach allen Ansichten bei anderen **Sicherungsgeschäften** (Bürgschaft, Pfandrecht etc) zu entscheiden, wobei es nicht von Bedeutung ist, ob die Sicherungsrechte akzessorisch oder nicht akzessorisch sind.[20] In beiden Fällen sind sie nicht qua Erfüllung begründet worden, sondern sollen die Erfüllung absichern.

---

[12] BGH Urt. v. 26.11.1973 – II ZR 117/72, WM 1974, 155 (157); Urt. v. 26.9.1980 – I ZR 119/78, BGHZ 79, 89 (94); OLG Hamm Urt. v. 7.10.2003 – 27U 81/30; ZIP 2003, 2262 (2263); *Vrbaski,* Forderungszuständigkeit und Insolvenzschutz beim Handel in Kommission, 2005, 116 ff.; BeckOGK/*Fischinger* Rn. 16–18; *Gundlach/Frenzel/Schmidt* DZWIR 2000, 449 (451 ff.); *v. Gierke/Sandrock* HandelsR § 27 VI 1c, 2a; MüKoHGB/*Häuser* Rn. 43; MüKoInsO/*Ganter* InsO § 47 Rn. 289; *Kuhn/Uhlenbruck* InsO § 43 Rn. 23; vgl. auch *Apathy* ÖJZ 2006, 221 (228).

[13] S. schon Ehrenbergs-HdB 477 ff., 938 ff.; *v. Lübtow* ZHR 112 (1949), 227 (262 f.); *Avancini* FS Kastner, 1972, 1 (5 ff., 12 ff.); BeckOK HGB/*Baer* Rn. 11; *Canaris* HandelsR § 32 Rn. 39 f.; *Canaris* FS Flume I, 1978, 372 (410); *Bitter,* Rechtsträgerschaft für fremde Rechnung, 2006, 213 ff., 248 ff.; *Ganter* NZI 2008, 585; KKRD/*Roth* Rn. 5; Oetker/*Bergmann* Rn. 7; Staub/*Koller* Rn. 4; Baumbach/Hopt/*Hopt* Rn. 7; *K. Schmidt* HandelsR § 31 V 4c; *K. Schmidt* FS Medicus, 2009, 467 (478).

[14] S. *Schubert/Schmiedel/Krampe,* Quellen zum Handelsgesetzbuch von 1897 II/1, 1987, 518 f.; *Avancini* FS Kastner, 1972, 1 (7 f.); berichtet außerdem bei *K. Schmidt* HandelsR § 31 V 4 c.

[15] So die treffende Darstellung von Oetker/*Bergmann* Rn. 7.

[16] S. BT-Drs.13/8445, 56, 109; *Reuschle* → § 422 Rn. 24; *Rinkler* → § 457 Rn. 7.

[17] Anders OLG Hamm Urt. v. 7.10.2003 – 27U 81/30; ZIP 2003, 2262 (2263); der Entscheidung zustimmend: Heymann/*Herrmann* Rn. 8; *Löhnig,* Treuhand: Interessenwahrnehmung und Interessenkonflikte, 2006, 753; wie hier gegen die Entscheidung *Canaris* HandelsR § 30 Rn. 83; *K. Schmidt* HandelsR § 31 V 4c.

[18] OLG Köln Urt. v. 25.8.2004 – 2U 91/04, NZI 2005, 37, das iErg eine Analogie zu § 392 Abs. 2 offen ließ, da es an einer Unterscheidbarkeit im konkreten Sachverhalt fehlte; *K. Schmidt* FS Medicus, 2009, 467 (481); Staub/*Koller* Rn. 4.

[19] Oetker/*Bergmann* Rn. 8; MüKoHGB/*Häuser* Rn. 8; iErg auch schon RGZ 41, 1 (4 f.).

[20] Oetker/*Bergmann* Rn. 8.

III. Rechtsfolgen

1. Außenverhältnis. Vor der Abtretung ist alleiniger Forderungsinhaber der Kommissionär. Nur er **10** kann sie geltend machen; nur an ihn kann mit befreiender Wirkung geleistet werden. Der Kommissionär hat auch die Rechtsmacht, über die Forderung zu verfügen, sei es durch Abtretung, Verpfändung oder Erlass. Geschieht dies unter Verletzung des Kommissionsvertrages, macht er sich gem. § 384 Abs. 2 HGB, § 280 BGB schadensersatzpflichtig. Die Verfügung ist aber wirksam. Die pflichtwidrige Verfügung gegenüber dem Kommittenten schlägt nicht auf das Außenverhältnis durch. Dies gilt auch, wenn der Dritte weiß, dass der Kommissionär pflichtwidrig handelt. Die Grundsätze über den Missbrauch der Vertretungsmacht sind auf die mittelbare Stellvertretung unanwendbar.[21] Hat der Dritte mit dem Kommissionär bewusst zusammengearbeitet, um den Kommittenten zu schädigen, hat dieser gegenüber dem Dritten einen Schadensersatzanspruch aus §§ 826, 249 BGB wegen Verleitung zum Vertragsbruch.[22]

a) Abtretung. Der Kommissionär ist nach § 384 Abs. 2 dazu verpflichtet, Forderungen aus dem **11** Ausführungsgeschäft an den Kommittenten abzutreten. Verweigern kann der Kommissionär die Abtretung nur insoweit, wie dies sein Pfandrecht nach §§ 397, 399 vereiteln würde.[23] Ungeachtet dessen können die Parteien eine **Vorausabtretungsklausel** vereinbaren (→ Rn. 8). Zediert der Kommissionär an den Kommittenten, kann ein gutgläubiger Dritter nach § 407 BGB mit befreiender Wirkung an den Kommissionär zahlen. Dem Kommittenten steht in diesem Fall ein Anspruch gegen den Kommissionär aus § 816 Abs. 2 BGB zu. Relativ unwirksam sind nach Abs. 2 nur Abtretungen und sonstige Verfügungen zugunsten eines Gläubigers des Kommissionärs (zB Abtretung zur Sicherheit, Verpfändung).[24] Da die Wirkung auch gegenüber dem Gläubiger des Kommissionärs eintritt, erfasst sie auch das Außenverhältnis. Dies setzt voraus, dass zugunsten des Dritten in dessen Eigenschaft als Gläubiger des Kommissionärs verfügt wird und nicht davon völlig losgelöst.[25]

b) Aufrechnung. Mit Forderungen aus dem Ausführungsgeschäft kann nur der Kommissionär, **12** nicht hingegen der Kommittent **aufrechnen.** Der Kommissionär kann unabhängig davon **aufrechnen,** ob es sich bei der Gegenforderung um eine konnexe oder inkonnexe Forderung handelt.[26] Umstritten ist, ob umgekehrt der Dritte gegen Forderungen des Kommissionärs aus dem Ausführungsgeschäft aufrechnen kann. Die hM bejaht das sowohl für konnexe als auch inkonnexe Forderungen.[27] Dagegen wird eingewandt, als Gläubiger des Kommissionärs falle der aufrechnende Dritte wie jeder andere Gläubiger unter Abs. 2 der Norm. Dem Kommittenten gegenüber sei daher die Aufrechnung mit einer inkonnexen Forderung unwirksam, während die Aufrechnung mit einer konnexen Forderung möglich ist.[28] Wieder andere versagen die Aufrechnung unabhängig vom Forderungszusammenhang, wenn der Dritte weiß, dass er Gläubiger eines Kommissionärs ist.[29] Vorzugswürdig ist die hM. Für sie spricht ein *argumentum maiore ad minus:* Hat der Kommissionär seine Forderung aus dem Ausführungsgeschäft bereits im Voraus abgetreten, kann der Dritte nach § 406 BGB gegenüber dem Kommissionär aufrechnen und dies dem Kommittenten entgegenhalten. Erst recht muss man diese Aufrechnungsmöglichkeit gestatten, wenn der Kommissionär noch Inhaber der Forderung ist, da anderenfalls der Dritte ohne sachlichen Grund schlechter stünde.[30] Erlischt danach die Forderung des Kommissionärs, hat der Kommittent ihm gegenüber einen Anspruch auf Herausgabe der Schuldbefreiung gem. §§ 285, 275 Abs. 1 BGB.[31] Ferner greift ein Anspruch aus § 816 Abs. 2 BGB gegen den Kommissionär.

---

[21] MüKoHGB/*Häuser* Rn. 13, 16; Oetker/*Bergmann* Rn. 9; Röhricht/Graf v. Westphalen/Haas/*Lenz* Rn. 7.

[22] S. etwa BGH Urt. v. 9.6.1959 – VIII ZR 175/58, WM 1959, 1004 (1007); BGH Urt. v. 25.6.1973 – II ZR 133/70, NJW 1974, 456; MüKoHGB/*Häuser* Rn. 17; Oetker/*Bergmann* Rn. 9; Staub/*Koller* Rn. 25.

[23] MüKoHGB/*Häuser* Rn. 14; Oetker/*Bergmann* Rn. 13.

[24] RGZ 148, 190 (191); BGH Urt. v. 9.6.1959 – VIII ZR 175/58, NJW 1959, 1678; Urt. v. 30.3.1988 – VIII ZR 79/87, BGHZ 104, 123 (127 f.) = WM 1988, 872 (873 f.).

[25] MüKoHGB/*Häuser* Rn. 20; Staub/*Koller* Rn. 12.

[26] Baumbach/Hopt/*Hopt* Rn. 4; KKRD/*Roth* Rn. 3; MüKoHGB/*Häuser* Rn. 27; Oetker/*Bergmann* Rn. 12; Staub/*Koller* Rn. 43.

[27] BGH Urt. v. 19.11.1968 – VI ZR 215/66, NJW 1969, 276 = LM Nr. 1a; so bereits RGZ 32, 39; ebenso *Canaris* FS Flume I, 1978, 371 (409); *Canaris* HandelsR § 30 Rn. 78; BeckOGK/*Fischinger* Rn. 38; *Hager* AcP 180 (1980), 239 (260 ff.); *Hüffer* JuS 1991, 195 (197); Oetker/*Bergmann* Rn. 12; Staub/*Koller* Rn. 40.

[28] *Bitter*, Rechtsträgerschaft für fremde Rechnung, 2006, 440 ff.; *Dressler* NJW 1969, 655; Heymann/*Herrmann* Rn. 7; MüKoHGB/*Häuser* Rn. 26 (mit der Einschränkung, dass die Aufrechnung mit einer konnexen Gegenforderung mit § 242 BGB vereinbar sein muss); *K. Schmidt* HandelsR § 31 V 4 b.

[29] *Capelle* FS Raape, 1948, 325 (332 f.); *Schwarz* NJW 1969, 1942 (1943); *Schwark* JuS 1980, 778 (781); ähnl. *Vrbaski*, Forderungszuständigkeit und Insolvenzschutz beim Handel in Kommission, 2005, 69 ff., 75 f. (Kenntnis bei Erwerb der Aufrechnungsforderung, Gedanke des § 406 BGB).

[30] *Canaris* HandelsR § 30 Rn. 78; Oetker/*Bergmann* Rn. 12.

[31] *Canaris* HandelsR § 30 Rn. 78; MüKoHGB/*Häuser* Rn. 26; Oetker/*Bergmann* Rn. 12.

13   **2. Innenverhältnis.** Im Verhältnis des Kommittenten zum Kommissionär und dessen Gläubigern behandelt das Gesetz die Rechtslage so, als sei die Forderung schon an den Kommittenten abgetreten (→ Rn. 2). Das beeinflusst die Rechtsstellung der Gläubiger des Kommissionärs. Sie können auf die Forderung nicht zugreifen. Das Verhältnis zwischen Kommissionär und Kommittent hat Abs. 2 keine wesentliche Bedeutung. Dass die Forderung dem Kommittenten gebührt, erschließt sich auch aus allgemeinen Überlegungen auf der Grundlage des § 384 Abs. 2. Andererseits macht die Norm die Abtretung seitens des Kommissionärs nicht entbehrlich. Erst dann ist der Kommittent nach außen Forderungsinhaber; erst dann ist er vor Zwischenverfügungen des Kommissionärs geschützt. **Abs. 2 ist abdingbar.** Kommissionär und Kommittent können daher Forderungen von der Regelung ausnehmen.[32]

14   **a) Zwangsvollstreckung.** Bringen die Gläubiger des Kommissionärs eine Pfändung aus, hat der Kommittent die **Drittwiderspruchsklage** (§ 771 ZPO). Gegenüber diesen Gläubigern rechnet das gepfändete Recht nicht zum Vermögen ihres Schuldners (Kommissionärs), sondern gebührt dem Kommittenten. Demgemäß begründet § 392 Abs. 2 ein die Veräußerung hinderndes Recht.[33] Die Vorschrift greift auch, wenn die pfändenden Gläubiger ihre Rechte gegenüber dem Kommissionär erst nach dem Abschluss des Ausführungsgeschäfts erlangt haben. Auf eine derartige Pfändung hat der Kommissionär keinen Einfluss. Folglich muss der Kommittent nicht das Risiko tragen, dass der Kommissionär missbräuchlich über die Forderung verfügt.[34] Unerheblich ist, ob die Gläubiger des Kommissionärs das Kommissionsverhältnis kannten.[35] Ein guter Glaube darüber, dass eine Verfügung nicht relativ unwirksam ist, genießt keinen rechtlichen Schutz. Üblicherweise wird vereinbart, dass der Kommissionär dazu verpflichtet ist, den Kommittenten über Pfändungen zu informieren.[36] Auch ohne eine ausdrückliche Vereinbarung wird man dies als Nebenpflicht aus dem Kommissionsverhältnis annehmen müssen.

15   **b) Insolvenz.** In der Insolvenz des Kommissionärs hat der Kommittent ein **Aussonderungsrecht** an der Forderung (§ 47 InsO).[37] Unumstritten stehen diese Rechte dem Kommittenten für die ausstehende Forderung zu. Nach der hM scheidet ein Aussonderungsrecht am Surrogat aus (→ Rn. 6), sodass das zur Erfüllung der Forderung Geleistete nicht unter Abs. 2 fällt, der damit auf die Forderung gegen die Bank des Kommissionärs unanwendbar ist, an die der Dritte durch Überweisung geleistet und dadurch erfüllt hat.[38] Geht man mit der hier vertretenen Ansicht davon aus, dass § 392 Abs. 2 eine dingliche Surrogation anordnet (→ Rn. 8), so besteht ein Aussonderungsrecht fort.[39] Allerdings dürfte dieses Recht oftmals daran scheitern, dass das Kommissionsgut bzw. die Gegenleistung nicht unterscheidbar im Vermögen des Kommissionärs vorhanden sind.[40] § 392 Abs. 2 verbietet es, die Forderung des Kommissionärs der Insolvenzmasse zuzuschlagen. Daher scheidet eine Insolvenzanfechtung des Verwalters nach §§ 129 ff. InsO aus, wenn der Kommissionär vor seiner Insolvenz über die Forderung aus dem Ausführungsgeschäft verfügt hat.[41] Bei der **Effektenkommision** hat der Kommittent nach § 32 Abs. 2 DepotG ein Recht auf bevorzugte Befriedigung, wenn er der (insolventen) Bank bereits den Kaufpreis für die Wertpapiere entrichtet hat.

§ 393 [Vorschuss; Kredit]

(1) **Wird von dem Kommissionär ohne Zustimmung des Kommittenten einem Dritten ein Vorschuß geleistet oder Kredit gewährt, so handelt der Kommissionär auf eigene Gefahr.**

(2) **Insoweit jedoch der Handelsgebrauch am Orte des Geschäfts die Stundung des Kaufpreises mit sich bringt, ist in Ermangelung einer anderen Bestimmung des Kommittenten auch der Kommissionär dazu berechtigt.**

---

[32] KKRD/*Roth* Rn. 7.

[33] BGH Urt. v. 30.3.1988 – VIII ZR 79/87, BGHZ 104, 123 (127); OLG Nürnberg Urt. v. 23.6.1972 – 6 U 105/71, NJW 1972, 2044; BeckOK HGB/*Baer* Rn. 15; Baumbach/Hopt/*Hopt* Rn. 9; *Canaris* HandelsR § 30 Rn. 73; Röhricht/Graf v. Westphalen/Haas/*Lenz* Rn. 8; Staub/*Koller* Rn. 31.

[34] *Canaris* HandelsR § 30 Rn. 76; Oetker/*Bergmann* Rn. 11; MüKoHGB/*Häuser* Rn. 32.

[35] BeckOGK/*Fischinger* Rn. 35; MüKoHGB/*Häuser* Rn. 32.

[36] Vgl. MüKoHGB/*Häuser* Rn. 32.

[37] BGH Urt. v. 30.3.1988 – VIII ZR 79/87, BGHZ 104, 123 (127, zu der sachlich insoweit identischen Regelung des § 43 KO); BeckOGK/*Fischinger* Rn. 35; *Canaris* HandelsR § 30 Rn. 73; *Gundlach*/*Frenzel*/*Schmidt* DZWir 2000, 449 (450); KKRD/*Roth* Rn. 6; MüKoHGB/*Häuser* Rn. 36; Oetker/*Bergmann* Rn. 10; Röhricht/Graf v. Westphalen/Haas/*Lenz* Rn. 8.

[38] BGH Urt. v. 26.11.1973 – II ZR 117/72, NJW 1974, 456 (485).

[39] *Canaris* FS Flume I, 1978, 371 (424); *Adolphsen* in Gottwald InsR-HdB § 40 Rn. 86; *K. Schmidt* HandelsR § 31 V 4c bb; Staub/*Koller* Rn. 33.

[40] So der Sachverhalt der Entscheidung des OLG Köln Urt. v. 25.8.2004 – 2U 91/04, NZI 2005, 37.

[41] MüKoHGB/*Häuser* Rn. 40; Staub/*Koller* Rn. 34.

(3) [1]**Verkauft der Kommissionär unbefugt auf Kredit, so ist er verpflichtet, dem Kommittenten sofort als Schuldner des Kaufpreises die Zahlung zu leisten. [2]Wäre beim Verkaufe gegen bar der Preis geringer gewesen, so hat der Kommissionär nur den geringeren Preis und, wenn dieser niedriger ist als der ihm gesetzte Preis, auch den Unterschied nach § 386 zu vergüten.**

I. Normzweck

Die Frage, ob dem Dritten bei der Abwicklung des Ausführungsgeschäfts Kredit gewährt (Verkaufskommission) oder ein Vorschuss geleistet wird (Einkaufskommission), hätte der Kommissionär an sich in eigener Verantwortung – aber mit wirtschaftlichen Konsequenzen für den Kommittenten – unter Beachtung der Interessenwahrungspflicht (§ 384 Abs. 1) zu entscheiden. Die Norm schränkt diese Befugnis des Kommissionärs deutlich ein und macht die Gewährung eines Kredits bzw. die Leistung eines Vorschusses grundsätzlich von der Zustimmung des Kommittenten abhängig. Ohne dessen Zustimmung gewährte Vergünstigungen sind wirksam, treffen aber nicht den Kommittenten, sondern den Kommissionär. Die Vorschrift gilt auch, wenn eine Kreditgewährung oder sonstige Vergünstigungen der Sorgfalt eines ordentlichen Kaufmanns entsprechen oder gar wirtschaftlich geboten sind.[1] **1**

II. Der Tatbestand

1. Vorschuss oder Kredit. Vorschuss meint in erster Linie, dass der Einkaufskommissionär den **2** Kaufpreis ganz oder teilweise vorleistet, also ohne Gegenleistung erbringt. Diese **Abweichung von dem Prinzip des § 320 BGB** hat die Norm im Auge. Darunter fällt auch die darlehensweise vorgestreckte Zahlung, die den Dritten in die Lage versetzen soll, das Kommissionsgut zu erwerben.[2] Ferner können Leistungen an Andere einen Vorschuss iSd Gesetzes darstellen, etwa die vorab erbrachte Zahlung an einen Frachtführer, dem die Beförderung des Kommissionsgutes obliegt. Mit Kredit ist vor allem die Stundung des Kaufpreises bei der Verkaufskommission gemeint. Der Begriff ist darauf aber nicht beschränkt, sondern weit zu interpretieren. Er schließt die Vorschussfälle ein und kann generell die Übernahme eines Risikos hinsichtlich der Bonität des Dritten durch den Kommissionär ohne gleichzeitige volle Deckung erfassen.[3] Aus diesem Grund stellt die Stellung eines Akkreditivs zur Bezahlung der Ware zugunsten des Dritten eine Kreditierung iSv § 393 dar.[4]

2. Zustimmung des Kommittenten. Grundsätzlich darf der Kommissionär Kredite nur gewähren **3** bzw. Vorschussleistungen nur erbringen, wenn der Kommittent zustimmt, durch vorherige Einwilligung (§ 183 BGB) oder durch nachträgliche Genehmigung (§ 184 Abs. 1 BGB). Eine fehlende Zustimmung heilt auch nicht § 665 BGB.[5] Im Falle der Zustimmung gehen Kreditgewährung und Vorschusszahlung auf Rechnung des Kommittenten; anderenfalls auf Gefahr des Kommissionärs. Die Zustimmung kann **konkludent** geschehen. Das ist anzunehmen, wenn dem Kommittenten bei Vertragsschluss (oder bei der Weisung, ein bestimmtes Geschäft zu tätigen) bekannt ist, dass das Geschäft nur unter Kreditgewährung abgeschlossen werden kann.[6] Hat der Kommittent mit dem Kommissionär eine Delkrederehaftung vereinbart, stimmt der Kommittent in aller Regel einer Kreditierung stillschweigend zu. Er ist hier hinreichend gegen das Insolvenzrisiko des Dritten abgesichert ist, da sich der Kommissionär verpflichtet hat, für die Erfüllung der Drittverbindlichkeit einzustehen (§ 394 Abs. 1).[7]

3. Handelsbrauch. Von dem Erfordernis der Zustimmung macht Abs. 2 eine Ausnahme für den **4** Fall der Stundung des Kaufpreises: besteht ein dahin gehender Handelsgebrauch am Orte des Ausführungsgeschäfts (Abschluss- oder Erfüllungsort), ist die Zustimmung entbehrlich.[8] Die Ausnahme gilt nur für die handelsgebräuchliche Stundung, nicht für andere Fälle der Kreditgewährung, insbesondere nicht für eine Vorschussleistung.[9] In solchen Fällen kann aber, wenn der Handelsgebrauch dem Kommittenten bekannt ist und er dem Kommissionär Order zum Geschäftsabschluss gibt, eine konkludente Zustimmung anzunehmen sein.[10] **Darlegungs- und beweispflichtig** für das Vorliegen eines die Zustimmung ersetzenden Handelsbrauchs ist der Kommissionär. Der Kommittent hat darzulegen und zu beweisen, dass er die Gewährung der handelsüblichen Stundung untersagt hat.[11]

---

[1] Oetker/*Bergmann* Rn. 1.
[2] Staub/*Koller* Rn. 3.
[3] Vgl. Staub/*Koller* Rn. 3; MüKoHGB/*Häuser* Rn. 5.
[4] Vgl. BGH Urt. v. 9.12.1958 – VIII ZR 165/57, LM § 384 Nr. 2; MüKoHGB/*Häuser* Rn. 5; Oetker/*Bergmann* Rn. 2; Staub/*Koller* Rn. 3.
[5] MüKoHGB/*Häuser* Rn. 6; Staub/*Koller* Rn. 10.
[6] BeckOGK/*Fischinger* Rn. 5; MüKoHGB/*Häuser* Rn. 7; Oetker/*Bergmann* Rn. 3.
[7] KKRD/*Roth* Rn. 2; MüKoHGB/*Häuser* Rn. 7; Oetker/*Bergmann* Rn. 3; Staub/*Koller* Rn. 4.
[8] Dies ist regelmäßig der Sitz des Käufers, § 269 Abs. 1 BGB, § 361 HGB.
[9] BeckOGK/*Fischinger* Rn. 5; MüKoHGB/*Häuser* Rn. 9; Oetker/*Bergmann* Rn. 4.
[10] MüKoHGB/*Häuser* Rn. 9.
[11] Heymann/*Herrmann* Rn. 9; MüKoHGB/*Häuser* Rn. 19; Staub/*Koller* Rn. 16.

III. Rechtsfolgen

5   **1. Handeln auf eigene Gefahr.** Bei unberechtigter Kreditgewährung oder Vorschussleistung handelt der Kommissionär „auf eigene Gefahr" (Abs. 1). Die Kreditierung oder der Vorschuss sind rechtlich wirksam. Gegenüber dem Kommittenten muss sich der Kommissionär so behandeln lassen, als habe er dem Dritten die Vergünstigungen nicht gewährt. Der **Einkaufskommissionär** kann daher eine Vorschussleistung nicht sogleich qua Aufwendungsersatz erstattet verlangen, sondern muss warten, bis der Dritte die Gegenleistung erbracht hat.[12] Er trägt das Risiko, dass sie ausbleibt und damit das Insolvenzrisiko des Dritten. Auf ein Verschulden des Einkaufskommissionärs kommt es nicht an.[13]

6   **2. Haftung bei der Verkaufskommission.** Der Verkaufskommissionär muss sofort den vertragsgemäßen Erlös an den Kommittenten entrichten, so als habe er dem Dritten keinen Kredit gewährt und die Leistung erhalten (Abs. 3). Auch er trägt das Risiko, dass die Leistung ausbleibt. Diese Rechtsfolgen treten unabhängig davon ein, ob den Kommissionär ein Verschulden an der unberechtigten Kreditgewährung bzw. Vorschussleistung trifft.[14] Er wird damit einerseits so behandelt, als habe er ein Bargeschäft abgeschlossen. Andererseits erhält er die Einreden und Einwendungen des Dritten als eigentlichen Kaufpreisschuldners, mit Ausnahme der Einrede der Stundung.[15] Der Verkaufskommissionär kann daher zB die Zahlung verweigern, solange nicht gleichzeitig die Gegenleistung an den Dritten erbracht wird (§ 320 BGB). Zahlt der Verkaufskommissionär nicht sofort, schuldet er dem Kommittenten den Verzugsschaden (§§ 280 Abs. 2, 286 BGB).[16]

7   Hat die Stundung den Kaufpreis erhöht, muss der Kommissionär nur den geringeren Barpreis an den Kommittenten entrichten (Abs. 3 S. 2). Diese Vorschrift verdrängt als *lex specialis* § 387, wonach vorteilhaftere Bedingungen dem Kommittenten zukommen. Wie sich aus Abs. 3 S. 2 ergibt, bleibt ein gesetztes Preislimit (§ 386) unangetastet. Überschreitet der vorgegebene Mindestpreis den durch die Stundung erzielten Gesamtpreis, so hat der Kommissionär die Differenz zu erstatten. Umgekehrt gebührt dem Kommittenten die Differenz über dem Limit und dem erzielten Kaufpreis.[17] Der Kommissionär hat darzulegen und zu beweisen, dass die Stundung den Kaufpreis erhöht hat, was regelmäßig der Fall sein wird.[18] Der Kommittent kann jedoch den die Stundung nachträglich genehmigen, sodass § 393 Abs. 3 S. 2 nicht eingreift und er nach der allgemeinen Regel des § 387 den Mehrerlös vereinnahmen kann.

8   **3. Sonstige Rechtsfolgen.** Unabhängig von den besonderen Haftungsregelungen der Norm kann der Kommittent die allgemeinen Rechte geltend machen, im Falle schuldhaften Handelns Schadensersatz nach § 280 BGB verlangen. Ein Zurückweisungsrecht (§ 385 Abs. 1) hat er richtigerweise nur, wenn der Kommissionär gegen eine konkrete Weisung verstoßen hat, also nicht schon bei jeder unbefugten Kreditgewährung oder Vorschussleistung.[19] Darf der Kommissionär kreditieren, so ist er gegenüber dem Kommittenten verpflichtet, eine kreditwürdige Partei beim Ausführungsgeschäft auszuwählen, ansonsten schuldet er gegenüber dem Kommittenten Schadensersatz.[20]

§ 394 [Delkredere]

(1) **Der Kommissionär hat für die Erfüllung der Verbindlichkeit des Dritten, mit dem er das Geschäft für Rechnung des Kommittenten abschließt, einzustehen, wenn dies von ihm übernommen oder am Orte seiner Niederlassung Handelsgebrauch ist.**

(2) ¹**Der Kommissionär, der für den Dritten einzustehen hat, ist dem Kommittenten für die Erfüllung im Zeitpunkte des Verfalls unmittelbar insoweit verhaftet, als die Erfüllung aus dem Vertragsverhältnisse gefordert werden kann.** ²**Er kann eine besondere Vergütung (Delkredereprovision) beanspruchen.**

---

[12] MüKoHGB/*Häuser* Rn. 12; Oetker/*Bergmann* Rn. 6; Staub/*Koller* Rn. 7.

[13] Heymann/*Herrmann* Rn. 6; Röhricht/*Graf v. Westphalen*/Haas/*Lenz* Rn. 5; *K. Schmidt* HandelsR § 31 IV 2 b.

[14] Heymann/*Herrmann* Rn. 6; KKRD/*Roth* Rn. 4; MüKoHGB/*Häuser* Rn. 13; aA Staub/*Koller* Rn. 7.

[15] Heymann/*Herrmann* Rn. 7; MüKoHGB/*Häuser* Rn. 15; Oetker/*Bergmann* Rn. 7; Staub/*Koller* Rn. 8.

[16] Insoweit eine verschuldensunabhängige Haftung: OLG Hamburg MDR 1965, 580; Baumbach/Hopt/*Hopt* Rn. 2; Heymann/*Herrmann* Rn. 7; offen MüKoHGB/*Häuser* Rn. 16.

[17] MüKoHGB/*Häuser* Rn. 17.

[18] Baumbach/Hopt/*Hopt* Rn. 3; Heymann/*Herrmann* Rn. 9; MüKoHGB/*Häuser* Rn. 20; Oetker/*Bergmann* Rn. 8; Staub/*Koller* Rn. 9.

[19] MüKoHGB/*Häuser* Rn. 21; Staub/*Koller* Rn. 16; aA KKRD/*Roth* Rn. 4.

[20] Oetker/*Bergmann* Rn. 9 unter Verweis auf *Weidmann,* Das Kommissionsgeschäft: Das Kommissionsgeschäft im Allgemeinen, Band 1, 1908, 120; Staub/*Koller* § 394 Rn. 1.

I. Normzweck

Die Norm regelt eine **Einstandspflicht** des Kommissionärs für die Erfüllung der Verbindlichkeit   1
des Dritten aus dem Ausführungsgeschäft. An anderer Stelle sieht das Gesetz eine solche Einstandspflicht vor als Sanktion für die Verletzung bestimmter Pflichten, die dem Kommissionär dem Kommittenten gegenüber obliegen (§§ 384 Abs. 3, 393 Abs. 3). Hier beruht die Einstandspflicht demgegenüber auf Vereinbarung oder auf Handelsbrauch. Meist vereinbart man ein Delkredere bei der
Verkaufskommission, womit der Kommittent zugleich einer Kreditgewährung an einen Dritten nach
§ 393 zustimmt.[1] Bei der Verkaufskommission spielt ein Delkredere in erster Linie bei Gattungsschulden eine Rolle, sodass der Kommissionär für die Beschaffung der Ware gegenüber dem Kommittenten haftet.[2] Tritt der Kommissionär nach § 400 Abs. 1 selbst in das Ausführungsgeschäft ein,
scheidet eine Delkrederehaftung aus, da in diesem Falle das in § 394 vorausgesetzte Ausführungsgeschäft fehlt.

Verschiedene Ansichten streiten über die **dogmatische Einordnung** der Delkrederehaftung – mit   2
eingeschränkter praktischer Bedeutung. Entscheidend ist die jeweilige vertragliche Ausgestaltung, die
den Charakter einer Garantieübernahme, eines Schuldversprechens oder auch einer bürgschaftsähn-
lichen Sicherung haben kann. Die wohl überwiegende Ansicht ergänzt die Haftung nach § 394 durch
das Bürgschaftsrecht nach §§ 765 ff. BGB, auch wenn man unterschiedlicher Ansicht über die Rechtsnatur ist.[3] Nicht mehr vertreten wird die Einordnung als Garantiehaftung,[4] wobei es ohnehin methodisch verfehlt wäre, von einer Rechtsnatur auf bestimmte Rechtsfolgen zu schließen.

II. Die Voraussetzungen der Haftung

Die Delkrederehaftung wird entweder durch **Vereinbarung** oder durch **Handelsbrauch** begrün-   3
det. Die Vereinbarung kann Bestandteil des Kommissionsvertrages sein oder später getroffen werden.
Sie unterliegt allgemeinen Regeln, kann also ausdrücklich oder konkludent vereinbart werden. Nicht
eindeutige Erklärungen sind auszulegen (§§ 133, 157 BGB). Die Vereinbarung einer Delkredereprovision lässt auf die Übernahme der Einstandspflicht schließen.[5] Die Haftungsübernahme ist zu unterscheiden von der Zusage, sich für eine vertragsgemäße Erfüllung einzusetzen. Die Vereinbarung ist
nicht formbedürftig. Die Norm setzt keine Form voraus und geht einer entsprechenden Anwendung
des § 766 BGB vor.[6] Auf § 350 kommt es daher nicht an. Die Haftung kraft Handelsbrauchs tritt nur
ein, wenn ein solcher am Orte der Niederlassung des Kommissionärs (nicht am Erfüllungsort) besteht.
Dies geht über die Regelung des § 346 hinaus, gilt also auch, wenn der Kommittent kein Kaufmann
ist. Die Haftung infolge Handelsbrauchs kann abbedungen werden.[7]

III. Der Umfang der Haftung

1. Akzessorische Haftung. Die Haftung des Kommissionärs tritt neben die des Dritten und hängt   4
nach Inhalt und Umfang von dieser ab (Abs. 2 S. 1; § 767 Abs. 1 BGB). Sie bedeutet keinen Selbsteintritt des Kommissionärs und wandelt den Kommissionsvertrag auch nicht in einen Kaufvertrag um.
Der Kommissionär haftet vielmehr **persönlich** und **unmittelbar** wie der Dritte. Rechtsähnlich zur
selbstschuldnerischen Bürgschaft (§ 349) ist die Einrede der Vorausklage nach § 771 BGB aufgehoben.[8]
Die Delkrederehaftung enthebt den Kommissionär nicht der Verpflichtung, die Ansprüche gegen den
Dritten abzutreten. Der Kommittent hat die Wahl, ob er aus abgetretenem Recht gegen den Dritten
oder unmittelbar gegen den Kommissionär vorgeht. Leistet der Dritte, erlischt die Delkrederehaftung.
Leistet der Kommissionär, geht der abgetretene Anspruch gegen den Dritten wieder auf ihn über
(§ 774 Abs. 1 BGB).[9] War der Anspruch noch nicht abgetreten, erlischt die Pflicht zur Abtretung.

Inhaltlich **haftet** der Kommissionär **auf die Erfüllung der Verbindlichkeit** aus dem **wirksamen**   5
Ausführungsgeschäft.[10] Bei der Verkaufskommission schuldet der Kommissionär also den Kaufpreis.
Der Einkaufskommissionär muss den Lieferanspruch erfüllen. Eine Schlechtleistung des Dritten, die
Ansprüche wegen Sach- oder Rechtsmängeln oder sonstige vertragliche Sekundäransprüche auslöst,
lässt die Einstandspflicht des Kommittenten bestehen bleiben. Ansprüche aus Nebengeschäften oder

---

[1] MüKoHGB/*Häuser* Rn. 2.

[2] BeckOGK/*Fischinger* Rn. 4; MüKoHGB/*Häuser* Rn. 2; Staub/*Koller* Rn. 1.

[3] Baumbach/Hopt/*Hopt* Rn. 2; *Canaris* HandelsR § 32 Rn. 12; *Grünhut*, Das Recht des Commisionshandels,
1879, 350; KKRD/*Roth* Rn. 2; MüKoHGB/*Häuser* Rn. 4; Oetker/*Bergmann* Rn. 2; Röhricht/Graf v. Westphalen/
Haas/*Lenz* Rn. 2; *K. Schmidt* HandelsR § 31 IV 2b; Staub/*Koller* Rn. 2.

[4] So noch Düringer/Hachenburg/*Lehmann* Rn. 2.

[5] MüKoHGB/*Häuser* Rn. 6; Oetker/*Bergmann* Rn. 5; Staub/*Koller* Rn. 3.

[6] MüKoHGB/*Häuser* Rn. 7; Oetker/*Bermann* Rn. 5;.

[7] MüKoHGB/*Häuser* Rn. 9; Oetker/*Bergmann* Rn. 6; Staub/*Koller* Rn. 21.

[8] ROHG Urt. v. 20.11.1875, ROHGE 19, 52 (55); Baumbach/Hopt/*Hopt* Rn. 5; MüKoHGB/*Häuser* Rn. 12;
Oetker/*Bergmann* Rn. 8; *K. Schmidt* HandelsR § 31 IV 2a.

[9] Baumbach/Hopt/*Hopt* Rn. 5; KKRD/*Roth* Rn. 5; MüKoHGB/*Häuser* Rn. 21.

[10] S. dazu BGH Urt. v. 25.6.2002 – XI 239/01, BKR 2002, 736 (737) = ZIP 2002, 1436 (1438).

aus gesetzlichen Schuldverhältnissen (unerlaubte Handlung; Bereicherungsrecht) fallen demgegenüber nicht unter die Delkrederehaftung.[11] Hierbei handelt es sich um keine Ansprüche „aus dem Ausführungsgeschäft".

6   **2. Einreden.** Da der Kommissionär wie der Dritte haftet, kann er auch alle diesem zustehenden **Einreden und Einwendungen** geltend machen (Abs. 2 S. 1; §§ 767, 768 BGB), soweit sie diesem nach Abtretung auch gegenüber dem Kommittenten zustünden. Beruht die Einrede oder Einwendung des Dritten auf einem schuldhaften Verhalten des Kommissionärs, so kann er sie dem Kommittenten nicht entgegenhalten. Der Kommissionär schuldet ihm nämlich in solch einem Fall wegen Verletzung der Interessenwahrnehmungspflicht (§ 384 Abs. 1) Schadensersatz, gerichtet darauf, ihn so zu stellen, als sei die Einrede oder Einwendung des Dritten nicht entstanden (§ 249 BGB). Die Erhebung der Einrede bzw. die Geltendmachung der Einwendung verstößt somit gegen Treu und Glauben (§ 242 BGB).[12]

IV. Delkredereprovision

7   Die Begründung der Delkrederehaftung, durch Vereinbarung oder kraft Handelsbrauchs, hat eine besondere Vergütung (Delkredereprovision) zur Folge (Abs. 2 S. 2). Sie entsteht mit der Ausführung des Geschäfts, dh grundsätzlich mit Bewirkung der geschuldeten Leistung durch den Dritten (§ 396 Abs. 1 S. 1; → § 396 Rn. 7 ff.). Sie setzt nicht voraus, dass der Kommissionär aus der Delkrederehaftung in Anspruch genommen worden ist.[13] Die (besondere) Provision ist nicht Entgelt für die Inanspruchnahme, sondern **Entgelt für** die Übernahme der mit der Haftung verbundenen **Gefahr der Inanspruchnahme.** Nach der hM entsteht der Anspruch auch im Falle des Selbsteintritts oder der Erfüllung nach § 384 Abs. 3, da auch hier die Haftungsübernahme ein besonderes Entgelt gebiete.[14] Das überzeugt nicht. Beim Selbsteintritt hat der Kommissionär die Haftungsgefahr selbst ausgeschlossen, die Selbsthaftung nach § 384 Abs. 3 konsumiert die Delkrederehaftung.[15]

8   Der Anspruch kann abbedungen werden.[16] Die **Höhe der Provision** unterliegt der Vereinbarung. Fehlt eine solche, ist der Handelsbrauch am Ort der Niederlassung des Kommissionärs maßgeblich (vgl. § 354 Abs. 1). Lässt sich kein Handelsbrauch feststellen, kann der Kommissionär gem. §§ 315, 316 BGB nach billigem Ermessen eine Vergütung bestimmen.[17]

§ 395 [Wechselindossament]

Ein Kommissionär, der den Ankauf eines Wechsels übernimmt, ist verpflichtet, den Wechsel, wenn er ihn indossiert, in üblicher Weise und ohne Vorbehalt zu indossieren.

I. Normzweck

1   Die Norm verpflichtet den Kommissionär nicht, einen hereingenommenen Wechsel zu indossieren. Sie legt nur fest, in welcher Weise er ihn zu indossieren hat, wenn er ihn wechselrechtlich an den Kommittenten überträgt: er hat sich dann aller die Umlauffähigkeit einschränkenden Zusätze (Angstklauseln) zu enthalten, damit der Kommittent einen wirtschaftlich vollwertigen, insbesondere diskontfähigen Wechsel erhält. Die Vorschrift gilt sowohl für den Fall, dass der Kommissionär gegenüber dem Kommittenten zur Indossierung verpflichtet ist, wie für den Fall, dass er ihn aus freien Stücken indossiert. Ihre **Bedeutung** ist **gering.** Im Regelfall besteht keine Verpflichtung des Kommissionärs zur Indossierung. Freiwillig wird er nicht indossieren, um nicht wechselrechtlich haften zu müssen (Art. 15 Abs. 1 WG). Verpflichtet ist der Kommissionär zur Herausgabe eines Wechsels, den er aus dem Ausführungsgeschäft erlangt hat. Dieser Verpflichtung kommt er schon dann nach, wenn er den Dritten veranlasst, den Wechsel unmittelbar an den Kommittenten zu indossieren, oder wenn er sich einen blanko indossierten Wechsel (Art. 13 Abs. 2 WG) geben lässt, den er ohne eigenes Indossament an den Kommittenten weiterreichen kann. In dieser Weise wird er daher in aller Regel verfahren. Eine praktische Bedeutung bleibt somit für die Ausnahmefälle einer vertraglich übernommenen oder sich aus der Interessenwahrungspflicht[1] ergebenden Verpflichtung zur Indossierung.

---

[11] Baumbach/Hopt/*Hopt* Rn. 4; MüKoHGB/*Häuser* Rn. 17, 19; Oetker/*Bergmann* Rn. 9; aA Staub/*Koller* Rn. 6: Ansprüche aus Nebengeschäften erfasst, soweit sie aus dem Vertragsverhältnis „fließen".

[12] KKRD/*Roth* Rn. 5; MüKoHGB/*Häuser* Rn. 13; *K. Schmidt* HandelsR § 31 IV 2b; aA *Schmidt-Rimpler,* Das Kommissionsgeschäft, Ehrenbergs Handbuch des gesamten Handelsrechts, Bd. V/1 2. Hälfte, 1928, § 144; Staub/*Koller* Rn. 7.

[13] Oetker/*Bergmann* Rn. 12.

[14] Baumbach/Hopt/*Hopt* Rn. 6; KKRD/*Roth* Rn. 6; MüKoHGB/*Häuser* Rn. 26.

[15] So wohl auch Oetker/*Bergmann* Rn. 12; Staub/*Koller* Rn. 18.

[16] Vgl. RGZ 20, 112 (113); MüKoHGB/*Häuser* Rn. 28; Staub/*Koller* Rn. 21.

[17] KKRD/*Roth* Rn. 6; MüKoHGB/*Häuser* Rn. 27; Oetker/*Bergmann* Rn. 12; Staub/*Koller* Rn. 20.

[1] Generell gehört das nicht zur Interessenwahrungspflicht, Röhricht/Graf v. Westphalen/Haas/*Lenz* Rn. 3; Staub/*Koller* Rn. 2.

II. Regelungsgehalt

Die Vorschrift spricht nur vom Ankauf eines Wechsels, hat also die auf Erwerb des Wechsels 2 gerichtete **Einkaufskommission** im Auge. Es besteht jedoch Einigkeit, dass sie auch für den Fall der **Verkaufskommission** gilt, bei der der Dritte den Wechsel zahlungshalber an den Kommissionär gibt.[2] Unumstritten ist die Norm entsprechend auf andere Orderpapiere wie Orderschecks anwendbar.[3] Streit besteht demgegenüber, ob sie *(analog)* den Fall erfasst, in dem der Kommissionär vor Abschluss des Ausführungsgeschäfts an den Kommittenten einen Wechsel indossiert, um diesem schneller die Valuta zu verschaffen. Das ist zu abzulehnen.[4] Hier erbringt der Kommissionär einen Vorschuss, kraft dessen er nicht dazu verpflichtet ist, einen umlauffähigen Wechsel zu übertragen. Analog hingegen anwendbar ist die Vorschrift, wenn sich der Kommissionär vorab gegenüber dem Kommittenten dazu verpflichtet hat, einen umlauffähigen Wechsel zu indossieren.[5]

Die Norm verpflichtet den Kommissionär, das Orderpapier **ohne beschränkende Zusätze** zu 3 indossieren. Unzulässig sind Angstklauseln wie „ohne Obligo", die Rektaklausel „nicht an Order" (vgl. Art. 15 Abs. 2 WG), ein Vollmachtsindossament nach Art. 18 WG („zum Inkasso", „in Prokura", „Wert zur Einziehung") oder „Wert zur Sicherheit" bzw. „zum Pfand". Zulässig ist es, dass der Kommissionär den Wechsel blanko indossiert (Art. 13 Abs. 2 WG) oder blanko übergibt.

III. Rechtsfolgen

Das **pflichtgemäße Indossament** begründet die wechselmäßige Haftung des Kommissionärs, auch 4 gegenüber dem Kommittenten. Dabei haftet der Kommissionär allen späteren Indossataren und hat gegenüber dem Kommittenten einen Befreiungs- und Aufwendungsersatzanspruch, wenn er in Anspruch genommen wird, § 257 BGB, § 396 Abs. 2).[6] Der Kommittent kann den wechselrechtlichen Anspruch im Regelfall aber nicht durchsetzen, da der Kommissionär ihm den Anspruch auf Aufwendungsersatz entgegenhalten kann (§ 242 BGB, *dolo petit qui agit quod statim redditurus est*).[7] Umstritten ist, ob letzteres auch gilt, wenn der Kommissionär nach § 384 Abs. 3 oder nach § 394 Abs. 1 selbst haftet. Einige lassen hier den Kommissionär haften, da dem Kommittenten materiellrechtlich die Zahlung gebührt, auch wenn er keinen Anspruch auf eine wechselrechtliche Verpflichtung des Kommissionärs hat.[8] Das ist abzulehnen, da die Haftung des Kommissionärs in eine Wechselschuld mutieren würde.[9]

Bei **nicht pflichtgemäßer Indossierung** erhält der Kommittent gegen den Kommissionär einen 5 Schadensersatzanspruch nach § 280 BGB wegen des durch den einschränkenden Zusatz entstandenen Schadens. Nach der hier vertretenen Auffassung (→ § 384 Rn. 13, → § 385 Rn. 2) besteht kein Zurückweisungsrecht gegenüber dem Ausführungsgeschäft.[10] Wohl aber kann der Kommittent die Annahme des pflichtwidrig indossierten Wechsels als nicht vertragsgemäß zurückweisen.

§ 396 [Provision des Kommissionärs; Ersatz von Aufwendungen]

(1) ¹Der Kommissionär kann die Provision fordern, wenn das Geschäft zur Ausführung gekommen ist. ²Ist das Geschäft nicht zur Ausführung gekommen, so hat er gleichwohl den Anspruch auf die Auslieferungsprovision, sofern eine solche ortsgebräuchlich ist; auch kann er die Provision verlangen, wenn die Ausführung des von ihm abgeschlossenen Geschäfts nur aus einem in der Person des Kommittenten liegenden Grunde unterblieben ist.

(2) Zu dem von dem Kommittenten für Aufwendungen des Kommissionärs nach den §§ 670 und 675 des Bürgerlichen Gesetzbuchs zu leistenden Ersatze gehört auch die Vergütung für die Benutzung der Lagerräume und der Beförderungsmittel des Kommissionärs.

---

² RGZ 20, 112 (113); MüKoHGB/*Häuser* Rn. 2; Oetker/*Bergmann* Rn. 2; Röhricht/Graf v. Westphalen/Haas/*Lenz* Rn. 1; Staub/*Koller* Rn. 2.

³ Heymann/*Herrmann* Rn. 3; MüKoHGB/*Häuser* Rn. 2; Röhricht/Graf v. Westphalen/Haas/*Lenz* Rn. 1; Staub/*Koller* Rn. 2.

⁴ MüKoHGB/*Häuser* Rn. 2; Staub/*Koller* Rn. 3; aA Düringer/Hachenburg/*Lehmann* Rn. 4; Schlegelberger/*Hefermehl* Rn. 3.

⁵ MüKoHGB/*Häuser* Rn. 2; Staub/*Koller* Rn. 3.

⁶ MüKoHGB/*Häuser* Rn. 7.

⁷ BeckOGK/*Fischinger* Rn. 6; MüKoHGB/*Häuser* Rn. 7; Staub/*Koller* Rn. 6

⁸ MüKoHGB/*Häuser* Rn. 9; Schlegelberger/*Hefermehl* Rn. 6.

⁹ BeckOGK/*Fischinger* Rn. 6; Oetker/*Bergmann* Rn. 3; Staub/*Koller* Rn. 6.

¹⁰ BeckOGK/*Fischinger* Rn. 7; MüKoHGB/*Häuser* Rn. 10; aA Heymann/*Herrmann* Rn. 2; Staub/*Koller* Rn. 7.

I. Normzweck

1   Die Vorschrift befasst sich mit den beiden wesentlichen Ansprüchen des Kommissionärs gegen den Kommittenten, mit dem **Provisionsanspruch** und dem **Aufwendungsersatzanspruch.** Beide Ansprüche werden vom Gesetz nicht begründet. § 396 bildet keine Anspruchsgrundlage, sondern setzt den bürgerlich-rechtlichen Aufwendungsersatzanspruch aus §§ 670, 675 BGB voraus und gestaltet ihn teilweise besonders aus. Beide Ansprüche bestehen selbständig nebeneinander. Der Aufwendungsersatzanspruch kann auch dann geltend gemacht werden, wenn die Voraussetzungen für den Provisionsanspruch nicht erfüllt sind.[1]

2   Abs. 1 betrifft den Provisionsanspruch. Die Frage, ob und gegebenenfalls in welcher Weise bzw. Höhe eine Provision geschuldet wird, beurteilt sich nach den Parteivereinbarungen, hilfsweise nach § 354 Abs. 1. Auf dieser Grundlage bestimmt die Norm, wann der Anspruch entsteht. Eine Provision wird auch dann geschuldet, wenn die Parteien diese nicht ausdrücklich vereinbart haben.[2] Im Grundsatz ist die **Ausführungsprovision** des Kommissionärs **erfolgsabhängig** und setzt neben einem wirksamen Kommissionsvertrag ein wirksames Ausführungsgeschäft und dessen Ausführung voraus (Abs. 1 S. 1). Die **Auslieferungsprovision** nach Abs. 1 S. 2 stellt einen Ersatz dafür dar, dass der Kommissionär ein relativ hohes Provisionsrisiko trägt. Sie ist in aller Regel niedriger als die Erfolgsprovision nach Abs. 1 S. 1 und entsteht unter weiteren Voraussetzungen, wenn das Geschäft des Kommissionärs mit dem Dritten nicht ausgeführt wurde. Individualvertraglich können die Parteien vereinbaren, dass die volle Provision auch ohne Ausführung des Geschäfts geschuldet wird.[3]

3   Abs. 2 knüpft an die den Aufwendungsersatzanspruch regelnden §§ 670, 675 BGB an und legt fest, dass Eigenkosten des Kommissionärs für Lagerung und Beförderung des Kommissionsgutes unter den Ersatzanspruch fallen und damit nicht durch den Provisionsanspruch abgegolten sind. Dabei handelt es sich um Fixkosten, die kraft gesetzlicher Anordnung als Aufwendung einzuordnen sind.[4] Das Gesetz will dadurch dem Umstand gerecht werden, dass der Kommissionär für fremde Rechnung tätig wird und ordnet damit teilweise dessen wirtschaftliche Risiken dem Kommittenten zu.[5] Der Aufwendungsersatzanspruch ist dispositiv. Vereinbaren die Beteiligten eine außergewöhnlich hohe Provision, kann dies deutlich dafür sprechen, dass der Aufwendungsersatzanspruch abbedungen wurde.[6] Entscheidend ist, dass die Provisionshöhe die Kosten des Kommissionärs mindestens abdeckt. Bei der Verkaufskommission über Insolvenzware hat man eine Provision von insgesamt 53 % des Verkaufspreises noch nicht als überdurchschnittlich hoch angesehen.[7]

II. Der Provisionsanspruch

4   **1. Voraussetzungen bei Ausführung des Geschäfts. a) Bestehen eines Kommissionsvertrages.** Der Provisionsanspruch nach Abs. 1 S. 1 setzt voraus, dass ein Kommissionsvertrag wirksam zustande gekommen ist. Er bildet die Grundlage für die Vergütung des Kommissionärs. Umstritten ist, ob der Provisionsanspruch auf § 354 gestützt werden kann, wenn der Kommissionsvertrag nichtig ist, etwa wegen einer Anfechtung nach § 142 Abs. 1 BGB. Die Rechtsprechung bejaht dies.[8] Indes ist das abzulehnen. § 354 ersetzt nur eine unwirksame Provisionsvereinbarung, nicht aber das Bestehen eines Kommissionsvertrages.[9] Entscheidend ist ein dogmatischer Einwand: Eine Provision für die Ausführung eines unwirksamen Vertrages hebelt das zivilrechtliche Ausgleichssystem aus. Dies gilt unabhängig davon, ob man Bereicherungsrecht oder die Geschäftsführung ohne Auftrag anwendet (→ Rn. 12). Nach beiden Rechtsinstituten schuldet der Kommittent nur einen objektiven Wert (erforderliche Aufwendungen oder objektiver Wert der Kommissionsleistung), nicht aber eine subjektiv gesetzte Provision. Hat der Kommittent den Vertrag gekündigt, bevor der Provisionsanspruch entstanden ist (also vor Ausführung des Geschäfts), kommt keine Provision in Betracht. Die §§ 628, 649 BGB, wonach in einem solchen Fall die vereinbarte Vergütung abzüglich ersparter Aufwendungen geschuldet wird, werden von den Besonderheiten des Kommissionsrechts verdrängt.[10]

---

[1] OLG Jena Urt. v. 28.11.2007 – 4 U 711/06, BeckRS 2008, 10301; BeckOGK/*Fischinger* Rn. 2.
[2] Baumbach/Hopt/*Hopt* Rn. 1; MüKoHGB/*Häuser* Rn. 2; Staub/*Koller* Rn. 1.
[3] Oetker/*Bergmann* Rn. 7.
[4] S. dazu BAG Urt. v. 14.10.2003 – 9 AZR 657/02, NJW 2004, 2036 (2037 f.).
[5] *Canaris* HandelsR § 30 Rn. 47; MüKoHGB/*Häuser* Rn. 1.
[6] OLG Jena Urt. v. 28.11.2007 – 4 U 711/06, BeckRS 2008, 10301; Baumbach/Hopt/*Hopt* Rn. 6; KKRD/*Roth* Rn. 8; Röhricht/Graf v. Westphalen/Haas/*Lenz* Rn. 10.
[7] OLG Jena Urt. v. 28.11.2007 – 4 U 711/06, BeckRS 2008, 10301.
[8] BGH Urt. v. 28.9.1961 – II ZR 186/59, LM Nr. 2: § 354 ist danach eine eigene Anspruchsgrundlage. Dem folgend MüKoHGB/*Häuser* Rn. 5. Auf § 683 BGB iVm § 354 abstellend Oetker/*Bergmann* Rn. 3.
[9] Staub/*Koller* Rn. 3; Baumbach/Hopt/*Hopt* Rn. 1; BeckOGK/*Fischinger* Rn. 5; Heymann/*Herrmann* Rn. 2; KKRD/*Roth* Rn. 1; vgl. auch schon RGZ 34, 264 (266). Allgemein dazu *Canaris* HandelsR § 26 Rn. 6.
[10] BeckOGK/*Fischinger* Rn. 6; Baumbach/Hopt/*Hopt* Rn. 1; KKRD/*Roth* Rn. 4; MüKoHGB/*Häuser* Rn. 4; Oetker/*Bergmann* Rn. 3; Staub/*Koller* Rn. 8; aA *K. Schmidt* HandelsR § 31 IV 3a.

b) Abschluss des Ausführungsgeschäfts. Weitere Voraussetzung ist der Abschluss eines Ausfüh- 5
rungsgeschäfts mit dem Dritten. Dieses Geschäft muss wirksam sein (eine aufschiebende Bedingung
muss, eine auflösende darf nicht eingetreten sein). Es darf nicht durch Anfechtung mit Wirkung ex
tunc nichtig geworden sein. Auch ein Rücktritt, vertraglich vorbehalten oder nach § 323 BGB, der
das Ausführungsgeschäft in ein Rückgewährschuldverhältnis umwandelt, steht einem Provisionsanspruch entgegen. Dies gilt in jedem Fall, wenn der Rücktritt auf einer Pflichtverletzung des
Kommissionärs beruht. Tritt bei einer Verkaufskommission der Dritte zurück, da die gelieferte Ware
mangelhaft ist (§§ 437 Nr. 2, 440, 323, 326 Abs. 5 BGB), hat es der Kommittent zu vertreten, dass das
Ausführungsgeschäft in ein Rückgewährschuldverhältnis umgewandelt wurde (arg. ex § 396 Abs. 1
S. 2 letzter Hs.). Er schuldet daher die Provision.[11] Beim kleinen Schadensersatzanspruch nach § 437
Nr. 3 BGB wird das Ausführungsgeschäft nicht in ein Abwicklungsverhältnis umgewandelt; wertmäßig
entspricht der Schadensersatzanspruch wegen Nichterfüllung zusammen mit der einbehaltenen Sache
dem Erfüllungsanspruch. Das steht der Ausführung gleich.[12] Nicht anders wird man für den großen
Schadensersatzanspruch zu entscheiden haben (→ Rn. 9).

Ohne wirksames Ausführungsgeschäft kann ein Provisionsanspruch nicht bestehen bzw. fortbeste- 6
hen. Die Gründe sind unerheblich. Insbesondere findet Abs. 1 S. 2 keine Anwendung. Diese Vorschrift setzt den Abschluss des Ausführungsgeschäfts voraus und macht nur eine Ausnahme von dem
Grundsatz, dass das Ausführungsgeschäft auch zur Durchführung gekommen sein muss (→ Rn. 7 ff.).[13]
Hintertreibt der Kommittent den Abschluss, indem er selbst mit dem Dritten kontrahiert, um sich des
Provisionsanspruches zu entledigen, greift § 162 BGB. Danach ist der Kommittent so zu behandeln, als
sei der Provisionsanspruch entstanden. Auf diesen Fall ist (ausnahmsweise) § 649 BGB anwendbar und
der Kommittent schuldet die Provision abzüglich ersparter Aufwendungen.[14]

c) Ausführung des Geschäfts. Das Gesetz gewährt dem Kommissionär den Provisionsanspruch 7
nicht für den Abschluss des Ausführungsgeschäfts, sondern für den wirtschaftlichen Erfolg. „Zur
Ausführung gekommen" ist das Geschäft, wenn dessen beabsichtigter **wirtschaftlicher Erfolg** eingetreten ist.[15] Dieser tritt ein, wenn der Dritte erfüllt hat. Beauftragt ein Kunde eine Bank, Aktien aus
Neuemission zu zeichnen, so fehlt es an einem wirtschaftlichen Erfolg, wenn dem Kunden die
Aktien nicht zugeteilt werden.[16] Es kommt nicht darauf an, ob auch die Gegenleistung erbracht
wurde.[17] Anderenfalls würde man die Vertragspflichten des Kommissionärs überspannen. Im Ergebnis
kann der Kommissionär daher die Provision bereits vor der Herausgabe des aus dem Ausführungsgeschäft erlangten geltend machen.[18]

Erfüllung bedeutet (im Wesentlichen) **vertragsgemäße Leistung**, ohne Mängel, vollständig und 8
rechtzeitig. Unwesentliche Abweichungen, die die Leistungsfähigkeit des Dritten nicht in Frage stellen,
bleiben ohne Auswirkungen.[19] Eine wesentlich verspätete Leistung erfüllt die Voraussetzungen, wenn
der Verzugsschaden gedeckt wird.[20] Teilleistungen lassen einen anteiligen Provisionsanspruch entstehen,
soweit die Teilleistung im Interesse des Kommittenten liegt, wie sich aus den §§ 323 Abs. 5 S. 2, 326
Abs. 1 S. 1 Hs. 2 BGB ableiten lässt.[21] Keineswegs ist stets eine Provision geschuldet, da der Rechtsgedanke des § 87a Abs. 1 S. 1 nicht auf die Kommission zu übertragen ist.[22] Wurde eine Teilleistung
vertraglich vereinbart, ist der Provisionsanspruch selbstredend voll entstanden. Die **Leistung an Erfüllungs
Statt** steht einer Erfüllung gleich und ist damit als wirtschaftlicher Erfolg einzuordnen.[23]

Der Erfüllung steht es gleich, wenn der Dritte **Schadensersatz wegen Nichterfüllung** leistet; 9
auch dann tritt der wirtschaftliche Erfolg für den Kommittenten ein. Dies gilt auch für den großen
Schadensersatz, da dieser wirtschaftlich nicht hinter dem Erfüllungsinteresse zurückbleibt. Unerheblich
ist, dass der Kommissionär parallel einen Schadensersatz geltend machen und einen Rücktritt erklären
kann (§§ 281 Abs. 5, 325 BGB). Entscheidend ist, dass der Dritte eine Leistung an den Kommissionär
erbracht hat, sei es auch zur Kompensation.[24] Erfüllt der Kommissionär im Rahmen der Delkrederehaftung oder nach § 384 Abs. 3, handelt es sich auch eine Ausführung im Sinne der Norm.[25]

---

[11] BeckOGK/*Fischinger* Rn. 9; MüKoHGB/*Häuser* Rn. 14; Oetker/*Bergmann* Rn. 4.
[12] Oetker/*Bergmann* Rn. 4, 6; Staub/*Koller* Rn. 5.
[13] Staub/*Koller* Rn. 6.
[14] MüKoHGB/*Häuser* Rn. 5; Staub/*Koller* Rn. 6.
[15] Baumbach/Hopt/*Hopt* Rn. 2; KKRD/*Roth* Rn. 2; Oetker/*Bergmann* Rn. 5; Staub/*Koller* Rn. 9; iErg auch
MüKoHGB/*Häuser* Rn. 7.
[16] BGH Urt. v. 28.1.2003 – XI ZR 156/02, BGHZ 153, 344 (348).
[17] *Canaris* HandelsR § 30 Rn. 42; Oetker/*Bergmann* Rn. 5; *K. Schmidt* HandelsR § 31 IV 3a.
[18] Zutr. MüKoHGB/*Häuser* Rn. 7.
[19] Baumbach/Hopt/*Hopt* Rn. 2; *Canaris* HandelsR § 30 Rn. 42; MüKoHGB/*Häuser* Rn. 9; Oetker/*Bergmann*
Rn. 6; Staub/*Koller* Rn. 10; Staub/*Koller* Rn. 9.
[20] Staub/*Koller* Rn. 9.
[21] Oetker/*Bergmann* Rn. 6; MüKoHGB/*Häuser* Rn. 9; Staub/*Koller* Rn. 10.
[22] Staub/*Koller* Rn. 10; aA MüKoHGB/*Häuser* Rn. 9.
[23] MüKoHGB/*Häuser* Rn. 8.
[24] Oetker/*Bergmann* Rn. 6.
[25] MüKoHGB/*Häuser* Rn. 8; Oetker/*Bergmann* Rn. 5; Staub/*Koller* Rn. 9.

10   **2. Provision im Falle der Nichtausführung. a) Auslieferungsprovision.** Sie entsteht nur, wenn dies am Ort der Niederlassung des Kommissionärs gebräuchlich ist[26] oder die Parteien dies vereinbart haben. Sie setzt weder den Abschluss eines Ausführungsgeschäfts noch dessen Ausführung voraus. Die Auslieferungsprovision ist subsidiär und entsteht nur, wenn **kein normaler Provisionsanspruch** besteht.[27] Einzige Voraussetzung ist, dass der Kommissionär (nicht der Dritte oder der Kommittent) das Kommissionsgut ausgehändigt erhalten hat.[28] Sie stellt eine **Vergütung für die Entgegennahme und Aufbewahrung** des Kommissionsgutes dar.[29] Voraussetzung ist daher auch nicht der Fortbestand des Kommissionsvertrages. Der Provisionsanspruch besteht, wenn der Kommissionsvertrag nach Aushändigung gekündigt wird oder aus anderen Gründen mit ex-nunc-Wirkung erlischt, sofern nur zuvor das Kommissionsgut ausgehändigt wurde.[30] Die Provision wird auch nicht dadurch ausgeschlossen, dass das Kommissionsgut bei dem Kommissionär untergeht. Hat er den Untergang verschuldet, erwächst dem Kommittenten ein Schadensersatzanspruch, mit dem er gegen den Anspruch auf die Auslieferungsprovision aufrechnen kann.[31]

11   **b) Erhalt der vollen Provision (Abs. 1 S. 2 Hs. 2).** Die volle Provision bleibt dem Kommissionär trotz Nichtausführung des Geschäfts mit dem Dritten, wenn dies auf einem in der Person des Kommittenten liegenden Grunde beruht. Der Anspruch setzt einen wirksamen Kommissionsvertrag sowie den Abschluss eines Ausführungsgeschäfts voraus. Die Nichtausführung muss vom Kommittenten nicht verschuldet sein.[32] Lediglich der Grund für die Nichtausführung muss der Sphäre des Kommittenten zuzurechnen sein. Das geht weiter als die ansonsten parallele Regelung des § 87a Abs. 3, die auf ein Vertretenmüssen abstellt. Wann ein Umstand der **Sphäre des Kommittenten** zuzurechnen ist, ist eine Wertungsfrage. Sie richtet sich daran aus, ob der Umstand für den Kommittenten objektiv beherrschbar war.[33] Danach stellt es einen in der Person des Kommittenten liegenden Grund dar, wenn eine Verkaufskommission nicht zur Ausführung gelangt, weil der Kommittent das Gut von seinem Vorlieferanten nicht erhält, und zwar auch dann, wenn diesem ein Lieferungsverbot auferlegt wurde.[34] Anders ist es, wenn ein generelles, alle betreffendes Lieferungsverbot entgegensteht. Scheitert die Durchführung an einem vertragswidrigen Verhalten des Dritten, greift die provisionserhaltende Norm ebenfalls nicht ein.

12   **3. Provisionshöhe.** Die Höhe der Provision richtet sich nach der Parteivereinbarung. Haben die Parteien (ausnahmsweise) keine Provisionshöhe vereinbart, kommt es nach § 354 auf die ortsüblichen Beträge am Niederlassungsort des Kommissionärs an. Lassen sich diese nicht ermitteln, kann der Kommissionär nach billigem Ermessen gem. §§ 315, 316 BGB die Provisionshöhe bemessen.[35] Typischerweise wird die Kommission nach einem bestimmten Prozentsatz am Ver- oder Einkaufspreis bemessen. Andere Bemessungsgrundlagen wie etwa den Wert des Kommissionsgutes können die Parteien zugrunde legen, allerdings dürften diese vage und daher wenig praktikabel sein.[36] Im Grundsatz bemisst sich die Provision einschließlich Mehrwertsteuer, Kosten für Zölle, Fracht, Lagergeld und Verpackungskosten.[37] Eine Berechnung anhand des Nettoverkaufspreises können die Parteien gleichwohl individualvertraglich vereinbaren oder der Kommittent kann hierzu anweisen. Gewährt der Verkaufskommissionär Skonti, sind diese vom Kaufpreis als Bemessungsgrundlage abzuziehen. Derartige Nachlässe gewährt der Kommissionär meist aus eigenem Entschluss, sodass sie sehr wohl zu seinen Lasten gehen, da er dadurch das Risiko mindert, überhaupt keine Provision zu erhalten.[38] Dies gilt auch für Umsatz- oder Mengenrabatte. Die Höhe der Auslieferungsprovision bemisst sich ebenso nach den beschriebenen Grundsätzen: Lässt sich keine ortsübliche Höhe ermitteln, kann der Kommissionär sie nach billigem Ermessen gem. § 315 BGB bestimmen.[39]

---

[26] RGZ 17, 31; OLG Hamburg SeuffA 64 (1909), Nr. 137.

[27] MüKoHGB/*Häuser* Rn. 19; Oetker/*Bergmann* Rn. 13.

[28] MüKoHGB/*Häuser* Rn. 20; Staub/*Koller* Rn. 14.

[29] MüKoHGB/*Häuser* Rn. 19; Oetker/*Bergmann* Rn. 11; so bereits *Grünhut,* Das Recht des Commissionshandels, 1879, 427.

[30] OLG Hamburg SeuffA 64 Nr. 137; Oetker/*Bergmann* Rn. 11.

[31] MüKoHGB/*Häuser* Rn. 20; aA Staub/*Koller* Rn. 18 (Gefahrtragungsgrundsätze).

[32] Baumbach/Hopt/*Hopt* Rn. 3; *Canaris* HandelsR § 30 Rn. 43; MüKoHGB/*Häuser* Rn. 18; Oetker/*Bergmann* Rn. 9; Staub/*Koller* Rn. 11.

[33] *Canaris* HandelsR § 30 Rn. 43; Oetker/*Bergmann* Rn. 9; Staub/*Koller* Rn. 26.

[34] Staub/*Koller* Rn. 27; aA Schlegelberger/*Hefermehl* Rn. 16; MüKoHGB/*Häuser* Rn. 19.

[35] MüKoHGB/*Häuser* Rn. 24.

[36] Staub/*Koller* Rn. 45; MüKoHGB/*Häuser* Rn. 25, hält den Wert des Kommissionsgutes generell für irrelevant. In der Allgemeinheit lässt sich das nicht aufrechterhalten, da die Parteien auch schwer zu ermittelnde Berechnungsgrundlagen vereinbaren können. Ob dies kaufmännisch vernünftig ist, ist eine andere Frage.

[37] MüKoHGB/*Häuser* Rn. 27; Staub/*Koller* Rn. 45.

[38] Zutr. Staub/*Koller* Rn. 45; aA MüKoHGB/*Häuser* Rn. 27; Schlegelberger/*Hefermehl* Rn. 23.

[39] OLG Hamburg SeuffA 64 Nr. 137; Oetker/*Bergmann* Rn. 12; Staub/*Koller* Rn. 21.

III. Der Aufwendungsersatzanspruch

1. Voraussetzungen. a) Wirksamer Kommissionsvertrag. Die Voraussetzungen des Aufwen- **13** dungsersatzanspruchs ergeben sich aus §§ 675, 670 BGB. Erforderlich ist daher ein wirksamer Kommissionsvertrag. Eine Kündigung des Kommissionsvertrages entzieht nur den anschließend getätigten Aufwendungen die vertragliche Grundlage. Entsprechendes gilt, wenn der Kommissionsvertrag aus anderen Gründen (zB Unmöglichkeit) in ein Rückgewährschuldverhältnis umgewandelt wird (→ § 384 Rn. 37). Der Abschluss des Ausführungsgeschäfts ist aber nicht Voraussetzung des Aufwendungsersatzanspruchs. Nach der hier vertretenen Ansicht (→ § 383 Rn. 43) kann der Kommissionär seine Aufwendungen nach den Grundsätzen der ungerechtfertigten Bereicherung vom Kommittenten herausverlangen. Dieser kann von dem Kommissionär einen etwaigen Vorschuss zurückverlangen. Ein Aufwendungsersatz nach den Grundsätzen der Geschäftsführung ohne Auftrag ist nicht nur dogmatisch unstimmig, sondern überspannt auch den Begriff des „auch fremden Geschäfts".

b) Freiwilliges Vermögensopfer. Unter Aufwendungen werden freiwillig erbrachte Vermögens- **14** opfer verstanden, die zum Zwecke der Ausführung der Kommission und ihrer Abwicklung getätigt werden. Aufwendungen kann der Kommissionär auch vor dem Abschluss (zum Zwecke des Abschlusses) haben, und er kann sie auch für erforderlich halten, weil er noch von einer Durchführung ausgeht. Die Aufwendungen können unterschiedlicher Art sein und sowohl als **Kosten** für Kommunikationsmittel, für Vertragsabschlüsse, Versicherungen, Lagerung, Beförderung etc. erscheinen als auch in der **Eingehung von Verpflichtungen** bestehen (mit der Folge des § 257 BGB). So ist der entrichtete Kaufpreis eine Aufwendung, die der Kommissionär von dem Kommittenten verlangen kann. Auch gegen den Kommissionär gerichtete **Schadensersatzansprüche** wegen Nicht- oder nicht ordnungsgemäßer Erfüllung, die auf Umstände zurückgehen, die das vom Kommittenten gestellte Kommissionsgut betreffen, können Aufwendungen im Sinne der Norm sein.[40] Ein pauschalierter Aufwendungsersatz ist entgegen einer verbreiteten Ansicht nur zulässig, wenn die Parteien dies vereinbart haben.[41]

Begriffsgetreu keine freiwilligen Vermögensopfer sind Schäden, die der Kommissionär bei der **15** Ausführung der Kommission erleidet. Gleichwohl bejaht die Rechtsprechung einen Anspruch nach § 670 BGB analog für den Ersatz solcher Schäden, bei denen sich ein durch den Kommissionsvertrag übernommenes Schadensrisiko verwirklicht hat, das nicht dem Betriebs- oder allgemeinen Lebensrisiko des Kommissionärs zuzurechnen ist.[42] Dies ist klarzustellen. Bereits mit einer extensiven Auslegung des Aufwendungsersatzanspruches lassen sich solche Schäden erfassen, die aus dem Ausführungsgeschäft und der Innehabung des Kommissionsguts folgen (→ Rn. 14). Der Ersatz anderer Schäden ist im Schrifttum umstritten. Einige bejahen einen umfassenden Ersatz von Schäden, andere lehnen ihn ab.[43] Beide Ansichten sind indes zu rigoros. Zum einen widerspricht die Abwälzung des allgemeinen Lebensrisikos auf den Kommittenten dem schadensrechtlichen Ausgleichsprinzip und zum anderen verkennt die restriktive Ansicht, dass der Kommissionär uU einen Schaden nur deswegen erlitten hat, weil er Verpflichtungen aus dem Kommissionsvertrag erfüllt. Richtigerweise ist an § 110 anzuknüpfen. Danach sind solche Schäden zu ersetzen, die aus der spezifischen Tätigkeit des Kommissionärs folgen und nicht das allgemeine Lebensrisiko widerspiegeln.[44] Im Ergebnis entspricht dies dem Ansatz der Rechtsprechung, stützt ihn jedoch auf ein normatives Element.

Nicht erstattungsfähig sind solche Aufwendungen, die bereits durch den Provisionsanspruch **16** abgedeckt sind. Wie auch im allgemeinen Auftragsrecht kann der Kommissionär keinen Ersatz für seine eigenen Arbeitsaufwand und die allgemeinen Betriebs- und Geschäftskosten (zB Personalkosten, eigene Arbeitskraft, eigener Materialeinsatz, Miete der Geschäftsräume) verlangen.[45] Einzelheiten können durch Parteivereinbarung geregelt sein. Eine Ausnahme von diesem Grundsatz macht Abs. 2 (abdingbar, auch durch Handelsbrauch),[46] wonach die Inanspruchnahme von Lagerräumen und Beförderungsmitteln des Kommissionärs nicht als allgemeine Geschäftskosten angesehen, sondern dem Aufwendungsersatzanspruch zugerechnet werden. Zu vergüten sind die ortsüblichen Sätze. Die Aus-

---

[40] Vgl. KKRD/*Roth* Rn. 8; s. auch BGH Urt. v. 16.12.1952 – I ZR 29/52, BGHZ 8, 222.
[41] MüKoHGB/*Häuser* Rn. 46 lässt eine Pauschalierung bei massenhaften Bagatellgeschäften (Porto, Telefon) zu. Noch weitergehend Staub/*Koller* Rn. 32.
[42] Vgl. BGH Urt. v. 27.11.1962 – VI ZR 217/61, BGHZ 38, 270 (277); Urt. v. 18.9.1984 – VI ZR 316/82, NJW 1985, 269; krit. dazu K. *Schmidt* HandelsR § 31 IV 3b, zT jedoch mit gleichem Ergebnis: Schäden, die ihren Grund im Ausführungsgeschäft haben, trage der Kommittent aufgrund des Prinzips des Handelns für fremde Rechnung; freilich unter unzutreffender Berufung auf BGH Urt. v. 16.12.1952 – I ZR 29/52, BGHZ 8, 222, wo es um Schadensersatzansprüche gegen den Kommissionär geht.
[43] Für einen umfassenden Ersatz aller Schäden, auch solcher, in denen sich das allgemeine Lebensrisiko verwirklicht *Blaschczok* FS Gitter, 2010, 105, 120 ff. Gegen den Ersatz von Schäden Oetker/*Bergmann* Rn. 16.
[44] *Canaris* HandelsR § 30 Rn. 51; MüKoHGB/*Häuser* Rn. 53; Röhricht/Graf v. Westphalen/Haas/*Lenz* Rn. 11; Staub/*Koller* Rn. 33.
[45] BGH Urt. v. 28.1.2003 – XI ZR 156/02, BGHZ 153, 344 (348 f.); *Canaris* HandelsR § 30 Rn. 48; Oetker/*Bergmann* Rn. 17; Staub/*Koller* Rn. 53.
[46] OLG Stuttgart BB 1962, 689 (690).

nahme ist gerechtfertigt, weil die Heranziehung von Lagerräumen und Beförderungsmitteln Dritter ohne weiteres vom Aufwendungsersatzanspruch erfasst wird und es keinen Grund gibt, den Kommittenten davon profitieren zu lassen, wenn der Kommissionär eigene Mittel einsetzt. Es kommt auch nicht darauf an, ob der Kommissionär zur Beförderung oder Lagerung verpflichtet war.[47] Auch bei bestehender Verpflichtung handelt es sich um Aufwendungen, die nach dem gesetzlichen Konzept (anders bei abweichender Parteivereinbarung) nicht durch die Provision abgegolten sind. Die Verpflichtung erleichtert lediglich die Annahme, dass der Kommissionär die Aufwendungen für erforderlich halten durfte.

17   **c) Objektivierte Erforderlichkeit.** Die Frage der **Erforderlichkeit der Aufwendungen** beurteilt sich aus der objektivierten ex ante Perspektive des Kommissionärs. Entscheidend ist, ob er bei Anwendung pflichtgemäßer Sorgfalt die Aufwendungen für erforderlich halten durfte. Dabei sind die Vereinbarungen der Parteien ebenso zu beachten wie die sonstigen Umstände, ausgerichtet an einer die Interessen des Kommittenten wahrenden Geschäftsbesorgung. Ein Abweichen von Weisungen führt nur im Ausnahmefall dazu (§ 385 Abs. 2, § 665 BGB), dass die damit verbundenen Aufwendungen ersatzfähig sind. Sittenwidrige oder unlautere Maßnahmen (zB Zahlung eines Schmiergeldes) darf der Kommissionär nicht für erforderlich halten, selbst wenn sie der Durchführung des Geschäfts dienlich sind.[48]

18   **2. Rechtsfolgen.** Die Rechtsfolgen richten sich nach der Art der Aufwendungen. Im Falle der Eingehung einer Verbindlichkeit gilt § 257 BGB, wobei es dem Kommittenten freigestellt ist, in welcher Weise er die Befreiung von der Verbindlichkeit herbeiführt.[49] Der Kommissionär kann also nicht etwa Zahlung an sich verlangen. Hat der Kommissionär Geld aufgewendet oder zu vergütende eigene Leistungen erbracht (Abs. 2), besteht ein Zahlungsanspruch in Höhe des aufgewendeten (zu vergütenden) Betrages einschließlich Zinsen nach § 354 Abs. 2.[50] Nach §§ 675, 669 BGB hat der Kommissionär einen Vorschussanspruch zur Deckung der – aus objektiver Sicht – zu erwartenden Aufwendungen. Von der Erfüllung dieses Anspruchs kann er die Ausführung des Kommissionsgeschäfts abhängig machen (§ 273 BGB).[51] Nach der hM zum Auftragsrecht kann der Vorschussanspruch nach § 669 BGB nicht klageweise durchgesetzt werden.[52] Das ist abzulehnen, da diese Ansicht den Kommittenten dazu anstiften könnte, keinen Vorschuss zu leisten, aber gleichwohl auf der Ausführung der Kommission zu bestehen.[53] Ungeachtet dessen kann in der generellen Weigerung, einen Vorschuss zu leisten, eine Kündigung des Kommissionsvertrages durch den Kommittenten liegen.[54]

§ 397 Pfandrecht des Kommissionärs

[1]**Der Kommissionär hat wegen der auf das Gut verwendeten Kosten, der Provision, der auf das Gut gegebenen Vorschüsse und Darlehen sowie der mit Rücksicht auf das Gut gezeichneten Wechsel oder in anderer Weise eingegangenen Verbindlichkeiten ein Pfandrecht an dem Kommissionsgut des Kommittenten oder eines Dritten, der dem Kauf oder Verkauf des Gutes zugestimmt hat.** [2]**An dem Gut des Kommittenten hat der Kommissionär auch ein Pfandrecht wegen aller Forderungen aus laufender Rechnung in Kommissionsgeschäften.** [3]**Das Pfandrecht nach den Sätzen 1 und 2 besteht jedoch nur an Kommissionsgut, das der Kommissionär im Besitz hat oder über das er mittels Konnossements, Ladescheins oder Lagerscheins verfügen kann.**

I. Normzweck

1   Die Norm gewährt dem Kommissionär ein **gesetzliches Pfandrecht** an dem Kommissionsgut wegen seiner Forderungen gegen den Kommittenten. Es erweitert und ergänzt den Schutz, den der Kommissionär im Übrigen durch das kaufmännische Zurückbehaltungsrecht (§ 369) erhält, indem es ihm eine dingliche Rechtsposition verschafft und ein **Verwertungsrecht** gibt (§§ 1257, 1220 ff. BGB). Bedeutung hat die Vorschrift nur für die Warenkommission. Bei der Effektenkommission sehen

---

[47] *K. Schmidt* HandelsR § 31 IV 3b; Staub/*Koller* Rn. 55; aA OLG Stuttgart BB 1962, 689 (690).
[48] BGH Urt. v. 9.11.1964 – VII ZR 103/63, NJW 1965, 293.
[49] BGH Urt. v. 8.10.1964 – II ZR 132/64, NJW 1965, 249 (251).
[50] Vgl. iÜ § 256 BGB.
[51] RGZ 82, 400 (403); KKRD/*Roth* Rn. 9; MüKoHGB/*Häuser* Rn. 65; Staub/*Koller* Rn. 64.
[52] BGH Urt. v. 27.3.1980 – VII ZR 214/79, BGHZ 77, 60 (63); Urt. v. 20.5.1985 – VII ZR 266/84, BGHZ 85, 330 (334); MüKoHGB/*Häuser* Rn. 65; Staudinger/*Martinek*, 2017, BGB § 669 Rn. 5 f.
[53] So zutr. zum Auftragsrecht BeckOK BGB/*Fischer* BGB § 669 Rn. 3; MüKoBGB/*Schäfer* BGB § 669 Rn. 6; zum Kommissionsrecht BeckOGK/*Fischinger* Rn. 57; Staub/*Koller* Rn. 64.
[54] BeckOGK/*Fischinger* Rn. 57; MüKoHGB/*Häuser* Rn. 66; Staub/*Koller* Rn. 64.

die AGB-Banken (Nr. 14 Abs. 1 AGB-Banken) ein weitergehendes rechtsgeschäftliches Pfandrecht vor (Sicherung aller bestehenden und künftigen, auch bedingten oder befristeten, Ansprüche der Bank gegen den Kunden). Das Gesetz zur Reform des Seehandelsrechts hat den Tatbestand übersichtlicher gestaltet und dem Pfandrecht des Frachtführers nach § 440 angeglichen.[1] Während S. 1 das Pfandrecht für *konnexe* Forderungen des Kommissionärs gegen den Kommittenten erfasst, regelt S. 2 das Pfandrecht für *inkonnexe* Forderungen. Im letztgenannten Fall erstreckt sich das Pfandrecht nur auf das „Gut" des Kommittenten.

II. Voraussetzungen für die Entstehung des Pfandrechts

1. Wirksamer Kommissionsvertrag. Das Pfandrecht setzt einen **wirksamen Kommissions-** **2** **vertrag**, nicht hingegen seinen Fortbestand voraus. Eine Kündigung des Vertrages lässt somit ein Pfandrecht zur Sicherung bereits entstandener Forderungen nicht erlöschen; später entstehende Forderungen werden indes nicht mehr gesichert. Ist der Vertrag, etwa infolge Anfechtung, als von Anfang an nichtig anzusehen (§ 142 Abs. 1 BGB), kann kein Pfandrecht bestehen, ein ursprünglich entstandenes erlischt. Ebenso kann ein Pfandrecht nicht mehr entstehen, wenn über das Vermögen des Kommittenten das Insolvenzverfahren eröffnet worden ist. Dabei ist in aller Regel nicht entscheidend, wann der Besitz erlangt wurde,[2] da mit der Eröffnung des Insolvenzverfahrens der Kommissionsvertrag nach §§ 115, 116 InsO erlischt (→ § 383 Rn. 34). Ein vor Eröffnung des Insolvenzverfahrens erlangter Besitz hilft über diese Hürde nicht hinweg. Hat der Kommissionär den Besitz vom Kommittenten als Eigentümer erlangt (Verkaufskommission), so ist das Pfandrecht ohnehin nach allgemeinen Regeln entstanden; erlangt er den Besitz vom Dritten, kann das Pfandrecht erst mit der Eigentumsübertragung an den Kommittenten entstehen (→ Rn. 5), vor den Folgen der Insolvenz schützt ihn dann auch § 91 Abs. 2 InsO nicht, weil idR kein Fall des § 878 BGB vorliegt.

2. Gegenstand des Pfandrechts. Gegenstand des Pfandrechts ist das Kommissionsgut. Dies **3** sind alle Sachen und Wertpapiere, die Gegenstand der Kommission sind. Einkaufs- und Verkaufskommission werden erfasst. Bei der Einkaufskommission sind alle zum Verkauf übergebenen Waren der Gegenstand des Pfandrechts.[3] In jedem Fall muss das Kommissionsgut **individuell bestimmt** sein und nicht nur nach Gattungsmerkmalen. Allerdings kann der Kommissionär das Kommissionsgut konkretisieren und damit dem Pfandrecht unterwerfen, indem er aus gleichartigen Stücken solche auswählt, die an den Kommittenten zu liefern sind.[4] Ausschließlich zur Durchführung der Kommission übergebene Gegenstände wie Beförderungsmittel, Verpackung oder Legitimationspapiere unterliegen nicht dem Pfandrecht.[5] Da das Pfandrecht den Besitz am Kommissionsgut voraussetzt, scheiden Forderungen auf Erwerb des Kommissionsgutes als Pfandobjekt aus. Nur körperliche Gegenstände und verkehrsfähige Wertpapiere können Gegenstand des Pfandrechts sein, nicht hingegen Papiere iSd. § 952 BGB.[6] Das Pfandrecht am Kommissionsgut entsteht auch, wenn das Gut unpfändbar ist.[7]

3. Besitz am Kommissionsgut. Das Kommissionsgut muss sich im **Besitz des Kommissionärs** **4** befinden. Mittelbarer Besitz genügt, sofern nicht der Kommittent den Besitz vermittelt.[8] Dem Besitz an der Sache steht es gleich, wenn der Kommissionär über das Kommissionsgut mittels eines Traditionspapiers wie Konnossement (§§ 513 ff.), Ladeschein (§§ 444 ff.) oder Lagerschein (§§ 475c ff.) verfügen kann. Ein Frachtbrief ist kein Traditionspapier. Seine Übergabe durch einen Dritten kann aber ein Besitzmittlungsverhältnis am Kommissionsgut nach § 870 BGB begründen.[9] Die Geltendmachung des Pfandrechts setzt den Fortbestand des Besitzes voraus. Bei freiwilligem Besitzverlust erlischt das Pfandrecht nicht nur, wenn das Gut an den Kommittenten gegeben wird (§ 1253 BGB), sondern auch in anderen Fällen (etwa durch Veräußerung an Dritte). Erlangt der Kommissionär später wieder den

---

[1] Gesetz zur Reform des Seehandelsrechts vom 20. April 2013, BGBl. 2013 I 19/831.

[2] Baumbach/Hopt/*Hopt* Rn. 7; KKRD/*Roth* Rn. 4; MüKoHGB/*Häuser* Rn. 14; Oetker/*Bergmann* Rn. 3; Röhricht/Graf v. Westphalen/Haas/*Lenz* Rn. 2; Staub/*Koller* Rn. 5. Missverständlich insoweit RGZ 71, 76 (77 ff.).

[3] ROHGE 20, 86 (88 ff.); Oetker/*Bergmann* Rn. 4.

[4] MüKoHGB/*Häuser* Rn. 8; Staub/*Koller* Rn. 7.

[5] Baumbach/Hopt/*Hopt* Rn. 4; KKRD/*Roth* Rn. 2; MüKoHGB/*Häuser* Rn. 5; Oetker/*Bergmann* Rn. 4; Röhricht/Graf v. Westphalen/Haas/*Lenz* Rn. 2; *K. Schmidt* HandelsR § 31 IV 3c aa; Staub/*Koller* Rn. 3.

[6] RGZ 3, 152 (154); MüKoHGB/*Häuser* Rn. 5; Oetker/*Bergmann* Rn. 4; Staub/*Koller* Rn. 7; *Weidmann,* Das Kommissionsgeschäft: Das Kommissionsgeschäft im Allgemeinen, Band 1, 1908, 300 f. Denkbar ist allenfalls die Hilfspfändung an der nicht verkehrsfähigen Schuldurkunde, MüKoBGB/*Füller* BGB § 952 Rn. 24.

[7] Baumbach/Hopt/*Hopt* Rn. 4; MüKoHGB/*Häuser* Rn. 5; Oetker/*Bergmann* Rn. 4.

[8] MüKoHGB/*Häuser* Rn. 11; Oetker/*Bergmann* Rn. 5; Röhricht/Graf v. Westphalen/Haas/*Lenz* Rn. 3; *K. Schmidt* HandelsR § 31 IV 3c aa; Staub/*Koller* Rn. 9; *Weidmann,* Das Kommissionsgeschäft: Das Kommissionsgeschäft im Allgemeinen, Band 1, 1908, 302. Allgemein dazu *Canaris* HandelsR § 27 Rn. 28 ff.

[9] MüKoHGB/*Häuser* Rn. 11; Oetker/*Bergmann* Rn. 5; Staub/*Koller* Rn. 9.

Besitz, lebt das Pfandrecht nicht mehr auf.[10] Verliert der Kommissionär unfreiwillig den Besitz am Kommissionsgut, ist § 397 teleologisch zu reduzieren, sodass das Pfandrecht fortbesteht.[11] Die Gegenansicht beruft sich auf den eindeutigen Wortlaut (... sofern er es im Besitz hat,...).[12] Das Argument trägt nicht. Der Kommissionär soll nach § 397 nicht schlechter stehen, als wenn er ein vertragliches Pfandrecht vereinbart hätte. Dieses erlischt nach allgemeiner Ansicht nicht bei einem unfreiwilligen Besitzverlust.

5   **4. Eigentum des Kommittenten.** Der **Kommittent muss Eigentümer** des Kommissionsgutes sein. Bei der **Einkaufskommission** entsteht das Pfandrecht daher erst, wenn der Kommissionär dem Kommittenten das Eigentum übertragen hat, ohne zugleich freiwillig den Besitz zu übertragen, da das Pfandrecht den Besitz des Kommissionärs voraussetzt (→ Rn. 4). Vor der Eigentumsübertragung hat der Kommissionär die Rechte aus §§ 398, 399. Nach der überwiegenden Ansicht kann bei der Verkaufskommission der Kommissionär **gutgläubig** ein **Pfandrecht** an dem „Kommissionsgegenstand" erwerben, wenn er den Kommittenten für den Eigentümer oder Verfügungsberechtigten hält.[13] Begründen lässt sich dies mit § 366 Abs. 3. Diese Vorschrift setzt den gutgläubigen Erwerb gesetzlicher Pfandrechte voraus, sodass ein solches Pfandrecht nach §§ 1207, 932 ff. BGB erworben werden kann.[14] Die beschriebene Rechtslage gilt für **konnexe** Forderungen zwischen dem Kommittenten und dem Kommissionär. Ein Pfandrecht nach § 397 für **inkonnexe** Forderungen des Kommissionärs gegenüber dem Kommittenten kann nur gutgläubig erworben werden, wenn der Kommissionär gutgläubig den Kommittenten für den **Eigentümer** des Gutes hält. Ein guter Glaube an die Verfügungsbefugnis reicht nicht aus, wie sich aus § 366 Abs. 3 S. 2 ergibt.[15]

6   **5. Eigentum eines Dritten.** Nach S. 1 kann auch ein Pfandrecht auch an einem **Drittgut** entstehen, sofern der Dritte dem Kauf oder Verkauf des Gutes zugestimmt hat. Dadurch stellt das Gesetz einen systematischen Gleichklang zum gesetzlichen Pfandrecht des Verfrachters (§ 440) her.[16] Hier rechtfertigt sich ein Pfandrecht an dem Gut eines Dritten dadurch, dass der Dritteigentümer mit einem Transport durch einen ihm unbekannten Frachtführer rechnen muss. Deswegen geht der BGH von einem generellen Einverständnis des Absenders mit dem Transport durch seinen Vertragspartner oder durch zusätzlich eingeschaltete Frachtführer aus.[17] Bei einem Kommissionsverhältnis ist von einem solchen generellen Einverständnis nicht auszugehen, da der Kommissionär die persönliche Ausführung schuldet (→ § 394 Rn. 7 f.).[18] Vielmehr wird im Streitfall der Kommissionär darlegen und beweisen müssen, dass der Dritte als Eigentümer mit dem Kauf bzw. Verkauf durch einen (ihm unbekannten) weiteren Kommissionär einverstanden war. Erfasst sind damit Fälle, in denen der Kommissionär einen weiteren Kommissionär beim Einkauf oder Verkauf einschalten darf (Zwischenkommission). Hat der Eigentümer in diesem Sinne seine Zustimmung erteilt, ergibt sich die Verfügungsberechtigung des (Erst-)Kommissionärs direkt aus S. 1. Ein Rückgriff auf § 185 BGB ist deswegen entbehrlich.[19]

III. Gesicherte Forderungen

7   Das Gesetz unterscheidet zwischen **konnexen** (S. 1) und **inkonnexen** (S. 2) **Forderungen** des Kommissionärs gegen den Kommittenten. Forderungen aus dem konkreten, das verhaftete Gut betreffende Kommissionsgeschäft werden einschränkungslos gesichert. Das Gesetz zählt die denkbaren Möglichkeiten umständlich auf und schließt mit einer Generalklausel. Dem braucht nicht im Einzelnen nachgegangen zu werden. Sämtliche Forderungen, die dem Kommissionär aus dem konkreten Kommissionsgeschäft gegen den Kommittenten erwachsen, seien es Aufwendungsersatzansprüche oder Provisionsansprüche werden erfasst. Eine konnexe Forderung stellt auch der Anspruch des Kommissionärs auf Ersatz risikotypischer Begleitschäden dar (→ § 396 Rn. 15). Schließlich zählt auch der

---

[10] RGZ 44, 116 (120 – Pfandrecht des Spediteurs); Baumbach/Hopt/*Hopt* Rn. 8; KKRD/*Roth* Rn. 4; Staub/*Koller* Rn. 26.

[11] *Altmeppen* ZHR 157 (1993), 541 (548 ff.); Baumbach/Hopt/*Hopt* Rn. 8; *Canaris* HandelsR § 30 Rn. 60; KKRD/*Roth* Rn. 4; MüKoHGB/*Häuser* Rn. 32; Röhricht/Graf v. Westphalen/Haas/*Lenz* Rn. 4; Staub/*Koller* Rn. 26.

[12] Schlegelberger/*Hefermehl* Rn. 27; Staudinger/*Wiegand,* 2019, BGB § 1257 Rn. 20.

[13] Baumbach/Hopt/*Hopt* Rn. 4; KKRD/*Roth* Rn. 3; MüKoHGB/*Häuser* Rn. 13; Oetker/*Bergmann* Rn. 6; Röhricht/Graf v. Westphalen/Haas/*Lenz* Rn. 1; Staub/*Koller* Rn. 8.

[14] *Canaris* HandelsR § 27 Rn. 33. Außerhalb des Handelsrechts lehnt die Rechtsprechung einen gutgläubigen Erwerb gesetzlicher Pfandrechte wegen § 1257 BGB ab, s. BGH Urt. v. 21.12.1960 – VIII ZR 146/59, BGHZ 34, 153; Urt. v. 25.2.1987 – VIII ZR 47/86, BGHZ 100, 95.

[15] *Canaris* HandelsR § 27 Rn. 47; MüKoHGB/*Häuser* Rn. 14; Oetker/*Bergmann* Rn. 6c.

[16] So ausdr. die Regierungsbegründung zum Entwurf eines Gesetzes zur Reform des Seehandelsrechts vom 12.7.2012, BT-Drs. 17/10309, 51 f.

[17] BGH Urt. v. 10.6.2010 – I ZR 106/08, NJW-RR 2010, 1546 Rn. 26, 32.

[18] Zutr. Oetker/Bergmann Rn. 6a.

[19] *K. Schmidt* NJW 2014, 1 (3 f.).

Rückzahlungsanspruch aus einem Darlehen, das der Kommissionär dem Kommittenten im Zusammenhang mit der Kommission gewährt hat, zu den konnexen Forderungen.[20]

Für inkonnexe Forderungen kann ein Pfandrecht nur am Gut des Kommittenten entstehen. Das **8** Gut eines Dritten haftet nicht für inkonnexe Forderungen des Kommissionärs.[21] Die inkonnexen Forderungen als solche erfasst das Gesetz nur ausschnittsweise: nur Forderungen aus weiteren Kommissionsgeschäften werden gesichert. Andere Forderungen erfasst das Gesetz nicht, selbst wenn sie in ein Kontokorrent gestellt wurden.[22] Weiter ist erforderlich, dass die Forderungen aus anderen Kommissionsgeschäften noch laufen, dh in ein Kontokorrentverhältnis eingestellt sind oder aus anderen Gründen noch offen sind.[23] Beim Kontokorrent ist die Saldoforderung nur gesichert, wenn alle in den Saldo eingeflossenen Forderungen solche aus Kommissionsgeschäften der Parteien sind; anderenfalls gilt § 356. Bei der Effektenkommission sind die §§ 30, 4 DepotG zu beachten, die inkonnexe Forderungen von der Sicherung durch ein Pfandrecht ausnehmen, wenn der Kommissionär einen Zwischenkommissionär einschaltet.

IV. Folgen der Pfandrechtshaftung

Das gesetzliche Pfandrecht verschafft dem Kommissionär die Rechte eines vertraglich begründeten **9** Pfandrechts. Gegenüber dem Kommittenten gewährt es ein **Recht zum Besitz** (§ 986 Abs. 1 S. 1 BGB), gegenüber Gläubigern des Kommittenten im Insolvenzverfahren ein **Absonderungsrecht** (§ 50 Abs. 1 InsO). In der Einzelzwangsvollstreckung gegen den Kommittenten begründet das Pfandrecht ein die Veräußerung hinderndes Recht nach **§ 771 ZPO,** sofern der Kommissionär unmittelbarer Besitzer des Gutes ist. Bei mittelbarem Besitz steht ihm ein Recht auf **vorzugsweise Befriedigung** zu (§ 805 ZPO). Verwerten kann der Kommissionär das Kommissionsgut nach §§ 1257, 1228 ff. BGB durch Pfandverkauf. Umstritten ist, ob der Kommissionär bei der Verwertung auch die Interessen des Kommittenten zu wahren hat und ob ihm beim Pfandverkauf eine Provision nach § 354 zusteht. Richtigerweise sind diese Fragen zu verneinen. Der Kommissionär wird bei der Pfandverwertung nicht mehr im Interesse des Kommittenten tätig, sondern allein im eigenen Interesse, zur Befriedigung seiner Forderungen.[24] Ihn treffen daher keine kommissionsvertraglichen Interessenwahrungspflichten (nach § 384 Abs. 1), sondern nur die allgemeine Pflicht, alles zu unterlassen, was den Vertragspartner schädigen könnte, soweit dies nicht mit dem Pfandverkauf notwendigerweise verbunden ist. Ein Provisionsanspruch scheidet danach folgerichtig aus.[25]

V. Rang des Pfandrechts

Den Rang des Pfandrechts bestimmt der Zeitpunkt seines Entstehens (§§ 1209, 1257 BGB). Das **10** **Prioritätsprinzip** gilt sowohl im Verhältnis zu anderen gesetzlichen Pfandrechten als auch zu rechtsgeschäftlich bestellten. Ein besserer Rang kann auch **gutgläubig erworben** werden (§ 366 Abs. 3 HGB, §§ 1208, 1257 BGB). Das Prioritätsprinzip durchbricht **§ 442** im Verhältnis des Kommissionspfandrechts gegenüber dem Pfandrecht des Spediteurs (§ 464), des Lagerhalters (§ 475b) und des Frachtführers (§ 440). Deren Pfandrechte gehen demjenigen des Kommissionärs vor, auch wenn sie später entstanden sind. Untereinander gilt ebenfalls nicht das Prioritätsprinzip, es wird umgekehrt: das jüngere Pfandrecht geht dem älteren vor (§ 442 Abs. 1). Das Gesetz trägt mit dieser Reihenfolge dem Umstand Rechnung, dass die Leistungen der für die Beförderung des Kommissionsgutes eingesetzten Kaufleute den Wert des Guts erhöhen.[26] Übernimmt der Kommissionär Aufgaben eines Spediteurs, Frachtführers oder Lagerhalters, gilt für seine Aufwendungen insoweit § 442 Abs. 2 analog.[27]

§ 398 [Befriedigung aus eigenem Kommissionsgut]

Der Kommissionär kann sich, auch wenn er Eigentümer des Kommissionsguts ist, für die in § 397 bezeichneten Ansprüche nach Maßgabe der für das Pfandrecht geltenden Vorschriften aus dem Gute befriedigen.

---

[20] MüKoHGB/*Häuser* Rn. 24; Staub/*Koller* Rn. 15.

[21] Regierungsbegründung zum Entwurf eines Gesetzes zur Reform des Seehandelsrechts vom 12.7.2012, BT-Drs. 17/10309, 52; MüKoHGB/*Häuser* Rn. 27; Oetker/*Bergmann* Rn. 9.

[22] MüKoHGB/*Häuser* Rn. 27; Staub/*Koller* Rn. 19.

[23] RGZ 9, 424 (430); MüKoHGB/*Häuser* Rn. 27.

[24] MüKoHGB/*Häuser* Rn. 28; Oetker/*Bergmann* Rn. 10; Ehrenbergs-HdB 31, 831 ff.; Staub/*Koller* Rn. 24; aA ohne Begründung Baumbach/Hopt/*Hopt* Rn. 7; Schlegelberger/*Hefermehl* Rn. 26.

[25] KKRD/*Roth* Rn. 7; MüKoHGB/*Häuser* Rn. 31; Oetker/*Bergmann* Rn. 10; Staub/*Koller* Rn. 24. AA Baumbach/Hopt/*Hopt* Rn. 7. Offen gelassen von BGH Urt. v. 21.11.1983 – VIII ZR 173/82, WM 1984, 165, 166.

[26] BeckOGK/*Fischinger* Rn. 21; MüKoHGB/*Häuser* Rn. 29.

[27] MüKoHGB/*Häuser* Rn. 29; Oetker/*Bergmann* Rn. 11; Staub/*Koller* Rn. 22.

I. Normzweck

1 (Pfand)Rechte an eigener Sache kennt nur das Immobiliarsachenrecht (vgl. §§ 1163, 1177, 1196 BGB).[1] Dem Mobiliarsachenrecht ist ein Pfandrecht an einer eigenen Sache fremd. Bei einer Konsolidation erlischt das Mobiliarpfand (§ 1256 Abs. 1 S. 1 BGB). Nach § 1256 Abs. 2 BGB bleibt das Pfandrecht ausnahmsweise bestehen, wenn der Eigentümer an dessen Fortbestand ein rechtliches Interesse hat, da nachrangige Rechte an der Sache bestehen.[2] Dem Kommissionär nutzt diese Vorschrift nur, wenn er ein Pfandrecht an dem Kommissionsgut hatte, bevor der Eigentumserwerb eintrat; indes ist dies ein eher theoretischer Fall.[3] Nach der allgemeinen zivilrechtlichen Systematik stünde der Kommissionär als Eigentümer des Kommissionsgutes schlechter, als bei einer reinen Besitzposition. Diesen Widerspruch räumt § 398 aus und gewährt dem Kommissionär zur Sicherung seiner Ansprüche gegen den Kommittenten auch dann ein Pfandrecht am Kommissionsgut, wenn er Eigentümer des Guts ist. Man mag darüber streiten, ob dieses Recht ein echtes Pfandrecht oder nur ein pfandrechtsähnliches Befriedigungsrecht ist.[4] Für die Rechtsanwendung ist dieser Streit irrelevant.

II. Voraussetzungen

2 Einschlägig ist die Norm für die Einkaufskommission. Bei der Verkaufskommission scheidet sie aus, der der Kommissionär hier in aller Regel kein Eigentum am Kommissionsgut erwirbt. Auch bei einer Einkaufskommission scheidet die Norm aus, wenn das Kommissionsgut durch ein antizipiertes Besitzkonstitut an den Kommittenten übertragen wird. Hier ist nach wie vor § 397 einschlägig,[5] sodass sich die praktische Bedeutung der Norm in Grenzen hält. Die Voraussetzungen für das Entstehen der Rechtsposition sind dieselben wie bei § 397 – mit Ausnahme des Eigentums des Kommittenten. Erforderlich ist also ein wirksamer Kommissionsvertrag (Einzelheiten → § 397 Rn. 2). Das Kommissionsgut muss sich im Besitz des Kommissionärs befinden (Einzelheiten → § 397 Rn. 4). Das Eigentum muss dem Kommissionär zustehen. Ist ein Dritter Eigentümer, greift die Norm ebenso wenig wie § 397. Hat der Kommissionär das Gut, das zunächst ihm gehörte, an den Kommittenten weiter übertragen (unter Beibehaltung des unmittelbaren Besitzes, §§ 929, 930 BGB), setzt sich das Recht aus § 398 in ein solches aus § 397 fort. Gesichert werden die gleichen Forderungen wie bei § 397 (Einzelheiten → § 397 Rn. 6).

III. Rechtsfolgen

3 Die Rechtsfolgen sind ebenfalls dieselben wie bei § 397. Der Kommissionär darf also die Sache nicht aufgrund seiner Eigentümerstellung verwerten, sondern muss die Vorschriften der Pfandverwertung beachten (§§ 1220 ff. BGB). Umstritten ist, ob der Kommissionär bei Verzug des Kommittenten mit der Vorschuss- oder Provisionspflicht nach § 323 BGB vom Kommissionsvertrag zurücktreten kann, um über das Gut frei verfügen zu können. Die traditionelle Ansicht lehnt das ab, da kein Gegenseitigkeitsverhältnis zwischen Vorschuss- und Provisionspflicht und Herausgabe des Kommissionsguts bestehe.[6] Nur die Provisionszahlungs- und Ausführungspflicht stehen im Gegenseitigkeitsverhältnis, nicht auch die Pflicht des Kommissionärs zur Herausgabe des Guts.[7] Deswegen scheide ein Rücktritt nach § 323 Abs. 1 BGB aus. Die heute hM hält hingegen einen Rücktritt für möglich.[8] Dem ist zuzustimmen. Richtigerweise verlangt § 323 Abs. 1 BGB nur einen gegenseitigen Vertrag, nicht aber, dass die verletzte Pflicht im Synallagma steht.[9] Deswegen ist dem Kommissionär ein Rücktrittsrecht einzuräumen, wenn der Kommissionär mit seinen Entgeltpflichten in Verzug gerät. Die Gegenansicht beruht auf dem überholten Vorverständnis des § 326 BGB aF.

---

[1] Zu den Hintergründen *Füller,* Eigenständiges Sachenrecht?, 2006, 468 ff.
[2] Dabei handelt es sich um eine gesetzliche Fiktion, MüKoBGB/*Damrau* BGB § 1256 Rn. 5.
[3] BeckOGK/*Fischinger* Rn. 2; MüKoHGB/*Häuser* Rn. 1.
[4] Für ein pfandähnliches Befriedigungsrecht BeckOGK/*Fischinger* Rn. 3; Baumbach/Hopt/*Hopt* Rn. 1; *Canaris* HandelsR § 30 Rn. 61; Oetker/*Bergmann* Rn. 1; *Weidmann,* Das Kommissionsgeschäft: Das Kommissionsgeschäft im Allgemeinen, Band 1, 1908, 302. Für ein echtes Pfandrecht an einer eigenen Sache: *Altmeppen* ZHR 157 (1993), 541 (558); Ehrenbergs-HdB § 157 (S. 828).
[5] Oetker/*Bergmann* Rn. 1.
[6] → 2. Aufl. 2009, Rn. 3 Schlegelberger/*Hefermehl* Rn. 4.
[7] → § 384 Rn. 28; aA Röhricht/Graf v. Westphalen/Haas/*Lenz* Rn. 2.
[8] Baumbach/Hopt/*Hopt* Rn. 1; *Canaris* HandelsR § 30 Rn. 57; KKRD/*Roth* Rn. 1; Oetker/*Bergmann* § 397 Rn. 2; Staub/*Koller* Rn. 6.
[9] Begr. RegE BT-Drs. 14/6040, 183; BeckOK BGB/*Grothe* BGB § 323 Rn. 4; *Canaris* FS Konzen, 2006, 43 (56); Soergel/*Gsell* BGB § 323 Rn. 23 ff.; wohl auch Staudinger/*Schwarze,* 2015, BGB § 323 Rn. B10–12; anders nur MüKoBGB/*Ernst* BGB § 323 Rn. 13.

§ 399 [Befriedigung aus Forderungen]

Aus den Forderungen, welche durch das für Rechnung des Kommittenten geschlossene Geschäft begründet sind, kann sich der Kommissionär für die in § 397 bezeichneten Ansprüche vor dem Kommittenten und dessen Gläubigern befriedigen.

I. Normzweck

Die Norm schließt eine Lücke bei den Sicherungsmöglichkeiten des Kommissionärs. Im Außen- **1** verhältnis stehen Forderungen gegen den Dritten aus dem Ausführungsgeschäft dem Kommissionär zu. Sie zählen als Rechte aber nicht zum Kommissionsgut und fallen daher nicht unter §§ 397, 398. Im Innenverhältnis gebühren die Forderungen nach § 392 Abs. 2 dem Kommittenten. Beließe man es bei dieser Systematik, könnte der Kommissionär seine pfandrechtsgesicherten Ansprüche aus § 397 nicht mit Forderungen aus dem Ausführungsgeschäft befriedigen.[1] Daher beschränkt § 399 die Wirkungen des § 392 Abs. 2, verleiht aber dem Kommissionär gegenüber dem Kommittenten keine uneingeschränkte Gläubigerstellung. § 399 gewährt dem Kommissionär stattdessen ein **pfandrechtsähnliches Befriedigungsrecht**[2] wegen seiner Forderungen gegen den Kommittenten. Die Vorschrift setzt einen wirksamen Kommissionsvertrag voraus (→ § 397 Rn. 2). Sie ist gem. § 404 unanwendbar beim Selbsteintritt.[3]

II. Gegenstand des Befriedigungsrechts

Das Befriedigungsrecht erfasst die Forderungen des Kommissionärs aus dem Ausführungsgeschäft **2** mit dem Dritten, sofern es sich dabei um Geschäfte handelt, die der Kommissionär im eigenen Namen für Rechnung des Kommittenten abgeschlossen hat. Sowohl primäre Leistungsansprüche als auch Sekundäransprüche wegen Nicht- oder Schlechtleistung sind Gegenstand des Befriedigungsrechts.[4] Nach wie vor nicht abschließend geklärt ist, ob das Befriedigungsrecht auch Hilfs- und Nebenansprüche ergreift, die aus Rechtsgeschäften folgen, welche für die Rechnung des Kommittenten geschlossen worden sind. Zu nennen sind hier Fracht-, Lager-, Speditions- und Versicherungsverträge. Das Reichsgericht lehnte dies mit der verkürzten Behauptung ab, dass § 399 nur Ansprüche aus dem Ausführungsgeschäft umspanne.[5] Das überzeugt nicht. Was von § 392 Abs. 2 erfasst wäre, muss Gegenstand des Befriedigungsrechts aus § 399 sein. Anderenfalls würde man eine Lücke eröffnen, die § 399 gerade schließen will.[6] Ist die Forderung selbst Gegenstand der Kommission, kommt ein Befriedigungsrecht nur in Betracht, wenn die Forderung verbreitet ist, anderenfalls scheidet dieses Recht nach der hM aus. Solche Forderungen werden nicht von § 392 erfasst (→ § 392 Rn. 6), sodass kein Anlass besteht, das Sicherungsinteresse des Kommissionärs zu erweitern.[7]

III. Inhalt des Befriedigungsrechts

Das Befriedigungsrecht gewährt dem Kommissionär zum einen das Recht, die an sich geschuldete **3** Abtretung der Forderung aus dem Ausführungsgeschäft (§ 384 Abs. 2) an den Kommittenten bis zur Befriedigung wegen seiner Forderungen zu verweigern. Das **Verweigerungsrecht** ist durch den Sicherungszweck begrenzt. Ist die Forderung aus dem Ausführungsgeschäft teilbar (also insbes. Geldforderungen) und ist sie vollwertig, dh. sofort realisierbar, so ist das **Zurückbehaltungsrecht** nur bis zur Höhe der zu sichernden Forderung gegeben. Anderenfalls kann der Kommissionär die Abtretung insgesamt verweigern.[8]

Zum anderen besteht ein unterschiedlich ausgestaltetes **Befriedigungsrecht**. Ist der Kommissionär **4** nach dem Kommissionsvertrag berechtigt, die Forderung aus dem Ausführungsgeschäft einzuziehen und handelt es sich bei der eingezogenen Forderung um eine Geldforderung, kann er sich durch Aufrechnung befriedigen und ist nach § 1282 Abs. 1 S. 2 BGB nur verpflichtet, einen Überschuss an den Kommittenten auszukehren. Besteht die eingezogene Forderung in der Lieferung einer Sache, erwirbt der Kommissionär nach § 398 (wenn er Eigentümer wird) oder nach § 397 (wenn der Kom-

---

[1] BeckOGK/*Fischinger* Rn. 2; Baumbach/Hopt/*Hopt* Rn. 1; Oetker/*Bergmann* Rn. 1, *Weidmann*, Das Kommissionsgeschäft: Das Kommissionsgeschäft im Allgemeinen, Band 1, 1908, 316.
[2] KKRD/*Morck* Rn. 1; MüKoHGB/*Häuser* Rn. 2; Staub/*Koller* Rn. 1.
[3] BeckOGK/*Fischinger* Rn. 4;
[4] BeckOGK/*Fischinger* Rn. 5; MüKoHGB/*Häuser* Rn. 3; Oetker/*Bergmann* Rn. 2; Staub/*Koller* Rn. 3.
[5] RGZ 105, 125 (127); Staub/*Koller* Rn. 2; *Weidmann*, Das Kommissionsgeschäft: Das Kommissionsgeschäft im Allgemeinen, Band 1, 1908, 317.
[6] Zutr. Oetker/*Bergmann* Rn. 2; auch BeckOGK/*Fischinger* Rn. 5.1.
[7] BeckOGK/*Fischinger* Rn. 6; MüKoHGB/*Häuser* Rn. 4; aA Ehrenbergs-HdB V 1, § 157 (839) und teilw. Staub/*Koller* Rn. 4, wenn die Forderung an den Kommissionär zediert ist.
[8] KKRD/*Roth* Rn. 2; MüKoHGB/*Häuser* Rn. 7; Oetker/*Bergmann* Rn. 3; Staub/*Koller* Rn. 8. Anders und abzul. Röhricht/Graf v. Westphalen/Haas/*Lenz* Rn. 3, der nur die Aufrechnung zulässt.

mittent Eigentümer wird) ein Befriedigungsrecht, das er nach den dafür geltenden Bestimmungen verwirklichen kann. Ist der Kommissionär nach dem Vertrag an sich nicht zur **Einziehung** berechtigt, so wird ihm dieses Recht nun durch das Befriedigungsrecht zugestanden, allerdings nur im Rahmen des Sicherungszwecks. Teilbare Forderungen darf er also nur bis zur Höhe der zu sichernden Forderungen einziehen (vgl. § 1282 Abs. 1 S. 2 BGB).[9] Ansonsten bleibt es bei der Pflicht zur Abtretung an den Kommittenten. Im Übrigen gilt dasselbe wie im Falle der schon aufgrund des Vertrages bestehenden Einziehungsbefugnis.

5   Neben der Möglichkeit der Einziehung besteht nicht das Recht der Befriedigung durch Verkauf der Forderung, da dieses Recht auch einem Pfandrechtsgläubiger nicht zustünde.[10] Dem Kommissionär verbleibt die Möglichkeit, den Anspruch aus dem Ausführungsgeschäft aufgrund eines Titels gegen den Kommittenten zu pfänden und einen Verkauf als andere Verwertungsart anordnen zu lassen (§ 844 ZPO).[11] Widerspricht der Kommittent nach § 771 ZPO, wenn ein Gläubiger des Kommissionärs eine Forderung aus dem Ausführungsgeschäft pfändet, kann dem der Gläubiger begegnen, indem er den Anspruch aus § 399 pfändet. Der Widerspruch des Kommissionärs ist dann in der Höhe unbegründet, in der sich der Kommissionär aus dem Ausführungsgeschäft befriedigen könnte.[12]

IV. Erlöschen des Befriedigungsrechts

6   Das Befriedigungsrecht erlischt, wenn der Sicherungszweck entfallen ist (Erlöschen oder sonstiger Wegfall der zu sichernden Forderung) oder wenn der Kommissionär die Forderung aus dem Ausführungsgeschäft an den Kommittenten abgetreten hat. Er erwirbt dann kein Pfandrecht an der Forderung; § 397 gilt nur für Sachen. Zediert der Kommissionär seine Forderung gegen den Kommittenten an einen Dritten, so erwirbt der Zessionar nicht das Befriedigungsrecht, da es kein akzessorisches Recht iSv § 401 BGB ist. Es erlischt vielmehr.[13] Das Befriedigungsrecht erlaubt nur den Zugriff auf die Forderung aus dem Ausführungsgeschäft; letzteres ist dem Zessionar aber nicht gestattet. Allerdings kann der Kommissionär das Befriedigungsrecht mit der Forderung aus dem Ausführungsgeschäft an einen Dritten abtreten. In diesem Fall bleibt das Sicherungsrecht bestehen.[14] Die Insolvenz des Kommissionärs bringt das Befriedigungsrecht nicht zum Erlöschen; der Insolvenzverwalter kann es für die Masse geltend machen. Im Insolvenzverfahren des Kommittenten kann der Kommissionär abgesonderte Befriedigung nach §§ 50, 51 InsO verlangen.[15]

§ 400 [Selbsteintritt des Kommissionärs]

(1) **Die Kommission zum Einkauf oder zum Verkaufe von Waren, die einen Börsen- oder Marktpreis haben, sowie von Wertpapieren, bei denen ein Börsen- oder Marktpreis amtlich festgestellt wird, kann, wenn der Kommittent nicht ein anderes bestimmt hat, von dem Kommissionär dadurch ausgeführt werden, daß er das Gut, welches er einkaufen soll, selbst als Verkäufer liefert oder das Gut, welches er verkaufen soll, selbst als Käufer übernimmt.**

(2) **[1]Im Falle einer solchen Ausführung der Kommission beschränkt sich die Pflicht des Kommissionärs, Rechenschaft über die Abschließung des Kaufes oder Verkaufs abzulegen, auf den Nachweis, daß bei dem berechneten Preise der zur Zeit der Ausführung der Kommission bestehende Börsen- oder Marktpreis eingehalten ist. [2]Als Zeit der Ausführung gilt der Zeitpunkt, in welchem der Kommissionär die Anzeige von der Ausführung zur Absendung an den Kommittenten abgegeben hat.**

(3) **Ist bei einer Kommission, die während der Börsen- oder Marktzeit auszuführen war, die Ausführungsanzeige erst nach dem Schlusse der Börse oder des Marktes zur Absendung abgegeben, so darf der berechnete Preis für den Kommittenten nicht ungünstiger sein als der Preis, der am Schlusse der Börse oder des Marktes bestand.**

(4) **Bei einer Kommission, die zu einem bestimmten Kurse (ersten Kurs, Mittelkurs, letzter Kurs) ausgeführt werden soll, ist der Kommissionär ohne Rücksicht auf den Zeitpunkt der Absendung der Ausführungsanzeige berechtigt und verpflichtet, diesen Kurs dem Kommittenten in Rechnung zu stellen.**

---

[9] BeckOGK/*Fischinger* Rn. 8; MüKoHGB/*Häuser* Rn. 8; Oetker/*Bergmann* Rn. 4; Staub/*Koller* Rn. 9; wohl auch Baumbach/Hopt/*Hopt* Rn. 3. AA KKRD/*Roth* Rn. 2; Schlegelberger/*Hefermehl* Rn. 8, wonach § 1282 BGB (analog) unanwendbar sei, der Kommissionär allerdings die Restforderung an den Kommittenten abzutreten habe.

[10] KKRD/*Roth* Rn. 2; MüKoHGB/*Häuser* Rn. 10; Oetker/*Bergmann* Rn. 5; Staub/*Koller* Rn. 10.

[11] BeckOGK/*Fischinger* Rn. 10; Baumbach/Hopt/*Hopt* Rn. 3; KKRD/*Roth* Rn. 2; MüKoHGB/*Häuser* Rn. 10; Oetker/*Bergmann* Rn. 5; Staub/*Koller* Rn. 10Rn..

[12] BeckOGK/*Fischinger* Rn. 12; MüKoHGB/*Häuser* Rn. 12; Staub/*Koller* Rn. 12.

[13] Heymann/*Herrmann* Rn. 2; KKRD/*Roth* Rn. 3; MüKoHGB/*Häuser* Rn. 11; Oetker/*Bergmann* Rn. 7; Staub/*Koller* Rn. 14; aA Baumbach/Hopt/*Hopt* Rn. 4.

[14] MüKoHGB/*Häuser* Rn. 11; Oetker/*Bergmann* Rn. 7; Staub/*Koller* Rn. 15.

[15] BeckOGK/*Fischinger* Rn. 11; MüKoHGB/*Häuser* Rn. 14; Oetker/*Bergmann* Rn. 6; *K. Schmidt* HandelsR § 31 IV 3c cc; Staub/*Koller* Rn. 11.

(5) **Bei Wertpapieren und Waren, für welche der Börsen- oder Marktpreis amtlich festgestellt wird, kann der Kommissionär im Falle der Ausführung der Kommission durch Selbsteintritt dem Kommittenten keinen ungünstigeren Preis als den amtlich festgestellten in Rechnung stellen.**

I. Normzweck

Die Vorschriften der §§ 400–405 über das Recht des Kommissionärs zum Selbsteintritt versuchen, **1** die damit für den Kommittenten verbundenen Gefahren gering zu halten. Es kennzeichnet den Selbsteintritt, dass der Kommissionär selbst als Käufer – bei der Verkaufskommission – oder selbst als Verkäufer – bei der Einkaufskommission – auftritt. Der Kommissionär übernimmt damit die Rolle des Dritten und schließt kein Ausführungsgeschäft ab. Auch beim Selbsteintritt besteht ein Kommissionsvertrag allerdings mit geänderter Ausführung, indem ein Kauf-/Verkaufsgeschäft direkt zwischen Kommittent und Kommissionär zustande kommt.[1] Die Möglichkeit des Selbsteintritts dient vor allem den **Interessen des Kommissionärs.** Er kann das Geschäft schneller abwickeln und braucht insbesondere seine Geschäftsbeziehungen zu demjenigen, von dem er das Kommissionsgut bezogen bzw. an den er es weiterveräußert hat, nicht offenzulegen.[2] Er begegnet damit der Gefahr, dass der Kommittent künftig die Geschäfte mit dem Dritten unmittelbar, unter Ausschluss des Kommissionärs, abschließen könnte. Seine Pflicht, Rechenschaft zu legen, beschränkt sich auf den Nachweis, dass der maßgebliche Preis eingehalten ist (Abs. 2 S. 1, → Rn. 12).

Als **wirtschaftlicher Hintergrund** für den Selbsteintritt wird oft die Vermeidung von Trans- **2** aktionskosten genannt.[3] Unterhält der Kommissionär selbst Lagerbestände, kann aus dem eigenen Bestand an den Kommittenten liefern oder weiterverkaufen. Außerdem ermöglicht der Selbsteintritt sog. **Kompensationsgeschäfte.** Hat der Kommissionär entgegengesetzte Aufträge erhalten, jeweils zum Kauf- und Verkauf, kann er sich selbst als Mittler zwischen den Kommittenten einschalten und so die Absatzmittlung vereinfachen.[4] Für den Kommittenten hat der Selbsteintritt beschränkte wirtschaftliche Vorteile. Zum einen erweitert sich durch den Selbsteintritt der Kreis der Abnehmer oder Nachfrager, wobei dieser Gesichtspunkt auf polypolistischen bzw. polypsonistischen Märkten nachrangig ist. Zum anderen steht dem Kommittent ein bekannter Vertragspartner gegenüber, dessen Bonität er besser einschätzen kann. Er läuft aber wegen der beschränkten Rechenschaftspflicht Gefahr, dass der Kommissionär die Vorteile eines günstigen Deckungsgeschäfts nicht an ihn weiterleitet.

Rechtspolitisch betrachtet, sind die Vorschriften über den Selbsteintritt unausgewogen und benach- **3** teiligen den Kommittenten. Deutlichen Zweifeln unterliegt die Gesetzessystematik, wonach der Selbsteintritt überwiegend für den Kommissionär vorteilhaft ist und ihm obendrein auch noch die Entscheidung überlässt, ob er selbst eintreten will.[5] Abgesehen davon stiftet der Selbsteintritt zu Kursmanipulationen an. Besonders bei der **Effektenkommission** besteht die Gefahr, dass der Kommissionär Kursschnitte zu Lasten des Kommittenten ansetzt und eine etwaige Differenz zwischen dem Börsenkurs und dem Preis für das Deckungsgeschäft selbst vereinnahmt.[6] Die Vorschriften der §§ 400–405 schützen dem Kommittent davor nur unvollkommen. Eine *Mésalliance* geht mit der beschränkten Auskunftspflicht des Kommissionärs ein.[7] Für die praktisch bedeutsame Effektenkommission sehen die **Sonderbedingungen für Wertpapiergeschäfte** (SBW) keinen Selbsteintritt vor.[8] Damit hat man der scharfen Kritik an diesem Rechtsinstitut Rechnung getragen. Die Bank führt die Kundenaufträge zum Kauf oder Verkauf von Wertpapieren nur noch als normales Ausführungsgeschäft für Rechnung des Kunden oder als Festpreisgeschäft aus. Kursschnitte sind dann nicht mehr möglich. Die Bank muss Auskunft über das Deckungsgeschäft geben (§ 384 Abs. 2) und kann dem Kunden keinen ungünstigeren Börsenkurs in Rechnung stellen, obwohl sie im Deckungsgeschäft bessere Konditionen erzielt hatte.

II. Voraussetzungen des Selbsteintritts

1. Allgemeines. Das Gesetz (Abs. 1) knüpft das Selbsteintrittsrecht an enge Voraussetzungen: es **4** muss sich um eine Einkaufs- oder Verkaufskommission über Waren handeln, die einen Börsen- oder Marktpreis haben. Hierunter fällt auch der Kommissionsauftrag zum Umtausch von Wertpapieren.[9] Bei Wertpapieren muss der Börsen- oder Marktpreis zusätzlich amtlich festgestellt sein Die Norm ist

---

[1] MüKoHGB/*Häuser* Rn. 1; Staub/*Koller* Rn. 1.
[2] Vgl. *Canaris* HandelsR § 30 Rn. 93; Oetker/*Bergmann* Rn. 1; Staub/*Koller* Rn. 5.
[3] *Canaris* HandelsR § 30 Rn. 93; Oetker/*Bergmann* Rn. 1; Staub/*Koller* Rn. 2 ff.
[4] BeckOGK/*Fischinger* Rn. 3; MüKoHGB/*Häuser* Rn. 9; Staub/*Koller* Rn. 4.
[5] Zutr. *Canaris* HandelsR § 30 Rn. 96.
[6] Dies wurde schon immer kritisiert: Bericht der Börsen-Enquête-Kommission 1892/98, S. 164; BeckOGK/*Fischinger* Rn. 6; MüKoHGB/*Häuser* Rn. 2; Staub/*Koller* Rn. 7.
[7] Zur Geschichte und Kritik des Selbsteintrittsrechts s. auch BeckOGK/*Fischinger* Rn. 4, 6; Staub/*Koller* Rn. 8 ff.
[8] Dazu *Kümpel* WM 1995, 137 (138); s. jetzt SBW Nr. 1 Abs. 2.
[9] BeckOGK/*Fischinger* Rn. 11; MüKoHGB/*Häuser* Rn. 12; Staub/*Koller* Rn. 10.

insoweit aber dispositiv (Rückschluss aus § 402); dh die Parteien können auch unter anderen Voraussetzungen ein Selbsteintrittsrecht vereinbaren. Sie können es ganz ausschließen oder eine Pflicht zum Selbsteintritt begründen. Das Selbsteintrittsrecht kann daneben durch die Interessenwahrungspflicht des Kommissionärs begrenzt sein (→ Rn. 7).

5   **2. Börsen- oder Marktpreis.** Das Gesetz gestattet einen Selbsteintritt nur, wenn die Waren oder Wertpapiere einen Börsen oder Marktpreis aufweisen und damit die Preisfestsetzung einigermaßen nachprüfbar ist. Unter Börsen- oder Marktpreis ist der durchschnittliche Preis zu verstehen, der für eine Ware an einem Handelsplatz, der über einen Markt oder eine Börse verfügt, tatsächlich gezahlt wird.[10] Das setzt einen gewissen Umfang des Handels voraus. Auch wenn ein Markt existiert, lässt sich ein Marktpreis nur feststellen, wenn die Ware in großen Zahlen gehandelt wird.[11] Die bloße Geld-Brief- oder Taxnotierung repräsentieren keinen Börsenpreis, da sie nur Preisgrenzen aufstellen, aber keinen Wert eines Geschäftsabschlusses darstellen, mithin liegt ihnen kein Umsatz zugrunde.[12] Bei Wertpapieren verlangt § 400 Abs. 1 den amtliche Feststellung des Börsenpreises. Indes hat das vierte Finanzmarktförderungsgesetz im Jahre 2002 die amtliche Kursfeststellung und die Kursmakler abgeschafft. Der Börsenpreis bestimmt sich nunmehr nach § 24 BörsG und wird im elektronischen Handel oder durch Skontroführer (§§ 27 ff. BörsG) festgestellt. Der derart „festgestellte" Börsenpreis reicht aus und gestattet einen Selbsteintritt.[13] Abgesehen davon können die Parteien den Selbsteintritt jederzeit unabhängig von dem Preisbildungsmechanismus vereinbaren.[14]

6   **3. Ort und Zeit.** Für die Feststellung des Markt- oder Börsenpreises kommt es auf den vertraglich vereinbarten oder durch (zulässige) Weisung bestimmten Ort an, an dem das Kommissionsgeschäft auszuführen ist. Fehlt eine Weisung, hat der Kommissionär pflichtgemäß den Markt- oder Börsenort auszuwählen, an dem die für den Kommittenten günstigen Preise zu erzielen sind.[15] Lässt sich auch dieser Ort nicht zweifelsfrei ermitteln, ist nach § 269 BGB auf den Niederlassungsort des Kommissionärs abzustellen. Existiert dort weder ein Markt noch eine Börse, entscheidet der nächstgelegene Markt oder die nächstgelegene Börse.[16]. Maßgeblicher Zeitpunkt ist der der Ausführung, der nach Abs. 2 S. 2 durch die Absendung der Anzeige von der Ausführung bestimmt wird. Das gilt auch dann, wenn der Kommissionär bei vertragsgerechtem Verhalten zu einem anderen Zeitpunkt hätte ausführen müssen. Einen etwaigen Schaden kann der Kommittent unter den Voraussetzungen des § 280 BGB geltend machen.[17]

III. Grenzen und Ausübung des Selbsteintritts

7   **1. Interessenwahrung.** Aus der Interessenwahrungspflicht des Kommissionärs (§ 384 Abs. 1) folgt, dass die Ausführung durch Selbsteintritt nur gestattet ist, wenn dies nicht gegen die Interessen des Kommittenten verstößt, so etwa, wenn die Erfüllung durch ihn zweifelhaft ist.[18] Das Gesetz betont, dass der Selbsteintritt vertraglich ausgeschlossen werden kann. Außerdem kann der Kommittent ihn in zulässiger Weise (→ § 384 Rn. 14 f.) durch eine Weisung untersagen. Die zeitliche Grenze hierfür setzt § 405 Abs. 3. Bis zu diesem Zeitpunkt kann der Kommittent außerdem das Kommissionsverhältnis kündigen, um einen drohenden Selbsteintritt zu verhindern. Ist der Kommissionär eine AG oder KGaA, hat er die Erwerbsschranken der §§ 71, 278 zu beachten. Beim Einkauf müssen die Aktien voll eingezahlt sein, nach § 71 Abs. 1 Nr. 4 AktG ist der Erwerb eigener Aktien in diesem Falle zulässig. Die Rechtslage beim Verkauf ist umstritten. Dem Wortlaut nach ist § 71 Abs. 1 Nr. 4 AktG nicht einschlägig. Tritt die AG jedoch in das Kommissionsgeschäft ein, kommt es zu einem Erwerb der eigenen Aktien. Richtigerweise fängt § 71 Abs. 1 Nr. 7 AktG diese Fälle auf.[19]

[10] RGZ 34, 117 (121); BeckOGK/*Fischinger* Rn. 13; KKRD/*Roth* Rn. 4; MüKoHGB/*Häuser* Rn. 14; Oetker/*Bergmann* Rn. 6.

[11] RGZ 34, 117 (120 f.); BeckOGK/*Fischinger* Rn. 14; KKRD/*Roth* Rn. 4; MüKoHGB/*Häuser* Rn. 16; mit Einschränkungen auch Staub/*Koller* Rn. 14, wonach es sich nicht um „bloße Gelegenheitspreise oder einzeln manipulierte Preise handeln" dürfe.

[12] BGH Urt. v. 3.7.1990 – XI ZR 68/89, NJW-RR 1990, 1459 f. (zu § 29 Abs. 3 BörsG); MüKoHGB/*Häuser* Rn. 16; Oetker/*Bergmann* Rn. 6; Staub/*Koller* Rn. 14.

[13] Baumbach/Hopt/*Hopt* Rn. 1; BeckOGK/*Fischinger* Rn. 15; MüKoHGB/*Häuser* Rn. 5, 18; Oetker/*Bergmann* Rn. 6; Staub/*Koller* Rn. 17.

[14] BeckOK HGB/*Baer* Rn. 5; MüKoHGB/*Häuser* Rn. 18.

[15] BeckOK HGB/*Baer* Rn. 6; BeckOGK/*Fischinger* Rn. 14; KKRD/*Roth* Rn. 4; MüKoHGB/*Häuser* Rn. 21; Oetker/*Bergmann* Rn. 7; Staub/*Koller* Rn. 12. S. für den Kauf oder Verkauf von Finanzinstrumenten auch § 82 Abs. 1 WpHG (Grundsatz der bestmöglichen Ausführung von Kundenaufträgen).

[16] Baumbach/Hopt/*Hopt* Rn. 1; MüKoHGB/*Häuser* Rn. 21; Staub/*Koller* Rn. 12.

[17] BeckOK HGB/*Baer* Rn. 7; MüKoHGB/*Häuser* Rn. 22; Staub/*Koller* Rn. 16.

[18] Vgl. Baumbach/Hopt/*Hopt* Rn. 4; KKRD/*Roth* Rn. 6; MüKoHGB/*Häuser* Rn. 50; Oetker/*Bergmann* Rn. 5; Staub/*Koller* Rn. 59.

[19] Kölner Komm AktG/*Lutter*/*Drygala* AktG § 71 Rn. 226; MüKoAktG/*Oechsler* AktG § 71 Rn. 183.

2. Ausübung des Selbsteintritts. Das Selbsteintrittsrecht ist ein Gestaltungsrecht.[20] Es wird aus- **8** geübt durch eine ausdrückliche, eindeutige, in Worte gekleidete,[21] nicht formbedürftige Erklärung, das Ausführungsgeschäft selbst abschließen zu wollen (wobei es auf den Begriff „Selbsteintritt" nicht ankommt). Die Parteien können andere Formen der Erklärung (zB schlüssiges Verhalten durch Ausführung) vereinbaren. Es handelt sich um eine **empfangsbedürftige Willenserklärung,** die grundsätzlich mit Zugang wirksam wird (§ 130 BGB); der Zeitpunkt der Abgabe hat lediglich Bedeutung für die Preisfeststellung (Abs. 2, 3) und für die Frage des Widerrufs (§ 405 Abs. 3).[22] Es gilt auch § 151 BGB.[23] Der Selbsteintritt ist ein Recht und keine Pflicht des Kommissionärs. Die Parteien können jedoch Abweichendes vereinbaren.[24]

IV. Rechtsfolgen

1. Wirkungen des Selbsteintritts. Die Wirkungen des Selbsteintritts waren dogmatisch umstrit- **9** ten.[25] Heute nimmt man an, dass der Selbsteintritt als Gestaltungsrecht den Kommissionsvertrag als solchen unberührt lässt, sondern lediglich inhaltlich **umgestaltet.** Kraft des Selbsteintritts wird der Kommissionsvertrag mit kaufrechtlichen Elementen angereichert.[26] Das Gesetz trägt dem Umstand Rechnung, dass die Kommission direkt zwischen dem Kommittenten und dem Kommissionär ausgeführt wird. Der Kommissionär bekommt eine Doppelfunktion: er bleibt Kommissionär und damit Geschäftsbesorger und erhält zugleich die Stellung eines zur Lieferung bzw. zur Abnahme verpflichteten Dritten; er wird Käufer bzw. Verkäufer.[27] Das Rechtsregime richtet sich nach der **Kombinationsmethode.** Anwendbar sind danach Kommissions- und Geschäftsbesorgungsrecht sowie Kaufrecht.

2. Kaufrecht. Mit dem Wirksamwerden des Selbsteintritts bestimmen sich die Hauptleistungs- **10** pflichten zwischen Kommittenten und Kommissionär nach Kaufrecht. Der Anspruch des Kommittenten auf Herausgabe des Erlangten (§ 384 Abs. 2) wandelt sich in einen Liefer- oder Zahlungsanspruch aus § 433 BGB um.[28] Der Kommissionär erhält den jeweiligen Gegenanspruch. Für die Höhe des Zahlungsanspruchs sind Abs. 2–5 zu beachten (→ Rn. 13 f.). Bei Mängeln des Kommissionsguts gilt **§ 437 BGB.** Die Rügeobliegenheit nach § 377 ist nur einschlägig, wenn die Kommission ein beiderseitiges Handelsgeschäft ist. Sie gilt auch für den nicht eingetragenen Kleingewerbetreibenden, da § 383 Abs. 2 S. 2 nur die Anwendung der §§ 348–350 ausschließt. Handelt es sich um ein beiderseitiges Handelsgeschäft, so obliegt dem Kommittenten vor dem bei einer Einkaufskommission die Untersuchung der Ware und eine etwaige Rüge. Vor dem wirksamen Selbsteintritt folgt dies aus § 391, danach aus § 377.[29] Mit Wirksamwerden des Selbsteintritts richtet sich der Gefahrübergang nach §§ 446, 447 BGB, auch wenn das Gut schon vorher übergeben worden war.[30]

3. Kommissionsrecht. Der wirksame Selbsteintritt kombiniert Kauf- und Kommissionsrecht. Im **11** praktischen Ergebnis schränkt er die §§ 383 ff. ein. Provisions- und Aufwendungsersatzanspruch des Kommissionärs bleiben – leicht abgewandelt – bestehen (§ 403). Bei den Pflichten des Kommissionärs (§ 384) ist zu unterscheiden: Die Sorgfaltspflicht bleibt bestehen, erfasst aber nicht ein etwaiges Deckungsgeschäft, das der Kommissionär nunmehr auf eigene Rechnung schließt. Die Interessenwahrungspflicht besteht fort und ist bei der Entscheidung zu beachten, ob überhaupt ein Selbsteintritt erklärt werden soll (→ Rn. 7). Auch die Wahl des Zeitpunkts für die Ausübung (günstigster Zeitpunkt für den Kommittenten) steht unter dieser Pflicht.[31] Nach der Ausübung deckt sie sich im Wesentlichen mit der allen Vertragsparteien obliegenden Pflicht, alles zu unterlassen, was die Durchführung des Geschäfts gefährdet. Die genannten Pflichten können durch Weisungen nach § 384 Abs. 1 konkretisiert werden. Die Pflicht des Kommissionärs, Weisungen des Kommittenten zu beachten (§ 385), hat nur Bedeutung bis zum Selbsteintritt (der zB weisungswidrig nicht erklärt werden darf). Danach

---

[20] So die heute hM *Canaris* HandelsR § 30 Rn. 98; KKRD/*Roth* Rn. 2; MüKoHGB/*Häuser* Rn. 32; Oetker/*Bergmann* Rn. 4; *K. Schmidt* HandelsR § 31 VI 1b; Staub/*Koller* Rn. 25.

[21] RG Urt. v. 6.3.1906 – II ZR 343/05, RGZ 63, 30; *Canaris* HandelsR § 30 Rn. 99.

[22] Oetker/*Bergmann* Rn. 8; Staub/*Koller* Rn. 23.

[23] Staub/*Koller* Rn. 23; Röhricht/Graf v. Westphalen/Haas/*Lenz* Rn. 8.

[24] MüKoHGB/*Häuser* Rn. 33 f.; Staub/*Koller* Rn. 69.

[25] Dazu Schlegelberger/*Hefermehl* Rn. 32; *Weidmann,* Das Kommissionsgeschäft: Das Selbsteintrittsrecht, Band 2, 1908, 113 ff.

[26] BeckOGK/*Fischinger* Rn. 28; *Canaris* HandelsR § 30 Rn. 103; Heymann/*Herrmann* §§ 400–402 Rn. 6; MüKoHGB/*Häuser* Rn. 35; Oetker/*Bergmann* Rn. 9; Röhricht/Graf v. Westphalen/Haas/*Lenz* Rn. 9; Staub/*Koller* Rn. 26; *K. Schmidt* HandelsR § 31 VI 1 c. AA allerdings Baumbach/Hopt/*Hopt* Rn. 5 wonach der Selbsteintritt den Kommissions- in einen Kaufvertrag ändere.

[27] Vgl. *K. Schmidt* HandelsR § 31 VI 1c; Staub/*Koller* Rn. 26.

[28] Vgl. BGH Urt. v. 30.11.1983 – VIII ZR 190/82, BGHZ 89, 126 (135); Urt. v. 26.9.1980 – I ZR 119/78, NJW 1981, 918 (919); BeckOGK/*Fischinger* Rn. 29; MüKoHGB/*Häuser* Rn. 38 f., 56; Oetker/*Bergmann* Rn. 10.

[29] KKRD/*Roth* Rn. 9; MüKoHGB/*Häuser* Rn. 45; Oetker/*Bermann* Rn. 10; Staub/*Koller* Rn. 56.

[30] BeckOGK/*Fischinger* Rn. 30; KKRD/*Roth* Rn. 9; MüKoHGB/*Häuser* Rn. 43 f.; Staub/*Koller* Rn. 53.

[31] MüKoHGB/*Häuser* Rn. 51; Röhricht/Graf v. Westphalen/Haas/*Lenz* Rn. 10; teilweise anders Staub/*Koller* Rn. 60.

besteht kein Weisungsrecht mehr; es betrifft nur das Ausführungsgeschäft, nicht seine Durchführung (→ § 385 Rn. 2).[32] Daher kann der Kommittent einer unvorschriftsmäßigen Abrechnung auch nicht durch Weisung oder durch eine Zurückweisung des Geschäfts begegnen, sondern nur eine richtige Preisangabe verlangen.[33]

12   **Unanwendbar** sind nach der Ausübung des Selbsteintrittsrechts: die Selbsthaftung nach § 384 Abs. 3; § 386 Abs. 2, da der Kommissionär kraft des Selbsteintritt selbst zu leisten hat.[34] § 387 wird durch die §§ 400 ff. verdrängt; § 388 Abs. 1 greift nur ein, wenn der Kommittent das Transportrisiko gegenüber dem eintretenden Verkaufskommission zu tragen hatte;[35] § 389; § 390, da das Haftungsregime des Rücktrittsrechts vorgeht; § 391, da die §§ 377, 379 direkt anwendbar sind; §§ 392–394. **Anwendbar** bleiben die §§ 386 Abs. 1, 395 und gem. § 404 das Pfandrecht des Kommissionärs. Die Sicherungsrechte (§§ 397, 398) bleiben ihm erhalten (§ 404). Die Rechenschaftspflicht beschränkt sich nach Abs. 2 S. 1 auf den Nachweis, dass bei dem berechneten Preis der zurzeit der Ausführung der Kommission, dh. zurzeit der Absendung der Ausführungsanzeige, bestehende Börsen- oder Marktpreis eingehalten wurde. Nach der hM erstreckt sich die Rechenschaftspflicht wegen § 401 nicht auf ein etwaiges Deckungsgeschäft, sodass die Marge des eintretenden Kommissionärs im Verborgenen bleibt. Für diese Auslegung spricht der klare Wortlaut von Abs. 2 S. 1 und die Vorstellung des Gesetzgebers, dass der Kommittent durch den maßgeblichen Markt- oder Börsenpreis hinreichend geschützt ist und ihm Einblicke in die Geschäftsbeziehungen des Kommissionärs nicht gewährt werden sollen.[36] Man wird an dem Wortlaut von § 400 Abs. 2 nicht vorbeikommen, muss sich aber im Klaren sein, dass gerade diese Auslegung das Selbsteintrittsrecht in Verruf gebracht hat.

V. Preisbestimmung

13   Die mit dem Selbsteintritt für den Kommittenten verbundenen Gefahren liegen vor allem in der Preisgestaltung (→ Rn. 3). Daher hat der Gesetzgeber versucht, die Einflussmöglichkeiten des Kommissionärs so gering wie möglich zu halten, und bestimmt den maßgeblichen Preis nach objektiven Kriterien: es gilt grundsätzlich der zurzeit der Ausführung der Kommission (Absendung der Anzeige über den Selbsteintritt, Abs. 2 S. 2) bestehende Börsen- oder Marktpreis. Der Zugang ist unerheblich. Bei variablen Kursen trägt der selbsteintretende Kommissionär das Risiko, dass er einen Kursverlust erleidet, da er die Ausführungsanzeige nicht rechtzeitig abgesandt hat. In Zeiten elektronischer Nachrichten dürfte sich dieses Risiko in Grenzen halten, sieht man von solchen Phänomenen wie dem Hochfrequenzhandel ab.[37] Den Börsen- oder Marktpreis hat der Kommissionär im Rahmen seiner Rechenschaftspflicht nachzuweisen (Abs. 2 S. 1). Zudem wird hier erwogen, dem Kommissionär *analog* zu § 384 Abs. 2 die Rechenschaft über die Konditionen des Deckungsgeschäfts aufzubürden, damit der Kommittent kontrollieren kann, ob ihm der volle Vorteil aus dem Deckungsgeschäft gem. § 401 Abs. 2 zugeflossen ist.[38] Rechtspolitisch trifft diese Erwägung zu, widerspricht aber mit dem klaren Wortlaut des Abs. 2 S. 1.

14   War die Kommission während der Börsen- oder Marktzeit auszuführen, so kann der Kommissionär den Preis nicht durch Verzögerung der Absendung der Anzeige manipulieren: ein zu diesem Zeitpunkt ungünstigerer Kurs darf nicht berechnet werden, es gilt der Kurs bei Schluss der Börse oder des Marktes (Abs. 3). Teilweise meint man, diese Vorschrift habe kraft Gewohnheitsrecht ihre Berechtigung verloren,[39] teilweise will man die Norm teleologisch reduzieren und nicht anwenden, wenn sie den Kommissionär unzumutbar mit dem Kursrisiko belastet.[40] Beides überzeugt wenig, da die Vorschrift interpretatorisch aufgehoben wird, wozu nur der Gesetzgeber berechtigt ist.[41] Nach Abs. 4 ist unabhängig vom Zeitpunkt der Absendung der Ausführungsanzeige stets ein vertraglich vereinbarter bestimmter Kurs für die Abrechnung maßgeblich. Bei amtlich festgestellten Preisen gelten diese (Abs. 5). Allerdings ist diese Vorschriften für inländische Börsen obsolet, da hier die Kurse nicht mehr amtlich festgestellt werden (→ Rn. 5).[42]

---

[32] Missverständlich Schlegelberger/*Hefermehl* Rn. 49; anders Staub/*Koller* Rn. 51, der das Weisungsrecht weiter interpretiert.

[33] KKRD/*Roth* Rn. 10; MüKoHGB/*Häuser* Rn. 53; Oetker/*Bergmann* Rn. 11; Staub/*Koller* Rn. 42.

[34] MüKoHGB/*Häuser* Rn. 57; Staub/*Koller* Rn. 72.

[35] MüKoHGB/*Häuser* Rn. 62; Staub/*Koller* Rn. 78.

[36] MüKoHGB/*Häuser* Rn. 83; Oetker/*Bergmann* Rn. 12; Staub/*Koller* Rn. 46;.

[37] Die Lit. schlägt vor, Abs. 2 einschränkend auszulegen, wenn dem Kommissionär die rechtzeitige Absendung der Ausführungsanzeige unzumutbar war, MüKoHGB/*Häuser* Rn. 86; Staub/*Koller* Rn. 31 f. Dagegen mE mit guten Gründen BeckOGK/*Fischinger* Rn. 65, wonach die geforderte Einschränkung der hM zu unpräzise sei.

[38] MüKoHGB/*Häuser* Rn. 86; Staub/*Koller* Rn. 31 f.

[39] Baumbach/Hopt/*Hopt* Rn. 9; Oetker/*Bergmann* Rn. 16; Schlegelberger/*Hefermehl* Rn. 68. Das ist methodisch zweifelhaft, da dies voraussetzt, dass Gewohnheitsrecht nicht nur Normen schaffen, sondern auch beseitigen kann.

[40] So MüKoHGB/*Häuser* Rn. 91; einschr. Staub/*Koller* Rn. 32 wonach eine Reduktion nur gerechtfertigt sei, wenn die sich ergebende Risikobelastung unzumutbar ist; was ist aber nicht der Regelfall sei.

[41] So zutr. BeckOGK/*Fischinger* Rn. 68.

[42] Sa. Oetker/*Bergmann* Rn. 16.

§ 401 [Deckungsgeschäft]

(1) **Auch im Falle der Ausführung der Kommission durch Selbsteintritt hat der Kommissionär, wenn er bei Anwendung pflichtmäßiger Sorgfalt die Kommission zu einem günstigeren als dem nach § 400 sich ergebenden Preise ausführen konnte, dem Kommittenten den günstigeren Preis zu berechnen.**

(2) **Hat der Kommissionär vor der Absendung der Ausführungsanzeige aus Anlaß der erteilten Kommission an der Börse oder am Markte ein Geschäft mit einem Dritten abgeschlossen, so darf er dem Kommittenten keinen ungünstigeren als den hierbei vereinbarten Preis berechnen.**

I. Normzweck

Die Norm ergänzt die Preisbestimmungsvorschriften des § 400 Abs. 2–5. Sie enthält zugunsten des **1** Kommittenten eine **Meistbegünstigungsklausel:** Danach ist ein von § 400 abweichender, günstigerer Preis maßgebend, den der Kommissionär bei einem Ausführungsgeschäfts mit einem Dritten bei pflichtgemäßer Sorgfalt hätte erzielen können. Die Norm beruht auf dem Gedanken, dass der Kommittent durch den Selbsteintritt nicht schlechter gestellt werden soll, als er gestanden hätte, wenn der Kommissionär ein Drittgeschäft getätigt hätte.[1] Wegen der Beweislast ist die Vorschrift ein Papiertiger und praktisch weitgehend irrelevant. Der Kommissionär muss über ein von ihm evtl. getätigtes Deckungsgeschäft keine Rechenschaft ablegen (→ § 400 Rn. 12). Somit hat der Kommittent den vollen Beweis zu führen, dass dem Kommissionär die Vornahme eines günstigeren Ausführungsgeschäfts möglich gewesen wäre.[2] Dieser Beweis wird selten gelingen und etwaige Beweiserleichterungen kommen nur ausnahmsweise in Betracht.

II. Günstigere Deckungschance

Die Norm stellt in Abs. 1 auf den bei Anwendung pflichtgemäßer Sorgfalt erzielbaren günstigeren **2** Preis ab. Zeitlich umfasst Abs. 1 alle Deckungsmöglichkeiten, die sich zwischen dem Abschluss des Kommissionsvertrages und der Absendung der Ausführungsanzeige ergeben hätten. Das Merkmal **günstigerer Preis** wird erweiternd ausgelegt und ist auch erfüllt, wenn zum selben Preis, aber zu ansonsten günstigeren Konditionen hätte abgeschlossen werden können.[3] Allerdings wird man verlangen müssen, dass die Konditionen sich preisbildend auswirken, wie dies bei einer Stundung der Fall ist. Der Maßstab der pflichtgemäßen Sorgfalt wird nach § 347 Abs. 1 durch einen ordentlichen Kommissionär bestimmt, der bei bestmöglicher Interessenwahrung und unter Beachtung der Weisungen des Kommittenten ein Drittgeschäft abschließt. Der dabei erzielbare Preis ist – anstelle des nach § 400 Abs. 2–5 maßgeblichen – der dann gültige Preis.

III. Günstigeres, abgeschlossenes Deckungsgeschäft

Abs. 2 sieht von der hypothetischen Betrachtungsweise nach Abs. 1 ab, wenn der Kommissionär an **3** der Börse oder am Markt aus Anlass der erteilten Kommission und vor der Erklärung des Selbsteintritts (Absendung der Ausführungsanzeige) ein Deckungsgeschäft getätigt hat: war der dabei erzielte Preis günstiger, ist dieser für den Selbsteintritt zugrundezulegen („Anlassgeschäft"). Das Merkmal „aus Anlass der erteilten Kommission" setzt einen Kommissionsvertrag voraus. Erforderlich ist ein entsprechender sei es auch bedingter Vertragsschluss; bloße Inaussichtnahme oder Bevorstehen genügen nicht.[4] Ferner muss **objektiv** ein **Zusammenhang** zwischen Kommissionsvertrag und Ausführungsgeschäft bestehen.[5] Beweispflichtig hierfür ist der Kommittent. Entspricht das Deckungsgeschäft inhaltlich dem Kommissionsauftrag, besteht allerdings eine (widerlegbare) Vermutung für den Zusammenhang.[6] Dem Kommissionär dürfte es leicht fallen, diese Vermutung zu widerlegen. Um der Vorschrift einen praktischen Anwendungsbereich zu erschließen, schlägt man deswegen vor, den Zusammenhang typisierend auszulegen.[7] Das Anliegen ist berechtigt. Man wird gesteigerte Anforderungen an die Widerlegung durch den Kommissionär anzusetzen haben.

---

[1] Vgl. RGZ 108, 191 (193); 112, 27 (31); MüKoHGB/*Häuser* Rn. 1.

[2] OLG Oldenburg Urt. v. 22.5.1992 – 11 U 12/92, WM 1993, 1879 (1882); BeckOGK/*Fischinger* Rn. 5; MüKoHGB/*Häuser* Rn. 2; Oetker/*Bergmann* Rn. 2; Staub/*Koller* Rn. 3.

[3] BeckOGK/*Fischinger* Rn. 4; Heymann/*Herrmann* Rn. 13; MüKoHGB/*Häuser* Rn. 4; Oetker/*Bergmann* Rn. 3; Staub/*Koller* Rn. 4.

[4] MüKoHGB/*Häuser* Rn. 16; Oetker/*Bergmann* Rn. 1; Staub/*Koller* Rn. 15. Anders BeckOGK/*Fischinger* Rn. 7 (sichere Erwartung genügt).

[5] *Canaris* HandelsR § 30 Rn. 101; MüKoHGB/*Häuser* Rn. 16.

[6] BeckOK HGB/*Baer* Rn. 6; KKRD/*Roth* Rn. 3; MüKoHGB/*Häuser* Rn. 17.

[7] MüKoHGB/*Häuser* Rn. 17.

4   Schließt der Kommissionär mehrere Deckungsgeschäfte, soll nach der wohl hM der Kommissionär nach pflichtgemäßem Ermessen über die Zuordnung entscheiden dürfen.[8] Mit der Interessenwahrungspflicht des Kommissionärs steht das kaum im Einklang. Vielmehr sollte man nach dem Prioritätsprinzip vorgehen und die einzelnen Deckungsgeschäft nach dem zeitlichen Eingang der Kommissionsaufträge verteilen.[9] Kein Deckungsgeschäft iSv Abs. 2 ist ein sog. **Gelegenheitsgeschäft,** das außerhalb der Börse oder eines Marktes abgeschlossen wurde.[10] Hätte der Abschluss dieses Geschäfts der pflichtgemäßen Sorgfalt entsprochen, so ist der Kommissionär nach Abs. 1 verpflichtet, dem Kommittenten den günstigeren Preis zu zahlen oder zu berechnen.

§ 402 [Unabdingbarkeit]

Die Vorschriften des § 400 Abs. 2 bis 5 und des § 401 können nicht durch Vertrag zum Nachteile des Kommittenten abgeändert werden.

1   Es handelt sich um eine zugunsten des Kommittenten geschaffene, halbzwingende Schutznorm, die die Vertragsfreiheit einschränkt und eine zu seinem Nachteil von den Preisbestimmungsvorschriften des § 400 Abs. 2–5 und des § 401 abweichende vertragliche Regelung verbietet. Durch einen Handelsbrauch kann die Norm ebenso wenig ausgeschlossen werden,[1] wie durch einen Vorabverzicht des Kommittenten auf die Schutzvorschrift.[2] Erlaubt ist allerdings ein **nachträglicher Verzicht** des Kommittenten, nachdem der Kommissionär den Selbsteintritt nach § 405 wirksam ausgeübt hat.[3] Dies darzulegen und zu beweisen, obliegt im Streitfall dem Kommissionär.

2   Vereinbarungen zum Nachteil des Kommissionärs bleiben möglich.[4] Ein Verstoß gegen die Norm führt zur Unwirksamkeit der vertraglichen Regelung, an deren Stelle die gesetzlichen Preisbestimmungsvorschriften treten. Der Vertrag ansonsten bleibt unberührt; § 139 BGB ist nach Sinn und Zweck der Norm nicht anzuwenden. Um dem Schutz des Kommittenten gerecht zu werden, wendet die hM § 306 BGB analog an.[5] Da nicht in der Vorschrift erwähnt, können die Parteien über die Voraussetzungen des Selbsteintritts nach § 400 Abs. 1 disponieren.

§ 403 [Provision bei Selbsteintritt]

Der Kommissionär, der das Gut selbst als Verkäufer liefert oder als Käufer übernimmt, ist zu der gewöhnlichen Provision berechtigt und kann die bei Kommissionsgeschäften sonst regelmäßig vorkommenden Kosten berechnen.

I. Normzweck

1   Die Norm trägt dem Rechnung, dass der Selbsteintritt die Struktur des Kommissionsgeschäfts nicht völlig aufhebt, sondern nur anpasst. Es bleibt dabei, dass der Kommissionär eine entgeltliche Geschäftsbesorgung schuldet. Erfüllt er sie durch Selbsteintritt, soll er in gleicher Weise wie bei einem normalen Ausführungsgeschäft die Provision als Gegenleistung erhalten. Selbstredend entsteht der Provisionsanspruch nach § 403 nur, wenn der Selbsteintritt gesetzlich oder vertraglich erlaubt ist.

II. Regelungsinhalt

2   **1. Provision.** Der Kommissionär erhält auch beim Selbsteintritt die gewöhnliche Provision, dh. die Provision, die er bei Vornahme eines Ausführungsgeschäfts verdient hätte. Sie entsteht mit Ausführung der Kommission (§ 396 Abs. 1 S. 1; → § 396 Rn. 7 ff.); das bedeutet hier: mit Erfüllung der kaufvertraglichen Verpflichtung des Kommissionärs auf Zahlung bzw. Lieferung des Guts. Im Falle der

---

[8] Baumbach/Hopt/*Hopt* Rn. 1; noch weiter Oetker/*Bergmann* Rn. 5 (der Kommissionär kann frei zuteilen).
[9] Grdl. *Koller* BB 1978, 1733 (1735); Staub/*Koller* Rn. 19 f. Dem folgend BeckOGK/*Fischinger* Rn. 10; Heymann/*Herrmann* §§ 400–402 Rn. 14; MüKoHGB/*Häuser* Rn. 18.
[10] MüKoHGB/*Häuser* Rn. 20; Oetker/*Bergmann* Rn. 7.
[1] RG JW 1926, 2077 (2078); BeckOGK/*Fischinger* Rn. 3; MüKoHGB/*Häuser* Rn. 4.
[2] BeckOGK/*Fischinger* Rn. 3; Schlegelberger/*Hefermehl* Rn. 3.
[3] KKRD/*Roth* Rn. 2; MüKoHGB/*Häuser* Rn. 3; Oetker/*Bergmann* Rn. 1. AA: Staub/*Koller* zu § 402 letzter Absatz, wonach der Verzicht erst nach Beendigung der Geschäftsbeziehung zwischen Kommittent und Kommissionär erklärt werden könne.
[4] Baumbach/Hopt/*Hopt* Rn. 1; BeckOGK/*Fischinger* Rn. 4; KKRD/*Roth* Rn. 1; MüKoHGB/*Häuser* Rn. 5; Oetker/*Bergmann* Rn. 1; RGZ 53, 363 (368).
[5] KKRD/*Roth* Rn. 2; MüKoHGB/*Häuser* Rn. 4; Staub/*Koller* Rn. 2.

Nichtausführung gilt § 396 Abs. 1 S. 2. Umstritten ist, ob beim Selbsteintritt auch eine Delkredereprovision geschuldet ist. Die wohl hM bejaht dies, wenn die Voraussetzungen des § 394 erfüllt sind.[1] Das überzeugt nicht (→ § 394 Rn. 7).[2] Durch den Selbsteintritt beseitigt der Kommissionär das Risiko, für das Verhalten des Dritten einzustehen. Deswegen fällt die für die Delkrederehaftung typische Sicherung eines Lieferungs- oder Zahlungsanspruches weg.

2. Aufwendungsersatz. Der selbsteintretende Kommissionär kann wie jeder andere Kommissionär **3** nach §§ 675, 670 BGB Erstattung derjenigen tatsächlichen Aufwendungen verlangen, die er nach den Umständen für erforderlich halten durfte. Er muss sie dann aber auf Verlangen nachweisen. Von dieser Pflicht befreit ihn die Norm, wenn er nur die gewöhnlichen, dh. die regelmäßig vorkommenden Kosten berechnet. Ersatz dieser Kosten steht ihm zu, unabhängig davon, ob sie tatsächlich entstanden sind. Die Vorschrift stellt auf diese Weise sicher, dass der Kommissionär die Verhältnisse zu seinen Deckungsgeschäftspartnern nicht offenzulegen braucht.[3]

§ 404 [Gesetzliches Pfandrecht]

Die Vorschriften der §§ 397 und 398 finden auch im Falle der Ausführung der Kommission durch Selbsteintritt Anwendung.

Die Norm stellt klar, dass die Sicherungsrechte der §§ 397, 398 dem Kommissionär auch zustehen, **1** wenn er die Kommission durch Selbsteintritt ausführt. § 397 findet Anwendung, sobald und solange der Kommittent Eigentümer des Gutes ist; § 398 schützt den Kommissionär, wenn er Eigentümer ist. Eine Besonderheit des Selbsteintrittes ist, dass die Kaufpreisforderung des Einkaufskommissionärs gegen den Kommittenten (§ 433 Abs. 2 BGB) gesichert ist.[1*] § 399 kommt nicht ins Spiel. Die Vorschrift ist zugeschnitten auf ein für Rechnung des Kommittenten geschlossenes Ausführungsgeschäft. Daran fehlt es beim Selbsteintritt; ein etwaiges Deckungsgeschäft tätigt der Kommissionär auf eigene Rechnung.[2*]

§ 405 [Ausführungsanzeige und Selbsteintritt; Widerruf der Kommission]

(1) **Zeigt der Kommissionär die Ausführung der Kommission an, ohne ausdrücklich zu bemerken, daß er selbst eintreten wolle, so gilt dies als Erklärung, daß die Ausführung durch Abschluß des Geschäfts mit einem Dritten für Rechnung des Kommittenten erfolgt sei.**

(2) **Eine Vereinbarung zwischen dem Kommittenten und dem Kommissionär, daß die Erklärung darüber, ob die Kommission durch Selbsteintritt oder durch Abschluß mit einem Dritten ausgeführt sei, später als am Tage der Ausführungsanzeige abgegeben werden dürfe, ist nichtig.**

(3) **Widerruft der Kommittent die Kommission und geht der Widerruf dem Kommissionär zu, bevor die Ausführungsanzeige zur Absendung abgegeben ist, so steht dem Kommissionär das Recht des Selbsteintritts nicht mehr zu.**

I. Normzweck

Die Norm verfolgt das Ziel, für den Kommittenten zügig Klarheit zu schaffen, ob der Kommissionär **1** die Kommission durch Selbsteintritt oder durch Abschluss eines Ausführungsgeschäfts durchführt. In der nach § 384 Abs. 2 geschuldeten Ausführungsanzeige muss der Kommissionär nämlich nicht notwendigerweise die Art der Ausführung mitteilen. Unterlässt er dies, bleibt eine Ungewissheit. Hier schafft das Gesetz Klarheit: die Vornahme eines Ausführungsgeschäfts wird fingiert, ein Selbsteintritt scheidet aus (Abs. 1); Abweichendes kann nicht vereinbart werden (Abs. 2); durch Widerruf der Kommission kann der Kommittent bis zur Absendung der Ausführungsanzeige dem Kommittenten den Selbsteintritt aus der Hand schlagen (Abs. 3).

---

[1] Baumbach/Hopt/*Hopt* Rn. 1; KKRD/*Roth* Rn. 2; Röhricht/Graf v. Westphalen/Haas/*Lenz* Rn. 2; Schlegelberger/*Hefermehl* Rn. 3; unentschieden MüKoHGB/*Häuser* Rn. 11.
[2] BeckOGK/*Fischinger* Rn. 4; *Grünhut*, Das Recht des Commisionshandels, 1879, 483; Oetker/*Bergmann* Rdn. 2; Staub/*Koller* § 394 Rn. 19; *Weidmann*, Das Kommissionsgeschäft: Das Selbsteintrittsrecht, Band 2, 1908, 203.
[3] MüKoHGB/*Häuser* Rn. 12; Oetker/*Bergmann* Rn. 4.
[1*] Heymann/*Herrmann* Rn. 1; KKRD/*Roth* Rn. 1. S. auch MüKoHGB/*Häuser* Rn. 4 mit dem Hinweis, dass das Sicherungsbedürfnis wegfällt, wenn der Kommissionär kein Deckungsgeschäft abgeschlossen hat und aus eigenen Beständen liefert.
[2*] MüKoHGB/*Häuser* Rn. 5; Oetker/*Bergmann* Rn. 1.

II. Erklärung des Selbsteintritts (Abs. 1)

2   Die Erklärung des Selbsteintritts muss **ausdrücklich** und **eindeutig** sein (→ § 400 Rn. 8). Der Kommissionär muss dabei nicht das Wort „Selbsteintritt" verwenden, wohl aber zweifelsfrei ausdrücken, dass er selbst als Verkäufer an den Kommittenten liefert oder gegenüber diesem als Käufer auftritt.[1] Deswegen genügen Erklärungen wie „ich kaufe von Ihnen" oder „ich verkaufe Ihnen".[2] Eine konkludente Erklärung reicht nicht aus.[3] Es genügt daher nicht, wenn der Kommissionär das Gut aus seinem Lager nimmt oder schlicht übergibt. Die Parteien können Abweichendes vereinbaren, wozu aber nur ausnahmsweise ein nachvollziehbares Bedürfnis besteht. Die Erklärung ist eine empfangsbedürftige Willenserklärung und wird mit dem Zugang beim Kommittenten wirksam. Abs. 1 stellt dazu eine **zeitliche Schranke** auf: der Selbsteintritt muss spätestens mit der Ausführungsanzeige dem Kommittenten zugehen. Ein gleichzeitiger Zugang genügt.[4]

3   Fehlt eine rechtzeitige Selbsteintrittserklärung oder ist sie weder ausdrücklich noch eindeutig erklärt, so ist sie wirkungslos. Das Gesetz fingiert stattdessen die Erklärung, dass der Kommissionär die Kommission durch ein Drittgeschäft ausgeführt hat. Haben die Parteien die Anforderungen an die Selbsteintrittserklärung modifiziert (zB vereinbart, dass konkludentes Verhalten genügt oder dass in der Ausführungsanzeige zugleich die Erklärung des Selbsteintritts liegen soll),[5] so ist eine dementsprechende Erklärung ausreichend, wenn sie innerhalb der zeitlichen Schranke des Abs. 1 zugeht.[6] Allerdings können die Parteien vereinbaren, dass es ein Zugang der Eintrittserklärung entbehrlich ist. In diesem Fall genügt die Willensbetätigung nach § 151 BGB für den Selbsteintritt.[7] Die **Fiktion der Ausführungsanzeige** durch Abschluss eines Drittgeschäfts hat zur Folge, dass der Kommissionär ein wirklich getätigtes Deckungsgeschäft als für Rechnung des Kommittenten gelten lassen muss. Daneben werden die Voraussetzungen einer Eigenhaftung nach § 384 Abs. 3 gegeben sein. Letzteres bleibt dem Kommittenten, wenn ein Deckungsgeschäft fehlt.

III. Zwingendes Recht (Abs. 2)

4   Die Art der Selbsteintrittserklärung unterliegt der Disposition der Parteien. Über die zeitliche Grenze können die Parteien nach Abs. 2 nur eingeschränkt disponieren. Eine Vereinbarung über den zeitlichen Ablauf der Erklärungen ist nur im Rahmen desselben Tages möglich.[8] Ein Selbsteintrittsrecht, das noch am Tage nach der Ausführungsanzeige soll ausgeübt werden können, kann im Voraus nicht wirksam vereinbart werden. Anderenfalls könnte das Ziel der Norm (insbes. des Abs. 1), Klarheit zu schaffen, nicht erreicht werden. Spätere, nach Eintritt der Fiktionswirkung nach Abs. 1 getroffene Vereinbarungen verstoßen nicht gegen Abs. 2. Die Parteien können also im Nachhinein einen verspäteten Selbsteintritt als wirksam behandeln oder ein erneutes Selbsteintrittsrecht verabreden.[9] Für eine Umdeutung (§ 140 BGB) der nichtigen Abrede in eine zeitlich gerade noch zulässige besteht weder ein Bedürfnis, noch entspricht sie der Zielrichtung des Abs. 2.[10] Nach der wohl hM verbietet Abs. 2 nur Abreden über die Abgabe, nicht hingegen über den Zugang der Selbsteintrittserklärung. Danach können die Parteien vereinbaren, dass auch eine später zugegangene Selbsteintrittserklärung wirksam ist, sofern sie nur gleichzeitig mit der Ausführungsanzeige abgegeben wurde.[11] Der Rechtsklarheit ist das abträglich und vermag nicht zu überzeugen. Die Nichtigkeit nach Abs. 2 lässt die Wirksamkeit der Vereinbarungen im Übrigen unberührt.

IV. Kündigungsrecht des Kommittenten (Abs. 3)

5   Die Vorschrift sucht das Recht des Kommittenten, den Kommissionsvertrag zu kündigen (die Norm spricht untechnisch von widerrufen), mit dem Recht des Kommissionärs, den Kommissionsvertrag durch Selbsteintritt zu erfüllen, in Einklang zu bringen. Sie gilt sowohl für die Fälle des gesetzlichen

[1] RG Urt. v. 6.3.1906 – II 343/05, RGZ 63, 30; BeckOGK/*Fischinger* Rn. 3; KKRD/*Roth* Rn. 2; MüKoHGB/*Häuser* Rn. 2; Oetker/*Bergmann* Rn. 1; Röhricht/Graf v. Westphalen/Haas/*Lenz* Rn. 3.
[2] So der Sachverhalt nach RGZ 112, 27 (29); s. auch MüKoHGB/*Häuser* Rn. 2; Staub/*Koller* Rn. 3.
[3] *Canaris* HandelsR § 30 Rn. 99; Oetker/*Bergmann* Rn. 1
[4] MüKoHGB/*Häuser* Rn. 4; Staub/*Koller* Rn. 9.
[5] S. dazu RGZ 96, 7; RG JW 1926, 1961; Baumbach/Hopt/*Hopt* Rn. 1; BeckOGK/*Fischinger* Rn. 5; KKRD/*Roth* Rn. 2; Staub/*Koller* Rn. 13.
[6] Vgl. RGZ 96, 4 (7); KG Urt. v. 3.4.1989 – 2 U 6219/88, WM 1989, 1276 (1277).
[7] BGH Urt. v. 1.2.1988 – II ZR 152/87, WM 1988, 402 (404) = NJW-RR1988, 749; *Canaris* HandelsR § 30 Rn. 100; MüKoHGB/*Häuser* Rn. 9.
[8] KKRD/*Roth* Rn. 2; MüKoHGB/*Häuser* Rn. 11. Die Parteien können daher vereinbaren, dass es genügt, wenn der Selbsteintritt und die Ausführungsanzeige an einem Tag eingehen.
[9] BeckOGK/*Fischinger* Rn. 10; Staub/*Koller* Rn. 16; Heymann/*Herrmann* Rn. 2.
[10] AA Röhricht/Graf v. Westphalen/Haas/*Lenz* Rn. 5.
[11] MüKoHGB/*Häuser* Rn. 11; Staub/*Koller* Rn. 13.

wie des vertraglich vereinbarten Selbsteintrittsrechts. Geht man von einer nach Werkvertragsrecht zu beurteilenden Geschäftsbesorgung aus, so kann der Kommittent an sich bis zur Vornahme des Ausführungsgeschäfts kündigen (§ 649 BGB, → § 383 Rn. 30). Das wird in Abs. 3 modifiziert. Die Kündigung ist nur bis zum Zeitpunkt der Absendung der Ausführungsanzeige (das muss nicht zugleich die Selbsteintrittserklärung sein) möglich. Darin liegt eine **Beschränkung des Kündigungsrechts** zugunsten des Kommissionärs, der mit der Absendung der Anzeige sicher sein kann, dass der Vertrag durchgeführt wird. Freilich muss er Sorge tragen, dass er neben der Ausführungsanzeige auch den Selbsteintritt erklärt, da sonst die Fiktion des Abs. 1 droht.

Beurteilt sich das Kommissionsgeschäft nach Dienstvertragsrecht, so hängt die Frage, bis zu **6** welchem Zeitpunkt der Kommittent (nach § 627 BGB) kündigen kann, von den Vereinbarungen bzw. von einer Vertragsauslegung ab (→ § 383 Rn. 31). Wird indes der Selbsteintritt erklärt, so wird damit der Kommissionsvertrag seitens des Kommissionärs uU schon erfüllt (→ § 384 Rn. 3 f.). Jedenfalls verlagert auch insoweit Abs. 3 die zeitliche Grenze nach vorne, bis zu der eine Kündigung erklärt werden kann.

Eine rechtzeitige, also vor Absendung der Ausführungsanzeige zugegangene Kündigungserklärung **7** beendet das Selbsteintrittsrecht des Kommissionärs. Hat er schon – auf eigene Rechnung – ein Deckungsgeschäft getätigt, bleibt das ohne Kompensation. Er kann nicht nachträglich das Deckungsgeschäft als für fremde Rechnung getätigtes Ausführungsgeschäft deklarieren, um die Kündigung uU nachträglich als verspätet, weil nach Vornahme des Ausführungsgeschäfts zugegangen, erscheinen zu lassen.[12] Die Risiken sind durch Abs. 3 richtig verteilt. Die Regelung kann zwar – mit der Einschränkung in Abs. 2 – abbedungen werden, sie kann aber nicht durch nachträgliche Manipulationen aus den Angeln gehoben werden.

§ 406 [Ähnliche Geschäfte]

(1) [1]**Die Vorschriften dieses Abschnitts kommen auch zur Anwendung, wenn ein Kommissionär im Betriebe seines Handelsgewerbes ein Geschäft anderer als der in § 383 bezeichneten Art für Rechnung eines anderen in eigenem Namen zu schließen übernimmt.** [2]**Das gleiche gilt, wenn ein Kaufmann, der nicht Kommissionär ist, im Betriebe seines Handelsgewerbes ein Geschäft in der bezeichneten Weise zu schließen übernimmt.**

(2) **Als Einkaufs- und Verkaufskommission im Sinne dieses Abschnitts gilt auch eine Kommission, welche die Lieferung einer nicht vertretbaren beweglichen Sache, die aus einem von dem Unternehmer zu beschaffenden Stoffe herzustellen ist, zum Gegenstande hat.**

I. Normzweck

Die Vorschrift erweitert den auf das Handelsgewerbe des Kommissionärs zugeschnittenen Anwen- **1** dungsbereich des Kommissionsrechts in § 383. Ihre Hauptbedeutung liegt in Abs. 1 S. 1 darin, den engen Tatbestand des § 383 sachlich auch auf solche Ausführungsgeschäfte zu erstrecken, deren Gegenstand kein Kauf beweglicher Sachen oder Wertpapiere ist (uneigentliche Kommission). Ohne rechtssystematische Unklarheit könnte man Abs. 1 S. 1 als Grundtatbestand des Kommissionsrechts auffassen. Zusammen mit § 383 erlaubt die Vorschrift die weitestmögliche Definition des Kommissionsgeschäfts als Rechtsgeschäft, durch das ein Gewerbetreibender im eigenen Namen aber für fremde Rechnung Verträge mit Dritten abschließt.[1] Die weitere sachliche Erweiterung in Abs. 2 auf die Werklieferungskommission ist mittlerweile obsolet (→ Rn. 3). Persönlich erstreckt die Norm in Abs. 1 S. 2 den Anwendungsbereich des Kommissionsrechts auf solche Kommissionsverträge, die ein sonstiger Kaufmann als Gelegenheitskommissionär abschließt.[2] Dadurch lockert das Gesetz die starre Anknüpfung nach dem subjektiven System.

II. Erweiterter Anwendungsbereich

1. Uneigentliche Kommission (Abs. 1 S. 1). Als **kommissionsähnliche Geschäfte** iSd Abs. 1 **2** S. 1 sind solche Rechtsgeschäfte angesehen worden, bei denen ein Gewerbetreibender in eigenem Namen und für fremde Rechnung auftritt, bei dem aber der Gegenstand des Kommissionsgeschäfts sich nicht unter den (engen) § 383 subsumieren lässt. Zu nennen sind der Kauf oder Verkauf von Grundstücken für fremde Rechnung von Geschäftsanteilen an einer Gesellschaft[3] oder von sonstigen

---

[12] MüKoHGB/*Häuser* Rn. 26; Staub/*Koller* Rn. 28; aA Schlegelberger/*Hefermehl* Rn. 25.
[1] Vgl. BeckOGK/*Fischinger* Rn. 2; MüKoHGB/*Häuser* Rn. 2; Staub/*Koller* Rn. 2.
[2] Vgl. iE → § 383 Rn. 1, 5.
[3] BGH Urt. v. 5.5.1960 – II ZR 128/58, NJW 1960, 1852 (1853); Staub/*Koller* Rn. 4.

Vermögenswerten (→ § 383 Rn. 6). Unter Abs. 1 S. 1 fällt der sog. **Kommissionsverlag,** bei dem der Verlag eines Werkes für Rechnung des Autors und nicht des Verlegers übernommen wird.[4] Aus diesem Grund sind die Vorschriften des VerlG unanwendbar. Kommissionsähnlich ist die Filmverleihkommission, wonach der Kommissionär in eigenem Namen aber für Rechnung des Kommittenten Aufführungsverträge schließt.[5] An der Ähnlichkeit zum Kommissionsgeschäft iSd § 383 fehlt es, wenn das Geschäft nicht im eigenen Namen für fremde Rechnung geschlossen wird, wie dies häufig bei Werbeagenturen der Fall ist.[6] Ein Eigengeschäft und damit kein kommissionsähnliches Geschäft ist das sog. Konditionsgeschäft, auch wenn hier teilweise für fremde Rechnung gehandelt wird (→ § 383 Rn. 9).

3   **2. Werklieferungskommission (Abs. 2).** Ein kommissionsähnliches Geschäft ist die Kommission über die Lieferung einer unvertretbaren beweglichen Sache, die ein Unternehmer aus einem von ihm zu beschaffenden Stoff herzustellen hat, Abs. 2. Diese Bestimmung ist missverständlich und der Sache nach überflüssig. Nach § 651 S. 1 BGB ist auf alle Werklieferverträge Kaufrecht anwendbar, sodass die Werklieferungskommission schon in § 383 Abs. 1 erfasst ist.[7] Der Gesetzgeber unterließ es, im Rahmen der Schuldrechtsreform die Norm anzupassen, während sie auch davor nur begrenzte praktische Relevanz hatte. Vor 2002 galt bei der Lieferung nicht vertretbarer Sachen Werkvertragsrecht. Nur hierfür ordnete Abs. 2 die Anwendung des Kommissionsrechts an.

4   **3. Erweiterter persönlicher Anwendungsbereich (Abs. 1 S. 2).** Abs. 1 S. 2 erfasst den **Gelegenheitskommissionär,** der Waren oder Wertpapiere kauft oder verkauft und weder nach § 383 Abs. 1 noch Abs. 2 Kommissionär ist, mithin ein anderes Handelsgewerbe betreibt. Der persönlich haftende Gesellschafter einer OHG oder KG, fällt nicht unter Abs. 1 S. 2, wenn er im Auftrag der Gesellschaft für deren Rechnung, aber in eigenem Namen auftritt. Ihn qualifiziert nur die Gesellschafterstellung als Kaufmann.[8] Nach der herrschenden und zutreffenden Ansicht gilt auch bei der Gelegenheitskommission die Norm des § 392 Abs. 2.[9] Eine Gegenansicht lehnt das ab, da § 392 Abs. 2 auf der Offenkundigkeit kraft Gewerbes beruhe, die einem Gelegenheitskommissionär abgehe.[10] Abgesehen davon, dass man schon an der Prämisse zweifeln mag, spricht die historische Auslegung dafür, § 392 Abs. 2 auf Gelegenheitskommissionäre anzuwenden. Eine derartige Einschränkung fand sich nicht im ADHGB und es ist nicht ersichtlich, dass die Gesetzesverfasser des HGB dahinter zurückbleiben wollten.[11]

III. Einzelne kommissionsähnliche Geschäfte

5   **1. Kommissionsagent.** Zwischen Kommissionär und Handelsvertreter steht der **Kommissionsagent.** Darunter versteht man einen Kommissionär, der mit einem Kommittenten in einem festen Vertragsverhältnis steht, das ihn verpflichtet, ständig für ihn Kommissionsgeschäfte zu tätigen.[12] Mit dem Handelsvertreter teilt der Kommissionsagent die ständige Beauftragung. Im Außenverhältnis tritt er wie ein Kommissionär in eigenem Namen aber für fremde Rechnung auf. Letzteres unterscheidet den Kommissionsagenten vom Vertragshändler. Kommissionsagenten treten vor allem auf der Angebotsseite auf: Typischerweise beauftragen Hersteller oder Importeure bestimmte Kommissionäre auf Dauer mit dem Verkauf ihrer Ware.[13] Dabei unterscheidet sich das Ausführungsgeschäft nicht vom

---

[4] RGZ 78, 298 (300); RG Recht 1926 Nr. 796; VG Münster Urt. v. 21.4.1989 – 1 K 724/88, NJW 1990, 2080 f.; BeckOGK/*Fischinger* Rn. 21; MüKoHGB/*Häuser* Rn. 34; Staub/*Koller* Rn. 37.
[5] BeckOGK/*Fischinger* Rn. 8; MüKoHGB/*Häuser* Rn. 16; Staub/*Koller* § 383 Rn. 50.
[6] BKartA, Schreiben vom 6.4.1962, GRUR 1962, 486 f. – Preislistentreue; *Möhring/Illert* BB 1974, 65 f.; MüKoHGB/*Häuser* Rn. 15.
[7] Der Verweis auf „nicht vertretbare bewegliche Sachen" geht daher ins Leere; s. BeckOK HGB/*Baer* Rn. 4; Baumbach/Hopt/*Hopt* Rn. 8; KKRD/*Roth* Rn. 4; MüKoHGB/*Häuser* Rn. 13; Oetker/*Bergmann* Rn. 3; Röhricht/Graf v. Westphalen/Haas/*Lenz* Rn. 3.
[8] BGH Urt. v. 5.5.1960 – II ZR 128/58, NJW 1960, 1852 (1853); BeckOGK/*Fischinger* Rn. 43; MüKoHGB/*Häuser* Rn. 8; Oetker/*Bergmann* Rn. 4; *K. Schmidt* HandelsR § 31 V 4a. Rechtspolitisch leuchtet das nicht unbedingt ein, s. *Canaris* HandelsR § 30 Rn. 3.
[9] BGH Urt. v. 5.5.1960 – II ZR 128/58, NJW 1960, 1852 (1853); BeckOK HGB/*Baer* Rn. 3; BeckOGK/*Fischinger* Rn. 44; KKRD/*Roth* Rn. 3; MüKoHGB/*Häuser* Rn. 9; Oetker/*Bergmann* Rn. 6; *K. Schmidt* HandelsR § 31 V 4a.
[10] *Canaris* FS Flume, 1978, 377 (408); *Canaris* HandelsR § 30 Rn. 74; *Hüffer* JuS 1991, 195 (198); s. auch Staub/*Koller* § 392 Rn. 3.
[11] Ausf. dazu Oetker/*Bergmann* Rn. 6 f.
[12] BGH Urt. v. 20.3.2003 – I ZR 225/00, ZIP 2003, 1707 (1710); Urt. v. 21.7.2016 – I ZR 229/15, NJW 2017, 475 Rn. 12 = ZIP 2017, 822; BGH BB 1964, 651; BeckOGK/*Fischinger* Rn. 17; *Canaris* HandelsR § 16 Rn. 2; Heymann/*Herrmann* Rn. 5; Hopt FS Hadding, 2004, 443 (456); MüKoHGB/*Häuser* Rn. 22; Staub/*Koller* § 383 Rn. 58.
[13] Vgl. dazu *K. Schmidt* HandelsR § 28 II 1, III.

Normalfall der Kommission. Da der Kommissionsagent im eigenen Namen tätig wird, ist auf das Außenverhältnis das Kommissionsrecht uneingeschränkt anwendbar.[14] Im **Innenverhältnis** bestehen jedoch Besonderheiten, die Ähnlichkeiten zum Handelsvertreterrecht aufweisen. Wie dort – und im Gegensatz zur normalen Kommission – besteht eine ständige vertragliche Beziehung und aufgrund dessen eine Abhängigkeit zwischen dem im fremden Interesse Tätigen und dem davon wirtschaftlich betroffenen Unternehmen.

Gleichwohl sind die Vorschriften über den Handelsvertreter nicht unbedacht auf das Innenverhältnis **6** anzuwenden, sondern es entscheidet der Normzweck. Eine Analogie setzt voraus, dass die fragliche Vorschrift an die ständige Betrauung anknüpft und nicht ausschließlich auf ein Handeln in fremdem Namen zugeschnitten ist.[15] Danach gelten für die **Provisionsanspruch** des Kommissionsagenten die §§ 87 ff. Er hat analog § 86b einen Anspruch auf eine Delkredereprovision und analog § 87 Abs. 2 einen Anspruch auf eine Bezirksprovision, da beide auf der ständigen Betrauung des Kommissionsagenten fußen.[16] Für Geschäfte nach Vertragsschluss gilt § 87 Abs. 3.[17] Anwendbar sind auch solche Vorschriften des Handelsvertreterrechts, die ungünstiger gegenüber den Vorschriften des Kommissionsrechts sind. So entfällt nach § 87a Abs. 3 S. 1 der Provisionsanspruch des Kommissionsagenten, wenn das Geschäft nicht ausgeführt wurde und der Kommittent dies nicht zu vertreten hat. Es besteht kein Anspruch auf eine Auslieferungsprovision, § 396 Abs. 1 S. 2 scheidet aus.[18] Folgerichtig steht auch dem Kommissionsagenten ein Anspruch auf den Buchauszug nach § 87c Abs. 2 zu, um den Provisionsanspruch berechnen zu können.[19] Aufwendungen kann der Kommissionsagent analog § 87d nur verlangen, wenn sie handelsüblich sind. Die (großzügigere) Vorschrift des § 396 Abs. 2 ist ausgeschlossen.[20]

Für die Kündigung des Kommissionsagentenverhältnisses gelten weitgehend die §§ 89 ff. So richtet **7** sich die ordentliche Kündigung nach § 89, unabhängig davon, ob der Kommissionsagent besonders schutzbedürftig ist.[21] Außerordentlich kündbar ist das das Kommissionsagentenverhältnis nach § 89a analog. Wie zu der Praxis bei Handelsvertretern anerkannt, sollte man eine Überlegungsfrist bis zu 2 Monaten anerkennen, die mit der Kenntnis des Kündigungsgrunds beginnt. Wird diese Frist überschritten, ist das außerordentliche Kündigungsrecht verwirkt.[22] Ein Ausgleichsanspruch nach § 89b nach Beendigung des Vertragsverhältnisses wird dem Kommissionsagenten in aller Regel zustehen, da er nach § 384 Abs. 2 die Kundendaten an den Kommittenten herausgeben muss.[23] Auf die insoweit umstrittenen Voraussetzungen beim Ausgleichsanspruch des Handelsvertreters wird es kaum ankommen. Der Kommissionsagent ist nach § 90 verpflichtet, Geschäftsgeheimnisse zu wahren und unterliegt einem nachvertraglichen Wettbewerbsverbot nach § 90a.[24] Die Pflicht, eine Vertragsurkunde auszustellen ergibt sich aus einer Analogie zu § 85.[25]

2. Kredit- und Akkreditivvermittlung. Die Vermittlung von Krediten kann als Kommissions- **8** verhältnis ausgestaltet sein.[26] Ist der Kreditnehmer ein Verbraucher und der Kommissionär als Vermittler zugleich ein Unternehmer, so verdrängen meist die §§ 655a ff. BGB die Vorschriften der §§ 383 ff. Kommissionsrecht ist daher nur anwendbar, wenn der Kommittent kein Verbraucher ist,

---

[14] BGH Urt. v. 20.3.2003 – I ZR 225/00, ZIP 2003, 1707 (1710); Urt. v. 21.7.2016 – I ZR 229/15, NJW 2017, 475 Rn. 12 = ZIP 2017, 822; MüKoHGB/*Häuser* Rn. 23; Schlegelberger/*Hefermehl* Rn. 96; Staub/*Koller* Rn. 60; *K. Schmidt* HandelsR § 28 II 1 b.

[15] *Canaris* HandelsR § 16 Rn. 6; BeckOGK/*Fischinger* Rn. 18; MüKoHGB/*Häuser* Rn. 24. Staub/*Koller* § 383 Rn. 61 will zusätzlich im Einzelfall prüfen, ob außerdem eine spezifische Schutzbedürftigkeit des Kommissionsagenten besteht oder ob er fremden „good will" gefördert hat. Indes sind diese Kriterien weder präzise noch praktikabel.

[16] RG JW 1917, 15; BeckOGK/*Fischinger* Rn. 19; *Canaris* HandelsR § 16 Rn. 7; MüKoHGB/*Häuser* Rn. 25a; Staub/*Koller* § 383 Rn. 65.

[17] BeckOGK/*Fischinger* Rn. 19; *Canaris* HandelsR § 16 Rn. 7; MüKoHGB/*Häuser* Rn. 26; Staub/*Koller* § 383 Rn. 68.

[18] *Canaris* HandelsR § 16 Rn. 8; MüKoHGB/*Häuser* Rn. 26.

[19] OLG München Urt. v. 20.12.2017 – 7 U 260/17, ZVertriebsR 2018, 27; BeckOGK/*Fischinger* Rn. 19; *Canaris* HandelsR § 16 Rn. 12; *Hopt* FS Hadding, 2004, 553 (458); MüKoHGB/*Häuser* Rn. 25; Staub/*Koller* § 383 Rn. 65.

[20] *Canaris* HandelsR § 16 Rn. 8; *Koller* BB 1979, 1725 (1726 f.); BeckOGK/*Fischinger* Rn. 19 MüKoHGB/*Häuser* Rn. 26; Staub/*Koller* § 383 Rn. 66.

[21] Vgl. RG Urt. v. 22.12.1906 – I 281/06, RGZ 65, 37; RG Urt. v. 5.2.1918 – III 311/17, RGZ 92, 158 (160), jew. zu der früheren Vorschrift des § 92; *Canaris* HandelsR § 16 Rn. 9; MüKoHGB/*Häuser* Rn. 27; Röhricht/Graf v. Westphalen/Haas/*Lenz* Rn. 25; s. auch *K. Schmidt* HandelsR § 28 III 1a; aA insoweit Staub/*Koller* § 383 Rn. 64.

[22] BeckOGK/*Fischinger* Rn. 19; MüKoHGB/*Häuser* Rn. 28.

[23] BGH Urt. v. 21.7.2016 – I ZR 229/15, NJW 2017, 475 Rn. 32 ff. = ZIP 2017, 822; zuvor angedeutet BGH Urt. v. 11.12.1958 – II ZR 73/57, BGHZ 29, 83 (86); BGH Urt. v. 1.6.1964 – VII ZR 235/62, NJW 1964, 1952 = BB 1964, 823; BeckOGK/*Fischinger* Rn. 19; MüKoHGB/*Häuser* Rn. 29 f. Generell bejahend *Canaris* HandelsR § 16 Rn. 13; *K. Schmidt* HandelsR § 28 II 1b aa.

[24] *Canaris* HandelsR § 16 Rn. 12; MüKoHGB/*Häuser* Rn. 32; aA Staub/*Koller* § 383 Rn. 41, wonach es auf die Schutzbedürftigkeit des Kommittenten ankomme. Indes wird der Kommittent meist schutzbedürftig sein.

[25] BeckOGK/*Fischinger* Rn. 19; MüKoHGB/*Häuser* Rn. 25.

[26] OLG Celle Urt. v. 11.6.1974 – 11 U 219/73, WM 1974, 735 (736) dort als Geschäftsbesorgung beschrieben.

sondern den Kredit für geschäftliche Zwecke benötigt.[27] Im zwischenstaatlichen Handel werden bisweilen Rembourskredite vermittelt, bei der die Bank des Käufers im eigenen Namen, aber auf dessen Rechnung mit der Remboursbank auf der Verkäuferseite einen Kredit vereinbart. Dabei akzeptiert die Bank des Verkäufers einen auf sie gezogenen Wechsel für die Rechnung der Bank des Käufers. Zug um Zug wird danach das Akzept dem Verkäufer-Exporteur gegen bestimmte Dokumente ausgehändigt. Das Rechtsverhältnis zwischen dem Käufer-Importeur und der Vermittlungsbank unterliegt nach Abs. 1 S. 1 Kommissionsrecht.[28] Erteilt eine inländische Akkreditivbank einer ausländischen Bank den Auftrag, ein Dokumentenakkreditiv zu bestätigen und die Dokumente des akkreditierten Verkäufers entgegenzunehmen, handelt es sich um ein kommissionsähnliches Rechtsgeschäft. Die inländische Bank handelt im eigenen Namen auf Rechnung des Käufers.[29] Wie auch sonst ist der Käufer hier dadurch gesichert, dass die Akkreditivbank nur gegen die im Akkreditiv genannten Warendokumente zahlen darf.

9   **3. Metaverbindung und Konsortien.** Metaverbindungen kennzeichnet es, dass ein Gesellschafter nach außen im eigenen Namen auftritt, während er im Innenverhältnis für die Rechnung der Gesellschafter handelt.[30] Bei der GmbH kann dies als schuldrechtliche Nebenleistungspflicht gem. § 3 Abs. 2 GmbHG vereinbart werden. In aller Regel handelt es sich dabei um eine Innengesellschaft, bei der die Parteien vereinbaren, den Gewinn aus dem Umsatzgeschäft zu teilen (à conto metà). Schuldet der Metist den Abschluss von Rechtsgeschäften im eigenen Namen aber für die Rechnung der Gesellschaft als Beitragsleistung und damit als eine gesellschaftsrechtlich veranlasste Pflicht, absorbiert das Gesellschaftsrecht das Kommissionsrecht. Dies gilt auch, wenn die wirtschaftliche Tätigkeit des Metisten äußerlich als Kommissionsgeschäft erscheint.[31] Teilweise will man im Einzelfall Vorschriften des Kommissionsrechts auf Metaverbindungen anwenden.[32] Das ist abzulehnen, da die §§ 383 ff. die durch den gemeinsamen Zweck geprägte Interessenlage unzureichend abbilden. Deswegen überlagert eine gesellschaftsrechtliche Verankerung das Kommissionsrecht. Dogmatisch läuft dies auf die Absorptionsmethode hinaus.[33]

10   **4. Partiarische Kommission.** Die Parteien können vereinbaren, dass der Kommissionär am Gewinn des Kommittenten beteiligt ist. Da das äußere Erscheinungsbild unerheblich für die Typenzuordnung ist, entscheidet sich nach dem Innenverhältnis der Parteien, ob ein **partiarisches Kommissionsgeschäft** vereinbart wurde, auf das die §§ 383 ff. anwendbar sind oder ob es sich um eine (Innen)Gesellschaft handelt. Die Praxis stellt auf den Vertragszweck und die wirtschaftlichen Ziele der Parteien ab.[34] Ist nur der Kommissionär dazu verpflichtet, Gewinn durch den Abschluss von Ausführungsgeschäften zu erzielen, handelt es sich um eine partiarische Kommission.[35] Diese Pflichtenverteilung unterscheidet sich nicht von einer gewöhnlichen Kommission, sondern modifiziert nur die Art und Weise, wie das Entgelt für die Bemühungen des Kommissionärs geschuldet wird. Die typische Pflichtenverteilung des Kommissionsverhältnisse wird verlassen, wenn nicht nur der „Kommissionär" sondern auch der „Kommittent" dazu verpflichtet ist, Gewinne zu erzielen. Korrespondiert mit der Gewinnverteilung eine Verlustverteilung, handelt es sich ebenso um eine Innengesellschaft.[36] Eine derartige Risikoverteilung ist einem Kommissionsvertrag fremd.

---

[27] BeckOGK/*Fischinger* Rn. 27.

[28] MüKoHGB/*Häuser* Rn. 44; Staub/*Koller* § 383 Rn. 85.

[29] BeckOGK/*Fischinger* Rn. 29; MüKoHGB/*Häuser* Rn. 45, Staub/*Koller* § 383 Rn. 85.

[30] BGH Urt. v. 26.6.1989 – II ZR 128/88; NJW 1990, 573; Urt. v. 22.2.2011 – II ZR 158/09, NJW 2011, 1730 (im konkreten Fall abgelehnt); MüKoBGB/*Schäfer* BGB Vor § 705 Rn. 72.

[31] BGH Urt. v. 28.11.1977 – II ZR 235/75, BGHZ 70, 61 (63); MüKoHGB/*Häuser* Rn. 19; Staub/*Koller* § 383 Rn. 31.

[32] RGZ 97, 235 (237); MüKoHGB/*Häuser* Rn. 19; Staub/*Koller* § 383 Rn. 32.

[33] So jetzt auch BeckOGK/*Fischinger* Rn. 14.

[34] S. etwa BGH Urt. v. 26.6.1989 – II ZR 128/88; NJW 1990, 573; BeckOGK/*Fischinger* Rn. 13; KKRD/*Roth* Rn. 4; MüKoHGB/*Häuser* Rn. 20.

[35] MüKoHGB/*Häuser* Rn. 20.

[36] Baumbach/Hopt/*Hopt* § 383 Rn. 7; BeckOGK/*Fischinger* Rn. 13; MüKoHGB/*Häuser* Rn. 20; Staub/*Koller* § 383 Rn. 32.

Vierter Abschnitt. Frachtgeschäft

Erster Unterabschnitt. Allgemeine Vorschriften

Vorbemerkung §§ 407–450

Materialien: Bericht der Sachverständigenkommission zur Reform des Transportrechts mit Textvorschlägen zur Neuregelung des Transportrechts, Bundesanzeiger v. 5.12.1996, Nr. 228a (zit.: Bericht SV-Kommission); BR-Drs. 368/97 v. 23.5.1997; BT-Drs. 13/8445 v. 29.8.1997, Gesetzentwurf der Bundesregierung – Entwurf eines Gesetzes zur Neuregelung des Fracht-, Speditions- und Lagerrechts (Transportrechtsreformgesetzes) mit Begründung; BT-Drs. 13/10014 v. 4.3.1998, Beschlussempfehlung und Bericht des Rechtsausschusses (6. Ausschuss) zu dem Gesetzentwurf der Bundesregierung; *Czerwenka,* Die geplante Reform des Seehandelsrechts, 2011.

Gesamtdarstellungen und Monografien zum Transport-, Handels- und Logistikrecht: *Basedow,* Der Transportvertrag: Studien zur Privatrechtsangleichung auf regulierten Märkten, 1987; *Beckert,* Die Haftung des Frachtführers für Kontaminierungsfolgeschäden, 2006; *Braun,* Das frachtrechtliche Leistungsstörungsrecht nach dem Transportrechtsreformgesetz, 2002; *Canaris,* Handelsrecht, 24. Aufl. 2006; *Didier,* Risikozurechnung bei Leistungsstörungen im Gütertransportrecht, 2001; *Dubischar,* Grundriß des gesamten Gütertransportrechts, 1987; *Gass,* Das neue Transport- und Speditionsrecht, 1999; *Gass,* Der Speditionsvertrag im internationalen Handelsverkehr, 1991; *Gass/Lange,* Rahmenverträge für interne Produktionsformen, 1999; *Hartenstein/Reuschle,* Handbuch des Fachanwalts Transport- und Speditionsrecht, 2. Aufl. 2012; *Herber,* Das neue Haftungsrecht der Schiffahrt, 1989, *Herber,* Seehandelsrecht, 1999; *Hofmann,* Interpendente Losgrößenplanung in Logistiksystem, 1995; *Jesser,* Frachtführerhaftung nach der CMR – Internationaler und nationaler Straßengütertransport, 1992; *Lange,* Das Recht der Netzwerke, 1998; *Lenz,* Straßengütertransportrecht, 1988; *Lieser,* Ergänzung der CMR durch unvereinheitlichtes deutsches Recht, 1991; *Lorenz,* Der Güterverkehr nach neuem Recht, 1998; *Lublow,* Mobile Informationssysteme für die Güterverkehrslogistik, 1997; *Lublow,* Mobile Informationssysteme für die Güterverkehrslogistik, 1997; *Martin,* Transport- und Lagerlogistik, 1998; *Meyer-Rehfuß,* Das frachtvertragliche Weisungsrecht, 1995; *Müglich,* Transport- und Logistikrecht, 2002; *Müller-Feldhammer,* Die Haftung des Unternehmers beim multimodalen Transport für Güterschäden und Güterverluste aus dem Beförderungsvertrag, 1996; *Pesce,* Il Contratto di Trasporto Internazionale di Merci su Strada, 1984; *Pelz,* Frachtbrief und Übergabe des Frachtgutes in ihrer Bedeutung für den Frachtvertrag, 1980; *Pfeiffer,* Handbuch der Handelsgeschäfte, 1999; *Pfohl,* Logistiksysteme, betriebswirtschaftliche Grundlagen, 4. Aufl. 1990; *Pradel,* Praxishandbuch der Logistik (Loseblattsammlung), 2001; *Ruhwedel,* Der Luftbeförderungsvertrag, 3. Aufl. 1998; *K. Schmidt,* Handelsrecht, 5. Aufl. 1999; *Schulte,* Logistik, Wege zur Optimierung des Material- und Informationsflusses, 3. Aufl. 1999; *Siegrist,* Vorschläge zur Regelung der Haftung, Versicherung und Dokumentation im multimodalen Transport, 1993; *Stein/Krieger/Pflaum/Dräger,* Sendungsverfolgung zwischen Marketinginstrument und Produktionsunterstützungstool, GVB-Schriftenreihe, 1998; *Weber/Baumgarten,* Handbuch Logistik, 1999; *Wellenhofer-Klein,* Zulieferverträge in Privat- und Wirtschaftsrecht, 1999; *de Wit,* Multimodal Transport, 1995; *Womack/Jones/Roos,* Die zweite Revolution in der Autoindustrie, Konsequenzen aus der weltweiten Studie des Massachusetts Institute of Technology, 8. Aufl. 1994.

Kommentare zum Transportrecht: *Alff,* Fracht-, Lager- und Speditionsrecht, 2. Aufl. 1991; *Andresen/Valder,* Speditions-, Fracht- und Lagerrecht, Stand: 2010; *Flanderka,* Verpackungsverordnung – Kommentar, 1999; *Fremuth/Thume,* Kommentar zum Transportrecht, 2000; *Giemulla/Schmid,* Frankfurter Kommentar zum Luftverkehrsrecht, Hrsg. Loseblatt 2011; *Glöckner,* Leitfaden zur CMR, 7. Aufl. 1991; *Hein/Eichhoff/Pukall/Krien,* Güterkraftverkehrsrecht, 4. Aufl. 1998 (Stand: 2011); *Herber/Piper,* CMR – Kommentar, 1996; *Knorre/Schmid/Demuth,* Handbuch Transportrecht, 2008; *Koller,* Transportrecht, 9. Aufl. 2016; *Müglich,* Das neue Transportrecht, 1998; Münchener Kommentar zum Handelsgesetzbuch Bd. 7a Aktualisierungsband zum Transportrecht, 2000; *Rabe,* Seehandelsrecht, 4. Aufl. 2000; *Rabe/Bahnsen,* Seehandelsrecht, 5. Aufl. 2018; *Ramming,* Hamburger Handbuch Multimodaler Transport, 2011; *Reuschle,* Montrealer Übereinkommen, 2. Aufl. 2011; *Thume,* Kommentar zur CMR, 3. Aufl. 2013; *Widmann,* Kommentar zum Transportrecht, 3. Aufl. 1999.

Entscheidungssammlungen und Rechtsprechungsübersichten: *Auchter, Gérard,* Chronique de droit maritime allemand – Jurisprudence récente, Droit Maritime Français, 1998, 53–74, 169–178, 270–286; *Filthaut,* Die neue Rechtsprechung zur Bahnhaftung, NZV 1988, 271; *Giemulla/Schmid,* Ausgewählte internationale Rechtsprechung zum Warschauer Abkommen in den Jahren 1995–1997, ZLW 1998, 45.

Aufsätze zum Transportrecht: *Aissen/Kremer/Topp* Jahrbuch der Güterverkehrswirtschaft 1998/1999, 85; *Andresen,* Die Beförderung von Umzugsgut, TranspR 1998, 97; *Andresen,* Die Haftung des Möbelspediteurs beim Umzug, FG Herber, 1999, 145; *Asariotis,* Anwendungssystem und Zuständigkeitsvorschriften der Hamburger Regeln als Mittel zur Durchsetzung des Haftungsregimes, ETL 1998, 161; *Auchter, Gérard,* Le nouveau droit allemand des transportes, Droit Maritime Français 1998, 938; *Bahnsen,* AGB-Kontrolle bei den Allgemeinen Deutschen Spediteurbedingungen, TranspR 2010, 19; *Bartels,* Der Teilstreckenvertrag beim Multimodal-Vertrag, TranspR 2005, 203; *Basedow,* Hundert Jahre Transportrecht: Vom Scheitern der Kodifikationsidee und ihrer Renaissance, ZHR 161 (1997), 186; *Basedow,* Die Tragweite des zwingenden Rechts im neuen deutschen Gütertransportrecht, TranspR 1998, 58; *Basedow,* Zulässigkeit und Vertragsstatut der Kabotagetransporte – Zum Verhältnis von Marktöffnung und Wirtschaftskollisionsrecht in der Europäischen Gemeinschaft, ZHR 156 (1992), 413; *Baumgarten,* Trends und Strategien in der Logistik zweitausend – Analysen, Potentiale, Perspektiven, 1999; *Bästlein/Bästlein,* Beweisfragen in Rechtsstreitigkeiten gegen den HGB-Frachtführer wegen Güterschäden, TranspR 2003, 415; *Becker,* Die Geltendmachung von Ersatzansprüchen gegen den Frachtführer gemäß § 421 Abs. 1 S. 2 HGB, AcP 202 (2002), 722; *Beier,* Empfängerhaftung nach Maßgabe des Frachtbriefes – Versender als „Vormann" im Sinne des § 442 HGB?, TranspR 1989, 351; *Benkelberg/Bertier,* Die Träger der

Normsetzungsbefugnisse für die internationale Eisenbahnbeförderung, ZIEV 1998, 84; *Blaschczok,* Haftung beim Einsatz vertragswidriger Transportmittel, TranspR 1987, 401; *Bodis/Remiorz,* Der Frachtzahlungsanspruch gegen den Empfänger nach § 421 Abs. 2 HGB, TranspR 2005, 438; *Bracker,* ADSp 1998 und Speditionsversicherung, TranspR 1998, 450; *Braunack,* Die Haftung der Eisenbahn im kombinierten Ladungsverkehr, TranspR 1980, 73; *Brett,* Die geplante Regelung des Transportrechts, WiB 1997, 1221; *Brüggemann,* Auswirkungen des Transportrechtsreformgesetzes auf das Recht der Umschlagsbetriebe, TranspR 2000, 53; *Bydlinski,* Multimodaltransport, bekannter Schadensort und § 452d Abs. 3 HGB, TranspR 2009, 389; *Czapski,* Interprétation de la Convention CMR à la lumière du droit international public, ETL 1998, 461; *Czerwenka,* Das neue Transportrecht nach dem Regierungsentwurf eines Gesetzes zur Neuregelung des Fracht-, Speditions- und Lagerrechts, TranspR 1997, 353; *Czerwenka,* Das Budapester Übereinkommen über den Vertrag über die Güterbeförderung in der Binnenschiffahrt (CMNI), TranspR 2001, 277; *Denuth,* Ausführende Frachtführer auch im Bereich der CMR, TranspR 1999, 100; *Drews,* Zum anwendbaren Recht beim multimodalen Transport, TranspR 2003, 12; *Drews,* Warenumschlag im Seehafen als Teilstrecke?, TranspR 2004, 450; *Drews,* Der multimodale Transport im historischen Zusammenhang, TranspR 2006, 177; *Ebenroth,* Die Haftung im multimodalen Gütertransport bei unbekanntem Schadensort, DB 1990, 1073; *Ebenroth/Fischer/Sorek,* Haftungsprobleme im internationalen multimodalen Gütertransportrecht, VersR 1988, 757; *Ebenroth/Strittmatter,* Fremdbestimmte Investitionen in der Umstrukturierung von Absatzmittlungsverhältnissen auf dem Automobilsektor, BB 1993, 1521; *Endrigkeit,* Zur Unternehmerhaftung für fremde Wechselaufbauten im Güterfernverkehr, VersR 1971, 999; *Erbe/Schlienger,* Der Multimodal-Vertrag im schweizerischen Recht, TranspR 2005, 421; *Eye,* Kaufrechtliche Aspekte des Palettenverkehrs, TranspR 1984, 237; *Fischer,* Ergänzung der CMR durch unvereinheitlichtes deutsches Recht nach der Transportrechtsreform, TranspR 1999, 261; *Fischer,* Die CMR auf dem Vormarsch in Europa, TranspR 1994, 365; *Fraikin/Kaupp,* Wettbewerbsorientiertes Benchmarking für Speditionen auf Basis des Internet, in Jahrbuch der Güterverkehrswirtschaft, 1998/1999, 68; *Franken,* Dingliche Sicherheiten und Dokumente des kombinierten Transports, 1982; *Frantzioch,* Das neue Lagerrecht, TranspR 1998, 101; *Frantzioch,* Ist das neue Lagerrecht auch das alte?, FG Herber, 1999, 197; *Freise,* Auswirkungen des neuen Frachtrechts auf die Eisenbahn, TranspR 1998, 89; *Fremuth,* Die Vorschläge des Kommissionsentwurfes für den Frachtvertrag, TranspR 1997, 8; *Fremuth,* Das Transportrechtsreformgesetz und sein Überleitungsrecht, TranspR 1999, 95; *Fremuth,* Die Tätigkeit der Sachverständigenkommission zur Reform des Transportrechts, FG Herber, 1999, 65; *Gass,* Die Bedeutung der Logistik für Speditionsunternehmen im Rahmen moderner Hersteller-Zulieferbeziehungen, TranspR 2000, 203; *Gass,* Digitale Wasserzeichen als urheberrechtlicher Schutz digitaler Werke?, ZUM 1999, 815; *Georgiades,* in De quelques éclaircissements sur la véritable situation juridique du commissionaire de transport pour servir de contribution à l'étude de sa responsabilité, RFDA 1981, 47; *Glöckner,* Die Haftungsbeschränkungen und die Versicherung nach den Art. 3, 23–29 CMR, TranspR 1988, 327; *de Gottrau,* Die Haftung bei der Beförderung von gefährlichen Gütern, TranspR 1988, 320; *Gran,* Die Beförderungsbedingungen im Luftfrachtverkehr, TranspR 1999, 173; *Gronemeyer,* Die Entwicklung des EU-Kabotage-Rechts bis zur neuen Kabotage-Verordnung (EWG) Nr. 3118/99, TranspR 1994, 267; *Grönfors,* The Paperless Transfer of Transport Information and Legal Functions, in Schmitthoff/Goode, International carriage of goods: some legal problems and possible solutions, 1988, 19; *Helm,* Die beschränkte Kausalhaftung von Absender, Versender und Einlagerer, FG Herber, 1999, 88; *Helm,* Probleme der CMR: Geltungsbereich – ergänzendes Recht – Frachtbrief – Weisungsbefugnis – aufeinanderfolgende Frachtführer, VersR 1988, 548; *Helm,* Der Ersatzberechtigte im CMR-Haftpflicht-Fall, TranspR 1983, 29; *Herber,* Empfiehlt sich eine Kodifizierung des deutschen Transportrechts?, JZ 1974, 629; *Herber,* UN-Übereinkommen über den internationalen Gütertransport, Hansa 1980, 950; *Herber,* Einführung in das UN-Übereinkommen über den internationalen multimodalen Gütertransport, TranspR 1981, 37; *Herber,* Das zweite Seerechtsänderungsgesetz, TranspR 1986, 249; *Herber,* Die CMR und der Roll-on/Roll-off-Verkehr, VersR 1988, 645; *Herber,* Versteckte Änderungen des Transportrechts. Anmerkungen zu einer verwirrenden gesetzgeberischen Praxis, TranspR 1989, 51; *Herber,* Haftung bei multimodalem Transport, TranspR 1990, 8; *Herber,* Haftung beim Ro-Ro-Verkehr, TranspR 1994, 375; *Herber,* Haftung nach Haager Regeln, Haag/Visby-Regeln und Hamburg-Regeln, TranspR 1995, 261; *Herber,* Zur Berücksichtigung des Teilstreckenrechts bei multimodalem Transportvertrag, FS Piper 1996, 877; *Herber,* Der Entwurf der Sachverständigenkommission für die Reform des Transportrechts, TranspR 1997, 45; *Herber,* The New German Transport Legislation, ETL 1998, 591; *Herber,* Die Neuregelung des deutschen Transportrechts, NJW 1998, 3297; *Herber,* Transportrechtsreformgesetz und HGB-Kontrolle, TranspR 1998, 344; *Herber,* Besondere Problemkreise des neuen Transportrechts: Anwendungsbereich, ADSp-Einbeziehung und Multimodalvertrag, TranspR 1999, 89; *Herber,* Verjährung von Vergütungsansprüchen des Frachtführers und Spediteurs aus Altverträgen, TranspR 2000, 20; *Herber,* Probleme des Multimodaltransports mit Streckeneinschluß nach neuerem deutschen Recht, TranspR 2001, 101; *Herber,* Nochmals: Multimodalvertrag, Güterumschlag und anwendbares Recht, TranspR 2005, 59; *Herber,* Neue Entwicklungen im Recht des Multimodaltransports, TranspR 2006, 435; *Herber,* Dreijährige Verjährung von Primärleistungsansprüchen nach § 439 Abs. 1 Satz 2 HGB?, TranspR 2010, 357; *Heuer,* Zur Frachtführerhaftung nach der CMR: Haftungszeitraum – Ladetätigkeiten – Fahrervollmacht – LKW- bzw. Ladungsdiebstahl, VersR 1988, 312; *Heuer,* Das künftige deutsche Frachtrecht, TranspR 1998, 45; *Heuer,* Einige kritische Anmerkungen zu den ADSp 1998, TranspR 1998, 333; *Hübsch,* Vertragliche Wirkungen zu Lasten Dritter im Gütertransport, VersR 1997, 799; *Jung,* Subsidiarität in der europäischen Verkehrspolitik, TranspR 1999, 129; *Kilian,* Die Adresse im Internet – Domains und ihr rechtlicher Schutz, DZWir 1997, 381; *Knieps,* Zugang zu Netzen, MDR 1998, 275; *Knöfel,* Der Ausführende Frachtführer – eine Rechtsfigur im Schnittpunkt von Transportrecht und allgemeinem Schuldrecht, FG Herber, 1999, 96; *Knorre,* Zur Haftung des Frachtführers nach Art. 23, 25 CMR, TranspR 1985, 241; *Knorre,* Zu den Auswirkungen des europäischen Rechts auf das deutsche Straßen- und Güterverkehrsrecht, FG Herber, 1999, 209; *Koller,* Die Bedeutung des § 662 für den multimodalen Transport, VersR 1982, 1; *Koller,* Das Standgeld bei CMR-Transporten, TranspR 1988, 129; *Koller,* Haftung beim Transport mit vertragswidrigen Beförderungsmitteln, VersR 1988, 432; *Koller,* CMR und Speditionsrecht, VersR 1988, 556; *Koller,* Die Haftung des Unterfrachtführers gegenüber dem Empfänger, VersR 1988, 425; *Koller,* Die Haftung bei unbekanntem Schadensort im multimodalen Verkehr, VersR 1989, 769; *Koller,* Die Inanspruchnahme des Empfängers für Beförderungskosten durch Frachtführer oder Spediteur, TranspR 1993, 41; *Koller,* Die Unzulänglichkeit der Verpackung im Transport- und Transportversicherungsrecht, VersR 1993, 519; *Koller,* Rechtsnatur und Rechtswirkungen frachtrechtlicher Sperrpapiere, TranspR 1994, 181; *Koller,* Zum Begriff des Schadens und zur Kausalität im Recht der CMR, VersR 1994, 384; *Koller,* ADSp 1999 – Bedenken gegen Einbeziehung und Wirksamkeit nach AGBG, TranspR 2000, 1; *Koller,* Übernahmeort und Gerichtsstand bei der Einschaltung von Fixkostenspediteuren und Unterfrachtführern, TranspR 2000, 152; *Koller,* Zur Beweislast für unzureichende Vorkühlung des Transportguts, TranspR 2000, 449; *Koller,* Die Haftungsbegrenzung bei sonstigen Vermögensschäden nach dem Transportrechtsreformgesetz, FG Herber, 1999, 106; *Koller,* Die Haftung des Multimodalbeförderers beim bekannten Schadenort, VersR 2000, 1187; *Koller,* Die Leichtfertigkeit im deutschen Transportrecht, VersR 2004, 1346; *Koller,* Die Vereinbarkeit der Ausführungsart im Werkvertrags- und Transportrecht, TranspR 2007, 221; *Koller,* Die Haftung des HGB-Unterfrachtführers gegenüber dem Empfänger, TranspR 2009, 229; *Koller,* Der Unterfrachtführer als Schuldner und Gläubiger, TranspR 2009, 451; *Korioth,* Auswirkungen des neuen Frachtrechts auf die Binnenschiffahrt, ZfB 1998, 13; *Köper,* Zur Anwendbarkeit des § 22 Abs. 1 StVO auf Absender, Verlader, und deren jeweilige Leitungspersonen, TranspR 2011, 209; *Krieger,* Das Internet – ein Zahnschmerzsyndrom?, Jahrbuch der Güterverkehrswirtschaft 1998/1999, 60; *Lammich,* Die Zukunft des Güterkraftverkehrsgesetzes, TranspR 1997, 363; *Larsen-Dielmann,* Die „Multimodalkonvention" von 1980, VersR 1982, 417; *Looks,* Der multimodale Transportvertrag nach dem TRG, VersR 1999, 31; *Martell,* Das neue Güterkraftverkehrs- gesetz – „Grundgesetz" des Straßengüterverkehrs, NJW 1999, 193; *de la Motte,* Die neue Speditionsversicherung: Rückblick und Ausblick, FG Herber, 1999, 179; *de la Motte,* Die Vorschläge des Kommissionsentwurfs für das Speditionsrecht, TranspR 1997, 85; *de la Motte,* CMR: Schaden – Entschädigung – Versicherung, VersR 1988, 317; *de la Motte,* Beladepflicht nach CMR und KVO?, TranspR 1988, 364; *Meier,* Die Gesamtgläubigerschaft – ein unbekanntes, weil überflüssiges Wesen?, AcP 205 (2005), 858; *Müglich,* Probleme des Einsatzes neuer Informationstechniken im Transportrecht, TranspR 2000, 145; *Müller,* Haftungsrechtliche Probleme des Massenschadens, VersR 1998, 1181; *Müller,* Praxisgerechte Gestaltung von Logistikverträgen, TranspR 2009, 49; *Myburgh,* Exclusivity of the Warsaw Convention, LMCLQ 1998, 476; *Neufang/Valder,* Laden und Ladungssicherung im Straßengüterverkehr – wer ist verantwortlich?, TranspR 2002, 325; *Niederleithinger,* Vorbemerkungen zum neuen deutschen Transportrecht, FG Herber, 1999, 77; *Oetker,* Versendungskauf, Frachtrecht und Drittschadensliquidation, JuS 2001, 833; *Oeynhausen,* Das Ladegeschäft im Güterfernverkehr bei Versendungen durch Spediteure, TranspR 1981, 139; *Otte,* Abstrakte oder konkrete Berechnung des Nutzungsausfallschadens, TranspR 2005, 391; *Otte/Thyes,* Die Entwicklung des deutschen Binnenschiffahrtsrechts in den Jahren 1999 bis 2002, TranspR 2003, 221; *Pesce,* Merkmale und Grundlagen für den Ausschluß der Höchstentschädigungshaftung des internationalen Frachtführers, TranspR 1994, 227; *Philippi,* Zur Frage der Fortgeltung des Grundsatzes der stillschweigenden Einbeziehung der ADSp, TranspR 1999, 375; *Piper,* Probleme der CMR unter Berücksichtigung der Rechtsprechung des BGH, insbesondere zur Ersatzverpflichtung des CMR-Fracht- führers, TranspR 1990, 357; *Piper,* Einige ausgewählte Probleme des Schadensrechts der CMR, VersR 1988, 200; *Piper/ Weiß,* Logistik und Lean Production, in Weber/Baumgarten, Handbuch Logistik, 1999, 900; *Pohlmann/Stibitz,* Trans- portorganisation im Wandel, die Rolle der Spedition vor dem Hintergrund veränderter großindustrieller Logistik- organisationen, 1991, 255; *Pokrant,* Aktuelle höchstrichterliche Rechtsprechung zum Transportrecht, TranspR 2011, 49; *Rabe,* DSL im Güterbeförderungsrecht, TranspR 1993, 1; *Rabe,* Auswirkungen des neuen Frachtrechts auf das Seefrachtrecht, TranspR 1998, 429; *Rabe,* Die Probleme bei einer multimodalen Beförderung unter Einschluss einer Seestrecke, TranspR 2000, 189; *Rabe,* Ausgewählte Fragen zur Haftung und zur Darlegungs- und Beweislast im Prozeß des Frachtführers und Spediteurs unter Berücksichtigung des Transportrechtsreformgesetzes, FG Herber, 1999, 135; *Ramming,* Zur Abdingbarkeit des Höchstbetrages der Haftung des Frachtführers nach neuem Frachtrecht – unter besonderer Berücksichtigung multimodaler Beförderungen, die eine Seeteilstrecke umfassen, VersR 1999, 1177; *Ramming,* Probleme der Rechtsanwendung im neuen Recht der multimodalen Beförderung, TranspR 1999, 326; *Ramming,* Die Nicht-Zurverfügungstellung des Transportmittels zur vorgesehenen Zeit, TranspR 2003, 419; *Ramming,* Durchbrechung der Einheitslösung (§ 452 S. 1 HGB) im Hinblick auf besondere Durchführungsvorschriften des Rechts der (See-)Teilstrecke, TranspR 2004, 201; *Ramming,* Die CMNI – erste Fragen der Rechtsanwendung, TranspR 2006, 373; *Ramming,* Teilstrecken einer multimodalen Beförderung und ihre Abgrenzung, TranspR 2007, 89; *Ramming,* Probleme des § 449 Abs. 1 und 2 HGB – insbesondere Leistungsbeschreibungen, TranspR 2010, 397; *Risch,* Personen- schäden und Schäden an nicht zum Transportgut gehörenden Sachen bei Be- und Entladetätigkeiten im Rahmen eines Frachtvertrages, VersR 2001, 948; *Roesch,* Ist die Frachtführerhaftung nach Art. 17 Abs. 1 CMR Verschuldens- oder Gefährdungshaftung?, VersR 1976, 707; *Roesch,* Abschluß des Beförderungsvertrages, Lieferfristbeginn und Lieferfrist- haftung im Landfrachtrecht, VersR 1982, 828; *Rugullis,* Die objektive Anknüpfung von internationalen Speditions- verträgen, TranspR 2006, 380; *Ruhwedel,* Transportrechtsreformgesetz und Frachtgutbeförderung auf dem Luftweg, TranspR 1999, 369; *Scheer,* Informations- und Kommunikationssysteme in der Logistik, in Weber/Baumgarten, Hand- buch der Logistik, 1999, 496; *Schindler,* Zivilrechtliche Verantwortlichkeit bei Gefahrguttransport auf der Straße, FG Herber, 1999, 119; *Schindler,* Das Handelsrechtsreformgesetz, NJW 1998, 2161; *Schindler/Kehl,* Die Haftung des CMR- Frachtführers nach den Grundsätzen der culpa in contrahendo, TranspR 1996, 89; *Schmidt,* Vereinbarte Verpackung durch den Transportunternehmer: Nebenpflicht im Rahmen der §§ 407 ff. HGB oder werkvertragliche Hauptleis- tungspflicht?, TranspR 2010, 88; *Schmidt,* Das Pfandrecht der §§ 441, 464 HGB im internationalen Kontext, TranspR 2011, 56; *Schneider,* Outsourcing von Beschaffungsprozessen – Beschaffungsdienstleister und ihre Konzepte. Eine Unter- suchung für den Bundesverband Materialwirtschaft, Einkauf und Logistik e. V. (BME), 1998, 72; *Schuback,* Die Entwick- lung des elektronisch übermittelten Bill of Lading, TranspR 1999, 41; *Schwenk,* Überblick über neue deutsche Ent- scheidungen zum Luftrecht, NZV 1998, 314; *Schwenzer,* Einbeziehung von Spediteurbedingungen sowie Anknüpfung des Schweigens im grenzüberschreitenden Verträgen, IPRax 1988, 86; *Sellmann/Blume,* Die Entwicklung des öffent- lichen Verkehrsrechts, NVwZ 1999, 250; *Sieg,* Die verkannte Bedeutung der Gütertransportversicherung für Exporteur und Spediteur, VersR 1998, 430; *Starck,* Qualifiziertes Verschulden nach der Transportrechtsreform – Bemerkungen zu Begriff und Geltungsbereich, FG Herber, 1999, 128; *Starosta,* Falschauslieferung an den Endempfänger?, VersR 1992, 804; *Stratmann,* Internet domain names oder der Schutz von Namen, Firmenbezeichnungen und Marken gegen die Benutzung durch Dritte als Internet-Adresse, BB 1997, 689; *Temme,* Individualvereinbarungen und AGB im neuen Transportrecht, FG Herber, 1999, 197; *Theunis,* Die Haftung des Frachtführers der Ro/Ro-Beförderung, TranspR 1990, 263; *Thume,* Haftungsprobleme beim Containerverkehr, TranspR 1990, 41; *Thume,* Keine Rechte des Empfängers nach Art. 13 Abs. 1 CMR und § 435 HGB gegen den Unterfrachtführer?, TranspR 1991, 85; *Thume,* Haftungs- probleme bei CMR-Kühltransporten, TranspR 1992, 1; *Thume,* Zur Lieferfristüberschreitung gem. Art. 19 CMR, TranspR 1992, 403; *Thume,* Die geplante Neuregelung des Transportrechts, BB 1997, 585; *Thume,* Das neue Transport- recht, BB 1998, 2117; *Thume,* Die Stellung des Empfängers im neuen Frachtrecht, FG Herber, 1999, 153; *Thume,* Die Ansprüche des geschädigten Dritten im Frachtrecht, TranspR 2010, 45; *Tunn,* Beweislast und Beweisführung für Güterschäden bei der Ablieferung von Sendungen nach § 438 HGB, VersR 2005, 1; *Valder,* Das künftige Speditionsrecht

– Strukturen und praktisch wichtige Neuerungen im Detail, TranspR 1998, 51; *Valder,* Zur Definition des Speditionsgeschäfts, FG Herber, 1999, 171; *Valder,* Ablieferung von Gütern, TranspR 2001, 363; *Valder/Wieske,* Logistik AGB: Ein neues Klauselwerk, TranspR 2006, 221; *Valder,* AGB-Kontrolle im Lagerrecht, TranspR 2010, 27; *Vogt,* AGB im kaufmännischen Verkehr – Grenzen und Ermessen, TranspR 2010, 15; *Voigt,* Der Beginn der Lieferfristüberschreitung beim CMR-Vertrag, VersR 1973, 501; *Weber,* Netzwerkartige Wertschöpfungssysteme, 1999; *Widmann,* Ablieferung von Gütern nach der Verfassung des HGB, TranspR 2001, 72; *Widmann,* Zur Frachtzahlung, TranspR 2002, 103; *Wiebe,* Zur Kennzeichnungsfunktion von Domain Names, CR 1998, 157; *Wildemann,* Die modulare Fabrik, 1997; *Willenberg,* Der internationale Straßengüterverkehr nach dem Inkrafttreten der CMR, NJW 1968, 1020; *Willenberg,* Sonderprobleme bei der Beförderung fabrikneuer Personenkraftwagen auf PKW-Straßentransporten, TranspR 1983, 57; *Willenberg,* Rechtsfragen zum Verkehr mit Euro- und Gitterboxpaletten, TranspR 1984, 251; *Willenberg,* Rechtsfragen des Palettenverkehrs auf der Straße, TranspR 1985, 161; *Wilmer,* Offene Fragen der rechtlichen Einordnung von Internet domains, CR 1997, 562; *Zapp,* Die Haftung des „413 HGB"-Spediteurs bei grenzüberschreitenden LKW-Transporten für Schäden aus verspäteter Ladungsübernahme, TranspR 1993, 334; *Zapp,* Vertraglich begründete Überprüfungspflichten und Art. 41 CMR, TranspR 1991, 371; *Zapp,* Grobe Fahrlässigkeit nach Art. 29 CMR, TranspR 1994, 142; *Zapp,* Ausführender Frachtführer im Sinne des § 237 HGB, TranspR 2000, 106; *Zapp,* Ansprüche gegen den ausführenden Frachtführer bei internationalen Lufttransporten, TranspR 2000, 239; *Zapp,* Rechtsprobleme im Zusammenhang mit der Verpackung in der CMR und im deutschen Handelsgesetzbuch, TranspR 2004, 333; *Zech,* Sind Transportketten ohne Barcode-Technologie in Zukunft überhaupt noch möglich?, Jahrbuch der Güterverkehrswirtschaft 1998/1999, 78; *Züchner,* Verpflichtung zum Verladen und Entladen sowie Haftung für Verladefehler und Entladeschäden nach der CMR, VersR 1968, 723; *Züchner,* Zur Frachtführerhaftung für Verluste an Schüttgütern nach der CMR, VersR 1967, 430; *Züchner,* Ersatzpflicht bei Lieferfristüberschreitungen nach der CMR, VersR 1970, 701; *Züchner,* Abgrenzung der Frachtführerhaftung bei Kühlgutverkehr nach der KVO und der CMR, DB 1971, 513.

Übersicht

I. Entstehungsgeschichtliche Rückblende

Das Transportrecht war viele Jahrzehnte lang stark **zersplittert,** und es herrschte eine überaus große **1** **Normenvielfalt** auf diesem Gebiet:[1] Neben zahlreichen Sondervorschriften existierte ein unübersichtliches Geflecht von internationalen Übereinkommen, Gesetzen, Verordnungen und allgemeinen Geschäftsbedingungen. Dieser Umstand hatte nicht nur zu einer erheblichen **Rechtsunsicherheit** geführt, sondern auch zu **Wettbewerbsverzerrungen,** weil die unterschiedlichen Regelungen – etwa im Haftungsbereich – eine Ungleichbehandlung der in Konkurrenz zueinander stehenden Verkehrsträger bedingt haben.

Einer **einheitlichen Kodifizierung** standen bislang die widerstreitenden Interessen der am Trans- **2** portgeschäft beteiligten Kreise entgegen. Um der Dienstleistungsfreiheit innerhalb des europäischen Binnenmarkts Rechnung zu tragen, war es nunmehr jedoch unabdingbar, den öffentlich-rechtlichen Rahmen des Straßengüterverkehrs zu liberalisieren und alle Transporte verkehrsübergreifend zu vereinheitlichen. Das alte Recht entsprach insbesondere nicht mehr den Anforderungen, die infolge der

---

[1] Vgl. dazu *Basedow* ZHR 161 (1997), 186 ff.; *Basedow,* Der Transportvertrag. Studien zur Privatrechtsangleichung auf regulierten Märkten, 1987, 64 ff.; *Lammich* TranspR 1997, 363; *Knorre/Schmid/Demuth,* Handbuch Transportrecht, 2008, B. I Rn. 1; *Kadletz* in Pfeiffer Handelsgeschäfte-HdB § 17 Rn. 4; MüKoHGB/*Dubischar* Vor § 425 Rn. 4, 16; MüKoHGB/*Basedow* Einl. Rn. 4.

fortschreitenden **Liberalisierung der Verkehrsmärkte,** aufgrund der **Einigung Deutschlands** und der vollständigen **Freigabe der Kabotage**[2] an ein modernes Rechtssystem gestellt werden. Seitens der EG-Kommission bestanden keine Bestrebungen, das Transport- und Speditionsrecht zu vereinheitlichen, sodass der nationale Gesetzgeber Handlungsbedarf sah.[3]

3 Deshalb beauftragte der Bundesminister der Justiz Ende 1992 eine **Sachverständigenkommission,** welche einen Vorschlag zur Reform des Transportrechts erarbeiten sollte.[4] Am 17.10.1996 wurde der Bericht der Sachverständigenkommission einschließlich eines Gesetzesentwurfs vorgelegt.[5] Das Bundeskabinett hat diesen Entwurf nach Anhörung von Interessenvertretern und Verbänden mit einigen Änderungen als Referentenentwurf im Mai 1997 verabschiedet. Im darauf folgenden parlamentarischen Verfahren wurde der Gesetzesinhalt in wesentlichen Punkten modifiziert. Schließlich trat das Transportrechtsreformgesetz am **1.7.1998** in Kraft.[6]

4 Zur Reform des Seehandelsrechts setzte die Bundesministerin der Justiz im Jahre 2004 eine Sachverständigenkommission ein,[7] die sich mit den vorgesehenen Änderungen des Seehandelsrechts befassen sollte. Die Sachverständigenkommission legte hierzu ihren Abschlussbericht[8] am 27.8.2009 vor, der den Grundstein für das heutige Seehandelsrecht legte. Der Abschlussbericht und der sich anschließende Referentenentwurf sprachen sich für eine Kündigung der Haager Regeln[9] aus. Aufgrund der erheblichen Kritik an der Empfehlung, die Haager Regeln zu kündigen, wurde der Regierungsentwurf dahingehend überarbeitet, dass das Seefrachtrecht weiterhin den Vorgaben der Haager Regeln sowie – ohne dass eine völkerrechtliche Bindung besteht – den durch das Visby-Protokoll[10] bewirkten Änderungen folge. Das Seehandelsrechtsreformgesetz ist am **25.4.2013** in Kraft getreten.[11]

II. Überblick nach Rechtsgebieten

5 **1. Frachtrecht. a) Allgemeines.** Die Vorschriften über den Frachtvertrag gelten **ohne Unterschied für alle Verträge über eine Güterbeförderung** durch einen der in § 407 genannten Verkehrsträger, Straße, Schiene, Binnengewässer oder Luft. Unbeachtlich ist, ob es sich um Güternah- oder Güterfernverkehr handelt oder welche Art von Gütern den Gegenstand des Frachtvertrages bildet.[12]

6 § 407 Abs. 3 erstreckt die Vorschriften über Handelsgeschäfte, zu denen auch das Frachtrecht zählt, mit Ausnahme der §§ 348–350 ausdrücklich auf Unternehmen, die nach Art und Umfang einen in kaufmännischer Weise eingerichteten Geschäftsbetrieb nicht erfordern, folglich kein Handelsgewerbe iSd § 1 Abs. 2 darstellen und damit eigentlich von der Anwendung des Handelsrechts ausgeschlossen wären. Außerdem sollen nach § 407 sowohl gewerbsmäßig übernommene Beförderungen als auch Beförderungen, die ein Kaufmann nur gelegentlich vornimmt, unter die § 407 ff. fallen.

7 Einen **Frachtbriefzwang** gibt es nach HGB-Frachtrecht nicht. Das Fehlen oder Mängel sowie der Verlust des Frachtbriefs lassen den Bestand und die Gültigkeit des Frachtvertrags unberührt. Nach wie vor sieht jedoch § 408 vor, dass zu Beweiszwecken ein Frachtbrief ausgestellt werden kann. Die Ausstellung eines Frachtbriefes wird in der Praxis wohl – insbesondere wegen der in § 409 statuierten Beweiswirkung eines von beiden Parteien unterschriebenen Frachtbriefes – beibehalten werden. Die in den Frachtbrief einzutragenden Angaben werden im Gesetz nicht abschließend aufgeführt.

8 Das Frachtrecht regelt **die Rechte und Pflichten** der Vertragsparteien **ausführlich.** So umschreibt die Eingangsnorm des § 407 die **Hauptpflichten** der Parteien, nämlich die **Beförderungs-** und **Ablieferungspflicht** des Frachtführers sowie die **Zahlungspflicht** des Absenders.[13]

9 Zur Vereinfachung der Vertragsabwicklung werden auch die **Nebenpflichten** der Parteien ausdrücklich geregelt.

---

[2] Kabotage ist die gewerbliche Beförderung von Gütern zwischen zwei Orten innerhalb eines Staates durch einen Transportunternehmer eines anderen Staates. Die Kabotage-VO ist abgedr. in ABl. 1993 279, 1 und in Hein/Eichhoff/Pukall/Krien J 216; vgl. dazu auch *Knorre/Schmid/Demuth,* Handbuch Transportrecht, 2008, A.V V 03 ff. Rn. 103 ff.

[3] Zu den verkehrspolitischen Regelungskompetenzen der EG-Mitgliedsstaaten in Abgrenzung zur Zuständigkeit der Europäischen Gemeinschaft vgl. *Jung* TranspR 1999, 129 (132 ff.).

[4] Vgl. Bericht TranspR 1993, 39 f.; *Fremuth* in Fremuth/Thume TranspR Rn. 18.

[5] Vgl. Bericht SV-Kommission BAnz. Nr. 228a.

[6] Gesetz zur Neuregelung des Fracht-, Speditions- und Lagerrechts (Transportrechtsreformgesetz – TRG) vom 25.6.1998, BGBl. 1998 I 1588.

[7] TranspR 2004, 272.

[8] Abschlussbericht der Sachverständigengruppe zur Reform des Seehandelsrechts, abgedr. bei *Czerwenka,* Die geplante Reform des Seehandelsrechts, 2011, 286 ff.

[9] Übereinkommen vom 25.8.1924 zur Vereinheitlichung von Regeln über Konnossemente, RGBl. 1939 II 1049.

[10] Prot. vom 23.2.1968 zur Änderung des Übereinkommens vom 25.8.1924 zur Vereinheitlichung von Regeln über Konnossemente. Die Visby-Regeln wurden durch das Zweite Seerechtsänderungsgesetz von 1986 vollständig in das HGB eingearbeitet.

[11] Vgl. Gesetz zur Reform des Seehandelsrechts vom 20.4.2013, BGBl. 2013 I 831.

[12] Vgl. *Brüggemann* TranspR 2000, 63.

[13] In §§ 425 ff. aF war die Zahlungspflicht nicht geregelt.

Folgende Pflichten treffen den Absender:

– Ausstellung eines Frachtbriefs auf Verlangen des Frachtführers (§ 408 Abs. 1),
– Mitteilung der zu ergreifenden Vorsichtsmaßnahmen bei Versendung gefährlicher Güter (§ 410),
– Verpackung und Kennzeichnung (§ 411),
– Verladen und Entladen (§ 412),
– Ausstellen von Begleitpapieren (§ 413 Abs. 1).

Folgende Pflichten treffen den Frachtführer: **10**

– Prüfung und Gewährleistung einer betriebssicheren Verladung (§ 412 Abs. 1),
– Verwahrung und richtige Verwendung der Begleitpapiere (§ 413 Abs. 2),
– Befolgung von Weisungen (§ 418 Abs. 1),
– Einholung von Weisungen bei Auftreten von Hindernissen (§ 419 Abs. 1),
– Ergreifen von Maßnahmen, falls er innerhalb angemessener Zeit keine Weisungen erlangen kann (§ 418 Abs. 3),
– Einziehung des Nachnahmebetrages (§ 422).

Übersicht: Verteilung der Pflichten und Verantwortungsbereiche zwischen Frachtführer 11 und Absender

Verantwortungsbereich des Frachtführers	Verantwortungsbereich des Absenders
Frachtführer haftet gem. § 425 für Güter- und Verspätungsschäden, welche in der Zeit von der Übernahme bis zur Ablieferung eingetreten sind, sofern nicht ein Haftungsausschluss nach den §§ 426, 427 vorliegt.	Schäden, für die der Frachtführer gem. §§ 426, 427 nicht haftet, zB: – Unabwendbarkeit des Schadens – offenes Fahrzeug – mangelhafte Verpackung – mangelhaftes Behandeln, Verladen oder Entladen seitens Absender oder Empfänger – Schäden verursacht durch natürliche Beschaffenheit der Güter – ungenügende Kennzeichnung – Beförderung lebender Tiere
Schäden aufgrund von Mängeln am Fahrzeug (§ 426)	Unangemessen lange Lade- und Entladezeiten (§ 412 Abs. 2)
Schäden durch Verlust, Beschädigung oder unrichtige Verwendung von Transportdokumenten (§ 413)	Schäden durch: – ungenügende Verpackung oder Kennzeichnung – Unrichtigkeit oder Unvollständigkeit von Frachtbriefangaben – unterlassene Mitteilung über die Gefährlichkeit des Gutes – fehlende Hinweise auf Gefahrguteigenschaft (§ 410) – Fehlen, Unvollständigkeit oder Unrichtigkeit von Urkunden oder Auskünften
Schäden und Kosten, wenn das Ereignis in den Verantwortungsbereich des Frachtführers fällt (gem. §§ 412, 415, 416, 417 und 420)	– Schäden während oder als Folge von Ladung bzw. Entladung (§ 412 Abs. 1) – Fracht und Aufwendungsersatz aufgrund Kündigung, die der Absender zu vertreten hat gem. § 415 Abs. 2 – Zahlungsansprüche des Frachtführers bei Teilbeförderung und Nichteinhaltung von Ladezeiten (§§ 416, 417) – Aufwendungsersatzanspruch bei Beförderungs- und Ablieferungshindernissen sowie Verzögerungen gem. § 420 Abs. 2 und 3

b) Haftung, Standgeld, Kündigungsrecht. Der Absender haftet nach § 414 Abs. 1 **verschul-** **12** **densunabhängig** für die Verletzung von **Nebenpflichten,** wie zB die von ihm gemachten unrichtigen oder in sich unvollständigen Frachtbriefangaben, ungenügende Verpackung oder Kennzeichnung, unvollständige Begleitpapiere oder Auskünfte für eine amtliche Behandlung des Gutes sowie unvollständige Unterrichtung bei einer Gefahrgutbeförderung.[14]

13 Wenn der Frachtführer die Weisung des Absenders, bei Ablieferung des Gutes eine Nachnahme einzuziehen, missachtet, haftet er ebenfalls verschuldensunabhängig, jedoch der Höhe nach begrenzt auf die Höhe der Nachnahme (§ 422 Abs. 3).[15] § 422 Abs. 1 schreibt vor, dass der Frachtführer bei einer Nachnahmeweisung das Gut nur gegen Barzahlung des Nachnahmebetrags an den Empfänger herausgeben darf. Gleichwertige Zahlungsmittel wie **electronic cash** dürfen ebenfalls entgegengenommen werden. Soll hingegen die Zahlung per Scheck erfolgen, muss dies vereinbart worden sein.[16]

14 Wenn sich Verzögerungen bei dem Verlade- oder Entladevorgang ergeben, steht dem Frachtführer nach § 412 Abs. 3 ein **Standgeld** zu. Ist schon ein Teil der vereinbarten Ladung verladen, so kann der Frachtführer – will er nicht länger auf den Rest der Ladung warten – den Vertrag kündigen oder auch mit der Beförderung der unvollständigen Ladung beginnen, ohne ein Tätigwerden des Absenders abzuwarten (§ 417).

15 In § 415 ist das **Kündigungsrecht** des Absenders geregelt. Der Frachtführer kann bei einer Kündigung wahlweise entsprechend § 649 S. 2 BGB entweder Fracht sowie Aufwendungsersatz unter Anrechnung der ersparten Aufwendungen oder pauschale Fautfracht in Höhe eines Drittels der vereinbarten Fracht verlangen. Wenn der Absender am **Vertrag festhalten** und ein weiteres Anwachsen der Kosten vermeiden will, so kann er anstelle der Kündigung auch gegen Zahlung der vollen Fracht, des aufgelaufenen Standgeldes sowie der sonstigen Aufwendungen verlangen, dass der Frachtführer mit der Beförderung der unvollständigen Ladung beginnt.

16 c) **Weisungsrecht des Absenders; Beförderungs- und Ablieferungshindernisse.** Das **Weisungsrecht des Absenders** ist in § 418 ähnlich wie in Art. 13 CMR ausgestaltet. Die zulässigen Weisungen sind nicht erschöpfend aufgezählt. Auch die Regelung des § 419 hinsichtlich der Pflichten des Frachtführers bei einem Beförderungs- oder Ablieferungshindernis lehnen sich an die Bestimmungen der CMR an. Entsprechend der Regelungen in Art. 14 und 15 CMR muss der Frachtführer grundsätzlich Weisungen einholen. Kann er diese nicht erlangen, so hat er allerdings nicht nur – wie nach der CMR – im Falle eines Beförderungshindernisses, sondern auch bei einem Ablieferungshindernis die **Maßnahmen** zu ergreifen, die im **Interesse des Verfügungsberechtigten** die besten zu sein scheinen. Der Frachtführer hat wegen der von ihm ergriffenen Maßnahmen Anspruch auf **Ersatz der erforderlichen Aufwendungen** und kann zusätzlich eine **angemessene Vergütung** verlangen.

17 d) **Zahlungspflicht des Empfängers.** Soweit § 421 die **Zahlungspflicht des Empfängers** regelt, wird an das Vorbild des Art. 13 Abs. 2 CMR angeknüpft. Im Hinblick darauf, dass § 421 nicht die Ausstellung eines Frachtbriefs verlangt, wird die Zahlungspflicht des Empfängers allein an dessen **Herausgabeverlangen nach Ankunft des Gutes an der Ablieferungsstelle** angeknüpft. Die Vorlage eines Frachtbriefs wird – anders als in Art. 13 Abs. 2 CMR – nicht gefordert.

18 e) **Reklamationen.** Kommt das Gut überhaupt nicht, nicht rechtzeitig oder in beschädigtem Zustand an, so muss der Absender oder Empfänger nach § 438 – ebenso wie nach Art. 30 CMR – zur Wahrung seiner Rechte aus dem Frachtvertrag innerhalb einer bestimmten Frist den Schaden oder die Verspätung anzeigen. Erkennbare Verluste und Schäden müssen **bei Ablieferung,** äußerlich nicht erkennbare Schäden spätestens innerhalb von **7 Tagen** nach Ablieferung und Lieferfristüberschreitungen innerhalb von **21 Tagen** nach Ablieferung angezeigt werden. Wird die Schadensanzeige nicht erstattet, so wird vermutet, dass das Gut in vertragsgemäßem Zustand oder rechtzeitig abgeliefert wurde.

19 Bei der Versäumung der Anzeigepflichten gem. § 438 Abs. 1 und 2 im Falle des Verlustes oder der Beschädigung ist keine **Präklusion** vorgesehen. Lediglich bei der Versäumung der Rügefristen hinsichtlich der Überschreitung von Lieferfristen enthält § 438 Abs. 3 eine Präklusion. Insoweit lehnt sich § 438 an Art. 30 CMR an.

20 **Übersicht: Rügefristen des § 438 und des Art. 30 CMR im Vergleich**

	§ 438	Art. 30 CMR	Folge
Güterschäden und Verluste:			
– äußerlich erkennbare Schäden	folgender Tag	sofort	Beweislastumkehr
– gemeinsame Feststellung des Zustandes	nicht vorgesehen	sofort	Präklusion nach CMR
– äußerlich nicht erkennbare Güterschäden	7 Tage	7 Tage	keine Präklusion

---

[14] Wie Art. 7, 10, 11 und 22 CMR.
[15] Nach dem Vorbild des Art. 21 CMR.
[16] Zum Euroscheck → CMR Art. 21 Rn. 1.

	§ 438	Art. 30 CMR	Folge
Lieferfristüberschreitungen	21 Tage Schriftform	21 Tage Schriftform	Präklusion
sonstige Vermögensschäden	keine Frist	keine Frist	keine Präklusion

f) Verlustvermutung. Wie Art. 20 CMR ermöglicht § 424 dem Absender oder Empfänger, das **21** Gut unter bestimmten Voraussetzungen als verloren zu betrachten, wenn es nicht innerhalb der „**Verschollenheitsfrist**" abgeliefert wurde. Die **Verlustvermutung** greift nur dann, wenn ein Zeitraum abgelaufen ist, der dem zweifachen der Lieferfrist entspricht, mindestens aber **20 Tage,** bei einer **grenzüberschreitenden Beförderung** mindestens **30 Tage,** beträgt.

g) Haftungsgrundsätze. Die in den §§ 423–436 verankerten **Haftungsgrundsätze** entsprechen **22** denen der CMR. Der Frachtführer haftet nach den §§ 425–427 für Güter und Verspätungsschäden **verschuldensunabhängig.** Von einer Haftung ist der Frachtführer nur befreit, wenn die Beschädigung oder Lieferfristüberschreitung auf Umständen beruht, die er **nicht vermeiden** oder deren Folgen er **nicht abwenden** konnte oder wenn bestimmte im Gesetz näher definierte **besondere Haftungsausschlussgründe** vorliegen. Zu diesen Gründen zählen zB die Beförderung mit offenen Fahrzeugen, die ungenügende Verpackung oder Kennzeichnung, das Ver- oder Entladen des Gutes durch den Absender, die natürliche Beschaffenheit des Gutes, ungenügende Kennzeichnung der Frachtstücke durch den Absender sowie die Beförderung lebender Tiere (§ 427).[17] Die in § 427 genannten besonderen Haftungsausschlussgründe sind **abschließend.** Will sich der Frachtführer auf einen der besonderen Haftungsausschlussgründe berufen, kommt ihm hierfür eine **Beweiserleichterung** zustatten. Der Frachtführer muss nach § 427 Abs. 2 nur das Vorliegen eines dieser Haftungsausschlussgründe beweisen und die Möglichkeit darlegen, dass eine der „besonderen Gefahren" nach den Umständen des Falles den Schaden verursacht haben **könnte.**[18] Dem Absender bleibt es nach allgemeinen Beweislastgrundsätzen vorbehalten, den **Gegenbeweis** zu führen, dass der Haftungsausschlussgrund für den Schaden nicht kausal war.

Aus Beweisgründen empfiehlt es sich für den Frachtführer, bei Erkennen von Haftungsausschluss- **23** gründen diese zu dokumentieren und dem Absender oder Empfänger zu melden.

Art und Höhe des für **Güterschäden** zu leistenden Ersatzes stimmen im Wesentlichen mit der **24** Regelung des Art. 23 CMR überein. Schadensersatz nach § 429 bemisst sich nach dem Wert des Gutes am Ort und zurzeit der Übernahme der Beförderung. Der für Güterschäden zu leistende Ersatz ist der Höhe nach auf **8,33 SZR**[19] für jedes Kilogramm des Rohgewichts der Sendung beschränkt (§ 431 Abs. 1). Für **Verspätungsschäden** beträgt der Haftungshöchstbetrag das Dreifache der Fracht.[20] Alle Haftungsbefreiungen und -begrenzungen gelten – wie nach Art. 28 CMR – grundsätzlich auch für **konkurrierende Ansprüche** aus unerlaubter Handlung gegen den Frachtführer (§§ 434 Abs. 1, 2, S. 1 und 436). Der Frachtführer oder dessen Leute können sich allerdings – ebenso wie nach Art. 29 CMR – auf die Haftungsbefreiungen und -begrenzungen nicht berufen, wenn eine dieser Personen den Schaden **vorsätzlich** oder **leichtfertig** und in dem **Bewusstsein** verursacht hat, dass ein Schaden mit Wahrscheinlichkeit eintreten werde (§ 435).

§ 425 Abs. 1 statuiert eine **frachtrechtliche Obhutshaftung.** Während des Obhutszeitraums haftet **25** der Frachtführer verschuldensunabhängig für Verlust, Beschädigung und Verspätung des Guts. Der Frachtführer erlangt dann Obhut, wenn das Gut zur Durchführung des Transports in seinen Machtbereich gelangt ist und er es vor Schäden schützen kann.[21] Hat der Absender das Gut zu verladen (Regelfall nach § 412 Abs. 1 S. 1), so beginnt der Obhutszeitraum in dem Augenblick, in welchem der Absender zu erkennen gibt, dass er den Ladevorgang abgeschlossen hat.[22] Der Obhutszeitraum erstreckt sich auch auf die Zeit, während der das Gut beim Zoll lagert.[23]

---

[17] Die bevorrechtigten Haftungsausschlussgründe finden enge Anlehnung an Art. 17 Abs. 4 CMR sowie an Art. 23 § 3 CIM 1999.

[18] BGH Urt. v. 20.10.1983 – I ZR 105/81, TranspR 1984, 100 = VersR 1984, 262 = RIW 1984, 236 = ETL 1985, 160 (unzureichende Verpackung); BGH Urt. v. 28.3.1985 – I ZR 194/82, TranspR 1985, 261 = VersR 1985, 754 = NJW 1985, 2092 = RIW 1986, 58 = ETL 1986, 175 (Verladefehler).

[19] SZR bedeuten Sonderziehungsrechte des Internationalen Währungsfonds. Das SZR wird am Tag der Übernahme des Guts zur Beförderung oder an dem von den Parteien vereinbarten Tag in DM umgerechnet (§ 431 Abs. 4a). Bei einem derzeitigen Stand (29.5.2019) von ca. 1,24 EUR pro SZR entspricht dies etwa 10,33 EUR pro Kilogramm.

[20] Nach Art. 23 Abs. 5 CMR ist die Haftungsgrenze beschränkt auf die Höhe der Fracht.

[21] BGH Urt. v. 27.10.1978 – I ZR 114/76, NJW 1979, 493 (494).

[22] *Willenberg* KVO § 15 Rn. 19. AA OLG Celle Urt. v. 22.11.1973 – 12 U 58/73, NJW 1974, 1095 (1096) und *Piper* TranspR 1990, 357 (360).

[23] OLG Köln Urt. v. 20.11.1980 – 1 U 129/79, ZLW 31 (1982), 167 (171); LG Stuttgart Urt. v. 21.2.1992 – 11 KfH O 172/90, ZLW 43 (1994), 240 (241); *Ruhwedel,* Der Luftbeförderungsvertrag, 1998, 133; *Koller* WA Art. 18 Rn. 5; MüKoHGB/*Kronke* TranspR WA Art. 18 Rn. 19 ff.

26   **h) Befreiungsgründe.** Der Frachtführer kann sich im Rahmen der §§ 426, 427 von der Haftung befreien. Wie bei der CMR wird zwischen „**nicht bevorrechtigten**" und „**bevorrechtigten**" Befreiungsgründen unterschieden.

27   Nicht bevorrechtigte sind solche Gründe, für die der Frachtführer nach § 426 den vollen Beweis für ihr Vorliegen erbringen muss. Dies ist dann der Fall, wenn Verlust, Beschädigung oder Verzögerung auf Umständen beruht, die der Frachtführer nicht vermeiden konnte und deren Folgen er nicht abwenden konnte. Als vermeidbar wurde von der Rspr. angesehen: Fahrfehler,[24] Durchbrechen der Leitplanken aus ungeklärtem Grund,[25] Diebstahl und Raub.[26] Unvermeidbar sind unabwendbare Ereignisse im Straßenverkehr iSv § 7 Abs. 2 StVG.[27]

28   Bevorrechtigt sind Befreiungsgründe nach § 427 Abs. 1. Bei Vorliegen eines der in § 427 Abs. 1 Nr. 1 –6 **enumerativ** aufgezählten Tatbestandsmerkmale wird vermutet, dass eines der genannten Merkmale den Schaden verursacht hat. Dem Frachtführer wird also der Entlastungsbeweis erleichtert und zwar dann, wenn der Transport vertragsgemäß oder typischerweise mit offenen Fahrzeugen oder auf Deck erfolgt ist (§ 427 Abs. 1 Nr. 1), das Gut vom Absender ungenügend verpackt wurde (§ 427 Abs. 1 Nr. 2), Absender oder Empfänger die Ver- oder Entladung vornehmen (§ 427 Abs. 1 Nr. 3), die natürliche Beschaffenheit dieser Güter eine besondere Schadensanfälligkeit (wie Bruch oder Rost) bedingt (Nr. 4), die Fracht unzureichend nummeriert oder gekennzeichnet ist (§ 427 Abs. 1 Nr. 5), lebende Tiere befördert werden (§ 427 Abs. 1 Nr. 6). Um seiner erleichterten Darlegungslast zu genügen, reicht es allerdings nicht aus, dass der Frachtführer lediglich die abstrakte Möglichkeit einer Verursachung aufzeigt. Vielmehr muss er die Tatumstände, auf welche er sich beruft, substantiiert vortragen und beweisen.[28]

29   **i) Haftungsbeschränkungen der Leute.** Wird bei einer Beförderung des Gutes eine **dritte Person** eingeschaltet, so haftet diese gegenüber dem Absender oder Empfänger nach Maßgabe der für den Frachtführer geltenden frachtrechtlichen Haftungsvorschriften (§ 437). Dies gilt – abweichend von Art. 34 CMR – auch dann, wenn der Dritte einen möglicherweise vorhandenen Frachtbrief nicht angenommen hat. Dadurch wird die **Rechtsstellung des Absenders und des Empfängers verbessert**, weil der Gefahr begegnet wird, durch Inanspruchnahme der falschen Person Rechtsverluste zu erleiden. Der Absender kann sich aussuchen, ob er den ausführenden Frachtführer, den Vertragsfrachtführer oder beide als Gesamtschuldner in Anspruch nimmt.[29]

30   **j) Verjährung.** Die Ansprüche aus dem Frachtvertrag **verjähren** gem. § 439 nach **einem Jahr.**[30] Bei qualifiziertem Verschulden verlängert sich diese Frist auf insgesamt **drei Jahre.**[31] Die dreijährige Verjährungsvorschrift findet auch auf primäre Erfüllungsansprüche und vertragliche Aufwendungsersatzansprüche Anwendung.[32] Dies ist der Fall, wenn der Schuldner seine ihm dem Gläubiger gegenüber obliegenden Pflichten vorsätzlich oder zumindest leichtfertig und rechtswidrig nicht erfüllt.

31   § 439 Abs. 2 S. 3 sieht eine Verjährung bei **Rückgriffsforderungen** vor: Bei diesen beginnt die Verjährung erst mit dem Tage der Zahlung durch den Erstschuldner oder mit dem Eintritt der Rechtskraft eines Urteils gegen denselben. Der Erstschuldner kann allerdings die Verlängerung, die den Rückgriffsschuldner noch lange nach dem Schadenseintritt überraschend einem Ersatzanspruch aussetzen kann, nur dann in Anspruch nehmen, wenn er den Rückgriffsschuldner spätestens drei Monate, nachdem er Kenntnis von dem Schaden und der Person des Rückgriffsschuldners erlangt hat, benachrichtigt hat.

32   **k) Gerichtsstand.** Die ins Frachtrecht aufgenommene **Gerichtsstandsbestimmung** des § 440, nach welcher für Rechtsstreitigkeiten auch das Gericht zuständig ist, in dessen Bezirk der **Übernahme- oder Ablieferungsort** liegt, wurde zwischenzeitlich systematisch richtig in der ZPO (§ 30 ZPO) verortet.[33] Diese Bestimmung lehnt sich an Art. 1a CMR an.[34] Ferner bestimmt § 30 Abs. 2 ZPO, dass Klagen gegen den ausführenden Frachtführer und gegen den vertraglichen Frachtführer jeweils bei dem Gerichtsstand des anderen erhoben werden können. Dadurch kann der Geschädigte den vertraglichen und den ausführenden Frachtführer an demselben Gerichtsstand als Gesamtschuldner verklagen.

---

[24] OLG Düsseldorf Urt. v. 21.4.1994 – 18 U 53/93, TranspR 1995, 347.

[25] OLG Bremen Urt. v. 12.2.1997 – 2 U 113/97, VersR 1976, 584.

[26] BGH Urt. v. 16.2.1984 – I ZR 1997/81, TranspR 1984, 182; OLG München Urt. v. 27.3.1981 – 23 U 3758/80, VersR 1982, 264 (265); OLG Zweibrücken Urt. v. 17.12.1996 – 8 U 63/96, TranspR 1997, 369 (371).

[27] *Herber/Piper* CMR Art. 17 Rn. 42; *Fremuth* in Fremuth/Thume TranspR CMR Art. 17 Rn. 38; *Koller* CMR Art. 17 Rn. 19 jeweils mwN.

[28] BGH Urt. v. 20.10.1983 – I ZR 105/81, TranspR 1984, 100; BGH Urt. v. 28.3.1985 – I ZR 194/82, NJW 1985, 2092; *Piper* TranspR 1990, 357 (359); *Fremuth* in Fremuth/Thume TranspR CMR Art. 18 Rn. 19.

[29] Vgl. dazu *Zapp* TranspR 2000, 106.

[30] Diese Vorschrift entspricht Art. 32 CMR und § 439 HGB aF; vgl. weiter *Herber* TranspR 2000, 20.

[31] Entsprechend Art. 32 Abs. 1 S. 2 CMR.

[32] BGH Urt. v. 22.4.2010 – I ZR 31/08, TranspR 2010, 225; *Koller* § 439 Rn. 27. AA OLG Frankfurt a. M. Urt. 15.4.2005 – 24 U 11/05, TranspR 2005, 405 (406); MüKoHGB/*Herber/Eckardt* § 439 Rn. 12; *Herber* TranspR 2010, 357 ff.

[33] Bzgl. Problemen bei Einschaltung von Unterfrachtführern, *Koller* TranspR 2000, 152.

[34] Art. 1a CMR wurde aufgrund des Gesetzes vom 5.7.1989, BGBl. 1989 II 546 aufgenommen.

Vereinbarungen über den Gerichtsstand sind grundsätzlich nur unter Kaufleuten zulässig (§ 38 **33** Abs. 1 ZPO). Ziff. 30.2 ADSp 2017 sieht einen Gerichtsstand am Sitz des Spediteurs bzw. Frachtführers vor, wenn der Auftraggeber Kaufmann ist.

l) Pfandrecht und Ladeschein. In §§ 441–448 sind das gesetzliche **Frachtführerpfandrecht** und **34** der **Ladeschein** geregelt. Dem Frachtführer steht ein gesetzliches Pfandrecht (§ 1257 BGB) wegen aller konnexen Forderungen aus dem Frachtvertrag sowie wegen inkonnexer, im Moment des Pfandrechtserwerbs unbestrittener[35] Forderungen aus anderen Fracht-, Speditions- und Lagerverträgen zu.

Der Ladeschein unterscheidet sich vom Frachtbrief in seiner rechtlichen Wirkung. Anders als dieser **35** ist er ein Wertpapier und entspricht insoweit dem seerechtlichen Konnossement. Durch den Ladeschein wird der gegen den Frachtführer gerichtete Anspruch auf Ablieferung des Gutes (§ 444 Abs. 1 S. 1) verbrieft. Der Ladeschein erleichtert den Handel mit Waren, die befördert werden, und spielt sowohl bei der Erfüllung der Verkäuferpflichten zur Übereignung und Übergabe als auch bei der Zahlung des Kaufpreises, in Form eines Dokumenten-Akkreditivs, eine erhebliche Rolle.[36]

m) Abdingbarkeit gesetzlicher Haftung. Nach dem Grundsatz der **Privatautonomie** können **36** die Parteien den Frachtvertrag sowie die hieraus folgenden Rechte und Pflichten weitgehend selbst ausgestalten. Zur Gewährleistung eines wirksamen Schutzes der am Beförderungsgeschäft beteiligten Personen findet diese Befugnis jedoch in § 449 ihre Grenzen: Vom Gesetz abweichende Vereinbarungen über die Haftung und den Haftungsumfang können nur dann getroffen werden, wenn sie individualvertraglich ausgehandelt wurden. Durch AGB lässt sich die Haftung nur insoweit verändern, als es um eine Änderung der Haftungssumme innerhalb des **Korridors** der §§ 449 Abs. 2 S. 2 Nr. 2, 466 Abs. 2 S. 2 Nr. 1 bzw. 475h geht. Verlader bzw. Frachtführer müssen prüfen, ob sie ggf. durch einzelvertragliche Vereinbarungen andere als im Korridor (2–40 SZR je kg) vorgesehene Haftungsgrenzen vereinbaren bzw. sich über Versicherungen schützen.

Übersicht: Frachtrecht **37**

Haftungsgrundlagen	§§ 407–450	
Haftungsvoraussetzung	Frachtvertrag	
Haftungsgrundsätze	Gefährdungshaftung	
Haftungsausschlüsse	unabwendbares Ereignis § 426	Verpackungsfehler, Be- und Entladefehler usw § 427
Abdingbarkeit der Haftungsgrundsätze/-ausschlüsse/-limits	Individualvereinbarung § 449	
Summenmäßige Haftungsbegrenzungen	Güterschäden	Wert bzw. 8,33 SZR/kg, § 431 Abs. 1 und 2
Lieferfristüberschreitungen		3-fache Fracht, § 431 Abs. 3
	sonstige Vermögensschäden	3-facher Betrag wie Sachschaden, § 432
Abdingbarkeit durch AGB	Korridorlösung bei Güterschäden	2 bis 40 SZR/kg (ca. 2,23–44,52 EUR), §§ 466, 449 Abs. 2 S. 2 Nr. 1
Aufhebung der Haftungsgrenzen	Vorsatz, grobe bewusste Fahrlässigkeit	unbegrenzt
Rügefristen (Beweislastregelung)	äußerlich erkennbare Schäden	sofort bei Ablieferung, § 438 Abs. 1
	äußerlich nicht erkennbare Schäden	7 Tage nach Ablieferung, § 438 Abs. 2
Verjährung	Normalfall	1 Jahr, § 439 Abs. 1
	ab grober bewusster Leichtfertigkeit	3 Jahre, § 439 Abs. 2

---

[35] OLG Karlsruhe Urt. v. 9.12.2004 – 9 U 104/04, NJW-RR 2005, 402.
[36] *Ramming* TranspR 2006, 95 (97).

38   **2. Umzugsrecht. a) Allgemeines.** Der Umzugsvertrag ist eine Form des Sonderfrachtvertrags. Die §§ 451–451h lösten die „Beförderungsbedingungen für den Umzugsverkehr und für die Beförderung von Handelsmöbeln in besonders für die Möbelbeförderung eingerichteten Fahrzeugen im Güterfern- und Güternahverkehr (GüKUMB)" vom 3.8.1983, zuletzt geändert am 11.10.1995, ab. Ob ein Umzugsvertrag vorliegt, entscheidet sich nach der Zweckbestimmung des zu befördernden Gutes als **gebrauchte Einrichtungsgegenstände für Wohnungen oder Geschäftsräume.** Werden dagegen Handelsmöbel befördert, sind §§ 407–450 unmittelbar anwendbar.

39   **b) Pflichten der Parteien.** Die vertraglichen Pflichten sowohl des Absenders von Umzugsgut als auch des Umzugsunternehmers entsprechen im Grundsatz denen der Parteien eines gewöhnlichen Frachtvertrags. Abweichend vom allgemeinen Frachtrecht werden die Pflichten des Frachtführers im Umzugsrecht aber um den **Ab- und Aufbau der Möbel** und **das Ver- und Entladen** sowie – vorbehaltlich einer abweichenden Vereinbarung – um sonstige, auf den Umzug bezogene Leistungen, erweitert (§ 451a). Der Entwurf erhebt damit den Normalfall der Praxis zum **gesetzlichen Leitbild.** Der Auftraggeber kann bei Versendung von Umzugsgut den Ab- und Aufbau sowie das Ver- und Entladen der Möbel vom Frachtführer verlangen.

40   Hinzu kommen bestimmte **Unterrichtungspflichten** des Frachtführers gegenüber einem **Verbraucher** hinsichtlich gefährlicher Güter und zu beachtender Zoll- und Verwaltungsvorschriften (§ 451b Abs. 2 S. 2 und Abs. 3 S. 1). Dem Verbraucher wird nur eine **eingeschränkte vertragliche Mitwirkungspflicht** auferlegt (§ 451b Abs. 2). Danach besteht kein Anspruch des Frachtführers auf Ausstellung eines Frachtbriefs. Die Verpackungs- und Kennzeichnungspflicht trifft den Frachtführer. Dagegen sieht § 451b Abs. 2 S. 1 Informationspflichten des Verbrauchers in Bezug auf gefährliche Güter vor. Es wird allerdings nur eine allgemein gefasste Mitteilung des Absenders verlangt.

41   **c) Haftung.** Hinsichtlich der Haftung des Frachtführers übernimmt der zweite Unterabschnitt im Ausgangspunkt das Konzept des allgemeinen Frachtrechts. Im Hinblick auf die Besonderheiten des Umzugsverkehrs lehnen sich die besonderen Haftungsausschlussgründe an die vor dem TRG geltenden **GüKUMB** an. So ist eine Haftungsbefreiung etwa auch bei Beförderung von **Edelmetallen** und **Briefmarken** oder bei Verladen von Gütern, deren Größe den Raumverhältnissen an der Ladestelle nicht entspricht, normiert (§ 451d Abs. 1). Die Einschränkung nach § 451d Abs. 3, wonach sich der Frachtführer auf die **besonderen Haftungsausschlussgründe** nur berufen kann, wenn er im Einzelfall sorgfältig und weisungsgemäß gehandelt hat, ist auf alle besonderen Haftungsausschlussgründe ausgedehnt.

42   Für **Güterschäden,** für die der Frachtführer haftet, ist ein **Höchstbetrag von 620,00 EUR je m Laderaum** statuiert. Wegen der Besonderheiten des Transports von **Umzugsgut** findet die allgemeine Regelung des Frachtrechts mit einer Haftungshöchstgrenze von 8,33 SZR **keine** Anwendung.

43   Gegenüber dem allgemeinen Frachtrecht sieht der zweite Unterabschnitt für das Erlöschen von Ansprüchen wegen Verlustes oder Beschädigung des Gutes abweichende Regelungen vor: So ist die **Frist für die Anzeige äußerlich erkennbarer Schäden** bis zum Tag nach der Ablieferung verlängert, um dem Umzugskunden eine effektivere Verfolgung seiner Ansprüche zu ermöglichen. Nach § 451f gilt bei äußerlich nicht erkennbaren Schäden eine Frist von **14 Tagen** ab dem Zeitpunkt der Ablieferung. Bei Schäden wegen **Lieferfristüberschreitungen** gilt die Frist des allgemeinen Frachtrechts von **21 Tagen.** Bei allen Rügefristen nach § 451f handelt es sich um Präklusionsfristen im Gegensatz zu § 438 und Art. 30 CMR.

44   Die gesetzlich normierten Haftungsbefreiungen und Haftungsbegrenzungen **entfallen,** wenn die **Unterrichtung** über Form, Frist und Rechtsfolgen der Schadensanzeige unterbleibt. Dies gilt künftig bereits dann, wenn es der Frachtführer lediglich unterlassen hat, den Absender in **drucktechnisch besonders hervorgehobener Form** auf die Haftungsbestimmungen sowie die Möglichkeit der Vereinbarung einer weitergehenden Haftung oder einer Versicherung des Gutes hinzuweisen (§ 451g Nr. 1). Der Frachtführer muss auf Form, Frist und Rechtsfolgen der Schadensanzeige gem. § 451g Nr. 1 hinweisen, ansonsten kann er sich nicht auf die Präklusionswirkung berufen, wenn der Auftraggeber bzw. der Empfänger die Rügefristen versäumt. Der Hinweis erfolgt am besten im Auftragsformular in drucktechnisch besonders hervorgehobener Form. Es ist auch zu empfehlen, dass der Beförderer sich die Kenntnisnahme von dem Hinweis vom Auftraggeber unterzeichnen lässt.

45   **Übersicht: Umzugsrecht**

Rechtliche Grundlagen	§§ 451–451h	
Anwendungsbeschränkungen	Umzugsgutvertrag – nicht Handelsmöbel	
Haftungsgrundsätze	Gefährdungshaftung	

Haftungsausschlüsse	Unabwendbarkeit, Verschulden des Berechtigten	Verpackungsfehler des Auftraggebers Verladefehler des Auftraggebers Edelmetall, Geld, uä Pflanzen, Tiere
Abdingbarkeit der Haftungsgrundsätze/-ausschlüsse/-begrenzungen	nicht bei Verbrauchern, nur bei gewerblichen Umzügen	durch Individualvereinbarung und AGB
Summenmäßige Haftungsbegrenzungen	bei Güterschäden	Wert bzw. 620,00 EUR/Kubikmeter
	bei Lieferfristüberschreitungen	3-fache Fracht
	bei sonstigen Vermögensschäden	3-facher Betrag wie Sachschaden
Aufhebung der Haftungsgrenzen	Vorsatz, grobe bewusste Leichtfertigkeit	unbegrenzt
Rügefristen	äußerlich erkennbare Schäden	Tag nach der Ablieferung, Präklusion § 451f Schriftform nach § 438 Abs. 4 iVm § 451f
	äußerlich nicht erkennbare Schäden	14 Tage nach Ablieferung, Präklusion § 451
Hinweispflichten	Auftrag/Vertrag	Haftungsbestimmung
		günstigere Haftung
	Ablieferung	Form/Frist Schadensanzeige
		Erlöschen der Ansprüche
Verjährung	Normalfall	1 Jahr, § 439 Abs. 1 S. 1
	ab grober bewusster Leichtfertigkeit	3 Jahre, § 439 Abs. 1 S. 2

3. Multimodaler Transport. a) Allgemeines. Der dritte Unterabschnitt regelt in §§ 452–452d **46** den sog. multimodalen Transport für das deutsche Recht. Bislang hat die Bundesrepublik Deutschland die **UN-Konvention über den grenzüberschreitenden Multimodaltransport v. 24.5.1980** (MMT-Übereinkommen) nicht ratifiziert.[37] Vereinzelt finden spezielle Normen auf den multimodalen Transport Anwendung. Dies sind insbesondere:

– im Bereich des **grenzüberschreitenden Straßentransports** Art. 2 Abs. 1 S. 1 CMR, wenn keine Umladung des Guts erfolgt, auch wenn das mit dem Gut beladene Fahrzeug „Huckepack" auf einem Streckenabschnitt zur See, mit der Eisenbahn, auf Wasserstraßen oder auf dem Luftweg befördert wird; Frachtrecht des anderen Verkehrsmittels ist jedoch dann anwendbar, wenn Verluste, Beschädigungen oder Lieferfristüberschreitungen während und wegen der Beförderung mit diesem eingetreten sind (vgl. Art. 2 Abs. 1 S. 2 CMR);

– im Bereich des **internationalen Eisenbahnfrachtrechts** für den Huckepackverkehr Lkw/Bahn Art. 38 CIM 1999, auch wenn die Eisenbahnbeförderung durch Schiene, Kraftwagen oder Schiffe ergänzt wird;

– für das **Luftfrachtrecht** Art. 31 WA und Art. 38 MÜ,[38] für den Teiltransport mit Luftfahrzeugen;

– für das Seefrachtrecht die **Haager Regeln,** mit deren Ergänzung, den **Visby-Regeln,** und den Bestimmungen des HGB.

Der Vertrag über die Beförderung mit verschiedenartigen Beförderungsmitteln wird als besondere **47** Ausprägung des Frachtvertrages eingeordnet, auf den grundsätzlich die allgemeinen Vorschriften des ersten Unterabschnitts anwendbar sind. Damit wird nicht nur in systematischer, sondern auch in inhaltlicher Hinsicht ein weitgehender Gleichlauf mit den für **unimodale** Beförderungen geltenden Rechtsvorschriften erzielt. Gesondert geregelt werden nur Vorschriften der **Haftung, Schadensanzeige und Verjährung** sowie die Frage der **Abdingbarkeit von Rechtsvorschriften.**

b) Fehlen gesetzlicher Regelungen. Bis zum 1.7.1998 war der sog. multimodale Verkehr inner- **48** staatlich nicht geregelt. Regelungen fanden sich im deutschen Recht nur für **Sonderfälle,** so in § 33c KVO

---

[37] Abgedr. bei MüKoHGB/*Bydlinski* S. 373 f.
[38] Vgl. *Reuschle* Art. 38 MÜ.

und in § 3 Abs. 2 GüKG sowie für das Eisenbahnfrachtrecht in § 5 Abs. 3 und § 77 EVO. Bisher wurden die bestehenden Gesetzeslücken unzureichend durch Vertragsbedingungen und durch die Rspr. ausgefüllt.

49 **Übersicht: Multimodaler Transport als Unterfall des Frachtvertrags**

Voraussetzungen:

– Einheitlicher Frachtvertrag,

– verschiedenartige Beförderungsmittel (Bahn, Kfz, Flugzeug, Binnenschiff),

– Auseinanderfallen von transportrechtlichen Bestimmungen.

Anwendbares Recht (Rangverhältnis):

– Zwingendes internationales Recht,

– § 452 (Sonderregeln),

– §§ 407–450 (allgemeine Regeln).

---

50 **c) Merkmale des multimodalen Transportvertrages.** Der Vertrag über die Beförderung mit verschiedenartigen Beförderungsmitteln wird in § 452 entsprechend der bisherigen höchstrichterlichen Rspr.[39] und der in Deutschland herrschenden Rechtslehre[40] als einheitlicher Frachtvertrag definiert, in dessen Rahmen mindestens zwei verschiedenartige Beförderungsmittel zum Einsatz gelangen, auf die bei hypothetischen Einzelverträgen **unterschiedliche Teilstreckenrechte** anwendbar sind.

51 Abweichend von den allgemeinen frachtrechtlichen Vorschriften des ersten Unterabschnitts beziehen sich die Bestimmungen des dritten Unterabschnitts auch auf multimodale Beförderungen unter Einbeziehung von Seestrecken.

52 **d) Haftungsgrundsätze.** In Bezug auf das im Einzelfall konkret anzuwendende Haftungsrecht wird – in Übereinstimmung mit der bisherigen höchstrichterlichen Rspr. – zwischen dem **bekannten** und dem **unbekannten Schadensort** differenziert. Für den Fall des bekannten Schadensorts gilt das in Rspr. und Lehre entwickelte „**Network-System":** Es findet das Recht derjenigen Teilstrecke Anwendung, auf der sich der Schaden **bekanntermaßen** ereignet hat (§ 452a S. 1). Liegt der Schadensort auf einer Landstrecke oder auf einem Binnengewässer in Deutschland, so führt dies zur Anwendung des im ersten Unterabschnitt geregelten allgemeinen Frachtrechts. Bei grenzüberschreitenden Beförderungen kann dagegen abweichendes Recht zur Anwendung gelangen, etwa CMR, CIM, Haager Regeln oder auch ausländisches innerstaatliches Recht.

53 Für den Fall des unbekannten Schadensorts gelangen abweichend von der bisherigen höchstrichterlichen Rspr. nicht mehr notwendigerweise die Haftungsregeln des jeweils „**schärfsten"**, also für den Absender günstigsten Teilstreckenrechts, zur Anwendung. Vielmehr sind hier die allgemeinen Haftungsvorschriften des ersten Unterabschnitts anzuwenden. Bei einem multimodalen Transport – internationale Luftbeförderung/nationaler Straßentransport – ist es möglich, dass der Verlader im Schadensfall nur 8,33 SZR = ca. 8,80 EUR/kg erhält und nicht ca. 17,97 EUR/kg nach dem Montrealer Übereinkommen. Der Verlader sollte beim multimodalen Verkehr prüfen, ob er genügend abgesichert ist oder ob er zusätzlichen Versicherungsbedarf hat. Er kann auch durch Vereinbarung mit dem Frachtführer die Haftungsgrenzen erhöhen.

54 Die **Beweislast** für das Vorliegen eines bestimmten Schadensorts und damit auch für die Anwendbarkeit anderer als der im ersten Unterabschnitt geregelten Rechtsvorschriften liegt nach § 452a S. 2 bei demjenigen, welcher den Schadenseintritt konkret auf dieser Teilstrecke behauptet.

55 **e) Schadensanzeige und Verjährung.** Modalitäten und Rechtsfolge der **Schadensanzeige** richten sich unabhängig davon, ob der Schadensort bekannt oder unbekannt ist, stets nach den allgemeinen Vorschriften des ersten Unterabschnitts. Für die Einhaltung der Anzeigeerfordernisse genügt jedoch auch die Beachtung des Rechts der letzten Teilstrecke (§ 452b Abs. 1).

56 Die **Verjährung** beginnt immer erst mit der Ablieferung beim vertraglich vereinbarten Empfänger. Um zu verhindern, dass mangels Kenntnis des anwendbaren Teilstreckenrechts der Anspruch früher als erwartet verjährt, wird eine Mindestfrist für die Verjährung bestimmt. Diese entspricht auch im Falle des bekannten **Schadensortes** der nach allgemeinem Frachtrecht geltenden Frist (vgl. § 439). In diesem Zusammenhang ist wieder zu beachten, dass das allgemeine Frachtrecht das gesamte Transportrecht mitbestimmt und Auffangfunktion hat. Nach den Feststellungen der Sachverständigenkommission und der Begründung zum Regierungsentwurf kommen Kollisionen zwischen § 451

---

[39] BGH Urt. v. 24.6.1987 – I ZR 127/85, NJW 1988, 640 (641 f.); dazu *Herber* EWiR 1987, 1115; BGH Urt. v. 30.9.1993 – I ZR 258/91, TranspR 1994, 16 (17); BGH Urt. v. 11.7.1996 – I ZR 75/94, VersR 1997, 513.

[40] *Herber* TranspR 1990, 8 ff.; Staub/*Helm,* 4. Aufl. 1993, Anh. V § 452 Rn. 21 ff.; MüKoHGB/*Bydlinski* TranspR, 1. Aufl. 1997, MMT Rn. 25 ff.; *Fremuth* in Fremuth/Thume TranspR HGB Vor §§ 425 f. Rn. 77 ff.

und völkerrechtlichen Verpflichtungen aufgrund internationaler Transportrechtskonventionen nicht in Betracht.[41]

f) Multimodaler Umzugsvertrag. Besonders geregelt wird der Sonderfall des Umzugsvertrages **57** mit verschiedenartigen Beförderungsmitteln (§ 452c). Anders als beim Vertrag über eine multimodale Beförderung sonstigen Gutes ist auf ihn – unabhängig von der Bekanntheit des Schadensortes – grundsätzlich immer einheitliches Recht, nämlich das zweiten und ergänzend des ersten Unterabschnitts anzuwenden. Teilstreckenrechte greifen nach § 452c S. 2 ausnahmsweise nur dann ein, wenn ein für die Bundesrepublik Deutschland anwendbares internationales Übereinkommen die Anwendung dieses Teilstreckenrechts zwingend vorsieht.

g) Reichweite zwingenden Rechts. Hinsichtlich der Reichweite zwingenden Rechts und der **58** verbleibenden Möglichkeiten für abweichende Parteivereinbarungen folgt der dritte Unterabschnitt grundsätzlich dem allgemeinen Frachtrecht des ersten Unterabschnitts (§ 452d Abs. 1). Zulässig sind also unter engen Voraussetzungen abweichende individualvertragliche Vereinbarungen. Eine Abbedingung der Regelung über das anwendbare Recht bei bekanntem Schadensort ist allerdings ausgeschlossen, wenn nach einem anwendbaren internationalen Übereinkommen das Frachtrecht der Teilstrecke zwingend ist (§ 452d Abs. 3).

Im Übrigen kann auch im Wege allgemeiner Geschäftsbedingungen vereinbart werden, dass immer **59** – also ohne Rücksicht auf die Bekanntheit des Schadensortes oder des anstelle eines bestimmten möglicherweise anzuwendenden Teilstreckenrechts – das Recht des ersten Unterabschnitts, also das allgemeine Frachtrecht, Anwendung findet (§ 452d Abs. 2). Durch Individualvereinbarung können die Parteien sich auch auf die Anwendung des Montrealer Übereinkommens oder der CMR auf den gesamten multimodalen Transport einigen (§ 452d Abs. 1).

4. Seetransport. a) Transportrechtliche Vorschriften. Das Seefrachtrecht findet sich im **60** **5. Buch des Handelsgesetzbuches,** in den §§ 556–663. Die seehandelsrechtlichen Vorschriften des HGB bleiben vom allgemeinen Teil des Transportrechts unberührt (§ 407 Abs. 3 Nr. 1). Die Haftungsbestimmungen beruhen auf dem **Brüsseler Übereinkommen von 1924** über Konnossemente **(Haager Regeln),** das in das deutsche Handelsrecht im Jahre 1938 transformiert wurde. Ebenso wurde das Brüsseler Protokoll von 1968 (Visby-Regeln) durch das **Zweite Seerechtsänderungsgesetz von 1986** in das HGB eingearbeitet.[42] Das Protokoll selbst ist jedoch nicht ratifiziert worden. Die dadurch erschwerte Abgrenzung des Geltungsbereichs der in das innerstaatliche Recht übernommenen Vorschriften der Visby-Regeln, die nicht in vollem Umfang gegenüber Vertragsstaaten der Haager-Regeln angewendet werden dürfen, ergibt sich aus Art. 6 EGHGB. Mit dieser Einschränkung können im Seetransportrecht innerstaatliche und internationale Beförderungen einheitlich beurteilt werden. Mit der Reform des Seehandelsrechts wurde das Seehandelsrecht umfassend modernisiert.[43]

b) Neuregelungen im Überblick. Das Fünfte Buch gliedert sich in acht Abschnitte. Der Erste **61** Abschnitt behandelt die Personen der Schifffahrt (§§ 476–480). Der Zweite Abschnitt trägt den Titel „Beförderungsverträge" und ist seinerseits in die Unterabschnitte über „Seeverträge" (§§ 481–535) und Personenbeförderungsverträge" (§§ 536–552) eingeteilt.

Im Dritten Abschnitt des Fünften Buchs (§§ 553–570) sind erstmals im Handelsgesetzbuch die **62** Bareboat-Charter[44] und die Zeitcharter als besondere Formen der Schiffsüberlassungsverträge geregelt. Die Regelungen über die Bareboat-Charter stellen Sonderregelungen gegenüber den allgemeinen Vorschriften für Mietverträge dar. Der Zeitchartervertrag (§ 557) stellt einen Vertrag sui generis dar. Da es sich im Gegensatz zur Bareboat-Charter, bei der allein das Schiff vermietet wird und die Besatzung nicht vom Vermieter gestellt wird, nicht um eine bloße Überlassung des Schiffes handelt, sondern die Durchführung von Reisen unter der Leitung des Vercharterers, spricht vieles gegen die Anwendung von mietvertraglichen Vorschriften. Charakteristische Vertragsleistung ist nicht der Erfolg der Leistung, sondern vielmehr die Leistungserbringung entsprechend den Vorgaben des Zeitcharterers.

Der Vierte Abschnitt behandelt die sog. Schiffsnotlagen (§§ 571–596). Die Bestimmungen des **63** Ersten Unterabschnitts über den Schiffszusammenstoß entsprechen inhaltlich den §§ 734–739 aF. Der Zweite Unterabschnitt enthält Regelung über die Bergung und der Dritte Unterabschnitt regelt die Große Haverei.

Der Fünfte Abschnitt befasst sich mit den Schiffsgläubigerrechten (§§ 596–604). Die Reform des **64** Seehandelsrechts hält an der mit dem Seerechtsänderungsgesetz vom 21.6.1972[45] getroffenen Entscheidung fest, Schiffsgläubigerrechte nur in solchen Fällen vorzusehen, in denen der Gläubiger, obwohl er den Reeder auch persönlich in Anspruch nehmen kann, besonders schutzbedürftig ist. Das Schiffsgläubigerrecht lastet auf dem Schiff, ohne dass der Gläubiger Besitz daran haben müsste.

---

[41] BT-Drs. 13/8445, 102 f.

[42] Vgl. *Hartenstein* in *Hartenstein/Reuschle,* Handbuch des Fachanwalts Transport- und Speditionsrecht, 2. Aufl. 2012, Kap. 4 Rn. 35.

[43] Vgl. BT-Drs. 17/10309, 40.

[44] Vgl. *Herber,* Seehandelsrecht, 1999, 347.

[45] BGBl. 1972 I 966.

65   Der Sechste Abschnitt fasst sämtliche bisher im Fünften Buch des Handelsgesetzbuchs verstreuten Vorschriften über die Verjährung zusammen. Der Siebte Abschnitt übernimmt die bisherigen in den §§ 486–487e enthaltenen Regelungen über die Beschränkung der Haftung für Seeforderungen (§§ 611–617). Ganz neu im Fünften Buch ist der Achte Abschnitt mit eigenen Verfahrensvorschriften.

66   **c) Die am Seefrachtvertrag beteiligten Personen.** Der Seefrachtvertrag wird zwischen dem **Verfrachter** (carrier, transporteur), der im allgemeinen Frachtrecht als Frachtführer bezeichnet wird, und dem **Befrachter** (shipper, chargeur), der im allgemeinen Frachtrecht als Absender bezeichnet wird, geschlossen. Ferner ist am Vertrag beteiligt der Empfänger (consignee), da der Seefrachtvertrag regelmäßig einen Vertrag zugunsten Dritter darstellt. Eine Identität zwischen Befrachter und Empfänger besteht indes dann, wenn Güter an die eigene Niederlassung des Befrachters transportiert werden.

67   Nach dem Vorbild der Regelungen zum ausführenden Frachtführer (§ 437) im allgemeinen Frachtrecht übernimmt der Gesetzgeber diese Rechtsfigur im Seefrachtrecht (§ 509, § 522 Abs. 3 S. 1[46]).Der Verfrachter kann seinerseits zur Durchführung der Beförderung einen Unterverfrachter einschalten. Der Unterverfrachter kann auf dieselbe Weise verfahren, sodass es nacheinander mehrere Unterverfrachter und mehrere Unterfrachtverträge geben kann. Die sog. Unter-Verfrachter haften dem Absender und dem Empfänger nur nach den Vorschriften der unerlaubten Handlung. § 509 ordnet an, dass derjenige Verfrachter, der letztlich tatsächlich die Beförderung ganz oder teilweise ausführt, dem Befrachter bzw. dem Empfänger als Quasivertragspartner haftet. Nicht zu den ausführenden Verfrachtern gehören dagegen die weiteren Unter-Verfrachter in der Kette zwischen dem vertraglichen Verfrachter und dem letzten tatsächlich die Beförderung ausführenden Verfrachter.[47]

68   Neben Verfrachter, Befrachter und dem Empfänger kennt das Seehandelsrecht einen weiteren Beteiligten, den sog. Ablader (§ 513 Abs. 2). Ablader ist derjenige, welcher das Gut dem Verfrachter zur Beförderung übergibt und vom Befrachter als Ablader zur Eintragung in das Konnossement benannt ist. Ein Ablader kommt daher nur dann vor, wenn auch die Ausstellung eines Konnossements (§ 513 Abs. 1) vorgesehen ist. Die Benennung als Ablader hat durch oder für den Befrachter gegenüber dem Verfrachter zu erfolgen. Hierfür genügt, dass der Befrachter dem Verfrachter ein ausgefülltes Konnossementsformular vorlegt, in dem der betreffende Dritte als Ablader oder „shipper" aufgeführt ist. Übergibt ein anderer als der Benannte dem Verfrachter das Gut oder fehlt es an einer Benennung, so gilt der Befrachter als Ablader (§ 513 Abs. 2 S. 2).

69   **d) Haftung.** § 498 HGB statuiert den Haftungsgrund für Schäden (Verlust und Beschädigung) bei Ausführung der Beförderung. Der Gesetzgeber sah indes von einer Haftungsregelung für die Überschreitung der Lieferfrist ab. Die Einstandspflicht des Verfrachters für die verspätete Auslieferung des Gutes richtet sich weiterhin nach den §§ 280, 286 BGB.[48]

70   § 499 Abs. 1 HGB normiert in Anlehnung an § 608 Abs. 1 aF, § 427 Abs. 1 sowie an Art. 17 Abs. 3 der Rotterdam-Regeln Haftungsausschlussgründe. Dabei wird der im geltenden Seefrachtrecht normierte Haftungsausschlussgrund des nautischen Verschuldens (§ 607 Abs. 2 aF) beseitigt. Die Liste der Schadensursachen, für die der Verfrachter nicht haften soll, wird nach dem Vorbild der Rotterdam-Regeln erweitert: Bergungsmaßnahmen, Maßnahmen zur Rettung von Menschenleben und Maßnahmen zur Verhütung oder Begrenzung von Umweltschäden.

71   Die Haftungshöchstsummen für Güterschäden orientieren sich an den bisherigen Haftungshöchstbeträgen des § 660 aF. Nach § 504 beläuft sich der Haftungshöchstbetrag bei Verlust oder Beschädigung des Gutes auf 666,67 Sonderziehungsrechte für das Stück oder die Einheit oder auf 2 Sonderziehungsrechte je Kilogramm Rohgewicht des beschädigten oder verloren gegangenen Gutes. Wird ein Container, eine Palette oder ein sonstiges Lademittel verwendet, das zur Zusammenfassung von Frachtstücken verwendet wird, so fingiert § 504 Abs. 1 S. 2, dass jedes Packstück im Container als Stück zu behandeln ist. Die Haftungsbeschränkung entfällt, wenn dem Beförderer selbst (nicht: seinen Leuten) Vorsatz oder bewusste grobe Fahrlässigkeit zur Last fällt.

72   **Äußerlich erkennbare** Beschädigungen oder Verluste sind spätestens **bei** der **Auslieferung** anzuzeigen (§ 510 Abs. 2). Im Fall von äußerlich nicht erkennbaren Beschädigungen oder Verlusten genügt eine **Absendung der Schadensanzeige** innerhalb von **drei Tagen** nach Auslieferung. Die Nichtanzeige führt jedoch nicht zum Verlust des Anspruchs, sondern nur zur Umkehr der Beweislast. Die Ansprüche aus einem Seefrachtvertrag verjähren in **einem Jahr** (§ 605). Außervertragliche Ansprüche, wie Ansprüche aus unerlaubter Handlung, unterliegen denselben für den Seefrachtvertrag vorgesehenen Haftungsbefreiungen und Haftungsbegrenzungen (§ 506).

73   **e) Globale Haftungsbeschränkungen.** Im Seerecht gilt folgende Besonderheit: Dem Verfrachter steht zusätzlich zu den Beschränkungen nach dem Frachtvertrag das Recht zu, bei großen Schiffsunfällen die Haftung global gem. §§ 611 ff. iVm dem Londoner Übereinkommen vom 19.11.1976 (BGBl. 1986 II 786) in der Fassung des am 13.5.2004 in Kraft getretenen Protokolls von 1996 (BGBl. 2000 II 790) zu

---

[46] Diese Vorschrift entspricht § 447 Abs. 2.
[47] *Paschke/Ramming* RdTW 2013, 1 (4).
[48] OLG Hamburg Urt. v. 13.1.2011 – 6 U 150/09, TranspR 2012, 382; *Herber,* Seehandelsrecht, 1999, 323; *Paschke/Ramming* RdTW 2013, 1 (5); *Rabe* Seehandelsrecht, 4. Aufl. 2000, § 606 Rn. 69.

beschränken. Dies ist unabhängig davon möglich, ob er Eigentümer oder Charterer des Schiffes ist. Dem Schuldner, der sich der Inanspruchnahme von Gläubigern beschränkbarer Ansprüche gegenübersieht, stehen grundsätzlich zwei Möglichkeiten offen, sein Haftungsbeschränkungsrecht zu realisieren: Einerseits kann er ein Verfahren nach der seerechtlichen Verteilungsordnung vom 25.7.1986 (BGBl. 1986 I 1130) durchführen. Andererseits kann er sich im Erkenntnisverfahren auf die „Einrede der Haftungsbeschränkung" berufen. Durch die Eröffnung des seerechtlichen Verteilungsverfahrens beschränkt sich die Haftung des Schuldners und der ihm gleichgestellten Personen auf den eingezahlten Haftungsfonds. Der Zugriff der Gläubiger auf das übrige Vermögen wird ausgeschlossen. Die Haftung ist damit dinglich auf den Haftungsfonds beschränkt. Im Unterschied zur Errichtung eines Haftungsfonds führt die Geltendmachung der Haftungsbeschränkung im Wege der Einrede nur zu einer summenmäßigen Beschränkung der Haftung.[49] Sachlich kommt dies einer Begrenzung der Schuld gleich. Der Schuldner wird nur zur Zahlung eines bestimmten Betrages verurteilt, welcher der Höhe nach dem Anteil des geltend gemachten Anspruchs an der Haftsumme entspricht.

f) Große Havarei. Der Begriff „Große Haverei" bezeichnet die auf Anordnung des Kapitäns erfolgte **74** vorsätzliche Beschädigung oder Aufopferung des Schiffs, des Treibstoffs oder der Ladung oder die Aufwendung von Vermögen zur Errettung des Schiffs, des Treibstoffs oder der Ladung aus einer gemeinsamen Gefahr. Eine weitere, nicht unmittelbar aus dem Seefrachtrecht sich ergebende Belastung kann auf den Gütern ruhen, wenn diese für Aufwendungen in großer Havarei haften (§§ 588, 591, 594).

5. Speditionsrecht. a) Allgemeines. Der Speditionsvertrag ist in den §§ 453 ff. geregelt. Bei der **75** Einordnung des Speditionsvertrages kommt es nicht auf die bloße Tätigkeit, sondern auf die **vertragliche Vereinbarung** maßgeblich an. Die Parteien müssen also vereinbaren, dass sie einen Speditionsvertrag schließen wollen, dh, dass vom Spediteur Speditionstätigkeiten erbracht werden. Eine solche Vereinbarung muss allerdings nicht ausdrücklich erfolgen, sondern kann sich auch stillschweigend aus den Umständen ergeben.

Der Spediteur kann sowohl im **eigenen wie auch im fremden Namen** handeln. Der Speditions- **76** vertrag wird als spezieller Geschäftsbesorgungsvertrag behandelt. In § 454 wird der Begriff **„Besorgung der Versendung"** näher definiert. Der Spediteur kann jetzt als Vertreter des Absenders auftreten und dementsprechend mit dem Frachtführern im Namen des Absenders Verträge abschließen. Haftet der Spediteur im Schadensfall zB als **Fixkosten- oder Sammelladungsspediteur** nach Frachtrecht (§§ 459, 460), so hat der Absender ein Wahlrecht, ob er den Spediteur oder den Frachtführer in Anspruch nimmt.

Ergänzend zu den Vorschriften des HGB sind nach wie vor die Allgemeinen Deutschen Spediteur- **77** bedingungen (ADSp) von Bedeutung.

b) Vertragliche Pflichten des Spediteurs. Im Ausgangspunkt verbleibt es dabei, dass der Spediteur **78** als fremdnütziger Geschäftsbesorger eingeordnet wird. § 453 Abs. 1 verpflichtet daher den Spediteur, die Versendung des Gutes zu besorgen. Nach § 454 Abs. 1 wird diese Grundpflicht im Kern als eine Pflicht zur Erbringung einer **Organisationsleistung** verstanden, welche insbesondere die Bestimmung des Beförderungsmittels und des -weges, die Auswahl der ausführenden Unternehmer und die Anspruchssicherung umfasst. Neben der Organisationsleistung treten gem. § 454 Abs. 2 zusätzliche speditionelle Tätigkeiten, wie etwa Versicherung und Verpackung des Gutes, Kennzeichnung und Zollbehandlung. Die Erfüllung dieser zusätzlichen Leistungen schuldet der Spediteur nicht automatisch, sondern kraft besonderer vertraglicher Vereinbarung. Der Verlader sollte – wenn er vom Spediteur die zusätzliche Besorgung speditioneller Leistungen wünscht – dies ausdrücklich schriftlich fixieren und zum Vertragsgegenstand machen. Ansonsten kann der Spediteur die Übernahme zusätzlicher Leistungen ablehnen oder dafür eine gesonderte Vergütung verlangen, wenn die Parteien einen Fixpreis vereinbart haben.

c) Vertragliche Pflichten des Versenders. Bei der Umschreibung der vom Versender geschulde- **79** ten vertraglichen Gegenleistung geht das Speditionsrecht durchgängig – in Übereinstimmung mit Fracht- und Lagerrecht – von einem einheitlichen Vergütungsbegriff aus. Eine Erweiterung gegenüber dem alten Recht ergibt sich durch die Statuierung besonderer **Mitteilungs-, Mitwirkungs- und Behandlungspflichten** des Versenders (§ 455 Abs. 1). Die Verletzung dieser Pflichten ist analog der Ausgestaltung des allgemeinen Frachtrechts durch eine verschuldensunabhängige Haftung des Versenders bewehrt (§ 455 Abs. 2).

d) Selbsteintritt, Fixkostenspedition und Sammelladung. Die Rechtsfiguren des Selbstein- **80** tritts, der Fixkosten- und Sammelladungsspedition sind in §§ 458–460 geregelt. Bei **Ausführung der Beförderung** durch den Spediteur, selbst bei Vereinbarung eines Fixpreises oder bei Versendung des Gutes in Sammelladung, kommt Frachtrecht nur insoweit zur Anwendung, als es um den eigentlichen Beförderungsvorgang geht.[50]

---

[49] *Herber,* Haftungsrecht, 1989, 89.
[50] Vgl. zur Frage der Haftung Staub/*Helm,* 4. Aufl. 1993, §§ 412, 413 Rn. 124; MüKoHGB/*Bydlinski,* 1. Aufl. 1997, § 413 Rn. 50; *Koller* § 459 Rn. 4a; Staub/*Schmidt* Rn. 43.

81 **e) Beförderungsbezogene speditionelle Nebenpflichten.** Beförderungsbezogene speditionelle Nebenpflichten, die jedoch nicht zum Kernbereich der organisatorischen Tätigkeit des Spediteurs zählen, unterfallen damit nicht dem Frachtrecht. So bedeutet zB eine Fixkostenabrede für den Gesamtvertrag noch nicht, dass der Spediteur auch eine Erfolgshaftung für die ordnungsgemäße Ausführung der für die Durchführung des Speditionsvertrags erforderlichen Verträge, die über die Beförderung hinausgehen, übernimmt. Wird beispielsweise zu einem bestimmten Fixpreis sowohl eine Transportleistung als auch die Einschaltung einer Verpackungsfirma vereinbart, unterliegt der Spediteur nur hinsichtlich der Beförderungsleistung der frachtrechtlichen Erfolgshaftung, nicht hingegen in Bezug auf die Einschaltung eines Verpackungssubunternehmers. Dies gilt auch im Bereich zwingender internationaler Übereinkommen, so der CMR, der CIM, des WA und des MÜ. Hinsichtlich der Einschaltung von Subunternehmern in Bereichen, die nicht beförderungsbezogen sind, kann es sich für den Verlader empfehlen, den Spediteur zu einem Handeln im Namen des Verladers zu verpflichten, damit Direktansprüche gegen den jeweiligen Subunternehmer geltend gemacht werden können.

82 **f) Haftung des Spediteurs.** Grundsätzlich haftet der Spediteur für die Verletzung seiner Pflichten, für vermutetes Verschulden (§ 461 Abs. 2). Dabei hat er, wenn er für die Versendung des Gutes einen Dritten, insbesondere einen Frachtführer einschaltet, nur für die **Auswahl** des ausführenden Unternehmers einzustehen. Im Hinblick auf zusätzlich übernommene speditionelle Pflichten schuldet der Spediteur dagegen den **Erfolg,** soweit er seine diesbezügliche Leistungspflicht nicht vertraglich auf den Abschluss der zur Erbringung dieser zusätzlichen speditionellen Leistungen erforderlichen Verträge beschränkt hat (§ 454 Abs. 2 S. 2). Eine gesetzliche Haftungsbeschränkung ist hier nicht vorgesehen. Für Güterschäden, die während der Obhut des Spediteurs entstehen, haftet dieser nicht für vermutetes Verschulden, sondern – ebenso wie der Frachtführer in gleichgearteten Fällen – **verschuldensunabhängig** (§ 461 Abs. 1). Die Gleichstellung der speditionellen Obhutshaftung mit der frachtrechtlichen Obhutshaftung gebietet es, auch insoweit eine gesetzliche Haftungsbeschränkung einzuführen. So haftet der Spediteur – ebenso wie der Frachtführer – nur bis zu einem Haftungshöchstbetrag von 8,33 SZR pro Kilogramm (§ 461 Abs. 1 iVm § 431). Darüber hinaus ist es dem Spediteur – wie dem Frachtführer – möglich, sich auf Haftungsausschlussgründe zu berufen (§§ 461 Abs. 1 iVm §§ 426, 427).

83 **g) Reichweite zwingenden Rechts.** Soweit der Spediteur in gleicher Weise haftet wie der Frachtführer, sind die Vorschriften über das Speditionsgeschäft ebenso der Parteivereinbarung zugänglich wie die Vorschriften über das Frachtgeschäft. Eine Abänderung der speditionellen Obhutshaftung nach § 461 Abs. 1 ist danach – vorbehaltlich einer Abänderung der nach den §§ 429–432 zu leistenden Entschädigung – gem. § 466 Abs. 2 nur durch Individualabrede oder Rahmenvereinbarung möglich.

84 Eine **Bereichsausnahme** gilt hier nur für die Besorgung der Versendung von **Briefen und briefähnlichen Sendungen.** Soweit die Tatbestände des Selbsteintritts der Fixkostenspedition und der Sammelladung auf die Anwendung frachtrechtlichen Haftungsrechts verweisen, wird eine Abweichung von diesen Verweisungsvorschriften ebenfalls nur insoweit zugelassen, als das in Bezug genommene Frachtrecht dispositiv ist (§ 466 Abs. 3). Dies ist hinsichtlich der Haftungsvorschriften der CMR, der CIM, des WA sowie des MÜ nicht der Fall. Soweit das im ersten Unterabschnitt allgemein geregelte Frachtrecht anzuwenden ist, kann die Haftung des Spediteurs also nur in dem Umfang modifiziert werden, wie dies nach allgemeinem Frachtrecht zulässig ist (§ 449).

85 Dies gilt ferner auch im Güternahverkehr, auf der Straße, beim nationalen Luftverkehr, bei Schienen- oder Binnenschiffsbeförderung. Soweit das Frachtrecht, auf das verwiesen wird, nicht zwingend ist, bleibt es aber bei der **vollständigen Dispositivität** des Speditionsrechts.

86 **Übersicht: Speditionsrecht**

Rechtsgrundlagen	§§ 453–466	
Anwendungsbereich	Speditionsvertrag	Definition §§ 453 und 454
Haftungsgrundsätze	bei reiner speditioneller Tätigkeit keine Obhutshaftung	Haftung für vermutetes Verschulden (§ 461)
	Selbsteintritt (§ 458)	Gefährdungshaftung
	Fixkosten (§ 459)	Gefährdungshaftung
	Sammelladung (§ 460)	Gefährdungshaftung

Haftungsausschlüsse	unabwendbares Ereignis (§ 461 Abs. 2)	zB Verpackungsfehler des Absenders, Be- und Entladefehler des Absenders (§ 461 Abs. 3)
Begrenzte Abdingbarkeit der Haftungsgrundsätze	durch Individualvereinbarung (§ 466)	
Summenmäßige Haftungs-begrenzungen	bei Güterschäden	Wert bzw. 8,33 SZR/kg
	bei Lieferfristüberschreitungen	3-fache Fracht
	bei sonstigen Vermögensschäden	3-facher Betrag wie Sachschaden
Abdingbarkeit durch AGB	Korridorhaftung (§ 466 Abs. 2 Nr. 1)	zwischen 2 und 40 SZR/kg (ca. 2,23–44,52 EUR)
Wegfall der Haftungsgrenzen	Vorsatz, grobe bewusste Leichtfertig-keit	unbegrenzte Haftung (§ 461 Abs. 1 iVm § 435)
Rügefristen	äußerlich erkennbare Schäden (§ 438)	sofort bei Ablieferung
	äußerlich nicht erkennbare Schäden (§ 438)	7 Tage nach Ablieferung
Verjährung	Regelfall	1 Jahr (§ 463 iVm § 439)
	ab grober bewusster Leichtfertigkeit	3 Jahre (§ 463 iVm § 439)

6. Wesentlicher Inhalt der ADSp 2017. a) Allgemeines. Die ADSp 2017 sind Allgemeine **87** Geschäftsbedingungen iSd § 305 BGB. Sie stellen keinen Handelsbrauch dar,[51] sondern beruhen auf einer Empfehlung verschiedener Verbände (s. Präambel ADSp 2017). Hierfür fehlt es an einer freiwilligen Anerkennung durch die beteiligten Verkehrskreise. Anders als der Handelsbrauch, der auch ohne Vereinbarung angewendet wird, sind die ADSp daher in den Vertrag einzubeziehen.

b) Sachlicher und persönlicher Anwendungsbereich. Die ADSp 2017 knüpfen nicht an die **88** gesetzliche Definition des Spediteurs (§ 453) an, sondern gehen von einem berufsständischen Spediteurbegriff aus.[52] Die ADSp 2017 gelten für alle Verkehrsverträge, die mit dem Speditionsgewerbe zusammenhängen, gleichgültig, ob es sich nun um Speditions-, Fracht- oder Lagerverträge oder um **speditionsübliche logistische Leistungen,** wenn diese mit der Beförderung oder Lagerung von Gütern in Zusammenhang stehen, handelt.

aa) Auftragnehmer, Begriff des Spediteurs. Die ADSp gelten nur für solche Geschäfte, bei **89** denen ein Spediteur die Sach- oder Dienstleistung zu erbringen hat.[53] Sind die ADSp ausdrücklich oder konkludent in den Vertrag einbezogen worden, so sind sie selbst dann anwendbar, wenn der Auftragnehmer selbst nicht Spediteur ist.[54] Grundsätzlich ist es möglich, dass die ADSp auch mit **Nichtkaufleuten** vereinbart werden. Nach Ziff. 2.4 ADSp 2017 gelten sie jedoch **nicht** im Verhältnis zu **Verbrauchern.** Die ADSp können im Verhältnis zu Verbrauchern nur durch ausdrückliche Vereinbarung in den Vertrag einbezogen werden. Verweist der Spediteur lediglich ausdrücklich auf die ADSp, so scheitert die Einbeziehung an § 305 Abs. 2 BGB, da Verbraucher den Inhalt der ADSp nicht kennen müssen.[55]

bb) Auftraggeber. Die ADSp erfassen nur Aufträge von Nicht-Verbrauchern. Die ADSp können **90** auch zu Gunsten oder zu Lasten Dritter Wirkung entfalten. So muss sich nach ständiger Rspr. der kaufmännische Eigentümer von Gütern, welche der Auftraggeber in Obhut des Spediteurs gegeben hat, gem. § 242 BGB die **Freizeichnungsklauseln** der ADSp entgegenhalten lassen, wenn er wusste oder den Umständen nach damit rechnen musste, dass sein Gut einem Spediteur übergeben wird.[56] Im

---

[51] Staub/*Koller* § 346 Rn. 11, 21.

[52] Vgl. *Valder,* Transport- und Vertriebsrecht 2000, 177; *Koller* ADSp Vor Ziff. 1 Rn. 3.

[53] Vgl. *Heil/Bayer* TranspR 1987, 1 (2) mwN und *Koller* ADSp Vor § 1 Rn. 3.

[54] Vgl. OLG München Urt. v. 31.7.1992 – 23 U 6773/91, VersR 1993, 1383.

[55] Vgl. zu den ADSp aF LG Bremen Urt. v. 23.11.1989 – 4 O 629/89, TranspR 1990, 166 (167) und *Koller* ADSp Ziff. 2 Rn. 7.

[56] RG Urt. v. 4.1.1909 – Rep. I 82/08, RGZ 70, 174 (177); BGH Urt. v. 10.5.1994 – II ZR 83/93, TranspR 1984, 247; BGH Urt. v. 21.12.1993 – VI ZR 103/93, BB 1994, 381 (385) und *Heil/Bayer* TranspR 1987, 1 (5).

Rahmen des Geltungsbereichs der ADSp entfalten diese auch Wirkung zugunsten von **Arbeitnehmern des Spediteurs.**[57]

91 **cc) Empfänger.** Der Empfänger von Waren unterwirft sich nicht allein durch die **Annahme des Guts** der ADSp.[58] Auch der Hinweis auf die ADSp in einer **Empfangsbescheinigung** genügt nicht zur Inkraftsetzung der ADSp, weil in derartigen Bescheinigungen keine Vertragsanträge vermutet werden und die den Empfang bestätigende Person häufig nicht zum Vertragsabschluss bevollmächtigt ist.[59]

92 **c) Einbeziehung und Inhaltskontrolle.** Die vor dem TRG geltende stRspr des BGH[60] und der Instanzgerichte[61] zur Vereinbarung der ADSp kraft **stillschweigender Unterwerfung** gilt auch für die ADSp 2017. Zwar könnte gegen die Anwendung der zur alten ADSp ergangenen Rspr. die Vorschrift des § 449 Abs. 2 S. 2 Nr. 1 sprechen.[62] Dem ist jedoch entgegenzuhalten, dass § 449 Abs. 2 S. 2 Nr. 1 die Frage der Wirksamkeit einer einbezogenen Allgemeinen Geschäftsbedingung betrifft und nicht die Frage der Einbeziehung selbst regelt. Eine stillschweigende Einbeziehung kann daher angenommen werden, wenn der Vertragspartner des Spediteurs wusste oder wissen musste, dass Spediteure üblicherweise auf der Grundlage der ADSp in der jeweils neuesten Fassung arbeiten.[63]

93 Was die Inhaltskontrolle der ADSp 2017 anbelangt, so fallen diese unter § 307 Abs. 2 Nr. 2 BGB.[64]

94 **d) Haftung.** Ziff. 28 ADSp 2017 sieht Gleichlauf von Haftung und Verantwortung vor. Den Spediteur trifft eine persönliche Haftung, und er ist verpflichtet, eine Spediteurhaftpflichtversicherung zu Mindestbedingungen **(SpV)** abzuschließen.

95 Ziff. 22.1 ADSp 2017 sieht die Haftung des Spediteurs bei all seinen Tätigkeiten nach den gesetzlichen Vorschriften vor. Neu ist demnach die Gefährdungshaftung auch im Geltungsbereich der ADSp 2017 für Frachtgeschäfte und für die Fälle des Selbsteintritts, der Fixkosten- und Sammelladungsspedition (§§ 458–460).[65] Der Spediteur hat bei Selbsteintritt, Fixkosten- und Sammelladungsspeditionen hinsichtlich der Beförderung die Rechte und Pflichten des Frachtführers.

96 Ansonsten verbleibt es bei der Obhutshaftung des Spediteurs nach § 461 Abs. 1 und des Lagerhalters nach § 475, welche beide als Gefährdungshaftung ausgestaltet sind. Voraussetzung für die Obhutshaftung ist, dass die Güter sich beim Spediteur befinden.

97 **e) Haftung für Dritte (Subunternehmer).** Aufgrund der zwingenden Verweisung auf Frachtrecht (§ 428) bei Selbsteintritt, Fixkosten- und Sammelladungsspedition (§§ 458–460 iVm § 428) und bei Lagerrecht (§ 475) trifft den Spediteur nicht nur eine Haftung wegen Auswahlverschuldens, sondern eine Erfüllungsgehilfenhaftung **(sog. Leutehaftung).** Ziff. 22.1 ADSp 2017 stellt ausdrücklich klar, dass es insoweit bei der gesetzlichen Haftung des Spediteurs bleibt. Raum für ein Auswahlverschulden besteht nur noch bei Geschäftsbesorgungsspeditionen (§§ 461 Abs. 2, 462) und Seefrachtgeschäften, wenn kein Konnossement ausgestellt ist, und bei auf die Beförderung bezogenen Dienstleistungen des Spediteurs (§ 454 Abs. 2).

98 **f) Haftung für Güterschäden.** Die **Basishaftung** in Ziff. 23.1.1 und 24.1.1 ADSp 2017 beträgt 8,33 SZR pro Kilogramm. Modifiziert wird diese Basishaftung beim durchgehend „multimodalen Seefrachtgeschäft" nach Ziff. 23.1.2 ADSp 2017 ein Haftungsbetrag von 2 SZR/kg. Ferner sieht Ziff. 23.1.3 ADSp 2017 die Höchsthaftung je Schadensfall mit 1,25°Mio. EUR oder mit 2 SZR/kg, wenn diese höher ist. Ziff. 24.1.2 ADSp 2017 begrenzt die Haftung bei verfügter Lagerung auf 35.000 EUR und bei Inventurdifferenzen auf 70.000 EUR. Für andere Güterschäden ist die Haftung

---

[57] OLG Celle Urt. v. 23.12.1982 – 5 U 35/81, VersR 1983, 683; LG Darmstadt Urt. v. 26.7.1990 – 13 O 548/89, TranspR 1991, 380 (383), LG Stuttgart Urt. v. 12.12.1990 – 27 O 85/90, TranspR 1991, 316 (317) und *Schmid* TranspR 1986, 49.

[58] Vgl. BGH Urt. v. 28.4.1959 – VI ZR 42/58, NJW 1959, 1779; OLG Düsseldorf Urt. v. 20.6.1985 – 18 U 38/85, TranspR 1985, 254. Insoweit war die Vorschrift des § 34 ADSp aF irreführend, weil der Eindruck erweckt wurde, dass alleine aufgrund eines Speditions- oder Frachtvertrages die ADSp dem Empfänger gegenüber Geltung erlangen könnten und die Zahlungspflicht des Empfängers auslösen könne.

[59] OLG München Urt. v. 9.10.1992 – 23 U 2092/92, NJW-RR 1993, 743; OLG Düsseldorf Urt. v. 20.6.1985 – 18 U 38/85, TranspR 1985, 254 (255); *Staub/Helm*, 4. Aufl. 1993, Anh. I. § 415 ADSp Vor § 1 Rn. 26 und ADSp § 34 Rn. 2–5.

[60] BGH Urt. v. 3.2.1953 – I ZR 61/52, NJW 1953, 541; BGH Urt. v. 10.5.1984 – I ZR 52/82, NJW 1985, 2411 (2412); BGH Urt. v. 17.10.1984 – I ZR 130/82, NJW 1985, 560; vgl. hierzu auch *Heuer* TranspR 1998, 333 f.; *Philippi* TranspR 1999, 375.

[61] OLG Dresden Urt. v. 24.11.1998 – 14 U 713/98, TranspR 1999, 62 (64).

[62] In diese Richtung tendierend BGH Urt. 23.1.2003 – I ZR 174/00, TranspR 2003, 119 (120). LG Memmingen Urt. v. 16.1.2002 – 2 H S 961/01, TranspR 2002, 82 (83).

[63] IErg ebenso OLG Brandenburg Urt. v. 15.8.2001 – 7 U 32/01, TranspR 2001, 474 (475); LG Passau Urt. v. 5.4.2001 – 1 HKO 1057/00, TranspR 2001, 269; LG Hildesheim Urt. v. 13.11.2001 – 10 O 121/00, TranspR 2002, 38 (39); AG Hamburg Urt. v. 15.5.2001 – 36 B C 327/01, TranspR 2001, 411. Ebenso *Herzog* TranspR 2001, 244 (245); *Philippi* TranspR 1999, 375 (377); Baumbach/Hopt/*Merkt* ADSp Einl. Rn. 2.

[64] Dazu ausführlich *Koller* TranspR 2000, 1.

[65] *Vyvers/Thiel* ADSp 2017 S. 81.

nach Ziff. 23.3 ADSp 2017 auf das dreifache Spediteurentgelt bzw. auf 35.000 EUR bei verfügter Lagerung nach Ziff. 24.3 ADSp 2017 begrenzt.

Übersicht: Allgemeine Deutsche Spediteurbedingungen (ADSp 2017)   99

Anwendungsvoraussetzungen	Einbeziehung der ADSp 2017 in den Vertrag	
Anwendungsbereich	Speditionsvertrag, Frachtvertrag, Lagervertrag	
Haftungsgrundsätze	Obhut	vermutetes Verschulden
	Selbsteintritt	Gefährdungshaftung
	Fixkosten	Gefährdungshaftung
	Sammelladung	Gefährdungshaftung
Haftungsausschlüsse	Unabwendbarkeit, höhere Gewalt, Verschulden des Berechtigten	
Summenmäßige Haftungsbegrenzungen	speditionelle Güterschäden	Wert bzw. 5 EUR/kg
	beförderungsbedingte Güterschäden	Wert bzw. 8,33 SZR/kg
	Seehafen-/Überseesped.: Haus-Haus	SeeR 2 SZR/kg
Summenmäßige Haftungsbegrenzungen	Lieferfristüberschreitungen	3-fache Fracht
	sonstige Vermögensschäden	3-facher Betrag wie Sachschaden
Sonderregeln Lager	Güterschaden	5 EUR/kg, max. 5.000 EUR/Schadensfall
	Saldierung bei Fehl-/Mehrbeständen	
	Gesamtbetrag bei Inventurschäden	35.000 EUR
Grenze für Gesamthaftung		1,25 Mio. EUR oder 2 SZR
Aufhebung der Haftungsgrenzen	Vorsatz, grobe bewusste Leichtfertigkeit	unbegrenzte Haftung gem. Ziff. 27 ADSp
Rügefristen, Ziff. 28 ADSp verweist auf § 438	äußerlich erkennbare Schäden	sofort bei Ablieferung
	äußerlich nicht erkennbare Schäden	7 Tage nach Ablieferung
Verjährung (ADSp enthalten keine Regelungen)	Normalfall	1 Jahr
	ab grobem bewusstem Verschulden	3 Jahre

7. Lagerrecht. a) Allgemeines. Das Lagergeschäft ist in §§ 467–475h geregelt. Der Lagervertrag ist   **100** ein Konsensualvertrag. Er stellt eine kaufmännische Sonderform des Verwahrungsvertrags nach §§ 688 ff. BGB dar. Gegenstand des Verwahrvertrags ist die Übernahme der Verwahrung und Obhut über das Gut als Hauptpflicht im Gegensatz zur transportbedingten Vor-, Zwischen- oder Nachlagerung durch den Frachtführer. Der personelle Anwendungsbereich der lagerrechtlichen Normen beschränkt sich auf solche Lagerverträge, die im Rahmen des Betriebs eines gewerblichen Unternehmens abgeschlossen werden.[66] Ein sog. **Gelegenheitslagerhalter,** also ein Kaufmann, zu dessen Gewerbe das Lagergeschäft gerade nicht zählt, der sich aber „gelegenheitshalber" zu Erfüllung der

---

[66] Baumbach/Hopt/*Merkt* Rn. 2.

Leistungen eines Lagerhalters verpflichtet, existiert hingegen nicht. Es genügt vielmehr, wenn sich ein Kaufmann zur Lagerung und Aufbewahrung von Gütern verpflichtet.

101   **b) Pflichten der Vertragsparteien.** Bei Anlieferung und Entgegennahme des Gutes trifft den Lagerhalter anlässlich der Übernahme der Obhut über das Gut die Pflicht, die Interessen des Einlagerers zu wahren. Der Umfang der Interessenwahrungspflicht erstreckt sich auf Prüfung des Gutes bei Übernahme der Obhut (§ 470), Rechtswahrung, Beweissicherung und Benachrichtigung. Den Lagerhalter trifft auch eine Beobachtungspflicht, wonach er den **Einlagerer** über Veränderungen des Gutes bereits dann zu unterrichten und um **Weisung** zu ersuchen hat, wenn Veränderungen am Gut zu befürchten und nicht schon eingetreten sind. Ferner bestehen bestimmte **Hinweis-** und **Unterrichtungspflichten** des Lagerhalters gegenüber dem nicht gewerblichen Einlagerer, etwa in Bezug auf für **gefährliches Gut** zu beachtende **Verwaltungsvorschriften** und die Möglichkeit der **Versicherung** (§ 468 Abs. 2 S. 2, § 472 Abs. 1 S. 2).

102   Die **Fälligkeit** der Vergütung richtet sich nach allgemeinem Zivilrecht. Darüber hinaus werden dem Einlagerer im Lagerrecht Behandlungs-, Mitteilungs- und Auskunftspflichten auferlegt, die in ihrer Ausgestaltung dem Fracht- und Speditionsrecht folgen und wie das Umzugsrecht abgestuft sind, wobei zwischen **gewerblichen** und **privaten Einlagerern** unterschieden wird (§ 468 Abs. 1 und 2).

103   **c) Sammellagerung.** Der gesetzliche angenommene Grundfall ist derjenige der Einzellagerung. Für den Fall der Sammellagerung sieht § 469 eine Sonderregelung vor, die die erforderlichen Anpassungen für die vermischte Einlagerung von Gütern mehrerer Einlagerer betrifft. Die Regelung erlangt Bedeutung bei Flüssigkeiten oder Schüttgütern. Miteigentum an vermischten Sachen in Sammellagerung besteht zum Zeitpunkt der Einlagerung (§ 469 Abs. 2).

104   **d) Dauer der Lagerung und Kündigungsrechte der Parteien.** Beide Parteien haben gem. § 473 gleichermaßen das Recht zu einer ordentlichen Kündigung des Lagervertrags mit einer Kündigungsfrist von einem Monat, wobei der Einlagerer allerdings das Gut jederzeit herausverlangen kann. Er bleibt dann jedoch dem Lagerhalter für den verbleibenden Zeitraum bis zum Ablauf der Kündigungsfrist vergütungspflichtig. Ferner steht beiden Parteien gleichermaßen das Recht zu einer **außerordentlichen Kündigung** aus wichtigem Grunde zu.[67]

105   **e) Haftungsgrundsätze.** Anders als im Frachtrecht sowie in Bezug auf Güterschäden im Rahmen des Speditionsrechts trifft den Lagerhalter keine verschuldensunabhängige Obhutshaftung, sondern eine Haftung für vermutetes Verschulden. Demgegenüber statuiert § 468 Abs. 3 eine **verschuldensunabhängige Haftung** des kaufmännischen Einlagerers bei der Verletzung bestimmter Mitwirkungspflichten. Diese Regelung hat entsprechende Vorbilder im Fracht- und Speditionsrecht. Für den privaten Einlagerer ist nach § 468 Abs. 4 weiterhin ein Verschulden erforderlich.

106   **f) Lagerschein.** Die Regelungen über den Lagerschein (§§ 475c–475g) orientieren sich weitgehend an den Parallelregelungen zum frachtrechtlichen **Ladeschein**.

107   **g) Abgrenzung des Lagervertrags vom Frachtvertrag.** Das Merkmal der **Beförderungspflicht** stellt das maßgebliche Abgrenzungskriterium des Frachtvertrages vom Lagervertrag dar. Dies aus zwei Gründen. Zum einen bedingt der Frachtvertrag, dass die Beförderungspflicht die Hauptleistungspflicht des Vertrages darstellt.[68] Zum anderen folgt aus dem Beförderungsversprechen des Frachtführers, dass die Ortsveränderung des Gutes als solche der in der Hauptsache verpflichtende Inhalt des Frachtvertrages ist.

108   Grundsätzlich können Lagergeschäfte ohne *jeglichen Bezug* zu transportrechtlichen Beförderungsleistungen erbracht werden. Eine Lagerung von Gütern wird für einen Unternehmer bereits dann relevant, wenn auf Vorrat produziert wird oder geordert wird oder wenn Waren vor Ort nicht zur sofortigen Weiterveräußerung bestimmt sind. Verfügt der Unternehmer in diesen Fällen nicht über Lagerkapazitäten, kommt die Einlagerung der Güter bei einem Lagerhalter in Betracht. Holt der Lagerhalter das zur Einlagerung bestimmte Gut beim Einlagerer ab, so wird aus dem Lagervertrag kein Frachtvertrag. Denn der Lagerhalter hat im Zuge der Ausführungen seiner Pflichten nur die lagervertragliche *Nebenpflicht* zur Beförderung übernommen. Er ist in der Hauptsache nicht zur Beförderung, sondern zur Inobhutnahme und sachgerechten Unterbringung des lagerfähigen Güter in den dafür geeigneten Räumlichkeiten verpflichtet.[69] Gleiches gilt, wenn die Parteien bei Übergabe des Gutes zur Beförderung vereinbaren, dass das Gut erst eingelagert werden soll und erst später – zu einem noch zu bestimmenden Zeitpunkt – mit der Beförderung begonnen werden soll. Zwar ist die Vereinbarung Teil eines Frachtvertrages; die Verpflichtung zu Lagerung hingegen nicht spezifisch frachtrechtlicher Natur. Auf die Pflichten des Frachtführers sind daher nach den Regeln des gemischten Vertrages[70] bei einer sog. **selbstständigen Vorlagerung** die lagerrechtlichen Vorschriften anzuwenden.[71] Ferner ist bei

---

[67] Vgl. hierzu *Frantzioch* TranspR 1998, 101 f.
[68] *Basedow,* Der Transportvertrag. Studien zur Privatrechtsangleichung auf regulierten Märkten, 1987, § 3 I, S. 34.
[69] *Lenz* StraßengütertranspR Rn. 148.
[70] *Larenz/Canaris* SchuldR BT II § 63 I 3b.
[71] *Koller* Rn. 71.

längeren verkehrsbedingten Zwischenlagerungen des Gutes die lagerrechtlichen Vorschriften anzuwenden, da insoweit das Lagerelement überwiegt.[72]

In begrenztem Umfang gehört die Lagerung von Gütern jedoch zu den Nebenpflichten des Fracht-   **109** führers aus dem Frachtvertrag, wenn die Beförderung nicht sofort ausgeführt wird, das Gut nicht sofort abgeliefert wird oder eine Unterbrechung des Transports erforderlich wird. Insoweit ist die **Vor-, Zwischen-** und **Nachlagerung** der Güter Teil der frachtrechtlichen Obhutsverpflichtung, auf welche die §§ 407 ff. Anwendung finden.

– Vom Frachtführer unter Ausnutzung der normalen Lieferungsfrist eingeschaltete Lagervorgänge fallen in die Zeit zwischen der Annahme der Beförderung und Ablieferung des Gutes (Obhutszeit). Für Güterschäden während dieser Zeit wird nach § 425 gehaftet.

– Wird das Gut vor der Beförderung eingelagert **(Vorlagerung)** und überschreitet die Vorlagerung nicht die Dauer von jeweils 15 Tagen, sind die frachtrechtlichen Haftungsvorschriften in Anlehnung an den durch das TRG außer Kraft gesetzten § 33 lit. d KVO anzuwenden und nicht das Lagerrecht. Dauert die Vorlagerung länger als 15 Tage an, sind hingegen die lagerrechtlichen Vorschriften anzuwenden.[73] Nach denselben Grundsätzen sind sog. **Nachlagerungen** zu behandeln, die nach Ankunft des Guts am Bestimmungsort erfolgen.

– Auch kurzfristige **Zwischenlagerungen** unterliegen den frachtrechtlichen Bestimmungen. Unter einer Zwischenlagerung versteht man jede zwischen zwei Beförderungsabschnitten eingeschobene Lagerung. In Anlehnung an den durch das TRG außer Kraft gesetzten § 33 lit. e KVO ist eine Zwischenlagerung bis zu 8 Tagen im Zweifel als kurzfristig zu bezeichnen.[74] Auf längere Lagerungsphasen sind dagegen nach den Regeln des gemischten Vertrages die lagerrechtlichen Bestimmungen anzuwenden.

h) Reichweite zwingenden Rechts. Die Vorschriften über das Lagergeschäft sind **weitestgehend**   **110** **dispositiv;** eine Grenze setzt jedoch § 475h sofern der Einlagerer **Verbraucher** ist. Zum Nachteil des Verbrauchers kann nicht von den gesetzlichen Bestimmungen betreffend die Verjährung (§ 475a) und die Haftung gegenüber dem rechtmäßigen Besitzer bei Auslieferung ohne Rückgabe des Lagerscheins (§ 475e Abs. 3) abgewichen werden. Die Regelung entspricht insoweit § 449 Abs. 1 und § 466 Abs. 1.

Übersicht: Lagerrecht

Rechtliche Grundlagen	§§ 467–475	
	Lagervertrag (§ 467)	
Haftungsgrundsätze	Verschuldenshaftung (§ 475)	
Haftungsausschlüsse	unabwendbares Ereignis, Verschulden des Berechtigten	
Abdingbarkeit der Haftung	in vollem Umfang, sofern Einlagerer kein Verbraucher ist, § 475h	
Rügefristen	äußerlich erkennbare Schäden	sofort bei Ablieferung
	äußerlich nicht erkennbare Schäden	7 Tage nach Ablieferung
Verjährung	Regelfall	1 Jahr (§ 475a iVm § 438 Abs. 1 S. 1)
	ab grober bewusster Leichtfertigkeit	3 Jahre (§ 475a iVm § 439 Abs. 1 S. 2)

III. Internationales Transportrecht und ergänzend anwendbares nationales Recht

1. Allgemeines. Das auf grenzüberschreitende Transporte anwendbare Recht ist fast ausschließlich   **111** durch internationale Übereinkommen geregelt:

– Übereinkommen über den Beförderungsvertrag im internationalen Straßenverkehr (CMR) (BGBl. 1956 II 1119),

---

[72] *Koller* Rn. 73.
[73] Staub/*Schmidt* § 407 Rn. 25; *Koller* Rn. 71.
[74] *Koller* Rn. 73.

– Übereinkommen über den internationalen Eisenbahnverkehr (COTIF) in der Fassung des Protokolls vom 3.6.1999,[75]
– Warschauer Haftungssystem und Montrealer Übereinkommen (BGBl. 2004 II 459),
– Straßburger Abkommen über die Beschränkung der Haftung in der Binnenschifffahrt (CLNI),[76]
– Budapester Übereinkommen über den Vertrag über die Güterbeförderung in der Binnenschifffahrt (CMNI) (BGBl. 2007 II 2999),
– UN-Übereinkommen über den internationalen multimodalen Durchfrachtverkehr (MTT-Übereinkommen),
– UN-Übereinkommen über die internationale Beförderung von Gütern ganz oder teilweise auf See (Rotterdam-Regeln),[77]
– Haager Regeln,[78]
– Hamburg Regeln.[79]

112   Diese Übereinkommen sind völkerrechtliche Verträge, die Einheitsrecht schaffen. Für Staaten, welche diese völkerrechtlichen Übereinkommen ratifiziert haben, bildet die ratifizierte Fassung zugleich innerstaatliches Recht. Allerdings genießt eine möglichst einheitliche Anwendung der Übereinkommen oberste Priorität.[80] Ausschlaggebend ist jetzt der Originalwortlaut des völkerrechtlichen Dokuments. An diesen Wortlaut haben sich die Vertragsstaaten gebunden. Der Originalwortlaut ist idR französisch und/oder englisch (vgl. Art. 51 CMR). Neben den Übereinkommen kann ergänzend nationales Recht zur Anwendung gelangen. Das ergänzend nationale Recht wird in erster Linie durch die im Übereinkommen selbst enthaltenen Kollisionsnormen bestimmt und im Übrigen durch das internationale Privatrecht des Forums.

113   **a) Das auf Transportverträge anwendbare Recht.** Bei deutschem Vertragsstatut bestimmt sich die Frage des anwendbaren Rechts für vor dem 18.12.2009 abgeschlossene Transportverträge nach den **Art. 27–37 EGBGB,** welche durch das europäische Vertragsübereinkommen (BGBl. 1986 II 810) eingeführt wurden. Für ab dem 18.12.2009 abgeschlossene Transportverträge bestimmt sich das anwendbare Recht nach der Rom I-VO.[81]

114   Mangels ausdrücklicher Rechtswahl für den Transportvertrag ist nach der widerlegbaren **Vermutung des Art. 28 Abs. 4 EGBGB** unter den dort genannten Voraussetzungen das Recht anzuwenden, welches am Ort der Hauptniederlassung des **„Beförderers"** gilt. Demgegenüber knüpft Art. 5 Abs. 1 Rom I-VO an den gewöhnlichen Aufenthalt des Beförderers. Neben der Hauptniederlassung ist auch der Sitz einer Zweigniederlassung, Agentur oder sonstigen Niederlassung ausreichend, sofern diese den Vertrag für die Partei geschlossen hat oder „für die Erfüllung […] verantwortlich" ist.[82]

115   **b) Haftungssysteme internationaler Übereinkommen.** Was das Haftungssystem internationaler Transportübereinkommen anbelangt, so weisen diese Parallelen auf. Es herrscht Obhutshaftung mit Exkulpationsvorbehalt vor. Den Grundsätzen modernen Transportrechts entspricht ferner die summenmäßige Haftungsbeschränkung für einfaches Verschulden sowie der Ausschluss der Berufung auf die Haftungsbeschränkung bei schwerem Verschulden. Ferner ist der Frachtführer für seine Erfüllungsgehilfen verantwortlich. Von besonderer Bedeutung ist in diesem Zusammenhang die Frage, wem die Darlegungslast für schweres Verschulden zukommt. Obwohl Art. 29 CMR für das Landfrachtrecht dem Art. 25 WA für das Luftfrachtrecht nachempfunden ist, neigen die Gerichte dazu, dem CMR-Versender gegenüber dem WA-Versender die Darlegungslast zu erleichtern.[83]

---

[75] BGBl. 2002 II 2140. Das Änderungsprotokoll ist am 1.7.2006 in Kraft getreten, BGBl. 2006 II 827.

[76] BGBl. 1999 II 388. Die CLNI ist abgedruckt in: TranspR 1989, 36, und bei MüKoHGB/*Goette* BinschG § 4 Anh. I.

[77] Die Rotterdam-Regeln sind zum 31.1.2012 von 24 verschiedenen Staaten gezeichnet. Zu den Zeichnerstaaten zählen weder führende Flaggenstaaten noch sonstige wichtige Seehandelsnationen wie China, Japan, Singapur oder das Vereinigte Königreich. Die Rotterdam-Regeln treten erst völkerrechtlich in Kraft, wenn sie von 20 Staaten ratifiziert wurden.

[78] Haager Regeln, RGBl. 1939 II 1049, abgedr. mit Kommentierung bei *Rabe,* Seehandelsrecht, 4. Aufl. 2000, § 663b Anh. I (S. 811 ff.); *Schaps/Abraham* Bd. II § 663b Anh. III (S. 904 ff.).

[79] Die Bundesrepublik hat die Hamburg Regeln am 31.3.1978 gezeichnet, aber nicht ratifiziert. Die Hamburg Regeln sind am 1.11.1992 in Kraft getreten. Der Text ist bei *Rabe,* Seehandelsrecht, 4. Aufl. 2000, § 663b Anh. IV (S. 833 ff.) abgedr.

[80] BGH Urt. v. 14.12.1988 – I ZR 235/86, VersR 1989, 309 (310); BGH Urt. v. 16.6.1982 – I ZR 100/80, VersR 1982, 1100 (1101); BGH Urt. v. 19.3.1976 – I ZR 75/94, NJW 1976, 1583 m. zust. Anm. *Kropholler;* BGH Urt. v. 6.7.1979 – I ZR 127/78, NJW 1979, 2472; BGH Urt. v. 25.6.1969 – I ZR 15/67, BGHZ 52, 216 (220); *Koller* CMR vor Art. 1 Rn. 3 f.; MüKoHGB/*Kronke* WA Art. 1 Rn. 2 f. („der Rechtsanwender sollte bemüht sein, sein Ergebnis international plausibel und akzeptabel zu machen"); MüKoHGB/*Jesser-Huß* Einl. CMR Rn. 22; *Thume* in Fremuth/Thume TranspR CMR Vor Art. 1 Rn. 5.

[81] ABl. 2008 177, 6 ff.

[82] Vgl. Art. 19 Abs. 2 Rom I-VO.

[83] Vgl. *Pesce* TranspR 1994, 227 (229).

c) Ergänzung internationaler Übereinkommen durch deutsches Recht. Internationale Trans- 116
portrechtsübereinkommen enthalten bekanntlich nicht Vorschriften zu allen regelungsbedürftigen
Fragen eines internationalen Transports.[84] Es bedarf daher ihrer Ergänzung. Soweit sich durch Auslegung internationaler Übereinkommen hieraus keine Lösung entwickeln lässt, ist auf nationales Recht
zurückzugreifen.[85] Zum Teil sind in internationalen Übereinkommen selbst Kollisionsnormen zu
einzelnen Rechtsfragen enthalten, die zunächst überprüft werden müssen.[86] Führen diese speziellen
Kollisionsnormen nicht weiter, ist das ergänzend zu internationalen Transportübereinkommen anzuwendende Recht mit Hilfe der im Forumstaat geltenden allgemeinen Kollisionsnormen zu ermitteln.[87] Bei deutschem Vertragsstatut ist Art. 5 der Rom I Verordnung heranzuziehen. Das deutsche
Transportrecht gilt nicht nur für innerstaatliche, sondern auch für grenzüberschreitende Transporte.[88]
Das Ausfüllen von Lücken in internationalen Transportrechtsübereinkommen wird durch ergänzend
anzuwendendes deutsches Recht nunmehr erleichtert, weil die vor dem TRG vorherrschende Rechtszersplitterung in Einzelmaterien (zB KVO, GüKUMB, HGB, EVO, BinSchG, LuftVG) beendet
wurde. Das ergänzend zu internationalen Transportübereinkommen anzuwendende deutsche Transportrecht findet sich nunmehr ausschließlich im HGB.[89] Es ist allerdings nochmals hervorzuheben, dass
die Bestimmungen des deutschen Transportrechts in Bereichen, die abschließend durch die CMR
geregelt sind, keine Anwendung finden können, so zB im Rahmen der Schlechterfüllungshaftung des
Frachtführers nach §§ 413 Abs. 2, 418 Abs. 6, 422 Abs. 3; im Bereich des Frachtführers für Güter-
und Verspätungsschäden (§§ 425–438 sowie im Rahmen der Verjährung nach § 439).

Es gibt jedoch einige spezielle Regelungsmaterien, die in der CMR, WA, MÜ und CIM 1999 nicht 117
geregelt sind, so der Unterschriftenersatz nach § 408 Abs. 2 S. 3 HGB,[90] Verpackungspflicht des
Absenders,[91] Lade-, Verstauungs- und Entladepflichten,[92] Notverkauf (§ 419 Abs. 3 S. 3 HGB), Fälligkeit der Fracht (§ 420 Abs. 1 S. 1), Modalitäten der Nachnahmeerhebung (§ 422 Abs. 1) und
Haftungshöchstgrenze bei bestimmten Fällen der positiven Vertragsverletzung (§ 433).

Nachdem das neue Transportrecht im Vergleich zur alten Rechtslage sich durch größere Dispositi- 118
onsfreiheit der Parteien auszeichnet,[93] werden AGB im Frachtrecht in Zukunft eine größere Rolle als
bisher spielen.[94] Insoweit also die entsprechenden Vorschriften des HGB nicht AGB-fest sind, können
sie durch AGB, so insbesondere durch die ADSp 2003, abbedungen werden.

2. Internationaler Güterstraßentransport. Der **grenzüberschreitende Güterstraßentrans-** 119
port ist durch das Übereinkommen vom 19.5.1956 **(CMR)** geregelt. Die CMR dient der europäischen Rechtsvereinheitlichung im Bereich des Straßenfrachtrechts. Der Kreis der Vertragsstaaten geht
weit über die Europäische Gemeinschaft hinaus.

Nach Art. 17 CMR haftet der Beförderer für **Verlust** oder **Beschädigung** der Güter sowie für 120
Verspätung (Überschreitung der Lieferfrist). Die Haftung tritt nicht ein, wenn der Beförderer beweist,
dass der Schaden durch Verschulden oder Weisung des Verfügungsberechtigten, durch besondere
Mängel des Gutes oder durch Umstände verursacht wurde, die er nicht vermeiden konnte und deren
Folgen nicht abwendbar waren.

Die **Höhe der Entschädigung** bestimmt sich nach dem Börsen- oder Marktpreis, hilfsweise nach 121
dem gemeinen Wert (Art. 23 CMR). Sie ist summenmäßig auf **8,33 SZR** je kg begrenzt. Diese
Haftungsgrenze lehnt sich an § 431 HGB an. Hinzu kommen Frachtzölle und sonstige aus Anlass der
Beförderung entstandene Kosten. Die Haftung wegen Verspätung ist auf die **Höhe der Fracht**
beschränkt.

Die Haftungsbeschränkungen entfallen bei **Vorsatz** oder einem dem **Vorsatz gleichstehenden** 122
Verschulden des Beförderers oder seiner Leute. Als gleichstehendes Verschulden nimmt der BGH
grobe Fahrlässigkeit an.

---

[84] Vgl. *Fischer* TranspR 1999, 262.

[85] Vgl. *Herber/Piper* CMR Art. 1 Rn. 17; MüKoHGB/*Jesser-Huß* Einl. CMR Rn. 43 u. 48; *Koller* CMR Vor
Art. 1 Rn. 4 ff.; *Thume* CMR Vor Art. 1 Rn. 13; *Lieser*, Ergänzung der CMR durch unvereinheitlichtes deutsches
Recht, 1991, 23.

[86] Vgl. Art. 5 Abs. 1 S. 2, 16 Abs. 5, 20 Abs. 4, 29 Abs. 1 und 32 Abs. 1 S. 2 sowie Art. 32 Abs. 5, 20 Abs. 4, 29
Abs. 1, Art. 32 Abs. 1 S. 2, Art. 32 Abs. 3 CMR sowie Art. 29 CMNI.

[87] Vgl. *Fischer* TranspR 1994, 366; MüKoHGB/*Jesser-Huß* Einl. CMR Rn. 36, 41 f.; *Herber/Piper* CMR Vor Art. 1
Rn. 18 f. u. MüKoBGB/*Martiny* EGBGB Art. 28 Rn. 238, 239.

[88] Vgl. dazu *Herber* ETL 1998, 591 (605); *Herber* NJW 1998, 3297 (3330); *Basedow* TranspR 1998, 58 (62); *Fischer*
TranspR 1999, 264.

[89] Vgl. *Herber* TranspR 1999, 89; *Herber* NJW 1998, 3297.

[90] Unterschriftenersatz durch Faksimilestempel, vgl. dazu *Herber* NJW 1998, 3297; 3300; *Thume* BB 1998, 2117.

[91] Vgl. hierzu MüKoHGB/*Jesser-Huß* CMR Art. 10 Rn. 1; *Clarke* Nr. 84.

[92] Vgl. hierzu BGH Urt. zu 24.9.1987 – I 2 R 197/85, TranspR 1988, 108 (109).

[93] Vgl. hierzu *Basedow* TranspR 1998, 58 (64); *Funke* Der Spediteur 6/98, 1; *Herber* NJW 1998, 3297 (3308);
Sänger FS Hans G. Leser, 1998, 199 (213); *Thume* BB 1998, 2117.

[94] Vgl. *Herber* TranspR 1998, 344 (345); *Herber* ETL 1998, 591 (606) und *Gass,* Das neue Transport- und
Speditionsrecht, 1999, 53.

123   Die Ansprüche müssen **beim Empfang** geltend gemacht werden. Äußerlich nicht erkennbare Schäden sind innerhalb **einer Woche** anzuzeigen, Nichtbefolgen führt zur Beweislastumkehr. Im Falle von Lieferfristüberschreitungen kann die Rüge nur binnen 21 Tagen nach Annahme erfolgen (**Präklusion**). Ersatzansprüche **verjähren** nach einem Jahr.

124   **Übersicht: Die wesentlichen Regelungen der CMR**

Anwendungsvoraussetzung	Frachtvertrag über grenzüberschreitenden Verkehr	Geltungsbereich beachten
Haftungsgrundsätze	Gefährdungshaftung	
Haftungsausschlüsse	unabwendbares Ereignis, höhere Gewalt, Verschulden des Berechtigten (Art. 17 CMR)	zB Verpackungsfehler, Fehler des Auftraggebers beim Be- oder Entladen
Summenmäßige Haftungsbegrenzungen	bei Sachschäden	Handelswert max. 8,33 SZR (ca. 8,80 EUR) je kg
	bei Lieferfristüberschreitungen	Höhe der Fracht
	bei reinen Vermögensschäden	keine Haftung
Wegfall der Haftungsgrenzen	Vorsatz, grobe Fahrlässigkeit (Art. 29 CMR)	unbegrenzte Haftung
Abweichende Vereinbarungen	unzulässig, zwingendes Recht	
Rügefristen	äußerlich erkennbare Schäden (Art. 30 Abs. 1 CMR)	sofort bei Ablieferung, Beweislastumkehr
	äußerlich nicht erkennbare Schäden (Art. 30 Abs. 1 CMR)	unverzüglich, 7 Tage nach Annahme, Beweislastumkehr
	Lieferfristüberschreitung (Art. 30 Abs. 3 CMR)	21 Tage nach Annahme, Präklusion
Verjährung	Normalfall (Art. 32 CMR)	1 Jahr
	Ab grober Fahrlässigkeit	3 Jahre

125   **3. Internationaler Lufttransport.** Im internationalen Luftverkehr gelten das Montrealer Übereinkommen (**MÜ**) sowie das **Warschauer Abkommen** idF v. 1955 (**WA 1955**). Das Verhältnis zwischen dem Montrealer Übereinkommen und dem Warschauer Abkommenssystem ist in Art. 54 MÜ geregelt. Mit zunehmender Ratifikation des Montrealer Übereinkommens wird dieses sukzessive das Warschauer Abkommen in seinen verschiedenen Fassungen, Zusatzabkommen,[95] Protokollen und Zusatzprotokollen[96] ablösen.[97]

126   **a) Warschauer Abkommen idF v. 1955.** Nach Art. 18 WA haftet der Luftfrachtführer für Schäden, die durch **Zerstörung, Verlust** oder **Beschädigung** der Güter entstehen. Die **Verspätungshaftung** ist in Art. 19 WA geregelt. Der Luftfrachtführer haftet nach WA für widerlegliches **vermutetes Verschulden**.

127   Die Haftung des Luftfrachtführers nach dem WA in der Fassung, die es durch das Haager Protokoll von 1955 erfahren hat (WA 1955), ist auf einen Betrag von 250 Goldfranken je kg begrenzt. 250 Goldfranken entsprechen nach der in Deutschland gesetzlich vorgeschriebenen Umrechnung aufgrund der Umrechnungsverordnung vom 4.12.1973 (BGBl. 1973 I 1815) ca. 27,35 EUR.

128   Im Falle von **Beschädigungen** muss der Empfänger **unverzüglich** nach Entdecken des Schadens, spätestens jedoch **14 Tage** nach Ablieferung des Gutes, schriftlich dem Luftfrachtführer Anzeige erstatten. Im Falle der Verspätung muss die Anzeige binnen **21 Tagen** erfolgen (Art. 26 Abs. 2 WA). Ansprüche müssen innerhalb einer Ausschlussfrist von 2 Jahren geltend gemacht werden.

---

[95] Zusatzabkommen von Guadalajara vom 18.9.1961, BGBl. 1963 II 1160; vgl. *Reuschle* MÜ Präambel Rn. 7.
[96] Montrealer Zusatzprotokolle Nr. 1–4 vom 25.9.1975, vgl. *Reuschle* MÜ Präambel Rn. 10.
[97] *Reuschle* MÜ Präambel Rn. 48.

b) Montrealer Übereinkommen vom 28.5.1999. Vor dem Hintergrund der zunehmenden **129** Rechtszersplitterung des Warschauer Abkommenssystems begann die ICAO in Montreal im Jahr 1994 mit den Vorarbeiten zu einer umfassenden Revision des Warschauer Systems, die zum erfolgreichen Abschluss des Übereinkommens vom 28.5.1999 zur Vereinheitlichung bestimmter Vorschriften über die Beförderung im internationalen Luftverkehr (Montrealer Übereinkommen) führte. Das Montrealer Übereinkommen ist mit der Hinterlegung der 30. Ratifikationsurkunde am 4.11.2003 in Kraft getreten. Für die Bundesrepublik Deutschland ist das Montrealer Übereinkommen am 28.6.2004 in Kraft getreten (BGBl. 2004 II 1371).

Art. 18 MÜ statuiert – in Abkehr von dem in den Art. 19, 20 und 22 Abs. 2 WA 1955 und dem in **130** Art. 18 WA 1955 iVm Art. 20 WA 1955 in der Fassung des Montrealer Protokolls Nr. 4 geregelten System der Verschuldenshaftung mit umgekehrter Beweislast – eine sog. Gewährhaftung des Luftfrachtführers, dh eine verschuldensunabhängige Haftung[98] des Luftfrachtführers für Schäden, die während der Zeit, in der sich das Gut in seiner Obhut befand, verursacht wurden. Diese *Gewährhaftung* kann nur bei Vorliegen der in 18 Abs. 2 MÜ genannten **Haftungsbefreiungsgründen** (mangelhafte Güter, mangelhafte Verpackung, bewaffnete Konflikte, hoheitliches Handeln bei Einfuhr, Ausfuhr und Durchfuhr) durchbrochen werden und wird durch die Zulassung des Mitverschuldenseinwands (vgl. Art. 20 MÜ) sowie durch die Festlegung von Haftungshöchstbeträgen (vgl. Art. 22. Abs. 3, 4 MÜ) eingeschränkt. Auf diese Weise soll die Prozessführung und die Schadensregulierung vereinfacht werden. Begrenzt ist die Haftung nach Art. 22 Abs. 3 MÜ auf einen Höchstbetrag von 19 Sonderziehungsrechten je Kilogramm (ca. 16,10 EUR). Nach der Konzeption des Montrealer Übereinkommens ist die Haftung grundsätzlich auch bei qualifiziertem Verschulden des Luftfrachtführers und seiner Leute als nicht durchbrechbar ausgestaltet. Diesbezüglich werden zu Recht verfassungsrechtliche Bedenken geltend gemacht.[99]

Im Falle von **Beschädigungen** muss der Empfänger **unverzüglich** nach Entdecken des Schadens, **131** spätestens jedoch **14 Tage** nach Ablieferung des Gutes, schriftlich dem Luftfrachtführer Anzeige erstatten. Im Falle der Verspätung muss die Anzeige binnen **21 Tagen** erfolgen (Art. 31 Abs. 2 MÜ). Ansprüche müssen innerhalb einer Ausschlussfrist von **2 Jahren** geltend gemacht werden (Art. 35 Abs. 2 MÜ).

Übersicht: Die wesentlichen Regelungen des WA 1955 und des MÜ 1999   **132**

	WA 1955	MÜ 1999
Haftungsvoraussetzung	Vertrag über entgeltliche internationale Beförderung	Vertrag über entgeltliche internationale Beförderung
Haftungsgrundsätze	Haftung für vermutetes Verschulden	verschuldensunabhängige Haftung
Haftungsausschlüsse und -minderungen	– Luftfrachtführer hat alle erforderlichen Maßnahmen getroffen oder – konnte diese nicht treffen (höhere Gewalt, Zufall), Art. 20 WA – Verschulden des Geschädigten, Art. 21 WA zB unvorhersehbare Wetterbedingungen (Windturbulenzen), Verpackungsfehler, Fehler des Auftraggebers bei Güterkennzeichnung	– Eigenart und Mängel der Güter (Art. 18 Abs. 2 lit. a MÜ) – Mangelhafte Verpackung (Art. 18 Abs. 2 lit. b MÜ) – Kriegshandlung, bewaffneter Konflikt (Art. 18 Abs. 2 lit. c MÜ) – Hoheitliches Handeln (Art. 18 Abs. 2 lit. d MÜ) – Verschulden des Geschädigten (Art. 20 S. 3 MÜ)
Summenmäßige Haftungsbegrenzungen	Verlust, Beschädigung und Verspätung (Art. 22 WA) 250 Goldfranken/kg = 27,56 EUR	Verlust, Beschädigung und Verspätung (Art. 22 Abs. 3 MÜ): 19 SZR = 16,10 EUR
Aufhebung der Haftungsgrenzen	– Absicht, Schaden herbeizuführen oder – leichtfertig und in dem Bewusstsein, dass ein Schaden mit Wahrscheinlichkeit eintritt – Fehlen eines Luftfrachtbriefes oder Mängel im Luftfrachtbrief (Art. 9 WA) – Keine Haftungsbegrenzung	Keine Haftungsdurchbrechung auch bei absichtlicher und leichtfertiger Schadensverursachung (Art. 22 Abs. 3, 5 MÜ)
Abweichende Vereinbarungen	Unzulässig, zwingendes Recht (Art. 32 S. 1 WA)	Unzulässig, zwingendes Recht (Art. 49 MÜ)

---

[98] *Reuschle* MÜ Art. 18 Rn. 2.
[99] Ausführlich *Reuschle* MÜ Art. 22 Rn. 42 ff.

	WA 1955	MÜ 1999
Fristen zur Schadens-anzeige	Beschädigung (Art. 26 Abs. 2, 4 WA): „unverzüglich" jedenfalls binnen 14 Tagen, Präklusion (außer bei Arglist)	Beschädigung (Art. 31 Abs. 2, 4 MÜ): „unverzüglich" jedenfalls binnen 14 Tagen, Präklusion (außer bei Arglist)
	Verspätung (Art. 26 Abs. 2, 4 WA): binnen 21 Tagen, Präklusion (außer bei Arglist)	Verspätung, Art. 31 Abs. 2, 4 MÜ: „unverzüglich" jedenfalls binnen 14 Tagen, Präklusion (außer bei Arglist)
Verjährung	Ausschlussfrist (Art. 29 WA): 2 Jahre	Ausschlussfrist (Art. 35 MÜ): 2 Jahre

133   **4. Internationaler Eisenbahntransport.** Der internationale Eisenbahntransport richtet sich nach dem Übereinkommen vom 9.5.1980 über den internationalen Eisenbahnverkehr (COTIF/CIM) in der Fassung des zum 1.7.2006 in Kraft getretenen Änderungsprotokolls.[100]

134   Nach Art. 23 CIM 1999 haftet die Eisenbahn bei Verlust oder Beschädigung der Güter sowie bei Verspätung. Die Haftung ist ausgeschlossen, wenn die Eisenbahn an der Schadensentstehung kein Verschulden trifft.

135   Die Haftung ist auf den Börsen- oder Marktpreis der Ware beschränkt. Summenmäßig übersteigt sie bei Sachschäden nicht **17 Sonderziehungsrechte (SZR),** ca. 17,97 EUR je kg Fehlmenge (Art. 30 § 2 CIM 1999). Hinzu kommen Erstattungsansprüche für Frachtzölle und sonstige aus Anlass der Beförderung aufgewendete Beträge, die bei einer Beschädigung oder bei Verlust zurückverlangt werden können. Bei Verspätung ist die Entschädigung summenmäßig auf den **vierfachen Betrag der Fracht** (Art. 33 § 1 CIM 1999) beschränkt. Bei Vorsatz oder grober Fahrlässigkeit der Eisenbahn entfällt die Haftungsbeschränkung (Art. 36 CIM 1999).

136   **5. Internationale Binnenschifffahrt.** Das Budapester Übereinkommen vom 22.6.2001[101] über den Vertrag über die Güterbeförderung in der Binnenschifffahrt (CMNI) (BGBl. 2007 II 298) ist am 1.11.2007 für die Bundesrepublik Deutschland in Kraft getreten (BGBl. 2007 II 1390). Das Übereinkommen stellt das Ergebnis langjähriger internationaler Bemühungen um eine Vereinheitlichung des Gütertransports auf Binnenwasserstraßen dar, die bis in die 50er Jahre des letzten Jahrhunderts zurückreichen.

137   Im Rahmen der Wirtschaftskommission für Europa der Vereinten Nationen (UN/ECE) wurde 1956 der erste – erfolglose – Versuch unternommen, das Binnenschifffahrtsfrachtrecht zu vereinheitlichen. Als Grundlage der dortigen Verhandlungen diente damals ein von der UN/ECE in Auftrag gegebener Übereinkommensentwurf des internationalen Instituts für die Vereinheitlichung des Privatrechts (UNIDROIT) in Rom. Ein auf dieser Grundlage ausgearbeiteter Entwurf eines Übereinkommens über den Güterbeförderungsvertrag in der Binnenschifffahrt (CMN) scheiterte zum einen an den nicht überbrückbaren Meinungsunterschieden zwischen den Rheinanliegerstaaten über die Haftung des Frachtführers für Schäden, die durch nautisches Verschulden des Schiffers oder der Besatzung verursacht wurde, sowie zum anderen an den unterschiedlichen Grundauffassungen, ob das Binnenschifffahrtsrecht sich an das Landrecht oder an das Seerecht anpassen sollte.

138   Ohne Erfolg blieb auch ein durch einen Kongress über Binnenschifffahrtsrecht in Rotterdam im Jahre 1967 unternommener Versuch einer Wiederbelebung dieses Übereinkommens. Auch die im Rahmen der Zentralkommission für die Rheinschifffahrt (ZKR) im Jahre 1973 unternommenen weiteren Bemühungen waren letztlich erfolglos und wurden 1975 eingestellt.

139   Im Jahre 1993 legte dann der Verein für Europäische Binnenschifffahrt und Wasserstraßen eV der Zentralkommission für die Rheinschifffahrt einen Entwurf für ein Übereinkommen über die Güterbeförderung auf Binnenwasserstraßen (CMNI) zur weiteren Beratung vor, welcher auf einer Diplomatischen Konferenz vom 25.9. bis 3.10.2000 in Budapest verabschiedet wurde.

140   Das Budapester Übereinkommen umfasst 38 Artikel und regelt zum einen **materiell-rechtliche Fragen des Frachtgeschäfts,** zum anderen aber auch **kollisionsrechtliche Fragen:**

Die **materiell-rechtlichen Fragen** berühren die Rechte und Pflichten des Frachtführers und des Absenders, den Inhalt und die Bedeutung der Frachturkunden (Frachtbrief und Konnossement), die Voraussetzungen für die Erteilung von Weisungen und die Durchsetzung von Schadensersatzansprüchen. Von zentraler Bedeutung sind die Vorschriften über die Haftung des Absenders und des Frachtführers. Diese Vorschriften sehen Folgendes vor:

---

[100] COTIF mit den im Anhang B enthaltenen einheitlichen Rechtsvorschriften für den Vertrag über die internationale Eisenbahnbeförderung von Gütern (CIM), BGBl. 2002 II 2140.
[101] Instruktiv *Czerwenka* TranspR 2001, 277 ff.; *Ramming* TranspR 2006, 373 ff.

– Der Absender haftet verschuldensunabhängig und unbeschränkt für die Verletzung bestimmter Informationspflichten und das Fehlen von Begleitpapieren.

– Der Frachtführer haftet verschuldensabhängig und grundsätzlich der Höhe nach beschränkt für den Verlust, die Beschädigung oder die verspätete Ablieferung der zur Beförderung übernommenen Güter (Art. 16 Abs. 1 CMNI). Allerdings wird das Verschulden vermutet. Der Frachtführer muss also, um einer Haftung zu entgehen, mangelndes Verschulden (Art. 16 Abs. 1 CMNI) beweisen. Er ist ferner von seiner Haftung befreit, wenn er das Vorliegen eines besonderen Haftungsausschlusses iSv Art. 18 CMNI (etwa mangelhafte Verpackung der Güter) sowie die Möglichkeit, dass dieser Haftungsausschlussgrund kausal für den Schaden war, beweist. Die Haftung des Frachtführers ist auf den Wert der Güter (Art. 19 Abs. 1 CMNI) und auf einen bestimmten Haftungshöchstbetrag begrenzt. Dieser Betrag beläuft sich bei Verlust oder Beschädigung der Güter auf 2 Sonderziehungsrechte (umgerechnet rund 2,3 EUR) je Kilogramm der verlorenen oder beschädigten Güter oder auf 666,67 Sonderziehungsrechte (umgerechnet rund 780,28 EUR) je Packung oder Einheit (Art. 20 Abs. 1 S. 1 CMNI). Die Haftungsbeschränkung entfällt bei Vorsatz oder bewusster grober Fahrlässigkeit (Art. 21 Abs. 1 CMNI).

– Die Haftungsvorschriften dürfen grundsätzlich nicht abbedungen werden (Art. 25 Abs. 1 S. 1 CMNI).

In **kollisionsrechtlicher Hinsicht** regelt das Budapester Übereinkommen, welches Recht auf bestimmte, vom Übereinkommen – auf sachrechtlicher Ebene – bewusst nicht erfasster Einzelfragen anzuwenden ist (Art. 29 CMNI).

Das sog. **Straßburger Abkommen** (CLNI), welches in Anlehnung an die seerechtlichen Bestim-   **141** mungen eine summenmäßige Haftungsbeschränkung einführen soll, ist am 1.7.1999 in der Bundesrepublik Deutschland in Kraft getreten (BGBl. 1999 II 388).

6. Internationaler Seetransport. Das Seehandelsrecht ist durch zahlreiche internationale Über-   **142** einkommen gekennzeichnet.[102] Teilweise sind die internationalen seehandelsrechtlichen Übereinkommen unmittelbar anwendbar, teilweise wurden sie in deutsches Recht eingearbeitet. Neben diesem **internationalen Einheitsrecht** spielen international vereinbarte Geschäftsbedingungen und Empfehlungen internationaler Organisationen eine bedeutende Rolle.[103] Zu den internationalen Übereinkommen gehören etwa die sog. **Haager Regeln,**[104] durch welche die Haftung von Verfrachtern für Ladungsschäden und diesbezügliche Begrenzungen festgelegt wird, wenn ein Konnossement ausgestellt wurde. Das Übereinkommen wurde durch das Seefrachtgesetz vom 10.8.1937 in das HGB eingearbeitet (Seefrachtgesetz vom 10.8.1937, RGBl. I 891). Die Haager Regeln erfuhren durch die sog. **Visby-Regeln**[105] einige Änderungen. Insgesamt enthalten sie gegenüber den ursprünglichen Haager Regeln nur relativ geringe Änderungen.

Dies führte dazu, dass die Brüsseler Konferenzen, die bis 1968 maßgeblich die internationale   **143** Seerechtsvereinheitlichung bestimmt hatten, zugunsten von zwischenstaatlichen Organisationen an Bedeutung verloren.[106] So begann eine Sondereinrichtung der UN – die zwischenstaatliche, beratende Schifffahrtsorganisation[107] – mit der Ausarbeitung seehandelsrechtlicher Übereinkommen. Hierzu gehört etwa das völkerrechtlich in Kraft getretene, von der Bundesrepublik Deutschland nicht ratifizierte UN-Übereinkommen vom 31.3.1978 über die Beförderung von Gütern auf See.[108] Dem Übereinkommen sind bis heute 24 Staaten beigetreten. Daneben entstand ein UN-Übereinkommen über die Haftung beim multimodalen Transport, das aber bisher nicht in Kraft getreten ist. In den letzten Jahren wurde auf internationaler Ebene durch UNCITRAL ein neues Übereinkommen erarbeitet. Das „Übereinkommen über Verträge über die internationale Beförderung von Gütern ganz oder teilweise auf See" vom 11.12.2008 lag am 23.9.2009 in Rotterdam als „Rotterdam-Regeln" zur Zeichnung auf und wurde bislang von 24 Staaten unterzeichnet; lediglich Spanien und Togo haben das Übereinkommen ratifiziert. Gemäß Art. 94 der Rotterdam-Regeln tritt es erst in Kraft, nachdem es von 20 Staaten ratifiziert wurde.

7. Internationaler Multimodaltransport (MT-Übereinkommen). Multimodaltransporte haben   **144** seit dem Einführen des Containerverkehrs gerade im grenzüberschreitenden Verkehr an Bedeutung

---

[102] Vgl. hierzu die Auflistung bei *Herber,* Seehandelsrecht, 1999, 30 ff.

[103] Vgl. *Herber,* Seehandelsrecht, 1999, 25.

[104] Übereinkommen vom 25.8.1924 zur Vereinheitlichung von Regeln über Konnossemente, RGBl. 1939 II 1049.

[105] Prot. vom 23.2.1968 zur Änderung des Übereinkommens vom 25.8.1924 zur Vereinheitlichung von Regeln über Konnossemente. Die Visby-Regeln wurden durch das Zweite Seerechtsänderungsgesetz von 1986 vollständig in das HGB eingearbeitet.

[106] Vgl. hierzu etwa *Herber,* Seehandelsrecht, 1999, 35 ff.

[107] Inter-Governmental Maritime Consultative Organization – IMCO, seit 1982: International Maritime Organization – IMO.

[108] United Nations Convention of the Carriage of Goods by Sea, „Hamburg Regeln", abgedruckt in TranspR 1992, 430.

gewonnen. Bislang fehlt es an einer einheitlichen Rechtsordnung. Das UN-Übereinkommen über den internationalen Multimodal-Durchfrachtverkehr (MT-Übereinkommen) vom 24.5.1980[109] ist bisher weder in Kraft getreten, noch von der Bundesrepublik Deutschland ratifiziert worden. Das Übereinkommen sieht ein dem Konnossement vergleichbares, begebbares Transportpapier vor (Art. 5–13 MT-Übereinkommen), zwingende Haftungsregelungen für Frachtschäden und Verspätung (Art. 14 f. MT-Übereinkommen) und eine Haftung **des Multimodal Transport Operator (MTO)** für vermutetes Verschulden (Art. 16 MT-Übereinkommen) und zwar bei unbekanntem Schadensort in Höhe der sog. Einheitshaftung (Art. 18 MT-Übereinkommen), die davon abhängig ist, ob der Transport über Binnengewässer oder über See durchgeführt wurde. Dies liegt insbesondere beim **Ro–Ro-Verkehr** vor, dh bei der Beförderung beladener Straßenfahrzeuge per See oder Binnenschiff. Die Einheitshaftung liegt dann der Höhe nach bei der Seefracht auf dem Niveau der Hamburg Regeln. Die Einheitshaftung soll bewirken, dass das Prozessieren und die Frage, ob der Schaden auf der Seestrecke (niedrigere Haftung) oder auf der Landstrecke (höhere Haftung) entstanden ist, vermieden werden. Beim Huckepack-Verkehr im engeren Sinne (Beförderung beladener Straßenfahrzeuge per Eisenbahn) beträgt die Einheitshaftung bei unbekanntem Schadensort 8,33 SZR (Art. 18 Abs. 3 MT-Übereinkommen). Ist der Schadensort bekannt, haftet der MTO über den Einheitsbetrag hinaus nach dem einschlägigen Teilstreckenrecht, sofern das anwendbare internationale Einheitsrecht oder das nationale Recht eine höhere Haftung vorsieht (Art. 19 MT-Übereinkommen). Haftungsbeschränkungen entfallen bei schwerem Verschulden des MTO (Art. 21 MT-Übereinkommen). Bei international kombinierten Transporten ist das von der FIATA entwickelte Combined Transport Bill of Lading (FBL) gebräuchlich.[110]

145   **8. Internationales Speditionsrecht.** Beim internationalen Speditionsvertrag werden die richtige Qualifikation der Rechtsverhältnisse und die Abschätzung der Haftungsrisiken für Spediteur und Absender zusätzlich erschwert. Zur Erledigung seines Auftrags bedient sich der Spediteur regelmäßig mehrerer Beförderer, die ihren Sitz in unterschiedlichen Ländern haben können. Es kommen dann für die einzelnen Etappen des Transports verschiedene Haftungsordnungen in Betracht. Häufig werden auch unterschiedliche Beförderungsmittel kombiniert. Spediteur und Absender können Haftungsrisiken beim internationalen Speditionsvertrag nur dann richtig einschätzen, wenn sie sich mit der Frage beschäftigen, nach welchen Bestimmungen sich die Rechtsbeziehungen zwischen Spediteur und Absender einerseits sowie zwischen Spediteur und Frachtführer andererseits richten.

146   Haben Versender und Spediteur ihren Wohnsitz bzw. ihre geschäftliche Niederlassung nicht in demselben Staat, ist der Vertrag im Ausland zu erfüllen oder hat der Speditionsvertrag sonst Auslandsberührung, so liegt ein **internationaler Speditionsvertrag** vor. Bei deutschem Forum sind die Kollisionsnormen der Art. 27 ff. EGBGB bzw. Art. 3 Rom I-VO heranzuziehen. Es muss dann zunächst geprüft werden, ob die Parteien ausdrücklich oder stillschweigend eine Rechtswahl getroffen haben (vgl. Art. 27 Abs. 1 EGBGB bzw. Art. 3 Abs. 1 Rom I-VO). Hat der Spediteur seine Niederlassung in Deutschland, kann es über Ziff. 30.33 ADSp 2003 zur Wahl deutschen Rechts kommen, sofern die Einbeziehung der ADSp ihrerseits nach deutschem Recht wirksam ist (Art. 3 Abs. 5 Rom I-VO iVm Art. 10 Abs. 1 Rom I-VO).[111]

147   **Mangels Rechtswahl** gilt die Rechtsordnung des Staates, zu welcher der Vertrag die **engsten Verbindungen** aufweist (Art. 28 Abs. 1 EGBGB bzw. Art. 4 Abs. 2 Rom I-VO). Die gesetzliche Vermutung spricht für das Recht des Staates, in dem jene Partei bei Vertragsschluss ihren geschäftlichen Sitz hat, welche die vertragscharakteristische Leistung erbringt. Das führt idR zum Recht der Niederlassung des Spediteurs im Verhältnis von Spediteur zu Absender.[112] Teilweise wird der Standpunkt vertreten, „Beförderer" iSv Art. 28 Abs. 4 EGBGB bzw. Art. 5 Abs. 1 Rom I-VO sei auch der Spediteur.[113] Zur Begründung wird darauf verwiesen, dass andere EVÜ-Staaten die Differenzierung von Speditions- und Frachtrecht nicht mit gleicher Konsequenz durchführen würden. Ferner wird auf den Erwägungsgrund 22 Rom I-VO verwiesen, wonach auch als Beförderer anzusehen ist, wer die Beförderung nicht selbst durchführt. Dem kann nicht gefolgt werden. Der Spediteur kann nicht mit einem Unterbeförderer gleichgestellt werden. Häufig erbringt der Spediteur nur Nebenleistungen, so zB als Empfangsspediteur die Entgegennahme der Güter und ihre Einlagerung. Regelmäßig erbringt der Spediteur auch im Rahmen der Transportbesorgung Nebenleistungen, wie Verzollung, Einlage-

---

[109] MT-Übereinkommen, abgedr. in ETL 1980, 487 f.; TranspR 1981, 67 f., sowie bei MüKoHGB/*Bydlinski*, 1. Aufl. 1997, HGB §§ 407–415 Anh. 3 Rn. 87 f.; vgl. *Richter-Hannes,* Die Hamburger Regeln 1978, 1982; *Herber* Hansa 1980, 950; *Larsen/Dielmann* VersR 1982, 417.

[110] Vgl. dazu *de Wit,* Multimodal Transport, 1995, 243 f.

[111] Staudinger/*Magnus,* 2016, Rom I-VO Art. 5 Rn. 201; MüKoBGB/*Martiny* Rom I-VO Art. 5 Rn. 40.

[112] OLG Hamburg Urt. v. 9.10.1987 – 6 U 82/87, VersR 1988, 177; *Schwenzer* IPRax 1988, 86 (87); MüKoHGB/*Bydlinski* § 453 Rn. 202; Staudinger/*Magnus,* 2016, Rom I-VO Art. 5 Rn. 202.

[113] Vgl. *Rugullis* TranspR 2006, 380 (382); Palandt/*Thorn* Rom I-VO Art. 5 Rn. 6; *Kadletz* in Pfeiffer Handelsgeschäfte-HdB § 18 Rn. 4; einschränkend nur für den Fall des Selbsteintritts des Spediteurs, *Basedow,* Der Transportvertrag. Studien zur Privatrechtsangleichung auf regulierten Märkten, 1987, 239, 255; MüKoBGB/*Martiny* Rom I-VO Art. 5 Rn. 39.

rung, Fakturierung, Verpackung usw. In diesen Fällen erscheint es fragwürdig, den Spediteur unter das Merkmal der Güterbeförderung iSv Art. 28 Abs. 4 EGBGB bzw. Art. 5 Abs. 1 Rom I-VO zu subsumieren. Bei einem Blick in ausländische Rechtsordnungen wird die Gleichstellung von Spediteur und Beförderer noch fragwürdiger. Dem französischen **commissionaire de transport** ist es gerade verboten, selbst zu befördern. Der englische Spediteur wird regelmäßig als „agent" **(forwarder as agent)** tätig. In diesem Fall kommt ein Vertrag zwischen Auftraggeber und Frachtführer zustande, sodass zumindest rechtlich der Auftraggeber der Beförderung näher steht, als der Spediteur. Insbesondere verfängt auch nicht der Verweis auf den Erwägungsgrund 22 Rom I-VO Für die Qualifikation als Beförderer ist maßgebend, dass die Partei sich zur Beförderung *verpflichtet* hat. Damit wird der Erfüllung der vertraglichen Beförderungspflicht durch ausführende Frachtführer Rechnung getragen. Ohne eigene Verpflichtung der Partei zur Beförderung liegt indes kein Beförderungsvertrag vor.

Gegen die Anwendung des Art. 5 Abs. 1 Rom I-VO spricht noch ein anderer entscheidender **148** Gesichtspunkt: In der englischen Fassung des Art. 5 Abs. 1 Rom I-VOVO findet sich für den Begriff des „Beförderers" das Wort **„carrier"** und in der französischen Fassung **„transporteur".**[114] Schon begrifflich scheidet deshalb die Anwendung der Vermutungsregelung des Art. 5 Abs. 1 Rom I-VO aus, weil die Begriffe „carrier" und „transporteur" sich im englischen und französischen Rechtskreis von den Spediteurbegriffen **„freight forwarder"** und **„commissionaire de transport"** deutlich unterscheiden. Bei der Qualifikation des Speditionsvertrages ist daher auf den Dienstleistungscharakter abzustellen. Die Bestimmung des anwendbaren Rechts auf Speditionsverträge bestimmt sich somit ausschließlich nach Art. 4. Abs. 1 lit. b Rom I-VO.[115]

Bei Selbsteintritt des Spediteurs und bei Fixkostenspedition wird überwiegend der Standpunkt **149** vertreten, dass Art. 28 Abs. 4 Rom I-VO bzw. Art. 5 Abs. 1 Rom I-VO zur Anwendung kommt. Es spreche eine Vermutung dafür, dass die engste Verbindung zu dem Staat besteht, in dem der „Beförderer" bei Vertragsabschluss seine Hauptniederlassung hatte, sofern sich in diesem Staat auch der ÜbernahmeÜbernahmeort oder der AblieferungsAblieferungsort oder der gewöhnliche Aufenthalt des Absenders, dh dessen Hauptniederlassung, befindet. In diesem Zusammenhang wird jedoch übersehen, dass auch der selbsteintretende Spediteur und der Fixkostenspediteur nicht zum „carrier" oder „transporteur" iSd Art. 5 Abs. 1 Rom I-VO wird. Hinzu kommt, dass der Spediteur im Rahmen der Transportbesorgung Nebenleistungen, wie Verzollung, Einlagerung, Fakturierung, Verpackung usw erbringt. In solchen Fällen erscheint es fragwürdig, den Speditionsvertrag ohne weiteres unter das Merkmal der Güterbeförderung iSd Art. 5 Abs. 1 Rom I-VO zu subsumieren. Auch für den Selbsteintritt, die Sammelladung und Fixkostenspedition passt die Vorschrift des Art. 5 Rom I-VO nicht. In diesen Fällen haftet der Spediteur zwar wie ein Frachtführer, er bleibt jedoch Spediteur aus einem Grunde und zwar deshalb, weil er neben seiner Tätigkeit, die ihm die Frachtführerhaftung auferlegt (Selbsteintritt, Vereinbarung eines Fixpreises und die Versendung der Ware im Wege der Sammelladung) typisch speditionelle Leistungen zu erbringen hat. Wäre dies nicht der Fall, so würde die primäre Qualifikation ergeben, dass ein Frachtvertrag abgeschlossen wurde.

Denkbar ist, dass jede Partei eines Speditionsvertrags **berufstypische Leistungen** erbringt, so **150** beim Vertragsabschluss zwischen Spediteuren. Es gilt dann das Recht am Geschäftssitz desjenigen Spediteurs, welcher die vertragstypische Leistung erbringt, dh derjenige, der den Transport besorgt und nicht der, der zahlt.[116] Der Sitz der inländischen Hauptniederlassung ist auch dann maßgebend, wenn der Transport ausschließlich im Ausland durchgeführt wird. Die vertragstypische Leistung (Besorgung des Transports) wird immer noch im Inland erbracht. Die Anknüpfung an die charakteristische Leistung scheitert dann, wenn der Spediteur ausnahmsweise atypische Geschäfte abschließt. Art. 28 Abs. 2 S. 3 EGBGB stellte für diesen Fall ausdrücklich klar, dass Art. 28 Abs. 2 EGBGB dann insgesamt nicht zur Anwendung gelangt. Es ist vielmehr ausschließlich nach Art. 28 Abs. 1 EGBGB zu prüfen, mit welchem Recht der Speditionsvertrag über atypische Geschäfte die engste Verbindung aufweist. Im Rahmen von Art. 4 Rom I-VO unterliegt der Speditionsvertrag über atypische Geschäfte der Rechtsordnung, zu welcher der Vertrag ggf. die engere Verbindung aufweist (Art. 4 Abs. 3 Rom I-VO).

Für den internationalen Speditionsverkehr gelten die durch die EuGVVO bzw. durch bilaterale **151** Übereinkommen vorgesehenen Gerichtsstände. Bei Selbsteintritt, Fixkosten- und Sammelladungsspedition sollen hingegen – wegen der frachtrechtlichen Rechtsfolgenverweisung im Anwendungsbereich der CMR – die dort vorgesehenen Gerichtsstände beachtlich sein (Art. 31 Abs. 1, 39 Abs. 2 CMR).[117]

---

[114] Vgl. BT-Drs. 10/4503, 9.

[115] Ebenso wohl MüKoBGB/*Martiny* Rom I-VO Art. 5 Rn. 39; *Mankowski* in Reithmann/Martiny IntVertragsR Rn. 4083.

[116] Vgl. BGH Urt. v. 5.6.1981 – I ZR 64/79, VersR 1981, 975; OLG Frankfurt a. M. Urt. v. 16.1.1979 – 5 U 125/78, TranspR 1979, 45; OLG Saarbrücken Urt. v. 22.7.1953 – 3 U 10/53, NJW 1953, 1832.

[117] Vgl. dazu *Fremuth* TranspR 1983, 35; MüKoHGB/*Jesser-Huß* CMR Art. 31 Rn. 7.

IV. Moderne Logistikverträge

152   **1. Allgemeines.** Die zunehmende **Globalisierung** der Märkte, insbesondere der erhöhte Kostendruck durch ausländische Anbieter, die **Internationalisierung** der Konzerne und die ständige Verkürzung der Zeiträume zwischen Produktionsentwicklung und Produkteinführung auf dem Markt stellen an deutsche Unternehmen neue Herausforderungen.[118] So nehmen im Wirtschafts- und Rechtsleben Transaktionen zu, die im **netzwerkartigen Zusammenwirken** mehrerer Beteiligter ausgeführt werden.[119] Der weltwirtschaftliche Trend zur Kooperation ließ eine Reihe neuer Vertragsformen entstehen, die sich zunehmend zu Standards entwickeln.[120] Die Zusammenarbeit im Rahmen langfristiger Netzwerkverträge führt zur erhöhten Transparenz, was das Bedürfnis nach Qualitätssicherung bei den Kooperationspartnern nach sich zieht. Moderne Speditionsunternehmen müssen sich diesen Entwicklungen anpassen und ihren Auftraggebern Lösungsansätze zu deren Bewältigung anbieten. Kennzeichnend für diesen Wandel im Aufgabengebiet der Spediteure ist die Übernahme von logistischen Leistungen wie Produktionsplanung, Zulieferung **Just-in-Time,** Vorratshaltung, Warendisposition, Ausstellung von Versandpapieren usw.[121] Das Berufsbild des Spediteurs ist von jeher einem ständigem Wandel unterworfen.[122] Dies zeigt sich gerade heute an der wachsenden Bedeutung logistischer Dienstleistungen. Moderne Logistikunternehmen müssen sich vermehrt auf folgende wesentliche Strukturveränderungen und technische Neuerungen einstellen: Unternehmen konzentrieren sich zunehmend auf ihre Kernkompetenzen und **reduzieren** ihre **Fertigungstiefe.**[123] Sie umgeben sich mit einem Netzwerk von externen Zulieferern und Dienstleistern, welche in Randgebieten kostengünstiger arbeiten. Aufgabe des Logistikunternehmens ist es, die Güterströme zwischen Hersteller einerseits und Zulieferer sowie Dienstleistern andererseits zu koordinieren, wobei das Logistikunternehmen meist als Partner des Herstellers, manchmal auch des Systemlieferanten auftritt.

153   Hersteller gehen vornehmlich mit **Systemlieferanten** Kooperationen ein und beziehen von ihnen komplette Komponenten. Die Systemlieferanten kooperieren ihrerseits mit Teilelieferanten, sodass sich der Fertigungsvorgang sowohl beim Produzenten als auch beim Systemlieferanten vereinfacht und beschleunigt. Zusätzlich werden regelmäßig externe Dienstleister für Produktentwicklungen hinzugezogen. Aufgabe des Logistikunternehmens ist es, die Transporte der **Teilelieferanten** zum Systemlieferanten und vom Systemlieferanten Just-in-Time zum Hersteller zu koordinieren, um zur Optimierung der Fertigung beizutragen.

154   Aufgrund der hohen Spezialisierung übernehmen Logistikunternehmen zunehmend Aufgaben, welche ursprünglich in das Gebiet des Herstellers oder des Systemlieferanten fallen, wie die Organisation der Rückkehrströme vom Teilelieferanten zum Systemlieferanten, die Ausfertigung von Versandpapieren und Lieferscheinen für den Systemlieferanten und die Montage der Teile zu kompletten Komponenten.

155   Unternehmen verlagern zunehmend Teile ihrer Produktion in Länder, deren Rahmenbedingungen für sie insbesondere im Bereich von Lohnnebenkosten, Rohstoffkosten und Umweltauflagen günstiger sind. Sofern Logistikunternehmen konkurrenzfähig bleiben wollen, müssen sie sachgerecht auf diese Prozesse reagieren, indem sie Niederlassungen in Billiglohnländern eröffnen oder mit Partnern in diesen Ländern kooperieren, um im Rahmen der Globalisierung konkurrenzfähig zu bleiben.

156   Unternehmen reduzieren durch die Einführung neuer Konzepte wie **Lean Production** und Just-in-Time-Anlieferung die Durchlaufzeit und können so besonders flexibel auf Marktsituationen reagieren. Aufgabe des modernen Logistikunternehmens ist es, dem Teile- und Systemlieferanten die Risiken im Zusammenhang mit Just-in-Time-Anlieferungen abzunehmen.

157   Neue Kommunikationstechniken helfen dem Logistikunternehmen, sich in einem sehr frühen Stadium ein Bild vom jeweiligen Produktionsstand beim Hersteller, Lieferanten und Systemlieferanten zu machen, umso die Güterströme rechtzeitig organisieren zu können.

158   Der Einsatz von **Scan-Technologie** steigert die Effizienz von Transportketten. Es kann ein direkter Abgleich von Sendungsinformation und übernommener Ware erfolgen. Die frühzeitige Übermittlung

---

[118] *Gass/Lange,* Rahmenverträge für interne Produktionsformen, 1999, 17 und *Lange,* Das Recht der Netzwerke, 1998, 33.

[119] Zur Notwendigkeit der Entwicklung einer Netzwerkphilosophie und Netzwerkidentität, *Weber,* Netzwerkartige Wertschöpfungssysteme, 1999, 149.

[120] *Gass/Lange,* Rahmenverträge für interne Produktionsformen, 1999, 1.

[121] Vgl. *Scheer,* Informations- und Kommunikationssysteme in der Logistik, in Weber/Baumgarten, Handbuch der Logistik, 1999, 496.

[122] *Georgiades* RFDA 1981, 47 vergleicht deshalb den Speditionsbetrieb mit einem Chamäleon, welches sich auf die jeweiligen Gegebenheiten durch eigene Strukturveränderungen anpasst; *Gass,* Der Speditionsvertrag im internationalen Handelsverkehr, 1991, 8 ff.; *Valder* FG Herber, 1999, 177.

[123] *Lange,* Das Recht der Netzwerke, 1998, 33; *Schulte,* Logistik, Wege zur Optimierung des Material- und Informationsflusses, 3. Aufl. 1999, 235 f.

von Sendungsdaten ermöglicht eine Optimierung von Verladungen, beschleunigt Transporte und verkürzt Lagerzeiten.[124]

Weitere Aufgabe des Logistikunternehmens ist die Lagerhaltung für Komponentenlieferanten und **159** Systemlieferanten, um diese zu entlasten und ihnen zu ermöglichen, ihre Unternehmen als „**schlanke Fabrik**" marktfähig zu erhalten.

Scan-Technologie und **GPS (Global Positioning System)** ermöglichen eine lückenlose Sen- **160** dungsverfolgung und dienen so dem Nachweis der Qualitätssicherung und der Dokumentation gegenüber dem Kunden.

Voraussetzung für den Einsatz und die Abwicklung eines papierlosen Dokumentenverkehrs sind **161** funktionierende Barcodesysteme und die lückenlose Scannung der versandten Ware.[125]

Zur Integration von Versenderdaten, Fahrzeugen bzw. Fahrer in die Informationsflüsse werden **162** zunehmend mobile elektronische Informationssysteme eingesetzt, die zusammen mit zentralen, stationären Informationssystemen des Logistikunternehmens ein Komplettsystem bilden. Das stationäre Informationssystem des Logistikunternehmens ist regelmäßig online mit dem Versender verbunden, um die Versanddaten übernehmen zu können. Anhand geeigneter Komponenten werden definierte Auftragsdaten und Versanddaten wie Kundenadressen, Güterbeschreibungen, Preise, Versandbedingungen, Tourendaten, Abfahrts- und Ankunftszeiten, Fahr- und Standzeiten erfasst und bereitgestellt. Die Datenverarbeitung bei mobilen Informationssystemen erfolgt über Handterminals, Bordcomputer, Hand-held-Computer, Laptops und Notebooks.[126]

Aufgrund der Einbindung von Logistikunternehmen in moderne Netzwerke von Hersteller-Zu- **163** lieferbeziehungen werden in erheblichem Umfang Informationen ausgetauscht, an denen Hersteller und Zulieferer ein Geheimhaltungsinteresse haben. Der Informationsaustausch erfordert zudem besonderes Know-how und aufwändige Informationssysteme, wenn er lückenlos sein soll. Die Produzenten werden deshalb nur mit besonders zuverlässigen, leistungsfähigen und vertrauenswürdigen Logistikunternehmen kooperieren. In diesem Zusammenhang gewinnen Qualitätssicherung und langfristige Rahmenverträge zwischen Logistikunternehmen einerseits sowie zwischen Hersteller und Zulieferer anderseits an Bedeutung.[127]

Netzwerke müssen für alle Beteiligten transparent sein. Insoweit werden hohe Anforderungen an **164** moderne Speditionsunternehmen gestellt. Die reibungslose Abwicklung der Güterströme innerhalb von Netzwerken erfordert den perfekten Umgang mit Identifikations- und Erfassungstechnologie, einer zunehmenden Vernetzung der Systeme und die Automatisierung von Schnittstellen.[128]

Die herkömmliche Optimierung von Güterströmen innerhalb von Netzwerken sah ihren Schwer- **165** punkt in den **Materialtransportprozessen.** Zukünftig werden sich Logistikunternehmen darauf einstellen müssen, dass weitere Optimierungen der Logistik vor allem im Bereich der Informations- und Kommunikationssysteme zu erreichen sind.[129] Nur wenn der Informationsfluss zielgerichtet und optimal gelöst ist, bleiben Unternehmen und ihre Logistikpartner konkurrenzfähig. Moderne Logistikunternehmen setzen Kommunikationssysteme einerseits für die Informationsgewinnung, -auswertung und -verwaltung, andererseits auch für die überbetriebliche Kommunikation ein. So dient die Sendungsverfolgung über GPS (Global Positioning System) einerseits der innerbetrieblichen Organisation, andererseits als zusätzlicher Service den Kunden des Logistikunternehmens. Die überbetriebliche Logistik umfasst die Planung und Steuerung der Güter und Informationsströme zwischen Logistikunternehmen und seinen externen Geschäftspartnern. Neben dem aktiven Einsatz von Informationssystemen kann das Logistikunternehmen seinen Geschäftspartnern eine Anbindung an seine Informationssysteme anbieten. Durch moderne Kommunikationstechniken eröffnet sich eine Fülle neuer Anwendungen, die vor allem die Kundenzufriedenheit, **die Durchlaufzeit** und die Auskunftsfähigkeit verbessern und somit den Geschäftspartnern des Logistikunternehmens zusätzliche Serviceleistungen bieten. Im Rahmen des weltwirtschaftlichen Strukturwandels wird so den Logistikunternehmen eine bedeutende Rolle zukommen. Sie bleiben nur dann konkurrenzfähig, wenn sie sich ständig an die neuen Entwicklungen im Bereich der Informations- und Kommunikationstechnik anpassen und sich auch das entsprechende Know-how aneignen, um moderne Technologien wirksam und sicher einsetzen zu können.

2. Begriff der Logistik und Firmierung. Logistik ist die art- und mengenmäßig, räumlich **166** wie zeitlich abgestimmte Versorgung von Produktionsprozessen mit den erforderlichen Einsatz-

---

[124] *Zech,* Sind Transportketten ohne Barcode-Technologie in Zukunft überhaupt noch möglich?, Jahrbuch der Güterverkehrswirtschaft 1998/1999, 82.

[125] Vgl. dazu *Grönfors* in Schmitthoff/Goode, International carriage of goods: some legal problems and possible solutions, 1988, 19 ff.; *Gass* TranspR 2000, 203.

[126] *Lublow,* Mobile Informationssysteme für die Güterverkehrslogistik, 1997, 4 ff.

[127] *Schneider,* Outsourcing von Beschaffungsprozessen – Beschaffungsdienstleister und ihre Konzepte. Eine Untersuchung für den Bundesverband Materialwirtschaft, Einkauf und Logistik e. V. (BME), 1998, 72.

[128] *Zech,* Sind Transportketten ohne Barcode-Technologie in Zukunft überhaupt noch möglich?, Jahrbuch der Güterverkehrswirtschaft 1998/1999, 84.

[129] Zum geänderten Berufsbild der Spediteure *Baumgarten/Benz,* Trends und Strategien in der Logistik, 1999, 54.

gütern.[130] Die Logistik hat eine Doppelfunktion, weil sie sich sowohl auf den Bereich der Beschaffung wie auch auf den der Produktion und Distribution bezieht. Sinn und Zweck der Logistik ist, einen Empfangspunkt bedarfsmäßig mit dem richtigen Produkt im richtigen Zustand, zur richtigen Zeit, am richtigen Ort zu versorgen. Als logistisches Konzept umschreibt Just-in-Time die umfassende Zielsetzung, ein Produkt oder eine Dienstleistung durch geeignete Planung, Steuerung und Kontrolle der Material- und der dazugehörigen Informationsströme zeit- und sachgerecht zu erstellen, dh ohne unnötigen Verlust von Zeit, Material, Arbeitskraft und Energie unter Berücksichtigung der Wünsche des Auftraggebers hinsichtlich Preis, Qualität und Lieferservice. Zu den logistischen Dienstleistungen zählen insbesondere: die Lagerung, die Warenbeschaffung, der Warenumschlag, die Warenkontrolle und -distribution einschließlich der Ausfertigung von Versand- und Lieferpapieren sowie von Transportdokumenten, die Einholung von Auskünften – insbesondere über Ausfuhrabgaben, Steuern, Zölle –, die Entgegennahme von Gütern und Transporthilfsmitteln, die Verzollung und Exportabfertigung, die Vermietung von Lagerräumen, das Verpacken und Umpacken, das Organisieren des Palettenverkehrs, die Warendisposition online, die Sendungsverfolgung, die Besorgung von Versicherungen und die Abwicklung von Schadensfällen, die Kennzeichnung von Waren, das Be- und Entladen, die Palettierung, das Auslagern von Waren, Warenbestandsaufnahme, auch durch Scannen, usw. Weiter übernehmen Logistikunternehmen innerbetriebliche Dienstleistungen wie Werkverkehr, Fahr- und Transportbereitschaft, Kurier-, Paket- und Expressdienste, die Kommissionierung, Konfektionierung, Herbeiführung von Werbe- und Messemitteln sowie die Verteilung von Broschüren, Recycling oder die Rücknahme von Waren einschließlich der damit verbundenen Transporte.[131] Gerade in den letzten Jahren haben sich die Tätigkeitsbereiche der Logistikunternehmen stark verändert.[132] Die Logistikentwicklung ist zunehmend technisch geprägt.

167   Soweit ein Speditionsunternehmen beabsichtigt, den Begriff Logistik in den Firmennamen aufzunehmen, setzt dies voraus, dass der Unternehmensgegenstand tatsächlich ausgeübt bzw. in naher Zukunft ausgeübt wird und Logistik im Rahmen der Gesamttätigkeit des Unternehmens nicht weitgehend unbedeutend ist.[133] Bei Verwendung des Begriffs Logistik als **Firmen- oder Domain-Name** in Form eines Kürzels ist darauf zu achten, dass keine Verwechslungsgefahr entsteht. So hat das Landgericht Frankfurt in einer Entscheidung aus dem Jahre 1998 angenommen, dass das Kürzel „lit.de" nicht als Domain-Name verwandt werden darf, wenn bereits unter dem Namen „LIT Logistik-Information-Transport-Beratung und Spedition GmbH" eine Firma im Geschäftsverkehr tätig ist und sich diese Bezeichnung einschließlich des Kürzels als Marke hat eintragen lassen.[134] Es bestehen dann Unterlassungsansprüche nach **§§ 5, 15 MarkenG.**

168   **3. Typische Logistikverträge im Rahmen von Produktionsnetzwerken.** Typisch sind Rahmenverträge zwischen Hersteller und Hausspediteur, in welchen festgelegt ist, dass der Spediteur einen Teil oder alle Transporte des Herstellers besorgen soll. Dabei kann es zu Rundläufen kommen, wenn man berücksichtigt, dass der Hersteller selbst Ware und Ersatzteile auszuliefern hat, andererseits vom Systemlieferanten Teile bezieht. Die optimale Koordinierung solcher Transporte ist Aufgabe des Hausspediteurs des Herstellers. Dieser wird sich einer oder mehrerer Frachtführer bedienen, wenn sein eigener Fuhrpark nicht zur Erledigung aller Aufgaben im Rahmen des Netzwerkes ausreicht. Insoweit wird er regelmäßig **Rahmentransportverträge** mit Frachtführern abschließen. Der Lieferant kontrahiert seinerseits häufig mit dem Hausspediteur des Herstellers, wobei es zum Abschluss von **Rahmenspeditionsverträgen** kommt. Anzutreffen sind auch **Joint-Venture-Verträge** zwischen Hausspediteur des Herstellers und Transportunternehmen, falls die Aufgabe nur durch Gründung von Gemeinschaftsunternehmen bewältigt werden kann. Schließlich sind **Lager- und Konsignationslagerverträge**[135] zwischen Hersteller und Absatzmittler einerseits und Systemlieferant und Hersteller andererseits üblich. Konsignationslagerverträge werden auch im Verhältnis von Lieferant zu Unterlieferant abgeschlossen. Komplizierte Aufgaben und die Entwicklung von Logistikkonzepten kann das moderne Transportunternehmen teilweise nur dann bewerkstelligen, wenn es sich spezialisiert. So werden besondere Geschäftsfelder der Logistik angeboten, wie Kühltransporte, Tiefkühldistribution,

---

[130] Vgl. *Pfohl,* Logistiksysteme, betriebswirtschaftliche Grundlagen, 4. Aufl. 1990, 7; *Hofmann,* Interpendente Losgrößenplanung im Logistiksystem, 1995, 4 u. *Wellenhofer-Klein,* Zulieferverträge in Privat- und Wirtschaftsrecht, 1999, 26.

[131] Weitere Bsp. zu Logistikleistungen bei *Schmid* in Knorre/Demuth/Schmid, Handbuch des Transportrechts, 2. Aufl. 2015, C III Rn. 28; *de Wit,* Multimodal Transport, 1995, 8 ff. und *Müglich* TranspR § 454 Rn. 7.

[132] Vgl. etwa *Weber,* Handbuch Logistik, 1999, 4.

[133] KG Beschl. v. 24.9.1996 – 1 W 4534/95, NJW-RR 1997, 794; LG Düsseldorf Urt. v. 4.4.1997 – 34 O 191/96, NJW-RR 1998, 979; KG Urt. v. 10.4.1997 – 17 HK O 3447/97, NJW-RR 1998, 978; OLG Stuttgart Beschl. v. 3.2.1998 – 2 W 77/97, NJW-RR 1998, 1341 jeweils zur Verwechslungsgefahr bei Verwendung fremder Firmennamen und Firmenkürzel; *Stratmann* BB 1997, 689; *Wiebe* CR 1998, 157; *Kilian* DZWir 1997, 381; *Wilmer* CR 1997, 562.

[134] LG Frankfurt a. M. Urt. v. 10.9.1997 – 2–6 O 261/97, NJW-RR 1998, 974.

[135] Konsignationslager beziehen sich auf Waren, die idR schon beim Kunden lagern, aber bis zum endgültigen Einsatz Eigentum des Lieferanten bleiben.

Tanksilologistik, Projektlogistik, Gefahrgut- und Sonderabfall-Logistik, Aufbau von Logistikketten, Warenverteilzentren inklusive Einsatz und Verkauf wieder verwertbarer Waren und Materialien sowie Verpackungsminimierung.[136] In Betracht kommt auch, dass das Logistikunternehmen als Hausspediteur des Herstellers die Händler des Herstellers beliefert und schließlich über den Händler am Recycling mitwirkt.

4. Weltwirtschaftlicher Strukturwandel und betriebswirtschaftliche Veränderungen. 169
a) Weltwirtschaftlicher Strukturwandel. Zahlreiche Branchen in Europa befinden sich Anfang dieses Jahrtausends in einer Phase des Umbruchs und der Neuorientierung. Es herrscht ein weltweiter Konkurrenzkampf um Kunden und Märkte, der durch den zunehmenden Abbau von Handelshemmnissen an Schärfe zugenommen hat. Mit ihren traditionellen Fertigungs- und Logistikkonzepten stoßen die Hersteller angesichts neuer Aufgaben und erhöhter Herausforderungen an ihre Grenzen. Aufgrund des **starken internationalen Wettbewerbsdrucks,** teilweise gesättigter Märkte, einer Globalisierung der Absatz- und Beschaffungsmärkte, gestiegener Kundenansprüche, erhöhter Qualitätsanforderungen und kürzerer Produktlebenszeiten reichen traditionelle Methoden der Produktion nicht länger aus, um am Markt bestehen zu können. Daneben lassen sich herkömmliche Fertigungsmethoden unter den Gesichtspunkten Zeit, Flexibilität und Qualität nicht weiter optimieren. Neue Aufgabenfelder und sich ständig ändernde Technologien verlangen von innovativen Unternehmen eine grundlegende Neuorientierung bei der Herstellung von Standardprodukten in der Massenfertigung. Bei dem neuen Ansatz geht es darum, im Rahmen der Produktion und bei der Markt- und Kundenversorgung effektiver und kostengünstiger zu agieren. **„Global sourcing"** wird als Strategie des Versorgungsmanagements eingesetzt und bedeutet die systematische Ausdehnung der Beschaffungspolitik auf internationale Quellen.[137]

Diese neue Form der Wertschöpfung wird schlagwortartig unter dem Begriff **„Lean Production"** 170
(schlanke Produktion) zusammengefasst.[138] „Lean Production" bedeutet, dass das Verhältnis zwischen einem Hersteller und seinem Lieferanten auf eine völlig neue Grundlage gestellt wird. Dies erfordert eine bisher kaum gekannte Form der Kooperation zwischen selbstständigen Unternehmen. Es gilt, die Zusammenarbeit zwischen Lieferanten und Hersteller wesentlich zu verbessern und zu vereinfachen. Dabei kommt den einzelnen vertraglichen Bedingungen zwischen Hersteller und Lieferanten und deren Hilfspersonen entscheidende Bedeutung zu. Zwischen den Akteuren entstehen zahlreiche Interdependenzen, die durch entsprechende Verträge geregelt und ausbalanciert werden müssen.

Die Gliederung der Zulieferindustrie der Lean Production gleicht einer **kaskadenförmigen Pyra-** 171
mide, deren Spitze von einigen wenigen erstrangigen Zulieferern eingenommen wird, den sog. Systemlieferanten. Sie sind in der Lage, komplexe, technisch anspruchsvolle und relativ leicht einzubauende Teile, Module und Systeme herzustellen. Voraussetzung dafür, Systemlieferant zu werden, sind neben einer nach modernsten Gesichtspunkten arbeitenden Fabrik, geschultem Personal und großem Know-how ein eigenes Netz von Unterlieferanten, die auf der Ebene vorgelagerter Produktionsabschnitte ihrerseits Teile möglichst Just-in-Time und fehlerfrei liefern können. Der weitere Strukturaufbau des Zuliefernetzes erfolgt in funktionalen Stufen, sodass nur einige wenige Lieferanten direkt mit dem Hersteller in Kontakt treten und ihrerseits selbst von Fertigungsspezialisten auf der zweiten Stufe beliefert werden. Die **Lieferanten der ersten Stufe** liefern Module und Systeme, die sie selbst aus Einzelteilen herstellen, wobei sie vom Lieferanten der zweiten Stufe versorgt werden. Unter ihnen stehen schließlich die Lieferanten der dritten Stufe, die **sog. Komponentenlieferanten.** Dieses Konzept wird als sog. **„Modular Sourcing"** bezeichnet. Üblicherweise arbeitet das Entwicklungsteam der **Systemlieferanten** mit Konstrukteuren des Herstellers und des **Lieferanten der zweiten Stufe** zusammen.

Im Rahmen der gerade geschilderten kaskadenförmigen Vertragsbeziehungen zwischen Hersteller, 172
Systemlieferanten und **Lieferanten zweiter und dritter Stufe** spielt die Integration von Speditions-, Logistik-, Transport- und Recyclingunternehmen eine zunehmend wichtige Rolle. Folge der schlanken Produktion ist, dass diese Unternehmen in die Rationalisierungsprozesse einbezogen werden. Häufig verpflichtet der Hersteller den Zulieferer, mit seinem Hausspediteur sog. **„Just-in-Time-Verträge"** abzuschließen. Der Zulieferer ist bemüht oder wird aufgrund eines Rahmenvertrages mit dem Hersteller verpflichtet, die **kleinstmögliche Menge** zum **spätestmöglichen Zeitpunkt** zu produzieren und zum Weitertransport zur Verfügung zu stellen. Der Just-in-Time-Vertrag wird häufig auf Betreiben des Herstellers zwischen Systemlieferanten und Spediteur abgeschlossen, wobei es sich

---

[136] Vgl. zur Bedeutung der Logistik in Zusammenhang mit dem Handling von Mehrwegverpackungen, *Flanderka,* Verpackungsverordnung – Kommentar, 1999, 55.

[137] Zum Begriff und den verschiedenen Formen des global sourcing s. *Schulte,* Logistik, Wege zur Optimierung des Material- und Informationsflusses, 3. Aufl. 1999, 229 ff.

[138] *Womack/Jones/Roos,* Die zweite Revolution in der Autoindustrie, Konsequenzen aus der weltweiten Studie des Massachusetts Institute of Technology, 8. Aufl. 1994, 19 f., 53 ff., 83 ff.; *Weiß* in Pfeiffer Handelsgeschäfte-HdB 900 ff.; *Lange,* Das Recht der Netzwerke, 1998, 47 f.; *Wildemann,* Die modulare Fabrik, 1997, 23; *Ebenroth/Strittmatter* BB 1993, 1521 (1523).

wiederum um einen Rahmenvertrag handelt. Mit dem Just-in-Time-Vertrag verpflichtet sich der Spediteur häufig, alle Transporte zwischen Systemlieferant und Unterlieferant einerseits zu koordinieren und andererseits die Systemteile an das Fließband des Herstellers zu liefern.

173   Der Spediteur übernimmt die Gewähr, durch entsprechende Logistik und Organisation dafür zu sorgen, dass keine Störungen in den Lieferbeziehungen des Systemlieferanten zum Unterlieferanten einerseits und im Verhältnis Systemlieferant zum Hersteller andererseits auftreten. Um **zeit- und kostenoptimal** transportieren zu können, muss sich der Spediteur effektiver Logistiksysteme bedienen.

174   Just-in-Time-Anlieferungen erfordern die sofortige Übermittlung von Abrufen über mehrere Stationen, die nur durch leistungsfähige Datensysteme erreicht werden können. Standleitungen zwischen Zulieferer, Hersteller und Spediteur sorgen für einen zeitgleichen Informationsstand bei allen Beteiligten, führen jedoch auch zu höheren Kosten und sind uU störanfällig. Der Spediteur kann auf Knopfdruck komplexe Versendungen zusammenstellen und disponieren. Die Vernetzung ermöglicht die Übernahme von Aufgaben des Zulieferers durch den Spediteur, wie zB das Fakturieren und das Erstellen der Versanddokumentation. Die Vernetzung gewährleistet, dass der Spediteur besonders kostengünstig und kundenfreundlich agieren kann. Der Spediteur kann sich beim Zulieferer jederzeit über den Fertigungsstand später zu versendender Ware erkundigen und so zum schnellstmöglichen Zeitpunkt disponieren. Ferner kann der Spediteur über die sog. Sendungsverfolgung den Beteiligten jederzeit sofort über den Stand des Transportvorgangs Auskunft erteilen. Der Spediteur ist zwischenzeitlich sogar in der Lage, im Lkw anlässlich des Verladens Rechnungs- und Versandpapiere mit Briefkopf des Zulieferers auszudrucken, was zu zusätzlicher Rationalisierung führt. Der Zulieferer als Versender erhält dann noch während des Verladevorgangs Abschriften der Rechnungs- und Versandpapiere. Er kann damit die Warenabgangskontrolle durchführen und dem Spediteur die Sendung nach Art und Umfang auf dem gleichfalls mit ausgedruckten **Spediteurübergabeschein** quittieren.

175   Häufig kann ein Spediteur die komplexen Aufgaben im Rahmen der Abwicklung aller Transportvorgänge zwischen Hersteller, Zulieferer, Absatzmittler und Endkunden nicht mehr alleine abwickeln. Insoweit lässt sich eine deutliche Zunahme von Joint-Ventures zwischen Spediteuren untereinander, aber auch zwischen Spediteuren und Herstellern einerseits sowie Spediteuren und Systemzulieferern andererseits feststellen. Im Rahmen des Joint-Venture übernimmt jeder Spediteur bestimmte Aufgabenbereiche, auf die er spezialisiert ist. Der Joint-Venture-Vertrag zwischen mehreren Spediteuren kann wiederum Elemente eines Rahmenvertrages enthalten, in dem zB im Einvernehmen mit dem Hersteller die Koordination aller Transporte von Lieferanten zum Hersteller einerseits und vom Hersteller zu Abnehmern andererseits in Form von Rundläufen organisiert wird.

176   **b) Betriebswirtschaftliche Veränderungen.** Die betriebswirtschaftlichen Veränderungen in jüngster Zeit können mit den Schlagwörtern „Globalisierung der Märkte“, „Schlanke Produktion“ und „Distribution“ sowie „Just-in-Time-Anlieferung“ zusammengefasst werden. Sie bestimmen die modernen Ansprüche an den heutigen Transport.[139] Bedingt durch Outsourcing wird von modernen Logistikunternehmen heute ein optimierter Umschlag der Frachtgüter verlangt.

177   Mit dem Begriff „schlanke Produktion“ sind deutlich abnehmende Fertigungstiefe, Verringerung von Lagerkosten und Steigerung von Produktionsqualität verbunden. Eng verknüpft mit der schlanken Produktion ist die Einbindung des Zulieferers in den Fertigungsprozess. Der Abbau von Vorratslagern und Just-in-Time-Lieferungen weisen dem modernen Logistikunternehmen seine künftige wichtige Stellung innerhalb eines Netzwerks zu. Produktion und Zulieferung erfolgen auf Abruf. Der Zulieferer ist bemüht, die kleinstmögliche Menge zum spätestmöglichen Zeitpunkt zu produzieren und zum Abtransport bereitzuhalten. Der Spediteur übernimmt die Gewähr durch entsprechende Logistik und Organisation dafür, dass keine Störungen in dem Beziehungsdreieck Lieferant-Hersteller-Abnehmer auftreten und die Ware punktgenau am Fließband geliefert wird. Das Logistikunternehmen ist dazu berufen, sein Dienstleistungspaket immer neu zu definieren und durch Einsatz neuer Transporthilfsmittel und -techniken seine Vielseitigkeit unter Beweis zu stellen. Eine herausragende Rolle spielen hierbei moderne Logistiksysteme wie Container, Paletten sowie Ro-Ro-Verkehr.[140] Wenn Güter material-, zeit- und kostenoptimal transportiert werden sollen, geschieht dies mit Unterstützung von leistungsfähigen Logistiksystemen. Diese enthalten zwei Komponenten: ein Kommunikations- und ein Anliefersystem.[141] Outsourcing und Anbieten logistischer Dienstleistungen hängen eng zusammen. Der aus dem anglo-amerikanischen Sprachraum übernommene Terminus Outsourcing umfasst in weiter Auslegung sämtliche Gegenstandsbereiche, Ebenen und Formen der Ausgliederung einzelner Funktionen, Aufgaben oder Aufgabenkomplexe.

---

[139] Vgl. *Womack/Jones/Roos,* Die zweite Revolution in der Autoindustrie, Konsequenzen aus der weltweiten Studie des Massachusetts Institute of Technology, 8. Aufl. 1994, 67 ff.; *Pohlmann/Stibitz,* Transportorganisation im Wandel, die Rolle der Spedition vor dem Hintergrund veränderter großindustrieller Logistikorganisationen, 1991, 829 ff.

[140] Vgl. *de Wit,* Multimodal Transport, 1995, 10.

[141] *Müller* in Tompkins/Harmelink, Handbuch der Distribution, 1998, 346.

Just-in-Time-Anlieferungen erfordern teilweise **stundengenaue Abrufe,** die nur durch leistungs- **178** fähige Datenleitungen und taktgenaue Übermittlungsträger erreicht werden können. Standleitungen zwischen Zulieferer, Logistikunternehmen und Hersteller sorgen für einen nahezu zeitgleichen Informationsstand bei allen Beteiligten. Die Vision, dass komplette Gütersendungen auf Knopfdruck zusammengestellt und abgerufen werden können, ist in greifbare Nähe gerückt. Das moderne Transportunternehmen wird zum Informationsträger und Datenübermittler. Die Vernetzung ermöglicht auch eine Übernahme von Aufgaben aus dem Leistungsprogramm des Auftraggebers, wie zB die **Fakturierung** sowie die **Herstellung und den Versand der Papiere und Lieferscheine.** Häufig überlässt es ein Zulieferer dem Logistikunternehmen, zu welchem Zeitpunkt es bereits fertiggestellte Ware abholt. Gefordert ist nur die taktgenaue Ablieferung beim Empfänger. Wegen der Komplexität und der damit zusammenhängenden Haftungsrisiken bei Just-in-Time-Lieferungen weisen Hersteller und Zulieferer dem Hausspediteur neben der Besorgung der Transporte im Rahmen eines Gesamtpakets noch zusätzliche **branchenfremde Aufgaben** zu. Dazu zählt zB das Montieren von Teilen zu Systemkomponenten in Fertigungshallen, welche ein Logistikunternehmen in Zusammenwirken mit einem Systemlieferanten oder Hersteller errichtet. Einige Hersteller sind dazu übergegangen, in Gewerbe- und Industrieparks Systemlieferanten Flächen für den Zusammenbau von Modulen zur Verfügung zu stellen, wodurch **Synergieeffekte** entstehen. So zB die gemeinsame Nutzung von Hausmeisterdiensten, Sicherheitsdiensten, Feuerschutzeinrichtungen, Verpflegung, Transportlogistik, Müllentsorgung usw.[142] Zur Übernahme solcher Leistungen wird sich ein Logistikunternehmen nur dann verpflichten, wenn es sich aufgrund langfristiger Rahmenverträge mit dem Hersteller oder einem Systemlieferanten ein hohes Auftragsvolumen sichern kann. Dieses Zusammenspiel von Hersteller, Systemlieferant und Spediteur bringt allen Beteiligten Vorteile: Der Systemlieferant verlagert sein hohes Haftungsrisiko auf das Logistikunternehmen, welches eher gewährleisten kann, dass die produzierten Systemteile Just-in-Time rechtzeitig an das Fließband des Herstellers geliefert werden. Als zentrale Figur im Netzwerk erhält der Hausspediteur des Zulieferers oder Herstellers alle Transportaufträge der Teilelieferanten zum Systemlieferanten sowie alle Transporte des Systemlieferanten zur Montagehalle sowie alle Aufträge des Zulieferers von seiner Montagehalle zum Werk des Herstellers.

c) Technische Neuerungen. Aus technischer Sicht wird die Digitalisierung und Datenkompressi- **179** on sowie der verstärkte Einsatz von Online-Medien die Angebote und betriebsinternen Abläufe von Logistikunternehmen nachhaltig beeinflussen.[143] Insbesondere das Internet dürfte in Zukunft hier eine immer größere Bedeutung erlangen. Das Internet ist ein Zusammenschluss vieler Computer und Computernetze. Hierauf können verschiedene Dienste, wie etwa das **World Wide Web (WWW)** und E-Mail angewendet werden. Das WWW erlaubt dem Nutzer, graphisch ansprechend gestaltete Dokumente von einem entfernten, ans Internet angeschlossenen Server abzurufen. Per E-Mail können an einzelne oder mehrere Personen Nachrichten verschickt werden, die dann in einer Mail-Box abgelegt werden und zu jedem beliebigen Zeitpunkt von den Empfängern abgerufen werden können. Die Verbindung ans Internet wird durch so genannte Access-Provider ermöglicht. Dabei wählt sich der Internet-Nutzer beim **Access-Provider** unter Angabe eines **Kenn- und Passwortes** ein und kann dann Daten online abfragen oder übermitteln. Dabei ist gleichgültig, ob er diese Verbindung über herkömmliche Telefonleitungen, Satellitenverbindungen oder über Funk herstellt. Daher können nicht nur feststehende, an eine Telefonanlage angebundene Computer, sondern auch Laptops und neuerdings auch **tragbare Organizer** oder **Mobiltelefone** („Handys") mit dem Internet verbunden werden. Die Vorteile, die sich hieraus für die moderne Logistik ergeben, sind enorm. Zum einen können Kunden über WWW-Masken Aufträge von jedem beliebigen Ort erteilen, die dann beim Logistikunternehmen sofort in einer zentralen Datenbank gesammelt und weiterverarbeitet werden. Auch kann der Kunde seine Sendung per WWW verfolgen. Grundlage hierfür ist insbesondere das **„Global Positioning System (GPS)",** mit dem die genaue geographische Position eines Fahrzeugs festgestellt werden kann. Außerdem kann der Spediteur mit dem jeweiligen Frachtführer per Mobiltelefon Kontakt aufnehmen und ihm auch ggf. schriftliche Mitteilungen zukommen lassen. Dies ist etwa bei Weisungen des Absenders von Bedeutung.

Schließlich ist durch die **Digitalisierung** die Ausstellung eines elektronischen Frachtbriefs möglich **180** geworden. Derartige Ansätze bestehen schon seit mehreren Jahren,[144] gleich ob es sich um die Güterbeförderung auf der Straße, auf der Schiene, in der Luft oder zu Wasser handelt. Technisch ist die Ausstellung, Bearbeitung und Übertragung eines elektronischen Frachtbriefes heute jederzeit möglich. Digitale Dateien können ohne großen Aufwand und ohne jede Abweichung vom Original in

---

[142] Vgl. zur gemeinsamen Belieferung des Herstellers durch unterschiedliche Systemlieferanten *Ensinger/Knoll* in Handbuch Logistik Weber/Baumgarten, 1999, 775 f., 777.

[143] Vgl. zu neueren technischen Entwicklungen *Fraikin/Kaupp,* Jahrbuch der Güterverkehrswirtschaft 1998/99, 68; *Krieger,* Jahrbuch der Güterverkehrswirtschaft 1998/99, 60; *Weber,* Netzwerkartige Wertschöpfungssysteme, 1999, 11 ff.; *Zech,* Sind Transportketten ohne Barcode-Technologie in Zukunft überhaupt noch möglich?, Jahrbuch der Güterverkehrswirtschaft 1998/1999, 78; *Schuback* TranspR 1999, 41.

[144] Vgl. insbes. zum Seetransport („Bill of Lading") *Schuback* TranspR 1999, 41 ff.

beliebiger Menge kopiert und weiterverbreitet werden. Allerdings besteht bei unverschlüsselten Dokumenten eine hohe Fälschungsgefahr.

181   Mittlerweile bestehen erste technische Ansätze zur Absicherung der Authentizität der geleisteten – digitalen – Unterschrift und des Dokuments. Hierzu zählen etwa digitale Signaturen, die uU sogar schwerer zu fälschen sind als eigenhändige Unterschriften.

182   **Digitale Wasserzeichen** bieten Gewähr dafür, dass Originalschriftstücke nicht gefälscht bzw. wieder als solche erkannt werden können.[145] Um ganze Textdateien oder Grafiken fälschungssicher zu machen, wird ua der Einsatz solcher Zeichen diskutiert.[146]

183   Auch aus juristischer Sicht stellen sich Probleme hinsichtlich der Einführung digitaler Frachtbriefe. Bisher sehen die meisten nationalen und internationalen Rechtsvorschriften die Ausstellung von Dokumenten oder Originalen in Schriftform und mit Unterschrift vor.[147] Diesbezüglich sind jedoch in nächster Zeit wohl rechtliche Anpassungen zu erwarten, da ein elektronischer Frachtbrief die Funktionen der Schriftform wie Unveränderlichkeit, Lesbarkeit und Vorlegbarkeit bei Gerichten und Behörden problemlos erfüllen kann.[148] Unter Nutzung der neuen Medien bieten sich folgende Serviceleistungen für moderne Logistikunternehmen besonders an:

184   **Online-Produktionsverfolgung,** die es dem Logistikunternehmen ermöglicht, unabhängig von Hersteller-Kunden-Beziehungen den Fertigungsstand von Produkten einzusehen, zu disponieren und die Produkte abzuholen, wenn sie fertiggestellt sind.

185   **Online-Vergabe von Transporten.** Das Logistikunternehmen kann Transporte über Internet ausschreiben und kostengünstig an Transportunternehmen vergeben, welche zB ohne die Annahme der entsprechenden Transporte Leerfahrten hätten.

186   **Sendungsverfolgung („Tracking").** Die Sendungsverfolgung über GPS (Global Positioning System) ermöglicht einmal dem Logistikunternehmen, sich jederzeit Informationen über Lieferverzug, Standzeiten, Transportbereitschaft, Verladung, Lagerung usw zu beschaffen. Zum anderen kann sich der Kunde selbst einen Überblick über den Stand der jeweiligen Güterströme verschaffen und insoweit optimal reagieren, so zB wenn nachträgliche Weisungen erteilt werden müssen oder der Empfänger über Lieferverzug, Beschädigungen, Verluste oder über Anlieferungen außerhalb der Geschäftszeiten wegen Verkehrsstaus informiert werden muss.

187   **Online-Kundenbetreuung durch Internet-Dienste,** wie World-Wide-Web (WWW), E-Mail, Newsgruppen, File-Transfer-Protocol (FTP). Das Logistikunternehmen kann dem Kunden Hilfestellungen in Form von Informationsforen, Einspielung neuer Updates, Benachrichtigungen über neue Logistikleistungen usw verschaffen.[149]

188   Einsatz von mobilen Informationssystemen mit Handterminals, Bordcomputer, Laptops, Handheld-Computer[150] und Notebooks. Der Datenaustausch zwischen Hersteller, Zulieferer und Logistikunternehmen erfolgt über **mobile Fahrzeug- und Fahrersysteme** und **zentral-stationäre Informationssysteme** mit folgenden Komponenten: Datenträger mit Datenkassetten zum Einschub in den Bordcomputer, Halbleiter oder Handterminal ohne Bordcomputer, Datenaustauschsystem mittels Sendeantenne und mobile Datenkommunikation zwischen Fahrzeug und stationärem Computer.[151]

189   Die Nutzung dieser Dienste und Services wird in den kommenden Jahren immer mehr für Logistikunternehmen zur Selbstverständlichkeit werden. Als Plattform zur **Integration betriebsübergreifender Datenkommunikation** zwischen den am Güterstrom beteiligten Unternehmen und Logistikfirmen bietet sich vor allem das Internet an, welches sich für die weltweite Kommunikation mit momentan ca. 45 Mio. Anwendern durchgesetzt hat. Das Internet kann dafür sorgen, dass die komplizierten Güterströme zwischen einzelnen Netzwerken vom Logistikunternehmen optimal abgewickelt und für die Beteiligten transparent dargestellt werden. Moderne Logistikunternehmen haben nur dann eine Überlebenschance, wenn sie sich auf neue Informations- und Kommunikationstechniken einstellen und mit ihren Stammkunden in diesen Bereichen eng kooperieren.[152]

---

[145] Vgl. *Gass* ZUM 1999, 815.

[146] Vgl. *Gass* ZUM 1999, 815.

[147] *Schuback* TranspR 1999, 42 mwN.

[148] Ein erster Ansatz wurde diesbezüglich in Deutschland mit der Einführung des Gesetzes zur digitalen Signatur als Bestandteil des Informations- und Kommunikationsdienstegesetzes von 1997 geschaffen, vgl. Gesetz zur digitalen Signatur, BGBl. 1997 I 1872; Verordnung zur digitalen Signatur, BGBl. 1997 I 2498.

[149] Vgl. hierzu *Loos/Krier/Schimmel,* WWW-gestützte überbetriebliche Logistik – Konzeption des Prototyps VODAN zur unternehmensübergreifenden Kopplung von Beschaffungs- und Betriebssystemen, Veröffentlichungen des Instituts für Wirtschaftsinformatik, H. 126, Saarbrücken 1996, 5 f.; *Müglich* TranspR 2000, 145.

[150] Hand-held-Computer stellen eine Alternative zu Bordcomputern für die Erfassung und Verarbeitung von tour- und sendungsbegleitenden Informationen dar.

[151] Vgl. dazu *Lublow,* Mobile Informationssysteme für die Güterverkehrslogistik, 1997, 6.

[152] *Lublow,* Mobile Informationssysteme für die Güterverkehrslogistik, 1997, 4 ff.

5. Die wichtigsten Netzwerke innerhalb Hersteller-Zulieferer-Beziehungen und Recyc- 190
ling in Übersicht. Im Rahmen netzwerkförmiger Vertragsbeziehungen zwischen Hersteller, Systemlieferanten und Lieferanten spielt die Integration von Logistikunternehmen eine zunehmend wichtige
Rolle. Das Logistikunternehmen übernimmt die Gewähr, dass keine Störungen in den Lieferbeziehungen zwischen Hersteller, Systemlieferant und Lieferant entstehen und dass Just-in-Time angeliefert
wird. Die Vernetzung mit den Logistikunternehmen ermöglicht, dass auf Knopfdruck komplexe
Sendungen zusammengestellt werden können. Auch beim Recycling ist das Logistikunternehmen
Partner des Herstellers und der Händler. Nachfolgend werden einige wichtige Netzwerke im Rahmen
von Hersteller-Zulieferbeziehungen und Recycling dargestellt.

a) Netzwerk vom Rohstofflieferanten bis zum Hersteller unter Einbindung von Dienst- 191
leistern und dem Hausspediteur des Herstellers. Der Systemlieferant (Lieferant erster Stufe) liefert
Module oder Systeme, die sich aus Einzelteilen zusammensetzen, welche vom Lieferanten zweiter
Stufe stammen. Unter den Zulieferern der zweiten Stufe stehen die sog. Komponentenlieferanten,
welche wiederum von Zulieferer der vierten Stufe die Rohstoffe beziehen. Dazwischen fungiert
regelmäßig das Logistikunternehmen des Herstellers, welcher die Transporte zwischen den Stufen
koordiniert. Regelmäßig schließt hierzu der Hausspediteur des Herstellers Rahmenverträge mit dem
Hersteller und dem Systemlieferanten ab. In Betracht kommen zusätzlich Rahmenverträge mit dem
Teile- und Komponentenlieferanten. Häufig wird auch der Zulieferer und bei Zulieferungen von
Dienstleistern der Hausspediteur des Herstellers mit eingebunden.[153]

b) Rundlauf zwischen Hersteller, Hausspediteur des Herstellers, Systemlieferant, Teilelie- 192
ferant und Händler. Regelmäßig schreibt der Hersteller seinem Systemlieferanten einen Hausspediteur vor, auch wenn der Systemlieferant „frei Haus" zu liefern hat und dementsprechend selbst die
Transportaufträge erteilt. Es bietet sich demnach an, dass aus **Rationalisierungsgründen** der Hausspediteur des Herstellers auch die Transporte von den einzelnen Teilelieferanten Just-in-time koordiniert, die Endprodukte an die Händler und Vertriebsorganisationen ausliefert und auch das Ersatzteilgeschäft koordiniert. So kommt es regelmäßig zu einem sog. **Rundlauf,** der dazu führt, dass der
Spediteur besonders kostengünstig disponieren kann, weil er mit keinen oder jedenfalls wenigen
Leerfahrten rechnen muss.[154]

---

[153] *Gass* TranspR 2000, 209.
[154] *Gass* TranspR 2000, 209.

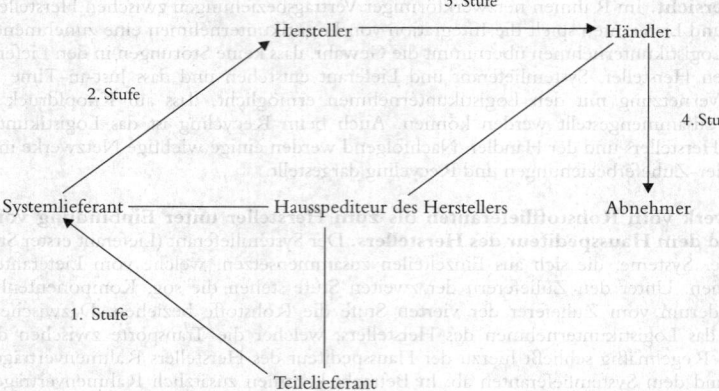

193   **c) Vernetzung bei Vertriebssystemen unter Einbindung des Hausspediteurs und des Herstellers.** Besondere Synergieeffekte können erzielt werden, wenn die Produktion enger mit dem Absatzsystem verbunden wird. Wenn es gelingt, die Produktion an die Wünsche der Abnehmer zu koppeln, lassen sich nicht nur Kosten für die Lagerhaltung einsparen. Kundenorientierte Produktionsformen sind effizienter und leistungsfähiger. Der Vertrieb wird gestrafft und die Zufriedenheit aller Beteiligten gesteigert. Die Umsetzung moderner Vertriebskonzepte verlangt eine vernetzte Logistik. Dabei nimmt die Verzahnung zwischen Hersteller, Systemlieferanten, Händlern und Spediteuren weiter zu. Dies gilt auch für das Ersatzteilgeschäft. So werden Händler regelmäßig von Herstellern mit Originalteilen und von Systemlieferanten mit **Identteilen** beliefert (sog. Ersatzteilgeschäft).

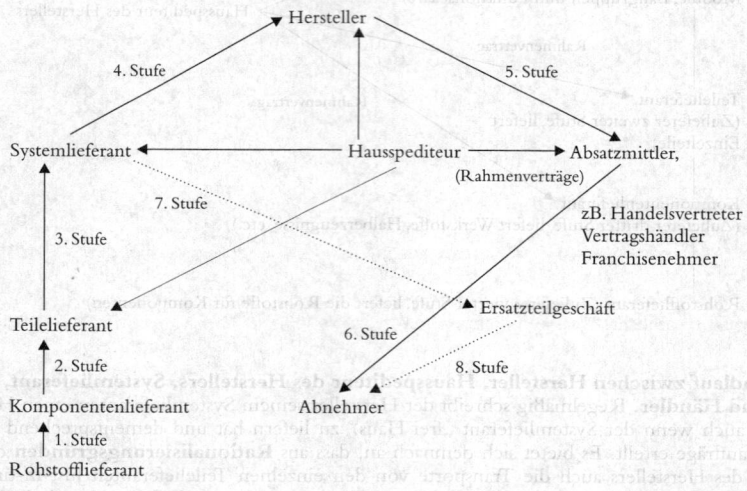

194   **d) Vernetzung im Recycling unter Einbindung des Recycling- und Logistikunternehmens des Herstellers.** Die Frage nach der Rücknahme von alten Fahrzeugen und Produktteilen am Ende ihres Produktlebenszyklusses und deren Recycling spielt zunehmend eine Rolle bei der Vernetzung zwischen Hersteller, Vertrieb, Lieferanten und Logistikunternehmen. Der Handel sammelt Altteile und führt sie über Recyclingunternehmen wieder dem Kreislauf zu. Regelmäßig schließen Hersteller Rahmenverträge mit leistungsfähigen Recyclingunternehmen, die sich verpflichten, alle Altteile abzunehmen und umweltgerecht aufzuarbeiten bzw. zu entsorgen. Häufig sind Recyclingunternehmen zugleich Logistik- und Transportunternehmen, welche die Transporte in Zusammenhang mit dem Recycling selbst vornehmen oder organisieren. Nach Verarbeitung der Altteile werden die gewonnenen Rohstoffe im Idealfall wieder den Rohstofflieferanten zugeführt, was ebenfalls vom Recyclingunternehmen logistisch abgewickelt werden kann.

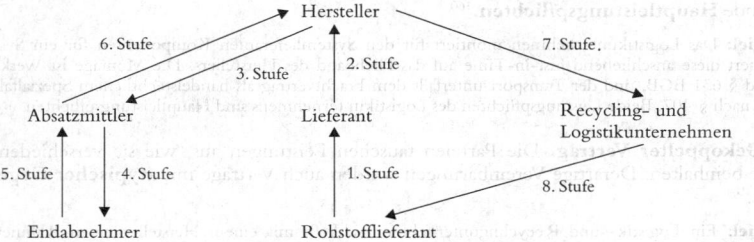

6. Der Logistikvertrag. a) Vertragstypus und vertragliche Pflichten. aa) Allgemeines. Der 195
Spediteur nach §§ 453 ff. ist nicht mehr durch das gesetzliche Leitbild der Fremdnützigkeit geprägt. Er
kann vielmehr Geschäfte auch auf eigene Rechnung abschließen. Dieser Umstand ist auch für Logistikverträge von besonderer Bedeutung.

§§ 453, 454 umschreiben die Haupt- und Nebenpflichten des Spediteurs, ohne auf logistische 196
Leistungen des Spediteurs einzugehen. Derartige Dienstleistungen sind nicht unter das Speditionsrecht
zu subsumieren, da § 454 Abs. 2 nur **beförderungsbezogene** Leistungen erfasst. In der Übernahme
logistischer Tätigkeiten liegt regelmäßig ein typengemischter Vertrag, bei welchem Dienstleistungen
überwiegend nach BGB-Vertragstypen, insbesondere nach Werkvertragsrecht zu beurteilen sind. Das
neue Speditionsrecht kennt zwar den Begriff der Logistik nicht. Es wird allerdings aus der gesetzlichen
Systematik des § 454 eine Dreiteilung erkennbar: Organisationsleistung, beförderungsbezogene Pflichten und logistische Leistungen. Diese Dreiteilung kann bei der Abgrenzung von Speditions- und
Logistikverträgen behilflich sein.[155]

Der Logistikvertrag ist ein **typengemischter** Vertrag. Er ist je nach Sachlage durch frachtrechtliche, 197
speditions- oder lagerrechtliche sowie werk- oder dienstvertragliche Vorschriften geprägt. In Betracht
kommt auch ein geschäftsbesorgungsrechtlicher Charakter des Logistikvertrags. Die Konkretisierung
auf die Besorgung der Versendung nach § 454 passt allerdings nur für Einmalaufträge, nicht jedoch für
logistische Dienstleistungen, in deren Rahmen Auftraggeber und Spediteur Konzepte zur Optimierung
der Transportabläufe entwickeln und langfristig kooperieren. Logistische Dienstleistungen können der
Versendung vor-, dazwischen- oder nachgeschaltet sein. Im Einzelnen ist streitig, ob auf speditionelle
Teilbereiche eines Logistikvertrags Speditionsrecht Anwendung findet. Haben die Vertragsparteien
keine ausdrückliche Vereinbarung darüber getroffen, welche Rechtsvorschriften auf die einzelnen Teile
ihrer vertraglichen Verpflichtungen anzuwenden sind, ist nach dem Bundesgerichtshof bei der Beurteilung maßgeblich auf die besonderen Umstände des Einzelfalls, auf die Interessenlage der Vertragsparteien sowie auf den Sinn und Zweck der vertraglichen Vereinbarungen abzustellen.[156] Wenn gleichwertige Leistungen nebeneinander stehen, geht der mutmaßliche Wille der Vertragsparteien in der
Regel dahin, auf die jeweilige Leistungspflicht diejenigen Rechtsvorschriften anzuwenden, die für
diese zur Geltung kämen, wenn sie in einem gesonderten Vertrag begründet worden wären.

Beim typengemischten Vertrag sind verschiedene Vertragstypen derart verbunden, dass sie nur in 198
ihrer Gesamtheit ein sinnvolles Ganzes ergeben. Im Gegensatz dazu steht der zusammengesetzte
Vertrag, welcher mehrere Verträge derart zusammenfasst, dass sie für die rechtliche Beurteilung eine
Einheit bilden. Typengemische Verträge lassen sich in vier Gruppen aufzuteilen.[157] Logistikverträge
können je nach ihrer inhaltlichen Gestaltung jeweils in eine der nachfolgend aufgeführten vier
Gruppen fallen.

bb) Typischer Vertrag mit andersartigen Nebenleistungen. Die von den Parteien zu erbrin- 199
genden Hauptleistungen entsprechen einem typischen Vertrag. Eine Partei schuldet jedoch zusätzlich
eine andersartige Nebenleistung.[158]

Beispiel: Der Logistikunternehmer montiert für einen Systemlieferanten Komponenten und fügt sie zu einem
Systemteil zusammen (zB Türelement mit Scheibe, Fensterhebern, Verkleidung, Außenspiegel sowie Türöffner). Das
Logistikunternehmen verpackt das fertige Systemteil und lädt dieses auf den Lkw eines vom Hersteller beauftragten
Transportunternehmens. Die Montage ist Werkvertrag und das Verpacken sowie Beladen Nebenleistung iSv § 454
Abs. 1.[159]

---

[155] *Gass* TranspR 2000, 210.
[156] BGH Urt. v. 13.9.2007 – I ZR 207/04, VersR 2008, 845 (846).
[157] Palandt/*Grüneberg* BGB Einf. Vor § 311 Rn. 19.
[158] Dieser Vertragstyp wird auch Absorptionsvertrag genannt. Vgl. Staudinger/*Feldmann*, 2018, BGB § 311
Rn. 33; MüKoBGB/*Emmerich* BGB § 311 Rn. 44; Palandt/*Grüneberg* BGB Einf. Vor § 311 Rn. 20.
[159] Vgl. OLG Stuttgart Urt. v. 18.2.1970 – 2 U 81/69, BB 1971, 239 und Staudinger/*Feldmann*, 2018, BGB § 311
Rn. 42.

200   **cc) Kombinationsvertrag.** Eine Partei schuldet mehrere, jeweils verschiedenen Vertragstypen entsprechende **Hauptleistungspflichten.**[160]

> **Beispiel:** Das Logistikunternehmen montiert für den Systemlieferanten Komponenten für ein Systemteil und transportiert diese anschließend Just-in-Time auf das Fließband des Herstellers. Die Montage ist Werkvertrag entsprechend § 631 BGB, und der Transport unterfällt dem Frachtvertrag als handelsrechtlichem Spezialfall des Werkvertrages nach § 407. Beide Leistungspflichten des Logistikunternehmens sind Hauptleistungspflichten.

201   **dd) Gekoppelter Vertrag.** Die Parteien tauschen Leistungen aus, wie sie verschiedene typische Verträge beinhalten. Derartige Vereinbarungen werden auch Verträge mit **atypischer Gegenleistung** genannt.[161]

> **Beispiel:** Ein Logistik- und Recyclingunternehmen schließt mit einem Hersteller einen Rahmenvertrag ab, wonach sich das Logistik- und Recyclingunternehmen verpflichtet, alle Altwagen auf Weisung des Herstellers zurückzunehmen und aufgrund dieser Rücknahmegarantie auf Weisung des Herstellers bei entsprechenden Händlern abzuholen. Dabei soll das Logistik- und Recyclingunternehmen die Transporte durchführen bzw. organisieren. Als Entgelt für die Beförderung erhält die Firma (auch) die Altfahrzeuge. Auf der einen Seite des Austauschverhältnisses liegt demzufolge das kaufvertragliche Element der Übereignung und Übergabe der Ware vor. Auf der anderen Seite steht die frachtvertragliche Pflicht hinsichtlich der Abholung der Pkws.

202   **ee) Typenverschmelzungsvertrag.** In der von einer Partei geschuldeten Leistung sind Elemente verschiedener Vertragstypen **untrennbar** miteinander verbunden.[162]

> **Beispiel:** Das Logistikunternehmen soll beim Systemlieferanten Teile aufladen und während des Aufladevorgangs die Ware einscannen. Durch den Scanvorgang werden gleichzeitig die Versandpapiere auf Briefkopf des Herstellers erstellt, die dann von einem sich im Lkw befindlichen Computer erfasst und bei Beendigung des Aufladevorgangs ausgedruckt werden. In dem Beladen, verbunden mit Einscannen, liegt gleichzeitig eine Nebenleistung nach § 407 und eine Geschäftsbesorgung in Form der Erfassung und Erstellung der Versandpapiere.

203   Kollidieren die gesetzlichen Vorschriften beim typengemischten Vertrag, so ist das Recht des Vertrages heranzuziehen, der den rechtlichen oder wirtschaftlichen Schwerpunkt bildet. Normalerweise wird beim Logistikvertrag der Schwerpunkt nicht beim Speditionsrecht liegen, weil nach dem Wortlaut des § 454 Abs. 2 die dort erwähnten logistischen Leistungen, wie Verpackung des Guts und Kennzeichnung, nur dann speditionsrechtlicher Natur sind, wenn sie sich auf die Besorgung der Beförderung als Hauptpflicht des Spediteurs beziehen.[163] Ist die Organisation der Beförderung nur Nebenpflicht und hat der Spediteur weitere logistische Leistungen, wie Kommissionieren, Etikettieren, Durchführung von Warenkontrollen, Vermittlung und Gestellung von Lademitteln usw übernommen, finden die §§ 453 ff. in aller Regel ebenfalls keine Anwendung. Ansonsten scheidet schon begrifflich ein Logistikvertrag aus und es wäre von einem Speditionsvertrag mit logistischen Nebenleistungen auszugehen.

204   **ff) Vertrag sui generis.** Der Logistikvertrag kann andererseits ein Vertrag sui generis gem. **§§ 241, 311 BGB** sein.[164] Dies ist der Fall, wenn der Vertrag eine Neuschöpfung darstellt, die auch unter Berücksichtigung der zuvor genannten Mischformen nicht zu definieren ist.[165] Der Logistikvertrag ist dann aus sich heraus auszulegen.

> **Beispiel:** Ein Hersteller schließt mit einem Logistikunternehmen einen Vertrag über Archivierung und Dokumentenmanagement.[166] Der Vertrag hat sowohl dienstvertragliche und werkvertragliche Elemente als auch Geschäftsbesorgungscharakter, ohne dass sich ein Schwerpunkt hinsichtlich eines Vertragstypus feststellen ließe. Die Rechte und Pflichten der Parteien bestimmen sich aus dem Logistikvertrag heraus.

205   **b) Die Einbeziehung der ADSp 2017 und ihre Bedeutung für Logistikverträge.** Die vor dem TRG geltende stRspr des BGH[167] und der Instanzgerichte[168] zur Vereinbarung der ADSp kraft **stillschweigender Unterwerfung** gilt auch für die ADSp 2017. Zwar könnte gegen die Anwendung der zur alten ADSp ergangenen Rspr. die Vorschrift des § 449 Abs. 2 S. 2 Nr. 1 sprechen.[169] Dem ist jedoch entgegenzuhalten, dass § 449 Abs. 2 S. 2 Nr. 1 die Frage der Wirksamkeit einer einbezogenen

---

[160] *Martinek* Leasing und Factoring 20; Palandt/*Grüneberg* BGB Einf. Vor § 311 Rn. 21.
[161] MüKoBGB/*Emmerich* BGB § 311 Rn. 43; Palandt/*Grüneberg* BGB Einf. Vor § 311 Rn. 22.
[162] *Martinek* Leasing und Factoring 20; Palandt/*Grüneberg* BGB Einf. Vor § 311 Rn. 23; Staudinger/*Feldmann/Löwisch*, 2013, BGB § 311 Rn. 44 ff.
[163] BGH Urt. v. 13.9.2007 – I ZR 207/04, VersR 2008, 845 (846).
[164] *Schmid* in Knorre/Demuth/Schmid, Handbuch des Transportrechts, 2. Aufl. 2015, C.III Rn. 23.
[165] *Martinek* Leasing und Factoring 21.
[166] Vgl. hierzu *Aissen/Kremer/Topp*, Jahrbuch der Güterverkehrswirtschaft 1998/1999, 85.
[167] BGH Urt. v. 3.2.1953 – I ZR 61/52, NJW 1953, 541; BGH Urt. v. 10.5.1984 – I ZR 52/82, NJW 1985, 2411 (2412); BGH Urt. v. 17.10.1984 – I ZR 130/82, NJW 1985, 560; vgl. hierzu auch *Heuer* TranspR 1998, 333 f.; *Philippi* TranspR 1999, 375.
[168] OLG Dresden Urt. v. 24.11.1998 – 14 U 713/98, TranspR 1999, 62 (64).
[169] In diese Richtung tendierend BGH Urt. 23.1.2003 – I ZR 174/00, TranspR 2003, 119 (120). LG Memmingen Urt. v. 16.1.2002 – 2 H S 961/01, TranspR 2002, 82 (83).

Allgemeinen Geschäftsbedingung betrifft und nicht die Frage der Einbeziehung selbst regelt. Eine stillschweigende Einbeziehung kann daher angenommen werden, wenn der Vertragspartner des Spediteurs wusste oder wissen musste, dass Spediteure üblicherweise auf der Grundlage der ADSp in der jeweils neuesten Fassung arbeiten.[170]

Ein Logistikunternehmen kann sich auf die Geltung der ADSp 2017 berufen, wenn es diese dem **206** Auftraggeber komplett übermittelt. Eine stillschweigende Einbeziehung kommt in Betracht, wenn sie dem Angebot zu Grunde lagen oder wenn das Logistikunternehmen im Rahmen der Auftragsbestätigung auf sie hinweist. Im Hinblick auf das Erfordernis der drucktechnischen Hervorhebung von Haftungsbeschränkungen sollte das Logistikunternehmen den Wortlaut der ADSp auf Angebots- oder Auftragsbestätigungsschreiben abdrucken, wenn es sicher gehen will, dass auch die Haftungsbeschränkungen zur Anwendung kommen.

Logistische Dienstliestungen werden von den ADSp auch erfasst, solange sie mit der Lagerung und **207** Beförderung im Zusammenhang stehen.. Wichtig für Logistikverträge ist die Schnittstellenkontrolle am Ende jeder Beförderungsstrecke (Ziff. 7.2 ADSp 2017) und die Schnittstellendokumentation auf Verlangen des Auftraggebers (Ziff. 7.2 ADSp 2003). Schnittstellendokumentation und Schnittstellenkontrolle führen zu erhöhter Transparenz. Allerdings wird idR nur das Logistikunternehmen, welches über moderne Kommunikationstechniken verfügt, den Anforderungen der Ziff. 7 ADSp 2017 gerecht werden können.

Kommen die ADSp 2017 zur Anwendung, dann kann sich das Logistikunternehmen auf die **208** Haftungsbeschränkungen der Ziff. 22–27 ADSp 2017 berufen.

Die Anwendbarkeit der ADSp 2017 auf Logistikverträge kann auch in Zusammenhang mit Erfül- **209** lungsort, anzuwendendem Recht und Gerichtsstand Bedeutung erlangen. Nach Ziff. 30.1 ADSp 2017 ist Erfüllungsort für alle Beteiligte der Ort derjenigen Niederlassung des Spediteurs, an die der Auftrag gerichtet ist. Nach Ziff. 30.2 ADSp 2017 ist Gerichtsstand für alle Rechtsstreitigkeiten der Ort der Niederlassung des Spediteurs, an die der Auftrag gerichtet ist. Für die Rechtsbeziehungen zwischen Spediteur zum Auftraggeber gilt deutsches Recht.

Die ADSp 2003 enthalten keine Verjährungsvorschrift. Kommen aufgrund der Schwerpunkttheorie **210** die Vorschriften über den Speditionsvertrag zur Anwendung oder stehen bei einem typengemischten Vertrag die speditionellen Leistungen im Streit, dann verjähren gem. §§ 463, 439 alle Ansprüche aus dem Speditionsvertrag in einem Jahr.

c) Anwendbarkeit der Logistik-AGB und Verhältnis zu den ADSp 2003. Die Logistik-AGB **211** finden nur bei Zusatzgeschäften eines Spediteurs Anwendung. Nach Nr. 1 der Logistik-AGB gelten diese für alle logistischen (Zusatz-)Leistungen, die nicht von einem Verkehrsvertrag nach Nr. 2.1 der ADSp 2017 – soweit vereinbart – oder von einem Fracht-, Speditions- oder Lagervertrag erfasst werden, jedoch vom Auftragnehmer im wirtschaftlichen Zusammenhang mit einem solchen erbracht werden. Die logistischen Zusatzleistungen können Tätigkeiten für den Auftraggeber oder von ihm benannte Dritte sein, wie zB die Auftragsannahme (Call-Center), Warenbehandlung, Warenprüfung, Warenaufbereitung, länder- und kundenspezifische Warenanpassung, Montage, Reparatur, Qualitätskontrolle, Preisauszeichnung, Regalservice, Installation oder die Inbetriebnahme von Waren und Gütern oder Tätigkeiten in Bezug auf die Planung, Realisierung, Steuerung oder Kontrolle des Bestell-, Prozess-, Vertriebs-, Retouren-, Entsorgungs-, Verwertungs- und Informationsmanagements. Der Anwendungsbereich der Logistik-AGB beginnt dort, wo der Zuständigkeitsbereich der ADSp 2017 aufhört.[171]

Erbringt ein Spediteur neben den speditionsvertraglichen Tätigkeiten auch logistische Zusatzleis- **212** tungen, kann er grundsätzlich auf mehrere Klauselwerke, ADSp und Logistik-AGB, verweisen. Allerdings ist bei Verweisung auf zwei Klauselwerke erforderlich, dass für den Geschäftspartner des Speditions- und Logistikunternehmens klar und eindeutig erkennbar ist, welche Geschäftsbedingungen maßgebend sein sollen.[172]

Für die Einbeziehung der Logistik-AGB ist es ausreichend, dass dem Geschäftspartner des Spediti- **213** ons- und Logistikunternehmens die Möglichkeit verschafft wird, in zumutbarer Weise von ihrem Inhalt Kenntnis zu nehmen. Die Rspr. des BGH zur Vereinbarung der ADSp kraft stillschweigender Unterwerfung (→ Rn. 81, → Rn. 195) kann aufgrund der Neuartigkeit der AGB-Logistik und der fehlenden Branchenüblichkeit nicht angewandt werden.

d) Haftungsbeschränkung durch Logistik-AGB. Nach Nr. 14.1 der Logistik-AGB ist die Haf- **214** tung des Auftragnehmers auf den vorhersehbaren, typischen Schaden begrenzt, wobei das Haftungsrisiko summenmäßig je Schadensfall auf 20.000,00 EUR, bei Serienschäden auf 100.000,00 EUR

---

[170] IErg ebenso OLG Brandenburg Urt. v. 15.8.2001 – 7 U 32/01, TranspR 2001, 474 (475); LG Passau Urt. v. 5.4.2001 – 1 HKO 1057/00, TranspR 2001, 269; LG Hildesheim Urt. v. 13.11.2001 – 10 O 121/00, TranspR 2002, 38 (39), AG Hamburg Urt. v. 15.5.2001 – 36 B C 327/01, TranspR 2001, 411. Ebenso *Herzog* TranspR 2001, 244 (245); *Philippi* TranspR 1999, 375 (377); Baumbach/Hopt/*Merkt* ADSp Einl. Rn. 2.

[171] *Valder/Wieske* TranspR 2006, 221 (222).

[172] BGH Urt. v. 3.7.1981 – I ZR 190/80, ZIP 1981, 1220 (1221 ff.).

sowie für alle Schadensfälle innerhalb eines Jahres auf 500.000,00 EUR beschränkt wird. Die Verwendung dieser Klausel in vorgefertigte Verträge über Logistikdienstleistungen stößt angesichts § 309 Nr. 5 BGB auch im kaufmännischen Verkehr auf Bedenken. Nach § 309 Nr. 5 lit. a BGB sind die Vereinbarung eines pauschalierten Schadensersatzes in Geschäftsbedingungen unwirksam, wenn die Pauschale den in den geregelten Fällen nach dem gewöhnlichen Lauf der Dinge zu erwartenden Schaden übersteigt. Gemäß § 307 Abs. 2 BGB ist die in § 309 BGB enthaltene Wertung zu berücksichtigen. Lässt sich bei Abschluss oder Einbeziehung der Logistik-AGB von vornherein erkennen, dass die in Nr. 14.1 genannten Haftungshöchstsummen im Falle eines eintretenden Schadens bei weitem nicht ausreichen, hält die Klausel einer rechtlichen Prüfung nicht stand.[173]

§ 407 Frachtvertrag

(1) **Durch den Frachtvertrag wird der Frachtführer verpflichtet, das Gut zum Bestimmungsort zu befördern und dort an den Empfänger abzuliefern.**

(2) **Der Absender wird verpflichtet, die vereinbarte Fracht zu zahlen.**

(3) [1]**Die Vorschriften dieses Unterabschnitts gelten, wenn**

1. das Gut zu Lande, auf Binnengewässern oder mit Luftfahrzeugen befördert werden soll und

2. die Beförderung zum Betrieb eines gewerblichen Unternehmens gehört.

[2]**Erfordert das Unternehmen nach Art oder Umfang einen in kaufmännischer Weise eingerichteten Geschäftsbetrieb nicht und ist die Firma des Unternehmens auch nicht nach § 2 in das Handelsregister eingetragen, so sind in Ansehung des Frachtgeschäfts auch insoweit die Vorschriften des Ersten Abschnitts des Vierten Buches ergänzend anzuwenden; dies gilt jedoch nicht für die §§ 348 bis 350.**

Schrifttum: *Braun,* Das frachtrechtliche Leistungsstörungsrecht nach dem Transportrechtsreformgesetz, 2002; *Braunack,* Die Haftung der Eisenbahn im kombinierten Ladungsverkehr, TranspR 1980, 73; *Czerwenka,* Das neue Transportrecht nach dem Regierungsentwurf eines Gesetzes zur Neuregelung des Fracht-, Speditions- und Lagerrechts, TranspR 1997, 353; *Didier,* Risikozurechnung bei Leistungsstörungen im Gütertransportrecht, 2001; *Dubischar,* Grundriß des gesamten Gütertransportrechts, 1987; *Fremuth,* Die Tätigkeit der Sachverständigenkommission zur Reform des Transportrechts, FG Herber, 1999, 65; *Heuer,* Das künftige deutsche Frachtrecht, TranspR 1988, 45; *Koller,* Die Vereinbarung der Ausführungsart im Werkvertrags- und Transportrecht, TranspR 2007, 221; *Niederleithinger,* Vorbemerkungen zum neuen Deutschen Transportrecht, FG Herber, 1999, 77; *Otte/Thyes,* Die Entwicklung des deutschen Binnenschifffahrtsrechts in den Jahren 1999 bis 2002, TranspR 2003, 221; *Ramming,* Die Nicht-Zurverfügungstellung des Beförderungsmittels zur vorgesehenen Zeit, TranspR 2003, 419; *Saller,* Der Lohnfuhrvertrag lebt schon immer, TranspR 2017, 406; *Temme,* Lohnfuhr und Charter, TranspR 2012, 419.

Übersicht

---

[173] *Müller* TranspR 2009, 49 (51).

I. Sachlicher Anwendungsbereich

1. Verkehrsträger Straße, Schiene, Binnengewässer, Luft. Das Transportrecht unterscheidet im **1** Gegensatz zur Rechtslage vor dem 1.7.1998 nicht mehr zwischen den Verkehrsträgern Straße, Schiene, Binnengewässer und Luft. Nach § 407 Abs. 3 Nr. 1 sollen vielmehr die allgemeinen Vorschriften über das Frachtgeschäft (§§ 407–449) ohne Unterschied auf alle oben genannten Verkehrsträger Anwendung finden.[1] Damit soll der Zersplitterung des Transportrechts und der rechtlichen Verselbstständigung der einzelnen Frachtrechtsordnungen entgegengewirkt werden.

Die allgemeinen Vorschriften des Frachtrechts sind nicht anwendbar bei ausschließlicher Seebeför- **2** derung. Das **nationale Seerecht** ist wegen seiner vielen Besonderheiten vom sachlichen Anwendungsbereich des § 407 Abs. 3 Nr. 1 ausgeschlossen. Es ist im 5. Buch des HGB (§§ 476 ff., insbesondere §§ 556 ff.) normiert. Die grenzüberschreitende Seebeförderung bestimmt sich nach den **Haager-Regeln,**[2] die in das nationale Seefrachtrecht des HGB eingearbeitet worden sind.[3] Dies führte zu dem für den Rechtsanwender erfreulichen Ergebnis, dass nationales und internationales Seefrachtrecht gleichsam „Hand in Hand" gingen. Dieser Gleichklang wurde jedoch durch das **2. SeeRÄndG** von 1986[4] zwischenzeitlich wieder aufgegeben,[5] da auch die **„Haag-Visby-Regeln",** mit deren internationalem Inkrafttreten wohl nicht mehr zu rechnen ist, bereits in das 5. Buch des HGB (§§ 556 ff.) eingearbeitet worden sind. Mit der Reform des Seehandelsrechts hält der Gesetzgeber an der durch das 2. SeeRÄndG getroffenen Entscheidung fest, die einschlägigen Vorschriften im Handelsgesetzbuch an die Haag-Visby-Regeln anzupassen.

Eine **Ausnahme** von dem Grundsatz, dass Güterbeförderungen nicht dem sachlichen Anwendungs- **3** bereich des § 407 unterliegen, bestimmt § 452 S. 2 für den Bereich des **multimodalen Transports.**[6]

2. Vorrang internationaler Sonderordnungen. Nicht anwendbar sind die Vorschriften des all- **4** gemeinen Frachtrechts, soweit zwingende völkerrechtliche Vorschriften entgegenstehen.[7] Vorrang hat für den Bereich der grenzüberschreitenden Güterbeförderung auf der Straße die CMR (Art. 1 CMR) und für den internationalen Güterverkehr auf der Schiene die CIM (Art. 1 CIM). Bei grenzüber-

---

[1] MüKoHGB/*Czerwenka,* 2. Aufl. 2009, Rn. 111.
[2] Brüsseler Konnossementsabkommen vom 25.8.1924, RGBl. 1939 II 1049, abgedr. bei *Hartenstein/Reuschle,* Handbuch des Fachanwalts Transport- und Speditionsrecht, 2. Aufl. 2012, Anh. 1072 f.; *Rabe,* Seehandelsrecht, 4. Aufl. 2000, § 663b Anh. I (S. 812 f.) und *Schaps/Abraham* Bd. II § 636b Anh. III (S. 904 f.).
[3] Vgl. zur Umsetzung *Hartenstein/Reuschle,* Handbuch des Fachanwalts Transport- und Speditionsrecht, 2. Aufl. 2012, Kap. 4 Rn. 27 sowie BT-Drs. 17/10309, 41.
[4] Gesetz v. 25.7.1986, BGBl. 1986 I 1120.
[5] *Herber* TranspR 1986, 249 ff. zur weiteren Entwicklung des internationalen Seefrachtrechts; *Herber* TranspR 1992, 381 ff.
[6] MüKoHGB/*Czerwenka* Rn. 112.
[7] *Müglich* TranspR Rn. 41 und HK-HGB/*Ruß* Rn. 3.

schreitenden Luftbeförderungen ist das MÜ[8] bzw. das WA[9] anzuwenden. Für den Bereich der Binnenschifffahrt kommt das Budapester Übereinkommen zur Anwendung.[10] Nicht anwendbar sind die Vorschriften des allgemeinen Frachtrechts, wenn der Frachtvertrag die Güterbeförderung ohne Umladung sowohl auf Binnen- als auch auf Seegewässern zum Gegenstand hat, soweit ein Konnossement ausgestellt ist (§ 450 Nr. 1) oder die auf Seegewässern zurückgelegte Strecke die größere ist (§ 450 Nr. 2). Anzuwenden ist auf diesen Frachtvertrag ausschließlich das Seefrachtrecht (§§ 481 ff.).

5 **3. Einsatz unbestimmter Transportmittel.** In der Praxis kommt es nicht selten vor, dass der Absender den Einsatz eines ganz bestimmten Beförderungsmittels offenlässt, etwa dann, wenn der Absender kein Interesse daran hat, die Beförderung durch einen zuvor festgelegten Verkehrsträger ausführen zu lassen. Die Situation des unbenannten Transportmittels ist auch unter dem neuen Transportrecht nicht spezialgesetzlich geregelt worden.[11]

6 Es lässt sich jedoch Folgendes festhalten: Die Nichtbestimmung des Transportmittels führt nicht dazu, dass zwischen den Parteien kein Frachtvertrag geschlossen wurde.[12] Das Benennen eines Transportmittels gehört nicht zu den wesentlichen Vertragsbestandteilen (essentialia negotii), wie sich unter anderem aus § 134 VVG ableiten lässt. Es ist vielmehr anhand der allgemeinen Grundsätze eine Lösung zu finden. In erster Linie ist das vom Absender offengelassene Beförderungsmittel mit Hilfe der **Auslegung** (§§ 133, 157 BGB) zu ermitteln.[13] Dabei wird man regelmäßig zu dem Ergebnis kommen, dass der Absender die Auswahl des Transportmittels in das **billige Ermessen** des Frachtführers stellt **(§ 315 BGB).**[14] Der Frachtführer übernimmt in eigener Regie und Verantwortung die Beförderung und damit die Auswahl des Beförderungsmittels.[15] Der Frachtführer hat deshalb im Zweifel den sichersten und schnellsten Transportweg zu wählen, um den versprochenen Beförderungserfolg herbeizuführen. Abzustellen ist im Ergebnis somit idR auf das Transportmittel, das der Frachtführer zur Erfüllung seiner Verpflichtung aus dem Frachtvertrag tatsächlich eingesetzt hat. Haben die Parteien bei Vertragsschluss nicht über die Art des Gutes gesprochen und war die Art des Gutes für den Frachtführer weder aus dem Frachtbrief noch aus den Umständen bei Übergabe erkennbar, so ist der Frachtführer berechtigt, die Beförderung mit einem verkehrsüblichen Fahrzeug auszuführen.[16] Angesichts der §§ 411, 427 Abs. 1 Nr. 2 kann vom Frachtführer nicht verlangt werden, dass sich dieser nach Art des Gutes erkundigt; vielmehr ist es Aufgabe des Absenders, das Gut für die vertragsgemäße Beförderung entsprechend zu verpacken.

7 **4. Einsatz vertragswidriger Transportmittel – maßgebliches Frachtrecht.** Der Einsatz eines **unbestimmten** Transportmittels ist zu unterscheiden vom Einsatz eines nicht vereinbarten Transportmittels. Bei letzterem hat der Absender nämlich von seinem Recht, das Transportmittel zu benennen, tatsächlich Gebrauch gemacht. Fest steht, dass sich der Frachtführer nicht dadurch einer Haftungsordnung entziehen kann, dass er ein anderes als das im Frachtvertrag bestimmte Transportmittel einsetzt.[17] Erklärt sich der Absender mit der Beförderung durch Einsatz eines anderen Transportmittels nicht einverstanden, so liegt darin eine vorsätzliche Vertragsverletzung.[18]

8 Es ist somit – anders als beim unbenannten Transportmittel – grundsätzlich zunächst auf das zwischen Absender und Frachtführer **vereinbarte** Transportmittel abzustellen und nicht auf das tatsächlich eingesetzte. Nach dem Wortlaut des § 407 Abs. 3 Nr. 1 gelten die Vorschriften des allgemeinen Frachtrechts, wenn das Gut zu Lande (Straße oder Schiene), auf Binnengewässern oder auf dem Luftwege befördert werden soll. Der Wortlaut des Gesetzes stellt auf die Parteivereinbarung im Frachtvertrag ab und nicht auf die reale Ausführung. Gleiches ergibt sich aus dem Wortlaut des Art. 1 Abs. 1 CMR („wie... im Vertrag angegeben"). Auch aus Art. 1 Abs. 1, Abs. 2 MÜ, Art. 3 Abs. 2 S. 1 MÜ folgt, dass die Haftung nach dieser Haftungsordnung davon abhängt, ob der Luftfrachtführer sich im Beförderungsvertrag zur Bewirkung des Gütertransports mittels Luftfahrzeugen verpflichtet hat. Ebenso stellt die CIM 1999 in Art. 1 § 1 auf den Beförderungsvertrag („Vertrag über die entgeltliche Beförderung von Gütern auf der Schiene") ab.

---

[8] Zu den Vertragsstaaten des MÜ, vgl. *Pokrant* CMR Vor Art. 1 Rn. 67; *Reuschle* MÜ Präambel Rn. 44.
[9] Das WA liegt in zwei verschiedenen Fassungen vor, zum einen als Ursprungstext von 1929 (WA 1929) u. zum anderen in der durch das Haager Protokoll ergänzten Fassung von 1955 (WA 1955).
[10] Vgl. BGBl. 2007 II 299.
[11] Vgl. auch § 134 Abs. 1 VVG.
[12] Staub/*Schmidt* Rn. 17, 54.
[13] Staub/*Helm*, 4. Aufl. 1993, § 425 Rn. 8.
[14] Vgl. BGH Urt. v. 13.4.1989 – I ZR 28/87, TranspR 1989, 327; BGH Urt. v. 17.5.1989 – I ZR 211/87, TranspR 1990, 19 (20) = VersR 1990, 331 (332); *Koller* Rn. 24, 47.
[15] Vgl. *Basedow*, Der Transportvertrag. Studien zur Privatrechtsangleichung auf regulierten Märkten, 1987, 35; MüKoHGB/*Czerwenka*, 2. Aufl. 2009, Rn. 115.
[16] *Koller* Rn. 46; Heymann/*Joachim* § 411 Rn. 3.
[17] BGH Urt. v. 13.10.1983 – I ZR 157/81, VersR 1984, 680; BGH Urt. v. 28.5.1971 – I ZR 149/69, VersR 1971, 755 f.; BGH Urt. v. 24.6.1987 – I ZR 127/85, BGHZ 101, 172 (176 f.) = NJW 1988, 640 ff. = TranspR 1987, 449 = VersR 1987, 1202; OLG Bremen Urt. v. 10.7.1986 – 2 U 21/86, VersR 1986, 1120; OLG Hamburg Urt. v. 31.12.1986 – 6 U 151/85, TranspR 1987, 142; Staub/*Schmidt* Rn. 55.
[18] MüKoHGB/*Czerwenka*, 2. Aufl. 2009, Rn. 116.

Von diesem Grundsatz ist dann abzuweichen, wenn die Haftungsordnung des real eingesetzten **9** Transportmittels eine für den Absender günstigere Haftungsordnung vorsieht als die des vereinbarten Transportmittels. Dann ist dem Absender bezüglich der Haftungsansprüche ein Wahlrecht einzuräumen, ob er diese auf das Recht des vereinbarten oder des vereinbarungswidrig eingesetzten Transportmittels stützt.[19] Die Haftungsordnungen sind auf die spezifischen Risiken des jeweiligen Transportmittels zugeschnitten, sodass deren Anwendung – auch wenn diese nach dem vereinbarten Transportmittel an sich nicht eingriffen – im konkreten Fall unter dem Gesichtspunkt einer sachgerechten Schadensabwicklung gerechtfertigt ist. Andererseits darf dem Geschädigten nicht ein von ihm nicht gewolltes Haftungsregime aufgedrängt werden, sodass ihm eine Wahlmöglichkeit zuzugestehen ist. Der Frachtführer hingegen hat das Beförderungsrisiko des von ihm gewählten Transportmittels zu tragen.[20] Er darf nicht besser gestellt sein, indem er sich auf seine Vertragsverletzung berufen kann (Grundgedanke des § 242 BGB).[21] Bei unterschiedlichen Haftungshöchstsummen oder Verjährungsfristen kann der Frachtführer so nicht auf die kurze Verjährungsfrist bzw. niedrigere Haftungsgrenze verweisen, wenn der Auftraggeber nach dem Inhalt des Auftrags annehmen konnte und durfte, dass das Gut mit einem bestimmten Beförderungsmittel transportiert wird, dessen Haftungsordnung für den Frachtführer schärfer ist.[22]

Im Anwendungsbereich des Art. 18 Abs. 4 S. 3 MÜ gilt dagegen das eben dargestellte Meistbegünsti- **10** gungsprinzip grundsätzlich nicht. Das Montrealer Übereinkommen unterstellt auch vertragswidrige Luftfrachtersatzbeförderungen seinem Haftungsregime.[23] Der vertragswidrig handelnde Frachtführer muss daher nicht mehr die Haftungsordnung gegen sich gelten lassen, in die er sich durch die Wahl des Beförderungsmittels selbst hineingestellt hat. Er wird damit letztlich besser gestellt als der Frachtführer, der vereinbarungsgemäß als ein solches Verkehrsmittel als ein Luftfahrzeug benutzt.[24] Denn nach Art. 38 MÜ wird ein solcher Frachtführer den Haftungsregeln des Montrealer Übereinkommens nur im Hinblick auf den Beförderungsabschnitt unterstellt, der tatsächlich mit einem Luftfahrzeug ausgeführt wird. Die Vorschrift kann daher dazu führen, dass der Luftfrachtführer nur deshalb milder haftet, weil er etwas Verbotenes tut.[25] Wird der Schaden bei einem Landtransport „leichtfertig und in dem Bewusstsein, dass es mit Wahrscheinlichkeit eintreten werde" verursacht, so haftet der Luftfrachtführer bei erlaubtem Trucking nach Art. 29 CMR und bei Maßgeblichkeit deutschen Rechts nach § 435 HGB unbegrenzt. Bei verbotenem Trucking bleibt es dagegen bei der begrenzten Haftung.[26] Dieses sinnwidrige Ergebnis lässt sich jedoch durch eine nachträgliche Genehmigung des Truckings durch den Geschädigten korrigieren. Durch die nachträgliche Genehmigung wird das verbotene Trucking zu einem erlaubten Trucking mit der Folge, dass sich die Haftung nach dem für die Teilstrecke anwendbaren Recht richtet.[27]

II. Persönlicher Anwendungsbereich

Die Beförderung muss für den Frachtführer zum Betrieb eines gewerblichen Unternehmens gehören **11** (§ 407 Abs. 3 Nr. 2).[28] Dies ergibt sich bereits aus der systematischen Einordnung in das Vierte Buch des HGB über **Handelsgeschäfte** (§§ 343, 344). Die Regelungen über das Frachtgeschäft sind Sonderrecht des Kaufmanns. Wie sich aus § 407 Abs. 3 S. 2 ergibt, finden die frachtrechtlichen Vorschriften auch auf nicht eingetragene Kaufleute iSv § 1 Abs. 2, § 2 HGB Anwendung. Ist die Beförderung nicht dem Betrieb eines gewerblichen Unternehmers zuzuordnen, finden die Vorschriften des HGB keine Anwendung, sondern lediglich die §§ 631 ff., 675 BGB.[29] Ausreichend ist allerdings die gelegentliche Güterbeförderung im Rahmen eines Gewerbebetriebs **(sog. Gelegenheitsfrachtführer)**.[30]

---

[19] Vgl. *Blaschczok* TranspR 1987, 401 ff., der die Haftungsordnungen des vertragsgemäßen und des vertragswidrigen Transportmittels „kumulativ" anwendet, letztendlich aber auf die dem Absender günstigste Ordnung abstellt; aA *Koller* VersR 1988, 432 ff.; vgl. aber dazu Stellungnahme *Koller* Rn. 26.

[20] BGH Urt. v. 17.5.1989 – I ZR 211/87, NJW 1990, 640; OLG München Urt. v. 23.9.2004 – 23 U 2157/04, VersR 2005, 962.

[21] Ebenso MüKoHGB/*Czerwenka* Rn. 116.

[22] BGH Urt. v. 13.4.1989 – I ZR 28/87, NJW-RR 1989, 1270.

[23] Vgl. *Reuschle* MÜ Art. 18 Rn. 58.

[24] *Koller* MÜ Art. 18 Rn. 9; FK-LuftverkehrsR/*Müller-Rostin* MÜ Art. 18 Rn. 114; *Harms/Schuler-Harms* TranspR 2003, 369 (372); *Ruhwedel* TranspR 2004, 137 (138).

[25] So *Harms/Schuler-Harms* TranspR 2003, 369 (372).

[26] Vgl. Art. 22 Abs. 5 MÜ, der Art. 22 Abs. 3 MÜ nicht erwähnt.

[27] So *Harms/Schuler-Harms* TranspR 2003, 369 (372); *Reuschle* MÜ Art. 18 Rn. 59; *Staub/Schmidt* Rn. 55.

[28] MüKoHGB/*Czerwenka* § 407 Rn. 125.

[29] Vgl. *Staub/Schmidt* Rn. 59; MüKoHGB/*Czerwenka* Rn. 125 aE; *Müglich* TranspR Rn. 7; *Oetker/Paschke* Rn. 19; *Herber* NJW 1998, 3297 (3299 f.).

[30] MüKoHGB/*Czerwenka* Rn. 128; HK-HGB/*Ruß* Rn. 4, *Müglich* TranspR Rn. 3; *Koller* Rn. 30.

III. Abschluss des Frachtvertrages und Vertragsende

12   **1. Abschluss.** Ein Frachtvertrag kommt durch zwei korrespondierende **Willenserklärungen** der Vertragspartner zustande, also durch Angebot und Annahme. Es gelten die allgemeinen Abschluss- und Auslegungsregeln (§§ 133, 145 ff., 157 BGB). Bei Verträgen mit Verbrauchern unter Einsatz von Fernkommunikationsmitteln sind die §§ 312b ff. BGB zu beachten. Wünscht ein Verbraucher lediglich Informationen zum Preis und Art der durchzuführenden Beförderung seines Umzugsguts und unterzeichnet er im Rahmen eines Besichtigungstermins durch den Umzugsunternehmer in seiner Wohnung den Umzugsvertrag, ist der Frachtführer verpflichtet, den Absender über sein Widerrufsrecht nach § 312 Abs. 2 BGB zu belehren.[31] Ein **Abschlusszwang** besteht mit Ausnahme der Ermächtigungen für Notstandszeiten nach dem sog. Verkehrssicherstellungsgesetz[32] nicht. Die Parteien können sich gem. §§ 164 BGB vertreten lassen. Bei Binnenschifffahrtsbeförderungen ist zu beachten, dass der Schiffer keine gesetzliche Vertretungsmacht für den Schiffseigner hat (§ 15 Abs. 2 BSchG).

13   **Vertragspartner** des Frachtvertrages sind der Absender und der Frachtführer. Es gelten die allgemeinen Regeln über den Vertragsschluss. Auch durch **Schweigen** des Frachtführers auf ein Angebot des Absenders kann uU ein Vertragsschluss zustande kommen. Dies ist beispielsweise dann der Fall, wenn dem Schweigen ein Erklärungswert zukommt.[33] In bestimmten Fällen kommt dem Schweigen kraft Gesetzes ein Erklärungswert zu, so etwa gem. § 362. Danach „gilt" das Schweigen als Annahme des Vertragsangebotes (sog. Erklärungsfiktion).[34] Eine Geschäftsverbindung nach § 362 Abs. 1 kann bereits durch Abschluss eines einzigen Geschäftes zustande kommen.[35] Betreibt der Frachtführer **Werbung,** so kann darin ein „Erbieten zur Geschäftsbesorgung" gem. § 362 Abs. 1 S. 2 liegen.

14   Dem Schweigen kann auch kraft Vereinbarung ein Erklärungswert beigemessen werden (sog. „beredtes Schweigen"),[36] oder durch **Handelsbrauch** (§ 346), insbesondere durch das **kaufmännische Bestätigungsschreiben.**[37] Die Annahmeerklärung kann auch **konkludent** erfolgen, etwa durch Entgegennahme von Frachtbrief und Gut oder durch Bewirken der Beförderung.[38] Auf den Zugang der Annahmeerklärung kann gem. § 151 BGB verzichtet werden.

15   Die Vorschriften über den Frachtvertrag gelten für alle Arten von Beförderungsverträgen, soweit sie die Verpflichtung zur Güterbeförderung auf einem der genannten Verkehrsträger Straße, Schiene, Binnengewässer oder Luft statuieren. Die Ausstellung eines Frachtbriefes ist nicht Wirksamkeitsvoraussetzung des Frachtvertrages.[39] Vertragsklauseln, die etwa bestimmte Art von Gütern von der Beförderung ausschließen, zeitigen im Hinblick auf solche Güter keine Nichtigkeit des Frachtvertrags.[40] Bei Falschangaben vor und bei Vertragsschluss kann entweder eine Lösung vom Vertrag nach §§ 311a Abs. 2, 280, 249 BGB in Betracht kommen oder im Schadensfall dem Einlieferer von sog. Verbotsgut der Einwand des Mitverschuldens nach § 254 BGB entgegengehalten werden. Falsche Angaben über den Wert der Güter zur Umgehung ausländischer Zollformalitäten, die Unterfakturierung des Gutes, führen ebenso wenig zur Nichtigkeit des Frachtvertrags nach §§ 134, 138 BGB.[41]

16   **2. Beendigung. a) Allgemeines.** Der Frachtvertrag ist beendet mit **Erfüllung** des Schuldverhältnisses, wenn also die geschuldete Leistung[42] an den Gläubiger bewirkt wird (§ 362 BGB). Eine Beendigung tritt unabhängig von der Erfüllung ein in bestimmten Fällen der **Leistungsstörung.**[43]

17   Auch durch **Wegfall der Geschäftsgrundlage** (§ 242 BGB) oder durch **Anfechtung** des Frachtvertrages (§ 142 BGB) kann der Vertrag sein Ende finden. Gleiches gilt für eine **Vertragsaufhebung.**

18   **b) Beendigung nach den Regelungen des Frachtvertrages.** Nach § 415 Abs. 1 kann der Absender den Frachtvertrag jederzeit **kündigen.** Dem Frachtführer stehen dann die in § 415 Abs. 2

---

[31] OLG Karlsruhe Urt. v. 27.3.2002 – 6 U 172/01, VuR 2002, 259 (260).

[32] BGBl. 1968 I 1082.

[33] *Koller* Rn. 38.

[34] Eine Erklärungsfiktion als Fall des gesetzlich normierten Schweigens bestimmen auch andere Vorschriften, etwa § 108 Abs. 2 BGB; § 177 Abs. 2 S. 2 BGB; § 377 Abs. 2 BGB; § 415 Abs. 2 BGB; § 416 Abs. 1 S. 2 BGB; § 458 Abs. 1 S. 2 BGB; § 496 S. 2 BGB; § 516 Abs. 2 S. 2 BGB; § 1943 BGB.

[35] BGH Urt. v. 17.5.1989 – I ZR 211/87, NJW 1990, 639; MüKoHGB/*Czerwenka* Rn. 103.

[36] Das sog. „beredte Schweigen" ist eigentlich kein Fall des echten Schweigens, sondern eine Frage der Auslegung (§ 133 BGB). Das „beredte Schweigen" stellt eine echte Willenserklärung dar. Der Erklärungswert ergibt sich anhand allgemeiner Auslegungsgrundsätze.

[37] BGH Urt. v. 17.10.1985 – I ZR 238/83, TranspR 1986, 205.

[38] MüKoHGB/*Czerwenka* Rn. 101.

[39] MüKoHGB/*Czerwenka* Rn. 101.

[40] BGH Urt. v. 30.3.2006 – I ZR 123/03, TranspR 2006, 254 (255); OLG Köln Urt. 8.4.2003 – 3 U 146/02, VersR 2003, 1148 (1149); OLG Köln Urt. v. 5.8.2003 – 3 U 28/03, TranspR 2004, 28 (29); LG Hamburg Urt. v. 15.6.2001 – 411 O 7/01, TranspR 2002, 106; LG Landshut Urt. v. 1.3.2013 – 54 O 1098/12, TranspR 2014, 69; AG Frankfurt a. M. Urt. v. 3.7.2001 – 31 C 319/01–74, TranspR 2001, 369.

[41] OLG Köln Urt. v. 3.3.1999 – 11 U 105/97, TranspR 2001, 122 (123). AA *Bracker* Anm. zu OLG Hamburg Urt. v. 8.2.1996 – 6 U 171/, TranspR 1997, 111 ff.

[42] Oder ein Erfüllungssurrogat, § 364 BGB.

[43] Verzug, Unmöglichkeit, Rücktritt oder positive Vertragsverletzung.

bezeichneten Ersatzansprüche zu. Das willkürliche Kündigungsrecht des Absenders, das weder in zeitlicher noch in sachlicher Hinsicht eingeschränkt ist, findet Anlehnung an die werkvertraglichen Vorschriften des § 649 BGB.[44] Subsidiär finden die allgemeinen Regelungen der §§ 323, 326 BGB Anwendung. Dem **Frachtführer** stehen Kündigungsrechte nach §§ 643, 645, 649 BGB bei Annahmeverzug des Absenders zu. Dies ist etwa dann der Fall, wenn die Parteien nicht die gebotenen Mitwirkungshandlungen erbringen. Kündigt der Frachtführer wegen Nichteinhaltung der Ladezeiten den Vertrag, so verweist § 417 Abs. 2 auf die Ersatzpflicht des Absenders nach § 415 Abs. 2.

Ein besonderer Beendigungsgrund ist in § 418 Abs. 1 zu sehen, wonach der Absender berechtigt ist, **19** durch nachträgliche **Weisung** über das Gut zu verfügen. So kann der Absender nach § 418 Abs. 1 S. 2 verlangen, dass das Gut nicht weiterbefördert wird. Das Weisungsrecht des **Verfügungsbefugten** ist spezialgesetzlich auch in der CMR (Art. 12 Abs. 1 S. 1 CMR), im MÜ (Art. 12 MÜ) und in der CIM 1999 (Art. 18 § 1 CIM 1999) geregelt.

Der Frachtvertrag gilt im Falle von Beförderungs- und Ablieferungshindernissen gem. § 419 Abs. 3 **20** S. 5 mit dem Entladen des Gutes als beendet.

c) Beendigung durch Insolvenz. aa) Insolvenz des Absenders. Eine Insolvenz des Absenders **21** hebt den Frachtvertrag auf (§ 115 InsO). Der Frachtführer ist wegen seiner Tätigkeiten aufgrund des fortbestehenden Vertrags **Insolvenzgläubiger.** Ist aber mit dem Aufschub der Beförderung Gefahr für das Gut verbunden, so hat der Frachtführer gem. §§ 116, 115 Abs. 2 InsO, § 672 S. 2 BGB diese weiterzubetreiben, bis er Weisungen vom **Insolvenzverwalter** einholen konnte. Die bis zu diesem Zeitpunkt entstehenden Spesen und Vergütungsansprüche des Frachtführers sind Masseschulden (§ 115 Abs. 2 S. 3 InsO). Hinsichtlich der Forderungen, die entstanden sind, als der Frachtvertrag als fortbestehend galt, ist der Frachtführer nur Insolvenzgläubiger.

Erst mit Aufheben des Frachtvertrages bzw. nach Wegfall der Fiktionswirkung fallen die entstande- **22** nen Ansprüche der Masse zur Last. Der Frachtführer ist wegen seiner Tätigkeiten Massegläubiger.

bb) Insolvenz des Frachtführers. Eine Insolvenz des Frachtführers beendet den Frachtvertrag **23** nicht automatisch. Der Insolvenzverwalter hat vielmehr ein **Wahlrecht** (§ 103 InsO), ob er den Vertrag durchführt oder beendet. Verlangt der Insolvenzverwalter Erfüllung, dann gehören die Ansprüche des Absenders zu den **Masseforderungen.** Ansonsten werden Ansprüche wegen Nichterfüllung nur als Insolvenzforderungen befriedigt. Allerdings kann ein Aussonderungsrecht gem. § 47 InsO bestehen.

d) Liquidation. aa) Liquidation des Absenders. Die Liquidation hat auf das Unternehmen des **24** Absenders keinen Einfluss (§ 149 HGB; § 70 GmbHG). Auch bei Liquidation des Unternehmens ist der Frachtvertrag zu erfüllen.

bb) Liquidation des Frachtführers. Die Liquidation des Frachtunternehmens ist gleichfalls ohne **25** Einfluss auf den Frachtvertrag. Der Frachtführer hat vielmehr den Vertrag im Zuge der Abwicklung zu erfüllen.

cc) Tod einer Partei oder Löschung der juristischen Person. Nicht aufgelöst wird der Vertrag **26** durch den Tod einer Partei oder durch Löschung der juristischen Person im Handelsregister (§§ 672, 675 BGB).

IV. Rechtsnatur des Frachtvertrages

Der Frachtvertrag ist **Konsensualvertrag.**[45] Er ist ein handelsrechtlicher Spezialfall des **Werkver-** **27** **trages.**[46] Der vom Frachtführer geschuldete Erfolg ist die Beförderung des Gutes im Sinne einer Ortsveränderung. Daneben kennzeichnen den Frachtvertrag auch Elemente des entgeltlichen **Geschäftsbesorgungsvertrages.**[47]

Der Frachtvertrag weist Strukturen eines **Vertrages zugunsten Dritter** (des Empfängers) auf **28** (§§ 328 ff. BGB).[48] Mit Abschluss des Frachtvertrages erwirbt der Empfänger gem. § 421 Abs. 1 mit Ankunft des Gutes an der Ablieferungsstelle einen eigenen Auslieferungsanspruch. Dieser steht vor Ankunft des Gutes dem Absender zu, der aufgrund seines Weisungsrechts nach § 418 etwa den Rücktransport des Gutes oder die Ablieferung an einen anderen Dritten veranlassen kann. Aus diesem Grunde erwirbt der Empfänger mit Abschluss des Frachtvertrages nur eine **„entziehbare Anwart-**

---

[44] OLG Frankfurt a. M. Urt. v. 4.7.1978 – 5 U 239/77, VersR 1979, 286 [CMR]; Staub/*Helm,* 4. Aufl. 1993, § 425 Rn. 122.

[45] MüKoHGB/*Czerwenka,* 2. Aufl. 2009, Rn. 101; BeckOK HGB/*G. Kirchhof* Rn. 4; Heidel/Schall/*Wieske* Rn. 15; Baumbach/Hopt/*Merkt* Rn. 15.

[46] MüKoHGB/*Czerwenka,* 2. Aufl. 2009, Rn. 88; BeckOK HGB/*G. Kirchhof* Rn. 3.

[47] *Koller* Rn. 35, 38.

[48] OLG Köln Urt. v. 19.8.2003 – 3 U 46/03, TranspR 2004, 120; MüKoHGB/*Czerwenka* Rn. 90; Baumbach/Hopt/*Merkt* Rn. 17.

schaft".[49] Absender und Empfänger können identisch sein, wenn der Absender die Auslieferung an sich selbst verlangt[50] (iE → Rn. 43).

V. Begriff des Frachtvertrages und des Frachtführers

29   **1. Abgrenzung des Frachtgeschäftes zu anderen Vertragstypen. a) Definitionsmerkmale.** Der Begriff des Frachtvertrages wird in § 407 Abs. 1 definiert. Die Definition ist **sachbezogen** und orientiert sich an der Gesetzestechnik des allgemeinen Schuldrechts im BGB. Den Frachtführer trifft die schuldrechtliche Verpflichtung, das Gut zum Bestimmungsort zu befördern und es dort unversehrt und pünktlich an den Empfänger auszuliefern. Als Gegenleistung dafür hat der Absender die vereinbarte Vergütung (Fracht) zu bezahlen. Die gegenseitigen Verpflichtungen stehen in einem echten Austauschverhältnis **(Synallagma).**

30   **aa) Pflicht zur Beförderung.** Kennzeichnender Vertragsinhalt des Frachtvertrages ist die erfolgsbezogene **Güterbeförderungspflicht** des Frachtführers. Der Erfolg liegt in der Bewirkung einer zielgerichteten Ortsveränderung; Beförderung heißt: von einem Ort zu einem bestimmten anderen Ort bringen.[51] Liegt dagegen der Zweck der Beförderung nicht in einer *Ortsveränderung,* sondern soll eine Entsorgung durch den Unternehmer erfolgen, liegt kein Frachtvertrag vor.[52] Welches Transportmittel zur Bewirkung der Ortsveränderung eingesetzt werden soll, ergibt sich aus der Parteivereinbarung.[53] Ist kein bestimmter Transportweg vereinbart, so hat der Frachtführer grundsätzlich den sichersten und schnellsten Transportweg zu wählen,[54] falls sich aus den Gesamtumständen nichts anderes ergibt (→ Rn. 6). Die Pflicht zur Stellung eines Beförderungsmittels ist eine selbstständige leistungsbezogene Nebenpflicht und eine notwendige Vorbereitungshandlung.[55] Mangels Beförderungsmittels begründet der Viehtrieb als solcher keinen Frachtvertrag, sondern ist Werkvertrag iSv § 631 BGB.[56]

31   **bb) Pflicht zur Ablieferung.** Den Frachtführer trifft die Verpflichtung zur Ablieferung des Gutes an den Empfänger. Die Verpflichtung zur Ablieferung ist **Hauptleistungspflicht.**[57] Unter Ablieferung versteht man den Vorgang, durch den der Frachtführer den Besitz an dem beförderten Gut im Einvernehmen mit dem Empfänger aufgibt und diesen in den Stand versetzt, die tatsächliche Sachherrschaft über das Gut auszuüben.[58] Absender und Empfänger können personenidentisch sein, was in der Praxis aber die Ausnahme, wie zB in den Fällen der Selbstadressierung,[59] sein wird. Dem Empfänger steht der Ablieferungsanspruch erst mit Ankunft des Gutes an der Ablieferungsstelle zu (§ 421 Abs. 1). Das **Weisungsrecht des Absenders** erlischt zu diesem Zeitpunkt und geht in derselben logischen Sekunde auf den **Empfänger** über (§ 418 Abs. 2). Das Weisungsrecht steht Absender und Empfänger niemals gleichzeitig zu.

32   **cc) Obhutspflichten.** Der Frachtführer übernimmt mit der Annahme des Gutes bis zur Auslieferung an den (berechtigten) Empfänger **Besitz** und **Verantwortung** über das Gut. Nimmt das Gut während dieses maßgeblichen Haftungszeitraumes Schaden, so trifft den Frachtführer eine **verschuldensunabhängige Haftung** nach § 425. Die Obhutsverpflichtung ist eine **Hauptleistungspflicht** und macht den Frachtvertrag zu einem **gemischten Vertrag.**[60] Durch sie übernimmt der Frachtführer die Verpflichtung, in handelsüblicher Weise bis zur **Grenze der Unzumutbarkeit** das Gut vor Schaden zu bewahren. Dazu zählen zB Schutz vor Diebstahl, Unterschlagung, Verderb oder Witterungseinflüssen. Es lässt sich dabei die allgemeine Tendenz feststellen, dass die Anforderungen der Rspr. an die Obhutspflichten sehr hoch angesetzt werden. Der Frachtführer verletzt unter anderem bereits dann seine Obhutspflichten, wenn er ohne einen zweiten Fahrer in einem besonders diebstahlgefährdeten Land den beladenen LKW über Nacht ohne besondere Sicherheitsvorkehrungen auf einem unbewachten Parkplatz abstellt, wobei die Ladung gestohlen wird.[61] Am Merkmal der Obhzt fehlt es

---

[49] Staub/*Helm,* 4. Aufl. 1993, § 425 Rn. 105.

[50] Dies kann auch nachträglich geschehen, etwa durch die bindende Weisung, das Gut wieder zurück zu transportieren.

[51] MüKoHGB/*Czerwenka,* 2. Aufl. 2009, Rn. 24; BeckOK HGB/*G. Kirchhof* Rn. 5; Oetker/*Paschke* Rn. 25.

[52] KG Urt. v. 11.1.2011 – 6 U 177/09, BeckRS 2011, 11174.

[53] *Koller* TranspR 2007, 221 (223 f.).

[54] Staub/*Helm,* 4. Aufl. 1993, § 425 Rn. 131, *Koller* Rn. 46.

[55] Zutr. *Ramming* TranspR 2003, 419 (420).

[56] AA Baumbach/Hopt/*Merkt* Rn. 18.

[57] BGH Urt. v. 27.10.1978 – I ZR 30/77, NJW 1979, 2473 = VersR 1979, 276 (277); BGH Urt. v. 2.12.1982 – I ZR 176/80, TranspR 1983, 73 (74) = VersR 1983, 339 (340); Staub/*Helm,* 4. Aufl. 1993, § 425 Rn. 134; Oetker/*Paschke* Rn. 53.

[58] BGH Urt. v. 23.10.1981 – I ZR 157/79, NJW 1982, 1284.

[59] MüKoHGB/*Czerwenka* Rn. 18.

[60] Staub/Helm, 4. Aufl. 1993, § 425 Rn. 106, 133; Oetker/*Paschke* Rn. 30.

[61] OLG München Urt. v. 4.12.1996 – 7 U 3479/95, TranspR 1997, 193 [CMR]; LG Frankfurt a. M. Urt. v. 6.10.1995 – 3/11 S 31/94, TranspR 1997, 197 [CMR]; vgl. in diesem Zusammenhang ebenfalls OLG München Urt. v. 29.11.1995 – 7 U 4806/95, TranspR 1997, 190 [CMR].

in der Regel beim Schleppvertrag, wenn etwa ein Seeschiff im Hafen zwar geschleppt wird, aber doch unter selbständiger Leitung bleibt;[62] in diesem Fall ist ein Werkvertrag nach § 631 BGB anzunehmen.

dd) Verpflichtung zum Befolgen von Weisungen. Der Frachtführer ist verpflichtet, in den **33** Grenzen des § 418 den Weisungen des Absenders (und nach Ankunft des Gutes den Weisungen des Empfängers, § 418 Abs. 2) Folge zu leisten. Weisungen, die außerhalb der Grenzen des § 418 liegen sind für den Frachtführer **unverbindlich.**[63] Beabsichtigt der Frachtführer eine ihm erteilte Weisung nicht zu befolgen, so hat er dies unverzüglich gegenüber dem Weisungsberechtigten **anzuzeigen** (§ 418 Abs. 3). Diese Weisungsverpflichtung ist als Ausfluss der **Interessenwahrnehmungspflicht** ebenfalls eine **Hauptleistungspflicht,** wodurch die Vertragselemente des Frachtvertrages mit Geschäftsbesorgungscharakter konkretisiert werden[64] (zur Nachnahmeweisung vgl. § 421).

b) Haupt- und Unterfrachtvertrag. Führt der Frachtführer die Beförderung nicht selbst durch, **34** sondern bedient er sich zur Erfüllung seiner vertraglichen Verpflichtung eines anderen Frachtführers, so liegt ein Fall des Unterfrachtvertrages vor. Der erste Frachtführer wird **Hauptfrachtführer** genannt, sein Erfüllungsgehilfe **Unterfrachtführer.** Der Unterfrachtführer ist stets **weisungsabhängig.** Aus dem zwischen dem Hauptfrachtführer und dem Absender geschlossenen Frachtvertrag bleibt allein der Hauptfrachtführer verpflichtet. Der Unterfrachtführer leitet seine Rechte nur aus seinem Unterfrachtvertrag ab. Im Hinblick auf die Einordnung des Frachtvertrages als Vertrag zugunsten Dritter folgt jedoch, dass der Empfänger auch die Ablieferung vom Unterfrachtführer geltend machen kann.

c) Ausführender Frachtführer. Eng verwandt mit dem Unterfrachtführer ist die Person des **35** ausführenden Frachtführers. Der ausführende Frachtführer braucht **nicht** weisungsabhängiger Erfüllungsgehilfe zu sein. Auch rechtlich **selbstständige** Unternehmen können ausführende Frachtführer sein. Ist der ausführende Frachtführer Erfüllungsgehilfe des Hauptfrachtführers, so ist er zugleich Unterfrachtführer.[65] Beide Begriffe können sich somit decken, müssen es aber nicht. Schaltet der erste Unterfrachtführer einen weiteren Unterfrachtführer zur Durchführung der Beförderung ein, so ist ausführender Frachtführer iSv § 437 lediglich der letzte tatsächlich die Beförderung bewirkende Unterfrachtführer. Nicht zu den ausführenden Frachtführern gehören die weiteren Unterfrachtführer in der Kette zwischen dem vertraglichen Frachtführer und dem letzten ausführenden Frachtführer.

Nach der **Rechtslage** vor dem Transportrechtsreformgesetz hatte der Geschädigte keinen Direkt- **36** anspruch gegen den ausführenden Frachtführer. Dieser war gezwungen, seine Ersatzansprüche gegen den vertraglichen Frachtführer (Hauptfrachtführer) zu erhalten oder sich die Ansprüche gegen den real schädigenden Frachtführer **abtreten** zu lassen. Dem vertraglichen Frachtführer blieb dann die Möglichkeit, sich in einem Folgeprozess im Wege des Regresses am ausführenden Frachtführer schadlos zu halten. Die Vorschrift des § 437 gibt dem Geschädigten nun einen **Direktanspruch** gegen den real schädigenden Frachtführer, ohne Umweg über den vertraglichen Frachtführer. Als vergleichende Vorschriften sind Art. 40 MÜ, Art. II des Zusatzabkommens zum Warschauer Abkommen zur Vereinheitlichung von Regeln über die von einem anderen als dem vertraglichen Luftfrachtführer ausgeführte Beförderung im internationalen Luftverkehr von Guadalajara **(ZAG),**[66] sowie Art. 10 der **Hamburg-Regeln,** Art. 2 S. 2 des **Athener Übereinkommens** vom 13.12.1974 über die Beförderung von Reisenden und ihrem Gepäck auf See und § 48b LuftVG zu nennen. Die Vorschrift des § 437 dient der **Entlastung der Gerichte,** da das Führen eines teuren und langatmigen „Doppelprozesses" vermieden wird. Auch das Insolvenzrisiko wird zugunsten des Geschädigten vermindert, da diesem nun fiktiv zwei Vertragspartner haften.

d) Der Zwischenfrachtvertrag. Ein Zwischenfrachtvertrag liegt vor, wenn der erste Frachtführer **37** eine von ihm selbst **nicht geschuldete** Beförderungsleistung im **eigenen Namen** an einen sog. **Zwischenfrachtführer** überträgt.[67] Der erste Frachtführer wird insoweit als Spediteur tätig; er haftet nach Speditionsrecht.[68]

e) Der Teilfrachtvertrag. Ein Teilfrachtvertrag liegt vor, wenn der **erste Frachtführer** eine von **38** ihm nicht geschuldete Beförderungsleistung im **Namen des Absenders**[69] an einen anderen Frachtführer überträgt. Da insgesamt also mehrere Beförderungsleistungen durch mehrere Frachtführer geschuldet werden, sind diese als Teilfrachtführer zu bezeichnen. Jeder Teilfrachtführer **haftet** nur für

[62] Baumbach/Hopt/*Merkt* Rn. 14.
[63] Vgl. OLG Düsseldorf Urt. v. 15.12.1983 – 18 U 72/83, TranspR 1984, 38 (39).
[64] Staub/*Helm*, 4. Aufl. 1993, § 425 Rn. 135; Oetker/*Paschke* Rn. 56.
[65] MüKoHGB/*Czerwenka* Rn. 7.
[66] Zusatzübereinkommen v. 18.9.1961, BGBl. 1963 II 1159. Vgl. zur Entstehungsgeschichte, *Reuschle* MÜ Art. 39 Rn. 2.
[67] *Lenz* StraßengütertranspR Rn. 1038; *Knorre/Schmid/Demuth,* Handbuch Transportrecht, 2008, A. II Rn. 20; Oetker/*Paschke* Rn. 37.
[68] MüKoHGB/*Czerwenka* Rn. 8; Oetker/*Paschke* Rn. 39.
[69] *Lenz* StraßengütertranspR Rn. 1039; *Knorre/Schmid/Demuth,* Handbuch Transportrecht, 2008, A. II Rn. 21.

seinen eigenen Beförderungsabschnitt, für den er sich verpflichtet hat.[70] Wird die nicht geschuldete Beförderungsleistung dagegen nicht im Namen des Absenders, sondern im eigenen Namen abgeschlossen, liegt ein Unterfrachtvertrag vor.

39   **f) Abgrenzung zum Speditionsvertrag.** Der Speditionsvertrag ist in § 453 definiert. Durch diesen wird der Spediteur verpflichtet, die Versendung des Gutes zu **besorgen.** Die Pflicht, die Versendung zu besorgen, umfasst nach § 454 die **Organisation der Beförderung.** Die Definition ist ebenso wie die Definition des Frachtvertrages **sachbezogen.** Der Speditionsvertrag ist ein Spezialfall des entgeltlichen Geschäftsbesorgungsvertrages nach § 675 BGB. Der Spediteur ist **fremdnütziger Geschäftsbesorger.** Nicht mehr beibehalten wurde die Ausgestaltung des Speditionsrechts als Unterfall des Kommissionsgeschäfts (§ 407 aF). Das neue Transportrecht hält, in Übereinstimmung mit der alten Rechtslage, am Idealtypus des **Schreibtischspediteurs** fest.

40   Der Spediteur hat die **gesamte Transportkette** zu organisieren, mit allem was dazu gehört. Einzelne Transportleistungen hat er in sachlicher, räumlicher und zeitlicher Hinsicht aufeinander abzustimmen.[71] Die Pflicht zur Organisation der Beförderung bedeutet nicht, die Beförderung selbst erbringen zu müssen. Er ist jedoch **befugt,** die Beförderung durch **Selbsteintritt** auszuführen (§ 458).

41   In der Praxis bereitete die **Abgrenzung des Spediteurs vom Frachtführer** oftmals große Schwierigkeiten. Für einen Speditionsvertrag sprechen folgende Umstände: die Verwendung des Begriffs „Speditionsauftrags", die Vereinbarung der ADSp, das Fehlen eines Frachtbriefs sowie die Übernahme der Be- und Entladung.[72] Die Bedeutung dieser Abgrenzung wird in Zukunft sicherlich abnehmen, da das Haftungsgefüge des Spediteurs dem des Frachtführers angeglichen wurde. Ebenso wie die alte Rechtslage kennt auch das neue Speditionsrecht die Rechtsfiguren des **Selbsteintritts** (§ 458), der **Fixkosten-** (§ 459) und **Sammelladungsspedition** (§ 460), wonach der Spediteur auch als Frachtführer tätig wird.

42   **g) Gemischter Vertrag.** Der Frachtvertrag ist ein gemischter Vertrag.[73] Neben der Pflicht zur **Beförderung** stehen die **Obhutspflicht,** die **Ablieferungspflicht** sowie die Pflicht zur Befolgung von **Weisungen** in einem echten Austauschverhältnis (Synallagma) mit der Vergütungspflicht. Soweit ein Frachtführer über das frachtrechtliche Leistungsprogramm hinaus die Verpflichtung, eine Sendung für den Transport vorzubereiten, diese zu demontieren, zu zerlegen oder zu verpacken, übernimmt, kommt es maßgeblich darauf an, ob diese oder ähnliche Tätigkeiten als **Nebenverpflichtung zum Frachtvertrag** oder als hiervon losgelöste, **selbstständige Tätigkeit** vereinbart worden sind. Im letzteren Fall handelt es sich um einen sog. gemischten Vertrag, auf welchen für den jeweiligen Bereich unterschiedliche Vorschriften anzuwenden sind, auf das Verpacken zB **Werkvertragsrecht**[74] und auf die **Beförderung Frachtrecht.** Ist die Nebenverpflichtung nicht selbstständig, jedoch zB im speditionellen Bereich angesiedelt, wie zB die Verpflichtung, das Gut für den Transport zu verpacken, tritt der Schaden aber während der Beförderung ein, so richtet sich die Haftung des Fixkostenspediteurs, obwohl der Schaden während der Beförderung eingetreten ist, nicht nach § 425, sondern nach § 461 Abs. 2.[75]

43   **2. Die am Frachtgeschäft beteiligten Personen.** Die typische Grundkonstellation eines Frachtgeschäftes ist ein **Drei-Personen-Verhältnis.** Der **Absender** schließt mit dem **Frachtführer** einen Frachtvertrag über die Beförderung des Gutes. Der Frachtführer liefert das Gut an den **Empfänger** aus. Zwischen Frachtführer und Empfänger besteht keine Vertragsbeziehung. In der Person des Empfängers entsteht erst in dem Zeitpunkt das Verfügungsrecht über das Gut, in dem das Verfügungsrecht des Absenders erlischt (§ 418 Abs. 2). Der **Besitzverschaffungsanspruch** aus dem Frachtvertrag kann vom Empfänger erst nach Ankunft des Gutes an der Ablieferungsstelle geltend gemacht werden. Vor Ankunft des Gutes hat der Empfänger nur eine **„entziehbare Anwartschaft".**

44   **a) Frachtführer.** Frachtführer ist, wer sich vertraglich zur Beförderung des Gutes und zur Ablieferung an den Empfänger verpflichtet.[76] Ist ein von beiden Parteien unterzeichneter **Frachtbrief** ausgestellt, so ergibt sich bis zum Beweis des Gegenteils (§ 409 Abs. 1) die Person des Frachtführers aus den Angaben im Frachtbrief (§ 408 Abs. 1 Nr. 3).

45   Der **Begriff** des Frachtführers wird im Transportrecht **spartenübergreifend** einheitlich verwendet. Die ADSp hingegen sprechen ohne Unterscheidung ausnahmslos vom **„Spediteur".** Demgegenüber verwenden die Verlade- und Transportbedingungen der Binnenschifffahrt den traditionellen Begriff

---

[70] MüKoHGB/*Czerwenka,* 2. Aufl., Rn. 9; Staub/*Schmidt* Rn. 22.
[71] *De la Motte* TranspR 1997, 85 (86).
[72] BeckOK HGB/*G. Kirchhof* Rn. 6.
[73] Staub/*Helm,* 4. Aufl. 1993, § 425 Rn. 106.
[74] BGH Beschl. v. 29.4.2013 – I ZR 100/13, RdTW 2014, 271; AG Bonn Urt. v. 12.3.2013 – 104 C 227/12, TranspR 2013, 288; *Thume* TranspR 2014, 179.
[75] BGH Urt. 4.2.2016 – I ZR 216/14, TranspR 2016, 404.
[76] MüKoHGB/*Czerwenka,* 2. Aufl. 2009, Rn. 3; Oetker/*Paschke* Rn. 19.

der „Reederei". Im Seerecht findet sich der Begriff des **Verfrachters**.[77] Die unterschiedliche Begrifflichkeit bringt jedoch keine sachlichen Unterschiede mit sich.

b) Absender. Absender ist, wer mit dem Frachtführer einen Frachtvertrag abschließt.[78] Ist ein von **46** beiden Parteien unterzeichneter Frachtbrief ausgestellt, so ergibt sich bis zum Beweis des Gegenteils die Person des Absenders aus den Angaben im Frachtbrief (§ 408 Abs. 1 Nr. 2). Die ADSp sprechen ohne sachlichen Unterschied vom „Auftraggeber". Im Seerecht findet sich der Begriff „Befrachter". Gebräuchlich ist in der Umgangssprache auch der Begriff „Verlader".[79]

c) Empfänger. Empfänger ist, an wen das Gut nach dem ursprünglichen Frachtvertrag oder **47** aufgrund wirksamer Weisung abgeliefert werden soll (sog. Soll-Empfänger).[80] Zwischen Frachtführer und Empfänger besteht keine Vertragsbeziehung. Eine solche wird auch nicht mit der Stellung des Ablieferungsverlangens nach § 421 Abs. 1 S. 1 begründet.[81] Ist ein Frachtbrief ausgestellt, so ergibt sich bis zum Beweis des Gegenteils (§ 409 Abs. 1) die Person des Empfängers aus den Angaben im Frachtbrief (§ 408 Abs. 1 Nr. 5). Empfänger kann auch ein Spediteur sein (**Empfangsspediteur**).[82]

Die **vertragswidrige Ablieferung** des Gutes an einen Nichtberechtigten führt zum **Güterverlust**, **48** falls der Frachtführer den Besitzverschaffungsanspruch des Absenders/Empfängers nicht erfüllen kann und auch keinen Herausgabeanspruch gem. § 1007 Abs. 1 BGB durchsetzen kann. Es gilt dann die Verlustvermutung des § 424 Abs. 1.[83] Keine vertragswidrige Ablieferung liegt vor, wenn der Absender oder Empfänger wissentlich oder fahrlässig den Eindruck erweckt, dass ein Dritter zur Empfangnahme berechtigt ist.

3. Sonderformen des Frachtgeschäftes. a) Containerverkehr. aa) Allgemeines. Das aus dem **49** englischen stammende Wort „**Container**" ist mit dem deutschen Begriff „**Behälter**" zu übersetzen. Container haben seit ihrer Einführung vor ca. 40 Jahren das gesamte Transportwesen beeinflusst und vorangetrieben. Die wirtschaftliche Bedeutung des Containers liegt darin, dass Güter **transportmittelunabhängig** „verpackt" werden können. Es ist nicht mehr notwendig, beim Güterumschlag die Güter einzeln umzuladen. Es wird einfach der gesamte Container umgeladen. Besondere Bedeutung spielt der Container für den **multimodalen Transport** (§§ 452 ff.) sowie für den **Huckepack-** und **Ro-Ro-Verkehr**.[84] Die am meisten verwendeten Container sind genormte ISO-Container.[85]

bb) Rechtsnatur des Containers. Der Container ist nach hM ein **Transportbehälter**. Er dient **50** als Hilfsmittel dem vereinfachten und effizienteren Warenumschlag, insbesondere beim Wechsel auf ein anderes Transportmittel. Als Transportbehälter ist der Container zugleich ein zum Schutz der Güter vor Transportschäden oder Diebstahl geeignetes **Verpackungsmittel**.[86] Als Verpackungsmittel bildet der Container mit dem Gut zusammen ein **einheitliches Frachtgut**, soweit er vom **Absender** gestellt wird.[87] Der Container kann auch das Gut selbst sein, etwa wenn der Absender einen leeren Container zur Beförderung aufgibt.[88] Übergibt der Absender nur das Gut dem Frachtführer, verwendet dieser dann einen Container, so ist der Container nicht Teil des zu befördernden Gutes.[89]

b) Huckepack-Verkehr, Ro-Ro-Verkehr.[90] Unter **Huckepack-Verkehr** versteht man die Be- **51** förderung des Containers auf einer Teilstrecke durch einen LKW, wobei der Container zum Zwecke der Weiterbeförderung auf einen Güterzug zusammen mit dem LKW weitertransportiert wird. Der Container wird also auf der Gesamtstrecke nicht umgeladen. **Ro-Ro-Verkehr** liegt vor, wenn der Container zusammen mit dem LKW auf einem Schiff weiterbefördert wird. Dabei wird ein einheitli-

---

[77] Vgl. dazu *Herber, Seehandelsrecht, 1999,* 242; *Rabe,* Seehandelsrecht, 4. Aufl. 2000, Vor § 556 Rn. 9.

[78] Oetker/*Paschke* Rn. 20.

[79] MüKoHGB/*Czerwenka* Rn. 11.

[80] Oetker/*Paschke* Rn. 21.

[81] Staub/*Schmidt* Rn. 33.

[82] OLG Hamburg Urt. v. 19.8.1982 – 6 U 59/82, TranspR 1984, 99 (100) = VersR 1983, 453 f.; Oetker/*Paschke* Rn. 21.

[83] Staub/*Schmidt* Rn. 35.

[84] Vgl. die Sonderregelung des Art. 2 CMR.

[85] Ausführlich *Thume* CMR Anh. III Rn. 8, 13.

[86] OLG Hamburg Urt. v. 29.6.1970 – 14 U 178/68, MDR 1970, 1016; OLG Hamburg Urt. v. 13.12.1979 – 6 U 134/79, VersR 1981, 1072; *Endrigkeit* VersR 1971, 999; *Thume* TranspR 1990, 41; *Thume* CMR Anh. III Rn. 22; *Alff* KVO § 29 Rn. 7; *Koller* Rn. 60.

[87] OLG Düsseldorf Urt. v. 8.3.1976 – 1 U 181/76, VersR 1976, 1161 [CMR]; OLG Hamburg Urt. v. 29.6.1970 – 14 U 178/68, MDR 1970, 1016 [KVO]; MüKoHGB/*Czerwenka,* 2. Aufl. 2009, Rn. 52; *Koller* Rn. 60; *Thume/ Thume* CMR Anh. III Rn. 25; Staub/*Helm,* 4. Aufl. 1993, § 429 Rn. 33; *Thume* TranspR 1990, 41 (46).

[88] OLG Düsseldorf Urt. v. 27.2.1987 – 18 U 217/86, TranspR 1987, 183.

[89] *Thume* TranspR 1990, 41 (46); *Thume/ Thume* CMR Anh. III Rn. 26; *Koller* Rn. 60.

[90] RoRo ist die Kurzbezeichnung für „Roll on/Roll off"; zur Haftung des Frachtführers bei RoRo-Beförderungen vgl. *Theunis* TranspR 1990, 263; *Thume/Fremuth* CMR Art. 2 Rn. 4, 49.

cher Frachtvertrag über die Beförderung des Gutes samt LKW geschlossen. In Art. 2 CMR sind besondere Regeln für die grenzüberschreitende Beförderung mit dem Kfz im Huckepackverkehr mit anderen Beförderungsmitteln getroffen.[91]

52   **c) Palettenverkehr. aa) Allgemeines.** Die meisten Paletten sind genormt und auf die Maße eines Containers abgestimmt. Die wohl gängigste Palette ist die **EURO-Palette.**[92] Ebenso wie der Container ist auch die Palette **Transporthilfsmittel.**[93] Die Palette bildet stets zusammen mit dem Gut eine Einheit (hM).[94] Um den gegenseitigen Austausch von Paletten gleicher Art und Güte zu gewährleisten, wurden **Palettenpools** gegründet.

53   **bb) Palettenvertrag.** Paletten werden zusammen mit dem Gut befördert. Beim Warenumschlag werden sie oftmals nicht zurückgegeben. Der Absender hat aber ein wirtschaftliches Interesse daran, als Ausgleich für „seine" Paletten solche gleicher Art, Anzahl und Güte zurückzubekommen. Nach allgM in Rspr. und Lit. ist der Palettenvertrag regelmäßig ein **Sachdarlehensvertrag** gem. § 607 BGB.[95]

54   Noch völlig ungeklärt ist die Frage, welche Voraussetzungen vorliegen müssen, um einen **Palettenvertrag** bejahen zu können. Ein allgemein anerkannter **Handelsbrauch** (§ 346) dahingehend, dass ein Frachtführer, der Güter auf Paletten übernimmt, anschließend Paletten gleicher Art, Anzahl und Güte wieder zurückzuführen hat, wird von der Rspr. und Lit. überwiegend abgelehnt.[96] Es empfiehlt sich somit, stets eine gesonderte Vereinbarung (Palettenvertrag) über die Rückführung von Paletten zu treffen.

55   **cc) Rechtsbeziehungen aus dem Palettenvertrag.** Aus der Einordnung des Palettenvertrages unter den Sachdarlehensvertrag (§ 607 BGB) ergibt sich, dass der Palettengeber einen vertraglichen **Anspruch** gegen den Palettennehmer auf **Rückführung** von Paletten **gleicher Art, Anzahl** und **Güte** hat. Ausreichend ist, wenn der Palettennehmer die Paletten am Ort seiner Niederlassung zur Abholung bereitstellt (§ 269 Abs. 2 BGB).[97] Der Palettengeber kann den Darlehensvertrag ohne Einhaltung einer Kündigungsfrist jederzeit mit sofortiger Wirkung **kündigen.** Die Kündigungserklärung kann auch konkludent erfolgen. In dem Rückgabeverlangen durch den Palettengeber ist regelmäßig eine Kündigungserklärung zu sehen.[98]

56   In der Praxis liegt dem Palettenvertrag bei wechselseitigen Rückgabeansprüchen regelmäßig eine **Kontokorrentabrede** (§ 355) zugrunde (sog. **Palettenkontokorrent**) mit der Folge, dass die Verjährung des Rückgabeanspruchs bis zur Saldoaufstellung nach §§ 203, 205 BGB gehemmt ist.[99]

57   **d) Subunternehmervertrag.** Der Frachtführer darf die von ihm übernommene Beförderungspflicht zum Gegenstand eines weiteren Vertrags machen, welchen er mit einem Subunternehmer abschließt. § 437 Abs. 1 S. 2 regelt den Fall, dass der Frachtführer das von ihm zur Beförderung übernommene Gut einem anderen Frachtführer übergibt. Der erstbeauftragte Frachtführer wird Haupt-, der zweite **Unterfrachtführer** genannt. Vertragliche Beziehungen bestehen nur zwischen beauftragendem und ausführendem Frachtführer. Vereinbarungen des beauftragenden Frachtführers mit dem Absender schlagen auf den ausführenden Frachtführer nur dann durch, wenn dieser der Erstreckung der Wirkungen schriftlich zugestimmt hat (vgl. § 437 Abs. 1 S. 2 HGB). Die Einschaltung des Unterfrachtführers berührt nicht die Verpflichtung des Hauptfrachtführers für den versprochenen Beförderungserfolg einzustehen.

58   **e) Lohnfuhrvertrag.** Der Subunternehmer, welcher die Beförderung ganz oder teilweise übernimmt, braucht mit dem erstbeauftragten Frachtführer nicht durch einen Frachtvertrag vertraglich

---

[91] Vgl. *Bahnsen* CMR Art. 2 Rn. 3.

[92] Thume/*Thume* CMR Anh. IV Rn. 4.

[93] BGH Urt. v. 15.1.1987 – I ZR 198/84, BGHZ 99, 321 = TranspR 1987, 178 = NJW 1987, 1641; OLG Frankfurt a. M. Urt. v. 5.10.1982 – 5 U 4/82, TranspR 1984, 245.

[94] *Eyl* TranspR 1984, 237; *Willenberg* TranspR 1985, 161; Thume/*Thume* CMR Anh. IV Rn. 2.

[95] OLG Frankfurt a. M. Urt. v. 5.10.1982 – 5 U 4/82, TranspR 1984, 245; KG Urt. v. 23.5.1985 – 2 U 6191/84, TranspR 1985, 299; OLG Karlsruhe Urt. v. 21.12.2017, 9 U 18/16, RdTW 2018, 222 (223); LG Offenburg Urt. v. 15.1.1985 – 1 S 88/84, TranspR 1985, 194; LG Karlsruhe Urt. v. 26.8.1988 – 9 S 132/88, TranspR 1989, 97; LG Köln Urt. v. 20.2.1981 – 11 S 306/80, TranspR 1985, 63; LG Bielefeld Urt. v. 31.10.1980 – O 231/80, TranspR 1985, 56; MüKoHGB/*Czerwenka*, 2. Aufl. 2009, Rn. 86; Oetker/*Paschke* Rn. 47; *Knorre/Schmid/Demuth*, Handbuch Transportrecht, 2008, B. III Rn. 57; Thume/*Thume* CMR Anh. IV Rn. 22; *Tunn* TranspR 1992, 263 (265); *Willenberg* TranspR 1985, 167.

[96] OLG Düsseldorf Urt. v. 11.1.1973 – 18 U 8/71, TranspR 1984, 251; OLG Düsseldorf Urt. v. 3.12.1992 – 18 U 77/92, TranspR 1993, 355 (356); LG Mannheim Urt. v. 16.5.1974 – 9 U 16/73, TranspR 1984, 256; *Willenberg* TranspR 1985, 251; *Koller* Rn. 55; Thume/*Thume* CMR Anh. IV Rn. 36; aA OLG Hamburg Urt. v. 15.7.1982 – 6 U 82/82, TranspR 1984, 249.

[97] OLG Celle Urt. v. 27.10.1993 – 2 U 152/92, TranspR 1994, 247; *Tunn* TranspR 1992, 265; *Thume* CMR Anh. IV Rn. 41.

[98] OLG Frankfurt a. M. Urt. v. 5.10.1982 – 5 U 4/82, TranspR 1984, 245; *Willenberg* TranspR 1985, 167; *Thume* CMR Anh. IV Rn. 44.

[99] OLG Frankfurt a. M. Urt. v. 5.10.1982 – 5 U 4/82, TranspR 1984, 245; OLG Frankfurt a. M. Urt. v. 14.2.1985 – 12 U 44/84, TranspR 1986, 354 (356) [CMR].

gebunden zu sein. Dem Unterauftrag kann auch ein sog. Lohnfuhrvertrag[100] zugrunde liegen. Als Lohnfuhrvertrag wird die Vertragsgestaltung bezeichnet, bei welcher der Subunternehmer ein „bemanntes" Fahrzeug zur beliebigen Ladung und Fahrt nach Weisung des Auftraggebers zur Verfügung stellt.[101] Der Lohnfuhrvertrag wird als gemischter Vertrag mit Elementen von Miete und Dienstverschaffung angesehen.[102] Fahrzeug und Fahrer bleiben in dem Betrieb des Subunternehmers eingegliedert, der die Verantwortung nach den Vorschriften des GüKG trägt. Da das Gut nicht in Obhut genommen wird, stellt der Lohnfuhrvertrag keinen Frachtvertrag dar.[103]

f) Rahmenfrachtverträge. Langfristig angelegte Vertragsbeziehungen werden im Transportgewer-   **59** be immer bedeutsamer. Vornehmlich größere Firmen arbeiten mit Frachtführern, Speditionen und Logistikunternehmen eng zusammen und gliedern diese in ihr Netzwerk ein. Die Leistung des Frachtführers erfolgt hier in Erfüllung seiner aus dem Dauerfrachtvertrag resultierenden wiederkehrenden Verpflichtung. Die Dauer der zu erbringenden Transportleistungen kann sich nach Fristen oder Terminen oder einem abzuwickelnden Vorhaben richten.[104] Vom Dauerfrachtvertrag unterscheidet sich der Rahmenvertrag dadurch, dass dieser lediglich die Bedingungen künftig abzuschließender einzelner Frachtverträge regelt, ohne selbst frachtrechtlichen Bestimmungen zu unterliegen.[105]

g) Multimodaler Transport (sog. Durchfrachtvertrag). Regelungsgegenstand der §§ 452 ff. ist   **60** der sog. **multimodale** oder **kombinierte Verkehr.** Hierunter sind solche Beförderungen zu verstehen, die nicht nur mit einem, sondern mit verschiedenartigen Beförderungsmitteln durchgeführt werden. In Rspr.[106] und Lit.[107] werden die Begriffe „multimodaler Verkehr" und „kombinierter Verkehr" oftmals synonym verwendet. Im neueren Schrifttum wird dem Begriff „kombinierter Verkehr" hingegen eine verkehrstechnische Bedeutung zugemessen, dem Begriff multimodaler Transport eine verkehrsrechtliche. Wesensmerkmal des so verstandenen kombinierten Verkehrs ist die Beförderung des Frachtgutes durch den Einsatz verschiedenartiger Verkehrsmittel ohne Wechsel des Transportgefäßes. Erfolgt dabei die Frachtbeförderung aufgrund eines *einheitlichen* Beförderungsvertrags, handelt es sich um einen multimodalen Transport. Ein segmentierter Durchfrachtvertrag liegt hingegen vor, wenn die Transportverpflichtung unter Einsatz verschiedener Transportmittel nicht durch einen einheitlichen Vertrag versprochen wird, sondern über jedes Detailsegment ein selbstständiger Vertrag abgeschlossen wurde.[108] Beim segmentierten Durchfrachtvertrag werden also mehrere unimodale Transportverträge hintereinander geschaltet. Merkmal des segmentierten Transports ist die Umladung des Frachtgutes. Der segmentierte oder gebrochene Transport wird häufig als unechter Durchfrachtvertrag ausgestaltet sein.[109] Verpflichten sich mehrere Transportunternehmer zur gemeinsamen Ausführung eines gesamten Transports, haftet jeder Einzelne von ihnen, aber nur für die Durchführung seines Transportabschnitts. Es liegt dann ein gemeinschaftlicher Durchfrachtvertrag vor.[110]

h) Gefahrguttransport. Der Transport gefährlicher Güter ist Gegenstand der Regelung des § 410.   **61** Erstmals im Frachtrecht wurde eine Sondervorschrift über die Beförderung gefährlicher Güter aufgenommen. Sie ist Art. 22 CMR nachgebildet. Zweck der Regelung ist der Schutz des Frachtführers.

i) Kurier- und Expressdienst. Sie schulden eine reibungslose Transportorganisation, daher Speditionsvertrag.[111] Bei **Haus zu Haus**-Sendungen liegt idR ein Frachtvertrag vor.[112]   **62**

j) Paketdienst. Speditionsvertrag ist anzunehmen, wenn speditionelle Leistungen neben einer   **63** Paketbeförderung vereinbart sind, Frachtvertrag bei privater Paketbeförderung.[113]

k) Postbeförderung. Der Postbeförderungsvertrag ist Frachtvertrag.[114]   **64**

---

[100] Zum Institut des Lohnfuhrvertrags *Temme,* TranspR 2012, 419; *Koller* TranspR 2013, 140; *Saller* TranspR 2017, 406.

[101] OGH Wien Urt. v. 8.9.1983 – 7 Ob 643/83, TranspR 1984, 281; BGH Urt. v. 3.6.1964 – Ib ZR 220/62, VersR 1964, 967 (968); BeckOK HGB/*G. Kirchhof* Rn. 10.

[102] Vgl. BGH Beschl. v. 4.4.2016 – I ZR 102/15, RdTW 2016, 215; *Koller* Rn. 18.

[103] Baumbach/Hopt/*Merkt* Rn. 14.

[104] MüKoHGB/*Czerwenka,* 2. Aufl. 2009, Rn. 83.

[105] BGH Urt. v. 2.12.1991 – II ZR 274/90, VersR 1992, 595; *Gass/Lange,* Rahmenverträge für interne Produktionsformen, 1999, 23.

[106] Vgl. insbes. BGH Urt. v. 24.6.1987 – I ZR 127/85, NJW 1988, 640 (642).

[107] *Ebenroth/Fischer/Sorek* VersR 1989, 769; *Herber* TranspR 1990, 4 (5); MüKoHGB/*Herber* Vor § 452 Rn. 2; *Braunack* TranspR 1980, 73.

[108] *Oetker/Paschke* Rn. 34.

[109] Vgl. Thume/*Fremuth* CMR Anh. II Rn. 50 ff.

[110] Vgl. *Ramming* Multimodaler Transport Rn. 3.

[111] OLG Düsseldorf Urt. v. 30.1.1997 – 8 U 163/95, TranspR 1997, 443; *Oetker/Paschke* Rn. 45.

[112] BGH Urt. v. 13.4.1998 – IZR 28/97, NJW-RR 1989, 270; OLG Düsseldorf Urt. v. 14.3.1991 – 18 U 271/90, TranspR 1991, 235 und OLG Karlsruhe Urt. v. 4.2.1993 – 15 U 114/93, TranspR 1994, 237.

[113] OLG Hamburg Urt. v. 25.5.1988 – 6 U 228/87, TranspR 1989, 55; OLG Düsseldorf Urt. v. 11.11.1993 – 18 U 46/93, NJW-RR 1994, 996.

[114] LG Bad Kreuznach Urt. v. 18.6.2002 – 1 S 195/01, TranspR 2002, 442 (443).

VI. Leistungsstörungen bei der Ausführung der Güterbeförderung

65 Das Verhältnis zwischen den allgemeinen Regeln des Leistungsstörungsrechts (§§ 275 BGB) und den besonderen frachtrechtlichen Leistungsstörungsregeln ist unklar. Aus dem Wortlaut des § 419 Abs. 1 S. 1 („Wird vor Ankunft des Gutes an der Ablieferungsstelle erkennbar, dass die Beförderung nicht vertragsgemäß durchgeführt werden kann …") könnte geschlossen werden, dass die Norm eine Definition des Beförderungshindernisses enthält,[115] welche einen Rückgriff auf das allgemeine Leistungsstörungsrecht verwehrt. Diesem Auslegungsergebnis stehen aber die Ausführungen der Begründung des Regierungsentwurfs zu § 415 entgegen,[116] denenzufolge der Absender sich neben dem Kündigungsrecht auch auf die Rechtsbehelfe des allgemeinen Schuldrechts stützen könne. Bei der Kodifikation des neuen Transportrechts und dem späteren Schuldrechtsmodernisierungsgesetz hat der Gesetzgeber übersehen, dieses Spannungsverhältnisses durch eine Vorrangregel iSd Art. 2 Abs. 1 EGHGB positiv aufzulösen. Um Wertungswidersprüche zu vermeiden, gilt es wie folgt zu differenzieren:

66 **1. Unmöglichkeit der Beförderung. a) Anfängliche Unmöglichkeit.** Liegt das Beförderungshindernis bereits bei Vertragsschluss vor und muss der Frachtführer nach § 275 BGB nicht leisten, steht die anfängliche Unmöglichkeit der Wirksamkeit des Frachtvertrags nicht entgegen (§ 311a Abs. 1 BGB).

67 **aa) Erkennen des anfänglichen Leistungshindernisses vor Annahme des Gutes.** Wird das Leistungshindernis vor der Annahme des Gutes festgestellt, greifen die frachtrechtlichen Sonderregeln nicht ein. Die Anwendbarkeit des § 419 setzt die Übernahme des Gutes voraus; Störungen vor der Verladung stellen demnach keine Beförderungshindernisse iSd § 419 dar.[117] Der Frachtführer wird folglich nach § 275 BGB von seiner Beförderungspflicht frei. Die Vergütungspflicht entfällt nach § 326 Abs. 1 BGB. Ein Rückgriff auf eine analoge Anwendung des § 420 Abs. 2 ist nicht geboten.[118] Ist der Absender bereits in Vorlage getreten, kann er vom Frachtführer nach § 346 Abs. 1 iVm § 326 Abs. 4 BGB die nicht geschuldete Fracht zurückverlangen. Dem Absender stehen ferner nach seiner Wahl ein Schadensersatzanspruch statt der Leistung nach § 311a Abs. 2 BGB oder ein Aufwendungsersatzanspruch nach 284 BGB zu, vorausgesetzt, dass der Frachtführer die Unkenntnis von dem anfänglichen Leistungshindernis zu vertreten hat.

68 **bb) Erkennen des anfänglichen Leistungshindernisses nach Annahme des Gutes.** Ab Annahme des Gutes durch den Frachtführer verdrängt § 419 die Regelungen über den Ausschluss der Leistungspflicht nach § 275 BGB. Die Verdrängung findet ihre Berechtigung darin, dass § 419 dem Absender bei Auftreten eines anfänglichen Beförderungshindernisses die Möglichkeit einräumt, den Vertrag durch einseitige Weisungen ggf. zu geänderten Bedingungen, anstelle eines Landtransports eine Beförderung mit Luftfahrzeug, durchführen zu lassen. Dem Absender steht jedoch bei Vertretenmüssen der Undurchführbarkeit des Transports auf Seiten des Frachtführers zumindest ein Schadensersatzanspruch nach §§ 311 Abs. 2, 280, 241 Abs. 2 BGB zu.[119]

69 **b) Nachträgliche Unmöglichkeit. aa) Nachträgliches Leistungshindernis vor der Übernahme des Gutes.** Soweit der Frachtführer das Gut noch nicht übernommen hat und keine Obhut begründet hat, führt ein nachträgliches Leistungshindernis nach § 275 BGB zum Erlöschen der Beförderungspflicht. § 419 greift mangels Übernahme des Gutes noch nicht ein.[120] Der Vergütungsanspruch des Frachtführers entfällt gem. § 326 Abs. 1 S. 1 BGB. § 420 Abs. 2 greift mangels Übernahme des Gutes als anderweitige Gefahrtragungsregel nicht ein.

70 **bb) Nachträgliches Leistungshindernis nach Übernahme des Gutes.** Nach Übernahme des Gutes greift das frachtrechtliche Leistungsstörungsrecht ein mit der Folge, dass § 275 BGB verdrängt ist.[121] Dem Absender steht dann das Weisungsrecht nach § 419 zu. Trotz des Weisungsrechts kann dem Absender ein Schadensersatzanspruch gegen den Frachtführer gemäß §§ 311 Abs. 2, 280, 241 Abs. 2

---

[115] *Fremuth* in Fremuth/Thume TranspR § 419 Rn. 3, der in § 419 Abs. 1 S. 1 sogar die Legaldefinition des Beförderungshindernisses sieht.

[116] BR-Drs. 368/97, 45.

[117] *Otte/Thyes* TranspR 2003, 221 (226); *Didier,* Risikozurechnung bei Leistungsstörungen im Gütertransportrecht, 2001, 214; *Andresen/Valder* § 419 Rn. 7; MüKoHGB/*Dubischar* § 419 Rn. 2; *Lammich/Pöttinger* § 419 Rn. 4. AA *Koller* § 419 Rn. 7.

[118] So aber *Braun,* Das frachtrechtliche Leistungsstörungsrecht nach dem Transportrechtsreformgesetz, 2002, 74; *Koller* Rn. 6.

[119] *Braun,* Das frachtrechtliche Leistungsstörungsrecht nach dem Transportrechtsreformgesetz, 2002, 298.

[120] OLG Düsseldorf Urt. v. 11.1.1973 – 18 U 8/71, TranspR 1984, 251; OLG Düsseldorf Urt. v. 3.12.1992 – 18 U 77/92, TranspR 1993, 355 (356); LG Mannheim Urt. v. 16.5.1974 – 9 U 16/73, TranspR 1984, 256; *Willenberg* TranspR 1985, 251; *Koller* Rn. 55; Thume/*Thume* CMR Anh. IV Rn. 36; aA OLG Hamburg Urt. v. 15.7.1982 – 6 U 82/82, TranspR 1984, 249. AA *Braun,* Das frachtrechtliche Leistungsstörungsrecht nach dem Transportrechtsreformgesetz, 2002, 235; *Koller* Rn. 93.

[121] *Koller* Rn. 88.

BGB zustehen.[122] Der Frachtführer kann nach § 420 Abs. 2 S. 2 Vergütung fordern, soweit der Transport für den Absender von Interesse war. Die dem Frachtführer günstigere Vorschrift des § 326 Abs. 1 S. 1 Hs. 2 ist dagegen verdrängt.

2. Schlechterfüllung. a) Fall der nicht vertragsgemäßen Beförderung (verbotenes Trucking). Befördert der Frachtführer das Gut unbeschädigt, aber nicht vertragsgemäß (zB verbotenes Trucking statt Luftbeförderung) an die Ablieferungsstelle, so kann der Absender die Fracht gem. §§ 634 Nr. 3, 638 BGB mindern.[123] **71**

b) Verletzung von Neben- und Schutzpflichten. Bei Verletzung von Neben- und Schutzpflichten haftet der Frachtführer nach § 280 BGB, wenn der Schaden nicht im Obhutszeitraum durch Verlust, Beschädigung des Gutes oder durch Lieferfristüberschreitung entstanden ist.[124] In allen anderen Fällen haftet er ausschließlich nach § 425. **72**

3. Zeitweilige Störungen und Verspätungen. a) Vor Übernahme des Gutes. Unterlässt der **Absender** vor der Übernahme des Gutes erforderliche Mitwirkungshandlungen, die zur Verzögerung der Beladung führen, so kann der Frachtführer entweder den Anspruch auf Standgeld nach § 412 Abs. 3 geltend machen oder den Frachtvertrag unter Nachfrist kündigen und seine Ansprüche auf Fautfracht oder Fracht, Standgeld und zu ersetzende Aufwendungen geltend machen (§§ 417 Abs. 2, 415 Abs. 2). Subsidiär stehen dem Frachtführer die Rechte aus §§ 643, 642 BGB zu, wenn zB der Absender nicht rechtzeitig eine transportrechtliche Ausfuhrgenehmigung besorgt.[125] **73**

Kann dagegen der **Frachtführer** das Gut zeitweilig nicht übernehmen, so kann der Absender den Frachtvertrag kündigen (§ 415 Abs. 2 S. 1). Der Absender bleibt jedoch zur Frachtzahlung nach § 415 Abs. 2 S. 2 verpflichtet, soweit die Störungsursache nicht dem Frachtführer zuzurechnen ist. Gerät der Frachtführer bei der Stellung des Beförderungsmittels zum vereinbarten Zeitpunkt in Verzug, kann der Absender seinen Verzögerungsschaden nach §§ 286, 280 BGB liquidieren.[126] Die bürgerlichen Vorschriften werden insoweit nicht verdrängt, da § 425 iVm § 431 Abs. 3 erst nach Übernahme des Gutes anzuwenden ist.[127] Stellt der Frachtführer das Beförderungsmittel nicht zur vereinbarten Zeit zur Verfügung und liegt ein sog. absolutes Fixgeschäft vor, kann der Absender vom Vertrag nach § 326 Abs. 5 BGB iVm § 323 BGB zurücktreten. Soweit ein relatives Fixgeschäft vereinbart ist, kann der Absender ohne Fristsetzung nach § 323 Abs. 1 BGB iVm § 323 Abs. 2 Nr. 2 BGB zurücktreten. **74**

b) Nach Übernahme des Gutes. Wird infolge der zeitweiligen Störung die Lieferfrist (§ 423) überschritten, haftet der Frachtführer ausschließlich nach § 425 iVm § 431 Abs. 3. Die Ansprüche aus Verzug nach §§ 280, 286 BGB werden insoweit verdrängt.[128] Dem Absender steht darüber hinaus auch kein Minderungsrecht nach §§ 634 Nr. 3, 638 BGB wegen der Verspätung zu.[129] Die Zulassung eines derartigen Minderungsrecht würde die speziellen Haftungsbegrenzungen der §§ 429 ff. umgehen.[130] **75**

Kommt es infolge unterlassener Mitwirkungshandlungen des Absenders nach Übernahme des Gutes zu zeitweiligen Störungen, stehen dem Frachtführer die Rechte aus §§ 412, 414, subsidiär aus §§ 642, 643 BGB zu. Bei schuldhafter Verletzung von Mitwirkungspflichten haftet der Absender nach § 280 BGB, soweit nicht der Anwendungsbereich des § 414 eröffnet ist. **76**

4. Vertragsbeendigung bei Erfüllungsverweigerung. a) Kündigung. Dem Absender steht im Falle der Erfüllungsverweigerung seitens des Frachtführers ein jederzeitiges Kündigungsrecht zu (§ 415). Im Falle einer sonstigen Pflichtverletzung seitens kann der Absender vom Frachtvertrag nach 324 BGB zurücktreten, wenn ihm ein weiteres Festhalten am Frachtvertrag unzumutbar ist.[131] **77**

Weigert sich der Absender, das Gut zu laden bzw. bereitzustellen, kann der Frachtführer den Frachtvertrag nach § 417 Abs. 2 kündigen. Außerhalb des Anwendungsbereichs des § 417 kann der Frachtführer den Frachtvertrag unter Setzung einer Nachfrist gem. § 643 BGB kündigen, wenn der Absender eine erforderliche Mitwirkungshandlung unterlässt. **78**

b) Rücktritt. Verweigert der Frachtführer die Erfüllung des Frachtvertrags, kann der Absender neben § 415 auch nach § 323 Abs. 1 BGB iVm § 323 Abs. 2 Nr. 2 BGB vom Frachtvertrag zurück- **79**

---

[122] So *Braun*, Das frachtrechtliche Leistungsstörungsrecht nach dem Transportrechtsreformgesetz, 2002, 298.
[123] *Koller* Rn. 104.
[124] *Koller* Rn. 117.
[125] *Braun*, Das frachtrechtliche Leistungsstörungsrecht nach dem Transportrechtsreformgesetz, 2002, 286.
[126] *Braun*, Das frachtrechtliche Leistungsstörungsrecht nach dem Transportrechtsreformgesetz, 2002,240; *Ramming* TranspR 2003, 419 (421).
[127] *Braun*, Das frachtrechtliche Leistungsstörungsrecht nach dem Transportrechtsreformgesetz, 2002,241, *Koller* Rn. 109.
[128] *Koller* Rn. 110.
[129] *Braun*, Das frachtrechtliche Leistungsstörungsrecht nach dem Transportrechtsreformgesetz, 2002,177; *Koller* Rn. 112.
[130] *Braun*, Das frachtrechtliche Leistungsstörungsrecht nach dem Transportrechtsreformgesetz, 2002,177. Ebenso zum internationalen Luftverkehr nach dem MÜ: *Reuschle* MÜ Art. 19 Rn. 57.
[131] Staub/*Schmidt* Rn. 87; *Koller* Rn. 115.

treten.[132] Der Rückgriff auf die allgemeinen Regeln der Erfüllungsverweigerung werden nicht von § 419 verdrängt, da diese an den Willen des Frachtführers anknüpfen und § 419 nur die Situation erfasst, dass die Beförderung nicht vertragsgemäß durchgeführt werden kann, nicht aber, dass der Frachtführer die Beförderung nicht ordnungsgemäß durchführen will.[133] Dabei ist gleichgültig, ob die Erfüllung des Frachtvertrags vor Übernahme des Gutes oder nach Übernahme des Gutes verweigert wird.[134]

VII. Internationales Privatrecht

80　　Das Frachtrecht ist durch eine starke internationale Prägung gekennzeichnet. Regelmäßig sind bei grenzüberschreitenden Transporten Übereinkommen wie die CMR, CIM und WA anzuwenden. So gilt die CMR in Deutschland als unmittelbar anwendbares deutsches Recht. Überwiegend enthalten internationale Übereinkommen zum Frachtrecht materielles Recht und nur ausnahmsweise Vorschriften zum internationalen Privatrecht. Materiell-rechtliche Vorschriften von internationalen Übereinkommen kommen ohne Rückgriff auf die Art. 27 ff. EGBGB oder – ab dem 17.12.2009 – auf die Art. 3, 5 Rom-I-VO[135] zur Anwendung. Soweit ergänzend nationales Recht zur Anwendung gelangen kann, so ist nach allgemeinen Grundsätzen die Frage des anwendbaren Rechts zu klären. Es gilt der Grundsatz der Privatautonomie. Haben die Parteien keine Rechtswahl getroffen, wird bei Frachtverträgen nach Art. 28 Abs. 4 EGBGB vermutet, dass der Vertrag mit dem Staat die engste Verbindungen aufweist, in welchem der Frachtführer im Zeitpunkt des Vertragsabschlusses seine Hauptniederlassung hat und in dem sich auch der **Verladeort** oder der **Entladeort** oder die Hauptniederlassung des Absenders befindet.[136] Hieran hält auch die Rom I-VO für Sachverhalte ab dem 17.12.2009 fest. Mangels Rechtswahl ist das Recht des Staates anwendbar, in dem der Beförderer seinen gewöhnlichen Aufenthaltsort hat, sofern sich in diesem Staat auch der Übernahmeort, der Ablieferungsort oder der gewöhnliche Aufenthaltsort des Absenders befindet. Liegen diese kumulativen Voraussetzungen nicht vor, zB bei Güterbeförderung durch eine Reederei in einem Billigflaggenstaat, so unterliegt ein Frachtvertrag dem Recht des Staates, in welchem der von den Parteien vereinbarte Ablieferungsort liegt.[137]

§ 408 Frachtbrief. Verordnungsermächtigung

(1) [1]**Der Frachtführer kann die Ausstellung eines Frachtbriefs mit folgenden Angaben verlangen:**

1. **Ort und Tag der Ausstellung;**
2. **Name und Anschrift des Absenders;**
3. **Name und Anschrift des Frachtführers;**
4. **Stelle und Tag der Übernahme des Gutes sowie die für die Ablieferung vorgesehene Stelle;**
5. **Name und Anschrift des Empfängers und eine etwaige Meldeadresse;**
6. **die übliche Bezeichnung der Art des Gutes und die Art der Verpackung, bei gefährlichen Gütern ihre nach den Gefahrgutvorschriften vorgesehene, sonst ihre allgemein anerkannte Bezeichnung;**
7. **Anzahl, Zeichen und Nummern der Frachtstücke;**
8. **das Rohgewicht oder die anders angegebene Menge des Gutes;**
9. **die bei Ablieferung geschuldete Fracht und die bis zur Ablieferung anfallenden Kosten sowie einen Vermerk über die Frachtzahlung;**
10. **den Betrag einer bei der Ablieferung des Gutes einzuziehenden Nachnahme;**
11. **Weisungen für die Zoll- und sonstige amtliche Behandlung des Gutes;**
12. **eine Vereinbarung über die Beförderung in offenem, nicht mit Planen gedecktem Fahrzeug oder auf Deck.**

[2]**In den Frachtbrief können weitere Angaben eingetragen werden, die die Parteien für zweckmäßig halten.**

(2) [1]**Der Frachtbrief wird in drei Originalausfertigungen ausgestellt, die vom Absender unterzeichnet werden.** [2]**Der Absender kann verlangen, daß auch der Frachtführer den Frachtbrief unterzeichnet.** [3]**Nachbildungen der eigenhändigen Unterschriften durch Druck**

---

[132] *Koller* Rn. 115.

[133] *Braun,* Das frachtrechtliche Leistungsstörungsrecht nach dem Transportrechtsreformgesetz, 2002, 78.

[134] *Koller* Rn. 115. AA *Braun,* Das frachtrechtliche Leistungsstörungsrecht nach dem Transportrechtsreformgesetz, 2002, 79: § 415.

[135] EG-VO Nr. 593/2008, ABl. 2008 L 177, 6.

[136] Vgl. *Basedow* ZHR 156 (1992), 413; Palandt/*Heldrich* EGBGB Art. 28 Rn. 6; *Hausmann* in Reithmann/Martiny IntVertragsR Rn. 2087 f.

[137] Palandt/*Thorn* Rom I Art. I 5 Rn. 7.

oder Stempel genügen. [4]Eine Ausfertigung ist für den Absender bestimmt, eine begleitet das Gut, eine behält der Frachtführer.

(3) [1]Dem Frachtbrief gleichgestellt ist eine elektronische Aufzeichnung, die dieselben Funktionen erfüllt wie der Frachtbrief, sofern sichergestellt ist, dass die Authentizität und die Integrität der Aufzeichnung gewahrt bleiben (elektronischer Frachtbrief). [2]Das Bundesministerium der Justiz und für Verbraucherschutz wird ermächtigt, im Einvernehmen mit dem Bundesministerium des Innern, für Bau und Heimat durch Rechtsverordnung, die nicht der Zustimmung des Bundesrates bedarf, die Einzelheiten der Ausstellung, des Mitführens und der Vorlage eines elektronischen Frachtbriefs sowie des Verfahrens einer nachträglichen Eintragung in einen elektronischen Frachtbrief zu regeln.

Schrifttum: *Basedow,* Der Transportvertrag. Studien zur Privatrechtsangleichung auf regulierten Märkten, 1987; *Freise,* Auswirkungen des neuen Frachtrechts auf die Eisenbahn, TranspR 1998, 89; *Freise,* Abschied vom Wertpapier? Dokumentenlose Wertbewegungen im Effekten-Gütertransport- und Zahlungsverkehr, Arbeiten zur Rechtsvergleichung, Schriftenreihe der Gesellschaft für Rechtsvergleichung Nr. 37, 1988, 83; *Heuer,* Das künftige Frachtrecht, TranspR 1988, 45; *Koller,* Die Abgrenzung zwischen Speditions- und Frachtverträgen, NJW 1988, 45; *Koller,* Rechtsnatur und Rechtswirkung frachtrechtlicher Sperrpapiere, TranspR 1994, 181; *Konow,* Frachtbrief – Ladeschein – Frachtbriefdoppel, DB 1972, 1613; *Müglich,* Probleme des Einsatzes neuer Informationstechniken im Transportrecht, TranspR 2000, 145; *Nielsen,* Auswirkungen der Transportrechtsreform auf die Änderungsfähigkeit von Transportdokumenten bei der Im- und Exportfinanzierung, TranspR 1999, 424; *Pelz,* Frachtbrief und Übergabe des Frachtgutes in ihrer Bedeutung für den Frachtvertrag, 1980; *Schuback,* Die Entwicklung der elektronisch übermittelten Bill of Lading, TranspR 1999, 41.

Parallelvorschriften: Art. 6 CMR, Art. 5–10 WA, Art. 4–7 MÜ, Art. 6, 7 CIM 1999; Art. 11 CMNI.

Übersicht

I. Allgemeines

Die Vorschrift regelt **Inhalt und Form des Frachtbriefs.** Sie lehnt sich an die Art. 5 ff. CMR und **1** Art. 6, 7 CMI 1999 an. Um den Parteien bei der Vertragsgestaltung einen größeren Freiraum einzuzuräumen, wurde das Modell des **Frachtbriefzwangs,** welches gem. § 10 KVO für innerstaatliche Straßentransporte und gem. § 55 EVO für innerstaatliche Güterbeförderungen mit Eisenbahnen galt, aufgehoben.[1] Im Hinblick auf die gegenwärtige Praxis wurde jedoch den Parteien die Möglichkeit eingeräumt, sich bei Bedarf für die Ausstellung eines Frachtbriefs als ein Dokument mit erhöhter Beweiskraft zu entscheiden. Für den Frachtbrief ist eine bestimmte Gestaltung nicht vorgeschrieben.

§ 408 Abs. 1 S. 1 definiert den Begriff des Frachtbriefs nicht. Nach Abs. 1 kann der Frachtführer **2** vom Absender die Ausstellung eines Frachtbriefes mit bestimmten Angaben verlangen. Die in Abs. 1 enthaltenen Frachtbriefangaben sind nur beispielhaft. Abs. 1 S. 2 eröffnet den Parteien nach Vorbild des Art. 6 Abs. 3 CMR ausdrücklich die Möglichkeit zur Aufnahme weiterer Angaben, wenn dies für die Vertragsgestaltung als zweckmäßig erachtet wird. Das Fehlen einzelner in Abs. 1 genannter Angaben führt nicht dazu, dass kein Frachtbrief im Sinne der Vorschrift vorliegt.[2] Unter einem Frachtbrief ist daher jede für den Frachtführer ausgestellte Urkunde zu verstehen, die mindestens eine

---

[1] Vgl. BR-Drs. 368/97, 34, Bericht SV-Kommission S. 49; Staub/*Schmidt* Rn. 1; *Koller* Rn. 1; *Müglich* TranspR 2000, 146.

[2] So ausdrücklich im internationalen Straßen-, Eisenbahn- und Luftfrachtrecht: Art. 4 S. 2 CMR, Art. 6 § 2 S. 2 CIM 1999, Art. 9 Hs. 1 MÜ.

der in § 408 Abs. 1 S. 1 enumerierten Angaben enthält und einen Bezug zu einem bestimmten Transport aufweist.[3] Der Frachtbrief ist **keine vertragskonstitutive Urkunde.**[4] Entsprechend § 426 aF ist der Frachtbrief als **Absenderpapier und Beweisurkunde** ausgestaltet.

3 Begriff und Rechtsnatur des Frachtbriefs unterscheiden sich innerhalb der einzelnen Frachtrechtsordnungen. Für den Seetransport wurde das sog. **Konnossement** entwickelt, welches die Ware „repräsentiert". Es ist ein echtes Wertpapier und verbrieft dem Inhaber seinen Besitzverschaffungsanspruch gegen den Frachtführer (§ 521).[5] Das Konnossement trägt dem Umstand Rechnung, dass bei langen (und vergleichsweise langsamen) Seetransporten ein praktisches Bedürfnis daran besteht, bereits vor Ankunft des Gutes darüber Verfügungen zu treffen. Das Gut bleibt somit auch während des Transportes verkehrsfähig und handelbar.[6] Eng an das Konnossement angelehnt ist der von der **FIATA**[7] entwickelte Frachtbrief für multimodale Transporte **(FIATA BILL OF LADING, FBL).**[8] Im Luftfrachtrecht ist die Bezeichnung **„Luftfrachtbrief (air waybill)"** üblich. In der Binnenschifffahrt wird der Begriff „Ladeschein" bevorzugt.[9]

4 Dieses (historische) Bedürfnis besteht regelmäßig nicht bei den anderen Verkehrsträgern, die sich entweder durch besonders schnelle Beförderungen (Lufttransporte) oder durch vergleichsweise kurze Transportstrecken (Landtransporte) auszeichnen. Aus diesem Grunde wurde der Frachtbrief im neuen Transportrecht nicht als Wertpapier ausgestaltet.[10] Er begleitet lediglich das Gut und ersetzt nicht die Übergabe des Gutes zur Übertragung des Eigentums.[11]

II. Ausfertigungen, Unterzeichnung und Sperrpapier

5 Der Frachtbrief ist nach § 408 Abs. 2, ebenso wie der Frachtbrief nach der CMR (Art. 5 Abs. 1 CMR) oder der Luftfrachtbrief nach dem MÜ (Art. 7 Abs. 1 MÜ),[12] in **drei Ausfertigungen** auszustellen. Eine Art. 5 Abs. 2 CMR entsprechende Regelung, wonach es den Parteien offen steht, in Sonderfällen eine größere Anzahl von Frachtbriefausfertigungen ausstellen zu können, wurde bewusst nicht ins HGB übernommen. Die Regelungen über den Frachtbrief unterliegen ohnehin der Dispositionsbefugnis der Parteien, sodass diese nach Bedarf von den abdingbaren gesetzlichen Frachtbriefregelungen abweichen können.[13]

6 Der Absender hat alle drei Ausfertigungen zu **unterzeichnen.** Diese Regelung ist notwendig, weil § 418 Abs. 4 auf die „Absenderausfertigung" Bezug nimmt. Erst alle drei Ausfertigungen (Originale) zusammen ergeben **einen einheitlichen Frachtbrief.** Die *erste* Ausfertigung verbleibt dem Absender, die *zweite* begleitet das Gut, und die *dritte* behält der Frachtführer (§ 408 Abs. 2 S. 4). Diese Reihenfolge ist jedoch nicht zwingend, weil die unterschriebenen Ausfertigungen rechtlich gleichwertig sind. Absenderausfertigung iSv § 418 Abs. 4 ist die Ausfertigung, die der Absender tatsächlich erhält.[14] Anders als nach Art. 5 Abs. 1 CMR oder Art. 6 Abs. 2 WA bedarf es zur wirksamen Ausstellung des Frachtbriefes nicht der Unterzeichnung durch den Frachtführer. Auf Verlangen des Absenders hat der Frachtführer jedoch den Frachtbrief ebenfalls zu unterzeichnen.[15] Es ist somit denkbar, dass es in der Praxis sowohl Frachtbriefe gibt, die nur vom Absender unterzeichnet sind als auch solche, die von beiden Parteien unterzeichnet sind. Aber nur der von beiden Parteien unterzeichnete Frachtbrief entfaltet die erhöhte Beweiswirkung des § 409.

7 **Nachbildungen der eigenhändigen Unterschrift** durch Aufdruck oder Stempelabdruck **(Faksimilestempel)** sind sowohl für den Absender als auch für den Frachtführer ausreichend (§ 408 Abs. 2 S. 3).[16] Den Bedürfnissen der Praxis soll angesichts der steigenden Bedeutung elektronischer Datenverarbeitung durch Erweiterung der **drucktechnischen** Gestaltungsmöglichkeiten Rechnung getragen werden. Durch das Drucken der Unterschrift oder das Setzen des Stempels bleibt die Zurechenbarkeit der „Unterschrift" zum Aussteller ausreichend gewährleistet. Durch das Wort „Nachbildungen" soll zum Ausdruck kommen, dass auch bei Ersetzung der eigenhändigen Unterschrift mindestens eine Faksimilierung der Unterschrift aus Gründen der Fälschungssicherheit er-

---

[3] GK-HGB/*Bracker/Janßen* Rn. 2; *Koller* Rn. 3.

[4] MüKoHGB/*Czerwenka*, 2. Aufl. 2009, Rn. 3; *Koller* Rn. 1.

[5] *Oetker/Paschke* Rn. 3.

[6] Vgl. *Rabe*, Seehandelsrecht, 4. Aufl. 2000, Vor § 642 Rn. 1–11.

[7] Internationaler Spediteurverband mit Sitz in Zürich (Fédération Internationale des Associations de Transitaires et Assimilés; International Federation of Freight Forwarders Associations).

[8] Abgedr. bei MüKoHGB/*Herber* FBL Anh. 5 zum 1. Teil. Zur Dokumentation des multimodalen Transports, *Franken*, Dingliche Sicherheiten und Dokumente des kombinierten Transports, 1982; *Koller* VersR 1982, 1 ff.

[9] *Nielsen* TranspR 1999, 424.

[10] *Müglich* TranspR Rn. 3; zur ähnlichen Problematik bei der CMR Thume/*Teutsch* CMR Art. 4 Rn. 23; MüKoHGB/*Jesser-Huß* CMR Art. 5 Rn. 13.

[11] BGH Urt. v. 4.6.1976 – I ZR 121/75, NJW 1976, 1746; MüKoHGB/*Czerwenka* Rn. 12.

[12] Vgl. Art. 6 Abs. 1 WA.

[13] Vgl. BR-Drs. 368/97, 36.

[14] Vgl. *Koller* Rn. 17; MüKoHGB/*Jesser-Huß* CMR Art. 5 Rn. 4.

[15] MüKoHGB/*Czerwenka* Rn. 15.

[16] *Basedow*, Der Transportvertrag. Studien zur Privatrechtsangleichung auf regulierten Märkten, 1987, 384 ff.

forderlich bleibt.[17] **Elektronische Unterschriften** werden von der Vorschrift nicht erfasst. Digitale Willenserklärungen scheitern an der Gesetzesvorschrift des § 126 BGB. Somit sind Rechtsgeschäfte, welcher der gesetzlichen Schriftform unterliegen, derzeit der digitalen Kommunikation entzogen.[18] Auch kann die eigenhändige Unterschrift nicht mittels elektronischer Signatur nach § 126a BGB ersetzt werden. Der Begriff des Frachtbriefs setzt drei Originalausfertigungen, verkörpert in einem papiermäßigen Dokument, voraus. Den unterschiedlichen Ausfertigungen kommen dabei verschiedene Funktionen zu, wie zB die Vorlage einer Frachtbriefausfertigung bei §§ 418 Abs. 4 und 6 HGB sowie bei § 421 Abs. 2 HGB zu. Das Transportrecht regelt diesbezüglich nicht, wie die elektronische Ausfertigung vorgelegt werden soll. Ferner fehlen Vorschriften darüber, wie die zweite Ausfertigung in elektronischer Form das Gut begleiten soll. Insofern ist es nicht möglich, die Unterschrift mittels elektronischer Signatur zu ersetzen.[19]

§ 409 Abs. 2 S. 2 ist ergänzend auf die Parallelvorschrift des Art. 5 Abs. 1 S. 2 aE CMR anzuwen- **8** den, da die **CMR** in dieser Frage auf das nationale Recht verweist.[20]

Im Frachtbrief kann vermerkt werden, dass bei nachträglichen Verfügungen über das Gut die **9** Absenderausfertigung des Frachtbriefes vorgelegt werden muss (§ 418 Abs. 4). Der Frachtbrief entfaltet dann die Wirkung eines **Sperrpapiers,** sofern er zudem von beiden Parteien des Beförderungsvertrages unterzeichnet ist. Es bedarf also stets einer besonderen Vereinbarung zwischen den Beteiligten, welche in dem von beiden Seiten unterzeichneten Frachtbrief niedergelegt sein muss.

III. Funktionen des Frachtbriefes

Die Bedeutung des Frachtbriefes liegt in seiner Funktion als **Informationsträger** für die am **10** Frachtgeschäft beteiligten Personen.[21] Durch seine Angaben (§ 408 Abs. 1 S. 1 Nr. 1–12) unterrichtet er etwa über Anzahl der Güter, Gewicht, Weisungen für die Zollbehandlung oder über die Transportstrecke. Er dokumentiert maW den Inhalt des Frachtvertrages, wie er zwischen den Parteien vereinbart wurde. Insoweit kommt dem Frachtbrief eine **Beweisfunktion** zu.[22] Insoweit entspricht der Frachtbrief des HGB demjenigen der CMR. Schließlich übernimmt er die Funktion einer **Quittung**[23] (§§ 368 ff. BGB; § 17 EGZPO) für die Menge und den Zustand des übernommenen Gutes (§ 409 Abs. 3).

IV. Neuere Entwicklungen im Bereich der Dokumentation

Die transportrechtliche Praxis geht zunehmend dazu über, nicht verkörperte, elektronisch erzeugte **11** Frachtbriefe auszustellen und die auf ihnen enthaltenen Informationen über Datenleitungen zu übermitteln. Dies bringt den Vorteil, dass alle Informationen nahezu gleichzeitig überall verfügbar sind.[24] Noch nicht abgeschlossen ist die Entwicklung im Bereich der Verwendung von elektronisch erzeugten Dokumenten für das **Dokumentenakkreditiv** und das Dokumenteninkasso.[25] Die den Parteien eingeräumten Gestaltungsmöglichkeiten zur Unterzeichnung des Frachtbriefes (Druck, Stempel) tragen diesen Entwicklungen und der stets steigenden Bedeutung der elektronischen Datenverarbeitung (EDV) für den Bereich Transportdokumentation weitgehend Rechnung.

Die durch die Reform des Seehandelsrechts[26] neu inkorporierte Vorschrift des § 408 Abs. 3 **11a** ermöglicht, anstelle eines papiergebundenen Frachtbriefs einen elektronischen zu verwenden. Das nationale Frachtrecht trägt damit den internationalen Bestrebungen Rechnung, die Erstellung und Verwendung elektronischer Frachtbriefe zuzulassen. So regelt das Montrealer Übereinkommen ansatzweise die Verwendung alternativer Frachtbriefdokumente in Art. 4 Abs. 2 MÜ. Ebenso kann nach Art. 6 § 9 CIM 1999 der Frachtbrief „auch in elektronischer Datenaufzeichnung" bestehen. Das Zusatzprotokoll zum Übereinkommen über den Beförderungsvertrag im internationalen Straßengüterverkehr (CMR) betreffend den elektronischen Frachtbrief vom 20.2.2008 ist völkerrechtlich noch nicht in Kraft getreten.

Voraussetzung für die Verwendung eines elektronischen Frachtbriefs ist, dass die Gleichwertigkeit **11b** mit dem herkömmlichen Frachtbrief gewährleistet ist. Dementsprechend verlangt der neue **Absatz 3,**

---

[17] Vgl. BR-Drs. 368/97, 36.

[18] *Koller* AcP 182 (1982), 126; *Koller* Rn. 12 für eine Analogie bzgl. einer elektronischen Unterschrift; *Schmitthoff/ Ramberg,* International Carriage of Goods, some legal problems and possible solutions, 1988, 34; *Müglich* TranspR §§ 408, 409 Rn. 22; *Schuback* TranspR 1999, 41 (42 f.).

[19] MüKoHGB/*Czerwenka* Rn. 22.

[20] HK-HGB/*Ruß* Rn. 1, *Müglich* TranspR Rn. 3. Vgl. zur CMR auch Staub/*Reuschle* CMR Art. 5 Rn. 22; *Koller* CMR Art. 5 Rn. 3; *Thume/ Teutsch* CMR Art. 5 Rn. 13.

[21] Die Eigenschaft als Instruktionspapier betonend MüKoHGB/*Czerwenka,* 2. Aufl. 2009, Rn. 8; *Koller* Rn. 2.

[22] MüKoHGB/*Czerwenka,* 2. Aufl. 2009, Rn. 4 ff.

[23] Zur Quittungsfunktion des Frachtbriefs vgl. *Lenz* StraßengütertranspR Rn. 223, MüKoHGB/*Czerwenka,* 2. Aufl. 2009, Rn. 7 sowie BR-Drs. 368/97, 34.

[24] *Basedow,* Der Transportvertrag. Studien zur Privatrechtsangleichung auf regulierten Märkten, 1987, 375.

[25] *Basedow,* Der Transportvertrag. Studien zur Privatrechtsangleichung auf regulierten Märkten, 1987, 350.

[26] BT-Drs. 17/10309, 52.

dass die elektronische Aufzeichnung, um als elektronischer Frachtbrief qualifiziert werden zu können, dieselben Funktionen erfüllen muss wie der papiergebundene Frachtbrief und dass die Authentizität und die Integrität der Aufzeichnung stets gewahrt bleiben müssen.[27] Kernfunktionen des Frachtbriefs sind dabei seine Beweis- und die Instruktionsfunktion neben einer etwaigen Sperrfunktion nach § 418 Abs. 4. Bei Ausstellung eines elektronischen Frachtbriefs muss die elektronische Signatur durch die Parteien diese eindeutig identifizieren. Da bei der Verwendung elektronischer Frachtbriefe keine Ausfertigung auf Papier vorliegt, welche das Gut begleitet (§ 408 Abs. 2 S. 4 Hs. 2), ist dieses Erfordernis entgegen der Gesetzesbegründung zur Seehandelsrechtsreform nicht weiter zu berücksichtigen. Internationale Rechtsinstrumente wie das Montrealer Übereinkommen haben insoweit bewusst auf die Formulierung der begleitenden Ausfertigung verzichtet.[28] Der elektronische Frachtbrief muss jedoch die Qualität eines Sperrpapiers aufweisen können. Hierzu ist die Möglichkeit der Vorlage nach § 418 Abs. 6 sicherzustellen. Der Vorlageverpflichtung ist genügt, wenn dem Absender die Möglichkeit geschaffen wird, in das elektronische Dokument einen Sperrvermerk einzutragen und für den Frachtführer die Einsichtsmöglichkeit in das virtuelle Dokument uneingeschränkt gewährleistet wird. **Abs. 3 S. 1** sieht aufgrund der Schnelllebigkeit der elektronischen Kommunikationsmittelwege keine starren Regeln vor. Nach **Abs. 3 S. 2** sind die Einzelheiten zur Frage der Authentizität und Integrität der Aufzeichnung in einer Rechtsverordnung zu regeln.

V. Inhalt des Frachtbriefes und Zeitpunkt der Ausstellung

12   Das Fehlen einzelner der in S. 1 Nr. 1–12 geforderten Frachtangaben führt nicht dazu, dass kein eigentlicher Frachtbrief mehr vorliegen würde. Anders als bei Art. 9 WA wird auch das Fehlen einzelner in S. 1 Nr. 1–12 niedergelegter Angaben im Frachtbrief nicht sanktioniert.[29] Die in § 408 enthaltenen Angaben sind nicht abschließend („… können weitere Angaben eingetragen werden"). Die Vorschrift enthält nur eine beispielhafte Aufzählung von möglichen Frachtbriefangaben, die in der Praxis besonders häufig vorkommen. Abs. 1 S. 2 sieht entsprechend Art. 6 Abs. 3 CMR nach Bedarf die Aufnahme weiterer Frachtbriefangaben vor.

13   § 408 regelt nicht, wann der Frachtführer die Ausstellung des Frachtbriefs verlangen kann. Berücksichtigt man die Funktion des Frachtbriefes als Begleitpapier, so muss der Frachtführer jedenfalls so rechtzeitig die Ausstellung eines Frachtbriefs verlangen, dass dieser bei der Übernahme des Guts vorliegen kann. In der Praxis wird der Frachtführer häufig den Frachtbrief selbst vorbereiten und bei der Übernahme der Ware dem Absender zur Unterzeichnung vorlegen.

VI. Die einzelnen Frachtbriefangaben

14   **1. Ort und Tag der Ausstellung, Name und Anschrift des Absenders sowie des Frachtführers (Nr. 1–3).** Diese Angaben entsprechen Art. 6 Nr. 1a–1c CMR. Der im Frachtbrief eingetragene Ausstellungstag spricht nicht dafür, dass der Frachtvertrag ebenfalls an diesem Tag geschlossen wurde,[30] weil dieser ein **Konsensualvertrag** ist. Die Angaben zu Name und Anschrift des Absenders und Frachtführers bestimmen nicht materiell, wer dies ist. Name und Anschrift des Absenders haben lediglich Bedeutung für die Vermutungswirkung des § 409, die Haftung des Absenders sowie für das nachträgliche Weisungsrecht gem. § 418 Abs. 2. Die Absenderstellung kann mit allen zulässigen Beweismitteln bewiesen werden. Name und Anschrift des Frachtführers erleichtern ua die Bestimmung der Passivlegitimation. Einzutragen ist der Name der Person, die die Ausstellung des Frachtbriefs verlangt, nicht dagegen die Namen der Unterfrachtführer.[31] Der Name des Versenders (§ 453 Abs. 2) ist ebenso wenig wie derjenige des Abladers aufzunehmen.[32]

15   **2. Stelle und Tag der Übernahme, Ablieferungsstelle (Nr. 4).** Die Bezeichnung „Stelle" gewährleistet eine größere Genauigkeit zur Bestimmung des exakten geographischen Ortes durch Angabe von Straße und Hausnummer.[33] Kann eine konkrete Stelle für Übernahme und Ablieferung nicht angegeben werden, so ist dies unschädlich. Insoweit genügt ohne weiteres die Angabe des Ortes.[34]

16   **3. Name und Anschrift des Empfängers und Meldeadresse (Nr. 5).** S. 1 Nr. 5 nennt neben den Angaben von Namen und Anschrift des Empfängers auch eine etwaige Meldeadresse, dh eine Anschrift zur Kontaktaufnahme für den Frachtführer, unter der dieser seine **Entladebereitschaft**

---

[27] Vgl. Begr. des Gesetzentwurfs zur Reform des Seehandelsrechts, 94.
[28] Vgl. *Reuschle* MÜ Art. 7 Rn. 3.
[29] Nach Art. 9 WA 1929 führt das Fehlen von Angaben nach Art. 8a–l und q WA 1929 dazu, dass sich der Luftfrachtführer nicht mehr auf Haftungsausschlüsse und Haftungsbeschränkungen berufen kann.
[30] *Koller* Rn. 4.
[31] GK-HGB/*Bracker/Janßen* Rn. 6.
[32] *Koller* Rn. 5; Oetker/*Paschke* Rn. 8.
[33] BR-Drs. 368/97, 34; *Koller* Rn. 8; *Koller* CMR Art. 6 Rn. 5; Thume/*Teutsch* CMR Art. 6 Rn. 7.
[34] MüKoHGB/*Czerwenka*, 2. Aufl. 2009, Rn. 27; GK-HGB/*Bracker/Janßen* Rn. 7.

anzeigen und ggf. zusätzliche Weisungen einholen kann. Der Empfänger ist nicht Partei des Beförderungsvertrages. Nach Ankunft des Gutes an der Ablieferungsstelle erlischt das Verfügungsrecht des Absenders gem. § 418 Abs. 2 und geht auf den Empfänger über. Dem Empfänger stehen dann auch die in § 421 genannten Rechte zu. Die Bestimmung des Empfängers kann einer nach Ankunft des Gutes an der Ablieferungsstelle einzuholenden Weisung überlassen werden.[35]

Das Institut der **Meldeadresse,** welches für **Binnenschifffahrtstransporte** aus dem Ladeschein **17** und für Seetransporte aus dem Konnossement[36] bekannt ist, erlaubt eine flexiblere Vertragsabwicklung, ohne dass alle Einzelheiten von Übernahme und Ablieferung im Voraus festgelegt werden müssten.[37] Der Hinweis auf die Meldeadresse trägt insbesondere auch den Besonderheiten der Binnenschifffahrt Rechnung, wonach bei Ausstellung des Frachtbriefs die Modalitäten der Empfangnahme regelmäßig noch nicht feststehen.[38] Die unter notify address angegebene Person ist in der Regel nicht der Empfänger, vor allem dann nicht, wenn gerade eine andere Person als der Empfänger angegeben wurde.[39]

4. Bezeichnung von Gut, Verpackung und Gefahrgut (Nr. 6). Diese Angaben entsprechen **18** Art. 6 Nr. 1 f. CMR. Anzugeben ist die übliche Bezeichnung der Art des Gutes und der Verpackung.[40] Allgemein anerkannte Bezeichnungen für die Art der Verpackung sind etwa die Begriffe „Kiste", „Sack", „Tonne", „Container", „Karton". Ebenfalls üblich ist die Bezeichnung „colis" oder „Kollo" für Packstücke iSv Gütereinheiten. Die Bezeichnung des Gutes und der Verpackung ist wichtig für die **Beweiswirkung** nach § 409 Abs. 2. Danach begründet der von beiden Parteien unterzeichnete Frachtbrief die Vermutung, dass das Gut und seine Verpackung bei der Übernahme durch den Frachtführer in äußerlich gutem Zustand waren, es sei denn, es wurde ein begründeter Vorbehalt aufgenommen. Im Falle ungenügender Verpackung kann sich der Frachtführer auf den **besonderen Haftungsausschlussgrund** des § 427 Abs. 1 Nr. 2 berufen. Die Bezeichnung von **Gefahrgut** erfolgt in der Praxis unter Verwendung der entsprechenden Vorschriften über gefährliche Güter,[41] soweit nicht andere allgemeingültige und verständliche[42] Bezeichnungen verlangt werden. Die schlichte Angabe der chemischen Bezeichnung genügt dabei regelmäßig nicht den Anforderungen[43] (zur Beförderung gefährlichen Guts vgl. § 410).

5. Anzahl, Zeichen und Nummern der Frachtstücke (Nr. 7). Diese Angaben entsprechen **19** Art. 6 Nr. 1g CMR. Sie haben nur Bedeutung für Beförderungen über Stückgut. Der von beiden Parteien unterzeichnete Frachtbrief begründet gem. § 409 Abs. 2 die Vermutung, dass die Anzahl der Frachtstücke, ihre Zeichen und Nummern mit den Angaben im Frachtbrief übereinstimmen. Die Vermutungswirkung entfällt, wenn der Frachtbrief einen begründeten Vorbehalt enthält. Fehlen diese Angaben oder sind sie mangelhaft, so haftet der Absender dem Frachtführer nach § 414 ohne Rücksicht auf ein etwaiges Verschulden.

6. Rohgewicht oder Menge des Gutes (Nr. 8). Die Mengen und Gewichtsbezeichnungen nach **20** S. 1 Nr. 7 und 8 entsprechen den in Art. 6 Nr. 1g und 1h CMR. Unter „Rohgewicht" versteht man das Nettogewicht des Gutes zuzüglich des Verpackungsgewichts (Tara, § 380),[44] wobei das Gewicht der Ladehilfen nicht mitzurechnen ist.[45] Unwägbare Güter sind der Menge nach anzugeben. Im Übrigen ist die Mengenangabe in Raumeinheiten nur zulässig, wenn dies, wie bei der Beförderung von Flüssigkeiten, handelsüblich ist.[46] Die Angabe des Rohgewichts hat Bedeutung für die Berechnung des Haftungshöchstbetrages nach §§ 431, 433 sowie zur Bestimmung der Fracht. Sie dient zudem der Information des Frachtführers, dass das zulässige Gesamtgewicht des Transportmittels nicht überschritten wird.

7. Kosten der Beförderung, Zahlungsbedingungen (Nr. 9). Diese Vorschrift lehnt sich an **21** Art. 6 Nr. 1i CMR an. Sie betrifft Angaben über die zu zahlende Fracht und die bei Ablieferung

---

[35] Oetker/*Paschke* Rn. 12.

[36] Sog. „notify address".

[37] BR-Drs. 368/97, 35; Oetker/*Paschke* Rn. 13.

[38] BR-Drs. 368/97, 35 und Bericht SV-Kommission S. 49.

[39] OLG Karlsruhe Urt. v. 25.2.1999 – 9 U 108/96, TranspR 1999, 349 (350).

[40] *Koller* Rn. 9.

[41] Vgl. insbes. die VO über die innerstaatliche und grenzüberschreitende Beförderung gefährlicher Güter auf Straßen (GefahrgutVO Straße-GGVS) idF der Bek. v. 18.7.1995, BGBl. 1995 I 1025; die VO über die innerstaatliche und grenzüberschreitende Beförderung gefährlicher Güter mit Eisenbahnen (GefahrgutVO Eisenbahn-GGVE) idF der Bek. v. 15.12.1995, BGBl. 1995 I 1852; die VO über die Beförderung gefährlicher Güter auf dem Rhein (ADNR) idF der Bek. v. 30.6.1977, BGBl. 1977 I 1119; das Europäische Übereinkommen v. 30.9.1957 über die internationale Beförderung gefährlicher Güter auf der Straße (ADR), BGBl. 1969 II 1489.

[42] *Loewe* ETR 1976, 503 (529).

[43] *De Gottrau* TranspR 1988, 320 (321).

[44] MüKoHGB/*Czerwenka*, 2. Aufl. 2009, Rn. 37; *Koller* Rn. 11; *Thume*/*Teutsch* CMR Art. 6 Rn. 15.

[45] GK-HGB/*Bracker/Janßen* Rn. 11; *Koller* Rn. 11; Oetker/*Paschke* Rn. 17; Ladehilfen stets einbeziehend *Koller* Rn. 11; Staub/*Schmidt* Rn. 18.

[46] *Koller* Rn. 11.

anfallenden Kosten der Beförderung. Durch diese Angabe wird der Empfänger darüber informiert, in welcher Höhe ihn eine Frachtzahlungsverpflichtung betrifft.[47] Unter den Begriff der Fracht fallen auch Frachtzuschläge sowie vertraglich vereinbarte Extrazuschläge.[48] Auch eventuelle Freivermerke sind auf Verlangen des Frachtführers in den Frachtbrief einzutragen. Nach allgemeinem Verständnis sind Kosten Aufwendungen iSv freiwilligen Vermögensopfern (§ 670 BGB).[49] Zu den Kosten der Beförderung zählen zB die Auslagen der Grenz- oder Empfangsspediteure, Mehrkosten für Umwege oder für den Einsatz von technischem Gerät für die Entladung des Gutes und auch die Einfuhrumsatzsteuer.[50] Kosten müssen nicht exakt ausgewiesen werden.[51] Es ist ausreichend, wenn der Umfang der Zahlungspflicht erkennbar ist.[52] Die Vorschrift trägt dem praktischen Bedürfnis nach Frankaturvermerken (→ § 420 Rn. 9) sowie dem Bedürfnis nach Dokumentation der Zahlungsabreden zu späteren Beweiszwecken Rechnung.[53] Für den Empfänger liegt die Bedeutung der Aufnahme der Kosten in der Feststellung der ihn bei Annahme des Guts treffenden Zahlungsverpflichtung sowie in der Ermittlung eines möglichen Verspätungsschadens, welcher nach § 431 Abs. 3 auf das dreifache der Fracht begrenzt ist. Sind die vereinbarten Zahlungsabreden lückenhaft, trifft § 420 Regelungen für die Frachtberechnung. Haben die Parteien keine Vergütungsabrede getroffen, so sind die üblichen Entgelte vereinbart (§ 632 BGB, § 354). Hilfsweise sind angemessene Entgelte geschuldet (§ 315 BGB). Zur Bestimmung der Vergütung vgl. auch im einzelnen Ziff. 16 ADSp 2017. Fehlen Vereinbarungen über den Frachtpreis, bestimmt sich die Frachtberechnung nach § 420 Abs. 4.

22 **8. Nachnahme (Nr. 10).** Die Vorschrift über die Nachnahme findet Anlehnung an Art. 6 Abs. 2c CMR. Die Nachnahme ist für den Frachtführer eine Geschäftsbesorgung, sodass ergänzend die §§ 675, 667 BGB zur Anwendung kommen. Durch die Nachnahmevereinbarung verpflichtet sich der Frachtführer zugunsten des Absenders, die Aushändigung des Gutes an den im Frachtbrief bezeichneten oder durch Weisung des Absenders (§ 418) bestimmten Empfänger von der gleichzeitigen Bezahlung des Nachnahmebetrages abhängig zu machen.[54] Die Nachnahme ist im Zweifel in bar einzuziehen (§ 422 Abs. 1). Die Nachnahmevereinbarung muss so eindeutig erklärt werden, dass ein gut ausgebildeter Fahrer des Frachtführers sie verstehen kann.[55] Sie kann im Landfrachtrecht **formfrei** vereinbart werden. Gleiches gilt für Aufwendungen von Personen, die nicht Partei des Frachtvertrages sind (etwa ein Zollspediteur oder Grenzspediteur).[56] Nachnahmevereinbarungen beziehen sich regelmäßig auf den Kaufpreis (Warennachnahme). Dagegen werden nach allgemeiner Meinung durch Art. 6 Abs. 2 lit. c CMR die Transportkosten **(sog. Frachtnachzahlungen)** nicht erfasst, da diese bereits in Art. 6 Abs. 1 lit. i und Abs. 2 lit. b erwähnt sind.

23 Für Fehler bei der Einziehung der Nachnahme haftet der Frachtführer gegenüber dem Absender nach § 422 Abs. 1 **verschuldensunabhängig** bis zur Höhe des Nachnahmebetrages. Das aufgrund der Einziehung Erlangte gilt im Verhältnis zu den Gläubigern des Frachtführers als auf den Absender übergegangen. Diese Bestimmung hat ihren Ursprung im Kommissionsrecht (vgl. § 392 Abs. 2 HGB).

24 **9. Weisungen (Nr. 11).** Die Vorschrift über Weisungen entspricht Art. 6 Abs. 1j CMR. Sie betrifft Angaben über die Zoll- und sonstige amtliche Behandlung des Gutes. Werden Weisungen im Zeitpunkt der Ausstellung in den Frachtbrief eingetragen, so nehmen diese Angaben an der Beweiswirkung nach § 409 Abs. 1 teil. Dies bedeutet, dass sie bis zum Beweis des Gegenteils Vertragsbestandteil geworden sind. Nicht in den Frachtbrief eingetragene Weisungen sind nicht unwirksam.[57] Werden Weisungen unrichtig oder unvollständig in den Frachtbrief eingetragen, so haftet der Absender dem Frachtführer gegenüber verschuldensunabhängig nach § 414 Abs. 1 Nr. 2. Dem Absender steht es frei, in den Grenzen des § 418 auch nachträglich auf den Transportverlauf Einfluss zu nehmen.

25 **10. Offene Beförderungen, Beförderungen auf Deck (Nr. 12).** Diese Vorschrift findet kein Vorbild in der CMR. Sie sichert dem Frachtführer das Recht, Vereinbarungen bei offenem, nicht mit

---

[47] Vgl. BT-Drs. 17/10309, 52.

[48] AA MüKoHGB/*Czerwenka*, 2. Aufl. 2009, Rn. 40, die übersieht, dass die von ihr genannten „Kosten" Bestandteile der Frachtführervergütung sind.

[49] AA MüKoHGB/*Czerwenka*, 2. Aufl. 2009, Rn. 40.

[50] BGH Urt. v. 25.4.1991 – III ZR 74/90, TranspR 1991, 312 (315) [CMR]; BGH Urt. v. 23.1.1970 – I ZR 35/69, NJW 1970, 604 [KVO]; OLG Düsseldorf Urt. v. 11.12.1980 – 18 U 112/80, TranspR 1982, 13 (15) = VersR 1981, 1082 = NJW 1981, 1910 [CMR].

[51] Staub/*Schmidt* Rn. 20.

[52] BGH Urt. v. 25.4.1991 – III ZR 74/90, VersR 1991, 1037 (1039); aA OGH Wien Urt. v. 3.10.1973 – 7 Ob 148/73, TranspR 1978, 78.

[53] BR-Drs. 368/97, 35.

[54] BGH Urt. v. 10.2.1982 – I ZR 80/80, BGHZ 83, 96 (100) = TranspR 1982, 74 = VersR 1982, 543 = NJW 1982, 1982; BGH Urt. v. 10.10.1991 – I ZR 193/89, TranspR 1992, 100 (101) = VersR 1992, 383; OLG Hamburg Urt. v. 18.4.1991 – 6 U 244/90, TranspR 1991, 297 = VersR 1992, 902; OLG Düsseldorf Urt. v. 19.6.1986 – 18 U 29/86, TranspR 1986, 336 (337); OLG Düsseldorf Urt. v. 21.4.1994 – 18 U 142/90, RIW 1994, 547.

[55] Thume/*Fremuth*/*Seltmann* CMR Art. 21 Rn. 19.

[56] OGH Wien Urt. v. 5.5.1983 – 7 Ob 529/83, TranspR 1984, 42.

[57] *Herber*/*Piper* Rn. 15; *Koller* Rn. 16; MüKoHGB/*Jesser-Huß* CMR Art. 6 Rn. 24.

Planen abgedecktem Fahrzeug oder bei Beförderungen auf Deck eines Binnenschiffes auf sein Verlangen in den Frachtbrief eintragen zu lassen.[58] Dies soll dem Umstand Rechnung tragen, dass bei Durchführung solcher Transporte ein **besonderes Schadenrisiko** für die dem Frachtführer übergebenen Güter besteht. Die Güter sind bei solchen Transporten gesteigert äußeren Einflüssen ausgesetzt wie etwa Nässe, Witterung, Diebstahl oder bei Schiffsbeförderungen der Gefahr durch Überbordspülen oder Beschädigung durch Wasser. Es besteht für Absender und Empfänger das Bedürfnis, sich diese besonderen Gefahrenquellen bewusst zu machen. Die schriftliche Fixierung im Frachtbrief erfüllt somit zusätzlich eine **Informations- und Warnfunktion.**

Die offene Beförderung ist nach § 427 Abs. 1 Nr. 1 für den Frachtführer ein **besonderer Haf-** 26 **tungsausschlussgrund,** soweit eine offene Beförderung zwischen den Parteien ausdrücklich vereinbart wurde. Durch Eintragung in den Frachtbrief kommt dem Frachtführer dabei die Vermutungswirkung nach § 409 Abs. 1 zustatten. Beruht hingegen die offene Beförderung oder die Decksverladung auf der eigenmächtigen Entscheidung des Frachtführers, so ist für eine Haftungsbefreiung kein Raum. Der Frachtführer kann sich unabhängig von einer gesonderten Vereinbarung auch auf den Haftungsausschlussgrund der offenen Beförderung berufen, falls diese Art der Beförderung der frachtrechtlichen Übung entspricht. Dies ist beispielsweise beim **Containerverkehr** der Fall. Die Vorschrift des § 427 Abs. 1 Nr. 1 findet Vorbilder in Art. 17 Abs. 4a CMR sowie in Art. 23 § 3a CIM 1999, wonach die spezifische Gefahrensituation einer offenen Beförderung ausschließlich unter Haftungsgesichtspunkten berücksichtigt wird. Durch Erweiterungen des Angabenkatalogs in § 408 werden diese haftungsrechtlichen Sondervorschriften einer erleichterten Beweisbarkeit zugänglich gemacht.[59] Der Frachtführer trägt nach allgemeinen Grundsätzen die **Beweislast** dafür, dass die offene Beförderung üblich ist.

VII. Rechtsfolgen bei Pflichtverletzungen

Für unrichtige oder unvollständige Frachtbriefangaben haftet der Absender gem. § 414 Abs. 1 Nr. 2 27 verschuldensunabhängig. Ist der Absender allerdings Verbraucher, so haftet er nur bei Verschulden. § 414 Abs. 2 regelt das Mitverschulden des Frachtführers. So kommt eine Schadensteilung in Betracht, wenn zwar der Absender den Frachtbrief ausgestellt hat, der Frachtführer jedoch Unstimmigkeiten hätte erkennen können und er nicht durch Klärung oder sonstige Vorsorge den Schaden abgewendet hat.[60] Im Hinblick auf die Gefährdungshaftung des Absenders nach § 414 Abs. 1 ist es sachgerecht, dem Frachtführer auch unverschuldete Mitverursachung zuzurechnen.[61]

Verzögert oder verweigert der Absender die Ausstellung eines Frachtbriefs, obgleich der Fracht- 28 führer dies verlangt, kann sich der Frachtführer auf sein **Zurückbehaltungsrecht** berufen.[62] Zugleich stehen ihm Ersatzansprüche nach § 304 BGB zu, da die verzögerte oder verweigerte Ausstellung des Frachtbriefs die Rechtsfolgen des Gläubigerverzugs nach §§ 293 ff. BGB auslösen.[63]

Daneben kann der Frachtführer Schadensersatz nach § 280 BGB verlangen und gegebenenfalls den 29 Rücktritt nach § 323 BGB erklären. Die Mitwirkungshandlung des Absenders zur Ausstellung eines Frachtbriefs steht nicht im Synallagma. Insoweit löst die verzögerte bzw. verweigerte Mitwirkungshandlung neben den Rechtsfolgen des Gläubigerverzugs auch Ansprüche wegen Verletzung einer Nebenpflicht aus.[64]

§ 409 Beweiskraft des Frachtbriefs

(1) **Der von beiden Parteien unterzeichnete Frachtbrief dient bis zum Beweis des Gegenteils als Nachweis für Abschluß und Inhalt des Frachtvertrages sowie für die Übernahme des Gutes durch den Frachtführer.**

(2) [1]**Der von beiden Parteien unterzeichnete Frachtbrief begründet ferner die Vermutung, daß das Gut und seine Verpackung bei der Übernahme durch den Frachtführer in äußerlich gutem Zustand waren und daß die Anzahl der Frachtstücke und ihre Zeichen und Nummern mit den Angaben im Frachtbrief übereinstimmten. [2]Der Frachtführer begründet diese Vermutung jedoch nicht, wenn der Frachtführer einen begründeten Vorbehalt in den Frachtbrief eingetragen hat; der Vorbehalt kann auch damit begründet werden, daß dem Frachtführer keine angemessenen Mittel zur Verfügung standen, die Richtigkeit der Angaben zu überprüfen.**

---

[58] Vgl. BR-Drs. 368/97, 35.

[59] Vgl. BR-Drs. 368/97, 35 f.

[60] Vgl. MüKoHGB/*Czerwenka,* 2. Aufl. 2009, § 414 Rn. 22 ff.

[61] Vgl. BGH Urt. v. 14.3.1969 – V ZR 8/65, NJW 1969, 1380.

[62] MüKoHGB/*Czerwenka,* 2. Aufl. 2009, Rn. 46; *Koller* Rn. 21; *Zapp* TranspR 2004, 333 (334).

[63] Schlegelberger/*Geßler* § 426 Rn. 9.

[64] Das übersieht MüKoHGB/*Czerwenka,* 2. Aufl. 2009, Rn. 47, welche annimmt, dass sich bei einer Mitwirkungshandlung Ansprüche aus Gläubigerverzug und Schadenersatzansprüche wegen Pflichtverletzung gegenseitig ausschlössen.

(3) ¹Ist das Rohgewicht oder die anders angegebene Menge des Gutes oder der Inhalt der Frachtstücke vom Frachtführer überprüft und das Ergebnis der Überprüfung in den von beiden Parteien unterzeichneten Frachtbrief eingetragen worden, so begründet dieser auch die Vermutung, daß Gewicht, Menge oder Inhalt mit den Angaben im Frachtbrief übereinstimmt. ²Der Frachtführer ist verpflichtet, Gewicht, Menge oder Inhalt zu überprüfen, wenn der Absender dies verlangt und dem Frachtführer angemessene Mittel zur Überprüfung zur Verfügung stehen; der Frachtführer hat Anspruch auf Ersatz seiner Aufwendungen für die Überprüfung.

Schrifttum: *Bästlein/Bästlein,* Beweisfragen in Rechtsstreitigkeiten gegen den HGB-Frachtführer wegen Güterschäden, TranspR 2003, 415; *Basedow,* Der Transportvertrag, 1987, 361; *Heise,* Rechtsfolgen der Nichtausstellung von Frachtpapieren bei Beförderungsverträgen, BB 1966, 1428; *Helm,* Probleme der CMR: Geltungsbereich – ergänzendes Recht – Frachtbrief – Weisungsbefugnis – aufeinanderfolgende Frachtführer, VersR 1988, 548; *Koller,* Rechtsnatur und Rechtswirkungen frachtrechtlicher Sperrpapiere, TranspR 1994, 181; *Koller,* Zur Beweislast für unzureichende Vorkühlung des Transportguts, TranspR 2000, 449; *Rundnagel,* Beförderungsgeschäfte in Ehrenbeck, Handbuch des gesamten Handelsrechts, Bd. 5, 2. Abt. 1915, 125; *Pesce,* Il Contratto di Trasporto Internazionale di Merci su Strada, 1984; *Piper,* CMR-Probleme unter Berücksichtigung der BGH-Rechtsprechung, TranspR 1990, 357.

Parallelvorschriften: Art. 5 Abs. 1 S. 1, 8 Abs. 2, 9 CMR, Art. 12 CIM 1999, Art. 11 MÜ, Art. 11 WA, Art. 11 Abs. 3, Art. 12 CMNI; § 8 ADSp 2017.

Übersicht

I. Allgemeines

1   Das HGB-Frachtrecht kennt keinen **Frachtbriefzwang.** Die Ausstellung eines Frachtbriefes ist Sache der Parteien. Durch diese gesetzgeberische Grundentscheidung soll den Parteien eine größtmögliche Gestaltungsfreiheit bei der Abwicklung von Frachtverträgen belassen werden. Trotz Aufhebung des Frachtbriefzwangs wird dem Frachtbrief in § 409 eine **gesteigerte Beweiswirkung** zugewiesen, welche allerdings auf den Fall beschränkt bleibt, dass der Frachtbrief von beiden Parteien, also **von Absender und Frachtführer, unterschrieben** wird.¹ Die Anknüpfung der Beweiskraft an die beiderseitige Unterzeichnung des Frachtbriefes entspricht weitgehend dem Regelungsmodell der CMR (Art. 5 Abs. 1 S. 1 und Art. 9 CMR). An diesem in der Praxis bewährten Erfordernis der beiderseitigen Unterzeichnung wollte der Gesetzgeber festhalten.²

2   Der von beiden Parteien unterzeichnete Frachtbrief ist im Gegensatz zum Konnossement und zum Ladeschein kein Wertpapier, sondern lediglich eine **widerlegbare Beweisurkunde,**³ mit der über die Vermutung eine Umkehrung der Beweislast verbunden ist.⁴ Gemäß § 292 ZPO ist bis zum Beweis des Gegenteils von dem Vorhandensein der angeführten Tatsache auszugehen. Ein „non liquet" geht

---

¹ Vgl. zur CMR BGH Urt. v. 9.2.1979 – I ZR 67/77, NJW 1979, 2471 f.; BGH Urt. v. 16.10.1986 – I ZR 149/ 84, NJW 1987, 1144; BGH Urt. v. 8.6.1988 – I ZR 149/86, VersR 1988, 952; BGH Urt. v. 17.4.1997 – I ZR 251/ 94, VersR 1998, 79 (80); OLG Hamburg Urt. v. 30.3.1989 – 6 U 169/88, TranspR 1989, 321 (323); OLG München Urt. v. 27.11.1992 – 23 U 3700/92, VersR 1993, 1298; MüKoHGB/*Czerwenka,* 2. Aufl. 2009, Rn. 1; *Hill/Messent,* CMR – Contracts for the international carriage of goods by road, 2. Aufl. 1995, 68; *Clarke* Nr. 25 S. 67; *Sánchez-Gamborino* Nr. 461; *Herber/Piper* CMR Art. 9 Rn. 1; aA MüKoHGB/*Jesser-Huß* CMR Art. 5 Rn. 9: Fehlende Unterschrift verhindert Beweisvermutung nur zum Nachteil dieser Partei.

² BR-Drs. 368/97, 36.

³ *Bästlein/Bästlein* TranspR 2003, 415; *Geis* TranspR 2002, 89 (92); GK-HGB/*Bracker/Janßen* § 408 Rn. 3; Baumbach/Hopt/*Merkt* Rn. 1.

⁴ Vgl. die Rspr. und Lit. zu Art. 9 CMR, etwa BGH Urt. v. 9.2.1979 – I ZR 67/77, NJW 1979, 2471 f.; BGH Urt. v. 16.10.1986 – I ZR 149/84, NJW 1987, 1144; OLG Düsseldorf Urt. v. 12.12.1985 – 18 U 90/85, TranspR 1986, 56 (57); OGH Wien Urt. v. 3.7.1985 – 3 Ob 547/85, TranspR 1987, 374 (377); Cass. Paris Urt. 1.12.1992, ETL 1993, 745 (746); *DS* S. 37; *Helm* VersR 1988, 548 (551); *Clarke* Nr. 25 S. 68; *Pesce,* Il Contratto, 1984, 142;

insofern zu Lasten des beweispflichtigen Frachtführers. Dagegen begründet § 409 **keine negative Vermutung;** im Falle von fehlenden Angaben ist daher nicht zu vermuten, dass diesbezüglich keine Vereinbarungen getroffen wurden.[5]

II. Beweiskraft des Frachtbriefes

1. Abschluss und Inhalt des Beförderungsvertrages. Nur der von beiden Parteien unterzeich- 3 nete Frachtbrief entfaltet die Beweiskraft nach § 409.[6] Wurde überhaupt kein Frachtbrief ausgestellt oder wurde ein Frachtbrief nur durch den Absender unterzeichnet, so hat dies jedoch keinen Einfluss auf die Wirksamkeit des Frachtvertrages. Das HGB-Frachtrecht kennt keine Sanktionswirkung für den Fall der Nichtdokumentation oder des mangelhaften Frachtbriefes wie etwa Art. 9 WA. Die Beweiskraft des Frachtbriefes entspricht den Regelungen des Art. 5 und 9 CMR.

Haben beide Parteien den Frachtbrief unterzeichnet, so dient er bis zum Beweis des Gegenteils als 4 Nachweis für den Abschluss und den Inhalt des Frachtvertrages (§ 409 Abs. 1 Alt. 1). Den Parteien stehen ferner alle nach der ZPO zulässigen Beweismittel zur Verfügung.[7] Als **Privaturkunde** begründet der Frachtbrief zusätzlich die Beweiswirkung nach § 416 ZPO. Dies bedeutet, dass bei einem von beiden Parteien unterzeichneten Frachtbrief zwischen den Vertragspartnern,[8] also zwischen **den als Absender** und **Frachtführer**[9] oder als **Empfänger**[10] **im Frachtbrief Ausgewiesenen,** nicht aber gegenüber Dritten (etwa einem Empfangsspediteur),[11] die Vermutung der Vollständigkeit und Richtigkeit der Urkunde besteht.[12] Die Beweiswirkung erstreckt sich nicht auf den Zeitpunkt des Vertragsschlusses oder auf das Fehlen von Willensmängeln, die Geschäftsfähigkeit oder die Vertretungsmacht.[13] Eine im Frachtbrief nicht ausgewiesene Person kann sich auf die Vermutung des Art. 409 Abs. 1 nicht berufen. Der Frachtbrief begründet auch keine Vermutung dafür, dass sein Ausstellungsdatum mit dem Übernahmetag übereinstimmt. Die Datierung der Frachtführerunterschrift liefert lediglich ein Beweisindiz für den Tag der Übernahme.[14]

Die Beweiskraft des beidseitig unterschriebenen Frachtbriefes erstreckt sich auch auf den vermerkten 5 **Inhalt,** wie etwa seinen Inhalt als Frachtvertrag,[15] die Lieferfrist,[16] den Bestimmungsort,[17] den Gerichtsstand, Haftungshöchstbeträge sowie auf aufgeführte Weisungen.[18] Wird hingegen behauptet, dass über die im Frachtbrief vermerkten Angaben hinaus eine weitere Abrede getroffen ist, entfaltet der Frachtbrief keine Vermutungswirkung für das Bestehen oder Nichtbestehen der Abrede.[19] Nicht vermerkte Angaben und Abreden sind daher von demjenigen zu beweisen, der sich darauf beruft.

2. Übernahme des Gutes. Der von beiden Parteien unterzeichnete Frachtbrief dient bis zum 6 Beweis des Gegenteils als Nachweis für die **Übernahme des Gutes durch den Frachtführer** (§ 409 Abs. 1 Alt. 2). Dies bedeutet, dass dem Frachtbrief die **Funktion einer Quittung** (§§ 368 ff. BGB; § 17 EGZPO) zukommt.[20] Die widerlegliche Beweisvermutung bewirkt den Beginn der Obhutshaftung. Sie bezieht sich auf den Übernahmevorgang als solchen, aber jedenfalls auch auf den Inhalt der Ladung, sonst wäre die Vermutung im Verlustfalle wirkungslos.[21] Eine fristgerechte Reklamation

Baumgärtel/Giemulla Rn. 1; *Herber/Piper* CMR Art. 9 Rn. 1; *Koller* Rn. 3; MüKoHGB/*Jesser-Huß* CMR Art. 9 Rn. 1.

[5] Heymann/*Schlüter* Rn. 4; Oetker/*Paschke* Rn. 3.

[6] MüKoHGB/*Czerwenka,* 2. Aufl. 2009, Rn. 3.

[7] Thume/*Teutsch* CMR Art. 9 Rn. 4.

[8] Baumbach/Lauterbach/*Hartmann* ZPO § 416 Rn. 7.

[9] OLG München Urt. v. 27.3.1981 – 23 U 3758/80, VersR 1982, 264 (265); OLG Hamburg Urt. v. 6.11.1980 – 6 U 68/80, VersR 1982, 556; HB Antwerpen Urt. v. 23.2.1993, ETL 1993, 934 (937); *Helm* VersR 1988, 548 (551); MüKoHGB/*Jesser-Huß* CMR Art. 9 Rn. 3; *Herber/Piper* CMR Art. 9 Rn. 6.

[10] Vgl. die Rspr. und Lit. zur CMR, etwa Texas Instruments Ltd. v. Nason (Europe) Ltd., Q. B.(D.), 8.6.1990, ETL 1991, 671 (676); *Helm* VersR 1988, 548 (551); *Herber/Piper* CMR Art. 9 Rn. 6; MüKoHGB/*Jesser-Huß* CMR Art. 9 Rn. 4.

[11] MüKoHGB/*Thume* Rdn. 2.

[12] *Koller* Rn. 31; *Koller* CMR Art. 9 Rn. 2.

[13] *Koller* CMR Art. 9 Rn. 2; *Herber/Piper* CMR Art. 9 Rn. 6; MüKoHGB/*Jesser-Huß* CMR Art. 9 Rn. 3.

[14] *Koller* Rn. 4.

[15] OLG München Urt. v. 30.10.1974 – 7 U 4596/73, VersR 1975, 129 (130); *Helm* VersR 1988, 548 (551); MüKoHGB/*Jesser-Huß* CMR Art. 9 Rn. 3 mwN.

[16] OLG Düsseldorf Urt. v. 30.12.1982 – 18 U 152/82, VersR 1983, 1029; C. A. Grenoble Urt. v. 13.3.1980, BT 1981, 306; *Koller* CMR Art. 9 Rn. 2; MüKoHGB/*Jesser-Huß* CMR Art. 9 Rn. 4.

[17] Kh. Antwerpen Urt. v. 3.4.1977, ETL 1977, 411 (414); *Herber/Piper* CMR Art. 9 Rn. 6; MüKoHGB/*Jesser-Huß* CMR Art. 9 Rn. 4.

[18] Rb. Roermond Urt. v. 30.5.1968, ETL 1969, 1019; *Koller* Rn. 4; *Koller* Rn. CMR Art. 9 Rn. 2; *Herber/Piper* CMR Art. 9 Rn. 6.

[19] MüKoHGB/*Czerwenka,* 2. Aufl. 2009, Rn. 6.

[20] MüKoHGB/*Thume* Rn. 4.

[21] BGH Urt. v. 24.10.2002 – I ZR 104/00, TranspR 2003, 156 (159); OLG Düsseldorf Urt. v. 14.12.1995 – 18 U 211/93, TranspR 1996, 155 (156); *Reuschle* MÜ Art. 11 Rn. 20.

äußerlich nicht erkennbarer Schäden bewirkt keine Vermutung dafür, dass das Gut bereits im Zeitpunkt der Übernahme durch den Frachtführer schadhaft war.[22] Die Vermutung der Übernahme ist widerlegt, wenn der Frachtführer nachweisen kann, dass die Bescheinigung unverschuldet „blind unterschrieben" wurde und entgegen dem Bestätigungsinhalt eine stückzahlmäßige Überprüfung nicht stattgefunden hat.[23]

7   Der Frachtbrief erbringt auch widerlegbaren Beweis für die Übergabe der Begleitpapiere. Denn diese gehören insofern zum Gut, als sie ebenso wie dieses an den Frachtführer übergeben werden.[24]

8   **3. Vermutung für Zustand von Gut und Verpackung, Anzahl, Zeichen und Nummern (Abs. 2 S. 1). a) Allgemeines.** Ist kein begründeter Vorbehalt in den Frachtbrief aufgenommen worden, so führt dies zu der Vermutung, dass der Frachtführer vom Absender das ihm übergebene Gut samt Verpackung in äußerlich gutem Zustand, in der richtigen Anzahl der Frachtstücke und mit den richtigen Zeichen und Nummern versehen, übernommen hat. Die Vorschrift folgt weitgehend dem Vorbild der Art. 9 Abs. 2 und 8 Abs. 2 CMR.[25] Sie gestaltet diese Regelung lediglich sprachlich anders: Der Eintritt der Vermutungswirkung wird an den Anfang gestellt und so die Kernaussage hervorgehoben.

9   Die Beweisvermutung wirkt unabhängig davon, ob der Frachtführer objektiv überhaupt in der Lage war, den Zustand des Gutes oder die Anzahl der Frachtstücke zu überprüfen.[26] Beim **Containerverkehr** ist eine Überprüfbarkeit regelmäßig ausgeschlossen. Die Vermutungswirkung knüpft unmittelbar an die Angaben im Frachtbrief an,[27] damit die Beweiskraft des Frachtbriefes nicht ausgehöhlt wird. Deshalb ist es Sache des Frachtführers, die Vermutungswirkung durch einen begründeten Vorbehalt oder durch Gegenbeweis zu entkräften.[28]

10   Die Beweiswirkung nach S. 1 wird nicht begründet, wenn der Frachtführer einen **begründeten Vorbehalt** in den Frachtbrief eingetragen hat (§ 409 Abs. 2 S. 2). Allein die Angabe unter Vorbehalt vor der Unterschrift genügt nicht.[29] Der Vorbehalt muss dabei so konkretisiert sein, dass er für den Außenstehenden nachvollziehbar ist.[30] Qualitäts- und Mengenabweichungen, soweit sie vorhanden sind, müssen schriftlich nachvollziehbar und in ihrer Begründung korrekt angegeben werden.[31] Die Beweislage ist dann wieder völlig offen, es sei denn, der Absender hat den Vorbehalt anerkannt. Ein Vorbehalt kann auch mit der Begründung eingetragen werden, **dass dem Frachtführer keine angemessenen Mittel zur Verfügung standen**, um die Richtigkeit der vom Absender eingetragenen Angaben zu überprüfen. Dies ist wohl der praktisch wichtigste Fall. Durch die verwendete Formulierung ist zugleich klargestellt, dass auch andere Begründungen möglich sind.

11   **b) Äußere Mängel von Gut und Verpackung.** Die Beweisvermutung bezieht sich nur auf **äußere** Mängel an Gut oder Verpackung, nicht jedoch auf den inneren Zustand, weil dieser nicht vom Frachtführer überprüft werden kann. Aus diesem Grunde ist es Sache des Absenders zu beweisen, dass der Frachtführer das Gut in unbeschädigtem Zustand übernommen hat.[32]

12   Bei Kühltransporten, bei denen häufig darüber gestritten wird, ob das Gut ausreichend vorgekühlt worden war, wird der äußerliche Zustand durch die Kühlscheibe eines Containers gekennzeichnet, aus der ohne Öffnung des Containers die Vorkühlung abgelesen werden kann.[33] Von einem Frachtführer, der Spezialtransporte für Kühlgut anbietet, kann erwartet werden, dass er die Ladetemperatur durch entsprechende Messgeräte überprüft.[34] Stichprobenartige Prüfungen der Kühltemperatur sind angezeigt, soweit das Einführen eines Messgeräts in das Gut oder zwischen die Güter auf einer palettierten Steige ohne weiteres möglich ist oder unschwer sich bewerkstelligen lässt. Unterlässt der Frachtführer dies und nimmt auch keinen entsprechenden Vorbehalt bezüglich der unzureichenden Vorkühlung auf, so streitet die Vermutung dafür, dass sich das Gut bei Übernahme in einem ausreichend vorgekühlten Zustand befand. Beruft sich der Frachtführer darauf, dass die Wertminderung des Gutes, zB Speiseeis, infolge mangelnder Vorkühlung bereits im Zeitpunkt der Übernahme eingetreten ist, ist zwar der Anspruchsteller darlegungs- und beweispflichtig, dass das Gut keine wertmindernde Schädigung im

---

[22] *Loewe* ETR 1976, 503 (541); *Thume/Teutsch* CMR Art. 9 Rn. 5; *Lamy* I Nr. 472.
[23] OLG Köln Urt. v. 20.6.1997 – 19 U 225/96, TranspR 1998, 303 (304); *Bästlein/Bästlein* TranspR 2003, 413 (417); aA *Staub/Schmidt* Rn. 9.
[24] *Reuschle* MÜ Art. 11 Rn. 21.
[25] BR-Drs. 368/97, 36.
[26] *Piper* TranspR 1990, 357 (360); *Heuer* VersR 1988, 312 (314).
[27] Bericht SV-Kommission S. 53.
[28] MüKoHGB/*Czerwenka*, 2. Aufl. 2009, Rn. 16.
[29] AG Kenzingen Urt. v. 2.9.1997 – C 303/97, TranspR 1999, 245 (246).
[30] MüKoHGB/*Czerwenka*, 2. Aufl. 2009, Rn. 17; Baumbach/Hopt/*Merkt* Rn. 2. Zu Art. 8, 9 CMR vgl. OLG Düsseldorf Urt. v. 24.9.1992 – 18 U 28/92, TranspR 1993, 54 f.
[31] *Lammich/Pötttinger* Rn. 13.
[32] LG Köln Urt. v. 6.9.2001 – 89 O 78/01, TranspR 2003, 155 (156); vgl. zur CMR BGH Urt. v. 8.6.1988 – I ZR 149/86, VersR 1988, 952 (953); *Jesser*, Frachtführerhaftung nach der CMR, 1992, 57; *Thume/Teutsch* CMR Art. 9 Rn. 10.
[33] OLG Hamburg Urt. v. 3.8.1995 – 6 U 201/94, TranspR 1996, 29 (30).
[34] *Koller* Rn. 16; *Bästlein/Bästlein* TranspR 2003, 413 (415).

Zeitpunkt der Übernahme aufwies. Insoweit kann sich der Anspruchssteller aber auf § 409 Abs. 2 S. 1 berufen, als der Frachtführer bezüglich der vermuteten ausreichenden Vorkühlung keinen Vorbehalt bei Übernahme des Gutes im Frachtbrief eingetragen hat.[35]

Ist das Gut verpackt, so greift die Beweiswirkung in Bezug auf den äußerlichen Zustand des Gutes **13** nur insoweit, als dieses sich durch die Verpackung erkennen lässt.[36] In allen anderen Fällen spricht die Beweiswirkung nur dafür, dass sich die Verpackung der Frachtstücke in einem äußerlichen guten Zustand befand. Denn der Frachtführer schuldet grundsätzlich keine Öffnung der Verpackung.[37] Ein äußerlich guter Zustand des Gutes ist zu verneinen, wenn das Gut auf einer mit Stretchfolie umwickelten Palette verpackt ist und sich Staunässe an der Stretchfolie niedergeschlagen hat.[38]

Die Vermutung erstreckt sich nicht auf die ordnungsgemäße **Verladung** und **Verstauung**.[39] **14**

c) Anzahl der Frachtstücke, ihre Zeichen und Nummern. Die Vermutungswirkung des Abs. 2 **15** erstreckt sich auch auf die Anzahl der Frachtstücke, ihre Zeichen und Nummern, nicht jedoch auf den Inhalt der Frachtstücke,[40] es sei denn, die besonderen Voraussetzungen nach Abs. 3 liegen vor. Ein Frachtstück kann auch aus mehreren zu einer Ladungseinheit zusammengefügten Gütern bestehen, zB Gut auf einer Palette.[41] Die Vermutungswirkung erstreckt sich in keinem Fall auf die Beladung und Verstauung des Gutes. Wird die Verladung ausschließlich von dem aus mehreren Personen bestehenden Absenderpersonal vorgenommen und war dem Fahrer ein Zählen und Überprüfen des Gutes nicht möglich, sollte im Frachtbrief ein Vorbehalt dergestalt aufgenommen werden, dass die Verladung ausschließlich vom Absender ohne Kontrollmöglichkeit des Fahrers vorgenommen wurde.[42] Ebenso ist ein Vorbehalt des Frachtführers angebracht, wenn er bei einem Sammelladungsspediteur einen in seiner Abwesenheit beladenen Hänger mit Sammelgut beladen übernimmt.[43]

4. Angaben über das Rohgewicht, die Menge des Gutes oder den Inhalt der Frachtstücke 16 (Abs. 3). Nach S. 1 entfaltet der beiderseits unterzeichnete Frachtbrief auch in dieser Hinsicht Beweiswirkung, dies aber nur, wenn der Frachtführer das **Prüfergebnis in den Frachtbrief eingetragen hat.** Diese Vorschrift soll eine Regelungslücke schließen, welche bezüglich der Beweiskraft des Frachtbriefs in der CMR vorliegt. So enthält Art. 8 Abs. 3 CMR zwar Regelungen über die Überprüfungspflicht selbst, die Leistung von Aufwendungsersatz sowie die Eintragung des Prüfungsergebnisses in den Frachtbrief. Es fehlt jedoch an einer Normierung der Rechtsfolgen hinsichtlich der Frachtbriefeintragung.[44] Bei den Überprüfungsaufgaben handelt es sich zwar in erster Linie um **speditionelle** Tätigkeiten, die nicht dem Typus eines Frachtvertrages entsprechen. Angesichts der zunehmenden Diebstahlshäufigkeit im Transportgeschäft ist die Aufnahme dieser (systemwidrigen) Vorschrift ins Frachtrecht zu rechtfertigen.[45]

Den Frachtführer trifft nach Abs. 3 S. 2 nur auf **Verlangen** des Absenders und nur dann eine Pflicht **17** zur Überprüfung von Gewicht, Menge und Inhalt der Frachtstücke, wenn jener die **Kosten der Überprüfung**[46] übernimmt und wenn **dem Frachtführer die entsprechenden Mittel zur Verfügung stehen.** Eine darüber hinausgehende gesetzliche Pflicht zur **Funktions-, Qualitäts-** oder **Eigenschaftsüberprüfung** besteht nicht.[47] Den Parteien steht es aber frei, zusätzliche Prüfungspflichten zu vereinbaren. Der Frachtführer hat einen Anspruch auf **Ersatz seiner Aufwendungen** für die Überprüfungen.

Die Einschränkung, dass dem Frachtführer die für die Überprüfung notwendigen Mittel zur Ver- **18** fügung stehen müssen, findet keine Entsprechung in Art. 8 Abs. 3 CMR. Diese Einschränkung kommt dem Frachtführer zugute, zumal er einen gewissen **Ermessensspielraum** hat, was den Einsatz

[35] AA OLG Hamm Urt. v. 11.6.1990 – 18 U 214/89, TranspR 1990, 375 (376); OLG Brandenburg Urt. v. 29.3.2000 – 7 U 206/98, TranspR 2000, 358 mit krit. Anm. v. *Koller* TranspR 2000, 449.

[36] *Koller* Rn. 17; MüKoHGB/*Thume* Rn. 11; *Bästlein/Bästlein* TranspR 2003, 413 (416).

[37] *Koller* Rn. 17; MüKoHGB/*Thume* Rdn 13; MüKoHGB/*Jesser-Huß* CMR Art. 8 Rn. 8; *Thume/Teutsch* CMR Art. 8 Rn. 15.

[38] BGH Urt. v. 29.6.2004 – I ZR 266/00, TranspR 2004, 369 (370).

[39] *Herber/Piper* CMR Art. 9 Rn. 13; *Koller* CMR Art. 9 Rn. 3; MüKoHGB/*Jesser-Huß* CMR Art. 9 Rn. 10; ebenso *Sánchez-Gamborino* Nr. 463.

[40] *Helm* VersR 1988, 548 (551); *Piper* TranspR 1990, 357 (360); *Thume/Teutsch* CMR Art. 9 Rn. 8; *Staub/Reuschle* CMR Art. 9 Rn. 2; aA *Lamy* I Nr. 822 mN zur frz. Rspr. zu Art. 9 CMR.

[41] MüKoHGB/*Thume* Rn. 14; *Koller* Rn. 14; *Bästlein/Bästlein* TranspR 2003, 413 [415].

[42] *Piper* TranspR 1990, 357 (360).

[43] *Lammich/Pöttinger* Rn. 10.

[44] Eine entsprechende Normierung findet sich etwa in den seefrachtrechtlichen Regelungen des § 656 Abs. 2 S. 1 iVm § 643 Nr. 8, nach der sich die Beweiskraft des Konnossements auch auf die Richtigkeit der Angaben über Art und Menge des Gutes erstreckt.

[45] BR-Drs. 368/97, 37; MüKoHGB/*Czerwenka*, 2. Aufl. 2009, Rn. 19.

[46] Vgl. dazu OLG Düsseldorf Urt. v. 24.9.1992 – 18 U 28/92, TranspR 1993, 54 (55); → CMR Art. 8 Rn. 13; *Koller* CMR Art. 8 Rn. 9; *Koller* § 409 Rn. 22; *Glöckner*, Leitfaden zur CMR, 7. Aufl. 1991, CMR Art. 8 Rn. 10.

[47] *Putzeys* Rn. 393; *Staub/Reuschle* CMR Art. 8 Rn. 9; *Herber/Piper* CMR Art. 8 Rn. 23; *Thume/Teutsch* CMR Art. 8 Rn. 33.

von Prüfmitteln anbelangt. Stehen dem Frachtführer keine angemessenen Mittel zur Hand, so kann er eine Überprüfung der Angaben ablehnen.

III. Fehlerhafte und fehlende Frachtbriefe

19   **Fehlt ein Frachtbrief** ganz oder ist er nicht ordnungsgemäß unterzeichnet, greift § 409 nicht ein. In diesen Fällen wird oft eine von dem Frachtführer oder seinem Fahrer ausgestellte Empfangsbestätigung (Übernahmequittung) vorliegen.[48] Es gelten dann die allgemeinen Beweisregeln.[49] Den Anspruchsteller trifft dann die volle Beweislast. Fehlt ein Frachtbrief, kann je nach den Umständen im Rahmen der Beweiswürdigung die Erwägung von Bedeutung sein, der Frachtführer, der die Ausstellung eines Frachtbriefs nicht verlangt habe, habe keinen Grund gehabt, einen Vorbehalt geltend zu machen.[50] Dem nur **von einer Partei unterzeichneten Frachtbrief** kann allerdings die allgemeine Beweiswirkung einer Urkunde nach § 416 ZPO zustatten kommen, nach der zwar die Abgabe der in ihm enthaltenen Erklärung, nicht aber deren Inhalt nachgewiesen werden kann. Die in der Erklärung abgegebenen Tatsachen unterliegen der freien Beweiswürdigung (§ 286 ZPO).[51] Enthält der einseitig vom Frachtführer unterzeichnete Frachtbrief keinen Vorbehalt, ist der Schluss, das Gut sei in äußerlich einwandfreiem Zustand übernommen worden, mangels einer bestehenden Prüfungsobliegenheit unzulässig.[52] Wurde der Frachtbrief hingegen nicht unterzeichnet, sondern nur mit einer faksimilierten oder gestempelten Unterschrift versehen, entfällt die Beweisvermutung nach § 416 ZPO.

IV. Schutz Dritter vor falschen Eintragungen im Frachtbrief

20   Der Frachtführer, der falsche Angaben des Absenders ohne Vorbehalt unterzeichnet, haftet dem Empfänger (vgl. § 418 Abs. 6) sowie Dritten, die in den Schutzbereich einbezogen sind, bei Vorsatz nach den Regeln der Rechtsscheinhaftung entsprechend §§ 172 und 405 BGB[53] und aus § 826 BGB.[54] Über den Wortlaut des § 418 Abs. 6 hinaus kommt ein Fall der Skripturhaftung bei fehlender Übernahme des Gutes in Betracht.[55] Danach macht sich der Frachtführer schadensersatzpflichtig, wenn er das Beförderungsgut überhaupt nicht erhalten hat, er aber gleichwohl das von ihm unterzeichnete dritte Stück des Frachtbriefes dem Absender ausgehändigt und damit wahrheitswidrig den Empfang des Gutes bestätigt hat.[56]

21   Bei Fahrlässigkeit kommt eine Haftung nach § 280 Abs. 1 BGB mit Schutzwirkung zugunsten Dritter in Betracht. Dabei sind jedoch die Grenzen des § 433 zu beachten.

V. Abdingbarkeit

22   § 409 ist grundsätzlich abdingbar, wie der Umkehrschluss zu § 449 zeigt.[57] Gegen die Abdingbarkeit streitet auch nicht der Umstand, dass § 425 „AGB-fest" ist und § 409 im Rahmen des § 425 eine erhebliche Rolle spielt. Denn § 449 schützt nur die in § 425 HGB selbst angelegte Beweislastverteilung gegen Abweichungen durch AGB. Eine Abbedingung des § 409 stellt keine unangemessene Behandlung des Absenders dar, da sich dieser durch Ausstellung einer Übernahmequittung hinreichend schützen kann.[58]

§ 410 Gefährliches Gut

(1) **Soll gefährliches Gut befördert werden, so hat der Absender dem Frachtführer rechtzeitig in Textform die genaue Art der Gefahr und, soweit erforderlich, zu ergreifende Vorsichtsmaßnahmen mitzuteilen.**

---

[48] BGH Urt. v. 24.10.2002 – I ZR 104/00, TranspR 2003, 156 (158).

[49] Vgl. BGH Urt. v. 17.4.1997 – I ZR 251/94, TranspR 1998, 21 (23); MüKoHGB/*Czerwenka*, 2. Aufl. 2009, Rn. 25; *Herber/Piper* CMR Art. 9 Rn. 17; *Thume/Teutsch* CMR Art. 9 Rn. 3.

[50] BGH Urt. v. 9.2.1979 – I ZR 67/77, NJW 1979, 2471 f.

[51] BGH Urt. v. 22.5.2015 – I ZR 109/13, RdTW 2014, 471 (Rz. 21); BeckOK HGB/*G. Kirchhof* Rn. 7.

[52] *Koller* CMR Art. 5 Rn. 3; *Koller* § 409 Rn. 4; aA *Bästlein/Bästlein* TranspR 2003, 413 (417).

[53] Staub/*Canaris* § 363 Rn. 56, 61.

[54] Staub/*Schmidt* Rn. 34; *Koller* TranspR 1994, 181 (187).

[55] So zu Art. 12 Abs. 3 WA: BGH Urt. v. 19.3.1976 – I ZR 75/74, BGHZ 76, 213 = NJW 1976, 1583 (1584 f.) m. zust. Anm. v. *Kropholler* = ZLW 1977, 79 = MDR 1976, 824; *Reuschle* Mü Art. 12 Rn. 41. AA *Koller* TranspR 1994, 181 (186), der die Entscheidung des BGH zu Art. 12 Abs. 3 WA als vereinzelt betrachtet und eine Gleichstellung von Verfügung und wahrheitswidriger Ausstellung eines Sperrpapiers wegen der unterschiedlichen Interessenlage ablehnt.

[56] BGH Urt. v. 25.9.1986 – II ZR 26/86, NJW 1987, 588 (589) (Konnossement); BGH Urt. v. 15.3.2004 – II ZR 247/01, BB 2004, 1245.

[57] AA Lammich/*Pöttinger* Rn. 27.

[58] Staub/*Schmidt* Rn. 35; *Koller* Rn. 32.

(2) Der Frachtführer kann, sofern ihm nicht bei Übernahme des Gutes die Art der Gefahr bekannt war oder jedenfalls mitgeteilt worden ist,

1. gefährliches Gut ausladen, einlagern, zurückbefördern oder, soweit erforderlich, vernichten oder unschädlich machen, ohne dem Absender deshalb ersatzpflichtig zu werden, und

2. vom Absender wegen dieser Maßnahmen Ersatz der erforderlichen Aufwendungen verlangen.

Schrifttum: S. vor § 407 sowie *De Bouver,* L'information des participants aux transports de marchandises dangereuses, ETL 26 (1991), 40; *Coco,* Le mode de transport terrestre le plus approprié au transport de marchandises dangereuses – mythe ou réalité, ETL 26 (1991), 83; *Bremer,* Die Haftung beim Gefahrguttransport, 1992; *de Gottrau,* Die Haftung bei der Beförderung von gefährlichen Gütern, TranspR 1988, 320; *de Gottrau,* Liability in Dangerous Goods Transport (Art. 22), in Theunis, CMR, 1987, 197; *Herber,* Das Übereinkommen vom 10. Oktober 1998 über die Haftung bei der Beförderung gefährlicher Güter auf der Straße, auf der Schiene und auf Binnengewässern, ETL 1991, 161; *Herber,* ECE-Abkommen vom 10. Oktober 1989 über die Haftung beim Transport gefährlicher Güter, TranspR 1990, 51; *Herber,* Auf dem Weg zu einer Regelung der Haftung für gefährliche Güter, TranspR 1983, 5; *Herber,* Haftung beim Transport gefährlicher Güter – ein noch ungelöstes Problem, TranspR 1987, 253; *Koller,* Die zivilrechtliche Haftung bei Gefahrguttransporten zu Lande im geltenden und zukünftigen Recht, in Jahrbuch des Umwelt- und Technikrechts 1994, 127; *Löwe,* Erläuterungen zum Übereinkommen vom 19.5.1956 über den Beförderungsvertrag im internationalen Straßengüterverkehr (CMR), ETL 1976, 503; *Müller,* Über die Notwendigkeit und die Möglichkeit einer internationalen Regelung der Haftung für Schäden, die bei der Beförderung gefährlicher oder schädlicher Güter auf europäischen Binnenwasserstraßen verursacht werden, TranspR 1998, 269; *Mutz,* Übereinkommen über die zivilrechtliche Haftung für Schäden bei der Beförderung gefährlicher Güter auf der Straße, auf der Schiene und auf Binnenschiffen (CRTD), ZIntEisenb 1990, 32; *Pesce,* Il Contratto di Trasporto Internazionale di Merci su Strada, 1984; *Salje,* Der Gefahrgutbeauftragte im Umweltgesetzbuch, TranspR 2000, 101; *Schindler,* Zivilrechtliche Verantwortlichkeit beim Gefahrguttransport auf der Straße, FG Herber, 1999, 119; *Schünemann,* Zivilrechtliche Haftung bei der Gefahrgutbeförderung. Schadenersatzrechtliche Grundfragen unter besonderer Berücksichtigung der Umwelthaftung, TranspR 1992, 53; *Smeddinek,* Gerfahrguttransporte im Visier des UGB, TranspR 1999, 433; *Steinfelder,* Die Beförderung gefährlicher Güter auf der Straße, 1979; *Stricker,* Die neue Gefahrgutbeauftragtenverordnung nach der Harmonisierung der europäischen Union, Jahrbuch der Güterverkehrswirtschaft 1998/1999, 168; *Visser,* Entwicklungen in den Vorschriften für die Beförderung gefährlicher Güter auf Schiene und Straße (RID/ADR), ETL 1991, 92; *Wiesbauer,* Haftungsfragen beim internationalen Gefahrguttransport, RdW 1984, 70.

Parallelvorschriften: Art. 22 CMR, Art. 9 CIM 1999, Art. 7 Abs. 1 CMNI; Art. 13 Abs. 2 HHR; Ziff. 3.5 ADSp 2003.

I. Begriff „gefährliches Gut"

§ 410 enthält Sonderregeln über die Beförderung gefährlicher Güter, welche ihre Anlehnung an **1** Art. 22 CMR finden.[1] Der Begriff **„gefährliches Gut"** ist weiter als der Begriff **„Gefahrgut"** nach öffentlich-rechtlichen Gefahrgutvorschriften.[2] Nach hM sind gefährliche Güter solche, die bei normalem Transportverlauf eine unmittelbare Gefahr für das Transportmittel, andere transportierte Güter oder andere Rechtsgüter darstellen.[3] Die Gefährlichkeit muss sich aus der Beschaffenheit des Gutes selbst ergeben, nicht erst infolge einer bestimmten Art des Transports.[4] Die Vorschrift umfasst auch solche Güter, die alleine unter **beförderungsspezifischen Gesichtspunkten** als gefährlich anzusehen sind,[5] so zB die Beförderung von Gemüse, welches von Ungeziefer befallen ist.[6] Stets gefährlich sind

---

[1] BR-Drs. 368/97, 38.

[2] Europäische Übereinkommen v. 30.9.1957 über die internationale Beförderung gefährlicher Güter auf der Straße (ADR), BGBl. 1969 II 1489; Ordnung für die internationale Eisenbahnbeförderung gefährlicher Güter – Anhang C des Übereinkommens über den internationalen Eisenbahnverkehr (COTIF) vom 9.5.1980 idF des Änderungsprotokolls vom 3.6.1999, BGBl. 2002 II 2140; 13. RID-Änderungsverordnung vom 17.10.2006, BGBl. 2006 II 953; VO über die innerstaatliche und grenzüberschreitende Beförderung gefährlicher Güter auf der Straße und mit Eisenbahnen (GefahrgutVO Straße und Eisenbahn-GGVSE) v. 24.11.2006, BGBl. 2006 I 2684; VO zur Neufassung der VO über die Beförderung gefährlicher Güter auf dem Rhein (ADNR) v. 12.7.2003, BGBl. 2003 II 648; VO über die Beförderung gefährlicher Güter auf Binnengewässern (GefahrgutVO Binnenschifffahrt-GGVBinSch) v. 26.6.2007, BGBl. 2007 I 1122.

[3] *De Gottrau* TranspR 1988, 320; *Loewe* ETR 1976, 567; *Clarke* Nr. 73 S. 265 f.; *Hill/Messent,* CMR – Contracts for the international carriage of goods by road, 2. Aufl. 1995, 175; *Putzeys* Rn. 824; *Herber/Piper* CMR Art. 22 Rn. 5; *Glöckner,* Leitfaden zur CMR, 7. Aufl. 1991, CMR Art. 22 Rn. 2; *Koller* CMR Art. 22 Rn. 2; *Koller* § 410 Rn. 2; einschränkend OLG Düsseldorf Urt. v. 23.1.1992 – 18 U 127/91, TranspR 1992, 218 (219) und *Baumgärtel/Giemulla* CMR Art. 22 Rn. 2, welche die Gefährlichkeit für Güter außerhalb des Fahrzeugs verlangen; aA MüKoHGB/*Jesser-Huß* CMR Art. 22 Rn. 5, der hinsichtlich der Gefährlichkeit des Gutes auf einen anormalen Transportverlauf abstellt, in der das Gut dann zu einer unkalkulierbaren Gefahrenquelle für Dritte wird.

[4] *Clarke* Nr. 73 S. 266; Thume/*de la Motte* CMR Art. 22 Rn. 24; *Koller* CMR Art. 22 Rn. 2; *Koller* § 410 Rn. 2; *Herber/Piper* CMR Art. 22 Rn. 6.

[5] BR-Drs. 368/97, 38; Bericht SV-Kommission S. 54; OLG Düsseldorf Urt. v. 23.1.1992 – 18 U 127/91, TranspR 1992, 218; *de Gottrau* TranspR 1988, 320; *Loewe* ETR 1976, 503 (567); *Koller* CMR Art. 22 Rn. 2; *Koller* § 410 Rn. 2; MüKoHGB/*Jesser-Huß* CMR Art. 32 Rn. 5.

[6] Bsp. nach Thume/*de la Motte* CMR Art. 22 Rn. 24, weitere Bsp. bei MüKoHGB/*Jesser-Huß* CMR Art. 22 Rn. 5.

die in dem **ADR**[7] genannten Güter, andere Güter können es sein.[8] Sinn und Zweck der Vorschrift ist es, den Frachtführer, der mit gefährlichen Gütern umgehen muss, möglichst umfassend zu schützen. Die Beförderung **radioaktiver** Stoffe bestimmt sich nach dem AtomG.

II. Anforderungen an die Beteiligten

2   **1. Mitteilungspflicht im Allgemeinen.** § 410 Abs. 1 weist dem Absender von gefährlichem Gut eine sich unmittelbar aus dem Frachtvertrag ergebende **Mitteilungspflicht** zu. Die Mitteilung muss sich zum einen auf die Art der Gefahr, zum anderen auf die zu ergreifenden Vorsichtsmaßregeln erstrecken. Wer Absender ist, ergibt sich regelmäßig aus den Angaben im Frachtbrief. Absender kann auch ein Spediteur sein. Nach § 414 Abs. 1 Nr. 3 haftet der Absender dem Frachtführer verschuldensunabhängig, wenn er diesen Mitteilungspflichten nicht nachkommt.[9] Die Mitteilung ist eine geschäftsähnliche Handlung,[10] auf welche die Vorschriften über Willenserklärungen analog anzuwenden sind; insbesondere die Vorschriften über Willensmängel (§§ 116 ff. BGB), die Auslegung (§§ 133, 157 BGB) sowie über die Stellvertretung (§§ 164 ff. BGB).[11] Auf die Geschäftsfähigkeit (§§ 104 ff. BGB) kommt es nicht an, da die bloße Informationsweitergabe eine tatsächliche Handlung ist.[12] Die Mitteilung kann in Textform erfolgen.[13] Eine Mitteilungspflicht des Absenders wird auch in Ziff. 3.3 ADSp 2017 statuiert.

3   **2. Umfang der Mitteilungspflicht.** Die Mitteilung muss Art und Umfang der Gefahr und die erforderlichen Vorsichtsmaßnahmen beinhalten.[14] Das Kriterium der Erforderlichkeit der Mitteilung von Vorsichtsmaßnahmen wird durch die Worte **„soweit erforderlich"** zum Ausdruck gebracht Der Maßstab ist nach objektiven Kriterien aus Sicht des Absenders zu bestimmen, wobei die Anforderungen über eine schlichte Mitteilungspflicht des Absenders hinausgehen.[15] Eine Mitteilungspflicht kann sich zusätzlich aus öffentlich-rechtlichen Gefahrgutvorschriften ergeben, etwa aus § 9 GGVSE.[16] Die Mitteilung der **Gefahrenklasse** eines unter die ADR (→ Rn. 1) fallenden Gutes und die gängige Bezeichnung genügt,[17] nicht aber alleinig die **chemische Bezeichnung,** weil derartige Fachkenntnisse vom Frachtführer nicht erwartet werden dürfen.[18] Nach § 408 Abs. 1 S. 2 steht es den Parteien offen, Angaben über die Art der gefährlichen Güter sowie über die zu ergreifenden Vorsichtsmaßnahmen in den Frachtbrief einzutragen. Art. 3.2 ADSp 2017 verlangt vom Auftraggeber Angaben über die Art der Gefahr und – soweit erforderlich – eine Mitteilung über die zu ergreifenden Vorsichtsmaßnahmen. Der Auftraggeber hat die Klassifizierung nach ADR und die vollständige Übermittlung aller relevanten Angaben vorzunehmen.

4   **3. Zeitpunkt für die Mitteilung.** Die Mitteilung muss **rechtzeitig** erfolgen. § 410 legt keinen genauen Zeitpunkt fest. Was rechtzeitig ist, bestimmt sich unter Berücksichtigung der Besonderheiten des jeweiligen Einzelfalles. Eine Mitteilung ist jedenfalls dann rechtzeitig, wenn der Frachtführer nach Erhalten der Informationen noch imstande ist, die geeigneten Maßnahmen für einen reibungslosen Transport gefährlicher Güter ergreifen zu können. Dazu gehört unter anderem, dass der Frachtführer in der Lage ist, ein geeignetes Transportfahrzeug auszuwählen, die besonderen Genehmigungen zu besorgen sowie geeignete Transporthilfsmittel einzusetzen. Es empfiehlt sich, dem Frachtführer spätestens bei Übernahme des Gutes die Art der Gefahr mitzuteilen, damit sich dieser nicht gem. Abs. 2 des Gutes auf Kosten des Absenders entledigen kann. Allerdings dürfte es häufig nicht möglich sein, bereits zum Zeitpunkt des Vertragsabschlusses den Frachtführer zu informieren. Regelmäßig wird nur eine telefonische Unterrichtung vorab erfolgen, welche allerdings wegen des Formerfordernisses in § 410 Abs. 1 schriftlich oder in sonst lesbarer Form nachgeholt werden muss.[19] Es sind auch **E-Mails**

---

[7] Europäisches Übereinkommen über die internationale Beförderung gefährlicher Güter auf der Straße vom 30.9.1957, BGBl. 1969 II 1489.

[8] *Hill/Messent,* CMR – Contracts for the international carriage of goods by road, 2. Aufl. 1995, 176; *Pesce,* Il Contratto, 1984, 264; *Glöckner,* Leitfaden zur CMR, 7. Aufl. 1991, CMR Art. 22 Rn. 5 ff.; *Herber/Piper* CMR Art. 22 Rn. 7; *Koller* CMR Art. 22 Rn. 2; Staub/*Reuschle* Rn. 2.

[9] Diese Vorschrift entspricht Art. 22 Abs. 2 Hs. 2 CMR.

[10] MüKoHGB/*Czerwenka,* 2. Aufl. 2009, Rn. 4; Thume/*de la Motte* CMR Art. 22 Rn. 25.

[11] BGH Urt. v. 17.4.1967 – II ZR 27/64, BGHZ 47, 353 (357); BGH Urt. v. 6.12.1988 – XI ZR 81/88, NJW 1989, 1792; Thume/*de la Motte* CMR Art. 22 Rn. 25.

[12] *Koller* CMR Art. 22 Rn. 3; aA Thume/*de la Motte* CMR Art. 22 Rn. 25.

[13] Baumbach/Hopt/*Merkt* Rn. 1.

[14] MüKoHGB/*Czerwenka,* 2. Aufl. 2009, Rn. 10. Zu den Kriterien der Mitteilungspflicht vgl. → CMR Art. 22 Rn. 4 und MüKoHGB/*Jesser-Huß* CMR Art. 22 Rn. 4.

[15] BT-Drs. 13/8445, 39; *Müglich* TranspR Rn. 4.

[16] VO über die innerstaatliche und grenzüberschreitende Beförderung gefährlicher Güter auf der Straße und mit Eisenbahnen (GefahrgutVO Straße – GGVSE) v. 24.11.2006, BGBl. 2006 I 2684.

[17] Staub/*Reuschle* CMR Art. 22 Rn. 22; Thume/*de la Motte* CMR Art. 22 Rn. 31; MüKoHGB/*Jesser-Huß* CMR Art. 22 Rn. 7.

[18] *De Gottrau* TranspR 1988, 320 (321); Thume/*de la Motte* CMR Art. 22 Rn. 34 f.; *Herber/Piper* CMR Art. 22 Rn. 9; aA MüKoHGB/*Jesser-Huß* CMR Art. 22 Rn. 9.

[19] Zum Begriff „in sonst lesbarer Form" vgl. § 239 Abs. 4 S. 2.

zulässig,[20] wenn Frachtführer E-Mail-Adressen angeben. Ferner kann für die Mitteilung eine Online-Verbindung benutzt werden, wenn diese zwischen den Parteien benutzt wird. Problematisch ist, wenn der Auftraggeber die Schriftform nicht wahrt, der Frachtführer jedoch die Gefährlichkeit des Guts kennt (zB aufgrund mündlicher Mitteilung oder aufgrund eigener Sachkunde). Aus § 410 Abs. 2 ergibt sich, dass bei Kenntnis der Gefahr des Gutes bzw. einer Mitteilung darüber zum Zeitpunkt der Übernahme durch den Absender der Frachtführer sich ausnahmsweise nicht auf die Rechtsfolgen des Abs. 2 berufen kann. Die Beweislast für das Vorliegen des Ausnahmetatbestandes trifft entsprechend Art. 2 Abs. 1 S. 2 CMR den Absender. Demzufolge verzichtet § 410 darauf, einen Zeitpunkt für die schriftliche Mitteilung zu nennen und begnügt sich vielmehr mit einem „rechtzeitigen" Hinweis.

4. Form der Mitteilung. Der Absender hat den Frachtführer **in Textform (§ 126b BGB)** zu 5
unterrichten. Nicht unterzeichnete Schriftstücke, Telegramme, Telex-, Telefax-Ausdrucke oder Nachrichten per E-Mail genügen der Textform nur dann, wenn sie die Person des Erklärenden erkennen lassen, Piktogramme oder Warnsymbole reichen nach dem Wortlaut des § 410 nicht. Eine mündliche Nachricht genügt hingegen nicht, auch wenn diese auf einem Anrufbeantworter hinterlassen wird.[21]

5. Art der Gefahr. Der Absender genügt im Grundsatz seiner Mitteilungspflicht über die Art der 6
Gefahr, wenn er dem Frachtführer unter Hinweis auf die öffentlich-rechtlichen Gefahrgutvorschriften die jeweiligen **Gefahrgutklassen** sowie die **gängige Bezeichnung** des Gefahrguts mitteilt. Der Absender darf davon ausgehen, dass der Frachtführer als ordentlicher Kaufmann Kenntnis über die Gefahrgutvorschriften und deren Klassifizierungen hat.[22] Nicht ausreichend ist es, wenn der Absender lediglich die **chemische Formel mitteilt, da** eine Kenntnis der chemischen Zusammensetzung nicht verlangt werden kann.[23] Sind die zu befördernden Güter unter beförderungsspezifischen Gesichtspunkten gefährlich, ohne den öffentlich-rechtlichen Gefahrgutklassen zu unterliegen, hat der Absender gegenüber dem Frachtführer so detaillierte Angaben über das Gut zu machen, dass dieser subjektiv in der Lage ist, die erforderlichen Maßnahmen zur Verhütung der dem Gut immanenten Gefahr zu veranlassen.

6. Vorsichtsmaßnahmen. Der Absender hat dem Frachtführer die zu ergreifenden Vorsichtsmaß- 7
nahmen zu erteilen, **soweit dies erforderlich** ist. Der Wortlaut ist nicht deckungsgleich mit der korrespondierenden Norm des Art. 22 Abs. 1 S. 1 CMR („gegebenenfalls"). Durch die in dieser Vorschrift gewählte Formulierung kommt klar zum Ausdruck, dass sich die Mitteilung etwaiger Vorsichtsmaßnahmen unmittelbar an den **Informationsbedürfnissen** des Frachtführers zu orientieren hat, welche nach einem **verobjektivierten Absenderhorizont** zu bestimmen sind.[24] Dies hat zur Folge, dass es im alleinigen Verantwortungsbereich des Absenders liegt, ob die erteilten Informationen zum Ergreifen von Vorsichtsmaßnahmen ausreichend, umfassend, richtig und verständlich waren.

III. Rechte des Frachtführers (Abs. 2 Nr. 1)

1. Unzureichende Information. Der Frachtführer hat das Recht, soweit ihm bei Übernahme des 8
Gutes nicht die Art der Gefahr bekannt war bzw. diese ihm nicht mitgeteilt wurde, sich auf verschiedene Weise des Gutes wieder zu entledigen. Nach dem eindeutigen Wortlaut bezieht sich die Kenntnis nur auf die **Art der Gefahr, nicht auf die zu ergreifenden Vorsichtsmaßnahmen.**[25] Zusätzlich steht dem Frachtführer ein Aufwendungsersatzanspruch gegen den Absender wegen der veranlassten Maßnahmen zu. Die Vorschrift findet Anlehnung an Art. 22 Abs. 2 CMR.

2. Handlungen. Der Frachtführer kann das Gut **ausladen, einlagern, zurückbefördern** oder, 9
soweit erforderlich, **vernichten** oder **unschädlich** machen. Zwischen diesen Möglichkeiten hat er ermessensfehlerfrei nach den Grundsätzen von Treu und Glauben (§ 242 BGB) die für den Absender am wenigsten einschneidende Maßnahme zu treffen.[26] Die Generalklauseln des Zivilrechts sind anerkannte Einfallstore für verfassungsrechtliche Grundsätze, sodass der **Verhältnismäßigkeitsgrundsatz** mittelbar Beachtung findet.[27] Der Frachtführer trägt das Risiko, sich in unverhältnismäßiger Weise des Gutes entledigt zu haben („soweit erforderlich"). Überschreitet der Frachtführer die Grenzen der Verhältnismäßigkeit, so macht er sich dem Absender gegenüber schadensersatzpflichtig. Es empfiehlt sich also, dass der Frachtführer mit dem Absender Rücksprache nimmt, bevor er entsprechende Maßnahmen ergreift.[28]

---

[20] *Koller* Rn. 3.
[21] MüKoHGB/*Czerwenka,* 2. Aufl. 2009, Rn. 13. AA *Koller* Rn. 3.
[22] Staub/*Schmidt* Rn. 8.
[23] MüKoHGB/*Czerwenka,* 2. Aufl. 2009, Rn. 10.
[24] Bericht SV-Kommission S. 54; BR-Drs. 368/97, 38.
[25] Staub/*Schmidt* Rn. 18.
[26] Ebenso für den anderslautenden Wortlaut der CMR *Loewe* ETR 1976, 503 (567); *Koller* CMR Art. 22 Rn. 4; aA *de Gottrau* TranspR 1988, 320 (322); Thume/*de la Motte* CMR Art. 22 Rn. 40, 41.
[27] MüKoHGB/*Czerwenka,* 2. Aufl. 2009, Rn. 20; Palandt/*Grüneberg* BGB § 242 Rn. 7, 8.
[28] Vgl. BR-Drs. 368/97, 38.

10   Das Recht zum **Abladen** bedeutet nicht, dass der Frachtführer das Gut zu Lasten des Eigentümers derelinquieren (§ 959 BGB) darf.[29] Er bleibt zur **Einhaltung aller öffentlich-rechtlichen Vorschriften,** die in Bezug auf den Umgang mit gefährlichen Gütern erlassen wurden, verpflichtet. Gegebenenfalls hat er das Gut auf Kosten des Absenders **einzulagern.** § 410 Abs. 2 Nr. 1 gibt ihm, anders als Art. 22 CMR, ausdrücklich das Recht zur Einlagerung. Das Ausladen führt in aller Regel dazu, dass der Frachtvertrag beendet wird. Entschließt sich der Frachtführer zur **Rückbeförderung,** so hat er einen Anspruch gegen den Absender auf Rücknahme des Gutes.[30] Wegen rechtmäßiger **Vernichtung** oder **Unschädlichmachung** des Gutes ist der Frachtführer nicht gegenüber dem Absender zu Schadensersatz verpflichtet, soweit ein unmittelbarer Zurechnungszusammenhang zwischen dem vom Frachtführer infolge der Gefährlichkeit des Gutes ergriffenen Maßnahmen und dem Schadensfall besteht, was der Zusatz „deshalb" in Abs. 2 Nr. 1 verdeutlicht.[31]

IV. Aufwendungsersatzanspruch (Abs. 2 Nr. 2)

11   Der Frachtführer hat wegen der Maßnahmen, die er zur Entledigung des Gutes getroffen hat, einen Ersatzanspruch für alle erforderlichen Aufwendungen. Die Beweislast für die Erforderlichkeit obliegt dem Frachtführer. Ggf. hat der Frachtführer Rücksprache mit dem Absender zu nehmen. Diese Vorschrift ist Art. 22 Abs. 2 CMR nachgebildet. Er erfasst jedoch nicht nur entstehende Beförderungsauslagen, sondern auch die Kosten der Vernichtung oder Unschädlichmachung[32] sowie Entschädigungsleistungen, die er an Dritte zahlen muss[33] oder Schäden am Fahrzeug[34] sowie den entgangenen Gewinn.

V. Haftung

12   Unterlässt der Absender die Mitteilung über die Gefährlichkeit des Gutes und kann er nicht beweisen, dass der Frachtführer Kenntnis von der Gefährlichkeit des Gutes hatte, so haftet er verschuldensunabhängig nach § 414 Abs. 1 Nr. 3. Es handelt sich dabei um eine echte Gefährdungshaftung. Den Frachtführer trifft nach § 410 keine Pflicht, sich wegen einer etwaigen Gefährlichkeit des Gutes beim Absender zu erkundigen.[35] Ein etwaiges **Mitverschulden** des Frachtführers kann jedoch nach Maßgabe des § 414 Abs. 2 Berücksichtigung finden.

13   Unmittelbare Ansprüche Dritter gegen den Absender können nicht auf § 410 gestützt werden. Das Genfer ECE-Übereinkommen über die zivilrechtliche Haftung für Schäden bei der Beförderung gefährlicher Güter auf der Straße, auf der Schiene und auf Binnenschiffen vom 10.10.1989 (CRTD)[36] will eine allgemeine, grundsätzlich begrenzte Haftung des Beförderers und in Sonderfällen des Spediteurs begründen.[37] Die Haftung beruht weiterhin auf den allgemeinen Bestimmungen der besonderen Gefährdungshaftung. Sie ist vielfach auch nach nationalem Deliktsrecht (§ 823 BGB) begründet.

VI. Beweislast

14   Dem Frachtführer obliegt die **Beweislast** für die Verhältnismäßigkeit der Mittel sowie für den Zurechnungszusammenhang zwischen den ergriffenen Maßnahmen und dem Schadensfall. Das Vorliegen der Ausnahmetatbestände hat der Absender zu beweisen. Dies gilt insbesondere für ausreichende Aufklärung über das gefährliche Gut und die erforderlichen Vorsichtsmaßnahmen.

VII. Abdingbarkeit

15   § 410 ist grundsätzlich abdingbar, weil die Vorschrift nicht in § 449 genannt ist.[38] Die den Absender treffenden Pflichten können durch Allgemeine Geschäftsbedingungen gegenüber § 410 erweitert werden (vgl. Ziff. 3.3; 3.5 ADSp 2003, § 7 VBGL). Allerdings liegt ein Verstoß gegen § 307 BGB vor, wenn die AGB Regelungen zu Lasten des Absenders enthalten und dieser erkennbar nicht in der Lage

---

[29] Thume/*de la Motte* CMR Art. 22 Rn. 38.

[30] Bericht SV-Kommission S. 55.

[31] Staub/*Schmidt* Rn. 24.

[32] BR-Drs. 368/97, 39.

[33] *De Gottrau* TranspR 1988, 322; Staub/*Reuschle* CMR Art. 22 Rn. 4; *Herber/Piper* CMR Art. 22 Rn. 16; MüKoHGB/*Jesser-Huß* CMR Art. 22 Rn. 13.

[34] BGH Urt. v. 16.10.1986 – I ZR 149/84, VersR 1987, 304; Thume/*de la Motte* CMR Art. 22 Rn. 45; *Clarke* Nr. 73a S. 269.

[35] *Jesser,* Frachtführerhaftung nach der CMR – Internationaler und nationaler Straßengütertransport, 1992, 172; *Nickel-Lanz,* La convention relative au contrat de transport international de marchandises par route, 1976, 58; MüKoHGB/*Jesser-Huß* CMR Art. 22 Rn. 6.

[36] Abdruck in englischer Sprache TranspR 1990, 83; dazu *Herber* TranspR 1990, 51 und ETL 1991, 161; *Müller* TranspR 1998, 269.

[37] Dieses Übereinkommen wurde bislang nur von Marokko und Deutschland gezeichnet, Liberia ist als Vertragspartei beigetreten; zum Inkrafttreten des Übereinkommens sind 5 Vertragsparteien notwendig.

[38] *Fremuth* in Fremuth/Thume TranspR Rn. 33; *Koller* Rn. 22; *Lammich/Pöttinger* Rn. 24.

ist, sich die fragliche Information zu besorgen.[39] Gleiches gilt, wenn eine Lastenverschiebung zum Nachteil des Frachtführers erfolgt. Die Abreden betreffen jeweils nur das Verhältnis Frachtführer/ Absender und lassen öffentlich-rechtliche Pflichten sowie deliktische Verkehrssicherungspflichten unberührt.[40]

§ 411 Verpackung, Kennzeichnung

[1] Der Absender hat das Gut, soweit dessen Natur unter Berücksichtigung der vereinbarten Beförderung eine Verpackung erfordert, so zu verpacken, daß es vor Verlust und Beschädigung geschützt ist und daß auch dem Frachtführer keine Schäden entstehen. [2] Soll das Gut in einem Container, auf einer Palette oder in oder auf einem sonstigen Lademittel, das zur Zusammenfassung von Frachtstücken verwendet wird, zur Beförderung übergeben werden, hat der Absender das Gut auch in oder auf dem Lademittel beförderungssicher zu stauen und zu sichern. [3] Der Absender hat das Gut ferner, soweit dessen vertragsgemäße Behandlung dies erfordert, zu kennzeichnen.

Schrifttum: *Bischof,* Anmerkung zum Urteil des OLG Hamburg Urt. v. 29.5.1980, Az. 6 U 137/79, VersR 1981, 539; *Braun,* Das frachtrechtliche Leistungsstörungsrecht nach dem Transportrechtsreformgesetz, 2002; *Herzog,* Gü-KUMT ist zwingende Rechtsnorm, nicht AGB!, TranspR 1988, 8; *Koller,* Die Unzulänglichkeit der Verpackung im Transport- und Transportversicherungsrecht, VersR 1993, 519; *Koller,* Die Leichtfertigkeit im deutschen Transportrecht, VersR 2004, 1346; *Koller,* Die Vereinbarkeit der Ausführungsart im Werkvertrags- und Transportrecht, TranspR 2007, 221; *Mattei* in Rühle von Lilienstern/Stabenau, RKW-Handbuch Transport, Stand: 1993, Kennzahl 9120, 31; *Schmidt,* Vereinbarte Verpackung durch den Transportunternehmer: Nebenpflicht im Rahmen der §§ 407 ff. HGB oder werkvertragliche Hauptleistungspflicht?, TranspR 2010, 88; *Willenberg,* Sonderprobleme bei der Beförderung fabrikneuer Personenkraftwagen auf PKW-Straßentransporten, TranspR 1983, 57; *Willinger,* Rechtliche Grundlagen für die Verpackung gefährlicher Güter, TranspR 1981, 81; *Zapp,* Rechtsprobleme im Zusammenhang mit der Verpackung in der CMR und im deutschen Handelsgesetzbuch, TranspR 2004, 333.

Parallelvorschriften: Art. 17 Abs. 4 lit. b und e CMR; Art. 14 CIM 1999; Art. 6 Abs. 3 CMNI; Ziff. 6.1 und 6.2.1. ADSp 2003.

Übersicht

I. Allgemeines

§ 411 weist dem Absender die Verpackungs- und Kennzeichnungspflicht zu. Die Vorschrift reicht **1** weiter als Art. 17 Abs. 4b und e CMR, da sie nicht nur eine Zuordnung der Haftungsrisiken an den Absender vornimmt, sondern darüber hinaus eine ausdrückliche Verpackungs- und Kennzeichnungspflicht statuiert und diese dem Absender zuweist.[1] Die Regelung in § 411 soll die Vertragsabwicklung in der Praxis erleichtern, indem sie den Parteien ein gesetzliches Modell für die Pflichtenverteilung zur Verfügung stellt.[2] Nachdem Verpackungs- und Kennzeichnungspflichten in der Praxis von besonderer Bedeutung sind, besteht auch ein dringendes Bedürfnis, diesen Pflichtenkreis im Frachtrecht besonders zu regeln. Die Zuweisung der Verpackungs- und Kennzeichnungspflicht an den Absender rechtfertigt sich wegen dessen besonderer **Nähe zur Ware.**[3] Eine Ausnahme zur Verpackungs- und Kennzeich-

---

[39] *Koller* Rn. 22; *Müglich* TranspR 81.
[40] Staub/Schmidt Rn. 30.
[1] BR–Drs. 368/97, 39; MüKoHGB/*Czerwenka,* 2. Aufl. 2009, Rn. 1.
[2] BR–Drs. 368/97, 39; MüKoHGB/*Czerwenka,* 2. Aufl. 2009, Rn. 1.
[3] BR–Drs. 368/97, 39; MüKoHGB/*Czerwenka,* 2. Aufl. 2009, Rn. 1.

nungpflicht sieht § 451a Abs. 2 HGB für den Umzugsvertrag vor. In diesem Falle hat der Frachtführer das Umzugsgut zu verpacken und zu kennzeichnen.

II. Interessenlage

2   Die Pflichtenverteilung in § 411 ist sachgerecht, weil der Absender die Beschaffenheit und eine eventuelle Schadensgeneigtheit der Ware besser kennt als der Frachtführer.[4] Vom Frachtführer kann in aller Regel nicht verlangt werden, dass er sich besondere Warenkenntnisse kurzfristig beschafft und den Transportablauf auf ein nicht ausreichend verpacktes oder gekennzeichnetes Gut ausrichtet.[5] Der Absender hat nicht nur für eine handelsübliche, sondern für eine **beförderungssichere Verpackung**[6] zu sorgen. Nur beim **Gefahrgut** sind allgemein gültige Verpackungsregeln gesetzlich festgelegt worden. Auch gibt es keine sog. **Handelsüblichkeit,** aus welcher entnommen werden könnte, wie eine beförderungssichere Verpackung auszusehen hat. Andererseits existieren Informationswerke und technische Normen über Verpackungsstandard und Verpackungsoptimierung.[7] In einigen Branchen, so zB in der Automobil- und Zulieferindustrie, hat sich eingebürgert, dass der Hersteller seinen Zulieferanten **Verpackungsbedingungen** vorgibt oder sich wenigstens auf die Verpackungsricht-linien seines Verbandes bezieht. Aus der in § 411 geregelten Pflichtenverteilung folgt zugleich, dass den Frachtführer keine Prüfobliegenheit dahingehend trifft, ob die Verpackung für den Transport geeignet ist oder ob die Ware überhaupt einer Verpackung bedarf.[8]

III. Verpackung

3   **1. Maßstab für die Erforderlichkeit der Verpackung.** Der Absender hat das Gut so zu ver-packen, dass es vor Verlust und Beschädigung geschützt ist und dass dem **Frachtführer keine Schäden entstehen.** Die jeweiligen Eigenschaften des Guts sowie die Umstände der vereinbarten Beförderung bestimmen die Anforderungen an die Verpackung (§ 157 BGB). Art des Gutes und Umstände der Beförderung sind dergestalt aufeinander abzustimmen, dass die Verpackung Schutz vor den von der vereinbarten Beförderung im Normalfall ausgehenden Gefahren bietet.[9]

4   **a) Art der Güter.** Maßgeblich für die Verpackungsbedürftigkeit ist vor allem die Art der Güter, insbesondere ihre Empfindlichkeit.[10] Fehlen oder Mängel der Verpackung stellen nur dann einen Haftungsausschlussgrund nach § 427 Abs. 1 Nr. 2 dar, wenn die Güter ihrer Natur nach hierdurch Verlusten oder Beschädigungen ausgesetzt sind.[11] **Obst,** etwa Zitronen, muss gegen Frost verpackungs-mäßig geschützt werden.[12] **Rohbaumwolle** braucht im Gegensatz zu **Streichhölzern** nicht gegen Selbstentzündung verpackt zu werden. **Papierrollen** sind wegen der möglichen Beschädigung an den Kanten verpackungsbedürftig. **Maschinen** sind nicht ohne weiteres verpackungsbedürftig; es kommt vielmehr darauf an, ob sie ihrer Art nach unverpackt bleiben können. **Flüssigkeiten, Gase, staubför-mige Stoffe** sind in besonders dafür ausgerüsteten Tankwagen oder in verpacktem Zustand zu transportieren.[13] In diesen Fällen ist das Transportfahrzeug die Verpackung.

5   Diebstahl von wertvollen Gütern ist nur in beschränktem Umfang durch die Verpackung zu ver-hindern. Indes ist Sinn der Verpackung nicht, das Gut besonders gegen Diebstahl oder Raub zu schützen.[14] Auch Verpackungen, die den Wert des Gutes erkennen lassen, sind deshalb nicht man-gelhaft.[15] Die Verpackung von Elektronikgeräten für einen Eisenbahntransport ist nicht deshalb man-gelhaft, weil der Kartons mit der Firmenanschrift und dem Gerätetyp versehen sind; vielmehr muss der Frachtführer durch eigene Maßnahmen die Diebstahls- und Unterschlagungsgefahr unterbinden.[16]

6   Die Verpackung wird nicht dadurch ersetzt oder die geschuldete Qualität der Verpackung dadurch gesenkt, dass der Absender das Gut mit **Warnsymbolen** versieht (zB Regenschirm, Glassymbol).[17]

---

[4] Vgl. auch Heymann/*Schlüter* Rn. 1; Oetker/*Paschke* Rn. 1.

[5] AA OLG Düsseldorf Urt. v. 29.11.1979 – 18 U 127/79, VersR 1980, 276.

[6] Staub/*Reuschle* CMR Art. 17 Rn. 119.

[7] *Willinger* TranspR 1981, 81.

[8] *Zapp* TranspR 2004, 333 (335).

[9] Staub/*Schmidt* Rn. 30.

[10] BeckOK HGB/*G. Kirchhof* Rn. 4; MüKoHGB/*Thume* Rn. 9.

[11] Vgl. zur CMR: OLG Nürnberg Urt. v. 12.4.1991 – 12 U 68/91, TranspR 1992, 63.

[12] OLG Köln Urt. v. 14.3.1997 – 3 U 147/95, TranspR 1998, 195 (196); OLG München Urt. v. 31.5.2000 – 7 U 6226/99, NJW-RR 2000, 1638 (der Frachtführer kann sich bei einem Frostschaden an Palmsamen auf den Haftungs-ausschlussgrund des Art. 17 Abs. 4b CMR nicht berufen, wenn er auf die Frostempfindlichkeit des Saatgutes hingewiesen worden ist).

[13] BGH Urt. v. 19.11.1959 – II ZR 78/58, BGHZ 31, 183 = NJW 1960, 337.

[14] KG Urt. v. 11.1.1995 – 23 U 377/94, TranspR 1995, 342 (345); *Thume* TranspR 1990, 41 (46).

[15] *Koller* Rn. 6.

[16] OLG Frankfurt a. M. Urt. v. 7.11.1985 – 1 U 240/84, TranspR 1986, 231 (232); OLG München Urt. v. 19.11.1985 – 13 U 4210/85, TranspR 1986, 234.

[17] *Koller* Rn. 5.

Mangels besonderer Vereinbarung braucht der Frachtführer sich nicht auf die individuellen Eigenschaften des Gutes einzustellen.[18]

b) Umstände der vereinbarten Beförderung. Auch die Umstände der vereinbarten Beförderung 7 sind für die richtige Verpackung maßgeblich.[19] Kann der Frachtführer bei Vertragsschluss erkennen, dass es sich um besonders empfindliche Güter handelt (wie zB Speiseeis), so hat er besonders ausgerüstete Transportmittel zu verwenden. In Fällen, in denen der Frachtführer das Beförderungsmittel und die Beförderungsart bestimmen kann, hat der Frachtführer nach Übernahme des Gutes der Art der Verpackung Rechnung zu tragen und gegebenenfalls den Absender auf evidente Verpackungsmängel hinzuweisen. Im Zweifel muss sich der Absender an den üblichen Transportverhältnissen orientieren.

Für die im Einzelfall erforderliche Konkretisierung des Verpackungsstandards bedarf es einer **Ab-** 8 **wägung,** welcher Aufwand angesichts des Transportmittels und der zu erwartenden Einwirkungen seitens des Absenders geschuldet ist, wobei dieser nicht mit einer Misshandlung des Gutes, sondern nur mit den üblichen Einwirkungen rechnen muss.[20] Zu den üblichen Einwirkungen sind die gerade bei schlechten Wegstrecken zu erwartenden typischen Erschütterungen, die Fliehkräfte in engen Kurven,[21] die Bildung von Schwitzwasser,[22] Einflüsse von Hitze, Kälte oder von Gerüchen. Dagegen gehören nicht zu den üblichen Einwirkungen Regen, Schnee, sonstige Nässe von außen, Hagel, Sturm,[23] Mängel des Fahrzeugs sowie Unfälle[24] und andere unübliche Verzögerungen.

2. Angemessenheit der Verpackung. Dem Regierungsentwurf zum Transportrechtsreformge- 9 setz[25] zufolge muss der Verpackungsaufwand in einem angemessenen Verhältnis zur verpackten Ware stehen. Einen **absoluten Schutz** gegen vollkommen ungewöhnliche und nicht vorhersehbare Transportrisiken gibt es nicht und wird auch nicht geschuldet.[26]

Transportempfindliche Güter sind vom Absender auch dann entsprechend sicher zu verpacken, 10 wenn die hierfür erforderliche Verpackung den Wert des Gutes überschreitet.[27] Dem Frachtführer kann nämlich nicht zugemutet werden, schlechte Straßen zu meiden oder besonders vorsichtig zu fahren.[28] Güter müssen generell so verpackt werden, dass sie vor transportbedingten Erschütterungen, so zB bei verkehrsbedingtem Bremsen und harten Bremsstößen, ausreichend geschützt sind.[29] Im Einzelfall kann die Verwendung bereits **gebrauchter Verpackungen** unzureichend sein.[30] Der Absender muss auch damit rechnen, dass während der Beförderung eine mehrfache Umladung des Gutes erforderlich wird.[31]

Bei **Sammelladungen** muss der Absender an die **üblichen Gefahren** denken, die sich aus einem 11 Zu- und Abladen anderer Güter ergeben.[32] Der Absender muss allerdings nicht ohne weiteres das Gut so verpacken, dass es gegen Schäden durch Witterungseinflüsse jeglicher Art geschützt wäre. Zu prüfen ist, ob der Frachtführer im Einzelfall nach dem Frachtvertrag verpflichtet war, das Gut vor Einwirkung von Hitze, Kälte, Temperaturschwankung, Luftfeuchtigkeit, Erschütterungen oder ähnliche Einflüsse besonders zu schützen (vgl. § 427 Abs. 4).

Haben die Parteien eine **Beförderung im offenen Fahrzeug** vereinbart, so treffen den Absender 12 hinsichtlich der Verpackungspflicht gesteigerte Anforderungen,[33] da das Gut durch Sonne, Regen, Hagel, aber auch herunterragende Äste besonderen Gefahren ausgesetzt ist. War kein Transport im offenen Fahrzeug vereinbart, so richten sich die Anforderungen an die Verpackung nach einem Transport im geschlossenen Fahrzeug.[34]

Neu eingeführt wurde durch die Seehandelsrechtsreform die Vorschrift des **Satzes 2.** Danach 13 obliegt dem Absender in Fällen, in denen Gut in einem **Container,** auf einer **Palette** oder in oder auf einem **sonstigen Lademittel** zur Beförderung übergeben wird, die Pflicht, das Gut beförderungssicher zu stauen und zu sichern. Die Vorschrift hat ihren Ursprung in Art. 27 Abs. 3 der Rotterdam-

---

[18] *Koller* VersR 2004, 1346 (1352).
[19] MüKoHGB/*Czerwenka,* 2. Aufl. 2009, Rn. 9.
[20] BGH Urt. v. 19.11.1959 – II ZR 78/58, BGHZ 31, 183 = NJW 1960, 337.
[21] OLG Celle Urt. v. 18.4.1977 – 12 U 178/84, VersR 1977, 911.
[22] AG Mettmann Urt. v. 11.8.2000 – 21 C 29/00, TranspR 2001, 317 (318).
[23] Vgl. BGH Urt. v. 19.11.1959 – II ZR 78/58, BGHZ 31, 183; BGH Urt. v. 12.11.1992 – I 312/90, NJW-RR 1993, 606; OLG Köln Urt. v. 30.8.1990 – 17 U 35/89, TranspR 1990, 425 (426) (CMR).
[24] Vgl. Staub/*Schmidt* Rn. 11.
[25] BR-Drs. 368/97, 39.
[26] BR-Drs. 368/97, 39.
[27] *Koller* Rn. 6 etwas einschränkend.
[28] *Koller* Rn. 4; aA OLG Düsseldorf Urt. v. 29.11.1979 – 18 U 127/79, TranspR 1984, 109.
[29] Vgl. OLG Celle Urt. v. 18.4.1977 – 12 U 178/84, VersR 1977, 911.
[30] OLG Frankfurt a. M. Urt. v. 15.11.1984 – 1 U 280/83, TranspR 1986, 276.
[31] OLG Düsseldorf Urt. v. 27.10.1983 – 18 U 34/83, TranspR 1984, 109; *Riemer* Handbuch B I 87 Rn. 87.
[32] OLG Düsseldorf Urt. v. 27.10.1983 – 18 U 34/83, TranspR 1984, 109 (111 f.).
[33] OLG Frankfurt a. M. Urt. v. 25.10.1977 – 5 U 14/77, VersR 1978, 535; MüKoHGB/*Czerwenka,* 2. Aufl. 2009, Rn. 11; *Koller* TranspR 2007, 221 (223).
[34] OLG Nürnberg Urt. v. 12.4.1991 – 12 U 68/91, TranspR 1992, 63 (64).

Regeln, wonach der Absender in den Fällen, in denen er einen Container packt oder ein Fahrzeug belädt, den Inhalt in oder auf dem Container oder dem Fahrzeug ordnungsgemäß und sorgfältig und so zu stauen, zu befestigen und zu sichern hat, dass der Inhalt keine Personen- oder Sachschäden verursacht. Ungeachtet des **Satzes 2** galt bereits bisher, dass **palettiertes Gut** nur dann transportsicher verpackt ist, wenn der Zusammenhalt durch Bänder und Folien gewahrt ist.[35] Bei Güterversendungen in **Containern** muss der Absender darauf achten, dass das Gut gegen mechanische Einwirkungen bei Transport und Umschlag ausreichend geschützt ist.[36] So muss das Gut normale Erschütterungen, wie sie beim Auf- und Abladen des Containers entstehen, aushalten. Sorgt der Absender nicht für eine genügende Befestigung des Guts im Container, sodass Teile davon gegeneinander stoßen, liegt mangelhafte Verpackung vor.[37] Weist der Container selbst Mängel auf, kommt es darauf an, ob er vom Absender oder vom Frachtführer gestellt wurde. Die neu eingefügte Vorschrift dient daher nur der Verdeutlichung der geltenden Verpackungspflicht.[38]

14   **3. Beweislast für Verpackungsmängel.** Der Nachweis von Verpackungsmängeln ist grundsätzlich vom Frachtführer zu erbringen. Der Frachtführer kann die **Eintragung der Verpackungsart in den Frachtbrief** verlangen (§ 408 Abs. 1 Nr. 6). Im Fall der ungenügenden Verpackung kann der Frachtführer einen Vorbehalt im Frachtbrief anbringen. Nach § 427 Abs. 1 Nr. 2 stellt die ungenügende Verpackung durch den Absender für den Frachtführer einen **besonderen Haftungsausschlussgrund** dar. Kann sich der Frachtführer auf einen besonderen Haftungsausschlussgrund berufen, so kommt ihm die in § 427 Abs. 2 niedergelegte Beweiserleichterung zugute, wonach vermutet wird, dass der entstandene Güter- oder Verzögerungsschaden auf eine der enumerativ aufgeführten Gefahrenquellen zurückzuführen ist.

15   Ist das Gut nach einer Fahrt, die „normal", dh ohne besondere Vorkommnisse verlaufen ist, beschädigt, so kann nicht im Wege des Anscheinsbeweises auf das Vorliegen eines Verpackungsmangels geschlossen werden.[39] In solchen Fällen hat der Frachtführer über ein „normales" Transportgeschehen hinaus konkrete Tatsachen für einen Verpackungsmangel nachzuweisen. Der Frachtführer muss zB bei einer beschädigten Maschine nicht nur darlegen, dass sie nicht ordnungsgemäß verpackt war, sondern auch, dass sie ihrer Art nach dadurch Schaden erleiden konnte, bevor auf die Kausalitätsvermutung des § 427 Abs. 2 S. 1 abgestellt werden kann.[40]

16   **4. Rechtsfolgen von Verpackungsmängeln. a) Haftung des Absenders für Schäden und Aufwendungen wegen Verpackungsmängeln.** Bei unzureichender Verpackung kann der Frachtführer Schadensersatz vom Absender verlangen. Der Absender, der kein Verbraucher ist, haftet verschuldensunabhängig und unbegrenzt für Schäden und Aufwendungen des Frachtführers nach § 414 Abs. 1. Ein etwaiges Mitverschulden des Frachtführers ist zB nach § 414 Abs. 2 mit zu berücksichtigen.[41] Daneben kann der Frachtführer weitergehende Ansprüche auf Schadensersatz statt der Leistung wegen Verletzung einer Pflicht nach § 241 Abs. 2 BGB, § 282 BGB gegen den Absender geltend machen.[42] Mit Aufhebung der summenmäßigen Haftungsbeschränkung des Absenders durch die Reform des Seehandelsrechts[43] stehen dem Rückgriff auf die verschuldensabhängigen Vorschriften des BGB keine Bedenken mehr entgegen.

17   Handelt es sich bei dem Absender hingegen um einen Verbraucher nach § 13 BGB, so haftet dieser für Schäden und Aufwendungen nur verschuldensabhängig (§ 414 Abs. 3).

18   **b) Zurückweisung des Gutes.** In Fällen, in den dem Frachtführer infolge des Verpackungsmangels ein Schaden droht, kann er die Durchführung des Transports nach § 273 Abs. 1 BGB so lange verweigern, bis der Absender seiner Verpackungspflicht nach § 411 S. 1 nachkommt.[44] Der Frachtführer hat den Absender über den Mangel zu informieren.

---

[35] OLG Hamburg Urt. v. 27.9.1973 – 3 U 1/73, VersR 1974, 581; LG Frankfurt a. M. Urt. v. 28.3.1990 – 2/4 O 230/87, TranspR 1991, 29; Oetker/*Paschke* Rn. 6.

[36] BGH Urt. v. 18.3.1971 – II ZR 78/69, NJW 1971, 1363; OGH Wien Urt. v. 7.11.1986 – 7 Ob 49/86, TranspR 1987, 459; OLG Hamburg Urt. v. 4.8.2000 – 6 U 184/98, TranspR 2001, 38 (40); OLG Bremen Urt. v. 19.1.1989 – 2 U 45/87, TranspR 1990, 22.

[37] BGH Urt. v. 18.3.1971 – II ZR 78/69, NJW 1971, 1363.

[38] Vgl. BT-Drs. 17/10309, 68 zur Parallelvorschrift zu § 484 HGB.

[39] BGH Urt. v. 4.10.1984 – I ZR 112/82, NJW 1984, 554 (555).

[40] Staub/*Schmidt* Rn. 9.

[41] Ebenso *Müglich* TranspR Rn. 3.

[42] Ebenso *Koller* Rn. 10; aA Staub/*Schmidt* Rn. 22.

[43] Vgl. BT-Drs. 17/10309, 53.

[44] LG Hamburg Urt. v. 6.12.1995 – 401 S 7/95, TranspR 1997, 116 (117) mit dem Hinweis, dass der Verfrachter nicht schuldhaft handele und nicht in Verzug gerate, wenn er die Beförderung von Gütern ablehne, die nicht ordnungsgemäß verpackt seien. Der Verzug scheitert jedoch bereits an § 273 BGB, wonach der Befrachter das Gut ordnungsgemäß zu verpacken hat, sodass dem Verfrachter keine Schäden bei der Durchführung des Transports entstehen. Vgl. auch Staub/*Schmidt* Rn. 23; MüKoHGB/*Czerwenka* Rn. 19; *Koller* Rn. 10; Heymann/*Schlüter* Rn. 5, der von einem Leistungsverweigerungsrecht nach § 320 BGB ausgeht.

c) Recht zum Rücktritt. Lehnt der Absender eine nachträgliche ordnungsgemäße Verpackung des **19** Gutes ab, kann der Frachtführer vom Frachtvertrag gem. § 323 Abs. 2 BGB zurücktreten[45] oder wegen Verzögerung einer Mitwirkungshandlung den Frachtvertrag gem. §§ 643, 323 kündigen.[46]

IV. Kennzeichnung

1. Kennzeichnungspflicht. Die Verpflichtung zur Kennzeichnung dient der Vermeidung von **20** Falschauslieferungen und Verwechslungen.[47] Wegen der besonderen Güternähe ist die Kennzeichnungspflicht – ebenso wie die Verpackungspflicht – ausdrücklich dem **Absender** zugewiesen worden. Der Umfang der Kennzeichnungspflicht bestimmt sich nach der vertragsgemäßen Behandlung des Gutes. Die Kennzeichnungspflicht bezieht sich nicht nur auf **Stückgüter,** sondern auch auf eine **Sammelladung.** Die Kennzeichnungspflicht stellt den Anknüpfungspunkt für die haftungsrechtlichen Vorschriften des § 414 Abs. 1 Nr. 1 über die verschuldensunabhängige Haftung des Absenders und des § 427 Abs. 1 Nr. 5 über den Ausschluss der Frachtführerhaftung dar.[48] Wichtig ist, dass der Absender seine Kennzeichen auf die Angaben im Frachtbrief abstimmt (§ 408 Abs. 1 S. 1 Nr. 1–12). Um Verwechslungen und Irritationen zu vermeiden, hat der Absender alte Anschriften und Zettel an der Verpackung zu entfernen und die Kennzeichnung so anzubringen, dass sie nicht bei einer Umladung abgehen oder abgerissen werden kann.

2. Rechtsfolgen bei Verstoß gegen Kennzeichnungspflicht. Bei unzureichender Kennzeich- **21** nung **haftet der Absender, der nicht Verbraucher ist. verschuldensunabhängig** für Schäden und Aufwendungen des Frachtführers nach § 414 Abs. 1.[49] Nach § 427 Abs. 1 Nr. 5 stellt die ungenügende Kennzeichnung durch den Absender für den Frachtführer ebenfalls einen **besonderen Haftungsausschlussgrund** dar. Handelt es sich hingegen beim Absender nur um einen Verbraucher, haftet er dem Frachtführer nur im Falle des Verschuldens, § 414 Abs. 3.

V. Abdingbarkeit

Den Parteien steht es offen, eine von der gesetzlichen Pflichtenzuweisung **abweichende Regelung** **22** zu treffen, insbesondere diese Rechtspflichten dem Frachtführer aufzuerlegen. Soweit die Parteien jedoch keine anderweitige Regelung getroffen haben, bleibt es bei der gesetzlichen Wertentscheidung, dass dem Absender diese Pflichten aufgrund seiner größeren Güternähe zugewiesen werden.

Weitergehende Verpackungs- und Kennzeichnungspflichten für den Absender sehen Ziff. 6 ADSp **23** 2003 vor.

§ 412 Verladen und Entladen. Verordnungsermächtigung

(1) ¹Soweit sich aus den Umständen oder der Verkehrssitte nicht etwas anderes ergibt, hat der Absender das Gut beförderungssicher zu laden, zu stauen und zu befestigen (verladen) sowie zu entladen. ²Der Frachtführer hat für die betriebssichere Verladung zu sorgen.

(2) Für die Lade- und Entladezeit, die sich mangels abweichender Vereinbarung nach einer den Umständen des Falles angemessenen Frist bemißt, kann keine besondere Vergütung verlangt werden.

(3) Wartet der Frachtführer auf Grund vertraglicher Vereinbarung oder aus Gründen, die nicht seinem Risikobereich zuzurechnen sind, über die Lade- oder Entladezeit hinaus, so hat er Anspruch auf eine angemessene Vergütung (Standgeld).

(4) Das Bundesministerium der Justiz und für Verbraucherschutz wird ermächtigt, im Einvernehmen mit dem Bundesministerium für Verkehr und digitale Infrastruktur durch Rechtsverordnung, die nicht der Zustimmung des Bundesrates bedarf, für die Binnenschiffahrt unter Berücksichtigung der Art der zur Beförderung bestimmten Fahrzeuge, der Art und Menge der umzuschlagenden Güter, der beim Güterumschlag zur Verfügung stehenden technischen Mittel und der Erfordernisse eines beschleunigten Verkehrsablaufs die Voraussetzungen für den Beginn der Lade- und Entladezeit, deren Dauer sowie die Höhe des Standgeldes zu bestimmen.

Schrifttum: *de la Motte,* Beladepflicht nach CMR und KVO, TranspR 1988, 364; *Didier,* Risikozurechnung bei Leistungsstörungen im Gütertransportrecht, 2001; *Koller,* Die Haftung des Frachtführers nach CMR wegen unzureichender Überprüfung der Verladung, DB 1988, 589; *Konow,* Aufwendungsersatz bei Fürsorgemaßnahmen für das Gut während des Transports, TranspR 1988, 229; *Köper,* Zur Anwendbarkeit des § 22 Abs. 1 StVO auf Absender, Verlader und deren jeweilige Leitungspersonen, TranspR 2011, 209; *Neufang/Valder,* Laden und Ladungssicherung im Stra-

---

[45] Heymann/*Schlüter* Rn. 5.
[46] *Braun,* Das frachtrechtliche Leistungsstörungsrecht nach dem Transportrechtsreformgesetz, 2002, 286 ff.
[47] *Koller* Rn. 19.
[48] BR-Drs. 368/97, 39.
[49] HK-HGB/*Ruß* Rn. 2; *Müglich* TranspR Rn. 5.

ßengüterverkehr – wer ist verantwortlich?, TranspR 2002, 325; *Oeynhausen,* Das Ladegeschäft im Güterfernverkehr bei Versendungen durch Spediteure, TranspR 1981, 139; *Otte,* Abstrakte oder konkrete Berechnung des Nutzungs-ausfallschadens, TranspR 2005, 391; *Otte/Thyes,* Die Entwicklung des deutschen Binnenschiffahrtsrechts in den Jahren 1999 bis 2002, TranspR 2003, 221; *Risch,* Personenschäden und Schäden an nicht zum Transportgut gehörenden Sachen bei Be- und Entladetätigkeiten im Rahmen eines Frachtvertrages, VersR 2001, 948; *Roesch,* Das Ladegeschäft nach KVO und CMR, BB 1982, 20, 22; *v. Tegelen,* Rechtsfragen des Be- und Entladens im inner-staatlichen Güterverkehr, BB 1970, 560; *Valder,* Ablieferung von Gütern, TranspR 2001, 363; *Voigt,* Anmerkung zum Urteil des BGH Urt. v. 20.3.1970, Az. I ZR 28/69, VersR 1970, 635; *Willenberg,* Sonderprobleme bei der Beförderung fabrikneuer Personenkraftwagen auf PKW-Straßentransporten, TranspR 1983, 57; *Thonfeld,* Verantwort-lichkeiten für das Be- und Entladen im Straßengüterverkehr, TranspR 1998, 19; *Züchner,* Verpflichtung zum Verladen und Entladen sowie Haftung für Verladefehler und Entladeschäden nach der CMR, VersR 1968, 723.

Parallelvorschriften: Art. 13 CIM 1999; Art. 6 Abs. 4 CMNI.

Übersicht

I. Allgemeines

1   Die Vorschrift enthält ausführliche Bestimmungen hinsichtlich der Pflichtenverteilung beim Ver- und Entladen des Gutes. Sie regelt auch die Rechtsfolgen bei etwaigen Lieferfristüberschreitungen.

2   Nach **Abs. 1** dieser Vorschrift werden die Pflichten, die im Zusammenhang mit dem Ver- und Entladen des Gutes anfallen, anhand einer **Risikozuordnung** auf Absender und Frachtführer aufgeteilt. Dem **Absender** wird dabei das **beförderungssichere** Ver- und Entladen aufgegeben, weil er als „Waren-experte" dem Gut, für dessen Verpackung er ohnehin gem. § 411 zu sorgen hat, näher steht als der Frachtführer.[1] Der **Frachtführer** ist demgegenüber verpflichtet, als Kenner der konkreten Eigenschaften des Beförderungsmittels, für die **Betriebssicherheit** des Fahrzeuges zu sorgen. Eine Ausnahme von § 412 sieht § 451a Abs. 1 für den Umzugsvertrag vor. Danach muss der Frachtführer, der einen Umzugs-vertrag geschlossen hat, auch die nach § 412 dem Absender zugewiesenen Pflichten übernehmen, dh die Möbel ab- und aufbauen sowie das gesamte Umzugsgut, soweit erforderlich, selbst ver- und entladen.

3   § 427 Abs. 1 Nr. 3 befreit den Frachtführer von seiner Haftung wegen Verlustes, Beschädigung oder Überschreitung der Lieferfrist, wenn diese auf die mangelhafte Verladung durch den Absender zurück-zuführen sind. Von entscheidender Bedeutung ist deshalb, wer für die Verladung verantwortlich ist. Die Parteien können nämlich von der gesetzlichen Pflichtenverteilung abweichen und vereinbaren, dass die beförderungssichere Verladung in die Verantwortung des Frachtführers fällt.

4   Nach dem Wortlaut des § 412 Abs. 1 bedeutet Verladen: Laden, Stauen und Befestigen. Die Verladung muss so erfolgen, dass Betriebs- und Beförderungssicherheit gleichzeitig gewährleistet sind. Die Abgrenzung beider Begriffe bereitet insbesondere deshalb besondere Schwierigkeiten, weil immer eine beförderungsunsichere Ladung auch Einfluss auf die Betriebssicherheit hat.[2] Die Kriterien „Be-triebssicherheit" des Transportmittels und „Beförderungssicherheit" der Güter sind in der Praxis eng miteinander verzahnt[3] und schwer voneinander abzugrenzen.

---

[1] BR-Drs. 368/97, 39.

[2] Vgl. hierzu *Heuer* TranspR 1998, 45 (47); zum Begriff der Beförderungssicherheit nach der Verkehrssitte *Rimer* in: Handbuch, B I 122 ff. Rn. 122 ff.

[3] OLG Stuttgart Urt. 22.1.2003 – 3 U 168/02, TranspR 2003, 104 (105).

Abs. 2 enthält eine Legaldefinition der Begriffe **„Ladezeit"** und **„Entladezeit".** Weder die CMR 5 noch die CMNI regeln den Pflichtenkreis und die Rechtsfolgen mangelhaften Be- und Entladens. Durch die ausdrückliche Pflichtenzuweisung in § 412 Abs. 1 soll für Rechtsklarheit gesorgt werden. Der Begriff „Ladezeit" wird weder in der CMR noch in der CMNI verwendet.

Abs. 3 enthält abweichend von CMNI und CMR erstmals eine gesetzliche Normierung des 6 Begriffs **„Standgeld".** Der Anspruch auf Standgeld ist in *erster* Linie als **Vergütungsanspruch** und nicht in Parallele zu § 642 BGB als Entschädigungsanspruch zu qualifizieren.[4] Damit soll den Fällen Rechnung getragen werden, in denen die Wartezeit vertraglich verlängert wird. Soweit der Frachtführer hingegen aus anderen Gründen warten muss, die nicht in seinen Risikobereich fallen, soll der Sphärengedanken maßgeblich sein. Insoweit handelt es sich bei § 412 Abs. 3 Var. 2 um eine besondere Norm des Leistungsstörungsrechts,[5] die § 642 BGB verdrängt.

Abs. 4 enthält eine Verordnungsermächtigung für den Bereich der **Binnenschifffahrt** bezüglich 7 der Voraussetzungen für den Beginn der Lade- und Entladezeit, deren Dauer sowie die Höhe des Standgeldes. Die Verordnung über die Lade- und Löschzeiten sowie das Liegegeld in der Binnenschifffahrt (Lade- und Löschzeiten-Verordnung – BinSchLV) gilt ausschließlich für die Binnenschifffahrt (BGBl. 1999 I 2389). Sie ist auf andere Verkehrsträger nicht übertragbar.

II. Pflichten der Parteien (Abs. 1)

1. Pflichten des Absenders. a) Beförderungssicherheit. Der Absender hat die Pflicht zum **Ver-** 8 **und Entladen,** soweit sich aus den Umständen oder der Verkehrssitte nichts Anderes ergibt. Nach der Legaldefinition des Abs. 1 S. 1 gehört zum Verladen das **Laden, Verstauen und Befestigen.** Abs. 1 S. 1 regelt dabei nur das „Ob", nicht hingegen das „Wie" der Ladungssicherung. Letzteres regeln insbesondere die technischen Regelwerke, wie zB die Richtlinien des Vereins Deutscher Ingenieure (VDI 2700), die DIN-Normen zur Ladungssicherung und die Regelwerke der Berufsgenossenschaft für Fahrzeughaltungen.[6] Diese Regelwerke haben zwar keinen Normcharakter, beinhalten jedoch die gegenwärtig technisch anerkannten Beladungsregeln.

Der Absender hat das Gut **beförderungssicher** zu verladen.[7] Die Beförderungssicherheit betrifft 9 die Einwirkungen des Fahrzeugs und der durch den Betrieb verursachten Kräfte auf das Gut.[8] Eine beförderungssichere Verladung bedeutet, dass das Gut so zu laden, zu verstauen und zu befestigen ist, dass es durch normale, vertragskonforme, beförderungsspezifische Einflüsse nicht beschädigt wird.[9] Dem liegt zugrunde, dass der Absender als „Warenexperte" jedenfalls besser als der Frachtführer beurteilen können wird, wie das Gut vor negativen Transporteinflüssen geschützt werden kann, wie die Ladung zu sichern ist und unter welchen Voraussetzungen das Gut gestapelt werden kann.[10] Das Gut ist unter anderem gegen Erschütterungen, Schwankungen, Umfallen und Herabfallen im Rahmen eines normal- bzw. vertragsgerecht verlaufenden Transports zu sichern. Dazu gehört auch die Sicherung gegen Notbremsung,[11] plötzliche Ausweichmanöver, schlechte Straßenverhältnisse,[12] Fliehkraft in Kurven,[13] übliche Rangierstöße,[14] nicht aber gegen Unfälle.[15] Wenn eine beförderungssichere Verladung nur in **Spezialfahrzeugen** (zB in Tank- und Siloanlagen) möglich ist, müssen diese ausnahmsweise vom Frachtführer beladen werden, da nur er über die nötigen Spezialkenntnisse bezüglich der fahrzeuginternen technischen Anlagen verfügt.[16]

Hebt der Absender die ursprüngliche Ladungssicherung durch teilweise Entladung wieder auf, so 10 obliegt ihm und nicht dem Frachtführer, für die restliche Transportstrecke wieder für die beförderungssichere Verladung zu sorgen. Durch eine Teilentladung geht die Verpflichtung zur Beförderungssicherung nicht auf den Frachtführer über.[17]

Im Rahmen der Beförderungssicherung obliegt dem Absender, dass das Gut im Beförderungsmittel 11 oder auf der Ladefläche, auf dem Deck befestigt wird. § 412 Abs. 1 S. 1 lässt aber offen, wer das zur Beförderungssicherung notwendige Material zur Verfügung zu stellen hat. Im Hinblick darauf, dass der Frachtführer ein vertragsgerechtes Beförderungsmittel zu stellen hat, wird man die Mitführung üblicher

---

[4] BT-Drs. 13/8445, 41.

[5] *Koller* Rn. 3.

[6] Vgl. den Überblick bei *Neufang/Valder* TranspR 2002, 325 (326 f.).

[7] *Andresen/Valder* Rn. 7; zur ladungssicheren Verladung fabrikneuer Pkw vgl. *Willenberg* TranspR 1983, 59 ff.

[8] *Riemer* in Handbuch, B. II Rn. 117.

[9] MüKoHGB/*Czerwenka* Rn. 8; *Andresen/Valder* Rn. 8; *Koller* Rn. 42; ähnlich auch BGH Urt. v. 21.4.1960 – II ZR 21/58, BGHZ 31, 194 [§§ 17, 29 KVO].

[10] BR-Drs. 368/97, 39.

[11] OLG Hamm Urt. v. 31.3.1980 – 18 U 34/78, VersR 1980, 966.

[12] OLG Hamburg Urt. v. 18.12.1986 – 6 U 151/85, TranspR 1987, 434 (435).

[13] LG Gießen Urt. v. 20.11.2002 – 1 S 223/02, NJW-RR 2003, 403.

[14] OLG Köln Urt. 23.9.1997 – 22 U 93/97, TranspR 1998, 169 (170) (zu § 83 EVO).

[15] Vgl. *Neufang/Valder* TranspR 2002, 325 (326).

[16] OLG München Urt. v. 22.3.1995 – 7 U 6958/92, TranspR 1996, 159 f.; *Willenberg* KVO § 17 Rn. 22; *Roesch* BB 1982, 20 (22); MüKoHGB/*Dubischar*, 1. Aufl. 1997, Rn. 2.

[17] OLG Celle Urt. v. 22.9.2005 – 11 U 83/05, OLGR Celle 2005, 751 (753).

Ladungssicherungsmittel wie Sperrmittel (zB Einsteckbretter), Spannmaterial oder Zurrmittel (zB Gurte) zur ordnungsgemäßen Bereitstellung des Beförderungsmittels rechnen müssen.[18]

12   **b) Verladen.** Die in Abs. 1 enthaltene **Legaldefinition** des Begriffs „Verladen" soll spätere Bezugnahmen vereinfachen.[19] Eine inhaltlich genauere Umschreibung der Ladevorgänge wurde nicht vorgenommen, um den spezifischen Besonderheiten eines jeden Einzelfalles in ausreichendem Maße Rechnung tragen zu können.[20] Wann der Verladevorgang abgeschlossen ist, wird ebenfalls nicht geregelt. Die Bestimmung dieses Zeitpunktes ist vor allem deshalb wichtig, weil erst mit Abschluss des Verladens der für § 425 Abs. 1 maßgebliche **Haftungszeitraum** beginnt.[21] Es kann somit für die Parteien von relevanter Bedeutung sein, wann der Verladevorgang tatsächlich abgeschlossen wurde. Jedenfalls erlaubt der Begriff „Beförderungssicherheit" eine gewisse zeitliche Eingrenzung des Ladevorgangs.[22] Daraus ist nämlich zu entnehmen, dass die **Verladung spätestens zu dem Zeitpunkt abgeschlossen** ist, wenn der Absender das Gut auf das Beförderungsmittel verbracht hat und die notwendigen Maßnahmen zur Befestigung beendet sind.[23]

13   In der **Binnenschifffahrt** findet anstelle des Begriffs des „Entladens" der Begriff des **„Löschens"** Verwendung. Inhaltlich entsprechen sich beide Begriffe. Im Interesse einer besseren Lesbarkeit und Handhabbarkeit der Vorschrift wurde auch für das Binnenschifffahrtsrecht an dem Begriff „Entladen" festgehalten.[24]

14   Beim Verladen sind **Erschütterungen und Schwankungen** im Rahmen eines normal verlaufenden Transports zu bedenken. Auch ist mit **spontanen Bremsvorgängen** und Ausweichmanövern zu rechnen.[25] Nicht beförderungssicher ist die Verladung auch dann, wenn der Absender mit seinem Gut die zulässige Höhe von Transportmittel und Ladungsgut überschreitet.[26] Es kommt jedoch ein Mitverschulden des Frachtführers in Betracht, wenn die Überschreitung für ihn erkennbar war.

15   Werden **Teilsendungen** verladen, muss jede Partie so befestigt werden, dass sie ihren Halt für sich, auch ohne Zuladung weiterer Partien, auch dann noch behält, wenn die erste Partie entladen wird.[27]

16   **c) Verstauen.** Die Verstauung hat so zu erfolgen, dass die Ladung das ordnungsgemäße Bedienen des Fahrzeugs nicht beeinträchtigt und der Fahrer nicht behindert wird. Dies bezieht sich namentlich auf **Stabilität, Lenkvermögen und Bremsfähigkeit.**[28] Zum richtigen Verstauen gehört auch die Sicherung gegen Notbremsungen.[29]

16a   In der Binnenschifffahrt obliegt nach § 8 Abs. 1 BinSchG die gehörige Stauung der Ladung dem Schiffer. Insofern stellt sich die Frage nach dem Verhältnis von § 8 Abs. 1 BinSchG zu § 412. Da § 8 Abs. 1 BinSchG nicht zwischen der beförderungssicheren Stauung einerseits und der betriebssicheren Stauung andererseits unterscheidet, wird man den Pflichteninhalt der „gehörigen Stauung" auf die dem Schiffer nach § 412 zugewiesene betriebssichere Stauung beschränken.[30]

17   Die **VDI–Richtlinie 2700** über Ladungssicherung auf Straßenfahrzeugen informiert über beförderungssichere Verstauung und Befestigung bestimmter Güter.[31]

18   **2. Mithilfe durch den Frachtführer; Hinweis- und Warnpflichten.** Hilft der Frachtführer oder einer seiner Leute beim Ver- oder Entladen mit, so geschieht dies grundsätzlich auf eigenes Risiko des Absenders, soweit die Hilfeleistung nicht aufgrund vertraglicher Nebenpflichten geschuldet ist.[32] Hilft ein Fahrer des Frachtführers also nur aus reiner **Gefälligkeit** dem Absender, so scheidet eine Haftung des Frachtführers für seinen Fahrer aus.[33] Davon unberührt ist jedoch die Frage, ob den Frachtführer nach Treu und Glauben (§ 242 BGB) bestimmte Sorgfaltspflichten treffen, die nach Maßgabe der jeweiligen Besonderheiten dazu führen können, dass **wechselseitige Hinweis- und Warnpflichten** bestehen.[34] Dies ist regelmäßig dann anzunehmen, wenn der Frachtführer Mängel der Beförderungs-

---

[18] Vgl. *Neufang/Valder* TranspR 2002, 325 (326); LG Gießen Urt. v. 20.11.2002 – 1 S 223/02, NJW-RR 2003, 403 (404).

[19] BR-Drs. 368/97, 39.

[20] Vgl. die detaillierten Regelungen im BinSchG § 41 f.

[21] Staub/*Schmidt* Rn. 6.

[22] BR-Drs. 368/97, 39.

[23] Bericht SV-Kommission S. 57.

[24] Vgl. BR-Drs. 368/97, 40.

[25] OLG Hamm Urt. v. 31.3.1980 – 18 U 34/97, VersR 1980, 966; BGH Urt. v. 26.3.1962 – II ZR 128/60, NJW 1962, 1059 (1060).

[26] OLG Frankfurt a. M. Urt. v. 15.5.1979 – 5 U 180/78, BB 1979, 1634.

[27] Dazu *Oeynhausen* TranspR 1981, 139 (142); *Neufang/Valder* TranspR 2002, 325 (326).

[28] OLG Hamburg Urt. v. 15.2.1990 – 6 U 240/89, TranspR 1990, 242.

[29] OLG Hamm Urt. v. 31.3.1980 – 18 U 34/78, VersR 1980, 966.

[30] Ebenso *v. Waldstein/Holland* BinSchG § 8 Rn. 36; MüKoHGB/*Czerwenka* Rn. 9.

[31] Vgl. hierzu auch *Müglich* TranspR Rn. 4.

[32] BGH Urt. v. 28.5.1971 – I ZR 149/69, VersR 1971, 755; OLG Hamburg Urt. v. 13.12.1979 – 6 U 134/79, VersR 1981, 1072; AG Bonn Urt. v. 14.9.2000 – 16 C 189/00, TranspR 2000, 466.

[33] MüKoHGB/*Dubischar*, 1. Aufl. 1997, KVO § 17 Rn. 15; MüKoHGB/*Dubischar* Rn. 2; *Koller* Rn. 10; *Willenberg* KVO § 17 Rn. 6; Staub/*Helm*, 4. Aufl. 1993, KVO § 17 Rn. 10.

[34] BGH Urt. v. 24.9.1987 – I ZR 197/85, VersR 1988, 244 [Art. 17 CMR; § 17 KVO].

sicherheit erkannt hat, den Absender jedoch darauf nicht hinweist. Verstößt der Frachtführer gegen diese allgemeine Hinweispflicht, so kann sich der Absender auf ein **Mitverschulden** berufen.[35] Gleiches gilt, wenn es der Frachtführer unterlässt, vor Fahrantritt die Betriebssicherheit zu prüfen.[36]

Wird der Frachtführer oder einer seiner Leute beim Ver- oder Entladen ohne Wissen des Absenders **19** tätig und unterläuft ihm oder seiner Hilfsperson ein Fehler, so kommt eine Haftung des Frachtführers wegen Schutzpflichtverletzung nach §§ 280, 282, 278, 241 Abs. 2 BGB, § 428 in Betracht.[37]

3. Einmischungen des Fahrers; Schadensverhütungspflicht. In der Praxis werden immer **20** wieder Fälle relevant, bei denen der Absender behauptet, der Fahrer des Frachtführers hätte Anweisungen beim Verladen des Gutes auf das Fahrzeug gegeben, auf die der geltend gemachte Transportschaden zurückzuführen sei. Hier ist zu unterscheiden:

Der Fahrer kann nur Weisungen geben, die der **Verkehrssicherheit** des Fahrzeuges dienen. Nur **21** insoweit kann der Fahrer auf den Verladevorgang Einfluss nehmen.[38] Aus Sicherheitsgründen kann er etwa verlangen, dass das Gut gewichtsmäßig anders verteilt werden muss, als vom Absender vorgesehen, oder dass ein besonders schweres Gut an einer ganz bestimmten Stelle auf der Ladefläche abgesetzt und gegen Verrutschen abgesichert werden muss.[39]

Der Fahrer kann jedoch keine Weisungen erteilen, die sich ausschließlich auf die **Beförderungs-** **22** **sicherheit** der Güter beziehen, da dies nach dem gesetzlichen Leitbild ausschließlich zum Risikobereich des Absenders zählt.[40]

Andererseits kann den Frachtführer eine **Schadensverhütungspflicht** treffen. Unterlässt es dessen **23** Fahrer, auf eine das Gut vor Schaden bewahrende Verladung hinzuwirken, obwohl er erkannt hat, dass das Gut nicht beförderungssicher verladen ist und dass die Gefahr eines Schadenseintritts nach den Umständen wahrscheinlich ist, so kommt ein **Mitverschulden** des Frachtführers in Betracht.[41] Bei einem Transportschaden, etwa infolge von Zusammenrutschen der Güter, ist zu unterscheiden, ob der Schaden aus einer mangelhaften Verladung oder aus einer mangelhaften Betriebssicherheit (Ladesicherheit) des Transportmittels resultiert. Diese Frage lässt sich oftmals nur durch Sachverständigengutachten klären.

4. Abweichende Vereinbarungen, Verkehrssitte. Dem Absender steht es offen, die Verpflich- **24** tung zum Ver- oder Entladen **vertraglich** auf Dritte, also auch auf den Frachtführer, zu übertragen. Aus einer schlichten Mithilfe des Frachtführers oder des Empfängers kann jedoch noch nicht geschlossen werden, dass von der gesetzlichen Zuordnung der Pflichtenverteilung abgewichen werden soll. Anders ist es dann, wenn der Frachtführer in eigener Regie im Einverständnis mit dem Absender die gesamte Ladetätigkeit übernommen hat.[42] Dies kann formlos erfolgen.[43] Ein Fall der **konkludenten** **Übertragung** der Beförderungspflicht liegt zB dann vor, wenn die Parteien die Beförderung mit einem Fahrzeug vereinbart haben, das über bestimmte technische Ladeeinrichtungen verfügt, die nur der Frachtführer bedienen kann.[44] Bei Pkw-Transportfahrzeugen wurde dies abgelehnt.[45]

Eine Abweichung von der gesetzlichen Pflichtenverteilung kann sich auch aus der **Verkehrssitte** **25** oder der **Natur der Sache** ergeben. Dies ist etwa dann anzunehmen, wenn wegen der Beschaffenheit des Gutes der Einsatz technischer Ladeeinrichtungen oder sonstiger Hilfsmittel notwendig ist, über die nur der Frachtführer verfügt. Als Beispiel hierfür ist etwa ein mit den notwendigen Pumpen eingerichtetes Tank- oder Silofahrzeug zu nennen.

In der Praxis kommt es nicht selten vor, dass sich der **Empfänger** gegenüber dem Absender **26** **vertraglich** verpflichtet hat, die Entladung des Gutes zu übernehmen. Eine gesetzliche Zuweisung der Entladepflicht an den Empfänger stünde dagegen im Widerspruch zu § 421, da erst mit der Ablieferung des Gutes an diesen eigene Verpflichtungen des Empfängers entstehen.

---

[35] BGH Urt. v. 24.9.1987 – I ZR 197/85, VersR 1988, 244 [Art. 17 CMR; § 17 KVO]; *Fremuth/Fremuth* § 425 Rn. 43.

[36] Vgl. *Thonfeld* TranspR 1998, 21.

[37] *Staub/Schmidt* Rn. 20; *Koller* Rn. 14, zurückhaltend *Risch* VersR 2001, 948.

[38] BGH Urt. v. 26.3.1962 – II ZR 128/60, NJW 1962, 1059 [§ 17 KVO]; BGH Urt. v. 20.3.1970 – I ZR 28/69, VersR 1970, 459 [§ 425 HGB aF]; *MüKoHGB/Dubischar*, 1. Aufl. 1997, Rn. 4.

[39] BGH Urt. v. 26.3.1962 – II ZR 128/60, VersR 1962, 465 (466) = NJW 1962, 1059 f. [KVO]; BGH Urt. v. 20.3.1970 – I ZR 28/69, VersR 1970, 459 (460) [KVO]; BGH Urt. v. 24.9.1987 – I ZR 197/85, TranspR 1988, 108 (109) = VersR 1988, 244 = NJW-RR 1988, 479.

[40] Vgl. BGH Urt. v. 24.9.1987 – I ZR 197/85, TranspR 1988, 108 (109) = VersR 1988, 244 = NJW-RR 1988, 479.

[41] BGH Urt. v. 24.9.1987 – I ZR 197/85, TranspR 1988, 108 (109) = VersR 1988, 244 = NJW-RR 1988, 479; OLG Düsseldorf Urt. v. 15.11.1990 – 18 U 140/90, TranspR 1991, 9 (11), mit Revisionsentscheidung BGH Urt. v. 12.11.1992 – I ZR 312/90, NJW-RR 1993, 606.

[42] *Staub/Helm*, 4. Aufl. 1993, KVO § 17 Rn. 17.

[43] *Koller* Rn. 7, 11.

[44] *MüKoHGB/Czerwenka*, 2 Aufl. 2009, Rn. 14.

[45] OLG Düsseldorf Urt. v. 10.5.1979 – 18 U 1/79, VersR 1979, 862.

27   **5. Pflichten des Frachtführers. a) Betriebssichere Verladung.** Der Frachtführer ist verpflichtet, die **Betriebssicherheit** der Verladung sicherzustellen. In der Praxis lassen sich die Begriffe der betriebs- und beförderungssicheren Verladung oft kaum voneinander trennen. Betriebssicherheit bedeutet **Verkehrssicherheit** iSd §§ 22, 23 StVO. Danach hat der Frachtführer dafür zu sorgen, dass der Führer des Transportmittels durch das Gut nicht in seiner Handhabung oder Bedienung behindert wird und dass die Vorrichtungen des Transportmittels dadurch nicht beeinträchtigt werden. Das beladene Transportmittel muss jeder Verkehrslage gewachsen sein.[46] Weder die Verkehrsfähigkeit des Transportmittels noch die Bremsfähigkeit dürfen beeinträchtigt werden.[47]

28   Der Frachtführer ist berechtigt, auf die Verladung zur Gewährleistung der Betriebssicherheit durch Erteilen von **Weisungen** Einfluss zu nehmen. Er ist insbesondere berechtigt, schweren Gütern des Absenders einen ganz bestimmten Platz auf der Ladefläche zuzuweisen.[48] Der Frachtführer hat zudem die Pflicht, sich nach dem Gewicht des Gutes zu erkundigen[49] und bei schweren Gütern zu prüfen, ob diese gegen Verrutschen auf der Ladefläche ordnungsgemäß abgesichert sind.[50] Erkennt der Frachtführer, dass sein eingesetztes Transportmittel betriebsunsicher beladen wurde, so darf er die Beförderung nicht antreten oder fortsetzen.[51]

29   **b) Rechtsfolgen bei betriebsunsicherer Verladung.** Wird das vom Absender zu verladende Gut beschädigt und ist der Schaden ausschließlich auf die fehlende oder ungenügende Betriebssicherheit des Transportmittels zurückzuführen, so haftet der Frachtführer für den entstandenen Schaden.

30   Der Absender hat den Frachtführer nach **Treu und Glauben** (§ 242 BGB) auf die Betriebsunsicherheit des Transportmittels hinzuweisen und ggf. zu warnen, falls er diese erkennt. Unterlässt er dies, kann nach Maßgabe des § 425 Abs. 2 **(Mitverursachung)** die Schadensersatzverpflichtung des Frachtführers herabgesetzt werden oder im Einzelfall sogar gänzlich entfallen.

31   **6. Rechtsfolgen bei beförderungsunsicherer Verladung und bei fehlerhafter Entladung.** Nach § 427 Abs. 1 Nr. 3 entfällt die Haftung des Frachtführers, wenn der Verlust oder die Beschädigung auf fehlerhaftes Ver- oder Entladen durch den Absender oder den Empfänger zurückzuführen ist. Es liegt dann ein sog. **bevorrechtigter Haftungsausschlussgrund** vor, mit der Vermutung, dass der Schaden aus einer der in § 427 Abs. 1 bezeichneten Gefahren entstanden ist.[52] Die Bestimmung entspricht in der Sache der Regelung über die sog. „bevorrechtigten" Haftungsausschlüsse in Art. 17 Abs. 4 CMR, Art. 18 CMNI und Art. 23 § 3 CIM 1999 (vgl. Art. 17 Abs. 4 CMR → Rn. 57 ff.).

32   Erleidet der Frachtführer infolge eines Verlademangels zB einen Schaden an seinem Beförderungsmittel, so kann er seinen Schaden in entsprechender Anwendung des § 414 Abs. 1 HGB geltend machen. Gegen eine entsprechende Anwendung des § 414 Abs. 1 wird angeführt, dass § 414 abschließend die Haftungstatbestände aufzähle[53] und der Gesetzgeber bewusst darauf verzichtet habe, in § 414 die Verlademängel miteinzubeziehen.[54] Diese Auffassung übersieht indes, dass der Gesetzgeber im Regierungsentwurf von einer unbegrenzten verschuldensunabhängigen Haftung des Absenders ausgegangen ist und insofern bei Verstoß gegen die Lade- und Entladepflichten eine Verschärfung gegenüber dem damals geltenden Recht vermeiden wollte. Der Rechtsausschuss des Bundestages schlug jedoch eine summenmäßige Haftungsbeschränkung des Absenders vor, um ein Gleichgewicht der verschuldensabhängigen Haftung des Absenders mit derjenigen des Frachtführers zu gewährleisten.[55] Nach § 414 Abs. 1 S. 2 bemisst die Haftung des Absenders nach dem Gewicht der gesamten Sendung. Sie beträgt 8,33 Rechnungseinheiten für jedes Kilogramm. Vor diesem Hintergrund scheint eine analoge Anwendung des § 414 Abs. 1 in Fällen des Verlademangels geradezu zwingend und wegen Art. 3 GG geboten, da ansonsten der Absender bei der verschuldensunabhängigen Haftung bei einem durch einen Verlademangel verursachten Schaden am Beförderungsmittel unbegrenzt haften würde. Diese Haftungsdiskrepanz im Umfang rechtfertigt daher eine entsprechende Anwendung des § 414. Darüber hinaus kann der Frachtführer seine Ersatzansprüche auch auf §§ 241 Abs. 2, 280, 282 BGB stützen, wobei auch hier die Haftungsbeschränkung des § 414 Abs. 1 S. 2 zu beachten ist. Der Frachtführer hat im Fall des Verlademangels dessen Existenz und Kausalität darzulegen und zu beweisen, der Absender hat demgegenüber gem. § 280 Abs. 1 S. 2 BGB sein fehlendes Verschulden nachzuweisen.[56]

---

[46] BGH Urt. v. 20.3.1979 – I ZR 28/69, VersR 1970, 459 (460); MüKoHGB/*Czerwenka* Rn. 13.

[47] *Koller* Rn. 5.

[48] OLG Stuttgart Urt. v. 22.1.2003 – 3 U 168/02, TranspR 2003, 104 (105); MüKoHGB/*Czerwenka,* 2. Aufl. 2009, Rn. 13.

[49] BayObLG Urt. v. 24.6.1969 – 1b Ws (B) 12/69, BB 1969, 1197.

[50] BGH Urt. v. 20.3.1970 – I ZR 28/69, VersR 1970, 459 (460) [KVO]; BGH Urt. v. 9.4.1981 – IV a ZR 109/80, VersR 1981, 748 (749); [KVO]; Staub/*Helm,* 4. Aufl. 1993, KVO § 17 Rn. 26; *Koller* Rn. 5.

[51] BGH Urt. v. 9.4.1981 – IV a ZR 109/80, VersR 1981, 748 (749); *Koller* Rn. 22.

[52] Zur Vermutungswirkung bevorrechtigter Haftungsausschlussgründe vgl. § 427 Abs. 2.

[53] *Koller* Rn. 23.

[54] BT-Drs. 13/8445, 43.

[55] BT-Drs. 13/10014, 47.

[56] *Koller* Rn. 24.

III. Ladezeit; Entladezeit (Abs. 2)

Die Begriffe Ladezeit und Entladezeit sind in § 412 Abs. 2 **legal definiert** im Sinne einer **an-** 33 **gemessenen** Zeit. Was angemessen ist, bestimmt sich nach dem jeweiligen Einzelfall unter Berücksichtigung der Verkehrssitte (§§ 157, 305, 130 BGB). Unter einer angemessenen Ladezeit ist diejenige Zeitdauer zu verstehen, die ein ordentlicher Absender im Rahmen der gewöhnlichen Geschäftszeiten (§ 358) nach Anzeige der Ladebereitschaft durch den Frachtführer benötigt, um das Gut beförderungssicher zu verladen.[57] Auch nach Aufhebung der Verordnung über Ladefristen[58] durch das **TAufhG** ist davon auszugehen, dass zumindest für den Bereich des Landfrachtrechts, insbesondere für den Gütertransport auf der Straße eine Zeitspanne von 20 Minuten je angefangene 1.000 kg Ladung als angemessen angesehen werden müssen. Eine besondere Vergütung für das Bereitstellen des Transportmittels zum Zwecke der Ladung oder Entladung in angemessener Zeit kann nicht verlangt werden, es sei denn, der Frachtführer hat mit dem Absender für die Lade- und Entladezeit eine besondere Vergütung vereinbart.[59] Wird indes die angemessene Lade- oder Entladezeit überschritten, kann dem Frachtführer ein Anspruch auf Standgeld zustehen.

IV. Standgeld (Abs. 3)

1. Begriff; Bedeutung. Unter Standgeld versteht man die **besondere Vergütung** des Fracht- 34 führers dafür, dass dieser sein Transportmittel über die angemessene Lade- und Entladezeit hinaus zur Verfügung stellt. Der Anspruch auf Standgeld ist in *erster* Linie als **Vergütungsanspruch** und nicht in Parallele zu § 642 BGB als Entschädigungsanspruch zu qualifizieren.[60] Damit soll den Fällen Rechnung getragen werden, in denen die Wartezeit vertraglich verlängert wird. Soweit der Frachtführer hingegen aus anderen Gründen warten muss, die nicht in seinen Risikobereich fallen, soll der Sphärengedanke maßgeblich sein. Insoweit handelt es sich bei § 412 Abs. 3 Var. 2 um eine besondere Norm des Leistungsstörungsrechts,[61] die § 642 BGB verdrängt.

Das Standgeld hat vor allem für den Bereich der Binnenschifffahrt Bedeutung, da dort Über- 35 schreitungen der Lade- und Entladezeiten nicht ungewöhnlich sind.[62] Der in der Binnenschifffahrt gebräuchliche Begriff „Liegegeld" entspricht in der Sache dem Standgeld. Die Aufnahme der Standgeldregelung in die Vorschrift des § 412 trägt dem Umstand Rechnung, dass diese Vorschrift zwar Schwierigkeiten bei der Vertragsabwicklung betrifft, inhaltlich aber dem Regelungskomplex der Güterbehandlung im Umfeld der eigentlichen Beförderungsleistung näher steht als etwa diejenigen Vorschriften, die die Möglichkeiten der Parteien betreffen, sich bei Abwicklungsschwierigkeiten vom Vertrag zu lösen (§§ 415–417).[63]

2. Anspruch auf Standgeld. Nicht jede Überschreitung der Lade- und Entladezeiten begründet 36 die besondere Vergütung in Form des Standgeldes. Der Frachtführer hat vielmehr nur dann einen Anspruch auf Standgeld, wenn es zwischen den Parteien im Falle von Zeitüberschreitungen **vertraglich vereinbart** wurde[64] oder wenn die Zeitüberschreitung für das Laden oder Entladen in den **Verantwortungsbereich des Absenders** fällt.[65] Gibt hingegen der Frachtführer Anlass für die Zeitüberschreitung, so hat er keinen Anspruch auf die besondere Vergütung. Die Verpflichtung zur Zahlung des Standgeldes kann nach § 421 Abs. 3 nicht nur den Empfänger, sondern auch den Absender (§ 421 Abs. 4) treffen. Prozessual ist das Bestreiten des Empfängers mit Nichtwissen hinsichtlich der Zeitüberschreitung beim Ladevorgang grundsätzlich auch dann erheblich, wenn dieser sich nicht beim Absender nach den Gründen für die Verzögerung erkundigt. Denn der Empfänger hat keinen Einblick in die Organisationsabläufe des Absenders. Unzulässig ist dagegen das Bestreiten des Empfängers mit Nichtwissen bezüglich etwaiger Zeitüberschreitungen beim Entladevorgang. Die Ausführungen gelten entsprechend mit umgekehrten Vorzeichen, wenn der Absender von Frachtführer wegen des Standgeldes in Anspruch genommen wird.

Eine **Abgrenzung nach Risiko- und Zurechnungsbereichen** wird innerhalb des neuen Trans- 37 portrechts an unterschiedlicher Stelle deutlich. In vergleichbarer Weise wird die Zurechnung von Störungssituationen einer der beiden Parteien etwa in den §§ 415 Abs. 3, 416 S. 3, 417 Abs. 4, 419 Abs. 1 S. 3, 420 Abs. 2 S. 2 und Abs. 3 vorgenommen.[66] Der Regierungsbegründung[67] zufolge sind

---

[57] *Koller* Rn. 46.
[58] Erlass des Reichsverkehrsministers v. 29.10.1940, RKV Bl. 1940 B, 321.
[59] *Koller* Rn. 48.
[60] BT-Drs. 13/8445, 41; MüKoHGB/*Czerwenka,* 2. Aufl. 2009, Rn. 33; *Valder* TranspR 2001, 363.
[61] *Koller* Rn. 3.
[62] § 49 Abs. 1 S. 1 BinSchG spricht von „Liegegeld". Die im Binnenschifffahrtsrecht ergangenen Verordnungen zum Liegegeld gelten weiter. HK-HGB/*Ruß* Rn. 7 und *Müglich* TranspR Rn. 12.
[63] BR-Drs. 378/97, 41.
[64] §§ 31, 50 aF BinSchG sprechen von „Überliegezeit".
[65] *Andresen/Valder* Rn. 27.
[66] BR-Drs. 368/97, 40.
[67] BT-Drs. 13/8445, 41.

Umstände, die den Vertragsablauf stören, stets der Risikosphäre des einen oder anderen Vertragspartners zuzuordnen; im Störungsfall erscheinen dann jeweils nur die Schutzbedürfnisse anerkennenswert, deren Gefahrenkreis die Störungsursache nicht zuzuordnen ist, die also für die Störungssituation keinen Anlass gegeben hat. Im Schrifttum stößt die Vorstellung des Gesetzgebers insoweit auf Kritik, als es bei Störungsursachen nicht stets ein „Entweder-Oder" geben müsse.[68] Ferner hat der Gesetzgeber die Existenz einer neutralen Sphäre übersehen.[69] Nach dem vom Gesetzgeber aufgestellten Grundsatz erscheint es zunächst fraglich, welcher Seite zB das Risiko des Ruhens *jeglichen* Ladeverkehrs am Ladeort gleichsam als „neutrales Hindernis" zugerechnet werden soll und kann. Da der Anspruch auf Standgeld nur bei einer Risikozurechnung aus der Sphäre des Frachtführers entfällt, lässt eine Störung aus neutraler Sphäre den Anspruch folgerichtig bestehen.[70] Dies zeigt auch die prozessuale Betrachtungsweise: Die Zurechnung „neutraler" Hindernisse wird durch die Einordnung als Störungsquelle gleichsam als Einredevoraussetzung auf die prozessuale Ebene gehoben, und zwar wie im Rahmen des § 573 Abs. 2 in Form der Darlegungs- und Beweislast des Anspruchsgegners.[71] Ein „non-liquet" in Bezug auf die Zurechenbarkeit zum Risikobereich des Frachtführers geht daher zu Lasten des Absenders.[72]

38   Im Einzelnen gilt es danach zu unterscheiden, wer vertraglich die Verlade- und Entladepflicht schuldet: Ist die Verlade- und Entladepflicht dem **Absender** zugewiesen, dann fallen Verzögerungen in die Sphäre des Frachtführers, wenn mangels ausreichender Weisungen des Frachtführers betriebsunsicher verladen wird und nachträglich eine betriebssichere Ladung vorgenommen werden muss,[73] wenn Arbeiter des Absenders einen Sympathiestreik zugunsten der Arbeitnehmer des Frachtführers durchführen.[74] Dagegen muss sich der Frachtführer nicht Verzögerungen über die übliche Wartezeit hinaus zurechnen lassen, wenn diese auf eine Auslastung aller Ladehilfsmittel, ein allgemeines Löschverbot, eine Einstellung des Verladens wegen eines Unwetters zurückzuführen sind.

39   Hat hingegen der Frachtführer die Verladung und Entladung übernommen, muss er sich den Defekt seiner Ladehilfsmittel, den Krankenstand seiner Arbeitnehmer, einen Streik seiner Arbeitnehmer zurechnen lassen. Nicht dagegen muss er sich eine Verzögerung zurechnen lassen, wenn der Absender einen ungeeigneten Ladeplatz zur Verfügung stellt oder ausweist.[75]

40   **3. Angemessenheit der Vergütung.** Die Angemessenheit der Vergütung nach § 412 Abs. 3 richtet sich nach den am Ort der Lade- oder Entladezeit üblichen Sätzen. Üblich ist der Satz, welcher zur Zeit des Lade- bzw. Entladevorgangs nach allgemeiner Auffassung der beteiligten Kreise am Ort der Leistung für Leistungen gleicher Art und Güte gewährt zu werden pflegt. Lässt sich eine übliche Vergütung nicht oder nur eine übliche Spanne ermitteln, so steht dem Frachtführer nicht das Recht zu, eine angemessene Vergütung nach §§ 315, 316 BGB festzusetzen. Geschuldet ist vielmehr eine objektiv angemessene Vergütung, die sich auf den Mittelwert innerhalb der Spanne der üblichen Vergütung beläuft. Fehlt hingegen eine übliche Vergütung gänzlich, so ist bei der Angemessenheit der Vergütung nach § 412 Abs. 3 in Ansatz zu bringen, was der Frachtführer redlicherweise für die Bereitstellung von Arbeitskraft und Kapital hätte verlangen können.[76]

40a   **4. Abdingbarkeit.** Die Parteien können jederzeit Standgeldvereinbarungen auch mittels Allgemeiner Geschäftsbedingungen schließen. Der formularmäßige Ausschluss der Nichtvergütung von Standzeiten unterliegt der richterlichen Inhaltskontrolle. Ein einschränkungsloser Ausschluss des Anspruchs auf Standgeld in Allgemeinen Geschäftsbedingungen verstößt gegen die wesentlichen Grundgedanken der gesetzlichen Regelung.[77] Dem Frachtführer kann es insoweit nicht zugemutet werden, dass er den Frachtvertrag nach § 417 kündigt und seine Ansprüche nach § 415 Abs. 2 verfolgt. Denn auch § 415 Abs. 2 Nr. 1 bestimmt, dass der Frachtführer im Falle einer Kündigung neben der vereinbarten Fracht auch bereits angefallenes Standgeld beanspruchen kann. Ein vollständiger Ausschluss führt dazu, dass der Frachtführer nur einen Teil der vereinbarten Vergütung beanspruchen kann. Sehen die Allgemeinen Geschäftsbedingungen hingegen nur in zeitlicher Hinsicht eine Beschränkung der Geltendmachung vor, wonach der Anspruch erst entsteht, wenn der Frachtführer länger als drei Stunden über die gewöhnliche Entlade- oder Beladezeit hinaus warten muss, wird man hierin keine wesentliche Beschränkung der wesentlichen Grundgedanken der gesetzlichen Regelung sehen können.[78]

---

[68] *Canaris* HandelsR § 31 Rn. 52; *Koller* Rn. 53.

[69] So *Canaris* HandelsR § 31 Rn. 52. Zust. MüKoHGB/*Czerwenka*, 2. Aufl. 2009, Rn. 43. Eine neutrale Sphäre abl. hingegen *Braun,* Das frachtrechtliche Leistungsstörungsrecht nach dem Transportrechtsreformgesetz, 2002, 117.

[70] *Otte/Thyes* TranspR 2003, 221 (224).

[71] *Didier,* Risikozurechnung bei Leistungsstörungen im Gütertransportrecht, 2001, 185 f. und 193 f.

[72] AA *Koller* Rn. 61, der in der Formulierung des § 412 Abs. 3 keine negativen Ausnahmetatbestände vergleichbar wie in § 573 Abs. 2 HGB erkennen möchte.

[73] *Koller* Rn. 57.

[74] OLG Hamburg Urt. v. 14.7.1988 – 6 U 10/88, VersR 1990, 289.

[75] *Didier,* Risikozurechnung bei Leistungsstörungen im Gütertransportrecht, 2001, 191.

[76] *Koller* Rn. 49.

[77] BGH Urt. v. 12.5.2010 – I ZR 37/09, TranspR 2010, 432 (433).

[78] Ebenso *Pokrant* TranspR 2011, 49 (51).

V. Sondervorschriften für die Binnenschifffahrt (Abs. 4)

Für den Bereich der Binnenschifffahrt enthält Abs. 4 eine Ermächtigung, durch Rechtsverordnung 41
die Voraussetzungen für den Beginn der Lade- und Entladezeiten, deren Dauer sowie die Höhe des
Standgeldes zu bestimmen. Dadurch soll auch nach Aufhebung des BinSchG den besonderen **Bedürfnissen der Binnenschifffahrt** Rechnung getragen werden. Die Verordnungsermächtigung ist auf den
Bereich der Binnenschifffahrt beschränkt und kann nicht auf andere Verkehrsträger ausgedehnt werden.[79] Aufgrund der Verordnungsermächtigung hat das Bundesministerium der Justiz im Einvernehmen mit Bundesministerium für Verkehr, Bau- und Wohnungswesen die Verordnung über die Lade-
und Löschzeiten sowie das Liegegeld in der Binnenschifffahrt (BinSchLV) erlassen (BGBl. 1999 I
2389). In der Verordnung wird unterschieden zwischen der Tankschifffahrt (Beförderung flüssigen
Gutes) und der Trockenschifffahrt (Beförderung von anderem als flüssigem oder gasförmigem Gut).
Die Regelungen der Verordnung über die Lade- und Löschzeiten sowie das Liegegeld in der Binnenschifffahrt sind nicht zwingend.[80]

1. Lade- und Löschzeiten sowie Liegegeld in der Trockenschifffahrt. Gemäß § 1 Abs. 1 42
BinSchLV beginnt die Ladezeit nach Ablauf des Tages, an dem der Frachtführer die Ladebereitschaft
anzeigt. Haben die Parteien die Ladebereitschaft vorangemeldet, beginnt die Ladezeit 2 Stunden nach
dem in der Voranmeldung genannten Zeitpunkt (§ 1 Abs. 2 S. 1 BinSchLV). Nicht zur Ladezeit
gehören Sonntage, Feiertage und die Zeit an Werktagen zwischen 20.00 Uhr und 6.00 Uhr (§ 2
Abs. 2 BinSchLV).

Die Ladezeit beträgt eine Stunde für jeweils 45 Tonnen Rohgewicht (§ 2 Abs. 1 BinSchLV). Für die 43
Löschzeiten sind die Vorschriften über die Ladezeiten entsprechend anzuwenden (§ 3 BinSchLV).

Das Liegegeld beträgt bei einem Schiff mit einer Tragfähigkeit bis 1.500 Tonnen für jede angefange- 44
ne Stunde, während der Frachtführer nach Ablauf der Lade- oder Löschzeit wartet, 0,05 EUR je
Tonne Tragfähigkeit (§ 4 Abs. 1 S. 1 BinSchLV). Bei einem Schiff mit einer Tragfähigkeit über 1.500
Tonnen beträgt das für jede angefangene Stunde anzusetzende Liegegeld 75 EUR zuzüglich 0,02 EUR
für jede über 1.500 Tonnen liegende Tonne (§ 4 Abs. 1 S. 2 BinSchLV).

2. Lade- und Löschzeiten sowie Liegegeld in der Tankschifffahrt. Der **Beginn** der Lade- und 45
Löschzeit ist in §§ 5 und 6 BinSchLV geregelt. Die Lade- und Löschzeit beginnt mit der Anzeige
durch den Frachtführer. Voraussetzung ist jedoch, dass der Frachtführer den Zeitpunkt der Lade- oder
Löschbereitschaft mindestens acht Stunden zuvor angemeldet hat. Die Voranmeldung und die Anzeige
müssen montags bis freitags zwischen 7.00 Uhr und 16.00 Uhr dem Absender oder der vereinbarten
Meldestelle zugehen. Wird dagegen nicht rechtzeitig die Lade- oder Löschbereitschaft angezeigt,
beginnt die Frist wie in der Trockenschifffahrt nach Ablauf des Tages, an dem der Frachtführer die
Ladebereitschaft angezeigt hat (§ 5 Abs. 2 BinSchLV).

Die Lade- und Löschzeit beträgt bei einer für ein Schiff bestimmten Sendung bis 1.100 Tonnen 46
24 Stunden, bis zu 1.500 Tonnen 26 Stunden und bis zu 2.000 Tonnen 30 Stunden (§ 6 Abs. 1
BinSchLV). Bei einer Sendung über 2.000 Tonnen erhöht sich die Lade- und Löschzeit um vier
Stunden je weitere angefangene 500 Tonnen. Nicht zur Lade- und Löschzeit gehören Sonntage,
Feiertage sowie die Zeit nach Sonn- und Feiertagen von 0.00 Uhr bis 7.00 und an Samstagen, an
Heiligabend sowie Silvester zwischen 13.00 und 24.00 Uhr.

Das dem Frachtführer geschuldete Liegegeld in der Tankschifffahrt ist in § 7 BinSchLV geregelt. Bei 47
Tankschiffen bis zu 500 Tonnen Tragfähigkeit beträgt das Liegegeld je Stunde 25 EUR, bis zu 1.000
Tonnen je Stunde 54 EUR, bis zu 1.500 Tonnen je Stunde 75 EUR. Bei Tankschiffen mit einer
Tragfähigkeit über 1.500 Tonnen beträgt das für jede angefangene Stunde anzusetzende Liegegeld
75 EUR zuzüglich 10 EUR je weitere angefangene 500 Tonnen.

§ 413 Begleitpapiere

(1) **Der Absender hat dem Frachtführer alle Urkunden zur Verfügung zu stellen und
Auskünfte zu erteilen, die für eine amtliche Behandlung, insbesondere eine Zollabfertigung,
vor der Ablieferung des Gutes erforderlich sind.**

(2) [1]**Der Frachtführer ist für den Schaden verantwortlich, der durch Verlust oder Beschädigung der ihm übergebenen Urkunden oder durch deren unrichtige Verwendung verursacht worden ist, es sei denn, daß der Verlust, die Beschädigung oder die unrichtige
Verwendung auf Umständen beruht, die der Frachtführer nicht vermeiden und deren Folgen
er nicht abwenden konnte.** [2]**Seine Haftung ist jedoch auf den Betrag begrenzt, der bei
Verlust des Gutes zu zahlen wäre.**

---

[79] *Andresen/Valder* Rn. 33.
[80] *Andresen/Valder* Rn. 41; *Koller* BinSchLV § 2 Rn. 18.

Schrifttum: *Hill/Messent,* CMR – Contracts for the international carriage of goods by road, 2. Aufl. 1995; *Koller,* Die Person des Schadensersatzberechtigten bei Ansprüchen aus Art. 17 CMR, RIW 1988, 254; *Lenz,* Straßengütertransportrecht, 1988; *Loewe,* Erläuterungen zum Übereinkommen vom 19. Mai 1956 über den Beförderungsvertrag im internationalen Straßengüterverkehr (CMR), ETL 1976, 503; *Pesce,* Il Contratto di Trasporto Internazionale di Merci su Strada, 1984; *Pfeiffer,* Handbuch der Handelsgeschäfte, 1999; *Züchner,* Rechtsfragen zur CMR-Haftung und CMR-Versicherung, VersR 1969, 682.

Parallelvorschriften: Art. 11 CMR, Art. 15 CIM 1999, Art. 6 Abs. 2 S. 1 CMNI, Art. 16 MÜ; Art. 16 WA.

I. Allgemeines

1   Die jeweiligen Verantwortungsbereiche von Absender und Frachtführer im Zusammenhang mit der Verwendung von Begleitdokumenten sind in § 413 geregelt. Begleitpapiere vereinfachen und beschleunigen idR den Transport, insbes. im Bereich behördlicher Abfertigung und Kontrolle. Danach obliegt dem Absender als Kenner des Guts und Warenfachmann nach Vorbild des Art. 11 Abs. 1 CMR und des Art. 16 MÜ die Pflicht, den Frachtführer mit den **notwendigen Begleitpapieren** auszustatten und ihm die **notwendigen Auskünfte** für die Güterbehandlung zu erteilen.[1] Unterlässt er dies, haftet er nach § 414 Abs. 1 Nr. 4 dem Frachtführer für entstandene Schäden und Aufwendungen verschuldensunabhängig. Die Zollbehandlung als Unterfall der Güterbehandlung findet in § 408 Abs. 1 S. 1 Nr. 11 ausdrücklich Erwähnung.

2   Der Frachtführer haftet nach Abs. 2 grundsätzlich verschuldensunabhängig für Verlust, Beschädigung oder unrichtige Verwendung der Begleitdokumente bis zur Grenze des Güterwertes. Diese Norm weicht jedoch von der Parallelvorschrift des Art. 11 Abs. 3 CMR und derjenigen des Art. 16 Abs. 1 aE MÜ insoweit ab, als dass dort eine Verschuldenshaftung vorgesehen ist. Die verschuldensunabhängige Haftung des Abs. 2 entspricht konzeptionell den Vorschriften der §§ 425, 426. Der Gesetzgeber hat eine Grundentscheidung getroffen, indem er im Frachtrecht die verschuldensunabhängige Haftung für Verlust und Beschädigung vorgesehen hat. Es macht insoweit Sinn, die Haftung nach § 413 gleichzuschalten. Die Konzeption des Gesetzgebers beruht im Wesentlichen auf der Überlegung, dass dem Geschädigten die Geltendmachung von Ansprüchen erleichtert werden soll, zumal er oft unüberschaubaren Risiken im Transportgeschäft ausgesetzt ist. Die verschuldensunabhängige Haftung belastet den Frachtführer jedoch nicht in unbilliger Weise, weil die Erweiterung des Haftungstatbestandes mit einer deutlichen Begrenzung des Haftungsumfangs einhergeht.[2] § 413 Abs. 2 S. 2 begrenzt die Haftung der Höhe nach – entsprechend Art. 11 Abs. 3 Hs. 2 CMR – auf denjenigen Betrag, der im Fall des Güterverlustes zu bezahlen wäre. Durch die Schaffung der Haftungshöchstgrenze wird eine Harmonisierung mit der Güterschadenshaftung herbeigeführt (vgl. § 431).[3] Für den Frachtführer bleiben so die verschuldensunabhängigen Risiken überschaubar.

II. Pflichten des Absenders (Abs. 1)

3   **1. Ausstattung mit den notwendigen Begleitdokumenten.** Obwohl das HGB in erster Linie für Inlandstransporte konzipiert wurde, enthält das Handelsrecht dennoch eine Regelung für die Zollbehandlung. Die Vorschrift ist sowohl sprachlich als auch inhaltlich an Art. 11 CMR angelehnt. Der Absender ist verpflichtet, dem Frachtführer die für die Durchführung des Transports **notwendigen** Begleitdokumente zur Verfügung zu stellen, die für die zu erledigende Zollabfertigung oder sonstige Behandlung des Gutes notwendig sind. Neben den Zollpapieren zählen hierzu die **Warenbegleitpapiere** sowie eventuell **erforderliche Genehmigungen.**[4] Die notwendigen Begleitpapiere sind dem Frachtführer ohne besondere Anforderung vor Beginn der Beförderung[5] mitzugeben (→ CMR Art. 11 Rn. 2). Um der verschuldensunabhängigen Haftung zu entgehen, hat der Absender alle **öffentlich-rechtlichen Vorschriften** im Zusammenhang mit der Güterbehandlung zu beachten[6] und die Dokumente beizufügen, die **von den Behörden verlangt** werden können,[7] ohne Rücksicht auf deren Üblichkeit,[8] deren regelmäßige Kontrolle durch die Behörden oder die Kosten der Beschaffung.[9] Solche Urkunden sind zB Zoll- und Begleitscheine, Gesundheits-, Ein- und Ausfuhrbescheinigungen und Urkunden zur Devisenkontrolle oder Gefahrgutzeugnisse.[10] Eine erweiterte Verpflich-

---

[1] Staub/*Schmidt* Rn. 1.

[2] BR-Drs. 368/97, 41.

[3] BR-Drs. 368/97, 41.

[4] MüKoHGB/*Czerwenka,* 2. Aufl. 2009, Rn. 5.

[5] MüKoHGB/*Czerwenka,* 2. Aufl. 2009, Rn. 7.

[6] Thume/*Temme* CMR Art. 11 Rn. 3.

[7] Oetker/*Paschke* Rn. 2; *Hill/Messent,* CMR – Contracts for the international carriage of goods by road, 2. Aufl. 1995; *Loewe* ETR 1976, 503 (542); *Koller* CMR Art. 11 Rn. 2; *Herber/Piper* CMR Art. 11 Rn. 1.

[8] *Herber/Piper* CMR Art. 11 Rn. 1; *Koller* CMR Art. 11 Rn. 2; *Koller* § 413 Rn. 2.

[9] *Koller* CMR Art. 11 Rn. 2.

[10] *Hill/Messent,* CMR – Contracts for the international carriage of goods by road, 2. Aufl. 1995, 80; *Heuer,* Die Haftung des Frachtführers nach dem Übereinkommen über den Beförderungsvertrag im internationalen Straßengü-

tung, den Frachtführer zusätzlich zu den notwendigen Dokumenten auch mit lediglich **nützlichen** Begleitdokumenten auszustatten, sieht § 413 nicht vor.

Die dem Frachtführer beigegebenen Begleitdokumente müssen **vollständig** und **gültig** sein.[11]   **4** Auch bei berechtigten Zweifeln der zuständigen Behörde an der Gültigkeit greift § 414 Abs. 1 Nr. 4 ein.[12] Die Begleitpapiere müssen für alle in Betracht kommenden **Routen** genügen, wenn nicht eine Weisung für eine bestimmte erteilt ist.[13] Werden im Rahmen einer Frachtführerkette mehrere aufeinander folgende Frachtführer eingesetzt, so muss der Absender die Begleitpapiere nur dem ersten Frachtführer mitgeben.[14]

2. Erteilen notwendiger Auskünfte. Die Vorschrift legt dem Absender eine das Gut betreffende   **5** Informationspflicht auf. Der Frachtführer kann dabei verlangen, dass der Absender ihm alle **beförderungsrelevanten Informationen** zukommen lässt, beispielsweise ob das Gut leicht verderblich ist oder besondere Maßnahmen verlangt. Der Absender hat alle für die Durchführung des Transports erforderlichen **Auskünfte** zu erteilen, deren Kenntnis von einem ordentlichen Frachtführer nicht erwartet werden kann, über die dieser ersichtlich nicht verfügt und um die er ausdrücklich nachsucht.[15] Die Erfüllung dieser Verpflichtung des Absenders ist indes nicht klagbar.[16] Es versteht sich dabei von selbst, dass der Frachtführer über diese Informationen nicht frei verfügen kann. Gibt er „ohne Not" **geheimhaltungsbedürftige Informationen** an unberechtigte Dritte weiter, so haftet er dem Absender (§§ 241 Abs. 2, 280 Abs. 1, 282 BGB).[17]

3. Zollpapiere. Solange das Gut unterwegs ist, muss der Frachtführer zoll- und verwaltungsbehörd-   **6** liche Maßnahmen für den Absender ergreifen. Es entspricht der Natur der Sache, dass nach Abs. 1 dem Frachtführer die Zollabfertigung auferlegt wird. Der Pflichtenmaßstab in Zusammenhang mit der amtlichen Behandlung, insbesondere der Zollabfertigung, bestimmt sich nach Speditionsrecht. Hier kommt es auf die gesetzlichen Standards, nicht auf Modifikationen nach der ADSp an.[18]

4. Aufklärungs- und Prüfungspflicht des Frachtführers. Grundsätzlich muss der Frachtführer   **7** die Richtigkeit und die Vollständigkeit der Auskünfte und Begleitpapiere nicht überprüfen.[19] Der Absender trägt vielmehr das gesamte Risiko für die öffentlich-rechtliche Zulässigkeit des Transports.[20] Durch Parteivereinbarung kann jedoch eine Prüfungspflicht des Frachtführers vereinbart werden.

Erkennen der Frachtführer oder seine Leute, dass die erteilten Auskünfte oder Begleitpapiere im   **8** Zeitpunkt der Übergabe unrichtig sind oder nach Übergabe der Begleitpapiere aufgrund einer Änderung der gesetzlichen Bestimmungen unrichtig werden, so wird man eine Obliegenheitsverletzung des Frachtvertrags darin sehen müssen, wenn weder der Luftfrachtführer noch seine Leute den Absender hierauf aufmerksam machen. Der Frachtführer haftet dann nach §§ 241 Abs. 2, 280, 282 BGB. Dem steht auch nicht der Umkehrschluss zu § 451b Abs. 3 entgegen,[21] wonach der Frachtführer einen „privaten" Absender über die im Zusammenhang mit der Beförderung des Umzugsgutes zu beachtenden Zoll- und sonstigen Verwaltungsvorschriften zu unterrichten hat. Denn § 451b Abs. 3 begründet eine Informationspflicht, auch wenn ein Informationsdefizit beim Absender nicht vorliegt, wohingegen es bei der eben beschriebenen Situation um eine Obliegenheitsverletzung des Frachtführers wegen überlegenen Wissens geht.[22] Letzteres zieht eine Aufklärungsbedürftigkeit des Absenders nach sich.

5. Haftung des Absenders (§ 414 Abs. 1 Nr. 4). Verletzt der Absender seine Verpflichtungen aus   **9** § 413 Abs. 1, so haftet er dem Frachtführer ohne Rücksicht auf ein etwaiges Verschulden für **alle** Schäden gem. § 414 Abs. 1 Nr. 4 wegen Fehlens, Unvollständigkeit oder Unrichtigkeit der genannten Urkunden oder Auskünfte. Die Haftung des Absenders ist der Höhe nach allerdings begrenzt.

terverkehr, 1975, 148; *Loewe* ETR 1976, 503 (542); *Herber/Piper* CMR Art. 11 Rn. 1; *Thume/Temme* CMR Art. 11 Rn. 3; *Reuschle* MÜ Art. 16 Rn. 7 f.

[11] *Koller* Rn. 5; *Herber/Piper* CMR Art. 11 Rn. 2.

[12] *Koller* CMR Art. 11 Rn. 2.

[13] *Thume/Temme* CMR Art. 11 Rn. 5, 6.

[14] MüKoHGB/*Jesser-Huß* CMR Art. 11 Rn. 14; *Koller* CMR Art. 11 Rn. 4.

[15] Ausf. MüKoHGB/*Jesser-Huß* CMR Art. 11 Rn. 3; *Koller* Rn. 9; *Herber/Piper* CMR Art. 11 Rn. 3.

[16] *Heymann/Honsell* § 427 aF Rn. 1; *Koller* Rn. 6; *Müglich* TranspR Rn. 3; *Reuschle* MÜ Art. 6 Rn. 4; aA Staub/ *Helm*, 4. Aufl. 1993, § 426 aF Rn. 4.

[17] *Thume/Temme* CMR Art. 11 Rn. 12.

[18] Ziff. 5.1 ADSp '03 bestimmte, dass der Spediteur die zollamtliche Abfertigung, die zur Durchführung der Beförderung bis zum Bestimmungsort erforderlich ist, erledigen muss. Hieran hat Ziff. 4.6 ADSp '17 im Ergebnis nichts geändert: „Wird der Spediteur mit der grenzüberschreitenden Beförderung des Gutes oder der Import- oder Exportabfertigung beauftragt, so beinhaltet dieser Auftrag im Zweifel auch die zollamtliche oder sonst gesetzlich vorgeschriebene Behandlung des Gutes, wenn ohne sie die grenzüberschreitende Beförderung bis zum Bestimmungsort nicht ausführbar ist."

[19] MüKoHGB/*Czerwenka*, 2. Aufl. 2009, Rn. 10.

[20] Staub/*Schmidt* Rn. 10.

[21] Staub/*Schmidt* Rn. 11.

[22] *Koller* Rn. 4.

10   **6. Abdingbarkeit.** § 413 Abs. 1 ist, wie sich aus § 449 Abs. 1 ergibt, generell abdingbar. Eine weitergehende Auskunftspflicht, wie sie Ziff. 3.3, 3.4 ADSp 2003 vorsieht, kann vertraglich vereinbart werden. AGB unterliegen der Kontrolle des § 307 BGB. Eine Abbedingung des § 413 zu Lasten des Frachtführers ist dort unangemessen, wo der Informationsvorsprung des Absenders als Warenfachmann im Verhältnis zum Frachtführer besonders groß ist.[23]

III. Haftung des Frachtführers (Abs. 2)

11   **1. Verschuldensunabhängige Haftung.** Der Frachtführer haftet gegenüber dem Absender verschuldensunabhängig für Schäden, die durch Verlust, Beschädigung oder unrichtige Verwendung der ihm überlassenen Urkunden entstanden sind bis zur Grenze des Güterwertes. Eine unrichtige Verwendung ist bei jedem pflichtwidrigen Umgang mit den Frachtdokumenten anzunehmen.[24] Überprüft der Frachtführer bei Fahrtantritt lediglich die ihm überlassenen Begleitpapiere, so kann hierin noch kein „Verwenden" gesehen werden.[25]

12   Die Vorschrift korrespondiert mit § 425. Dadurch wird eine Harmonisierung mit der Güterschadenshaftung erreicht (vgl. § 431).[26] Der Haftungsmaßstab weicht allerdings gegenüber dem nach Art. 11 Abs. 3 CMR[27] iVm dem Kommissionsrecht (§ 390) geltenden Haftungsmaßstab ab.[28] Im Rahmen von Art. 11 CMR hat der Absender ein Verschulden des Frachtführers zu beweisen.[29]

13   Die Haftungsnorm ist nach dem eindeutigen Wortlaut beschränkt auf die dem Frachtführer überlassenen Begleitpapiere. Eine analoge Anwendung auf die ihm erteilten Auskünfte ist abzulehnen, da diese dem Frachtführer nicht „verbrieft", also in verkörperter Form vorliegen und somit die Gefahr von Falschübermittlungen größer ist als bei der Weitergabe von Urkunden.[30]

14   Trotz der verschuldensunabhängigen Haftung des Frachtführers kommt eine Mitverursachung des Schadens durch den Absender oder Empfänger in Betracht, sodass der Schaden je nach Höhe des Verschuldens den Parteien quotal zuzuweisen ist.[31] Eine Mitverursachung kann darin liegen, dass der Absender den Frachtführer unzulänglich unterstützt oder informiert hat.

15   **2. Abdingbarkeit der Haftung des Frachtführers.** Unzulässig ist eine Vereinbarung, die zu Ungunsten des Verbrauchers (§ 13 BGB) die Haftung des Frachtführers nach § 413 Abs. 2 S. 1 ausschließt (§ 449 Abs. 1). Soweit der Absender hingegen Unternehmer ist, sind auch abweichende Regelungen zu § 413 Abs. 2 möglich, sofern sie im Einzelnen ausgehandelt sind (§ 449 Abs. 2 S. 1). Der Haftungsumfang kann jedoch im Rahmen des § 449 Abs. 1 S. 2 auch durch Allgemeine Geschäftsbedingungen abweichend geregelt und begrenzt werden.

§ 414 Verschuldensunabhängige Haftung des Absenders in besonderen Fällen

(1) **Der Absender hat, auch wenn ihn kein Verschulden trifft, dem Frachtführer Schäden und Aufwendungen zu ersetzen, die verursacht werden durch**

1. **ungenügende Verpackung oder Kennzeichnung,**
2. **Unrichtigkeit oder Unvollständigkeit der in den Frachtbrief aufgenommenen Angaben,**
3. **Unterlassen der Mitteilung über die Gefährlichkeit des Gutes oder**
4. **Fehlen, Unvollständigkeit oder Unrichtigkeit der in § 413 Abs. 1 genannten Urkunden oder Auskünfte.**

(2) **Hat bei der Verursachung der Schäden oder Aufwendungen ein Verhalten des Frachtführers mitgewirkt, so hängen die Verpflichtung zum Ersatz sowie der Umfang des zu leistenden Ersatzes davon ab, inwieweit dieses Verhalten zu den Schäden und Aufwendungen beigetragen hat.**

(3) **Ist der Absender ein Verbraucher, so hat er dem Frachtführer Schäden und Aufwendungen nach den Absätzen 1 und 2 nur zu ersetzen, soweit ihn ein Verschulden trifft.**

Schrifttum: *de Gottrau*, Die Haftung bei der Beförderung von gefährlichen Gütern, TranspR 1988, 320; *Konow*, Aufwendungsersatz bei Fürsorgemaßnahmen für das Gut während des Transports, TranspR 1988, 229; *Pesce*, Il

---

[23] *Koller* Rn. 14.
[24] BGH Urt. v. 26.6.1997 – I ZR 32/95, VersR 1998, 611 (613); *Koller* Rn. 15.
[25] OLG Düsseldorf Urt. v. 23.12.1996 – 18 U 92/96, TranspR 1997, 422 (423).
[26] Die Vorschrift findet Anlehnung an Art. 17 Abs. 2 Fall 4 CMR an. S. dazu BR-Drs. 368/97, 41.
[27] Staub/*Reuschle* CMR Art. 11 Rn. 6 mwN.
[28] Zur Haftung des Frachtführers nach Art. 11 Abs. 3 CMR vgl. → Art. 11 Rn. 6 u. 7. Zum Haftungsmaßstab des Art. 11 Abs. 3 vgl. auch MüKoHGB/*Jesser-Huß* CMR Art. 11 Rn. 18 und *Koller* CMR Art. 11 Rn. 3.
[29] Der engl. Text formuliert „some wrongful act or neglect" und der frz. Text „en cas de faute".
[30] *Pesce*, Il Contratto, 1984, 160; *Koller* Rn. 13; *Loewe* ETR 1976, 503 (543); Thume/*Temme* CMR Art. 11 Rn. 28; *Herber/Piper* CMR Art. 11 Rn. 18; MüKoHGB/*Jesser-Huß* CMR Art. 11 Rn. 15.
[31] MüKoHGB/*Czerwenka*, 2. Aufl. 2009, Rn. 14.

Contratto di Trasporto Internazionale di Merci su Strada, 1984; *Zapp*, Rechtsprobleme im Zusammenhang mit der Verpackung in der CMR und im deutschen Handelsgesetzbuch, TranspR 2004, 333.

Parallelvorschriften: Art. 10, 11 Abs. 2 CMR; Art. 10 MÜ; Art. 8 § 1 CIM 1999; Art. 8 Abs. 1 CMNI.

Übersicht

I. Allgemeines

Nach § 414 Abs. 1 haftet der Absender in den dort normierten Fällen grundsätzlich verschuldens- **1** unabhängig, es sei denn, der Absender ist Verbraucher iSv § 13 BGB. Ist dies der Fall, so haftet der Absender nur bei Verschulden.

Die bisherige in § 414 Abs. 1 S. 2 aF vorgesehene Haftungsbeschränkung des Absenders wurde **2** durch das Gesetz zur Reform des Seehandelsrechts aufgehoben.[1] Diese Änderung ist insoweit legitimiert, als die bisherige Haftungsnorm sich aus wenig sachgerechten Gründen allein an dem beförderten Gut und nicht an dem Wert der gefährdeten Sache, dem Transportgerät, orientierte. Bei Verletzung von Rücksichtsnahmepflichten des Absenders wurde nach der alten Rechtslage dem Integritätsinteresse des Frachtführers nicht hinreichend Rechnung getragen. Der Haftungsumfang entspricht insoweit dem der CMR.

Durch die Aufgabe eines einheitlichen Haftungsmaßstabes folgt der Gesetzgeber nur noch einge- **3** schränkt der Konzeption einer verschuldensunabhängigen Haftung, wie sie in Art. 10 CMR für **Verpackung** (Abs. 1 Nr. 1), in Art. 7 Abs. 1 CMR hinsichtlich der Haftung für **Frachtbrief-angaben** (Abs. 1 Nr. 2), in Art. 22 Abs. 2 CMR für mangelhafte **Gefahrmitteilung** (Abs. 1 Nr. 3) sowie in Art. 11 Abs. 2 CMR hinsichtlich der Haftung wegen **Begleitpapieren und Auskünften** (Abs. 1 Nr. 4) niedergelegt ist. Obwohl sich also eine verschuldensunabhängige Haftung in diesen Bereichen bislang sowohl im nationalen wie auch im internationalen Verkehr durchgesetzt hat, wurde der Ausweitung des Verbraucherschutzes vor der Rechtsvereinheitlichung dennoch der Vorzug gegeben.[2]

Soweit der Absender verschuldensunabhängig haftet, soll durch den strengen Haftungsmaßstab **4** sichergestellt werden, dass der Absender nicht in Fällen, in denen er durch ein eigenes Verhalten **Anlass** für den Haftungsfall gegeben hat, sich seiner Verantwortung entziehen kann.[3] Durch Ausweitung des Verbraucherschutzes und Absenken dieses Haftungsmaßstabs für Verbraucher, können jedoch **Lücken im Haftungsschutz** des Frachtführers entstehen. Diese Lücken werden auf Ausnahmefälle beschränkt bleiben, weil in den allermeisten Fällen Frachtverträge nicht mit Verbrauchern abgeschlossen werden. Dennoch findet der im neuen Transportrecht verankerte **Sphärengedanke,**[4] nach dem eine Abgrenzung nach Verantwortlichkeits- und Gefahrtragungsgesichtspunkten zwischen den am Frachtvertrag beteiligten Parteien vorgenommen wird, auch im Rahmen der Haftungsfolgen eine grundsätzliche und im Interesse der Regelungsklarheit einfache Fortsetzung.

Abs. 2 regelt den Fall der **Mitverantwortlichkeit** bei der Schadenentstehung durch ein Verhalten **5** des Frachtführers. Diese Regelung greift den Rechtsgedanken des § 254 BGB auf.

Abs. 3 senkt den strengen Haftungsmaßstab bei einem **Verbraucher** ab und statuiert eine Ersatz- **6** pflicht nur insoweit, als diesen bei der Schadenentstehung ein Verschulden trifft.

---

[1] Vgl. BT-Drs. 17/10309, 53.
[2] Anders noch BR-Drs. 368/97, 42.
[3] Bericht SV-Kommission, S. 60.
[4] Der Sphärengedanke ist zumindest rudimentär auch im Werkvertragsrecht (§§ 644, 645 BGB), als dem Grundtypus aller Transportverträge, verankert.

II. Maßstab, Voraussetzungen und Umfang der Absenderhaftung

7   **1. Haftungsmaßstab.** Der Haftungsmaßstab nach Abs. 1 ist grundsätzlich eine Gefährdungshaftung, es sei denn, der Absender ist ein Verbraucher nach § 13 BGB. Dann haftet dieser nur insoweit, als ihm vom Frachtführer ein Verschulden bei der Schadenentstehung nachgewiesen wird.

8   **a) Der Absender ist kein Verbraucher.** Für den Regelfall, dass der Absender kein Verbraucher ist, haftet der Absender in den nach dieser Vorschrift niedergelegten Fällen ohne Rücksicht auf ein etwaiges Verschulden. Eine Verschuldensfähigkeit iSv §§ 827 ff. BGB ist keine Anspruchsvoraussetzung.[5] Einen Entlastungsbeweis, etwa nach Maßgabe des § 831 BGB, vermag er nicht zu führen. Dem Absender bleibt es ebenfalls verwehrt, sich unter Hinweis auf ein nicht zurechenbares Drittverschulden seiner Haftung zu entziehen. Das Argument etwa, er hätte das Gut bereits schlecht verpackt von einem Dritten (zB Verkäufer) erhalten oder die das Gut betreffenden Angaben seien von Seiten eines Dritten, ist zum Schutz des Frachtführers unbeachtlich.

9   Dem strengen Haftungsmaßstab liegt die gesetzgeberische Wertung zugrunde, dass Haftungslücken in den Fällen geschlossen werden, bei denen der Absender in den in Abs. 1 Nr. 1–4 bezeichneten Fällen selbst Anlass für den Haftungsfall gegeben hat. Lücken im Haftungsschutz des Frachtführers, die sich bei einer Verschuldenshaftung etwa aufgrund von Zurechnungsproblemen in den Fällen ergeben können, in denen der Absender das Gut sowie etwa begleitende Angaben von einem Dritten erhält, sollen durch den strengen Haftungsmaßstab vermieden werden.[6]

10   **b) Der Absender ist Verbraucher.** Ist der Absender Verbraucher iSv § 13 BGB, so tritt an die Stelle der Gefährdungshaftung die Verschuldenshaftung.[7] Der Verbraucher haftet in den in Abs. 1 Nr. 1–4 bezeichneten Fällen also nur, soweit der Frachtführer ein Verschulden nachweist. Die **Beweislast** für den Verschuldensnachweis obliegt dem Frachtführer. Das Haftungsprivileg des Verbrauchers wird jedoch nur in besonderen Ausnahmefällen (§ 451b Abs. 3, § 25 EVO) relevant werden, da Frachtverträge in den allermeisten Fällen nicht von Verbrauchern, sondern von Kaufleuten geschlossen werden. Anders ist dies freilich im Umzugsrecht, bei dem eine Installation des Verbraucherschutzes durchaus von praktischer Bedeutung ist. Aus Gründen der Rechtsvereinheitlichung und Regelungsklarheit wäre es wünschenswert gewesen, Verbraucherschutzvorschriften auf die Wirtschaftsbereiche zu beschränken, wo typischerweise auch Verbraucher derartige Verträge schließen. Die Aufnahme eines Verbraucherschutzes im allgemeinen Frachtrecht hingegen kann nur als systemfremd bezeichnet werden.

11   Die Absenkung des Haftungsmaßstabes zu Gunsten des Verbrauchers kann auf Seiten des Frachtführers **erhebliche Haftungslücken** öffnen. Der Abschluss eines Frachtvertrages mit einem Verbraucher birgt für den Frachtführer deshalb enorme Risiken, sollte ihm der Verschuldensnachweis nicht gelingen. Dem Verbraucherschutz wurde gegenüber den Interessen des Frachtführers nach einem durchgängigen Haftungsschutz jedoch eindeutig Vorrang eingeräumt.

12   **2. Voraussetzungen der Absenderhaftung. a) Anwendungsbereich.** Die Gefährdungshaftung des Absenders bzw. die Verschuldenshaftung des Verbrauchers tritt in den unter Abs. 1 Nr. 1–4 bestimmten Fällen ein. Eine entsprechende Anwendung der abschließend geregelten Haftungstatbestände etwa auf die in § 412 geregelten Verlade und Entladepflichten kommt infolge der bewusst getroffenen Entscheidung des Gesetzgebers nicht in Betracht.[8]

13   Die Einzeltatbestände der Absenderhaftung orientieren sich im Wesentlichen an den vorangegangenen Bestimmungen und den dort vorgenommenen Umschreibungen der Pflichten des Absenders.

14   **b) Ungenügende Verpackung oder Kennzeichnung (Abs. 1 Nr. 1).** Die Vorschrift sanktioniert Pflichtverletzungen im Rahmen des § 411. Angeknüpft wird an das tatsächliche Verhalten des Absenders. Verpackung und Kennzeichnung werden korrespondierend zu § 411 gleichgestellt. Auf eine Einbeziehung der normierten Lade- und Entladepflichten (§ 412) wurde jedoch verzichtet. Dies würde eine Verschärfung gegenüber dem geltenden Recht darstellen, wonach bei Lade- und Entladepflichten der Absender nur verschuldensabhängig haftet.

15   Durch Umschreibung des Haftungstatbestandes **„ungenügende"** Verpackung oder Kennzeichnung wird deutlicher als in Art. 10 CMR („mangelhafte" Verpackung) klargestellt, dass sämtliche Fälle als haftungsbegründend in Betracht kommen, in welchen die Vornahme der genannten Verrichtung entweder gänzlich fehlt oder unzulänglich durchgeführt wurde.

16   Der Regelungswortlaut des Regierungsentwurfs (ungenügende Verpackung oder Kennzeichnung **durch den Absender**) stellte klar, dass es im Rahmen der Haftungsvoraussetzung darauf ankommt, ob die Unzulänglichkeit durch den Absender herbeigeführt wurde. Das Tatbestandsmerkmal „durch den

---

[5] Heymann/*Schlüter* Rn. 2.
[6] Vgl. BR-Drs. 368/97, 42 sowie BT-Drs. 17/10309, 53.
[7] MüKoHGB/*Czerwenka*, 2. Aufl. 2009, Rn. 29.
[8] Vgl. BT-Drs. 13/8445, 43. AA die Vorauflage im Hinblick auf die unter der alten Rechtslage bestehenden Haftungshöchstgrenze Rn. 25.

Absender" wurde jedoch im Laufe der weiteren Beratungen wieder gestrichen. Aber auch ohne diese explizite Klarstellung, ist die Haftung des Absenders wegen ungenügender Verpackung oder Kennzeichnung auf die Fälle zu beschränken, in denen die haftungsbegründende Pflichtverletzung in den **Verantwortungsbereich des Absenders** fällt. Dies ist nicht nur bei einem Verhalten des Absenders selbst, sondern auch dann der Fall, wenn ein **Dritter** einen Beitrag geleistet hat, der dem Absender zuzurechnen ist (→ CMR Art. 10 Rn. 3).[9] Dritter kann insbesondere der Versender sein, wenn der Absender Spediteur ist. In Betracht kommen auch Zwischenspediteure, welche für den Hauptspediteur, der als Absender fungiert, Verpackungen oder Kennzeichnungen vornehmen. Der Absender haftet **dem Frachtführer** insbesondere für **Personenschäden und Schäden an Betriebsmitteln und anderen Waren.**[10] Dem Frachtführer zu ersetzen sind auch reine Vermögensschäden, etwa solche aus Überschreiten der Standzeiten.[11]

Es ist zu differenzieren zwischen den Fällen der **Mangelhaftigkeit** und des **Fehlens** von Verpackung oder Kennzeichnung. Bei Unzulänglichkeit von Verpackung oder Kennzeichnung ist auf die **tatsächliche Vornahme** durch den Absender abzustellen.[12] Wenn Verpackungen oder Kennzeichnungen ganz fehlen, kann die vorgesehene tatsächliche Anknüpfung nicht vorgenommen werden. Es ist dann hilfsweise auf die im **Vertrag vorgesehene Pflichtverteilung** zurückzugreifen. Maßgeblich ist, welche Verpackung und Kennzeichnung das Gut objektiv für die von den Parteien vereinbarte bzw. die normale vertragsgemäße Beförderung benötigt, um den damit üblicherweise verbundenen Einwirkungen standzuhalten und keine Schäden an Personen oder Sachen anderer hervorzurufen.[13]

Ein **Mitverschulden** bzw. eine **Mitverursachung** des Frachtführers führt zur Schadensteilung nach **18** Abs. 2. Da Frachtführer und Absender verschuldensunabhängig haften, wurde eine Lösung gefunden, die sich an § 254 BGB orientiert, aber im Gegensatz zu dieser Vorschrift nicht an Verschulden anknüpft. Jeder Vertragspartner hat die Schadens- und Aufwendungsanteile zu ersetzen, die seinem Anteil an dem Gesamtschaden aufgrund seines Verhaltens und/oder aufgrund der ihn treffenden Risikosphäre entsprechen. Eine solche gerechte Aufteilung des Schadens dürfte sich in der Praxis oft schwierig gestalten, weil sie eine Frage des Einzelfalls ist.[14]

c) Unrichtige oder unvollkommene Frachtbriefangaben (Abs. 1 Nr. 2). Die Vorschrift **19** knüpft an Pflichtverletzungen im Rahmen des § 408 an. Das Transportrecht kennt keinen Frachtbriefzwang. Fehlt eine **Einzelangabe,** so haftet der Frachtführer nicht nach § 408, weil in dieser Bestimmung lediglich die möglichen Inhalte des Frachtbriefs bezeichnet sind, eine Haftung für das Fehlen von Einzelangaben jedoch nicht statuiert wird.[15] Vom Fehlen einer Einzelangabe abzugrenzen ist der Fall, dass der Absender zwar eine Angabe gemacht hat, diese jedoch inhaltlich unrichtig oder (in sich) unvollständig ist. Eine Angabe ist **unrichtig,** wenn sie nicht den Tatsachen entspricht. Eine unrichtige Angabe liegt beispielsweise vor, wenn explosionsgefährliche Chemikalien als nicht explosionsgefährlich oder Kriegswaffen als „landwirtschaftliches Gerät" oder „Werkzeugmaschinen und Ersatzteile" bezeichnet werden. Sie ist **unvollständig,** wenn der Aussagegehalt unvollkommen ist, wenn zB bei der Bezeichnung des Empfängers die Anschrift lückenhaft ist. Der Absender ist beispielsweise verpflichtet, den Frachtführer im Frachtbrief auf güterspezifische Gefahren (Feuer- oder Explosionsgefährlichkeit, Radioaktivität oder Verderblichkeit von Gütern) hinzuweisen, sofern dies nicht bereits eindeutig aus der Bezeichnung des beförderten Gutes hervorgeht.

Der Fall der **„Unvollständigkeit"** der Angaben ist neben der **„Unrichtigkeit"** besonders er- **20** wähnt, da Fälle denkbar sind, in denen Angaben zwar lückenhaft, jedoch nicht unrichtig sind.[16] Bei Eintragung von Angaben muss sich der Frachtführer auf die Beschreibung des Guts und die Angaben für den Transport verlassen können.[17]

Ein **Mitverschulden** bzw. eine **Mitverantwortlichkeit** des Frachtführers führt nach Abs. 2 zur **21** Schadensquotierung.

d) Unterlassene Mitteilung über die Gefährlichkeit des Gutes (Abs. 1 Nr. 3). Die in Abs. 1 **22** Nr. 3 niedergelegte Haftung für Pflichtverletzungen im Zusammenhang mit gefährlichen Gütern

---

[9] *Loewe* ETR 1976, 503 (541); *Hill/Messent,* CMR – Contracts for the international carriage of goods by road, 2. Aufl. 1995, 79; *Pesce,* Il Contratto, 1984, 153; *Theunis/Ruitinga,* International Carriage of Goods, 1987, 58; *Thume/Temme* CMR Art. 10 Rn. 17; *Herber/Piper* CMR Art. 10 Rn. 18.

[10] Vgl. den Wortlaut von Art. 10 CMR.

[11] MüKoHGB/*Jesser-Huß* CMR Art. 10 Rn. 7.

[12] Ebenso RegBegr. S. 44 zu § 414. Dagegen hält *Czerwenka* das tatsächliche Verpacken ohne vertragliche Verpflichtung des Absenders als nicht haftungsauslösend, wenn die Verpackung Schäden verursacht; MüKoHGB/*Czerwenka,* 2. Aufl. 2009, Rn. 8.

[13] BGH Urt. v. 19.1.1959 – II ZR 78/58, BGHZ 31, 183 (185 f.) (KVO) = NJW 1960, 337 (338); ausf. *Koller* VersR 1993, 519 ff.; *Koller* Rn. 3–6; *Herber/Piper* CMR Art. 10 Rn. 3; ähnl. *Thume/Temme* CMR Art. 10 Rn. 5 ff.

[14] Unrichtig insoweit *Müglich* TranspR Rn. 9, welcher an das Mitverschulden anknüpft.

[15] Ebenso *Zapp* TranspR 2004, 333 (334); GK-HGB/*Bracker/Janßen* Rn. 8; *Koller* Rn. 9.

[16] Staub/*Schmidt* Rn. 16.

[17] BGH Urt. v. 28.9.1978 – II ZR 10/77, BGHZ 72, 175.

korrespondiert mit § 410 Abs. 1. Allein aus dem Wortlaut wird nicht deutlich, ob nur der Fall des gänzlichen Fehlens unterlassener Mitteilungen erfasst wird oder auch die Konstellation, dass die Mitteilung unrichtig ist. Es muss jedoch auch die letztere Situation erfasst werden, da es der Absender bei unrichtigen Mitteilungen unterlassen hat, die gebotenen richtigen Mitteilungen zu erteilen.[18] Das Unterlassen der Information muss **kausal** für die Schäden und Aufwendungen gewesen sein.[19]

23   **e) Mangelhafte Begleitdokumente oder Auskünfte (Abs. 1 S. 1 Nr. 4).** Abs. 1 Nr. 4 enthält schließlich einen mit den in der Vorschrift des § 413 Abs. 1 beschriebenen Absenderaufgaben korrespondierenden Haftungstatbestand, wonach der Absender dem Frachtführer die für die Güterbehandlung notwendigen Dokumente zur Verfügung stellen und die erforderlichen Auskünfte erteilen muss.

24   **3. Umfang der Absenderhaftung.** Die Haftung des Absenders besteht nur gegenüber dem Frachtführer, nicht gegenüber Dritten. **Drittschäden** sind jedoch vom Absender „mittelbar" zu ersetzen, als der Frachtführer durch die Inanspruchnahme Dritter eine eigene unmittelbare Vermögenseinbuße erlitten hat.[20] Die Haftung des Absenders ist seit dem Inkrafttreten des Gesetzes zur Reform des Seehandelsrechts unbeschränkt. Für **vor dem Inkrafttreten** der Reform des Seehandelsrechts entstandene Schäden ist weiterhin die summenmäßig beschränkte Haftung des Absenders zu beachten: Danach ist die Haftung im Fall von dem Frachtführer entstandenen Schäden, nicht dagegen im Fall von dem Frachtführer entstandenen Aufwendungen ist begrenzt auf 8,33 SZR für jedes Kilogramm des Rohgewichts der Sendung.[21]

25   Dem Frachtführer zu ersetzen sind „**Schäden**" und „**Aufwendungen**". Diese Formulierung vereinheitlicht die in der CMR in Art. 7 Abs. 1 CMR, Art. 10 CMR, Art. 11 Abs. 2 CMR und Art. 22 Abs. 2 CMR differierende Umschreibungen der Reichweite des zu leistenden Ersatzes[22] und stellt sogleich klar, dass eine Verantwortung des Absenders **alleine gegenüber dem Frachtführer** besteht.[23] Zum zu ersetzenden Schaden gehört auch der entgangene Gewinn (§ 252 BGB). Neben Vermögenseinbußen, die der Frachtführer selbst oder unmittelbar erlitten hat, muss der Absender Schäden Dritter nur insoweit ersetzen, als der Frachtführer seinerseits hierfür in Anspruch genommen wurde. Reine Drittschäden kann der Frachtführer nicht im Wege der **Drittschadensliquidation** gegen den Absender geltend machen.[24] Unter **Aufwendungen** sind im Gegensatz zum Schaden nur freiwillige Vermögensopfer zu verstehen, zB die Ausbesserung der Verpackung oder Aufwendungen, die im Rahmen einer Weisung des Verfügungsberechtigten entstehen.[25]

26   **4. Beweislast.** Der **Frachtführer** hat nach **allgemeinen Beweislastgrundsätzen** die Pflichtverletzung des Absenders zu beweisen. Ihm obliegt es auch, den Kausalitätsnachweis zwischen Pflichtverletzung und Schaden nachzuweisen. Dabei versteht es sich von selbst, dass er den von ihm geltend gemachten Schaden ebenfalls unter Beweis zu stellen hat. Ist der Absender Verbraucher im Sinne von Abs. 4, so hat der Frachtführer das Verschulden des Absenders zu beweisen. Dem **Absender** obliegt es, eine etwaige Mitverursachung des Frachtführers zu beweisen. Gelingt ihm das, so findet gem. Abs. 2 eine Schadensteilung nach Maßgabe individueller Verantwortlichkeit statt.

III. Mitverantwortlichkeit des Frachtführers

27   Abs. 2 berücksichtigt den **Grad der Mitverantwortlichkeit des Frachtführers** bei der Schadenentstehung. Da die Haftung von Absender und Frachtführer zumeist verschuldensunabhängig ausgestaltet worden ist, sollte anstatt von „Mitverschulden" von **„Mitverantwortlichkeit"** gesprochen werden. In der Sache folgt die Vorschrift dem Vorbild des § 254 BGB, wonach Verschulden erforderlich ist und welche als spezialgesetzliche Ausprägung des Grundsatzes von Treu und Glauben (§ 242 BGB) unter Abkehr des Prinzips „Alles oder Nichts" die beiderseitigen Verursachungsbeiträge in ein angemessenes Verhältnis zueinander setzt.[26] Damit ist gegenüber der CMR, wonach lediglich in den Art. 10 und 11 CMR ein Mitwirken der Frachtführerbeiträge dergestalt Berücksichtigung findet, dass die Absenderhaftung dann ganz wegfällt, eine wesentlich **flexiblere Handhabung** möglich. Durch diese Neuregelung sollte die in der CMR bestehende lückenhafte und uneinheitliche Rechtslage,

---

[18] Vgl. BR-Drs. 368/97, 43.
[19] *Herber/Piper* CMR Art. 22 Rn. 15.
[20] Staub/*Reuschle* CMR Art. 10 Rn. 1; MüKoHGB/*Jesser-Huß* CMR Art. 11 Rn. 8.
[21] Krit. zur einseitigen Haftungsbeschränkung im Hinblick auf die dem Frachtführer entstandenen Schäden, *Zapp* TranspR 2004, 333 (338).
[22] MüKoHGB/*Czerwenka*, 2. Aufl. 2009, Rn. 16.
[23] MüKoHGB/*Czerwenka*, 2. Aufl. 2009, Rn. 16.
[24] Thume/*Temme* CMR Art. 10 Rn. 24; *Herber/Piper* CMR Art. 10 Rn. 18 zu weitgehend insoweit, als sie einen Schaden des Frachtführers schon annehmen, wenn Zahlungen an Dritte zur Vermeidung gerichtlicher Auseinandersetzung erfolgten; aA (für Drittschadensliquidation): *Koller* Rn. 15; Heymann/*Schlüter* Rn. 10; MüKoHGB/*Jesser-Huß* CMR Art. 10 Rn. 7; Staub/*Reuschle* CMR Art. 10 Rn. 17.
[25] *Koller* Rn. 14.
[26] BR-Drs. 368/97, 43; vgl. MüKoHGB/*Czerwenka*, 2. Aufl. 2009, Rn. 22.

jedenfalls im Bereich nationaler Transporte bereinigt werden.[27] Eine Mitverantwortlichkeit des Frachtführers ist beispielsweise dann anzunehmen, wenn er die unter Abs. 1 sanktionierte Pflichtverletzung
des Absenders erkennt, diesen aber nicht darauf hinweist.[28]

IV. Verschuldenshaftung aufgrund Verbraucherschutz (Abs. 3)

Die Installation eines Verbraucherschutzes durch Herabsetzen des Haftungsmaßstabes wurde erst am **28**
Schluss der Beratungen vom Gesetzgeber in das Frachtrecht eingeführt. Zu Beginn der Beratungen
war vorgesehen, dass der Rechtsvereinheitlichung gegenüber dem Verbraucherschutz der Vorzug durch
Schaffung eines einheitlichen und strengen Haftungsmaßstabs eingeräumt werden sollte, um vor allem
auch Lücken im Haftungsschutz des Frachtführers zu schließen.[29] Zur weiteren Begründung wurde
ausgeführt, dass im privaten Bereich des **Umzugsverkehrs** der Verbraucherschutz ausreichend Berücksichtigung finde und dieser ansonsten in aller Regel nur bei der Versendung von **Paketen** von
Bedeutung sei. Dieses Argument ist nicht ganz überzeugend, zumal aufgrund der **Öffnung der
Grenzen innerhalb der EG** Transportaufträge von privaten Personen zunehmen dürften. Ob allerdings diese Einzelfälle die Installation des Verbraucherschutzes im allgemeinen Frachtrecht rechtfertigen, mag bezweifelt werden.

Bedeutung kommt der Vorschrift gerade im Bereich des Umzugsverkehrs (§ 451b Abs. 3) sowie im **29**
Eisenbahnverkehr (§ 25 EVO) zu. Gerade im Fall des § 25 EVO können auch Fahrzeuge, Anhänger,
Krankenfahrstühle sowie Kinderwagen zum aufgegebenen Reisegepäck zählen.

V. Verhältnis des § 414 zu anderen Vorschriften

Ansprüche aus § 414 stehen gleichberechtigt neben Ersatzansprüchen aus §§ 280, 282, 823 BGB. **30**
Mit der Aufhebung der summenmäßigen Haftungsbegrenzung gibt es keinen Grund für die Annahme
eines Spezialitätsverhältnisses mehr.

§ 415 Kündigung durch den Absender

(1) **Der Absender kann den Frachtvertrag jederzeit kündigen.**

(2) [1]**Kündigt der Absender, so kann der Frachtführer entweder**

1. **die vereinbarte Fracht, das etwaige Standgeld sowie zu ersetzende Aufwendungen unter
Anrechnung dessen, was er infolge der Aufhebung des Vertrages an Aufwendungen
erspart oder anderweitig erwirbt oder zu erwerben böswillig unterläßt, oder**
2. **ein Drittel der vereinbarten Fracht (Fautfracht)**

verlangen. [2]**Beruht die Kündigung auf Gründen, die dem Risikobereich des Frachtführers
zuzurechnen sind, so entfällt der Anspruch auf Fautfracht nach Satz 1 Nr. 2; in diesem Falle
entfällt auch der Anspruch nach Satz 1 Nr. 1, soweit die Beförderung für den Absender
nicht von Interesse ist.**

(3) [1]**Wurde vor der Kündigung bereits Gut verladen, so kann der Frachtführer auf Kosten
des Absenders Maßnahmen entsprechend § 419 Abs. 3 Satz 2 bis 4 ergreifen oder vom
Absender verlangen, daß dieser das Gut unverzüglich entlädt.** [2]**Der Frachtführer braucht
das Entladen des Gutes nur zu dulden, soweit dies ohne Nachteile für seinen Betrieb und
ohne Schäden für die Absender oder Empfänger anderer Sendungen möglich ist.** [3]**Beruht
die Kündigung auf Gründen, die dem Risikobereich des Frachtführers zuzurechnen sind, so
ist abweichend von den Sätzen 1 und 2 der Frachtführer verpflichtet, das Gut, das bereits
verladen wurde, unverzüglich auf eigene Kosten zu entladen.**

Schrifttum: *Ramming,* Die Nicht-Zuverfügungstellung des Transportmittels zu vorgesehenen Zeit, TranspR 2003,
419.

Parallelvorschriften: § 649 BGB, Art. 15 CMNI, §§ 580–582 (Seetransport).

Übersicht

---

[27] BR-Drs. 368/97, 43 zur Verweisung auf nationales Speditionsrecht nach Art. 11 Abs. 3 CMR, MüKoHGB/
Jesser-Huß CMR Art. 11 Rn. 10 f.
[28] Ebenso OLG Saarbrücken Urt. v. 8.2.2017 – 5 U 29/16, RdTW 2018, 143 [146]; *Zapp* TranspR 2004, 333
(339). Weitergehend: *Koller* Rn. 19 (Evidenz); *Fremuth* in Fremuth/Thume TranspR Rn. 37 (Kennen-Müssen).
[29] BR-Drs. 368/97, 42.

I. Kündigungsrecht des Absenders (Abs. 1)

1   **1. Beendigung des Frachtvertrages durch Kündigung.** Der Absender kann den Frachtvertrag jederzeit und ohne Angaben von Gründen **willkürlich** kündigen. Damit gewährt die Vorschrift dem Absender die **umfassende Dispositionsbefugnis** über das Gut nach Vorbild des aus dem Werkvertragsrecht stammenden § 649 BGB.[1] Im Fünften Buch des HGB finden sich außerdem für den Seetransport in §§ 580–582 besondere Kündigungsvorschriften. Das Kündigungsrecht des Absenders erlischt jedoch in dem Zeitpunkt, in dem das Weisungsrecht auf den Empfänger übergegangen ist (§ 418 Abs. 2 S. 1).[2] Im Fall des § 418 Abs. 4 darf das Kündigungsrecht nur gegen Vorlage des Frachtbriefs ausgeübt werden. Im Fall der Ausstellung eines Ladescheins verliert der Absender die Kündigungsberechtigung in dem Zeitpunkt, zu dem er den Ladeschein an einen Dritten gegeben hat.[3]

2   Mit dem Begriff **„Kündigung"** wird klargestellt, dass die Beendigungserklärung des Absenders das Vertragsverhältnis nicht rückwirkend, sondern nur mit Wirkung für die Zukunft als Ganzes aufhebt.[4] Zulässig ist aber auch eine Teilkündigung, wenn der Frachtvertrag mehrere einzelne Beförderungsleistungen zum Gegenstand hat und lediglich in Bezug auf eine einzelne Beförderung der Vertrag gekündigt wird oder wenn in Bezug auf eine mehrere Teilstrecken umfassende Beförderung ein Teil der auszuführenden Beförderung gekündigt wird.[5]

3   **2. Beendigung des Frachtvertrages in sonstiger Weise.** Außer durch Kündigung kann der Frachtvertrag auch in anderer Weise beendet werden. Im Idealfall findet der Frachtvertrag durch beiderseitige **Erfüllung** gem. § 362 BGB sein Ende. **Leistungsstörungen** können jedoch ebenfalls den Frachtvertrag beenden, etwa bei Unmöglichkeit der vertragsgemäßen Durchführung des Transports. Ein besonderer Beendigungsgrund ist das Verfügungsrecht des Absenders nach § 418 Abs. 1.

II. Rechtsfolgen der Kündigung (Abs. 2)

4   **1. Wahlrecht; Interessenlage.** Kündigt der Absender den Frachtvertrag, so kann der Frachtführer nach seiner **freien Wahl** die Ansprüche nach Abs. 2 Nr. 1 oder Nr. 2 geltend machen. Nr. 1 beinhaltet eine konkrete Abrechnungsmethode, Nr. 2 eine abstrakte. Der Frachtführer wird sich regelmäßig für die ihm wirtschaftlich günstigere Abrechnung entscheiden und insofern deshalb eine Vergleichsrechnung vornehmen. Der Frachtführer kann seinen Ersatzanspruch entweder **insgesamt** nur nach Nr. 1 oder nach Nr. 2 abrechnen. Die beiden Abrechnungsmethoden können nicht kombiniert werden.[6]

5   Durch die dem Frachtführer zugebilligte Wahlmöglichkeit soll ein angemessener Interessenausgleich für beide Parteien herbeigeführt werden. Zwar wird der Frachtführer stets die für ihn günstigste Wahl treffen. Beide Abrechnungsmethoden tragen jedoch auch den Interessen des Absenders Rechnung.[7] Entscheidet sich der Frachtführer für die **konkrete Abrechnungsmethode** nach Nr. 1, so kann er die vereinbarte Fracht, das etwaige Standgeld sowie die zu ersetzenden Aufwendungen geltend machen, vorausgesetzt, er kann den insoweit notwendigen **Einzelnachweis** führen. Soweit ihm der Einzelnachweis gelingt, ist der Ersatzanspruch der **Höhe nach unbegrenzt.**

6   Gelingt ihm dies nicht, so wäre es andererseits unbillig, dem Frachtführer überhaupt keinen Entschädigungsanspruch zuzusprechen. Dem Frachtführer soll in diesem Falle die Möglichkeit offenstehen, **ohne Einzelnachweis** der tatsächlichen Kosten und Aufwendungen **Fautfracht** in Höhe von einem Drittel der vertraglich vereinbarten Fracht (vgl. § 407 Abs. 2) nach Nr. 2 zu verlangen. Für den

---

[1] MüKoHGB/*Czerwenka*, 2. Aufl. 2009, Rn. 1.
[2] MüKoHGB/*Czerwenka*, 2. Aufl. 2009, Rn. 3; *Koller* Rn. 26.
[3] MüKoHGB/*Czerwenka*, 2. Aufl. 2009, Rn. 3; *Koller* Rn. 18.
[4] BR-Drs. 368/97, 44.
[5] MüKoHGB/*Czerwenka*, 2. Aufl. 2009, Rn. 4; *Koller* Rn. 2; Heymann/*Schlüter* Rn. 6.
[6] *Koller* Rn. 15.
[7] BR-Drs. 368/97, 44.

Absender ist diese Abrechnungsmethode von Vorteil, da der Ersatzanspruch der **Höhe nach beschränkt** bleibt.

2. Konkrete Abrechnungsmethode (Abs. 2 Nr. 1). Bei der konkreten Abrechnungsmethode 7 kann der Frachtführer gegen Einzelnachweis die vereinbarte Fracht, das etwaige Standgeld sowie die zu ersetzenden Aufwendungen in voller Höhe geltend machen. Die Ansprüche sind der Höhe nach unbegrenzt. Sie sind eng angelehnt an die werkvertraglichen Ansprüche des Werkunternehmers nach § 649 S. 2 Hs. 1 BGB.[8]

Nach der vorliegenden Regelung kann der Frachtführer den **vollen Frachtlohn** beanspruchen. Zu 8 beachten ist allerdings, dass dem Frachtführer nur dann ein Anspruch auf **Standgeld** zusteht, wenn die Voraussetzungen des § 412 Abs. 3 vorliegen. Dies ergibt sich aus der Verwendung der Formulierung „das **etwaige** Standgeld".[9] Ein **Aufwendungsersatzanspruch** besteht nur, wenn es sich um „zu ersetzende" Aufwendungen handelt, dh eine vertragliche oder gesetzliche Anspruchsgrundlage hierfür außerhalb des § 415 Abs. 2 S. 1 Nr. 1 vorliegt.[10]

Der Frachtführer muss sich die durch den frühzeitigen Abbruch der Beförderung entstandenen 9 Vermögensvorteile voll anrechnen lassen. Diese Vorschrift korrespondiert inhaltlich mit § 649 S. 2 Hs. 2 BGB.[11] Zu den **anrechenbaren Vermögensvorteilen** zählen ersparte Aufwendungen, anderweitig tatsächlich erworbene sowie nicht erworbene fiktive Vermögensvorteile, welche der Frachtführer böswillig zu erwerben unterlassen hat.[12] Zu den ersparten Aufwendungen zählen alle im Verlauf der Beförderung entstehenden Kosten, wie zB Hafen-, Schleusen-, Brückengelder sowie Lotsengebühren. Hat der Frachtführer darüber hinaus auch die Lade- und Entladetätigkeit in Abweichung von § 412 HGB in der Fracht berücksichtigt, muss er sich diese Kosten ebenfalls anrechnen lassen. Umstritten ist, wer im Prozess die Darlegungs- und Beweislast dafür trägt, dass keine bzw. keine weitergehenden, als die vom Frachtführer vorgetragenen Ersparnisse anzurechnen sind. Nach weit überwiegender Auffassung handelt es sich bei der Ersparnis von Aufwendungen nicht etwa um eine Einwendung, die dem Absender gegen den Anspruch des Frachtführers zustünde. Vielmehr sei die fehlende Ersparnis negative Anspruchsvoraussetzung, weshalb der Frachtführer ungeachtet dessen, dass eine negative Tatsache im Raum stehe, zu beweisen habe, dass keine bzw. keine weitergehenden Beträge anzurechnen seien. Die Rspr. des BGH zu § 649 S. 2 BGB, derzufolge den Besteller die Darlegungs- und Beweislast treffe, soweit er ersparte Aufwendungen oder anderweitige Verwendung der Arbeitskraft seitens des Unternehmers behaupte,[13] ist nicht auf § 415 Abs. 2 S. 1 Nr. 1 übertragbar, da § 415 Abs. 2 S. 1 Nr. 2 dem Frachtführer anders als dem Unternehmer nach § 649 BGB alternativ den pauschalen Fautfrachtanspruch einräumt.[14]

Der **Ersatzanspruch nach Abs. 2 Nr. 1 entfällt,** wenn die Kündigung auf Gründen beruht, die 10 dem Risikobereich des Frachtführers zuzuordnen sind, wenn der Frachtführer also **Anlass** für die Kündigung gegeben hat und die **Beförderung für den Absender nicht von Interesse** ist. Die Regelung des Abs. 2 S. 2 Hs. 2 wurde erst im späteren Verlauf der Beratungen zum Gesetzentwurf eingeführt.[15] Es erscheint tatsächlich nicht sachgerecht, dem Frachtführer in den Fällen, in denen er selbst den Anlass der Kündigung gegeben hat, einen Anspruch auf die vereinbarte Fracht, auf Standgeld und auf Aufwendungen zuzubilligen, obwohl die Beförderung nicht für den Absender von Interesse ist. Durch die Regelung wird der in § 420 Abs. 2 verankerte **Sphärengedanke** übernommen, wonach in den Fällen, in denen die Beförderung aufgrund von Umständen vorzeitig beendet wird, die dem Risikobereich des Frachtführers zuzurechnen sind, der Frachtführer nur dann einen Vergütungsanspruch hat, wenn die Beförderung für den Absender von Interesse ist. Ein Interessewegfall des Absenders ist anzunehmen, wenn der Absender für die gesamte Beförderung einen neuen Auftrag erteilt hat.[16] Ferner ist ein Interessewegfall zu bejahen, wenn die Vertrauensgrundlage zum Frachtführer nachhaltig erschüttert ist und der Absender davon Abstand nehmen möchte, das Gut durch den Frachtführer befördern zu lassen.[17] Einem Abschleppunternehmer steht kein Anspruch auf Aufwendungsersatz zu, wenn der Auftraggeber den Frachtvertrag kündigt, weil der Abschleppunternehmer vor dem Abschleppen noch an der Unfallstelle einen Vorschuss verlangt. Die Fracht wird erst mit Ablieferung des Gutes fällig, sodass ein Vorschussverlangen des Frachtführers nicht gerechtfertigt ist und den Auftraggeber zur Kündigung berechtigt.[18]

---

[8] Ebenso die entsprechende Regelung § 582 Abs. 1.
[9] BR-Drs. 368/97, 44.
[10] Staub/*Schmidt* Rn. 15.
[11] MüKoHGB/*Czerwenka*, 2. Aufl. 2009, Rn. 14.
[12] *Koller* Rn. 16.
[13] BGH Urt. v. 14.1.1999 – VII ZR 277/97, BGHZ 140, 263 Rn. 11–14.
[14] Staub/*Schmidt* Rn. 16; *Koller* Rn. 16; MükoHGB/*Thume* Rn. 14. AA Heymann/*Schlüter* Rn. 10.
[15] Vgl. BT-Drs. 13/10014, 56.
[16] MüKoHGB/*Czerwenka*, 2. Aufl. 2009, Rn. 22.
[17] MüKoHGB/*Czerwenka*, 2. Aufl. 2009, Rn. 22; *Koller* Rn. 16.
[18] AG Darmstadt Urt. v. 28.4.2008 – 301 C 169/07, NZV 2009, 609 (610).

11   **3. Pauschale Abrechnungsmethode (Abs. 2 Nr. 2).** Der Begriff „**Fautfracht**", auch als Fehlfracht oder Reuegeld bezeichnet,[19] ist dem Seerecht entnommen (§ 580 Abs. 1). Die Binnenschifffahrt
selbst verwendet diesen Begriff nicht. Die Möglichkeit, nach Abs. 2 S. 1 Nr. 2 Fautfracht zu verlangen,
ist dennoch auf ausdrücklichem **Wunsch der Binnenschifffahrt** in das HGB-Frachtrecht aufgenommen, für diesen Bereich beibehalten und zugleich auf alle in § 407 erfassten Verkehrsträger ausgedehnt
worden.[20] Unter Fautfracht versteht man eine gesetzlich festgelegte **Kündigungsentschädigung,** die
weder Leistungsentgelt noch Schadensersatz ist.

12   Ein Vorzug dieser pauschalen Ausgleichsmethode liegt darin, dem Frachtführer den Schadensnach-
weis zu ersparen und das Haftungsrisiko des Absenders zu begrenzen.[21] Der Frachtführer hat nach der
Kündigung in jedem Falle eine ganz bestimmte Entschädigungssumme zu erwarten, deren Höhe beide
Parteien bereits bei Abschluss des Frachtvertrages kennen. Dies führt zu Planungs-, Kalkulations- und
letztendlich auch zu **Rechtssicherheit** zwischen den Parteien. Gleichzeitig dient die pauschale Abrechnungsmethode der **Prozessökonomie,** da insoweit umfangreiche Beweisaufnahmen vermieden
werden können.

13   Dem Frachtführer wird als Fautfracht allerdings nur **ein Drittel** der vereinbarten Fracht zugestanden
und nicht wie im Seefrachtrecht nach § 580 Abs. 1 die Hälfte der Fracht. Eine stärkere Begrenzung
der Höhe des Fautfrachtanspruchs im Vergleich zum Seerecht war geboten, weil der Frachtführer im
Gegensatz zum Seerecht den Einzelnachweis nach Abs. 2 Nr. 1 führen kann.[22] Macht der Frachtführer
seinen Anspruch auf Fautfracht geltend, so ist die Geltendmachung von **Standgeld** und **Aufwendungen ausgeschlossen,** da die Abrechnungsmethode nicht kombiniert werden können.

14   Der Anspruch des Frachtführers auf Fautfracht besteht nur, solange die Kündigung des Absenders
nicht auf Gründen beruht, die dem **Risikobereich** des Frachtführers zuzurechnen sind. Hat der
Frachtführer durch sein eigenes Verhalten **Anlass** zur Kündigung gegeben, besteht kein Grund, diesem
eine pauschale Abrechnung zuzubilligen. Der im neuen Transportrecht niedergelegte „**Sphärengedanke**" wird auch insoweit konsequent fortgesetzt.

III. Maßnahmen nach der Kündigung (Abs. 3)

15   **1. Wahlrecht des Frachtführers.** Abs. 3 regelt nach dem Vorbild von § 581 den Fall, bei dem **vor**
der Kündigung durch den Absender **bereits Gut verladen** wurde. In einem solchen Fall sieht die
Vorschrift jedoch keine generelle Entladepflicht des Absenders vor.[23] Ergibt sich aus dem Frachtvertrag
oder den Umständen, dass der Frachtführer das Gut ver- und entladen muss, so ist es nicht sachgerecht,
an dieser Pflichtverteilung etwas zu ändern, wenn der Absender diesen Vertrag gekündigt hat. Dem
Frachtführer muss es vielmehr auch bei einer Kündigung noch möglich sein, das Gut selbst – wenngleich **auf Kosten des Absenders** – zu entladen.[24] Aus diesem Grund stellt es Abs. 3 S. 1 in das
Ermessen des Frachtführers zu entscheiden, ob er selbst oder der Absender das Gut entlädt.[25] Auf eine
Entladepflicht wurde auch deshalb verzichtet, weil ansonsten Widersprüche zu § 412 Abs. 1 zu
befürchten gewesen wären. Der Frachtführer hat deshalb ein **Wahlrecht,**[26] wonach er vom Absender
die unverzügliche Entladung verlangen kann oder auf Kosten des Absenders Maßnahmen nach § 419
Abs. 3 S. 2–4 ergreift. Das Wahlrecht des Frachtführers ist von ihm ohne schuldhaftes Zögern auszuüben.

16   Das Wahlrecht des Frachtführers steht unter der **Einschränkung,** dass er nicht selbst Anlass zur
Kündigung gegeben hat. Nach Abs. 3 S. 3 ist der Frachtführer dann selbst verpflichtet, das Gut
unverzüglich auf eigene Kosten zu entladen.

17   **2. Maßnahmen nach § 419 Abs. 3 S. 2–4.** Der Frachtführer kann Maßnahmen ergreifen, wie sie
im Fall von Beförderungs- und Ablieferungshindernissen vorgesehen sind. So kann er etwa das Gut
entladen und selbst verwahren, für Rechnung des Absenders bei einem Dritten verwahren oder
zurückbefördern. Der Frachtführer hat die geeigneten Maßnahmen nach pflichtgemäßem Ermessen zu
ergreifen. Er ist ebenso berechtigt, nach Maßgabe der in § 419 Abs. 3 S. 3 genannten Voraussetzungen
sowie den Vorschriften über den **Selbsthilfeverkauf** (§ 373 Abs. 2–4) das Gut zu verwerten. Unver-
wertbares Gut kann er vernichten. Alle Maßnahmen, die der Frachtführer berechtigterweise ergreift,
sind vom Absender gem. Abs. 2 Nr. 1 als Aufwendungen zu ersetzen. Liegen die Voraussetzungen für
die ergriffenen Maßnahmen nicht vor, so handelt der Frachtführer auf eigene Gefahr. Ein Aufwendungsersatzanspruch steht ihm dann ebenfalls nicht zu.

---

[19] *Rabe,* Seehandelsrecht, 4. Aufl. 2000, § 580 Rn. 6; Staub/*Schmidt* Rn. 20.
[20] Staub/*Schmidt* Rn. 2.
[21] OLG Hamburg Urt. v. 16.7.1987 – 6 U 254/86, TranspR 1988, 24.
[22] BR-Drs. 368/97, 44.
[23] BT-Drs. 13/10014, 56; anders noch BR-Drs. 368/97, 44.
[24] *Koller* Rn. 29.
[25] BT-Drs. 13/10014, 56.
[26] MüKoHGB/*Czerwenka,* 2. Aufl. 2009, Rn. 23.

3. Entladung durch den Absender. Der Frachtführer kann, anstatt selbst Maßnahmen zu ergrei- **18** fen, vom Absender die unverzügliche Entladung des Gutes **verlangen.** In einem solchen Fall ist der Absender verpflichtet, das Gut ohne schuldhaftes Zögern (§ 121 BGB) zu entladen. Der Frachtführer braucht allerdings entsprechende Handlungen des Absenders nur unter den Voraussetzungen des Abs. 3 S. 2 (→ Rn. 19) zu dulden. Reagiert der Absender auf die Aufforderung zum Entladen nicht, kann der Frachtführer auf die Maßnahmen nach § 419 Abs. 3 S. 2–4 zurückgreifen.

4. Gefahr für den eigenen Geschäftsbetrieb oder Schäden an anderen Sendungen (Abs. 3 **19** **S. 2).** In Anlehnung an die Formulierung in § 418 Abs. 1 S. 2 stellt Abs. 3 S. 2 ausdrücklich klar, dass der Frachtführer das Entladen des Gutes durch den Absender nur zu dulden hat, soweit dies ohne Nachteile für seinen eigenen Geschäftsbetrieb und ohne Schäden für die Absender oder Empfänger anderer **Sendungen** möglich ist. Übernimmt der Frachtführer selbst die Entladung des Gutes, so wird er bereits von sich aus auf die Vermeidung solcher Nachteile und Schäden achten. Bei der Beurteilung, ob „Nachteile" bzw. Schäden entstehen können, hat der Frachtführer einen **Ermessensspielraum.**[27]

5. Pflicht des Frachtführers zum Entladen nach Abs. 3 S. 3. Beruht die Kündigung auf **20** Gründen, die dem Risikobereich des Frachtführers zuzurechnen sind, wird unter Berücksichtigung des Sphärengedankens ausnahmsweise dem Frachtführer die Pflicht zum Entladen auferlegt, wenn dieser in zurechenbarer Weise Anlass zur Kündigung gegeben hat. Ist dies der Fall, so hat er auch die Kosten der Entladung selbst zu tragen.

Hat der Frachtführer durch sein Verhalten keinen Anlass zur Kündigung gegeben, kann gleichwohl **21** nach § 419 Abs. 3 S. 3 ein Fall vorliegen, bei welchem der Absender wegen der technischen Besonderheiten überhaupt nicht in der Lage ist, das Gut zu entladen. Dies wird zB dann der Fall sein, wenn Flüssigkeiten, die in mit speziellen Pumpen versehene Tank- oder Silofahrzeuge gefüllt worden sind, wieder entladen werden müssen. Allerdings erscheint es in diesem Fall gerechtfertigt, dann dem Absender die Kosten der Entladung aufzubürden.

Durch das Einfügen des Wortes **„unverzüglich"** in Abs. 3 S. 3 wird klargestellt, dass der Fracht- **22** führer in Fällen, in denen er selbst den Kündigungsgrund gesetzt hat und daher auch selbst das Gut entladen muss, keine Möglichkeit hat, den Zeitpunkt für das Entladen beliebig zu verlängern.[28] Er ist vielmehr verpflichtet, das Gut unverzüglich, dh ohne schuldhaftes Zögern (§ 121 BGB), selbst zu entladen. Abs. 3 S. 3 ist lex specialis zu Abs. 3 S. 1 und 2.

IV. Weitere Rechtsbehelfe des Absenders

Neben dem Rücktrittsrecht stehen dem Absender auch weitere Rechtsbehelfe nach dem allgemei- **23** nen Schuldrecht zu.[29] Im Einzelnen ist gem. §§ 133, 157 BGB durch Auslegung nach Treu und Glauben mit Rücksicht auf die Verkehrssitte zu ermitteln, ob der Absender gem. § 415 kündigt oder sonstige Rechte geltend macht. In den nachstehenden Fällen ist die Abkehr vom Vertrag nicht als Kündigungserklärung des Absenders zu deuten:

Beruft sich der Absender auf ein nachträgliches Leistungshindernis bei der Durchführung der **24** Beförderung (§ 275 Abs. 1 BGB) oder reagiert er darauf, dass der Frachtführer nach § 275 Abs. 2 BGB die Leistung verweigern kann, so liegt idR keine Kündigung nach § 415 vor.[30] Denn durch seine Erklärung will der Absender nicht die Beförderungspflicht des Frachtführers aufheben, sondern nur auf den Wegfall seiner Vergütungspflicht hinweisen (§ 326 Abs. 1 BGB).

Steht der Beförderung ein anfängliches Leistungshindernis entgegen, so entfällt die Vergütungspflicht **25** bereits nach § 326 Abs. 1 BGB. Ein Rückgriff auf eine analoge Anwendung des § 420 Abs. 2 ist nicht geboten.[31] Ist der Absender bereits in Vorlage getreten, kann er vom Frachtführer nach § 346 Abs. 1 iVm § 326 Abs. 4 BGB die nicht geschuldete Fracht zurückverlangen. Daneben stehen dem Absender ggf. auch Anspruch auf Schadensersatz statt der Leistung bei anfänglichem Leistungshindernis nach § 311a Abs. 2 BGB oder ein Aufwendungsersatzanspruch nach § 284 BGB zu.

Befindet sich der Frachtführer mit der Übernahme des Gutes in Verzug, kann der Absender auch **26** nach Fristsetzung und Ablehnungsandrohung vom Vertrag zurücktreten (§ 323 Abs. 2 BGB). Weigert sich der Frachtführer, das Gut vertragsgerecht zu befördern, so wird man in einer Erklärung des Absenders, den Transport nicht durchführen zu wollen, nicht die Ausübung seines Kündigungsrechts, sondern vielmehr seines Rücktrittsrechts sehen, § 323 Abs. 2 Nr. 1 BGB. Im Fall eines absoluten Fixgeschäfts kann der Absender nach § 326 Abs. 5 BGB vom Beförderungsvertrag zurücktreten. Ein absolutes Fixgeschäft liegt zB bei einem Luftbeförderungsvertrag vor.[32] Denn der Luftfrachtführer

---

[27] Oetker/*Paschke* Rn. 11.

[28] BT-Drs. 13/10014, 57.

[29] BT-Drs. 13/10014, 46; ausführlich *Ramming* TranspR 2003, 419 ff.

[30] *Braun,* Das frachtrechtliche Leistungsstörungsrecht nach dem Transportrechtsreformgesetz, 2002, 74.

[31] So aber *Braun,* Das frachtrechtliche Leistungsstörungsrecht nach dem Transportrechtsreformgesetz, 2002, 74; *Koller* Rn. 6.

[32] OLG Frankfurt a. M. Urt. v. 24.11.1988 – 5 U 301/86, ZLW 1989, 178 (180 f.); OLG Düsseldorf Urt. v. 13.12.1990 – 18 U 120/90, TranspR 1991, 106 (107); FK-LuftverkehrsR/*Schmid* WA 1955 Art. 19 Rn. 44;

schuldet die Beförderung dem Absender nicht „irgendwann", sondern zu einem vereinbarten Termin. Ein Überschreiten dieses Termins stellt wegen des Charakters des Fixgeschäfts der Luftbeförderung mit einem bestimmten Flug eine Nichterfüllung des Vertrags dar.[33]

27 Soweit ein Rücktritt nicht nach § 323 BGB bzw. § 326 Abs. 5 BGB greift, ist die Erklärung im Zweifel als Kündigungserklärung zu werten. Denn Erklärungen sind stets so auszulegen, dass das Vernünftige letztlich zum Tragen kommt.[34]

V. Abdingbarkeit

28 Da für § 415 nicht die Beschränkung des § 449 gilt, ist diese Vorschrift – auch über AGB – abdingbar. Die Ziff. 12.1 ADSp 2017 enthalten lediglich einen Hinweis auf § 415 im Fall der Kündigung eines Auftrags.

§ 416 Anspruch auf Teilbeförderung

[1] Wird das Gut nur teilweise verladen, so kann der Absender jederzeit verlangen, dass der Frachtführer mit der Beförderung des bereits verladenen Teils des Gutes beginnt. [2] In diesem Fall gebührt dem Frachtführer die volle Fracht, das etwaige Standgeld sowie Ersatz der Aufwendungen, die ihm durch das Fehlen eines Teils des Gutes entstehen; von der vollen Fracht kommt jedoch die Fracht für dasjenige Gut in Abzug, welches der Frachtführer mit demselben Beförderungsmittel anstelle des nicht verladenen Gutes befördert. [3] Der Frachtführer ist außerdem berechtigt, soweit ihm durch das Fehlen eines Teils des Gutes Sicherheit für die volle Fracht entgeht, die Bestellung einer anderweitigen Sicherheit zu fordern. [4] Beruht die Unvollständigkeit der Verladung auf Gründen, die dem Risikobereich des Frachtführers zuzurechnen sind, so steht diesem der Anspruch nach den Sätzen 2 und 3 nur insoweit zu, als tatsächlich Gut befördert wird.

Schrifttum: S. vor § 407.

Parallelvorschriften: § 578 aF; § 490.

I. Allgemeines

1 Die Vorschrift des § 416 ergänzt § 415 für den Fall unvollständiger Verladung unter weitgehender Anlehnung an § 578 aF.[1] Nach Vorbild dieser Vorschriften wird dem Absender die erweiterte Möglichkeit eingeräumt, von einer Kündigung des Vertrags abzusehen und stattdessen einen **Anspruch auf Teilbeförderung** geltend zu machen. Die **Dispositionsbefugnis des Absenders** wird somit für den Fall der unvollständigen Verladung vergrößert.[2] Die Vorschrift findet in der CMR keine Entsprechung.

2 Die Frage, wie im Falle eines **Teilbeförderungsverlangens** des Absenders den Interessen des Frachtführers Rechnung getragen wird, wird gleichfalls in Anlehnung an das Binnenschifffahrtsrecht und das Seerecht gelöst (§ 578 S. 2 aF): Weil der Frachtführer schließlich die Beförderungsleistung erbringt, wenngleich die Ladekapazitäten des Beförderungsmittels durch das Gut des Absenders nicht voll ausgelastet werden, behält er nach S. 2 Hs. 1 zunächst seinen Anspruch auf die **volle Fracht,** das etwaige **Standgeld** sowie ersatzfähige **Aufwendungen.** Soweit der Frachtführer jedoch Gut anderer Absender **tatsächlich** zulädt, muss er sich nach S. 2 Hs. 2 die Fracht für das zugeladene Gut, welches mit demselben Beförderungsmittel anstelle des nicht verladenen Guts befördert wird, als **Vorteilsausgleich** anrechnen lassen.[3]

3 S. 3 gewährt dem Frachtführer einen **Anspruch auf Leistung einer Ersatzsicherheit,** soweit der Frachtanspruch durch die unvollständige Ladung nicht mehr durch das Frachtführerpfandrecht (§ 441) werthaltig gesichert ist.

4 S. 4 **beschränkt die Rechte des Frachtführers** für den Fall, dass die Unvollständigkeit der Verladung seinem Risikobereich zuzurechnen ist.

II. Teilbeförderung

5 **1. Rechte des Absenders.** Durch das Recht auf Teilbeförderung kann der Absender flexibel auf unvorhergesehene Situationen reagieren, wenn nicht das gesamte Gut zu beschaffen ist. Oftmals ist es

---

Ruhwedel, Der Luftbeförderungsvertrag, 1998, Rn. 218. Allg. zum absoluten Fixgeschäft bei Nicht-Zurverfügungstellung eines Transportmittels *Ramming* TranspR 2003, 419 (423).
[33] *Reuschle* MÜ Art. 19 Rn. 9.
[34] *Koller* Rn. 10.
[1] MüKoHGB/*Czerwenka*, 2. Aufl. 2009, Rn. 1.
[2] Vgl. BR-Drs. 368/97, 45.
[3] Insoweit weicht der Gesetzgeber von dem Vorschlag der Sachverständigenkommission zur Reform des Transportrechts ab. Im Kommissionsvorschlag war ein Vorteilsausgleich nicht vorgesehen.

für den Absender dringend notwendig, wenigstens einen Teil des Gutes liefern zu können, um **Produktionsausfälle** beim Empfänger, für welche er regelmäßig rückbelastet wird, zu minimieren. Die für Lieferverzögerungen oder Lieferausfälle vereinbarten Vertragsstrafen und Schadensersatzansprüche zwischen Absender und Empfänger können um ein Vielfaches höher sein, als die volle Vergütungspflicht gegenüber dem Frachtführer nach S. 2, 3. Das Verlangen des Absenders nach Satz 1 stellt eine Sonderform der Weisung im Sinne von § 418 dar.[4]

2. Rechte des Frachtführers (S. 2, 3). a) Fracht, Standgeld und Aufwendungen (S. 2). 6
Macht der Absender seinen Anspruch auf Teilbeförderung geltend, so ist der Frachtführer berechtigt, die volle Fracht zu verlangen. Dies ist deshalb angemessen, weil er den Transport durchführt. Standgeld kann der Frachtführer nur insoweit geltend machen, als **tatsächlich Standzeiten** angefallen sind und die Voraussetzungen des § 412 Abs. 3 vorliegen.[5] Diese Regelung berücksichtigt, dass der Frachtführer auf Weisung des Absenders häufig über die vereinbarte Ladezeit hinaus auf eine vollständige Ladung warten muss. Schließlich hat der Frachtführer einen ausdrücklichen Anspruch auf Vergütung von Mehrkosten, die insbesondere infolge der unvollständigen Ladung entstanden sind. Der Begriff der zu ersetzenden Aufwendungen ist in demselben Sinne wie in § 670 BGB zu deuten.[6] Zu den **ersatzfähigen Aufwendungen** zählen etwa die zusätzlichen Kosten für ein Absichern der Teilladung gegen Verrutschen sowie für weitere Sicherungsvorkehrungen.[7] Auch kann notwendig werden, dass das Transportmittel aufgrund einseitiger Gewichtsverteilung, bedingt durch die Teilladung, uU vollständig neu zu beladen ist, um die Verkehrssicherheit des Transportmittels für die Durchführung der Teilbeförderung zu gewährleisten.[8]

Der Anspruch auf vollständige Fracht steht unter dem Vorbehalt, dass der Frachtführer infolge der 7 Teilladung zur Verfügung stehende freie Ladekapazitäten nicht durch Zuladung von Gut anderer Absender ausgelastet hat. Der Frachtführer hat sich also auf die Fracht dasjenige Entgelt anrechnen zu lassen, das er für den Transport von Ersatzgut erhält, das gemeinsam mit der **Teilladung** mit demselben Beförderungsmittel befördert wird. Sondervorteile sind nicht anzurechnen. Kann der Frachtführer freien Laderaum besonders gewinnträchtig einsetzen, so kann dies dem Absender nicht zum Vorteil gereichen. Grenze der anzurechnenden Fracht ist für den transportierten Teil die anteilsmäßig zu zahlende Fracht.

Nach dem Wortlaut der Vorschrift ist der Frachtführer nicht gezwungen, anderweitige Verdienst- 8 möglichkeiten auszuschöpfen. Die Vorschrift weicht insoweit von der Grundwertung der §§ 326 Abs. 2 S. 2, 649 S. 2 BGB ab.[9] Eine **analoge Anwendung** des S. 2 Hs. 2 auf Fälle, in denen der Frachtführer die freigewordene Ladekapazität nicht mit Gut anderer Absender ausgleicht, ihm dies aber möglich wäre, ist deshalb **abzulehnen**. Aus § 415 Abs. 2 S. 1 Nr. 1 ergibt sich, dass der Gesetzgeber nur in bestimmten Fällen eine „böswillig unterlassene Schadensminderung" als fiktiven Rechnungsposten in Anrechnung stellt. Der umfassenden Dispositionsbefugnis des Absenders über das Gut steht die Dispositionsbefugnis des Frachtführers über das Transportmittel entgegen. § 416 statuiert keine Schadensminderungspflicht des Frachtführers. Inhaltliches Vorbild dieser Vorschrift ist die seefrachtrechtliche Bestimmung des § 587, S. 1.[10]

b) Anderweitige Sicherheiten (S. 3). Der Frachtführer hat gem. § 441 ein Pfandrecht an dem zu 9 befördernden Gut, welches seinen vertraglichen Frachtanspruch absichert. Führt der Frachtführer eine Teilbeförderung durch, so ist sein Frachtanspruch möglicherweise nicht mehr durch den Wert des beförderten Gutes gesichert. In diesen Fällen kann der Frachtführer einen Ausgleich in Form einer **anderweitigen Sicherheit** für das wirtschaftlich minderwertige Pfandrecht verlangen.[11] Die Sicherheit ist nach Maßgabe der §§ 232 ff. BGB zu bestellen; in welcher Form die Sicherheit geleistet wird, bestimmt der Absender. Sie kann etwa in Form einer **Bankbürgschaft** oder durch Hinterlegung von Wertpapieren geleistet werden. Ebenfalls ist es denkbar, die Fracht zu hinterlegen. Verweigert der Absender die Bestellung einer anderweitigen Sicherheit, so ist der Frachtführer berechtigt, die Teilbeförderung bis zur Bestellung der Sicherheit zu verweigern (§ 273 BGB)[12] oder die Rechte aus den §§ 323, 642, 643 BGB geltend zu machen.[13] Die Vorschrift findet Anlehnung an § 578 S. 3. Aus Sinn und Zweck von § 416 S. 3 folgt, dass der Frachtführer nur Sicherheit für die Differenz zwischen vereinbarter Fracht und dem Wert der Teilfracht verlangen kann, nicht jedoch für die gesamte vereinbarte Fracht.

---

[4] *Braun,* Das frachtrechtliche Leistungsstörungsrecht nach dem Transportrechtsreformgesetz, 2002, 269; Heymann/*Schlüter* Rn. 1; Oetker/*Paschke* Rn. 2.
[5] *Koller* Rn. 11.
[6] MüKoHGB/*Czerwenka,* 2. Aufl. 2009, Rn. 9.
[7] MüKoHGB/*Czerwenka,* 2. Aufl. 2009, Rn. 9.
[8] BR-Drs. 368/97, 46.
[9] *Müglich* TranspR Rn. 6.
[10] MüKoHGB/*Czerwenka,* 2. Aufl. 2009, Rn. 10.
[11] *Koller* Rn. 12.
[12] MüKoHGB/*Czerwenka,* 2. Aufl. 2009, Rn. 11.
[13] *Braun,* Das frachtrechtliche Leistungsstörungsrecht nach dem Transportrechtsreformgesetz, 2002, 276.

10   **3. Einschränkung der Ansprüche des Frachtführers (S. 4).** Die Ansprüche des Frachtführers nach S. 2, 3 stehen unter der Einschränkung, dass die unvollständige Beladung des Transportmittels nicht dem Verantwortungsbereich des Frachtführers zugewiesen ist. Stammen die Hindernisse, die einer vollständigen Beladung entgegenstehen, aus der „**Sphäre" des Frachtführers,** so stehen die genannten Ansprüche unter dem Vorbehalt, dass tatsächlich Ladung befördert wird. Dies bedeutet, dass der Frachtführer nur dann einen Anspruch auf die volle Fracht hat, wenn er die Beförderung der gesamten Ladung **tatsächlich** ausführt. Einen Anspruch auf **Standgeld** hat er nicht, da er diese besondere Vergütung nur beanspruchen kann, wenn Ladezeitüberschreitungen nicht seinem Risikobereich zuzurechnen sind (§ 412 Abs. 3).[14] Der Frachtführer kann, selbst wenn er die unvollständige Verladung zu verantworten hat, die Durchführung der Teilbeförderung von der Stellung einer anderweitigen Sicherheit abhängig machen, da S. 4 auch auf S. 3 verweist. Anderweitige Sicherheit kann jedoch nur dann verlangt werden, wenn die unvollständige Ladung selbst nicht ausreicht, den gekürzten Teil der Fracht abzudecken.[15] Zudem soll durch die gesetzliche Regelung gewährleistet werden, dass der Frachtführer bei Durchführung der Teilbeförderung die volle Fracht bekommt.[16]

11   Die **abgestufte Rechtsfolgenlösung** des S. 4 entspricht wiederum dem „**Sphärengedanken"** als dem an zahlreichen Stellen des Gesetzes niedergelegten Ausgleichsmodell.[17]

§ 417 Rechte des Frachtführers bei Nichteinhaltung der Ladezeit

(1) **Verlädt der Absender das Gut nicht innerhalb der Ladezeit oder stellt er, wenn ihm das Verladen nicht obliegt, das Gut nicht innerhalb der Ladezeit zur Verfügung, so kann ihm der Frachtführer eine angemessene Frist setzen, innerhalb derer das Gut verladen oder zur Verfügung gestellt werden soll.**

(2) **Wird bis zum Ablauf der nach Absatz 1 gesetzten Frist kein Gut verladen oder zur Verfügung gestellt oder ist offensichtlich, dass innerhalb dieser Frist kein Gut verladen oder zur Verfügung gestellt wird, so kann der Frachtführer den Vertrag kündigen und die Ansprüche nach § 415 Abs. 2 geltend machen.**

(3) **Wird das Gut bis zum Ablauf der nach Absatz 1 gesetzten Frist nur teilweise verladen oder zur Verfügung gestellt, so kann der Frachtführer mit der Beförderung des bereits verladenen Teils des Gutes beginnen und die Ansprüche nach § 416 Satz 2 und 3 geltend machen.**

(4) [1]**Der Frachtführer kann die Rechte nach Absatz 2 oder 3 auch ohne Fristsetzung ausüben, wenn der Absender sich ernsthaft und endgültig weigert, das Gut zu verladen oder zur Verfügung zu stellen.** [2]**Er kann ferner den Vertrag nach Absatz 2 auch ohne Fristsetzung kündigen, wenn besondere Umstände vorliegen, die ihm unter Abwägung der beiderseitigen Interessen die Fortsetzung des Vertragsverhältnisses unzumutbar machen.**

(5) **Dem Frachtführer stehen die Rechte nicht zu, wenn die Nichteinhaltung der Ladezeit auf Gründen beruht, die seinem Risikobereich zuzurechnen sind.**

Schrifttum: *Braun,* Das frachtrechtliche Leistungsstörungsrecht nach dem Transportrechtsreformgesetz, 2002; *Didier,* Risikozurechnung bei Leistungsstörungen im Gütertransportrecht, 2001.

Parallelvorschriften: §§ 570, 571 und 585 aF; § 490; §§ 326 Abs. 1, 643 BGB.

I. Allgemeines

1   Nachdem in den vorangegangenen Bestimmungen die Befugnisse des Absenders zur Umgestaltung des Frachtvertrages geregelt worden sind, behandelt § 417 die **Gestaltungsmöglichkeiten des Frachtführers** für den Fall der Nichteinhaltung der Ladezeit. Die Vorschrift findet Anlehnung an §§ 570, 571 und 585 aF, an §§ 326 Abs. 1, 643 BGB.

2   § 412 Abs. 2 enthält eine Legaldefinition des Begriffs „Ladezeit". § 417 setzt voraus, dass die Gründe für die Nichteinhaltung der Ladezeit aus der **Sphäre des Absenders** stammen, ihm also zuzurechnen sind. § 417 nennt **zwei Konstellationen,** nach denen der Absender die gebotene Mitwirkungshandlung unterlassen hat, nämlich den Fall der **Nichtverladung des Gutes durch den Absender** sowie den Fall, dass der **Absender das Gut nicht dem Frachtführer zur Verfügung stellt.** Die zweite Konstellation wird dann relevant, wenn es entgegen dem gesetzlich normierten Leitbild (§ 412 Abs. 1) ausnahmsweise der Frachtführer übernommen hat, das Gut zu verladen. Dies kann ausdrücklich geschehen oder sich aus den Umständen ergeben.

---

[14] MüKoHGB/*Czerwenka,* 2. Aufl. 2009, Rn. 13.
[15] Staub/*Schmidt* Rn. 23.
[16] BR-Drs. 368/97, 46; Bericht SV-Kommission, S. 65.
[17] Vgl. § 412 Abs. 3, § 415 Abs. 3 S. 3, § 417 Abs. 4, § 419 Abs. 1 S. 3, § 420 Abs. 2 S. 2 und Abs. 3.

II. Fristsetzung (Abs. 1)

Unterlässt der Absender seine ihm zugewiesenen Mitwirkungshandlungen, so ist der Frachtführer **3** berechtigt, ihm eine angemessene Frist zu setzen. Eine Ablehnungsandrohung ist seit Inkrafttreten des Schuldrechtsmodernisierungsgesetzes nicht mehr erforderlich.[1] Die Fristsetzung ist – wie eine Mahnung iSd § 286 BGB – eine nicht formgebundene einseitige Erklärung. Sie kann mit einer Mahnung verbunden werden. Die Fristsetzung muss eine bestimmte und eindeutige Aufforderung enthalten. Sie braucht nicht auf einen möglichen Rücktritt hinzuweisen, muss jedoch ein Drängen auf Vertragserfüllung erkennen lassen.

Die gesetzte Frist muss **angemessen** sein. Dabei ist zu berücksichtigen, dass dem Absender nur eine **4** letzte Gelegenheit zur Vertragserfüllung gegeben werden soll. Die Frist muss nach Tagen, Wochen oder anderen Zeiteinheiten bemessen sein.[2] Sie braucht daher nicht so bemessen zu werden, dass der Absender die noch gar nicht begonnene Verladung erst anfangen und fertig stellen kann, vielmehr soll der Absender in die Lage versetzt werden, die bereits in Angriff genommenen Vorbereitungen für die Beladung und die Beladung zu vollenden.[3] Eine unangemessen kurze Nachfrist setzt grundsätzlich eine angemessene Frist in Lauf.[4] Die Aufforderung, unverzüglich die gebotene Mitwirkungshandlung zu bewirken, ist zulässig.[5] Im Hinblick darauf, dass die Standgelder für die LKWs sehr hoch sind und bei Sammelladungen ein Frachtführer nicht allzu lange zuwarten kann, wenn er nicht gegenüber anderen Verladern in Verzug geraten will, kann eine Fristsetzung zur Verladung von zwei Stunden im Einzelfall durchaus angemessen sein. **Verweigert der Absender ernsthaft und endgültig** seine ihm zugewiesene Mitwirkungshandlung, so ist nach hM eine Fristsetzung wegen offensichtlicher Zwecklosigkeit entbehrlich.[6] Die **eigene Vertragstreue** des Frachtführers ist ebenso wie bei § 323 BGB ungeschriebenes Tatbestandsmerkmal für eine Fristsetzung mit Ablehnungsandrohung.

Läuft die Nachfrist ab, so ist die daran anknüpfende **Rechtsfolge** abgestuft. **Vier Fallgruppen** sind **5** dabei denkbar:

1. Der Absender erbringt die Mitwirkungshandlung vollständig. Erbringt der Absender **6** innerhalb der Frist seine ihm zugewiesene Mitwirkungshandlung, so ist der Frachtführer **verpflichtet,** die Beförderung auszuführen. Ihm steht dann aber ein Anspruch auf das bis dahin aufgelaufene Standgeld nach Maßgabe des § 412 Abs. 3 zu.[7]

2. Der Absender erbringt die Mitwirkungshandlung teilweise. Wird innerhalb der Frist nur **7** ein Teil des vereinbarten Gutes verladen oder zur Verfügung gestellt, so **kann** der Frachtführer mit der Beförderung der unvollständigen Ladung beginnen und die Ansprüche nach § 416 S. 2, 3 geltend machen. Ein Kündigungsrecht hat er nicht. Er bleibt zur Durchführung der Beförderung verpflichtet.

3. Der Absender erbringt die Mitwirkungshandlung überhaupt nicht. Wird innerhalb der **8** Frist kein Gut verladen oder zur Verfügung gestellt, so **kann** der Frachtführer den Frachtvertrag kündigen und die Ansprüche nach § 415 Abs. 2 geltend machen. Eine Pflicht, die Beförderung auszuführen, besteht dann nicht mehr.

4. Für die Störungen hat der Frachtführer Anlass gegeben. Sind die Gründe für die Nicht- **9** einhaltung der Beförderungszeit zur **Risikosphäre des Frachtführers** zu rechnen, so stehen ihm die Rechte aus § 417 nicht zu (Abs. 4). Eine dem Absender gesetzte Frist ist in letzterem Fall unbeachtlich.

III. Kündigungsrecht des Frachtführers (Abs. 2)

Nimmt der Absender bis zum Ablauf der gesetzten Nachfrist seine ihm zugewiesene **Mitwirkungs-** **10** **handlung** nicht vor, so steht dem Frachtführer ein **Kündigungsrecht** zu. Der Begriff „Kündigung" entstammt dem allgemeinen Werkvertragsrecht (vgl. § 643 BGB). Im Transportrecht ist er neu. Die gesetzliche Normierung eines Kündigungsrechts bei Nichteinhaltung der vereinbarten Ladefrist dient den berechtigten Interessen des Frachtführers und verstärkt dessen **Dispositionsbefugnis**.[8] Der Fristablauf führt nicht ohne weiteres automatisch zur Beendigung des Frachtvertrages für die Zukunft. Dafür bedarf es vielmehr einer zusätzlichen **Kündigungserklärung** nach Fristablauf. Kündigt der Frachtführer, so ist er berechtigt, die nach § 415 Abs. 2 normierten Ansprüche geltend zu machen, sofern die Nichteinhaltung der Ladefrist nicht auf Gründen beruht, die seinem eigenen Risikobereich

---

[1] MüKoHGB/*Czerwenka,* 2. Aufl. 2009, Rn. 2.
[2] MüKoHGB/*Thume* Rn. 8; Palandt/*Grüneberg* BGB § 281 Rn. 9; MüKoBGB/*Ernst* BGB § 323 Rn. 68.
[3] MüKoHGB/*Czerwenka,* 2. Aufl. 2009, Rn. 8.
[4] RG Urt. v. 16.12.1903 – Rep I 447/03, RGZ 56, 231; BGH Urt. v. 21.6.1985 – V ZR 134/84, NJW 1985, 2640; MüKoHGB/*Czerwenka,* 2. Aufl. 2009, Rn. 8.
[5] Oetker/*Paschke* Rn. 6; Staub/*Schmidt* Rn. 15.
[6] BGH Urt. v. 10.12.1991 – IX ZR 48/91, NJW 1992, 971.
[7] BeckOK HGB/*G. Kirchhof* Rn. 2.
[8] BR-Drs. 368/97, 46.

zuzurechnen sind (Abs. 5). In Anlehnung an § 323 Abs. 4 BGB steht dem Frachtführer zudem ein Kündigungsrecht zur Seite, wenn offensichtlich wird, dass das Gut innerhalb der vom Frachtführer gesetzten Nachfrist nicht verladen wird.

11   § 417 Abs. 2 greift jedoch nicht ein, wenn der Verladung von Anfang an ein dauerndes Leistungshindernis entgegenstand oder die Unmöglichkeit der Verladung zu einem Beförderungshindernis führt. In solchen Fällen ist das Setzen einer Nachfrist zur Vornahme der Leistungshandlung des Absenders unmöglich.[9] Insoweit gehen die §§ 419, 420 sowie § 326 BGB vor.[10]

12   Im Einzelnen hat der Frachtführer gem. § 415 Abs. 2 Nr. 1 einen Anspruch auf Bezahlung der **vollen Fracht** unter Anrechnung des ersparten Aufwendungen aus anderweitigem oder böswillig nicht erzieltem Erwerb, auf das bis dahin aufgelaufene **Standgeld,** soweit dessen Voraussetzungen gem. § 412 Abs. 2 vorliegen, und auf Erstattung aller ersatzfähigen **Aufwendungen.** Macht er diese Ansprüche geltend, so hat er hierfür den Einzelnachweis zu führen und den Umfang der Ersatzleistungen zu belegen.

13   Der Frachtführer kann jedoch auch **Fautfracht** gem. § 415 Abs. 2 Nr. 2 in Höhe von einem Drittel der Fracht verlangen, wenn ihm dies günstiger ist oder er den für § 415 Abs. 2 Nr. 1 erforderlichen Einzelnachweis nicht zu führen vermag. Ein **weiteres Standgeld** für die zusätzliche Wartezeit zwischen Fristablauf und Kündigungserklärung kann der Frachtführer nur verlangen, wenn er dies mit dem Absender besonders vereinbart.[11] Ansonsten bleibt der Ersatzanspruch auf Fautfracht beschränkt.

IV. Rechte bei teilweiser Verladung (Abs. 3)

14   Wird innerhalb der Nachfrist nur ein Teil des vereinbarten Gutes verladen oder zur Verfügung gestellt, so ist der Frachtführer berechtigt, die Beförderung der unvollständigen Ladung gleichwohl zu beginnen. Macht er von diesem Recht Gebrauch, so stehen ihm die in § 416 S. 2 und 3 bezeichneten Ansprüche zu.

15   Der Frachtführer kann danach die **volle Fracht** abzüglich der infolge der Teilbeförderung anderweitig **tatsächlich** erzielten Frachtansprüche, das bis dahin aufgelaufene etwaige **Standgeld** sowie Ersatz der infolge der Unvollständigkeit der Ladung entstandenen **Aufwendungen** beanspruchen. Ein **weiteres Standgeld** für die Wartezeit zwischen Fristablauf und der Erklärung, dass nun mit der Teilbeförderung begonnen werde, kann der Frachtführer nur verlangen, wenn er dies mit dem Absender besonders vereinbart. Der Frachtführer kann in jedem Falle aber eine **anderweitige Sicherheit** anstelle des nichtverladenen Gutes (vgl. § 440) verlangen.[12]

V. Entbehrlichkeit der Fristsetzung (Abs. 4)

16   Der neue Abs. 4 sieht die Entbehrlichkeit der Fristsetzung in Anlehnung an die allgemeinen zivilrechtlichen Regelungen des Bürgerlichen Gesetzbuchs (§ 323 Abs. 2 BGB) vor.[13] Eine Fristsetzung ist dann entbehrlich, wenn der Absender die Erfüllung der von ihm zu erbringenden Leistung verweigert oder wenn eine Fixabrede getroffen wurde. Ferner steht dem Frachtführer ein Kündigungsrecht zu, wenn besondere Umstände die Fortsetzung des Vertragsverhältnisses unzumutbar machen

VI. Sphärengedanke (Abs. 5)

17   Die Vorschrift schließt, als Ausprägung des auch an anderer Stelle niedergelegten „**Sphärengedankens**" (vgl. §§ 412 Abs. 3, 415 Abs. 4, 416 S. 3, § 419 Abs. 1 S. 3, 420 Abs. 2 S. 2 und Abs. 3) die Rechte des Frachtführers aus, soweit die Ursachen für die aufgetretenen Störungen seinem Verantwortungsbereich zuzurechnen sind. Hat also der Frachtführer für die Nichteinhaltung der Ladezeit **Anlass** gegeben, so stehen ihm die in § 417 normierten Rechte nicht zu.

VII. Beweislast

18   Der Frachtführer hat darzulegen und zu beweisen, dass er eine Frist gesetzt hat und dass eine angemessene Frist erfolglos verstrichen ist. Demgegenüber hat der Absender die Einwendung nach § 417 Abs. 5 darzulegen und zu beweisen, dass die Störungsursache aus der Sphäre des Frachtführers stammt.

---

[9] *Braun,* Das frachtrechtliche Leistungsstörungsrecht nach dem Transportrechtsreformgesetz, 2002, 262.
[10] BeckOK HGB/*G. Kirchhof* Rn. 3.
[11] AA Staub/*Schmidt* Rn. 18.
[12] MüKoHGB/*Dubischar*, 1. Aufl. 1997, Rn. 5.
[13] Vgl. auch die Parallele im Seerecht: § 490 Abs. 4.

§ 418 Nachträgliche Weisungen

(1) [1]Der Absender ist berechtigt, über das Gut zu verfügen. [2]Er kann insbesondere verlangen, daß der Frachtführer das Gut nicht weiterbefördert oder es an einem anderen Bestimmungsort, an einer anderen Ablieferungsstelle oder an einen anderen Empfänger abliefert. [3]Der Frachtführer ist nur insoweit zur Befolgung solcher Weisungen verpflichtet, als deren Ausführung weder Nachteile für den Betrieb seines Unternehmens noch Schäden für die Absender oder Empfänger anderer Sendungen mit sich zu bringen droht. [4]Er kann vom Absender Ersatz seiner durch die Ausführung der Weisung entstehenden Aufwendungen sowie eine angemessene Vergütung verlangen; der Frachtführer kann die Befolgung der Weisung von einem Vorschuß abhängig machen.

(2) [1]Das Verfügungsrecht des Absenders erlischt nach Ankunft des Gutes an der Ablieferungsstelle. [2]Von diesem Zeitpunkt an steht das Verfügungsrecht nach Absatz 1 dem Empfänger zu. [3]Macht der Empfänger von diesem Recht Gebrauch, so hat er dem Frachtführer die entstehenden Mehraufwendungen zu ersetzen sowie eine angemessene Vergütung zu zahlen; der Frachtführer kann die Befolgung der Weisung von einem Vorschuß abhängig machen.

(3) Hat der Empfänger in Ausübung seines Verfügungsrechts die Ablieferung des Gutes an einen Dritten angeordnet, so ist dieser nicht berechtigt, seinerseits einen anderen Empfänger zu bestimmen.

(4) Ist ein Frachtbrief ausgestellt und von beiden Parteien unterzeichnet worden, so kann der Absender sein Verfügungsrecht nur gegen Vorlage der Absenderausfertigung des Frachtbriefs ausüben, sofern dies im Frachtbrief vorgeschrieben ist.

(5) Beabsichtigt der Frachtführer, eine ihm erteilte Weisung nicht zu befolgen, so hat er denjenigen, der die Weisung gegeben hat, unverzüglich zu benachrichtigen.

(6) [1]Ist die Ausübung des Verfügungsrechts von der Vorlage des Frachtbriefs abhängig gemacht worden und führt der Frachtführer eine Weisung aus, ohne sich die Absenderausfertigung des Frachtbriefs vorlegen zu lassen, so haftet er dem Berechtigten für den daraus entstehenden Schaden. [2]Die Haftung ist auf den Betrag begrenzt, der bei Verlust des Gutes zu zahlen wäre.

Schrifttum: *Basedow*, Der Transportvertrag, 1987; *Clarke*, International carriage of goods by road, CMR, 3. Aufl. 1991; *Helm*, Probleme der CMR: Geltungsbereich – ergänzendes Recht – Frachtbrief – Weisungsbefugnis – aufeinanderfolgende Frachtführer, VersR 1988, 548; *Jesser*, Frachtführerhaftung nach der CMR – Internationaler und nationaler Straßengütertransport, Wien 1992; *Koller*, Rechtsnatur und Rechtswirkungen frachtrechtlicher Sperrpapiere, TranspR 1994, 181; *Lenz*, Straßengütertransportrecht, 1988; *Loewe*, Erläuterungen zum Übereinkommen vom 19. Mai 1956 über den Beförderungsvertrag im internationalen Straßengüterverkehr (CMR), ETL 1976, 503; *Meyer-Rehfuß*, Das frachtvertragliche Weisungsrecht, 1995.

Parallelvorschriften: Art. 12 MÜ, Art. 12 WA, Art. 12 CMR; Art. 19 CIM 1999; Art. 14, 15 CMNI.

Übersicht

I. Einleitung

§ 418 regelt die Befugnis, durch nachträgliche Weisung gegenüber dem Frachtführer auf das Gut **1** einzuwirken. Die Vorschrift lehnt sich im Wesentlichen an Art. 12 CMR an. Bei Abschluss des Frachtvertrages **entsteht** das Verfügungsrecht in der Person des Absenders. Es **erlischt** nach Ankunft des Gutes an der Ablieferungsstelle und entsteht in derselben logischen Sekunde neu in der Person des Empfängers. Daraus folgt, dass das Verfügungsrecht entweder nur dem Absender oder nur dem Empfänger, niemals aber beiden gemeinsam zustehen kann.[1]

---

[1] Staub/*Schmidt* Rn. 13.

2   Im Unterschied zu Art. 12 CMR ist die Ausübung des Weisungsrechts nicht an die Vorlage einer bestimmten Frachtbriefausfertigung geknüpft. Nach **Aufhebung des Frachtbriefzwangs** (vgl. § 408 Abs. 1) konnte in Bezug auf den Übergang des Verfügungsrechts nicht mehr nach Vorbild des Art. 12 Abs. 2 CMR auf die Übergabe des Frachtbriefes abgestellt werden. Den Parteien steht es aber offen, bei Ausstellung eines Frachtbriefes die **Absenderausfertigung mit Sperrwirkung** auszustatten.[2] Ist die Absenderausfertigung mit Sperrwirkung ausgestattet, so kann der Absender sein Verfügungsrecht nur noch gegen Vorlage der Absenderausfertigung ausüben, vorausgesetzt, ein entsprechender Vermerk wurde in den Frachtbrief aufgenommen und dieser wurde **von beiden Parteien unterschrieben.**

3   Durch das Verfügungsrecht behält der Absender auch nach Beginn der Beförderung die größtmögliche Dispositionsbefugnis über das Gut. Dogmatisch ist die Weisung eine einseitige **empfangsbedürftige Willenserklärung,**[3] wonach der zwischen den Parteien geschlossene Beförderungsvertrag **nachträglich** inhaltlich abgeändert werden kann.[4] Der Absender kann also im Wege der Weisung ohne Einverständnis des Frachtführers allein durch **einseitige** Erklärung eine Vertragsänderung entsprechend den §§ 662, 665 BGB bewirken.[5]

4   Der Begriff der „Weisung" hat nichts zu tun mit dem sachenrechtlichen Verfügungsbegriff,[6] welcher ausschließlich auf eine dingliche Inhaltsänderung abzielt, sondern allein mit einer nachträglichen Vertragsänderung entsprechend dem allgemeinen Auftragsrecht der §§ 662, 665 BGB.[7] Nur eine **wirksame** Weisung ist gegenüber dem Frachtführer **verbindlich** (Abs. 1 S. 2).

II. Das Weisungsrecht im Einzelnen

5   **Weisungsberechtigter** ist derjenige, dem das Weisungsrecht jeweils zusteht und der für die Verfügungen über das Gut verantwortlich ist. Als **Weisungsberechtigte** kommen nach § 418 sowohl der Absender (Abs. 1) als auch der Empfänger (Abs. 2) oder ein Dritter (Abs. 3) in Betracht.

6   **1. Weisungsrecht des Absenders. a) Inhalt des Weisungsrechts.** Abs. 1 behandelt das Weisungsrecht des Absenders. S. 1 gibt dem Absender entsprechend Art. 12 Abs. 1 S. 1 CMR das Recht, über das Gut zu verfügen. Abs. 1 S. 2 enthält eine **exemplarische Aufzählung** möglicher Weisungsinhalte nach dem Vorbild des Art. 12 Abs. 1 S. 2 CMR. Die Weisungsinhalte sind nach dem eindeutigen Wortlaut „insbesondere" nicht abschließend.[8] Eine Begrenzung der Weisungsinhalte ist auch nicht im Interesse des Frachtführers erforderlich, da dessen Schutzbedürfnissen gegenüber willkürlichen Vertragsänderungen durch Einschränkung der **Befolgungspflicht** Rechnung getragen wird.

7   Der Absender ist grundsätzlich berechtigt, in beliebiger Weise innerhalb der gesetzlichen Grenzen durch Weisungen Einfluss auf das Gut zu nehmen und den Frachtvertrag einseitig inhaltlich abzuändern. Die in Abs. 1 S. 2 besonders normierten beispielhaften Verfügungsmöglichkeiten können etwa den Inhalt haben, dass das Gut nicht weiterbefördert werden soll oder es an einen anderen Bestimmungsort ausgeliefert werden soll oder es an eine andere Ablieferungsstelle zu verbringen ist. Schließlich nennt die Vorschrift noch die Möglichkeit, einen anderen Empfänger als den zuvor vereinbarten zu benennen. Zulässig sind auch Weisungen bezüglich **Nachnahme**[9] (§ 422), **Versicherung,** sowie Weisungen bezüglich des zu **verwendenden Fahrzeugs**[10] und der **Verzollung.**[11] Der Empfänger ist dagegen nicht berechtigt, im Wege der Weisung auf die Verzollung Einfluss zu nehmen.[12]

---

[2] Zur Sperrfunktion vgl. *Müglich* TranspR Rn. 1 und 4; HK-HGB/*Ruß* Rn. 5; *Koller* TranspR 1994, 181 ff.; *Koller* CMR Art. 12 Rn. 1; *Koller* § 418 Rn. 36; *Herber/Piper* CMR Art. 12 Rn. 3; MüKoHGB/*Jesser-Huß* CMR Art. 12 Rn. 2, 25.

[3] *Koller* Rn. 20; Beck OK HGB/*G. Kirchhof* Rn. 4; *Thume/Temme* CMR Art. 12 Rn. 6.

[4] OLG Hamburg Urt. v. 7.5.1987 – 6 U 12/87, VersR 1987, 1111; → CMR Art. 12 Rn. 2; *Helm* VersR 1988, 548 (554); *Koller* Rn. 4; *Herber/Piper* CMR Art. 12 Rn. 5, 8.

[5] MüKoHGB/*Czerwenka,* 2. Aufl. 2009, Rn. 2; *Thume/Temme* CMR Art. 12 Rn. 5.

[6] MüKoHGB/*Czerwenka,* 2. Aufl. 2009, Rn. 2; MüKoHGB/*Thume* Rn. 2; *Clarke* Nr. 32c S. 95; *Herber/Piper* CMR Art. 12 Rn. 1; MüKoHGB/*Jesser-Huß* CMR Art. 12 Rn. 2.

[7] BR-Drs. 368/97, 47.

[8] Vgl. nach altem Recht die Aufzählung in § 27 Abs. 1 S. 3 KVO und § 72 Abs. 2 EVO.

[9] *Koller* Rn. 6; *Herber/Piper* CMR Art. 12 Rn. 9; *Thume/Temme* CMR Art. 12 Rn. 20; *Glöckner,* Leitfaden zur CMR, 7. Aufl. 1991, CMR Art. 12 Rn. 3; einschr. Im Hinblick auf Nachnahmevereinbarungen *Fremuth* in Fremuth/Thume TranspR CMR Art. 12 Rn. 28 und Art. 21 Rn. 12.

[10] *Koller* Rn. 6; *Thume/Temme* CMR Art. 12 Rn. 6; MüKoHGB/*Jesser-Huß* CMR Art. 12 Rn. 16; *Glöckner,* Leitfaden zur CMR, 7. Aufl. 1991, CMR Art. 12 Rn. 3; aA OLG Hamburg Urt. v. 7.5.1987 – 6 U 12/87, VersR 1987, 1111; *Herber/Piper* CMR Art. 12 Rn. 10.

[11] *Helm* VersR 1988, 548 (554); MüKoHGB/*Jesser-Huß* CMR Art. 12 Rn. 16; *Thume/Temme* CMR Art. 12 Rn. 20.

[12] BGH Urt. v. 15.1.1987 – I ZR 215/84, VersR 1987, 980 (981); → CMR Art. 12 Rn. 2; *Herber/Piper* Art. 13 Rn. 8.

Durch die Weisung, das Gut nicht weiterzubefördern, wird der Frachtvertrag zwischen den Parteien **8** beendet. Dagegen ist die Beförderung bei einer Weisung, das Gut auf längere Zeit im Unterschied zur verkehrsbedingten Zwischenlagerung einzulagern, unterbrochen.[13]

b) Grenzen des Weisungsrechts. Abs. 1 S. 3 folgt sachlich Art. 12 Abs. 5b CMR. Die Weisung **9** ist nur wirksam, soweit sie objektiv durchführbar, rechtlich möglich und normativ zumutbar ist.[14] Ist nach diesen Grundsätzen nur ein Teil der Weisung wirksam, so kann eine Pflicht des Frachtführers zur Befolgung dieses Teiles in Betracht kommen, wenn die Weisung inhaltlich teilbar ist und der Absender ein Interesse auch an der Befolgung einer partiellen Weisung hat.[15] Ist die Durchführung der Weisung gänzlich unmöglich, so beurteilt sich die Rechtslage nach allgemeinen Unmöglichkeitsregeln, insbesondere nach § 275 BGB. Fälle der objektiven Unmöglichkeit liegen vor, wenn zB das entladene Flugzeug zum Zeitpunkt der Verfügung bereits abgeflogen oder das Gut dem Empfänger bereits ausgeliefert wurde.[16] Fälle der subjektiven Unmöglichkeit liegen vor, wenn zB dem Luftfrachtführer eine Startverschiebung oder eine Zwischenlandung nicht möglich ist.

Nach dem Wortlaut des Abs. 1 S. 1 müssen sich Weisungen inhaltlich immer auf die Beförderung **10** des Gutes beziehen.[17] Die Durchführung von Weisungen, die das Gut selbst nicht betreffen, ist in aller Regel für den Frachtführer unzumutbar.[18] Weisungen zum **Verkauf** des Gutes oder zur längeren **Lagerung**,[19] zur **Vernichtung** des Gutes[20] oder Verkürzung der **Lieferfrist**[21] sind in aller Regel unzumutbar mit der Folge, dass sie vom Frachtführer nicht ausgeführt werden müssen. Unzumutbar kann unter diesen Gesichtspunkten eine nachträgliche Einführung oder Erweiterung einer Nachnahme sein, wenn sie den Frachtführer mit einem zu großen Risiko belastet.[22]

Der Absender hat die **Zumutbarkeit der Weisung** und die Möglichkeit, diese ausführen zu **11** können, zu beweisen.[23] Die Wirksamkeit der Weisung beurteilt sich zum Zeitpunkt des Zuganges der Weisung.[24] Ist die Weisung für den Frachtführer unzumutbar, dann ist zu prüfen, ob sie eventuell einem Dritten zumutbar ist, dessen sich der Frachtführer bedienen kann.[25]

Weisungen sind stets unverbindlich, soweit deren Ausführung Nachteile für den Geschäftsbetrieb des **12** Frachtführers mit sich bringt oder die **Gefahr** besteht, dass Schäden an den Gütern anderer Absender oder Empfänger hervorgerufen werden. Eine Weisung muss auch nicht befolgt werden, wenn sie den gewöhnlichen Betrieb ernstlich hemmen würde.[26] Das Merkmal der Gefahr bestimmt sich aus der Sicht des Frachtführers aufgrund einer Beurteilung **ex ante**.[27]

Fraglich ist, ob sich die Weisung auf die Gesamtheit der Frachtgüter beziehen muss oder ob der **13** Frachtführer die Ausführung der Weisung alleine deshalb verweigern darf, weil dies eine **Teilung der Sendung** voraussetzen würde. Die Vorschrift lässt im Gegensatz zu Art. 12 Nr. 5 lit. c CMR diese Frage unbeantwortet. Nach der hier vertretenen Auffassung überschreitet eine Aufteilung der Sendung grundsätzlich nicht die Grenze der Zumutbarkeit. Da die Vorschrift ansonsten enge Anlehnung an Art. 12 CMR findet, ist davon auszugehen, dass der Gesetzgeber bewusst auf eine dem Art. 12 Nr. 5 lit. c CMR entsprechenden Regelung verzichtet hat. Es ist somit im Einzelfall zu untersuchen, ob die Aufteilung der Sendung für den Frachtführer noch zumutbar ist oder nicht. ZB dürfte es einem Frachtführer zumutbar sein, eine Teilladung, welche in getrennten Packstücken transportiert wird, an einen anderen als im Frachtbrief angegebenen Empfänger auszuliefern, wenn nur ein geringfügiger Umweg zu fahren ist und keine wesentlichen Verzögerungen eintreten. Unzumutbarkeit wäre dagegen anzunehmen, so wenn sich die Abladung durch größere Umwege wesentlich verzögert oder wenn der Frachtführer in die Verpackung eingreifen muss. Art. 12 Nr. 5 lit. c CMR verbietet ausdrücklich die

---

[13] OLG Köln Urt. v. 30.7.2002 – 3 U 14/02, TranspR 2003, 116 (118); GK-HGB/*Bracker/Janßen* Rn. 2.

[14] MüKoHGB/*Czerwenka*, 2. Aufl. 2009, Rn. 28.

[15] Staub/*Schmidt* Rn. 34.

[16] Vgl. *Reuschle* MÜ Art. 12 Rn. 25.

[17] Vgl. *Reuschle* MÜ Art. 12 Rn. 26.

[18] OLG Hamburg Urt. v. 7.5.1987 – 6 U 12/87, TranspR 1987, 457; OLG Hamburg Urt. v. 9.2.1984 – 6 U 199/83, TranspR 1985, 38; *Jesser,* Frachtführerhaftung nach der CMR – Internationaler und nationaler Straßengütertransport, 1992, 85; *Koller* Rn. 5; *Herber/Piper* CMR Art. 12 Rn. 10; MüKoHGB/*Jesser-Huß* CMR Art. 12 Rn. 16.

[19] Anders wohl jetzt *Koller* Rn. 6.

[20] *Koller* Rn. 6; *Oetker/Paschke* Rn. 2.

[21] *Heuer,* Die Haftung des Frachtführers nach dem Übereinkommen über den Beförderungsvertrag im internationalen Straßengüterverkehr, 1975, 153; *Herber/Piper* CMR Art. 12 Rn. 10.

[22] *Herber/Piper* CMR Art. 12 Rn. 28; ähnl. *Putzeys* Rn. 493.

[23] BGH Urt. v. 9.10.1964 – I b ZR 226/62, NJW 1964, 2348 (2350); *Reuschle* MÜ Art. 12 Rn. 25.

[24] *Koller* Rn. 20; *Thume/Temme* CMR Art. 12 Rn. 26.

[25] *Koller* § 418 Rn. 8; *Koller* CMR Art. 12 Rn. 22; aA *Thume/Temme* CMR Art. 12 Rn. 22 mit dem Hinweis, dass der Frachtführer dann für das Handeln seines Subunternehmers haftungsrechtlich einzustehen hätte.

[26] *Loewe* ETR 1976, 503 (545); *Jesser,* Frachtführerhaftung nach der CMR – Internationaler und nationaler Straßengütertransport, 1992, 91; *Hill/Messent,* CMR – Contracts for the international carriage of goods by road, 2. Aufl. 1995, 85; *Herber/Piper* CMR Art. 12 Rn. 27; MüKoHGB/*Jesser-Huß* Rn. 21; *Thume/Temme* Rn. 24; *Koller* Rn. 11.

[27] GK-HGB/*Bracker/Janßen* Rn. 3.

Teilung von Sendungen und ist damit wohl zu streng. Die Urheber der CMR haben noch zwingendes Tarifrecht im Auge gehabt.[28]

14 Weisungen, welche der Frachtführer nicht ausführen muss, sind als **Angebot zur Vertragsände-rung** auszulegen.[29] Kommt also der Frachtführer einer Weisung nach, die ihm gegenüber unverbind-lich geblieben ist, so nimmt er dabei konkludent das Angebot zur Vertragsänderung an.[30] Bei einer so erzielten einvernehmlichen (beidseitigen) Vertragsänderung ist der Frachtführer zur Ausführung auch **unzumutbarer** Weisungen verpflichtet, selbst wenn dadurch Güter anderer Absender oder Empfänger gefährdet werden oder ein Nachteil für den Betrieb des Frachtführers entsteht.

15 Nicht unter das Weisungsrecht fällt die von vornherein **vorbehaltene Konkretisierung** des Ver-trags,[31] mit der etwa die zunächst noch offen gebliebene Person des Empfängers oder die noch offen gebliebene Ablieferungsstelle benannt werden. Denn insofern handelt es sich nicht um eine nach-trägliche Änderung der Vertragspflichten.[32]

16 **c) Ansprüche des Frachtführers aufgrund erteilter Weisungen (Abs. 1 S. 4).** Nach dieser Vorschrift ist der Frachtführer berechtigt, die Befolgung der Weisung von einem angemessenen **Vor-schuss** abhängig zu machen (Abs. 1 S. 4 aE).[33] Ein Anspruch auf Vorschuss ergibt sich ebenfalls aus den §§ 675, 669 BGB. Bis zur Erfüllung dieser Vorschusspflicht steht dem Frachtführer gem. § 369 ein **Zurückbehaltungsrecht** an dem Gut sowie ein **Pfandrecht** (§ 441) zu.[34] Nach § 407 Abs. 3 S. 2 findet § 369 auch auf Frachtführer Anwendung, die keine Kaufleute sind, jedoch gewerbsmäßig tätig werden. Nach § 273 BGB hat der Frachtführer ein Zurückbehaltungsrecht, wenn der Absender kein Kaufmann ist.[35]

17 Der Frachtführer hat, da durch die Ausübung des Weisungsrechts von der vertraglichen Abrede abgewichen wird, einen **Ersatzanspruch** für alle **Aufwendungen,** die er im Zusammenhang mit der Befolgung einer Weisung unter Anlehnung an die §§ 675, 670 BGB.[36] Für sein fremdnütziges Tätigwerden kann er eine **angemessene Vergütung** verlangen.

18 Zu den ersatzfähigen Kosten gehört bei einer **Verlängerung der Beförderungsstrecke** ein anteilig erhöhtes Beförderungsentgelt, welches selbstverständlich auch den Gewinn mit abdeckt und sich nicht auf Ersatz der Selbstkosten beschränkt.[37] Durch die Weisung **ersparte Aufwendungen** sind aus-zugleichen.[38] Bei einer durch eine Weisung **verkürzten Beförderungsstrecke** wird es in aller Regel an einem Schaden des Frachtführers fehlen. Ersparte Aufwendungen muss sich der Frachtführer anrechnen lassen.[39]

19 Der Anspruch hängt nicht davon ab, ob die Weisung für den Frachtführer **bindend** war, weil das Recht, die Befolgung nachteiliger, gefährlicher und sonst unzumutbarer Weisungen verweigern zu können, die Rechtsposition des Frachtführer nur zusätzlich stärkt.[40] Für die Geltendmachung des Anspruchs ist ferner nicht Voraussetzung, dass der Frachtführer den Absender auf etwaig entstehende Mehrkosten durch die Weisungsänderung hinweist.[41]

20 **2. Das Verfügungsrecht des Empfängers (Abs. 2).** Das Verfügungsrecht des Absenders **erlischt** nach Ankunft des Gutes an der Ablieferungsstelle. Zugleich ist dann der Beförderungsvertrag **beendet.** Da das Verfügungsrecht des Absenders seinen Ursprung in dem Beförderungsvertrag hat, versteht es sich von selbst, dass dieses mit **Vertragsende** untergeht.

21 In derselben logischen Sekunde **entsteht** das Verfügungsrecht jedoch **neu** in der Person des Empfängers. Dieser erwirbt nach den Grundsätzen des **Vertrages zugunsten Dritter** ab diesem Zeitpunkt einen unmittelbaren, vom Absender nicht mehr einseitig zerstörbaren Ablieferungsanspruch nach § 421. Das Verfügungsrecht des Empfängers findet darin seine Grundlage.

22 Der **Inhalt des Weisungsrechts** entspricht dem des Absenders, bis auf die Einschränkung nach Abs. 3.[42] Hat der Empfänger von seinem Verfügungsrecht dahingehend Gebrauch gemacht, dass er

---

[28] Vgl. MüKoHGB/*Jesser-Huß* CMR Art. 11 Rn. 24.

[29] *Helm* VersR 1988, 548 (554).

[30] *Koller* Rn. 14; zurückhaltender BGH Urt. v. 4.7.2002 – I ZR 302/99, NJW-RR 2002, 1608 (1609) (CMR).

[31] OLG Hamburg Urt. v. 7.4.1994 – 6 U 223/93, TranspR 1994, 444; → CMR Art. 12 Rn. 3; *Herber/Piper* CMR Art. 12 Rn. 6; MüKoHGB/*Jesser-Huß* CMR Art. 12 Rn. 2; *Koller* Rn. 4.

[32] *Koller* Rn. 4; *Herber/Piper* CMR Art. 12 Rn. 6.

[33] S. 4 entspricht Art. 12 Abs. 5a Hs. 2 CMR, § 433 Abs. 1 S. 2 und § 27 Abs. 3 KVO sowie § 72 Abs. 8 EVO.

[34] OLG Hamm Urt. v. 25.9.1984 – 27 U 362/83, TranspR 1985, 100 (102); *Thume/Temme* CMR Art. 12 Rn. 29; aA Staub/*Reuschle* CMR Art. 12 Rn. 10, welcher ein Zurückbehaltungsrecht aus § 273 Abs. 1 BGB herleitet.

[35] Staub/*Schmidt* Rn. 44.

[36] MüKoHGB/*Czerwenka* Rn. 34.

[37] Staub/*Schmidt* Rn. 40.

[38] *Herber/Piper* CMR Art. 12 Rn. 33; *Koller* Rn. 28, 35.

[39] MüKoHGB/*Czerwenka* Rn. 37; BeckOK HGB/*G. Kirchhof* Rn. 5; *Herber/Piper* CMR Art. 12 Rn. 33; MüKoHGB/*Jesser-Huß* CMR Art. 12 Rn. 33; iE ebenso *Koller* CMR Art. 12 Rn. 3.

[40] MüKoHGB/*Jesser-Huß* CMR Art. 12 Rn. 29; *Herber/Piper* CMR Art. 12 Rn. 29.

[41] AG Bremen Urt. v. 21.11.2003 – 9 C 53/03, BeckRS 2004, 5126.

[42] MüKoHGB/*Jesser-Huß* CMR Art. 12 Rn. 18; *Herber/Piper* CMR Art. 12 Rn. 17; *Koller* Rn. 15.

Ablieferung an einen Dritten angeordnet hat,[43] kann dieser nicht seinerseits einen anderen Empfänger bestimmen.

Der Empfänger kann das Verfügungsrecht auch unter den Voraussetzungen des Abs. 4 dadurch   23
erlangen, dass die **zweite Ausfertigung des Frachtbriefs** an ihn übergeben wurde, unabhängig
davon, ob er darauf einen Anspruch hatte oder nicht.[44]

Macht der Empfänger von seinem Verfügungsrecht Gebrauch, so hat er dem Frachtführer gem.   24
Abs. 2 S. 3 die entstandenen **Mehraufwendungen** zu ersetzen sowie eine angemessene **Vergütung**
zu zahlen. Ebenso wie gegenüber dem Absender kann der Frachtführer die Befolgung der Weisungen
von einem **Vorschuss** abhängig machen. Der Frachtführer kann sich jedoch nicht an den Absender
halten, wenn sein Anspruch gegen den Empfänger uneinbringlich ist.[45] Im Übrigen gelten die
Erläuterungen zu → Rn. 16 ff.

3. Das Verfügungsrecht Dritter (Abs. 3). Dem Absender und dem Empfänger steht es frei, sein   25
Verfügungsrecht auf einen **Dritten** (oftmals eine Bank) zu übertragen. Der Dritte ist dann in gleichem
Umfang wie zuvor der Empfänger berechtigt, durch Weisungen auf die Beförderung einzuwirken. Der
Dritte ist jedoch nicht befugt, seinerseits erneut einen anderen Empfänger zu bestimmen. Diese
Vorschrift findet Anlehnung an Art. 12 Abs. 4 CMR.

Dritte erhalten ein Weisungsrecht nur durch **Vollmacht** des Absenders oder des Empfängers. Sie   26
können aber, wenn sie die Absenderausfertigung eines den Voraussetzungen des Abs. 4 entsprechenden
Frachtbriefes in Besitz haben, die Ausübung des **Weisungsrechts** bis zur Ankunft des Gutes am
Bestimmungsort **verhindern.** Der Frachtführer kann sich auch zur Beachtung von Verfügungen
Dritter verpflichten.[46]

III. Sperrpapier und Frachtführerhaftung (Abs. 4, 6)

1. Sperrpapier (Abs. 4). Ist der Frachtbrief als Sperrpapier ausgestaltet, kann der Weisungsberech-   27
tigte sein Verfügungsrecht nur gegen **Vorlage der Absenderausfertigung** ausüben. Nur der von
beiden Parteien des Beförderungsvertrages **unterzeichnete** Frachtbrief entfaltet die Wirkung eines
Sperrpapiers, sofern dies nach den Angaben im Frachtbrief vorgesehen ist. Es bedarf also stets einer
besonderen Vereinbarung zwischen den Beteiligten, welche in dem von beiden Seiten unterzeichneten
Frachtbrief niedergelegt sein muss.

Das Erfordernis eines **Frachtbriefvermerks** findet keine Entsprechung in Art. 12 CMR. Der   28
Gesetzgeber hat es jedoch für notwendig erachtet, an die Voraussetzung einer Eintragung in den
Frachtbrief anzuknüpfen, da ein Bedürfnis für eine regelmäßige Ausgestaltung als Sperrpapier bei
Binnentransporten nicht gesehen wurde.[47] Wenn aber gleichwohl die Ausstellung des Frachtbriefes
als Sperrpapier vereinbart wurde, so ist es sachgerecht, dass diese Abrede in den Frachtbrief eingetragen
werden muss, da das Gesetz nach Abs. 6 strenge **Haftungsfolgen** bei Fehlern im Zusammenhang mit
der Weisungsbefolgung ohne Vorlage der Absenderausfertigung normiert.

2. Haftung des Frachtführers (Abs. 6). Führt der Frachtführer unter Missachtung der Sperrfunk-   29
tion eine Weisung aus, so haftet er dem Berechtigten für den daraus entstandenen Schaden. Unter der
Person des Berechtigten ist der Verfügungsberechtigte zu verstehen.[48] Bis zur Ablieferung des Gutes
an der Ablieferungsstelle ist der Absender verfügungsberechtigt, danach der Empfänger, soweit dieser
die Verfügungsbefugnis nicht auf einen Dritten überträgt.

Der Wortlaut der Vorschrift lässt die Frage offen, ob der Absender seinen Ersatzanspruch mit der   30
Ablieferung des Gutes an der Ablieferungsstelle wieder verlieren kann. Der einmal erworbene
Ersatzanspruch geht aber mit dem Wechsel des Verfügungsrechts auf eine andere Person nicht unter.
Hat etwa der Absender den Frachtführer wirksam angewiesen, nur einen Teil des Gutes an den
Empfänger auszuliefern, liefert dieser aber die gesamte Sendung an die Ablieferungsstelle, so bleibt der
Ersatzanspruch des Absenders bestehen, obwohl sein Verfügungsrecht erloschen ist. Die Vorschrift
findet Anlehnung an Art. 12 Abs. 5 CMR.

Der Frachtführer haftet nach Vorbild des Art. 12 Abs. 7 Alt. 2 CMR **ohne Rücksicht auf ein**   31
etwaiges Verschulden für den Schaden, der bei Ausführung einer Weisung unter Missachtung der
Sperrfunktion entsteht. Die **Haftung** ist der **Höhe nach begrenzt** (Abs. 6 S. 2). Nach der Neufassung des Abs. 6 S. 2 haftet der Frachtführer allein auf den Betrag, der bei Verlust des Gutes zu zahlen
wäre. Die Neufassung dient der Angleichung an die Regelung des § 447 Abs. 2 S. 2. Es erscheint nach

---

[43] OLG Hamburg Urt. v. 17.1.1983 – 6 U 130/83, VersR 1984, 236: Akkreditivbank als Empfänger ordnet
Ablieferung an Dritten an.

[44] LG Augsburg Urt. v. 22.1.1991 – 2 HKO 3684/90, TranspR 1991, 183; *Clarke* Nr. 32b S. 95 Fn. 31; *Herber/
Piper* CMR Art. 12 Rn. 14; *Thume/Temme* CMR Art. 12 Rn. 38; MüKoHGB/*Jesser-Huß* CMR Art. 12 Rn. 9.

[45] *Herber/Piper* CMR Art. 12 Rn. 36.

[46] BGH Urt. v. 5.10.1959 – II ZR 219/57, NJW 1960, 39 (40) (KVO); *Staub/Schmidt* Rn. 10; *Koller* Rn. 18;
Herber/Piper CMR Art. 12 Rn. 18; MüKoHGB/*Jesser-Huß* CMR Art. 12 Rn. 12.

[47] BR-Drs. 368/97, 49.

[48] *Helm* VersR 1988, 548 (552, 553); *Thume/Temme* CMR Art. 12 Rn. 53.

der geltenden Rechtslage unverständlich, den Frachtführer im Falle der Befolgung einer Weisung ohne Vorlage des Frachtbriefs weitergehend haften zu lassen, als in den Fällen, in den ein Frachtführer eine Weisung ausführt, ohne sich den Ladeschein vorlegen zu lassen. Bezüglich Der Frachtführer haftet wegen Missachtung der Sperrfunktion nicht nur für sonstige Vermögensschäden, sondern auch für Güter- und Verspätungsschäden begrenzt.[49] **Entgangener Gewinn,** etwa durch einen verlorenen Auftrag, ist als Schaden bis zur Haftungsbegrenzung zu ersetzen.[50] Abs. 6 weicht insoweit vom Regelungsmodell der CMR ab, als ein Fehlverhalten des Frachtführers nur im Zusammenhang mit einem Sperrpapier sanktioniert wird. Sonstiges Fehlverhalten des Frachtführers, welches im Hinblick auf die Ausführung von Weisungen auftritt, wird von Abs. 6 nicht erfasst.

32   **Nicht von Abs. 6 erfasst** sind die Fälle, bei denen der Frachtführer eine ihm gegenüber verbindlich gewordene Weisung überhaupt nicht, nicht vollständig oder nicht richtig ausführt. Diese Pflichtverletzungen sind nach den Grundsätzen der **positiven Forderungsverletzung** (§ 280 BGB) zu behandeln, wobei hier die Haftungsbeschränkung des § 433 eingreift. Ist der Absender Verbraucher, so ist wegen § 449 Abs. 1 die Vorschrift des § 418 Abs. 6 insoweit zwingend, als nicht zu Lasten des Verbrauchers abgewichen werden kann. Bei Güter- und Verspätungsschäden ist die Haftung dementsprechend auf den **dreifachen Betrag,** der bei Verlust des Gutes zu zahlen wäre, beschränkt.

33   Die Vorschrift kann nicht zu Lasten gutgläubiger Dritter abbedungen werden (§ 449 Abs. 1 S. 2).

34   **3. Skripturhaftung bei fehlender Übernahme des Gutes.** Über den Wortlaut des Abs. 6 hinaus ist bei fehlender Übernahme des Gutes ein Fall der Skripturhaftung zu bejahen.[51] Danach macht sich der Frachtführer schadensersatzpflichtig, wenn er das Beförderungsgut überhaupt nicht erhalten hat, er aber gleichwohl das von ihm unterzeichnete dritte Stück des Frachtbriefes dem Absender ausgehändigt und damit wahrheitswidrig den Empfang des Gutes bestätigt hat. Die entsprechende Anwendung lässt sich mittels eines *argumentum a majore ad minus* sachlich rechtfertigen: Abs. 6 setzt begrifflich zwar die Übergabe des Gutes an den Frachtführer voraus und greift zB dann ein, wenn dieser die Ware dem Absender ohne Vorlage des Frachtbriefdritts zurückgegeben hat. Nach ihrem Sinn und Zweck *(Schutz des Vertrauens Dritter auf die Legitimationsfunktion des Frachtbriefs)* muss die Vorschrift jedoch erst recht gelten, wenn der Frachtführer den Empfang der Ware im Frachtbrief wahrheitswidrig bestätigt.[52] Denn im Vergleich zu der vom Wortlaut erfassten Rückgabe des Gutes liegt sogar ein besonders grober Fall der Gefährdung schutzwürdiger Interessen Dritter vor, weil dem Absender (Verkäufer) ermöglicht wird, sich mit Hilfe des ihm ausgehändigten Stückes des Frachtbriefes den Kaufpreis zu verschaffen, ohne die geschuldete Ware überhaupt zur Lieferung zur Verfügung zu haben. Daneben haftet der Frachtführer auch nach den Regeln der Rechtsscheinhaftung entsprechend §§ 172 und 405 BGB sowie aus § 826 BGB.

IV. Benachrichtigungspflicht (Abs. 5)

35   Der Frachtführer ist verpflichtet, den Verfügungsberechtigten zu **benachrichtigen,** wenn er eine ihm gegenüber erteilte Weisung nicht auszuführen **beabsichtigt.**[53] Abs. 5 stellt im Vergleich zu den in Art. 12 Abs. 6 CMR enthaltenen korrespondierenden Vorschriften ausdrücklich klar, dass der Frachtführer die Mitteilung nicht erst machen muss, wenn er sein Unvermögen zur Ausführung der Weisung feststellt, sondern schon dann, wenn er beschließt, Weisungen nicht zu befolgen.[54] Diese **frühzeitige Informationspflicht** entspricht dem Leitbild fremdnütziger Geschäftsbesorgung und erlaubt dem Weisungsberechtigten, rechtzeitig Dispositionen zu treffen.[55]

36   Die Benachrichtigung hat **unverzüglich** (§ 121 S. 1 BGB), also ohne schuldhaftes Zögern zu erfolgen. Versäumt der Frachtführer seine ihm auferlegte Verpflichtung, so haftet er ebenfalls nach den Grundsätzen der positiven Forderungsverletzung (§ 280 Abs. 1 BGB), soweit die Pflichtverletzung nicht der spezialgesetzlichen Norm des § 433 unterliegt.

37   Die **Beweislast** für die Erfüllung der Benachrichtigungspflicht trifft den Frachtführer.[56] Unterlässt er die Benachrichtigung, hat er die Unzumutbarkeit der Weisung nachzuweisen (→ CMR Art. 12 Rn. 16).[57]

---

[49] Bericht SV-Kommission, S. 71.

[50] MüKoHGB/*Jesser-Huß* CMR Art. 12 Rn. 31; Thume/*Temme* CMR Art. 12 Rn. 50; Theunis/*Maccarone, International Carriage of Goods – CMR,* 1987, 74.

[51] So für das WA: BGH Urt. v. 19.3.1976 – I ZR 75/74, BGHZ 76, 213 = NJW 1976, 1583 (1584 f.) m. zust. Anm. v. *Kropholler* = ZLW 1977, 79 = MDR 1976, 824.

[52] AA *Koller* TranspR 1994, 181 (186).

[53] Staub/*Schmidt* Rn. 35.

[54] *Koller* Rn. 22.

[55] BR–Drs. 368/97, 49.

[56] *Baumgärtel/Giemulla* CMR Art. 12 Rn. 9; *Herber/Piper* CMR Art. 12 Rn. 39; Thume/*Temme* CMR Art. 12 Rn. 70.

[57] *Heuer,* Die Haftung des Frachtführers nach dem Übereinkommen über den Beförderungsvertrag im internationalen Straßengüterverkehr, 1975, 157; *Baumgärtel/Giemulla* CMR Art. 12 Rn. 9; *Herber/Piper* CMR Art. 12 Rn. 39.

§ 419 Beförderungs- und Ablieferungshindernisse

(1) ¹Wird nach Übernahme des Gutes erkennbar, dass die Beförderung oder Ablieferung nicht vertragsgemäß durchgeführt werden kann, so hat der Frachtführer Weisungen des nach § 418 Verfügungsberechtigten einzuholen. ²Ist der Empfänger verfügungsberechtigt und ist er nicht zu ermitteln oder verweigert er die Annahme des Gutes, so ist, wenn ein Ladeschein nicht ausgestellt ist, Verfügungsberechtigter nach Satz 1 der Absender; ist die Ausübung des Verfügungsrechts von der Vorlage eines Frachtbriefs abhängig gemacht worden, so bedarf es in diesem Fall der Vorlage des Frachtbriefs nicht. ³Der Frachtführer ist, wenn ihm Weisungen erteilt worden sind und das Hindernis nicht seinem Risikobereich zuzurechnen ist, berechtigt, Ansprüche nach § 418 Abs. 1 Satz 4 geltend zu machen.

(2) Tritt das Beförderungs- oder Ablieferungshindernis ein, nachdem der Empfänger auf Grund seiner Verfügungsbefugnis nach § 418 die Weisung erteilt hat, das Gut an einen Dritten abzuliefern, so nimmt bei der Anwendung des Absatzes 1 der Empfänger die Stelle des Absenders und der Dritte die des Empfängers ein.

(3) ¹Kann der Frachtführer Weisungen, die er nach § 418 Abs. 1 Satz 3 befolgen müßte, innerhalb angemessener Zeit nicht erlangen, so hat er die Maßnahmen zu ergreifen, die im Interesse des Verfügungsberechtigten die besten zu sein scheinen. ²Er kann etwa das Gut entladen und verwahren, für Rechnung des nach § 418 oder § 446 Verfügungsberechtigten einem Dritten zur Verwahrung anvertrauen oder zurückbefördern; vertraut der Frachtführer das Gut einem Dritten an, so haftet er nur für die sorgfältige Auswahl des Dritten. ³Der Frachtführer kann das Gut auch gemäß § 373 Abs. 2 bis 4 verkaufen lassen, wenn es sich um verderbliche Ware handelt oder der Zustand des Gutes eine solche Maßnahme rechtfertigt oder wenn die andernfalls entstehenden Kosten in keinem angemessenen Verhältnis zum Wert des Gutes stehen. ⁴Unverwertbares Gut darf der Frachtführer vernichten. ⁵Nach dem Entladen des Gutes gilt die Beförderung als beendet.

(4) Der Frachtführer hat wegen der nach Absatz 3 ergriffenen Maßnahmen Anspruch auf Ersatz der erforderlichen Aufwendungen und auf angemessene Vergütung, es sei denn, daß das Hindernis seinem Risikobereich zuzurechnen ist.

Schrifttum: *Basedow,* Der Transportvertrag. Studien zur Privatrechtsangleichung auf regulierten Märkten, 1987; *Fremuth/Thume,* Kommentar zum Transportrecht, 2000; *Jesser,* Frachtführerhaftung nach der CMR – Internationaler und nationaler Straßengütertransport, 1992; *Koller,* Die Haftung beim Transport mit vertragswidrigen Beförderungsmitteln, TranspR 1988, 432; *Konow,* Aufwendungsersatz bei Fürsorgemaßnahmen für das Gut während des Transports, TranspR 1988, 229; *Lehmann,* Just-in-Time: Handels- und AGB-rechtliche Probleme, BB 1990, 1849; *Lenz,* Straßengütertransportrecht, 1988; *Nagel,* Schuldrechtliche Probleme bei Just-in-Time-Lieferbeziehungen, DB 1991, 319; *Ramming,* Die Entlastung des Frachtführers von seiner Haftung nach § 425 Abs. 1 HGB, TranspR 2001, 53.

Parallelvorschriften: Art. 14–16 CMR, Art. 20–22 CIM 1999, Art. 3 Abs. 4 CMNI.

Übersicht

I. Einleitung

Die Vorschrift enthält Regelungen über Beförderungs- und Ablieferungshindernisse sowie der **1** Befugnisse und Ansprüche des Frachtführers aufgrund solcher Störungen. Die Regelung ist gegenüber der CMR, die in erster Linie als Vorbild gedient hat, **neu strukturiert** und **gestrafft**. Die Trennung von Beförderungshindernissen einerseits (Art. 14 CMR) und Ablieferungshindernissen andererseits (Art. 15 CMR) sowie der Befugnisse und Ansprüche des Frachtführers (Art. 16 CMR) ist aufgegeben worden.[1] Eine Aufspaltung nach Vorbild der Art. 14–16 CMR erschien dem Gesetzgeber nicht sinnvoll, weil die in Art. 16 CMR geregelten **Rechtsfolgen** für Beförderungs- und Ablieferungshindernisse **deckungsgleich** sind. Im Verhältnis zu den Regeln des Gläubigerverzugs (§§ 293 ff. BGB) im Falle eines Ablieferungshindernisses ist § 419 lex specialis.[2]

2   Abs. 1 übernimmt aus Art. 14 Abs. 1 CMR (Beförderungshindernis) und Art. 15 Abs. 1 S. 1 CMR (Ablieferungshindernis) den Grundsatz, dass der Frachtführer bei **Vorliegen von Hindernissen** in erster Linie die Weisungen des Verfügungsberechtigten einholen muss und trifft **ergänzend** die Bestimmung über das Verfügungsrecht sowie über die Rechtsfolgen für den Frachtführer nach Weisungserhalt.[3]

3   Entsprechend der Konzeption der CMR kann nicht jede Erschwernis der Beförderung als Beförderungshindernis erachtet werden. S. 1 definiert deshalb die relevanten **Hindernistatbestände.** Abweichend von der CMR wurde von der Verwendung des Begriffs **„Unmöglichkeit"** abgesehen, weil dieser nach deutschem Recht die Nichterbringlichkeit der Leistung impliziert (vgl. § 275 BGB). Im Rahmen des § 419 reicht es dagegen aus, dass der Frachtführer die Leistung nicht entsprechend den Parteiabreden, zB mit den vereinbarten Transportmitteln oder innerhalb der Lieferfrist (§ 423), erbringen kann.[4]

4   Um Beförderungs- und Ablieferungshindernisse **zeitlich** voneinander **abzugrenzen,** stellte das Gesetz bisher nicht auf die Ankunft am Bestimmungsort, sondern auf die Ankunft des Gutes an der **Ablieferungsstelle** ab.[5] Dies entspricht der Abgrenzung der Rechtsposition von Absender und Empfänger, wie dies etwa auch in § 418 Abs. 2 (Übergang des Weisungsrechts) und § 421 Abs. 1 (Übergang der Aktivlegitimation auf den Empfänger) enthalten ist. Der Gesetzgeber gibt mit Inkrafttreten der Seehandelsrechtsreform die formale Unterscheidung zwischen den Beförderungs- und Ablieferungshindernissen auf. Die Reform fasst Abs. 1 S. 1 wie folgt neu: „Wird nach Übernahme des Gutes erkennbar, dass die Beförderung oder Ablieferung nicht vertragsgemäß durchgeführt werden kann, so hat der Frachtführer Weisungen des nach § 418 oder § 446 Verfügungsberechtigten einzuholen." Durch die vorgeschlagene Neufassung von § 419 Abs. 1 S. 1 wird die im Ergebnis unmaßgebliche Unterscheidung zwischen einem Beförderungshindernis und einem Ablieferungshindernis aufgegeben. Die Norm kommt nur dann zur Anwendung, wenn das Beförderungs- oder Ablieferungshindernis nach Übernahme des Gutes erkennbar wurde. Wird das Leistungshindernis vor der Annahme des Gutes festgestellt, greifen die frachtrechtlichen Sonderregeln nicht ein.[6] Störungen vor der Verladung stellen demnach keine Beförderungshindernisse iSd § 419 dar. Der Frachtführer wird folglich nach § 275 BGB von seiner Beförderungspflicht frei. Die Vergütungspflicht entfällt nach § 326 Abs. 1 BGB. Ein Rückgriff auf eine analoge Anwendung des § 420 Abs. 2 ist nicht geboten.[7] Ist der Absender bereits in Vorlage getreten, kann er vom Frachtführer nach § 346 Abs. 1 iVm § 326 Abs. 4 BGB die nicht geschuldete Fracht zurückverlangen. Dem Absender stehen ferner nach seiner Wahl ein Schadensersatzanspruch statt der Leistung nach § 311a Abs. 2 BGB oder ein Aufwendungsersatzanspruch nach § 284 BGB zu, vorausgesetzt, dass der Frachtführer die Unkenntnis von dem anfänglichen Leistungshindernis zu vertreten hat

5   Hinsichtlich der **Definitionen der Ablieferungshindernisse** wurde die in Art. 15 Abs. 1 S. 1 CMR vorgenommene allgemeine Beschreibung beibehalten, nach der sich der Tatbestand der Ablieferungshindernisse erst **in Abgrenzung zu den Beförderungshindernissen** erschließt. Auf diese Weise werden Lücken zwischen den beiden Hinderungstatbeständen vermieden.

II. Beförderungs- und Ablieferungshindernisse (Abs. 1)

6   **1. Begriff; Abgrenzung. Beförderungshindernisse** sind Störungen des Transportes **vor** Ankunft des Gutes an der Ablieferungsstelle, **Ablieferungshindernisse** solche **nach** Ankunft des Gutes. Daraus lässt sich der Grundsatz formulieren, dass der Frachtführer bei Beförderungshindernissen in erster Linie Weisungen des Absenders einzuholen hat, bei Ablieferungshindernissen Weisungen des Empfängers.[8] Mit der Reform des Seehandelsrechts ist die Unterscheidung zwischen Beförderungs- und Ablieferungshindernissen obsolet.[9]

7   Nach dem Wortlaut wird deutlich, dass nicht jede Erschwernis im Zusammenhang mit der Beförderung ein **„Hindernis"** ist. Bloße **Erschwerungen** und Verteuerungen reichen nicht aus.[10] Ande-

---

[1] MüKoHGB/*Czerwenka*, 2. Aufl. 2009, Rn. 4.
[2] *Koller* Rn. 1; aA wohl *Ramming* TranspR 2001, 53 (55).
[3] BR-Drs. 368/97, 50.
[4] BR-Drs. 368/97, 50.
[5] MüKoHGB/*Dubischar*, 1. Aufl. 1997, Rn. 3.
[6] Vgl. *Reuschle* in Hartenstein/Reuschle, Transport- und Speditionsrecht, 3. Aufl. 2015, Kap. 1 Rn. 274.
[7] AA *Braun*, Das frachtrechtliche Leistungsstörungsrecht nach dem Transportrechtsreformgesetz, 2002, 74.
[8] *Baumbach/Hopt/Merkt* Rn. 1.
[9] → Rn. 4.
[10] OLG München Urt. v. 28.6.1983 – 25 U 1354/83, TranspR 1984, 186 (187) (notwendiger Umweg); OLG Hamburg Urt. v. 25.2.1988 – U 194/87, TranspR 1988, 277 (278) (Ablieferungshindernis); MüKoHGB/*Czerwenka*

rerseits sind Hindernisse nicht erst bei Nichterbringlichkeit der Leistung, also bei rechtlicher oder tatsächlicher Unmöglichkeit (§ 275 Abs. 1 BGB) anzunehmen.[11] Ein Hindernis in diesem Sinne liegt vielmehr dann vor, wenn der Frachtführer nicht seinen vertraglich niedergelegten Verpflichtungen nachkommen kann, er also seine Leistungen nicht entsprechend den vereinbarten Vorgaben im **Beförderungsvertrag** erbringen kann.[12] Es müssen Beförderungshindernisse auftreten, die die Ausführung des Vertrags zu den im Frachtbrief festgelegten Bedingungen unmöglich machen. Hierzu sind die Fälle des § 275 Abs. 2 BGB zu rechnen: Ein Beförderungshindernis liegt auch dann vor, wenn die Beförderung nur mit einem Aufwand durchgeführt werden kann, der im Vergleich zum Leistungsinteresse des Gläubigers grob unverhältnismäßig erscheint. Maßgebend ist hierfür nicht nur das Leistungsinteresse des Absenders, sondern auch dasjenige des Empfängers, dessen Schaden der Absender liquidieren darf.[13] Auch **zeitweise Hindernisse** genügen, wenn die vertragsgemäße Lieferzeit überschritten wurde.[14] Unerheblich ist, woraus das Hindernis resultiert.[15]

Ist es dem Frachtführer subjektiv unmöglich, seinen Vertragspflichten nachzukommen, so ist zu **8** prüfen, ob diesem ggf. die Beauftragung eines Dritten zuzumuten ist,[16] wie überhaupt vom Frachtführer nur **zumutbare Maßnahmen** zur Beseitigung des Hindernisses verlangt werden können.[17]

a) Beförderungshindernisse. Der Frachtführer wird gelegentlich seinen oftmals vielschichtigen **9** Pflichten aus dem Frachtvertrag nicht nachkommen können, da **nach Vertragsschluss** Hindernisse im Zusammenhang mit der Beförderung entstehen können, auf die möglicherweise keine der Parteien Einfluss hat. Dabei spielt es in diesem Zusammenhang keine Rolle, ob Hindernisse von einem der Beteiligten verursacht oder verschuldet wurden. Die **Risikozuordnung** ist erst im Nachhinein für die Frage bedeutsam, ob Ansprüche des Frachtführers für Aufwendungen im Zusammenhang mit Weisungen ersatzpflichtig sind oder nicht (Abs. 1 S. 3 und Abs. 4).

Beförderungshindernisse treten etwa deshalb auf, weil der Frachtführer wegen Naturereignissen **10** nicht die vereinbarte **Transportstrecke** einhalten kann und auf eine andere Route ausweichen muss[18] oder wenn der Absender die **Umladung** des Gutes untersagt hat, das Beförderungsmittel aber wegen technischer Mängel unterwegs liegen geblieben ist.[19] Beförderungshindernisse können auch dadurch entstehen, dass der Frachtführer nicht die notwendigen **Begleitdokumente,** etwa für die Zollabfertigung, erhalten hat.

b) Ablieferungshindernisse. Ein Ablieferungshindernis liegt nicht nur dann vor, wenn der **Emp-** **11** **fänger nicht zu ermitteln** ist oder die **Annahme des Gutes verweigert** (Abs. 1 S. 2). Ablieferungshindernisse können etwa auch dadurch entstehen, dass für das Entladen notwendiges **Hilfsmittel,** zB ein Gabelstapler oder ein Spezialkran, nicht vorhanden ist.[20]

Fraglich ist, ob ein Ablieferungshindernis darin zu sehen ist, dass der Empfänger sich **weigert, die** **12** **Fracht zu bezahlen.** Hat die Ablieferung auf Weisung des Absenders nur gegen Einziehung einer **Nachnahme** zu erfolgen (§ 418 Abs. 1) oder wurde eine solche von den Parteien vereinbart (§ 422 Abs. 1), dann stellt die Weigerung, die Nachnahme zu bezahlen, sicherlich ein Ablieferungshindernis dar.[21] Sollte die Ablieferung hingegen ohne Einziehung der Nachnahme erfolgen, so steht der

---

Rn. 7 (qualifizierte Erschwerungen ausreichend); *Koller* CMR Art. 14 Rn. 3; *Staub/Reuschle* CMR Art. 14 Rn. 2; *Thume/Temme* CMR Art. 14 Rn. 17.

[11] Anders die Definition bei Art. 15 Abs. 1 S. 1 CMR, wonach Unmöglichkeit schon bei Antritt des Ablieferungshindernisses anzunehmen ist. Vgl. etwa *Koller* CMR Art. 14 Rn. 3; *Koller* CMR Art. 15 Rn. 2; *Thume/Temme* CMR Art. 14 Rn. 5; *Staub/Reuschle* CMR Art. 14 Rn. 2.

[12] *Fremuth* in Fremuth/Thume TranspR Rn. 3.

[13] *Koller* Rn. 5.

[14] OLG München Urt. v. 12.4.1990 – 23 U 3161/88, TranspR 1990, 285; *Thume/Temme* CMR Art. 14 Rn. 6; *Koller* CMR Art. 14 Rn. 3; MüKoHGB/*Jesser-Huß* CMR Art. 14 Rn. 12 mwN.

[15] OLG Frankfurt a. M. Urt. v. 24.6.1991 – 12 U 152/90, VersR 1992, 1157; *Clarke* Nr. 33a (i) S. 98; *Hill/Messent,* CMR – Contracts for the international carriage of goods by road, 2. Aufl. 1995, 94; *Herber/Piper* CMR Art. 14 Rn. 4.

[16] Vgl. OGH Wien Urt. v. 27.8.1981 – 6 Ob 540/81, *Greiter* Nr. 20; *Jesser,* Frachtführerhaftung nach der CMR – Internationaler und nationaler Straßengütertransport, 1992, 88; *Staub/Schmidt* Rn. 4; *Herber/Piper* CMR Art. 14 Rn. 5 mwN; MüKoHGB/*Jesser-Huß* CMR Art. 14 Rn. 8; *Staub/Reuschle* CMR Art. 14 Rn. 2; ähnl. *Clarke* Nr. 33a (i) S. 99 f.

[17] OLG Hamburg Urt. v. 25.2.1988 – 6 U 194/87, TranspR 1988, 277 (278) (für Ablieferungshindernis); *Koller* TranspR 1988, 129 (130); *Koller* Rn. 5; *Pesce,* Il Contratto, 1984, 173; *Clarke* Nr. 33a(i) S. 100; *Putzeys* Rn. 476; *Staub/Reuschle* CMR Art. 14 Rn. 2; *Glöckner,* Leitfaden zur CMR, 7. Aufl. 1991, CMR Art. 14 Rn. 1; *Herber/Piper* CMR Art. 14 Rn. 8; vgl. ferner MüKoHGB/*Jesser-Huß* CMR Art. 14 Rn. 10 f.

[18] Vgl. *Loewe* ETR 1976, 503 (547).

[19] *Thume/Temme* CMR Art. 14 Rn. 8.

[20] OLG Köln Urt. v. 23.2.1972 – 2 U 85/71, BB 1973, 405; → CMR Art. 15 Rn. 2; *Loewe* ETR 1976, 503 (548); *Clarke* Nr. 33b S. 101; *Thume/Temme* CMR Art. 15 Rn. 3; MüKoHGB/*Jesser-Huß* CMR Art. 15 Rn. 2 mwN; *Fremuth* in Fremuth/Thume TranspR Rn. 7–10.

[21] Vgl. zur Nachnahme OLG Hamburg Urt. v. 3.11.1983 – 6 U 108/83, TranspR 1984, 190 (191) = VersR 1984, 235 (236); *Thume/Temme* CMR Art. 15 Rn. 6.

Ablieferungsverpflichtung des Frachtführers die Zahlungsverpflichtung des Empfängers gegenüber. Diese **Zug-um-Zug-Verpflichtung** begründet dann ebenfalls die Annahme eines Ablieferungshindernisses.

13   Ein weiteres Ablieferungshindernis kann zB in einer **Zollbeschlagnahme**[22] liegen oder auch darin, dass der **Empfänger** am Ablieferungsort im Rahmen der dem Frachtführer zumutbaren Nachforschungspflicht **nicht zu ermitteln**[23] oder nicht anzutreffen ist.[24] Die Ursache des Ablieferungshindernisses und die Frage, wer dieses zu vertreten hat, spielt für die Anwendung des § 419 keine Rolle.[25]

14   Die Vorschrift ist analog anzuwenden, wenn die **Entgegennahme** des Gutes vor dessen Ankunft **ernstlich und endgültig verweigert** wird.[26]

15   **2. Zeitpunkt.** Der Frachtführer hat Weisungen bereits dann einzuholen, wenn Beförderungshindernisse **erkennbar** werden.[27] Erkennbarkeit liegt vor, wenn der Frachtführer den Eintritt des Hindernisses erwartet oder zumindest als wahrscheinlich ansieht.[28] Erkennenmüssen ist dabei ausreichend. Nur durch eine **alsbaldige Mitteilung** ist der Verfügungsberechtigte nämlich in der Lage, rechtzeitig auf die Störungen zu reagieren und geeignete Abhilfemaßnahmen einzuleiten. Eine frühe Mitteilung dient somit nicht nur der Sicherung von Informationen, sondern auch der Dispositionsbefugnis des Verfügungsberechtigten.

16   Trotz des etwas unklaren Wortlautes erstreckt sich der frühe Zeitpunkt der Erkennbarkeit nicht nur auf **Beförderungshindernisse,** sondern auch auf **Ablieferungshindernisse.**

17   **3. Erschwerungen.** Der Frachtführer ist nicht berechtigt, bei schlichten Erschwerungen die Beförderung zu beenden. In rechtlicher Hinsicht liegt insoweit eine zu vertretende Nichterfüllung des Beförderungsvertrages vor.[29] Führt der Frachtführer die Beförderung unter Erschwernissen aus, hat er Anspruch auf Ersatz von **Mehraufwendungen** (§ 419 Abs. 4 analog).[30] **Standgeld** kann er nur unter den Voraussetzungen des § 412 Abs. 3 beanspruchen. Einen darüberhinausgehenden **besonderen Vergütungsanspruch** hat er nicht.

18   **4. Sperrpapier (Abs. 1 S. 2 Hs. 2).** Ist ein Frachtbrief als Sperrpapier ausgestellt, so können Weisungen des Absenders nur gegen Vorlage der Absenderausfertigung erteilt werden (§ 418 Abs. 4). Führt der Frachtführer unter Missachtung der Sperrfunktion eine Weisung aus, so **haftet er unbeschränkt und in voller Höhe** gegenüber dem Berechtigten für den dadurch entstandenen Schaden (§ 418 Abs. 6).

19   Der Vorlage der Absenderausfertigung bedarf es ausnahmsweise dann nicht, wenn das **Verfügungsrecht** des Absenders trotz Ankunft des Gutes an der Ablieferungsstelle **wieder auflebt,** weil der (an sich verfügungsberechtigte) Empfänger nicht zu ermitteln ist oder die Annahme des Gutes verweigert (Abs. 1 S. 2). Dies erklärt sich daraus, dass der Absender bei dieser Situation regelmäßig nicht mehr in der Lage sein wird, einen etwa ausgestellten Frachtbrief vorzulegen, da er diesen, als Voraussetzung für den Übergang des von der Vorlage des Frachtbriefes abhängig gemachten Weisungsrechts, bereits an den Empfänger weitergegeben haben wird.[31] Die in Art. 15 CMR enthaltene Regelung, die dem Empfänger trotz Annahmeverweigerung noch ein Verfügungsrecht zubilligt, ist entfallen.

20   Mit der Annahmeverweigerung durch den Empfänger **erlischt** dessen Verfügungsbefugnis.[32] Die Annahmeverweigerung ist für den Empfänger verbindlich, sodass der Frachtführer nur noch Weisungen von einer Seite zu erwarten hat.[33] Allenfalls kommt eine Anfechtung wegen arglistiger Täuschung in Betracht. Eine Anfechtung wegen Irrtums scheidet aus, weil insoweit der Vertrauensschutz vorgeht. Das Vorliegen einer Annahmeverweigerung beurteilt sich nach objektiven Kriterien.

---

[22] OLG Hamburg Urt. v. 16.1.1986 – 6 U 218/85, TranspR 1986, 229 (230); → CMR Art. 15 Rn. 2; *Herber/Piper* CMR Art. 15 Rn. 8; *Lenz* Straßengütertranspr CMR Art. 15 Rn. 427.

[23] OLG Hamburg Urt. v. 25.2.1988 – 6 U 194/87, VersR 1988, 909; *Herber/Piper* CMR Art. 15 Rn. 7; *Müglich* TranspR Rn. 7; *Glöckner,* Leitfaden zur CMR, 7. Aufl. 1991, CMR Art. 15 Rn. 4; *Staub/Reuschle* CMR Art. 15 Rn. 2; *Thume/Temme* CMR Art. 15 Rn. 3.

[24] MüKoHGB/*Jesser-Huß* CMR Art. 15 Rn. 2, 3 m. weit. Bsp.

[25] OLG Düsseldorf Urt. v. 15.12.1983 – 18 U 72/83, TranspR 1984, 38 (40); *Clarke* Nr. 33b S. 101; *Thume/Temme* CMR Art. 15 Rn. 4; *Herber/Piper* CMR Art. 15 Rn. 6 mwN.

[26] Vgl. Staub/*Schmidt* Rn. 9; *Thume/Temme* CMR Art. 15 Rn. 2; *Koller* CMR Art. 15 Rn. 1; *Herber/Piper* CMR Art. 15 Rn. 1; iE ebenfalls MüKoHGB/*Jesser-Huß* CMR Art. 15 Rn. 6; unklar BGH Urt. v. 5.2.1987 – I ZR 7/85, VersR 1987, 678 (679).

[27] MüKoHGB/*Czerwenka,* 2. Aufl. 2009, Rn. 17.

[28] AG Bremen Urt. v. 29.9.2006 – 9 C 166/06, BeckRS 2007, 07931; enger Baumbach/Hopt/*Merkt* Rn. 1.

[29] *Thume/Temme* CMR Art. 14 Rn. 17.

[30] IErg ebenfalls OLG München Urt. v. 28.6.1983 – 25 U 1354/83, TranspR 1984, 186 (187); *Herber/Piper* CMR Art. 14 Rn. 9; *Koller* CMR Art. 14 Rn. 3; *Thume/Temme* CMR Art. 14 Rn. 17; *Lenz* Straßengütertranspr CMR Art. 14 Rn. 417.

[31] Bericht SV-Kommission, S. 72; BR-Drs. 368/97, 51.

[32] Die Rechtsfolge unterscheidet sich somit von der des Art. 15 Abs. 2 CMR, wonach das Verfügungsrecht des Empfängers von der Annahmeverweigerung grds. unberührt bleibt.

[33] BR-Drs. 368/97, 51; Staub/*Schmidt* Rn. 25.

III. Sonderregelung bei Drittempfänger (Abs. 2)

Abs. 2 bestimmt eine **Sonderregelung** für den Fall, dass der **verfügungsberechtigte** Empfänger **21** einen Drittempfänger bestimmt hat. Die Vorschrift des Abs. 1 S. 2 ist in diesem Zusammenhang so zu lesen, dass der Empfänger an die Stelle des Absenders und an die Stelle des Empfängers der Dritte tritt. Die Vorschrift ist angelehnt an Art. 15 Abs. 3 CMR und findet nur Anwendung, wenn der Empfänger tatsächlich verfügungsberechtigt ist.[34] Verweigert der Dritte die Annahme des Gutes, so lebt das Verfügungsrecht des Empfängers wieder auf und das des Dritten erlischt.

IV. Rechte und Pflichten des Frachtführers

1. Pflicht zur Einholung von Weisungen. Der Frachtführer ist bei **erkennbaren**[35] Beförderungs- **22** und Ablieferungshindernissen verpflichtet, den Verfügungsberechtigten sowohl davon in Kenntnis zu setzen und als auch dessen Weisungen, wie nun weiter zu verfahren ist, einzuholen (→ § 418 Rn. 9 f.). Dieser Pflicht genügt der Frachtführer mit seinem Ersuchen; das Risiko des Zugangs seiner Mitteilung an den Absender trägt er hingegen nicht.[36] Dem Frachtführer obliegt es, den Weisungsberechtigten über die Art und die Auswirkung des Hindernisses sowie etwaige Kosten bei der Ausführung einer in Betracht kommenden Weisung zu unterrichten. Der Frachtführer hat den Weisungen **Folge zu leisten,** soweit diese für ihn verbindlich geworden sind. Sind Weisungen im Einzelfall nicht durchführbar, gesetzwidrig, nachteilig, gefährlich oder unzumutbar, so kann er deren Befolgung ausnahmsweise ablehnen. Beabsichtigt der Frachtführer, einer Weisung nicht nachzukommen, so hat er den Berechtigten **unverzüglich zu benachrichtigen** (§ 418 Abs. 5), damit diesem die Möglichkeit verbleibt, gegebenenfalls eine wirksame Weisung zu erteilen. Bei Verstoß gegen die Benachrichtigungspflicht haftet der Frachtführer nach § 280 Abs. 1 BGB, soweit nicht die Spezialnorm des § 433 eingreift.

Der Frachtführer hat nach § 419 Abs. 1 S. 3 iVm § 418 Abs. 1 S. 4 einen Anspruch auf Ersatz seiner **23** durch die Weisung entstandenen **Aufwendungen** sowie auf eine **angemessene Vergütung.** Der Frachtführer kann die Befolgung der Weisung von einem **Vorschuss** abhängig machen. Diese Ansprüche sind ausgeschlossen, wenn das Hindernis seinem Risikobereich zuzurechnen ist.[37] Dem Aufwendungsersatzanspruch des Frachtführers kann ein Gegenanspruch des Weisungsberechtigten nach §§ 280, 241 BGB entgegenstehen, wenn der Frachtführer bei Einholung der Weisung nicht auf ein besonders hohes Kostenrisiko aufmerksam gemacht hat.[38] Wegen aller erforderlichen Aufwendungen steht dem Frachtführer ein. § 369 ein Zurückbehaltungsrecht an dem Gut sowie ein Pfandrecht nach § 441 BGB zu. Ist der Absender kein Kaufmann, ergibt sich das Zurückbehaltungsrecht aus § 273 BGB. Ist der Frachtführer kein Kaufmann, wird er jedoch gewerbsmäßig tätig, kann er sich gem. § 407 Abs. 3 S. 2 auf § 369 berufen.

2. Recht zu eigenverantwortlichen Maßnahmen (Abs. 3). Gelingt es dem Frachtführer nicht, **24** innerhalb angemessener Zeit Weisungen des Verfügungsberechtigten einzuholen, welche er gem. § 418 Abs. 1 S. 3 befolgen müsste, so hat er diejenigen Maßnahmen zu treffen, die im Interesse des Verfügungsberechtigten die besten zu sein scheinen (Abs. 3 S. 1). Die in Abs. 3 für den Fall der fehlenden Weisung getroffene Regelung fasst die in Art. 14 Abs. 2, 16 Abs. 2 und 3 CMR enthaltenen Grundsätze zusammen.

Die Vorschrift erlaubt dem Frachtführer unter Zuweisung einer weitgehenden **Dispositionsbefug- 25 nis** gemäß den näher beschriebenen Voraussetzungen ein **eigenverantwortliches** Handeln unter dem Vorbehalt der Interessenwahrung gegenüber dem Verfügungsberechtigten. Die in dieser Norm genannten Dispositionsmöglichkeiten (Abs. 3 S. 2–4) sind nicht abschließend, sondern beinhalten nur eine **beispielhafte Aufzählung.** Die Vorschrift findet Anlehnung an Art. 14 Abs. 2 CMR.

Der Frachtführer hat nach dem eindeutigen Wortlaut der Norm nicht die Befugnis, sofort eigenver- **26** antwortliche Maßnahmen anstelle des Verfügungsberechtigten zu treffen, er muss vielmehr erst eine nach den Umständen zu bestimmende **angemessene Zeit zuwarten.**[39] Welche Zeit angemessen ist, ergibt sich aus dem Verhältnis zwischen Hindernis und eigenverantwortlicher Maßnahme.[40] Je schwerwiegender die Hindernisse und je einschneidender die beabsichtigten Maßnahmen für den Verfügungsberechtigten sind, desto länger hat der Frachtführer auf den Erhalt von Weisungen zu warten. Kann

---

[34] Baumbach/Hopt/*Merkt* Rn. 2.
[35] Baumbach/Hopt/*Merkt* Rn. 3.
[36] BGH Urt. v. 7.5.2002.
[37] MüKoHGB/*Czerwenka*, 2. Aufl. 2009, Rn. 42.
[38] *Koller* Rn. 24.
[39] Vgl. OGH Wien Urt. v. 10.2.1981 – 5 Ob 719/80, zit. nach *Greiter* Nr. 18; *Hill/Messent,* CMR – Contracts for the international carriage of goods by road, 2. Aufl. 1995, 95; *Sánchez-Gamborino* Nr. 592; *Thume/Temme/Seltmann* CMR Art. 14 Rn. 14, A 14 mwN; MüKoHGB/*Jesser-Huß* CMR Art. 14 Rn. 18; ähnl. *Koller* CMR Art. 14 Rn. 6: Zeit, die ordentlicher Verfügungsberechtigter für Antwort braucht.
[40] *Thume/Temme* CMR Art. 14 Rn. 14; *Koller* Rn. 40.

etwa ein Beförderungshindernis durch Wahl einer anderen, ebenso geeigneten und schnellen Route beseitigt werden, so kann eine Wartezeit von nur wenigen Minuten angemessen sein.[41]

27 Verlangen die Umstände des Einzelfalles zur **Abwendung von Gefahren** für das Gut ein besonders rasches Tätigwerden des Frachtführers, so kann eine relativ kurze Wartezeit ebenfalls angemessen sein. Nur in **ganz besonderen Situationen** ist es zumindest theoretisch denkbar, dass der Frachtführer ausnahmsweise ohne den Versuch, zuerst Weisungen des Verfügungsberechtigten einzuholen, sofort eigene Maßnahmen treffen darf. Diese werden dann auf §§ 675, 665 BGB gestützt.[42] Umgekehrt kann eine Wartezeit von mehreren Stunden bis zu einem ganzen Tag angemessen sein, wenn die zu treffende Maßnahme **große Risiken** für die weitere Beförderung mit sich bringt, etwa bei Beförderungen über einen gefährlichen Alpenpass oder bei einem Transport durch ein Krisen- bzw. Katastrophengebiet aufwirft. Gleiches gilt, wenn die beabsichtigte Maßnahme **große finanzielle Verluste** verursacht, etwa wenn die Verzollung der Ware unter Verzicht auf Ausfuhrerstattungen durchgeführt werden soll, weil die notwendigen Begleitdokumente nicht vorliegen.

28 Der Frachtführer hat auch zu berücksichtigen, dass der Absender, etwa ein Spediteur, oftmals selbst erst **Rücksprache** halten muss, zB beim Eigentümer der Ware.[43]

29 Erfolgt die Beförderung durch Einsatz mehrerer ausführender Frachtführer (§ 437 Abs. 1), dh im Wege einer so genannten **Frachtführerkette,** so kann dies ebenfalls die Wartezeit verlängern.

30 Speziell genannt werden die Befugnisse des Frachtführers, das Gut **auszuladen** und **selbst zu verwahren** (S. 2 Alt. 1), es auf Rechnung des Verfügungsberechtigten einem **Dritten zur Verwahrung anzuvertrauen** oder es **zurückzubefördern** (S. 2 Alt. 2), das Gut nach den Vorschriften über den **Selbsthilfeverkauf** zu veräußern (S. 3) oder es im Extremfall sogar zu **vernichten** (S. 4).[44] Ist die **Beförderung noch in anderer Weise möglich,** so kann zB eine Umladung oder eine Umleitung der Sendung auf eine andere Route interessengerecht sein.[45] Der Frachtführer muss jedoch auch in diesem Falle vorher Weisungen einholen und den Ablauf einer angemessenen Frist für die Weisungserteilung abwarten.[46]

31 Unter mehreren gleich geeigneten Maßnahmen hat der Frachtführer nach den Grundsätzen der **Verhältnismäßigkeit** die für den Verfügungsberechtigten am wenigsten einschneidende zu wählen (§ 242 BGB). Der Frachtführer trägt die **Beweislast** für die Nichterreichbarkeit einer Weisung und die zur abweichenden Ausführung drängenden Umstände.[47]

32 **a) Recht zum Ausladen und Verwahren (Abs. 3 S. 2). aa) Ausladen.** Der Frachtführer kann das Gut ausladen und selbst einlagern oder auf Rechnung des Verfügungsberechtigten einem Dritten zur Verwahrung geben. Nach der Ausladung des Gutes gilt der Frachtvertrag als beendet (S. 5). Das Ausladen steht einer Ablieferung gleich.[48] Der Frachtführer darf das Gut nur ausladen, wenn zu Beginn des Zeitpunkts des Ausladens das Hindernis nicht bereits wieder entfallen ist.[49] Eine verkehrsbedingte **Zwischenlagerung,** bei der die Ausladung nicht an Stelle der Ablieferung erfolgt, beendet den Haftungszeitraum nicht.[50] Behauptet der Frachtführer das Ende der Obhutspflicht, weil er im Hinblick auf ein Transporthindernis ausgeladen habe, hat er die entsprechenden Umstände darzulegen und zu **beweisen.**[51]

33 Mit Beendigung des Frachtvertrages **endet die Obhutshaftung** des Frachtführers.[52] Dies bedeutet zum einen, dass der Frachtführer bis zur Beendigung des Ausladevorganges nach § 425 Abs. 1 für Beschädigung oder Verlust des Gutes nach wie vor haftet und zum anderen, dass der Frachtführer nach Wegfall des Transporthindernisses nicht mehr aus dem Frachtvertrag verpflichtet ist, das Gut erneut zu verladen und die Beförderung fortzusetzen.[53]

34 Nach dem Ausladen kann der Verfügungsberechtigte zudem nicht mehr wirksam **Weisungen** erteilen, da mit Beendigung des Frachtvertrages auch das **Verfügungsrecht erloschen** ist. Ist hingegen das Gut noch nicht gänzlich abgeladen und erreichen den Frachtführer nun die Weisungen des Verfügungsberechtigten, so hat er diesen in den Grenzen des § 418 Abs. 1 S. 3 selbstverständlich Folge

---

[41] Staub/*Schmidt* Rn. 31.

[42] Staub/*Reuschle* CMR Art. 14 Rn. 4; Thume/*Temme* CMR Art. 14 Rn. 15; aA *Koller* CMR Art. 14 Rn. 6, der insoweit die Regeln über die GoA anwendet.

[43] Staub/*Schmidt* Rn. 32.

[44] *Fremuth* in Fremuth/Thume TranspR Rn. 19.

[45] MüKoHGB/*Jesser-Huß* CMR Art. 16 Rn. 19 mwN.

[46] *Herber/Piper* CMR Art. 16 Rn. 24; Thume/*Temme* CMR Art. 16 Rn. 14.

[47] *Baumgärtel/Giemulla* CMR Art. 16 Rn. 3; Thume/*Temme* CMR Art. 16 Rn. 19; *Herber/Piper* CMR Art. 16 Rn. 26.

[48] *Loewe* ETR 1976, 503 (550).

[49] *Koller* CMR Art. 16 Rn. 5; Thume/*Temme* CMR Art. 16 Rn. 14.

[50] *Koller* CMR Art. 16 Rn. 6; Thume/*Temme* CMR Art. 16 Rn. 23; *Herber/Piper* CMR Art. 16 Rn. 24.

[51] OLG Hamburg Urt. v. 25.2.1988 – 6 U 194/87, TranspR 1988, 277 (278); *Koller* CMR Art. 16 Rn. 3; Thume/*Temme* CMR Art. 16 Rn. 37.

[52] BGH Urt. v. 5.2.1987 – I ZR 7/85, VersR 1987, 678 = TranspR 1987, 180 [Art. 17 CMR]; Staub/*Schmidt* Rn. 36.

[53] Staub/*Reuschle* CMR Art. 16 Rn. 2.

zu leisten. Unter Umständen hat der Frachtführer das Gut wieder zu laden und die **Beförderung fortzusetzen.**

Der Frachtführer darf das Gut nur ausladen, wenn zu Beginn des Ausladens das **Transporthinder- 35 nis nicht** bereits wieder **entfallen** ist.[54] Andernfalls ist ein Ausladen nach § 242 BGB unzumutbar.

Ist das Gut an der Ablieferungsstelle angekommen und **weigert sich der Empfänger,** soweit er zur 36 Entladung verpflichtet ist, das Gut vollständig abzuladen, nachdem er bereits mit dem Abladen begonnen hat, so ist der Frachtführer berechtigt, auch die restlichen Güter abzuladen. Der maßgebliche **Obhutszeitraum** wird dadurch nicht verlängert, sodass der Frachtführer nicht für Schäden, welche beim restlichen Abladen auftreten, haftet.[55] Der Frachtführer gilt nämlich insoweit als Erfüllungsgehilfe des Empfängers.

Nach Abs. 4 hat der Frachtführer einen Anspruch auf **Ersatz der erforderlichen Aufwendungen 37** und auf **angemessene Vergütung** für das Ausladen, es sei denn, dass das Hindernis seinem Risiko- bereich zuzurechnen ist. Ersatzfähige Aufwendungen sind nicht nur die reinen Abladekosten, sondern auch die darüber hinausgehenden Kosten der **Verwahrung,**[56] ein etwaiges **Standgeld** und **Rei- nigungskosten,** soweit sie nicht auch bei normaler Transportabwicklung angefallen wären und den Frachtführer getroffen hätten.[57] Der Frachtführer hat wegen aller erforderlichen Aufwendungen ein **Leistungsverweigerungsrecht**[58] sowie ein **Pfandrecht** nach § 441.

bb) Verwahrung. Nachdem der Frachtführer die Güter abgeladen hat, darf er diese selbstverständ- 38 lich nicht einfach unbeaufsichtigt lassen.[59] Ihn trifft vielmehr die Pflicht, diese entweder selbst ein- zulagern oder bei einem Dritten in Verwahrung zu geben. Übernimmt der Frachtführer selbst die Einlagerung des Gutes, so bestimmen sich die Rechtsbeziehungen insoweit nach den Vorschriften über das **Lagergeschäft** (§§ 467 ff.). Unter Umständen finden auch die Regelungen der **ADSp** Anwen- dung. Nimmt der Frachtführer das Gut in Verwahrung, so entsteht zwischen Frachtführer und Absender kraft Gesetzes ein Verwahrungsverhältnis, dessen Rechte und Pflichten sich nach den §§ 688 ff. BGB richten.[60]

Gibt der Frachtführer das Gut für Rechnung des Verfügungsberechtigten zu einem Dritten ins 39 Lager, so hat er diesen ordnungsgemäß auszuwählen. Der Frachtführer haftet nur für die **sorgfältige Auswahl des Lagerhalters,** jedoch der **Höhe nach unbegrenzt.** Gemeint ist allerdings ausschließ- lich die Einlagerung nach Beendigung des Frachtvertrages. Wird das Gut vom Frachtführer nur **zwischengelagert,** so verbleibt es bei der Obhutshaftung des Frachtführers.[61] Die Rechtsbeziehungen zwischen den Parteien bestimmen sich dann nach wie vor nach dem Inhalt des Beförderungsvertrages.

b) Recht zum Rücktransport (Abs. 3 S. 2). Das Recht zum Rücktransport findet keine Ent- 40 sprechung in der CMR. Es vervollständigt den Handlungskatalog des Frachtführers für diejenigen Fälle, in denen entweder wegen eines äußerst geringen Güterwerts weder Verwahrung noch Verkauf sinnvoll erscheinen oder in denen der Absender das Fahrzeug des Frachtführers missbräuchlich zur Güterentsorgung (Abfall) zweckentfremdet.[62]

c) Selbsthilfeverkauf (Abs. 3 S. 3). Die Regelungen über den Selbsthilfeverkauf sind im Wesent- 41 lichen aus Art. 16 Abs. 3 CMR entnommen. Eine Abweichung zur CMR besteht allerdings darin, dass nach der Erweiterung des Maßnahmenkatalogs nunmehr nicht nur – wie nach Art. 16 Abs. 3 S. 1 CMR – die Kosten der Verwahrung, sondern auch die der Rückbeförderung in das Verhältnis zum Güterwert zu setzten sind. Die Vorschriften über den Selbsthilfeverkauf richten sich nach § 373 Abs. 2 –4. Das Recht zum Selbsthilfeverkauf besteht unabhängig von der Frage, ob das Gut zuvor abgeladen wurde oder nicht.[63]

Ein Selbsthilfeverkauf darf generell nur durchgeführt werden, wenn dafür die allgemeinen Voraus- 42 setzungen vorliegen. Zusätzliche Voraussetzung ist, dass es sich entweder um verderbliche Ware handelt oder der Zustand des Gutes einen Selbsthilfeverkauf rechtfertigt oder wenn die andernfalls entstehen- den Kosten in keinem angemessenen Verhältnis zum Wert des Gutes stehen. Es muss sich um verderb- liche Ware an sich handeln, wobei unerheblich ist, ob ein konkreter Verderb droht.[64] Aus diesem

---

[54] *Koller* CMR Art. 16 Rn. 5; *Thume/Temme* CMR Art. 16 Rn. 14.
[55] OLG Köln Urt. v. 23.3.1972 – 2 U 85/71, BB 1973 = MDR 1972, 614; aA wohl *Koller* CMR Art. 16 Rn. 6.
[56] *Herber/Piper* CMR Art. 16 Rn. 26, 28.
[57] *Herber/Piper* CMR Art. 16 Rn. 28 (für Reinigungskosten); iE auch MüKoHGB/*Jesser-Huß* CMR Art. 16 Rn. 13; aA OLG Düsseldorf Urt. v. 4.3.1982 – 18 U 197/81, VersR 1982, 1202.
[58] BGH Urt. v. 5.2.1987 – I ZR 7/85, VersR 1987, 678 (680).
[59] OLG Düsseldorf Urt. v. 12.12.1985 – 18 U 80/85, TranspR 1986, 56 (58); *Koller* CMR Art. 16 Rn. 7; *Thume/Temme* CMR Art. 16 Rn. 1; MüKoHGB/*Jesser-Huß* CMR Art. 16 Rn. 12.
[60] *Koller* CMR Art. 16 Rn. 7; *Herber/Piper* CMR Art. 16 Rn. 21; MüKoHGB/*Jesser-Huß* CMR Art. 16 Rn. 12.
[61] Vgl. *Koller* CMR Art. 16 Rn. 7; *Thume/Temme* CMR Art. 16 Rn. 23.
[62] BR-Drs. 368/97, 51.
[63] *Koller* CMR Art. 16 Rn. 8; *Thume/Temme* CMR Art. 16 Rn. 26; aA *Loewe* ETR 1976, 503 (551), welcher (für die CMR) den Selbsthilfeverkauf erst nach Begründung eines Verwahrungsverhältnisses als zulässig erachtet.
[64] *Koller* CMR Art. 16 Rn. 8; *Herber/Piper* CMR Art. 16 Rn. 29; einschränkend Thume/*Temme* CMR Art. 16 Rn. 27.

Grunde ist etwa auch Tiefkühlgut verderbliche Ware, auch wenn eine entsprechende Lagerung in einem Kühlhaus möglich wäre.[65] Weder dem Frachtführer noch dem Verfügungsberechtigten ist es zuzumuten, erst abzuwarten, bis sich ein konkreter Verderb einstellt und der Wert des Gutes dabei ständig sinkt.[66]

43   Schließlich ist ein Selbsthilfeverkauf dann möglich, wenn die **Kosten der Verwahrung** in keinem Verhältnis zum Wert des Gutes stehen. Ein **Wertverlust** genügt nicht.[67] Der Frachtführer hat die Verhältnismäßigkeitsprüfung aus der Sicht ex ante mit der Sorgfalt eines ordentlichen Kaufmanns (§ 347 Abs. 1) vorzunehmen. Das **Prognoserisiko** trägt der Verfügungsberechtigte. Eine präzise Bezifferung der Kosten ist nicht erforderlich. Ausreichend ist vielmehr eine überschlägige Prognose einzelner Positionen, wie zB Kosten der Lagerung und Verwahrung, wahrscheinlicher Erlös, Kosten der Versteigerung usw.[68]

44   Das **Recht zum Selbsthilfeverkauf erlischt,** wenn wirksame entgegenstehende Weisungen eintreffen,[69] es sei denn, das Gut ist bereits abgeladen, weil dann der Beförderungsvertrag nach Abs. 3 S. 5 beendet ist.[70]

45   Der **Beförderungsvertrag endet,** wenn das Eigentum an dem veräußerten Gut auf den Erwerber übergegangen ist, auch wenn noch nicht abgeladen wurde.[71] Mit Ende des Beförderungsvertrages endet auch der maßgebliche Haftungszeitraum des Frachtführers. Der **Erlös** aus dem Zwangsverkauf ist dem Verfügungsberechtigten auszukehren,[72] jedoch abzüglich der auf dem Gut lastenden Kosten. Übersteigen die Kosten den Erlös, so haftet der Verfügungsberechtigte dem Frachtführer für den Differenzbetrag. Die **Beweislast** für Erlös und Kosten des Verkaufs obliegt dem Verfügungsberechtigten, der die Auszahlung verlangt.[73] Zur Beweiserleichterung trifft den Frachtführer die Pflicht zur **Rechnungslegung.**[74]

46   **d) Vernichten des Gutes (Abs. 3 S. 4).** Die Vorschrift räumt dem Frachtführer das Recht ein, das Gut auf Kosten des Verfügungsberechtigten zu vernichten. Die Vorschrift findet ebenfalls keine Entsprechung in der CMR. Sie erweitert jedoch den Handlungsspielraum des Frachtführers für die Fälle des **Massenverkehrs mit leicht verderblicher Ware.**[75] Die Vernichtung des Gutes kann insbesondere dann angezeigt sein, wenn das Transportgut aufgrund seiner natürlichen Beschaffenheit eine **steigende Umweltunverträglichkeit** entwickelt.[76] Durch diese Maßnahme wird dem Verfügungsberechtigten die Sachsubstanz ohne Erlös entzogen, sodass eine Vernichtung des Gutes als ultima ratio[77] nur auf ganz besondere Einzelfälle zu beschränken ist.[78] Der Frachtführer hat den Grundsatz der Verhältnismäßigkeit zu beachten. Der Frachtführer muss die Verhältnismäßigkeitsprüfung aus der Sicht ex ante mit der Sorgfalt eines ordentlichen Kaufmanns (§ 347 Abs. 1) vorzunehmen. Der Verfügungsberechtigte trägt auch hier das Prognoserisiko. Mit der Vernichtung des Gutes **endet der Beförderungsvertrag** und damit auch der Haftungszeitraum.

47   Der Frachtführer hat nach Abs. 4 einen Anspruch auf **Ersatz der erforderlichen Aufwendungen** und auf eine **angemessene Vergütung** im Hinblick auf die Vernichtung des Transportgutes, es sei denn, das Beförderungs- oder Ablieferungshindernis seinem Risikobereich zuzurechnen ist. Hat der Frachtführer gegen die Grundsätze der Verhältnismäßigkeit verstoßen, so hat er keinen Ersatzanspruch, weil Aufwendungen dann **nicht erforderlich** sind. Einen Vergütungsanspruch hat der Frachtführer ebenfalls nicht.

48   War eine Vernichtung des Gutes weder angezeigt noch gerechtfertigt, so haftet der Frachtführer nach den Regeln der Geschäftsführung ohne Auftrag für den entstandenen Schaden auch dann, wenn ihn ein sonstiges Verschulden nicht trifft (§ 678 BGB). Im Einzelfall bleibt zu prüfen, ob dem Frachtführer bei **Abwendung einer dringenden Gefahr** der Haftungsmaßstab des § 680 BGB zustatten kommt, sodass dieser nur bei Vorsatz und grober Fahrlässigkeit haftet.

49   **3. Ersatzanspruch (Abs. 4).** Abs. 4 räumt dem Frachtführer wegen der nach Abs. 3 ergriffenen Maßnahmen einen Anspruch auf **Aufwendungsersatz** und eine angemessene Vergütung ein. Nach

---

[65] *Koller* CMR Art. 16 Rn. 8; aA *Thume/Temme* CMR Art. 16 Rn. 27; *Fremuth* in Fremuth/Thume TranspR CMR Art. 16 Rn. 20.

[66] *Koller* CMR Art. 16 Rn. 8; *Herber/Piper* CMR Art. 16 Rn. 29; *Thume/Temme* CMR Art. 16 Rn. 30.

[67] *Herber/Piper* CMR Art. 16 Rn. 29, *Koller* CMR Art. 16 Rn. 8.

[68] *Müglich* TranspR Rn. 19.

[69] *Koller* CMR Art. 16 Rn. 8; *Herber/Piper* CMR Art. 16 Rn. 32 mwN zur CMR.

[70] *Herber/Piper* CMR Art. 16 Rn. 32; *Koller* CMR Art. 16 Rn. 8.

[71] MüKoHGB/*Jesser-Huß* CMR Art. 16 Rn. 17.

[72] *Herber/Piper* CMR Art. 16 Rn. 38; *Koller* CMR Art. 16 Rn. 10.

[73] *Baumgärtel/Giemulla* CMR Art. 16 Rn. 10; *Herber/Piper* CMR Art. 16 Rn. 39; aA *Koller* CMR Art. 16 Rn. 10: Der Frachtführer ist beweispflichtig.

[74] *Baumgärtel/Giemulla* CMR Art. 16 Rn. 10; *Herber/Piper* CMR Art. 16 Rn. 39.

[75] BR-Drs. 368/97, 51.

[76] BR-Drs. 368/97, 51; MüKoHGB/*Czerwenka*, 2. Aufl. 2009, Rn. 38.

[77] BeckOK HGB/*G. Kirchhof* Rn. 10.

[78] Bedenken bzgl. der Verfassungsmäßigkeit *Koller* Rn. 48.

dem klaren Wortlaut können Aufwendungen nur insoweit ersetzt verlangt werden, also diese **erforderlich** waren. Ein Rückgriff auf § 304 BGB kommt im Fall eines Ablieferungshindernisses nicht in Betracht, da § 419 lex specialis gegenüber den Regeln über den Gläubigerverzug in §§ 293 ff. BGB ist.[79] Waren die Voraussetzungen für die ergriffene Maßnahme nicht erfüllt, so sind Aufwendungen, welche im Zusammenhang mit der Durchführung dieser Maßnahme angefallen sind, nicht erforderlich und demnach nicht zu ersetzen. Verstößt der Frachtführer gegen das Prinzip der **Verhältnismäßigkeit,** etwa weil er die Vernichtung des Gutes anordnet, obwohl zB ein Rücktransport im objektiven Interesse des Verfügungsberechtigten angezeigt gewesen wäre, so hat er insofern keinen Aufwendungsersatzanspruch; ein Anspruch auf angemessene Vergütung entfällt ebenfalls. Schuldner des Aufwendungsersatzanspruchs ist grundsätzlich der Absender.[80] Leitet der Frachtführer auf Weisung des Verfügungsberechtigten Maßnahmen aufgrund von Hindernissen ein, so bestimmt sich der Ersatzanspruch des Frachtführers nicht nach Abs. 4, sondern nach Abs. 1 S. 3.

Ansprüche des Frachtführers entfallen unter **Sphärengesichtspunkten,** wenn das Beförderungs- oder Ablieferungshindernis seinem eigenen Risikobereich zuzurechnen ist. **50**

§ 420 Zahlung. Frachtberechnung

(1) [1]**Die Fracht ist bei Ablieferung des Gutes zu zahlen.** [2]**Der Frachtführer hat über die Fracht hinaus einen Anspruch auf Ersatz von Aufwendungen, soweit diese für das Gut gemacht wurden und er sie den Umständen nach für erforderlich halten durfte.**

(2) [1]**Der Anspruch auf die Fracht entfällt, soweit die Beförderung unmöglich ist.** [2]**Wird die Beförderung infolge eines Beförderungs- oder Ablieferungshindernisses vorzeitig beendet, so gebührt dem Frachtführer die anteilige Fracht für den zurückgelegten Teil der Beförderung, wenn diese für den Absender von Interesse ist.**

(3) [1]**Abweichend von Absatz 2 behält der Frachtführer den Anspruch auf die Fracht, wenn die Beförderung aus Gründen unmöglich ist, die dem Risikobereich des Absenders zuzurechnen sind oder die zu einer Zeit eintreten, zu welcher der Absender im Verzug der Annahme ist.** [2]**Der Frachtführer muss sich jedoch das, was er an Aufwendungen erspart oder anderweitig erwirbt oder zu erwerben böswillig unterlässt, anrechnen lassen.**

(4) **Tritt nach Beginn der Beförderung und vor Ankunft an der Ablieferungsstelle eine Verzögerung ein und beruht die Verzögerung auf Gründen, die dem Risikobereich des Absenders zuzurechnen sind, so gebührt dem Frachtführer neben der Fracht eine angemessene Vergütung.**

(5) **Ist die Fracht nach Zahl, Gewicht oder anders angegebener Menge des Gutes vereinbart, so wird für die Berechnung der Fracht vermutet, daß Angaben hierzu im Frachtbrief oder Ladeschein zutreffen; dies gilt auch dann, wenn zu diesen Angaben ein Vorbehalt eingetragen ist, der damit begründet ist, daß keine angemessenen Mittel zur Verfügung standen, die Richtigkeit der Angaben zu überprüfen.**

Schrifttum: *Benkelberg-Beier,* Empfängerhaftung nach Maßgabe des Frachtbriefs – Versender als „Vormann" im Sinne des § 442 HGB?, TranspR 1989, 351; *Basedow,* Der Transportvertrag. Studien zur Privatrechtsangleichung auf regulierten Märkten, 1987; *Fremuth/Thume,* Kommentar zum Transportrecht, 2000; *Runge,* Die unvollständige Beladung nach KVO, TranspR 1979, 6.

Parallelvorschriften: Art. 10, 17 § 1 CIM 1999; §§ 326, 644, 645 BGB.

Übersicht

---

[79] Ebenso *Koller* Rn. 57; aA wohl *Ramming* TranspR 2001, 53 (55).
[80] BGH Urt. v. 22.4.2010 – I ZR 74/08, TranspR 2010, 429 (430).

I. Einleitung

1   Die Vorschrift bestimmt die **Fälligkeit von Frachtansprüchen** und enthält **Regelungen zur Frachtberechnung.** Sie geht insbesondere als lex specialis den Normen des allgemeinen Schuldrechts und des Werkvertragsrechts (§ 641 BGB) vor. Über § 25 EVO findet § 420 auch bei der Beförderung von aufgegebenem Reisegepäck mit der Bahn, wozu auch Pkw zu rechnen sind, Anwendung.

2   Abs. 1 behandelt die **Ansprüche des Beförderers** auf Fracht und auf weitergehenden Aufwendungsersatz.

3   Abs. 2 normiert in Satz 1 eine Gefahrtragungsregel. Soweit die Beförderung unmöglich ist, verliert der Frachtführer den Anspruch auf die Fracht. Satz 2 regelt Ansprüche des Frachtführers auf anteilige Fracht **(Distanzfracht)** nach vorzeitiger Beendigung des Beförderungsvertrages, soweit die Beförderung für den Absender von Interesse ist. Der Anspruch des Frachtführers besteht indes nur, wenn die Teilbeförderung für den Befrachter von Interesse ist und das eingetretene Hindernis dem Risikobereich des Frachtführers zuzurechnen ist.

4   Abs. 3 enthält eine von Abs. 2 abweichende **Vergütungsregelung** für den Fall, dass die Beförderung ganz oder teilweise aus Gründen unmöglich ist, die dem Risikobereich des Absenders zuzurechnen sind oder die zu einer Zeit eintreten, zu welcher der Absender im Verzug der Annahme ist. Die Regelung entspricht insoweit § 326 Abs. 2 BGB.

5   Abs. 4 schließlich enthält eine **Auslegungsregel** für die Fristberechnung sowie eine **Vermutungsregel** bezüglich der Richtigkeit von Mengenangaben im Frachtbrief oder Ladeschein.

II. Fälligkeit des Frachtanspruchs; Aufwendungsersatz (Abs. 1)

6   **1. Höhe des Vergütungsanspruchs.** Die Vorschrift enthält keine Aussage zur Höhe des Vergütungsanspruchs. Diese ergibt sich in erster Linie aus den vertraglichen Abreden, die nach allgemeinen Grundsätzen auszulegen sind. Haben die Parteien keine Vergütungsregelung getroffen, so sind die am Markt üblichen Entgelte geschuldet (§§ 354, 632 BGB).

7   **2. Fälligkeit bei Ablieferung (Abs. 1 S. 1).** Der Absender hat die vereinbarte Fracht bei Ablieferung des Gutes zu zahlen. S. 1 der Regelung knüpft an die in § 407 Abs. 2 enthaltene Frachtzahlungsregel an und erweitert diese um eine Fälligkeitsbestimmung. Die Frachtzahlungspflicht ist eine **Hauptpflicht** und steht im echten Gegenseitigkeitsverhältnis (Synallagma) zur Beförderungspflicht des Frachtführers.[1]

8   Durch die Formulierung **„bei Ablieferung"** wird deutlich, dass die Frachtzahlung nur **Zug um Zug** gegen die vereinbarte Ortsveränderung, welche das Gut durch die Beförderung erfährt, zu erfolgen hat. Die Verknüpfung von Fälligkeit und Ablieferung ist auf den Idealfall beschränkt, dass das Gut tatsächlich abgeliefert wird.

9   Während der Beratungen zum Transportrechtsreformgesetz wurde erwogen, Auslegungsregeln für sog. **Freivermerke** (Frankaturvermerke) nach Vorbild des § 21 Abs. 4 KVO in die Vorschrift aufzunehmen. Danach verpflichtet sich der Absender durch einen unbeschränkten Freivermerk zur Bezahlung der gesamten Fracht zzgl. aller übrigen Kosten, die bei der Beförderung entstehen. Ein Freivermerk im Frachtbrief bedeutet kraft gesetzlicher Auslegungsregel des § 21 Abs. 4 KVO, dass die genannten Beträge nicht beim Empfänger eingezogen werden dürfen. Eine solche gesetzliche Auslegungsregel nach Vorbild der KVO wurde deshalb nicht aufgegriffen, um der Praxis Raum für eine autonome Ausgestaltung zu überlassen.[2]

10   **3. Aufwendungsersatz (Abs. 1 S. 2).** Sind dem Frachtführer Kosten für besondere Aufwendungen entstanden, welche für das Gut gemacht wurden, so sind diese über die Fracht hinaus ebenfalls zu ersetzen, soweit sie der Frachtführer **objektiv** für **erforderlich** halten durfte. Die Formulierung entspricht derjenigen in § 670 BGB.[3] Diese Regelung soll insbesondere den Bedürfnissen der Parteien bei der Eisenbahn- und der Binnenschifffahrtsbeförderung Rechnung tragen.[4] Die gesetzliche Formulierung bringt zum Ausdruck, dass die Fracht grundsätzlich alle Kosten mit umfasst, welche bei einem

---

[1] MüKoHGB/*Czerwenka*, 2. Aufl. 2009, Rn. 2; *Fremuth* in Fremuth/Thume TranspR Rn. 10.
[2] BR-Drs. 368/97, 52; Staub/*Schmidt* Rn. 8.
[3] MüKoHGB/*Czerwenka*, 2. Aufl. 2009, Rn. 8.
[4] Bericht SV-Kommission, S. 74.

normalen Transportverlauf auftreten und dass ein darüber hinausgehender Aufwendungsersatzanspruch auf Ausnahmefälle beschränkt bleibt.

Der Gesetzgeber hat es für geboten erachtet, eine **Auslegungsregel** aufzunehmen, die klarstellt, 11 dass von der Fracht als Beförderungsentgelt **im Zweifel** auch die im regelmäßigen Verlauf der Beförderung anfallenden Aufwendungen vom Vergütungsanspruch des Frachtführers umfasst werden.[5] Die Vorschrift enthält aber keine konkrete Aufschlüsselung von Aufwendungsarten.[6] Vielmehr hat sich der Gesetzgeber darauf beschränkt, die Ersatzfähigkeit der Aufwendungen in einer **Generalklausel** dahingehend zu regeln, dass nur solche Aufwendungen zu erstatten sind, die der Frachtführer **zusätzlich für das Gut** tätigt.

Zu den güterbezogenen Aufwendungen zählen im Bereich der Binnenschifffahrt etwa **Kran-, Ufer-** 12 und **Wiegegelder,** nicht jedoch **Schifffahrtskosten** oder **Transitkosten.** Letztere sind als beförderungsbezogene Aufwendungen nicht besonders ersatzfähig, sondern werden vom allgemeinen Frachtanspruch mit umfasst.[7]

Nach oben genannter **Auslegungsregel** können also Aufwendungsersatzansprüche in aller Regel 13 nicht neben der Fracht verlangt werden, da diese bereits durch den Frachtanspruch abgegolten sind. Will der Frachtführer zusätzliche güterbezogene Aufwendungen neben der Fracht geltend machen, so hat er das Vorliegen eines atypischen und besonderen Transportverlaufs **darzulegen und unter Beweis** zu stellen sowie die Gründe, warum diese Aufwendungen von der anfänglichen Frachtkalkulation nicht gedeckt sind.[8]

Der Frachtführer hat hinsichtlich der getätigten Aufwendungen analog § 666 BGB Rechnung zu 14 legen.

4. Erfüllungsort. Der Vergütungsanspruch ist gem. §§ 269, 270 Abs. 4 BGB im Zweifel am Ort 15 der Niederlassung des Absenders zu erfüllen. Macht der Frachtführer seine Fracht gegenüber dem Empfänger bei der Ablieferung geltend, so ist dagegen der Ablieferungsort der Erfüllungsort. Wird dagegen das Gut ohne Bezahlung der Fracht ausgehändigt, kann der Frachtführer den Empfänger auch am Ort der Niederlassung des Absenders in Bezug auf die Fracht in Anspruch nehmen. Dies folgt daraus, dass § 421 nur einen Schuldbeitritt des Empfängers bezüglich des Frachtanspruchs des Frachtführers anordnet.[9]

III. Anteilige Fracht (Distanzfracht) (Abs. 2)

1. Allgemeines. Abs. 2 enthält eine Vergütungsregelung für den Fall, dass es infolge von Beför- 16 derungs- oder Ablieferungshindernissen (§ 419, → § 419 Rn. 10ff.) nicht zu einer Ablieferung des Gutes kommt, der Frachtvertrag also vorzeitig beendet wird (Teilbeförderung). Der Frachtführer hat einen Anspruch auf Frachtvergütung für diejenigen Transportleistungen, die bis zu diesem Zeitpunkt von ihm erbracht wurden (Distanzfracht).

2. Anteilige Fracht. Der Frachtführer hat einen Anspruch auf **anteilige Fracht** für die bis zum 17 Eintritt des Hindernisses zurückgelegte Beförderungsstrecke. Die Vorschrift entlastet den Frachtführer von der **Vergütungsgefahr.**[10] Der Frachtführer soll nicht das Risiko dafür tragen, dass der Beförderungserfolg, nämlich die Ablieferung des Gutes beim Empfänger, aufgrund bestimmter Umstände nicht eingetreten ist. Dieser soll vielmehr für die erbrachte Beförderungsleistung insoweit angemessen entlohnt werden, als er hierfür anteilige Fracht beanspruchen kann.[11]

Der Frachtvertrag ist von seinem Grundtypus eine besondere Form des **Werkvertrags.** Nach der 18 werkvertraglichen Regelung des § 645 Abs. 1 BGB behält der Werkunternehmer einen Teilvergütungsanspruch, wenn die Verschlechterung oder der Untergang des Werkes vor Abnahme und damit vor Fälligkeit der Vergütung (§ 641 BGB) nicht vom Unternehmer zu vertreten ist. Die Vorschrift über die anteilige Fracht geht über die werkvertragsrechtliche Regelung des § 645 BGB insoweit hinaus, als die **Ursache für das vorzeitige Beförderungsende** im Hinblick auf die Entstehung des Vergütungsanspruchs nach S. 1 völlig **gleichgültig** ist. Die Ursache für das vorzeitige Beförderungsende ist ausschließlich für den **Umfang des Vergütungsanspruchs** nach Abs. 2 S. 2 von Bedeutung.

3. Distanzfracht. Die Regelung des Abs. 2 findet Anlehnung an die **binnenschifffahrtsrecht-** 19 **liche** Bestimmung des § 69 BinSchG aF über die sog. **Distanzfracht.** Distanzfracht ist echte Fracht und unterliegt deren allgemeinen Regeln. Der Begriff „Distanzfracht" wurde jedoch nicht übernommen, da die Regelung des § 420 transportmittelübergreifend ausgestaltet ist. Stattdessen wurde der

---

[5] BR-Drs. 368/97, 52.
[6] *Koller* Rn. 9.
[7] *Baumbach/Hopt/Merkt* Rn. 1.
[8] *Koller* Rn. 12.
[9] *Staub/Schmidt* Rn. 10.
[10] MüKoHGB/*Czerwenka*, 2. Aufl. 2009, Rn. 10.
[11] BR-Drs. 368/97, 52.

neutrale Begriff „anteilige Fracht" gewählt.[12] Auch die **seefrachtrechtliche** Neuregelung in § 493 Abs. 2 verzichtet auf den Begriff Distanzfracht.[13]

20   **4. Umfang des Vergütungsanspruchs.** Während die Ursache für das vorzeitige Beförderungsende im Hinblick auf die **Entstehung der Vergütung** nach Abs. 1 ohne Bedeutung ist, kommt es bei der Frage nach dem **Umfang des Vergütungsanspruchs** nach Abs. 2 S. 2 darauf an, ob die Beförderung von Interesse für den Absender ist. Anders als die Fassung vor dem Inkrafttreten des Seehandelsrechtsreformgesetzes verlangt Abs. 2 nun nicht mehr ausdrücklich, dass das Hindernis dem Risikobereich des Frachtführers zuzurechnen ist. Diese Wortlautänderung hat indes keine inhaltlichen Folgen. Im Umkehrschluss aus Abs. 3 folgt, dass Abs. 2 nur zum Tragen kommt, wenn das Hindernis dem Risikobereich des Frachtführers zuzurechnen ist. In allen anderen Fällen greift Abs. 3.

21   Ist das Hindernis dem **Risikobereich des Frachtführers** zuzurechnen, so kann er nur unter der Voraussetzung anteilige Fracht für die bereits erbrachte Beförderungsleistung verlangen, dass die Beförderung für den Absender von **Interesse** ist.[14] Ist dies der Fall, so hat der Absender den tatsächlichen Wert der Teilbeförderung zu vergüten. Soweit jedoch die Teilbeförderung für den Absender wertlos ist, muss sich der Frachtführer, der das Hindernis gesetzt hat, eine Anspruchsbeschränkung im Hinblick auf die Fracht gefallen lassen.[15]

IV. Gefahrtragungsregel bei dem Absender zuzurechnenden Leistungshindernissen (Abs. 3)

22   **1. Allgemeines.** Während Abs. 2 eine Gefahrtragungsregel zugunsten des Frachtführers bei Leistungshindernissen aus seiner Sphäre regelt, sieht Abs. 3 ein Übergang der „Frachtgefahr" auf den Absender vor, wenn das Leistungshindernis aus der Sphäre des Absenders stammt.

23   **2. Anwendungsbereich.** Der Anwendungsbereich von Abs. 3 ist auf die Fälle **beschränkt,** in denen eine Beförderung ganz oder teilweise aus Gründen unmöglich ist, die dem Risikobereich des Absenders zuzurechnen sind oder die zu einer Zeit eintreten, zu welcher der Absender im Verzug der Annahme ist. Vorbild der Regelung ist § 326 Abs. 2 BGB. Der dort verwandte Begriff der Verantwortung deckt sich mit dem Begriff des frachtrechtlichen Sphärengedankens.[16] Eine Zurechnung zur Sphäre des Absenders liegt vor, wenn der Absender das Leistungshindernis durch ein Fehlverhalten herbeigeführt hat. Das Fehlverhalten kann in der Verletzung von Rechtspflichten oder Obliegenheiten liegen.

24   Nach dem eindeutigen Wortlaut werden nur dauerhafte Leistungshindernisse von der vorliegenden Vergütungsregelung erfasst, die während des **tatsächlichen Beförderungszeitraumes** aufgetreten sind. Diese Leistungshindernisse müssen die Ausführung der Beförderung unmöglich machen Nicht erfasst sind die weit häufiger auftretenden Verzögerungsfälle, die bereits vor Beginn der Beförderung, etwa bei der Verladung des Gutes, oder erst nach Ankunft des Gutes bei der Entladung eingetreten sind. Diese praktisch wichtigsten Fälle der **Verzögerungen bei Be- und Entladen** des Gutes werden bereits von § 412 Abs. 3 erfasst.[17]

25   Sind Verzögerungen während des tatsächlichen Beförderungszeitraumes aufgetreten, so sind diese in der Praxis häufig darauf zurückzuführen, dass der Frachtführer nicht über die notwendigen **Begleitpapiere** und **Auskünfte** verfügt. Es ist somit vorrangig zu prüfen, ob der Absender nicht nach § 414 Abs. 1 verschuldensunabhängig zum Ersatz von Schäden und Aufwendungen verpflichtet ist. Erst anschließend ist zu untersuchen, ob die Vergütungsregelung des Abs. 3 zum Zuge kommt.

26   **3. Risikobereich des Absenders.** Das eingetretene Leistungshindernis muss dem Risikobereich des Absenders zuzurechnen sein. Maßgebend ist dabei, ob das Risiko für den Absender besser vorhersehbar oder beherrschbar ist als für den Frachtführer. Die Sperrung eines durch Dritte verursachten Schiffsunfalls zählt nicht zur Sphäre des Absenders.[18] Hat der Frachtführer **Anlass** für das Leistungshindernis gegeben, so ist die Vergütung nach dem allgemeinen **Sphärengedanken** ausgeschlossen. Der Fall, dass der Absender im Verzug der Annahme ist, stellt einen weiteren Fall der Risikosphäre des Absenders dar. Wird ein Gut an die Eigenadresse einer Zweigniederlassung des Absenders befördert, bleibt dem Frachtführer der volle Anspruch auf die Fracht erhalten, wenn der Absender als Empfänger mit der Annahme des Gutes in Annahmeverzug gerät und eine Ablieferung unmöglich wird.

---

[12] *Fremuth* in Fremuth/Thume TranspR Rn. 15.

[13] Vgl. BT-Drs. 17/10309, 75.

[14] *Fremuth* in Fremuth/Thume TranspR Rn. 17–19; *Koller* Rn. 23.

[15] BR-Drs. 368/97, 52 (53).

[16] Insoweit unzutr. BT-Drs. 17/10309, 76, wonach § 326 Abs. 2 S. 1 auf ein Vertretenmüssen abstelle. Der in § 326 Abs. 2 S. 1 BGB verwandte Begriff der Verantwortung ist nicht mit dem Begriff des Vertretenmüssens (§ 276 BGB) identisch, vgl. *Kern* AcP 200 (2000), 684 (692 f.).

[17] MüKoHGB/*Czerwenka*, 2. Aufl. 2009, Rn. 21; Baumbach/*Hopt*/Merkt Rn. 3.

[18] Schifffahrtsobergericht Köln Urt. v. 27.2.2009 – 3 U 204/07 BSch, TranspR 2009, 171 (175); Schifffahrtsobergericht Köln Urt. v. 28.10.2008 – 3 U 55/07, ZfBSch 2008, 74 (75).

Die Beweislastverteilung im Tatbestand des § 420 Abs. 3 S. 1 folgt allgemeinen Grundsätzen. Soweit **27** es um die Verantwortlichkeit für ein dem Absender zuzurechnendes Risiko geht, muss der Frachtführer als Anspruchsteller das Leistungshindernis und seine Verursachung durch die dem Absenderrisiko zugehörige Ursache darlegen und beweisen. Stützt sich die Zurechnung auf ein vorwerfbares Verhalten des Absenders, hat der Frachtführer das Leistungshindernis und seine Verursachung durch ein Verhalten des Absenders darzulegen und zu beweisen. Hinsichtlich der Vorwerfbarkeit hat sich der Absender analog § 280 Abs. 1 S. 2 BGB zu entlasten, denn auf die maßgeblichen Tatsachen hat der Frachtführer typischerweise keinen Zugriff.

4. Begrenzung der Gegenleistungspflicht. Der Frachtführer muss sich nach Abs. 3 S. 2 ersparte **28** Aufwendungen oder einen anderweitigen Erwerb, gegebenenfalls auch das böswillige Unterlassen eines anderweitigen Erwerbs, anrechnen lassen. Die Anrechnung von „Vorteilen" mindert den Anspruch des Frachtführers ipso jure, sodass dieser von vornherein nur den geminderten Anspruch verlangen kann. Das ändert aber nichts am Einwendungscharakter der Anrechnung, weshalb die Darlegungs- und Beweislast beim Absender liegt. In Abzug zu bringen sind **Ersparnisse** des Frachtführers, die er infolge der Nichterbringung der Beförderungsleistung erzielt. Hierzu gehört insbesondere der Aufwand, den der Frachtführer zur Herstellung seiner Leistungsfähigkeit betrieben hätte und nunmehr nicht mehr erbringen muss. Anrechnen muss sich der Frachtführer auch die anderweitige Verwertung der für seine Beförderungsleistung vorgehaltenen Arbeitskraft. Darüber hinaus trifft den Frachtführer die Obliegenheit, den Nachteil, der ihm aus der vom Absender zu verantwortenden Störung droht, zu minimieren. Dem Frachtführer wird jede Fahrlässigkeit angelastet, sondern nur das **„böswillige Unterlassen".** Darunter versteht man, dass der Frachtführer eine ihm mögliche und zumutbare Möglichkeit zu anderweitiger Verwertung seiner Arbeitskraft wissentlich nicht wahrnimmt. Eine Schädigungsabsicht ist nicht erforderlich, ebenso wenig das Bewusstsein der Pflichtwidrigkeit.

V. Auslegungsregel bei Frachtbrief oder Ladeschein (Abs. 4)

1. Auslegungsregel. Die Vorschrift statuiert eine weitere **Auslegungsregel** zur Frachtberechnung **29** für den Fall, dass im Frachtbrief oder im Ladeschein **Mengenangaben** hinsichtlich des Gutes aufgenommen wurden. Ist die Fracht nach Zahl, Gewicht oder anders angegebener Menge vereinbart, so wird für die Berechnung der Fracht widerleglich **vermutet,** dass die Mengenangaben für die Berechnung der Fracht richtig sind. Der Gegenbeweis ist zulässig.

Die Vorschrift findet für **Frachtbrief** und **Ladeschein** Anlehnung an § 63 S. 1 BinSchG sowie an **30** § 657 Abs. 1 in Bezug auf das seerechtliche **Konnossement.**

2. Vorbehalt. Die Auslegungsregel ist auch dann anzuwenden, wenn vom Frachtführer ein **Vor- 31 behalt** zu diesen Angaben eingetragen wurde, der damit begründet ist, dass keine angemessenen Mittel zur Verfügung standen, um die Richtigkeit der Angaben zu überprüfen (sog. „begründete Unbekanntklausel").[19] Die Aufnahme dieses Vorbehalts ist ohne Bedeutung für die **Berechnung der Fracht,** jedoch wegen der Güterschadenshaftung für die **Beweiswirkung** des Frachtbriefes nach § 409 Abs. 2 S. 2 sowie für den Ladeschein über die Verweisung in § 444 Abs. 3 S. 2 Hs. 2 auf § 409. Mit diesen Haftungsfragen steht die Vorschrift aber in keinerlei Zusammenhang. Sie dient vielmehr dazu, eine einfache und zuverlässige Berechnungsgrundlage zur Ermittlung des Vergütungsanspruchs bereitzustellen.

Dabei ist es **nicht notwendig,** dass der Frachtbrief oder Ladeschein von beiden Parteien des **32** Beförderungsvertrages **unterzeichnet** ist.[20] Auch der nicht oder nur einseitig unterzeichnete Frachtbrief entfaltet diese spezielle Beweiswirkung für die Frachtberechnung. Ist jedoch ein Frachtbrief von beiden Parteien unterzeichnet, so entfaltet er zusätzlich die erhöhte Beweiswirkung des § 409 Abs. 1.

3. Zufälliger Güterverlust; Niedrigwasser. In Abweichung zum BinSchG enthält die Regelung **33** keine besondere Bestimmung über besondere Frachtzahlungsmodalitäten für den Fall des **zufälligen Güterverlusts** (§ 64 BinSchG aF) oder für die Fälle unvorhergesehenen Niedrigwassers. Im Falle des zufälligen Güterverlusts trägt der Frachtführer entsprechend allgemeinen werkvertraglichen Regeln (§ 644 BGB) bereits die Vergütungsgefahr, sodass es insoweit an einem Regelungsbedürfnis fehlt. Im Übrigen bleibt es den Parteien unbenommen, gesonderte vertragliche Vereinbarungen zu treffen.

Hinsichtlich der **Frachtberechnung bei Niedrigwasser** ist auf die gängige binnenschifffahrts- **34** rechtliche Praxis zu verweisen, nach der Kleinwasserzuschläge stets Gegenstand besonderer Vertragsverhandlungen waren.[21] Auch insoweit fehlt es deshalb an einem Regelungsbedürfnis.

---

[19] *Fremuth* in Fremuth/Thume TranspR Rn. 23.
[20] *Koller* Rn. 30.
[21] Staub/*Schmidt* Rn. 32.

§ 421 Rechte des Empfängers. Zahlungspflicht

(1) ¹Nach Ankunft des Gutes an der Ablieferungsstelle ist der Empfänger berechtigt, vom Frachtführer zu verlangen, ihm das Gut gegen Erfüllung der Verpflichtungen aus dem Frachtvertrag abzuliefern. ²Ist das Gut beschädigt oder verspätet abgeliefert worden oder verlorengegangen, so kann der Empfänger die Ansprüche aus dem Frachtvertrag im eigenen Namen gegen den Frachtführer geltend machen; der Absender bleibt zur Geltendmachung dieser Ansprüche befugt. ³Dabei macht es keinen Unterschied, ob Empfänger oder Absender im eigenen oder fremden Interesse handeln.

(2) ¹Der Empfänger, der sein Recht nach Absatz 1 Satz 1 geltend macht, hat die noch geschuldete Fracht bis zu dem Betrag zu zahlen, der aus dem Frachtbrief hervorgeht. ²Ist ein Frachtbrief nicht ausgestellt oder dem Empfänger nicht vorgelegt worden oder ergibt sich aus dem Frachtbrief nicht die Höhe der zu zahlenden Fracht, so hat der Empfänger die mit dem Absender vereinbarte Fracht zu zahlen, soweit diese nicht unangemessen ist.

(3) Der Empfänger, der sein Recht nach Absatz 1 Satz 1 geltend macht, hat ferner ein Standgeld oder eine Vergütung nach § 420 Abs. 4 zu zahlen, ein Standgeld wegen Überschreitung der Ladezeit und eine Vergütung nach § 420 Abs. 4 jedoch nur, wenn ihm der geschuldete Betrag bei Ablieferung des Gutes mitgeteilt worden ist.

(4) Der Absender bleibt zur Zahlung der nach dem Vertrag geschuldeten Beträge verpflichtet.

Schrifttum: *Basedow,* Der Transportvertrag. Studien zur Privatrechtsangleichung auf regulierten Märkten, 1987; *Becker,* Die Geltendmachung von Ersatzansprüchen gegen den Frachtführer gemäß § 421 Abs. 1 S. 2 HGB, AcP 202 (2002), 722; *Benkelberg-Beier,* Empfängerhaftung nach Maßgabe des Frachtbriefs – Versender als „Vormann" im Sinne des § 442 HGB?, TranspR 1989, 351; *Bodis/Remiorz,* Der Frachtzahlungsanspruch gegen den Empfänger nach § 421 Abs. 2 HGB, TranspR 2005, 438; *Koller,* Die Inanspruchnahme des Empfängers für Beförderungskosten durch Frachtführer oder Spediteur, TranspR 1993, 41; *Lenz,* Straßengütertransportrecht, 1988; *Meier,* Die Gesamtgläubigerschaft – ein unbekanntes, weil überflüssiges Wesen?, AcP 205 (2005), 858; *Oetker,* Versendungskauf, Frachtrecht und Drittschadensliquidation, JuS 2001, 833; *Piper,* Einige ausgewählte Probleme des Schadensersatzrechts der CMR, VersR 1988, 201; *Rabe,* Anmerkung zum Urteil des OLG Hamburg Urt. v. 15.12.1983, Az. 6 U 200/83, TranspR 1984, 289; *Tunn,* Beweislast und Beweisführung für Güterschäden bei der Ablieferung von Sendungen nach § 438 HGB, VersR 2005, 1646; *Valder,* Ablieferung von Gütern, TranspR 2001, 363; *Walz,* Zivilrechtlicher Ausgleich bei geschäftsmäßiger Steuerzahlung für Dritte – insbes. durch Banken und Spediteure, ZIP 1991, 1405; *Widmann,* Ablieferung von Gütern nach der Verfassung des HGB, TranspR 2001, 72; *Widmann,* Zur Frachtzahlung, TranspR 2002, 103.

Parallelvorschriften: Art. 13 CMR; Art. 13 MÜ, Art. 17 CIM 1999; § 614.

Übersicht

I. Einleitung

1   Die Vorschrift regelt die **Rechtsstellung des Empfängers** gegenüber Frachtführer und Absender nach dem Vorbild des Art. 13 CMR sowie in Anlehnung an Art. 28 § 1 CIM und § 614. Die Norm ist **dispositiver Natur.** Die Rechtsstellung des Empfängers kann durch eine Vereinbarung zwischen Frachtführer und Absender eingeschränkt werden.[1]

Abs. 1 behandelt das Recht des Empfängers, nach Ankunft des Gutes an der Ablieferungsstelle die **2** **Ablieferung des Gutes** zu verlangen. Der Empfänger hat Zug-um-Zug gegen Ablieferung die Verpflichtungen aus dem Frachtvertrag zu erfüllen. Mit Ankunft des Gutes an der Ablieferungsstelle kann er auch etwaige Ansprüche aus dem Frachtvertrag wegen **Güterschäden** und **Verzögerung** im eigenen Namen geltend machen. Im Unterschied zu Art. 13 Abs. 1 S. 2 CMR wird dabei ausdrücklich klargestellt, dass die **Aktivlegitimation des Absenders fortdauert.** Sowohl Absender als auch Empfänger sind zur **Drittschadensliquidation** berechtigt.

Abs. 2 weist dem Empfänger mit Geltendmachung des Ablieferungsverlangens nach Abs. 1 S. 1 die **3** **Zahlungspflicht** zu. Die Regelung entspricht Art. 13 Abs. 2 CMR.

Abs. 3 statuiert ausdrücklich eine Zahlungspflicht des Empfängers für **Standgeld** und **Vergütungen** **4** **wegen Beförderungsverzögerungen** nach § 420 Abs. 4. Die Vorschrift findet keine Entsprechung in der CMR.

Abs. 4 schließlich stellt klar, dass der **Absender** neben dem Empfänger zur Bezahlung der vertraglich geschuldeten Beträge **verpflichtet bleibt.** **5**

II. Rechte des Empfängers

1. Allgemeines. Nach Ankunft des Gutes ist der **Empfänger,** obgleich nicht Partei des Beför- **6** derungsvertrages, berechtigt, vom Frachtführer die **Ablieferung des Gutes** zu verlangen. Nach Ankunft des Gutes an der Ablieferungsstelle geht das **Verfügungsrecht** unmittelbar auf den Empfänger über (§ 418 Abs. 2) mit der Folge, dass der Frachtführer den Weisungen des Empfängers Folge leisten muss. Der Empfänger erwirbt gegenüber dem Frachtführer den **Besitzverschaffungsanspruch** aus dem Beförderungsvertrag nach den Grundsätzen des **Vertrages zugunsten Dritter** gemäß §§ 328 ff. BGB.[2] Vor Wechsel des Verfügungsrechts auf den Empfänger hat dieser nur eine gewisse Aussicht auf Ablieferung, jedoch keinen Anspruch. Mit der Geltendmachung der Rechte aus dem Beförderungsvertrag treffen diesen auch Pflichten, wie die Frachtzahlungspflicht nach Abs. 2.

Die Ankunft des Gutes an der Ablieferungsstelle hat jedoch noch eine darüberhinausgehende **7** Bedeutung für den Empfänger. Dieser erwirbt nämlich zu diesem Zeitpunkt einen **eigenen,** vom Absender unabhängigen **Schadensersatzanspruch** gegen den Frachtführer, falls das Gut verspätet ankommt, beschädigt, zerstört oder verloren gegangen ist.

Die Geltendmachung eigener frachtvertraglicher Rechte sind in Abweichung zu Art. 13 CMR **8** nicht an die Übergabe des Frachtbriefes geknüpft, da es **keinen Frachtbriefzwang** (§ 408) gibt.

2. Rechtserwerb des Empfängers (Abs. 1). a) Ablieferung. Der Absender hat mit Ankunft des **9** Gutes an der **Ablieferungsstelle** einen Anspruch auf Ablieferung. Erst mit Ankunft des Gutes an der Ablieferungsstelle endet der Haftungszeitraum des Frachtführers (§ 425 Abs. 1).[3] Nach der CMR war das Ende des Haftungszeitraumes und somit auch der Rechtserwerb des Empfängers vorverlegt auf den Zeitpunkt des Eintreffens des Gutes am Bestimmungsort. Der Begriff des Ablieferungsstelle ist enger und exakter als der des Bestimmungsortes und bezieht sich nicht nur auf einen geographischen Ort, sondern auf die durch **Straße, Hausnummer, etc** bezeichnete Stelle.[4] Der Ablieferungsanspruch ist Ausfluss des gemäß § 418 Abs. 2 übergegangenen Verfügungsrechts. Ist ein Frachtbrief ausgestellt, so ergibt sich, bis zum Beweis des Gegenteils, die Ablieferungsstelle aus den Angaben im Frachtbrief.

b) Berechtigter Empfänger. Berechtigter Empfänger ist, wer im Vertrag als Empfänger bestimmt **10** ist. Ist ein Frachtbrief ausgestellt und wurde dieser von beiden Parteien des Beförderungsvertrages unterschrieben, so trägt dieser die Vermutung für den im Frachtbrief als Empfänger Ausgewiesenen (§ 409 Abs. 1). Der verfügungsberechtigte Absender kann den berechtigten Empfänger auch durch nachträgliche Weisung erstmalig bestimmen oder nachträglich ändern (§ 418 Abs. 1 S. 1).[5] Gleiches gilt für den ursprünglichen Empfänger (§ 418 Abs. 3).[6]

---

[1] LG Memmingen Urt. v. 25.2.2004 – 2 H S 1739/03, NJW-RR 2004, 1175 (1177).

[2] LG Memmingen Urt. v. 25.2.2004 – 2 H S 1739/03, NJW-RR 2004, 1175 (1176); *Becker* AcP 202 (2002) 722, 725; *Canaris* HandelsR § 31 Rn. 60; *Oetker* JuS 2001, 833 (836); Staub/*Helm,* 4. Aufl. 1993, § 425 Rn. 105; Heymanns/*Joachim* § 407 Rn. 5; *Koller* Rn. 1.

[3] Vgl. etwa OLG Düsseldorf Urt. v. 27.4.1955 – 7 U 121/54, NJW 1955, 1322 f.

[4] Zum Ablieferungsort vgl. *Loewe* ETR 1976, 503 (545); MüKoHGB/*Jesser-Huß* CMR Art. 13 Rn. 8; *Koller* CMR Art. 13 Rn. 2; aA *Hill/Messent,* CMR – Contracts for the international carriage of goods by road, 2. Aufl. 1995, 87; Thume/*Temme* CMR Art. 13 Rn. 7; *Herber/Piper* CMR Art. 13 Rn. 2.

[5] Vgl. OLG Hamm Urt. v. 25.9.1984 – 27 U 362/83, TranspR 1985, 100 (102); *Hill/Messent,* CMR – Contracts for the international carriage of goods by road, 2. Aufl. 1995, 88; MüKoHGB/*Jesser-Huß* CMR Art. 13 Rn. 4; *Herber/Piper* CMR Art. 13 Rn. 4.

[6] Vgl. OLG Hamburg Urt. v. 17.11.1983 – 6 U 130/83, VersR 1984, 236; *Clarke* Nr. 40 S. 130; *Hill/Messent,* CMR – Contracts for the international carriage of goods by road, 2. Aufl. 1995, 89; MüKoHGB/*Jesser-Huß* CMR Art. 13 Rn. 4; *Koller* CMR Art. 13 Rn. 4.

11   Nicht Empfänger, sondern nur Ablieferungsstelle ist, wer im Frachtbrief neben dem ausgewiesenen Empfänger unter „notify adress" als **Meldeadresse** benannt ist.[7] Gleiches gilt für den **wirtschaftlichen Empfänger** oder denjenigen, an den das Gut mit Einverständnis des berechtigten Empfängers abgeliefert wird.[8]

12   **c) Begriffe „Ablieferung", „Besichtigung des Gutes".** Unter Ablieferung ist nach dem BGH nur die **vertragsgemäße, vollständige** und **unbeschädigte Übergabe** des Gutes zu verstehen.[9] Eine Übergabe liegt vor, wenn der Frachtführer jeglichen Besitz, auch den mittelbaren, an dem Gut verliert und der Empfänger zumindest den mittelbaren Besitz mit Willen des Frachtführers verschafft bekommt.[10] Die Definition des BGH ist jedoch innerhalb der Lit. berechtigterweise auf Kritik gestoßen, da dem Empfänger ansonsten kein Anspruch auf Ablieferung **beschädigten Gutes** zustünde.[11]

13   Die hM nimmt eine Ablieferung deshalb schon dann an, wenn der Frachtführer im **Einvernehmen** mit dem Empfänger seinen **Gewahrsam an dem Gut aufgibt** und diesem die **tatsächliche Gewalt an dem Gut überträgt**.[12] Ausreichend ist somit, wenn der unmittelbaren Sachherrschaft des Empfängers keine Hinderungsgründe mehr entgegenstehen.[13] Unterlässt dagegen der Frachtführer jeglichen Zustellungsversuch und benachrichtigt den Empfänger lediglich über einen Benachrichtigungsschein, liegt keine Ablieferung vor.[14]

14   Der Empfänger darf, bevor er die Ablieferung des Gutes verlangt, das Gut besichtigen. Das Besichtigungsrecht bezieht sich dabei nur auf die Vollständigkeit und äußere Unversehrtheit des Gutes.[15] Der Empfänger kann auch die zweite Ausfertigung des Frachtbriefes analog § 421 Abs. 1 S. 1 verlangen.[16]

15   **d) Begriff „Ankunft".** Als „Angekommen" ist das Gut zu betrachten, sobald die Ablieferungsstelle erreicht ist. Schwierigkeiten kann es bei der Bestimmung des Ankunftszeitpunktes geben, wenn lediglich ein Teil einer Sendung ankommt. Hier stellt sich die Frage, ob der maßgebende Zeitpunkt durch die Ankunft des ersten oder des letzten Teils der Sendung oder für jedes einzelne Teil durch seine eigene Ankunft bestimmt werden soll. Bei **mehrteiligen Sendungen**, die getrennt befördert werden, ist danach zu unterscheiden, ob ein oder mehrere Frachtbriefe ausgestellt wurden: Bei Beförderung unter einem Frachtbrief ist auf die Ankunft des ersten Teiles abzustellen; bei mehreren Frachtbriefen ist für jedes Gut dessen eigener Ankunftszeitpunkt maßgebend.[17]

16   **e) Zug-um-Zug.** Die Ablieferungsverpflichtung des Frachtführers ist nach dem Wortlaut der Vorschrift mit der korrespondierenden Zahlungsverpflichtung des Empfängers dergestalt verknüpft, dass beide Vertragspflichten nur **Zug-um-Zug** zu erfüllen sind. Es handelt sich dabei nicht um eine von Amts wegen zu berücksichtigende Einwendung, sondern um eine Einrede im Sinne des Leistungsverweigerungsrechts. Nimmt der Empfänger einen Unterfrachtführer in Anspruch, muss der Empfänger sich nur Ansprüche aus dem zwischen dem Absender und dem Hauptfrachtführer geschlossenen Frachtvertrag, nicht dagegen auch Ansprüche aus dem Verhältnis zwischen Hauptfrachtführer und dem Unterfrachtführer entgegenhalten lassen.[18] Anderenfalls würde der Empfänger auf die Forderung des Unterfrachtführers zahlen und der Absender würde weiterhin in voller Höhe dem Hauptfrachtführer verpflichtet bleiben, was im Ergebnis unbillig erscheint.[19]

---

[7] OLG Düsseldorf Urt. v. 11.11.1993 – 18 U 102/93, VersR 1994, 1498 [WA]; OLG Düsseldorf Urt. v. 2.3.1989 – 18 U 244/88, TranspR 1989, 423 [CMR]; C. A. Paris Urt. v. 24.10.1991, BT 1991, 779 [CMR]; *Koller* CMR Art. 13 Rn. 4; MüKoHGB/*Jesser-Huß* CMR Art. 13 Rn. 4; *Herber/Piper* CMR Art. 13 Rn. 4; Thume/*Temme* CMR Art. 13 Rn. 14.

[8] OLG Düsseldorf Urt. v. 2.3.1989 – 18 U 244/88, TranspR 1989, 423; *Koller* CMR Art. 13 Rn. 4; Thume/*Temme* CMR Art. 13 Rn. 15.

[9] BGH Urt. v. 6.7.1979 – I ZR 127/78, BGHZ 75, 92 (95) = VersR 1979, 1105 (1196); MüKoHGB/*Czerwenka*, 2. Aufl. 2009, Rn. 11; Herber/Piper CMR Art. 13 Rn. 5.

[10] Palandt/*Herrler* BGB § 929 Rn. 9 f.

[11] Thume/*Temme* CMR Art. 13 Rn. 8; *Koller* CMR Art. 13 Rn. 3.

[12] OLG Düsseldorf Urt. v. 27.4.1955 – 7 U 121/54, NJW 1955, 1322 f.; Staub/*Schmidt* Rn. 8; Thume/*Temme* CMR Art. 13 Rn. 8. AA *Koller* Rn. 2, wonach das Gut bereits angekommen ist, wenn es vor dem Grundstück angelangt ist, auf dem es abgeliefert werden soll.

[13] Vgl. etwa BGH Urt. v. 9.11.1979 – I ZR 28/78, TranspR 1980, 94 = VersR 1980, 181 = NJW 1980, 833; BGH Urt. v. 29.11.1984 – I ZR 121/82, TranspR 1985, 182 = VersR 1985, 258 = RIW 1985, 326; BGH Urt. v. 23.10.1981 – I ZR 157/79, TranspR 1982, 11 = VersR 1982, 88 = NJW 1982, 1284; OLG Oldenburg Urt. v. 6.2.1989 – 9 U 89/88, TranspR 1989, 359; *Heuer* VersR 1988, 314; Thume/*Thume/Seltmann* CMR Art. 17 Rn. 22 mN.

[14] Unzutr. AG Brühl Urt. v. 26.5.2005 – 21 C 669/04, NJW-RR 2006, 272.

[15] Vgl. § 438 Abs. 1. Ebenso *Koller* Rn. 5; *Tunn* VersR 2005, 1646 (1648).

[16] Ebenso für das MÜ: *Reuschle* MÜ Art. 13 Rn. 12.

[17] *Reuschle* MÜ Art. 13 Rn. 9.

[18] BGH Urt. v. 20.10.2005 – I ZR 201/04, TranspR 2006, 29 (30).

[19] *Koller* Rn. 8.

Verweigert der Empfänger die ihm gem. Abs. 2 auferlegten Zahlungspflichten, so steht dem Fracht- **17**
führer ein **Zurückbehaltungsrecht** nach § 273 BGB, § 369 zu.[20] Der Frachtführer hat darüber
hinaus das Recht, nach den Vorschriften des **Pfandverkaufs** Befriedigung aus dem Wert des Gutes zu
suchen (§ 441 iVm §§ 1234 ff. BGB).

3. Schadensersatzanspruch des Empfängers. Ist das Gut beschädigt, verspätet abgeliefert oder **18**
verloren gegangen, so kann der Empfänger die Ansprüche aus dem Beförderungsvertrag im eigenen
Namen[21] gegen den Frachtführer geltend machen (Abs. 1 S. 2).

Der Empfänger kann den Anspruch auf Schadensersatz **abtreten,** auch wenn er ihn noch nicht **19**
geltend gemacht hat.[22] Die Abtretbarkeit von Absender- oder Empfängerrechten an den **Transport-**
versicherer kann durch AGB nicht ausgeschlossen werden.[23]

a) Aktivlegitimation. Der **Empfänger** ist im Falle von Güterschäden und Verzögerungen zur **20**
Geltendmachung von Ansprüchen im **eigenen Namen** berechtigt. Der Empfänger kann diese Rechte
erst geltend machen, wenn die frachtrechtliche Verfügungsbefugnis auf ihn übergegangen ist.[24] Abs. 1
S. 1 stellt im Unterschied zur CMR nun ausdrücklich klar, dass die Aktivlegitimation des Absenders
neben der des Empfängers bestehen bleibt.[25] Die Aktivlegitimation des Absenders ergibt sich bereits
daraus, dass **dieser Vertragspartner des Frachtführers ist,** er deshalb auch die Rechte aus dem
Beförderungsvertrag geltend machen und die Ablieferung an den Empfänger verlangen kann (§ 335
BGB).[26] Da er zudem während des Beförderungsverlaufs die **Verfügungsbefugnis** über das Gut hat
(§ 418 Abs. 1), muss ihm die Möglichkeit eingeräumt werden, zumindest dem Empfänger den
Schadensersatzanspruch als Gütersurrogat geltend zu machen.[27] Die Aktivlegitimation des Absenders
ist aber nicht an seine Verfügungsbefugnis gebunden und bleibt auch dann bestehen, wenn die
Verfügungsbefugnis nach § 418 Abs. 2 auf den Empfänger gewechselt ist.[28] Absender und Empfänger
sind Gesamtgläubiger iSd § 428 BGB.[29]

Diese **Doppellegitimation** soll gewährleisten, dass die Durchsetzung oben genannter Ersatzansprü- **21**
che gegen den Frachtführer gesichert bleibt.[30] Insbesondere soll vermieden werden, dass ein Anspruchs-
verlust dadurch eintritt, dass die „falsche Partei" reklamiert oder klagt.[31] Ein faktischer Anspruchs-
verlust würde dann drohen, wenn nur der materiell geschädigte Empfänger oder Absender zur Geltendmachung berechtigt wäre und den Frachtführer erfolgreich in Anspruch nehmen könnte. § 421 Abs. 1 S. 2
HGB nimmt Empfänger und Absender das Risiko ab, dass eine nicht ersatzberechtigte Person Ansprüche gegen den Frachtführer geltend macht. Zudem hat § 421 Abs. 1 S. 2 eine §§ 407 Abs. 1, 808 BGB
vergleichbare schuldnerschutzbefreiende Wirkung: Der Frachtführer wird von seiner Ersatzpflicht
unabhängig von der Empfangszuständigkeit des Absenders bzw. des Empfängers frei.[32]

b) Passivlegitimation. Schadensersatzansprüche sind gegen den **Frachtführer** zu richten. Der **22**
Frachtführer haftet gem. § 425 wegen Güterschäden und Verspätungsschäden, die innerhalb des maßgeblichen Obhutszeitraumes eingetreten sind. Passivlegitimiert ist der Frachtführer **(Hauptfracht-**
führer) als unmittelbarer Vertragspartner des Absenders. Darüber hinaus ist auch der **ausführende**
Frachtführer (§ 437) passivlegitimiert, da dieser neben dem vertraglichen Hauptfrachtführer ebenfalls
für Schäden, die durch Verlust oder Beschädigung des Gutes oder durch Verzögerung innerhalb **seines**
Transportabschnitts verursacht wurden, gesamtschuldnerisch einzustehen hat (§ 437 Abs. 1, Abs. 3).
Dadurch soll der Tatsache Rechnung getragen werden, dass derjenige Transportunternehmer, welcher
den Frachtvertrag abschließt, die Beförderung vielfach nicht selbst oder durch eigene Leute durchführt,
sondern die Ausführung ganz oder teilweise Dritten überlässt, die ihrerseits wiederum weitere selbst-

---

[20] Oetker/*Paschke* Rn. 10.
[21] *Koller* CMR Art. 13 Rn. 7; MüKoHGB/*Jesser-Huß* CMR Art. 13 Rn. 15, 16.
[22] BGH Urt. v. 28.4.1988 – I ZR 32/86, TranspR 1988, 338 = VersR 1988, 828.
[23] BGH Urt. v. 9.11.1981 – II ZR 197/80, VersR 1982, 287 (289); MüKoHGB/*Jesser-Huß* CMR Art. 13 Rn. 5; *Herber*/*Piper* CMR Art. 13 Rn. 33.
[24] BeckOK HGB/*G Krichhof* Rn. 6. AA *Fremuth* in Fremuth/Thume TranspR CMR Art. 13 Rn. 12.
[25] *Becker* AcP 202 (2002) 722, 738 ff.
[26] Vgl. BGH Urt. v. 24.10.1991 – I ZR 208/89, TranspR 1992, 177 = VersR 1992, 640 = RIW 1992, 339; OLG Düsseldorf Urt. v. 1.6.1995 – 18 U 207/94, RIW 1996, 158; OLG Koblenz Urt. v. 6.10.1989 – 2 U 200/88, TranspR 1991, 93; OLG Hamburg Urt. v. 4.12.1986 – 6 U 266/85, VersR 1987, 558; MüKoHGB/*Czerwenka*, 2. Aufl. 2009, Rn. 13; Baumbach/Hopt/*Merkt* Rn. 1; *Koller* CMR Art. 13 Rn. 8; *Thume*/*Temme* Rn. 26; *Fremuth* in Fremuth/Thume TranspR CMR Art. 13 Rn. 13; *Piper* TranspR 1990, 357; *Helm* TranspR 1983, 29.
[27] BR-Drs. 368/97, 54.
[28] BGH Urt. v. 6.5.1981 – I ZR 70/79, TranspR 1982, 41 = RIW 1981, 787 = VersR 1981, 929; BGH Urt. v. 1.10.1975 – I ZR 12/75, VersR 1976, 168; *Piper* VersR 1988, 200; *Koller* CMR Art. 13 Rn. 8; *Glöckner,* Leitfaden zur CMR, 7. Aufl. 1991, CMR Art. 13 Rn. 4.
[29] Baumbach/Hopt/*Merkt* Rn. 2; *Fremuth* in Fremuth/Thume TranspR Rn. 16; *Koller* Rn. 14; *Oetker* JuS 2001, 833 (840); Palandt/*Grüneberg* BGB § 428 Rn. 3; krit. *Meier* AcP 205, 858 (885 f.) und *Schroiff* JuS 2000, 624, die eine Prozessstandschaft annehmen.
[30] Bericht SV-Kommission, S. 77.
[31] BR-Drs. 368/97, 54; Baumbach/Hopt/*Merkt* Rn. 1.
[32] *Becker* AcP 202 (2002) 722, 739.

ständige Transportunternehmer einschalten.[33] § 437 eröffnet einen **Direktanspruch** gegen den ausführenden Frachtführer, der neben dem Anspruch gegen den Vertragspartner geltend gemacht werden kann.[34]

23   Die ständige Rspr. zur **CMR** lehnte hingegen die Passivlegitimation des **Unterfrachtführers** ab, es sei denn, es handelt sich um einen Fall der aufeinander folgenden Frachtführer iSd Art. 34 ff. CMR.[35] Die neuere Rspr. des BGH[36] hält demgegenüber den Unterfrachtführer ebenfalls für passivlegitimiert: Der Empfänger müsse als Drittbegünstigter aus dem Unterfrachtvertrag „zumindest befugt […], die Primärrechte auf Ablieferung des Gutes, Übergabe der Zweitfertigung des Frachtbriefs geltend zu machen und sich auf das Weisungsrecht zu berufen." Für diese Auffassung streitet, dass bei Einschaltung eines Unterfrachtführers zwei Frachtverträge abgeschlossen werden. Der Hauptfrachtführer wird zunächst vom Urabsender zur Beförderung des Gutes beauftragt. Da der Hauptfrachtführer den Beförderungsauftrag nicht selbst ausführt, beauftragt er im eigenen Namen und für eigene Rechnung einen anderen Frachtführer, den sog. Unterfrachtführer, und schließt mit diesem einen selbstständigen Beförderungsvertrag ab. Der Unterfrachtführer haftet dem Hauptfrachtführer als dem Absender nach § 425. Soweit den Unterfrachtführer die volle Frachtführerhaftung gegenüber dem Hauptfrachtführer trifft, ist kein Grund ersichtlich, weshalb der Empfänger als Drittbegünstigter des Unterfrachtvertrages seine Rechte nicht unmittelbar gegen den Unterfrachtführer geltend können machen soll.

24   **c) Drittschadensliquidation; Prozessstandschaft; Streitverkündung (Abs. 1 S. 2, 3). aa) Drittschadensliquidation.** Absender und Empfänger sind zur Drittschadensliquidation berechtigt unter den allgemein anerkannten Voraussetzungen.[37] Insoweit verweist die Norm lediglich auf die bisher von der Rspr. entwickelten Grundsätze, ohne eine davon losgelöste, eigenständige Anspruchsgrundlage schaffen zu wollen. Die Vorschrift stellt klar, dass es zur Geltendmachung der Schadensersatzansprüche ohne Belang ist, ob Absender oder Empfänger im eigenen oder fremden Interesse handeln. Einer unmittelbaren vertraglichen Beziehung zwischen Vertragsberechtigtem und dem Geschädigten bedarf es nicht.[38] Gerade beim Gütertransport fallen regelmäßig Anspruchsinhaberschaft und die Person des materiell Geschädigten auseinander, sodass es sich insoweit um eine anerkannte Fallgruppe der **typischen Schadensverlagerung** handelt.[39] Es würde zu untragbaren Ergebnissen führen, wenn der Schädiger aus dem für ihn zufälligen Auseinanderfallen von Berechtigtem und Geschädigtem Nutzen ziehen dürfte, mit der Begründung, der Ersatzberechtigte habe keinen Schaden, der Geschädigte keinen Anspruch.[40] Schutzwürdige Belange des Frachtführers sind dadurch nicht berührt, da dieser nur einmal Ersatz zu leisten braucht. Bei der Drittschadensliquidation liquidiert der Anspruchsberechtigte im eigenen Namen, aber für fremdes Interesse, den geltend gemachten Schaden. Der Anspruch geht dabei auf **Leistung an den Anspruchsinhaber,** wobei es diesem offen steht, auf Zahlung an den Geschädigten zu klagen.[41] Ein Klärungsinteresse daran, wem die Entschädigung letztlich zusteht, besteht nicht.[42]

25   Die Drittschadensliquidation wird **anerkannt** bei Klagen des Absenders für den Empfänger,[43] des Empfängers für den Absender,[44] des Absenders für den Versender,[45] des Spediteurs für den Auftrag-

---

[33] BR-Drs. 368/97, 72.

[34] *Koller* Rn. 4, 16.

[35] Vgl. etwa BGH Urt. v. 24.9.1987 – I ZR 197/85, TranspR 1988, 108 = VersR 1988, 244; BGH Urt. v. 28.4.1988 – I ZR 32/86, TranspR 1988, 338 = VersR 1988, 825; BGH Urt. v. 10.5.1990 – I ZR 234/88, TranspR 1990, 418; BGH Urt. v. 24.10.1991 – I ZR 208/89, TranspR 1992, 177 = VersR 1992, 640 = RIW 1992, 339; OLG Düsseldorf Urt. v. 7.7.1988 – 18 U 63/88, TranspR 1988, 425 (427); aA *Koller* VersR 1988, 673; *Koller* VersR 1993, 920 ff. mit der einleuchtenden Begründung, dass auch der Frachtvertrag zwischen Hauptfrachtführer und Unterfrachtführer ein Vertrag zugunsten Dritter sei; iErg ebenso *Thume* TranspR 1991, 85 ff.; zust. Thume/ *Temme* CMR Art. 13 Rn. 17.

[36] BGH Urt. v. 28.4.2009 – I ZR 29/07, TranspR 2010, 34; Urt. v. 30.10.2008 – I ZR 12/06, TranspR 2009, 130 (132); Urt. v. 14.6.2007 – I ZR 50/05, TranspR 2007, 425 (427).

[37] *Koller* Rn. 18.

[38] BGH Urt. v. 29.3.2001 – I ZR 312/98, VersR 2002, 122 = TranspR 2001, 447 (449); OGH Urt. v. 27.4.2011 – 7 OB 216/10 f., TranspR 2011, 373.

[39] BGH Urt. v. 30.4.1959 – II ZR 7/57, VersR 1959, 502 (504); BGH Urt. v. 29.1.1968 – II ZR 18/65, BGHZ 49, 356 (361) = VersR 1968, 468 (469); BGH Urt. v. 10.4.1974 – I ZR 84/73, VersR 1974, 796 (798); BGH Urt. v. 9.11.1981 – II ZR 197/80, VersR 1982, 287 (288) = NJW 1982, 992 (993); BGH Urt. v. 14.3.1985 – I ZR 168/82, VersR 1985, 753 (754).

[40] BGH Urt. v. 10.7.1963 – VIII ZR 204/61, BGHZ 40, 91 (100 f.; OLG Zweibrücken Urt v. 17.12.1996 – 8 U 63/96, TranspR 1997, 369 (370); *Rabe* TranspR 1993, 1; *Piper* VersR 1988, 201 (202 f.); *Piper* TranspR 1990, 357 (358); *Koller* RIW 1988, 254 (258); *Koller* VersR 1982, 414 (415 f.); *Herber/Piper* CMR Art. 13 Rn. 32.

[41] BGH Urt. v. 20.4.1989 – I ZR 154/87, NJW 1989, 3099.

[42] BGH Urt. v. 20.4.1989 – I ZR 154/87, NJW 1989, 3099 (3100); OLG Zweibrücken Urt. v. 17.12.1996 – 8 U 63/96, TranspR 1997, 368 (370); *Piper* VersR 1988, 201 (203).

[43] BGH Urt. v. 9.11.1981 – II ZR 197/80, VersR 1982, 287 (288); BGH Urt. v. 1.10.1975 – I ZR 12/75, VersR 1976, 168 (169); OLG Linz Urt. v. 27.11.1989 – 4 R 288/89, TranspR 1990, 154 (155 f.); *Herber/Piper* CMR Art. 13 Rn. 32.

[44] BGH Urt. v. 9.11.1981 – II ZR 197/80, NJW 1982, 992 (993).

[45] BGH Urt. v. 14.3.1985 – I ZR 168/82, VersR 1985, 753 (754); OLG Hamm Urt. v. 6.2.1997 – 18 U 141/96, TranspR 1998, 34.

geber,[46] des Spediteurs für Absender oder Empfänger,[47] des Unterfrachtführers für den Geschädigten,[48] des Hauptfrachtführers für den Absender gegen den Unterfrachtführer.[49] Sie wird **abgelehnt** bei einer Klage des Zwischenspediteurs ohne Schadensersatzanspruch gegen den ausliefernden Spediteur.[50]

bb) Prozessstandschaft. Bei der Prozessstandschaft wird der materiell Geschädigte vom An- **26** spruchsinhaber ausdrücklich oder konkludent ermächtigt, den (fremden) Ersatzanspruch prozessual geltend zu machen. Sie betrifft die Prozessführungsbefugnis und damit die Zulässigkeit der Klage. Nach stRspr wird eine Prozessstandschaft anerkannt, soweit der Kläger an der Verfolgung des fremden Rechts ein **eigenes schutzwürdiges Interesse** hat.[51]

Das schutzwürdige Interesse wird **anerkannt,** wenn der materiell Geschädigte oder sein Transport- **27** versicherer im Namen des Absenders, Empfängers[52] oder des Empfangsspediteurs den Prozess führen.[53] Es wird gleichfalls anerkannt, wenn der Absender den Prozess für den Empfänger führt.[54]

Nur die gerichtliche Geltendmachung des Ersatzanspruchs durch den **Berechtigten** führt zur **28** **Hemmung** (§ 204 BGB) **der Verjährungsfristen** nach § 439. Diese Wirkung tritt nicht ein, wenn die Voraussetzungen der Prozessstandschaft nicht vorlagen. Gleiches gilt für die Schadensanzeige nach § 438.

cc) Streitverkündung. Der vom Absender in Anspruch genommene Frachtführer kann dem **29** Empfänger den Streit verkünden.[55] Das Institut der Streitverkündung steht auch dem Frachtführer gegen den Absender zu, der wegen eines drohenden Schadensersatzanspruchs des Absenders seinen Unterfrachtführer im Wege der Drittschadensliquidation in Regress nimmt, weil er insoweit den Anspruch eines Dritten besorgt (§ 72 Abs. 1 ZPO).[56]

III. Pflichten des Empfängers (Abs. 2 und 3)

1. Frachtzahlungspflicht (Abs. 2). Die Vorschrift legt dem **Empfänger** die Zahlungspflicht auf, **30** sobald dieser vom Frachtführer die Ablieferung des Gutes verlangt. Dies entspricht der Regelung des Art. 13 Abs. 2 CMR.[57] § 421 Abs. 2 normiert einen gesetzlichen Schuldbeitritt des Empfängers.[58] Der Eintritt der Zahlungsverpflichtung setzt aufgrund der damit verbundenen erheblichen Verpflichtungen des Empfängers die Abgabe einer entsprechenden Willenserklärung, eben der Geltendmachung des Ablieferungsverlangens, voraus.[59] Eine derartige Willenserklärung kann auch konkludent abgegeben werden.[60] Die Zahlungsverpflichtung tritt dagegen weder mit Ankunft des Gutes an der Ablieferungsstelle noch mit der tatsächlichen Ablieferung[61] noch der bloßen Entgegennahme des Gutes ein.[62] Bestehende vertragliche Zahlungspflichten des **Absenders,** etwa die Vergütungspflicht nach § 407 Abs. 2, bleiben unberührt. Dies wird durch die Regelung des Abs. 4 – über den Wortlaut der CMR hinaus – nun ausdrücklich klargestellt.

a) Frachtbrief ausgestellt (Abs. 2 S. 1). Der **Umfang der Zahlungspflicht** ergibt sich, soweit **31** ein **Frachtbrief ausgestellt** wurde, unmittelbar aus den Angaben im Frachtbrief. Die geschuldete Fracht muss nicht im Frachtbrief **beziffert** sein. Es genügt, dass sich ihr Umfang in berechenbarer

[46] BGH Urt. v. 10.4.1974 – I ZR 84/73, NJW 1974, 1614 (1616).

[47] BGH Urt. v. 20.4.1989 – I ZR 154/87, NJW 1989, 3099; BGH Urt. v. 14.3.1985 – I ZR 168/82, VersR 1985, 753 (754); OLG München Urt. v. 16.1.1991 – 7 U 2240/90, TranspR 1992, 181 (182); OLG Zweibrücken Urt. v. 17.12.1996 – 8 U 63/96, TranspR 1997, 368 (370).

[48] OLG Hamburg Urt. v. 14.12.1986 – 6 U 266/85, VersR 1987, 558.

[49] BGH Urt. v. 14.11.1991 – I ZR 236/89, BGHZ 116, 95 = NJW 1992, 1698.

[50] OLG München Urt. v. 27.1.1994 – 24 U 325/93, VersR 1995, 813.

[51] BGH Urt. v. 26.9.1957 – II ZR 267/56, BGHZ 25, 250 (259 f.) = VersR 1957, 705 (706); *Piper* VersR 1988, 201 (203).

[52] BGH Urt. v. 6.2.1981 – I ZR 172/78, VersR 1981, 571 (572).

[53] BGH Urt. v. 6.5.1981 – I ZR 70/79, VersR 1981, 929 = TranspR 1982, 41 (42).

[54] BGH Urt. v. 10.4.1974 – I ZR 84/73, VersR 1974, 796 (798).

[55] MüKoHGB/*Jesser-Huß* CMR Art. 13 Rn. 24.

[56] BGH Urt. v. 14.11.1991 – I ZR 236/89, BGHZ 116, 95 = NJW 1992, 1698 mAnm *Koller* EWiR 1992, 405 (406); *Herber/Piper* CMR Vor Art. 17 Rn. 22; krit. *Rabe* TranspR 1993, 1 (7).

[57] Zur Rechtsnatur *Koller* Rn. 23.

[58] MüKoHGB/*Czerwenka*, 2. Aufl. 2009, Rn. 31.

[59] BGH Urt. v. 20.10.2005 – I ZR 201/04, NJW-RR 2006, 181 (182); LG Görlitz Urt. v. 15.10.2004 – 2 S 27/04, BeckRS 2004, 17913.

[60] AG Sinsheim Urt. v. 31.10.2000 – 4 C 183/00, TranspR 2001, 96 (97); *Bodis/Remiorz* TranspR 2005, 438 (442); *Koller* Rn. 23.

[61] OLG Düsseldorf Urt. v. 11.12.1980 – 18 U 112/80, NJW 1981, 1910 (1911); *Koller* TranspR 1993, 41 (42); *Koller* CMR Art. 13 Rn. 11; MüKoHGB/*Jesser-Huß* CMR Art. 13 Rn. 25; Thume/*Temme* CMR Art. 13 Rn. 37; *Herber/Piper* CMR Art. 13 Rn. 20; aA *Benkelberg/Beier* TranspR 1989, 351 (354); Staub/*Reuschle* CMR Art. 13 Rn. 4.

[62] BGH Urt. 11.1.2007 – I ZR 167/04, BeckRS 2007, 11158; LG Görlitz Urt. v. 15.10.2004 – 2 S 27/04, BeckRS 2004, 17913.

Weise aus ihm ergibt.[63] Eine dem Frachtbrief beigefügte Rechnung allein, ohne Hinweis im Frachtbrief, ist aber nicht ausreichend.[64]

32   Durch die direkte Anknüpfung an die Frachtbriefangaben wird das **Zahlungsrisiko** für den Empfänger **kalkulierbar.** Er bleibt vor unliebsamen Überraschungen geschützt, da er den Umfang der Zahlungsverpflichtungen abschätzen kann, bevor er die Ablieferung des Gutes verlangt. In jedem Falle kann nämlich der Empfänger vor Ablieferung des Gutes verlangen, zuerst **Einblick in den Frachtbrief** zu erhalten, um sich auf diese Weise über den Umfang der Zahlungspflicht zu informieren.[65]

33   Der Empfänger ist verpflichtet, die noch geschuldete Fracht bis zur Höhe der im Frachtbrief enthaltenen Beträge **Zug-um-Zug** gegen Auslieferung zu bezahlen.[66] Dazu zählen nicht auch Aufwendungen, die ihre Grundlage außerhalb des Frachtvertrages haben, wie die Kosten einer berechtigten **Geschäftsführung ohne Auftrag** (§§ 683, 670 BGB).[67] Der Frachtzahlungsanspruch des Frachtführers unterliegt der Verjährung nach § 439.

34   **b) Kein Frachtbrief ausgestellt (Abs. 2 S. 2).** Für den Fall, dass **kein Frachtbrief ausgestellt** oder ein solcher dem Empfänger nicht vorgelegt wurde, hat der Empfänger die mit dem Absender vereinbarte Fracht zu zahlen, soweit diese nicht unangemessen ist (S. 2). Der Empfänger wird dadurch ebenfalls nicht über Gebühr belastet, da seine Rechtsstellung insoweit der des Schuldners einer nicht näher bestimmten Leistung gem. §§ 315 ff. BGB entspricht. Die Regelung findet kein Vorbild in der CMR.

35   Die **Beweislast** dafür, dass die mit dem Absender vereinbarte Fracht unangemessen ist, **trägt der Empfänger.**[68] Die Beweislastverteilung zum Nachteil des Empfängers ist zur Vermeidung von Schwierigkeiten bei der Abwicklung des Frachtgeschäfts und im Hinblick auf das Interesse des Frachtführers, möglichst zügig das ihm noch zustehende Entgelt zu erhalten, **interessengerecht.**

36   **c) Sicherheit.** Eine dem Art. 13 Abs. 2 S. 2 CMR entsprechende Regelung, die dem Empfänger bei Streitigkeiten über die Höhe des zu zahlenden Betrages eine Pflicht zur Sicherheitsleistung auferlegt, ist vom Gesetzgeber bewusst **nicht übernommen worden.**[69] Der Frachtführer ist durch **Zurückbehaltungsrechte** nach § 369, § 273 BGB und **Pfandrechte** (§ 441) ausreichend geschützt. Im Übrigen wurde befürchtet, dass die Normierung einer Sicherheitsleistung nach Vorbild der CMR zu Missverständnissen im Verhältnis der Rechte führen würde.

37   **2. Standgeld; besondere Vergütung wegen Verzögerung (Abs. 3).** Zum Umfang der Zahlungspflicht des Empfängers gehört – in Abweichung zur CMR – auch ein etwaiges **Standgeld** (§ 412 Abs. 3) oder eine **besondere Vergütung wegen Verzögerungen** nach § 420 Abs. 3. Ein Standgeld ist eine besondere Vergütung für das Zur-Verfügung-stellen des Transportmittels über die Lade- oder Entladezeit hinaus. Ein etwaiges Standgeld fällt ausschließlich außerhalb des für die Haftung des Frachtführers nach § 425 maßgeblichen Obhutszeitraumes an.[70] Demgegenüber bezieht sich die besondere Vergütung nach § 420 Abs. 3 auf Verzögerungen während der Beförderung, also während des Obhutszeitraumes. Die allgemeinen Voraussetzungen für das Standgeld bzw. die besondere Vergütung müssen in jedem Falle vorliegen, um sie dem Empfänger in Rechnung stellen zu können.

38   Die Verpflichtung des Empfängers zur Zahlung von Standgeld knüpft an die entsprechende Verpflichtung des Absenders aus dem von diesem geschlossenen Frachtvertrag an. Im Fall der Einschaltung von Unterfrachtführern erlangen diese im Verhältnis zum Empfänger keine Ansprüche nach § 421 Abs. 2 und 3, da eine vertragliche Verpflichtung des Absenders nur gegenüber dem Hauptfrachtführer, nicht dagegen im Verhältnis zu Unterfrachtführern besteht, deren sich der Hauptfrachtführer zur Erfüllung seiner frachtvertraglichen Verpflichtungen dem Absender gegenüber bedient.[71] Demgegen-

---

[63] BGH Urt. v. 25.4.1991 – III ZR 74/90, VersR 1991, 1037 (1039); BGH Urt. v. 23.1.1970 – I ZR 35/69, NJW 1970, 604; OLG Düsseldorf Urt. v. 11.12.1980 – 18 U 112/80, NJW 1981, 1910; OLG Düsseldorf Urt. v. 27.11.1980 – 18 U 104/80, VersR 1981, 556; *Glöckner,* Leitfaden zur CMR, 7. Aufl. 1991, CMR Art. 13 Rn. 11; *Herber/Piper* CMR Art. 13 Rn. 22; aA MüKoHGB/*Jesser-Huß* CMR Art. 13 Rn. 27; *Czoklich,* Einführung in das Transportrecht, 1990, 125 f.; zur Rspr. des OGH Wien vgl. → CMR Art. 13 Rn. 12 Fn. 48.

[64] OLG Hamm Urt. v. 15.9.1988–18 U 260/87, TranspR 1989, 55 (56); *Koller* CMR Art. 13 Rn. 11; *Herber/Piper* CMR Art. 13 Rn. 22; *Glöckner,* Leitfaden zur CMR, 7. Aufl. 1991, CMR Art. 13 Rn. 11; *Thume/Temme* CMR Art. 13 Rn. 39.

[65] *Koller* TranspR 1993, 41 (42); *Koller* Rn. 28; *Herber/Piper* CMR Art. 13 Rn. 24; MüKoHGB/*Jesser-Huß* CMR Art. 13 Rn. 11 mwN.

[66] *Koller* CMR Art. 13 Rn. 11; *Herber/Piper* CMR Art. 13 Rn. 21; MüKoHGB/*Jesser-Huß* CMR Art. 13 Rn. 31.

[67] Diese Frage wurde offengelassen vom BGH Urt. v. 25.4.1991 – III ZR 74/90, VersR 1991, 1037 (1039); zum Meinungsstand *Koller* TranspR 1993, 41 (45 f.); *Thume/Temme* CMR Art. 13 Rn. 36.

[68] Baumbach/Hopt/*Merkt* Rn. 2; GK-HGB/*Bracker/Janßen* Rn. 6.

[69] BR-Drs. 368/97, 54.

[70] *Koller* Rn. 30.

[71] BGH Urt. v. 20.10.2005 – I ZR 201/04, TranspR 2006, 29 (30).

über hält *Czerwenka*[72] dieses Ergebnis für widersprüchlich: soweit der neuere Rspr. den Empfänger als befugt erachtet, Primäransprüche gegen den Unterfrachtführer geltend zu machen, folge daraus, dass der Empfänger stets zum Kostenschuldner aus dem Hauptfrachtvertrag und dem Unterfrachtvertrag werde. Dabei wird übersehen, dass im Rahmen des Unterfrachtvertrags der Hauptfrachtführer eigentlicher Empfänger des Gutes ist, welcher mit Hilfe des Unterfrachtführers seiner Ablieferungsverpflichtung gegenüber dem Endempfänger nach dem Hauptfrachtvertrag nachkommt.

a) Mitteilung erforderlich. Wird ein Standgeld für das Überschreiten der **Ladezeit** oder eine **39** besondere Vergütung nach § 420 Abs. 3 geltend gemacht, so steht der Vergütungsanspruch des Frachtführers unter dem Vorbehalt, dass der geltend gemachte Betrag dem Empfänger **bei der Ablieferung** des Gutes **mitgeteilt** wurde. Erst durch diese **frühzeitige Information** ist der Empfänger nämlich in der Lage, den Umfang der gesamten Zahlungsverpflichtung abzuschätzen und ggf. die Ablieferung des Gutes abzulehnen.

b) Mitteilung nicht erforderlich. Keine Mitteilungspflicht besteht für ein etwaiges Standgeld **40** wegen Überschreitens der **Entladezeit**, da insoweit das Standgeld ohnehin vom Empfänger vertraglich versprochen wurde oder dieser zumindest in zurechenbarer Weise **Anlass** für das Überschreiten der Entladezeit gegeben hat (§ 412 Abs. 3). Weil der Empfänger nicht schutzbedürftig ist, trifft ihn die Pflicht zur Bezahlung von Standgeld wegen Überschreitens der Ladezeit auch dann, wenn ihm die konkrete Höhe dieses Betrages **nicht bekannt** war.[73]

IV. Zahlungspflicht des Absenders (Abs. 4)

Abs. 4 enthält eine **klarstellende Regelung** dahingehend, dass neben dem Empfänger der **Absen- 41 der** als unmittelbarer Vertragspartner des Frachtführers zur Bezahlung der nach dem Vertrag geschuldeten Beträge **verpflichtet bleibt**. In der Sache bringt diese Vorschrift jedoch keine Änderung gegenüber der Rechtslage unter Art. 13 CMR, da sich eine fortdauernde Zahlungspflicht des Absenders ohnehin unmittelbar aus dem Frachtvertrag ergibt.

Die Zahlungsverpflichtung des Absenders ist nicht von einer vorhergehenden Inanspruchnahme des **42** Empfängers abhängig. Diesbezügliche Überlegungen sind vom Gesetzgeber nicht aufgegriffen worden, weil dies zu einer Einschränkung der Rechtsposition des Frachtführers gegenüber der CMR geführt hätte, für die keine Notwendigkeit gesehen wurde.[74] Absender und Empfänger haften vielmehr als **Gesamtschuldner**.[75] Die Zahlungspflicht des Empfängers erstreckt sich nicht auf solche Kosten, zu deren Übernahme sich der Absender, etwa durch einen **Freivermerk** im Frachtbrief, verpflichtet hat.[76]

§ 422 Nachnahme

(1) **Haben die Parteien vereinbart, daß das Gut nur gegen Einziehung einer Nachnahme an den Empfänger abgeliefert werden darf, so ist anzunehmen, daß der Betrag in bar oder in Form eines gleichwertigen Zahlungsmittels einzuziehen ist.**

(2) **Das auf Grund der Einziehung Erlangte gilt im Verhältnis zu den Gläubigern des Frachtführers als auf den Absender übertragen.**

(3) **Wird das Gut dem Empfänger ohne Einziehung der Nachnahme abgeliefert, so haftet der Frachtführer, auch wenn ihn kein Verschulden trifft, dem Absender für den daraus entstehenden Schaden, jedoch nur bis zur Höhe des Betrages der Nachnahme.**

Schrifttum: *Basedow,* Der Transportvertrag. Studien zur Privatrechtsangleichung auf regulierten Märkten, 1987; *Dubischar,* Grundriß des gesamten Gütertransportrechts, 1987; *Fremuth/Thume,* Kommentar zum Transportrecht, 2000; *Helm,* Das Übereinkommen über den Beförderungsvertrag im internationalen Straßengüterverkehr (CMR) und seine Anwendung auf den grenzüberschreitenden Speditionsvertrag, IPRax 1982, 225; *Heuer,* Die Haftung des Frachtführers nach dem Übereinkommen über den Beförderungsvertrag im internationalen Straßengüterverkehr, 1975; *Lieser,* Ergänzung der CMR durch unvereinheitlichtes deutsches Recht, 1991; *Magdelenat,* Air Cargo, 1983; *Thume,* Die Haftung des CMR-Frachtführers wegen positiver Vertragsverletzung, TranspR 1995, 1; *Pfeiffer,* Handbuch der Handelsgeschäfte, 1999; *Ruhwedel,* Der Luftbeförderungsvertrag, 1998.

Parallelvorschriften: Art. 21 CMR.

---

[72] MüKoHGB/*Czerwenka,* 2. Aufl. 2009, Rn. 15.
[73] Staub/*Schmidt* Rn. 37.
[74] BR-Drs. 368/97, 55.
[75] *Benkelberg/Beier* TranspR 1989, 351 (354); *Herber/Piper* CMR Art. 13 Rn. 20, 27; MüKoHGB/*Jesser-Huß* CMR Art. 13 Rn. 29; GK-HGB/*Bracker/Janßen* Rn. 9.
[76] BGH Urt. v. 23.1.1970 – I ZR 35/69, NJW 1970, 604; MüKoHGB/*Jesser-Huß* CMR Art. 13 Rn. 28; *Herber/Piper* CMR Art. 13 Rn. 38; *Koller* Rn. 11.

Übersicht

I. Einleitung

1   Die Vorschrift trifft Regelungen für den Fall der **Nachnahmevereinbarung,** ohne allerdings den Begriff der „Nachnahme" zu definieren. Die Vorschrift findet Anlehnung an Art. 21 CMR.

2   Abs. 1 enthält eine gesetzliche **Auslegungsregel,** wonach Nachnahmebeträge im Zweifel in **bar** oder in Form eines der Bareinziehung **gleichwertigen Zahlungsmittels** einzuziehen sind.

3   Abs. 2 bestimmt in Anlehnung an die kommissionsrechtliche Vorschrift des § 392 Abs. 2, dass das aufgrund der Einziehung der Nachnahme **Erlangte** im Verhältnis zu den Gläubigern des Frachtführers als **auf den Absender übergegangen** gilt und sichert dem Absender insoweit die frühzeitige **Stellung eines Rechtsinhabers.**[1]

4   Abs. 3 normiert in Übereinstimmung mit Art. 21 CMR eine verschuldensunabhängige Haftung des Frachtführers für den Fall, dass dieser dem Empfänger das Gut ohne Einziehung der Nachnahme abgeliefert hat.

5   Nachnahmevereinbarungen sind typischerweise anzutreffen bei **Distanzkäufen,** also bei einem Kauf von einem auswärtigen Verkäufer, der anschließend die Ware zu der vereinbarten Ablieferungsstelle befördern lässt. Die Nachnahme kann demnach dazu dienen, den vereinbarten Kaufpreis nach Ablieferung des Gutes beim Käufer einzuziehen (sog. **Wert- oder Warennachnahme**), sowie dazu, sich wegen der Beförderungskosten beim Käufer schadlos zu halten (sog. **Kostennachnahme**). Mit der Wert- oder Warennachnahme gelingt es, bei Distanzgeschäften das Zug-um-Zug-Prinzip wiederherzustellen.[2]

II. Vereinbarung einer Nachnahme

6   **1. Begriff.** Der Begriff der Nachnahme wird weder im HGB noch in Art. 21 CMR explizit definiert. Er ergibt sich aber bereits aus der Formulierung „Einziehung einer Nachnahme", wonach Wesen der Nachnahme der **Einzug von Geld gegen Auslieferung des Gutes** ist.[3] Dabei sind zwei Arten der Nachnahme zu unterscheiden: die sog. Waren- oder Wertnachnahme sowie die Fracht- oder Kostennachnahme.[4] Erstere zielt auf die Einforderung des Kaufpreises des transportierten Gutes ab; letztere dient der Einziehung der Beförderungskosten.

7   **2. Vereinbarung.** Die Erhebung einer Nachnahme muss zwischen den Parteien des Beförderungsvertrages **vereinbart** sein. Dabei ist es unerheblich, ob sich die Vereinbarung auf den Warenwert **(Wertnachnahme)** und/oder auf die Beförderungskosten **(Kostennachnahme)** sowie **sonstiger Zahlungsverbindlichkeiten** des Empfängers bezieht.[5] Die Nachnahmevereinbarung muss nicht bereits bei Vertragsschluss getroffen sein, sie kann auch durch eine nachträgliche Vertragsänderung[6] oder durch einseitige **Weisung** erfolgen, falls diese den Frachtführer nicht unzumutbar belastet.[7] Nachnahmeabreden und entsprechende Weisungen können nicht durch **AGB** ausgeschlossen wer-

---

[1] Baumbach/Hopt/*Merkt* Rn. 2.

[2] S. *Basedow,* Der Transportvertrag. Studien zur Privatrechtsangleichung auf regulierten Märkten, 1987, 349 ff.

[3] BGH Urt. v. 25.10.1995 – I ZR 230/93, VersR 1996, 736 (738); BGH Urt. v. 10.2.1982 – I ZR 80/80, BGHZ 83, 96 (101) = NJW 1982, 1946 (1947); OLG Düsseldorf Urt. v. 21.4.1994 – 18 U 190/93, TranspR 1994, 391 mAnm *Thume;* OLG Düsseldorf Urt. v. 13.12.1990 – 18 U 142/90, TranspR 1991, 91 (92); OLG Düsseldorf Urt. v. 19.6.1986 – 18 U 29/86, TranspR 1986, 336 (337); OLG Hamburg Urt. v. 18.4.1991 – 6 U 244/90, TranspR 1991, 297; BR-Drs. 368/97, 54; → CMR Art. 21 Rn. 1; *Koller* CMR Art. 21 Rn. 1; *Glöckner,* Leitfaden zur CMR, 7. Aufl. 1991, CMR Art. 21 Rn. 1; Thume/*Fremuth* CMR Art. 21 Rn. 24 mwN; *Herber*/*Piper* CMR Art. 21 Rn. 5 mwN.

[4] Vgl. MüKoHGB/*Czerwenka,* 2. Aufl. 2009, Rn. 3.

[5] OLG Hamburg Urt. v. 18.4.1991 – 6 U 244/90, TranspR 1991, 297; *Lieser,* Ergänzung der CMR durch unvereinheitlichtes deutsches Recht, 1991, 143; MüKoHGB/*Jesser-Huß* CMR Art. 21 Rn. 6 mwN.

[6] BGH Urt. v. 10.10.1991 – I ZR 193/89, BGHZ 115, 299 = NJW 1992, 621 (622); BR-Drs. 368/97, 55.

[7] *Koller* CMR Art. 21 Rn. 2; *Herber*/*Piper* CMR Art. 21 Rn. 9; Thume/*Fremuth* CMR Art. 21 Rn. 78 ff. mwN; MüKoHGB/*Jesser-Huß* CMR Art. 21 Rn. 9.

den.[8] Eine Weisung, die Nachnahme durch nicht gleichgestellte Zahlungsmittel oder Zahlungspapiere zu erheben, ist jedoch unzumutbar und demnach **unwirksam.**

Die Abrede ist **formlos** möglich.[9] Eine Eintragung in den Frachtbrief (§ 408 Abs. 1 Nr. 10) ist **8** wegen der Beweiskraft des von beiden Parteien unterzeichneten Frachtbriefes (§ 409 Abs. 1) zwar sinnvoll, aber – wie bei der CMR – **nicht Wirksamkeitsvoraussetzung.**[10]

3. Einziehung in bar oder in Form eines gleichwertigen Zahlungsmittels. Abs. 1 enthält **9** eine – in der CMR nicht vorhandene – Auslegungsregel, wonach Nachnahmebeträge im Zweifel in **bar** oder in Form eines **gleichwertigen Zahlungsmittels** einzuziehen sind. Die Auslegungsregel soll Rechtsklarheit schaffen für den Fall, dass eine der Parteien über den Inhalt der Nachnahmeabrede in Beweisnot gerät, etwa deshalb, weil kein Frachtbrief mit der Beweiswirkung des § 409 Abs. 1 ausgestellt wurde. Bei der Bareinziehung schuldet der Empfänger den Nachnahmebetrag in Geld. Dem Bargeld gleichgestelltes Zahlungsmittel ist das sog. **electronic cash,** die Bezahlung mittels **EC-Karte** oder **Kreditkarte.**[11]

Kein gleichgestelltes Zahlungsmittel ist hingegen der **Scheck, Traveller-Scheck, bankbestätigte 10 Scheck** oder **Euroscheck.**[12] Der Ausschluss dieser Zahlungsmittel rechtfertigt sich dadurch, dass die Erfüllungswirkung erst mit Einlösung des Papiers in bar erfolgt oder gutgebucht wird. Die Hingabe der genannten Papiere erfolgt daher nur erfüllungshalber.[13] Gleiches gilt für Zahlungspapiere wie den **Wechsel,** weil dabei im Vergleich zum Bargeld weit höhere Anforderungen und Kenntnisse erforderlich sind.

Die Einziehung der Nachnahme hat nur **im Zweifel** in bar oder in Form eines gleichwertigen **11** Zahlungsmittels zu erfolgen. Den Parteien steht es frei, die Nachnahmeeinziehung mittels nicht dem Bargeld gleichgestellter Zahlungsmittel **vertraglich** zu vereinbaren, wie dies durch die Klauseln „Auslieferung gegen **Bankakzept** und Bankaval",[14] „Ablieferung gegen **Zahlungsnachweis**" (vgl. insbesondere auch → CMR Art. 21 Rn. 10 mwN in Fn. 53),[15] „Ablieferung gegen Eröffnung eines **Akkreditivs**",[16] „Ablieferung gegen Vorlage **FCR**" (Forward Certificate of Receipt = Spediteurübernahmebescheinigung)[17] erfolgen kann.[18]

4. Nachnahmeklauseln und nachnahmeähnliche Klauseln. Gebräuchliche **Nachnahmeklau- 12 seln** sind etwa Formulierungen wie „Lieferung gegen Nachnahme", „Zusendung per Nachnahme", „cash on delivery" (C. O. D.)[19] oder „Pay on delivery" (P. O. D.).[20]

Keine Nachnahmevereinbarung ist die Klausel „Kasse gegen Dokumente".[21] Nach OLG Ham- **13** burg[22] ist die Klausel „Lieferung ab Werk – sämtliche hierüber hinausgehende Kosten gehen zu Lasten des Empfängers" ebenfalls **keine Nachnahmevereinbarung** (str.).[23] Diese Klausel beinhaltet vielmehr eine **Überweisung der Frachtzahlung** auf den Empfänger[24] mit der Folge, dass der Empfänger als Gesamtschuldner neben dem Absender zur Frachtzahlung verpflichtet wird.[25] Zahlt der Empfänger die Kostennachnahme, so führt dies zum **Erlöschen** der frachtrechtlichen Schuld des Absenders. Versäumt

---

[8] OLG Düsseldorf Urt. v. 13.12.2006 – I-18 U 104/06, TranspR 2007, 25 (26); OLG Düsseldorf Urt. v. 13.12.1990 – 18 U 142/90, TranspR 1991, 91 (92); MüKoHGB/*Jesser-Huß* CMR Art. 21 Rn. 10; *Koller* Rn. 11.

[9] MüKoHGB/*Czerwenka,* 2. Aufl. 2009, Rn. 7.

[10] Vgl. BGH Urt. v. 10.2.1982 – I ZR 80/80, BGHZ 83, 96 (101) = NJW 1982, 1946 (1947); OLG Düsseldorf Urt. v. 11.11.1993 – 18 U 44/93, RIW 1994, 774 (775) aE; OLG Düsseldorf Urt. v. 13.12.1990 – 18 U 142/90, TranspR 1991, 91 (92); OGH Wien Urt. v. 11.7.1990 – 1 Ob 621/90, TranspR 1992, 322 (323); *Koller* CMR Art. 21 Rn. 2, CMR Art. 6 Rn. 15; Thume/*Fremuth* CMR Art. 21 Rn. 74 ff.; *Herber/Piper* CMR Art. 21 Rn. 8.

[11] Staub/*Schmidt* Rn. 7.

[12] Vgl. *Fremuth* in Fremuth/Thume TranspR Rn. 8; Baumbach/Hopt/*Merkt* Rn. 1; MüKoHGB/*Dubischar* Rn. 2.

[13] BGH Urt. v. 29.3.2007 – III ZR 68/06, NJW-RR 2007, 1118.

[14] OLG Düsseldorf Urt. v. 19.6.1986 – 18 U 29/86, TranspR 1986, 336 (337); Thume/*Fremuth* CMR Art. 21 Rn. 59; *Glöckner,* Leitfaden zur CMR, 7. Aufl. 1991, CMR Art. 21 Rn. 6.

[15] LG Nürnberg/Fürth Urt. v. 25.1.1991 – 2 HKO 6073/90, TranspR 1991, 300 mAnm *Starosta;* Thume/*Fremuth* CMR Art. 21 Rn. 61; MüKoHGB/*Jesser-Huß* CMR Art. 21 Rn. 5.

[16] *Koller* CMR Art. 21 Rn. 1 Thume/*Fremuth* CMR Art. 21 Rn. 60; MüKoHGB/*Jesser-Huß* CMR Art. 21 Rn. 5.

[17] OLG Düsseldorf Urt. v. 21.4.1994 – 18 U 190/93, TranspR 1994, 391; *Koller* CMR Art. 21 Rn. 1; Thume/*Fremuth* CMR Art. 21 Rn. 62 ff.; MüKoHGB/*Jesser-Huß* CMR Art. 21 Rn. 5.

[18] Vgl. hierzu *Koller* Rn. 9.

[19] BGH Urt. v. 19.9.1984 – VIII ZR 108/83, NJW 1985, 550; OLG Düsseldorf Urt. v. 13.12.1990 – 18 U 29/86, TranspR 1991, 91 (92); Thume/*Fremuth* CMR Art. 21 Rn. 70; *Herber/Piper* CMR Art. 21 Rn. 10.

[20] Thume/*Fremuth* CMR Art. 21 Rn. 70.

[21] OLG Düsseldorf Urt. v. 21.4.1994 – 18 U 190/93, TranspR 1994, 391; OLG Köln Urt. v. 27.11.1974 – 2 U 169/73, RIW 1975, 162; *Herber/Piper* CMR Art. 21 Rn. 10; *Glöckner,* Leitfaden zur CMR, 7. Aufl. 1991, CMR Art. 6 Rn. 8.

[22] OLG Hamburg Urt. v. 3.11.1983 – 6 U 118/83, TranspR 1984, 190 (191).

[23] Zur Abgrenzung vgl. *Fremuth* in Fremuth/Thume TranspR Rn. 12, 13; ebenso wie hier: Staub/*Schmidt* Rn. 12.

[24] Thume/*Fremuth* Art. 21 Rn. 72.

[25] Staub/*Helm,* 4. Aufl. 1993, § 425 Rn. 146.

der Frachtführer die Einziehung der Nachnahme bei Ablieferung des Gutes, so verliert er seinen Frachtzahlungsanspruch gegen den Absender.[26]

14   **5. Rechtswirkungen.** Die Nachnahmevereinbarung kann sowohl Rechtswirkungen in Bezug auf den Vertrag zwischen Absender und Empfänger als auch in Bezug auf den Frachtvertrag entfalten. Die international gebräuchliche Formulierung „cash on delivery" **(C. O. D.)** bedeutet beim Handelskauf so viel wie „Lieferung gegen Nachnahme".[27] Sie legt dem Empfänger eine **Vorleistungs- und Barzahlungspflicht** auf und statuiert zudem ein **Aufrechnungsverbot** zwischen den Parteien des Liefervertrages.[28] Verweigert der Empfänger die Annahme des Gutes oder beansprucht er die Ablieferung ohne Bezahlung des geschuldeten Nachnahmebetrages, so ist darin eine Vertragsverletzung zu sehen, da er nach dem Inhalt des Liefervertrages zur Bezahlung des Preises für die Lieferung selbst und der Kosten der Beförderung verpflichtet ist.

15   Ebenso gebräuchlich ist die Formulierung „pay on delivery" **(P. O. D.),** welche nicht nur für den Handelskauf, sondern auch auf den Frachtvertrag Verwendung findet. Verweigert der Käufer/Empfänger die Annahme des Gutes, so liegt darin ebenfalls eine **kaufvertragliche Pflichtverletzung,** nicht jedoch eine Pflichtverletzung aus dem Frachtvertrag. Die frachtrechtliche Wirkung besteht ausschließlich darin, dass der Frachtführer insoweit das Gut nicht abliefern darf.[29]

16   Die Weitergabe versandfertig verpackter Ware an ein Beförderungsunternehmen mit dem Auftrag, die Sendung per Nachnahme zuzustellen, begründet keinen Anscheinsbeweis dafür, dass dem Empfänger ausgehändigte Ware von diesem bezahlt worden ist.[30] Denn aus der bloßen Auftragserteilung folgt nicht bereits die ordnungsgemäße Auftragserfüllung.

17   **6. Annahmeverweigerung.** Verweigert der Empfänger die Annahme des Gutes, so liegt darin ein **Ablieferungshindernis.** Der Frachtführer hat sofort die Weisungen des Absenders einzuholen. Gelingt ihm dies nicht, kann er die Rechte nach § 419 Abs. 3 geltend machen.

18   **7. Unwirksamkeit oder Undurchführbarkeit der Nachnahmevereinbarung.** Im Falle unwirksamer oder undurchführbarer Nachnahmevereinbarungen bleibt der Frachtführer verpflichtet, die **Vermögensinteressen** des Absenders zu **wahren.** Verstößt der Frachtführer gegen diese sich unmittelbar aus dem Beförderungsvertrag ergebende Pflicht, so haftet er dem Absender nach **§ 280 Abs. 1 BGB.** Der Umfang der Ersatzpflicht ist analog Abs. 3 auf die Höhe der Nachnahmebeträge begrenzt, da der Frachtführer nicht schlechter stehen soll, als wenn die Nachnahmeabrede wirksam zustande gekommen wäre.[31]

19   Verstößt eine Nachnahmevereinbarung gegen **Devisenbestimmungen** oder ist sie aus sonstigen Gründen **nicht ausführbar,** so hat die Ablieferung – entsprechend der gesetzlichen Auslegungsregel – gegen Einziehung der Nachnahme in bar oder in Form vergleichbarer Zahlungsmittel – zu erfolgen.[32] Verweigert der Empfänger die Bezahlung der Nachnahme in dieser Form, so darf der Frachtführer das Gut nicht ausliefern.[33]

20   Der Nachnahmevereinbarung liegt eine **Geschäftsbesorgung** gem. den §§ 675, 667 BGB zugrunde.[34] Daraus folgt, dass der Frachtführer den Absender über die Undurchführbarkeit der Nachnahmeabrede **aufzuklären** hat. Verletzt der Frachtführer diese Aufklärungspflicht, so haftet er nach § 282 BGB. Der Frachtführer darf das Gut nicht ohne Zahlung ausliefern. Liefert er aus, ohne Nachnahmebeträge einzuziehen, so haftet er nach Abs. 3 verschuldensunabhängig bis zur Höhe des Nachnahmebetrages.

21   **8. Herausgabe des Erlangten.** Der Frachtführer hat die **eingezogenen** Nachnahmebeträge an den Absender herauszugeben. Durch die gesetzliche Fiktion einer frühzeitigen Rechtsinhaberschaft (Abs. 2) bleibt der Anspruch des Absenders auf Auskehr des Erlangten unberührt. Die Herausgabepflicht des Frachtführers wurde nicht gesondert geregelt, sie ergibt sich bereits aus allgemeinem

---

[26] OLG Hamburg Urt. v. 3.11.1983 – 6 U 118/83, TranspR 1984, 190 (191); Thume/*Fremuth* CMR Art. 21 Rn. 72.

[27] AA MüKoHGB/*Czerwenka,* 2. Aufl. 2009, Rn. 19.

[28] Zum Aufrechnungsausschluss vgl. BGH Urt. v. 19.9.1984 – VIII ZR 108/83, NJW 1985, 550.

[29] S. etwa OLG Hamm Urt. v. 16.8.1984 – 18 U 281/83, TranspR 1985, 97 ff. [CMR]; OLG Düsseldorf Urt. v. 13.12.1973 – 18 U 100/73, VersR 1974, 1074 (1075); Thume/*Fremuth* CMR Art. 21 Rn. 97.

[30] BGH Urt. v. 14.9.2005 – VIII ZR 369/04, TranspR 2006, 76 (77); krit. *Koller* Rn. 1 mit dem Hinweis, dass die geringe Fehlerquote bei Vorliegen eines Nachnahmeauftrags einen Anscheinsbeweis bzgl. der Bezahlung der Ware bei Aushändigung rechtfertige.

[31] OLG Hamm Urt. v. 16.8.1984 – 18 U 281/83, TranspR 1985, 97 (100).

[32] Staub/*Schmidt* Rn. 16. AA *Koller* CMR Art. 21 Rn. 3 mit Hinweis auf § 139 BGB.

[33] BGH Urt. v. 25.10.1995 – I ZR 230/93, VersR 1996, 736 (738 f.); Urt. v. 21.12.2005 – III ZR 9/5, NJW 2006, 986 (zu § 667 BGB); OLG Hamm Urt. v. 28.4.1983 – 18 U 230/81, TranspR 1983, 151 (153); OLG Hamm Urt. v. 16.8.1984 – 18 U 281/83, TranspR 1985, 97 (98); OLG Düsseldorf Urt. v. 19.12.1985 – 18 U 158/85, TranspR 1986, 59 (60); → CMR Art. 21 Rn. 5; *Herber/Piper* CMR Art. 21 Rn. 21; *Glöckner,* Leitfaden zur CMR, 7. Aufl. 1991, CMR Art. 21 Rn. 5; Thume/*Fremuth* CMR Art. 21 Rn. 122.

[34] BR-Drs. 368/97, 55; MüKoHGB/*Czerwenka,* 2. Aufl. 2009, Rn. 16.

Geschäftsbesorgungsrecht (§§ 675, 667 BGB). Bei Verletzung der Herausgabepflicht haftet der Frachtführer nur verschuldensabhängig nach § 280 BGB, nicht nach § 422 Abs. 3.[35]

Bei der Verpflichtung, die eingezogenen Nachnahmebeträge an den Absender auszukehren, handelt **22** es sich um eine sog. **Geldsummenschuld**.[36] Erst in Erfüllung dieses schuldrechtlichen Anspruchs wird die dingliche Rechtslage im Verhältnis gegenüber jedermann (absolut) geändert. Die Fiktionswirkung nach Abs. 2 hingegen gilt nur relativ im Verhältnis zu den Gläubigern des Frachtführers.

Wurde der Frachtvertrag durch mehrere aufeinander folgende Frachtführer bewirkt, so ist der **23** Herausgabeanspruch innerhalb der **Frachtführerkette** geltend zu machen.[37] Der jeweilige Absender hat somit den oben genannten Herausgabeanspruch nur gegen den Frachtführer, mit dem er durch ein Vertragsband verknüpft ist. Die eingezogenen Nachnahmebeträge sind **innerhalb der Transportkette „durchzureichen"**.[38] Das Insolvenzrisiko wird durch die Anzahl der beteiligten Frachtführer nicht erhöht, da der Absender nach Abs. 2 bereits frühzeitig die Stellung des Rechtsinhabers in Bezug auf die eingezogenen Nachnahmebeträge analog auch bezüglich der Unterfrachtführer erhält (→ Rn. 25).

III. Vollstreckungsrechtliche Stellung des Absenders (Abs. 2)

Abs. 2 sichert dem Absender frühzeitig die **vollstreckungsrechtliche Stellung** eines **Rechts- 24 inhabers** unter Anlehnung an das Kommissionsrecht (§ 392 Abs. 2). Der Gesetzeswortlaut verdeutlicht, dass der Frachtführer **wie ein Kommissionär** als Geschäftsbesorger im eigenen Namen auf fremde Rechnung tätig wird.[39] Die Vorschrift geht jedoch über eine Wiedergabe des § 392 Abs. 2 hinaus und führt den in dieser Vorschrift enthaltenen Rechtsgedanken fort: Während § 392 Abs. 2 nach dem Regelungswortlaut sich auf die Fiktion einer vorzeitigen Zuordnung von Forderungen des Kommissionärs an den Kommittenten beschränkt, bezieht sich Abs. 2 nicht auf Forderungen, sondern auf das durch die Einziehung Erlangte, solange es noch identifizierbar im Vermögen des Frachtführers vorhanden ist.[40]

Die eingezogenen Nachnahmebeträge gelten bereits **mit der Einziehung** im Verhältnis zu den **25** Gläubigern des Frachtführers **als auf den Absender übergegangen**. Im Verhältnis zu den Gläubigern des Frachtführers ist der Absender als Rechtsinhaber des Erlangten anzusehen, ohne dass es einer dinglichen Rechtsänderung bedarf, sei es durch Abtretung, Übereignung oder gesetzlichen Erwerb. Dies bedeutet, dass dem Absender im Falle der Einzelzwangsvollstreckung gegen den Frachtführer der Rechtsbehelf der **Drittwiderspruchsklage** (§ 771 ZPO) und im Falle der Insolvenz ein **Aussonderungsrecht** (§ 47 InsO) zusteht.[41]

IV. Haftung (Abs. 3)

Abs. 3 statuiert eine **verschuldensunabhängige** Haftung des Frachtführers für den Fall der **Nicht- 26 erfüllung** der Nachnahmevereinbarung. Der Haftungsmaßstab ist jedoch in Analogie zu § 426 BGB zu bestimmen,[42] wonach die Haftung ausgeschlossen ist, wenn die Ablieferung ohne Entgegennahme des Nachnahmebetrags trotz größter Sorgfalt unabwendbar war. Die verschuldensunabhängige Haftung wegen Nichterfüllung ist der Höhe nach begrenzt auf den Wert der Nachnahmebeträge. **Nichterfüllung** der Nachnahmevereinbarung liegt vor, wenn der Frachtführer das Gut **ohne Einziehung der Nachnahme** abliefert. Die Regelung entspricht in der Sache Art. 21 CMR. Für den Fall der **Schlechterfüllung** haftet der Frachtführer nach § 280 Abs. 1 BGB.

Ein **Schaden entsteht** dem Absender erst, wenn sein (Kaufpreis-)**Anspruch** gegen den Empfänger **27 nicht durchsetzbar** ist, weil dieser etwa zahlungsunfähig ist. Ist die Ware noch vorhanden, so hat der Absender im Rahmen seiner Schadensminderungspflicht zu versuchen, ob er die Ware aufgrund seines Eigentumsvorbehalts zurückbekommen kann. Bevor der Absender also gegen den Frachtführer vorgeht, muss er in aller Regel zuerst versuchen, ob er vom Empfänger nicht entrichtete Nachnahmebeträge nachverlangen kann. Ist dies aussichtslos oder unzumutbar, so kann er gegen Abtretung der Rechte aus dem Kaufvertrag gegen den Frachtführer auf Ersatz klagen.[43]

---

[35] BGH Urt. v. 17.1.1991 – I ZR 134/89, VersR 1991, 1079 (1080); OLG München Urt. v. 3.11.1989 – 23 U 3476/89, TranspR 1990, 71 f.; MüKoHGB/*Czerwenka*, 2. Aufl. 2009, Rn. 16; *Heuer*, Die Haftung des Frachtführers nach dem Übereinkommen über den Beförderungsvertrag im internationalen Straßengüterverkehr, 1975, 161; Thume/*Fremuth* CMR Art. 21 Rn. 114; *Herber/Piper* CMR Art. 21 Rn. 18; *Koller* CMR Art. 21 Rn. 3; MüKoHGB/*Jesser-Huß* CMR Art. 21 Rn. 7.

[36] Palandt/*Grüneberg* BGB § 245 Rn. 9.

[37] MüKoHGB/*Czerwenka*, 2. Aufl. 2009, Rn. 17.

[38] Staub/*Schmidt* Rn. 22.

[39] Vgl. BR-Drs. 368/97, 55.

[40] BR-Drs. 368/97, 55.

[41] MüKoHGB/*Czerwenka*, 2. Aufl. 2009, Rn. 18.

[42] *Canaris* HandelsR § 31 Rn. 64; Baumbach/Hopt/*Merkt* Rn. 3; *Koller* Rn. 19. AA *Braun*, Das frachtrechtliche Leistungsstörungsrecht nach dem Transportrechtsreformgesetz, 2002, 193.

[43] Ausführlich Thume/*Fremuth* CMR Art. 21 Rn. 142 ff.

28   Die Haftung des Frachtführers nach Abs. 3 ist der **Höhe nach begrenzt** auf den **Betrag der Nachnahme,** es sei denn, der Frachtführer handelt qualifiziert schuldhaft nach § 435.[44] Der Anspruch ist darauf gerichtet, den Absender so zu stellen, wie er stünde, wenn der Frachtführer das Gut vertragsgemäß nicht abgeliefert hätte.[45] Zu zahlen ist deshalb maximal nur der Verkehrswert der Ware bei Weiterveräußerung, nicht der dem Empfänger in Rechnung gestellte Betrag.[46] Die Haftungsbegrenzung auf die Höhe der Nachnahme dient als Ausgleich für den strengen Haftungsmaßstab.

29   Der Absender wird durch die Haftungsbegrenzung nicht entbunden, die Nachnahmeabrede, die Verletzungshandlung und die Schadenshöhe konkret zu beweisen.[47]

30   Kann oder will der Frachtführer die beim Empfänger eingezogenen Beträge nicht herausgeben, so haftet er hierfür nach **Geschäftsbesorgungsrecht** (§§ 675, 667 BGB).[48]

§ 423 Lieferfrist

Der Frachtführer ist verpflichtet, das Gut innerhalb der vereinbarten Frist oder mangels Vereinbarung innerhalb der Frist abzuliefern, die einem sorgfältigen Frachtführer unter Berücksichtigung der Umstände vernünftigerweise zuzubilligen ist (Lieferfrist).

Schrifttum: *de la Motte,* CMR: Schaden – Entschädigung – Versicherung, VersR 1988, 317; *Helm,* Haftung für Schäden an Frachtgütern, Studien zur Schadensersatzpflicht aus Frachtgeschäften und zur Konkurrenz vertraglicher und außervertraglicher Ersatzansprüche, 1966; *Helm,* Verzögerte Ausführung von Straßengütertransporten nach der Tarifaufhebung, TranspR 1994, 277; *Heuer,* Die Haftung des Frachtführers nach dem Übereinkommen über den Beförderungsvertrag im internationalen Straßengüterverkehr, 1975; *Hill-Messent,* CMR: Contracts for the international carriage of goods by road, 2. Aufl. 1995; *Jesser,* Frachtführerhaftung nach der CMR, 1992; *Koller,* Das Standgeld bei CMR-Transporten, TranspR 1988, 129; *Koller,* CMR und Speditionsrecht, VersR 1988, 556; *Lieser,* Ergänzung der CMR durch unvereinheitlichtes deutsches Recht, 1991; *Roesch,* Abschluß des Beförderungsvertrages, Lieferfristbeginn und Lieferfristhaftung im Landfrachtrecht, VersR 1982, 828; *Starosta,* Falschauslieferung an den Endempfänger, VersR 1992, 804; *Thume,* Zur Lieferfristüberschreitung nach Art. 19 CMR, TranspR 1992, 403; *Thume,* Die Haftung des CMR-Frachtführers für Verspätungsschäden, RIW 1992, 966; *Voigt,* Der Beginn der Lieferfrist beim CMR-Vertrag, VersR 1973, 501; *Voigt,* Zur Lieferfristregelung der CMR, VP 1965, 184.

Parallelvorschriften: Art. 19 CMR.

I. Einleitung

1   Die Vorschrift enthält eine **Legaldefinition** der Lieferfrist. Der Faktor Zeit spielt bei zunehmender **Just-in-Time-Logistik** eine immer größer werdende Rolle bei der Transportabwicklung. Die maßgeblichen Kriterien zur Bestimmung der Lieferfrist sind aus Art. 19 CMR entnommen. Konkrete Lieferfristen sind durch den Gesetzgeber nicht vorgegeben worden, weil das **HGB-Frachtrecht transportmittelübergreifend** ausgestaltet ist und die einzelnen Beförderungsmittel unterschiedliche Reisegeschwindigkeiten aufweisen.

2   Lieferfristen bestimmen sich deshalb in erster Linie nach der **Parteiabrede.** Wurde keine Lieferfrist vereinbart, so ist das Gut innerhalb der Zeitdauer abzuliefern, die einem sorgfältigen Frachtführer unter Berücksichtigung der Umstände vernünftigerweise zuzubilligen ist **(angemessene Lieferfrist).** Abzustellen ist dabei auf das vertragliche Transportmittel.

3   Im Unterschied zu Art. 19 CMR ist auf eine Definition der **Überschreitung der Lieferfrist** verzichtet worden, da sich diese ohne weiteres bereits aus dem Begriff der Lieferfrist ergibt.[1]

4   **Bedeutung** hat die Lieferfrist für die Verlustvermutung gem. § 424 sowie für die Haftung des Frachtführers wegen Überschreitung der Lieferfrist nach § 425 Abs. 1. Bei Überschreitung der Lieferfrist ist die Haftung des Frachtführers begrenzt auf den dreifachen Betrag der Fracht (§ 425 Abs. 1 iVm § 431 Abs. 3).

II. Lieferfrist

5   **1. Vertragliche Lieferfristabrede.** Haben die Parteien eine Lieferfrist **vertraglich** vereinbart, so bemisst sich die Lieferfrist nach der vertraglichen Zeitspanne. Die Vereinbarung ist **formlos** möglich.[2]

---

[44] *Herber/Piper* CMR Art. 21 Rn. 14.

[45] *Herber/Piper* CMR Art. 21 Rn. 15.

[46] BGH Urt. v. 10.10.1991 – I ZR 193/89, BGHZ 115, 299 (306) = NJW 1992, 621 ff.

[47] BGH Urt. v. 10.10.1991 – I ZR 193/89, BGHZ 115, 299 (306) = NJW 1992, 621 ff.; *Herber/Piper* CMR Art. 21 Rn. 14; *Thume/Fremuth* CMR Art. 21 Rn. 137; *MüKoHGB/Jesser-Huß* CMR Art. 21 Rn. 15 f.; aA offenbar OLG Hamburg Urt. v. 18.4.1991 – 6 U 244/90, TranspR 1991, 297 (298); Staub/*Reuschle* CMR Art. 21 Rn. 5.

[48] *Heuer,* Die Haftung des Frachtführers nach dem Übereinkommen über den Beförderungsvertrag im internationalen Straßengüterverkehr, 1975, 161; *Koller* CMR Art. 21 Rn. 4; *Herber/Piper* CMR Art. 21 Rn. 18.

[1] BR-Drs. 368/97, 56; zu Art. 19 CMR *Koller* VersR 1988, 559; *Thume* TranspR 1992, 403 u. *Lieser,* Ergänzung der CMR durch unvereinheitlichtes deutsches Recht, 1991, 127.

[2] MüKoHGB/*Czerwenka,* 2. Aufl. 2009, Rn. 5.

Eine Eintragung der Lieferfrist in den Frachtbrief (§ 408 Abs. 1 S. 2) kann zweckmäßig sein, ist aber nicht Wirksamkeitsvoraussetzung.

Ob eine feste Parteivereinbarung bzgl. der Lieferfrist getroffen oder nur eine unverbindliche **6** Absichtserklärung abgegeben wurde, ist durch Auslegung (§§ 133, 157 BGB) zu ermitteln. Die Aussage des Frachtführers, er werde zwar alles Erdenkliche und Mögliche veranlassen, die Einhaltung des Ablieferungstermins könne er jedoch nicht garantieren, ist als **unverbindliche Absichtserklärung** zu werten, da ein **Rechtsbindungswille** gerade ausgeschlossen wurde.[3] Ein Rechtsbindungswille ist ebenfalls abzulehnen bei Erklärungen wie „prompt", „so bald als möglich", „as soon as possible", „unverzüglich" oder „umgehend".[4] Diese Erklärungen drücken lediglich die Absicht des Frachtführers aus, die Beförderung so schnell als irgendwie möglich, jedoch ohne feste Lieferfristvereinbarung, auszuführen.[5] Haben die Parteien innerhalb der vereinbarten Frist die Tageszeit nicht bestimmt, so ist im Wege der Vertragsauslegung auf die **üblichen Geschäftszeiten** abzustellen.[6]

Beförderungs- und Ablieferungshindernisse nach § 419 lassen – wie bei der CMR (vgl. **7** Art. 14, 15 CMR) – die vereinbarte Lieferfrist unberührt.[7] Unter den Voraussetzungen der §§ 425 Abs. 2, 426 kann jedoch im Einzelfall die **Haftung des Frachtführers** eingeschränkt oder ausgeschlossen sein.

a) Fristberechnung. Die **Fristberechnung** bestimmt sich nach den §§ 187 ff. BGB.[8] Haben die **8** Parteien den Beginn der Frist kalendermäßig bestimmt, so ist auf diesen Zeitpunkt abzustellen. Andernfalls ist der Beginn der Frist durch Auslegung zu ermitteln,[9] wobei sie im Zweifel mit der Übernahme des Gutes beginnt (→ CMR Art. 19 Rn. 4).[10] Das **Ende** der **Lieferfrist** kann durch Festlegung eines bestimmten Datums oder durch Vereinbarung einer Zeitspanne erfolgen (→ CMR Art. 19 Rn. 4).[11]

b) Unzumutbar kurze Frist; Unmöglichkeit; Sittenwidrigkeit. Fraglich ist, welche Rechts- **9** folgen sich daraus ergeben, dass sich eine vereinbarte Lieferfrist als **viel zu knapp bemessen** herausstellt.

Ist die Einhaltung der Frist **objektiv unmöglich,** so tritt anstelle der objektiv unmöglichen Lieferfrist **10** frist diejenige Zeitdauer, die einem sorgfältigen Frachtführer unter Berücksichtigung der Umstände vernünftigerweise zuzubilligen ist.

Kann die Lieferfrist trotz der auffällig knappen Bemessung objektiv eingehalten werden, ist sie **11** **wirksam.**[12] Der Frachtführer muss grundsätzlich selbst beurteilen können, ob er die Beförderung innerhalb der vereinbarten Lieferfrist durchführen kann oder nicht. Die Vereinbarung einer unzumutbar kurzen Lieferfrist kann allerdings im Einzelfall wegen **Verstoßes gegen die guten Sitten** (§ 138 BGB) nichtig sein, wenn der Absender bewusst die besondere Notlage oder Unerfahrenheit des Frachtführers ausnützt.[13] Verpflichtet sich der Frachtführer zu einer ungewöhnlich knappen Lieferfrist, obwohl das Transportmittel zurzeit wegen Reparaturarbeiten nicht einsatzbereit ist, so ist

---

[3] LG Kleve Urt. v. 30.10.1974 – S 1/74, VersR 1975, 465.

[4] Vgl. LG Stuttgart Urt. v. 27.9.1991 – 7 KfH O 81/91, TranspR 1992, 22 (24); MüKoHGB/*Jesser-Huß* CMR Art. 19 Rn. 8 mwN; *Thume* TranspR 1992, 403 (404); *Thume* CMR Art. 19 Rn. 12; aA *Koller* Rn. 5.

[5] Zur Lieferfristüberschreitung vgl. OLG Saarbrücken Urt. v. 10.2.1971 – 1 U 9/70, VersR 1972, 757 = OLGZ 1972, 27; ausführlich *Thume* TranspR 1992, 403.

[6] IErg ebenso OLG Düsseldorf Urt. v. 12.12.1985 – 18 U 90/85, VersR 1986, 1069 (unter Rückgriff auf § 358 HGB); wie hier etwa MüKoHGB/*Czerwenka*, 2. Aufl. 2009, Rn. 6; *Glöckner,* Leitfaden zur CMR, 7. Aufl. 1991, CMR Art. 19 Rn. 11; *Herber/Piper* CMR Art. 19 Rn. 13; *Thume/Thume* CMR Art. 19 Rn. 24.

[7] Staub/*Schmidt* Rn. 9; *Herber/Piper* Art. 19 Rn. 12; *Koller* CMR Art. 19 Rn. 3 aE.

[8] Vgl. *Herber/Piper* CMR Art. 19 Rn. 6; *Koller* CMR Art. 19 Rn. 2; MüKoHGB/*Jesser-Huß* CMR Art. 19 Rn. 8; Thume/*Thume* CMR Art. 19 Rn. 5.

[9] *Herber/Piper* CMR Art. 19 Rn. 4.

[10] *Voigt* VersR 1973, 501 (504); *Heuer,* Die Haftung des Frachtführers nach dem Übereinkommen über den Beförderungsvertrag im internationalen Straßengüterverkehr, 1975, 133; *Hill/Messent,* CMR – Contracts for the international carriage of goods by road, 2. Aufl. 1995, 159; Thume/*Thume* CMR Art. 19 Rn. 6; *Koller* CMR Art. 19 Rn. 2; *Herber/Piper* CMR Art. 19 Rn. 7; aA (Vertragsschluss); *de la Motte* VersR 1988, 317 (320); *Glöckner,* Leitfaden zur CMR, 7. Aufl. 1991, Rn. 1.

[11] OLG Saarbrücken Urt. v. 10.2.1971 – 11 U 9/70, VersR 1972, 757 (758); *Jesser,* Frachtführerhaftung nach der CMR – Internationaler und nationaler Straßengütertransport, 1992, 75; *Hill/Messent,* CMR – Contracts for the international carriage of goods by road, 2. Aufl. 1995, 159; *Herber/Piper* CMR Art. 19 Rn. 8; Thume/*Thume* CMR Art. 19 Rn. 13.

[12] OLG Hamburg Urt. v. 6.12.1979 – 10 U 84/78, VersR 1980, 290.

[13] OLG Düsseldorf Urt. v. 7.7.1988 – 18 U 63/88, TranspR 1988, 425 (428); OLG Hamburg Urt. v. 6.12.1979 – 10 U 84/78, VersR 1980, 290 (291); *Thume* RIW 1992, 966; 967; *Thume* CMR Art. 19 Rn. 14; *Koller* CMR Art. 19 Rn. 4; *Herber/Piper* CMR Art. 19 Rn. 9; MüKoHGB/*Jesser-Huß* CMR Art. 19 Rn. 7; weitergehend: *Voigt* VP 1965, 184 (185); *Züchner* VersR 1964, 220 (224); *Glöckner,* Leitfaden zur CMR, 7. Aufl. 1991, Rn. 9; *Heuer,* Die Haftung des Frachtführers nach dem Übereinkommen über den Beförderungsvertrag im internationalen Straßengüterverkehr, 1975, 135; *Jesser,* CMR – Contracts for the international carriage of goods by road, 2. Aufl. 1995, 76.

die Reparaturzeit zur Bestimmung der Frage, ob die Fristeinhaltung objektiv unmöglich ist, nicht einzurechnen.[14]

12   **2. Fehlende Lieferfristvereinbarung.** Wurde zwischen den Parteien keine Vereinbarung über die Lieferfrist getroffen oder ist eine solche unwirksam, so ist das Gut innerhalb der Frist abzuliefern, die einem sorgfältigen Frachtführer unter Berücksichtigung der Umstände vernünftigerweise zuzubilligen ist (angemessene Frist).[15] Welcher konkrete Zeitraum einem sorgfältigen Frachtführer zuzubilligen ist, kann nur anhand des jeweiligen Einzelfalls entschieden werden.[16] Grundsätzlich verbietet sich jegliche generalisierende Betrachtung, da die äußeren Bedingungen für Beförderungen, insbesondere für Straßenbeförderungen, starre Maßstäbe verbieten. Zu berücksichtigen sind **alle Umstände,** die auf die Beförderungsdauer tatsächlich Einfluss haben. Dazu gehörten auch Maßnahmen, welche bei der Verladung getroffen werden mussten.[17] Auszugehen ist von einer **Ex-ante-Betrachtung** aus der Sicht eines sorgfältigen Frachtführers.[18]

13   Bei der Bemessung der angemessenen Frist ist bei **verderblichen Gütern**[19] die besondere Eilbedürftigkeit des Transports zu beachten, sodass uU ein Fahrerwechsel einzukalkulieren ist.[20] Auch Fahrverbote, wie etwa an Sonn- und Feiertagen, sind bei der Beurteilung der Angemessenheit der Frist zu berücksichtigen.[21] Gleiches gilt für die normale Dauer der **Zollabfertigung.**[22] Ein sorgfältiger Frachtführer rechnet nach den konkreten Informationen auch **nahe liegende Verzögerungen** in die Lieferfrist ein, sodass für einen (weiteren) Sicherheitszuschlag kein Raum ist.[23]

14   Ob eine bestimme Lieferfrist nach diesen Umständen einem sorgfältigen Frachtführer zuzubilligen ist, bestimmt sich aus der **Sicht ex ante.**[24]

§ 424 Verlustvermutung

(1) **Der Anspruchsberechtigte kann das Gut als verloren betrachten, wenn es weder innerhalb der Lieferfrist noch innerhalb eines weiteren Zeitraums abgeliefert wird, der der Lieferfrist entspricht, mindestens aber zwanzig Tage, bei einer grenzüberschreitenden Beförderung dreißig Tage beträgt.**

(2) **Erhält der Anspruchsberechtigte eine Entschädigung für den Verlust des Gutes, so kann er bei deren Empfang verlangen, daß er unverzüglich benachrichtigt wird, wenn das Gut wiederaufgefunden wird.**

(3) **[1]Der Anspruchsberechtigte kann innerhalb eines Monats nach Empfang der Benachrichtigung von dem Wiederauffinden des Gutes verlangen, daß ihm das Gut Zug um Zug gegen Erstattung der Entschädigung, gegebenenfalls abzüglich der in der Entschädigung enthaltenen Kosten, abgeliefert wird. [2]Eine etwaige Pflicht zur Zahlung der Fracht sowie Ansprüche auf Schadenersatz bleiben unberührt.**

(4) **Wird das Gut nach Zahlung einer Entschädigung wiederaufgefunden und hat der Anspruchsberechtigte eine Benachrichtigung nicht verlangt oder macht er nach Benachrichtigung seinen Anspruch auf Ablieferung nicht geltend, so kann der Frachtführer über das Gut frei verfügen.**

Schrifttum: *Jesser,* Frachtführerhaftung nach der CMR, 1992; *Loewe,* Erläuterungen zum Übereinkommen vom 19. Mai 1956 über den Beförderungsvertrag im internationalen Straßengüterverkehr (CMR), ETR 1976, 503; *de la Motte,* CMR: Schaden – Entschädigung – Versicherung, VersR 1988, 317; *Nickel-Lanz,* La convention relative au contrat de transport international de marchandises par route, 1976; *Regnarsen,* Lov om fragtaftaler ved international vejtransport, 1985.

Parallelvorschriften: Art. 20 CMR; Art. 29 CIM 1999.

---

[14] OLG Düsseldorf Urt. v. 7.7.1988 – 18 U 63/88, TranspR 1988, 425 (428).

[15] *Thume* RIW 1992, 966 (977); Staub/*Reuschle* CMR Art. 17 Rn. 27; *Herber/Piper* CMR Art. 19 Rn. 14.

[16] *Thume* RIW 1992, 966 (967); *Thume* TranspR 1992, 403 (404); *Koller* TranspR 1988, 129 (131); *Herber/Piper* CMR Art. 19 Rn. 14; *Koller* CMR Art. 19 Rn. 5; MüKoHGB/*Jesser-Huß* CMR Art. 19 Rn. 10 mwN.

[17] Thume/*Thume* CMR Art. 19 Rn. 16.

[18] *Müglich* TranspR Rn. 6 und HK-HGB/*Ruß* Rn. 1.

[19] *Putzeys* Rn. 706; *Herber/Piper* CMR Art. 19 Rn. 15 mwN.

[20] OLG Düsseldorf Urt. v. 7.7.1988 – 18 U 63/88, TranspR 1988, 425 (428); *Thume* RIW 1992, 966 (967); *Thume* CMR Art. 19 Rn. 18; *Koller* CMR Art. 19 Rn. 5; MüKoHGB/*Jesser-Huß* CMR Art. 19 Rn. 13.

[21] LG Stuttgart Urt. v. 27.9.1991 – 7 KfH O 81/91, TranspR 1992, 22 (24); Staub/*Reuschle* Art. 17 Rn. 27; *Herber/Piper* CMR Art. 19 Rn. 16.

[22] MüKoHGB/*Jesser-Huß* CMR Art. 19 Rn. 13; *Lamy* Nr. 554.

[23] *Thume* TranspR 1992, 403 (405); *Koller* CMR Art. 19 Rn. 5; aA LG Stuttgart Urt. v. 27.9.1991 – 7 KfH O 81/91, TranspR 1992, 22 (24) mit zust. Anm. *Starosta.*

[24] *Thume* RIW 1992, 966 (967); *Thume* TranspR 1992, 403 (404); *Koller* TranspR 1988, 129 (131); *Herber/Piper* CMR Art. 19 Rn. 14; *Koller* CMR Art. 19 Rn. 5; MüKoHGB/*Jesser-Huß* CMR Art. 19 Rn. 10 mwN.

I. Einleitung

Die Vorschrift eröffnet in Anlehnung an Art. 20 CMR, Art. 29 CIM 1999 die Möglichkeit, das Gut **1** unter bestimmten Voraussetzungen als **verloren** zu betrachten, und trifft zugleich Bestimmungen für den Fall, dass das Gut **wieder aufgefunden** wird. Die Verlustvermutung ist unwiderleglich zu Gunsten des Anspruchsberechtigten. Gilt das Gut als verloren gegangen, kann der Anspruchsteller die Rechte gegenüber dem Frachtführer geltend machen, die er bei tatsächlichem Verlust geltend machen kann. Wird das Gut nach Ablauf der Lieferfrist, aber vor Ablauf der „Verschollenheitsfrist" wieder aufgefunden, so kann der Anspruchsberechtigte nur Ersatzansprüche wegen Verspätung geltend machen. Denn in diesem Falle ist das Gut nur verspätet abgeliefert worden (→ § 425 Rn. 15), gilt aber nicht als verschollen.

II. Verlustvermutung

1. Allgemeines. Wird das Gut innerhalb der Lieferfrist (§ 423) nicht abgeliefert, so ist es „ver- **2** schollen". Der Anspruchsberechtigte kann das Gut nach Ablauf der Lieferfrist nicht sofort als endgültig verloren betrachten. Er muss vielmehr einen weiteren Zeitraum von mindestens **zwanzig Tagen** bei nationalen Beförderungen bzw. **dreißig Tagen** bei internationalen Beförderungen oder, falls der Zeitraum der Lieferfrist länger ist, einen weiteren Zeitraum zuwarten, welcher dem der Lieferfrist entspricht. Nach Ablauf der Lieferfrist steht dem Frachtführer also noch eine gesetzliche Nachfrist zu, die sog. **„Verschollenheitsfrist",** innerhalb derer er die Ablieferung des Gutes noch bewirken kann.

Durch vorrangige **Anknüpfung an die Lieferfrist** soll gewährleistet werden, dass die konkreten **3** Umstände der durchzuführenden Beförderung (etwa Transportmittel, -weg oder -entfernung), die bei der Vereinbarung einer vertraglichen Lieferfrist (§ 423) berücksichtigt werden, auch in die Fristbemessung für die Verlustvermutung Eingang finden.[1] Da das HGB-Frachtrecht verkehrsmittelübergreifend[2] (§ 407) für unterschiedliche Verkehrsträger ausgestaltet ist, kann keine starre Höchstfrist bestimmt werden. Unterschiedliche Verkehrsträger haben unterschiedliche Reisegeschwindigkeiten. Andererseits verbietet es sich für sog. **„Just-in-Time-Beförderungen"** mit sehr kurzen vertraglichen Lieferzeiten (24-Stunden-Service) ausschließlich auf die doppelte Lieferfrist abzustellen, weil die Verlustvermutung in diesem Falle viel zu schnell eintreten würde.[3]

Im Falle besonderer Termininteressen bleibt es den Parteien aber unbenommen, **vertragliche** **4** **Höchstfristen** zu vereinbaren. § 449 steht einer derartigen Abrede nicht im Wege.

2. Anspruchsberechtigter. Nur der **Anspruchsberechtigte** kann das Gut nach Ablauf der in **5** Abs. 1 genannten Zeiträume als verloren betrachten. Anspruchsberechtigter ist, wer im eigenen Namen Schadensersatzansprüche wegen Güterschäden oder Lieferverzögerungen geltend machen kann. Auf eine Verfügungsbefugnis kommt es nicht an. Dies ist gegenüber dem missverständlichen Wortlaut der CMR nun ausdrücklich klargestellt.[4] Durch die Verlustvermutung wird die **Rechts-inhaberschaft** nicht berührt, lediglich die Geltendmachung der Ersatzansprüche vereinfacht.

Anspruchsberechtigt ist der **Absender** als unmittelbarer Vertragspartner des Frachtführers. Der **6** **Empfänger** ist unter den Voraussetzungen des § 421 Abs. 1 Anspruchsberechtigter und zwar dann, wenn das Gut an der Ablieferungsstelle angekommen ist und er die Ablieferung verlangt. § 421 Abs. 1 S. 2 Hs. 2 stellt dabei ausdrücklich klar, dass der Absender in diesem Falle neben dem Empfänger

---

[1] BR-Drs. 368/97, 56.
[2] Nach § 407 ist HGB-Frachtrecht bei allen Beförderungen einschlägig, welche einen Transport mittels Straßenfahrzeug, Schienenfahrzeug, Binnenschiff oder Luftfahrzeug zum Gegenstand haben.
[3] So auch *Fremuth* in Fremuth/Thume TranspR Rn. 8.
[4] Die CMR nennt – insoweit missverständlich – die Person des „Verfügungsberechtigten". Nach allgM wird darunter aber der ErsatzBerechtigte verstanden, der Rechte aus dem Verlust des Gutes nach Art. 17, 23 CMR verlangen kann, vgl. OLG Düsseldorf Urt. v. 20.3.1997 – 18 U 80/96, TranspR 1998, 32 (33).

anspruchsberechtigt bleibt (**doppelte Aktivlegitimation,** → § 421 Rn. 20 f.). Dem Frachtführer ist es indes verwehrt, sich auf die Verlustvermutung des § 424 Abs. 1 zu berufen.[5]

7   **3. Zeitpunkt der Verlustvermutung.** Die Vorschrift bestimmt, dass nach Verstreichen der **doppelten Lieferfrist** die Verlustvermutung einsetzt, frühestens jedoch nach Ablauf der gesetzlich bestimmten **Mindestfrist.** Dem Absender oder Empfänger soll nicht zugemutet werden, auf unbestimmte Zeit auf eine Erklärung des Frachtführers zu warten, ob dieser die Sendung als verloren betrachtet oder ob er noch Chancen für ein Wiederauffinden der verschollenen Sendung sieht. Durch Festlegung einer Mindestfrist in Abs. 1 wird zugunsten des Anspruchsberechtigten der Zeitraum der Ungewissheit über den Verbleib des Gutes zeitlich festgelegt.

8   Die **Zeitdauer** der (einfachen) Lieferfrist bestimmt sich nach § 423. Ist die Lieferfrist kürzer als die gesetzliche Mindestfrist von zwanzig Tagen bei nationalen Beförderungen bzw. dreißig Tagen bei grenzüberschreitenden Beförderungen, so tritt die Verlustvermutung nicht vor Ablauf der Mindestfrist ein. Eine gesetzliche Höchstfrist ist nicht niedergelegt. Die Frist muss nicht eingehalten werden, wenn der Frachtführer selbst den Verlust des Gutes dem Berechtigten mitteilt.[6] Die **Fristberechnung** bestimmt sich nach den §§ 187 ff. BGB.

9   Aus dem Wort „mindestens" ergibt sich, dass die Parteien längere Fristen vereinbaren können. Es ist jedoch auch möglich, die Frist zu verkürzen. Die Vorschrift ist gem. § 449 uneingeschränkt **dispositiv.** Erklärt der Frachtführer vor Ablauf der „Verschollenheitsfrist", dass die Sendung endgültig verloren sei, so wird durch diese Erklärung die „Verschollenheitsfrist" verkürzt.

10   **4. Unwiderlegliche Vermutung.** Die Verlustvermutung ist zugunsten des Anspruchsberechtigten **unwiderleglich.**[7] Sie dient dazu, Rechtssicherheit gegenüber dem Frachtführer über die Tatsache des Güterverlustes herbeizuführen und Zweifel hierüber endgültig auszuräumen. Die zu Art. 20 CMR vertretene Mindermeinung, die Bedeutung der Vorschrift liege lediglich in der erleichterten Beweisführung,[8] findet keine Grundlage im Wortlaut der Vorschrift und trägt zudem dem oben genannten Zweck, Zweifel über die Tatsache des Güterverlusts endgültig auszuräumen, nicht hinreichend Rechnung. Auf die Verlustvermutung kann sich der **Empfänger** nicht berufen, wenn der Frachtführer das Gut dem Absender aufgrund berechtigter Weisung zurückgeliefert hat.[9]

11   Die Verlustvermutung wirkt nur gegenüber dem **Frachtführer,** nicht gegenüber dem Anspruchsberechtigten. Dies bedeutet, dass die Verlustvermutung ausschließlich letzterem zustatten kommt.[10] Der Anspruchsberechtigte hat ein **Wahlrecht,** ob er dann von dem Recht, Schadensersatz wegen Verlustes zu verlangen, Gebrauch macht[11] oder ob er zuwartet, ob das Gut wieder auftaucht. Auch bei ausgeübtem Wahlrecht kann der Anspruchsberechtigte seine Wahl ändern, sein Schadensersatzverlangen wegen Verlustes aufgeben und stattdessen Ablieferung und Schadensersatz wegen Überschreitung der Lieferfrist verlangen.[12] Allein in der Annahme des wieder aufgefundenen Gutes ist noch keine Änderung der Wahl zu sehen; vielmehr bedarf es einer zusätzlichen Erklärung.[13]

12   **5. Einwendungen; Einreden.** Der Frachtführer kann dieselben Einwendungen und Einreden erheben wie nach tatsächlichem Güterverlust.[14] Er kann insbesondere den Entlastungsbeweis nach §§ 426, 427 führen. Konnte das Gut an bestimmten Tagen aus vom Frachtführer nicht zu vertretenden Gründen nicht befördert werden – wozu nicht das Verschwinden des Gutes selbst gehört –, so sind diese Tage in die Bestimmung der Verschollenheitsfrist nicht einzurechnen.[15]

---

[5] Vgl. *Regnarsen,* Lov om fragtaftaler ved international vejtransport, 198, 194; *Jesser,* CMR – Contracts for the international carriage of goods by road, 2. Aufl. 1995, 69; *Nickel-Lanz,* La convention relative au contrat de transport international de marchandises par route, 1976, 95.

[6] Thume/*Demuth* CMR Art. 20 Rn. 3; *Herber/Piper* CMR Art. 20 Rn. 4.

[7] Vgl. etwa BGH Urt. v. 27.10.1978 – I ZR 30/77, NJW 1979, 2473 = TranspR 1982, 108 = VersR 1979, 276 = RIW 1979, 863; OLG Düsseldorf Urt. v. 23.11.1989 – 13 U 70/89, TranspR 1990, 63 (66) OLG Frankfurt a. M. Urt. v. 30.3.1977 – 17 U 71/76, VersR 1978, 169 (170 f.); LG Nürnberg/Fürth Urt. v. 13.10.1983 – 1 HK O 2565/83, TranspR 1985, 113; Staub/*Reuschle* CMR Art. 20 Rn. 1; *Koller* CMR Art. 20 Rn. 1; *Koller* Rn. 10; *Müglich* TranspR Rn. 2; Thume/*Demuth* CMR Art. 20 Rn. 3; aA OLG Hamburg Urt. v. 17.11.1983 – 6 U 43/83, TranspR 1984, 188 = VersR 1984, 258.

[8] Zur Gegenauffassung s. etwa die Nachweise bei OLG Frankfurt a. M. Urt. v. 30.3.1977 – 17 U 71/76, VersR 1978, 169 (171); OLG Frankfurt a. M. Urt. v. 20.1.1981 – 5 U 120/80, VersR 1981, 1131 = RIW 1981, 267; OLG Hamburg Urt. v. 17.11.1983 – 6 U 43/83, TranspR 1984, 188 = VersR 1984, 258; *Loewe* ETR 1976, 503 (564).

[9] OLG Düsseldorf Urt. v. 16.6.1992 – 18 U 260/91, TranspR 1993, 17.

[10] *Loewe* ETR 1976, 503 (564); *Koller* CMR Art. 20 Rn. 1; Thume/*Demuth* CMR Art. 20 Rn. 3.

[11] OLG Düsseldorf Urt. v. 20.3.1997 – 18 U 80/96, TranspR 1998, 32 (33); OLG Düsseldorf Urt. v. 23.11.1989 – 18 U 70/89, TranspR 1990, 63 (66); *Koller* CMR Art. 20 Rn. 1; Staub/*Reuschle* Rn. 1; MüKoHGB/*Jesser-Huß* CMR Art. 20 Rn. 5; *Glöckner,* Leitfaden zur CMR, 7. Aufl. 1991, CMR Art. 20 Rn. 3.

[12] OLG Düsseldorf Urt. v. 21.11.2007 – 18 U 75/07, TranspR 2008, 36 (37); MüKoHGB/*Czerwenka,* 2. Aufl. 2009, Rn. 13; *Koller* Rn. 12, 16.

[13] OLG Düsseldorf Urt. v. 21.11.2007 – 18 U 75/07, TranspR 2008, 36 (37).

[14] *Koller* CMR Art. 20 Rn. 1; Thume/*Demuth* Art. 20 Rn. 5.

[15] *Koller* CMR Art. 20 Rn. 1.

III. Wiederauffinden des Gutes (Abs. 2–4)

1. Benachrichtigungsverlangen. Der Anspruchsberechtigte kann vom Frachtführer verlangen, 13
dass er **unverzüglich** (§ 121 Abs. 1 S. 1 BGB) benachrichtigt wird, wenn das Gut wieder aufgefunden
wird. Der Frachtführer ist zur Benachrichtigung nur auf **Verlangen** des Anspruchsberechtigten verpflichtet. Eine selbstständige Pflicht zur Benachrichtigung wird nicht begründet.[16] Das Recht zur
Benachrichtigung bereitet das **Wahlrecht** des Anspruchsberechtigten vor, ob er es mit der empfangenen Entschädigung für den Güterverlust bewenden lassen will oder ob er gegen Rückerstattung
der Entschädigung lieber die Ablieferung des Gutes verlangt. Damit verbleibt dem Anspruchsberechtigten auch nach Eintritt der Verlustfiktion die größtmögliche **Dispositionsbefugnis** hinsichtlich des
Gutes. Gleichzeitig wird ausgeschlossen, dass der Frachtführer durch die Verlustfiktion begünstigt wird.
Das Benachrichtigungsverlangen muss in unmittelbarem Zusammenhang mit der Entgegennahme der
Entschädigung stehen (→ CMR Art. 20 Rn. 3),[17] dh es muss beim tatsächlichen Empfang des ent-
sprechenden Barbetrages, bei Einlösung des Schecks oder bei Gutschrift der Überweisung auf dem
Bankkonto geäußert werden.[18]

2. Form; Frist. Das Benachrichtigungsverlangen ist – abweichend zu Art. 20 Abs. 2 CMR – an 14
keine Form und an **keine Frist** gebunden.[19] Zum Zwecke der Beweiserleichterung ist es jedoch
ratsam, das Verlangen des Anspruchsberechtigten schriftlich festzuhalten, etwa durch Telefax. Eine
zeitliche Befristung dahingehend, dass eine Benachrichtigung bei Wiederauffinden des Gutes nur
binnen eines Jahres verlangt werden kann, gibt es im Unterschied zur CMR nicht.[20] Eine derartige
pauschale Befristung sowohl des Benachrichtigungsverlangens nach Abs. 2 als auch des Ablieferungsverlangens nach Abs. 4, die im Ergebnis zu einer **Präklusion** des Herausgabeanspruchs binnen
Jahresfrist nach Erhalt der Entschädigung führt, erschien dem nationalen Gesetzgeber als eine zu
weitgehende Einschränkung der Rechtsposition des Anspruchsberechtigten.[21] Den Parteien steht es
jedoch frei, **vertragliche** Benachrichtigungsfristen und/oder Formvorschriften zu vereinbaren
(§ 448).

3. Folgen des Benachrichtigungsverlangens. Der Anspruchsberechtigte hat nach Abs. 3 ein 15
Wahlrecht, ob er bei Wiederauffinden des Gutes die wegen Verlust bezahlte Entschädigungssumme
behalten will oder ob er gegen Erstattung der Ersatzleistung das Gut ausgeliefert haben will. Das
Wahlrecht **erlischt,** wenn es nicht innerhalb eines Monats nach Zugang der Benachrichtigung geltend
gemacht wird, es sei denn, dem Anspruchsberechtigten wurde die Ersatzleistung noch nicht voll
ausbezahlt. Verletzt der Frachtführer seine Pflicht zur unverzüglichen Benachrichtigung, so wird die
Monatsfrist nicht in Gang gesetzt. Das Wahlrecht kann dann bis zum Ablauf der **Verjährung** (§ 439)
der zur Wahl stehenden Ansprüche ausgeübt werden.

Das Ablieferungsverlangen ist eine **einseitige, empfangsbedürftige** und **rechtsgestaltende Wil-** 16
lenserklärung.[22] Nach Ausübung des Gestaltungsrechts kann der Anspruchsberechtigte nicht mehr
auf die Verlustvermutung zurückgehen.[23] Verlangt der Anspruchsberechtigte die Ablieferung des
Gutes, so bleibt er an diese Wahl gebunden. Der Frachtführer hat die Ablieferung des Gutes sodann so
zu bewirken, wie sie im Frachtvertrag vorgesehen ist. Das Gut ist zu dem vertraglich vorgesehen oder
durch nachträgliche Weisung bestimmten Ablieferungsort zu verbringen. Der Frachtführer kann keine
Aufwendungen ersetzt verlangen, welche dadurch entstehen, dass er das Gut vom Ort des Wiederauffindens des Gutes zum Ablieferungsort befördert.[24]

Die Monatsfrist dient dem **Interesse des Frachtführers** an einer baldigen Klärung, ob der 17
Anspruchsberechtigte die Entschädigung behalten will oder ob er die Ablieferung des Gutes vorzieht.
Nimmt der Anspruchsberechtigte die Entschädigung kommentarlos entgegen, ohne zu verlangen, dass
er bei einem etwaigen Wiederauffinden des Gutes unverzüglich benachrichtigt werden will, so ist
dieses Verhalten in aller Regel als **Verzicht** auf die Ablieferung des Gutes auszulegen (§§ 133, 157
BGB). Erhält der Anspruchsberechtigte anderweitig Kenntnis vom Wiederauffinden des Gutes, so steht
dies der geforderten Benachrichtigung durch den Frachtführer nicht gleich.

Der Anspruchsberechtigte kann die Ablieferung des Gutes nur **Zug-um-Zug** gegen Erstattung der 18
für Verlust gezahlten **Entschädigung** verlangen.[25] Die Formulierung „Erstattung der Entschädigung"
wurde bewusst in Abweichung zur CMR gewählt. In Art. 20 Abs. 3 CMR heißt es „Rückzahlung
der Entschädigung". Auf diese Weise soll verdeutlicht werden, dass eine Rückzahlung eines etwa

---

[16] BR-Drs. 368/97, 57.
[17] MüKoHGB/*Jesser-Huß* CMR Art. 20 Rn. 9.
[18] Staub/*Schmidt* Rn. 20.
[19] MüKoHGB/*Czerwenka*, 2. Aufl. 2009, Rn. 16.
[20] BR-Drs. 368/97, 57.
[21] BR-Drs. 368/97, 57.
[22] Thume/*Demuth* CMR Art. 20 Rn. 18.
[23] *De la Motte* VersR 1988, 317 (320); Thume/*Demuth* CMR Art. 20 Rn. 19.
[24] MüKoHGB/*Czerwenka*, 2. Aufl. 2009, Rn. 24.
[25] MüKoHGB/*Czerwenka*, 2. Aufl. 2009, Rn. 25; *Koller* Rn. 27.

erhaltenen Betrages nicht unbedingt erforderlich ist.[26] Der hier gewählte Wortlaut bringt vielmehr zum Ausdruck, dass auch derjenige das Gut erhalten soll, der keine Entschädigung erhalten hat. Von der Entschädigung sind ggf. darin enthaltene **Kosten** in Abzug zu bringen. **Frachtansprüche** sowie sonstige offene Ansprüche (zB **Standgeld**) bleiben – auch dies wird vom Wortlaut der Vorschrift ausdrücklich klargestellt – unberührt. Diese Ansprüche sind zum Schutz des **Empfängers** vor unkalkulierbar hohen Forderungen jedoch nur in den Grenzen des § 421 Abs. 2, Abs. 3 zu entrichten. Dies entspricht der Rechtslage nach der CMR.[27]

19   **Zinszahlungen** sind ebenfalls zu erstatten. Kommt es aufgrund des Wiederauffindens des Gutes zu **Zollrückerstattungen,** so unterliegen diese der Abtretung aufgrund § 255 BGB analog.[28] Ansprüche aus Lieferfristüberschreitungen und etwaige Schadensersatzansprüche wegen Güterschäden können neben dem Ablieferungsverlangen geltend gemacht werden.[29]

20   **4. Verspätete Ablieferung.** Die verspätete Ablieferung des Gutes auf Verlangen des Anspruchsberechtigten lässt die **Frachtansprüche** unberührt. Die Fracht ist bei Ablieferung des Gutes zu zahlen (§ 420 Abs. 1 S. 1). Die Rechtslage bestimmt sich wie nach einem Verspätungsschaden, wobei allerdings Ansprüche wegen Güterbeschädigung nicht ausgeschlossen sind.[30] Macht der Anspruchsberechtigte Güterverlust geltend, so lässt dies einen etwaigen Anspruch des Frachtführers auf **Standgeld** (§ 419 Abs. 3, Abs. 1 iVm § 412 Abs. 3) ebenfalls unberührt.

21   **5. Verfügungsrecht des Frachtführers (Abs. 4).** Wird das Gut nach Zahlung einer Entschädigung wieder aufgefunden und hat der Anspruchsberechtigte eine Benachrichtigung nach Abs. 2 nicht verlangt oder macht er nach Benachrichtigung seinen Anspruch auf Ablieferung nicht geltend, so kann der Frachtführer über das Gut frei verfügen. Die Vorschrift weist dem Frachtführer in Anlehnung an Art. 20 Abs. 4 CMR ein **freies Verfügungsrecht** nach Wiederauffinden des Gutes und Untätigbleiben des Absenders zu. Dies bedeutet, dass der Frachtführer nicht an gesetzliche Formalitäten gebunden ist, wie sie etwa durch die Verwertungsvorschriften über den Pfandverkauf (§§ 1233–1240 BGB) oder durch die handelsrechtlichen Regeln des Selbsthilfeverkaufs (§ 373 Abs. 2–4) aufgestellt werden.[31]

22   Zu beachten ist jedoch, dass das Gesetz die **Eigentumsverhältnisse an dem Gut unberührt** lässt. Der Frachtführer erwirbt nicht Eigentum kraft Gesetzes,[32] sondern ist befugt, sich Eigentum zu verschaffen.[33] Er kann frei über das Eigentum verfügen, da das Gesetz ihm hierzu die Einwilligung des Absenders und Empfängers[34] sowie des mit der Beförderung einverstandenen Eigentümers[35] gem. § 185 BGB zuweist.[36] Eine gesetzliche Eigentumszuweisung zu Lasten etwaiger Dritteigentümer wäre im Hinblick auf die Eigentumsgarantie des Art. 14 GG hingegen nicht gerechtfertigt.[37] Der **Erlös** des Gutes gebührt dem Frachtführer.[38]

23   **Verzichtet der Verfügungsberechtigte** vor Erhalt einer Schadensersatzleistung auf seine Rechte an dem aufgefundenen oder eventuell später aufzufindenden Gut, kann der Frachtführer als neuer Verfügungsberechtigter (ohne Eigentümer geworden zu sein) das Gut verwerten und den Verwertungserlös vereinnahmen oder seinem Haftpflichtversicherer zur Verfügung stellen. § 424 Abs. 4 findet **analoge** Anwendung.[39]

§ 425 Haftung für Güter- und Verspätungsschäden. Schadensteilung

(1) **Der Frachtführer haftet für den Schaden, der durch Verlust oder Beschädigung des Gutes in der Zeit von der Übernahme zur Beförderung bis zur Ablieferung oder durch Überschreitung der Lieferfrist entsteht.**

(2) **Hat bei der Entstehung des Schadens ein Verhalten des Absenders oder des Empfängers oder ein besonderer Mangel des Gutes mitgewirkt, so hängen die Verpflichtung zum**

---

[26] BR-Drs. 368/97, 57.

[27] Vgl. *Herber/Piper* CMR Art. 20 Rn. 10; ausf. Thume/*Demuth* CMR Art. 20 Rn. 21.

[28] Thume/*Demuth* CMR Art. 20 Rn. 21.

[29] *Koller* CMR Art. 20 Rn. 2; MüKoHGB/*Jesser-Huß* CMR Art. 20 Rn. 10; Thume/*Demuth* CMR Art. 20 Rn. 23.

[30] *Koller* CMR Art. 20 Rn. 2; Thume/*Demuth* Art. 20 Rn. 22.

[31] MüKoHGB/*Czerwenka,* 2. Aufl. 2009, Rn. 27.

[32] Ebenso MüKoHGB/Czerwenka, 2. Aufl. 2009, Rn. 27; MüKoHGB/*Jesser-Huß* CMR Art. 20 Rn. 12. AA Staub/*Reuschle* CMR Art. 20 Rn. 14.

[33] Baumbach/Hopt/*Merkt* Rn. 2; *Herber/Piper* CMR Art. 20 Rn. 13.

[34] Thume/*Demuth* CMR Art. 20 Rn. 25; ähnl. *Herber/Piper* CMR Art. 20 Rn. 13.

[35] OLG Düsseldorf Urt. v. 20.3.1997 – 18 U 80/96, TranspR 1998, 32 (34); *de la Motte* VersR 1988, 317 (320); *Herber/Piper* CMR Art. 20 Rn. 13.

[36] Staub/*Reuschle* CMR Art. 20 Rn. 5.

[37] Bericht SV-Kommission, S. 83; BR-Drs. 368/97, 58.

[38] OLG Düsseldorf Urt. v. 20.3.1997 – 18 U 80/96; TranspR 1998, 32 (34); Thume/*Demuth* CMR Art. 20 Rn. 24 f.; *Herber/Piper* CMR Art. 20 Rn. 13; *Koller* Rn. 29.

[39] Vgl. OLG Düsseldorf Urt. v. 20.3.1997 – 18 U 80/96, TranspR 1998, 32 (34) mwN.

Ersatz sowie der Umfang des zu leistenden Ersatzes davon ab, inwieweit diese Umstände zu dem Schaden beigetragen haben.

Schrifttum zu § 425 Abs. 1: *Abele,* Transportrechtliche Haftungs- und Versicherungsfragen anhand von temperaturgeführten Pharmatransporten, TranspR 2012, 391; *Bahnsen,* „Kontrollverlust" und neue Schnittstellen, Anmerkung zu BGH vom 1.12.2016 – I ZR 128/15, TranspR 2017, 175; *Bästlein/Bästlein,* Einbeziehung von Haftungsbeschränkungsklauseln in Transportverträge – Anmerkung zu OLG Hamburg, 19.12.2002 – 6 U 222/01, TranspR 2003, 61; *Bästlein/Bästlein,* Beweisfragen gegen den HGB-Frachtführer wegen Güterschäden, TranspR 2003, 413; *Becker,* Die Geltendmachung von Ersatzansprüchen gegen den Frachtführer gemäß § 421 I Satz 2 HGB, AcP 202 (2002), 722; *Beckert,* Die Haftung des Frachtführers für Kontaminierungsfolgeschäden, 2006; *Bodis,* Anmerkung zum Beschluss des BGH vom 4.4.2016 – I ZR 102/15, TranspR 2016, 303; *Boettge,* Anmerkung zum Urteil des BGH vom 24.10.2002 – I ZR 104/00 und zum Urteil des OLG Karlsruhe vom 14.10.2005 – 15 U 70/04, VersR 2006, 719; *Bracker,* Das künftige Transportrecht, TranspR 1997, 410; *Braun,* Das frachtrechtliche Leistungsstörungsrecht nach dem Transportrechtsreformgesetz, 2002; *Brett,* Die geplante Neuregelung des Transportrechts, WiB 1997, 1221; *Czerwenka,* Das neue Transportrecht nach dem Regierungsentwurf eines Gesetzes zur Neuregelung des Fracht-, Speditions- und Lagerrechts, TranspR 1997, 353; *Demuth,* Ist der CMR-Totalschaden als Verlust zu behandeln?, TranspR 1996, 257; *Ernst,* Anmerkung zum Urteil des BGH vom 14.6.2006 – I ZR 75/03, jurisPR-ITR 10/2006 Anm. 2; *Freise,* Auswirkungen des neuen Frachtrechts auf die Eisenbahn, TranspR 1998, 89; *Geisler,* Anmerkung zum Urteil des BGH vom 1.12.2005 – I ZR 284/02, jurisPR-BGHZivilR 20/2006 Anm. 2; *Hackert,* Die Reichweite der Haftungsbegrenzung bei sonstigen Vermögensschäden gemäß § 433 HGB, 2001; *Heuer,* Das künftige deutsche Frachtrecht, TranspR 1998, 45; *Heuer,* Anmerkung zum Urteil des BGH vom 5.10.2006 – I ZR 240/03, TranspR 2006, 456; *Hinz,* Frachtvertrag und Frachtführerhaftung, 2005; *Katzenstein,* Haftungsbeschränkungen zugunsten und zulasten Dritter, 2004; *Knorre,* Zur Haftung des Frachtführers nach Art. 23, 25 CMR, TranspR 1985, 241; *Koller,* Der Wertersatz im Transportrecht, in 50 Jahre Bundesgerichtshof, Festgabe aus der Wissenschaft, Band II, 2000, 181; *Koller,* Anmerkung zum Urteil des BGH vom 30.3.2006 – I ZR 123/03, EWiR 2006, 589; *Koller,* Zur Beweislast für unzureichende Vorkühlung von Transportgut – Anmerkung zum Urteil des Brandenburgischen OLG vom 29.3.2000 – 7 U 206/98, TranspR 2000, 358; *Koller,* Verursachung von Güterschäden vor der Übernahme, die nach der Übernahme des Gutes entstehen, TranspR 2013, 173; *Koller,* HGB-Frachtführer und Drittschadensliquidation, TranspR 2013, 220; *Koller,* Gefälligkeiten des nicht zum Ver- oder Entladen verpflichteten Frachtführers und seiner Leute, TranspR 2014, 169; *Koller,* Die Haftung für Güterschaden nach Ablieferung an den Empfänger oder an den nachfolgenden Teilstreckenfrachtführer bei unimodalen und multimodalen Transporten, TranspR 2015, 267; *Koller,* Unterschiedliche Haftung für Güterschäden infolge mangelhafter Nebenleistungen beim Speditions- und Frachtgeschäft, TranspR 2017, 1; *Koller,* Verlust, Unmöglichkeit, Verzögerung und Rücktritt, TranspR 2018, 1; *Koller,* Die Beweislast für den ordnungsgemäßen Zustand des Gutes bei dessen Übernahme, insbesondere für die Vorkühlung, TranspR 2019, 1; *Koller,* Frachtführerhaftung und Solvenz des Käufers – Untersuchung am Beispiel des sogenannten Eingebungsbetruges –, RdTW 2020, 81; *Luther,* Die Haftung in der Frachtführerkette, TranspR 2013, 93; *Müller,* Das neue Leben des Lohnfuhrvertrages Bemerkungen zu OLG Düsseldorf, TranspR 2017, 72, TranspR 2017, 252; *Neufang/Valder,* Laden und Ladungssicherheit im Straßengüterverkehr – Wer ist verantwortlich?, TranspR 2002, 325; *Neumann,* Wirtschaftliche Kriterien der Haftung des Frachtführers, TranspR 2004, 14; *Neumann,* Die sekundäre Behauptungslast des Frachtführers, TranspR 2009, 54; *Pfirmann,* Die vertragliche und außervertragliche Haftung des Frachtunternehmers wegen Folgeschäden, 2008; *Piper,* Ausgewählte Fragen zur Haftung und zur Darlegungs- und Beweislast im Prozess des Frachtführers und Spediteurs unter Berücksichtigung des Transportrechtsreformgesetzes, FG Herber, 1999, 135; *Pokrant,* Aktuelle höchstrichterliche Rechtsprechung zum Gütertransportrecht, TranspR 2013, 41; *Pokrant,* Die Nicht-Zurverfügungstellung des Beförderungsmittels zur vorgesehenen Zeit, TranspR 2003, 419; *Pokrant,* Anmerkung zum Urteil des BGH vom 17.9.2015 – I ZR 212/13, RdTW 2015, 413; *Ramming,* Die Entlastung des Frachtführers von seiner Haftung nach § 425 Abs. 1 HGB für Verlust und Beschädigung des Gutes und Überschreitung der Lieferfrist, TranspR 2001, 53; *Roßmann,* Die Berechtigung zum Schadensersatz für Schäden am Frachtgut nach §§ 421 I, 425 HGB, 2004; *Saller,* Der Lohnfuhrvertrag lebt schon immer (Anm. zu Dr. Andreas Müller, Köln, TranspR 2017, S. 252f.), TranspR 2017, 406; *Saur,* Die Änderung der Haftungsgrundsätze im Fracht-, Speditions- und Lagerrecht durch das Transportrechtsreformgesetz, 1999; *Scavio/Wallau,* Die transport- und lebensmittelrechtlichen Rechtsfolgen einer Unterbrechung der Kühlkette unter besonderer Berücksichtigung der Entscheidungen des OLG Düsseldorf vom 08.11.2017 (I-18 u 173/15) und des BGH vom 23.11.2017 (I ZR 51/16), TranspR 2018, 177; *Schmid/Kehl,* Die Haftung des CMR-Frachtführers nach den Grundsätzen der culpa in contrahendo, TranspR 1996, 89; *C. Schmidt,* Zwischen Verhandlungsmaxime und materieller Wahrheit: Die sekundäre Darlegungslast des Frachtführers im Zivilprozess, TranspR 2019, 53; *P. Schmidt,* Anmerkung zum Urteil des BGH vom 30.3.2006 – I ZR 123/03, LMK 2006, 185529; *P. Schmidt,* Gegenläufige Vermutungen und Quersubventionierung: Zum Mitverschulden des Versenders wegen unterlassener Wertdeklaration im Falle unbegrenzter Haftung des Frachtführers, TranspR 2008, 299; *Skradde,* Schadensersatz im Transportrecht – Der ersatzfähige Schaden des Transportrechts, 2016; *Thume,* Haftungsprobleme bei CMR-Kühltransporten, TranspR 1992, 1; *Thume,* Zum Verlustbegriff, insbesondere bei weisungswidriger Ablieferung einer Sendung, TranspR 2001, 433; *Thume,* Verlust – Zerstörung – Beschädigung. Gedanken zum Güterschaden im Transportrecht, GS Helm, 2001, 341; *Thume,* Die Rechte des Empfängers bei Vermischungsschäden in Tanks und Silos als Folge verunreinigt angelieferter Güter, VersR 2002, 267; *Thume,* Nochmals: Zur außervertraglichen Haftung des Frachtführers und seines Kfz-Haftpflichtversicherers für Folgeschäden bei Kontaminierung des Frachtgutes, Sonderbeilage TranspR 2004, 40; *Thume,* Haftungs- und Versicherungsfragen bei fehlerhafter Ablieferung des Frachtgutes und bei Vermischungsschäden, r+s 2006, 89; *Thume,* Darlegungs- und Beweisfragen im Transportrecht, TranspR 2008, 428; *Thume,* Rechtsfolgen der Verletzung vertraglich vereinbarter Prüfungspflichten bei Kühltransporten, r+s 2011, 503; *Thume,* Probleme bei der Ablieferung des Frachtguts, TranspR 2012, 85; *Thume,* Verpackungsmängel und ihre Folgen im allgemeinen deutschen Frachtrecht und im grenzüberschreitenden Straßengüterverkehr, TranspR 2013, 8; *Thume,* Anmerkung zum Beschluss des BGH vom 10.4.2014 – I ZR 100/13, TranspR 2014, 287; *Thume,* Anmerkung zu BGH, Urteil vom 17.9.2015 – I ZR 212/13, TranspR 2016, 29; *Tunn,*

Beweislast und Beweisführung für Güterschäden bei der Ablieferung von Sendungen nach § 438 HGB, VersR 2005, 1646; *Wieske,* Haftung für Lieferfristprobleme im Fracht-, Speditions- Lager- und Logistikrecht, TranspR 2013, 272.

Schrifttum zu § 425 Abs. 2: *Ettrich,* Das Mitverschulden des Versenders bei unterlassener Wertdeklaration – Anmerkung zu BGH, 8.5.2003 – I ZR 234/02 – TranspR 2003, 317, TranspR 2003, 443; *Knorre,* Der Einwand des Mitverschuldens bei Ladungsverkehren, TranspR 2007, 393; *Knorre,* Zur Anwendung der für Paketdienstfälle entwickelten Grundsätze zum Mitverschulden des Auftraggebers auf Ladungsverkehre, TranspR 2008, 162; *Köper,* Der Einwand der Mitverursachung nach § 425 Abs. 2 HGB bei Beauftragung eines Frachtführers in Kenntnis fehlender Schnittstellenkontrollen, TranspR 2007, 94; *Koller,* Die Tragweite von Vertragsabwehrklauseln und der Einwand des Mitverschuldens im Gütertransportrecht, VersR 2004, 269; *Koller,* Proportionalhaftung und Schadenskausalität im Transportrecht, FS Hopt, 2010, 159; *Mast,* Der multimodale Frachtvertrag nach deutschem Recht, 2002; *Ramming,* Die Entlastung des Frachtführers von seiner Haftung nach § 425 Abs. 1 HGB für Verlust und Beschädigung des Gutes und Überschreitung der Lieferfrist, TranspR 2001, 53; *Ramming,* Anmerkung zum Urteil des BGH vom 5.6.2003 – I ZR 234/00, TranspR 2003, 471; *Ramming,* Anmerkung zum Urteil des BGH vom 3.5.2007 – I ZR 109/04, TranspR 2007, 409; *Ramming,* Der FOB-Verkäufer als Hilfsperson des Absenders bei der Verladung, Hamburger Zeitschrift für Schifffahrtsrecht 2009, 224; *Skradde,* Die Berücksichtigung des Mitverschuldens im Falle des qualifizierten Verschuldens bei einer Lieferfristüberschreitung, TranspR 2015, 22; *Thume,* Grobes Verschulden und Mitverschulden – Quo vadis BGH?, TranspR 2006, 369; *Valder,* Im Blickpunkt: Haftungsfragen beim Transport von Neuwagen, TranspR 2012, 433; *Valder,* Rechte und Pflichten bei Ablieferung, TranspR 2015, 257; *Werner,* Organisationsverschulden eines Paketdienstunternehmens, TranspR 2003, 231.

Parallelvorschriften: § 498 Abs. 1 und 3 HGB; Art. 17 CMR; Art. 36 ff. CIM; §§ 44 ff. LuftVG; § 25 EVO.

Übersicht

I. Allgemeines

1   **1. Bedeutung.** Die in den §§ 425–435 enthaltenen Regelungen über die vertragliche **Haftung des Frachtführers** bilden das Kernstück des seit dem 1.7.1998 geltenden Transportrechts.[1] Das dortige Haftungssystem gilt auch für den **Umzugsvertrag** (§§ 451–451h) und den **multimodalen Vertrag** (§§ 452–452d). Die vertragliche **Haftung des Spediteurs** bestimmt sich in erster Linie nach den §§ 461, 462, wobei die frachtrechtlichen Bestimmungen der §§ 426, 427, 429, 430, 431 Abs. 1, 2 und 4, §§ 432, 434–436 über § 461 Abs. 1 S. 2 entsprechend anzuwenden sind. Die vertragliche **Haftung des Lagerhalters** ist in § 475 geregelt (→ § 475 Rn. 1 ff.).

2   **2. CMR als Vorbild.** Das Haftungssystem des HGB-Frachtrechts folgt im Wesentlichen dem **Haftungsmodell der CMR.** Aus Art. 17 Abs. 1 CMR wurde in § 425 Abs. 1 – abweichend von den allgemeinen Vorschriften der §§ 280 ff. BGB – der Grundsatz der Haftung des Frachtführers für Güterschäden während des Obhutszeitraums und für das Überschreiten der Lieferfrist entnommen. Die §§ 426 und 427 enthalten in Anlehnung an Art. 17 Abs. 2–4 CMR bevorrechtigt und nicht bevorrechtigte Haftungsausschlussgründe. Die Verhaltenszurechnung im Rahmen der Haftung nach

---

[1] Begründung des Regierungsentwurfs des TRG, BT-Drs. 13/8445, 59.

§ 428 entspricht der Regelung des Art. 3 CMR. Im Hinblick auf diese Ausschluss- und Zurechnungsnormen begründet § 425 Abs. 1 entgegen dem ersten Anschein **keine reine Kausalhaftung.**[2] Die §§ 429–433 enthalten Bestimmungen über den Haftungsumfang wie namentlich eine Begrenzung der Haftung auf den Güterwert sowie auf summenmäßig festgelegte Höchstbeträge. Diese Regelungen korrespondieren mit den Art. 23–27 CMR. Die §§ 434 und 435 schließlich bestimmen den Anwendungsbereich der Haftungsbefreiungen und Haftungsbegrenzungen entsprechend Art. 28 und 29 CMR.

II. Voraussetzungen der Haftung (Abs. 1)

1. Frachtvertrag. Eine Haftung gem. § 425 Abs. 1 setzt einen **wirksamen Frachtvertrag** voraus.   **3** Sie greift daher bei einem **Vertrag über das Abschleppen eines Fahrzeugs,**[3] **nicht** dagegen dann ein, wenn der Auftragnehmer als **Lohnfuhrunternehmer**[4] tätig geworden ist[5] oder sich immerhin unwiderlegt darauf beruft, als Lohnfuhrunternehmer tätig geworden zu sein.[6] Im Falle der Nichtigkeit des Frachtvertrags kommen neben gesetzlichen Ansprüchen gem. §§ 823 ff. BGB und §§ 989 ff. BGB ggf. auch Ansprüche wegen Verschuldens bei Vertragsschluss gem. § 311 Abs. 2 BGB in Betracht.[7]

2. Haftungsereignis. Die §§ 425 ff. enthalten keine haftungsrechtliche Generalklausel, sondern in   **4** § 425 Abs. 1 lediglich drei spezielle Haftungstatbestände für die Fälle des Verlusts des Gutes, seiner Beschädigung sowie des Überschreitens der Lieferfrist. Die Haftung besteht dabei immer nur für den mit der Übernahme des Gutes zur Beförderung beginnenden und mit dessen Ablieferung endenden Haftungszeitraum. Andere denkbare Haftungsereignisse führen nicht zu einer Haftung gem. §§ 425 ff., sondern allenfalls zu einer Haftung nach anderen Haftungstatbeständen, deren Geltung ausweislich der Regelungen in den §§ 433 f. von den §§ 425 ff. grundsätzlich unberührt bleibt.[8]

a) Schaden. Die Haftungstatbestände des § 425 Abs. 1 setzen jeweils den Eintritt eines Schadens   **5** voraus. Da die §§ 425 ff. in dieser Hinsicht keine speziellen Bestimmungen enthalten, ist insoweit von den §§ 249 ff. BGB auszugehen und sind daher grundsätzlich sowohl die unmittelbaren, dh am Frachtgut selbst eintretenden, als auch die mittelbaren, dh andere Güter oder das Vermögen des Geschädigten als solches betreffenden Vermögensschäden zu ersetzen.[9] Im Falle einer Lieferfristüberschreitung kommt insbesondere ein beispielsweise durch einen Produktionsausfall, eine verkürzte Vermarktungsdauer, den Verlust von Kunden oder einen Preisverfall verursachter entgangener Gewinn in Betracht.[10] Bei nicht iSd § 435 qualifiziert schuldhaftem Verhalten des Frachtführers und seiner Leute ergeben sich allerdings aus § 431 in summenmäßiger Hinsicht und bei Güterschäden aus §§ 429 f., 432 auch in sachlicher Hinsicht Einschränkungen. Insoweit treten dann die Vorschriften des allgemeinen Schuldrechts wie insbesondere § 280 BGB zurück.[11] Zum Ersatz von Aufwendungen, die der Absender oder Empfänger gemacht hat, um den Eintritt eines gem. §§ 425 ff. zu ersetzenden Schadens abzuwenden, → § 429 Rn. 7.

b) Güterverlust. aa) Totalverlust. Ein Totalverlust liegt regelmäßig vor, wenn der **Frachtführer**   **6** aus welchen Gründen auch immer **auf nicht absehbare Zeit außer Stande** ist, **das Gut,** dh die gesamte Sendung **weisungsgemäß** an den berechtigten Empfänger **auszuliefern.**[12] Ein Verlust liegt daher **nicht** vor, **wenn das Gut,** ohne in seiner Substanz beeinträchtigt worden zu sein, seinen **wirtschaftlichen Wert** für den Empfänger etwa infolge Überschreitung der Lieferfrist oder verfrühter Auslieferung vollständig **verloren** hat.[13] Dasselbe hat im Hinblick auf die dem § 431 Abs. 2 zugrunde liegende Wertung sowie darauf, dass das Gut auch in einem solchen Fall weiterhin abgeliefert werden kann, dann zu gelten, wenn das Gut einen **wirtschaftlichen Totalschaden** erlitten hat, dh so schwer beschädigt worden ist, dass sich seine Reparatur bei wirtschaftlicher Betrachtung als nicht mehr sinnvoll

---

[2] *Koller* Rn. 1; MüKoHGB/*Herber/Harm* Rn. 6; aA *Fremuth* in Fremuth/Thume TranspR Rn. 1; Heymann/*Joachim* Rn. 1; Staub/*Maurer* Rn. 3; vermittelnd Baumbach/Hopt/*Merkt* Rn. 1; Oetker/*Paschke* Rn. 2.

[3] LG Augsburg Urt. v. 31.1.2017 – 81 O 1732/15, TranspR 2017, 417 (418) = RdTW 2017, 271.

[4] Zur Abgrenzung vgl. BGH Beschl. v. 4.4.2016 – I ZR 102/15, TranspR 2016, 301 Rn. 10 f. = RdTW 2016, 215; *Bodis* TranspR 2016, 303 f.

[5] BGH Beschl. v. 4.4.2016 – I ZR 102/15, TranspR 2016, 301 Rn. 12–19 = RdTW 2016, 215.

[6] Vgl. OLG Düsseldorf Urt. v. 5.10.2016 – 18 U 134/15, TranspR 2017, 72 (74–76) = RdTW 2016, 418 und dazu *Müller* TranspR 2017, 252 f. einerseits sowie *Saller* TranspR 2017, 406 (407) andererseits.

[7] *Koller* Rn. 2; Staub/*Maurer* Rn. 6.

[8] Staub/*Maurer* Rn. 7.

[9] *Koller* Rn. 3; Staub/*Maurer* Rn. 11.

[10] *Koller* Rn. 91.

[11] *Fremuth* in Fremuth/Thume TranspR Rn. 50; *Koller* Rn. 96; MüKoHGB/*Herber/Harm* Rn. 9; Staub/*Maurer* Rn. 12. Zum Sonderfall der sog. Vermischungsschäden → § 433 Rn. 6.

[12] Vgl. BGH Urt. v. 1.12.2016 – I ZR 128/15, TranspR 2017, 175 (177 f.) = RdTW 2017, 127 Rn. 21 mwN; *Koller* Rn. 4; Staub/*Maurer* Rn. 15; *Pfirmann,* Die vertragliche und außervertragliche Haftung des Frachtunternehmers wegen Folgeschäden, 2008, 22 mwN in Fn. 18.

[13] Vgl. OLG Köln Urt. v. 22.11.2005 – 3 U 162/04, TranspR 2006, 458 (459); *Koller* Rn. 4 und 6; Staub/*Maurer* Rn. 17.

darstellt, zumal auch bei Einordnung solcher Schäden als bloße Beschädigung gem. § 425 Abs. 1, § 429 Abs. 2 voller Wertersatz zu leisten ist.[14] Die **Nichtablieferung** des Gutes innerhalb der Lieferfrist ist als Verlust zu behandeln, wenn das Gut innerhalb der Fristen des § 424 Abs. 1 mit an Sicherheit grenzender Wahrscheinlichkeit weder abgeliefert noch an den Absender zurückgegeben werden kann, etwa weil das **Gut rechtmäßig beschlagnahmt worden** und mit seiner Freigabe in absehbarer Zeit nicht zu rechnen ist[15] oder wenn es **entwendet** worden **und** sein **Wiederauffinden unwahrscheinlich** ist.[16] Dasselbe gilt, wenn das **Gut bei einer anderen Person als dem legitimierten Empfänger** oder **am falschen Ort abgeliefert** worden ist und **nicht alsbald zurückerlangt** werden kann[17] oder es **pfandrechtswidrig versteigert** worden ist.[18]

7   **Kein Verlust** liegt dagegen dann vor, **wenn** das Gut an den richtigen Empfänger abgeliefert, dabei aber die vereinbarte **Nachnahme entgegen § 422 nicht eingezogen** oder sonstigen **Weisungen** des Absenders hinsichtlich der Modalitäten der Ablieferung **zuwidergehandelt wird.**[19] Die Weisung, das Gut auf Lager zu nehmen, stellt allerdings keine bloße Weisung hinsichtlich der Modalitäten der Ablieferung dar, sondern hebt die Pflicht auf, das Gut bei dem zuvor bestimmten Frachtführer abzuliefern. Ihre Missachtung führt daher zum Verlust des Frachtguts.[20]

8   Wenn der **Verbleib des Gutes nicht sofort aufzuklären** ist, kann von einem Verlust des Gutes vor Ablauf der Fristen gem. § 424 Abs. 1 nur dann ausgegangen werden, wenn der Frachtführer die Suche verweigert oder für wegen des damit verbundenen Aufwands unzumutbar erklärt.[21] Ebenso ist, solange sich der Ersatzberechtigte nicht – ggf. auch dadurch, dass er den Verlustschaden ersetzt verlangt – auf § 424 beruft, vom Verlust des Gutes nur dann auszugehen, wenn seine spätere Ablieferung ganz unwahrscheinlich oder unzumutbar ist.[22]

9   Der Ablauf der Lieferfrist gem. § 423 führt, solange der Frachtführer nicht nach § 419 Abs. 3 vorgegangen ist, auch bei Vereinbarung einer **absoluten Fixschuld** lediglich zu einem Beförderungshindernis.[23] Dementsprechend handelt es sich bei den aus der Nichterfüllung einer absoluten Fixschuld resultierenden Schäden grundsätzlich nur um Verspätungsschäden;[24] der Absender darf erst nach dem Ablauf der Frist des § 424 Abs. 1 die Übergabe des Gutes zurückweisen und damit auch die infolge des Wertverlusts eingetretenen Schäden als Verlustschäden liquidieren.[25] Ebenso liegt in sonstigen Fällen,

---

[14] Vgl. *Koller* Rn. 5 und 13; MüKoHGB/*Herber/Harm* Rn. 18; Staub/*Maurer* Rn. 17; BeckOK HGB/*Kirchhof* Rn. 11; *Skradde,* Schadensersatz im Transportrecht – Der ersatzfähige Schaden des Transportrechts, 2016, 273–275, jeweils mwN; aA → 1. Aufl. 2001, Rn. 19 und 22, *Lammich/Pöttinger* Rn. 115 f. und insbes. BGH Urt. v. 29.7.2009 – I ZR 171/08, TranspR 2009, 408 Rn. 16 = NJW 2009, 3239.

[15] *Koller* Rn. 7; MüKoHGB/*Herber/Harm* Rn. 15, jeweils mwN; *Thume* GS Helm, 2001, 341 (344), jeweils mit mwN.

[16] BGH Urt. v. 1.12.2016 – I ZR 128/15, TranspR 2017, 175 Rn. 21 = NJW 2017, 814 = RdTW 2017, 127; *Koller* Rn. 7.

[17] Vgl. BGH Urt. v. 27.1.1982 – I ZR 33/80, VersR 1982, 669 (670) = NJW 1982, 1944; Urt. v. 10.7.1997 – I ZR 75/95, TranspR 1998, 106 (108) = VersR 1998, 344 = NJW-RR 1998, 543; Urt. v. 13.7.2000 – I ZR 156/98, TranspR 2001, 298 (299) = NJW-RR 2000, 1631; Urt. v. 8.7.2004 – I ZR 272/01, TranspR 2004, 357 (358) = VersR 2005, 1753 = NJW-RR 2004, 1480; OLG Düsseldorf Urt. v. 16.6.1992 – 18 U 260/91, TranspR 1993, 17; OLG Oldenburg Urt. v. 11.10.2001 – 8 U 112/01, TranspR 2003, 76 (78); *Andresen/*Valder Rn. 11; *Fremuth* in Fremuth/Thume TranspR Rn. 11; *Koller* Rn. 7 mwN; *Pfirmann,* Die vertragliche und außervertragliche Haftung des Frachtunternehmers wegen Folgeschäden, 2008, 22–28; *Thume* GS Helm, 2001, 341 (344); *Skradde,* Schadensersatz im Transportrecht – Der ersatzfähige Schaden des Transportrechts, 2016, 146.

[18] Vgl. BGH Urt. v. 18.5.1995 – I ZR 151/93, TranspR 1995, 383 (384) = VersR 1995, 1469 = NJW 1995, 2917; Urt. v. 10.7.1997 – I ZR 75/95, TranspR 1998, 106 (108) = VersR 1998, 344 = NJW-RR 1998, 543; *Koller* Rn. 7; *Fremuth* in Fremuth/Thume TranspR Rn. 11 iVm § 441 Rn. 30; MüKoHGB/*Herber/Harm* Rn. 15.

[19] Vgl. OLG Düsseldorf Urt. v. 13.11.2013 – 18 U 120/12, TranspR 2015, 76 (79) = RdTW 2015, 64; *Thume* GS Helm, 2001, 341 (344); *Thume* TranspR 2001, 433 (435 f.); *Lammich/Pöttinger* Rn. 125; *Koller* Rn. 7; *Andresen/*Valder Rn. 11; *Fremuth* in Fremuth/Thume TranspR Rn. 12; HK-HGB/*Ruß* Rn. 3; MüKoHGB/*Herber/Harm* Rn. 16; Staub/*Maurer* Rn. 17; aA OLG Hamburg Urt. v. 18.5.1989 – 6 U 258/88, TranspR 1990, 188 (190); Urt. v. 30.11.1995 – 6 U 104/95, TranspR 1996, 280 (282); OLG Nürnberg Urt. v. 18.4.2001 – 12 U 4114/00, TranspR 2001, 262 (263) = VersR 2001, 1009; OLG München Urt. v. 26.1.2011 – 7 U 3426/10, TranspR 2011, 147 (148 f.).

[20] BGH Urt. v. 27.1.1982 – I ZR 33/80, VersR 1982, 669 (670) = NJW 1982, 1944 (zur CMR); *Koller* Rn. 7 Fn. 34 mwN auch zur „hold up"-Weisung, die eine disponierte Zwischenlagerung zum Gegenstand hat und damit bis zum Widerruf die Bestimmung der Person des Empfängers suspendiert.

[21] *Koller* Rn. 8 mwN.

[22] BGH Urt. v. 1.12.2016 – I ZR 128/15, TranspR 2017, 175 (178) = RdTW 2017, 127 Rn. 21; *Koller* Rn. 9; krit. *Bahnsen* TranspR 2017, 297 f. und dazu *Koller* TranspR 2018, 1–3 sowie *Koller* Rn. 8.

[23] *Braun,* Das frachtrechtliche Leistungsstörungsrecht nach dem Transportrechtsreformgesetz, 2002, 84 f.; *Koller* Rn. 9a.

[24] *Koller* Rn. 9a; aA *Hackert,* Die Reichweite der Haftungsbegrenzung bei sonstigen Vermögensschäden gemäß § 433 HGB, 2001, 62 (Anspruch wegen Unmöglichkeit der Leistungserbringung) und *Braun,* Das frachtrechtliche Leistungsstörungsrecht nach dem Transportrechtsreformgesetz, 2002, 182 ff. (Wahlrecht zwischen Anspruch gem. §§ 280 f. BGB, § 433 HGB und Anspruch gem. § 425 Abs. 1 Fall 3, § 431 Abs. 3 HGB).

[25] *Koller* Rn. 9a; aA *Braun,* Das frachtrechtliche Leistungsstörungsrecht nach dem Transportrechtsreformgesetz, 2002, 183.

in denen das Gut beim Empfänger nicht abgeliefert werden kann, zwar nicht ohne Weiteres ein Güterverlust vor, kann aber ggf. die Verlustvermutung des § 424 zugunsten des Absenders oder Empfängers zum Tragen kommen; wenn allerdings der Absender das zurückbeförderte Gut freiwillig zurücknimmt, können sowohl der Absender als auch der Empfänger entsprechend § 424 Abs. 3 grundsätzlich allein den Verspätungsschaden ersetzt verlangen.[26]

Der Umstand, **dass sich der Geschädigte das Gut selbst** aus der Hand eines Dritten **beschafft** 10 **hat, hindert** die Bejahung eines Verlusts **nicht.**[27] Die gegenteilige Auffassung[28] führt dazu, dass der Anreiz für den Geschädigten, sich das Gut aus der Hand eines Dritten zu beschaffen, stark abgeschwächt wird und der Frachtführer ohne Erbringung eines eigenen Beitrags von der besonderen Geschicklichkeit des Geschädigten profitiert; vor allem aber müsste, da Absender und Empfänger gem. § 421 Abs. 1 S. 2 Gesamtgläubiger sind, bei der Beurteilung der Frage, inwieweit sich der Schaden desjenigen Gesamtgläubigers, der die Zahlung erhalten hat, durch die Beschaffung des Gutes aus der Hand des Dritten ermäßigt hat, die interne schuldrechtliche Beziehung zwischen Absender und Empfänger betrachtet werden, obwohl sie für die Frage der Haftung des Frachtführers nach § 421 Abs. 1 gerade keine Rolle spielen soll, und müsste zudem berücksichtigt werden, dass der Geschädigte die Ersatzleistung möglicherweise gem. § 421 Abs. 1 S. 3 auf fremde Rechnung entgegengenommen und bereits an den anderen Gesamtgläubiger abgeführt hat.[29]

bb) Teilverlust. Der Unterscheidung zwischen Teil- und Totalverlust kommt nur im Rahmen der 11 §§ 429, 431 f. Bedeutung zu, nicht dagegen bei § 425,[30] und zwar auch nicht im Hinblick auf die Verjährung, da § 439 – insoweit abweichend von Art. 32 CMR – den Begriff des Teilverlusts nicht verwendet.[31] Ein **Teilverlust** liegt vor, wenn ein abgrenzbarer Teil des in → Rn. 6–10 dargestellten Sinn verlorengegangen ist. Dies ist, wie die Regelung des § 427 Abs. 1 Nr. 4 zeigt, auch bei einem natürlichen Schwund der Fall.[32] Da die Verpackung Teil des Frachtguts ist, liegt ein Teilverlust auch dann vor, wenn ein vollständig entleerter Container oder sonst eine Verpackung ohne jeden Inhalt abgeliefert wird.[33] Der Verlust oder die Zerstörung eines Teils einer einheitlichen Sendung steht entsprechend der in § 431 Abs. 2 Nr. 1 vorgenommenen Wertung dem Gesamtverlust gleich, wenn der verbliebene Rest bei wirtschaftlicher Betrachtungsweise keinen Wert mehr repräsentiert, etwa weil das Aussondern des zerstörten Teils einen unwirtschaftlichen Aufwand erforderte.[34]

c) Beschädigung. Erforderlich ist eine im Zeitpunkt der Ablieferung gegebene[35] **Beeinträchti-** 12 **gung der äußeren oder inneren Substanz des Gutes,** die dessen **Wert mindert** oder – bei einem wirtschaftlichen Totalschaden (→ Rn. 6) – **beseitigt.**[36] Eine **äußere Substanzverletzung** liegt vor, wenn die **Oberfläche des Gutes beeinträchtigt** ist.[37] Beispiele hierfür sind Bruchschäden,[38] Beulen, Kratzer und Schrammen,[39] das Abbrechen von Teilen, Verbiegungen, Verschmutzungen,[40] Vermischungen,[41] das Verknittern[42] und Verkleben[43] sowie Nässeschäden[44] und Rostschäden.[45] Eine **innere Substanzverletzung** liegt vor, wenn die **Qualität** des äußerlich scheinbar unversehrt geblie-

---

[26] Vgl. BGH Urt. v. 3.7.1974 – I ZR 120/73, VersR 1974, 1013 (1015) = NJW 1974, 1616; *Koller* Rn. 10.

[27] BGH Urt. v. 1.12.2016 – I ZR 128/15, TranspR 2017, 175 (178) = RdTW 2017, 127 Rn. 21; OLG Düsseldorf Urt. v. 2.11.2005 – 15 U 23/05, TranspR 2005, 468 (471); *Koller* FG 50 Jahre BGH, 2000, 181 (204 f.); *Koller* Rn. 11; *Lammich/Pöttinger* Rn. 123.

[28] Vgl. *Thume* GS Helm, 2001, 341 (344); *Thume* TranspR 2001, 433 (434).

[29] *Koller* FG 50 Jahre BGH, 2000, 181 (204 f.); *Koller* Rn. 11.

[30] MüKoHGB/*Herber/Harm* Rn. 19; Staub/*Maurer* Rn. 18.

[31] *Koller* Rn. 12.

[32] *Koller* Rn. 12 mit der – allerdings nicht näher begründeten – Einschränkung, dass der Schwund in Behältnissen des Frachtführers beförderte Flüssigkeiten oder Schüttgüter betrifft; aA *Lammich/Pöttinger* Rn. 127.

[33] *Koller* Rn. 12 iVm § 431 Rn. 10; aA *Lammich/Pöttinger* Rn. 131.

[34] Staub/*Maurer* Rn. 18.

[35] Dem aus dem Zustand des Gutes resultierenden Risiko einer Vertiefung der Schädigung trägt die gem. § 429 Abs. 2 und 3 vorzunehmende Wertermittlung Rechnung. Es darf daher nicht auf den Zustand des Gutes im Zeitpunkt der letzten mündlichen Verhandlung abgestellt und die Vertiefung des Schadens im Blick auf § 425 Abs. 2 betrachtet werden (*Koller* § 429 Rn. 20; aA *Lammich/Pöttinger* Rn. 194).

[36] *Koller* Rn. 13; MüKoHGB/*Herber/Harm* Rn. 20; Staub/*Maurer* Rn. 19.

[37] Staub/*Maurer* Rn. 19.

[38] Vgl. OLG Hamm Urt. v. 13.5.1993 – 18a U 94/93, NJW-RR 1994, 294; MüKoHGB/*Herber/Harm* Rn. 20; Staub/*Maurer* Rn. 21.

[39] *Lammich/Pöttinger* Rn. 135; Staub/*Maurer* Rn. 21.

[40] Vgl. OLG Köln Urt. v. 26.9.1985 – 7 U 8/85, TranspR 1986, 285 (286 f.); OLG Hamburg Urt. v. 19.12.1985 – 6 U 188/80, TranspR 1986, 146 (147) = VersR 1986, 261.

[41] OLG Köln Urt. v. 26.9.1985 – 7 U 8/85, TranspR 1986, 285 (287).

[42] Vgl. OLG Düsseldorf Urt. v. 1.6.1987 – 18 U 280/86, TranspR 1987, 430 f. = VersR 1988, 352.

[43] Vgl. OLG Hamburg Urt. v. 22.7.1982 – 6 U 24/82, VersR 1983, 63 (LS).

[44] Vgl. BGH Urt. v. 7.5.1969 – I ZR 126/67, VersR 1969, 703 ff.; LG Köln Urt. v. 11.11.1982 – 91 O 60/81, TranspR 1983, 54 (55).

[45] Vgl. BGH Urt. v. 19.11.1959 – II ZR 78/58, BGHZ 31, 183 (185 ff.) = VersR 1960, 30 (31) = NJW 1960, 337.

benen Gutes **durch von außen kommende Einflüsse gelitten** hat.[46] Beispiele hierfür sind das **Annehmen von Gerüchen,**[47] der **Aromaverlust,**[48] der von innen her erfolgte **Verderb,**[49] die durch fortgeschrittene Reife oder verringerte Haltbarkeit bewirkte **Verkürzung der üblichen Vermarktungsdauer** von Obst und Gemüse,[50] die Ablieferung auch anderer Lebensmittel sowie sonstiger Waren zu einem Zeitpunkt, zu dem die für deren Vermarktung verbleibende **Mindesthaltbarkeit** bereits **wertmindernd verkürzt** ist,[51] durch **zu niedrige oder zu hohe Temperaturen** sowie das **Auf- oder Antauen der Ware** bedingte Qualitätsminderungen, wobei auch schon der entsprechende nicht ausräumbare Verdacht genügt, wenn die Ware deshalb nicht mehr oder nunmehr eingeschränkt verkehrsfähig ist,[52] sowie die **Infektion von** zuvor gesunden **Tieren** während des Transports, und zwar unabhängig davon, ob die Krankheit schon vor oder erst nach der Ablieferung ausbricht.[53] Für die Beurteilung der Frage, ob eine Beschädigung vorliegt, ist es **unerheblich, ob** die eingetretene **Substanzbeeinträchtigung** durch Reparatur oder Reinigungsmaßnahmen **rückgängig gemacht werden kann**[54] und welche **Ursache** sie hat; eine Beschädigung liegt daher auch dann vor, wenn das Gut infolge Überschreitung der Lieferfrist in seiner Substanz beeinträchtigt worden ist.[55] Ebenso hat, da der bei Beschädigung des Gutes zu leistende Schadensersatz gem. § 429 Abs. 2 nach den objektiven Verhältnissen zu bemessen ist, auch bei der Beurteilung der Frage, ob das Gut in seiner Substanz beeinträchtigt worden ist, der vom Empfänger beabsichtigte **besondere Verwendungszweck** regelmäßig **außer Betracht** zu bleiben.[56] Wenn allerdings etwa ein als „röstfrisch" bezeichneter Kaffee diese Eigenschaft transportbedingt nicht mehr aufweist, liegt eine Beschädigung vor, weil das Gut nicht mehr in seiner Verpackung verkauft und damit nicht mehr entsprechend seinem erkennbaren Verwendungszweck verwertet werden kann.[57]

13 Der **Verdacht einer Substanzbeeinträchtigung** ist als Beschädigung zu behandeln, wenn er nicht ausgeräumt werden kann und deshalb zu behördlichen Maßnahmen wie etwa einem Verwertungsverbot oder einem Einfuhrverbot führt[58] oder einen merkantilen Minderwert des Gutes zur Folge hat.[59] Weil bereits die Notwendigkeit von Tests den Wert des Gutes mindert, gilt dasselbe, wenn wegen des Verdachts – ggf. auch aufwändige – Tests notwendig sind,[60] nicht aber dann, wenn ein objektiv nicht begründeter Verdacht nach kurzer Zeit und ohne Aufwand von Kosten ausgeräumt werden konnte.[61] Wenn zwar nur ein **Teil des Gutes beschädigt** wurde, dies aber zugleich zu einer Minderung der Funktionsfähigkeit oder des Wertes des Rests führt, liegt eine Beschädigung der gesamten Sendung vor.[62] Ebenso liegt, wenn ein **Teil des Gutes verlorengegangen** ist und ein anderer Teil

---

[46] *Lammich/Pöttinger* Rn. 136; *Staub/Maurer* Rn. 19.

[47] Vgl. OLG Karlsruhe Urt. v. 25.2.1999 – 9 U 108/96, TranspR 1999, 349 (351); *Koller* Rn. 13; *Staub/Maurer* Rn. 21.

[48] Vgl. BGH Urt. v. 10.2.1983 – I ZR 114/81, BGHZ 86, 387 (390 ff.) = TranspR 1983, 67 f. = VersR 1983, 629 = NJW 1983, 1674; *Koller* Rn. 13; MüKoHGB/*Herber/Harm* Rn. 21; *Staub/Maurer* Rn. 21.

[49] Vgl. öOGH Urt. v. 31.3.1982 – 3 Ob 506/82, TranspR 1983, 196; LG Aachen Urt. v. 29.10.1993 – 43 O 44/93, TranspR 1994, 241; *Oetker/Paschke* Rn. 16.

[50] Vgl. AG Düsseldorf Urt. v. 12.9.1985 – 47 C 412/83, NJW-RR 1986, 452 (453); *Thume* TranspR 1992, 1 (2); *Koller* Rn. 13 mwN in Fn. 82.

[51] *Koller* Rn. 13; MüKoHGB/*Herber/Harm* Rn. 21.

[52] Vgl. BGH Urt. v. 3.7.1974 – I ZR 120/73, VersR 1974, 1013 (1014 f.) = NJW 1974, 1616; OLG Düsseldorf Urt. v. 9.10.2002 – 18 U 38/02, TranspR 2003, 107 (108 f.); Urt. v. 8.11.2017 – 18 U 173/15, TranspR 2018, 197 (199) = RdTW 2018, 18; *Thume* TranspR 1992, 1 f.; *Koller* Rn. 13; MüKoHGB/*Herber/Harm* Rn. 21; *Staub/Maurer* Rn. 21; BeckOK HGB/*Kirchhof* Rn. 7, jeweils mwN.

[53] *Staub/Maurer* Rn. 21; *Koller* TranspR 2015, 267, 268. Die Haftung des Frachtführers ist in solchen Fällen allerdings dann gem. § 427 Abs. 1 Nr. 6, Abs. 5 ausgeschlossen, wenn dieser nachweist, dass er mit der Sorgfalt eines ordentlichen Kaufmanns alle ihm nach den Umständen des Einzelfalls obliegenden Maßnahmen getroffen und die ihm erteilten besonderen Weisungen beachtet hat (→ § 427 Rn. 70).

[54] Vgl. OLG Celle Urt. v. 13.1.1975 – 12 U 100/74, VersR 1975, 250 (251) = NJW 1975, 1603; OLG Köln Urt. v. 26.9.1985 – 7 U 8/85, TranspR 1986, 285 (287); *Koller* Rn. 13; *Staub/Maurer* Rn. 20.

[55] Vgl. öOGH Urt. v. 31.3.1982 – 3 Ob 506/82, TranspR 1983, 196; *Koller* Rn. 13; vgl. auch – dazu, dass dann nicht zugleich auch noch ein Verspätungsschaden vorliegt – → Rn. 43.

[56] *Koller* Rn. 13; *Andresen/Valder* Rn. 18.

[57] Vgl. BGH Urt. v. 10.2.1983 – I ZR 114/81, BGHZ 86, 387 (391 f.) = TranspR 1983, 67 (68) = VersR 1983, 629 = NJW 1983, 1674 (zur KVO); *Andresen/Valder* Rn. 18; MüKoHGB/*Herber/Harm* Rn. 21.

[58] Vgl. BGH Urt. v. 3.7.1974 – I ZR 120/73, VersR 1974, 1013 (1015) = NJW 1974, 1616.

[59] Vgl. BGH Urt. v. 11.7.2002 – I ZR 36/00, TranspR 2002, 440; *Staub/Maurer* Rn. 22.

[60] Vgl. OLG München Urt. v. 23.11.2017 – 23 U 1858/17, TranspR 2018, 113 (114) = RdTW 2018, 34; *Koller* Rn. 13; aA *Andresen/Valder* Rn. 19 mH auf das – allerdings nicht zum früheren Recht ergangene – Urteil des BGH vom 24.5.2000 – I ZR 84/98, TranspR 2000, 456 (457 f.) = VersR 2001, 127 = NJW-RR 2001, 322.

[61] OLG Hamburg Urt. v. 13.9.1990 – 6 U 65/90, TranspR 1991, 151 (153) = VersR 1991, 1271; *Koller* Rn. 13.

[62] Vgl. BGH Urt. v. 3.7.1974 – I ZR 120/73, VersR 1974, 1013 (1015) = NJW 1974, 1616 zu dem Fall, dass bei einer Tiefkühlware wegen der Unterbrechung der Kühlkette bei einem Teil der Sendung die Einfuhrerlaubnis für die gesamte Sendung versagt wird, weil der Verdacht besteht, dass die gesamte Sendung nicht mehr zum Verzehr geeignet ist; OLG Düsseldorf Urt. v. 12.12.1985 – 18 U 90/85, TranspR 1986, 56 (59) = VersR 1986, 1069; Urt. v. 28.5.1986 – 18 U 38/86, TranspR 1986, 381 (382); *Staub/Maurer* Rn. 22; *Knorre* TranspR 1985, 241 (243); *Thume* VersR 1992, 1 (2).

dadurch an Funktionsfähigkeit oder Wertschätzung verloren hat, in dieser Ausstrahlung auch eine Beeinträchtigung des anderen Teils, weil zur Substanz des Gutes auch die Verbindung mehrerer Sachen gehört.[63]

Keine Beschädigung liegt vor, wenn der Frachtführer eine weder mit ihm vereinbarte noch **14** gesetzlich vorgeschriebene Verplombung erbricht,[64] wenn die Ausführung der Beförderung zur Folge hat, dass das Gut auch ohne Substanzbeeinträchtigung nicht importiert oder verwendet werden darf,[65] und erst recht dann, wenn ein Preisverfall während des Beförderungszeitraums den Wert des in seiner Substanz nicht beeinträchtigten Gutes gemindert hat.[66]

d) Lieferfristüberschreitung. Eine Überschreitung der Lieferfrist (§ 423) liegt vor, wenn das Gut **15** dem Empfänger aus welchem Grund auch immer erst nach deren Ende abgeliefert wird[67] und dadurch noch keine Beschädigung des Gutes eingetreten ist.[68] Der Grund für die Verspätung muss dabei nicht erst nach der Übernahme des Gutes entstanden sein;[69] er kann daher etwa auch in einer falschen Beratung vor Vertragsschluss[70] oder in der bereits verspäteten Übernahme des Gutes liegen.[71] Wenn weitergehend auch die in § 424 Abs. 1 geregelte „Verschollenheitsfrist" überschritten ist, wird der Verlust des Gutes zu Lasten des Frachtführers unwiderleglich vermutet; dieser haftet daher dann nicht mehr wegen Überschreitens der Lieferfrist, sondern wegen Verlusts des Gutes. Wenn aber der Anspruchsberechtigte im Fall des Wiederauffindens des Gutes gem. § 424 Abs. 3 dessen Ablieferung verlangt, haftet der Frachtführer nicht mehr wegen Verlusts des Gutes, sondern nunmehr wiederum wegen Überschreitung der Lieferfrist.[72] Dasselbe gilt, wenn die Transportpflicht und damit die Pflicht zur Ablieferung des Gutes beim Empfänger wegen Beendigung des Transports gem. § 419 Abs. 3 S. 5 erloschen, das Gut dem Empfänger aber nach Ablauf der Lieferfrist zugeführt worden ist oder hätte zugeführt werden können oder wenn der Absender Weisungen zum Transport zu einem anderen Empfänger oder zum Rücktransport gegeben hat, weil das Gut den ursprünglich vorgesehenen Empfänger aus vom Frachtführer zu vertretenden Gründen nicht mehr fristgerecht erreicht hätte.[73]

Nicht nach § 425 Abs. 1, sondern nach den allgemeinen Grundsätzen des Zivilrechts bestimmt **16** sich die Haftung des Frachtführers, **wenn** er das Gut aus ihm zu vertretenden Gründen nicht hat übernehmen können oder ihm der Auftrag wegen nicht rechtzeitiger Übernahme des Gutes entzogen worden ist oder im Zusammenhang mit der Erfüllung des Beförderungsvertrags aufgetretene **Verspätungen nicht zu einer verspäteten Ablieferung geführt haben.**[74] Wenn der Frachtführer das Gut verspätet übernommen, aber durch eine nachfolgende zügige Beförderung noch innerhalb der Lieferfrist abgeliefert hat, haftet er für den dem Absender infolge der verzögerten Übernahme – etwa durch die Nichtausnutzung vorgesehener Hilfsmittel oder durch die Bezahlung von Überstunden – entstandenen Schaden nach den allgemeinen Vorschriften des BGB.[75] Dasselbe gilt, wenn der Frachtführer das Gut fristgerecht abgeliefert, aber unrichtige Auskünfte über den Stand der Beförderung oder die voraussichtliche Ankunftszeit gegeben[76] oder rechtswidrig mit der Verzögerung des Transports gedroht und dadurch bewirkt hat, dass dem Absender Folgeaufträge entzogen worden sind.[77]

e) Haftungszeitraum. Der Frachtführer haftet nach § 425 Abs. 1 für den durch Verlust oder **17** Beschädigung des Gutes im mit dessen Übernahme zur Beförderung beginnenden und mit dessen Ablieferung endenden Obhutszeitraum entstandenen Schaden. **Entscheidend** ist daher, dass die **für den Eintritt des Schadens maßgebliche Ursache in diesem Zeitraum gesetzt** worden ist;[78] der

---

[63] *Koller* Rn. 13; *Fremuth* in Fremuth/Thume TranspR Rn. 13.

[64] BGH Urt. v. 21.9.2017 – I ZR 47/16, TranspR 2018, 11 Rn. 12–15 = VersR 2018, 188 = RdTW 2017, 462; *Koller* Rn. 14. Zur Frage, ob der Frachtführer für den durch die Entfernung der Plombe entstandenen Schaden zumindest teilweise (§ 254 BGB!) haftet, vgl. BGH TranspR 2018, 11 Rn. 16–28 einerseits (verneinend) und *Koller* Rn. 14 andererseits (bejahend).

[65] *Koller* Rn. 14.

[66] *Koller* Rn. 14; Staub/*Maurer* Rn. 23.

[67] *Koller* Rn. 36; Staub/*Maurer* Rn. 46.

[68] *Koller* Rn. 91a; MüKoHGB/*Herber/Harm* Rn. 24 f.; Staub/*Maurer* Rn. 47. Vgl. zu den Fällen, in denen die Verspätung zur Beschädigung des Gutes führt → Rn. 12.

[69] *Koller* Rn. 40; *Schmid/Kehl* TranspR 1996, 89 (91); *Koller* TranspR 2013, 173 (176).

[70] Vgl. *Koller* Rn. 36 und 40b; MüKoHGB/*Herber/Harm* Rn. 32.

[71] MüKoHGB/*Herber/Harm* Rn. 32; *Ramming* TranspR 2003, 419 (421 f.); aA *Koller* Rn. 39; Staub/*Maurer* Rn. 49.

[72] → 1. Aufl. 2001, Rn. 27.

[73] *Koller* Rn. 38.

[74] *Koller* Rn. 39 mwN.

[75] MüKoHGB/*Herber/Harm* Rn. 32; *Ramming* TranspR 2003, 419 (421 f.).

[76] Vgl. BGH Urt. v. 14.7.1993 – I ZR 204/91, BGHZ 123, 200 (207 f.) = TranspR 1994, 426 (429) = VersR 1993, 1296 = NJW 1993, 2808; *Lammich/Pöttinger* Rn. 95; *Koller* Rn. 39; Staub/*Maurer* Rn. 49.

[77] Vgl. OLG München Urt. v. 29.7.1998 – 7 U 2494/98, TranspR 2000, 31 (33) = VersR 1999, 1173; *Koller* Rn. 39.

[78] Vgl. Begründung des Regierungsentwurfs des TRG, BT-Drs. 13/8445, 59 f.; BGH Urt. v. 17.9.2015 – I ZR 212/13, BGHZ 207, 1 Rn. 33 = TranspR 2015, 433 = VersR 2016, 1075 = RdTW 2015, 409 mwN;

Schadens kann dagegen auch erst nachfolgend eingetreten sein.[79] Die zu Art. 17 Abs. 1 CMR in der Rspr.[80] und überwiegend auch im Schrifttum[81] vertretene Auffassung, der Schaden sei auch dann im Haftungszeitraum entstanden, wenn die Schadensursache zwar vor der Übernahme des Gutes gesetzt worden sei, der Schaden sich aber erst im Haftungszeitraum entwickelt habe, lässt sich allenfalls mit der Erwägung rechtfertigen, dass der Frachtführer hier für das fehlende In-Bann-Halten der Schadensursache verantwortlich sei;[82] sie steht aber letztlich in Widerspruch zu Art. 17 Abs. 4 lit. d CMR (= § 427 Abs. 1 Nr. 4 HGB). Für außerhalb dieses Zeitraums verursachte Schäden haftet der Frachtführer gem. §§ 280 ff., 823 ff. BGB nach den allgemeinen Bestimmungen des Rechts der Leistungsstörungen und/oder nach Deliktsrecht;[83] seine Haftung ist dabei allerdings gem. §§ 433, 435 HGB grundsätzlich auf das Dreifache des bei Verlust des Gutes nach § 431 Abs. 1, 2 und 4 HGB zu zahlenden Betrags beschränkt.[84] Dementsprechend haftet der Frachtführer nach § 280 BGB, wenn er beispielsweise erkennbar mangelhafte Ware übernommen[85] oder zeitlich nach der Ablieferung beim Ab- oder Umladen einen Schaden verursacht hat.[86] Für vor Abschluss des Frachtvertrags in seiner Obhut verursachte Schäden haftet der Frachtführer gem. § 311 Abs. 2, §§ 823 ff. BGB; eine verschuldensunabhängige Haftung ist in solchen Fällen nicht interessengerecht.[87] Wenn das Gut auf dem Transport beschädigt wird, weil der Frachtführer es mangelhaft verpackt oder einen schadhaften Container zur Verfügung gestellt hat, haftet er allein nach den allgemeinen Vorschriften der §§ 280, 823 ff. BGB, weil er insoweit ebenso zu behandeln ist wie ein Unternehmer, der sich auf die Verpackung von Frachtgut oder die Vermietung von Containern spezialisiert hat.[88]

18   **aa) Übernahme zur Beförderung.** Der Obhutszeitraum beginnt, wenn aa Frachtführer oder einer seiner Gehilfen iSd § 428 das Gut zum Zwecke der Beförderung, dh mit dem Ziel der Ortsveränderung in Richtung auf den Bestimmungort übernommen hat. Wenn zum Zeitpunkt der Übernahme bereits ein Beförderungsvertrag vorliegt, können die §§ 425 ff. daher auch schon vor dem Beginn der eigentlichen Beförderung anwendbar sein.[89] Dafür ist es erforderlich, dass der Frachtführer entweder unmittelbaren oder **zumindest mittelbaren Besitz** an dem Gut erlangt hat.[90] Das Gut muss dabei in **objektiver Hinsicht** derart in den Verantwortungsbereich des Frachtührers oder eines seiner Gehilfen gelangt sein, dass diese Person es vor Schaden bewahren kann.[91] Das Mitwirken bei dem dem Absender obliegenden Verladen genügt zumal dann nicht, wenn der Frachtführer dabei eigenmächtig tätig wird.[92] Wenn der Frachtführer das Gut bei Vertragsschluss oder als Spediteur im Zeitpunkt des Selbsteintritts (§ 458) schon im Besitz hatte, übernimmt er es **entsprechend § 854 Abs. 2 BGB** erst in dem Zeitpunkt iSd § 425 Abs. 1 HGB, in dem er seinen **Willen zur Beförderung** dadurch **manifestiert,** dass er sich mit dem anderen Teil über die alsbaldige Beförderung einigt oder den Selbsteintritt erklärt; der Beginn der − summenmäßig beschränkten − Obhutshaftung wird nicht nachträglich zurückverlegt.[93] Wenn der Absender − wie in

---

Lammich/Pöttinger Rn. 24; *Fremuth* in Fremuth/Thume TranspR Rn. 9; *Andresen*/Valder Rn. 20; Baumbach/Hopt/*Merkt* Rn. 2; Oetker/*Paschke* Rn. 17; Staub/*Maurer* Rn. 50; aA *Koller* Rn. 40; *Koller* TranspR 2013, 173 ff.; *Koller* TranspR 2015, 267 f.; *Thume* TranspR 2013, 8 (11); *Thume* TranspR 2016, 29 f.

[79] AA OLG Stuttgart Urt. v. 22.1.2003 − 3 U 168/02, TranspR 2003, 104 (105); Baumbach/Hopt/*Merkt* Rn. 2.

[80] BGH Urt. v. 27.10.1978 − I ZR 86/76, VersR 1979, 417 (418); Urt. v. 25.1.2007 − I ZR 43/04, TranspR 2007, 314 Rn. 15 = VersR 2007, 1741 = NJW-RR 2007, 1481.

[81] Vgl. die Nachw. in BGH Urt. v. 25.1.2007 − I ZR 43/04, TranspR 2007, 314 Rn. 15 = VersR 2007, 1741 = NJW-RR 2007, 1481.

[82] In diesem Sinne *Koller* Rn. 40 bei und in Fn. 264.

[83] OLG Stuttgart Urt. v. 22.1.2003 − 3 U 168/02, TranspR 2003, 104 (105); *Lammich*/*Pöttinger* Rn. 92; *Koller* Rn. 35a und 40.

[84] Vgl. *Koller* Rn. 16; *Fremuth* in Fremuth/Thume TranspR Rn. 9, 50 und 53 mwN.

[85] Vgl. OLG München Urt. v. 3.5.1989 − 7 U 6078/88, TranspR 1991, 61 f.

[86] Vgl. OLG Stuttgart Urt. v. 22.1.2003 − 3 U 168/02, TranspR 2003, 104 (105); → 1. Aufl. 2001, Rn. 29; *Lammich*/*Pöttinger* Rn. 91 f.; *Koller* Rn. 35a.

[87] *Koller* Rn. 16.

[88] *Koller* Rn. 16; *Koller* TranspR 2013, 173 (174 f.); BeckOK HGB/*Kirchhof* § 407 Rn. 14; aA wohl Staub/*P. Schmidt* § 407 Rn. 88; *Thume* r+s 2011, 503.

[89] BGH Urt. v. 12.1.2012 − I ZR 214/10, TranspR 2012, 107 Rn. 14 = VersR 2013, 251 = NJW-RR 2012, 364; Urt. v. 28.11.2013 − I ZR 144/12, TranspR 2014, 23 Rn. 16 = VersR 2014, 399 = NJW 2014, 997 = RdTW 2014, 52; MüKoHGB/*Herber/Harm* Rn. 40.

[90] Vgl. BGH Urt. v. 28.11.2013 − I ZR 144/12, TranspR 2014, 23 Rn. 15 = VersR 2014, 399 = NJW 2014, 997 = RdTW 2014, 52; Urt. v. 22.5.2014 − I ZR 109/13, TranspR 2015, 33 Rn. 10 = VersR 2015, 341 = RdTW 2014, 471; *Koller* Rn. 17; MüKoHGB/*Herber/Harm* Rn. 35; Staub/*Maurer* Rn. 35.

[91] Vgl. BGH Urt. v. 12.1.2012 − I ZR 214/10, TranspR 2012, 107 Rn. 13 = VersR 2013, 251 = NJW-RR 2012, 364; Urt. v. 22.5.2014 − I ZR 109/13, TranspR 2015, 33 Rn. 10 f. = VersR 2015, 341 = RdTW 2014, 471; *Koller* Rn. 17; Staub/*Maurer* Rn. 26.

[92] BGH Urt. v. 28.11.2013 − I ZR 144/12, TranspR 2014, 23 Rn. 18−22 = VersR 2014, 399 = NJW 2014, 997 = RdTW 2014, 52; *Koller* Rn. 17.

[93] Vgl. OLG Hamburg Urt. v. 29.9.2016 − 6 U 218/15, TranspR 2017, 222 (223 ff.) = RdTW 2017, 74; *Koller* Rn. 17; *Lammich*/*Pöttinger* Rn. 37; Staub/*Maurer* Rn. 27; aA *Fremuth* in Fremuth/Thume TranspR Rn. 17.

§ 412 Abs. 1 als Regelfall vorgesehen – das Gut zu verladen hat, übernimmt der Frachtführer das Gut regelmäßig nicht schon dann, wenn dieses auf der Ladefläche abgestellt wird,[94] sondern erst in dem Augenblick, in dem die Ladearbeiten des Absenders oder seiner Hilfspersonen beendet sind und der Frachtführer oder seine Gehilfen das Beförderungsmittel schließen.[95] Das gilt auch dann, wenn Leute des Frachtführers bei der Verladung eigenmächtig oder – positiv gewendet – gefälligkeitshalber[96] mitwirken.[97] Wenn der Frachtführer die Verladung vorzunehmen hat, übernimmt er das vom Absender bereitgestellte Gut zu dem Zeitpunkt, zu dem er – etwa dadurch, dass er mit der Verladung beginnt – zu erkennen gibt, dass er das Gut zum Zweck der Beförderung übernimmt.[98] Der Umstand, dass der Absender oder seine Hilfspersonen bei einer solchen Verladung unter der Oberaufsicht des Frachtführers mitwirken, steht dem nicht entgegen, sondern begründet allenfalls einen Freistellungsanspruch des Frachtführers (→ § 427 Rn. 35). Die Übernahme muss nicht für die gesamte Sendung einheitlich vorgenommen werden; sie wird daher in Fällen, in denen die Sendung auf mehrere Beförderungsmittel verladen wird, regelmäßig jeweils mit dem Abschluss der Verladearbeiten auf die einzelnen Beförderungsmittel erfolgen.[99]

In **subjektiver Hinsicht** muss die Übernahme des Besitzes dem Willen des Frachtführers entsprechen, wobei entsprechend der im Zivilrecht herrschenden Theorie der realen Leistungsbewirkung der **Wille im natürlichen Sinn** ausreicht, aber auch erforderlich ist.[100] Die Annahme des Gutes durch einen Gehilfen des Frachtführers steht der Annahme des Gutes durch diesen selbst gleich, wenn der Gehilfe dabei zumindest im Rahmen einer generellen Weisung des Frachtführers handelt.[101] Wenn eine solche zumindest generelle Weisung gefehlt oder das Personal das Gut sogar gegen den Willen des Frachtführers in dessen Herrschaftsbereich hat gelangen lassen, kann dieser ggf. gem. §§ 823 ff. BGB, gem. §§ 989 ff. BGB oder auch gem. § 311 Abs. 2, § 280 BGB haften.[102] Der Wille zur Übernahme der Herrschaftsgewalt muss **erkennbar** sein.[103] Die Erklärung des Frachtführers oder seiner Hilfspersonen, die Verladung sei nicht ordnungsgemäß erfolgt, steht der Bejahung dieses Willens nicht entgegen, wenn der Frachtführer oder seine Hilfspersonen gleichwohl – etwa dadurch, dass sie das Beförderungsmittel schließen oder abfahren – den Besitz am Gut ergreifen.[104]

Die Besitzübernahme muss zum Zweck der vertraglich vereinbarten Beförderung, dh der Ortsveränderung in Richtung auf den Bestimmungsort erfolgen.[105] Das ist auch dann der Fall, wenn der Frachtführer wegen einer in seiner Sphäre liegenden oder sonst transportbedingten Verzögerung der Beförderung zunächst eine **kurzfristige Vorlagerung** beabsichtigt, weil auch eine solche Vorlagerung der Erfüllung des Beförderungsvertrags dient;[106] ob der Absender von dieser Absicht Kenntnis hat, ist insoweit unerheblich.[107] Keine Übernahme zur Beförderung liegt dagegen dann vor, wenn das Gut vereinbarungsgemäß vor seiner Beförderung zunächst eingelagert und erst zu einem vereinbarten oder

19

20

---

[94] So aber *Piper* TranspR 1990, 357 (360); *Lammich/Pöttinger* Rn. 44; MüKoHGB/*Herber/Harm* Rn. 37.

[95] BGH Urt. v. 22.5.2014 – I ZR 109/13, TranspR 2015, 33 Rn. 11 = VersR 2015, 341 = RdTW 2014, 471; Staub/*Maurer* Rn. 32.

[96] Vgl. eingehend zur rechtlichen Bewertung von Gefälligkeiten seitens des nicht ver- oder entladepflichtigen Frachtführers und seiner Hilfspersonen *Koller* TranspR 2014, 169 (171–175), zur rechtlichen Bewertung sonstiger Gefälligkeiten des Frachtführers und seiner Hilfspersonen *Koller* TranspR 2014, 169 (175–178).

[97] BGH Urt. v. 28.11.2013 – I ZR 144/12, TranspR 2014, 23 Rn. 20 = VersR 2014, 399 = NJW 2014, 997 = RdTW 2014, 52; *Koller* Rn. 19.

[98] Vgl. BGH Urt. v. 23.5.1990 – I ZR 295/88, TranspR 1990, 328 (329) = VersR 1990, 1292 = NJW-RR 1990, 1314; Urt. v. 12.1.2012 – I ZR 214/10, TranspR 2012, 107 Rn. 14 = VersR 2013, 251 = NJW-RR 2012, 364; OLG Düsseldorf Urt. v. 2.12.1982 – 18 U 148/82, VersR 1983, 749 f.; *Koller* Rn. 20; *Lammich/Pöttinger* Rn. 43; Oetker/*Paschke* Rn. 8; MüKoHGB/*Herber/Harm* Rn. 38; Staub/*Maurer* Rn. 33.

[99] *Koller* Rn. 19.

[100] BGH Urt. v. 12.1.2012 – I ZR 214/10, TranspR 2012, 107 Rn. 15 = VersR 2013, 251 = NJW-RR 2012, 364; Urt. v. 28.11.2013 – I ZR 144/12, TranspR 2014, 23 Rn. 15 = VersR 2014, 399 = NJW 2014, 997 = RdTW 2014, 52; OLG Hamburg Urt. v. 29.9.2016 – 6 U 218/15, TranspR 2017, 222 (223) = RdTW 2017, 74; *Koller* Rn. 18; aA MüKoHGB/*Herber/Harm* Rn. 39 (rechtsgeschäftsähnlich) und *Fremuth* in Fremuth/Thume TranspR Rn. 17 (rechtsgeschäftlich).

[101] OLG Hamburg Urt. v. 29.9.2016 – 6 U 218/15, TranspR 2017, 222 (223) = RdTW 2017, 74; *Koller* Rn. 18; Staub/*Maurer* Rn. 30.

[102] *Koller* Rn. 18.

[103] Vgl. OLG Düsseldorf Urt. v. 23.12.1996 – 18 U 65/96, TranspR 1998, 112 (113) = VersR 1998, 871; Staub/*Maurer* Rn. 28.

[104] *Koller* Rn. 19.

[105] Vgl. BGH Urt. v. 12.1.2012 – I ZR 214/10, TranspR 2012, 107 Rn. 14 = VersR 2013, 251 = NJW-RR 2012, 364; Urt. v. 28.11.2013 – I ZR 144/12, TranspR 2014, 23 Rn. 16 = VersR 2014, 399 = NJW 2014, 997 = RdTW 2014, 52; OLG Düsseldorf Urt. v. 23.12.1996 – 18 U 65/96, TranspR 1998, 112 (113) = VersR 1998, 871; *Koller* Rn. 21; MüKoHGB/*Herber/Harm* Rn. 40; Oetker/*Paschke* Rn. 8; Staub/*Maurer* Rn. 35.

[106] Vgl. BGH Urt. v. 10.3.1994 – I ZR 75/92, TranspR 1994, 279 (281) = VersR 1994, 837 = NJW-RR 1994, 1188; Urt. v. 12.1.2012 – I ZR 214/10, TranspR 2012, 107 Rn. 18 = VersR 2013, 251 = NJW-RR 2012, 364; *Koller* Rn. 21; MüKoHGB/*Herber/Harm* Rn. 40; Staub/*Maurer* Rn. 29 und 35.

[107] *Koller* Rn. 21.

vom Absender zu bestimmenden späteren Zeitpunkt befördert werden soll.[108] Wenn die Parteien vereinbaren, dass das Gut wegen bestehender Beförderungs- oder Ablieferungshindernisse zunächst gelagert und nach dem Wegfall der Hindernisse befördert werden soll, liegt eine Übernahme zur Beförderung vor, wenn die Parteien von der alsbaldigen Beseitigung der Hindernisse ausgehen, wobei entsprechend § 33 KVO aF ein Zeitraum von 14 Tagen als nicht erheblich anzusehen sein wird;[109] andernfalls gilt § 425 Abs. 1 ab dem Zeitpunkt, zu dem der Frachtführer den Entschluss zur Beförderung fasst und diesen auch manifestiert.[110] Wenn sich der Frachtführer auch dazu verpflichtet hat, das Gut vor dem Transport zu demontieren, zu zerlegen und/oder zu verpacken, handelt es sich grundsätzlich um einen **gemischten Vertrag;** das Gut wird daher nicht bereits mit dem Beginn dieser Arbeiten iSd § 425 Abs. 1 zur Beförderung übernommen, so dass der Frachtführer für bei der Vornahme dieser Arbeiten verursachte Schäden nicht gem. §§ 425 ff. haftet.[111] Abweichendes gilt allerdings, soweit den Frachtführer bei Umzugsverträgen iSd § 451 gem. § 451a weitergehende Pflichten treffen, sowie dann, wenn die dem Frachtvertrag fremden Elemente verhältnismäßig nicht ins Gewicht fallen.[112] An einer Übernahme fehlt es dagegen auch dann, wenn der Frachtführer mehr Frachtgut als vereinbart übernimmt, ohne dass der Frachtvertrag zumindest konkludent entsprechend erweitert wird,[113] sowie dann, wenn Güter außerhalb eines Frachtvertrags beigeladen werden.

21   **bb) Ablieferung. (1) Allgemeines.** Das Frachtgut ist abgeliefert, wenn der Frachtführer den Besitz an ihm im zumindest stillschweigenden Einverständnis mit dem Verfügungsberechtigten vollständig wieder aufgibt und diesem oder einem von diesem ermächtigten oder bevollmächtigten Dritten die Möglichkeit verschafft, die Sachherrschaft über das Gut ohne weitere Hindernisse auszuüben.[114] Keine Ablieferung stellen daher die Abgabe des Gutes in ein Zolllager,[115] die bloße Ankunft des Gutes am Ablieferungsort[116] sowie die schlichte Benachrichtigung des Empfängers über diesen Umstand dar.[117] Ebenso wenig ersetzt die bloße Übergabe der Ladepapiere den für die Aufgabe der Obhut erforderlichen Gewahrsamswechsel.[118]

22   **(2) Objektive Voraussetzungen.** Dem Erwerb der Sachherrschaft stehen Hindernisse entgegen, wenn das Fahrzeug noch versperrt ist[119] oder nur unter unzumutbaren Gefahren entladen werden kann,[120] wenn das Entladen nur unter Behinderung des Straßenverkehrs möglich ist,[121] wenn das Gut zollamtlich beschlagnahmt ist,[122] wenn die für die Abholung benötigten Dokumente noch nicht ausgehändigt worden sind[123] oder wenn es für die Übernahme des Gutes durch den Empfänger sonst noch besonderer Weisungen oder der Unterstützung durch den Frachtführer bedarf.[124] Das Quittieren der Ablieferung des Gutes und das Bezahlen der Fracht reichen nur dann aus, wenn der Empfänger in diesem Zusammenhang deutlich zum Ausdruck bringt, dass er sich damit nunmehr als Gewahrsamsinhaber betrachtet.[125]

---

[108] Vgl. BGH Urt. v. 12.1.2012 – I ZR 214/10, TranspR 2012, 107 Rn. 14 = VersR 2013, 251 = NJW-RR 2012, 364; *Koller* Rn. 21; *Andresen*/Valder Rn. 26; MüKoHGB/*Herber*/Harm Rn. 40; Oetker/*Paschke* Rn. 8; Staub/*Maurer* Rn. 35; aA *Lammich/Pöttinger* Rn. 39.

[109] *Koller* Rn. 21; abw. *Lammich/Pöttinger* Rn. 39.

[110] *Koller* Rn. 21; aA *Fremuth* in Fremuth/Thume TranspR Rn. 17.

[111] *Koller* Rn. 23; aA *Lammich/Pöttinger* Rn. 41.

[112] MüKoHGB/*Herber*/Harm Rn. 40; Staub/*Maurer* Rn. 36; aA *Koller* Rn. 23.

[113] → 1. Aufl. 2001, Rn. 31 mwN.

[114] Vgl. BGH Urt. v. 2.4.2009 – I ZR 16/07, TranspR 2009, 410 Rn. 14; Urt. v. 1.12.2016 – I ZR 128/15, TranspR 2017, 175 (179) = RdTW 2017, 127 Rn. 34; OLG Stuttgart Urt. v. 22.1.2003 – 3 U 168/02, TranspR 2003, 104 (105); OLG Hamm Urt. v. 19.6.2008 – 18 U 98/07, TranspR 2008, 405; OLG München Beschl. v. 5.3.2018 – 7 U 4136/17, TranspR 2018, 348 (349) = RdTW 2018, 182; *Fremuth* in Fremuth/Thume TranspR Rn. 18; *Koller* Rn. 25; MüKoHGB/*Herber*/Harm Rn. 41; Staub/*Maurer* Rn. 37; *Valder* TranspR 2012 433 f., jeweils mwN.

[115] Vgl. OLG Hamburg Urt. v. 24.5.1984 – 6 U 67/84, TranspR 1984, 274 (275); Urt. v. 30.1.1986 – 6 U 218/85, TranspR 1986, 229 (230) = VersR 1987, 813; Urt. v. 25.2.1988 – 6 U 194/87, TranspR 1988, 277 f.; OLG Hamm Urt. v. 26.8.2013 – 18 U 164/12, TranspR 2013, 431 (432) = RdTW 2014, 284; *Koller* Rn. 25; MüKoHGB/*Thume* § 407 Rn. 37 mwN.

[116] OLG Nürnberg Urt. v. 21.12.1989 – 12 U 3257/89, TranspR 1991, 99 (100); Staub/*Maurer* Rn. 37.

[117] OLG Hamburg Urt. v. 14.5.1996 – 6 U 247/95, TranspR 1997, 101 (103); → 1. Aufl. 2001, Rn. 34 mwN.

[118] OLG Nürnberg Urt. v. 21.12.1989 – 12 U 3257/89, TranspR 1991, 99 (100); OLG Düsseldorf Urt. v. 2.11.2006 – 12 U 11/05, TranspR 2007, 30 (32); MüKoHGB/*Herber*/Harm Rn. 41 iVm MüKoHGB/*Thume* § 407 Rn. 40; *Fremuth* in Fremuth/Thume TranspR Rn. 23; *Koller* Rn. 25.

[119] Vgl. OLG Oldenburg Urt. v. 4.3.1976 – 1 U 126/75, VersR 1976, 583; OLG Nürnberg Urt. v. 21.12.1989 – 12 U 3257/89, TranspR 1991, 99 (100).

[120] Vgl. OLG Stuttgart Urt. v. 22.1.2003 – 3 U 168/02, TranspR 2003, 104 (105 f.); OLG Hamm Urt. v. 19.6.2008 – 18 U 98/07, TranspR 2008, 405 (406); *Koller* Rn. 25 und 26.

[121] LG Hamburg Urt. v. 26.10.1994 – 411 O 156/94, TranspR 1995, 293 (294).

[122] OLG Hamburg Urt. v. 30.1.1986 – 6 U 218/85, TranspR 1986, 229 (230) = VersR 1987, 813.

[123] OLG Hamburg Urt. v. 14.5.1996 – 6 U 247/95, TranspR 1997, 101 (103); *Koller* Rn. 25.

[124] OLG Frankfurt a. M. Urt. v. 18.5.1995 – 1 U 50/94, TranspR 1996, 112 (114).

[125] MüKoHGB/*Thume* § 407 Rn. 40.

Der Erwerb der Sachherrschaft durch den Empfänger setzt allerdings nicht voraus, dass dem Fracht- **23** führer keinerlei Einwirkungsmöglichkeiten auf das Gut mehr verbleiben.[126] Wenn der Frachtführer weitere Leistungen versprochen hat, auf Grund deren er aus anderen Gründen mit dem Gut weiterhin in Berührung bleibt, hindert dies die Ablieferung grundsätzlich nicht.[127]

Das Gut muss **genau an der** – vertraglich vereinbarten oder durch eine Weisung gem. § 418 **24** bestimmten – **Ablieferungsstelle** eintreffen. Dementsprechend endet, wenn die Laderampe des Empfängers als Ablieferungsstelle bezeichnet ist, die Obhut des Frachtführers auch dann nicht schon vor dem Erreichen der Laderampe, wenn dieser das Gut entsprechend der Regelung des § 412 Abs. 1 S. 1 nicht zu entladen hat; das Rangieren zur Laderampe hin fällt daher noch in den Haftungszeitraum.[128] Wenn das Gut dagegen beim auf Wunsch des Empfängers nach von diesem zuvor erklärter Empfangsbereitschaft erfolgenden Umrangieren des Lkw beschädigt wird, ist dieser Schaden bereits nach der Ablieferung entstanden.[129] Da der Erwerb der Sachherrschaft für den anderen Teil ungehindert und gefahrlos möglich sein muss (→ Rn. 21 f.), hat der Frachtführer außerdem auch noch das Beförderungsmittel zu öffnen[130] und die Ladefläche, soweit dies möglich ist, abzusenken.[131] Bei Schiffen ist der Zeitpunkt maßgeblich, zu dem das Ladegeschirr im Schiff angeschlagen wird.[132] Weiteres hat der Frachtführer im Hinblick auf die in § 412 geregelte Pflichtverteilung nur dann zu veranlassen, wenn er nach Frachtvertrag zu entladen hat.[133] Wenn der Frachtführer allerdings irrig der Ansicht ist, auch die die Ladung sichernden Spanngurte lösen zu müssen, fällt auch dieser Vorgang noch in den Haftungszeitraum.[134] Bei einer einvernehmlichen Praxis, dass der Frachtführer seine Sattelauflieger mit Containern außerhalb der Betriebszeiten des Empfängers vor dessen Betriebsgelände abstellt und die Lade- und Zollpapiere in dessen Briefkasten einwirft, sind die Container damit abgeliefert worden.[135] Dagegen führt die vom Frachtführer oder seinen Leuten gefälligkeitshalber geleistete Mithilfe bei der Entladung nicht zu einer Ausdehnung des Haftungszeitraumes des § 425 Abs. 1 auf die Entladephase.[136] Wenn eine vom noch nicht gem. § 418 Abs. 2 S. 2 verfügungsberechtigten Empfänger erteilte Weisung zu einem Güterschaden geführt hat, ist dieser nach dem Schutzzweck des § 418 Abs. 1 S. 1 nur insoweit zu ersetzen, als die Weisung das Verfügungsrecht des Absenders verkürzt hat.[137]

Die **Änderung der Ablieferungsstelle** nach Bereitstellung und Ablieferung des Gutes an der **25** zunächst vereinbarten Stelle stellt einen weiteren Frachtvertrag dar, so dass der Frachtführer für Güterschäden beim Anfahren der zweiten Ablieferungsstelle ebenfalls gem. §§ 425 ff. haftet.[138] Dagegen liegt ein im Hinblick darauf, dass der Empfänger den Frachtführer gem. § 418 zur Entladung angewiesen hat, geschlossener Vertrag über die Entladung außerhalb des Frachtvertrags und begründet daher eine Haftung des Frachtführers gem. § 280 BGB.[139]

Wenn das **Gut** nach Frachtvertrag **vom Frachtführer zu entladen** ist, erfolgt seine **Abliefe- 26 rung nicht vor der Beendigung der vertragsgemäßen Entladung.**[140] Soweit der Empfänger oder seine Leute dabei gefälligkeitshalber mithelfen, gelten dieselben Grundsätze wie bei der Mitwirkung des Absenders oder seiner Leute bei der dem Frachtführer obliegenden Beladung (→ Rn. 18). Wenn das Gut aus mehreren Frachtstücken besteht, kommt auch eine sukzessive Ablieferung in Betracht.[141] An der erforderlichen Möglichkeit ungestörter Sachherrschaft des Empfängers an den bereits entladenen Gegenständen fehlt es im Zweifel allerdings dann, wenn diese noch durch die andauernde

---

[126] Vgl. BGH Urt. v. 27.10.1978 – I ZR 114/76, VersR 1979, 83 (85) = NJW 1979, 493 (zur Erlangung der Obhut im Fall des Art. 18 WA); *Koller* Rn. 25 mwN.

[127] *Koller* Rn. 27 iVm 34 mwN.

[128] Vgl. BGH Urt. v. 19.1.1973 – I ZR 4/72, VersR 1973, 350 = NJW 1973, 511; → 1. Aufl. 2001, Rn. 34; *Koller* Rn. 26.

[129] BGH Urt. v. 10.1.2008 – I ZR 13/05, TranspR 2008, 84 Rn. 15 = VersR 2008, 1236 = NJW-RR 2008, 1359;

[130] Wenn ein beförderter Container seinerseits Transportgut ist, brauchen seine Türen nicht geöffnet zu werden (vgl. OLG Hamburg Urt. v. 13.12.1979 – 6 U 134/79, VersR 1981, 1072; *Fremuth* in Fremuth/Thume TranspR Rn. 21; *Koller* Rn. 26).

[131] OLG München Urt. v. 13.6.1997 – 23 U 5947/96, TranspR 1997, 433 (434) = VersR 1999, 341; OLG Nürnberg Urt. v. 22.8.2001 – 12 U 1480/01, TranspR 2002, 22; *Koller* Rn. 26.

[132] Vgl. OLG Düsseldorf Urt. v. 9.11.1995 – 18 U 240/94, TranspR 1997, 70 (71); *Koller* Rn. 26.

[133] Vgl. OLG Saarbrücken Urt. v. 30.4.1993 – 4 U 52/92, TranspR 1993, 288 (289); *Koller* Rn. 26; MüKoHGB/ *Herber/Harm* Rn. 41; Staub/*Maurer* Rn. 38; *Thume* TranspR 2012, 85 (86); zur Frage, wann das Gut in einem solchen Fall abgeliefert ist, → Rn. 26.

[134] Vgl. OLG München Urt. v. 13.6.1997 – 23 U 5947/96, TranspR 1997, 433 (434) = VersR 1999, 341; *Koller* Rn. 26.

[135] OLG Bremen Urt. v. 13.7.2018 – 2 U 78/17, TranspR 2019, 78 (79 f.).

[136] OLG Hamm Urt. v. 19.6.2008 – 18 U 98/07, TranspR 2008, 405.

[137] Vgl. OLG München Urt. v. 23.4.1993 – 23 U 6919/92, TranspR 1993, 348 (349) = VersR 1994, 1328; *Koller* Rn. 30.

[138] *Koller* Rn. 26; aA *Fremuth* in Fremuth/Thume TranspR Rn. 25.

[139] *Fremuth* in Fremuth/Thume TranspR Rn. 27; *Koller* Rn. 27.

[140] OLG Frankfurt a. M. Urt. v. 18.5.1995 – 1 U 50/94, TranspR 1996, 112 (114); OLG Hamm Urt. v. 19.6.2008 – 18 U 98/07, TranspR 2008, 405; *Koller* Rn. 27; MüKoHGB/*Thume* § 407 Rn. 42; Staub/*Maurer* Rn. 39.

[141] *Koller* Rn. 27; aA MüKoHGB/*Thume* § 407 Rn. 44.

Entladetätigkeit beschädigt werden können.[142] Außerdem fehlt es an dem für die Ablieferung auch nötigen Willen des Empfängers zur Übernahme der Sachherrschaft (→ Rn. 32), wenn der Empfänger in einem solchen Fall zum Ausdruck bringt, dass er erst nach der Prüfung der gesamten Sendung zu deren Übernahme bereit ist.[143]

27 Die Ablieferung muss grundsätzlich an den **frachtvertraglichen Empfänger,** dh an denjenigen erfolgen, der dazu beim Abschluss des Frachtvertrags oder auf Grund einer nachträglichen Änderung des Vertrags oder auch gem. § 418 Abs. 1 S. 2 durch eine entsprechende Weisung bestimmt worden ist.[144] AGB-Klauseln über Alternativ- oder Ersatzempfänger sind nur dann wirksam, wenn sie mit den §§ 305c und 307 Abs. 1 S. 2 BGB im Einklang stehen.[145] Wenn einer anderen Person der Besitz an dem Gut verschafft wird, liegt eine Ablieferung nur vor, wenn diese andere Person den Ablieferungsanspruch abgetreten bekommen hat oder auf Grund Rechtsgeschäfts oder eines entsprechenden Handelsbrauchs iSd § 346 vom Berechtigten ermächtigt worden ist, das Gut im fremden oder im eigenen Namen in Empfang zu nehmen.[146] Besitzdiener des Empfängers iSd § 855 BGB und Personen, die in seinem Haushalt anwesend sind, erwerben den Besitz für diesen nur dann, wenn sie dabei auf Grund eines entsprechenden rechtsgeschäftlichen Einverständnisses handeln.[147] Eine Empfangsberechtigung kann sich ferner aus § 56 ergeben und im Übrigen auch nach den Grundsätzen der Duldungs- oder Anscheinsvollmacht oder -ermächtigung zu bejahen sein.[148] Keine Ablieferung, sondern ein Verlust des Gutes liegt dann vor, wenn dieses an den lediglich wirtschaftlichen Endempfänger übergeben wird.[149]

28 Im Fall der Auslieferung des Gutes an einen nichtberechtigten Dritten liegt **kein Güterverlust** vor, wenn der Dritte das Gut nachfolgend an den berechtigten Empfänger übergeben hat.[150] Der Umstand, dass das Gut an den frachtvertraglichen Empfänger ohne Einziehung der vereinbarten **Nachnahme** abgeliefert oder eine sonstige Bedingung für die Ablieferung nicht eingehalten worden ist, lässt die Wirksamkeit der Ablieferung unberührt. Für nach dem Obhutszeitraum verursachte Schäden kommt eine Haftung des Frachtführers nicht mehr nach den §§ 425 ff., sondern allein wegen Verletzung (nach)vertraglicher Pflichten (§ 280 BGB) oder gem. §§ 823 ff. BGB in Betracht.

29 Da die **Ablieferung** des Gutes auch noch **nach der Beendigung des Frachtvertrags möglich** ist, wirkt die frachtrechtliche Obhutspflicht grundsätzlich auch dann, wenn der Frachtvertrag gem. § 415 gekündigt oder einvernehmlich aufgehoben wurde, bis zu dem Zeitpunkt fort, zu dem der Frachtführer das Gut an den Absender oder einen von diesem ermächtigten Dritten herausgegeben hat.[151] Abweichendes gilt allerdings dann, wenn und soweit die Parteien des Frachtvertrags bei der Aufhebung oder Kündigung zugleich die Lagerung des Frachtguts beim Frachtführer oder einen neuen Frachtvertrag vereinbart haben; denn in solchen Fällen wird – insoweit auch anders als bei einer im Wege einer Vertragsänderung oder einer Weisung gem. § 418 erfolgten Neubestimmung der Ablieferungsstelle (→ Rn. 25) oder des Empfängers (→ Rn. 27) – die Obhutspflicht aus dem bisherigen Vertrag durch die Obhutspflicht aus dem neuen Vertrag abgelöst.[152]

30 Ein **Ablieferungshindernis** hat keinen Einfluss auf die an die Sachherrschaft anknüpfende Obhutshaftung des Frachtführers. Dementsprechend besteht diese Haftung auch beim Vorliegen eines solchen Hindernisses bis zu dem Zeitpunkt fort, zu dem der Frachtführer das Gut an den Empfänger oder an den Absender abliefert oder im Einklang mit § 419 Abs. 3 S. 5 auslädt.[153] Dies gilt auch dann, wenn die Ablieferung des Gutes nicht möglich ist, weil der Empfänger dessen Annahme verweigert.[154] Der Frachtführer hat solchenfalls gem. § 419 Weisungen einzuholen und, wenn diese innerhalb angemessener Frist nicht zu erlangen sind, nach § 419 Abs. 3 zu verfahren.[155] Seine Haftung kann in einem

---

[142] *Koller* Rn. 27; vgl. auch BGH Beschl. v. 10.4.2014 – I ZR 100/13, TranspR 2014, 283 Rn. 8 = RdTW 2014, 271 m. Anm. *Thume* TranspR 2014, 287.

[143] *Koller* Rn. 27.

[144] Vgl. dazu iE → § 407 Rn. 47 f.; *Koller* § 407 Rn. 9; MüKoHGB/*Thume* § 407 Rn. 14–18; Staub/*Maurer* Rn. 16.

[145] Vgl. dazu *Koller* Rn. 28 und § 407 Rn. 9 aE sowie 45 mwN.

[146] Vgl. BGH Urt. v. 13.7.2000 – I ZR 156/98, TranspR 2001, 298 (299) = NJW-RR 2000, 1631; OLG Köln Urt. v. 17.3.1998 – 4 U 14/97, TranspR 2000, 80 (81) = VersR 1998, 1575; OLG Karlsruhe Urt. v. 25.2.1999 – 9 U 108/96, TranspR 1999, 349 (350); OLG Stuttgart Urt. v. 19.11.2003 – 3 U 137/03, NJW-RR 2004, 610 (611); *Koller* Rn. 28.

[147] *Koller* Rn. 28 iVm 32; aA für zum Haushalt des Empfängers gehörige und in dessen Räumen anwesende erwachsene Personen *Lammich*/*Pöttinger* Rn. 63.

[148] Vgl. OLG Düsseldorf Urt. v. 20.6.1985 – 1 U 38/85, TranspR 1985, 254 (255); *Koller* Rn. 28.

[149] OLG München Urt. v. 23.4.2015 – 23 U 3481/14, TranspR 2015, 449 (451) = RdTW 2015, 445, zu Art. 17 CMR; *Koller* Rn. 28; MüKoHGB/*Herber/Harm* 15; Staub/*Maurer* Rn. 16.

[150] *Koller* Rn. 28; aA → 3. Aufl. 2015, Rn. 28.

[151] *Koller* Rn. 29; Staub/Maurer Rn. 40.

[152] *Koller* Rn. 29.

[153] *Fremuth* in Fremuth/Thume TranspR Rn. 24; *Koller* Rn. 33; Staub/*Maurer* Rn. 41.

[154] OLG Düsseldorf Urt. v. 12.12.1985 – 18 U 90/85, TranspR 1986, 56 (57) = VersR 1986, 1069; *Lammich*/*Pöttinger* Rn. 70; *Koller* Rn. 33.

[155] OLG Düsseldorf Urt. v. 8.11.2017 – 18 U 173/15, TranspR 2018, 197 (198) = RdTW 2018, 18; *Andresen*/Valder Rn. 39.

solchen Fall allenfalls gem. § 425 Abs. 2 Fall 1 abgeschwächt oder ausgeschlossen sein (vgl. allerdings → Rn. 53), nicht dagegen gem. § 300 Abs. 1 BGB, weil § 419 insoweit eine vorrangige Spezialregelung enthält.[156]

Wenn der Frachtführer nach der Beendigung des Transports das Gut abrede- oder weisungsgemäß **31** für längere Zeit einlagert, ist dieses damit trotz der Fortdauer des Besitzes des Frachtführers iSd § 425 Abs. 1 abgeliefert; bei nachfolgend eingetretenen Schäden gilt daher das insoweit für die Lagerung einschlägige Recht.[157] Dasselbe gilt grundsätzlich[158] auch dann, wenn der Frachtführer das Gut bearbeitet.[159] Eine weisungsgemäße Zwischenlagerung des Gutes unterbricht den Obhutszeitraum dann nicht, wenn sie transportbedingt ist, dh in so enger Beziehung zum Transport steht oder so eng mit der Art und Weise seiner Ausführung zusammenhängt, dass sie lediglich als Annex der den Hauptgegenstand des Vertrags bildenden Beförderung erscheint.[160] Dies ist insbesondere dann der Fall, wenn die Zwischenlagerung wegen Beförderungs- oder Ablieferungshindernissen notwendig wird und der Vornahme neuer Dispositionen dient.[161]

(3) Subjektive Voraussetzungen. Das für die Ablieferung erforderliche **Einverständnis des** **32** **Empfängers** setzt voraus, dass dieser den **Willen** hat, **die Sachherrschaft zu übernehmen.**[162] Die Bereitschaft zur Inempfangnahme von Sendungen kann dabei – grundsätzlich auch durch AGB[163] – bereits im Voraus und auch in Bezug auf in Abwesenheit des Empfängers eingehende Sendungen erklärt oder vereinbart werden.[164] Dies ist dann nicht der Fall, wenn der Empfänger vor der Ablieferung erst noch telefonisch von der Ankunft des Gutes an der Ablieferungsstelle benachrichtigt werden soll.[165] Vom Vorliegen eines entsprechenden Willens ist regelmäßig auszugehen, wenn der Empfänger die Inempfangnahme des Gutes quittiert und/oder die Fracht bezahlt.[166] Der Wille anderer Personen als des Empfängers genügt nur dann, wenn dieser sie zur Abgabe entsprechender Erklärungen ermächtigt[167] oder nach den Grundsätzen der Duldungsvollmacht oder der Anscheinsvollmacht ein entsprechender Rechtsschein besteht.[168] **Keine Ablieferung** liegt dagegen vor, **wenn** der **Empfänger die Annahme des Gutes verweigert.**[169] Gem. § 419 Abs. 3 S. 5 gilt die Beförderung in einem solchen Fall nach dem Entladen des Gutes als beendet und endet damit dann auch die Obhut des Frachtführers.[170] Am Willen zur Übernahme der Sachherrschaft kann es außerdem insbesondere bei einer sukzessiven Ablieferung (→ Rn. 26) sowie bei einer außerhalb der Geschäftszeiten erfolgenden Ablieferung[171] jedenfalls zunächst fehlen. Auch ansonsten wird ein Wille zur Erlangung des Gewahrsams im Hinblick auf die in § 438 Abs. 1 enthaltene Regelung im Zweifel erst dann gebildet werden, wenn das Gut immerhin oberflächlich besichtigt werden

---

[156] OLG Bamberg Urt. v. 31.1.2008 – 8 U 78/07, TranspR 2008, 469 (470); → § 419 Rn. 1; *Fremuth* in Fremuth/Thume TranspR Rn. 24 und § 419 Rn. 19; *Koller* Rn. 33 und § 419 Rn. 57; *Braun,* Das frachtrechtliche Leistungsstörungsrecht nach dem Transportrechtsreformgesetz, 2002, 189 f., jeweils mwN.

[157] BGH Urt. v. 15.9.2005 – I ZR 58/03, TranspR 2006, 38 (41) = NJW-RR 2006, 267; *Koller* Rn. 34; Staub/ *Maurer* Rn. 42.

[158] Anders stellen sich die Dinge beim Umzugstransport dar, soweit der Frachtführer dort gem. § 451a Abs. 1 auch zum Ab- und Aufbauen der Möbel verpflichtet ist (*Koller* Rn. 34).

[159] Vgl. OLG Hamburg Urt. v. 25.10.1984 – 6 U 258/83, TranspR 1985, 357 (358 ff.) = VersR 1986, 438; *Koller* Rn. 34; aA OLG Düsseldorf Urt. v. 10.10.1991 – 18 U 81/91, TranspR 1992, 269 (272).

[160] BGH Urt. v. 10.3.1994 – I ZR 75/92, TranspR 1994, 279 (281) = VersR 1994, 837 = NJW-RR 1994, 1188; Urt. v. 6.10.1994 – I ZR 179/92, TranspR 1995, 106 (108) = VersR 1995, 320 = NJW-RR 1995, 603; *Koller* § 407 Rn. 73 und § 425 Rn. 34.

[161] Vgl. BGH Urt. v. 10.3.1994 – I ZR 75/92, TranspR 1994, 279 (281) = VersR 1994, 837 = NJW-RR 1994, 1188; Urt. v. 6.10.1994 – I ZR 179/92, TranspR 1995, 106 (108) = VersR 1995, 320 = NJW-RR 1995, 603; OLG Koblenz Beschl. v. 3.7.2013 – 2 U 1164/12, TranspR 2014, 154 (155) = RdTW 2014, 484; *Koller* Rn. 34.

[162] Vgl. OLG Köln Urt. v. 13.12.1994 – 22 U 148/94, TranspR 1995, 440 (441) = VersR 1996, 523 = NJW-RR 1999, 736; OLG Düsseldorf Urt. v. 23.2.2011 – 18 U 65/10, juris Rn. 12; öOGH Urt. v. 12.9.2002 – 6 Ob 215/02i, ETR 2004, 674 (681); *Koller* Rn. 31 m. Nachw. zu der zur HGB 1897 ergangenen Rspr., nach der der Empfänger seine Einwilligung in die Übernahme des Gewahrsams zumindest stillschweigend erklären musste.

[163] Vgl. Ziff. 13.4 ADSp 2017.

[164] Vgl. OLG Stuttgart Urt. v. 9.11.1994 – 3 U 72/94, TranspR 1995, 81; OLG Bremen Urt. v. 15.3.2001 – 2 U 120/00, TranspR 2001, 259 (260 f.); LG Baden-Baden Urt. v. 22.10.1999 – 2 S 74/98, TranspR 2000, 254 (255); LG Memmingen Urt. v. 25.2.2004 – 2 H S 1739/03, VersR 2004, 1156 (1157) = NJW-RR 2004, 1175; *Fremuth* in Fremuth/Thume TranspR Rn. 19; *Andresen/Valder* Rn. 31; Staub/Maurer Rn. 43; *Koller* Rn. 32 mwN; aA OLG Frankfurt a. M. Urt. v. 30.5.1984 – 21 U 126/83, TranspR 1984, 272.

[165] BGH Urt. v. 2.4.2009 – I ZR 16/07, TranspR 2009, 419 Rn. 14 f.

[166] *Fremuth* in Fremuth/Thume TranspR Rn. 19; *Lammich/Pöttinger* Rn. 65; *Koller* Rn. 32, der allerdings zutr. darauf hinweist, dass dies dann gilt, wenn der Empfänger – etwa bei der Nachnahme – in Vorleistung gehen muss.

[167] OLG München Urt. v. 10.10.1990 – 7 U 3528/89, TranspR 1991, 138 (140); *Lammich/Pöttinger* Rn. 55.

[168] Vgl. *Lammich/Pöttinger* Rn. 56–58.

[169] OLG Düsseldorf Urt. v. 12.1.1984 – 18 U 151/83, TranspR 1984, 102 (103); Urt. v. 12.12.1985 – 18 U 90/ 85, TranspR 1986, 56 (57) = VersR 1986, 1069; *Lammich/Pöttinger* Rn. 70; Staub/Maurer Rn. 44.

[170] OLG Düsseldorf Urt. v. 12.12.1985 – 1 U 90/85, TranspR 1986, 56 (58) = VersR 1986, 1069; → 1. Aufl. 2001, Rn. 36 mwN.

[171] Vgl. *Koller* Rn. 30.

konnte.[172] Dementsprechend stellt das Anweisen eines Entladeplatzes oder gar nur eines Platzes zum vorübergehenden Abstellen des Beförderungsmittels ebenso wenig eine Äußerung des Willens zur Übernahme des Gewahrsams am Gut dar[173] wie die Äußerung des Empfängers, der Frachtführer müsse das Gut noch abladen.[174] Im Zweifel ist davon auszugehen, dass der Empfänger dasjenige will, was vertraglich vereinbart worden ist,[175] und dass ihm der Wille zum Besitzerwerb daher im Zweifel fehlt, wenn das Gut nicht zur vereinbarten Zeit[176] und/oder nicht am genau bestimmten Platz[177] und/oder nicht an die vereinbarte oder durch eine Weisung gem. § 418 bestimmte Person abgeliefert wird. Die widerspruchslose Hinnahme zur Unzeit oder am falschen Ort erfolgter Anlieferungen kann allerdings nach den allgemeinen Regeln, die für das Schweigen im Rechtsverkehr gelten, den Anschein begründen, der Empfänger habe auch unter diesen Umständen den Willen zur Übernahme der Sachherrschaft gehabt.[178]

33   Anders als auf der Seite des Frachtführers, wo die Ablieferung die regelmäßig durch Realakt erfolgende Überlassung der Sachherrschaft erfordert und von einer ebenfalls nicht rechtsgeschäftlichen Tilgungsbestimmung begleitet wird, setzt die Ablieferung **auf der Seite der zum Empfang berechtigten Person** (→ Rn. 27), die wegen der gem. § 438 bestehenden Anzeigeobliegenheiten des Schutzes der §§ 104 ff. BGB bedarf, den **rechtsgeschäftlichen Willen zum Besitzerwerb** voraus.[179] Ein **zweiseitiges Rechtsgeschäft** liegt allerdings dann vor, wenn die **Ablieferung gem. § 854 Abs. 2 BGB** erfolgt.[180]

34   **3. Darlegungs- und Beweislast. a) Güterschaden.** Nach den auch im Frachtrecht generell anwendbaren allgemeinen Grundsätzen der Darlegungs- und Beweislast hat derjenige, der einen Anspruch wegen eines Güterschadens iSd § 425 Abs. 1 geltend macht, die diesen Anspruch begründenden Tatsachen und daher neben dem Abschluss eines wirksamen Frachtvertrags und seiner Aktivlegitimation auch die Übernahme des Gutes durch den Frachtführer, den Verlust oder die Beschädigung des Gutes im Obhutszeitraum sowie die Höhe des dadurch entstandenen Schadens darzulegen und, soweit der Frachtführer seine Haftung dem Grunde nach bestreitet, den Erfordernissen des **§ 286 ZPO** entsprechend voll zu beweisen;[181] eine Beweiserleichterung nach den Grundsätzen des Anscheinsbeweises kommt ihm dabei nicht zugute.[182]

35   **aa) Übernahme des vollzähligen und unbeschädigten Gutes.** Der dem Anspruchsteller danach insbesondere obliegende volle Beweis der Übernahme von Gütern umfasst auch den Beweis ihrer Identität, ihrer Art, ihrer Menge und ihres Zustands.[183] Der Umstand, dass der geltend gemachte **Schaden vom Frachtführer teilweise ersetzt** worden ist, stellt allerdings ein **Indiz** dafür dar, dass dieser das Gut übernommen hat.[184] Dagegen enthält die bloße Mitteilung, das Gut habe noch nicht ausgeliefert werden können, weder ein Anerkenntnis des Empfangs noch ein Indiz für seine Übernahme.[185]

36   Das **Bestreiten der Vollzähligkeit und/oder der Schadensfreiheit des Gutes** mit Nichtwissen durch den zu einer Untersuchung nicht verpflichteten Frachtführer ist **grundsätzlich** auch dann

---

[172] *Koller* Rn. 32.

[173] *Koller* Rn. 32 mH darauf, dass der Frachtführer das Gut in solchen Fällen auch erst noch zum Entladeplatz bzw. Abstellort zu befördern hat; aA OLG Düsseldorf Urt. v. 27.4.1955 – 7 U 121/54, VersR 1955, 547 = NJW 1955, 1322; MüKoHGB/*Thume* § 407 Rn. 41; *Lammich/Pöttinger* Rn. 65.

[174] *Koller* Rn. 32 mwN.

[175] BGH Urt. v. 9.11.1979 – I ZR 28/78, VersR 1980, 181 (182) = NJW 1980, 833; OLG Saarbrücken Urt. v. 30.4.1993 – 4 U 52/92, TranspR 1993, 288 (289); *Koller* Rn. 32.

[176] Vgl. BGH Urt. v. 23.10.1981 – I ZR 157/79, VersR 1982, 88 = NJW 1982, 1284; *Koller* Rn. 32.

[177] Vgl. BGH Urt. v. 9.11.1979 – I ZR 28/78, VersR 1980, 181 (182) = NJW 1980, 833; OLG Frankfurt a. M. Urt. v. 7.4.1987 – 5 U 102/86, TranspR 1988, 150 (151) = NJW-RR 1987, 1055; *Fremuth* in Fremuth/Thume TranspR Rn. 19; *Koller* Rn. 32.

[178] *Koller* Rn. 32.

[179] Vgl. BGH Urt. v. 23.10.1981 – I ZR 157/79, VersR 1982, 88 = NJW 1982, 1284; Urt. v. 11.7.1996 – I ZR 75/94, TranspR 1997, 67 (69) = VersR 1997, 513 = NJW-RR 1997, 222; *Koller* Rn. 31 und 32; *Lammich/Pöttinger* Rn. 51; *Fremuth* in Fremuth/Thume TranspR Rn. 18 mwN; aA MüKoHGB/*Thume* § 407 Rn. 38 f., wonach es ausreichen soll, dass das Annahmeverhalten unter bestimmten Voraussetzungen nach Art einer Willenserklärung angefochten werden kann.

[180] *Koller* Rn. 31 Fn. 206.

[181] Vgl. BGH Urt. v. 26.4.2007 – I ZR 31/05, TranspR 2007, 418 Rn. 13 f. = NJW-RR 2008, 119; Urt. v. 12.6.2014 – I ZR 50/13, TranspR 2015, 31 Rn. 19 = VersR 2015, 386 = RdTW 2014, 444; *Koller* Rn. 41; MüKoHGB/*Herber/Harm* Rn. 46, jeweils mwN.

[182] BGH Urt. v. 12.6.2014 – I ZR 50/13, TranspR 2015, 31 Rn. 20 f. = VersR 2015, 386 = RdTW 2014, 444.

[183] BGH Urt. v. 26.4.2007 – I ZR 31/05, TranspR 2007, 418 Rn. 13 = NJW-RR 2008, 119; Urt. v. 13.9.2012 – I ZR 14/11, TranspR 2013, 192 Rn. 13 = NJW-RR 2013, 813 = RdTW 2013, 201; Urt. v. 10.12.2015 – I ZR 87/14, TranspR 2016, 464 Rn. 23 = RdTW 2016, 136; *Koller* Rn. 41; MüKoHGB/*Herber/Harm* Rn. 46, jeweils mwN.

[184] Vgl. BGH Urt. v. 1.12.2005 – I ZR 284/02, TranspR 2006, 202 (203); OLG Zweibrücken Urt. v. 25.10.2017 – 1 U 138/16, TranspR 2018, 115 (117) = RdTW 2018, 309; *Koller* Rn. 42.

[185] Vgl. OLG Düsseldorf Urt. v. 30.3.1995 – 18 U 154/94, TranspR 1996, 75; *Koller* Rn. 41.

erheblich, wenn dieser sich nicht bei seinen Unterfrachtführern erkundigt[186] oder das Gut sogar in Abwesenheit des Absenders oder Dritter selbständig übernommen hat.[187] Der Umstand, dass der Frachtführer das Gut vereinbarungsgemäß auf seinen äußeren Zustand und seine Qualität zu überprüfen hat, ändert daran grundsätzlich ebenfalls nichts; denn ein Verstoß gegen diese Kontrollpflicht führt nicht zu einer Umkehr der Beweislast, sondern verpflichtet den Frachtführer lediglich dazu, dem Absender den Schaden zu ersetzen, den dieser dadurch erlitten hat, dass er von dem Qualitäts- oder Quantitätsmangel nicht rechtzeitig Kenntnis erlangt hat.[188] Wenn der Frachtführer vor der Ablieferung einen Schaden am Gut allerdings selbst entdeckt und einen Sachverständigen mit dessen Feststellung beauftragt hat, darf er die Übernahme bestimmter Güter nicht mehr pauschal mit Nichtwissen bestreiten.[189] Die Parteien können im Übrigen, wenn der Absender kein Verbraucher ist, gem. **§ 449 Abs. 1 S. 1** zugunsten des Absenders aushandeln, und, wenn der Absender ein Verbraucher ist, zugunsten des Absenders sowohl aushandeln als auch durch AGB bestimmen, dass ein **Verstoß gegen die Kontrollpflicht zur Umkehr der Beweislast** führt.[190] Eine entsprechende Beweislastumkehr kann sich außerdem auch aus einer ergänzenden Auslegung der vertraglichen Vereinbarung ergeben.[191]

Der Frachtführer kann sich für den Beweis der Vollständigkeit und äußeren Schadensfreiheit des **37** Gutes auf die Vermutungen, die gem. **§ 444 Abs. 1 und 2** von einem **Ladeschein** und gem. **§ 409 Abs. 2 und 3** von einem von beiden Parteien unterzeichneten **Frachtbrief** ausgehen,[192] sowie auf **Empfangsquittungen** stützen.[193] Das Fehlen einer Empfangsquittung begründet allerdings nicht die Vermutung, dass der Frachtführer das Gut nicht übernommen hat.[194] Einer Empfangsquittung steht das **Nichtbeanstanden des** dem Frachtführer mitgeteilten und von diesem **unverzüglich zu kontrollierenden Inhalts** eines durch einen Subunternehmer übernommenen verplombten Behälters[195] und das **Nichtbeanstanden einer Versandliste im sog. EDI-Verfahren** gleich.[196]

Von einer Empfangsquittung oder einer dieser nach dem vorstehend in → Rn. 37 Ausgeführten **38** gleichstehenden Mitteilung gehen allerdings grundsätzlich keine **Beweiswirkungen hinsichtlich des Inhalts verschlossener Behältnisse** und **einzelner Gegenstände von Sachgesamtheiten** aus.[197] Bei **kaufmännischen Absendern** spricht jedoch nach der Lebenserfahrung (§ 286 ZPO) eine hohe Wahrscheinlichkeit dafür, dass ein verschlossenes Paket die im **Lieferschein** und/oder in einer im zeitlichen Zusammenhang mit seiner Absendung erstellten **Rechnung** angegebenen Güter enthalten hat.[198] Der erforderliche zeitliche Zusammenhang fehlt, wenn die Rechnung erst zehn Tage nach der Übernahme des Gutes durch den Frachtführer erstellt worden ist.[199] Als Indizien für den Inhalt einer Sendung kommen des Weiteren insbesondere deren **Gewicht**[200] sowie der **Inhalt anderer zur selben Zeit übernommener Sendungen** in Betracht.[201]

---

[186] *Koller* Rn. 41; aA OLG Stuttgart Urt. v. 11.6.2003 – 3 U 222/02, TranspR 2003, 308 (309 f.).

[187] *Koller* Rn. 41; aA für den Fall, dass der Absender, der auch der Empfänger ist, keine Möglichkeit hatte, die Übernahme des Gutes zu überprüfen, und der Frachtführer dies wusste, OLG Hamm Urt. v. 30.3.1998 – 18 U 179/97, TranspR 1998, 463 (464 f.).

[188] *Koller* Rn. 41.

[189] Vgl. OLG Düsseldorf Urt. v. 16.11.2005 – 15 U 66/05, TranspR 2006, 30 (32).

[190] Vgl. *Koller* Rn. 41.

[191] Vgl. OLG Hamm Urt. v. 30.3.1998 – 18 U 179/97, TranspR 1998, 463 (464 f.); *Koller* Rn. 41.

[192] Vgl. MüKoHGB/*Herber/Harm* Rn. 47 f.

[193] Vgl. BGH Urt. v. 22.5.2014 – I ZR 109/13, TranspR 2015, 33 Rn. 17 ff. = VersR 2015, 341 = RdTW 2014, 471; Urt. v. 23.11.2017 – I ZR 51/16, TranspR 2018, 194 Rn. 24 = VersR 2018, 1279 = NJW-RR 2018, 551 = RdTW 2018, 132; *Koller* Rn. 41; Baumbach/Hopt/*Merkt* Rn. 2.

[194] Vgl. OLG Nürnberg Urt. v. 1.9.2004 – 12 U 1603/04, NJW-RR 2005, 183; *Koller* Rn. 42.

[195] Vgl. BGH Urt. v. 30.1.2008 – I ZR 165/04, TranspR 2008, 122 Rn. 16; *Koller* Rn. 42 mwN in Fn. 309; weitergehend auch für den Fall, dass die Mitteilung an den Frachtführer im konkreten Einzelfall unterblieben ist, OLG München Urt. v. 17.5.2006 – 7 U 5560/05, TranspR 2006, 358 (359) = VersR 2007, 417.

[196] BGH Urt. v. 4.5.2005 – I ZR 235/02, TranspR 2005, 403 (404) = VersR 2006, 573 = NJW-RR 2005, 1557; Urt. v. 20.7.2006 – I ZR 9/05, TranspR 2006, 394 (395) = VersR 2007, 564 Rn. 18 = NJW-RR 2007, 28; Urt. v. 20.9.2007 – I ZR 43/05, TranspR 2008, 113 Rn. 20; Urt. v. 30.1.2008 – I ZR 165/04, TranspR 2008, 122 Rn. 16; OLG Düsseldorf Urt. v. 1.10.2014 – 18 U 52/13, TranspR 2015, 285 (287) = RdTW 2015, 422; *Koller* Rn. 42.

[197] Vgl. BGH Urt. v. 20.7.2006 – I ZR 9/05, TranspR 2006, 394 (395) = VersR 2007, 564 Rn. 17 = NJW-RR 2007, 28; Urt. v. 10.12.2015 – I ZR 87/14, TranspR 2016, 464 Rn. 23 = RdTW 2016, 136; *Koller* Rn. 42; MüKoHGB/*Herber/Harm* Rn. 48; Staub/*Maurer* Rn. 55.

[198] Vgl. BGH Urt. v. 2.4.2009 – I ZR 60/06, TranspR 2009, 262 Rn. 24 = NJW-RR 2009, 1335; Urt. v. 2.4.2009 – I ZR 61/06, TranspR 2009, 317 Rn. 17; Urt. v. 22.10.2009 – I ZR 119/07, TranspR 2010, 73 Rn. 20; Urt. v. 13.9.2012 – I ZR 14/11, TranspR 2013, 192 Rn. 16 = NJW-RR 2013, 813 = RdTW 2013, 201; *Koller* Rn. 42 mwN in Fn. 313–318.

[199] BGH Urt. v. 28.9.2006 – I ZR 198/03, TranspR 2007, 110 Rn. 25 = NJW-RR 2007, 1282; *Koller* Rn. 42.

[200] Vgl. OLG Düsseldorf Urt. v. 24.7.2002 – 18 U 33/02, TranspR 2003, 343 (346); OLG Frankfurt a. M. Urt. v. 30.8.2004 – 13 U 215/02, TranspR 2004, 471 (472) = VersR 2006, 675; OLG Braunschweig Urt. v. 3.2.2005 – 2 U 201/03, NJW-RR 2005, 834 (835); *Koller* Rn. 42.

[201] Vgl. OLG München Urt. v. 23.9.2004 – 23 U 2157/04, TranspR 2005, 254 (255) = VersR 2005, 962; *Koller* Rn. 42.

39   Bei Kühlgut stellt dessen **unzureichende Vorkühlung** einen besonderen Mangel iSd § 425 Abs. 2 dar; sie ist daher **vom Frachtführer zu beweisen** (→ Rn. 56).

40   **bb) Ablieferung.** Der **Frachtführer hat** die ordnungsgemäße **Ablieferung** von Gütern **darzulegen und** im Bestreitensfall auch **zu beweisen.**[202] Wenn ihm dieser Nachweis nicht gelingt,[203] gilt die Verlustvermutung des § 424,[204] anderenfalls § 438.[205]

41   **cc) Güterschaden.** Der **Anspruchsberechtigte hat** den **Eintritt** eines Güterschadens **darzulegen,** wobei er diesen auch dann, wenn der Gegner nicht bestreitet, immerhin in groben Zügen bezeichnen muss.[206] Wenn er bereits vor der Ablieferung Ersatz verlangt, muss er beweisen, dass sich das Gut im beschädigten Zustand noch beim Frachtführer befindet.[207] Der dem Anspruchsteller im Bestreitensfall obliegende Beweis ist geführt, soweit zum einen die Übernahme des vollzähligen und unbeschädigten Gutes nachgewiesen ist (→ Rn. 35–38) und zum anderen entweder der Frachtführer den ihm obliegenden Beweis für die Ablieferung von Gütern[208] nicht erbracht (→ Rn. 40) oder aber der Anspruchsteller bewiesen hat, dass das Gut nur teilweise oder beschädigt abgeliefert worden ist.[209] **Bei gemischten Verträgen** (→ Rn. 29 und → Rn. 31) gilt **grundsätzlich**[210] die **strengste Haftungsordnung,** sofern nicht der Frachtführer beweist, dass der Schaden während einer anderen Phase der Leistungserbringung entstanden ist.[211] Ebenso ist der Fall zu behandeln, dass der Frachtführer den Besitz an einem Gut nicht zu dessen Beförderung erlangt, sondern den Entschluss dazu – etwa im Hinblick auf eine Änderung der vertraglichen Vereinbarung – erst später gefasst und manifestiert hat.[212]

42   **b) Lieferfristüberschreitung.** Die Darlegungs- und Beweislast für die **Vereinbarung einer Lieferfrist** gem. § 423 liegt beim **Ersatzberechtigten,** für die ordnungsgemäße und daher unter Berücksichtigung dieser Lieferfrist **rechtzeitige Ablieferung** dagegen beim **Frachtführer.**[213] Beim Fehlen einer besonderen Vereinbarung muss der Ersatzberechtigte darlegen und im Bestreitensfall beweisen, dass einem sorgfältigen Frachtführer für die Ablieferung des Gutes unter Berücksichtigung der Umstände (nur) eine bestimmte Frist zuzubilligen war, und hat sodann der Frachtführer darzulegen und ggf. zu beweisen, dass er diese Frist eingehalten hat. Wenn danach von einer nicht rechtzeitigen Ablieferung auszugehen ist, hat dann der Ersatzberechtigte darzulegen und im Bestreitensfall zu beweisen, dass ihm hierdurch bedingt ein konkreter Schaden entstanden ist.[214] Der Vortrag, der Vertragspartner habe wegen der Überschreitung der Lieferfrist die Zahlung verweigert, reicht hierfür nicht aus.[215]

---

[202] Vgl. BGH Urt. v. 15.6.2000 – I ZR 55/98, TranspR 2000, 459 (460) = VersR 2001, 216 = NJW-RR 2000, 1635; Urt. v. 13.7.2000 – I ZR 156/98, TranspR 2001, 298 (299) = NJW-RR 2000, 1631; OLG Oldenburg Urt. v. 11.10.2001 – 8 U 112/01, TranspR 2003, 76 (78); OLG Stuttgart Urt. v. 19.11.2003 – 3 U 137/03, NJW-RR 2004, 610 (611); OLG Braunschweig Urt. v. 3.2.2005 – 2 U 201/03, NJW-RR 2005, 834; OLG München Urt. v. 23.4.2015 – 23 U 3481/14, TranspR 2015, 449 (451) = RdTW 2015, 445; *Lammich/Pöttinger* Rn. 141 und 153; *Bästlein/Bästlein* TranspR 2003, 413 (419); *Koller* Rn. 42; aA OLG Düsseldorf Urt. v. 23.1.1998 – 22 U 89/97, TranspR 1999, 161 f. = NJW-RR 1998, 609.

[203] Ein Stempelabdruck, bei dem die Firma des Empfängers nicht erkennbar ist und es an weiteren Angaben wie Ort, Datum und Unterschrift fehlt, genügt insoweit nicht (BGH Urt. v. 13.7.2000 – I ZR 156/98, TranspR 2001, 298 (299) = NJW-RR 2001, 1631).

[204] OLG Stuttgart Urt. v. 19.11.2003 – 3 U 137/03, NJW-RR 2004, 610 (611); *Koller* Rn. 42.

[205] *Koller* Rn. 42.

[206] OLG München Urt. v. 24.4.1992 – 23 U 6509/91, TranspR 1992, 360 (361); *Lammich/Pöttinger* Rn. 147; *Staub/Maurer* Rn. 60; aA *Koller* Rn. 41.

[207] BGH Urt. v. 19.6.1986 – I ZR 15/84, TranspR 1986, 459 (461) = VersR 1986, 1019 = NJW-RR 1986, 1361; *Koller* Rn. 41 mwN.

[208] Entgegen der Auffassung von *Koller* (Rn. 42) handelt es sich dabei um einen Hauptbeweis, nicht um einen Gegenbeweis.

[209] *Koller* Rn. 43; *Staub/Maurer* Rn. 57.

[210] Kein Anlass für eine Privilegierung des Absenders in beweismäßiger Hinsicht besteht allerdings dann, wenn dieser beim Übergang von einer Vertragsphase in die nächste selbst beweissichernde Maßnahmen treffen kann (*Koller* Rn. 43).

[211] Vgl. BGH Urt. v. 24.6.1987 – I ZR 127/85, BGHZ 101, 172 (175 ff.) = TranspR 1987, 447 (448 ff.) = VersR 1987, 1212 = NJW 1988, 640; Urt. v. 11.7.1996 – I ZR 75/94, TranspR 1997, 67 (70) = VersR 1997, 513 = NJW-RR 1997, 222; Urt. v. 17.7.1997 – I ZR 100/95, TranspR 1998, 72 (73) = VersR 1998, 388 = NJW-RR 1998, 545; *Koller* Rn. 43; *Staub/Maurer* Rn. 57, jeweils mwN.

[212] Vgl. *Koller* Rn. 21 f.

[213] → Rn. 40; aA im Hinblick auf die rechtzeitige Ablieferung *Lammich/Pöttinger* Rn. 157; *Koller* Rn. 44; MüKoHGB/*Herber/Harm* Rn. 53; *Staub/Maurer* Rn. 58.

[214] *Lammich/Pöttinger* Rn. 157; *Koller* Rn. 44.

[215] Vgl. OLG Düsseldorf Urt. v. 9.10.1986 – 18 U 73/86, TranspR 1986, 429 (430); Urt. v. 17.5.1990 – 18 U 31/90, TranspR 1990, 280 = VersR 1991, 1314; Urt. v. 15.12.1994 – 18 U 72/94, TranspR 1995, 244 f.; *Lammich/Pöttinger* Rn. 158.

III. Umfang der Haftung

1. Verlust oder Beschädigung. Bei **Verlust** oder **Beschädigung** des Gutes hat der Frachtführer **43** nach näherer Maßgabe der §§ 429, 431 Abs. 1, 2 und 4 **Wertersatz** zu leisten sowie die in §§ 430, 432 S. 1 genannten **Kosten** zu tragen. Damit ist eine **Naturalrestitution** ebenso wie die **Berücksichtigung eines persönlichen Schadenseinschlags ausgeschlossen;** die Ersatzleistung kann hinter dem Schaden, der dem Ersatzberechtigten entstanden ist, zurückbleiben oder umgekehrt bei diesem zu einer Bereicherung führen.[216] Auch im Rahmen der Drittschadensliquidation braucht grundsätzlich nicht geprüft zu werden, inwieweit hier ein fremder Schaden geltend gemacht werden kann.[217] **Verspätungsschäden** können **neben Substanzschäden** ersetzt verlangt werden, soweit sie darauf beruhen, dass das Gut innerhalb der Lieferfrist noch nicht einmal in beschädigtem Zustand zur Verfügung gestanden hat,[218] oder soweit sie zeitlich vor der Beschädigung entstanden sind[219] oder zwischen dem Verspätungsschaden und dem Güterschaden kein kausaler Zusammenhang besteht,[220] nicht aber dann, wenn die Lieferfristüberschreitung zu einer Verschlechterung der Substanz des Gutes geführt hat.[221] Vgl. zum Zusammentreffen von Güter- und Verspätungsschäden auch → § 431 Rn. 17.

2. Überschreitung der Lieferfrist. Ein mangels einer speziellen Regelung im HGB nach § 280 **44** Abs. 2 iVm §§ 286, 249 ff. BGB konkret zu berechnender, außer bei qualifiziertem Verschulden iSd § 435 HGB gem. § 431 Abs. 3 HGB allerdings nur bis zum dreifachen Betrag der Fracht (→ § 431 Rn. 16) zu ersetzender **Schaden** wegen Überschreitung der Lieferfrist kann sich etwa daraus ergeben, dass der Absender einen Haftungsschaden erleidet, weil er seinerseits **Schadensersatzforderungen seines Abnehmers** wegen verspäteter Leistung ausgesetzt ist.[222] Ebenso ist es möglich, dass dem Empfänger etwa infolge Produktionsausfalls, Verkürzung der Vermarktungsdauer, Verlusts von Kunden oder Preisverfalls ein bei rechtzeitiger Lieferung gemachter **Gewinn entgeht (§ 252 BGB),**[223] dass der Empfänger **Aufwendungen** machen muss, um dadurch den sonst drohenden Verlust eines Geschäftspartners zu verhindern[224] oder einen konkreten, auf der verspäteten Ablieferung wenigstens mittelbar beruhenden Schadenseintritt abzuwenden[225] oder dass ein **Preisverfall** eintritt.[226] Bei einem Güterverlust scheidet eine Verspätungshaftung – schon begrifflich – aus, nicht dagegen, wenn das Gut beschädigt abgeliefert wird (→ Rn. 43).

IV. Mitverursachung und mitwirkender Schadensbeitrag (Abs. 2)

1. Allgemeines. Der an die Regelung in Art. 17 Abs. 2 und 5 CMR angelehnte § 425 Abs. 2 **45** enthält **zwei selbständige Tatbestände,** bei denen außerhalb des Einflussbereichs des Frachtführers liegende Umstände, die zur Entstehung eines Schadens iSd § 425 Abs. 1 mit beigetragen haben, den danach grundsätzlich gegebenen Schadensersatzanspruch mindern oder auch – trotz des von der amtlichen Überschrift der Vorschrift erweckten gegenteiligen Anscheins – ganz in Wegfall bringen können,[227] nämlich zum einen das **Verhalten des Absenders oder Empfängers** und zum anderen den **besonderen Mangel des Gutes.** Da die Vorschrift nach der Begründung des Regierungsentwurfs[228] für alle nachfolgenden Haftungsfälle gelten soll, ist entgegen dem von ihrem Wortlaut erweckten Anschein namentlich auch im Rahmen des § 427 eine Abwägung der Verursachungsanteile

---

[216] → 1. Aufl. 2001, Rn. 14.
[217] *Koller* Rn. 90.
[218] *Koller* Rn. 91; MüKoHGB/*Herber/Harm* Rn. 26; aA *Lammich/Pöttinger* Rn. 100; enger auch *Pfirmann,* Die vertragliche und außervertragliche Haftung des Frachtunternehmers wegen Folgeschäden, 2008, 61 ff., 69, nach dessen Ansicht eine Anspruchskumulierung nur zulässig ist, wenn der Haftungsausschluss für Güterfolgeschäden gewahrt bleibt.
[219] *Koller* Rn. 91; aA *Fremuth* in Fremuth/Thume TranspR Rn. 33, der allerdings nicht berücksichtigt, dass ein Schadensersatzanspruch wegen einer Lieferfristüberschreitung nicht deshalb nachträglich wieder entfallen kann, weil das Gut später auch noch beschädigt worden ist.
[220] Vgl. BGH Urt. v. 19.9.2019 – I ZR 64/18, BGHZ 223, 139 Rn. 43 f. = TranspR 2019, 502 = VersR 2020, 121 = NJW 2019, 3722 = RdTW 2019, 416.
[221] *Fremuth* in Fremuth/Thume TranspR Rn. 33; *Koller* Rn. 91; MüKoHGB/*Herber/Harm* Rn. 25 mwN.
[222] Palandt/*Grüneberg* BGB § 249 Rn. 4 mwN.
[223] *Koller* Rn. 91; Staub/*Maurer* Rn. 48 mwN.
[224] Vgl. BGH Urt. v. 30.9.1993 – I ZR 258/91, BGHZ 123, 303 (309) = TranspR 1994, 16 (18) = VersR 1994, 119 = NJW 1993, 3331; OLG Köln Urt. v. 29.8.2014 – 3 U 27/14, RdTW 2015, 430 (432 f.).
[225] BGH Urt. v. 19.9.2019 – I ZR 64/18, BGHZ 223, 139 Rn. 42 = TranspR 2019, 502 = VersR 2020, 121 = NJW 2019, 3722 = RdTW 2019, 416.
[226] Vgl. OLG Hamm Urt. v. 14.11.1985 – 18 U 268/84, TranspR 1986, 77 (79) = VersR 1987, 609; MüKoHGB/*Herber/Harm* Rn. 24.
[227] Vgl. *Koller* Rn. 98 mH auf die Begründung des Regierungsentwurfs des TRG, BT-Drs. 13/8445, 60 sowie – (sogar) in Fällen, in denen den Frachtführer oder seine Leute ein qualifiziertes Verschulden iSd § 435 trifft – § 435 Rn. 19g mwN in Fn. 329; MüKoHGB/*Herber/Harm* Rn. 55.
[228] BT-Drs. 13/8445, 60.

vorzunehmen.[229] Ebenfalls nicht schon aus dem Wortlaut der Vorschrift, die insoweit keine Aussage enthält, sondern erst aus der Begründung des Regierungsentwurfs, wonach § 425 Abs. 2 den Rechtsgedanken des § 254 BGB aufgreift,[230] ergibt sich ferner, dass bei beiden Vorschriften dieselben Umstände in die Abwägung mit einzubeziehen sind.[231]

46 **2. Mitwirkender Schadensbeitrag des Absenders oder Empfängers. a) Mitverursachung.**
Die im Schrifttum überwiegende Auffassung geht in Übereinstimmung mit dem Wortlaut des § 425 Abs. 2 und der Begründung des Regierungsentwurfs[232] davon aus, dass jegliches Tun oder Unterlassen, das für den Eintritt eines Schadens iSd § 425 Abs. 1 ursächlich gewesen ist, den danach gegebenen Schadensersatzanspruch mindern kann.[233] Dies geht, da auch im Rahmen des § 254 BGB allein eine besondere Gefahr angerechnet werden kann, auch dann zu weit, wenn man dem Absender und Empfänger ihr Verhalten nur nach dem Maßstab des § 426 zurechnet; denn der dort verwendete verschuldensunabhängige Zurechnungsmaßstab passt für diese Personen nicht und hätte letztlich zur Folge, dass die im Gesetz vorgesehene Risikoverteilung zu deren Lasten verschoben würde.[234] Um eine solche unzulässige Risikoverschiebung zu vermeiden, darf dem Absender im Rahmen des § 425 Abs. 2 allein **sozial inadäquates Verhalten** zugerechnet werden, wobei als inadäquat **gesetzwidriges Verhalten** und **vertragswidriges Verhalten** anzusehen ist,[235] nicht dagegen ein Verhalten, das zwar gegen außerrechtliche Normen, nicht aber zugleich auch gegen eine rechtliche Rücksichts-, Schutz- und/oder Aufklärungspflicht iSv § 241 Abs. 2, §§ 242, 280 Abs. 1 BGB verstößt. **Unerheblich** ist, ob der Frachtführer durch das Verhalten des Absenders oder Empfängers, das den bei diesem eingetretenen Schaden mitverursacht oder vergrößert hat, zudem auch noch einen eigenen, nicht in der Belastung mit einer Verbindlichkeit bestehenden Schaden erlitten hat und **ob der Mitverursachungsbeitrag während oder außerhalb des Zeitraums der Obhutshaftung** des Frachtführers geleistet wurde.[236] Soweit aber der Schaden bei Verlust oder Beschädigung des Gutes gem. § 429 bemessen wird, wird die danach zu leistende Entschädigung durch nach der Ablieferung eingetretene Ereignisse nicht mehr beeinflusst.[237]

47 Soweit die Vorschrift anordnet, dass in den Fällen, in denen bei der Schadensentstehung ein **Verhalten des Anspruchsberechtigten** mitgewirkt hat, das Bestehen und der Umfang der Ersatzpflicht auf Grund einer Abwägung der für den eingetretenen Schaden ursächlichen Beiträge zu bestimmen sind, passt sie den **Rechtsgedanken des § 254 BGB,** wonach bei Mitverschulden eine Schadensquotierung im Verhältnis der jeweiligen Verursachungs- bzw. Verschuldensbeiträge stattfindet, an die verschuldensunabhängige **Obhutshaftung** des Frachtführers an. Im Unterschied zu der insoweit in Art. 17 Abs. 2 und 5 CMR enthaltenen Regelung werden dabei **alle Fälle** eines mitwirkenden Verhaltens der Ersatzberechtigten in einer einzigen Vorschrift zusammengefasst. Ein weiterer Unterschied zu der Regelung in der CMR besteht darin, dass § 425 Abs. 2 den dort verwendeten Begriff des „Verfügungsberechtigten" nicht aufgegriffen hat, sondern als Personen, deren Mitwirkung bei der Schadensentstehung den Anspruch mindern oder ausschließen kann, explizit den Absender und den Empfänger benennt. Damit ist – entsprechend den zu Art. 17 CMR entwickelten Grundsätzen – klargestellt, dass es insoweit nicht darauf ankommt, ob der betreffenden Person im Zeitpunkt der Schadensmitverursachung schon oder noch eine Verfügungsbefugnis iSd § 418 zugestanden hat. Die Bezeichnung der mitwirkenden Personen als „Absender" und „Empfänger" macht des Weiteren deutlich, dass eine Anspruchsberechtigung gem. § 421 gleichfalls unerheblich ist, weil ein Mitverursachungsbeitrag auch durch eine Weisung erfolgen kann. Die Regelung ist insofern interessengerecht, als gem. § 421 Abs. 1 jedenfalls nach der Ablieferung sowohl der Absender als auch der Empfänger Rechte aus dem Beförderungsvertrag gegen den Frachtführer geltend machen können. Entsprechend **§ 254 Abs. 2 S. 2, § 278 BGB** müssen sich Absender und Empfänger ihre Verursachungsbeiträge wechselseitig und, soweit **Erfüllungsgehilfen** für sie tätig sind, im Rahmen des § 425 Abs. 2 grundsätzlich auch deren Verursachungsbeiträge zurechnen lassen.[238] Ein Verhalten des Erfüllungsgehilfen ist allerdings – anders als ein entsprechendes Verhalten des Absenders oder des Empfängers – nur dann relevant, wenn dieser dem Frachtführer bei der

---

[229] *Koller* Rn. 98; zur Schadensteilung in den Fällen des § 427 → § 427 Rn. 10, → § 427 Rn. 13, → § 427 Rn. 22 –28, → § 427 Rn. 39–42, → § 427 Rn. 44, → § 427 Rn. 55, → § 427 Rn. 60–62 und → § 427 Rn. 66–68.

[230] BT-Drs. 13/8445, 60; *Koller* Rn. 120 mwN.

[231] *Koller* Rn. 98; MüKoHGB/*Herber/Harm* Rn. 55 mH darauf, dass die Wiederholung des § 254 BGB im Transportrecht im Hinblick auf den abschließenden Charakter der §§ 425 ff. geboten war.

[232] Vgl. BT-Drs. 13/8445, 60, wo darauf hingewiesen wird, dass ein nicht schuldhaftes Verhalten jedenfalls in der Regel nicht zum Wegfall eines Anspruchs führen kann.

[233] Vgl. *Fremuth* in Fremuth/Thume TranspR Rn. 64; *Andresen*/Valder Rn. 53.

[234] Vgl. *Koller* Rn. 99 f.; Staub/*Maurer* Rn. 64; aA *Lammich*/Pöttinger Rn. 175 f.

[235] *Koller* Rn. 101; Staub/*Maurer* Rn. 64; BeckOK HGB/*Kirchhof* Rn. 28; MüKoHGB/*Herber/Harm* Rn. 57; *Mast,* Der multimodale Frachtvertrag nach dem deutschen Recht, 2002, 120.

[236] Vgl. OLG München Urt. v. 15.3.2006 – 7 U 1504/06, TranspR 2006, 355 (358); *Koller* Rn. 101.

[237] *Koller* Rn. 117; aA *Lammich*/Pöttinger Rn. 194.

[238] BGH Urt. v. 25.1.2007 – I ZR 43/04, TranspR 2007, 314 Rn. 24 = VersR 2007, 1741 = NJW-RR 2007, 1481; MüKoHGB/*Herber/Harm* Rn. 59; *Koller* 101, 115 und 116; Staub/*Maurer* Rn. 67.

Mitverursachung des Schadens nicht wie ein beliebiger Außenstehender, sondern im Rahmen seiner Tätigkeit für den Absender oder Empfänger gegenübergetreten ist, so dass insoweit ein innerer Zusammenhang besteht.[239]

Als mitwirkende Schadensbeiträge kommen sowohl Verhaltensweisen, die zur Entstehung des **48** Schadens mit beigetragen haben, als auch Verhaltensweisen in Betracht, die zu seiner Erhöhung geführt haben.[240] Die Verhaltensweise muss für den betreffenden Schaden **ursächlich** geworden sein. Die **Beweislast** hierfür liegt beim **Frachtführer**. Bei **unterlassener Wertangabe** ist der Beweis allerdings schon dann als geführt anzusehen, wenn der Frachtführer nachweist, dass er bei Angabe des Wertes des Gutes durch den Absender zusätzliche Sicherungsmaßnahmen getroffen hätte und diese ernsthaft geeignet gewesen wären, den eingetretenen Schaden ganz oder zumindest teilweise abzuwenden und/oder sich durch solche Maßnahmen seine Möglichkeiten erhöht hätten, die Vermutung, dass sein qualifiziert schuldhaftes Verhalten den Schaden verursacht hat, durch den Nachweis zu widerlegen, dass das Gut in einem gesicherten Bereich verlorengegangen ist.[241] Ebenso ist ein Mitverschulden, das darin besteht, dass **auf die Gefahr eines besonders hohen Schadens nicht hingewiesen** wurde, nur dann nicht für den Eintritt eines solchen Schadens mitursächlich, wenn der Frachtführer auch bei Erteilung eines solchen Hinweises keine besonderen Sicherungsmaßnahmen getroffen hätte.[242] Die Darlegungs- und Beweislast liegt insoweit daher beim Geschädigten.[243]

Die **Haftungsabwägung nach § 425 Abs. 2** hat alle relevanten Umstände des Einzelfalls zu **49** berücksichtigen und obliegt daher grundsätzlich dem **Tatrichter**.[244] Dieser hat insoweit darauf abzustellen, in welchem Maße und mit welchem Gewicht die jeweils zuzurechnenden Schadensbeiträge bei der Schadensverursachung mitgewirkt haben.[245] **Auf Seiten des Frachtführers** sind insoweit alle Verhaltensweisen in Ansatz zu bringen, mit denen dieser gegen die ihm gem. **§ 426** obliegende größtmögliche Sorgfalt verstoßen hat, wobei die Anzahl der Verstöße, die Wahrscheinlichkeit, dass diese zu einer Schädigung wie der eingetretenen führen, sowie der Umfang ihrer Vorwerfbarkeit in Rechnung zu stellen sind.[246] Nach denselben Grundsätzen sind **auf Seiten des Anspruchstellers** neben den besonderen Mängeln des Gutes iSd **§ 425 Abs. 2 Fall 2** und den Ursachenbeiträgen iSd **§ 427** insbesondere **pflichtwidrige** und **namentlich schuldhafte Verhaltensweisen** in dem in → Rn. 46 dargestellten Sinn zu berücksichtigen.[247] Da **§ 254 Abs. 2 BGB**, wonach ein Mitverschulden auch in einem Unterlassen des Geschädigten bestehen kann, den Schädiger auf die Gefahr eines **ungewöhnlich hohen Schadens** aufmerksam zu machen oder den Schaden abzuwenden oder zu mindern, – klarstellend – besondere Anwendungsfälle des § 254 Abs. 1 BGB enthält, wiegt ein dem Versender in diesem Bereich anzulastendes Verschulden grundsätzlich ebenso schwer wie ihn im Rahmen der sonstigen Schadensverursachung treffendes Verschulden.[248] Die **Frage, wann ein solcher** ungewöhnlich hoher **Schaden droht,** lässt sich nicht in einem bestimmten Betrag oder in einer bestimmten Wertrelation angeben, sondern regelmäßig nur unter Berücksichtigung der aus der insoweit maßgeblichen Sicht des Haftenden erkennbaren konkreten Umstände des jeweiligen Einzelfalls beurteilen; dabei ist in Rechnung zu stellen, welche Höhe Schäden erfahrungsgemäß, also nicht nur ausnahmsweise erreichen, und vor allem zu berücksichtigen, in welcher Höhe der Haftende, soweit für ihn die Möglichkeit einer vertraglichen Disposition besteht, Haftungsrisiken einerseits vertraglich

---

[239] Vgl. *Koller* Rn. 115 und 116.

[240] Staub/*Maurer* Rn. 66.

[241] Vgl. BGH Urt. v. 8.5.2003 – I ZR 234/02, TranspR 2003, 317 (318) = VersR 2003, 1597 = NJW-RR 2003, 1473 und seither stRspr.; vgl. dazu die Nachw. bei MüKoHGB/*Thume* § 435 Rn. 38 Fn. 142 und bei *Koller* § 435 Rn. 19f Fn. 354. *Koller* weist zu Recht darauf hin, dass der BGH sich damit dem Gedanken der Proportionalhaftung annähert (FS Hopt, 2010, 159, 166 f.).

[242] StRspr.; vgl. zuletzt BGH Urt. v. 13.8.2009 – I ZR 3/07, TranspR 2010, 143 Rn. 15; *Koller* § 435 Rn. 19f, jeweils mwN.

[243] MüKoHGB/*Thume* § 435 Rn. 42; *Ramming* TranspR 2007, 409 (411).

[244] StRspr.; vgl. BGH Urt. v. 15.11.2001 – I ZR 158/99, BGHZ 149, 337 (355) = TranspR 2002, 295 (301) = VersR 2002, 1440 = NJW 2002, 3106; Urt. v. 17.6.2004 – I ZR 263/01, TranspR 2004, 399 (402) = VersR 2006, 570 = NJW-RR 2005, 265; Urt. v. 19.1.2006 – I ZR 80/03, TranspR 2006, 121 (123) = VersR 2006, 953 Rn. 29 = NJW-RR 2006, 822; Urt. v. 20.7.2006 – I ZR 9/05, TranspR 2006, 394 (397) = VersR 2007, 564 Rn. 35 = NJW-RR 2007, 28; Urt. v. 13.8.2009 – I ZR 3/07, TranspR 2010, 143 Rn. 16; Staub/*Maurer* Rn. 68; vgl. auch MüKoHGB/*Thume* § 435 Rn. 40 und *Koller* § 435 Rn. 19g, jeweils mwN.

[245] Vgl. Begründung des Regierungsentwurfs des TRG, BT-Drs. 13/8445, 60.

[246] Vgl. Begründung des Regierungsentwurfs des TRG, BT-Drs. 13/8445, 60; OLG Hamm Urt. v. 27.6.2016 – 18 U 110/14, TranspR 2016, 442 (446) = RdTW 2016, 390; Nichtzulassungsbeschwerde zurückgewiesen: BGH Beschl. v. 16.3.2017 – I ZR 169/16; *Koller* Rn. 120 sowie – zur Relevanz des Grades der Leichtfertigkeit iSd § 435 – § 435 Rn. 19g mwN.

[247] *Ramming* TranspR 2001, 53 (68); *Koller* Rn. 120 und § 435 Rn. 19g m. Nachw. zur Rspr. des BGH in den Fällen, in denen der Frachtführer qualifiziert schuldhaft gehandelt hat.

[248] BGH Urt. v. 3.7.2008 – I ZR 183/06, TranspR 2008, 400 Rn. 24 = VersR 2010, 366 = NJW-RR 2009, 46; Urt. v. 3.7.2008 – I ZR 205/06, TranspR 2008, 394 Rn. 22 = VersR 2009, 1428 = NJW-RR 2009, 175; *Koller* § 435 Rn. 19g.

eingeht und andererseits von vornherein auszuschließen bemüht ist.[249] Dabei kommt es nicht auf den Wert der Sendung, sondern auf den Wert des einzelnen Pakets an.[250] Im Rahmen der Haftungsabwägung sind grundsätzlich[251] allein die gem. **§ 286 ZPO** erwiesenen und auch erwiesenermaßen schadensursächlich gewordenen Umstände in Ansatz zu bringen; dagegen gilt für die Abwägung selbst **§ 287 ZPO,** so dass insoweit ein **Beurteilungsspielraum** besteht.[252] Dessen Einhaltung wird **im Revisionsverfahren nur in eingeschränktem Umfang** daraufhin **überprüft,** ob alle in Betracht zu ziehenden Umstände vollständig und richtig berücksichtigt und der Abwägung rechtlich zulässige Erwägungen zugrunde gelegt worden sind.[253] Die Abwägung muss **nicht notwendig** zu einer **Schadensquotelung** führen, sondern kann durchaus auch zum Ergebnis haben, dass der Frachtführer den gesamten eingetretenen Schaden zu ersetzen oder umgekehrt keinen Schadensersatz zu leisten hat. Die Abwägung und Quotelung hat auf der Grundlage des gesamten, **nicht durch § 431 nach oben begrenzten Schadens** zu erfolgen, weil die in dieser Bestimmung enthaltene Anordnung eines Höchstbetrags der Haftung lediglich bezweckt, den Frachtführer vor einer darüber hinausgehenden Haftung zu bewahren.[254] Eine **volle Haftung des Frachtführers** kommt insbesondere in Betracht, wenn allein dieser schuldhaft gehandelt hat.[255] Dagegen kommt eine **vollständige Befreiung des Frachtführers von seiner Haftung** insbesondere dann in Betracht, wenn dieser nicht schuldhaft und der Absender oder Empfänger grob fahrlässig oder gar vorsätzlich gehandelt haben.[256]

50   Die Berücksichtigung eines mitwirkenden Schadensbeitrags des Absenders oder Empfängers kommt auch dann in Betracht, wenn der Frachtführer den **Schaden durch ein iSd § 435 qualifiziert schuldhaftes Verhalten verursacht** hat.[257] Ein Mitverschulden des Geschädigten, das in solchen Fällen an sich unbeschränkten Anspruch mindert, kann darin bestehen, dass der Absender eine **Transportvariante gewählt** hat, **bei der** vom Frachtführer zusätzlich angebotene **Schutzvorkehrungen ausgeschlossen sind,** obwohl der Wert des Gutes weit über der Haftungshöchstsumme lag,[258] oder dass er den Frachtführer, sofern dieser nicht über **zumindest gleich gute Erkenntnismöglichkeiten vom Wert der Sendung** verfügte wie er selbst,[259] trotz **Kenntnis** davon, **dass dieser das Gut bei**

---

[249] StRspr.; vgl. BGH Urt. v. 3.5.2007 – I ZR 109/04, TranspR 2007, 405 Rn. 29 = NJW-RR 2008, 347; Urt. v. 21.1.2010 – I ZR 215/07, TranspR 2010, 189 Rn. 21 = VersR 2010, 928 = NJW-RR 2010, 909; MüKoHGB/*Thume* § 435 Rn. 44 mwN.
[250] BGH Urt. v. 3.7.2008 – I ZR 183/06, TranspR 2008, 400 Rn. 18 = VersR 2010, 366 = NJW-RR 2009, 46; Urt. v. 13.8.2009 – I ZR 3/07, TranspR 2010, 143 Rn. 14; MüKoHGB/*Thume* § 435 Rn. 45, jeweils mwN.
[251] Zu den bei unterlassener Wertangabe zu machenden Ausnahmen → Rn. 48.
[252] OLG München Urt. v. 15.3.2006 – 7 U 1504/06, TranspR 2006, 355 (357); *Koller* Rn. 122.
[253] StRspr.; vgl. BGH Urt. v. 13.8.2009 – I ZR 3/07, TranspR 2010, 143 Rn. 16; Urt. v. 4.7.2013 – I ZR 156/12, TranspR 2014, 146 Rn. 33 = VersR 2014, 603 = NJW-RR 2014, 215 = RdTW 2014, 55.
[254] OLG Saarbrücken Urt. v. 16.7.2008 – 5 U 34/08, TranspR 2008, 409 (411); OLG Koblenz Urt. v. 20.5.2010 – 5 U 1443/09, TranspR 2010, 442 (443); *Ramming* TranspR 2001, 53 (68); *Koller* Rn. 120.
[255] Vgl. Begründung des Regierungsentwurfs des TRG, BT-Drs. 13/8445, 60; *Koller* Rn. 120.
[256] *Koller* Rn. 120.
[257] Grundlegend BGH Urt. v. 5.6.2003 – I ZR 234/00, TranspR 2003, 467 (471) = NJW 2003, 3626 und seither stRspr.; vgl. nur Urt. v. 30.1.2008 – I ZR 165/04, TranspR 2008, 122 Rn. 25; Baumbach/Hopt/*Merkt* Rn. 4, jeweils mwN; ablehnend bzw. krit. *Ramming* TranspR 2003, 471 (472); *Thume* TranspR 2006, 369 (371 ff.); *Koller* TranspR 2006, 413 (417–419); *Koller* § 435 Rn. 19a mwN.
[258] Davon ist nach der Rspr. des BGH sowohl bei der massenhaften Beförderung von Paketen (vgl. Urt. v. 2.4.2009 – I ZR 16/07, TranspR 2009, 410 Rn. 31) als auch bei sonstigen Transporten (Urt. v. 21.1.2010 – I ZR 215/07, TranspR 2010, 189 Rn. 27 = VersR 2010, 928 = NJW-RR 2010, 909) im Allgemeinen auszugehen, wenn der Wert der Sendung bzw. des Pakets das Zehnfache der gesetzlichen oder vereinbarten Haftungshöchstsumme übersteigt (vgl. iE *Koller* § 435 Rn. 19b Fn. 313). Nach Ansicht von *Koller* (Rn. 106 mwN) soll die Wahl einer minder sicheren Transportvariante nur dann einen Mitverursachungseinwand begründen, wenn der Absender abschätzen konnte, dass die minder sichere Transportvariante mit Risiken verbunden war, die außer Verhältnis zu einer erhöhten Vergütung für intensivierte Schutzmaßnahmen stand.
[259] StRspr.; vgl. zuletzt BGH Urt. v. 3.7.2008 – I ZR 183/06, TranspR 2008, 400 Rn. 21 = VersR 2010, 366 = NJW-RR 2009, 46 sowie MüKoHGB/*Thume* § 435 Rn. 38 und 43 mwN. Nach der Auffassung von *Koller* fehlt es bei gleich guten Erkenntnismöglichkeiten nicht erst an der Schadensursächlichkeit des Verhaltens des Absenders, sondern besteht für diesen dann schon keine Informationspflicht (§ 435 Rn. 9 f. Fn. 354), und sollten vorhandene, wenn auch nicht gleichwertige Möglichkeiten des Frachtführers, dem Eintritt eines Schadens entgegenzuwirken, bei der Festsetzung der Haftungsquote berücksichtigt werden (§ 425 Rn. 105 Fn. 617). Der Frachtführer verfügt insbesondere dann über gleich gute Erkenntnismöglichkeiten, wenn er bei einer Nachnahmesendung auf Grund des einzuziehenden Betrags vom Wert des Gutes Kenntnis hat (BGH Urt. v. 3.2.2005 – I ZR 276/02, TranspR 2005, 208 (209) = VersR 2006, 573 = NJW-RR 2005, 1058), nicht dagegen auch bereits dann, wenn die Möglichkeit, dass das Gut einen hohen Wert hat, für ihn auf Grund des spezifischen Gewichts der Sendung und der Angaben über deren Absender und Empfänger („Edelmetall" und „Kunstprägeanstalt") erkennbar ist (BGH Urt. v. 13.9.2007 – I ZR 155/04, TranspR 2007, 466 Rn. 26 = VersR 2008, 1090 gegen OLG München Urt. v. 23.9.2004 – 23 U 2157/04, TranspR 2005, 254 (255) = VersR 2005, 962). Abweichend allerdings auch OLG Hamburg Urt. v. 29.1.2004 – 6 U 175/03, NJW-RR 2004, 1038 (1039) und OLG Bamberg Urt. v. 15.12.2005 – 1 U 171/05, TranspR 2006, 296 (297) sowie Baumbach/Hopt/*Merkt* Rn. 4, wonach ein Mitverschulden des Absenders schon dann zu verneinen sein soll, wenn der besondere Wert des Gutes bereits äußerlich deutlich oder unschwer zumindest größenordnungsmäßig zu erkennen ist.

einer solchen Aufklärung sorgfältiger behandelt hätte, nicht oder jedenfalls nicht **rechtzeitig**[260] **über dessen Wert informiert**[261] und ggf. zusätzlich von sich aus **auf die besondere Schutzbedürftigkeit bestimmter Güter aufmerksam gemacht** hat.[262] Eine Information des Frachtführers nach Abschluss des Frachtvertrags ist nur dann **rechtzeitig**, wenn sie diesem ausreichend die Möglichkeit eröffnet, im normalen Geschäftsgang zu reagieren und dabei entweder die erforderlichen Sicherungsmaßnahmen zu treffen oder aber von der Ausführung des Frachtvertrags Abstand zu nehmen; eine erst dem Abholfahrer gegebene Information ist daher verspätet.[263] Soweit die **ADSp 2017** gelten, hat nach **Ziff. 3.3** ADSp 2017 der Auftraggeber den Spediteur **bei wertvollem oder diebstahlsgefährdetem Gut** bereits im Auftrag in Textform über Art und Wert des Gutes und das bestehende Risiko zu informieren, so dass der Spediteur über die Annahme des Auftrags entscheiden oder angemessene Maßnahmen für eine sichere und schadensfreie Abwicklung des Auftrags treffen kann. Wenn der Auftraggeber dieser Verpflichtung nicht nachkommt, kann der Spediteur nach Ziff. 3.4 ADSp 2017 vorgehen oder, wenn ein Schaden eingetreten ist, ein Mitverschulden des Auftraggebers einwenden.[264] Anders verhält es sich allerdings, wenn der Frachtführer es seinerseits versäumt, den Absender darüber aufzuklären, dass wertvolle Sendungen bei bestimmten Transportangeboten wie etwa beim sog. **EDI-Verfahren** nur dann besonders geschützt werden, wenn ein Frachtbrief ausgestellt wird, in den die Wertdeklaration eingetragen wird.[265] Ein den Anspruch des Geschädigten minderndes Mitverschulden liegt dagegen auch dann vor, wenn der **Absender** – zumal wenn der Frachtführer eine Haftung bis zum deklarierten Wert verspricht – **immerhin hätte erkennen müssen, dass die Angabe des Wertes für den Umgang mit dem Gut von Bedeutung** war.[266] Unabhängig von einer solchen Kenntnis oder Erkennbarkeit trifft den Absender auch dann ein Mitverschulden, wenn er den Frachtführer im konkreten Fall dadurch von der Vornahme von Schadensverhütungsmaßnahmen oder der Ablehnung des Auftrags abgehalten hat, dass er ihn nicht über den **ungewöhnlich hohen Wert der Sendung** informiert hat, den der Frachtführer nicht kennen musste und der das Transportrisiko oder den Schaden aus seiner Sicht ungewöhnlich erhöhte; in diesem Zusammenhang ist zu berücksichtigen, in welcher Höhe Schäden erfahrungsgemäß auftreten und in welcher Höhe vor allem der Frachtführer Haftungsrisiken ersichtlich zu vermeiden versucht.[267] Im Rahmen der Haftungsabwägung ist zu beachten, dass die **Reichweite des bei wertdeklarierten Sendungen gesicherten Bereichs** einen **für die Bemessung der Haftungsquote relevanten Gesichtspunkt** darstellt: Je größer der gesicherte Bereich ist, desto größer ist auch der Anteil des Mitverschuldens des Absenders, der durch das Unterlassen der Wertangabe den Transport der Ware außerhalb des gesicherten Bereichs veranlasst.[268] Des Weiteren ist in solchen Fällen auch der **Wert der nicht wertdeklarierten Ware** von Bedeutung: Je höher dieser Wert ist, desto gewichtiger ist der in dem Unterlassen der Wertdeklaration liegende Schadensbeitrag; denn je höher der Wert der zu transportierenden Sendung ist, desto offensichtlicher ist es, dass die Beförderung des Gutes eine besonders sorgfältige Behandlung durch den Frachtführer erfordert, und desto größer ist das in dem Unterlassen der Wertdeklaration liegende Verschulden des Absenders gegen sich selbst.[269] Die Abwägung hat bei **geringeren Werten der**

---

[260] Vgl. BGH Urt. v. 13.6.2012 – I ZR 87/11, TranspR 2012, 463 Rn. 22 = VersR 2013, 475 = NJW 2012, 3774 = RdTW 2013, 24; Urt. v. 10.12.2015 – I ZR 87/14, TranspR 2016, 464 Rn. 44 = RdTW 2016, 136; *Koller* § 435 Rn. 19b Fn. 312 mwN.

[261] BGH Urt. v. 17.6.2004 – I ZR 263/01, TranspR 2004, 399 (401) = VersR 2006, 570 = NJW-RR 2005, 265 mwN.

[262] StRspr.; vgl. nur BGH Urt. v. 3.7.2008 – I ZR 132/05, TranspR 2008, 397 Rn. 17 = VersR 2009, 376 = NJW-RR 2009, 173; Urt. v. 3.7.2008 – I ZR 183/06, TranspR 2008, 400 Rn. 16 = VersR 2010, 366 = NJW-RR 2009, 46; Urt. v. 3.7.2008 – I ZR 204/06, TranspR 2008, 403 Rn. 17; vgl. weiter die Nachweise bei *Koller* § 435 Rn. 19c Fn. 329.

[263] Vgl. BGH Urt. v. 13.6.2012 – I ZR 87/11, TranspR 2012, 463 Rn. 26–28 = VersR 2013, 475 = NJW 2012, 3774 = RdTW 2013, 24.

[264] *Koller* Rn. 108 und § 435 Rn. 19c.

[265] BGH Urt. v. 22.10.2009 – I ZR 119/07, TranspR 2010, 73 Rn. 26; *Koller* § 435 Rn. 19c; vgl. weiter zur Frage der Ursächlichkeit des Mitverschuldens im Rahmen des EDI-Verfahrens MüKoHGB/*Thume* § 435 Rn. 39 mwN.

[266] StRspr.; vgl. zuletzt BGH Urt. v. 13.8.2009 – I ZR 76/07, TranspR 2010, 145 Rn. 15 = NJW-RR 2010, 848 sowie die Nachw. bei *Koller* § 435 Rn. 19c Fn. 327; krit. zu der Auffassung des BGH, bereits das Versprechen einer Haftung bis zum deklarierten Wert durch den Frachtführer mache dem Absender die Bedeutung der Wertangabe für dessen Umgang mit dem Gut erkennbar, *Koller* § 435 Rn. 19c bei und in Fn. 334.

[267] StRspr.; vgl. nur BGH Urt. v. 3.5.2007 – I ZR 109/04, TranspR 2007, 405 Rn. 30 = NJW-RR 2008, 347; Urt. v. 3.5.2007 – I ZR 175/05, TranspR 2007, 414 Rn. 24 f.; Urt. v. 13.9.2007 – I ZR 155/04, TranspR 2007, 466 Rn. 27 = VersR 2008, 1090; Urt. v. 3.7.2008 – I ZR 210/05, TranspR 2008, 406 Rn. 16.

[268] StRspr.; vgl. zuletzt BGH Urt. v. 11.9.2008 – I ZR 118/06, TranspR 2008, 362 (365) = NJW-RR 2009, 43 Rn. 25; vgl. auch MüKoHGB/*Thume* § 435 Rn. 41 und *Koller* § 435 Rn. 19g, jeweils mwN.

[269] StRspr.; vgl. BGH Urt. v. 22.11.2007 – I ZR 74/05, TranspR 2008, 30 Rn. 46 = VersR 2008, 508 = NJW 2008, 920 (insoweit in BGHZ 174, 244 nicht abgedruckt); Urt. v. 3.7.2008 – I ZR 205/06, TranspR 2008, 394 Rn. 23 = VersR 2009, 1428 = NJW-RR 2009, 175; Urt. v. 3.7.2008 – I ZR 183/06, TranspR 2008, 400 Rn. 25 = VersR 2010, 366 = NJW-RR 2009, 46; Urt. v. 3.7.2008 – I ZR 204/06, TranspR 2008, 402 Rn. 23; Urt. v. 13.8.2009 – I ZR 76/07, TranspR 2010, 145 Rn. 22 = NJW-RR 2010, 848; Urt. v. 13.8.2009 – I ZR 3/07,

Sendung so zu erfolgen, dass sie nicht bei hohen Werten zu unangemessenen Ergebnissen führt.[270] Nach den Umständen des Einzelfalls kann sich daraus, dass der Absender den Wert der Sendung nicht deklariert hat, gegenüber dem qualifiziert schuldhaften Verhalten des Frachtführers auch ein **Mitverursachungsanteil von mehr als 50 %** ergeben.[271] Dies gilt vor Allem in Fällen, in denen die Beförderungsbedingungen des Frachtführers Güter einer bestimmten Art wie etwa **Geld, Wertsachen** und **Schmuck** oder ab einem **bestimmten Wert**[272] von der Beförderung ausschließen. Entsprechende **Ausschlussklauseln** beschreiben nicht erst noch den Umfang der vom Frachtführer zu leistenden Dienste und unterfallen daher dem § 449.[273] Die Schadensursächlichkeit ergibt sich in solchen Fällen bereits daraus, dass der Frachtführer das Gut im Falle seiner Aufklärung nicht zum Transport angenommen oder nur gegen ein höheres Entgelt durchgeführt hätte.[274] Die Haftung des Frachtführers kann in solchen Fällen nicht nur bei einem bewussten Verstoß gegen die Ausschlussklausel,[275] sondern bei einer entsprechenden Schadenshöhe und einer erheblichen Überschreitung der für den Ausschluss von Gütern vereinbarten Wertgrenze auch dann vollständig ausgeschlossen sein, wenn lediglich von einem Kennenmüssen des Versenders von dem Beförderungsausschluss auszugehen ist.[276] Umgekehrt führt andererseits der bei einem bewussten Verstoß gegen die Ausschlussklausel gegebene Schadensverursachungsbeitrag des Absenders nicht zwingend zum vollständigen Wegfall der Haftung des Frachtführers.[277]

51   Das OLG Düsseldorf hatte für diejenigen Fälle, in denen sich auf Seiten des Frachtführers ein qualifiziertes Verschulden iSd § 435 und auf Seiten des Absenders eine unterlassene Wertangabe und/oder die Hinnahme von groben Organisationsmängeln gegenüberstehen, auf der Grundlage der vorstehend dargestellten Rspr. des BGH eine Art **Tabelle** entwickelt.[278] Der BGH hat diese Tabelle jedoch als zu schematisch beanstandet.[279] Zu kompliziert ist auch eine von *P. Schmidt* für die Fälle unterbliebener Wertangabe entwickelte **Formel.**[280]

52   **b) Einzelfälle.** Dem Absender ist es im Falle der Schadensursächlichkeit seines Verhaltens **als Schadensmitverursachung** iSv § 425 Abs. 2 **anzurechnen,** wenn er die **Adresse des Empfängers** auf den Frachtpapieren unrichtig angibt,[281] wenn er nicht auf **außergewöhnliche Risiken** wie insbesondere den für den Frachtführer mangels gleich guter Erkenntnismöglichkeiten **nicht** ebenso **erkennbaren außergewöhnlichen Wert des Gutes** hinweist, den der Frachtführer im Falle seiner vollen Haftung zu ersetzen hat, und er bei einem solchen Hinweis **mit einer sorgfältigeren Behandlung des Gutes** und einer dadurch bedingten Verhinderung des Schadenseintritts oder immerhin

---

TranspR 2010, 143 Rn. 18; vgl. weiter MüKoHGB/*Thume* § 435 Rn. 41; *Koller* § 435 Rn. 19g mwN in Fn. 369 und 373.

[270] BGH Urt. v. 13.8.2009 – I ZR 76/07, TranspR 2010, 145 Rn. 24 = NJW-RR 2010, 848; *Koller* § 435 Rn. 19g mwN in Fn. 374.

[271] StRspr.; vgl. nur BGH Urt. v. 13.6.2012 – I ZR 87/11, TranspR 2012, 463 Rn. 32 = VersR 2013, 475 = NJW 2012, 3774 = RdTW 2013, 24; *Koller* § 435 Rn. 19g mwN in Fn. 376.

[272] Die Beförderungsausschlussklausel in den Beförderungsbedingungen eines Paketdienstunternehmens, nach der der Wert eines Pakets den Gegenwert eines bestimmten Betrags in US-Dollar in der jeweiligen Landeswährung nicht übersteigen darf, ist, wenn der Euro die Landeswährung ist, dahin auszulegen, dass die Wertgrenze auf der Grundlage des Euro–Referenzkurses (Mittelkurses) der Europäischen Zentralbank im Zeitpunkt der Übergabe des Gutes zur Beförderung zu ermitteln ist (BGH Urt. v. 4.7.2013 – I ZR 156/12, TranspR 2014, 146 Rn. 22–29 = VersR 2014, 603 = NJW-RR 2014, 215 = RdTW 2014, 55).

[273] § 449 Rn. 3; aA *Koller* § 407 Rn. 41a und § 449 Rn. 6 m. Hinw. auf BGH Urt. v. 26.3.2009 – I ZR 120/07, TranspR 2010, 76 Rn. 20 = NJW-RR 2010, 247, wobei diese Entscheidung allerdings zu Art. 41 Abs. 1 CMR ergangen ist.

[274] BGH Urt. v. 13.7.2006 – I ZR 245/03, TranspR 2006, 448 (451) = VersR 2007, 1102 Rn. 33 = NJW-RR 2007, 179; Urt. v. 15.2.2007 – I ZR 186/03, TranspR 2007, 164 (166) = VersR 2008, 97 Rn. 26 = NJW-RR 2007, 1110; Urt. v. 4.7.2013 – I ZR 156/12, TranspR 2014, 146 Rn. 32 = VersR 2014, 603 = NJW 2014, 215 = RdTW 2014, 55; MüKoHGB/*Thume* § 435 Rn. 36; *Koller* Rn. 102 und 105 sowie § 435 Rn. 119f.

[275] BGH Urt. v. 21.1.2010 – I ZR 215/07, TranspR 2010, 189 Rn. 17 = VersR 2010, 928 = NJW-RR 2010, 909; Urt. v. 4.7.2013 – I ZR 156/12, TranspR 2014, 146 Rn. 18 = VersR 2014, 603 = NJW-RR 2014, 215 = RdTW 2014, 55; MüKoHGB/*Thume* § 435 Rn. 36; vgl. auch die Nachweise bei *Koller* § 407 Rn. 41a Fn. 245.

[276] BGH Urt. v. 3.5.2007 – I ZR 109/04, TranspR 2007, 405 Rn. 33 = NJW-RR 2008, 347; Urt. v. 3.7.2008 – I ZR 132/05, TranspR 2008, 397 Rn. 28 = VersR 2009, 376 = NJW-RR 2009, 173; MüKoHGB/*Thume* § 435 Rn. 46; *Koller* § 407 Rn. 41a Fn. 246.

[277] BGH Urt. v. 4.7.2013 – I ZR 156/12, TranspR 2014, 146 Rn. 32 f. = VersR 2014, 603 = NJW-RR 2014, 215 = RdTW 2014, 55.

[278] Vgl. OLG Düsseldorf Urt. v. 31.5.2006 – 18 U 205/05, TranspR 2006, 349 (350–352) = VersR 2007, 667 sowie die Nachw. bei MüKoHGB/*Thume* § 435 Rn. 40 Fn. 158.

[279] Vgl. BGH Urt. v. 3.7.2008 – I ZR 205/06, TranspR 2008, 394 Rn. 21 ff. = VersR 2009, 1428 = NJW-RR 2009, 175; Urt. v. 3.7.2008 – I ZR 183/06, TranspR 2008, 400 Rn. 23 ff. = VersR 2010, 366 = NJW-RR 2009, 46; Urt. v. 3.7.2008 – I ZR 204/06, TranspR 2008, 403 Rn. 21 ff.; Urt. v. 11.9.2008 – I ZR 118/06, TranspR 2008, 362 (364 f.) = NJW-RR 2009, 43 Rn. 23 ff.; zust. MüKoHGB/*Thume* § 435 Rn. 40.

[280] Vgl. *P. Schmidt* TranspR 2008, 299 (304) und dagegen *Koller* § 435 Rn. 19g Fn. 379.

[281] LG München I Urt. v. 27.12.2001 – 4 O 16730/01, TranspR 2002, 157; *Koller* Rn. 102; Staub/*Maurer* Rn. 72.

einer Minderung des Schadensrisikos **rechnen darf,**[282] oder der Frachtführer bei einem solchen Hinweis den Auftrag abgelehnt[283] oder jedenfalls von einem ihm bei dem entsprechenden Wert zustehenden Leistungsverweigerungsrecht Gebrauch gemacht hätte,[284] wenn er dem Frachtführer Güter zum Transport übergibt, die dieser in seinen AGB von der **Beförderung ausgeschlossen** hat, wobei das darin, dass sich der Absender, der Kenntnis davon hat, dass der Frachtführer bestimmte Güter nicht befördern will, bei der Einlieferung solcher Güter bewusst über dessen entgegenstehenden Willen hinwegsetzt und diesen auch nicht informiert, liegende Mitverschulden bei einem Verlust der Sendung in der Regel auch dann zum vollständigen Ausschluss der Haftung des Frachtführers führt, wenn dieser wegen eines Organisationsverschuldens qualifiziert schuldhaft iSd § 435 gehandelt hat,[285] wenn er auf die durch **Beförderungs- oder Ablieferungshindernisse** erhöhte Gefahr einer Schädigung des Gutes nicht hinweist,[286] wenn er bei **gefährlichem Gut** den Frachtführer nicht den Erfordernissen des § 410 Abs. 1 entsprechend informiert, wenn er den Frachtführer nicht auf **gewöhnliche Risiken** hinweist, obwohl er erkennt, dass dieser über sie unzureichend informiert ist,[287] wenn er die **Ladefrist** überschreitet, sofern nicht der in erster Linie einschlägige § 427 Abs. 1 Nr. 3 zum vollen Haftungsausschluss führt,[288] wenn er beim Vorliegen besonderer Risiken die **Ladeflächen bzw. -tanks nicht auf** ihre **Sauberkeit hin kontrolliert** und sich außerdem nicht nach der Art des Vortransports erkundigt,[289] wenn potentielle Diebe auf die **leichte Absetzbarkeit des hochwertigen Transportguts** schon bei dessen flüchtiger Begutachtung aufmerksam und auch nicht durch erhöhte Sicherungsmaßnahmen wie etwa eine Alarmanlage abgehalten werden,[290] wenn er eine von ihm nach dem Frachtvertrag vorzunehmende Reinigung des Transportmittels in schadensursächlicher Weise mangelhaft ausgeführt hat,[291] wenn er auf eine ganz ungewöhnliche **Nässe- oder Schmutzempfindlichkeit** des Gutes nicht hinweist,[292] wenn er nicht die ihm zumutbare **sicherere Transportvariante** wählt,[293] wenn der Absender ein **Transportmittel,** dessen **Untauglichkeit ohne weiteres**

[282] StRspr.; vgl. BGH Urt. v. 15.11.2001 – I ZR 158/99, BGHZ 149, 337 (353) = TranspR 2002, 295 (301) = VersR 2002, 1440 = NJW 2002, 3106; Urt. v. 20.9.2007 – I ZR 43/05, TranspR 2008, 113 Rn. 39; Urt. v. 13.8.2009 – I ZR 76/07, TranspR 2010, 145 Rn. 15 = NJW-RR 2010, 848; MüKoHGB/*Herber/Harm* Rn. 60 und MüKoHGB/*Thume* § 435 Rn. 37–41 und 42–46; *Koller* Rn. 105–108 und § 435 Rn. 19b und 19c, jeweils mwN. Von einem zur Anspruchsminderung führenden Kennenmüssen der Anwendung höherer Sorgfalt bei korrekter Wertangabe kann im Allgemeinen ausgegangen werden, wenn sich aus den Beförderungsbedingungen des Frachtführers ergibt, dass dieser solchenfalls bei Verlust oder Beschädigung des Gutes höher haften will (BGH Urt. v. 3.5.2007 – I ZR 175/05, TranspR 2007, 414 Rn. 19; MüKoHGB/*Thume* § 435 Rn. 37 mwN).

[283] BGH Urt. v. 1.12.2005 – I ZR 265/03, TranspR 2006, 208 (209) = NJW-RR 2006, 1108 Rn. 22; Urt. v. 13.9.2007 – I ZR 155/04, TranspR 2008, 466 Rn. 27 = VersR 2008, 1090; Urt. v. 11.9.2008 – I ZR 118/06, TranspR 2008, 362 (364) = NJW-RR 2009, 43 Rn. 22.

[284] OLG Köln Urt. v. 5.8.2003 – 3 U 28/03, TranspR 2004, 28 (31) = VersR 2003, 1598; *Koller* Rn. 105.

[285] BGH Urt. v. 13.7.2006 – I ZR 245/03, TranspR 2006, 448 (451) = VersR 2007, 1102 Rn. 35 = NJW-RR 2007, 179; Urt. v. 15.2.2007 – I ZR 186/03, TranspR 2007, 146 (167) = VersR 2008, 97 Rn. 30 = NJW-RR 2007, 1110; Urt. v. 3.5.2007 – I ZR 109/04, TranspR 2007, 405 Rn. 32 f. = NJW-RR 2008, 347; Urt. v. 4.7.2013 – I ZR 156/12, TranspR 2014, 146 Rn. 33 = VersR 2014, 603 = NJW-RR 2014, 215 = RdTW 2014, 55; weitergehend OLG Düsseldorf Urt. v. 28.6.2006 – 18 U 190/05, TranspR 2006, 353 (354 f.), wonach auch ein Absender, der in Kenntnis dessen, dass der Frachtführer keine durchgängigen Schnittstellenkontrollen durchführt und es bereits zu zahlreichen Sendungsverlusten gekommen ist, eine vom Frachtführer vorgeschlagene sicherere Transportart aus Kostengründen ablehnt und diesem weiterhin Sendungen mit extrem diebstahlsgefährdeter Ware anvertraut, den ihm durch weitere ungeklärte Paketverluste entstandenen Schaden nach § 425 Abs. 2 selbst soll tragen müssen.

[286] BGH Urt. v. 17.9.2015 – I ZR 212/13, BGHZ 207, 1 Rn. 38 = TranspR 2015, 433 = VersR 2016, 1075 = RdTW 2015, 409; einschränkend *Koller* Rn. 105.

[287] BGH Urt. v. 28.3.1996 – I ZR 14/94, TranspR 1997, 386 (387 f.) = NJW 1996, 1970; Urt. v. 17.9.2015 – I ZR 212/13, BGHZ 207, 1 Rn. 38 = TranspR 2015, 433 = VersR 2016, 107 = RdTW 2015, 409; *Koller* Rn. 103 f.

[288] OLG Düsseldorf Urt. v. 27.2.1997 – 18 U 104/96, TranspR 1998, 194 (195) = NJW-RR 1998, 610; *Koller* Rn. 102.

[289] Vgl. *Koller* Rn. 109 bei und in Fn. 629–633 mwN.

[290] OLG München Urt. v. 22.1.2015 – 23 U 1589/14, TranspR 2015, 393 (395 f.) = RdTW 2015, 140.

[291] *Koller* Rn. 109 m. Hinw. auf die in diesem Fall gegebene Parallele zur Mitwirkung der Mangelhaftigkeit des Gutes bei der Entstehung des Schadens gem. § 425 Abs. 2 Fall 2.

[292] OLG München Urt. v. 15.3.2006 – 7 U 1504/06, TranspR 2006, 355 (358); *Koller* Rn. 102; Staub/*Maurer* Rn. 22.

[293] Vgl. BGH Urt. v. 30.3.2006 – I ZR 57/03, TranspR 2006, 250 (253) = NJW-RR 2006, 1264 Rn. 41 f. und 44, wonach maßgeblich ist, ob zum einen der Wert des Gutes erheblich über der Haftungshöchstsumme liegt und zum anderen die dann zu zahlende Vergütung zumutbar ist. Vgl. auch OLG München Urt. v. 17.7.2014 – 23 U 4545/13, TranspR 2015, 389 (393) = VersR 2015, 515 = RdTW 2015, 346, nach dessen Ansicht ein Mitverschulden des Absenders vorliegt, wenn er ihm vom Frachtführer angebotene weitergehende Schutzmaßnahmen ablehnt, die dem ihm wegen der Überschreitung der Haftungshöchstbeträge drohenden Schadensrisiko entgegenwirken, auch wenn er für diese Schutzmaßnahmen eine zusätzliche Vergütung zu zahlen hat. Wohl zu eng dagegen *Koller* Rn. 106, nach dessen Auffassung die Möglichkeit der Wahl einer sichereren Transportvariante erst dann ein Mitverschulden des Absenders begründet, wenn der Absender aufgrund konkreter Anhaltspunkte davon ausgehen musste, dass der von ihm ausgewählte Anbieter mit erheblicher Wahrscheinlichkeit vertragswidrig handeln

erkennbar ist, nicht zurückweist oder die Untauglichkeit durch eine entsprechende Verpackung des Gutes ausgleicht oder aber, soweit auch das nicht möglich ist, den Frachtführer warnt, damit dieser entscheiden kann, ob er die bestehenden Risiken durch eine besonders vorsichtige Beförderung ausschalten kann, und zwar auch dann, wenn sich der Frachtführer zu besonderen Schutzmaßnahmen iSd § 427 Abs. 4 verpflichtet hat und sich daher auch im Hinblick auf Verpackungs- und Verlademängel nicht auf eine Haftungsbefreiung gem. § 427 Abs. 1 berufen kann,[294] wenn der Absender beim **Verladen und Verstauen** den Anforderungen eines vertragskonformen Transports nicht sachgerecht Rechnung trägt,[295] wenn die **Verpackung** des Gutes entgegen § 411 S. 1 nicht so beschaffen ist, dass dieses einen dem Vertrag entsprechenden normalen Transport übersteht, oder nicht die vertraglich vereinbarte Qualität aufweist, wobei insoweit in erster Linie § 427 Abs. 1 Nr. 2 zu beachten ist,[296] wenn der Absender oder auch der Empfänger seine – sich gegebenenfalls auch aus AGB ergebenden – **vertraglichen Informationspflichten** hinsichtlich des Wertes des Gutes nicht erfüllt,[297] wenn der Absender sich bei der **Wahl einer Transportvariante** auf Wertangaben beschränkt, ohne dass er davon ausgehen kann, dass der Frachtführer diese Angaben als Entscheidung für die sicherere Beförderung beachten wird[298] oder wenn die Befolgung einer **Weisung** ie namentlich einer solchen gem. **§ 427 Abs. 3 oder 4** zwangsläufig zu einem Schaden führt oder zumindest die Wahrscheinlichkeit eines Schadens unangemessen erhöht, weil ein sozialadäquat handelnder Weisungsberechtigter beides erkennt und eine solche Weisung daher nicht erteilt.[299]

53   Eine **Anspruchsminderung** ist **nicht gerechtfertigt,** soweit der **außergewöhnlich hohe Wert des Gutes** im Hinblick auf § 431 für die Haftung des Frachtführers **ohne Bedeutung** ist,[300] wenn der Frachtführer trotz eines Hinweises auf den ungewöhnlichen Wert des Gutes keine besonderen Maßnahmen ergriffen hätte,[301] wenn ein Ablieferungshindernis dadurch entstanden ist, dass der **Empfänger die Annahme des Gutes verweigert** hat, weil dieser aus dem Beförderungsvertrag zwar gem. § 421 Abs. 1 S. 1 berechtigt ist, die Ablieferung des Gutes zu verlangen, wegen der mit einem solchen Verlangen verbundenen Rechtsfolgen aber nicht zu dessen Abnahme verpflichtet ist[302] und auch der Absender dem Frachtführer gegenüber nicht verpflichtet ist, ausschließlich zur Entgegennahme des Gutes bereite Empfänger zu benennen, da der Frachtführer, sofern eine Ablieferung nicht möglich ist, lediglich gem. § 419 Abs. 1 S. 1 Weisungen einzuholen hat, wobei ihn diese gem. § 418 Abs. 1 S. 3 nicht übermäßig belasten dürfen, und, falls er solche Weisungen innerhalb angemessener Zeit nicht erlangen kann, gem. § 419 Abs. 3 diejenigen Maßnahmen zu ergreifen hat, die im Interesse des Verfügungsberechtigten die besten zu sein scheinen, sowie im Übrigen, sofern das Ablieferungshindernis nicht in seinem Risikobereich liegt, für die erweiterte Obhut gem. § 419 Abs. 1 S. 3 iVm § 418 Abs. 1 S. 4 oder gem. § 419 Abs. 4 eine angemessene Vergütung verlangen kann, in die auch eine ausreichende Risikoprämie einzurechnen ist, sodass sich der Frachtführer jedenfalls dann, wenn die Annahme nicht schikanös oder willkürlich verweigert wurde, für durch das Ablieferungshindernis entstandene Schäden lediglich gem. § 426 entlasten kann,[303] wenn der Frachtführer bei rechtzeitiger Unterrichtung über den Wert des Gutes **höhere Rücklagen** gebildet hätte, weil das Interesse an der Bildung solcher Rücklagen allein durch Vertragsstrafenvereinbarungen gesichert werden kann,[304] wenn der Absender die **Geschäftsbeziehung** zum Frachtführer **trotz Kenntnis von** bei diesem bereits **eingetretenen Schadensfällen fortsetzt,** es sei denn, der Absender wusste oder musste wissen, dass es im Unternehmen des Frachtführers auf Grund von groben Organisationsmängeln immer wieder zu Verlusten kommt, wobei der Absender allerdings nur dann in einen nach § 425 Abs. 2 beachtlichen Selbstwiderspruch gerät, wenn ihm der konkrete Sachverhalt Anlass bietet anzunehmen, der Frachtführer werde durch die ihm angetragenen Arbeiten überfordert, weil er die erforderliche Ausstattung oder die notwendige fachliche Kompetenz nicht besitze, sodass jedenfalls die Kenntnis und Billigung der Transportorganisation des Frachtführers durch den Absender für sich allein gesehen die Bejahung

---

werde, und ein daraus resultierender Schaden bei Wahl eines höheren Sicherheitsstandards hätte vermieden werden können.

[294] *Koller* Rn. 109.
[295] *Koller* Rn. 102.
[296] *Koller* Rn. 102.
[297] Vgl. *Koller* Rn. 105 mwN.
[298] BGH Urt. v. 20.7.2006 – I ZR 9/05, TranspR 2006, 394 (396 f.) = VersR 2007, 564 Rn. 30 = NJW-RR 2007, 28; *Koller* Rn. 106.
[299] IErg ebenso, wenngleich nicht auf ein auch pflichtwidriges Verhalten abstellend, *Koller* Rn. 110–111.
[300] *Koller* Rn. 104; aA *Lammich/Pöttinger* Rn. 176 und 193.
[301] BGH Urt. v. 1.12.2005 – I ZR 265/03, TranspR 2006, 208 (209) = NJW-RR 2006, 1108 Rn. 22; Urt. v. 21.2.2008 – I ZR 105/05, TranspR 2008, 249 Rn. 21.
[302] BGH Urt. v. 15.10.1998 – I ZR 111/96, BGHZ 140, 84 (94) = TranspR 1999, 102 (105) = VersR 1999, 646 = NJW 1999, 1110; *Koller* Rn. 114; teilweise abweichend *Fremuth* in Fremuth/Thume TranspR Rn. 70 iVm § 419 Rn. 10.
[303] *Koller* Rn. 114; *Fremuth* in Fremuth/Thume TranspR Rn. 70; aA OLG Hamm Urt. v. 6.2.1997 – 18 U 141/96, TranspR 1998, 34 (35); *Ramming* TranspR 2001, 53 (66); *Andresen*/Valder Rn. 39.
[304] *Koller* VersR 2004, 269 (274); *Koller* Rn. 107.

eines Mitverschuldens nicht rechtfertigt,[305] wenn der Absender den Frachtführer auf eine zwar gegebene, aber nicht ungewöhnliche **Nässe- oder Schmutzempfindlichkeit** des Gutes nicht hinweist, weil dieses so zu behandeln ist, dass es nicht in ungewöhnlich hohem Maß durch Nässe oder Schmutz gefährdet wird,[306] wenn die Parteien einen bestimmten **Transportweg** vereinbaren, sofern nicht der Absender missverständliche Erklärungen abgibt oder ein von ihm geäußerter und in den Vertrag eingegangener Wunsch zwangsläufig zu Schäden führen musste,[307] wenn die Parteien die Beförderung eines normalerweise **verpackungsbedürftigen Gutes** in unverpacktem Zustand vereinbart haben und bei der Beförderung nicht alle sich daraus ergebenden Risiken ausgeschaltet werden können, weil der Frachtführer insoweit bereits durch § 426 geschützt wird,[308] wenn der Absender sich **weigert, die** wegen des von ihm offengelegten ungewöhnlich hohen Wertes fällige **höhere Vergütung zu zahlen,** weil es Sache des Frachtführers ist, die Beförderung bei einem ihm unzureichend erscheinenden Vergütungsangebot abzulehnen,[309] wenn der Absender dem Frachtführer **Weisungen zur Behandlung des Gutes,** die dessen Spielraum bei der Erledigung des Auftrags beschränken und/ oder das Schadensrisiko nicht unangemessen erhöhen, oder **Weisungen zum Transportweg** erteilt, sofern er nicht trotz vom Frachtführer geäußerter Bedenken auf diesem beharrt, sowie bei **Weisungen iSv §§ 418, 419,** das Gut an einer **anderen Ablieferungsstelle** und/oder an einen **anderen Empfänger abzuliefern,** weil der Frachtführer in einem solchen Fall so zu behandeln ist, wie wenn er von Anfang an einen Frachtvertrag nach Maßgabe der Weisungen geschlossen hätte, und er außerdem durch § 418 Abs. 1 S. 3 vor unzumutbaren Risiken geschützt sowie sein erhöhter Transportaufwand gem. § 418 Abs. 1 S. 4 einschließlich der üblicherweise einkalkulierten Risikoprämie voll vergütet wird,[310] oder wenn der Absender oder der Empfänger vom Frachtführer erteilte **Weisungen nicht befolgt** haben, zu deren Befolgung sie weder nach dem Gesetz noch nach dem Frachtvertrag verpflichtet waren, weil der Frachtführer ansonsten die ihm obliegenden Anstrengungen zur Vermeidung von Schäden durch entsprechende Weisungen einseitig auf seinen Vertragspartner abwälzen könnte.[311]

3. Besonderer Mangel des Gutes. a) Allgemeines. Die in § 425 Abs. 2 auch vorgesehene **54** Möglichkeit der Anspruchsminderung wegen Mitverursachung des Schadens durch einen besonderen Mangel des Gutes lehnt sich an die Regelung in Art. 17 Abs. 2 Fall 3 CMR an. Ein **„besonderer Mangel"** liegt vor, wenn das Gut von den normalen, üblichen Eigenschaften gleichartiger Güter abweichende **atypische Eigenschaften** aufweist, mit denen der Frachtführer nicht zu rechnen braucht, und es aus diesem Grund bei einer üblichen Beförderung unter normalen Witterungsbedingungen in durchschnittlicher Beförderungszeit zu einem Schaden kommt.[312] Maßgeblich sind mithin die **für den Frachtführer bei Abschluss des Frachtvertrags erkennbaren Eigenschaften.** Ein Gut, das einer durch einen bestimmten Mangel charakterisierten Gattung zuzuordnen ist, weist daher keinen besonderen Mangel iSd § 425 Abs. 2 auf; der Frachtführer kann sich in einem solchen Fall nur gem. § 426 oder § 427 Abs. 1 Nr. 2 oder 4 entlasten.[313] Beim Transport lebender Tiere geht § 427 Abs. 1 Nr. 6 stets als speziellere Vorschrift vor.[314]

Sowohl die Ersatzverpflichtung als solche als auch deren Umfang hängen von einer **Abwägung 55** nach dem Gewicht der verschiedenen Schadensbeiträge ab. Die in der CMR vorgenommene Unterscheidung zwischen dem Ausschluss des Anspruchs (Art. 17 Abs. 2 CMR) und der Schadensteilung (Art. 17 Abs. 5 CMR) wurde in § 425 Abs. 2 nicht aufgegriffen. Das Ergebnis der Abwägung kann hier ebenso wie bei § 254 BGB **sämtliche Möglichkeiten der Schadensteilung** umfassen, sodass es auch zum **gänzlichen Wegfall der Ersatzpflicht** kommen kann.

b) Einzelfälle. Ungenügend vorgekühltes Gut weist einen besonderen Mangel iSd § 425 Abs. 2 **56** auf, wenn der Frachtführer ausreichend vorgekühltes Gut erwarten konnte.[315] Die Darlegungs- und Beweislast für eine ungenügende Vorkühlung liegt daher – wie auch sonst grundsätzlich im Rahmen des § 425 Abs. 2 – beim Frachtführer; dieser kann den ihm obliegenden Beweis allerdings auch

---

[305] BGH Urt. v. 30.3.2006 – I ZR 57/03, TranspR 2006, 250 (252) = NJW-RR 2006, 1264 Rn. 35 mwN; *Köper* TranspR 2007, 94 (97 ff.); Baumbach/Hopt/*Merkt* Rn. 8; vgl. weiter – auch zu der durch die Entscheidung des BGH vom 30.3.2006, wonach ein Mitverschulden in entsprechenden Fällen daher nur ganz ausnahmsweise in Betracht kommt, teilweise überholten früheren Rspr. – *Koller* Rn. 112 und § 435 Rn. 19d sowie MüKoHGB/*Thume* § 435 Rn. 47–50, jeweils mwN.

[306] *Koller* Rn. 102; aA *Fremuth* in Fremuth/Thume TranspR Rn. 69.

[307] Vgl. – zu § 13 Nr. 3 VOB/B – BGH Urt. v. 14.3.1996 – VII ZR 34/95, BGHZ 132, 189 (193 f.) = NJW 1996, 2372 (2373); *Koller* Rn. 102 mwN.

[308] *Koller* Rn. 102.

[309] *Koller* § 435 Rn. 19b; offengelassen in BGH Urt. v. 22.10.2009 – I ZR 119/07, TranspR 2010, 73 Rn. 27 f.

[310] *Koller* Rn. 110a.

[311] BGH Urt. v. 13.7.2000 – I ZR 156/98, TranspR 2001, 298 (300) = NJW-RR 2000, 1631; *Koller* Rn. 109.

[312] Vgl. *Koller* Rn. 119; Staub/*Maurer* Rn. 73.

[313] Vgl. *Ramming* TranspR 2001, 53 (66); *Koller* Rn. 119; *Lammich/Pöttinger* Rn. 216.

[314] *Ramming* TranspR 2001, 53 (66).

[315] Vgl. OLG Schleswig Urt. v. 30.8.1978 – 9 U 29/78, VersR 1979, 141 (142); *Koller* Rn. 119; *Andresen*/Valder Rn. 55; *Bästlein*/*Bästlein* TranspR 2003, 413 (416); *Ramming* TranspR 2001, 53 (66) mwN in Fn. 81; *Thume* in Fremuth/Thume TranspR CMR Art. 17 Rn. 127.

indirekt durch den Nachweis führen, dass das Gut während der gesamten Zeit seiner Obhut ordnungsgemäß gekühlt worden ist.[316] Güter, die **Lackierungsschäden** aufweisen, sind auch bei einer gewöhnlichen Beförderung in besonderem Maße der Korrosion ausgesetzt, weshalb ein dabei auftretender Rostbefall auf diesen besonderen Mangel zurückzuführen ist.[317] Wenn dagegen **unlackierte Eisengüter,** die auf Grund ihrer natürlichen Beschaffenheit ohnehin dazu neigen, korrodieren, kann sich der Frachtführer auf den besonderen Haftungsausschlusstatbestand des § 427 Abs. 1 Nr. 4 berufen. Ein besonderer Mangel des Gutes liegt hingegen dann vor, wenn ein zu beförderndes Auto ausbrennt, weil seine **Elektrik defekt** war.[318]

V. Aktiv- und Passivlegitimation; Drittschadensliquidation; Prozessstandschaft

57   Vgl. die Erläuterungen zu → § 421 Rn. 18–28 und zu → § 437 Rn. 28.

§ 426 Haftungsausschluß

Der Frachtführer ist von der Haftung befreit, soweit der Verlust, die Beschädigung oder die Überschreitung der Lieferfrist auf Umständen beruht, die der Frachtführer auch bei größter Sorgfalt nicht vermeiden und deren Folgen er nicht abwenden konnte.

Schrifttum: *Bayer,* Frachtführerhaftung und Versicherungsschutz für Ladungsschäden durch Raub oder Diebstahl im grenzüberschreitenden Straßengüterverkehr, VersR 1995, 626; *Beckmann,* Auswirkungen des neuen Transportrechts auf die Haftung des Frachtführers in der Binnenschiffahrt, VersR 1999, 1460; *Boecker,* Lkw-Ladungsverluste durch Diebstahl sowie Raubüberfall in Europa, VersR 2003, 556; *Boecker,* LKW-Ladungsverluste durch Diebstahl, Falschauslieferung sowie Raubüberfall in Europa, ETR 2004, 445; *Boettge,* Zum Haftungsausschluss des Frachtführers nach Art. 17 Abs. 2 CMR bei Raub, VersR 2006, 1618; *Didier,* Risikozurechnung bei Leistungsstörungen im Gütertransportrecht, 2001; *Ehmen,* Zur Haftung des Frachtführers und des Spediteurs für streikbedingte Verzögerungsschäden bei innerdeutschen und internationalen Transporten, TranspR 2007, 354; *Herber,* Die Neuregelung des deutschen Transportrechts, NJW 1998, 3297; *Koller,* Die Tragweite von Vertragsabwehrklauseln und der Einwand des Mitverschuldens im Gütertransportrecht, VersR 2004, 269; *Koller,* Die Leichtfertigkeit im deutschen Transportrecht, VersR 2004, 1346; *Koller,* Abreden über die Qualität von Beförderungen im Licht des § 449 Abs. 2 HGB, TranspR 2006, 265; *Kreissl,* Zur Haftung des Unternehmers im Arbeitskampf, JZ 1995, 695; *Neumann,* Wirtschaftliche Kriterien der Haftung des Frachtführers, TranspR 2004, 14; *Piper,* Ausgewählte Fragen zur Haftung und zur Darlegungs- und Beweislast im Prozeß des Frachtführers und des Spediteurs unter Berücksichtigung des Transportrechtsreformgesetzes, FG Herber, 1999, 135; *Ramming,* Die Entlastung des Frachtführers von seiner Haftung nach § 425 Abs. 1 HGB für Verlust und Beschädigung des Gutes und Überschreitung der Lieferfrist, TranspR 2001, 53; *Ruhwedel,* Transportrechtsreformgesetz und Frachtgutbeförderung auf dem Luftweg, TranspR 1999, 369; *Schriefers/Schlattmann,* Lieferverzögerungen durch Unwetter – Anforderungen an den Frachtführer, TranspR 2009, 402; *Thume,* Anmerkung zum Urteil des BGH vom 10.4.2003 – I ZR 228/00, TranspR 2003, 305.

Parallelvorschriften: § 498 Abs. 2 HGB; § 7 Abs. 2 StVG; Art. 17 Abs. 2 Fall 4 CMR; Art. 36 § 2 CIM; Art. 20 WA.

I. Einleitung

1   Die Vorschrift statuiert in Anlehnung an Art. 17 Abs. 2 Fall 4 CMR[1] einen Ausschluss der Haftung gem. § 425 Abs. 1 für auch bei größter Sorgfalt nicht vermeidbare oder in ihren Folgen nicht abwendbare Schäden. Sie enthält einen durch § 428 auch auf die Hilfspersonen des Frachtführers erstreckten **Zurechnungsmaßstab, der den Haftungsgrundsatz des § 425 Abs. 1 ergänzt;**[2] ihre Ausgestaltung als Einwendung ist allein rechtstechnischer Natur, um auf diese Weise die Beweislast zu regeln.[3] Anders als in den Fällen des § 427, in denen dem Frachtführer die Beweiserleichterung des § 427 Abs. 2 zugutekommt, handelt es sich dabei nicht um einen bevorrechtigten, sondern um einen **einfachen Haftungsausschluss,** bei dem keine entsprechenden Beweiserleichterungen zugunsten des Frachtführers eingreifen.

---

[316] Vgl. *Koller* Rn. 119 und 121 sowie § 427 Rn. 89; *Koller* TranspR 2000, 449 f.; *Koller* TranspR 2019, 1–5; Staub/*Jessen* § 427 Rn. 47; aA BGH Urt. v. 23.11.2017 – I ZR 51/16, TranspR 2018, 194 Rn. 16–21 und – zur Beweiskraft von Übernahmequittungen – Rn. 32 f. = VersR 2018, 1279 = NJW-RR 2018, 551 = RdTW 2018, 132; OLG Brandenburg Urt. v. 29.3.2000 – 7 U 206/98, TranspR 2000, 358 (359); OLG Köln Urt. v. 15.12.2009 – 3 U 175/08, TranspR 2010, 147 (148); MüKoHGB/*Herber/Harm* § 427 Rn. 42 f.; *Andresen/*Valder Rn. 44 und 57; *Ramming* TranspR 2001, 53 (67 f.); *Bästlein/Bästlein* TranspR 2003, 413 (416); differenzierend OLG Hamm Urt. v. 2.11.1998 – 18 U 90/98, TranspR 2000, 361 (362) und Urt. v. 21.6.1999 – 18 U 201/98, TranspR 1999, 445 (446).

[317] → 1. Aufl. 2001, Rn. 52 mwN.

[318] OLG München Urt. v. 27.2.1987 – 23 U 3465/86, TranspR 1987, 185 (186) = VersR 1987, 932; *Koller* Rn. 119; *Ramming* TranspR 2001, 53 (66).

[1] Vgl. Begründung des Regierungsentwurfs des TRG, BT-Drs. 13/8445, 60 f.; Beschlussempfehlung und Bericht des Rechtsausschusses, BT-Drs. 13/10014, 48.

[2] *Koller* Rn. 1; missverständlich BGH Urt. v. 25.10.2007 – I ZR 151/04, TranspR 2008, 210 Rn. 19 = VersR 2008, 1711 = NJW-RR 2008, 840: „... verschuldensunabhängige Vorschrift des § 425 Abs. 1 HGB ...".

[3] Begründung des Regierungsentwurfs des TRG, BT-Drs. 13/8445, 61.

Die Vorschrift des § 426 ändert nichts daran, dass die Haftung des Frachtführers gem. §§ 425 ff. ein **2** **rechtswidriges Verhalten** voraussetzt. Der Frachtführer haftet daher nicht gem. §§ 425 ff., wenn er von seinem Pfandrecht gem. § 440 rechtmäßig Gebrauch macht,[4] das Gut im Rahmen eines Notstandes (§ 228 S. 1, § 904 S. 1 BGB) beschädigt oder zerstört[5] oder sich im Rahmen seiner im Frachtvertrag übernommenen Pflichten bewegt hat.[6] Dabei ist allerdings zu beachten, dass durch mit Verbrauchern getroffene Abreden gem. § 449 Abs. 3 zwar die Transportart vereinbart, nicht aber der Sorgfaltsmaßstab des § 426 verändert und dieser Sorgfaltsmaßstab gegenüber anderen Unternehmern nur durch im Einzelnen ausgehandelte Vereinbarungen verändert werden kann (→ § 449 Rn. 13 und 25 iVm 26–32).

Die Vorschrift des § 426 ändert des Weiteren nichts daran, dass der Frachtführer gem. den §§ 425 ff. **3** entsprechend dem vom historischen Gesetzgeber eindeutig zum Ausdruck gebrachten Willen[7] nicht anders als der Kfz-Halter gem. § 7 StVG aF einer verschuldensunabhängigen Haftung unterliegt.[8] Dementsprechend kann sich der Frachtführer nicht auf die §§ 827, 829 BGB berufen; denn diese Bestimmungen gelten zwar gem. § 276 Abs. 1 S. 2 BGB für alle Fälle der Verschuldenshaftung, nicht aber dort, wo die Verantwortlichkeit ohne das gesetzliche Erfordernis eines Verschuldens besteht.[9]

II. Unvermeidbarkeit; Unabwendbarkeit

1. Sorgfaltsmaßstab. Der Frachtführer ist von der in § 425 Abs. 1 angeordneten Haftung gem. **4** § 426 befreit, wenn auch ein besonders gewissenhafter Frachtführer bei Anwendung der äußersten ihm zumutbaren Sorgfalt den Schaden nicht hätte vermeiden können.[10] Die insoweit gegebene bewusste Anlehnung an die Rspr. zu § 7 Abs. 2 StVG aF dient der rechtssicheren Konkretisierung des in § 426 geregelten Haftungsausschlusstatbestandes und stellt sich daher ungeachtet der weiterhin – wenn auch nurmehr in geringerem Umfang – fortbestehenden Abweichung von der Regelung in Art. 17 Abs. 2 Fall 4 CMR als sinnvoll dar.[11]

Maßgeblich ist das Verhalten eines **idealen Frachtführers,** der eine über die schon gem. § 276 **5** Abs. 2 BGB, § 347 HGB gebotenen normalen Sorgfaltsanstrengungen erheblich hinausgehende Aufmerksamkeit, Geschicklichkeit und Umsicht sowie ein im Rahmen des Menschenmöglichen geistesgegenwärtiges und sachgemäßes Verhalten an den Tag legt[12] und dabei insbesondere auch Erkenntnisse berücksichtigt, die nach allgemeiner Erfahrung geeignet sind, Gefahrensituationen nach Möglichkeit zu vermeiden, auch soweit diese ihren Ursprung nicht in seinem Organisationsbereich haben.[13] Der Frachtführer hat Anstrengungen zur Schadensverhütung bis zu dem Punkt zu erbringen, an dem diese **im Rahmen der vereinbarten Transportart** bereits auf den ersten Blick als unzumutbar erscheinen.[14]

---

[4] Vgl. BGH Urt. v. 10.7.1997 – I ZR 75/95, TranspR 1998, 106 (108) = VersR 1998, 344 = NJW-RR 1998, 543; OLG Köln Urt. v. 30.5.2008 – 3 U 7/07, TranspR 2009, 37 (43); *Koller* Rn. 1; *Heymann/Joachim* Rn. 3.

[5] *Koller* Rn. 1; *Lammich/Pöttinger* Rn. 3. Mögliche Aufopferungsansprüche gem. § 228 S. 2, § 904 S. 2 BGB bleiben idR gem. § 425 ff., § 434 Abs. 1 HGB unberührt, weil es sich insoweit nicht um ein frachtspezifisches Risiko handelt (*Koller* Rn. 1).

[6] *Koller* Rn. 1.

[7] Vgl. Begründung des Regierungsentwurfs des TRG, BT-Drs. 13/8445, 60 f. und 69; Beschlussempfehlung und Bericht des Rechtsausschusses, BT-Drs. 13/10014, 47 f.; Beschlussempfehlung und Bericht des Ausschusses für Verkehr, BT-Drs. 13/10037, 35.

[8] OLG Köln Urt. v. 29.7.2003 – 3 U 49/03, TranspR 2004, 320 (321) = VersR 2004, 1438; *Fremuth* in Fremuth/Thume TranspR § 425 Rn. 1 und 9; *Koller* Rn. 2; *Heymann/Joachim* Rn. 2; *Staub/Jessen* Rn. 3; *Canaris* § 31 Rn. 19; *Piper* FG Herber, 1999, 135 (136); *Beckmann* VersR 1999, 1460 (1461); *Ramming* TranspR 2001, 53 (55); aA *Lammich/Pöttinger* § 425 Rn. 18 und § 426 Rn. 12; *Herber* NJW 1998, 3297 (3302) und auch weiterhin in MüKoHGB/*Herber/Harm* Rn. 4; *Ruhwedel* TranspR 1999, 369 (372); *Schriefers/Schlattmann* TranspR 2009, 402 (403 ff.).

[9] Vgl. *Koller* Rn. 2; *Palandt/Sprau* BGB § 827 Rn. 1 und § 829 Rn. 1.

[10] Vgl. Begründung des Regierungsentwurfs des TRG, BT-Drs. 13/8445, 61; Beschlussempfehlung und Bericht des Rechtsausschusses, BT-Drs. 13/10014, 48.

[11] OLG Brandenburg Urt. v. 21.7.2004 – 7 U 189/02, TranspR 2005, 114 (115); *Koller* Rn. 4; *Fremuth* in Fremuth/Thume TranspR Rn. 7; *Andresen/Valder* Rn. 3; *Staub/Jessen* Rn. 6 mwN; *Ramming* TranspR 2001, 53 (54).

[12] Vgl. BGH Urt. v. 13.12.1990 – III ZR 14/90, BGHZ 113, 164 (165) = VersR 1991, 925 (926) = NJW 1991, 1171; *Koller* Rn. 4; *Canaris* § 31 Rn. 16; *Ruhwedel* TranspR 1999, 369 (372); *Staub/Jessen* Rn. 7; MüKoHGB/*Herber/Harm* Rn. 6 mwN; aA *Andresen/Valder* Rn. 3 und *Schriefers/Schlattmann* TranspR 2009, 402 (404 f.), nach deren Ansicht vom Frachtführer zwar ein vorausschauendes, nicht aber ein idealtypisches Verhalten verlangt werden kann.

[13] Vgl. BGH Urt. v. 17.3.1992 – VI ZR 62/91, BGHZ 117, 337 (341) = VersR 1992, 714 (715) = NJW 1992, 1684; *Koller* Rn. 4; MüKoHGB/*Herber/Harm* Rn. 6; *Oetker/Paschke* Rn. 4; *Staub/Jessen* Rn. 7; aA *Didier*, Risikozurechnung bei Leistungsstörungen im Gütertransportrecht, 2001, 172 f.

[14] Vgl. OLG Köln Urt. v. 29.7.2003 – 3 U 49/03, TranspR 2004, 320 (321) = VersR 2004, 1438; OLG Bamberg Urt. v. 16.2.2005 – 3 U 125/04, OLG-Rep 2005, 720 (721); OLG Frankfurt a. M. Urt. v. 9.3.2006 – 15 U 86/05, TranspR 2006, 297 (298); OLG Hamm Urt. v. 21.4.2016 – 18 U 17/14, TranspR 2016, 450 (453) = RdTW 2017, 111; *Müglich* TranspR Rn. 3; *Lammich/Pöttinger* Rn. 5; *Koller* Rn. 4; *Baumbach/Hopt/Merkt* Rn. 2; MüKoHGB/*Herber/Harm* Rn. 7; *Oetker/Paschke* Rn. 5 und 7; *Staub/Jessen* Rn. 7; aA *Andresen/Valder* Rn. 3.

Das Vorliegen **höherer Gewalt** wird daher **nicht vorausgesetzt.**[15] Da der im Regierungsentwurf des TRG enthaltene § 426 S. 2, der eine dem Art. 17 Abs. 3 CMR entsprechende Regelung vorgesehen hat, im Gesetzgebungsverfahren auf Empfehlung des Rechtsausschusses[16] gestrichen wurde,[17] gilt er auch für Mängel des vom Frachtführer für die Beförderung verwendeten Fahrzeugs.[18] Wegen der Maßgeblichkeit der größtmöglichen Sorgfalt im Rahmen der vereinbarten Transportart sind dem Frachtführer Schutzmaßnahmen umso eher zumutbar, je höher der erkennbare Wert des Gutes, je gefährdeter dieses seiner Art nach und je risikoreicher der vom Frachtführer beschrittene Transportweg ist.[19] Der Frachtführer muss daher auch weder prüfen, ob eine andere als die vereinbarte Transportart weniger riskant ist,[20] noch sich nach dem Wert des Gutes erkundigen und darf grundsätzlich davon ausgehen, dass die Wertgrenze des § 431 Abs. 2 nicht überschritten wird.[21] Die Annahme einer Unzumutbarkeit aus wirtschaftlichen Gründen kommt etwa dann in Betracht, wenn der Aufwand zur Vermeidung des drohenden Schadens höher ist als die durch ihn in der Gesamtheit der Fälle zu erwartende Schadensminderung.[22] Maßnahmen zur Verhinderung des Eintritts von Schaden sind aber nicht schon deshalb als unzumutbar anzusehen, weil die Kosten im Verhältnis zur vereinbarten Fracht unverhältnismäßig hoch sind;[23] denn es ist Sache der Frachtführer, dafür zu sorgen, dass sie auch bei Einhaltung der gesetzlichen Rahmenbedingungen Gewinn erzielen, und kann auch nicht zu einer Herabsetzung des Sorgfaltsmaßstabs führen, dass diese möglicherweise Verluste hinnehmen, um etwa fixe Kosten zu mindern, auf dem Markt präsent zu sein oder Mitbewerber von diesem zu verdrängen.[24] Aus der Vergütungsvereinbarung lassen sich allerdings ggf. Rückschlüsse auf die vereinbarte Beförderungsart ziehen.[25]

6 **2. Fallgruppen (alphabetisch). a) Arbeitskämpfe.** Der Frachtführer braucht sich, da sonst das Gleichgewicht im Arbeitskampf empfindlich gestört würde, bei Streiks das Verhalten der für ihn oder seine Subunternehmer tätigen Arbeitnehmer nicht gem. §§ 426, 428 zurechnen zu lassen.[26] Bei entsprechenden Anzeichen muss er sich allerdings auf (rechtswidrige) Streiks einstellen und daher in labilen Situationen Ausweichmöglichkeiten planen und insbesondere, sofern ihm dadurch keine unzumutbaren Verluste entstehen, bestreikten Unternehmern die Aufträge entziehen und nicht bestreikte Subunternehmer verpflichten.[27]

7 **b) Brand.** Als nicht unvermeidbar anzusehen ist beispielsweise die Zerstörung eines in einem Wohngebiet ungesichert abgestellten Fahrzeugs durch Brandstiftung,[28] ein Brandanschlag auf einen in Spanien auf einem unbewachten Parkplatz abgestellten Lkw, auch wenn sich der (schlafende) Fahrer in dem Fahrzeug befindet und noch andere Lkws auf dem Parkplatz stehen,[29] ein Brand des Beförderungsmittels, dessen nicht aufklärbare Ursache sich möglicherweise von einem besonders sorgfältigen Frachtführer hätte vermeiden lassen,[30] und ein nächtlicher Brandanschlag auf einen auf einem unbe-

---

[15] Vgl. *Canaris* § 31 Rn. 16 und 21; *Andresen*/Valder Rn. 3; Oetker/*Paschke* Rn. 7; *Krins,* Der Umfang des zwingenden Charakters des deutschen Transportrechts, 2012, 228; aA *Lammich*/Pöttinger Rn. 6: „(müssen) ... an den Sorgfaltsmaßstab derart hohe Anforderungen gestellt werden, dass dieser Befreiungsgrund praktisch erst bei höherer Gewalt eingreift".

[16] Beschlussempfehlung und Bericht des Rechtsausschusses, BT-Drs. 13/10014, 48.

[17] Vgl. *Lammich*/Pöttinger Rn. 167 f. und 174 f.

[18] Vgl. Oetker/*Paschke* Rn. 4; *Fremuth* in Fremuth/Thume TranspR Rn. 13; aA *Lammich*/Pöttinger Rn. 10 ff., 12; *Müglich* TranspR Rn. 10.

[19] Vgl. BGH Urt. v. 6.6.2007 – I ZR 121/04, TranspR 2007, 423 Rn. 19 = VersR 2008, 1134 = NJW-RR 2008, 49 mwN; *Lammich*/Pöttinger Rn. 58; *Koller* Rn. 4; iErg ähnlich MüKoHGB/*Herber/Harm* Rn. 7 und Staub/*Jessen* Rn. 8; abw. *Neumann* TranspR 2004, 14 (16 ff.).

[20] *Koller* Rn. 4; Oetker/*Paschke* Rn. 5.

[21] *Koller* Rn. 4.

[22] Vgl. MüKoHGB/*Jesser-Huß* CMR Art. 17 Rn. 42; Oetker/*Paschke* Rn. 6; Staub/*Jessen* Rn. 10; aA *Koller* Rn. 4 Fn. 25.

[23] So aber OLG Köln Urt. v. 4.7.1995 – 22 U 272/94, TranspR 1996, 284 (286) = VersR 1996, 1566.

[24] Vgl. BGH Urt. v. 21.12.1966 – Ib ZR 154/64, VersR 1967, 153 (154) = NJW 1967, 499; OLG München Urt. v. 4.12.1996 – 7 U 3479/95, TranspR 1997, 193 (195 f.) = VersR 1997, 769; *Lammich*/Pöttinger Rn. 59; *Koller* Rn. 4; MüKoHGB/*Herber/Harm* Rn. 7; *Neumann* TranspR 2004, 14 (24).

[25] *Lammich*/Pöttinger Rn. 60; *Koller* Rn. 4; MüKoHGB/*Herber/Harm* Rn. 7; Staub/*Jessen* Rn. 8.

[26] Vgl. *Kreissl* JZ 1995, 695 (698 ff.); *Lammich*/Pöttinger Rn. 71; *Koller* Rn. 5; Heymann/*Joachim* Rn. 14; *Andresen*/Valder Rn. 6; MüKoHGB/*Herber/Harm* Rn. 20; Oetker/*Paschke* Rn. 19; Staub/*Jessen* Rn. 24; abw. *Ehmen* TranspR 2007, 354 (358 f.), der auch insoweit eine ökonomische Betrachtungsweise für geboten erachtet.

[27] Vgl. *Lammich*/Pöttinger Rn. 73; *Koller* Rn. 5; Heymann/*Joachim* Rn. 14; *Andresen*/Valder Rn. 4 und 6; MüKoHGB/*Herber/Harm* Rn. 20; Oetker/*Paschke* Rn. 19; Staub/*Jessen* Rn. 24.

[28] Vgl. BGH Urt. v. 5.6.1981 – I ZR 92/79, TranspR 1981, 130 = VersR 1981, 1030; *Müglich* TranspR Rn. 4; *Koller* Rn. 7; Heymann/*Joachim* Rn. 5; MüKoHGB/*Herber/Harm* Rn. 10; Oetker/*Paschke* Rn. 12; Staub/*Jessen* Rn. 17.

[29] OLG Düsseldorf Urt. v. 12.1.1984 – 18 U 151/83, TranspR 1984, 102 (103 f.); → 1. Aufl. 2001, Rn. 16; *Koller* Rn. 7.

[30] Vgl. OLG Düsseldorf Urt. v. 18.11.1971 – 18 U 102/71, VersR 1973, 177 (178); OLG Brandenburg Urt. v. 21.7.2004 – 7 U 189/02, TranspR 2005, 114 (115 f.); *Lammich*/Pöttinger Rn. 86; Heymann/*Joachim* Rn. 5; MüKoHGB/*Herber/Harm* Rn. 10 iVm 11 ff.

setzten Bahnhof unverschlossen abgestellten Eisenbahnwaggon.[31] Ein Verstoß gegen das Gebot größtmöglicher Sorgfalt liegt auch dann vor, wenn das Beförderungsmittel in der Nähe einer erkennbaren Gefahrenquelle – wie etwa neben einem Fahrzeug, an dem Schweißarbeiten durchgeführt werden – abgestellt wird und aus diesem Grund später ausbrennt.[32] Als unvermeidbar anzusehen ist dagegen der Brand von transportierten Pkws während der Fahrt, der entweder auf der unerkennbar fehlerhaften Elektrik der Fahrzeuge oder einer Brandstiftung durch unbekannte Täter beruht,[33] ein durch von außen in den Luftfilter eingedrungene Glut entstandener Brand[34], sowie der Brand eines Aufliegers infolge einer thermischen Überlast der Achskomponente, sofern der Fahrer vor Fahrtantritt eine visuelle Kontrolle der Reifen vorgenommen hat.[35]

c) Diebstahl und Raub. Diebstähle werden unter Verstoß gegen die im Rahmen des § 426 **8** geltenden Anforderungen größter Sorgfalt ua dadurch erleichtert, dass das Personal nicht – bei seiner Einstellung und auch nachfolgend laufend – auf seine Zuverlässigkeit überprüft wird,[36] dass die Fahrer Art und Wert der Ladung schon erhebliche Zeit vor dem Beginn des Transports kennen und bei wertvollen Gütern nicht rotierend eingesetzt werden,[37] dass die Beförderungsmittel nicht ständig auf Manipulationen hin untersucht werden,[38] dass die internen Betriebsvorgänge Außenstehenden gegenüber nicht abgeschottet und dementsprechend vertraulich behandelt werden,[39] dass keine ordnungsgemäßen Warenein- und/oder -ausgangskontrollen stattfinden,[40] dass die Sicherungen des Lagergeländes unschwer überwunden werden können,[41] dass die Beförderungsmittel nicht optimal gegen Entwendung gesichert sind[42] oder dass sie ungesichert und/oder unbewacht oder mit einer so schwachen Sicherung und/oder Bewachung abgestellt werden, dass diese Maßnahmen ohne besondere kriminelle Energie überwunden werden können.[43] Bei alledem gilt, dass umso höhere Anforderungen an die zu treffenden Sicherungsmaßnahmen zu stellen sind, je größer die mit der Güterbeförderung verbundenen Gefahren sind, und ist daher in diesem Zusammenhang neben dem Wert des beförderten Gutes von erheblicher Bedeutung, ob dieses leicht verwertbar und deshalb besonders diebstahlsgefährdet ist, ob dem Frachtführer die besondere Gefahrenlage bekannt sein musste und welche Möglichkeiten einer gesicherten Fahrtunterbrechung es im konkreten Fall gegeben hat, um die vorgeschriebenen Pausen einzuhalten.[44] In der zu der Problematik ergangenen, nahezu unübersehbaren Rspr. wird die Unabwendbarkeit des Güterschadens bei Diebstählen fast ausnahmslos verneint und in Raubfällen tendenziell eher bejaht.[45]

d) Fahrzeugmängel. Ein im Rahmen des § 426 – entgegen der ursprünglichen Intention des **9** Gesetzgebers (→ Rn. 5) – beachtlicher Mangel des verwendeten Transportmittels setzt voraus, dass auch bei äußerster Sorgfalt nicht zu erkennen war, dass diesem die nach der Vereinbarung der Parteien über die Qualität der Beförderung für deren sichere Durchführung erforderlichen Eigenschaften fehlten.[46]

---

[31] *Lammich/Pöttinger* Rn. 86 mwN.

[32] *Koller* Rn. 7; Heymann/*Joachim* Rn. 5; MüKoHGB/*Herber/Harm* Rn. 10; Oetker/*Paschke* Rn. 12.

[33] Vgl. OLG München Urt. v. 27.2.1987 – 23 U 3465/86, TranspR 1987, 185 (186) = VersR 1987, 932; *Koller* Rn. 7; *Lammich/Pöttinger* Rn. 87; *Müglich* TranspR Rn. 4; *Andresen*/Valder Rn. 4; MüKoHGB/*Herber/Harm* Rn. 10.

[34] OLG Brandenburg Urt. v. 21.7.2004 – 7 U 189/02, TranspR 2005, 114 (115); MüKoHGB/*Herber* Rn. 10; Staub/*Jessen* Rn. 17.

[35] OLG Hamm Urt. v. 21.4.2016 – 18 U 17/14, TranspR 2016, 450 (454 f.) = RdTW 2017, 111.

[36] *Lammich/Pöttinger* Rn. 90; *Koller* Rn. 8; Heymann/*Joachim* Rn. 6; Oetker/*Paschke* Rn. 13; Staub/*Jessen* Rn. 14.

[37] *Koller* Rn. 8; Heymann/*Joachim* Rn. 6; Staub/*Jessen* Rn. 14.

[38] *Koller* Rn. 8; Heymann/*Joachim* Rn. 6.

[39] *Koller* Rn. 8; Heymann/*Joachim* Rn. 6.

[40] Vgl. BGH Urt. v. 25.3.2004 – I ZR 205/01, BGHZ 158, 322 (333) = TranspR 2004, 309 (312) = VersR 2004, 1335 = NJW 2004, 2445; Urt. v. 11.11.2004 – I ZR 120/02, TranspR 2006, 161 (164); OLG Köln Urt. v. 19.6.2001 – 3 U 35/01, TranspR 2001, 407 (410) = VersR 2001, 1445; OLG München Urt. v. 27.7.2001 – 23 U 3096/01, TranspR 2002, 161 (162 f.); *Koller* Rn. 8 und 16; *Lammich/Pöttinger* Rn. 93; Heymann/*Joachim* Rn. 6; Oetker/*Paschke* Rn. 13.

[41] OLG Frankfurt a. M. Urt. v. 9.3.2006 – 15 U 86/05, TranspR 2006, 297 (298); *Koller* Rn. 8; Oetker/*Paschke* Rn. 13; MüKoHGB/*Herber/Harm* Rn. 9 mwN.

[42] *Lammich/Pöttinger* Rn. 92; *Koller* Rn. 8; Heymann/*Joachim* Rn. 6; Oetker/*Paschke* Rn. 13.

[43] Vgl. OLG München Urt. v. 28.11.2007 – 7 U 2993/07, TranspR 2008, 317 (318); OLG Saarbrücken Urt. v. 16.7.2008 – 5 U 34/08, TranspR 2008, 409 (410); *Koller* Rn. 8; Heymann/*Joachim* Rn. 6; *Lammich/Pöttinger* Rn. 94; MüKoHGB/*Herber/Harm* Rn. 9 mwN.

[44] Vgl. BGH Urt. v. 6.6.2007 – I ZR 121/04, TranspR 2007, 423 Rn. 19 = VersR 2008, 1134 = NJW-RR 2008, 49; Urt. v. 1.7.2010 – I ZR 176/08, TranspR 2011, 78 Rn. 21 = VersR 2011, 373 = NJW-RR 2011, 117; OLG München Urt. v. 17.7.2014 – 23 U 4545/13, TranspR 2015, 389 (390) = VersR 2015, 515 = RdTW 2015, 346.

[45] Vgl. MüKoHGB/*Herber/Harm* Rn. 8; Staub/*Jessen* Rn. 14; zur Vermeidbarkeit von Raubüberfällen vgl. allerdings *Koller* Rn. 13 mwN; vgl. außerdem iE *Lammich/Pöttinger* Rn. 95–135 und 147–165 und – zur Rspr. zum Haftungsausschluss nach Art. 17 Abs. 2 CMR – *Boecker* VersR 2003, 556 ff., *Boecker* ETR 2004, 445 ff. sowie *Boettge* VersR 2006, 1618 ff.

[46] Vgl. OLG Brandenburg Urt. v. 21.7.2004 – 7 U 189/02, TranspR 2005, 114 (115); *Koller* Rn. 11; *Koller* TranspR 2006, 265 (267); Heymann/*Joachim* Rn. 8; MüKoHGB/*Herber/Harm* Rn. 13; Oetker/*Paschke* Rn. 15.

Dementsprechend ist auch das Platzen oder das Brennen eines **Reifens** nicht nur dann unabwendbar, wenn es auf eine von außen kommende unabwendbare Fremdeinwirkung zurückzuführen ist[47] oder bei einem relativ neuwertigen Reifen ein auch bei größter Sorgfalt unerkennbarer Produktionsmangel nachgewiesen wird,[48] sondern immer schon dann, wenn der Frachtführer das Fahrzeug nachweislich ordnungsgemäß bereift und den Reifendruck regelmäßig überprüft hat.[49] Der Ausfall der **Kühlung** bei einem zwei Tage lang abgestellten LKW ist unabwendbar, wenn das Außenthermometer regelmäßig überwacht wurde und auch ansonsten keine Anhaltspunkte für den Ausfall erkennbar waren.[50] Bei **Kühltransporten** gelten im Übrigen die bei → § 425 Rn. 56 und → § 435 Rn. 10 dargestellten Grundsätze. Die **Plane** des Beförderungsmittels muss, soweit sie nicht gem. § 427 Abs. 1 Nr. 1 verzichtbar ist, so stabil sein, dass sie Orkanen, die nicht gänzlich außergewöhnlich sind, ebenso standhält wie in den Straßenraum hineinragenden Ästen.[51] Mit der Beladung eines vom vereinbarten Transportmittel (→ § 407 Rn. 7 ff.) nach Art oder Qualität abweichenden anderen Transportmittels willigt der Absender grundsätzlich auch dann nicht in diese geänderte Art der Beförderung ein, wenn er das dadurch erhöhte Transportrisiko erkennen kann, sondern muss er sich, wenn dieses Risiko sich nachfolgend tatsächlich realisiert hat, allenfalls eine Minderung seiner Ansprüche gem. § 425 Abs. 2 gefallen lassen.[52]

10   **e) Falschablieferung.** Der Frachtführer muss alle denkbaren und auch nur entfernt Erfolg versprechenden Maßnahmen ergreifen, um sich ein zuverlässiges Bild von der Empfangsberechtigung der Person zu verschaffen, an die er das Gut abliefert.[53] Geboten ist insbesondere eine kritische Prüfung von Ausweisen und Dokumenten.[54] Zu bedenken ist weiterhin, dass sich in den für die Ablieferung bezeichneten Gebäuden oder Gebäudekomplexen auch andere Personen als diejenigen aufhalten können, die zur Annahme des Gutes berechtigt sind.[55] Da es dem Frachtführer grundsätzlich für die Dauer seiner Obhut über das Gut obliegt, dessen Verlust soweit als möglich zu verhindern, führt auch die falsche Bezeichnung des Bestimmungsortes durch den Absender nicht notwendig zur Unabwendbarkeit des Schadens.[56] Soweit sich irgendwelche Zweifel an der Empfangsberechtigung ergeben, hat der Frachtführer Rücksprache zu nehmen.[57]

11   **f) Hoheitliche Maßnahmen, Bürgerkrieg, Unruhen, Plünderungen.** Bei Schäden infolge von hoheitlichen Maßnahmen wie beispielsweise Beschlagnahmen, Krieg, kriegsähnlichen Ereignissen und Verfügungen von hoher Hand sowie infolge von Bürgerkrieg, Unruhen und Plünderungen liegt ein Verstoß gegen das Erfordernis größter Sorgfalt nur dann nicht vor, wenn der Eintritt dieser Ereignisse unvorhersehbar war oder deren Vermeidung bereits auf den ersten Blick unzumutbare Anstrengungen erfordert hätte.[58] Das Letztere ist nicht schon dann der Fall, wenn der zusätzliche Aufwand ungewöhnlich ist und nicht einkalkuliert werden konnte.[59]

12   **g) Ladungsfehler.** Vgl. → § 412 Rn. 18–30 sowie → § 427 Rn. 15–29.

13   **h) Verkehrsbehinderungen.** Der Frachtführer hat sich, auch wenn keine Anzeichen für eine Störung erkennbar sind, vor dem Antritt der Fahrt und auch während der Beförderung laufend über Rundfunk, über Fachverbände, über die IHKs usw über mögliche Verkehrsstaus und Straßenblockaden zu informieren und sein Verhalten den insoweit erkennbaren Umständen fortlaufend in vorausschauender Weise anzupassen und daher, wenn entsprechende Anzeichen erkennbar werden, die sicherste

---

[47] Vgl. öOGH Urt. v. 10.7.1991 – 1 Ob 579/91, TranspR 1991, 422 (423); *Lammich/Pöttinger* Rn. 193 f. und 208 f.

[48] Vgl. *Koller* Rn. 14; Heymann/*Joachim* Rn. 12.

[49] Vgl. *Andresen*/Valder Rn. 5; aA *Koller* Rn. 14 Fn. 75.

[50] Vgl. OLG Hamburg Urt. v. 2.5.1985 – 6 U 206/84, TranspR 1985, 398 (399 f.) = VersR 1986, 865; MüKoHGB/*Herber*/*Harm* Rn. 13; Staub/*Jessen* Rn. 19.

[51] *Koller* Rn. 12.

[52] *Koller* Rn. 11; Oetker/*Paschke* Rn. 15.

[53] Vgl. OLG Hamburg Urt. v. 30.11.1995 – 6 U 104/95, TranspR 1996, 280 (282); OLG Düsseldorf Urt. v. 20.3.1997 – 18 U 140/96, TranspR 1997, 425 (427) = VersR 1998, 1442 = NJW-RR 1998, 37; OLG Stuttgart Urt. v. 13.10.1999 – 3 U 176/96, TranspR 2001, 127 (128 f.); *Koller* Rn. 8a; Heymann/*Joachim* Rn. 7; MüKoHGB/*Herber*/*Harm* Rn. 21; Oetker/*Paschke* Rn. 16; Staub/*Jessen* Rn. 25; zur Kasuistik vgl. *Lammich*/*Pöttinger* Rn. 63–70 und *Boecker* ETR 2004, 445 ff.

[54] Vgl. OLG Hamburg Urt. v. 28.7.1999 – 6 U 32/99, TranspR 2000, 176 (177); LG Berlin Urt. v. 26.1.2000 – 2 O 99/99, TranspR 2000, 255 (257) = VersR 2000, 1002; *Lammich*/*Pöttinger* Rn. 67; *Koller* Rn. 8a; Heymann/*Joachim* Rn. 7; Oetker/*Paschke* Rn. 16.

[55] Vgl. OLG Köln Urt. v. 16.1.1998 – 11 U 101/97, TranspR 1999, 203 (204); OLG Stuttgart Urt. v. 13.10.1999 – 3 U 176/96, TranspR 2001, 127 (129); *Koller* Rn. 8a; Heymann/*Joachim* Rn. 7; Staub/*Jessen* Rn. 25.

[56] OLG Bamberg Urt. v. 16.2.2005 – 3 U 125/04, OLG-Rep 2005, 720 (721); MüKoHGB/*Herber*/*Harm* Rn. 21; Staub/*Jessen* Rn. 25.

[57] OLG Hamburg Urt. v. 28.7.1999 – 6 U 32/99, TranspR 2000, 176 (177); *Lammich*/*Pöttinger* Rn. 67; *Koller* Rn. 8; Heymann/*Joachim* Rn. 7.

[58] Vgl. *Lammich*/*Pöttinger* Rn. 229 und – zur Kasuistik – Rn. 80, 227–249 sowie – im Hinblick auf Verspätungsschäden – Rn. 258 f. mwN; *Koller* Rn. 9; Heymann/*Joachim* Rn. 9.

[59] LG Hamburg Urt. v. 29.7.1994 – 402 O 72/94, TranspR 1994, 448 (449); *Lammich*/*Pöttinger* Rn. 229; *Koller* Rn. 9; Heymann/*Joachim* Rn. 7.

Möglichkeit zu wählen, um auftretende Verkehrsstörungen zu umgehen, außer ihm entstehen dadurch bereits auf den ersten Blick erkennbar unzumutbar hohe Kosten.[60] Unvermeidbar und unabwendbar sind daher regelmäßig nur solche Staus und Blockaden, die völlig überraschend oder flächendeckend auftreten,[61] nicht dagegen eine mangels Erkundung der Wegstrecke eingetretene Transportverspätung.[62] Soweit wegen der Behinderung große Umwege gefahren werden müssen, ist zunächst eine Weisung des Verfügungsberechtigten einzuholen.[63]

i) Verkehrsunfälle. Entsprechend den zum unabwendbaren Ereignis iSd **§ 7 Abs. 2 StVG aF** 14 **entwickelten Grundsätzen** liegt ein unvermeidbarer und unabwendbarer Schaden nur dann vor, wenn sein Eintritt und seine Folgen bei eigener korrekter Fahrweise auch bei Anwendung der äußersten gebotenen und zumutbaren Sorgfalt nicht verhindert werden konnten, sodass bereits jede möglicherweise schadensursächlich gewordene Nachlässigkeit der Annahme der Unvermeidbarkeit entgegensteht.[64] **Nicht unvermeidbar** sind daher etwa Schäden infolge schlechter Straßenverhältnisse in der früheren Sowjetunion[65] oder infolge nicht völlig ungewöhnlicher und unvorhersehbarer Ausweichmanöver oder Notbremsungen,[66] ein Auffahrunfall, der möglicherweise dadurch entstanden ist, dass der vorausfahrende Frachtführer mit seinem Fahrzeug plötzlich und für den nachfolgenden Verkehr unvermutet eingeschert ist,[67] das Durchbrechen einer Leitplanke, wenn die Ursache dafür ungeklärt bleibt,[68] eine Beschädigung des Transportguts durch in den Straßenraum hineinragende Äste und Zweige[69] sowie ein Unfall, bei dem der Frachtführer nicht nachweisen kann, dass das erkennbar mit erheblichen Schadensrisiken behaftete Gut nicht höher war als die in der behördlichen Transportgenehmigung angegebene Durchfahrthöhe einer Brücke.[70] Der ideale Frachtführer macht bei plötzlich auftretenden Gefahrenlagen wie etwa Nebel, Glatteis, Sturm oder Wolkenbruch bei der ersten sich ihm bietenden Parkgelegenheit Halt.[71] Ebenso rechnet er damit, dass bei einem Sturm Bäume umstürzen können und nach einem Wolkenbruch die Straße unterspült sein kann.[72] **Unvermeidbar** ist dagegen etwa ein trotz optimaler eigener Fahrweise nicht zu vermeidender Zusammenstoß mit einem auf die Gegenfahrbahn herübergeschleuderten entgegenkommenden Fahrzeug,[73] das Auffahren eines anderen Verkehrsteilnehmers auf ein ordnungsgemäß geparktes Fahrzeug[74] sowie ein Unfall wegen einer plötzlichen und nicht vorhersehbaren Bremsung eines vorausfahrenden Pkws auf der Überholspur einer Schnellstraße.[75] Dasselbe gilt für einen Schaden bei Benutzung der von den Behörden vorgeschriebenen Wege[76] sowie für einen Unfall, der darauf beruht, dass ein bislang gesunder Frachtführer am Steuer plötzlich einen Ohnmachtsanfall oder einen Herzinfarkt erleidet.[77]

j) Witterung. Infolge von Wetter- und Witterungseinflüssen eingetretene Schäden sind regelmäßig 15 nicht unvorhersehbar und unvermeidbar, weil der in § 426 vorausgesetzte ideale Frachtführer sich in dieser Hinsicht umfassend informiert und die notwendigen Vorkehrungen trifft, wobei er sich auch auf die im schlimmsten Fall denkbaren Entwicklungen einstellt[78] und iÜ bei witterungsbedingt überraschend auftretenden Gefahrenlagen die erste sich ihm bietende Gelegenheit zum Parken nutzt (→ Rn. 14).

---

[60] *Lammich/Pöttinger* Rn. 81, 83 und 256; *Koller* Rn. 6 und 17; *Heymann/Joachim* Rn. 13; MüKoHGB/*Herber/Harm* Rn. 17 und 7; *Oetker/Paschke* Rn. 18.

[61] Vgl. *Lammich/Pöttinger* Rn. 82, 255 und 258; *Koller* Rn. 6; *Heymann/Joachim* Rn. 13.

[62] OLG Düsseldorf Urt. v. 3.6.1993 – 18 U 7/93, VersR 1995, 1211 = NJW-RR 1994, 1523; *Koller* Rn. 17 iVm 6; *Lammich/Pöttinger* Rn. 251; MüKoHGB/*Herber/Harm* Rn. 17; *Oetker/Paschke* Rn. 18 mwN.

[63] → 1. Aufl. 2001, Rn. 17; *Lammich/Pöttinger* Rn. 256.

[64] BGH Urt. v. 10.4.2003 – I ZR 228/00, TranspR 2003, 303 (304) = VersR 2004, 399; *Lammich/Pöttinger* Rn. 250; MüKoHGB/*Herber/Harm* Rn. 18; *Koller* Rn. 15; *Oetker/Paschke* Rn. 18; *Staub/Jessen* Rn. 23.

[65] OLG Hamburg Urt. v. 29.5.1980 – 6 U 137/79, VersR 1980, 950; → 1. Aufl. 2001, Rn. 15; *Lammich/Pöttinger* Rn. 251.

[66] *Oetker/Paschke* Rn. 18; *Lammich/Pöttinger* Rn. 251.

[67] OLG Hamburg Urt. v. 6.11.1980 – 6 U 68/80, VersR 1982, 556; *Lammich/Pöttinger* Rn. 251.

[68] OLG Bremen Urt. v. 12.2.1976 – 2 U 113/75, VersR 1976, 584 (585); → 1. Aufl. 2001, Rn. 15; *Lammich/Pöttinger* Rn. 251.

[69] OLG Hamburg Urt. v. 22.9.1983 – 6 U 203/82, VersR 1984, 235; → 1. Aufl. 2001, Rn. 15; *Koller* Rn. 12.

[70] BGH Urt. v. 10.4.2003 – I ZR 228/00, TranspR 2003, 303 (304) = VersR 2004, 399 gegen OLG Celle Urt. v. 7.9.2000 – 11 U 145/97, TranspR 2001, 119 (121 f.).

[71] *Canaris* § 31 Rn. 17.

[72] *Canaris* § 31 Rn. 17; *Koller* Rn. 15.

[73] BGH Urt. v. 28.2.1975 – I ZR 40/74, VersR 1975, 610 (611) = NJW 1975, 1597; *Canaris* § 31 Rn. 17; *Lammich/Pöttinger* Rn. 253; *Koller* Rn. 15.

[74] → 1. Aufl. 2001, Rn. 15; *Lammich/Pöttinger* Rn. 253.

[75] → 1. Aufl. 2001, Rn. 15.

[76] OLG Celle Urt. v. 7.9.2000 – 1 U 145/97, TranspR 2001, 119 (121); *Koller* Rn. 15; MüKoHGB/*Herber/Harm* Rn. 19; *Staub/Jessen* Rn. 23.

[77] *Canaris* § 31 Rn. 18.

[78] Vgl. *Lammich/Pöttinger* Rn. 261–265 m. umfangr. Nachw.; *Koller* Rn. 12 und 18 mwN; *Heymann/Joachim* Rn. 10; aA *Schriefers/Schlattmann* TranspR 2009, 402 (404), nach deren Ansicht vom Frachtführer kein idealtypisches Verhalten verlangt werden kann.

16   **3. Rechtsfolge.** Der Frachtführer ist beim Vorliegen des in § 426 umschriebenen Tatbestandes von seiner sich aus § 425 Abs. 1 ergebenden Haftung nur insoweit befreit, als der Verlust, die Beschädigung oder die Lieferfristüberschreitung und deren Folgen unvermeidbar und unvorhersehbar gewesen sind.[79] Als Rechtsfolge kommt daher hier – anders als im Fall des Art. 17 Abs. 2 CMR – sowohl ein **gänzlicher** als auch ein **anteiliger Haftungsausschluss** in Betracht.[80]

17   **4. Darlegungs- und Beweislast.** Der Frachtführer hat entsprechend den allgemeinen beweisrechtlichen Grundsätzen die Unabwendbarkeit des Schadensfalles darzulegen und, soweit der Gegner bestreitet, auch im vollen Umfang zu beweisen.[81] Er muss, um von seiner Haftung freizukommen, insbesondere den Nachweis führen, dass die Folgen der unvermeidbaren schadenstiftenden Umstände nicht abgewendet werden konnten, nicht aber alle nur theoretisch denkbaren Schadensverläufe widerlegen, für deren Vorliegen im konkreten Fall keinerlei Anhaltspunkte sprechen.[82] Vielmehr reicht es aus, dass er entweder die für ihn unvermeidbare konkrete Schadensursache beweist oder immerhin – was allerdings nur selten möglich sein wird – dartut und beweist, dass sämtliche ernsthaft in Betracht kommenden Schadensursachen auch bei größter Sorgfalt weder vermeidbar noch in ihren Folgen abwendbar waren.[83] Mögliche Verursachungsbeiträge des Absenders oder Empfängers sind nicht schon im Rahmen des § 426, sondern erst im Rahmen des § 425 Abs. 2 zu berücksichtigen.[84] Soweit entsprechende Erfahrungssätze bestehen, kann er sich dabei ggf. auch auf einen Anscheinsbeweis stützen.[85]

§ 427 Besondere Haftungsausschlußgründe

(1) **Der Frachtführer ist von seiner Haftung befreit, soweit der Verlust, die Beschädigung oder die Überschreitung der Lieferfrist auf eine der folgenden Gefahren zurückzuführen ist:**
1. **vereinbarte oder der Übung entsprechende Verwendung von offenen, nicht mit Planen gedeckten Fahrzeugen oder Verladung auf Deck;**
2. **ungenügende Verpackung durch den Absender;**
3. **Behandeln, Verladen oder Entladen des Gutes durch den Absender oder den Empfänger;**
4. **natürliche Beschaffenheit des Gutes, die besonders leicht zu Schäden, insbesondere durch Bruch, Rost, inneren Verderb, Austrocknen, Auslaufen, normalen Schwund, führt;**
5. **ungenügende Kennzeichnung der Frachtstücke durch den Absender;**
6. **Beförderung lebender Tiere.**

(2) [1]**Ist ein Schaden eingetreten, der nach den Umständen des Falles aus einer der in Absatz 1 bezeichneten Gefahren entstehen konnte, so wird vermutet, daß der Schaden aus dieser Gefahr entstanden ist.** [2]**Diese Vermutung gilt im Falle des Absatzes 1 Nr. 1 nicht bei außergewöhnlich großem Verlust.**

(3) **Der Frachtführer kann sich auf Absatz 1 Nr. 1 nur berufen, soweit der Verlust, die Beschädigung oder die Überschreitung der Lieferfrist nicht darauf zurückzuführen ist, daß der Frachtführer besondere Weisungen des Absenders im Hinblick auf die Beförderung des Gutes nicht beachtet hat.**

(4) **Ist der Frachtführer nach dem Frachtvertrag verpflichtet, das Gut gegen die Einwirkung von Hitze, Kälte, Temperaturschwankungen, Luftfeuchtigkeit, Erschütterungen oder ähnlichen Einflüssen besonders zu schützen, so kann er sich auf Absatz 1 Nr. 4 nur berufen, wenn er alle ihm nach den Umständen obliegenden Maßnahmen, insbesondere hinsichtlich der Auswahl, Instandhaltung und Verwendung besonderer Einrichtungen, getroffen und besondere Weisungen beachtet hat.**

(5) **Der Frachtführer kann sich auf Absatz 1 Nr. 6 nur berufen, wenn er alle ihm nach den Umständen obliegenden Maßnahmen getroffen und besondere Weisungen beachtet hat.**

---

[79] Vgl. Begründung des Regierungsentwurfs des TRG, BT-Drs. 13/8445, 61.
[80] MüKoHGB/*Herber/Harm* Rn. 25; *Lammich/Pöttinger* Rn. 24 und 284; *Koller* Rn. 19; Heymann/*Joachim* Rn. 16; Oetker/*Paschke* Rn. 9.
[81] Vgl. Begründung des Regierungsentwurfs des TRG, BT-Drs. 13/8445, 61; OLG Brandenburg Urt. v. 21.7.2004 – 7 U 189/02, TranspR 2005, 114 (115); OLG Düsseldorf Urt. v. 14.3.2007 – 18 U 138/06, TranspR 2007, 199 (200); OLG Hamm Urt. v. 21.4.2016 – 18 U 17/14, TranspR 2016, 450 (453) = RdTW 2017, 111; Urt. v. 27.6.2016 – 18 U 110/14, TranspR 2016, 442 (445) = RdTW 2016, 390; Nichtzulassungsbeschwerde zurückgewiesen: BGH Beschl. v. 16.3.2017 – I ZR 169/16; *Koller* Rn. 20; *Fremuth* in Fremuth/Thume TranspR Rn. 6; *Andresen*/Valder Rn. 8; Heymann/*Joachim* Rn. 17; Baumbach/Hopt/*Merkt* Rn. 1; *Lammich/Pöttinger* Rn. 22; MüKoHGB/*Herber/Harm* Rn. 24; Oetker/*Paschke* Rn. 8 und 10; Staub/*Jessen* Rn. 12.
[82] OLG Düsseldorf Urt. v. 14.3.2007 – 18 U 138/06, TranspR 2007, 199 (200); BeckOK HGB/*Kirchhof* Rn. 12; aA *Koller* Rn. 20.
[83] Heymann/*Joachim* Rn. 17; *Andresen*/Valder Rn. 8; *Koller* Rn. 20 mwN.
[84] *Fremuth* in Fremuth/Thume TranspR Rn. 21; MüKoHGB/*Herber/Harm* Rn. 23.
[85] *Koller* Rn. 20; *Lammich/Pöttinger* Rn. 35 f. mwN.

Schrifttum: *Fischer,* Zur Entwicklung der Rechtsprechung in der Binnenschifffahrt, VersR 2010, 436; *Froeb,* Die Haftung für Beschaffenheitsschäden im Transportrecht, 1991; *Kirchhof,* Der Transportschaden durch unzureichende Ladungssicherung im Spannungsfeld zwischen Verkäufer, Käufer und Frachtführer, FS Thume, 2008, 187; *Koller,* Zur Beweislast für unzureichende Vorkühlung von Transportgut – Anmerkung zum Urteil des Brandenburgischen OLG vom 29.3.2000 – 7 U 206/98, TranspR 2000, 358; *Koller,* Gefälligkeiten des nicht zum Ver- und Entladen verpflichteten Frachtführers und seiner Leute, TranspR 2014, 169; *Koller,* Die Beweislast für den ordnungsgemäßen Zustand des Gutes bei dessen Übernahme, insbesondere für die Vorkühlung, TranspR 2019, 1; *Mittelhammer,* Verpackung und Verpackungsmängel; Pflichten und Haftungsfragen der am Transport beteiligten Personen, TranspR 2014, 140; *Neufang/Valder,* Laden und Ladungssicherheit im Straßengüterverkehr – Wer ist verantwortlich?, TranspR 2002, 325; *Piper,* Ausgewählte Fragen zur Haftung und zur Darlegungs- und Beweislast im Prozeß des Frachtführers und Spediteurs unter Berücksichtigung des Transportrechtsreformgesetzes, FG Herber, 1999, 135; *Ramming,* Die Entlastung des Frachtführers von seiner Haftung nach § 425 Abs. 1 HGB für Verlust und Beschädigung des Gutes und Überschreitung der Lieferfrist, TranspR 2001, 53; *Ramming,* Anmerkung zum Urteil des BGH vom 13.9.2007 – I ZR 207/04, NJW 2008, 1075; *Ramming,* Der FOB-Verkäufer als Hilfsperson des Absenders bei der Verladung, Hamburger Zeitschrift für Schiffahrtsrecht 2009, 224; *Ramming,* Anmerkung zu einer Entscheidung des AG Bremen, Urteil vom 2.9.2016 (11 C 1/15) – Zur Beschädigung von Deckladung nach Kollision mit einer Brücke, RdTW 2018, 39; *P. Schmidt,* Vereinbarte Verpackung durch den Transportunternehmer: Nebenpflicht im Rahmen der §§ 407 ff. oder werkvertragliche Hauptleistungspflicht?, TranspR 2010, 88; *Thume,* Haftungsprobleme bei CMR-Kühltransporten, TranspR 1992, 1; *Thume,* Rechtsfolgen der Verletzung vertraglich vereinbarter Prüfungspflichten bei Kühltransporten, r+s 2011, 503; *Thume,* Verpackungsmängel im allgemeinen deutschen Frachtrecht und im grenzüberschreitenden Straßengüterverkehr, TranspR 2013, 8; *Valder,* Im Blickpunkt: Haftungsfragen beim Transport von Neuwagen, TranspR 2012, 433; *Zapp,* Rechtsprobleme im Zusammenhang mit der Verpackung in der CMR und im deutschen Handelsgesetzbuch, TranspR 2004, 333.

Parallelvorschriften: § 499 HGB; Art. 17 Abs. 4, Art. 18 Abs. 2–4 CMR; Art. 36 § 3 CIM.

Übersicht

I. Einleitung

1   Die Vorschrift, die sich insoweit an Art. 17 Abs. 4 CMR anlehnt,[1] enthält sog. **bevorrechtigte Haftungsausschlussgründe,** welche die zunächst einmal sehr weitreichende Kausalhaftung des Frachtführers gem. § 425 Abs. 1, § 426 nicht unerheblich einschränken. Diese unterscheiden sich von den in § 425 Abs. 2, § 426 geregelten einfachen Haftungsausschlussgründen vor allem dadurch, dass dem Frachtführer die **Beweiserleichterung nach § 427 Abs. 2** zustatten kommt, und gelten – insoweit abweichend von Art. 17 Abs. 4 CMR – nicht nur für die Fälle des Verlusts und der Beschädigung des Gutes, sondern – im Sinne der Einheitlichkeit der Haftungsbestimmungen – **auch** für den Fall der **Überschreitung der Lieferfrist.** Sie greifen ein, „soweit" einer der in dieser Bestimmung aufgeführten Haftungsausschlussgründe **für einen eingetretenen Schaden ursächlich** gewesen ist. In dieser Formulierung kommt zum Ausdruck, dass zwar in den Fällen, in denen der Schaden ausschließlich auf einer der besonderen Gütergefahren beruht, eine gänzliche Haftungsbefreiung eintritt, ansonsten aber eine **Schadensteilung** nach Maßgabe der mitwirkenden Verursachungsbeiträge zu erfolgen hat.

2   Der Regelung des § 427 liegt die Erwägung zugrunde, dass die dort jeweils umschriebene tatbestandliche Situation auf **besondere Gefahren** abstellt, die **außerhalb** des Verantwortungs- und **Risikobereichs des Frachtführers** liegen, und dass es deshalb nicht gerechtfertigt ist, auch in solchen Fällen die strenge Haftung des § 425 Abs. 1 eingreifen zu lassen.[2]

II. Besondere Haftungsausschlussgründe

3   **1. Offene Frachtbeförderung oder Verladung auf Deck (Abs. 1 Nr. 1). a) Allgemeines.** Der in § 427 Abs. 1 Nr. 1 in Übereinstimmung mit Art. 17 Abs. 4 lit. a CMR für die Fälle der vereinbarten oder der Übung entsprechenden Verwendung von offenen, nicht mit Planen gedeckten Fahrzeugen[3] und der Verladung auf Deck eines Schiffes bestimmte Haftungsausschlussgrund kommt nur dann zum Tragen, wenn das Gut **tatsächlich** offen oder auf Deck befördert wurde; denn der Grund des Haftungsausschlusstatbestandes liegt in der dem Absender auf Grund seines Einverständnisses zuzurechnenden tatsächlichen Risikoerhöhung.[4] Die Regelung trägt dem Umstand Rechnung, dass das Gut durch seine offene Beförderung **äußeren Einflüssen** wie insbesondere der Witterung sowie dem Zugriff unberechtigter Dritter in **gesteigertem Maße** ausgesetzt ist.[5] Bei einer Verladung auf Deck besteht die zusätzliche Gefahr des Überbordspülens. Soweit eine offene Beförderung oder Verladung auf Deck nicht vereinbart wurde und auch nicht der Übung entspricht, muss die gem. § 411 S. 1 dem Absender obliegende Verpackung des Gutes nur den Anforderungen an einen Transport in geschlossenen Beförderungsmitteln oder einer Verladung unter Deck genügen; denn eine solche Beförderung stellt den Normalfall dar, von dem der Absender grundsätzlich auch ausgehen darf.[6] Der Haftungsausschlussgrund des § 427 Abs. 1 Nr. 1 kommt **auch bei Verspätungsschäden** in Betracht.[7]

4   **b) Offene Beförderung und Decksverladung.** Eine **offene Beförderung** liegt vor, wenn die **Ladefläche** des Transportmittels **nicht von allen Seiten umschlossen** wird, und zwar auch dann, wenn das Gut wegen seiner Größe oder seiner Beschaffenheit überhaupt nicht in einem geschlossenen Fahrzeug befördert werden kann,[8] sowie auch dann, wenn das Transportmittel nur überdacht ist.[9] Eine mangelhafte Umschließung – etwa in Form einer undichten Plane – macht den Transport aber nur dann zu einer offenen Beförderung, wenn diese Art des Transports der vertraglichen Vereinbarung

---

[1] Vgl. Begründung des Regierungsentwurfs des TRG, BT-Drs. 13/8445, 62; zur Entstehungsgeschichte des § 427 vgl. MüKoHGB/*Herber/Harm* Rn. 2 f. und Staub/*Jessen* Rn. 5, zu den Unterschieden zwischen der dortigen Regelung und der seefrachtvertraglichen Regelung in § 499 vgl. Staub/*Jessen* Rn. 4, jeweils mwN.

[2] Zur ratio der Haftungsausschlüsse für Beschaffenheitsschäden im Transportrecht vgl. näher *Froeb,* Die Haftung für Beschaffenheitsschäden im Transportrecht, 1991, 32–36.

[3] Die Vorschrift greift daher ein, soweit das Gut mit Kraftfahrzeugen, Eisenbahnwaggons, Gabelstaplern oder auch Fahrrädern befördert wird, nicht dagegen, soweit es getragen oder mit einer Sackkarre oder mittels eines Krans bewegt wird (*Koller* Rn. 2; *Lammich/Pöttinger* Rn. 125 f.; *Ramming* TranspR 2001, 53 (56)).

[4] *Lammich/Pöttinger* Rn. 155; *Koller* Rn. 5; *Oetker/Paschke* Rn. 4.

[5] Staub/*Jessen* Rn. 7.

[6] OLG Düsseldorf Urt. v. 30.5.1988 – 18 U 293/87, TranspR 1988, 423 (425); OLG Köln Urt. v. 30.8.1990 – 17 U 35/89, TranspR 1990, 425 f.; OLG Nürnberg Urt. v. 12.4.1991 – 12 U 68/91, TranspR 1992, 63 (64).

[7] *Andresen/Valder* Rn. 19.

[8] Staub/*Jessen* Rn. 8.

[9] Vgl. *Koller* Rn. 3; MüKoHGB/*Herber/Harm* Rn. 9; Staub/*Jessen* Rn. 7; *Ramming* TranspR 2001, 53 (56).

entspricht.[10] Dasselbe gilt, wenn lediglich das Gut mit einer Plane umwickelt wird; denn der Plane kommt insoweit nur die Funktion einer (zusätzlichen) Verpackung zu, die nicht alle Risiken für das Gut in gleicher Weise vermindert wie eine Abdeckung der gesamten Ladefläche.[11] Ebenso greift § 427 Abs. 1 Nr. 1 dann ein, wenn das Gut auf einer offenen Pritsche in einem vom Absender gestellten allseitig verschlossenen Container befördert wird, weil der Container in einem solchen Fall Teil des Gutes ist.[12] Dagegen wird ein Container mit seiner Verladung Teil des – damit allseitig umschlossenen – Fahrzeugs, wenn er vom Frachtführer zur Vereinfachung und/oder Beschleunigung des Transports dem Absender überlassen worden ist.[13]

Eine **Decksverladung** liegt vor, wenn das Gut nicht im allseits umschlossenen Schiffsraum oder – vgl. § 59 Abs. 1 Nr. 1 BinnSchG aF – in einem Schiff ohne Verdeck befördert wird.[14] Die Vorschrift des § 427 Abs. 1 Nr. 1 kommt dann zur Anwendung, wenn ein vom Frachtführer gestellter Container auf dem Deck verladen wird, nicht dagegen dann, wenn sich Güter in Schiffsräumen befinden, die zwar zu den Decksaufbauten zählen, aber mit dem Schiffskörper fest verbunden und allseitig ausreichend geschützt sind.[15] Nicht „auf Deck" befindet sich ferner die am Haken eines Schwimmkranes hängende Ladung.[16] **5**

c) Vereinbarung oder Übung. Die beim Fehlen einer entsprechenden Übung für die Haftungsbefreiung gem. § 427 Abs. 1 Nr. 1 erforderliche **Vereinbarung** über die offene Beförderung oder Verladung auf Deck muss nicht – wie dies Art. 17 Abs. 4 lit. a CMR verlangt – ausdrücklich erfolgen; erforderlich ist vielmehr lediglich, dass diese Art der Beförderung vertragskonform ist.[17] Sie kann sich daher nach den allgemeinen Regeln der §§ 133, 157 BGB **auch aus den Umständen** – wenn etwa der Absender Kenntnis von der vom Frachtführer geplanten Verladung auf Deck hat – oder aus einer Weisung gem. § 418 ergeben.[18] Bei der Beurteilung der Frage, ob die Parteien eine entsprechende konkludente Vereinbarung getroffen haben, sind insbesondere auch die **Verkehrssitte** (§ 157 BGB)[19] und, sofern § 346 HGB anwendbar ist, die einschlägigen **Handelsbräuche** zu beachten.[20] Eine **konkludente Vereinbarung kann** allerdings **nicht** schon deshalb **ohne weiteres angenommen werden,** weil der Absender den offenen Wagen selbst belädt oder bemerkt, dass der Frachtführer die Planen nicht schließt. Zum einen wird dem Ladepersonal des Absenders regelmäßig die Vollmacht für eine entsprechende Abänderung des Frachtvertrags fehlen und liegt es insbesondere bei einer Übernahme des Gutes bei einem Dritten auf der Hand, dass dieser kaum je entsprechend bevollmächtigt sein wird; zum anderen wird man auch dem Absender, der selbst verlädt, nicht allein schon deshalb den Willen zur Abänderung des Frachtvertrags unterstellen dürfen, weil er erkennen konnte, dass mit einem Transport in einem offenen Fahrzeug ein Haftungsausschluss verbunden sein konnte.[21] In entsprechenden Fällen kommt daher grundsätzlich nur eine Minderung des Schadensersatzanspruchs gem. § 425 Abs. 2 Fall 1 unter dem Gesichtspunkt eines Handelns auf eigene Gefahr in Betracht.[22] Da § 427 Abs. 1 Nr. 1 ganz allgemein an Vereinbarungen anknüpft, kann eine derartige Vereinbarung **auch in AGB** enthalten sein.[23] Allerdings dürfen solche AGB weder überraschend iSd § 305c Abs. 1 BGB sein noch den Vertragspartner des Verwenders iSd § 307 BGB unangemessen benachteiligen; dabei ist Letzteres insbesondere dann anzunehmen, wenn das Gut üblicherweise in allseits geschlossenen Fahrzeugen befördert oder bei einer Beförderung in offenen Fahrzeugen bzw. auf Deck erkennbar erhöhten Risiken ausgesetzt wird, ohne dass für eine solche Art der Beförderung ein wirtschaftlicher Anlass ersichtlich wäre, und treffen den Frachtführer umso höhere Aufklärungspflichten, je unerfahrener der Absender ist.[24] Eine **Eintragung der Vereinbarung in den Frachtbrief** (vgl. § 408 Abs. 1 **6**

---

[10] *Koller* Rn. 3, 5 und 9 mwN.

[11] OLG Düsseldorf Urt. v. 4.11.2015 – 18 U 185/14, TranspR 2016, 151 (152) = RdTW 2016, 100; *Lammich/Pöttinger* Rn. 158; *Koller* Rn. 3; *Staub/Jessen* Rn. 8; vgl. auch → CMR Art. 17 Rn. 46 und MüKoHGB/*Jesser-Huß* CMR Art. 17 Rn. 54; aA OLG München Urt. v. 15.3.2006 – 7 U 1504/06, TranspR 2006, 355 (357).

[12] *Koller* Rn. 3; *Heymann/Joachim* Rn. 3; *Staub/Jessen* Rn. 8; *Lammich/Pöttinger* Rn. 161 mwN.

[13] *Koller* Rn. 3; *Heymann/Joachim* Rn. 3; *Ramming* TranspR 2001, 53 (56).

[14] *Koller* Rn. 4; *Lammich/Pöttinger* Rn. 176; *Heymann/Joachim* Rn. 4; *Ramming* TranspR 2001, 53 (56).

[15] *Koller* Rn. 4; *Lammich/Pöttinger* Rn. 4; *Heymann/Joachim* Rn. 4.

[16] *Koller* Rn. 4; aA *Ramming* TranspR 2001, 53 (57); *Heymann/Joachim* Rn. 4.

[17] Begründung des Regierungsentwurfs des TRG, BT-Drs. 13/8445, 62; MüKoHGB/*Herber/Harm* Rn. 8.

[18] Vgl. *Koller* Rn. 6; *Fremuth* in Fremuth/Thume TranspR Rn. 8; *Ramming* TranspR 2001, 53 (57).

[19] Dabei ist die Erklärungssitte an dem Ort maßgeblich, an dem der Absender seine Erklärung abgibt, und darf, wenn die Beteiligten unterschiedlichen Branchen angehören, die ihnen nicht gemeinsame Verkehrssitte nicht zum Nachteil desjenigen herangezogen werden, der gerade diesem Verkehrskreis nicht angehört, in dem sich die Verkehrssitte gebildet hat (MüKoBGB/*Busche* § 157 Rn. 24; *Koller* Rn. 7; *Lammich/Pöttinger* Rn. 141).

[20] Vgl. zu den Geltungsvoraussetzungen eines Handelsbrauchs iE → § 346 Rn. 6–20 sowie – insbesondere im Blick auf bei Frachtgeschäften bestehende Handelsbräuche – *Koller* Rn. 7 und *Lammich/Pöttinger* Rn. 141, jeweils mwN.

[21] Vgl. *Koller* Rn. 9 mwN.

[22] *Koller* Rn. 9.

[23] *Lammich/Pöttinger* Rn. 145; *Koller* Rn. 7; *Heymann/Joachim* Rn. 6; MüKoHGB/*Herber/Harm* Rn. 8; *Staub/Jessen* Rn. 11; *Ramming* TranspR 2001, 53 (57).

[24] *Lammich/Pöttinger* Rn. 145; *Koller* Rn. 7; *Heymann/Joachim* Rn. 6; BeckOK HGB/*Kirchhof* Rn. 4.

S. 1 Nr. 12) oder **Ladeschein** (§ 443 Abs. 1 S. 1) hat zwar – anders als bei der CMR (→ CMR Art. 17 Rn. 45) – lediglich deklaratorische Bedeutung, **empfiehlt sich** für den – in dieser Hinsicht beweisbelasteten (→ Rn. 11) – Frachtführer aber **aus Beweisgründen**.[25]

7 Soweit gem. § 427 Abs. 1 Nr. 1 auch eine der **Übung** entsprechende Verwendung genügt, soll damit nach dem Willen des Gesetzgebers[26] den Fällen Rechnung getragen werden, in denen sich der offene Transport oder die Verladung auf Deck – wie etwa im Containerverkehr, bei der Beförderung von Pkws oder bei Schüttgut – als selbstverständlich darstellt. Dementsprechend kommt der Formulierung „der Übung entsprechende Verwendung" keine über die Begriffe „Verkehrssitte" in § 157 BGB und „Handelsbrauch" in § 346 HGB hinausgehende, sondern lediglich eine klarstellende Bedeutung zu.[27] Da § 427 Abs. 1 Nr. 1 vertragswidrige Transporte nicht sanktionslos stellt, muss sich ein Absender, der den offenen Transport oder die Verladung auf Deck in seinen wirksam und insbesondere ohne Verstoß gegen die in den §§ 305c, 307 BGB enthaltenen Verbote (→ Rn. 6) in den Frachtvertrag einbezogenen AGB oder gar im Rahmen einer Individualvereinbarung oder einer bindenden Weisung iSd § 418 ausgeschlossen hat, nicht entgegenhalten lassen, dass diese Art der Beförderung üblich sei.[28] Wenn die Vereinbarung über den offenen Transport oder die Verladung auf Deck nichtig ist, ist gem. § 139 BGB im Zweifel der gesamte Frachtvertrag nichtig und eine Übung damit dann ebenfalls ohne Bedeutung.[29]

8 **d) Schadensursächlichkeit (Abs. 2).** Der Haftungsausschluss gem. § 427 Abs. 1 Nr. 1 setzt voraus, dass der vom Geschädigten geltend gemachte Schaden gerade auf die durch die vertragskonforme Verwendung offener Fahrzeuge oder Verladung auf Deck im Vergleich zu einer Beförderung in geschlossenen Fahrzeugen oder unter Deck **erhöhte Transportgefahr** zurückzuführen ist.[30] Eine solche Gefahrerhöhung kann insbesondere im Blick auf die Beschädigung oder Zerstörung des Gutes durch Witterungseinflüsse wie etwa Nässe, Hitze, Kälte, Frost und Wind, auf sonstige äußere Einwirkungen auf das Gut wie Funkenflug, brennende Zigarettenstummel, Steinschlag, Verschmutzungen durch Sand oder Staub, Berührung der Tunnelwände oder von in den Straßenraum hineinragenden Ästen und Zweigen, Heraus- oder Herabfallen von Teilen der Ladung sowie die durch deren leichtere Zugänglichkeit begünstigte Entwendung oder mutwillige Beschädigung oder Zerstörung eintreten.[31] Die Schadensursächlichkeit ist dagegen etwa dann zu verneinen, wenn der Schaden darauf beruht, dass der verladepflichtige Frachtführer das Gut nicht ordnungsgemäß verstaut hat oder das benutzte Beförderungsmittel mangelhaft war.[32] Auch in der Kollision der Ladung, die das für die Beförderung benutzte (Binnen-)Schiff überragt, mit einer die Wasserstraße überspannenden Brücke verwirklicht sich kein Risiko der offenen Decksverladung iSv § 427 Abs. 1 Nr. 1.[33] Zur Darlegungs- und Beweislast → Rn. 11–14.

9 **e) Missachtung besonderer Weisungen (Abs. 3).** Der Frachtführer kann sich auf den Haftungsausschluss gem. § 427 Abs. 1 Nr. 1 nur insoweit berufen, als nicht die Missachtung einer besonderen Weisung iSd § 427 Abs. 3 für den eingetretenen Schaden ursächlich[34] oder die Befolgung der Weisung unzumutbar oder trotz größter Sorgfalt unmöglich gewesen ist.[35] In den beiden zuletzt genannten Fällen muss der Frachtführer den Absender allerdings unverzüglich über die Nichteinhaltung der Weisung unterrichten.[36] Eine entsprechende Weisung kann sich aus einer im Frachtvertrag enthaltenen Regelung und damit auch aus in diesen einbezogenen AGB des Absenders wie auch des Frachtführers ergeben; sie kann aber auch nachträglich einvernehmlich vereinbart oder gem. § 418 Abs. 1 oder 2 erteilt worden sein.[37] Eine besondere Weisung liegt nur dann vor, wenn dem Frachtführer ein **hinreichend konkretes Verhalten vorgegeben** wird, so dass die Vereinbarung einer allgemeinen Verpflichtung zu sorgfältigem Verhalten nicht genügt.[38] Relevant sein können Weisungen wie etwa die, das Gut in bestimmter Weise zu verpacken und/oder abzudecken, seine Abdeckung während des

---

[25] *Fremuth* in Fremuth/Thume TranspR Rn. 8; *Andresen*/Valder Rn. 9; MüKoHGB/*Herber/Harm* Rn. 8; Staub/ *Jessen* Rn. 11.

[26] Begründung des Regierungsentwurfs des TRG, BT-Drs. 13/8445, 62.

[27] *Lammich/Pöttinger* Rn. 149; *Koller* Rn. 8; *Heymann/Joachim* Rn. 7; vgl. auch – jeweils zum Schiffscontainerverkehr (§ 566 Abs. 1 aF und nunmehr § 500) – OLG München Urt. v. 6.5.1998 – 7 U 6068/95, TranspR 1998, 407 (412 f.) = VersR 2000, 341 und OLG Hamburg Urt. v. 4.8.2000 – 6 U 184/98, TranspR 2001, 38 (39) = VersR 2001, 481; aA *Fremuth* in Fremuth/Thume TranspR Rn. 9.

[28] Vgl. *Ramming* TranspR 2001, 53 (57); *Koller* Rn. 8; Heymann/*Joachim* Rn. 7; aA *Lammich/Pöttinger* Rn. 122.

[29] *Koller* Rn. 8.

[30] Vgl. *Lammich/Pöttinger* Rn. 128; *Ramming* TranspR 2001, 53 (57); *Koller* Rn. 11 mwN.

[31] Vgl. *Lammich/Pöttinger* Rn. 130–134; *Koller* Rn. 11; *Ramming* TranspR 2001, 53 (57 f.), jeweils mwN.

[32] *Koller* Rn. 11; vgl. auch *Lammich/Pöttinger* Rn. 135.

[33] AG Bremen Urt. v. 2.9.2016 – 11 C 1/15, TranspR 2017, 321 (322) = RdTW 2018, 37; *Ramming* RdTW 2018, 39; *Koller* Rn. 11.

[34] Vgl. *Ramming* TranspR 2001, 53 (58); *Koller* Rn. 10; zur Darlegungs- und Beweislast → Rn. 11.

[35] *Lammich/Pöttinger* Rn. 199; *Koller* Rn. 10.

[36] *Lammich/Pöttinger* Rn. 199.

[37] *Koller* Rn. 10; Heymann/*Joachim* Rn. 28; *Andresen*/Valder Rn. 12; *Ramming* TranspR 2001, 53 (58).

[38] *Lammich/Pöttinger* Rn. 198; *Koller* Rn. 10; Heymann/*Joachim* Rn. 28; *Ramming* TranspR 2001, 53 (58).

Transports zu überprüfen, nicht durch Baumalleen zu fahren, nicht bei vorhersehbarem Schlechtwetter auszulaufen, bei Niederschlag den Transport nicht zu beginnen oder zu unterbrechen oder das Gut in bestimmter Weise wie etwa durch eine Bewachung gegen Diebstahl zu sichern.[39] Die Weisung muss dabei gerade dem Zweck dienen, das Gut vor den besonderen Gefahren zu bewahren, die von der Verwendung offener Fahrzeuge oder der Verladung auf Deck ausgehen; einer Weisung, das Gut in bestimmter Weise zu befestigen, kommt daher in diesem Zusammenhang grundsätzlich keine Bedeutung zu.[40] Die bloße Weisung, den Wetterbericht zu beachten, bedeutet lediglich, dass auf der Grundlage des Wetterberichts konkret vorhersehbare Gefahren zu meiden sind.[41]

f) Rechtsfolgen. Der Frachtführer ist, sofern er nicht eine besondere Weisung iSd § 427 Abs. 3 **10** missachtet (→ Rn. 9) oder qualifiziert schuldhaft iSd § 435 gehandelt hat, von seiner Haftung gem. § 425 Abs. 1 befreit, soweit der eingetretene Schaden auf der vertragskonformen (→ Rn. 6) Verwendung von offenen Fahrzeugen oder Verladung auf Deck beruht. Seine Haftung ist damit gem. dem Rechtsgedanken des § 254 BGB nur teilweise – entsprechend dem Gewicht der beiderseitigen Verursachungsbeiträge – ausgeschlossen, wenn ihn oder eine seiner Hilfspersonen iSd § 428 eine Mitverantwortung an dem Schaden trifft.[42] Der Frachtführer muss sich in diesem Zusammenhang grundsätzlich auch solche Verursachungsbeiträge zurechnen lassen, die er nicht verschuldet hat.[43] Er ist jedoch nicht gehalten, die mit der Verwendung von offenen Fahrzeugen oder der Verladung auf Deck verbundenen Gefahren durch anderweitige Schutzmaßnahmen zu kompensieren, sondern hat auch im Blick auf § 426 lediglich diejenigen Schutzvorkehrungen zu treffen, die bei geschlossenen Fahrzeugen oder Verladung unter Deck den in dieser Hinsicht bestehenden Anforderungen entsprechen.[44] Der Frachtführer muss es sich danach aber immerhin als Schadensmitverursachung anrechnen lassen, dass er etwa diebstahlsgefährdetes Gut überhaupt nicht bewacht, durch das Befahren einer Allee naheliegende und ohne Weiteres vermeidbare Schäden in Kauf genommen oder schuldhaft einen Verkehrsunfall verursacht hat, der wegen der Art der Verladung besonders gravierende Folgen gehabt hat.[45]

g) Darlegungs- und Beweislast. Der **Frachtführer** muss darlegen und im Bestreitensfall beweisen, dass die Verwendung offener Fahrzeuge oder Verladung auf Deck **vertragskonform** war,[46] dass, **11** sofern es sich nicht um einen außergewöhnlich großen Verlust iSd § 427 Abs. 2 S. 2 handelt (→ Rn. 12), die mit der Verwendung von offenen Fahrzeugen oder der Verladung auf Deck verbundene **erhöhte Transportgefahr** nicht nur eine abstrakt denkbare Ursache für den eingetretenen Schaden darstellt, sondern nach der Lebenserfahrung als dessen Ursache konkret in Betracht kommt[47] und dass er die ihm erteilten besonderen **Weisungen iSd § 427 Abs. 3 beachtet** hat[48] oder deren Befolgung unzumutbar oder trotz größter Sorgfalt unmöglich oder deren Missachtung für den eingetretenen Schaden nicht ursächlich war.[49] Wenn ihm ein solcher Beweis nicht gelingt, kann er sich allenfalls noch nach § 426 oder durch den Einwand der Mitverursachung des Schadens durch den Absender oder den Empfänger entlasten.[50]

Bei **außergewöhnlich großem Verlust**[51] gilt gem. dem der Regelung des Art. 18 Abs. 3 CMR **12** entsprechenden **§ 427 Abs. 2 S. 2** die in § 427 Abs. 2 S. 1 enthaltene Vermutung nicht.[52] Diese Einschränkung betrifft allerdings nur die Beweiserleichterung gem. § 427 Abs. 2 S. 1; dem Frachtführer obliegt daher in einem solchen Fall, sofern nicht § 427 Abs. 3 entgegensteht, die Darlegung

---

[39] Vgl. *Koller* Rn. 10; MüKoHGB/*Herber/Harm* Rn. 39; *Ramming* TranspR 2001, 53 (58).

[40] *Ramming* TranspR 2001, 53 (58); aA *Koller* Rn. 10; Heymann/*Joachim* Rn. 28.

[41] *Koller* Rn. 10; aA *Lammich/Pöttinger* Rn. 200.

[42] Vgl. Begründung des Regierungsentwurfs des TRG, BT-Drs. 13/8445, 62; *Fremuth* in Fremuth/Thume TranspR Rn. 4; *Koller* Rn. 12 und 13.

[43] *Fremuth* in Fremuth/Thume TranspR Rn. 7; *Koller* Rn. 12.

[44] *Koller* Rn. 12; aA *Lammich/Pöttinger* Rn. 206.

[45] *Koller* Rn. 12.

[46] *Andresen*/Valder Rn. 13; *Koller* Rn. 14.

[47] Vgl. Begründung des Regierungsentwurfs des TRG, BT-Drs. 13/8445, 64 m. Hinw. auf Art. 18 Abs. 2 S. 1 CMR; BGH Urt. v. 15.6.2000 – I ZR 55/98, TranspR 2000, 459 (462) = VersR 2001, 216 = NJW-RR 2000, 1635; *Koller* Rn. 14; *Piper* FG Herber, 1999, 135 (137); *Lammich/Pöttinger* Rn. 17 und 22; *Andresen*/Valder Rn. 14 f.; MüKoHGB/*Herber/Harm* Rn. 5 und 35; *Ramming* TranspR 2001, 53 (64); abweichend *Fremuth* in Fremuth/Thume TranspR Rn. 12, nach dessen Auffassung der Frachtführer im Rahmen des § 427 Abs. 2 S. 1 die konkrete Möglichkeit der Ursächlichkeit der Gefahrensituation für den eingetretenen Schaden lediglich darzulegen, nicht aber zu beweisen hat.

[48] *Koller* Rn. 10 und 14; *Lammich/Pöttinger* Rn. 198; *Andresen*/Valder Rn. 16; *Fremuth* in Fremuth/Thume TranspR Rn. 14; MüKoHGB/*Herber/Harm* Rn. 13; Staub/*Jessen* Rn. 12.

[49] *Koller* Rn. 10.

[50] OLG München Urt. v. 15.3.2006 – 7 U 1504/06, TranspR 2006, 355 (357 f.); MüKoHGB/*Herber/Harm* Rn. 13; Staub/*Jessen* Rn. 12.

[51] Soweit streitig ist, ob ein solcher Verlust eingetreten ist, liegt die Darlegungs- und Beweislast beim Anspruchsteller (→ Rn. 14).

[52] Diese Regelung trägt dem Umstand Rechnung, dass der Schaden bei einem solchen Verlust typischerweise nicht auf der dem Befreiungstatbestand des § 427 Abs. 1 Nr. 1 zugrundeliegenden Gefahr beruht (Begründung des Regierungsentwurfs des TRG, BT-Drs. 13/8445, 64).

und ggf. der Beweis, dass der eingetretene Verlust seine Ursache in den mit der Verwendung offener Fahrzeuge oder der Verladung auf Deck verbundenen spezifischen Gefahren hat. Als außergewöhnlich groß ist der Verlust ganzer Frachtstücke oder großer Mengen anzusehen.[53]

13   Wenn der Frachtführer seiner ihm im Rahmen des § 427 Abs. 1 Nr. 1 und Abs. 2 S. 1 obliegenden Darlegungs- und Beweislast genügt hat (→ Rn. 11), muss der **Anspruchsteller** darlegen und im Bestreitensfall beweisen, dass der eingetretene Schaden nicht den mit der Verwendung offener Fahrzeuge oder der Verladung auf Deck verbundenen besonderen Gefahren entsprungen ist.[54] Der insoweit zur Widerlegung der gesetzlichen Vermutung in **§ 427 Abs. 2 S. 1** zu führende Beweis des Gegenteils ist ein Hauptbeweis und erfordert daher die volle Überzeugung des Gerichts iSd § 286 ZPO.[55] Der gebotene Beweis setzt nicht notwendig den positiven Nachweis voraus, dass der eingetretene Schaden auf einem Fehlverhalten des Frachtführers oder einem vermeidbaren Fahrzeugmangel beruht, sondern kann auch negativ durch den Nachweis erbracht werden, dass die Verwendung von offenen Fahrzeugen oder die Verladung auf Deck für den Schaden nicht ursächlich gewesen ist.[56] Es spricht ferner nichts dagegen, in diesem Zusammenhang die Regeln des Anscheinsbeweises anzuwenden.[57] Wenn der Anspruchsteller die in § 427 Abs. 1 Nr. 1 geregelte Ursächlichkeitsvermutung nicht durch den vollen Gegenbeweis zu entkräften vermag, kann er den dort bestimmten Haftungsausschlussgrund immerhin teilweise durch den Nachweis relativieren, dass der Frachtführer den Schaden mitverursacht hat, sofern der Frachtführer nicht seinerseits beweist, dass er in Bezug auf die betreffenden Schadensursachen gem. § 426 die größte Sorgfalt gewahrt hat oder dass die Voraussetzungen des § 425 Abs. 2 im Hinblick auf andere dem Absender und/oder dem Empfänger zuzurechnende schadensverursachende Faktoren erfüllt sind.[58]

14   Der **Anspruchsteller** hat ferner ggf. darzulegen und im Bestreitensfall zu beweisen, dass ein **außergewöhnlich großer Verlust iSd § 427 Abs. 2 S. 2** eingetreten ist und deshalb die Vermutung des § 427 Abs. 2 S. 1 nicht gilt[59] oder dass dem Frachtführer **besondere Weisungen iSd § 427 Abs. 3** erteilt worden sind.[60]

15   **2. Verpackungsmängel (Abs. 1 Nr. 2). a) Allgemeines.** Der in § 427 Abs. 1 Nr. 2 geregelte Haftungsausschlussgrund knüpft an die Unzulänglichkeiten der nach dem Frachtvertrag gebotenen Gefahrenabwehr durch Verpackung an. Er greift daher dann nicht ein, wenn die Parteien in Abweichung von der ohne Einschränkungen zu ihrer Disposition stehenden Vorschrift des § 411 S. 1 (→ § 411 Rn. 22) – ggf. auch in AGB – vereinbart haben, dass ein an sich verpackungsbedürftiges Gut unverpackt befördert werden soll.[61] Der Umstand, dass das Gut gem. § 411 S. 1 nicht so verpackt zu sein braucht, dass Lieferfristüberschreitungen vermieden werden, steht dem in § 427 Abs. 1 Nr. 2 geregelten Haftungsausschluss aber auch dann nicht entgegen, wenn der Absender das Gut so verpackt, dass es bei einem vertragsgerecht durchgeführten Transport zu Verzögerungen wegen fehlender oder fehlerhafter Verpackung kommen kann.[62]

16   **b) Ungenügende Verpackung.** Eine iSd § 427 Abs. 1 Nr. 2 ungenügende Verpackung liegt vor, wenn ein Gut, das verpackungsbedürftig ist, weil es ohne Verpackung den normalen Einwirkungen eines ordnungsgemäßen Transports nicht standhalten kann,[63] entweder überhaupt nicht oder so verpackt ist, dass die Verpackung dem Gut unter Berücksichtigung der Umstände der vereinbarten Beförderung bei deren ordnungsgemäßer Durchführung nicht den in § 411 S. 1 vorgesehenen Schutz

---

[53] Vgl. Begründung des Regierungsentwurfs des TRG, BT-Drs. 13/8445, 64; *Lammich/Pöttinger* Rn. 190 f.; *Koller* Rn. 14; *Andresen*/Valder Rn. 18; aA *Ramming* TranspR 2001, 53 (59), nach dessen Auffassung mindestens das Doppelte des Verlusts maßgeblich sein soll, mit dem bei üblichem Verlauf einer Beförderung der betreffenden Art wegen der Verwendung eines offenen Fahrzeugs oder der Beförderung auf Deck normalerweise zu rechnen sei.

[54] Vgl. *Koller* Rn. 15; *Lammich/Pöttinger* Rn. 58; MüKoHGB/*Herber/Harm* Rn. 5; *Ramming* TranspR 2001, 53 (64); *Valder* TranspR 2012, 433 (437); zur ratio der Ursächlichkeitsvermutung vgl. *Froeb,* Die Haftung für Beschaffenheitsschäden im Transportrecht, 1991, 36–43.

[55] → 1. Aufl. 2001, Rn. 43; vgl. auch *Koller* Rn. 15 sowie *Lammich/Pöttinger* Rn. 58–60 (zutr.) und Rn. 52–57 (unzutr., da der Gegenbeweis im Rahmen des hier einschlägigen § 292 ZPO gerade nicht genügt).

[56] *Koller* Rn. 15; *Andresen*/Valder Rn. 17; *Lammich/Pöttinger* Rn. 61 f. mwN.

[57] *Lammich/Pöttinger* Rn. 68; *Koller* Rn. 15; aA → 1. Aufl. 2001, Rn. 43.

[58] *Koller* Rn. 16; vgl. auch MüKoHGB/*Herber/Harm* Rn. 5 und 13.

[59] *Lammich/Pöttinger* Rn. 193; MüKoHGB/*Herber/Harm* Rn. 12; *Koller* Rn. 14.

[60] *Koller* Rn. 14; *Andresen*/Valder Rn. 16; MüKoHGB/*Herber* Rn. 6 und 36; Staub/*Jessen* Rn. 13; *Ramming* TranspR 2001, 53 (56); aA *Lammich/Pöttinger* Rn. 198 und *Fremuth* in Fremuth/Thume TranspR Rn. 14, die dabei allerdings nicht genügend berücksichtigen, dass die Regelung des § 427 Abs. 3 eine Ausnahme von § 427 Abs. 1 Nr. 1 enthält und sie mit ihrer Auffassung dem Frachtführer einen praktisch nicht zu führenden negativen Beweis auferlegen.

[61] *Lammich/Pöttinger* Rn. 350 f.; *Koller* Rn. 17 m. dem zutr. Hinweis, dass die Nennung des § 427 in § 449 dem deshalb nicht entgegensteht, weil § 427 ausschließlich bei Gut eingreift, das der Verpackung durch den Absender bedarf.

[62] *Lammich/Pöttinger* Rn. 249; iErg ebenso *Koller* Rn. 17, wobei die von ihm angenommene nur analoge Anwendung des § 411 S. 1 als nicht notwendig erscheint.

[63] Vgl. dazu näher → § 411 Rn. 3–8; *Koller* § 411 Rn. 5; → 1. Aufl. 2001, Rn. 13 mwN.

vor Verlust und Beschädigung bietet,[64] oder das Gut gar etwa durch vom selbst verpackenden Absender beigegebene Kühlelemente geschädigt wird.[65] Sofern die bei der Übernahme zur Beförderung genügende Verpackung des Gutes während des Transports ungenügend geworden ist, weil das Gut inzwischen verpackungsbedürftig oder die anfänglich ausreichende Verpackung mangelhaft geworden ist, greift § 427 Abs. 1 Nr. 2 erst ab dem Zeitpunkt ein, zu dem der Frachtführer wegen der nunmehr ungenügenden Verpackung um Weisungen gebeten hat; denn der Absender bekommt erst durch eine solche Mitteilung wieder die Möglichkeit und einen Anlass zum Handeln.[66]

c) Durch den Absender. Im Hinblick auf den Wortlaut der Vorschrift („durch") und die Begründung des Regierungsentwurfs[67] kommt es für die Anwendung des § 427 Abs. 1 Nr. 2 nicht darauf an, ob der Absender die Verpackung nach der vertraglichen Vereinbarung vorzunehmen hatte; **entscheidend** ist vielmehr, **ob der Absender die Verpackung tatsächlich vorgenommen hat.**[68] Wenn allerdings eine Verpackung durch den Frachtführer vereinbart war, ist dieser nur dann schutzwürdig und eine Anwendung des § 427 Abs. 1 Nr. 2 daher nur dann gerechtfertigt, wenn er die Verpackung seitens des Absenders bereits als Transportverpackung ansehen durfte.[69] Anderenfalls kommt es, da es um die Zurechnung eines Unterlassens geht, ebenso wie dann, wenn eine Verpackung gänzlich fehlt, darauf an, ob den Absender nach dem Frachtvertrag die Pflicht zur Verpackung traf.[70] Das **Verhalten Dritter** muss sich der Absender zurechnen lassen, soweit diese entweder in seine Sphäre eingegliedert waren und unter seiner Oberaufsicht und Verantwortung tätig wurden oder zwar selbständig waren, aber mit seinem Wissen und Wollen für ihn tätig geworden sind.[71]

Bei zum Zeitpunkt der Übernahme gänzlich fehlender Verpackung gilt danach, wenn das Gut auch zum Zeitpunkt der Schadensentstehung noch unverpackt war, der Haftungsausschlusstatbestand des § 427 Abs. 1 Nr. 2 nur dann, wenn die Verpackung dem Absender oblag.[72] Wenn der Frachtführer oder eine für ihn handelnde Hilfsperson iSd § 428, ohne dazu verpflichtet gewesen zu sein, das Gut aus eigenem Antrieb verpackt hat, greift, da die Verpackung nicht mit dem Wissen und Wollen des Absenders erfolgt ist, § 427 Abs. 1 Nr. 2 nur dann zu Gunsten des Frachtführers ein, wenn das Gut in unverpacktem Zustand mindestens dieselben Schäden erlitten hätte;[73] ansonsten kann der Frachtführer, sofern die Verpackung dem Interesse und/oder Willen des Absenders entsprach, lediglich gem. § 683 BGB Befreiung von seiner nicht durch § 427 Abs. 1 Nr. 2 ausgeschlossenen Haftung verlangen.[74] Wenn der Frachtführer das Gut auf Grund einer vom Absender nach Übernahme des Gutes geäußerten Bitte verpackt hat, kann dem eine Änderung des Frachtvertrags, ein zusätzlich abgeschlossener Vertrag mit Werkvertragscharakter[75] oder auch eine Gefälligkeit zugrunde liegen. Da der Frachtführer durch die § 427 Abs. 1 Nr. 2, § 433 allein in seiner Rolle als Beförderer geschützt wird, besteht aber in allen diesen Fällen kein Anlass, ihm die sich aus der selbständigen Übernahme der Verpackung ergebende Verantwortlichkeit, die nicht frachtrechtlicher Natur ist, zu erlassen[76] oder auch nur im Zweifel den sich aus §§ 429, 431 ergebenden Haftungsbeschränkungen zu unterstellen.[77] Wenn Leute des Frachtführer iSd § 428 S. 1 ohne Rücksprache mit diesem das Gut auf Bitten des Absenders

---

[64] Vgl. *Koller* Rn. 17 f.; MüKoHGB/*Herber/Harm* Rn. 14; *Ramming* TranspR 2001, 53 (59). Zu den möglichen Verpackungsmängeln iE → § 411 Rn. 3 ff. sowie *Lammich/Pöttinger* Rn. 264–287.

[65] Vgl. OLG München Urt. v. 7.5.2008 – 7 U 5338/06, TranspR 2008, 318 (320); *Koller* Rn. 18.

[66] *Koller* Rn. 19.

[67] BT-Drs. 13/8445, 63.

[68] OLG Düsseldorf Urt. v. 4.11.2015 – 18 U 185/14, TranspR 2016, 151 (152) = RdTW 2016, 100; *Lammich/Pöttinger* Rn. 234; *Andresen/*Valder Rn. 24; *Koller* Rn. 20; *Ramming* TranspR 2001, 53 (59); *Thume* TranspR 2013, 8 (12).

[69] Vgl. OLG München Urt. v. 15.3.2006 – 7 U 1504/06, TranspR 2006, 355 (357); aA *Koller* Rn. 20 gegen Voraufl. mwN.

[70] Vgl. Begründung des Regierungsentwurfs des TRG, BT-Drs. 13/8445, 63; OLG München Urt. v. 15.3.2006 – 7 U 1504/06, TranspR 2006, 355 (357).

[71] Vgl. Begründung des Regierungsentwurfs des TRG, BT-Drs. 13/8445, 63; *Koller* Rn. 20; *Oetker/Paschke* Rn. 7; MüKoHGB/*Herber/Harm* Rn. 16; Staub/*Jessen* Rn. 20; *Ramming* TranspR 2001, 53 (59); *Thume* TranspR 2013, 8 (12).

[72] OLG München Urt. v. 15.3.2006 – 7 U 1504/06, TranspR 2006, 355 (357); *Koller* Rn. 21 m. Hinw. auf seine Ausführungen in Rn. 31 [richtig wohl Rn. 36], wonach der Frachtführer in einem solchen Fall ggf. auf auf der Hand liegende Versäumnisse des Absenders hinzuweisen hat.

[73] *Koller* Rn. 22 und 24; aA wohl *Lammich/Pöttinger* Rn. 348.

[74] *Lammich/Pöttinger* Rn. 348; *Koller* Rn. 22.

[75] Von einem entsprechenden Vertrag wird auch beim Fehlen einer ausdrücklichen Vereinbarung etwa dann auszugehen sein, wenn der Frachtführer zur Kenntnis des Absenders über ein eigenes Verpackungsunternehmen verfügt oder ein externes Verpackungsunternehmen beauftragt (vgl. *Mittelhammer* TranspR 2014, 140 (145).

[76] Vgl. BGH Urt. v. 13.9.2007 – I ZR 207/04, BGHZ 173, 344 Rn. 27 = TranspR 2007, 477 = VersR 2008, 845 = NJW 2008, 1072 in einem Fall, in dem der Fixkostenspediteur die Verpackungspflicht im Rahmen eines zusammengesetzten oder gemischten Vertrages unabhängig und neben den Pflichten aus der Fixkostenspedition als eine nach Werkvertragsrecht zu beurteilende Leistung übernommen hatte; *Koller* Rn. 23; MüKoHGB/*Herber/Harm* Rn. 16; *Lammich/Pöttinger* Rn. 338 f. und 344.

[77] So allerdings → 1. Aufl. 2001, Rn. 18 mwN, *P. Schmidt* TranspR 2010, 88 (92) und *Thume* TranspR 2013, 8 (13 f.).

mangelhaft verpacken, greift der Haftungsausschlusstatbestand des § 427 Abs. 1 Nr. 2 nicht ein, soweit die Leute Empfangsvollmacht für eine solche Weisung hatten und daher als Gehilfen des Frachtführers tätig geworden sind.[78] Anderenfalls sind die Leute mit Wissen und Wollen nicht des Frachtführers, sondern des Absenders tätig geworden und daher als dessen Gehilfen anzusehen, sodass § 427 Abs. 1 Nr. 2 ebenso anwendbar ist wie iÜ auch dann, wenn der Absender selbst oder von ihm beauftragte dritte Unternehmer das Gut nach der Übernahme mangelhaft verpackt haben.[79] Soweit der Schaden in einem solchen Fall durch die von den Leuten des Frachtführers vorgenommene mangelhafte Verpackung im Vergleich zum unverpackten Gut erhöht worden ist, steht dem Absender allerdings ein Schadensersatzanspruch gegen die Leute gem. § 823 Abs. 1 BGB zu, der, da diese insoweit nicht als Hilfspersonen des Frachtführers gehandelt haben, auch nicht durch § 436 begrenzt wird.[80]

19   **Bei zum Zeitpunkt der Übernahme mangelhafter Verpackung** greift der Haftungsausschlusstatbestand des § 427 Abs. 1 Nr. 2 ein, wenn der Absender selbst, Dritte unter seiner Oberaufsicht und nach seiner Weisung oder selbständige Dritte mit seinem Wissen und Wollen verpackt haben.[81] Wenn sich die Leute des Absenders bei der Verpackung eigenmächtig betätigt haben, genügt es – entsprechend den Grundsätzen, die zur Zurechnung des Verhaltens von Erfüllungsgehilfen bei Schutzpflichtverletzungen entwickelt worden sind – für die Anwendung des § 427 Abs. 1 Nr. 2, dass sich der Absender im Rahmen seiner Obliegenheit, die Transportgefahr nicht durch Verpackungsfehler zu erhöhen, generell seiner Leute bedient.[82] Wenn der Frachtführer mangelhaft verpackt hat, greift § 427 Abs. 1 Nr. 2 nur dann ein, wenn das Gut ohne diese Verpackung dieselben oder noch größere Schäden erlitten hätte oder wenn der Frachtführer als Gehilfe des Absenders tätig geworden ist; wegen seiner gegenüber den frachtrechtlichen Bestimmungen erweiterten Haftung ist allerdings im Zweifel von einem Tätigwerden in eigener Verantwortung auszugehen.[83] Insoweit kann sich auch hier ein Anspruch auf Haftungsbefreiung aus § 683 BGB ergeben.[84] Soweit Hilfspersonen des Frachtführers mangelhaft verpackt haben, gelten die für die Verpackung durch sie nach Übernahme des Gutes entwickelten Grundsätze (→ Rn. 18) entsprechend.[85]

20   **Bei nachträglich unzulänglich gewordener Verpackung** greift der Haftungsausschlusstatbestand des § 427 Abs. 1 Nr. 2 lediglich dann ein, wenn der Absender deswegen gem. § 419 Abs. 1, § 418 um Weisung gebeten worden ist und hierauf die Weisung erteilt hat, den Transport ohne Nachbesserung der Verpackung fortzusetzen; denn nur in diesem speziellen Fall ist die unterbliebene Nachbesserung dem Absender zuzurechnen.[86] Dies gilt auch dann, wenn – ausnahmsweise – der Frachtführer verpackungspflichtig ist; denn der Absender brauchte dann lediglich auf dessen Verpackungspflicht hinzuweisen.[87]

21   **d) Schadensursächlichkeit.** Der Haftungsausschluss gem. § 427 Abs. 1 Nr. 2 setzt voraus, dass der vom Geschädigten geltend gemachte Schaden gerade auf die ungenügende Verpackung durch den Absender zurückzuführen ist.[88]

22   **e) Schadensmitverursachung durch den Frachtführer.** Obwohl § 409 Abs. 3 – insoweit abweichend von Art. 8 Abs. 1 lit. b CMR – hinsichtlich des äußeren Zustands des Gutes und seiner Verpackung keine Kontrollobliegenheit des Frachtführers statuiert, muss dieser es sich nach dem Rechtsgedanken des § 254 BGB, der in § 427 Abs. 1 in der Formulierung „soweit" zum Ausdruck kommt,[89] als Mitverschulden anrechnen lassen, wenn er **bei der Übernahme des Gutes** für ihn **ohne weiteres erkennbare** oder gar ihm **positiv bekannte Mängel der Verpackung** gegenüber dem Absender oder dessen zuständiger Hilfsperson nicht beanstandet hat.[90] Im letzteren Fall kommt auch eine volle Haftung des Frachtführers in Betracht, wenn dieser mit im Bewusstsein gehandelt hat, ein Schaden werde mit Wahrscheinlichkeit eintreten, und sein Verursachungsanteil den des Absenders, der mangelhaft verpackt hat, bei weitem überwiegt.[91] Wenn der Absender auf eine entsprechende Beanstandung nicht reagiert, braucht der Frachtführer die Beförderung weder abzulehnen noch von weiteren Weisungen abhängig zu machen, sondern kann, selbst wenn der Absender das Risiko nicht

---

[78] *Lammich/Pöttinger* Rn. 345.
[79] *Koller* Rn. 26 f.
[80] *Koller* Rn. 25.
[81] *Koller* Rn. 28–30; *Lammich/Pöttinger* Rn. 337.
[82] *Lammich/Pöttinger* Rn. 336; *Koller* Rn. 31.
[83] *Koller* Rn. 32.
[84] *Koller* Rn. 32.
[85] *Koller* Rn. 33.
[86] *Koller* Rn. 34; *Lammich/Pöttinger* Rn. 342 und 347.
[87] *Koller* Rn. 34.
[88] Vgl. *Koller* Rn. 35.
[89] Begründung des Regierungsentwurfs des TRG, BT-Drs. 13/8445, 62.
[90] *Koller* Rn. 36; *Lammich/Pöttinger* Rn. 257; *Mittelhammer* TranspR 2014, 140 (144) mwN; enger *Andresen*/Valder Rn. 27, nach dessen Ansicht dem Frachtführer nur positive Kenntnis schadet.
[91] OLG Stuttgart Urt. v. 9.2.2011 – 3 U 173/10, TranspR 2012, 459 (462); MüKoHGB/*Herber/Harm* Rn. 18; *Koller* Rn. 37; krit. *Thume* TranspR 2013, 8 (13).

positiv akzeptiert hat, den Transport auf dessen Risiko antreten.[92] Bei einer Rüge gegenüber einer Hilfsperson des Absenders muss dieser Gelegenheit gegeben werden, mit dem Absender Kontakt aufzunehmen, damit dieser die notwendigen Weisungen erteilen kann.[93]

Wenn der Verpackungsmangel **während des Transports** dem Frachtführer bekannt oder für diesen 23 erkennbar wird, hat der Frachtführer gem. **§ 426** den Absender sofort zu informieren und um Weisungen nachzusuchen.[94]

Auch ansonsten muss sich der Frachtführer dem. dem dem § 254 BGB zugrunde liegenden und 24 auch in § 427 Abs. 1 zum Ausdruck gebrachten Grundgedanken (→ Rn. 22) alle ihm **nach §§ 426, 428 zurechenbaren ungenügenden Anstrengungen zur Vermeidung von Schäden und Geringhaltung ihrer Folgen** wie etwa vertragswidrige Beförderungsmittel, betriebsunsichere Verladung, Verzögerungen des Transports und Verkehrsunfälle entgegenhalten lassen.[95]

Wenn das Verhalten des Frachtführers den vorstehend dargestellten Erfordernissen nicht entsprochen 25 hat, sind das Gewicht der anzulastenden Schadensverursachungsbeiträge, das Gewicht des dem Absender anzulastenden Verpackungsmangels, soweit dieser für den Schadenseintritt ursächlich gewesen ist, sowie die sonstigen schadensursächlich gewordenen Umstände, die im Rahmen einer Abwägung gem. § 425 Abs. 2 zu berücksichtigen sind (→ § 425 Rn. 45–56), gegeneinander abzuwägen.[96] Dabei kann sich ergeben, dass der Haftungsausschluss gem. § 427 Abs. 1 Nr. 2 voll, teilweise oder überhaupt nicht zum Tragen kommt. Wenn der Frachtführer die Rüge, dass das Frachtgut mangelhaft verpackt ist (→ Rn. 22), vorsätzlich oder bewusst leichtfertig unterlassen hat, ist § 427 Abs. 1 Nr. 2 schon gem. § 435 nicht anwendbar.[97]

f) Rechtsfolgen. Soweit der Verlust, die Beschädigung oder die Überschreitung der Lieferfrist auf 26 ungenügende Verpackung des Gutes durch den Absender zurückzuführen sind, schließt § 427 Abs. 1 Nr. 2 die Haftung des Frachtführers an sich gänzlich aus. Abweichendes gilt allerdings dann, wenn den Frachtführer eine Mitverantwortung an dem Schaden trifft, sowie dann, wenn er oder eine Hilfsperson iSd § 428 diesen durch ein qualifiziert schuldhaftes Verhalten iSd § 435 verursacht haben (→ Rn. 25).

g) Darlegungs- und Beweislast. Der **Frachtführer** hat die **Verpackungsbedürftigkeit** des 27 Gutes, dh die Tatsache, dass es sich um eine Art von Gut handelt, das nach den Umständen des Einzelfalls bei einem ordnungsgemäßen Transport ganz ohne Verpackung oder mit mangelhafter Verpackung Schaden nehmen wird, und den **Verpackungsmangel,** dh die Unzulänglichkeit der Verpackung im Zeitpunkt der Übernahme des Gutes, darzulegen und im Bestreitensfall zu beweisen, wobei er sich in diesem Zusammenhang auf die in § 411 S. 1 enthaltenen Vorgaben stützen kann.[98] Außerdem trägt er, wie sich aus § 427 Abs. 2 S. 1 ergibt, auch die Darlegungs- und Beweislast dafür, dass der eingetretene Schaden nach den Umständen des Falles durch die ungenügende Verpackung des Gutes durch den Absender entstanden sein konnte, dh diese Verpackung nicht nur eine abstrakt denkbare Ursache für den eingetretenen Schaden darstellte, sondern nach der Lebenserfahrung als **Ursache des Schadens** konkret in Betracht kommt.[99] Wenn dem Frachtführer dieser Beweis gelungen ist, obliegt es dem Ersatzberechtigten, seinerseits darzulegen und ggf. zu beweisen, dass der Schaden gerade nicht durch den Verpackungsmangel verursacht worden ist, dh auch bei ordnungsgemäßer Verpackung des Gutes entstanden wäre.[100] Der Frachtführer hat dagegen weiterhin darzulegen und im Bestreitensfall zu beweisen, dass er gem. **§ 426** die größte Sorgfalt gewahrt oder der Absender oder Empfänger den eingetretenen Schaden iSd § 425 Abs. 2 mitverursacht hat.[101]

Soweit der **Ersatzberechtigte** behauptet, die Parteien hätten in Bezug auf die Verpackungspflicht 28 von § 411 S. 1 abweichende Vereinbarungen getroffen, hat er diese zu beweisen.[102] Wenn der Frachtführer der ihm im Rahmen des § 427 Abs. 1 Nr. 2, Abs. 2 S. 1 obliegenden Darlegungs- und Beweislast (→ Rn. 27) genügt hat, muss der Ersatzberechtigte darlegen und im Bestreitensfall beweisen, dass der entstandene Schaden tatsächlich nicht durch den betreffenden Verpackungsmangel verursacht worden ist.[103] Den Ersatzberechtigten trifft ferner die Darlegungs- und Beweislast dafür, dass der

---

[92] Vgl. OLG Frankfurt a. M. Urt. v. 17.11.1981 – 5 U 144/79, TranspR 1982, 106 (108); *Koller* Rn. 36; *Lammich/Pöttinger* Rn. 258 f.; *Andresen/*Valder Rn. 27; aA (zur CMR) BGH Urt. v. 24.9.1987 – I ZR 197/85, TranspR 1988, 108 (110) = VersR 1988, 244 = NJW-RR 1988, 479 sowie neuerdings BeckOK HGB/*Kirchhof* Rn. 11.

[93] *Koller* Rn. 36.

[94] Vgl. OLG Saarbrücken Urt. v. 21.11.1974 – 6 U 142/73, VersR 1976, 267 (268) = NJW 1975, 500; *Koller* Rn. 38; *Lammich/Pöttinger* Rn. 262.

[95] *Koller* Rn. 39; *Mittelhammer* TranspR 2014, 140 (144).

[96] Vgl. *Koller* Rn. 37 und 39; *Lammich/Pöttinger* Rn. 260; *Andresen/*Valder Rn. 27.

[97] *Koller* Rn. 37 und 39; *Mittelhammer* TranspR 2014, 140 (144); iErg ebenso *Lammich/Pöttinger* Rn. 261.

[98] Vgl. *Lammich/Pöttinger* Rn. 293; *Andresen/*Valder Rn. 28; *Koller* Rn. 41.

[99] → Rn. 11 (zum Fall des § 427 Abs. 1 Nr. 1) und – speziell zum Fall des § 427 Abs. 1 Nr. 2 – *Koller* Rn. 41.

[100] BGH Urt. v. 11.4.2013 – I ZR 61/12, TranspR 2013, 437 Rn. 43 = VersR 2014, 726 = RdTW 2013, 479; *Koller* Rn. 41.

[101] → Rn. 13 (zum Fall des § 427 Abs. 1 Nr. 1) und – speziell zum Fall des § 427 Abs. 1 Nr. 2 – *Koller* Rn. 41.

[102] *Koller* Rn. 41.

[103] → Rn. 13 (zum Fall des § 427 Abs. 1 Nr. 1) und – speziell zum Fall des § 427 Abs. 1 Nr. 2 – *Koller* Rn. 41.

Frachtführer den eingetretenen Schaden in dem in → Rn. 22–25 dargestellten Sinn mitverursacht hat.[104]

29 **h) Abweichende Vereinbarungen.** Da § 411 S. 1 zur Disposition der Parteien steht, können diese die Verpackungspflicht ohne Rücksicht auf § 449 – ggf. auch durch AGB – abweichend regeln. Sie können daher in dieser Hinsicht insbesondere auch vereinbaren, dass der Frachtführer das Gut in erweitertem Umfang auf Verpackungsmängel hin zu untersuchen hat. Soweit eine solche Vereinbarung zur Folge hat, dass bei Verstößen gegen die Untersuchungspflicht der Haftungsausschluss gem. § 427 Abs. 1 Nr. 2 insoweit entfällt, widerspricht das dieser Bestimmung nicht; denn nach ihr hat zwar die Risikoverteilung nach Sphären zu erfolgen, sind die Parteien aber nicht gehindert, die Sphären privatautonom zu bestimmen.[105]

30 **3. Behandeln, Verladen, Entladen des Gutes (Abs. 1 Nr. 3). a) Fehlerhafte tatsächliche Behandlung.** Der Begriff „Behandlung" wird hier nicht – wie in der deutschen Übersetzung des Art. 17 Abs. 4 lit. c CMR – als Synonym für „Behandeln", sondern als Oberbegriff für das Behandeln, Verladen und Entladen verwendet.[106] Der Haftungsausschluss gem. § 427 Abs. 1 Nr. 3 setzt, auch wenn der Wortlaut der Bestimmung dies nicht zum Ausdruck bringt, eine **Steigerung des Beförderungsrisikos** und daher eine **objektiv fehlerhafte**, dh sachgemäßen Standards oder aber der Parteivereinbarung nicht entsprechende Behandlung beim Verladen und Entladen (→ § 412 Rn. 8–17) sowie beim Behandeln (→ Rn. 31) voraus.[107] Maßgeblich ist dabei nicht die im Frachtvertrag geregelte Pflichtenverteilung, sondern die tatsächliche Behandlung,[108] wobei diese im Haftungszeitraum erfolgt sein muss (→ Rn. 36).

31 Da für die weiteren Tatbestandsalternativen des § 427 Abs. 1 Nr. 3 anderenfalls kein eigener Anwendungsbereich mehr verbliebe, zudem die ungenügende Verpackung sowie die ungenügende Kennzeichnung der Frachtstücke durch den Absender in § 427 Abs. 1 Nr. 2 und 5 besonders genannt sind und die mit der Anwendung des § 427 Abs. 1 Nr. 3 verbundene Beweislastumkehr iÜ gem. § 427 Abs. 2 S. 1 eine eigenständige, abgrenzbare Aktivität des Absenders voraussetzt, ist unter **„Behandeln"** allein eine Einwirkung auf die Beschaffenheit des Gutes aus Anlass des konkreten Transports zu verstehen, die – wie zB Konservierungsmaßnahmen wie das Vorkühlen von Gefriergut oder das Einfetten von empfindlichen Maschinenteilen – dem Zweck dienen, dass das Gut den Transport übersteht.[109] Da die Bestimmung des § 427 Abs. 1 Nr. 3 nicht an die Verletzung von Pflichten anknüpft[110] und auch ihr Wortsinn entgegensteht, reicht es für ihre Anwendung nicht aus, dass der Absender ein Behandeln des Gutes sorgfaltspflichtwidrig oder vertragswidrig unterlassen hat.[111]

32 **b) Behandlung durch den Absender oder Empfänger.** Entscheidend ist, dass die fehlerhafte Behandlung des Gutes der **Sphäre des Absenders oder Empfängers** entspringt, wobei es auf das tatsächliche Handeln, nicht auf die rechtliche Pflicht zum Handeln ankommt.[112] **Dritte** stehen dem Absender oder Empfänger nicht nur dann gleich, wenn sie unter deren Oberaufsicht und Weisung tätig werden, sondern entsprechend § 278 S. 1 BGB auch dann, wenn sie selbständig sind, der Absender oder Empfänger sich ihrer aber bei der Durchführung des Transports bedient.[113] Dasselbe gilt für Leute des Absenders oder Empfängers, die sich in die Behandlung des Gutes eigenmächtig einmischen.[114] Vgl. iÜ zur Mitwirkung des Frachtführers oder seiner Gehilfen beim Beladen, wenn der Absender verladepflichtig ist, *Koller* § 412 Rn. 10–14 und zur Mitwirkung des Frachtführers oder seiner Gehilfen beim Entladen, wenn der Absender entladepflichtig ist, *Koller* § 412 Rn. 31–35.

---

[104] Vgl. *Koller* Rn. 41.

[105] *Koller* Rn. 42; *Staub/Otte* § 449 Rn. 47; aA *Lammich/Pöttinger* Rn. 350.

[106] Vgl. auch → Rn. 32 sowie *Koller* Rn. 46.

[107] Vgl. BGH Urt. v. 25.1.2007 – I ZR 43/04, TranspR 2007, 314 Rn. 15 = VersR 2007, 1714 = NJW-RR 2007, 1481; OLG Hamm Urt. v. 27.6.2016 – 18 U 110/14, TranspR 2016, 442 (446) = RdTW 2016, 390; Nichtzulassungsbeschwerde zurückgewiesen: BGH Beschl. v. 16.3.2017 – I ZR 169/16; *Koller* Rn. 47; *Fremuth* in Fremuth/Thume TranspR Rn. 26.

[108] Vgl. BGH Urt. v. 25.1.2007 – I ZR 43/04, TranspR 2007, 314 Rn. 17 = VersR 2007, 1714 = NJW-RR 2007, 1481; Urt. v. 19.3.2015 – I ZR 190/13, TranspR 2015, 342 Rn. 20 = VersR 2016, 211 = RdTW 2015, 405; *Andresen/Valder* Rn. 29; *Koller* Rn. 44 und 45 mwN in Fn. 130; *MüKoHGB/Herber/Harm* Rn. 21; *Oetker/Paschke* Rn. 9.

[109] *Koller* Rn. 46; *Heymann/Joachim* Rn. 12; *Lammich/Pöttinger* Rn. 390; *MüKoHGB/Herber/Harm* Rn. 20; *Staub/Jessen* Rn. 27 f.; *Ramming* TranspR 2001, 53 (59).

[110] Begründung des Regierungsentwurfs des TRG, BT-Drs. 13/8445, 63.

[111] *Koller* Rn. 46; *Heymann/Joachim* Rn. 12; *Baumbach/Hopt/Merkt* Rn. 2; aA *MüKoHGB/Herber/Harm* Rn. 20; *v. Waldstein/Holland* Binnenschifffahrtsrecht Rn. 10; *Ramming* TranspR 2001, 53 (60).

[112] BGH Urt. v. 25.1.2007 – I ZR 43/04, TranspR 2007, 314 Rn. 17 = VersR 2007, 1714 = NJW-RR 2007, 1481; Urt. v. 19.3.2015 – I ZR 190/13, TranspR 2015, 342 Rn. 20 = VersR 2016, 211 = RdTW 2015, 405; *Koller* Rn. 48.

[113] *Lammich/Pöttinger* Rn. 402; *Ramming* TranspR 2001, 53 (60).

[114] *Koller* Rn. 49.

Auch der **Frachtführer** kann **als Gehilfe des Absenders oder Empfängers** tätig werden.[115] **33** Wenn der Absender oder Empfänger das Gut zu behandeln hat, ist allerdings im Zweifel nicht davon auszugehen, dass der Frachtführer, soweit er für diese tätig wird, als deren Gehilfe agiert; denn er wird es vermutlich eher in Kauf nehmen, dass er sich nicht auf den Haftungsausschluss gem. § 427 Abs. 1 Nr. 3 berufen kann, und deshalb die Behandlung, sofern sie nicht unter der Oberaufsicht des Absenders oder Empfängers erfolgt, auf eigene Verantwortung übernehmen, als dass er sich als außerhalb des Frachtvertrags stehender Dritter der nach den allgemeinen Vorschriften bestehenden, zwar verschuldensabhängigen, aber unbeschränkten Haftung unterwerfen wird.[116] Noch weniger ist der Frachtführer Gehilfe des Absenders oder Empfängers, wenn deren Bitte an ihn, bei der Behandlung des Gutes tätig zu werden, eine Weisung iSd § 418 darstellt, da er dann ein eigenes Geschäft erledigt. Zu beachten ist außerdem, dass Entladefehler in den Fällen, in denen der Frachtführer nicht zu entladen hat, schon außerhalb des Haftungszeitraums des § 425 Abs. 1 liegen und die §§ 425 ff. daher dann überhaupt unanwendbar sind.[117]

Wenn **Leute** oder **Subunternehmer des Frachtführers** bei der dem Absender oder Empfänger **34** obliegenden Behandlung unter deren Oberaufsicht tätig werden, sind sie **Gehilfen des Absenders oder Empfängers,** sofern nicht in deren Bitte um Unterstützung eine – allerdings nur im Falle ihres Zugangs beim Frachtführer oder bei einem von diesem entsprechend empfangsbevollmächtigen Stellvertreter wirksame[118] – Weisung gelegen hat, die den Frachtführer zu der Behandlung verpflichtet hat.[119] Wenn sie dagegen ohne das Wissen und Wollen des Absenders oder Empfängers in die Behandlung des Gutes – etwa durch schadensverursachende Anweisungen beim Ein- oder Ausladen – eingreifen, muss sich der Frachtführer ihr Verhalten gem. § 428 zurechnen lassen und kann sich dieser auch etwa dann, wenn ein Standgeld drohte, nicht auf § 427 Abs. 1 Nr. 3 berufen, wenn seine Leute oder von ihm beauftragte Subunternehmer etwa tätig geworden sind, nachdem der ladepflichtige Absender die Befestigung des Gutes verweigert hat,[120] oder wenn sie mit Duldung des entladepflichtigen Empfängers zur Abkürzung der Wartezeit entladen haben.[121] Der Geschädigte kann sich in solchen Fällen allerdings auch nicht darauf berufen, dass er wegen der von den Leuten oder Subunternehmern des Frachtführers eigenmächtig vorgenommenen Maßnahmen seinerseits eine weitergehende Sicherung der Ladung für unnötig erachtet hat.[122] Außerdem kann seinem Ersatzanspruch ein Mitverschulden des Absenders oder Empfängers entgegengehalten werden, soweit diese durch die Verletzung ihrer Be- oder Entladepflicht zur Entstehung des Schadens mit beigetragen haben.[123] Soweit die Leute oder Subunternehmer des Frachtführers bei ihrem eigenmächtigen Vorgehen schuldhaft gehandelt haben, hat der Eigentümer des Gutes gegen diese im Rahmen des § 436 einen Schadensersatzanspruch aus Delikt.[124]

Umgekehrt kann es vorkommen, dass der **Absender oder Empfänger** – wie etwa dann, wenn die **35** beförderungsmitteleigenen Pumpen des entladepflichtigen Frachtführers versagen, der Empfänger das Gut daher mit Wissen und Wollen des Frachtführers mit seinen eigenen Pumpen entlädt und das Gut dabei ganz oder teilweise verlorengeht – **als Gehilfe des Frachtführers** tätig werden.[125] In einem solchen Fall bleibt dem Absender oder Empfänger zwar der Anspruch aus § 425 Abs. 1 erhalten, erwirbt der Frachtführer aber einen verschuldensabhängigen Freistellungsanspruch gem. §§ 280 ff. BGB oder gem. § 311 Abs. 2, § 280 Abs. 1 BGB, der seinerseits aber gem. § 254 BGB gemindert sein kann.[126] Diese Lösung stellt sich als interessengerecht dar, weil sie die beiderseitigen Verursachungsbeiträge berücksichtigt und insbesondere vermeidet, dass der Absender oder Empfänger in Fällen, in denen sie großzügig Hilfe geleistet haben, sogar bei schuldlosem Handeln mit dem Verlust des Schadensersatzanspruchs aus § 425 Abs. 1 „belohnt" werden.[127] Wenn der Absender oder Empfänger in entsprechenden Fällen dagegen ohne das Wissen und Wollen des Frachtführers tätig werden, sind sie nicht dessen Gehilfen, sondern gilt § 427 Abs. 1 Nr. 3 und kommt daher allenfalls ein Ersatzanspruch des Empfängers gem. § 683 BGB in Betracht.[128]

---

[115] *Koller* Rn. 48.

[116] *Lammich/Pöttinger* Rn. 407 und 422.

[117] *Ramming* TranspR 2001, 53 (60).

[118] OLG Hamm Urt. v. 19.6.2008 – 18 U 98/07, TranspR 2008, 405.

[119] *Koller* § 412 Rn. 10a; *Lammich/Pöttinger* Rn. 408; MüKoHGB/*Herber/Harm* Rn. 22; *Oetker/Paschke* Rn. 9; *Neufang/Valder* TranspR 2002, 325 (331 f.).

[120] Vgl. BGH Urt. v. 25.1.2007 – I ZR 43/04, TranspR 2007, 314 Rn. 19 = VersR 2007, 1714 = NJW-RR 2007, 1481 zu Art. 17 Abs. 4 lit. c CMR.

[121] AA *Andresen/Valder* Rn. 37, wonach die Einstufung des Verhaltens parallel zur Wertung der §§ 412, 414 zu erfolgen hat.

[122] AA OLG Bremen Urt. v. 8.2.2007 – 2 U 89/04, TranspR 2008, 252 (257 f.).

[123] Vgl. BGH Urt. v. 25.1.2007 – I ZR 43/04, TranspR 2007, 314 Rn. 17 = VersR 2007, 1714 = NJW-RR 2007, 1481 zu Art. 17 Abs. 4 lit. c CMR.

[124] *Lammich/Pöttinger* Rn. 408.

[125] *Ramming* TranspR 2001, 53 (60).

[126] Vgl. BGH Urt. v. 25.1.2007 – I ZR 43/04, TranspR 2007, 314 Rn. 20 = VersR 2007, 1714 = NJW-RR 2007, 1481; *Ramming* TranspR 2001, 53 (60).

[127] *Lammich/Pöttinger* Rn. 417.

[128] AA *Lammich/Pöttinger* Rn. 418.

36 **c) Schadensentstehung im Haftungszeitraum.** Der Haftungsausschluss gem. § 427 Abs. 1 Nr. 3 ist nach seiner systematischen Stellung und auch im Blick auf die parallele Regelung in Art. 17 CMR auf die Haftung aus § 425 Abs. 1 rückbezogen. Er gilt daher allein für Schäden, die im Haftungszeitraum (Obhutszeitraum; → § 425 Rn. 17–33) entstanden sind, dh deren maßgebliche Ursache in diesem Zeitraum gesetzt worden ist (→ § 425 Rn. 17). Der Haftungsausschluss gem. § 427 Abs. 1 Nr. 3 greift daher insbesondere etwa auch dann nicht ein, wenn eine beim dem Absender obliegenden Verladen oder Behandeln (→ Rn. 31) gesetzte Schadensursache nach der Übernahme des Gutes zu dessen Verlust oder Beschädigung oder zu einer Überschreitung der Lieferfrist geführt hat.[129]

37 **d) Umladen und Zuladen.** Ein Umladen des Gutes während des Transports unterfällt dem Haftungsausschluss des § 427 Abs. 1 Nr. 3, wenn es – etwa dann, wenn ihm eine Anordnung der Zollbehörde oder des Veterinäramts zugrunde liegt – der **Sphäre des Absenders oder Empfängers** zuzurechnen ist.[130] Der Frachtführer hat allerdings nach einer solchen Überprüfung den ursprünglichen Verladungszustand wiederherzustellen.[131] Auch ansonsten haftet der Frachtführer, soweit er während des Transports umlädt oder Gut zulädt, grundsätzlich[132] gem. §§ 425, 426, ohne sich auf den Haftungsausschluss gem. § 427 Abs. 1 Nr. 3 berufen zu können.[133]

38 **e) Schadensursächlichkeit.** Nach dem Wortlaut des § 427 Abs. 1 Nr. 3 befreit – insoweit abweichend von § 427 Abs. 1 Nr. 2 und 5, wo ausdrücklich auf eine ungenügende Verpackung bzw. Kennzeichnung durch den Absender abgestellt wird – schlechthin jedes Behandeln, Verladen oder Entladen des Gutes, das zu dessen Verlust oder Beschädigung oder zur Überschreitung der Lieferfrist geführt hat, den Frachtführer von seiner Haftung nach § 425 Abs. 1. Der Haftungsausschluss gem. § 427 Abs. 1 Nr. 3 greift aber gleichwohl nur insoweit ein, als der eingetretene Schaden auf dem durch die mangelhafte Behandlung erhöhten Beförderungsrisiko (→ Rn. 30) beruht.[134]

39 **f) Schadensmitverursachung bei erkennbar mangelhafter Behandlung des Gutes.** Der Frachtführer hat gem. § 412 Abs. 1 S. 2 für die betriebssichere Verladung zu sorgen, nicht dagegen auch deren Beförderungssicherheit zu überprüfen. Dessen ungeachtet muss er, um nicht in eine Haftung gem. § 425 und – bei qualifiziertem Verschulden – gem. § 435 zu geraten,[135] nach dem Rechtsgedanken des § 254 BGB sowie auch im Hinblick darauf, dass er gem. § 426 das Auftreten von Schäden im Haftungszeitraum und deren Folgen tunlichst abzuwenden hat, den Absender oder Empfänger oder die für diese in verantwortlicher Stellung tätige Person auf **Mängel hinsichtlich der Beförderungssicherheit** hinweisen, die ihm **positiv bekannt** oder immerhin auch für jemanden, der kein Warenfachmann ist, **offensichtlich** sind.[136] Der Frachtführer ist jedoch, wenn der Absender oder Empfänger die Warnung beiseiteschiebt oder untätig bleibt, nicht gehindert, die Beförderung zu beginnen.[137] Wenn die Warnung einem Dritten gegenüber ausgesprochen wird, muss dieser allerdings Gelegenheit gegeben werden, mit dem Absender Kontakt aufzunehmen.[138] Umgekehrt trifft den Absender ein Mitverschulden iSd § 425 Abs. 2, wenn der **Frachtführer oder seine Leute erkennbar fehlerhaft verladen** haben und der Absender die für ihn deswegen gebotenen zumutbaren Gegenmaßnahmen nicht getroffen hat.[139] Dies gilt sowohl dann, wenn der Frachtführer verladepflichtig war, als auch – und erst recht – dann, wenn die Verladepflicht den Absender traf.[140]

40 Wenn dem Frachtführer ein **Mangel** der Behandlung **im Laufe der Beförderung** bekannt oder für ihn **offensichtlich** wird, hat er sich mit der in § 426 vorgesehenen Intensität um die Schadensverhinderung oder -verringerung zu bemühen.[141] Er hat daher den Absender um Weisungen (§ 418) zu ersuchen, eine angemessene Zeit bis zu deren Eintreffen zu warten und, wenn er keine Weisungen

---

[129] AA *Koller* Rn. 55; *Lammich/Pöttinger* Rn. 459.

[130] Vgl. LG Bremen Urt. v. 23.12.1988 – 11 O 733/86, TranspR 1989, 267 (268) = VersR 1990, 677; grds. aA *Koller* Rn. 57.

[131] Vgl. LG Bremen Urt. v. 23.12.1988 – 11 O 733/86, TranspR 1989, 267 (268) = VersR 1990, 677.

[132] Vgl. aber zum Umladen wegen Verlademängeln → Rn. 40.

[133] Vgl. *Müglich* TranspR Rn. 17; *Koller* Rn. 57; *Lammich/Pöttinger* Rn. 460–463.

[134] *Koller* Rn. 59; *Ramming* TranspR 2001, 53 (60).

[135] Vgl. BGH Urt. v. 19.3.2015 – I ZR 190/13, TranspR 2015, 342 Rn. 25 ff. = VersR 2016, 211 = RdTW 2015, 405; *Koller* Rn. 60.

[136] Vgl. BGH Urt. v. 24.9.1987 – I ZR 197/85, TranspR 1988, 108 (110) = VersR 1988, 244 = NJW-RR 1988, 479; OLG Hamm Urt. v. 23.2.2012 – 18 U 126/11, TranspR 2012, 376 (377); *Koller* Rn. 60; MüKoHGB/*Herber/Harm* Rn. 24; *Lammich/Pöttinger* Rn. 413, 479 und 481, jeweils mwN.

[137] *Koller* Rn. 60; *Andresen*/Valder Rn. 38; *Lammich/Pöttinger* Rn. 480; aA BGH Urt. v. 24.9.1987 – I ZR 197/85, TranspR 1988, 108 (110) = VersR 1988, 244 = NJW-RR 1988, 479; → 1. Aufl. 2001, Rn. 27; BeckOK HGB/*Kirchhof* Rn. 15.

[138] *Koller* Rn. 60.

[139] BGH Urt. v. 19.3.2015 – I ZR 190/13, TranspR 2015, 342 Rn. 34 = VersR 2016, 211 = RdTW 2015, 405; *Koller* Rn. 60a.

[140] BGH Urt. v. 25.1.2007 – I ZR 43/04, TranspR 2007, 314 Rn. 17 = VersR 2007, 1714 = NJW-RR 2007, 1481; *Koller* Rn. 60a.

[141] Vgl. BGH Urt. v. 24.9.1987 – I ZR 197/85, TranspR 1988, 108 (110) = VersR 1988, 244 = NJW-RR 1988, 479; *Koller* Rn. 61.

bekommen hat, je nach dem Gewicht des Mangels entweder Maßnahmen nach § 419 Abs. 3 zu treffen oder die Beförderung gem. § 427 Abs. 1 Nr. 3 auf Risiko des Absenders fortzusetzen, wobei er das Gut entsprechend §§ 677 ff. BGB zu behandeln und beförderungssicher zu verstauen hat.[142]

Auch ansonsten muss sich der Frachtführer im Rahmen des § 427 Abs. 1 Nr. 3 entsprechend den **41** im Fall des § 427 Abs. 1 Nr. 2 geltenden Grundsätzen (→ Rn. 23 f.) alle ihm gem. §§ 426, 428 zurechenbaren ungenügenden Anstrengungen zur Verhinderung von Schäden und Geringhaltung ihrer Folgen wie etwa von ihm zu verantwortende Mängel der betriebssicheren Verladung (§ 412 Abs. 1 S. 2), Verkehrsunfälle, die Benutzung vertragswidriger Fahrzeuge und nicht unvermeidbare Verzögerungen des Transports zurechnen lassen.[143]

g) Rechtsfolgen. Die Haftung des Frachtführers gem. § 425 Abs. 1 für Schäden durch Verlust oder **42** Beschädigung des Gutes oder Überschreitung der Lieferfrist ist gem. § 427 Abs. 1 Nr. 3 ganz oder – soweit der Frachtführer den Schaden in zurechenbarer Weise mitverursacht hat (→ Rn. 39–41) – entsprechend dem Gewicht der beiderseitigen Verursachungsbeiträge teilweise ausgeschlossen.[144] Dies gilt auch bei iSd § 435 qualifiziert schuldhaftem Verhalten des Frachtführers oder seiner Hilfspersonen iSd § 428.[145]

h) Darlegungs- und Beweislast. Obwohl der Wortlaut der Vorschrift für das Gegenteil sprechen **43** könnte, hat der **Frachtführer** im Fall des § 427 Abs. 1 Nr. 3 – nicht anders als bei Art. 17 Abs. 4 lit. c CMR,[146] an dem sich die Regelung des § 427 Abs. 1 Nr. 3 orientiert[147] – darzulegen und im Bestreitensfall auch voll zu beweisen, dass der Absender oder der Empfänger das Gut einer fehlerhaften Behandlung unterzogen hat.[148] Die Beweisführung kann ihm dabei, soweit ein entsprechender Erfahrungssatz besteht, nach den Grundsätzen des Anscheinsbeweises erleichtert sein; dass sich der Frachtführer auf einen normalen unfallfreien Beförderungsablauf beruft, reicht insoweit allerdings nicht aus.[149] Des Weiteren trifft den Frachtführer, wie sich aus § 427 Abs. 2 S. 1 ergibt, auch die Darlegungs- und Beweislast dafür, dass der eingetretene Schaden durch die betreffende Behandlung entstanden sein kann, dh diese nicht nur eine abstrakt denkbare Ursache für den Schaden darstellt, sondern nach der Lebenserfahrung als dessen Ursache konkret in Betracht kommt.[150]

Wenn der Frachtführer diesen Beweis geführt hat, obliegt es dem **Anspruchsteller,** darzulegen und **44** im Bestreitensfall voll zu beweisen, dass diese fehlerhafte Behandlung des Gutes den eingetretenen Schaden nicht verursacht hat oder dieser immerhin vom Frachtführer mitverursacht worden ist.[151] Dem Frachtführer obliegt es alsdann, ggf. seinerseits darzulegen und im Bestreitensfall zu beweisen, dass er diese Mitverursachung des Schadens gem. § 426 nicht zu vertreten hat oder aber der Anspruchsteller seinerseits den Schaden immerhin iSd § 425 Abs. 2 mitverursacht hat.[152]

i) Abweichende Vereinbarungen. Die Parteien können, ohne insoweit den Beschränkungen des **45** § 449 zu unterliegen, sowohl die Pflichten zur Behandlung des Gutes abweichend von § 412 Abs. 1 regeln als auch – da insoweit lediglich ihre Sphären entsprechend ihrem jeweiligen Einfluss ausgeformt werden – vereinbaren, dass sich die eine Partei der anderen als Gehilfe unterordnet.[153] Des Weiteren können sie dem Frachtführer vom Gesetz abweichend auch weitreichende Überwachungs- und Kontrollpflichten auferlegen, müssen dabei aber die Schranken des § 449 beachten, weil die Begründung entsprechender Pflichten geeignet ist, die Verantwortlichkeit des Absenders für seine Sphäre auszuhöhlen.[154]

4. Natürliche Beschaffenheit des Gutes (Abs. 1 Nr. 4). a) Allgemeines. Die Bestimmung des **46** § 427 Abs. 1 Nr. 4 trägt der besonderen Schadensanfälligkeit bestimmter Güter Rechnung und weist das sich daraus ergebende Risiko grundsätzlich dem Ersatzberechtigten zu. Der Regelung liegt die Erwägung zugrunde, dass der Absender typischerweise Warenfachmann und als solcher über die Beschaffenheit des Gutes besser informiert ist als der Frachtführer, der sich als Nicht-Warenfachmann nur auf Durchschnittsgut einstellen kann, sodass der Absender auch besser als der Frachtführer die dem

---

[142] Vgl. *Lammich/Pöttinger* Rn. 412 und – teilweise abweichend – *Koller* Rn. 61.

[143] OLG Hamm Urt. v. 23.2.2012 – 18 U 126/11, TranspR 2012, 376 (377); *Koller* Rn. 62.

[144] *Koller* Rn. 63.

[145] BGH Urt. v. 19.3.2015 – I ZR 190/13, TranspR 2015, 342 Rn. 34 mwN = VersR 2016, 211 = RdTW 2015, 405; aA *Koller* Rn. 63 und Voraufl. Rn. 42.

[146] Vgl. BGH Urt. v. 28.3.1985 – I ZR 194/82, TranspR 1985, 261 (262) = VersR 1985, 754 = NJW 1985, 2092; Urt. v. 8.6.1988 – I ZR 149/86, TranspR 1988, 370 (372) = VersR 1988, 952 = NJW-RR 1988, 1369.

[147] Begründung des Regierungsentwurfs des TRG, BT-Drs. 13/8445, 63.

[148] *Lammich/Pöttinger* Rn. 502; *Koller* Rn. 64; *Andresen/Valder* Rn. 39.

[149] *Koller* Rn. 64; *Lammich/Pöttinger* Rn. 30–32, jeweils mwN.

[150] Vgl. OLG Köln Urt. v. 20.3.2012 – 3 U 3/11, TranspR 2015, 106 (108) = RdTW 2015, 26; vgl. weiter *Koller* Rn. 64 und *Lammich/Pöttinger* Rn. 502, jeweils mwN.

[151] Vgl. zu § 427 Abs. 1 Nr. 1 → Rn. 13 sowie – speziell zu § 427 Abs. 1 Nr. 3 – *Koller* Rn. 64 und *Lammich/Pöttinger* Rn. 505.

[152] *Koller* Rn. 64; *Lammich/Pöttinger* Rn. 506 mwN.

[153] *Koller* Rn. 65; *Lammich/Pöttinger* Rn. 507.

[154] *Koller* Rn. 65; *Staub/Otte* § 449 Rn. 48; aA *Lammich/Pöttinger* Rn. 507.

Gut immanenten Risiken durch Verpacken, Verstauen, geeignete Transportanweisungen und Weisungen zum Einsatz bestimmter Fahrzeuge usw mindern kann.[155]

47   **b) Besondere Schadensanfälligkeit.** Ein Gut ist iSd § 427 Abs. 1 Nr. 4 besonders schadensanfällig, wenn ihm nach der **Verkehrsanschauung,** die sich dabei an der Gefährdung der durchschnittlich beförderten Güter der betreffenden Gattung orientiert, auf Grund seiner **natürlichen Beschaffenheit** eine **besondere Schadensanfälligkeit** anhaftet.[156] Da § 427 Abs. 1 Nr. 2 sonst leerlaufen würde, ist insoweit eine **konkrete Betrachtungsweise** geboten; entscheidend ist, ob das Gut, so wie es dem Frachtführer – unverpackt oder mehr oder weniger gut verpackt – übergeben worden ist, einer stark erhöhten Transportgefahr ausgesetzt ist.[157] Im Hinblick auf die Regelung des § 427 Abs. 1 Nr. 2 ist auch bis zum Beweis des Gegenteils davon auszugehen, dass die Verpackung den üblichen Anforderungen entsprochen hat.[158] Die Frage der besonderen Schadensanfälligkeit ist im Blick auf die jeweils **vereinbarte Beförderungsart** zu beurteilen; dabei ist, da § 427 Abs. 4 sonst leerlaufen würde, allerdings zu unterstellen, dass der Transport ohne die in dieser Bestimmung genannten Schutzvorkehrungen und auch ohne sonstige besonders vereinbarte Schutzmaßnahmen wie etwa eine besonders langsame Fahrgeschwindigkeit, Fahren nur bei trockenem Wetter oder Verwendung von Trockeneis durchgeführt worden ist.[159] Außerdem sind **normale vorhersehbare Transportverhältnisse** zugrunde zu legen und muss die Beschaffenheit des Gutes für den eingetretenen Schaden zumindest **mitursächlich** gewesen sein (→ Rn. 57–59). Wenn zu dem Verderb auch ein Verursachungsbeitrag des Frachtführers mit beigetragen hat, ist nach dem **Rechtsgedanken des § 254 BGB** grundsätzlich eine Teilung des Schadens geboten (→ Rn. 60).

48   **c) Einzelne Schadensarten. aa) Bruch.** Ein iSd § 427 Abs. 1 Nr. 4 relevantes Bruchrisiko liegt vor, wenn ein Gut – wie das etwa regelmäßig bei Marmor, Fliesen, Glas, Porzellan, Steingut und Eiern der Fall ist[160] – wegen seiner Beschaffenheit auch bei normalen vorhersehbaren Transportverhältnissen (→ Rn. 57) und ordnungsgemäßer Verpackung[161] im Blick auf die vereinbarte Beförderungsart, aber ohne Berücksichtigung der vom Frachtführer etwa zu treffenden Schutzmaßnahmen iSd § 427 Abs. 4 nach der Verkehrsanschauung einer erhöhten Transportgefahr in Form einer Bruchgefahr ausgesetzt ist.[162]

49   **bb) Rost.** Ein iSd § 427 Abs. 1 Nr. 4 relevantes Rostrisiko liegt vor, wenn ein Gut – wie etwa Stahl, wenn er nicht mit einem entsprechenden Schutzanstrich versehen oder rostgeschützt verpackt ist, nicht dagegen Gusseisen – wegen seiner Beschaffenheit auch bei normalen vorhersehbaren Transportverhältnissen und ordnungsgemäßer Verpackung im Blick auf die vereinbarte Beförderungsart, aber ohne Berücksichtigung von durch den Frachtführer etwa zu treffenden Schutzmaßnahmen iSd § 427 Abs. 4 nach der Verkehrsanschauung einer erhöhten Transportgefahr in Form einer Korrosionsgefahr ausgesetzt ist.[163] Wenn Stahl den für seinen vorgesehenen Seetransport unerlässlichen Korrosionsschutz vom Frachtführer erhalten soll, liegt kein Verpackungsmangel iSd § 427 Abs. 1 Nr. 2 vor, weil erst der geschützte Stahl befördert werden soll,[164] sondern eine besondere Schadensanfälligkeit des Gutes iSd § 427 Abs. 1 Nr. 4, auf die sich der Frachtführer allerdings gem. § 427 Abs. 4 (und ggf. auch nach § 435) ebenso wenig berufen kann wie dann, wenn er nach dem Frachtvertrag zu einer vor Luftfeuchtigkeit besonders schützenden Art der Verpackung des Stahls verpflichtet ist und den Versender nicht auf das Fehlen der für den vorgesehenen Transport als Korrosionsschutz unerlässlichen Primärkonservierung hinweist.[165]

50   **cc) Innerer Verderb.** Ein iSd § 427 Abs. 1 Nr. 4 relevantes Risiko des inneren Verderbs liegt vor, wenn Güter wie insbesondere Nahrungs-, Genuss- und Arzneimittel, Chemikalien, Pflanzen und sonstige aus natürlichen Materialien bestehende Gegenstände wegen ihrer besonders schadensanfälligen natürlichen Eigenschaften auch bei normalen vorhersehbaren Transportverhältnissen und ordnungs-

---

[155] Vgl. *Froeb,* Die Haftung für Beschaffenheitsschäden im Transportrecht, 1991, 49 ff., 54 ff.; *Koller* Rn. 66; *Lammich/Pöttinger* Rn. 646; *Heymann/Joachim* Rn. 13.

[156] Vgl. – teilw. auch abweichend – *Koller* Rn. 67 und 76 f.; *Heymann/Joachim* Rn. 14; *Lammich/Pöttinger* Rn. 653; *Andresen/*Valder Rn. 41; *MüKoHGB/Herber/Harm* Rn. 27; *Ramming* TranspR 2001, 53 (61); *Froeb,* Die Haftung für Beschaffenheitsschäden im Transportrecht, 1991, 65 ff.

[157] Vgl. *Koller* Rn. 67 und 77; *Heymann/Joachim* Rn. 14; *Lammich/Pöttinger* Rn. 671 f.; *Andresen/*Valder Rn. 41; *Ramming* TranspR 2001, 53 (61); aA *Fremuth* in Fremuth/Thume TranspR Rn. 29.

[158] *Koller* Rn. 67 und 77; zum Auslaufen von Fässern → Rn. 52.

[159] *Koller* Rn. 67 f. und 77; *Lammich/Pöttinger* Rn. 665 f.; *Heymann/Joachim* Rn. 14; *v. Waldstein/Holland* Binnenschiffahrtsrecht Rn. 14; *MüKoHGB/Herber/Harm* Rn. 26; *Ramming* TranspR 2001, 53 (61).

[160] Vgl. dazu iE *Lammich/Pöttinger* Rn. 682 mwN.

[161] Wenn diese fehlt, liegt bereits ein Haftungsausschluss gem. § 427 Abs. 1 Nr. 2 vor (*Andresen/*Valder Rn. 43).

[162] → Rn. 47; *Koller* Rn. 69; *Froeb,* Die Haftung für Beschaffenheitsschäden im Transportrecht, 1991, 93 ff.

[163] → Rn. 48 iVm → Rn. 47; *Koller* Rn. 70; *Lammich/Pöttinger* Rn. 688–699 mwN; *Froeb,* Die Haftung für Beschaffenheitsschäden im Transportrecht, 1991, 100 f.

[164] Zweifelnd *Koller* Rn. 67.

[165] OLG München Beschl. v. 18.4.2007 – 7 U 5108/06, TranspR 2007, 194 f. = VersR 2008, 988.

gemäßer Verpackung im Blick auf die vereinbarte Beförderungsart, aber ohne Berücksichtigung von durch den Frachtführer etwa zu treffenden Schutzmaßnahmen iSd § 427 Abs. 4 nach der Verkehrsanschauung in überdurchschnittlicher Weise der Gefahr eines inneren Verderbs ausgesetzt sind.[166] Ein innerer Verderb setzt nicht die Aufhebung der Genuss- oder Gebrauchstauglichkeit des Gutes voraus, sondern liegt auch dann vor, wenn dieses einen Fremdgeruch angenommen[167] oder eine Substanzverschlechterung erfahren und dadurch eine Wertminderung erlitten hat.[168] Ebenso wie in den anderen Fällen des § 427 Abs. 1 ist es nicht erforderlich, dass die – hier durch seine natürliche Beschaffenheit begründete – erhöhte Schadensanfälligkeit des Gutes die „nächste" Ursache des eingetretenen Schadens war, sondern genügt es, dass sie für den Schadenseintritt immerhin mitursächlich war; die Mitwirkung anderer Ursachen führt daher wie auch sonst lediglich dazu, dass die Haftung des Frachtführers nach dem Rechtsgedanken des § 254 BGB nur teilweise – entsprechend dem Gewicht der beiderseitigen Verursachungsbeiträge – ausgeschlossen ist.[169]

dd) Austrocknen. Ein iSd § 427 Abs. 1 Nr. 4 relevantes Risiko des Austrocknens liegt vor, wenn **51** ein Gut – wie insbesondere frisches Obst und Gemüse sowie in nassem Zustand auszuliefernde Güter[170] – wegen seiner Beschaffenheit auch bei normalen vorhersehbaren Transportverhältnissen und ordnungsgemäßer Verpackung im Blick auf die vereinbarte Beförderungsart, aber ohne Berücksichtigung von durch den Frachtführer etwa zu treffenden Schutzmaßnahmen iSd § 427 Abs. 4 nach der Verkehrsanschauung einer erhöhten Transportgefahr in Form eines ungewöhnlich hohen Flüssigkeitsverlusts ausgesetzt ist.[171] Bei in Flaschen abgefüllten Flüssigkeiten und bei Konserven besteht diese Gefahr nicht.[172]

ee) Auslaufen. Ein iSd § 427 Abs. 1 Nr. 4 relevantes Risiko des Auslaufens liegt vor, wenn ein Gut **52** wegen seiner Beschaffenheit auch bei normalen vorhersehbaren Transportverhältnissen und ordnungsgemäßer Verpackung im Blick auf die vereinbarte Beförderungsart, aber ohne Berücksichtigung von durch den Frachtführer etwa zu treffenden Schutzmaßnahmen iSd § 427 Abs. 4 nach der Verkehrsanschauung einer erhöhten Transportgefahr in Form eines Flüssigkeitsverlusts durch Auslaufen ausgesetzt ist.[173] Unter Berücksichtigung der Fortschritte, die die Verpackungstechnik gemacht hat, besteht eine solche Gefahr nur noch bei der Verwendung hölzerner Fässer oder offener Behältnisse, nicht dagegen bei Flüssigkeiten, die in Büchsen, Dosen, Kannen, Kanistern, Flaschen, Plastikfässern oder Stahlfässern enthalten sind.[174]

ff) Normaler Schwund. Ein iSd § 427 Abs. 1 Nr. 4 relevantes Risiko des normalen Schwundes **53** liegt vor, wenn ein Gut wegen seiner Beschaffenheit auch bei normalen vorhersehbaren Transportverhältnissen und ordnungsgemäßer Verpackung im Blick auf die vereinbarte Beförderungsart, aber ohne Berücksichtigung von durch den Frachtführer etwa zu treffenden Schutzmaßnahmen iSd § 427 Abs. 4 nach der Verkehrsanschauung einer erhöhten Transportgefahr in Form des Verlusts von Substanz (Gewicht, Volumen oder Zahl)[175] ausgesetzt ist.[176] Die im durch das TRG aufgehobenen § 84 EVO aufgeführten Güter, für die insoweit eine Franchisenregelung bestanden hatte,[177] sind einer solchen erhöhten Gefahr ausgesetzt, wenn sie weder weitgehend luftdicht oder sonst gegen die Gefahr des Verstreuens gesichert verpackt sind[178] noch in verlustsicheren Spezialsilofahrzeugen befördert werden.[179]

gg) Sonstige besonders schadensanfällige natürliche Beschaffenheit. Ein iSd § 427 Abs. 1 **54** Nr. 4 relevantes Schadensrisiko liegt ferner dann vor, wenn einem Gut wegen seiner natürlichen Beschaffenheit in besonderer Weise die **Beschlagnahme** droht.[180] Als erhöhte Gefahren kommen des

---

[166] Vgl. BGH Urt. v. 28.5.1965 – Ib ZR 131/63, VersR 1965, 755 (756) = NJW 1965, 1593; Urt. v. 14.4.1976 – I ZR 42/75, DB 1976, 2013 (2014); → Rn. 48 iVm → Rn. 47; *Koller* Rn. 71 f.

[167] Vgl. *Koller* Rn. 71; *Lammich/Pöttinger* Rn. 707 und 714 mwN.

[168] Vgl. BGH Urt. v. 10.2.1983 – I ZR 114/81, BGHZ 86, 387 (390 ff.) = TranspR 1983, 67 f. = VersR 1983, 629 = NJW 1983, 1674; *Lammich/Pöttinger* Rn. 715–718 mwN; vgl. auch *Froeb,* Die Haftung für Beschaffenheitsschäden im Transportrecht, 1991, 103 ff.

[169] Vgl. *Koller* Rn. 71 und 86; aA zu § 34 S. 1 lit. k KVO BGH Urt. v. 28.5.1965 – Ib ZR 131/63, VersR 1965, 755 (756) = NJW 1965, 1593.

[170] Vgl. *Lammich/Pöttinger* Rn. 744 mwN.

[171] → Rn. 48 iVm → Rn. 47; *Lammich/Pöttinger* Rn. 740–743 und 747; *Koller* Rn. 73; *Heymann/Joachim* Rn. 18.

[172] *Lammich/Pöttinger* Rn. 745; *Koller* Rn. 73; *Heymann/Joachim* Rn. 18.

[173] → Rn. 48 iVm → Rn. 47; *Lammich/Pöttinger* Rn. 759, 761 und 763.

[174] *Koller* Rn. 74; *Lammich/Pöttinger* Rn. 764 f.

[175] Die Fallgruppe des normalen Schwundes überschneidet sich insoweit mit den Fallgruppen des Austrocknens und des Auslaufens (vgl. *Koller* Rn. 75; *Lammich/Pöttinger* Rn. 753 mwN; *Froeb,* Die Haftung für Beschaffenheitsschäden im Transportrecht, 1991, 113 ff.).

[176] → Rn. 48 iVm → Rn. 47; *Koller* Rn. 75; *Heymann/Joachim* Rn. 19.

[177] Vgl. dazu MüKoHGB/*Blaschczok,* 1. Aufl. 1997, § 454 Rn. 62–64.

[178] *Koller* Rn. 75; *Heymann/Joachim* Rn. 19.

[179] *Lammich/Pöttinger* Rn. 755.

[180] *Koller* Rn. 76; aA *Ramming* TranspR 2001, 53 (61).

Weiteren etwa in Betracht die **Einwirkungen von Ungeziefer und Nagetieren,**[181] die **Selbstentzündlichkeit** und **Explosionsgefährlichkeit** von Gütern,[182] das **Absplittern von Emaille,**[183] das **Lösen von Verleimungen** und **Rissig- oder Blindwerden von Politur**[184] sowie **Einwirkungen von Frost und Hitze.**[185] **Keine besondere Schadensanfälligkeit** iSd § 427 Abs. 1 Nr. 4 stellt dagegen die **bei Wertgegenständen** wie Edelmetallen, Edelsteinen, (Papier-)Geld und Kunstgegenständen **erhöhte Gefahr von Diebstählen** dar, weil dieses Risiko jedenfalls in erster Linie der besonderen Begehrtheit und leichten Absetzbarkeit dieser Güter entspringt[186] und zudem die Diebstahlsgefahr in § 451d Abs. 1 Nr. 1 neben den Beschaffenheitsgefahren in § 451d Abs. 1 Nr. 7 eine selbständige Fallgruppe darstellt, was den Schluss rechtfertigt, dass die Diebstahlsgefahr nicht zu den bevorrechtigten Haftungsausschlussgründen iSd § 427 gehört.[187]

55　　**d) Besondere Schutzvorkehrungen (Abs. 4).** In Anlehnung an Art. 18 Abs. 4 CMR,[188] aber darüber hinausgehend[189] kann sich der Frachtführer, der nach dem Frachtvertrag verpflichtet ist, das Gut gegen die Einwirkung von Hitze, Kälte, Temperaturschwankungen, Luftfeuchtigkeit, Erschütterungen oder ähnlichen Einflüssen zu schützen, auf den Haftungsausschluss des § 427 Abs. 1 Nr. 4 gem. § 427 Abs. 4 nur dann berufen, wenn er alle ihm nach den Umständen obliegenden Maßnahmen getroffen und besondere Weisungen beachtet hat. Die Schutzverpflichtung muss auf die Gewährung eines **über das Sicherheitsniveau eines normalen Transports hinausgehenden Schutzes** gerichtet sein und kann – ausdrücklich oder auch konkludent, jedenfalls aber konkret – im Frachtvertrag – auch durch AGB oder im Wege einer Vertragsänderung – oder durch eine entsprechende detaillierte besondere Weisung iSd § 418 begründet werden.[190] Die Frage, ob ein Schutz gegen Hitze oder Kälte geboten ist, ist immer im Blick auf das jeweils in Rede stehende Frachtgut zu beurteilen.[191] Gleichmäßige Temperaturen und Luftfeuchtigkeitswerte sind insbesondere beim Transport von Kunstgegenständen,[192] aber auch dann von Bedeutung, wenn bei dem beförderten Gut die Gefahr der Bildung von Schwitzwasser vermieden werden muss.[193] Der Schutz vor Erschütterungen betrifft sowohl vorwiegend beim Straßentransport auftretende und insbesondere durch den Einsatz von luftgefederten Fahrzeugen abzuwendende vertikale Stöße als auch vor allem im Eisenbahnverkehr auftretende horizontale Stöße.[194] Zur erhöhten Schadensanfälligkeit des Gutes führende ähnliche Einflüsse können etwa die Gefahr des Befalls mit Ungeziefer[195] oder Nässe sein.[196] Die Wahl der Mittel, mit denen der besondere Schutz des Frachtguts bewirkt wird, liegt grundsätzlich beim Frachtführer,[197] der in diesem Zusammenhang nicht die größtmögliche Sorgfalt iSd § 426 anzuwenden, sondern lediglich gem. § 276 BGB, § 347 HGB mit der **Sorgfalt eines ordentlichen Kaufmanns** das nach den Umständen des Einzelfalls Gebotene zu tun oder zu veranlassen hat, damit Schäden tunlichst vermieden werden.[198] Er hat daher zwar bei auftretenden Schwierigkeiten den Absender unverzüglich zu benachrichtigen, dessen Weisungen aber nur bis zur Grenze der Zumutbarkeit zu beachten.[199] Dagegen kann der Frachtführer, wenn er ein den Erfordernissen des § 427 Abs. 4 nicht entsprechendes Transportmittel eingesetzt hat, nicht unter Hinweis auf § 427 Abs. 1 Nr. 2 oder 3 einwenden, dass der Absender den für ihn erkennbaren Mangel durch eine entsprechende Verpackung und/oder Verladung hätte ausgleichen können; allenfalls kann er geltend machen, dass der eingetretene Schaden (gleichwohl) ein

[181] Vgl. Begründung des Regierungsentwurfs des TRG, BT-Drs. 13/8445, 63; *Koller* Rn. 78 mwN; *Lammich/Pöttinger* Rn. 775–784; *Froeb,* Die Haftung für Beschaffenheitsschäden im Transportrecht, 1991, 105 f.; *Fischer* VersR 2010, 436 (437) mwN.

[182] *Koller* Rn. 78; *Lammich/Pöttinger* Rn. 785–794; *Froeb,* Die Haftung für Beschaffenheitsschäden im Transportrecht, 1991, 106 ff.

[183] Vgl. *Lammich/Pöttinger* Rn. 795–800; *Froeb,* Die Haftung für Beschaffenheitsschäden im Transportrecht, 1991, 102 f.

[184] Vgl. *Lammich/Pöttinger* Rn. 801 f.; *Koller* Rn. 78; *Froeb,* Die Haftung für Beschaffenheitsschäden im Transportrecht, 1991, 103.

[185] Vgl. § 427 Abs. 4 sowie *Lammich/Pöttinger* Rn. 803–811.

[186] *Koller* Rn. 78; MüKoHGB/*Herber/Harm* Rn. 27; Staub/*Jessen* Rn. 41; *Lammich/Pöttinger* Rn. 816.

[187] *Koller* Rn. 78; *Lammich/Pöttinger* Rn. 817; *Ramming* TranspR 2001, 53 (61) mwN.

[188] Vgl. Begründung des Regierungsentwurfs des TRG, BT-Drs. 13/8445, 64.

[189] Art. 18 Abs. 4 CMR greift anders als § 427 Abs. 4 nur dann ein, wenn eine Beförderung mit einem Spezialfahrzeug vereinbart wurde (vgl. *Koller* Rn. 79 und 82; aA *Lammich/Pöttinger* Rn. 878); außerdem führt § 427 Abs. 4 Erschütterungen und ähnliche Einflüsse als zusätzliche Gefahren auf (MüKoHGB/*Herber/Harm* Rn. 41; Staub/*Jessen* Rn. 42).

[190] Vgl. *Koller* Rn. 80; Heymann/*Joachim* Rn. 29; *Andresen/*Valder Rn. 50; *Ramming* TranspR 2001, 53 (62).

[191] *Koller* Rn. 81.

[192] Vgl. *Koller* Rn. 81; *Andresen/*Valder Rn. 50.

[193] *Koller* Rn. 81.

[194] *Koller* Rn. 81.

[195] *Koller* Rn. 81.

[196] Vgl. OLG München Urt. v. 15.3.2006 – 7 U 1504/06, TranspR 2006, 355 (357); *Koller* Rn. 81.

[197] Vgl. *Koller* Rn. 82.

[198] Vgl. *Koller* Rn. 83; *Lammich/Pöttinger* Rn. 882 und 897.

[199] *Koller* Rn. 83.

unabwendbares Ereignis iSd § 426 dargestellt oder jedenfalls vom Absender gem. § 425 Abs. 2 mitverursacht worden sei.[200] Zur Frage der **Schadensursächlichkeit** von Verstößen gegen § 427 Abs. 4 → Rn. 59, zur **Beweislast** → Rn. 62.

Soweit der Einsatz eines **Kühlfahrzeugs** geschuldet ist, muss dessen Kühlanlage ausreichend **56** dimensioniert,[201] regelmäßig überprüft, gepflegt und gewartet[202] sowie sachgerecht verwendet und bedient werden.[203] Außerdem müssen der Boden und die Wände des Fahrzeugs im Zweifel gerillt sein, damit die Kälte zirkulieren kann.[204] Darüber hinaus muss das Fahrzeug mit Vorrichtungen ausgestattet sein, die eine laufende Kontrolle der Temperatur des Gutes ermöglichen,[205] und muss diese Temperatur laufend in kurzen Abständen kontrolliert werden.[206] Wenn das Kühlaggregat während des Transports ausfällt, muss zur kurzfristigen Überbrückung Trockeneis beigegeben werden und ist, wenn diese Maßnahme nicht ausreicht, um die Beförderung ordnungsgemäß zum Abschluss bringen zu können, das Transportgut dann unverzüglich in einem Kühlhaus einzulagern und anschließend die Instandsetzung des Kühlaggregats zu veranlassen.[207] Die Transportroute und Transportzeit sind nicht in jedem Fall,[208] sondern nur dann so zu wählen, dass bei einem Ausfall der Kühlanlage rechtzeitig ein Kühlhaus erreicht werden kann, wenn dies unter Berücksichtigung der Wirtschaftlichkeit bei vernünftiger Risikoeinschätzung nicht unverhältnismäßig ist.[209]

e) Schadensursächlichkeit. Der Frachtführer wird durch § 427 Abs. 1 Nr. 4 nur insoweit von **57** seiner Haftung gem. § 425 Abs. 1 befreit, als die durch die natürliche Beschaffenheit des Gutes bedingte **erhöhte Schadensanfälligkeit** sich **im eingetretenen Schaden niedergeschlagen** hat.[210] Das ist dann der Fall, wenn die erhöhte Schadensanfälligkeit unter Zugrundelegung **normaler vorhersehbarer Transportverhältnisse** der vereinbarten Beförderungsart nicht hinweggedacht werden kann, ohne dass der eingetretene Schaden entfällt.[211] Dementsprechend ist, wenn etwa Fleisch, das bei Einhaltung der üblichen Lieferfrist (§ 423) nicht verdorben wäre, nach Ablauf der Lieferfrist in verdorbenem Zustand abgeliefert worden ist, für diesen Schaden nicht das dem Fleisch nach seiner natürlichen Beschaffenheit anhaftende besondere Risiko des inneren Verderbs, sondern allein das durch die Nichteinhaltung der Lieferfrist erhöhte Risiko ursächlich geworden; der Frachtführer kommt daher in einem solchen Fall von seiner Haftung gem. § 425 Abs. 1 nur frei, soweit er einen nicht bevorrechtigten Haftungsausschlussgrund gem. § 425 Abs. 2, § 426 darlegt und im Bestreitensfall beweist.[212] Ebenso fehlt es am Nachweis der Ursächlichkeit der durch die natürliche Beschaffenheit des Gutes bedingten erhöhten Schadensanfälligkeit für den eingetretenen Schaden, wenn sich etwa nicht klären lässt, ob ein bruchempfindliches Gut infolge eines Unfalls zerbrochen ist oder im Unfallzeitpunkt bereits infolge seiner Bruchempfindlichkeit zerbrochen war.[213]

Die Beschaffenheit des Gutes braucht dabei nicht die letzte,[214] nächste, naheste, primäre, dominie- **58** rende, wirksamste und in ihrer Ursächlichkeit erheblichste oder überwiegende Ursache[215] oder gar die einzige Ursache zu sein.[216] Andererseits genügt es allerdings auch nicht, dass die Beschaffenheit des Gutes die wahrscheinlichste Ursache für deren Verderb gewesen ist.[217] Erforderlich, aber auch ausreichend ist es vielmehr, dass die natürliche Beschaffenheit des Gutes für den eingetretenen Schaden **nachweislich** (§ 286 ZPO) **mitursächlich** gewesen ist.[218]

---

[200] *Koller* Rn. 84.

[201] OLG Hamburg Urt. v. 27.10.1988 – 6 U 116/88, TranspR 1989, 318 (320) = VersR 1989, 719; OLG Hamm Urt. v. 6.12.1993 – 18 U 98/93, TranspR 1994, 195 (196); OLG Düsseldorf Urt. v. 8.11.2017 – 18 U 173/15, TranspR 2018, 197 (200) = RdTW 2018, 18; *Koller* Rn. 83; *Lammich/Pöttinger* Rn. 883 f.

[202] *Lammich/Pöttinger* Rn. 885 f.

[203] *Lammich/Pöttinger* Rn. 887.

[204] *Koller* Rn. 83; *Koller* CMR Art. 17 Rn. 51 mwN.

[205] OLG Hamburg Urt. v. 27.10.1988 – 6 U 116/88, TranspR 1989, 318 (320) = VersR 1989, 719; *Koller* Rn. 83.

[206] OLG Düsseldorf Urt. v. 9.10.2002 – 18 U 38/02, TranspR 2003, 107 (109); *Koller* Rn. 83; *Lammich/Pöttinger* Rn. 889, jeweils mwN.

[207] *Lammich/Pöttinger* Rn. 888 mwN.

[208] So aber OLG Düsseldorf Urt. v. 9.10.2002 – 18 U 38/02, TranspR 2003, 107 (109).

[209] Heymann/*Joachim* Rn. 29; *Koller* Rn. 83.

[210] *Koller* Rn. 76 und 85; Lammich/*Pöttinger* Rn. 649.

[211] → 1. Aufl. 2001, Rn. 33; *Koller* Rn. 85; *Andresen*/Valder Rn. 53.

[212] *Koller* Rn. 77 und 85; *Andresen*/Valder Rn. 53; im Anschluss an OLG Düsseldorf Urt. v. 15.10.1981 – 18 U 88/81, VersR 1982, 800 f. teilw. aA *Lammich/Pöttinger* Rn. 819 ff.

[213] Ebenso *Koller* Rn. 86.

[214] So aber – zur KVO – BGH Urt. v. 28.5.1965 – Ib ZR 131/63, VersR 1965, 755 (756) = NJW 1965, 1593.

[215] So die weiteren Formulierungen in den von *Lammich/Pöttinger* Rn. 723 zitierten Gerichtsentscheidungen und Äußerungen im Schrifttum.

[216] *Koller* Rn. 76; für den speziellen Fall des inneren Verderbs *Koller* Rn. 71 und *Froeb,* Die Haftung für Beschaffenheitsschäden im Transportrecht, 1991, 89 ff.; vgl. auch *Lammich/Pöttinger* Rn. 723 ff.

[217] So → 1. Aufl. 2001, Rn. 35 im Anschluss an Thume/*Thume* 1. Aufl. 1994, Art. 17 Rn. 177.

[218] *Koller* Rn. 76 und – für den speziellen Fall des inneren Verderbs – Rn. 71; Heymann/*Joachim* Rn. 17; *Andresen/Valder* Rn. 45.

59 Wenn der Frachtführer **Schutzvorkehrungen iSd § 427 Abs. 4 unterlassen** hat, scheidet eine Berufung auf § 427 Abs. 1 Nr. 4 grundsätzlich aus.[219] Die Vermutung gem. § 427 Abs. 1 Nr. 4, Abs. 2 S. 1 gilt auch in solchen Fällen jedoch dann, wenn die unterbliebenen Maßnahmen den eingetretenen Schaden schon theoretisch nicht hätten verhindern können.[220]

60 **f) Schadensmitverursachung durch den Frachtführer.** Wenn der eingetretene Schaden nicht allein auf der durch die natürliche Beschaffenheit bedingten erhöhten Schadensanfälligkeit des Gutes, sondern nachweislich (→ Rn. 62) auch auf einem dem Frachtführer zuzurechnenden Schadensverursachungsbeitrag beruht, hat nach dem Rechtsgedanken des § 254 BGB, der im Rahmen des § 427 ebenfalls gilt,[221] eine Schadensteilung stattzufinden. Der Frachtführer kann bei der dabei gebotenen Abwägung neben der aus der erhöhten Anfälligkeit des Gutes resultierenden Schadensgefahr auch die im Rahmen des § 425 Abs. 2 relevanten Schadensbeiträge für sich ins Feld führen.[222]

61 **g) Rechtsfolgen.** Die Haftung des Frachtführers gem. § 425 Abs. 1 für Schäden wegen Verlust oder Beschädigung des Gutes oder Überschreitung der Lieferfrist ist gem. § 427 Abs. 1 Nr. 4 ganz oder – wenn den Frachtführer eine Mitverantwortung für den eingetretenen Schaden trifft (→ Rn. 60) – entsprechend dem Gewicht der beiderseitigen Verursachungsbeiträge teilweise ausgeschlossen. Bei iSd § 435 qualifiziert schuldhaftem Verhalten des Frachtführers oder einer Hilfsperson iSd § 428 greift § 427 Abs. 1 Nr. 4 allerdings nicht ein.

62 **h) Darlegungs- und Beweislast.** Der Frachtführer hat darzulegen und im Bestreitensfall zu beweisen, dass das Gut auf Grund seiner natürlichen Beschaffenheit auch bei normalen Transportverhältnissen besonders schadensanfällig war und dass diese Schadensanfälligkeit nicht nur eine abstrakt denkbare Ursache für den eingetretenen Schaden darstellte, sondern nach der Lebenserfahrung als dessen Ursache konkret in Betracht kam.[223] Wenn der Frachtführer diesen Beweis erbracht hat, hat der Ersatzberechtigte die damit gegen ihn streitende Vermutung gem. § 427 Abs. 2 S. 1 auszuräumen und daher gem. §§ 292, 286 ZPO den vollen Beweis (Beweis des Gegenteils) zu erbringen, dass der eingetretene Schaden auf einem schuldhaften Verhalten des Frachtführers oder einem sonstigen atypischen Transportverlauf beruht.[224] Soweit allerdings der Ablauf des Transports – wie regelmäßig – außerhalb des Wahrnehmungsbereichs des Ersatzberechtigten liegt, hat der Frachtführer diesen Ablauf im Rahmen der ihn deshalb dann treffenden sekundären Darlegungslast unter Benennung der am Transport beteiligten Personen substantiiert zu schildern.[225] Der Frachtführer ist außerdem insoweit beweisbelastet, als er sich seinerseits auf gefahrerhöhendes Verhalten des Absenders oder auf einen Mangel des Gutes wie etwa dessen Überreife oder unzureichende Vorkühlung beruft.[226] Dagegen liegt, soweit der Ersatzberechtigte eine Mitverursachung des Schadens durch den Frachtführer geltend macht, die Beweislast bei ihm; der Frachtführer hat aber auch in einem solchen Fall den Ablauf des Transports, soweit dieser in seinem Wahrnehmungsbereich lag, unter Benennung der am Transport beteiligten Personen substantiiert zu schildern und ggf. zudem darzulegen und im Bestreitensfall zu beweisen, dass er die Schadensmitverursachung trotz größter Sorgfalt weder vermeiden noch in ihren Folgen abwenden konnte.[227] Soweit die Anwendung des **§ 427 Abs. 4** in Rede steht, hat der Ersatzberechtigte die Vereinbarung, die die Pflicht des Frachtführers zur Gewährung des besonderen Schutzes begründete, oder die erteilte besondere Weisung zu beweisen; der Frachtführer hat dann ggf. deren ordnungsgemäße Erfüllung oder die Unmöglichkeit oder Unzumutbarkeit der Erfüllung oder aber zu beweisen, dass die Erfüllung der Weisung den Eintritt des Schadens nicht verhindert hätte.[228] Wenn der Einsatz eines **Kühlfahrzeugs** geschuldet war und durch mangelnde Kühlung ein Schaden entstanden sein konnte, hat der Frachtführer, soweit er einen Haftungsausschluss gem. § 427 Abs. 1 Nr. 4 geltend macht, im Einzelnen darzutun und zu beweisen, dass er die ihm nach den Umständen obliegenden Maßnahmen zur Auswahl, Instandhaltung und Verwendung der Kühleinrichtung getroffen und die ihm hierzu erteilten Weisungen eingehalten hat; er muss deshalb die Art der Kühleinrichtung, deren Wartung und Bedienung, Methoden und Umfang der Kontrollen sowie die Kühlung und deren Überwachung im Haftungszeitraum substantiiert darlegen und im Bestreitensfall

---

[219] OLG München Urt. v. 15.3.2006 – 7 U 1504/06, TranspR 2006, 355 (357).

[220] *Koller* Rn. 84; *v. Waldstein/Holland* Binnenschiffahrtsrecht Rn. 16; aA *Ramming* TranspR 2001, 53 (62).

[221] *Fremuth* in Fremuth/Thume TranspR Rn. 4.

[222] *Koller* Rn. 86.

[223] Vgl. BGH Urt. v. 15.6.2000 – I ZR 55/98, TranspR 2000, 459 (462) = VersR 2001, 216 = NJW-RR 2000, 1635; OLG Frankfurt a. M. Urt. v. 8.7.1980 – 5 U 186/79, TranspR 1980, 127; OLG Hamburg Urt. v. 8.2.1996 – 6 U 195/94, TranspR 1996, 389 (391); Urt. v. 7.3.2019 – 6 U 15/18, RdTW 2019, 424 (426); *Koller* Rn. 88; *Piper* FG Herber, 1999, 135 (137).

[224] *Koller* Rn. 89; aA *Lammich/Pöttinger* Rn. 53 ff.: der Gegenbeweis reicht aus.

[225] *Koller* Rn. 89.

[226] → § 425 Rn. 56; *Koller* Rn. 89; aA OLG Brandenburg Urt. v. 29.3.2000 – 7 U 206/98, TranspR 2000, 358 (359).

[227] *Koller* Rn. 90.

[228] Vgl. *Koller* Rn. 84, 87 und 91; *Lammich/Pöttinger* Rn. 897 f. und 900; *Ramming* TranspR 2001, 53 (62).

auch voll beweisen.[229] Ebenso ist der Frachtführer darlegungs- und beweisbelastet, soweit zwischen den Parteien Streit darüber besteht, ob das Gut im Zeitpunkt seiner Übernahme zur Beförderung hinreichend vorgekühlt war (→ Rn. 56 sowie → § 425 Rn. 56 mwN zum Streitstand in Fn. 313).

i) Abweichende Vereinbarungen. Vereinbarungen über den Ablauf des Transports, Einrichtungen **63** des Fahrzeugs, vom Frachtführer vorzunehmende Kontrollen und das sonstige Verhalten des Frachtführers sind, da sie die Art des Transports betreffen, uneingeschränkt zulässig.[230] Gem. § 449 Abs. 3 unzulässig bzw. – wenn der Absender kein Verbraucher ist – nur im Rahmen einer Individualvereinbarung gem. § 449 Abs. 1 zulässig sind dagegen Abreden, die den Frachtführer insofern begünstigen, als nach ihnen Verstöße gegen Weisungen und/oder das Unterlassen von Schutzmaßnahmen weniger weitgehende Auswirkungen haben als im Gesetz vorgesehen (→ § 449 Rn. 14 aE).

5. Ungenügende Kennzeichnung der Frachtstücke (Abs. 1 Nr. 5). a) Allgemeines. Die an **64** Art. 17 Abs. 4 lit. e CMR angelehnte Regelung des § 427 Abs. 1 Nr. 5[231] rechtfertigt sich aus der Erwägung, dass der Frachtführer, auch wenn er durchaus Einfluss auf die durch eine ungenügende Kennzeichnung der Frachtstücke entstehenden Gefahren[232] hat,[233] die vom insoweit sachnäheren Absender angebrachte Kennzeichnung nicht soll nachprüfen müssen.[234] Sie stellt das Gegenstück zu § 414 Abs. 1 S. 1 Nr. 1 dar, wonach der Absender dem Frachtführer für eine den Erfordernissen des § 411 S. 2 nicht entsprechende Verpackung des Gutes haftet, knüpft aber – hiervon bewusst abweichend[235] – an die auf den einzelnen Frachtstücken angebrachte Kennzeichnung an.[236] Maßgeblich ist die tatsächliche Kennzeichnung; ein Verschulden ist ebenso wenig Merkmal des in § 427 Abs. 1 Nr. 5 geregelten Haftungsausschlusstatbestandes wie grundsätzlich auch die Verletzung einer Pflicht zu ihrer Anbringung.[237] Auf die Pflicht des Absenders zur Kennzeichnung kommt es auch im Rahmen des § 427 Abs. 1 Nr. 5 allerdings dann an, wenn eine für die Beförderung erforderliche Kennzeichnung gänzlich fehlt, weil (nur) in diesem Fall eine fehlende Kennzeichnung eine iSd § 427 Abs. 1 Nr. 5 ungenügende Kennzeichnung darstellt.[238] Der Absender muss sich insoweit das Verhalten seiner Hilfspersonen gem. § 278 BGB und im Übrigen – soweit § 427 Abs. 1 Nr. 5 nicht an eine Pflicht, sondern an eine Obliegenheit zur genügenden Kennzeichnung der Frachtstücke anknüpft – entsprechend dieser Vorschrift zurechnen lassen.[239]

b) Schadensursächlichkeit. Die Haftung des Frachtführers gem. § 425 Abs. 1 wird durch § 427 **65** Abs. 1 Nr. 5 insoweit ausgeschlossen, als sich die durch die ungenügende, dh gem. § 411 S. 2 für die vertragsgemäße Behandlung des Frachtstücks nicht ausreichende Kennzeichnung erhöhte Transportgefahr im eingetretenen Schaden realisiert hat, dh der Schaden bei genügender Kennzeichnung des Frachtstücks nicht eingetreten wäre.[240] Soweit der eingetretene Schaden nach den Umständen des Falles Folge der durch die ungenügende Kennzeichnung erhöhten Transportgefahr sein kann, greift die Ursächlichkeitsvermutung des § 427 Abs. 2 S. 1 ein (→ Rn. 68).

c) Schadensmitverursachung durch den Frachtführer. Die Verwendung des Begriffs „soweit" **66** in § 427 Abs. 1 zeigt, dass auch im Rahmen des § 427 Abs. 1 Nr. 5 dem Grundgedanken des § 254 BGB Rechnung zu tragen ist, nach dem bei beiderseitiger Schadensverursachung grundsätzlich eine Schadensteilung geboten ist.[241] Den Frachtführer trifft insbesondere dann ein – je nach dem Gewicht der beiderseitigen Verursachungsbeiträge zur Schadensteilung oder auch zum Zurücktreten des Haftungsausschlusses gem. § 427 Abs. 1 Nr. 5 führendes – Mitverschulden an der Schadensentstehung, wenn er, obwohl er das Gut entgegen der dispositiven Vorschrift des § 411 S. 2 selbst hätte kennzeichnen müssen, dessen unzureichende Kennzeichnung durch den Absender hingenommen hat.[242] Auch wenn er nicht zur Kennzeichnung verpflichtet ist, kann er zwar grundsätzlich darauf vertrauen, dass der Absender seiner Kennzeichnungspflicht nachkommt; er darf aber weder bei ihm bekannten Mängeln untätig bleiben noch seine Augen vor auf der Hand liegenden Kennzeichnungsmängeln

---

[229] OLG Hamm Urt. v. 21.6.1999 – 18 U 201/98, TranspR 1999, 445 (447); MüKoHGB/*Herber* Rn. 38.

[230] *Koller* Rn. 92; *Koller* § 449 Rn. 18.

[231] Die Einfügung der Wörter „durch den Absender" dient allein der Klarstellung (*Müglich* TranspR Rn. 23).

[232] Vgl. zu ihnen *Lammich/Pöttinger* Rn. 826.

[233] AA Begründung des Regierungsentwurfs des TRG, BT-Drs. 13/8445, 63.

[234] *Koller* Rn. 93.

[235] Vgl. Begründung des Regierungsentwurfs des TRG, BT-Drs. 13/8445, 63; dazu krit. *Ramming* TranspR 2001, 53 (62 f.); die Unterscheidung für unerheblich erachtet *Koller* Rn. 93.

[236] *Koller* – zu Art. 17 Abs. 4 lit. e CMR – BGH Urt. v. 15.6.2000 – I ZR 55/98, TranspR 2000, 459 (462) = VersR 2001, 216 = NJW-RR 2000, 1635.

[237] *Koller* Rn. 93; Heymann/*Joachim* Rn. 20; *Andresen/Valder* Rn. 56; aA *Lammich/Pöttinger* Rn. 835; zu dem Fall, dass der Frachtführer die Kennzeichnung hätte vornehmen müssen, → Rn. 66 und → Rn. 67.

[238] *Andresen/Valder* Rn. 56; *Koller* Rn. 93; *Ramming* TranspR 2001, 53 (63); aA *Lammich/Pöttinger* Rn. 828.

[239] *Ramming* TranspR 2001, 53 (63).

[240] *Koller* Rn. 94; Heymann/*Joachim* Rn. 21.

[241] Begründung des Regierungsentwurfs des TRG, BT-Drs. 13/8445, 62; *Koller* Rn. 96; *Lammich/Pöttinger* Rn. 844; Heymann/*Joachim* Rn. 23.

[242] *Koller* Rn. 96.

verschließen.[243] Er darf daher in solchen Fällen, wenn er sich nicht dem Einwand des Mitverschuldens aussetzen will, erst dann mit dem Transport beginnen, wenn er den Absender zuvor erfolglos auf den Mangel hingewiesen hat; soweit er den Absender selbst nicht erreicht, muss er dessen leitende Hilfspersonen über den Mangel informieren und ihnen Gelegenheit geben, sich mit dem Absender in Verbindung zu setzen.[244] Wenn der Frachtführer den Mangel während des Transports erkennt, muss er dafür sorgen, dass hieraus kein Schaden entsteht; er wird daher entweder – was angesichts des damit regelmäßig nur verbundenen geringen Aufwands ohne Weiteres zumutbar sein wird – die genügende Kennzeichnung nachzuholen oder, wenn er dies nicht zuverlässig kann, entsprechende Weisungen des Absenders einzuholen haben.[245]

67   **d) Rechtsfolgen.** Soweit die Voraussetzungen des § 427 Abs. 1 Nr. 5 vorliegen und die daran anknüpfende Ursächlichkeitvermutung gem. § 427 Abs. 2 S. 1 nicht widerlegt ist (→ Rn. 68), ist der Frachtführer von seiner Haftung gem. § 425 Abs. 1 grundsätzlich befreit. Abweichendes gilt insoweit, als der Frachtführer den Schaden in zurechenbarer Weise mitverursacht hat (→ Rn. 66), sowie insbesondere dann, wenn ihn ein qualifiziertes Verschulden iSd § 435 trifft, weil diese Vorschrift die Haftungsausschlüsse gem. § 427 verdrängt.[246]

68   **e) Darlegungs- und Beweislast.** Soweit der Absender das Frachtstück gekennzeichnet hat, hat der Frachtführer darzulegen und im Bestreitensfall zu beweisen, dass diese Kennzeichnung nicht ausreichte, um die vertragsgemäße Behandlung des Gutes zu gewährleisten.[247] Soweit eine Kennzeichnung des Frachtstücks gänzlich gefehlt hat, kommt eine Anwendung des § 427 Abs. 1 Nr. 5 nur dann in Betracht, wenn den Absender die Kennzeichnungspflicht traf (→ Rn. 64); da aber die Kennzeichnung durch den Absender gem. § 411 S. 2 den Normalfall darstellt, trägt dieser die Darlegungs- und Beweislast dafür, dass im konkreten Fall eine davon abweichende Vereinbarung bestanden hat.[248] Dagegen hat wiederum der Frachtführer darzulegen und im Bestreitensfall zu beweisen, dass die durch die unzulängliche oder gänzlich fehlende Kennzeichnung des Frachtstücks bewirkte Erhöhung der Transportgefahr nicht nur eine abstrakt denkbare Ursache für den eingetretenen Schaden darstellte, sondern nach der Lebenserfahrung als dessen Ursache konkret in Betracht kam.[249] Die sodann eingreifende Ursächlichkeitsvermutung gem. § 427 Abs. 2 S. 1 kann der Ersatzberechtigte durch den vollen Beweis widerlegen, dass der Schaden nicht durch die unzureichende oder fehlende Kennzeichnung verursacht[250] oder immerhin in dem in → Rn. 66 dargestellten Sinn vom Frachtführer mitverursacht worden ist.[251] Dem Frachtführer obliegt es, sich seinerseits sodann in dieser Hinsicht gem. § 426 zu entlasten und im Übrigen, da der Schaden in seinem alleinigen Wahrnehmungsbereich entstanden ist, substantiiert und unter Benennung der beteiligten Personen darzulegen, wie die Beförderung abgelaufen ist, sowie, soweit er sich auch auf eine Mitverantwortung des Absenders gem. § 425 Abs. 2 beruft, die dafür erforderlichen tatsächlichen Voraussetzungen darzulegen und im Bestreitensfall zu beweisen.[252]

69   **f) Abweichende Vereinbarungen.** Insoweit gelten die zu § 427 Abs. 1 Nr. 2 entwickelten Grundsätze entsprechend.[253]

70   **6. Beförderung lebender Tiere (Abs. 1 Nr. 6).** Der Umstand, dass das HGB bei den besonderen Schutzvorkehrungen iSd § 427 Abs. 4 im Gegensatz zur CMR nicht zwischen Tieren und anderen besonders schadensanfälligen Gütern unterscheidet, hat zur Folge, dass die an Art. 17 Abs. 4 lit. f CMR angelehnte Regelung des § 427 Abs. 1 Nr. 6 weitgehend überflüssig ist und im Übrigen auf die zu § 427 Abs. 1 Nr. 4 entwickelten Regeln (→ Rn. 46–63) auf die bei normalen Transportbedingungen infolge der Beförderung erhöhte Gefährdung lebender Tiere übertragen werden können.[254] Ein maßgeblicher Unterschied besteht allerdings insoweit, als der Frachtführer bei der Beförderung lebender Tiere gem. § 427 Abs. 5 über § 427 Abs. 4 (→ Rn. 55 f.) hinaus nachweisen muss, dass er mit der Sorgfalt eines ordentlichen Kaufmanns (§ 276 BGB, § 347 HGB)[255] alle ihm nach den

[243] OLG Bamberg Urt. v. 16.2.2005 – 3 U 125/04, OLG-Rep 2005, 720 (722); *Koller* Rn. 95; *Lammich/Pöttinger* Rn. 834; Heymann/*Joachim* Rn. 22; MüKoHGB/*Herber/Harm* Rn. 32.

[244] *Koller* Rn. 95; Heymann/*Joachim* Rn. 22.

[245] *Koller* Rn. 95a; Heymann/*Joachim* Rn. 22.

[246] *Koller* Rn. 96; *Lammich/Pöttinger* Rn. 824; Heymann/*Joachim* Rn. 23.

[247] *Koller* Rn. 98; *Lammich/Pöttinger* Rn. 842; *Andresen*/Valder Rn. 57; Heymann/*Joachim* Rn. 24.

[248] Ebenso *Koller* Rn. 98.

[249] Vgl. BGH Urt. v. 15.6.2000 – I ZR 55/98, TranspR 2000, 459 (462) = VersR 2001, 216 = NJW-RR 2000, 1635; *Koller* Rn. 98; *Piper* FG Herber, 1999, 135 (137); *Lammich/Pöttinger* Rn. 842; Heymann/*Joachim* Rn. 24.

[250] *Koller* Rn. 98a; *Andresen*/Valder Rn. 57; *Lammich/Pöttinger* Rn. 843.

[251] *Koller* Rn. 98a.

[252] *Koller* Rn. 98a.

[253] → Rn. 29; vgl. auch *Koller* Rn. 99 und *Lammich/Pöttinger* Rn. 846.

[254] *Koller* Rn. 100; Heymann/*Joachim* Rn. 26; vgl. auch *Froeb*, Die Haftung für Beschaffenheitsschäden im Transportrecht, 1991, 108 ff.

[255] Größte Sorgfalt iSd § 426 ist nicht erforderlich, da § 427 Abs. 1 Nr. 6 sonst leerlaufen würde (*Koller* Rn. 100).

Umständen des Einzelfalls obliegenden Maßnahmen getroffen[256] und die ihm erteilten besonderen Weisungen[257] beachtet hat.[258] Dies erfordert auch die Darlegung und im Bestreitensfall den Nachweis, dass bei dem Transport die für lebende Tiere erlassenen Schutzvorschriften wie insbesondere die Bestimmungen der Tierschutztransportverordnung[259] eingehalten worden sind.[260] Auf die Beförderungssituation zurückzuführende spezifische Tiergefahren sind insbesondere das Erkranken, Verhungern, Verdursten, Entweichen, Verenden infolge Hitze, Kälte oder Lärm, Verletzungen durch andere Tiere sowie die mit dem Begriff „natürlicher Schwund" bezeichnete Tatsache, dass bei bestimmten Tieren erfahrungsgemäß ein gewisser Prozentsatz den Transport auch bei sorgsamer Behandlung nicht überlebt, nicht dagegen Diebstahl und Beschlagnahme.[261] Der Anspruchsteller kann allerdings den (vollen) Beweis erbringen, dass der eingetretene Schaden auf einer anderen Ursache als dem mit dem Tiertransport verbundenen besonderen Risiko beruht.[262]

§ 428 Haftung für andere

[1] **Der Frachtführer hat Handlungen und Unterlassungen seiner Leute in gleichem Umfange zu vertreten wie eigene Handlungen und Unterlassungen, wenn die Leute in Ausübung ihrer Verrichtungen handeln.** [2] **Gleiches gilt für Handlungen und Unterlassungen anderer Personen, deren er sich bei Ausführung der Beförderung bedient.**

Schrifttum: *Knöfel,* Haftung des Güterbeförderers für Hilfspersonen, 1995.

Parallelvorschriften: § 501 HGB; Art. 3 CMR; Art. 20 WA; Art. 50 CIM; § 278 BGB.

I. Allgemeines

Die Bestimmung des § 428, die sich an die in Art. 3 CMR getroffene Regelung anlehnt,[1] stellt **1** – anders als § 831 BGB – keine selbständige Haftungsnorm dar, sondern regelt – ebenso wie § 278 BGB – allein die Frage, inwieweit sich der Frachtführer das **Verhalten Dritter zurechnen lassen muss.**[2] Die Unterscheidung zwischen den **Betriebsangehörigen** (S. 1) und den **anderen Gehilfen** (S. 2) erklärt sich aus den hinsichtlich dieser Personengruppen typischerweise bestehenden unterschiedlichen Beherrschungs- und Einwirkungsmöglichkeiten des Frachtführers.[3]

Anders als in Art. 3 CMR werden die betriebsangehörigen Personen in § 428 HGB nicht als **2** **„Bedienstete"**, sondern als **„Leute"** bezeichnet. Der Begriff „Bedienstete" wurde als missverständlich angesehen, weil er nach dem allgemeinen Sprachgebrauch ein „Dienstverhältnis" vorauszusetzen scheint.[4] Der **Begriff „Leute"**, der eine lange Tradition im deutschen Handelsrecht hat (vgl. §§ 431, 607 Abs. 1 aF), geht demgegenüber weiter (→ Rn. 5).

Die Bestimmung des § 428 **gilt allein für vertragliche Ansprüche** und nach ihrer systematischen **3** Stellung sowie dem eindeutigen Willen des Gesetzgebers[5] auch insoweit außer bei den in den §§ 425 ff. geregelten Güterschäden allein im Rahmen der § **413 Abs. 2, §§ 422, 445 Abs. 3** und § **446 Abs. 2.**[6] Soweit **bei nicht in den §§ 407 ff. spezialgesetzlich geregelten Nebenpflichtverletzungen** Ansprüche aus den §§ 280 ff. BGB in Betracht kommen, ist daher die allgemeine Bestimmung des § **278 BGB** anzuwenden, gem. der dem Frachtführer nicht jedes Verhalten der

---

[256] Eine Beschränkung auf übliche Maßnahmen ist in § 427 Abs. 5 – insoweit abweichend von Art. 18 Abs. 5 CMR – nicht vorgesehen (vgl. *Lammich/Pöttinger* Rn. 850 und 872; MüKoHGB/*Dubischar*, 1. Aufl. 2000, Rn. 14; *Koller* Rn. 100; *Heymann/Joachim* Rn. 29; *Andresen/Valder* Rn. 60).

[257] Diese können gem. § 418 grundsätzlich auch noch nachträglich erteilt werden (*Koller* Rn. 100; MüKoHGB/*Herber/Harm* Rn. 34; aA *Lammich/Pöttinger* Rn. 849).

[258] Vgl. *Lammich/Pöttinger* Rn. 850 ff.; *Ramming* TranspR 2001, 53 (63); *Koller* Rn. 100; *Heymann/Joachim* Rn. 26.

[259] Verordnung zum Schutz von Tieren beim Transport und zur Durchführung der Verordnung (EG) Nr. 1/2005 des Rates vom 11.2.2009 (BGBl. 2009 I 375), zuletzt geändert durch Art. 9 Abs. 14 des Gesetzes zur Neuorganisation der Zollverwaltung vom 3.12.2015 (BGBl. 2015 I 2178) – TierSchTrV.

[260] Vgl. *Koller* Rn. 100; *Lammich/Pöttinger* Rn. 854 ff.

[261] Vgl. *Ramming* TranspR 2001, 53 (63); *Koller* Rn. 100; *Heymann/Joachim* Rn. 26; *Lammich/Pöttinger* Rn. 849 f.; MüKoHGB/*Herber/Harm* Rn. 33.

[262] Vgl. *Lammich/Pöttinger* Rn. 874 mwN; widersprüchlich *Andresen/Valder* Rn. 59 einerseits und Rn. 61 andererseits.

[1] Begründung des Regierungsentwurfs des TRG, BT-Drs. 13/8445, 64.

[2] *Lammich/Pöttinger* Rn. 1; *Fremuth* in Fremuth/Thume TranspR Rn. 3; *Koller* Rn. 1; Baumbach/Hopt/*Merkt* Rn. 1; Staub/*Maurer* Rn. 1.

[3] Begründung des Regierungsentwurfs des TRG, BT-Drs. 13/8445, 64; *Lammich/Pöttinger* Rn. 17 und 43; Staub/ *Maurer* Rn. 3.

[4] Begründung des Regierungsentwurfs des TRG, BT-Drs. 13/8445, 64; *Lammich/Pöttinger* Rn. 18.

[5] Vgl. Begründung des Regierungsentwurfs des TRG, BT-Drs. 13/8445, 64.

[6] Vgl. OLG Köln Urt. v. 19.6.2007 – 3 U 172/06, TranspR 2007, 469 f. = VersR 2008, 419; *Koller* Rn. 2; *Andresen/Valder* Rn. 2; Baumbach/Hopt/*Merkt* Rn. 1; MüKoHGB/*Herber/Harm* Rn. 4; Staub/*Maurer* Rn. 5.

Hilfsperson, sondern nur deren Verschulden zugerechnet wird.[7] Dies gilt auch dann, wenn solche Ansprüche bestehen, weil die in den §§ 408 ff. geregelten Pflichten verletzt worden sind,[8] oder wenn die nach den allgemeinen Bestimmungen bestehende Haftung gem. § 433 beschränkt ist.[9] Für deliktische Verhaltensweisen haftet der Frachtführer, sofern nicht § 434 Ansprüche ausschließt, allein gem. **§ 831 BGB**.[10] Wenn es sich bei dem Frachtführer um eine juristische Person handelt, haftet diese für Handlungen ihrer Organe und anderer verfassungsmäßig berufener Vertreter gem. **§§ 31, 89 BGB.** Für das Handeln eines gesetzlichen Vertreters haftet der Vertretene gem. **§ 278 BGB.**

4   Die Vorschrift lässt erkennen, dass der **Frachtführer** abhängige wie auch unabhängige **Hilfskräfte einsetzen darf, sofern** die Parteien **nicht** ausdrücklich oder immerhin konkludent – etwa dadurch, dass zwischen ihnen eine gegenteilige Übung besteht, dass der Absender bei der Auftragserteilung seine besondere Zufriedenheit mit der Erledigung eines vom Frachtführer mit eigenen Leuten ausgeführten früheren Transportauftrags mitgeteilt hat oder dass der Frachtführer beim Hereinholen von Beförderungsaufträgen die Qualitäten der bei ihm angestellten Personen herausstreicht – **Abweichendes vereinbart** haben.[11] Wenn die Einschaltung von Dritten im Einzelfall – etwa weil sich durch eine Vielzahl hintereinander gestaffelter Frachtführer entsprechende Kommunikationsprobleme ergeben – das **Transportrisiko unangemessen erhöht,** kann dies im Einzelfall allerdings zur Folge haben, dass dem Frachtführer ein bei größter Sorgfalt iSd § 426 vermeidbares Organisationsverschulden anzulasten ist.[12]

II. Anwendungsvoraussetzungen

5   **1. Haftung für Leute (Satz 1). a) Leute.** Der Begriff der „Leute" knüpft an die **Betriebszugehörigkeit** und die sich daraus ergebenden erhöhten Beherrschungs- und Einwirkungsmöglichkeiten des Frachtführers auf die betreffenden Personen an.[13] Er ist daher **weit** auszulegen und umfasst neben **Arbeitnehmern** einschließlich solchen, die nur in einem faktischen Arbeitsverhältnis zum Frachtführer stehen, und Aushilfskräften auch als freie Mitarbeiter bezeichnete Personen, im Betrieb des Frachtführers mitarbeitende Familienangehörige sowie Leiharbeitnehmer und Scheinselbständige, sofern diese Personen – sei es langfristig oder auch nur vorübergehend – **in den Betrieb des Frachtführers eingegliedert** sind und im Hinblick auf ihre Tätigkeit seinen **Weisungen unterliegen**.[14] Arbeitnehmerähnliche Personen sind Arbeitnehmern aus sozialen Gründen in bestimmter Hinsicht gleichgestellt, aber regelmäßig nicht in einen Betrieb eingegliedert und dann auch nicht als Leute iSd § 428 S. 1 anzusehen.

6   **b) Ausübung von Verrichtungen.** Bei den Leuten iSd § 428 S. 1 kommt es – anders als bei den anderen Personen iSd § 428 S. 2, deren der Frachtführer sich bei Ausführung der Beförderung bedient – nicht darauf an, welche Art von Tätigkeit ihnen übertragen worden ist und ob sie insbesondere gerade zur Beförderung des Gutes eingeschaltet worden sind; vielmehr genügt es, dass sie in Ausübung ihrer Verrichtungen gehandelt haben, dh im Rahmen des ihnen jeweils übertragenen Aufgaben- und Pflichtenkreises tätig geworden oder untätig geblieben sind.[15] Dies ist nicht nur bei einem auftrags- und weisungsgemäßen, sondern **auch bei einem fehlerhaften Handeln** der Hilfsperson der Fall, **sofern** zwischen diesem und den der Hilfsperson übertragenen Verrichtungen ein **innerer sachlicher Zusammenhang** besteht.[16] Ein solcher Zusammenhang besteht nicht immer schon dann, wenn die übertragene Verrichtung notwendige Voraussetzung für die schädigende Handlung war, weil sie die Hilfsperson in die Lage versetzt hat, diese Handlung zu begehen,[17] sondern nur dann, wenn der Schaden mit der übertragenen Tätigkeit und den mit dieser verbundenen besonderen Gefahren in Zusammenhang steht und der Frachtführer zudem mit einem entsprechenden Fehlverhalten rechnen musste.[18] Der Frachtführer muss sich daher jegliches nicht völlig atypische Fehl-

---

[7] Vgl. MüKoHGB/*Herber/Harm* Rn. 2; *Koller* Rn. 2; Staub/*Maurer* Rn. 5.

[8] *Koller* Rn. 2; MüKoHGB/*Herber/Harm* Rn. 4; Staub/*Maurer* Rn. 6; aA OLG Stuttgart Urt. v. 22.1.2003 – 3 U 168/02, TranspR 2003, 104 (106); *Fremuth* in Fremuth/Thume TranspR Rn. 3–6; Baumbach/Hopt/*Merkt* Rn. 1; Oetker/*Paschke* Rn. 2.

[9] *Koller* Rn. 2; aA *Lammich/Pöttinger* Rn. 27.

[10] *Koller* Rn. 2; Baumbach/Hopt/*Merkt* Rn. 5.

[11] Vgl. *Lammich/Pöttinger* Rn. 14 f.; *Koller* Rn. 1.

[12] Vgl. *Lammich/Pöttinger* Rn. 22; *Koller* Rn. 1.

[13] Begründung des Regierungsentwurfs des TRG, BT-Drs. 13/8445, 64.

[14] Vgl. *Lammich/Pöttinger* Rn. 45–52; MüKoHGB/*Herber/Harm* Rn. 5; *Fremuth* in Fremuth/Thume TranspR Rn. 10; *Koller* Rn. 4; *Andresen*/Valder Rn. 4; Staub/*Maurer* Rn. 9 mwN.

[15] Vgl. Begründung des Regierungsentwurfs des TRG, BT-Drs. 13/8445, 64; MüKoHGB/*Herber/Harm* Rn. 6; *Koller* Rn. 5 f.; Staub/*Maurer* Rn. 10; aA *Lammich/Pöttinger* Rn. 54.

[16] Vgl. BGH Urt. v. 27.6.1985 – I ZR 40/83, TranspR 1985, 338 (339) = VersR 1985, 1060 = NJW-RR 1986, 248; *Lammich/Pöttinger* Rn. 54–122; MüKoHGB/*Herber/Harm* Rn. 6; *Koller* Rn. 7; Heymann/*Joachim* Rn. 5; Oetker/*Paschke* Rn. 5; Staub/*Maurer* Rn. 10.

[17] So allerdings *Lammich/Pöttinger* Rn. 55 und 57.

[18] Vgl. BGH Urt. v. 16.7.2002 – X ZR 250/00, BGHZ 151, 337 (342 f.) = TranspR 2003, 34 (35) = VersR 2002, 1396 = NJW 2002, 3255; *Koller* Rn. 7; Staub/*Maurer* Rn. 10.

verhalten seiner Leute im betrieblichen Bereich zurechnen lassen, das die Gefahr eines Schadens für seine Kunden erhöht hat,[19] nicht dagegen – mangels einer ins Gewicht fallenden Gefahrerhöhung für das betroffene Gut – einen bei der Teilnahme am allgemeinen Straßenverkehr von einem seiner Fahrer begangenen Verkehrsverstoß, der zu einem Zusammenstoß des von diesem gelenkten Fahrzeugs mit einem anderen Fahrzeug des Frachtführers geführt hat, im Hinblick auf das auf diesem Fahrzeug verladene Gut.[20] Dem Frachtführer ist **auch** eine von seiner Hilfsperson **vorsätzlich begangene rechtswidrige Verhaltensweise** zuzurechnen, wenn nach der Lebenserfahrung mit der gelegentlichen Vornahme eines solchen Rechtsverstoßes gerechnet werden muss. Dies ist etwa dann der Fall, wenn ein Schaden iSd § 425 Abs. 1 darauf beruht, dass die Hilfsperson das Gut oder das Beförderungsmittel zu einer naheliegenden Straftat wie etwa zum Alkoholschmuggel,[21] zum Flüchtlingsschmuggel[22] oder sonst zu eigenen Zwecken benutzt hat,[23] oder wenn die Hilfsperson das Gut unter Ausnutzung der ihr durch ihre Tätigkeit im Betrieb des Frachtführers erleichterten Zugriffsmöglichkeit entwendet[24] oder unterschlägt.[25] Das Verhalten seiner Leute beim **Verladen und Entladen** des Gutes muss sich der Frachtführer nicht nur insoweit zurechnen lassen, als er verlade- und/ oder entladepflichtig ist und die entsprechenden Tätigkeiten daher noch in den Zeitraum seiner Obhut fallen, sondern auch dann, wenn er sich aus Gefälligkeit mit seinen Leuten unter seiner Oberaufsicht an der Verladung oder Entladung beteiligt, sowie dann, wenn sich seine Leute ohne Wissen und Wollen des Absenders oder Empfängers in die diesen obliegende Verladung oder Entladung einmischen.[26]

Bei **Unterlassungen** kommt es darauf an, ob die Hilfsperson eine ihr dem Frachtführer gegenüber   **7** obliegende **Verhaltenspflicht verletzt** hat, wobei auch in diesem Zusammenhang insbesondere zu berücksichtigen ist, dass sie im Rahmen des Zumutbaren **Schutzpflichten** sowohl für Vermögensgegenstände, die dem Frachtführer gehören, als **auch für Vermögensgegenstände** treffen, die der Frachtführer in seiner Obhut hat und **für deren Verlust oder Beschädigung** er daher **Schadensersatz leisten muss.**[27] Danach ist dem Frachtführer etwa das Untätigbleiben eines Fahrers, der eine fehlerhafte Verladung oder Verstauung entdeckt hat, sowie eines Buchhalters, der während der Arbeitszeit den Defekt einer Sicherungsanlage bemerkt hat, zuzurechnen,[28] nicht dagegen die Untätigkeit eines Arbeitnehmers während eines rechtmäßigen Streiks.[29]

2. Haftung für andere Personen (Satz 2). Zu den anderen Personen, deren der Frachtführer sich   **8** bei der Ausführung der Beförderung bedient, gehören alle Hilfskräfte, die mit der Abwicklung der Beförderung betraut sind, dh im Pflichtenkreis des Frachtführers **als Erfüllungsgehilfen** zur Ausführung der Beförderung **eingesetzt** werden, **ohne** dabei **in dessen Betrieb eingegliedert** zu sein.[30] Andere Personen sind mithin selbständige (Sub-)Unternehmer und deren Erfüllungsgehilfen.[31] Der **Unterfrachtführer** und die von ihm eingesetzten Erfüllungsgehilfen sind Erfüllungsgehilfen des **Hauptfrachtführers.**[32] Unterfrachtführer des Unterfrachtführers (**„Unterunterfrachtführer“**) sind Erfüllungsgehilfen im Verhältnis zum Hauptfrachtführer, deren dieser sich mittelbar bedient.[33] Bei der **Fixkostenspedition** (§ 459) findet die Haftungszurechnung für den Frachtführer im Verhältnis zum **Spediteur** statt.[34] Übernimmt ein Spediteur für den Frachtführer die amtliche Güterbehandlung (zB Verzollung, Antrag auf Ausfuhrerstattung), so findet im Verhältnis zum Frachtführer ebenfalls eine

---

[19] Staub/*Maurer* Rn. 10.

[20] *Koller* Rn. 9; Heymann/*Joachim* Rn. 5 f.

[21] Vgl. BGH Urt. v. 27.6.1985 – I ZR 40/83, TranspR 1985, 338 (339) = VersR 1985, 1060 = NJW-RR 1986, 248; Staub/*Maurer* Rn. 10.

[22] Vgl. öOGH Urt. v. 22.11.1977 – 5 Ob 667/77, TranspR 1980, 31; Staub/*Maurer* Rn. 10.

[23] Vgl. BGH Urt. v. 16.2.1984 – I ZR 197/81, TranspR 1984, 182 (183 f.) = VersR 1984, 551 = NJW 1984, 2033; OLG Hamburg Urt. v. 9.7.1981 – 6 U 111/80, VersR 1983, 352; Baumbach/Hopt/*Merkt* Rn. 2.

[24] Vgl. BGH Urt. v. 17.3.1981 – VI ZR 287/79, VersR 1981, 732 (733); OLG Hamburg Urt. v. 9.7.1981 – 6 U 111/80, VersR 1983, 352; OLG Düsseldorf Urt. v. 14.3.1991 – 18 U 271/90, TranspR 1991, 239; OLG Köln Urt. v. 19.6.2007 – 3 U 172/06, TranspR 2007, 469 (470) = VersR 2008, 419; *Koller* Rn. 9; Staub/*Maurer* Rn. 10; MüKoHGB/*Herber/Harm* Rn. 6; Baumbach/Hopt/*Merkt* Rn. 2.

[25] OLG Schleswig Urt. v. 18.12.2014 – 16 U 24/14, TranspR 2015, 157 (158) = RdTW 2015, 351.

[26] *Koller* Rn. 9.

[27] Vgl. *Koller* Rn. 8; *Lammich*/*Pöttinger* Rn. 77; Staub/*Maurer* Rn. 11.

[28] *Koller* Rn. 9; Heymann/*Joachim* Rn. 6; Oetker/*Paschke* Rn. 7; Staub/*Maurer* 11.

[29] OLG Stuttgart Urt. v. 24.2.1993 – 3 U 167/92, TranspR 1995, 74 (75); Oetker/*Paschke* Rn. 7; Staub/*Maurer* Rn. 11.

[30] BGH Urt. v. 1.12.2016 – I ZR 128/15, TranspR 2017, 175 (182) = RdTW 2017, 127 Rn. 58.

[31] Vgl. dazu näher *Lammich*/*Pöttinger* Rn. 123–151.

[32] OLG Schleswig Urt. v. 30.8.1978 – 9 U 29/78, VersR 1979, 141; OLG Hamburg Urt. v. 14.12.1978 – 6 U 125/78, VersR 1980, 584; OLG Düsseldorf Urt. v. 23.11.1989 – 18 U 70/89, TranspR 1990, 63 (65); MüKoHGB/*Herber/Harm* Rn. 8; Baumbach/Hopt/*Merkt* Rn. 3; Staub/*Maurer* Rn. 14 mwN; zum Unterfrachtvertrag vgl. insbesondere *Lammich*/*Pöttinger* Rn. 153–180.

[33] BGH Urt. v. 1.12.2016 – I ZR 128/15, TranspR 2017, 175 (182) = RdTW 2017, 127 Rn. 59; MüKoHGB/ *Herber/Harm* Rn. 9; Baumbach/Hopt/*Merkt* Rn. 3.

[34] *Koller* CMR Art. 3 Rn. 3.

Haftungszurechnung statt.[35] **Keine Erfüllungsgehilfen** sind dagegen **Zollbeamte,** die unabhängig von Weisungen und Aufträgen des Beförderers tätig werden, da dieser sich ihrer nicht bedient und auf ihre Auswahl auch keinen Einfluss hat.[36] Dasselbe gilt für **Veterinärbeamte,** die Untersuchungen an Fleischtransporten vornehmen.[37]

9   Ein **Sich-Bedienen bei der Ausführung der Beförderung** liegt vor, wenn der Frachtführer eine Hilfsperson in irgendeiner Hinsicht bei der Erfüllung der ihm im Rahmen der Vorbereitung und Durchführung des Transports bis zur Ablieferung obliegenden Hauptleistungspflichten, Nebenleistungspflichten oder Schutzpflichten einsetzt.[38] Keine Rolle spielt dabei das Innenverhältnis zwischen dem Frachtführer und der Hilfsperson; entscheidend ist vielmehr allein, dass die Hilfsperson rein tatsächlich mit Einverständnis des Frachtführers dessen Pflichten aus dem Frachtvertrag erfüllt.[39] Dies ist auch dann der Fall, wenn die von der Hilfsperson geschuldete Handlung – wie etwa die Behebung eines Kurzschlusses in einer Lagerhalle zur Sicherung der schadensfreien Zwischenlagerung des dort gegenwärtig und künftig befindlichen Transportguts – einer Mehr- oder Vielzahl von Transporten zugutekommen soll.[40] Ein Unterfrachtführer, der beim Rangieren auf dem Betriebshof des Hauptfrachtführers auf einem anderen Beförderungsmittel verladene oder zu verladende Güter beschädigt, handelt dagegen nicht in Ausführung der Beförderung iSd § 428 S. 2, weil es insoweit am erforderlichen inneren Zusammenhang zum Beförderungsgeschäft fehlt.[41] Dasselbe gilt für einen Reparaturunternehmer, der bei der Reparatur eines Beförderungsmittels Frachtgut beschädigt, das nicht mit diesem Beförderungsmittel transportiert werden sollte,[42] oder, da er bei seinen Arbeiten im Betrieb des Frachtführers eine gute Gelegenheit ausgespäht hat, Frachtgut entwendet, sofern seine Arbeiten nicht zumindest auch der Beförderung dieses Gutes dienten.[43] Demgegenüber spricht nichts dagegen, das Fehlverhalten des Vermieters eines Transportmittels dem Frachtführer gem. § 428 S. 2 zuzurechnen.[44]

10   Bei der Beurteilung der Frage, ob eine andere Person iSd § 428 S. 2 **in Ausübung ihrer Verrichtungen** gehandelt hat, muss berücksichtigt werden, dass solche Personen bei Weitem nicht im selben Maße wie die Leute iSd § 428 S. 1 als Obhutsgehilfen eingesetzt werden. So gehört es etwa nicht zu den Pflichten eines Unterfrachtführers, auf einen im Lager des Frachtführers ausgebrochenen Brand hinzuweisen.[45] Es spricht jedoch nichts dagegen, ein zu einem Schaden führendes aktives Handeln einer anderen Person iSd § 428 S. 2 dem Frachtführer nach denselben Grundsätzen zuzurechnen wie ein entsprechendes Verhalten seiner Leute iSd § 428 S. 1, und ihn daher insbesondere auch bei einem Diebstahl von Gut durch eine solche andere Person haften zu lassen, wenn der Diebstahl für diese Person dadurch erleichtert worden ist, dass sie bei der Ausführung einer Beförderung Zugang zu dem Gut erlangt hat.[46]

III. Rechtsfolgen

11   Der Frachtführer hat im Rahmen der §§ 425 ff. sowie auch dort, wo seine Haftung gem. § 413 Abs. 2, §§ 422, 445 Abs. 3 oder § 446 Abs. 2 in Rede steht (→ Rn. 3), Handlungen und Unterlassungen seiner Hilfskräfte iSd § 428, soweit diese in Ausübung ihrer Verrichtungen gehandelt haben, in gleichem Umfang zu vertreten wie eigene Handlungen und Unterlassungen. Er muss sich daher so behandeln lassen, wie wenn er selbst an deren Stelle gehandelt oder eine zur Schadensabwehr gebotene Maßnahme unterlassen hätte.[47] Soweit es – etwa im Rahmen des § 427 Abs. 4 (→ § 427 Rn. 55) – nicht auf die äußerste Sorgfalt iSd § 426, sondern auf ein sonstiges Verschulden ankommt, ist daher auf die gem. § 276 BGB, § 347 HGB im Verkehr erforderliche Sorgfalt eines ordentlichen Kaufmanns abzustellen.[48] Nichts Abweichendes kann auch bei der Beurteilung der Frage gelten, ob auf Seiten des Frachtführers ein qualifiziertes Verschulden iSd § 435 vorliegt. Es entlastet den Frachtführer dabei

---

[35] OLG München Urt. v. 27.3.1981 – 23 U 3758/80, VersR 1982, 264.

[36] LG Hamburg Urt. v. 19.1.1983 – 61 O 210/81, TranspR 1983, 47 (48); *Lammich/Pöttinger* Rn. 184 und § 427 Rn. 468 f.; MüKoHGB/*Herber/Harm* Rn. 11; Staub/*Maurer* Rn. 16.

[37] LG Bremen Urt. v. 23.12.1988 – 11 O 733/86, TranspR 1989, 267 (268) = VersR 1990, 677; MüKoHGB/ *Herber/Harm* Rn. 11; Staub/*Maurer* Rn. 16.

[38] *Andresen*/Valder Rn. 9; *Koller* Rn. 11; *Lammich/Pöttinger* Rn. 134; Staub/*Maurer* Rn. 19.

[39] OLG Saarbrücken Urt. v. 24.2.2010 – 5 U 345/09, TranspR 2011, 25 (27) = VersR 2011, 1421; MüKoHGB/ *Herber/Harm* Rn. 8; Staub/*Maurer* Rn. 20.

[40] *Koller* Rn. 11; *Lammich/Pöttinger* Rn. 145.

[41] *Lammich/Pöttinger* Rn. 160 f.; *Koller* Rn. 11.

[42] MüKoHGB/*Jesser-Huß* CMR Art. 3 Rn. 20; *Lammich/Pöttinger* Rn. 183; *Koller* Rn. 11.

[43] *Koller* Rn. 11; Lammich/Pöttinger Rn. 161 mwN.

[44] AA → 1. Aufl. 2001, Rn. 9 sowie das Schrifttum zu Art. 3 CMR, das sich dabei allerdings maßgeblich darauf stützt, dass Art. 17 Abs. 3 CMR sonst überflüssig wäre (→ 1. Aufl. 2001, CMR Art. 3 Rn. 6 mwN), wobei diese Bestimmung in den §§ 425 ff. aber gerade keine Entsprechung hat (→ § 426 Rn. 5).

[45] *Koller* Rn. 12.

[46] Vgl. *Koller* Rn. 12; Baumbach/Hopt/*Merkt* Rn. 2; Heymann/*Joachim* Rn. 7; Staub/*Maurer* Rn. 22 iVm 10.

[47] BGH Urt. v. 4.3.2004 – I ZR 200/01, TranspR 2004, 460 (462); *Koller* Rn. 14; Staub/*Maurer* Rn. 24.

[48] Vgl. *Koller* Rn. 14.

insbesondere auch nicht, wenn die Hilfsperson im Verhältnis zu ihm – das den Ersatzberechtigten nicht zu interessieren braucht – rechtmäßig gehandelt hat, etwa weil ihr ein Pfandrecht zustand.[49] Anderenfalls könnte sich ein bösgläubiger Frachtführer hinter rechtmäßig oder jedenfalls nicht (qualifiziert) schuldhaft handelnden Hilfspersonen verstecken.

IV. Beweislast

Soweit ein Schaden iSd § 413 Abs. 2, §§ 422, 425 Abs. 1, § 445 Abs. 3, § 446 Abs. 2 eingetreten **12** ist, muss der Frachtführer darlegen und im Bestreitensfall auch beweisen, dass der Schaden selbst bei Wahrung der größtmöglichen Sorgfalt nicht hätte abgewendet werden können. Dementsprechend hat er auch dann, wenn er sich auf das Fehlverhalten eines Dritten beruft, darzulegen und im Bestreitensfall zu beweisen, dass er sich dessen Verhalten nicht gem. § 428 zurechnen lassen muss.[50]

V. Ansprüche gegen die Hilfspersonen

Außervertragliche **Ansprüche des Absenders und des Empfängers** wegen Verlust oder Beschä- **13** digung des Gutes, wegen Überschreitung der Lieferfrist und wegen der in → § 436 Rn. 5 angesprochenen weiteren Schäden **gegen die Leute des Frachtführers** iSd § 428 S. 1 bestehen, soweit die Leute in Ausübung ihrer Verrichtungen gehandelt haben (→ Rn. 6 f.), lediglich in dem in **§ 436** geregelten Umfang (→ § 436 Rn. 6). Entsprechende Ansprüche gegen **andere Personen, deren der Frachtführer sich bei Ausführung der Beförderung bedient hat** (→ Rn. 8–10), sind dagegen **nicht** durch § 436 beschränkt (→ § 436 Rn. 2). Ist die andere Person ein Unterfrachtführer, gelten für sie allerdings, sofern sie ausführender Frachtführer iSd § 437 ist, gem. **§ 437 Abs. 1 S. 1, § 434 Abs. 1** und, sofern sie nicht selbst iSd § 437 befördert, sondern etwa schuldhaft einen unzuverlässigen Unterunterfrachtführer eingesetzt hat, gem. **§ 434 Abs. 2** ebenfalls die transportrechtlichen Haftungsbeschränkungen. Dies gilt auch dann, wenn sich der Hauptfrachtführer im Verhältnis zum Anspruchsteller darauf berufen kann, dass er sich des Unterfrachtführers im Hinblick auf den konkreten Schaden nicht bei Ausführung der Beförderung bedient oder dieser den Schaden nicht in Ausübung seiner Verrichtungen verursacht hat.[51]

§ 429 Wertersatz

(1) **Hat der Frachtführer für gänzlichen oder teilweisen Verlust des Gutes Schadenersatz zu leisten, so ist der Wert am Ort und zur Zeit der Übernahme zur Beförderung zu ersetzen.**

(2) [1]**Bei Beschädigung des Gutes ist der Unterschied zwischen dem Wert des unbeschädigten Gutes am Ort und zur Zeit der Übernahme zur Beförderung und dem Wert zu ersetzen, den das beschädigte Gut am Ort und zur Zeit der Übernahme gehabt hätte.** [2]**Es wird vermutet, daß die zur Schadensminderung und Schadensbehebung aufzuwendenden Kosten dem nach Satz 1 zu ermittelnden Unterschiedsbetrag entsprechen.**

(3) [1]**Der Wert des Gutes bestimmt sich nach dem Marktpreis, sonst nach dem gemeinen Wert von Gütern gleicher Art und Beschaffenheit.** [2]**Ist das Gut unmittelbar vor Übernahme zur Beförderung verkauft worden, so wird vermutet, daß der in der Rechnung des Verkäufers ausgewiesene Kaufpreis abzüglich darin enthaltener Beförderungskosten der Marktpreis ist.**

Schrifttum: *Braun,* Das frachtrechtliche Leistungsstörungsrecht nach dem Transportrechtsreformgesetz, 2002; *Butzer,* Die Ermittlung des Ersatzwertes für Unikate im Frachtrecht, VersR 1991, 854; *de la Motte,* CMR: Schaden – Entschädigung – Versicherung, VersR 1988, 317; *Heuer,* Anmerkung zum Urteil des BGH vom 5.10.2006 – I ZR 240/03, VersR 2006, 456; *Knorre,* Zur Haftung des Frachtführers nach Art. 23, 25 CMR, TranspR 1985, 241; *Koller,* Der Wertersatz im Transportrecht, in 50 Jahre Bundesgerichtshof, Festgabe aus der Wissenschaft, 2000, Band II, 181; *Koller,* Die Regressklage von Transportunternehmen, TranspR 2011, 389; *Koller,* Frachtführerhaftung und Solvenz des Käufers – Untersuchung am Beispiel des sogenannten Eingehungsbetruges –, RdTW 2020, 81; *Pfirrmann,* Die vertragliche und außervertragliche Haftung des Frachtunternehmers wegen Folgeschäden, 2008; *Ramming,* Überlegungen zur Anwendung der Höchsthaftung nach § 660 Abs. 1 S. 1 HGB, TranspR 2008, 442; *Schmidt,* Grenzen der Wahl einer Berechnung der Ersatzleistung nach Art. 23 CMR resp. § 429 HGB bei grobem Verschulden, TranspR 2009, 1; *Skradde* Die Erstattungsfähigkeit des entgangenen Gewinnes im Falle einer Ersatzlieferung, TranspR 2013, 224; *Skradde,* Schadensersatz im Transportrecht – Der ersatzfähige Schaden im Transportrecht, 2016; *Starosta,* Nicht mehr automatisch voller Schadensersatz, DVZ 2004 Nr. 40, 8; *Thume,* Die Rechte des Empfängers bei Vermischungsschäden in Tanks und Silos als Folge verunreinigt angelieferter Güter, VersR 2002, 267; *Thume,* Nochmals: Zur außervertraglichen Haftung des Frachtführers und seines Kfz-Haftpflichtversicherers für Folgeschäden bei Kontaminierung des Frachtgutes, Sonderbeilage TranspR 2004, 40; *Thume,* Haftungs- und Ver-

---

[49] AA *Koller* Rn. 13a.
[50] *Koller* Rn. 15; Heymann/*Joachim* Rn. 8; Staub/*Maurer* Rn. 25; aA *Andresen*/Valder Rn. 11.
[51] *Koller* Rn. 17.

sicherungsfragen bei fehlerhafter Ablieferung des Frachtgutes und bei Vermischungsschäden, r+s 2006, 89; *Valder,* Im Blickpunkt: Haftungsfragen beim Transport von Neuwagen, TranspR 2012, 433; *Wighardt,* Darlegungsanforderung bei der Vermutungsregel des § 429 Abs. 2 Satz 2 HGB, TranspR 2009, 65.

Parallelvorschriften: § 502 HGB; Art. 23 Abs. 1 und 2, Art. 25 CMR; Art. 40, 42 CIM.

I. Allgemeines

1   Die nach der Begründung des Regierungsentwurfs[1] an Art. 23–25 CMR angelehnte, durch die vom Rechtsausschuss[2] veranlasste Aufnahme der Vermutungsregelungen in § 429 Abs. 2 S. 2 und insbesondere im seinerseits an § 35 Abs. 1 KVO angelehnten § 429 Abs. 3 S. 2 allerdings nicht unerheblich veränderte Vorschrift des § 429 setzt eine nach § 425 Abs. 1, § 428 begründete und nach § 425 Abs. 2, §§ 426 f. nicht oder allenfalls teilweise ausgeschlossene Verpflichtung des Frachtführers zur Leistung von Schadensersatz voraus. Die Vorschrift wird durch die §§ 430–432 und 434 f. ergänzt, so dass die Haftung des Frachtführers bei qualifiziert schuldhaftem Verhalten iSd § 435 nicht durch § 429 begrenzt ist. Durch Vereinbarungen kann von § 429 nur im Rahmen des § 449 und daher insbesondere zu Lasten eines Verbrauchers gem. § 449 Abs. 1 S. 1 nur dann abgewichen werden, wenn der Frachtvertrag die Beförderung von Briefen oder briefähnlichen Sendungen zum Inhalt hat (→ § 449 Rn. 15, → § 449 Rn. 23 und → § 449 Rn. 33). Die Regelung **schließt die Anwendung der allgemeinen Bestimmungen der §§ 249 ff. BGB aus** (→ Rn. 8 und → Rn. 17). Damit sollen die **Haftungsrisiken** für den Frachtführer **kalkulierbar** gemacht und eine **Überwälzung der Betriebsrisiken des Empfängers** auf den Frachtführer **verhindert** werden.[3] Von § 429 unberührt bleibt die Haftung des Frachtführers für Verspätungsschäden. Dasselbe gilt für den Anspruch auf Ersatz von Verzugsschäden gem. §§ 280, 286 ff. BGB wegen verspäteter Erbringung der gem. §§ 425 ff. zu leistenden Zahlungen.[4]

II. Wertersatz bei gänzlichem oder teilweisem Verlust des Gutes (Abs. 1 und 3)

2   **1. Gänzlicher Verlust des Gutes.** Er liegt vor, wenn der Frachtführer aus welchen Gründen auch immer auf Dauer – im Fall der Zerstörung – oder jedenfalls auf absehbare Zeit – im Fall des Verlorengehens des Gutes – außerstande ist, auch nur einzelne Gegenstände der Sendung (→ § 431 Rn. 2) beim berechtigten Empfänger abzuliefern.[5]

3   **2. Wert (Abs. 1 und 3). a) Marktpreis (Abs. 3 S. 1 Fall 1).** Maßgeblich ist in erster Hinsicht der gem. § 429 Abs. 1 für den Ort und für die Zeit der Übernahme des Gutes zur Beförderung (→ § 425 Rn. 18–20) festzustellende **Marktpreis,** dh der bei regelmäßigem Absatz der Güter gleicher Art und Beschaffenheit im Handelsverkehr erzielte Durchschnittspreis.[6] Die **Kosten der Verpackung und des Verladens** des Gutes gehen daher in die Wertberechnung mit ein, wenn diese Tätigkeiten – wie in §§ 411, 412 vorgesehen – dem Absender oblagen.[7] Aus **Frankopreisen** dürfen (kalkulatorische) Beförderungskosten nicht herausgerechnet werden, wenn das Gut auf dem gesamten Markt immer nur zusammen mit einer eventuellen Transportleistung zu einem einheitlichen Preis angeboten wird.[8] Wenn ein Gut am Ort der Übernahme auf **unterschiedlichen Handelsstufen** gehandelt wird, ist im Hinblick auf die in § 429 Abs. 3 S. 2 enthaltene Regelung, mit der sich der Gesetzgeber an dem durch das TRG aufgehobenen § 35 Abs. 1 KVO orientiert hat, der **Verkäuflichkeitswert** auf der Handelsstufe des Veräußerers, der regelmäßig auch Gewinnelemente mit enthält,[9] maßgeblich.[10] Zum selben Ergebnis kommt man allerdings auch dann, wenn man auf den objektiven Beschaffungswert aus der Marktposition des wirtschaftlichen Endempfängers auf dem Markt abstellt, der im konkreten Fall durch das dem

---

[1] BT-Drs. 13/8445, 64 f.

[2] Vgl. Beschlussempfehlung und Bericht des Rechtsausschusses, BT-Drs. 13/10014, 48.

[3] MüKoHGB/*Herber/Harm* Rn. 4; Staub/*Jessen* Rn. 3; *Andresen*/Valder Rn. 1; *Koller* Rn. 1; Heymann/*Joachim* Rn. 1; HK-HGB/*Ruß* Rn. 1.

[4] *Koller* Rn. 1; → § 432 Rn. 11 aE.

[5] Vgl. iE → § 425 Rn. 6–10; zu § 429 vgl. *Koller* Rn. 2; Heymann/*Joachim* Rn. 2; HK-HGB/*Ruß* Rn. 2; MüKoHGB/*Herber/Harm* Rn. 9; Staub/*Jessen* Rn. 15.

[6] Vgl. öOGH Urt. v. 13.7.1994 – 7 Ob 565/93, TranspR 1995, 285 (287); *Koller* Rn. 4; Heymann/*Joachim* Rn. 7; MüKoHGB/*Herber/Harm* Rn. 16; Oetker/*Paschke* Rn. 7; Staub/*Jessen* Rn. 9.

[7] OLG Hamburg Urt. v. 15.1.1998 – 6 U 14/96, TranspR 1998, 290 (293); *Koller* Rn. 4; *Andresen*/Valder Rn. 6; Heymann/*Joachim* Rn. 7.

[8] *Koller* Rn. 4; aA OLG Stuttgart Urt. v. 5.9.2001 – 3 U 30/01, TranspR 2002, 23 (24); nicht eindeutig Heymann/*Joachim* Rn. 7.

[9] Vgl. dazu BGH Urt. v. 28.6.1993 – II ZR 99/92, TranspR 1993, 396 (397) = VersR 1994, 91 = NJW-RR 1993, 1371.

[10] *Koller* Rn. 5–9 m. umfangr. Nachw.; *Koller* FG 50 Jahre BGH, 2000, 181 (196 ff.); Staub/*Jessen* Rn. 10; aA BGH Urt. v. 27.2.2003 – I ZR 145/00, TranspR 2003, 298 (302) = NJW-RR 2003, 1344 zu § 430 HGB aF (Handelsstufe des Geschädigten) und *Fremuth* in Fremuth/Thume TranspR Rn. 19 (Handelsstufe des Anspruchsberechtigten).

Transport zugrunde liegende Veräußerungsgeschäft bestimmt wird.[11] Dementsprechend sind zwar **keine besonderen Affektionsinteressen des Geschädigten,**[12] durchaus aber etwa **Preisvergünstigungen zugunsten von Abnehmern,** die bestimmten Kundenklassen angehören oder mit dem Gut in bestimmter Weise verfahren, sowie **unterschiedliche Nachfrageintensitäten** zu berücksichtigen, sofern diese am Ort der Übernahme zu gespaltenen Märkten führen.[13] Wenn sich ein Großhändler im Rahmen eines sog. **Streckengeschäfts** am Übernahmeort bei einem Hersteller eingedeckt und diesen mit der Versendung der Ware an einen Einzelhändler beauftragt hat, ist er am Übernahmeort nicht nur als Nachfrager, sondern mit seiner Weisung an den Hersteller, die Ware an den Einzelhändler zu versenden, auch als Anbieter aufgetreten. Damit bestimmt sich der Marktpreis nach dem mit dem Verkäuflichkeitswert auf der Handelsstufe des Großhändlers identischen Beschaffungswert auf der Stufe des Einzelhändlers.[14] Dasselbe gilt auch dann, wenn der Großhändler selbst einen Frachtführer mit dem Transport des Gutes vom Hersteller, bei dem er das Gut gekauft hat, zu dem Einzelhändler, an den er es weiterverkauft hat, beauftragt.[15] Der Beschaffungswert auf der Marktstufe des Großhändlers ist dagegen dann maßgeblich, wenn der Frachtführer durch eine nicht mehr am Übernahmeort erfolgende **nachträgliche Weisung** angewiesen wird, das Gut zu einem Abnehmer des Empfängers zu transportieren, weil eine solche Weisung nicht das Schadensrisiko des Frachtführers nachträglich erhöhen darf.[16] Hat dagegen der Empfänger **nach Ankunft des Gutes an der Ablieferungsstelle Weisung** erteilt (§ 418 Abs. 2 S. 2), ist diese so zu behandeln, wie wenn der Empfänger, der für die dem Frachtführer deshalb zu zahlende zusätzliche Vergütung gem. § 418 Abs. 2 S. 3 aufzukommen hat, einen selbständigen Beförderungsauftrag erteilt hätte, und ist deshalb der Verkäuflichkeitswert im Verhältnis zwischen dem Empfänger und dem Drittabnehmer maßgeblich.[17] Auf einem **Monopolmarkt** veräußerte Güter haben den durch das Monopol geprägten Wert, veräußerte **Unikate** idR den durch den Veräußerungspreis bestimmten Beschaffungswert.[18] Bei **staatlich subventionierten Ausfuhrgeschäften** setzt sich der Wert des Gutes aus dem Verkaufserlös des Exporteurs und der diesem gewährten Ausfuhrsubvention zusammen.[19] Bei **hoheitlich reglementierten Preisen** tritt der Hoheitsträger an die Stelle des Marktes; maßgeblich ist daher der von ihm jeweils festgelegte Preis.[20]

b) Gemeiner Wert (Abs. 3 S. 1 Fall 2). Wenn sich ein Marktwert in dem in → Rn. 3 beschriebe- 4 nen Sinn nicht ermitteln lässt, ist für die Wertberechnung gem. **§ 429 Abs. 3 S. 1 aE der gemeine Wert von Gütern gleicher Art und Beschaffenheit** maßgebend. Zugrunde zu legen ist daher dann derjenige Betrag, zu dem ein entsprechendes Gut ohne Berücksichtigung der besonderen Verhältnisse der Parteien am Ort und zur Zeit der Übernahme zur Beförderung hätte veräußert[21] oder vom Empfänger hätte beschafft werden können.[22] Wenn für das Gut – wie etwa eine Spezialmaschine, die sich allein im Betrieb des Empfängers einsetzen lässt, oder eine gebrauchte Maschine, für die es nur einen einzigen Nachfrager gibt – überhaupt **kein Markt** besteht, ist sein **Wert zu schätzen,** wobei die Herstellungskosten hierfür als Anhaltspunkt heranzuziehen sind.[23]

c) Vermutung (Abs. 3 S. 2). Gemäß dem an den durch das TRG aufgehobenen § 35 Abs. 1 5 KVO und die Rspr. zu Art. 23 Abs. 1 CMR angelehnten **§ 429 Abs. 3 S. 2** wird bei einem unmittelbar vor der Übernahme zum Transport verkauften Gut widerleglich vermutet, dass der in der Rechnung des Verkäufers ausgewiesene Kaufpreis abzüglich darin enthaltener Beförderungskosten dem Marktpreis entspricht. **Maßgeblich ist das der konkreten Beförderung unmittelbar zugrunde liegende Umsatzgeschäft.** Dies gilt insbesondere auch dann, wenn der Absender den Frachtführer

---

[11] Vgl. BGH Urt. v. 29.7.2009 – I ZR 171/08, TranspR 2009, 408 Rn. 9 = NJW 2009, 3239; *Koller* Rn. 5; MüKoHGB/*Herber/Harm* Rn. 17; Staub/*Jessen* Rn. 10; eingehend *Skradde,* Schadensersatz im Transportrecht – Der ersatzfähige Schaden des Transportrechts, 2016, 107 ff.

[12] BGH Urt. v. 29.7.2009 – I ZR 171/08, TranspR 2009, 408 Rn. 9 = NJW 2009, 3239; MüKoHGB/*Herber/ Harm* Rn. 17; Oetker/*Paschke* Rn. 10; *Koller* Rn. 22; Staub/*Jessen* Rn. 10.

[13] *Koller* Rn. 4 und 6 ff.

[14] *Koller* Rn. 5; *Koller* FG 50 Jahre BGH, 2000, 181 (198 ff.); *Andresen/Valder* Rn. 8; *P. Schmidt* TranspR 2009, 1 (3 ff.).

[15] Vgl. BGH Urt. v. 6.7.1989 – I ZR 32/88, TranspR 1990, 58 (60) = VersR 1990, 181 = NJW-RR 1990, 416 zu § 35 KVO; *Koller* Rn. 5; *P. Schmidt* TranspR 2009, 1 (4).

[16] *Koller* Rn. 5.

[17] Vgl. *Koller* Rn. 5 Fn. 22 und – zur Vermutung gem. § 429 Abs. 3 S. 2 – Rn. 13 aE.

[18] *Koller* Rn. 5; *Koller* FG 50 Jahre BGH, 2000, 181 (197 f.).

[19] BGH Urt. v. 6.7.1989 – I ZR 32/88, TranspR 1990, 58 (60) = VersR 1990, 181 = NJW-RR 1990, 416 zu § 35 KVO; *Koller* Rn. 7; *Koller* FG 50 Jahre BGH, 2000, 181 (189 f. und 200–204).

[20] *Koller* Rn. 10; MüKoHGB/*Herber/Harm* Rn. 18 mwN.

[21] Vgl. RG Urt. v. 21.5.1927 – I 10/27, RGZ 117, 131 (133 ff.) und dazu *Koller* FG 50 Jahre BGH, 2000, 181 (186 f. und 202–204).

[22] Vgl. BGH Urt. v. 15.10.1992 – I ZR 260/90, TranspR 1993, 137 (138) = VersR 1993, 635 = NJW 1993, 1269; Urt. v. 25.10.2001 – I ZR 187/99, TranspR 2002, 198 (199) = VersR 2002, 1580 = NJW-RR 2002, 905; OLG Hamm Urt. v. 25.11.1993 – 18a U 48/93, TranspR 1994, 61; *Koller* Rn. 11; *Andresen/*Valder Rn. 12.

[23] Vgl. *Koller* Rn. 12; MüKoHGB/*Herber/Harm* Rn. 19 f.; Staub/*Jessen* Rn. 13; *de la Motte* VersR 1988, 317 (318); *Butzer* VersR 1991, 854 (860).

anweist, das Gut bei seinem Lieferanten abzuholen und zu seinem Abnehmer zu transportieren,[24] sowie, da das Tatbestandsmerkmal **„unmittelbar vor"** insoweit nicht zeitlich, sondern im Sinne des Erfordernisses eines **unmittelbaren Zusammenhangs** zu verstehen ist, namentlich auch beim sog. Streckengeschäft, bei dem der Erstverkäufer das Gut auf Weisung des Erstkäufers an dessen Abnehmer absendet.[25] Bei **nachträglichen Weisungen** gelten die in → Rn. 3 dargestellten Grundsätze entsprechend.[26] Zu den aus dem Kaufpreis herauszurechnenden **Beförderungskosten** gehören neben der Fracht auch alle weiteren im Zusammenhang mit dem Transport stehenden Kosten wie insbesondere die durch diesen entstehenden Lagerkosten, Steuern mit Ausnahme derjenigen, die wegen des Verlusts des Gutes fällig werden, und Versicherungsprämien, sodass ein **fiktiver „ab Werk"-Preis** zu bilden ist.[27] Des Weiteren ist aus dem Kaufpreis auch noch die enthaltene Umsatzsteuer herauszurechnen, wenn der Käufer vorsteuerabzugsberechtigt ist und er daher die ihm in Rechnung gestellte Umsatzsteuer vom Finanzamt erstattet bekommt, nicht dagegen ein bei umgehender Zahlung abzuziehendes Skonto;[28] denn mit ihm soll lediglich die prompte Zahlung belohnt werden. Wenn der in der Rechnung ausgewiesene Preis als „ab Werk"-Preis bezeichnet ist, spricht der erste Anschein dafür, dass dieser Preis den Marktwert am Ort der Übernahme wiedergibt.

6   Die **Vermutung** des § 429 Abs. 3 S. 2 **gilt nicht** mehr, wenn sich die Marktpreise nach dem Abschluss des Kaufvertrags erheblich verändert haben, und kann außerdem von jeder Partei gem. § 292 ZPO durch den vollen Beweis widerlegt werden, dass der in der Rechnung ausgewiesene Kaufpreis dem tatsächlichen Marktpreis oder dem gemeinen Wert des Gutes nicht entspricht.[29]

7   **3. Aufwendungen zur Schadensverhütung.** Wie ein Schaden zu ersetzen sind vom Frachtführer auch Aufwendungen, die der potentiell Geschädigte gemacht hat, um den unmittelbar drohenden Eintritt eines gem. §§ 425 ff. ersatzfähigen Schadens zu verhindern.[30] Dasselbe hat für Aufwendungen zu gelten, die der Geschädigte nach dem Eintritt des Schadensfalls zur Geringhaltung des Schadens gemacht hat; denn auch insoweit wird er im Rahmen seiner Obliegenheit gem. § 425 Abs. 2 zur Geringhaltung des Schadens tätig.[31]

8   **4. Inhalt und Umfang des Anspruchs.** Der beim Verlust des Gutes gem. § 429 gegebene Anspruch ist auf Leistung von Geldersatz gerichtet; der Frachtführer ist daher nur zur Naturalrestitution gem. § 249 Abs. 1 BGB weder verpflichtet noch, sofern nicht der Geschädigte damit einverstanden ist, dazu berechtigt.[32] Der Ersatz von entgangenem Gewinn, der sich nicht im Marktpreis oder gemeinen Wert ausgewirkt hat, ist ebenso ausgeschlossen wie von sonstigen mit dem Verlust verbundenen Folgeschäden,[33] sodass der Geschädigte etwa Ansehensverluste beim Absatz[34] ebenso ersatzlos hinnehmen muss wie den Wegfall von Absatzmöglichkeiten.[35] Der Geschädigte erhält dafür allerdings einen Geldanspruch, der, sofern nicht die Haftungshöchstsumme gem. § 431 überschritten wird, den gem. § 429 Abs. 3 abstrakt zu berechnenden Substanzschaden auch dann voll abdeckt, wenn der ihm insoweit konkret entstandene Schaden niedriger ist, weshalb insbesondere auch die Möglichkeit eines günstigen Deckungskaufs den eingetretenen Schaden nicht mindert.[36] Der Geldersatz ist

---

[24] Vgl. BGH Urt. v. 6.7.1989 – I ZR 32/88, TranspR 1990, 58 (60) = VersR 1990, 181 = NJW-RR 1990, 416; *Koller* Rn. 13; *Andresen*/Valder Rn. 8; *Heymann/Joachim* Rn. 9.

[25] Vgl. *Koller* Rn. 13; *Andresen*/Valder Rn. 7; *Heymann/Joachim* Rn. 9.

[26] Vgl. *Koller* Rn. 13 aE.

[27] OLG Stuttgart Urt. v. 5.9.2001 – 3 U 30/01, TranspR 2002, 23 (24); *Koller* Rn. 14 mwN; aA im Hinblick auf Versicherungsprämien *Fremuth* in Fremuth/Thume TranspR Rn. 25.

[28] *Koller* Rn. 14.

[29] Vgl. OLG Köln Urt. v. 30.8.2005 – 3 U 55/04, jeweils Rn. 27 = BeckRS 2007, 02153; *Koller* Rn. 15; Baumbach/Hopt/*Merkt* Rn. 3.

[30] Vgl. – zu Art. 23 Abs. 1 CMR – BGH Urt. v. 30.9.1993 – I ZR 258/91, BGHZ 123, 303 (309) = TranspR 1994, 16 (18) = VersR 1994, 119 = NJW 1993, 3331; zu Art. 23 Abs. 5 CMR vgl. BGH Urt. v. 19.9.2019 – I ZR 64/18, BGHZ 223, 139 Rn. 43 f. = TranspR 2019, 502 = VersR 2020, 121 = NJW 2019, 3722 = RdTW 2019, 416; *Braun*, Das frachtrechtliche Leistungsstörungsrecht nach dem Transportrechtsreformgesetz, 2002, 179; *Koller* Rn. 16 und 26; aA Staub/*Maurer* § 425 Rn. 9.

[31] AA Staub/*Maurer* § 425 Rn. 9. IErg wie hier *Koller* Rn. 16.

[32] Vgl. nur BGH Urt. v. 13.2.1980 – IV ZR 39/78, VersR 1980, 522 (523 f.) = NJW 1980, 2021; Urt. v. 24.5.2000 – I ZR 84/98, TranspR 2000, 456 (458) = VersR 2001, 127 = NJW-RR 2001, 322; *Koller* Rn. 18; *Heymann/Joachim* Rn. 2; MüKoHGB/*Herber/Harm* Rn. 14; *Canaris* § 31 Rn. 22. Im Anschluss an das zu § 659 HGB aF ergangene Urteil des BGH vom 18.3.2010 – I ZR 181/08, TranspR 2010, 376 Rn. 23 für eine Zurückdrängung des Wertersatzprinzips nunmehr allerdings *Koller* TranspR 2011, 389 (396 f.).

[33] § 432 S. 2; BGH Urt. v. 5.10.2006 – I ZR 240/03, BGHZ 169, 187 Rn. 15 = TranspR 2006, 454 = VersR 2007, 86 = NJW 2007, 58 mwN; MüKoHGB/*Herber/Harm* Rn. 12 iVm § 425 Rn. 8; *Koller* Rn. 18; *Heymann/Joachim* Rn. 2; *Canaris* § 31 Rn. 22.

[34] Vgl. OLG Hamm Urt. v. 25.11.1993 – 18a U 48/93, TranspR 1994, 61; *Koller* Rn. 18; *Heymann/Joachim* Rn. 2; MüKoHGB/*Herber/Harm* Rn. 27.

[35] Vgl. BGH Urt. v. 15.10.1992 – I ZR 260/90, TranspR 1993, 137 (138) = VersR 1993, 635 = NJW 1993, 1269; *Koller* Rn. 18.

[36] OLG Stuttgart Urt. v. 5.9.2001 – 3 U 30/01, TranspR 2002, 23; *Fremuth* in Fremuth/Thume TranspR Rn. 16; *Koller* Rn. 18 mwN.

auch schon dann zu leisten, wenn der Schaden erst noch in der Belastung mit einer Verbindlichkeit besteht.[37] Dagegen hindert die Regelung des § 429 den Frachtführer nicht daran, Unterfrachtführer nach den Regeln der Drittschadensliquidation in Anspruch zu nehmen.[38]

5. Vorteilsausgleichung. Keinen auf den Schadensersatzanspruch anrechenbaren Vorteil stellt die **9** Leistung einer Transportversicherung wie auch der Umstand dar, dass der Vertragspartner des Geschädigten gegen diesen keinen oder nur einen eingeschränkten Anspruch hat, weil er etwa das Gut gem. § 377 als schadensfrei gelten lassen muss.[39] Der Absender oder Empfänger, der gem. § 429 Wertersatz verlangt, braucht sich ferner nicht entgegenhalten zu lassen, dass er sich das Gut auf eigene Faust wiederbeschafft hat.[40] Wenn der Frachtführer wegen des Verlusts Wertersatz geleistet hat, sind ihm die deswegen begründeten Ansprüche gegen Dritte abzutreten; dagegen kann er vom Geschädigten nur dann analog § 255 BGB die Übereignung des Gutes verlangen, wenn dieser sein Interesse an dem Gut nicht beweist.[41]

6. Teilverlust. Im Falle eines **Teilverlusts** ist **anteiliger Schadensersatz** zu leisten, wobei, wenn **10** die Sendung aus mehreren Sachen besteht und nur einzelne von ihnen verlorengehen, deren **isolierter Wert** maßgeblich ist; dieser kann, wenn etwa Teile einer Ladung Prospekte verlorengehen, auch höher sein als der durchschnittliche Wert der gesamten Sendung.[42] Wenn der Teilverlust zu einer überproportionalen Entwertung der Gesamtsendung führt, weil der Wert des Restguts infolge Aufhebung der wirtschaftlichen Verbindung mit den verlorengegangenen Sachen gemindert ist, liegt darin grundsätzlich zugleich eine Beschädigung des Restguts, für die ebenfalls Wertersatz zu leisten ist.[43] Die Gegenauffassung, die einen solchen Wertersatz nur dann für gerechtfertigt erachtet, wenn die mehreren Gegenstände ein „untrennbares Ganzes" darstellen,[44] berücksichtigt insbesondere nicht genügend, dass der Frachtführer, dem die zusammengehörigen Sachen als Einheit übergeben worden sind, bei einem Totalverlust ebenfalls nicht nur für die Summe des Werts der Einzelstücke, sondern für den erhöhten Wert der Einheit einzustehen hätte.[45] Ein Teilverlust beeinträchtigt allerdings dann nicht den Wert der übrigen Gegenstände der Sendung, wenn für den verlorengegangenen Gegenstand innerhalb angemessener Frist ein Ersatz beschafft werden kann.[46] Wenn neben dem Teilverlust auch eine **Beschädigung des Restguts** vorliegt, ist der Schaden im Hinblick auf den Verlust gem. § 429 Abs. 1 und 3 im Hinblick auf die Beschädigung gem. § 429 Abs. 2 und 3 zu berechnen.[47] Da das HGB die Haftungshöchstgrenze in einer besonderen Vorschrift regelt und sich auch nicht am Einzelstück, sondern am Grad der Entwertung der Sendung als Einheit orientiert, besteht anders als bei der CMR kein Anlass, die Berechnung auf den Wert der Sendung zu beziehen, um auf diese Weise zu einem angemessenen Haftungshöchstbetrag zu kommen.[48]

III. Wertersatz bei Beschädigung (Abs. 2 und 3)

1. Beschädigung. Der Begriff der Beschädigung wird **innerhalb des Transportrechts einheit-** **11** **lich** verstanden,[49] sodass insoweit die Ausführungen zu → § 425 Rn. 12–14 entsprechend gelten.

2. Wert des unbeschädigten Gutes. Der Wert des unbeschädigten Gutes ist gem. § 429 Abs. 3 **12** S. 1 und 2 nach denselben Grundsätzen zu bestimmen wie der Wert des Gutes im Falle seines Verlusts gem. § 429 Abs. 1 (→ Rn. 3–6).

3. Wert des beschädigten Gutes. Da sich für den Wert des beschädigten Gutes nur ganz aus- **13** nahmsweise Marktpreise gebildet haben werden, ist in aller Regel der gemeine Wert des Gutes in

---

[37] AA *Koller* Rn. 18 iVm § 425 Rn. 69 mit der Begründung, die Abstraktheit der Schadensberechnung betreffe nur die Höhe und die Art der Ersatzleistung, nicht jedoch die Person, an die diese zu erbringen sei. Dabei wird allerdings nicht genügend berücksichtigt, dass der Schadensersatz gem. § 429 durchweg abstrakt zu berechnen ist.

[38] → § 437 Rn. 28; vgl. auch *Koller* § 429 Rn. 18 iVm § 425 Rn. 63.

[39] *Koller* Rn. 17.

[40] → § 425 Rn. 10; *Koller* Rn. 17 mwN.

[41] *Koller* Rn. 17 mwN.

[42] *Koller* Rn. 19; aA *Starosta* DVZ 2004 Nr. 40, 8.

[43] RG Urt. v. 19.2.1886 – II 381/85, RGZ 15, 133 (134); OLG Hamburg Urt. v. 15.1.1998 – 6 U 14/96, TranspR 1998, 290 (292); *Koller* Rn. 19; MüKoHGB/*Herber/Harm* Rn. 10; zur Berechnung des Schadens in einem solchen Fall vgl. diese Rn. aE.

[44] Staub/*Helm* 4. Aufl. § 430 Rn. 51; *Fremuth* in Fremuth/Thume TranspR Rn. 24; vgl. auch BGH Urt. v. 6.2.1997 – I ZR 202/94, TranspR 1997, 335 (336 f.) = VersR 1997, 1298 = NJW-RR 1997, 1121.

[45] *Koller* Rn. 19.

[46] BGH Urt. v. 6.2.1997 – I ZR 202/94, TranspR 1997, 335 (336 f.) = VersR 1997, 1298 = NJW-RR 1997, 1121; OLG Hamburg Urt. v. 15.1.1998 – 6 U 14/96, TranspR 1998, 290 (292); *Koller* Rn. 19; MüKoHGB/*Herber/Harm* Rn. 10.

[47] *Fremuth* in Fremuth/Thume TranspR Rn. 29; *Koller* Rn. 25.

[48] *Koller* 9. Aufl. Rn. 25.

[49] Vgl. OLG Hamburg Urt. v. 30.3.1989 – 6 U 169/88, TranspR 1989, 321 (323) = VersR 1989, 1214; → 1. Aufl. 2001, Rn. 11.

diesem Zustand und damit der **Preis** maßgeblich, **zu dem das Gut** am Ort und zur Zeit seiner Übernahme **auf der Handelsstufe hätte veräußert bzw. beschafft werden können,** die auch **für die Ermittlung seines Wertes im unbeschädigten Zustand maßgeblich ist** (→ Rn. 3).[50] Dementsprechend ist ein **merkantiler Minderwert** mit zu berücksichtigen, wenn und soweit er am Ort und zur Zeit der Übernahme auf der genannten Handelsstufe eine Rolle gespielt hat.[51] Auch im Übrigen entspricht der Wert des beschädigten Gutes nicht notwendig der Differenz zwischen seinem Wert im unbeschädigten Zustand und den Kosten seiner Reparatur am Übernahmeort, weil beim Wert des beschädigten Gutes ggf. ein Abschlag dafür einzukalkulieren ist, dass seine Reparatur noch nicht organisiert wurde.[52] **Wenn** das **Gut** in dem Zustand, in dem es sich befindet, **üblicherweise vernichtet wird** oder jedenfalls **nicht mehr verkäuflich** ist, beträgt sein Wert **Null**.[53] In diesem Zusammenhang ist allerdings auch zu beachten, dass der **Schaden** bei Beschädigung des Gutes ebenfalls **abstrakt zu berechnen** ist und das Interesse des Geschädigten, dass das beschädigte Gut nicht in den Handel gelangt, als solches daher selbst dann nicht berücksichtigt werden kann, wenn die Interessen des Geschädigten durch die Veräußerung des beschädigten Gutes unzumutbar gefährdet werden.[54] Dagegen sind die hypothetischen **Kosten von Maßnahmen zur Minderung des Schadens** am Ort und zur Zeit der Übernahme zur Beförderung in Abzug zu bringen, wobei die tatsächlichen Aufwendungen für die Schadensminderung nur dann einen Anhaltspunkt für diese Kosten darstellen, wenn sie am Übernahmeort in etwa derselben Höhe angefallen wären; außerdem stellt nicht jede Maßnahme, die das Anwachsen des Schadens verhindern soll, auch eine für den Wert des Gutes am Ort und zur Zeit der Übernahme relevante Schadensminderungsmaßnahme dar.[55] Ein weitergehender Abschlag vom Schaden etwa wegen mangelnder Verkaufsbemühungen des Geschädigten oder sonstiger unzulänglicher Maßnahmen zur Schadensminderung kommt daneben nicht in Betracht.[56] Es besteht im Übrigen auch **kein Bereicherungsverbot** dergestalt, dass der Empfänger aus dem Verkauf des beschädigten Gutes unter Berücksichtigung der Wertminderung am Übernahmeort keinen Gewinn ziehen dürfte, zumal es sich dabei lediglich um den Gewinn handelt, den er bei schadensfreier Beförderung ebenfalls erzielt hätte.[57]

14   **4. Beschädigung eines Teils des Gutes.** Soweit einzelne Stücke des Gutes beschädigt werden, gelten die für den Teilverlust entwickelten Grundsätze (→ Rn. 10) entsprechend. Allein der Wert der beschädigten Stücke ist daher maßgeblich, wenn ihre Beschädigung die anderen Stücke weder in ihrem Wert mindert noch ihre Funktionstauglichkeit beeinträchtigt oder aber eine solche Wertminderung bzw. Beeinträchtigung der Tauglichkeit immerhin durch eine in angemessener Zeit mögliche Reparatur beseitigt werden kann.[58] Wenn die Beschädigung einzelner Stücke – wie etwa dann, wenn die Beschädigung einzelner mit Lebensmitteln gefüllter Kartons den Verdacht begründet, dass die Ware insgesamt nicht zum Verzehr geeignet ist,[59] oder ein Bestandteil eines unteilbaren Ganzen wie etwa ein nicht zu ersetzendes Teil einer für den Einzelfall hergestellten komplizierten Maschine beschädigt wird[60] – dazu führt, dass auch andere Stücke objektive Werteinbußen erfahren, ist ebenso wie im Falle eines Teilverlusts (→ Rn. 10) der Wertverlust aller von der Beschädigung betroffenen Stücke maßgeblich; ob die Stücke – wie im zweiten Beispielsfall – Teil einer untrennbaren Einheit sind oder – wie im ersten Beispielsfall – nicht, ist insoweit unerheblich.[61] Der Umstand allein, dass der Empfänger wegen der Beschädigung einzelner Teile das gesamte Gut weniger gut nutzen kann, wird allerdings

[50] Vgl. BGH Urt. v. 29.7.2009 – I ZR 171/08, TranspR 2009, 408 Rn. 9 = NJW 2009, 3239; *Koller* Rn. 22.
[51] Vgl. OLG Frankfurt a. M. Urt. v. 15.1.1991 – 5 U 28/90, NJW-RR 1991, 670; OLG Hamburg Urt. v. 9.1.1997 – 6 U 212/96, TranspR 1997, 275 (277); LG Augsburg Urt. v. 31.1.2017 – 81 O 1732/15, TranspR 2017, 417 (419) = RdTW 2017, 271; *Koller* Rn. 22; MüKoHGB/*Herber/Harm* Rn. 27; Staub/*Jessen* Rn. 21; speziell für den Fall der Beschädigung von Neuwagen: *Valder* TranspR 2012, 433 (437 f.).
[52] *Koller* Rn. 22; BeckOK HGB/*Kirchhof* Rn. 12; Staub/*Jessen* Rn. 21 f.
[53] Vgl. OLG Hamburg Urt. v. 13.7.1995 – 6 U 21/95, TranspR 1996, 110 (111) (Totalschaden); LG Hamburg Urt. v. 3.5.2000 – 401 O 92/99, TranspR 2001, 302 (303) (drohender Imageschaden für den auf dem Gut angebrachten Markennamen); *Koller* Rn. 22.
[54] Vgl. BGH Urt. v. 29.7.2009 – I ZR 171/08, TranspR 2009, 408 Rn. 9 = NJW 2009, 3239; *Koller* Rn. 22; MüKoHGB/*Herber/Harm* Rn. 27; Staub/*Jessen* Rn. 23; aA OLG Köln Urt. v. 20.8.1993 – 25 U 4/93, TranspR 1995, 387 (391); LG Hamburg Urt. v. 3.5.2000 – 401 O 92/99, TranspR 2001, 302 (303).
[55] Vgl. eingehend *Koller* Rn. 22 mwN; vgl. zu den Kosten der Schadensminderung weiterhin auch *Pfirmann*, Die vertragliche und außervertragliche Haftung des Frachtunternehmers wegen Folgeschäden, 2008, 52–60 und *Skradde*, Schadensersatz im Transportrecht – Der ersatzfähige Schaden des Transportrechts, 2016, 285–288.
[56] Vgl. *Koller* Rn. 22 mwN in Fn. 113.
[57] *Koller* Rn. 23.
[58] Vgl. BGH Urt. v. 6.2.1997 – I ZR 202/94, TranspR 1997, 335 (336 f.) = VersR 1997, 1298 = NJW-RR 1997, 1121; OLG Hamburg Urt. v. 15.1.1998 – 6 U 14/96, TranspR 1998, 290 (292); *Koller* Rn. 24; *Andresen/Valder* Rn. 20; aA *Ramming* TranspR 2008, 442 (450).
[59] Vgl. BGH Urt. v. 3.7.1974 – I ZR 120/73, VersR 1974, 1013 (1015) = NJW 1974, 1616; OLG München Urt. v. 23.11.2017 – 23 U 1858/17, TranspR 2018, 113 f. = RdTW 2018, 34.
[60] Vgl. BGH Urt. v. 6.2.1997 – I ZR 202/94, TranspR 1997, 335 (336) = VersR 1997, 1298 = NJW-RR 1997, 1121; *Knorre* TranspR 1985, 241 (242).
[61] *Fremuth* in Fremuth/Thume TranspR Rn. 29; *Koller* Rn. 24.

vielfach unerheblich sein, weil die individuelle Verwendungsplanung des Empfängers den Wert des Gutes nicht notwendig beeinflusst.[62] Zur Beurteilung der Fälle, in denen zur Beschädigung des (Rest-)Gutes ein Teilverlust hinzukommt, → Rn. 10.

5. Vermutung (Abs. 2 S. 2). Die nicht für den Wert des unbeschädigten Gutes, sondern für den **15** Unterschiedsbetrag zwischen diesem Wert und dem Wert des beschädigten Gutes relevante und daher neben die Vermutung gem. § 429 Abs. 3 S. 2 tretende Vermutung gem. § 429 Abs. 2 S. 2 zielt auf den vollständigen Ersatz der durch die Beschädigung eingetretenen Einbuße. Es kommt daher insoweit auf diejenigen Kosten an, die aufzuwenden sind, um das Gut wieder in den ursprünglichen Zustand zu versetzen,[63] nicht dagegen – abweichend vom Wortlaut der Bestimmung und deren Zweck – (auch) auf die Differenz zwischen dem Wiederbeschaffungswert des Gutes und dessen Restwert nach der Beschädigung[64] und auch nicht auf die marktüblichen Kosten.[65] Maßnahmen zur Minderung des Schadens dienen ebenfalls seiner Beseitigung (→ Rn. 13), sodass die Schadensminderungskosten notwendig in den Schadensbehebungskosten aufgehen.[66] Zu den **Schadensbehebungskosten** können je nach Lage der Dinge neben den Reparaturkosten[67] auch Kosten der Ermittlung, welcher Teil der Ladung noch zu gebrauchen ist, dementsprechende Kosten des Sortierens, Kosten für Sachverständige, um die bestmöglichen Maßnahmen der Schadensbehebung zu ermitteln, sowie im Zusammenhang mit der Reparatur angefallene Transport- und/oder Lagerkosten gehören.[68] Nicht der Schadensbehebung dienen dagegen die Aufwendungen für die Bergung und Entsorgung vollständig zerstörter Ladungsteile, für die Beseitigung von Umweltschäden, für die Lagerung während des Streits um die Schadensersatzpflicht sowie für den Rücktransport des im beschädigten Zustand veräußerten Gutes.[69]

Die Vermutung gem. § 429 Abs. 2 S. 2 kann sowohl vom Anspruchsberechtigten[70] als auch vom **16** Frachtführer gem. §§ 292, 286 ZPO durch den vollen Nachweis widerlegt werden, dass die Schadensbehebungskosten für die Werteinbuße des beschädigten Gutes am Ort und zur Zeit der Übernahme nicht aussagekräftig sind.[71] Dies erfordert den Nachweis, dass entweder die Schadensbehebungskosten am Ort und zur Zeit der Übernahme erheblich höher oder niedriger waren als die nach § 429 Abs. 2 S. 1 berechnete Werteinbuße oder aber havariertes Gut am Ort und zur Zeit der Übernahme üblicherweise erheblich abweichend von diesen Schadensbehebungskosten veräußert wurde.[72]

6. Inhalt und Umfang des Anspruchs. Es gelten die in → Rn. 8 zum Verlust dargestellten **17** Grundsätze entsprechend.

IV. Darlegungs- und Beweislast

Der Ersatzberechtigte hat den Unterschiedsbetrag zwischen dem Wert des Gutes am Ort und zur **18** Zeit der Übernahme im unbeschädigten und beschädigten Zustand darzulegen und im Bestreitensfall auch zu beweisen. Er kann sich dabei ggf. auf die in § 429 Abs. 2 S. 2 (→ Rn. 15 f.) und § 429 Abs. 3 S. 2 (→ Rn. 12, → Rn. 15 und → Rn. 5 f.) geregelten Vermutungen stützen. Außerdem gilt, da es insoweit um die Höhe des Schadensersatzanspruchs geht, für das Beweismaß nicht § 286 ZPO, sondern § 287 ZPO.[73] Danach kann jedenfalls für den innerdeutschen Verkehr etwa grundsätzlich davon ausgegangen werden, dass der Wert des Gutes am Ort und zur Zeit der Übernahme um den gleichen Prozentsatz geschädigt worden ist wie auf der Grundlage der Werte am Ablieferungsort und dass zudem die dortigen Werte denen am Übernahmeort entsprechen.[74]

---

[62] BGH Urt. v. 6.2.1997 – I ZR 202/94, TranspR 1997, 335 (336) = VersR 1997, 1298 = NJW-RR 1997, 1121; *Koller* Rn. 24.

[63] *Koller* Rn. 27.

[64] *Koller* Rn. 27; aA OLG Düsseldorf Urt. v. 13.11.2000 – 1 U 270/99, TranspR 2002, 397 (398).

[65] *Koller* Rn. 27; aA BeckOK HGB/*Kirchhof* Rn. 10.

[66] *Koller* Rn. 27; Heymann/*Joachim* Rn. 5; einschränkend, aber nicht eindeutig MüKoHGB/*Herber/Harm* Rn. 33 und Oetker/*Paschke* Rn. 12.

[67] Die Umsatzsteuer ist entsprechend § 249 Abs. 2 S. 2 BGB nur insoweit in Ansatz zu bringen, als sie tatsächlich angefallen ist (vgl. *Andresen*/Valder Rn. 19).

[68] OLG Hamburg Urt. v. 7.3.2019 – 6 U 15/18, RdTW 2019, 424 (428 f.); *Koller* Rn. 27; Heymann/*Joachim* Rn. 5.

[69] *Koller* Rn. 27; Heymann/*Joachim* Rn. 5.

[70] Vgl. → 1. Aufl. 2001, Rn. 14.

[71] *Koller* Rn. 28; Heymann/*Joachim* Rn. 6.

[72] *Koller* Rn. 28; Heymann/*Joachim* Rn. 5.

[73] Zu den danach für eine richterliche Schadensschätzung erforderlichen Grundlagen vgl. BGH Urt. v. 18.4.2002 – I ZR 262/99, TranspR 2003, 29 (31) mwN; zur danach ggf. für das Gericht bestehenden Verpflichtung, immerhin einen Mindestschaden zu schätzen, vgl. OLG Düsseldorf Urt. v. 16.11.2005 – 15 U 66/05, TranspR 2006, 30 (33) mwN.

[74] Vgl. *Koller* Rn. 30; vgl. zum richterlichen Schätzungsermessen ferner BGH Urt. v. 5.10.2006 – I ZR 240/03, TranspR 2006, 454 (456) = VersR 2007, 86 Rn. 26 ff. = NJW 2007, 58, insoweit in BGHZ 169, 187 nicht abgedruckt.

§ 430 Schadensfeststellungskosten

Bei Verlust oder Beschädigung des Gutes hat der Frachtführer über den nach § 429 zu leistenden Ersatz hinaus die Kosten der Feststellung des Schadens zu tragen.

Schrifttum: *Skradde,* Schadensersatz im Transportrecht – Der ersatzfähige Schaden des Transportrechts, 2016; *Starosta,* Sind Ermittlungskosten als Schadensfeststellungskosten im Sinne des § 430 HGB anzusehen?, TranspR 2008, 466.

Parallelvorschrift: § 503.

I. Allgemeines

1   Der an die Regelung des § 32 S. 2 KVO angelehnten Vorschrift, die seit dem Inkrafttreten des SRG – anders als in der CMR – in § 503 HGB eine Entsprechung hat,[1] liegt die Erwägung zugrunde, dass es sich bei den außergerichtlichen[2] Kosten der Schadensfeststellung um Aufwendungen handelt, die der infolge des Substanzschadens am Gut erlittenen Vermögenseinbuße nahestehen.[3] Die Vorschrift stellt eine **Ausnahme von dem Grundsatz** dar, dass der Frachtführer, soweit er gem. §§ 425 ff. haftet, **Folgeschäden nicht zu ersetzen** hat, und kann daher nicht im Wege der Analogie auf andere Aufwendungen ausgedehnt werden.[4] Soweit der Frachtführer von sich aus zur Schadensfeststellung Aufwendungen gemacht hat, kann er diese allenfalls nach den Grundsätzen der Geschäftsführung ohne Auftrag gem. §§ 677 ff. BGB und nach Treu und Glauben (§ 242 BGB) auch nur insoweit ersetzt verlangen, als er sie nicht letztlich nach § 430 HGB doch selbst zu tragen hat.[5]

II. Verlust, Beschädigung

2   Die – einer ausdehnenden Auslegung nicht zugängliche (→ Rn. 1) – Vorschrift greift nicht ein, soweit der Anspruchsteller zur Ermittlung des Umfangs eines Schadens Aufwendungen gemacht hat, den der Frachtführer durch Überschreitung der Lieferfrist oder eine Pflichtverletzung gem. § 280 BGB verursacht hat.[6]

III. Kosten der Feststellung des Schadens

3   Zu den Kosten der Schadensfeststellung gehören neben den für die Feststellung des tatsächlichen Umfangs der in Form eines (Teil-)Verlusts und/oder einer (Teil-)Beschädigung eingetretenen Substanzverletzung notwendigen (→ Rn. 5) Aufwendungen auch diejenigen Kosten, die bei der Ermittlung der Werteinbuße am Ort und zur Zeit der Übernahme sowie zur Feststellung des Schadensminderungs- und Reparaturaufwands entstanden sind;[7] denn auch diese Umstände bestimmen den Umfang des gem. § 429 ersatzfähigen Wertverlusts. Schadensfeststellungskosten sind namentlich die Kosten einer **sachverständigen Begutachtung** des Schadens, insbesondere durch Havariekommissare, einschließlich der dafür erforderlichen Reise- und Telefonkosten.[8] Unabhängig von der Beauftragung eines Sachverständigen sind aber auch der durch die Schadensfeststellung veranlasste **erhöhte Büro- und Reiseaufwand** des Ersatzberechtigten und der Personen, die für ihn zum Zwecke der Schadensfeststellung tätig geworden sind,[9] und der für den Ersatzberechtigten und diese Personen damit verbundene **Zeitaufwand** ersatzfähig.[10]

---

[1] Vgl. MüKoHGB/*Herber* § 503 Rn. 1.

[2] Zu den – nicht dem § 430 unterfallenden – gerichtlichen Kosten der Schadensfeststellung, die vom Frachtführer ggf. – sofern sie iSd § 91 Abs. 1 S. 1 ZPO erforderlich waren – gem. §§ 91 ff. ZPO zu erstatten sind, gehören die Kosten für ein vorprozessual in Auftrag gegebenes Privatgutachten, wenn sich dieses auf den konkreten Rechtsstreit bezieht und gerade im Hinblick auf diesen Rechtsstreit in Auftrag gegeben worden ist (vgl. BGH Beschl. v. 17.12.2002 – VI ZB 56/02, BGHZ 153, 235 (236–238) = VersR 2003, 481 f. = NJW 2003, 1398). Für ihre klageweise Geltendmachung fehlt es regelmäßig am erforderlichen Rechtsschutzbedürfnis, weil das Kostenfestsetzungsverfahren insoweit einen einfacheren und billigeren Weg darstellt (vgl. BGH Urt. v. 24.5.2000 – I ZR 84/98, TranspR 2000, 456 (459) = VersR 2001, 127 = NJW-RR 2001, 322).

[3] Vgl. Begründung des Regierungsentwurfs des TRG, BT-Drs. 13/8445, 65.

[4] Vgl. *Koller* Rn. 1; Heymann/*Joachim* Rn. 1; *v. Waldstein/Holland* Binnenschifffahrtsrecht Rn. 1; Oetker/*Paschke* Rn. 1; Staub/*Jessen* Rn. 2.

[5] Vgl. *Koller* Rn. 3 aE.

[6] *Koller* Rn. 2; MüKoHGB/*Herber/Harm* Rn. 4; Oetker/*Paschke* Rn. 1; Staub/*Jessen* Rn. 2.

[7] *Koller* Rn. 3; MüKoHGB/*Herber/Harm* Rn. 5; Staub/*Jessen* Rn. 4.

[8] *Koller* Rn. 3; MüKoHGB/*Herber/Harm* Rn. 5; Staub/*Jessen* Rn. 5; *Skradde,* Schadensersatz im Transportrecht – Der ersatzfähige Schaden des Transportrechts, 2016, 129.

[9] Von § 430 nicht erfasst werden dagegen Aufwendungen, die ein Transportversicherer zur Prüfung seiner Regulierungspflicht gemacht hat (BGH Urt. v. 18.10.2018 – III ZR 236/17, TranspR 2019, 182 Rn. 15–18 = VersR 2018, 1502 = NJW 2019, 150 = RdTW 2019, 208; *Koller* Rn. 3).

[10] *Koller* Rn. 3 mwN.

Keine Kosten der Schadensfeststellung sind im Hinblick auf den Wortlaut des § 430, der anders **4**
als der – für ihn grundsätzlich vorbildhafte – § 32 S. 2 KVO allein die Kosten der Feststellung des
Schadens, nicht dagegen auch die Kosten seiner Ermittlung anspricht, sowie auf den Ausnahmecharakter der Vorschrift (vgl. zu beidem → Rn. 1) die **Kosten der Ermittlung der Schadensursache.**[11]
Da der Verdacht einer Substanzbeeinträchtigung des Gutes nur dann keine Beschädigung darstellt,
wenn er nach kurzer Zeit und ohne Kostenaufwand ausgeräumt werden kann (→ § 425 Rn. 13), sind
die **Kosten der Ausräumung eines** darüber hinausgehenden **Schadensverdachts** nicht nach § 430,
sondern als Schadensbehebungskosten nach § 429 Abs. 2 S. 2 zu ersetzen.[12] Die **Kosten der Scha-
densanmeldung** sind gleichfalls **nicht,** die **Kosten der Ermittlung von nicht ersatzfähigen
Folgeschäden oder des Wertverlusts am Ablieferungsort** nur **insoweit** zu ersetzen, als sie ein
Indiz für die Berechnung des Wertverlusts am Übernahmeort darstellen.[13]

IV. Rechtsfolge

Dem Ersatzberechtigten obliegt die Darlegung und im Bestreitensfall auch der Nachweis für die **5**
seinen Anspruch gem. § 430 begründende Tatsache, dass ihm infolge des eingetretenen Substanzschadens (→ Rn. 2) Schadensfeststellungskosten entstanden sind, die nach den in → Rn. 3 f. dargestellten Grundsätzen ersatzfähig sind. Ihm obliegt daher auch der Nachweis, dass die geltend gemachten
Kosten erforderlich waren.[14] Wenn der Frachtführer den Schaden nicht iSd § 435 qualifiziert schuldhaft handelnd verursacht hat, ist der Anspruch nach § 430 ebenso wie der Wertersatzanspruch nach
§ 429 gem. §§ 431, 449 Abs. 2 summenmäßig beschränkt, wobei die beiden Schadensposten zusam-
menzuzählen sind.[15]

§ 431 Haftungshöchstbetrag

(1) **Die nach den §§ 429 und 430 zu leistende Entschädigung wegen Verlust oder Beschädigung ist auf einen Betrag von 8,33 Rechnungseinheiten für jedes Kilogramm des Rohgewichts des Gutes begrenzt.**

(2) **Besteht das Gut aus mehreren Frachtstücken (Sendung) und sind nur einzelne Frachtstücke verloren oder beschädigt worden, so ist der Berechnung nach Absatz 1**
1. die gesamte Sendung zu Grunde zu legen, wenn die gesamte Sendung entwertet ist, oder
**2. der entwertete Teil der Sendung zu Grunde zu legen, wenn nur ein Teil der Sendung
entwertet ist.**

(3) **Die Haftung des Frachtführers wegen Überschreitung der Lieferfrist ist auf den dreifachen Betrag der Fracht begrenzt.**

(4) ¹**Die in den Absätzen 1 und 2 genannte Rechnungseinheit ist das Sonderziehungsrecht
des Internationalen Währungsfonds.** ²**Der Betrag wird in Euro entsprechend dem Wert des
Euro gegenüber dem Sonderziehungsrecht am Tag der Übernahme des Gutes zur Beförderung oder an dem von den Parteien vereinbarten Tag umgerechnet.** ³**Der Wert des Euro
gegenüber dem Sonderziehungsrecht wird nach der Berechnungsmethode ermittelt, die der
Internationale Währungsfonds an dem betreffenden Tag für seine Operationen und Transaktionen anwendet.**

Schrifttum: *Eckardt,* Einige erste Fragen und Gedanken zum Urteil des BGH zu Az. I ZR 18/18, TranspR 2019,
71; *Fischinger,* Haftungsbeschränkung im Bürgerlichen Recht, 2015; *Heuer,* Anmerkung zum Urteil des BGH vom
5.10.2006 – I ZR 240/03, VersR 2006, 456; *Koller,* ADSp '99 – Bedenken gegen Einbeziehung und Wirksamkeit
nach AGBG, TranspR 2000, 1; *Koller,* Nochmals: Einbeziehung der ADSp in Transportverträge, TranspR 2001, 359;
Koller, Anmerkung zum Urteil des BGH vom 23.1.2003 – I ZR 174/00, EWiR 2003, 375; *Koller,* Die Haftungshöchstsumme bei teilweisem Verlust und teilweiser Beschädigung gemäß CMNI, CMR sowie HGB und MÜ,

---

[11] BGH Urt. v. 11.9.2008 – I ZR 118/06, TranspR 2008, 362 (365) = NJW-RR 2009, 43 Rn. 35; OLG
Brandenburg Urt. v. 29.5.2019 – 7 U 142/13, TranspR 2019, 386 (389) = RdTW 2019, 256; *Koller* Rn. 3;
v. Waldstein/Holland Binnenschiffahrtsrecht Rn. 2; MüKoHGB/*Herber/Harm* Rn. 7; Oetker/*Paschke* Rn. 3; Staub/
Jessen Rn. 5; *Starosta* TranspR 2008, 466 f.; *Valder* TranspR 2012, 433 (438); *Skradde,* Schadensersatz im Transportrecht – Der ersatzfähige Schaden des Transportrechts, 2016, 129; aA → 1. Aufl. 2001, Rn. 3 und *Fremuth* in
Fremuth/Thume TranspR Rn. 4 und 8.
[12] *Koller* Rn. 3; Staub/*Jessen* Rn. 5; MüKoHGB/*Herber/Harm* Rn. 6; aA *Skradde,* Schadensersatz im Transportrecht – Der ersatzfähige Schaden des Transportrechts, 2016, 129 f.
[13] Vgl. *Koller* Rn. 3 mwN in Fn. 18 und 20.
[14] *Fremuth* in Fremuth/Thume TranspR Rn. 8; MüKoHGB/*Herber/Harm* Rn. 8 und 10; Oetker/*Paschke* Rn. 3;
Staub/*Jessen* Rn. 5; aA *Koller* Rn. 3, der insoweit § 254 Abs. 2 BGB anwenden will, damit aber die Darlegungs- und
Beweislast für eine anspruchsbegründende Tatsache dem Anspruchsgegner auferlegt, der den ihm damit abverlangten
negativen Beweis zudem vielfach nicht wird führen können.
[15] Vgl. OLG Düsseldorf Urt. v. 2.11.2005 – 15 U 23/05, TranspR 2005, 468 (472); *Andresen/Valder* Rn. 5 f.;
Fremuth in Fremuth/Thume TranspR § 431 Rn. 9; *Koller* Rn. 4; Baumbach/Hopt/*Merkt* Rn. 1; *Skradde,* Schadensersatz im Transportrecht – Der ersatzfähige Schaden des Transportrechts, 2016, 130.

RdTW 2019, 41; *Ramming,* Zur Abdingbarkeit des Höchstbetrages der Haftung des Frachtführers nach neuem Frachtrecht – unter besonderer Berücksichtigung multimodaler Beförderungen, die eine Seeteilstrecke umfassen, VersR 1999, 1177; *Pfirmann,* Die vertragliche und außervertragliche Haftung des Frachtunternehmers wegen Folgeschäden, 2008; *Skradde,* Schadensersatz im Transportrecht – Der ersatzfähige Schaden des Transportrechts, 2016; *Starosta,* Zur Auslegung und Reichweite der Ziffer 23.3 ADSp, TranspR 2003, 55; *Thume,* Die Rechte des Empfängers bei Vermischungsschäden in Tanks und Silos als Folge verunreinigt angelieferter Güter, VersR 2002, 267; *Thume,* Nochmals: Zur außervertraglichen Haftung des Frachtführers und seines Kfz-Haftpflichtversicherers für Folgeschäden bei Kontaminierung des Frachtgutes, Sonderbeilage TranspR 2004, 40; *Thume,* Haftungs- und Versicherungsfragen bei fehlerhafter Ablieferung des Frachtgutes und bei Vermischungsschäden, r+s 2006, 89; *Wieske,* Haftung für Lieferfristprobleme im Fracht-, Speditions- Lager- und Logistikrecht, TranspR 2013, 272.

Parallelvorschriften: §§ 504, 505 HGB; Art. 23 Abs. 3, 5 und 7–bis 9, Art. 25 CMR; Art. 43 § 1 CIM.

I. Allgemeines

1   Die nur **eingeschränkt abdingbare** (→ § 449 Rn. 15, → § 449 Rn. 25 ff., → § 449 Rn. 33 ff.; Ziff. 23 ADSp 2017) Vorschrift des § 431 begrenzt die vom nicht iSd § 435 qualifiziert schuldhaft handelnden Frachtführer gem. §§ 429 f. zu leistende Entschädigung in weitgehender Anlehnung an die in Art. 23 Abs. 3, 5 und 7, Art. 25 CMR enthaltenen Regelungen auf bestimmte Haftungshöchstbeträge. Sie stellt eine der nicht wenigen Bestimmungen dar, die die in § 425 Abs. 1 angeordnete, auf den ersten Blick sehr weitreichend erscheinende Kausalhaftung sowohl dem Umfang als auch der Höhe nach erheblich einschränken. Sie soll den Frachtführer vor ruinöser Haftung schützen und die Versicherbarkeit sowie Kalkulierbarkeit der Transportrisiken gewährleisten.[1] Die Bestimmung unterscheidet bei **Substanzschäden** danach, ob das Schadensereignis die **gesamte Sendung (Absatz 1)** oder lediglich **einzelne Frachtstücke (Absatz 2)** betrifft. Für die Fälle der **Überschreitung der Lieferfrist** beschränkt **§ 431 Abs. 3** die in § 425 Abs. 1 auch insoweit angeordnete strenge Kausalhaftung in Anlehnung an die in Art. 43 § 1 CIM 1980 enthaltene Regelung der Höhe nach auf den dreifachen Betrag der Fracht. Ein **Mitverschulden** des Absenders oder Empfängers führt nicht zur anteiligen Herabsetzung des Haftungshöchstbetrags gem. § 431, sondern **wirkt sich auf die Haftung** des Frachtführers **nur dann aus, wenn sein auf den Gesamtschaden bezogener Haftungsanteil betragsmäßig hinter der Haftungssumme des § 431 zurückbleibt.**[2] Im Binnenschifffahrtsrecht ist die Haftung des Frachtführers weitergehend auch noch gem. §§ 4–6 BinSchG sowie – wenn auf der Binnengewässerstrecke ein Seeschiff eingesetzt wurde – gem. § 611 HGB eingeschränkt.[3] Mit der seit dem 25.4.2013 geltenden Fassung sollte die Vorschrift redaktionell an den neuen § 504 Abs. 2 angepasst werden. In der Sache ergeben sich daraus keine Änderungen.[4]

II. Haftungshöchstbetrag bei Verlust

2   **1. Haftungshöchstbetrag bei Verlust der gesamten Sendung (Abs. 1 Fall 1, Abs. 4). a) Sendung.** Mit dem bereits bei der Auslegung der CMR herangezogenen und in der Praxis verbreiteten Begriff der „Sendung" wird eine übergeordnete Versandeinheit bezeichnet,[5] bei der die Güter, die – nicht wirtschaftlich, sondern juristisch betrachtet – von einem einzigen Absender stammen, auf Grund eines einheitlichen Frachtvertrags zusammengefasst zu einem – wiederum juristisch betrachtet – einzigen Empfänger befördert werden.[6] Eine Zusammenfassung der Güter liegt dann nicht vor, wenn diese trotz eines einheitlichen Frachtvertrags zu wesentlich verschiedenen Zeitpunkten übernommen oder an

---

[1] Vgl. Begründung des Regierungsentwurfs des TRG, BT-Drs. 13/8445, 66; OLG Düsseldorf Urt. v. 2.11.2005 – 15 U 23/05, TranspR 2005, 468 (471); MüKoHGB/*Herber/Harm* Rn. 1; Staub/*Jessen* Rn. 3; *Herber* TranspR 2004, 93 (95). Die von *Canaris* § 31 Rn. 23 und 38–40, sowie – ausführlich – von *Fischinger* Haftungsbeschränkung im Bürgerlichen Recht, S. 89–92, 94 f., 101 und 765 im Blick auf die Regelung des § 431 (Abs. 1) erhobenen verfassungsrechtlichen Bedenken (Verstöße gegen das Willkürverbot aus Art. 3 Abs. 1 GG und das in Art. 14 Abs. 1 GG angelegte Übermaßverbot) greifen im Ergebnis jedenfalls im Blick auf diese Zwecke der Regelung, den weit ausgreifenden Ansatz der Haftung sowie die – zumal in der Praxis nicht eng gehandhabte – Bestimmung des § 435, wonach die Haftungsbeschränkung bei qualifiziertem Verschulden des Frachtführers oder seiner Hilfspersonen iSd § 428 nicht gilt, nicht durch. Krit. allerdings auch *Koller* Rn. 1. Dabei wird allerdings nicht berücksichtigt, dass die Haftungshöchstsumme im kaufmännischen Geschäftsverkehr gem. § 449 Abs. 2 S. 1 erhöht (→ § 449 Rn. 33–37) und durch im Einzelnen ausgehandelte Vereinbarungen auch ganz außer Kraft gesetzt werden kann (→ § 449 Rn. 26–32). Gegenüber den Verbrauchern kann die in § 431 geregelte Haftungssumme durch jegliche Vereinbarung aufgehoben werden (→ § 449 Rn. 2).
[2] → § 425 Rn. 49; MüKoHGB/*Herber/Harm* Rn. 29; *Koller* Rn. 5, 12, 15 und 17 mwN; aA Oetker/*Paschke* Rn. 2.
[3] Vgl. MüKoHGB/*Herber/Harm* Rn. 30; *Koller* Rn. 18 mwN.
[4] Begründung des Regierungsentwurfs des SRG, BT-Drs. 17/10309, 55.
[5] Begründung des Regierungsentwurfs des TRG, BT-Drs. 13/8445, 66.
[6] OLG Stuttgart Urt. v. 21.4.2010 – 3 U 182/09, TranspR 2010, 343 (345) = VersR 2011, 213; *Koller* Rn. 3; MüKoHGB/*Herber/Harm* Rn. 10; Heymann/*Joachim* Rn. 3; *Andresen*/Valder Rn. 10 f.; abw. *Fremuth* in Fremuth/Thume TranspR Rn. 7.

nicht nahe beieinander liegenden Orten ausgeliefert werden sollen.[7] Unerheblich ist dagegen, ob die Güter in einem einzigen Frachtbrief zusammengefasst worden sind,[8] ob der Absender seinerseits von mehreren Personen beauftragt worden ist, sodass auch ein Sammelladungsspediteur iSd § 460 dem Frachtführer eine einheitliche Sendung übergibt,[9] und ob das Gut mit einem einzigen Fahrzeug oder mit mehreren befördert wird, zumal es nicht im Belieben des Frachtführers liegen kann, seine Haftung durch eine Verteilung des Gutes auf mehrere Fahrzeuge zu beeinflussen.[10]

b) Verlust der gesamten Sendung. → § 429 Rn. 2 mwN.   **3**

c) Rohgewicht. Das **Rohgewicht** der Sendung ist ihr **Bruttogewicht,** dh ihr Nettogewicht zzgl. **4** des Taragewichts der Verpackung, zu der auch die verwendeten **Paletten** gehören, da erst durch sie eine transportfähige Einheit entsteht.[11] Zur Verpackung gehört grundsätzlich **auch** ein **Container,** sodass im Falle des Verlusts eines ganzen Containers dessen Eigengewicht mit in Ansatz zu bringen ist.[12] Wird allein die in einem wiederverwendbaren Verpackungs- oder Lademittel befindliche Ware, nicht dagegen auch dieses selbst beschädigt, liegt allerdings nur eine Teilbeschädigung der Sendung nach Abs. 2 vor; das Gewicht des unbeschädigt gebliebenen Containers wird daher in die Berechnung der Entschädigung nicht mit einbezogen.[13] Zudem sind Container und Wechselbrücken, die nur zur Vereinfachung der Beladung oder Entladung vom Fahrgestell getrennt werden, sowie vom Frachtführer zur Beförderung von Flüssigkeiten und Schüttgütern gestellte Behälter kein Teil der Ladung, sondern Teil des Beförderungsmittels.[14] Vom Rohgewicht der Sendung nicht abzuziehen ist das Gewicht von in Verlust geratenen Teilen der Ladung, die der Geschädigte später wiedererlangt hat.[15] Aus der Formulierung in § 431 Abs. 1 „für jedes Kilogramm des Rohgewichts der Sendung" folgt, dass das **Rohgewicht der Sendung als Einheit** unabhängig davon **maßgeblich** ist, ob der Wert einzelner in der Sendung zusammengefasster Güter über oder unter der Haftungshöchstsumme pro Kilogramm liegt.[16]

d) Rechnungseinheiten und Umrechnung bei Substanzschäden. Sofern die Parteien in dieser **5** Hinsicht nicht unter Beachtung der sich aus § 449 ergebenden Grenzen (→ § 449 Rn. 33–37) Abweichendes vereinbart haben, ist die Haftung des Frachtführers für Substanzschäden gem. § 431 Abs. 1 und 2 jeweils auf 8,33 Rechnungseinheiten je Kilogramm Rohgewicht der Sendung begrenzt. Die Rechnungseinheit ist gem. § 431 Abs. 4 S. 1 das Sonderziehungsrecht (SZR) des Internationalen Währungsfonds. Sein Wert gegenüber dem Euro wird nach der in § 431 Abs. 4 S. 3 genannten Berechnungsmethode täglich neu ermittelt und im Bundesanzeiger, in der DVZ und im Handelsblatt bekanntgegeben; außerdem kann er auch bei den Landeszentralbanken ständig erfragt werden. Nach § 431 Abs. 4 S. 2 ist – insoweit aus Gründen der Praktikabilität von Art. 23 Abs. 7 CMR (→ CMR Art. 23 Rn. 7) abweichend[17] – der Wert am Tag der Übernahme maßgeblich, sofern die Parteien keinen anderen Tag als maßgeblich vereinbart haben.

e) Darlegungs- und Beweislast. Da § 431 eine Einwendung statuiert, hat der Frachtführer die **6** tatsächlichen Voraussetzungen der von ihm geltend gemachten Haftungshöchstsumme darzulegen und im Bestreitensfall zu beweisen.[18] Soweit nicht die Vermutung des § 409 Abs. 3 gilt, hat daher der Frachtführer zu beweisen, dass die vom Anspruchsteller zum Gewicht des Gutes gemachten Angaben nicht zutreffen.[19] Abweichende AGB sind stets, abweichende Individualvereinbarungen dann unwirksam, wenn der Absender ein Verbraucher ist.[20]

---

[7] *Koller* Rn. 3; *Heymann/Joachim* Rn. 3; *Andresen/Valder* Rn. 11; abw. *Fremuth* in Fremuth/Thume TranspR Rn. 7.

[8] *Koller* Rn. 3; *Heymann/Joachim* Rn. 3; *Andresen/Valder* Rn. 12; aA – im Anschluss an das zu Art. 23 Abs. 3 CMR ergangene Urteil des BGH vom 30.1.1981 – I ZR 18/79, BGHZ 79, 302 (304 ff.) = VersR 1981, 473 (474 f.) = NJW 1981, 1902 – MüKoHGB/*Herber/Harm* Rn. 10, Staub/*Jessen* Rn. 12 f.; Oetker/*Paschke* Rn. 6.

[9] *Fremuth* in Fremuth/Thume TranspR Rn. 8; *Koller* Rn. 3; zur Verteilung der Schadensersatzsumme auf mehrere Auftraggeber → Rn. 7.

[10] *Koller* Rn. 3; *Andresen/Valder* Rn. 12.

[11] *Andresen/Valder* Rn. 13; Oetker/*Paschke* Rn. 7.

[12] OLG Düsseldorf Urt. v. 2.11.2005 – 15 U 23/05, TranspR 2005, 468 (471); *Koller* Rn. 4; aA OLG Köln Urt. v. 27.2.1996 – 9 U 114/95, TranspR 1996, 287.

[13] BGH Urt. v. 11.10.2018 – I ZR 18/18, TranspR 2019, 18 Rn. 15–19 = VersR 2019, 123 = NJW-RR 2018, 1521 = RdTW 2018, 466; OLG Köln Urt. v. 27.2.1996 – 9 U 114/95, TranspR 1996, 287; MüKoHGB/*Herber/ Harm* Rn. 11; Oetker/*Paschke* Rn. 7; Staub/*Jessen* Rn. 7; aA *Koller* Rn. 4; *Koller* RdTW 2019, 41 (50 iVm 47–49 und 51).

[14] *Andresen/Valder* Rn. 13; *Koller* Rn. 4.

[15] OLG Düsseldorf Urt. v. 2.11.2005 – 15 U 23/05, TranspR 2005, 468 (471); Baumbach/Hopt/*Merkt* Rn. 1.

[16] Vgl. *Koller* Rn. 4; *Fremuth* in Fremuth/Thume TranspR Rn. 9; MüKoHGB/*Herber/Harm* Rn. 11 f. mwN.

[17] Vgl. MüKoHGB/*Herber/Harm* Rn. 6 und 24; Staub/*Jessen* Rn. 2.

[18] *Andresen/Valder* Rn. 25; *Koller* Rn. 7; MüKoHGB/*Herber/Harm* Rn. 23; Oetker/*Paschke* Rn. 19.

[19] MüKoHGB/*Herber/Harm* Rn. 23; Oetker/*Paschke* Rn. 19; aA *Koller* Rn. 7 Fn. 27 mit der Begründung, der Frachtführer habe das Gewicht des Gutes nach § 409 Abs. 3 grundsätzlich nicht zu überprüfen.

[20] → § 449 Rn. 2 und 33; *Koller* Rn. 7.

7   **f) Verteilung der Ersatzsumme bei mehreren Auftraggebern des Absenders.** Der Absender, der mehrere Auftraggeber hat, muss, soweit der Wert der verlorengegangenen Güter einzelner Absender unter der Haftungshöchstsumme liegt, den Wertverlust voll ausgleichen und den verbleibenden Rest der Ersatzsumme entsprechend dem Rohgewicht der höherwertigen Güter anteilig an die insoweit ersatzberechtigten Auftraggeber zahlen oder, soweit er selbst noch keinen Schadensersatz erlangt hat, seinen Ersatzanspruch in dem entsprechenden Verhältnis anteilig an seine Auftraggeber abtreten.[21] Die Auftraggeber stehen damit besser, als wenn sie den Frachtführer gem. § 437 direkt in Anspruch nehmen, ohne dass dieser benachteiligt wird, weil er sein Risiko nach dem Gesamtgewicht der ihm übergebenen Sendung kalkuliert und die Fracht entsprechend bemessen hat.[22]

8   **2. Haftungshöchstbetrag bei Teilverlust (Abs. 2 und 4). a) Teilverlust.** → § 425 Rn. 11.

9   **b) Entwertung der gesamten Sendung (Abs. 2 Nr. 1).** Da die Haftungshöchstsumme auch bei einer bloß geringfügigen Beschädigung aller Frachtstücke einer Sendung gem. § 431 Abs. 1 nach dem Rohgewicht der gesamten Sendung zu berechnen ist, hat dasselbe auch dann zu gelten, wenn durch einen Teilverlust der Sendung alle verbliebenen Frachtstücke mehr oder minder von einem Wertverlust betroffen sind.[23] In solchen Fällen (→ § 429 Rn. 10) ist die Haftungshöchstsumme daher gem. § 431 Abs. 2 Nr. 1 ebenso zu berechnen wie bei einem Totalverlust (→ Rn. 2–7).

10   **c) Entwertung eines Teils der Sendung (Abs. 2 Nr. 2).** Wenn bei einem Teilverlust nur ein Teil der Sendung entwertet, dh ein Teil der Frachtstücke nicht von einem Wertverlust betroffen ist (→ Rn. 9 und → § 429 Rn. 10), ist die Haftungshöchstsumme gem. § 431 Abs. 2 Nr. 2 aus der Summe des Rohgewichts der verlorengegangenen Frachtstücke und der Summe des Rohgewichts der dadurch in ihrem Wert geminderten Frachtstücke zu berechnen.[24] Die Frage, ob der Wert der einzelnen Frachtstücke über oder unter der gesetzlichen oder vereinbarten Haftungshöchstsumme pro Kilogramm liegt, spielt dabei keine Rolle.[25]

11   **d) Darlegungs- und Beweislast.** Bei einem Teilverlust gelten dieselben Grundsätze wie beim Verlust der gesamten Sendung (→ Rn. 6). Der Frachtführer hat daher insbesondere auch zu beweisen, dass der Teilverlust die verbliebenen Frachtstücke in ihrem Wert nicht beeinträchtigt hat.[26] Der Ersatzberechtigte hat in solchen Fällen allerdings nach den Grundsätzen der sekundären Darlegungslast zunächst substantiiert darzulegen, dass der Teilverlust auch abgelieferte Frachtstücke in ihrem Wert beeinträchtigt hat.[27]

12   **e) Verteilung der Ersatzsumme bei mehreren Auftraggebern des Absenders.** Es gelten die insoweit für den Fall des Verlusts der gesamten Sendung entwickelten Grundsätze (→ Rn. 7) entsprechend.[28]

III. Haftungshöchstbetrag bei Beschädigung

13   **1. Haftungshöchstbetrag bei Beschädigung der gesamten Sendung (Abs. 1 Fall 2, Abs. 4).** Wenn alle Frachtstücke eine Beschädigung (→ § 425 Rn. 12–14; → § 429 Rn. 11) erlitten haben, gelten gem. § 431 Abs. 1 die für den Fall des Verlusts der gesamten Sendung entwickelten Grundsätze (→ Rn. 2–7) entsprechend. Der Haftungshöchstbetrag ist daher dann unabhängig vom Grad der Beschädigung und vom Wert der einzelnen Frachtstücke anhand des Rohgewichts der gesamten Sendung, die insoweit eine haftungsmäßige Einheit bildet, zu berechnen.[29]

14   **2. Haftungshöchstbetrag bei Beschädigung einzelner Frachtstücke (Abs. 2 Nr. 2, Abs. 4).** Gemäß § 431 Abs. 2 Nr. 2 kommt es für die Berechnung des Haftungshöchstbetrags im Falle der Beschädigung einzelner Frachtstücke grundsätzlich auf die Summe des Rohgewichts der beschädigten Frachtstücke an; der Grad ihrer Beschädigung ist dagegen ebenso unerheblich wie der Wert der einzelnen Frachtstücke.[30] Wenn eine von mehreren Sachen, aus denen sich ein Frachtstück zusammensetzt, beschädigt wird, ist nicht das Gewicht des gesamten Frachtstücks in Ansatz zu bringen, sondern

---

[21] Vgl. *Koller* Rn. 8; Heymann/*Joachim* Rn. 6; Oetker/*Paschke* Rn. 8.

[22] *Koller* Rn. 9; Heymann/*Joachim* Rn. 6; Oetker/*Paschke* Rn. 8.

[23] *Koller* Rn. 11; *Andresen*/Valder Rn. 17; MüKoHGB/*Herber/Harm* Rn. 17; Oetker/*Paschke* Rn. 9; Staub/*Jessen* Rn. 16; *Skradde*, Schadensersatz im Transportrecht – Der ersatzfähige Schaden des Transportrechts, 2016, 350.

[24] *Koller* Rn. 12.

[25] Vgl. BGH Urt. v. 30.1.1981 – I ZR 18/79, BGHZ 79, 302 (305 ff.) = TranspR 1982, 155 f. = VersR 1981, 473 = NJW 1981, 1902; *Koller* Rn. 12; vgl. auch – zur entsprechenden Problematik beim Verlust der gesamten Sendung – → Rn. 4 aE.

[26] *Koller* Rn. 13; Oetker/*Paschke* Rn. 19; aA *Fremuth* in Fremuth/Thume TranspR Rn. 18; MüKoHGB/*Herber/ Harm* Rn. 23.

[27] *Koller* Rn. 13.

[28] Vgl. *Koller* Rn. 12 aE.

[29] *Koller* Rn. 14; MüKoHGB/*Herber/Harm* Rn. 12.

[30] OLG Stuttgart Urt. v. 21.4.2010 – 3 U 182/09, TranspR 2010, 343 (345) = VersR 2011, 213; *Koller* Rn. 15; MüKoHGB/*Herber/Harm* Rn. 16; Oetker/*Paschke* Rn. 11.

gem. dem Wortlaut des § 431 Abs. 2 Nr. 2 lediglich zum Gewicht der beschädigten Sache das Gewicht ihrer unmittelbaren Verpackung sowie anteilig das Gewicht all dessen hinzuzurechnen, was ihrem Schutz oder der Bildung eines Frachtstücks diente.[31] Wenn die Beschädigung eines Frachtstücks zu Werteinbußen auch bei anderen oder sogar bei allen anderen Frachtstücken geführt hat, ist bei der Ermittlung des Haftungshöchstbetrags das Rohgewicht dieser Stücke entsprechend den beim Teilverlust geltenden Grundsätzen (vgl. → Rn. 9 und 10) hinzuzurechnen.[32] Auch ansonsten gelten die für die Berechnung des Haftungshöchstbetrags bei Teilverlust entwickelten Grundsätze (→ Rn. 8–12) entsprechend.

IV. Haftungshöchstbetrag beim Zusammentreffen von Verlust und Beschädigung

Wenn bei einer Beförderung ein Teil der Sendung verlorengegangen und ein anderer Teil beschädigt **15** worden ist, muss, da das Gesetz beide Arten von Schadensereignissen in einer Norm zusammengefasst hat und einheitlich behandelt, der Haftungshöchstbetrag entsprechend den sowohl für den Verlust einzelner Frachtstücke (→ Rn. 8–12) als auch für die Beschädigung einzelner Frachtstücke (→ Rn. 14) geltenden Grundsätzen aus dem Rohgewicht aller von einer Beeinträchtigung ihres Wertes betroffenen Frachtstücke errechnet werden.[33]

V. Haftungshöchstbetrag bei Überschreitung der Lieferfrist (Abs. 3)

Soweit der Frachtführer infolge Überschreitung der Lieferfrist den unabhängig von einem **16** Güterschaden entstandenen Vermögensschaden zu ersetzen hat (→ § 425 Rn. 15 f. und → § 425 Rn. 44), ist seine Haftung auf den dreifachen Betrag der Fracht begrenzt. Das gilt, da das Gesetz in dieser Hinsicht in § 431 Abs. 3 anders als in § 431 Abs. 2 keine Unterscheidung vornimmt, auch dann, wenn ein Teil des Frachtguts rechtzeitig abgeliefert worden ist, und umgekehrt ebenso dann, wenn im Rahmen eines Frachtvertrags mehrere Sendungen verspätet abgeliefert worden sind.[34] Da § 431 Abs. 3 anders als § 431 Abs. 1 und 2 zudem nicht auf die Sendung, sondern auf die Fracht Bezug nimmt, die als Vergütung für die nach dem Frachtvertrag zu befördernden Güter zu zahlen ist, ist die im Frachtvertrag für die gesamte Strecke vereinbarte Fracht insoweit auch dann maßgeblich, wenn das Gut in mehreren Sendungen befördert worden ist.[35] Zur Fracht gehören auch die auf Grund von nachträglich erteilten Weisungen gem. § 418 Abs. 1 S. 4 zu leistenden Vergütungen, nicht aber, wie sich aus dem insoweit eindeutigen Wortlaut des § 420 Abs. 1 S. 2 ergibt, die vom Absender zu erstattenden Aufwendungen.[36] Der Umstand, dass der Frachtführer wegen Überschreitung der Lieferfrist zum Schadensersatz verpflichtet ist, lässt, wie der Gegenschluss aus § 432 S. 1 ergibt, seinen Frachtanspruch unberührt.[37] Im Rahmen des § 431 Abs. 3 hat der Frachtführer die Höhe der Fracht zu beweisen, da diese insoweit ein für ihn günstiges Element der Haftungsbegrenzung darstellt.[38]

VI. Zusammentreffen von Güter- und Verspätungsschäden

Wenn sowohl ein Substanzschaden als auch ein Schaden infolge Überschreitung der Lieferfrist **17** eingetreten ist, ohne dass der eine Schaden durch den anderen verursacht wurde, stehen die jeweiligen Ersatzansprüche selbstständig und kumulativ ohne wechselseitige Anrechnung nebeneinander.[39] Ist dagegen der Substanzschaden durch den Verspätungsschaden verursacht worden oder umgekehrt, ist allein der Substanzschaden oder der Verspätungsschaden zu ersetzen; denn eine Schadenskumulierung führte zu einer Umgehung des in § 429 geregelten Wertersatzprinzips.[40]

---

[31] *Koller* Rn. 15; MüKoHGB/*Herber/Harm* Rn. 14 f.; Oetker/*Paschke* Rn. 10; aA Voraufl. Rn. 14.

[32] OLG Stuttgart Urt. v. 21.4.2010 – 3 U 182/09, TranspR 2010, 343 (345) = VersR 2011, 213; *Koller* Rn. 15; MüKoHGB/*Herber/Harm* Rn. 17.

[33] *Koller* Rn. 16; Staub/*Jessen* Rn. 21; *Skradde*, Schadensersatz im Transportrecht – Der ersatzfähige Schaden des Transportrechts, 2016, 352.

[34] *Koller* Rn. 17; BeckOK HGB/*Kirchhof* Rn. 7.

[35] *Koller* Rn. 17; Baumbach/Hopt/*Merkt* Rn. 4; aA MüKoHGB/*Herber/Harm* Rn. 21; Oetker/*Paschke* Rn. 15; Staub/*Jessen* Rn. 27; *Skradde*, Schadensersatz im Transportrecht – Der ersatzfähige Schaden des Transportrechts, 2016, 355.

[36] *Koller* Rn. 17; Baumbach/Hopt/*Merkt* Rn. 3; MüKoHGB/*Herber/Harm* Rn. 22; Oetker/*Paschke* Rn. 14; Staub/*Jessen* Rn. 24 mwN.

[37] Vgl. OLG Nürnberg Urt. v. 27.10.1993 – 12 U 1951/93, TranspR 1994, 154.

[38] *Koller* Rn. 17.

[39] Vgl. OLG Hamm Urt. v. 14.11.1985 – 18 U 268/84, TranspR 1986, 77 (79 f.) = VersR 1987, 609; → 1. Aufl. 2001, Rn. 25 mwN.

[40] OLG Köln Urt. v. 14.4.1997 – 3 U 147/95, TranspR 1997, 337 f. = VersR 1997, 1033; → 1. Aufl. 2001, Rn. 25.

§ 432 Ersatz sonstiger Kosten

[1] Haftet der Frachtführer wegen Verlust oder Beschädigung, so hat er über den nach den §§ 429 bis 431 zu leistenden Ersatz hinaus die Fracht, öffentliche Abgaben und sonstige Kosten aus Anlaß der Beförderung des Gutes zu erstatten, im Fall der Beschädigung jedoch nur in dem nach § 429 Abs. 2 zu ermittelnden Wertverhältnis. [2] Weiteren Schaden hat er nicht zu ersetzen.

Schrifttum: *Boettge,* Anmerkung zum Urteil des BGH vom 5.10.2006 – I ZR 240/03, TranspR 2007, 88; *Braun,* Das frachtrechtliche Leistungsstörungsrecht nach dem Transportrechtsreformgesetz, 2002; *Decker,* Wertersatz, kein Schadensersatz bei Verlust des Gutes im internationalen Straßengüterverkehr, TranspR 1985, 311; *Heuer,* Zur außervertraglichen Haftung des Frachtführers (und seines Kfz-Haftpflichtversicherers) für Güterfolgeschäden, TranspR 2002, 334; *Heuer,* Anmerkung zum Urteil des OLG Bremen vom 16.10.2003 – 2 U 31/03, TranspR 2005, 70; *Heuer,* Anmerkung zum Urteil des BGH vom 5.10.2006 – I ZR 240/03, VersR 2006, 456; *Koller,* Zur Haftung des Frachtführers nach Art. 23, 25 CMR, TranspR 1985, 241; *Koller,* Die Erstattungspflicht von Frachten, Zöllen und sonstigen Kosten gem. Art. 23 Abs. 4 CMR, VersR 1989, 2; *Pfirmann,* Die vertragliche und außervertragliche Haftung des Frachtunternehmers wegen Folgeschäden, 2008; *Ramming,* Der FOB-Verkäufer als Hilfsperson des Absenders bei der Verladung, Hamburger Zeitschrift für Schifffahrtsrecht 2009, 224; *Ramming,* Anmerkung zum Urteil des BGH vom 17.9.2015 – I ZR 212/13, RdTW 2015, 413; *Skradde,* Schadensersatz im Transportrecht – Der ersatzfähige Schaden des Transportrechts, 2016; *Thume,* Die Rechte des Empfängers bei Vermischungsschäden in Tanks und Silos als Folge verunreinigt angelieferter Güter, VersR 2002, 267; *Thume,* Nochmals: Zur außervertraglichen Haftung des Frachtführers und seines Kfz-Haftpflichtversicherers für Folgeschäden bei Kontaminierung des Frachtgutes, Sonderbeilage TranspR 2004, 40; *Thume,* Haftungs- und Versicherungsfragen bei fehlerhafter Ablieferung des Frachtgutes und bei Vermischungsschäden, r+s 2006, 89.

Parallelvorschrift: Art. 23 Abs. 4 CMR.

I. Allgemeines

1   Der an Art. 23 Abs. 4 CMR angelehnte,[1] aber im Kontext der deutschen Regelung auszulegende[2] und nur innerhalb der Grenzen des § 449 abdingbare (→ § 449 Rn. 15, → § 449 Rn. 26 ff. und → § 449 Rn. 33 ff.) **§ 432 S. 1** begründet einen **zusätzlichen** und, wie sein Wortlaut eindeutig ergibt, **nicht** gem. § 431 **summenmäßig begrenzten Anspruch** gegen den Frachtführer auf Rückerstattung der bereits gezahlten Fracht und auf Ersatz geleisteter öffentlicher Abgaben und „sonstiger Kosten". Die Vorschrift begründet – insbesondere auch im Blick auf die insoweit vorgenommene Anknüpfung an die in den §§ 429–431 geregelten (Schadensersatz-)Ansprüche und die in § 432 S. 2 enthaltene Formulierung „Weiteren Schaden" – einen die Haftung des Frachtführers erweiternden **Schadensersatzanspruch**.[3] Sie schafft damit einen Ausgleich dafür, dass der Ersatzberechtigte gem. § 429 allein den Wert bzw. Wertverlust des Gutes am Ort und zur Zeit der Übernahme zur Beförderung ersetzt bekommt und sich seine im Hinblick auf den Transport gemachten **Aufwendungen** damit als ganz oder jedenfalls teilweise **nutzlos** erweisen.[4] Durch **§ 432 S. 2** wird **klargestellt,** dass die §§ 429 ff. HGB ein die allgemeinen Bestimmungen der §§ 249 ff. BGB verdrängendes **spezielles Haftungsregime** darstellen.[5]

II. Ersatzpflicht gem. Satz 1

2   **1. Haftung des Frachtführers wegen Verlust oder Beschädigung.** Der in § 432 S. 1 geregelte Ersatzanspruch setzt voraus, dass der **Frachtführer wegen Verlust** (→ § 425 Rn. 6–11) **oder Beschädigung** (→ § 425 Rn. 12–14) des Gutes oder, soweit die in § 413 Abs. 2 S. 2 geregelte Haftungsbegrenzung zum Tragen kommt, der Begleitpapiere[6] gem. **§§ 425 ff., §§ 429 ff. zum Schadensersatz verpflichtet** ist.[7] Für die Haftungstatbestände der §§ 422, 433 enthält die Bestimmung dagegen ebenso wenig eine Regelung wie nach ihrem eindeutigen Wortlaut – insoweit deutlicher als Art. 23 Abs. 4 CMR – für den Fall der Überschreitung der Lieferfrist.[8] Wenn ein Güterschaden mit einem Verzögerungsschaden zusammentrifft,[9] ist § 432 S. 1 daher allein im Rahmen der Berechnung des Güterschadens anzuwenden.[10]

---

[1] Vgl. Begründung des Regierungsentwurfs des TRG, BT-Drs. 13/8445, 67 f.

[2] Vgl. *Koller* Rn. 1; Staub/*Maurer* Rn. 5.

[3] *Koller* Rn. 11.

[4] *Koller* Rn. 2; MüKoHGB/*Herber/Harm* Rn. 1.

[5] Vgl. Begründung des Regierungsentwurfs des TRG, BT-Drs. 13/8445, 68; *Koller* Rn. 1; Staub/*Maurer* Rn. 4.

[6] *Koller* Rn. 3; aA Staub/*Maurer* Rn. 6, der dabei aber allein auf den Wortlaut des § 432 S. 1 abstellt, nicht jedoch berücksichtigt, dass § 413 Abs. 2 S. 2 auch auf § 432 verweist (vgl. *Koller* § 413 Rn. 16).

[7] Kein Ersatzanspruch nach § 432 S. 1 besteht daher dann, wenn zwar ein haftungsbegründendes Ereignis iSv. § 425 Abs. 1 vorliegt, die Haftung des Frachtführers aber – etwa gem. § 426 oder gem. § 427 ausgeschlossen ist (vgl. AG Bonn Urt. v. 15.1.2013 – 114 C 179/12, RdTW 2013, 411 (412); Staub/*Maurer* Rn. 8 und 9).

[8] Vgl. *Koller* Rn. 3; Staub/*Maurer* Rn. 1.

[9] Vgl. dazu → § 425 Rn. 43 und → § 431 Rn. 17 sowie weiter auch Staub/*Maurer* Rn. 6.

[10] *Koller* Rn. 3; Heymann/*Joachim* Rn. 2.

2. Kosten aus Anlass der Beförderung. a) Allgemeines. Nicht zu den gem. § 432 S. 1 erstat- **3** tungsfähigen Kosten aus Anlass der Beförderung des Gutes gehören neben den vom Frachtführer nach Maßgabe der §§ 430, 431 Abs. 1, 2 und 4 zu ersetzenden **Kosten der Schadensfeststellung** insbesondere auch die durch den Güterschaden verursachten, dh bei einer schadensfreien Beförderung nicht entstandenen sog. **schadensbedingten Kosten.**[11]

b) Fracht. Nicht zu bezahlen[12] bzw. – soweit bereits bezahlt – zu erstatten[13] ist die Fracht, die die **4** Parteien für die Beförderung des verlorengegangenen oder beschädigten Gutes vom Übernahmeort bis zum Ablieferungsort vereinbart haben.[14] Hierzu rechnen wegen ihrer Schadensbedingtheit (→ Rn. 3) nicht die Frachten für den Rücktransport des beschädigten Gutes zum Übernahmeort, Vorfrachten und sonstige Vorkosten (→ Rn. 6), die Kosten einer Sonderzustellung des geretteten Gutes, die Kosten der Beförderung von Ersatzgut und die Kosten für den Transport des reparierten Gutes.[15]

c) Öffentliche Abgaben. Vom Frachtführer zu tragen sind die für den Absender und/oder Emp- **5** fänger auf Grund des konkreten Transports hoheitlich – etwa in Form von Import- oder Exportsteuern oder von Verbrauchssteuern – begründeten Verpflichtungen, die nicht durch den Schadensfall entstanden sind, sondern bei einem hypothetischen Verlauf des Transports gleichermaßen entstanden wären und zum Wert des Gutes am Bestimmungsort beigetragen hätten.[16] Nicht hierunter fallen Zölle, Steuern und Zollstrafen, die ohne den Güterschaden nicht angefallen wären.[17]

d) Sonstige Kosten. Vom Frachtführer zu tragen sind auch die weiteren dem Absender und/oder **6** Empfänger im Hinblick auf den konkreten Transport neben der Fracht entstandenen Kosten, soweit diese auch bei einem schadensfreien Transport entstanden wären.[18] Hierzu gehören **nicht** die bereits bei der Feststellung des Werts des Gutes am Ort und zur Zeit der Übernahme zu berücksichtigenden sog. **Vorkosten,** da diese nicht geeignet sind, zur Wertsteigerung des Gutes durch einen schadensfreien Transport mit beizutragen, sondern sich allenfalls im nach § 429 zu ersetzenden Wert des Gutes am Ort seiner Übernahme zur Beförderung widerspiegeln.[19] Für die insoweit vorzunehmende Abgrenzung kommt es weder darauf an, ob die Kosten bereits vor Beginn des Transports entstanden sind, noch erst recht darauf, ob sie bereits bezahlt worden sind.[20]

Als danach **vom Frachtführer** – allerdings immer nur unter der Voraussetzung, dass sie **nicht** **7** **schadensbedingt** gewesen sind, **nicht** bereits **bei der Feststellung des Werts** des Gutes am Ort und zur Zeit der Übernahme **berücksichtigt** worden sind, **nicht** schon **in die Fracht** mit **eingerechnet** und zudem **infolge des Güterschadens nutzlos geworden** sind – **zu übernehmende Kosten** kommen beispielsweise in Betracht die im Zusammenhang mit dem konkreten Transport angefallenen Kosten eines Spediteurs, die Kosten der Verpackung und/oder Behandlung (iwS; → § 427 Rn. 30), soweit diese Tätigkeiten dem Frachtführer obliegen, Kosten und Vergütungen gem. § 409 Abs. 3 S. 2, § 414 Abs. 1, § 416 S. 1, § 418 Abs. 1 S. 4 und Abs. 2, § 419 Abs. 4 sowie § 420 Abs. 1 S. 2 und Abs. 3, Nachnahme-, Hafen-, Wiege-, Wege-, Fähr- und Palettengebühren, Kosten für die Entnahme von Proben, Aufwendungen für Qualitätszertifikate, Kosten der Lagerung, der Erhaltung und der Beseitigung von Beförderungs- oder Ablieferungshindernissen, die vom Frachtführer in Rechnung gestellten Kosten eines Akkreditivs, Verbrauchssteuern sowie Prämien einer Transportversicherung, auch wenn diese vom Absender vor Übernahme des Gutes gezeichnet worden war.[21] Bergungskosten sind erstattungsfähig, soweit sie angefallen sind, weil das Gut an dem Ort, an den es gelangt ist, stört,

---

[11] Vgl. Begründung des Regierungsentwurfs des TRG, BT-Drs. 13/8445, 67 f.; *Koller* Rn. 2 und 7; *Fremuth* in Fremuth/Thume TranspR Rn. 5; Heymann/*Joachim* Rn. 1; MüKoHGB/*Herber/Harm* Rn. 1 und 4; Staub/*Maurer* Rn. 7 und 9; iE → Rn. 4–7.

[12] MüKoHGB/*Herber/Harm* Rn. 5; Oetker/*Paschke* Rn. 5; *Koller* Rn. 11 mwN in Fn. 32; aA Staub/*Maurer* Rn. 10–12, nach dessen Ansicht der Anspruch des Frachtführers auf Zahlung der vereinbarten Fracht nicht erlischt, sondern nur dem dolo-agit-Einwand unterliegt.

[13] Der insoweit regelmäßig auch bestehende Anspruch aus § 420 HGB iVm § 812 BGB ist insofern schwächer als der in § 432 S. 1 geregelte Schadensersatzanspruch (→ Rn. 1), als dieser nicht dem Einwand der Entreicherung gem. § 818 Abs. 3 BGB unterliegt und auch nicht durch AGB abbedungen werden kann (Staub/*Maurer* Rn. 13; MüKoHGB/*Herber/Harm* Rn. 5). Demgegenüber tritt *Koller* für eine vorrangige Anwendung von § 420 Abs. 2 HGB iVm § 326 Abs. 4 BGB ein (Rn. 10 iVm § 420 Rn. 19, 22 und 32).

[14] Vgl. BGH Urt. v. 15.6.2000 – I ZR 55/98, TranspR 2000, 459 (462) = VersR 2001, 216 = NJW-RR 2000, 1635.

[15] *Koller* Rn. 4; Heymann/*Joachim* Rn. 3; MüKoHGB/*Herber/Harm* Rn. 5; Oetker/*Paschke* Rn. 4; Staub/*Maurer* Rn. 15 f.; *Skradde,* Schadensersatz im Transportrecht – Der ersatzfähige Schaden des Transportrechts, 2016, 86.

[16] Vgl. BGH Urt. v. 10.12.2009 – I ZR 154/07, TranspR 2010, 78 Rn. 25–27 = VersR 2010, 648 = NJW 2010, 1816; *Koller* Rn. 5; MüKoHGB/*Herber/Harm* Rn. 6; Oetker/*Paschke* Rn. 6; Staub/*Maurer* Rn. 17.

[17] *Koller* Rn. 6; Heymann/*Joachim* Rn. 4; Staub/*Maurer* Rn. 17; MüKoHGB/*Herber/Harm* Rn. 6 mwN.

[18] *Koller* Rn. 7; Heymann/*Joachim* Rn. 5; Staub/*Maurer* Rn. 18.

[19] *Koller* Rn. 7; Heymann/*Joachim* Rn. 5; MüKoHGB/*Herber/Harm* Rn. 5; Staub/*Maurer* Rn. 18, jeweils mwN.

[20] *Koller* Rn. 7; Staub/*Maurer* Rn. 18.

[21] *Koller* Rn. 8; Heymann/*Joachim* Rn. 6; Staub/*Maurer* Rn. 19; *Skradde,* Schadensersatz im Transportrecht – Der ersatzfähige Schaden des Transportrechts, 2016, 93.

nicht dagegen, soweit die Bergung die Rettung des Gutes bezweckte.[22] Schadensbedingt und daher **nicht** gem. § 432 S. 1 **vom Frachtführer zu übernehmen** sind neben den in → Rn. 5 aE und → Rn. 6 aE bereits genannten Kosten auch die durch den Schadensfall veranlassten Kosten der Rechtsverfolgung oder Rechtsverteidigung,[23] einer Sicherheitsüberprüfung, des erneuten Einfrierens, der Lagerung, der Erhaltung, des Sortierens und der Entsorgung des Gutes und die infolge des Güterschadens auf Seiten des Ersatzberechtigten verfallenen Kautionen, entgangenen Beihilfen, Subventionen und Steuervorteile sowie verwirkten Vertragsstrafen.[24]

8   **3. Art und Umfang des Anspruchs. a) Art des Anspruchs.** Der in § 432 S. 1 geregelte Schadensersatzanspruch (→ Rn. 1) ist, wenn der Absender oder Empfänger zuvor seinerseits an den Frachtführer geleistet hat, auf Rückzahlung des Geleisteten und, wenn an einen Dritten geleistet wurde, auf Erstattung des Geleisteten gerichtet. Soweit der Ersatzberechtigte seinerseits noch nicht geleistet hat, heben sich, soweit der Gegenanspruch dem Frachtführer zusteht, die gegenseitigen und zudem spiegelbildlichen Ansprüche gegenseitig auf.[25] Soweit der Absender oder Empfänger einem Dritten gegenüber verpflichtet ist, kann er Befreiung von dieser Verbindlichkeit verlangen.[26]

9   **b) Umfang des Anspruchs.** Der Anspruch gem. § 432 S. 1 besteht nach dem im Standort und Wortlaut der Vorschrift eindeutig zum Ausdruck gekommenen Willen des Gesetzgebers[27] **neben** den sich aus den **§§ 429 f.** ergebenden und ggf. gem. § 431 summenmäßig beschränkten Ansprüchen und wird seinerseits auch **nicht durch** die in der zuletzt genannten Vorschrift bestimmten **Haftungshöchstsummen eingeschränkt.** Bei einem **Totalverlust** ist der Anspruch je nach seinem Inhalt (→ Rn. 8) auf Rückzahlung oder Erstattung des Geleisteten, Verrechnung oder Freistellung gerichtet, wobei, sofern nicht § 420 Abs. 2 S. 2 zugunsten des Frachtführers abbedungen worden ist, dasselbe für den Absender auch aus dieser Bestimmung folgt;[28] dem Absender steht insoweit ein Wahlrecht zu.[29] Im Falle der **Beschädigung** des Gutes hat der Frachtführer nach § 432 S. 1, § 429 Abs. 2 eine anteilige Rückzahlung usw in dem Wertverhältnis zu leisten, in dem die gesamte Sendung zum entwerteten Teil der Sendung steht. Dies ist unproblematisch, wenn entweder alle Güter einer Sendung gleichermaßen beschädigt worden oder aber bestimmte Frachten, Abgaben oder sonstige Kosten gerade auf die beschädigten Güter bezogen sind. In den anderen Fällen ist eine **differenzierte Beurteilung** erforderlich: Wenn nur ein Teil der Güter beschädigt und die Fracht für die gesamte Sendung einheitlich nach Gewicht oder dem Raummaß vereinbart worden ist, ist die anteilige Fracht für jedes beschädigte Frachtstück zu ermitteln und entsprechend dem Grad der an diesem eingetretenen und nach § 429 Abs. 2 zu berechnenden Wertminderung zu ersetzen; dagegen ist, wenn die Gestellung eines bestimmten Transportmittels wie etwa eines Eisenbahnwaggons vereinbart wurde, das Ausmaß der durch die Beschädigung einzelner Stücke eingetretenen Wertminderung der gesamten Sendung maßgeblich, wobei die einzelnen Kosten, soweit dies in plausibler Weise möglich ist, anhand der für sie jeweils maßgeblichen Berechnungsfaktoren wie etwa des Zollwerts oder, wenn das – wie etwa bei Straßengebühren – nicht möglich ist, entsprechend dem Gewichtsanteil der beschädigten Sache(n) umzulegen sind.[30] Bei einem **Teilverlust** sind die entsprechend den Regeln für die Fälle der Beschädigung zu berechnenden Fracht-, Abgaben- und sonstigen Kostenanteile für die verlorengegangenen Frachtstücke in voller Höhe zu erstatten.[31] Die **Darlegungs- und Beweislast** für die zur Berechnung des Anspruchs gem. § 432 S. 1 maßgeblichen Faktoren bei Beschädigungen und Teilverlusten liegt dabei entsprechend den allgemeinen Regeln beim Ersatzberechtigten; sie wird jedoch ggf. durch die Beweiskraft eines Frachtbriefs gem. § 409 gemildert.[32]

10   **4. Mitverursachung.** Soweit der Anspruch gem. § 429 nach § 425 Abs. 2 zu mindern ist, ist auch der Anspruch aus § 432 S. 1 entsprechend zu kürzen.[33] Die Vorschrift des § 425 Abs. 2 ist zudem

---

[22] *Koller* Rn. 9 bei und in Fn. 19.

[23] BGH Urt. v. 17.9.2015 – I ZR 212/13, BGHZ 207, 1 Rn. 41 = TranspR 2015, 433 = NJW 2015, 3373 = RdTW 2015, 409.

[24] Vgl. *Koller* Rn. 9; *Heymann/Joachim* Rn. 7; *Staub/Maurer* Rn. 20–24.

[25] *Braun*, Das frachtrechtliche Leistungsstörungsrecht nach dem Transportrechtsreformgesetz, 2002, 185 f.; vgl. auch → Rn. 4.

[26] *Koller* Rn. 11.

[27] Vgl. Begründung des Regierungsentwurfs des TRG, BT-Drs. 13/8445, 69.

[28] *Koller* Rn. 10; MüKoHGB/*Herber/Harm* Rn. 5.

[29] *Braun*, Das frachtrechtliche Leistungsstörungsrecht nach dem Transportrechtsreformgesetz, 2002, 188; aA *Koller* Rn. 10: Vorrang des § 420 Abs. 2 HGB iVm § 326 Abs. 4 BGB.

[30] *Koller* Rn. 10; aA MüKoHGB/*Herber/Harm* Rn. 10 f., nach deren Ansicht das Gesetz grundsätzlich eine Aufteilung nach dem Maßstab des § 429 Abs. 2 vorschreibt und eine Ausnahme von diesem Grundsatz bei Teilverlust allenfalls dann in Betracht kommen kann, wenn für den verlorenen Teil ein Frachtanspruch überhaupt entfällt; Oetker/*Paschke* Rn. 7.

[31] *Koller* Rn. 10; teilw. abweichend → 1. Aufl. 2001, Rn. 11 und *Andresen*/Valder Rn. 10.

[32] *Koller* Rn. 14; *Heymann/Joachim* Rn. 10.

[33] Begründung des Regierungsentwurfs des TRG, BT-Drs. 13/8445, 68; *Koller* Rn. 13; MüKoHGB/*Herber/Harm* Rn. 12; Staub/*Maurer* Rn. 3 und 26.

grundsätzlich analog anzuwenden, wenn ein Verhalten des Absenders oder Empfängers besondere Vergütungspflichten wie etwa Standgelder iSv § 412 Abs. 3, § 420 Abs. 3 begründet oder besondere auf das Gut bezogene Kosten wie etwa Verpackungskosten iSd § 414 Abs. 1 verursacht hat.[34] Eine dementsprechende Anspruchsminderung scheidet allerdings aus, wenn der Absender seinerseits Schadensersatz zu leisten oder dem Frachtführer Aufwendungen zur Abwendung eines diesem drohenden eigenen Schadens etwa iSd § 414 Abs. 1 zu ersetzen hat; denn in solchen Fällen besteht kein Zusammenhang mit einer möglichen Wertsteigerung am Ablieferungsort.[35]

III. Weitere Schäden (Satz 2)

Die Bestimmung des § 432 S. 2 stellt klar, dass die Haftung des Frachtführers für durch Verlust oder **11** Beschädigung des in seiner Obhut befindlichen Gutes und für infolge Überschreitung der Lieferfrist entstandene Schäden in den **§§ 429–432 S. 1 abschließend geregelt** ist und daher insbesondere Folgeschäden, die sich aus dem Verlust oder der Beschädigung des Gutes ergeben, nur beim Vorliegen eines qualifizierten Verschuldens iSd § 435 zu ersetzen sind.[36] Die sich daraus ergebende Beschränkung der Haftung des Frachtführers gilt gem. § 413 Abs. 2 S. 2 auch für dessen in § 413 Abs. 2 S. 1 geregelte Haftung wegen Verlust, Beschädigung oder unrichtiger Verwendung der Begleitpapiere. Dagegen gilt diese Beschränkung nicht für die Haftung des Frachtführers bei Ablieferung des Gutes ohne Einziehung der vereinbarten Nachnahme gem. § 422 Abs. 3, in den Fällen, in denen die Haftung des Frachtführers gem. § 433 beschränkt ist,[37] oder wenn der Frachtführer das Gut bei seiner Ablieferung mit anderem Gut vermischt und dadurch entwertet.[38] Der Frachtführer haftet auch dann nicht beschränkt, wenn er die für ihn aus den §§ 425 ff., 429 ff. begründeten Pflichten zur Leistung von Schadensersatz nicht rechtzeitig oder sonst nicht ordnungsgemäß erfüllt.[39]

§ 433 Haftungshöchstbetrag bei sonstigen Vermögensschäden

Haftet der Frachtführer wegen der Verletzung einer mit der Ausführung der Beförderung des Gutes zusammenhängenden vertraglichen Pflicht für Schäden, die nicht durch Verlust oder Beschädigung des Gutes oder durch Überschreitung der Lieferfrist entstehen, und handelt es sich um andere Schäden als Sach- oder Personenschäden, so ist auch in diesem Falle die Haftung begrenzt, und zwar auf das Dreifache des Betrages, der bei Verlust des Gutes zu zahlen wäre.

Schrifttum: *Basedow*, Die Tragweite des zwingenden Rechts im neuen deutschen Gütertransportrecht, TranspR 1998, 58; *Braun*, Das frachtrechtliche Leistungsstörungsrecht nach dem Transportrechtsreformgesetz, 2002; *Fischer*, Ergänzung der CMR durch unvereinheitlichtes deutsches Recht nach der Transportrechtsreform, TranspR 1999, 261; *Hackert*, Die Reichweite der Haftungsbegrenzung bei sonstigen Vermögensschäden gemäß § 433 HGB, 2001; *Koller*, Die Haftungsbegrenzung bei sonstigen Vermögensschäden nach dem Transportrechtsreformgesetz, FG Herber, 1999, 106; *Koller*, Verursachung von Güterschäden vor der Übernahme, die nach der Übernahme des Gutes entstehen, TranspR 2013, 173; *Koller*, Die Anwendbarkeit des § 433 HGB auf Güterschäden außerhalb des Haftungszeitraums des § 425 HGB, TranspR 2014, 114; *Pfirmann*, Die vertragliche und außervertragliche Haftung des Frachtunternehmers wegen Folgeschäden, 2008; *Ramming*, Die Nicht-Zurverfügungstellung des Beförderungsmittels zur vorgesehenen Zeit, TranspR 2003, 419; *Schönwerth*, Die Auswirkungen des Transportrechtsreform-Gesetzes auf das Luftfrachtrecht, FG Ruhwedel, 2004, 247; *Starosta*, Zur Auslegung und Reichweite der Ziffer 23.3 ADSp, TranspR 2003, 55; *Thume*, Die Rechte des Empfängers bei Vermischungsschäden in Tanks und Silos als Folge verunreinigt angelieferter Güter, VersR 2002, 267; *Thume*, Nochmals: Zur außervertraglichen Haftung des Frachtführers und seines Kfz-Haftpflichtversicherers für Folgeschäden bei Kontaminierung des Frachtgutes, Sonderbeilage TranspR 2004, 40; *Thume*, Haftungs- und Versicherungsfragen bei fehlerhafter Ablieferung des Frachtgutes und bei Vermischungsschäden, r+s 2006, 89.

I. Allgemeines

Die über § 25 EVO auch bei der Beförderung von Reisegepäck auf der Bahn anzuwendende **1** Bestimmung des § 433 regelt keinen Haftungstatbestand, sondern begrenzt lediglich die Haftung des Frachtführers für Vermögensschäden in bestimmten Fällen der Pflichtverletzung in summenmäßiger Hinsicht.[1] Sie enthält einen **Kompromiss**, bei dem einerseits der Regelungsbedarf für beförderungstypische Nebenpflichtverletzungen befriedigt, der Haftungsumfang und mögliche Präventionsmaßnah-

---

[34] *Koller* Rn. 13.
[35] *Koller* Rn. 13.
[36] Vgl. BGH Urt. v. 5.10.2006 – I ZR 240/03, BGHZ 169, 187 Rn. 15 ff. = TranspR 2006, 454 (455 f.) = VersR 2007, 86 = NJW 2007, 58 m. umfangr. Nachw.
[37] *Koller* Rn. 15.
[38] Vgl. MüKoHGB/*Herber/Harm* § 425 Rn. 11; *Koller* Rn. 15; *Thume* r+s 2006, 89 (90, 93).
[39] BGH Urt. v. 29.7.2009 – I ZR 171/08, TranspR 2009, 408 Rn. 15 = NJW 2009, 3239; Heymann/*Joachim* Rn. 9; Staub/*Maurer* Rn. 20; MüKoHGB/*Herber/Harm* Rn. 14; *Koller* Rn. 15 mwN.
[1] *Andresen*/Valder Rn. 1 f.; Baumbach/Hopt/*Merkt* Rn. 1; Staub/*Maurer* Rn. 3.

men kalkulierbar gehalten und ein dem Vertragstyp angemessener Interessenausgleich herbeigeführt und andererseits „Verwerfungen im allgemeinen Zivilrecht weitgehend verhindert" werden sollen.[2] Mit dieser Formulierung sollte offenbar zum Ausdruck gebracht werden, dass bei der Anwendung der Vorschrift bedacht werden muss, dass der Frachtführer nicht im Vergleich zu anderen Dienstleistern unangemessen privilegiert werden darf, die gleiche Funktionen wahrnehmen und dafür unbegrenzt haften.[3]

II. Verletzung einer vertraglichen Pflicht

2   Die Vorschrift des § 433 gilt ungeachtet dessen, dass die Begründung des Regierungsentwurfs[4] nahezu ausschließlich die Verletzung von Nebenpflichten anspricht, **auch** insoweit, als der Frachtführer wegen der Verletzung von **Hauptleistungspflichten** haftet.[5] Dafür spricht neben dem Wortlaut der Vorschrift insbesondere der Umstand, dass das Interesse des Frachtführers an einer Begrenzung seiner Haftung bei Verletzung von Hauptleistungspflichten keineswegs geringer ist als bei der Verletzung von Neben- und Schutzpflichten.[6] Außerdem ist kein Grund ersichtlich, weshalb etwa für die Nichteinhaltung der Lieferfrist gem. § 431 Abs. 3 nur bis zum Dreifachen der Fracht, für die verschuldete Nichteinhaltung der Ladezeit aber in unbeschränkter Höhe gehaftet werden sollte, obwohl sich das Interesse des Absenders bei einem Frachtvertrag nicht allein auf die volle Einstandspflicht für die Erfüllung der Hauptleistungspflicht konzentriert, sondern mindestens im selben Umfang auf die Vermeidung eines Güterschadens und die Einhaltung der Lieferfrist richtet und der Frachtführer für die Erfüllung dieser Pflichten gem. §§ 429–432 nur sehr begrenzt haftet.[7]

3   Bei einer vom Frachtführer begangenen Pflichtverletzung, die – etwa deshalb, weil dieser durch ein von ihm zu vertretendes Verhalten einen Einigungsmangel verursacht hat – zu einer Haftung wegen **Verschuldens bei Vertragsschluss** gem. § 280 Abs. 1, § 311 Abs. 2 BGB führt, ist die Bestimmung des **§ 433** mangels Verletzung einer vertraglichen Pflicht **grundsätzlich unanwendbar.**[8] Abweichendes hat allerdings dann zu gelten, wenn eine solche Pflichtverletzung – etwa weil sie in einer fehlerhaften Beratung bestanden hat – zur Folge hat, dass es im Rahmen der Abwicklung des Vertrags zu einem Schaden kommt, der ohne die Pflichtverletzung nicht eingetreten wäre; denn der Frachtführer hat dann auch seine unter dem Gesichtspunkt vorangegangenen gefährdenden Tuns begründete vertragliche Schutzpflicht verletzt, sein vor dem Vertragsschluss begangenes Fehlverhalten durch entsprechende Vorsichtsmaßnahmen bei der Abwicklung des Vertrags auszugleichen.[9]

III. Unanwendbarkeit der Vorschrift bei bestimmten Schadensarten

4   **1. Güterschäden und Lieferfristüberschreitung (§ 425 Abs. 1).** Die Haftungshöchstsumme des § 433 gilt, wie sich schon aus dem eindeutigen Wortlaut, aber auch aus der Entstehungsgeschichte der Vorschrift sowie deren Regelungszusammenhang mit den vorhergehenden §§ 425–432 und insbesondere aus § 432 S. 2 ergibt, nicht für während des Haftungszeitraums des § 425 Abs. 1 durch Verlust oder Beschädigung des Gutes oder Überschreitung der Lieferfrist eingetretene Schäden **einschließlich Folgeschäden.**[10] Dagegen ist § 433 entgegen der Auffassung des BGH[11] auf diejenigen Güterschäden

---

[2] Begründung des Regierungsentwurfs des TRG, BT-Drs. 13/8445, 68; MüKoHGB/*Herber/Harm* Rn. 2; *Koller* Rn. 1; *Koller* FG Herber, 1999, 106 f.; *Andresen*/Valder Rn. 2.

[3] Vgl. *Koller* FG Herber, 1999, 106 (115 f.); MüKoHGB/*Herber/Harm* Rn. 6; Oetker/*Paschke* Rn. 4; vgl. dazu näher → Rn. 8–11.

[4] BT-Drs. 13/8445, 68 f.

[5] *Koller* Rn. 2; *Koller* FG Herber, 1999, 106 (108 f.); Heymann/*Joachim* Rn. 2; *Andresen*/Valder Rn. 3; Oetker/*Paschke* Rn. 3; aA *Fremuth* in Fremuth/Thume TranspR Rn. 9 ff.; Baumbach/Hopt/*Merkt* Rn. 1; *Hackert*, Die Reichweite der Haftungsbegrenzung bei sonstigen Vermögensschäden gemäß § 433 HGB, 2001, 116 f.; ebenso im Grundsatz Staub/*Maurer* Rn. 11. MüKoHGB/*Herber/Harm* Rn. 11 weisen mit Recht darauf hin, dass dem mit dem Schuldrechtsmodernisierungsgesetz erfolgte Zusammenfassung der Vertragsverletzungen in § 280 BGB eine Unterscheidung von Hauptpflichten einerseits und Nebenpflichten andererseits kaum noch erforderlich und sinnvoll erscheinen lässt.

[6] *Koller* Rn. 2; *Koller* FG Herber, 1999, 106 (109).

[7] *Koller* Rn. 2; Heymann/*Joachim* Rn. 2; *Andresen*/Valder Rn. 3.

[8] *Hackert*, Die Reichweite der Haftungsbegrenzung bei sonstigen Vermögensschäden gemäß § 433 HGB, 2001, 132 f.; *Koller* Rn. 3; *Koller* FG Herber, 1999, 106 (108); Staub/*Maurer* Rn. 12; aA MüKoHGB/*Herber/Harm* Rn. 12, wonach in solchen Fällen lediglich besonders sorgfältig auf die Beförderungsbezogenheit der Pflicht zu achten sei, an der es etwa bei einer Lagerung vor einem später beabsichtigten Transport fehle.

[9] *Koller* Rn. 3; *Koller* FG Herber, 1999, 106 (108); Heymann/*Joachim* Rn. 3; *Andresen*/Valder Rn. 5; aA *Hackert*, Die Reichweite der Haftungsbegrenzung bei sonstigen Vermögensschäden gemäß § 433 HGB, 2001, 134.

[10] Vgl. Begründung des Regierungsentwurfs des TRG, BT-Drs. 13/8445, 69; BGH Urt. v. 5.10.2006 – I ZR 240/03, BGHZ 169, 187 Rn. 15 ff., 22 = TranspR 2006, 454 (456) = VersR 2007, 86 = NJW 2007, 58; *Koller* Rn. 4 mwN in Fn. 7 und 8; *Andresen*/Valder Rn. 9 f.

[11] Urt. v. 28.11.2013 – I ZR 144/12, TranspR 2014, 23 Rn. 34–36 = VersR 2014, 399 = NJW 2014, 997 = RdTW 2014, 52; dem folgend MüKoHGB/*Herber/Harm* Rn. 7; Staub/*Maurer* Rn. 26; Oetker/*Paschke* Rn. 6; Baumbach/Hopt/*Merkt* Rn. 3.

anwendbar, deren die Haftung des Frachtführers begründende(n) Ursache(n) ausschließlich außerhalb des Obhutszeitraums des § 425 Abs. 1 gesetzt wurde(n).[12] Ebenso gilt § 433, wenn ein innerhalb des Obhutszeitraums des § 425 Abs. 1 verursachter Schaden außerhalb des Schutzzweckzusammenhangs des § 425 Abs. 1 liegt.[13] Dies ist bei solchen Folgeschäden der Fall, die durch ein zusätzliches Fehlverhalten des Frachtführers verursacht worden sind.[14]

2. Sonstige frachtrechtliche Sondervorschriften. Die Bestimmung des § 433 ist des Weiteren **5** dann unanwendbar, wenn die Folgen der Verletzung einer nach dem Frachtvertrag bestehenden Pflicht in anderen Sondervorschriften wie etwa gem. § 413 Abs. 3 für die Fälle des **Verlusts,** der **Beschädigung** und der **unrichtigen Verwendung der Begleitpapiere,** gem. § 422 für **Nachnahmefehler** und gem. § 445 Abs. 3, § 446 Abs. 2 für die Fälle der **Ablieferung** und **Weisungsbefolgung ohne Ladeschein** abweichend geregelt sind.[15] Keine Anwendung finden die Vorschriften über die Beschränkung der Haftung – und damit insbesondere auch § 433 – nach § 418 Abs. 6 ferner dann, wenn die Ausübung des Verfügungsrechts von der Vorlage des Frachtbriefs abhängig gemacht worden ist und der Frachtführer dem Berechtigten dadurch einen Schaden zufügt, dass er eine **Weisung ausführt, ohne sich die Absenderausfertigung des Frachtbriefs vorlegen zu lassen.**[16]

3. Verletzung deliktsrechtlich geschützter absoluter Rechte und Rechtsgüter. Die Haf- **6** tungsbegrenzung des § 433 gilt nach dem Wortlaut der Bestimmung nur bei anderen Schäden als Sach- oder Personenschäden. Im Hinblick darauf, dass die Vorschrift nach dem Willen des Gesetzgebers[17] aber allein sog. primäre, dh mit keiner Beeinträchtigung anderer, etwa absolut geschützter Rechtsgüter beim Geschädigten verbundene Vermögensschäden erfassen soll, zählen zu den von ihr unberührt bleibenden Schäden **alle Arten der Schädigung fremden Eigentums,**[18] **des Körpers, der Gesundheit, des Lebens und der Freiheit iSd § 823 Abs. 1 BGB;** darüber hinaus wird, da es insoweit nicht um beförderungstypische Haftungsrisiken, bei denen Anlass für Haftungsbeschränkungen besteht, sondern um allgemeine Lebensrisiken geht, **auch** für durch solche Rechts- bzw. Rechtsgutsverletzungen verursachte **mittelbare Vermögensschäden voll gehaftet.**[19] Da eine Anwendung der Vorschrift nach dem Willen des Gesetzgebers[20] zudem allgemein bei aus Anlass der Vertragserfüllung erfolgter Verletzung deliktsrechtlich geschützter absoluter Rechtsgüter ausscheiden soll, greift die Haftungsbeschränkung des **§ 433 auch im Falle der Verletzung sonstiger Rechte iSd § 823 Abs. 1 BGB** wie etwa bei Eingriffen in den eingerichteten und ausgeübten Gewerbebetrieb **nicht** ein.[21] Es kommt dabei nicht darauf an, ob der Anspruch deliktischer oder vertraglicher Natur ist.[22]

4. Qualifiziertes Verschulden (§ 435). Die Haftungsbeschränkung des § 433 gilt gem. § 435 **7** ferner dann nicht, wenn der Frachtführer oder eine Person, deren Verhalten er sich gem. § 428 zurechnen lassen muss, den Schaden durch ein **qualifiziert schuldhaftes** Verhalten verursacht hat.

IV. Verhalten im Zusammenhang mit der Beförderung

1. Spezifische Risiken. Die Haftungsbeschränkung des § 433 knüpft an die Verletzung einer mit **8** der Ausführung der Beförderung des Gutes zusammenhängenden Pflicht an. Sie gilt, um eine sonst eintretende ungerechtfertigte Privilegierung des Frachtführers gegenüber anderen Dienstleistern zu verhindern, allein für solche Schäden, in denen sich die **spezifischen Risiken** eines bei der

---

[12] Vgl. *Koller* Rn. 5; *Koller* TranspR 2014, 114–116 m. Hinw. auf die Entstehungsgeschichte und den Sinn und Zweck der Vorschrift; *Fremuth* in Fremuth/Thume TranspR Rn. 12; *Braun,* Das frachtrechtliche Leistungsstörungsrecht nach dem Transportrechtsreformgesetz, 2002, 196.

[13] *Hackert,* Die Reichweite der Haftungsbegrenzung bei sonstigen Vermögensschäden gemäß § 433 HGB, 2001, 118; *Braun,* Das frachtrechtliche Leistungsstörungsrecht nach dem Transportrechtsreformgesetz, 2002, 197; *Koller* Rn. 4.

[14] BGH Urt. v. 14.7.1993 – I ZR 204/91, BGHZ 123, 200 (206 f.) = TranspR 1993, 426 (429) = VersR 1993, 1296 = NJW 1993, 2808; *Koller* FG Herber, 1999, 106 (109 f.); *Koller* Rn. 4 iVm CMR Vor Art. 1 Rn. 30.

[15] *Koller* Rn. 3; *Fremuth* in Fremuth/Thume TranspR Rn. 17; *Andresen*/Valder Rn. 11; Oetker/*Paschke* Rn. 8; Staub/*Maurer* Rn. 25.

[16] MüKoHGB/*Herber/Harm* Rn. 8; Oetker/*Paschke* Rn. 8; Staub/*Maurer* Rn. 25; aA *Koller* § 418 Rn. 34.

[17] Begründung des Regierungsentwurfs des TRG, BT-Drs. 13/8445, 69.

[18] Dies ist etwa dann der Fall, wenn der Frachtführer in einem Silo oder Tank des Empfängers befindliches Gut durch die Vermischung mit von ihm falsch eingefülltem Transportgut beschädigt oder zerstört (vgl. OLG Karlsruhe Urt. v. 2.6.2017 – 9 U 122/16, TranspR 2018, 308 (312) = RdTW 2018, 430 und → § 434 Rn. 7).

[19] *Koller* Rn. 5; *Koller* FG Herber, 1999, 106 (113 f.); Baumbach/Hopt/*Merkt* Rn. 3; Staub/*Maurer* Rn. 23 f.; *Thume* r+s 2006, 89 (90); *Pfirmann,* Die vertragliche und außervertragliche Haftung des Frachtunternehmers wegen Folgeschäden, 2008, 79 f.

[20] Begründung des Regierungsentwurfs des TRG, BT-Drs. 13/8445, 69.

[21] *Koller* Rn. 5; MüKoHGB/*Herber/Harm* Rn. 10; Oetker/*Paschke* Rn. 9; Staub/*Maurer* Rn. 24; *Hackert,* Die Reichweite der Haftungsbegrenzung bei sonstigen Vermögensschäden gemäß § 433 HGB, 2001, 118.

[22] *Koller* Rn. 5; *Thume* r+s 2006, 89 (91).

Erfüllung eines Beförderungsvertrags typischen Fehlverhaltens **verwirklichen.**[23] Die Anwendung des § 433 setzt aber nicht voraus, dass die Pflicht, deren Verletzung den Schadensersatzanspruch begründet, mit der Ausführung der Beförderung des Gutes eng und unmittelbar zusammenhängt.[24] Die Vorschrift gilt daher nicht, wenn und soweit der Frachtführer teilweise die **Geschäfte eines Spediteurs** übernimmt und sich in diesem Zusammenhang etwa dazu verpflichtet, die Weiterversendung des Gutes zu besorgen oder eine Transportversicherung einzudecken,[25] soweit er das **Gut bei einer nicht verkehrsbedingten Lagerung oder bei einer Bearbeitung beschädigt,**[26] soweit er **beim Absender Geräte anmietet** oder soweit er sich – anders als bei der Beförderung von Umzugsgut, wo ihm diese Tätigkeiten bereits gem. § 451 Abs. 1 obliegen – **zur Montage und/oder Demontage des Transportguts besonders verpflichtet hat.**[27] Als **noch frachtvertragstypisch** anzusehen ist dagegen die **Vereinbarung, das Gut nicht vor einem bestimmten Zeitpunkt** beim Empfänger **abzuliefern,**[28] sowie die Vereinbarung einer Pflicht zur Beladung und/oder Entladung, weil sie zu einer Verlängerung des Haftungszeitraums gem. § 425 Abs. 1 führt.[29]

9   **2. Interessenabwägung.** Da andere im Schrifttum erwogene Kriterien für die Abgrenzung sich bei näherer Betrachtung jeweils als nicht geeignet erweisen, kann die **Frage, ob** ein entsprechender **ausreichender Zusammenhang** besteht, immer nur auf Grund einer im jeweiligen Einzelfall vorgenommenen **Güter- und Interessenabwägung entschieden** werden.[30] Dabei ist auf Seiten des Frachtführers insbesondere die schlechte Kalkulierbarkeit des Schadens, die Ähnlichkeit mit Güterschäden oder Güterfolgeschäden, die besondere Schadensträchtigkeit der Tätigkeit sowie die erschwerte Beherrschbarkeit des Schadensgeschehens zu berücksichtigen; andererseits ist auch in Rechnung zu stellen, dass sich der Geschädigte vor den Auswirkungen der Pflichtverletzung nicht schützen kann und die Haftung zudem nur bei schuldhaftem Verhalten besteht.[31]

10   **3. Einzelfälle.** Eine grundsätzlich zur Anwendung des § 433 führende **Haftung des Frachtführers wegen Pflichtverletzung** iSd § 280 Abs. 1 BGB (vormals: positive Vertragsverletzung) wurde in der Rspr. **bejaht bei verspäteter Verladung,**[32] bei **abredewidriger vorzeitiger Ablieferung des Gutes** beim Empfänger,[33] bei **vertragswidrigem Umladen** des Gutes und **Erschwindeln von Frachtzahlungen,**[34] bei **vertragswidriger Beendigung eines Dauerfrachtvertrags,**[35] bei **Verwendung eines vertragswidrigen Beförderungsmittels,**[36] bei einer den Absender oder Empfänger treffenden **Haftung für Umweltschäden wegen eines** durch den Frachtführer bei einem Gefahrguttransport verursachten **Unfalls,**[37] bei **unrichtigen Bescheinigungen, Auskünften und Informationen,** namentlich über den **Standort des Beförderungsmittels** oder die **Schadensfreiheit**

[23] Vgl. Staub/*Maurer* Rn. 11 und 20.

[24] Baumbach/Hopt/*Merkt* Rn. 2 m. Hinw. auf den vom RegE abweichenden Wortlaut des Gesetzes; Staub/*Maurer* Rn. 20.

[25] *Koller* Rn. 6; aA *Hackert,* Die Reichweite der Haftungsbegrenzung bei sonstigen Vermögensschäden gemäß § 433 HGB, 2001, 126; *Fremuth* in Fremuth/Thume TranspR Rn. 55; *Andresen*/Valder Rn. 6.

[26] *Fremuth* in Fremuth/Thume TranspR Rn. 18; *Koller* Rn. 6; MüKoHGB/*Herber/Harm* Rn. 12 und 14; Staub/*Maurer* Rn. 14.

[27] *Koller* Rn. 6; Baumbach/Hopt/*Merkt* Rn. 2; MüKoHGB/*Herber/Harm* Rn. 14; Oetker/*Paschke* Rn. 4; Staub/*Maurer* Rn. 14.

[28] OLG Köln Urt. v. 22.11.2005 – 3 U 162/04, TranspR 2006, 458 (459 f.); *Koller* Rn. 6.

[29] *Koller* Rn. 6.

[30] *Koller* Rn. 7; Heymann/*Joachim* Rn. 6; HK-HGB/*Ruß* Rn. 7; Oetker/*Paschke* Rn. 4; Staub/*Maurer* Rn. 4; *Pfirmann,* Die vertragliche und außervertragliche Haftung des Frachtunternehmers wegen Folgeschäden, 2008, 82 f.; aA *Fremuth* in Fremuth/Thume TranspR Rn. 8 f.; *Andresen*/Valder Rn. 7; *Müglich* TranspR § 425 Rn. 49; *Hackert,* Die Reichweite der Haftungsbegrenzung bei sonstigen Vermögensschäden gemäß § 433 HGB, 2001, 74 ff. (119).

[31] *Koller* Rn. 7.

[32] Vgl. BGH Urt. v. 14.7.1993 – I ZR 204/91, BGHZ 123, 200 (206 f.) = TranspR 1993, 426 (429) = VersR 1993, 1296 = NJW 1993, 2808; OLG München Urt. v. 29.7.1998 – 7 U 2494/98, TranspR 2000, 31 (33) = VersR 1999, 1173; OLG Hamburg Urt. v. 25.6.1987 – 6 U 10/87, TranspR 1987, 458 (459) = VersR 1988, 351; LG Hamburg Urt. v. 9.8.2002 – 404 O 194/01, TranspR 2003, 209 (210). Für die Anwendung des § 433 in solchen Fällen Ramming TranspR 2003, 419 (421 f.). Für eine weitergehende Haftung des Frachtführers, wenn dieser die Erfüllung verweigert oder finanzielle Schwierigkeiten die Ursache für die Nichtgestellung oder nicht rechtzeitige Gestellung des Transportmittels sind, *Koller* Rn. 8 und *Braun,* Das frachtrechtliche Leistungsstörungsrecht nach dem Transportrechtsreformgesetz, 2002, 202. Generell gegen die Anwendung des § 433 in solchen Fällen *Schönwerth* FG Ruhwedel, 2004, 247 (253 f.); *Hackert,* Die Reichweite der Haftungsbegrenzung bei sonstigen Vermögensschäden gemäß § 433 HGB, 2001, 118.

[33] OLG Köln Urt. v. 22.11.2005 – 3 U 162/04, TranspR 2006, 458 (459 f.); ebenso *Koller* Rn. 8; MüKoHGB/*Herber/Harm* Rn. 15; Oetker/*Paschke* Rn. 5.

[34] OLG Hamburg Urt. v. 30.8.1984 – 6 U 57/84, VersR 1985, 832.

[35] BGH Urt. v. 12.12.1985 – I ZR 88/83, TranspR 1986, 278 (282) = VersR 1986, 381 = NJW-RR 1986, 515.

[36] OLG Hamburg Urt. v. 7.5.1987 – 6 U 12/87, TranspR 1987, 457 = VersR 1987, 1111; ebenso und generell für Leistungsstörungen bei der Gestellung des Transportmittels MüKoHGB/*Herber/Harm* Rn. 15 und Oetker/*Paschke* Rn. 5.

[37] OLG Hamburg Urt. v. 24.1.1985 – 6 U 149/84, TranspR 1985, 185 (186) = VersR 1986, 357.

des Transportverlaufs,[38] bei **unzureichender Aufklärung** des Absenders **über die Undurchführbarkeit einer Nachnahmeanweisung,**[39] bei einer **Regressvereitelung**[40] sowie bei unterlassener **Aufklärung über die niedrigen Haftungsgrenzen beim Versand von Wertsachen als Bahnexpressgut.**[41] Eine Anwendung des § 433 kommt ferner in Betracht bei **Schäden infolge Nichtbeachtung einer nachnahmeähnlichen Weisung,**[42] bei Schäden **infolge Auslieferung von nicht für den Empfänger bestimmten Waren und deshalb bei diesem eingetretenen Störungen in der Produktion oder Fehlinvestitionen,**[43] bei **Herausgabe eines** vom Frachtführer **entgegengenommenen Verrechnungsschecks**[44] sowie bei Schäden am Gut, die darauf beruhen, dass der Frachtführer nach der Übernahme des Gutes durch den entladepflichtigen Empfänger nicht für die beim Entladen erforderliche **Stabilität des Fahrzeugs** gesorgt hat.[45]

Nicht einschlägig ist § 433 nach den vorstehend in → Rn. 8 f. dargestellten Grundsätzen dagegen **11** dann, wenn es sich bei dem eingetretenen Schaden um den **Folgeschaden eines Güterschadens** oder der **Verletzung eines durch § 823 Abs. 1 BGB geschützten Rechts oder Rechtsguts** handelt.[46] Der erforderliche **Zusammenhang mit der Ausführung der Beförderung** des Gutes **fehlt** etwa auch bei einer vom Frachtführer erklärten ernsthaften und endgültigen **Erfüllungsverweigerung**[47] sowie dann, wenn der Frachtführer den Namen des Empfängers des Gutes versehentlich einem Konkurrenten des Absenders mitteilt[48] oder diesen über abtretbare Ansprüche falsch informiert[49] oder den eingezogenen Nachnahmebetrag nicht oder schuldhaft verspätet abführt.[50]

V. Rechtsfolge

Die Haftung des Frachtführers für den gesamten auf die Pflichtverletzung zurückzuführenden, gem. **12** §§ 249 ff. BGB zu berechnenden und ggf. auch die in § 432 S. 1 genannten Schadensposten umfassenden Vermögensschaden beschränkt sich auf das **Dreifache des Geldbetrags,** den der Frachtführer bei Verlust des Gutes zu zahlen, dh gem. § 429 Abs. 1 und 3, § 431 Abs. 1, 2 und 4[51] als Wertersatz zu leisten hätte. Schadensfeststellungskosten nach § 430 sind im Rahmen des § 433 nicht zu berücksichtigen, weil der danach zu ersetzende Schaden gerade nicht an den Verlust oder die Beschädigung des Gutes anknüpft[52] und für ihre Höhe zudem keine hinreichend sicheren Anhaltspunkte bestehen.[53] Im Unterschied dazu spricht nichts dagegen, die in § 432 S. 1 genannten Posten auch bei der Ermittlung des Haftungshöchstbetrages mit in Ansatz zu bringen.[54] Soweit die Haftungshöchstsumme durch eine zwischen den Parteien des Beförderungsvertrags getroffene, den Erfordernissen des § 449 entsprechende Vereinbarung wirksam herauf- oder herabgesetzt wurde, ist die vertraglich vereinbarte Summe maßgeblich.[55]

VI. Abdingbarkeit

Da § 433 insoweit bewusst keine Regelung enthält, können die vertraglichen Pflichten, an deren **13** Verletzung diese Bestimmung anknüpft, ebenso wie die bei deren Verletzung geltenden Haftungs-

[38] Vgl. BGH Urt. v. 14.7.1993 – I ZR 204/91, BGHZ 123, 200 (206 f.) = TranspR 1993, 426 (429) = VersR 1993, 1296 = NJW 1993, 2808; OLG Düsseldorf Urt. v. 23.1.1992 – 18 U 127/91, TranspR 1992, 218 (219); LG Frankfurt a. M. Urt. v. 9.7.1984 – 3/11 O 44/84, TranspR 1985, 110 (112).

[39] OLG Hamm Urt. v. 28.4.1983 – 18 U 230/81, TranspR 1983, 151 (153).

[40] OLG Hamburg Urt. v. 15.9.1988 – 6 U 4/88, TranspR 1989, 98 (101) = VersR 1989, 1281.

[41] OLG Celle Urt. v. 22.10.1982 – 2 U 66/82, TranspR 1985, 281.

[42] BGH Urt. v. 15.2.2007 – I ZR 118/04, TranspR 2007, 374 Rn. 17 = VersR 2008, 140 = NJW-RR 2008, 121; OLG Düsseldorf Urt. v. 13.11.2013 – 18 U 120/12, TranspR 2015, 76 (79) = RdTW 2015, 64.

[43] *Hackert*, Die Reichweite der Haftungsbegrenzung bei sonstigen Vermögensschäden gemäß § 433 HGB, 2001, 122 f.; *Koller* Rn. 8; MüKoHGB/*Herber/Harm* Rn. 15 mwN in Fn. 28.

[44] BGH Urt. v. 15.2.2007 – I ZR 118/04, TranspR 2007, 374 Rn. 17 = VersR 2008, 140 = NJW-RR 2008, 121.

[45] OLG Stuttgart Urt. v. 22.1.2003 – 3 U 168/02, TranspR 2003, 104 (105); *Koller* Rn. 8; MüKoHGB/*Herber/Harm* Rn. 15; *Oetker/Paschke* Rn. 5.

[46] Vgl. *Koller* Rn. 8 zur Frage einer Haftungsbeschränkung bei Umweltschäden.

[47] Vgl. *Koller* Rn. 8; *Fremuth* in Fremuth/Thume TranspR Rn. 18; MüKoHGB/*Dubischar*, 1. Aufl. 2000, Rn. 4; *Hackert*, Die Reichweite der Haftungsbegrenzung bei sonstigen Vermögensschäden gemäß § 433 HGB, 2001, 118; *Braun*, Das frachtrechtliche Leistungsstörungsrecht nach dem Transportrechtsreformgesetz, 2002, 213; *Schönwerth* FG Ruhwedel, 2004, 247 (253).

[48] *Koller* Rn. 8; *Fremuth* in Fremuth/Thume TranspR Rn. 18; aA *Andresen/Valder* Rn. 7.

[49] OLG Frankfurt a. M. Urt. v. 21.12.1993 – 5 U 11/93, TranspR 1994, 152 (153) = NJW-RR 1994, 545; *Koller* Rn. 8.

[50] *Andresen/Valder* § 459 Rn. 16; *Koller* Rn. 8; aA noch in FG Herber, 1999, 106 (114).

[51] Vgl. OLG Köln Urt. v. 22.11.2005 – 3 U 162/04, TranspR 2006, 458 (460); *Koller* Rn. 10.

[52] MüKoHGB/*Herber/Harm* Rn. 16; *Oetker/Paschke* Rn. 10.

[53] *Koller* Rn. 10.

[54] *Koller* Rn. 10; aA MüKoHGB/*Herber/Harm* Rn. 16; *Oetker/Paschke* Rn. 10.

[55] *Basedow* TranspR 1998, 58 (59); *Fischer* TranspR 1999, 261 (271) Fn. 143; *Koller* Rn. 10; MüKoHGB/*Herber/Harm* Rn. 16; *Oetker/Paschke* Rn. 10.

tatbestände im Rahmen dessen, was insoweit im Privatrecht zulässig ist, beliebig begründet, erweitert und eingeschränkt werden.[56] Die in § 433 selbst enthaltene Regelung kann dagegen allein gem. den §§ 449, 451h und 452d abgedungen werden. Dementsprechend kann der dort bestimmte Haftungshöchstbetrag gem. § 449 Abs. 1 S. 1 durch AGB auch im Verhältnis zu einem Unternehmer nicht – auch nicht zu dessen Gunsten – geändert werden.[57]

§ 434 Außervertragliche Ansprüche

(1) **Die in diesem Unterabschnitt und im Frachtvertrag vorgesehenen Haftungsbefreiungen und Haftungsbegrenzungen gelten auch für einen außervertraglichen Anspruch des Absenders oder des Empfängers gegen den Frachtführer wegen Verlust oder Beschädigung des Gutes oder wegen Überschreitung der Lieferfrist.**

(2) [1]**Der Frachtführer kann auch gegenüber außervertraglichen Ansprüchen Dritter wegen Verlust oder Beschädigung des Gutes die Einwendungen nach Absatz 1 geltend machen.** [2]**Die Einwendungen können jedoch nicht geltend gemacht werden, wenn**

1. **sie auf eine Vereinbarung gestützt werden, die von den in § 449 Absatz 1 Satz 1 genannten Vorschriften zu Lasten des Absenders abweicht,**
2. **der Dritte der Beförderung nicht zugestimmt hat und der Frachtführer die fehlende Befugnis des Absenders, das Gut zu versenden, kannte oder infolge grober Fahrlässigkeit nicht kannte oder**
3. **das Gut vor Übernahme zur Beförderung dem Dritten oder einer Person, die von diesem ihr Recht zum Besitz ableitet, abhanden gekommen ist.**

[3]**Satz 2 Nummer 1 gilt jedoch nicht für eine nach § 449 zulässige Vereinbarung über die Begrenzung der vom Frachtführer zu leistenden Entschädigung wegen Verlust oder Beschädigung des Gutes auf einen niedrigeren als den gesetzlich vorgesehenen Betrag, wenn dieser den Betrag von 2 Rechnungseinheiten nicht unterschreitet.**

Schrifttum: *Basedow,* Die Tragweite des zwingenden Rechts im neuen deutschen Gütertransportrecht, TranspR 1998, 58; *Beckert,* Die Haftung des Frachtführers für Kontaminierungsfolgeschäden, 2006; *Boettge,* Anmerkung zum Urteil des BGH vom 5.10.2006 – I ZR 240/03, VersR 2007, 88; *Haak,* CMR–Übereinkommen: Vertrag zu Lasten Dritter?, GS Helm, 2001, 91; *Heuer,* Zur außervertraglichen Haftung des Frachtführers (und seines Kfz-Haftpflichtversicherers) für Güterfolgeschäden, TranspR 2002, 334; *Heuer,* Anmerkung zum Urteil des OLG Bremen vom 16.10.2003 – 2 U 31/03, TranspR 2005, 70; *Heuer,* Anmerkung zum Urteil des BGH vom 5.10.2006 – I ZR 240/ 03, VersR 2006, 456; *Hübsch,* Vertragliche Wirkungen zu Lasten Dritter im Gütertransportrecht, VersR 1997, 799; *Katzenstein,* Die Drittwirkung von Haftungsbeschränkungen nach § 991 Abs. 2 BGB, AcP 204 (2004), 1; *Katzenstein,* Haftungsbeschränkungen zugunsten und zulasten Dritter, 2004; *Katzenstein,* Anmerkung zum Urteil des OLG Dresden v. 16.12.2004 – 13 U 123/04, TranspR 2005, 73; *Koller,* Haftungsbeschränkungen zu Gunsten selbständiger Hilfspersonen und zu Lasten Dritter im Transportrecht, TranspR 2015, 409; *Pfirmann,* Die vertragliche und außervertragliche Haftung des Frachtunternehmers wegen Folgeschäden, 2008; *Rabe,* Drittschadensliquidation im Güterbeförderungsrecht, TranspR 1993, 1; *Mast,* Der multimodale Frachtvertrag nach deutschem Recht, 2002; *Ramming,* Neues vom ausführenden Frachtführer, VersR 2007, 1190; *Rose,* Die Haftung des Frachtführers gegenüber dem Dritteigentümer, 2005; *Ruhwedel,* Eigentum vs. Frachtvertrag, Festgabe Zivilrechtslehrer 1934/35, 523; *Ruhwedel,* Das störende Eigentum am Frachtgut, FG Herber, 1999, 163; *Speckmann,* Die Haftung des Unterfrachtführers gegenüber dem Empfänger und sonstigen Dritten, 2012; *Thume,* Die Rechte des Empfängers bei Vermischungsschäden in Tanks und Silos als Folge verunreinigt angelieferter Güter, VersR 2002, 267; *Thume,* Nochmals: Zur außervertraglichen Haftung des Frachtführers und seines Kfz-Haftpflichtversicherers für Folgeschäden bei Kontaminierung des Frachtgutes, Sonderbeilage TranspR 2004, 40; *Thume,* Haftungs- und Versicherungsfragen bei fehlerhafter Ablieferung des Frachtgutes und bei Vermischungsschäden, r+s 2006, 89; *Thume,* Die Ansprüche des geschädigten Dritten im Frachtrecht, TranspR 2010, 45; *Wilhelm,* Die Lehre vom Fremdbesitzerexzess, JZ 2004, 650.

Parallelvorschriften: § 506 HGB; Art. 28 Abs. 1 CMR; Art. 51 Abs. 1 CIM.

Übersicht

---

[56] → § 449 Rn. 16; *Koller* § 449 Rn. 25; Oetker/*Paschke* Rn. 11.
[57] → § 449 Rn. 33; *Koller* § 449 Rn. 48 und 51; Oetker/*Paschke* Rn. 11.

I. Allgemeines

Die an die Regelung in Art. 28 Abs. 1 CMR angelehnte Bestimmung des § 434 bezweckt, das die **1** vertraglichen Ansprüche regelnde **Haftungssystem der §§ 425–433 gegen** seine **Entwertung durch** typischerweise mit dem Transportgeschehen verbundene konkurrierende **außervertragliche Ansprüche abzusichern.**[1] Sie **schließt außervertragliche Ansprüche** gegen den Frachtführer wie etwa solche aus unerlaubter Handlung (§§ 823 ff. BGB) oder aus einem Eigentümer-Besitzer-Verhältnis (§§ 989 ff. BGB) **nicht aus,** sondern **unterwirft sie** lediglich **den in den §§ 426–433 sowie im Frachtvertrag geregelten Haftungsbefreiungen und Haftungsbeschränkungen.** Dementsprechend sind sämtliche außervertraglichen Ansprüche wegen Verlust oder Beschädigung des Gutes oder wegen Überschreitung der Lieferfrist stets genauso hoch wie die jeweils korrespondierenden vertraglichen Ansprüche.[2]

Für den Anspruchsberechtigten ist es ohnedies in aller Regel **einfacher, vertragliche Ansprüche 2 aus dem Beförderungsvertrag geltend zu machen,** als sich auf das Vorliegen außervertraglicher Ansprüche zu berufen. Nach § 425 Abs. 1 haftet der Frachtführer unabhängig von einem Verschulden bereits dann, wenn der Güterschaden während seiner Obhut eingetreten ist, sofern er nicht darlegt und im Bestreitensfall beweist, dass einer der in den §§ 426, 427 aufgeführten Haftungsausschlussgründe vorliegt. Wenn hingegen der Anspruchsberechtigte außervertragliche Ansprüche wie etwa solche wegen Eigentumsverletzung geltend macht, trägt er die Darlegungs- und Beweislast für alle Tatbestandsmerkmale und daher insbesondere auch dafür, dass der Frachtführer schuldhaft gehandelt hat. Dieser Aufwand wird allerdings nicht lohnen, weil § 434 es dem Frachtführer erlaubt, sich auch gegenüber den außervertraglichen Ansprüchen auf die Haftungsbefreiungen und Haftungsbegrenzungen zu berufen, die für die wegen des Schadens gegen ihn zu richtenden vertraglichen Ansprüche gelten. Außervertragliche Ansprüche spielen dementsprechend in der Praxis keine Rolle.

Die Absicherung des vertraglichen Entschädigungssystems vor einer Aushöhlung durch die Mög- **3** lichkeit einer Inanspruchnahme des Frachtführers auf außervertraglicher Grundlage wird durch **§ 434 Abs. 2** insofern erweitert, als sich der Frachtführer in den dort näher bezeichneten Fällen gegenüber **am Beförderungsvertrag nicht beteiligten Dritten** wie insbesondere gegenüber dem **Eigentümer** des beförderten Gutes grundsätzlich ebenfalls auf die gegenüber vertraglichen Ansprüchen geltend zu machenden Einwendungen berufen kann.

Wenig überzeugend ist allerdings die vom Gesetzgeber[3] zur Rechtfertigung der Regelung in § 434 **4** Abs. 2 ferner angestellte Erwägung, die Erstreckung der vertraglichen Haftungsbestimmungen auf Dritte belaste diese nicht unbillig, weil auch sie im Ergebnis vielfach von der Beförderung des Gutes und damit von den frachtrechtlichen Beziehungen profitierten.[4] Die Dritten sind jedoch in der Regel durch die in § 434 Abs. 2 S. 2 bestimmten Einschränkungen des § 434 Abs. 2 S. 1 zumindest dann wirksam geschützt, wenn sie mit dem Transport nicht einverstanden waren und diesem nicht zugestimmt haben.[5]

Die durch § 434 bewirkte Absicherung des frachtrechtlichen Haftungsgefüges hat zur Folge, dass das **5** **Haftungsrisiko des Frachtführers kalkulierbar** und **versicherbar** bleibt. Die **Regelung** ist insoweit **weder rechtspolitisch verfehlt noch auch** – unter Berücksichtigung dessen, dass sie bei qualifiziertem Verschulden gem. § 435 nicht eingreift und dass durch die in Abs. 2 S. 2 geregelten Ausnahmen dafür gesorgt ist, dass die Rechte Dritter in bestimmten Situationen, in denen sie in besonderem Maße als schutzwürdig erscheinen, gegen eine nicht gerechtfertigte Zurückstellung besonders gesichert sind (→ Rn. 2) – im Blick auf Art. 3 Abs. 1, Art. 14 Abs. 1 und Art. 2 Abs. 1 GG **verfassungsrechtlich zu beanstanden.**[6]

II. Außervertragliche Ansprüche von nach dem Vertrag anspruchsberechtigten Personen (Abs. 1)

Die Bestimmung des § 434 Abs. 1 behandelt die **außervertraglichen Ansprüche des Absenders 6 und des Empfängers** als derjenigen Personen, denen gegenüber der Frachtführer gem. § 421 Abs. 1 S. 2 wegen Verlust oder Beschädigung des Gutes oder Überschreitung der Lieferfrist nach Maßgabe der §§ 425–433 vertraglich zum Schadensersatz verpflichtet sein kann. Sie gilt auch für die außervertraglichen Ansprüche der Absender und Empfänger iSd **§ 437,** des gem. **§ 445 Abs. 3** gegenüber dem Frachtführer anspruchsberechtigten rechtmäßigen Besitzers des Ladescheins sowie derjenigen

---

[1] Vgl. Begründung des Regierungsentwurfs des TRG, BT-Drs. 13/8445, 69.
[2] → 1. Aufl. 2001, Rn. 1 mwN.
[3] Vgl. Begründung des Regierungsentwurfs des TRG, BT-Drs. 13/8445, 70.
[4] *Hübsch* VersR 1997, 799 (808); *Koller* Rn. 1; *Oetker/Paschke* Rn. 2 Fn. 2; aA MüKoHGB/*Herber/Harm* Rn. 3; *Müglich* TranspR Rn. 4.
[5] Staub/*Maurer* Rn. 3.
[6] Oetker/*Paschke* Rn. 2; aA *Canaris* § 31 Rn. 25–27, 38 und 40–42.

Personen, die aus einem zu ihren Gunsten (**§ 328 BGB**) oder mit **Schutzwirkung** für sie geschlossenen Frachtvertrag anspruchsberechtigt sind.[7]

7   **1. Konkurrierende Ansprüche wegen Verlust, Beschädigung oder Verspätung.** Die Bestimmung des **§ 434 Abs. 1** betrifft zum einen die mit vertraglichen Ansprüchen wegen Verlusts oder Beschädigung des Gutes oder Überschreitung der Lieferfrist iSd **§ 425 Abs. 1** konkurrierenden außervertraglichen Ansprüche, weil insoweit das Bedürfnis besteht, das in den §§ 425–432 enthaltene System der vertraglichen Haftung des Frachtführers gegen seine Entwertung durch konkurrierende außervertragliche Ansprüche abzusichern. Zu den Schäden infolge Beschädigung des Gutes gehören dabei **auch Folgeschäden,** wie sie sich etwa durch eine **Vermischung des beschädigten Gutes** mit schadensfreier Ware des Empfängers ergeben können.[8] Wenn allerdings im Silo oder Tank des Empfängers befindliches Gut durch **Vermischung mit** vom Frachtführer **falsch eingefülltem Gut** beschädigt oder zerstört wird, kann der Empfänger seinen gesamten Schaden nach § 823 Abs. 1 BGB ersetzt verlangen, ohne dass dem die §§ 425 ff., 433, 434 entgegenstehen; denn der konkurrierende vertragliche Anspruch folgt hier aus § 280 BGB.[9]

8   Die Vorschrift des **§ 434 Abs. 1** soll zwar nach dem Willen des Gesetzgebers[10] allein für die in § 425 Abs. 1 geregelten Haftungstatbestände gelten. Es erscheint aber als sachgerecht, sie auf die damit nahe verwandten Fälle des Verlusts, der Beschädigung und der unrichtigen Verwendung von Begleitpapieren gem. **§ 413 Abs. 2,** bei Nachnahmefehlern gem. **§ 422 Abs. 3** und im Falle der Auslieferung des Gutes an einen anderen als den berechtigten Besitzer des Ladescheines gem. **§ 445 Abs. 3 entsprechend anzuwenden.**[11]

9   Zu den in Betracht kommenden konkurrierenden außervertraglichen Ansprüchen gehören insbesondere **Schadensersatzansprüche** wegen unerlaubter Handlung gem. §§ 823 ff. BGB, aus Gefährdungshaftung etwa gem. § 7 StVG, aus unberechtigter Geschäftsführung ohne Auftrag gem. § 678 BGB, bei einem berechtigten Notstand gem. § 904 S. 2 BGB sowie aus einem Eigentümer-Besitzer-Verhältnis gem. §§ 989 ff. BGB. Des Weiteren in Betracht kommen etwa auch Ansprüche aus **Besitz- oder Eigentumsstörung** (§§ 862, 1004 BGB) oder unter dem Gesichtspunkt einer **Eingriffskondiktion** gem. § 812 Abs. 1 S. 1 Fall 2 BGB. Im Falle einer vorsätzlichen sittenwidrigen Schädigung iSd § 826 BGB gilt § 434 HGB gem. § 435 HGB dagegen regelmäßig nicht.[12]

10   **Nicht** zu den den Einschränkungen des § 434 unterworfenen außervertraglichen Ansprüchen gehören dagegen regelmäßig unter dem Gesichtspunkt des **Verschuldens bei Vertragsschluss** (§ 311 Abs. 2 BGB) begründete Ansprüche gegen den Frachtführer wegen von diesem im Rahmen der Vertragsanbahnung begangener Pflichtverletzungen; denn sie beruhen nicht auf § 425 Abs. 1, sondern auf § 280 BGB.[13] Dasselbe müsste an sich für bei **berechtigter Geschäftsführung ohne Auftrag** gegebene Ansprüche gem. § 280 Abs. 1 BGB gelten. Allerdings darf der in berechtigter Geschäftsführung ohne Auftrag handelnde Frachtführer nicht strenger haften müssen als der insoweit unberechtigt handelnde, dem die Regelung des § 434 zugutekommt (→ Rn. 9).

11   **Ansprüche** wegen Verletzung vertraglicher Pflichten gem. **§ 280 BGB** sind vertraglicher Natur und unterfallen daher **nicht dem § 434.** Von § 434 unberührt bleiben insbesondere Schadensersatzansprüche gegen den Frachtführer wegen Nichteinhaltung besonderer vertraglicher Abreden wie etwa von Garantieversprechen.[14] Die Haftung des Frachtführers für Vermögensschäden ist in solchen Fällen auch nicht nach § 433 auf das Dreifache des Betrages begrenzt, der bei Verlust des Gutes zu zahlen wäre.[15]

12   Die Wirkungen des § 434 Abs. 1 kommen außer demjenigen, der – aus der Sicht des ersatzberechtigten Absenders – mit diesem einen wirksamen Frachtvertrag geschlossen hat und der – aus der Sicht des gem. § 421 Abs. 1 S. 2 ersatzberechtigten Empfängers – das Gut an diesen oder an den berechtigten Besitzer des Ladescheins iSd § 445 abzuliefern hatte, gem. § 437 Abs. 2 **auch** dem **ausführenden Frachtführer iSd § 437** zugute;[16] denn es ist kein Grund ersichtlich, der es erfordern

---

[7] *Koller* Rn. 6; *Andresen/*Valder Rn. 11.

[8] BGH Urt. v. 5.10.2006 – I ZR 240/03, BGHZ 169, 187 Rn. 19 f. = TranspR 2006, 454 (455) = VersR 2007, 86 = NJW 2007, 58; *Pfirmann,* Die vertragliche und außervertragliche Haftung des Frachtunternehmers wegen Folgeschäden, 2008, 149 ff., 153 f.; *Koller* Rn. 3; MüKoHGB/*Herber/Harm* Rn. 8; Oetker/*Paschke* Rn. 6.

[9] OLG Karlsruhe Urt. v. 2.6.2017 – 9 U 122/16, TranspR 2018, 308 (312) = RdTW 2018, 430; Nichtzulassungsbeschwerde zurückgewiesen: BGH Beschl. v. 7.6.2018 – I ZR 111/17; MüKoHGB/*Herber/Harm* Rn. 9; *Koller* Rn. 3 iVm § 425 Rn. 40a mwN in Fn. 278; Staub/*Maurer* Rn. 7; vgl. auch schon → § 433 Rn. 6.

[10] Vgl. Begründung des Regierungsentwurfs des TRG, BT-Drs. 13/8445, 70.

[11] *Koller* Rn. 3; *Andresen/*Valder Rn. 8; *Mast,* Der multimodale Frachtvertrag nach dem deutschen Recht, 2002, 286; MüKoHGB/*Herber/Harm* Rn. 10 für die Fälle der § 413 Abs. 2 und § 447 aF; aA *Fremuth* in Fremuth/Thume TranspR Rn. 5 f.; Staub/*Maurer* Rn. 9–11; MüKoHGB/*Herber/Harm* Rn. 10 für den Fall des § 422 Abs. 3.

[12] *Koller* Rn. 4.

[13] MüKoHGB/*Herber/Harm* Rn. 11; Oetker/*Paschke* Rn. 5; aA *Koller* Rn. 4.

[14] *Koller* Rn. 4; Staub/*Maurer* Rn. 12.

[15] → § 433 Rn. 6; → § 434 Rn. 7; aA → 3. Aufl. 2015, § 434 Rn. 11.

[16] OLG Düsseldorf Urt. v. 13.11.2000 – 1 U 270/99, TranspR 2002, 397 (398) = VersR 2001, 1302; OLG Köln Urt. v. 16.1.2007 – 3 U 157/04, VersR 2008, 1149 (1150); *Fremuth* in Fremuth/Thume TranspR Rn. 4; *Andresen/*

oder auch nur rechtfertigen könnte, den ausführenden Frachtführer weniger gegen die Entwertung von vertraglichen Haftungsbefreiungen und Haftungsbegrenzungen durch außervertragliche Ansprüche zu schützen als den demselben Haftungsregime unterliegenden Hauptfrachtführer.[17] Für **sonstige Unterfrachtführer** gilt die Regelung des § 434 Abs. 1 dagegen nicht; sie können sich daher nur dem ursprünglichen Absender gegenüber allein auf § 434 Abs. 2 berufen.[18] Für Organe iSd § 31 BGB und gesetzliche Vertreter von Frachtführern gilt § 434 analog.[19] Persönlich haftenden Gesellschaftern einer OHG oder KG, die von der Geschäftsführung ausgeschlossen sind, kommt die Haftungsbefreiungen und Haftungsprivilegierungen gem. § 434 über § 129 Abs. 1, § 161 Abs. 2 zugute.[20]

2. Rechtsfolgen. Die in § 434 Abs. 1 angeordneten Wirkungen beziehen – und beschränken – sich 13 auf Ansprüche wegen Verlusts oder Beschädigung des Gutes oder wegen Überschreitung der Lieferfrist. Es erscheint sachgerecht, die ansonsten den allgemeinen Regeln unterliegenden außervertraglichen Ansprüche dem für Vertragsansprüche geltenden Haftungssystem zu unterwerfen, da sich auch in dieser Hinsicht beförderungsspezifische Risiken verwirklichen, auf die die vertraglichen Haftungsbestimmungen zugeschnitten sind.

Die bewusst weit gefasste Verweisung auf die frachtrechtlichen Haftungsbefreiungen und Haftungs- 14 begrenzungen soll sicherstellen, dass sie sämtliche den Inhalt und Umfang der Haftung betreffenden Regelungen erfasst. Ein Hinweis auf die die Verjährung regelnde Bestimmung des § 439 fehlt, weil diese alle aus einer Beförderung erwachsenden Ansprüche und damit auch alle außervertraglichen Ansprüche umfasst und damit insoweit schon selbst für einen Gleichlauf zwischen vertraglichen und außervertraglichen Ansprüchen sorgt.[21] Nicht von § 434 Abs. 1 erfasst werden dagegen Haftungs- schranken, die sich nicht aus dem HGB oder dem mit dem Frachtführer geschlossenen Frachtvertrag ergeben.[22]

Der Wortlaut des § 434 Abs. 1 gewährleistet auch, dass die im jeweiligen Frachtvertrag vereinbarten 15 Haftungsbefreiungen und Haftungsbegrenzungen für mögliche außervertragliche Ansprüche in glei- cher Weise gelten. Es stellte einen Wertungswiderspruch dar, wenn einerseits zwar in Bezug auf die gesetzlichen Haftungsbefreiungen und Haftungsbeschränkungen ein Umgehungsschutz gegen Auswei- chen auf konkurrierende deliktische Ansprüche gewährt würde, andererseits aber – nach dem Gesetz zulässige – vertragliche Haftungsbefreiungen und Haftungsbegrenzungen auch weiterhin durch kon- kurrierende deliktische Ansprüche ausgehebelt werden könnten. Soweit nicht § 449 entgegensteht, kann die Wirkung von Haftungsbegünstigungen allerdings auch auf vertragliche Ansprüche beschränkt werden.[23]

Die Regelung des § 434 soll den Frachtführer allerdings allein davor bewahren, außervertraglich 16 weitergehend haften zu müssen als nach den gesetzlichen Bestimmungen, die den Frachtvertrag ergänzen. Soweit seine **Haftung im Frachtvertrag** im Vergleich zu den §§ 407 ff. **verschärft** worden ist, kann sich der Frachtführer daher gegenüber außervertraglichen Ansprüchen nicht auf die für ihn vorteilhafteren gesetzlichen Haftungsprivilegierungen stützen.[24]

Die Haftungsbeschränkung gem. § 434 Abs. 1 entfällt, wenn den Frachtführer oder einen seiner in 17 § 428 genannten Gehilfen der Vorwurf eines **qualifizierten Verschuldens** iSd § 435 trifft.[25]

III. Ersatzansprüche vertragsfremder Dritter (Abs. 2)

Die Bestimmung des § 434 Abs. 2 regelt die Frage, inwieweit der Frachtführer die ihm gem. § 434 18 Abs. 1 gegenüber außervertraglichen Ansprüchen des Absenders und des Empfängers (→ Rn. 7–12) zustehenden Einwendungen (→ Rn. 13–17) auch gegenüber außervertraglichen Ansprüchen **ver- tragsfremder Dritter** geltend machen kann. Dritte in diesem Sinne sind alle Personen, die am

---

[17] MüKoHGB/*Herber*/*Harm* § 437 Rn. 31.

Valder Rn. 9; Heymann/*Joachim* Rn. 3; MüKoHGB/*Herber*/*Harm* Rn. 20 und § 437 Rn. 31; Oetker/*Paschke* Rn. 7; aA *Koller* Rn. 5; *Ramming* VersR 2007, 1190 (1195 f.).

[18] *Koller* Rn. 5; MüKoHGB/*Herber*/*Harm* Rn. 13; Oetker/*Paschke* Rn. 7; aA *Speckmann*, Die Haftung des Unter- frachtführers gegenüber dem Empfänger und sonstigen Dritten, 2012, 136–141.

[19] Vgl. *Koller* Rn. 5 iVm § 436 Rn. 10 mwN und dem Hinweis, dass der Geschädigte nicht deshalb besser stehen darf, weil der Frachtführer sein Unternehmen nicht selbst leiten könnte.

[20] *Koller* Rn. 5; Oetker/*Paschke* Rn. 7.

[21] Begründung des Regierungsentwurfs des TRG, BT-Drs. 13/8445, 70; HK-HGB/*Ruß* Rn. 1; *Koller* Rn. 7.

[22] *Ramming* VersR 2007, 1190 (1197); *Koller* Rn. 7.

[23] *Koller* Rn. 7.

[24] *Koller* Rn. 7; MüKoHGB/*Herber*/*Harm* Rn. 19; Oetker/*Paschke* Rn. 8; *Basedow* TranspR 1998, 58 (59) für den Fall, dass höhere Haftungssummen wirksam vereinbart wurden; einschränkend *Andresen*/Valder Rn. 14.

[25] *Koller* Rn. 8; aA MüKoHGB/*Herber*/*Harm* Rn. 16, der darauf hinweist, dass es für den außervertraglichen Anspruch auch in einem solchen Fall bei der wegen der besonderen Berechnung der Verjährung nach § 439 Abs. 2 und 3 praktisch bedeutsamen Begrenzung der Verjährung auf drei Jahre nach § 439 bleibt. Dabei wird aber nicht genügend beachtet, dass diese Vorschrift nach ihrem Abs. 1 S. 2 lex specialis gegenüber § 435 ist (*Koller* Rn. 8 Fn. 34; dagegen allerdings Staub/*Maurer* Rn. 14 m. Hinw. auf die Begründung des Regierungsentwurfs des TRG, BT-Drs. 13/8445, 70).

Frachtvertrag nicht unmittelbar oder mittelbar als Empfänger (§ 421 Abs. 1 S. 2) oder gem. § 328 BGB oder über § 437 oder § 445 Abs. 3, § 446 Abs. 2 beteiligt und deshalb nicht für die Geltendmachung vertraglicher Ersatzansprüche aktivlegitimiert sind.[26] Vertragsfremder Dritter ist daher insbesondere auch der **Eigentümer** des Gutes, der selbst weder dessen Absender noch dessen Empfänger ist. Ansprüche wegen Überschreitung der Lieferfrist sind in § 434 Abs. 2 nicht angesprochen, weil sie wegen ihrer vertraglichen Natur bei vertragsfremden Dritten nicht in Betracht kommen.[27]

19   **1. Zweck der Regelung.** Der bereits der Regelung des § 434 Abs. 1 zugrunde liegende Gedanke, dass das frachtrechtliche Haftungssystem einer Absicherung gegen seine Entwertung durch außervertragliche Ansprüche bedarf, wird durch die Beschränkungen fortgeführt, die gem. § 434 Abs. 2 auch für die Ansprüche bestehen, die an sich von Dritten wie insbesondere vom Eigentümer und/oder vom Verkäufer des Gutes wegen dessen Verlust oder Beschädigung gegen den Frachtführer geltend zu machen wären. Diese Ausdehnung rechtfertigt sich allerdings nicht schon aus der Überlegung, dass die Beförderung des Gutes oftmals den **Interessen des Dritten** (Eigentümer oder Verkäufer der Ware) dient und es daher angemessen ist, diesen ebenfalls den sich aus den frachtvertraglichen Beziehungen ergebenden Anspruchsbeschränkungen zu unterwerfen,[28] sondern, wenn der Dritte der Beförderung zugestimmt hat, aus der Erwägung, dass er wegen seines Einverständnisses nicht erwarten kann, dass er gegen den Frachtführer weitergehende Ansprüche hat als wenn er selbst der Absender wäre, und dass umgekehrt der Frachtführer davon ausgehen darf, genauso geschützt zu sein wie dann, wenn der Dritte sein Auftraggeber wäre, zumal diesem im Wege der Drittschadensliquidation über § 421 Abs. 1 S. 2 grundsätzlich auch die in den §§ 425 f. angeordnete und jedenfalls dem Grunde nach weitreichende Frachtführerhaftung zugute kommt.[29] Im – problematischeren – Fall, dass der Dritte nicht zugestimmt hat, rechtfertigt sich die vorrangige Berücksichtigung der Interessen des gutgläubigen und auch nicht mit der Beförderung eines abhanden gekommenen Gutes beauftragten Frachtführers im Hinblick auf das unter diesen Voraussetzungen **überwiegende Verkehrsschutzinteresse.**[30]

20   **2. Drittwirkung (Satz 1).** Die Zustimmung zur Beförderung kann sich außer aus einem Auftrag zur Durchführung oder – bei Einschaltung eines Spediteurs – zur Organisation eines bestimmten Transports auch schon daraus ergeben, dass der Dritte nach der von ihm mit seinem Vertragspartner getroffenen Vereinbarung – wie etwa bei Reparaturverträgen, Mietverträgen oder Leasingverträgen – damit rechnen musste, dass es zu dem vom Frachtführer für den Absender durchgeführten Transport kommen würde.[31] Dabei müssen, da § 434 Abs. 2 S. 2 Nr. 1 sowohl auf die Zustimmung des Dritten als auch auf die Befugnis des Absenders abstellt, das Gut befördern zu lassen, bei einem nicht vom Partner des Dritten selbst mit dem Frachtführer geschlossenen Vertrag alle Glieder in der Kette vom Dritten bis zum Partner des Absenders der Beförderung zugestimmt haben.[32] Der Haftungsausschluss in § 434 Abs. 2 wirkt nicht zu Lasten außenstehender Dritter, die durch das auf dem Transport beschädigte Gut ihrerseits einen Schaden erleiden, weil sie ihr Gut nicht den Risiken des Transports ausgesetzt haben und der Frachtführer auch nicht auf eine entsprechende pauschale Risikoübernahme vertrauen darf.[33] Die gegenteilige Ansicht, nach der im jeweiligen Einzelfall geprüft werden soll, ob der Dritte oder der Frachtführer schutzwürdiger ist,[34] gefährdet demgegenüber aufgrund ihrer Unschärfe die Rechtssicherheit.[35]

21   **3. Keine Drittwirkung (Satz 2 und 3).** Gem. **§ 434 Abs. S. 2 Nr. 1, S. 3** kann der Frachtführer gegenüber den außervertraglichen Ansprüchen des Dritten wegen Verlust oder Beschädigung des Gutes die Einwendungen nach § 434 Abs. 1 dann nicht geltend machen, wenn die Einwendungen auf eine Vereinbarung gestützt werden, die zu Lasten des Absenders von den in § 449 Abs. 1 S. 1 genannten Vorschriften abweicht, sofern es sich nicht um eine nach § 449 Abs. 2 S. 1 zulässige Vereinbarung über die Begrenzung der vom Frachtführer zu leistenden Entschädigung wegen Verlust oder Beschädigung des Gutes auf einen niedrigeren als den gesetzlich vorgesehenen Betrag handelt. Dasselbe gilt gem. **§ 434 Abs. 2 S. 2 Nr. 2** dann, wenn der Dritte der Beförderung nicht zugestimmt hat und der Frachtführer die fehlende Befugnis des Absenders, das Gut zu versenden, kannte oder infolge grober Fahrlässigkeit nicht kannte, sowie gem. **§ 434 Abs. 2 S. 2 Nr. 3** dann, wenn das Gut

[26] Vgl. Begründung des Regierungsentwurfs des TRG, BT-Drs. 13/8445, 70.
[27] Begründung des Regierungsentwurfs des TRG, BT-Drs. 13/8445, 71.
[28] So → 1. Aufl. 2001, Rn. 4 und 20; MüKoHGB/*Dubischar*, 1. Aufl. 2000, Rn. 6.
[29] *Canaris* § 31 Rn. 30.
[30] Ebenso Oetker/*Paschke* Rn. 10.
[31] *Koller* Rn. 13; MüKoHGB/*Herber/Harm* Rn. 26; Oetker/*Paschke* Rn. 12; Staub/*Maurer* Rn. 29 und 30.
[32] *Koller* Rn. 13.
[33] *Haak* CMR–Übereinkommen: Vertrag zu Lasten Dritter? GS Helm, 2001, 91 (95); *Koller* Rn. 13b; MüKoHGB/*Herber/Harm* Rn. 23; offen gelassen vom BGH im Urt. v. 5.10.2006 – I ZR 240/03, BGHZ 169, 187 Rn. 17 = TranspR 2006, 454 = VersR 2007, 86 = NJW 2007, 58; aA Oetker/*Paschke* Rn. 18 mwN.
[34] Vgl. *Fremuth* in Fremuth/Thume TranspR § 434 Rn. 9; *Thume* TranspR 2010, 45 (49).
[35] *Koller* Rn. 13b.

vor Übernahme zur Beförderung dem Dritten oder einer Person abhanden gekommen ist, die von dem Dritter ihr Recht zum Besitz ableitet.

Dem Frachtführer schadet daher nach der Neufassung des § 434 Abs. 2 S. 2 dann, wenn der Dritte **22** der Beförderung nicht zugestimmt hat, gem. der **Nr. 2** dieser Bestimmung neben der Kenntnis nurmehr die grob fahrlässige Unkenntnis von der insoweit fehlenden Befugnis des Absenders. Diese Änderung gegenüber der Regelung in § 434 Abs. 2 S. 2 Nr. 1 aF, nach der jede fahrlässige Unkenntnis von der fehlenden Befugnis des Absenders, das Gut zu versenden, zum Einwendungsausschluss geführt hat,[36] soll nach dem Vorbild des Seefrachtrechts (vgl. § 506 Abs. 2 S. 2 Nr. 2 nF) den **Schutz vertragsfremder Dritter** wie auch **gutgläubiger Frachtführer verbessern.**[37]

Die Regelung des **§ 434 Abs. 2 S. 2 Nr. 3,** nach der der Frachtführer die Einwendungen nach **23** § 434 Abs. 1 gegenüber außervertraglichen Ansprüchen Dritter wegen Verlust oder Beschädigung von abhanden gekommenem Gut auch im Falle seiner Gutgläubigkeit nicht geltend machen kann, knüpft ebenso wie § 434 Abs. 2 S. 2 Nr. 2 aF an § 935 Abs. 1 BGB an. Bei dem Dritten oder der Person, die von diesem ihr Recht zum Besitz ableitet, muss daher ein **unfreiwilliger Besitzverlust** erfolgt sein, und zwar, wie sich aus dem Wortlaut der Bestimmung ergibt, bereits **vor der Übernahme des Gutes zur Beförderung.**[38] Grobe Fahrlässigkeit liegt daher nur dann vor, wenn der Frachtführer bei der Übernahme des Gutes **konkrete Anhaltspunkte für die Annahme** hat, dass der **Eigentümer mit dem Transport nicht einverstanden** ist.[39]

IV. Darlegungs- und Beweislast

Die **Darlegungs- und Beweislast für** das Vorliegen der in § 434 Abs. 1 und 2 geregelten **24** **Einwendungen** gegen die vom Absender, vom Empfänger oder vom Dritten wegen Verlust oder Beschädigung des Gutes oder auch – im Fall des § 434 Abs. 1 – wegen Überschreitung der Lieferfrist geltend gemachten außervertraglichen Ansprüche liegt beim **Frachtführer.**[40] Er kann dabei auch die etwa in § 409 Abs. 2 S. 2 und § 427 Abs. 2 geregelten **frachtvertragsrechtlichen Beweisvergünstigungen** in Anspruch nehmen; allerdings wird der Anspruchsteller beim außervertraglichen Anspruch ohnedies höhere Beweisanforderungen zu erfüllen haben als beim vertraglichen Anspruch.[41] Wenn dem Frachtführer im Fall des § 434 Abs. 2 der entsprechende Nachweis gelungen ist, obliegt dem **Anspruchsteller** der **Nachweis,** dass die **Einwendungen gem. § 434 Abs. 2 S. 2** ausgeschlossen sind.[42]

§ 435 Wegfall der Haftungsbefreiungen und -begrenzungen

Die in diesem Unterabschnitt und im Frachtvertrag vorgesehenen Haftungsbefreiungen und Haftungsbegrenzungen gelten nicht, wenn der Schaden auf eine Handlung oder Unterlassung zurückzuführen ist, die der Frachtführer oder eine in § 428 genannte Person vorsätzlich oder leichtfertig und in dem Bewußtsein, daß ein Schaden mit Wahrscheinlichkeit eintreten werde, begangen hat.

Schrifttum: Bahnsen, »Kontrollverlust« und neue Schnittstellen Anmerkung zu BGH vom 1.12.2016 – I ZR 128/ 15 TranspR 2017, 175; *Baumann,* Darlegungslast und Recherchepflicht im Transportrecht, TranspR 2014, 187; *Boecker,* Lkw-Ladungsverluste in Europa – Eine Bestandsaufnahme, TranspR 2002, 137; *Boecker,* Lkw-Ladungsverluste durch Diebstahl sowie Raubüberfall in Europa, VersR 2003, 556; *Boecker,* LKW-Ladungsverluste durch Diebstahl, Falschauslieferung sowie Raubüberfall in Europa, ETR 2004, 445; *Boettge,* Zum Haftungsausschluss des Frachtführers nach Art. 17 Abs. 2 CMR bei Raub, VersR 2006, 1618; *Fremuth,* Haftungsbegrenzungen und deren Durchbrechung im allgemeinen deutschen Frachtrecht und der CMR, TranspR 2004, 99; *Fremuth,* Anmerkung zum Urteil des BGH vom 25.3.2004 – I ZR 205/01, BGH-Rep 2004, 1280; *Fremuth,* „Schwere Schuld" gem. Art. 29 CMR – Kritische Bestandsaufnahme der Rechtsprechung unter besonderer Berücksichtigung der Beweislast, FS Thume, 2008, 161; *Grimme,* Die Haftung für den Verlust und die Beschädigung von Postsendungen im nationalen und internationalen Verkehr, TranspR 2004, 160; *Grimme,* Der BGH zur Haftung der Deutschen Post AG für Sendungsverluste, TranspR 2006, 339; *Hackert,* Die Reichweite der Haftungsbegrenzung bei sonstigen Vermögensschäden gemäß § 433 HGB, 2001; *Herber,* Anmerkung zum Urteil des LG Hamburg vom 15.4.2002 – 419 O 46/01 und zum Beschluss des OLG Hamburg vom 4.11.2002 – 6 U 95/02, TranspR 2003, 164; Haftungsbegrenzungen und deren Durchbrechung im deutschen und internationalen Transportrecht – Überblick über die gesetzlichen Regelungen in Deutschland und internationalen Übereinkommen, TranspR 2004, 93; *Heuer,* Haftungsbegrenzungen und deren Durchbrechung nach den ADSp 2003, TranspR 2004, 114; *Knorre,*„„Muß das alles so sein?" oder 'Dresden' mit

---

[36] Vgl. dazu → 2. Aufl. 2009, Rn. 22.

[37] Vgl. Begründung des Regierungsentwurfs des SRG, BT-Drs. 17/10309, 55.

[38] MüKoHGB/*Herber/Harm* Rn. 30; Oetker/*Paschke* Rn. 16; Staub/*Maurer* Rn. 34.

[39] MüKoHGB/*Herber/Harm* Rn. 27; Oetker/*Paschke* Rn. 14; *Koller* Rn. 14; Staub/*Maurer* Rn. 32.

[40] *Koller* Rn. 9 und 18; *Andresen*/Valder Rn. 15 und 25; Heymann/*Joachim* Rn. 6; MüKoHGB/*Herber/Harm* Rn. 31; Oetker/*Paschke* Rn. 19; Staub/*Maurer* Rn. 35.

[41] MüKoHGB/*Herber/Harm* Rn. 15.

[42] *Koller* Rn. 18; *Andresen*/Valder Rn. 25; Heymann/*Joachim* Rn. 6; MüKoHGB/*Herber/Harm* Rn. 31; Oetker/ *Paschke* Rn. 20; Staub/*Maurer* Rn. 35.

anderen Augen gesehen!, TranspR 2004, 157; *Knorre,* Die Anwendung der für Paketdienstfälle entwickelten Grundsätze zum Mitverschulden des Auftraggebers auf Ladungsverkehre, TranspR 2008, 162; *Koller,* Anmerkung zum Urteil des BGH vom 25.3.2004 – I ZR 205/01, EWiR 2004, 855; *Koller,* Die Leichtfertigkeit im deutschen Transportrecht, VersR 2004, 1346; *Koller,* Abreden über die Qualität von Beförderungen im Licht des § 449 Abs. 2 HGB, TranspR 2006, 265; *Koller,* Schadensverhütung und Quersubventionen bei der CMR aus deutscher Sicht, TranspR 2006, 413; *Koller,* Die Verjährung bei vorsätzlicher oder leichtfertiger Missachtung von Leistungs- und Schutzpflichten im deutschen Frachtrecht, VersR 2006, 1581; *Koller,* Die Vereinbarung der Ausführungsart im Werkvertrags- und Transportrecht, TranspR 2007, 221; *Koller,* Proportionalhaftung und Mitverschulden im Transportrecht, FS Hopt, 2010, 159; *Koller,* Die Recherchepflicht: Eine materiell-rechtliche oder eine prozessuale Pflicht?, TranspR 2014, 316; *Koller,* Frachtführerhaftung und Solvenz des Käufers – Untersuchung am Beispiel des sogenannten Eingehungsbetruges –, RdTW 2020, 81; *Lober,* Anmerkung zum Urteil des BGH vom 14.6.2006 – I ZR 75/03, EWiR 2007, 163; *Malsch/Anderegg,* Zur transportrechtlichen Rechtsprechung des Oberlandesgerichts Düsseldorf, TranspR 2008, 45; *Marx,* Die Darlegungs- und Beweislast beim qualifizierten Verschulden im Transportrecht nach der aktuellen Rechtsprechung des Bundesgerichtshofs, TranspR 2010, 174; *Neumann,* Die unbeschränkte Haftung des Frachtführers nach § 435 HGB, TranspR 2002, 413; *Neumann,* Wirtschaftliche Kriterien der Haftung des Frachtführers, TranspR 2004, 14; *Neumann,* Die vorsätzliche Nichtbeachtung von besonderen frachtvertraglichen Abreden, TranspR 2006, 67; *Neumann,* Die sekundäre Behauptungslast des Frachtführers, TranspR 2009, 54; *Ramming,* Anmerkung zum Urteil des BGH vom 5.6.2003 – I ZR 234/00, TranspR 2003, 471; *Rinkler,* Zweifache Schadensberechnung bei qualifiziertem Verschulden, TranspR 2005, 305; *Rogert,* Die Kunst des „distinguishing" – ein Plädoyer für eine differenzierte Betrachtung von Beschädigungsfällen, TranspR 2009, 406; *Schmid,* Frachtführerhaftung im internationalen Straßengüterverkehr: Leichtfertigkeitsvorwurf bei Herbeiführung eines Verkehrsunfalls durch „Einnicken" des Fahrers am Steuer, FS Thume, 2008, 247; *C. Schmidt,* Zwischen Verhandlungsmaxime und materieller Wahrheit: Die sekundäre Darlegungslast des Frachtführers im Zivilprozess, TranspR 2019, 53; *P. Schmidt,* Gegenläufige Vermutungen und Quersubventionierung: Zum Mitverschulden des Versenders wegen unterlassener Wertdeklaration im Falle unbegrenzter Haftung des Frachtführers, TranspR 2008, 299; *P. Schmidt,* Grenzen der Wahl einer Berechnung der Ersatzleistung nach Art. 23 CMR resp. § 429 HGB bei grobem Verschulden, TranspR 2009, 1; *Schriefers,* Die unbeschränkte Haftung „plus X" des § 435 HGB laut OLG Stuttgart, TranspR 2007, 184; *Schriefers/Schlattmann,* Der schlafende Fahrer – ein Beispiel für die Haftungsprobleme im Transportrecht, TranspR 2011, 18; *Seyffert,* Die Haftung des ausführenden Frachtführers im neuen deutschen Frachtrecht, 2000; *Stachow,* Schweres Verschulden, 1998; *Starck,* Qualifiziertes Verschulden nach der Transportrechtsreform – Bemerkungen zu Begriff und Geltungsbereich, FG Herber, 1999, 128; *Temme,* Ökonomie des Transportrechts – oder ökonomisches Transportrecht?, Sonderbeilage TranspR 2004, 37; *Thonfeld,* Kann der hohe Wert des Gutes ein Maßstab für die Anforderungen an die Sorgfaltspflicht des Frachtführers sein? Anmerkungen zum BGH-Urteil vom 17.4.1997 – I ZR 131/95 (TranspR 1998, 25), TranspR 1998, 241; *Thume,* Durchbrechung der Haftungsbeschränkungen nach § 435 HGB im internationalen Vergleich, TranspR 2002, 1; *Thume,* Grobes Verschulden und Mitverschulden – Quo vadis BGH?, TranspR 2006, 369; *Thume,* Die Schadensberechnung bei grobem Verschulden: Wertersatz – Schadensersatz?, TranspR 2008, 78; *Thume,* Darlegungs- und Beweisfragen im Transportrecht, TranspR 2008, 428; *Thume,* Anmerkung zum Urteil des OLG Saarbrücken vom 19.8.2016 – 5 U 1/15, TranspR 2017, 43; *Tomhave,* Anmerkung zum Urteil des BGH vom 19.1.2006 – I ZR 80/03, TranspR 2006, 124; *Ungewitter,* Beweisrechtliche Probleme zum Haftungsprivileg nach § 435 HGB bei Beschädigung und Verlust von Beförderungsgut, VersR 2007, 1058; *Werner,* Organisationsverschulden eines Paketdienstunternehmens, TranspR 2003, 231; *Wieske,* Haftung für Lieferfristprobleme, TranspR 2013, 272.

Parallelvorschriften: § 507 Nr. 1 HGB; Art. 29 Abs. 1, Abs. 2 S. 1 CMR; Art. 44 CIM; Art. 25 WA 1955.

I. Einleitung

1   Die Vorschrift des § 435 ist Ausdruck des auch schon in § 430 Abs. 3 aF und ferner insbesondere in Art. 29 Abs. 1 und 2 S. 1 CMR, Art. 44 CIM und früher in Art. 25 WA 1955, § 607a Abs. 4, § 660 Abs. 3 HGB 1897 sowie nunmehr in § 507 Nr. 1 HGB enthaltenen **Prinzips, dass die** dem Frachtführer im Transportrecht **wegen vertragstypischer Risiken eingeräumten Haftungsprivilegien bei** eigenem oder ihm zuzurechnendem **besonders schwerem Verschulden entfallen.**[1]

2   Dem liegt die Erwägung zugrunde, dass es nicht gerechtfertigt wäre, die Schutzmechanismen des für den Normalfall der Beförderung entwickelten Haftungssystems auch bei einem gravierenden Verschulden eingreifen zu lassen. In Anknüpfung an die insoweit bereits bestehende Rechtstradition ordnet § 435 den Wegfall der in den §§ 407 ff. und im Frachtvertrag enthaltenen Haftungsbefreiungen und Haftungsbegrenzungen sowohl für den Fall des vorsätzlichen Handelns als auch für den Fall des leichtfertigen und in dem Bewusstsein, dass ein Schaden mit Wahrscheinlichkeit eintreten werde, erfolgten Handelns des Frachtführers oder einer der in § 428 genannten Personen an.

3   Die in § 435 gewählte Umschreibung für das qualifizierte Verschulden findet sich **entsprechend** in den deutschen Übersetzungen des Art. 4 § 5 lit. e Internationales Übereinkommen zur Vereinheitlichung von Regeln über Konnossemente in der Fassung des Protokolls vom 23.2.1968 (sog. **Visby-Regeln**), des Art. 8 Abs. 1 Übereinkommen der Vereinten Nationen vom 31.3.1978 über die Beförderung von Gütern auf See (sog. **Hamburg-Regeln**), des Art. 13 **Athener Übereinkommen** vom 13.12.1974 über die Beförderung von Reisenden und ihrem Gepäck auf See sowie in **Art. 25 WA** 1955. Im sonstigen deutschen Recht hat der dort bestimmte Maßstab keine Entsprechung.[2]

---

[1] BGH Urt. v. 24.3.2004 – I ZR 205/01, BGHZ 158, 322 (327 f.) = TranspR 2004, 309 (310) = VersR 2004, 1335 = NJW 2004, 2445; MüKoHGB/*Thume* Rn. 1; Staub/*P. Schmidt* Rn. 2, jeweils mwN.

[2] Staub/*Maurer* Rn. 13.

II. Vorsätzliche Schadensverursachung

Soweit die Vorschrift des § 435 die unbeschränkte Haftung des Frachtführers von einem vorsätzli- 4
chen Verhalten abhängig macht, setzt sie – anders als etwa § 507 Nr. 1 HGB, § 5b BinnSchG sowie
Art. 25 WA 1955 – **keine Absicht** voraus; vielmehr **genügen alle Formen des Vorsatzes** und
daher insbesondere **auch bedingter Vorsatz.**[3] Der Vorsatz muss bei § 435 weder – wie etwa im Fall
des § 823 Abs. 1 BGB – auf die Verletzung eines Rechts oder Rechtsguts noch – wie namentlich bei
§ 826 BGB – auf die Verursachung eines Schadens, sondern – wie auch sonst bei Vertragsverletzungen – **allein auf die Pflichtwidrigkeit des Verhaltens gerichtet** sein.[4] Am insoweit erforderlichen
Bewusstsein der Pflichtwidrigkeit fehlt es, wenn der Frachtführer oder seine Hilfsperson darauf vertraut, dass es im konkreten Fall nicht zu einem Schaden kommen kann.[5] Für die Annahme eines
solchen Vertrauens ist aber dann in der Regel kein Raum, wenn der Frachtführer oder seine Leute
bewusst Vereinbarungen missachten, nach denen bestimmte schadensverhütende Maßnahmen vorzunehmen sind.[6] Wer dagegen handelt, obwohl er die Möglichkeit der Pflichtwidrigkeit seines
Handelns erkennt, handelt unabhängig davon bedingt vorsätzlich, ob er diese Möglichkeit billigt oder
auch nur aus Gleichgültigkeit in Kauf nimmt.[7]

In der Rspr. wurde ein vorsätzliches Verhalten des Frachtführers etwa dann angenommen, wenn das 5
Gut trotz unmissverständlicher Nachnahmeweisung ohne Einforderung des Nachnahmebetrags ausgeliefert wurde,[8] bei Missachtung der ausdrücklichen Anweisung, für den Warentransport in Russland
einen deutschen Fahrer einzusetzen[9] sowie bei Aushändigung des Gutes an eine in den Zustellvor-
schriften des Frachtführers dafür nicht bestimmte Person.[10]

III. Leichtfertige Verursachung und Bewusstsein der Wahrscheinlichkeit eines Schadenseintritts

Die im Gesetz gewählte Formulierung setzt sich zusammen aus dem **objektiven Element** der 6
Leichtfertigkeit und dem **subjektiven Element** des **Bewusstseins der Schadenswahrscheinlichkeit.** Sie ist damit unstreitig enger als der in § 430 Abs. 3 aF verwendete Begriff der (objektiven)
groben Fahrlässigkeit.[11]

1. Leichtfertigkeit. Der Begriff der Leichtfertigkeit wird in einem Teil des Schrifttums im Sinne 7
eines besonders krassen Sich-Hinwegsetzens über die Interessen des Absenders oder des Empfängers
verstanden, mit dem der Rahmen der groben Fahrlässigkeit überschritten wird, ein vorsätzliches
Handeln aber noch nicht vorliegt.[12] Ein anderer Teil des Schrifttums meint, der Begriff sollte im
Interesse der Rechtssicherheit und Anschaulichkeit so wie der der objektiven groben Fahrlässigkeit
ausgelegt werden.[13]

Der **BGH** geht demgegenüber auf der Grundlage der Begründung des Regierungsentwurfs, wonach 8
§ 435 auf die internationalen Transportrechtsübereinkommen Bezug nimmt, die in deutscher Übersetzung den Begriff „leichtfertig" verwenden,[14] davon aus, dass dieser **Begriff** hier **im selben Sinne**
zu verstehen ist, wie **Art. 25 WA** 1955 in Deutschland ausgelegt worden ist. Leichtfertigkeit liegt
danach nur bei **besonders schweren Pflichtverstößen** vor, bei denen sich der Frachtführer oder
seine Leute iSd § 428 dadurch **in krasser Weise über die Sicherheitsinteressen des Vertragspartners hinweggesetzt** haben, dass sie **elementare Schutzvorkehrungen** zu deren Gunsten **unterlassen** haben.[15] Der Frachtführer muss daher **außer bei Briefen** einschließlich Einschreibebriefen **und**

---

[3] *Koller* Rn. 4; MüKoHGB/*Thume* Rn. 9; Oetker/*Paschke* Rn. 3; Staub/*Maurer* Rn. 9.

[4] Vgl. BGH Urt. v. 16.7.1998 – I ZR 44/96, TranspR 1999, 19 (22) = VersR 1999, 254 = NJW-RR 1999, 254;
Urt. v. 20.1.2005 – I ZR 95/01, TranspR 2005, 311 (314) = VersR 2006, 814 = NJW-RR 2005, 1277; Urt. v.
16.11.2006 – I ZR 257/03, TranspR 2007, 161 (163) = VersR 2007, 1539 Rn. 32 = NJW 2007, 1809; *Koller*
Rn. 4; *Andresen*/Valder Rn. 8; Oetker/*Paschke* Rn. 3; Staub/*Maurer* Rn. 9; aA *Neumann* TranspR 2006, 67 (69 f.).

[5] Vgl. *Koller* Rn. 5; MüKoHGB/*Thume* Rn. 9; aA Staub/*Maurer* Rn. 9.

[6] BGH, Urteil vom 30.9.2010 – I ZR 39/09, BGHZ 187, 141 Rn. 33 = TranspR 2010, 437 = VersR 2011, 819
= NJW 2011, 296; *Koller* Rn. 4.

[7] *Koller* Rn. 5; Staub/*Maurer* Rn. 10; aA *Andresen*/Valder Rn. 8; ebenso im Grundsatz MüKoHGB/*Thume* Rn. 9
Fn. 22.

[8] Vgl. OLG Düsseldorf Urt. v. 13.12.2006 – 18 U 104/06, TranspR 2007, 25 (27) = VersR 2007, 817.

[9] BGH Urt. v. 20.1.2005 – I ZR 95/01, TranspR 2005, 311 (314) = VersR 2006, 814 = NJW-RR 2005, 1277.

[10] BGH Urt. v. 16.11.2006 – I ZR 257/03, TranspR 2007, 161 (163) = VersR 2007, 1539 Rn. 31 = NJW 2007,
1809.

[11] Vgl. MüKoHGB/*Thume* Rn. 11 mwN.

[12] Vgl. *Fremuth* in Fremuth/Thume TranspR Rn. 13; *Andresen*/Valder Rn. 13; Staub/*Maurer* Rn. 16–19; *Seyffert,*
Die Haftung des ausführenden Frachtführers im neuen deutschen Frachtrecht, 2000, 127; *Thume* TranspR 2002, 1 (3).

[13] Vgl. Baumbach/Hopt/*Merkt* Rn. 2; *Müglich* TranspR Rn. 4; MüKoHGB/*Thume* Rn. 12; *Neumann* TranspR
2002, 413 (417); *Koller* Rn. 6 mwN in Fn. 62–67; *Koller* VersR 2004, 1346 ff.

[14] BT-Drs. 13/8445, 71.

[15] Grundlegend BGH Urt. v. 25.3.2004 – I ZR 205/01, BGHZ 158, 322 (328) = TranspR 2004, 309 (310)
= VersR 2004, 1335 = NJW 2004, 2445; vgl. weiter – jeweils zu Art. 29 CMR – BGH Urt. v. 6.6.2007 –

briefähnlichen Sendungen, bei denen nicht die Beförderung von werthaltigen Gegenständen, sondern die Übermittlung von Gedankenerklärungen im Vordergrund steht,[16] für eine **hinreichend intensive und funktionierende Schnittstellenkontrolle** sorgen;[17] dies gilt **auch** dann, wenn er einen **auf Massenbeförderung ausgerichteten Paketdienst** betreibt.[18] **Stichproben** reichen in dieser Hinsicht nur dann aus, wenn dadurch eine **hinreichende Kontrolldichte** erzielt wird.[19] Die **Anforderungen an** die zu treffenden **Sicherheitsmaßnahmen wachsen** mit den für den Frachtführer erkennbar drohenden **Schadensrisiken** und dessen **Möglichkeiten, sie zu senken.**[20] Der Frachtführer darf allerdings grundsätzlich **auch dann keine bestimmten Schadensquoten einrechnen, wenn** diese Quoten **sehr niedrig** sind.[21] Bei **Diebstahls- und Raubfällen** ist insbesondere zu berücksichtigen, welchen **Wert** das Gut hat, wie leicht es **verwertbar** ist, ob dem Frachtführer die **Gefahrenlage bekannt** sein musste und welche **Möglichkeiten zur Senkung des Risikos** im konkreten Fall bestanden.[22]

9   Die **Auffassung des BGH** erscheint vorzugswürdig.[23] Sie **entspricht dem Willen des historischen Gesetzgebers** und hat damit die Vermutung für sich, dass sie dem von diesem mit dem Transportrechtsreformgesetz neu etablierten Haftungssystem am besten entspricht. **Nach ihr** besteht auch nicht die Notwendigkeit, einen aus Versatzstücken anderer Begriffe der Sorgfaltswidrigkeit zusammengesetzten weiteren Begriff zu etablieren, sondern **kann auf bereits** zu anderen Vorschriften **entwickelte und** insoweit auch **bewährte Grundsätze zurückgegriffen** werden. Der gegen sie erhobene Einwand, der zur Umschreibung dessen, was unter „krasser" Missachtung der Sicherheitsinteressen des Vertragspartners zu verstehen sei, verwendete Begriff des **Unterlassens „elementarer" Schutzvorkehrungen** sei wenig anschaulich,[24] verliert an Gewicht, wenn man davon ausgeht, dass dies **regelmäßig dann** der Fall sein wird, **wenn** eine Regelung in den AGB des Frachtführers, die diesen von der Einhaltung des entsprechenden, ohne sie einzuhaltenden Sicherheitsstandards freistellte, ohne Berücksichtigung des § 449 wegen **unangemessener Benachteiligung des Vertragspartners gem. §§ 307–309 BGB** unwirksam wäre.

10   **Bejaht** wurde **Leichtfertigkeit** bei ungesichertem **Abstellen** eines mit besonders diebstahlsgefährdeter Ware beladenen Lastzugs über einen Zeitraum von mehr als fünf Stunden an einer Tankstelle in Polen[25] oder über das Wochenende in Deutschland[26] oder auf einem weder bewachten noch abgeschlossenen Betriebshof über Nacht[27] oder am Rande eines unbewachten Autobahnparkplatzes, um während der gesetzlichen Ruhezeiten darin zu übernachten,[28] bei Mitnahme einer **Anhalterin** und

---

I ZR 121/04, TranspR 2007, 423 Rn. 17 = VersR 2008, 1134 = NJW-RR 2008, 49, Urt. v. 1.7.2010 – I ZR 176/08, TranspR 2011, 78 Rn. 19 = VersR 2011, 373 = NJW-RR 2011, 117 und Urt. v. 1.12.2016 – I ZR 128/15, TranspR 2017, 175 (182) = RdTW 2017, 127 Rn. 61.

[16] Vgl. BGH Urt. v. 14.6.2006 – I ZR 136/03, TranspR 2006, 348 (349) = VersR 2007, 273 Rn. 16 = NJW-RR 2007, 96; Urt. v. 26.4.2007 – I ZR 70/04, TranspR 2007, 464 Rn. 21 ff. und insbes. den Hinw. in Rn. 25, dass der Frachtführer für den Verlust von Briefsendungen allerdings dann ebenso haftet wie für den Verlust von Paketsendungen, wenn er die Beförderung dieser beiden Sendungsarten gleichgestellt hat.

[17] BGH Urt. v. 25.3.2004 – I ZR 205/01, BGHZ 158, 322 (330–332) = TranspR 2004, 309 (311 f.) = VersR 2004, 1335 = NJW 2004, 2445; Urt. v. 4.5.2005 – I ZR 235/02, TranspR 2005, 403 (405) = VersR 2006, 573 = NJW-RR 2005, 1557 mwN; Urt. v. 14.6.2006 – I ZR 75/03, TranspR 2006, 345 (347) = VersR 2007, 1436 Rn. 22 = NJW 2006, 2976; Urt. v. 20.9.2007 – I ZR 43/05, TranspR 2008, 113 Rn. 22 f.; Urt. v. 30.1.2008 – I ZR 146/05, TranspR 2008, 117 Rn. 25; Urt. v. 22.5.2014 – I ZR 109/13, TranspR 2015, 33 Rn. 36 = VersR 2015, 341 = RdTW 2014, 471; Urt. v. 4.2.2016 – I ZR 216/14, TranspR 2016, 404 Rn. 25 = VersR 2017, 121 = RdTW 2016, 340; Urt. v. 1.12.2016 – I ZR 128/15, TranspR 2017, 175 (183) = RdTW 2017, 127 Rn. 61; krit. zur zuletzt genannten Entsch. *Bahnsen* TranspR 2017, 297 (298 f.).

[18] BGH Urt. v. 5.6.2003 – I ZR 234/00, TranspR 2003, 467 (470) = NJW 2003, 3626; OLG Stuttgart Urt. v. 14.1.2004 – 3 U 148/03, TranspR 2005, 27 (30).

[19] Vgl. – jeweils noch zu §§ 429 ff. HGB 1897, § 51 lit. b S. 2 ADSp 1993 – BGH Urt. v. 15.11.2001 – I ZR 284/99, TranspR 2002, 306 (309) = VersR 2003, 1012 = NJW-RR 2002, 1257; Urt. v. 15.11.2001 – I ZR 163/99, TranspR 2002, 452 (455).

[20] BGH Urt. v. 28.5.1998 – I ZR 73/96, TranspR 1998, 454 (456) = VersR 1998, 1264 = NJW-RR 1998, 1725; Urt. v. 6.6.2007 – I ZR 121/04, TranspR 2007, 423 Rn. 19 = VersR 2008, 1134 = NJW-RR 2008, 49 mwN.

[21] Vgl. BGH Urt. v. 25.3.2004 – I ZR 205/01, BGHZ 158, 322 (333) = TranspR 2004, 309 (312) = VersR 2004, 1335 = NJW 2004, 2445 mwN.

[22] BGH Urt. v. 6.6.2007 – I ZR 121/04, TranspR 2007, 423 Rn. 19 mwN = VersR 2008, 1134 = NJW-RR 2008, 49.

[23] Ebenso nunmehr auch *Andresen*/Valder Rn. 13; Staub/*Maurer* Rn. 16–19; vgl. auch die Nachweise bei *Koller* Rn. 6 Fn. 60.

[24] *Koller* Rn. 6 bei Fn. 36 und 37.

[25] LG Frankfurt a. M. Urt. v. 11.9.2001 – 3/4 O 79/00, TranspR 2002, 165 (166).

[26] LG Hamburg Urt. v. 5.12.2000 – 412 O 98/00, TranspR 2001, 79; Urt. v. 15.4.2016 – 412 HKO 73/15, TranspR 2018, 32 (33 f.) = RdTW 2018, 386.

[27] OLG Oldenburg Urt. v. 20.9.2006 – 3 U 38/06, TranspR 2007, 245 (247 f.); OLG Köln Urt. v. 25.9.2012 – 3 U 6/12, TranspR 2015, 108 (109) = RdTW 2016, 180.

[28] OLG Celle Urt. v. 11.12.2014 – 11 U 160/14, TranspR 2015, 159 (160 f.) = RdTW 2015, 218; aA OLG Hamburg Urt. v. 26.6.2014 – 6 U 172/12, TranspR 2014, 429 (430–432) = RdTW 2015, 72.

deren alleiniger Zurücklassung im Fahrzeug, wenn die Frau dies dazu nutzt, in das Getränk des Fahrers „K. o.-Tropfen" zu schütten, um sich nachfolgend der Ladung zu bemächtigen,[29] bei **Aushändigung** wertvoller Ware an einen unbekannten Dritten ohne Prüfung seiner Identität,[30] bei **Befolgung** der Weisung eines Unbekannten, der aus dem Gebäude kommt, in dem der Empfänger seine Niederlassung hat,[31] bei Unterlassen einer Stabilitätsberechnung und Vernachlässigung weiterer Warnhinweise bei einem **Binnenschiff,**[32] bei Verwendung einer **EDV-Anlage,** die eine dem Frachtführer mitgeteilte richtige Empfängeranschrift auf Grund ihrer entsprechenden Programmierung durch eine ähnliche falsche ersetzt hat,[33] beim Gebrauchmachen von einer bereits zuvor für gem. § 307 BGB für unwirksam erklärten **Ersatzzustellungsklausel,**[34] bei Fehlen von Schutzmaßnahmen gegen **Fehlverladungen,**[35] bei Einsatz eines für das Befahren unebener Flächen erkennbar nicht geeigneten **Gabelstaplers,**[36] bei fehlerhafter Bedienung eines **Gabelstaplers** durch einen Fahrer, der sich um die Besonderheit des zu entladenden Gutes in keiner Weise gekümmert hat,[37] bei Nichtbeachtung eines Hinweises auf eine besondere **Kippgefährdung** des Gutes bei dessen Umladung,[38] bei einer infolge mangelnder Überwachung und des Fehlens von Ersatztransporten verletzten **just-in time-Abrede,**[39] das Außerachtlassen evidenter physikalischer Gesetzmäßigkeiten bei **Kranarbeiten,**[40] bei mangelnder regelmäßiger Kontrolle der **Kühlguttemperatur,** zumal wenn die Anzeige im Führerhaus ersichtlich nicht funktioniert,[41] bei Durchführung eines **Kühltransports** mit einem nicht funktionsfähigen Kühlfahrzeug bei Außentemperaturen von ca. 30 Grad,[42] bei Durchführung eines **Kühltransports** mit einem Fahrzeug ohne aktive Kühlung, bei dem deshalb das Risiko des Verderbs der Ware bei Verzögerungen des Transports besteht,[43] bei schneller **Kurvenfahrt** mit einem instabilen Lastzug,[44] bei nicht hinreichend sicherer **Lagerung** des Gutes bzw. fehlender oder nur unzulänglicher stichprobenartiger **Schnittstellenkontrolle,**[45] bei Verletzung der **Nachforschungspflicht zu Schadensursachen** unmittelbar nach Eintritt des Schadensfalls,[46] im Falle der **Nichtabgleichung** des Lieferscheins mit dem Gut,[47] bei Nichtbeachtung einer nachnahmeähnlichen „on hold"-Vereinbarung, sofern nicht der Frachtführer im Rahmen seiner sekundären Darlegungslast darlegt, dass die Pflichtverletzung in einem einfachen Fehler bestanden hat, der auch bei grundsätzlich sorgfältigem Handeln stets unterlaufen kann,[48] bei **Nichtdokumentation** von Sachschäden,[49] bei **Nichtermittlung** von Fehlbeständen bei naheliegendem Diebstahlverdacht,[50] im Falle der **Nichtkontrolle der Fahrzeughöhe** vor Fahrtantritt,[51] bei **Nichtvornahme** einer geschuldeten qualifizierten Tankreinigung,[52] bei grob fehlerhafter **Planung,** die die rechtzeitige Ausführung eines Teils der übernommenen Beförderungsaufträge unmöglich macht,[53] bei Hinnahme widersprüchlicher **Scan-Daten,**[54] bei

[29] OLG Hamm Urt. v. 22.11.2004 – 18 U 123/02, TranspR 2005, 123 f. = VersR 2005, 1006.

[30] OLG Düsseldorf Urt. v. 24.7.2002 – 18 U 33/02, TranspR 2003, 343 (345 f.); LG Hamburg Urt. v. 9.5.2001 – 411 O 7/01, TranspR 2002, 106; Urt. v. 11.7.2001 – 411 O 23/01, TranspR 2001, 396 f.

[31] OLG Oldenburg Urt. v. 23.5.2001 – 2 U 77/01, TranspR 2001, 367 (368) = VersR 2002, 638.

[32] OLG Stuttgart Urt. v. 1.7.2009 – 3 U 248/08, TranspR 2009, 309 (313 f.); Urt. v. 20.8.2010 – 3 U 60/10, TranspR 2010, 387 (393 f.) = VersR 2011, 1074.

[33] OLG Oldenburg Urt. v. 23.5.2001 – 2 U 77/01, TranspR 2001, 367 (368) = VersR 2002, 638.

[34] BGH Beschl. v. 25.1.2017 – I ZR 113/15, TranspR 2017, 106 (107) = RdTW 2017, 101 Rn. 7.

[35] OLG Stuttgart Urt. v. 20.9.2006 – 3 U 115/06, VersR 2007, 859.

[36] OLG Köln Urt. v. 19.8.2003 – 3 U 46/03, TranspR 2004, 120 (122).

[37] OLG Hamburg Urt. v. 30.1.2003 – 6 U 110/01, TranspR 2003, 122 (124 f.).

[38] OLG Hamm Urt. v. 21.11.2013 – 18 U 33/13, TranspR 2014, 290 = RdTW 2015, 24.

[39] OLG Stuttgart Urt. v. 28.5.2008 – 3 U 10/08, TranspR 2008, 259 (260 f.).

[40] BGH Urt. v. 15.12.1994 – I ZR 192/92, VersR 1995, 364 (365) = NJW-RR 1995, 415.

[41] OLG Düsseldorf Urt. v. 9.10.2002 – 18 U 38/02, TranspR 2003, 107 (110).

[42] OLG München Urt. v. 22.3.2006 – 7 U 5212/05, TranspR 2006, 310 = TranspR 2006, 400 (401).

[43] OLG Düsseldorf Urt. v. 8.11.2017 – 18 U 173/15, TranspR 2018, 197 (199) = RdTW 2018, 18.

[44] LG Bonn Urt. v. 20.11.2001 – 18 O 111/01, TranspR 2002, 163 (164 f.).

[45] Vgl. neben den insoweit bereits in → Rn. 8 angeführten Entscheidungen des BGH auch OLG Düsseldorf Urt. v. 14.11.2001 – 18 U 263/00, TranspR 2002, 73 (75); KG Urt. v. 14.11.2002 – 2 U 89/01, TranspR 2003, 172 (173 f.); OLG Köln Urt. v. 19.6.2001 – 3 U 35/01, TranspR 2001, 407 (410) = VersR 2001, 1445; OLG München Urt. v. 27.7.2001 – 23 U 3096/01, TranspR 2002, 161 (162 f.); OLG Saarbrücken Urt. v. 19.8.2016 – 5 U 1/15, TranspR 2017, 38 (41 f.) = RdTW 2017, 226 und dagegen *Thume* TranspR 2017, 43 (44); LG Duisburg Urt. v. 31.1.2001 – 23/43 O 23/00, TranspR 2001, 217 f.; LG Frankfurt a. M. Urt. v. 26.2.2001 – 3/1 O 62/00, TranspR 2001, 211 (212); LG Hamburg Urt. v. 20.1.2000 – 409 O 119/99, TranspR 2000, 85 (86); Urt. v. 6.11.2000 – 415 S 5/00, TranspR 2001, 95 (96); Urt. v. 9.5.2001 – 411 O 23/01, TranspR 2002, 106 (107).

[46] BGH Urt. v. 19.7.2012 – I ZR 104/11, TranspR 2013, 111 Rn. 21–27 = VersR 2013, 1151 = RdTW 2013, 99; OLG Frankfurt a. M. Urt. v. 11.5.2012 – 5 U 123/11, TranspR 2014, 149 (150) = RdTW 2014, 109.

[47] OLG Köln Urt. v. 30.5.2006 – 3 U 164/05, TranspR 2007, 114 (115).

[48] OLG Düsseldorf Urt. v. 13.11.2013 – 18 U 120/12, TranspR 2015, 76 (80 f.) = RdTW 2015, 64.

[49] OLG Düsseldorf Urt. v. 2.11.2006 – 12 U 11/05, TranspR 2007, 30 (33).

[50] OLG Düsseldorf Urt. v. 14.11.2001 – 18 U 263/00, TranspR 2002, 73 (75).

[51] OLG Schleswig Urt. v. 26.9.2013 – 16 U 17/13, TranspR 2014, 70 (73) = RdTW 2015, 110.

[52] OLG Celle Urt. v. 12.12.2002 – 11 U 64/02, TranspR 2003, 448 (450); *Koller* Rn. 8i.

[53] OLG Hamm Urt. v. 18.8.2008 – 18 U 199/07, TranspR 2009, 167 (168).

[54] OLG Düsseldorf Urt. v. 29.11.2006 – 18 U 69/06, TranspR 2007, 33 (35 f.).

fehlender Kontrolle von **Subunternehmern,**[55] bei **Übergabe eines** an eine Frau adressierten **Wertpakets** an einen Mann, den der Zusteller nicht kennt und der sich auch nicht ausweisen kann,[56] beim Anfahren eines **unbewachten Parkplatzes** entgegen der Weisung, für Pausen einen bewachten Parkplatz zu nutzen, auch wenn es auf der Transportstrecke keine bewachten Parkplätze gibt,[57] bei **Vermischung** des bei einem Unfall beschädigten Gutes mit dem dabei unbeschädigt gebliebenen Gut, das dadurch ebenfalls entwertet wird,[58] sowie bei Nichthinweis auf einen **evidenten Verpackungsmangel.**[59]

11   **Verneint** wurde **Leichtfertigkeit** dagegen beispielsweise[60] bei **Abfahren** eines eingezäunten Geländes mit einem Pkw nach einem stillen Alarm, ohne die Polizei zu verständigen und die Umgebung abzusuchen,[61] bei **Abstellen** eines mit Laserdruckern im Wert von rund 185.000 EUR beladenen Aufliegers über das Wochenende auf einem in einem Gewerbegebiet gelegenen, verschlossenen, nachts beleuchteten und in unregelmäßigen Abständen von einem Bewachungsunternehmen bestreiften Firmengelände,[62] bei **Abstellen** eines unauffälligen, nicht einsehbaren und verschlossenen Kleinlasters mit Computerteilen im Wert von 21.000 EUR auf einer beleuchteten, gut einsehbaren und belebten Straße in einem Wohngebiet gegenüber der Wohnung des Fahrers,[63] bei **Abstellen** einer mit **diebstahlsgefährdetem Gut** beladenen Wechselbrücke auf einem von einem Wachdienst kontrollierten umzäunten Gelände in Deutschland, dessen Tor am Tatabend ausnahmsweise nicht verschließbar war,[64] bei **Abstellen** einer Ladung **Zigaretten** über das Wochenende auf einem durch einen 2 Meter hohen Zaun und eine Alarmanlage gesicherten Gelände in einem Industriegebiet,[65] beim **Abstellen** eines mit Sammelgut beladenen Transportfahrzeugs **am Wochenende in einem unbewachten Gewerbegebiet einer deutschen Großstadt,** wenn sich unter dem Sammelgut zwar eine Palette mit leicht absetzbaren Tabakwaren befindet, das Gut sich aber im **verschlossenen Kastenauflieger** befindet, das **äußere Erscheinungsbild** des Fahrzeugs auch keinen Anlass gibt anzunehmen, es könnten sich in ihm besonders wertvolle Güter befinden, und auch nicht ersichtlich ist, dass es möglich und zumutbar war, das Fahrzeug über das Wochenende auf einem bewachten Parkplatz oder zumindest auf einem sichereren Platz abzustellen,[66] beim **Abstellen einer Wechselbrücke** im Gewerbegebiet einer deutschen Großstadt übers Wochenende, wenn nicht zu erkennen war, dass die Wechselbrücke wertvolle Ware enthalten könnte, und die in ihr enthaltenen wertvollen elektronischen Bauteile nicht so leicht verwertbar waren wie entsprechend wertvolle Konsumgüter,[67] beim **Abstellen eines Aufliegers** mit einem mit Solarmodulen beladenen Container **in den frühen Abendstunden in einem belebten Industriegebiet,**[68] beim **Abstellen eines unverschlossenen Planenaufliegers** bei der Übernachtung auf einem Autobahnrastplatz **in Unkenntnis der Diebstahlsträchtigkeit des Gutes,**[69] **bei Allgemeinen Geschäftsbedingungen des Absenders,** die durch die Verwendung **unklarer Formulierungen** wie etwa „unbeaufsichtigter Ort" oder „beaufsichtigter Platz" – ggf. auch im kaufmännischen Verkehr (vgl. § 310 BGB) – Zweifel iSv § 305c Abs. 2 BGB begründen, was der Frachtführer tun darf und was nicht,[70] bei gleichzeitig **beidseitig blockierenden Bremsen,** die zu einem Reifenbrand geführt haben,[71] bei einem **„Einnicken"** des Fahrers am Steuer, ohne dass feststeht, dass dieser sich bewusst über von ihm erkannte deutliche Anzeichen einer Übermüdung hinweggesetzt hat,[72] beim Versand von Gut über einen **Flughafen,** an dem bereits in der Vergangenheit Sendungen entwendet wurden,[73] beim **Fehlen einer gesetzlich vorgeschriebenen Ausbildung,** das zu einer

---

[55] OLG Stuttgart Urt. v. 20.9.2006 – 3 U 115/06, VersR 2007, 859 f.

[56] OLG Brandenburg Urt. v. 23.10.2013 – 7 U 82/12, TranspR 2014, 66 (67) = RdTW 2015, 22.

[57] OLG Stuttgart Urt. v. 11.5.2016 – 3 U 214/15, TranspR 2017, 409–411 = RdTW 2018, 186; Nichtzulassungsbeschwerde zurückgewiesen: BGH Beschl. v. 16.3.2017 – I ZR 127/16.

[58] LG Freiburg Urt. v. 3.9.2004 – 12 O 22/04, TranspR 2005, 315 (316).

[59] OLG Stuttgart Urt. v. 9.2.2011 – 3 U 173/10, TranspR 2012, 459 (462).

[60] Zu weiteren Fällen im Bereich des Straßenverkehrs vgl. *Koller* Rn. 8p.

[61] OLG Karlsruhe Urt. v. 12.5.2005 – 9 U 164/04, NJW-RR 2005, 1123 (1124).

[62] OLG Düsseldorf Urt. v. 2.11.2005 – 15 U 23/05, TranspR 2005, 468 (470 f.).

[63] OLG Hamburg Urt. v. 17.4.2003 – 6 U 229/02, TranspR 2003, 242 (243).

[64] OLG Stuttgart Urt. v. 15.8.2001 – 3 U 67/01, TranspR 2002, 37 f.

[65] OLG Karlsruhe Urt. v. 12.5.2005 – 9 U 164/04, NJW-RR 2005, 1123 (1124).

[66] BGH Urt. v. 13.12.2012 – I ZR 236/11, TranspR 2013, 286 Rn. 19 f. = RdTW 2013, 271.

[67] OLG Karlsruhe Urt. v. 4.12.2015 – 15 U 73/15, TranspR 2017, 109 (111 f.) = RdTW 2017, 424.

[68] OLG Hamburg Urt. v. 5.3.2015 – 6 U 201/11, TranspR 2017, 113 (116 f.) = RdTW 2017, 420.

[69] OLG Koblenz Urt. v. 20.5.2010 – 5 U 1443/09, TranspR 2010, 442 (444); OLG Hamm Urt. v. 23.4.2013 – 18 U 236/10, RdTW 2014, 478 (482 f.).

[70] OLG München Urt. v. 28.10.2015 – 7 U 4228/14, TranspR 2016, 193 (194) = RdTW 2016, 182.

[71] BGH Urt. v. 13.1.2011 – I ZR 188/08, TranspR 2011, 218 Rn. 20 f. = VersR 2011, 1161 = NJW-RR 2011, 1181.

[72] BGH Urt. v. 21.3.2007 – I ZR 166/04, TranspR 2007, 361 Rn. 20 = VersR 2008, 515 = NJW-RR 2007, 1630 mwN; *Koller* Rn. 14; aA LG Bonn Urt. v. 20.11.2001 – 18 O 111/01, TranspR 2002, 163 (165). Soweit *Schmid* FS Thume, 2008, 247 (248 f.) die Entscheidung des BGH vom 21.3.2007 ablehnt, setzt er sich nicht mit den dort in Rn. 18 f. angesprochenen Gesichtspunkten auseinander.

[73] BGH Urt. v. 10.12.2015 – I ZR 87/14, TranspR 2016, 464 Rn. 36–41 = RdTW 2016, 136.

Erhöhung des Schadensrisikos geführt hat,[74] bei **Liegenlassen** eines Pakets auf dem Rücksitz eines über Nacht auf der Straße abgestellten Fahrzeugs,[75] bei regelmäßiger **Missachtung einer Weisung,** ohne dass es dadurch in der Vergangenheit zu Warenverlusten gekommen ist,[76] bei einem **nächtlichen Einbruch** in einen zur Übernachtung auf einem unbewachten Parkplatz abgestellten Lkw, wenn der Frachtführer vom Absender keine Hinweise hinsichtlich des Werts des Guts und der Diebstahlsgefahr erhalten hat,[77] bei einem **nächtlichen Parken** auf einem Autohof an einer deutschen Autobahn, auch wenn zum Transport leicht absetzbare Güter wie etwa EDV-Geräte gehören,[78] bei **Sicherungsmaßnahmen,** die einen Zugriff auf die Ladung praktisch unmöglich machen,[79] bei einem **Übernachten** in einem (Planen-)LKW mit diebstahlsgefährdetem Gut auf einem unbewachten Autobahnrastplatz in Mitteleuropa,[80] bei infolge Verwechslung von Paletten **verfrühter Ablieferung,**[81] bei einer dem Fahrer vom Empfänger **verweigerten Einfahrt** in sein Betriebsgelände, auch wenn der Fahrer während des Wartens auf die Einfahrtgenehmigung nicht ständig in unmittelbarer Nähe seines Fahrzeugs geblieben oder in der Fahrerkabine eingeschlafen ist,[82] beim **Verzicht auf besonders hohe Sicherheitsvorkehrungen** bei einem Betriebsgelände in Ortsrandlage und räumlicher Nähe zur Autobahn bei einmaligem vorhergehendem Schadensereignis, auf das mit der Beauftragung eines Wachunternehmens reagiert worden war,[83] bei **Wahl** einer nach den Umständen nicht grundsätzlich ungeeigneten Transportart,[84] bei **Wahl** einer falschen Straße, die sich als schwierig zu befahren erweist, bei unzureichender Angabe der Adresse[85] sowie bei **Weiterleitung** eines eingezogenen Verrechnungsschecks an den dort genannten Zahlungsempfänger statt an den Auftraggeber.[86]

2. Bewusstsein der Wahrscheinlichkeit eines Schadenseintritts. Das bei einem nicht vorsätzlichen Pflichtverstoß – anders als bei einem vorsätzlichem Pflichtverstoß (→ Rn. 4) – gem. § 435 für den Wegfall der Haftungsbefreiungen und Haftungsbegrenzungen neben der Leichtfertigkeit der Schadensverursachung **zusätzlich** bestehende subjektive Erfordernis des Bewusstseins, dass ein Schaden mit Wahrscheinlichkeit eintreten werde, setzt die sich dem Handelnden aus seinem Verhalten aufdrängende Erkenntnis voraus, es werde wahrscheinlich ein Schaden eintreten. Eine solche Erkenntnis kann nur dann angenommen werden, wenn das leichtfertige Verhalten nach seinem Inhalt und nach den Umständen, unter denen es aufgetreten ist, diese Folgerung rechtfertigt.[87] Sie fehlt, wenn der Schädiger sich bei seiner Verhaltensweise sicher war, dass diese keinen Schaden auslösen könne, oder sich über die Möglichkeit eines durch sie ausgelösten Schadens keinerlei Gedanken gemacht hat.[88] Dasselbe gilt, wenn eine besondere Gefährdung des Gutes nicht erkennbar war.[89] Das Bewusstsein der Wahrscheinlichkeit eines Schadenseintritts muss sich allerdings **nicht auf einen bestimmten Schadensverlauf** und erst recht nicht gerade auf den durch das leichtfertige Verhalten verursachten Schaden richten.[90] Erforderlich, aber auch ausreichend ist es vielmehr, dass der **Schädiger** die **Art des Schadens** und die **generelle Richtung des möglichen Schadensverlaufs** zu Lasten eines Ersatzberechtigten **erkannt** hat.[91] Allerdings ist auch in diesem Zusammenhang derjenige, der sich **der Wahrheit bewusst verschließt,** weil er eine sich ihm aufdrängende Möglichkeit, Klarheit zu er-

12

---

[74] BGH Urt. v. 21.3.2007 – I ZR 166/04, TranspR 2007, 361 Rn. 21 = VersR 2008, 515 = NJW-RR 2007, 1630.

[75] OLG Zweibrücken Urt. v. 2.10.2003 – 4 U 180/02, TranspR 2004, 32 (33) = VersR 2004, 223 = NJW-RR 2004, 685.

[76] OLG Brandenburg Urt. v. 29.1.2014 – 7 U 194/12, TranspR 2014, 150 (151–153) = RdTW 2015, 107 betr. die Weisung, ohne Pause zum Empfänger zu fahren; Nichtzulassungsbeschwerde zurückgewiesen: BGH Beschl. v. 8.1.2015 – I ZR 54/14.

[77] LG Ulm Urt. v. 19.5.2017 – 10 O 36/16 KfH, TranspR 2017, 411(415 f.) = RdTW 2018, 105.

[78] OLG München Urt. v. 28.10.2015 – 7 U 4228/14, TranspR 2016, 193 (195) = RdTW 2016, 182.

[79] OLG Köln Urt. v. 18.2.2014 – 3 U 15/13, TranspR 2015, 110 = RdTW 2015, 257.

[80] Vgl. BGH Urt. v. 6.6.2007 – I ZR 121/04, TranspR 2007, 423 Rn. 21 ff. = VersR 2008, 1134 = NJW-RR 2008, 49; Urt. v. 1.7.2010 – I ZR 176/08, TranspR 2011, 78 Rn. 23 ff. = VersR 2011, 373 = NJW-RR 2011, 117.

[81] OLG Köln Urt. v. 22.11.2005 – 3 U 162/04, TranspR 2006, 458 (460 f.).

[82] OLG Düsseldorf Urt. v. 3.12.2014 – 18 U 185/13, TranspR 2016, 391 (394 f.).

[83] OLG Koblenz Hinweisbeschl. v. 3.7.2013 – 2 U 1164/12, TranspR 2014, 154 (155–157) = RdTW 2014, 484.

[84] OLG Köln Urt. v. 30.8.2005 – 3 U 55/04, VersR 2006, 1710 (LS).

[85] OLG Düsseldorf Urt. v. 26.7.2004 – 18 U 253/03, TranspR 2005, 118 (122 f.).

[86] BGH Urt. v. 15.2.2007 – I ZR 118/04, TranspR 2007, 374 Rn. 18 ff. = VersR 2008, 140 = NJW-RR 2008, 121.

[87] StRspr.; vgl. nur BGH Urt. v. 25.3.2004 – I ZR 205/01, BGHZ 158, 322 (328 f.) = TranspR 2004, 309 (310) = VersR 2004, 1335 = NJW 2004, 2445; Urt. v. 6.6.2007 – I ZR 121/04, TranspR 2007, 423 Rn. 17 = VersR 2008, 1134 = NJW-RR 2008, 49; Urt. v. 30.9.2010 – I ZR 39/09, BGHZ 187, 141 Rn. 24 = TranspR 2010, 437 = VersR 2011, 819 = NJW 2011, 296; Urt. v. 13.1.2011 – I ZR 188/08, TranspR 2011, 218 Rn. 19 = VersR 2011, 1161 = NJW-RR 2011, 1181; Urt. v. 13.12.2012 – I ZR 236/11, TranspR 2013, 286 Rn. 17 = RdTW 2013, 271.

[88] Vgl. *Koller* Rn. 14 mwN.

[89] Vgl. BGH Urt. v. 13.12.2012 – I ZR 236/11, TranspR 2013, 286 Rn. 20 = RdTW 2013, 271; *Koller* Rn. 14.

[90] Vgl. BGH Urt. v. 27.6.1985 – I ZR 40/83, TranspR 1985, 338 (340) = VersR 1985, 1060 = NJW-RR 1986, 248; *Koller* Rn. 14; MüKoHGB/*Thume* Rn. 14 jeweils mwN.

[91] Vgl. BGH Urt. v. 20.11.1990 – VI ZR 6/90, TranspR 1991, 65 (68) = VersR 1991, 439 = NJW 1991, 634; *Koller* Rn. 14; *Hackert,* Die Reichweite der Haftungsbegrenzung bei sonstigen Vermögensschäden gemäß § 433

langen, bewusst nicht wahrnimmt, ebenso zu behandeln, wie wenn er die Wahrheit gekannt hätte.[92] Nach Ansicht des **BGH** handelt zudem derjenige, der **elementare Sorgfaltsvorkehrungen unterlässt,** in dem Bewusstsein, dass es auf Grund des Fehlens solcher Vorkehrungen zu einem Schadenseintritt kommen kann, und hat daher ein Frachtführer, der Eingangs- und Ausgangskontrollen unterlässt, obwohl er weiß oder hätte wissen müssen, dass es darauf entscheidend ankommt, das Bewusstsein, dass mit Wahrscheinlichkeit ein Schaden an dem anvertrauten Gut entstehen wird.[93] Hiergegen wendet *Koller*[94] nicht zu Unrecht ein, dass das Wissenmüssen auch die unbewusste Fahrlässigkeit umfasst. Zu beachten ist freilich, dass Leichtfertigkeit nach der Ansicht des BGH, der gefolgt werden sollte (→ Rn. 8 f.), einen **besonders schweren Pflichtverstoß** voraussetzt, bei dem sich der Frachtführer oder seine Leute iSd § 428 in krasser Weise über die Schutzinteressen des Vertragspartners hinwegsetzen. Bei einem solchen Verstoß wird nach der **Lebenserfahrung** (§ 286 ZPO) regelmäßig davon auszugehen sein, dass es dem Frachtführer oder seinen Leuten **auf Grund ihrer beruflichen Tätigkeit** durchaus **geläufig** ist, dass die betreffende **Verhaltensweise geeignet** war, einen **Schaden** wie den eingetretenen **zu verursachen.**

13   Eine Leichtfertigkeit iSd § 435 erfordert zwar – anders als ein vorsätzlicher Verstoß – nicht, dass dem Handelnden die Pflichtwidrigkeit seines Verhaltens bewusst ist, wohl aber das **Bewusstsein, dass** infolge dieses Verhaltens ein **Schaden mit Wahrscheinlichkeit eintreten werde.** Dies ist nicht erst dann der Fall, wenn der Eintritt eines Schadens mit höherer Wahrscheinlichkeit zu erwarten ist als sein Ausbleiben.[95] Vielmehr schließt im Fall der Verletzung elementarer Sorgfaltspflichten in der Organisation eines Betriebs die Kenntnis des grob mangelhaften Betriebsablaufs das Bewusstsein der Wahrscheinlichkeit eines Schadenseintritts schon mit ein.[96] Der Frachtführer kann daher insoweit auch nicht mit Erfolg einwenden, dass die Schadensquote in seinem Betrieb sehr niedrig sei.[97]

IV. Rechtsfolge

14   Die in § 435 angeordnete Nichtgeltung der in den §§ 407 ff. und im jeweiligen Frachtvertrag vorgesehenen Haftungsbefreiungen und Haftungsbegrenzungen hat zur Folge, dass der Frachtführer grundsätzlich nach Maßgabe der **§§ 249 ff., §§ 280 ff. und § 325 BGB** für diejenigen Schäden im vollem Umfang haftet, die den nach § 425 Abs. 1 anspruchsberechtigten Personen durch das Schadensereignis entstanden sind.[98] Von da her bestehen keine grundsätzlichen dogmatischen Bedenken, auch im Rahmen des § 435 den Einwand der **Mitverursachung,** wenn nicht auf der Grundlage des § 425 Abs. 2, so doch gem. **§ 254 BGB** zuzulassen. Die Rspr. des BGH, die diesen Einwand insbesondere beim Transport von Verbotsgut, bei unterlassener Wertdeklaration, bei unterlassenem Hinweis auf die Möglichkeit des Eintritts eines besonders hohen Schadens und bei Beauftragung trotz Kenntnis von der mangelhaften Betriebsorganisation des Frachtführers[99] in stRspr. zulässt,[100] wird daher im Schrifttum auch nicht grundsätzlich, sondern nur deshalb kritisch gesehen, weil der Einwand des Mitverschuldens zumindest teilweise als Korrektiv für die Folgen der (zu) extensiven Anwendung des § 435 verwendet werde[101] und seine Bejahung (daher) von Voraussetzungen abhängig gemacht werde, die von ihrem Gewicht her nicht mit dem auf Seiten des Frachtführers erforderlichen qualifizierten Verschulden vergleichbar seien.[102] Die **Einzelheiten** sind in

---

HGB, 2001, 143; enger *Stachow,* Schweres Verschulden, 1998, 179, nach dessen Ansicht der eingetretene Schaden mit dem vorgestellten immerhin vergleichbar sein muss.

[92] OLG Frankfurt a. M. Urt. v. 24.9.2002 – 5 U 75/01, TranspR 2003, 340 (342); Baumbach/Hopt/*Merkt* Rn. 2; *Koller* Rn. 15 mwN; aA *Stachow,* Schweres Verschulden, 1998, 176.

[93] BGH Urt. v. 25.3.2004 – I ZR 205/01, BGHZ 158, 322 (333) = TranspR 2004, 309 (312) = VersR 2004, 1335 = NJW 2004, 2445; Urt. v. 11.11.2004 – I ZR 120/02, TranspR 2006, 161 (164); vgl. aber auch BGH Urt. v. 21.3.2007 – I ZR 166/04, TranspR 2007, 361 Rn. 16 = VersR 2008, 515 = NJW-RR 2007, 1630; Urt. v. 1.12.2016 – I ZR 128/15, TranspR 2017, 175 (183) = RdTW 2017, 127 Rn. 61.

[94] Rn. 14; krit. auch *Fremuth* FS Thume, 2008, 161 (164 f. und 171).

[95] So allerdings → 1. Aufl. 2001, Rn. 8.

[96] BGH Urt. v. 25.3.2004 – I ZR 205/01, BGHZ 158, 322 (333 f.) = TranspR 2004, 309 (312) = VersR 2004, 1335 = NJW 2004, 2445; Urt. v. 17.6.2004 – I ZR 263/01, TranspR 2004, 399 (401) = VersR 2006, 570 = NJW-RR 2005, 265; Urt. v. 11.11.2004 – I ZR 120/02, TranspR 2006, 161 (164); OLG Frankfurt a. M. Urt. v. 9.3.2006 – 15 U 86/05, TranspR 2006, 297 (299); zu den zuvor und teilweise auch später noch in der instanzgerichtlichen Rspr. sowie im Schrifttum vertretenen Auffassungen vgl. die Nachw. bei *Koller* Rn. 16 Fn. 293.

[97] BGH Urt. v. 25.3.2004 – I ZR 205/01, BGHZ 158, 322 (333) = TranspR 2004, 309 (312) = VersR 2004, 1335 = NJW 2004, 2445 mwN; Urt. v. 17.6.2004 – I ZR 263/01, TranspR 2004, 399 (401) = VersR 2006, 570 = NJW-RR 2005, 265.

[98] Vgl. BGH Urt. v. 3.7.2008 – I ZR 218/05, TranspR 2008, 412 Rn. 16 ff. = VersR 2009, 702 = NJW-RR 2009, 103, zu Art. 18 Abs. 1 WA 1955; OLG Saarbrücken Urt. v. 19.8.2016 – 5 U 1/15, TranspR 2017, 38 (43) = RdTW 2017, 226; *Koller* Rn. 19.

[99] Vgl. *Koller* Rn. 19b–19e; Staub/*Maurer* Rn. 26, jeweils mwN.

[100] Vgl. nur BGH Urt. v. 13.8.2009 – I ZR 76/07, TranspR 2010, 145 Rn. 13 mwN sowie die Nachw. bei *Koller* Rn. 19a Fn. 306 und 307.

[101] Vgl. *Koller* TranspR 2006, 413 (417 f.); *Koller* Rn. 19a; MüKoHGB/*Thume* Rn. 30.

[102] *Koller* Rn. 19a mwN.

→ **§ 425 Rn. 46–53** dargestellt.[103] Wenn der Absender kein Verbraucher ist, bleiben außerdem gem. § 449 Abs. 1 S. 1 grundsätzlich solche **Haftungsbegrenzungen** erhalten, die **im Frachtvertrag** auch für den Fall eines qualifiziert schuldhaften Verhaltens des Frachtführers **im Einzelnen ausgehandelt** worden sind.[104] Abweichendes gilt, wenn die Vereinbarung die Grenze der Sittenwidrigkeit (§ 138 BGB) überschreitet[105] oder eine vorsätzliche Schadensverursachung in dem in → Rn. 4 f. dargestellten Sinne vorliegt (§ 276 Abs. 3 BGB).[106] Der Geschädigte kann im Übrigen, da er im Falle eines qualifizierten Verschuldens durch die Regelung des § 435 besser gestellt werden soll als in sonstigen Schadensfällen, **wahlweise** auch den in § 429 geregelten Wertersatz verlangen.[107] Er muss es dabei allerdings hinnehmen, dass die Haftung des Frachtführers gem. § 431 summenmäßig beschränkt ist und weitere Schäden iSd § 432 S. 2 nicht ersetzt werden sowie auch alle anderen frachtrechtlichen Regelungen zur Haftungsbefreiung und Haftungsbegrenzung des Frachtführers gelten.[108]

V. Darlegungs- und Beweislast; prozessuale Fragen

Die Bestimmung des § 435 enthält eine Ausnahmeregelung, sodass die **Darlegungs- und Beweislast** für das Vorliegen ihrer tatbestandsmäßigen Voraussetzungen **beim Ersatzberechtigten** liegt.[109] Wenn allerdings sein Vortrag oder der unstreitige Sachverhalt nach den Umständen des Falles ein grob fahrlässiges Verschulden mit gewisser Wahrscheinlichkeit nahelegt und allein der Frachtführer zur Aufklärung des in seinem Bereich entstandenen Schadens zumutbarerweise beitragen kann, darf dieser sich **in Verlustfällen** zur Vermeidung prozessualer Nachteile nicht auf ein Bestreiten des Vortrags des Gegners beschränken; vielmehr ist er solchenfalls gehalten, das Informationsdefizit des Gegners durch detaillierten Vortrag zum Ablauf seines Betriebs und zu den von ihm ergriffenen Sicherungsmaßnahmen auszugleichen, und kann, wenn er dieser **sekundären Darlegungslast** nicht nachkommt, daraus je nach den Umständen des Einzelfalls der Schluss auf ein qualifiziertes Verschulden gerechtfertigt sein.[110] Anhaltspunkte, die einen solchen Schluss rechtfertigen können, bestehen etwa dann, wenn der Frachtführer trotz Nachfrage nichts zu den näheren Umständen des Verlusts und zu den von ihm angestellten Nachforschungen zum Verbleib des Gutes vorgetragen hat[111] und die **Schadensursache daher völlig ungeklärt** bleibt.[112] Die danach bestehende Einlassungsobliegenheit stellt ein allgemeines Institut des Prozessrechts dar und gilt daher unbeschadet der bei Briefsendungen gem. § 449 möglichen Haftungsbeschränkungen auch für diese.[113] Der Frachtführer hat in dieser Hinsicht, soweit es ihm im konkreten Fall zuzumuten ist und für die Beurteilung des Schadensfalls von Bedeutung sein kann, in substantiierter Weise den Organisationsablauf in seinem Betrieb offenzulegen, darzutun, welche auf der Hand liegenden Schadensverhütungsmaßnahmen er oder seine Hilfspersonen getroffen hatten,

---

[103] Für eine differenzierte Berücksichtigung des Mitverschuldens bei Lieferfristüberschreitungen bei qualifiziertem Verschulden des Frachtführers je nachdem, ob es sich um Verbotsgut handelte, die Wertdeklaration unterlassen wurde oder der Auftrag in Kenntnis der mangelhaften Betriebsorganisation des Frachtführers erteilt wurde, tritt allerdings *Skradde* ein (TranspR 2015, 22 [24–30]).

[104] Vgl. dazu MüKoHGB/*Thume* Rn. 29; *Koller* Rn. 19 Fn. 300.

[105] MüKoHGB/*Koller* Rn. 29; Staub/*Maurer* Rn. 24.

[106] Staub/*Maurer* Rn. 24.

[107] Vgl. BGH Urt. v. 3.3.2005 – I ZR 134/02, TranspR 2005, 253 (254) = VersR 2005, 1557 = NJW-RR 2005, 908; OLG Stuttgart Urt. v. 5.9.2001 – 3 U 30/01, TranspR 2002, 23; *Koller* Rn. 19; MüKoHGB/*Thume* Rn. 27; Oetker/*Paschke* Rn. 12; Staub/*Maurer* Rn. 24; *Rinkler* TranspR 2005, 305 (306); *Thume* TranspR 2008, 78 (79 ff.); aA *Schriefers* TranspR 2007, 184 ff.

[108] BGH Urt. v. 30.9.2010 – I ZR 39/09, BGHZ 187, 141 Rn. 44 ff. (48) = TranspR 2010, 437 = VersR 2011, 819 = NJW 2011, 296 (zu Art. 29 CMR); *Koller* Rn. 19; MüKoHGB/*Thume* Rn. 27; Oetker/*Paschke* Rn. 12; *Thume* TranspR 2008, 78 (79 ff.); *Skradde,* Schadensersatz im Transportrecht – Der ersatzfähige Schaden des Transportrechts, 2016, 189–191; aA OLG Nürnberg Urt. v. 4.2.2009 – 12 U 144/08, TranspR 2009, 256 (260).

[109] Begründung des Regierungsentwurfs des TRG, BT-Drs. 13/8445, 72; stRspr.; vgl. nur BGH Urt. v. 13.1.2011 – I ZR 188/08, TranspR 2011, 218 Rn. 15 = VersR 2011, 1161 = NJW-RR 2011, 1181; Urt. v. 3.3.2011 – I ZR 50/10, TranspR 2011, 220 Rn. 20 = VersR 2011, 1332; Urt. v. 19.7.2012 – I ZR 104/11, TranspR 2013, 111 Rn. 18 = VersR 2013, 1151 = RdTW 2013, 99; Urt. v. 13.12.2012 – I ZR 236/11, TranspR 2013, 286 Rn. 14 = RdTW 2013, 271, jeweils mwN; vgl. weiter MüKoHGB/*Thume* Rn. 51 mwN.

[110] StRspr.; vgl. nur BGH Urt. v. 18.12.2008 – I ZR 128/06, TranspR 2009, 134 Rn. 14 = NJW-RR 2009, 751 mwN; Urt. v. 10.12.2009 – I ZR 154/07, TranspR 2010, 78 Rn. 16 = VersR 2010, 648 = NJW 2010, 1816; Urt. v. 13.1.2011 – I ZR 188/08, TranspR 2011, 218 Rn. 15 = VersR 2011, 1161 = NJW-RR 2011, 1181; Urt. v. 3.3.2011 – I ZR 50/10, TranspR 2011, 220 Rn. 20 = VersR 2011, 1332; Urt. v. 19.7.2012 – I ZR 104/11, TranspR 2013, 111 Rn. 18 = VersR 2013, 1151 = RdTW 2013, 99; Urt. v. 13.12.2012 – I ZR 236/11, TranspR 2013, 286 Rn. 14 = RdTW 2013, 271; Urt. v. 1.12.2016 – I ZR 128/15, TranspR 2017, 175 (183) = RdTW 2017, 127 Rn. 61; *Koller* Rn. 21b und 21c m. umfangr. Nachw. auch zur in Einzelpunkten teilweise abweichenden instanzgerichtlichen Rspr. und zum Schrifttum; MüKoHGB/*Thume* Rn. 51 und 52.

[111] Vgl. BGH Urt. v. 4.7.2013 – I ZR 156/12, TranspR 2014, 146 Rn. 16 mwN = VersR 2014, 603 = NJW-RR 2014, 215 = RdTW 2014, 55.

[112] Vgl. BGH Urt. v. 2.4.2009 – I ZR 60/06, TranspR 2009, 262 Rn. 27 = NJW-RR 2009, 1335; Urt. v. 3.3.2011 – I ZR 50/10, TranspR 2011, 220 Rn. 21 = VersR 2011, 1332; *Koller* Rn. 21c mwN in Fn. 442 f.

[113] OLG Köln Urt. v. 24.5.2005 – 3 U 195/04, TranspR 2006, 397 (398 f.) = VersR 2006, 995 = NJW-RR 2005, 1487; *Koller* Rn. 21b m. Hinw. auf die vom BGH vertretene Gegenauffassung.

mitzuteilen, welche Ermittlungsmaßnahmen wegen des Verlusts eingeleitet worden sind, und die beteiligten Personen unter Angabe ihrer ladungsfähigen Anschrift zu benennen.[114] Insoweit trifft ihn auch eine **Recherchepflicht,** wobei auch unzureichende Nachforschungen zum Verbleib einer als nicht angekommen gemeldeten Sendung den Schluss auf ein qualifiziertes Verschulden des Frachtführers zulassen.[115] Die Einlassungsobliegenheit des Frachtführers soll dem Geschädigten allerdings **keineswegs jegliche eigene Ermittlungstätigkeit ersparen,** sondern es ihm lediglich ermöglichen, einen Vortrag zur Schadensursache zu halten, den er ohne eine dem Frachtführer mögliche und zumutbare Aufklärung nicht halten könnte.[116] Ein **Verzicht auf die Dokumentation** in den AGB eines Paketdienstunternehmens, dem auf Grund seiner unklaren Fassung nicht entnommen werden kann, dass der Kunde auf die Durchführung von Schnittstellenkontrollen verzichtet, hat keinen Einfluss auf die Einlassungsobliegenheit des Unternehmens.[117] Dagegen bedarf es im Blick auf Schadensverhütungsmaßnahmen, auf deren Vornahme der Absender wirksam verzichtet hat, keiner Aufklärung durch den Frachtführer.[118] Soweit Hilfspersonen iSd § 428 zu einer Kooperation nicht bereit sind, geht dies zu Lasten des Frachtführers.[119]

16   Im Falle der **Beschädigung** des Gutes besteht nach der Rspr. des **BGH** eine **sekundäre Darlegungslast,** wenn der am Gut eingetretene Schaden auf einer **unzureichenden Sicherung des Gutes** beruht[120] oder der Anspruchsteller **Umstände** vorträgt, aus denen sich eine **gewisse Wahrscheinlichkeit** ergibt, dass der eingetretene Schaden auf einem **qualifizierten Verschulden** des Frachtführers oder seiner Leute beruht.[121] Solche Umstände können sich insbesondere aus der **Schadensursache**[122] oder aus der **Art** und/oder dem **Ausmaß der Beschädigung** ergeben.[123] Dem Frachtführer obliegt es alsdann, in angemessenem Umfang die Schadensursachen zu ermitteln und mitzuteilen, welche Kenntnisse er über den konkreten Schadensverlauf hat und welche Schadensursachen er ermitteln konnte.[124] Aus der Erfolglosigkeit entsprechender angemessener Nachforschungen kann aber ebenso wenig wie aus der Tatsache allein, dass eine offensichtliche Beschädigung während des Transports nicht dokumentiert wurde, die Vermutung für das Vorliegen der Voraussetzungen eines qualifizierten Verschuldens hergeleitet werden, sodass der Ersatzberechtigte ggf. beweisfällig bleibt.[125] Den Frachtführer kann es allerdings nicht entlasten, dass er oder seine Hilfspersonen die bei der Entstehung des Schadens ohne Weiteres erkennbaren Schadensursachen nicht dokumentiert haben und eine spätere Recherche daher ins Leere läuft.[126] Dasselbe hat für die Fälle der **Lieferfristüberschreitung** zu gelten.[127]

17   Die Grundsätze der sekundären Darlegungslast lassen die **Beweislastverteilung unberührt.** Der Frachtführer braucht daher die Durchführung der von ihm dargelegten Maßnahmen zur Verhütung von Schäden nicht zu beweisen; eine in dieser Hinsicht verbleibende Unerweislichkeit geht zu Lasten des Anspruchstellers.[128]

---

[114] Vgl. BGH Urt. v. 21.3.2007 – I ZR 166/04, TranspR 2007, 361 Rn. 17 = VersR 2008, 515 = NJW-RR 2007, 1630; Urt. v. 18.12.2008 – I ZR 128/06, TranspR 2009, 134 Rn. 14 ff. = NJW-RR 2009, 751; Urt. v. 10.12.2009 – I ZR 154/07, TranspR 2010, 78 Rn. 16 = VersR 2010, 648 = NJW 2010, 1816; Urt. v. 19.7.2012 – I ZR 104/11, TranspR 2013, 111 Rn. 19 = VersR 2013, 1151 = RdTW 2013, 99; *Koller* Rn. 21c; *Temme* Sonderbeilage TranspR 2004, 37 (38 f.).

[115] Vgl. BGH Urt. v. 19.7.2012 – I ZR 104/11, TranspR 2013, 111 Rn. 19 und 28 mwN = VersR 2013, 1151 = RdTW 2013, 99; aA *Koller* Rn. 21c.

[116] Vgl. OLG Düsseldorf Urt. v. 26.7.2004 – 18 U 253/03, TranspR 2005, 118 (122 f.); *Koller* Rn. 21c mwN in Fn. 503 f.

[117] BGH Urt. v. 9.10.2003 – I ZR 275/00, TranspR 2004, 175 (176); Urt. v. 4.3.2004 – I ZR 200/01, TranspR 2004, 460 (462).

[118] *Koller* Rn. 21c bei Fn. 502; unklar OLG Düsseldorf Urt. v. 4.7.2001 – 18 U 88/00, TranspR 2002, 158 (161).

[119] BGH Urt. v. 4.3.2004 – I ZR 200/01, TranspR 2004, 460 (462); *Koller* Rn. 21c mwN in Fn. 492–495.

[120] Vgl. BGH Urt. v. 8.5.2002 – I ZR 34/00, TranspR 2002, 408 (409) = VersR 2003, 395 = NJW-RR 2002, 1609; Urt. v. 3.11.2005 – I ZR 325/02, TranspR 2006, 35 (37) = VersR 2006, 389 Rn. 19 = NJW-RR 2006, 616, insoweit in BGHZ 164, 394 nicht abgedruckt.

[121] BGH Urt. v. 11.4.2013 – I ZR 61/12, TranspR 2013, 437 Rn. 31 = VersR 2014, 726 = RdTW 2013, 479; *Koller* Rn. 21e, jeweils mwN.

[122] Vgl. dazu die Nachweise bei *Koller* Rn. 21e Fn. 513.

[123] Vgl. dazu die Nachweise bei *Koller* Rn. 21e Fn. 514.

[124] BGH Urt. v. 13.1.2011 – I ZR 188/08, TranspR 2011, 218 Rn. 16 = VersR 2011, 1161 = NJW-RR 2011, 1181; Urt. v. 12.1.2012 – I ZR 214/10, TranspR 2012, 107 Rn. 24 = VersR 2013, 251 = NJW-RR 2012, 364; Urt. v. 13.6.2012 – I ZR 87/11, TranspR 2012, 463 Rn. 18 = VersR 2013, 475 = NJW 2012, 3774 = RdTW 2013, 24; *Koller* Rn. 21e, jeweils mwN.

[125] BGH Urt. v. 22.11.2007 – I ZR 74/05, BGHZ 174, 244 Rn. 26 f. = TranspR 2007, 30 = VersR 2008, 508 = NJW 2008, 920 mwN; zust. MüKoHGB/*Thume* Rn. 54 mwN; krit. dagegen *Koller* 9. Aufl. Rn. 21e mwN in Fn. 462 m. Hinw. darauf, dass der Geschädigte bei gravierenden Beschädigungen genauso im Dunkeln tappen kann wie bei Verlusten, zumal wenn an den Schnittstellen keine Kontrollen auf äußerliche Unversehrtheit stattfinden.

[126] *Koller* Rn. 21e m. Nachw. in Fn. 520 zur die teilweise noch weitergehende Rspr. der Oberlandesgerichte.

[127] OLG Hamm Urt. v. 18.8.2008 – 18 U 199/07, TranspR 2009, 167 (168 f.); *Koller* Rn. 21e mwN in Fn. 523; *Skradde* TranspR 2015, 22 (23).

[128] BGH Urt. v. 10.12.2009 – I ZR 154/07, TranspR 2010, 78 Rn. 20 = VersR 2010, 648 = NJW 2010, 1816; *Koller* Rn. 21c mwN in Fn. 505 und Rn. 21e mwN in Fn. 521.

Wenn der Frachtführer seiner **sekundären Darlegungslast** nicht in dem gebotenen Umfang nach- **18** kommt, spricht eine **widerlegliche tatsächliche Vermutung** dafür, dass ihn oder seine Hilfspersonen iSd § 428 in objektiver wie in subjektiver Hinsicht ein **qualifiziertes Verschulden iSd § 435** trifft.[129] Ansonsten trägt der **Anspruchsteller** grundsätzlich die **volle Beweislast (§ 286 ZPO)** dafür, dass der eingetretene Schaden auf einem solchen schuldhaften Verhalten beruht.[130] Er kann diesen Beweis auch hinsichtlich der subjektiven Voraussetzungen des § 435 auf Grund von **Indizien** führen und sich dabei ggf. auf **Erfahrungssätze** stützen.[131] Dagegen kommt ein **Anscheinsbeweis** für die **subjektiven Voraussetzungen eines qualifizierten Verschuldens nicht** in Betracht.[132] Bei der Bewertung des objektiven Sachverhalts sind insbesondere zutage getretene elementare Fehler und Versäumnisse und vor Allem auch das Verhalten der Person(en) zu berücksichtigen, das zum Schaden geführt hat.[133] Der Nachweis des Bewusstseins, dass ein Schaden mit Wahrscheinlichkeit eintreten werde, ist bereits dann geführt, wenn feststeht, dass der Frachtführer eine Eingangskontrolle oder Ausgangskontrolle unterlässt, obwohl er weiß oder wissen muss, dass es darauf entscheidend ankommt.[134] Die **revisionsrechtliche Überprüfung** der tatrichterlichen Beurteilung, ob eine bewusste Leichtfertigkeit vorlag, ist darauf **beschränkt**, ob der Tatrichter den Rechtsbegriff der bewussten Fahrlässigkeit verkannt hat und ob Verstöße gegen § 286 ZPO, die Denkgesetze oder Erfahrungssätze vorliegen.[135] Wenn ein vorsätzliches oder bewusst leichtfertiges Verhalten des Schädigers nachgewiesen ist, hat der Frachtführer die vom Geschädigten behauptete **Ursächlichkeit** dieses Verhaltens für den eingetretenen Schaden zu widerlegen, wenn das qualifizierte Verschulden nach der Art des Schadens ernsthaft als dessen Ursache in Betracht kommt; davon ist regelmäßig[136] bei nachgewiesener qualifiziert mangelhafter Schnittstellenkontrolle in Verlustfällen, nicht aber bei Beschädigungen auszugehen.[137]

VI. Abdingbarkeit

Die Bestimmung des § 435 ist, soweit sie die unbeschränkte Haftung bei vorsätzlichem Verhalten **19** anordnet, gem. **§ 276 Abs. 3 BGB** überhaupt nicht und im Übrigen nur in dem durch **§ 449** vorgegebenen Rahmen und daher **auch im Verhältnis zwischen Frachtführern und anderen Unternehmern durch AGB nicht abdingbar.** Unwirksam sind daher insbesondere **auch Klauseln, die die Obhutspflichten des Frachtführers abmildern,** die ihrerseits die Grundlage des Vorwurfs der Leichtfertigkeit bilden.[138] Die im Schrifttum[139] überwiegend vertretene **gegenteilige Auffassung** wird insbesondere damit begründet, dass in § 449 allein die Unabdingbarkeit der sekundären Ansprüche wie insbesondere der Schadens- und Wertersatzansprüche angeordnet sei, nicht dagegen die das „Wie" der Transportabwicklung betreffenden Primärleistungspflichten geregelt seien, und dass dort anders als in § 307 Abs. 3 S. 1 BGB nicht allgemein von Bestimmungen die Rede ist, „die von Rechtsvorschriften abweichen oder diese ergänzen", sondern bewusst nur bestimmte Haftungsnormen aufgeführt seien; außerdem komme es durch den privatautonomen Verzicht auf bestimmte Schutzmaßnahmen auch weder zu einer Kollision mit § 426 noch zur Erlaubnis leichtfertigen Verhaltens und sei es im Übrigen absurd, wenn die Transportqualität in allen Fällen einzelvertraglich ausgehandelt werden müsste. **Diese**

[129] Vgl. BGH Urt. v. 20.9.2007 – I ZR 43/05, TranspR 2008, 113 Rn. 30; Urt. v. 30.1.2008 – I ZR 146/05, TranspR 2008, 117 Rn. 29; *Koller* Rn. 21d, jeweils mwN.

[130] BGH Urt. v. 10.12.2015 – I ZR 87/14, TranspR 2016, 464 Rn. 38 = RdTW 2016, 136; *Koller* Rn. 20; MüKoHGB/*Thume* Rn. 51, jeweils mwN.

[131] Vgl. MüKoHGB/*Thume* Rn. 16; *Koller* Rn. 20a m. umfangr. Nachw. in Fn. 386–397.

[132] BGH Urt. v. 21.3.2007 – I ZR 166/04, TranspR 2007, 361 Rn. 20 = VersR 2008, 515 = NJW-RR 2007, 1630; *Fremuth* in Fremuth/Thume TranspR Rn. 20; *Koller* Rn. 20a aE, jeweils mwN.

[133] Vgl. BGH Urt. v. 25.3.2004 – I ZR 205/01, BGHZ 158, 322 (329–332) = TranspR 2004, 309 (311 f.) = VersR 2004, 1335 = NJW 2004, 2445; Urt. v. 17.6.2004 – I ZR 263/01, TranspR 2004, 399 (401) = VersR 2006, 570 = NJW-RR 2005, 265; Urt. v. 11.11.2004 – I ZR 120/02, TranspR 2006, 161 (164).

[134] BGH Urt. v. 25.3.2004 – I ZR 205/01, BGHZ 158, 322 (333 f.) = TranspR 2004, 309 (312) = VersR 2004, 1335 = NJW 2004, 2445.

[135] BGH Urt. v. 1.7.2010 – I ZR 176/08, TranspR 2011, 78 Rn. 20 mwN = VersR 2011, 373 = NJW-RR 2011, 117.

[136] Vgl. aber auch BGH Urt. v. 20.9.2007 – I ZR 43/05, TranspR 2008, 113 Rn. 32.

[137] Vgl. BGH Urt. v. 15.11.2001 – I ZR 158/99, BGHZ 149, 337 (348) = TranspR 2002, 295 (298) = VersR 2002, 1440 = NJW 2002, 3106; Urt. v. 15.11.2001 – I ZR 182/99, TranspR 2002, 302 (305) = VersR 2003, 1007 = NJW-RR 2002, 1108; Urt. v. 15.11.2001 – I ZR 122/99, TranspR 2002, 448 (451); Urt. v. 15.11.2001 – I ZR 163/99, TranspR 2002, 452 (458); Urt. v. 20.1.2005 – I ZR 95/01, TranspR 2005, 311 (314) = VersR 2006, 814 = NJW-RR 2005, 1277; Urt. v. 30.1.2008 – I ZR 146/05, TranspR 2008, 117 Rn. 30; *Koller* Rn. 21 mwN in Fn. 407–410.

[138] StRspr.; vgl. nur BGH Urt. v. 30.1.2008 – I ZR 146/05, TranspR 2008, 117 Rn. 25 mwN und die Nachw. – auch zur instanzgerichtlichen Rspr. – in der → 1. Aufl. 2001, Fn. 78 sowie bei *Koller* § 449 Rn. 6; ebenso im Schrifttum *Andresen*/Valder § 426 Rn. 9; *Oetker*/*Paschke* Rn. 23; vgl. weiter – zu der Frage, inwieweit insbesondere ein Verzicht des Absenders auf die Durchführung von Schnittstellenkontrollen wirksam ist – → § 449 Rn. 17 und 33.

[139] Vgl. Heymann/*Joachim* Rn. 11; Heymann/*Schlüter* § 449 Rn. 6; *Koller* Rn. 23 und § 449 Rn. 6; *Koller* TranspR 2006, 265 ff.; *Koller* TranspR 2006, 413 (420 f.); MüKoHGB/*Thume* Rn. 57; *Tomhave* TranspR 2006, 124 (126); ebenso OLG Oldenburg Urt. v. 28.9.2001 – 3 U 50/01, TranspR 2002, 154.

Auffassung lässt jedoch den in § 449 eindeutig zum Ausdruck gebrachten **Willen des Gesetzgebers unberücksichtigt, dass vertragliche Abweichungen von der Haftungsregelung der §§ 425–438 unabhängig von der allgemeinen AGB-rechtlichen Einordnung** als der Inhaltskontrolle entzogene Leistungsbeschreibungen oder als kontrollfähige Einschränkungen, Ausgestaltungen oder Modifikationen des Hauptleistungsversprechens grundsätzlich **nur durch im Einzelnen ausgehandelte Vereinbarungen möglich** sein sollen.[140] Abreden über den Transportweg und das vom Frachtführer einzusetzende Transportmittel betreffen allerdings nicht nur die Ausgestaltung oder Modifikation des Hauptleistungsversprechens, sondern dieses selbst und unterfallen nicht dem Anwendungsbereich des § 449.[141] Die Klausel, dass „eine schriftliche Ein- und Ausgangsdokumentation an den einzelnen Umschlagstellen nicht durchgeführt wird", enthält lediglich einen – wirksamen – **Verzicht auf die schriftliche Dokumentation der Schnittstellenkontrolle.**[142]

20   Durch eine **Individualvereinbarung** kann von § 435 zugunsten des Frachtführers nur nach Maßgabe des **§ 449 Abs. 1 und 3** und daher insbesondere nur dann abgewichen werden, wenn der **Absender kein Verbraucher** ist. Beim Vorliegen einer entsprechenden Vereinbarung können daher Haftungsbegrenzungen erhalten bleiben, die zwischen den Parteien auch für den Fall eines qualifiziert schuldhaften Verhaltens der Parteien ausgehandelt wurden (→ Rn. 14).

§ 436 Haftung der Leute

[1]**Werden Ansprüche aus außervertraglicher Haftung wegen Verlust oder Beschädigung des Gutes oder wegen Überschreitung der Lieferfrist gegen einen der Leute des Frachtführers erhoben, so kann sich auch jener auf die in diesem Unterabschnitt und im Frachtvertrag vorgesehenen Haftungsbefreiungen und -begrenzungen berufen.** [2]**Dies gilt nicht, wenn er vorsätzlich oder leichtfertig und in dem Bewußtsein, daß ein Schaden mit Wahrscheinlichkeit eintreten werde, gehandelt hat.**

Schrifttum: *Hübsch*, Das Haftungsrisiko von Berufskraftfahrern bei Verkehrsunfällen, FS Herber, 1999, 224; *Katzenstein*, Haftungsbeschränkungen zugunsten und zulasten Dritter, 2004; *Kehl*, Die Haftung des Unterfrachtführers im Straßengüterverkehr, 2004; *Koller*, Haftungsbeschränkungen zu Gunsten selbständiger Hilfspersonen und zu Lasten Dritter im Transportrecht, TranspR 2015, 409; *Ramming*, Die Himalaya-Regelungen, RdTW 2018, 447; *Schönwerth*, Die Auswirkungen des Transportrechtsreform-Gesetzes auf das Luftfrachtrecht, FG Ruhwedel, 2004, 247.

Parallelvorschriften: § 508 HGB; Art. 28 Abs. 2 CMR; Art. 51 Abs. 2 CIM; Art. 25 WA.

I. Allgemeines

1   Die Vorschrift soll zum einen verhindern, dass die **Leute des Frachtführers iSd § 428 S. 1** in weiterem Umfang als dieser selbst in Anspruch genommen werden können.[1] Zum anderen sollen die Haftungsschranken, die für den Frachtführer bestehen, vor einer Aushöhlung durch arbeitsrechtliche Freistellungsansprüche geschützt werden.[2] Vereinbarungen im Frachtvertrag, die die Regelung des § 436 zu Lasten der Leute des Frachtführers einschränken, sind unwirksam, Vereinbarungen, die für die Leute weitergehende Haftungsbefreiungen oder -begrenzungen vorsehen, dagegen dann wirksam, wenn sie sich im Rahmen des § 449 halten.[3]

2   **Hilfspersonen iSd § 428 S. 2** wie insbesondere selbstständige Erfüllungsgehilfen und deren Leute werden durch die Regelung des § 436 – insoweit abweichend von Art. 28 Abs. 2 CMR, Art. 51 Abs. 2 CIM – dagegen **nicht geschützt.** Bei ihnen besteht nicht die Gefahr, dass das Haftungssystem der §§ 425 ff. durch arbeitsrechtliche Freistellungsansprüche entwertet wird, und greift ggf. auch der frachtrechtliche Haftungsschutz nach § 437 ein; außerdem sind sie selbst dann nicht im selben Maße schutzbedürftig wie abhängig beschäftigte Personen, wenn kein solcher Schutz besteht.[4] Eine selb-

---

[140] BGH Urt. v. 1.12.2005 – I ZR 103/04, TranspR 2006, 169 (170 f.) = NJW-RR 2006, 758 Rn. 20–29; Urt. v. 1.12.2005 – I ZR 108/04, TranspR 2006, 171 (173), jeweils m. Hinw. auf die Begründung des Regierungsentwurfs des TRG, BT-Drs. 13/8445, 86; MüKoHGB/*C. Schmidt* § 449 Rn. 40 f.

[141] → § 449 Rn. 2 und 3.

[142] Vgl. BGH Urt. v. 9.10.2003 – I ZR 275/00, TranspR 2004, 175 (176); *Koller* Rn. 23a; MüKoHGB/*Thume* Rn. 59.

[1] Begründung des Regierungsentwurfs des TRG, BT-Drs. 13/8445, 73.

[2] Vgl. Begründung des Regierungsentwurfs des TRG, BT-Drs. 13/8445, 73; *Hübsch* FS Herber, 1999, 224 (225 ff.); MüKoHGB/*Herber/Harm* Rn. 1; Heymann/*Joachim* Rn. 1; BeckOK HGB/*Kirchhof* Rn. 1; eingehend Staub/*P. Schmidt* Rn. 2; abweichend *Koller* Rn. 1, der diesen letzteren Gesetzeszweck für bei näherer Betrachtung bedeutungslos erachtet, dabei aber allein den Sonderfall in den Blick nimmt, dass sich die Leute des Frachtführers auch dann auf die niedrigeren Haftungsschranken des HGB berufen dürfen, wenn dieser selbst auf Grund von gem. § 449 wirksamen Vereinbarungen weitergehend haftet.

[3] *Ramming* RdTW 2018, 447 (456); → § 449 Rn. 18.

[4] Begründung des Regierungsentwurfs des TRG, BT-Drs. 13/8445, 73; MüKoHGB/*Herber/Harm* Rn. 2 und 7; Staub/*P. Schmidt* Rn. 3; *Koller* Rn. 9; Baumbach/Hopt/*Merkt* Rn. 1; Oetker/*Paschke* Rn. 3; *Katzenstein*, Haftungs-

ständige Hilfsperson des Frachtführers kann allerdings dann nicht unbeschränkt in Anspruch genommen werden, wenn eine im Innenverhältnis zwischen diesen Personen vereinbarte vertragliche Haftungsbeschränkung auch im Verhältnis zum geschädigten Absender oder Empfänger wirkt; bei der Annahme einer solchen Drittwirkung ist jedoch Zurückhaltung geboten.[5] Ebenso kann eine im Verhältnis zwischen dem Absender und dem Frachtführer geltende Haftungsbeschränkung gem. § 437 Abs. 4 iVm § 436 zugunsten des selbständigen Erfüllungsgehilfen wirken.[6] Nicht geschützt wird allerdings der gute Glaube, dass der in der Vertragskette stehende erste Auftraggeber und der Eigentümer des Gutes die Erlaubnis zu dessen Beförderung erteilt haben.[7] Zur Haftung von **Organen, gesetzlichen Vertretern** und **Gesellschaftern** des Frachtführers → § 434 Rn. 12.

II. Tatbestand

1. Leute des Frachtführers. Die Vorschrift bezieht sich auf außervertragliche Ansprüche wegen **3** Schäden, die einer der Leute des Frachtführers in Ausübung seiner Verrichtungen[8] verursacht hat. Sie knüpft insoweit im vollen Umfang an die in § 428 S. 1 getroffene Regelung (→ § 428 Rn. 5–7) an.[9]

2. Betroffene Anspruchinhaber. Im Gegensatz zu § 434 unterscheidet § 436 nicht zwischen **4** außervertraglichen Ansprüchen des Eigentümers, der zugleich Absender oder Empfänger ist, und außervertraglichen Ansprüchen sonstiger Geschädigter. Dies deutet an sich darauf hin, dass § 436 auch zu Lasten derjenigen Anspruchsteller gilt, die weder Absender noch Empfänger sind und denen das Gut womöglich sogar abhandengekommen ist. Im Hinblick auf den Zweck des § 436, zu verhindern, dass die Leute des Frachtführers in weiterem Umfang als dieser selbst in Anspruch genommen werden können (→ Rn. 1), besteht jedoch Einigkeit darüber, dass die in § 434 in dieser Hinsicht getroffene Unterscheidung in § 436 mit hineinzulesen ist; Eigentümer, die weder Absender noch Empfänger des Gutes sind, müssen sich daher § 436 insoweit nicht entgegenhalten lassen, als der Frachtführer selbst nach § 434 haftet.[10]

3. Betroffene Ansprüche. Da § 436 an die Regelung in § 434 anschließt und diese ergänzt **5** (→ Rn. 4), ist der **Begriff der Ansprüche** aus außervertraglicher Haftung wegen Verlust oder Beschädigung des Gutes oder wegen Überschreitung der Lieferfrist in § 436 **im selben** (erweiterten) **Sinn wie** in § 434 (→ § 434 Rn. 7–12) zu verstehen.[11] Nach ihrem Sinn und Zweck ist die Vorschrift auch dann entsprechend anzuwenden, wenn der Schaden erst nach der Ablieferung entstanden ist;[12] dafür spricht insbesondere die Erwägung, dass kein Anlass besteht, den Geschädigten in einem solchen Fall besser zu stellen als dann, wenn der Schaden vom Frachtführer selbst verursacht worden wäre. Von § 436 unberührt bleiben dagegen Ansprüche des Absenders oder Empfängers, die daraus resultieren, dass Leute des Frachtführers sie an Leben, Gesundheit oder anderen Gütern als den transportierten geschädigt haben oder für sie als Gehilfen tätig geworden sind und ihnen dabei – ggf. auch am Frachtgut – Schaden zugefügt haben.[13]

III. Rechtsfolge

Die Leute des Frachtführers iSd § 428 S. 1 können sich gem. **§ 436 S. 1** grundsätzlich auf die in **6** den §§ 407 ff. vorgesehenen **gesetzlichen Haftungsbefreiungen und Haftungsbeschränkungen**[14] berufen. Wie sich aus dem Wortlaut der Vorschrift und dem vom Gesetzgeber eindeutig geäußerten

---

beschränkungen zugunsten und zulasten Dritter, 2004, 418 mwN in Fn. 1115; aA *Schönwerth* FG Ruhwedel, 2004, 247 (258 f.).

[5] Vgl. *Katzenstein*, Haftungsbeschränkungen zugunsten und zulasten Dritter, 2004, 45 ff., 48 ff., 316 ff.; *Koller* Rn. 9 mwN in Fn. 40–42.

[6] Vgl. *Katzenstein*, Haftungsbeschränkungen zugunsten und zulasten Dritter, 2004, 102 ff., 419 f.; MüKoHGB/ *Herber/Harm* Rn. 7; *Oetker/Paschke* Rn. 3.

[7] *Koller* Rn. 9; *Koller* TranspR 2015, 409 (417); *Katzenstein*, Haftungsbeschränkungen zugunsten und zulasten Dritter, 2004, 309.

[8] Dieses Erfordernis ergibt sich zwar nicht aus dem Wortlaut des § 436 S. 1, aber aus der Parallelität der dortigen Regelung zu § 428 S. 1 (vgl. *Koller* Rn. 4).

[9] *Koller* Rn. 4; MüKoHGB/*Herber/Harm* Rn. 4; *Oetker/Paschke* Rn. 2; eingehend *Ramming* RdTW 2018, 447 (450 f.); aA *Schönwerth* FG Ruhwedel, 2004, 247 (258).

[10] *Fremuth* in Fremuth/Thume TranspR Rn. 8; *Koller* Rn. 5; *Heymann/Joachim* Rn. 3; MüKoHGB/*Herber/Harm* Rn. 5; *Oetker/Paschke* Rn. 5; *Staub/P. Schmidt* Rn. 14; BeckOK HGB/*Kirchhof* Rn. 1; *Ramming* RdTW 2018, 447 (450).

[11] Vgl. *Koller* Rn. 3; *Oetker/Paschke* Rn. 6; abweichend MüKoHGB/*Herber/Harm* Rn. 4 (Ausdehnung nur auf die in § 413 Abs. 2 S. 2 und § 445 Abs. 3 geregelten Fälle) und *Staub/P. Schmidt* Rn. 8 f. (Ausdehnung nur auf die in § 413 Abs. 2, § 422 und § 446 geregelten Fälle).

[12] Vgl. BGH Urt. v. 10.1.2008 – I ZR 13/05, TranspR 2008, 84 Rn. 15 = VersR 2008, 1236 = NJW-RR 2008, 1359.

[13] *Koller* Rn. 3; *Staub/P. Schmidt* Rn. 9.

[14] Vgl. iE § 413 Abs. 2, § 419 Abs. 3, § 425 Abs. 2, §§ 426, 427, 429, 431, 432 S. 2, § 437 Abs. 1 S. 2 und Abs. 2, § 438 Abs. 3 und § 439.

Willen ergibt,[15] gilt dies auch insoweit, als der Frachtführer selbst sich nach den frachtvertraglichen Vereinbarungen auf diese Befreiungen und Beschränkungen nicht berufen kann.[16] Darüber hinaus können sich die Leute des Frachtführers gem. § 436 S. 1 grundsätzlich auch auf die dessen Haftung einschränkenden **vertraglichen Vereinbarungen** berufen.[17] Entsprechend der in § 435 enthaltenen Regelung entfallen diese Beschränkungen gem. **§ 436 S. 2** dann, wenn der Schädiger den Schaden durch ein qualifiziert schuldhaftes Verhalten verursacht hat. Sowohl nach dem Wortlaut der Vorschrift als auch nach deren Sinn und Zweck ist es dabei unerheblich, ob der Frachtführer selbst gem. § 435 unbeschränkt haftet oder nicht.[18]

§ 437 Ausführender Frachtführer

(1) [1] **Wird die Beförderung ganz oder teilweise durch einen Dritten ausgeführt (ausführender Frachtführer), so haftet dieser für den Schaden, der durch Verlust oder Beschädigung des Gutes oder durch Überschreitung der Lieferfrist während der durch ihn ausgeführten Beförderung entsteht, so, als wäre er der Frachtführer.** [2] **Vertragliche Vereinbarungen mit dem Absender oder Empfänger, durch die der Frachtführer seine Haftung erweitert, wirken gegen den ausführenden Frachtführer nur, soweit er ihnen schriftlich zugestimmt hat.**

(2) **Der ausführende Frachtführer kann alle Einwendungen und Einreden geltend machen, die dem Frachtführer aus dem Frachtvertrag zustehen.**

(3) **Frachtführer und ausführender Frachtführer haften als Gesamtschuldner.**

(4) **Werden die Leute des ausführenden Frachtführers in Anspruch genommen, so gilt für diese § 436 entsprechend.**

Schrifttum: *Bock,* Die Haftung des Spediteurs bei Straßengütertransporten, 2005; *Czerwenka,* Die Anwendung des § 437 HGB bei grenzüberschreitenden Transporten, TranspR 2012, 408; *Demuth,* Abgetretener höherer Ersatzanspruch des vertraglichen Frachtführers gegen den ausführenden Frachtführer in der Hand des Absenders, Sonderbeilage TranspR 2004, 12; *Fremuth,* Die Tätigkeit der Sachverständigenkommission zur Reform des Transportrechts, FS Herber, 1999, 65; *Herber,* Anspruch des Empfängers gegen den Unterfrachtführer aus dem Unterfrachtvertrag? BGH I ZR 50/05 vom 14.6.2007 und die Folgen, TranspR 2008, 239; *Herber,* Wer ist ausführender Verfrachter? Bemerkungen zum Referentenentwurf, TranspR 2011, 359; *Herber,* Die Haftung des Unterfrachtführers gegenüber den Ladungsbeteiligten des Hauptfrachtführers, TranspR 2013, 1; *Katzenstein,* Haftungsbeschränkungen zugunsten und zulasten Dritter, 2004; *Kehl,* Die Haftung des Unterfrachtführers im Straßengüterverkehr, 2004; *Knöfel,* Der ausführende Frachtführer – eine Rechtsfigur im Schnittpunkt von Transportrecht und allgemeinem Schuldrecht, FG Herber, 1999, 96; *Knorre,* Zur Haftung des ausführenden Frachtführers nach § 437 HGB, TranspR 1999, 99; *Koller,* Vertragliche Direktansprüche gegen schädigende Unterfrachtführer im Straßentransportrecht, VersR 1993, 920; *Koller,* Die Anwendbarkeit des § 437 HGB bei internationalen Lufttransporten, TranspR 2000, 355; *Koller,* Die Haftung des HGB-Unterfrachtführers gegenüber dem Empfänger, TranspR 2009, 229; *Koller,* Der Unterfrachtführer als Schuldner und Gläubiger, TranspR 2009, 451; *Koller,* Die Regressklage von Transportunternehmen, TranspR 2011, 389; *Koller,* Der Straßenfrachtführer als Gehilfe des Luftfrachtführers, TranspR 2013, 52; *Koller,* Wer ist Frachtführer im Sinn des § 437 HGB n. F.?, TranspR 2013, 103; *Koller,* HGB-Frachtführer und Drittschadensliquidation, TranspR 2013, 220; *Koller,* Haftungsbeschränkungen zu Gunsten selbständiger Hilfspersonen und zu Lasten Dritter im Transportrecht, TranspR 2015, 409; *Lommatzsch,* Straßenfrachtführer als Dritte, 2007; *Luther,* Die Haftung in der Frachtführerkette, TranspR 2013, 93; *Mankowski,* Die neue Haftung des Unterfrachtführers gegenüber dem Empfänger, TranspR 2016, 81; *Mankowski,* Die Haftung des ausführenden Frachtführers und des Unterfrachtführers gegenüber dem Empfänger sowie die Haftung des Empfängers im IPR, TranspR 2016, 131; *Mast,* Der multimodale Frachtvertrag nach dem deutschen Recht, 2002; *Rabe,* Die gesetzliche Regelung des Multimodaltransports unter Einschluss von Seebeförderungen, GS Helm, 2001, 301; *Ramming,* Die Haftung des ausführenden Frachtführers nach § 437 HGB, TranspR 2000, 277; *Ramming,* Neues vom ausführenden Frachtführer, VersR 2007, 1190; *Ramming,* Anmerkung zum Versäumnisurteil des BGH vom 14.6.2007 – I ZR 50/05, NJW 2008, 291; *Ramming,* Der ausführende Frachtführer bzw. Verfrachter – ein Update, RdTW 2018, 321; *Reiß,* Anmerkung zum Urteil des OLG Frankfurt vom 8.6.1982, Az. 5 U 159/81, VersR 1983, 142; *Schindler,* Die vertragliche Haftung des ausführenden Frachtführers im Frachtrecht des HGB, GS Helm, 2001, 331; *Schuster,* Haftung der Teil-, Zwischen-, Samt- und Unterfrachtführer im deutschen Gütertransportrecht, 2002; *Seyffert,* Die Haftung des ausführenden Frachtführers im neuen deutschen Frachtrecht, 2000; *Speckmann,* Die Haftung des Unterfrachtführers gegenüber dem Empfänger und sonstigen Dritten, 2012; *Temme,* Ökonomie des Transportrechts – oder ökonomisches Transportrecht?, Sonderbeilage TranspR 2004, 37; *Thume,* Die Haftung des ausführenden Frachtführers nach § 437 HGB, VersR 2000, 1071; *Thume,* Aktivlegitimation und Regressverfolgung in Deutschland, dargestellt am Beispiel der CMR, ETR 2005, 801; *Thume,*

---

[15] Vgl. Begründung des Regierungsentwurfs des TRG, BT-Drs. 13/8445, 73.

[16] Vgl. *Fremuth* in Fremuth/Thume TranspR Rn. 5 f.; *Andresen*/Valder Rn. 8; Baumbach/Hopt/*Merkt* Rn. 1; Heymann/*Joachim* Rn. 6; MüKoHGB/*Herber/Harm* Rn. 11; Oetker/*Paschke* Rn. 7; Staub/*P. Schmidt* Rn. 15; *Ramming* RdTW 2018, 447 (451); ebenso auch *Koller* Rn. 8, der allerdings die vom Gesetzgeber für diese Regelung gegebene Begründung, die Vereinbarung einer höheren Haftung stellte sonst einen Vertrag zu Lasten Dritter dar, für dogmatisch unhaltbar hält; deswegen und wegen von ihm auch angenommener Sachwidrigkeit zweifelnd, aber letztlich unentschieden *Katzenstein,* Haftungsbeschränkungen zugunsten und zulasten Dritter, 2004, 418 f.

[17] *Ramming* RdTW 2018, 447 (452).

[18] *Andresen*/Valder Rn. 9; *Koller* Rn. 7; Heymann/*Joachim* Rn. 5; MüKoHGB/*Herber/Harm* Rn. 11; Oetker/*Paschke* Rn. 8; Staub/*P. Schmidt* Rn. 16 f.; *Ramming* RdTW 2018, 447 (455).

Anmerkung zum Versäumnisurteil des BGH vom 14.6.2007 – I ZR 50/05, TranspR 2007, 427; *Valder*, Das künftige Speditionsrecht, TranspR 1998, 51; *Wagner*, Die Haftung des ausführenden Frachtführers nach dem Transportrechtsreformgesetz, ZHR 163 (1999), 679; *Weber*, Zur Anwendung von § 451f HGB beim Regreß des Hauptfrachtführers gegen den ausführenden Frachtführer, TranspR 2000, 405; *Zapp*, Ausführender Frachtführer im Sinne des § 437 HGB, TranspR 2000, 106; *Zapp*, Ansprüche gegen den ausführenden Frachtführer bei internationalen Lufttransporten, TranspR 2000, 239.

Parallelvorschriften: § 509 HGB; Art. 34 CMR; Art. 30 WA; Art. 35 §§ 1, 2 CIM.

Übersicht

I. Einleitung

Nach der zu § 432 aF und Art. 34 ff. CMR ergangenen stRspr. des BGH enthalten diese Vorschriften eine abschließende Regelung, sodass dem Auftraggeber wie auch dem Empfänger beim Nichtvorliegen ihrer Voraussetzungen gegen den vom Frachtführer eingeschalteten Unterfrachtführer, der den Schaden verursacht hat, keine Ansprüche zustehen.[1] Die deswegen als **eine der wesentlichen Neuerungen des TRG** eingeführte Bestimmung des § 437 gewährt demjenigen, dem aus dem Frachtvertrag oder dem Ladeschein ein Anspruch gegen den Hauptfrachtführer wegen Verlust oder Beschädigung des Gutes oder Überschreitung der Lieferfrist zusteht, gegen den ausführenden Frachtführer einen unmittelbaren Anspruch, wobei dieser Anspruch neben den Anspruch gegen den Hauptfrachtführer tritt. Hierdurch sollen das Insolvenzrisiko des Geschädigten gemindert, diesem in den Fällen, in denen der vom Absender beauftragte Frachtführer die Beförderung auf einen selbständigen

1

---

[1] Vgl. BGH Urt. v. 24.9.1987 – I ZR 197/85, TranspR 1988, 108 (111) = VersR 1988, 244 = NJW-RR 1988, 479; Urt. v. 28.4.1988 – I ZR 32/86, TranspR 1988, 338 (340) = VersR 1988, 825 = NJW 1988, 3095; Urt. v. 23.5.1990 – I ZR 295/88, TranspR 1990, 328 (330) = VersR 1990, 1292 = NJW-RR 1990, 1314; Urt. v. 10.5.1990 – I ZR 234/88, TranspR 1990, 418 (419) = VersR 1991, 238 = NJW-RR 1990, 1508; Urt. v. 24.10.1991 – I ZR 208/89, BGHZ 116, 15 (17 ff.) = TranspR 1992, 177 (178) = VersR 1992, 640 = NJW 1992, 1766; Urt. v. 10.12.1998 – I ZR 162/96, TranspR 1999, 155 (158) = VersR 1999, 777 = NJW 1999, 1711; aA zu Art. 30 Abs. 1 WA 1955 allerdings BGH Urt. v. 14.6.2007 – I ZR 50/05, BGHZ 172, 330 Rn. 29 ff. = TranspR 2007, 425 = NJW 2008, 289 und – dieser Entscheidung zustimmend – *Thume* TranspR 2007, 427 sowie – kritisch zu der Entscheidung – *Herber* TranspR 2008, 239 ff.; zur Gesetzgebungsgeschichte vgl. *Fremuth* FS Herber, 1999, 65 (73).

Dritten überträgt, ein leichterer Zugriff auf den tatsächlichen Schädiger ermöglicht sowie kostenträchtige Streitverkündungen in der Kette der Unterfrachtführer vermieden werden.[2] Umgekehrt soll durch die Begrenzung der Haftung des ausführenden Frachtführers zugleich auch dessen unbillige Belastung vermieden werden.[3]

2　　Die Regelung folgt dem Haftungsmodell, welches neueren internationalen Transportrechtsübereinkommen wie namentlich dem Art. II ZAG, dem Art. 10 HambR, dem Art. 2 S. 2 des Athener Übereinkommens[4] und den Art. 39–48 MÜ und im nationalen Bereich dem § 49a LuftVG sowie nunmehr auch dem neuen **§ 509 HGB** zugrunde liegt.[5] In der Praxis hat § 437 – bislang ebenso wie iÜ auch schon § 432 aF sowie die Art. 34 ff. CMR[6] – wohl deshalb keine größere Bedeutung erlangt, weil die Prozessrisiken des Geschädigten geringer sind, wenn er sofort den Hauptfrachtführer in Anspruch nimmt.[7] Außerdem sind im Fall des § 437 die Kosten, die durch eine Streitverkündung entstehen, nur dann, wenn derjenige Frachtführer verklagt wird, der auch im Innenverhältnis zwischen den Frachtführern den Schaden voll zu tragen hat, niedriger, ansonsten wohl aber sogar höher.[8]

3　　Nach der **Begründung des Regierungsentwurfs des TRG**[9] statuierte die Bestimmung des § 437 aF eine **gesetzliche Schuldmitübernahme,** wie sie etwa auch in § 419 BGB aF, §§ 25, 28 und 130 HGB zu finden ist, wobei ausschließlich die Ausführung des Transports die Haftung begründen sollte, dem ausführenden Frachtführer alle Einwendungen aus dem Unterfrachtvertrag abgeschnitten sein sollten und es insbesondere auch unerheblich sein sollte, ob dieser Vertrag wirksam war. Diese Erwägungen des historischen Gesetzgebers sprachen an sich dafür, dass der ausführende Frachtführer auch dann ebenso haftete wie der Hauptfrachtführer, wenn er den Schaden überhaupt nicht oder jedenfalls nicht im selben Maße zu verantworten hatte wie dieser, etwa weil der Hauptfrachtführer oder ein zwischengeschalteter Unterfrachtführer eine Weisung iSd §§ 418, 427 Abs. 3 und 4 nicht an ihn weitergeleitet hatten oder weil der Hauptfrachtführer vorsätzlich einen unzuverlässigen Unterfrachtführer mit dem Transport beauftragt und dieser das Gut leicht fahrlässig beschädigt hatte.[10] Allerdings ging der Hinweis in den Gesetzesmaterialien auf § 419 BGB aF und §§ 25, 28 und 130 HGB fehl, weil es sich um völlig unterschiedliche Problemkreise handelte; außerdem hatte die vom Gesetzgeber in dieser Hinsicht angestellte Erwägung in § 437 aF keinen Niederschlag gefunden.[11] Ein umfassendes gesetzlicher Schuldbeitritt hätte zudem zur Folge gehabt, dass sich der ausführende Frachtführer das Verhalten des Hauptfrachtführers hätte zurechnen lassen müssen, obwohl § 437 aF im Gegensatz zu Art. III Abs. 2 ZAG und § 49a Abs. 3 S. 2 LuftVG keine entsprechende Zurechnungsnorm enthielt.[12] Aus der Funktion des § 437 aF, das Insolvenzrisiko des Geschädigten zu mindern, folgte ebenfalls nicht notwendig, dass der ausführende Frachtführer, der den Schaden nicht oder zumindest nicht im selben Maße zu verantworten hatte wie der Hauptfrachtführer, die Folgen einer Insolvenz des Hauptfrachtführers zu tragen hatte; denn dieser hätte dann ein für ihn kaum kalkulierbares Regressrisiko zu tragen gehabt, weil er von einem Unterfrachtführer eingesetzt worden sein konnte und womöglich noch nicht einmal gewusst hatte, dass dieser nicht der Hauptfrachtführer war, und daher auch dessen Identität nicht kannte und überdies der Absender den insolvent gewordenen Hauptfrachtführer ausgesucht hatte.[13] Der Absender und der Empfänger erschienen ferner deshalb, weil sie regelmäßig nur auf die Beauftragung eines ausführenden Frachtführers in dessen Verantwortung vertraut und im Hinblick darauf disponiert hatten, als nicht schutzwürdiger als der ausführende Frachtführer, zumal dieser im Rahmen des § 437 aF anders als ein nachfolgender Frachtführer iSv § 432 HGB 1897, Art. 34 ff. CMR nicht auf die Person aufmerksam gemacht wurde, deren Insolvenzrisiko er tragen sollte.[14]

4　　Davon ist der durch das SRG neu formulierte § 437 Abs. 1 S. 1 dadurch abgerückt, dass der ausführende Frachtführer nunmehr nicht mehr „in gleicher Weise wie der Hauptfrachtführer", sondern „so, als wäre er der Frachtführer" haftet. Damit werden der Urabsender und der Endempfänger vom Risiko der Insolvenz des Hauptfrachtführers durch die Gewährung eines Direktanspruchs gegen den ausführenden Frachtführer nur insoweit entlastet, als dieser den Schaden zu verantworten hat; außerdem wird dem ausführenden Frachtführer, soweit er in zurechenbarer Weise,

---

[2] Begründung des Regierungsentwurfs des TRG, BT-Drs. 13/8445, 73 f.

[3] Begründung des Regierungsentwurfs des TRG, BT-Drs. 13/8445, 74.

[4] Athener Übereinkommen vom 13.12.1974 über die Beförderung von Reisenden und ihrem Gepäck auf See, abgedruckt bei *Schaps/Abraham* II S. 1098. Vgl. zu ihm Rabe/Bahnsen/*Bahnsen* Vor § 356 Rn. 9 ff. mwN.

[5] Begründung des Regierungsentwurfs des TRG, BT-Drs. 13/8445, 73; vgl. zu den genannten Regelungen im Blick auf das Verständnis des § 437 *Lommatzsch,* Straßenfrachtführer als Dritte, 2007, 60–69.

[6] Zu den dafür maßgeblichen Gründen → 1. Aufl. 2001, Rn. 4.

[7] Vgl. *Temme* Sonderbeilage TranspR 2004, 37 (39).

[8] Vgl. *Zapp* TranspR 2000, 106 f.; *Wagner* ZHR 163 (1999), 679 (698).

[9] BT-Drs. 13/8445, 74.

[10] *Koller,* 7. Aufl. 2010, Rn. 4 f.

[11] *Canaris* § 31 Rn. 44; *Koller,* 7. Aufl. 2010, Rn. 8.

[12] *Koller,* 7. Aufl. 2010, Rn. 6.

[13] *Wagner* ZHR 163 (1999), 679 (697); *Koller,* 7. Aufl. 2010, Rn. 7.

[14] *Koller,* 7. Aufl. 2010, Rn. 8.

dh im Falle seiner vollen Geschäftsfähigkeit faktisch die Rolle eines Frachtführers übernommen hat, im Rahmen der §§ 823, 831 BGB die Berufung auf mangelndes Verschulden abgeschnitten.[15] Danach wird man die Regelung des § 437 weder als einen Fall des gesetzlichen Schuldbeitritts,[16] bei dem der ausführende Frachtführer auch für Schäden aufzukommen hat, für die seine Vorleute wie insbesondere der Hauptfrachtführer verantwortlich sind,[17] noch als außervertragliche Haftung,[18] sondern als **Anordnung einer vertragsähnlichen Einstandspflicht im Sinne einer gesetzlichen Ausformung des Vertrags mit Schutzwirkung zugunsten Dritter** zu verstehen haben, nach der der Unterfrachtvertrag Schutzwirkungen zugunsten des Absenders und des Empfängers des Hauptfrachtvertrags entfaltet.[19] Die Haftung des ausführenden Frachtführers beschränkt sich dabei auf solche Schäden, die er selbst nach den frachtrechtlichen Bestimmungen zu verantworten hat.[20] Diese Auslegung steht auch im Einklang mit dem Wortlaut des § 437 Abs. 1 S. 1, wonach der ausführende Frachtführer für den Schaden haftet, der während der durch ihn ausgeführten Beförderung entsteht, wenn man berücksichtigt, dass ein Schaden nur dann im Obhutszeitraum entstanden ist, wenn die für ihn maßgebliche Ursache in diesem Zeitraum gesetzt worden ist.[21] Eine entsprechende Verpflichtung des ausführenden Frachtführers scheidet aus, wenn dieser entweder schon keine Kenntnis von dem Hauptfrachtvertrag hat oder aber auch bei einer solchen Kenntnis nicht – auch nicht gem. § 437 – gehalten ist, darüber zu wachen, dass seine Vorleute die Pflichten aus ihren Vertragsverhältnissen ordnungsgemäß erfüllen.[22] Der Haftung des ausführenden Frachtführers gem. § 437 steht **keine Befugnis zur Geltendmachung eigener Ansprüche** gegen den Absender oder Empfänger gegenüber; denn insoweit fehlt es sowohl an einer vertraglichen als auch an einer gesetzlichen Grundlage.[23]

Da § 437 nach dem zu → Rn. 4 Ausgeführten mithin ein Fall einer vertragsähnlichen Haftung ist, **5** die in ihrer Struktur der Haftung wegen Verschuldens bei Vertragsverhandlungen ähnelt, ist **bei ausländischen ausführenden Frachtführern** das anwendbare Recht in **analoger Anwendung des Art. 12 Rom-II-VO** zu bestimmen.[24] Sachrechtlich ist allerdings zu beachten, dass die Anwendung des § 437 das Vorliegen eines Frachtvertrags iSd § 407 oder eines Speditionsvertrags iSd §§ 458–460 zwischen dem Urabsender und dem Hauptfrachtführer voraussetzt (→ Rn. 7) und deshalb auch dieser dem deutschen Recht unterliegen muss, wobei die Frage, ob das der Fall ist, nach den Art. 3–5 Rom-II-VO zu beurteilen ist.[25] Die Änderungen des § 437 Abs. 1 S. 1 und Abs. 2 durch das Seehandelsrechts-Reformgesetz haben daran nichts geändert, da sie lediglich der Anpassung des § 437 an den neuen § 509 Abs. 1 und 3 dienen.[26]

II. Voraussetzungen der Haftung

1. Ausführender Frachtführer. Nach der Legaldefinition des § 437 Abs. 1 S. 1 ist ausführender **6** Frachtführer, wer als **Dritter,** dh als weder mit dem Absender noch mit dem Empfänger vertraglich verbundener weiterer Frachtführer die **Beförderung** ganz oder teilweise selbst oder durch seine Leute **tatsächlich ausführt.**[27] Bei einer **Kette von Frachtführern** kann daher immer nur der **zuletzt tätig**

---

[15] *Koller* Rn. 3 mwN.

[16] So aber MüKoHGB/*Dubischar,* 1. Aufl. 2000, Rn. 1; *Müglich* TranspR Rn. 8; HK-HGB/*Ruß* Rn. 1; Heymann/*Joachim* Rn. 6; *Zapp* TranspR 2000, 106 (107); *Knöfel* FG Herber, 1999, 96 (97–100).

[17] MüKoHGB/*Dubischar,* 1. Aufl. 2000, Rn. 3; HK-HGB/*Ruß* Rn. 1; *Thume* VersR 2000, 1071 (1074); unklar Heymann/*Joachim* Rn. 6.

[18] So allerdings *Ramming* VersR 2007, 1190 (1192) und *Czerwenka* TranspR 2012, 408 ff.; dagegen mit Recht *Koller* Rn. 4.

[19] Vgl. *Koller* Rn. 3 und 6 aE; MüKoHGB/*Herber/Harm* Rn. 14 f.; *Oetker/Paschke* Rn. 2; Staub/*P. Schmidt* Rn. 2; *Canaris* § 31 Rn. 44; *Lommatzsch,* Straßenfrachtführer als Dritte, 2007, 71 ff., 104; *Speckmann,* Die Haftung des Unterfrachtführers gegenüber dem Empfänger und sonstigen Dritten, 2012, 56 f.; nicht eindeutig *Fremuth* in Fremuth/Thume TranspR Rn. 6 und *Andresen*/Valder Rn. 10.

[20] *Koller* Rn. 3; *Canaris* § 31 Rn. 45; *Wagner* ZHR 163 (1999), 679 (698 ff.); *Mast,* Der multimodale Frachtvertrag nach dem deutschen Recht, 2002, 296; Baumbach/Hopt/*Merkt* Rn. 1; *Zapp* TranspR 2000, 106 (107); *Zapp* TranspR 2000, 239 (242).

[21] Vgl. *Wagner* ZHR 163 (1999), 679 (698 ff.); *Canaris* § 31 Rn. 45; *Seyffert,* Die Haftung des ausführenden Frachtführers im neuen deutschen Frachtrecht, 2000, 160 ff., 181, 215 ff. Zur Frage, ob der Frachtführer auch dann nach §§ 425 ff. haftet, wenn er eine bereits vor der Übernahme des Gutes gesetzte Schadensursache während der Zeit seiner Obhut, während der sich der Schaden entwickelt hat, nicht in Bann gehalten hat, → § 425 Rn. 17.

[22] Ebenso *Canaris* § 31 Rn. 45 aE; aA *Seyffert,* Die Haftung des ausführenden Frachtführers im neuen deutschen Frachtrecht, 2000, 176 f.

[23] Vgl. BGH Urt. v. 20.10.2005 – I ZR 201/04, TranspR 2006, 29 (30) = VersR 2006, 1142 Rn. 14 = NJW-RR 2006, 181; 1. Aufl. 2001, Rn. 7; HK-HGB/*Ruß* Rn. 1.

[24] *Koller* Rn. 43; Staub/*P. Schmidt* § 407 Rn. 70 f.; vgl. auch *Ramming* VersR 2007, 1190 (1198) m. Hinw. auf Art. 4 Abs. 3 S. 1 und 2 Rom-II-VO.

[25] MüKoHGB/*Herber/Harm* Rn. 55; Staub/*P. Schmidt* § 407 Rn. 71; *Mankowski* TranspR 2016, 131 (134 ff.).

[26] Vgl. Begründung des Regierungsentwurfs des SRG, BT-Drs. 17/10309, 55.

[27] Begründung des Regierungsentwurfs des TRG, BT-Drs. 13/8445, 74; *Fremuth* in Fremuth/Thume TranspR Rn. 11 f.; *Koller* Rn. 6; MüKoHGB/*Herber/Harm* Rn. 5 und 11.

Gewordene als ausführender Frachtführer in Anspruch genommen werden.[28] Eine Haftung nach § 437 scheidet danach ferner insbesondere dann aus, wenn die Nichtübernahme des Gutes durch den ausführenden Frachtführer zu einem Schaden geführt hat.[29] Demgegenüber ist es für die Anwendung des § 437 grundsätzlich ohne Bedeutung, wie das Innenverhältnis zwischen dem ausführenden Frachtführer und dem vertraglichen Frachtführer ausgestaltet ist. Ebenso wenig kommt es darauf an, aus welchem Grund der ausführende Frachtführer die Beförderung übernommen hat.[30] Es ist nicht einmal eine vertragliche Beziehung zwischen beiden erforderlich; vielmehr können Unterfrachtführer oder auch (Unter-)-Spediteure dazwischengeschaltet sein.[31] Die Unwirksamkeit des vom ausführenden Frachtführer eingegangenen Vertragsverhältnisses steht der Anwendung des § 437 ebenso wenig entgegen wie dessen Anfechtung oder Kündigung.[32] Es ist daher auch nicht erforderlich, dass die Beförderung mit Billigung des Hauptfrachtführers erfolgt.[33] Da § 437 eine vertragsähnliche Haftung begründet, muss der **ausführende Frachtführer** bei seinem Tätigwerden allerdings **voll geschäftsfähig** gewesen sein.[34] Er muss außerdem im Verhältnis zu seinem Auftraggeber als selbständiger Gewerbetreibender zur Bewirkung der Ortsveränderung eines bestimmten Gutes und daher zumindest faktisch als Frachtführer iSd §§ 407, 451, 452 oder als Spediteur im Wege des Selbsteintritts (§ 458) oder zu festen Kosten (§ 459) tätig geworden sein oder die Beförderung mittels Sammelladung (§ 460) bewirkt haben.[35] Ein Tätigwerden als (faktischer) Arbeitnehmer oder Vermieter des Transportmittels reicht hierfür nicht aus.[36] Da der ausführende Frachtführer sich im Rahmen des § 437 nicht auf die von ihm mit seinem Auftraggeber getroffenen haftungsbegrenzenden Vereinbarungen berufen kann, haftet er außerdem nur dann nach dieser Vorschrift, wenn er immerhin erkennen konnte, dass er als Hilfsperson eines Frachtführers oder Spediteurs tätig wurde, und daher mit einer solchen Haftung rechnen musste.[37] Die Regelung des § 437 ist nach ihrer systematischen Stellung iÜ ersichtlich auf die genannten Tätigkeiten zugeschnitten und daher **bei reinen Seetransporten** und **bei der CMR, dem CIM, dem WA, dem MÜ oder dem ZAG unterfallenden grenzüberschreitenden Transporten** sowie dann **unanwendbar, wenn** auf das Rechtsverhältnis zwischen dem ausführenden Frachtführer und seinem Auftraggeber **ausländisches Recht anzuwenden ist,** zumal die genannten internationalen Abkommen leges speciales darstellen und (daher) andernfalls Konflikte zwischen den anzuwendenden Normen drohen.[38]

7   **2. Haftung des Hauptfrachtführers. a) Hauptfrachtvertrag.** Zwischen dem (Ur-)Absender und dem Hauptfrachtführer muss ein wirksamer Frachtvertrag iSd § 407 oder ein Speditionsvertrag iSd §§ 458–460, der dem deutschen Recht unterliegt, abgeschlossen worden sein und auch fortbestehen.[39] Wenn diese Voraussetzung nicht (mehr) erfüllt ist, kann sich der ausführende Frachtführer

---

[28] MüKoHGB/*Herber/Harm* Rn. 11; Oetker/*Paschke* Rn. 6.

[29] *Koller* Rn. 6; *Knöfel* FG Herber, 1999, 96 (99); *Ramming* TranspR 2000, 277 (281).

[30] MüKoHGB/*Herber/Harm* Rn. 5.

[31] OLG Düsseldorf Urt. v. 27.11.2013 – 18 U 83/13, TranspR 2014, 341 (342); *Koller* Rn. 8; BeckOK HGB/ *Kirchhof* Rn. 2; Staub/*P. Schmidt* Rn. 22 mwN.

[32] Vgl. Begründung des Regierungsentwurfs des TRG, BT-Drs. 13/8445, 74; *Koller* Rn. 6.

[33] MüKoHGB/*Herber/Harm* Rn. 8; BeckOK HGB/*Kirchhof* Rn. 10; aA *Seyffert*, Die Haftung des ausführenden Frachtführers im neuen deutschen Frachtrecht, 2000, 60 ff.

[34] *Koller* Rn. 3 und 6 mwN.

[35] BGH, Urt. v. 13.6.2012 – I ZR 161/10, TranspR 2012, 456 Rn. 26 = VersR 2013, 475 = RdTW 2013, 66; *Koller* Rn. 7 mwN auch zur Gegenauffassung, die allerdings die Schutzbedürftigkeit ausführender Frachtführer zu wenig berücksichtigt, die der Haftung gemäß §§ 425 ff. HGB ausgesetzt sein sollen, obwohl sie einen einem anderen Haftungsregime unterliegenden Vertrag geschlossen haben.

[36] *Koller* Rn. 7; BeckOK HGB/*Kirchhof* Rn. 5.

[37] *Koller* Rn. 9; Staub/*P. Schmidt* Rn. 20; *Mast,* Der multimodale Frachtvertrag nach dem deutschen Recht, 2002, 293; abw. MüKoHGB/*Herber/Harm* Rn. 10 und Oetker/*Paschke* Rn. 5, nach deren Ansicht nur derjenige die Vergünstigungen des Frachtrechts soll in Anspruch nehmen können, der positiv weiß, dass er die Beförderung für einen anderen Frachtführer durchführt; *Ramming* TranspR 2000, 277 (279); *Lommatzsch*, Straßenfrachtführer als Dritte, 2007, 124 f.; wohl auch *Seyffert*, Die Haftung des ausführenden Frachtführers im neuen deutschen Frachtrecht, 2000, 70–72, die allerdings allein den Fall fehlender Kenntnis, nicht aber den problematischeren Fall des Kennenmüssens in den Blick nimmt.

[38] Vgl. BGH, Urt. v. 30.10.2008 – I ZR 12/06, TranspR 2009, 130 Rn. 24 = VersR 2009, 1141 = NJW 2009, 1205; Urt. v. 13.6.2012 – I ZR 161/10, TranspR 2012, 456 Rn. 24 = VersR 2013, 475 = RdTW 2013, 66; LG Ulm Urt. v. 19.5.2017 – 10 O 36/16 KfH, TranspR 2017, 411 (414) = RdTW 2018, 105 (grenzüberschreitender Straßengüterverkehr); Staub/*P. Schmidt* Rn. 17 f. mwN; *Koller* Rn. 7; *Koller* TranspR 2000, 355 ff.; *Fremuth* in Fremuth/Thume TranspR Rn. 8–10; *Andresen*/Valder Rn. 29; *Thume* VersR 2000, 1071 (1072); aA OLG Köln Urt. v. 16.1.2007 – 3 U 157/04, VersR 2008, 1149 (1150); *Herber* Seehandelsrecht, 2. Aufl. 2016, S. 358 (363); MüKoHGB/*Herber/Harm* Rn. 12; BeckOK HGB/*Kirchhof* Rn. 6–9; *Ramming* TranspR 2000, 277 (279); *Zapp* TranspR 2000, 239 ff.

[39] Vgl. BGH Urt. v. 30.10.2008 – I ZR 12/06, TranspR 2009, 130 Rn. 24 = VersR 2009, 1141 = NJW 2009, 1205; Urt. v. 28.5.2009 – I ZR 29/07, TranspR 2010, 33 Rn. 13; Urt. v. 13.12.2012 – I ZR 161/10, TranspR 2012, 456 Rn. 26 = RdTW 2013, 66; *Koller* Rn. 10 und 11; *Koller* TranspR 2011, 389 (390); *Koller* TranspR 2013, 52 (53); *Koller* TranspR 2013, 103 ff.; Oetker/*Paschke* Rn. 5; *Lommatzsch,* Straßenfrachtführer als Dritte, 2007, 114 f.; *Herber* TranspR 2013, 1 (7); aA *Czerwenka* TranspR 2012, 408 ff.; nach der Ansicht von MüKoHGB/*Herber/Harm*

hierauf gem. § 437 Abs. 2 ebenso berufen wie der Hauptfrachtführer.[40] Dagegen ist das Vertragsverhältnis zwischen dem ausführenden Frachtführer und dem vertraglichen Hauptfrachtführer für die Haftung gem. § 437 grundsätzlich unerheblich; es ist nicht einmal erforderlich, dass zwischen ihnen überhaupt eine vertragliche Beziehung besteht, sodass beliebig viele Unterfrachtführer zwischengeschaltet sein können.[41]

b) Verlust oder Beschädigung. Der Verlust oder die Beschädigung des Gutes iSd § 425 Abs. 1 **8** muss während der vom ausführenden Frachtführer vorgenommenen Beförderung entstanden sein, dh während das Gut sich in der **unmittelbaren Obhut des ausführenden Frachtführers, seiner Leute iSd § 428 S. 1 oder anderer Personen iSd § 428 S. 2 mit Ausnahme von Unterfrachtführern** befunden hat.[42] Der Obhutszeitraum beginnt daher mit der Übernahme des Gutes durch den ausführenden Frachtführer und endet mit der Ablieferung an den für diesen maßgeblichen Empfänger und deshalb, da ausschließlich die Phase der tatsächlichen Vornahme des Transports maßgeblich ist, auch mit der Übergabe des Gutes an einen anderen Teilfrachtführer oder einen vom Hauptfrachtführer eingeschalteten Spediteur.[43] Die **Darlegungs- und Beweislast** dafür, dass der Schaden während dieses Obhutszeitraums eingetreten ist, liegt im Hinblick darauf, dass es sich um eine anspruchsbegründende Tatsache handelt, beim Anspruchsteller und wird allenfalls durch eine sekundäre Darlegungslast des ausführenden Frachtführers gemildert.[44] Bei der entsprechenden Anwendung des § 437 auf **Nachnahmefehler** (→ Rn. 11) muss sich der ausführende Frachtführer ggf. allerdings auch zurechnen lassen, dass er die Weisung, den Nachnahmebetrag einzuziehen, nicht an seinen Nachfolger in der Frachtführerkette weitergegeben hat.[45] Für eine Haftung des ausführenden Frachtführers analog § 437 wegen **Nichtbeachtung eines Sperrpapiers** gem. § 418 Abs. 4 und 6 (→ Rn. 11) genügt nicht dessen Kenntnis, dass im Verhältnis zwischen dem Absender und dem Hauptfrachtführer ein Frachtbrief iSd § 418 Abs. 4 ausgestellt worden ist; vielmehr muss, da ein solcher Frachtbrief allein das Weisungsrecht des Absenders gegenüber dem Hauptfrachtführer beschränkt, dem Verhältnis des ausführenden Frachtführers zu seinem Auftraggeber ebenfalls ein Sperrpapier zugrunde liegen.[46]

c) Überschreitung der Lieferfrist. Der Wortlaut des § 437 Abs. 1 aF und die Begründung des **9** Regierungsentwurfs des TRG, wonach wegen anderenfalls zu bewältigender erheblicher Beweisschwierigkeiten vom Inhalt der Unterfrachtverträge zu abstrahieren ist,[47] legten an sich die Auffassung nahe, dass die für den Hauptfrachtführer maßgebliche Lieferfrist auch für den ausführenden Frachtführer gilt. Der ausführende Frachtführer haftete danach grundsätzlich selbst dann, wenn er das Gut nach dem von ihm geschlossenen Vertrag oder gem. § 423 erst sehr viel später hätte abliefern müssen oder wenn nicht er, sondern der Hauptfrachtführer eine kurze Lieferfrist vereinbart hätte. Entsprechend den in → Rn. 3 f. dargestellten Grundsätzen ist seine **Haftung** jedoch – zumal unter Berücksichtigung dessen, dass er nach dem durch das SRG neu gefassten § 437 Abs. 1 S. 1 nicht mehr „in gleicher Weise wie der Hauptfrachtführer", sondern (nur) „so, als wäre er der Frachtführer" haftet (→ Rn. 4) – auch insoweit **auf diejenigen Schäden beschränkt, die er selbst nach den frachtrechtlichen Bestimmungen zu vertreten hat.** Dementsprechend ist grundsätzlich diejenige Frist maßgeblich, die ihm im Verhältnis zu seinem unmittelbaren Auftraggeber gem. **§ 423 Fall 2** nach den Umständen vernünftigerweise zuzubilligen ist.[48] Abweichendes kann allerdings nach dem Gebot von **Treu und Glauben** (§ 242 BGB) dann, wenn der vertragliche Frachtführer die Lieferfrist in dem Frachtvertrag mit dem ausführenden Frachtführer entsprechend der für ihn selbst geltenden Lieferfrist

---

Rn. 10 geht es bei einer Beförderung für einen Spediteur allerdings zu weit zu verlangen, dass dieser wegen §§ 458–460 als Frachtführer haftet.

[40] *Koller* Rn. 10; *Ramming* TranspR 2000, 277 (280).

[41] Vgl. BGH Urt. v. 30.10.2008 – I ZR 12/06, TranspR 2009, 130 Rn. 24 = VersR 2009, 1141 = NJW 2009, 1205; OLG Düsseldorf Urt. v. 27.11.2013 – 18 U 83/13, TranspR 2014, 341 (342); Baumbach/Hopt/*Merkt* Rn. 1; Staub/*P. Schmidt* Rn. 22 f., jeweils mwN.

[42] Vgl. *Koller* Rn. 12 f.; Staub/*P. Schmidt* Rn. 30 f.; *Ramming* TranspR 2000, 277 (281). Dagegen meint *Seyffert*, Die Haftung des ausführenden Frachtführers im neuen deutschen Frachtrecht, 2000, S. 181 f., dass die Obhut beim ausführenden Frachtführer nicht durch mittelbaren Besitz iSd § 868 BGB fortgesetzt wird und daher stets mit der Übergabe an eine andere Person iSd § 428 S. 2 endet. Dem kann zumindest nach der Neufassung des § 437 Abs. 1 S. 1 durch das SRG nicht mehr zugestimmt werden; denn die Formulierung „so, als wäre er der Frachtführer" soll nunmehr klarstellen, dass der ausführende Frachtführer für alle Personen einstehen muss, deren er sich bei der Beförderung bedient (vgl. Begründung des Regierungsentwurfs des SRG, BT-Drs. 17/10309, 55 iVm 86).

[43] Begründung des Regierungsentwurfs des TRG, BT-Drs. 13/8445, 74; *Koller* Rn. 12 f.; MüKoHGB/*Herber/ Harm* Rn. 21; Oetker/*Paschke* Rn. 7–9; Staub/*P. Schmidt* Rn. 30 f.

[44] *Koller* Rn. 12; Staub/*P. Schmidt* Rn. 67; aA MüKoHGB/*Herber/Harm* Rn. 22, wonach dem Anspruchsteller ein Auskunftsanspruch gegenüber dem Hauptfrachtführer zustehen solle (dagegen mit Recht *Koller* Rn. 12 Fn. 65).

[45] *Koller* Rn. 12.

[46] *Koller* Rn. 12; aA *Lommatzsch*, Straßenfrachtführer als Dritte, 2007, 285 f.

[47] BT-Drs. 13/8445, 74.

[48] *Koller* Rn. 14; Staub/*P. Schmidt* Rn. 44; ebenso iErg *Thume* VersR 2000, 1071 (1075) sowie im Grundsatz auch Heymann/*Joachim* Rn. 12; aA MüKoHGB/*Herber/Harm* Rn. 23; Oetker/*Paschke* Rn. 10 und *Ramming* TranspR 2000, 277 (281), die auf die für den Hauptfrachtführer maßgebliche Lieferfrist abstellen.

verkürzt hat, sowie iÜ auch dann gelten, wenn der ausführende Frachtführer die im Hauptfrachtvertrag vereinbarte Lieferfristverkürzung zumindest kennen musste.[49] Wenn der ausführende Frachtführer mit seinem Auftraggeber eine kürzere als die vernünftigerweise zuzubilligende Lieferfrist vereinbart hat und es zu einer Überschreitung der für den Auftraggeber geltenden Lieferfrist kommt, weil der ausführende Frachtführer die vertragliche Frist nicht einhält, ist in erster Hinsicht diese Frist maßgeblich; dass die Haftung des Hauptfrachtführers und des ausführenden Frachtführers in einem solchen Fall danach womöglich auseinanderlaufen, ist hinzunehmen, weil die Parallelität der Haftung als Prinzip in § 437 ohnedies nicht uneingeschränkt durchgehalten wird.[50] Der ausführende Frachtführer hat den Schaden zu ersetzen, der durch Überschreitung der Lieferfrist während der von ihm durchgeführten Beförderung entstanden ist. Wenn er das Gut so spät übernommen hat, dass es im Hinblick auf die für den Hauptfrachtführer geltende Lieferfrist selbst dann nicht mehr rechtzeitig abgeliefert worden wäre, wenn er die für ihn maßgebliche Lieferfrist gewahrt hätte, hat er daher den Schaden zu ersetzen, der durch die von ihm verursachte und zu verantwortende Verzögerung zusätzlich entstanden ist.[51] Einer solchen Teilverantwortlichkeit stehen weder der Zweck des § 437 (→ Rn. 4)[52] noch sich dabei ergebende Beweisschwierigkeiten noch iÜ der Umstand entgegen, dass § 437 insoweit keine ausdrückliche Bestimmung enthält.[53] Für Hilfspersonen haftet der ausführende Frachtführer dabei in dem in → Rn. 8 dargestellten Umfang.

III. Rechtsfolgen

10   **1. Haftung für Güter- und Verspätungsschäden.** Da der ausführende Frachtführer gem. § 437 Abs. 1 S. 1 grundsätzlich[54] so haftet, als wäre er der Frachtführer, gelten für ihn auch die die Haftung des Frachtführers begrenzenden **§§ 429–432** und **§ 434** (→ § 434 Rn. 12). Aus den in → Rn. 3 f. dargelegten Gründen bedeutet dies entgegen der Begründung des Regierungsentwurfs des TRG[55] allerdings nicht, dass der ausführende Frachtführer die Schuld des Hauptfrachtführers übernimmt. Im Hinblick darauf, dass der ausführende Frachtführer andernfalls mit für ihn nicht erkennbaren und daher unzumutbaren Haftungsrisiken belastet und erheblichen Beweisproblemen ausgesetzt würde und zudem weder die Schadensersatzpflicht auf den tatsächlichen Schädiger hin kanalisiert würde noch Regresse und Streitverkündungen vermieden würden, besagt die Formulierung in § 437 Abs. 1 S. 1 „haftet dieser … so, als wäre er der Frachtführer" lediglich, dass der **ausführende Frachtführer nach denselben gesetzlichen Regeln haftet wie der Hauptfrachtführer.**[56] Dementsprechend ist, wenn der ausführende Frachtführer nur eine Teilmenge zu befördern hatte, für die Bemessung des von ihm nach § 429 geschuldeten Wertersatzes und des Höchstbetrags nach § 431 allein der Wert, den das von ihm zur Beförderung übernommene Gut am Ort und zur Zeit der Übernahme durch ihn hatte,[57] und, soweit es im Rahmen der § 431 Abs. 3, § 432 S. 1 auf die Höhe der Fracht ankommt, diejenige Fracht maßgeblich, die der ausführende Frachtführer mit seinem Auftraggeber vereinbart hat.[58] Ebenso hat der ausführende Frachtführer die öffentlichen Abgaben und sonstigen Kosten aus Anlass der Beförderung iSd § 432 S. 1 nur in dem Umfang zu ersetzen, in dem diese gerade im Hinblick auf die von ihm auszuführende Beförderung entstanden sind.[59]

11   **2. Haftung für sonstige Schäden.** In Übereinstimmung mit seinen Vorbildern, bei denen nur Güter- und Verspätungsschäden eine Rolle spielen (→ Rn. 2), handelt § 437 Abs. 1 allein von Schäden, die durch Verlust oder Beschädigung des Gutes oder durch Überschreitung der Lieferfrist entstehen. Da aber das in den §§ 407 ff. geregelte Frachtrecht erheblich weiter angelegt ist als die vom Gesetzgeber bei der Schaffung des § 437 in den Blick genommenen Bestimmungen, ist es geboten, § 437 auf diejenigen Schadensformen analog anzuwenden, die dem Verlust oder der Beschädigung des Gutes oder der Überschreitung der Lieferfrist in einem Maße ähnlich sind, dass deren abweichende Behandlung zu Wertungswidersprüchen führen würde.[60] Dies ist bei den Schäden der Fall, die infolge

---

[49] Staub/*P. Schmidt* Rn. 44.

[50] Vgl. *Koller* Rn. 14 f.; Staub/*P. Schmidt* Rn. 44; aA MüKoHGB/*Herber/Harm* Rn. 23; *Ramming* TranspR 2000, 277 (282).

[51] *Koller* Rn. 15; Staub/*P. Schmidt* Rn. 45; Heymann/*Joachim* Rn. 12.

[52] So allerdings MüKoHGB/*Herber/Harm* Rn. 24.

[53] So allerdings Oetker/*Paschke* Rn. 10.

[54] Anders verhält es sich allerdings dann, wenn zu Gunsten des ausführenden Frachtführers die §§ 4–6 BinnSchG eingreifen (*Koller* Rn. 26 aE).

[55] BT-Drs. 13/8445, 74.

[56] *Koller* Rn. 26; MüKoHGB/*Herber/Harm* Rn. 16; Staub/*P. Schmidt* Rn. 35.

[57] Vgl. *Koller* Rn. 26; *Andresen*/Valder Rn. 12.

[58] *Koller* Rn. 26; Staub/*P. Schmidt* Rn. 36; *Andresen*/Valder Rn. 12; *Ramming* TranspR 2000, 277 (285).

[59] Staub/*P. Schmidt* Rn. 36.

[60] *Koller* Rn. 5; Staub/*P. Schmidt* Rn. 29; *Ramming* TranspR 2000, 277 (281); für eine analoge Anwendung allenfalls in Fällen des Verlusts von Begleitpapieren durch den Frachtführer MüKoHGB/*Herber/Harm* Rn. 17; aA *Fremuth* in Fremuth/Thume TranspR Rn. 7; *Andresen*/Valder Rn. 12; *Thume* VersR 2000, 1071 (1072); *Seyffert,* Die Haftung des ausführenden Frachtführers im neuen deutschen Frachtrecht, 2000, 184 f.

fehlerhafter Verwendung der Begleitpapiere (§ 413 Abs. 2), Nichtbeachtung eines Sperrpapiers (§ 418 Abs. 4 und 6) oder durch Nachnahmefehler (§ 422 Abs. 2) entstanden sind, nicht dagegen bei anderen Schadensformen.[61]

3. Aktivlegitimation. Zur Geltendmachung des Anspruchs aus § 437 berechtigt sind nach Maß- **12** gabe des § 421 Abs. 1 der **Absender** und der **Empfänger des Hauptfrachtvertrags**.[62] Der daneben bestehende Regressanspruch des Auftraggebers des ausführenden Frachtführers gegen diesen ist, solange der Auftraggeber seinerseits noch keinen Schadensersatz geleistet hat, lediglich auf Freistellung von der entsprechenden Schuldverpflichtung oder aber – wenn der Auftraggeber seine Haftpflicht gegenüber seinem eigenen Auftraggeber bestreitet oder die Höhe der Verbindlichkeit, von der er freigestellt werden will, noch nicht feststeht – auf Feststellung gerichtet.[63] Eine entsprechende Feststellungsklage ist nur dann begründet, wenn der Kläger den vollen Beweis eines die Haftung des Beklagten begründenden schädigenden Ereignisses erbracht hat.[64] Die gem. § 437 Anspruchsberechtigten brauchen sich daher grundsätzlich auch keine Zahlungen entgegenhalten zu lassen, die der ausführende Frachtführer an seinen Auftraggeber geleistet hat.[65] Zur Frage, ob darüber hinaus jeder Empfänger gegenüber dem bei ihm abliefernden Unterfrachtführer aus dem von diesem abgeschlossenen Unterfrachtvertrag anspruchsberechtigt ist, → § 421 Rn. 23.

4. Umfang der Haftung; Einwendungen und Einreden. a) Allgemeines. Der ausführende **13** Frachtführer kann neben den ihm persönlich zustehenden Einwendungen und Einreden und dabei namentlich dem Einwand, er habe den eingetretenen Schaden nicht zu verantworten, gem. **§ 437 Abs. 2** auch alle Einwendungen und Einreden geltend machen, die dem Hauptfrachtführer aus dem Frachtvertrag zustehen. Zu diesen gehören neben den Einwendungen aus Abreden, die dem Hauptfrachtführer ein bestimmtes Verhalten abweichend vom dispositiven Recht erlauben, insbesondere die Einwendungen aus dem zwingenden oder dispositiven Frachtrecht sowie dem sonstigen für den Vertragsinhalt maßgeblichen Zivilrecht. Nach der Neufassung des § 437 Abs. 1 S. 1 sind Einwendungen und Einreden aus dem Frachtvertrag iSv § 437 Abs. 2 allerdings nur solche, die aus den Abreden des Hauptfrachtführers mit dem Urabsender und aus dem dispositiven sowie dem zwingenden Recht abzuleiten sind, soweit sie nicht an das konkrete Verhalten des Hauptfrachtführers anknüpfen, da in dieser Hinsicht das Verhalten des ausführenden Frachtführers maßgeblich ist.[66] Für die im Rahmen der Abwicklung in Betracht kommenden Einwendungen und Einreden gelten die §§ 422 ff. BGB.[67]

b) Schadensmitverursachung (§ 425 Abs. 2). aa) Verhalten des Absenders. Im Schrifttum **14** wird der Bestimmung des § 437 teilweise entnommen, der ausführende Frachtführer müsse, sofern nicht § 437 Abs. 1 S. 2 eingreife, immer so wie der Hauptfrachtführer haften; er dürfe daher lediglich gem. § 437 Abs. 2 das Verhalten des Urabsenders einwenden,[68] nicht aber sich etwa darauf berufen, dass der Hauptfrachtführer oder einer der von diesem (mittelbar) eingesetzten Unterfrachtführer die Verpackung des Gutes mangelhaft ausgebessert habe.[69] Der ausführende Frachtführer könnte danach insbesondere nicht einwenden, dass sein unmittelbarer Auftraggeber einen Schadensbeitrag iSd § 425 Abs. 2 geleistet habe, da der Hauptfrachtführer für diesen Schadensbeitrag gem. §§ 426, 428 einzustehen hätte.[70] Da dem ausführenden Frachtführer eine Direkthaftung aus § 437 nach den in → Rn. 3 f. dargestellten Grundsätzen jedoch allein insoweit zuzumuten ist, als er selbst oder seine Hilfspersonen den Schaden zu verantworten haben, kann er sich ohne Einschränkung darauf berufen, dass der eingetretene Schaden gem. § 425 Abs. 2 mit auf einem Verhalten seines Auftraggebers beruht, dem im Gegensatz zu ihm selbst der Vorwurf einer vertragswidrigen Beförderung zu machen ist.[71] Der ausführende Frachtführer ist hier auch nicht durch § 426 ausreichend geschützt;[72] denn diese Bestimmung begründet eine verschuldensunabhängige Zurechnung.[73] Eben-

---

[61] *Koller* Rn. 5; Staub/*P. Schmidt* Rn. 29.

[62] Begründung des Regierungsentwurfs des TRG, BT-Drs. 13/8445, 75; *Koller* Rn. 32; Staub/*P. Schmidt* Rn. 11, jeweils mwN.

[63] Vgl. BGH Urt. v. 16.11.2006 – I ZR 257/03, TranspR 2007, 161 (162) = VersR 2007, 1539 Rn. 20 = NJW 2007, 1809; Urt. v. 18.3.2010 – I ZR 181/08, TranspR 2010, 376 Rn. 23; OLG Hamburg Urt. v. 5.4.2018 – 6 U 225/16, TranspR 2018, 303 (306) = RdTW 2018, 382; *Koller* Rn. 32 und § 425 Rn. 69 ff.

[64] BGH Urt. v. 18.3.2010 – I ZR 181/08, TranspR 2010, 376 Rn. 29–33; OLG Hamburg Urt. v. 5.4.2018 – 6 U 225/16, TranspR 2018, 303 (306) = RdTW 2018, 382.

[65] Oetker/*Paschke* Rn. 11; zum Regress → Rn. 29 ff.

[66] *Koller* Rn. 16.

[67] *Koller* Rn. 16; Staub/*P. Schmidt* Rn. 33 und 51.

[68] Etwa wenn dieser im Straßenverkehr den Lkw des ausführenden Frachtführers rammt (Beispiel von *Koller* Rn. 19 Fn. 85).

[69] *Kehl*, Die Haftung des Unterfrachtführers im Straßengüterverkehr, 2004, 54.

[70] Vgl. *Thume* VersR 2000, 1071 (1074); *Lommatzsch*, Straßenfrachtführer als Dritte, 2007, 231 f.

[71] *Koller* Rn. 19; BeckOK HGB/*Kirchhof* Rn. 14; *Canaris* § 31 Rn. 45.

[72] So aber *Kehl*, Die Haftung des Unterfrachtführers im Straßengüterverkehr, 2004, 54.

[73] Vgl. *Koller* Rn. 19.

falls gem. § 425 Abs. 2 zu berücksichtigen ist das Verhalten weiterer in der Leistungskette stehender Unterfrachtführer (Vorleute).[74]

15 **bb) Verhalten des Empfängers.** Der ausführende Frachtführer kann gem. § 425 Abs. 2 auch einwenden, dass das Verhalten des ihm benannten Empfängers zur Entstehung des Schadens mit beigetragen hat.[75] Wenn das Gut im Rahmen des Hauptfrachtvertrags weiterbefördert werden soll, hat der Hauptfrachtführer für ein Fehlverhalten dieses Empfängers gem. § 428 zu haften; ein Durchgriff auf den ausführenden Frachtführer aus § 437 scheitert dagegen an § 425 Abs. 2, weil im Verhältnis zu ihm die Person des Empfängers dem Teilfrachtvertrag zu entnehmen ist.[76] Soweit der Empfänger des Hauptfrachtvertrags den Schaden verursacht hat, kann sich der ausführende Frachtführer gem. § 437 Abs. 2 ebenfalls auf die dem Hauptfrachtführer zustehende Einwendung aus § 425 Abs. 2 berufen.[77]

16 **cc) Mängel des Gutes.** Da der ausführende Frachtführer nur für solche Schäden einzustehen hat, die er oder seine Hilfspersonen zu verantworten haben (→ Rn. 3 f.), kann er sich außerdem in vollem Umfang darauf berufen, dass das von ihm zum Transport übernommene Gut **mangelhaft** war. Dabei ist es unerheblich, ob der Mangel schon bei der Übernahme des Gutes durch den ersten Frachtführer vorhanden war oder erst während des Transports bis zur Übernahme des Gutes durch den ausführenden Frachtführer entstanden ist.[78]

17 **c) Unvermeidbarkeit, Unabwendbarkeit (§ 426).** Der ausführende Frachtführer kann sich des Weiteren darauf berufen, dass er den während der Zeit seiner Obhut am Gut eingetretenen Schaden auch bei größter Sorgfalt nicht hätte vermeiden und dessen Folgen nicht hätte abwenden können.[79] Dabei muss er sich – auch, aber auch nur – das Verhalten seiner Hilfspersonen gem. § 428 HGB zurückrechnen lassen.[80]

18 **d) Besondere Haftungsausschlussgründe (§ 427). aa) Offene Fahrzeuge und Verladung auf Deck.** Abreden im Hauptfrachtvertrag über die Verwendung offener Fahrzeuge oder die Verladung auf Deck kommen gem. § 437 Abs. 2 auch dem ausführenden Frachtführer zugute.[81] Der ausführende Frachtführer kann sich zudem auf entsprechende Absprachen in dem Frachtvertrag mit seinem Auftraggeber berufen, sofern er nicht wusste oder zumindest wissen musste, dass diese dem Hauptfrachtvertrag widersprachen; denn der ausführende Frachtführer muss sich darauf verlassen können, dass er haftungsfrei bleibt, wenn er den Transport abredegemäß durchführt.[82] Da der ausführende Frachtführer nach der Neufassung des § 437 Abs. 1 S. 1 nur insoweit haftet, als er für den eingetretenen Schaden verantwortlich ist, kommt ihm auch die Beweiserleichterung des § 427 Abs. 1 Nr. 1 zugute.[83]

19 **bb) Ungenügende Verpackung.** Der ausführende Frachtführer kann sich gem. § 437 Abs. 2 entsprechend dem Hauptfrachtvertrag auf Verpackungsmängel berufen. Darüber hinaus ist es ihm gestattet, nach Maßgabe des Frachtvertrags mit seinem Auftraggeber Verpackungsmängel vorzubringen. Dies gilt auch dann, wenn im Hauptfrachtvertrag vereinbart war, dass das Gut in bestimmter Weise zu verpacken sei; denn der ausführende Frachtführer braucht sich ein Fehlverhalten des Hauptfrachtführers nicht entgegenhalten zu lassen.[84] Da der ausführende Frachtführer nach der Neufassung des § 437 Abs. 1 S. 1 nur insoweit haftet, als er für den eingetretenen Schaden verantwortlich ist, kommt ihm auch die Beweiserleichterung des § 427 Abs. 1 Nr. 2 zugute.[85]

20 **cc) Behandeln, Verladen und Entladen des Gutes.** Soweit sich der Hauptfrachtführer auf § 427 Abs. 1 Nr. 3 berufen kann, gilt dasselbe über § 437 Abs. 2 auch für den ausführenden Frachtführer.[86]

---

[74] Vgl. *Canaris* § 31 Rn. 45; MüKoHGB/*Herber/Harm* Rn. 41; BeckOK HGB/*Kirchhof* Rn. 14; aA *Koller* Rn. 19.

[75] *Koller* Rn. 20.

[76] *Koller* Rn. 20; *Ramming* TranspR 2000, 277 (283); aA *Lommatzsch,* Straßenfrachtführer als Dritte, 2007, 231 f.

[77] *Koller* Rn. 20; *Ramming* TranspR 2000, 277 (284).

[78] *Koller* Rn. 18; *Canaris* § 31 Rn. 45.

[79] *Koller* Rn. 17; MüKoHGB/*Herber/Harm* Rn. 25.

[80] *Koller* Rn. 17; enger MüKoHGB/*Herber/Harm* Rn. 25: Zurechnung nur des Verhaltens der Leute gem. §§ 436, 428 S. 1.

[81] *Koller* Rn. 21; MüKoHGB/*Herber/Harm* Rn. 28; *Ramming* TranspR 2000, 277 (284).

[82] *Koller* Rn. 21; *Canaris* § 31 Rn. 45; *Wagner* ZHR 163 (1999), 679 (700); *Ramming* TranspR 2000, 277 (284); vgl. auch – zu dem Fall, dass der vertragschließende Frachtführer bestimmte Modalitäten der Beförderung zugesagt hat – MüKoHGB/*Herber/Harm* Rn. 29 und 35; abw. *Lommatzsch,* Straßenfrachtführer als Dritte, 2007, 199, nach deren Ansicht der ausführende Frachtführer sich nur dann nicht auf den Haftungsausschluss des § 427 Abs. 1 Nr. 1 soll berufen dürfen, wenn er wusste oder grob fahrlässig nicht wusste, dass die Verwendung offener Fahrzeuge oder die Verladung auf Deck im Hauptfrachtvertrag weder vereinbart war noch der Übung entsprach.

[83] *Koller* Rn. 21; MüKoHGB/*Herber/Harm* Rn. 28.

[84] *Koller* Rn. 22; *Canaris* § 31 Rn. 45; *Wagner* ZHR 163 (1999), 679 (700); einschränkend MüKoHGB/*Herber/ Harm* Rn. 29 und 35: Entlastung nur nach § 426, die aber in der Regel gelingen wird; aA *Seyffert,* Die Haftung des ausführenden Frachtführers im neuen deutschen Frachtrecht, 2000, 175 f.

[85] *Koller* Rn. 22; vgl. auch MüKoHGB/*Herber/Harm* Rn. 28, 29 und 35.

[86] *Koller* Rn. 23; vgl. auch MüKoHGB/*Herber/Harm* Rn. 28, 29 und 35.

Dieser kann darüber hinaus das Behandeln, Verladen und Entladen durch Personen geltend machen, die in dem von ihm abgeschlossenen Frachtvertrag die Stellung des Absenders oder Empfängers einnehmen.[87]

dd) Natürliche Beschaffenheit des Gutes, Kennzeichnung und lebende Tiere. Der ausfüh- **21** rende Frachtführer kann sich nicht nur gem. § 437 Abs. 2 auf die dem Hauptfrachtführer aus § 427 Abs. 1 Nr. 4–6, Abs. 3 und 4 zustehenden Einwendungen berufen, sondern diese Einwendungen auch aus dem Vertragsverhältnis zu seinem Auftraggeber geltend machen.[88] Dementsprechend kann er sich etwa darauf berufen, dass er es seinem Auftraggeber gegenüber nicht übernommen hat, das Gut besonders gegen Kälte zu schützen, oder dass ihm besondere Weisungen nicht erteilt worden sind und er von entsprechenden Weisungen auch nichts wissen musste.[89]

e) Haftung für andere (§ 428). Der ausführende Frachtführer muss sich das Verhalten seiner **22** Hilfspersonen in dem in → Rn. 8 f. dargestellten Umfang, nicht dagegen das Verhalten des Hauptfrachtführers und das Verhalten anderer Unterfrachtführer zurechnen lassen. Eine Zurechnungsnorm, die den Regelungen in Art. III Abs. 2 ZAG, § 49a Abs. 3 S. 2 LuftVG entspricht, ist in § 437 nicht enthalten. Eine entsprechende Anwendung der genannten Bestimmungen auf den ausführenden Frachtführer scheidet aus, weil dieser sonst mit Risiken belastet würde, die er weder zu verantworten hat (→ Rn. 3 f.) noch auch steuern kann.[90]

f) Unbeschränkte Haftung (§ 435). Wenn ein Schaden auf ein qualifiziertes Verschulden iSd **23** § 435 des ausführenden Frachtführers zurückzuführen ist, haftet dieser[91] wie auch – über § 428 S. 2 – der Hauptfrachtführer unbeschränkt. Umgekehrt aber ist dem ausführenden Frachtführer ein entsprechendes Fehlverhalten des Hauptfrachtführers oder eines ihm in der Frachtführerkette vorgeschalteten Unterfrachtführers nicht zuzurechnen.[92] Dementsprechend wirken insbesondere auch zwischen dem Hauptfrachtführer und dem Absender wirksam getroffene Vereinbarungen über geringere als die in § 435 vorgesehenen Anforderungen an die Durchbrechung der Haftungsbefreiungen und Haftungsbegrenzungen nicht zu Lasten des ausführenden Frachtführers.[93]

g) Erfüllung, Erlass, Annahmeverzug und sonstige Einwendungen und Einreden (§ 437 24 Abs. 3). Über § 437 Abs. 3 gelten insoweit die §§ 422–425 BGB. Die Bestimmung des § 437 Abs. 2 betrifft allein das Entstehen der Gesamtschuld, nicht dagegen die im Rahmen der Abwicklung in Betracht kommenden Einwendungen und Einreden.[94] Wenn der Ersatzberechtigte mit dem Hauptfrachtführer einen **Vergleich** geschlossen hat, wird der ausführende Frachtführer jedenfalls insoweit von seiner Verpflichtung frei, als er beim Hauptfrachtführer hätte Regress nehmen können.[95]

h) Reklamationen (§ 438). Da § 437 Abs. 2 im Rahmen der Abwicklung nicht gilt (→ Rn. 13 **25** und → Rn. 24), muss der Ersatzberechtigte, der sich Ersatzansprüche gegenüber dem ausführenden Frachtführer sichern will, gem. § 437 Abs. 3 HGB, **§ 425 Abs. 2 BGB** auch diesem gegenüber reklamieren. Nur dadurch wird sichergestellt, dass der ausführende Frachtführer auf die Möglichkeit einer Inanspruchnahme aufmerksam gemacht wird. Die gegenteilige Ansicht, die sich insbesondere auf den Zweck des § 438 Abs. 5 beruft,[96] vernachlässigt, dass diese Vorschrift Ansprüche gegen den ausführenden Frachtführer nicht im Auge hat und die in einer einzelnen Hinsicht bestehende Schwäche des gegen den ausführenden Frachtführer bestehenden selbständigen Anspruchs. § 437 eine Rechtsfortbildung contra legem nicht rechtfertigt.[97] Umgekehrt werden Ersatzansprüche gegen den Hauptfrachtführer durch eine Reklamation gegenüber dem ausführenden Frachtführer gem. § 438 Abs. 5 nur dann gesichert, wenn dieser das Gut an den Endempfänger abgeliefert hat.[98]

i) Verjährung (§ 439). Die Ansprüche gem. § 437 Abs. 1 verjähren ebenso wie die aus dem Haupt- **26** frachtvertrag gegen den Hauptfrachtführer bestehenden Ansprüche nach § 439, nach § 437 Abs. 3

---

[87] *Koller* Rn. 23; *Canaris* § 31 Rn. 45.

[88] *Koller* Rn. 24; vgl. auch MüKoHGB/*Herber/Harm* Rn. 28, 29 und 35.

[89] *Koller* Rn. 24 mwN.

[90] Vgl. *Koller* Rn. 17; MüKoHGB/*Herber/Harm* Rn. 26; *Oetker/Paschke* Rn. 2; *Canaris* § 31 Rn. 45; *Wagner* ZHR 163 (1999), 679 (699 f.); *Ramming* TranspR 2000, 277 (284); widersprüchlich *Bock*, Die Haftung des Spediteurs bei Straßengütertransporten, 2005, 79 einerseits und 82 andererseits.

[91] Vgl. Begründung des Regierungsentwurfs des SRG, BT-Drs. 17/10309, 55 iVm 86.

[92] *Staub/P. Schmidt* Rn. 6 und 37; MüKoHGB/*Herber/Harm* Rn. 30; *Koller* Rn. 27.

[93] MüKoHGB/*Herber/Harm* Rn. 30; *Oetker/Paschke* Rn. 13.

[94] → Rn. 13 sowie zur Einrede der Verjährung → Rn. 26; *Koller* Rn. 34; *Staub/P. Schmidt* Rn. 51; *Oetker/Paschke* Rn. 16; *Seyffert*, Die Haftung des ausführenden Frachtführers im neuen deutschen Frachtrecht, 2000, 218–221; für eine Anwendung (auch) des § 437 Abs. 2 dagegen *Ramming* TranspR 2000, 277 (288 f.).

[95] *Koller* Rn. 34 mwN.

[96] MüKoHGB/*Herber/Harm* Rn. 47; *Oetker/Paschke* Rn. 24; *Seyffert*, Die Haftung des ausführenden Frachtführers im neuen deutschen Frachtrecht, 2000, 255; *Rabe* GS Helm, 2001, 301 (308); *Lommatzsch*, Straßenfrachtführer als Dritte, 2007, 146.

[97] *Koller* Rn. 25; *Staub/P. Schmidt* Rn. 58.

[98] *Koller* Rn. 25 mwN; aA *Rabe* GS Helm, 2001, 301 (308).

HGB, § 425 Abs. 2 BGB allerdings grundsätzlich unabhängig von diesen.[99] Dementsprechend hemmt auch eine gegenüber dem Hauptfrachtführer erhobene **Reklamation iSd § 439 Abs. 3** die Verjährung des gegen den ausführenden Frachtführer gerichteten Anspruchs nicht; die Bestimmung des § 452b Abs. 2 S. 1, die insoweit für den multimodalen Transport eine gegenteilige Regelung enthält, kann im Rahmen des § 437 nicht analog angewendet werden, weil sie nicht die Frage im Auge hat, wer Empfänger iSd Verjährungsvorschriften ist.[100] Umgekehrt kann sich der ausführende Frachtführer **nicht gem. § 437 Abs. 2** auf die Verjährung der Forderung gegenüber dem Hauptfrachtführer berufen; denn diese Bestimmung betrifft ausschließlich das Entstehen der Gesamtschuld, nicht dagegen die im Rahmen der Abwicklung in Betracht kommenden Einwendungen und Einreden, für die über § 437 Abs. 3 die §§ 422–425 BGB gelten, wobei die Verjährung gem. § 425 BGB nur für den Gesamtschuldner wirkt, in dessen Person sie eingetreten ist.[101] Wenn das Gut nicht abgeliefert worden ist, ist der Beginn der Verjährungsfrist gem. § 439 Abs. 2 S. 2 anhand der Lieferfrist iSd § 423 für den dem ausführenden Frachtführer erteilten Auftrag zu berechnen; damit muss sich der Ersatzberechtigte zwar Interna des Unterfrachtverhältnisses entgegenhalten lassen, wird aber – was noch misslicher wäre – vermieden, dass die Dauer der Lieferfrist von den Details des Hauptfrachtvertrags abhängt, die der ausführende Frachtführer, der – etwa bei Einschaltung eines Fixkostenspediteurs – von seiner Haftung gem. § 437 noch nicht einmal zu wissen braucht, nicht kennen muss, und kann der Ersatzberechtigte jedenfalls die Verjährung seines Ersatzanspruchs gegen den Hauptfrachtführer sicher berechnen.[102] In den anderen Fällen beginnt die Verjährungsfrist gem. § 439 Abs. 2 S. 1 mit der Ablieferung des Gutes bei der Person zu laufen, der nach dem ausführenden Frachtführer erteilten Auftrag die Rolle des Empfängers zukommt.[103] Die Frage, ob die Verjährungsfrist gem. § 439 Abs. 1 S. 1 ein Jahr oder gem. § 439 Abs. 1 S. 2 drei Jahre beträgt, hängt davon ab, ob den ausführenden Frachtführer oder eine Person, deren Verhalten er sich gem. § 428 zurechnen lassen muss, ein qualifiziertes Verschulden iSd § 435 trifft.[104]

27   **j) Vereinbarungen hinsichtlich der Haftung (§ 449).** Vereinbarungen im Frachtvertrag des Absenders mit dem Hauptfrachtführer über die **Modalitäten der Beförderung** wie etwa den Einsatz bestimmter Fahrzeuge, die Einhaltung bestimmter Wege oder die Vornahme von Schutzmaßnahmen gegen Hitze oder Kälte sind für die Haftung des ausführenden Frachtführers grundsätzlich unabhängig davon maßgebend, ob dieser ihnen zugestimmt oder von ihnen auch nur Kenntnis gehabt hat; denn es ist Sache des ausführenden Frachtführers, sich über die Modalitäten einer von ihm übernommenen Beförderung zu informieren.[105] Der ausführende Frachtführer kann sich in einem solchen Fall allerdings dann – ausnahmsweise – auf die Unabwendbarkeit des Schadens iSd § 426 berufen, wenn er keinen Anlass hatte anzunehmen, dass entsprechende Vereinbarungen bestanden, und für ihn daher auch keine entsprechende Erkundigungspflicht bestand.[106] Dagegen wirkt eine **Vereinbarung im Hauptfrachtvertrag,** mit der der Hauptfrachtführer seine **Sekundärhaftung** erweitert hat, gem. **§ 437 Abs. 1 S. 2** – insoweit abweichend von § 182 Abs. 2 BGB – nur dann gegen den ausführenden Frachtführer, wenn dieser ihr in schriftlicher Form[107] zugestimmt hat[108] oder das Sich-Berufen auf das Fehlen einer solchen Zustimmung als widersprüchliches Verhalten gegen Treu und Glauben (§ 242 BGB) verstößt, weil der ausführende Frachtführer sich in seinem Frachtvertrag auf eine mindestens ebenso weite Haftung eingelassen hat.[109] Eine die Haftung des Hauptfrachtführers beschränkende

[99] *Koller* Rn. 33; Staub/*P. Schmidt* Rn. 59; MüKoHGB/*Herber/Harm* Rn. 48.

[100] *Koller* Rn. 33; MüKoHGB/*Herber/Harm* Rn. 50; *Seyffert,* Die Haftung des ausführenden Frachtführers im neuen deutschen Frachtrecht, 2000, 265–268; *Knöfel* FG Herber, 1999, 96 (102); *Lommatzsch,* Straßenfrachtführer als Dritte, 2007, 171 f. und S. 170; *Ramming* TranspR 2000, 277 (286); iErg auch Staub/*P. Schmidt* Rn. 60.

[101] → Rn. 13; *Koller* Rn. 33; iErg ebenso *Ramming* TranspR 2000, 277 (287).

[102] *Koller* Rn. 33; abw. *Knöfel* FG Herber, 1999, 96 (102).

[103] *Koller* Rn. 33; MüKoHGB/*Herber/Harm* Rn. 49; Oetker/*Paschke* Rn. 25; *Seyffert,* Die Haftung des ausführenden Frachtführers im neuen deutschen Frachtrecht, 2000, 265; *Lommatzsch,* Straßenfrachtführer als Dritte, 2007, 170; aA *Ramming* TranspR 2000, 277 (286), nach dessen Ansicht § 452b Abs. 2 S. 1 analog anzuwenden sein soll.

[104] MüKoHGB/*Herber/Harm* Rn. 27 und 33 mwN.

[105] *Koller* Rn. 28 und 29; MüKoHGB/*Herber/Harm* Rn. 34 und 35; Oetker/*Paschke* Rn. 19; aA Staub/*P. Schmidt* Rn. 42; BeckOK HGB/*Kirchhof* Rn. 18.

[106] MüKoHGB/*Herber/Harm* Rn. 29 und 35; Oetker/*Paschke* Rn. 19; *Seyffert,* Die Haftung des ausführenden Frachtführers im neuen deutschen Frachtrecht, 2000, 176.

[107] Vgl. § 126 BGB und *Seyffert,* Die Haftung des ausführenden Frachtführers im neuen deutschen Frachtrecht, 2000, 168 f.

[108] Wobei die Zustimmung den insoweit grundsätzlich anwendbaren §§ 182–184 BGB sowohl im Voraus als auch nachträglich (vgl. Staub/*P. Schmidt* Rn. 40 und *Seyffert,* Die Haftung des ausführenden Frachtführers im neuen deutschen Frachtrecht, 2000, 171–173) und sowohl dem Hauptfrachtführer als auch dem gem. § 437 Anspruchsberechtigten gegenüber erklärt werden kann (Staub/*P. Schmidt* Rn. 40; *Koller* Rn. 29; MüKoHGB/*Herber/Harm* Rn. 33; Oetker/*Paschke* Rn. 19; *Seyffert,* Die Haftung des ausführenden Frachtführers im neuen deutschen Frachtrecht, 2000, 169 f.; *Knöfel* FG Herber, 1999, 96 (100); *Ramming* TranspR 2000, 277 [288]), im Hinblick auf die ihr zukommende Warn- und Hinweisfunktion aber ausdrücklich und unzweifelhaft zum Ausdruck gebracht worden sein muss (→ 1. Aufl. 2001, Rn. 26).

[109] *Koller* Rn. 29; Staub/*P. Schmidt* Rn. 43, allerdings mit dem Hinweis, dass mit der Einräumung des Direktanspruchs keine Insolvenzrisiken verlagert werden dürfen; aA *Ramming* TranspR 2000, 277 (280).

Vereinbarung im Hauptfrachtvertrag kommt dem ausführenden Frachtführer dagegen gem. § 437 Abs. 2 grundsätzlich ohne weiteres zugute.[110] Dagegen haben **im Verhältnis zwischen dem ausführenden Frachtführer und seinem Auftraggeber getroffene Haftungsvereinbarungen** unabhängig davon keine Auswirkungen auf die Einstandspflicht des ausführenden Frachtführers gem. § 437, ob sie seine Haftung erweitern oder beschränken.[111] Wenn der Frachtführer bei Vereinbarung einer entsprechenden Beschränkung gem. § 437 in Anspruch genommen wird, kann er allerdings den im Blick auf das Innenverhältnis zu viel bezahlten Betrag von seinem Auftraggeber gem. § 437 HGB nach Maßgabe des § 426 Abs. 1 S. 1 BGB erstattet verlangen.[112]

5. Drittschadensliquidation. Von § 437 unberührt bleiben die Ansprüche des Vertragspartners des   28
ausführenden Frachtführers, die auf der Grundlage der in § 421 Abs. 1 S. 2 für das Transportrecht festgeschriebenen Drittschadensliquidation geltend zu machen sind.[113] Die gegenteilige und insoweit teilweise differenzierende Auffassung[114] berücksichtigt nicht genügend, dass die Stellung des Geschädigten durch § 437 gestärkt werden soll und daher durch diese Bestimmung nicht verschlechtert werden darf; sie hätte außerdem zur Folge, dass bei jeder Klage gegen den Hauptfrachtführer oder einen Unterfrachtführer, der nicht zugleich ausführender Frachtführer ist, trotz der Regelung des § 421 und entgegen deren Zweck immer auch geprüft werden müsste, ob der Kläger oder dessen Rechtsvorgänger überhaupt einen Schaden erlitten haben.[115] Wenn man aber die Drittschadensliquidation bei solchen Klagen ungeachtet der Regelung des § 437 als obsolet ansieht, ist es auch nicht gerechtfertigt, den ausführenden Frachtführer dadurch zu bevorzugen, dass er sich Ansprüchen seines unmittelbaren Auftraggebers gegenüber auf seine Haftung aus § 437 berufen darf; dementsprechend kann aus § 437 Abs. 2 auch nicht abgeleitet werden, dass die auf der Grundlage der Drittschadensliquidation abtretbaren Ansprüche des unmittelbaren Auftraggebers nicht an den Geschädigten abgetreten werden dürfen oder der ausführende Frachtführer von seinem unmittelbaren Auftraggeber nur wegen desjenigen Schadens in Anspruch genommen werden kann, der den gem. § 437 liquidierbaren Schaden übersteigt.[116]

IV. Regressverhältnisse

1. Regress des Hauptfrachtführers. a) Regress beim vom Hauptfrachtführer beauftragten   29
Unterfrachtführer. Der Unterfrachtführer, der selbst der ausführende Frachtführer war, hat den von ihm zu verantwortenden Schaden dem Hauptfrachtführer gem. §§ 425 ff. zu ersetzen; dabei sind im Hauptfrachtvertrag etwa enthaltene Sonderabreden zu berücksichtigen, sofern sie gem. § 449 wirksam sind.[117] Dasselbe gilt gem. § 428 S. 2 auch dann, wenn der Unterfrachtführer nicht selbst ausführender Frachtführer war, wobei der Unterfrachtführer dann seinerseits gem. §§ 425 ff., 449 – ggf. iVm § 428 S. 2 – bei dem von ihm beauftragten Unterfrachtführer Regress nehmen kann.[118] Der daneben gem. § 437 Abs. 3 HGB, § 426 Abs. 1 S. 1 BGB gegebene gesetzliche Regressanspruch und der Anspruchsübergang gem. § 437 Abs. 3 HGB, § 426 Abs. 2 BGB haben denselben Umfang wie der vertragliche Regressanspruch.[119]

b) Regress beim vom Hauptfrachtführer nicht beauftragten ausführenden Frachtführer.   30
Für den Umfang der in solchen Fällen ebenfalls gem. § 437 Abs. 3 HGB, § 426 BGB gegebenen Regressansprüche ist das Verhältnis des ausführenden Frachtführers zu seinem Auftraggeber maßgeblich. Dementsprechend wirken in diesem Verhältnis wirksam vereinbarte Haftungsbeschränkungen und

---

[110] *Fremuth* in Fremuth/Thume TranspR Rn. 26 mwN; MüKoHGB/*Herber/Harm* Rn. 32; Oetker/*Paschke* Rn. 18.

[111] Vgl. Begründung des Regierungsentwurfs des TRG, BT-Drs. 13/8445, 75; *Koller* Rn. 31; *Fremuth* in Fremuth/Thume TranspR Rn. 33; MüKoHGB/*Herber/Harm* Rn. 37; Staub/*P. Schmidt* Rn. 46 und 47; *Knorre* TranspR 1999, 99; *Thume* VersR 2000, 1071 (1076); aA *Andresen*/Valder Rn. 20; zwischen Ansprüchen des Absenders und Ansprüchen des Empfängers differenzierend *Lommatzsch*, Straßenfrachtführer als Dritte, 2007, 183 ff.

[112] → Rn. 31; Staub/*P. Schmidt* Rn. 46; *Koller* Rn. 31; MüKoHGB/*Herber/Harm* Rn. 37; *Thume* VersR 2000, 1071 (1076).

[113] Vgl. BGH Urt. v. 18.3.2010 – I ZR 181/08, TranspR 2010, 376 Rn. 51; *Koller* Rn. 37; *Koller* TranspR 2013, 220 (222 f.); *Valder* TranspR 1998, 51 (57); *Knorre* TranspR 1999, 99 (100); *Ramming* TranspR 2000, 277 (292 f.); *Thume* VersR 2000, 1071 (1078); *Thume* TranspR 2014, 179 (183); *Kehl*, Die Haftung des Unterfrachtführers im Straßengüterverkehr, 2004, 58; *Fremuth* in Fremuth/Thume TranspR Rn. 34 iVm § 425 Rn. 39.

[114] Vgl. MüKoHGB/*Herber/Harm* Rn. 42; *Andresen*/Valder Rn. 16 f.; Oetker/*Paschke* Rn. 21; *Zapp* TranspR 2000, 106 (108 f.); *Herber* TranspR 2000, 140 (142); *Demuth* Sonderbeilage TranspR 2004, 12 (13 f.); *Luther* TranspR 2013, 93 (95–99); *Knöfel* FG Herber, 1999, 96 (103); *Schindler* GS Helm, 2001, 331 (338 f.); *Seyffert*, Die Haftung des ausführenden Frachtführers im neuen deutschen Frachtrecht, 2000, 202.

[115] Vgl. *Koller* Rn. 37; Staub/*P. Schmidt* Rn. 47–49.

[116] Vgl. *Knorre* TranspR 1999, 99 (100); *Thume* VersR 2000, 1071 (1078); *Kehl*, Die Haftung des Unterfrachtführers im Straßengüterverkehr, 2004, 58.

[117] *Koller* Rn. 38; Staub/*P. Schmidt* Rn. 53.

[118] *Koller* Rn. 38.

[119] Vgl. *Thume* VersR 2000, 1071 (1077); *Koller* Rn. 39.

Haftungserweiterungen auch im Rahmen des Regresses zulasten oder zugunsten des Hauptfrachtführers; dieser muss sich dabei gem. § 426 Abs. 1 S. 1 BGB, § 425 Abs. 2, § 428 S. 2 HGB auch das Verhalten seiner Hilfspersonen einschließlich des Auftraggebers des ausführenden Frachtführers zurechnen und daher ggf. auch entgegenhalten lassen, dass der ausführende Frachtführer mit seinem Auftraggeber eine besondere Haftungsvereinbarung getroffen hat.[120]

31   **2. Regress des ausführenden Frachtführers. a) Regress bei seinem Auftraggeber.** Ein Anspruch besteht, soweit der ausführende Frachtführer gem. § 437 mehr Ersatz geleistet hat, als er nach den in dieser Hinsicht mit seinem Auftraggeber getroffenen Abreden (→ Rn. 27) zu leisten gehabt hätte; denn diese Vereinbarung enthält, wenn nicht ausdrücklich, so doch jedenfalls unter Berücksichtigung dessen, dass Verträge gem. §§ 133, 157 BGB interessengerecht auszulegen sind, stillschweigend auch die Zusage des Auftraggebers, den ausführenden Frachtführer von einer im Verhältnis zu außenstehenden Dritten bestehenden höheren Haftung freizustellen oder ihm, soweit er bereits in Anspruch genommen worden ist, den aufgewendeten Betrag zu erstatten.[121]

32   **b) Regress beim Frachtführer, der den ausführenden Frachtführer nicht beauftragt hat.** In solchen Fällen gilt das zu → Rn. 31 Ausgeführte entsprechend; denn auch hier muss sich der Hauptfrachtführer das Verhalten seiner Hilfspersonen einschließlich des Auftraggebers des ausführenden Frachtführers gem. § 426 Abs. 1 S. 1 BGB, § 425 Abs. 2, § 428 S. 2 zurechnen lassen.[122]

33   **3. Verjährung (§ 439 Abs. 2 S. 3).** Regressansprüche verjähren gem. § 439 Abs. 2 S. 3 (→ § 439 Rn. 14 f.).

V. Haftung der Leute (Abs. 4)

34   Die Leute des ausführenden Frachtführers iSd § 428 S. 1 haften gegenüber den gem. § 437 anspruchsberechtigten Personen (→ Rn. 12) nach § 437 Abs. 4 – im Gegensatz zu den anderen Personen iSd § 428 S. 2[123] – nur entsprechend § 436. Sie können sich daher, sofern sie nicht qualifiziert schuldhaft gehandelt haben (§ 436 S. 2), auch insoweit auf die gesetzlichen Haftungsbefreiungen und Haftungsbeschränkungen berufen (§ 436 S. 1). Entsprechend den für den ausführenden Frachtführer selbst geltenden Grundsätzen (→ Rn. 27) kommen auch ihnen im Hauptfrachtvertrag getroffene haftungsbeschränkende Vereinbarungen gem. § 437 Abs. 2 ohne weiteres zugute; dagegen wirken dort getroffene Abreden über Haftungserweiterungen nur dann gegen die Leute iSd § 428 S. 1, wenn der ausführende Frachtführer ihnen gem. § 437 Abs. 1 S. 2 in der in → Rn. 27 dargestellten Weise schriftlich zugestimmt hat.[124] Im Hinblick darauf, dass der ausführende Frachtführer mit seinem Auftraggeber vereinbarte Haftungsbefreiungen und Haftungsbegrenzungen dem gem. § 437 ersatzberechtigten Absender und Empfänger nicht entgegenhalten kann (→ Rn. 27), können sich auch seine Leute gegenüber dem Absender und dem Empfänger nicht auf solche Haftungsabreden berufen.[125]

§ 438 Schadensanzeige

(1) [1]Ist ein Verlust oder eine Beschädigung des Gutes äußerlich erkennbar und zeigt der Empfänger oder der Absender dem Frachtführer Verlust oder Beschädigung nicht spätestens bei Ablieferung des Gutes an, so wird vermutet, daß das Gut vollständig und unbeschädigt angeliefert worden ist. [2]Die Anzeige muß den Verlust oder die Beschädigung hinreichend deutlich kennzeichnen.

(2) Die Vermutung nach Absatz 1 gilt auch, wenn der Verlust oder die Beschädigung äußerlich nicht erkennbar war und nicht innerhalb von sieben Tagen nach Ablieferung angezeigt worden ist.

(3) Ansprüche wegen Überschreitung der Lieferfrist erlöschen, wenn der Empfänger dem Frachtführer die Überschreitung der Lieferfrist nicht innerhalb von einundzwanzig Tagen nach Ablieferung anzeigt.

(4) [1]Eine Schadensanzeige nach Ablieferung ist in Textform zu erstatten. [2]Zur Wahrung der Frist genügt die rechtzeitige Absendung.

(5) Werden Verlust, Beschädigung oder Überschreitung der Lieferfrist bei Ablieferung angezeigt, so genügt die Anzeige gegenüber demjenigen, der das Gut abliefert.

---

[120] Vgl. *Thume* VersR 2000, 1071 (1077) mwN und *Koller* Rn. 39, die dabei allerdings beide (noch) auf § 254 BGB abstellen; aA *Ramming* TranspR 2000, 277 (294).

[121] *Koller* Rn. 41; aA *Knorre* TranspR 1999, 99.

[122] → Rn. 30; *Thume* VersR 2000, 1071 (1077) mwN; *Koller* Rn. 40; aA *Knorre* TranspR 1999, 99.

[123] Vgl. MüKoHGB/*Herber/Harm* Rn. 51 iVm § 436 Rn. 7.

[124] *Koller* Rn. 42; *Heymann/Joachim* Rn. 17; MüKoHGB/*Herber/Harm* Rn. 52.

[125] *Koller* Rn. 42; MüKoHGB/*Herber/Harm* Rn. 53; aA Staub/*P. Schmidt* Rn. 57.

Schrifttum: *Bästlein/Bästlein,* Beweisfragen in Rechtsstreitigkeiten gegen den HGB-Frachtführer wegen Güterschäden, TranspR 2003, 413; *Demuth,* Die Schadensanzeige des § 438 HGB im Vergleich zu den Vorbehalten des Art. 30 CMR, GS Helm, 2001, 49; *Müglich,* Probleme des Einsatzes neuer Informationstechniken im Transportrecht, TranspR 2000, 145; *Scheel,* Die Entwicklung des Umzugsrechts seit Inkrafttreten der Transportrechtsreform am 1.7.1998, TranspR 2005, 239; *Schriefers,* Verdeckte Schäden nach dem deutschen Transportrecht – Einige Überlegungen zu § 438 Abs. 2 HGB, TranspR 2016, 55; *Steinborn/Wege,* Untergang des Schadensersatzanspruchs trotz qualifizierten Verschuldens, TranspR 2014, 15; *Thume,* Darlegungs- und Beweisfragen im Transportrecht, TranspR 2008, 428; *Thume,* Probleme bei der Ablieferung des Frachtguts, TranspR 2012, 85; *Tunn,* Beweislast und Beweisführung für Güterschäden bei der Ablieferung von Sendungen nach § 438 HGB, VersR 2005, 1646; *Valder,* Im Blickpunkt: Haftungsfragen beim Transport von Neuwagen, TranspR 2012, 433.

Parallelvorschriften: § 510 HGB; Art. 30 CMR; Art. 52–57 CIM.

Übersicht

I. Einleitung

Die durch das SRG nur redaktionell geänderte[1] und nur **im Rahmen des § 449 dispositive**[2] **1** Bestimmung soll nach der Begründung des Regierungsentwurfs des TRG die alsbaldige Abwicklung von Schadensfällen sichern, insbesondere den Frachtführer vor mit zunehmendem Zeitablauf eintretenden Beweisverschlechterungen schützen sowie dessen Bedürfnis nachkommen, über den Umfang möglicher Ersatzverpflichtungen zeitnah zur ausgeführten Beförderung abschließend informiert zu werden; ihr soll dabei aber weitgehend lediglich eine „**Appellfunktion**" zukommen.[3] Bei Güterschäden kommt ihr schon deshalb nur eine begrenzte Wirkung zu, weil der Geschädigte auch im Falle einer rechtzeitigen Schadensanzeige beweisen muss, dass der Schaden während des Obhutszeitraums des Frachtführers eingetreten ist.[4] **Bei anderen** als den in § 425 Abs. 1 angesprochenen **Schäden** sieht das Gesetz **keine Anzeigeobliegenheit** vor.

II. Anzeigeobliegenheit bei Güterschäden (Abs. 1 und 2)

1. Art des Güterschadens. Die Anzeigeobliegenheit knüpft an die Ablieferung an. Sie besteht **2** daher, wenn das **Gut bei der Ablieferung beschädigt** ist, wobei es angesichts dessen, dass sich die

---

[1] Vgl. Begründung des Regierungsentwurfs des SRG, BT-Drs. 17/10309, 55.
[2] Vgl. dazu Staub/*P. Schmidt* Rn. 59.
[3] Vgl. Begründung des Regierungsentwurfs des TRG, BT-Drs. 13/8445, 76; Staub/*P. Schmidt* Rn. 3 mwN.
[4] *Andresen*/Valder Rn. 3; *Koller* Rn. 1.

vollständige wirtschaftliche Entwertung der Sendung zumeist nur durch eine Befundaufnahme von deren bloßer Beschädigung abgrenzen lässt, keinen Unterschied macht, ob das Gut trotz der Beschädigung noch einen Wert besitzt oder nicht,[5] und wenn ein **Teilverlust** vorliegt, **nicht** dagegen bei einem (offenen) **Totalverlust,** weil in einem solchen Fall keine Ablieferung erfolgt.[6] Bei § 438 begründet das Unterlassen einer rechtzeitigen Anzeige – insoweit abweichend von Art. 30 CMR – ganz allgemein die Vermutung, dass das Gut bei der Ablieferung vollständig und unbeschädigt gewesen ist; die Anzeigeobliegenheit ist daher nicht auf die in § 409 Abs. 2 genannten Faktoren zu begrenzen.[7]

3   **2. Schadensanzeige. a) Rechtsnatur.** Die Schadensanzeige setzt keinen auf den Eintritt einer Rechtsfolge gerichteten Geschäftswillen voraus. Es handelt sich bei ihr daher nicht um eine Willenserklärung, sondern um eine geschäftsähnliche Handlung. Die §§ 104 ff. BGB sind auf sie damit nicht direkt, sondern nur entsprechend anwendbar.[8] Es besteht **keine Pflicht, sondern** lediglich eine **Obliegenheit** zur Erstattung einer Schadensanzeige. Deren Nichterfüllung oder nicht gehörige Erfüllung hat die in → Rn. 13 dargestellten Folgen.

4   **b) Absender.** Absender der Schadensanzeige können nach dem Gesetz **sowohl** der **Absender als auch** der **Empfänger** des Gutes sein. Wenn der Empfänger den Frachtführer gem. § 418 Abs. 1 S. 2 angewiesen hat, das Gut an einen Dritten abzuliefern, hat dieser als Empfänger die Schadensanzeige zu erstatten.[9] Entsprechend **§ 164 Abs. 1 BGB** sind auch Dritte legitimiert, wenn sie ersichtlich im Namen des Absenders oder Empfängers handeln und dazu bevollmächtigt sind; das Handeln nicht bevollmächtigter Personen kann entsprechend **§§ 180 iVm 177 Abs. 1, § 184 Abs. 1 BGB** auch noch nachträglich mit rückwirkender Kraft genehmigt werden, sofern nicht der Adressat der Anzeige bei ihrer Vornahme das Fehlen der Vollmacht beanstandet, dh diese entsprechend § 174 BGB unverzüglich zurückgewiesen hat.[10]

5   **c) Adressat.** Die Schadensanzeige ist gem. **§ 438 Abs. 1 S. 1** an den Vertragspartner des Absenders des Gutes und daher dann, wenn Unterfrachtführer eingeschaltet sind, an den **(Haupt-)Frachtführer** zu richten, wobei bei verwechselbaren Firmen die allgemeinen Regeln des Vertrauensschutzes gelten.[11] Da der (Haupt-)Frachtführer vielfach nicht selbst am Ablieferungsort anwesend ist, kann die Schadensanzeige, wenn sie bei der Ablieferung erfolgt (→ Rn. 8), gem. **§ 438 Abs. 5** auch gegenüber demjenigen erfolgen, der das Gut abliefert. Diese gesetzliche Ermächtigung soll sich nach der Auffassung des Gesetzgebers allein auf den abliefernden Unterfrachtführer beziehen.[12] Im Hinblick auf den Zweck der Regelung und die Interessenlage ist sie aber auch auf die **unselbständig tätigen Gehilfen sowohl des Hauptfrachtführers**[13] **als auch des abliefernden Unterfrachtführers** anzuwenden.[14] Die angesprochene Person muss entsprechend **§ 165 BGB** mindestens beschränkt geschäftsfähig, nicht aber gerade diejenige sein, die vom (Unter-)Frachtführer beauftragt worden ist, den Willen zur Ablieferung zu bekunden.[15] Eine Empfangszuständigkeit kann sich zudem entsprechend **§ 164 Abs. 3 BGB** aus der Einräumung einer Stellung als Empfangsbevollmächtigter oder Empfangsbote ergeben, wobei bei der Prüfung, ob dies der Fall ist, die Umstände (**§ 164 Abs. 1 S. 2, Abs. 3 BGB**), die Verkehrssitte (**§ 157 BGB**) sowie etwa bestehende Handelsbräuche (**§ 346 HGB**) zu berücksichtigen sind.[16] Wenn der ausführende Frachtführer gem. **§ 437** in Anspruch genommen werden soll, muss die Schadensanzeige auch an ihn gerichtet werden (→ § 437 Rn. 25).

6   **d) Schadensanzeigen im Regressverhältnis.** Für die bei Einschaltung von mehr als einem Unterfrachtführer entstehenden Regressverhältnisse zwischen dem Hauptfrachtführer und dem ersten Unterfrachtführer sowie zwischen zwei Unterfrachtführern untereinander enthält § 438 keine Regelung. Allerdings sind auch dort Schadensanzeigen geboten, weil die Unterfrachtführer wie ihre Auftraggeber haften und daher in gleicher Weise daran interessiert sind, möglichst schnell zu erfahren, dass eine Schadensersatzforderung auf sie zukommt, und nimmt der Endempfänger im Unterfrachtvertrag ebenfalls regelmäßig die Stellung des Empfängers ein. Aus diesen Gründen ist **§ 438 entsprechend**

---

[5] *Fremuth* in Fremuth/Thume TranspR Rn. 4; *Koller* Rn. 2 iVm § 425 Rn. 4, 5 und 12; Staub/*P. Schmidt* Rn. 10; MüKoHGB/*Eckardt* Rn. 9.

[6] OLG München Beschl. v. 5.3.2018 – 7 U 4136/17, TranspR 2018, 348 (349) = RdTW 2018, 182; *Fremuth* in Fremuth/Thume TranspR Rn. 4; *Koller* Rn. 2; Oetker/*Paschke* Rn. 2.

[7] *Koller* Rn. 2.

[8] Staub/*P. Schmidt* Rn. 12 mwN.

[9] Oetker/*Paschke* Rn. 4.

[10] Vgl. *Koller* Rn. 5; MüKoHGB/*Eckardt* Rn. 13; Oetker/*Paschke* Rn. 4.

[11] *Koller* Rn. 6 mwN.

[12] Vgl. Begründung des Regierungsentwurfs des SRG, BT-Drs. 17/10309, 56.

[13] Vgl. BGH Urt. v. 12.12.1985 – I ZR 88/83, TranspR 1986, 278 (281) = VersR 1986, 381 = NJW-RR 1986, 515.

[14] *Koller* Rn. 8; Oetker/*Paschke* Rn. 5; MüKoHGB/*Eckardt* Rn. 14; Staub/*P. Schmidt* Rn. 23; *Bästlein/Bästlein* TranspR 2003, 413 (419); *Thume* TranspR 2012, 85 (88).

[15] *Koller* Rn. 8; Staub/*P. Schmidt* Rn. 24.

[16] Vgl. – jeweils für den Fall des § 438 Abs. 2, in dem § 438 Abs. 5 nicht gilt – *Koller* Rn. 22 und Staub/*P. Schmidt* Rn. 38.

anzuwenden, wenn ein Frachtführer in seiner Rolle als Absender die Reklamation an den von ihm beauftragten Unterfrachtführer weitergibt.[17] Außerdem muss, wenn der Empfänger dem abliefernden Unterfrachtführer gegenüber reklamiert hat, dieser die Reklamation gem. §§ 675, 666 BGB unverzüglich seinem Auftraggeber und dieser seinerseits seinem Auftraggeber mitteilen, bis der Hauptfrachtführer informiert ist, und muss derjenige Unterfrachtführer, der seine insoweit bestehende Pflicht zur Information verletzt hat, gem. **§ 280 Abs. 1 BGB** allen Vorleuten den diesen daraus jeweils entstandenen Schaden ersetzen.[18] Zur Reklamation gegenüber dem **ausführenden Frachtführer** → § 437 Rn. 25.

e) Inhalt. Die Schadensanzeige muss gem. **§ 438 Abs. 1 S. 2** den **Verlust oder die Beschädigung** 7 **hinreichend deutlich kennzeichnen.** Diese auch im neuen § 510 Abs. 1 S. 2 verwendete Formulierung dient der Klarstellung, dass nur der Verlust oder die Beschädigung hinreichend deutlich anzuzeigen sind, nicht dagegen der hieraus resultierende Schaden.[19] Es reicht nicht aus, dass das Gut lediglich unter Vorbehalt (einer nachträglichen und damit verspäteten Prüfung) angenommen,[20] dass allein ein Schaden an der Verpackung gerügt wird, wenn unschwer kontrolliert werden kann, ob auch deren Inhalt beschädigt ist,[21] oder dass lediglich das schädigende Ereignis als solches mitgeteilt wird. Dasselbe gilt, sofern allein geltend gemacht wird, dass ein Schaden vorliege,[22] dass das Gut in schlechtem Zustand angekommen sei,[23] dass ein bestimmter Prozentsatz des Gutes beschädigt sei,[24] dass die „Palette nicht gut gewickelt" sei[25] oder dass die Sendung „beschädigt (offen)" angekommen sei.[26] Die Anzeige muss es dem **Frachtführer ermöglichen zu erkennen, aus welchem konkreten Grund er haften soll, damit er sich ohne großen Aufwand von der Richtigkeit der Rüge überzeugen und Beweise sichern kann.**[27] Dementsprechend sind die Art des Schadens – zB Schaden wegen Nässe, Bruchs, Fäulnis, zu hoher Temperatur, Fehlbestand- und dessen Umfang anzugeben, wobei die **Entladesituation** (näher → Rn. 8) zu berücksichtigen ist und daher **keine zu hohen Anforderungen an die Exaktheit der Angaben** gestellt werden dürfen.[28] Es müssen keine genauen Einzelheiten mitgeteilt werden, sondern reicht aus, dass die Ursache und der Umfang des Schadens – etwa durch die Angabe, die Ware sei angenagt oder völlig durchnässt abgeliefert worden oder der erste Augenschein lasse bereits eine Fehlmenge erkennen – in allgemeiner Weise umschrieben werden; ebenso genügt der Hinweis auf die Wahrscheinlichkeit eines hinreichend bestimmt beschriebenen Schadens, weil dies dem Informationszweck einer Schadensanzeige hinreichend Rechnung trägt.[29] Die Ordnungsmäßigkeit der Schadensanzeige **erfordert nicht, dass der Frachtführer für den Schaden** zugleich auch iSd § 439 Abs. 3 **haftbar gemacht wird.**[30] Noch weniger braucht die Höhe des Schadensersatzanspruchs angezeigt zu werden; die in der Begründung des Regierungsentwurfs des TRG enthaltene Wendung, die Schadensanzeige solle dem Bedürfnis des Frachtführers nachkommen, zeitnah zur ausgeführten Beförderung über den Umfang etwaiger Ersatzverpflichtungen abschließend informiert zu sein,[31] bezieht sich allein auf das reale Ausmaß des Schadens.[32] Wenn bei der Ablieferung bereits der äußere Zustand der Sendung darauf hinweist, dass im Obhutsgewahrsam des Frachtführers ein Schaden eingetreten ist, dessen Umfang aber – insbesondere in Fällen, in denen im Hinblick auf den Zustand der Verpackung zwar Anhaltspunkte für Schäden bestehen, diese aber nicht so gravierend sind, dass die sofortige Öffnung der Verpackung erforderlich wäre (→ Rn. 8 bei Fn. 46 und 47) – noch nicht

---

[17] *Koller* Rn. 9; MüKoHGB/*Eckardt* Rn. 15; aA BeckOK HGB/*Kirchhof* Rn. 5.

[18] *Koller* Rn. 9 aE mwN.

[19] Staub/*P. Schmidt* Rn. 27 m. Hinw. auf die Begründung des Regierungsentwurfs des SRG, BT-Drs. 17/10309, 56.

[20] OLG Hamburg Urt. v. 27.1.2004 – 6 U 151/03, TranspR 2004, 215 (216); *Koller* Rn. 12; Staub/*P. Schmidt* Rn. 28; Oetker/*Paschke* Rn. 6.

[21] OLG Hamburg Urt. v. 7.5.1987 – 6 U 267/86, TranspR 1988, 235 = VersR 1987, 1087; *Koller* Rn. 12 mwN. Vielmehr muss, wenn nicht wegen der Beschädigung der Verpackung sogar eine Obliegenheit zu deren sofortiger Öffnung besteht (→ Rn. 8 bei Fn. 46 und 47), zumindest auch der Verdacht ausgesprochen werden, dass an dem in der beschädigten Verpackung abgelieferten Gut ein Schaden entstanden sein könnte; die zu seinem Umfang nach der Öffnung der Verpackung getroffenen Feststellungen sind dann innerhalb der Frist des insoweit entsprechend anzuwendenden § 438 Abs. 2 mitzuteilen (→ bei Fn. 34).

[22] MüKoHGB/*Eckardt* Rn. 11 mwN.

[23] OLG Hamburg Urt. v. 27.1.2004 – 6 U 151/03, TranspR 2004, 215 (216); *Koller* Rn. 12; Oetker/*Paschke* Rn. 6; *Valder* TranspR 2012, 433 (440) mwN.

[24] *Koller* Rn. 12.

[25] OLG Köln Urt. v. 7.11.2000 – 3 U 39/00, TranspR 2001, 93 (94); *Koller* Rn. 12; MüKoHGB/*Eckardt* Rn. 11; Oetker/*Paschke* Rn. 6; Staub/*P. Schmidt* Rn. 28.

[26] LG Memmingen Urt. v. 1.8.2001 – 1 HO 2401/00, VersR 2002, 1533 (1534) = NJW-RR 2002, 458; *Koller* Rn. 12; MüKoHGB/*Eckardt* Rn. 11 mwN.

[27] Staub/*P. Schmidt* Rn. 27 mwN.

[28] *Koller* Rn. 12; Oetker/*Paschke* Rn. 6.

[29] MüKoHGB/*Eckardt* Rn. 10; Staub/*P. Schmidt* Rn. 29.

[30] Staub/*P. Schmidt* Rn. 31.

[31] BT-Drs. 13/8445, 75.

[32] *Koller* Rn. 12; Oetker/*Paschke* Rn. 7; Staub/*P. Schmidt* Rn. 27 und 32.

überblickt werden kann, sind diese Angaben zum realen Ausmaß des Schadens in entsprechender Anwendung des § 438 Abs. 2 innerhalb der dort bestimmten Frist nachzuholen.[33] Bei isD **§ 438 Abs. 2** im Zeitpunkt der Ablieferung äußerlich nicht erkennbaren Güterschäden ist im Hinblick auf den Zweck der Anzeigeobliegenheit, dem Frachtführer zu ermöglichen, sich ohne großen Aufwand von der Richtigkeit der Rüge zu überzeugen und Beweise zu sichern, **nicht auf die Entladesituation, sondern** darauf abzustellen, **welche** diesem Zweck entsprechenden **Angaben der Absender** nach dem Erkennen des Schadens **innerhalb der Frist des § 438 Abs. 2 machen konnte.** Dabei ist insbesondere zu berücksichtigen, dass dem Absender bei erst kurz vor Ablauf dieser Frist erkennbar gewordenen Mängeln keine Zeit für detaillierte Angaben mehr verbleibt.[34] Dementsprechend können an den Inhalt der Schadensanzeige im Fall des § 438 Abs. 2 im Einzelfall andere Anforderungen zu stellen sein als im Fall des § 438 Abs. 1,[35] und zwar durchaus auch höhere.[36]

8   f) **Frist.** Bei der Beurteilung der Frage, ob die Anzeigeobliegenheit bei (Teil-)Verlust oder Beschädigung des Gutes im Hinblick auf die äußerliche Erkennbarkeit des Schadens gem. § 438 Abs. 1 spätestens bei der Ablieferung des Gutes oder anderenfalls gem. § 438 Abs. 2 innerhalb der dort bestimmten Frist zu erfüllen ist, ist auf die **Entladesituation** und daher auf den Zeitpunkt abzustellen, zu dem die Verfügungsgewalt über das Gut auf den Empfänger oder, wenn das Gut zum Absender zurückbefördert wurde – auf den Absender übergegangen und dem Empfänger oder dem Absender dadurch die **Möglichkeit zur Überprüfung des Gutes im Rahmen des üblichen Geschäftsbetriebs** eröffnet worden ist.[37] **Für den Frachtführer** besteht zwar keine Verpflichtung, aber eine **Obliegenheit, den Empfänger bei der Kontrolle des Gutes zu unterstützen,** weil eine mangelnde Unterstützung Einfluss auf die äußerliche Erkennbarkeit des Güterschadens haben kann.[38] Wenn Gegenstände einer Sendung nacheinander entladen werden, ist die Ablieferung im Blick auf einen Teilverlust erst mit der Übernahme der Sachherrschaft über das letzte Stück abgeschlossen, weil erst zu diesem Zeitpunkt ein Teilverlust festgestellt werden kann; auch ist der Empfänger bei raschem Entladen mehrerer Stücke vielfach erst nach dem Abschluss der Entladearbeiten in der Lage, die einzelnen Stücke hinreichend intensiv auf das Vorliegen von Beschädigungen zu untersuchen.[39] Ein **Teilverlust** ist insbesondere dann **äußerlich erkennbar,** wenn sich **Gewichtsunterschiede** am Ort der Ablieferung für das **Nachwiegen der Ware** zur Verfügung stehenden Hilfsmitteln unschwer feststellen lassen[40] oder die Vollzähligkeit der abgelieferten Stücke mit zumutbarem Aufwand geprüft werden kann; dies ist etwa dann nicht der Fall, wenn das Gut auf Paletten gestapelt und das Zählen der einzelnen Stücke mit Gefahren für das Gut verbunden ist oder den für die Entladung benötigten Zeitraum unverhältnismäßig verlängert.[41] Eine **Beschädigung** ist insbesondere dann **äußerlich erkennbar,** wenn sie für den **Empfänger** oder seinen zum Empfang berechtigten Vertreter, von dem in dieser Hinsicht gem. **§ 276 BGB, § 347 HGB** die üblichen Warenkenntnisse der betreffenden Branche zu erwarten sind, bei einer **zumutbaren Untersuchung** unter Berücksichtigung der **Verhältnisse am Ort und zum Zeitpunkt der Ablieferung mit einem Körpersinn** schon von außen, dh **ohne Öffnung der Verpackung wahrnehmbar sind;**[42] die **Verpackung** ist dabei **im Zweifel von allen Seiten zu betrachten.**[43] Bei **Kühlgut** ist die Temperatur des Gutes zu messen oder, wenn vom Empfänger – etwa als Lebensmitteleinzelhändler – die Vorhaltung entsprechender Messgeräte nicht erwartet werden kann, immerhin durch Betasten zu schätzen.[44] Bei der Übernahme von Tankladungen und sonstiger **offener Ware ist,** sofern eine entsprechende Verkehrsauffassung besteht, das Ziehen und sofortige Untersuchen einer Stichprobe zumutbar.[45] Eine Beschädigung ist auch dann isD § 438 Abs. 1 **äußerlich erkennbar,** wenn sich bereits aus dem **Zustand der Verpackung** bei der Ablieferung **gravierende Anhaltspunkte für Schäden** ergeben, etwa weil die Verpackung in einer Weise beschädigt ist, dass ein Schaden am Gut als wahrscheinlich erscheint[46] oder die Verpackung

---

[33] *Koller* Rn. 12.

[34] AA *Koller* Rn. 21 aE; Staub/*P. Schmidt* Rn. 35; unklar Oetker/*Paschke* Rn. 8.

[35] AA *Koller* Rn. 21; aA MüKoHGB/*Eckardt* Rn. 19; Oetker/*Paschke* Rn. 8.

[36] AA *Koller* Rn. 21; grds. auch Staub/*P. Schmidt* Rn. 35.

[37] BGH Urt. v. 14.11.1991 – I ZR 236/89, BGHZ 116, 95 (103 f.) = TranspR 1992, 135 (138) = VersR 1992, 850 = NJW 1992, 1698; ähnlich *Koller* Rn. 11 iVm 3 mwN.

[38] *Koller* Rn. 13; MüKoHGB/*Eckardt* Rn. 4.

[39] *Koller* Rn. 3, der mit Recht darauf hinweist, dass eine Verpflichtung des Empfängers zu Teilrügen entsprechend dem Voranschreiten des Ablieferungsvorgangs auch wenig sachgerecht wäre; Staub/*P. Schmidt* Rn. 18 f. mwN.

[40] *Koller* Rn. 4; Staub/*P. Schmidt* Rn. 16.

[41] *Koller* Rn. 4.

[42] Vgl. *Koller* Rn. 4; MüKoHGB/*Eckardt* Rn. 4 f.; Staub/*P. Schmidt* Rn. 15–17, jeweils mwN.

[43] OLG Düsseldorf Urt. v. 18.3.1993 – 18 U 200/92, TranspR 1993, 287 (288) = VersR 1994, 1210; *Koller* Rn. 4; Staub/*P. Schmidt* Rn. 15.

[44] *Koller* Rn. 4; MüKoHGB/*Eckardt* Rn. 5.

[45] *Koller* Rn. 4; Staub/*P. Schmidt* Rn. 16; weitergehend HK-HGB/*Ruß* Rn. 2.

[46] OLG Köln Urt. v. 7.11.2000 – 3 U 39/00, TranspR 2001, 93 (94); LG Memmingen Urt. v. 1.8.2001 – 1 HO 2401/00, VersR 2002, 1533 (1534) = NJW-RR 2002, 458; *Koller* Rn. 4; Staub/*P. Schmidt* Rn. 35; MüKoHGB/*Eckardt* Rn. 7, jeweils mwN.

ersichtlich unsachgemäß ist,[47] und es dem Empfänger daher bereits zu diesem Zeitpunkt oblegen hätte, die Verpackung zum Zwecke der Schadensfeststellung zu öffnen. Eine solche Obliegenheit besteht allerdings nicht schon dann, wenn die Art der Beförderung von den Anweisungen im Frachtbrief abweicht; denn es kann vom Empfänger nicht erwartet werden, dass er dieses Dokument bei der Ablieferung genau auswertet.[48] Wenn bei der Ablieferung – wie etwa im Fall des § 419 Abs. 3 – weder der Empfänger noch ein berechtigter Vertreter anwesend ist, haben der Empfänger oder auch der Absender den Schaden anzuzeigen, sobald sie ihn erkennen können.[49] Die Schadensanzeige gem. **§ 438 Abs. 1** kann – wenn der Absender oder der Empfänger über den Schaden bereits informiert ist – auch schon vor, muss aber **spätestens bei Ablieferung** erfolgen und, wie der Gegenschluss aus § 438 Abs. 4 S. 2 ergibt, auch zugehen. Da die Anzeige keiner Form bedarf (→ Rn. 9), kann dieses Erfordernis außer durch eine entsprechende Eintragung im Frachtbrief oder in der Empfangsquittung auch durch eine mündliche Erklärung gegenüber dem Hauptfrachtführer oder dem abliefernden Unterfrachtführer oder einem ihrer unselbständig tätigen Gehilfen erfüllt werden (→ Rn. 5). Die gem. den §§ 187 ff. BGB zu berechnende Frist des **§ 438 Abs. 2** beginnt mit der Ablieferung und ist nach **§ 438 Abs. 4 S. 2** auch dann gewahrt, wenn die Anzeige noch vor ihrem Ablauf abgesandt worden ist. Die Gefahr, dass die Anzeige unüblich lange unterwegs ist, liegt damit – im Gegensatz zur Gefahr ihres Abhandenkommens (→ Rn. 12) – beim Frachtführer.[50] In Fällen, in denen der Frachtführer – etwa bei Ware, die weiter verdirbt – erkennbar auf einen schnellen Zugang der Anzeige dringend angewiesen ist, ist der Anzeigende allerdings nach Treu und Glauben (§ 242 BGB) gehalten, auf einen beschleunigten Zugang hinzuwirken und deshalb auch einen schnellen Kommunikationsweg wie etwa ein Fax oder eine E-Mail statt eines Briefs zu wählen.[51]

g) Form. Die Schadensanzeige gem. **§ 438 Abs. 1** bedarf, wie der Gegenschluss aus § 438 Abs. 4 **9** S. 1 ergibt, **keiner Form** und kann daher auch mündlich erfolgen.[52] Im Hinblick darauf, dass der Ersatzberechtigte im Bestreitensfall zu beweisen hat, dass die Anzeige erfolgt ist und ordnungsgemäß war, empfiehlt es sich für ihn allerdings, in dieser Hinsicht geeignete Dokumente zu schaffen.[53] Wenn die Schadensanzeige gegenüber demjenigen vorgenommen wird, der das Gut abliefert, muss sie in einer Sprache, die dieser versteht, und ansonsten in der Sprache, in der die Vertragsverhandlungen geführt worden sind,[54] oder in der Sprache des Vertragsstatuts (Art. 27 f. EGBGB; Art. 3–5 Rom I-VO) erfolgen.[55] Bei der Schadensanzeige gem. **§ 438 Abs. 2** muss nach **§ 438 Abs. 4 S. 1** die **Textform gem. § 126b BGB** eingehalten werden.[56]

h) Entbehrlichkeit. Keiner Schadensanzeige bedarf es ausnahmsweise dann, wenn dem Fracht- **10** führer eine **Schadensdokumentation in Textform bereits vorliegt,** etwa weil der Absender ihm eine Haftbarhaltung übersandt oder weil der Frachtführer von sich aus ein Schadensprotokoll angefertigt[57] oder den Schaden in Textform anerkannt hat.[58] Dasselbe hat aber auch dann zu gelten, wenn der **Schaden** dem Frachtführer oder einem seiner Wissensvertreter **bereits bekannt** ist;[59] denn eine Schadensanzeige – die keine Haftbarmachung voraussetzt (→ Rn. 7 bei Fn. 30) – wäre auch in einem solchen Fall eine überflüssige Förmelei. Der beim Frachtführer **angestellte Kraftfahrer** ist in Bezug auf die Ablieferung **kein Wissensvertreter,** sondern bloße Hilfsperson; denn er ist nach der Arbeitsorganisation seines Geschäftsherrn nicht dazu berufen, als dessen Repräsentant im Rechtsverkehr bestimmte Aufgaben in eigener Verantwortung zu erledigen und dabei anfallende Informationen zur Kenntnis zu nehmen und ggf. weiterzuleiten.[60]

---

[47] OLG Köln Urt. v. 7.11.2000 – 3 U 39/00, TranspR 2001, 93 (94); *Koller* Rn. 4; Staub/*P. Schmidt* Fn. 15.

[48] *Koller* Rn. 4; aA OLG Düsseldorf Urt. v. 11.6.1987 – 18 U 280/86, TranspR 1987, 430 f. = VersR 1988, 352.

[49] *Koller* Rn. 11; Oetker/*Paschke* Rn. 12; Staub/*P. Schmidt* Rn. 25.

[50] *Koller* Rn. 23; MüKoHGB/*Eckardt* Rn. 21; Staub/*P. Schmidt* Rn. 40.

[51] Staub/*P. Schmidt* Rn. 41.

[52] OLG Saarbrücken Urt. v. 29.6.2005 – 5 U 164/03, TranspR 2007, 66 (69); *Koller* Rn. 11; Baumbach/Hopt/*Merkt* Rn. 3; Staub/*P. Schmidt* Rn. 25.

[53] Vgl. *Tunn* VersR 2005, 1646 (1647); Staub/*P. Schmidt* Rn. 25.

[54] Vgl. OLG Hamburg Urt. v. 1.6.1979 – 11 U 32/79, NJW 1980, 1232.

[55] *Koller* Rn. 11; Oetker/*Paschke* Rn. 9. Soweit MüKoHGB/*Eckardt* Rn. 12 demgegenüber der Ansicht ist, die Information müsse namentlich hinsichtlich der dabei verwendeten Sprache ebenso für den (Haupt-)Frachtführer verständlich sein, berücksichtigt er die auch in Regressverhältnissen entsprechend § 438 bestehenden Pflichten zur Weiterleitung von – ggf. übersetzten – Schadensanzeigen (→ Rn. 6) nicht genügend.

[56] Vgl. zu den in dieser Hinsicht bestehenden Erfordernissen *Tunn* VersR 2005, 1646 (1650 f.); Staub/*P. Schmidt* Rn. 37.

[57] Vgl. BGH Urt. v. 14.3.1985 – I ZR 183/82, TranspR 1986, 22 (23) = VersR 1985, 686 zum WA 1929; *Koller* Rn. 14; Oetker/*Paschke* Rn. 3; Staub/*P. Schmidt* Rn. 30; *Tunn* VersR 2005, 1646 (1649).

[58] *Koller* Rn. 14; Oetker/*Paschke* Rn. 3; Staub/*P. Schmidt* Rn. 30; *Tunn* VersR 2005, 1646 (1649).

[59] OLG München Urt. v. 16.3.2011 – 7 U 1807/09, TranspR 2011, 199 (200); *Koller* Rn. 14; MüKoHGB/*Eckardt* Rn. 8; Oetker/*Paschke* Rn. 3; Baumbach/Hopt/*Merkt* Rn. 3; aA Staub/*P. Schmidt* Rn. 30; *Tunn* VersR 2005, 1646 (1649).

[60] Vgl. OLG Celle Urt. v. 21.5.2004 – 11 U 7/04, TranspR 2005, 214 (216) = NJW-RR 2004, 1411; *Koller* Rn. 14; Baumbach/Hopt/*Merkt* Rn. 3; *Tunn* VersR 2005, 1646 (1649); aA MüKoHGB/*Eckardt* Rn. 8.

11   **i) Schadensprotokoll.** Soweit der Frachtführer oder eine den Transport begleitende Person, die nach der Verkehrssitte ebenfalls dazu befugt ist, den Schaden anerkennt, handelt es sich dabei in aller Regel nicht um ein deklaratorisches Schuldanerkenntnis, sondern lediglich um ein Anerkenntnis gegen sich selbst, das allerdings ein starkes Beweisindiz zu Lasten des Frachtführers darstellt.[61]

12   **j) Beweislast.** Die Beweislast für die – zumindest teilweise – Ablieferung des Gutes und deren Zeitpunkt liegt beim Frachtführer, die Beweislast für die Rechtzeitigkeit und Ordnungsmäßigkeit oder Entbehrlichkeit der Anzeige beim Ersatzberechtigten.[62] Dieser trägt daher – im Hinblick darauf, dass das Gesetz die äußerliche Erkennbarkeit des Schadens als den Regelfall ansieht – die Beweislast für die fehlende äußerliche Erkennbarkeit des Schadens[63] sowie – angesichts der dem Adressaten der Anzeige allein die Verzögerungsgefahr, nicht dagegen auch die Verlustgefahr zuweisenden Regelung des § 438 Abs. 4 S. 2 – auch das Risiko des Verlusts der Anzeige auf dem Weg zum Adressaten.[64]

13   **3. Rechtsfolgen. a) Rechtsfolge einer unterlassenen oder unzureichenden Anzeige.** Wenn es an einer ordnungsgemäßen Schadensanzeige fehlt und eine solche auch nicht entbehrlich war, wird gem. § 438 Abs. 1 S. 1, Abs. 2 **widerleglich vermutet**, dass das Gut in vertragsgemäßem Zustand abgeliefert worden ist. Der Anspruchsberechtigte kann[65] und muss daher in einem solchen Fall gem. § 292 ZPO den vollen Beweis iSd § 286 ZPO dafür erbringen, dass das Gut in beschädigtem Zustand oder in einer geringeren Menge als übergeben abgeliefert worden ist.[66] Den Frachtführer trifft insoweit keine sekundäre Darlegungslast, weil sich die Übernahme des Gutes und die Ablieferung auch in der Sphäre des Absenders bzw. des ihm zuzurechnenden Empfängers abgespielt hat.[67] Da sich die Rechtsfolgen des § 438 Abs. 1 und der allgemeinen Beweislastregeln decken,[68] gilt auch im Fall des § 435 nichts Abweichendes.[69]

14   **b) Rechtsfolge einer ordnungsgemäßen Anzeige.** Soweit ein Verlust oder eine Beschädigung ordnungsgemäß angezeigt worden ist oder eine Anzeige entbehrlich war (→ Rn. 10), gelten die Vermutungen in § 438 Abs. 1 S. 1 und Abs. 2 nicht. Da aber die Begründung des Regierungsentwurfs erkennen lässt, dass diese Bestimmungen die Beweislast des Anspruchstellers beim Fehlen einer ordnungsgemäßen Anzeige erhöhen, ansonsten aber unberührt lassen sollten,[70] darf aus ihnen jedoch **nicht** der **Umkehrschluss** gezogen werden, dass der **Frachtführer beim Vorliegen einer ordnungsgemäßen Anzeige oder im Fall der Entbehrlichkeit einer solchen Anzeige seinerseits die Vollständigkeit und Schadensfreiheit des Gutes nachzuweisen** hat;[71] vielmehr ist in einem solchen Fall die **Frage, ob ein Schaden eingetreten ist, beweisrechtlich wieder offen.**[72] Wenn der Empfänger das Gut als im Wesentlichen ordnungsgemäße Erfüllung hat gelten lassen, trägt daher der Ersatzberechtigte gem. § 363 BGB und den allgemein nach Abnahme geltenden Regeln des Werkvertragsrechts die Beweislast.[73] Der Umstand, dass die Regelung des **§ 438 Abs. 2** danach **praktisch keine Funktion** hat und deshalb letztlich überflüssig ist, muss hingenommen werden, weil sich anderenfalls grundlegende Wertungswidersprüche mit den allgemeinen Beweisregeln und insbesondere mit den im Speditions- und Lagerrecht geltenden Beweislastregeln ergäben, wonach der Geschädigte bei diesen Vertragstypen die Beweislast nicht durch nachträgliche Anzeige äußerlich

---

[61] Vgl. BGH Urt. v. 24.3.1976 – IV ZR 222/74, BGHZ 66, 250 (254 f.) = VersR 1977, 471 (472) = NJW 1976, 1259; *Koller* Rn. 18.

[62] Vgl. – zu § 377 HGB – BGH Urt. v. 13.5.1987 – VIII ZR 137/86, BGHZ 101, 49 (54) = NJW 1987, 2235 (2236); *Koller* Rn. 15 und 24; MüKoHGB/*Eckardt* Rn. 32; Oetker/*Paschke* Rn. 15; Staub/*P. Schmidt* Rn. 46.

[63] Staub/*P. Schmidt* Rn. 46.

[64] Vgl. – zu § 377 HGB – BGH Urt. v. 13.5.1987 – VIII ZR 137/86, BGHZ 101, 49 (52 f.) = NJW 1987, 2235 (2236); *Koller* Rn. 23; MüKoHGB/*Eckardt* Rn. 21; Staub/*P. Schmidt* Rn. 40 und 46; aA Baumbach/Hopt/*Merkt* Rn. 3 iVm § 377 Rn. 41; in Bezug auf § 451f zweifelnd OLG Saarbrücken Urt. v. 29.6.2005 – 5 U 164/03, TranspR 2007, 66 (71).

[65] AA OLG Celle Urt. v. 21.5.2004 – 11 U 7/04, TranspR 2005, 214 (216) = NJW-RR 2004, 1411.

[66] OLG Braunschweig Urt. v. 3.2.2005 – 2 U 201/03, NJW-RR 2005, 834 (835); AG Hamburg Urt. v. 26.7.2000 – 31a C 176/00, TranspR 2000, 429 (430); *Koller* Rn. 16 und 25; Baumbach/Hopt/*Merkt* Rn. 1; MüKoHGB/*Eckardt* Rn. 17; Oetker/*Paschke* Rn. 13; Staub/*P. Schmidt* Rn. 42 f.

[67] *Koller* Rn. 25 Fn. 93; MüKoHGB/*Eckardt* Rn. 17.

[68] Vgl. *Tunn* VersR 2005, 1646 f.

[69] *Koller* Rn. 16; Staub/*P. Schmidt* Rn. 43.

[70] Vgl. Begründung des Regierungsentwurfs des TRG, BT-Drs. 13/8445, 76: „… da der Geschädigte als Anspruchsteller nach allgemeinen Beweislastgrundsätzen ohnehin die Beweislast für die Beschädigung als Anspruchsvoraussetzung trägt".

[71] OLG Hamm Urt. v. 27.1.2011 – 18 U 81/09, TranspR 2011, 181 (183 f.) zu Art. 30 CMR; *Fremuth* in Fremuth/Thume TranspR Rn. 8; *Koller* Rn. 26; MüKoHGB/*Eckardt* Rn. 16; Staub/*P. Schmidt* Rn. 44; *Thume* TranspR 2012, 85 (90 f.); *Valder* TranspR 2012, 433 (440).

[72] Vgl. MüKoHGB/*Eckardt* Rn. 16 und 23; Staub/*P. Schmidt* Rn. 44 f. und insbesondere *Koller* Rn. 17, 17a und 26; Oetker/*Paschke* Rn. 15.

[73] Vgl. OLG Hamburg Urt. v. 27.6.2003 – 6 U 151/03, TranspR 2004, 216 (217) (zu Art. 30 Abs. 1 CMR); *Koller* Rn. 17 und 26; MüKoHGB/*Eckardt* Rn. 16 und 22; *Tunn* VersR 2005, 1646 (1648).

unerkennbarer Schäden auf den anderen Teil verlagern kann.[74] **Im Fall des § 438 Abs. 1 kann** jedenfalls dann, wenn der Empfänger gravierende (Teil-)Verluste oder Beschädigungen rügt, **kaum angenommen werden, dass er das Gut als im Wesentlichen ordnungsgemäße Erfüllung gelten lässt.**[75] Die Erschwerung der Beweissicherung in Fällen, in denen die Rüge erst nach dem Übergang des Gutes in die Sphäre des Empfängers erfolgt (→ Rn. 8 bei Fn. 37), kann in entsprechender Anwendung des Art. 30 Abs. 5 CMR durch die Annahme einer Pflicht des Empfängers ausgeglichen werden, den Frachtführer dabei dadurch zu unterstützen, dass er die sofortige Beiziehung von Sachverständigen duldet und das Gut, soweit dies ohne seine Gefährdung möglich ist, auf Wunsch des Frachtführers in der Position belässt, in der er den Mangel festgestellt und gerügt hat; bei Zuwiderhandlungen kehrt sich die Beweislast zu Lasten des Ersatzberechtigten um.[76]

III. Anzeigeobliegenheit bei Lieferfristüberschreitungen (Abs. 3)

1. Lieferfristüberschreitung. Die Bestimmung des § 438 Abs. 3 knüpft an § 425 Abs. 1 Fall 3 an. **15** Sie gilt daher allein für die durch die Lieferfristüberschreitung entstandenen Vermögensschäden, nicht dagegen dann, wenn – wie etwa bei verspätetem Beginn des Transports – Verspätungen zu Ansprüchen aus § 280 BGB führen oder die verspätete Ablieferung Schäden an den Gütern selbst zur Folge hat oder die Notwendigkeit von Aufwendungen zur Verhütung oder Verminderung von Schäden begründet.[77]

2. Schadensanzeige. a) Rechtsnatur und Form. In dieser Hinsicht bestehen keine Unterschiede **16** zu den in § 438 Abs. 1 und 2 geregelten Fällen des Verlusts und der Beschädigung des Gutes, sodass die insoweit gemachten Ausführungen (→ Rn. 3 und → Rn. 9) hier entsprechend gelten.

b) Absender. In bewusster,[78] aber wenig überzeugender[79] Abweichung von Art. 30 Abs. 3 CMR **17** wie auch von § 438 Abs. 1 und 2 erlegt § 438 Abs. 3 allein dem Empfänger eine **Anzeigeobliegenheit** auf. Wenn der Absender die Anzeige erstattet hat, kann allerdings aus den entsprechend § 164 Abs. 1 S. 2 BGB zu berücksichtigenden Umständen folgen, dass dieser dabei im Namen des Empfängers gehandelt hat.[80] Bei **weisungsgemäßem Rücktransport** des Gutes an den Absender erfolgt keine Ablieferung beim Empfänger und ist § **438 Abs. 3** daher von vornherein **nicht anwendbar.** Das gilt auch dann, wenn der Empfänger die Annahme des Gutes gerade wegen der Lieferverzögerung verweigert hat; denn er hat damit zu erkennen gegeben, dass er mit dem Transport nichts zu tun haben will, und, wie der Umkehrschluss aus § 421 Abs. 1 S. 2 ergibt, zudem keine Aktivlegitimation für Schadensersatzansprüche erworben.[81]

c) Adressat. Die Anzeige ist gem. § 438 Abs. 3 an den Hauptfrachtführer oder, sofern sie bei **18** der Ablieferung erfolgt, gem. § 438 Abs. 5 wahlweise auch an den Unterfrachtführer oder an dessen unselbständige Hilfspersonen zu richten. Der Empfänger muss die Person des Hauptfrachtführers notfalls bei seinem Lieferanten erfragen; der Frachtbrief begründet insoweit keine Vermutung.[82] Diese gesetzliche Regelung ist besonders misslich, wenn der Verkäufer einen Spediteur beauftragt hat, da dann je nachdem, ob dieser selbst eingetreten ist (§ 458) oder zu festen Kosten kontrahiert hat (§ 459) oder auf fremde Rechnung einen Frachtvertrag geschlossen hat (§ 454), die Anzeige entweder – in den beiden ersten Fällen – an ihn oder – im dritten Fall – an den von ihm beauftragten Frachtführer zu richten ist. Der Empfänger kann sich in einem solchen Fall nur dadurch schützen, dass er vorsorglich allen in Betracht kommenden Personen eine Anzeige zukommen lässt.[83]

d) Regressverhältnis. Im Regressverhältnis spielt § 438 Abs. 3 keine Rolle, weil den Haupt- **19** frachtführer als Absender keine entsprechende Anzeigeobliegenheit trifft und auch vom Empfänger nicht zu erwarten ist, dass er bei allen Unterfrachtführern reklamiert. In Betracht kommt hier lediglich ein Schadensersatzanspruch aus § 280 BGB iVm § 433 HGB, wenn einer in der Kette der Frachtführer seiner sich aus Treu und Glauben (§ 242 BGB) ergebenden Verpflichtung zuwider-

---

[74] Vgl. *Koller* Rn. 26.
[75] Vgl. *Koller* Rn. 17a; Staub/*P. Schmidt* Rn. 45.
[76] *Koller* Rn. 17a; Oetker/*Paschke* Rn. 14; Staub/*P. Schmidt* Rn. 45.
[77] *Koller* Rn. 27; MüKoHGB/*Eckardt* Rn. 24 mwN.
[78] Vgl. Begründung des Regierungsentwurfs des TRG, BT-Drs. 13/8445, 76, wo ausgeführt ist, dass allein der Empfänger eine Verzögerung feststellen könne.
[79] Zutreffend weist etwa *Koller* in Rn. 28 darauf hin, dass Güterschäden bei der Ablieferung ebenfalls nur vom Empfänger festgestellt werden können, gleichwohl aber bei ihnen gem. § 438 Abs. 1 (und 2) neben dem Empfänger auch der Absender die Anzeige vornehmen kann.
[80] Heymann/*Joachim* Rn. 15; *Koller* Rn. 29; MüKoHGB/*Eckardt* Rn. 24 iVm 13.
[81] *Koller* Rn. 29 iVm 35.
[82] *Koller* Rn. 31.
[83] *Koller* Rn. 31; Staub/*P. Schmidt* Rn. 50.

handelt, den von ihm beauftragten Frachtführer von der Überschreitung der Lieferfrist zu verständigen.[84]

20   **e) Inhalt.** Da § 438 Abs. 3 – anders als § 438 Abs. 1 S. 2 für die Anzeige von Güterschäden – keine besonderen Anforderungen an den Inhalt der Anzeige stellt, kann sich diese auf die Mitteilung beschränken, dass die Lieferfrist überschritten ist.[85]

21   **f) Frist.** Die Frist des § 438 Abs. 3 beginnt mit der Ablieferung. Sie läuft daher dann nicht, wenn der Empfänger das Gut nicht entgegennehmen will (→ § 425 Rn. 32 f.). Ein Empfänger, der die Annahme des Gutes verweigert hat, braucht daher nicht gem. § 438 Abs. 3 zu reklamieren. Dies gilt auch dann, wenn er die Annahme wegen der Lieferfristüberschreitung verweigert hat (→ Rn. 17). In Fällen, in denen das Gut nach dem Vertrag sukzessive abzuliefern ist, ist auf den Abschluss der Ablieferung der gesamten Sendung oder, wenn der Empfänger erkennen kann, dass das Gut zum Teil verloren ist, im Hinblick auf die verspätete Ablieferung des verbliebenen Rests auf den insoweit zuletzt vorgenommenen Ablieferungsakt abzustellen; wenn der Empfänger den Frachtführer gem. § 418 Abs. 2 S. 2 anweist, das Gut an einen Dritten abzuliefern, und daher dieser als Empfänger zu reklamieren hat, kann der Anspruch gem. § 425 Abs. 1 Fall 3 uU nicht entstehen, obwohl das Gut beim weisungsgebenden Empfänger verspätet angekommen ist.[86] Die Bestimmung des § 438 Abs. 3 steht der Erstattung einer Anzeige bereits vor Ablieferung an sich nicht entgegen; da aber nicht ins Blaue hinein reklamiert werden darf, muss die Lieferfrist bereits abgelaufen, zumindest aber bei der Absendung der Anzeige mit größter Wahrscheinlichkeit zu erwarten sein, dass die Lieferfrist nicht eingehalten werden wird.[87] Zur auch im Rahmen des § 438 Abs. 3 geltenden Regelung des § 438 Abs. 4 S. 2 → Rn. 8 aE und → Rn. 12.

22   **g) Kenntnis des Frachtführers.** Die Verspätungsanzeige gem. § 438 Abs. 3 soll dem Frachtführer Klarheit verschaffen, ob der Empfänger die Verzögerung der Ablieferung auf sich beruhen lässt. Sie ist daher – insoweit anders als beim Vorliegen eines Güterschadens (→ Rn. 10) – auch dann nicht verzichtbar, wenn der Frachtführer von der Lieferfristüberschreitung – wie regelmäßig – bereits Kenntnis hat.[88]

23   **h) Beweislast.** Vgl. zunächst → Rn. 12. Das Vorliegen der Lieferfristüberschreitung ist vom Ersatzberechtigten zu beweisen.[89]

24   **3. Rechtsfolgen. a) Rechtsfolge einer unterlassenen oder nicht ordnungsgemäßen Anzeige.** Die Vorschrift des § 438 Abs. 3 statuiert – anders als Art. 30 Abs. 3 CMR – keine vom Anspruchsteller darzulegende Anspruchsvoraussetzung,[90] sondern eine nur auf entsprechenden Vortrag des Anspruchsgegners hin **zu berücksichtigende Einwendung.**[91] Der **Anspruch gem. § 425 Abs. 1 Fall 3 geht** mit dem Ablauf der in § 438 Abs. 3 bestimmten Frist grundsätzlich **unter.** Dasselbe gilt auch für einen etwa gegebenen Anspruch analog § 425 Abs. 1 wegen Aufwendungen zur Schadensverhütung.[92] Die genannten **Ansprüche erlöschen** allerdings dann **nicht, wenn auf Seiten des Frachtführers** ein **qualifiziertes Verschulden iSd § 435** vorliegt; denn diese Bestimmung erfasst jede Form der Haftungsbefreiung, und auch die Regelung des § 439 Abs. 1 S. 2 lässt erkennen, dass bei einem solchen Verschulden die sonst im Transportrecht geltenden kurzen Fristen nicht zum Tragen kommen sollen.[93] Die Berufung auf die Ausschlussfrist des § 438 Abs. 3 kann zudem unter dem Gesichtspunkt eines Verstoßes gegen Treu und Glauben (§ 242 BGB) deshalb rechtsmissbräuchlich und damit unzulässig sein, weil der Frachtführer darauf hingewirkt hat, dass der Empfänger die Frist hat verstreichen lassen, oder sonst dafür verantwortlich ist, dass innerhalb dieser Frist keine Anzeige erstattet wurde.[94]

---

[84] *Koller* Rn. 31.
[85] *Koller* Rn. 34; MüKoHGB/*Eckardt* Rn. 28; Oetker/*Paschke* Rn. 17; aA Staub/*P. Schmidt* Rn. 52, wonach der Empfänger beim Fehlen einer Fristvereinbarung ggf. entsprechend § 438 Abs. 1 S. 2 Ausführungen zur Fristberechnung soll machen müssen.
[86] Vgl. *Koller* Rn. 35.
[87] *Koller* Rn. 35a.
[88] *Koller* Rn. 37; Heymann/*Joachim* Rn. 19; MüKoHGB/*Eckardt* Rn. 25; Staub/*P. Schmidt* Rn. 47.
[89] Vgl. OLG Hamburg Urt. v. 6.12.1979 – 10 U 84/78, VersR 1980, 290 (291); *Koller* Rn. 36; Heymann/*Joachim* Rn. 21; Staub/*P. Schmidt* Rn. 58.
[90] Vgl. zu Art. 30 Abs. 3 CMR BGH Urt. v. 14.11.1991 – I ZR 236/89, BGHZ 116, 95 (103) = TranspR 1992, 135 (138) = VersR 1992, 850 = NJW 1992, 1698; OLG Köln Urt. v. 19.8.2003 – 3 U 26/03, TranspR 2004, 322 (323) = VersR 2005, 1626.
[91] LG Hamburg Urt. v. 11.1.2005 – 309 S 225/03, NJW-RR 2005, 543 (544); Baumbach/Hopt/*Merkt* Rn. 2; Staub/*P. Schmidt* Rn. 57; aA *Andresen*/Valder Rn. 27; *Koller* Rn. 38; MüKoHGB/*Eckardt* Rn. 26; *Steinborn/Wege* TranspR 2014, 15 Fn. 1.
[92] *Koller* Rn. 38; aA AG Leer Urt. v. 17.7.2000 – 7 C 513/00, zit. nach *Scheel* TranspR 2005, 239 (243).
[93] *Koller* Rn. 38; Heymann/*Joachim* Rn. 20; Staub/*P. Schmidt* Rn. 56; *Demuth* GS Helm, 2001, 49 (57).
[94] OLG Köln Urt. v. 19.8.2003 – 3 U 26/03, TranspR 2004, 322 (323) = VersR 2005, 1626; *Koller* Rn. 38.

b) Rechtsfolge einer ordnungsgemäßen Anzeige. Der Verspätungsschaden kann weiterhin 25 geltend gemacht werden.

§ 439 Verjährung

(1) [1]Ansprüche aus einer Beförderung, die den Vorschriften dieses Unterabschnitts unterliegt, verjähren in einem Jahr. [2]Bei Vorsatz oder bei einem dem Vorsatz nach § 435 gleichstehenden Verschulden beträgt die Verjährungsfrist drei Jahre.

(2) [1]Die Verjährung beginnt mit Ablauf des Tages, an dem das Gut abgeliefert wurde. [2]Ist das Gut nicht abgeliefert worden, beginnt die Verjährung mit dem Ablauf des Tages, an dem das Gut hätte abgeliefert werden müssen. [3]Abweichend von den Sätzen 1 und 2 beginnt die Verjährung von Rückgriffsansprüchen mit dem Tag des Eintritts der Rechtskraft des Urteils gegen den Rückgriffsgläubiger oder, wenn kein rechtskräftiges Urteil vorliegt, mit dem Tag, an dem der Rückgriffsgläubiger den Anspruch befriedigt hat, es sei denn, der Rückgriffsschuldner wurde nicht innerhalb von drei Monaten, nachdem der Rückgriffsgläubiger Kenntnis von dem Schaden und der Person des Rückgriffsschuldners erlangt hat, über diesen Schaden unterrichtet.

(3) [1]Die Verjährung eines Anspruchs gegen den Frachtführer wird auch durch eine Erklärung des Absenders oder Empfängers, mit der dieser Ersatzansprüche erhebt, bis zu dem Zeitpunkt gehemmt, in dem der Frachtführer die Erfüllung des Anspruchs ablehnt. [2]Die Erhebung der Ansprüche sowie die Ablehnung bedürfen der Textform. [3]Eine weitere Erklärung, die denselben Ersatzanspruch zum Gegenstand hat, hemmt die Verjährung nicht erneut.

(4) Die Verjährung von Schadensersatzansprüchen wegen Verlust oder Beschädigung des Gutes oder wegen Überschreitung der Lieferfrist kann nur durch Vereinbarung, die im einzelnen ausgehandelt ist, auch wenn sie für eine Mehrzahl von gleichartigen Verträgen zwischen denselben Vertragsparteien getroffen ist, erleichtert oder erschwert werden.

Schrifttum: *Boettge,* Anmerkung zum Urteil des Oberlandesgerichts Frankfurt vom 20.4.2007 – 3 U 203/05, TranspR 2008, 477; *Demuth,* Verjährungsvorschriften in CMR und Transportrechtsreformgesetz – Vergleich und Zusammenwirken, FG Herber, 1999, 326; *Demuth,* Verhandlungen, Verjährungsverzicht, insbesondere bei Forderungsübergang, TranspR 2016, 64; *Dißars,* Anmerkung zum Urteil des AG Hamburg-Harburg vom 24.3.1999 – 648 C 688/98, TranspR 2000, 259; *Drews,* Zur Frage der Hemmung der Verjährung im Transportrecht, TranspR 2004, 340; *Grimme,* Anmerkung zu OLG München, TranspR 2008, 321 und LG Hamburg, TranspR 2009, 224, TranspR 2009, 226; *Haak,* CMR-Übereinkommen: Vertrag zu Lasten Dritter?, GS Helm, 2001, 91; *Harms,* Schuldrechtsreform und Transportrecht, TranspR 2001, 294; *Herber,* Verjährung von Vergütungsansprüchen des Frachtführers und Spediteurs aus Altverträgen, TranspR 2000, 20; *Herber,* Dreijährige Verjährung von Primärleistungsansprüchen nach § 439 Abs. 1 Satz 2 HGB?, TranspR 2010, 537; *Heuer,* Anmerkung zum Urteil des OLG Dresden vom 16.12.2004 – 13 U 1237/04, TranspR 2005, 73; *Hochstein,* Anmerkung zum Urteil des OLG Hamburg vom 12.7.2011 – 6 U 217/10, jurisPR-HaGesR 9/2011 Anm. 6; *Knorre,* Zum „Palettentausch im 21. Jahrhundert", GS Helm, 2001, 133; *Köper,* Zur Anwendbarkeit des § 439 Abs. 1 S. 2 HGB auf Frachtansprüche, TranspR 2006, 191; *Koller,* Die Auswirkungen der Reform des deutschen Schuldrechts auf das Transportrecht, TranspR 2001, 425; *Koller,* Gehilfen des CMR-Frachtführers und Art. 31 CMR, TranspR 2002, 133; *Koller,* Die Verjährung der Haftung für Ladungsschäden bei Binnenschifftransporten, TranspR 2004, 24; *Koller,* Die Verjährung bei vorsätzlicher oder leichtfertiger Missachtung von Leistungs- und Schutzpflichten im deutschen Frachtrecht, VersR 2006, 1581; *Koller,* Zur Verjährung von Ansprüchen wegen Beschädigung des Transportguts, LMK 2009, 272954; *Koller,* Die „Beförderung" als Aufgreifkriterium der Verjährung im Transportrecht, FS Picker, 2010, 481; *Koller,* Reform der Verjährungsregeln im HGB-Transportrecht?, VersR 2011, 192; *Koller,* Verjährung im Rückgriffsverhältnis nach den §§ 439, 463, 475a HGB, TranspR 2012, 277; *Koller,* Die Tragweite des verjährungsrechtlichen Rückgriffsprivilegs des § 439 Abs. 2 Satz 3 HGB – Zugleich Anmerkung zum Urteil des BGH vom 7.3.2013 – I ZR 186/11, TranspR 2013, 336; *Koller,* Konkurrenz der vertraglichen Zahlungs- oder Freistellungsansprüche mit Ansprüchen aus Drittschadensliquidation und die Verjährung: zugleich Anm. zu dem Urteil des BGH vom 22.1.2015 – I ZR 127/13, RdTW 2015, 361; *Müller-Rostin,* Entzieht sich das Luftfrachtrecht der einheitlichen Verjährungsregelung in § 452b Abs. 2 HGB?, TranspR 2008, 241; *Otte,* Anmerkung zum Urteil des LG Frankfurt/M. vom 8.3.2000 – 3/3 O 119/98, TranspR 2001, 35; *Ramming,* Der neue § 612 HGB, TranspR 2002, 45; *Ramming,* Die Erfordernisse des § 449 Abs. 1 und 2 HGB etc. und ihre Einordnung als formelle bzw. materielle Wirksamkeitsvoraussetzungen, TranspR 2009, 200; *Schmid/Kehl,* Die Haftung des CMR-Frachtführers nach den Grundsätzen der culpa in contrahendo, TranspR 1996, 89; *Seyffert,* Die Haftung des ausführenden Frachtführers im neuen deutschen Frachtrecht, 2000; *Thume,* Anmerkung zum Urteil des BGH vom 10.4.2003 – I ZR 228/00, TranspR 2003, 305; *Thume,* Neue Rechtsprechung zur Verjährung im Transportrecht, TranspR 2009, 233; *Trieb,* Anmerkung zum Urteil des OLG Frankfurt vom 11.10.2010 – 21 U 56/08, TranspR 2011, 31 und VersR 2011, 392; *Ungewitter,* Die Darlegungs- und Beweislast bei der verlängerten Verjährungsfrist nach § 439 Abs. 1 S. 2 HGB, VersR 2010, 454; *v. Waldstein/Holland,* Die Verjährung im Binnenschiffahrtsrecht, TranspR 2003, 387.

Parallelvorschriften: §§ 605–610 HGB; Art. 32 CMR; Art. 58 CIM.

Übersicht

I. Einleitung

1   Die weithin an Art. 32 CMR angelehnte Vorschrift des **§ 439**[1] regelt als **lex specialis zu den im BGB enthaltenen** und dementsprechend von ihr grundsätzlich verdrängten **allgemeinen Bestimmungen** die Verjährung der Ansprüche aus Beförderungen, die den Vorschriften der §§ 407–449 unterliegen. Sie ist über § 451 auch auf Ansprüche aus Beförderungen von **Umzugsgut**,[2] über § 463 entsprechend auf Ansprüche aus **Speditionsleistungen** iSd §§ 453 ff. sowie über § 25 EVO entsprechend auf Ansprüche aus der Beförderung von bei der Bahn zur Beförderung aufgegebenem **Reisegepäck** anzuwenden. Sie gilt ferner über § 452 mit den sich aus § 452b Abs. 2 ergebenden Modifikationen für Ansprüche aus **Multimodaltransporten** und über § 475a S. 1 mit den sich aus § 475a S. 2 ergebenden Modifikationen entsprechend für Ansprüche aus **Lagerungen** iSd §§ 467 ff. Die in ihr enthaltene Regelung soll insbesondere durch eine von Art. 32 CMR abweichende einheitliche Festlegung des Verjährungsbeginns zu größerer Praktikabilität sowie besserer Vorhersehbarkeit und Berechenbarkeit der Abwicklung führen.[3] Entsprechend Art. 169 Abs. 2 EGBGB gilt § 439 auch schon für Ansprüche, die vor dem 1.7.1998 begründet worden waren.[4] Zu den Änderungen, die die Absätze 3 und 4 durch das SRG erfahren haben, → Rn. 21 und → Rn. 28 aE.

II. Anwendungsbereich

2   **1. Persönlicher Anwendungsbereich.** Der Anwendungsbereich des bewusst weit formulierten § 439 erstreckt sich auf alle Ansprüche, die mit einer den **§§ 407 ff.** unterliegenden Beförderung

---

[1] Vgl. BGH Urt. v. 10.1.2008 – I ZR 13/05, TranspR 2008, 84 Rn. 13 = VersR 2008, 1236 = NJW-RR 2008, 1359; MüKoHGB/*Eckardt* Rn. 1; zu den allerdings bestehenden Unterschieden vgl. Staub/*P. Schmidt* Rn. 4.

[2] Vgl. BGH Beschl. v. 25.2.2016 – I ZR 277/14, TranspR 2016, 212 Rn. 8 = RdTW 2016, 451; OLG Schleswig Urt. v. 5.6.2008 – 5 U 24/08, TranspR 2009, 30 (32 f.) = NJW-RR 2008, 1361; MüKoHGB/*Eckardt* Rn. 2; Staub/ *P. Schmidt* Rn. 9.

[3] Begründung des Regierungsentwurfs des TRG, BT-Drs. 13/8445, 78. Zur Frage, ob dieses Ziel erreicht wurde, vgl. – kritisch – *Koller* Rn. 1.

[4] Vgl. BGH Urt. v. 15.12.2005 – I ZR 9/03, TranspR 2006, 70 (71 f.) = VersR 2006, 618 = NJW-RR 2006, 1386; Urt. v. 21.9.2006 – I ZR 2/04, TranspR 2006, 451 (453) = NJW-RR 2007, 182 Rn. 31; Baumbach/Hopt/ *Merkt* Rn. 2. Vgl. weiter – auch zu der vom BGH in TranspR 2006, 70 (71) mwN offen gelassenen Frage, ob die Frist in einem solchen Fall zu dem Zeitpunkt ablief, zu dem sie nach dem früheren Recht vollendet gewesen wäre – MüKoHGB/*Eckardt* Rn. 3 und Staub/*P. Schmidt* Rn. 10, jeweils mwN.

zusammenhängen und nicht dem Ausgleich von Personenschäden dienen (→ Rn. 8). Es kommt in diesem Zusammenhang nicht darauf an, wer die Ansprüche geltend macht und auf welcher Grundlage diese beruhen.[5] Die Bestimmung erfasst daher insbesondere die im Hinblick auf eine Beförderung iSd § 407 nach Maßgabe ihres sachlichen Anwendungsbereichs (→ Rn. 3–7) in Betracht kommenden Ansprüche des Frachtführers gegen den Absender und gegen den Empfänger, der sich in den Frachtvertrag hat einbeziehen lassen,[6] und umgekehrt. Darüber hinaus gilt sie für beförderungsbezogene Ansprüche des Absenders und des Empfängers gegen die Leute des Frachtführers und für entsprechende Ansprüche des Absenders gegen den Empfänger und umgekehrt sowie auch für Ansprüche anderer Personen und gegen andere Personen, soweit diese Ansprüche in den §§ 407 ff. geregelt sind.[7] Das Letztere ist nach der in **§ 434 Abs. 2** getroffenen Regelung (→ § 434 Rn. 18–23) bei vertragsfremden Eigentümern von Beförderungsgut allerdings nur dann der Fall, wenn diese der Beförderung zugestimmt haben oder der Frachtführer gutgläubig und das Gut auch nicht abhanden gekommen war.[8] Da Frachtverträge nur im Rahmen der **§§ 434, 436** zu Lasten Dritter wirken, gilt § 439 ferner nicht für auf Schadensersatz wegen Güterschaden oder Lieferfristüberschreitung gerichtete Ansprüche von Nicht-Frachtführern, deren sich der Frachtführer iSd **§ 428** bedient hat, sowie für Ansprüche sonstiger Dritter, die nicht unter die §§ 434, 436 fallen und vom Frachtführer geschädigt worden sind.[9] Ebenso muss sich auch der Frachtführer nur in den Fällen des **§ 414 Abs. 1** die kurze Verjährung gem. § 439 entgegenhalten lassen, wenn ihn Dritte im Zusammenhang mit einem Transport oder im Rahmen von Nicht-Transportverträgen geschädigt haben.[10] Die kurze Verjährung des § 439 kann ferner **nicht zu Lasten von Hilfspersonen** wirken, die weder wussten noch hätten wissen müssen, dass sie im Rahmen einer den §§ 407 ff. unterliegenden Beförderung tätig wurden.[11] Zu beachten ist im Übrigen, dass die Anwendung des § 439 tunlichst nicht auf die vertragliche Regelung durchschlagen sollte, die die Parteien des dem Transport zugrunde liegenden Liefergeschäfts getroffen haben.[12]

2. Sachlicher Anwendungsbereich. a) Vertragliche und außervertragliche Ansprüche. Die **3** Vorschrift des § 439 regelt die Verjährung der Ansprüche, die sich aus den Bestimmungen der den §§ 407–449 unterfallenden Beförderungen ergeben. Von ihr erfasst werden daher neben den in diesen Bestimmungen explizit geregelten vertraglichen Ansprüchen und den in den §§ 434, 436, 437 Abs. 4 angesprochenen außervertraglichen Ansprüchen auch alle sonstigen vertraglichen und außervertraglichen Ansprüche unabhängig davon, wer sie geltend macht und auf welchem Rechtsgrund sie beruhen (vgl. → Rn. 2), sofern sie mit einer solchen Beförderung in einem **unmittelbaren Zusammenhang** stehen.[13] Sie gilt daher insbesondere für Bereicherungsansprüche gem. §§ 812 ff. BGB, die sich etwa daraus ergeben können, dass zu viel Fracht bezahlt wurde,[14] grundsätzlich auch für Ansprüche aus

[5] Begründung des Regierungsentwurfs des TRG, BT-Drs. 13/8445, 77; BGH Urt. v. 21.9.2005 – I ZR 18/03, TranspR 2006, 74 (75); Urt. v. 10.1.2008 – I ZR 13/05, TranspR 2008, 84 Rn. 13 = VersR 2008, 1236 = NJW-RR 2008, 1359; OLG Frankfurt a. M. Urt. v. 11.10.2010 – 21 U 56/08, TranspR 2010, 433 (435) = TranspR 2011, 28 (30) = VersR 2011, 390.

[6] Diese Einschränkung ist notwendig, weil anderenfalls zwischen Dritten geschlossene Vereinbarungen die dem Empfänger nach dem Gesetz zustehenden Ansprüche nach Art eines – im Blick auf die durch Art. 2 Abs. 1 GG verbürgte allgemeine Handlungsfreiheit auch verfassungsrechtlich bedenklichen – Vertrags zu Lasten Dritter verkürzen könnten. Die Bestimmung des § 439 gilt für Ansprüche des Empfängers daher nur dann, wenn dieser sich durch das Ausüben seines Verfügungsrechts gem. § 418 Abs. 2 S. 2 oder durch das Geltendmachen von Rechten gem. § 421 Abs. 1 auf den Vertrag eingelassen hat (*Koller* Rn. 12).

[7] Vgl. Staub/*P. Schmidt* Rn. 14.

[8] Vgl. *Koller* Rn. 12a; MüKoHGB/*Eckardt* Rn. 8; *Andresen*/Valder Rn. 13; *Fremuth* in Fremuth/Thume TranspR Rn. 15.

[9] Vgl. OLG Frankfurt a. M. Urt. v. 11.10.2010 – 21 U 56/08, TranspR 2010, 433 (436) = TranspR 2011, 28 (30) = VersR 2011, 390; OLG Koblenz Urt. v. 23.7.2014 – 5 U 336/14, TranspR 2015, 156 (157) = VersR 2015, 912 = RdTW 2015, 75; *Koller* Rn. 12c; Staub/*P. Schmidt* Rn. 19.

[10] *Haak* GS Helm, 2001, 91 (95); *Koller* Rn. 3.

[11] Vgl. BGH Urt. v. 20.11.2008 – I ZR 70/06, TranspR 2009, 26 Rn. 25 = VersR 2009, 807 = NJW-RR 2009, 1070; *Koller* Rn. 13; *Koller* FS Picker, 2010, 481 (493 f.).

[12] *Koller* Rn. 13a; *Koller* FS Picker, 2010, 481 (494 f.).

[13] Vgl. Begründung des Regierungsentwurfs des TRG, BT-Drs. 13/8445, 77; BGH Urt. v. 20.10.2005 – I ZR 18/03, TranspR 2006, 74 (75); Urt. v. 10.1.2008 – I ZR 13/05, TranspR 2008, 84 Rn. 13 = VersR 2008, 1236 = NJW-RR 2008, 1359; Urt. v. 8.5.2014 – I ZR 217/12, BGHZ 201, 129 Rn. 28 = TranspR 2014, 331 = VersR 2015, 341 = RdTW 2014, 272; OLG Frankfurt a. M., Urt. v. 23.2.2018 – 13 U 151/16, TranspR 2018, 363 (366) = NJW-RR 2018, 803 = RdTW 2018, 179; *Fremuth* in Fremuth/Thume TranspR Rn. 10–12; *Koller* Rn. 3; MüKoHGB/*Eckardt* Rn. 5.

[14] Vgl. BGH Urt. v. 18.2.1972 – I ZR 103/70, VersR 1972, 873 (874) = NJW 1972, 1003; Urt. v. 28.2.1975 – I ZR 35/74, VersR 1975, 445 = NJW 1975, 1075; Urt. v. 8.5.2014 – I ZR 217/12, BGHZ 201, 129 Rn. 28 = TranspR 2014, 331 = VersR 2015, 341 = RdTW 2014, 272; *Fremuth* in Fremuth/Thume TranspR Rn. 11; MüKoHGB/*Eckardt* Rn. 4 mwN in Fn. 16; Staub/*P. Schmidt* Rn. 18; enger *Koller* Rn. 10b, nach dessen Ansicht § 439 nur für solche Ansprüche im Rahmen der Leistungskondiktion gilt, bei denen – etwa weil eine Zuvielzahlung oder eine Doppelzahlung oder die Beförderung einer größeren als der vereinbarten Menge geltend gemacht wird – die Existenz eines Rechtsgrunds aus dem Frachtvertrag geprüft werden muss.

unerlaubter Handlung gem. §§ 823 ff. BGB,[15] für Ansprüche aus Eigentum gem. §§ 985, 987 ff. BGB[16] sowie etwa auch für Ansprüche aus §§ 3, 7 Abs. 2 BinnSchG.[17] Nicht erfasst werden dagegen nichtige Beförderungsverträge, da die §§ 407 ff. und dementsprechend auch § 439 das Vorliegen eines **wirksamen Frachtvertrags** voraussetzen.[18] Aus diesem Grund spielt § 439 auch für deliktische und bereicherungsrechtliche Ansprüche bei wegen Schmiergeldabreden nach §§ 134, 138 BGB nichtigen Frachtverträgen keine Rolle.[19] Dasselbe gilt grundsätzlich auch für Ansprüche wegen Verschuldens bei Vertragsschluss gem. § 311 Abs. 2 iVm § 280 Abs. 1 BGB, zumal es in solchen Fällen keinen Anhaltspunkt für den Zeitpunkt des Beginns der Verjährung gibt, da weder ein Gut übergeben noch eine Lieferfrist vereinbart wurde.[20] Daran sollte sich aber auch dann nichts ändern, wenn später ein wirksamer Frachtvertrag zustandekommt;[21] denn es ist hier ebenso wie etwa auch bei deliktischen Ansprüchen, die vor Vertragsschluss entstanden sind und daher gem. §§ 195, 199 BGB verjähren, nicht einzusehen, weshalb der Geschädigte allein deshalb nachträglich schlechter gestellt werden sollte, weil ein Beförderungsvertrag zustandegekommen ist.[22]

4   **b) Ansprüche aus einer Beförderung.** Der Anspruch muss „aus einer Beförderung" resultieren. Die Pflicht, an deren Nicht- oder Schlechterfüllung der Anspruch anknüpft, muss daher unmittelbar zu der Beförderung gehören; dass sie sich aus einer mit dieser im wirtschaftlichen Zusammenhang stehenden, aber rechtlich selbständigen vertraglichen Abrede ergibt, genügt nicht.[23] Dies ist enger als das im Rahmen des Art. 32 CMR nach Ansicht des BGH[24] bestehende Erfordernis, dass der Anspruch mit der Beförderung in einem irgendwie gearteten sachlichen Zusammenhang stehen muss. Zur Gewährleistung des mit der Neuregelung auch erstrebten höheren Maßes an Rechtssicherheit (→ Rn. 1) sowie zur Vermeidung ansonsten drohender untragbarer Ergebnisse erscheint daher insoweit generell eine eher restriktive Auslegung des § 439 geboten.[25] Der für die Anwendung des § 439 erforderliche unmittelbare **Zusammenhang** zwischen der Beförderung und dem Anspruch **fehlt** daher insbesondere bei Ansprüchen aus Verträgen, die – wie etwa Rahmen- oder Mengenverträge, die nur die Grundlage für später durchzuführende Beförderungen darstellen und noch nicht alle wesentlichen Vertragsbedingungen wie insbesondere den Einsatz konkreter Transportmittel bei bestimmten Beförderungsvorgängen und die vom Auftraggeber dafür zu zahlende Vergütung festlegen – lediglich dem **Umfeld der Beförderung** zuzurechnen sind.[26] Von § 439 **unberührt bleiben** auch arbeitsrechtliche und werkvertragsrechtliche **Ansprüche von unselbständigen und selbständigen Hilfspersonen** des Frachtführers wie etwa Lagerhaltern, Bewachungsunternehmen und Zollspediteuren.[27]

5   **Gegen den Frachtführer und dessen Leute geltend gemachte Ansprüche** verjähren danach gem. § 439, wenn sie entweder aus **Verhaltensweisen** ab der Gestellung des Beförderungsmittels bis zum Ende der Entladung beim Empfänger, die **das Frachtgut betreffen** und in einem **unmittel-**

---

[15] BGH Urt. v. 21.9.2006 – I ZR 2/04, TranspR 2006, 451 (453) = NJW-RR 2007, 182 Rn. 33; Urt. v. 10.1.2008 – I ZR 13/05, TranspR 2008, 84 Rn. 13 = VersR 2008, 1236 = NJW-RR 2008, 1359; Urt. v. 8.5.2014 – I ZR 217/12, BGHZ 201, 129 Rn. 28 = TranspR 2014, 331 = VersR 2015, 341 = RdTW 2014, 272; *Koller* Rn. 3; MüKoHGB/*Eckardt* Rn. 4; Staub/*P. Schmidt* Rn. 18; aA *Canaris* § 31 Rn. 43, der das Einbeziehen der Deliktsansprüche in § 439 für mit Art. 3 Abs. 1 und Art. 14 GG unvereinbar ansieht, dabei aber nicht genügend berücksichtigt, dass jedenfalls bei einem qualifizierten Verschulden die Verjährungsfrist gem. § 439 Abs. 1 S. 2 immerhin drei Jahre beträgt und § 438 nicht zum Tragen kommt (→ § 438 Rn. 24), die §§ 200 und 205 BGB auch im Rahmen des § 439 anzuwenden sind (→ Rn. 12) und zudem bei Personenschäden und vorsätzlich begangenen unerlaubten Handlungen besondere Grundsätze gelten (→ Rn. 8 und 16).

[16] *Koller* Rn. 3; Staub/*P. Schmidt* Rn. 18.

[17] Vgl. *Koller* TranspR 2004, 24 ff. gegen *v. Waldstein/Holland* TranspR 2003, 387 (394).

[18] BGH Urt. v. 10.1.2008 – I ZR 13/05, TranspR 2008, 84 Rn. 13 = VersR 2008, 1236 = NJW-RR 2008, 1359; Urt. v. 8.5.2014 – I ZR 217/12, BGHZ 201, 129 Rn. 29 f. = TranspR 2014, 331 = VersR 2015, 341 = RdTW 2014, 272 mwN.

[19] Vgl. zur Verjährung solcher Ansprüche BGH Urt. v. 8.5.2014 – I ZR 217/12, BGHZ 201, 129 Rn. 36–55 = TranspR 2014, 331 = VersR 2015, 341 = RdTW 2014, 272.

[20] *Koller* Rn. 3; *Andresen*/Valder Rn. 8; MüKoHGB/*Eckardt* Rn. 4; aA *Fremuth* in Fremuth/Thume TranspR Rn. 8.

[21] AA *Schmid/Kehl* TranspR 1996, 89 (92); *Andresen*/Valder Rn. 8; Staub/*P. Schmidt* Rn. 21; im Grundsatz auch *Koller* Rn. 3.

[22] Im selben Sinne für deliktische Ansprüche *Koller* Rn. 3; aA *Andresen*/Valder Rn. 8; *Schmid/Kehl* TranspR 1996, 89 (92); für eine Anwendung des § 439 auch in Fällen, in denen die Parteien das Fehlen der vertraglichen Verbindung verkennen, eine Beförderung tatsächlich stattgefunden hat und keine übergeordneten Gesichtspunkte wie etwa der Schutz Geschäftsunfähiger entgegenstehen, Staub/*P. Schmidt* Rn. 21.

[23] Vgl. Begründung des Regierungsentwurfs des TRG, BT-Drs. 13/8445, 77.

[24] BGH Urt. v. 10.5.1990 – I ZR 234/88, TranspR 1990, 418 (420) = VersR 1991, 238 = NJW-RR 1990, 1508 mwN.

[25] Vgl. *Koller* Rn. 2.

[26] BGH Urt. v. 20.10.2005 – I ZR 18/03, TranspR 2006, 74 (75 f.); Urt. v. 21.9.2006 – I ZR 2/04, TranspR 2006, 451 (453 f.) = NJW-RR 2007, 182 Rn. 33; MüKoHGB/*Eckardt* Rn. 7; Oetker/*Paschke* Rn. 2; Staub/*P. Schmidt* Rn. 16.

[27] *Koller* Rn. 12b.

baren räumlichen und zeitlichen Zusammenhang mit der Ortsveränderung stehen, oder aus **Verhaltensweisen,** mit denen im Rahmen der Vorbereitung oder der Durchführung des Transports in Bezug auf die sonstigen Rechtsgüter und das Vermögen des Absenders und des Empfängers bestehende **Schutzpflichten verletzt** worden sein sollen, oder aus **Verhaltensweisen bei der Erfüllung von Nebenleistungspflichten** etwa bei der Nachnahme oder bei der Herausgabe von Wertpapieren oder Dokumenten hergeleitet werden.[28] **Vom Frachtführer geltend gemachte Ansprüche** verjähren gem. § 439, wenn dieser sie auf die **§§ 407 ff.** oder auf die **Verletzung von Schutzpflichten** stützt, die dem Vertragspartner bei der Vorbereitung oder Durchführung der Beförderung ihm gegenüber oblagen.[29]

Nicht einschlägig ist § 439 dagegen bei **Ansprüchen aus Verträgen,** die auf anderen Rechts-   6 geschäften beruhen und damit **selbständig neben dem Beförderungsvertrag stehen,** auch wenn eine äußere Verbindung oder ein wirtschaftlicher Zusammenhang mit diesem Vertrag besteht.[30] Dementsprechend unterfallen Ansprüche aus einer längerfristigen Vermietung eines Beförderungsmittels, die im Zusammenhang mit der Vereinbarung mehrerer Transporte stehen, ebenso wenig dem § 439[31] wie entsprechende Ansprüche aus einer Vermietung nur für die konkrete Beförderung.[32] Dasselbe gilt für Ansprüche aus einem im Zusammenhang mit einer Schadensbegutachtung abgeschlossenen Verwahrungsvertrag,[33] im Falle der Garantie eines Mindestfrachtumsatzes[34] sowie bei Rahmen- und Mengenverträgen, die lediglich die Grundlage für später durchzuführende Beförderungen bilden,[35] nicht dagegen für Ansprüche aus einem Rahmenvertrag, der konkrete frachtvertragliche Einzelabreden enthält und damit als solcher dem § 407 unterfällt.[36]

Bei **Ansprüchen aus gemischten Verträgen, deren Schwerpunkt bei der Beförderung liegt,**   7 gilt § 439, **wenn der Anspruch** – wie etwa bei einem Palettendarlehen,[37] bei der Demontage und Montage von Möbeln, bei der Verpackung, bei der Besorgung von Dokumenten oder bei der Vermietung von Beförderungsmitteln – **sich weder trennen noch einer nichtfrachtrechtlichen Leistung zuordnen lässt.**[38] Bei **gemischten Verträgen** ohne einen solchen Schwerpunkt, dh mit **gleichwertigen oder gewichtigeren Vertragselementen nichtbeförderungsmäßiger Art, verjähren Ansprüche, die diesen Tätigkeitsfeldern** – dh etwa dem Einkauf, dem Verkauf oder der Kommissionierung des Gutes, seiner nicht transportbedingten Lagerung, einer aufwändigen Bearbeitung des Gutes oder der Überprüfung seiner Qualität vor seiner Übernahme – **zuzuordnen sind, nach den auf sie zugeschnittenen Bestimmungen,** sofern nicht im Hinblick auf den **Vertragszweck** die **Heranziehung anderer Verjährungsvorschriften geboten** ist.[39]

c) Personenschäden. Nach seinem Wortlaut erfasst § 439 auch Ansprüche aus Personenschäden,   8 die anlässlich einer Beförderung – etwa dadurch, dass der Fahrer des Frachtführers durch Mitarbeiter des Absenders oder Empfängers beim Be- oder Entladen verletzt wird oder umgekehrt – entstehen. Im Blick auf die Regelung in § 433, wonach solche Ansprüche der Höhe nach nicht begrenzt sind, und weiter auch darauf, dass es anderenfalls zu mit dem Gleichheitssatz gem. Art. 3 Abs. 1 GG kaum zu vereinbarenden Ergebnissen käme, sind insoweit aber die die Anspruchsverjährung speziell regelnden **allgemeinen Bestimmungen** (§ 199 Abs. 2 BGB, § 14 StVG usw) anzuwenden.[40]

---

[28] Vgl. BGH Urt. v. 10.1.2008 – I ZR 13/05, TranspR 2008, 84 Rn. 12–17 = VersR 2008, 1236 und *Heuer* TranspR 2005, 73 f. gegen OLG Dresden Urt. v. 16.12.2004 – 13 U 1237/04, TranspR 2005, 72 (73), nach dessen Auffassung § 439 allein für Ansprüche wegen Schäden gelten soll, die innerhalb des Zeitraums von der Übernahme des Gutes durch den Frachtführer bis zur Ablieferung an den Empfänger eingetreten sind; *Koller* Rn. 4–6 und 12c; *Andresen*/Valder Rn. 9–11; MüKoHGB/*Eckardt* Rn. 4 f. sowie – krit. zu dem Urteil des BGH vom 10.1.2008 – Rn. 6.

[29] Vgl. OLG Frankfurt a. M. Urt. v. 15.4.2005 – 24 U 11/05, TranspR 2005, 405 f. = VersR 2006, 390; *Koller* Rn. 10 f.

[30] Vgl. BGH Urt. v. 21.9.2006 – I ZR 2/04, TranspR 2006, 451 (453 f.) = NJW-RR 2007, 182 Rn. 33; *Koller* Rn. 7 und 11; Baumbach/Hopt/*Merkt* Rn. 1.

[31] *Fremuth* in Fremuth/Thume TranspR Rn. 13; *Koller* Rn. 7.

[32] *Koller* Rn. 7; *Koller* FS Picker, 2010, 481 (485).

[33] BGH Urt. v. 20.10.2005 – I ZR 18/03, TranspR 2006, 74 (75 f.); MüKoHGB/*Eckardt* Rn. 7; Oetker/*Paschke* Rn. 2; einschränkend *Koller* Rn. 7.

[34] BGH Urt. v. 21.9.2006 – I ZR 2/04, TranspR 2006, 451 (454) = NJW-RR 2007, 182 Rn. 35; *Koller* Rn. 7; MüKoHGB/*Eckardt* Rn. 7; Oetker/*Paschke* Rn. 2.

[35] Vgl. BGH Urt. v. 3.11.1999 – I ZR 145/97, TranspR 2000, 214 (215 ff.) = VersR 2000, 913 = NJW-RR 2000, 1560; Urt. v. 21.9.2006 – I ZR 2/04, TranspR 2006, 451 (453 f.) = NJW-RR 2007, 182 Rn. 30 ff.; MüKoHGB/*Eckardt* Rn. 7 mwN.

[36] BGH Urt. v. 15.1.2009 – I ZR 164/06, TranspR 2009, 132 Rn. 15 f.; LG Hamburg Urt. v. 17.7.2015 – 412 HKO 117/14, TranspR 2016, 21 (23) = RdTW 2015, 387.

[37] Vgl. *Knorre* GS Helm, 2001, 133 (165); *Andresen*/Valder Rn. 9; MüKoHGB/*Eckardt* Rn. 4; aA *Koller* Rn. 8.

[38] *Koller* Rn. 10c.

[39] *Koller* Rn. 8 mwN.

[40] *Koller* Rn. 9 und 23; Heymann/*Schlüter* Rn. 6; *Andresen*/Valder Rn. 14; Oetker/*Paschke* Rn. 2; Staub/ *P. Schmidt* Rn. 23.

III. Beginn der Verjährung (Abs. 2)

9   **1. Haftungsansprüche. a) Ablieferung des Gutes (Abs. 2 S. 1).** Wenn das Gut vollständig abgeliefert wurde, ist der Tag der Ablieferung unabhängig davon maßgebend, in welchem Zustand auch immer das Gut sich dabei befunden hat; entscheidend ist, dass der Empfänger auf Grund der Ablieferung die **Möglichkeit der Besichtigung des Gutes** erlangt hat.[41] Dementsprechend ist auch bei verspäteter Ablieferung der Tag der tatsächlichen Ablieferung und nicht in entsprechender Anwendung des Abs. 2 S. 2 der Tag der vereinbarten Ablieferung entscheidend.[42] Bei sukzessiver Ablieferung ist der Zeitpunkt der letzten Teilablieferung maßgeblich, weil erst zu diesem Zeitpunkt der gesamte Schaden überblickt und einheitlich gerügt werden kann.[43] Da die gesetzliche Neuregelung zu keiner Änderung der Rechtslage führen sollte, ist die **Ablieferung eines Teils** des Frachtguts der vollständigen Ablieferung gleichzusetzen, wenn der Frachtführer zu erkennen gibt, dass er den Frachtvertrag damit als insgesamt erfüllt ansieht.[44] Eine **Ablieferung** liegt vor, wenn das **Gut** einem Empfangsberechtigten oder auf Weisung eines über das Gut Verfügungsberechtigten einem Dritten nicht nur zum Zwecke der Weiterbeförderung oder vorübergehenden Aufbewahrung **zur Verfügung gestellt** wird, **nicht** dagegen **bei Verweigerung seiner Annahme** durch den Empfänger; denn solchenfalls kann dieser das Gut nicht untersuchen und bleibt der Frachtfahrer zudem zur Ausübung der Obhut über dieses verpflichtet.[45] Wenn im Fall der **Verlustvermutung gem. § 424** das als verloren betrachtete Gut zu einem späteren Zeitpunkt in beschädigtem Zustand aufgefunden und ausgeliefert wird, so ist, sofern der Ersatzberechtigte nunmehr Ansprüche wegen Beschädigung geltend macht, für die Verjährung dieser Ansprüche grundsätzlich auf den Zeitpunkt der Ablieferung des beschädigten Gutes abzustellen.[46] Dies gilt allerdings dann nicht, wenn keine Entschädigung gem. § 424 bezahlt worden ist und die dafür geltende Verjährungsfrist bei der Ablieferung auch schon abgelaufen war; der Frachtführer soll nicht auch noch deshalb einen Nachteil haben, weil er einen verjährten Ablieferungsanspruch gegen Zahlung der Fracht usw freiwillig erfüllt.[47]

10   **b) Hypothetische Ablieferung (Abs. 2 S. 2).** Wenn – namentlich in Fällen, in denen das Gut nachweislich untergegangen ist oder gem. § 424 als verloren gilt – nichts abgeliefert wird, beginnt die Verjährung gem. § 439 Abs. 2 S. 2, soweit zwischen dem Gläubiger und dem Schuldner des behaupteten Anspruchs ein Frachtvertrag besteht, mit dem Ende der dem Frachtführer nach diesem Vertrag gem. § 423 zuzubilligenden Lieferfrist. Soweit ggf. – in Fällen, in denen gegen den Frachtführer außervertragliche Ansprüche geltend gemacht werden – kein solcher Vertrag besteht, ist die Lieferfrist des Frachtvertrags maßgeblich, den der Frachtführer abgeschlossen hat.[48] Da der Verjährungsbeginn gem. § 439 Abs. 2 S. 1 ein Ereignis voraussetzt, das insbesondere auch für den Gläubiger deutlich erkennbar ist, gilt § 439 Abs. 2 S. 2 namentlich dann, wenn der Frachtführer die Beförderung durch Maßnahmen iSd **§ 419 Abs. 3** beendet.[49]

11   **c) Abweichend zu behandelnde Sonderfälle. aa) Ende der Lieferfrist nicht feststellbar.** Der Zeitpunkt der hypothetischen Ablieferung gem. § 439 Abs. 2 S. 2 lässt sich für im Falle einer Kündigung gem. § 415 bestehende Ansprüche sowie auch etwa dann nicht feststellen, wenn der Absender der Berechnung der Lieferfrist dadurch die Grundlage entzogen hat, dass er in Ausübung seines Weisungsrechts gem. § 418 die vorläufige Einlagerung des Gutes verlangt hat, oder der Ablieferungsort bei Beginn der Beförderung nicht festgestanden hat und auch später nicht mehr bestimmt worden ist.[50] In solchen Fällen ist, soweit eine vorläufige Einlagerung erfolgt ist, entsprechend **§ 475a S. 2** auf den Zeitpunkt der Verlustanzeige und im Übrigen, da keine spezielle Regelung eingreift, auf den Beginn der regelmäßigen Verjährung gem. **§ 199 Abs. 1 BGB** abzustellen.[51]

12   **bb) Anspruch während der nach § 439 Abs. 1 und 2 laufenden Verjährungsfrist nicht entstanden oder nicht fällig.** Der Gesetzgeber hat bei der an Art. 32 CMR angelehnten Regelung des § 439 von einer Berücksichtigung des im deutschen Privatrecht ansonsten allgemein geltenden Grundsatzes abgesehen, dass die Verjährung eines Anspruchs erst beginnt, wenn dieser entstanden ist, und nur läuft, solange der Anspruch fällig ist. Das hätte in bestimmten, durchaus nicht nur theoretischen Fällen – wie etwa dann, wenn die Fälligkeit eines Vergütungsanspruchs weit hinausgeschoben ist, wenn ein

---

[41] *Koller* Rn. 14; *Heymann/Joachim* Rn. 3.

[42] *Koller* Rn. 14; MüKoHGB/*Eckardt* Rn. 15.

[43] → § 438 Rn. 8; *Koller* Rn. 14; MüKoHGB/*Eckardt* Rn. 15, jeweils mwN.

[44] *Koller* Rn. 14 mwN.

[45] Vgl. BGH Urt. v. 21.9.2017 – I ZR 47/16, TranspR 2018, 11 Rn. 40 = VersR 2018, 188 = RdTW 2017, 462; *Koller* Rn. 14 und 16 mit Fallbeispielen und weit. Nachw.

[46] *Koller* Rn. 17; Oetker/*Paschke* Rn. 6; Staub/*P. Schmidt* Rn. 35.

[47] *Koller* Rn. 17; Oetker/*Paschke* Rn. 6; Staub/*P. Schmidt* Rn. 35.

[48] *Koller* Rn. 15.

[49] Vgl. *Koller* Rn. 16 mwN.

[50] *Koller* Rn. 18; *Ramming* TranspR 2002, 45 (47 f.).

[51] *Koller* Rn. 18; Oetker/*Paschke* Rn. 7.

Frachtführer ein Jahr nach Ablieferung des Gutes bei einem Dritten die Person des Empfängers preisgibt oder wenn ein Unterfrachtführer einem Wettbewerbsverbot zuwiderhandelt – zur Folge, dass Ansprüche, die der Verjährung gem. § 439 unterliegen, womöglich nur kurze Zeit oder gar zu keinem Zeitpunkt durchgesetzt werden könnten. Zur Vermeidung solcher im Blick auf Art. 3 Abs. 1 und Art. 14 GG auch aus verfassungsrechtlichen Gründen nicht hinzunehmender Ergebnisse ist es daher geboten, in **entsprechender Anwendung** der **§§ 200 und 205 BGB** auch die Verjährung der dem § 439 unterfallenden Ansprüche erst ein Jahr oder drei Jahre nach deren Entstehung beginnen und so lange nicht laufen zu lassen, als diese nicht fällig sind.[52]

cc) Ansprüche des Absenders und des Eigentümers des Gutes bei Ausübung des Pfand- 13
rechts gem. § 440. Zur Vermeidung der bei wörtlicher Auslegung des § 439 bestehenden Gefahr, dass im Falle der Ausübung des Pfandrechts gem. § 440 der Absender und der Eigentümer des Gutes entrechtet werden, beginnt die Verjährung der damit im Zusammenhang stehenden Ansprüche dieser Personen entsprechend **§ 475a S. 2** erst zu dem Zeitpunkt, zu dem diese Kenntnis von der Versteigerung oder Beschädigung des Pfandes erlangen.[53]

2. Regressansprüche (Abs. 2 S. 3). Die Bestimmung des § 439 Abs. 2 S. 3 gilt nach ihrem 14 Wortlaut wie auch nach dem Willen des Gesetzgebers[54] allein für die im Zusammenhang mit Schäden stehenden **Regressansprüche von Frachtführern untereinander.**[55] Ihre Anwendbarkeit setzt aber **keinen Gleichlauf der Haftungsgrundlagen** im primären Haftungsverhältnis und im Rückgriffsverhältnis voraus.[56] Der Anwendungsbereich der Vorschrift wird allerdings dadurch eingeengt, dass sie voraussetzt, dass der gegen den Rückgriffsschuldner gerichtete Anspruch seinerseits der Verjährung des § 439 ausgesetzt gewesen ist und daher **nicht** einem **CMR-Frachtvertrag** entspringen darf; außerdem tritt diese Vorschrift auch dann, wenn zwischen dem Rückgriffsgläubiger und dem Rückgrittsschuldner ein Frachtvertrag iSd § 407 geschlossen wurde, insoweit zurück, als sich der Rückgriffsschuldner gegenüber außervertraglichen Ansprüchen gem. Art. 28 Abs. 2 CMR auf Art. 32 CMR berufen kann.[57] Wenn der Rückgriffsgläubiger einen bereits verjährten Anspruch des Geschädigten erfüllt, bedarf er des mit der Regelung des § 439 Abs. 2 S. 3 bezweckten Schutzes nicht; die Vorschrift gilt daher entgegen ihrem Wortlaut auch in einem solchen Fall nicht.[58] Dagegen ist § 439 Abs. 2 S. 3 im Hinblick auf die insoweit entsprechende Interessenlage über seinen Wortlaut hinaus auch dann anzuwenden, wenn der Unterfrachtführer kurz vor Ablauf der Verjährungsfrist einen Aufwendungsersatzanspruch gem. § 420 Abs. 1 S. 2 gegen den Hauptfrachtführer geltend macht und dieser seinerseits nach der genannten Bestimmung die gemachten Aufwendungen vom Absender erstattet verlangt.[59]

Der **Beginn** der Verjährung ist im Fall des § 439 Abs. 2 S. 3 **zeitlich nach hinten verschoben.** 15 Die Verjährung beginnt hier, solange kein rechtskräftiges Urteil vorliegt, mit dem Tag, an dem der Rückgriffsgläubiger den gegen ihn gerichteten Anspruch freiwillig erfüllt hat,[60] oder, wenn diese nicht erbracht worden ist, mit dem Tag der Rechtskraft eines wegen dieses Anspruchs gegen den Rückgriffsgläubiger erwirkten Urteils,[61] es sei denn, der Rückgriffsgläubiger, der Kenntnis vom Schaden und von der Person des Rückgriffsschuldners erlangt hat, hat diesen nicht innerhalb von drei Monaten über den Schaden unterrichtet. Maßgeblich für den Beginn dieser Frist ist die Kenntnis des beim Rückgriffsgläubiger für die Vorbereitung und die Verfolgung von Rückgriffsansprüchen zuständigen Entscheidungsträgers von dem Schaden und der Person des Rückgriffsschuldners.[62] Die Mitteilung erfordert lediglich, dass auf ein bestimmtes Schadensereignis Bezug genommen wird, und

---

[52] Vgl. *Koller* Rn. 19 f.; Staub/*P. Schmidt* Rn. 30; *Canaris* § 31 Rn. 43; aA OLG Schleswig Urt. v. 5.6.2008 – 5 U 24/08, TranspR 2009, 30 (33) = NJW-RR 2008, 1361; MüKoHGB/*Eckardt* Rn. 17.

[53] *Koller* Rn. 21; aA *Andresen*/Valder Rn. 37 sowie – noch zu § 414 Abs. 2 aF – BGH Urt. v. 10.7.1997 – I ZR 75/95, TranspR 1998, 106 (108) = VersR 1998, 344 = NJW-RR 1998, 543.

[54] Vgl. Begründung des Regierungsentwurfs des TRG, BT-Drs. 13/8445, 78.

[55] BGH Urt. v. 2.10.2012 – I ZR 157/11, TranspR 2013, 194 Rn. 18 = NJW-RR 2013, 815 = RdTW 2013, 203; Urt. v. 7.3.2013 – I ZR 186/11, TranspR 2013, 339 Rn. 23 = VersR 2014, 355 = RdTW 2013, 318; Heymann/*Schlüter* Rn. 5; MüKoHGB/*Eckardt* Rn. 18; *Ramming* TranspR 2002, 45 (49).

[56] BGH Urt. v. 2.10.2012 – I ZR 157/11, TranspR 2013, 194 Rn. 19 = NJW-RR 2013, 815 = RdTW 2013, 203; Urt. v. 7.3.2013 – I ZR 186/11, TranspR 2013, 339 Rn. 24 = VersR 2014, 355 = RdTW 2013, 318; für die grundsätzliche Beschränkung der Anwendung des § 439 Abs. 2 S. 3 auf Fälle einer Haftung wegen Güterschäden *Koller* Rn. 24 c f.; *Koller* TranspR 2013, 336 (338 f.).

[57] *Koller* Rn. 24a; *Fremuth* in Fremuth/Thume TranspR Rn. 26.

[58] Vgl. Begründung des Regierungsentwurfs des TRG, BT-Drs. 13/8445, 78 f.; BGH Urt. v. 12.3.1984 – II ZR 82/83, VersR 1984, 580 (581 f.); *Koller* Rn. 24b; Heymann/*Schlüter* Rn. 5.

[59] BGH Urt. v. 7.3.2013 – I ZR 186/11, TranspR 2013, 339 Rn. 26 = VersR 2014, 355 = RdTW 2013, 318; differenzierend *Koller* Rn. 24d.

[60] Da der Beginn der Verjährungsfrist für den Rückgriffsgläubiger eindeutig bestimmbar sein muss, ist insoweit der Zeitpunkt der Vornahme der Leistungshandlung maßgeblich (*Seyffert*, Die Haftung des ausführenden Frachtführers im neuen deutschen Frachtrecht, 2000, 230; *Koller* Rn. 25).

[61] Dem steht, wie sich aus § 700 Abs. 1 ZPO ergibt, ein rechtskräftig gewordener Vollstreckungsbescheid gleich.

[62] *Koller* Rn. 25 mwN.

bedarf keiner Form.[63] Wenn eine solche Mitteilung nicht erfolgt oder dem Rückgriffsschuldner nicht rechtzeitig zugeht, kommen die in § 439 Abs. 2 S. 1 und 2 enthaltenen allgemeinen Bestimmungen zur Anwendung.[64]

16   **3. Abweichender Verjährungsbeginn. a) Vorsätzlich begangene unerlaubte Handlungen.** Der Gesetzgeber hat die in § 439 Abs. 1 S. 2 geregelte Verjährungsfrist von drei Jahren insbesondere mit der Erwägung begründet, dass sich ohne sie die einjährige Verjährung gem. § 439 Abs. 1 S. 1 auf die hier bedeutsamen Deliktsansprüche auswirken würde.[65] Er hat dabei allerdings ersichtlich nicht bedacht, dass der Lauf der dafür in § 852 Abs. 1 BGB aF vorgesehenen Verjährungsfrist von drei Jahren voraussetzte, dass der Verletzte bereits von dem Schaden und der Person des Ersatzpflichtigen Kenntnis erlangt hat. Im Hinblick darauf ist es – auch zur Vermeidung von ansonsten mit der in Art. 14 GG grundrechtlich verbürgten Eigentumsgarantie nur schwerlich zu vereinbarenden Ergebnissen – geboten, die Verjährung gem. § 439 bei vorsätzlich begangenen unerlaubten Handlungen entsprechend dem insoweit in § 439 versehentlich nicht zum Ausdruck gelangten Willen des Gesetzgebers **analog** der inzwischen an die Stelle des § 852 Abs. 1 BGB aF getretenen Regelung des **§ 199 Abs. 1 Nr. 2 BGB** erst dann beginnen zu lassen, wenn der Gläubiger von den den Anspruch begründenden Umständen und der Person des Schuldners Kenntnis erlangt hat oder ohne grobe Fahrlässigkeit erlangt haben müsste.[66]

17   **b) Titulierte Ansprüche.** Rechtskräftig festgestellte Ansprüche verjähren auch dann gem. § 197 Abs. 1 Nr. 3 BGB in 30 Jahren, wenn sie aus einer den §§ 407 ff. HGB unterliegenden Beförderung herrühren.[67]

IV. Dauer der Verjährung (Abs. 1)

18   Die in § 439 Abs. 1 getroffene gesetzliche Regelung steht unter dem **Vorbehalt,** dass sich aus **übergeordneten Gesichtspunkten nichts Gegenteiliges** ergibt (→ Rn. 15 f.). Die in § 439 Abs. 1 S. 2 bestimmte Verlängerung der gem. § 439 Abs. 1 S. 1 grundsätzlich einjährigen Verjährungsfrist auf drei Jahre setzt Vorsatz oder ein dem Vorsatz nach § 435 gleichstehendes Verschulden (→ § 435 Rn. 6–13) des Schuldners oder einer Person voraus, deren Verhalten dieser sich zurechnen lassen muss.[68] Vorsatz erfordert das Wissen und Wollen des rechtswidrigen Erfolgs, wobei auch schon im Falle seiner billigenden Inkaufnahme immerhin bedingter Vorsatz vorliegt, andererseits aber nicht nur ein Irrtum über die tatsächlichen Umstände, sondern auch ein Irrtum über die Rechtswidrigkeit des Verhaltens den Vorsatz ausschließt.[69] Von einem vorsätzlichen Verhalten ist allerdings auch dann auszugehen, wenn auf der Hand liegt, dass der Schuldner die für seine Leistungsverweigerung genannten Gründe lediglich vorschiebt[70] oder wenn unter bewusster Missachtung des Aufrechnungsverbots gem. Ziff. 19 ADSp mit einer streitigen und auch fragwürdigen Forderung aufgerechnet wird, anstatt die Gegenforderung zu bezahlen.[71] Soweit es um Schadensersatzansprüche geht, muss sich der Vorsatz am § 439 Abs. 1 S. 2 zudem nicht auf den Schadenseintritt, sondern lediglich auf den Schaden auslösende Verhalten beziehen.[72] Die Bestimmung des § 439 Abs. 1 S. 2 gilt auch in Fällen der Missachtung von (Primär-) Leistungspflichten und Schutzpflichten, wobei der Vorsatz hier allein auf das bloße Unterlassen der Pflichterfüllung gerichtet zu sein braucht, sowie für sonstige vertragliche und außervertragliche Ansprüche, gleich auf welcher Anspruchsgrundlage diese beruhen.[73] Ein dem Vorsatz gleichstehendes Verschulden kann im Rahmen des § 439 Abs. 1 S. 2 jede Art von Pflichten betreffen.[74]

V. Hemmung der Verjährung (Abs. 3)

19   **1. Allgemeines.** Die Bestimmung des § 439 Abs. 3 enthält eine **Sonderregelung für** die Hemmung der Verjährung der sich aus einer Beförderung iSd §§ 407 ff. ergebenden, **gegen den Fracht-**

---

[63] OLG Frankfurt a. M. Urt. v. 10.9.2009 – 5 U 86/08, TranspR 2010, 36 (37); *Koller* Rn. 25.

[64] *Koller* Rn. 25.

[65] BT-Drs. 13/8445, 78.

[66] *Koller* Rn. 27; aA Staub/*P. Schmidt* Rn. 24; MüKoHGB/*Eckardt* Rn. 4; *Thume* TranspR 2009, 233 f.

[67] *Koller* TranspR 2001, 425 (428 f.) m. Hinw. auf die Begr. des RegE des Schuldrechtsmodernisierungsgesetzes, BT-Drs. 14/6040, 106; *ders.* Rn. 23a.

[68] Vgl. MüKoHGB/*Eckardt* Rn. 11 mH auf die Begründung des Regierungsentwurfs des TRG, BT-Drs. 13/8445, 78; Staub/*P. Schmidt* Rn. 26.

[69] BGH Urt. v. 22.4.2010 – I ZR 31/08, TranspR 2010, 225 Rn. 33 = VersR 2010, 1668; *Koller* Rn. 27 mwN.

[70] BGH Urt. v. 22.4.2010 – I ZR 31/08, TranspR 2010, 225 Rn. 33 = VersR 2010, 1668; *Koller* Rn. 27 Fn. 166, jeweils mwN.

[71] OLG Düsseldorf Urt. v. 20.3.2013 – 18 U 107/12, TranspR 2013, 196 (198 ff.) = RdTW 2014, 358.

[72] → § 435 Rn. 4; *Koller* Rn. 27.

[73] Vgl. BGH Urt. v. 22.4.2010 – I ZR 31/08, TranspR 2010, 225 Rn. 24 ff. (26–33) = VersR 2010, 1668 mwN; LG Hamburg Urt. v. 17.7.2015 – 412 HKO 117/14, TranspR 2016, 21 (25 f.) = RdTW 2015, 387 mwN zur verschiedentlich vertretenen Gegenauffassung.

[74] *Koller* Rn. 28.

führer gerichteten **Ansprüche,** die – wie durch das mit dem Seehandelsrechts-Reformgesetz einge-fügte Wort „auch" zusätzlich klargestellt worden ist[75] – die seit der Schuldrechtsreform in den neugefassten §§ 203–211 und 213 BGB enthaltenen **allgemeinen Vorschriften** über die Hemmung der Verjährung nicht verdrängt, sondern **ergänzt.**[76] Dies gilt namentlich für **§ 203 BGB,** der an andere Voraussetzungen als § 439 Abs. 3 HGB anknüpft, der seinerseits nicht auf eine Eingrenzung der allgemeinen Hemmungstatbestände abzielt.[77] Dem Gläubiger kommt die Ablaufhemmung gem. § 203 S. 2 BGB aber auch dann zugute, wenn die Verhandlungen zu einem Zeitpunkt aufgenommen worden sind, zu dem die Verjährung bereits wegen einer Reklamation gem. § 439 Abs. 3 HGB gehemmt war, weil auch in einem solchen Fall ein Vertrauenstatbestand für einen erhöhten Schutz des Gläubigers geschaffen worden ist.[78] Die die Verjährung hemmende Wirkung der Klageerhebung gem. **§ 204 Abs. 1 Nr. 1 BGB** tritt bei einer **gewillkürten Prozessstandschaft** erst zu dem Zeitpunkt ein, zu dem diese prozessual offengelegt wird oder offenkundig ist.[79] Im Hinblick auf den Wortlaut des § 439 Abs. 2 führen die **anfängliche Stundung** und die **Kontokorrentbindung** bei Ansprüchen, die der Verjährung gem. § 439 unterliegen, nicht gem. § 199 Abs. 1 Nr. 1 BGB zu einer Hinausschiebung des Beginns der Verjährung, sondern lediglich gem. **§ 205 BGB** zu deren Hemmung.[80]

Die Hemmung der Verjährung gem. § 439 Abs. 3 soll den Parteien einen Anreiz bieten, sich gütlich **20** zu einigen, weil sie während der Zeit, in der sie über ihre Ansprüche verhandeln, zumindest von der Sorge entbunden sind, dass die Verjährungsfrist weiterläuft.[81] Sie erfasst alle in einem unmittelbaren Zusammenhang mit der Beförderung stehenden Ansprüche einschließlich solcher aus §§ 280 ff. BGB sowie – wie sich auch aus § 439 Abs. 2 S. 3 ergibt – Rückgriffsansprüche.[82] Einer entsprechenden Anwendung des § 439 Abs. 3 auf andere als die dort genannten Ansprüche steht neben dem insoweit eindeutigen Wortlaut der Vorschrift auch entgegen, dass keine Regelungslücke besteht, weil jedenfalls eine Hemmung gem. § 203 BGB möglich ist.[83]

2. Form der Erklärung. Die Erklärung bedarf nach § 439 Abs. 3 S. 2 nF nurmehr der **Textform 21 gem. § 126b BGB.** Bei dieser im Zuge des SRG erfolgten Gesetzesänderung wurde zum einen berücksichtigt, dass es im Rahmen des Art. 32 Abs. 2 CMR, der das Vorbild für die Regelung des § 439 Abs. 3 S. 1 aF war, allgemein als ausreichend angesehen wird, dass die danach erforderliche „schriftliche Reklamation" in irgendeiner Weise verkörpert ist, und zum anderen, dass ein Festhalten am Schriftformerfordernis auch deshalb wenig überzeugend erschien, weil die Verjährung auch nach der allgemeinen Bestimmung des § 203 BGB gehemmt werden kann (→ Rn. 19) und nach dieser Bestimmung bereits mündliche Verhandlungen für eine Hemmung ausreichen.[84] Ein weitergehender Verzicht auf jedes Formerfordernis erschien als nicht sachgerecht, weil das Formerfordernis dazu dient, dem Frachtführer die Überprüfung der Beanstandungen zu erleichtern und die bei mündlichen Erklärungen vermehrt möglichen Fehlerquellen auszuschalten.[85]

3. Inhalt der Erklärung. In der Erklärung müssen **Ersatzansprüche erhoben** werden; das **22** Geltendmachen von Erfüllungsansprüchen steht dem nicht gleich.[86] Aus der Erklärung muss sich hinreichend deutlich ergeben, dass im Hinblick auf ein bestimmtes und für den Empfänger erkennbar gemachtes Ereignis Ersatz gefordert wird.[87] Eine solche Erklärung ist in einem bloßen Nachfor-

---

[75] Vgl. Begründung des Regierungsentwurfs des SRG, BT-Drs. 17/10309, 56.
[76] *Koller* Rn. 31; MüKoHGB/*Eckardt* Rn. 30.
[77] BGH Urt. v. 13.3.2008 – I ZR 116/06, TranspR 2008, 467 Rn. 22–24 = VersR 2008, 1669 mwN; Urt. v. 6.11.2008 – IX ZR 158/07, TranspR 2009, 24 Rn. 9 ff. = VersR 2009, 945 = NJW 2009, 1806 (zum „Einschlafen-lassen" von gem. § 203 S. 1 BGB geführten Verhandlungen); Urt. v. 2.10.2012 – I ZR 157/11, TranspR 2013, 194 Rn. 16 = NJW-RR 2013, 815 = RdTW 2013, 203 (zum Verhältnis von § 612 HGB aF zu § 203 BGB).
[78] *Koller* Rn. 31; aA *Ramming* TranspR 2002, 45 (52).
[79] BGH Urt. v. 7.6.2001 – I ZR 49/99, TranspR 2001, 479 (481) = VersR 2002, 117 = NJW-RR 2002, 20; OLG Hamburg Urt. v. 25.10.2018 – 6 U 243/16, TranspR 2019, 21 (22) = NJW 2019, 1005 = RdTW 2019, 33; *Koller* Rn. 39 mwN.
[80] *Koller* Rn. 31.
[81] Begründung des Regierungsentwurfs des TRG, BT-Drs. 13/8445, 79.
[82] Vgl. *Koller* Rn. 32; *Ramming* TranspR 2002, 45 (52).
[83] Vgl. Heymann/*Schlüter* Rn. 9; ebenso in Bezug auf Ansprüche des Frachtführers BGH Urt. v. 6.11.2008 – IX ZR 158/07, TranspR 2009, 24 Rn. 8 = VersR 2009, 925 = NJW 2009, 1806 und *Koller* Rn. 32 und 36; anders aber *ders.* Rn. 35 sowie Staub/*P. Schmidt* Rn. 51 in Bezug auf den Eigentümer oder Inhaber eines sonstigen nach § 823 BGB geschützten Rechtsguts, der nicht zugleich Absender oder Empfänger ist.
[84] Vgl. Begründung des Regierungsentwurfs des SRG, BT-Drs. 17/10309, 56.
[85] Vgl. Begründung des Regierungsentwurfs des SRG, BT-Drs. 17/10309, 56.
[86] Staub/*P. Schmidt* Rn. 50; *Koller* Rn. 32 m. Hinw. auf die Begründung des Regierungsentwurfs des TRG, BT-Drs. 13/8445 S. 79.
[87] Vgl. BGH Urt. v. 13.3.2008 – I ZR 116/06, TranspR 2008, 467 Rn. 20 = VersR 2008, 1669; AG Dillenburg Urt. v. 8.2.2016 – 5 C 397/15, TranspR 2017, 370 (371) = RdTW 2017, 80; aA BGH Urt. v. 7.11.1985 – I ZR 130/83, TranspR 1986, 53 (55) = VersR 1986, 287 = NJW-RR 1986, 250 (zu § 40 KVO) sowie *Fremuth* in Fremuth/Thume TranspR Rn. 28 iVm § 438 Rn. 18, wonach eine unzweideutige Erklärung erforderlich sein soll.

schungsauftrag noch nicht enthalten[88] und auch erst dann möglich, wenn der Ersatzanspruch zumindest dem Grunde nach entstanden ist.[89] Angesichts des Zwecks der Regelung des § 439 Abs. 3, den Parteien einen Anreiz zur Aufnahme von Verhandlungen mit dem Ziel einer gütlichen Einigung zu bieten, reicht etwa schon die Übersendung einer Schadensrechnung, die Bezugnahme auf Ersatzansprüche eines Dritten sowie auch die Aufforderung aus, den Haftpflichtversicherer einzuschalten; dagegen braucht der Anspruch nicht auf eine bestimmte Anspruchsgrundlage gestützt und insbesondere dann nicht exakt beziffert zu sein, wenn seine Größenordnung für den Empfänger in etwa erkennbar ist, weil dieser unabhängig davon ggf. eine gütliche Einigung zu erreichen versuchen wird.[90] Da eine großzügige Beurteilung geboten ist, sind im Zweifel alle aus dem benannten Ereignis entspringenden Ansprüche gemeint; allerdings sind mit der Anmeldung eines einzigen Ereignisses nicht sämtliche auf dem betreffenden Transport eingetretenen Ereignisse reklamiert.[91] Die Wirksamkeit der Erklärung hängt auch dann nicht davon ab, dass ihr Unterlagen beigefügt sind, wenn der Empfänger ohne sie keine Stellungnahme zu dem geltend gemachten Anspruch abgeben kann; denn ansonsten könnte die Wirksamkeit der Erklärung jedenfalls zunächst kaum je zuverlässig beurteilt werden, und es ist iÜ Sache des Empfängers zu entscheiden, ob er die nach seiner Ansicht erforderlichen Unterlagen anfordert oder aber den geltend gemachten Anspruch sofort ablehnt.[92]

23   **4. Absender der Erklärung.** Zur Abgabe der Erklärung gem. § 439 Abs. 3 im eigenen Namen befugt ist entgegen dem weitergehenden Wortlaut der Vorschrift allein derjenige, dem der geltend gemachte Anspruch zusteht; dies ist beim Empfänger anders als beim Absender insbesondere nicht in Bezug auf Ansprüche gem. § 422 Abs. 3 und nur in eingeschränktem Umfang bei Ansprüchen gem. § 413 Abs. 2 der Fall.[93] Ebenso steht nach dem in → Rn. 20 Ausgeführten weder dem Frachtführer noch dem Eigentümer oder Inhaber eines sonstigen nach § 823 BGB geschützten Rechtsguts, der nicht zugleich Absender oder Empfänger ist, in Bezug auf seine der Verjährung gem. § 439 unterliegenden Ansprüche eine Reklamationsbefugnis zu.[94] Zum Geltendmachen im eigenen Namen ist auch derjenige berechtigt, den der Inhaber des Anspruchs ermächtigt hat, diesen im eigenen Namen geltend zu machen, und daher insbesondere der **Prozessstandschafter**.[95] Voraussetzung ist allerdings, dass die Prozessstandschaft dabei erkennbar gemacht wird oder offenkundig ist.[96] Bei der **Drittschadensliquidation** (vgl. § 421 Abs. 1 S. 3) ist freilich derjenige, dem die Gläubigerstellung zukommt, nicht lediglich Prozessstandschafter, sondern von vornherein Inhaber des Anspruchs.[97] Maßgeblich ist die **Anspruchsberechtigung im Zeitpunkt des Zugangs der Erklärung;** ein nachfolgender Forderungserwerb wirkt, da es sich bei der Reklamation um ein einseitiges Gestaltungsgeschäft handelt, nicht entsprechend § 185 Abs. 2 S. 1, § 184 Abs. 1 BGB zurück.[98] Nichts Abweichendes gilt auch für einen Versender, für den ein Spediteur das Gut abgesendet hat.[99] Die Erklärung kann entsprechend § 164 BGB auch von einem **Vertreter** abgegeben werden, wobei der Transportversicherer des Absenders oder Empfängers insoweit als stillschweigend bevollmächtigt anzusehen ist.[100] Der Frachtführer kann eine ohne Vorlage einer entsprechenden Vollmachtsurkunde abgegebene Erklärung eines Vertreters entsprechend § 174 BGB zurückweisen, sofern ihn der Vollmachtgeber nicht von der Bevollmächti-

[88] Vgl. BGH Urt. v. 13.3.2008 – I ZR 116/06, TranspR 2008, 467 Rn. 20 = VersR 2008, 1669; MüKoHGB/*Eckardt* Rn. 27; *Koller* Rn. 33.

[89] *Koller* Rn. 42; Staub/*P. Schmidt* Rn. 56.

[90] *Koller* Rn. 33; Staub/*P. Schmidt* Rn. 55.

[91] *Koller* Rn. 33.

[92] *Koller* Rn. 33; MüKoHGB/*Eckardt* Rn. 28; Staub/*P. Schmidt* Rn. 55.

[93] Vgl. *Fremuth* in Fremuth/Thume TranspR Rn. 29 iVm § 438 Rn. 20; *Koller* Rn. 34; Oetker/*Paschke* Rn. 12; Staub/*P. Schmidt* Rn. 59.

[94] Ebenso Oetker/*Paschke* Rn. 12; für den Frachtführer auch Staub/*P. Schmidt* Rn. 51 sowie – dabei allerdings ein Bedürfnis für eine analoge Anwendung der Vorschrift im Hinblick auf die Regelung des § 203 BGB verneinend – *Koller* Rn. 32 aE mwN. AA für den Eigentümer oder Inhaber eines sonstigen nach § 823 BGB geschützten Rechtsguts *Koller* Rn. 35; Staub/*P. Schmidt* Rn. 51; *Thume* TranspR 2009, 233 (236).

[95] BGH Urt. v. 8.7.2004 – I ZR 272/01, TranspR 2004, 357 (359) = VersR 2005, 1753 = NJW-RR 2004, 1480; *Koller* Rn. 39; MüKoHGB/*Eckardt* Rn. 25 mwN.

[96] OLG Hamburg Urt. v. 25.10.2018 – 6 U 243/16, TranspR 2019, 21 (23) mwN = NJW 2019, 1005 = RdTW 2019, 33; → Rn. 19.

[97] *Koller* Rn. 39; aA *Thume* TranspR 2009, 233 (236).

[98] Vgl. BGH Urt. v. 24.10.1991 – I ZR 208/89, BGHZ 116, 15 (21) = TranspR 1992, 177 (179) = VersR 1992, 640 = NJW 1992, 1766; Urt. v. 8.7.2004 – I ZR 272/01, TranspR 2004, 357 (359) = VersR 2005, 1753 = NJW-RR 2004, 1480; AG Dillenburg Urt. v. 8.2.2016 – 5 C 397/15, TranspR 2017, 370 (371) = RdTW 2017, 80; *Koller* Rn. 38; MüKoHGB/*Eckardt* Rn. 25.

[99] *Koller* Rn. 38 (der allerdings auch den Inhaber eines nach § 823 BGB geschützten Rechtsguts als reklamationsbefugt ansieht; vgl. dort Rn. 35); aA *Fremuth* in Fremuth/Thume TranspR Rn. 30 iVm § 457 Rn. 6 und *Andresen*/Valder Rn. 29, die allerdings darauf hinweisen, dass im Regelfall von einer stillschweigenden Abtretung des Anspruchs des Spediteurs an den Versender auszugehen sei. Gegen die Reklamationsbefugnis des Zessionars bestehen keine Bedenken (vgl. *Koller* Rn. 38).

[100] OLG Köln Urt. v. 19.8.2003 – 3 U 46/03, TranspR 2004, 120 (122); *Koller* Rn. 37; MüKoHGB/*Eckardt* Rn. 25; Staub/*P. Schmidt* Rn. 60.

gung in Kenntnis gesetzt hat. Die von einem Vertreter ohne Vertretungsmacht abgegebene Erklärung ist unwirksam und kann auch nicht nachträglich genehmigt werden.[101]

5. Adressat der Erklärung. Die Erklärung muss – auch im Fall des § 437 (→ § 437 Rn. 26) – **24** gegenüber demjenigen Frachtführer erfolgen, der in Anspruch genommen wird. Sie **wirkt** daher – auch bei den in § 439 Abs. 2 S. 3 angesprochenen Regressansprüchen (→ Rn. 13) – **nicht zu Lasten von (Unter-)Frachtführern, die nicht selbst in Anspruch genommen werden;** einer entsprechenden Anwendung des § 438 Abs. 5 steht entgegen, dass es bei § 438 in erster Hinsicht um die Feststellung von Tatsachen geht, bei § 439 dagegen die Schadensersatzpflicht im Mittelpunkt steht.[102] Der **Fahrer** des Frachtführers ist typischerweise als Empfangsvertreter bevollmächtigt oder zumindest als Empfangsbote anzusehen,[103] der **Haftpflichtversicherer** dagegen nur dann, wenn er eine entsprechende Duldungs- oder Anscheinsvollmacht besitzt oder ein Regulierungsauftrag, eine Schadensmeldung oder eine Abtretung des Anspruchs aus der Versicherung erfolgt ist;[104] dagegen kommt es nach dem im Haftpflichtversicherungsrecht geltenden Trennungsprinzip nicht darauf an, ob dieser zur abschließenden Entscheidung über den Schadensfall befugt war.[105] Ein **Spediteur** ist als solcher nur insoweit richtiger Adressat einer zur Hemmung der Verjährung gem. § 439 Abs. 3 S. 1 führenden Erklärung, als er entweder selbst – in den Fällen der §§ 458–460 – wie ein Frachtführer oder aber gem. §§ 463, 439 wegen Verletzung seiner sich aus dem Speditionsvertrag ergebenden Pflichten haftet, und muss, soweit ihm Ersatzforderungen des Versenders zugehen, seinerseits in seiner Rolle als Versender gegenüber dem von ihm eingeschalteten Frachtführer zur Hemmung der Verjährung gem. § 439 Abs. 3 S. 1 Ersatzansprüche erheben.[106] Wenn ein mit dem Frachtführer wirtschaftlich verbundenes und am selben Ort unter einer weitgehend identischen Firma auftretendes Unternehmen auf die Reklamation eingeht, kann es dem Gläubiger wegen Verschuldens bei Vertragsschluss zum Ersatz desjenigen Schadens verpflichtet sein, den dieser dadurch erleidet, dass er deswegen von der rechtzeitigen Anspruchsgeltendmachung gegen den wahren Schuldner absieht.[107]

6. Wirkung der Erklärung. Die Erklärung, die entsprechend § 130 BGB mit ihrem Zugang **25** wirksam wird, hat zur Folge, dass die gem. § 439 Abs. 1 ein- oder dreijährige Verjährung so lange, wie der Frachtführer den Anspruch nicht abgelehnt hat (→ Rn. 26), gehemmt ist, dh der Zeitraum bis dahin in die Verjährungsfrist nicht eingerechnet wird (§ 209 BGB). Wie sich zwar nicht aus dem Wortlaut des § 439 Abs. 3 S. 1, wohl aber aus dem Umstand ergibt, dass der Absender und der Empfänger gem. § 421 Abs. 1 S. 2 Gesamtgläubiger iSd § 428 BGB sind, tritt diese Wirkung entsprechend § 429 Abs. 3, § 425 Abs. 2 BGB **ausschließlich zugunsten desjenigen** ein, **der wirksam reklamiert hat.**[108]

7. Dauer der Hemmung. Die Hemmung endet entsprechend § 130 BGB mit dem Zugang einer **26** Erklärung, mit der der Frachtführer die Erfüllung der vom Anspruchsteller geltend gemachten Ansprüche diesem gegenüber ablehnt. Für die Ablehnungserklärung reicht zwar nach § 439 Abs. 3 S. 2 nF die Textform nach § 126b BGB aus; der Frachtführer wird aber wegen der bei ihm liegenden Beweislast für die Beendigung der Hemmung vielfach nicht umhin kommen, auf Erklärungen mittels Telefax oder E-Mail ohne Zugangsnachweis zu verzichten.[109] Die Ablehnung muss nicht ausdrücklich erfolgen, aber eindeutig und endgültig sein;[110] abweichend von Art. 32 Abs. 2 S. 1 CMR ist die Rückgabe der der Reklamation beigegebenen Belege allerdings nicht erforderlich.[111] Die Zurückweisung kann grundsätzlich auch schon vor dem Beginn der Verjährungsfrist sowie vor der Geltendmachung von Ansprüchen erfolgen.[112] Dem Frachtführer muss zu dem betreffenden Zeitpunkt allerdings bereits die Grundlage seiner Haftung erkennbar sein, und seine Erklärung muss auch schon

---

[101] BGH Urt. v. 24.10.1991 – I ZR 208/89, BGHZ 116, 15 (20 f.) = TranspR 1992, 177 (179) = VersR 1992, 640 = NJW 1992, 1766; Urt. v. 8.7.2004 – I ZR 272/01, TranspR 2004, 357 (359) = VersR 2005, 1753 = NJW-RR 2004, 1480.

[102] *Koller* Rn. 41; Staub/*P. Schmidt* Rn. 63.

[103] Vgl. BGH Urt. v. 12.12.1985 – I ZR 88/83, TranspR 1986, 278 (281) = VersR 1986, 381 = NJW-RR 1986, 515; *Koller* Rn. 41; Staub/*P. Schmidt* Rn. 63.

[104] Vgl. OLG Köln Urt. v. 19.8.2003 – 3 U 46/03, TranspR 2004, 120 (122); *Koller* Rn. 41.

[105] *Koller* Rn. 41 Fn. 225; aA Staub/*P. Schmidt* Rn. 62.

[106] *Koller* Rn. 41; Staub/*P. Schmidt* Rn. 62.

[107] Vgl. BGH Urt. v. 20.3.2001 – X ZR 63/99, NJW 2001, 2716 (2717 f.); *Koller* Rn. 41.

[108] Vgl. BGH Urt. v. 24.10.1991 – I ZR 208/89, BGHZ 116, 15 (20) = TranspR 1992, 177 (178) = VersR 1992, 640 = NJW 1992, 1766; OLG Köln Urt. v. 19.8.2003 – 3 U 46/03, TranspR 2004, 120 (121 f.); *Fremuth* in Fremuth/Thume TranspR Rn. 33; *Koller* Rn. 40 und 43; *Andresen*/Valder Rn. 29; Staub/*P. Schmidt* Rn. 63 mwN; aA wohl MüKoHGB/*Herber/Harm* § 425 Rn. 73.

[109] *Koller* Rn. 44.

[110] AA *Koller* Rn. 44, wonach es nicht notwendig einer eindeutigen Ablehnung bedürfen soll. Der Frachtführer darf sich aber auch nach dieser Ansicht zumindest nicht mehr verhandlungsbereit zeigen oder muss signalisieren, dass er allenfalls subsidiär haftet.

[111] Begründung des Regierungsentwurfs des TRG, BT-Drs. 13/8445, 79.

[112] Vgl. BGH Urt. v. 13.3.2008 – I ZR 116/06, TranspR 2008, 467 Rn. 20 = VersR 2008, 1669; *Koller* Rn. 44.

auf einen hinreichend konkretisierten Anspruch bezogen sein; eine pauschale Zurückweisung ist ebenso abzulehnen wie eine pauschale Haftbarmachung.[113] Wenn der Frachtführer nur einen Teil der Forderung zurückweist, bleibt die Verjährung im Hinblick auf den Rest[114] und insbesondere hinsichtlich solcher Ansprüche gehemmt, die zu diesem Zeitpunkt noch nicht beziffert oder sogar noch nicht einmal konkret geltend gemacht worden waren.[115] Der Ablehnung der geltend gemachten Ansprüche steht das **„Einschlafenlassen"** der Verhandlungen gleich, dh wenn der Berechtigte den Zeitpunkt versäumt, zu dem eine Antwort auf die letzte Anfrage des Ersatzpflichtigen spätestens zu erwarten gewesen wäre, wenn die Verhandlungen mit verjährungshemmender Wirkung hätten fortgesetzt werden sollen.[116]

27   **8. Weitere Reklamation (Abs. 3 S. 2).** Soweit es um denselben Ersatzanspruch geht,[117] wird die Verjährung gem. § 439 Abs. 3 S. 2 durch eine nach einer Anspruchsablehnung iSd § 439 Abs. 3 S. 1 erfolgte weitere Reklamation auch dann nicht gehemmt, wenn sich in der Zwischenzeit neue Tatsachen ergeben haben. Wenn der Frachtführer im Hinblick darauf aber erneut in Verhandlungen eintritt, begibt er sich des Schutzes, den § 439 Abs. 3 ihm gewährt; die Verjährung wird in einem solchen Fall daher für die Dauer dieser Verhandlungen erneut gem. § 203 BGB gehemmt.[118]

VI. Zulässigkeit abweichender Verjährungsvereinbarungen (Abs. 4)

28   **1. Vereinbarungen vor Anspruchsentstehung.** Nach der allgemeinen Bestimmung des **§ 202 BGB** sind Vereinbarungen, die die Verjährung noch nicht entstandener Ansprüche erleichtern oder erschweren, nur dann unwirksam, wenn sie die Verjährung bei Haftung wegen Vorsatzes im Voraus erleichtern (Abs. 1) oder über eine Verjährungsfrist von 30 Jahren ab dem gesetzlichen Verjährungsbeginn hinaus erschweren (Abs. 2). **Abweichend hiervon** sind Vereinbarungen hinsichtlich der Verjährung von Schadensersatzansprüchen wegen Verlust oder Beschädigung des Gutes oder wegen Überschreitung der Lieferfrist nach **§ 439 Abs. 4** nur dann wirksam, wenn sie iSd § 449 Abs. 1 S. 1 im Einzelnen ausgehandelt sind (→ § 449 Rn. 26–32). Dies gilt auch dann, wenn die Regelung des § 439 durch im BGB enthaltene allgemeine Bestimmungen ergänzt wird.[119] Dagegen ist die Vertragsfreiheit bei anderen dem § 439 unterfallenden Ansprüchen im Interesse der Harmonisierung des Seerechts mit dem allgemeinen Transportrecht nicht mehr wie gem. § 439 Abs. 4 aF in dieser Weise beschränkt.[120]

29   **2. Vereinbarungen nach Anspruchsentstehung.** Soweit der Gläubiger mit dem Schuldner nach der Entstehung des Anspruchs eine Vereinbarung über die Erschwerung der Verjährung getroffen hat, ist diese nicht nach § 439 Abs. 4, sondern nach den **allgemeinen Bestimmungen des BGB** zu beurteilen.[121] Nichts anderes kann aber auch für die weiteren der Verjährung gem. § 439 unterliegenden Ansprüche gelten, sofern für sie nach ihrem Entstehen Vereinbarungen hinsichtlich ihrer Verjährung getroffen worden sind.[122]

30   **3. Vereinbarungen nach Eintritt der Verjährung.** Im Hinblick darauf, dass es dem Schuldner freisteht, ob er die Einrede der Verjährung erhebt oder nicht, kann er auf diese nach Eintritt der Verjährung nach seinem Belieben verzichten.[123] Von einem dafür allerdings auch erforderlichen Verzichtswillen kann jedoch nur dann ausgegangen werden, wenn der Schuldner wusste oder jedenfalls mit der Möglichkeit rechnete, dass der Anspruch verjährt ist.[124]

---

[113] MüKoHGB/*Eckardt* Rn. 34.
[114] Begründung des Regierungsentwurfs des TRG, BT-Drs. 13/8445, 79.
[115] *Koller* Rn. 44.
[116] BGH Urt. v. 6.11.2008 – IX ZR 158/07, TranspR 2009, 24 Rn. 9 ff. = VersR 2009, 945 = NJW 2009, 1806; MüKoHGB/*Eckardt* Rn. 31; Oetker/*Paschke* Rn. 14.
[117] In dieser Hinsicht gelten die für den Zivilprozess entwickelten Grundsätze für die Bestimmung des (zweigliedrigen) Streitgegenstands entsprechend. Keine weitere Reklamation iSd § 439 Abs. 3 S. 2 liegt daher vor, wenn nach Anspruchsablehnung etwa der Anspruchsteller eine Mehrforderung oder ein anderer Gesamtgläubiger den abgelehnten Anspruch geltend macht (vgl. *Koller* Rn. 45; MüKoHGB/*Eckardt* Rn. 35; Staub/*P. Schmidt* Rn. 66).
[118] BGH Urt. v. 13.3.2008 – I ZR 116/06, TranspR 2008, 467 Rn. 24 = VersR 2008, 1669; Oetker/*Paschke* Rn. 14.
[119] *Koller* Rn. 51 mwN.
[120] Begründung des Regierungsentwurfs des SRG, BT-Drs. 17/10309, 56; MüKoHGB/*Eckardt* Rn. 36.
[121] Begründung des Regierungsentwurfs des TRG, BT-Drs. 13/8445, 80; *Fremuth* in Fremuth/Thume TranspR Rn. 47; *Koller* Rn. 52; Baumbach/Hopt/*Merkt* Rn. 5; MüKoHGB/*Eckardt* Rn. 38; Oetker/*Paschke* Rn. 15.
[122] Vgl. *Koller* TranspR 2001, 425 (430); *Koller* Rn. 52; *Andresen*/Valder Rn. 42.
[123] *Koller* Rn. 53 mwN.
[124] BGH Urt. v. 22.4.1982 – VII ZR 191/81, BGHZ 83, 382 (389) = NJW 1982, 1815 (1816); OLG Düsseldorf Urt. v. 19.1.1995 – 18 U 84/94, TranspR 1995, 310 (311) = VersR 1996, 524 = NJW-RR 1996, 357; *Koller* Rn. 53 mwN.

VII. Wirkungen der Verjährung

Die Wirkungen der Verjährung sind in den **§§ 214 ff. BGB** geregelt und gem. § 214 Abs. 1 BGB   31
nur dann zu beachten, wenn sich der Schuldner auf sie beruft. Abweichend von Art. 32 Abs. 4 CMR
schließt nach **§ 215 BGB** die Verjährung gem. § 439 HGB die Aufrechnung und die Geltendmachung
eines Zurückbehaltungsrechts nicht aus, wenn der Anspruch in dem Zeitpunkt noch nicht verjährt
war, in dem erstmals aufgerechnet oder die Leistung verweigert werden konnte. Da nach dem neuen
§ 203 BGB auch das Weiterverhandeln nach Anspruchsablehnung zur Hemmung der Verjährung
führt, kann die Berufung auf die Verjährung nur noch ausnahmsweise etwa dann wegen Verstoßes
gegen Treu und Glauben (**§ 242 BGB**) unzulässig sein, wenn ein Weiterverhandeln über einen bereits
verjährten Anspruch als Verzicht auf die Einrede der Verjährung zu werten ist[125] oder wenn der
Frachtführer die Umstände verschleiert hat, aus denen sich der Beginn der Verjährungsfrist ergibt.[126]
Dagegen rechtfertigt der Umstand, dass der Schaden grob vorwerfbar verursacht worden ist, keinen
Arglisteinwand; denn dieser Umstand führt bereits dazu, dass die Verjährungsfrist gem. Abs. 1 S. 2
nicht ein Jahr, sondern drei Jahre beträgt.[127]

VIII. Beweislast

Wer sich auf Verjährung beruft, hat entsprechend den **allgemeinen Grundsätzen der Darle-**   32
gungs- und Beweislast den Beginn und den Ablauf der Verjährungsfrist darzulegen und im Bestreitensfall zu beweisen.[128] Aus diesem Grund hat der Frachtführer im Fall des § 439 Abs. 2 S. 2 auch das
dort für den Beginn der Verjährung maßgebliche Ende der Lieferfrist gem. § 423 zu beweisen.[129]
Demgegenüber hat der Gläubiger insbesondere die Umstände darzulegen und zu beweisen, aus denen
sich eine Verlängerung der Verjährungsfrist gem. § 439 Abs. 1 S. 2 auf drei Jahre, die Hemmung oder
der Neubeginn der Verjährung sowie die Treuwidrigkeit der Berufung des Schuldners auf den Eintritt
der Verjährung ergibt.[130] Ebenso hat er im Fall des § 439 Abs. 2 S. 3 zu beweisen, dass er den
Rückgriffsschuldner rechtzeitig unterrichtet hat.[131]

§ 440 Pfandrecht des Frachtführers

(1) [1]**Der Frachtführer hat für alle Forderungen aus dem Frachtvertrag ein Pfandrecht an
dem ihm zur Beförderung übergebenen Gut des Absenders oder eines Dritten, der der
Beförderung des Gutes zugestimmt hat.** [2]**An dem Gut des Absenders hat der Frachtführer
auch ein Pfandrecht für alle unbestrittenen Forderungen aus anderen mit dem Absender
abgeschlossenen Fracht-, Seefracht-, Speditions- und Lagerverträgen.** [3]**Das Pfandrecht nach
den Sätzen 1 und 2 erstreckt sich auf die Begleitpapiere.**

(2) **Das Pfandrecht besteht, solange der Frachtführer das Gut in seinem Besitz hat, insbesondere solange er mittels Konnossements, Ladescheins oder Lagerscheins darüber verfügen kann.**

(3) **Das Pfandrecht besteht auch nach der Ablieferung fort, wenn der Frachtführer es
innerhalb von drei Tagen nach der Ablieferung gerichtlich geltend macht und das Gut noch
im Besitz des Empfängers ist.**

(4) [1]**Die in § 1234 Abs. 1 des Bürgerlichen Gesetzbuchs bezeichnete Androhung des
Pfandverkaufs sowie die in den §§ 1237 und 1241 des Bürgerlichen Gesetzbuchs vorgesehenen Benachrichtigungen sind an den nach § 418 oder § 446 verfügungsberechtigten Empfänger zu richten.** [2]**Ist dieser nicht zu ermitteln oder verweigert er die Annahme des Gutes,
so haben die Androhung und die Benachrichtigung gegenüber dem Absender zu erfolgen.**

Schrifttum: *Altmeppen,* Zur Rechtsnatur der handelsrechtlichen Pfandrechte, ZHR 157 (1993), 541; *Andresen,*
Das inkonnexe Pfandrecht im Transportrecht, Sonderbeilage TranspR 2004, 5; *Bechtloff,* Der Schuldnerschutz bei
Verwertung unpfändbarer Sachen aufgrund vertraglicher oder gesetzlicher Sicherungsrechte, ZIP 1996, 994; *Bechtloff,*
Gesetzliche Verwertungsrechte, 2003; *Bräuer,* Das Pfandrecht des Frachtführers in der Krise des Absenders – Erwerb

---

[125] Vgl. OLG Düsseldorf Urt. v. 19.1.1995 – 18 U 84/94, TranspR 1995, 310 (311) = VersR 1996, 524 = NJW-
RR 1996, 357; *Andresen*/Valder Rn. 39.
[126] Vgl. BGH Urt. v. 13.4.1989 – I ZR 28/87, TranspR 1989, 327 (329) = VersR 1989, 1066 = NJW-RR 1989,
1270; *Koller* Rn. 48.
[127] Vgl. *Boettge* TranspR 2008, 477 (480 f.); *Koller* Rn. 48; aA OLG Frankfurt a. M. Urt. v. 20.4.2007 – 3 U 203/
05, TranspR 2008, 472 (476).
[128] *Fremuth* in Fremuth/Thume TranspR Rn. 44; *Koller* Rn. 50.
[129] *Koller* Rn. 15.
[130] *Koller* Rn. 30 und 50; *Fremuth* in Fremuth/Thume TranspR Rn. 44. Entgegen der Ansicht von *Ungewitter*
(VersR 2010, 454 [455 f.]) spricht nichts dagegen, die bei § 435 unter bestimmten Voraussetzungen geltende
Ursächlichkeitsvermutung (→ § 435 Rn. 18 aE) auch im Rahmen des § 439 Abs. 1 S. 2 anzuwenden (*Koller*
Rn. 30).
[131] *Koller* Rn. 25 und 50.

einer insolvenzfesten Rechtsposition?, TranspR 2006, 197; *Brüning-Wildhagen,* Pfandrechte und Zurückbehaltungsrechte im Transportrecht, 2000; *Büchner/Ketterl,* Das Pfandrecht des Spediteurs nach dem Handelsgesetzbuch (HGB)
und den allgemeinen deutschen Spediteurbedingungen (ADSp), TranspR 1991, 125; *Didier,* Pfand-, Sicherungs- und
Zurückbehaltungsrechte des Frachtführers bei drohender Zahlungsunfähigkeit und Insolvenz des Absenders, NZI
2003, 513; *Didier,* Unsicherheitseinrede und Pfandrecht zur Sicherung von Frachtforderungen, NJW 2004, 813;
Eckardt, Anmerkung zum Urteil des BGH vom 18.4.2002 – IX ZR 219/01, BGH-Rep 2002, 753; *Knauth,* Die
Fixkostenspedition in der Insolvenz des Versenders, TranspR 2002, 282;. *Oepen,* Das Pfandrecht des Frachtführers in
der Insolvenz des Absenders, TranspR 2011, 89; *Risch,* Die Begründung gesetzlicher Pfandrechte an Dritteigentum
im Speditions- und Frachtrecht, TranspR 2005, 108; *Ruhwedel,* Das „neue" gesetzliche Pfandrecht des Frachtführers,
GS Helm, 2001, 323; *Scheel,* Die Entwicklung des Umzugsrechtes seit Inkrafttreten der Transportrechtsreform am
1.7.1998, TranspR 2005, 239; *P. Schmidt,* Das Pfandrecht der §§ 441, 464 HGB im internationalen Kontext, TranspR
2011, 56; *Smid,* Anmerkung zum Urteil des BGH vom 18.4.2002 – IX ZR 219/01, WuB VI C § 131 InsO 1.03.

Parallelvorschriften: §§ 464, 475b, 495 HGB; Ziff. 20 ADSp 2003 und 2016.

I. Allgemeines

1   Die nunmehr[1] in § 440 enthaltene Regelung über das Pfandrecht des Frachtführers erstreckt wie
auch schon § 441 aF das gesetzliche Pfandrecht des Frachtführers auf unbestrittene Forderungen aus
anderen mit dem Absender abgeschlossenen Fracht-, Speditions- oder Lagerverträgen **(inkonnexe
Forderungen).** Diese Regelung, die insoweit zwar den für das Speditionsgeschäft in § 464, für das
Lagergeschäft in § 475b und für das Seefrachtrecht nunmehr in § 495 enthaltenen Bestimmungen,
nicht aber der für das Kommissionsgeschäft geltenden Vorschrift des § 397 entspricht, soll dem
Umstand Rechnung tragen, dass ein Transportunternehmer mit seinen Kunden sowohl Fracht- als
auch Speditions- und Lagerverträge abschließt und eine Unterscheidung zwischen Frachtverträgen
einerseits und anderen Verkehrsverträgen andererseits zumal wegen der Nähe dieser Verträge zueinander nicht sachgerecht erscheint.[2] Sie trägt dem hohen **Sicherungsbedürfnis** Rechnung, das für den
Frachtführer wegen seiner grundsätzlichen Vorleistungspflicht gegenüber dem Eigentümer des Gutes
und anderen konkurrierenden Gläubigern und im – häufig auftretenden – Fall, dass § 421 abbedungen
wird, insbesondere auch gegenüber dem Empfänger besteht, wobei seine praktische Bedeutung in
erster Linie darin besteht, dass dem Frachtführer ein **Druckmittel** zur Durchsetzung seiner vertraglichen Ansprüche an die Hand gegeben wird.[3] Die gegenüber § 441 Abs. 1 aF geänderte Fassung des
§ 440 Abs. 1 soll in Anlehnung an die Rspr. des BGH[4] und die überwiegende Auffassung im
Schrifttum[5] klarstellen, dass das **Pfandrecht** nicht nur an Gut des Absenders, sondern **auch an Gut
eines Dritten** entstehen kann, sofern dieser der Beförderung des Gutes zugestimmt hat und es sich
um eine konnexe Forderung handelt.[6] Das Pfandrecht gem. § 440 HGB soll die Stellung des Frachtführers stärken und lässt daher etwa gem. §§ 273, 320, 321, 1000 BGB, §§ 369, 421 HGB, Ziff. 20
ADSp gegebene **Einreden und Zurückbehaltungsrechte unberührt.**[7]

II. Entstehung und Rang des Frachtführerpfandrechts

2   **1. Entstehung des Frachtführerpfandrechts.** Das Pfandrecht gem. § 440 sichert allein vertragliche Forderungen und setzt daher zunächst voraus, dass zwischen dem Frachtführer und dem Absender
ein **wirksamer Vertrag** zustande gekommen ist.[8] Es besteht außer bei Frachtverträgen iSd § 407 **auch
bei gemischten Verträgen, wenn** die Forderung in einem **Zusammenhang** mit einem Verkehrsvertrag iSv § 440 Abs. 1 S. 1 steht oder der **Schwerpunkt der vertraglichen Leistung** bei einer
Beförderungs-, Transportorganisations- oder Lagerleistung liegt,[9] nicht dagegen für mit einem Dienstverschaffungsvertrag verbundene Mietverträge über das Transportmittel.[10]

3   Der Frachtführer muss an dem Gut den unmittelbaren oder zumindest – ggf. durch Übergabe von
Traditionspapieren iSv § 440 Abs. 2 – mittelbaren **Besitz mit dem Willen des Absenders erlangt**
haben.[11] Außerdem muss dieser entweder selbst **Eigentümer** des Gutes oder auf Grund des Ein-

---

[1] Zur Entstehungsgeschichte der Regelung vgl. MüKoHGB/*C. Schmidt* Rn. 3–6.
[2] Beschlussempfehlung und Bericht des Rechtsausschusses, BT-Drs. 13/10014, 49 f.
[3] MüKoHGB/*C. Schmidt* Rn. 1.
[4] Vgl. BGH Urt. v. 10.6.2010 – I ZR 106/08, TranspR 2010, 303 Rn. 26 = VersR 2011, 902 = NJW-RR 2010,
1546.
[5] Vgl. die Nachweise bei MüKoHGB/*C. Schmidt* Rn. 5 Fn. 8.
[6] *Koller* Rn. 1; MüKoHGB/*C. Schmidt* Rn. 5, jeweils m. Hinw. auf die Begründung des Regierungsentwurfs des
SRG, BT-Drs. 17/10309, 56 f.
[7] Vgl. *Didier* NZI 2003, 513 ff. und – speziell zur Unsicherheitseinrede gem. § 321 BGB – NJW 2004, 813 (814);
Koller Rn. 1; Baumbach/Hopt/*Merkt* Rn. 1.
[8] *Fremuth* in Fremuth/Thume TranspR Rn. 6; *Koller* Rn. 2; MüKoHGB/*C. Schmidt* Rn. 7; Staub/*P. Schmidt*
Rn. 4.
[9] OLG Köln Urt. v. 30.5.2008 – 3 U 7/07, TranspR 2009, 37 (40); *Koller* Rn. 2; MüKoHGB/*C. Schmidt* Rn. 7.
[10] Vgl. BGH Urt. v. 16.9.1985 – II ZR 91/85, TranspR 1986, 29 (30) = VersR 1986, 31; OLG Köln Urt. v.
30.5.2008 – 3 U 7/07, TranspR 2009, 37 (40); *Koller* Rn. 2; MüKoHGB/*C. Schmidt* Rn. 7; Staub/*P. Schmidt* Rn. 4.
[11] MüKoHGB/*C. Schmidt* Rn. 8; Staub/*P. Schmidt* Rn. 5.

verständnisses des Eigentümers des Gutes mit dem Transport insoweit gem. **§ 185 BGB** verfügungsberechtigt oder immerhin gem. **§ 366 Abs. 3 HGB** in der Lage gewesen sein, dem Frachtführer einen gutgläubigen Erwerb des Pfandrechts zu vermitteln.[12] Von einem die **Verfügungsbefugnis** des Absenders begründenden Einverständnis des Eigentümers ist auch dann auszugehen, wenn dieser eine Beförderung des Gutes durch seinen Vertragspartner oder auch durch einen Dritten für möglich halten musste und das Gut gleichwohl aus der Hand gegeben hat.[13] Man wird insoweit allerdings nicht unterstellen können, dass der Eigentümer auch mit einem Transport einverstanden ist, bei dem sein Gut etwa für Schäden iSd § 414, die das Gut eines anderen Absenders im Rahmen einer Sammelsendung verursacht hat, oder für auf die Güter anderer Personen bezogene Forderungen haftet.[14] Ebenso wenig wird man unterstellen können, dass ein Vermieter, dessen Pfandrecht gem. § 562a S. 1 BGB fortbesteht, mit einem Transport einverstanden war.[15]

Der beim Fehlen eines Einverständnisses in dem vorstehend in → Rn. 3 dargestellten Sinn gem. **4**
§ 366 Abs. 3 HGB mögliche **gutgläubige Erwerb** des Pfandrechts setzt bei **konnexen Forderungen**[16] voraus, dass der Frachtführer ohne grobe Fahrlässigkeit auf das Eigentum des Absenders oder dessen Verfügungsbefugnis iSd § 185 BGB vertraut hat und es sich auch nicht um iSd **§ 935 BGB** abhanden gekommenes Gut handelt.[17] Wenn der Frachtführer das Gut von einer anderen Person als dem Absender erhält, die nur scheinbar auf dessen Weisung handelt, genügt der gute Glaube an den Anschein der Weisung.[18] Soweit bei Möbelumzügen das Vermieterpfandrecht gem. § 562a S. 1 Hs. 2 BGB fortbesteht, genügt der gute Glaube hinsichtlich der Verfügungsbefugnis des Absenders allein nicht,[19] sondern muss sich der gute Glaube unter Berücksichtigung der Regelung des § 562b BGB auch auf das Nichtbestehen eines Pfandrechts beziehen. Ein gegenüber dem fortbestehenden Vermieterpfandrecht gem. § 1208 BGB vorrangiges Pfandrecht des Frachtführers entsteht in solchen Fällen daher dann nicht, wenn der Auszug ohne weiteres ersichtlich geheim bleiben sollte.[20] Bei der Beurteilung der Frage der Gutgläubigkeit ist insbesondere stets zu beachten, dass sich der Frachtführer auch der je nach den Umständen mehr oder weniger naheliegenden Möglichkeit bewusst sein musste, dass Eigentümer möglicherweise nur unter bestimmten Voraussetzungen mit Transporten einverstanden waren.[21] Auf diese Weise lassen sich auch mit der Eigentumsgarantie des Art. 14 GG unvereinbare Ergebnisse vermeiden.[22]

Bei **inkonnexen Forderungen**[23] wird der gute Glaube des Frachtführers an die Berechtigung des **5**
Absenders gem. **§ 366 Abs. 3 S. 2 HGB** unter Berücksichtigung der Entstehungsgeschichte dieser Vorschrift immerhin insoweit geschützt, als er sich auf dessen Eigentum bezieht; der gute Glaube hinsichtlich der Verfügungsbefugnis bleibt dagegen im Interesse vertragsfremder Dritter ohne Schutz.[24] Wenn ein Spediteur oder ein Frachtführer den Beförderungsauftrag erteilt, liegt es regelmäßig auf der Hand, dass dieser nicht der Eigentümer des Gutes ist.[25] Ebenso wird auch im kaufmännischen Warenverkehr wegen der dort weit verbreiteten Eigentumsvorbehalte und Sicherungsübereignungen ein gutgläubiger Erwerb jedenfalls bei fehlender Rückfrage regelmäßig scheitern.[26]

Ein Frachtführerpfandrecht entsteht an Gut − anders als an Begleitpapieren, die nicht selbständig **6**
verwertbar sein müssen (→ Rn. 13) − nur dann, wenn dieses einen seine Verwertung ermöglichenden **Verkehrswert** besitzt; **nicht vorausgesetzt** wird dabei aber die **Pfändbarkeit** des Gutes iSd − allein das Entstehen von Pfändungspfandrechten gem. § 804 ZPO einschränkenden − § 811 ZPO.[27] Wenn

---

[12] Vgl. OLG Karlsruhe Urt. v. 20.2.2004 − 15 U 42/03, TranspR 2004, 467 (468); *Koller* Rn. 2 und 5 f.; Baumbach/Hopt/*Merkt* Rn. 1 und 4; MüKoHGB/*C. Schmidt* Rn. 8, 17, 18–22 und 23–25; Staub/*P. Schmidt* Rn. 11 und 12.

[13] Vgl. zu § 441 Abs. 1 aF BGH Urt. v. 10.6.2010 − I ZR 106/08, TranspR 2010, 303 Rn. 26 = VersR 2011, 902 = NJW-RR 2010, 1546 und *P. Schmidt* TranspR 2011, 56 (58 f.), jeweils mwN; zu § 440 Abs. 1 vgl. *Koller* Rn. 7; MüKoHGB/*C. Schmidt* Rn. 20; Staub/*P. Schmidt* Rn. 8.

[14] Vgl. OLG Karlsruhe Urt. v. 20.2.2004 − 15 U 42/03, TranspR 2004, 467 (468); OLG Köln Urt. v. 30.5.2008 − 3 U 7/07, TranspR 2009, 37 (41); *Koller* Rn. 13; *v. Waldstein/Holland* Binnenschifffahrtsrecht § 441 Rn. 5; *Risch* TranspR 2005, 108 (110); aA BGH Urt. v. 10.6.2010 − I ZR 106/08, TranspR 2010, 303 Rn. 32 = VersR 2011, 902 = NJW-RR 2010, 1546; *Didier* NZI 2003, 513 (519); *Didier* NJW 2004, 813 (814); *Andresen* Sonderbeilage TranspR 2004, 5 (6); *P. Schmidt* TranspR 2011, 56 (58).

[15] *Koller* Rn. 7.

[16] Vgl. dazu → Rn. 8 sowie iE MüKoHGB/*C. Schmidt* Rn. 9–12 mwN.

[17] § 366 Abs. 3 S. 1 HGB; *Fremuth* in Fremuth/Thume TranspR § 441 Rn. 12; *Koller* Rn. 6–8; *Andresen*/Valder Rn. 11.

[18] Vgl. *Koller* Rn. 6 und 8; MüKoHGB/*C. Schmidt* Rn. 23.

[19] So aber *Scheel* TranspR 2005, 239 (244).

[20] *Koller* Rn. 8.

[21] OLG Köln Urt. v. 30.5.2008 − 3 U 7/07, TranspR 2009, 37 (41); *Koller* Rn. 8.

[22] Insofern zweifelnd *Canaris* § 27 Rn. 46.

[23] Vgl. dazu → Rn. 9 sowie iE MüKoHGB/*C. Schmidt* Rn. 13–16 mwN.

[24] *Koller* Rn. 16; MüKoHGB/*C. Schmidt* Rn. 24 f.; Staub/*P. Schmidt* Rn. 12.

[25] BGH Urt. v. 10.6.2010 − I ZR 106/08, TranspR 2010, 303 Rn. 50 = VersR 2011, 902 = NJW-RR 2010, 1546; MüKoHGB/*C. Schmidt* Rn. 25; *Koller* Rn. 16; Staub/*P. Schmidt* Rn. 12; *P. Schmidt* TranspR 2011, 56 (60).

[26] *Koller* Rn. 16; MüKoHGB/*C. Schmidt* Rn. 25.

[27] *Koller* Rn. 3; MüKoHGB/*C. Schmidt* Rn. 26.

dem Absender an dem Gut ein **Anwartschaftsrecht** zusteht, ist er hinsichtlich des Eigentums Nichtberechtigter. Der Frachtführer erwirbt daher auch in einem solchen Fall ein Pfandrecht am Eigentum
allein unter den in → Rn. 3–5 dargestellten Voraussetzungen. Unabhängig davon aber erwirbt er
sogleich ein Pfandrecht an dem Anwartschaftsrecht, das mit dem Erwerb des Vollrechts zu einem
Pfandrecht an diesem erstarkt.[28]

7   **2. Rang des Frachtführerpfandrechts.** Der Rang des Frachtführerpfandrechts bestimmt sich,
sofern sich aus § 442 – wie allerdings zumeist – nichts Gegenteiliges ergibt, nach dem sachenrechtlichen **Prioritätsprinzip.** Danach geht ein zeitlich früher entstandenes Pfandrecht einem späteren im
Rang vor (§§ 1209, 1257 BGB), wobei der Vorrang gem. § 366 Abs. 3 HGB iVm § 1208 BGB auch
gutgläubig erworben werden kann. Voraussetzung dafür ist, dass der Frachtführer bei Übernahme des
Gutes entweder hinsichtlich der Lastenfreiheit oder in Bezug auf die Befugnis des Absenders, unter
Aufgabe der Belastung über das Gut verfügen zu dürfen, gutgläubig war.[29]

III. Sachliche Reichweite des Frachtführerpfandrechts

8   **1. Konnexe Forderungen.** Gem. **§ 440 Abs. 1 S. 1** sind alle frachtvertraglichen Geldforderungen gegen den Absender oder Empfänger gesichert, die gerade mit der Beförderung des dem
Pfandrecht unterfallenden Gutes zusammenhängen.[30] Die Forderungen müssen **aus dem Frachtvertrag herrühren,** dessen Gegenstand die Beförderung des Gutes war. Damit sind außer den
Frachtansprüchen auch vertragliche Ansprüche auf Erstattung von Zollgeldern, Wiege- und Liegegel-
dern, Steuern, Straßen- und Mautgebühren sowie die in den §§ 414–419 geregelte Schadens- und
Aufwendungsersatzansprüche gesichert.[31] Danach sind **Kostennachnahmen** als frachtvertragliche
Aufwendungsersatzansprüche pfandrechtlich gesichert, **Wertnachnahmen** dagegen nur insoweit, als
der Frachtführer einen entsprechenden Vorschuss an den Absender oder einen vorhergehenden
Frachtführer geleistet hat oder aber die nicht bevorschusste Wertnachnahme im Frachtbrief vermerkt
ist und der Empfänger Frachtgut und Frachtbrief angenommen hat, wobei das Pfandrecht im zuletzt
genannten Fall nach § 440 Abs. 3 nur dann bestehen bleibt, wenn der Frachtführer es innerhalb von
drei Tagen gerichtlich geltend macht und das Gut noch im Besitz des Empfängers ist.[32] Der Frachtführer kann das Pfandrecht dem **Empfänger** gegenüber wegen frachtvertraglicher Ansprüche gegen
den **Absender** geltend machen und umgekehrt.[33] **Forderungen gegen andere Personen als den
Absender und den Empfänger** sind dagegen **nicht gesichert,** zumal der Absender ihren Umfang
nicht übersehen kann.[34] Anders als bei einem einheitlichen Frachtvertrag über unterschiedliche
Sendungen, bei dem das gesamte übergebene Gut auch diejenigen Forderungen aus dem Vertrag
sichert, die bereits vor längerem abgeliefert worden sind, erstreckt sich das Pfandrecht gem. **§ 440
Abs. 1 S. 1** bei **Rahmenverträgen** allein auf das auf Grund der jeweiligen konkretisierenden
Weisung zur Beförderung übernommene Gut.[35] Das Pfandrecht erfasst Forderungen auch dann,
wenn sie zukünftig, bedingt oder noch nicht fällig sind,[36] und außer in den Fällen der § 409 Abs. 1,
§ 421 Abs. 2 unabhängig davon, ob sie im Frachtbrief erscheinen.[37] Im Hinblick auf den eindeutigen
Wortlaut der Vorschrift scheidet auch eine entsprechende Anwendung des § 440 Abs. 1 S. 1 auf
Forderungen des Frachtführers aus Verschulden bei Vertragsschluss (§ 311 Abs. 2 BGB), Geschäftsführung ohne Auftrag (§§ 677 ff. BGB), Delikt (§§ 823 ff. BGB) und ungerechtfertigter Bereicherung (§§ 812 ff. BGB) aus.[38]

9   **2. Inkonnexe Forderungen.** Gem. **§ 440 Abs. 1 S. 2** sind die durch andere Verkehrsverträge
zwischen dem Frachtführer und dem Absender begründeten Forderungen des Frachtführers ebenso
durch ein Pfandrecht gesichert wie dessen Forderungen aus dem Frachtvertrag, sofern sie unbestritten
sind und sich aus § 366 Abs. 3 S. 2 nichts Gegenteiliges ergibt (→ Rn. 5). Das gilt auch für Forderungen gegen den Empfänger, soweit diese sich aus § 421 Abs. 2 und 3 ergeben.[39] Forderungen aus

---

[28] *Koller* Rn. 9 und 18; Staub/*P. Schmidt* 13.

[29] → 1. Aufl. 2001, Rn. 23 mwN.

[30] BGH Urt. v. 10.6.2010 – I ZR 106/08, TranspR 2010, 303 Rn. 26 mwN = VersR 2011, 902 = NJW-RR
2010, 1546.

[31] MüKoHGB/*C. Schmidt* Rn. 9; *Koller* Rn. 10; Staub/*P. Schmidt* Rn. 17, jeweils mwN.

[32] MüKoHGB/*C. Schmidt* Rn. 11; Staub/*P. Schmidt* Rn. 18, jeweils mwN.

[33] BGH Urt. v. 25.4.1991 – III ZR 74/90, BGHZ 114, 248 (256) = TranspR 1991, 312 (315) = VersR 1991,
1037 = NJW 1991, 2638; MüKoHGB/*C. Schmidt* Rn. 10.

[34] *Koller* Rn. 12.

[35] OLG Köln Urt. v. 30.5.2008 – 3 U 7/07, TranspR 2009, 37 (40 f.); *Koller* Rn. 10; MüKoHGB/*C. Schmidt*
Rn. 12 mwN; aA *Fremuth* in Fremuth/Thume TranspR § 441 Rn. 25.

[36] *Fremuth* in Fremuth/Thume TranspR § 441 Rn. 8 f.; *Koller* Rn. 10; MüKoHGB/*C. Schmidt* Rn. 9.

[37] Vgl. BGH Urt. v. 25.4.1991 – III ZR 74/90, BGHZ 114, 248 (256) = TranspR 1991, 312 (315) = VersR
1991, 1037 = NJW 1991, 2638; *Koller* Rn. 10; MüKoHGB/*C. Schmidt* Rn. 9.

[38] MüKoHGB/*C. Schmidt* Rn. 9; Staub/*P. Schmidt* Rn. 18; aA *Koller* Rn. 12 für in engem Zusammenhang mit
einem Frachtvertrag stehende außervertragliche Forderungen.

[39] *Koller* Rn. 10.

gemischten Speditions-, Lager- und Frachtverträgen sind nur dann nicht inkonnex, wenn sie einem konnexen Frachtvertrag zuzuordnen sind; ansonsten gelten bei gemischten Verträgen für die Beurteilung der Frage der Konnexität die in → Rn. 2 dargestellten Grundsätze.[40] Da eine solche Risikoverlagerung zu Lasten des versendenden Eigentümers nicht gewollt ist, ist in § 440 Abs. 1 S. 2 nunmehr ausdrücklich bestimmt, dass ein **Pfandrecht an Drittgut nur wegen konnexer Forderungen** entstehen kann.[41]

Unbestritten ist eine Forderung nicht nur dann, wenn sie vom Schuldner nicht in Frage gestellt wird,[42] sondern auch dann, wenn sie rechtskräftig festgestellt ist oder der Schuldner gegen sie nur abwegige oder unsubstantiierte Einwendungen erhebt.[43] Da der Frachtführer darauf vertrauen können muss, dass ein bestimmter Kreis seiner Forderungen gesichert ist, ist insoweit grundsätzlich auf den Zeitpunkt des Erwerbs des Gutes abzustellen und ein nachfolgendes Bestreiten daher unerheblich.[44] Ein nachträgliches Bestreiten ist allerdings dann zulässig, wenn die behauptete Forderung erst nach dem Erwerb des Gutes entsteht und alsdann bestritten wird, weil der Schuldner erst nach der Geltendmachung der Forderung Anlass zu deren Bestreiten hat.[45] Dasselbe gilt, wenn die behauptete Forderung erst im Rechtsstreit über die Herausgabe des Gutes oder im Schadensersatzprozess entscheidungsreif wird, weil es dem Absender möglich sein muss zu erkennen, inwieweit er sich auf die Auslieferung des Gutes verlassen kann.[46]

Im Falle der Ausstellung eines **Ladescheins (§ 443)** oder eines **qualifizierten Frachtbriefs (§ 418 Abs. 4)** sind allein konnexe Forderungen gesichert; denn ein Pfandrecht für inkonnexe Forderungen gefährdete die Funktion dieser Papiere, weil deren Inhaber den Umfang der auf dem Gut ruhenden Lasten nicht abschätzen könnten.[47] Ebenso wenig kann sich der Frachtführer, der das Gut nur gegen **Nachnahme** abzuliefern hat, innerhalb der Frist des § 440 Abs. 3 wegen inkonnexer Forderungen auf sein Pfandrecht berufen; denn sonst würde dem Empfänger ein unkalkulierbares Risiko aufgebürdet.[48] Dasselbe hat zum Schutz der Empfänger auch bei „**Franko**"- und „**freight prepaid**"-Abreden zu gelten.[49]

Wenn der nachfolgend insolvent gewordene Schuldner dem Frachtführer innerhalb des Zeitraums des § 131 Abs. 1 Nr. 1 InsO einen neuen Frachtauftrag erteilt und insoweit Frachtgut überlassen hat, gilt der Erwerb des Frachtführerpfandrechts auch für offene unbestrittene Altforderungen als kongruent, weil das Frachtführerpfandrecht für inkonnexe Forderungen anderenfalls leerliefe.[50] Dies gilt auch dann, wenn der Frachtführer den neuen Frachtauftrag (auch) wegen der ihm bewussten Gefahr übernommen hat, der Absender könnte zahlungsunfähig werden, und für diesen Fall ein zusätzliches Sicherungsmittel hinsichtlich seiner Altforderungen hat erwerben wollen.[51]

3. Begleitpapiere. Gemäß **§ 440 Abs. 1 S. 3** erstreckt sich das Pfandrecht des Frachtführers auch auf die zwar für sich gesehen unverwertbaren, aber für die Verwertung des Gutes bedeutsamen Begleitpapiere iSd § 413 Abs. 1. Da ein besitzloses Frachtführerpfandrecht allein in den engen Grenzen des § 440 Abs. 3 besteht, müssen diese Begleitpapiere ungeachtet der vom Gesetzgeber[52] gezogenen Parallele zu § 952 Abs. 2 BGB ebenfalls in den Besitz des Frachtführers gelangt sein.[53] Keine Begleit-

---

[40] Vgl. *Koller* Rn. 14.
[41] Zu § 441 aF vgl. BGH Urt. v. 10.6.2010 – I ZR 106/08, TranspR 2010, 303 Rn. 49 = VersR 2011, 902 = NJW-RR 2010, 1546; *P. Schmidt* TranspR 2011, 56 (59 f.). Zu § 440 vgl. Begründung des Regierungsentwurfs des SRG, BT-Drs. 17/10309, 56 f.; Staub/*P. Schmidt* Rn. 22; *Koller* Rn. 14; MüKoHGB/*C. Schmidt* Rn. 22, jeweils mwN.
[42] So aber Beschlussempfehlung und Bericht des Rechtsausschusses, BT-Drs. 13/10014, 49; OLG Köln Urt. v. 9.3.1984 – 25 U 23/83, TranspR 1985, 26 (28); *Fremuth* in Fremuth/Thume TranspR § 441 Rn. 14; *Didier* NZI 2003, 513 (518).
[43] OLG Karlsruhe Urt. v. 9.12.2004 – 9 U 104/04, NJW-RR 2005, 402 f.; *Koller* Rn. 15; Baumbach/Hopt/*Merkt* Rn. 3; *Andresen* Sonderbeilage TranspR 2004, 5; *Andresen*/Valder Rn. 15; MüKoHGB/*C. Schmidt* Rn. 14; Staub/*P. Schmidt* Rn. 19.
[44] Vgl. Beschlussempfehlung und Bericht des Rechtsausschusses, BT-Drs. 13/10014, 49; *Fremuth* in Fremuth/Thume TranspR § 441 Rn. 14; *Koller* Rn. 15; *Andresen*/Valder Rn. 15; HK-HGB/*Ruß* Rn. 5; aA MüKoHGB/*C. Schmidt* Rn. 16; Staub/*P. Schmidt* Rn. 20.
[45] *Koller* Rn. 15; aA *Fremuth* in Fremuth/Thume TranspR § 441 Rn. 19.
[46] *Koller* Rn. 15.
[47] *Koller* Rn. 18; Staub/*P. Schmidt* Rn. 21; *P. Schmidt* TranspR 2011, 56 (59).
[48] *Koller* Rn. 18; Staub/*P. Schmidt* Rn. 21; *Didier* NZI 2003, 513 (519).
[49] *Koller* Rn. 18; aA *Didier* NZI 2003, 513 (519).
[50] BGH Urt. v. 18.4.2002 – IX ZR 219/01, BGHZ 150, 326 (329 ff.) = TranspR 2002, 292 (293 f.) = VersR 2002, 1532 = NJW-RR 2002, 1417; *Didier* NZI 2003, 513 (520); Baumbach/Hopt/*Merkt* Rn. 3; *Koller* Rn. 15; MüKoHGB/*C. Schmidt* Rn. 32.
[51] BGH Urt. v. 21.4.2005 – IX ZR 24/04, TranspR 2005, 309 (310) = VersR 2006, 527 = NJW-RR 2005, 916; Baumbach/Hopt/*Merkt* Rn. 3; *Koller* Rn. 15; MüKoHGB/*C. Schmidt* Rn. 32; *Didier* NZI 2003, 513 (519 f.); iErg zust. *Oepen* TranspR 2011, 89 (96 ff.); einschränkend *Bräuer* TranspR 2006, 197 ff.
[52] Vgl. Begründung des Regierungsentwurfs des TRG, BT-Drs. 13/8445, 81.
[53] Vgl. *Koller* Rn. 5; MüKoHGB/*C. Schmidt* Rn. 27; Staub/*P. Schmidt* Rn. 15; BeckOK HGB/*Kirchhof* Rn. 20.

papiere iSv § 440 Abs. 1 S. 3, sondern allenfalls Gut iSv § 440 Abs. 1 S. 1 und 2 stellen Wertpapiere und Fahrzeugpapiere dar.[54]

14 **4. Verwendungen, Lagerkosten, Kosten des Pfandverkaufs.** Das Pfandrecht sichert gem. § 1210 Abs. 2, § 1257 BGB auch die Forderungen, die dem Frachtführer wegen Verwendungen für das Gut gem. § 1216 S. 1 iVm §§ 683 ff., § 1257 BGB und wegen der Kosten der Lagerung sowie des Pfandverkaufs zustehen.[55]

IV. Zeitliche Reichweite des Frachtführerpfandrechts

15 Das Frachtführerpfandrecht ist ein **Besitzpfandrecht** und erlischt daher außer durch Erfüllung der gesicherten Forderung (§§ 1252, 1257 BGB), Aufhebungserklärung des Pfandgläubigers (§§ 1255, 1257 BGB) und gutgläubigen lastenfreien Erwerb des Eigentums an dem Pfandgut (§ 936 BGB) gem. **§ 440 Abs. 2** grundsätzlich auch dadurch, dass der Frachtführer seinen unmittelbaren oder mittelbaren Besitz an dem Gut aufgibt. Gem. **§ 440 Abs. 3** besteht es jedoch auch nach der Ablieferung fort, wenn der Frachtführer es durch einen innerhalb von drei Tagen nach der Ablieferung bei Gericht angebrachten Antrag geltend macht und das Gut sich zum Zeitpunkt der Antragstellung, der insoweit maßgeblich ist,[56] noch im – zumindest mittelbaren – Besitz des Empfängers befindet. Die Geltendmachung des Pfandrechts setzt einen im Wege der Klage oder des vorläufigen Rechtsschutzes (§§ 916 ff., 935 ff. ZPO) angebrachten Antrag auf Herausgabe, Duldung der Zwangsvollstreckung oder Feststellung des Pfandrechts voraus; ein auf Erfüllung der gesicherten Forderung gerichteter Antrag genügt insoweit nicht.[57] Die freiwillige Rückgabe des Gutes durch den Empfänger an den Frachtführer führt, wenn sie innerhalb der Frist des § 440 Abs. 3 erfolgt, ebenfalls zum Fortbestehen des Pfandrechts. Wenn diese Frist nicht eingehalten wird, lebt das zwischenzeitlich erloschene Pfandrecht dagegen nicht wieder auf;[58] der Frachtführer kann an dem Gut aber immerhin ein Zurückbehaltungsrecht geltend machen.[59] Wenn der Frachtführer den **Besitz am Frachtgut unfreiwillig verliert,** erlischt dadurch, wie sich insbesondere aus den §§ 1253, 1257 BGB ergibt, sein Pfandrecht nicht.[60] Nach **§ 441 Abs. 1 S. 2** besteht das Pfandrecht vorhergehender Frachtführer so lange wie das Pfandrecht des letzten Frachtführers (→ § 441 Rn. 5). Auf etwa gegebene Einreden und Zurückbehaltungsrechte des Frachtführers hat das Erlöschen seines Pfandrechts gem. § 440 keinen Einfluss (→ Rn. 1).

V. Wirkungen und Schutz des Frachtführerpfandrechts

16 Das Frachtführerpfandrecht begründet ein **Recht zum Besitz iSd § 986 Abs. 1 S. 1 BGB.**[61] Es genießt als beschränktes dingliches Recht deliktischen **(§ 823 Abs. 1 BGB),** besitzrechtlichen **(§§ 859, 861 f. BGB)** und dinglichen Schutz **(§ 1227 iVm § 985 BGB).** Im Rahmen der Einzelvollstreckung hat der Frachtführer gem. **§ 805 ZPO** ein **Recht auf vorzugsweise Befriedigung** und, wenn er am Frachtgut unmittelbaren oder zumindest mittelbaren Besitz hat, wahlweise auch die Möglichkeit, **Drittwiderspruchsklage gem. § 771 ZPO** zu erheben.[62] Im Fall der Insolvenz steht dem Frachtführer gem. **§ 50 InsO** ein **Recht auf abgesonderte Befriedigung** zu.[63] Das Frachtführerpfandrecht erfasst allerdings nicht die dem Absender gegen seinen Versicherer zustehenden Ansprüche;[64] denn die §§ 1204 ff. BGB kennen eine dingliche Surrogation nur in den – insoweit nicht einschlägigen – Fällen der §§ 1219 Abs. 2, 1247 S. 2 BGB.[65]

17 Eine Berufung auf das Pfandrecht scheidet nach **Treu und Glauben (§ 242 BGB)** dann ausnahmsweise aus, wenn sie mit vertraglich übernommenen Pflichten unvereinbar ist, etwa weil der Frachtführer weiß, dass der Absender als **Treuhänder** handelt, und der Frachtführer Forderungen gegen den

---

[54] *Koller* Rn. 5; Staub/*P. Schmidt* Rn. 15; MüKoHGB/*C. Schmidt* Rn. 27; aA *Fremuth* in Fremuth/Thume TranspR § 441 Rn. 22.
[55] BGH Urt. v. 10.6.2010 – I ZR 106/08, TranspR 2010, 303 Rn. 26 mwN = VersR 2011, 902 = NJW-RR 2010, 1546; *Koller* Rn. 11; MüKoHGB/*C. Schmidt* Rn. 9.
[56] Vgl. *Fremuth* in Fremuth/Thume TranspR § 441 Rn. 41; *Koller* Rn. 19; Baumbach/Hopt/*Merkt* Rn. 8; MüKoHGB/*C. Schmidt* Rn. 38; Staub/*P. Schmidt* Rn. 27.
[57] *Fremuth* in Fremuth/Thume TranspR § 441 Rn. 38; *Koller* Rn. 19; Baumbach/Hopt/*Merkt* Rn. 8; MüKoHGB/*C. Schmidt* Rn. 38; Staub/*P. Schmidt* Rn. 27 Fn. 50.
[58] *Fremuth* in Fremuth/Thume TranspR § 441 Rn. 42; *Koller* Rn. 19; Baumbach/Hopt/*Merkt* Rn. 8; MüKoHGB/*C. Schmidt* Rn. 38; Staub/*P. Schmidt* Rn. 28.
[59] MüKoHGB/*C. Schmidt* Rn. 38; Staub/*P. Schmidt* Rn. 28.
[60] Vgl. *Altmeppen* ZHR 157 (1993), 541 (548 f., 557 f.); MüKoHGB/*C. Schmidt* Rn. 34 f.; Staub/*P. Schmidt* Rn. 30; Baumbach/Hopt/*Merkt* Rn. 7; *Koller* Rn. 22.
[61] BGH Urt. v. 22.4.1999 – I ZR 37/97, TranspR 1999, 353 (355) = VersR 2000, 78 = NJW 1999, 3716; Staub/*P. Schmidt* Rn. 30; MüKoHGB/*C. Schmidt* Rn. 28 mwN.
[62] Vgl. MüKoHGB/*C. Schmidt* Rn. 30 mwN.
[63] Zur Gesamtvollstreckung → Rn. 12; *Knauth* TranspR 2002, 282 ff. sowie MüKoHGB/*C. Schmidt* Rn. 31 f. mwN.
[64] So allerdings *Andresen*/Valder Rn. 23.
[65] *Koller* Rn. 22.

Absender hat, die mit der Treuhand nichts zu tun haben.[66] Dasselbe gilt, wenn für einen Transport **Vorkasse** verlangt und geleistet wird und der Frachtführer das Pfandrecht sodann im Hinblick auf Altforderungen ausübt[67] oder wenn **keine Zweifel an der Liquidität des Schuldners** bestehen und durch das Ausüben des Pfandrechts lediglich ein Anerkenntnis erzwungen werden soll.[68] Bei einer offensichtlichen und langfristigen **Übersicherung** kann sich der Frachtführer nach Treu und Glauben nur insoweit auf sein Pfandrecht berufen, als dies seinen angemessenen Sicherungsbedürfnissen entspricht.[69]

VI. Verwertung des Frachtführerpfandrechts

Die Verwertung des Pfandes erfolgt vorbehaltlich der speziellen Regelungen in § 440 Abs. 4 HGB **18** und in § 368 Abs. 2 HGB (dazu sogleich) **grundsätzlich** gem. **§ 1257 BGB** nach den allgemeinen Bestimmungen der **§§ 1233 ff. BGB**. Die gesicherte Forderung muss dabei gem. **§ 1228 Abs. 2 BGB** zumindest teilweise fällig sein;[70] dagegen ist ihre Verjährung in diesem Zusammenhang gem. § 216 Abs. 1 und 3 BGB allein im Blick auf den Zinsanspruch von Bedeutung. Nach **§ 440 Abs. 4 S. 1 HGB** sind – insoweit abweichend von § 1234 Abs. 1, §§ 1237, 1241 BGB – die Verkaufsandrohung und die Benachrichtigung über Ort und Zeitpunkt der Versteigerung bei konnexen wie auch bei inkonnexen Forderungen an den nach § 418 HGB oder § 446 HGB verfügungsberechtigten Empfänger zu richten. Diese gegenüber § 441 Abs. 4 S. 1 aF geänderte Regelung berücksichtigt, dass der Pfandverkauf insbesondere in Fällen, in denen ein Ladeschein ausgestellt wurde, auch eine andere Person als den im Frachtvertrag bestimmten Empfänger in ihren Rechten beeinträchtigen kann.[71] Wenn der Empfänger sich nicht ermitteln lässt oder die Annahme verweigert, sind die Mitteilungen gem. **§ 440 Abs. 4 S. 2 HGB** an den Absender zu richten. Die Wartefrist zwischen Androhung und Verkauf beträgt nicht, wie in § 1234 Abs. 2 BGB vorgesehen, einen Monat, sondern nach **§ 368 Abs. 2 HGB** lediglich eine Woche. Wenn der Frachtführer das Gut auf Grund eines nur vermeintlich bestehenden Pfandrechts verwertet oder gegen die bei der Verwertung des Gutes zu beachtenden Verfahrensbestimmungen verstößt, haftet er wegen des damit gegebenen Verlusts allein gem. § 425 HGB,[72] nicht zusätzlich auch gem. § 1243 Abs. 2 BGB.[73] Soweit er die Herausgabe des Gutes im Hinblick auf ein tatsächlich nicht bestehendes Pfandrecht verweigert, haftet der Frachtführer, wenn es dadurch lediglich zu einer Überschreitung der Lieferfrist kommt, dem Absender und dem Empfänger gegenüber nach § 425 Abs. 1, § 431 Abs. 3, § 435 und dem Eigentümer gegenüber nach § 823 Abs. 1 BGB, § 434 Abs. 2, sodass die Haftungsbegrenzung gem. § 431 Abs. 3 diesem gegenüber auch dann nicht eingreift, wenn einer der in § 434 Abs. 2 S. 2 und 3 geregelten Fälle vorliegt; bei einer weitergehenden Verzögerung haftet der Frachtführer gem. §§ 424, 425 Abs. 1 wegen Verlust des Frachtguts.[74]

VII. Beweislast

Der Frachtführer trägt grundsätzlich die Darlegungs- und Beweislast hinsichtlich der in § 440 **19** Abs. 1–3 genannten Voraussetzungen für das Entstehen und Fortbestehen seines Frachtführerpfandrechts. Er hat daher, soweit er dieses Recht auf eine inkonnexe Forderung stützt, darzulegen und ggf. auch zu beweisen, dass diese nicht bestritten ist.[75] Ebenso hat er darzulegen und im Bestreitensfall auch zu beweisen, dass er das Gut noch im Besitz hat oder, soweit eine Ablieferung erfolgt ist, rechtzeitig

---

[66] Vgl. *Koller* Rn. 20, nach dessen Auffassung in einem solchen Fall allerdings die Annahme einer stillschweigenden Abbedingung des Frachtführerpfandrechts näher liegt.

[67] Vgl. BGH Urt. v. 18.5.1995 – I ZR 151/93, TranspR 1995, 383 (384) = VersR 1995, 1469 = NJW 1995, 2917; *Didier* NZI 2003, 513 (521); *Fremuth* in Fremuth/Thume TranspR § 441 Rn. 30; *Koller* Rn. 20; Baumbach/Hopt/*Merkt* Rn. 5; MüKoHGB/*C. Schmidt* Rn. 41.

[68] Vgl. OLG Hamm Urt. v. 28.10.1996 – 18 U 59/96, TranspR 1997, 297 (298); *Fremuth* in Fremuth/Thume TranspR § 441 Rn. 34; *Didier* NZI 2003, 513 (521); abw. *Koller* Rn. 20 und ebenso grds. Staub/*P. Schmidt* Rn. 37, wonach die Berufung auf ein Pfandrecht auch dann nicht missbräuchlich sein soll, wenn die Forderung niedrig und der Schuldner zweifellos solvent ist, weil durch das Pfandrecht auch Druck auf die Erfüllung der Pflichten gem. § 421 ausgeübt werden soll.

[69] *Koller* Rn. 21; Baumbach/Hopt/*Merkt* Rn. 5; enger OLG Köln Urt. v. 19.3.2002 – 3 U 51/01, TranspR 2002, 247 (249) (Freigabeverpflichtung allenfalls bei einer Mehrzahl von Gütern) und *Fremuth* in Fremuth/Thume TranspR § 441 Rn. 29.

[70] Vgl. dazu näher *Didier* NZI 2003, 513 (521).

[71] Vgl. Begründung des Regierungsentwurfs des SRG, BT-Drs. 17/10309, 57.

[72] *Koller* Rn. 22.

[73] So aber – allerdings noch zu § 414 Abs. 1, § 429 Abs. 1 aF – BGH Urt. v. 10.7.1997 – I ZR 75/95, TranspR 1998, 106 (108 f.) = VersR 1998, 344 = NJW-RR 1998, 543; dem folgend MüKoHGB/*C. Schmidt* Rn. 44, *Andresen*/Valder Rn. 33 und wohl auch Staub/*P. Schmidt* Rn. 39.

[74] Ebenso *Koller* Rn. 22.

[75] *Fremuth* in Fremuth/Thume TranspR § 441 Rn. 14; *Koller* Rn. 15 und 23; *v. Waldstein*/*Holland* Binnenschiffahrtsrecht § 441 Rn. 8; MüKoHGB/*C. Schmidt* Rn. 14; Staub/*P. Schmidt* Rn. 40 m.Hinw. auf die den Schuldner insoweit treffende sekundäre Darlegungslast.

einen den Erfordernissen des § 440 Abs. 3 entsprechenden Antrag gestellt hat.[76] Soweit streitig ist, ob der Frachtführer ein Pfandrecht deshalb nicht erworben hat, weil weder der Absender noch der Empfänger Eigentümer des Gutes waren und auch weder eine Einwilligung iSd § 185 BGB noch die Voraussetzungen für einen gutgläubigen Erwerb gem. § 366 HGB vorgelegen haben, liegt die Darlegungs- und Beweislast bei demjenigen, der sich darauf beruft, dass aus diesen Gründen ausnahmsweise kein Pfandrecht entstanden ist.[77] Soweit streitig ist, ob durch einen unrechtmäßigen Pfandverkauf ein Schaden entstanden ist, gelten die für die insoweit einschlägigen §§ 425 ff. HGB, § 823 Abs. 1 BGB geltenden Grundsätze.[78]

VIII. Abdingbarkeit

20   Die Regelung des § 440 ist, wie der Gegenschluss aus § 449 ergibt, **grundsätzlich abdingbar.** Der Frachtführer wird durch den Ausschluss des Frachtführerpfandrechts für konnexe Forderungen durch AGB allerdings nur dann nicht iSd § 307 BGB unangemessen benachteiligt, wenn er zum Ausgleich dafür eine anderweitige angemessene Sicherheit geboten bekommt.[79]

§ 441 Nachfolgender Frachtführer

(1) [1]Hat im Falle der Beförderung durch mehrere Frachtführer der letzte bei der Ablieferung die Forderungen der vorhergehenden Frachtführer einzuziehen, so hat er die Rechte der vorhergehenden Frachtführer, insbesondere auch das Pfandrecht, auszuüben. [2]Das Pfandrecht jedes vorhergehenden Frachtführers bleibt so lange bestehen wie das Pfandrecht des letzten Frachtführers.

(2) Wird ein vorhergehender Frachtführer von einem nachgehenden befriedigt, so gehen Forderung und Pfandrecht des ersteren auf den letzteren über.

(3) Die Absätze 1 und 2 gelten auch für die Forderungen und Rechte eines Spediteurs, der an der Beförderung mitgewirkt hat.

Schrifttum: *Brüning-Wildhagen,* Pfandrechte und Zurückbehaltungsrechte im Transportrecht, 2000; *Koller,* Der Unterfrachtführer als Schuldner und Gläubiger, TranspR 2009, 451; *Ramming,* Die Einziehungspflicht des letzten Frachtführers, Verfrachters bzw. Spediteurs (Unternehmers) – § 442 Abs. 1 S. 1, § 465 Abs. 1 HGB, TranspR 2006, 235.

Parallelvorschriften: §§ 465, 496.

I. Allgemeines

1   Die mit § 442 HGB 1998 wortgleiche Vorschrift des § 441 begründet nach dem Willen des Gesetzgebers[1] und nach seinem Zweck – entgegen seinem scheinbar gegenteiligen Wortlaut – eine unabhängig von vertraglichen Vereinbarungen bestehende **gesetzliche Verpflichtung** des letzten Unternehmers, die Rechte der vorhergehenden Frachtführer auszuüben.[2] Diese Regelung trägt dem Umstand Rechnung, dass eine einheitliche Beförderung oftmals durch mehrere aufeinander folgende Unternehmer ausgeführt wird, wobei jeder von ihnen an sich die Weitergabe des Gutes an den jeweils nachfolgenden Unternehmer von der Befriedigung seiner Forderungen abhängig machen könnte und dies einen wirtschaftlich einheitlichen Beförderungsvorgang erheblich verzögerte.[3] Es ist daher sinnvoll, wenn die einzelnen Unternehmer innerhalb der Leistungskette ihre Forderungen kreditieren und der letzte Unternehmer im Gegenzug verpflichtet ist, alle Rechte beim Endempfänger geltend zu machen und das Empfangene, soweit es den vorhergehenden Unternehmern zusteht, an diese weiterzuleiten.[4] Dem trägt die Regelung des § 441 insbesondere dadurch Rechnung, dass sie den vorhergehenden

---

[76] *Koller* Rn. 23; Staub/*P. Schmidt* Rn. 40.

[77] *Koller* Rn. 23.

[78] Staub/*P. Schmidt* Rn. 40; teilweise abweichend *Fremuth* in Fremuth/Thume TranspR § 441 Rn. 53.

[79] Vgl. – zu § 648 BGB aF – BGH Urt. v. 3.5.1984 – VII ZR 80/82, BGHZ 91, 139 (145 ff.) = NJW 1984, 2100 f.; *Koller* Rn. 24; MüKoHGB/*C. Schmidt* Rn. 45; *Fremuth* in Fremuth/Thume TranspR § 441 Rn. 56 mwN.

[1] Vgl. Begründung des Regierungsentwurfs des TRG, BT-Drs. 13/8445, 81.

[2] *Ramming* TranspR 2006, 235 (238); *Koller* Rn. 1 Fn. 2; *Fremuth* in Fremuth/Thume TranspR § 442 Rn. 1; Heymann/*Schlüter* § 442 Rn. 3; MüKoHGB/*C. Schmidt* Rn. 4; Staub/*P. Schmidt* Rn. 9 f.; BeckOK HGB/*Kirchhof* Rn. 1; aA *Brüning-Wildhagen,* Pfandrechte und Zurückbehaltungsrechte im Transportrecht, 2000, 119–122; *Andresen/Valder* Rn. 4.

[3] Vgl. Heymann/*Schlüter* § 442 Rn. 1; *Koller* TranspR 2009, 451 (453); MüKoHGB/*C. Schmidt* Rn. 1; Staub/*P. Schmidt* Rn. 1.

[4] Die Verpflichtung hierzu ergibt sich nicht aus § 441 HGB, sondern aus § 675 Abs. 1, § 667 BGB (OLG München Urt. v. 3.11.1989 – 23 U 3476/89, TranspR 1990, 71 f. = VersR 1990, 182 = NJW-RR 1990, 358; MüKoHGB/*C. Schmidt* Rn. 4).

Frachtführern den Rückgriff auf ihr Pfandrecht trotz Weitergabe des Gutes ermöglicht.[5] In der Praxis ist die **Regelung weitgehend bedeutungslos.**[6]

II. Einziehungspflicht

Die Anwendung des § 441 setzt nach seinem Sinn und Zweck (→ Rn. 1) eine **Frachtführerkette,** 2 dh die Mitwirkung von zwei oder mehr Frachtführern oder innerhalb der Transportkette tätig gewordenen Spediteuren (→ Rn. 3) an einer einheitlichen Beförderung voraus, von denen mindestens einer – als vorhergehender Frachtführer oder Spediteur – die von ihm geschuldete Übergabe des Gutes an einen anderen – nachfolgenden – Frachtführer oder Spediteur davon abhängig machen darf, dass dieser an ihn Fracht usw bezahlt.[7] Daran fehlt es beispielsweise dann, wenn der Hauptfrachtführer das Gut selbst nicht real befördert, sondern für die gesamte Strecke einen Unterfrachtführer einsetzt oder wenn er das Gut zunächst selbst befördert und für die gesamte restliche Strecke einen Unterfrachtführer einsetzt.[8] Ansonsten sind das Innenverhältnis und die Art der Verbindung zwischen den Frachtführern oder Spediteuren unbeachtlich. Ein nachfolgender Frachtführer kann daher sowohl vom ersten Absender als auch von einem vorhergehenden Frachtführer beauftragt worden sein.[9] Zwischen den mehreren Frachtführern brauchen keine Besitzmittlungsverhältnisse zu bestehen.[10] Für eine Anwendung des § 441 besteht allerdings dann keine Notwendigkeit und damit auch kein Raum, wenn und soweit vorhergehende Frachtführer im Verhältnis zum letzten Frachtführer mittelbare Besitzer geblieben sind.[11] Unerheblich ist dagegen, ob die tatsächliche Ausführung der Beförderung durch mehrere selbständige Frachtführer erfolgt oder aber ein Hauptfrachtführer in vollem Umfang Unterfrachtführer einsetzt.[12] Entscheidend ist vielmehr allein, dass die Frachtführerkette nicht unterbrochen ist, da nur eine durchgehende Frachtführerkette eine Pfandrechtsverlängerung bewirkt.[13] Ob ein in diesem Sinne einheitlicher Beförderungsvorgang vorliegt, ist nicht aus der Sicht des am Ende der Leistungskette stehenden Frachtführers, sondern nach den objektiven Gegebenheiten zu beurteilen.[14]

Spediteure, die an der Beförderung mitgewirkt haben, stehen Frachtführern gem. **§ 441 Abs. 3** 3 gleich, wenn sie innerhalb der Transportkette tätig geworden sind. Für einen Spediteur, der am Ende der Kette als abliefernder Spediteur gehandelt hat, gilt dagegen § 465, dessen Absatz 1 aber seinerseits wieder auf **§ 441 Abs. 1** verweist.[15]

Der letzte Frachtführer innerhalb der Kette, der die Forderungen der vorhergehenden Frachtführer 4 einziehen muss, hat gem. **§ 441 Abs. 1 S. 1** deren Rechte auszuüben. Er hat insoweit die **offenen Forderungen** der vorhergehenden Frachtführer und Spediteure einzuziehen, von deren Begleichung diese die Ablieferung des Gutes an den jeweils nachfolgenden Frachtführer nach dem zu diesem bestehenden Rechtsverhältnis hätten abhängig machen können,[16] **soweit** sie ihm **bekannt oder** für ihn **immerhin erkennbar** sind;[17] **eine Nachforschungspflicht** trifft ihn insoweit allerdings **nicht.**[18] Der letzte Frachtführer kann die fremden Ansprüche im eigenen Namen geltend machen,[19] deren Erfüllung aber nicht im Klagewege, sondern allein durch die Ausübung der Pfand- und Zurückbehaltungsrechte erzwingen.[20] Die Einziehung hat entsprechend § 422 Abs. 1 grundsätzlich in bar oder gleichwertigen Zahlungsmitteln zu erfolgen.[21] Der letzte Frachtführer schuldet allerdings keinen Erfolg, sondern lediglich einen Dienst und muss daher den vorhergehenden Frachtführern nicht etwa

[5] Vgl. *Koller* Rn. 1; Staub/*P. Schmidt* Rn. 1; MüKoHGB/*C. Schmidt* Rn. 1.

[6] *Koller* Rn. 1; BeckOK HGB/*Kirchhof* Rn. 2–2.2.

[7] *Koller* Rn. 2; *Koller* TranspR 2009, 451 (454); MüKoHGB/*C. Schmidt* Rn. 3; Staub/*P. Schmidt* Rn. 6.

[8] *Koller* Rn. 2; *Koller* TranspR 2009, 451 (454); aA MüKoHGB/*C. Schmidt* Rn. 3; Staub/*P. Schmidt* Rn. 7; BeckOK HGB/*Kirchhof* Rn. 4.

[9] Vgl. Begründung des Regierungsentwurfs des TRG, BT-Drs. 13/8445, 81; *Koller* Rn. 2.

[10] *Fremuth* in Fremuth/Thume TranspR § 442 Rn. 6; MüKoHGB/*C. Schmidt* Rn. 3; Staub/*P. Schmidt* Rn. 5.

[11] *Koller* Rn. 2; *Koller* TranspR 2009, 451 (454 f.).

[12] *Fremuth* in Fremuth/Thume TranspR § 442 Rn. 6.

[13] Staub/*P. Schmidt* Rn. 7.

[14] AA *Koller* Rn. 2; Staub/*P. Schmidt* Rn. 6.

[15] Vgl. Begründung des Regierungsentwurfs des TRG, BT-Drs. 13/8445, 81; *Fremuth* in Fremuth/Thume TranspR § 442 Rn. 10; *Koller* Rn. 3; Baumbach/Hopt/*Merkt* Rn. 2; MüKoHGB/*C. Schmidt* Rn. 9; Staub/*P. Schmidt* Rn. 8.

[16] *Ramming* TranspR 2006, 235 (240); *Koller* Rn. 4.

[17] *Koller* Rn. 3; MüKoHGB/*C. Schmidt* Rn. 4; Staub/*P. Schmidt* Rn. 14, jeweils mwN; aA *Ramming* TranspR 2006, 235 (239 und 243 f.), nach dessen Auffassung es Sache des letzten Frachtführers ist, die fehlende Erkennbarkeit einer Forderung gem. § 280 Abs. 1 S. 2 BGB darzulegen und ggf. zu beweisen.

[18] *Fremuth* in Fremuth/Thume TranspR § 442 Rn. 15; *Koller* Rn. 3; MüKoHGB/*C. Schmidt* Rn. 4; Staub/*P. Schmidt* Rn. 14; BeckOK HGB/*Kirchhof* Rn. 2.2.

[19] *Fremuth* in Fremuth/Thume TranspR § 442 Rn. 16; *Koller* Rn. 3 und 4; MüKoHGB/*C. Schmidt* Rn. 4; Staub/*P. Schmidt* Rn. 12; aA *Ramming* TranspR 2006, 235 (240), nach dessen Ansicht lediglich eine Empfangsermächtigung besteht.

[20] *Ramming* TranspR 2006, 235 (239); *Koller* Rn. 3; Staub/*P. Schmidt* Rn. 11.

[21] *Ramming* TranspR 2006, 235 (239); *Koller* Rn. 3.

dafür einstehen, dass deren Forderungen tatsächlich ausgeglichen werden.[22] Wegen der sich aus § 449 ergebenden dispositiven Natur des § 441 kann der letzte Frachtführer seine danach bestehenden Pflichten im Vertrag mit seinem Vormann abbedingen.[23] Dabei genügen insoweit auch „Franko"- und „freight prepaid"-Klauseln, durch die der Absender im Verhältnis zum Empfänger die Zahlungspflicht übernimmt.[24] Entsprechende Klauseln können allerdings eine Schadensersatzpflicht des Vormannes gegenüber seinen eigenen Vormännern zur Folge haben.[25] Soweit der letzte Frachtführer seinen gem. § 441 bestehenden Pflichten zuwiderhandelt, haftet er allen vorhergehenden Frachtführern, denen durch die Nichtausübung ihrer Rechte ein Schaden entstanden ist, gem. § 280 BGB wegen Pflichtverletzung, wobei seine Haftung allerdings grundsätzlich nach § 433 HGB summenmäßig beschränkt ist.[26]

III. Fortdauer des Pfandrechts (Abs. 1 S. 2)

5   Die von ihrem Wortlaut her zumindest missverständliche Bestimmung des § 441 Abs. 1 S. 2 besagt, dass die Pfandrechte der vorhergehenden Frachtführer so lange fortbestehen, wie das gesetzliches Pfandrecht des letzten Unternehmers hinsichtlich seiner eigenen Ansprüche gem. § 440 Abs. 2 und 3 besteht oder – soweit ein solches Pfandrecht etwa wegen seiner Abbedingung (→ § 440 Rn. 20) nie bestanden hat oder etwa infolge seiner Ablösung erloschen ist – bestehen würde.[27] Da zwischen den mehreren Frachtführern innerhalb der Frachtführerkette auch nicht notwendig Besitzmittlungsverhältnisse zu bestehen brauchen, kann es zu besitzlosen Pfandrechten der vorhergehenden Frachtführer kommen.[28]

IV. Rechtsübergang bei Befriedigung vorhergehender Frachtführer (Abs. 2)

6   Für den in § 441 Abs. 2 im Fall der Befriedigung eines vorhergehenden Frachtführers durch einen nachfolgenden bestimmten **gesetzlichen Forderungsübergang** ist es unerheblich, ob die betreffende Forderung aus dem etwa ausgestellten Frachtbrief hervorgeht, weil ein solcher für die Anwendung des § 441 nicht erforderlich ist.[29]

§ 442 Rang mehrerer Pfandrechte

(1) **Bestehen an demselben Gut mehrere nach den §§ 397, 440, 464, 475b und 495 begründete Pfandrechte, so geht unter denjenigen Pfandrechten, die durch die Versendung oder durch die Beförderung des Gutes entstanden sind, das später entstandene dem früher entstandenen vor.**

(2) **Diese Pfandrechte haben Vorrang vor dem nicht aus der Versendung entstandenen Pfandrecht des Kommissionärs und des Lagerhalters sowie vor dem Pfandrecht des Spediteurs, des Frachtführers und des Verfrachters für Vorschüsse.**

Parallelvorschrift: § 497.

I. Allgemeines

1   Die nach dem TRG in § 443 aF enthalten gewesene und seit dem SRG ohne inhaltliche Änderung nunmehr in § 442 enthaltene Bestimmung regelt den Rang, in dem mehrere Pfandrechte zueinander stehen. Entgegen dem bei Pfandrechten an sich gem. § 1209 BGB geltenden Prioritätsgrundsatz räumt **§ 442 Abs. 1 HGB** dabei für den Fall, dass der Erlös aus der Pfandverwertung nicht für die Befriedigung aller Pfandgläubiger ausreicht, dem Pfandrecht des später tätig gewordenen Frachtführers den Vorrang vor den dort genannten beförderungsbezogenen Pfandrechten ein, die bereits zuvor entstanden waren. Dieses **Posterioritätsprinzip** trägt dem Umstand Rechnung, dass sich die Beförderung eines Handelsguts auf dessen Wert typischerweise günstig auswirkt.[1] Dementsprechend sieht

---

[22] *Ramming* TranspR 2006, 235 (239) m. Hinw. auf § 753 Abs. 2 aF (= nunmehr § 587 Abs. 2), wonach auch der Schiffseigentümer nur nach besten Kräften sicherzustellen hatte, dass die Ladungseigentümer eine Sicherheit stellten.

[23] *Koller* Rn. 3; MüKoHGB/*C. Schmidt* Rn. 10; Staub/*P. Schmidt* Rn. 13; aA *Ramming* TranspR 2006, 235 (242), nach dessen Ansicht eine solche Vereinbarung einen unzulässigen Vertrag zu Lasten Dritter darstellt.

[24] *Koller* Rn. 3; *Ramming* TranspR 2006, 235 (249); aA *Fremuth* in Fremuth/Thume TranspR § 442 Rn. 18; MüKoHGB/*C. Schmidt* Rn. 10 mwN; Staub/*P. Schmidt* Rn. 16.

[25] *Koller* Rn. 3; MüKoHGB/*C. Schmidt* Rn. 10 mwN.

[26] Vgl. *Koller* Rn. 3; Staub/*P. Schmidt* Rn. 17 mwN.

[27] *Fremuth* in Fremuth/Thume TranspR § 442 Rn. 21; *Koller* Rn. 5; MüKoHGB/*C. Schmidt* Rn. 7; Staub/*P. Schmidt* Rn. 20; *Ramming* TranspR 2006, 235 (241), jeweils mwN.

[28] BGH Urt. v. 18.4.2002 – IX ZR 219/01, BGHZ 150, 326 (333) = TranspR 2002, 292 (294) = VersR 2002, 1532 = NJW-RR 2002, 1417; MüKoHGB/*C. Schmidt* Rn. 7.

[29] *Fremuth* in Fremuth/Thume TranspR § 442 Rn. 22; *Koller* Rn. 6; Staub/*P. Schmidt* Rn. 21.

[1] Vgl. MüKoHGB/*C. Schmidt* Rn. 1; *Koller* Rn. 1; Staub/*P. Schmidt* Rn. 2.

§ 442 Abs. 2 auch vor, dass die dort genannten anderen Pfandrechte den **Nachrang** gegenüber den in § 442 Abs. 1 genannten beförderungsbezogenen Pfandrechten haben.

II. Bevorrechtigte Pfandrechte (Abs. 1)

Die in § 442 Abs. 1 genannten, gegenüber den in § 442 Abs. 2 genannten Pfandrechten bevor- **2** rechtigten Pfandrechte müssen, wie sich insbesondere aus § 442 Abs. 2 erschließt, die durch die Versendung, die transportbedingte Lagerung oder den Transport des Gutes entstandenen Forderungen sichern.[2] Es ist dabei unerheblich, ob die Forderungen bei Kommissionären, Frachtführern, Spediteuren, Lagerhaltern oder Verfrachtern entstanden sind.[3] Dementsprechend sind Forderungen wegen Fracht, Provision des Spediteurs, Standgeldern, Verpackungskosten, Kosten der Verzollung, Überwachungskosten, Transport- und Speditionsversicherungen sowie andere beförderungsbezogene Aufwendungsersatzansprüche durch bevorrechtigte Pfandrechte gesichert.[4] Dasselbe gilt für Frachtnachnahmen, da sie mit der Beförderung zusammenhängen, nicht dagegen für Warennachnahmen und für unabhängig vom Transport entstandene Lagerkosten.[5]

Bei den bevorrechtigten Pfandrechten geht das später entstandene dem früher entstandenen vor. Der **3** Inhaber des später entstandenen Pfandrechts ist daher aus dem Erlös aus der Verwertung des Pfandes gem. §§ 1247, 1257 BGB vor dem Inhaber des früher entstandenen zu befriedigen. Abweichungen von dieser Rangordnung können sich gem. **§ 366 Abs. 3 HGB** durch **gutgläubigen Erwerb des Vorrangs** oder durch **gutgläubigen lastenfreien Erwerb** ergeben.[6]

III. Nicht bevorrechtigte Pfandrechte (Abs. 2)

Gem. **§ 442 Abs. 2** haben die nicht zu den bevorrechtigten Pfandrechten iSd § 442 Abs. 1 **4** zählenden Pfandrechte Nachrang gegenüber den bevorrechtigten Pfandrechten. Ihre Inhaber erhalten daher nur insoweit eine Befriedigung aus dem durch die Pfandverwertung erzielten Erlös, als nach der Befriedigung der bevorrechtigten Pfandgläubiger noch ein Übererlös verbleibt. Der Rang der nicht bevorrechtigten Pfandrechte untereinander bestimmt sich gem. §§ 1209, 1257 BGB nach dem Prioritätsgrundsatz.

§ 443 Ladeschein. Verordnungsermächtigung

(1) [1]**Über die Verpflichtung zur Ablieferung des Gutes kann von dem Frachtführer ein Ladeschein ausgestellt werden, der die in § 408 Abs. 1 genannten Angaben enthalten soll.** [2]**Der Ladeschein ist vom Frachtführer zu unterzeichnen; eine Nachbildung der eigenhändigen Unterschrift durch Druck oder Stempel genügt.**

(2) [1]**Ist der Ladeschein an Order gestellt, so soll er den Namen desjenigen enthalten, an dessen Order das Gut abgeliefert werden soll.** [2]**Wird der Name nicht angegeben, so ist der Ladeschein als an Order des Absenders gestellt anzusehen.**

(3) [1]**Dem Ladeschein gleichgestellt ist eine elektronische Aufzeichnung, die dieselben Funktionen erfüllt wie der Ladeschein, sofern sichergestellt ist, dass die Authentizität und die Integrität der Aufzeichnung gewahrt bleiben (elektronischer Ladeschein).** [2]**Das Bundesministerium der Justiz und für Verbraucherschutz wird ermächtigt, im Einvernehmen mit dem Bundesministerium des Innern, für Bau und Heimat durch Rechtsverordnung, die nicht der Zustimmung des Bundesrates bedarf, die Einzelheiten der Ausstellung, Vorlage, Rückgabe und Übertragung eines elektronischen Ladescheins sowie die Einzelheiten des Verfahrens einer nachträglichen Eintragung in einen elektronischen Ladeschein zu regeln.**

Schrifttum: *Becker,* Die Beweiskraft des Konnossements, 1991; *v. Bernstorff,* Das reine Konnossement im Seefrachtverkehr und die Ersatzmöglichkeit durch das elektrische Bolero – bill of lading, RIW 2001, 504; *Czerwenka,* Die Bedeutung der Wiedereinführung der „Skripturhaftung" im Seefrachtrecht durch das Zweite Seerechtsänderungsgesetz von 1986, TranspR 1988, 256; *Döser,* Inkorporationsklauseln in Konnossementen, 2004; *Gehrke,* Das elektronische Transportdokument – Frachtbrief und Konnossement in elektronischer Form im deutschen und internationalen Recht, 2005; *Geis,* Die Gesetzgebung zum elektronischen Geschäftsverkehr und die Konsequenzen für das Transportrecht, TranspR 2002, 89; *Graf,* Die Möglichkeiten des Einsatzes (voll- und teil-)elektronischer Transportpapiere am Beispiel von Konnossement und Luftfrachtbrief unter besonderer Berücksichtigung des Bolero-Projekts, 2007; *Herber,* Konnossement und Frachtvertrag, FS Raisch, 1995, 67; *Herber,* Der Ladeschein – Renaissance eines vergessenen Wertpapiers, FS Thume, 2008, 177; *Hoffmann,* FIATA Multimodal Transport Bill of Lading und deutsches Recht, TranspR 2000, 243; *Koller,* Rechtsnatur und Rechtswirkungen frachtrechtlicher Sperrpapiere,

---

[2] *Andresen*/Valder Rn. 2; *Koller* Rn. 2; MüKoHGB/*C. Schmidt* Rn. 3; Staub/*P. Schmidt* Rn. 4.
[3] *Fremuth* in Fremuth/Thume TranspR § 443 Rn. 8; Staub/*P. Schmidt* Rn. 4.
[4] MüKoHGB/*C. Schmidt* Rn. 3; Staub/*P. Schmidt* Rn. 5.
[5] Vgl. *Koller* Rn. 2; *Andresen*/Valder Rn. 2; *Fremuth* in Fremuth/Thume TranspR § 443 Rn. 9; MüKoHGB/*C. Schmidt* Rn. 3; Staub/*P. Schmidt* Rn. 5.
[6] MüKoHGB/*C. Schmidt* Rn. 5; Staub/*P. Schmidt* Rn. 10.

TranspR 1994, 181; *Koller,* Die Übertragung des Namensladescheins, FS Richardi, 2007, 1121; *Koller,* Die Bedeutung des Frachtvertrages für den Orderladeschein, TranspR 2015, 133; *Koller,* Anspruch auf Ausstellung eines Ladescheins oder Konnossements und sein Erlöschen, TranspR 2016, 290; *Kopper,* Der multimodale Ladeschein im internationalen Transportrecht, 2007; *Lenz,* Akkreditive und weitere Zahlungssicherungen im Außenhandel, EuZW 1991, 297; *Mankowski,* Neue internationalprivatrechtliche Probleme des Konnossements TranspR 1988, 410; *Mankowski,* Der europäische Erfüllungsortsgerichtsstand des Art. 5 Nr. 1 lit. b EuGVVO und Transportverträge, TranspR 2008, 67; *Mankowski,* Konnossemente und die Rom I-VO, TranspR 2008, 417; *Müglich,* Probleme des Einsatzes neuer Informationstechniken im Transportrecht, TranspR 2000, 145; *Paschke,* Das internationale Konnossementsrecht, TranspR 2010, 268; *Ramming,* Probleme der Rechtsanwendung im neuen Recht der multimodalen Beförderung, TranspR 1999, 325; *Ramming,* Ermöglichen die neuen §§ 126 Abs. 3, 126a BGB die Ausstellung elektronischer Konnossemente?, VersR 2002, 539; *Ramming,* Verwendung gescannter Unterschriften auf Konnossementen, TranspR 2002, 193; *Ramming,* Fixkostenspedition – CMR – FBL, TranspR 2006, 95; *Ramming,* Internationalprivatrechtliche Fragen des Multimodal-Frachtvertrages und des Multimodal-Ladescheins, TranspR 2007, 279; *Ramming,* Die Haftung des Beförderers für die Ausstellung unrichtiger Konnossemente bzw. Ladescheine, RdTW 2013, 423; *Ramming,* Die Ausstellung von Konnossementen bzw. Ladescheinen durch den Unter-Beförderer, RdTW 2014, 1; *Ramming,* Die Berechtigung aus Konnossement, Ladeschein und Lagerschein: legitimierter Besitzer, (tatsächlich) Berechtigter und Empfänger, RdTW 2015, 8; *Ramming,* Die Sperrwirkung von Ladeschein und Konnossement: gleichzeitig Stellungnahme zu Bodis TranspR 2017, 393 sowie zu OLG Hamburg, Urteil vom 13 Juli 2017 – 6 U 149/16, RdTW 2018, 45; *Ramming,* Das abhandengekommene Inhaberpapier (Ladeschein, Konnossement), RdTW 2018, 161; *Ramming,* Die Reichweite der Verbriefungswirkung des Ladescheins bzw. Konnossements, RdTW 2019, 81; *Saive,* Das Blockchain-Traditionspapier, TranspR 2018, 234; *Schefold,* Zum IPR der Dokumenten-Akkreditivs, IPRax 1990, 20; *Schnauder,* Sachenrechtliche und wertpapierrechtliche Wirkungen der kaufmännischen Traditionspapiere, NJW 1991, 1642; *v. Westphalen,* AGB-rechtliche Erwägungen zu den neuen Einheitlichen Richtlinien und Gebräuchen für Dokumenten-Akkreditive – Revision 1993, RIW 1994, 453.

Parallelvorschriften: §§ 475c, 515, 516.

I. Allgemeines

1 Der seit dem SRG in den §§ 443–448 geregelte **Ladeschein** ist im Unterschied zum Frachtbrief keine bloße Beweisurkunde für den Abschluss und den Inhalt eines Frachtvertrags über ein bestimmt bezeichnetes Beförderungsgut, sondern ein **Wertpapier, das die Verpflichtung des ausstellenden Frachtführers, das Gut an den durch das Papier gem. § 444 Abs. 3 legitimierten Empfänger abzuliefern,** unabhängig davon **verbrieft,** ob der Frachtvertrag nichtig oder bereits erloschen oder ein Frachtvertrag überhaupt abgeschlossen worden ist.[1] Er soll die Veräußerung und Verpfändung des unterwegs befindlichen Gutes ermöglichen und gibt dem gutgläubigen Empfänger eine wertpapierrechtliche Garantie, den Anspruch gegen den Frachtführer so wie im Ladeschein beschrieben zu erwerben.[2] Anders als im **Binnenschifffahrtsrecht,** wo er, ähnlich dem seerechtlichen Konnossement, als sog. **Binnenkonnossement** oder **Flusskonnossement** noch gebräuchlich ist,[3] kommt ihm im unimodalen **Landfrachtrecht** anders als bei Multimodaltransporten unter Einschluss einer Seestrecke[4] **keine praktische Bedeutung** mehr zu.[5]

2 Die §§ 443 ff. gelten auch für den **WA-Frachtführer** (vgl. Art. 15 Abs. 3 WA) und den **MÜ-Frachtführer** (→ MÜ Art. 15 Rn. 1). Die **CMR** sieht einen Ladeschein zwar nicht vor, steht der Ausstellung eines solchen aber auch nicht entgegen.[6] Die zwischen den Art. 12, 13 und 17 CMR und den §§ 443 ff. HGB allerdings bestehenden Diskrepanzen führen iÜ auch nicht dazu, dass die zuletzt genannten Vorschriften bei CMR-Transporten nur begrenzt anzuwenden sind; denn die Vorschriften der CMR sind zwar gem. Art. 41 CMR grundsätzlich zwingendes Recht, hindern den CMR-Frachtführer aber nicht, dritten Personen gegenüber zusätzliche Verpflichtungen einzugehen.[7] Für **multimodale Transporte** werden regelmäßig sog. **Durchkonnossemente** ausgestellt, die wegen ihrer Fähigkeit zum Dokumentenakkreditiv im internationalen Zahlungsverkehr besondere Verwendung finden.[8] Im Zusammenhang mit Seetransporten kann dem Ladeschein die Funktion eines seerechtlichen Konnossements zukommen.[9] Zum **IPR** des Ladescheins vgl. *Ramming* TranspR 2007, 279 (295 ff.), *Kopper,* Der multimodale Ladeschein im internationalen Transportrecht, 2007, 107 ff. und – zur auf nach dem 17.12.2009 abgeschlossene Verträge anzuwendenden Rom I-VO – *Mankowski* TranspR 2008, 417 ff.

---

[1] Vgl. Staub/*Otte* Rn. 2; *Koller* Rn. 5; Staub/*Canaris* § 363 Rn. 64; *Ramming* TranspR 2006, 95 (99).
[2] MüKoHGB/*Herber/Harm* Rn. 3.
[3] Vgl. MüKoHGB/*Herber/Harm* Rn. 34 und 35.
[4] Vgl. dazu MüKoHGB/*Herber/Harm* Rn. 36–63 und MüKoHGB/*Herber* § 452d Rn. 46–78.
[5] *Koller* Rn. 1; zu den Bestrebungen, Konnossemente auf elektronischer Basis einzuführen, vgl. *Graf von Bernstorff* RIW 2001, 504 (508 ff.); *Ramming* VersR 2002, 539 ff.
[6] Vgl. *Ramming* TranspR 2006, 95 (101 f.).
[7] Vgl. *Koller* Rn. 8.
[8] Vgl. zum insoweit dominierenden FIATA Multimodal Transport Bill of Lading (FBL) MüKoHGB/*Herber* § 452d Rn. 46–78.
[9] *Herber* Seehandelsrecht S. 364; *Koller* Rn. 2.

II. Ladeschein

1. Rechtsnatur. Der Ladeschein ist **grundsätzlich** ein **Namenspapier,** kann aber **auch an Order** 3
(**§ 443 Abs. 2, § 363 HGB**) oder als **Inhaberpapier (§ 793 BGB)** ausgestellt werden. Da der
Ablieferungsanspruch gem. § 445 Abs. 2 auch bei einem Namensladeschein von dessen Innehabung
abhängt, handelt es sich bei ihm in allen Fällen um ein **Wertpapier** und um ein **Traditionspapier iSv**
§ 448.

2. Ausstellung. a) Vereinbarung. Ausweislich der insoweit eindeutigen Formulierung des § 443 4
Abs. 1 S. 1 besteht bei einem Frachtvertrag – nach der Aufhebung des § 72 Abs. 1 BinSchG aF durch
das TRG auch bei einem Binnenschifffahrtsfrachtvertrag und ebenso bei einem Multimodalfrachtvertrag unter Einschluss einer Seestrecke – für den Frachtführer **nur dann** eine **Verpflichtung zur**
Ausstellung eines Ladescheins, wenn die Parteien eine entsprechende **Vereinbarung** getroffen
haben.[10] Sofern die Parteien dabei keine Vereinbarung über den Zeitpunkt der Aushändigung des
Ladescheins getroffen haben, ist dieser im Blick auf die Regelung des § 443 Abs. 2 S. 2, die sonst
keinen Sinn ergeben würde, bei oder zeitnah nach der Übergabe des Gutes an den Frachtführer dem
Absender zu übergeben.[11] Soweit der Frachtführer ohne eine entsprechende Absprache mit dem
Absender einen Ladeschein an einen Dritten begibt, hat er dem Absender oder dem Empfänger, dem
bereits eine gesicherte frachtvertragliche Rechtsposition zusteht, gem. § 280 BGB den daraus entstehenden Schaden zu ersetzen.[12]

b) Inhalt. Wegen des Inhalts des Ladescheins nimmt **§ 443 Abs. 1 S. 1** auf § 408 Abs. 1 Bezug, 5
um auf diese Weise eine einheitliche Ausgestaltung der im Transportverkehr gebräuchlichen Dokumente zu erreichen.[13] Da es sich dabei lediglich um eine **Sollvorschrift** handelt, hat das Fehlen der
entsprechenden Angaben grundsätzlich keinen Einfluss auf die Wirksamkeit des Ladescheins, sondern
begründet allenfalls, sofern der Frachtführer zu dessen Ausstellung verpflichtet hat, seine Verpflichtung, dem Absender oder den gem. § 328 BGB berechtigten Personen wegen Verletzung dieser
Pflicht nach Maßgabe der **§ 280 BGB, §§ 433, 435 HGB** Schadensersatz zu leisten, sowie ein
Zurückbehaltungs- und Kündigungsrecht gem. **§ 273 BGB, § 415 Abs. 1 und 2 S. 2 HGB.**[14] Die
Haftung des Frachtführers bezieht und beschränkt sich dabei auf den Ersatz desjenigen Schadens, den
der Empfänger dadurch erlitten hat, dass er im **Vertrauen** auf die Richtigkeit der Angaben im
Ladeschein Aufwendungen gemacht und insbesondere den Kaufpreis für das Frachtgut bezahlt hat, und
kann individualvertraglich sowie, da § 449 dem nicht entgegensteht, auch durch AGB ausgeschlossen
werden.[15] Da der Ladeschein allerdings für das Rechtsverhältnis zwischen dem Frachtführer und dem
Empfänger maßgeblich ist, muss er neben dem Ablieferungsversprechen als solchem auch die für
dessen Bestimmtheit notwendigen Angaben enthalten und daher insbesondere die Ablieferungsstelle,
das Gut sowie die Person des Frachtführers und des Empfängers hinreichend erkennen lassen und liegt,
wenn diese **Mindestangaben** fehlen, **kein Ladeschein im Rechtssinne** vor.[16] Gem. § 443 Abs. 2
an Order ausgestellte Ladescheine sind in Inhaberladescheine (§ 793 BGB) umzudeuten, wenn sich aus
ihnen für Dritte auch unter Heranziehung des § 443 Abs. 2 S. 2 nicht ersehen lässt, an wessen Order
sie gestellt sind.[17]

c) Form. Der Ladeschein ist vom Frachtführer gem. **§ 443 Abs. 1 S. 2** zu unterzeichnen, wobei 6
nach dem zweiten Halbsatz dieser Vorschrift anstelle der eigenhändigen Unterschrift (§ 126 Abs. 1
BGB) – auch bei Inhaberladescheinen (vgl. § 793 Abs. 2 S. 2 BGB) – deren Nachbildung durch
Druck oder Stempel genügt. Eine elektronische Signatur reicht dagegen nicht aus, da bei ihr nicht
sichergestellt ist, dass ausschließlich ein begebbares Exemplar des Ladescheins ausgedruckt wird.[18] Eine
Vertretung (§ 164 BGB) ist zulässig, wobei beim Fehlen der Vertretungsmacht auch eine Genehmigung
gem. § 177 Abs. 1 BGB in Betracht kommt.[19] Beim Fehlen der Unterschrift ist der Ladeschein gem.
§ 125 S. 1 BGB nichtig und kann auch nicht gem. § 140 BGB in ein anderes Wertpapier oder eine
neben dem Frachtvertrag stehende schuldrechtliche Verpflichtung umgedeutet werden.[20]

---

[10] Begründung des Regierungsentwurfs des TRG, BT-Drs. 13/8445, 82; *Koller* Rn. 6; MüKoHGB/*Herber/Harm*
Rn. 8.
[11] Staub/*Otte* Rn. 40 mwN.
[12] *Koller* Rn. 37 und 41; *Koller* TranspR 2015, 133 (136); Staub/*Otte* Rn. 45 und 72.
[13] Begründung des Regierungsentwurfs des TRG, BT-Drs. 13/8445, 82.
[14] *Koller* Rn. 17; MüKoHGB/*Herber/Harm* § 444 Rn. 12; Staub/*Otte* Rn. 53.
[15] MüKoHGB/*Herber/Harm* § 444 Rn. 12; Staub/*Otte* Rn. 53.
[16] *Koller* Rn. 17; MüKoHGB/*Herber/Harm* Rn. 30 f; Staub/*Otte* Rn. 53.
[17] Vgl. *Koller* Rn. 15 und 17.
[18] Vgl. *Geis* TranspR 2002, 89 (92); *Ramming* VersR 2002, 539 (540 f.); *Koller* Rn. 13; aA *Müglich* TranspR 2000,
145 (151); vgl. auch – zu der Frage, ob mehrere Ausfertigungen zulässig sind – MüKoHGB/*Herber/Harm* Rn. 10
und Staub/*Otte* Rn. 90 f.
[19] Vgl. RG Urt. v. 13.10.1942 – I 129/41, RGZ 170, 233 (236); *Koller* Rn. 13; Staub/*Otte* Rn. 50.
[20] *Koller* Rn. 17; Staub/*Otte* Rn. 50.

7   **d) Anspruchsentstehung.** Der in einem **Namensladeschein** verbriefte wertpapierrechtliche Ablieferungsanspruch entsteht auf Grund eines **Begebungsvertrags,** wobei es sich entgegen der Ansicht, die zur bis zum Inkrafttreten des TRG geltenden Fassung des § 446 überwiegend und insbesondere von der Rspr. vertreten wurde,[21] nicht um einen Vertrag zwischen dem Frachtführer und dem Absender zugunsten des Empfängers handelt, sondern im Zweifel um einen Vertrag zwischen dem Frachtführer und dem Empfänger, bei dem der Absender als Bote fungiert.[22] Bei einem **Orderladeschein** wird der Begebungsvertrag – ggf. wiederum unter Einschaltung eines Boten – mit demjenigen geschlossen, an dessen Order der Ladeschein gestellt ist.[23] Das Wirksamwerden des Orderlagerscheins setzt außerdem dessen Übergabe und insbesondere auch dessen gem. §§ 929 ff. BGB erfolgte Übereignung an den Berechtigten voraus.[24] Bei einem **Inhaberladeschein** wird gem. § 793 BGB derjenige Inhaber des Ablieferungsanspruchs, dem der Ladeschein übereignet wird.[25] Bei den beiden zuletzt genannten Arten von Ladescheinen sind die Unwirksamkeit und das Fehlen des Begebungsvertrags ggf. nach Rechtsscheingrundsätzen ohne Bedeutung.[26]

8   **e) Anspruchsübertragung.** Sie erfolgt nach den allgemeinen Grundsätzen des Wertpapierrechts. Beim **Namensladeschein** erfolgt die Rechtsübertragung daher gem. **§ 398 BGB** durch Abtretung des Auslieferungsanspruchs; das Eigentum am Ladeschein folgt dem Anspruch gem. **§ 952 BGB.**[27] Beim **Orderladeschein** erfordert der Rechtsübergang neben dem **Indossament (§ 364 Abs. 1)** grundsätzlich einen **Begebungsvertrag** sowie die **Übergabe des Papiers oder** ein **Übergabesurrogat;** wenn aber eine Übergabe des Ladescheins erfolgt ist oder ein Übergabesurrogat vorliegt, genügt auch eine einfache **Abtretung.**[28] Beim Inhaberladeschein erfolgt die Übertragung nach sachenrechtlichen Grundsätzen; neben dem Begebungsvertrag genügt die Übergabe des Papiers.[29]

9   **f) Elektronischer Ladeschein (Abs. 3 nF).** In Übereinstimmung mit den ebenfalls mit dem SRG eingeführten Bestimmungen für den Frachtbrief (§ 408 Abs. 3), das Konnossement (§ 516 Abs. 2 und 3) und den Seefrachtbrief (§ 526 Abs. 4) eröffnet **§ 443 Abs. 3 nF** die Möglichkeit, einen papiergebundenen Ladeschein durch eine elektronische Aufzeichnung zu ersetzen. Voraussetzung für einen wirksamen **elektronischen Ladeschein** ist allerdings, dass die Gleichwertigkeit der elektronischen Aufzeichnung mit dem herkömmlichen Ladeschein gewährleistet ist. Dies erfordert es, dass die **Authentizität** und die **Integrität der Aufzeichnung stets gewährleistet** ist (§ 443 Abs. 3 S. 1) und dass die elektronische Aufzeichnung daher die **Beweisfunktion,** die **Instruktionsfunktion,** die **Sperrfunktion,** die **Traditionsfunktion** sowie die **Legitimationsfunktion** ebenso **erfüllt** wie der herkömmliche Ladeschein.[30]

10   Es muss daher geregelt werden, auf welchem Weg ein elektronischer Ladeschein unterzeichnet, „vorgelegt", „zurückgegeben" und „übertragen" werden kann, wie ein „legitimierter Besitzer" den formalen Nachweis seiner Legitimation erbringen kann und wie Vorbehalte nachträglich in die Aufzeichnung aufgenommen werden können, ohne dass dadurch die Authentizität und Integrität der Daten in Frage gestellt ist.[31] Gem. § 443 Abs. 3 S. 2 wurde deshalb das BMJ ermächtigt, im Einvernehmen mit dem BMI durch Rechtsverordnung, die nicht der Zustimmung des Bundesrates bedarf, die Einzelheiten der Ausstellung, Vorlage, Rückgabe und Übertragung eines elektronischen Ladescheins sowie die Einzelheiten des Verfahrens einer nachträglichen Eintragung in einen elektronischen Ladeschein zu regeln.[32] Eine entsprechende Rechtsverordnung ist bislang noch nicht erlassen worden.

§ 444 Wirkung des Ladescheins. Legitimation

(1) **Der Ladeschein begründet die Vermutung, dass der Frachtführer das Gut so übernommen hat, wie es im Ladeschein beschrieben ist; § 409 Absatz 2 und 3 Satz 1 gilt entsprechend.**

(2) ¹**Gegenüber einem im Ladeschein benannten Empfänger, an den der Ladeschein begeben wurde, kann der Frachtführer die Vermutung nach Absatz 1 nicht widerlegen, es sei**

---

[21] Zum Konnossementsbegebungsvertrag vgl. BGH Urt. v. 27.10.1960 – II ZR 127/59, BGHZ 33, 364 (367) = WM 1960, 1405; Urt. v. 25.9.1986 – II ZR 26/86, BGHZ 98, 284 (286) = TranspR 1987, 29 = NJW 1987, 588; zur rechtlichen Konstruktion des Begebungsvertrags vgl. Staub/*Otte* Rn. 23–31 mwN.

[22] Vgl. Staub/*Canaris* § 363 Rn. 59; *Koller* Rn. 20.

[23] Vgl. *Koller* Rn. 21.

[24] *Koller* Rn. 21 mwN.

[25] Vgl. *Koller* Rn. 22.

[26] Vgl. *Koller* Rn. 21 aE und 22 aE; *Herber* FS Thume, 2008, 177 (179 f.), jeweils mwN.

[27] Vgl. *Koller* Rn. 23; Staub/*Otte* § 444 Rn. 37a.

[28] → § 364 Rn. 2–4; Staub/*Otte* § 444 Rn. 38.

[29] → § 363 Rn. 4; Staub/*Otte* § 444 Rn. 39.

[30] Vgl. Begründung des Regierungsentwurfs des SRG, BT-Drs. 17/10309, 57.

[31] Vgl. Begründung des Regierungsentwurfs des SRG, BT-Drs. 17/10309, 57 f.; Staub/*Otte* Rn. 90 f. mwN.

[32] Zu den für diese Verordnungsermächtigung maßgeblichen Gründen vgl. Begründung des Regierungsentwurfs des SRG, BT-Drs. 17/10309, 58 iVm 93.

denn, dem Empfänger war im Zeitpunkt der Begebung des Ladescheins bekannt oder infolge grober Fahrlässigkeit unbekannt, dass die Angaben im Ladeschein unrichtig sind. [2] Gleiches gilt gegenüber einem Dritten, dem der Ladeschein übertragen wurde. [3] Die Sätze 1 und 2 gelten nicht, wenn der aus dem Ladeschein Berechtigte den ausführenden Frachtführer nach § 437 in Anspruch nimmt und der Ladeschein weder vom ausführenden Frachtführer noch von einem für ihn zur Zeichnung von Ladescheinen Befugten ausgestellt wurde.

(3) [1] **Die im Ladeschein verbrieften frachtvertraglichen Ansprüche können nur von dem aus dem Ladeschein Berechtigten geltend gemacht werden.** [2] **Zugunsten des legitimierten Besitzers des Ladescheins wird vermutet, dass er der aus dem Ladeschein Berechtigte ist.** [3] **Legitimierter Besitzer des Ladescheins ist, wer einen Ladeschein besitzt, der**

1. **auf den Inhaber lautet,**
2. **an Order lautet und den Besitzer als Empfänger benennt oder durch eine ununterbrochene Reihe von Indossamenten ausweist oder**
3. **auf den Namen des Besitzers lautet.**

Schrifttum: *Koller*, Die Bedeutung des Frachtvertrages für den Orderladeschein, TranspR 2015, 133; *Ramming*, Die Berechtigung aus Konnossement, Ladeschein und Lagerschein – legitimierter Besitzer, (tatsächlich) Berechtigter und Empfänger, RdTW 2015, 8; *Ramming*, Die Unwiderleglichkeit der Vermutungen des Ladescheins bzw. des Konnossements – MV „Katsuragi" reloaded, RdTW 2017, 441; *Ramming*, Die Sperrwirkung von Ladeschein und Konnossement – gleichzeitig Stellungnahme zu *Bodis* TranspR 2017, 393 sowie zu OLG Hamburg, Urteil vom 13 Juli 2017 – 6 U 149/16, RdTW 2018, 45; *Ramming*, Das abhandengekommene Inhaberpapier (Ladeschein, Konnossement), RdTW 2018, 161; *Ramming*, Die Reichweite der Verbriefungswirkung des Ladescheins bzw. Konnossements, RdTW 2019, 81; *Schefold*, Zum IPR der Dokumenten-Akkreditivs, IPRax 1990, 20; *Schnauder*, Sachenrechtliche und wertpapierrechtliche Wirkungen der kaufmännischen Traditionspapiere, NJW 1991, 1642; *v. Westphalen*, AGB-rechtliche Erwägungen zu den neuen Einheitlichen Richtlinien und Gebräuchen für Dokumenten-Akkreditive – Revision 1993, RIW 1994, 453.

Parallelvorschriften: §§ 475d, 517 Abs. 1 S. 1, 522 Abs. 2 und 3 S. 2, 519.

I. Allgemeines

Die Regelung des **§ 444**, die mit dem SRG an die Stelle der in **§ 444 Abs. 3 aF** und **§ 446 aF** **1** enthalten gewesenen Bestimmungen getreten ist, übernimmt die Terminologie und Systematik des nunmehr in den §§ 513–525 geregelten Konnossementrechts und **soll den Ladeschein stärker an die Regelungen über das Konnossement heranführen.**[1] Die in ähnlicher Form bereits in § 444 Abs. 3 S. 2 aF enthalten gewesene Regelung des **§ 444 Abs. 1** entspricht derjenigen, die in § 517 Abs. 1 S. 1 für das Konnossement enthalten ist. Die an die Stelle des § 444 Abs. 3 S. 3 aF getretene Regelung des **§ 444 Abs. 2** führt durch die Übernahme der im Konnossementrecht nunmehr in § 522 Abs. 2 enthaltenen Unterscheidung zwischen der Begebung des Dokuments an einen in ihm genannten Empfänger **(S. 1)** und seine Übertragung an Dritte **(S. 2)** dazu, dass auch der gutgläubige erste Nehmer eines Rekta- oder Orderladescheins geschützt ist.[2] Die der in § 522 Abs. 2 S. 3 für das Seefrachtrecht enthaltenen Regelung entsprechende und insoweit damit neue Vorschrift des **§ 444 Abs. 2 S. 3** enthält Bestimmungen über die Einwendungen, die der **ausführende Frachtführer** erheben kann, wenn er aus dem vom Frachtführer ausgestellten Ladeschein in Anspruch genommen wird. Die an die Stelle von § 444 Abs. 3 S. 1 und § 446 aF getretene Regelung des **§ 444 Abs. 3** **verdeutlicht** entsprechend der für das Konnossement geltenden Regelung des § 519 die **Unabhängigkeit der Ansprüche aus dem Ladeschein** gegenüber den Ansprüchen aus dem Frachtvertrag.[3]

II. Widerlegliche Vermutung (Abs. 1)

Der Ladeschein begründet gem. § 444 Abs. 1 Hs. 1 für das Rechtsverhältnis zwischen dem Fracht- **2** führer und dem Empfänger[4] die, wie auch der Gegenschluss aus § 444 Abs. 2 ergibt, gem. § 292 Abs. 2 ZPO widerlegliche Vermutung, dass der Frachtführer die Güter wie im Ladeschein beschrieben übernommen hat. Diese Vermutungswirkung bezieht sich, wie aus der Verwendung des Wortes „insbesondere" in § 444 Abs. 3 S. 2 aF folgt, auf den **gesamten Inhalt** des Ladescheins. Sie wird in ihrer Reichweite durch die in § 444 Abs. 1 Hs. 2 enthaltene Verweisung auf § 409 Abs. 2 und 3 S. 1 (→ § 409 Rn. 8–16) näher konkretisiert.[5] Da der Ladeschein danach im Hinblick auf Angaben zum Gewicht, zur Menge und zum Inhalt der Frachtstücke gem. § 444 Abs. 1 Hs. 2 iVm § 409 Abs. 3 S. 1 nur insoweit eine Vermutung begründet, als der Frachtführer diese Angaben überprüft hat und das Ergebnis der Überprüfung in den von beiden Parteien unterzeichneten Frachtbrief eingetragen worden

---

[1] Vgl. *Koller* Rn. 1; MüKoHGB/*Herber/Harm* Rn. 1, jeweils mwN.
[2] Vgl. *Koller* Rn. 1; MüKoHGB/*Herber/Harm* Rn. 3.
[3] MüKoHGB/*Herber* Rn. 4.
[4] Zur weitergehenden Vermutungswirkung zugunsten gutgläubiger Rechtsnachfolger des Empfängers gem. § 444 Abs. 2 → Rn. 3.
[5] Vgl. *Koller* Rn. 2 f.; MüKoHGB/*Herber/Harm* Rn. 5–8.

ist, ist der **Vertrauensschutz stark eingeschränkt.**[6] Im Hinblick darauf, dass § 444 Abs. 1 Hs. 2 bewusst nicht auf § 409 Abs. 1 verweist, begründet der Inhalt des Ladescheins zudem keine Vermutung für den Inhalt des Frachtvertrages.[7] Wenn der Frachtführer die Vermutung des § 444 Abs. 1 nicht widerlegt, haftet er wegen Verlust oder Beschädigung nach **§§ 425 ff.,** wobei außer bei qualifiziert schuldhaftem Verhalten (§ 435) die Haftungsbegrenzungen gem. §§ 431 f., 434 Abs. 1 gelten.[8] Daneben kommt eine Haftung des Frachtführers unter dem Gesichtspunkt des Verschuldens bei Vertragsschluss (**§§ 280, 311 Abs. 2 und 3 BGB**) für schuldhaftes Verhalten bei der Ausstellung des Ladescheins für den Schaden in Betracht, den der Empfänger durch sein schutzwürdiges Vertrauen auf die Richtigkeit der ihm im Ladeschein gemachten Angaben erlitten hat,[9] wobei diese Haftung außer bei iSd § 435 qualifiziert schuldhaftem Verhalten des Frachtführers gem. § 433 summenmäßig beschränkt ist.[10] Wenn die Vermutung gem. § 444 Abs. 1 Hs. 1 widerlegt ist, entfällt zwar die Haftung gem. §§ 425 ff.; eine nach den genannten bürgerlich-rechtlichen Bestimmungen gegebene Haftung bleibt davon aber unberührt.[11] Dagegen ist für eine entsprechende Anwendung des § 523 über die Haftung für unrichtige Konnossementsangaben auf den Ladeschein kein Raum.[12] Soweit der Frachtführer vorsätzlich falsche Angaben macht, kommt auch eine Haftung gem. **§ 826 BGB** in Betracht.[13]

III. Unwiderlegliche Vermutung (Abs. 2)

3   Die Fiktion des § 444 Abs. 2, dass der Frachtführer die Güter wie im Ladeschein angegeben übernommen hat, greift **auch zugunsten gutgläubiger Erwerber von Namensladescheinen** ein, weil der Gesetzgeber insoweit keine abweichende Behandlung vorgesehen hat[14] und auch bei dieser Art des Ladescheins das Bedürfnis nach einem verstärkten Schutz des Vertrauens nicht verneint werden kann.[15] Der gute Glaube fehlt gem. **§ 444 Abs. 2 S. 1** bei allen Arten von Ladescheinen bei Kenntnis und grob fahrlässiger Unkenntnis von der Unrichtigkeit der Angaben im Ladeschein zum Zeitpunkt seiner Begebung. Er wird allerdings nicht schon durch nur unzureichend begründete Vorbehalte iSv § 444 Abs. 1 Hs. 2, § 409 Abs. 2 S. 2 zerstört.[16] Die Regelung des **§ 444 Abs. 2 S. 2** stellt Zweit- und Folgeerwerber des Ladescheins gegenüber dem ersten Nehmer des Ladescheins, an den der Ladeschein unmittelbar oder mittels eines Vertrags zugunsten Dritter begeben worden ist, nur insoweit besser, als die Vermutung bei ihnen unwiderleglich ist. Dementsprechend reicht auch ihr Schutz nur so weit wie diese Vermutung[17] und entsprechen ihre Ansprüche daher auch grundsätzlich denen, die dem ersten Nehmer des Ladescheins in einem solchen Fall zustehen.[18] Nach dem neuen **§ 444 Abs. 2 S. 3** wird dem Schutzbedürfnis des vom aus dem Ladeschein Berechtigten in Anspruch genommenen ausführenden Frachtführers nach § 437 entsprechend dem Vorbild des ebenfalls neuen § 522 Abs. 3 S. 2 der Vorrang vor den Interessen gutgläubiger Dritter eingeräumt, sofern der Ladeschein nicht vom ausführenden Frachtführer oder von einem für diesen zur Zeichnung von Ladescheinen Befugten ausgestellt worden ist. Die Regelung trägt dem Umstand Rechnung, dass der Aussteller des Ladescheins die Unwiderleglichkeit der in ihn aufgenommenen Beschreibung des Gutes nur hinnehmen muss, wenn er nicht rechtzeitig einen ordnungsgemäßen Vorbehalt eingetragen hat. Der ausführende Frachtführer soll diesen Nachteil nicht tragen müssen, ohne sich darauf berufen zu können, dass er rechtzeitig einen ordnungsgemäßen Vorbehalt eingetragen hätte, wenn er der Aussteller des Ladescheins gewesen wäre. Der ihm deswegen eingeräumte Gegenbeweis steht ihm allerdings dann nicht offen, wenn er die Ausstellung des Ladescheins ohne Vorbehalt zurechenbar mitveranlasst hat.[19] Anders ist die Beweislage allerdings zu beurteilen, wenn der ausführende Frachtführer selbst oder einer seiner zur Zeichnung von Ladescheinen befugter Vertreter den Ladeschein ausgestellt hat.

---

6 Vgl. *Koller* Rn. 4.

7 MüKoHGB/*Herber/Harm* Rn. 7; Staub/*Otte* Rn. 1 Fn. 2.

8 MüKoHGB/*Herber/Harm* Rn. 11; *Koller* Rn. 4; Staub/*Otte* Rn. 17.

9 Vgl. BGH Urt. v. 2.2.1961 – II ZR 178/59, BGHZ 34, 216 (218) = NJW 1961, 823; Urt. v. 25.9.1986 – II ZR 26/86, BGHZ 98, 284 (288 ff.) = TranspR 1987, 29 (30 f.) = NJW 1987, 588; *Czerwenka* TranspR 1988, 256 (261 f.); *Koller* TranspR 1994, 181 (187 f.); *Koller* Rn. 4; Staub/*Otte* Rn. 18; abw. MüKoHGB/*Herber/Harm* Rn. 12–15, die von einer Haftung des Frachtführers wegen Pflichtverletzung aus § 280 BGB ausgehen (dagegen *Koller* Rn. 4 Fn. 19).

10 → § 433 Rn. 3 aE; *Koller* Rn. 4; *Ramming* RdTW 2013, 423 (439); iErg ebenso MüKoHGB/*Herber/Harm* Rn. 12; aA Staub/*Otte* Rn. 18.

11 Vgl. BGH Urt. v. 25.9.1986 – II ZR 26/86, BGHZ 98, 284 (286, 290) = TranspR 1987, 29 (31) = NJW 1987, 588; *Czerwenka* TranspR 1988, 256 (261 f.); *Koller* TranspR 1994, 181 (187); *Koller* Rn. 4; Staub/*Otte* Rn. 18.

12 Vgl. MüKoHGB/*Herber/Harm* Rn. 16 und § 443 Rn. 61.

13 *Koller* Rn. 4 aE; MüKoHGB/*Herber/Harm* Rn. 13; Staub/*Otte* Rn. 19.

14 Vgl. Begründung des Regierungsentwurfs des TRG, BT-Drs. 13/8445, 83 f.

15 *Koller* FS Richardi, 2007, 1121 (1131 f.); *Koller* Rn. 6; iErg ebenso MüKoHGB/*Herber/Harm* Rn. 10.

16 *Koller* Rn. 5 aE; Staub/*Otte* Rn. 11a.

17 *Koller* Rn. 6; Staub/*Otte* Rn. 11a.

18 Vgl. Staub/*Otte* Rn. 11a.

19 Vgl. Begründung des Regierungsentwurfs des SRG, BT-Drs 17/10309, 97 f.; *Koller* Rn. 7; Staub/*Otte* Rn. 12–16; MüKoHGB/*Herber/Harm* Rn. 17.

IV. Materielle und formelle Berechtigung (Abs. 3)

1. Allgemeines. Die an die Stelle von § 444 Abs. 3 S. 1 aF und § 446 aF getretene und inhaltlich **4** im vollen Umfang dem nunmehrigen § 519 entsprechende Bestimmung des **§ 444 Abs. 3** regelt den im nachfolgenden § 445 Abs. 1 und 2 näher geregelten materiellen Ablieferungsanspruch unter dem Gesichtspunkt der mit dem Besitz am Papiers verbundenen **Empfangslegitimation.**[20] Sie betont dabei den spezifisch wertpapierrechtlichen Vorlagezwang und knüpft außerdem an die allgemeinen Lehren zu Inhaber- und Orderpapieren als den Wertpapieren öffentlichen Glaubens an, wobei sie den Rektaladeschein, der als Namenspapier grundsätzlich nur Beweisfunktionen erfüllt, in die Nähe dieser Wertpapiere rückt.[21]

2. Maßgeblichkeit des Ladescheins (Abs. 3 S. 1). Die Vorschrift des **§ 444 Abs. 3 S. 1** soll, **5** indem sie bestimmt, dass die im Ladeschein verbrieften frachtvertraglichen Ansprüche allein von dem aus dem Ladeschein Berechtigten geltend gemacht werden können, insbesondere klarstellen, dass die durch die Ausstellung und Begebung eines Ladescheins **wertpapierrechtlich begründeten Ansprüche verselbständigt** sind und die ansonsten gegebenen Ansprüche überlagern bzw. verdrängen.[22] Zu den im Ladeschein verbrieften frachtvertraglichen Ansprüchen gehört namentlich der **Anspruch** gegen den Frachtführer und den ausführenden Frachtführer **auf Ablieferung des** zur Beförderung übernommenen **Gutes,** so wie dieses im Ladeschein beschrieben ist.[23] Ebenfalls im Ladeschein verbrieft sind die **sekundären Ansprüche des Empfängers** gegen den Frachtführer auf Schadensersatz bei Verlust oder Beschädigung des Gutes oder bei Überschreitung des Lieferfrist sowie umgekehrt etwa **Ansprüche des Frachtführers** gegen den Empfänger auf Zahlung ausstehender Frachten und Auslagen, sofern sie sich aus dem Papier ergeben und der Empfänger sich durch dessen Annahme zu ihrer Bezahlung verpflichtet hat.[24] Der aus dem Ladeschein Berechtigte muss sich dabei – unabhängig davon, ob er in dieser Hinsicht gutgläubig ist oder nicht – weder das mögliche Nichtbestehen des Frachtvertrags noch in diesem möglicherweise getroffene besondere Abreden entgegenhalten lassen, sofern nicht der Ladeschein auf sie verweist oder sie in den Begebungsvertrag aufgenommen worden sind.[25] Da der Frachtführer die Ablieferung an den Inhaber des Ladescheins nur entsprechend dem für die Beförderung maßgeblichen Frachtrecht schuldete, kommen bei dem deshalb als „halbkausales Wertpapier" bezeichneten Ladeschein grundsätzlich auch die **„typusbedingten Einwendungen"** aus dem Frachtvertrag – etwa aus § 425 Abs. 2, § 426, § 427, § 429 oder § 441 – zum Tragen; davon abweichende Abreden im Ladeschein stehen dem nur dann entgegen, wenn sie nicht dem unabdingbaren Frachtrecht und insbesondere dem § 449 widersprechen.[26] **Im Ladeschein nicht verbriefte** weitergehende **Ansprüche bleiben unberührt,** weil sie nicht Gegenstand der Verbriefung sind; sie müssen allerdings auch nach den allgemeinen Grundsätzen bewiesen werden.[27]

3. Vermutungswirkung (Abs. 3 S. 2 und 3). Die in **§ 444 Abs. 3 S. 2 und 3** geregelte **formel- 6 le Legitimation,** die für den Nachweis der Aktivlegitimation gem. § 445 Abs. 1 S. 1, für die Weisungsberechtigung gem. § 446 Abs. 1 S. 1 und für den Schutz des Vertrauens Dritter auf die materielle Berechtigung des formell Legitimierten relevant ist, begründet gem. § 444 Abs. 3 S. 2 hinsichtlich der materiellen Berechtigung eine **Vermutung,** die gem. **§ 292 ZPO** nur durch den vollen Beweis des Gegenteils widerlegt werden kann. Sie **endet mit der Kraftloserklärung** des Ladescheins **im Aufgebotsverfahren,** das beim Inhaber- und Orderladeschein gem. §§ 799 f. BGB, § 365 Abs. 2 HGB und beim Namensladeschein analog § 808 Abs. 2 S. 2 BGB, § 365 Abs. 2 HGB durchzuführen ist.[28] Dritte können sich gem. **§ 445 Abs. 2 S. 2, § 446 Abs. 1 S. 3** auf diese formelle Legitimation verlassen, solange ihnen weder bekannt noch infolge grober Fahrlässigkeit unbekannt ist, dass der formell legitimierte Inhaber des Ladescheins Nichtberechtigter ist.[29]

Formell legitimiert ist beim **Inhaberladeschein** gem. **§ 444 Abs. 3 S. 3 Nr. 1** dessen Besitzer. **7** Dasselbe gilt beim **Orderladeschein** gem. **§ 444 Abs. 3 S. 3 Nr. 2** für den Besitzer, sofern er im Ladeschein als Empfänger eingetragen ist oder seine Legitimation auf eine auf den ersten Nehmer zurückführende ununterbrochene Reihe von Indossamenten stützen kann. Ebenfalls formell legitimiert ist der **erste Nehmer** des Ladescheins, auch wenn er selbst nicht als Empfänger genannt oder der

---

[20] Staub/*Otte* Rn. 26.
[21] *Koller* Rn. 8; abw. *Ramming* RdTW 2015, 8 (10 f.).
[22] Staub/*Otte* Rn. 27 f. iVm § 443 Rn. 61 und 75.
[23] Staub/*Otte* Rn. 29.
[24] Vgl. Begründung des Regierungsentwurfs des SRG, BT-Drs. 17/10309, 94 (zu § 519); → 3. Aufl. 2015, Rn. 8; MüKoHGB/*Herber/Harm* Rn. 19 iVm MüKoHGB/*Herber* § 519 Rn. 11 f. und 14.
[25] Vgl. Staub/*Otte* Rn. 31; *Koller* § 443 Rn. 18; → 3. Aufl. 2015, Rn. 8 (zu § 444 Abs. 3 S. 1 aF).
[26] Vgl. Staub/*Otte* Rn. 32; → 3. Aufl. 2015, Rn. 8 (zu § 444 Abs. 3 S. 1 aF), jeweils mwN.
[27] Vgl. Staub/*Otte* Rn. 30; → 3. Aufl. 2015, Rn. 8 (zu § 444 Abs. 3 S. 1 aF), jeweils mwN.
[28] Vgl. MüKoHGB/*Herber/Harm* § 445 Rn. 20; *Koller* § 443 Rn. 35; Staub/*Otte* § 445 Rn. 23; aA hinsichtlich des Namensladescheins → 3. Aufl.. 2015, § 445 Rn. 3.
[29] Vgl. § 445 Abs. 2 S. 2, § 446 Abs. 1 S. 3; *Koller* Rn. 10.

Empfänger im Ladeschein überhaupt nicht benannt ist.[30] Beim **Namensladeschein** ist nach **§ 444 Abs. 3 S. 3 Nr. 3** der namentlich eingetragene Empfänger formell legitimiert, sofern er sich im Besitz der Urkunde befindet.

V. Abdingbarkeit

8   Der Umstand, dass die in § 449 Abs. 1 S. 1 nicht genannte Bestimmung des § 444 keine die Haftung wegen Güterschäden und Lieferfristüberschreitung unmittelbar betreffende Regelung enthält, spricht zunächst einmal dafür, dass von ihr gegenüber Absendern, die keine Verbraucher sind (vgl. § 449 Abs. 3), unter Beachtung des § 307 abgewichen werden kann.[31] Einschränkungen der Abdingbarkeit des § 444 Abs. 3 ergeben sich aber aus § 449 Abs. 1 S. 2, wonach der Frachtführer sich nicht auf eine Bestimmung im Ladeschein, die zu Lasten des aus dem Ladeschein Berechtigten von § 445 Abs. 3 oder § 446 Abs. 2 abweicht, gegenüber einem im Ladeschein benannten Empfänger, an den der Ladeschein begeben wurde, sowie gegenüber einem Dritten berufen kann, dem der Ladeschein übertragen wurde. Danach ist die Bestimmung des **§ 444 Abs. 3 unabdingbar, soweit** sie **im Rahmen der § 445 Abs. 3, § 446 Abs. 2 relevant** ist.[32]

§ 445 Ablieferung gegen Rückgabe des Ladescheins

(1) [1]**Nach Ankunft des Gutes an der Ablieferungsstelle ist der legitimierte Besitzer des Ladescheins berechtigt, vom Frachtführer die Ablieferung des Gutes zu verlangen.** [2]**Macht er von diesem Recht Gebrauch, ist er entsprechend § 421 Absatz 2 und 3 zur Zahlung der Fracht und einer sonstigen Vergütung verpflichtet.**

(2) [1]**Der Frachtführer ist zur Ablieferung des Gutes nur gegen Rückgabe des Ladescheins, auf dem die Ablieferung bescheinigt ist, und gegen Leistung der noch ausstehenden, nach § 421 Absatz 2 und 3 geschuldeten Zahlungen verpflichtet.** [2]**Er darf das Gut jedoch nicht dem legitimierten Besitzer des Ladescheins abliefern, wenn ihm bekannt oder infolge grober Fahrlässigkeit unbekannt ist, dass der legitimierte Besitzer des Ladescheins nicht der aus dem Ladeschein Berechtigte ist.**

(3) [1]**Liefert der Frachtführer das Gut einem anderen als dem legitimierten Besitzer des Ladescheins oder, im Falle des Absatzes 2 Satz 2, einem anderen als dem aus dem Ladeschein Berechtigten ab, haftet er für den Schaden, der dem aus dem Ladeschein Berechtigten daraus entsteht.** [2]**Die Haftung ist auf den Betrag begrenzt, der bei Verlust des Gutes zu zahlen wäre.**

Schrifttum: *Koller*, Die Bedeutung des Frachtvertrages für den Orderladeschein, TranspR 2015, 133; *Ramming*, Die Berechtigung aus Konnossement, Ladeschein und Lagerschein: legitimierter Besitzer, (tatsächlich) Berechtigter und Empfänger, RdTW 2015, 8.

Parallelvorschriften: §§ 364 Abs. 3, 475e, 521 Abs. 1, 2 und 4; § 797 BGB.

I. Allgemeines

1   Die Vorschrift des **§ 445 Abs. 1** stellt nach dem Vorbild der für das Konnossement geltenden Regelung des § 521 Abs. 1 klar, dass der legitimierte Besitzer des Ladescheins die Ablieferung des Gutes nur verlangen kann, wenn dieses an der Ablieferungsstelle angekommen ist **(S. 1),** und er dann entsprechend § 421 Abs. 2 und 3 die noch ausstehende Fracht und bei einer Verzögerung der Beförderung auch eine noch ausstehende Vergütung zahlen muss **(S. 2).**[1] Nach dem Vorbild des § 521 Abs. 2 verpflichtet die Vorschrift des **§ 445 Abs. 2** den Frachtführer auch bei Vorlage des Ladescheins nur dann zur Ablieferung, wenn die noch ausstehenden Zahlungen geleistet werden **(S. 1),** und verbietet ihm auch bei Vorlage eines Ladescheins die Ablieferung an den legitimierten Besitzer, wenn ihm bekannt oder infolge grober Fahrlässigkeit unbekannt ist, dass dieser nicht aus dem Ladeschein materiell berechtigt ist **(S. 2).**[2] Die dem Vorbild des § 521 Abs. 4 folgende Bestimmung des **§ 445 Abs. 3** regelt die Haftung des Frachtführers im Falle der Ablieferung des Gutes ohne Rückgabe des Ladescheins.[3]

---

[30] Vgl. *Koller* Rn. 10; Staub/*Otte* 35a.
[31] Vgl. Staub/*Otte* Rn. 22; vgl. auch *Koller* Rn. 12.
[32] *Koller* Rn. 12; Staub/*Otte* Rn. 22.
[1] Vgl. Begründung des Regierungsentwurfs des SRG, BT-Drs. 17/10309, 58 und 95 f.
[2] Vgl. Begründung des Regierungsentwurfs des SRG, BT-Drs. 17/10309, 58 und 96.
[3] Vgl. Begründung des Regierungsentwurfs des SRG, BT-Drs. 17/10309, 58 und 96.

II. Anspruch des legitimierten Besitzers auf Ablieferung (Abs. 1)

Die Vorschrift des **§ 445 Abs. 1** regelt nicht den in § 444 angesprochenen materiellen Ablieferungs- 2
anspruch aus dem Ladeschein, sondern die formelle Empfangslegitimation und die damit verbundene
Befreiungswirkung **(Liberationswirkung).**[4] Für den iSv § 444 Abs. 3 S. 2 legitimierten Besitzer des
Ladescheins spricht entgegen dem, was der Wortlaut des § 445 Abs. 1 S. 1 nahelegt, nur eine ausweislich der Regelung des § 445 Abs. 2 S. 2 widerlegliche Vermutung iSd § 292 ZPO.[5] Der zur
Ablieferung des Gutes verpflichtete Aussteller des Ladescheins ist nicht nur gem. § 445 Abs. 2 S. 1
berechtigt, die Ablieferung von der Rückgabe des Ladescheins samt Quittung abhängig zu machen,
sondern mittelbar auch gezwungen, sich den Ladeschein vorlegen zu lassen, weil derjenige, der die
Ablieferung fordert, sich gem. § 444 Abs. 3 S. 2 nur durch dessen Besitz legitimieren kann. Der
dadurch bewirkte **Vorlage- und Rückgabezwang** soll einerseits der Umlauffunktion von Ladescheinen entsprechend verhindern, dass an Personen geleistet wird, die ihre Rechte an Dritte übertragen haben, und andererseits den Aussteller des Ladescheins davor schützen, dass dieser trotz der
Ablieferung im Umlauf bleibt und ihm gem. § 447 der Einwand der Erfüllung abgeschnitten wird; die
Rückgabe des Ladescheins Zug um Zug gegen Ablieferung kann daher auch gefordert werden, wenn
der Aussteller weiß und eindeutig bewiesen ist, dass derjenige, der das Gut für sich beansprucht, aus
dem Ladeschein materiell berechtigt ist.[6] Bei einer sich über einen längeren Zeitraum erstreckenden
oder sukzessiven Ablieferung hat der Empfänger den Ladeschein bei Beginn der Ablieferung lediglich
vorzuweisen und erst am Ende zurückzugeben und außerdem auf Verlangen bis dahin erbrachte
Teilleistungen auf dem Ladeschein zu bestätigen sowie entsprechende Teilquittungen auszustellen.[7]
Darüber hinausgehende Sicherungen des Frachtführers wie etwa die Hinterlegung des Ladescheins
oder die Leistung einer Sicherheit erscheinen demgegenüber entgegen einer allerdings durchaus verbreiteten Ansicht[8] allenfalls in besonders gelagerten Ausnahmefällen geboten. Diese Grundsätze gelten
auch im Fall der **Ablieferung beschädigten oder teilweise verlorengegangenen Gutes,** weil eine
solche Ablieferung **entsprechend Art. 39 Abs. 3 WG** einer Teilleistung gleichsteht[9] und der Vermerk eines Vorbehalts auf dem an den Frachtführer zurückgegebenen Ladeschein den Empfänger
zudem nicht hinreichend vor Rechtsnachteilen schützt.[10]

Wenn **bei Namens- oder Orderladescheinen** derjenige, der die Ablieferung verlangt, zwar 3
Besitzer des Ladescheins, in ihm aber nicht benannt und auch nicht durch Indossamente formell
legitimiert ist, läuft der Aussteller des Ladescheins, wenn er sich diesen zurückgeben lässt, nicht Gefahr,
nach Ablieferung des Gutes von Dritten, die den Ladeschein einwendungsfrei erwerben, aus dem
Ladeschein in Anspruch genommen zu werden.[11] Da sich zugleich aus § 445 Abs. 3 S. 1 ergibt, dass
der Aussteller des Ladescheins nur an denjenigen abliefern darf, der, wie zu vermuten, ihm bekannt
oder für ihn evident ist, gem. § 444 Abs. 3 S. 1 aus dem Ladeschein berechtigt ist, kann dem aus dem
Ladeschein materiell Berechtigten die Ablieferung des Gutes gegen Rückgabe des Ladescheins nicht
verweigert werden, wenn er ausreichende Beweise für seine Berechtigung vorlegt.[12] Kein Vorlagezwang, sondern lediglich eine Pflicht zur Quittierung des Gutes besteht auch dann, wenn der Aussteller
den Ladeschein bereits in Händen hält und die materielle Berechtigung desjenigen, der die Ablieferung
des Gutes verlangt, kennt oder sie auf der Hand liegt oder liquide bewiesen ist.[13]

Wenn der legitimierte Besitzer des Ladescheins nach der Ankunft des Gutes an der Ablieferungsstelle 4
die Ablieferung des Gutes vom Frachtführer verlangt, hat er an diesen gem. **§ 445 Abs. 1 S. 2 iVm
§ 421 Abs. 2 und 3** die noch ausstehende Fracht und eine sonstige Vergütung zu zahlen. Für die
Höhe der Fracht ist gem. § 443 Abs. 1 iVm § 408 Nr. 9, § 421 Abs. 2 S. 1 die
Eintragung im Ladeschein maßgeblich; beim Fehlen einer entsprechenden Angabe gilt die **übliche
Fracht.**[14] Als **sonstige Vergütung** ist grundsätzlich ein **Standgeld gem. § 421 Abs. 3, § 412
Abs. 3** für eine Verzögerung über die Lade- oder Entladezeit hinaus, deren Ursache dem Frachtführer
nicht zuzurechnen ist, und **eine Vergütung gem. § 421 Abs. 3, § 420 Abs. 4** für eine nach Beginn
der Beförderung und vor Ankunft an der Ablieferungsstelle eingetretene Verzögerung zu zahlen, die
auf dem Risikobereich des Absenders zuzurechnenden Gründen beruht. Ein Anspruch auf ein
Standgeld wegen Überschreitung der Ladezeit sowie auf eine Vergütung nach § 420 Abs. 4 besteht
allerdings nur dann, wenn dem legitimierten Besitzer des Ladescheins der geschuldete Betrag bei

---

[4] MüKoHGB/*Herber/Harm* Rn. 3.
[5] *Koller* Rn. 2.
[6] *Koller* Rn. 3.
[7] Vgl. *Koller* Rn. 3; MüKoHGB/*Herber/Harm* Rn. 9; Heymann/*Schlüter* Rn. 4; Staub/*Otte* Rn. 20; BeckOK
HGB/*Kirchhof* Rn. 18.
[8] Vgl. Heymann/*Schlüter* Rn. 4; *Fremuth* in Fremuth/Thume TranspR Rn. 2, jeweils mwN.
[9] *Koller* Rn. 3; MüKoHGB/*Herber/Harm* Rn. 9; Staub/*Otte* Rn. 20 mwN.
[10] AA Heymann/*Schlüter* Rn. 4.
[11] *Koller* Rn. 4.
[12] *Koller* Rn. 4; Staub/*Otte* Rn. 4.
[13] *Koller* Rn. 4; Staub/*Otte* Rn. 4.
[14] Vgl. § 421 Abs. 2 S. 2; *Koller* Rn. 5.

Ablieferung des Gutes mitgeteilt worden ist (§ 421 Abs. 3 aE). Darüber hinaus bestehen für den Inhaber des Ladescheins keine weiteren Pflichten.[15]

III. Pflicht des Frachtführers zur Ablieferung des Gutes (Abs. 2)

5   Die Bestimmung des § 445 Abs. 2 S. 1, nach der der Frachtführer – spiegelbildlich zu der Regelung in § 445 Abs. 1 – zur Ablieferung des Gutes nur Zug um Zug gegen Rückgabe des Ladescheins, auf dem die Ablieferung des Gutes bescheinigt ist, und Zahlung der gem. § 421 Abs. 2 und 3 noch geschuldeten Fracht und – bei einer Verzögerung der Beförderung – sonstigen Vergütung verpflichtet ist, stellt klar, dass der Frachtführer auch aus dem Ladescheinverhältnis berechtigt ist, die Ablieferung des Gutes so lange zu verweigern, bis er die ihm zustehenden Leistungen erhält.[16] Die Vorschrift des § 445 Abs. 2 ist Ausdruck eines für Orderpapiere in § 364 Abs. 3 HGB und für Inhaberpapiere in § 797 BGB niedergelegten allgemeinen wertpapierrechtlichen Grundsatzes und erstreckt diesen auf die Namensladescheine. Der Frachtführer hat auch dort, wo ein gutgläubiger Erwerb des Anspruchs nicht möglich ist, ein Interesse daran, das gegen ihn zeugende Beweisstück in seine Hand zu bekommen, und kann die Auslieferung des Gutes daher entsprechend § 371 BGB, § 364 Abs. 3 HGB von der Quittierung der Ablieferung abhängig machen.[17] Ein Anspruch auf einen Quittungsvermerk besteht aber ebenso beim Inhaberladeschein; dafür spricht neben dem – insoweit keine Unterscheidung vornehmenden – Wortlaut des § 445 auch die Erwägung, dass ein solcher Vermerk dem Frachtführer nicht nur als Schutz vor erneuter Inanspruchnahme, sondern auch als Nachweis der Vertragsmäßigkeit seiner Leistung gegenüber dem Empfänger dient.[18] Die Vorschrift des **§ 445 Abs. 2 begründet keine Pflicht des Frachtführers zur Leistungsverweigerung,** sondern lediglich ein entsprechendes Recht sowie – im Hinblick auf die Haftungsregelung in § 445 Abs. 3 und § 446 Abs. 2 – auch eine Obliegenheit; denn der Erwerber eines Namensladescheins kann wegen § 407 BGB nicht darauf vertrauen, dass nur an ihn befreiend geleistet werden kann.[19] Bei einem verlorengegangenen Namensladeschein ist daher auch keine förmliche Kraftloserklärung erforderlich, sondern reicht die Erstellung entsprechender Privaturkunden zur Absicherung des Frachtführers aus.[20] Wenn der Inhaber des Ladescheins die Inempfangnahme des Gutes verweigert, kann der Frachtführer dieses an den Absender zurückgeben.[21]

6   Der Frachtführer darf das Gut nach **§ 445 Abs. 2 S. 2** allerdings dann nicht dem formell legitimierten Besitzer des Ladescheins abliefern, wenn ihm bekannt oder infolge grober Fahrlässigkeit unbekannt ist, dass dieser Besitzer nicht der aus dem Ladeschein Berechtigte ist. Aus dieser Regelung ist zu schließen, dass der Frachtführer generell weder verpflichtet noch gehalten ist, die materielle Berechtigung des formell legitimierten Besitzers des Ladescheins zu prüfen, und diesem das Gut grundsätzlich auch dann mit schuldbefreiender Wirkung abliefern kann, wenn dieser Besitzer nicht materiell Berechtigter ist.[22] Der gem. der Vermutung in § 444 Abs. 3 S. 2 an die formelle Legitimation anknüpfende gute Glaube an die Berechtigung aus dem Ladeschein wird jedoch dadurch zerstört, dass dem Frachtführer bekannt oder infolge grober Fahrlässigkeit unbekannt ist, dass der Besitzer des Ladescheins nicht der aus diesem Berechtigte ist. Im Interesse der Wahrung der Rechtsstellung des materiell Berechtigten wie auch zur Gewährleistung eines einheitlichen Sorgfaltsmaßstabes müssen bereits sich im Einzelfall aufdrängende ernstliche Zweifel an der materiellen Berechtigung des Papierbesitzers für die Ausräumung der Vermutung ausreichen.[23]

IV. Haftung des Ausstellers bei Falschablieferung (Abs. 3)

7   Die Ablieferung an den gem. § 444 Abs. 3 S. 1 materiell Berechtigten wirkt, sofern kein Fall des § 409 BGB vorliegt, gem. **§ 445 Abs. 3 S. 1 Fall 1** immer und daher auch dann schuldbefreiend, wenn der Aussteller des Ladescheins bei der Ablieferung des Gutes den Berechtigten irrtümlich für nur formell legitimiert gehalten hat.[24] Dasselbe gilt gem. **§ 445 Abs. 3 S. 1 Fall 2** für die Ablieferung an den nur formell, nicht aber materiell Berechtigten, sofern der Aussteller nicht bösgläubig iSv § 445 Abs. 2 S. 2 ist (→ Rn. 6). Im Falle seiner Bösgläubigkeit haftet der Aussteller dem aus dem Ladeschein materiell Berechtigten, wobei für ihn auch insoweit die Vermutung des § 444 Abs. 3 S. 2 gilt, sodass er zunächst nur seine formelle Berechtigung und seine materielle Berechtigung erst dann darzutun und

---

[15] Staub/*Otte* Rn. 10.
[16] Staub/*Otte* Rn. 11.
[17] *Koller* Rn. 3.
[18] MüKoHGB/*Herber/Harm* Rn. 8; aA *Koller* Rn. 2.
[19] Vgl. dazu eingehend Staub/*Otte* Rn. 12–16 mwN.
[20] *Fremuth* in Fremuth/Thume TranspR Rn. 4; HK-HGB/*Ruß* Rn. 1; MüKoHGB/*Herber/Harm* Rn. 20 iVm MüKoHGB/*Herber* § 513 Rn. 15; aA *Koller* Rn. 3 iVm § 443 Rn. 35.
[21] Vgl. – zu § 656 aF – OLG Hamburg Urt. v. 12.9.2002 – 6 U 42/01, TranspR 2003, 400 (401) = VersR 2004, 494; MüKoHGB/*Herber/Harm* Rn. 10; aA *Koller* Rn. 3 Fn. 18.
[22] Staub/*Otte* Rn. 27a; *Koller* Rn. 6.
[23] Vgl. Staub/*Otte* Rn. 27a.
[24] *Koller* Rn. 7; MüKoHGB/*Herber/Harm* Rn. 13.

zu beweisen hat, wenn der Frachtführer diese Vermutung gem. § 292 ZPO widerlegt hat.[25] Der materiell Berechtigte kann gem. § 445 Abs. 3 S. 1 alle ihm infolge der Falschablieferung entstandenen Schäden und daher bei einem dadurch eingetretenen Verlust des Frachtguts auch mögliche Folgeschäden gem. §§ 249 ff. BGB ersetzt verlangen.[26] Die in **§ 445 Abs. 3 S. 2** bestimmte Begrenzung dieser Haftung auf den Betrag, der bei Verlust des Gutes zu zahlen wäre, verweist auf die §§ 425 ff., sodass der in **§ 435** bestimmte Wegfall der Haftungsbefreiungen und -begrenzungen auch für vorsätzlich oder leichtfertig und in dem Bewusstsein, dass ein Schaden mit Wahrscheinlichkeit eintreten werde, begangene Ablieferungen an einen Nichtlegitimierten oder Nichtberechtigten gilt, was bei einer nicht befreienden Leistung an einen durch den Ladeschein Legitimierten angesichts der Regelung des § 445 Abs. 2 S. 2 normalerweise der Fall sein wird.[27]

§ 446 Befolgung von Weisungen

(1) **[1]Das Verfügungsrecht nach den §§ 418 und 419 steht, wenn ein Ladeschein ausgestellt worden ist, ausschließlich dem legitimierten Besitzer des Ladescheins zu. [2]Der Frachtführer darf Weisungen nur gegen Vorlage des Ladescheins ausführen. [3]Weisungen des legitimierten Besitzers des Ladescheins darf er jedoch nicht ausführen, wenn ihm bekannt oder infolge grober Fahrlässigkeit unbekannt ist, dass der legitimierte Besitzer des Ladescheins nicht der aus dem Ladeschein Berechtigte ist.**

(2) **[1]Befolgt der Frachtführer Weisungen, ohne sich den Ladeschein vorlegen zu lassen, haftet er dem aus dem Ladeschein Berechtigten für den Schaden, der diesem daraus entsteht. [2]Die Haftung ist auf den Betrag begrenzt, der bei Verlust des Gutes zu zahlen wäre.**

Schrifttum: *Koller,* Die Übertragung des Namensladescheins, FS Richardi, 2007, 1121; *Ramming,* Fixkostenspedition – CMR – FBL, TranspR 2006, 95; *Ramming,* Die Berechtigung aus Konnossement, Ladeschein und Lagerschein: legitimierter Besitzer, (tatsächlich) Berechtigter und Empfänger, RdTW 2015, 8.

Parallelvorschriften: §§ 475e, 520.

I. Allgemeines

Die Vorschrift regelt in ihrem **Abs. 1 S. 1** nach dem Vorbild des neuen § 520 Abs. 1 S. 1 die Frage, **1** wer bei Ausstellung eines Ladescheins verfügungsberechtigt ist. Sie weicht von der ansonsten vergleichbaren Bestimmung des § 446 Abs. 2 S. 1 aF insoweit ab, als sie auch auf § 419 verweist und damit klarstellt, dass bei Ausstellung eines Ladescheins das Verfügungsrecht auch bei einem Beförderungs- oder Ablieferungshindernis nicht auf den Absender zurückfällt.[1] Nach dem Vorbild des § 520 Abs. 1 S. 2 bestimmt **§ 446 Abs. 1 S. 2,** dass der Frachtführer Weisungen nur gegen Vorlage des Ladescheins ausführen darf.[2] Entsprechend § 520 Abs. 1 S. 3 darf der Frachtführer nach **§ 446 Abs. 1 S. 3** auch Weisungen eines legitimierten Besitzers nicht ausführen, wenn dieser nicht der materiell aus dem Ladeschein Berechtigte ist und hiervon Kenntnis oder aufgrund grober Fahrlässigkeit keine Kenntnis hat.[3] Nach **§ 446 Abs. 2** haftet der Frachtführer, wenn er Weisungen befolgt, ohne sich den Ladeschein vorlegen zu lassen, für den dem aus dem Ladeschein materiell Berechtigten daraus entstehenden Schaden **(Satz 1),** allerdings nur bis zu dem Betrag, der bei Verlust des Gutes zu zahlen wäre **(Satz 2).** Anders als nach § 447 aF gilt diese Haftung nicht nur bei Weisungen wegen Rückgabe oder Ablieferung des Gutes an einen anderen als den durch den Ladeschein Legitimierten.[4]

II. Verfügungsrecht (Abs. 1)

Das in § 418 und – beim Erkennbarwerden von Beförderungs- oder Ablieferungshindernissen – in **2** § 419b bestimmte Recht des Absenders, nachträgliche Weisungen zu erteilen **(Verfügungsrecht),** steht, wenn ein Ladeschein ausgestellt worden ist, dh mit dem Begebungsvertrag gem. **§ 446 Abs. 1 S. 1** allein dem gem. § 444 Abs. 3 S. 2 und 3 legitimierten Besitzer des Ladescheins zu.[5] Diese Regelung stellt sicher, dass nach Ausstellung des Ladescheins allein noch dessen legitimierter Besitzer durch Weisungen in den Gang der Beförderung eingreifen kann,[6] weshalb dieser auch alle Weisungen iSv §§ 418, 419 erteilen kann.[7] Die Weisung ist entgegen dem Wortlaut des **§ 446 Abs. 1 S. 2** nicht

---

[25] *Koller* Rn. 8a; MüKoHGB/*Herber/Harm* Rn. 13.
[26] *Koller* Rn. 8a.
[27] MüKoHGB/*Herber/Harm* Rn. 15; *Koller* Rn. 8a mwN.
[1] Begründung des Regierungsentwurfs des SRG, BT-Drs. 17/10309, 58.
[2] Vgl. Begründung des Regierungsentwurfs des SRG, BT-Drs. 17/10309, 58.
[3] Vgl. Begründung des Regierungsentwurfs des SRG, BT-Drs. 17/10309, 58 f.
[4] Vgl. Begründung des Regierungsentwurfs des SRG, BT-Drs. 17/10309, 59.
[5] *Koller* Rn. 3.
[6] MüKoHGB/*Herber/Harm* Rn. 1.
[7] MüKoHGB/*Herber/Harm* Rn. 4; Staub/*Otte* Rn. 1 und 8; abw. *Koller* Rn. 2.

an den Frachtführer, sondern unter Vorlage des Ladescheins an dessen Aussteller zu richten.[8] Die Vorlage des Ladescheins muss dem Aussteller die Möglichkeit eröffnen, die Echtheit des Ladescheins zu prüfen und die erteilten Weisungen in ihn einzutragen, damit sich der Aussteller später gegenüber Dritten, die den Ladeschein nach der Erteilung der Weisung gutgläubig erworben haben, auf diese berufen kann.[9] Inhaltlich sind gem. §§ 418, 419 Weisungen über das Gut und damit auch auf dieses begrenzt.[10] Außerdem darf der Aussteller des Ladescheins Weisungen seines legitimierten Besitzers nach § 446 Abs. 1 S. 3 nicht ausführen, wenn ihm bekannt oder infolge grober Unkenntnis unbekannt ist, dass der legitimierte Besitzer des Ladescheins nicht der aus diesem materiell Berechtigte ist.

III. Haftung des Ausstellers des Ladescheins im Falle von Weisungen (Abs. 2)

3   **1. Missachtung einer wirksamen Weisung; Nichteinholung einer Weisung.** Wenn der Aussteller des Ladescheins eine ihm gem. § 446 Abs. 1, § 418 wirksam erteilte Weisung missachtet, haftet er dem aus dem Ladeschein materiell Berechtigten gem. § 444 Abs. 3 S. 1 wie ein Frachtführer gegenüber dem Absender und ggf. dem Empfänger.[11] Dasselbe gilt, wenn der Aussteller des Ladescheins seine Pflichten gegenüber dem aus dem Ladeschein materiell Berechtigten gem. § 446 Abs. 1, § 419 verletzt.[12]

4   **2. Haftung für die Befolgung einer Weisung bei Vorlage des Ladescheins.** Wenn sich der Aussteller den Ladeschein hat vorlegen lassen, der den Weisungserteilenden legitimierte, haftet er dem aus dem Ladeschein materiell Berechtigten nur dann – **analog § 446 Abs. 2** – auf Schadensersatz, wenn ihm bekannt oder infolge grober Fahrlässigkeit unbekannt war, dass der legitimierte Besitzer des Ladescheins nicht der aus diesem materiell Berechtigte war.[13]

5   **3. Haftung für die Befolgung einer Weisung ohne Vorlage des Ladescheins.** Wenn kein Ladeschein vorgelegt wurde, der den Weisungserteilenden legitimierte, haftet der Aussteller des Ladescheins dem aus diesem Berechtigten selbst dann gem. dem Wortlaut des **§ 446 Abs. 2 S. 1,** wenn derjenige, der nichtberechtigt die Weisung erteilt hat, formell legitimiert war; das Vertrauen des Ausstellers des Ladescheins in die materielle Berechtigung des die Weisung Erteilenden verdient nur dann Schutz, wenn der Aussteller in den Ladeschein Einblick nehmen konnte.[14] Wenn das Gut aufgrund der Weisung eines Nichtberechtigten an den Berechtigten ausgeliefert wird, erleidet dieser keinen Schaden, sodass es auf die formelle Legitimation nicht ankommt; außerdem darf sich der materiell Berechtigte nach Treu und Glauben (§ 242 BGB) nicht auf die Unwirksamkeit der Weisung berufen.[15] Damit ist es unerheblich, ob dem aus dem Ladeschein Berechtigten aus der Befolgung dieser Weisung ein Schaden entstanden ist.[16]

6   Die Haftung des Ausstellers des Ladescheins für die Befolgung einer ohne Vorlage des Ladescheins ausgesprochenen Weisung ist nach **§ 446 Abs. 2 S. 2** auf den Betrag begrenzt, der bei Verlust des Gutes zu zahlen wäre. Diese Begrenzung der Ersatzpflicht wird aber in den meisten Fällen keine praktische Bedeutung haben, weil der Aussteller eines Ladescheins, der eine Weisung befolgt, ohne sich den Ladeschein vorlegen zu lassen, regelmäßig qualifiziert schuldhaft iSd § 435 handelt.[17]

§ 447 Einwendungen

(1) ¹**Dem aus dem Ladeschein Berechtigten kann der Frachtführer nur solche Einwendungen entgegensetzen, die die Gültigkeit der Erklärungen im Ladeschein betreffen oder sich aus dem Inhalt des Ladescheins ergeben oder dem Frachtführer unmittelbar gegenüber dem aus dem Ladeschein Berechtigten zustehen.** ²**Eine Vereinbarung, auf die im Ladeschein lediglich verwiesen wird, ist nicht Inhalt des Ladescheins.**

(2) **Wird ein ausführender Frachtführer nach § 437 von dem aus dem Ladeschein Berechtigten in Anspruch genommen, kann auch der ausführende Frachtführer die Einwendungen nach Absatz 1 geltend machen.**

Schrifttum: *Koller,* Die Bedeutung des Frachtvertrages für den Orderladeschein, TranspR 2015, 133; *Ramming,* Fixkostenspedition – CMR – FBL, TranspR 2006, 95; *Ramming,* Die Reichweite der Verbriefungswirkung des Ladescheins bzw. Konnossements, RdTW 2019, 81.

---

[8] *Koller* Rn. 3 und 4.
[9] *Koller* Rn. 3.
[10] Vgl. dazu Staub/*Otte* Rn. 8 mwN.
[11] Vgl. *Koller* Rn. 7 iVm § 418 Rn. 30–32; Staub/*Otte* Rn. 22.
[12] Vgl. dazu *Koller* § 419 Rn. 33–37a.
[13] *Koller* Rn. 11; Staub/*Otte* Rn. 21; Baumbach/Hopt/*Merkt* Rn. 2.
[14] *Koller* Rn. 9.
[15] *Koller* Rn. 9 f.; Staub/*Otte* Rn. 16.
[16] *Koller* Rn. 10.
[17] Staub/*Otte* Rn. 24 mwN; Baumbach/Hopt/*Merkt* Rn. 2.

Parallelvorschriften: §§ 475f, 522.

I. Allgemeines

Die Bestimmung des **§ 447 Abs. 1 S. 1** lehnt sich nach dem Vorbild des durch das SRG ebenfalls 1
neu geschaffenen § 522 Abs. 1 S. 1 eng an die allgemeine wertpapierrechtliche Vorschrift des § 364
Abs. 2 an, wobei sie erstmals und dabei für alle Arten von Ladescheinen gleichermaßen ausdrücklich
regelt, welche Einwendungen der Aussteller des Ladescheins dem aus diesem Berechtigten entgegenhalten kann. In Ergänzung dazu stellt **§ 447 Abs. 1 S. 2** in Übereinstimmung mit dem gleichfalls
neuen § 522 Abs. 1 S. 2 nunmehr klar,[1] dass eine Vereinbarung, auf die im Ladeschein lediglich (im
Wege einer Inkorporationsklausel pauschal) verwiesen wird, (damit) nicht Inhalt des Ladescheins ist.
Die ebenfalls neue Vorschrift des **§ 447 Abs. 2** bestimmt ebenso wie der neue § 522 Abs. 3 S. 1, dass
auch ein vom aus dem Ladeschein Berechtigten nach § 437 in Anspruch genommener ausführender
Frachtführer die Einwendungen nach § 447 Abs. 1 dem aus dem Ladeschein Berechtigten gegenüber
geltend machen kann. Eine **Abbedingung** der Vorschrift kann, da diese in § 449 Abs. 1 S. 1 nicht
aufgeführt ist, auch durch AGB erfolgen, hat aber zur Folge, dass der Ladeschein damit seinen
Charakter als Wertpapier verliert.[2]

II. Einwendungen aus dem Ladeschein (Abs. 1 S. 1)

1. Systematik. Die Vorschrift des § 447 Abs. 1 S. 1 handelt von den Einwendungen und – in 2
weiter Auslegung der Vorschrift – **auch** von den **Einreden**[3] des Ausstellers des Ladescheins gegen den
aus diesem Berechtigten. Dabei ist zwischen Einwendungen und Einreden des Ausstellers aus dem
Verhältnis zum Partner des Begebungsvertrags, Einwendungen und Einreden des Ausstellers gegenüber
Dritten, zu deren Gunsten der Begebungsvertrag geschlossen wurde, und Einwendungen und Einreden
des Ausstellers gegenüber Zweit- und Folgeerwerbern des Ladescheins zu unterscheiden.

2. Einwendungen und Einreden gegenüber dem Partner des Begebungsvertrags. Der Aus- 3
steller des Ladescheins kann gegenüber der anderen Partei des Begebungsvertrags grundsätzlich alle im
Rahmen der Vertragsfreiheit liegenden Einwendungen und Einreden vorbringen, die das Zustandekommen, die Wirksamkeit, den Inhalt oder das Erlöschen des Begebungsvertrags oder das diesem
zugrunde liegende Kausalgeschäft betreffen.[4] Insoweit besteht kein Anlass, einem besonderen Vertrauen
Dritter oder der Umlauffunktion des Ladescheins durch einen Ausschluss von Einwendungen Rechnung zu tragen, und ist deshalb auch **§ 447 Abs. 1 S. 2 eng auszulegen.**[5] Wenn sich der Aussteller
darauf beruft, nicht das im Ladeschein in bestimmter Qualität oder Menge aufgeführte Gut übernommen oder die verbrieften Ansprüche erfüllt zu haben, gilt allerdings die Regelung des **§ 444
Abs. 1 und 2 als lex specialis.**[6]

3. Einwendungen und Einreden gegenüber Dritten, zu deren Gunsten der Begebungsver- 4
trag geschlossen wurde. Bei einem zugunsten eines Dritten als Empfänger geschlossenen Begebungsvertrag schlagen die Einwendungen und Einreden, die dem Aussteller des Ladescheins aus diesem
zustehen, an sich gem. § 334 BGB auf den Dritten durch. Nach der Begründung des Regierungsentwurfs
des SRG kommt es in einem solchen Fall aber darauf an, wer wertpapiermäßig zum aus dem Ladeschein
Berechtigten gemacht worden ist.[7] Wenn ein Dritter bei einem Begebungsvertrag der Empfänger ist,
erfassen ihn daher Einwendungen und Einreden des Ausstellers nicht unmittelbar iSv **§ 447 Abs. 1 S. 1
Fall 3.** Danach kann sich der Aussteller **vorbehaltlich der Regelung in § 444 Abs. 1 und 2**
(→ Rn. 3) nur auf Einwendungen und Einreden wie gegenüber Zweit- und Folgeerwerbern des Lade-
scheins (→ Rn. 5–7) berufen. Die Begründung des Regierungsentwurfs des SRG macht dabei keinen
Unterschied zwischen Orderladescheinen, Inhaberladescheinen und Rektaladescheinen.[8]

4. Einwendungen und Einreden gegenüber Zweit- und Folgeerwerbern. Der Verlust von 5
Einwendungen und Einreden gegenüber Zweit- und Folgeerwerbern setzt voraus, dass der Ladeschein im Rahmen eines **Verkehrsgeschäfts** erworben worden ist, bei dem der Veräußerer und der
Erwerber unterschiedliche Interessen verfolgen, und dass der **Ladeschein** entsprechend den allgemeinen wertpapierrechtlichen Grundsätzen **in spezifisch wertpapierrechtlicher Form übertragen**

---

[1] Zur früheren Rechtslage vgl. Staub/*Otte* Rn. 24–26 mwN.

[2] Vgl. – zum Orderladeschein und zum Inhaberladeschein – mit Recht weitergehend auch für
den nach dem Willen des Reformgesetzgebers durch § 447 hinsichtlich des Einwendungsausschlusses jedenfalls im
Verhältnis zum ersten Nehmer den anderen Ladescheinen gleichgestellten Rektaladeschein – Staub/*Otte* Rn. 2.

[3] *Koller* Rn. 3; Staub/*Otte* Rn. 3.

[4] *Koller* Rn. 4 mwN.

[5] Vgl. Staub/*Otte* Rn. 28; *Koller* Rn. 4 mwN.

[6] *Koller* Rn. 4; abw. Staub/*Otte* Rn. 23, wonach § 444 Abs. 1 und 2 keine Einwendung, sondern eine Konkretisierung des im Ladeschein verbrieften Anspruchs regelt.

[7] BT-Drs. 17/10309, 59 iVm 96.

[8] Vgl. *Koller* Rn. 5, 11 und 12.

worden ist.[9] Beim **Rektaladeschein** kommt, da dieser nicht in wertpapierrechtlicher Form übertragen werden kann, ein Ausschluss der Einwendungen und Einreden nicht in Betracht.[10] Kein Verkehrsgeschäft liegt vor, wenn der Veräußerer mit dem Erwerber wirtschaftlich identisch ist[11] oder wenn der Erwerber im Interesse des Veräußerers tätig geworden ist,[12] wobei das Fehlen eines Verkehrsgeschäfts auf etwaige Folgegeschäfte durchschlägt.[13] An einer Übertragung in spezifisch wertpapierrechtlicher Form fehlt es, wenn diese im Wege der Abtretung (§ 398 BGB) oder der Universalsukzession erfolgt ist.[14]

6   Auch bei einem im Rahmen eines Verkehrsgeschäfts in spezifisch wertpapierrechtlicher Form übertragenen Ladeschein kann sich der Aussteller auf **absolute Einwendungen** berufen. Er kann daher einwenden, dass die Willenserklärung nicht abgegeben worden oder gem. §§ 104–108 BGB nichtig sei oder ein Vertreter ohne Vertretungsmacht gehandelt habe (§§ 177 ff. BGB) oder der Ladeschein unecht oder verfälscht worden sei, wobei eine Haftung aus zurechenbar gesetztem Rechtsschein unberührt bleibt.[15] Weiterhin kann der Aussteller sich auf **urkundliche Einwendungen und Einreden** berufen, soweit diese wirksam sind und bei objektiver Betrachtung dem Ladeschein entnommen werden können; Angaben in Urkunden, auf die im Ladeschein lediglich verwiesen wird, bleiben dabei gem. § 447 Abs. 1 S. 2 unberücksichtigt.[16] Der Aussteller kann sich ferner auf „**typusbedingte Einwendungen**" aus dem Frachtvertrag (→ § 444 Rn. 5) berufen, sofern diese nicht bei der Begebung des Ladescheins zulässigerweise abbedungen worden sind und auch nicht gem. § 444 Abs. 2 ausgeschlossen sind.[17]

7   Eine **sonstige Einwendung** wie etwa die des Irrtums oder der Täuschung (§§ 119, 123, 142 BGB) kann der Aussteller aus den allgemeinen Regeln des Wertpapierrechts nur erheben, wenn entweder diese Einwendung ihre Grundlage in der unmittelbaren Beziehung zwischen dem Aussteller und dem aus dem Lagerschein Berechtigten hat oder aber der Erwerber beim Abschluss des Begebungsvertrags **bösgläubig** in dem Sinne war, dass er diese Einwendung entweder kannte oder sie für ihn immerhin evident war.[18] Eine Bösgläubigkeit eines Folgeerwerbers ist dabei allerdings dann unerheblich, wenn ein vorhergehender Erwerber den Ladeschein im Rahmen eines Verkehrsgeschäfts in spezifisch wertpapierrechtlicher Form gutgläubig erworben hat.[19] Auf die Ablieferung des Gutes an den formell Berechtigten kann sich der Aussteller gegenüber demjenigen, an den abgeliefert worden ist, immer, gegenüber späteren Erwerbern des Ladescheins dagegen nur dann berufen, wenn diese wussten oder es für sie auf der Hand lag, dass das Gut bereits abgeliefert worden war.[20] **Einreden** aus dem Kausalgeschäft mit demjenigen, mit dem er den Begebungsvertrag geschlossen hat, kann der Aussteller des Ladescheins analog **Art. 17 WG** gegen den Inhaber des Ladescheins nur dann erheben, wenn dieser den Ladeschein bewusst zum Nachteil des Ausstellers erworben hat.[21] Die Möglichkeit, sich auf eine mit dem Zweiterwerber getroffene Stundungsvereinbarung zu berufen, geht dem Aussteller des Ladescheins im Falle seiner Weiterübertragung auf einen Dritterwerber nur dann nicht verloren, wenn dieser bei dem Erwerb bewusst zum Nachteil des Ausstellers gehandelt hat.[22]

III. Einwendungen des ausführenden Frachtführers (Abs. 2)

8   Der ausführende Frachtführer kann dem aus dem Ladeschein Berechtigten neben den Einwendungen gem. § 444 Abs. 2 S. 3 (→ § 444 Rn. 3), die von § 447 Abs. 1 unberührt bleiben,[23] gem. § 447 Abs. 2 auch diejenigen Einwendungen und Einreden entgegenhalten, die der Aussteller des Ladescheins dem aus diesem Berechtigten entgegenhalten könnte (→ Rn. 2–7).

§ 448 Traditionswirkung des Ladescheins

[1]**Die Begebung des Ladescheins an den darin benannten Empfänger hat, sofern der Frachtführer das Gut im Besitz hat, für den Erwerb von Rechten an dem Gut dieselben**

---

[9] Vgl. *Koller* Rn. 6 (zum Orderladeschein) und Rn. 11 (zum Inhaberladeschein); Staub/*Otte* Rn. 13.
[10] Vgl. *Koller* Rn. 12; Staub/*Otte* Rn. 8, jeweils mwN.
[11] Vgl. BGH Urt. v. 21.4.1998 – XI ZR 239/97, NJW-RR 1998, 1124 f. (zu Art. 17 WG); *Koller* Rn. 6 mwN.
[12] *Koller* Rn. 6.
[13] *Koller* Rn. 6 mwN.
[14] *Koller* Rn. 6 mwN.
[15] Vgl. *Koller* Rn. 7; Staub/*Otte* Rn. 19, jeweils mwN.
[16] *Koller* Rn. 8 mwN.
[17] *Koller* Rn. 9; Staub/*Otte* Rn. 12, jeweils mwN.
[18] *Koller* Rn. 9 mwN.
[19] *Koller* Rn. 9 mwN.
[20] *Koller* Rn. 9 mwN.
[21] *Koller* Rn. 9 mwN.
[22] *Koller* Rn. 9 mwN.
[23] Vgl. *Koller* Rn. 10; Staub/*Otte* Rn. 29.

Wirkungen wie die Übergabe des Gutes. [2] Gleiches gilt für die Übertragung des Ladescheins an Dritte.

Schrifttum: *Konow,* Frachtbrief – Ladeschein – Frachtbriefdoppel, DB 1972, 1613; *Müller-Christmann/Schnauder,* Grundfälle zum Wertpapierrecht. Die handelsrechtlichen Orderpapiere, JuS 1992, 480; *Ramming,* Die Reichweite der Verbriefungswirkung des Ladescheins bzw. Konnossements, RdTW 2019, 81.

Parallelvorschriften: §§ 475g, 524.

I. Allgemeines

Die Vorschrift, die mit dem SRG an den neuen § 524 angepasst wurde[1] und der im Lagerrecht der   **1**
§ 475g entspricht, regelt für alle Arten des Ladescheins die sachenrechtliche Wirkung seiner Übergabe. Sie bewirkt, dass die Übergabe des Ladescheins an denjenigen, der gem. § 445 Abs. 1 zum Empfang des Gutes formell legitimiert ist, nach der Übernahme des Gutes durch den Frachtführer der Übergabe des Gutes oder – im Falle der Verpfändung einer im mittelbaren Besitz des Eigentümers stehenden Sache – der Anzeige der Verpfändung gem. § 1205 Abs. 2 BGB gleichsteht. Sie erleichtert damit die Übereignung und Verpfändung von auf dem Transport befindlichem Gut. Die weiteren Voraussetzungen für den Erwerb des dinglichen Rechts wie insbesondere die Notwendigkeit einer dinglichen Einigung und die Berechtigung des Verfügenden oder, falls sie fehlt, die Voraussetzungen eines gutgläubigen Erwerbs bleiben von § 448 unberührt.[2] Auf die Möglichkeit, das Eigentum gem. § 929 BGB durch Einigung und Übergabe oder dadurch zu erwerben, dass der Frachtführer seinen Besitzwillen auf den Erwerber umstellt, hat die Ausstellung des Ladescheins keinen Einfluss.[3] Der hinsichtlich der Echtheit eines gefälschten Ladescheins bestehende gute Glaube wird durch § 448 nicht geschützt.[4] Die Vorschrift ist in § 449 Abs. 1 S. 1 nicht genannt und daher – zumal als sachenrechtliche Norm – **nicht abdingbar.**[5]

II. Traditionswirkung bei Begebung des Ladescheins an den Empfänger (Satz 1)

Nach der Begründung des Regierungsentwurfs des SRG soll § 448 S. 1 die Traditionswirkung des   **2**
Ladescheins in den Fällen regeln, in denen ein **Inhaberladeschein** vom Aussteller unmittelbar an den Empfänger übereignet wird oder ein **Orderladeschein** an dessen Order gestellt und übereignet wird oder der Empfänger bei einem ihm übergebenen **Rektaladeschein** als dessen erster Nehmer den Herausgabeanspruch erwirbt, ohne dass es darauf ankommt, ob der hierzu erforderliche erste Begebungsvertrag mit dem Empfänger oder zu dessen Gunsten geschlossen worden ist.[6] Die Bestimmung, die insoweit der sog. **modifizierten relativen Theorie**[7] folgt,[8] setzt nach ihrem Wortlaut für die Traditionswirkung voraus, dass der Aussteller des Ladescheins bei dessen Begebung, dh zu dem Zeitpunkt, zu dem er mit dem Empfänger oder zu dessen Gunsten als dem Erwerber des Ablieferungsanspruchs einen wirksamen Begebungsvertrag (→ § 443 Rn. 7) geschlossen und den Ladeschein übereignet hat, im Besitz des Gutes war. Nach ihrem Sinn und Zweck ist die Vorschrift des § 448 S. 1 aber dann entsprechend anzuwenden, wenn der Aussteller am Gut zwar erst nach der Begebung des Ladescheins erlangt hat, die Übereignung oder Verpfändung des Gutes aber erst nach der Besitzerlangung erfolgt ist; entgegen ihrem Wortlaut setzt sie allerdings voraus, dass der Aussteller noch zu dem Zeitpunkt Besitzer des Gutes ist, zu dem die Übergabe für den Rechtserwerb an dem Gut Bedeutung erlangt.[9] Wenn der Empfänger mit dem Ladeschein gem. § 445 den Ablieferungsanspruch gegen den das Gut besitzenden Aussteller erlangt hat, wird er bei einem entsprechenden Besitzmittlungswillen mittelbarer Besitzer des Gutes und kann dann gem. §§ 929, 931 BGB oder, wenn der Veräußerer des Gutes nicht über dieses verfügen durfte, im Falle seiner Gutgläubigkeit gem. §§ 932, 934 Fall 1 BGB dessen Eigentümer werden.[10] Wenn der **Aussteller** des Ladescheins sich **zum Eigenbesitzer** des Gutes **aufgeschwungen** hat, schützt § 448 S. 1 den Empfänger in seinem Vertrauen, dass der Aussteller das in seinem Besitz befindliche Gut als Besitzmittler für den aus dem Ladeschein Berechtigten besitzen will.[11]

---

[1] Vgl. Begründung des Regierungsentwurfs des SRG, BT-Drs. 17/10309, 59 iVm 98 f.
[2] *Koller* Rn. 1; Baumbach/Hopt/*Merkt* Rn. 3 f., jeweils mwN.
[3] *Koller* Rn. 1; Staub/*Otte* Rn. 4; speziell zum letzteren Fall Hueck/*Canaris* § 23 II 4 mwN; aA BGH Urt. v. 25.5.1979 – I ZR 147/77, NJW 1979, 2037 (2038).
[4] → 1. Aufl. 2001, Rn. 5; MüKoHGB/*Dubischar,* 1. Aufl. 2000, § 450 Rn. 6 mwN.
[5] *Koller* Rn. 1.
[6] *Koller* Rn. 2.
[7] Vgl. zu dieser Hueck/*Canaris* § 23 I 1; Staub/*Canaris* § 363 Rn. 158.
[8] *Koller* Rn. 3.
[9] *Koller* Rn. 4; aA Staub/*Otte* Rn. 14.
[10] *Koller* Rn. 4.
[11] *Koller* Rn. 4 mwN.

III. Traditionswirkung bei Übertragung des Ladescheins an einen Zweit- oder Folgeerwerber (Satz 2)

3   Entsprechend den bei § 448 S. 1 geltenden Grundsätzen (→ Rn. 2) muss sich das Gut bei einem **Inhaberladeschein** und bei einem **Orderladeschein** zu dem Zeitpunkt, zu dem die Übergabe für den Rechtserwerb an dem Gut Bedeutung erlangt, im unmittelbaren oder mittelbaren Besitz des Ausstellers des Ladescheins befinden und außerdem der Ladeschein wirksam begeben worden sein.[12] Der Gesetzgeber hat mit der Verwendung des Begriffs „Begebung" zum Ausdruck gebracht, dass der Ladeschein in wertpapiermäßiger Form zu übertragen ist. Wenn der Zweit- oder Folgeerwerber damit gem. §§ 929 ff. BGB, §§ 364 f. HGB den Ablieferungsanspruch gegen den Aussteller erlangt hat, wird er in der Regel mittelbarer Besitzer des Gutes und kann dann gem. **§§ 929, 931 BGB** Eigentümer des Gutes werden.[13] Dasselbe gilt, wenn der Ladeschein von einem zwar nichtberechtigten, aber gem. § 444 Abs. 3 S. 2 und 3 legitimierten Veräußerer des Ladescheins gutgläubig erworben worden oder der gem. § 444 Abs. 3 S. 2 und 3 legitimierte Veräußerer des Ladescheins auch hinsichtlich des Eigentums am Gut und der Erwerber gutgläubig gewesen ist.[14] Entsprechend dem, was bei § 448 S. 1 gilt (→ Rn. 2), schützt, wenn der **Aussteller** des Ladescheins sich **zum Eigenbesitzer** des Gutes **aufgeschwungen** hat, § 448 S. 2 den Empfänger in seinem Vertrauen, dass der Aussteller das in seinem Besitz befindliche Gut als Besitzmittler für den jeweiligen Inhaber des Ablieferungsanspruchs besitzen will.[15] **Vertragliche Pfandrechte** können dem gutgläubigen Erwerber regelmäßig nicht entgegengesetzt werden, weil der Ladeschein deren Verbriefung erlaubt und der Erwerber daher davon ausgehen darf, dass solche Pfandrechte in dem Ladeschein erwähnt sind; die Vorschrift des **§ 936 Abs. 3 BGB**, die Gegenteiliges bestimmt, ist insoweit im Interesse der Verkehrsfähigkeit des Ladescheins einschränkend auszulegen.[16]

4   Beim **Rektaladeschein** ist eine wertpapiermäßige Übertragung gem. § 448 S. 2 nicht möglich.[17] Außerdem kann bei ihm der verbriefte Ablieferungsanspruch nur vom Berechtigten und das Eigentum am Gut daher dann, wenn der Veräußerer nicht der Inhaber dieses Anspruchs ist, allein gem. **§ 934 Fall 2 BGB** erworben werden.[18] Wenn der Veräußerer dagegen Inhaber des verbrieften Anspruchs ist, kann das Eigentum am Gut über **§ 931 BGB**, der bei Namensladescheinen unbeschränkt anwendbar ist,[19] oder, wenn der Veräußerer über das Gut als Nichtberechtigter verfügt, gem. **§ 934 Fall 1 BGB** erworben werden.[20]

§ 449 Abweichende Vereinbarungen über die Haftung

(1) [1]Soweit der Frachtvertrag nicht die Beförderung von Briefen oder briefähnlichen Sendungen zum Gegenstand hat, kann von den Haftungsvorschriften in § 413 Absatz 2, den §§ 414, 418 Absatz 6, § 422 Absatz 3, den §§ 425 bis 438, 445 Absatz 3 und § 446 Absatz 2 nur durch Vereinbarung abgewichen werden, die im Einzelnen ausgehandelt wird, auch wenn sie für eine Mehrzahl von gleichartigen Verträgen zwischen denselben Vertragsparteien getroffen wird. [2]Der Frachtführer kann sich jedoch auf eine Bestimmung im Ladeschein, die von den in Satz 1 genannten Vorschriften zu Lasten des aus dem Ladeschein Berechtigten abweicht, nicht gegenüber einem im Ladeschein benannten Empfänger, an den der Ladeschein begeben wurde, sowie gegenüber einem Dritten, dem der Ladeschein übertragen wurde, berufen.

(2) [1]Abweichend von Absatz 1 kann die vom Frachtführer zu leistende Entschädigung wegen Verlust oder Beschädigung des Gutes auch durch vorformulierte Vertragsbedingungen auf einen anderen als den in § 431 Absatz 1 und 2 vorgesehenen Betrag begrenzt werden, wenn dieser Betrag

1. zwischen 2 und 40 Rechnungseinheiten liegt und der Verwender der vorformulierten Vertragsbedingungen seinen Vertragspartner in geeigneter Weise darauf hinweist, dass diese einen anderen als den gesetzlich vorgesehenen Betrag vorsehen, oder
2. für den Verwender der vorformulierten Vertragsbedingungen ungünstiger ist als der in § 431 Absatz 1 und 2 vorgesehene Betrag.

---

[12] *Koller* Rn. 5.
[13] *Koller* Rn. 5.
[14] *Koller* Rn. 5 mwN.
[15] *Koller* Rn. 5 mwN.
[16] *Koller* Rn. 5; Staub/*Otte* Rn. 24.
[17] Vgl. Begründung des Regierungsentwurfs des SRG, BT-Drs. 17/10309, 59 iVm 99.
[18] *Koller* Rn. 6; Staub/*Otte* Rn. 30.
[19] *Hueck*/*Canaris* § 23 II 4 mwN; *Koller* Rn. 1; aA BGH Urt. v. 25.5.1979 – I ZR 147/77, NJW 1979, 2037 (2038).
[20] *Koller* Rn. 6; Staub/*Otte* Rn. 27.

[2] Ferner kann abweichend von Absatz 1 durch vorformulierte Vertragsbedingungen die vom Absender nach § 414 zu leistende Entschädigung der Höhe nach beschränkt werden.

(3) Ist der Absender ein Verbraucher, so kann in keinem Fall zu seinem Nachteil von den in Absatz 1 Satz 1 genannten Vorschriften abgewichen werden, es sei denn, der Frachtvertrag hat die Beförderung von Briefen oder briefähnlichen Sendungen zum Gegenstand.

(4) Unterliegt der Frachtvertrag ausländischem Recht, so sind die Absätze 1 bis 3 gleichwohl anzuwenden, wenn nach dem Vertrag sowohl der Ort der Übernahme als auch der Ort der Ablieferung des Gutes im Inland liegen.

Schrifttum: *Bästlein/Bästlein,* Einbeziehung von Haftungsbeschränkungsklauseln in Transportverträge – Anmerkung zu OLG Hamburg, 19.12.2002 – 6 U 222/01, TranspR 2003, 61; *Bahnsen,* AGB-Kontrolle bei den Allgemeinen Deutschen Spediteurbedingungen, TranspR 2010, 19; *Basedow,* Die Tragweite des zwingenden Rechts im neuen deutschen Gütertransportrecht, TranspR 1998, 58; *Berger,* Abschied von der Privatautonomie im unternehmerischen Geschäftsverkehr?, ZIP 2006, 2149; *Bodis,* Die Vertragsstrafe im Transportrecht, TranspR 2014, 98; *Grimme,* Anmerkung zum Urteil des HandelsG Wien vom 10.5.2001 – 1 R 48/01g, TranspR 2002, 120; *Grimme,* Die Haftung für den Verlust und die Beschädigung von Postsendungen im nationalen und internationalen Verkehr, TranspR 2004, 160; *Harms,* Vereinbarungen zur Qualität der Transportleistung und Art. 29 CMR, FS Thume, 2008, 173 = TranspR 2008, 310; *Helmrich,* Haftungsrechtliche Gesichtspunkte bei Verlust und Beschädigung von Briefen und briefähnlichen Sendungen, TranspR 2007, 188; *Herber,* Transportrechtsreformgesetz und AGB-Kontrolle Gedanken aus Anlaß der Entscheidung BGH – I ZR 233/95, TranspR 1998, 344; *Herber,* Probleme des Multimodaltransports mit Seestreckeneinschluss nach neuem deutschen Recht, TranspR 2001, 101; *Herber,* Anmerkung zum Urteil des BGH vom 23.1.2003 – I ZR 174/00, TranspR 2003, 120; *Herzog,* Die Einbeziehung des ADSp in den Verkehrsvertrag, TranspR 2001, 244; *Heuer,* Einige kritische Anmerkungen zu den ADSp 1998, TranspR 1998, 335; *Heuer,* Haftungsbegrenzungen und deren Durchbrechung nach den ADSp 2003, TranspR 2004, 114; *Koller,* ADSp '99 – Bedenken gegen Einbeziehung und Wirksamkeit nach AGBG, TranspR 2000, 1; *Koller,* Nochmals: Einbeziehung der ADSp in Transportverträge, TranspR 2001, 359; *Koller,* Anmerkung zum Urteil des BGH vom 23.1.2003 – I ZR 174/00, EWiR 2003, 375; *Koller,* Die Tragweite von Vertragsabwehrklauseln und der Einwand des Mitverschuldens im Gütertransportrecht, VersR 2004, 269; *Koller,* Abreden über die Qualität von Beförderungen im Licht des § 449 Abs. 2 HGB, TranspR 2006, 265; *Koller,* Die Vereinbarung der Ausführungsart im Werkvertrags- und Transportrecht, TranspR 2007, 221; *Krins,* Der Umfang des zwingenden Charakters des deutschen Transportrechts, 2012; *Lischeck/Mahnken,* Vertragsverhandlungen zwischen Unternehmen und AGB – Anmerkungen aus der Sicht der Praxis, ZIP 2007, 158; *Looks,* Der multimodale Transportvertrag nach dem TRG, VersR 1999, 31; *Maurer* Zur Auslegung von Haftungsbeschränkungsvereinbarungen i. S. d. § 449 HGB, TranspR 2018, 229; *Pfeiffer,* Das Aushandeln im Transportrecht, 2004; *Rabe,* Auswirkungen des neuen Frachtrechts auf das Seefrachtrecht, TranspR 1998, 429; *Ramming,* Zur Abdingbarkeit des Höchstbetrages der Haftung des Frachtführers nach neuem Frachtrecht – unter besonderer Berücksichtigung multimodaler Beförderungen, die eine Seeteilstrecke umfassen, VersR 1999, 1177; *Ramming,* Die Erfordernisse der § 449 Abs. 1 und 2 HGB etc. und ihre Einordnung als formelle bzw. materielle Wirksamkeitsvoraussetzungen, TranspR 2009, 200; *Ramming,* Probleme des § 449 Abs. 1 und 2 HGB – insbesondere Leistungsbeschreibungen, TranspR 2010, 397; *P. Schmidt,* Formalisierte Einbeziehung der ADSp? – Überlegungen zu § 449 HGB, TranspR 2011, 398; *P. Schmidt,* Grenzfälle frachtvertraglicher Haftung und ihrer Versicherbarkeit – insbesondere bei Schub- und Schleppverträgen, VersR 2013, 418; *Schuhmann,* Waisenkind des AGB-Gesetzes: der Mustervertrag im kaufmännischen Individualgeschäft, JZ 1998, 127; *Staudinger,* Das Transportrechtsreformgesetz und seine Bedeutung für das Internationale Privatrecht, IPRax 2001, 183; *Temme,* Individualvereinbarungen und Allgemeine Geschäftsbedingungen im neuen Transportrecht, FG Herber, 1999, 197; *Thume,* Vereinbarungen über die Qualität des Transports und deren Auswirkungen auf die zwingende Haftung gem. §§ 425 ff. HGB und Art. 17 ff. CMR, TranspR 2012, 426; *Valder,* Stillschweigende Einbeziehung der ADSp, Sonderbeilage TranspR 2004, 42; *Valder,* Wertdeklaration als summenmäßige Haftungsbeschränkung, TranspR 2016, 430; *Valder,* § 449 HGB auf dem Prüfstand, TranspR 2018, 286; *Wackerbarth,* Unternehmer, Verbraucher und die Rechtfertigung der Inhaltskontrolle vorformulierter Verträge, AcP 200 (2000), 45; *Wolf,* Haftungsbegrenzung durch Individualvereinbarungen, WPK-Mitt. 1998, 197.

Parallelvorschriften: §§ 466, 475h, 512, 525.

Übersicht

I. Allgemeines

1   Die Vorschrift des § 449, die durch das SRG an die geänderten bzw. neuen §§ 414, 512 und 525 angepasst und zudem redaktionell überarbeitet wurde,[1] regelt die Frage, inwieweit die §§ 407–448, soweit sie sekundäre Vertragspflichten mit haftungsrechtlichem Inhalt enthalten, zur Disposition der Parteien stehen. Sie stellt einen auf einer Bestandsaufnahme innerstaatlicher und international geltender Bestimmungen aufbauenden Kompromiss zwischen einem gänzlich dispositiven Frachtrecht, wie es im HGB 1897 verankert war, bei dem die Gefahr der Rechtszersplitterung sowie insbesondere des Missbrauchs von Marktmacht besteht, und einem beidseitig zwingenden Recht dar, wie es in der CMR statuiert ist.[2] In **§ 449 Abs. 1** sind diejenigen Haftungsvorschriften enthalten, die dem **Verbraucher iSd § 13 BGB**[3] einen Mindeststandard gewährleisten sollen, der gem. **§ 449 Abs. 3** im Interesse seines **wirksamen Schutzes** auch durch Individualvereinbarungen nicht unterschritten werden darf.[4] Abweichend hiervon gilt gem. **§ 449 Abs. 1 S. 1, Abs. 3 aE** für die **Beförderung von Briefen und briefähnlichen** Sendungen die **volle Vertragsfreiheit.** Diese Ausnahme trägt den Besonderheiten des postalischen Massenverkehrs Rechnung, bei dem die Sendungen in der Mehrzahl ohne direkten Kundenkontakt über Briefkästen eingeliefert werden, der Absender oft nicht bekannt ist und sich der Güterwert und das Haftungsrisiko für den Beförderer kaum abschätzen lassen.[5] Außerdem besitzen solche Sendungen typischerweise keinen besonderen Wert und erwächst daher aus ihrem Verlust in der Regel kein materieller Schaden.[6] Die gutgläubige Dritte schützende Regelung des **§ 449 Abs. 1 S. 2** gilt nicht nur bei Verbrauchergeschäften (→ Rn. 10 und → Rn. 21), sondern auch bei anderen Geschäften (→ Rn. 25). Bei solchen anderen als Verbrauchergeschäften iSd § 449 Abs. 3 können die Vertragsparteien die haftungsrechtlichen Vorschriften gem. **§ 449 Abs. 1** ohne Einschränkungen durch **Individualvereinbarungen** abändern; entsprechende **Abänderungen durch AGB** sind dagegen gem. **§ 449 Abs. 2** auch in diesem Bereich **nur ausnahmsweise** insoweit **wirksam,** als sie die in den Fällen der § 425 Abs. 1, § 414 geltenden Haftungshöchstbeträge innerhalb gewisser Grenzen verschieben. Damit soll den unterschiedlichen Verhältnissen in der Transportwirtschaft und der geringeren Schutzbedürftigkeit von Kaufleuten Rechnung getragen werden.[7] Die Regelungen des § 449 Abs. 1–3 gelten gem. **§ 449 Abs. 4 auch** für **ausländischem Recht unterliegende Frachtverträge,** wenn nach diesen **sowohl** der **Ort der Übernahme** als auch der **Ort der Ablieferung im Inland** liegen. Sie werden außerdem **durch** die Vereinbarungen hinsichtlich der Verjährung betreffende Regelung in **§ 439 Abs. 4** (→ 439 Rn. 28 und → Rn. 22) **ergänzt.** Eine **ergänzende Vertragsauslegung,** die sich auf Abreden über den Inhalt der zu erbringenden Leistung oder auf sonstige im Einzelnen ausgehandelte

---

[1] Vgl. dazu iE Staub/*Otte* Rn. 3.
[2] Vgl. Begründung des Regierungsentwurfs des TRG, BT-Drs. 13/8445, 85; Andresen/*Valder* Rn. 1; Staub/*Otte* Rn. 2.
[3] Vgl. *Staudinger* IPRax 2001, 183 (184 ff.).
[4] Vgl. Beschlussempfehlung und Bericht des Rechtsausschusses, BT-Drs. 13/10014, 50; krit. *Temme* FG Herber, 1999, 197 (200): „… Verbraucher insoweit schlicht entmündigt …“.
[5] Begründung des Regierungsentwurfs des TRG, BT-Drs. 13/8445, 86; → Rn. 23.
[6] BGH Urt. v. 15.11.2001 – I ZR 158/99, BGHZ 149, 337 (349) = TranspR 2002, 295 (299) = VersR 2002, 1440 = NJW 2002, 3106; → Rn. 23; MüKoHGB/*C. Schmidt* Rn. 53 mwN.
[7] Vgl. Begründung des Regierungsentwurfs des TRG, BT-Drs. 13/8445, 88.

Vereinbarungen stützt, wird durch § 449 **nicht ausgeschlossen;** denn sie denkt lediglich die Individualvereinbarung zu Ende und schließt in atypischen Situationen bestehende Lücken.[8]

II. Verbraucherschutz nach Abs. 3

1. Vereinbarung zum Nachteil des Verbrauchers. Bei der Beurteilung der Frage, ob eine dem 2 absendenden Verbraucher nachteilige Vereinbarung von einer der in § 449 Abs. 1 S. 1 genannten Bestimmungen abweicht, ist – anders als bei § 307 Abs. 1 S. 2 BGB – kein auf den gesamten Vertrag bezogener Gesamtvergleich, sondern ein **Einzelvergleich** in der Weise vorzunehmen, dass die Abweichung jedes Bestandteils der Vereinbarung von jeder der in § 449 Abs. 1 S. 1 genannten Vorschriften darauf geprüft wird, ob dieser Bestandteil hinsichtlich des Haftungsmaßstabs, des Haftungsumfangs oder der Beweislast zu Lasten des Verbrauchers von einer in § 449 Abs. 1 S. 1 genannten Bestimmung abweicht.[9] Keine dem Verbraucher nachteilige Abweichung liegt vor, wenn eine der dort genannten Vorschriften ihrerseits auf von den Parteien getroffene Vereinbarungen Bezug nimmt und eine entsprechende Vereinbarung – wie etwa eine solche gem. § 427 Abs. 1 Nr. 1 – in einer dem Verbraucher nachteiligen Weise getroffen worden ist.[10] Dasselbe gilt, wenn die Übernahme oder der Erlass von Primärleistungspflichten – wie etwa bei Abreden, dass das Gut mit einem bestimmten Transportmittel und/oder auf einem bestimmten Weg befördert oder nicht befördert werden soll – das Haftungsrisiko bei wirtschaftlicher Betrachtung erhöhen oder vermindern.[11] Eine dem Verbraucher iSd § 449 Abs. 1 S. 1 **nachteilige Vereinbarung ist unwirksam;** an ihre Stelle tritt nach dem Schutzzweck des § 449 Abs. 3 diejenige Norm, von der nicht zum Nachteil des Verbrauchers abgewichen werden durfte.[12] Nach den Ausführungen zu → Rn. 3–23 zum Nachteil des Verbrauchers zulässige Abweichungen vom dispositiven Recht können auch durch AGB bestimmt werden, sofern diese den Erfordernissen der §§ 305 ff. BGB entsprechen.[13] **Für den Verbraucher vorteilhafte Abweichungen** in den AGB des Frachtführers verstoßen ebenso wenig gegen § 449 HGB oder gegen § 307 BGB wie entsprechende individualvertraglich getroffene Vereinbarungen (→ Rn. 24). **Abweichungen von in § 449 Abs. 1 S. 1 nicht genannten Vorschriften** zum Nachteil der Verbraucher können individualvertraglich innerhalb der sich aus den §§ 134, 138 BGB ergebenden Grenzen und im Rahmen der §§ 305–309 und § 310 Abs. 3 BGB auch durch AGB getroffen werden.[14]

2. Nicht abdingbare Vorschriften. a) § 407. Die Geltung der dem Absender günstigen fracht- 3 rechtlichen Bestimmungen wie namentlich der § 413 Abs. 2, §§ 414, 418 Abs. 6, § 422 Abs. 3 und §§ 425 ff. kann wegen des insoweit bestehenden Rechtsformzwangs nicht dadurch ausgeschlossen werden, dass die Parteien den Beförderungsvertrag entgegen den tatsächlich gegebenen Verhältnissen etwa als allgemeinen Werkvertrag (§ 631 BGB), als Mietvertrag (§ 535 BGB) oder als Dienstverschaffungsvertrag qualifizieren.[15] Die Bestimmung des § 449 erfasst nach der namentlich in der Rspr. hA, der zu folgen ist (→ § 435 Rn. 19), insbesondere auch **Abreden über die Art und Weise der Beförderung** wie etwa über den Umgang mit dem Frachtgut an **Schnittstellen,** soweit diese Abreden **Abweichungen von dem im Gesetz bestimmtem Sorgfaltsmaßstab** vorsehen, sowie Klauseln, wonach der Frachtführer über die Beförderung bestimmt, in der Regel wertvoller Gegenstände wie Geld, Edelmetalle und Schmuck (sog. **Verbotsgut**) keinen Beförderungsvertrag abschließt.[16] In den zuletzt genannten Fällen ergeben sich angemessene Ergebnisse – bis hin zum völligen Ausschluss der Haftung des Frachtführers – durch die Anwendung des § 425 Abs. 2 (→ § 425 Rn. 50). Dagegen gilt § 449 **nicht** für **Abreden über** das für den Transport zu verwendende **Transportmittel** und den einzuhaltenden **Transportweg;** denn solche Abreden konkretisieren die Primärleistungspflichten erst noch (→ Rn. 2 bei und in Fn. 11).

b) § 413 Abs. 2. Unzulässig und damit unwirksam (→ Rn. 2) sind außer bei der Beförderung von 4 Briefen und briefähnlichen Sendungen (→ Rn. 23) jegliche Vereinbarungen, die die gem. § 413 Abs. 2 außer im Falle der Unvermeidbarkeit und Unabwendbarkeit bestehende Haftung des Fracht-

---

[8] *Koller* Rn. 43; *Staub/Otte* Rn. 19; aA *Mauser* TranspR 2018, 229 (233), der indes nicht berücksichtigt, dass auch die ergänzende Vertragsauslegung auf dem Ergebnis von Vertragsverhandlungen aufbaut (*Koller* Rn. 43).

[9] *Koller* Rn. 71 iVm 5; *Staub/Otte* Rn. 87; MüKoHGB/*C. Schmidt* Rn. 52; *Ramming* TranspR 2010, 397 (399).

[10] *Koller* Rn. 5; *Staub/Otte* Rn. 87; *Andresen/Valder* Rn. 8.

[11] Vgl. *Koller* Rn. 5; MüKoHGB/*C. Schmidt* Rn. 44 m.Hinw. darauf, dass Abweichendes zu gelten hat, wenn die getroffene Vereinbarung – wie etwa die Bestimmung, dass dem Frachtführer die Stellung eines nicht fahr- oder ladungstüchtigen Schiffs gestattet wird – die Durchführung der Beförderung gefährdet. Davon wird man auszugehen haben, wenn das Verhalten ohne eine Vereinbarung als qualifiziert schuldhaft iSv § 435 anzusehen wäre.

[12] Vgl. *Koller* Rn. 72; *Heymann/Schlüter* Rn. 23; MüKoHGB/*C. Schmidt* Rn. 52; *Staub/Otte* Rn. 87; *Staudinger* IPRax 2001, 183 (184); *Ramming* TranspR 2010, 397 (398 f.); *Valder* TranspR 2018, 286 (287); *Krins,* Der Umfang des zwingenden Charakters des deutschen Transportrechts, 2012, 94 mwN.

[13] *Koller* Rn. 75.

[14] *Koller* Rn. 75; *Staub/Otte* Rn. 87.

[15] *Koller* Rn. 7; *Staub/Otte* Rn. 12.

[16] Vgl. MüKoHGB/*C. Schmidt* Rn. 36–43 m. zahlr. Nachw. zur stRspr.; aA *Koller* Rn. 6; differenzierend *Staub/Otte* Rn. 16–22.

führers gegenüber dem Verbraucher bei Verlust oder Beschädigung oder unrichtiger Verwendung der Begleitpapiere einschränken.[17]

5   **c) § 414 Abs. 1 Nr. 1.** Die Bestimmung greift nur dann ein, wenn und soweit der Frachtführer sich abweichend von der dispositiven Regelung des § 411 zur Verpackung und/oder Kennzeichnung des Gutes verpflichtet hat.[18] Eine nach § 449 Abs. 3 iVm Abs. 1 S. 1 unzulässige Abbedingung des § 414 Abs. 1 Nr. 1 liegt allein dann vor, wenn die Haftung für eine den vertraglichen Abreden nicht entsprechende Verpackung und/oder Kennzeichnung ausgeschlossen wird, nicht dagegen auch dann, wenn die vereinbarte Verpackung und/oder Kennzeichnung das Gut nicht hinreichend vor Verlust oder Beschädigung oder unsachgemäßer Behandlung schützt.[19]

6   **d) § 414 Abs. 1 Nr. 2.** Entsprechend dem, was bei § 414 Abs. 1 Nr. 1 gilt (→ Rn. 5), ist die Frage der Unrichtigkeit oder Unvollständigkeit der in den Frachtbrief aufgenommenen Angaben auf der Grundlage der Vereinbarung zu beurteilen, die die Parteien des Frachtvertrags hinsichtlich der in den Frachtvertrag aufzunehmenden Angaben getroffen haben.[20] Die Regelung des § 449 Abs. 3 iVm Abs. 1 S. 1 iVm § 414 Abs. 1 Nr. 2 kommt allerdings auch dann zum Tragen, wenn diese Vereinbarung etwa gem. § 134 BGB oder gem. § 138 BGB nichtig, der Vertrag im Übrigen aber gem. § 139 BGB gültig ist.[21]

7   **e) § 414 Abs. 1 Nr. 3.** Die dort getroffene Regelung knüpft an die zur Disposition der Parteien stehende Bestimmung des § 410 an. Aus diesem Grund ist die Frage, ob von ihr im konkreten Fall iSd § 449 Abs. 3 iVm Abs. 1 S. 1 zum Nachteil des Verbrauchers abgewichen wurde, entsprechend den bei § 414 Abs. 1 Nr. 1 und 2 geltenden Grundsätzen (→ Rn. 5 und 6) auf der Grundlage der Vereinbarungen zu beurteilen, die die Parteien des Frachtvertrags in Bezug auf Mitteilungspflichten über die Gefährlichkeit des Gutes getroffen haben. Der Bestimmung des § 449 Abs. 3 iVm Abs. 1 S. 1 kommt daher auch hier bei einer Vereinbarung, mit der die nach § 410 bestehende Informationspflicht abbedungen oder eingeschränkt wurde, nur dann praktische Bedeutung zu, wenn die Vereinbarung nichtig oder unwirksam, der Vertrag im Übrigen aber wirksam ist.[22] Die Maßgeblichkeit der Parteivereinbarung für die Mitteilungspflicht hinsichtlich der Gefährlichkeit des Gutes hat auch zur Folge, dass die Vereinbarung einer Erweiterung dieser Pflicht über das in § 410 vorgesehene Maß hinaus auch zu einer entsprechend erweiterten Haftung des Verbrauchers führt.[23] Zu beachten ist allerdings, dass die Haftung des Frachtführers gem. § 425 nicht zur Disposition der Parteien steht und dass daher die Verletzung einer Mitteilungspflicht hinsichtlich der Schadensanfälligkeit oder des Werts des Gutes allein im Rahmen des § 425 Abs. 2 zu berücksichtigen ist.[24]

8   **f) § 414 Abs. 1 Nr. 4.** Die in § 413 Abs. 1 genannten Pflichten des Absenders können, wie der Gegenschluss aus § 449 Abs. 3 iVm Abs. 1 S. 1 ergibt, nicht nur zugunsten des Verbrauchers eingeschränkt, sondern auch zu seinen Lasten erweitert werden. Auch im zuletzt genannten Fall schlagen die entsprechenden vertraglichen Vereinbarungen – ebenso wie bei § 414 Abs. 1 Nr. 3 (→ Rn. 7) – ungeachtet des § 449 Abs. 3 iVm Abs. 1 S. 1 auf die Haftung des Verbrauchers durch.[25]

9   **g) § 414 Abs. 2.** Das danach für die Anspruchsminderung maßgebliche Gewicht der Mitverursachung der Schäden oder Aufwendungen iSd § 414 Abs. 1 durch den Frachtführer ist – entsprechend den dort geltenden Grundsätzen (→ Rn. 5–8) – danach zu bestimmen, welcher Rang und welche Bedeutung den jeweils verletzten Pflichten nach dem Frachtvertrag zukam.[26]

10   **h) § 418 Abs. 6.** Der Frachtführer, der eine Weisung befolgt, ohne sich das ausgestellte Sperrpapier (§ 418 Abs. 4) vorlegen zu lassen, haftet nach dem neuen § 418 Abs. 6 S. 2 nicht mehr unbeschränkt. Nicht in den neugefassten § 449 Abs. 1 S. 1 aufgenommen wurde auch die dort zuvor enthaltene Regelung, dass jede von § 418 Abs. 6 abweichende Vereinbarung unwirksam ist, wenn sie zu Lasten eines gutgläubigen Dritten geht. Da der Frachtbrief kein Wertpapier ist und der Frachtführer daher nicht aus dem Frachtbrief in Anspruch genommen werden kann, begegnete es Bedenken, eine zwischen dem Absender und dem Frachtführer getroffene individualvertragliche Vereinbarung gegenüber Dritten, die ihre Rechte aus der zwischen dem Absender und dem Frachtführer getroffenen individualvertraglichen Vereinbarung gegenüber Dritten, die ihre Rechte aus dem zwischen dem Absender und dem Frachtführer abgeschlossenen Frachtvertrag herleiten, für unwirksam zu erklären;

---

[17] Vgl. Staub/*Otte* Rn. 87 f. iVm 35; MüKoHGB/*C. Schmidt* Rn. 49.

[18] Staub/*Otte* Rn. 36 iVm 87 f.

[19] Vgl. *Koller* Rn. 9; Heymann/*Schlüter* Rn. 8; unentschieden Staub/*Otte* Rn. 37.

[20] *Koller* Rn. 10; ebenso wohl auch Staub/*Otte* Rn. 38 iVm 87 f.

[21] *Koller* Rn. 10; Staub/*Otte* Rn. 38 aE.

[22] *Koller* Rn. 11; Staub/*Otte* Rn. 39.

[23] *Koller* Rn. 11; nicht eindeutig Staub/*Otte* Rn. 39 unter Bezugnahme auf seine Ausführungen in Rn. 37 einerseits und Rn. 38 andererseits (→ Rn. 5 und → Rn. 6).

[24] Vgl. *Koller* Rn. 11; Staub/*Otte* Rn. 39 aE.

[25] *Koller* Rn. 12; Staub/*Otte* Rn. 40.

[26] Staub/*Otte* Rn. 41.

denn damit erhielte der Dritte als der aus dem Frachtvertrag Begünstigte weiterreichende Rechte als der Absender.[27] Damit kann im Hinblick auf § 418 Abs. 6 nF nunmehr individualvertraglich vereinbart werden, dass der Absender Weisungen auch dann ohne Vorlage des Frachtbriefs erteilen kann, wenn nach diesem die Vorlage seiner für den Absender bestimmten Ausfertigung erforderlich ist.[28]

i) § 422 Abs. 3. Die Unabdingbarkeit der Haftung des Frachtführers im Falle der Ablieferung des 11 Gutes an den Empfänger ohne Einziehung der Nachnahme stärkt die Nachnahmevereinbarung.[29]

j) § 425. Die Haftung des Frachtführers gem. § 425 steht nach § 449 Abs. 3 iVm Abs. 1 S. 1 nicht 12 zur Disposition der Parteien. Die Bestimmung des § 449 gilt daher zwar nicht für Abreden der Parteien über die die Primärleistungspflichten des Frachtführers betreffende Lieferfrist, wohl aber für Lieferfristgarantien, Vertragsstrafenvereinbarungen, sowie für Abreden über eine subsidiäre Haftung.[30] Sie gilt ferner nicht für Ausschlussklauseln sowie für Abreden über die Qualität des Gutes, über das Verhalten des Absenders und/oder des Empfängers und über die Art und Weise der Beförderung, sofern durch sie nicht erst noch die Primärleistungspflichten konkretisiert werden.[31]

k) § 426. Der Frachtführer hat die **größte Sorgfalt nur im Rahmen der vereinbarten Trans-** 13 **portart** zu wahren.[32] Allein im Rahmen des § 449 zulässig sind dagegen Abreden, die den Frachtführer zu bestimmten Verhaltensweisen wie etwa zum Abstellen des unbewachten Transportmittels auf der Straße berechtigen; denn durch solche Abreden wird die verschuldensunabhängige Haftung gem. § 426 eingeschränkt.[33] Dagegen beziehen sich Abreden über die Transportqualität in Form von Vereinbarungen über den Transportweg oder über die Art oder Ausstattung des Transportmittels auf die Primärleistungspflichten; sie verändern den Sorgfaltsmaßstab des § 426 daher nicht.[34]

l) § 427. Eine Vereinbarung über die Verwendung von offenen Fahrzeugen oder die Verladung auf 14 Deck ist gem. **§ 427 Abs. 1 Nr. 1** auch dann zulässig, wenn diese Art der Beförderung nicht der Üblichkeit entspricht; denn die Üblichkeit der Beförderung stellt lediglich ein Element für die Auslegung der getroffenen Vereinbarung dar.[35] Zur Zulässigkeit von im Rahmen des **§ 427 Abs. 1 Nr. 2** zu beachtenden Vereinbarungen hinsichtlich der Verpackung des Gutes und der Überprüfung der Verpackung → § 427 Rn. 29. Vereinbarungen hinsichtlich des Behandelns, Verladens und Entladens des Gutes iSd **§ 427 Abs. 1 Nr. 3** sind zulässig, soweit sie nicht die Verantwortlichkeit des Frachtführers für seine Sphäre aushöhlen (→ § 427 Rn. 45). Zur Zulässigkeit von im Rahmen des **§ 427 Abs. 1 Nr. 4** relevanten Vereinbarungen → § 427 Rn. 63. Im Fall des **§ 427 Abs. 1 Nr. 5** gelten die zu § 427 Abs. 1 Nr. 2 entwickelten Grundsätze entsprechend.[36] Vereinbarungen, die die gem. **§ 427 Abs. 2** bestehende Ursächlichkeitsvermutung zu Lasten des Verbrauchers erweitern, sind wegen der damit verbundenen für die Haftung gem. § 449 Abs. 3 iVm Abs. 1 S. 1 unwirksam.[37] Dasselbe gilt für Abreden, nach denen Verstöße gegen Weisungen oder das Unterlassen von – im Frachtvertrag ohne die Schranken des § 449 zu vereinbarenden – Schutzmaßnahmen iSd **§ 427 Abs. 3–5** weniger weitgehende Auswirkungen haben als im Gesetz vorgesehen.[38]

m) §§ 428–432. Die den Umfang der Haftung des Frachtführers bei Güter- und Verspätungs- 15 schäden regelnden §§ 428–432 können – wie auch der Gegenschluss aus § 449 Abs. 2 S. 1 bestätigt – gem. § 449 Abs. 3 iVm Abs. 1 S. 1 weder durch AGB noch durch Individualvereinbarungen zu Lasten des Verbrauchers abgeändert werden.[39]

n) § 433. Der Gesetzgeber hat sich bei der Regelung des § 433 bewusst auf die Festlegung einer 16 Haftungshöchstsumme für Vermögensschäden beschränkt. Dementsprechend bezieht sich auch die Bestimmung des § 449 allein auf diese Haftungsbeschränkung; dagegen können neben den vertraglichen Pflichten, an deren Verletzung die Bestimmung anknüpft, auch die zivilrechtlichen Haftungstatbestände innerhalb der auch sonst für sie geltenden allgemeinen Schranken (→ Rn. 12 iVm → Rn. 3) begründet, erweitert und eingeschränkt sein.[40]

---

[27] Begründung des Regierungsentwurfs des SRG, BT-Drs. 17/10309, 59.

[28] Staub/*Otte* Rn. 42; *Koller* Rn. 14.

[29] Staub/*Otte* Rn. 43.

[30] Vgl. zum letzteren OLG München Urt. v. 13.9.2017 – 7 U 4585/16, TranspR 2019, 30 (32) = RdTW 2018, 71; *Koller* Rn. 16; Staub/*Otte* Rn. 44; MüKoHGB/*C. Schmidt* Rn. 45; *Bodis* TranspR 2014, 98 (103); aA *Lammich/Pöttinger* § 423 Rn. 23 ff.

[31] → Rn. 3 sowie → § 435 Rn. 19; *Andresen*/Valder § 425 Rn. 58; Staub/*Otte* Rn. 44.

[32] → § 426 Rn. 5; *Koller* § 426 Rn. 4a; *Lammich/Pöttinger* § 426 Rn. 61.

[33] Staub/*Otte* Rn. 45; *Lammich/Pöttinger* § 426 Rn. 62; aA *Koller* Rn. 17 aE.

[34] → Rn. 2 und → Rn. 3; *Koller* Rn. 17 iVm § 426 Rn. 4a; Staub/*Otte* Rn. 45; aA *Andresen*/Valder § 426 Rn. 9.

[35] → § 427 Rn. 7; *Koller* Rn. 18; Staub/*Otte* Rn. 46.

[36] → § 427 Rn. 69 und 29; *Koller* Rn. 21; Staub/*Otte* Rn. 50.

[37] Staub/*Otte* Rn. 51.

[38] Vgl. *Koller* Rn. 22 f; Staub/*Otte* Rn. 49 und 51.

[39] Vgl. Heymann/*Schlüter* Rn. 14–18; *Koller* Rn. 24; Staub/*Otte* Rn. 52.

[40] Staub/*Otte* Rn. 53; vgl. auch *Koller* Rn. 25.

17 **o) §§ 434 f.** Von den §§ 434 f. kann nur im Rahmen des § 449[41] und auch nicht dadurch indirekt abgewichen werden, dass die Parteien – ohne die vereinbarte Transportart zu ändern (→ Rn. 13) – die Obhutspflichten, die den Frachtführer nach dem Gesetz treffen, durch gegenteilige Vereinbarungen reduzieren[42] oder erhöhen.[43] Unwirksam sind insbesondere – auch individualvertragliche – Abreden, nach denen der Verbraucher – direkt oder indirekt – auf die Durchführung von **Schnittstellenkontrollen** verzichtet.[44] Zu angemessenen Ergebnissen führt hier die Anwendung des § 425 Abs. 2 (→ Rn. 3 → § 425 Rn. 50).

18 **p) § 436.** Vereinbarungen, die die Haftung der Leute gem. § 436 ändern, sind nur im Rahmen des § 449 zulässig.[45] Davon unabhängig können sich die Leute des Frachtführers, soweit sie kein qualifiziertes Verschulden iSd § 436 S. 2 trifft, gem. § 436 S. 1 sowohl auf die in den §§ 407 ff. vorgesehenen gesetzlichen Haftungsbeschränkungen als auch auf die die Haftung des Frachtführers einschränkenden vertraglichen Vereinbarungen berufen (→ § 436 Rn. 6).

19 **q) § 437.** Die Bestimmung des § 437 ist, da sie ein eigenständiges Rechtsverhältnis zwischen dem (Ur-)Absender des Gutes und dem Frachtführer begründet, das auch dem öffentlichen Interesse an einer prozessökonomischen Gestaltung der Verfahren dient, generell nicht abdingbar.[46] Zu der Frage, welche Auswirkungen vertragliche Vereinbarungen auf die damit – für sich gesehen nicht abdingbare – Haftung des ausführenden Frachtführers gem. § 437 haben, → § 437 Rn. 27.

20 **r) § 438.** Von den Regelungen des § 438 hängt die Geltendmachung der Ersatzansprüche gem. §§ 425 ff. ab; von ihnen kann daher nur im Rahmen des § 449 abgewichen werden.[47]

21 **s) § 445 Abs. 3, § 446 Abs. 2.** Die Unabdingbarkeit der Haftung des Frachtführers gem. § 445 Abs. 3, § 446 Abs. 2 gilt nach **§ 449 Abs. 1 S. 2** im Interesse des Erhalts der Umlauffähigkeit des Ladescheins gegenüber dem im Ladeschein benannten Empfänger sowie gegenüber einem Dritten, dem der Ladeschein übertragen wurde, unabhängig davon, ob der Dritte dabei gutgläubig war.[48] Wegen der Bezugnahme des **§ 449 Abs. 2** auch auf § 449 Abs. 1 S. 2 kann von dem bei Verlust und Beschädigung des Gutes geltenden gesetzlichen Höchstbetrag der Haftung allerdings auch im Ladeschein mit Wirkung für und gegen die aus dem Ladeschein berechtigten Personen abgewichen werden.[49] Da § 449 Abs. 3 für den Verbraucher keine von § 449 Abs. 1 S. 2 abweichende Regelung trifft, gilt diese Bestimmung sowohl zu Gunsten als auch zu Lasten des Verbrauchers.[50]

22 **3. Abdingbarkeit der Verjährungsregeln (§ 439 Abs. 4).** Für Vereinbarungen hinsichtlich der Verjährung gilt die dem § 449 vorgehende spezielle Regelung des § 439 Abs. 4 (→ § 439 Rn. 28). Danach kann die Verjährung von Schadensersatzansprüchen wegen Verlust oder Beschädigung des Gutes oder wegen Überschreitung der Lieferfrist nur durch eine qualifizierte Individualvereinbarung erleichtert oder erschwert werden.[51] Soweit andere Ansprüche betroffen sind, besteht nach dem insoweit geänderten § 439 Abs. 4 nunmehr Vertragsfreiheit.[52]

23 **4. Vereinbarungen bei Beförderung von Briefen und briefähnlichen Sendungen (§ 449 Abs. 1 S. 1 aE).** Wegen der Besonderheiten des postalischen Massenverkehrs (→ Rn. 1) sind bei Briefen und briefähnlichen Sendungen **Abweichungen** von den Haftungsbestimmungen des HGB sowohl durch Individualvereinbarungen als auch durch AGB auch zu Lasten des Verbrauchers **zulässig, soweit** sie sich **im Rahmen der §§ 138, 242, 305 ff. BGB** oder des **PostG** und der

---

[41] Staub/*Otte* Rn. 54; aA *Harms* FS Thume, 2008, 173 (176).

[42] → § 435 Rn. 19; *Andresen*/Valder § 435 Rn. 25; Staub/*Otte* Rn. 54; aA *Koller* Rn. 26 und § 435 Rn. 23.

[43] AA OLG München Urt. v. 26.10.2017 – 23 U 1699/17, TranspR 2018, 56 (57) = RdTW 2018, 278, nach dessen Ansicht die Wirksamkeit der Bestimmung in den AGB des Absenders, nach der der Frachtführer nur bewachte Parkplätze anfahren durfte, nicht an § 449 Abs. 1 S. 1 HGB, sondern (erst) an § 305c Abs. 1 BGB scheiterte, weil der Absender in den der Auftragserteilung vorangegangenen Telefonaten den Frachtführer nicht auf diese für dessen Kalkulation maßgebliche Bestimmung hingewiesen hatte.

[44] Vgl. zur Unwirksamkeit eines formularmäßigen Verzichts des Absenders, der nicht Verbraucher ist, auf die Durchführung von Schnittstellenkontrollen durch den Frachtführer OLG Düsseldorf Urt. v. 31.5.2006 – 18 U 205/05, TranspR 2006, 349 f. = VersR 2007, 667.

[45] *Andresen*/Valder § 436 Rn. 11; *Koller* Rn. 27; aA Staub/*Otte* Rn. 55.

[46] *Koller* Rn. 28 mit der Einschränkung, dass eine (allerdings nur theoretisch mögliche) im Einzelnen ausgehandelte Vereinbarung zwischen dem (Ur-)Absender und dem ausführenden Frachtführer zu beachten wäre; aA OLG München Urt. v. 13.9.2017 – 7 U 4585/16, TranspR 2019, 30 (33 f.) = RdTW 2018, 71.

[47] *Koller* Rn. 29; *Andresen*/Valder § 438 Rn. 28; Staub/*Otte* Rn. 57.

[48] MüKoHGB/*C. Schmidt* Rn. 34 mit Hinweis auf die Begründung des Regierungsentwurfs des SRG, BT-Drs. 17/10309, 59; *Koller* Rn. 30 iVm 64 f.; Staub/*Otte* Rn. 84.

[49] MüKoHGB/*C. Schmidt* Rn. 35; Staub/*Otte* Rn. 85.

[50] Staub/*Otte* Rn. 85 aE; *Krins*, Der Umfang des zwingenden Charakters des deutschen Transportrechts, 2012, 95.

[51] *Koller* Rn. 74; MüKoHGB/*C. Schmidt* Rn. 46; Staub/*Otte* Rn. 4 und 59.

[52] Vgl. Begründung des Regierungsentwurfs des SRG, BT-Drs. 17/10309, 56.

Postdienstleistungsverordnung[53] halten.[54] Bei den Begriffen des Briefs und der briefähnlichen Sendung wird in § 449 auf das PostG Bezug genommen.[55] **Briefähnliche Sendungen** sind daher den Briefen nach der Art ihrer Versendung ähnliche Güter wie etwa Infopost, Postwurfsendungen, Zeitungen und Zeitschriften sowie auch Päckchen, nicht dagegen Pakete und sonstige Frachtpost, da deren Beförderung der Güterbeförderung näher steht als dem postalischen Massenverkehr.[56] Die Regelung war unproblematisch, solange der Post noch ein Monopol zustand, da insoweit die zwingenden Vorschriften der Postdienstleistungsverordnung galten. Im Übrigen sollte die Vorschrift aber restriktiv ausgelegt und daher nur insoweit angewandt werden, als die spezifischen Besonderheiten des postalischen Massenverkehrs zum Tragen kommen, dh die Einlieferung der Sendung ohne Aufnahme eines direkten Kontakts zwischen dem Kunden und dem Frachtführer erfolgt und der aus dem Verlust erwachsende Schaden typischerweise gering ist.[57] Im Hinblick darauf sind bei Briefen und briefähnlichen Sendungen **durchgängige Ein- und Ausgangskontrollen nicht erforderlich;**[58] notwendig, aber auch ausreichend sind **Stichproben** in einem Umfang, der einen aussagekräftigen Rückschluss auf die Risiken der Transportorganisation ermöglicht, wobei die Kontrolldichte den Verlustrisiken entsprechen muss.[59] Als **nicht unangemessen** angesehen wurden **Beschränkungen der Haftung der Post bei Briefsendungen auf 50 DM** gem. § 6 Abs. 3 ihrer AGB „Briefdienst Inland"[60] und **bei Frachtsendungen auf 1.000 DM** gem. § 6 Abs. 3 ihrer AGB „Frachtdienst Inland"[61] sowie der **Haftungsausschluss im Falle der Versendung von Verbotsgut** gem. § 2 Abs. 4 ihrer AGB „Briefdienst Inland".[62]

5. Sonstige Abreden. Von § 449 Abs. 1 **unberührt** bleiben sämtliche in einem Frachtvertrag **24** zwischen einem Frachtführer und einem Verbraucher getroffene **Abreden, die den** nach den vorstehenden Ausführungen **zwingenden Schutz des Verbrauchers unangetastet** lassen oder diesen Schutz durch für den Verbraucher vorteilhafte Abweichungen von der gesetzlichen Regelung sogar noch **erweitern.**[63] Ebenfalls unberührt bleiben Vereinbarungen, die im Hinblick auf einen bereits eingetretenen Schaden getroffen werden.[64]

III. Schutz von Unternehmern nach Abs. 1 und 2

1. Allgemeines. Soweit es sich bei dem **Absender** nicht um einen Verbraucher iSd § 449 Abs. 3 **25** HGB, § 13 BGB (→ Rn. 1), sondern ebenfalls um einen **Unternehmer** iSd § 14 BGB handelt, kann von den in § 449 Abs. 1 S. 1 genannten Vorschriften in dem in § 449 Abs. 1 geregelten Umfang durch (qualifizierte) Individualvereinbarungen (→ Rn. 26–32) und in dem in § 449 Abs. 2 geregelten Umfang auch durch AGB abgewichen werden (→ Rn. 33–37). Für in Bezug auf die **Beförderung von Briefen und briefähnlichen Sendungen,** hinsichtlich der **Verjährung** sowie für **Vereinbarungen im Hinblick auf bereits eingetretene Schäden** gelten dieselben Grundsätze wie im Fall des § 449 Abs. 3.[65] Ebenso wirken Abweichungen von den **§ 445 Abs. 3, § 446 Abs. 2** auch in den Fällen des § 449 Abs. 1 und 2 nicht zu Lasten gutgläubiger Dritter; denn deren Schutz kann nicht davon abhängen, ob das Gut von einem Verbraucher oder von einem Unternehmer abgesendet worden ist.[66]

---

[53] Vom 21.8.2001 (BGBl. 2001 I 2178), geändert durch Art. 170 des Gesetzes zum Abbau verzichtbarer Anordnungen der Schriftform im Verwaltungsrecht des Bundes (BGBl. 2017 I 626 [651]) – PDLV.

[54] Vgl. *Koller* Rn. 44, 47 und 70; MüKoHGB/*C. Schmidt* Rn. 53; Staub/*Otte* Rn. 11; *Ramming* TranspR 2010, 397 f.; *Krins,* Der Umfang des zwingenden Charakters des deutschen Transportrechts, 2012, 96 f. mwN.

[55] Vgl. Begründung des Regierungsentwurfs des TRG, BT-Drs. 13/8445, 86; Staub/*Otte* Rn. 8.

[56] Vgl. BGH Urt. v. 1.12.2005 – I ZR 103/04, TranspR 2006, 169 (171) = NJW-RR 2006, 758 Rn. 28; Urt. v. 1.12.2005 – I ZR 108/08, TranspR 2006, 171 (174); Urt. v. 16.11.2006 – I ZR 257/03, TranspR 2007, 161 (164) = VersR 2007, 1539 = NJW 2007, 1809; OLG Köln Urt. v. 5.8.2003 – 3 U 28/03, TranspR 2004, 28 (30) = VersR 2003, 1598; *Koller* Rn. 44; MüKoHGB/*C. Schmidt* Rn. 54 f. mwN; Staub/*Otte* Rn. 8; aA in Bezug auf Päckchen *Andresen/Valder* Rn. 11.

[57] Vgl. BGH Urt. v. 1.12.2005 – I ZR 103/04, TranspR 2006, 169 (171) = NJW-RR 2006, 758 Rn. 28; OLG Köln Urt. v. 8.4.2003 – 3 U 146/02, VersR 2003, 1148 (1149); OLG Stuttgart Urt. v. 19.11.2003 – 3 U 137/03, NJW-RR 2004, 610 (612); Urt. v. 14.1.2004 – 3 U 148/03, TranspR 2005, 27 (29); OLG Nürnberg Urt. v. 1.9.2004 – 12 U 1603/04, NJW-RR 2005, 183 (184); *Koller* Rn. 45; MüKoHGB/*C. Schmidt* Rn. 53; Staub/*Otte* Rn. 10.

[58] BGH Urt. v. 14.6.2006 – I ZR 136/03, TranspR 2006, 348 f. = VersR 2007, 273 Rn. 15 = NJW-RR 2007, 96; Urt. v. 26.4.2007 – I ZR 70/04, TranspR 2007, 464 (465 f.).

[59] *Helmrich* TranspR 2007, 188 (191) mwN.

[60] Vgl. LG Hamburg Urt. v. 2.7.1999 – 303 O 100/99, TranspR 2001, 445 (447) = NJW-RR 2000, 653.

[61] Vgl. LG Bad Kreuznach Urt. v. 18.6.2002 – 1 S 195/01, TranspR 2002, 442 (443).

[62] Vgl. LG Hamburg Urt. v. 15.6.2001 – 303 S 4/01, TranspR 2001, 445.

[63] Vgl. *Koller* Rn. 76; Baumbach/Hopt/*Merkt* Rn. 1; MüKoHGB/*C. Schmidt* Rn. 49; Staub/*Otte* Rn. 87.

[64] *Koller* Rn. 78; Staub/*Otte* Rn. 92.

[65] Vgl. *Koller* Rn. 44–47 und 70, Rn. 31 und 74 sowie Rn. 78; vgl. zu entsprechenden Vereinbarungen → Rn. 23, 22 und 24.

[66] → Rn. 21.

Die Bestimmungen des § 449 Abs. 1 und 2 sind, soweit sie abweichende Individualvereinbarungen und in gewissem Umfang auch abweichende Regelungen in AGB zulassen, einerseits weiter, andererseits aber auch enger als § 449 Abs. 3; denn sie gelten – anders als diese Vorschrift (→ Rn. 2) – nach ihrem eindeutigen und damit einer gegenteiligen Auslegung entgegenstehenden Wortlaut grundsätzlich[67] bei jeder Abweichung von der gesetzlichen Regelung und wirken deshalb ggf. auch zugunsten des AGB-Verwenders.[68] Soweit Vereinbarungen gem. § 449 Abs. 1 oder 2 unwirksam sind, ist wegen der Nähe dieser Bestimmung zur AGB-Kontrolle **§ 306 BGB entsprechend** heranzuziehen. Dementsprechend treten, sofern dadurch keine unzumutbare Härte entsteht, an die Stelle der unwirksamen Abreden die gesetzlichen Vorschriften, von denen nicht abgewichen werden kann, und bleibt der Vertrag im Übrigen wirksam.[69]

26   **2. Im Einzelnen ausgehandelte Vereinbarung (Abs. 1). a) Anwendungsbereich.** Die Bestimmung des § 449 Abs. 1 lehnt sich, soweit sie eine im Einzelnen ausgehandelte Vereinbarung voraussetzt, an die früher in § 1 Abs. 2 AGBG und nunmehr in § 305 Abs. 1 S. 3 BGB enthaltene Regelung an.[70] Sie verlangt aber – insoweit abweichend von § 305 Abs. 1 S. 1 BGB – nicht, dass diese Vereinbarung nicht für eine Vielzahl von Verträgen vorformuliert ist, sondern **lässt** im Gegenteil ausdrücklich auch für eine Mehrzahl von gleichartigen Verträgen zwischen denselben Vertragspartnern getroffene **(Rahmen-)Vereinbarungen zu,** sofern diese ihrerseits im Einzelnen ausgehandelt worden sind.[71] Nicht darunter fallen vorformulierte Vertragsbedingungen, die – wie etwa die ADSp – von Vereinigungen der beteiligten Wirtschaftskreise erarbeitet worden sind.[72]

27   **b) Aushandeln.** Ein Aushandeln setzt voraus, dass beide Parteien nicht nur die Angemessenheit der vom Gesetz abweichenden Vereinbarung geprüft und abgewogen, sondern auch die **ernsthafte und reale Möglichkeit** besessen haben, **auf deren Inhalt Einfluss zu nehmen.**[73] Diese Möglichkeit kann im Einzelfall im Hinblick auf Umstände wie den Zeitdruck,[74] die wirtschaftliche Unterlegenheit des einen Teils und/oder den Aufwand fehlen, den das Aushandeln erforderte.[75] Sie ist aber andererseits – schon wegen der sonst eintretenden unverhältnismäßigen Beschränkung der durch Art. 2 Abs. 1 GG geschützten Vertragsfreiheit – **nicht nur bei gleich starken, umfassend informierten und unter keinem Zeitdruck stehenden Parteien zu bejahen**[76] und auch **nicht schon deshalb zu verneinen, weil das Ergebnis der Verhandlungen rechtlich unangemessen oder wirtschaftlich unausgewogen oder durch finanzielle oder sonstige Zugeständnisse erkauft oder durch die Drohung,** die Vertragsverhandlungen anderenfalls abzubrechen, **erzwungen worden ist.**[77] Eine Korrektur unangemessener Ergebnisse hat vielmehr ggf. nach den allgemeinen Vorschriften wie insbesondere gem. §§ 123, 134, 138 oder 242 BGB zu erfolgen.[78] In **Grenzfällen** ist insbesondere zu berücksichtigen, dass Unternehmer eher ihre Wahlmöglichkeiten erkennen und Gegenvorschläge machen können.[79]

28   Das Erfordernis des Aushandelns ist im Übrigen **auf den im jeweiligen Einzelfall in Rede stehenden Vertrag oder Rahmenvertrag bezogen** zu sehen und daher unabhängig davon zu beurteilen, ob die betreffende Klausel bereits zuvor im Verhältnis der Parteien zueinander und/oder zu Dritten verwendet oder ausgehandelt worden ist.[80] Allerdings bedarf es, je häufiger die Parteien bereits

---

[67] Anders aber § 449 Abs. 2 S. 1 Nr. 2; vgl. dazu *Koller* Rn. 52.

[68] Vgl. BGH Beschl. v. 30.7.2015 – I ZR 210/14, TranspR 2015, 381 = RdTW 2015, 435 Rn. 7; *Koller* Rn. 48–51 und 53–62; MüKoHGB/*C. Schmidt* Rn. 28 mwN.

[69] OLG Köln Urt. v. 5.8.2003 – 3 U 28/03, TranspR 2004, 28 (30) = VersR 2003, 1598; *Koller* Rn. 63; *Heymann/Schlüter* Rn. 23; *Oetker/Paschke* Rn. 13; MüKoHGB/*C. Schmidt* Rn. 48 mwN.

[70] Vgl. Begründung des Regierungsentwurfs des TRG, BT-Drs. 13/8445, 87; BGH Urt. v. 1.12.2005 – I ZR 103/04, TranspR 2006, 169 (171) = NJW-RR 2006, 758 Rn. 26; *Staub/Otte* Rn. 23.

[71] Vgl. Begründung des Regierungsentwurfs des TRG, BT-Drs. 13/8445, 87; OLG Hamburg Urt. v. 29.1.2004 – 6 U 175/03, NJW-RR 2004, 1038 (1039); *Koller* Rn. 33 f.; *Staub/Otte* Rn. 23.

[72] Vgl. Begründung des Regierungsentwurfs des TRG, BT-Drs. 13/8445, 87; BGH Urt. v. 23.1.2003 – I ZR 174/00, BGHZ 153, 308 (310 f.) = TranspR 2003, 119 (120) = VersR 2003, 621 = NJW 2003, 1397; *Koller* Rn. 41; MüKoHGB/*C. Schmidt* Rn. 16; *Staub/Otte* Rn. 23.

[73] Vgl. MüKoHGB/*C. Schmidt* Rn. 18; *Oetker/Paschke* Rn. 5; *Staub/Otte* Rn. 24; *Koller* Rn. 35 mwN; *Maurer* TranspR 2018, 229 (232). Zu § 305 Abs. 1 S. 3 BGB vgl. *Pfeiffer* in Wolf/Lindacher/Pfeiffer BGB § 305 Rn. 38–40; UBH/*Ulmer/Habersack* BGB § 305 Rn. 48 mwN.

[74] Vgl. *Pfeiffer,* Das Aushandeln im Transportrecht, 2004, 284; *Staub/Otte* Rn. 25.

[75] Vgl. *Wackerbarth* AcP 200 (2000), 45 (51 ff.); *Lischeck/Mahnken* ZIP 2007, 158 (162); *Staub/Otte* Rn. 25; *Koller* Rn. 35 mwN in Fn. 60 und 61.

[76] Vgl. Begründung des Regierungsentwurfs des TRG, BT-Drs. 13/8445, 86 f.; *Canaris* § 31 Rn. 33, 35 und 41; *Staub/Otte* Rn. 26; *Koller* Rn. 35 und 39 mwN; *Maurer* TranspR 2018, 229 (232).

[77] Vgl. BGH Urt. v. 6.12.2002 – V ZR 220/02, BGHZ 153, 148 (152) = NJW 2003, 1313 (1314); *Wolf* WPK-Mitt. 1998, 197 (199); *Andresen/Valder* Rn. 17; *Koller* Rn. 35.

[78] *Staub/Otte* Rn. 26.

[79] *Koller* Rn. 37.

[80] *Canaris* § 31 Rn. 34; *Koller* Rn. 35 aE; *Staub/Otte* Rn. 27.

individuelle Abweichungen vereinbart haben, für die Bejahung einer Individualvereinbarung umso weniger eingehender Erörterungen, und sind daher Bezugnahmen auf früher gefundene Lösungen umso eher auch als ausgehandelt anzusehen.[81]

Eine **vorformulierte Klausel** braucht nur insoweit zur Disposition gestellt zu werden, als sie **von 29 der gesetzlichen Regelung abweicht.**[82] In diesem Umfang aber muss **Verhandlungsbereitschaft unzweideutig angezeigt** und die andere Partei, sofern die gefundene Formulierung mit ihr nicht im Einzelnen erörtert wurde, zumindest über **Inhalt und Tragweite der Abweichung voll informiert** werden[83] oder immerhin zu einer solchen Information ohne weiteres in der Lage gewesen sein.[84] Wenn zwischen der gesetzlichen Regelung und einer bestimmten abweichenden Regelung gewählt werden kann, ist diese daher nur dann ausgehandelt worden, wenn sie erkennbar verhandelbar war.[85]

Kein Aushandeln liegt vor, wenn die durch die Abweichung von der gesetzlichen Regelung 30 begünstigte Partei von vornherein planmäßig eine ganz bestimmte Regelung anstrebt und **denkbare Alternativen einfach beiseiteschiebt**[86] oder mit einem **Übel droht, das über den Abbruch der geführten Vertragsverhandlungen hinausgeht,**[87] wenn eine von der gesetzlichen Regelung abweichende Klausel durch ihre Streichung lediglich durch eine **andere Klausel** ersetzt werden kann, die **ihrerseits ebenfalls von der gesetzlichen Regelung abweicht,**[88] oder wenn im Verlauf der Vertragsverhandlungen ergänzungsbedürftige Formulare ausgefüllt werden, soweit es sich um **unselbständige Ergänzungen** handelt, **die den sachlichen Gehalt der Regelung nicht beeinflussen.**[89] Dasselbe gilt grundsätzlich auch dann, wenn der andere Teil in einem Formular lediglich zwischen **unterschiedlichen Abweichungen von der im Gesetz vorgesehenen Regelung** wählen kann[90] oder der **vorformulierte Text** für die Ergänzung der Klausel einen Vorschlag enthält, der nach der Gestaltung des Formulars derart im Vordergrund steht, dass er **die anderen Wahlmöglichkeiten praktisch verdrängt.**[91]

Ein **Aushandeln** liegt dagegen vor, wenn die individuell ausgehandelten Ergänzungen den wesent- 31 lichen Inhalt der Klausel festlegen und die daher in dieser Hinsicht bestehende **Wahlfreiheit** auch nicht durch die suggestive Gestaltung des Formulars überlagert wird,[92] wenn ein Vertragsformular im Hinblick auf ein wesentliches Element einer AGB-festen Vorschrift wie etwa der Dauer der Verjährungsfrist ergänzungsbedürftig ist und der andere Teil es nach freier Wahl ergänzen kann[93] oder wenn dem anderen Teil formularmäßig vom Gesetz abweichende Alternativen mit entsprechenden Konsequenzen für den Preis angeboten werden.[94] Selbst die unveränderte Übernahme vorformulierter Abweichungen von AGB-festen Vorschriften beruht auf einem Aushandeln, wenn derjenige, der die Abweichung vorgeschlagen hat, deren Inhalt deutlich erkennbar und ernsthaft zum Gegenstand von Verhandlungen gemacht hat.[95] Das bloße Aushändigen von Broschüren oder Merkblättern genügt hierfür allerdings regelmäßig nicht.[96] Der andere Teil braucht das Verhandlungsangebot nicht auf-

---

[81] *Pfeiffer* in Wolf/Lindacher/Pfeiffer BGB § 305 Rn. 41; *Koller* Rn. 36; Staub/*Otte* Rn. 27.

[82] Vgl. BGH Urt. v. 16.7.1998 – VII ZR 9/97, NJW 1998, 3488 (3489); *Koller* Rn. 36; Staub/*Otte* Rn. 24; missverständlich BGH Urt. v. 1.12.2005 – I ZR 108/04, TranspR 2006, 171 (173).

[83] Vgl. *Wolf* WPK-Mitt. 1998, 197 (199); *Pfeiffer*, Das Aushandeln im Transportrecht, 2004, 247 ff.; *Koller* Rn. 36; Staub/*Otte* Rn. 24.

[84] *Koller* Rn. 36; Staub/*Otte* Rn. 24; aA wohl *Pfeiffer*, Das Aushandeln im Transportrecht, 2004, 283.

[85] OLG Hamburg Urt. v. 29.1.2004 – 6 U 175/03, NJW-RR 2004, 1038 (1039); Staub/*Otte* Rn. 24; *Koller* Rn. 37 aE mwN.

[86] Vgl. KG Urt. v. 29.1.1998 – 2 U 3677/97, KG-Rep 1998, 140 (141); *Koller* Rn. 36; Staub/*Otte* Rn. 28.

[87] *Koller* Rn. 36; Staub/*Otte* Rn. 28.

[88] OLG Karlsruhe Urt. v. 8.11.1996 – 15 U 220/95, TranspR 1997, 241 (244); *Koller* Rn. 36 aE; Staub/*Otte* Rn. 28.

[89] Vgl. BGH Urt. v. 13.11.1997 – X ZR 135/95, NJW 1998, 1066 (1067); *Koller* Rn. 37; MüKoHGB/*C. Schmidt* Rn. 18 mwN.

[90] Vgl. BGH Urt. v. 1.12.2005 – I ZR 103/04, TranspR 2006, 169 (171) = NJW-RR 2006, 758 Rn. 26; Urt. v. 1.12.2005 – I ZR 108/04, TranspR 2006, 171 (173 f.); *Koller* Rn. 37; MüKoHGB/*C. Schmidt* Rn. 18; Staub/*Otte* Rn. 28 und 29, jeweils mwN.

[91] Vgl. BGH Urt. v. 13.11.1997 – X ZR 135/95, NJW 1998, 1066 (1068); Urt. v. 6.12.2002 – V ZR 220/02, BGHZ 153, 148 (151) = NJW 2003, 1313 (1314); *Koller* Rn. 37; Staub/*Otte* Rn. 28 und 29.

[92] Vgl. BGH Urt. v. 6.12.2002 – V ZR 220/02, BGHZ 153, 148 (151) = NJW 2003, 1313 (1314); *Koller* Rn. 37.

[93] Vgl. BGH Urt. v. 13.11.1997 – X ZR 135/95, NJW 1998, 1066 (1067); OLG Frankfurt a. M. Urt. v. 24.7.1997 – 1 U 45/96, NJW-RR 1997, 1485; *Koller* Rn. 37.

[94] Vgl. BGH Urt. v. 13.11.1997 – X ZR 135/95, NJW 1998, 1066 (1067); Urt. v. 6.12.2002 – V ZR 220/02, BGHZ 153, 148 (151) = NJW 2003, 1313 (1314); *Fremuth* in Fremuth/Thume TranspR Rn. 28; Staub/*Otte* Rn. 29; *Koller* Rn. 37 mwN.

[95] Vgl. BGH Urt. v. 27.3.1991 – IV ZR 90/90, VersR 1991, 692 = NJW 1991, 1678; OLG München Urt. v. 13.9.2017 – 7 U 4585/16, TranspR 2019, 30 (33) = RdTW 2018, 71; *Canaris* § 31 Rn. 33; *Koller* Rn. 38 mwN; Andresen/*Valder* Rn. 19; Staub/*Otte* Rn. 29; MüKoHGB/*C. Schmidt* Rn. 18 mwN; *Basedow* TranspR 1998, 58 (63 f.); *Berger* ZIP 2006, 2149 (2153); einschränkend *Fremuth* in Fremuth/Thume TranspR Rn. 22 und 24; aA KG Urt. v. 29.1.1998 – 2 U 3677/97, KG-Rep 1998, 140 (141); *Temme* FG Herber, 1999, 197 (205).

[96] OLG Stuttgart Urt. v. 14.1.2004 – 3 U 148/03, TranspR 2005, 27 (30); *Koller* Rn. 38; Staub/*Otte* Rn. 29.

gegriffen zu haben;[97] er darf aber nicht intellektuell außerstande gewesen sein, das Angebot auf-
zugreifen und seine gegenläufigen Interessen ins Spiel zu bringen.[98] Er braucht allerdings weder
wirtschaftlich in der Lage gewesen zu sein, die ihm am besten erscheinende Regelung durchzusetzen,[99]
noch von der Sachgerechtigkeit der von seinem Vertragspartner vorgeschlagenen Gesetzesabweichung
überzeugt gewesen zu sein.[100] Ein Aushandeln kann im Übrigen auch dann vorliegen, wenn die
Abweichung vom Gesetz zwar vom einen Teil für unverzichtbar erklärt, unter sachlicher Behandlung
der Gegenvorschläge des anderen Teils aber gründlich erörtert worden ist und der andere Teil sich mit
ihr etwa im Hinblick auf ihm gemachte individuelle Zugeständnisse ausdrücklich einverstanden erklärt
hat.[101]

32   **c) Beweislast.** Der **Nachweis für das Aushandeln** der abweichenden Vereinbarung ist nach den
allgemeinen Grundsätzen von demjenigen zu führen, **der sich auf diese Vereinbarung beruft,** und
wird, wenn keine Zeugen zur Verfügung stehen und auch die Vertragsurkunde in dieser Hinsicht keine
Rückschlüsse zulässt, wegen der an die Beweisführung angesichts des Schutzzwecks der Norm zu
stellenden **strengen Anforderungen** regelmäßig nur dann gelingen, wenn Aufzeichnungen über das
Entstehen der Vereinbarung wie etwa schriftliche Vertragsentwürfe, Gegenvorschläge oder auch (in
zulässiger Weise gefertigte) Tonaufzeichnungen zur Verfügung stehen.[102] Die Unterzeichnung einer
Erklärung, dass bestimmte Klauseln Gegenstand individueller Verhandlungen waren, stellt
insoweit **grundsätzlich kein Indiz** dar.[103] Dies gilt allerdings dann nicht, wenn die insoweit nicht
beweisbelastete Partei die Verhandlungsbereitschaft des anderen Teils, die Erörterungen und den
Wunsch, die Klausel zu übernehmen, von sich aus oder in einer individuell getroffenen Vereinbarung
bestätigt hat.[104] Nicht ohne Beweiswert ist auch das Schweigen auf ein kaufmännisches Bestätigungsschreiben, in dem das Aushandeln einer Abrede festgestellt wird.[105] Die nachträgliche Änderung eines
vorformulierten Texts stellt jedenfalls dann ein Indiz für ein Aushandeln dar, wenn diejenige Partei sie
vorgenommen hat, zu deren Lasten diese Änderung gegangen ist.[106] Wenn Elemente einer Klausel bei
den Vertragsverhandlungen abgeändert worden sind, ist zu vermuten, dass die Parteien auch den
übrigen Inhalt der Klausel in ihre Überlegungen mit einbezogen haben, wenn ein enger inhaltlicher
Zusammenhang zwischen dem geänderten Teil der Klausel und deren nicht geänderten Teil besteht.[107]
Entsprechendes wird auch dann gelten, wenn einzelne von mehreren in einem solchen Zusammenhang
stehenden Klauseln bei den Vertragsverhandlungen geändert worden sind.[108] Das Vorliegen einer der
Annahme eines Aushandelns entgegenstehenden planmäßigen Strategie lässt sich, wenn die Anzahl der
in Betracht kommenden Alternativen gering ist, nur durch den Nachweis dartun, dass der Inhalt der
Klausel und die Anzahl der Fälle, in denen diese vom anderen Teil verwendet wurde, gegen ein
Aushandeln sprechen.[109] **Unterschiedliche Marktmachtverhältnisse** können je nach den Umständen des Einzelfalls ein Indiz für das Fehlen eines freien Aushandelns darstellen.[110]

33   **3. Allgemeine Geschäftsbedingungen (Abs. 2). a) Reichweite der Vorschriften.** Wenn der
Absender kein Verbraucher ist, kann die vom Frachtführer wegen Verlust oder Beschädigung des
Gutes gem. § 425 Abs. 1 oder gem. § 445 Abs. 3, § 446 Abs. 2 zu leistende Entschädigung nach
§ 449 Abs. 2 S. 1 in dem dort vorgesehenen Rahmen auch durch nicht erst im Einzelnen aus-
gehandelte, sondern bereits vorformulierte Vertragsbedingungen auf einen anderen als den in § 431
Abs. 1 und 2 vorgesehenen Betrag begrenzt werden. Nach dieser – insoweit von ihrem Wortlaut her

---

[97] Vgl. *Berger* ZIP 2006, 2149 (2153); *Lischeck/Mahnken* ZIP 2007, 158 (161 f.); *Koller* Rn. 38; Andresen/*Valder*
Rn. 19; Staub/*Otte* Rn. 29; aA OLG München Urt. v. 2.4.1982 – 23 U 4208/81, DB 1982, 1003 (1004).
[98] *Koller* Rn. 39; Staub/*Otte* Rn. 29.
[99] *Koller* Rn. 39; Andresen/*Valder* Rn. 24; Staub/*Otte* Rn. 29.
[100] BGH Urt. v. 6.12.2002 – V ZR 220/02, BGHZ 153, 148 (152 f.) = NJW 2003, 1313 (1314); *Koller* Rn. 39;
Staub/*Otte* Rn. 29.
[101] Vgl. BGH Urt. v. 26.2.1992 – XII ZR 129/90, NJW 1992, 2283 (2285); *Koller* Rn. 40; Staub/*Otte* Rn. 29;
Canaris § 31 Rn. 33; *Wackerbarth* AcP 200 (2000), 45 (83 f.); krit. *Schuhmann* JZ 1998, 127 (129); *Temme* FG Herber,
1999, 197 (204).
[102] Vgl. Begründung des Regierungsentwurfs des TRG, BT-Drs. 13/8445, 87; BGH Beschl. v. 30.7.2015 – I ZR
210/14, TranspR 2015, 381 = RdTW 2015, 435 Rn. 7; OLG München Urt. v. 13.9.2017 – 7 U 4585/16, TranspR
2019, 30 (33 f.) = RdTW 2018, 71; *Koller* Rn. 42; Andresen/*Valder* Rn. 23 f.; MüKoHGB/*C. Schmidt* Rn. 20;
Oetker/*Paschke* Rn. 6; Staub/*Otte* Rn. 30 f.; *Basedow* TranspR 1998, 58 (64).
[103] Vgl. BGH Urt. v. 28.1.1987 – IVa ZR 173/85, BGHZ 99, 374 (375 ff.) = NJW 1987, 1634 f.; *Koller* Rn. 42;
Andresen/*Valder* Rn. 24; MüKoHGB/*C. Schmidt* Rn. 19; Staub/*Otte* Rn. 31; *Basedow* TranspR 1998, 58 (64).
[104] *Koller* Rn. 42; Staub/*Otte* Rn. 31; *Basedow* TranspR 1998, 58 (59).
[105] *Koller* Rn. 42; Andresen/*Valder* Rn. 24; Staub/*Otte* Rn. 31.
[106] Vgl. *Koller* Rn. 42 mwN; Staub/*Otte* Rn. 30; aA OLG Frankfurt a. M. Urt. v. 26.11.1986 – 21 U 5/86, NJW-
RR 1987, 548.
[107] *Koller* Rn. 36; Staub/*Otte* Rn. 30.
[108] *Koller* Rn. 36 aE mwN.
[109] *Koller* Rn. 42; Staub/*Otte* Rn. 32.
[110] HK-HGB/*Ruß* Rn. 9; Staub/*Otte* Rn. 32; aA Andresen/*Valder* Rn. 24; nicht eindeutig *Koller* Rn. 35 bei
Fn. 60 einerseits und Rn. 39 bei Fn. 110 und 111 andererseits.

eindeutigen und **mangels einer planwidrigen Regelungslücke** auch **nicht im Wege der Analogie zu erweiternden** – (Ausnahme-)**Bestimmung** kann daher in vorformulierten Vertragsbedingungen nicht – auch nicht zugunsten des anderen Teils – von der gesetzlichen Regelung abgewichen werden, nach der außer bei qualifiziertem Verschulden iSd § 435 gem. § 429 **nur Wertersatz zu leisten** und gem. § 431 Abs. 1 und 2 der **Haftungshöchstbetrag nach dem Rohgewicht der Sendung und dem Grad ihrer Entwertung zu bemessen** ist.[111] Durch vorformulierte Vertragsbedingungen kann mithin auch weder von der sich aus dem Gesetz ergebenden Beweislastverteilung noch von den sonstigen in den §§ 425–428 enthaltenen Regelungen abgewichen noch die Haftungshöchstsumme bei Lieferfristüberschreitungen (§ 431 Abs. 3) und sonstigen Vertragsverletzungen (§ 433) heraufgesetzt werden.[112] Auf die Durchführung von **Schnittstellenkontrollen** durch den Frachtführer **verzichten** kann der Absender, der kein Verbraucher isv § 449 Abs. 3, § 13 BGB ist, daher **nur individualvertraglich,**[113] **nicht** dagegen **formularvertraglich.**[114] Ebenfalls nicht zulässig ist die Festlegung eines Haftungshöchstbetrags in einer anderen als der in § 431 Abs. 4 im Einzelnen festgelegten Rechnungseinheit des **Sonderziehungsrechts des IWF;** denn der Vertragspartner des Verwenders soll ohne weitere Nachprüfungen feststellen können, ob der festgelegte Betrag den gesetzlich vorgegebenen Haftungskorridor einhält.[115] Indirekt wirkt sich die Änderung der bei einem Güterschaden zu zahlenden Haftungshöchstsumme allerdings durchaus auch auf die Haftungshöchstsumme gem. § 433 und die Beschränkung der außervertraglichen Ansprüche gem. § 434 aus.[116] Die Regelung des § 449 Abs. 2 S. 1 kann auch nicht auf die bei Ablieferung ohne Einziehung der Nachnahme bestehende Haftung des Frachtführers gem. § 422 Abs. 3 entsprechend angewandt werden; denn sie geht von einer am Gewicht des Gutes orientierten Haftungsbeschränkung aus, die dem § 422 Abs. 3 fremd ist.[117]

Im selben Umfang wie bei einem Güterschaden kann die Haftungshöchstsumme dagegen, da § 413 **34** Abs. 2 S. 2 insoweit auf § 429 und § 431 Abs. 1 und 2 verweist, auch die Haftung des Frachtführers gem. **§ 413 Abs. 2** wegen Verlust, Beschädigung oder unrichtiger Verwendung von Begleitpapieren beschränkt werden.[118] Nach dem neuen **§ 449 Abs. 2 S. 2,** der an die Stelle des § 449 Abs. 2 S. 3 aF getreten ist, können die Vertragsparteien auch die vom Absender nach § 414 zu leistende Entschädigung beschränken. Diese Regelung trägt dem Umstand Rechnung, dass die Haftung des Absenders gem. § 414 nicht mehr – wie in § 414 Abs. 1 S. 2 aF bestimmt gewesen war – summenmäßig beschränkt ist.[119] Für **Abweichungen von den gesetzlichen Voraussetzungen für die Haftung gem. § 414** gilt dagegen § 449 Abs. 1 S. 1; solche Abweichungen **müssen** daher im Sinne dieser Bestimmung **im Einzelnen ausgehandelt sein.**[120]

b) Einbeziehung (Abs. 2 S. 1 Nr. 1). Der an die Stelle des § 449 Abs. 2 S. 2 Nr. 1 aF getretene **35** neue § 449 Abs. 2 S. 1 Nr. 1 verlangt nicht mehr, dass ein zwischen zwei und vierzig Rechnungseinheiten liegender Betrag „**in drucktechnisch deutlicher Gestaltung besonders hervorgehoben** ist“.[121] Wegen der weiterhin unveränderten Marktsituation im Transportgewerbe ist es aber immerhin noch erforderlich, dass der Verwender einer vorformulierten Vertragsbedingung, in der vom gesetzlich vorgesehenen Betrag abgewichen wird, seinen **Vertragspartner** über die Abweichung **in geeigneter Weise informiert.**[122] Insoweit ist es entsprechend den **allgemeinen Regeln über Warn- und Aufklärungspflichten** erforderlich, aber auch ausreichend, dass ein **durchschnittlicher Angehöriger des Verkehrskreises,** gegenüber dem die AGB verwendet werden, den **Hinweis** bei zumut-

[111] *Canaris* § 31 Rn. 37; HK-HGB/*Ruß* Rn. 5; *Fremuth* in Fremuth/Thume TranspR Rn. 37; *Koller* Rn. 48; MüKoHGB/*C. Schmidt* Rn. 22; Oetker/*Paschke* Rn. 11; Staub/*Otte* Rn. 62; *Ramming* TranspR 2010, 397 (407) gegen früher VersR 1999, 1177 (1180); *Krins,* Der Umfang des zwingenden Charakters des deutschen Transportrechts, 2012, 129 f.; aA Andresen/*Valder* Rn. 29 f.

[112] Vgl. Begründung des Regierungsentwurfs des TRG, BT-Drs. 13/8445, 87; *Koller* Rn. 48 und 51; Oetker/ *Paschke* Rn. 11; Staub/*Otte* Rn. 63.

[113] Vgl. OLG Frankfurt a. M. Urt. v. 1.7.2004 – 16 U 54/04, TranspR 2004, 464 (465 ff.) = NJW-RR 2004, 1485; OLG Düsseldorf Urt. v. 28.6.2006 – 18 U 190/05, TranspR 2006, 353 f.

[114] Vgl. MüKoHGB/*C. Schmidt* Rn. 37–41; *Krins,* Der Umfang des zwingenden Charakters des deutschen Transportrechts, 2012, 250 ff. (259–262), jeweils m. umfangr. Nachw.

[115] Vgl. *Fremuth* in Fremuth/Thume TranspR Rn. 37; HK-HGB/*Ruß* Rn. 5; MüKoHGB/*Herber/Harm* § 431 Rn. 27; MüKoHGB/*C. Schmidt* Rn. 22; Staub/*Otte* Rn. 62; *Krins,* Der Umfang des zwingenden Charakters des deutschen Transportrechts, 2012, 131–134; aA *Koller* Rn. 53; *Ramming* TranspR 2010, 397 (407); *Bahnsen* TranspR 2010, 19 (25); *Valder* TranspR 2018, 286 (291).

[116] *Basedow* TranspR 1998, 58 (59); *Koller* Rn. 51; Staub/*Otte* Rn. 64.

[117] *Koller* Rn. 51; Staub/*Otte* Rn. 63.

[118] *Koller* Rn. 49; Staub/*Otte* Rn. 60.

[119] Vgl. Begründung des Regierungsentwurfs des SRG, BT-Drs. 17/10309, 60; für die Streichung des § 449 Abs. 2 S. 2 de lege ferenda *Valder* TranspR 2018, 286 (295).

[120] MüKoHGB/*C. Schmidt* Rn. 33; Staub/*Otte* Rn. 66.

[121] → 2. Aufl. 2009, Rn. 35–38.

[122] Vgl. Begründung des Regierungsentwurfs des SRG, BT-Drs. 17/10309, 60; für die ersatzlose Streichung des Erfordernisses eines geeigneten Hinweises de lege ferenda *P. Schmidt* TranspR 2011, 398 (405) und *Valder* TranspR 2018, 286 (292–294).

barer Anstrengung inhaltlich nachvollziehen kann.[123] Die Anforderungen an die konkrete Ausgestaltung des Hinweises hängen dabei von den **Umständen des jeweiligen Vertragsschlusses** ab.[124] Die bis zur Neufassung der Vorschrift durch das SRG ergangene oder diskutierte Kasuistik kann zur Auslegung der nunmehr geltenden Regelung unter Berücksichtigung dessen herangezogen werden, dass der Gesetzgeber mit der Wendung „in geeigneter Weise" bewusst eine freiere Formulierung gewählt hat, die zwar weiterhin die **Eignung, die Aufmerksamkeit** des anderen Vertragsteils **auf den abweichenden Haftungshöchstbetrag zu lenken,** in den Vordergrund gestellt hat, aber eine Differenzierung nach dessen wirtschaftlicher, kognitiver und intellektueller Ausgangsposition erlaubt.[125] Dabei ist das im Einzelfall erkennbare oder zu vermutende **Informationsdefizit** maßgeblich.[126] Bei der gebotenen **Gesamtschau** sind die in der Person des Vertragspartners liegenden Umstände – wie etwa dessen geringe Geschäftsgewandtheit, dessen geringe Erfahrungen auf dem Gebiet des Transportgewerbes oder umgekehrt etwa seine Stellung als Kaufmann – ebenso zu berücksichtigen wie die objektiven Umstände, die – etwa in Gestalt der Üblichkeit der Abweichung von § 431 Abs. 1 und 2 in der betreffenden Branche, der Bekanntheit bestimmter AGB mit ihren besonderen Haftungshöchstbeträgen, der Änderung der bisherigen Geschäftspraxis des Klauselverwenders hinsichtlich der Haftungshöchstbeträge oder der Verwendung bislang schon eingesetzter AGB – vor oder bei Vertragsschluss vorgelegen haben.[127] Damit können im Einzelfall etwa auch **Hinweise am Telefon, im allgemeinen Schriftverkehr** oder **auf deutlich sichtbaren Aushängen** auf einen von § 431 Abs. 1 und 2 abweichenden Haftungshöchstbetrag ausreichen, um das Informationsdefizit auszugleichen.[128] Besondere Grundsätze gelten für **Rahmenverträge** – bei denen grundsätzlich ein einmaliger Hinweis genügt –, für **laufende Geschäftsbeziehungen** – bei denen, sofern die Haftungshöchstbeträge nicht verändert werden, nicht jeweils erneut auf diese aufmerksam gemacht werden muss – und für **kaufmännische Bestätigungsschreiben,** die einen geeigneten Hinweis enthalten müssen, wenn sie eine den Haftungshöchstbetrag zum Nachteil des Vertragspartners verändernde Klausel enthalten.[129] Ein erst **nach Vertragsschluss gegebener Hinweis** auf eine den Erfordernissen des § 449 Abs. 2 S. 1 Nr. 1 entsprechende Klausel stellt allenfalls ein **Angebot zur Änderung des geschlossenen Vertrags** dar; es liegt jedoch nicht nahe anzunehmen, dass der Absender dieses Angebot durch die Übergabe des Gutes oder andere Verhaltensweisen im Rahmen der Ausführung des Vertrags annimmt und dadurch nachträglich auf seine besseren Rechte aus dem zuvor schon zustande gekommenen Vertrag verzichtet.[130] Die **Beweislast** dafür, dass der erforderliche Hinweis erteilt worden ist oder wegen der beim Vertragspartner vorhandenen Kenntnis von dem abweichenden Haftungshöchstbetrag nicht erteilt zu werden brauchte, liegt beim **Verwender** der Klausel; dies gilt auch dann, wenn diese Klausel branchenüblich oder sogar zu einem Handelsbrauch iSv § 346 HGB geworden ist.[131]

36   **c) Anwendbarkeit der §§ 305 ff. BGB. aa) Abweichungen zum Nachteil des AGB-Verwenders.** Eine für den Verwender der AGB nachteilige Überschreitung des Haftungskorridors ist gem. § 449 Abs. 2 S. 1 Nr. 2 unbegrenzt zulässig. Ein Verstoß gegen § 307 BGB scheidet schon deshalb aus, weil der Vertragspartner durch eine solche Regelung nicht unangemessen benachteiligt werden kann.[132]

37   **bb) Abweichungen zugunsten des AGB-Verwenders.** Anders als die §§ 305b, 305c Abs. 2 und § 306 BGB ist § 305c Abs. 1 BGB neben § 449 Abs. 2 S. 1 Nr. 1 nicht anwendbar, weil bereits diese Vorschrift den Vertragspartner vor Überraschungen hinreichend schützt.[133] **Haftungshöchstbeträge,** die innerhalb der Marge des § 449 Abs. 2 S. 1 Nr. 1 liegen, sind dagegen – auch unter Berücksichtigung der Entstehungsgeschichte der Norm – **von einer Inhaltskontrolle nicht ausgenommen.**[134]

---

123 MüKoHGB/*C. Schmidt* Rn. 25; Staub/*Otte* Rn. 68.
124 MüKoHGB/*C. Schmidt* Rn. 25; *Koller* Rn. 57 mwN.
125 Vgl. MüKoHGB/*C. Schmidt* Rn. 23; Staub/*Otte* Rn. 71 mwN.
126 *Koller* Rn. 57.
127 *Koller* Rn. 57.
128 *Koller* Rn. 57.
129 *Koller* Rn. 57.
130 *Koller* Rn. 58; Staub/*Otte* Rn. 70.
131 MüKoHGB/*C. Schmidt* Rn. 26; *Koller* Rn. 57.
132 Vgl. BGH Urt. v. 4.2.2016 – I ZR 216/14, TranspR 2016, 404 Rn. 22 = VersR 2017, 121 = RdTW 2016, 340; *Koller* Rn. 52; MüKoHGB/*C. Schmidt* Rn. 27; Oetker/*Paschke* Rn. 14; Staub/*Otte* Rn. 81; *Krins,* Der Umfang des zwingenden Charakters des deutschen Transportrechts, 2012, 220.
133 *Koller* Rn. 60; Staub/*Otte* Rn. 77.
134 Vgl. MüKoHGB/*C. Schmidt* Rn. 32; Andresen/*Valder* Rn. 44 f.; *Canaris* § 31 Rn. 36; *Fremuth* in Fremuth/Thume TranspR Rn. 39; HK-HGB/*Ruß* Rn. 5; Baumbach/Hopt/*Merkt* Rn. 2; *Herber* TranspR 1998, 344 (345); *Looks* VersR 1999, 31 (34); *Ramming* TranspR 2010, 397 (409); *Valder* TranspR 2018, 286 (290 f.); *Krins,* Der Umfang des zwingenden Charakters des deutschen Transportrechts, 2012, 178–183; insoweit unentschieden nunmehr *Koller* Rn. 60; aA *Koller* TranspR 2000, 1 (5 f.); *Rabe* TranspR 1998, 429 (433).

IV. Anwendung der Norm auf ausländischem Recht unterliegende Verträge (Abs. 4)

Gemäß **§ 449 Abs. 4** gelten die in § 449 Abs. 1–3 geregelten Einschränkungen der Vertrags- **38** freiheit unbeschadet des im Übrigen anzuwendenden ausländischen Frachtrechts auch für **Fracht-verträge, die** nach ihrem Vertragsstatut weder – vorrangig anzuwendenden – internationalen Übereinkommen wie insbesondere der CMR, der CIM, dem WA, dem MÜ oder der CMNI noch dem deutschem Recht, sondern – aufgrund einer entsprechenden Rechtswahl oder objektiver Anknüpfung – **ausländischem Recht unterliegen,** wenn nach dem Vertrag sowohl der Ort der Übernahme des Gutes als auch der Ort seiner Ablieferung im Inland liegen (sog. Kabotage; → Vor § 407 Rn. 2 Fn. 2). Es handelt sich dabei um eine – ungeachtet dessen, dass eine ausdrückliche Anordnung fehlt, **zwingende**[135] – **Eingriffsnorm iSv Art. 9 Abs. 1 der Rom I-VO** zum Schutze des Absenders.[136] Aus diesem Grund lässt sich, wenn bei einem Frachtvertrag, der dem deutschen Recht unterliegt, sowohl der Übernahmeort als auch der Ablieferungsort im Ausland liegen, die Geltung ausländischen Rechts nicht mit der analogen Anwendung des § 449 Abs. 4 begründen.[137] Wenn der Ort der Übernahme und der Ort der Ablieferung nicht von Anfang an, sondern erst auf Grund einer Änderung des Vertrags oder auf Grund einer Weisung im Inland liegen, gelten die Einschränkungen der Vertragsfreiheit ab dem Zeitpunkt der Vertragsänderung bzw. ab dem Zugang der Weisung.[138] Wenn in einem solchen Fall der Zeitpunkt streitig ist, zu dem die für den Eintritt des Schadens maßgebliche Ursache gesetzt worden ist (→ § 425 Rn. 17), ist es Sache des Geschädigten, die Voraussetzungen für die Anwendbarkeit des ihm günstigen Rechts darzulegen und im Bestreitensfall auch zu beweisen.[139]

§ 450 Anwendung von Seefrachtrecht

Hat der Frachtvertrag die Beförderung des Gutes ohne Umladung sowohl auf Binnen- als auch auf Seegewässern zum Gegenstand, so ist auf den Vertrag Seefrachtrecht anzuwenden, wenn

1. ein Konnossement ausgestellt ist oder
2. die auf Seegewässern zurückzulegende Strecke die größere ist.

Schrifttum: *Ramming,* Zur Abgrenzung zwischen Binnenschiffahrts- und Seefrachtrecht nach § 450 HGB – Die fragwürdige Konnossements-Alternative der Nr. 1, TranspR 2005, 138; *Schellhammer,* Das Flaggenrechtsgesetz, TranspR 2011, 173; *Schlüter,* Das Haftungssystem im grenzüberschreitenden Transport – Individualvereinbarungen, AGB und zwingende CMR-Bestimmungen im grenzüberschreitenden Transport, FS Horn, 2008, 537.

Parallelvorschrift: Art. 2 Abs. 2 CMNI.

I. Allgemeines

Die Vorschrift enthält eine **Kollisionsregel** für das Zusammentreffen von Seefrachtrecht (§§ 481– **1** 535) mit dem gem. § 407 Abs. 3 Nr. 1 HGB, § 26 BinnSchG auch bei Güterbeförderungen auf Binnengewässern anwendbaren allgemeinen Frachtrecht (§§ 407–449) bei einer ohne Umladung des Gutes erfolgenden Beförderung auf einer beide Gewässerarten umfassenden Strecke. Ihre Anwendung setzt voraus, dass deutsches Sachrecht zur Anwendung kommt.[1] Der – ohne diese Regel an sich aus dem Anwendungsbereich der §§ 407 ff. heraus-, über § 452 dann aber doch wieder in diesen Anwendungsbereich hineinführende – Umstand, dass das Gut auch auf einer Seestrecke befördert wird, führt danach dann zur Unanwendbarkeit dieser Bestimmungen und damit insbesondere zur Unanwendbarkeit der für den Verlader grundsätzlich günstigeren Haftungsregelungen des Landfrachtrechts, wenn die Schiffsbeförderung infolge ihrer konkreten Ausgestaltung eine Nähe zum Seetransport aufweist, wobei auf den Binnenschifftransport bei einer engen Verzahnung von Binnen- und Seeschifffahrt so weit wie möglich Seefrachtrecht soll angewendet werden können.[2] Die Regelung dient dem **Zweck, den Geltungsbereich des Seerechts nicht über Gebühr auszudehnen** und insbesondere zu ver-

---

[135] Vgl. *Basedow* TranspR 1998, 58 (62); *Koller* Rn. 77; *Heymann/Schlüter* Rn. 24; *Staub/Otte* Rn. 89; MüKoHGB/*C. Schmidt* Rn. 57; *Krins,* Der Umfang des zwingenden Charakters des deutschen Transportrechts, 2012, 137 f.

[136] Vgl. Begründung des Regierungsentwurfs des TRG, BT-Drs. 13/8445, 88; *Koller* Rn. 77; MüKoHGB/ *C. Schmidt* Rn. 57; *Staub/Otte* Rn. 89, jeweils mwN.

[137] OLG Köln Urt. v. 18.5.2004 – 3 U 161/03, TranspR 2005, 263 (264); *Koller* Rn. 77; *Staub/Otte* Rn. 90.

[138] *Koller/Paschke* Rn. 20; *Staub/Otte* Rn. 89; *Krins,* Der Umfang des zwingenden Charakters des deutschen Transportrechts, 2012, 138.

[139] *Koller* Rn. 77; *Staub/Otte* Rn. 89.

[1] *Ramming* TranspR 2005, 138 (140); *Koller* Rn. 1; *Oetker/Paschke* Rn. 1.

[2] Vgl. Begründung des Regierungsentwurfs des TRG, BT-Drs. 13/8445, 89; *Koller* Rn. 1; *Staub/Otte* Rn. 1 mwN.

hindern, dass Vortransporte und Anschlussbeförderungen dem Seerecht unterfallen, obwohl sie anhand des Kriteriums der Umladung klar voneinander abgegrenzt werden können.[3] Die Regelung des § 450 ist, obwohl sie in § 449 nicht angesprochen wird, ebenso wie § 407 **nicht abdingbar,** weil im Geltungsbereich des gem. § 449 zwingenden oder AGB-festen Rechts Typenzwang gilt.[4] Soweit das Seefrachtrecht gem. § 450 anzuwenden ist, kann, soweit dieses gem. § 512 dispositiv ist, allerdings die Geltung der §§ 407 ff. vereinbart werden.[5]

II. Gemischte See- und Binnengewässerbeförderung

2   Das Gut muss nach dem Frachtvertrag **ohne Umladung sowohl auf Seegewässern,** dh auf Gewässern, auf denen Seefahrt iSd §§ 476 f. HGB, § 1 Abs. 1 Flaggenrechtsgesetz,[6] § 1 FlRV[7] stattfindet,[8] **als auch auf Binnengewässern,** dh anderen als Seegewässern, zu befördern gewesen sein.[9] Da bereits bei Vertragsschluss feststehen muss, welchen Bestimmungen der Transport unterliegt, haben **vertragswidrige Umladungen auf die Qualifikation des Vertrags keinen Einfluss;**[10] dem Geschädigten steht jedoch bei Haftungsansprüchen ein Wahlrecht zu, ob er diese auf das Recht des vereinbarten oder des vertragswidrig eingesetzten Transportmittels stützt.[11] Beim Fehlen ausdrücklicher Absprachen ist, wenn allein die Beförderung des Gutes per Schiff vereinbart ist, nach der Verkehrssitte **im Zweifel** eine **Beförderung ohne Umladung** vereinbart und, wenn die Beförderungsart mangels entsprechender Absprachen im **pflichtgemäßen Ermessen des Frachtführers** steht, dieses und daher, sofern es in beide Richtungen ausgeübt werden kann, die vom Frachtführer insoweit vorgenommene Wahl maßgeblich.[12] Entsprechend seinem Sinn und Zweck (→ Rn. 1) gilt § 450 über seinen Wortlaut hinaus etwa dann, wenn das Gut nach dem Beförderungsvertrag in einem Seehafen von einem Seeschiff auf ein anderes Seeschiff umgeladen und mit diesem zunächst über eine Seegewässerstrecke und sodann über eine Binnengewässerstrecke weiterbefördert wird, sowie dann, wenn der Beförderungsvertrag eine Umladung des zunächst mit einem Seeschiff von Seegewässern in Binnengewässer beförderten Gutes auf ein Binnenschiff vorsieht, für diejenige(n) Teilstrecke(n) entsprechend, die ohne planmäßige Umladung sowohl in See- als auch in Binnengewässern absolviert wird (werden).[13] Je nachdem, welchem Recht danach diese Teilstrecke(n) unterworfen ist (sind), sind dann auf den gesamten Vertrag entweder die binnenschifffahrtsrechtlichen Bestimmungen oder die seefrachtrechtlichen Vorschriften oder aber auch die §§ 452 ff. anzuwenden.[14]

III. Anwendung des Seefrachtrechts

3   **1. Konnossemente (Nr. 1).** Die Anknüpfung an das Konnossement unabhängig von dem ansonsten maßgeblichen Verhältnis der jeweils zurückzulegenden Strecken soll eine Kollision mit zwingendem Seefrachtrecht (Art. III § 8, IV § 5, V HR; § 525 HGB) verhindern.[15] Die Vorschrift soll gem. Art. 14 Abs. 2 SRG deshalb aufgehoben werden, sobald die Haager Regeln für die Bundesrepublik Deutschland außer Kraft treten.[16] Entsprechend dem Zweck der Norm braucht, soweit § 450 auf Teilstrecken anwendbar ist (→ Rn. 2), das Konnossement nicht über die gemischte See- und Binnengewässerstrecke hinauszugehen.[17] Die Bestimmung ist aber deswegen nicht auf nach zwingendem Seefrachtrecht ausgestellte Konnossemente zu beschränken.[18] Die Frage, ob es sich bei dem vom

---

[3] *Koller* Rn. 4.

[4] *Koller* Rn. 8; Heymann/*Schlüter* Rn. 6; Staub/*Otte* Rn. 3; *Schlüter* FS Horn, 2008, 537 (545).

[5] *Koller* Rn. 7; Andresen/*Valder* Rn. 6.

[6] Gesetz über das Flaggenrecht der Seeschiffe und die Flaggenführung der Binnenschiffe in der Fassung der Bekanntmachung vom 26.10.1994 (BGBl. 1994 I 3140), zuletzt geändert durch Art. 4 Abs. 134 des Gesetzes zur Aktualisierung der Strukturreform des Gebührenrechts des Bundes vom 18.7.2016 (BGBl. 2016 I 1666 [1677]). Vgl. zu ihm *Schellhammer* TranspR 2011, 173 ff.

[7] Flaggenrechtsverordnung vom 4.7.1990 (BGBl. 1990 I 1389), zuletzt geändert durch Art. 178 des Gesetzes zum Abbau verzichtbarer Anordnungen der Schriftform im Verwaltungsrecht des Bundes vom 29.3.2017 (BGBl. 2017 I 626 [652]). Vgl. zu ihr *Schellhammer* TranspR 2011, 173 ff.

[8] Begründung des Regierungsentwurfs des TRG, BT-Drs. 13/8445, 89; *Koller* Rn. 2; *Fremuth* in Fremuth/Thume TranspR Rn. 4; MüKoHGB/*Herber* Rn. 10 f.; Staub/*Otte* Rn. 6; *Ramming* TranspR 2005, 138 f.; aA Heymann/*Schlüter* Rn. 5.

[9] Zur Abgrenzung vgl. *Koller* § 407 Rn. 20; *Ramming* TranspR 2005, 138 f.

[10] Heymann/*Schlüter* Rn. 2; *Koller* Rn. 3; HK-HGB/*Ruß* Rn. 2; MüKoHGB/*Herber* Rn. 8; Oetker/*Paschke* Rn. 2; Staub/*Otte* Rn. 13; *Ramming* TranspR 2005, 138.

[11] Staub/*Otte* Rn. 13.

[12] *Koller* Rn. 3; Staub/*Otte* Rn. 12.

[13] *Koller* Rn. 4; MüKoHGB/*Herber* Rn. 7; Oetker/*Paschke* Rn. 2; aA HK-HGB/*Ruß* Rn. 2.

[14] Vgl. *Ramming* TranspR 2005, 138 (144); *Koller* Rn. 4; Staub/*Otte* Rn. 9 und 27–29.

[15] Begründung des Regierungsentwurfs des TRG, BT-Drs. 13/8445, 89.

[16] Vgl. dazu die Begründung des Regierungsentwurfs des SRG, BT-Drs. 17/10309, 60; Staub/*Otte* Rn. 17–19.

[17] *Koller* Rn. 5; Staub/*Otte* Rn. 14.

[18] *Koller* Rn. 5; MüKoHGB/*Herber* Rn. 13; Staub/*Otte* Rn. 14; aA *Ramming* TranspR 2005, 138 (139 f.).

Beförderer ausgestellten[19] oder auszustellenden Papier um ein Konnossement handelt, ist im Einzelfall anhand der §§ 513 ff. zu entscheiden; sie kann daher auch bei einem Ladeschein gem. § 443 zu bejahen sein, der den in jenen Bestimmungen aufgestellten Anforderungen entspricht und erkennen lässt, dass die Parteien die Anwendung des Seefrachtrechts wünschen,[20] nicht dagegen bei anderen Beförderungspapieren des Seefrachtrechts wie etwa Seefrachtbrief, Charterparty oder Data Freight Receipt.[21] Die einseitige Ausstellung eines Konnossements durch den Beförderer genügt im Rahmen des § 450 im Hinblick auf die sich daraus ergebende Umqualifikation des Vertrags nicht; es reicht aber, ohne dass § 449 dem entgegensteht, aus, dass der Vertragspartner das Konnossement entgegennimmt, da er den Vertrag damit im Wege der Vertragsänderung dem Seefrachtrecht unterstellt.[22]

2. Länge der Strecken (Nr. 2). a) Seegewässerstrecke überwiegt. Wenn kein Konnossement **4** iSd § 450 Nr. 1 ausgestellt ist, ist gem. § 450 Nr. 2 Seefrachtrecht anzuwenden, wenn die auf Seegewässern zurückzulegende Strecke die größere ist. Wenn das Schiff mehrere Häfen anläuft oder mehrere See- und/oder Binnengewässerstrecken befährt, ist, damit die Parteien das auf den Beförderungsvertrag anwendbare Recht schon vor der Ausführung der Beförderung erkennen können, die **gesamte Länge der jeweiligen Teilstrecken maßgeblich,** sofern mit ihnen nach dem Beförderungsvertrag gerechnet werden musste.[23] Ein erst nach Vertragsschluss eingeschlagener Umweg ist dabei mit zu berücksichtigen, sofern er nicht wegen eines im Risikobereich des Frachtführers liegenden Beförderungshindernisses nötig geworden ist und der Vertragspartner sich mit ihm ohne die Einschränkung einverstanden erklärt hat, dass die Einordnung des Beförderungsvertrags sich dadurch nicht ändern darf.[24]

b) Seegewässerstrecke überwiegt nicht. Wenn kein Konnossement iSd § 450 Nr. 1 ausgestellt **5** und die auf Seegewässern zurückzulegende Strecke auch nicht die größere ist (→ Rn. 4), greifen die – im Rahmen des § 449 unabdingbaren – §§ 407 ff. ein.[25]

Zweiter Unterabschnitt. Beförderung von Umzugsgut

§ 451 Umzugsvertrag

Hat der Frachtvertrag die Beförderung von Umzugsgut zum Gegenstand, so sind auf den Vertrag die Vorschriften des Ersten Unterabschnitts anzuwenden, soweit die folgenden besonderen Vorschriften oder anzuwendende internationale Übereinkommen nichts anderes bestimmen.

Schrifttum: S. § 407 sowie *Andresen,* Die Beförderung von Umzugsgut, TranspR 1998, 97; *Andresen,* Die Haftung des Möbelspediteurs beim Umzug, FG Herber, 1999, 145; *Becker,* Das Anzeigeobligo nach §§ 451 f. HGB, NJW 2001, 1094; *Fischer,* Ergänzung der CMR durch unvereinheitlichtes deutsches Recht nach der Transportrechtsreform, TranspR 1999, 261; *Müglich,* Transport- und Logistikrecht, 2002; *Scheel,* Die Entwicklung des Umzugsrechtes seit Inkrafttreten der Transportrechtsreform am 1. Juli 1998, TranspR 2006, 239; *Tschiltschke,* Haftung auch für „Zufall" im Umzugsrecht?, TranspR 2008, 458.

---

[19] Der Umstand, dass ein Konnossement hätte ausgestellt werden sollen, genügt für die Anwendung des § 450 Nr. 1 nicht, weil § 525, dessen Einhaltung diese Bestimmung gewährleisten soll, seinerseits die tatsächlich erfolgte Ausstellung eines Konnossements voraussetzt (MüKoHGB/*Herber* Rn. 13; *Koller* Rn. 5; Staub/*Otte* Rn. 14; aA *Ramming* TranspR 2005, 138 (140)).

[20] Vgl. Begründung des Regierungsentwurfs des TRG, BT-Drs. 13/8445, 89; *Koller* Rn. 5; Andresen/*Valder* Rn. 4; *v. Waldstein/Holland* Binnenschiffahrtsrecht Rn. 6; aA *Ramming* TranspR 2005, 138 (141 f.). Weitergehend sieht *Herber* in MüKoHGB Rn. 16 die zuletzt genannte Voraussetzung m. Hinw. darauf, dass die beiden Dokumente ungeachtet ihrer unterschiedlichen Bezeichnung in Deutschland international gleichbedeutend sind, als obsolet an und gelangt daher bei einem entsprechenden Dokument immer zur Anwendung des Seerechts (MüKoHGB/*Herber* Rn. 17 f.). Er berücksichtigt dabei aber nicht genügend, dass die in § 450 Nr. 1 getroffene Regelung allein dem Zweck dient, eine Kollision mit zwingendem Seefrachtrecht zu vermeiden, der Gesetzgeber selbst in der Begründung des Regierungsentwurfs zum Ausdruck gebracht hat, dass eine solche Kollision nicht immer schon dann vorliegt, wenn ein als Ladeschein bezeichnetes Papier verwendet wurde (vgl. MüKoHGB/*Herber* Rn. 13 f.) und deshalb in entsprechenden Fällen auch nicht von einer automatischen Transformation des Ladescheins in ein Konnossement ausgegangen werden kann (aA MüKoHGB/*Herber* Rn. 15).

[21] *Koller* Rn. 5; MüKoHGB/*Herber* Rn. 13; Staub/*Otte* Rn. 14.

[22] *Koller* Rn. 5; Staub/*Otte* Rn. 15; aA *Ramming* TranspR 2005, 138 (140 und 142).

[23] *Fremuth* in Fremuth/Thume TranspR Rn. 5; *Koller* Rn. 6; Staub/*Otte* Rn. 22.

[24] *Koller* Rn. 6; Staub/*Otte* Rn. 22; aA *Fremuth* in Fremuth/Thume TranspR Rn. 6 und HK-HGB/*Ruß* Rn. 1, nach deren Auffassung der Frachtführer entsprechende Weisungen lediglich gem. § 418 Abs. 1 S. 3 soll ablehnen können.

[25] *Koller* Rn. 7; Staub/*Otte* Rn. 23; Andresen/*Valder* Rn. 6.

I. Normzweck

1   Gegenstand des 2. Unterabschnittes ist der Umzugsvertrag. Der Umzugsvertrag ist ein Sonderfracht-
vertrag,[1] der die Beförderung von Umzugsgut zum Gegenstand hat. § 451 legt fest, welche Rechtsvorschriften auf diese Vertragsart anwendbar sind. Dies gilt im Verhältnis zu §§ 407 ff. und für internationale Übereinkommen, die die Bundesrepublik Deutschland binden.

II. Begriffsbestimmung

2   **1. Umzugsgut.** Der Begriff des Umzugsgutes ist gesetzlich nicht definiert. Unter Umzugsgut
versteht man alle (gebrauchten) beweglichen Einrichtungsgegenstände, die aus Wohn- und Geschäftsräumen stammen. Dies sind auch solche, auf die sich die Zwangsräumung bezieht.[2] Der Begriff
umfasst die gesamte Wohnungseinrichtung aus Privathaushalten sowie alle Einrichtungsgegenstände
aus Bürokomplexen, Schulen, aus privaten oder öffentlich-rechtlichen Unternehmen und Institutionen wie Kliniken, Betrieben, Heimen und Museen (Objektumzug).[3] Umzugsgut liegt aber nur dann
vor, wenn die zu transportierenden Gegenstände zuvor Bestandteile einer Einrichtung in den oben
genannten Räumen waren und nun **demselben gemeinsamen Zweck** in neuen Räumen **dienen
sollen.** Daneben wird eine Übereinstimmung des bisherigen und zukünftigen (nicht nur vorübergehenden) **Zweckes als Einrichtungsgegenstand gefordert.**[4] Die Wohnungseinrichtung aus Privathaushalten ist auch dann Umzugsgut, wenn nur Teile dieser Wohnungseinrichtung transportiert
und andere am alten Ort verbleiben. Auch ist die gleichzeitige Wohnsitzverlegung des Absenders kein
notwendiges Merkmal eines Umzugs.[5] Eine etwaige Zwischenlagerung der Sache ist unerheblich für
die Einstufung als Umzugsgut.[6] Umzugsgut im Sinne eines Umzugsvertrages liegt auch dann vor,
wenn Möbel wegen einer Wohnungsrenovierung abgebaut und abtransportiert, sodann kurzfristig
von dem Transportunternehmen eingelagert und schließlich wieder zurück transportiert sowie in
derselben Wohnung erneut aufgestellt werden.[7] Ob Umzugsgut vorliegt, wenn nur das Umstellen
von Möbeln innerhalb eines Gebäudes vertraglich geschuldet ist **(Trageumzug)** ist streitig. Es soll an
der Ortsveränderung des Absenders mitsamt seines Hausrates bzw. seiner Büroeinrichtung fehlen,
sodass die §§ 451 ff. nicht greifen[8] und folglich §§ 407 ff. gelten. Die Gegenansicht wenden §§ 451 ff.
auf derartige Trageumzüge an.[9] Dem ist zu folgen. Denn die Verpflichtung, die Möbel innerhalb
eines Gebäudes zu transportieren, ist ebenfalls auf Ortsveränderung gerichtet, selbst wenn hierbei nur
eine kurze räumliche Distanz überwunden wird und die Ortsveränderung ausschließlich durch
menschliche Kraft erfolgt.[10]

3   Kostbare Antiquitäten können Teil eines Umzugsgutes sein, sofern sie als Bestandteil der Einrichtung
dienen. Maßgeblich ist nicht die objektive Qualifizierung des Gutes als Umzugsgut, sondern die
Erkennbarkeit der Funktion des Transportgutes als Umzugsgut aus der Warte des Frachtführers.[11]
Umzugsgut ist auch Heirats- und Erbgut.[12] Umzugsgut liegt unabhängig davon vor, ob eine Wohnsitz-
verlegung des Absenders erfolgt.[13] Auch ist die Wahl des eingesetzten Transportmittels, zB die eines
Möbelspezialfahrzeuges, unerheblich. Das Umzugsgut verliert seinen Charakter nicht durch einen
Containertransport oder durch Einlagerung. Dagegen soll der Transport von Einrichtungsgegenständen
als Ausstellungsstück, etwa zu einer Messehalle oder einem „Musterhaus", nicht dem Begriff des
Umzugsgutes unterfallen, da nur eine vorübergehende Zweckbestimmung als Umzugsgut vorliege.[14]
Der Annahme von Umzugsgut steht es nicht entgegen, wenn ein Teil der bisherigen Wohnungs- und
Büroeinrichtung in den alten Räumen zurückbleibt oder das Umzugsgut vom Frachtführer im
Rahmen einer Beiladung befördert wird.[15]

---

[1] BT-Drs. 13/8445, 89.
[2] AG Pforzheim Beschl. v. 17.7.2018 – 3 M 3554/18, RdTW 2018, 355.
[3] *Eckardt* in Fremuth/Thume TranspR Rn. 2; *Koller* Rn. 3.
[4] OLG Hamburg Urt. v. 28.2.1985 – 6 U 65/84, TranspR 1985, 188 (zu Art. 1 Abs. 4c CMR); Baumbach/
Hopt/*Merkt* Rn. 1; MüKoHGB/*Andresen* Rn. 11.
[5] OLG Schleswig Urt. v. 5.6.2008 – 5 U 24/08, TranspR 2009, 30; Baumbach/Hopt/*Merkt* Rn. 1; MüKoHGB/
Andresen Rn. 12.
[6] Heymann/*Joachim* Rn. 5.
[7] OLG Schleswig Urt. v. 5.6.2008 – 5 U 24/08, TranspR 2009, 30; Baumbach/Hopt/*Merkt* Rn. 1; MüKoHGB/
Andresen Rn. 13.
[8] *Gass* → 1. Aufl. 2001, Rn. 10; GK-HGB/*Scheel* Rn. 11.
[9] *Andresen* FG Herber, 1999, 146; *Andresen/Valder* Rn. 5; *Koller* Rn. 2.
[10] *Koller* § 407 Rn. 11.
[11] Heymann/*Joachim* Rn. 3; *Koller* Rn. 3.
[12] Baumbach/Hopt/*Merkt* Rn. 1; *Eckardt* in Fremuth/Thume TranspR Rn. 2; MüKoHGB/*Andresen* Rn. 12, BT-
Drs. 13/8445, 90.
[13] BR-Drs. 368/97, 89.
[14] Begründung zum Regierungsentwurf, BT-Drs. 13/8445, 90; diff. Heymann/*Joachim* Rn. 6; *Koller* Rn. 3.
[15] GK-HGB/*Scheel* Rn. 1; *Müglich* TranspR Rn. 5.

2. Handelsmöbel. Handelsmöbel sind kein Umzugsgut. Werden derartige Möbel lediglich zum 4 Zwecke des Verkaufes bzw. Weiterverkaufs transportiert, so unterliegt diese Beförderung den allgemeinen Bestimmungen des 1. Unterabschnittes gem. §§ 407 ff. und nicht den Vorschriften über den Umzugsvertrag. Dabei spielt es keine Rolle, ob die Handelsmöbel neu oder gebraucht sind.

III. Rechtsnatur des Umzugsvertrages

Der Umzugsvertrag ist ein Sonderfall des Frachtvertrages, da er ausschließlich die Beförderung 5 von Umzugsgut zum Gegenstand hat. Er bildet einen eigenständigen Vertragstyp. Prägendes Element ist wie bei dem Frachtvertrag nach § 407 die geschuldete Ortsveränderung. Nach § 451a gehört zu den Pflichten des Frachtführers auch das Ab- und Aufbauen der Möbel, das Ver- und Entladen des Gutes sowie die Ausführungen sonstiger auf den Umzug bezogener Leistungen wie die Versicherung und Verpackung des Gutes. Der Umzugsvertrag enthält somit Elemente des Werkvertrages und eines Geschäftsbesorgungsvertrages. Nur wenn neben umzugsbezogenen Pflichten weitere, nicht prägende Leistungen hinzukommen (zB Einrichtungsplanung), ist von einem gemischten Vertrag zu sprechen.

IV. Anwendungsbereich

1. Vorschriften des 1. Unterabschnitts. Die Sonderregelungen für die Beförderung von Umzugs- 6 gut berücksichtigen, dass die Vorschriften des 1. Unterabschnittes auf den kaufmännischen Verkehr zugeschnitten sind und damit den Bedürfnissen des Absenders vom Umzugsgut teilweise nicht gerecht werden.[16] Gleichwohl kommt das allgemeine Frachtrecht gem. §§ 407 ff. zur Anwendung, wenn weder vorrangige internationale Abkommen existieren, noch die §§ 451–451h etwas anderes bestimmen. § 451 gibt für die Prüfung eines umzugsrechtlichen Problems folgende Reihenfolge vor, nach der die Normen abgestuft heranzuziehen sind: Das sind 1. mögliche internationale Abkommen, 2. zwingende Normen des Umzugsrechts, 3. zwingende Normen des allgemeinen Frachtrechts, 4. Regelungen des jeweiligen Umzugsvertrages selbst, 5. dispositive Normen des Umzugsrechtes und 6. dispositive Normen des allgemeinen Frachtrechtes.

2. Internationale Abkommen. Der Gesetzgeber geht von einem generellen Geltungsbereich der 7 §§ 407 ff. iVm dem 2. Unterabschnitt aus, wenn deutsches Recht gilt.[17] Nur bei abweichenden internationalen Übereinkommen, die die Bundesrepublik Deutschland binden, kann etwas anderes gelten. Ein spezielles internationales Übereinkommen zum grenzüberschreitenden Umzugsverkehr existiert derzeit nicht. Der Begriff „anzuwendende internationale Übereinkommen" in § 451 meint aber auch solche Übereinkommen, die für einzelne Verkehrsträger Regelungen zum allgemeinen Frachtrecht enthalten und auch auf Umzugsverträge anzuwenden sind.[18] Es ist je nach betroffenem Verkehrsträger wie folgt zu differenzieren:

a) Übereinkommen zum grenzüberschreitenden Straßengüterverkehr (CMR).[19] Die CMR 8 regelt den grenzüberschreitenden Gütertransport auf der Straße. Für Umzugsgut-Transporte im internationalen Straßengüterverkehr finden die Bestimmungen der CMR ausdrücklich keine Anwendung, weil Art. 1 Abs. 4c CMR die Geltung der CMR für die Beförderung von Umzugsgut ausschließt. Dies bedeutet, dass für einen grenzüberschreitenden „Straßenumzug" keine vorrangigen übergeordneten Regelungen zur Anwendung gelangen. Es ist deshalb auf Art. 27f EGBGB zurückzugreifen.[20] Zu prüfen ist danach, ob die Partei eine entsprechende Rechtswahl getroffen hat oder nach internationalem Privatrecht das für den Vertrag maßgebliche Recht (Vertragsstatut) auf deutsches Recht verweist.

b) Übereinkommen zur grenzüberschreitenden Schienenbeförderung von Gütern (CIM).[21] 9 Obwohl sich die Regelungen zur CIM inhaltlich an der älteren CMR orientieren, kennt das Übereinkommen keinen dem Art. 1 Abs. 4c CMR entsprechenden Anwendungsausschluss. Bei einer grenzüberschreitenden Beförderung von Umzugsgut auf Schienen ist also vorrangig dieses Übereinkommen anzuwenden.

---

[16] GK-HGB/*Scheel* Rn. 3.
[17] *Andresen/Valder* Rn. 21.
[18] BR-Drs. 368/97, 89.
[19] Übereinkommen über den Beförderungsvertrag im internationalen Straßenverkehr v. 19.5.1956, BGBl. 1961 II 1119.
[20] *Koller* § 407 Rn. 127; *Fischer* TranspR 1999, 262.
[21] Anhang B zum Übereinkommen in der Fassung des Protokolls von 1999 über den internationalen Eisenbahnverkehr (COTIF) v. 9.5.1980.

10   **c) Übereinkommen zur grenzüberschreitenden Luftbeförderung Warschauer Abkommen (WA)**[22]**/Montrealer Übereinkommen (MÜ)**[23]. Weder das Warschauer Abkommen noch das Montrealer Übereinkommen nimmt die Beförderung von Umzugsgütern aus seinem Anwendungsbereich heraus. Bei einem grenzüberschreitenden Umzug mittels Luftfahrzeug sind also vorrangig die einheitlichen Rechtsvorschriften des WA bzw. MÜ in ihrer jeweils geltenden Fassung anzuwenden.

11   **d) Übereinkommen über den Vertrag über die Güterbeförderung in der Binnenschifffahrt (CMNI).**[24] Die CMNI gelten, falls ausnahmsweise Umzugstransporte mittels Binnenschiffen durchgeführt werden. Die CMNI sind in Deutschland seit 1.11.2007 in Kraft.[25]

12   **e) Beförderung von Umzugsgut auf Seegewässern.** Im Bereich internationale Abkommen über die Beförderung von Gütern auf Seeschiffen existiert kein auf die Beförderung von Umzugsgut anwendbares Abkommen. Weder in den von der Bundesrepublik Deutschland ratifizierten Haager-Regeln[26] noch in den nicht ratifizierten Visby-Regeln[27] finden sich besondere Regelungen für Umzugsverträge.

13   **f) Grenzüberschreitende multimodale Umzugsbeförderung.** Ein internationales Abkommen über den grenzüberschreitenden multimodalen Gütertransport existiert nicht. Ein multimodaler Umzugsvertrag iSv § 452 liegt vor, wenn ein einheitlicher Umzugsvertrag existiert auf Grund dessen das Umzugsgut mit verschiedenartigen Verkehrsmitteln, so zB Lkw und Schiff, transportiert werden soll und hierbei mindestens zwei unterschiedliche Rechtsordnungen, bezogen auf die jeweilige Teilstrecke, Anwendung fänden. Es gilt dann § 452c, der auf die Regeln über den Umzugsvertrag des zweiten Unterabschnittes verweist. Die §§ 451–451h sind insoweit leges speciales zu §§ 452–452c.

V. Besonderheiten

14   **1. Arbeitnehmergestellung.** Werden Arbeitnehmer als Transportpersonal zum Einsatz bei Betrieben oder Verwaltungen unter deren Regie überlassen, so soll kein Frachtvertrag vorliegen, sondern ein Dienstbeschaffungsvertrag, auf den uU die Vorschriften des AÜG anzuwenden sind.[28] Die Überlassung bedarf dann einer Arbeiternehmerüberlassungserlaubnis gem. §§ 1 Abs. 2 AÜG ff.

15   **2. Aufrechnung und Zurückbehaltungsrechte.** Möbelspediteure arbeiten in der Regel auf der Basis allgemeiner Geschäftsbedingungen. Diese enthalten typischerweise die Bestimmung, dass gegen Ansprüche des Frachtführers die Aufrechnung nur mit fälligen Gegenansprüchen zulässig ist, die rechtskräftig festgestellt oder unbestritten sind. Eine derartige Klausel verstößt nicht gegen §§ 308 und 309 BGB. Sie enthält ein Aufrechnungsverbot, das den Absender gleichzeitig auch an der Geltendmachung eines Zurückbehaltungsrechtes hindert,[29] jedenfalls dann, wenn das Zurückbehaltungsrecht in seiner Wirkung einer Aufrechnung gleichkommt.[30]

16   **3. Mehrere Absender.** Handelt es sich bei dem Absender des Umzugsgutes um eine Mehrzahl von Personen, wie zB Angehörige einer Lebensgemeinschaft, Ehepaare, Großfamilie etc, so wird nur derjenige Vertragspartner, der den Frachtvertrag selbst oder stellvertretend vertretend abgeschlossen hat. Der Umzugsvertrag ist kein Schlüsselgewaltgeschäft iSv § 1357 BGB. Es handelt sich hierbei nicht um ein Geschäft zur Deckung des täglichen Lebensbedarfs.[31]

17   **4. Form.** Der Abschluss des Umzugsvertrages unterliegt keinen Formvorschriften. Insbesondere ist die Schriftform nicht vorgesehen. Handelt es sich jedoch bei dem Absender des Umzugsgutes um einen Verbraucher (§ 13 BGB), empfiehlt sich der schriftliche Abschluss des Umzugsvertrages. Anderenfalls kann der Frachtführer nicht den Nachweis erbringen, dass er die nach § 451g erforderlichen

---

[22] Abkommen v. 12.10.1929 zur Vereinheitlichung von Regeln über die Beförderung im internationalen Luftverkehr (WA idF von Den Haag 1955).

[23] Übereinkommen v. 18.5.1999 zur Vereinheitlichung bestimmter Vorschriften über die Beförderung im internationalen Luftverkehr, Montreal.

[24] Vgl. BGBl. 2007 II 298 ff.

[25] Bekanntmachung v. 22.5.2008, BGBl. II 607.

[26] Internationales Abkommen v. 24.8.1924 zur Vereinheitlichung von Regeln über Konnossemente, RGBl. 1939 II 1049.

[27] Brüsseler Protokoll v. 23.2.1968 zur Änderung des internationalen Abkommens v. 24.8.1924 zur Vereinheitlichung von Regeln über Konnossemente.

[28] LG Ansbach Urt. v. 15.9.2000 – HKO 189/2000 zit. in GK-HGB/*Scheel* Rn. 12.

[29] LG Waldshut-Tiengen Urt. v. 30.9.2004 – 1 S 8/04; AG Langen Urt. v. 28.5.2003 – 55 C 36/03; LG München I Urt. v. 4.6.2007 – 35 O 11769/06; aA AG Köln Urt. v. 26.3.2003 – 116 C 216/02; zit. in GK-HGB/*Scheel* Rn. 13.

[30] Palandt/*Grüneberg* BGB § 273 Rn. 13 f. mwN; Palandt/*Grüneberg* BGB § 320 Rn. 3; BGH Urt. v. 13.4.1983 – VIII ZR 320/80, NJW 1984, 129; BGH Urt. v. 26.3.2003 – XIII ZR 167/01, NJW-RR 2003, 873 (874); BGH Urt. v. 31.3.2005 – VII 180/04, NJW-RR 2005, 919.

[31] GK-HGB/*Scheel* Rn. 15; aA MüKoBGB/*Wacke* § 1357 Rn. 23.

Hinweise und Unterrichtungspflichten erfüllt hat mit der Folge, dass er sich dann nicht auf die Haftungsbefreiungen und -begrenzungen berufen kann.

VI. Abdingbarkeit

Abweichende Vereinbarungen von den gesetzlichen Regelungen der §§ 451 ff., soweit sie die **18** Haftung des Frachtführers und des Absenders regeln, können nicht zum Nachteil des Absenders getroffen werden, wenn dieser ein Verbraucher (§ 13 BGB) ist (§ 451h). In allen anderen Fällen kann entweder durch Individualvereinbarungen oder durch AGB die Haftung begrenzt werden gem. § 451h Abs. 2.

§ 451a Pflichten des Frachtführers

(1) **Die Pflichten des Frachtführers umfassen auch das Ab- und Aufbauen der Möbel sowie das Ver- und Entladen des Umzugsguts.**

(2) **Ist der Absender ein Verbraucher, so zählt zu den Pflichten des Frachtführers ferner die Ausführung sonstiger auf den Umzug bezogener Leistungen wie die Verpackung und Kennzeichnung des Umzugsgutes.**

Schrifttum: S. § 451.

I. Normzweck

§ 451a knüpft an die Hauptpflichten des Frachtführers nach § 407 Abs. 1 an, die die Beför- **1** derung und die Ablieferung des übernommenen Gutes zum Inhalt hat. **Abs. 1 erweitert diese Hauptleistungspflichten um das Ab- und Aufbauen der Möbel sowie das Ver- und Entladen des Umzugsguts.** Diese Regelungen berücksichtigen die Tatsache, dass heute der Ab- und Aufbau der Möbel und das Be- und Entladen vom Umzugskunden erwartet wird und regelmäßig Bestandteil des angebotenen Leistungspaketes eines gewerblichen Umzugsunternehmens (Möbelspediteurs) ist.[1]

Abs. 2 erweitert den Pflichtenkreis des Frachtführers **um** die Ausführungen **sonstiger auf den** **2** **Umzug bezogener Leistungen,** soweit es um den Umzug von Verbrauchern geht (§ 13 BGB). Beispielhaft nennt Abs. 2 als zusätzliche Pflichten des Frachtführers die Verpackung und Kennzeichnung des Umzugsgutes. **Diese zusätzliche Pflichten gelten nur,** wenn – was in der Praxis häufig geschieht – **vertraglich nicht etwas Abweichendes vereinbart wurde.**

Die in § 451a genannten zusätzlichen Pflichten des Frachtführers sind dispositiv.[2] **3**

II. Pflichten des Frachtführers

1. Nach Abs. 1. Neben der Beförderung und der Ablieferung (§ 407) hat der Frachtführer auch das **4** Ab- und Aufbauen der Möbel sowie das Ver- und Entladen des Umzugsgutes vorzunehmen.

a) Verladen und Entladen. Abweichend von § 412 ist der Frachtführer eines Umzugsvertrages **5** zum Ver- und Entladen des Transportgutes verpflichtet. Nach der Legaldefinition des § 412 Abs. 1 ist unter „verladen" das beförderungssichere Laden, Verstauen und Befestigen des Gutes zu verstehen. Zum Laden gehört das Heranbringen des Transportgutes (Möbel, Kartons) aus der Wohnung zum Fahrzeug und der spätere Weg von diesem Transportfahrzeug in die neue Wohnung, dort bis zu dem von dem Umzugskunden angegebenen Standort.[3] Zum Zwecke der ordnungsgemäßen Verladetätigkeit ist es notwendig, dass der Frachtführer die Güter vor Beschädigungen schützt und insofern die Möbel mit Packdecken und Luftpolsterfolie abdeckt. Das Umzugsgut ist ferner so zu stauen und zu befestigen, dass es während des Transportes nicht verschoben werden kann.[4] Der Haftungszeitraum des Frachtführers für Güterschäden und Überschreitung der Lieferfrist wird auf Grund der in Abs. 1 erweiterten Hauptleistungspflichten in Form des Ver- und Entladens gegenüber § 425 Abs. 1 ausgedehnt. Etwas anderes gilt nur, wenn der Absender sich ausnahmsweise zur Übernahme dieser Tätigkeiten verpflichtet hat. Davon zu trennen sind die Fälle, in denen der Absender oder einer seiner Gehilfen beim Ver- und Entladen mithilft. Dies geschieht ausschließlich auf Risiko des Frachtführers. Tritt ein Transportschaden als Folge dieser Hilfeleistung ein, ist dies nach § 278 BGB dem Frachtführer gegebenenfalls unter Berücksichtigung von § 254 BGB zuzurechnen.

b) Ab- und Aufbauen der Möbel. Der Frachtführer ist zum Ab- und Aufbau der Möbel ver- **6** pflichtet. Dies bezieht sich zunächst auf alle Möbel, die ganz oder teilweise für den Transport zerlegt

---

[1] BT-Drs. 13/8445, 91.
[2] Bericht des Rechtsausschusses BT-Drs. 13/10014, 50; *Koller* Rn. 1; MüKoHGB/*Andresen* Rn. 1.
[3] *Andresen/Valder* Rn. 3.
[4] *Andresen/Valder* Rn. 4.

werden müssen.[5] Allerdings ist der Ab- und Aufbau von Möbeln kein Selbstzweck. Die Pflicht zur Vornahme einer derartigen Leistung obliegt dem Frachtführer nur dann, wenn anderenfalls ein sachgerechter Transport nicht durchgeführt werden kann. Nicht unter den Ab- und Aufbau von Möbeln fällt deren Anpassung an die (neuen) örtlichen Verhältnisse,[6] so zB das Kürzen von Regalen etc.

7 **2. Nach Abs. 2, verbraucherbezogener Umzug. a) Definition des Verbrauchers.** *Verbraucher* ist eine **natürliche Person,** die den Vertrag zu einem Zweck abschließt, der weder ihrer gewerblichen noch ihrer selbstständigen beruflichen Tätigkeit zugerechnet werden kann. Dies folgt aus § 13 BGB. Verbraucher kann also nur eine natürliche Person sein, doch auch Auftraggeber ist. Eine juristische Person ist deshalb auch dann nicht Verbraucher, wenn der Vertrag nicht zu einem gewerblichen Zweck abgeschlossen wird. Dies gilt auch, wenn es sich zwar um Umzugsgut eines Verbrauchers handelt, dieser aber nicht Auftraggeber ist. Ein Gemeinnütziger Verein, der weder einen gewerblichen Zweck noch eine selbstständige berufliche Tätigkeit ausübt, ist ebenfalls kein Verbraucher, da es sich nicht um eine natürliche Person handelt.[7] Weitere Voraussetzung ist, dass der **Vertrag** zu einem **Zweck abgeschlossen** wird, der **weder** der **gewerblichen, noch** der **selbstständigen beruflichen Tätigkeit** der **natürlichen Person** zugerechnet werden kann. Beauftragt beispielsweise ein Rechtsanwalt einen Frachtführer mit dem Umzug seiner Kanzlei, so finden die Verbrauchervorschriften keine Anwendung. Beauftragt der Rechtsanwalt den Frachtführer stattdessen mit dem Umzug seiner Privatwohnung, so sind die Verbraucherschutzvorschriften anzuwenden. Hier liegt die Wertung zugrunde, dass derjenige, der sich im gewerblichen oder selbstständig beruflichen Bereich betätigt, über entsprechende Rechtskenntnisse verfügt und deshalb nicht schutzwürdiger sein kann als der Frachtführer.[8]

8 **b) Umfang des Verbraucherschutzes. aa) Verpackung und Kennzeichnung.** Abs. 2 erweitert die Pflichten des Frachtführers gegenüber einem Verbraucher (§ 13 BGB) auf alle sonstigen auf den Umzug bezogenen Leistungen. Als Regelfall nennt das Gesetz die Verpackung und Kennzeichnung des Umzugsgutes. Nach allgemeinem Frachtrecht obliegt diese Pflicht dem Absender (§ 411 Abs. 1). Durch Abs. 2 wird diese Pflicht nun dem Frachtführer zugewiesen. Liegt ein Umzugsvertrag vor, so schuldet der Frachtführer also die Verpackung unabhängig davon, ob eine zusätzliche Parteivereinbarung insoweit gilt. Dadurch soll vermieden werden, dass mangels Vereinbarung weder der Absender noch der Frachtführer verpackungspflichtig sind und später Streitigkeiten darüber entstehen, wer für die Schäden fehlerhafter oder mangelhafter Verpackung aufzukommen hat.[9] Die Verpflichtung zur Kennzeichnung des Gutes bezieht sich auf den Inhalt der Umzugskartons und deren Bestimmungsort. Dadurch wird die spätere Zuordnung in die jeweiligen Stockwerke, Zimmer bzw. Kellerräume erleichtert.[10]

9 **bb) Sonstige auf den Umzug bezogene Leistungen.** Gesetzgeberisch gewünscht war es, den Pflichtenkreis des Frachtführers so zu erweitern, dass **unmittelbar** auf den **Umzug bezogene Pflichten erfasst werden.**[11] Die Begründung zum Regierungsentwurf des TRG benennt hierbei ua das Abhängen von Lampen, den Ausbau von Installationen und den Aufbau von Wandschränken.[12] Liegt eine derartige unmittelbar auf den Umzug bezogene Pflicht vor, so wird diese dem allgemeinen Vertragsrecht entzogen und den §§ 451, 407 ff. unterstellt.[13] Die Abgrenzung zwischen umzugsbezogenen und sonstigen Leistungen ist fließend und teilweise schwierig. Es empfiehlt sich deshalb eine enge Auslegung von § 451a Abs. 2.[14] **Sonstige auf den Umzug bezogene Leistungen** können deshalb nur dann vorliegen, wenn auch ein Zusammenhang mit dem Umzugsgut, dh mit der **Ortsveränderung des Umzugsgutes** erkennbar ist **und** darüber hinaus ein **Zusammenhang mit der spezifischen und verkehrsüblichen Tätigkeit**[15] **eines Frachtführers vorliegt.** Unter eine solche sonstige auf den Umzug bezogene Leistung fällt auch der Anschluss der Waschmaschine an den Wasserhahn in der neuen Wohnung. Demgegenüber sind Arbeiten an Wasser-, Starkstrom- und Gasleitungen keine sonstigen auf den Umzug bezogenen Leistungen mehr. Denn im Normalfall

---

[5] *Andresen/Valder* Rn. 5.
[6] LG Memmingen Urt. v. 3.2.1999 – 2H O 1405/98, VersR 1999, 1565; *Andresen/Valder* Rn. 5; *Koller* Rn. 7.
[7] *Andresen/Valder* § 414 Rn. 36.
[8] *Andresen/Valder* § 414 Rn. 36.
[9] Begründung zum Regierungsentwurf, BT-Drs. 13/8445, 91; *Müglich* TranspR Rn. 3.
[10] GK-HGB/*Scheel* Rn. 4.
[11] Begründung zum Regierungsentwurf, BT-Drs. 13/8445, 91 *Andresen/Valder* Rn. 6.
[12] Begründung zum Regierungsentwurf, BT-Drs. 13/8445, 91; *Heymann/Joachim* § 451a Rn. 8; *Koller* Rn. 24.
[13] Begründung zum Regierungsentwurf, BT-Drs. 13/8445, 91.
[14] *Heymann/Joachim* Rn. 8; *Koller* Rn. 24.
[15] *Koller* Rn. 24; vgl. auch GK-HGB/*Scheel* Rn. 4, wonach die Arbeiten durch den Umzug veranlasst sein und die durch Beförderung zu bewirkende Ortsveränderung des Umzugsgutes zum Ziel haben müssen; *Müglich* TranspR Rn. 5, wonach es sich um Leistungspflichten handelt, die mit der Durchführung des Umzuges eng verbunden und damit letztlich frachtvertraglicher Natur sind.

werden derartige Arbeiten nur von Fachhandwerkern, die sowohl über eine entsprechende Ausbildung als auch über eine Konzession des jeweiligen Versorgungsunternehmens verfügen, durchgeführt.[16]

cc) Sonstige nicht auf den Umzug bezogene Leistungen. Keine umzugsbezogene Leistungen **10** sind des Weiteren das Entrümpeln und das Entsorgen von Sondermüll sowie die Planung der umzugsbedingten Änderung einer Einbauküche.[17] Der Abbau und Wiederaufbau von Einbauküchen stellt ebenfalls eine sonstige nicht auf den Umzug bezogene Leistung dar.[18] Auch die Renovierung der Wohnung stellt keine unmittelbar auf den Umzug bezogene Pflicht dar.[19] Es handelt sich hierbei um sonstige Leistungen, die nicht umzugsbezogen sind, einer besonderen vertraglichen Vereinbarung bedürfen und darüber hinaus zusätzlich zu vergüten sind.

c) Rechtsfolge. Sonstige auf den Umzug bezogene Leistungen iSd § 451a Abs. 2 fallen in die **11** **Obhutsphase des § 425 Abs. 1.** Kommt es zu Güterschäden und Leistungsstörungen bei der Durchführung dieser sonstigen umzugsbezogenen Arbeiten, so zB bei der Durchführung von Montagearbeiten oder einfachen Installationen, so richtet sich die **Haftung des Frachtführers nur nach § 425** und nicht etwa nach Werkvertragsrecht. Liegen demgegenüber **sonstige nicht auf den Umzug bezogene Leistungen des Frachtführers** vor und wurden diese zuvor vertraglich vereinbart, so liegt ein gemischter Vertrag vor. Die geschuldeten Leistungen sind dem jeweils zutreffenden Vertragstyp zuzuordnen, einerseits dem Frachtrecht gem. §§ 451, 407 ff. und gegebenenfalls dem Werk-, Dienst- bzw. Geschäftsbesorgungsvertragsrecht.

III. Beweislast

Der Frachtführer schuldet die sonstigen umzugsbezogenen Leistungen gegenüber einem Verbrau- **12** cher (§ 13 BGB), soweit nichts anderes vereinbart ist. Der Absender hat seine Verbrauchereigenschaft zu beweisen. Gelingt dem Absender dieser Nachweis, dann wird vermutet, dass sich der Frachtführer auch zur Erfüllung der sonstigen umzugsbezogenen Leistungen verpflichtet hat. Die Beweislast für eine hiervon abweichende Vereinbarung trägt sodann der Frachtführer.

IV. Abdingbarkeit

Die in § 451a genannten Pflichten des Frachtführers sind abdingbar, da sie nicht die Haftungs- **13** sanktionen betreffen.[20] Die **Grenzen der Abdingbarkeit von § 451a** ergeben sich mithin aus **§ 451h.** Der Begründung zum Regierungsentwurf[21] ist zu entnehmen, dass dem Absender ermöglicht werden sollte, bestimmte im Gesetz genannte Tätigkeiten zur Vermeidung höherer Kosten selbst erbringen zu können. Daraus folgt, dass die bei der Beförderung von Umzugsgut vom Frachtführer zu erbringenden Leistungen der freien Vereinbarung unterliegen.[22] Übernimmt beispielsweise der Verbraucher die Verpackung des Umzugsgutes, wird wiederum der Frachtführer gem. § 451d Abs. 1 Nr. 2–4 von der Haftung befreit. Dies ist – wie oben ausgeführt – statthaft, da § 451h Abs. 1 ja gerade nur eine direkte Abänderung der Haftung des Frachtführers zu Ungunsten des Verbrauchers verbietet. Um den Verbraucherschutz in einem derartigen Fall nicht leerlaufen zu lassen, muss wiederum der Frachtführer den Verbraucher über diese Konsequenz belehren, was aus § 451g Abs. 1 S. 1 und 2 folgt. Generell ist die zulässige Erweiterung oder Beschränkung der Pflichten des Frachtführers nach § 451a nur nach §§ 138, 134, 307 zu prüfen.[23]

§ 451b Frachtbrief. Gefährliches Gut. Begleitpapiere. Mitteilungs- und Auskunftspflichten

(1) **Abweichend von § 408 ist der Absender nicht verpflichtet, einen Frachtbrief auszustellen.**

(2) [1]**Zählt zu dem Umzugsgut gefährliches Gut und ist der Absender ein Verbraucher, so ist er abweichend von § 410 lediglich verpflichtet, den Frachtführer über die von dem Gut ausgehende Gefahr allgemein zu unterrichten; die Unterrichtung bedarf keiner Form.** [2]**Der Frachtführer hat den Absender über dessen Pflicht nach Satz 1 zu unterrichten.**

(3) [1]**Der Frachtführer hat den Absender, wenn dieser ein Verbraucher ist, über die zu beachtenden Zoll- und sonstigen Verwaltungsvorschriften zu unterrichten.** [2]**Er ist jedoch**

---

[16] GK-HGB/*Scheel* Rn. 4; *Müglich* TranspR Rn. 5.
[17] GK-HGB/*Scheel* Rn. 5.
[18] MüKoHGB/*Andresen* Rn. 6.
[19] *Koller* Rn. 24; *Andresen* TranspR 1998, 99.
[20] Bericht des Rechtsausschusses BT-Drs. 13/10014, 50; Heymann/*Joachim* Rn. 11; *Koller* Rn. 35.
[21] BT-Drs. 13/8445, 98.
[22] *Andresen/Valder* Rn. 14.
[23] *Koller* Rn. 35.

nicht verpflichtet zu prüfen, ob vom Absender zur Verfügung gestellte Urkunden und erteilte Auskünfte richtig und vollständig sind.

Schrifttum: S. § 451.

Übersicht

I. Normzweck

1   § 451b modifiziert die §§ 408, 410, 413. Die dortigen Pflichten sind auf den gewerblichen Absender zugeschnitten und passen deshalb nicht für den Regelfall des Umzugs, bei dem auch Verbraucher (§ 13 BGB) beteiligt sind. Aus Abs. 1 folgt, dass der Absender nicht verpflichtet ist, auf Verlangen des Frachtführers einen Frachtbrief auszustellen. Eine Unterscheidung zwischen Verbrauchern (§ 13 BGB) und Unternehmer (§ 14 BGB) trifft Abs. 1 nicht. Abs. 2 regelt die Pflichten beider Parteien im Falle der Beförderung von gefährlichem Umzugsgut. Dort trifft den Absender eine allgemeine, formlose Hinweispflicht auf gefährliches Gut, wenn er Verbraucher (§ 13 BGB) ist. Nach Abs. 2 S. 2 muss wiederum der Frachtführer den Verbraucher auf diese Unterrichtungspflicht hinweisen. Beim Unternehmer (§ 14 BGB) bleibt es bei der Hinweispflicht nach § 410 Abs. 1. Dort hat der Absender den Frachtführer rechtzeitig in Textform (§ 126b BGB) über die genaue Art der Gefahr zu informieren und, soweit erforderlich, weitere zu ergreifende Vorsichtsmaßnahmen mitzuteilen. Nach Abs. 3 muss der Frachtführer den Absender über bestehenden Zoll- und Verwaltungsvorschriften informieren.

II. Kein Anspruch auf Ausstellung eines Frachtbriefes (Abs. 1)

2   In Abweichung zu § 408 kann der Frachtführer vom Absender von Umzugsgut nicht die Ausstellung eines Frachtbriefes verlangen, unabhängig davon, ob es sich hierbei um einen Unternehmer oder einen Verbraucher handelt.[1] Dem Absender steht es also frei, ob er einen Frachtbrief ausstellen will oder nicht.[2] In der Praxis wird regelmäßig ein Umzugsvertrag vom Frachtführer gefertigt und vom Absender unterzeichnet. Veranlasst der Frachtführer einen Verbraucher zum Ausstellen des Frachtbriefs, muss dieser die Rechtswirkungen kennen. Andernfalls wäre ein Berufen des Frachtführers auf die Vermutungswirkung des Frachtbriefs arglistig.[3] Ein Verbraucher ist in aller Regel mit dem Umgang von Frachtbriefen nicht geübt und schließt deshalb den Umzugsvertrag in der Erwartungshaltung ab, der Frachtführer werde ihm die notwendigen Formalitäten abnehmen.[4] Stellt der Absender gleichwohl einen Frachtbrief aus, der vom Frachtführer gem. § 408 Abs. 2 zu unterzeichnen ist, erlangt dieser die

---

[1] Baumbach/Hopt/*Merkt* Rn. 1; GK-HGB/*Scheel* Rn. 1; MüKoHGB/*Andresen* Rn. 2.
[2] *Müglich* TranspR Rn. 2 HK-HGB/*Ruß* Rn. 1; *Koller* Rn. 2.
[3] Vgl. HK-HGB/*Ruß* Rn. 2.
[4] Vgl. Bericht des Rechtsausschusses BT-Drs. 13/10014, 51: Im Regierungsentwurf war noch vorgesehen, den Absender, der nicht Verbraucher ist, im Umzugsverkehr zu verpflichten, auf Verlangen des Frachtführers einen Frachtbrief auszustellen. Diese Differenzierung wurde in der Beschlussempfehlung des Rechtsausschusses aufgegeben.

Beweiskraft des § 409. Der Absender haftet gem. § 414 Abs. 2 Nr. 2 nur, wenn die Angaben im Frachtbrief unrichtig oder derart unvollständig sind, dass sie ein unrichtiges Bild ergeben.[5] Hierbei ist die Haftungsgrenze des § 451c zugunsten des Absenders zu beachten. Im nationalen Umzugsverkehr sind die Frachtbriefe der §§ 408 und 409 nicht gebräuchlich. Im internationalen Verkehr, insbesondere im Überseeverkehr, werden jedoch regelmäßig Frachtbriefe ausgestellt.[6]

III. Umzug mit gefährlichem Gut (Abs. 2)

1. Begriff. Das allgemeine Frachtrecht enthält in § 410 eine Vorschrift über die Beförderung von **gefährlichem Gut.** Der Begriff „gefährliches Gut" ist weiter als der Begriff „Gefahrgut" gem. den **öffentlich-rechtlichen Gefahrgutvorschriften**[7] (→ § 410 Rn. 1 ff.). Die Vorschrift umfasst immer auch solche Güter, die allein unter beförderungsspezifischen Gesichtspunkten als gefährlich anzusehen sind.[8] 3

2. Hinweispflicht des Frachtführers. Der Frachtführer kann nur dann die entsprechenden sicher- heitstechnischen Vorkehrungen durchführen, wenn er weiß, welche gefährlichen Güter in dem kon- kreten Umzug transportiert werden sollen. Der Frachtführer muss also zumindest in allgemeiner Form über die möglichen Gefahrenquellen informiert werden, um die entsprechenden Sicherheitsvorkeh- rungen treffen zu können. Von dem Verbraucher (§ 13 BGB) wiederum kann und muss keine Kennt- nis im Umgang mit gefährlichen Gütern bei der Beförderung seines Umzugsgutes verlangt werden. Der Frachtführer muss den Absender deshalb zunächst über dessen Unterrichtungspflicht informieren. Durch diese in Abs. 2 S. 2 statuierte Hinweispflicht des Frachtführers erhält der **Absender** den nötigen, von **außen kommenden Anstoß zur Mitteilung über die Gefährlichkeit** der zu beför- dernden Güter. Der Frachtführer hat den Absender vor oder später bei Vertragsschluss darauf hin- zuweisen, ihn über gefährliches Gut zu unterrichten.[9] Der Hinweis kann formlos erfolgen. Zu Beweiszwecken ist es jedoch ratsam, dass der Frachtführer seinen erteilten Hinweis schriftlich vom Verbraucher bestätigen lässt.[10] 4

3. Informationspflicht des Absenders. a) Verbraucher (§ 13 BGB). Ist der Absender Ver- braucher, so ist er nur verpflichtet, den Frachtführer über die von dem Gut ausgehende **Gefahr allgemein zu unterrichten.** Hierbei reicht es aus, wenn der Absender darauf aufmerksam macht, dass sich unter seinen Umzugsgütern möglicherweise gefährliche Gegenstände befinden, so zB Öl, Spiritus oder Benzin, Reinigungsmittel, Spülmittel, Farben oder Schädlingsbekämpfungsmittel.[11] Auch eine grobe Darstellung der vom Gefahrgut ausgehenden Gefahren genügt, wie die Angabe „leicht ent- flammbar, explosive Gase oder ätzende Flüssigkeiten". Danach ist es **Aufgabe des Frachtführers** zu prüfen, ob und gegebenenfalls welche **Sicherungsmaßnahmen** im Zusammenhang mit der Beför- derung der konkreten Güter zu ergreifen sind. Im Unterschied zu § 410 Abs. 1 ist die Unterrichtung des Frachtführers durch den Verbraucher über die Existenz derartig gefährlicher Güter formlos möglich. Auch eine mündliche Information reicht somit aus.[12] 5

b) Unternehmer (§ 14 BGB). Ist der Absender ein Unternehmer, verbleibt es bei der Vorschrift des § 410, welche über § 451 Anwendung findet. 6

IV. Haftung

1. Absenderhaftung bei fehlender Information. a) Des Verbrauchers (§ 13 BGB). Verletzt der Verbraucher **schuldhaft** seine Informationspflichten gem. § 451b Abs. 2 S. 1, so haftet er gem. § 414 Abs. 1 Nr. 3, § 451c iHv 620 EUR je Kubikmeter Laderaum, der zur Erfüllung des Umzugs- vertrages benötigt wird. Er kann sich mit dem Einwand verteidigen, der Frachtführer habe ihn nicht ausreichend gem. Abs. 2 S. 2 informiert. Eine mitwirkende Verursachung des Frachtführers ist gem. § 414 Abs. 2 zu berücksichtigen und kann in besonders gravierenden Fällen die Haftung des Absenders ganz entfallen lassen.[13] 7

b) Des Unternehmers (§ 14 BGB). Verletzt der Absender seine Informationspflichten gem. § 410 Abs. 1, so haftet er dem Grunde nach gem. § 451 iVm § 414 Abs. 1 Nr. 3 **verschuldensunabhängig** und der Höhe nach gem. § 451c, dh iHv 620 EUR je Kubikmeter Laderaum, der zur Erfüllung des Umzugsvertrages benötigt wird. 8

---

[5] Heymann/*Joachim* Rn. 3; *Koller* Rn. 2.

[6] MüKoHGB/*Andresen* Rn. 3.

[7] *Andresen*/*Valder* Rn. 7; *Fremuth* in Fremuth/Thume TranspR § 410 Rn. 3.

[8] BR-Drs. 368/97, 38.

[9] *Eckardt* in Fremuth/Thume TranspR Rn. 4; *Koller* Rn. 4.

[10] *Andresen*/*Valder* Rn. 12.

[11] *Müglich* TranspR Rn. 4; MüKoHGB/*Andresen* Rn. 5.

[12] MüKoHGB/*Andresen* Rn. 5.

[13] *Koller* Rn. 19.

9   Daneben hat der Frachtführer die Rechte aus § 410 Abs. 2 und kann ggf. das gefährliche Gut aus-, einlagern, vernichten sowie Ersatz der hierfür erforderlichen Aufwendungen verlangen.[14]

10   **2. Frachtführerhaftung bei Verstößen gegen die Unterrichtungspflicht.** Verstößt der Fracht-führer gegen seine Hinweispflicht nach Abs. 2 S. 2 und entsteht infolge dessen ein **Güter- oder Verspätungsschaden** iSv § 425, so haftet der Frachtführer dem Absender gem. **§§ 425 ff.**[15] Für **sonstige Schäden**, die Folge der fehlerhaften Information des Frachtführers sind haftet der Fracht-führer wegen **pVV**[16] **gem. § 280 BGB in den Grenzen des § 433.**[17]

11   Zu beachten ist, dass die Mitverursachung bzw. Mitverschulden des Absenders eine Schadensteilung gem. § 425 Abs. 2 analog oder nach § 254 BGB in Betracht kommt.

V. Zoll- und sonstige Verwaltungsvorschriften (Abs. 3)

12   **1. Begleitpapiere.** Gemäß §§ 451, 413 Abs. 1 hat auch der Absender von Umzugsgut dem Fracht-führer die notwendigen **Auskünfte** und die notwendigen **Begleitpapiere** zur Verfügung zu stellen. Nach § 451b Abs. 3 hat der Frachtführer eine Unterrichtungspflicht gegenüber dem Verbraucher in Bezug auf die zu beachtenden **Zoll- und Verwaltungsvorschriften.**

13   **2. Hinweispflicht des Frachtführers.** Der Frachtführer hat einen Verbraucher über die im Zu-sammenhang mit der Beförderung des Umzugsgutes zu beachtenden **Zoll- und sonstigen Ver-waltungsvorschriften** vollständig zu unterrichten. Ohne eine entsprechende Unterrichtung durch den Frachtführer kann nicht davon ausgegangen werden, dass ein Verbraucher Kenntnis dieser gesetz-lichen Pflichten hat. Die Hinweispflicht des Frachtführers umfasst auch Ein- und Ausfuhrverbote.[18] Die Unterrichtungspflicht über Zollvorschriften kann gegenüber einem Verbraucher schon **vor** Ver-tragsabschluss entstehen. Denn erst durch eine solche Unterrichtung und in Kenntnis der geltenden Zoll- und Einfuhrvorschriften kann sich der Verbraucher ein Bild davon machen, ob und in welchem Umfange zB die grenzüberschreitende Beförderung seines Umzugsgutes wirtschaftlich sinnvoll ist[19] und mit welchen Einfuhrverboten, zB für alkoholische Getränke, seltene Bücher etc er zu rechnen hat. Zur Haftung des Frachtführers in derartigen Fällen → Rn. 17.

14   **3. Keine Überprüfungspflicht.** Nach Abs. 3 S. 2 ist der Frachtführer nicht zur Prüfung ver-pflichtet, ob vom Absender zur Verfügung gestellte Urkunden und erteilte Auskünfte richtig und vollständig sind. Der Frachtführer ist in dem Vertrauen darauf geschützt, dass der Absender ihm alle für die Güterbehandlung erforderlichen Dokumente übergibt und ihn mit den notwendigen Informatio-nen versorgt. Dies gilt aber dann nicht, wenn die Unterlagen **evident fehlerhaft** sind.[20]

15   **4. Haftung. a) Des Verbrauchers (§ 13 BGB).** Verletzt der Verbraucher schuldhaft die gem. §§ 451, 413 Abs. 1 bestehende Pflicht zur Bereitstellung der Begleitpapiere und Erteilung der not-wendigen **Auskünfte,** so haftet er gem. §§ 414 Abs. 1, Abs. 3, 451c, iHv 620 EUR je Kubikmeter Laderaum der zur Erfüllung des Umzugsvertrages benötigt wird. Er kann sich mit dem Einwand verteidigen, der Frachtführer habe ihn nicht ausreichend gem. Abs. 2 S. 2 informiert.[21] Die Haftung trifft den Verbraucher auch dann, wenn zB im Rahmen einer Zollkontrolle festgestellt wird, dass die Möbelwagen außer zollfreiem Umzugsgut auch deklarationspflichtige Ware beinhalten. Entstehen dadurch Wartezeiten oder wird der Frachtführer mit einer Zollstrafe belegt, hat er Anspruch auf Erstattung dieser Zollstrafen und auf Zahlung von Standgeld.[22]

16   **b) Des Unternehmers (§ 14 BGB).** Der Unternehmer haftet gem. §§ 414, 451c verschuldens-unabhängig iHv 620 EUR je Kubikmeter Laderaum, der zur Erfüllung des Umzugsvertrages benötigt wird, wenn die gem. §§ 451, 413 Abs. 1 bestehende Pflicht zur Bereitstellung der Begleitpapiere und Erteilung der notwendigen Auskünfte verletzt wurde.

17   **c) Des Frachtführers.** Verletzt der Frachtführer die ihm obliegende Hinweispflicht und entsteht dadurch ein Güter- oder Verspätungsschaden als Folge, so haftet er dem Absender gem. §§ 425 ff.[23]

---

[14] *Andresen/Valder* Rn. 10.

[15] *Koller* Rn. 6.

[16] Begründung zum Regierungsentwurf, BT-Drs. 13/8445, 92; immer § 280 BGB (pVV); GK-HGB/*Scheel* Rn. 6; *Eckardt* in Fremuth/Thume TranspR Rn. 4.

[17] *Koller* Rn. 6.

[18] GK-HGB/*Scheel* Rn. 5; *Koller* Rn. 8.

[19] GK-HGB/*Scheel* Rn. 5; *Koller* § 451a Rn. 18.

[20] *Koller* Rn. 8; vgl. *Andresen/Valder* Rn. 20, wonach der Frachtführer den Absender gegebenenfalls auf festgestellte offensichtliche Fehler hinweisen muss.

[21] *Koller* Rn. 7.

[22] *Gass* → 1. Aufl. 2001, Rn. 10.

[23] *Koller* Rn. 8.

Für sonstige Schäden, die Folge der fehlerhaften Information des Frachtführers sind, trifft diesen eine Haftung aus pVV[24] gem. § 280 BGB in den Grenzen von § 433.[25]

VI. Beweislast

Der Frachtführer muss beweisen, dass er den Absender nach Abs. 2 S. 2 und Abs. 3 S. 1 unterrichtet **18** hat. Der Absender wiederum muss seine Informationen über das gefährliche Gut durch Vorlage eines entsprechenden Frachtbriefeintrages oder durch andere zulässige Beweismittel beweisen.[26]

VII. Abdingbarkeit

1. Abs. 1. Der Frachtführer kann die Ausstellung eines Frachtbriefes nicht verlangen (→ Rn. 2). **19** Die Parteien können sich gleichwohl auf die Ausstellung eines Frachtbriefes durch den Absender oder durch den Frachtführer einigen, da die Regelung des § 451b Abs. 1 durch Parteivereinbarung abdingbar ist.[27]

2. Abs. 2. Der Umfang der vom Verbraucher zu erfüllenden **Informationspflichten** darf jedenfalls **20** **beschränkt** werden. Dies folgt aus § 451h Abs. 1, der klarstellt, dass von den die **Haftung des Absenders** regelnden Vorschriften dieses Unterabschnittes **nicht zum Nachteil des Absenders abgewichen werden kann.** Folglich ist nur eine Erweiterung der Informationspflichten unstatthaft, eine Beschränkung dieser Pflichten ist jedoch zulässig.

Streitig ist, ob die dem Frachtführer gem. § 451b Abs. 2 S. 2 auferlegte **Aufklärungspflicht 21 beschränkt** werden kann. Dies wird von einer Auffassung bejaht.[28] Bei § 451b Abs. 2 S. 2 handele es sich nicht um eine Haftungsregelung, sondern um eine Regelung von sog. Primärpflichten des Frachtführers, an die erst die eigentlichen Haftungsnormen (zB § 280 BGB, § 425) anknüpfen.[29] Liegt aber keine Haftungsnorm vor, könne gem. § 451h auch eine abweichende Regelung getroffen werden. Hiergegen spricht jedoch die Begründung zum Regierungsentwurf.[30] Danach stellt § 451b Abs. 2 gerade eine „die **Haftung regelnde Vorschrift des 2. Unterabschnittes dar**", von der folglich gem. § 451h nur zu Gunsten des Absenders, nicht jedoch zu dessen Nachteil abgewichen werden darf.[31] Die Begründung zum Regierungsentwurf unterscheidet nicht detailliert zwischen Primärpflichten und Haftungssanktionen. Aus ihr erschließt sich aber, dass die Normen, die sich zu Vorfragen verhalten, als Haftungsregeln zu verstehen sind, mithin nur einseitig dispositiv und damit nur nach § 451h abänderbar sind. Eine Beschränkung der in § 451b Abs. 2 S. 2 statuierten Aufklärungspflicht des Frachtführers nach § 451h ist deshalb unstatthaft. Eine **Erweiterung** der **Informationspflichten des Frachtführers** ist demgegenüber jedoch zulässig.[32]

3. Abs. 3 S. 1. Die Norm ist nach der Begründung zum Regierungsentwurf des TRG[33] zu Lasten **22** von Verbrauchern nicht abdingbar.[34] Dies gilt insbesondere für § 451b Abs. 3 S. 1, der aus den unter → Rn. 21 genannten Gründen ebenfalls nicht zu Lasten des Absenders, der ein Verbraucher ist, abänderbar ist.[35]

§ 451c *(aufgehoben)*

Diese Vorschrift wurde durch die Reform des Seehandelsrechts (BGBl. 2013 I 835) aufgehoben, da die zu Gunsten des Absenders geltenden Haftungshöchstbeträge weggefallen sind.[1] Es gelten daher die allgemeinen Regelungen auch für die Haftung des Absenders im Umzugsverkehr. Gemäß § 414 Abs. 1 und 3 haftet der Absender als Verbraucher jedoch nur bei Verschulden.

---

[24] Begründung zum Regierungsentwurf, BT-Drs. 13/8445, 22.
[25] GK-HGB/*Scheel* Rn. 6; noch weiter die Begründung zum Regierungsentwurf, BT-Drs. 13/8445, 92, immer § 280 BGB (pVV).
[26] *Eckardt* in Fremuth/Thume TranspR Rn. 6.
[27] *Andresen/Valder* Rn. 3.
[28] Vgl. hierzu *Koller* Rn. 10; *Andresen/Valder* Rn. 23.
[29] Vgl. hierzu *Koller* Rn. 10.
[30] BT-Drs. 13/8445, 98.
[31] BT-Drs. 13/8445, 98.
[32] *Koller* Rn. 11.
[33] BT-Drs. 13/8445, 98.
[34] Begründung zum Regierungsentwurf, BT-Drs. 13/8445, 98; aA *Koller* Rn. 12 differenzierend.
[35] AA *Koller* Rn. 2.
[1] Begründung des Regierungsentwurfs zu §§ 451c–451e eines Gesetzes zur Reform des Seehandelsrechts, BR-Drs. 310/12, 108 ff., TranspR 2012, 165 (205); Koller Rn. 1.

§ 451d Besondere Haftungsausschlußgründe

(1) **Abweichend von § 427 ist der Frachtführer von seiner Haftung befreit, soweit der Verlust oder die Beschädigung auf eine der folgenden Gefahren zurückzuführen ist:**

1. **Beförderung von Edelmetallen, Juwelen, Edelsteinen, Geld, Briefmarken, Münzen, Wertpapieren oder Urkunden;**
2. **ungenügende Verpackung oder Kennzeichnung durch den Absender;**
3. **Behandeln, Verladen oder Entladen des Gutes durch den Absender;**
4. **Beförderung von nicht vom Frachtführer verpacktem Gut in Behältern;**
5. **Verladen oder Entladen von Gut, dessen Größe oder Gewicht den Raumverhältnissen an der Ladestelle oder Entladestelle nicht entspricht, sofern der Frachtführer den Absender auf die Gefahr einer Beschädigung vorher hingewiesen und der Absender auf der Durchführung der Leistung bestanden hat;**
6. **Beförderung lebender Tiere oder von Pflanzen;**
7. **natürliche oder mangelhafte Beschaffenheit des Gutes, der zufolge es besonders leicht Schäden, insbesondere durch Bruch, Funktionsstörungen, Rost, inneren Verderb oder Auslaufen, erleidet.**

(2) **Ist ein Schaden eingetreten, der nach den Umständen des Falles aus einer der in Absatz 1 bezeichneten Gefahren entstehen konnte, so wird vermutet, daß der Schaden aus dieser Gefahr entstanden ist.**

(3) **Der Frachtführer kann sich auf Absatz 1 nur berufen, wenn er alle ihm nach den Umständen obliegenden Maßnahmen getroffen und besondere Weisungen beachtet hat.**

Schrifttum: S. § 451.

I. Normzweck

1   § 451d ist lex specialis zu § 427. Die Vorschrift enthält **spezielle Haftungsausschlussgründe** zugunsten des Frachtführers und berücksichtigt die spezifischen Gefahren, denen das Gut während des Umzugstransportes ausgesetzt ist. Der Katalog der Ausschlussgründe orientiert sich an § 427, soweit vergleichbare Gefahrensituationen bestehen. Zu beachten ist, dass die Haftungsausschlüsse sowohl für den Verbraucher (§ 13 BGB) als auch für den gewerblichen Unternehmer (§ 14 BGB) gelten.

II. Besondere Haftungsausschlussgründe (Abs. 1)

2   **1. Einleitung. a) Haftungszeitraum.** Soweit der Verlust oder die Beschädigung von Umzugsgut auf eine der nachfolgenden Gefahren zurückzuführen ist, wird der Frachtführer von seiner Haftung nach den §§ 451, 425 befreit. Zu beachten ist dabei, dass der in § 425 niedergelegte Haftungszeitraum bei der Umzugsbeförderung regelmäßig **ausgedehnt** ist, da die Pflichten des Frachtführers nicht nur die Beförderung des Umzugsgutes (§§ 451, 407), sondern gem. § 451a auch den **Ab- und Aufbau der Möbel** sowie das **Ver- und Entladen** des Umzugsgutes und bei Verbrauchern zudem die **sonstigen umzugsbezogenen Leistungen** umfassen.

3   **b) Haftungsereignis.** Nach dem Wortlaut von § 451d beziehen sich die dort genannten Haftungsausschlussgründe nur auf die Haftungsereignisse „**Verlust**" und „**Beschädigung**", nicht aber auf die Haftung wegen **Lieferfristüberschreitungen**. Hierdurch unterscheidet sich § 451d von § 427, dessen besondere Haftungsausschlussgrund auch im Fall von Lieferfristüberschreitungen igelten. Ein Konkurrenzverhältnis zwischen § 451d und § 427 besteht jedoch nicht, denn § 451d stellt eine Spezialregelung im Umzugsvertragsrecht dar, die vollständig die Regelungen des § 427 verdrängt.[1] Hierfür spricht auch der Sachverständigenbericht zur Reform des Transportrechts in dem sich der Hinweis findet, dass § 451d „eine die Regelung des § 427 insgesamt verdrängende Normierung darstellen soll".[2] Dem Frachtführer des § 451 kommen somit bei Lieferfristüberschreitung keine besonderen Haftungsausschlussgründe des § 427 zugute. In diesem Fall ist lediglich § 426 anzuwenden. Von seiner Haftung ist der Frachtführer nur dann befreit, wenn die Lieferfristüberschreitung auf Umständen beruht, die auch bei größter Sorgfalt unvermeidbar und deren Folgen für ihn nicht abwendbar waren.[3]

4   **2. Die einzelnen Haftungsausschlussgründe. a) Wertvolle Gegenstände (Nr. 1).** Abs. 1 Nr. 1 ist abschließend. Andere als die genannten Wertsachen unterliegen nicht dem besonderen Haftungsausschluss. Eine analoge Anwendung auf andere Wertsachen ist wegen des **abschließenden**

---

[1] *Andresen/Valder* Rn. 1; *Baumbach/Hopt/Merkt* Rn. 1; *Müglich* TranspR Rn. 1; MüKoHGB/*Andresen* Rn. 2; aA *Gass* → 1. Aufl. 2001, Rn. 3, der von einem Redaktionsversehen des Gesetzgebers spricht.

[2] Bericht der Sachverständigenkommission zur Reform des Transportrechts mit Textvorschlägen zur Neuregelung des Transportrecht, abgedruckt im Bundesanzeiger v. 5.12.1996, Beilage 228a, 135; Begründung zum Regierungsentwurf, BT-Drs. 13/8445, 93.

[3] *Andresen/Valder* Rn. 1; *Eckardt* in Fremuth/Thume TranspR Rn. 6.

Charakters nicht möglich. Denn der Haftungsausschluss beruht auf zwei Überlegungen. Zum einen können die benannten **Wertsachen** auf Grund ihres geringen Volumens vom Absender regelmäßig **selbst transportiert** werden. Zum anderen liegt der Vorschrift die Wertung zugrunde, dass ein Umzugsunternehmen regelmäßig nicht die speziellen Sicherheitsmaßnahmen bieten kann, die bei der Beförderung besonders wertvoller Güter beachtet werden müssen. Während im Rahmen eines Frachtvertrages nach § 407 bei gewerblichen Werttransporten besonders ausgerüstete Spezialfirmen die Beförderung derartiger Kostbarkeiten übernehmen, soll iRv § 451 der Absender veranlasst werden, die genannten Güter tunlichst selbst zu befördern.[4] Begrifflich sind Edelmetalle Gold, Silber, Platin auch in der Form von Schmuck.[5] Unter Geld ist in- und ausländisches Papiergeld zu verstehen. Ungültig gewordenes Geld ist eine Urkunde.[6] Münzen und Briefmarken werden erfasst, unabhängig von ihrer Gültigkeit; ebenso Gedenkmünzen.[7] Wertpapiere sind die gängigen Inhaber-, Oder- und Beweisurkunden. Keine Urkunden sind Bücher. Da Abs. 1 Nr. 1 gerade keine Generalklausel enthält, **fallen** etwa **Kunstgegenstände, Gemälde, Plastiken** und **Antiquitäten** eben **nicht unter den Haftungsausschluss.**[8] Hier ist der Absender wegen der Größe und des Formates der Gegenstände gerade an einem Eigentransport in aller Regel gehindert.[9]

b) Verpacken und Kennzeichnung (Nr. 2). Nach § 451a Abs. 2 schuldet der Frachtführer in der Regel das Verpacken und die Kennzeichnung des Umzugsgutes. Kennzeichnet oder verpackt der Absender abweichend von diesem Regelfall aufgrund besonderer Vereinbarung das Umzugsgut selbst, so trägt er auch das Risiko dafür, dass auf Grund ungenügender Handhabung Schäden entstehen. Abs. 1 Nr. 2 entspricht der Regelung in § 427 Abs. 1 Nr. 2. Gegenüber Abs. 1 Nr. 4 ist die Bestimmung die Allgemeinere. Die Beförderung von Umzugsmöbeln in Behältern ist deshalb ausschließlich nach Abs. 1 Nr. 4 zu beurteilen. **5**

c) Verstauen, Verladen und Entladen (Nr. 3). Nach § 451a Abs. 1 schuldet der Frachtführer im Regelfall das Ver- und Entladen sowie das Verstauen des Umzugsgutes. Wenn davon abweichend der Absender das Verstauen und Entladen selbst übernimmt, so ist er für die nicht sachgemäße Handhabung selbst verantwortlich. Zum Verladen und Entladen gehört auch das Verbringen vom und zum Fahrzeug. **6**

d) Beförderung in Behältern (Nr. 4). Gemeint sind Behälter aller Art einschließlich der vom Frachtführer zur Verfügung gestellten Umzugskartons und -kisten.[10] Dies gilt auch für Seecontainer, wenn der Frachtführer das Gut nicht gepackt sondern nur einen leeren Container gestellt hat und ihm dann später ein gepackter Container übergeben wird.[11] Nr. 4 erfasst auch die Fälle, in denen sog. Liftkisten oder Liftvans vom Kunden gepackt werden. Der Ausschluss in Nr. 4 ist ein Sonderfall zu Nr. 2. Der Bestimmung liegt die Wertung zugrunde, dass der Frachtführer bei derart verstauten Gütern **keine Kenntnis** hat, ob diese richtig **verpackt** wurden. Deshalb sind Schäden dem Risikobereich des Absenders zuzurechnen. Unerheblich ist hierbei, ob der Frachtführer zum Verpacken verpflichtet war.[12] **7**

e) Sperrige Gegenstände (Nr. 5). Das Verbringen des Umzugsguts aus der Wohnung zum Fahrzeug bzw. vom Fahrzeug in die neue Wohnung gehört zum Ver- und Entladen nach § 451a Abs. 1. Beim Umzug sind teilweise **sperrige Gegenstände** zu transportieren, die auf Grund ihrer Größe, ihres Gewichts oder wegen beengter Raumverhältnisse (zB schmales Treppenhaus und schmale Türen) nicht ohne erhöhtes Risiko vom bisherigen Standort zum Fahrzeug bzw. zur neuen Wohnung bewegt werden können.[13] Besteht der Absender dennoch auf das Abtragen oder das Ver- oder Entladen der Umzugsgüter, so übernimmt er zugleich das Risiko einer Beschädigung. Der Frachtführer hat jedoch eine Hinweispflicht gegenüber dem Absender.[14] Entscheidet sich der Absender trotz entsprechenden Hinweises für den Transport, so hat er vorhersehbare Beschädigungen selbst zu tragen.[15] **8**

f) Pflanzen, lebende Tiere (Nr. 6). Dieser Haftungsausschluss entspricht § 427 Abs. 1 Nr. 6, geht jedoch insoweit darüber hinaus, als auch Pflanzen erfasst werden. Der Transport lebender Tiere und **9**

---

[4] Anschaulich GK-HGB/*Scheel* Rn. 2.

[5] *Andresen/Valder* Rn. 5, *Koller* Rn. 3; vgl. auch *Müglich* TranspR Rn. 3, der Schmuck vom Anwendungsbereich des § 451d ausnimmt.

[6] *Koller* Rn. 3.

[7] *Koller* Rn. 3.

[8] *Müglich* TranspR Rn. 3.

[9] Bericht der Sachverständigenkommission zur Reform des Transportrechts mit Textvorschlägen zur Neuregelung des Transportrecht, abgedruckt im Bundesanzeiger v. 5.12.1996, Beilage 228a, 135; MüKoHGB/*Andresen* Rn. 6.

[10] *Koller* Rn. 6; *Müglich* TranspR Rn. 6; MüKoHGB/*Andresen* Rn. 9.

[11] *Andresen/Valder* Rn. 8.

[12] *Andresen/Valder* Rn. 9; *Heymann/Joachim* Rn. 6; *Koller* Rn. 6.

[13] *Eckardt* in Fremuth/Thume TranspR Rn. 2; *Müglich* TranspR Rn. 7.

[14] *Andresen/Valder* Rn. 10; *Koller* Rn. 7.

[15] ZB den Transport eines Klaviers durch das nach Auffassung der Möbeltransporteure zu enge Treppenhaus. Vgl. HK-HGB/*Ruß* Rn. 5; GK-HGB/*Scheel* Rn. 6.

Pflanzen ist besonderen Gefahren ausgesetzt. Der Vorschrift liegt die Wertung zugrunde, dass Pflanzen und oftmals auch Haustiere einen festen Bestandteil des Umzugsguts bilden, obwohl von einem Umzugsunternehmen nicht verlangt werden kann, dass es besondere Kenntnisse im Umgang mit den verschiedenartigsten Pflanzen und Tieren haben muss. Gerade bei längeren Transporten erleiden Pflanzen häufig Frostschäden oder Schäden wegen unzureichender Bewässerung. Diese **erhöhte Schadensanfälligkeit** kann nicht dem Risikobereich des Frachtführers zugeordnet werden.[16] Den Parteien steht es frei, ggf. gegen Aufpreis, eine gegenüber der gesetzlichen Regelung abweichende Vereinbarung zu treffen. Bei besonderer Vereinbarung kann der Frachtführer verpflichtet werden, wegen der Temperaturempfindlichkeit des Guts sein Fahrzeug zu beheizen oder Pflanzen und Tiere in besonderen Behältern zu transportieren. Dann ist der Haftungsausschluss nach Abs. 3 eingeschränkt.

10   **g) Natürlich oder mangelhafte Beschaffenheit des Gutes (Nr. 7).** Abs. 1 Nr. 7 bestimmt einen Haftungsausschluss wegen besonderer Schadensanfälligkeit von Gütern auf Grund ihrer natürlichen oder mangelhaften Beschaffenheit. In der Sache entspricht die Vorschrift im Wesentlichen der Regelung in § 427 Abs. 1 Nr. 4. Anstelle der in § 427 Abs. 1 Nr. 4 beispielhaft genannten Gütereigenschaften „Austrocknen" und „normaler Schwund" wurde bei der vorliegenden Vorschrift auf diese Merkmale verzichtet, da sie im Zusammenhang mit einem Umzugstransport keine große Rolle spielen dürften. Das Merkmal (innere) **„Funktionsstörung"** trägt dem Umstand Rechnung, dass heute nahezu jeder Haushalt mit elektronischen Geräten, wie Stereoanlagen, Fernsehern, Computern und dergleichen ausgestattet sein dürfte, die alle die Eigenschaft aufweisen, besonders schadens- und störungsanfällig zu sein.

11   Der Frachtführer ist regelmäßig nicht in der Lage, diese Geräte vor dem Umzug auf ihre Funktionstüchtigkeit zu überprüfen. Nach der Wertung des Gesetzgebers soll deshalb der begründeten Gefahr vorgebeugt werden, dass dem Frachtführer angebliche Transportschäden „untergeschoben werden", obwohl die Geräte bereits schon vorher defekt waren.[17]

III. Widerlegliche Schadensvermutung (Abs. 2)

12   Die widerlegliche Schadensvermutung entspricht inhaltlich der Regelung des § 427 Abs. 2 S. 1. Für die Beweisführung des Frachtführers bedeutet dies, dass er neben dem **Vorliegen eines besonderen Haftungsausschlusstatbestandes** auch die **Möglichkeit der Schadensentstehung** durch eine solche Gefahr **beweisen** muss. Dann wird die Kausalität der Gefahr für den Schadenseintritt angenommen. Die dann eintretende Vermutung kann wiederum durch den Absender widerlegt werden. So kann zB nicht vermutet werden, dass der Bruch von Porzellan in einem vom Absender selbst verpackten Karton auf mangelhafter Verpackung beruht, wenn der Karton beim Tragen durch die Leute des Frachtführers abgestürzt ist[18] und deshalb auch bei fachgerechter Verpackung der Schaden eingetreten wäre. Bei § 451d gilt der Rechtsgedanke des § 254 BGB **(Mitverschulden).** Dies wird durch die Formulierung des Gesetzestextes „soweit" klargestellt. Vorwerfbares Verhalten des Frachtführers ist zu berücksichtigen. § 451d lässt § 425 Abs. 2 unberührt, sodass bei Verursachung des Schadens sowohl durch Absender oder Empfänger auf der einen und Frachtführer auf der anderen Seite ein eventuelles Verschulden des Frachtführers mit zu berücksichtige ist.[19]

IV. Sorgfaltswidriges oder weisungswidriges Verhalten des Frachtführers (Abs. 3)

13   Der Frachtführer kann sich auf die Haftungsausschlussgründe nach Abs. 1 nur dann berufen, wenn er alle ihm nach den Umständen obliegenden Maßnahmen getroffen und Weisungen des Absenders beachtet hat.[20] Die nahezu gleich lautende Vorschrift des § 427 Abs. 4 wird inhaltlich im Rahmen des Umzugsvertrages ausgedehnt auf alle besonderen Haftungsausschlusstatbestände. Unter besondere Weisungen iSv § 451d Abs. 3 fallen Weisungen nach § 418 und vertragliche Abreden.[21] Die Weisung muss ein hinreichend konkretes Verhalten vorgeben, so zB Pflanzen zu gießen, bestimmte Temperaturen einzuhalten.[22] Ist die Beachtung der Weisung unmöglich oder unzumutbar, kann sich der Frachtführer auf § 451d berufen, auch wenn er sie nicht beachtet hat.

14   Erforderlich ist allerdings eine unverzügliche Benachrichtigung des Absenders nach § 419.[23]

---

[16] Bericht der Sachverständigenkommission zur Reform des Transportrechts mit Textvorschlägen zur Neuregelung des Transportrecht, abgedruckt im Bundesanzeiger v. 5.12.1996, Beilage 228a, 136; *Müglich* TranspR Rn. 8.

[17] Bericht der Sachverständigenkommission zur Reform des Transportrechts mit Textvorschlägen zur Neuregelung des Transportrecht, abgedruckt im Bundesanzeiger v. 5.12.1996, Beilage 228a, 137; *Andresen/Valder* Rn. 13; *Müglich* TranspR Rn. 9; MüKoHGB/*Andresen* Rn. 16.

[18] GK–HGB/*Scheel* Rn. 9.

[19] MüKoHGB/*Andresen* Rn. 4.

[20] Begründung zum Regierungsentwurf, BT-Drs. 13/8445, 94 f.

[21] *Koller* Rn. 11; vgl. auch *Andresen/Valder* Rn. 17, wonach auch ggf. konkludente Vereinbarungen gehören.

[22] *Andresen/Valder* Rn. 17; *Koller* Rn. 11.

[23] *Koller* Rn. 11.

V. Abdingbarkeit

Vereinbarungen über den Umfang der Leistungen, zB über die Verpackungs- und Kennzeichnungs-   **15**
pflicht oder über das Verpacken und Auspacken von Behältern, sind möglich.[24] Hier gelten die
Grenzen von §§ 138, 307 BGB. Ansonsten kann von § 451d nur iRv § 451h abgewichen werden.

VI. Haftungshinweis

In den Genuss der Haftungsbefreiung von § 451d gelangt der Frachtführer gem. § 451g in den   **16**
Fällen, in denen der Absender ein Verbraucher (§ 13 BGB) ist nur dann, wenn er den dort statuierten
Pflichten nachgekommen ist (→ § 451g Rn. 2 f.).

§ 451e Haftungshöchstbetrag

**Abweichend von § 431 Abs. 1 und 2 ist die Haftung des Frachtführers wegen Verlust oder
Beschädigung auf einen Betrag von 620 Euro je Kubikmeter Laderaum, der zur Erfüllung
des Vertrages benötigt wird, beschränkt.**

Schrifttum: S. § 451.

I. Normzweck

§ 451e ändert die an das Gewicht des Gutes anknüpfenden Bestimmungen des § 431 Abs. 1 und 2   **1**
ab. Während dort das Gewicht als Berechnungsgrundlage für einen Haftungshöchstbetrag gewählt
wurde, wird hier nun das **Volumen des Laderaums** als **Berechnungsgrundlage** bestimmt. Eine
Gewichtsermittlung im Umzugsverkehr erschien nicht praktikabel. Für Großumzüge bedeutet dies
jedoch, dass uU auch für hochwertige Gegenstände geringeren Gewichts voller Ersatz verlangt werden
kann. Die Vorschrift gilt nur für Güterschäden. **Die Haftung für Lieferfristüberschreitung folgt
aus § 431 Abs. 3, eine Haftung für sonstige Vermögensschäden aus § 433.**[1]

II. Haftungsgrenzen

Maßgeblich ist das Raummaß des zur Vertragserfüllung benötigten, nicht des tatsächlich zur Ver-   **2**
fügung stehenden Laderaums.[2] Es kommt also auf den Inhalt des Vertrages an und dort auf das Volumen
des Umzugsgutes, dessen Beförderung insgesamt auf Grund des Vertrages geschuldet wird. In Abweichung zum allgemeinen Frachtrecht kommt es nicht auf den Umfang des beschädigten Teils, sondern
auf den **Umfang des zur Vertragserfüllung insgesamt benötigten Laderaumes** an. Hierbei sind
begonnene Kubikmeter anteilig zu berechnen.[3] Derjenige Laderaum wird zur Erfüllung des Vertrages
benötigt, den ein ordentlicher Frachtführer für den Transport des Gutes einsetzen würde.[4] Setzt der
Frachtführer mehrere Lkw ein und transportiert das Umzugsgut in Etappen, so kommt es nur auf den
insgesamt benötigten Laderaum an. Die Höchsthaftung beim Umzugsgut beläuft sich hier auf
620 EUR je Kubikmeter Laderaum für Güterschäden. Hierbei ist von einer Faustformel auszugehen,
wonach ein Möbelwagenmeter ca. 5 Kubikmeter Laderaum entspricht.[5] Diese Haftungsgrenze korrespondiert mit der Vorschrift des § 451c, die die Haftung des Absenders in besonderen Fällen regelt.

Verspätungs- und sonstige Vermögensschäden erfasst § 451e nicht. Die Haftung des Fracht-   **3**
führers für Verspätungsschäden folgt deshalb aus **§ 431 Abs. 3** und ist auf das **3-fache der Fracht
begrenzt.** Ein derartiger Verspätungsschaden liegt zB vor, wenn der durch den Frachtführer durchzuführende Umzug erst drei Tage nach dem vereinbarten Termin beim Umziehenden ankommt,
weshalb der Absender verpflichtet ist, zwei Nächte in einem Hotel zu verbringen. Da §§ 451 ff. keine
besondere Regelungen enthalten, gilt § 431 Abs. 3, wonach die Haftung des Frachtführers auf
maximal den 3-fachen Betrag der Fracht begrenzt ist.

Für sonstige Vermögensschäden, die keine Verspätungsschäden sind, gilt nach §§ 451, 433 der 3-   **4**
fache Betrag der bei Verlust des Gutes zu zahlen wäre. Die Berechnung findet wie folgt statt: 620 EUR
× Anzahl der Kubikmeter × 3 = maximaler Schadensersatz beim Vermögensschaden.

Die dargestellte Haftungsbegrenzung gilt auch bei so genannten Trageumzügen (→ § 451 Rn. 1).   **5**
Hier ist der hypothetische Laderaum zu ermitteln, der benötigt würde, wenn das Transportgut mit

---

[24] *Andresen/Valder* Rn. 20.
[1] Begründung zum Regierungsentwurf, BT-Drs. 13/8445, 95; *Andresen/Valder* Rn. 1; Baumbach/Hopt/*Merkt*
Rn. 1; MüKoHGB/*Andresen* Rn. 1.
[2] *Andresen/Valder* Rn. 1; GK-HGB/*Scheel* Rn. 1; aA *Koller* Rn. 2, wonach der für die zu befördernden Güter
tatsächlich in Anspruch genommene Laderaum maßgeblich ist.
[3] *Andresen/Valder* Rn. 2.
[4] *Koller* Rn. 2.
[5] BT-Drs. 13/8445, 95.

Hilfe eines Lkw befördert worden wäre.[6] Hilfsweise können hierbei die Umzugsgutlisten mit den dortigen Volumenangaben zur Ermittlung des Laderaumes herangezogen werden.[7]

6   Die Haftungshöchstsumme errechnet sich, indem die Summe der Kubikmeter mit 620 EUR multipliziert wird und gilt für sämtliche Formen der Güterschäden, dh für Totalverluste, Teilverluste oder Beschädigungen einzelner Gegenstände.

III. Wegfall der Haftungsgrenzen

7   Bei qualifiziertem Verschulden des Frachtführers entfällt nach den §§ 451, 435 die Haftungsgrenze des § 451e. Dann entfallen nicht nur die spezifischen umzugsrechtlichen Haftungsbeschränkungen, sondern auch sämtliche frachtrechtlichen Grenzen des 1. Unterabschnittes, sodass der Frachtführer generell unbeschränkt haftet.

IV. Abdingbarkeit

8   Für den Regelfall eines Umzugs von Verbrauchern kann von allen **Haftungshöchstbeträgen** und damit von § 451e **nur zugunsten, nicht** aber **zum Nachteil des Verbrauchers abgewichen werden.**[8] Ist der Absender ein Unternehmer (§ 14 BGB), so kann unter Berücksichtigung von § 451h Abs. 2 durch Individualvereinbarung von den gesamten Haftungsregelungen abgewichen werden, somit auch eine Vereinbarung über die Haftung bei Trageumzügen getroffen werden.[9] Zulässig ist danach, die Haftung auf einen Höchstbetrag für ein beschädigtes Teil zu begrenzen bzw. eine Summe zu vereinbaren, die dem bestehenden Versicherungsschutz entspricht. Auch kann durch vorformulierte Vertragsbedingungen ein anderer Betrag als 620 EUR je Kubikmeter vereinbart werden. Ein entsprechender Haftungskorridor wie ihn § 449 Abs. 2 Nr. 1 (Beschränkung auf 2 bis 40 Sonderziehungsrechte – SZR) vorsieht, gilt nicht. Bei Verwendung von allgemeinen Geschäftsbedingungen müssen derartige Bestimmungen in drucktechnisch deutlicher Gestaltung besonders hervorgehoben werden.[10]

9   Entsprechen die verwandten allgemeinen Geschäftsbedingungen der drucktechnisch notwendigen Gestaltung, kann ihre Wirksamkeit dann nur noch im Rahmen der Inhaltskontrolle gem. § 307 BGB geprüft werden.[11]

V. Haftungssummen

10   Der Absender ist nicht berechtigt, die Haftungshöchstsummen durch einseitige Angabe eines höheren Wertes hinaufzusetzen.[12] Die Heraufsetzung der Haftungshöchstgrenze kann aber vereinbart werden und durch Abschluss einer **Höherwertversicherung** zugunsten des Absenders versichert werden. Den Frachtführer trifft gem. § 451g Abs. 1 Nr. 1 die Verpflichtung, den Absender bei Abschluss des Vertrages über die Haftungsbestimmungen zu unterrichten und auf die Möglichkeit hinzuweisen, eine weitergehende Haftung zu vereinbaren und das Gut entsprechend höher zu versichern.[13] Fehlt der Hinweis, so kann sich der Frachtführer im Schadensfall nicht auf die Haftungshöchstgrenze gem. § 451e berufen.

§ 451f Schadensanzeige

Abweichend von § 438 Abs. 1 und 2 erlöschen Ansprüche wegen Verlust oder Beschädigung des Gutes,
1. **wenn der Verlust oder die Beschädigung des Gutes äußerlich erkennbar war und dem Frachtführer nicht spätestens am Tag nach der Ablieferung angezeigt worden ist,**
2. **wenn der Verlust oder die Beschädigung äußerlich nicht erkennbar war und dem Frachtführer nicht innerhalb von vierzehn Tagen nach Ablieferung angezeigt worden ist.**

Schrifttum: S. § 451.

---

[6] *Koller* Rn. 2, der § 451e analog anwendet.
[7] *Andresen/Valder* Rn. 4.
[8] BT-Drs. 13/8445, 95.
[9] *Andresen/Valder* Rn. 6.
[10] BGH Urt. v. 23.1.2003 – I ZZ 174/00, TranspR 2003, 11; OLG Hamburg Urt. v. 19.12.2002 – 6 U 222/01, TranspR 2003, 72; Anm. zu OLG Hamburg Urt. v. 13.12.2002 – 6 U 222/01, TranspR 2003, 72 von *Bästlein* TranspR 2003, 61.
[11] *Andresen/Valder* Rn. 6.
[12] *Andresen/Valder* Rn. 5; *Koller* Rn. 4.
[13] GK-HGB/*Scheel* Rn. 4.

I. Normzweck

§ 451f gilt nur bei Güterschäden iSv § 425 Abs. 1, nicht aber bei Personenschäden oder Schäden an **1** nicht zum Transport gehörender Sachen.[1] Die Vorschrift modifiziert die frachtrechtlichen Regelungen des § 438 Abs. 1 und 2. Wird der **Schaden nicht innerhalb der gesetzlich angeordneten Fristen** angezeigt, so **erlöschen** die Ansprüche wegen **Verlust** oder **Beschädigung.** Die Versäumung der Schadensanzeige ist eine rechtsvernichtende Einwendung, und im Streitfall durch das Gericht von Amts wegen zu berücksichtigen.[2] Diese einschneidende Rechtsfolge unterscheidet sich von derjenigen, die § 438 Abs. 1 und 2 anordnet. Dieser enthält mit (fristgemäßer) Schadensanzeige lediglich eine **widerlegliche Vermutung** zugunsten des Frachtführers, dass das Transportgut in vertragsgerechtem Zustand abgeliefert worden ist. Die unterschiedlichen Folgen, zum einen das Erlöschen der Ansprüche, zum anderen eine widerlegliche Vermutung dienen der schnellen Abwicklung von Schadensfällen im Umzugsvertragsrecht. Umzugsgut ist gebrauchtes Gut, der Frachtführer soll vor etwaigen Beweisverschlechterungen durch zunehmenden Zeitablauf geschützt werden. Der Absender kennt den Zustand seines Umzugsgutes und kann Beschädigungen oder den Verlust ohne besonderen Aufwand feststellen. **Lieferfristüberschreitungen** müssen immer nach **§ 438 Abs. 3** innerhalb von 21 Tagen angezeigt werden.

II. Güterschäden

1. Äußerlich erkennbarer Güterschaden. Äußerlich erkennbar ist der Schaden zunächst, wenn **2** bei oberflächlicher visueller Wahrnehmung das Umzugsgut als beschädigt oder in Verlust geraten festgestellt werden kann. Zu äußerlich erkennbaren Schäden zählen zB zerbrochene Spiegel, Kratzer an den Möbeln, abgebrochene Stuhllehnen, aufgerissene Sofakissen, zerkratzte Oberflächen. Ist ein Umzugskarton äußerlich erkennbar stark beschädigt, so gilt auch ein Schaden am Inhalt des Kartons als äußerlich erkennbar. Eine derartige **Verpackung** ist jedenfalls dann zu **öffnen** oder zu schütteln, wenn konkrete, äußerlich erkennbare gravierende **Anhaltspunkte** für **Schäden bestehen.**[3] Bei der Bewertung der Erkenntnismöglichkeit kommt es auf diejenige eines ordentlichen Absenders des jeweiligen Verkehrskreises an, dem der Absender angehört.[4] Deshalb sind die Erkenntnismöglichkeiten beim Verbraucher (§ 13 BGB) an Hand des Berufes, Alters und der Bildung zu bestimmen.[5] Die Erkenntnismöglichkeiten derjenigen Personen, die für den Absender das Gut in Empfang nehmen, muss sich der Absender zurechnen lassen.[6] Muss der Empfänger auf Grund seiner Feststellungen während des Umzuges mit dem Eintritt eines Schadens rechnen, trifft ihn eine **gesteigerte Untersuchungspflicht** im Hinblick auf den **Eintritt eventueller äußerlich erkennbarer Schäden.**[7] Die Untersuchung des Transportgutes auf äußerlich erkennbare Schäden muss **zumutbar** sein. Bei der Beurteilung, ob ein äußerlich erkennbarer Schaden vorliegt, sind deshalb auch die konkreten Verhältnisse am Empfangsort zu beachten, die Menge des Umzugsgutes sowie die Raumverhältnisse.[8] Entscheidend sind immer die individuellen Verhältnisse je Einzelfall. Äußerlich erkennbar ist der Verlust eines Kartons und seines Inhalts auch dann, wenn die Vollständigkeit des angelieferten Gutes durch bloßes (zumutbares) Nachzählen überprüft werden kann.[9] An einer äußerlichen Erkennbarkeit eines Schadens soll es dann fehlen, wenn ein an sich äußerlich sichtbarer Schaden an dem Möbelstück nur deswegen unbemerkt bleibt, weil bei Anlieferung des Umzugsgutes Dunkelheit herrscht und der Frachtführer mit der Geltendmachung seines Pfandrechtes droht, um den Empfänger zur Zahlung der Fracht zu veranlassen.[10] Ist der Güterschaden äußerlich erkennbar, so ist er dem Frachtführer spätestens am Tag nach der Ablieferung anzuzeigen.

2. Äußerlich nicht erkennbare Schäden. Äußerlich nicht erkennbare Schäden sind solche, die **3** bei ordnungsgemäßem Geschäftsgang und äußerlicher Prüfung nicht wahrgenommen werden können. Es bedarf also einer Untersuchung des Umzugsgutes.[11] Die Öffnung der Verpackung ist ohne konkreten Anlass nicht erforderlich.[12] Damit sind äußerlich nicht erkennbare Schäden alle Beschädigungen oder Teilverluste verpackter einzelner Sachen, soweit keine äußerlichen Beschädigungen der Verpackung erkennbar waren.[13]

---

[1] *Koller* Rn. 1; GK–HGB/*Scheel* Rn. 9.
[2] GK–HGB/*Scheel* Rn. 1.
[3] *Andresen/Valder* Rn. 4; GK–HGB/*Scheel* Rn. 3.
[4] *Koller* Rn. 2.
[5] *Koller* Rn. 2.
[6] *Koller* Rn. 2.
[7] *Eckardt* in Fremuth/Thume TranspR Rn. 5.
[8] *Koller* Rn. 2; *Müglich* TranspR Rn. 6.
[9] GK–HGB/*Scheel* Rn. 2.
[10] OLG Düsseldorf Urt. v. 11.5.1988 – 18 U 301/87, TranspR 1988, 340; GK–HGB/*Scheel* Rn. 2.
[11] *Becker* NJW 2001, 1097.
[12] *Eckardt* in Fremuth/Thume TranspR Rn. 8.
[13] *Andresen/Valder* Rn. 4.

4   Äußerlich nicht erkennbare Beschädigungen müssen innerhalb von 14 Tagen nach Ablieferung angezeigt werden.

5   **3. Form der Schadensanzeige.** Die Form der Schadensanzeige folgt aus § 438 Abs. 4, da § 451f nur Abweichungen von § 438 Abs. 1 und 2 regelt. Danach ist eine Schadensanzeige nach Ablieferung in Textform (§ 126b BGB) zu erstatten. Folglich kann eine **Schadensanzeige während** oder **vor** der **Ablieferung** des Umzugsgutes **formlos** erfolgen. Zeichnet sich also während des Transportes bereits der Eintritt eines Schadens ab und bemerkt dies der Absender, so kann die Schadensanzeige **mündlich** erfolgen. Erst nach Ablieferung greift das Textformerfordernis. Der Frachtführer, der den Absender dazu auffordert, eine spezifizierte Schadensanzeige abzugeben, verstößt dadurch nicht gegen die ihm obliegende Unterrichtungspflicht gem. § 451g S. 1 Nr. 2.[14] Zwar fordert § 451f keine „spezifische Schadensanzeige". Der Hinweis auf die Notwendigkeit einer spezifizierten Anzeige ist jedoch unschädlich, denn schon aus § 438 Abs. 1 S. 2 folgt, dass die Anzeige den Schaden hinreichend deutlich kennzeichnen muss, sodass allgemeine Angaben ohne Umschreibungen des Mangels nicht ausreichen. Deshalb ist der Hinweis auf die Notwendigkeit einer spezifizierten Anzeige weder falsch noch irreführend, da nicht mehr gefordert wird als ohnehin nach § 438 Abs. 1 S. 2 angezeigt werden muss.[15]

6   **4. Inhalt der Schadensanzeige.** Nach den §§ 451, 438 Abs. 1 S. 2 muss die Anzeige den Schaden hinreichend deutlich kennzeichnen. Die Übersendung einer Liste von Reparaturaufträgen an Handwerker genügt nicht. Es bedarf einer schlagwortartigen Beschreibung des betreffenden Schadens, so zB Kratzer an rechter Tür des Wohnzimmerschrankes, abgebrochene Armlehne vom Küchenstuhl.

7   **5. Adressat der Schadensanzeige.** Die Schadensanzeige muss gegenüber dem vertraglichen Frachtführer erfolgen. Nach den §§ 451, 438 Abs. 5 kann die Schadensanzeige jedoch auch gegenüber demjenigen erfolgen, der das Umzugsgut tatsächlich abliefert. Die Anzeigepflicht gilt grundsätzlich auch im Verhältnis zwischen Haupt- und Unterfrachtführer (→ Rn. 11).

8   **6. Anzeigefristen.** Ist der Güterschaden äußerlich erkennbar, so ist er dem Frachtführer spätestens am Tage nach der Ablieferung anzuzeigen; äußerlich nicht erkennbare Schäden sind innerhalb von 14 Tagen nach Ablieferung anzuzeigen.

9   **a) Beginn.** Die Frist für beide Schadensanzeigen iSv § 451f Nr. 1 und 2 beginnen mit der **Ablieferung.** Es kommt auf den Zeitpunkt an, in dem der Frachtführer die Güter entladen hat, dh diese zu ihrem vom Absender zugewiesenen Aufstellungsort verbracht hat und der Absender bereit war, die Sachherrschaft zu übernehmen.[16] Sind Möbel aufzubauen nach § 451a, so ist die Vollendung dieser Arbeiten entscheidend.[17] Gleiches gilt im Hinblick auf sonstige auf den Umzug bezogene Leistungen iSv § 451a Abs. 2.

10   **b) Fristende.** Für die Fristberechnung gelten die §§ 187 ff. BGB. Die Frist des § 451f Nr. 1 endet für äußerlich erkennbare Schäden an dem der Ablieferung folgenden Tag um 24.00 Uhr (§ 188 Abs. 1 BGB). Handelt es sich um äußerlich nicht erkennbare Schäden, folgt das Fristende ebenfalls aus § 188 Abs. 1 BGB. Ob bei der Fristberechnung **§ 193 BGB analog** anzuwenden ist, ist streitig. Fällt der Tag, an dem die Schadensanzeige abzugeben ist, auf einen Samstag, Sonntag oder gesetzlichen Feiertag, so tritt bei analoger Anwendung von § 193 BGB an dessen Stelle der nächste Werktag. Will man den Frachtführer vor etwaigen Beweisverschlechterungen durch zunehmenden Zeitablauf schützen, verbiete sich eine analoge Anwendung von § 193 BGB.[18] Da der Absender aber die Beweislast für die Rechtzeitigkeit der Absendung der Schadensanzeige gem. § 438 Abs. 4 S. 2 trägt, muss ihm ermöglicht werden, diesen Nachweis zu erbringen, indem er die Anzeige durch ein Einschreiben absendet. Dies kann er nur an einem Werktag, sodass § 193 BGB analog anzuwenden ist.[19]

11   **7. Besonderheiten.** Auch im Verhältnis zwischen Haupt- und Unterfrachtführer besteht eine Verpflichtung zur rechtzeitigen Abgabe einer Schadensanzeige nach § 451f. Denn zwischen diesen Beteiligten ist ein Frachtvertrag abgeschlossen worden, aus dem der Unterfrachtführer für den von ihm verursachten Schaden in Anspruch zu nehmen ist. Schwierigkeiten entstehen, wenn der Hauptfrachtführer die Schadensanzeige seines Absenders erst zu einem Zeitpunkt erhält, in dem die Geltendmachung des Schadens gegenüber dem Unterfrachtführer nicht mehr innerhalb der nach § 451f vorgesehenen Fristen möglich ist. Hier wird eine interessengerechte Auslegung von § 451f diskutiert.[20] Im Ergebnis soll sich der Schutzzweck von § 451f beim Regress des Hauptfrachtführers gegen den

---

[14] OLG Saarbrücken Urt. v. 29.6.2005 – 5 U 164/03, TranspR 2007, 66.
[15] OLG Saarbrücken Urt. v. 29.6.2005 – 5 U 164/03, TranspR 2007, 68.
[16] *Koller* Rn. 5; vgl. auch *Andresen/Valder* Rn. 9, der auf die Erbringung der vertraglich geschuldeten Leistung abstellt.
[17] *Eckardt* in Fremuth/Thume TranspR Rn. 4.
[18] GK-HGB/*Scheel* Rn. 4; AG Duisburg Urt. v. 5.2.2001 – 6 C 4269/00, zit. in GK-HGB/*Scheel* Rn. 4.
[19] *Andresen/Valder* Rn. 9; *Koller* Rn. 6.
[20] Vgl. Heymann/*Joachim* Rn. 7.

schadensverursachenden Unterfrachtführer nicht auf die Anwendung der strengen Rechtsfolge der Präklusionswirkungen erstrecken.[21] Der Unterfrachtführer muss sich die rechtzeitige Anzeige durch den Absender beim Hauptfrachtführer dann zurechnen lassen.

8. Rechtsfolge, Beweislast, Arglist. In Abweichung zu § 438 Abs. 1 und 2 führt das Verstreichen 12 der Frist[22] ohne Schadensanzeige **zum Erlöschen** der Schadensersatzansprüche. Unerheblich ist hierbei, warum die Anzeige unterblieb.[23] Rechtsdogmatisch handelt es sich um eine Präklusionsnorm. Ausnahmen gelten dort, wo § 451g S. 1 Nr. 2 eingreift oder wo dem Frachtführer der Einwand der Arglist entgegen gehalten werden kann, zB falls der Frachtführer zunächst eine verspätete oder formwidrige Anzeige akzeptiert oder die Abgabe formgerechter Anzeigen behindert hatte.[24] Die Beweislast für die Rechtzeitigkeit, Zugang und Formgültigkeit sowie die ausreichende Substantiierung der Anzeige trägt der Ersatzberechtigte.[25]

III. Verspätungsschäden

Ansprüche wegen Überschreiten der Lieferfrist hat der Empfänger des Umzugsgutes innerhalb von 13 einundzwanzig Tagen nach Ablieferung gegenüber dem Frachtführer anzuzeigen (§§ 451, 438 Abs. 3).[26] Keine Frist für die Schadensrüge ist bei Totalverlust einzuhalten. Es liegt keine Ablieferung vor,[27] die eine Frist in Lauf setzen könnte.

IV. Sonstige Vermögensschäden

Wegen sonstiger Vermögensschäden besteht keine Rügeobliegenheit[28] innerhalb bestimmter Fristen. 14

V. Abdingbarkeit

Nach § 451h kann von den die Haftung des Frachtführers regelnden Vorschriften bei einem Ver- 15 braucher nicht zum Nachteil des Absenders abgewichen werden. Folglich kann zugunsten des Verbrauchers eine längere Rügefrist, nicht aber eine kürzere vereinbart werden. Aus § 451h Abs. 2 folgt wiederum, dass bei Unternehmern (§ 14 BGB) von § 451f abgewichen werden kann, sofern die dortigen Voraussetzungen erfüllt sind.

§ 451g Wegfall der Haftungsbefreiungen und –begrenzungen

[1] Ist der Absender ein Verbraucher, so kann sich der Frachtführer oder eine in § 428 genannte Person

1. **auf die in den §§ 451d und 451e sowie in dem Ersten Unterabschnitt vorgesehenen Haftungsbefreiungen und Haftungsbegrenzungen nicht berufen, soweit der Frachtführer es unterläßt, den Absender bei Abschluß des Vertrages über die Haftungsbestimmung zu unterrichten und auf die Möglichkeiten hinzuweisen, eine weitergehende Haftung zu vereinbaren oder das Gut zu versichern,**
2. **auf § 451f in Verbindung mit § 438 nicht berufen, soweit der Frachtführer es unterläßt, den Empfänger spätestens bei der Ablieferung des Gutes über die Form und Frist der Schadensanzeige sowie die Rechtsfolgen bei Unterlassen der Schadensanzeige zu unterrichten.**

[2] Die Unterrichtung nach Satz 1 Nr. 1 muß in drucktechnisch deutlicher Gestaltung besonders hervorgehoben sein.

Schrifttum: S. § 451.

I. Normzweck

§ 451g ist nur anwendbar auf den Umzug eines Verbrauchers und gilt neben § 435. § 451g schafft 1 zusätzliche Tatbestände, die zum Wegfall der Haftungsbefreiungen und –begrenzungen führen. Die in **Nr. 1 genannten Unterrichtungspflichten** hat der Frachtführer bereits **bei Abschluss des Um-**

---

[21] LG Hamburg Urt. v. 15.8.2000 – 412 S 1/00, TranspR 2000, 414; *Müglich* TranspR S. 88; vgl. auch *Weber* TranspR 2000, 405 ff.

[22] Vgl. zur Frist *Koller* Rn. 5.

[23] *Koller* Rn. 12; aA *Becker* NJW 2001, 1096.

[24] BGH Urt. v. 6.10.1994 – I ZR 179/92, TranspR 1995, 106 (109); *Koller* Rn. 10.

[25] Heymann/*Joachim* Rn. 12; Oetker/*Paschke* Rn. 4; MüKoHGB/*Andresen* Rn. 16; OLG Düsseldorf Urt. v. 16.2.1989 – 18 U 258/88, TranspR 1989, 265; krit. OLG Saarbrücken Urt. v. 29.6.2006 – 5 U 164/03, TranspR 2007, 66 (70 f.); *Koller* Rn. 10.

[26] *Koller* § 407 Rn. 11.

[27] GK-HGB/*Scheel* Rn. 6. *Eckardt* in Fremuth/Thume TranspR Rn. 7.

[28] Baumbach/Hopt/*Merkt* Rn. 1; *Müglich* TranspR Rn. 4.

zugsvertrages zu beachten. Die in **Nr. 2** vorgesehenen Unterrichtungspflichten müssen **spätestens bei Ablieferung des Gutes** eingehalten werden. Beim Umzugsvertragsrecht kommt also nicht nur im Falle eines qualifizierten Verschuldens des Frachtführers ein Wegfall der Haftungsbefreiungen und -begrenzungen in Betracht, sondern auch im Falle der Verletzung der bezeichneten Unterrichtungspflichten durch den Frachtführer.[1]

II. Unterrichtungsobliegenheit bei Abschluss des Umzugsvertrages (Nr. 1)

2   **1. Die einzelnen Unterrichtspflichten.** Zum Ersten hat der Frachtführer den Absender ganz oder allgemein über die anzuwendenden Haftungsbestimmungen zu unterrichten. Haftungsbestimmungen sind alle Normen, die Grund und Umfang der Haftung des Frachtführers sowie Einwendungen und Einreden des Frachtführers gegen seine Haftung regeln.[2] Soweit in zulässiger Weise von den zusätzlichen Haftungsbestimmungen zugunsten des Verbrauchers abgewichen wird (§§ 449 Abs. 1, 451h Abs. 1) ist auch über die Haftung nach dem Vertrag zu informieren.[3] Zum zweiten hat der Frachtführer den Absender auf die Möglichkeit hinzuweisen, eine weitergehende als die gesetzliche Haftung zu vereinbaren. Dazu zählt nicht nur die Mitteilung, dass die Haftungshöchstbeträge angehoben werden können, sondern auch der Hinweis, dass eine inhaltlich günstigere Haftung vereinbart werden kann. Drittens hat der Frachtführer den Absender über die Möglichkeit des Abschlusses einer Transportversicherung zu unterrichten.[4]

3   **2. Form und Adressat der Unterrichtung.** Die Unterrichtung muss in **drucktechnisch deutlicher Gestaltung besonders hervorgehoben werden,** anderenfalls ist sie unwirksam (S. 2). Sie hat gegenüber dem **Absender** zu erfolgen. Das Formerfordernis ist erfüllt, wenn die Bestimmungen in nicht übersehbarer Weise,[5] etwa durch Fettdruck[6] hervorgehoben werden. Die bloße Verwendung von größeren Lettern, Farbe[7] oder durch Kursivschrift erfüllt das Formerfordernis allein nicht. Von einer **drucktechnischen Hervorhebung** wird nur dann gesprochen werden können, wenn die entsprechende Passage dem **Leser dadurch förmlich ins Auge springt.** Nur dann ist der beabsichtigte Schutz von § 451g erreicht.[8] Es wird deshalb auch gefordert, dass diese Unterrichtung durch den Frachtführer schon bei Abgabe seines Angebotes auf Abschluss des Umzugsvertrages erfolgen muss.[9] Anderenfalls liefe das Recht des Absenders leer, in Kenntnis des bei ihm eventuell verbleibenden Schadensrisikos vom Abschluss des Vertrages abzusehen oder auf den Abschluss einer günstigeren Vereinbarung zu dringen.[10] Es reicht nicht aus, wenn der Frachtführer nur einem Beiblatt zum Umzugsvertrag Informationen zum Wertersatz und zum Abschluss einer Transportversicherung beifügt. Es bedarf eines **drucktechnisch hervorgehobenen Hinweises im Vertrag** selbst.[11] Ein mit der Vertragsurkunde übergebenes Beiblatt werde mangels Formbedürftigkeit des Umzugsvertrages im Zweifel Teil der Vereinbarung und damit auch Teil des Umzugsvertrages.

4   **3. Rechtsfolge unterlassener Unterrichtung.** Der Frachtführer oder einer seiner in § 428 genannten Gehilfen kann sich weder auf die in den §§ 451d und 451e vorgesehenen Haftungsbefreiungen und -begrenzungen noch auf solche des allgemeinen Frachtrechtes berufen. Es ergibt sich dann eine **unbegrenzte Haftung nach den Vorschriften von §§ 249 ff. BGB.** Ob ein **Kausalzusammenhang** zwischen fehlender oder mangelhafter Unterrichtung und dem eingetretenen Schaden erforderlich ist, ist streitig.[12] Für ein Kausalitätserfordernis spricht die Tatsache, dass mit der Verpflichtung zur Unterrichtung, der Verbraucher auf Risiken fehlender Haftung hingewiesen werden soll. Das Ziel der Unterrichtungspflicht ist also der Schutz des Verbrauchers und nicht die schärfere Haftung des Frachtführers.[13] Nach dem Gesetzeswortlaut führt allerdings bereits allein die Tatsache fehlender Unterrichtung zum Wegfall der Haftungsbefreiungen und -begrenzungen. Will man den Frachtführer daneben ernsthaft zu einer sachgerechten Unterrichtung des Verbrauchers veranlassen, schwindet eine derartige Wirkung, wenn man eine Kausalität zwischen fehlender Unterrichtung und

---

[1] *Andresen/Valder* Rn. 1; GK-HGB/*Scheel* Rn. 1.
[2] *Koller* Rn. 2; *Müglich* TranspR Rn. 2.
[3] Begründung zum Regierungsentwurf, BT-Drs. 13/8445, 96; *Koller* Rn. 2; *Müglich* TranspR Rn. 2.
[4] GK-HGB/*Scheel* Rn. 5; *Koller* Rn. 4; *Müglich* TranspR Rn. 2.
[5] BGH Urt. v. 20.12.1989 – VIII ZR 145/88, NJW-RR 1990, 368; OLG Köln Urt. v. 19.12.1986 – 6 U 196/86, NJW 1987, 1206.
[6] *Andresen/Valder* Rn. 8; GK-HGB/*Scheel* Rn. 6.
[7] OLG Stuttgart Urt. v. 31.8.1992 – 6 U 69/92, NJW 1992, 3245.
[8] GK-HGB/*Scheel* Rn. 6.
[9] *Andresen* FG Herber, 1999, 149.
[10] GK-HGB/*Scheel* Rn. 6; Heymann/*Joachim* Rn. 6; *Koller* Rn. 6.
[11] AG Köln Urt. v. 11.7.2001 – 144 C 97/01, TranspR 2002, 354; Baumbach/Hopt/*Merkt* Rn. 1; aA *Koller* Rn. 5.
[12] GK-HGB/*Scheel* Rn. 12; *Eckardt* in Fremuth/Thume TranspR Rn. 7; aA *Andresen/Valder* Rn. 10; *Koller* Rn. 12.
[13] *Andresen/Valder* Rn. 10.

dem eingetretenen Schaden verlangt.[14] Ein Kausalzusammenhang zwischen mangelnder Unterrichtung und Schaden ist deshalb nicht zu fordern.

III. Unterrichtungsobliegenheit bei Ablieferung des Gutes (Nr. 2)

Der Frachtführer hat den **Empfänger** spätestens bei Ablieferung des Umzugsgutes über Form und 5
Frist der Schadensanzeige sowie über die Rechtsfolgen der Fristversäumnis zu unterrichten. Der Inhalt der Schadensanzeige folgt aus § 438 Abs. 1 S. 2. Es gilt Formfreiheit bis zum Zeitpunkt der Ablieferung. Danach ist die Form des § 438 Abs. 4 S. 1 und 2, mindestens Textform (§ 126b BGB), zu wahren. Nach dem Wortlaut von § 451g Nr. 2 ist der Hinweis dem Empfänger zu geben, der im Umzugsvertragsrecht häufig mit dem Absender personengleich sein wird. Dort wo Absender und Empfänger personenidentisch sind, soll die Information nach § 451g Nr. 2 bereits bei Vertragsschluss erfolgen können.[15] Fallen Absender und Empfänger auseinander, ist der Empfänger in der genannten Weise zu unterrichten, da dieser eher eine aussagekräftige Schadensanzeige erstatten kann und meistens etwaige Schäden wirtschaftlich zu tragen hat.[16] Eine Schadensanzeige genügt auch den Anforderungen von § 451g Abs. 2 S. 2, wenn sie spezifiziert in Form einer **Schadensliste** erfolgt. Dies ist sowohl in Hinblick auf § 451g Nr. 2 als auch in Hinblick auf § 438 unschädlich. Denn schon aus § 438 Abs. 1 S. 2 folgt die Verpflichtung, den eingetretenen Schadensfall detailliert darzustellen. § 451g ist deshalb nicht verletzt, wenn der Frachtführer im Rahmen seiner Unterrichtung nach § 451g Abs. 1 Nr. 2 die Abgabe einer spezifizierten Schadensanzeige von Verlusten oder Schäden begehrt.[17]

Eine Verletzung der Unterrichtungspflicht führt dazu, dass der Frachtführer oder einer seiner in 6
§ 428 genannten Gehilfen sich nicht auf § 451f iVm § 438 berufen kann. Geben die Leute des Frachtführers oder der Frachtführer selbst bei Ablieferung des Umzugsgutes mündliche Erklärungen zur Schadensanzeige ab, die im inhaltlichen Widerspruch zu § 451f oder zu einem schriftlich erteilten Hinweis des Frachtführers stehen, kann sich der Frachtführer auch nicht auf das Erlöschen von Schadensersatzansprüchen wegen Überschreitung der Rügefrist des § 451f berufen.[18] Eine bei Ablieferung unterlassene Unterrichtung ist nicht nachholbar. Ansprüche wegen Güterschäden oder wegen Überschreitung der Lieferfrist innerhalb des maßgeblichen Haftungszeitraumes gelten also trotz Ablauf der Rügefrist nicht als erloschen.

IV. Leutehaftung nach § 428

Der Wegfall der Möglichkeit, sich auf die Haftungsbegrenzungen und -befreiungen bzw. Formfehler 7
und Fristversäumnisse bei der Schadensanzeige zu berufen, trifft nicht nur den Frachtführer, sondern auch seine selbstständigen und unselbstständigen Erfüllungsgehilfen iSv § 428. Aufgrund der **gesamtschuldnerischen Haftung** nach § 437 Abs. 3 kann auch der Unterfrachtführer in voller Höhe in Anspruch genommen werden, wenn der Hauptfrachtführer oder dessen Mitarbeiter die Belehrung versäumen. Trifft den Hauptfrachtführer jedoch ein Alleinverschulden an dem Fristversäumnis, so kann der Unterfrachtführer als Verursacher von Schäden am Umzugsgut diesen Umstand beim Schadensausgleich im Innenverhältnis der Gesamtschuldner untereinander nach § 426 Abs. 1 S. 1 BGB iVm § 254 BGB dem Hauptfrachtführer gegenüber geltend machen. Danach hat bei einfachem Verschulden des Unterfrachtführers der Hauptfrachtführer den Schaden allein zu tragen, wenn infolge der unterlassenen Belehrung die Ansprüche wegen Güterschadens nicht erloschen sind. Hat der Unterfrachtführer dagegen qualifiziert verschuldet gehandelt, sodass nach den §§ 451, 435 jegliche Haftungsbefreiungen und Haftungsbegrenzungen wegfallen, findet eine Schadensquotelung statt. Bei Vorsatz des Unterfrachtführers haftet dieser allein, da dieser Verschuldensgrad die bloße Obliegenheitsverletzung des Hauptfrachtführers überwiegt.

V. Beweislast, Sonstiges

Der Frachtführer hat zu beweisen, dass er den Auftraggeber und ggf. den Empfänger in ausreichen- 8
der Weise belehrt hat.[19] Anderenfalls würde § 451g bei einer Beweislast des Geschädigten praktisch leerlaufen.[20] Die Verwendung von Umzugs-AGB durch einen Spediteur gegenüber Verbrauchern unterliegt einer Inhaltskontrolle gem. §§ 13, 305 Abs. 2, 305c Abs. 2, 307 Abs. 1 S. 2, Abs. 2 Nr. 1, 309 Nr. 1, 312a BGB.[21]

---

[14] GK-HGB/*Scheel* Rn. 12; aA *Andresen* FG Herber, 1999, 150; *Andresen/Valder* Rn. 10.

[15] OLG Saarbrücken Urt. v. 29.6.2005 – 5 U 164/03, TranspR 2007, 66; LG Kiel Urt. v. 28.6.2000 – 5 S 139/99, TranspR 2000, 311; *Andresen/Valder* Rn. 5; GK-HGB/*Scheel* Rn. 6; aA *Koller* Rn. 11.

[16] BR-Drs. 368/97, 96.

[17] OLG Saarbrücken Urt. v. 29.6.2005 – 5 U 164/03, TranspR 2007, 66.

[18] GK-HGB/*Scheel* Rn. 13.

[19] OLG Düsseldorf Urt. v. 16.2.1989 – 18 U 258/88, TranspR 1989, 265; *Andresen/Valder* Rn. 17; *Müglich* TranspR Rn. 7.

[20] *Koller* Rn. 13.

[21] Vgl. LG Heidelberg Urt. v. 12.8.2016 – 3 O 149/16, TranspR 2017, 133.

§ 451h Abweichende Vereinbarungen

(1) **Ist der Absender ein Verbraucher, so kann von den die Haftung des Frachtführers und des Absenders regelnden Vorschriften dieses Unterabschnitts sowie den danach auf den Umzugsvertrag anzuwendenden Vorschriften des Ersten Unterabschnitts nicht zum Nachteil des Absenders abgewichen werden.**

(2) **¹In allen anderen als den in Absatz 1 genannten Fällen kann von den darin genannten Vorschriften nur durch Vereinbarung abgewichen werden, die im einzelnen ausgehandelt ist, auch wenn sie für eine Mehrzahl von gleichartigen Verträgen zwischen denselben Vertragsparteien getroffen ist. ²Die vom Frachtführer zu leistende Entschädigung wegen Verlust oder Beschädigung des Gutes kann jedoch auch durch vorformulierte Vertragsbedingungen auf einen anderen als den in § 451e vorgesehenen Betrag begrenzt werden, wenn der Verwender der vorformulierten Vertragsbedingungen seinen Vertragspartner in geeigneter Weise darauf hinweist, dass diese einen anderen als den gesetzlich vorgesehenen Betrag vorsehen. ³Ferner kann durch vorformulierte Vertragsbedingungen die vom Absender nach § 414 zu leistende Entschädigung der Höhe nach beschränkt werden.**

(3) **Unterliegt der Umzugsvertrag ausländischem Recht, so sind die Absätze 1 und 2 gleichwohl anzuwenden, wenn nach dem Vertrag der Ort der Übernahme und der Ort der Ablieferung des Gutes im Inland liegen.**

Schrifttum: S. § 451.

I. Normzweck

1   Die Vertragsfreiheit (Privatautonomie) besteht in den Grenzen von § 451h. Die Parallelvorschrift findet sich § 449 Abs. 3. Mit § 451h wollte der Gesetzgeber das Umzugsvertragsrecht stärker dem Wettbewerb öffnen, ohne dabei die Aspekte des **Verbraucherschutzes** ein bestimmtes **Mindestniveau unterschreiten zu lassen.**[1] Folglich ist keine vollständige Abdingbarkeit der Vorschriften des 2. Unterabschnittes möglich, sondern nur eine differenzierte Lösung, die zwischen Umzügen von Verbrauchern, Abs. 1, und gewerblichen Umzügen im Sinne des Abs. 2 unterscheidet. Die neue Fassung des § 451h (BGBl. 2013 I 835) berücksichtigt, dass die Vereinbarung von AGB erleichtert wurden und die Haftung des Absenders nicht mehr durch eine Haftungshöchstsumme begrenzt ist.[2]

II. Verbraucherumzüge

2   Liegt ein Umzugsvertrag mit einem Verbraucher (§ 13 BGB) vor, muss zwischen Haftungsnormen und solchen Normen unterschieden werden, die das **beiderseitige Leistungsprogramm des Umzugsvertrages** regeln. Aus Gründen des Verbraucherschutzes sind die **Haftungsnormen einseitig dispositiv** ausgestaltet. Dh, dass nur **zugunsten** des Absenders, der Verbraucher ist, von den gesetzlichen Haftungsbestimmungen abgewichen werden darf. Zu den **Haftungsnormen iSv § 451h** gehören nicht nur die umzugsrechtlichen Haftungsbestimmungen des 2. Unterabschnitts, also **§§ 451c–451g, § 451b Abs. 2 S. 2 und Abs. 3 S. 1,** sondern auch die § 451 anzuwendenden frachtrechtlichen Bestimmungen des 1. Unterabschnitts, mithin die **§§ 413 Abs. 2, 422 Abs. 3, 425, 426, 428–430, 431 Abs. 3, 432–437 sowie § 438 Abs. 3–5.**[3]

3   Von den genannten Vorschriften des 1. und 2. Unterabschnittes kann lediglich zu **Gunsten** des **Verbrauchers**, jedoch nicht zu dessen Nachteil abgewichen werden. Ein Verstoß gegen die Vorschrift hat die Nichtigkeit der abweichenden Vereinbarung zur Folge. Ob damit der Vertrag im Ganzen nichtig ist, beurteilt sich nach § 139 BGB.

4   Unter den **beidseitig dispositiven Normen** sind diejenigen Vorschriften des 2. Unterabschnitts zu verstehen, die im Wesentlichen das beiderseitige Leistungsprogramm der Vertragsparteien regeln, so zB Möbelauf- und -abbau, Verpackung, Kennzeichen etc. Hier soll es dem Absender überlassen bleiben, welche Leistungen er zur Vermeidung höherer Kosten selbst übernimmt und welche der Frachtführer schuldet. In Bezug auf das abdingbare Leistungsprogramm spielt es keine Rolle, ob der Umzugsvertrag verbraucher- oder unternehmensbezogen ist.

5   Ist der Absender ein **Verbraucher,** so kann zu **seinen Gunsten sowohl durch Individualvereinbarung** als auch durch **allgemeine Geschäftsbedingungen** von den Haftungsregelungen abgewichen werden (§ 451h Abs. 2). Hier kommt es nicht auf die Gesamtregelung an, sondern jede einzelne Bestimmung darf nur zu Gunsten des Verbrauchers abgeändert werden.[4]

---

[1] BT-Drs. 13/8445, 98.
[2] *Koller* Rn. 1.
[3] Vgl. hierzu BT-Drs. 13/8445, 98.
[4] *Andresen/Valder* Rn. 5.

III. Gewerbliche Umzüge

Liegt ein Umzugsvertrag mit einem Unternehmer (§ 14 BGB) vor, so ist ebenfalls danach zu unterscheiden, ob die gesetzlichen Haftungsbestimmungen durch Parteivereinbarung abgeändert werden sollen oder ob nur hinsichtlich des beiderseitigen **Leistungsprogramms** etwas anderes gelten soll. Das **gesetzliche Leistungsprogramm** ist bei einem gewerblichen Umzugsvertrag beidseitig dispositiv. Von den anzuwendenden Haftungsbestimmungen kann jedoch nur in den Grenzen des Abs. 2, der sich wiederum an § 449 Abs. 2 (Parallelvorschrift) orientiert, abgewichen werden. Sofern § 451h Abs. 2 abweichende Vereinbarungen zulässt „die im Einzelnen ausgehandelt sind", so entspricht dies der Regelung in **§ 305 Abs. 1 S. 3 BGB.** Eine solche Vereinbarung liegt dann vor, wenn der Vertragspartner über den Vertragsgegenstand verhandlungsbereit ist und der Inhalt der Haftungsregelung ausgehandelt wird. Zu fordern ist also, dass die Abrede das Ergebnis freier Verhandlungen gleichberechtigter Vertragspartner ist. **6**

Hinsichtlich des Haftungshöchstbetrages nach § 451e besteht die Möglichkeit, auch durch AGB von den dort festgesetzten 620 EUR je Kubikmeter Laderaum abzuweichen und einen niedrigeren oder höheren Betrag zu vereinbaren. Ein **Haftungskorridor wie ihn § 449 Abs. 2** S. 2 vorsieht, muss hierbei nicht beachtet werden. Des Weiteren kann auch eine Haftungssumme vereinbart werden, die als Bezugsgröße nicht den Ladungsumfang hat. So können beispielsweise bei einem Trageumzug ein bestimmter Betrag[5] oder aber die Lohnsumme der Mitarbeiter der Tragekolonne als Haftungshöchstgrenze festgelegt werden. Derartige durch allgemeine Geschäftsbedingungen getroffene Vereinbarungen sind dann an §§ 305 ff. BGB zu messen. Allerdings bedarf es eines Hinweises auf die Abweichung (vgl. § 449 Abs. 2). **7**

IV. Beweislast

Derjenige, der sich auf eine vom Gesetz abweichende Regelung berufen will muss nachweisen, dass diese Vertragsinhalt geworden ist. **8**

V. Innerstaatlicher Umzug unter ausländischem Recht

§ 451h Abs. 3 normiert einen Sonderfall eines internationalen ordre puplic. Ist kraft Rechts oder kraft Wahl objektiver Anknüpfung ausländisches Recht anzuwenden, so sind gleichwohl die zwingenden Vorschriften des deutschen Rechts zu beachten, wenn der Frachtvertrag eine innerdeutsche Beförderung zum Gegenstand hat. Dadurch soll sichergestellt werden, dass die zwingenden Vorschriften des HGB nicht durch eine Rechtswahl umgangen werden. Die Vorschrift erlangt also Bedeutung, wenn die Parteien kraft Rechtswahl ausländisches Recht vereinbaren oder ausländisches Recht kraft objektiver Anknüpfung anzuwenden ist. Die Vorschrift ist eine „Bestimmung des deutschen Rechts" gem. Art. 34 EGBGB, die – unabhängig von dem jeweiligen Vertragsstatut – eine Sonderanknüpfung der zwingenden deutschen Vorschriften für den Fall der Kabotage vorsieht.[6] **9**

Dritter Unterabschnitt. Beförderung mit verschiedenartigen Beförderungsmitteln

§ 452 Frachtvertrag über eine Beförderung mit verschiedenartigen Beförderungsmitteln

[1] Wird die Beförderung des Gutes auf Grund eines einheitlichen Frachtvertrags mit verschiedenartigen Beförderungsmitteln durchgeführt und wären, wenn über jeden Teil der Beförderung mit jeweils einem Beförderungsmittel (Teilstrecke) zwischen den Vertragsparteien ein gesonderter Vertrag abgeschlossen worden wäre, mindestens zwei dieser Verträge verschiedenen Rechtsvorschriften unterworfen, so sind auf den Vertrag die Vorschriften des Ersten Unterabschnitts anzuwenden, soweit die folgenden besonderen Vorschriften oder anzuwendende internationale Übereinkommen nichts anderes bestimmen. [2] Dies gilt auch dann, wenn ein Teil der Beförderung über See durchgeführt wird.

Schrifttum: *Bästlein/Bästlein,* Einbeziehung von Haftungsbeschränkungsklauseln in Transportverträge, TranspR 2003, 61; *Bartels,* Der Teilstreckenvertrag beim Multimodal-Vertrag, TranspR 2005, 203; *Basedow,* Der Transportvertrag, Studien zur Privatrechtsangleichung auf regulierten Märkten, 1987; *Baunach,* Die Haftung der Eisenbahn bei der Beförderung von Gütern im kombinierten Ladungsverkehr, 2. Teil: Huckepack-Verkehr, TranspR 1980, 109; *Blaschczok,* Das Problem des unbekannten Schadensortes, TranspR 1987, 131; *Bydlinski,* Multimodaltransport,

---

[5] *Andresen/Valder* Rn. 11.
[6] *Fremuth* in Fremuth/Thume TranspR § 449 Rn. 46.

bekannter Schadensort und § 452d Abs. 3 HGB, TranspR 2009, 389; *Creon,* Die Haftung des CMR-Frachtführers beim Roll-on/Roll-off-Verkehr, 1995; *Czapski,* Die Vertragshaftung beim Transport von Fahrzeugen durch Autofähren, 1988; *Dohse,* Der multimodale Gütertransportvertrag in der Bundesrepublik Deutschland, 1994; *Drews,* Der multimodale Transport – eine Bestandsaufnahme, TranspR 2010, 327; *Drews,* Der multimodale Transport im historischen Zusammenhang, TranspR 2006, 177; *Drews,* Warenumschlag im Seehafen als Teilstrecke?, TranspR 2004, 450; *Drews,* Zum anwendbaren Recht beim multimodalen Transport, TranspR 2003, 12; *Dubischar,* Grundriß des gesamten Gütertransportrechts, 1987; *Ebenroth/Fischer/Sorek,* Haftungsprobleme im internationalen multimodalen Gütertransport, VersR 1988, 757; *Eilenberger,* Haftung beim kombinierten Verkehr, TranspR 1986, 12; *Erbe/Schlienger,* Der Multimodal-Vertrag im schweizerischen Recht, TranspR 2005, 421; *Franken,* Dingliche Sicherheiten und Dokumente des kombinierten Transportes, 1982; *Freise,* Multimodaler Verkehr unter Beteiligung der Eisenbahn, TranspR 1986, 317; *Fremuth/Thume,* Kommentar zum Transportrecht, 2000; *Fremuth,* Frachtrecht, 1997; *Ganten,* Die Rechtsstellung des Unternehmers des kombinierten Transports (CTO), 1978; *Gleisberg,* Die Prüfung von Dokumenten des kombinierten Transportes beim Dokumentenakkreditiv, 1978; *Herber,* Einführung in das UN-Übereinkommen über den internationalen multimodalen Gütertransport, TranspR 1981, 37; *Herber,* Die CMR und der Roll-on/Roll-off-Verkehr, VersR 1988, 645; *Herber,* Haftung beim Ro/Ro-Verkehr, TranspR 1994, 375; *Herber,* Zur Berücksichtigung des Teilstreckenrechts bei multimodalem Transportvertrag, FS Piper 1996, 877; *Herber,* Der Kommissionsentwurf für den multimodalen Transport, TranspR 1997, 58; *Herber,* Transportrechtsreformgesetz und AGB-Kontrolle, TranspR 1998, 344; *Herber,* Probleme des Multimodaltransports mit Streckeneinschluß nach neuerem deutschen Recht, TranspR 2001, 101; *Herber,* Nochmals: Multimodalvertrag, Güterumschlag und anwendbares Recht, TranspR 2005, 59; *Herber,* Neue Entwicklungen im Recht des Multimodaltransports, TranspR 2006, 435; *Kirchhof,* Wo endet die „Haft" im Sinne des Montrealer Übereinkommens, TranspR 2010, 321; *Koller,* Die Haftung bei unbekanntem Schadensort im multimodalen Verkehr, VersR 1989, 769; *Koller,* Die Haftung des Multimodalbeförderers beim bekannten Schadensort, VersR 2000, 1187; *Loewe,* Erläuterungen zum Übereinkommen vom 18. Mai 1956 über den Beförderungsvertrag im internationalen Straßengüterverkehr (CMR) ETL 11 (1976), 503; *Looks,* Der multimodale Transportvertrag nach dem TRG, TranspR 1999, 31; *de la Motte,* Transport- und Verkehrshaftungsversicherung im multimodalen Güterverkehr, TranspR 1981, 63; *Müller-Rostin,* Multimodalverkehr und Luftrecht, TranspR 2012, 14; *Pesce,* Il transporto internazionale di merci, 1995; *Rabe,* Auswirkungen des neuen Frachtrechts auf das Seefrachtrecht, TranspR 1998, 429; *Rabe,* Die Probleme bei einer multimodalen Beförderung unter Einschluss einer Seestrecke, TranspR 2000, 189; *Rabe,* Seehandelsrecht, 4. Aufl. 2000, *Rabe/Bahnsen,* Seehandelsrecht, 5. Aufl. 2018; *Ramming,* Zur Abdingbarkeit des Höchstbetrages der Haftung des Frachtführers nach neuem Frachtrecht – unter besonderer Berücksichtigung multimodaler Beförderungen, die eine Seeteilstrecke umfassen, VersR 1999, 1177; *Ramming,* Probleme der Rechtsanwendung im neuen Recht der multimodalen Beförderung, TranspR 1999, 326; *Ramming,* Durchbrechung der Einheitslösung (§ 452 S. 1 HGB) im Hinblick auf besondere Durchführungsvorschriften des Rechts der (See-)Teilstrecke, TranspR 2004, 201; *Ramming,* Teilstrecken und ihre Abgrenzung, TranspR 2007, 89; *Ramming,* Hamburger Handbuch Multimodaler Transport, 2011; *Sánchez-Gamborino,* El contrato del transporte internacional CMR, 1996; *de Wit,* Multimodal Transport, 1995; *Wulfmeyer,* Die Elemente des Transportvertrages im niederländischen Recht, TranspR 1993, 405; *Wulfmeyer,* Der Gütertransportvertrag im niederländischen Neuen Bürgerlichen Gesetzbuch, TranspR 1993, 261.

Parallelvorschriften: Art. 2 CMR.

Übersicht

I. Einleitung

1   **1. Allgemeines.** In den §§ 452–452d ist die sog. **multimodale Beförderung** geregelt, also eine Beförderung, die durch den Einsatz verschiedenartiger Beförderungsmittel bewirkt wird. Der Begriff „multimodaler Vertrag" ist der UN-Konvention über den internationalen multimodalen Gütertransport vom 24.5.1980 entnommen. Der von der UNCTAD entwickelte und inzwischen international gebräuchliche Begriff der multimodalen Beförderung wurde jedoch nicht vom Gesetzgeber über-

nommen, sondern im 3. Unterabschnitt des 4. Buches des HGB als **„Beförderung mit verschieden-artigen Beförderungsmitteln"** bezeichnet.[1]

Der multimodale Transport hat durch diese und die nachfolgenden Bestimmungen erstmals eine **2** **nationale Gesamtkodifikation** erfahren.[2] Allgemeine Haftungsgrundsätze waren bisher nicht nie-dergelegt. In den jeweiligen unimodalen Haftungsordnungen wurde der multimodale Vertrag vielmehr nur bruchstückhaft und unvollkommen geregelt.[3] Durch die gesetzliche Normierung ist Deutschland neben den Niederlanden derzeit das einzige Land, welches für dieses Rechtsinstitut eine gesetzliche Regelung geschaffen hat.[4]

Dieses Rechtsvakuum konnte durch die Rspr. bisher nur unbefriedigend ausgefüllt werden. Wäh- **3** rend bei der Situation des bekannten Schadensortes jedenfalls die Haftungsregeln des einschlägigen unimodalen Frachtrechts (zumindest analog) angewendet werden konnten, bleibt ein solcher Rückgriff auf gesetzliche Regelungen bei der Situation des unbekannten Schadensortes naturgemäß verwehrt.

2. Problem des unbekannten Schadensortes. In der Praxis hat sich herausgestellt, dass gerade **4** bei multimodalen Beförderungen zu einem sehr hohen Prozentsatz der Ort der Schadensentstehung im Nachhinein nur noch schwer oder überhaupt nicht aufgeklärt werden kann. *Koller*[5] schätzt die Zahl der Schadensfälle mit unbekanntem Schadensort auf mindestens 50 %, während *Ebenroth/Fischer/Sorek*[6] sogar von einer 80 %-igen Quote ausgehen.

Derart hohe Prozentzahlen hängen mit den stetig gewachsenen Containerbeförderungen zusammen. **5** Container haben seit ihrer Einführung vor ca. 30 Jahren die Entwicklung des multimodalen Transports positiv beeinflusst. Der Vorteil dieser genormten Behälter liegt vor allem darin, dass Güter transport-mittelunabhängig verpackt sind und so relativ problemlos auf ein anderes Transportmittel zum Weiter-transport verladen werden können. Container ermöglichen also die erleichterte Nutzung verschieden-artiger Transportmittel im Rahmen einer Gesamtbeförderung.

Der wesentliche Nachteil einer Containerbeförderung ist darin zu sehen, dass der Zustand der Güter **6** im Container während des gesamten Transportverlaufes nicht mehr kontrolliert wird, sodass Schäden zumeist erst beim Empfänger festgestellt werden.

3. Grundsatzentscheidung des BGH. In einer Grundsatzentscheidung hatte der BGH für die **7** multimodale Beförderung die nachfolgenden Haftungsregeln aufgestellt:[7] War der Ort der Schadens-entstehung bekannt, dann richtete sich die Schadensabwicklung nach dem Recht der unimodalen Teilstrecke, auf der der Schaden eingetreten war **(„network-System")**. War der Schadensort nicht feststellbar, dann bestimmte sich die Haftung des Frachtführers nach allgemeinen Beweislastgrund-sätzen. Dies bedeutete im Ergebnis, dass der Frachtführer für die Situation des **unbekannten Scha-densortes** nach der für ihn **ungünstigsten Haftungsordnung** einzustehen hatte. Was allerdings unter der für den Frachtführer „ungünstigsten" Haftungsregelung zu verstehen sein sollte, ließ der BGH in seiner Entscheidung offen.[8] Wollte der Frachtführer nicht nach dem ungünstigsten Teilstre-ckenrecht haften, musste er beweisen, dass der Schaden auf einer anderen Teilstrecke eingetreten war.

Indem sich der BGH bei der Situation des bekannten Schadensortes für das sog. network-System **8** entschieden hat, wurde ein grundsätzlicher Gleichlauf in Bezug auf die Haftung des unimodalen Frachtführers gegenüber dem Absender und der Haftung des unimodalen Unterfrachtführers gegen-über dem multimodalen Frachtführer erzielt. Besondere Regressprobleme gab es nicht. Bei der Situation des unbekannten Schadensortes hatte der multimodale Frachtführer naturgemäß selbst den Schaden zu tragen, da eine Haftung der eingesetzten unimodalen Frachtführer von vornherein aus-schied und diese nicht in Regress genommen werden konnten.

Die Beweislastlösung des BGH ist zum Teil auf erhebliche **Kritik** gestoßen. So wurde bemängelt, **9** die Beweislastlösung zu Lasten des Frachtführers sei nicht gerechtfertigt, da dieser dem Beweis nicht näher stehe als der Geschädigte.[9] *Koller*[10] hat in diesem Zusammenhang darauf hingewiesen, dass es der multimodale Frachtführer durch die Auswahl zuverlässiger Unterfrachtführer selbst in der Hand habe,

---

[1] Krit. zur Begriffsbildung *Looks* VersR 1999, 31 (in dessen Fn. 2).
[2] *Looks* VersR 1999, 31; *Fremuth* in Fremuth/Thume TranspR § 452 Rn. 15.
[3] So etwa für das Straßentransportrecht Art. 2 Abs. 1 CMR, § 33c KVO und § 3 Abs. 2 GüKG, für das Luft-frachtrecht Art. 18 Abs. 3 und Art. 31 WA; Art. 18 Abs. 4 und 38 MÜ, und für den Bereich des Eisenbahnfracht-rechts Art. 38 CIM 1999, sowie für den Seetransport Art. 4 Abs. 2 „Haager Regeln" und Art. 5 Abs. 1 „Hamburg-Regeln". Vgl. *Sánchez-Gamborino,* El contrato del transporte internacional CMR, 1996, Nr. 203; sowie *Pesce,* Il transporto internazionale di merci, 1995, 249.
[4] Zum niederländischen Recht vgl. *Wulfmeyer* TranspR 1993, 405.
[5] *Koller* VersR 1989, 769.
[6] *Ebenroth/Fischer/Sorek* VersR 1988, 757 (760).
[7] BGH Urt. v. 24.6.1987 – I ZR 127/85, BGHZ 101, 172 = NJW 1988, 640 (642) = VersR 1987, 1212 = TranspR 1987, 447; zuletzt BGH Urt. v. 11.7.1996 – I ZR 75/94, VersR 1997, 513 (515).
[8] Vgl. OLG Hamburg Urt. v. 10.7.1997 – 6 U 331/96, TranspR 1999, 1127: Schärfste Haftungsordnung für einen Schaden, der während eines multimodalen Transports mit unbekanntem Schadensort eintritt, ist die CMR, wenn einem Anspruch nach § 606 HGB die Einrede der Verjährung gem. § 64 ADSp entgegensteht.
[9] *Ebenroth/Fischer/Sorek* VersR 1988, 757 (760).
[10] *Koller* VersR 1989, 769 (772).

schadensträchtige Transportrisiken zu vermeiden. Zudem sei nur er in wirtschaftlich zumutbarer Weise in der Lage, Beweissicherungsmaßnahmen einzuleiten, soweit dies sinnvoll ist.

10   Das tatsächliche Problem bei der Beweislastlösung des BGH lag jedoch nicht in der Verteilung der Beweislast, sondern darin, dass der Geschädigte sich aus den betroffenen unimodalen Teilstreckenrechten die für ihn jeweils günstigste Haftungsordnung oder sogar einzelne Haftungsnormen „herauspicken" konnte.

II. Anwendungsbereich

11   § 452 enthält in S. 1 eine **Legaldefinition** des multimodalen Vertrages, ohne diesen als solchen zu bezeichnen. Die gesetzliche Umschreibung bringt jedoch der Sache nach das zum Ausdruck, was Lit. und Rspr. zur Kennzeichnung des multimodalen Vertrages herausgearbeitet haben.

12   Die gesetzliche Definition beschränkt sich zur Umschreibung des multimodalen Vertrages darauf, die **wesentlichen Merkmale** dieses Vertragstyps zu nennen: **Einheitlichkeit des Frachtvertrages, Verschiedenartigkeit der Beförderungsmittel** und **Auseinanderfallen der auf hypothetisch zu schließende Einzelverträge anzuwendenden Transportrechtsregime.**[11]

13   Eine international gebräuchliche Definition des multimodalen Transportvertrages (MT-Vertrag) findet sich zudem in der **UN-Konvention über den internationalen multimodalen Gütertransport vom 24.5.1980.**[12] Dieses Übereinkommen ist nicht in Kraft getreten. Mit einem Inkrafttreten dieses Übereinkommens ist vor allem deshalb nicht zu rechnen, da Basis hierfür die Verabschiedung der sog. „Hamburg-Regeln" wäre. Eine Verabschiedung der „Hamburg-Regeln" durch die Bundesrepublik Deutschland ist jedoch nicht vorgesehen.[13]

14   **1. Einheitlichkeit des Frachtvertrages.** Dem gesamten Transport muss ein einheitlicher Frachtvertrag zugrunde liegen, auch **echter Durchfrachtvertrag oder MMT-Vertrag** genannt. Dieser ist gegeben, wenn eine Person die Beförderung des Gutes in der Weise verspricht, dass sie das Gut am Abgangsort übernimmt und an der Ablieferungsstelle an den Empfänger übergibt. Wird hingegen jeder Transportabschnitt durch einen eigenen, selbstständigen Frachtvertrag geregelt, handelt es sich um eine sog. „gebrochene" oder „segmentierte" Beförderung.[14] Ebenfalls kein einheitlicher Frachtvertrag liegt vor, wenn sich der Frachtführer nur zur Beförderung über eine Teilstrecke und sich im Übrigen verpflichtet, für die nachfolgenden Teilstrecken durch Einschaltung weiterer Frachtführer die Beförderung des Gutes im Namen des Absenders oder im eigenen Namen auf Rechnung des Absenders zu besorgen (§ 453).[15] Im Fall eines Selbsteintritts (§ 458) findet § 452 nur dann Anwendung, wenn der Spediteur die Beförderung auf mindestens zwei Teilstrecken mit verschiedenartigen eigenen Beförderungsmitteln (echter Selbsteintritt) erbringt oder zu erbringen verspricht.[16] Ausreichend ist daher für die Verweisung des § 458 auf 452, wenn der Selbsteintritt auch die Umschlagtätigkeit auf das nachfolgende Transportmittel miterfasst.[17] Gleiches gilt für Sammelladungsspedition (§ 460).[18] Erfasst der Selbsteintritt nicht die Umschlagtätigkeit oder werden diese nicht in den auf Rechnung des Spediteurs über die Sammelladung geschlossenen Frachtvertrag einbezogen, fehlt es an einem einheitlichen durchgehenden Frachtvertrag. Die Haftung eines zu fixen Kosten agierenden Spediteurs (§ 459) unterliegt den §§ 407 ff. iVm § 452,[19] wenn die Beförderung mit verschiedenen Transportmitteln erfolgt, auf die unterschiedliche Transportrechtsregime anzuwenden wären.[20]

15   **2. Verschiedenartigkeit der Beförderungsmittel.** Es müssen in **tatsächlicher** Hinsicht verschiedenartige Beförderungsmittel zum Einsatz kommen. Verschiedenartigkeit der Verkehrsmittel liegt etwa vor zwischen Lkw und Eisenbahn.[21] Bei Schiffen ist im Hinblick auf die Verschiedenartigkeit nicht die

---

[11] Bericht SV-Kommission S. 143.

[12] Vgl. hierzu *de Wit*, Multimodal Transport, 1995, Chapter 1 Fn. 1. Eine ähnliche Definition findet sich auch im neuen niederländischen Zivilgesetzbuch, Art. 40 Book 8 N. B. W. *Drews* TranspR 2006, 177 ff.

[13] Vgl. hierzu *Herber* TranspR 1981, 37 (41).

[14] Baumbach/Hopt/*Merkt* Rn. 4; *Koller* Rn. 16; Oetker/*Paschke* Rn. 6; Ramming HdB Multimodaler Transport Rn. 3.

[15] *Koller* Rn. 10; MüKoHGB/*Herber* Rn. 15; Ramming HdB Multimodaler Transport Rn. 243.

[16] MüKoHGB/*Herber* Rn. 14; Ramming HdB Multimodaler Transport Rn. 246.

[17] *Koller* Rn. 4.

[18] AA wohl MüKoHGB/*Herber* Rn. 14 mit dem Hinweis, dass Sammelladungen in aller Regel nur für eine multimodale Teilbeförderung gebildet würden. Insofern fehle an der Voraussetzung, dass der Frachtvertrag durchgehend auf die gesamte Beförderungsstrecke bezogen sei. Dies trifft in dieser Allgemeinheit nicht zu. Selbst wenn der Hauptlauf zur Bildung einer neuen Sammelladung unterbrochen wird, wird man die Vorschriften der §§ 452 ff. anwenden, wenn diese erneute Umschlagphase in den auf Rechnung des Spediteurs über die Sammelladung geschlossenen Frachtvertrag einbezogen ist. Ebenso *Andresen/Valder* Rn. 28; *Koller* Rn. 5.

[19] Vgl. BGH Urt. v. 24.6.1987 – I ZR 127/85, BGHZ 101, 172 = NJW 1988, 640 (642) = VersR 1987, 1212 = TranspR 1987, 447. Unzutreffend insoweit *Drews* TranspR 2006, 177 (183).

[20] *Andresen/Valder* Rn. 29; *Koller* Rn. 6.

[21] Für enge Auslegung MüKoHGB/*Bydlinski*, 1. Aufl. 1997, Rn. 3. Demgegenüber für eine weite Auslegung des Begriffs MüKoHGB/*Herber* Rn. 18, der auch Arbeitsmaschinen und Flurfördergeräte grundsätzlich miteinbezieht.

Schiffsart als Binnen- oder Seeschiff entscheidend,[22] sondern allein der Umstand, ob ein Teil der Beförderung auf Binnengewässern und ein anderer Teil zur See erfolgt.[23] Werden hingegen verschiedene Transportmittel derselben Art, etwa zwei Lkw, hintereinander eingesetzt, liegt keine multimodale, sondern eine unimodale Beförderung vor. Werden dagegen Beförderungsmittel derselben Art multifunktional eingesetzt,[24] kommt es auf den jeweiligen Einsatz des Beförderungsmittels, insbesondere die Art der Strecke an.[25]

Das Merkmal „Verschiedenartigkeit der Beförderungsmittel" bringt zum Ausdruck, dass ein multi- **16** modaler Vertrag zwingend die **Umladung** des Gutes voraussetzt. Dies macht die multimodale Beförderung verkehrstechnisch an sich zum **gebrochenen** bzw. **segmentierten** Transport. Der gebrochene Transport unterscheidet sich rechtlich vom multimodalen dadurch, dass bei ersterem über jedes Segment ein eigener Vertrag geschlossen wird,[26] während letzterem ein einheitlicher Vertrag zugrunde liegt.

Der gebrochene Verkehr findet insbesondere bei gemischten Überseebeförderungen statt.[27] Dieser **17** Transportgestaltung liegt regelmäßig ein **unechter Durchfrachtvertrag** zugrunde.[28] In der verkehrstechnischen Abwicklung besteht zwischen gebrochenem und multimodalem Transport kein Unterschied. Der rechtliche Unterschied besteht darin, dass beim Durchfrachtverkehr die segmentierten Beförderungsabschnitte vertraglich zu einem einheitlichen Vertragstypus der multimodalen Beförderung zusammengefasst werden.[29]

3. Auseinanderfallende auf hypothetisch zu schließende Einzelverträge anzuwendende **18** **Transportrechtsregime.** Das dritte Element ist ein **rechtliches** Element. Ob dieses vorliegt, ist in einem „Zweier-Schritt" zu ermitteln. In einem ersten Schritt ist der MMT-Vertrag in seine jeweiligen Teilstrecken zu zerlegen, wobei zu unterstellen ist, dass über jeden Transportabschnitt ein jeweils eigenständiger Frachtvertrag abgeschlossen wurde. In einem zweiten Schritt sind die auf die Transportabschnitte anzuwendenden Regelungsregime zu ermitteln und zu vergleichen. Fallen **mindestens** **zwei** der (hypothetisch) anzuwendenden Regelungsregime auseinander, handelt es sich um eine multimodale Beförderung; sind es dieselben, liegt eine unimodale Beförderung vor.

Eine ähnliche Anknüpfung findet sich in Art. 2 Abs. 1 S. 2 CMR im Hinblick auf den dortigen **19** Anwendungsbereich bei einer **„Huckepack"-Beförderung.** Huckepackverkehr **im weiteren Sinne** liegt vor, wenn ein Transportmittel ein anderes Transportmittel aufnimmt. Das Gut verbleibt ohne Umladung auf dem aufgenommenen Transportmittel und wird mit diesem zusammen auf dem aufnehmenden Transportmittel weiterbefördert. Ro/Ro-Verkehr (Roll on/Roll off) ist Huckepackverkehr im weiteren Sinne und bezeichnet die Beförderung eines beladenen Straßenfahrzeugs auf einem Binnen- oder Seeschiff.[30] Huckepackverkehr **im engeren Sinne** hingegen umfasst die Beförderung eines Straßenfahrzeugs mit der Eisenbahn.[31] Huckepack- bzw. Ro/Ro-Verkehr liegen nur vor, wenn das Gut, das auf dem Straßenfahrzeug befördert wird, nicht auf das Trägertransportmittel umgeladen wird. Das Straßenfahrzeug muss selbst auf das Trägertransportmittel verladen werden. Dies ist zB der Fall, wenn ein beladener Lkw auf die Eisenbahn verladen wird, um durch den Eurotunnel von Frankreich nach England zu gelangen.[32]

Warenumschlag, insbesondere als Teil eines Seetransports, stellt keine eigene Teilstrecke dar, sondern **20** bleibt Teil der Seestrecke.[33] Der BGH führt in seiner ersten Entscheidung zum Multimodaltransport an, dass das Ausladen vom Schiff und die Umlagerung im Hafengelände gerade charakteristisch für einen Seetransport seien. Außerdem würden Container und ihr Inhalt nicht bereits beim Ausladen aus dem Schiff, sondern frühestens beim Weitertransport vom Hafen auf Schäden kontrolliert. Schließlich schulde der Verfrachter beim Seefrachtvertrag gem. § 606 S. 2 aF die Ablieferung des Gutes,[34] die regelmäßig nicht schon mit dem Löschen der Ladung, sondern erst am Ende der Umschlagsphase

---

[22] So aber MüKoHGB/*Herber* Rn. 19 und die Vorauflage.

[23] OLG Stuttgart Urt. v. 1.7.2009 – 3 U 248/08, TranspR 2009, 309 (311 f.); Ramming HdB Multimodaler Transport Rn. 233; *Koller* Rn. 14; Baumbach/Hopt/*Merkt* Rn. 5.

[24] ZB Schiffe als Binnen- und Seeschiffe, Amphibienfahrzeuge, Fahrzeuge, die schienen- und straßentauglich sind.

[25] *Ramming* TranspR 2005, 138 (143); *Andresen/Valder* Rn. 31; *Koller* Rn. 13.

[26] Vgl. MüKoHGB/*Herber* Rn. 16.

[27] MüKoHGB/*Bydlinski*, 1. Aufl. 1997, MMT Rn. 12; Baumbach/Hopt/*Merkt* Rn. 5.

[28] *Fremuth,* Frachtrecht, 1997, MMT Rn. 6; *Fremuth* in Fremuth/Thume TranspR CMR Art. 2 Rn. 15 ff.

[29] *Fremuth*/Thume Vor §§ 425 ff. Rn. 85.

[30] MüKoHGB/*Bydlinski*, 1. Aufl. 1997, MMT Rn. 5.

[31] *Fremuth* in Fremuth/Thume TranspR Vor §§ 425 ff. Rn. 86.

[32] *Lamy* I Nr. 480, 1507.

[33] BGH Urt. v. 3.11.2005 – I ZR 325/02, TranspR 2006, 35 (36); Urt. v. 18.6.2009 – I ZR 140/06, TranspR 2009, 327; OLG Celle Urt. v. 24.10.2002 – 11 U 281/00, TranspR 2003, 253; OLG Köln Urt. v. 5.9.2014 – 3 U 15/14, TranspR 2015, 121 (122) (Übernahme vom Landfrachtführer und Umladung in einen Seecontainer). Zur gegenteiligen Auffassung vgl. OLG Hamburg Urt. v. 19.8.2004 – 6 U 178/03, TranspR 2004, 402; OLG Hamburg Urt. v. 30.1.2003 – 6 U 189/02, TranspR 2003, 401.

[34] Krit. dazu *Ramming* TranspR 2007, 89 (94), demzufolge sich die Auslieferungspflicht aus einer analogen Anwendung des § 407 ergibt.

erfolge. Der Entscheidung des BGH zufolge stellen der Teilstreckenführer sowie der in dessen Auftrag eingeschaltete Umschlagsunternehmer stets eine Einheit dar. Dem ist insoweit zuzustimmen, soweit die vom Umschlagsunternehmer geschuldeten Leistungen auf dem Terminalgelände zu erbringen sind oder über das eigentliche Ver- bzw. Entladen nicht hinausgehen.[35] Die Teilstrecke auf dem Terminal-gelände zum Zwecke der Verladung, Ablieferung und der Umladung ist entsprechend dem Vorbild zu Art. 18 Abs. 2 S. 2 MÜ der jeweiligen vorangegangenen Teilstrecke zuzurechnen.[36] Anders ist zu entscheiden, wenn die Umschlagsphase wegen ihres besonderen Aufwands eigenes Gewicht besitzt. Dies ist der Fall, wenn der Umschlagsunternehmer das Gut außerhalb der Grenzen des Terminals abholen, zwischenlagern oder übergeben soll.[37]

21   Werden beispielsweise Güter mit dem Lkw von Wien nach Karlsruhe transportiert und anschlie-ßend mit dem Binnenschiff weiter nach Köln, so kann diese Beförderung in eine **grenzüber-schreitende Güterbeförderung** auf der Straße und einen **nationalen Transport** mittels Binnen-schiff auf dem Rhein unterteilt werden. Unter der Prämisse, dass über jeden Beförderungsabschnitt ein selbstständiger Frachtvertrag abgeschlossen ist, ergeben sich folgende anzuwendende Regelungs-regime: Der Frachtvertrag von Wien nach Karlsruhe unterliegt der CMR und der Frachtvertrag von Karlsruhe nach Köln dem allgemeinen HGB-Frachtrecht des 1. Unterabschnitts. Werden jedoch Güter mit dem Lkw von Stuttgart nach Karlsruhe befördert und von dort mittels Binnenschiff nach Köln weiter transportiert, so kann diese Beförderung zwar in eine Straßenbeförderung und einen Binnenschifftransport aufgeteilt werden, auf beide Teilabschnitte ist jedoch allgemeines HGB-Fracht-recht anzuwenden. Nur im ersten Fallbeispiel unterliegen die hypothetischen Einzelverträge unter-schiedlichen Regelungsregimen, sodass bei Vorliegen der weiteren Elemente von einer multimodalen Beförderung zu sprechen ist.

22   Die Integration der Verkehrsträger Straße, Schiene und Binnengewässer in ein einheitliches nationa-les Transportrecht **verengt den Anwendungsbereich der §§ 452 ff. zugunsten des allgemeinen Frachtrechts.** Lediglich bei Inlandsbeförderungen unter Einschluss einer Seestrecke oder bei grenz-überschreitenden Beförderungen ist der Anwendungsbereich der Vorschrift eröffnet.[38]

23   Bei **grenzüberschreitenden multimodalen Beförderungen** ist zu berücksichtigen, dass an-zuwendende unimodale Übereinkommen wie die CMR, die CIM 1999, das WA oder das MÜ vorrangig anzuwenden sind. Der **Anwendungsvorrang internationaler Übereinkommen** wird durch den Wortlaut der Vorschrift explizit klargestellt.

24   **4. Die in Bezug stehenden Verkehrsträger.** Abweichend zu § 407 gelten die Vorschriften über den MMT-Vertrag nicht nur für die Verkehrsträger „Straße", „Schiene", „Binnengewässer" und „Luft", sondern auch für Seebeförderung, soweit anzuwendende internationale Übereinkommen nichts anderes bestimmen (S. 2).

III. Rechtsnatur des MMT-Vertrages

25   Der MMT-Vertrag ist durch das TRG als **Unterfall des Frachtvertrages** ausgestaltet. Dies ergibt bereits die systematische Einstellung der Regelungen über die multimodale Beförderung in den Vierten Abschnitt „Frachtgeschäft". Die Unsicherheiten im Hinblick auf die Rechtsnatur des MMT-Vertrages wurden insoweit beseitigt.

26   Vor der Regelung des § 452 war die Rechtsnatur des MMT-Vertrages umstritten. Die Anhänger der Theorie des gemischten Vertrages sahen im MMT-Vertrag die Summe aller abgeschlossenen **unimo-dalen Transportverträge.**[39] Auch die Rspr. folgte dieser Qualifizierung.[40] Andere Teile der Lit. vertraten hingegen die Auffassung, der MMT-Vertrag sei ein eigenständiger Vertragstypus sui generis (§§ 311, 241 BGB). Einzelne Transportabschnitte seien nicht nur hintereinander geschaltet, sondern zu einem einheitlichen Vertrag verschmolzen, der gegenüber den unimodalen Teilrechtsordnungen ein aliud darstelle.[41]

27   Beide Theorien sind nicht geeignet, den zentralen Vertragsinhalt des MMT-Vertrages zutreffend zu beschreiben. Wesentlicher Vertragsinhalt ist wie beim unimodalen Frachtvertrag ausschließlich die Beförderung des Gutes. Ob die Beförderung unimodal oder multimodal erfolgt, kann keinen Einfluss auf die systematische Einordnung des MMT-Vertrages, sondern ausschließlich auf die Auswahl der Beförderungsmittel haben.[42]

---

[35] Vgl. auch *Ramming* TranspR 2004, 56 (60).
[36] IErg ebenso OLG Stuttgart Urt. v. 17.3.2010 – 3 U 120/09, TranspR 2011, 32 (34).
[37] Ebenso *Ramming* TranspR 2004, 56 (60). AA *Koller* Rn. 15; *Herber* TranspR 2005, 59 (60).
[38] *Hartenstein* TranspR 2005, 9 (10); *Koller* Rn. 1a.
[39] Nachw. zB bei *Dohse,* Der multimodale Gütertransportvertrag in der Bundesrepublik Deutschland, 1994, 71.
[40] BGH Urt. v. 24.6.1987 – I ZR 127/85, BGHZ 101, 172 = NJW 1988, 640 (642) = VersR 1987, 1212 = TranspR 1987, 447.
[41] Etwa *Ebenroth/Fischer/Sorek* VersR 1988, 757 (760).
[42] Bericht SV-Kommission S. 143.

IV. Rechtsfolge

Die Rechtsfolge hinsichtlich der anzuwendenden Regelungen ist gespalten. In erster Linie sind auf **28** den MMT-Vertrag die **allgemeinen Bestimmungen des 1. Unterabschnitts anzuwenden ("Einheitslösung")**. Die vom BGH entwickelte Beweislastlösung[43] wurde nicht aufgegriffen.

Mit der Entscheidung des Gesetzgebers für die Einheitshaftung nach allgemeinem Frachtrecht ist es **29** nicht mehr notwendig, bei der Situation des unbekannten Schadensortes die jeweiligen Haftungsordnungen der verschiedenen Teilstreckenrechte festzustellen, um aus einer Art "Gesamtschau" die für den Anspruchsteller günstigste Haftung ermitteln zu können. Dadurch wurde auch die umstrittene Frage obsolet, ob die Teilrechte als Ganzes beurteilt werden müssen oder zB nach Haftungshöhe und Verjährung kombiniert werden können.[44]

Dieser Grundsatz gilt unter der **Einschränkung**, dass nachfolgende Bestimmungen oder anzuwen- **30** dende internationale Übereinkommen nicht etwas anderes bestimmen. Eine **"andere Bestimmung"** im Sinne dieser Vorschrift ist die Regelung des § 452a hinsichtlich der Haftung des Frachtführers bei der Situation des bekannten Schadensortes. Im Falle des bekannten Schadensortes greift die Vorschrift das von der Rspr. vertretene "network-System" (→ Rn. 7) durch Rückgriff auf die Regelungen der betroffenen Teilstrecke auf. Dies bedeutet, dass – wie nach der alten Rechtslage auch – zwischen der Situation der bekannten oder unbekannten Schadensentstehung zu unterscheiden ist. Vgl. die Erläuterungen zu § 452a.

V. Kollisionsrecht

§ 452 ist keine Norm des Kollisionsrechts, sondern eine Sachnorm.[45] Die Anwendbarkeit der **31** §§ 452 ff. setzt voraus, dass deutsches Recht Vertragsstatut für den einheitlichen Frachtvertrag ist.[46] Haben die Parteien eines Multimodaltransports eine Rechtswahl getroffen, so ist gem. Art. 27 EGBGB bzw. Art. 3 Rom I-VO auf den Vertrag das gewählte Recht anzuwenden. Im Hinblick auf Art. 27 Abs. 1 S. 3 EGBGB bzw. Art. 3 Abs. 1 S. 3 Rom I-VO ist es denkbar, für Teile des Multimodaltransports eine unterschiedliche Rechtswahl zu treffen.[47] Soweit die Parteien des MMT-Vertrages ihre Rechtsbeziehung für die Gesamtstrecke deutschem Recht unterstellt haben, spricht ein hinreichendes Indiz dafür, dass sie einen Schaden, der sich auf einer ausländischen Teilstrecke realisiert, ebenfalls dem Statut der Gesamtstrecke unterstellt wissen wollen.[48] Mangels Rechtswahl ist gem. Art. 28 Abs. 1 EGBGB das Recht des Staates zur Anwendung berufen, mit dem der Vertrag die engsten Verbindungen aufweist. Bei Güterbeförderungsverträgen wird nach Art. 28 Abs. 4 S. 1 EGBGB vermutet, dass sie mit dem Staat die engsten Verbindungen aufweisen, in dem der Beförderer im Zeitpunkt des Vertragsabschlusses seine Hauptniederlassung hat, sofern sich in diesem Staat auch der Verladeort oder der Entladeort oder die Hauptniederlassung des Absenders befindet. Für ab dem 18.12.2009 abgeschlossene Güterbeförderungsverträge ist auf Art. 5 Rom I-VO Rückgriff zu nehmen.

Nach S. 1 letzter Hs. wird ausdrücklich klargestellt, dass anzuwendende **internationale Überein- 32 kommen vorrangig** anzuwenden sind.[49] Dadurch soll der Gefahr einer Kollision mit von Deutschland ratifizierten internationalen Übereinkommen begegnet werden. Da das Übereinkommen der Vereinten Nationen über den internationalen multimodalen Gütertransport vom 24.5.1980 von Deutschland bisher nicht ratifiziert worden ist,[50] kommen als vorrangige internationale Übereinkommen nur die auf eine grenzüberschreitende unimodale Beförderung bezogenen Vereinbarungen kollisionsrechtlich in Betracht.

Die in Frage stehenden unimodalen Übereinkommen sind in erster Linie nur bei der Situation des **33 bekannten Schadensortes** zu beachten (§ 452a). Ein Anwendungsvorrang besteht, soweit dort **Sonderregelungen** enthalten sind, namentlich bei den Vorschriften der Art. 2 Abs. 1 CMR, Art. 38 CIM 1999, Art. 18 Abs. 3, 31 WA sowie Art. 18 Abs. 4, 38 MÜ.[51]

§ 452d stellt hinsichtlich der **Zulässigkeit abweichender Vereinbarungen** ausdrücklich klar, dass **34** Parteiabreden, die die Anwendung der für eine Teilstrecke zwingend geltenden Bestimmungen eines für Deutschland verbindlichen internationalen Übereinkommens ausschließen, unwirksam sind.[52]

---

[43] Vgl. die Grundsatzentscheidung des BGH Urt. v. 24.6.1987 – I ZR 127/85, BGHZ 101, 172 = NJW 1988, 640 (642) = VersR 1987, 1212 = TranspR 1987, 447.

[44] *Looks* VersR 1999, 31 (32) (in dessen Fn. 25).

[45] *Hartenstein* TranspR 2005, 9 (10); *Koller* Rn. 1a; BeckOK HGB/*Rogert* Rn. 1; aA *Drews* TranspR 2003, 12 (13).

[46] OLG Celle Urt. v. 24.10.2002 – 11 U 281/00, TranspR 2003, 253; OLG Dresden Urt. v. 14.3.2002 – 19 U 2561/01, TranspR 2002, 246; *Fremuth* in Fremuth/Thume TranspR Rn. 5; *Koller* Rn. 1a; Oetker/*Paschke* Rn. 3.

[47] *Hartenstein* TranspR 2005, 9 (10).

[48] OLG Hamburg Urt. 19.8.2004 – 6 U 178/03, TranspR 2004, 402 (403).

[49] *Fremuth* in Fremuth/Thume TranspR Rn. 30 ff.

[50] Vgl. hierzu *Herber* TranspR 1981, 37 ff.

[51] Vgl. BGH Urt. v. 10.5.2012 – I ZR 109/11, TranspR 2012, 466 (468); *Sánchez-Gamborino*, El contrato del transporte internacional CMR, 1996, Nr. 203; *Pesce*, Il transporto internazionale di merci, 1995, 249.

[52] *Basedow* TranspR 1998, 58 (62); *Looks* VersR 1999, 31 (34).

Diese Bestimmung dient sowohl der Wahrung völkerrechtlicher Verpflichtungen als auch einer weitgehenden Praktikabilität.[53]

VI. Dokumente und Allgemeine Geschäftsbedingungen des multimodalen Transports

35   **1. Allgemeines.** Das FBL ist ein akkreditivfähiges Transportdokument des multimodalen Vertrags, welches vom internationalen Spediteurverband (FIATA) herausgegeben wird. Es ist ein speziell für multimodale Beförderungen entwickeltes Konnossement und löst als „Nachfolgepapier" das FIATA Combined Transport Bill of Lading[54] ab.[55] Auf seiner Rückseite sind Allgemeine Geschäftsbedingungen abgedruckt, die sich inhaltlich an die Regelungen der UN-Konvention über den internationalen multimodalen Gütertransport vom 24.5.1980 anlehnen. Obgleich das UN-Übereinkommen nicht in Kraft getreten ist, haben dessen Regelungen als Allgemeine Geschäftsbedingungen des FBL internationale Geltung erlangt.

36   Das FBL wird vom alleinvertriebsberechtigten Verein Hamburger Spediteure eV über die regionalen Spediteurverbände ausschließlich an fachkundige und besonders zuverlässige Spediteure zur Ausstellung geliefert.[56]

37   Das **CT-Dokument**[57] (Combined Transport Document) der Internationalen Handelskammer Paris (ICC) entspricht im Wesentlichen dem FBL. Daneben besteht noch eine Vielzahl von weiteren Papieren, die hier nicht vorgestellt werden können.[58]

38   **2. Das FBL.** Das FBL ist ein speziell für den multimodalen Transport entwickeltes Wertpapier mit **Traditionswirkung.**[59] Es verbrieft das Eigentumsrecht am Transportgut und gibt dem berechtigten Papierinhaber gegen Vorlage das Recht zur Empfangnahme oder Übertragung der bezeichneten Güter.[60] Es ist im Geschäftsverkehr als **akkreditivfähig** anerkannt.[61] Über die Rechtsnatur des FBL hatte der BGH bislang noch nicht zu entscheiden,[62] während der OGH Wien das FBL ausdrücklich als Orderpapier für den multimodalen Transport anerkannt hat.[63]

39   Auf der Rückseite des FBL sind **„Standard Conditions"** abgedruckt, welche **Allgemeine Geschäftsbedingungen** darstellen.[64] Als solche unterliegen sie der Inhaltskontrolle des § 307 BGB.[65] Die Haftung des multimodalen Frachtführers (Multimodal Transport Operator – MTO) beruht auf vermutetem Verschulden (Ziff. 6.2). **Bei bekanntem Schadensort** haftet der MTO gem. Ziff. 8.6 nach dem zwingenden Recht der betroffenen Teilstrecke. Ist **der Schadensort unbekannt**, ist die Haftung des MTO gespalten. Bei Einschluss einer Teilstrecke zur See oder auf Binnenwasserstraßen haftet der MTO entweder mit 2 SZR pro kg Bruttogewicht beschädigter oder verlorener Ware oder – wenn sich dadurch eine höhere Haftungssumme ergibt – mit 666,67 SZR pro Einheit (Container etc). Hat der Absender den Wert der Sendung angegeben, begrenzt dieser die Haftung. Erfolgt der Transport ohne Nutzung der See oder einer Wasserstraße, bemisst sich der Haftungshöchstbetrag auf 8,33 SZR pro kg Bruttogewicht. Nach Ziff. 3.2 bringt das FBL prima-facie-Beweis für die Inobhutnahme durch den Frachtführer/Spediteur im beschriebenen Zustand. Reklamationen sind gegenüber dem MTO durch den Empfänger schriftlich und substantiiert anzuzeigen. Ansprüche gegen den MTO verjähren gem. Ziff. 17 binnen neun Monaten.

40   **3. Vereinbarkeit dieser Dokumente mit deutschem Recht.** Der Vertragsfreiheit bei einer multimodalen Beförderung wurde durch die Regelung des § 452d eine gesetzliche Grenze gesetzt. Es fragt sich, ob die AGB des FBL, des CT-Dokuments sowie ähnlicher für den multimodalen Transport entwickelter Papiere mit den Vorschriften des HGB sowie der §§ 305 ff. BGB vereinbar sind. Die

---

[53] BT-Drs. 13/8445, 99.

[54] Eine deutsche Übersetzung ist abgedr. bei *Krien/Glöckner* Nr. 6550, 6551 und 6560; ausf. *Schimmelpfeng* TranspR 1988, 53 ff.

[55] Seit 1.3.1994 darf nur noch das neue FBL verwendet werden.

[56] *Schimmelpfeng* TranspR 1988, 53 (54).

[57] ICC-Publikation Nr. 481.

[58] Vgl. ua *Franken*, Dingliche Sicherheiten und Dokumente des kombinierten Transportes, 1982, 6; *Ganten*, Die Rechtsstellung des Unternehmers des kombinierten Transports (CTO), 1978, 12 ff.; *Gleisberg*, Die Prüfung von Dokumenten des kombinierten Transportes beim Dokumentenakkreditiv, 1978, 7 Fn. 1.

[59] *Basedow*, Der Transportvertrag, Studien zur Privatrechtsangleichung auf regulierten Märkten, 1987, 366; *Koller* Rn. 9; *Fremuth*, Frachtrecht, 1997, MMT Rn. 314; MüKoHGB/*Bydlinski*, 1. Aufl. 1997, MMT Rn. 66; *Prüßmann/Rabe* Anh. § 656 C 9; aA GroßkommHGB/*Helm* Anh. IV § 415 Rn. 14, abgeschwächt auch in § 450 Rn. 8 und Anh. V § 452 Rn. 64.

[60] MüKoHGB/*Bydlinski*, 1. Aufl. 1997, MMT Rn. 65.

[61] Vgl. *Schimmelpfeng* TranspR 1988, 53 (54).

[62] Offen gelassen auch von OLG Hamburg Urt. v. 1.3.1979 – 6 U 179/78, VersR 1979, 814 und v. 12.1.1984 – – 6 U 135/83, VersR 1984, 1090.

[63] OGH Wien Urt. v. 29.4.1992 – 3 Ob 519/92, RdW 1992, 402.

[64] MüKoHGB/*Bydlinski*, 1. Aufl. 1997, MMT Rn. 74; *Fremuth*, Frachtrecht, 1997, MMT Rn. 217.

[65] MüKoHGB/*Bydlinski*, 1. Aufl. 1997, MMT Rn. 59.

amtliche Begründung des Gesetzentwurfs bringt unzweideutig zum Ausdruck, dass die im internationalen Verkehr gebräuchlichen Transportdokumente wie die UNCTAD/ICC-Regeln für multimodale Transportdokumente von 1992[66] oder das FBL von 1992 unverändert angewendet werden können, ohne dass gegen deutsches Recht verstoßen wird.[67] Eine derart pauschale Einschätzung findet in dem Gesetzeswortlaut jedoch keine ausreichende Grundlage.[68]

Nach der Regelung des § 452d können die Vertragsparteien durch AGB bestimmen, dass sich die **41** Haftung bei der Situation des bekannten Schadensortes (§ 452a) unabhängig davon, auf welcher Teilstrecke der Schaden eingetreten ist, oder für den Fall des Schadenseintritts auf einer in der Vereinbarung genannten Teilstrecke nach der frachtrechtlichen Einheitshaftung des 1. Unterabschnitts richtet. Für diesen Fall ist jedoch nicht ersichtlich, inwiefern die Einbeziehung des FBL eine Vereinbarung darstellt, die die Haftung den Vorschriften des 1. Unterabschnitts, also den §§ 425 ff., unterstellt.[69] Es bleibt vielmehr abzuwarten, ob die Rspr. die Gestaltungsfreiheit der Parteien durch die bisher verwendeten vorformulierten Vertragsbedingungen als zulässig und mit § 452d Abs. 2 vereinbar ansehen wird.[70]

Nach § 449 Abs. 2 muss eine in vorformulierten Vertragsbedingungen enthaltene Begrenzung der **42** vom Frachtführer zu leistenden Entschädigung wegen Verlust oder Beschädigung des Gutes, die zugunsten des Verwenders von dem in § 431 Abs. 1 und 2 abweicht, in drucktechnisch deutlicher Gestaltung hervorgehoben sein. Dem Erfordernis qualifizierter Information wird nicht dadurch Rechnung, dass Texte der Klausel in drucktechnisch hervorgehobener Form existieren, ohne weiteres besorgt werden könnten oder dass der Absender die Klausel zwar nicht kannte, aber branchenüblich war. Ebenso wenig reicht es für Druckgestaltung von Klauselwerken eine Hervorhebung durch Striche am Rand nicht aus, sofern dadurch die Herabsetzung der Haftungssummen besonders gekennzeichnet wird.[71] Ebenso scheidet eine stillschweigende Einbeziehung der die Haftung des Frachtführers in betragsmäßiger Hinsicht beschränkende Bestimmung aus.[72] Verwendet eine Partei AGB, welche von den § 431 Abs. 1 und 2 abweichen, muss sie, um der Warnfunktion des § 449 Abs. 2 Rechnung zu tragen, das Druckbild durch Fettdruck, Sperrschrift oder Unterstreichung der Haftungssummen auffällig gestalten. Bei telefonischen Abschlüssen ist der entsprechend den Anforderungen des § 449 Abs. 2 Nr. 1 gedruckte Text der haftungsbeschränkenden Klausel vorher (zB per Fax) zur Verfügung zu stellen.[73] Bei Abschlüssen über das Internet genügt der Hinweis allein auf die Existenz einer besonderen Regelung des Haftungshöchstbetrags nicht, vielmehr muss die Klausel als Download oder über ein sog. „Clic-Icon" zur Verfügung gestellt werden.

VII. Multimodale Beförderung und Seerecht (Satz 2)

§ 452 S. 2 stellt klar, dass die Bestimmungen des multimodalen Transports auch dann zur Anwen- **43** dung gelangen, wenn auf einer Teilstrecke der Gesamtbeförderung ein Seeschiff beteiligt ist.[74] Dies bedeutet konkret, dass bei der Situation des **unbekannten Schadensorts** (§ 452) auf eine multimodale Beförderung unter Einschluss einer Seestrecke nunmehr **Frachtrecht** des 1. Unterabschnitts anzuwenden ist. Aber auch im Falle des **bekannten Schadensortes** (§ 452a) bleibt es den Vertragspartnern einer multimodalen Beförderung unverwehrt, durch Parteivereinbarung – auch durch AGB – zu bestimmen, dass sich die Haftung nicht nach dem Recht der schadensträchtigen Teilstrecke (Seerecht), sondern nach allgemeinem Frachtrecht, also nach den §§ 425 ff. richtet. § 452d lässt solche Abreden ausdrücklich zu. Diese Neuerung ist deswegen von besonderer Bedeutung, weil ca. 90 % aller multimodalen Beförderungen unter Einschluss einer Seestrecke stattfinden.[75] Der Gesetzgeber erhofft sich mit dieser Weichenstellung erhöhte Rechtsklarheit und Praktikabilität.[76]

Für einen deutschen Reeder oder Verfrachter kann es im Einzelfall durchaus günstig sein, von der **44** Möglichkeit, die Gesamtbeförderung durch AGB einheitlich dem allgemeinen Frachtrecht zu unterstellen, Gebrauch zu machen, weil dadurch die seerechtlichen Haftungshöchstbeträge aus § 504 abbedungen werden können. Danach haftet der Verfrachter für **Verlust** oder **Beschädigung** der Güter in jedem Fall höchstens bis zu einem Betrag von 666,67 SZR pro Stück oder Einheit oder bis zu einem Betrag von 2 SZR je Kilogramm Rohgewicht der verlorenen oder beschädigten Güter, je nachdem, welcher Betrag höher ist.[77] Wird ein Behälter, eine Palette oder ein ähnliches Gerät verwendet, um die

---

[66] Abgedr. etwa in ETL 91, 620. Dieses Dokument kann ausgestellt werden, wenn der Seestrecke die Visby-Regeln oder die Hamburg-Regeln zugrunde gelegt werden sollen.
[67] BT-Drs. 13/8445, 104 f.
[68] Vgl. *Basedow* TranspR 1998, 58 (61); *Looks* VersR 1999, 31 (34).
[69] *Basedow* TranspR 1998, 58 (61).
[70] *Looks* VersR 1999, 31 (34).
[71] OLG Hamburg Urt. v. 19.8.2004 – 6 U 178/03, TranspR 2004, 402 (404).
[72] BGH Urt. v. 23.1.2003 – I ZR 174/00, TranspR 2003, 119 (120).
[73] *Bästlin/Bästlein* TranspR 2003, 61 (64); *Koller* § 449 Rn. 62.
[74] Ausf. zum Seerecht MüKoHGB/*Puttfarken*, 1. Aufl. 1997, Rn. 8 ff.
[75] *Looks* VersR 1999, 31 (34).
[76] BT-Drs. 13/8445, 99.
[77] Zur Haftung nach Seerecht eingehend Rabe/Bahnsen/*Bahnsen* § 502, § 503 HGB.

Güter für die Beförderung zusammenzufassen, so gilt nach der sog. **Container-Klausel** des § 504 Abs. 2 jedes Stück und jede Einheit, welche in dem Konnossement als in einem solchen Gerät enthalten angegeben sind, als Stück oder Einheit iSd § 504 Abs. 1. Die Container-Klausel in § 504 Abs. 2 beruht auf Art. IV § 5c der Haager/Visby-Regeln.[78] Im Rahmen des Containerverkehrs führt die Fiktion, dass die Packstücke im Container als Stück zu behandeln sind, vielfach zu einer Haftung, die den vollen Wert der beschädigten Ladung abdeckt, dh zu einer unbeschränkten Haftung.[79] Nach § 431 beträgt die Regelhaftung bei Anwendung von Frachtrecht hingegen 8,33 SZR.

45   **Beispiel:** [80] Bei einem multimodalen Transport unter Einschluss einer Seestrecke werden in einem Container 5.000 Mobiltelefone befördert, wobei die entsprechende Konnossementseintragung gem. § 504 Abs. 2 erfolgt ist. Hat sich ein Güterschaden, bei dem der gesamte Container von Bord des Seeschiffes gespült wurde, nachweisbar auf der Seestrecke ereignet, so erhält der Geschädigte auf Grund der Container-Klausel den vollen Schadensersatz (5.000 × 666,67 SZR). Haben die Parteien hingegen gem. § 452d vereinbart, dass der Gesamttransport auch bei der Situation des bekannten Schadensortes (§ 452a) einheitlich dem Frachtrecht des 1. Unterabschnitts unterstellt wird, so erhält der Geschädigte lediglich 8,33 SZR pro Kilogramm, was bei einem Gewicht von ca. 500 Gramm pro Einheit einer Entschädigung von ca. 5 EUR je Stück entspricht.

Einer Vereinbarung nach § 452d steht nicht die Regelung des § 525 entgegen, wonach bei Ausstellung eines Konnossements die Haftungssummen des § 504 nicht im Voraus ausgeschlossen oder beschränkt werden können. Die Unabdingbarkeit der Haftungssumme betrifft nämlich nur vorherige Vereinbarungen durch Rechtsgeschäft, nicht aber solche durch Gesetz. Damit wird den Parteien durch die Regelung des § 452d die legale Möglichkeit eröffnet, sich von der Haftungssumme des § 504 freizuzeichnen.[81]

§ 452a Bekannter Schadensort

[1] **Steht fest, daß der Verlust, die Beschädigung oder das Ereignis, das zu einer Überschreitung der Lieferfrist geführt hat, auf einer bestimmten Teilstrecke eingetreten ist, so bestimmt sich die Haftung des Frachtführers abweichend von den Vorschriften des Ersten Unterabschnitts nach den Rechtsvorschriften, die auf einen Vertrag über eine Beförderung auf dieser Teilstrecke anzuwenden wären.** [2] **Der Beweis dafür, daß der Verlust, die Beschädigung oder das zu einer Überschreitung der Lieferfrist führende Ereignis auf einer bestimmten Teilstrecke eingetreten ist, obliegt demjenigen, der dies behauptet.**

Schrifttum: S. Vor § 407 und § 452 sowie *Drews,* Zum anwendbaren Recht beim multimodalen Transport, 2003, 12; *Ebenroth/Fischer/Sorek,* Haftungsprobleme im internationalen Gütertransport, VersR 1988, 757; *Koller,* Die Haftung bei unbekanntem Schadensort im multimodalen Verkehr, VersR 1989, 769; *Müller-Feldhammer,* Die Haftung des Unternehmers beim multimodalen Transport für Güterschäden und Güterverluste aus dem Beförderungsvertrag, 1996; *Siegrist,* Vorschläge zur Regelung der Haftung, Versicherung und Dokumentation im multimodalen Transport, 1993.

I. Einleitung

1   Die vorliegende Vorschrift beinhaltet in S. 1 eine **Haftungsregelung** und in S. 2 eine **Beweislastregelung** für die Situation des bekannten Schadensortes bei einer multimodalen Beförderung. Als „besondere Vorschrift" ist die Bestimmung lex specialis zu § 452 S. 1. Ist der Schadensort bekannt, so bestimmt die Vorschrift in Ausnahme zu § 452, dass sich die Haftung des Frachtführers nach dem Recht der betroffenen Teilstrecke richtet, nicht nach allgemeinem Frachtrecht. Die Maßgeblichkeit des Rechts des Schadensortes rechtfertigt sich bei bekanntem Schadensort aus den Besonderheiten der jeweils betroffenen Spezialtransporte.[1]

2   Die Haftungsordnung der Teilstrecke gilt ausdrücklich nur für Schäden wegen Verlustes, Beschädigung oder Überschreitens der Lieferfrist. Wegen anderer Schäden bleibt es auch bei der Situation des bekannten Schadensortes bei der Grundregel des § 452, dass sich die Haftung des Frachtführers nach allgemeinem Frachtrecht richtet.

II. Das Haftungssystem beim multimodalen Vertrag

3   Die **Regelungsbereiche** der §§ 452 und 452a sind **ineinander verknüpft.** Bei der Frage, welche der beiden Regelungen konkret zur Anwendung kommt, muss man sich stets das Zusammenspiel beider Bestimmungen klarmachen. Dabei gilt Folgendes:

---

[78] Rabe/Bahnsen/*Bahnsen* § 504 Rn. 19.

[79] Zu dieser „Begünstigung" vor dem übrigen Transportrecht vgl. *Bauer* DVIS A 34, 15 ff.; *Basedow,* Der Transportvertrag, Studien zur Privatrechtsangleichung auf regulierten Märkten, 1987, 411 ff.

[80] Beispiel nach *Looks* VersR 1999, 31 (35).

[81] *Rabe,* 4. Aufl. 2000, Anh. § 656 Rn. 23–27; *Looks* VersR 1999, 31 (35); ausf. *Herber,* Seehandelsrecht, 2. Aufl. 2016, 358 ff.

[1] MüKoHGB/*Herber* Rn. 2.

1. Multimodale Beförderung. Es muss sich um eine multimodale Beförderung gem. der Legaldefinition des § 452 handeln. Dies ist nur dann der Fall, wenn folgende Elemente erfüllt sind: (1) Einheitlichkeit des Frachtvertrages, (2) Verschiedenartigkeit der Beförderungsmittel, (3) Auseinanderfallen der auf hypothetisch zu schließende Einzelverträge anzuwendenden Transportrechtsregime (→ § 452 Rn. 12 ff.). **4**

2. Keine Kollision mit internationalen Übereinkommen. Es darf keine Kollision mit internationalen Übereinkommen bestehen. Soweit anzuwendende internationale Übereinkommen Regelungen für den betreffenden Sachverhalt bereitstellen, gehen diese vor. Die internationalen unimodalen Übereinkommen enthalten derzeit nur für Einzelfragen spezielle Regelungen im Hinblick auf eine multimodale Beförderung, so zB die Vorschriften der Art. 2 Abs. 1 CMR, die Art. 38 CIM 1999, Art. 18 Abs. 3, 31 WA sowie Art. 18 Abs. 3, 38 MÜ. Diese Regelungen sind vorrangig anzuwenden. **5**

3. Der Schadensort. Ist eine Kollision mit internationalen Regelungen ausgeschlossen, dann stellt sich die Frage nach dem Ort der Schadensentstehung. Zu differenzieren ist zwischen der Situation des **bekannten** und des **unbekannten Schadensortes.** **6**

a) Bekannter Schadensort. Ist der Ort der **Schadensentstehung** (nicht: Schadensentdeckung) bekannt und beruft sich eine der Parteien erfolgreich auf diese Tatsache, dann enthält § 452a eine dem § 452 vorgehende Spezialregelung. Die Haftung des Frachtführers bestimmt sich in dieser Situation nicht nach allgemeinem Frachtrecht des 1. Unterabschnitts, sondern nach den Rechtsvorschriften der Haftungsordnung des Teilstreckenrechts, unter der der Schaden entstanden ist. Zur Lösung der Frage des bei bekanntem Schadensort zu ermittelnden Rechts der Teilstrecke werden verschiedene Ansätze vertreten.[2] Für den Umfang der Haftung ist nicht das hypothetische Teilstreckenrecht, das zwischen dem Absender und dem Frachtführer vereinbart worden wäre,[3] sondern das auf dem Teilstreckabschnitt im Verhältnis zwischen dem Frachtführer und dem Teilstreckenfrachtführer geltende Recht maßgebend.[4] Der Wortlaut des § 452a S. 1 („Rechtsvorschriften, die auf einen Vertrag über eine Beförderung auf dieser Teilstrecke anzuwenden *wären*") steht dem nicht entgegen. Denn die Formulierung will nur bei bekanntem Schadensort die Akzessorietät des den MMT-Vertrages bestimmenden Rechts an das tatsächliche Teilstreckenrecht sicherstellen. Die hier vertretene Auffassung steht auch im Einklang mit dem internationalen Vorbild des Art. 2 Abs. 1 S. 2 CMR, wonach sich die Haftung des Straßenfrachtführers danach richtet, wie der Frachtführer des anderen Verkehrsmittels gehaftet hätte, wenn ein lediglich das Gut betreffender Beförderungsvertrag zwischen dem Absender und dem Frachtführer des anderen Verkehrsmittels geschlossen worden wäre.

Werden mehrere Schadensursachen auf verschiedenen Teilstrecken gesetzt, findet § 452a nur insoweit Anwendung, als dem Geschädigten der Nachweis der Schadensursache auf der bestimmten Teilstrecke und des auf diesem Abschnitt entstandenen Ausmaßes des Schadens gelingt.[5] Ohne Darstellung des jeweiligen Schadens auf dem jeweiligen Teilstreckenabschnitt, ist die Berufung auf das dem Geschädigten günstigere Teilstreckenrecht vor dem Hintergrund des § 452a S. 2 unschlüssig mit der Folge, dass § 452 zum Zuge kommt. **8**

Der Begriff **„Rechtsvorschrift"** erfasst nicht nur die **gesetzlichen** Rechtsvorschriften des Schadensortes, sondern auch individuelle Parteivereinbarungen sowie **AGB,**[6] wie sie zB auf der Rückseite des **FBL** enthalten sind. Der multimodale Frachtführer kann im Falle des bekannten Schadensortes beim Frachtführer der Teilstrecke in gleicher Höhe, wie er selbst Schadensersatz leisten muss, Regress nehmen. **9**

Dieser Rückgriff auf das Recht der betroffenen Teilstrecke wird als „network-System" bezeichnet.[7] **10** Auch der BGH hat sich in seiner Grundsatzentscheidung v. 24.6.1987[8] bei bekanntem Schadensort für das „network-System" entschieden (→ § 452 Rn. 7 ff.). Insoweit hat der Gesetzgeber die Lösungsansätze der Rspr. aufgegriffen und gesetzlich normiert.[9] Dem „network-System" liegt die Wertung

---

[2] Instruktiv hierzu *Drews* TranspR 2003, 12 ff.; *Herber* FS Piper, 1996, 877 ff.; *Herber* TranspR 2001, 101 ff.; *Koller* VersR 2000, 1187 ff.; *Looks* TranspR 1999, 31; *Rabe* TranspR 1998, 429 ff.; *Rabe* TranspR 2000, 190 ff.; *Ramming* VersR 1999, 1178 ff.; *Ramming* TranspR 1999, 325.

[3] So aber *Drews* TranspR 2003, 12 (18); *Koller* VersR 2000, 1187 (1190); *Ramming* TranspR 1999, 325 (340).

[4] Ebenso *Rabe* TranspR 2000, 189 (194). AA OLG Hamburg Urt. v. 10.4.2008 – 6 U 90/05, TranspR 2008, 213; MüKoHGB/*Herber* Rn. 14; *Oetker/Paschke* Rn. 4; *Koller* VersR 2000, 1189 (1190); *Herber* TranspR 2001, 101 (102).

[5] *Koller* Rn. 4, der darauf hinweist, dass § 452a nur an den Verlust oder die Beschädigung als solche, nicht aber an die Höhe des Schadens anknüpfe. MüKoHGB/*Herber* Rn. 8; Ramming HdB Multimodaler Transport Rn. 1034; Oetker/*Paschke* Rn. 2.

[6] Ebenso *Drews* TranspR 2003, 12 (18). AA OLG Hamburg Urt. v. 28.2.2008 – 6 U 241/06, TranspR 2008, 125 (129); OLG Hamburg Urt. v. 10.4.2008 – 6 U 90/05, TranspR 2008, 213 (216); *Koller* Rn. 5, demzufolge AGB nicht zu den Rechtsvorschriften iSd § 452a zählen, das sie nicht kraft objektiver Norm, sondern kraft subjektivem Einbeziehungswillens Geltung erlangen; Ramming HdB Multimodaler Transport Rn. 988.

[7] Baumbach/Hopt/*Merkt* Rn. 1.

[8] BGH Urt. v. 24.6.1987 – I ZR 127/85, BGHZ 101, 172 = NJW 1988, 640 (642) = VersR 1987, 1212 = TranspR 1987, 447.

[9] *Koller* Rn. 1.

zugrunde, dass das anzuwendende unimodale Sonderfrachtrecht den spezifischen Besonderheiten einer Güterbeförderung mit einem ganz bestimmten Transportmittel am ehesten Rechnung tragen kann.[10] Zudem dürfte das in Rückgriff genommene Teilstreckenrecht die gegenläufigen Haftungsinteressen der Parteien am ehesten angemessen berücksichtigen und zueinander in Ausgleich bringen.[11]

11   **b) Unbekannter Schadensort.** Ist der Ort der Schadensentstehung unbekannt, kann er oder bei mehreren Schadensursachen der jeweilige Schadensumfang (→ Rn. 7) nicht nachgewiesen (**„non-liquet-Fälle"**) werden[12] oder beruft sich keine der Parteien auf den an sich bekannten Schadensort, bestimmt sich die Haftung des Frachtführers nach den Bestimmungen des allgemeinen Frachtrechts (§ 452 S. 1).[13] Durch diese Regelung wird die vom BGH in seiner Grundsatzentscheidung v. 24.6.1987 entwickelte Beweislastlösung zu Lasten des Frachtführers nun ausdrücklich durch eine gesetzliche „Einheitshaftung" abgelöst.[14] Komplizierte und kaum überschaubare Regel-Ausnahme-Mechanismen werden vermieden, was zur schnelleren Abwicklung von Schadensfällen führt.[15] Zur Beweislastlösung des BGH → § 452 Rn. 7 ff.

12   Die Bestimmungen des allgemeinen Frachtrechts des 1. Unterabschnitts finden durch die Regelung des § 452 S. 1 also auch Anwendung auf multimodale Beförderungen mit unbekanntem Schadensort. Die Parteien haben es durch die Beweislastregel nach § 452a S. 2 selbst in der Hand, die Haftungsbestimmungen des allgemeinen Frachtrechts auch bei der Situation des an sich bekannten Schadensortes zur Anwendung zu bringen. Beruft sich keine der Parteien auf den an sich bekannten Schadensort, so bleibt es bei den frachtrechtlichen Haftungsbestimmungen des ersten Unterabschnitts. Das unimodale Sonderfrachtrecht kommt dann nicht zur Anwendung.

13   **4. Schadensanzeige und Verjährung.** § 452b enthält eine Sondervorschrift im Hinblick auf die Schadensanzeige und Verjährung von Ersatzansprüchen bei einer multimodalen Beförderung.

III. Beweislast

14   Die in S. 2 getroffene Beweislastregel soll größtmögliche Einfachheit und Praktikabilität bei der Rechtsanwendung gewährleisten. Die Beweislast trägt in Abweichung zur Rspr. des BGH[16] **die Partei, die sich auf das nach den §§ 452, 452a anzuwendende Sonderfrachtrecht mittels Angabe des Schadenseintrittsorts beruft.** Das vor allem von *Koller*[17] vorgebrachte Argument, bei einer multimodalen Beförderung stehe der Frachtführer dem Beweis näher als der Geschädigte, ist nicht aufgegriffen worden. Die Sachverständigenkommission zur Reform des Transportrechts vertrat vielmehr die Ansicht, dass vor allem im Containerverkehr der Ort der Schadensentstehung typischerweise objektiv nicht aufklärbar sei und somit nicht die Gefahr bestehe, der Frachtführer könnte zu Lasten des Geschädigten Beweismanipulationen vornehmen.[18] Der Gesetzgeber ist der Ansicht, dass die vom BGH entwickelte Beweislastlösung den Frachtführer einseitig belaste. Sie ist deshalb nicht aufgegriffen und fortentwickelt worden.[19]

15   Die gesetzliche Beweislastlösung ermöglicht es den Parteien, **auch bei an sich bekanntem Schadensereignis** innerhalb einer Teilstrecke die frachtrechtlichen Haftungsregeln ohne weiteres zur Anwendung zu bringen. Dabei genügt es, dass keine der Parteien diese Tatsache für sich in Anspruch nimmt. Es bleibt dann bei der Einheitshaftung nach allgemeinem Frachtrecht.[20]

16   Der Absender wird sich nur dann auf die Tatsache des bekannten Schadensorts berufen, wenn sich hiernach eine für ihn günstigere Haftungsordnung ergibt. Ob dies der Fall ist, entscheidet sich nicht ausschließlich danach, ob das Teilstreckenrecht höhere Haftungssätze bereitstellt als die Basishaftung nach allgemeinem Frachtrecht. Ausschlaggebend kann im Einzelfall auch eine für den Absender günstigere Verjährungsregelung oder Bestimmung zur Schadensanzeige sein.

IV. Dispositivität

17   Abweichende Vereinbarungen sind im Grundsatz nur insoweit zulässig, als die in Bezug genommenen Vorschriften ebenfalls abweichende Vereinbarungen zulassen. Darüber hinaus enthält § 452d eine **Sonderregelung für die Abdingbarkeit des Verjährungsbeginns** bei Ersatzansprüchen im

---

[10] Bericht SV-Kommission S. 146.
[11] Vgl. etwa MüKoHGB/*Bydlinski*, 1. Aufl. 1997, MMT Rn. 26; aA *Siegrist*, Vorschläge zur Regelung der Haftung, Versicherung und Dokumentation im multimodalen Transport, 1993, 77.
[12] OLG Düsseldorf Urt. v. 1.12.2010 – I-18 U 95/10, BeckRS 2011, 7883.
[13] Vgl. *Koller* Rn. 5.
[14] Vgl. Baumbach/Hopt/*Merkt* Rn. 2.
[15] *Müglich* TranspR Rn. 3.
[16] BGH Urt. v. 24.6.1987 – I ZR 127/85, BGHZ 101, 172 = NJW 1988, 640 (642) = VersR 1987, 1212 = TranspR 1987, 447.
[17] *Koller* VersR 1989, 769 (772); aA *Ebenroth/Fischer/Sorek* VersR 1988, 758 (760).
[18] Bericht SV-Kommission S. 147; BR-Drs. 368/97, 100 (101).
[19] BR-Drs. 368/97, 100 (101).
[20] HK-HGB/*Ruß* Rn. 5; MüKoHGB/*Herber* Rn. 9.

Zusammenhang mit einer multimodalen Beförderung und wegen der Haftung des Frachtführers bei bekanntem Schadensort. Zwingend anzuwendende internationale Übereinkommen sind der Privatautonomie der Parteien in jedem Falle entzogen (§ 452d Abs. 3). Zu Einzelheiten zur Zulässigkeit abweichender Vereinbarungen vgl. die Erläuterungen zu § 452d.

V. Multimodale Beförderung und beförderungsfremde Nebenleistungen

Ein Sonderproblem kann sich im Zusammenhang mit der Haftung des Frachtführers wegen beför- **18** derungsfremder Nebenleistungen ergeben. Der MMT-Vertrag geht inhaltlich oftmals über die schlichte Beförderung des Gutes durch mindestens zwei verschiedenartige Transportmittel hinaus. Neben die Beförderungsleistung treten nämlich vielfach beförderungsnahe und logistische Nebenleistungen, wie die **Verpackung** der Frachtgüter, der **Warenumschlag**, die **Zwischenlagerung**, die **Fakturierung** oder die **Verzollung** der Ware, also **typische speditionelle Nebenleistungen,** die den MT-Vertrag zu einem ganzen „Dienstleistungspaket" werden lassen.[21] Nicht selten übernimmt der multimodale Frachtführer sogar branchenfremde Zusatzdienste, wie die **Montage von Halbfertigprodukten zu Systemteilen** in spediteureigenen Montagehallen.

Die Vorschrift gibt keine Antwort auf die Frage des anwendbaren Rechts, wenn der Schaden **19** nachweislich nicht während der eigentlichen Beförderung, sondern anlässlich beförderungsnaher Leistungsphasen, etwa einer verkehrsbedingten Zwischenlagerung oder eines Warenumschlags, verursacht wurde. Hierbei ist festzuhalten, dass der Frachtführer, der eine Gesamtleistung anbietet, die auf Ortsverbringung des in seine Obhut genommenen Guts gerichtet ist, auch für die dem Obhutszeitraum zugehörigen, nur beförderungsnahen Leistungsphasen einzustehen hat.[22]

Maßgebliches Anknüpfungskriterium ist dabei der hypothetisch geschlossene Einzelvertrag. Erfasst **20** ein Einzelvertrag nach seinem Inhalt auch beförderungsnahe Nebenleistungen, so ist diese Leistungsphase ohne weiteres der jeweiligen dem Einzelvertrag unterliegenden Teilstrecke zuzuordnen mit der Folge, dass sich die Frage eigenständiger Haftungsanknüpfung nicht stellt. Sie stellt sich nur dann, wenn die Nebenleistung nach dem hypothetischen Parteiwillen Gegenstand eines selbstständigen Vertrages sein sollte, der nicht mehr der eigentlichen „Beförderung" zugerechnet werden kann. Ob und wann dies der Fall ist, kann auf Grund der Vielgestaltigkeit des Dienstleistungssektors nicht einheitlich beantwortet werden. Der Gesetzgeber hat es bewusst der Rspr. überlassen, ob in solchen Fällen in analoger Anwendung das Teilstreckenrecht des Schadensortes oder die Regelhaftung gelten soll (s. Fn. 19). Für den Seetransport hat der BGH entschieden, dass der Warenumschlag keine eigene Teilstrecke darstellt, sondern Teil der Seestrecke bleibt.[23]

§ 452b Schadensanzeige. Verjährung

(1) [1]§ 438 ist unabhängig davon anzuwenden, ob der Schadensort unbekannt ist, bekannt ist oder später bekannt wird. [2]Die für die Schadensanzeige vorgeschriebene Form und Frist ist auch gewahrt, wenn die Vorschriften eingehalten werden, die auf einen Vertrag über eine Beförderung auf der letzten Teilstrecke anzuwenden wären.

(2) [1]Für den Beginn der Verjährung des Anspruchs wegen Verlust, Beschädigung oder Überschreitung der Lieferfrist ist, wenn auf den Ablieferungszeitpunkt abzustellen ist, der Zeitpunkt der Ablieferung an den Empfänger maßgebend. [2]Der Anspruch verjährt auch bei bekanntem Schadensort frühestens nach Maßgabe des § 439.

Schrifttum: *Ebenroth/Fischer/Sorek,* Haftungsprobleme im internationalen Gütertransport, VersR 1988, 757; *Eilenberger,* Haftung beim kombinierten Verkehr, TranspR 1986, 12; *Herber,* Haftung beim unbekannten Schadensort im multimodalen Verkehr, VersR 1989, 769; *Herber,* Die Vorschläge des Kommissionsentwurfs für den multimodalen Transport, TranspR 1957, 58; *Müller-Feldhammer,* Die Haftung des Unternehmers beim multimodalen Transport für Güterschäden und Güterverluste aus dem Beförderungsvertrag, 1996, 45; *Ramming,* Probleme der Rechtsanwendung im neuen Recht der multimodalen Beförderung, TranspR 1999, 325.

I. Einleitung

Die Vorschrift enthält für den multimodalen Vertrag eine **Sonderregelung** im Hinblick auf die **1** allgemeinen frachtrechtlichen Vorschriften des 1. Unterabschnitts für die Problematik der Schadensanzeige (§ 438) und der Verjährung (§ 439). Abs. 1 S. 1 findet auch dann Anwendung, wenn bei einem Multimodaltransport der Schadensort bekannt ist.

---

[21] Vgl. etwa *Müller-Feldhammer,* Die Haftung des Unternehmers beim multimodalen Transport für Güterschäden und Güterverluste aus dem Beförderungsvertrag, 1996, 14; MüKoHGB/*Bydlinski* MMT Rn. 1.

[22] BR–Drs. 368/97, 100.

[23] BGH Urt. v. 3.11.2005 – I ZR 325/02, TranspR 2006, 35 (36); Urt. v. 18.6.2009 – I ZR 140/06, TranspR 2009, 327. Vgl. auch → § 452 Rn. 20.

2   Gerade im Zusammenhang mit einer multimodalen Beförderung, bei der durch Verknüpfung mehrerer Teilstreckenrechte und Verwendung zweier verschiedenartiger Beförderungsmittel zu einem einheitlichen Frachtvertrag ein besonderes Bedürfnis nach Regelungsklarheit und Rechtssicherheit für den Gesamttransport besteht, ist es dringend notwendig, eine einfache und für beide Parteien angemessene und transparente Lösung zu finden.

3   Es besteht nämlich ein der multimodalen Beförderung „immanentes" Risiko, dass die Parteien zunächst von der Anwendbarkeit eines bestimmten Regelungsregimes ausgehen, sich im Nachhinein jedoch ergibt, dass die Rechtslage in Abweichung zur ersten Einschätzung beurteilt werden muss. Insoweit könnte argumentiert werden, es sei in der Praxis nichts Ungewöhnliches, dass der Anspruchsteller die Rechtslage nach einer nicht einschlägigen Rechtsordnung beurteilt und es dem allgemeinen Prozessrisiko zuzurechnen sei, dass er auf Grund dieser Fehleinschätzung einen Rechtsverlust erleidet. Es ist jedoch gerade bei einer multimodalen Beförderung besonders häufig zu erwarten, dass der Schadensort zunächst unbekannt ist (mit der Rechtsfolge des § 452) und erst im Laufe des Prozesses bekannt wird (mit der Rechtsfolge des § 452a). Demzufolge kann plötzlich ein Teilstreckenrecht einschlägig werden, nach dem andere Anforderungen an eine Schadensanzeige zu stellen sind oder Ansprüche bereits verjährt sind. Daher besteht bei der multimodalen Beförderung ein gegenüber üblichen Prozessen wesentlich **erhöhtes Prozessrisiko,** mit dem der Anspruchsteller nicht einseitig belastet werden darf. § 452b hilft dem insoweit ab, als dass er für bestimmte Bereiche überschaubare Regelungen und daher vorhersehbare Anforderungen enthält. Allerdings beseitigt § 452b nicht das Risiko, sich im Prozess möglicherweise doch auf ein anderes anwendbares Recht einstellen zu müssen.

II. Schadensanzeige (Abs. 1)

4   Die Voraussetzungen einer Schadensanzeige sind gegenüber dem allgemeinen Frachtrecht des 1. Unterabschnitts insoweit erweitert worden, als die Vorschrift dem Anspruchsteller eine **Wahlmöglichkeit** zwischen zwei verschiedenen Regelungsregimen einräumt.[1] Dabei müssen entweder sämtliche Voraussetzungen einer Schadensanzeige nach Abs. 1 S. 1 eingehalten werden oder sämtliche nach Abs. 1 S. 2.

5   **1. Schadensanzeige nach allgemeinem Frachtrecht.** Abs. 1 S. 1 bestimmt, dass der Anspruchsteller bei multimodaler Beförderung seiner Obliegenheit zur Schadensanzeige jedenfalls dann genügt, wenn er die in § 438 enthaltenen Voraussetzungen eingehalten hat. Dies bedeutet, dass der Anspruchsteller mit einer Schadensanzeige, die mit den **Voraussetzungen des § 438** in Einklang steht, in jedem Falle „auf der sicheren Seite" steht. Zur Form der Schadensanzeige gehören neben den Angaben zur Schadenskennzeichnung (§ 438 Abs. 1 S. 2) die Bestimmung des Adressaten sowie etwaige fristwahrende Maßnahmen (§ 438 Abs. 4 S. 3). Dabei spielt es keine Rolle, ob der Ort der Schadensentstehung von Anfang an bekannt war, bekannt wird oder unbekannt geblieben ist. Für alle Fälle des bekannten und unbekannten Schadensortes kann der Anspruchsteller die Schadensanzeige gem. den in § 438 aufgestellten Voraussetzungen abgeben.

6   **2. Schadensanzeige nach dem letzten Teilstreckenrecht.** Nach Abs. 1 S. 2 genügt der Anspruchsteller seiner Obliegenheit zur Schadensanzeige auch, wenn er die Voraussetzungen einhält, die das Recht der letzten Teilstrecke aufstellt. Diese Bestimmung trägt vor allem dem Umstand Rechnung, dass der Empfänger bei einer multimodalen Beförderung oftmals nur Kenntnis von dem Einsatz des letzten der nacheinander eingesetzten Transportmittel hat. Dadurch wird dieser in die Lage versetzt, das auf den letzten Transportabschnitt hypothetisch anzuwendende Transportrechtsregime zu ermitteln und gem. den insoweit anzuwendenden Bestimmungen den Schaden gegenüber dem Frachtführer form- und fristgerecht anzumelden.

III. Verjährung (Abs. 2)

7   Abs. 2 enthält eine **Sonderregelung** für die Verjährung von Ersatzansprüchen bei einer multimodalen Beförderung. Dabei wird an dem Regelungsgefüge der §§ 452 und 452a im Grundsatz festgehalten. Dies bedeutet, dass hinsichtlich der Verjährung von Ersatzansprüchen wegen Güterschäden oder Überschreitung der Lieferfrist innerhalb des maßgeblichen Obhutszeitraums zwischen der Situation der bekannten und unbekannten Schadensentstehung zu unterscheiden ist.

8   Im Umkehrschluss zu den Bestimmungen aus Abs. 2 ergibt sich, dass bei bekanntem Schadensort für den Beginn der Verjährung gegenüber dem multimodalen Frachtführer die Bestimmungen des Rechts der Teilstrecke gelten, wenn es danach nicht auf den Zeitpunkt der Ablieferung ankommt.[2] Auch gilt eine längere Verjährungsfrist der Teilstrecke auch für den multimodalen Frachtführer.

9   Der Begriff der Verjährung ist weit auszulegen.[3] Abs. 2 ist auf die Fälle **analog** anzuwenden, bei denen das Teilstreckenrecht keine Verjährungsregelung, sondern eine **Ausschluss- oder Erlöschens-**

---

[1] MüKoHGB/*Herber* Rn. 4.
[2] *Koller* Rn. 8; Heymann/*Schlüter* Rn. 4.
[3] MüKoHGB/*Herber* Rn. 15.

regelung enthält, die von der Funktion her an die Stelle der Verjährungsregelung tritt.[4] Dies gilt zB für den Bereich des Seerechts (§ 605), bei dem nach allg. Ansicht die §§ 203–218 BGB entsprechend anzuwenden sind, sowie für die Ausschlussfrist nach Art. 29 WA und Art. 35 MÜ.

1. Unbekannter Schadensort. Ist der Schadensort nicht bekannt iSd §§ 452, 452a, so bestimmt **10** sich die Verjährung nach den allgemeinen frachtrechtlichen Vorschriften des 1. Unterabschnitts, also insbesondere nach § 439. Lediglich wegen des Verjährungsbeginns wird gegenüber § 439 Abs. 2 ausdrücklich klargestellt, dass insoweit auf die Ablieferung an den **Endempfänger** abzustellen ist.[5] Diese Klarstellung wird relevant bei sog. **Frachtführerketten** (§ 437), bei denen nach jedem Transportabschnitt das Gut an den jeweils nächsten Frachtführer zum Zwecke der Weiterbeförderung übergeben wird. Rechtlich gesehen nimmt der nachfolgende Frachtführer im Verhältnis zum jeweils vorhergehenden nämlich auch die Position eines Empfängers ein.

2. Bekannter Schadensort. Ist der Ort der Schadensentstehung bekannt iSd §§ 452, 452a, sind **11** hinsichtlich der Verjährung grundsätzlich die Bestimmungen des anzuwendenden Sonderfrachtrechts maßgeblich.[6] Der Verjährungsbeginn knüpft gemäß Abs. 2 S. 1 nicht an die Beendigung der Teilstrecke, sondern an den Zeitpunkt der Ablieferung beim Empfänger an.[7] Ist das einschlägige Teilstreckenrecht die CMR, so beginnt die Verjährung nicht mit dem Ende der Beförderungsphase auf der Teilstrecke, sondern erst mit der Letztablieferung beim Empfänger im Fall des Art. 32 Abs. 1 S. 3 lit. a CMR.[8] Abs. 2 S. 1 kommt dann nicht zum Tragen, wenn der Beginn Verjährung an den Ablauf der vereinbarten Lieferfrist oder die Übernahme des Gutes (zB Art. 32 Abs. 1 S. 3 lit. b CMR) oder an die Ankunft des Gutes auf dem Flughafen (Art. 35 MÜ) angeknüpft wird.[9]

Abs. 2 S. 2 enthält jedoch eine Mindestverjährung für den Fall, dass die Verjährung nach diesen **12** Bestimmungen gegenüber der Verjährungsregelung des § 439 kürzer ist. Dies bedeutet, dass sich der Anspruchsteller auch bei der Situation des bekannten Schadensortes unter Anwendung eines gegenüber dem allgemeinen Frachtrecht des 1. Unterabschnitts abweichenden Regelungsregimes darauf verlassen darf, dass eine Verjährung der Ersatzansprüche nicht vor Ablauf der Verjährungsfrist des § 439 eintritt. Auf diese Weise wurde eine für beide Parteien verlässliche Basisregelung geschaffen, die unabhängig von der Frage eingreift, ob und wann der Schadensort bekannt wird.[10]

IV. Kollisionsrecht

Es fragt sich, ob vor allem bei der Situation des bekannten Schadensortes, bei der gem. §§ 452, 452a **13** vorrangig die zwingenden Bestimmungen des jeweils einschlägigen unimodalen Frachtrecht-Übereinkommens anzuwenden sind, nicht gegen die von Deutschland ratifizierten **völkerrechtlichen Abkommen** verstoßen wird. Die Frage stellt sich vor allem deshalb, weil die transportrechtlichen Abkommen innerhalb ihres Anwendungsbereiches regelmäßig zwingend ausgestaltet sind.

Alle für Deutschland verbindlichen Transportabkommen regeln jedoch ausschließlich Haftungs- **14** fragen im Zusammenhang mit einer **unimodalen Beförderung**.[11] Lediglich hinsichtlich ganz bestimmter **Einzelfragen** werden Randbereiche des multimodalen Transports tangiert.[12] Aus einer Gesamtschau dieser Einzelbestimmungen ist nicht zu entnehmen, dass eine Vorentscheidung für den gesamten Regelungsbereich einer multimodalen Beförderung getroffen werden sollte. Dies bedeutet, dass die unimodalen Übereinkommen der Einführung einer „Einheitslösung" durch den nationalen Gesetzgeber nicht entgegenstehen.[13]

§ 452c Umzugsvertrag über eine Beförderung mit verschiedenartigen Beförderungsmitteln

[1] **Hat der Frachtvertrag die Beförderung von Umzugsgut mit verschiedenartigen Beförderungsmitteln zum Gegenstand, so sind auf den Vertrag die Vorschriften des Zweiten Unterabschnitts anzuwenden.** [2] **§ 452a ist nur anzuwenden, soweit für die Teilstrecke, auf der**

---

[4] BR-Drs. 368/97, 102; *Müglich* TranspR Rn. 3.

[5] MüKoHGB/*Herber* Rn. 10.

[6] *Koller* Rn. 3.

[7] *Ramming* TranspR 1999, 325 (343).

[8] *Koller* Rn. 3; BeckOK HGB/*Rogert* Rn. 4.

[9] *Koller* TranspR 2001, 69 (71); MüKoHGB/*Herber* Rn. 12; *Müller-Rostin* TranspR 2008, 241 (242); Ramming HdB Multimodaler Transport Rn. 1026.

[10] Bericht SV-Kommission S. 149.

[11] MüKoHGB/*Herber* Rn. 8.

[12] Etwa Art. 2 Abs. 1 CMR, Art. 18 Abs. 3 und Art. 31 WA, Art. 38 CIM 1999, Art. 4 Abs. 2 „Haager Regeln" und Art. 5 Abs. 1 „Hamburg-Regeln".

[13] *Müller-Feldhammer*, Die Haftung des Unternehmers beim multimodalen Transport für Güterschäden und Güterverluste aus dem Beförderungsvertrag, 1996, 45 ff.

der Schaden eingetreten ist, Bestimmungen eines für die Bundesrepublik Deutschland verbindlichen internationalen Übereinkommens gelten.

Schrifttum: S. § 452.

I. Einleitung

1   Die Vorschrift betrifft die Beförderung von **Umzugsgut mit verschiedenartigen Beförderungsmitteln** und bestimmt die hierauf anzuwendenden Normen. In Abweichung zu dem in § 452a enthaltenen Grundsatz, wonach auf eine multimodale Beförderung in erster Linie die allgemeinen frachtrechtlichen Vorschriften des 1. Unterabschnitts zur Anwendung gelangen sollen, werden auf einen multimodalen Umzugvertrag grundsätzlich die **Vorschriften des 2. Unterabschnitts** für anwendbar erklärt. Lediglich über die dort enthaltene Verweisungsnorm des § 451 finden die allgemeinen frachtrechtlichen Vorschriften ergänzend Anwendung.

2   Eine gegenüber § 452 abweichende Regelung hinsichtlich der anzuwendenden Normen erklärt sich vor dem Hintergrund des **Verbraucherschutzes** sowie daraus, dass die im 2. Unterabschnitt enthaltene Pflichtenverteilung auch für eine multimodale Umzugsbeförderung sachlich gerechtfertigt ist.[1]

II. Anwendungsvoraussetzungen

3   Der Frachtvertrag muss die Beförderung von Umzugsgut mit verschiedenartigen Beförderungsmitteln zum Gegenstand haben. Dies bedeutet, dass die in § 452 genannten **Merkmale einer multimodalen Beförderung,** nämlich (1) Einheitlichkeit des Beförderungsvertrages, (2) Verschiedenartigkeit der Beförderungsmittel, sowie (3) Auseinanderfallen der hypothetisch anzuwendenden Regelungsregime auf die jeweiligen Teilstrecken vorliegen müssen. Zu den einzelnen Voraussetzungen einer multimodalen Beförderung → § 452 Rn. 14 ff.

4   Zusätzlich muss der Frachtvertrag die Beförderung von **Umzugsgut** zum Gegenstand haben.

5   Handelt es sich **nicht** um eine multimodale Beförderung, weil etwa die hypothetisch anzuwendenden Regelungsregime für die jeweiligen Teilstrecken nicht auseinander fallen, so sind auf diesen Vertrag unmittelbar die besonderen Regeln des 2. Unterabschnitts anwendbar.

6   **Beispiel:** Die Möbel des Umzugskunden werden auf Grund einheitlichen Vertrags zuerst mit der Eisenbahn von Berlin nach München befördert und anschließend mit dem Lkw weiter nach Regensburg und dort in der neuen Wohnung aufgebaut. Obwohl zwei verschiedenartige Beförderungsmittel verwendet worden sind, finden die Normen des 2. Unterabschnitts direkte Anwendung, da es sich nicht um eine multimodale Beförderung gem. den Merkmalen des § 452 handelt. Denn auf die hypothetisch geschlossenen Einzelverträge je Teilstrecke finden nämlich die gleichen Regelungsregime Anwendung. Auf diesen Vertrag sind einheitlich die Regelungen der §§ 451 ff. direkt anzuwenden.

III. Rechtsfolge

7   Sind die Voraussetzungen einer multimodalen Beförderung gem. der Definition des § 452 erfüllt und hat der Frachtvertrag die Beförderung von Umzugsgut zum Gegenstand, so bestimmt S. 1 die **Anwendung der Normen des 2. Unterabschnitts** (§§ 451–451h).

IV. Vorrang internationaler Übereinkommen

8   S. 2 bestimmt eine **Ausnahme** von der einheitlichen Anwendbarkeit der Normen des 2. Unterabschnitts: Hat sich der geltend gemachte Schaden nachweislich auf einer Teilstrecke ereignet, der durch die Haftungsbestimmungen eines anzuwendenden **internationalen Übereinkommens** geregelt wird, so sind diese insoweit anzuwenden, als dort Regelungen für den Umzugvertrag bereitstehen.

9   Nach den derzeit für Deutschland verbindlichen internationalen Übereinkommen ist eine Kollision mit diesen Übereinkommen nur denkbar bei Einschluss einer grenzüberschreitenden **See-, Luft- oder Eisenbahnstrecke,** da die Haager-Regeln, das WA in seiner jeweils geltenden Fassung, das MÜ oder die CIM 1999 auch Umzugsgut in ihren sachlichen Anwendungsbereich aufnehmen. Bei einer internationalen Straßenbeförderung unter Geltung der CMR ist die Beförderung von Umzugsgut dagegen explizit aus dem sachlichen Anwendungsbereich ausgenommen (vgl. Art. 1 Abs. 4c), sodass die Normen des 2. Unterabschnitts anwendbar bleiben.

§ 452d Abweichende Vereinbarungen

(1) ¹**Von der Regelung des § 452b Abs. 2 Satz 1 kann nur durch Vereinbarung abgewichen werden, die im einzelnen ausgehandelt ist, auch wenn diese für eine Mehrzahl von gleich-**

---

[1] BT-Drs. 13/8445, 103.

artigen Verträgen zwischen denselben Vertragsparteien getroffen ist. [2] Von den übrigen Regelungen dieses Unterabschnitts kann nur insoweit durch vertragliche Vereinbarung abgewichen werden, als die darin in Bezug genommenen Vorschriften abweichende Vereinbarungen zulassen.

(2) Abweichend von Absatz 1 kann jedoch auch durch vorformulierte Vertragsbedingungen vereinbart werden, daß sich die Haftung bei bekanntem Schadensort (§ 452a)

1. unabhängig davon, auf welcher Teilstrecke der Schaden eintreten wird, oder
2. für den Fall des Schadenseintritts auf einer in der Vereinbarung genannten Teilstrecke nach den Vorschriften des Ersten Unterabschnitts bestimmt.

(3) Vereinbarungen, die die Anwendung der für eine Teilstrecke zwingend geltenden Bestimmungen eines für die Bundesrepublik Deutschland verbindlichen internationalen Übereinkommens ausschließen, sind unwirksam.

Schrifttum: *Basedow,* Die Tragweite des zwingenden Rechts im neuen deutschen Gütertransportrecht, TranspR 1998, 58; *Bydlinski,* Multimodaltransport, bekannter Schadensort und § 452d Abs. 3 HGB, TranspR 2009, 389; *Rabe,* Die Probleme bei einer multimodalen Beförderung unter Einschluß einer Seestrecke – sind Lösungen in Sicht?, TranspR 2000, 189; *Rabe,* Seehandelsrecht, 4. Aufl. 2000; *Rabe/Bahnsen,* Seehandelsrecht, 5. Aufl. 2018.

Parallelvorschriften: §§ 449, 466.

I. Einleitung

Die Vorschrift regelt die **Grenzen der Privatautonomie** bei multimodalen Beförderungen. Dabei wurde im Wesentlichen das für das allgemeine Frachtrecht entwickelte Konzept des § 449 beibehalten und auf den Transport mit verschiedenartigen Beförderungsmitteln erstreckt. Durch diese Regelung wird ein grundsätzlicher Gleichklang hinsichtlich der Schranken vertraglicher Gestaltungsmöglichkeiten erzielt. **1**

II. Grenzen vertraglicher Gestaltungsmöglichkeiten

1. Grundsatz. Die bei der unimodalen Beförderung geltenden Bestimmungen hinsichtlich der **2** Zulässigkeit abweichender Parteivereinbarungen gelten im Grundsatz auch bei einer multimodalen Beförderung. Von den Vorschriften über die multimodale Beförderung kann nur insoweit abgewichen werden, als die durch sie in Bezug genommenen Regelungen abweichende Vereinbarungen zulassen. Unerheblich ist, ob eine Regelung unmittelbar anzuwenden ist oder nur mittelbar über die Normen des Dritten Unterabschnitts.

Soweit allgemeine frachtrechtliche Bestimmungen des 1. Unterabschnitts in Bezug genommen **3** werden, bestimmt sich die Zulässigkeit abweichender Parteivereinbarungen nach **Maßgabe des § 449** und nicht nach § 452d. Werden hingegen, wie im Falle der multimodalen Umzugsbeförderung gem. § 452c die **umzugsrechtlichen Normen des 2. Unterabschnitts** für anwendbar erklärt, bestimmt sich die Zulässigkeit der Privatautonomie nach **§ 451h.**

2. Abs. 1 S. 1. Die Regelung bestimmt, dass von § 452b Abs. 2 nur durch Individualvereinbarung **4** abgewichen werden kann. Dabei kann die im Einzelnen ausgehandelte Bestimmung durchaus zur Grundlage von Rahmenvereinbarungen gemacht werden. Die Zulässigkeit individuell ausgehandelter Rahmenvereinbarungen ist für den Bereich der Logistikverträge unverzichtbar.

a) Anforderungen an Individualvereinbarungen. Eine Abweichung von den betroffenen Bestimmungen des Normenkatalogs ist nur möglich, wenn der die gesetzliche Vorschrift ersetzende Regelungsinhalt von beiden Parteien „im Einzelnen ausgehandelt" wurde. Es bedarf also einer Individualvereinbarung. Dabei spielt es keine Rolle, wenn der ausgehandelte Regelungsinhalt „für eine Mehrzahl von gleichartigen Verträgen zwischen denselben Vertragsparteien" bestimmt ist. Nach dem Gesetzeswortlaut ist ausschließlich das konkrete Zustandekommen der Vereinbarung entscheidend. Auf die äußere Gestaltung des Vertragswerkes kommt es nicht an. **5**

Da durch das Aushandeln der anderen Partei die Möglichkeit gegeben werden muss, auf den **6** Regelungsinhalt Einfluss zu nehmen, haben dessen Voraussetzungen zum Zeitpunkt des Vertragsabschlusses vorzuliegen.[1] Ein Aushandeln verlangt ein „Mehr" gegenüber dem Verhandeln. Der Verwender muss den Inhalt der Vereinbarung **ernsthaft** zur Disposition stellen. Dies ist nur dann der Fall, wenn beide Parteien in eine Einzelerörterung der Regelung und ihrer denkbaren Alternativen eingetreten sind.[2] Einigen sich beide Parteien schließlich auf den vom Verwender gestellten Regelungsinhalt, so hindert dies die Annahme einer Individualabrede nicht, solange und soweit der übernommene Regelungsinhalt von beiden Seiten in ihren rechtsgeschäftlichen Gestaltungswillen aufgenommen wird.[3] Wird der Regelungsinhalt der anderen Partei lediglich erläutert und erklärt diese sich sodann

---

[1] UBH/*Schmidt* BGB § 305 Rn. 46.
[2] OLG München Urt. v. 2.4.1982 – 23 U 4208/81, DB 1982, 1003 (1004).
[3] BGH Urt. v. 27.3.1991 – IV ZR 90/90, NJW 1991, 1678 (1679); UBH/*Schmidt* BGB § 305 Rn. 48.

damit einverstanden, ist den Anforderungen an ein Aushandeln im Einzelnen nicht Genüge getan.[4] Ungenügend ist auch die von der anderen Partei unterschriebene vorformulierte Erklärung des Inhalts, die Abänderungen seien mit der anderen Partei im Einzelnen ausgehandelt worden und entsprächen ihren Wünschen.[5]

7   **b) Beweislast.** Den Nachweis des Individualcharakters von Vereinbarungen hat nach allgemeinen Beweislastgrundsätzen derjenige zu führen, der eine abweichende Vereinbarung im Rechtsstreit inhaltlich für sich in Anspruch nimmt.[6] Er hat die Zulässigkeit und damit die Voraussetzungen des **„Aushandelns"** als tatbestandliche Voraussetzung zu beweisen. Die handschriftliche oder maschinenschriftliche Abänderung einer bereits vorformulierten Vereinbarung kann ein Indiz dafür sein, dass der Regelungsinhalt der anderen Partei ernsthaft zur Disposition gestellt wurde.

8   **3. Abs. 1 S. 2.** Diese Regelung ordnet an, dass sich die Abdingbarkeit der in diesem Unterabschnitt enthaltenen Bestimmungen jeweils nach derjenigen Vorschrift richtet, auf die diese Bestimmungen Bezug nehmen. Die zwingende Geltung einer Rechtsvorschrift ist unabhängig davon, ob sie **unmittelbar** oder in Fällen multimodaler Beförderung über die Verweisungen des dritten Unterabschnitts anwendbar sind.[7]

9   Im Ergebnis führt diese Regelung dazu, dass die zum **allgemeinen Frachtrecht** entwickelten Grundsätze, wie sie in § 449 niedergelegt sind, auch auf eine **multimodale** Beförderung ausstrahlen. Sowohl bei der Situation des unbekannten Schadensorts, in der gem. § 452 die „Einheitslösung" auf der Grundlage allgemeinen Frachtrechts eingreift, als auch in Fällen des unbekannten Schadensorts, in denen sich nach § 452b jedenfalls Schadensanzeige und Verjährung nach den Vorschriften der §§ 438, 439 richten, ist auf das allgemeine Frachtrecht zurückzugreifen. In diesen Fällen bestimmt sich – jeweils soweit die allgemeine frachtrechtliche Bestimmung anzuwenden ist – auch die Zulässigkeit von Parteiabreden nach den in § 449 niedergelegten allgemeinen Grundsätzen.

10   Gleiches gilt für das **Umzugsrecht** hinsichtlich der insoweit bestehenden Sonderbestimmungen des § 451h.[8] Da § 452c für den „multimodalen Umzugsvertrag" auf die Vorschriften des 2. Unterabschnitts, somit auch auf § 451h verweist, setzt sich hier ebenfalls das für den unimodalen Umzugsvertrag entwickelte Modell zugleich in Fällen multimodaler Beförderung durch.

11   **4. Abs. 2.** Abs. 2 beschreibt, welche gesetzlichen Bestimmungen auch durch **AGB** abgeändert werden können. Damit soll dem dringenden Bedürfnis der Praxis, das sich in heute verbreiteten Vertragsformularen und Standardbedingungen (zB den UNCTAD/ICC-Regeln für multimodale Transportdokumente oder des FBL) manifestiert, Rechnung getragen werden. Dabei wird klargestellt, dass **nur** bei der Situation des **bekannten Schadensortes** (§ 452a) eine Öffnung für formularmäßige Vereinbarungen erfolgt. Denn die Abdingbarkeit der bei **unbekanntem Schadensort** anzuwendenden Vorschriften – auch soweit es um vorformulierte Vertragsbedingungen geht – beantwortet sich nach §§ 452d Abs. 1 S. 2, 452 iVm § 449.[9]

12   **Inhaltlich** müssen AGB allgemeines Frachtrecht in Bezug nehmen. Zugelassen sind also nur solche vorformulierten Vertragsbedingungen, die unter Durchbrechung des „network-Systems" eine Einheitshaftung auf der Grundlage des allgemeinen Frachtrechts vorsehen (Nr. 1) oder nach denen jedenfalls einzelne Teilstreckenrechte für den Fall des Schadenseintritts auf dieser Strecke durch das allgemeine Frachtrecht ersetzt werden sollen (Nr. 2).

13   Auf diese Weise soll sichergestellt werden, dass die Verwendung von AGB nicht zur Folge hat, dass entweder eine gänzlich **unübersichtliche Rechtslage** entsteht oder dass Ergebnisse herbeigeführt werden, die mit den Wertungen des 1. Unterabschnitts nicht im Einklang stehen. Es wird vielmehr gewährleistet, dass umgekehrt der Anwendungsbereich des allgemeinen Frachtrechts über die Regelung Nr. 1 erweitert wird, sodass die Parteien bei der Verwendung vorformulierter Vertragsbedingungen einen eigenen Beitrag zur Rechtsvereinheitlichung leisten.

14   Die in Nr. 2 zugelassene Ersetzung des schadensträchtigen Teilstreckenrechts durch das allgemeine Frachtrecht soll es den Parteien ermöglichen, im Interesse größerer Rechtssicherheit auf den Rückgriff auf unimodale Frachtrechtsordnungen vollständig zu verzichten. Dieses Vereinbarungsmodell gewinnt

---

[4] Vgl. etwa BGH Urt. v. 25.6.1992 – VII ZR 128/91, NJW 1992, 2759 (2760); BGH Urt. v. 30.9.1987 – IV a ZR 6/86, NJW 1988, 410; BGH Urt. v. 15.12.1976 – IV ZR 197/75, NJW 1977, 624 (625); OLG Karlsruhe Urt. v. 11.4.1985 – 9 U 261/83, BB 1986, 1118; OLG Stuttgart Urt. v. 26.6.1986 – 2 W 21/86, WM 1987, 114; MüKoBGB/*Basedow* BGB § 305 Rn. 38; UBH/*Schmidt* BGB § 305 Rn. 48; Staudinger/*Schlosser*, 2013, BGB § 305 Rn. 47.

[5] BGH Urt. v. 18.11.1982 – VII ZR 305/81, NJW 1983, 385; BGH Urt. v. 15.12.1976 – IV ZR 197/75, NJW 1977, 624 (625); LG Frankfurt a. M. Urt. v. 2.4.1984 – 2/24 S 326/83, NJW 1984, 2419 (2420); AG Düsseldorf Urt. v. 26.9.1985 – 47 C 86/85, WM 1986, 463 (464); Staudinger/*Schlosser*, 2013, BGB § 305 Rn. 47.

[6] BGH Urt. v. 29.1.1982 – V ZR 82/81, NJW 1982, 1035; BGH Urt. v. 15.12.1976 – IV ZR 197/75, NJW 1977, 624 (625); Staudinger/*Schlosser*, 2013, BGB § 305 Rn. 52; UBH/*Schmidt* BGB § 305 Rn. 48; Palandt/*Grüneberg* BGB § 305 Rn. 24.

[7] BR-Drs. 368/97, 103.

[8] BR-Drs. 368/97, 103.

[9] MüKoHGB/*Herber* Rn. 14.

insbesondere dann Bedeutung, wenn die Parteien die mit einer durchgängigen Anwendung des „**network-Systems**" bei internationalen Sachverhalten verbundenen Anwendungsschwierigkeiten hinsichtlich ausländischer Teilstreckenrechte erkannt haben und diese vermeiden möchten.

5. Umzugstransport. Umzugstransporte sind in diesen Regelungen nicht angesprochen. Im Um- **15** zugsrecht gilt ohnehin stets einheitlich das für **unimodale Beförderungen** anzuwendende Recht, sodass eine Bestimmung, welche auf eine weitergehende Anwendung der allgemeinen Vorschriften gerichtet ist, nicht notwendig ist.

6. Seebeförderungen. Sonderregeln für den Bereich von Güterbeförderungen mittels Seeschiffen **16** sind nicht aufgenommen worden. Von der Sachverständigenkommission war vorgeschlagen worden, dass über die Regelung des Abs. 2 hinaus bei Seebeförderungen ein Rückgriff auf die mit 2 SZR deutlich niedrigere Haftungssumme möglich sein sollte.[10] Einer derartigen Sonderregelung bedarf es nicht mehr, weil ohnehin nach § 449 Abs. 2 auch durch vorformulierte Vertragsbedingungen eine von der Basishaftung abweichende Haftungssumme innerhalb des Haftungskorridors von 2–40 SZR vereinbart werden kann.[11]

7. FIATA–FBL. Die Haftungsbedingungen des FBL, welche gem. Ziff. 6.6 und 7.2 bei multimoda- **17** len Beförderungen unter Einschluss einer Seestrecke durchweg die Anwendung der „Haager Regeln" vorsehen, sind wegen der Festlegung des Haftungskorridors nach § 449 Abs. 2 mit deutschem Recht vereinbar.[12] Dagegen verstößt Ziff. 6.6 gegen § 452a, § 428 im Fall einer Binnenschifffahrtsteilstrecke, sofern für diese deutsches Recht maßgeblich ist.[13]

III. Grenzen der Rechtswahl (Abs. 3)

Abs. 3 schränkt die durch Abs. 2 eingeräumten Vertragsfreiheiten ein. Soweit für den Frachtführer **18** der Teilstrecke, auf welcher der Schaden eintrat, sich die Haftung aufgrund eines für Deutschland verbindlichen **internationalen Übereinkommens** richtet, kann hiervon nicht durch Parteivereinbarung abgewichen werden.[14] Die Vorschrift statuiert insoweit ausdrücklich einen **Anwendungsvorrang** dieser internationalen Übereinkommen gegenüber Parteivereinbarungen, die in den vorstehenden Bestimmungen zugelassen sind. Der Ausschluss der Vertragsfreiheit dient der Wahrung **völkerrechtlicher Verpflichtungen** sowie dem Interesse größtmöglicher Anwendungsklarheit.[15] Daraus folgt, dass nur die für Deutschland in Kraft getretene und auf den jeweiligen Sachverhalt verbindlich anwendbare Übereinkommen die nach Abs. 2 eingeräumte Vertragsfreiheit beschränken. Vom Wortlaut her ist es nicht geboten, lediglich von der Bundesrepublik Deutschland gezeichnete, aber noch nicht ratifizierte Übereinkommen vom Anwendungsbereich des Abs. 3 zu erfassen.[16]

IV. Haftungsgrenzen in speziellen AGB-Regelwerken

Die ADSp 2003 sehen in Ziff. 23.1.3 ADSp 2003 eine Haftungsbegrenzung bei einem Verkehrs- **19** vertrag über eine Beförderung mit verschiedenartigen Beförderungsmitteln unter Einschluss der Seestrecke auf 2 SZR/kg vor.

Auch die **FBL 1992-Standard Conditions** begrenzen die Haftung bei multimodalen Transporten **20** in Ziff. 8.5 und zwar auf 8,33 SZR/Kg.[17]

---

[10] Bericht SV-Kommission S. 152, 153.
[11] Rabe/Bahnsen/*Rabe* Anh. § 656 Rn. 23.
[12] MüKoHGB/*Herber* Rn. 67.
[13] MüKoHGB/*Herber* Rn. 67.
[14] Baumbach/Hopt/*Merkt* Rn. 1; Oetker/*Paschke* Rn. 6.
[15] Ramming HdB Multimodaler Transport Rn. 748, hält die Vorschrift für missglückt und ohne jeden Sinn. Ebenso krit. *Bydlinski* TranspR 2009, 389 ff.
[16] MüKoHGB/*Herber* Rn. 36.
[17] Vgl. dazu *Müglich* TranspR Rn. 12–19.

Fünfter Abschnitt. Speditionsgeschäft

§ 453 Speditionsvertrag

(1) **Durch den Speditionsvertrag wird der Spediteur verpflichtet, die Versendung des Gutes zu besorgen.**

(2) **Der Versender wird verpflichtet, die vereinbarte Vergütung zu zahlen.**

(3) [1]**Die Vorschriften dieses Abschnitts gelten nur, wenn die Besorgung der Versendung zum Betrieb eines gewerblichen Unternehmens gehört.** [2]**Erfordert das Unternehmen nach Art oder Umfang einen in kaufmännischer Weise eingerichteten Geschäftsbetrieb nicht und ist die Firma des Unternehmens auch nicht nach § 2 in das Handelsregister eingetragen, so sind in Ansehung des Speditionsgeschäfts auch insoweit die Vorschriften des Ersten Abschnitts des Vierten Buches ergänzend anzuwenden; dies gilt jedoch nicht für die §§ 348 bis 350.**

Schrifttum: S. § 407 sowie *Bodis,* Die „Routing order"-Gedanken zum Speditionsvertrag, TranspR 2009, 5; *Debling,* Das nationale Sammelladungsgeschäft des Spediteurs im Güterkraftverkehr, 1978; *de la Motte,* DDR-Speditionsrecht im Übergang, TranspR 1990, 326; *Diehl,* Die Pflichten des Spediteurs in Fällen der §§ 412, 413 HGB, 1987; *Dubischar,* Grundriss des gesamten Gütertransportrechts, 1987; *Fikentscher-Weibl,* Ersatz im Ausland bezahlter Bestechungsgelder, IPRax 1987, 86; *Fremuth/Thume,* Kommentar zum Transportrecht, 2000; *Gass,* Der Speditionsvertrag im internationalen Handelsverkehr unter besonderer Berücksichtigung der Deutschen Spediteurbedingungen, 1991; *Gass,* Die Bedeutung der Logistik für Speditionsunternehmen im Rahmen moderner Hersteller-Zuliefererbeziehungen, TranspR 2000, 203; *Griesshaber,* Das gesetzliche Leitbild des Spediteurs und das Speditionsgewerbe – Ein Beitrag zur Reform des Transportrechts, VersR 1998, 31; *Knauth,* Die Fixkostenspedition in der Insolvenz des Versenders, TranspR 2002, 282; *Koller,* CMR und Speditionsrecht, VersR 1988, 556; *Koller,* Die Abgrenzung zwischen Speditions- und Frachtverträgen, NJW 1988, 1756; *Koller,* Die Vereinbarung der Ausführungsart im Werkvertrags- und Transportrecht, TranspR 2007, 221; *Kronke,* Zur Verwendung von Allgemeinen Geschäftsbedingungen im Verkehr mit Auslandsberührung, NJW 1977, 992; *Krummerich,* Fracht- und Speditionsrecht, 4. Aufl. 2003; *Lau,* Probleme internationaler und örtlicher Zuständigkeit im Speditionsrecht, VersR 1986, 809; *Müglich,* Transport- und Logistikrecht 2002; *Müglich,* Logistik in der E-Economy, 2003; *Oeynhausen,* Speditionsversicherung und ADSp, 1989; *Neufang/Valder,* ADSp 2017: Wieder ein gemeinsames Vertragswerk, TranspR 2017, 45; *Peltzer/Wülbern,* Die neuen Deutschen Transport- und Lagerbedingungen (DTLB), TranspR 2016, 218; *Pokrant/Gran,* Transport- und Logistikrecht, Höchstrichterliche Rechtsprechung zum Speditions- und Frachtrecht, 11. Aufl. 2016; *Rabe,* Seehandelsrecht, 4. Aufl. 2000; *Rugullis,* Die objektive Anknüpfung von internationalen Speditionsverträgen, TranspR 2006, 380; *Temme,* Rechtliche Handhabung typengemischter Verträge, TranspR 2008, 374; *Thesing,* Das Recht des nationalen und internationalen Straßengüterverkehrs, 1991; *Thume,* Das neue Transportrecht, BB 1998, 2117; *Valder,* Die ADSp 2016 – eine Analyse, TranspR 2016, 213; *Valder,* Mehrwertdienstleistungen und ihre rechtliche Anordnung, TranspR 2008, 383; *Valder,* Das künftige Speditionsrecht – Strukturen und praktisch wichtige Neuerungen im Detail, TranspR 1998, 51; *Valder,* ADSp '93: Einführung schadenverhütender Verhaltenspflichten, TranspR 1993, 81; *Wieske,* Haftung für Lieferprobleme im Fracht-, Speditions-, Lager- und Logistikrecht, TranspR 2013, 272; *Wieske,* Logistik-AGB Kurzkommentar, 2006.

Übersicht

I. Grundlagen des Speditionsvertrages

1. Allgemeines. Im allgemeinen Sprachgebrauch steht der Begriff des Spediteurs für einen im **1** Transportgewerbe tätigen Unternehmer. Eine Unterscheidung nach rechtlichen Kategorien erfolgt bei der Verwendung der Bezeichnung nicht. Oftmals haben die Spediteure selbst keine konkreten Vorstellungen von den unterschiedlichen Rechtsstellungen, die ihnen bei Ausübung ihrer Tätigkeit zukommen können. Vielfach werden auch die Begriffe „Spediteur" und „Frachtführer" synonym verwendet. Der Spediteur in diesem weit verstandenen Sinn erbringt weit gespannt nicht nur Leistungen im Fracht-, Lager- und Umschlagsgeschäft, vielmehr zählen zahlreiche weitere werk- und dienstvertragliche Leistungen zu seiner Angebotspalette. Als „Dienste-Erbringer" in einer immer mehr auf den reibungslosen Transport von Gütern und Daten angewiesenen Gesellschaft findet sich der Spediteur, wie er der gesetzlichen Vorstellung zugrunde liegt in der Praxis kaum noch.

Der Gesetzgeber hat darauf verzichtet, den Spediteur anknüpfend an das tatsächliche Leistungs- **2** spektrum in Sinne eines **„modernen Logistikunternehmers"** zu umschreiben, weil ein berufsständischer Spediteurbegriff sich nicht ohne Brüche in die Systematik des privatrechtlichen Vertragsrechts einfügen ließ.[1] Aufgrund des stetigen Wandels, dem das tatsächliche Erscheinungsbild des Spediteurs unterworfen ist, wäre es auch wenig sinnvoll, eine gesetzliche Definition zu versuchen.[2]

Typisch für das deutsche Speditionsgewerbe sind die sog. **Gemischtbetriebe,**[3] die nicht nur einen **3** eigenen Fuhrpark unterhalten, sondern weitere traditionell speditionelle und sonstige logistische Leistungen übernehmen. Der Spediteur ist quasi ein „Allround-Unternehmer des Warenumschlags".[4] Demgegenüber differenziert das Gesetz jedoch Speditionsvertrag (§§ 453 ff.), Frachtvertrag (§§ 407 ff.) und Lagervertrag (§§ 467 ff.), zu denen werkvertragliche (§§ 631 ff. BGB) und/oder dienstvertragliche (§§ 611 ff. BGB) Elemente hinzutreten können.

Der **Speditionsvertrag** ist ein **handelsrechtlicher Spezialfall des Geschäftsbesorgungsvertra-** **4** **ges**[5] (§ 675 BGB iVm §§ 663 ff. BGB), der Frachtvertrag hingegen ein handelsrechtlicher Sonderfall

---

[1] *Koller* Rn. 1.
[2] *Gass* TranspR 2000, 203.
[3] MüKoHGB/*Bydlinski* Rn. 7.
[4] *K. Schmidt* HandelsR § 33 Rn. 5.
[5] Baumbach/Hopt/*Merkt* Rn. 5.

des Werkvertrages (§§ 631 ff. BGB). Soweit die speditions- bzw. frachtrechtlichen Sondervorschriften sowie die durch sie in Bezug genommenen Bestimmungen keine Regelungen enthalten, kann im Grundsatz auf die allgemeinen Normen des jeweiligen Vertragstyps zurückgegriffen werden. Beispielsweise enthalten die Bestimmungen des Fünften Unterabschnitts über das Speditionsgeschäft keine Regelung über die Kündigung des Speditionsvertrages.

5   Die Frage, ob ein bestimmter „Transportvertrag" als Frachtvertrag oder als Speditionsvertrag zu qualifizieren ist, muss von der Frage der Anwendung frachtrechtlicher Vorschriften auf bestimmte Fallgestaltungen des Speditionsvertrags unterschieden werden.[6] Namentlich im Fall des Selbsteintritts (§ 458), der Fixkostenspedition (§ 459) oder der Sammelladung (§ 460) hat der Spediteur, obwohl zwischen den Parteien ein Speditionsvertrag gem. § 453 geschlossen wurde, „hinsichtlich der Beförderung" die Rechte und Pflichten eines Frachtführers oder Verfrachters. Dabei bestehen die speditionellen Pflichten fort; das frachtrechtliche Haftungsregime erfasst nur den Bereich der Beförderung.

6   **2. Rechtsentwicklung.** Das frühere Speditionsrecht wurde durch die am 1.7.1929 in Kraft getretenen **ADSp** (Allgemeine Deutsche Spediteurbedingungen) geprägt, als einer fertig bereitliegenden, von den Verbänden der verladenden Wirtschaft und der Spediteure gemeinsam empfohlenen Vertragsordnung.[7] Die überragende Bedeutung der ADSp erklärte sich daraus, dass die Vorschriften des HGB zum Speditionsrecht bis zum Inkrafttreten des Transportrechtsreformgesetzes am 1.7.1998 nur lückenhaft und darüber hinaus dispositiv waren, was die Verwendung allgemeiner Geschäftsbedingungen förderte und erleichterte.

7   Das **geltende Speditionsrecht** normiert eine **weitgehende haftungsrechtliche Gleichstellung des Spediteurs mit dem Frachtführer,**[8] mit der Folge, dass die Spediteurshaftung durch allgemeine Geschäftsbedingungen nicht verändert werden kann. Zwar hat der Gesetzgeber in § 466 eine sog. Korridorhaftung vorgesehen, innerhalb welcher Haftungsbegrenzungen zulässig sind.[9] Gleichwohl führte der Vorrang dieses halbzwingenden Speditionsrechts zu einem Wegfall des früheren Systems der ADSp einer Haftungsersetzung durch Versicherungsschutz. In der Praxis kam deshalb der gleichwohl weit verbreiteten ADSp 2003 nicht mehr die entscheidende Bedeutung wie früher zu. Eine weitere Zäsur ergab sich, als die Verhandlungen der Trägerverbände zu einer Überarbeitung der ADSp 2003 im September 2015 scheiterten und sich einerseits „DTLB" (Deutsche Transport- und Lagerbedingungen)[10] und andererseits „ADSp 2016" als einseitige unverbindliche Verbandsempfehlungen gegenüberstanden. Mit den seit 1.1.2017 zur Anwendung empfohlenen ADSp 2017 steht wieder ein gemeinsam erarbeitetes Klauselwerk zur Verfügung, das die Interessen beider Marktseiten berücksichtigt.[11]

8   Die **Reform des Seehandelsrechts**[12] hat mit Wirkung zum 25.4.2013 für das Speditionsrecht einige Änderungen gebracht. So wurde die Haftungsbegrenzung in § 455 Abs. 2 aufgehoben, die Regelung über das Pfandrecht des Spediteurs in § 646 konkretisiert und die Dispositivität der speditionsrechtlichen Regelungen in § 466 inhaltlich erweitert und redaktionell angepasst.

9   **3. Berufsbild im Wandel.** Das Berufsbild des Spediteurs ist einem ständigen Wandel unterworfen. Moderne Speditionen sind heute regelmäßig **Mischbetriebe,** die neben der Besorgung der Beförderung oftmals auch speditionsfremde Leistungen anbieten. Zu den in § 453 Abs. 1 genannten **Organisationspflichten** gehören nach dem gesetzlichen Idealbild jedenfalls insbesondere die Bestimmung des Beförderungsmittels und des Beförderungsweges, die Auswahl ausführender Unternehmer, der Abschluss der für die Versendung erforderlichen Fracht-, Lager- und Speditionsverträge sowie die Erteilung von Informationen und Weisungen an die ausführenden Unternehmer und die Sicherung von Schadensersatzansprüchen des Versenders. Der in § 454 genannte idealtypische Leistungsinhalt eines Speditionsvertrages ist nicht abschließend (vgl. den Wortlaut: **insbesondere**). In der Praxis übernimmt der Spediteur oftmals auch sonstige auf die Beförderung bezogene Leistungen wie die **Versicherung** und **Verpackung** des Gutes, seine **Kennzeichnung,** die **Verzollung** der Ware, die Ausstellung der für die Beförderung notwendigen **Begleitdokumente,** den Antrag auf Ausfuhrerstattung bei subventionierten Exportgeschäften, die Erhebung und Abführung von **Nachnahmen,** die **Rechnungsstellung,** die **Zwischenlagerung** oder die **Untersuchung** der Ware.[13]

10   Weltwirtschaftlicher Strukturwandel und die zunehmende Globalisierung unternehmerischen Handelns prägen weite Teile der industriellen Warenproduktion durch grundlegende Veränderungen althergebrachter Produktions-, Zuliefer- und Absatzstrukturen. Durch die Einführung sog. schlanker Produktions- und Vertriebsformen **(lean production)** hat sich die europäische Industrie rationalisiert, um auf dem Weltmarkt bestehen zu können. Die schlanke Produktion hat zwar als revolutionäres Pro-

---

[6] GroßkommHGB/*Helm* §§ 412, 413 Rn. 2 f.
[7] Vgl. dazu *Basedow* ZHR 161 (1997), 128 f.; *Heuer* TranspR 1998, 333 f. und *Herber* TranspR 1998, 344 f.
[8] BR-Drs. 368/97, 111.
[9] Krit. *Herber* TranspR 1998, 334 (336).
[10] Vgl. *Peltzer/Wülbern* TranspR 2016, 218 ff.
[11] Vgl. *Valder* TranspR 2017, 45 ff.
[12] BGBl. 2013 I 831.
[13] *Gass* TranspR 2000, 203.

duktionssystem zunächst in der Automobilbranche Eingang gefunden, ist jedoch zwischenzeitlich in jeder Industriebranche vorzufinden. Die schlanke Produktion bedingt eine Intensivierung der Hersteller-Zulieferbeziehung, was Forschung, Entwicklung, Daten- und Informationsaustausch sowie Qualitätskontrolle anbelangt. Folge der schlanken Produktion ist auch, dass es zu neuen Strukturen bei der Organisation der Transportabläufe und bei der Informationstechnik kommt. In diesem Zusammenhang spielt die Dreiecksbeziehung zwischen Hersteller, Zulieferer und Spediteur eine zunehmend wichtige Rolle. Weitere Folge der schlanken Produktion ist, dass der Hersteller und der Zulieferer den Spediteur in die Rationalisierungsprozesse einbeziehen. Häufig verpflichtet der Hersteller den Zulieferer, mit seinem Hausspediteur sog. **„just-in-time-Verträge"** abzuschließen. Der Zulieferer ist bestrebt oder sogar auf Grund eines Rahmenvertrags mit dem Hersteller verpflichtet, die kleinstmögliche Menge zum spätestmöglichen Zeitpunkt zu produzieren und zum Abtransport zur Verfügung zu stellen.

Der Spediteur übernimmt die Gewähr, durch entsprechende Logistik und Organisation dafür zu   **11**
sorgen, dass keine Störungen in dem Beziehungsdreieck Lieferant-Hersteller-Abnehmer auftreten und die Ware punktgenau an das Fließband des Herstellers geliefert wird. Das Berufsmuster des Spediteurs wandelt sich vom rollenden Warenlager zum Anbieter eines bedarfsorientierten Dienstleistungspaketes. Der Speditionsbetrieb ist Mischbetrieb. Um zeit- und kostenoptimal transportieren zu können, muss sich der Spediteur leistungsstarker Logistiksysteme bedienen.

Just-in-time-Anlieferungen erfordern die sofortige Übermittlung von Abrufen über mehrere Statio-   **12**
nen, die nur durch leistungsfähige Datensysteme gewährleistet werden können. Echtzeitkommunikation zwischen Zulieferer, Hersteller und Spediteur sorgt für einen zeitgleichen Informationsstand bei allen Beteiligten. Der Spediteur kann auf Knopfdruck komplexe Versendungen zusammenstellen und disponieren. Die Vernetzung ermöglicht die Übernahme von Aufgaben des Zulieferers durch den Spediteur, wie zB das Fakturieren und die Erstellung der Versanddokumentation.

Die Vernetzung sorgt auch dafür, dass der Spediteur besonders kostengünstig und kundenfreundlich   **13**
agieren kann. Sie ermöglicht, dass sich der Spediteur beim Zulieferer jederzeit über den Fertigungsstand später zu versendender Ware erkundigen und so zum baldmöglichsten Zeitpunkt disponieren kann. Ferner kann der Spediteur über die sog. Sendungsverfolgung den Beteiligten jederzeit sofort über den Stand des Transportvorgangs Auskunft erteilen.

Die Komplexität moderner Logistik und ihrer Abwicklung[14] stellt gleichzeitig neue Anforderungen   **14**
an rechtliche Rahmenbedingungen. Steigende Haftungsrisiken[15] erfordern neben einer sachgerechten Haftungsbeschränkung auch Möglichkeiten für den „Spediteur" (Logistikleister), seine Tätigkeit weitgehend zu versichern, um so die von der Wirtschaft nachgefragten Leistungen zu günstigen Preisen anbieten zu können. Entsprechend wird versucht, Tätigkeiten im Logistikbereich zu standardisieren.

Parallel dazu werden Vertragsformulare und Geschäftsbedingungen entwickelt, die Grundlage für   **15**
die (versicherbare) Leistungserbringung sein können.[16]

4. Merkmale des Speditionsvertrages. Durch den Speditionsvertrag wird der Spediteur ver-   **16**
pflichtet, die Güterversendung zu besorgen. Aus Abs. 2 ergibt sich, dass der Speditionsvertrag ein entgeltpflichtiger Vertrag ist. Zusätzliche in § 407 aF genannte weitere Merkmale zur Typisierung des Speditionsvertrages, namentlich die Merkmale „Handeln im eigenen Namen", „auf fremde Rechnung" sowie „Gewerbsmäßigkeit des Handelns", sind entfallen, da diese Elemente nicht geeignet sind, den Speditionsvertrag von anderen Vertragstypen abzugrenzen. Die systematische Einordnung des Speditionsvertrages als Unterfall des Kommissionsgeschäfts (§§ 383 ff.) wurde ebenfalls aufgegeben. Der damit verbundene Wegfall der früheren Verweisung auf die für die Kommissionär geltenden Vorschriften (§ 407 Abs. 2 aF) hat es erforderlich gemacht, einzelne Regelungen aus dem Kommissionsrecht in das Speditionsrecht zu integrieren (zB § 457).

5. Begriff des Speditionsvertrages. Im Gegensatz zum früheren Recht (§ 407 aF) wird der   **17**
Speditionsvertrag nicht mehr nur mittelbar durch den Begriff des Spediteurs definiert. Vielmehr wird unmittelbar der Speditionsvertrag durch Nennung vertragstypisierender Merkmale herausgestellt.[17] Durch die gesetzliche Definition wurde zugleich ein idealtypisches Leitbild des Speditionsvertrages vorgegeben. Die in § 407 aF verwendete personenbezogene Definition wurde nicht aufgegriffen. Der berufsständische Spediteurbegriff wie er den ADSp zugrunde liegt, wurde ebenfalls nicht herangezogen.

a) Gesetzliche Definition. Nach der Legaldefinition des § 453 Abs. 1 wird der Spediteur durch   **18**
den Speditionsvertrag verpflichtet, die **Versendung des Gutes zu besorgen.** Was unter dieser Pflicht zu verstehen ist, ergibt sich aus der Umschreibung in § 454. Danach hat der Spediteur die **Organisation** der Beförderung zu bewerkstelligen, er ist **„Architekt des Frachtgeschäftes".** Das Speditionsgeschäft kann insoweit als ein frachtrechtliches Hilfsgeschäft bezeichnet werden, da der Spediteur (auch) für den Abschluss der für die Beförderung notwendigen Ausführungsverträge zu sorgen hat.

---

[14] Vgl. *Müglich,* Logistik in der E-Economy, 2003.
[15] Vgl. *Wieske* TranspR 2013, 275.
[16] Vgl. *Pokrant/Gran,* Transport- und Logistikrecht, Höchstrichterliche Rechtsprechung zum Speditions- und Frachtrecht, 11. Aufl. 2016, Rn. 597 ff.; *Wieske,* Logistik-AGB Kurzkommentar, 2006, 6 ff., 60 ff.
[17] *Thume* in Fremuth/Thume TranspR Vor § 453 Rn. 35 ff.

19   **b) Rechtsnatur. aa) Konsensualvertrag.** Der Speditionsvertrag kommt durch zwei korrespondierende Willenserklärungen zustande. Er ist Konsensualvertrag, nicht Realvertrag. Die Übergabe des
Gutes an den Frachtführer spielt für das Zustandekommen eines Speditionsvertrages keine Rolle.

20   **bb) Zweiseitig verpflichtender Vertrag.** Der Speditionsvertrag ist ein zweiseitig verpflichtender
Vertrag. Die Hauptleistungspflichten stehen zueinander im Synallagma. Der Spediteur erhält seine
Vergütung nur, wenn er im Hinblick auf die Versendung auch tätig geworden ist, sodass die §§ 320 ff.
BGB grundsätzlich Anwendung finden. Die Fälligkeit der Vergütung ergibt sich aus § 456.

21   **cc) Entgeltlicher Geschäftsbesorgungsvertrag.** Der Speditionsvertrag ist nach der gesetzlichen
Umschreibung ein spezieller handelsrechtlicher Fall der entgeltlichen Geschäftsbesorgung.[18] Für den
Spediteur ergibt sich daraus die Verpflichtung, das Interesse des Versenders als seines Vertragspartners
wahrzunehmen und dessen Weisungen Folge zu leisten. Diese **Interessenwahrnehmungspflicht** und
Weisungsgebundenheit des Spediteurs resultieren bereits unmittelbar aus der Natur des Speditionsvertrags. Beide Pflichten sind auch in § 454 Abs. 4 ausdrücklich normiert. Die Einordnung als
entgeltliche Geschäftsbesorgung hat weiter zur Folge, dass die **Normen des § 675 BGB iVm
§§ 663 ff. BGB** insoweit **ergänzend herangezogen** werden können, als die speditionsrechtlichen
Sonderbestimmungen oder die in Bezug genommenen frachtrechtlichen Normen keine eigenständigen Regelungen für den Speditionsvertrag bereitstellen.

22   Die Zuordnung des Speditionsvertrags zum Bereich des **Werkvertrages** oder des **Dienstvertrages**
ist in Rspr.[19] und Lit.[20] umstritten. Der Speditionsvertrag wird auch als entgeltlicher Geschäftsbesorgungsvertrag **sui generis** angesehen, der wegen seiner vielen spezifischen Besonderheiten weder dem
Werkvertrag noch dem Dienstvertrag eindeutig zugeordnet werden kann.[21] Die Frage nach der rechtlichen Einordnung kann praktisch relevant werden, wenn das Speditionsrecht keine eigenständige
Regelung trifft und daher auf Normen eines anderen Vertragstypus ergänzend zurückgegriffen werden
muss. Beispielhaft sei auf die im Speditionsrecht nicht geregelten Kündigungsmöglichkeiten eines
Speditionsvertrags verwiesen.

23   Das Gesetz hilft bei der Einordnung des Speditionsvertrags nicht weiter. Die Beschreibung der Hauptpflichten des Spediteurs § 454 Abs. 1 ist nicht erfolgsbezogen formuliert und die Gesetzesbegründung
spricht ebenfalls nur von der vom Spediteur zu leistenden Tätigkeit.[22] Diese Regelung wird einerseits als
gesetzgeberische Entscheidung für den Werkvertrag verstanden;[23] andererseits wird daraus gerade keine
Einstandspflicht für einen Erfolg hergeleitet.[24] Vorrangig wird es deshalb auf die Vereinbarung der
Vertragsparteien im Einzelfall ankommen. Ist eine werkvertragliche **Erfolgsbezogenheit** Gegenstand
der Verpflichtung, so schuldet der Spediteur den Abschluss der notwendigen Einzelverträge. Ein sorg-
fältiges Bemühen, die Verträge abzuschließen, genügt dann nicht. Lässt sich dem Speditionsvertrag eine
(werkvertragliche) Erfolgsbezogenheit nicht unmissverständlich entnehmen, erscheint die Annahme
eines werkvertraglichen Erfolgsversprechens nicht sachgerecht. So wird gar bei einem Frachtvertrag, der
zweifellos als Werkvertrag einzuordnen ist versucht, bei Vereinbarung von Ausführungsmodalitäten den
geschuldeten Beförderungserfolg des Frachtführers einzuschränken.[25] Der Spediteur kann ebenfalls in
der Situation sein, dass ihm der Versender eine zu besorgende Beförderung vorgibt, hinsichtlich derer
sich der Spediteur nur angemessen bemühen will, den Abschluss der notwendigen Verträge herbeizuführen. Zu denken ist etwa an ein ausgesprochen schwierig zu beförderndes Gut, die Beförderung an
ein schwer erreichbares Ziel, die Vorgabe einer niedrigen Obergrenze für die Fracht oder die Vorgabe
einer sehr kurzen Transportzeit. In solchen Fällen ist es für den Spediteur unsicher, ob er Frachtführer
findet, die bereit sind zu solchen Bedingungen die notwendigen Verträge abzuschließen. Würde man
dem Spediteur in derartigen Fällen eine werkvertragliche Verpflichtung zum Erfolg auferlegen, könnte
er den Abschluss eines Speditionsvertrags im wohlverstandenen Eigeninteresse nur ablehnen. Das würde
auch dem Versender zum Nachteil gereichen. Wird dagegen von einer dienstvertraglichen Verpflichtung
ausgegangen, kann sich der Spediteur in diesem Vertragsverhältnis für den Versender bemühen, trotz der
schwierigen Rahmenbedingungen die erforderlichen Verträge abzuschließen.

24   Unabhängig von den genannten Beispielen ist der vom Spediteur zu bewirkende Abschluss der
Ausführungsverträge allgemein mit leistungsbezogenen Unsicherheiten behaftet, die einer erfolgs-
abhängigen Verpflichtung entgegenstehen. Die Pflicht zur Besorgung des Transports durch Organisation der (gesamten) Beförderung ist als erfolgsunabhängige Verpflichtung des Spediteurs im Sinne eines

---

[18] BR-Drs. 368/97, 104; Baumbach/Hopt/*Merkt* Rn. 5.
[19] RG Urt. v. 22.10.1924 – I 481/23, RGZ 109, 85 (Dienstvertrag); RG Urt. v. 2.12.1925 – I 123/25, RGZ 112,
149 (151) (Werkvertrag); offengelassen in RG Urt. v. 22.9.1926 – I 430/25, RGZ 114, 308 (312).
[20] Für Dienstvertrag etwa Schlegelberger/*Schröder* § 407 Rn. 10; für Werkvertrag etwa *Canaris* HandelsR § 31 III
1a; *Koller* § 453 Rn. 39; Heymann/*Joachim* § 453 Anm. 4, soweit jeweils kein Dauerschuldverhältnis vorliegt (dann
Dienstvertrag).
[21] GroßkommHGB/*Helm* §§ 407–409 Rn. 7.
[22] BR-Drs. 368/97, 106.
[23] MüKoHGB/*Bydlinski* Rn. 20; Heymann/*Joachim* Rn. 4.
[24] *Koller* Rn. 39 (gleichwohl Werkvertrag).
[25] *Koller* TranspR 2007, 221 (223 f.).

sorgfältigen Tätigwerdens einzuordnen und deshalb der speditionelle Geschäftsbesorgungsvertrag in der Nähe des **Dienstvertrages** anzusiedeln. Die gegenteilige Auffassung, die von einem Werkvertrag ausgeht, versucht den genannten Umständen dadurch Rechnung zu tragen, dass ein speditioneller **Rahmenvertrag** in Abweichung vom Einzelvertrag als Dienstvertrag angesehen wird.[26] Überzeugende Gründe für eine derartige Differenzierung sind nicht ersichtlich. Auch im Rahmen eines Dauerschuldverhältnisses wird der Spediteur eine einzelne Beförderung nicht anders organisieren können als bei einem konkreten Einzelauftrag.

dd) Einzel- oder Dauervertrag. Der Speditionsvertrag ist meistens **Einzelvertrag.** Gebräuchlich   25
sind jedoch auch **Rahmenvereinbarungen.**[27] Häufig werden in einer Rahmenvereinbarung die Geltung der ADSp sowie die Modalitäten der Abwicklung, die Verkehrsläufe, die Abrechnung und die Besorgung der Transporte, insbesondere die Einschaltung von Frachtführern geregelt. Rahmenvereinbarungen sind insbesondere im Bereich von Hersteller-Zulieferer-Beziehungen anzutreffen. Häufig schließt der Hersteller als Empfänger mit seinem Hausspediteur Rahmenvereinbarungen ab und verlangt dann von seinen Lieferanten, dass diese mit seinem Hausspediteur kooperieren. Zum **Dauerschuldverhältnis** wird die Rahmenvereinbarung dann, wenn die Vertragspflichten für einzelne Transporte vorweg bindend geregelt werden, so zB die Verpflichtung zur Versendung einer Mindestmenge zu vorab vereinbarten Preisen. Grundsätzlich bestehen bei Rahmen- und Dauerschuldverträgen keine Besonderheiten gegenüber dem allgemeinen Schuldrecht.[28]

ee) Kein Vertrag zugunsten Dritter. Der Speditionsvertrag ist regelmäßig **kein Vertrag zuguns-**   26
ten Dritter[29] (§ 328 BGB), obwohl im Ergebnis oftmals die Leistungen aus diesem Vertrag einem Dritten (insbes. dem Empfänger des Gutes) zugute kommen. Kommt dem Dritten ausnahmsweise doch ein eigenständiges Forderungsrecht zustatten, so erhält er dieses in den allermeisten Fällen aus den ausgestellten Spediteurpapieren, die zur Absicherung des Dritten verwendet werden.[30] Ansonsten kommt der Empfänger regelmäßig nicht auf Grund vertraglicher, sondern auf Grund gesetzlicher Vorschriften zu rechtlichen Vorteilen.[31] Zu nennen ist etwa die Vorschrift des § 421 Abs. 1, nach der nach Ankunft des Gutes der Empfänger den frachtvertraglichen Ablieferungsanspruch erwirbt und er von nun an Ersatzansprüche wegen Güterschäden oder Verspätung im eigenen Namen gegen den Frachtführer geltend machen kann.[32] Im **Einzelfall** kann der Speditionsvertrag jedoch auch **Schutzwirkungen für Dritte** entfalten.[33]

c) Besorgung der Güterversendung. aa) Besorgung. Der Spediteur hat die Güterversendung   27
zu besorgen. Wie bereits ausgeführt, ist darunter die Organisation der Beförderung zu verstehen (§ 454 Abs. 1). Als Architekt des Transportgeschäfts schließt der Spediteur regelmäßig mehrere Verträge, die sog. **Ausführungsgeschäfte** ab. In aller Regel wird dabei zumindest der **Abschluss eines Fracht-vertrages** (§ 407) geschuldet, soweit kein Fall des **Selbsteintritts** (§ 458) vorliegt. Neben dem Abschluss eines Frachtvertrages verlangt die Besorgungspflicht oftmals auch den Abschluss **weiterer,** in § 454 ebenfalls aufgeführter Ausführungsgeschäfte, wie etwa die Einschaltung eines Zweitspediteurs (zB eines Zwischen- oder Grenzspediteurs), den Abschluss einer Transportversicherung oder eines Lagervertrages. Der jeweilige Inhalt des Speditionsvertrages gibt dabei Art und Umfang der zur Erfüllung des Speditionsvertrages notwendigen Ausführungsgeschäfte vor.

bb) Versendung. Der Begriff „Versendung" meint **nicht die Beförderung** eines Gutes im Sinne   28
einer Ortsveränderung von A nach B.[34] Versendung bedeutet vielmehr, dass der Spediteur auf Grund des Speditionsvertrages die **Verpflichtung** übernimmt, das Gut **abzusenden,**[35] dh es auf den Weg zu bringen. Aus diesem Grunde ist nach § 456 der Vergütungsanspruch des Spediteurs im Gegensatz zu dem des Frachtführers (§ 420 Abs. 1 S. 1) nicht erst mit Ankunft des Gutes beim (End-)Empfänger fällig, sondern bereits mit Übergabe an den Frachtführer oder Verfrachter. Die Parteien können jederzeit eine spätere Fälligkeit vereinbaren. So wird häufig die Fälligkeit an das Vorliegen einer Empfangsbestätigung geknüpft.

---

[26] *Koller* Rn. 39.
[27] Vgl. OLG Frankfurt a. M. Urt. v. 14.12.1982 – 5 U 110/82, TranspR 1985, 174 f.; OLG Düsseldorf Urt. v. 26.1.1995 – 18 U 253/93, TranspR 1995, 397 (Rahmenvertrag mit Empfangsspediteur).
[28] Vgl. MüKoHGB/*Bydlinski* Rn. 23 f. und *Horn,* Empfiehlt sich eine zusammenfassende Regelung der Sonderprobleme von Dauerschuldverhältnissen und langfristigen Verträgen? Gutachten und Vorschläge zur Überarbeitung des Schuldrechts I, 1981, 551 (560 f.).
[29] MüKoHGB/*Bydlinski* Rn. 25; GroßkommHGB/*Helm* §§ 407–409 Rn. 9.
[30] GroßkommHGB/*Helm* §§ 407–409 Rn. 9.
[31] MüKoHGB/*Bydlinski* Rn. 25.
[32] Vgl. zur Frage, ob der Spediteur gegen den Empfänger einen eigenen Zahlungsanspruch hat GroßkommHGB/ *Helm* Anh. I § 415 ADSp § 34 Rn. 8.
[33] Vgl. hierzu etwa BGH Urt. v. 10.5.1984 – I ZR 52/82, TranspR 1984, 283 mAnm *Helm* VersR 1984, 932.
[34] MüKoHGB/*Bydlinski* Rn. 43.
[35] GroßkommHGB/*Helm* §§ 407–409 Rn. 68.

29 **cc) Des Gutes.** Der Begriff Versendung des „Gutes" ist genauso weit wie in § 407 zu verstehen. Er umfasst **alle beweglichen Sachen,** die der Beförderung unterliegen können. Dabei ist es nicht notwendig, dass es sich bei den Sachen zugleich um **„Waren"** (etwa im iSv § 1 Abs. 2 Nr. 1 aF) handelt.[36] Auch körperlose Gegenstände (zB Gase, Flüssigkeiten), die von Gefäßen umschlossen sind, unterliegen der Beförderung. Das bedeutet, dass alle Beförderungsmittel und Verpackungen (zB Container) zu den beförderungsfähigen Gütern gehören. Da Personenbeförderungen nicht erfasst werden, zählen Reisebüros nicht zu den Spediteuren.

30 **d) Entgeltlichkeit.** § 453 Abs. 2 enthält als weiteres Element des Speditionsvertrages die Entgelt-pflichtigkeit. Danach wird der Versender verpflichtet, die vereinbarte Vergütung zu bezahlen. Der Begriff der **„Vergütung"** entstammt dem Werk- (§§ 631 ff. BGB) bzw. dem Dienstvertragsrecht (§§ 607 ff. BGB).

31 Als **Oberbegriff** gilt der Begriff „Vergütung" sowohl für die Provisions- als auch für die Fixkosten-spedition. Der Vergütungsanspruch erfasst daher eine feste Kostenvereinbarung (§ 459) ebenso wie eine Provisionsabrede zzgl. der nach § 456 Abs. 1 erforderlichen Aufwendungen.

32 Verpflichtet sich der Spediteur ausnahmsweise einmal zur **unentgeltlichen** Besorgung der Ver-sendung, dann lässt dies grundsätzlich nicht den gesamten Vergütungsanspruch entfallen, sondern nur den in ihm enthaltenen Provisionsanspruch. **Aufwendungen** bleiben demnach **ersatzfähig.** Auch wenn die unentgeltliche Beförderungsbesorgung mit der Situation des § 459 vergleichbar ist (der vereinbarte Betrag wird mit „Null" angesetzt), ist es gerechtfertigt, dem Spediteur einen Ersatz-anspruch hinsichtlich aller Aufwendungen zuzusprechen, die er für erforderlich halten durfte. Der Spediteur hat lediglich auf einen Teil seiner Vergütung, nämlich die Provision verzichtet. Deshalb ändert sich nichts an der Anwendbarkeit des Speditionsrechts.[37] Der **speditionsrechtliche Haftungs-maßstab** (§ 461) wird durch die Unentgeltlichkeit nicht berührt.[38]

33 **6. Keine Merkmale des Speditionsvertrages. a) Handeln im eigenen oder fremden Namen.** Ob der Spediteur die Geschäftsbesorgung für den Versender im eigenen Namen vornimmt oder ob er die notwendigen Abschlussgeschäfte im Namen des Versenders tätigt, ist für die rechtliche Einordnung nicht entscheidend. § 454 Abs. 3 lässt es bei Bestehen einer entsprechenden **Vollmacht** ausdrücklich zu, dass der Spediteur die erforderlichen Verträge im Namen des Versenders schließt. Der Charakter des Vertrags als Geschäftsbesorgung wird also nicht geändert, wenn der Spediteur ausnahmsweise in fremden Namen handelt.[39]

34 **b) Gewerbsmäßigkeit.** Die Gewerbsmäßigkeit ist ebenfalls **kein** eigenständiges **Wesensmerkmal** eines Speditionsvertrages. Der Begriff der „Gewerbsmäßigkeit" wurde jedoch nicht vollständig aufgege-ben, sondern hat Bedeutung im Zusammenhang mit der Anwendbarkeit **handelsrechtlichen Sonder-vorschriften** (§ 453 Abs. 3). Abs. 3 S. 2 entspricht der frachtrechtlichen Regelung des § 407 Abs. 3 S. 2.

35 **c) Für Rechnung des Versenders.** Das Merkmal „für Rechnung des Versenders" wurde erst während der Beratungen zum TRG aufgegeben. Es ist nunmehr – im Unterschied zu § 407 aF – **kein typisierendes Merkmal** des Speditionsvertrages. Die fremdnützige Geschäftsbesorgung ist kein essen-tielles Abgrenzungsmerkmal des Speditionsvertrages zu anderen Vertragstypen,[40] zumal die Spedition auf eigene Rechnung (vgl. § 459) in der Praxis den Regelfall darstellt.

36 **7. Besondere Vertragsformen und als „Spedition" bezeichnete Geschäftstypen.** Hinter den umgangssprachlich als „Speditionsvertrag" bezeichneten Geschäften stehen meist unterschiedliche Ver-tragsformen. Nicht jedes im Rechtsverkehr als „Speditionsgeschäft" bezeichnete Tätigwerden ist ein solches im Rechtssinne. Wie bereits im Zusammenhang mit der Rechtsnatur des Speditionsvertrages dargestellt, kann ein Speditionsvertrag sowohl als **Einzelvereinbarung** (uU überlagert durch eine Rahmenvereinbarung, wonach zB die Geltung der ADSp gegebenenfalls ergänzt um Logistik-AGB für die gesamte Geschäftsverbindung vereinbart wird) als auch als **Dauervereinbarung** (Dauerschuld-verhältnis) ausgestaltet werden. Bei einer Dauervereinbarung verpflichtet sich etwa ein Spediteur, innerhalb eines näher festgelegten Zeitraums alle ihm von einem Versender angetragenen Beförderun-gen für bestimmte Streckenabschnitte oder insgesamt zu besorgen. Möglich ist auch, dass der Versender sich dem Spediteur gegenüber verpflichtet, alle innerhalb eines bestimmten Zeitraums, für bestimmte Streckenabschnitte anfallende Transporte **exklusiv** dem Spediteur in Auftrag zu geben.

37 Der „Speditionsvertrag" bestimmt den maßgeblichen **Inhalt** der von den Parteien übernommenen Verpflichtungen. Nicht selten übernimmt der Spediteur auch sog. branchenfremde Nebenleistungen, wie etwa die Montage von Teilen zu Systemkomponenten in spediteureigenen Fertigungshallen, die anschließend – oftmals „just-in-time" – an das Band des Herstellers geliefert werden. Der Speditions-

---

[36] GroßkommHGB/*Helm* §§ 407–409 Rn. 69.
[37] MüKoHGB/*Bydlinski* Rn. 138 (§§ 454 ff.); aA *Koller* Rn. 6.
[38] Vgl. BGH Urt. v. 22.6.1956 – I ZR 198/54, BGHZ 21, 102 (110) = NJW 1956, 1313 (Überlassung eines Fahrers für einen Frachtführer).
[39] BR-Drs. 368/98, 105.
[40] Vgl. BR-Drs. 368/98, 105.

vertrag wird insoweit zum **gemischten Vertrag.** Zunehmend gewinnen die nicht speditionellen Leistungen an Übergewicht innerhalb solcher häufig als „Logistikvertrag" bezeichneten Vereinbarungen.

a) Abfertigungsspediteur. Unter einem Abfertigungsspediteur verstand man gem. § 33 GüKG aF **38** den Spediteur, der im Güterfernverkehr Transporte abfertigte. Dieser Norm lag zugrunde, die tariflichen Bindungen auch auf den Spediteur zu erstrecken. Seit dem 1.1.1994 wurden durch das Tarifaufhebungsgesetz 1993 die Vorschriften über die Abfertigungsspedition (§§ 33–36 GüKG) beseitigt. Der Begriff des Abfertigungsspediteurs spielt deshalb **keine Rolle** mehr.

b) Bahnspediteur. Der Bahnspediteur **(Rollfuhrunternehmer)** ist kein Spediteur im rechtlichen **39** Sinne, sondern ein Frachtführer gem. § 407. Als Erfüllungsgehilfe der Eisenbahn befördert er die mit der Eisenbahn versandten Güter vom Bahnhof zum Empfänger (sog. **Nachlauf**). Zwischen dem Bahnspediteur und dem Empfänger besteht regelmäßig kein Vertragsverhältnis.[41]

c) Empfangsspediteur (Adressspediteur). Ist nach dem Frachtvertrag das Gut an einen Spediteur **40** adressiert, so wird dieser Empfänger der Ware als Empfangsspediteur oder Adressspediteur bezeichnet. Der Empfangsspediteur hat regelmäßig die Aufgabe, die Ware bei einem **Versendungskauf** dem Käufer nur Zug um Zug gegen Erfüllung der Verpflichtungen aus dem Kaufvertrag, insbesondere der Bezahlung des Kaufpreises, abzuliefern. Er kann entweder mit dem Versender, dem Erstspediteur oder mit dem Empfänger in vertraglichen Beziehungen stehen.[42] Eine (vertragswidrige) Ablieferung an den wirtschaftlichen Endempfänger (Käufer) wird nach der Rspr. regelmäßig als Güterverlust behandelt,[43] da der Frachtführer seine Verpflichtung, das Gut an den Empfangsspediteur abzuliefern, dann nicht mehr erfüllen kann.

Ausnahmsweise bestehen zwischen dem wirtschaftlichen Endempfänger der Ware und dem Emp- **41** fangsspediteur **vertragliche Beziehungen,** etwa wenn der Empfangsspediteur bestimmte vom Empfänger beauftragte speditionelle Nebenleistungen übernimmt (zB Verzollung, Verauslagung von Einfuhrumsatzsteuer). Kommen keine vertraglichen Beziehungen zwischen Empfänger und Empfangsspediteur zustande, so ist der Empfänger grundsätzlich dem Empfangsspediteur nicht zur Zahlung von Kaufpreis und Vergütung sowie Auslagen verpflichtet. Verweigert der Empfänger etwa trotz **Nachnahmeweisung** dem Empfangsspediteur gegenüber die Zahlung, so muss dieser von einer Ablieferung des Gutes Abstand nehmen, will er sich nicht gegenüber dem Versender bzw. Hauptspediteur ersatzpflichtig machen. Er ist dann vielmehr verpflichtet, **Weisungen** beim Versender bzw. Hauptspediteur einzuholen und soweit dies nicht möglich ist, die Ware an den Versender bzw. Hauptspediteur **zurückzuliefern** bzw. **zwischenzulagern.** Mangels einer vertraglichen Bindung zwischen Empfänger und Empfangsspediteur bestehen auch keine vertraglichen Ansprüche wegen Güterschäden oder Verspätung. Der Empfänger ist auf eine Abtretung dieser Ansprüche angewiesen.

Keine vertraglichen Beziehungen bestehen regelmäßig im Verhältnis zwischen Frachtführer und **42** Empfangsspediteur, wenn ein Spediteur den Transport besorgt. Der Empfangsspediteur hat insoweit nur die Rechtsstellung eines Empfängers (vgl. § 421).

Oftmals wird ein Empfangsspediteur auch bei **Weiterversendungen** eingesetzt, wenn hierfür **43** besondere Kenntnisse erforderlich sind. Die Empfangsspedition ist im Normalfall keine reine Speditionstätigkeit im Sinne von § 453, da sie keine Weiterversendung durch Frachtführer, sondern nur Abholung, Empfangnahme, Auslieferung und Lagerung umfasst. Der Empfangsspediteur übt jedoch Speditionstätigkeit aus, wenn er die Güter im eigenen Namen durch Frachtführer an einen Endempfänger weiterbefördern lässt oder sie im Wege des Selbsteintritts weiter befördert. Der Empfangsspediteur ist in diesem Fall auch **Zwischen- und Unterspediteur.**[44]

Schuldet der Empfangsspediteur nur die **Ablieferung der Waren Zug um Zug gegen Erfüllung** **44** **der Verpflichtung aus dem Kaufvertrag** beim Endempfänger, so liegt kein Speditionsgeschäft iSd §§ 453 f. vor, da es an der in Abs. 1 genannten Hauptpflicht fehlt.[45] Der Vertrag mit dem Empfangsspediteur betrifft dann nur eine „normale" **entgeltliche Geschäftsbesorgung** gem. § 675 BGB, soweit nicht die ADSp wirksam in den Vertrag einbezogen wurden.[46] Denn nach der weitgefassten Ziffer 2.1 ADSp 2003/2017 zählen auch alle Verkehrsgeschäfte des Empfangsspediteurs zu den Speditionsgeschäften.

d) Fixkostenspediteur. Die Spedition zu festen Kosten ist in § 459 geregelt. Sie liegt vor, wenn im **45** Vergütungsanspruch des Spediteurs (§ 453 Abs. 2) die Frachtkosten der Beförderung enthalten sind. Bei der Fixkostenspedition hat der Spediteur hinsichtlich der Beförderung die Rechte und Pflichten eines Frachtführers.

---

[41] Vgl. MüKoHGB/*Bydlinski* Rn. 69 und GroßkommHGB/*Helm* §§ 407–409 Rn. 13.
[42] AA MüKoHGB/*Bydlinski* Rn. 75.
[43] Nach BGH Urt. v. 13.7.1979 – I ZR 108/77, VersR 1979, 1154 führt die fehlerhafte Ablieferung haftungsrechtlich zum Verlust des Gutes.
[44] Vgl. GroßkommHGB/*Helm* §§ 407–409 Rn. 19.
[45] MüKoHGB/*Bydlinski* Rn. 77; GroßkommHGB/*Helm* §§ 407–409 Rn. 19.
[46] GroßkommHGB/*Helm* §§ 407–409 Rn. 20.

46   **e) Gelegenheitsspediteur.** Gelegenheitsspediteur ist der Kaufmann, der, ohne Berufsspediteur iSv § 1 Abs. 2 Nr. 6 aF zu sein, einen Speditionsvertrag schließt. Der Gelegenheitsspediteur wurde gem. § 415 aF den Regeln über das Speditionsgeschäft unterworfen. Da nach geltendem Recht keine subjektive Anknüpfung mehr erfolgt (→ Rn. 17) hat der Begriff keinen Eingang mehr in die gesetzliche Terminologie gefunden. Nach § 453 Abs. 3 unterfällt auch derjenige Kaufmann, der zwar nicht regelmäßig das Speditionsgeschäft betreibt, jedoch im Einzelfall im Betrieb seines Handelsgewerbes die Besorgung einer Güterversendung übernimmt, dem Anwendungsbereich des Fünften Abschnitts.

47   **f) Grenzspediteur (Zollspediteur).** Grenzspediteure werden regelmäßig im Auftrag des Absenders oder des Frachtführers tätig, wobei sie sich auf die Erledigung von Zollformalitäten und sonstiger Formalitäten im Zusammenhang mit grenzüberschreitenden Beförderungen spezialisiert haben. Da reine Grenzspediteure nicht die Güterversendung iSd §§ 453, 454 zu besorgen haben, sind auf sie die Vorschriften der §§ 453 ff. weder direkt noch analog[47] anwendbar. Die Erledigung von Grenzformalitäten ist eine **reine Geschäftsbesorgung nach § 675 BGB.**

48   **g) Hauptspediteur.** Als Hauptspediteur wird derjenige bezeichnet, der sich gegenüber dem Versender vertraglich zur **Besorgung der Güterversendung** verpflichtet hat. Die Einschaltung von Unterspediteuren und Zwischenspediteuren erfolgt dabei ausschließlich durch den Hauptspediteur.[48]

49   **h) Hausspediteur (Vollmachtsspediteur).** Hausspediteure haben besonders im Bereich moderner **Hersteller–Zuliefer–Beziehungen** an Bedeutung gewonnen. Regelmäßig schließen Hersteller mit Hausspediteuren Rahmenverträge ab, um die Transportabläufe eines oder mehrerer Zulieferanten zu koordinieren. Soweit die Lieferanten den Hersteller frei Haus beliefern müssen, wird ihnen vom Hersteller empfohlen oder vertraglich auferlegt, alle Transporte mit dem Hausspediteur abzuwickeln. Dadurch entstehen Synergie-Effekte, an denen letztlich Hersteller und Zulieferer partizipieren können, die aber häufig einseitig von den Herstellern für sich beansprucht werden. Auch im Verhältnis zum Hausspediteur versuchen Hersteller zu profitieren, indem sie eine Umsatz- oder Gewinnbeteiligung in die Rahmenvereinbarung aufnehmen, was (ohne sachlichen Grund) kartellrechtlich bedenklich sein kann.

50   **Aufgabe des Hausspediteurs** im engeren Sinne ist, das Gut für den Empfänger entgegenzunehmen, es einzulagern und/oder auszuliefern. Hausspediteure stehen ausschließlich mit dem Endempfänger in vertraglicher Beziehung. Darin liegt der **Unterschied zum Empfangsspediteur,** der gerade nicht mit dem Endempfänger, sondern nur mit dem Versender oder dem Hauptspediteur verbunden ist. Diese Unterscheidung wird durch die erwähnte Praxis erschwert, dass Hersteller ihre Zulieferer vertraglich verpflichten, den Hausspediteur (zumindest) als Empfangsspediteur zu beauftragen, umso eigene Kosten zu sparen. Nach der Rspr. können auf Hausspediteure jedenfalls dann die §§ 453 ff. angewendet werden, wenn sie mit der Verteilung der Güter zugewiesen ist.[49]

51   Ist der Hausspediteur Empfänger iSv § 421, so kann er Schadensersatzansprüche aus dem Frachtvertrag gegen den Frachtführer im eigenen Namen geltend machen (§ 421 Abs. 1 S. 2).

52   **i) Möbelspediteur.** Unter Möbelspedition versteht man die Beförderung und/oder Einlagerung von Umzugsgut. Dies bedeutet, dass der Möbelspediteur regelmäßig auf Grund eines Frachtvertrages (Umzugsvertrages, vgl. §§ 451 ff.) und nicht auf Grund eines Speditionsvertrages iSd §§ 453 ff. tätig wird, da die Frachtführertätigkeit im Vordergrund steht.

53   **j) Nachfolgender Spediteur.** Als nachfolgender Spediteur iSv § 465 wird ein Spediteur bezeichnet, der als **letztes Glied einer Transportkette** fungiert. Für diesen Fall musste im Speditionsrecht eine gesonderte Regelung getroffen werden, weil die Vorschrift des § 440 Abs. 1 nur für die Ablieferung durch einen nachfolgenden Frachtführer gilt.

54   **k) Sammelladungsspediteur.** Die Sammelladungsspedition ist in § 460 geregelt. Unter Sammelladung versteht man die **Befugnis des Spediteurs,** die Versendung des Gutes zusammen mit Gut eines anderen Versenders auf Grund eines für seine Rechnung über eine Sammelladung geschlossenen Frachtvertrages zu bewirken. Im Falle der Sammelladung hat der Spediteur hinsichtlich der Beförderung in Sammelladung die **Rechte und Pflichten eines Frachtführers oder Verfrachters.**

55   **l) Selbsteintretender Spediteur.** Der Selbsteintritt ist in § 458 geregelt und bezeichnet die **Befugnis des Spediteurs,** die Beförderung des Gutes durch Selbsteintritt real **auszuführen.** Durch den Selbsteintritt schuldet der Spediteur gegenüber dem Versender die Beförderung des Gutes. Er erhält insoweit hinsichtlich der Beförderung die **Rechte und Pflichten eines Frachtführers oder Verfrachters.**

[47] OLG München Urt. v. 8.11.1991 – 14 U 221/91, TranspR 1992, 60 (62); OLG Köln Urt. v. 9.3.1984 – 25 U 23/83, TranspR 1985, 26 (27); aA zT *Braun* VersR 1988, 878 (882), wonach sich der Grenzspediteur zumindest auf die Sicherungsrechte (Pfandrecht, Zurückbehaltungsrecht) berufen können soll.
[48] Vgl. MüKoHGB/*Bydlinski* Rn. 84.
[49] BGH Urt. v. 3.3.1988 – IV a ZR 300/86, VersR 1988, 624 (625); BGH Urt. v. 6.5.1981 – I ZR 70/79, NJW 1981, 2640 = VersR 1981, 929.

m) Unterspediteur. Ein Unterspediteur ist ein Spediteur, der vom Hauptspediteur zur Besorgung **56** der Güterbeförderung eingesetzt ist. Der Unterspediteur wird **für Rechnung des Hauptspediteurs** tätig. Im Verhältnis zum Versender ist er **Erfüllungsgehilfe** des Hauptspediteurs, sodass eine Haftungszurechnung nach § 278 BGB stattfindet. Das **Vertragsverhältnis** zwischen Hauptspediteur und Unterspediteur ist ein Speditionsvertrag gem. den §§ 453 ff. Zwischen dem Versender und dem Unterspediteur hingegen besteht regelmäßig kein Vertragsverhältnis. Hauptspediteure und Versender können allerdings von der Möglichkeit des § 454 Abs. 3 Gebrauch machen, wonach der Hauptspediteur im Namen des Versenders den Vertrag mit dem Unterspediteur abschließen kann. Fraglich ist allerdings, ob dann noch der Begriff des Unterspediteurs Verwendung finden soll und nicht von einer Zwischenspedition auszugehen ist. Da die Rspr. bislang bei der Abgrenzung von Hauptspediteur und Unterspediteur davon ausgegangen ist, dass Unterspediteur nur derjenige sein kann, welcher Erfüllungsgehilfe des Hauptspediteurs ist, kann von einer Unterspedition nur dann ausgegangen werden, wenn der Hauptspediteur im eigenen Namen mit ihm kontrahiert und nicht von der Möglichkeit des § 454 Abs. 3 Gebrauch macht und den weiteren Spediteur im Namen des Versenders verpflichtet. Bei Einschaltung eines weiteren Spediteurs im Namen des Versenders ist demnach von **Zwischenspedition** auszugehen (→ Rn. 58 ff.).

n) Zeitungsspediteur. Der Zeitungsspediteur transportiert Zeitungen und sonstige Druckerzeug- **57** nisse. Er ist kein Spediteur im Rechtssinne, sondern Frachtführer.[50]

o) Zwischenspediteur. Zwischenspediteur und Unterspediteur werden vom Hauptspediteur als **58** Versender betraut. Das jeweilige Vertragsverhältnis zum Hauptspediteur ist ein echter Speditionsvertrag gem. den §§ 453 ff. Beide sind sog. **„Zweitspediteure".** Nach § 454 Abs. 1 wählt der Hauptspediteur die zur Besorgung der Güterversendung notwendigen ausführenden Unternehmer aus und schließt die notwendigen **Ausführungsverträge** ab. Dabei kann der Hauptspediteur seine Verpflichtung aus § 453 Abs. 1, die Güterbeförderung zu besorgen, auch haftungsbefreiend durch **Substitution** auf Zweitspediteure übertragen. Ob die Einschaltung eines Zwischenspediteurs vertragsgemäß ist, bedarf der Prüfung im Einzelfall (→ § 454 Rn. 22–24).

In **Unterscheidung zum Unterspediteur** wird der Zwischenspediteur für Rechnung des (Haupt- **59**)Versenders tätig. Ein Zwischenspediteur wird überwiegend bei grenzüberschreitenden und/oder sog. segmentierten Versendungen eingesetzt. Der Zwischenspediteur übernimmt dabei die selbstständige Besorgung der Versendung hinsichtlich eines Teilabschnitts.

Von besonderer praktischer Relevanz ist die **Abgrenzung von Zwischenspediteur und Unter- 60 spediteur** (→ Rn. 56). Während der Hauptspediteur für ein Fehlverhalten des von ihm eingesetzten Unterspediteurs gem. der Haftung für Erfüllungsgehilfen (§ 278 BGB) einzustehen hat, haftet der Hauptspediteur wegen der Betrauung eines Zwischenspediteurs nur wegen Auswahlverschuldens (§ 460 Abs. 2 iVm § 454 Abs. 1 Nr. 1). Trotz dieser erheblichen Unterschiede in der Rechtsfolge sind Merkmale und Abgrenzungskriterien der Zwischenspedition nach wie vor uneinheitlich. Die hM orientiert sich insoweit an einer **Formel des RG:**[51] „Eine Unterspedition ist vorhanden, wenn der Spediteur die Besorgung der ihm aufgetragenen Spedition einem anderen Spediteur überträgt ..., wogegen die Zwischenspedition voraussetzt, dass das Gut vom Hauptspediteur an den anderen Spediteur zum Zwecke der Weiterversendung und Ablieferung gesandt wird, sodass der andere innerhalb eines Teils der Beförderungsstrecke die Weiterversendung des Gutes im eigenen Namen für Rechnung des Versenders selbstständig zu besorgen hat." Die hM orientiert sich hinsichtlich der Abgrenzung also in erster Linie an dem Merkmal der **Selbstständigkeit.** Der nach Auftrag und Umständen selbstständig handelnde Zweitspediteur ist Zwischenspediteur, der eine die Versendung des Gutes lediglich fördernde Spediteur dagegen Unterspediteur.

Die Frage der **Selbstständigkeit** ist jedoch **als Abgrenzungskriterium ungeeignet,** da auch **61** selbstständige handelnde Unternehmen Erfüllungsgehilfen iSd § 278 BGB sein können. Anknüpfungspunkt ist vielmehr die dem Hauptspediteur vertraglich zugewiesene **Kompetenz, seine Pflichten aus dem Speditionsvertrag mit dem Versender haftungsbefreiend auf den Zweitspediteur übertragen zu dürfen.**[52] Nach § 454 Abs. 1 Nr. 2 umfasst die Pflicht, die Versendung zu besorgen, insbesondere auch die Auswahl der hierfür notwendigen ausführenden Unternehmer und den Abschluss der für die Versendung notwendigen Fracht-, Lager- und Speditionsverträge. Dieser gesetzlich vorgesehenen Möglichkeit, einer ganz oder teilweisen Übertragung der Versendungspflicht durch den Hauptspediteur auf einen Zwischenspediteur können Interessen des Versenders entgegenstehen (→ § 454 Rn. 22–24).

Die Figur des Zwischenspediteurs wird den gesetzlichen Vorschriften nicht (mehr) erwähnt. Al- **62** lerdings findet er sich in der Gesetzesbegründung im Zusammenhang mit den Erläuterungen zur Haftung für andere.[53]

---

[50] Vgl. MüKoHGB/*Bydlinski* Rn. 95 und GroßkommHGB/*Helm* §§ 407-109 Rn. 14.
[51] RG Urt. v. 16.6.1926 – I 273/25, RGZ 114, 109 (110 f.).
[52] GroßkommHGB/*Helm* HGB §§ 407–409 Rn. 32.
[53] BR-Drs. 368/97, 113.

63   **8. Abgrenzung von Speditionsvertrag und Frachtvertrag. a) Allgemeines.** Die Aktivitäten eines Spediteurs unterscheiden sich vielfältig von denen des Frachtführers. Oftmals wird der Spediteur bereits in einem sehr **frühen Stadium eingeschaltet,** weil die Besorgung der Versendung (§§ 453, 454) dies erfordert. Der Spediteur wird häufig bereits im Vorfeld der eigentlichen Beförderung mit Fragen der **Logistik, Lagerung** und **Ausgangskontrolle** befasst sein.[54] Hingegen ist es Aufgabe des Frachtführers, welcher zu einem späteren Zeitpunkt aktiv wird, das Gut durch Einsatz eines geeigneten Beförderungsmittels zu transportieren.

64   Der Versender betraut den Spediteur mit der Organisation der Beförderung, weil er sich um die vielen Einzelheiten eines Transports nicht kümmern kann oder kümmern will. Aus diesem Grunde ist es dem Versender oftmals gleichgültig, wer die Beförderung letztlich ausführt, wie viele Unternehmer der Spediteur einschaltet und auf welchen Etappen die Warenbewegung stattfindet. Im Interesse des Versenders liegt nur, dass das Gut unversehrt, vollzählig, preiswert und pünktlich beim Empfänger ankommt und die Ablieferung in der vereinbarten Weise (zB per Nachnahme) durchgeführt wird.

65   Ein **Charakteristikum des Speditionsvertrages** ist die weitegehende Dispositionsfreiheit des Spediteurs bei der Wahl von Beförderungsmittel und Beförderungsweg. Er kann ferner selbst bestimmen, mit welchen Unternehmern er welche Ausführungsgeschäfte abschließen möchte. Zu seinen wesentlichen Aufgaben gehört der günstige Abschluss solcher Ausführungsgeschäfte, deren optimale logistische Abwicklung und eine für das Transportgut möglichst risikofreie Besorgung der Beförderung. Den **Freiheiten des Spediteurs** sind jedoch **Grenzen gesetzt.** Nach § 454 Abs. 4 hat der Spediteur bei der Erfüllung seiner Pflichten stets das **Interesse** des Versenders wahrzunehmen und auch grundsätzlich auch dessen **Weisungen** zu befolgen.

66   Um den **wesentlichen Inhalt des Speditionsvertrags** feststellen und diesen vom Frachtvertrag abgrenzen zu können, muss der Vertrag nach den gesamten Umständen des Einzelfalls **ausgelegt** werden. Die **zentrale Frage** lautet dabei: Hat sich der Spediteur zur **Organisation des Transports** oder zur **Ausführung einer bestimmten Beförderungsleistung** verpflichtet? Nur im ersten Fall ist der Vertrag nach seinem Leistungsinhalt als Speditionsvertrag iSd §§ 453 ff. zu qualifizieren.

67   Diese Fragestellung bringt zugleich zum Ausdruck, dass es auf die tatsächliche Ausführung einer Beförderungsleistung mit eigenen Beförderungsmitteln nicht ankommen kann.[55] Zum einen kann nämlich ein Frachtführer, der sich zur Ausführung der Beförderung verpflichtet hat, seine Leistung durch einen anderen Frachtführer erbringen, sodass nach außen erkennbar nur der Unterfrachtführer in Erscheinung tritt. Zum anderen steht es dem Spediteur im Wege des Selbsteintritts (§ 458) durchaus offen, die Beförderung selbst auszuführen.

68   Die Abgrenzung des Speditionsvertrages vom Frachtvertrag ist auch für die Frage der richtigen Versicherung des Spediteurs relevant. Im Zweifel ist er gut beraten auch Versicherungsschutz für frachtvertragliche Risiken zu unterhalten.

69   **b) Ermittlung des Leistungsinhalts.** Zur Ermittlung des Leistungsinhalts können oftmals nur bestimmte Indizien herangezogen werden, da die Parteien nur ausnahmsweise einen eindeutigen und expliziten Willen, der auf den Abschluss eines Speditions- oder Frachtvertrages gerichtet ist, äußern. Ein Berufsspediteur wird sich im Nachhinein regelmäßig darauf berufen, er habe nur die Organisation der Beförderung übernehmen wollen, um das ihm regelmäßig günstigere Speditionsrecht in Anspruch nehmen zu können. Die nachstehend aufgeführten Indizien können deshalb nur Anhaltspunkte für die erforderliche einzelfallbezogene Vertragsauslegung sein:

70   **aa) Wortwahl der Parteien.** Indiz für die Willensermittlung ist nach der Rspr. die Umschreibung des Vertragsinhalts. Wird ein Spediteur etwa mit einem „Transport" beauftragt, so soll dies für einen Frachtvertrag sprechen.[56] Umgekehrt soll die Bezeichnung „Speditionsauftrag" für das Zustandekommen eines Speditionsvertrages sprechen.[57] Es ist jedoch zu bedenken, dass die Begriffe „Spedition" oder „Transport" im Geschäftsverkehr oft nicht in ihrer juristischen Bedeutung gebraucht und verstanden werden. Genauso unspezifisch erfolgt die Verwendung der Begriffe „besorgen" oder „beauftragen".[58] Gerade bei Kleinverladern kann nicht davon ausgegangen werden, dass sie die rechtliche Bedeutung dieser Begriffe richtig erfassen. Etwas anderes gilt bei Großverladern, die für ein hohes Transportaufkommen sorgen und bei denen der Spediteur davon

---

[54] *Gass,* Der Speditionsvertrag im internationalen Handelsverkehr unter besonderer Berücksichtigung der Deutschen Spediteurbedingungen, 1991, 127.

[55] *Koller* NJW 1988, 1756 (1758); *Koller* Rn. 21.

[56] LG Berlin Urt. v. 4.5.1983 – 99 O 200/81, TranspR 1985, 134; OGH Wien Urt. v. 20.1.1982 – 3 Ob 589/81, TranspR 1985, 133.

[57] BGH Urt. v. 17.5.1984 – I ZR 35/82, VersR 1984, 844; OLG Frankfurt a. M. Urt. v. 16.11.1982 – 5 U 124/81, VersR 1983, 1055; OLG München Urt. v. 13.4.1983 – 27 U 889/82, TranspR 1984, 174.

[58] *Koller* NJW 1988, 1756 (1758); *Koller* Rn. 16.

ausgehen kann, dass sie die Unterschiede zwischen „Beförderung" und „Besorgen der Güterversendung" kennen.

bb) Dokumente. Nimmt der Spediteur einen Frachtbrief an, der ihn als Aussteller angibt, so **71** spricht dies als sicheres Indiz für einen Frachtvertrag.[59] Wird auf die Ausstellung eines Frachtbriefes verzichtet, so zieht die Rspr. daraus häufig den Schluss, dass ein Speditionsvertrag abgeschlossen wurde.[60] Stellt der Spediteur eine **Spediteurübergabebescheinigung** (FIATA FCR),[61] eine **Spediteurtransportbescheinigung** (FIATA FCT),[62] ein **Konnossement**[63] oder ein **Bordero**[64] aus, so soll dies für einen Speditionsvertrag sprechen. Die Ausstellung eines **Durchkonnossements** des multimodalen Transports (FIATA FBL)[65] soll hingegen als Indiz für den Abschluss eines Frachtvertrages sprechen, da der Spediteur insoweit als multimodaler Beförderer handelt.[66]

cc) Firmierung. Die Firmierung als „Spedition" wird gelegentlich ebenfalls als Indiz für einen **72** Speditionsvertrag gesehen,[67] soweit keine gegenteiligen Anhaltspunkte vorliegen.[68] Da jedoch der Begriff „Spedition" im Geschäftsverkehr nicht stets im Sinne des Gesetzes verstanden wird, entfaltet die Firmierung – wenn überhaupt – nur eine äußerst schwache Indizwirkung.

dd) Sammelladung. Auch die Abrechnung als Sammeltarif bei einer Sammelladung (§ 460) wird **73** als Indiz für einen Speditionsvertrag angeführt, wobei es unerheblich sein soll, ob der Spediteur bei einem Auftrag zur Sammelladung die Sammelladung selbst ausführt.[69] Erteilt der Auftraggeber einen Auftrag, der auf Güter mit geringem Gewicht und geringer Größe bezogen ist, so muss er davon ausgehen, der Auftragnehmer werde die Beförderung mittels Sammelladung (als Speditionsvertrag) besorgen, da dies die kostengünstigste Vertragsvariante darstellt.[70]

ee) Verwendung der ADSp. Kein Indiz ist der Hinweis des Spediteurs, nur nach den Bedingungen **74** der ADSp abschließen zu wollen. Die ADSp sind **typusneutral.** Nach Ziff. 2.1 ADSp 2003/2017 sind die ADSp auf „Verkehrsverträge" und damit auf Speditions- und Frachtverträge anzuwenden.[71]

ff) Eigene Transportmittel. Dem Umstand, dass der Auftragnehmer über keine eigenen Trans- **75** portmittel verfügt, misst die Rspr. nicht selten Indizwirkung für den Abschluss eines Speditionsvertrages bei.[72] Dies ist jedoch abzulehnen, da auch ein Frachtführer, der über keine eigenen Transportmittel verfügt, die Beförderungspflicht durch Subunternehmer erfüllen kann.[73] Die Verpflichtung des

---

[59] Vgl. etwa BGH Urt. v. 28.5.1971 – I ZR 149/69, VersR 1971, 755; BGH Urt. v. 22.4.1982 – I ZR 86/80, BGHZ 84, 101 = NJW 1983, 516 (Luftfrachtbrief); OLG Düsseldorf Urt. v. 13.3.1986 – 18 U 150/85, TranspR 1986, 165. Zust. *Koller* NJW 1988, 1756 (1758); *Koller* Rn. 19.

[60] Etwa BGH Urt. v. 17.5.1984 – I ZR 35/82, VersR 1984, 844; OLG Hamburg Urt. v. 23.4.1970 – 6 U 123/69, VersR 1970, 741; OLG Saarbrücken Urt. v. 19.12.1973 – 1 U 64/71, VersR 1974, 1171; aA *Koller* NJW 1988, 1756 (1758); einschränkend *Koller* Rn. 20.

[61] Das Forwarders Certificate of Receipt (FCR) ist eine Spediteurquittung über das vom Spediteur übernommene Gut.

[62] Das Forwarders Certificate of Transport (FCT) ist eine Empfangsbescheinigung, in der der Spediteur zusätzlich auch die Verantwortung für die Auslieferung an den Dokumenteninhaber übernimmt. Das FCT spricht nach OLG Stuttgart Urt. v. 25.5.1970 – 6 U 2/70, VersR 1972, 532 für den Abschluss eines Speditionsvertrages.

[63] *Gass,* Der Speditionsvertrag im internationalen Handelsverkehr unter besonderer Berücksichtigung der Deutschen Spediteurbedingungen, 1991, 136.

[64] Das Bordero (frz.: bordereau) ist eine Ladung und Frachtbrief begleitende Ladeliste für den Empfänger. Zur Frage, ob das Bordero für den Abschluss eines Speditionsvertrages spricht, krit. *Koller* NJW 1988, 1756 (1758) mit dem Hinweis, es gäbe keine gesicherten empirischen Erkenntnisse, dass der Begriff „Bordero" jedermann klar sei.

[65] Das FBL ist ein für den multimodalen Transport entwickeltes akkreditivfähiges Durchkonnossement.

[66] GroßkommHGB/*Helm* Anh. IV § 415 Rn. 13 ff.

[67] Etwa OLG Köln Urt. v. 10.7.2001 – 3 U 217/00, VersR 2002, 1126 (1127); OLG Hamm Urt. v. 13.2.1995 – 18 U 49/94, TranspR 1995, 453; OLG München Urt. v. 4.4.1979 – 7 U 4030/78, VersR 1979, 713; OLG Stuttgart Urt. v. 25.5.1970 – 6 U 2/70, VersR 1972, 532; OLG Hamburg Urt. v. 23.4.1970 – 6 U 123/68, VersR 1970, 741.

[68] OLG Hamburg Urt. v. 23.6.1983 – 6 U 235/82, TranspR 1984, 178.

[69] BGH Urt. v. 10.2.1983 – I ZR 133/81, TranspR 1983, 63; OLG Koblenz Urt. v. 14.1.1983 – 2 U 1168/81, VersR 1983, 1073; OLG Stuttgart Urt. v. 25.5.1970 – 6 U 2/70, VersR 1972, 132; OLG München Urt. v. 30.11.1966 – 7 U 790/66, VersR 1968, 365.

[70] BGH Urt. v. 10.2.1983 – I ZR 84/81, VersR 1983, 551; OLG Stuttgart Urt. v. 2.4.1981 – 3 U 195/80, VersR 1982, 90; OLG Düsseldorf Urt. v. 13.3.1986 – 18 U 150/85, TranspR 1986, 165; OLG Hamburg Urt. v. 30.6.1983 – 6 U 236/81, TranspR 1984, 153; OLG Hamburg Urt. v. 29.6.1971 – 2 U 74/70, TranspR 1982, 75.

[71] BGH Urt. v. 8.6.1979 – I ZR 154/77, VersR 1981, 526; *Gass,* Der Speditionsvertrag im internationalen Handelsverkehr unter besonderer Berücksichtigung der Deutschen Spediteurbedingungen, 1991, 137; *Koller* NJW 1988, 1756 (1758); aA OLG Düsseldorf Urt. v. 13.3.1986 – 18 U 150/85, TranspR 1986, 165; OLG Düsseldorf Urt. v. 14.7.1986 – 18 U 84/86, TranspR 1986, 296 (297); OLG Stuttgart Urt. v. 25.5.1970 – 6 U 2/70, VersR 1972, 532; OLG Hamburg Urt. v. 13.4.1983 – 27 U 889/82, VersR 1979, 713 (714).

[72] Etwa OLG Düsseldorf Urt. v. 14.7.1986 – 18 U 84/86, TranspR 1986, 296 (297); OLG Hamburg Urt. v. 23.6.1983 – 6 U 235/82, VersR 1984, 57.

[73] *Gass,* Der Speditionsvertrag im internationalen Handelsverkehr unter besonderer Berücksichtigung der Deutschen Spediteurbedingungen, 1991, 134; ebenso *Koller* NJW 1988, 1756 (1758) mit dem Hinweis, eine derartige Verkehrserwartung sei empirisch nicht nachgewiesen.

Spediteurs, eigenen Laderaum einzusetzen, ist umgekehrt ein deutliches Indiz für den Abschluss eines Frachtvertrages.[74]

76 **9. Aufwendungsersatz; Auskunftspflicht; Herausgabepflicht. a) Allgemeines.** Der Speditionsvertrag ist ein Unterfall des entgeltlichen Geschäftsbesorgungsvertrages nach § 675 BGB. Dies hat zur Folge, dass die durch § 675 BGB in Bezug genommenen **Vorschriften des Auftragsrechts,** insbesondere die §§ 666, 677, 670 BGB auch für das Speditionsgeschäft **ergänzend** zur Anwendung kommen.[75]

77 Im Regierungsentwurf war vorgesehen, dass diese Bestimmungen als Abs. 1–3 in die Vorschrift des § 457 (vormals § 456) aufgenommen werden.[76] Die jetzige Regelung des § 457 sollte in dieser Norm den Abs. 4 bilden. Eine spezialgesetzliche Normierung dieser Ansprüche wurde jedoch nicht für notwendig erachtet, da sich die Verpflichtung des Spediteurs zur Rechnungslegung, Auskunftserteilung und Herausgabe des Erlangten sowie der Anspruch des Spediteurs auf Aufwendungsersatz ohnehin aus dem ergänzend anwendbaren Auftragsrecht (§§ 670, 666, 667 BGB) ergibt. Auf Empfehlung des Rechtsausschusses wurde § 456 Abs. 1–3 idF des Regierungsentwurfs deshalb ersatzlos gestrichen.[77]

78 **b) Aufwendungsersatzanspruch des Spediteurs. aa) Begriff.** Nach allgM versteht man unter Aufwendungen freiwillige Vermögensopfer,[78] die der Beauftragte (Spediteur) zum Zwecke der Ausführung seines Auftrages erbracht hat. Der Begriff der „Freiwilligkeit" ist jedoch etwas unscharf, da der Spediteur auf Grund des Speditionsvertrages zur Erbringung seiner Leistungen verpflichtet ist. Besser ist es demnach, nur von **willentlichen** Vermögensopfern zu sprechen.[79] Durch dieses Merkmal der Willentlichkeit unterscheiden sich Aufwendungen vom **Schaden,** der als unfreiwillige Einbuße „erlitten" wird.[80]

79 **bb) Die zu ersetzenden Aufwendungen. (1) Allgemeines.** Zu den Aufwendungen gehören vor allem die vom Spediteur zum Zwecke der Versendung eingegangenen Verbindlichkeiten und Kosten. Darunter fallen typischerweise die **Frachtkosten,** die durch Abschluss eines Frachtvertrages mit einem Frachtführer anfallen. Zu den Aufwendungen sind auch die Kosten für den Einsatz **eigener Betriebsmittel,** wie etwa eigener Transportmittel, Lagerhallen und sonstiger Ressourcen zu zählen (str., → Rn. 93),[81] da der Versender im Wirtschaftsleben generell davon ausgehen muss, dass der Spediteur eigene Betriebsmittel und Leistungen niemals kostenlos zur Verfügung stellt. Im Einzelfall kann die Vertragsauslegung aber dazu führen, dass einzelne Aufwendungen nicht zusätzlich abgerechnet werden können, wenn diese nach Art und Umfang speditionstypisch[82] und demnach bereits im Vergütungsanspruch des Spediteurs enthalten sind.

80 Bei der **Provisionsspedition** werden die Organisationsleistungen des Spediteurs idR durch den Vergütungsanspruch des Spediteurs mit abgegolten. Ebenso die sog. **laufenden Kosten** (Generalunkosten, Gemeinkosten) des Spediteurs für Personal, Büroräume, Kreditraten, Bürgschaften, Abgaben und dergleichen. Ein zusätzlicher Aufwendungsersatzanspruch wird nur bezüglich solcher Leistungen anfallen, die durch die konkrete Geschäftsbesorgung entstehen.

81 Der Aufwendungsersatzanspruch bleibt bei **vorzeitiger Vertragsbeendigung** (zB durch Kündigung) bestehen. Der Spediteur kann Aufwendungen, die hinsichtlich der Geschäftsausführung entstanden sind, im Wege des Schadensersatzes ersetzt verlangen, wenn der Speditionsvertrag **rückwirkend** durch Anfechtung beseitigt wird. Aufwendungen, die **nach Vertragsbeendigung** gemacht werden, zB Einlagerung zur Sicherung des Speditionsgutes, sind nach **GoA** (§§ 683, 684, 670 BGB) oder den Regeln der **ungerechtfertigten Bereicherung** ersatzfähig.[83] Gleiches gilt bei Aufwendungen, die auf Grund **nichtigen** Vertrages gemacht werden.[84]

82 **(2) Ersatz von Schäden.** Schäden sind nicht ersatzfähig, es sei denn, es handelt sich um sog. **tätigkeitsspezifische Risiken,**[85] etwa bei der Versendung gefährlichen Gutes (§ 410). Realisiert sich

---

[74] OLG München Urt. v. 13.4.1983 – 27 U 889/82, TranspR 1984, 174; vgl. ebenso *Gass,* Der Speditionsvertrag im internationalen Handelsverkehr unter besonderer Berücksichtigung der Deutschen Spediteurbedingungen, 1991, 137.

[75] Vgl. *Koller* Rn. 38, 48.

[76] Vgl. BR-Drs. 368/97, 108.

[77] BT-Drs. 13/10014, 66, 67.

[78] Erman/*Berger* BGB § 670 Rn. 7; MüKoBGB/*Schäfer* BGB § 670 Rn. 6.

[79] *Koller* Rn. 52.

[80] MüKoBGB/*Schäfer* BGB § 670 Rn. 12.

[81] Bejahend Staudinger/*Omlor* BGB § 670 Rn. 8; MüKoBGB/*Schäfer* BGB § 670 Rn. 6; verneinend Palandt/ *Sprau* BGB § 670 Rn. 3.

[82] MüKoHGB/*Bydlinski* § 456 Rn. 55.

[83] AA GroßkommHGB/*Helm* §§ 407–409 Rn. 213 (ersatzfähig nach § 670); wie hier *Koller* Rn. 51.

[84] Zum Aufwendungsersatzanspruch wegen sittenwidrigem Speditionsvertrages, vgl. OLG München Urt. v. 20.10.1982 – 23 U 2110/82, TranspR 1983, 19 (21).

[85] GroßkommHGB/*Koller* § 396 Rn. 33; *Koller* Rn. 54; MüKoBGB/*Schäfer* BGB § 670 Rn. 14; MüKoHGB/ *Bydlinski* § 456 Rn. 54.

hingegen nur das allgemeine Lebensrisiko, können Schäden, die lediglich durch Gefahren des täglichen Lebens entstanden sind, nicht auf den Versender abgewälzt werden.[86]

(3) Erforderlichkeit. (a) Subjektive Erforderlichkeit. Der Spediteur hat einen Ersatzanspruch **83** nur hinsichtlich der Aufwendungen, die er den Umständen nach für erforderlich halten durfte. Es kommt dabei nicht darauf an, dass Aufwendungen objektiv erforderlich sind[87] oder ob der Versender im Ergebnis Nutzen daraus ziehen kann.[88] Entscheidend ist allein, ob ein sorgfältiger Spediteur nach Lage der Dinge[89] im Augenblick der Vornahme aus **subjektiver ex-ante-Sicht**[90] davon ausgehen durfte, dass die Aufwendungen erforderlich sind.

Der subjektive Einschlag wird jedoch insoweit relativiert, als auf den sorgfältigen Spediteur abgestellt **84** wird, der die **speziellen Branchenkenntnisse** seines Berufsstandes einbringen muss.[91] Sein Handeln muss er ausschließlich am Interesse des Versenders ausrichten (§ 454 Abs. 4).[92] Daraus folgt, dass der Spediteur die Aufwendungen möglichst gering halten muss. Waren kostengünstigere und gleich geeignete Möglichkeiten zur Durchführung der Versendung erkennbar, so sind Mehrkosten keine „erforderlichen" Aufwendungen[93] und demnach nicht ersatzfähig.

Nicht erforderliche Aufwendungen können allerdings ersatzfähig sein, wenn sie vom Versender **85** (konkludent) **genehmigt** werden (§§ 684 S. 2, 683 BGB).

(b) Rückfrage. Ergeben sich bei der Beurteilung der „Erforderlichkeit" hinsichtlich der vorgenom- **86** menen Aufwendungen aus Sicht des Spediteurs **begründete Zweifelsfragen**, so verlangt die Interessenwahrungspflicht eine Rückfrage beim Versender.[94] Unterlässt der Spediteur eine Rückfrage, so handelt er auf eigene Gefahr.[95] Dies bedeutet nicht, dass der Spediteur generell keinen Aufwendungsersatz verlangen kann, wenn er die gebotene Rückfrage unterlässt. Stellt sich nämlich im Nachhinein heraus, dass aus Sicht des Spediteurs die vorgenommenen Aufwendungen tatsächlich erforderlich waren, so hat der Spediteur einen Anspruch auf Aufwendungsersatz.[96] Entscheidend für die Frage der Ersatzfähigkeit von Aufwendungen ist ausschließlich das Merkmal der „Erforderlichkeit", nicht aber, ob der Spediteur im Einzelfall Rücksprache beim Versender gehalten hat. Handelt er nach Rücksprache auf Weisung des Versenders, verhält er sich in jedem Falle vertragsgemäß, es sei denn unzutreffende Angaben des Spediteurs hätten den Versender zur Erteilung der Weisung bewogen.

(c) Beweislast. Der **Spediteur** trägt die Beweislast dafür, dass er von der Erforderlichkeit der **87** vorgenommenen Aufwendungen ausgehen durfte.[97]

(d) Fixkostenspedition. Bei der Spedition zu festen Kosten (§ 459) hat der Spediteur abweichend **88** von der Frage der Erforderlichkeit nur insoweit einen Aufwendungsersatzanspruch, als dies der Üblichkeit entspricht (§ 459 S. 2). Die reinen Beförderungskosten sind nicht als Aufwendungen erstattungsfähig.

(e) Verstoß gegen Weisungen. Verstößt der Spediteur gegen Weisungen des Versenders, so handelt **89** er grundsätzlich vertragswidrig. Ist durch den Weisungsverstoß ein Schaden entstanden, so ist der Spediteur **ersatzpflichtig** und sein Aufwendungsersatzanspruch soll entfallen.[98] Während diese Rechtsfolge bei Verstößen gegen vereinbarte Pflichten angemessen sein mag, geht sie bei (nur) weisungswidrigem Handeln zu weit. Der Spediteur kann nämlich im Einzelfall ein weisungswidriges Handeln ausnahmsweise für erforderlich halten.[99] Deshalb mag der Spediteur zwar zum Schadensersatz verpflichtet sein, behält aber den Anspruch auf Aufwendungsersatz.

---

[86] MüKoBGB/*Schäfer* BGB § 670 Rn. 17.

[87] GroßkommHGB/*Helm* §§ 407–409 Rn. 214.

[88] *Koller* BB 1979, 1725 (1728); MüKoHGB/*Bydlinski* § 456 Rn. 58.

[89] OLG Düsseldorf Urt. v. 23.2.1884 – 18 U 131/83, TranspR 1984, 222 (224).

[90] Erman/*Ehmann* BGB § 670 Rn. 7; MüKoBGB/*Schäfer* BGB § 670 Rn. 27; MüKoHGB/*Bydlinski* § 456 Rn. 58.

[91] GroßkommHGB/*Helm* §§ 407–409 Rn. 214; MüKoHGB/*Bydlinski* § 456 Rn. 58.

[92] GroßkommHGB/*Helm* §§ 407–409 Rn. 214; MüKoHGB/*Bydlinski* § 456 Rn. 58.

[93] Vgl. OLG Hamburg Urt. v. 29.9.1983 – 6 U 132/82, VersR 1984, 773 (774) (Zahlung eines 100%-igen Zuschlages an die russische Eisenbahn).

[94] OLG München Urt. v. 14.1.2000 – 23 U 2925/99, TranspR 2000, 426 (427); GroßkommHGB/*Helm* §§ 407–409 Rn. 215.

[95] Ebenso MüKoHGB/*Bydlinski* § 456 Rn. 62–66.

[96] AA offenbar GroßkommHGB/*Helm* §§ 407–409 Rn. 215, der bei unterlassener Rückfrage Aufwendungen generell nicht für erforderlich hält.

[97] Schlegelberger/*Schröder* § 407 Rn. 43, § 409 Rn. 15a; GroßkommHGB/*Helm* §§ 407–409 Rn. 217; MüKoHGB/*Bydlinski* § 456 Rn. 59.

[98] Schlegelberger/*Schröder* § 410 Rn. 4; Erman/*Ehmann* BGB § 665 Rn. 38; MüKoBGB/*Schäfer* BGB § 665 Rn. 24; aA MüKoHGB/*Bydlinski* § 456 Rn. 68, der zwischen Rechtmäßigkeitsfrage und Aufwendungsersatzanspruch unterscheidet und bei „schadensfreier" Geschäftsführung den Aufwendungsersatzanspruch dennoch zuerkennen will.

[99] *Koller* § 454 Rn. 15.

90   **(f) Nichtausführung der Versendung.** Entsprechend lässt die Nichtausführung der Versendung den Aufwendungsersatzanspruch unberührt. Der Aufwendungsersatzanspruch ist nicht erfolgsbezogen. Entscheidend ist allein, ob der Spediteur bei der Ausführung der Versendung von der Erforderlichkeit der Aufwendung ausgehen durfte. Ist die Nichtausführung der Sphäre des Spediteurs zuzurechnen, dann kann der Versender uU gegen den Aufwendungsersatzanspruch mit Schadensersatzforderungen **aufrechnen.**

91   **(4) Typische Konstellationen. (a) Ausführungsgeschäfte.** Bei der „idealtypischen" Spedition zahlt der Spediteur die Frachtkosten für die Beförderung an den Frachtführer. Diese Kosten sind als Aufwendungen in tatsächlich entstandener Höhe voll ersatzfähig. Rabatte, die dem Spediteur (nachträglich) gewährt werden, kommen unmittelbar dem Versender zugute. Gleiches gilt bei sonstigen Ausführungsgeschäften.

92   **(b) Auslagekosten (Ziff. 17.2 ADSp 2003/2017).** Nach Ziff. 17.2 ADSp 2003/2017 wird der Spediteur bei einem Auftrag, ankommende Güter in Empfang zu nehmen, ermächtigt, die auf dem Gut ruhenden Frachten, Wertnachnahmen, Zölle und sonstigen Abgaben sowie Spesen **auszulegen.** Aufwendungen in diesem Zusammenhang kann der Spediteur generell für erforderlich halten.[100]

93   **(c) Aufwendungen bei eigenen Leistungen.** Nach § 396 Abs. 2 analog sind auch Aufwendungen wegen **Eigenbeförderung** und **eigener Lagerhaltung** ersatzfähig, soweit diese Leistungen nicht im Rahmen eines besonderen Lager- oder Frachtvertrags erbracht werden.[101]

94   **(d) Nachnahmevereinbarungen.** Nachnahmevereinbarungen zwischen Versender (Verkäufer) und Empfänger (Käufer) wirken nicht gegenüber dem Spediteur. Hat sich der Spediteur vertraglich oder durch Weisung gegenüber dem Versender verpflichtet, Nachnahmebeträge und sonstige Kosten beim Empfänger einzutreiben, so hat dies keine Wirkung gegenüber dem Empfänger. Verweigert der Empfänger die Kostentragung, so darf der Spediteur das Gut nicht abliefern. Seinen Aufwendungsersatzanspruch gegen den Versender lässt dies jedoch unberührt, da ansonsten das Kostenrisiko auf den Spediteur verlagert würde.[102] Die Auffassung, der Spediteur könne sich wegen solcher Aufwendungen nur an den Empfänger, nicht aber an den Versender halten,[103] ist deshalb abzulehnen.

95   **(e) Standgelder.** [104] Besteht zwischen Versender und Spediteur eine Standgeldabrede, so kann der Spediteur Standgelder gem. der vertraglichen Vereinbarung geltend machen. Ansonsten können Standgelder (§ 412 Abs. 3) nur insoweit als Aufwendungen ersetzt verlangt werden, als diese der Spediteur im Interesse des Versenders für erforderlich halten durfte.

96   **(f) Schmiergelder.** Früher wurde die Auffassung vertreten, Schmiergeldzahlungen, die der Spediteur im Interesse des Versenders für erforderlich halten durfte, könnten als Aufwendungen geltend gemacht werden.[105] Die Rspr. hat darauf abgestellt, ob die Schmiergeldzahlung in den betroffenen Ländern **üblich** sei.[106] In einer späteren Entscheidung wurde diese Frage offengelassen.[107] Im Hinblick auf die zunehmende Sensibilität gegenüber korrupten Verhaltensweisen wird der Spediteur jedenfalls nicht verpflichtet sein, Schmiergelder zu zahlen. Er muss nicht die Nachteile in Kauf nehmen, die mit einem solchen Verhalten verbunden sein können (Straftat, Aufnahme in „schwarze Liste", usw).

97   **(g) Sonstiges.** Ersatzfähige Aufwendungen sind ferner: Kosten der **Verwiegung,** Kosten für **Versicherungsschutz,** Kosten für verauslagte **Zölle** (vgl. Ziff. 17.2 ADSp 2003/2017), **Einfuhrumsatzsteuer** (Ziff. 5.2 ADSp 2003/2017), Kosten für die **Beglaubigung** von Urkunden, **Reparaturkosten.**

98   **cc) Vorschuss.** Dem Spediteur steht gegen den Versender ein Anspruch auf Vorschuss nach §§ 675, 669 BGB wegen der zur Ausführung der Spedition erforderlichen Aufwendungen zu. Der Anspruch auf Vorschuss wird nicht durch gesetzliche Pfandrechte eingeschränkt, sondern bildet gegenüber der Pfandverwertung eine zusätzliche Absicherung des Spediteurs.[108] Der Anspruch auf Vorschuss stellt nämlich nicht lediglich ein Sicherungsmittel dar, sondern erhält die Liquidität des Spediteurs. Allerdings kann im Einzelfall das Bestehen auf Vorschusszahlung treuwidrig sein (§ 242 BGB).

99   **c) Benachrichtigung, Auskunft und Rechenschaft (§§ 675, 666 BGB).** Nach §§ 675, 666 BGB hat der Spediteur dem Versender die erforderlichen Nachrichten zu geben, auf Verlangen über

---

[100] GroßkommHGB/*Helm* §§ 407–409 Rn. 221.
[101] GroßkommHGB/*Helm* §§ 407–409 Rn. 224.
[102] Ebenso MüKoHGB/*Bydlinski* § 456 Rn. 72.
[103] GroßkommHGB/*Helm* §§ 407–409 Rn. 222.
[104] OLG Düsseldorf Urt. v. 17.3.1994 – 18 U 212/93, NJW-RR 1994, 1451 (1452).
[105] MüKoHGB/*Bydlinski* § 456 Rn. 83.
[106] BGH Urt. v. 8.5.1985 – IVa ZR 138/83, BGHZ 94, 268 (272) = NJW 1985, 2405.
[107] BGH Urt. v. 30.9.1993 – I ZR 258/91, TranspR 1994, 16 (18).
[108] MüKoHGB/*Bydlinski* § 456 Rn. 91; aA *Koller* (stillschweigender Ausschluss) Rn. 59.

die Ausführung des Speditionsgeschäfts Auskunft zu erteilen sowie nach Vertragsbeendigung Rechnung zu legen.

aa) Benachrichtigung. Der Spediteur hat die **erforderlichen** Informationen mitzuteilen. Da- **100** durch soll es dem Versender ermöglicht werden, sich bei atypischem[109] Transportverlauf über relevante Tatsachen oder Ereignisse eine eigene Meinung zu bilden, um eigenverantwortlich reagieren zu können.[110]

Der Spediteur muss weder ausführende Unternehmen benennen, noch einen etwaigen Selbsteintritt **101** anzeigen.[111] Eine Benachrichtigung ist erforderlich, wenn ein sorgfältiger Spediteur davon ausgehen muss, dass eine unterlassene Benachrichtigungspflicht zu einem Schaden führen kann.[112] Unterlässt der Spediteur eine gebotene Benachrichtigung, so haftet er für darauf beruhende Schäden.[113]

Eine Benachrichtigungspflicht besteht etwa in folgenden **Einzelfällen:** Empfänger bezahlt die **102** Nachnahme nicht. Gut kann nicht beim Empfänger abgeliefert werden. Gut ist während der Beförderung verrutscht. Gut ist beschädigt beim Empfänger eingetroffen. Es muss von der vereinbarten Transportstrecke abgewichen werden. Eine vom Versender gewünschte Versicherung kann nicht eingedeckt werden. Transportversicherung ist nicht ausreichend.[114]

bb) Auskunft. Der Spediteur muss Auskünfte über die Ausführung des Speditionsgeschäfts nur auf **103** Verlangen des Versenders erteilen. Die Auskunftspflicht ist inhaltlich weitergehender als die Pflicht zur Benachrichtigung („alle Auskünfte"). Die Auskunft muss sich auf den **„Stand des Geschäfts"** beziehen. Grenze des Auskunftsrechts ist das Schikaneverbot nach § 226 BGB, wenn der Versender an der geforderten Auskunft kein Interesse haben kann.[115] Gegebenenfalls kann die Ausübung des Auskunftsrechts gem. § 242 BGB rechtsmissbräuchlich sein, etwa wenn wegen der Erteilung unverhältnismäßig hohe Kosten anfallen würden, die das Interesse des Versenders weit übersteigen.[116] Die Auskunftspflicht zwingt den Spediteur aber nicht zur Implementierung sogenannter Tracking & Tracing-Systeme. Allerdings ist der Spediteur verpflichtet, derartige Auskunftsmöglichkeiten, die sich aus Verträgen mit Dritten ergeben, dem Versender zugänglich zu machen.[117]

cc) Rechenschaft. Die Rechenschaftspflicht erstreckt sich auf die gesamte Durchführung der **104** Spedition. Der Umfang der Rechenschaft ergibt sich aus § 259 Abs. 1 BGB, wonach der Spediteur eine **geordnete Zusammenstellung über alle Kosten sowie die entsprechenden Belege** mitzuteilen hat. In die Aufstellung sind die verauslagten Kosten, Standgelder, Nachnahmen, Zölle und Frachten sowie etwaige Gelder aus Schadensersatzleistungen aufzunehmen. Gegebenenfalls hat der Spediteur Rechnungen und Belege bei Dritten (Lagerhalter, Frachtführer) zu beschaffen.

10. Herausgabeanspruch des Versenders (§§ 675, 667 BGB). Der Herausgabeanspruch steht **105** dem Versender zu. Dieser kann den Spediteur anweisen, die Herausgabe an Dritte vorzunehmen. Soweit dem Spediteur dadurch erhöhter Aufwand entsteht, ist dieser vom Versender zu erstatten. Vom Herausgabeanspruch des Versenders ist **alles** erfasst, was dem Spediteur zur Vertragsausführung vom Versender überlassen wurde, sowie dasjenige, was dieser aus der Geschäftsbesorgung erlangt hat. Die für die Spedition ausgehändigten Papiere, Unterlagen, Dokumente, usw sind wieder zurückzugeben, soweit diese nicht für den Verbleib bei Dritten (zB Zollbehörde) bestimmt waren. Der Herausgabeanspruch erstreckt sich auch auf **Verpackungsmittel** (zB Container) sowie **sonstige Hilfsmittel** (Paletten), soweit diese bestimmungsgemäß oder nach der Verkehrsanschauung wieder zurückgeführt werden müssen.[118]

Als **„aus der Geschäftsbesorgung erlangt"** hat der Spediteur alle Ansprüche gegen ausführende **106** Unternehmer, insbesondere Frachtführer, Verfrachter, Lagerhalter, Zweitspediteure und sonstige Dritte – etwa eine Versicherungsgesellschaft – **abzutreten. Nachnahmebeträge,** die der Spediteur vom Empfänger erhalten hat, muss er auskehren.

11. Abgrenzung zwischen Speditions- und Frachtvertrag in anderen europäischen Län- **107** **dern.** Die unterschiedliche Abgrenzung zwischen Speditions- und Frachtvertrag innerhalb der europäischen Gemeinschaft führt zu **Wettbewerbsverzerrungen.** Je nachdem, wie die Abgrenzung vorgenommen wird, ist der Anwendungsbereich zwingender Frachtrechtsvorschriften, wie der CMR und des Montrealer Übereinkommens (MÜ) enger oder weiter. Im **englischen Recht** wird regelmäßig der Spediteur, der nur als Agent auftritt, also in fremden Namen für den Versender Verträge

[109] GroßkommHGB/*Helm* §§ 407–409 Rn. 122.
[110] Ähnl. Schlegelberger/*Schröder* § 407 Rn. 39.
[111] GroßkommHGB/*Helm* §§ 407–409 Rn. 123.
[112] GroßkommHGB/*Helm* §§ 407–409 Rn. 123.
[113] RG Urt. v. 9.10.1926 – I 425/25, RGZ 114, 375 (378 f.).
[114] BGH Urt. v. 18.1.1974 – I ZR 127/72, VersR 1974, 327 (328).
[115] Schlegelberger/*Schröder* § 407 Rn. 39; GroßkommHGB/*Helm* §§ 407–409 Rn. 126.
[116] GroßkommHGB/*Helm* §§ 407–409 Rn. 126.
[117] *Müglich* TranspR 2003, 280 (282); *Koller* § 454 Rn. 17; *Heymann*/*Joachim* § 454 Rn. 15.
[118] Schlegelberger/*Schröder* § 407 Rn. 40.

abschließt, nicht zwingend dem Frachtrecht unterworfen.[119] Im **niederländischen Recht** wird der Spediteur regelmäßig nicht zwingend dem Frachtrecht unterworfen. Er schließt die Verträge im Namen des Versenders ab.[120] In **Belgien** und in **Frankreich** wird der Spediteur als „Commissionnaire" tätig und schließt idR im eigenen Namen die Verträge zur Besorgung des Transports ab. Ausnahmsweise wird er jedoch auch im Namen des Versenders tätig.[121] In Belgien haftet der Commissionnaire de Transport wie ein Frachtführer zwingend.[122] In Frankreich haftet der Commissionnaire de Transport nicht zwingend.[123] Er hat dort die Möglichkeit, sich durch AGB von seiner Haftung als Spediteur freizuzeichnen. Das Kriterium, ob eine Fixkostenspedition vorliegt, spielte – im Unterschied zum HGB aF – in anderen europäischen Ländern von jeher keine oder nur eine untergeordnete Rolle für die Abgrenzung von Spedition- und Frachtrecht.[124] Als wichtiges Kriterium wird zum Teil die **Verwendung von Dokumenten** herangezogen.[125] Das Kriterium der Sammelladungsspedition wird in anderen Ländern eher für die Anwendung von Speditionsrecht herangezogen.[126]

108   Es wäre wünschenswert, wenn die Abgrenzungskriterien zwischen Spedition- und Frachtvertrag innerhalb der europäischen Gemeinschaft einheitlich, etwa durch eine EG-Richtlinie, geregelt würden, um die bestehenden Unterschiede und die damit verbundenen Wettbewerbsverzerrungen abzubauen.

II. Abschluss und Beendigung des Speditionsvertrages

109   **1. Abschluss des Speditionsvertrages. a) Allgemeines.** Der Speditionsvertrag kommt **formlos** durch zwei korrespondierende Willenserklärungen zustande.[127] Er ist **Konsensualvertrag,** nicht Realvertrag. Die Übergabe des Gutes an den Frachtführer ist keine Wirksamkeitsvoraussetzung. Es gelten die allgemeinen Regeln über den Vertragsschluss. Leistungen auf Grund eines unwirksamen oder nicht zustande gekommenen Vertrages werden nach den Regeln des Bereicherungsrechts (§§ 812 ff. BGB) rückabgewickelt.

110   **b) Abschluss durch Schweigen.** Schweigen hat grundsätzlich keinen Erklärungswert. Ausnahmsweise kann jedoch dem sog. unechten oder beredten Schweigen ein Erklärungswert beigemessen werden (§ 133 BGB).

111   Unter den besonderen Voraussetzungen des § 362 (bestehende Geschäftsverbindung; Erbieten des Spediteurs gegenüber dem Offerenten) oder durch **kaufmännisches Bestätigungsschreiben** kann ein Speditionsvertrag durch Schweigen zustande kommen.

112   **2. Beendigung des Speditionsvertrages. a) Allgemeines.** Der Speditionsvertrag kann auf unterschiedliche Weise beendet werden. Zu denken ist dabei zunächst an die **allgemeinen Beendigungsgründe,** die das Zivilrecht für zweiseitig verpflichtende Verträge kennt, insbesondere: Erfüllung (§ 362 BGB); Anfechtung (§§ 119 ff. BGB); Rücktritt (§§ 313 Abs. 3, 323, 326 Abs. 5 BGB); Kündigung; Unmöglichkeit (§ 275 BGB); einvernehmliche Vertragsauflösung (§§ 241, 311 Abs. 1 BGB); Zeitablauf; Bedingungseintritt; Tod; Liquidation; Insolvenz usw.

113   Besonders behandelt werden von den oben genannten Auflösungsgründen nur die Kündigung des Speditionsvertrages sowie Tod, Liquidation und Insolvenz einer Vertragspartei zwischen Vertragsabschluss und vollständiger Erfüllung.

114   **b) Kündigung[128] des Speditionsvertrages.** Im Unterschied zum Frachtrecht (§§ 415, 417 Abs. 3) gibt das Speditionsrecht den Vertragsparteien kein spezielles gesetzliches Kündigungsrecht. Daraus kann jedoch nicht gefolgert werden, dass die Parteien den Speditionsvertrag nicht kündigen können. Das Kündigungsrecht bestimmt sich vielmehr durch **Rückgriff auf allgemeinen Normen des Zivilrechts.** Als Sonderfall einer entgeltlichen Geschäftsbesorgung tendiert der Speditionsvertrag mangels

---

[119] Consolidated International Corp. v. Falcon, 1983 A. M. C. 270, S. D. N. Y. 1982.

[120] Art. 60, Book 8 N. B. W.: „De overeenkomst tot het doen vervoeren van goederen is de overeenkommst waarbij de ene partij (de expediteur) zich jegens zijn wederpartij (de opdrachtgever) verbindt tot het te haren behoeve met een vervoerder sluiten van een of meer overeenkomsten van verboer van door deze wederpartij ter beschikking te stellen zaken, dan wel tot het te haren behoeve maken van een beding in een of meer zodanige vervoerovereenkomsten".

[121] Vgl. Antwerpen 26.6.1985, ETL 1986, 146 und *De Werdt* De Commissionnaire-Expediteur Nr. 47.

[122] Vgl. *Rossels* Droit de transports Nr. 47.

[123] Vgl. *Peyrefitte* Commissionnaire de transport Nr. 47; *Rodière/Mercadal* Droit des transports Nr. 334–363 und *Chao* Commissionnaire de transport BC 1988, 477 f. Art. 96–102 sowie 108 Comm.

[124] Vgl. *De Wit* Nr. 132 Fn. 94 mwN.

[125] *De Wit* Nr. 132 Fn. 95 mwN.

[126] Vgl. *Beukiring/Rosmuller* S. 74; *De Weerdt* De Commissionnaire Expediteur S. 525.

[127] Nach OLG Hamburg Urt. v. 19.3.1998 – 6 U 140/98, TranspR 1999, 212 kann uU durch die Übersendung eines Originalkonnossements an einen Spediteur und die Benutzung des Konnossements ein Vertrag zustande kommen.

[128] Die Terminologie ist uneinheitlich. Teilweise wird zur Auflösung des Speditionsvertrages durch den Versender auch von „Widerruf" (etwa GroßkommHGB/*Helm* §§ 407–409 Rn. 82) gesprochen. Sachliche Unterschiede ergeben sich dadurch jedoch nicht. Vgl. etwa auch MüKoHGB/*Bydlinski* § 407 Rn. 175.

besonderer erfolgsbezogener Verpflichtungen des Spediteurs in Richtung Dienstvertrag (→ Rn. 22 ff.). Werden hingegen erfolgsbezogene Verpflichtungen vertraglich vereinbart, können auch werkvertragliche Regelungen oder frachtrechtliche Normen (§§ 415, 416 S. 2) in Betracht kommen.

aa) Kündigung durch den Versender. Sind die **ADSp** vereinbart, so wird die „Kündigung" in **115** Ziff. 12 und 16.3 ADSp 2003 geregelt. Danach kann der Spediteur bei einer Auftragsentziehung Rechte nach §§ 415, 417 geltend machen. Diese Regelungen sind nicht in die ADSp 2017 übernommen worden.

Werden die ADSp nicht Bestandteil des Speditionsvertrages, so ist ein (freies) **Kündigungsrecht** des **116** Versenders ebenfalls anzuerkennen.[129] Zur dogmatischen Begründung wird gelegentlich auf die Normen des Werkvertragsrechts (§ 649 BGB) oder des Dienstvertragsrechts (§§ 621 Nr. 5, 627 BGB) zurückgegriffen. Ein Rückgriff auf § 649 BGB hätte jedoch zur Folge, dass eine Kündigung regelmäßig nur bis zum Abschluss der dem Spediteur obliegenden Ausführungsgeschäfte möglich ist, weil der Spediteur dann seine Verpflichtungen aus dem Speditionsvertrag bereits erfüllt hat.[130] Der Spediteur hätte dann jedenfalls einen Vergütungsanspruch unter Anrechnung ersparter Aufwendungen. Nach Dienstvertragsrecht stünde dem Spediteur hingegen ein Vergütungsanspruch nur für die bereits erbrachten Leistungen zu. Eine solche Unterscheidung in Abhängigkeit von der begrifflich-theoretischen Einordnung des Speditionsvertrags als Werk- oder Dienstvertrag kann den Bedürfnissen der Parteien bei einem Speditionsvertrag jedoch kaum gerecht werden.[131]

Die spezielle Interessenlage beim Speditionsvertrag gebietet es, einerseits dem Auftraggeber ein freies **117** Kündigungsrecht uneingeschränkt zuzugestehen. Andererseits bleibt trotz der Kündigung der Vergütungsanspruch des Spediteurs in voller Höhe bestehen. Gleiches gilt für den Aufwendungsersatzanspruch (§ 457 Abs. 1), der jedoch im Falle vereinbarter Fixkostenspedition nur nach Maßgabe des § 459 S. 2 ersatzfähig ist. Allerdings hat sich der Spediteur auf den Vergütungsanspruch die ersparten Aufwendungen anrechnen zu lassen. Diese Lösung lässt sich damit rechtfertigen, dass der Speditionsvertrag eben kein typischer Dienst- oder Werkvertrag ist und im konkreten Fall die frachtrechtlichen Regelungen den Interessen der Beteiligten eher entsprechen als die bürgerlich-rechtlichen, was auch in den ADSp zum Ausdruck kommt (Ziff. 16.3 ADSp 2003).

bb) Kündigung durch den Spediteur. Dem Spediteur ist ein ordentliches Kündigungsrecht **nicht 118** zuzubilligen,[132] da der Versender regelmäßig ein schützenswertes wirtschaftliches Interesse an der Vertragsdurchführung hat. Zudem würde ein freies Kündigungsrecht mit der in § 454 Abs. 4 geregelten Interessenwahrnehmungspflicht kollidieren.[133] Der dogmatische Ansatz, wonach ein ordentliches gesetzliches Kündigungsrecht für den Spediteur aus allgemeinen Normen des Vertragsrechts abgeleitet werden soll, ist nicht vertretbar. Insoweit kommen wiederum die Besonderheiten des Speditionsvertrags zum Tragen. Der Spediteur kann deshalb nicht unter Hinweis auf §§ 621 Nr. 5, 627 BGB kündigen.[134]

In bestimmten Fällen kann dem **Spediteur** ein **Kündigungsrecht aus wichtigem Grund** zu- **119** stehen. Auch das Frachtrecht kennt in § 417 Abs. 2 ein an besondere Gründe (Nichteinhaltung der Ladefrist trotz Fristsetzung) geknüpftes Kündigungsrecht des Frachtführers. Überträgt man diesen Rechtsgedanken auf die Situation beim Speditionsvertrag, so erscheint es gerechtfertigt, dem Spediteur ebenfalls ein Kündigungsrecht aus wichtigem Grund einzuräumen, etwa wenn der Versender das zu versendende Gut nicht übergibt.[135] Um dem angestrebten Gleichlauf zwischen Frachtrecht und Speditionsrecht Rechnung zu tragen, erscheint es erwägenswert, das außerordentliche Kündigungsrecht des Spediteurs ebenfalls von einer Fristsetzung abhängig zu machen.

c) Beendigung durch Insolvenz. aa) Insolvenz des Versenders. Bei einer Insolvenz des Ver- **120** senders bestimmt sich das Schicksal des Speditionsvertrags nach den §§ 115 f. InsO, die sich auf Aufträge und Geschäftsbesorgungsverträge beziehen. Da diese Vorschriften inhaltlich gegenüber den früher geltenden §§ 23, 27 KO unverändert geblieben sind, kann die dazu ergangene Rechtsprechung weiterhin verwertet werden.[136]

Die Eröffnung des Insolvenzverfahrens über das Vermögen des Versenders führt zum **Erlöschen** des **121** Speditionsvertrages (§ 115 Abs. 1 InsO). Ein Fortbestehen wird jedoch fingiert, solange der Spediteur unverschuldet keine Kenntnis von der Verfahrenseröffnung hat (§ 115 Abs. 3 InsO). Allerdings kann der Spediteur seine aus der (fingierten) Vertragsfortführung resultierenden Ansprüche lediglich als **Insolvenzgläubiger** (§ 38 InsO) geltend machen.

---

[129] Vgl. etwa GroßkommHGB/*Helm* §§ 407–409 Rn. 82; *Koller* Rn. 63.
[130] Krit. dazu MüKoHGB/*Bydlinski* Rn. 168 f.
[131] GroßkommHGB/*Helm* §§ 407–409 Rn. 82; vgl. auch MüKoHGB/*Bydlinski* Rn. 166.
[132] Ebenso GroßkommHGB/*Helm* §§ 407–409 Rn. 83.
[133] MüKoHGB/*Bydlinski* Rn. 174.
[134] AA *Koller* Rn. 63.
[135] IErg ebenso MüKoHGB/*Bydlinski* Rn. 176.
[136] Braun/*Kroth* InsO § 115 Rn. 1.

122   Die Insolvenzeröffnung über das Vermögen des Versenders kann den Spediteur insofern in eine schwierige Lage bringen, als er nach § 115 Abs. 2 InsO zu einer **„Notgeschäftsführung"** verpflichtet ist. Soweit nämlich „mit dem Aufschub Gefahr verbunden ist", der sich aus dem Erlöschen des Speditionsvertrags ergibt, muss der Spediteur die Besorgung des übertragenen Geschäfts fortsetzen, bis der Insolvenzverwalter anderweitig Fürsorge treffen kann. Der insoweit als fortbestehend fingierte Speditionsvertrag verschafft dem Spediteur hinsichtlich der Fortführung einen Anspruch gegen die Insolvenzmasse (§ 55 Abs. 1 Nr. 1 InsO). Da die Frage, ob eine Gefahr im Sinne der Vorschrift gegeben ist ausschließlich nach objektiven Gesichtspunkten beurteilt wird,[137] trägt der Spediteur das Prognoserisiko.

123   **bb) Insolvenz des Spediteurs.** Eine Insolvenz des Spediteurs beendet den Speditionsvertrag nicht automatisch. Der Insolvenzverwalter hat vielmehr ein **Wahlrecht** (§ 103 InsO), ob er den Vertrag durchführt oder beendet. Verlangt der Insolvenzverwalter Erfüllung, dann gehören die Ansprüche des Versenders zu den Masseverbindlichkeiten (§ 55 Abs. 1 Nr. 1 InsO). Ansonsten werden Ansprüche wegen Nichterfüllung nur als Insolvenzforderungen befriedigt (§ 103 Abs. 2 S. 1 InsO).

124   **d) Tod bzw. Auflösung der juristischen Person. aa) Tod des Versenders.** Der Tod des Versenders bringt den Speditionsvertrag im Zweifel nicht zum Erlöschen (§§ 675, 672 BGB), ebenso wenig seine Auflösung als juristische Person. Wenn bereits beim unentgeltlichen Auftrag, der regelmäßig stärker personenbezogen ist als ein entgeltlicher, der Vertrag im Zweifel aufrecht erhalten bleibt, dann hat das bei einem Speditionsvertrag, bei dem die Parteien ausschließlich wirtschaftliche Interessen verfolgen, umso mehr zu gelten.[138]

125   **bb) Tod des Spediteurs.** Der Tod des Spediteurs lässt den Speditionsvertrag ebenfalls unberührt (str.). Dem steht nicht die Regelung der §§ 675, 673 BGB entgegen, wonach der Vertrag im Zweifel erlischt. § 673 BGB ist über § 675 BGB nur entsprechend anzuwenden, also lediglich, soweit die in Bezug genommene Regelung auf übliche Handelsgeschäfte „passt". Soweit man im Wirtschaftsleben überhaupt eine berücksichtigungsfähige persönliche Komponente bei den Vertragsbeziehungen anerkennt, ist zu beachten, dass bei einem Speditionsvertrag die persönlichen Bindungen von den wirtschaftlichen Interessen größtenteils überlagert werden. § 675 ist in seiner Verweisung auf die Normen des Auftragsrechts teleologisch zu reduzieren.[139] Anderes mag gelten, wenn es sich bei dem Spediteur um ein Kleinstunternehmen handelt, entsprechend dem Idealtypus eines reinen „Schreibtisch-Spediteurs".[140]

126   **e) Liquidation. aa) Liquidation des Versenders.** Die Liquidation des Versenders hat auf den Speditionsvertrag keinen Einfluss (§ 149 HGB; § 70 GmbHG; § 286 AktG). Auch bei Liquidation des Unternehmens ist der Vertrag zu erfüllen.

127   **bb) Liquidation des Spediteurs.** Die Liquidation des Speditionsunternehmens ist gleichfalls ohne Einfluss auf den Speditionsvertrag. Auch der Spediteur hat den Vertrag im Zuge der Abwicklung zu erfüllen.

III. Die wesentlichen Vertragspflichten

128   **1. Vorvertragliche Pflichten.** Vorvertragliche Pflichten können auch im Zusammenhang mit einem Speditionsvertrag entstehen, etwa dann, wenn dem Spediteur **vor Vertragsschluss Güter übergeben** wurden. Im Ergebnis besteht Einigkeit, dass der Spediteur die Güter jedenfalls nicht unbeaufsichtigt lassen darf. Ihn trifft auch vor Abschluss des Speditionsvertrages die Pflicht, die Güter sicher **aufzubewahren.**

129   Besteht zwischen den Parteien ein vorvertragliches Schuldverhältnis, in dem Vertragsverhandlungen bereits geführt wurden, so trifft den Spediteur eine Haftung nach den §§ 241 Abs. 2, 311 Abs. 2 BGB, wenn er seiner Aufbewahrungspflicht aus geschäftlichem Vorkontakt nicht genügt. Der Spediteur wird sich bei einer unkommentierten Zusendung von Gütern jedoch regelmäßig auf den Einwand des Mitverschuldens (§ 254 BGB) berufen können.[141] Gegenstand eines vorvertraglichen Schuldverhältnisses werden aber in erster Linie **Beratungs- und Informationspflichten** des Spediteurs gegenüber dem Versender sein. Hinsichtlich der Reichweite solcher Pflichten wird jedoch beachtet werden müssen, dass der Spediteur im Stadium der Vertragsanbahnung und Akquisition regelmäßig **keinen selbstständigen Auskunftsvertrag** abschließen will und solches aus der Sicht eines verständigen Versenders auch nicht erwartet werden kann.[142]

---

[137] Braun/*Kroth* InsO § 115 Rn. 7.
[138] Vgl. MüKoHGB/*Bydlinski* Rn. 189.
[139] IErg ebenso GroßkommHGB/*Helm* §§ 407–409 Rn. 86; vgl. auch MüKoHGB/*Bydlinski* Rn. 197.
[140] Vgl. auch *Koller* Rn. 63.
[141] MüKoHGB/*Bydlinski* Rn. 144.
[142] AA *Koller* Rn. 42.

Die vorvertraglichen Pflichten des Spediteurs bestehen auch in den Fällen, in denen sich der **130** vermeintlich abgeschlossene **Speditionsvertrag** als **nichtig** erweist.[143] Problematisch bei der Haftung des Spediteurs auf Grund eines vorvertraglichen Schuldverhältnisses sind die **Wertungswidersprüche**, die sich aus unterschiedlichen Haftungsregelungen ergeben können. So sind etwa die Haftungsbeschränkungen der ADSp nicht anwendbar, weil diese einen wirksamen Speditionsvertrag voraussetzen, in den sie einbezogen worden sind. Auch bei der speditionsrechtlichen Haftungsregelung des § 461 ist ein wirksamer Speditionsvertrag Voraussetzung. Da es **unangemessen** erscheint, den Spediteur im Stadium der **Vertragsanbahnung strenger haften** zu lassen als bei einem späteren Vertragsabschluss, müssen vertragliche oder gesetzliche Haftungsbeschränkungen zur Anwendung kommen. Bei laufender Geschäftsbeziehung oder Kenntnis des Versenders von den AGB des Spediteurs können diese bei Güterschäden vor Vertragsabschluss zur Anwendung kommen, weil der Versender in Kenntnis dieser Haftungsbeschränkungen das Gut dem Spediteur überlassen hat. Hinsichtlich der gesetzlichen Haftungsbeschränkungen kann bei der Feststellung des Schadens nach der Differenzmethode auf den Ersatz abgestellt werden, den der Spediteur bei Zustandekommen des angestrebten Vertrags hätte leisten müssen. **Haftungsverschärfungen**, die sich (erst) aus dem Speditionsvertrag ergeben (etwa § 455 Abs. 2) können hingegen im vorvertraglichen Bereich noch **keine Wirkung** entfalten.

Sind die Voraussetzungen eines vorvertraglichen Schuldverhältnisses **nicht** erfüllt, kann eine Haftung **131** des Spediteurs nach den Regeln des **Eigentümer-Besitzer-Verhältnisses** (§§ 989 ff.) oder aus **unerlaubter Handlung** (§ 823 Abs. 1) in Betracht kommen (str.).[144]

2. Vertragliche Pflichten. Vertragliche Hauptpflicht des Spediteurs ist es, die **Versendung des** **132** **Gutes** zu besorgen („Organisation der Beförderung" – § 454 Abs. 1). Vertragliche Hauptpflicht des Versenders ist die **Bezahlung der vereinbarten Vergütung.**

Ausdruck der Einordnung des Speditionsvertrags als handelsrechtlicher Sonderfall der entgeltlichen **133** Geschäftsbesorgung sind die in § 454 Abs. 4 normierte **Interessenwahrnehmungspflicht** und **Weisungsgebundenheit** des Spediteurs. Daraus ergeben sich Einschränkungen der ansonsten bestehenden Freiheit des Spediteurs als selbstständiger Geschäftsbesorger. Da es sich bei der Interessenwahrnehmungspflicht um eine sog. **Kardinalpflicht** handelt, kann diese weder durch AGB (§ 307 BGB) noch durch Individualvereinbarung ausgeschlossen werden (→ § 454 Rn. 53).

3. Nachwirkende (nachvertragliche) Vertragspflichten. Als nachwirkende Vertragspflichten **134** sind etwa die Verpflichtung zur **Verschwiegenheit** sowie die **Korrektur unzutreffender Informationen** zu nennen. Je nach Einzelfall können auch andere nachwirkende Pflichten in Betracht kommen, etwa im Zusammenhang mit der Durchsetzung von Schadensersatzansprüchen.

IV. Die am Speditionsvertrag und an den Ausführungsgeschäften beteiligten Personen

Parteien des Speditionsvertrages sind der **Versender** und der **Spediteur.** Der Spediteur wird in den **135** ADSp als Auftragnehmer bezeichnet. Der **Empfänger** ist nicht Partei des Speditionsvertrages. Allerdings kann auch der Versender zugleich Empfänger der Ware sein. Da der Spediteur die Beförderung zu organisieren hat, muss er zur Erfüllung seiner Vertragspflicht oftmals mehrere Ausführungsgeschäfte mit **anderen Unternehmen** abschließen (§ 454). Diese Unternehmen werden ebenfalls nicht Partei des Speditionsvertrages.[145] Der Spediteur tätigt Ausführungsgeschäfte regelmäßig im eigenen Namen oder – bei Abschlussvollmacht – im Namen des Versenders (§ 454 Abs. 2). Es obliegt dem Spediteur, welche Ausführungsgeschäfte er im Einzelnen schließt. Als selbstständiger Geschäftsbesorger hat er einen weiten Ermessensspielraum, solange er die Interessen seines Vertragspartners wahrnimmt und dessen Weisungen Folge leistet.

Schließt der (Haupt-)Spediteur (weitere) Speditionsverträge mit **Zweitspediteuren** ab, so erhält er **136** in diesen Vertragsverhältnissen die Position eines Versenders. Der Spediteur kann auch die Rechtsstellung eines (frachtvertraglichen) Empfängers einnehmen, etwa als Zwischenspediteur (→ Rn. 58) oder als Empfangsspediteur (→ Rn. 40).

Der Spediteur hat gegenüber den Partnern aus den Ausführungsgeschäften die **Sicherung von** **137** **Schadensersatzansprüchen des Versenders** vorzunehmen (§ 454 Nr. 3). Dabei kann der Spediteur den Schaden des Versenders nach den Grundsätzen der **Drittschadensliquidation** liquidieren. Durch die Interessenwahrnehmungspflicht ist der Spediteur im Zweifel ermächtigt, auch **außervertragliche** **Ansprüche** des Versenders gegenüber den Partnern aus den Ausführungsgeschäften und sonstigen Dritten geltend zu machen.[146] Der Versender hat sich bei der Geltendmachung außervertraglicher

---

[143] Vgl. RG Urt. v. 5.4.1922 – I 307/21, RGZ 104, 265 (268); RG Urt. v. 19.1.1934 – VII 276/33, RGZ 143, 219 (221) (Nichtigkeit wegen Dissens).
[144] Eingehend MüKoHGB/*Bydlinski* Rn. 142 f.
[145] Baumbach/Hopt/*Merkt* Rn. 7.
[146] Vgl. GroßkommHGB/*Helm* §§ 407–409 Rn. 40.

Ansprüche die vertraglichen Haftungsbeschränkungen aus den Ausführungsgeschäften entgegenhalten zu lassen.

138   Zu den wichtigsten Ausführungsgeschäften gehören etwa der Abschluss der für die Beförderung notwendigen **Frachtverträge** (soweit kein Selbsteintritt vorliegt, § 458), ggf. weiterer Speditionsverträge sowie **Transport-, Lager- oder Versicherungsverträge.**

V. Dokumente des Speditionsgeschäfts

139   **1. Allgemeines.** Die im Rahmen der Transportorganisation eingesetzten Dokumente können für den Versender von unterschiedlicher Bedeutung sein. Dokumente mit **Traditionswirkung** ermöglichen eine vereinfachte Übertragbarkeit der beförderten Güter. Des Weiteren dienen Dokumente zum **Nachweis** über die dem Spediteur übergebenen Güter. Von herausragender Bedeutung sind schließlich **akkreditivfähige Dokumente.** Der Spediteur hat dabei die Dokumente für den Versender oftmals als Nebenpflicht (§ 454 Abs. 2) zu besorgen, soweit dies zwischen den Parteien besonders vereinbart wurde.

140   **2. Dokumente der FIATA.** Zu den vom Spediteur am häufigsten ausgestellten Dokumenten zählen die vom internationalen Spediteurverband **(FIATA)** empfohlenen Papiere. Zu diesen Papieren gehören die Spediteur-Übergabebescheinigung **(FCR)**, die Spediteur-Transportbescheinigung **(FCT)**, das Durchkonnossement für multimodale Transporte **(FBL)** sowie der Lagerempfangsschein **(FWR)**. Welche Dokumente akkreditivtauglich sind, ergibt sich aus den „Einheitlichen Richtlinien und Gebräuchen für Dokumenten-Akkreditive" **(ERA)** der internationalen Handelskammer in Paris.[147]

VI. Internationales Speditionsrecht und anwendbares Recht

141   **1. Anwendbares Recht.** Haben Versender und Spediteur ihren Wohnsitz bzw. ihre geschäftliche Niederlassung nicht im gleichen Land, liegt der Erfüllungsort des Speditionsvertrages im Ausland oder hat ansonsten die geschäftliche Beziehung **Auslandsberührung,** so liegt ein internationaler Speditionsvertrag vor (→ Vor § 407 Rn. 1 ff.). Nach den Vorgaben der Rom I-VO ist zu klären, nach welchem Recht sich die Vertragsbeziehungen beurteilen **(Vertragsstatut).** Art. 3 Rom I-VO sieht als Grundsatz eine freie Rechtswahl vor, die ausdrücklich erfolgen kann oder sich eindeutig aus den Vertragsbestimmungen oder den konkreten Umständen ergibt.

142   Hat der Spediteur seine **Niederlassung in Deutschland** und sind die ADSp vereinbart, kommt deutsches Recht regelmäßig über die **Rechtswahlklausel der Ziff. 30.3 ADSp 2003** zur Anwendung. Auch in anderen europäischen Ländern sind allgemeine Geschäftsbedingungen mit Rechtswahlklauseln gebräuchlich.[148]

143   Mangels Rechtswahl ist nach Art. 4 Abs. 1 lit. b, Abs. 3 Rom I-VO die Rechtsordnung des Staates maßgeblich, in der der Spediteur seinen gewöhnlichen Aufenthalt hat, es sei denn, dass sich aus der Gesamtheit der Umstände eine offensichtlich engere Verbindung zu einem anderen Staat ergibt. Damit hat sich gegenüber der früheren Regelung von Art. 28 Abs. 2 EGBGB, die regelmäßig zum Recht des Staates der Niederlassung des Spediteurs geführt hat, praktisch keine Veränderung ergeben.

144   Die Sonderregelung für Beförderungsverträge gemäß Art. 5 Rom I-VO (entsprechend Art. 28 Abs. 4 EGBGB) greift im Speditionsrecht nicht ein, weil der Spediteur kein „Beförderer" ist. Das gilt auch für die Fälle des Selbsteintritts und der Fixkostenspedition (§§ 458, 459), da auch in diesen Fällen der Spediteur nicht zum Frachtführer und der Speditionsvertrag nicht zum Beförderungsvertrag wird.[149]

145   **2. Gerichtsstand.** Für den internationalen Speditionsverkehr gelten die durch die VO (EU) Nr. 1215/2012 **(Brüssel Ia-VO,** bzw. LugÜ im Verhältnis zu Schweiz, Norwegen, Island) oder durch **bilaterale Abkommen** vorgesehene Gerichtsstände. Bei Selbsteintritt, Fixkosten- und Sammeldungsspedition kommen – wegen der frachtrechtlichen Rechtsfolgenverweisung – die jeweiligen im einschlägigen Frachtrecht vorgesehenen Gerichtsstände zur Anwendung. Bei Vereinbarung der ADSp ergibt sich aus Ziff. 30.3 ADSp 2017 bzw. Ziff. 30.2 ADSp 2003 eine **eigene Gerichtsstandsregelung.**

---

[147] Vgl. hierzu ausf. *Nielsen* WM-Sonderbeilage 2/1994; *Rabe* SeehandelsR § 642 Rn. 16; *Müller-Feldhammer* TranspR 1994, 272.

[148] Vgl. *Gass,* Der Speditionsvertrag im internationalen Handelsverkehr unter besonderer Berücksichtigung der Deutschen Spediteurbedingungen, 1991, 270.

[149] AA *Koller* Rn. 64 mwN zum Streitstand.

§ 454 Besorgung der Versendung

(1) Die Pflicht, die Versendung zu besorgen, umfaßt die Organisation der Beförderung, insbesondere
1. die Bestimmung des Beförderungsmittels und des Beförderungsweges,
2. die Auswahl ausführender Unternehmer, den Abschluß der für die Versendung erforderlichen Fracht-, Lager- und Speditionsverträge sowie die Erteilung von Informationen und Weisungen an die ausführenden Unternehmer und
3. die Sicherung von Schadenersatzansprüchen des Versenders.

(2) ¹Zu den Pflichten des Spediteurs zählt ferner die Ausführung sonstiger vereinbarter auf die Beförderung bezogener Leistungen wie die Versicherung und Verpackung des Gutes, seine Kennzeichnung und die Zollbehandlung. ²Der Spediteur schuldet jedoch nur den Abschluß der zur Erbringung dieser Leistungen erforderlichen Verträge, wenn sich dies aus der Vereinbarung ergibt.

(3) Der Spediteur schließt die erforderlichen Verträge im eigenen Namen oder, sofern er hierzu bevollmächtigt ist, im Namen des Versenders ab.

(4) Der Spediteur hat bei Erfüllung seiner Pflichten das Interesse des Versenders wahrzunehmen und dessen Weisungen zu befolgen.

Schrifttum: *Bischof,* Verfrachterhaftung des Spediteurs?, VersR 1988, 225; *Brautlacht,* Die Regressvereitelung durch den Spediteur, TranspR 1992, 171; *Häwert,* Die Ansprüche des Auftraggebers oder eines Dritten gegen den Spediteur aus Speditionsvertrag, Frachtvertrag und unerlaubter Handlung nach deutschem, schweizerischem und englischem Speditionsrecht, 1960; *Helm,* Haftung für Schäden an Frachtgütern, 1966; *Herber,* Zur Haftung des Spediteurfrachtführers, TranspR 1986, 118; *Herber,* Die Neuregelung des Deutschen Transportrechts, NJW 1998, 3297; *Herber/Schmuck,* Beweislast des Transportunternehmers für grobe Fahrlässigkeit, VersR 1991, 1209; *Hinsen,* Zum Wegfall der Haftungsbeschränkungen und Haftungsausschlüsse im Speditionsrecht bei grobem Organisationsverschulden, TranspR 1989, 115; *Knütel,* Weisungen bei Geschäftsbesorgungsverhältnissen, insbesondere bei Kommission und Spedition, ZHR 137 (1973), 285; *Koller,* Unterschiedliche Haftung für Güterschäden infolge mangelhafter Nebenleistungen beim Speditions- und Frachtgeschäft, TranspR 2017, 1; *Koller,* Die Vereinbarung der Ausführungsart im Werkvertrags- und Transportrecht, TranspR 2007, 221; *Mittelstaedt,* Zur Haftung des Spediteurs wegen Verlustes und Beschädigung des Speditionsgutes, TranspR 1982, 147; *Rabe,* Drittschadensliquidation im Güterbeförderungsrecht, TranspR 1993, 1; *Scheer,* Zur Frage der Beweislast bei der Haftung des Spediteurs bei ungeklärten Verlustschäden, TranspR 1992, 145; *Schiller/Sips-Schiller,* Der Interessenwahrungsgrundsatz des Spediteurs, BB 1985, 888; *Schlechtriem,* Vertragsordnung und außervertragliche Haftung, 1972; *Temme,* Rechtliche Handhabung typengemischter Verträge, TranspR 2008, 374; *Temme,* Beweislast für grobes Organisationsverschulden des Spediteurs, TranspR 1991, 386; *Thume,* Die Haftung des Spediteurs für Kardinalfehler und grobe Organisationsmängel, TranspR 1991, 209; *Wingbermühle,* Zur Beweislast des Spediteurs für Vorsatz und grobe Fahrlässigkeit des Spediteurs im Rahmen des § 51b S. 2 ADSp, VersR 1993, 539.

Übersicht

I. Einleitung

1   Über ihren Titel hinausgehend regelt diese Kernvorschrift des Speditionsrechts die Pflichten des Spediteurs. Dabei hat der Gesetzgeber die Verpflichtung zur Besorgung der Versendung des Gutes (§ 453 Abs. 1) mit dem Oberbegriff „Organisation der Beförderung" plakativ und durch eine mit Beispielen versehene Generalklausel konkretisieren wollen.[1] Die in Abs. 1 (nicht abschließend) aufgezählten Pflichten sind als Hauptpflichten oder Kardinalpflichten anzusehen. Dazu können weitere Nebenpflichten treten, die – soweit sie nicht unmittelbar dem Kernbereich zuzurechnen sind – einer entsprechenden Vereinbarung bedürfen.

2   Solche typischen, auf die Beförderung bezogenen Nebenpflichten im Rahmen eines Speditionsvertrags werden in Abs. 2 erwähnt. Die Parteien können allerdings auch atypische Pflichten vereinbaren, was aber zu Abgrenzungsproblemen führen kann, ob noch ein (einheitlicher) Speditionsvertrag vorliegt, nicht nur Speditionsrecht anwendbar ist oder gar gesonderte Verträge nebeneinander stehen. Nach dem gesetzlichen Leitbild weist der Speditionsvertrag **drei kumulative Elemente** auf, nämlich zum einen die **Organisation der Beförderung,** zum zweiten den **Abschluss der erforderlichen Verträge** und zum dritten die **Erbringung weiterer speditioneller Leistungen.**

3   Angesichts der denkbaren Vielfalt sonstiger beförderungsbezogener Leistungen, die Gegenstand einer individuellen Parteivereinbarung sein können, wurden solche aus der Kardinalpflicht „Organisation der Beförderung" (Abs. 1) ausgegliedert.[2] Daraus ergeben sich entsprechende Auswirkungen in Bezug auf die Haftung und Freizeichnungsmöglichkeiten.[3]

4   **Abs. 3** stellt klar, dass das Merkmal **„Handeln in eigenem Namen"** kein typisierendes Element des Speditionsvertrags mehr ist (→ § 453 Rn. 33).

5   **Abs. 4** schließlich normiert die **Interessenwahrnehmungspflicht** und **Weisungsgebundenheit** des Spediteurs, aus denen sich Nebenpflichten ohne gesonderte Vereinbarung ergeben können.

II. Hauptpflichten

6   Als charakteristische Pflicht aus dem Speditionsvertrag wird in § 454 die **Organisation der Beförderung** näher umschrieben. Die im Gesetz normierte **Generalklausel** wird durch kennzeichnende Leistungsinhalte innerhalb typischer speditioneller Leistungsphasen ausgefüllt: Abs. 1 Nr. 1 enthält die **Konzeptionsphase,** Abs. 1 Nr. 2 die **Ausführungsphase** und Abs. 1 Nr. 3 die **Nachphase.**[4] Mangels abweichender Vereinbarungen schuldet der Spediteur die in jeder der Leistungsphasen aufgeführten speditionellen Hauptpflichten. Da Abs. 1 keine abschließenden Regelungen enthält, kommen weitere Pflichten des Spediteurs auch ohne gesonderte Vereinbarung iSv Abs. 2 in Betracht, die aber im Zweifel bloße Nebenleistungspflichten sind.[5]

7   Die Parteien können den gesetzlichen **Pflichtenkatalog einschränken** oder **erweitern.** Pflichten des Spediteurs können insbesondere konkludent vereinbart werden, bzw. sich aus Handelsbräuchen, der Verkehrssitte oder einer zwischen den Vertragsparteien geübten Praxis ergeben.[6] Dabei wird stets zu prüfen sein, ob lediglich ein einheitlicher Speditionsvertrag vorliegt oder (etwa bei bestimmten „Logistikleistungen") selbstständige Abreden getroffen worden sind, auf die nicht Speditionsrecht, sondern etwa Werkvertragsrecht anzuwenden ist.[7]

8   **1. Konzeptionsphase (Abs. 1 Nr. 1).** Nach Abs. 1 Nr. 1 schuldet der Spediteur die Bestimmung des **Beförderungsmittels** und des **Beförderungsweges.** Bei der Auswahl hat sich der Spediteur am Interesse des Versenders zu orientieren und Weisungen Folge zu leisten (Abs. 4). Ansonsten ist der Spediteur als selbstständiger Geschäftsbesorger relativ frei bei der Organisation der Beförderung.

9   Der Spediteur hat die für den Versender **schnellste, günstigste** und **sicherste** Lösung zu wählen. Da die schnellste Lösung nicht unbedingt die sicherste oder günstigste sein muss, hat der Spediteur bei seiner Auswahl dem Stellenwert der einzelnen Kriterien aus der Sicht des Versenders Rechnung zu tragen. Ohne anderslautende Weisungen hat der Spediteur bei gleich geeigneten Alternativen die für den Versender kostengünstigste zu wählen.[8] Wird der Speditionsvertrag zu fixen Kosten abgeschlossen, liegt die Auswahl der kostengünstigsten Möglichkeit im eigenen Interesse des Spediteurs.

10   Maßgebend für die Auswahl von Beförderungsmittel und Beförderungsweg sind grundsätzlich die für den Spediteur erkennbaren Interessen des Versenders. So kann es geboten sein, empfindliches Gut

---

[1] BR-Drs. 368/97, 105.

[2] BR-Drs. 368/97, 106.

[3] Vgl. BGH Urt. v. 15.9.2005 – I ZR 58/03, TranspR 2006, 38 (41); BGH Urt. v. 15.11.2001 – I ZR 122/99, TranspR 2002, 448 (450).

[4] MüKoHGB/*Bydlinski* Rn. 1, 2.

[5] *Koller* Rn. 13.

[6] BR-Drs. 368/97, 106.

[7] BGH Urt. v. 16.2.2012 – I ZR 150/10, TranspR 2012, 148 Rn. 22; BGH Urt. v. 13.9.2007 – I ZR 207/04, TranspR 2007, 477 Rn. 16–19 = NJW 2008, 172 mAnm *Ramming.*

[8] *Schiller/Sips-Schiller* BB 1985, 888; GroßkommHGB/*Helm* §§ 407–409 Rn. 100; MüKoHGB/*Bydlinski* Rn. 25.

per Luftfracht oder mit besonders ausgestatteten Lastkraftwagen (zB Möbelwagen) zu transportieren, wenn anzunehmen ist, dass auf Grund unzureichender Straßenverhältnisse das Transportgut den zu erwartenden Belastungen nicht standhält. Das Beispiel zeigt die Wichtigkeit einer Kommunikation zwischen Versender (als Warenspezialist) und Spediteur als Fachmann für die Organisation der Beförderung. Diese Kommunikation zwischen den Vertragspartnern wird allerdings häufig zu einer entsprechenden vertraglichen Vereinbarung hinsichtlich des Beförderungsmittels und gegebenenfalls des Beförderungsweges führen.[9] Entsprechende Vereinbarungen schränken zwar die Freiheit des Spediteurs bei der Organisation der Beförderung ein, haben allerdings den Vorteil, dass sie seine Pflichten auf bestimmte Ausführungsarten beschränken. In diesem vertraglichen Rahmen obliegt es dann dem Geschick des Spediteurs Beförderungsmittel bzw. -strecken so zu wählen und zu kombinieren, dass eine ordnungsgemäße Beförderung des Gutes zum Empfänger sichergestellt ist.

Unterlässt es der Spediteur, **logistische** oder **geographische** Besonderheiten und spezifische **11** **Witterungsverhältnisse** in der Konzeptionsphase zu berücksichtigen, haftet er für einen dadurch entstehenden Schaden und kann etwaige erhöhte Aufwendungen, die auf seine Fehlplanung zurückgehen, nicht ersetzt verlangen.

Kommt es zu einer Kollision der Interessen des Versenders mit eigenen Interessen des Spediteurs, **12** gebührt den Versenderinteressen der Vorrang (→ Rn. 53).

Da die Pflichten des Spediteurs im Normalfall **nicht höchstpersönlicher** Art sind, ist die Beauf- **13** tragung eines Zwischenspediteurs mit pflichtbefreiender Wirkung zwar zulässig, kann aber gegen die Interessenwahrungspflicht verstoßen (→ Rn. 22 ff.).

2. Ausführungsphase (Abs. 1 Nr. 2). An die Konzeptionsphase schließt sich die speditionelle **14** Ausführungsphase an. Nach Abschluss seiner Planung hat der Spediteur die **erforderlichen Ausführungsgeschäfte** zu tätigen.

Der Spediteur hat geeignete Unternehmer auszuwählen, welche die Planung umsetzen. Zum **15** Abschluss der Ausführungsgeschäfte gehört auch die Erteilung der notwendigen Informationen und Weisungen an die ausführenden Unternehmer.

a) Auswahl der Unternehmer. Es versteht sich von selbst, dass der Spediteur seinen Pflichten nur **16** gerecht wird, wenn er Unternehmer auswählt, die **zuverlässig** und **leistungsfähig** sind.

Generell muss das ausgewählte Unternehmen über die notwendigen Kenntnisse bzw. Einrichtungen **17** verfügen (etwa speziell geschultes Personal oder besondere Beförderungsmittel beim Transport von hochwertigen Möbeln oder Gefahrgut). Hinzu kommen die individuelle Zuverlässigkeit und Leistungsfähigkeit des Unternehmers. Der Spediteur hat sich zu vergewissern, dass die notwendigen amtlichen Erlaubnisse zur Durchführung der Beförderung vorhanden sind (zB GüKG-Erlaubnis).[10] Gleiches wird für vorgeschriebene Versicherungen gelten, deren Unterhaltung auch ein Kriterium für der Leistungsfähigkeit des Unternehmens darstellt.[11] Hat der Spediteur mit einem Unternehmer bereits eigene positive Erfahrungen gesammelt, muss er keine gesonderten Überprüfungen vornehmen, soweit ihm nicht Anhaltspunkte bekannt werden, die gegen eine fortbestehende Zuverlässigkeit und Leistungsfähigkeit sprechen. Gleiches gilt bei Unternehmen, die in der Branche über einen guten Ruf verfügen.[12] Der Spediteur kann damit solche Unternehmen mit Ausführungsgeschäften beauftragen, hinsichtlich derer ihm kein Auswahlverschulden zur Last fällt. Der Versender hat keinen Anspruch auf Beauftragung eines bestimmten Unternehmens, solange dies nicht vertraglich vereinbart ist. Eine Weisung des Versenders kommt insoweit nicht in Betracht, da die Vorgabe eines Frachtführers für den Spediteur nachteilige Auswirkungen haben kann, etwa den Ausschluss des Rechts auf Selbsteintritt (§ 458) oder einen eingeschränkten Regress bei der Fixkostenspedition.[13]

b) Abschluss der Ausführungsgeschäfte. Der Spediteur hat die notwendigen Ausführungs- **18** geschäfte mit den ausführenden Unternehmern abzuschließen. Auch wenn das Handeln im **eigenen Namen** kein Abgrenzungskriterium des Speditionsvertrags zu anderen Vertragstypen mehr ist, stellt diese Variante den Regelfall dar. Hat der Spediteur allerdings eine Abschlussvollmacht, ist er regelmäßig verpflichtet, davon Gebrauch zu machen und die Verträge im **Namen des Versenders** abzuschließen (Abs. 3).

aa) Frachtvertrag. Der Spediteur hat nach dem gesetzlichen Leitbild für den Abschluss der für die **19** Versendung erforderlichen Fracht-, Lager-, und Speditionsverträge zu sorgen. Er ist zum Abschluss dieser Geschäfte auf Rechnung des Versenders gesetzlich ermächtigt. Dabei kann der Spediteur die Beförderung auch durch **Selbsteintritt** (§ 458) bewirken.

---

[9] Vgl. zu solchen Vereinbarungen *Koller* TranspR 2007, 221 ff.
[10] BGH Urt. v. 4.6.1987 – I ZR 159/85, VersR 1987, 1130 (1131).
[11] *Koller* Rn. 6.
[12] OGH Wien Urt. v. 20.7.1989 – 7 Ob 14/89, TranspR 1991, 37 (41).
[13] OLG Hamburg Urt. v. 11.1.2007 – 6 U 66/06, TranspR 2007, 253 (254); aA BGH Urt. v. 28.6.1962 – II ZR 96/60, BGHZ 37, 294 = VersR 1962, 711 = NJW 1962, 1814.

20   Bedient sich der Spediteur im Falle der **Fixkostenspedition** (§ 459) weiterer Unternehmer, so sind diese Erfüllungsgehilfen gem. § 278 BGB. Der Spediteur hat hinsichtlich der **Beförderung** die Rechte und Pflichten eines **Frachtführers oder Verfrachters,** sodass eine Einschaltung von weiteren Unternehmen ausschließlich auf eigene Rechnung erfolgt.[14]

21   Kommt eine Beförderung zusammen mit Gut anderer Versender in Betracht, so hat der Spediteur gem. § 460 das Wahlrecht, eine Beförderung in **Sammelladung** zu bewirken. Eine entsprechende Pflicht ist grundsätzlich abzulehnen, da der Spediteur nicht in eine Frachtführerhaftung gezwungen werden darf (→ § 460 Rn. 1 ff.).

22   **bb) Speditionsvertrag. (1) Befugnis zur Fremdverpflichtung.** Schon dem Wortlaut des Gesetzes nach ist der Spediteur ermächtigt, weitere Speditionsverträge abzuschließen. Im Verhältnis zum Zweitspediteur nimmt er dann die Rolle des Versenders ein. Diese Situation ist insoweit unbefriedigend, als der Spediteur seine eigenen Verpflichtungen voll umfänglich auf einen weiteren Spediteur übertragen kann und insoweit nur für Auswahlverschulden haftet. Als ein Korrektiv kommt die Interessenwahrpflicht (Abs. 4) in Betracht, die einer völligen Weiterübertragung der Verpflichtungen auf einen Zweitspediteur entgegenstehen kann.

23   Bei einer solchen Fremdverpflichtung wird kein **Unterspediteur** eingeschaltet, der rechtlich Erfüllungsgehilfe des Hauptspediteurs ist, mit einer Haftungszurechnung über § 278 BGB, sondern ein sogenannter (selbstständiger) **Zwischenspediteur,** für dessen Fehlverhalten der Hauptspediteur nur bei **Auswahlverschulden** haftet.[15] Aus dem Umstand, dass der Begriff „Zwischenspediteur" im Gesetzestext nicht mehr vorkommt, lässt sich nicht schließen, dass ein beauftragter Zweitspediteur regelmäßig Erfüllungsgehilfe des Spediteurs ist.[16] Auch nach der auszuführenden Tätigkeit wird sich eine sachgerechte Differenzierung nicht vornehmen lassen. Es erscheint nämlich kaum denkbar, dass ein Auftrag nur von einem Zwischenspediteur nicht aber von einem Unterspediteur ordnungsgemäß ausgeführt werden könnte. Im konkreten Einzelfall wird deshalb darauf abzustellen sein, ob aus Sicht der Parteien die Beauftragung eines (selbstständigen) Zwischenspediteurs als Ausführungsgeschäft in Betracht kam, etwa für die Organisation eines überseeischen Abschnitts der Beförderung.

24   Wird die Beauftragung von Zwischenspediteuren in weitem Maße zugelassen,[17] kann dies zu einer nicht im Interesse des Versenders liegenden **Kette von Zwischenspediteuren** führen. Dann würde sich allerdings die Frage nach einem Auswahlverschulden des Hauptspediteurs stellen, wenn er einen Zwischenspediteur beauftragt, der seinerseits das Interesse des Versenders nur dadurch hinreichend wahren kann, dass er einen weiteren Spediteur beauftragt. Ausgehend von den vertraglichen Regelungen zwischen (Haupt-)Spediteur und Versender ist deshalb zu fragen, ob der Spediteur den übernommenen Leistungsumfang selbst sollte erledigen können.[18] Ist das nicht der Fall, kommt bei einzelnen speditionellen Leistungen die Einschaltung eines Zwischenspediteurs als **Substitut** auf Grund ausdrücklicher oder mutmaßlicher Einwilligung des Versenders in Betracht.[19]

25   **(2) Selbstverpflichtung.** Beauftragt der Spediteur einen zweiten Spediteur auf eigene Rechnung bzw. im Falle der Fixkostenspedition, ist dieser sogenannte **Unterspediteur** Erfüllungsgehilfe, für dessen Fehlverhalten der Spediteur nach § 278 BGB einzustehen hat.

26   **cc) Lagervertrag.** Der Spediteur kann aus dem Speditionsvertrag zum Abschluss eines Lagervertrages verpflichtet sein. Auch ohne ausdrückliche Vereinbarung kann eine Einlagerung transportbedingt notwendig werden.[20] Eine **Zwischenlagerung** kann insbesondere bei **segmentierten Beförderungen** geboten sein, um die Zeit des Warenumschlags zu überbrücken. Auch bei **Beförderungs- und Ablieferungshindernissen** kann eine Einlagerung des Gutes in Betracht kommen, zB bis zur Klärung der Zollformalitäten. Ob eine Einlagerung durch den Spediteur geboten ist, ist nach den jeweiligen Besonderheiten des Einzelfalls zu entscheiden.

27   Die Interessenwahrnehmungspflicht gebietet es, dass der Spediteur das Gut nicht unbeaufsichtigt lässt. Auch vor Abschluss eines Speditionsvertrages kann bereits eine **vorvertragliche Pflicht** zur Einlagerung des Gutes bestehen. Ebenso wird regelmäßig in Zusammenhang mit der Erfassung der Ware zu einer **Sammelladung** (§ 460) das Gut zwischengelagert.[21]

28   **dd) Sonstige Ausführungsgeschäfte.** Den Parteien steht es offen, den Abschluss sonstiger Verträge zu vereinbaren (→ Rn. 34 ff.). In Betracht kommt etwa der Abschluss von Versicherungsverträgen. Da solche Ausführungsgeschäfte nicht in Abs. 1 Nr. 2 genannt sind, schuldet der Spediteur

---

[14] *Koller* Rn. 9.

[15] OLG Hamburg Urt. v. 20.11.1986 – 6 U 167/86, TranspR 1988, 117.

[16] AA MüKoHGB/*Bydlinski* Rn. 7.

[17] *Koller* Rn. 8.

[18] GroßkommHGB/*Helm* §§ 407–409 Rn. 32.

[19] *Koller* Rn. 9.

[20] Vgl. BGH Urt. v. 10.3.1971 – I ZR 87/69, VersR 1971, 620; OLG Frankfurt a. M. Urt. v. 14.12.1982 – 5 U 110/82, TranspR 1985, 174 (176).

[21] OLG Saarbrücken Urt. v. 19.12.1973 – 1 U 64/71, VersR 1974, 1171 (1172) (Ausschluss für Lagerverträge in Speditionsversicherungsbedingungen nicht anwendbar, da Lagerung noch dem Transport zugerechnet wird).

deren Abschluss nur, wenn sich dies aus dem Speditionsvertrag selbst (explizit oder konkludent) oder durch Auslegung (§§ 133, 157 BGB) der gesamten Umstände ergibt. Ist ein Verpflichtungswille des Spediteurs nicht zu ermitteln, schuldet der Spediteur regelmäßig nicht den Abschluss sonstiger Ausführungsgeschäfte. Im Einzelfall kann sich jedoch auch aus der Interessenwahrnehmungspflicht (Abs. 4) die **objektive Notwendigkeit** zum Abschluss sonstiger Ausführungsgeschäfte ergeben.

c) **Erteilen von Informationen und Weisungen.** Der Spediteur hat den ausführenden Unterneh- 29 mern die für das jeweilige Ausführungsgeschäft notwendigen **Informationen** und **Weisungen** zu erteilen. Dies bedeutet, dass der Spediteur auf seine Vertragspartner dahingehend einzuwirken hat, dass die Interessen und Weisungen, zu deren Wahrung und Befolgung der Spediteur im Verhältnis zum Versender verpflichtet ist, beachtet werden. Dies setzt eine entsprechende Unterrichtung des Spediteurs durch den Versender voraus (vgl. § 455).

Da der Spediteur beim Abschluss eines Frachtvertrages mit einem ausführenden Unternehmer die 30 Rolle eines Absenders einnimmt, treffen ihn auch nach **frachtrechtlichen** Vorschriften bestimmte **Mitteilungs-** und **Informationspflichten,** etwa aus § 410 Abs. 1 im Hinblick auf die Beförderung von Gefahrgut. Diese frachtrechtlichen Obliegenheiten bestehen jedoch ausschließlich im Verhältnis zwischen Absender (Spediteur) und Frachtführer, nicht jedoch zwischen Versender und Spediteur. Gleiches gilt in Bezug auf Mitteilungs- und Auskunftspflichten (§ 468) bei einer Einlagerung gegenüber dem Lagerhalter. Hier bestehen lagerrechtliche Obliegenheiten ausschließlich gegenüber dem Lagerhalter. Im Verhältnis zwischen Spediteur und Versender sorgt § 455 für einen weitgehenden Gleichlauf der Haftung und ermöglicht dem vom Frachtführer in Anspruch genommenen Spediteur eine Regressmöglichkeit gegenüber dem letztverantwortlichen Versender.

3. **Nachphase (Abs. 1 Nr. 3).** Als weitere Kernpflicht nennt Abs. 1 Nr. 3 die Verpflichtung des 31 Spediteurs zur **Sicherung von Schadensersatzansprüchen** des Versenders. Damit werden vom Wortlaut nur solche Fälle erfasst, in denen Gut an den Spediteur in einem beschädigten oder unvollständigen Zustand abgeliefert wird. Bei Schadensersatzansprüchen, die aus den in Abs. 1 Nr. 2 genannten Ausführungsgeschäften resultieren, handelt es sich nämlich nicht um solche des Versenders.[22] Gleichwohl wird auch insoweit eine entsprechende Verpflichtung des Spediteurs anzunehmen sein, die aus der Interessenwahrungspflicht resultiert (Abs. 4). Der Spediteur hat deshalb für die Erhaltung der Schadensersatzansprüche zu sorgen, indem er insbesondere eine form- und fristgerechte Schadensanzeige vornimmt.

Um die erforderliche **Beweissicherung** zu ermöglichen, ist der Spediteur gehalten, Versender und 32 ihm bekannte Versicherer zu informieren und die erforderlichen **Unterlagen, Informationen** und **Auskünfte** zur Verfügung zu stellen.

Eine Pflicht, die **Schadensabwicklung** selbst vorzunehmen, besteht für den Spediteur nicht. 33 Soweit ihm Ansprüche gegen Dritte zustehen, reicht eine Abtretung an den Versender aus. Bei entsprechender Vereinbarung bestehen aber (in den Grenzen des RDG) keine Bedenken, die Ersatzansprüche im Wege der Drittschadensliquidation selbst geltend zu machen.

III. Weitere übernommene Vertragspflichten (Abs. 2)

Abs. 2 S. 1 stellt klar, dass der Spediteur auch **sonstige speditionelle** Leistungen schuldet, soweit 34 dies zwischen den Parteien im Speditionsvertrag **vereinbart** wurde. Beispielhaft genannt werden die **Versicherung** und **Verpackung** des Gutes, seine **Kennzeichnung** sowie die **Zollbehandlung.** Diese speditionellen Pflichten prägen jedoch nicht den Speditionsvertrag und bilden nicht den Kernbereich der organisatorischen Tätigkeit des Spediteurs.

Speditionelle Zusatzvereinbarungen können auch konkludent getroffen werden oder sich aus den 35 Umständen sowie aus der Verkehrssitte ergeben (§§ 133, 157 BGB). Auch aus der Art der Versendung sowie aus bestehenden Handelsbräuchen (§ 346) kann sich eine entsprechende Verpflichtung des Spediteurs ergeben (zB Pflicht zur Verzollung bei grenzüberschreitenden Versendungen).

1. **Versicherung.** Das Speditionsrecht statuiert keine Pflicht, Versicherungen zugunsten des Ver- 36 senders einzudecken, es sei denn, der Abschluss einer Versicherung wurde **vertraglich** vereinbart (zB durch Einbeziehung der ADSp). Fraglich ist, ob der Spediteur in bestimmten Einzelfällen dennoch von sich aus eine Versicherung eindecken muss. Die Rspr. bejahte dies gelegentlich, wenn der Spediteur erkennen muss, dass es sich um **sehr wertvolles Gut** handelt.[23] Eine solche Auffassung findet jedoch in Abs. 2 keine gesetzliche Grundlage. Ausreichend ist es, mit Rücksicht auf die Interessenwahrung, eine **Hinweispflicht** über die Möglichkeit zum Abschluss geeigneter Versicherungen anzunehmen, wenn der Spediteur beim Versender keine entsprechenden Kenntnisse erwarten kann. Damit wird dem Versender eine eigenverantwortliche Entscheidung über die Versicherung ermöglicht.

---

[22] *Koller* Rn. 12a.
[23] OLG Düsseldorf Urt. v. 23.2.1989 – 18 U 243/88, TranspR 1989, 232 (233); OLG Schleswig Urt. v. 25.4.1984 – 6 U 80/83, TranspR 1985, 137 (138).

37   Schuldet der Spediteur den Abschluss von Versicherungen, so hat er diese auch **einzudecken.** Dabei hat sich der Spediteur an einen **anerkannten** und **leistungsfähigen Versicherer** zu wenden. Unterlässt er dies, so verletzt er eine vertragliche Nebenpflicht. Der Spediteur haftet dann für den Schaden, der von einer geeigneten Versicherung gedeckt worden wäre.

38   Ist der Spediteur zum Abschluss eines Versicherungsvertrages zugunsten des Versenders verpflichtet, hat er ohne besondere Weisungen **alle Risiken** der Versendung zu versichern. Wünscht der Versender dagegen den Abschluss einer ganz bestimmten Versicherung, so hat sich der Spediteur danach zu richten. UU ist ein Hinweis des Spediteurs erforderlich, wenn dieser erkennt, dass die vom Versender vorgesehene Versicherung ungeeignet ist. Ansonsten erfüllt der Spediteur seine Verpflichtung mit dem Abschluss der gewünschten Versicherung. Kann diese aus irgendwelchen Gründen nicht eingedeckt werden, so hat der Spediteur den Versender über diesen Umstand zu informieren und (neue) Weisungen einzuholen.[24]

39   Bei Vereinbarung der **ADSp 2003/2017** ist deren Ziff. 21 zu beachten, der die Versicherung des Gutes regelt. Nach Ziff. 21.1 ADSp 2003/2017 geht es um Sachversicherungen, nicht hingegen um eine Haftpflichtversicherung. Um eine Pflicht des Spediteurs zu begründen, reicht ein (einseitiger) Auftrag des Versenders vor Übergabe der Güter.

40   Ziff. 21.2 ADSp 2003 berechtigt, Ziff. 21.2 ADSp 2017 verpflichtet den Spediteur, eine Versicherung zu besorgen, wenn dies im Interesse des Auftraggebers liegt, wobei bestimmte Kriterien für das Bestehen oder Nichtbestehen eines solchen Interesses aufgeführt sind. Dass eine Verpflichtung des Spediteurs zur Besorgung der Versicherung durch die ADSp 2003 ausgeschlossen wurde, erscheint im Hinblick auf § 307 BGB zulässig, da etwaige aus der Interessenwahrnehmungspflicht resultierende Hinweispflichten unberührt bleiben.[25]

41   Bei Vereinbarung der ADSp ist der Spediteur gem. Ziff. 28 ADSp 2017 (Ziff. 29 ADSp 2003) verpflichtet, selbst eine Haftungsversicherung zu marktüblichen Bedingungen abzuschließen und aufrecht zu erhalten, um seine verkehrsvertragliche Haftung nach dem Gesetz und den ADSp im Umfang der Regelhaftungssummen abzudecken. Andernfalls darf er sich nicht auf für ihn günstige Regelungen der ADSp berufen (Ziff. 28.3 ADSp 2017).

42   **2. Verpackung des Gutes.** Sind die ADSp zugrunde gelegt, so muss Ziff. 6.1 ADSp 2017 beachtet werden, wonach die Verpackung des Guts zu den Pflichten des Auftraggebers gehört, bzw. mangels eines (gesonderten) Auftrags nicht Gegenstand der Vereinbarung ist (Ziff. 4.1 ADSp 2003).

43   **3. Kennzeichnung des Gutes.** Sind der Versendung die ADSp zugrunde gelegt, ist zu beachten, dass Ziff. 6 ADSp 2017 eine Pflicht des Versenders zur Verpackung und Kennzeichnung normiert. Ebenso setzt Ziff. 3.4 ADSp 2003 eine Kennzeichnung durch den Versender voraus.

44   **4. Zollbehandlung.** Bei **grenzüberschreitenden** Beförderungen wird der Spediteur regelmäßig die Zollmodalitäten übernehmen. Bei Vereinbarung der ADSp ergibt sich aus Ziff. 5.1 ADSp 2003, dass der Versendungsauftrag den Auftrag zur zollamtlichen Abfertigung einschließt; Ziff. 4.6 ADSp 2017 stellt eine entsprechende Vermutung auf.

45   **5. Sonstige weitere Vertragspflichten.** Neben den gesetzlich benannten Nebenleistungen kann sich der Spediteur zu weiteren beförderungsbezogenen Nebenleistungen verpflichten, die dann ebenfalls Bestandteil des Speditionsvertrages werden. Die ausdrücklich genannten Leistungsinhalte sind nicht abschließend, sondern dienen nur der plakativen Ausfüllung der normierten Generalklausel. Neben nicht genannten beförderungsspezifischen Nebenleistungen kommen auch beförderungsfremde Nebenleistungen in Betracht, zu deren Erfüllung sich der Spediteur ebenfalls verpflichten kann. So gehört zB das Zurverfügungstellen von Hard- und Softwarelösungen für die Bewältigung vernetzter Dienstleistungen mittlerweile zum Angebot eines speditionellen Logistikunternehmens. Diese Leistungen unterfallen jedenfalls dann dem Speditionsrecht, wenn sie mit einem Beförderungsvorgang, den das Logistikunternehmen organisiert, verknüpft sind.[26] Denkbar ist auch, dass im Wege der Vertragsauslegung eine Leistung (zB Verpackung) so bedeutsam ist, dass von einer unabhängig von der Speditionsleistung übernommenen Hauptleistungspflicht auszugehen ist und insoweit dann kein Speditionsrecht zur Anwendung kommt.[27]

46   Verpflichtet sich der Spediteur zu beförderungsspezifischen Leistungen und beförderungsfremden Nebenleistungen, wird der Speditionsvertrag zum **gemischten Vertrag.**[28] Ein gemischter Vertrag liegt etwa dann vor, wenn sich der Spediteur zur Montage von Halbfertigprodukten zu Systemteilen in spediteureigenen Lagerhallen verpflichtet, die anschließend – zumeist just-in-time – an das Fließband

---

[24] OLG Düsseldorf Urt. v. 27.7.1983 – 18 U 60/83, VersR 1985, 256.
[25] *Koller* ADSp Ziff. 21 Rn. 8.
[26] Vgl. *Valder* TranspR 1998, 52. Missverständlich *Müglich* TranspR Rn. 7.
[27] BGH Urt. v. 16.2.2012 – I ZR 150/10, TranspR 2012, 148 Rn. 22; BGH Urt. v. 13.9.2007 – I ZR 207/04, TranspR 2007, 477 Rn. 16–19; NJW 2008, 172 mAnm *Ramming.*
[28] Vgl. dazu *Temme* TranspR 2008, 374.

des Herstellers versandt werden. Der Speditionsvertrag besteht dann aus speditionellen Elementen sowie aus Elementen des Werkvertrages und des Dienstvertrages.[29]

Weitere beförderungsbezogene Nebenpflichten sind die Beschaffung von **Begleitpapieren** und **47** weiteren Dokumenten (§ 413), die **Kontrolle** des Gutes auf Unversehrtheit (§§ 377, 378), eine über die **Zollbehandlung** hinausgehende weitere amtliche Güterbehandlung, die **Abholung** des Gutes beim Versender oder das **Ver- und Entladen** des Gutes (§ 412).

IV. Selbstverpflichtung des Spediteurs (Abs. 2 S. 2)

Abs. 2 S. 2 behandelt die Frage, ob der Spediteur in Bezug auf die **sonstigen beförderungs-** **48** **bezogenen Nebenleistungen** nach S. 1 deren Erbringung selbst schuldet oder ob er auf eine Fremdausführung durch ausführende dritte Unternehmer (etwa eines Zwischenspediteurs) zurückgreifen kann. Diese Frage ist von haftungsrechtlicher Bedeutung. Bei einer Selbstverpflichtung hat sich der Spediteur nach der Erfüllungsgehilfenhaftung gem. § 278 BGB das Fehlverhalten eingesetzter Subunternehmer zurechnen zu lassen, während er bei einer Fremdverpflichtung nur für ein Auswahlverschulden einzustehen hat. Abs. 2 S. 2 enthält nun für den Fall, dass eine entsprechende Vereinbarung fehlt, eine **Zweifelsregelung** dahingehend, dass der Spediteur sich selbst verpflichtet hat.[30]

Dieser Regelung liegt der Gedanke zugrunde, dass es dem Spediteur völlig freisteht, sich zu **49** zusätzlichen speditionellen Nebenleistungen zu verpflichten. Entscheidet sich der Spediteur zur Erweiterung seines gesetzlich geschuldeten Leistungsinhalts, dann hat er im Zweifel diese Leistungen selbst zu erbringen. Bedient er sich dabei ausführender Unternehmer, so hat er für diese gem. der Haftung für Erfüllungsgehilfen nach § 278 BGB einzustehen. Will der Spediteur seine Haftung auf Auswahlverschulden festschreiben, bedarf es hierzu einer eindeutigen vertraglichen Vereinbarung.

V. Handeln im eigenen oder fremden Namen (Abs. 3)

Der Spediteur kann die für die Versendung erforderlichen Ausführungsgeschäfte sowohl im eigenen **50** wie auch im fremden Namen abschließen, ohne dass sich dadurch die Einordnung als Speditionsvertrag ändert.

Regelmäßig wird der Spediteur im eigenen Namen handeln, schon um den zusätzlichen Aufwand **51** zu vermeiden, der mit einer nach außen kenntlich zu machenden Stellvertretung verbunden ist.

Erteilt der Versender dem Spediteur allerdings eine entsprechende **Vollmacht,** ist daraus eine **52** Verpflichtung des Spediteurs zu folgern, von dieser Vollmacht auch Gebrauch zu machen. So kann es durchaus im Interesse des Versenders liegen, dass er selbst (und nicht der Spediteur) Vertragspartei der Ausführungsgeschäfte wird. So können etwa Schutzlücken, die § 457 aufweist vermieden werden.

VI. Interessenwahrungspflicht und Weisungsgebundenheit (Abs. 4)

1. Interessenwahrungspflicht. Bei der Erfüllung seiner Pflichten aus dem Speditionsvertrag hat **53** der Spediteur das Interesse des Versenders wahrzunehmen. Daraus folgt, dass bei Kollisionen mit den eigenen Interessen des Spediteurs das Interesse des Versenders der Vorrang einzuräumen ist.[31] Als **Kardinalpflicht** kann die Interessenwahrungspflicht nicht vertraglich abbedungen werden.[32] Allerdings können die Parteien die Interessenwahrungspflicht näher konkretisieren oder einschränken.[33] Zu denken ist etwa an Fälle, in denen dem Spediteur erlaubt sein soll, auch die (anders gearteten) Interessen weiterer Versender zu berücksichtigen. Ohne solche Vereinbarungen ergäbe sich sonst die Problematik, dass der Spediteur uneingeschränkt die Interessen des ersten Versenders wahrnehmen müsste und keine weiteren Speditionsaufträge anderer Versender annehmen dürfte, deren Interessen mit denen des ersten Versenders auch nur teilweise kollidieren würden.[34]

Der Interessenwahrungspflicht steht **kein einklagbarer Anspruch** gegenüber. Eine Verletzung **54** kann Schadensersatzansprüche gegen den Spediteur begründen.

2. Weisungen. a) Allgemeines. Der Spediteur hat den Weisungen des Versenders als dessen **55** Interessenverwalter grundsätzlich Folge zu leisten.[35] Der Versender kann Weisungen nach Belieben ändern oder widerrufen. Durch Weisungen kann der Versender auf die vertraglichen Pflichten des Spediteurs auch nach Vertragsschluss einen gewissen Einfluss nehmen. Die ausführlichen Regelungen in § 418 können im Speditionsrecht grundsätzlich angewendet werden. Neue, vom Spediteur nicht übernommene Vertragspflichten können durch Weisung nicht begründet werden. Die **einseitige**

---

[29] Vgl. hierzu *Gass/Lange,* Rahmenverträge, 1999, 18 ff.
[30] *Herber* NJW 1998, 3297 (3307).
[31] *Koller* Rn. 4; MüKoHGB/*Bydlinski* Rn. 109.
[32] GroßkommHGB/*Helm* §§ 407–409 Rn. 88; Schlegelberger/*Schröder* § 408 Rn. 1a.
[33] MüKoHGB/*Bydlinski* Rn. 110.
[34] Vgl. insoweit *Koller* Rn. 4.
[35] Baumbach/Hopt/*Merkt* Rn. 4.

empfangsbedürftige **Willenserklärung,**[36] kann als einseitiger Gestaltungsakt nur zu einer näheren Konkretisierung bereits übernommener Pflichten führen. Eine Abweichung von Weisungen ist unter den Voraussetzungen § 665 BGB möglich.

56   Eine rechtlich **unwirksame Weisung** kann als **Antrag zur Vertragsänderung** verstanden werden (§§ 133, 157 BGB). Leistet der Spediteur einer Weisung Folge, die ihm gegenüber nicht verbindlich geworden ist, so nimmt er dabei konkludent das Angebot zur Vertragsänderung an. Bei einer so erzielten einvernehmlichen (beidseitigen) Vertragsänderung ist der Spediteur zur Ausführung auch **unzumutbarer** Weisungen verpflichtet, selbst wenn dadurch ein Nachteil für den Betrieb des Spediteurs entsteht.

57   Die **Interessen anderer Versender** dürfen durch Weisungen nicht beeinträchtigt werden, soweit nicht eine zulässige Einschränkung der Interessenwahrungspflicht vereinbart wurde. Kann der Spediteur derartige Weisungen mit Rücksicht auf die Interessen anderer Versender nicht ausführen, sind sie für ihn rechtlich unwirksam, worauf der Versender hinzuweisen ist.[37] Ebenso hat der Spediteur eine Hinweispflicht, wenn er eine Weisung des Versenders als für diesen objektiv **nachteilig** erkennt.[38]

58   **b) Grenzen des Weisungsrechts.** Eine Weisung ist nur wirksam, **soweit** sie objektiv **durchführbar**, rechtlich **möglich** und normativ **zumutbar** ist. Dazu gehört auch, dass Weisungen nicht verpflichtend sind, die zu einem **wirtschaftlich** erheblichen **Mehraufwand** des Spediteurs führen, das vereinbarte Preis-/Leistungsgefüge verändern oder die Rechte des Spediteurs einschränken und damit über eine Konkretisierung der bestehenden vertraglichen Verpflichtungen hinausgehen.

59   Ist nur ein **Teil** der Weisung wirksam, so kann eine Pflicht des Spediteurs zur Befolgung dieses Teiles in Betracht kommen, wenn die Weisung inhaltlich teilbar ist und der Versender ein Interesse auch an der Befolgung einer partiellen Weisung hat. Ist die Durchführung der Weisung **gänzlich unmöglich,** so beurteilt sich die Rechtslage nach allgemeinen Unmöglichkeitsregeln, insbesondere nach § 275 BGB.

60   Die Wirksamkeit der Weisung beurteilt sich zum Zeitpunkt des Zuganges der Weisung.[39] Eine Pflicht des Spediteurs, sich um die Ausführung von unwirksamen Weisungen durch Dritte zu bemühen, ist abzulehnen. Den Interessen des Versenders wird genügt, wenn er vom Spediteur über die Nichtausführung der Weisung unterrichtet wird.

61   **c) Haftung des Spediteurs.** Der Spediteur hat verbindlichen Weisungen Folge zu leisten. Eigenmächtiges Handeln – soweit nicht die Voraussetzungen von § 665 BGB gegeben sind – ist eine Vertragsverletzung und führt zur Ersatzpflicht des Spediteurs wegen insoweit entstandener Schäden.[40]

62   **d) Aufwendungsersatzanspruch.** Der Spediteur hat einen Ersatzanspruch für die durch Ausführung einer Weisung entstandenen Kosten (§§ 675, 670 BGB). Wegen Handlungen, die (nach den Erkenntnismöglichkeiten des Spediteurs) dem Interesse des Versenders widersprechen, steht dem Spediteur grundsätzlich kein Ersatzanspruch zu, da er solche Aufwendungen objektiv nicht für erforderlich halten durfte und auf Grund der Interessenwahrungspflicht vielmehr gehalten war, den Versender auf entsprechende mit der Weisung verbundene Nachteile hinzuweisen. Der Versender kann die Kostenübernahme insoweit ablehnen. Etwas anderes gilt, wenn der Versender trotz Hinweises des Spediteurs auf die Durchführung der Weisung besteht.

63   Analog § 418 Abs. 1 S. 4 Hs. 2 kann der Spediteur die Befolgung einer Weisung von einem **Vorschuss** abhängig machen, sofern die Grundsätze von Treu und Glauben nicht entgegenstehen. Da regelmäßig das Pfandrecht nach §§ 464, 440 dem Spediteur eine hinreichende Sicherheit gibt, kann – insbesondere in Eilfällen – die Geltendmachung eines Vorschusses treuwidrig sein.[41]

64   **e) Beweislast.** Die Beweislast richtet sich nach allgemeinen Grundsätzen. Demnach muss der Versender beweisen, dass eine Weisung erteilt wurde. Der Versender hat auch die Zumutbarkeit der Weisung und die Möglichkeit, dass diese objektiv ausgeführt werden kann, zu beweisen.[42] Dem Spediteur obliegt der Beweis für die ordnungsgemäße Befolgung einer Weisung.

§ 455 Behandlung des Gutes. Begleitpapiere. Mitteilungs- und Auskunftspflichten

(1) [1]**Der Versender ist verpflichtet, das Gut, soweit erforderlich, zu verpacken und zu kennzeichnen und Urkunden zur Verfügung zu stellen sowie alle Auskünfte zu erteilen, deren der Spediteur zur Erfüllung seiner Pflichten bedarf. [2]Soll gefährliches Gut versendet**

---

[36] *Koller* Rn. 15.
[37] MüKoHGB/*Bydlinski* Rn. 116.
[38] *Thume* in Fremuth/Thume TranspR Rn. 35; MüKoHGB/*Bydlinski* Rn. 114.
[39] *Koller* § 418 Rn. 20.
[40] *Thume* in Fremuth/Thume TranspR Rn. 37; BGH Urt. v. 17.4.1951 – I ZR 61/52, BGHZ 2, 1 (4) = NJW 1953, 541; BGH Urt. v. 3.2.1953 – I ZR 28/50, BGHZ 9, 1 (3) = NJW 1951, 653.
[41] *Koller* § 418 Rn. 27.
[42] BGH Urt. v. 9.10.1964 – I b ZR 226/62, NJW 1964, 2348 (2350).

werden, so hat der Versender dem Spediteur rechtzeitig in Textform die genaue Art der Gefahr und, soweit erforderlich, zu ergreifende Vorsichtsmaßnahmen mitzuteilen.

(2) ¹Der Versender hat, auch wenn ihn kein Verschulden trifft, dem Spediteur Schäden und Aufwendungen zu ersetzen, die verursacht werden durch

1. ungenügende Verpackung oder Kennzeichnung,
2. Unterlassen der Mitteilung über die Gefährlichkeit des Gutes oder
3. Fehlen, Unvollständigkeit oder Unrichtigkeit der Urkunden oder Auskünfte, die für eine amtliche Behandlung des Gutes erforderlich sind.

²§ 414 Absatz 2 ist entsprechend anzuwenden.

(3) Ist der Versender ein Verbraucher, so hat er dem Spediteur Schäden und Aufwendungen nach Absatz 2 nur zu ersetzen, soweit ihn ein Verschulden trifft.

Schrifttum: *Koller,* Die Unzulänglichkeit der Verpackung im Transport- und Transportversicherungsrecht, VersR 1993, 519; *Müglich,* Probleme des Einsatzes neuer Informationstechniken im Transportgewerbe, TranspR 2000, 145; *Willenberg,* Rechtliche Grundlagen für die Verpackung gefährlicher Güter, TranspR 1981, 81.

Übersicht

I. Einleitung

Die Vorschrift behandelt die **Pflichten** und die **Haftung des Versenders.** Abs. 1 benennt die **1** Pflichten des Versenders. Nach Abs. 2 haftet der Versender für dort näher beschriebene Pflichtverletzungen grundsätzlich verschuldensunabhängig und nach der Änderung von § 414 Abs. 1 durch das Seerechtsreformgesetz¹ auch **unbegrenzt.** Nach Abs. 3 wird ein **Verbraucher** durch Absenken des in Abs. 2 statuierten allgemeinen Haftungsmaßstabs insoweit privilegiert, als er nur bei Verschulden haftet.

Die Bestimmung findet Anlehnung an die §§ 410, 411, 413 und 414, ohne jedoch deren Wortlaut **2** inhaltlich zu übernehmen.² Angesichts der unterschiedlichen Berufsbilder des Frachtführers als Werkvertragsunternehmer und des Spediteurs als Interessenwahrer sind die Pflichten nach Abs. 1 einer **abweichenden Parteivereinbarung** zugänglich (vgl. § 466). Das ermöglicht einen Gleichlauf mit dem in § 454 Abs. 2 umrissenen vertraglichen Pflichtengefüge des Spediteurs.³

II. Pflichten des Versenders (Abs. 1)

Abs. 1 nennt als Pflichten des Versenders **Verpackung** und **Kennzeichnung** des Gutes, zur Ver- **3** fügung stellen von **Urkunden** sowie Erteilen von **Auskünften.**

---

¹ BGBl. 2013 I 831.
² *Koller* Rn. 1.
³ Vgl. BR-Drs. 368/97, 107.

4   Die gesetzliche Zuweisung der genannten Pflichten an den Versender greift immer dann, wenn sich der Spediteur nicht selbst vertraglich zur Übernahme dieser Leistungsinhalte verpflichtet hat. Dabei kann der Spediteur sein Pflichtenprogramm um zusätzliche Nebenleistungen erweitern, wie durch § 454 Abs. 2 S. 1 klargestellt wird. Soweit der Spediteur solche vertraglichen Bindungen eingeht, sind zwei Fälle zu unterscheiden. Der Spediteur kann seine Verpflichtung darauf beschränken, die zur Erbringung der Leistungen erforderlichen Verträge mit Dritten abzuschließen. Zum anderen kann er sich selbst zur Erbringung der Leistungen verpflichten, wovon die gesetzliche Regelung mangels anderer ausdrücklicher Vereinbarung ausgeht (§ 454 Abs. 2 S. 2).

5   Der Versender hat demnach alle erforderlichen Auskünfte zu erteilen. Der Erforderlichkeitsmaßstab wurde bewusst auf den individuell agierenden Spediteur zugeschnitten. Für den Regelfall wird sich die **Erforderlichkeit** der Auskunftserteilung freilich – in Übereinstimmung mit dem allgemeinen Handelsrecht – danach bestimmen, ob ein ordentlicher Kaufmann für die Erfüllung seiner vertraglichen Pflichten einer Auskunft bedarf.[4]

6   Der Versender kann seine Pflichten aus Abs. 1 grundsätzlich nicht durch **Weisung** auf den Spediteur übertragen, da eine einseitige Änderung des vertraglichen Leistungsinhalts durch Weisungen nicht möglich ist, sondern lediglich bereits bestehende Rechte inhaltlich konkretisiert oder ausgeübt werden können. In Betracht kommt allerdings eine (konkludente) Vertragsänderung.

7   **1. Verpackung.** Der **Versender** hat das Gut transportsicher zu verpacken (Abs. 2 Nr. 1);[5] insoweit korrespondiert die Vorschrift mit § 411.

8   Im Rahmen der Versenderpflichten wird allerdings zu berücksichtigen sein, dass dem Spediteur nach § 454 Abs. 4 gegenüber dem Versender eine Interessenwahrungspflicht obliegt. Daraus kann sich die Notwendigkeit ergeben, dem Versender Hinweise zu erteilen. Fehlen dem Versender erkennbar die erforderlichen Kenntnisse, ist er ebenso über die Anforderungen an eine transportsichere Verpackung aufzuklären wie in Fällen, in denen die vorgesehene Art der Beförderung besondere Anforderungen an die Verpackung stellt. Auf bestehende **Verpackungsmängel** hat der Spediteur **hinzuweisen**.[6] Bei einem sachkundigen Versender kann jedoch der Einwand des Mitverschuldens in Betracht kommen.[7] Die Hinweispflicht darf allerdings nicht als eine gesonderte Prüfungspflicht ausgestaltet werden. Eine Verpflichtung des Spediteurs, die Verpackung durch den Versender auf Transportsicherheit zu überprüfen, ist mit der gesetzlich vorgesehenen Risikoverteilung nicht vereinbar. Ebenso hat der Spediteur keine Nachforschungspflicht hinsichtlich etwaiger Verpackungsmängel, wenn der Frachtführer das Gut direkt beim Versender abholt.[8] In einem solchen Fall ist der Frachtführer haftungsrechtlich kein Erfüllungsgehilfe des Spediteurs, weil er nicht in dessen Pflichtenkreis tätig wird.

9   Besteht der Versender auf einer Beförderung, obwohl er auf Verpackungsmängel hingewiesen wurde, ist dem Spediteur hinsichtlich der Versendung ein Wahlrecht einzuräumen. Weder eine Pflicht zur Vornahme der Versendung, noch eine Pflicht zu deren Unterlassung[9] wird der Situation des Spediteurs gerecht. Es darf nicht verlangt werden, dass der Spediteur völlig unzureichend verpacktes Gut dem Frachtführer zur Beförderung übergibt, demgegenüber er als Absender nach § 411 S. 1 zur transportsicheren Verpackung verpflichtet ist. Andererseits darf der Spediteur nicht gezwungen sein, die Versendung zu unterlassen, obgleich nur geringfügige Verpackungsmängel gegeben sind. Schließlich darf der Spediteur in solchen Fällen auch ohne gesonderten Auftrag des Versenders die Verpackungsmängel beseitigen. Dafür kann er seine Aufwendungen nach §§ 675, 670 BGB ersetzt verlangen.[10]

10   Die verschuldensunabhängige Haftung des Versenders wegen ungenügender Verpackung gegenüber dem Spediteur (Abs. 2) führt zu einem haftungsrechtlichen Gleichklang mit dem Frachtrecht (§ 414 Abs. 1). Der **Spediteur** als **Absender** des Gutes, haftet gegenüber dem Frachtführer im Ergebnis genauso wie der Versender gegenüber dem Spediteur. Besondere Regressprobleme sollen so vermieden werden, können allerdings entstehen, wenn die jeweiligen Vertragsparteien abweichende Vereinbarungen getroffen haben. Für den Spediteur kann sich ein Risiko auch daraus ergeben, dass er beim Versender mangels Bonität keinen Regress nehmen kann und sein eigener Versicherer die Deckung für einen beim Frachtführer entstandenen Schaden mit der Begründung ablehnt, die Schadensherbeiführung sei vorsätzlich erfolgt, weil der Spediteur die schadensverursachenden Verpackungsmängel erkannt habe.

11   **2. Kennzeichnung des Gutes.** Die erforderliche Kennzeichnung des Gutes obliegt nach der gesetzlichen Pflichtverteilung dem Versender, soweit sich der Spediteur nicht vertraglich zur Übernahme dieser Tätigkeit verpflichtet hat (§ 454 Abs. 2). Die Vorschrift korrespondiert mit § 411.

---

[4] BR–Drs. 368/97, 107.
[5] *Koller* VersR 1993, 519; *Koller* Rn. 2; MüKoHGB/*Bydlinski* Rn. 4.
[6] OLG Saarbrücken Urt. v. 8.11.1991 – 4 U 78/90, TranspR 1992, 33 (34 f.).
[7] BR–Drs. 368/97, 107.
[8] OLG Düsseldorf Urt. v. 23.2.1989 – 18 U 243/88, TranspR 1989, 232 = VersR 1990, 502 f.
[9] GroßkommHGB/*Helm* §§ 407–409 Rn. 106 („auf keinen Fall").
[10] Schlegelberger/*Schröder* § 408 Rn. 4.

Übernimmt der Spediteur die Kennzeichnungspflicht, so hat er sich alle notwendigen Informationen vom Versender als **„Warenfachmann"** zu verschaffen. Liegen die **ADSp** zugrunde, so ist Ziff. 3.4 ADSp 2003 zu beachten, bzw. Ziff. 3.1.1 und 6 ADSp 2017.

Ist der **Spediteur Absender** des Gutes, dann treffen ihn auch hinsichtlich der Kennzeichnung die   **12** Pflichten gem. § 411 S. 2.

3. Urkunden. Der Versender hat dem Spediteur Urkunden zur Verfügung zu stellen. Diese Vor-   **13** schrift korrespondiert mit § 413 Abs. 1. Der Versender erfüllt diese Pflicht nur, wenn er dem Spediteur die für die Versendung des Transports **notwendigen** Urkunden zur Verfügung stellt. Zu den notwendigen Urkunden zählen jedenfalls solche, die für die zu erledigende **Zoll-** oder sonstige **Behandlung** des Gutes notwendig sind. Ob im Einzelfall weitere Urkunden zur Verfügung gestellt werden müssen, bestimmt sich nach dem Leistungsinhalt des Speditionsvertrages. Der Wortlaut ist insoweit offen. Neben den **Zollpapieren** sind zu nennen die **Warenbegleitpapiere** sowie evtl. erforderliche **Genehmigungen.** Wie bei Auskünften ist auch bei Urkunden zu fordern, dass alle zur Verfügung gestellt werden, deren der Spediteur zur Erfüllung seiner Pflichten bedarf. Bei der verschuldensunabhängigen Haftung nach Abs. 2 Nr. 3 ist allerdings eine Beschränkung auf solche Urkunden vorzunehmen, die für eine amtliche Behandlung des Gutes erforderlich sind.[11]

Ist der **Spediteur Absender** des Gutes, dann treffen ihn die Pflichten nach § 413.   **14**

4. Erteilung von Auskünften. a) Allgemeines. Der Versender hat dem Spediteur alle Auskünfte   **15** zu erteilen, die der Spediteur zur Erfüllung seiner Pflichten benötigt. Die Vorschrift ist gegenüber der frachtrechtlichen Norm des § 413 breiter angelegt und nicht auf die amtliche Behandlung, insbesondere die Zollabwicklung, beschränkt. Damit soll dem Umstand Rechnung getragen werden, dass der Spediteur verschiedenartige Leistungen erbringt, die eine Einengung auf bestimmte Auskünfte nicht erlauben.

b) Umfang der Auskunftserteilung. Der Umfang der Auskunftserteilung bestimmt sich nach   **16** dem Pflichtenprogramm des Spediteurs, also nach dem individuellen Leistungsinhalt des Speditionsvertrages. Allgemeingültige Aussagen über den Umfang der Auskunftspflicht können demnach nicht getroffen werden. Ob der Versender alle notwendigen Auskünfte erteilt hat, wird sich oftmals erst während der eigentlichen Beförderung herausstellen, nämlich dann, wenn **Beförderungshindernisse** eingetreten oder sonstige **Schwierigkeiten** entstanden sind, denen mit den erforderlichen Informationen hätte entgegengewirkt werden können.

Im Ausgangspunkt ist festzuhalten, dass alle **erforderlichen** Auskünfte erteilt werden müssen. Maß-   **17** stab ist, ob die erteilten Auskünfte einem ordentlichen Spediteur zur Erfüllung seiner vertraglichen Pflichten genügen können. Dabei wird auch zu berücksichtigen sein, ob der Versender unschwer Auskünfte erteilen kann, die sich der Spediteur zwar anderweitig verschaffen kann, dies aber nur mit erheblichem Aufwand. Aufgrund der Interessenwahrungspflicht (§ 454 Abs. 4) kann der Spediteur gehalten sein, beim Versender zusätzliche Auskünfte zu erheben, wenn er bei pflichtgemäßem Verhalten erkennen kann, dass bisher nicht erteilte Auskünfte für die Vertragserfüllung relevant sein können.

5. Pflichten bei Gefahrguttransporten (Abs. 1 S. 2). a) Allgemeines. Übernimmt der Spedi-   **18** teur die Versendung von gefährlichem Gut, so hat er einen Anspruch gegenüber dem Versender, dass dieser ihm die genaue Art der Gefahr und, soweit erforderlich, die zu ergreifenden Vorsichtsmaßnahmen mitteilt. Die Vorschrift korrespondiert mit § 410; entsprechend sind die Informationen in Textform (§ 126b BGB) zu erteilen. Das erlaubt – wie schon die frühere Fassung des Gesetzes („schriftlich oder in sonst lesbarer Form") den Einsatz elektronischer Kommunikationsmittel.[12] Eine Mitteilungspflicht kann sich zusätzlich aus **öffentlich-rechtlichen Gefahrgutvorschriften** ergeben, etwa aus § 18 GGVSEB.[13]

b) Zeitpunkt. Die Mitteilung muss **rechtzeitig** erfolgen. Die Vorschrift statuiert keine genaue   **19** Bezeichnung des Mitteilungszeitpunktes. Was rechtzeitig ist, bestimmt sich unter Berücksichtigung der Besonderheiten eines jeden Einzelfalles. Eine Mitteilung ist jedenfalls dann rechtzeitig, wenn der Spediteur ohne überobligationsmäßige Anstrengungen noch im Stande ist, die geeigneten Maßnahmen für eine reibungslose Versendung gefährlicher Güter ergreifen oder die Durchführung des Vertrags ablehnen zu können.[14]

Dazu gehört ua, dass der Spediteur in der Lage ist, ein geeignetes Transportfahrzeug auszuwählen,   **20** die besonderen Genehmigungen einzuholen sowie geeignete Transporthilfsmittel zu besorgen. Nicht mehr rechtzeitig ist die Mitteilung, wenn der Frachtführer von der Möglichkeit Gebrauch machen kann, sich gem. § 410 Abs. 2 Nr. 1 des Gutes zu entledigen.

---

[11] *Koller* Rn. 6.
[12] *Müglich* TranspR 2000, 148.
[13] VO über die innerstaatliche und grenzüberschreitende Beförderung gefährlicher Güter auf der Straße, mit Eisenbahnen und auf Binnengewässern (GefahrgutVO Straße, Eisenbahn und Binnengewässern – GGVSEB) idF der Bek. v. 11.3.2019, BGBl. 2019 I 258.
[14] Vgl. BGH Urt. v. 13.6.2012 – I ZR 87/11, TranspR 2012, 463 Rn. 26.

21   **c) Form der Mitteilung.** Der Versender hat den Spediteur **in Textform** (§ 126b BGB) zu unterrichten. Damit wird einerseits dem Erfordernis Rechnung getragen, die Möglichkeiten elektronischer Datenverarbeitung und Datenübermittlung zu nutzen. Andererseits ist gegenüber nur mündlichen Erklärungen eine dauerhafte Wiedergabemöglichkeit in Schriftzeichen möglich und somit die unveränderte Weitergabe an Dritte, etwa den Frachtführer.

22   **d) Art der Gefahr.** Der Versender genügt seiner Mitteilungspflicht über die Art der Gefahr, wenn er dem Spediteur unter **Hinweis auf die öffentlich-rechtlichen Gefahrgutvorschriften** die jeweiligen **Gefahrgutklassen** sowie die **gängige Bezeichnung** des Gefahrguts mitteilt.

23   Der Versender darf davon ausgehen, dass der Spediteur als ordentlicher Kaufmann Kenntnis über die Gefahrgutvorschriften und deren Klassifizierungen hat. Nicht ausreichend ist es, wenn der Versender lediglich die **chemische Formel** mitteilt, da eine Kenntnis der chemischen Zusammensetzung nicht verlangt werden kann. Sind die zu befördernden Güter unter beförderungsspezifischen Gesichtspunkten gefährlich, ohne den öffentlich-rechtlichen Gefahrgutklassen zu unterliegen, hat der Versender gegenüber dem Spediteur so detaillierte Angaben über das Gut zu machen, dass dieser subjektiv in der Lage ist, die erforderlichen Maßnahmen zur Verhütung der dem Gut immanenten Gefahr zu veranlassen.

24   **e) Vorsichtsmaßnahmen.** Der Versender hat dem Spediteur die zu ergreifenden Vorsichtsmaßnahmen mitzuteilen, soweit dies erforderlich ist. Durch die gewählte Formulierung kommt zum Ausdruck, dass sich die Mitteilung etwaiger Vorsichtsmaßnahmen unmittelbar an den Informationsbedürfnissen des Spediteurs zu orientieren hat, welche nach einem verobjektivierten Versenderhorizont zu bestimmen sind.[15] Dies hat zur Folge, dass es im alleinigen Verantwortungsbereich des Versenders liegt, ob die erteilten Informationen zum Ergreifen von Vorsichtsmaßnahmen ausreichend, umfassend, richtig und verständlich waren.

III. Haftung des Versenders

25   **1. Allgemeines.** Abs. 2 statuiert für die in Abs. 2 Nr. 1–3 genannten Fälle eine **verschuldensunabhängige und nunmehr unbegrenzte Haftung** des Versenders. Die Aufzählung ist abschließend und kann nicht auf andere Fallgruppen ausgedehnt werden. Für alle anderen Pflichtverletzungen haftet der Versender nach allgemeinen Vorschriften, also nur bei Verschulden.

26   Der den Versender treffende strenge Haftungsmaßstab ist nicht unproblematisch. Er steht insbesondere im Spannungsverhältnis zur Pflicht des Spediteurs, die Interessen des Versenders zu wahren (§ 454 Abs. 4). Die Interessenwahrungspflicht verlangt es nämlich, dass der Spediteur den Versender möglichst vor Pflichtverletzungen bewahrt und ihn etwa rechtzeitig über erkannte „Mängel" bei Verpackung und Kennzeichnung unterrichtet und ebenso auf unvollständige oder unbrauchbare Mitteilungen, Urkunden und Auskünfte hinweist. Gegen eine verschuldensunabhängige Haftung könnte deshalb eingewandt werden, mangels einer eindeutig zuzuordnenden Schadensverantwortlichkeit im Verhältnis Versender – Spediteur sei ein derart strenger Haftungsmaßstab nicht gerechtfertigt.

27   Dem steht jedoch die Forderung nach weitgehendem **Gleichklang zwischen Frachtrecht und Speditionsrecht** gegenüber (§ 455 Abs. 2). Ein Auseinanderfallen der Haftungsmaßstäbe würde auch zu erheblichen Regressproblemen zu Lasten des Spediteurs führen. Da der Spediteur (als Absender) im Regelfall gegenüber dem Frachtführer nach § 414 verschuldensunabhängig haftet, wäre ein Regress gegenüber dem Versender ausgeschlossen, wenn diesem an der Schadensentstehung kein Verschulden nachgewiesen werden könnte. Das Gesetz trägt deshalb der Überlegung Rechnung, im Ergebnis den Versender als Letztverantwortlichen mit der Haftung zu belasten. Diese Regelung ist für den Versender auch hinnehmbar, da die schon angesprochenen Hinweispflichten des Spediteurs das Haftungsrisiko des Versenders im Vergleich zu einer direkten Beauftragung des Frachtführers, dem keine „Interessenwahrungspflicht" obliegt, deutlich verringern dürften.

28   Die verschuldensunabhängige Haftung des Versenders wird damit nur in den Fällen statuiert, in denen auch der Absender gegenüber dem Frachtführer verschuldensunabhängig haftet. Nicht alle Pflichtverletzungen in Bezug auf die in Abs. 1 genannten Leistungsinhalte werden in Abs. 2 also einer verschärften Haftung unterstellt.

29   Während der Versender nach Abs. 1 alle erforderlichen Urkunden zur Verfügung stellen und Auskünfte erteilen muss, die im Zusammenhang mit der Versendung relevant werden und denen der Spediteur zur Erfüllung seiner Pflichten bedarf, ist die verschuldensunabhängige Haftung des Versenders nach Abs. 2 Nr. 3 – entsprechend § 414 Abs. 1 Nr. 4 – auf Schäden begrenzt, die durch fehlende, unvollständige oder unrichtige Urkunden und Auskünfte, die für eine amtliche Güterbehandlung erforderlich sind, entstehen.

30   **2. Haftungsmaßstab und Fallgruppen des Abs. 2. a) Haftungsmaßstab.** Der Haftungsmaßstab des Abs. 2 statuiert eine **Gefährdungshaftung.** Der Versender haftet in den nach dieser Vorschrift

---

[15] Bericht v. 5.12.1996, 54.

niedergelegten Fällen ohne Rücksicht auf ein etwaiges Verschulden. Ein Entlastungsbeweis, wie nach § 831 BGB, ist nicht zugelassen. Dem Versender bleibt es ebenfalls verwehrt, sich auf eine fehlende Verschuldenszurechnung (§ 278 BGB) zu beziehen und sich dadurch seiner Haftpflicht zu entziehen. Das Argument etwa, er hätte das Gut bereits schlecht verpackt von einem Dritten (zB Verkäufer) erhalten oder die das Gut betreffenden Angaben kämen von Seiten eines Dritten, ist unbeachtlich.

b) Die einzelnen Fallgruppen. aa) Ungenügende Verpackung oder Kennzeichnung (Abs. 2 31 **Nr. 1).** Die Sorge um die für den beabsichtigten Transport geeignete Verpackung der Güter trifft grundsätzlich den **Versender.** Das Gleiche gilt für Kennzeichnung und Punktangaben zur Kennzeichnung. Ungenügende Verpackung oder Kennzeichnung durch den Versender werden entsprechend durch Statuierung der Gefährdungshaftung sanktioniert (→ § 411 Rn. 1 ff.).

bb) Unterlassene Mitteilung (Abs. 2 Nr. 2). Diese Vorschrift sanktioniert Pflichtverletzungen 32 des Versenders im Zusammenhang mit **gefährlichen Gütern** (§ 410 Abs. 1). Nach dem Zweck des Gesetzes steht die unvollständige oder unrichtige Mitteilung der unterlassenen Mitteilung gleich (Einzelheiten zur Beförderung gefährlicher Güter → § 410 Rn. 1 ff.).

cc) Mangelhafte Begleitdokumente oder Auskünfte (Abs. 2 Nr. 3). Die Vorschrift sanktio- 33 niert Mängel der Begleitpapiere und Informationen. Die verschuldensunabhängige Haftung besteht nur, wenn diese Mängel für Schäden und Aufwendungen des Spediteurs ursächlich werden, die vom Wortlaut des Abs. 2 Nr. 3 gedeckt sind. Bei Mängeln im Zusammenhang mit anderen Urkunden und Auskünften haftet der Versender nur verschuldensabhängig (→ § 413 Rn. 1 ff.).

c) Umfang der Versenderhaftung. Der Versender haftet dem Spediteur gem. Abs. 2 S. 2 iVm 34 § 414 Abs. 2 nunmehr unbegrenzt (→ Rn. 37). Er hat dem Spediteur alle Schäden und Aufwendungen zu ersetzen, die durch die Pflichtverletzung entstanden sind. Dazu gehören in erster Linie die Schäden, die der Spediteur (als Absender) gegenüber dem Frachtführer nach § 414 zu ersetzen hat. Der Versender ist insoweit also auch zum Ersatz von Schäden verpflichtet, die daraus resultieren, dass der Spediteur durch Dritte eine eigene unmittelbare Vermögenseinbuße erlitten hat.

d) Beweislast. Der Spediteur hat nach allgemeinen Beweislastgrundsätzen die Pflichtverletzung des 35 Versenders zu beweisen. Ihm obliegt es auch, den Kausalitätsnachweis zwischen Pflichtverletzung und Schaden nachzuweisen. Der geltend gemachte Schaden ist ebenfalls unter Beweis zu stellen. Wird der Spediteur vom Frachtführer in Anspruch genommen, so ist stets an eine **Streitverkündung** zu denken.

3. Verschuldenshaftung. Für nicht in Abs. 2 genannte Pflichtverletzungen haftet der Versender 36 nach den allgemeinen Regeln.

IV. Mitverursachung (Abs. 2 S. 2)

Abs. 2 S. 2 verweist auf § 414 Abs. 2. Danach kommt dem Versender im Gegensatz zur früheren 37 Regelung keine Haftungsbegrenzung zugute. Mit der Streichung der bislang in § 414 Abs. 2 S. 2 aF vorgesehenen summenmäßigen Begrenzung wurde eine Angleichung an internationale Übereinkommen vollzogen, zumal eine gewichtsbezogene Haftungshöchstsumme systemwidrig erschien. Quasi als Kompensation wurde zugleich die Möglichkeit geschaffen, durch AGB eine Haftungshöchstsumme zu vereinbaren (§ 466 Abs. 2 S. 2).[16]

Was die Verweisung auf § 414 Abs. 2 anbelangt, so wird entsprechend **§ 254 BGB** die Verpflichtung 38 zum Ersatz bei Schäden je nach dem jeweiligen Verursachungsgrad zwischen Spediteur und Versender aufgeteilt (→ § 414 Rn. 27).

V. Verschuldenshaftung für Verbraucher (Abs. 3)

Der **Verbraucherschutz** durch Herabsetzen des Haftungsmaßstabs wurde erst zum Schluss der 39 Beratung über das Transportrechtsreformgesetz (1998) vom Gesetzgeber in das Frachtrecht eingeführt (→ § 414 Rn. 28). Der Verbraucher (§ 13 BGB) ist insoweit privilegiert, als er in Abweichung zu Abs. 2 Schäden und Aufwendungen nur insoweit zu ersetzen hat, als er schuldhaft pflichtwidrig gehandelt hat.

Nach den allgemeinen Beweislastgrundsätzen hat der Spediteur die Pflichtverletzung des Verbrau- 40 chers ebenso zu beweisen wie die Kausalität zwischen dieser und dem Schaden. Das fehlende Verschulden ist vom Verbraucher nachzuweisen (vgl. § 280 Abs. 1 S. 2 BGB). Den versendenden Verbraucher trifft die Beweislast für ein Mitverschulden des Spediteurs.

---

[16] BT-Drs. 17/10309, 53, 60.

VI. Regelungen in den ADSp

41   Pflichten des Versenders nach § 455 sind in den ADSp an mehreren Stellen angesprochen und zwar Mitteilungspflichten in Ziff. 3 ADSp 2017 (Ziff. 3 und 17.4 ADSp 2003) sowie Verpackungs- und Kennzeichnungspflichten in Ziff. 6 ADSp 2017.

§ 456 Fälligkeit der Vergütung

Die Vergütung ist zu zahlen, wenn das Gut dem Frachtführer oder Verfrachter übergeben worden ist.

Schrifttum: *Gass*, Der Speditionsvertrag im internationalen Handelsverkehr unter besonderer Berücksichtigung der deutschen Spediteurbedingungen (ADSp), der englischen Standard Trading Conditions (STC) und der französischen Conditions Générales, 1990; *Koller*, Die Inanspruchnahme des Empfängers für Beförderungskosten durch Frachtführer und Spediteur, TranspR 1993, 41; *Straube*, HGB, 1995; *Valder*, Das künftige Speditionsrecht, TranspR 1998, 52.

I. Einleitung

1   Die Vorschrift regelt die **Fälligkeit** des Vergütungsanspruchs. Sie entspricht im Wesentlichen der Regelung des § 409 aF, verzichtet jedoch auf das Merkmal **„zur Beförderung".**

2   Auf den früheren Begriff der „Provision" wurde verzichtet. Stattdessen wurde der in § 453 Abs. 2 enthaltene übergeordnete Begriff der **„Vergütung"** übernommen. Dadurch wird klargestellt, dass sich die Fälligkeitsregelung auf beide speditionelle Vergütungsmodelle erstreckt, nämlich auf die Vereinbarung von **Provision plus Aufwendungsersatz** oder eine **feste Entgeltabrede.**[1]

3   Dabei ist zu beachten, dass § 456 auch für die Fälle des Selbsteintritts mit Ausnahme des Frachtanspruchs (→ § 458 Rn. 33) und der Sammelladungsspedition (→ § 460 Rn. 31) gilt.[2] Für den Aufwendungsersatz gelten hingegen die §§ 675, 670 BGB.

4   Eine Erweiterung der Vorschrift um Regelungen zur Präzisierung des Vergütungsbegriffs ist unterblieben. Eine explizite Regelung zur „Höhe der Vergütung" wurde nicht eingearbeitet. Ebenso wurde bewusst darauf verzichtet, eine besondere Fälligkeitsregelung für die Situation längerer Transportketten einzuführen.[3]

II. Fälligkeit der Vergütung

5   **1. Problemstellung.** Nach dem Wortlaut der Vorschrift ist der Vergütungsanspruch des Spediteurs fällig, wenn das Gut dem Frachtführer oder Verfrachter **übergeben** worden ist. Der Wortlaut knüpft offenbar ausschließlich an die tatsächliche Übergabe des Gutes an den Frachtführer an. Denkbar sind aber auch Fälle, in denen der Spediteur das Gut nicht „in eigene Hände" bekommt, sondern der Frachtführer das Gut unmittelbar beim Versender abholt. Auch kann der Versender, der das Gut nach Abschluss des Speditionsvertrages nicht herausgibt, die Fälligkeit nicht beliebig aufschieben. Problematisch kann die Fälligkeit ferner bei den bewusst nicht geregelten **Transportketten** sein.

---

[1] BR-Drs. 368/97, 108.
[2] AA *Koller* Rn. 1.
[3] BR-Drs. 368/97, 108.

Umgekehrt mag es nicht einleuchten, wenn der Spediteur, der gem. §§ 453, 454 zur Organisation **6** der gesamten Beförderung verpflichtet ist, bereits die Vergütung verlangen kann, wenn er das Gut an den ersten Frachtführer übergibt, ohne weitere erforderliche Organisationsleistungen (Auswahl der Beförderungsmittel und der Beförderungsstrecke, Abschluss aller Ausführungsgeschäfte etc), bereits erbracht zu haben. Es ist deshalb zu fordern, dass der Spediteur bei Übergabe an den ersten Frachtführer die von ihm geschuldete Organisationstätigkeit bereits erbracht, das heißt alles in die Wege geleitet hat, um die bestimmungsgemäße Abwicklung des Transports sicherzustellen.[4] Auf Verlangen hat er dies dem Versender nachzuweisen.

2. Entstehen des Vergütungsanspruchs. § 456 setzt einen bereits entstandenen Vergütungs- **7** anspruch voraus. Dieser entsteht mit **Abschluss des Speditionsvertrages** (§ 453 Abs. 2). Kommt ein Speditionsvertrag nicht zustande oder erweist er sich als unwirksam, steht dem Spediteur jedenfalls kein vertraglicher Vergütungsanspruch aus § 453 Abs. 2 zu.

3. Zeitpunkt der Fälligkeit. Der Zeitpunkt der Fälligkeit ist nur im **Grundsatz** mit der Übergabe **8** des Gutes durch den Spediteur an den Frachtführer verknüpft. Ausgangspunkt der Überlegung ist, dass der Spediteur durch die Fälligkeitsregelung gegenüber dem Versender in **Vorleistung** treten soll.[5] Diese Vorleistungspflicht ist typisches Merkmal von Werk- und Dienstverträgen, (vgl. §§ 641, 614 BGB) mit denen der Speditionsvertrag zumindest typenverwandt ist. Sie ergibt sich daraus, dass der Spediteur eine Vielzahl speditioneller Pflichten notwendigerweise bereits erfüllt haben muss, bevor er das Gut aus seinem Einwirkungsbereich entlässt. Ob das Gut im Ergebnis pünktlich, vollzählig und unbeschadet beim Empfänger ankommt, berührt den Vergütungsanspruch nicht mehr. Aus diesem Grunde kann die Ankunft des Gutes beim Empfänger auch nicht für die Fälligkeit des Vergütungsanspruchs entscheidend sein.

Abweichend kann aber vereinbart werden, dass der Spediteur die Vergütung per **Nachnahme** **9** einziehen soll (→ Rn. 32). Dann ist der Fälligkeitszeitpunkt hinausgeschoben, bis der vom Spediteur beauftragte Frachtführer versucht, das Geld vom Empfänger zu erhalten.[6] Steht allerdings von vornherein fest, dass es unmöglich sein wird, die Nachnahme vom Empfänger einzuziehen, so ist bereits mit Übergabe an den ersten Frachtführer der Vergütungsanspruch des Spediteurs fällig.

Die Übergabe des Gutes beschreibt also nur einen **Regelfall.** Die Übergabe wird als der Zeitpunkt **10** angesehen, zu dem die Vorleistungspflicht des Spediteurs regelmäßig endet. Bei Transportketten wird der Vergütungsanspruch des Spediteurs mit der Übergabe des Gutes an den ersten Frachtführer nur fällig, soweit der Spediteur seine wesentlichen Organisationsleistungen zu diesem Zeitpunkt bereits erbracht und alles Erforderliche in die Wege geleitet hat.[7]

III. Höhe der Vergütung

Der Versender hat die **vereinbarte** Vergütung zu bezahlen. Ist über die Höhe der Vergütung nicht **11** gesprochen, so kann der Spediteur die **ortsübliche** Vergütung fordern (§ 354 Abs. 1).

Will der Spediteur die ortsübliche Vergütung verlangen, trägt er die **Beweislast** dafür, dass keine **12** Vergütungsregelung getroffen wurde. Der Versender trägt die Beweislast dafür, dass eine niedrigere als die ortsübliche Vergütung vereinbart wurde.

IV. Umfang der Vergütung

Der Vergütungsanspruch des Spediteurs erfasst sowohl die Vergütung durch Provision als auch ein **13** vereinbartes festes Entgelt. Bei der **Vergütung durch Provision** erhält der Spediteur eine Zahlung für das „Versenden" des Gutes sowie einen Ersatzanspruch wegen aller Aufwendungen, die er in diesem Zusammenhang für erforderlich halten durfte (§§ 675, 670 BGB). Bei der Vereinbarung eines **festen Entgelts** sind Aufwendungen des Spediteurs grundsätzlich zusätzlich ersatzfähig, es sei denn die Voraussetzungen von § 459 S. 2 sind gegeben.

Nach Ziff. 16 ADSp 2017 sind mit der vereinbarten Vergütung alle nach dem Verkehrsvertrag zu **14** erbringenden Leistungen **abgegolten,** (vgl. aber Ziff. 21.6 ADSp 2017). Die ADSp 2003 erlaubten in Ziff. 21 ADSp 2003 für bestimmte Tätigkeiten Sondervergütungen; so zB für die zollamtliche Abfertigung nach Ziff. 5.2 ADSp 2003 sowie für die Versicherungsbesorgung nach Ziff. 21.5 ADSp 2003.

Damit können auch für **speditionsfernere Tätigkeiten** Entgelte nach § 354 Abs. 1 nur noch **15** verlangt werden, wenn Ziff. 16 ADSp 2017 dies zulässt.

1. Zahlung von Provision. Bei der Provisionsspedition umfasst die vereinbarte Vergütung grund- **16** sätzlich alle vom Spediteur vertraglich geschuldeten Leistungen, sofern der Spediteur bei Vertragsschluss nicht auf Gegenteiliges hinweist. Der Versender darf sich darauf verlassen, dass durch die

---

[4] BR-Drs. 368/97, 108.
[5] GroßkommHGB/*Helm* §§ 407–409 Rn. 201; MüKoHGB/*Bydlinski* Rn. 8.
[6] MüKoHGB/*Bydlinski* Rn. 13.
[7] BR-Drs. 368/97, 108.

vereinbarte Vergütung die für die Auftragserledigung notwendigen Tätigkeiten des Spediteurs von der Vergütungsvereinbarung umfasst werden. Frachtkosten sind im Vergütungsanspruch jedoch nicht enthalten, da der Spediteur nicht die Beförderung des Gutes schuldet, sondern nur die Versendung zu besorgen hat.

17   **2. Fixkostenspedition.** Bei der Fixkostenspedition (§ 459) sind die Kosten der Beförderung in der Vergütungsvereinbarung bereits enthalten. Der Spediteur kann diese nicht zusätzlich (nochmals) verlangen. Der Spediteur hat hinsichtlich der Beförderung die Rechte eines Frachtführers oder Verfrachters (vgl. hierzu die Erläuterungen zu § 459).

V. Erfüllungsort

18   Mangels vertraglicher Fixierung ist Erfüllungsort für die Vergütung im Zweifel der **Ort** der **gewerblichen Niederlassung** bzw. der **Wohnsitz des Versenders** (§§ 270 Abs. 4, 269 BGB).[8] § 29 ZPO schafft einen besonderen Gerichtsstand am Erfüllungsort.

19   Sind die **ADSp** wirksam einbezogen, ergibt sich eine Regelung über den Erfüllungsort aus Ziff. 30. 2 ADSp 2017 (Ziff. 30. 1 ADSp 2003).

VI. Leistungsstörungen

20   Wird ein Speditionsvertrag nicht, nicht vollständig oder nicht ordnungsgemäß ausgeführt, können diese Leistungsstörungen Einfluss auf den Vergütungsanspruch des Spediteurs haben. Die Normen des Speditionsrechts sehen für diese Frage keine Sonderregelungen vor. Leistungsstörungen richten sich vielmehr nach den **allgemeinen Regeln des Zivilrechts.**

21   Da beim Speditionsvertrag die Hauptleistungspflichten im Synallagma stehen, können Leistungsstörungen nach den **§§ 320 ff. BGB**[9] beurteilt werden. Daneben ist jedoch auch an die **§§ 642 f. BGB** (Werkvertrag)[10] bzw. **§§ 627, 628, 615 BGB** (Dienstvertrag)[11] zu denken. Erwägenswert ist, ob nicht auch die **§§ 415–417** (Frachtrecht) anzuwenden sind. Der Speditionsvertrag ist mit dem Werkvertrag, und somit auch mit dem Frachtvertrag, zumindest typenverwandt (vgl. § 455 Abs. 2 S. 2), sodass die Regelungen des Frachtrechts – soweit sie für das Speditionsgeschäft interessengerecht sind – zur Anwendung kommen können.[12] Dies entspricht auch dem Streben des Gesetzgebers nach einem Gleichlauf von Speditionsrecht und Frachtrecht. Zu beachten sind auch die Regelungen der Ziff. 12, 16 ADSp 2003/2017.

22   Zu den typischen Konstellationen bei Leistungsstörungen gehören die nachfolgend aufgeführten Fälle:

23   **1. Der Spediteur übergibt das Gut nicht dem Frachtführer.** Die Übergabe des Gutes an den Frachtführer ist Voraussetzung für die Fälligkeit des Vergütungsanspruchs des Spediteurs, soweit dieser seine wesentlichen Organisationsleistungen bereits erbracht hat. Schuldet der Spediteur nicht die Übergabe des Gutes an den Frachtführer (zB Abholung durch den Frachtführer), lässt eine fehlende Übergabe den Vergütungsanspruch sowie dessen Fälligkeit unberührt, sofern auch die wesentlichen Organisationspflichten vom Spediteur bereits erfüllt sind.

24   Befindet sich der **Versender in Gläubigerverzug,** weil er das Gut nicht zur Verfügung stellen kann oder weil er sonstige Mitwirkungshandlungen (etwa die nach § 455 Abs. 1) nicht vornimmt, so kann ihm der Spediteur eine Nachfrist setzen (§ 417 Abs. 1 analog). Kündigt der Spediteur, so steht ihm die vereinbarte Vergütung zu. Er hat sich anrechnen zu lassen, was er in Folge der Vertragsaufhebung an Aufwendungen erspart hat (§ 417 Abs. 2 iVm § 415 Abs. 2 S. 1 Nr. 1, S. 2 analog). Durch die Vertragsaufhebung entstandene Mehraufwendungen können dem Versender in Rechnung gestellt werden.[13]

25   Will der Spediteur den Vertrag erfüllen, bleibt er dem Versender zur Besorgung der Versendung verpflichtet.[14] Er behält seinen Vergütungsanspruch. Dieser wird ausnahmsweise trotz fehlender Übergabe in dem Zeitpunkt fällig, in dem der Spediteur bei ordnungsgemäßer Mitwirkungshandlung des Versenders das Gut dem Frachtführer hätte übergeben können.[15] Der Gläubigerverzug darf sich nicht zu Lasten des Schuldners auswirken. Ist dem Spediteur durch den Gläubigerverzug ein Schaden entstanden, so hat er insoweit einen Entschädigungsanspruch gegen den Versender.[16]

---

[8] BGH Urt. v. 16.1.1981 – I ZR 84/78, VersR 1981, 630 = WM 1981, 789 (790).

[9] Ebenso GroßkommHGB/*Helm* §§ 407–409 Rn. 208. *Helm* sieht den Speditionsvertrag als Vertrag sui generis, der weder dem Werkvertragsrecht, noch dem Dienstvertragsrecht eindeutig zugeordnet werden kann.

[10] MüKoHGB/*Bydlinski* Rn. 29.

[11] Schlegelberger/*Schröder* § 409 Rn. 9–15.

[12] AA *Koller* Rn. 10.

[13] GroßkommHGB/*Helm* §§ 407–409 Rn. 209 (über § 304 BGB).

[14] GroßkommHGB/*Helm* §§ 407–409 Rn. 209.

[15] MüKoHGB/*Bydlinski* Rn. 32.

[16] Vgl. RG Urt. v. 21.9.1920 – VII 143/20, RGZ 100, 46 (47).

Da der Spediteur **vorleistungspflichtig** ist, steht ihm im Falle des Gläubigerverzugs nur das einge- 26
schränkte Klagerecht nach § 322 Abs. 2 BGB zu.

2. Schlechterfüllung durch den Spediteur. Ein Verschulden bei der Auswahl des Frachtführers 27
bringt den Vergütungsanspruch in Wegfall, wenn der Versender den Vertrag zurückweist.[17] Schadensersatzansprüche des Versenders richten sich grundsätzlich nach den §§ 280 ff. BGB. Pflichtverletzungen
der auf Rechnung des Versenders beauftragten Leistungserbringer hat der Spediteur nicht zu vertreten,
da sie nicht seine Erfüllungsgehilfen sind.

3. Leistungsstörungen sind vom Spediteur zu vertreten. Vom Spediteur zu vertretende Leis- 28
tungsstörungen können auch Hindernisse sein, die zu **Verzug** oder **Unmöglichkeit** führen. Hat der
Spediteur die Unmöglichkeit der Leistung zu vertreten, so entfällt sein Vergütungsanspruch; dem
Versender können Schadensersatzansprüche zustehen (§§ 275, 280 Abs. 1, 283 BGB). Ein vom
Spediteur zu vertretender Schuldnerverzug **hindert die Fälligkeit** des Vergütungsanspruchs.

4. Leistungsstörungen sind vom Versender zu vertreten. Hat der Versender Leistungsstörungen 29
zu vertreten, so lässt dies den Vergütungsanspruch des Spediteurs unberührt (§ 417; §§ 645, 615 BGB).
Der Vergütungsanspruch wird zu dem Zeitpunkt fällig, in dem der Spediteur das Gut an den Frachtführer übergeben hätte, wenn auf Seiten des Versenders keine Leistungsstörungen eingetreten wären.
Wird der Speditionsvertrag vom Versender gekündigt, hat der Spediteur Anspruch auf volle Vergütung
gem. § 453 Abs. 2. Das ergibt sich bei einer werkvertraglichen Einordnung aus § 649 BGB. Nimmt
man dienstvertraglichen Charakter an, ist der Vergütungsanspruch nicht nur anteilig zu bezahlen. Die
entsprechende Regelung in § 628 Abs. 1 BGB ist nicht zwingend und § 396 Abs. 1 S. 2 wird dem
Speditionsvertrag auf Grund seiner Nähe zum Kommissionsgeschäft besser gerecht.[18]

5. Leistungsstörungen sind von keiner Partei zu vertreten. Sind Leistungsstörungen von keiner 30
Partei zu vertreten, zB im Falle **zufälligen Untergangs** des Gutes nach Abschluss des Speditionsvertrages, so greift § 323 BGB ein. Beide Parteien werden von ihrer Leistungspflicht frei. Der
Spediteur hat keinen Anspruch auf Vergütung. Hat der Spediteur seine Leistungspflichten zum Teil
erbracht, so hat er einen Anspruch auf Teilvergütung (§ 326 Abs. 1 S. 1 BGB).

VII. Dispositivität der Regelung

Die Vorschrift ist **dispositiv.** Ziff. 18.1 ADSp 2017 fordert eine ordnungsgemäße Rechnungsstel- 31
lung als Fälligkeitsvoraussetzung. Ziff. 18.1 ADSp 2003 enthält eine lediglich klarstellende Regelung
über die Fälligkeit, wonach Forderungen des Spediteurs sofort zu begleichen sind.

Hat sich der Spediteur gegenüber dem Versender zum Einzug einer **Nachnahme** beim Empfänger 32
verpflichtet, muss dieser zuerst versuchen, den Nachnahmebetrag beim Empfänger einzuziehen. Ohne
Nachnahme darf er das Gut nicht abliefern, will er sich nicht schadensersatzpflichtig machen (zur
Nachnahme vgl. § 422). Durch die Nachnahme werden Kaufpreiskosten und/oder Kosten der Beförderung auf den Nachnahmeschuldner abgewälzt. Wenn aber der Versender trotz Nachnahmevereinbarung bereits mit der Übergabe des Gutes an den Frachtführer die vereinbarte Vergütung des
Spediteurs bezahlen müsste, so hätte die Nachnahmevereinbarung in vielen Fällen keinen Sinn. In der
Nachnahmevereinbarung wird deshalb eine **konkludente Fälligkeitsabrede** mit dem Inhalt zu sehen
sein, zuerst beim Empfänger den vereinbarten Nachnahmebetrag geltend zu machen.[19] Gelingt dies
nicht, so kann sich der Spediteur freilich wieder an seinen Vertragspartner halten, da er nicht das Risiko
einer Zahlungsunfähigkeit oder -unwilligkeit des Empfängers zu tragen hat.

§ 457 Forderungen des Versenders

**[1] Der Versender kann Forderungen aus einem Vertrag, den der Spediteur für Rechnung
des Versenders im eigenen Namen abgeschlossen hat, erst nach der Abtretung geltend
machen. [2] Solche Forderungen sowie das in Erfüllung solcher Forderungen Erlangte gelten
jedoch im Verhältnis zu den Gläubigern des Spediteurs als auf den Versender übertragen.**

Schrifttum: S. §§ 407, 453 und 454.

Parallelvorschriften: § 392; § 422 Abs. 2.

I. Einleitung

Der Speditionsvertrag war gem. § 407 Abs. 2 aF als Sonderfall der handelsrechtlichen Kommission 1
ausgestaltet. Da sich in den seit 1998 geltenden Vorschriften zum Speditionsgeschäft keine generelle

---

[17] *Koller* Rn. 4, 9.
[18] AA *Koller* Rn. 10.
[19] AA *Koller* Rn. 4.

Verweisung mehr auf die Vorschriften des Kommissionsrechts findet, wurde es erforderlich, eigenständige Regelungen zutreffen, bzw. einzelne Bestimmungen des Kommissionsrechts in das Speditionsrecht zu integrieren.[1] Inhaltlich stimmt § 457 mit § 392 überein, wobei allerdings klargestellt wird, dass der Anwendungsbereich auf solche Fälle beschränkt ist, in denen der Spediteur **für Rechnung** des Versenders tätig wird. Bei Handeln für eigene Rechnung bestünde auch kein Anlass, Forderungen des Spediteurs aus einem von ihm geschossenen Vertrag an den Versender abzutreten.[2]

2 Eine weitere Präzisierung erfolgte dadurch, dass gegenüber dem Wortlaut des § 392 Abs. 1 das zusätzliche Merkmal **„im eigenen Namen"** eingefügt wurde. Diese Klarstellung war deshalb erforderlich, weil nach § 454 Abs. 3 der Spediteur bei entsprechender Bevollmächtigung auch im Namen des Versenders tätig werden kann. § 457 erfasst damit ausschließlich solche Geschäfte, die der Spediteur im eigenen Namen abschließt.

3 S. 2 der Vorschrift erweitert den Inhalt des § 392 Abs. 2 über die noch nicht an den Versender abgetretene Forderung hinaus auf das in Erfüllung solcher Forderung Erlangte, solange es identifizierbar im Vermögen des Spediteurs vorhanden ist. Diese Regelung entspricht in ihrer Formulierung der Vorschrift des § 422 Abs. 2.

II. Forderungen des Versenders

4 **1. Allgemeines.** Vertragliche Forderungen, die der Spediteur aus der Beauftragung Dritter erwirbt, kann der Versender erst geltend machen, nachdem ihm der Spediteur diese abgetreten hat. Dieser Abtretungsanspruch besteht jedoch nur dann, wenn der Spediteur **für Rechnung des Versenders** handelt. Schließt der Spediteur die Ausführungsgeschäfte in eigenem Namen, so entstehen durch den Abschluss der Ausführungsgeschäfte nur zwischen dem Spediteur und dem Dritten vertragliche Beziehungen.

5 § 457 regelt die Frage, wem die Forderungen aus den Ausführungsgeschäften zustehen und wer zu ihrer Geltendmachung befugt ist. Dabei ist zu unterscheiden: Im **Verhältnis Spediteur und Versender zum Dritten** ist der Spediteur Gläubiger der Forderung. Im **Verhältnis des Versenders zum Spediteur und zu dessen Gläubigern** gilt hingegen (fiktiv) der Versender als der Gläubiger der Forderungen aus dem Ausführungsgeschäft. Zum Schutz des Versenders wird also fingiert, dass Forderungen aus den Ausführungsgeschäften mit Dritten, die der Spediteur im eigenen Namen auf Rechnung des Versenders geschlossen hat, bereits dem Haftungsvermögen des Spediteurs entzogen und auf den Versender übertragen wurden. Die **dingliche Rechtslage** bleibt durch diese Fiktion aber unberührt.

6 Diese Aufspaltung der Gläubigerrechte berücksichtigt, dass Forderungen aus Ausführungsgeschäften des Spediteurs für Rechnung des Versenders wirtschaftlich dem Vermögen des Versenders zuzuordnen sind.

7 **2. Forderungen und Surrogate.** S. 2 erweitert den Inhalt des § 392 Abs. 2 über die noch nicht an den Versender abgetretenen Forderungen hinaus auf das in Erfüllung solcher Forderungen Erlangte (Surrogat). Voraussetzung ist allerdings, dass sich die Surrogate noch identifizierbar im Vermögen des Spediteurs befinden. Ob es dazu einer gegenständlichen Unterscheidbarkeit bedarf[3] oder eine nur summen- bzw. mengenmäßige Unterscheidbarkeit ausreicht,[4] wird in vielen Fällen entscheidend für die Erreichung des Gesetzeszweckes sein; bei Barzahlungen oder Überweisungen fehlt es regelmäßig an einer gegenständlichen Identifizierbarkeit, wohingegen eine summenmäßige Unterscheidbarkeit gegeben sein wird. Die Fiktion des § 457 S. 2 ändert nichts an dem gesetzlichen Anspruch des Versenders aus § 667 BGB auf Herausgabe des bei der Geschäftsbesorgung Erlangten. Die Fiktionswirkung ist in ihrer Wirkung beschränkt auf das Verhältnis zu den Gläubigern des Spediteurs; erst die Erfüllung des Herausgabeanspruchs durch den Spediteur ändert die dingliche Rechtslage im Verhältnis zu Dritten.

III. Tatbestandsmerkmale

8 **1. Handeln im eigenen Namen.** Die Vorschrift kann nur Forderungen aus Ausführungsgeschäften betreffen, die der Spediteur im eigenen Namen tätigt. Handelt der Spediteur – bei entsprechender Abschlussvollmacht – im Namen des Versenders, so wird nämlich nicht der Spediteur, sondern unmittelbar der Versender berechtigt und verpflichtet (§ 164 Abs. 1 S. 1 BGB). Gläubiger des Spediteurs haben in letzterem Falle ohnehin keinen Zugriff auf das Haftungsvermögen des Versenders.

9 **2. Für Rechnung des Versenders.** Der Spediteur muss die Ausführungsgeschäfte für Rechnung des Versenders getätigt haben. Bei Handeln in eigenem Namen aber auf fremde Rechnung können die rechtliche und wirtschaftliche Vermögenszuordnung auseinander fallen, was den Anwendungsbereich

---

[1] BR-Drs. 368/97, 105, 108.
[2] BT-Drs. 13/10014, 52.
[3] *Koller* Rn. 9.
[4] *K. Schmidt* HandelsR § 31 Rn. 140; Röhricht/Graf v. Westphalen/Haas/*Lenz* § 392 Rn. 6.

der Vorschrift eröffnet. Handelt der Spediteur auf eigene Rechnung, findet die Vorschrift daher keine Anwendung.

3. Art der Forderung. Es muss sich nach dem Wortlaut um eine vertragliche Forderung handeln. **10** Diese Forderung aus dem Ausführungsgeschäft muss auch übertragbar sein.

IV. Aktivlegitimation nach Abtretung

Wenn der Spediteur Ausführungsgeschäfte mit Dritten im eigenen Namen tätigt, dann stehen ihm **11** Forderungen gegen Dritte zu. Der Spediteur kann im **Außenverhältnis** wirksam darüber verfügen, da er materiell Berechtigter ist. Die Fiktionswirkung nach S. 2 lässt die dingliche Rechtslage unberührt. Der Versender wird erst nach Abtretung Forderungsinhaber. **Vor der Abtretung** steht dem Spediteur die Aktivlegitimation zu. Der Anspruch des Versenders auf Abtretung aller Forderungen und Surrogate aus den Ausführungsgeschäften ergibt sich aus § 667 BGB, wonach der Spediteur verpflichtet ist, dem Versender alles aus der Geschäftsbesorgung Erlangte herauszugeben. Erst **nach der Abtretung** ändert sich die dingliche Rechtslage. Die Aktivlegitimation steht dann dem Versender zu.

V. Schutz des Versenders

Der Schutz des Versenders ist auf das Verhältnis zu den Gläubigern des Spediteurs beschränkt und **12** weist **Lücken** auf: Zwar sind Verfügungen des Spediteurs zugunsten seiner Gläubiger gegenüber dem Versender (relativ) unwirksam. Die **Gläubiger** des Spediteurs können aber im Rahmen der §§ 404, 406 BGB **aufrechnen,** auch mit Forderungen, die nicht aus auf Rechnung des Versenders geschlossenen Vertrag resultieren.[5] Verfügt der Spediteur zugunsten Dritter, die nicht seine Gläubiger sind, greift § 457 nicht. Da solche Verfügungen bis zur Grenze des § 826 BGB wirksam sind, ist der Versender auf Schadensersatzansprüche gegen den Spediteur angewiesen.

1. Drittwiderspruchsklage (§ 771 ZPO). Durch die fiktive Forderungsübertragung kann sich der **13** Versender in der Zwangsvollstreckung auf die Drittwiderspruchsklage nach § 771 ZPO berufen. Die fiktive Forderungsinhaberschaft ist ein die Veräußerung hinderndes Recht. Der pfändende Gläubiger kann gegenüber der Drittwiderspruchsklage nicht einwenden, er habe keine Kenntnis vom Bestehen eines Speditionsverhältnisses gehabt.[6]

2. Insolvenz. Dem Versender steht nach § 47 InsO ein **Aussonderungsrecht** hinsichtlich der **14** noch ausstehenden Forderung aus dem Ausführungsgeschäft zu. Inhaltlich ist die Aussonderung auf Abtretung an den Versender gerichtet. Voraussetzung ist allerdings, dass der Spediteur die ausstehende Forderung **vor** Insolvenzeröffnung selbst noch nicht eingezogen hat. Ist dies der Fall, hat der Versender ein Aussonderungsrecht hinsichtlich eines noch vorhandenen Surrogates (→ Rn. 7). Gleiches gilt, wenn der Insolvenzverwalter die Forderung nach Insolvenzeröffnung zur Masse zieht. Bei **Vermischung** des Geldes mit der Insolvenzmasse steht dem Versender aber ein Masseanspruch entweder aus ungerechtfertigter Bereicherung (§ 55 Abs. 1 Nr. 3 InsO iVm §§ 951, 812 Abs. 1 S. 1 Fall 2 BGB) oder als Schadensersatz (§ 55 Abs. 1 Nr. 1 InsO) zu.

§ 458 Selbsteintritt

[1]**Der Spediteur ist befugt, die Beförderung des Gutes durch Selbsteintritt auszuführen.** [2]**Macht er von dieser Befugnis Gebrauch, so hat er hinsichtlich der Beförderung die Rechte und Pflichten eines Frachtführers oder Verfrachters.** [3]**In diesem Fall kann er neben der Vergütung für seine Tätigkeit als Spediteur die gewöhnliche Fracht verlangen.**

Schrifttum: S. § 453 sowie *Bartels,* Die zwingende Frachtführerhaftung, VersR 1975, 598; *Diehl,* Die Pflichten des Spediteurs in den Fällen der §§ 412, 413 BGB, 1987; *Herber,* Zur Haftung des Spediteur-Frachtführers, TranspR 1986, 118; *Jungfleisch,* Der Selbsteintritt des Spediteurs, 1984; *Koller,* Die Verweisung der §§ 412, 413 HGB auf die CMR, VersR 1987, 1058; *Merz,* Die Haftungsproblematik im Speditions- und Frachtführerrecht – Zur Abgrenzung von Speditions- und Frachtvertrag, VersR 1982, 213; *H. Schmidt,* Zur Frachtführerhaftung des Spediteurs in den Fällen der §§ 412, 413 HGB, VersR 1975, 984; *Thume,* Die Grenzen der KVO-Haftung des selbsteintretenden Spediteurs, TranspR 1990, 401.

Übersicht

---

[5] *Koller* Rn. 7.
[6] Schlegelberger/*Hefermehl* § 392 Rn. 17.

I. Einleitung

1   Der Selbsteintritt des Spediteurs stellt eine besondere Art der Ausführung der Beförderung im Rahmen eines Speditionsvertrags dar. Nach §§ 453, 454 schuldet der Spediteur als fremdnütziger Geschäftsbesorger die Versendung des Gutes, nicht die Beförderung. Die Vorschrift räumt dem Spediteur das **Wahlrecht** ein, entweder einen Frachtvertrag mit einem Fremdunternehmen zu schließen oder die Beförderung selbst mit eigenen Leuten und eigenen Transportmitteln auszuführen. Beim Selbsteintritt „schlüpft" der Spediteur aus der Rolle des Geschäftsbesorgers in die Rolle des Partners des Ausführungsgeschäfts, also in die Rolle des Frachtführers.[1]

2   Die Möglichkeit zum Selbsteintritt berücksichtigt, dass viele Speditionsbetriebe Mischbetriebe sind und deshalb oftmals ein wirtschaftliches Interesse an der Ausschöpfung eigener freier Ressourcen haben. Der Selbsteintritt hat im praktischen Wirtschaftsleben große Bedeutung.

3   Das Gesetz weist dem Spediteur ein Recht zum Selbsteintritt nur hinsichtlich der Beförderung, nicht aber für andere Ausführungsgeschäfte, zu. Eine Pflicht zum Selbsteintritt besteht nicht. Allerdings geht die gesetzliche Regelung davon aus, dass sonstige beförderungsbezogene Leistungen des Spediteurs nach § 454 Abs. 2 HGB im Zweifel vom Spediteur selbst zu erbringen sind.

II. Voraussetzungen des Selbsteintritts

4   **1. Wirksamer Speditionsvertrag.** Es muss ein wirksamer Speditionsvertrag zustande gekommen sein, der die Grundlage für einen Selbsteintritt des Spediteurs schafft. Durch die Vereinbarung einer Spedition zu festen Kosten (§ 459) wird die Möglichkeit des Selbsteintritts nicht ausgeschlossen. § 459 ist nicht lex specialis.[2] Beide Vorschriften stehen nebeneinander, da auch bei der Fixkostenspedition dem Spediteur das Recht zum Selbsteintritt durch § 458 S. 1 eingeräumt wird.

5   **2. Zulässigkeit des Selbsteintritts. a) Grundsatz.** Der Wortlaut der Vorschrift („ist befugt") bringt zum Ausdruck, dass der Selbsteintritt mangels anderweitiger Vereinbarung **grundsätzlich zulässig** ist. Der Versender wird idR sogar ein Interesse daran haben, dass der Spediteur selbst unter Ausschöpfung eigener Ressourcen die Beförderung ausführt, weil er die Kundenwünsche dann unmittelbar umsetzen kann. Über den Selbsteintritt muss der Spediteur **keine Mitteilung** machen,[3] zumal eine Mitteilungspflicht bei Einschaltung eines Fremdunternehmers ebenfalls nicht besteht. Eine Mitteilung an den Versender wäre auch deshalb nicht geboten, weil dieser das Recht des Spediteurs zum Selbsteintritt nach Vertragsschluss nicht einseitig durch Weisung ausschließen kann (→ Rn. 8). Eine Mitteilung an den Versender kann aber dazu dienen, den Selbsteintritt des Spediteurs zu dokumentieren.

6   **b) Schranken der Zulässigkeit.** Der Selbsteintritt ist nicht unbegrenzt zulässig. Die Parteien können das Recht des Spediteurs zum Selbsteintritt vertraglich **ausschließen.** § 466 steht dem nicht entgegen. Ist der Selbsteintritt vertraglich ausgeschlossen, muss der Spediteur ein Ausführungsgeschäft mit einem Fremdunternehmer schließen. Einem Selbsteintritt kann ausnahmsweise auch die **Interessenwahrungspflicht** gem. § 454 Abs. 4 entgegenstehen.

7   Ist die **Fremdbeförderung kostengünstiger** als die Selbstausführung, so macht dies den Selbsteintritt nicht unzulässig. Das Interesse des Versenders bezieht sich idR nur auf die von ihm selbst zu tragenden Beförderungskosten und nicht auf die tatsächlich anfallenden Kosten. Da der Spediteur bei der Möglichkeit zu günstigerer Fremdbeförderung nicht die gewöhnlichen Kosten für die Selbstbeförderung geltend machen kann, sondern nur die niedrigeren Fremdbeförderungskosten, ist die Eigenbeförderung nicht interessenwidrig.[4] Die Situation ist vergleichbar mit dem Abschluss eines Ausführungs-

---

[1] Anschaulich *Koller* VersR 1987, 1058 (1060).
[2] So aber *Koller* Rn. 3.
[3] AA *Koller* Rn. 9; Heymann/*Joachim* Rn. 5.
[4] *Jungfleisch*, Der Selbsteintritt des Spediteurs, 1984, 66 ff.; Schlegelberger/*Schröder* § 412 Rn. 2, 10d; GroßkommHGB/*Helm* §§ 412, 413 Rn. 92; MüKoHGB/*Bydlinski* Rn. 4.

geschäfts mit einem Frachtführer, der nicht die günstigsten Konditionen anbietet. Auch hier kann der Spediteur nur die Kosten für das nicht getätigte günstigste Geschäft ersetzt verlangen, weil er die darüber hinausgehenden tatsächlichen Kosten nicht für erforderlich halten durfte (§§ 675, 670 BGB, vgl. auch → Rn. 31). Nur diese Betrachtungsweise erlaubt es dem Spediteur auch bei Dumpingpreisen von Wettbewerbern durch den Selbsteintritt wenigstens einen Kostendeckungsbeitrag für den eigenen vorgehaltenen Fuhrpark zu erzielen. Andernfalls wäre er gezwungen, den ruinösen Preiswettbewerb zu fördern, indem er Wettbewerber durch die Fremdvergabe unterstützen und gleichzeitig die Gemeinkosten für seinen ruhenden Fuhrpark bestreiten muss.

Durch **Weisung** kann der Selbsteintritt nicht ausgeschlossen werden, weil Rechte einseitig weder 8 begründet noch beschränkt, sondern nur konkretisiert werden können.[5]

Der Abschluss eines Frachtvertrages macht den Selbsteintritt nicht unzulässig. Der Spediteur kann 9 die sinnlos gewordenen Kosten für das Ausführungsgeschäft dann nur nicht als Aufwendungen ersetzt verlangen,[6] da er diese gem. §§ 675, 670 BGB nicht für erforderlich halten durfte.

Gibt es keine gewöhnliche Fracht, steht dies dem Selbsteintritt nicht entgegen.[7] Anstelle der 10 gewöhnlichen Fracht tritt die nach billigem Ermessen zu ermittelnde Fracht (§§ 315 ff. BGB).[8] Kann der Versender beweisen, dass die Möglichkeit zum Abschluss einer günstigeren Fremdbeförderung bestand, so kann der Spediteur nur die Kosten für die günstigere Fremdbeförderung als Aufwendungsersatz verlangen, soweit nicht dem Spediteur der Beweis gelingt, dass er die (hilfsweise) nach billigem Ermessen festgesetzte Fracht für erforderlich halten durfte (§§ 675, 670 BGB). Eine höhere als die gewöhnliche Fracht kann der Spediteur nicht ersetzt verlangen.

Wurde die gesamte Beförderung bereits ausgeführt, ist ein Selbsteintritt unmöglich. Ist die Beför- 11 derung nur teilweise ausgeführt, kann der Spediteur für den verbleibenden Beförderungsabschnitt den Selbsteintritt erklären. Das Recht zum Selbsteintritt erlischt mit Beendigung der Beförderung bzw. des Speditionsvertrages.[9]

3. Unechter Selbsteintritt. Unechter Selbsteintritt bedeutet Selbstausführung der Beförderung 12 durch einen Fremdunternehmer. Der selbsteintretende Spediteur setzt hierbei keine eigenen freien Ressourcen ein, sondern bedient sich auf eigene Rechnung eines Erfüllungsgehilfen.

Die **Zulässigkeit** des unechten Selbsteintritts ist umstritten. Gegen die Zulässigkeit wird einge- 13 wendet, dass der Spediteur den unechten Selbsteintritt oftmals nur wegen der für ihn günstigeren Abrechnungsmethode (S. 3) erklärt,[10] was zur faktischen Umgehung der Rechnungslegungspflicht (§§ 675, 666 iVm § 259 BGB) führt. Weiter wird angeführt, für die Anerkennung eines unechten Selbsteintritts bestehe kein Bedürfnis, weil der Spediteur bereits durch die Fixkostenspedition (§ 459) auf eigene Rechnung handeln könne.[11]

Für die Zulässigkeit des unechten Selbsteintritts spricht jedoch, dass sich der Schuldner bei 14 Leistung grundsätzlich eines Erfüllungsgehilfen bedienen kann[12] und die Verpflichtung zur höchstpersönlichen Leistung die Ausnahme darstellt. Das gilt auch für den Selbsteintritt. Die in den §§ 458–460 genannten Möglichkeiten zur Ausführung des Speditionsvertrages stellen gleichberechtigte Varianten dar, weshalb es nicht darauf ankommt, ob ein praktisches Bedürfnis für die Konstruktion eines unechten Selbsteintritts besteht. Der unechte Selbsteintritt wird auch nicht dadurch unzulässig, dass der Spediteur bei dessen Erklärung oder nachträglich die Absicht verfolgt, ein unterhalb der gewöhnlichen Fracht anbietendes Transportunternehmen zu beauftragen, um die Differenz zur gewöhnlichen Fracht selbst zu vereinnahmen.[13] Ein solches vertragswidriges, gegen die Interessenwahrungspflicht (§ 454 Abs. 4) verstoßendes Verhalten des Spediteurs ändert nichts an einem wirksamen Selbsteintritt, führt aber zu einer Schadensersatzpflicht des Spediteurs, die ihn daran hindert, dem Versender die gewöhnliche Fracht in Rechnung zu stellen; weiter hat der Versender bei einem solchen Verhalten einen wichtigen Grund zur Vertragskündigung. Wollte man demgegenüber den unechten Selbsteintritt nicht unter § 458 fassen,[14] hätte der Versender nicht den gesetzlich bezweckten Schutz der Anwendung von Frachtrecht auf die Beförderung.

III. Der Selbsteintritt im Besonderen

1. Rechtsnatur und dogmatische Einordnung. Der Selbsteintritt wird durch **rechtsgestaltende** 15 **Willenserklärung** ausgeübt.[15] Er ist **kein Realakt**, kann also nicht durch schlichte Selbstbeförderung

---

[5] MüKoHGB/*Bydlinski* Rn. 10; *Koller* Rn. 8.

[6] GroßkommHGB/*Helm* §§ 412, 413 Rn. 93; MüKoHGB/*Bydlinski* Rn. 16.

[7] AA MüKoHGB/*Bydlinski* Rn. 18; zweifelnd *Koller* Rn. 7.

[8] GroßkommHGB/*Helm* §§ 412, 413 Rn. 101 aE; Schlegelberger/*Schröder* § 412 Rn. 2, 11c.

[9] MüKoHGB/*Bydlinski* Rn. 39; *Koller* Rn. 8.

[10] MüKoHGB/*Bydlinski* Rn. 42.

[11] MüKoHGB/*Bydlinski* Rn. 42.

[12] MüKoRn.*Koller* Rn. 5.

[13] AA *Koller* Rn. 5, *Thume* in Fremuth/Thume TranspR Rn. 7.

[14] MüKoHGB/*Bydlinski* Rn. 72.

[15] *Koller* Rn. 9; BR-Drs. 368/97, 108 f.

ausgeübt werden.[16] In der eigenen Ausführung der Beförderung liegt idR ein konkludenter Erklärungswille zum Selbsteintritt.

16   Im Rahmen von Sonderverbindungen können Rechte und Pflichten regelmäßig nur durch Rechtsgeschäft begründet werden.[17] Die gilt auch für den Selbsteintritt. Dass das Gesetz von dieser Regel abweichen will, kann weder der Vorschrift, noch der amtlichen Begründung zum TRG entnommen werden. Eine schlichte Anknüpfung an den tatsächlichen Ausführungsakt kann in manchen Fällen sogar zu Widersprüchen führen. Befördert der Spediteur das Gut zB nach Hamburg, obwohl es nach dem Inhalt des Speditionsvertrages hätte nach München befördert werden müssen, kann die vertragswidrige Beförderung nicht eindeutig dem Inhalt des Speditionsvertrages zugeordnet werden. Die Annahme eines gestaltenden Realakts ist hier ausgeschlossen.[18] Stellt man hingegen ausschließlich auf den Selbstbeförderungswillen des Spediteurs ab, dann haftet der Spediteur in Bezug auf die vertragswidrige Eigenbeförderung wie ein Frachtführer oder Verfrachter.

17   Die Willenserklärung ist nach der Verkehrssitte nicht zugangsbedürftig (§ 151 BGB).[19] Es genügt, wenn sich der Wille zum Selbsteintritt nach außen manifestiert, etwa durch Ausstellung eines Frachtbriefes, in dem sich der Spediteur selbst als Frachtführer bezeichnet[20] oder durch (teilweise) Beförderung mit eigenen Transportmitteln,[21] es sei denn, die Eigenbeförderung bezieht sich nur auf den speditionellen Vor- bzw. Nachlauf.[22]

18   Der Selbsteintritt kann dogmatisch als einseitiges **Recht zur Vertragsänderung** verstanden werden,[23] nach dem ein Spediteur die speditionelle Transportorganisationspflicht dergestalt in eine Beförderungspflicht umwandeln kann, dass iE Speditionsrecht und Frachtrecht nebeneinander stehen. Der Selbsteintritt kann auch als gesetzliche Gestattung zur **Selbstkontrahierung** gesehen werden (§ 181 BGB), wonach der Spediteur das Recht hat, das Ausführungsgeschäft für die Beförderung mit einem Fremdunternehmer oder mit sich selbst zu schließen.

19   Der **teilweise Selbsteintritt** ist zulässig.[24] Die Rechtsfolgen des Selbsteintritts treten dann nur bezüglich der betreffenden Teilstrecke ein.[25]

20   **2. Rechtsfolgen. a) Allgemeines.** Der Selbsteintritt führt zu einem Nebeneinander von Speditionsrecht und Frachtrecht. Der zwischen Versender und Spediteur geschlossene Speditionsvertrag bleibt als solcher bestehen. Da der Spediteur durch den Selbsteintritt nunmehr selbst die Durchführung der Beförderung schuldet, erlangt er die **janusköpfige Doppelrechtsstellung eines „Spediteur-Frachtführers".**[26] Soweit der Spediteur die Rechtsstellung eines Frachtführers oder Verfrachters erlangt, haftet er ausschließlich nach Frachtrecht. An der Rechtsstellung des Versenders ändert sich dadurch nichts. Dieser rückt folglich nicht in die Position eines Absenders nach Frachtrecht mit daraus resultierenden Pflichten.

21   **b) Die auf den Selbsteintritt anzuwendenden Normen. aa) Grundsatz.** Die Normen des Speditionsrechts bleiben im Grundsatz voll anwendbar. Daneben sind – bezogen auf die Eigenbeförderung – die Normen des jeweils anwendbaren Frachtrechts heranzuziehen. Dieses Nebeneinander wird im Regelfall nicht zu Kollisionen unterschiedlicher frachtrechtlicher und speditionsrechtlicher Normen führen. Das Frachtrecht verdrängt das Speditionsrecht nämlich nur insoweit, als es dem Versender die Position verschafft, die er gegenüber einem fremden Frachtführer nach Abtretung der Ansprüche durch den Spediteur hätte.[27]

22   Speditionsrecht bleibt hinsichtlich der gesamten speditionellen Tätigkeit einschlägig. Alles, was mit der Organisation der Beförderung zu tun hat, bestimmt sich nach den §§ 453 ff. sowie – ergänzend – nach den §§ 675, 662 ff. BGB. Frachtrecht ist ausschließlich auf die konkrete Eigenbeförderung anzuwenden.

23   **bb) Das konkret anzuwendende Frachtrecht.** Für die Eigenbeförderung des Spediteur-Frachtführers ist das auf die **konkrete** Beförderung anzuwendende Frachtrecht maßgeblich. Je nach Art des Transports sind unterschiedliche Frachtrechtsordnungen, im Falle der multimodalen Beförderung

---

[16] AA *Thume* TranspR 1990, 401 (402); *H. Schmidt* VersR 1975, 984 (985); Schlegelberger/*Schröder* § 412 Rn. 5, 6; MüKoHGB/*Bydlinski* Rn. 32 f.; GroßkommHGB/*Helm* §§ 412, 413 Rn. 76.
[17] *Koller* Rn. 9; zust. MüKoHGB/*Bydlinski* Rn. 33.
[18] MüKoHGB/*Bydlinski* Rn. 34.
[19] Schlegelberger/*Schröder* § 412 Rn. 5, 6.
[20] OLG Hamburg Urt. v. 18.2.1988 – 6 U 195/87, TranspR 1988, 201 (202).
[21] OLG München Urt. v. 27.7.1990 – 23 U 6160/89, TranspR 1991, 23 (24); OLG Hamburg Urt. v. 23.6.1983 – 6 U 235/82, TranspR 1984, 178 (179).
[22] *Koller* Rn. 9.
[23] MüKoHGB/*Bydlinski* Rn. 38.
[24] Heymann/*Honsell* § 412 Rn. 10; GroßkommHGB/*Helm* §§ 412, 413 Rn. 81; MüKoHGB/*Bydlinski* Rn. 44; vgl. zum teilweisen Selbsteintritt auch *Koller* Rn. 13–20.
[25] *Koller* Rn. 13–21.
[26] *H. Schmidt* VersR 1975, 984 (985).
[27] *Koller* Rn. 10.

(§§ 452 ff.) oder der segmentierten bzw. gebrochenen Beförderung sogar mehrere unterschiedliche Frachtrechtsregime hintereinander anzuwenden.

Die §§ 407 ff. gelten nur bei innerstaatlichen Beförderungen auf den Verkehrsträgern Straße, **24** Schiene, Binnengewässer und Luft. Die Seebeförderung ist im 5. Buch des HGB (§§ 476 ff.) geregelt. Nicht anwendbar sind die Vorschriften des allg. Frachtrechts, wenn der Frachtvertrag die Güterbeförderung ohne Umladung sowohl auf Binnen- als auch auf Seegewässern zum Gegenstand hat, soweit ein Konnossement ausgestellt ist (§ 450 Nr. 1) oder die auf Seegewässern zurückgelegte Strecke die größere ist (§ 450 Nr. 2). Für diesen Frachtvertrag gilt ausschließlich das Seefrachtrecht des Fünften Buches.

Nicht heranzuziehen sind die §§ 407 ff., soweit zwingende völkerrechtliche Vorschriften entgegen- **25** stehen (→ § 407 Rn. 103–131). Vorrang hat für den Bereich der grenzüberschreitenden Güterbeförderung auf der Straße die CMR (Art. 1 CMR). Der internationale Güterverkehr auf der Schiene bestimmt sich nach der CIM (Art. 1 CIM). Für den Bereich der Binnenschifffahrt gibt es das Budapester Übereinkommen (CMNI). Bei grenzüberschreitenden Luftbeförderungen sind WA bzw. MÜ anwendbar.

Die grenzüberschreitende Seebeförderung bestimmt sich nach einer Reihe internationaler Über- **26** einkommen etwa den in das HGB eingearbeiteten Haager-Regeln.

c) Selbsteintritt bei Einsatz vertragswidriger Beförderungsmittel. Der Spediteur haftet im **27** Falle des Selbsteintritts nur hinsichtlich des von ihm ausgeführten Beförderungsabschnitts wie ein Frachtführer. Wegen speditioneller Tätigkeit haftet er wie jeder andere Spediteur. Die Zuordnung zum Frachtrecht bzw. zum Speditionsrecht ist teilweise problematisch. Erklärt der Spediteur den Selbsteintritt zB durch Einsatz eines Lkws, führt er den Transport aber durch die Eisenbahn aus, so fragt sich, ob der Spediteur eine speditionelle organisatorische oder eine beförderungsspezifische frachtrechtliche Pflicht verletzt hat. Für die Haftung des Spediteurs nach Speditionsrecht spricht, dass die Verwendung eines vertragswidrigen Beförderungsmittels gleichzusetzen ist mit einem Instruktionsfehler des Spediteurs an den Frachtführer. Für die Haftung des Spediteurs nach Frachtrecht könnte hingegen sprechen, dass der Spediteur die vertragswidrige Beförderung in der Rolle des Frachtführers ausgeführt hat.

Eine Anwendung von Frachtrecht führt zur Frage nach dem einschlägigen Haftungsregime. Dem **28** Geschädigten wird ein Wahlrecht zugestanden.[28] Nach dem Prinzip der Meistbegünstigung soll der Versender zwischen einer Haftung nach dem Recht der vereinbarten Transportart und dem Recht der tatsächlich durchgeführten Transport wählen können. Ein vertragswidriges Verhalten soll nicht zu einer Besserstellung des Vertragsverletzers führen (→ § 407 Rn. 1 ff.).

Vorzugswürdig erscheint jedoch die **Zuordnung zum Speditionsrecht** und die Gewährung eines **29** Schadensersatzanspruchs nach § 461.[29] Die Bestimmung des Beförderungsmittels durch den Spediteur erfolgt regelmäßig zeitlich vor Abschluss eines Frachtvertrages. Dabei handelt es sich um die Erfüllung einer speditionellen und nicht etwa einer frachtrechtlichen Pflicht. Fehler in der speditionellen Planungsphase werden nicht dadurch zu frachtrechtlichen Vertragsverletzungen, dass sie in der konkreten Ausführung fortwirken. Selbst bei einer Vorgabe des Beförderungsmittels durch den Versender ändert sich nichts. Es bleibt dabei, dass der Spediteur seiner speditionellen Verpflichtung zur Erfüllung dieser Vorgabe nicht nachgekommen ist.

d) Der Vergütungsanspruch des Spediteurs (S. 3). Macht der Spediteur von seinem Recht auf **30** Selbsteintritt Gebrauch, kann er neben seiner Vergütung für die Tätigkeit als Spediteur die gewöhnliche Fracht verlangen. Eine besondere Vergütungsregelung für die Beförderungskosten ist beim Selbsteintritt notwendig, weil der Spediteur kein Ausführungsgeschäft mit einem Frachtführer schließt und demnach die Kosten der Beförderung nicht als Aufwendungsersatz gem. §§ 675, 670 BGB geltend machen kann.

„Gewöhnliche" Fracht bedeutet „übliches" Beförderungsentgelt. Die „gewöhnliche" Fracht **31** bildet die **Obergrenze,** die vom Spediteur – mangels Tarifzwang – auch unterschritten werden kann. Wenn die erkennbare Möglichkeit zu einer kostengünstigeren Fremdbeförderung bestanden hat, steht dem Spediteur kein Anspruch auf die gewöhnliche Fracht zu. Er muss sich vielmehr mit den Kosten der günstigeren Fremdbeförderung begnügen. Andernfalls würde der Selbsteintritt in einen solchen Fall gegen die Interessenwahrungspflicht nach § 454 Abs. 4 verstoßen und zu einem Schadensersatzanspruch des Versenders in Höhe der Kostendifferenz führen.

Der **Vergütungsanspruch** des Spediteurs für seine **speditionelle Tätigkeit** bleibt vom Selbst- **32** eintritt **unberührt,** wird also nicht um den Provisionsanspruch für das fehlende Ausführungsgeschäft gekürzt. Es ist davon auszugehen, dass der Selbsteintritt für den Versender (mindestens) genauso interessengerecht ist wie die Fremdausführung der Beförderung. Stehen Aufwendungen des Spediteurs mit der Beförderung im Zusammenhang, beurteilt sich deren Ersatzfähigkeit nach § 420 Abs. 1 S. 2.[30]

---

[28] BGH Urt. v. 17.5.1989 – I ZR 211/87, NJW 1990, 639; MüKoHGB/*Czerwenka* § 407 Rn. 116.
[29] *Koller* Rn. 12.
[30] *Koller* Rn. 24; Heymann/*Joachim* Rn. 7.

33   Die **Fälligkeit** des **Frachtanspruchs** bestimmt sich nach dem jeweils anwendbaren Frachtrecht. Die Fracht ist dabei regelmäßig erst mit vollständiger Ausführung der Beförderung, also erst bei Ablieferung des Gutes zu bezahlen (vgl. etwa § 420 Abs. 1 S. 1). Der **Vergütungsanspruch** (Provisionsanspruch) wird beim Selbsteintritt erst mit Beginn der Beförderung **fällig.**[31] Dieser Beginn der Beförderung ersetzt die in § 456 genannte Übergabe des Gutes an den Frachtführer, die es beim (echten) Selbsteintritt nicht geben kann. Beim unechten Selbsteintritt spricht nichts gegen die direkte Anwendung der Fälligkeitsregelung des § 456.

IV. Zulässigkeit von Parteivereinbarungen

34   Das Recht zum Selbsteintritt (S. 1) unterliegt der Dispositionsbefugnis der Parteien. Die Vertragspartner können eine gegenüber S. 3 abweichende Vergütungsregelung frei vereinbaren. Nur die Rechtsfolgenverweisung auf Frachtrecht (S. 2) ist insoweit zwingend als das anzuwendende Frachtrechtsregime ebenfalls zwingend ausgestaltet ist, § 466 Abs. 3.

V. Beweislast

35   Die Tatsachen, aus denen sich der Selbsteintritt ergibt, hat die Partei darzulegen und zu beweisen, die daraus eine für sich günstige Rechtsfolge herleiten will. Der Versender muss einen behaupteten interessenwidrigen Selbsteintritt des Spediteurs beweisen. Allerdings werden ihm dabei Einlassungspflichten des Spediteurs zugute kommen, soweit sich die relevanten Umstände ausschließlich in der Sphäre des Spediteurs abgespielt haben.

§ 459 Spedition zu festen Kosten

[1] **Soweit als Vergütung ein bestimmter Betrag vereinbart ist, der Kosten für die Beförderung einschließt, hat der Spediteur hinsichtlich der Beförderung die Rechte und Pflichten eines Frachtführers oder Verfrachters.** [2] **In diesem Fall hat er Anspruch auf Ersatz seiner Aufwendungen nur, soweit dies üblich ist.**

Schrifttum: *Bartels,* Die zwingende Frachtführerhaftung des Spediteurs, VersR 1975, 598; *Bartels,* Zur Frachtführerhaftung des Spediteurs, VersR 1980, 611; *Bayer,* Die Haftung des Fixkostenspediteurs gegenüber dem Versender für Ladungsschäden bei Seetransport, VersR 1985, 1110; *Bischof,* Zum Recht des Fixkostenspediteurs im Straßengüterverkehr, VersR 1981, 708; *Diehl,* Die Pflichten des Spediteurs in den Fällen der §§ 412, 413 HGB, 1987; *Helm,* Nochmals: Die zwingende Frachtführerhaftung des Spediteurs, VersR 1976, 601; *Herber,* Der Spediteur als Frachtführer, 1978; *Kleyensteuber,* Der Spediteur als Luftfrachtführer, TranspR 1980, 64; *Knauth,* Die Fixkostenspedition in der Insolvenz des Versenders, TranspR 2002, 282; *Knorre,* Zur Frachtführerhaftung im grenzüberschreitenden Straßengüterverkehr, VersR 1980, 1005; *Knorre,* Zur Haftung des Fixkostenspediteurs im grenzüberschreitenden Straßenverkehr, VersR 1981, 169; *Koller,* Die Verweisung der §§ 412, 413 HGB auf die CMR, VersR 1987, 1058; *Koller,* CMR und Speditionsrecht, VersR 1988, 556; *Konow,* Die Rechtsstellung des Spediteurs gegenüber dem Versender bei Beförderung des Gutes im Eisenbahn-Sammelladungsverkehr, DB 1987, 1877; *Lengtat,* Der Spediteur im grenzüberschreitenden Kraftverkehr, VersR 1985, 210; *Merz,* Die Haftungsproblematik im Spediteurs- und Frachtführerrecht, VersR 1982, 213; *Papp,* Haftungsrechtliche Fragen im Zusammenhang mit §§ 412, 413 HGB, 1973; *Ramming,* Die Entlastung des Frachtführers von seiner Haftung nach § 425 Abs. 1 HGB für Verlust und Beschädigung des Gutes und Überschreitung der Lieferfrist, TranspR 2001, 53; *Roesch,* Zur Abgrenzung von Speditionsvertrag und Frachtvertrag, VersR 1979, 890; *Runge,* Der Spediteur als Frachtführer, TranspR 1978, 62; *Runge,* Gedanken über eine Neufassung der §§ 412, 413 HGB, TranspR 1982, 34; *J. H. Schmidt,* Speditionsversicherung und Verfrachterhaftung des Fixkostenspediteurs, TranspR 1987, 165; *J. H. Schmidt,* Konnossemente und Leistungspflicht der Speditionsversicherer im Falle der Fixkostenspedition, TranspR 1987, 426; *J. H. Schmidt,* Bedeutung des Konnossements für die Verfrachterhaftung des Fixkostenspediteurs, TranspR 1988, 105; *J. H. Schmid,* Speditionsversicherung und die HGB-Frachtführerhaftung von nicht der KVO-Haftung unterliegenden Fixkosten- und Sammelladungsspediteuren, TranspR, 1988, 268; *Runge,* Der Spediteur als Frachtführer, TranspR 1978, 62; *Schneider,* Noch einmal – Die Verfrachterhaftung des Fixkostenspediteurs, TranspR 1987, 329; *Schoner,* Der Spediteur als Luftfrachtführer, TranspR 1979, 57; *Starosta,* Zur Auslegung und Reichweite der Ziff. 23.3 ADSp, TranspR 2003, 55; *Thume,* Keine zwingende CMR-Haftung des Fixkosten-Sammelladungsspediteurs im grenzüberschreitenden Straßengüterverkehr, TranspR 1992, 355; *Válder,* Das künftige Speditionsrecht – Strukturen und praktische wichtige Neuerungen im Detail, TranspR 1998, 51; *Zapp,* Die Haftung des „413 HGB"-Spediteurs bei grenzüberschreitenden Lkw-Transporten für Schäden aus verspäteter Ladungsübernahme, TranspR 1993, 334.

Übersicht

---

[31] GroßkommHGB/*Helm* §§ 412, 413 Rn. 102; MüKoHGB/*Bydlinski* Rn. 57; aA Schlegelberger/*Schröder* § 412 Rn. 11.

I. Einleitung

1. Allgemeines. § 459 in seiner Fassung von 1998 übernimmt in S. 1 mit bestimmten begriff- **1** lichen und inhaltlichen Präzisierungen den Inhalt des § 413 Abs. 1 S. 1 aF. Fixkostenspedition (§ 459) und Sammelladung (§ 460) werden im Gegensatz zu früher nunmehr in zwei getrennten Vorschriften geregelt, da die Anwendung von Frachtrecht an unterschiedliche Tatbestände angeknüpft wird.

Bei der Spedition zu festen Kosten, allgemein als „Fixkostenspedition" bezeichnet, schließt der **2** Spediteur den Frachtvertrag auf **eigene Rechnung,** wobei die **Beförderungskosten in der Ver- gütung des Spediteurs** enthalten sind. Aussagekräftiger wäre deshalb die Verwendung der Bezeich- nung „Spedition zu festen Preisen".[1] Die Höhe der tatsächlichen Beförderungskosten ist dem Ver- sender nicht offen zu legen. Dieser hat bei der Fixkostenspedition keinen Anspruch auf Rechnungs- legung.

Der Abschluss zu festen Kosten hat für Spediteur und Versender gleichermaßen **Vor- und Nach- 3 teile.** Der Spediteur darf einen etwaigen Gewinn bei den Beförderungskosten behalten und muss ihn gegenüber dem Versender nicht aufdecken. Verluste infolge einer zu niedrig angesetzten Kalkulation hat er andererseits selbst zu tragen. Für den Versender ergibt sich der Vorteil, dass er bereits bei Abschluss des Speditionsvertrages die auf ihn zukommenden Kosten kalkulieren und mit anderen Angeboten vergleichen kann. Nachteilig für den Versender kann der Umstand sein, dass der Spediteur in der Erwartung der Auftragserteilung einen Gewinn kalkuliert, der über eine speditionelle Provision deutlich hinausgeht.

Im speditionellen Alltag ist die Fixkostenspedition der **Regelfall.**[2] Für den Versender ist nämlich die **4** Höhe der Transportkosten von erheblicher Bedeutung. Sei es, dass er sie in seine eigene Kalkulation einrechnen oder sei es, dass er seinem Abnehmer die Transportkosten benennen können muss.

2. Normzweck. Es besteht die Gefahr, dass der Spediteur, der den Frachtvertrag auf eigene **5** Rechnung schließt und Gewinne nicht offen legen muss, sondern für sich behalten kann, die Kosten der Beförderung zu Lasten der Qualität so niedrig wie möglich hält. Das Gesetz begegnet dieser Gefahr dadurch, dass dem Spediteur **hinsichtlich der Beförderung** die Rechte und Pflichten eines Frachtführers zugewiesen werden. Dadurch soll vermieden werden, dass der Spedi- teur sein eigenes wirtschaftliches Interesse über das des Versenders stellt[3] und zur Gewinnmaximie- rung Frachtverträge mit kostengünstigen, aber möglicherweise unzuverlässigen oder ungeeigneten

---

[1] MüKoHGB/*Bydlinski* Rn. 1.
[2] *Runge* TranspR 1982, 34 (35); *Bischof* VersR 1979, 697; MüKoHGB/*Bydlinski* Rn. 1.
[3] Vgl. etwa BGH Urt. v. 21.11.1975 – I ZR 74/75, NJW 1976, 1029; *Koller* VersR 1988, 556; *Koller* Rn. 1, 2; MüKoHGB/*Bydlinski* Rn. 6.

Beförderern schließt.[4] Wenn der Spediteur auf eigene Rechnung handelt, muss er **wie ein Fracht-führer** für den Erfolg des Frachtgeschäfts einstehen, ohne seine Haftung auf Auswahlverschulden beschränken zu können. Will der Spediteur diese haftungsrechtlichen Folgen vermeiden, muss er seine Vergütung hinsichtlich Kosten und Aufwendungen offen legen, damit der Versender diese überprüfen kann.[5]

6   **3. Reichweite.** Der Fixkostenspediteur hatte nach dem Wortlaut des § 413 Abs. 1 aF „ausschließlich" die Rechte und Pflichten eines Frachtführers. Dadurch konnte der unzutreffende Eindruck entstehen, dass die speditionellen Pflichten insgesamt zugunsten des Frachtrechts aufgehoben würden.

7   Die vom Gesetz nunmehr gewählte Formulierung „hinsichtlich der Beförderung" macht deutlich, dass die speditionellen Rechte und Pflichten der Parteien im Übrigen bestehen bleiben.

8   Die Rechtsstellung des Versenders bleibt insoweit unberührt, als dieser nicht etwa zu einem „Absender" mit entsprechenden frachtrechtlichen Pflichten wird.

9   **4. Geltungsumfang.** Das Frachtrecht ist damit nur insoweit anzuwenden, als es um die **eigentliche Beförderungsleistung** geht, weil nur insoweit der schon angesprochene Normzweck betroffen ist.

10   Beförderungsbezogene **speditionelle Nebenleistungen**, die nicht zum Kernbereich der organisatorischen Tätigkeit des Spediteurs zählen, wie zB die Pflichten nach § 454 Abs. 2, unterfallen nicht dem Frachtrecht. Eine Fixkostenabrede für den gesamten Vertrag bedeutet also nicht, dass der Spediteur die Erfolgshaftung für die ordnungsgemäße Durchführung aller Ausführungsgeschäfte übernimmt. Werden zu festen Kosten die Erbringung der Beförderungsleistung und etwa die Verpackung durch einen Subunternehmer übernommen, so unterliegt nur die Beförderungsleistung der frachtrechtlichen Erfolgshaftung, nicht hingegen die Verpackung durch den Subunternehmer. Für den Abschluss des Vertrages mit dem Verpackungsunternehmen haftet der Spediteur nur wegen Auswahlverschuldens. Anderes gilt dann, wenn der Spediteur einen Vertrag zur Erbringung eigener Verpackungsleistungen geschlossen hat[6] (§ 454 Abs. 2 S. 2). In diesem Fall kommt sogar eine werkvertragliche Haftung des Spediteurs in Betracht.[7]

11   Problematisch sind die Fälle, in denen die Fixkostenvereinbarung solche beförderungsbezogenen Leistungen mit umfasst, die einerseits **zum Kernbereich** der **speditionellen Tätigkeit** gehören, andererseits aber auch **typische Leistungen** des **Frachtführers** darstellen. Bei **beförderungsbedingten** Umladungen oder Zwischenlagerungen ist unabhängig von deren Durchführung durch Subunternehmer eine frachtrechtliche Verantwortlichkeit des Spediteurs gegeben.[8] Schwieriger einzuordnen sind dagegen Leistungen wie Verpackung, Kennzeichnung, Verzollung oder Nachnahme. Deren Einordnung danach vorzunehmen, ob die Pflichten im Frachtrecht geregelt sind oder die Übernahme des Gutes zur Erfüllung dieser Pflicht in den Haftungszeitraum zwingenden Frachtrechts fällt,[9] erscheint mit dem Normzweck von § 459 nicht vereinbar. Diese Ansicht führt zu einem weitgehenden Leerlauf der speditionsrechtlichen Regelungen und würde dem Spediteur gerade die gesetzlich vorgesehene Freiheit nehmen, bei Leistungen iSv § 454 Abs. 2 mit dem Versender eine Vereinbarung zu treffen, wonach solche Leistungen entgegen der Vermutung des Gesetzes nur auf den Abschluss der zu Erbringung erforderlichen Verträge gerichtet ist.

12   Eine Fixkostenabrede schließt es nicht aus, dass der Spediteur für **unvorhersehbare** oder **außergewöhnliche** Aufwendungen zusätzlich Ersatz verlangt, zB wegen vorab nicht feststehender Verzollungs- und Straßengebühren. S. 2 der Bestimmung stellt klar, dass bestimmte Aufwendungen, die **üblicherweise** nicht im Fixpreis enthalten sind, neben der festen Vergütung als gesonderte Aufwendungen dem Versender in Rechnung gestellt werden können (vgl. § 346). Letztlich wird es auf die jeweilige Vereinbarung der Vertragsparteien ankommen, ob der Fixpreis Kosten umfasst, deren Entstehen sicher ist, über deren Höhe aber Ungewissheit besteht. Sinn der Fixkostenvereinbarung kann nämlich sein, diese Risiken vertraglich dem Spediteur zuzuordnen.

II. Voraussetzungen der Fixkostenspedition

13   **1. Speditionsvertrag.** Zwischen den Parteien muss ein gültiger Speditionsvertrag zustande gekommen sein. Der Abschluss eines Frachtvertrags mit speditionellen Elementen genügt nicht. Es ist darauf abzustellen, ob sich der Spediteur zur Beförderung oder zur Versendung (Organisation der Beförderung) des Gutes verpflichtet hat.

14   **2. Fixkostenabrede. a) Allgemeines.** Die Parteien müssen sich auf einen **bestimmten** Betrag geeinigt haben, in dem sowohl das Entgelt für die Transportorganisation als auch für die eigentliche

---

[4] GroßkommHGB/*Helm* §§ 412, 413 Rn. 106; MüKoHGB/*Bydlinski* Rn. 3 ff. mit weit. Hinw. auf die Entstehungsgeschichte; *Koller* Rn. 1 ff.
[5] BR-Drs. 368/97, 109.
[6] Vgl. *Koller* Rn. 3, 4. Vgl. auch OLG Nürnberg Urt. v. 5.7.2000 – 12 U 913/00, TranspR 2000, 428.
[7] BGH Urt. v. 13.9.2007 – I ZR 207/04, TranspR 2007, 477 Rn. 16–19 = NJW 2008, 172 mAnm *Ramming*.
[8] BR-Drs. 368/97, 110.
[9] So *Koller* Rn. 4a.

Beförderung enthalten sind. Die Höhe der Vergütung muss dabei **ohne Rücksicht auf den konkreten Versendungsaufwand** des Spediteurs vereinbart worden sein.

b) Auf eigene Rechnung. Bei der Fixkostenspedition handelt der Spediteur insgesamt auf eigene **15** Rechnung. Dies muss sich zumindest aus den Umständen,[10] etwa auf Grund der Werbung[11] des Spediteurs, ergeben. Das Handeln auf eigene Rechnung ist **Wesensmerkmal** einer Fixkostenspedition. Der Spediteur, bei dem das Merkmal der Fremdnützigkeit weggefallen ist, soll haftungsrechtlich wie ein Frachtführer für den Erfolg der Beförderung einstehen.[12]

Handeln auf eigene Rechnung und Vereinbarung eines bestimmten Betrages müssen **kumulativ** **16** vorliegen.[13]

c) Wegfall der Fremdnützigkeit. Der Speditionsvertrag ist ein handelsrechtlicher Spezialfall der **17** entgeltlichen Geschäftsbesorgung. Wesensmerkmal der Geschäftsbesorgung ist die Fremdnützigkeit. Bei der Fixkostenspedition handelt der Spediteur aber insgesamt auf eigene Rechnung, sein Tätigwerden ist eigennützig. Fixe Kosten werden unwiderlegbar als Indiz für den Wegfall der Fremdnützigkeit verstanden, mit der Folge, den Beförderungsteil haftungsrechtlich aus dem komplexen Speditionsvertrag herauszulösen und insoweit dem Frachtrecht zu unterstellen.[14]

d) Bestimmter Betrag. Die Parteien haben sich nur dann auf einen bestimmten Betrag geeinigt, **18** wenn der Versender anhand der aufgestellten Kalkulationsgrundlage erkennen konnte, welche Summe er dem Spediteur (insgesamt) zu vergüten hat. Es müssen konkrete Beträge vereinbart werden, wobei es ausreichend ist, dass die Vergütung pro beförderter **Einheit,**[15] **Stückzahl, Ladevolumen, Gewicht, Transportabschnitt,**[16] **usw** vereinbart wird.[17]

Der Vereinbarung einer ganz bestimmten Einzelsumme bedarf es dafür nicht. Übliche Preisvor- **19** behalte (etwa wegen Devisenkursänderungen[18]) oder hinreichend bestimmte Gleitklauseln[19] schließen die Fixkostenspedition nicht aus.

Keine Fixkostenvereinbarung liegt vor, wenn die Vergütung gem. § 354 bzw. § 315 BGB erst **20** noch bestimmt werden muss.[20] Gleiches gilt, wenn sich die Parteien lediglich über die „gewöhnliche" oder „übliche" Fracht geeinigt haben, weil dies die Kalkulationsgrundlage nicht erkennen lässt,[21] es sei denn, innerhalb der Transportbranche werden die gleichen festen Beträge vereinbart und der Versender kann bereits bei Vertragsschluss absehen, welche konkreten Kosten auf ihn zukommen. Eine abweichende Ansicht würde zu einer Umkehrung des gesetzlich vorgesehenen Regel-/Ausnahmeverhältnisses führen. Treffen die Parteien bei Vertragsschluss gar keine Vergütungsvereinbarung, scheidet § 459 mangels Vereinbarung eines bestimmten Betrages aus. Dass dem Spediteur für seine Vergütung eine gesetzliche Anspruchsgrundlage (§ 354 Abs. 1) zur Verfügung steht, die auf den ortsüblichen Satz abstellt, und ggf. nach § 315 BGB bestimmt wird, führt nicht zur Fixkostenspedition. Ebenso liegt kein bestimmter Betrag vor, wenn die vereinbarte Vergütung nur der Höhe nach begrenzt wird.[22] Ein Verweis auf externe Preise ausführender Unternehmen ist nur dann eine Fixkostenvereinbarung, wenn der Spediteur deutlich zum Ausdruck bringt, er werde auf eigene Rechnung handeln.[23]

e) Vereinbarung. Als Vergütung muss ein bestimmter Betrag, der die Kosten für die Beförderung **21** einschließt, vereinbart sein. Die Fixkostenabrede muss **Vertragsbestandteil** werden. Es kann nicht genügen, wenn der Spediteur nur einseitig erklärt, etwa durch nachträgliche Rechnungsstellung, in der nur ein Pauschalbetrag ausgewiesen ist, er sei als Fixkostenspediteur tätig gewesen. Anders als beim Selbsteintritt (§ 458) kann der Spediteur bei der Fixkostenspedition nicht durch einseitiges Handeln das Haftungsregime beeinflussen.

Die Vereinbarung kann **konkludent** getroffen werden oder sich aus den **Umständen** ergeben, etwa **22** auf Grund ständiger Geschäftsbeziehung. Die **Bezahlung einer Pauschalrechnung** durch den Ver-

---

[10] *Koller* VersR 1988, 556 (557); *Koller* Rn. 20.

[11] OLG Hamm Urt. v. 25.5.1992 – 18 U 165/91, VersR 1993, 1037.

[12] BR-Drs. 368/97, 109.

[13] MüKoHGB/*Bydlinski* Rn. 24.

[14] BR-Drs. 368/97, 109.

[15] OLG Hamm Urt. v. 25.7.2002 – 18 U 182/01, TranspR 2003, 457; BGH Urt. v. 30.6.1978 – I ZR 146/76, VersR 1978, 935; OLG Hamburg Urt. v. 31.1.1985 – 26 O 85/84, TranspR 1985, 172 (173).

[16] BGH Urt. v. 14.6.1982 – II ZR 231/81, VersR 1982, 845.

[17] MüKoHGB/*Bydlinski* Rn. 16; weitere Nachweise etwa bei GroßkommHGB/*Helm* §§ 412, 413 Rn. 114 Fn. 191 ff.

[18] MüKoHGB/*Bydlinski* Rn. 17.

[19] BGH Urt. v. 14.6.1982 – II ZR 231/81, NJW 1982, 1943 (1944) = VersR 1982, 845; OLG Hamburg Urt. v. 8.10.1981 – 6 U 127/81, VersR 1982, 342.

[20] AA *Koller* Rn. 20.

[21] Vgl. OLG Düsseldorf Urt. v. 8.6.1989 – 18 U 44/89, TranspR 1990, 30 (31); MüKoHGB/*Bydlinski* Rn. 18.

[22] OLG Hamburg Urt. v. 3.11.1983 – 6 U 73/83, TranspR 1984, 291 (292 f.); *Koller* Rn. 20; MüKoHGB/*Bydlinski* Rn. 21.

[23] Dies dürfte wohl eher die Ausnahme bleiben.

sender ist lediglich Indiz für eine von Anfang an getroffene Fixkostenabrede,[24] nicht aber ein Beweis für eine stillschweigende Vertragsänderung oder einen konkludenten Ausschluss der Rechnungslegungspflicht.

23   **f) Zeitpunkt.** Fixkostenabreden werden idR **bei Vertragsschluss** getroffen. Die Parteien können sich aber auch noch nach Vertragsschluss auf Fixkosten verständigen. Fraglich ist, ob und bis zu welchem Zeitpunkt durch eine nachträgliche Vertragsänderung die Rechtsfolgen der Fixkostenspedition – eventuell sogar mit Rückwirkung – herbeigeführt werden können.

24   **Nachträgliche Vertragsänderungen** sind im Hinblick auf die Privatautonomie generell zulässig. Strittig ist jedoch, bis zu welchem Zeitpunkt der Speditionsvertrag nachträglich noch abgeändert werden kann. Überwiegend wird die Auffassung vertreten, eine Fixkostenvereinbarung könne nur spätestens bis zur Ausführung der Beförderung getroffen werden.[25] Eine derartige zeitliche Begrenzung ist auf Grund der Privatautonomie abzulehnen.[26] Selbst mit Rückwirkung kann eine andere als die zuvor vereinbarte Regelung getroffen werden.[27] Eine rückwirkend vereinbarte Änderung des Haftungsregimes kann allerdings nachteilige Auswirkungen bei der Abwicklung eines zuvor eingetretenen Schadens haben, wenn etwa auf Grund der nach dem Schadenseintritt vereinbarten Fixkostenspedition ein anderer Versicherer regulierungspflichtig sein soll.

25   **3. Beweislast.** Die Beweislast für Tatsachen, aus denen sich die Vereinbarung einer Fixkostenspedition ergibt, trägt die Partei, die sich darauf **beruft.**[28]

III. Rechtsfolge

26   § 459 enthält eine **Rechtsfolgenverweisung** auf das Frachtrecht. Die speditionellen Rechte und Pflichten werden mit dem Bewirken der Versendung (bzw. nachträglichen Vereinbaren einer Fixkostenspedition) **partiell** in eine frachtrechtliche Gefährdungshaftung umgestaltet. Der Spediteur haftet dann hinsichtlich der Beförderung nach zwingendem Frachtrecht, ansonsten bleibt es bei der Anwendung von Speditionsrecht. Weitere Rechtsfolge der Fixkostenspedition ist, dass der Spediteur Aufwendungsersatz nur insoweit geltend machen kann, als dies der Üblichkeit entspricht, § 459 S. 2.

27   **1. Verweisung auf Frachtrecht.** Da eine Fixkostenvereinbarung sich nicht auf die ganze Transportstrecke zu beziehen braucht, betrifft die Verweisung nur die Beförderungsstrecke, auf die sich die Fixkostenvereinbarung bezieht.[29] Die Rechtsstellung des Spediteurs im Übrigen bleibt unberührt. Hinzu tritt die Pflicht zur **Beförderung als Hauptpflicht.**[30] Der Spediteur kann die Beförderung selbst oder durch Unterfrachtführer ausführen.

28   Der **Begriff der „Beförderung"** ist dem Normzweck entsprechend auszulegen (→ Rn. 5–11). „Beförderung" geht sicherlich über die reine Ortsveränderung hinaus und umfasst etwa beförderungsbedingte Umlandungen oder Zwischenlagerungen.[31] Allerdings ist auch die Absicht des Gesetzgebers zu berücksichtigen, in Abweichung vom früheren Recht dem Spediteur – abgesehen von der Vergütung – die Rechte und Pflichten aus dem Speditionsvertrag nicht zu nehmen.[32] Beförderungsbezogene **speditionelle Nebenpflichten** nach § 454 Abs. 2 unterfallen deshalb grundsätzlich dem Speditionsrecht und **nicht dem Frachtrecht.**

29   Zu diesen in § 454 Abs. 2 genannten beförderungsbezogenen speditionellen Nebenpflichten zählen Versicherungs-, Verpackungs- und Kennzeichnungspflichten, die Zollbehandlung,[33] sowie weitere, nicht ausdrücklich genannte Nebenpflichten wie die Beschaffung von Begleitpapieren und Dokumenten, die Kontrolle des Gutes auf Unversehrtheit oder eine über die Zollbehandlung hinausgehende sonstige amtliche Behandlung des Gutes.[34] Speditionelle Kernpflichten wie die Organisation der Beförderung, Obhuts- und Interessenwahrungspflichten bleiben ebenfalls bestehen.

---

[24] Etwa BGH Urt. v. 21.11.1975 – I ZR 74/75, VersR 1976, 433 (435); OLG Düsseldorf Urt. v. 23.11.1989 – 18 U 70/89, TranspR 1990, 63 (64); GroßkommHGB/*Helm* §§ 412, 413 Rn. 117; MüKoHGB/*Bydlinski* Rn. 23; *Koller* Rn. 22.

[25] OLG Düsseldorf Urt. v. 11.10.1990 – 18 U 48/90, TranspR 1990, 440 (441); OLG Düsseldorf Urt. v. 8.6.1989 – 18 U 44/89, TranspR 1990, 30 (31); HK-HGB/*Ruß* Rn. 3; Schlegelberger/*Schröder* § 413 Rn. 2c.

[26] *Koller* VersR 1988, 556 (557); *Koller* Rn. 21; GroßkommHGB/*Helm* §§ 412, 413 Rn. 116.

[27] Ebenso MüKoHGB/*Bydlinski* Rn. 28.

[28] Vgl. OLG Düsseldorf Urt. v. 8.6.1989 – 18 U 44/89, TranspR 1990, 30 (31); *Koller* Rn. 22a.

[29] OLG Hamburg Urt. v. 18.5.1989 – 6 U 258/88, TranspR 1990, 188 (189); aA OLG Düsseldorf Urt. v. 8.6.1989 – 18 U 44/89, TranspR 1990, 30 (31).

[30] *Koller* Rn. 24.

[31] BR–Drs. 368/97, 110.

[32] BR–Drs. 368/97, 109.

[33] AA *Koller* Rn. 28, 10.

[34] BR–Drs. 368/97, 106, 110.

a) Das jeweils anzuwendende Frachtrecht. Es ist das auf die **konkrete Beförderung** anzuwen- 30
dende Frachtrecht maßgeblich.[35] Je nach Art des Transports können unterschiedliche Frachtrechtsordnungen, im Falle der multimodalen Beförderung (§§ 452 ff.) oder der segmentierten bzw. gebrochenen Beförderung sogar mehrere unterschiedliche Frachtrechtsregime hintereinander anzuwenden
sein.[36]

aa) Innerstaatliche Beförderung. Bei innerstaatlichen Beförderungen auf den Verkehrsträgern 31
Straße, Schiene, Binnengewässer und Luft verweist die Vorschrift auf die §§ 407 ff. Bei Seefracht gelten
die §§ 474 ff.,[37] es sei denn, es handelt sich um eine multimodale Beförderung, § 452 S. 2. Die
Normen des Seefrachtrechts enthalten teilweise zwingendes, teilweise dispositives Recht.[38] Die Anwendung zwingenden Seerechts kann im Hinblick auf die sehr niedrigen Haftungsbeschränkungen des
§ 660 für den Spediteur günstiger sein als die Vereinbarung der ADSp.[39]

bb) Vorrang internationaler Transportabkommen. Zwingend anzuwendende Normen inter- 32
nationaler Transportabkommen gehen den §§ 407 ff. vor.[40] Diesbezügliche vertragliche Einschränkungen sind unwirksam. Im internationalen **Straßengüterverkehr** gelten für den Fixkostenspediteur
hinsichtlich der Beförderung die Normen der CMR. Für grenzüberschreitende **Luftbeförderungen**
sind WA bzw. MÜ anwendbar. Soweit das WA keine zwingende Vorschriften enthält, bleibt Raum für
die Anwendung der §§ 407 ff.[41] Auf internationale **Eisenbahntransporte** findet die CIM Anwendung. Die grenzüberschreitende **Seebeförderung** bestimmt sich nach den Haager Regeln die in das
nationale Seefrachtrecht des HGB eingearbeitet worden sind. Die Haager Regeln sind nur teilweise
zwingend. Für den Bereich der **Binnenschifffahrt** gilt das Budapester Übereinkommen (CMNI).

b) Vergütungsanspruch des Fixkostenspediteurs. Der Spediteur hat Anspruch auf die **verein-** 33
barte Vergütung. Eine darüber hinausgehende Vergütung, etwa in Form eines Provisionsanspruchs,
muss zusätzlich vereinbart werden.

Der Vergütungsanspruch des Fixkostenspediteurs ist einheitlich und kann nicht in einen Provisions- 34
anspruch hinsichtlich der Versendung und einen Vergütungsanspruch hinsichtlich der Beförderungskosten unterteilt werden. Eine Auftrennung des einheitlichen Vergütungsanspruchs würde faktisch zur
Rechnungslegungspflicht führen, was für die Beförderung gerade ausgeschlossen werden soll.

Die Fälligkeit der Vergütung richtet sich nach dem jeweils einschlägigen Frachtrecht,[42] weil der 35
Schwerpunkt er Fixkostenspedition idR bei der Beförderungsleistung liegt und durch den Verweis auf
zwingendes Frachtrecht davon auszugehen ist, dass insoweit § 456 abbedungen wurde.

c) Abdingbarkeit. Die Verweisung auf Frachtrecht ist nach § 466 Abs. 3 insoweit zwingend, als auf 36
zwingendes Frachtrecht verwiesen wird. Der Fixkostenspediteur kann nur gem. den §§ 439 Abs. 4
und 449 die Verjährung und Haftungsgrenzen mit dem Versender aushandeln. Hinsichtlich der **Ver-**
gütungsregelung in § 459 S. 2 können die Parteien anderweitige Regelungen frei vereinbaren. Dies
gilt auch für den Aufwendungsersatzanspruch.

2. Aufwendungsersatzanspruch (S. 2). S. 2 ist gegenüber § 420 Abs. 1 S. 2 **lex specialis** und 37
verdrängt die Vorschrift, wonach der Frachtführer bereits Ersatz von Aufwendungen erhält, wenn er
diese für erforderlich halten durfte. Haben die Parteien keine gesonderte Vereinbarung über den
Aufwendungsersatz getroffen, so kann der Fixkostenspediteur Aufwendungsersatz nur insoweit geltend
machen, als Aufwendungen im fixen Vergütungsanspruch **üblicherweise** nicht enthalten sind oder
nach den gesamten **Umständen** klar ist, dass über den Fixpreis hinaus noch Aufwendungen zu
bezahlen sind.

---

[35] Vgl. OLG Hamburg Urt. v. 18.5.1989 – 6 U 258/88, TranspR 1990, 188 (189); OGH Wien Urt. v. 25.4.1984
– 3 Ob 584, 585/83, TranspR 1985, 265; BGH Urt. v. 18.2.1972 – I ZR 103/70, NJW 1972, 1003 und BGH Urt.
v. 30.9.1993 – I ZR 258/91, TranspR 1994, 16 (17).

[36] Vgl. *Koller* Rn. 23.

[37] Vgl. für Seetransport BGH Urt. v. 14.6.1982 – II ZR 231/81, BGHZ 84, 257 (259) = NJW 1982, 1943; BGH
Urt. v. 14.12.1988 – I ZR 235/86, TranspR 1989, 309; *J. H. Schmidt* TranspR 1987, 165 mwN; aA *Bischof* VersR 1988,
225; *Schneider* TranspR 1987, 320 (zur Frage, ob die zwingende Haftung nach seefrachtrechtlichen Bestimmungen die
Ausstellung eines Konnossements durch den Spediteur voraussetzt *Schneider* TranspR 1987, 329 (330); *Schmidt*
TranspR 1988, 105).

[38] BGH Urt. v. 14.6.1982 – II ZR 231/81, BGHZ 84, 257 (259) = NJW 1982, 1943; OLG Hamburg Urt. v.
1.3.1979 – 6 U 89/78, VersR 1979, 812 (Anwendung deutschen Seefrachtrechts auf Beförderung zwischen Holland
und England); OLG Hamburg Urt. v. 1.3.1979 – 6 U 179/78, VersR 1979, 814 (815); OLG Hamburg Urt. v.
25.10.1979 – 6 U 139/77, VersR 1981, 517; OLG Hamburg Urt. v. 8.10.1981 – 6 U 127/81, VersR 1982, 342.

[39] Vgl. GroßkommHGB/*Helm* §§ 412, 413 Rn. 10.

[40] Vgl. BGH Urt. v. 10.10.1985 – I ZR 124/83, VersR 1986, 285; BGH Urt. v. 29.11.1984 – I ZR 121/82,
VersR 1985, 258; BGH Urt. v. 10.2.1982 – I ZR 80/80, NJW 1982, 1946; BGH Urt. v. 9.2.1979 – I ZR 6/77,
NJW 1979, 2470; BGH Urt. v. 21.11.1975 – I ZR 74/75, NJW 1976, 1029 (1030); BGH Urt. v. 3.3.1972 – I ZR
55/70, NJW 1972, 866; BGH Urt. v. 18.2.1972 – I ZR 103/70, NJW 1972, 1003 und *J. H. Schmidt* TranspR 1987,
165 (166) mwN.

[41] OLG Frankfurt a. M. Urt. v. 10.7.1979 – 5 U 146/77, NJW 1980, 77 (78).

[42] *Koller* Rn. 42.

38   Im Fixpreis üblicherweise nicht enthalten sind etwa Aufwendungen, die bei Abschluss der Vereinbarung noch nicht bezifferbar waren (etwa Verzollungs-[43] oder Straßengebühren).[44]

39   Ob im Falle der Fixkostenspedition der zusätzliche Ersatz bestimmter Aufwendungsarten üblich ist, bestimmt sich nach den Handelsbräuchen (§ 346) und nach der Verkehrssitte (§ 157 BGB).

IV. Haftung des Fixkostenspediteurs

40   **1. Haftung bei der Verletzung nicht-frachtrechtlicher Pflichten.** Der Fixkostenspediteur unterliegt dem Haftungsregime der §§ 461 ff., soweit der Normzweck (→ Rn. 5–11) keine zwingende Anwendung von Frachtrecht gebietet. Der Gesetzgeber hat dies mit dem Wortlaut in § 459 „hinsichtlich der Beförderung" zum Ausdruck gebracht. Auch die Rspr. zu § 413 Abs. 1 aF hatte entgegen dem Wortlaut dieser Vorschrift bei Verletzung von nicht frachtrechtlichen Pflichten das Speditionsrecht angewandt.[45]

41   Der Fixkostenspediteur haftet nicht nach Frachtrecht für die ordnungsgemäße Ausführung beförderungsbezogener speditioneller Geschäfte, wie zB Verzollung, Verpackung und Versicherung. Die Haftung des Spediteurs richtet sich nach § 461.[46] Entsprechend § 454 Abs. 2 S. 2 wird vermutet, dass der Spediteur die Erbringung dieser Leistungen selbst übernommen hat. Damit muss er für von ihm eingesetzte Leistungserbringer nach § 278 BGB einstehen. Ist entgegen der Vermutung nur der Abschluss entsprechender Ausführungsgeschäfte mit Dritten geschuldet, beschränkt sich die Haftung auf Auswahlverschulden des Spediteurs.

42   **2. Beförderungsleistung.** Wird die Beförderungsleistung ausdrücklich in die Fixgeldabrede einbezogen, liegt darin ein eindeutiges Indiz für den Wegfall der Fremdnützigkeit mit der Folge, dass den Spediteur die Erfolgshaftung des Frachtführers trifft und er die Beförderungsleistung schuldet. Das gilt auch für den Vor- und Nachlauf.[47] Nur eine genaue Aufschlüsselung des Vergütungsanspruchs, die dem Versender eine Überprüfung der Aufwendungen im Einzelnen ermöglicht, kann die zwingende Frachtführerhaftung vermeiden.[48]

43   Die Frachtführerhaftung tritt unabhängig davon ein, ob der Spediteur die Beförderung selbst durchführt oder durch einen (Unter-)Frachtführer erbringt. Die Haftung des Spediteur-Frachtführers bestimmt sich unter grundsätzlicher **Herrschaft des jeweils anzuwendenden Frachtrechts.**[49]

44   Beim **multimodalen Transport** (§§ 452 ff.) haftet der Spediteur (subsidiär) nach allgemeinem HGB-Frachtrecht (§§ 407 ff.), soweit nicht eine Partei nachweist, dass der Schaden unter einem anderen Transportrechtsregime entstanden ist.

45   **3. Beförderungsbezogene speditionelle Nebenleistungen.** Beförderungsbezogene speditionelle Nebenleistungen, die nicht zum Kernbereich der organisatorischen Tätigkeit des Spediteurs zählen (vgl. § 454 Abs. 2), gehören zum **Funktionsbereich des Speditionsrechts.** Übernimmt der Spediteur zu fixen Kosten sowohl die Beförderungsleistung als auch die Einschaltung eines Grenzspediteurs, der für die Verzollung der Ware zuständig ist, so hat er nur wegen der Beförderung für die erfolgreiche Durchführung einzustehen, nicht hingegen für die Einschaltung des Grenzspediteurs. Für letzteren haftet der Fixkostenspediteur iRd § 461 Abs. 2 nur bei **Auswahlverschulden.** Schuldet der Fixkostenspediteur die Verzollung als eigene Leistung, gilt die Haftung nach § 461 Abs. 2 ohne Einschränkung.

46   **4. Haftung bei Einschaltung Dritter.** Die Haftungszurechnung des Fixkostenspediteurs, der die Beförderungsleistung nicht selbst, sondern durch Unterfrachtführer erbringt, bestimmt sich nach dem Recht des anzuwendenden Frachtrechtsregimes (etwa § 428; Art. 3 CMR).[50] Die Anwendung von Unterfrachtrecht darf zu keiner Verschlechterung der Rechtsstellung des Auftraggebers führen, was Ersatzansprüche gegen den Spediteur anbelangt.[51]

47   **Probleme bei der Schadensabwicklung** können sich ergeben, wenn Spediteur und Auftraggeber nach § 431 Abs. 1 niedrigere Haftungssätze vereinbaren und im Verhältnis Spediteur zu Frachtführer höhere Sätze gelten (zB weil gegenüber dem gesetzlich festgelegten Umfang keine abweichende Vereinbarung getroffen wurde). Eine solche Vereinbarung könnte in der Einbeziehung der **ADSp**

---

[43] OLG Frankfurt a. M. Urt. v. 14.7.1980 – 5 U 174/79, NJW 1981, 1911 (1912) (Passavant- und Zollabfertigungsgebühren).

[44] BR-Drs. 368/97, 110.

[45] Vgl. BGH Urt. v. 17.10.1985 – I ZR 232/83, TranspR 1986, 115 (116); BGH Urt. v. 17.10.1985 – I ZR 233/83, TranspR 1986, 117 (118); BGH Urt. v. 13.6.1985 – I ZR 13/83, VersR 1985, 1036 (1037); BGH Urt. v. 14.7.1993 – I ZR 204/91, BGHZ 123, 200 (206) = VersR 1993, 1296; BGH Urt. v. 10.2.1983 – I ZR 84/81, VersR 1983, 551 (552).

[46] BGH Urt. v. 16.2.2012 – I ZR 150/10, TranspR 2012, 148.

[47] *Koller* Rn. 27.

[48] BR-Drs. 368/97, 109; krit. *Koller* Rn. 2.

[49] GroßkommHGB/*Helm* §§ 412, 413 Rn. 124; MüKoHGB/*Bydlinski* Rn. 50.

[50] Vgl. dazu GroßkommHGB/*Helm* §§ 412, 413 Rn. 41.

[51] Vgl. OLG Hamburg Urt. v. 16.9.1982 – 6 U 51/82, TranspR 1984, 161 (163).

liegen. Ist dort etwa eine Höchstgrenze von zwei SZR für jedes beschädigte oder verloren gegangene Kilogramm vorgesehen, der Schaden aber durch einen höher haftenden Frachtführer verursacht worden, bleibt der Fixkostenspediteur dem Versender gleichwohl nur für den von ihm vertraglich vereinbarten niedrigeren Satz verantwortlich. Nach Ziff. 22.5 ADSp 2003/Ziff. 22.4 ADSp 2017 kann sich der Auftraggeber allerdings Ansprüche des Spediteurs gegen den Frachtführer abtreten lassen, um so die höheren Haftungssätze zu erhalten. Der Spediteur hat nach § 454 Abs. 1 Nr. 3 den Versender hierauf hinzuweisen. Er muss es dem Versender ermöglichen, die höhere Haftung über eine Abtretung der Ansprüche gegenüber dem Frachtführer zu erhalten. Eine mit dem Versender vereinbarte Haftungsbegrenzung soll nämlich nur den Fixkostenspediteur schützen, nicht aber zu seiner Bereicherung führen.[52]

5. Haftung beim multimodalen Transport. Erstreckt sich die Fixkostenvereinbarung auf inner- **48** staatliche Beförderungen mit Kraftfahrzeug, Eisenbahn, Flugzeug oder Binnenschiff bzw. eine Kombination dieser Verkehrsmittel, haftet der Spediteur nach allgemeinem Frachtrecht gem. der §§ 407 ff., weil alle vier Verkehrsmittel der **gleichen Haftungsordnung** unterworfen sind. Die Frachtführerhaftung umfasst die (Teil-)Beförderungsstrecke, welche von der Fixkostenvereinbarung umfasst wird. Betrifft die Fixkostenvereinbarung einen internationalen Transport mit verschiedenartigen Beförderungsmitteln, so finden die Sondervorschriften der §§ 452 ff. Anwendung.

6. Verjährung. Die Verjährung der Ansprüche aus einer **speditionellen** Leistung bestimmt sich **49** nach § 463. § 463 ordnet eine entsprechende Anwendung des § 439 an, sodass die speditions- und frachtrechtliche Verjährung gleich laufen. Die Möglichkeit einer **abweichenden Vereinbarung bei der Verjährung** von Ansprüchen aus dem Speditionsvertrag richtet sich nach § 439 Abs. 4 und § 466, dh gegenüber einem Verbraucher darf eine Änderung nur zu dessen Vorteil erfolgen (§ 466 Abs. 1).

Speditionelle Ansprüche, die auf Grund der Verweisung auf Frachtrecht unter die CMR fallen, **50** richten sich nach Art. 32 CMR, solche unter Geltung der CIM nach Art. 48 CIM. Beide Vorschriften sehen eine einjährige Regelverjährungsfrist vor.

Art. 29 WA enthält bei einer Verweisung auf Luftfrachtrecht eine zweijährige Ausschlussfrist, ebenso **51** Art. 35 MÜ.

V. Abgrenzungen

1. Fixkostenspedition und pauschalierter Aufwendungsersatz. Die Vereinbarung fixer Kosten **52** und Aufwendungsersatz schließen sich nicht aus. Das Vorliegen einer Fixkostenspedition ist ausdrücklich nicht an den Ausschluss des Aufwendungsersatzes geknüpft. Der Spediteur kann selbstverständlich auch im Falle der Fixkostenspedition Aufwendungsersatz verlangen. S. 2 stellt dies ausdrücklich klar. Dabei steht es den Parteien sogar frei, Aufwendungsersatz in Form von Pauschalbeträgen zu vereinbaren. Vereinbaren die Parteien etwa eine „Fixkostenklausel", obwohl sich der Spediteur nur zur Organisation der Beförderung verpflichtet hat, so handelt es sich bei den fixen Kosten in Wahrheit um einen pauschalierten Aufwendungsersatz und nicht um eine Fixkostenspedition. § 459 ist dann nicht anzuwenden.[53]

2. Fixkostenspedition und Selbsteintritt. Selbsteintritt ist ein einseitiger Gestaltungsakt. Die **53** Fixkostenspedition bedarf einer vertraglichen Vereinbarung. Da der Fixkostenspediteur vertraglich die Beförderung schuldet, ist ihm der Selbsteintritt erlaubt.[54]

VI. Beweislast

Der Vertragsteil, welcher sich auf den Abschluss eines Speditionsvertrages zu festen Kosten beruft, **54** muss die Fixkostenvereinbarung beweisen.[55] Beweiserleichterungen können sich jedoch aus der Indizwirkung einer pauschalen Abrechnung ergeben.

§ 460 Sammelladung

(1) **Der Spediteur ist befugt, die Versendung des Gutes zusammen mit Gut eines anderen Versenders auf Grund eines für seine Rechnung über eine Sammelladung geschlossenen Frachtvertrages zu bewirken.**

(2) **¹Macht der Spediteur von dieser Befugnis Gebrauch, so hat er hinsichtlich der Beförderung in Sammelladung die Rechte und Pflichten eines Frachtführers oder Verfrachters. ²In diesem Fall kann der Spediteur eine den Umständen nach angemessene Vergütung verlangen, höchstens aber die für die Beförderung des einzelnen Gutes gewöhnliche Fracht.**

---

[52] *Koller* Rn. 41.
[53] Krit. *Koller* Rn. 19.
[54] MüKoHGB/*Bydlinski* Rn. 53.
[55] BGH Urt. v. 7.7.2005 – I ZR 24/02, TranspR 2006, 37 (38).

Schrifttum: S. §§ 407 und 453 sowie *Bartels,* Zur Frachtführerhaftung des Spediteurs, VersR 1980, 611; *Bartels,* Die zwingende Frachtführerhaftung des Spediteurs, VersR 1975, 598; *Bönisch,* Der Sammelladungsverkehr, 1976; *Debling,* Das nationale Sammelladungsgeschäft des Spediteurs im Güterkraftverkehr, 1978; *Diehl,* Die Pflichten des Spediteurs in den Fällen der §§ 412, 413 HGB, 1987; *Konow,* Die Rechtsstellung des Spediteurs gegenüber dem Versender bei der Beförderung des Gutes im Eisenbahn-Sammelladungsverkehr, DB 1987, 1877; *Rösch,* Zur Abgrenzung von Speditionsvertrag und Frachtvertrag, VersR 1979, 890; *Runge,* Der Spediteur als Frachtführer, TranspR 1978, 62; *Thume,* Keine zwingende CMR-Haftung des Fixkosten-Sammelladungsspediteurs im grenzüberschreitenden Straßengüterverkehr, TranspR 1992, 355; *Zapp,* Die Haftung des „§ 413 HGB"-Spediteurs bei grenzüberschreitenden Lkw-Transporten für Schäden aus verspäteter Ladungsübernahme, TranspR 1993, 334.

Übersicht

I. Einleitung

1   **1. Allgemeines.** Die Vorschrift regelt die Sammelladungsspedition seit 1998 unter weitgehender Anlehnung an § 413 Abs. 2 aF. Im Unterschied zu § 413 aF sind Fixkostenspedition und Sammelladungsspedition nun in getrennten Vorschriften niedergelegt, um gegenüber der alten Rechtslage deutlicher zum Ausdruck zu bringen, dass es sich hierbei um unterschiedliche Anknüpfungstatbestände für die Anwendung von Frachtrecht handelt.[1] Auch wenn in der Speditionspraxis eine Versendung in Sammelladung regelmäßig mit einer Fixkostenvereinbarung zusammenfällt, bleibt die Beibehaltung des eigenen Anknüpfungstatbestands sinnvoll. Der tatsächliche Umstand einer Versendung in Sammelladung lässt sich regelmäßig leichter beweisen als eine Fixkostenvereinbarung. Da auch bei der Sammelladung der Spediteur auf eigene Rechnung handelt, sprechen die gleichen Gründe wie bei der Fixkostenspedition für die Anwendung von Frachtrecht.[2]

2   Trotz gegenteiliger Überlegungen hat der Gesetzgeber das Merkmal **„zusammen mit Gut eines anderen Versenders"** beibehalten. Daraus folgt, dass in Fällen, in denen eine Vielzahl einzelner Gütereinheiten desselben **Großversenders** in Sammelladung auf den Weg gebracht wird (sog. **Werksammelladung**), die Vorschrift des § 460 keine Anwendung findet. Zum Einen erschien es nicht gerechtfertigt, die frachtrechtliche Haftung von der Entscheidung des Versenders abhängig zu machen, das Gut auf eine oder mehrere Gütereinheiten bzw. einen oder mehrere Versendungsvorgänge aufzuteilen;[3] Zum Andern muss der Spediteur die Fracht nicht auf mehr als einen Versender aufteilen, weshalb ein praktisches Bedürfnis für die Anwendung von § 460 nicht besteht.[4]

---

[1] BR-Drs. 368/97, 110.
[2] *Koller* Rn. 1.
[3] BR-Drs. 368/97, 111.
[4] MüKoHGB/*Bydlinski* Rn. 4.

2. Begriff. Eine Sammelladung liegt vor, wenn der Spediteur das Gut eines Versenders zusammen **3** mit Gut anderer Versender versendet, wobei er den für die Beförderung notwendigen Frachtvertrag auf eigene Rechnung mit dem Frachtführer abschließt.

Die typische Sammelversendung ist gekennzeichnet durch **drei Phasen:**[5] Beim speditionellen **Vor-** **4** **lauf** wird das Gut beim Versender abgeholt und vom Versandspediteur umgeschlagen. Dabei wird das Gut des Versenders mit dem Gut anderer Versender oder Spediteure (Beiladern) ergänzt. Die so zu einer einheitlichen Sendung zusammengefassten Güter werden nun im **Hauptlauf** zu einem Empfangsspediteur transportiert. Dort wird die in Sammelladung transportierte Sendung wieder anhand der Ladelisten (Bordero) in ihre Einzelsendungen aufgeteilt und anschließend im speditionellen **Nachlauf** an den jeweiligen Endempfänger ausgeliefert.

3. Sinn und Zweck der Vorschrift. Die Sammelladung ist für den Versender regelmäßig kosten- **5** günstiger als die Versendung als Stückgut. Transportkapazitäten des eingesetzten Transportmittels können bei der Sammelladung besser ausgenützt werden. Nach der Konzeption des Gesetzes wird dieser **Kostenvorteil** zwischen Versender und Spediteur **aufgeteilt,** weshalb der Spediteur nur eine „den Umständen [der Sammelladung] nach angemessene Vergütung" verlangen kann, begrenzt durch die Frachtkosten einer Stückgutbeförderung (Abs. 2 S. 2).[6]

Der Spediteur schließt den Frachtvertrag mit dem Frachtführer auf eigene Rechnung. Da es im **6** Regelfall problematisch ist, die anteilige Fracht auf die einzelnen Versender exakt umzulegen und als Aufwendungsersatz abzurechnen, ist bei der Sammelladung vorgesehen, dass der Spediteur den Frachtvertrag auf eigene Rechnung schließt. Über die tatsächlichen Frachtkosten wird deshalb **keine Rechenschaft** abgelegt, der Gewinn aus diesem Geschäft muss nicht offen gelegt werden. Diese Vereinfachung für den Spediteur begründet für den Versender – wie bei der Fixkostenspedition – die Gefahr, es könnten zum Zwecke der Gewinnmaximierung möglichst kostengünstige, aber uU unzuverlässige oder ungeeignete Frachtführer mit der Beförderung in Sammelladung betraut werden. Der Interessenausgleich besteht darin, den Spediteur insoweit ebenfalls der **frachtrechtlichen Erfolgshaftung** zu unterstellen.[7]

4. Rechtsnatur der Sammelladung. Die Befugnis zur Sammelversendung ergibt sich aus dem **7** Speditionsvertrag. Die Sammelversendung ist eine **Sonderform zur Ausführung des Speditionsvertrages.** Stückgutversendung und Sammelversendung liegt zwar derselbe Typ von Speditionsvertrag zugrunde. An die besondere Art zur Ausführung des Speditionsvertrages knüpft das Gesetz jedoch gegenüber der „normalen" Ausführung eine abweichende Rechtsfolge: Der Sammelladungsspediteur hat hinsichtlich der in Sammelladung durchgeführten Beförderung die Rechte und Pflichten eines **Frachtführers.**

Aus dem Wortlaut „der Spediteur ist befugt" ergibt sich in Übereinstimmung mit dem insoweit **8** gleich lautenden Gesetzestext in § 458, dass dem Spediteur eine **echte Wahlmöglichkeit** eingeräumt wird, die Versendung in Sammelladung bewirken zu können. Angesichts der mit einer Sammelversendung verbundenen Frachtführerhaftung ist der Spediteur ohne besondere Vereinbarung nicht zur Sammelladung verpflichtet.[8] Die Pflicht zur Interessenwahrung (§ 454 Abs. 4) kann aber einen entsprechenden Hinweis des Spediteurs an den Versender erforderlich machen.

Die Rechtsfolgen des § 460 treten auch dann ein, wenn die Sammelversendung dem betreffenden **9** Versender gegenüber **vertragswidrig** war.[9] Unerheblich ist, ob die Parteien überhaupt eine Sammelladung vereinbart haben oder ob der Spediteur eigentlich zur Sammelladung berechtigt war.[10] Der Gesetzgeber hat klargestellt, dass der Spediteur grundsätzlich berechtigt ist, von der Möglichkeit einer Sammelversendung Gebrauch zu machen, ohne dass es dabei einer vertraglichen Vereinbarung bedarf. Selbst wenn der Versender die Sammelladung ausdrücklich verbietet und der Spediteur das Gut trotzdem als Sammelladung versendet, löst dies die Rechtsfolge des § 460 Abs. 2 aus. Kommt die Sendung pünktlich und unbeschädigt an, bleibt die Pflichtenverletzung folgenlos. Ansonsten können Ersatzpflichten nach § 461 entstehen.[11]

Der Wortlaut des § 460 („Versendung des Gutes zu bewirken") legt den Schluss nahe, dass es sich **10** bei der Versendung in Sammelladung um einen **Realakt** handelt. Das Gesetz knüpft nämlich an das tatsächliche Geschehen des Spediteurs an, nämlich die Übergabe des Sammelguts an den beauftragten

---

[5] MüKoHGB/*Bydlinski* Rn. 3.

[6] Vgl. *Hahn-Mugdan* Denkschrift S. 393: „Mit Rücksicht auf die Leistungen, welcher sich der Spediteur bei der Übernahme der Versendung im Sammelverkehr unterzieht, erscheint es vielmehr billig, dass ihm ein gewisser Teil der Frachtersparnis, die er durch die Herstellung der Sammelladung erzielt, zu eigenem Nutzen verbleibt.".

[7] MüKoHGB/*Bydlinski* Rn. 7.

[8] *Koller* Rn. 3; MüKoHGB/*Bydlinski* Rn. 10; aA OLG Düsseldorf Urt. v. 3.6.1982 – 18 U 277/81, VersR 1982, 1076 (1077).

[9] OLG Düsseldorf Urt. v. 3.6.1982 – 18 U 277/81, VersR 1982, 1076 (1077); *Koller* Rn. 3; MüKoHGB/*Bydlinski* § 413 Rn. 88.

[10] MüKoHGB/*Bydlinski* Rn. 46, 50.

[11] Vgl. dazu MüKoHGB/*Bydlinski* Rn. 46.

Beförderer (→ Rn. 15).[12] Auch **ohne Willenserklärung** des Spediteurs treten die frachtrechtlichen Folgen kraft Gesetzes ein.[13] Obgleich die Sammelladung einen Sonderfall des Selbsteintritts darstellt, besteht somit ein Unterschied hinsichtlich der Rechtsnatur. Während der Selbsteintritt eine rechtsgestaltende, nicht zugangsbedürftige Willenserklärung ist,[14] wird der Spediteur bei Erfüllung des objektiven Tatbestands der Sammelladung auch gegen seinen Willen zum Frachtführer.[15]

II. Voraussetzungen der Sammelladungsspedition

11   **1. Speditionsvertrag.** Zwischen den Parteien muss ein wirksamer Speditionsvertrag zustande gekommen sein. Die Befugnis zur Sammelversendung ist ein speditionelles Recht und steht nur dem Spediteur, nicht aber dem Frachtführer zu. Fasst ein Frachtführer Güter mehrerer Absender zusammen, so ist dies kein Fall des § 460.[16]

12   **2. Zusammen mit Gut eines anderen Versenders.** Gut des Versenders muss mit Gut mindestens eines anderen Versenders in Sammelladung zusammengefasst werden. Keine Sammelladung liegt bei der sog. **Werksammelladung** vor, bei der mehrere Güter desselben Auftraggebers zu einer einheitlichen Sendung zusammengefasst werden. Ansonsten könnte der Versender durch Aufteilen einer Gütereinheit in mehrere Gütereinheiten unterschiedliche Haftungsfolgen für den Spediteur begründen.

13   **3. Frachtvertrag mit einem anderen.** Der Sammelladungsspedition muss ein Beförderungsvertrag mit einem Frachtführer zugrunde liegen. Frachtführer und Spediteur dürfen nicht identisch sein. Selbstausführung fällt nicht unter § 460, sondern unter § 458.[17] Bei der Sammelladungsspedition wird sich der Spediteur üblicherweise selbst als Empfänger der Ware einsetzen.[18] Er ist dann sowohl **Versandspediteur** als auch als **Empfangsspediteur**.

14   **4. Handeln auf eigene Rechnung.** Der Spediteur muss den Frachtvertrag im eigenen Namen auf eigene Rechnung schließen.[19] Damit entfällt die Pflicht zur Rechnungslegung und der Spediteur kann seinen Gewinn aus dem Frachtvertrag als Ausgleich für die Rechtsfolge der frachtrechtlichen Erfolgshaftung verdeckt halten. Bei einem Handeln auf fremde Rechnung würde sich das für den Spediteur praktisch nur schwer lösbare Problem stellen, eine anteilige Verrechnung der entstehenden Fracht auf die einzelnen Versender vorzunehmen. Im Hinblick auf eine Vielzahl möglicher Abrechnungskriterien (Ladungsvolumen, Güterwert, Gewicht, Stückzahl) wäre eine Aufteilung häufig willkürlich. Der Abschluss eines Frachtvertrags über eine Sammelladung auf fremde Rechnung steht daher einer Anwendung von § 460 entgegen.

15   **5. Ausübung des Wahlrechts.** Das Gesetz macht den Eintritt der Rechtsfolgen davon abhängig, dass der Spediteur von der gesetzlichen Befugnis zur Sammelversendung Gebrauch macht. Anknüpfungspunkt ist das tatsächliche Vorgehen des Spediteurs, nämlich die Übergabe des Gutes an den Sammelladungsfrachtführer.[20] Erklärt der Spediteur einen Willen zur Sammelladung, ohne das Gut an den Sammelladungsspediteur zu übergeben, löst dies nicht die frachtrechtliche Erfolgshaftung aus, da es dann keine Beförderung in Sammelladung gibt, auf die sich die Erfolgshaftung beziehen könnte. Eine Sammelladung scheidet für Teilpartien, welche beim Spediteur etwa auf Grund von Beschädigungen zurückbleiben, bereits begrifflich aus.[21]

16   Versendet der Spediteur das Gut auf Rechnung des Versenders als Stückgut, obwohl er sich zur kostengünstigeren Sammelversendung vertraglich verpflichtet hat, kann er Mehrkosten für die Stückgutbeförderung nicht geltend machen, da er diese nicht für erforderlich halten durfte.

17   Fraglich ist, ob der Spediteur bei einer **vertragswidrigen Versendung in Stückgut** nach Frachtrecht oder nach Speditionsrecht haftet. Die Haftung nach zwingendem Frachtrecht ist nach Sinn und Zweck der Regelung abzulehnen.[22] Nach der Ratio des Gesetzes soll der Versender nur vor Gefahren, die aus einem Streben des Spediteurs nach Gewinnmaximierung resultieren, geschützt werden.

[12] *Thume* in Fremuth/Thume TranspR Rn. 8.
[13] *Canaris* HandelsR § 31 III Rn. 85.
[14] *Koller* § 458 Rn. 9.
[15] *K. Schmidt* HandelsR § 33 Rn. 37.
[16] Vgl. *Koller* Rn. 2.
[17] *Koller* Rn. 6.
[18] Vgl. OLG Hamburg Urt. v. 25.6.1981 – 6 U 194/80, VersR 1982, 375.
[19] OLG Schleswig Urt. v. 2.10.2003 – 16 U 17/03, VersR 2004, 266 (267).
[20] OGH Beschl. v. 16.5.2002 – 6 Ob 90/02g, TranspR 2002, 403 (404); BGH Urt. v. 9.3.1989 – I ZR 138/87, VersR 1989, 864 f. = NJW-RR 1989, 992; BGH Urt. v. 27.11.1981 – I ZR 167/79, VersR 1982, 339; BGH Urt. v. 13.1.1978 – I ZR 63/76, VersR 1978, 318 (319) = NJW 1987, 1160; OLG Hamburg Urt. v. 23.6.1983 – 6 U 235/82, TranspR 1984, 178; GroßkommHGB/*Helm* §§ 412, 413 Rn. 136; MüKoHGB/*Bydlinski* Rn. 29; *Koller* Rn. 4.
[21] BGH Urt. v. 27.11.1981 – I ZR 167/79, VersR 1982, 339; OLG Frankfurt a. M. Urt. v. 2.12.1975 – 5 U 48/75, VersR 1976, 655 (656 f.).
[22] BGH Urt. v. 9.3.1989 – I ZR 138/87, VersR 1989, 864 f. = NJW 1989, 992; MüKoHGB/*Bydlinski* Rn. 45.

Schließt der Spediteur auf Rechnung des Versenders einen Frachtvertrag über eine Stückgutversendung, unterliegt er der Rechnungslegungspflicht, und etwaige **Kostenvorteile** sind an den Versender weiterzugeben. Wird die Stückgutversendung teurer als die vereinbarte Versendung in Sammelladung, so kann der Spediteur aus dem Gesichtspunkt eigener Pflichtverletzung (vgl. § 461 Abs. 2) nur die niedrigere Vergütung vom Versender verlangen.

6. Verpflichtung zur Sammelladung. Eine Verpflichtung zur Sammelladung kann vom Spediteur **18** vertraglich übernommen werden, resultiert aber nicht aus einer Weisung des Versenders.

a) Vertrag. Die Parteien können die Beförderung in Sammelladung vertraglich vereinbaren. Ver- **19** stößt der Spediteur gegen diese Vereinbarung, macht er sich schadensersatzpflichtig. Bei der Verweisung auf Frachtrecht nach § 460 Abs. 2 wird allein an das tatsächliche Vorgehen angeknüpft, sodass Frachtrecht nicht zur Anwendung gelangt, falls der Spediteur vertragswidrig die Ware als Stückgut versendet.[23]

b) Weisung. Der Versender kann durch einseitige Weisung dem Spediteur die Versendung in **20** Sammelladung verbieten.[24] Eine Weisung, die Sendung in Sammelladung zu bewirken, ist hingegen unwirksam, weil dem Spediteur durch Weisung nicht die Frachtführerhaftung aufgezwungen werden kann.

c) Interessenwahrungspflicht und Sammelversendung. Da der Spediteur als fremdnütziger **21** Geschäftsbesorger nach § 454 Abs. 4 das Interesse des Versenders zu wahren hat, stellt sich die Frage nach einer daraus resultierenden Verpflichtung zur Sammelversendung, die regelmäßig günstiger ist als die Versendung von Stückgut. Eine solche Pflicht ist jedoch abzulehnen.[25] Einerseits würde nämlich das dem Spediteur vom Gesetz eingeräumte Wahlrecht weitgehend entwertet und andererseits wäre es für den Spediteur praktisch unmöglich, sich der dem Speditionsrecht wesensfremden Frachtführerhaftung zu entziehen. Problematisch sind dabei die Fälle, in denen der Versender für den Spediteur erkennbar von einer Verkehrssitte (§ 157 BGB) einer Sammelversendung ausgehen kann. Dann wird – abhängig von den Umständen des Einzelfalls – entweder eine konkludente Vereinbarung über die Sammelversendung zu Stande kommen oder jedenfalls eine Pflicht des Spediteurs anzunehmen sein (§ 454 Abs. 4), den Versender auf die Absicht hinzuweisen, von einer Sammelversendung absehen zu wollen. In Betracht kommt ferner eine Verpflichtung, sich um einen Zwischenspediteur zu bemühen, der zur Sammelversendung bereit ist.[26] Schließlich bleibt dem Spediteur die Alternative, den Abrechnungsschwierigkeiten zum Trotz eine Sammelversendung auf Rechnung des Versenders vorzunehmen und diesem die anteiligen Beförderungskosten als Aufwendungsersatz in Rechnung zu stellen.

III. Rechtsfolgen

1. Verweisung auf Frachtrecht. Die Anwendung von Frachtrecht ist nach dem eindeutigen Wort- **22** laut auf die Beförderung **in Sammelladung** beschränkt. Frachtrecht und Speditionsrecht treten nebeneinander.[27] Beförderung ist eng zu verstehen iSd eigentlichen Ortsveränderung.[28] Zur Beförderung zählen auch die in § 454 Abs. 2 genannten beförderungsnahen speditionellen Nebenleistungen während der Sammelladung, die regelmäßig vom Frachtführer erbracht werden.

a) Hauptlauf. Der Spediteur haftet nur für den Beförderungsteil nach Frachtrecht, auf den sich die **23** Beförderung in Sammelladung bezieht, wo also Gut des Versenders zusammen mit Gut eines anderen Versenders transportiert wird. Den Spediteur trifft die frachtrechtliche Erfolgshaftung grundsätzlich nur in Bezug auf den Hauptlauf. Das Ende der Sammelversendung tritt ein mit der Ablieferung des Gutes an den vom Sammelladungsspediteur benannten Empfänger, der auch ein Empfangsspediteur sein kann[29] und nicht erst mit einer „Entflechtung" der Sammelladung.[30] Abgesehen davon, dass eine Entflechtung nicht mehr zur Phase der Beförderung gehört, erscheint dieses Kriterium in der Praxis wenig handhabbar.

b) Speditioneller Vor- und Nachlauf. Die Güterbeförderung vom Versender zum Sammella- **24** dungsspediteur (Vorlauf) ist keine Sammelladung, da erst dort das Gut umgeladen und mit Gut anderer Versender oder Spediteure (sog. Beilader) ergänzt wird. Gleiches gilt für den **Nachlauf** vom Emp-

---

[23] OLG Düsseldorf Urt. v. 3.6.1982 – 18 U 277/81, TranspR 1985, 173; GroßkommHGB/*Helm* §§ 412, 413 Rn. 134.

[24] MüKoHGB/*Bydlinski* Rn. 17.

[25] MüKoHGB/*Bydlinski* Rn. 10; aA OLG Düsseldorf Urt. v. 3.6.1982 – 18 U 277/81, VersR 1982, 1076 (1077); Heymann/*Joachim* Rn. 3.

[26] *Koller* Rn. 3.

[27] BR-Drs. 368/97, 111.

[28] *Koller* Rn. 9; aA AG Hamburg Urt. v. 26.7.2000 – 32a C 176/00, TranspR 2000, 429 (430).

[29] BGH Urt. v. 7.4.2011 – I ZR 15/10, TranspR 2011, 365.

[30] *Koller* Rn. 7; aA *Thume* in Fremuth/Thume TranspR § 460 Rn. 14; ihm folgend OGH (Wien) Beschl. v. 16.5.2002 – 6 Ob 90/02g, TranspR 2002, 403 (404).

fangsspediteur zum Endempfänger.[31] Beim Vor- bzw. Nachlauf wird es demnach regelmäßig bereits am Merkmal „gesammelter" Versendung fehlen. Zudem handelt es sich dabei um eine typisch speditionelle Tätigkeit, für die das frachtrechtliche Regelungsregime nicht geschaffen wurde.[32] Etwas anderes gilt auch dann nicht, wenn der Spediteur einen Sammelladungsauftrag erhalten hat, der den Nachlauf umfasst und eine neue Beförderung bis zum Endempfänger vorsieht.[33] Diese Vereinbarung unterfällt nämlich gem. § 454 Abs. 2 dem speditionellen Pflichtenkreis.

25   **Frachtrecht** kann zur Anwendung gelangen, wenn eine **Fixkostenvereinbarung** diesen Beförderungsabschnitt einschließt (§ 459).[34]

26   **c) Pflichten des Spediteurs.** Die allgemeinen **speditionellen Pflichten** nach § 454 bleiben durch die Sammelversendung unberührt. So hat der Spediteur zu prüfen, ob für das Gut des Versenders überhaupt für eine Sammelversendung in Betracht kommt oder ob eine Stückgutversendung geboten ist.

27   Da der Sammelladungsspediteur hinsichtlich der in Sammelladung durchgeführten Beförderung (auch) die Rechte und Pflichten eines **Frachtführers** hat, schuldet er die vereinbarte Ortsveränderung als **Erfolg.** Der Sammelladungsspediteur kann aber die Beförderung nicht selbst ausführen, da der Abschluss eines Frachtvertrags mit einem Dritten zwingende Voraussetzung einer Sammelladung iSv § 460 Abs. 1 ist.

28   Ein **Fehlverhalten** des **Empfangsspediteurs** (etwa Fehler bei der Nachnahme) hat sich der Sammelladungsspediteur nicht zurechnen zu lassen, da es nicht während der Sammelladungsphase erfolgt und insoweit § 454 Abs. 1, Abs. 2 S. 2 gilt.

29   **2. Vergütung. a) Angemessene Vergütung.** Der Spediteur hat bei der Sammelladungsspedition einen Anspruch auf Vergütung für seine speditionelle Tätigkeit gem. § 453 Abs. 2 und zusätzlich auf angemessene Vergütung nach § 460 Abs. 2 S. 2.[35] Die Regelung in Abs. 2 S. 2 bezieht sich nämlich nur auf die reine Beförderungsleistung in Sammelladung.[36] Für die Vergütungsbestimmung ist auf die Üblichkeit unter Beachtung der im Gesetz genannten Grenze abzustellen. Lässt sich eine übliche Vergütung nicht nachweisen, kann § 315 BGB herangezogen werden.[37]

30   Der Spediteur hat die Angemessenheit der Vergütung zu beweisen. Obwohl beim Handeln auf eigene Rechnung keine Pflicht zur Rechnungslegung besteht, kann die dem Spediteur obliegende Beweislast im Einzelfall zu einer faktischen Offenlegung der Sammelbeförderungskosten führen. Nach § 460 Abs. 2 S. 2 bilden die gewöhnlichen Frachtkosten für eine Stückgutbeförderung die absolute Höchstgrenze.[38] Dadurch soll die Beteiligung des Versenders an den Preisvorteilen einer Sammelladung gesichert werden.[39]

31   **b) Fälligkeit des Vergütungsanspruchs.** Die Fälligkeit des Vergütungsanspruchs richtet sich nach **Frachtrecht** (§ 421 Abs. 1), wenn der Spediteur einen **Fixpreis** (§ 459) vereinbart hat. Wurde kein Fixpreis vereinbart, so kann der Spediteur für speditionelle Leistungen, die nicht unmittelbar mit der Beförderung zusammenhängen, die Vergütung verlangen, sobald das Gut dem Frachtführer oder Verfrachter übergeben wurde (§ 456).

32   **c) Aufwendungsersatz.** Ein Aufwendungsersatzanspruch ist bei der Sammelladungsspedition hinsichtlich der in **Sammelladung durchgeführten Beförderung** nur in dem Umfang gegeben, wie ihn ein Frachtführer hätte beanspruchen können (§ 420 Abs. 1 S. 2).[40]

IV. Abgrenzungen

33   **1. Verhältnis zum Selbsteintritt.** Nach der hM ist die Sammelladungsspedition ein Spezialfall des Selbsteintritts.[41] Der Selbsteintritt erfasst auch den bei der Sammelladungsspedition vorliegenden Fall des **„unechten Selbsteintritts"** der Ausführung der Beförderung durch andere Unternehmen.[42]

---

[31] BGH Urt. v. 7.4.2011 – I ZR 15/10, TranspR 2011, 365 unter Aufgabe von BGH Urt. v. 25.10.1995 – I ZR 230/93, TranspR 1996, 118 (120) = NJW-RR 1996, 353 = VersR 1996, 736.
[32] BGH Urt. v. 7.4.2011 – I ZR 15/10, TranspR 2011, 365 Rn. 19; BR-Drs. 368/97, 111.
[33] AA AG Hamburg Urt. v. 26.7.2000 – 32a C 176/00, TranspR 2000, 429 (430).
[34] *Koller* Rn. 11.
[35] *Koller* Rn. 18; *Canaris* HandelsR § 31 III Rn. 85.
[36] GK-HGB/*Giermann* Rn. 7.
[37] BR-Drs. 368/97, 111.
[38] So schon nach altem Recht die hM, vgl. GroßkommHGB/*Helm* §§ 412, 413 Rn. 141 und Schlegelberger/*Schröder* § 413 Rn. 19.
[39] BR-Drs. 368/97, 111.
[40] *Koller* Rn. 19; aA *Thume* in Fremuth/Thume TranspR Rn. 16.
[41] BGH Urt. v. 9.3.1989 – I ZR 138/87, VersR 1989, 864 (865) = NJW-RR 1989, 992; BGH Urt. v. 3.3.1972 – I ZR 55/70, NJW 72, 866; Schlegelberger/*Schröder* § 413 Rn. 7; *Koller* Rn. 1.
[42] AA GroßkommHGB/*Helm* §§ 412, 413 Rn. 76 u. 133; MüKoHGB/*Bydlinski* Rn. 16.

2. Abgrenzung zur Fixkostenspedition. Bei der Fixkostenspedition müssen sich die Parteien auf **34** eine feste Vergütung einigen, in der die Kosten der Beförderung eingeschlossen sind. Der tatsächliche Ablauf der Beförderung gibt keine Anhaltspunkte für eine Fixkostenabrede. Bei der Sammelladungsspedition manifestiert sich hingegen der Wille des Spediteurs, das Speditionsgeschäft durch Versendung in Sammelladung ausführen zu wollen, in der tatsächlichen Ausführung. Haben sich die Parteien auf einen Fixkostenbetrag geeinigt, so geht diese Entgeltabrede der Vergütungsregelung des § 460 Abs. 2 S. 2 auf Grund der Privatautonomie vor.[43]

V. Zulässigkeit von Parteivereinbarungen

Das **Recht** zur Sammelladung (Abs. 1) unterliegt der Dispositionsbefugnis der Parteien. Die Par- **35** teien können eine andere Vergütungsregelung als die in Abs. 2 S. 2 niedergelegte treffen. Die Rechtsfolgenverweisung auf Frachtrecht gem. S. 2 ist hingegen **insoweit zwingend,** als das in Bezug genommene Frachtrechtsregime ebenfalls **zwingend** ausgestaltet ist, § 466 Abs. 3.

VI. Beweislast

Derjenige Vertragsteil, welcher sich auf die Anwendung von Frachtrecht wegen Sammelladung **36** beruft, hat das Vorliegen der Voraussetzungen zu beweisen.[44]

§ 461 Haftung des Spediteurs

(1) [1]**Der Spediteur haftet für den Schaden, der durch Verlust oder Beschädigung des in seiner Obhut befindlichen Gutes entsteht.** [2]**Die §§ 426, 427, 429, 430, 431 Abs. 1, 2 und 4, die §§ 432, 434 bis 436 sind entsprechend anzuwenden.**

(2) [1]**Für Schaden, der nicht durch Verlust oder Beschädigung des in der Obhut des Spediteurs befindlichen Gutes entstanden ist, haftet der Spediteur, wenn er eine ihm nach § 454 obliegende Pflicht verletzt.** [2]**Von dieser Haftung ist er befreit, wenn der Schaden durch die Sorgfalt eines ordentlichen Kaufmanns nicht abgewendet werden konnte.**

(3) **Hat bei der Entstehung des Schadens ein Verhalten des Versenders oder ein besonderer Mangel des Gutes mitgewirkt, so hängen die Verpflichtung zum Ersatz sowie der Umfang des zu leistenden Ersatzes davon ab, inwieweit diese Umstände zu dem Schaden beigetragen haben.**

Schrifttum: S. § 453 sowie *Heuer*, Haftungsbegrenzungen und deren Durchsetzung nach den ADSp 2003, TranspR 2004, 114; *Koller*, Unterschiedliche Haftung für Güterschäden infolge mangelhafter Nebenleistungen beim Speditions- und Frachtgeschäft, TranspR 2017, 1; *Koller*, Verursachung von Güterschäden vor der Übernahme, die nach der Übernahme des Gutes entstehen, TranspR 2013, 173; *Neufang/Valder*, ADSp 2017: Wieder ein gemeinsames Vertragswerk, TranspR 2017, 45; *Starosta*, Zur Auslegung und Reichweite der Ziffer 23.3 ADSp, TranspR 2003, 55; *Temme*, Rechtliche Handhabung typengemischter Verträge, TranspR 2008, 374.

Übersicht

I. Einleitung

Der Reformgesetzgeber von 1998 hat bei der Haftung des Spediteurs eine Abkehr vom früheren **1** Recht vorgenommen. Anstatt der Anknüpfung an die kommissionsrechtliche Haftung des § 390, die der Höhe nach nicht begrenzt war, in der Praxis aber durch die ADSp erhebliche Einschränkungen

---

[43] MüKoHGB/*Bydlinski* Rn. 14.
[44] OLG Hamburg Urt. v. 23.6.1983 – 6 U 235/82, VersR 1984, 57; *Müglich* TranspR Rn. 5.

erfuhr, sollte auch im Haftungsbereich ein möglichst weitgehender Gleichlauf mit dem Frachtrecht hergestellt werden. Der Gesetzgeber war sich aber bewusst, dass auf Grund spezieller Gegebenheiten des Speditionsgeschäfts eine durchgehende Parallelregelung zum Frachtrecht nicht möglich ist. So kommt etwa in Betracht, dass der Spediteur, dem gesetzlichen Leitbild des interessenwahrenden Organisators einer Beförderung folgend, im Rahmen der Abwicklung des Speditionsvertrags überhaupt keine Obhut über das Gut erhält. In diesen Fällen scheidet denknotwendig eine speditionelle Obhutshaftung aus. Die gleichwohl eingeführte **Obhutshaftung** wird mit der Vermeidung unterschiedlicher Haftungsregime in den praktisch wichtigen Fällen des Selbsteintritts, der Fixkostenspedition und der Sammelladung gerechtfertigt.

2   Für andere Schäden, die aus der Verletzung speditioneller Pflichten resultieren, aber nicht durch Verlust oder Beschädigung des in der Obhut des Spediteurs befindlichen Gutes entstanden sind, besteht eine Haftung für vermutetes Verschulden, die sich allerdings (auch durch AGB) beschränken lässt.

3   Die Haftung des Spediteurs nach § 461 setzt aber voraus, dass die Obhut an dem Gut in Erfüllung speditioneller Pflichten bestand bzw. Vermögensschäden aus der Verletzung einer speditionellen Pflicht (§ 454 Abs. 1, Abs. 2) entstanden sind.

II. Die Haftung des Spediteurs

4   **1. Überblick. Abs. 1** statuiert eine verschuldensunabhängige **Obhutshaftung** des Spediteurs für die Haftungsereignisse **Verlust** und **Beschädigung**. Umfang, Höhe und Haftungsbeschränkungen bestimmen sich auf Grund der Verweisung in S. 2 nach allgemeinem Frachtrecht.

5   **Verspätungsschäden** werden vom Anwendungsbereich des Abs. 1 nicht erfasst, da die Überschreitung der Lieferfrist (im Gegensatz zu § 425 Abs. 1 am Ende) nicht aufgeführt wird. Entsprechend fehlt auch die Verweisung auf § 431 Abs. 3.

6   **Abs. 2** statuiert eine **Verschuldenshaftung** des Spediteurs für Schäden, die nicht Güter- oder Güterfolgeschäden oder nicht während der speditionellen Obhut entstanden sind. Die für eine Haftung des Spediteurs erforderliche Pflichtverletzung indiziert ein Verschulden. Der Sorgfaltsmaßstab ist der eines ordentlichen Spediteurs (§ 347 Abs. 1).

7   Die in Abs. 2 niedergelegte Haftung für vermutetes Verschulden bezieht sich nur auf die Verletzung der in § 454 umrissenen speditionellen Pflichten. Bei der Verletzung von Pflichten, die sich auf nichtspeditionelle Leistungen beziehen, haftet der Spediteur nach allgemeinen Grundsätzen.

8   Zu beachten ist, dass die Vorschriften der §§ 458–460 „hinsichtlich der Beförderung" grundsätzlich Vorrang vor § 461 haben. Liegt allerdings eine Fixkostenspedition vor und resultiert die Inanspruchnahme auf der Verletzung zusätzlich übernommener speditioneller Pflichten im Sinne von § 454 Abs. 2 S. 1, bestimmt sich die Haftung des Spediteurs nach § 461.[1]

9   **2. Speditionelle Obhutshaftung (Abs. 1).** Der Spediteur haftet verschuldensunabhängig für den Güterschaden (**Verlust** oder **Beschädigung**), der während seiner **Obhutzeit** entstanden ist. Verspätungsschäden werden vom Anwendungsbereich des Abs. 1 nicht umfasst. Nachdem schon in den §§ 458–460 festgelegt ist, dass unter den dort vorgenannten Voraussetzungen (Selbsteintritt, Fixkosten und Sammelladungsspedition) für den Spediteur Frachtrecht gilt, wird in § 461 Abs. 1 nun ebenfalls auf die frachtrechtlichen Haftungsbestimmungen verwiesen, soweit der Spediteur – wie ein Frachtführer – Obhut am Gut erlangt hat.[2]

10   Aufgrund der speziellen Gegebenheiten des Speditionsgeschäfts gibt es dennoch einige Abweichungen gegenüber dem Frachtrecht. Im Frachtrecht (§ 425 Abs. 1) ist die Obhutsphase durch Benennung zweier konkreter Zeitpunkte (Übernahme zur Beförderung einerseits und Ablieferung andererseits) einfacher feststellbar als im Speditionsrecht. In § 461 Abs. 1 S. 1 ist nur allgemein von der „Obhut" des Spediteurs die Rede. Grund hierfür ist das gesetzliche Leitbild des Spediteurs als Interessen wahrender Organisator. Nach diesem Leitbild ist es zwar durchaus denkbar, andererseits aber nicht zwingend erforderlich, dass im Rahmen der Abwicklung des Speditionsvertrags der Spediteur das Gut in seine Obhut nimmt. Betätigt sich der Spediteur als reiner „Schreibtisch-Spediteur", scheidet eine Obhutshaftung von vornherein aus.

11   **a) Güterschäden während der speditionellen Obhut.** Beginn und Ende der Obhutshaftung hängen von den tatsächlichen Umständen des Einzelfalls ab. Haftungsauslösend ist die Tatsache des Schadenseintritts. Nicht ausreichend ist, dass lediglich die „Ursache" für den Schadenseintritt im Obhutszeitraum gesetzt wurde, etwa in Form einer mangelhaften Verpackung. Beruht die Ursache auf einer Schlechterfüllung einer speditionellen Verpflichtung, greift § 461 Abs. 2, sonst wird nach allgemeinen Regeln gehaftet.[3]

---

[1] BGH Urt. v. 16.2.2012 – I ZR 150/10, TranspR 2012, 148 Rn. 19, 22.
[2] Baumbach/Hopt/*Merkt* Rn. 2.
[3] BGH Urt. v. 16.2.2012 – I ZR 150/10, TranspR 2012, 148 Rn. 19; *Koller* Rn. 6; *Koller* TranspR 2013, 173 (177).

Mit der Güterobhut übernimmt der Spediteur die alleinige und eigenständige Verantwortung über **12** das Gut sowie die Verpflichtung, alles zu unterlassen, was das Gut gefährden könnte.[4] Der Spediteur ist verpflichtet, das Gut vor Transportrisiken und äußeren Einflüssen zu schützen, etwa vor Beschädigungen, Verderb, Witterungseinflüssen, Diebstahl, Unterschlagung oder Verlust.[5]

Soweit die speditionelle Obhutshaftung mit der Obhutshaftung des Frachtführers gleichläuft, muss **13** im Einzelfall nicht erst festgestellt werden, ob ein Güterschaden während der begleitenden speditionellen Tätigkeit oder während des eigentlichen Beförderungsvorgangs entstanden ist.

b) Güterschäden außerhalb der speditionellen Obhut. Kommt es außerhalb der speditionellen **14** Obhut zu Güterschäden, fallen diese unter die in Abs. 2 statuierte Haftung.[6]

c) Verspätungsschäden. Da Abs. 1 Verspätungsschäden in Abweichung zur frachtrechtlichen Re- **15** gelung des § 425 Abs. 1 nicht erwähnt, unterfallen diese nicht der speditionellen Obhutshaftung. In Betracht kommt eine (nicht gemäß § 431 Abs. 3 begrenzte) Haftung nach Abs. 2.

d) Haftungsumfang. Die Haftung des Spediteurs bestimmt sich nach der abschließenden Ver- **16** weisung in § 461 Abs. 1 S. 2. Für **Güterschäden** ist nur Wertersatz zu leisten. Dieses Prinzip gilt gem. § 461 Abs. 1 S. 2 iVm § 429 auch im Speditionsrecht. Der Spediteur kann sich auf die in § 431 genannten gesetzlichen sowie auf vertraglich vereinbarte Haftungshöchstbeträge (§ 466 Abs. 2) berufen. Die Haftung für **Güterfolgeschäden** ist auf die in § 432 S. 1 genannten Kosten beschränkt (§ 432 S. 2).[7]

e) Abdingbarkeit. Die Haftung nach § 461 Abs. 1 ist **unabdingbar,** es sei denn, der Speditions- **17** vertrag hat die Versendung von Briefen oder briefähnlichen Sendungen zum Gegenstand (vgl. § 466).

Die Haftungshöhe (§ 461 Abs. 1 iVm § 431) ist eingeschränkt dispositiv. Neben einer Abdingbar- **18** keit durch Individualvereinbarung kann auch durch AGB innerhalb eines Korridors zwischen 2 und 40 SZR zu Lasten des Vertragspartners abgewichen werden, wenn in geeigneter Weise darauf hingewiesen wird (§ 466 Abs. 2 S. 2 Nr. 1). Zu Lasten des Verwenders kann in beliebiger Höhe abgewichen werden.

Ist der Versender ein **Verbraucher,** so kann die Haftungshöhe nicht zu dessen Nachteil verändert **19** werden, es sei denn, der Speditionsvertrag hat die Versendung von Briefen oder briefähnlichen Sendungen zum Gegenstand, § 466 Abs. 4.

3. Haftung für vermutetes Verschulden (Abs. 2). Abs. 2 statuiert eine **Verschuldenshaftung 20** mit umgekehrter Beweislast für Vermögensschäden (auch Verspätungsschäden) sowie für Güterschäden, die nicht während der Obhut des Spediteurs entstanden sind.[8] Auch Güterfolgeschäden gehören zu dem von Abs. 2 erfassten Schaden.[9] Dabei muss jedoch beachtet werden, dass der in Abs. 1 durch den Verweis auf § 432 angeordnete Ausschluss der Pflicht zum Ersatz von Güterfolgeschäden nicht umgangen wird. Ein möglicher Wertungswiderspruch zwischen einerseits dem Ausschluss des Ersatzes von Güterfolgeschäden im Rahmen der strengeren Obhutshaftung nach Abs. 1 und andererseits der Ersatzpflicht für solche Schäden im Rahmen der Haftung für vermutetes Verschulden nach Abs. 2 scheint im Gesetz angelegt und nur durch die Vereinbarung von Haftungsbeschränkungen zu vermeiden.

Allerdings greift die Haftung für vermutetes Verschulden nur dann ein, wenn der Spediteur eine ihm **21** nach § 454 obliegende **speditionelle Pflicht** verletzt, die ihrer Natur nach unmittelbar dem Speditionsgeschäft zuzuordnen ist.[10] Hat der Spediteur über § 454 hinaus weitere Verpflichtungen übernommen, die nicht speditionsvertraglicher Natur sind (zB **Logistikverträge**), richtet sich die insoweit greifende Haftung nach den allgemeinen Regeln (zB Werkvertrag, Dienstvertrag), soweit keine abweichende Vereinbarung getroffen wurde.

Der Spediteur haftet nicht, wenn der Schaden durch die Sorgfalt eines ordentlichen Kaufmanns **22** nicht abgewendet werden konnte (§ 347 Abs. 1). Der Spediteur muss beweisen, dass ein Schaden nicht durch Verletzung vertraglich geschuldeter Sorgfaltspflichten ausgelöst wurde.

Die Haftung des Spediteurs nach § 461 Abs. 2 ist **unbeschränkt,** aber vertraglich beschränkbar. **23** Der Spediteur kann seine Haftung nach Abs. 2 – auch durch AGB – dem Grunde und der Höhe nach begrenzen. Auf eine gesetzliche Haftungsbeschränkung zugunsten des Spediteurs wurde bewusst verzichtet.[11]

---

[4] BGH Urt. v. 27.6.1985 – I ZR 40/83, TranspR 1985, 338 = VersR 1985, 1060 = NJW-RR 1986, 248.
[5] Vgl. etwa BGH Urt. v. 20.3.1970 – I ZR 28/69, VersR 1970, 459; *Thume* in Fremuth/Thume TranspR Rn. 51.
[6] *Thume* in Fremuth/Thume TranspR Rn. 51.
[7] MüKoHGB/*Bydlinski* Rn. 12.
[8] BGH Urt. v. 16.2.2012 – I ZR 150/10, TranspR 2012, 148 Rn. 19.
[9] *Starosta* TranspR 2003, 55 (57).
[10] BGH Urt. v. 16.2.2012 – I ZR 150/10, TranspR 2012, 148 Rn. 20.
[11] BR-Drs. 368/97, 112.

24   **4. Haftung bei nichtspeditionellen Leistungen.** Resultiert eine Pflicht zum Schadensersatz nicht aus der Verletzung speditioneller Pflichten, wie sie in § 454 umschrieben sind, richtet sich die Haftung des Spediteurs nach den allgemeinen Vorschriften. Dabei kommt es nicht darauf an, ob parallel zum Speditionsvertrag weitere Verträge dienstvertraglicher oder werkvertraglicher Natur abgeschlossen wurden. Entscheidend ist auf die vertraglich übernommenen Pflichten abzustellen. Sind diese nicht mehr unmittelbar dem Speditionsgeschäft zuzuordnen, scheidet eine Anwendung von Abs. 2 aus.[12] Werden bei komplexen Logistikverträgen unterschiedliche Leistungen vereinbart, muss eine Beurteilung nach den Grundsätzen für gemischte oder zusammengesetzte Verträge erfolgen.[13] Sind etwa die nicht speditionellen Leistungen den speditionellen Leistungen gleichwertig und als selbstständige, unabhängige Hauptleistungspflichten übernommen worden, dann sind auf die jeweilige Leistungspflicht diejenigen Rechtsvorschriften anzuwenden, die für diese zur Geltung kämen, wenn sie in einem gesonderten Vertrag begründet worden wäre.[14]

25   **5. Die Haftung des Spediteurs nach den ADSp.** Ziff. 22.1 ADSp 2003/2017 unterstellt die Haftung des Spediteurs den gesetzlichen Vorschriften. In den folgenden Bestimmungen statuierte Beschränkungen sollen nur zur Anwendung kommen, soweit die gesetzlichen Regelungen Abweichungen zulassen. Die vorgesehenen Haftungsausschlüsse und Haftungsbegrenzungen greifen auch bei Vorsatz und grober Fahrlässigkeit von bloßen Erfüllungsgehilfen nicht (Ziff. 27.1.1 ADSp 2017).

III. Mitverursachung (Abs. 3)

26   Abs. 3 regelt den Fall eines mitwirkenden Verursachungsbeitrags durch einen besonderen Mangel des Gutes oder ein Verhalten des Versenders. Im Gegensatz zu § 425 Abs. 2 ist ein Verhalten des Empfängers unerheblich, weil dieser nicht Erfüllungsgehilfe des Versenders ist. Beim so genannten speditionellen Nachlauf, dem Ausrollen des Gutes, kommt allerdings eine analoge Anwendung von Abs. 3 in Betracht.[15] Die auch bei qualifiziertem Verschulden anzuwendende Regelung des Abs. 3 kann zu einem gänzlichen Wegfall der Ersatzpflicht führen.[16]

§ 462 Haftung für andere

[1]Der Spediteur hat Handlungen und Unterlassungen seiner Leute in gleichem Umfang zu vertreten wie eigene Handlungen und Unterlassungen, wenn die Leute in Ausübung ihrer Verrichtungen handeln. [2]Gleiches gilt für Handlungen und Unterlassungen anderer Personen, deren er sich bei Erfüllung seiner Pflicht, die Versendung zu besorgen, bedient.

Schrifttum: S. §§ 407 und 453.

Parallelvorschriften: § 428.

I. Einleitung

1   S. 1 übernimmt die in § 428 S. 1 statuierte frachtrechtliche **Leutehaftung** für das Speditionsrecht. S. 2 orientiert sich im Wesentlichen an § 428 S. 2, bezieht sich aber, der idealtypischen Natur des Speditionsvertrages entsprechend, auf nur diejenigen Personen, deren sich der Spediteur bei der Besorgung der Versendung bedient und nicht auf diejenigen Personen, die er zur Ausführung der Beförderung einschaltet.[1]

2   Der Spediteur muss sich nicht alle Handlungen und Unterlassungen von Subunternehmern zurechnen lassen. Die Haftungszurechnung ist vielmehr auf solche Personen beschränkt, deren sich der Spediteur **bei der Besorgung der Versendung** bedient. Der Spediteur haftet also nur in dem Umfang für Subunternehmer, in dem diese zur Erfüllung der Verpflichtungen aus dem Speditionsvertrag eingeschaltet werden. Dies wird durch die Formulierung in S. 2 „deren sich [der Spediteur] bei Erfüllung seiner Pflicht, die Versendung zu besorgen, bedient" verdeutlicht.

II. Zurechenbarer Personenkreis

3   **1. Allgemeines.** Der Begriff „andere" bezeichnet diejenigen Hilfspersonen, für die der Spediteur einzustehen hat. Das Gesetz unterscheidet „Leute" und „andere Personen". Diese Differenzierung

---

[12] BR-Drs. 368/97, 112.
[13] *Temme* TranspR 2008, 374.
[14] BGH Urt. v. 13.9.2007 – I ZR 207/04, TranspR 2007, 477 Rn. 16–19; OLG Frankfurt a. M. Urt. v. 1.11.2006 – 21 U 9/05, TranspR 2007, 78 (81).
[15] *Koller* Rn. 11.
[16] BGH Urt. v. 3.5.2007 – I ZR 109/04, TranspR 2007, 405.
[1] BR-Drs. 368/97, 113.

kann von Bedeutung sein, weil sich nur die „Leute" auf Haftungsbefreiungen und -begrenzungen (gem. §§ 461 Abs. 2 S. 2, 436) berufen können, nicht aber „andere Personen".

Die Hilfspersonen müssen immer **„in Ausübung ihrer Verrichtung"** gehandelt haben. Dieses 4 Merkmal bezieht sich sowohl auf die „Leute" des Spediteurs als auch auf die „anderen Personen". Es verlangt, dass zwischen der schädigenden Handlung der Hilfskräfte und der übertragenen Verrichtung ein innerer Zusammenhang bestehen muss. Schäden, die ein Subunternehmer „bei Gelegenheit" der geschäftlichen Verrichtung verursacht, berühren die Haftung des Spediteurs nicht.[2]

2. Leute. Die Leutehaftung entspricht inhaltlich der Regelung des § 428 S. 2. Unter „Leute" 5 versteht man in erster Linie **betriebszugehörige Personen,** also Mitarbeiter, die auf Grund eines Dienstverhältnisses für den Spediteur tätig sind, sowie Leiharbeitnehmer.[3] Auch Familienangehörige, die im Betrieb des Spediteurs mithelfen, können „Leute" im Sinne der Vorschrift sein (→ § 428 Rn. 1 ff.).

3. Andere Personen. „Andere Personen" sind natürliche und juristische Personen, welche **selbst-** 6 **ständig** im Pflichtenkreis des Spediteurs tätig sind, ohne in den Betrieb des Spediteurs eingegliedert zu sein. Hierzu zählen Zwischen- und Empfangsspediteure sowie sonstige Erfüllungsgehilfen. Die Haftung des Spediteurs für andere Personen erstreckt sich ausschließlich auf deren Tätigkeit als „Schreibtisch-Spediteur". Für andere Personen, die bei Umschlags- oder Frachtführertätigkeiten Obhut an dem Gut begründen und dabei Güterschäden verursachen, ist der Erstspediteur im Rahmen des § 462 S. 2 nicht haftpflichtig. Soweit der Spediteur selbst nach § 454 Abs. 1 Nr. 2 nur die Auswahl ausführender Subunternehmer schuldet, sind diese keine „anderen Personen" im Sinne von § 462, weil sie keine eigenen Verpflichtungen des Spediteurs erfüllen. Eine Haftung für Güterschäden im Gewahrsam anderer Personen kann sich jedoch aus der Verweisung der §§ 459 und 460 (Fixkosten- und Sammelladungsspedition) ergeben.

4. Zurechnung. Die gesetzliche Regelung hat zur Folge, dass der Spediteur regelmäßig bei Ein- 7 schaltung eines so genannten Zwischenspediteurs nicht haftet, es sei denn ihm wäre ein Auswahlverschulden vorzuwerfen.[4]

Eine Haftungszurechnung für das Fehlverhalten von Erfüllungsgehilfen erfolgt aber insoweit, als 8 diese im Pflichtenkreis des Spediteurs tätig wurden. Delegiert der Spediteur zum Beispiel die Verpflichtung, einen Frachtführer zu beauftragen an einen Unterspediteur und schaltet dieser Unterspediteur wissentlich einen unzuverlässigen Frachtführer ein, so haftet der delegierende Spediteur nach § 462 S. 2 für den Unterspediteur als seinem Erfüllungsgehilfen.

Soweit es um Leistungen oder Handlungen geht, für die keine speziellen transportrechtlichen 9 Zurechnungsbestimmungen gelten, richtet sich die Zurechnung nach allgemeinen Grundsätzen, etwa § 278 BGB bei sonstigen werk- oder dienstvertraglichen Pflichten bzw. § 831 BGB bei deliktischen Ansprüchen.[5]

III. Regelungen in den ADSp

Ziff. 27.2 ADSp 2003 knüpft an § 462 an und schließt die Geltung der Haftungsbegrenzung bei 10 qualifiziertem Verschulden aus. Da § 435 nicht durch AGB abänderbar ist (§§ 466, 461 Abs. 1) kommt der Bestimmung nur klarstellende Wirkung zu. Allerdings schließt jetzt Ziff. 27.1.1 ADSp 2017 die vorgesehenen Haftungsausschlüsse und Haftungsbegrenzungen schon bei Vorsatz und grober Fahrlässigkeit von bloßen Erfüllungsgehilfen aus.

§ 463 Verjährung

Auf die Verjährung der Ansprüche aus einer Leistung, die den Vorschriften dieses Abschnitts unterliegt, ist § 439 entsprechend anzuwenden.

Schrifttum: S. §§ 407 und 439.

Parallelvorschriften: § 439.

Die Vorschrift regelt die Verjährung von Ansprüchen aus einer Leistung, die den Vorschriften des 5. 1 **Abschnitts** unterliegt. Die Verjährungsvorschrift wurde parallel zum Frachtrecht ausgestaltet, die Verweisungssystematik hat sich gegenüber dem alten Recht lediglich umgekehrt. Während nach altem Recht die frachtrechtliche Verjährungsvorschrift in § 439 aF auf die korrespondierende Bestimmung im Speditionsrecht verwies, ist nun die frachtrechtliche Verjährungsvorschrift im Speditionsrecht entsprechend anzuwenden.

---

[2] BGH Urt. v. 27.6.1985 – I ZR 40/93, TranspR 1985, 338.
[3] *Koller* § 428 Rn. 4.
[4] BR–Drs. 368/97, 113.
[5] Baumbach/Hopt/*Merkt* § 428 Rn. 5.

2   Im Unterschied zum früheren Recht bezieht sich die Verjährungsregelung nicht nur auf bestimmte Ansprüche gegen den Spediteur, sondern auf alle wechselseitigen Ansprüche aus dem Speditionsvertrag mit der Folge, dass nun auch der Vergütungsanspruch des Spediteurs der speditionellen Verjährungsvorschrift unterliegt und regelmäßig bereits nach einem Jahr verjährt (→ § 439 Rn. 1 ff.). Auch Regressansprüche gegen einen anderen Spediteur als Subunternehmer iRv § 454 Abs. 2 verjähren nach § 463.[1]

3   Soweit der Spediteur bereits unmittelbar die Rechte und Pflichten eines Frachtführers hat (**Selbsteintritt, Fixkostenspedition** und **Sammelladungsspedition, §§ 458–460**), sind die Bestimmungen des einschlägigen Frachtrechts (zB § 439, Art. 32 CMR) direkt anzuwenden. Daneben kommt ferner eine Regelverjährung nach BGB in Betracht, wenn einzelne Leistungen (etwa Verpackung) gesondert von der Speditionspflicht übernommen werden, was sich nach den Grundsätzen über gemischte oder zusammengesetzte Verträge beurteilt.[2] Die daraus entstehende Unübersichtlichkeit der Verjährung bei komplexen Logistikverträgen legt es nahe, eine (rahmen-)vertragliche Regelung zu treffen. Da sich die Einschränkungen des § 466 nicht auf die Regelverjährungsfristen des BGB beziehen, können diese auch durch (einer Inhaltskontrolle nach den bürgerlich-rechtlichen Vorschriften standhaltenden) AGB verkürzt werden (vgl. Ziff. 17 Logistik-AGB).

4   § 463 wird auch auf **außervertragliche Ansprüche** anzuwenden sein.[3] Nur so ist der angestrebte Gleichklang mit § 439 zu erreichen, der sich wiederum an der Reichweite von Art. 32 CMR orientiert. Voraussetzung ist allerdings das Bestehen einer Verbindung zu den vereinbarten speditionellen Leistungen, in Abgrenzung zu lediglich dem Umfeld der Beförderung zuzurechnenden Umständen.[4]

§ 464 Pfandrecht des Spediteurs

[1] Der Spediteur hat für alle Forderungen aus dem Speditionsvertrag ein Pfandrecht an dem ihm zur Versendung übergebenen Gut des Versenders oder eines Dritten, der der Versendung des Gutes zugestimmt hat. [2] An dem Gut des Versenders hat der Spediteur auch ein Pfandrecht für alle unbestrittenen Forderungen aus anderen mit dem Versender abgeschlossenen Speditions-, Fracht-, Seefracht- und Lagerverträgen. [3] § 440 Absatz 1 Satz 3 und Absatz 2 bis 4 ist entsprechend anzuwenden.

Schrifttum: S. § 440 sowie *Altmeppen,* Zur Rechtsnatur der handelsrechtlichen Pfandrechte, ZHR 157 (1993), 541; *Bechtloff,* Der Schuldnerschutz bei Verwertung unpfändbarer Sachen aufgrund vertraglicher oder gesetzlicher Sicherungsrechte, ZIP 1996, 994; *Brüning-Wildhagen,* Pfandrechte und Zurückbehaltungsrechte im Transportrecht, 2000; *Büchner/Ketterl,* Das Pfandrecht des Spediteurs nach dem Handelsgesetzbuch (HGB) und den allgemeinen deutschen Spediteurbedingungen (ADSp), TranspR 1991, 125; *Knauth,* Die Fixkostenspedition in der Insolvenz des Versenders, TranspR 2002, 282; *Senckpiehl,* Pfandrecht und Zurückbehaltungsrecht im Güterverkehr, 2. Aufl. 1952.

Parallelvorschriften: § 440 nF.

I. Einleitung

1   Die Vorschrift regelt das Spediteurpfandrecht in Übereinstimmung mit dem in § 440 nF geregelten Frachtführerpfandrecht. Die Erläuterungen zu § 440 nF gelten entsprechend. Die Neuregelung durch das Gesetz zur Reform des Seefrachtrechts[1*] bezweckt eine redaktionelle Anpassung an die im BGB übliche Diktion und die Beseitigung von Rechtsunsicherheiten im Hinblick auf die Entstehung eines Pfandrechts am Gut Dritter.[2*]

II. Das Spediteurpfandrecht

2   **1. Reichweite des Spediteurpfandrechts.** Das Pfandrecht des Spediteurs ist durch die Angleichung an das Frachtführerpfandrecht (§ 440 nF) gegenüber der Regelung vor der Transportrechtsreform 1998 in § 410 aF erweitert worden. Das Spediteurpfandrecht sichert jetzt nicht nur speditionsvertragliche Ansprüche auf Fracht, Provision, Auslagen, Verwendungen sowie Vorschüsse, sondern alle begründeten Ansprüche aus dem Speditionsvertrag (**konnexe Forderungen**) sowie unbestrittene oder nur pauschal bestrittene[3*] Forderungen aus anderen, mit demselben Versender geschlossenen Fracht-, Speditions- und Lagerverträgen (**inkonnexe Forderungen**).

---

[1] Koller Rn. 23.

[2] BGH Urt. v. 13.9.2007 – I ZR 207/04, TranspR 2007, 477 Rn. 18, 19.

[3] *Koller* Rn. 2; *Thume* in Fremuth/Thume TranspR Rn. 3.

[4] Vgl. BGH Urt. v. 21.9.2006 – I ZR 2/04, TranspR 2006, 451 (453).

[1*] BGBl. 2013 I 831.

[2*] BT-Drs. 17/10309, 60.

[3*] OLG Karlsruhe Urt. v. 9.12.2004 – 9 U 104/04, NJW-RR 2005, 402; *Andresen* TranspR-Sonderbeilage 2004, 5.

Bei konnexen Forderungen kann das Pfandrecht auch am Gut eines Dritten begründet werden, **3** wenn dieser der Versendung des Gutes zugestimmt hat. Der Gesetzgeber hat sich damit der höchstrichterlichen Rechtsprechung angeschlossen.[4] Um ein Pfandrecht für inkonnexe Forderungen zu erlangen, ist hingegen erforderlich, dass es sich um Gut des Absenders handelt. Hintergrund dieser Differenzierung ist es, dass der dritte Eigentümer von Transportgut nicht stets auch für die Schulden des Absenders beim Spediteur einstehen soll, wenn diese nicht aus der konkreten Speditionstätigkeit für das Gut resultieren.[5]

Das Spediteurpfandrecht erstreckt sich auch auf die **Begleitpapiere** (§ 464 S. 2 iVm § 440 Abs. 1 **4** S. 2).

Ein **gutgläubiger Erwerb** ist möglich. Die Geltendmachung des inkonnexen Pfandrechts setzt aber **5** voraus, dass sich der gute Glaube des Spediteurs auf das Eigentum des Vertragspartners an dem Gut und nicht nur auf dessen Verfügungsbefugnis bezieht (§ 366 Abs. 3 letzter Hs.). Das inkonnexe Pfandrecht steht deshalb nicht dem Zwischenspediteur zu, da dieser weiß, dass der Versandspediteur nicht Eigentümer des Gutes ist.[6]

Für das Pfandrecht des **nachfolgenden Spediteurs** enthält § 465 eine Sonderregelung. **6**

Da die Reichweite des Spediteurpfandrechts nach dem Willen des Gesetzgebers nicht von dem **7** Zufall abhängen sollte, ob ein Frachtführer oder ein Spediteur letztlich an den Empfänger ausliefert, erklärt S. 3 die für das Frachtführerpfandrecht geltenden Regelungen für entsprechend anwendbar.[7]

2. Entstehen und Erlöschen des Spediteurpfandrechts. Zwischen den Parteien muss ein wirk- **8** samer Speditionsvertrag zustande gekommen sein. Der Spediteur muss das Gut mit Willen des Versenders[8] in Besitz genommen und diesen noch nicht aufgegeben haben. Mittelbarer Besitz ist ausreichend, was sich aus der Verweisung auf § 440 Abs. 2 ergibt. Hiernach genügt es, wenn der Spediteur mittels Konnossement, Ladeschein oder Lagerschein über das Gut verfügen kann. Besitz muss dem Spediteur vom Eigentümer der Ware oder von einem gem. § 185 BGB verfügungsberechtigten Versender eingeräumt worden sein. Übergibt der Spediteur das Gut an einen Frachtführer oder Zwischenspediteur, so bleibt das Pfandrecht bestehen, solange er mittels Ladeschein darüber verfügen kann.

Das Pfandrecht **erlischt** durch Aufgabe, Besitzverlust oder mit Erlöschen aller gesicherten Forde- **9** rungen (§§ 1257, 1252 BGB) sowie durch gutgläubigen lastenfreien Erwerb eines Dritten (§ 936 BGB iVm § 366 Abs. 2).

3. Fortdauer des Spediteurpfandrechts (§ 464 S. 3 iVm § 440 Abs. 2 und 3). § 440 Abs. 3 **10** gilt entsprechend. Anstelle von „Frachtführer" ist „Spediteur" zu lesen.

4. Der Pfandverkauf (§ 464 S. 3 iVm § 440 Abs. 4). Der Pfandverkauf richtet sich nach den **11** Vorschriften des BGB. Die Androhung des Pfandverkaufs nach § 1234 Abs. 1 BGB und die Benachrichtigung nach §§ 1237 und 1241 BGB sind nicht an den Eigentümer der Ware, sondern an den **Empfänger** zu richten.

Eine Androhung gegenüber dem **Versender** ist grundsätzlich nicht erforderlich, es sei denn, der **12** Empfänger ist nicht zu ermitteln oder er verweigert die Annahme (§ 464 S. 3 iVm § 440 Abs. 4 S. 2).

III. Dispositivität

Die Vorschrift ist **dispositiv**. Die ADSp 2003/2017 enthalten in Ziff. 20 Regelungen über das **13** vertragliche Pfand- und Zurückbehaltungsrecht. Hinzu können weitere vertraglich vereinbarte Pfand- und Zurückbehaltungsrechte treten, etwa gem. Ziff. 10 **Logistik-AGB**.

§ 465 Nachfolgender Spediteur

(1) **Wirkt an einer Beförderung neben dem Frachtführer auch ein Spediteur mit und hat dieser die Ablieferung zu bewirken, so ist auf den Spediteur § 441 Absatz 1 entsprechend anzuwenden.**

(2) **Wird ein vorhergehender Frachtführer oder Spediteur von einem nachfolgenden Spediteur befriedigt, so gehen Forderung und Pfandrecht des ersteren auf den letzteren über.**

Schrifttum: *Ramming*, Die Einziehungspflicht des letzten Frachtführers, Verfrachters bzw. Spediteurs (Unternehmers), TranspR 2006, 235.

---

[4] BGH Urt. v. 10.6.2010 – I ZR 106/08, TranspR 2010, 303.
[5] BT-Drs. 17/10309, 57.
[6] *Valder* TranspR 1998, 51 (53).
[7] BR-Drs. 368/97, 113.
[8] MüKoHGB/*Bydlinski* Rn. 5.

1   **1. Allgemeines.** Die Vorschrift berücksichtigt, dass bei einer Transportkette oftmals neben Frachtführern auch Spediteure an der **Ausführung der Beförderung** mitwirken. Dies ist vor allem bei der **Sammelladung** der Fall. Hinsichtlich der Reichweite des Pfandrechts darf es dabei keinen Unterschied machen, ob innerhalb dieser Kette die Ablieferung durch einen Frachtführer oder durch einen Spediteur erfolgt. Die Bestimmung betrifft ausschließlich die Rechtsstellung des Spediteurs, sodass sie aus Gründen der Übersichtlichkeit in den Fünften Abschnitt aufgenommen wurde. Ergänzend kann auf die Erläuterungen zu § 441 nF verwiesen werden. Die Gleichstellung des **abliefernden Spediteurs** mit dem abliefernden Frachtführer bewirkt die Verlängerung der Rechtsfolgen des § 441 nF und deren Erstreckung auf den abliefernden Spediteur. Sie ist notwendig, weil § 441 dem Wortlaut nach nur den Fall aufeinander folgender Frachtführer regelt. Wirkt der Spediteur an der Beförderung mit, greift schon § 441 Abs. 3.[1]

2   **2. Gesetzlicher Forderungsübergang (Abs. 2).** Die Vorschrift erstreckt den gesetzlichen Forderungsübergang nach § 441 Abs. 2 auf die Befriedigung des vorhergehenden Frachtführer oder Spediteure durch den **nachfolgenden Spediteur.** Der „nachfolgende Spediteur" wird nach dem speditionellen Sprachgebrauch auch als **„Zwischenspediteur"** bezeichnet, kann aber rechtlich auch ein Unterspediteur sein.

§ 466 Abweichende Vereinbarungen über die Haftung

(1) **Soweit der Speditionsvertrag nicht die Versendung von Briefen oder briefähnlichen Sendungen zum Gegenstand hat, kann von den Haftungsvorschriften in § 455 Absatz 2 und 3, § 461 Absatz 1 sowie in den §§ 462 und 463 nur durch Vereinbarung abgewichen werden, die im Einzelnen ausgehandelt wird, auch wenn sie für eine Mehrzahl von gleichartigen Verträgen zwischen denselben Vertragsparteien getroffen wird.**

(2) [1]**Abweichend von Absatz 1 kann die vom Spediteur zu leistende Entschädigung wegen Verlust oder Beschädigung des Gutes auch durch vorformulierte Vertragsbedingungen auf einen anderen als den in § 431 Absatz 1 und 2 vorgesehenen Betrag begrenzt werden, wenn dieser Betrag**

1. **zwischen 2 und 40 Rechnungseinheiten liegt und der Verwender der vorformulierten Vertragsbedingungen seinen Vertragspartner in geeigneter Weise darauf hinweist, dass diese einen anderen als den gesetzlich vorgesehenen Betrag vorsehen, oder**

2. **für den Verwender der vorformulierten Vertragsbedingungen ungünstiger ist als der in § 431 Absatz 1 und 2 vorgesehene Betrag.**

[2]**Ferner kann durch vorformulierte Vertragsbedingungen die vom Versender nach § 455 Absatz 2 oder 3 zu leistende Entschädigung der Höhe nach beschränkt werden.**

(3) **Von § 458 Satz 2, § 459 Satz 1 und § 460 Absatz 2 Satz 1 kann nur insoweit durch vertragliche Vereinbarung abgewichen werden, als die darin in Bezug genommenen Vorschriften abweichende Vereinbarungen zulassen.**

(4) **Ist der Versender ein Verbraucher, so kann in keinem Fall zu seinem Nachteil von den in Absatz 1 genannten Vorschriften abgewichen werden, es sei denn, der Speditionsvertrag hat die Beförderung von Briefen oder briefähnlichen Sendungen zum Gegenstand.**

(5) **Unterliegt der Speditionsvertrag ausländischem Recht, so sind die Absätze 1 bis 4 gleichwohl anzuwenden, wenn nach dem Vertrag sowohl der Ort der Übernahme als auch der Ort der Ablieferung des Gutes im Inland liegen.**

Schrifttum: S. §§ 407 und 453 sowie *Bästlein/Bästlein,* Einziehung von Haftungsbeschränkungsklauseln in Transportverträge, TranspR 2003, 61; *Basedow,* Die Tragweite des zwingenden Rechts im neuen deutschen Gütertransportrecht, TranspR 1998, 58.

Parallelvorschriften: §§ 449, 451h/452d, 475 h.

I. Einleitung

1   Die Regelungen des § 466 sind entsprechend § 449 ausgestaltet, um einen Gleichlauf mit dem Frachtrecht herzustellen. Damit war es konsequent, dass der Gesetzgeber der Reform des Seehandelsrechts[1*] auch § 466 den geänderten § 449 angepasst hat. Das Speditionsrecht ist im Grundsatz **dispositiv.** Um die Rechtseinheitlichkeit mit dem Frachtrecht zu erhalten, sind der Privatautonomie jedoch **Schranken** gesetzt worden. Insbesondere soll verhindert werden, dass sich einem nach Frachtrecht haftenden Spediteur Umgehungsmöglichkeiten eröffnen.[2] Dass sich die Einschränkungen der Privatautonomie nur auf Abweichungen von den gesetzlichen Haftungsvorschriften beziehen, soll

---

[1] Baumbach/Hopt/*Merkt* Rn. 1.
[1*] BGBl. 2013 I 835.
[2] BR-Drs. 368/97, 114.

durch die neue Überschrift zum Ausdruck gebracht werden.[3] Nicht in § 466 genannte Regelungen sind uneingeschränkt dispositiv (vgl. ergänzend die Erläuterungen zu § 449).

II. Abweichende Vereinbarungen

1. Verbraucherschutz (Abs. 4). Die früher in Abs. 1 der Norm enthaltenen Regelungen zum **2** Verbraucherschutz sind nunmehr inhaltsgleich in Abs. 4 geregelt worden; da Verbrauchergeschäfte die Ausnahme darstellen, erschien es zweckmäßig, diesen Sonderfall nicht mehr an den Anfang der Norm zu setzen.[4] Der Begriff des Verbrauchers richtet sich nach der Legaldefinition in § 13 BGB. Im Interesse eines wirksamen Verbraucherschutzes kann von bestimmten haftungsrechtlichen Vorschriften des Speditionsrechts (§§ 455 Abs. 2 und 3, 461 Abs. 1, 462, 463) nicht zum **Nachteil** eines Verbrauchers abgewichen werden. Dadurch soll gewährleistet werden, dass in den Fällen, in denen der Versender ein Verbraucher ist, der gesetzliche Mindeststandard nicht unterschritten wird.[5] Auch wenn aufgrund eines Redaktionsversehens in der früheren Gesetzesfassung § 455 Abs. 2 und 3 nicht erwähnt waren, gilt diese Einschränkung auch für das frühere Recht.[6]

Die Regelung gilt sowohl für Fälle, in denen die Parteien eine Individualvereinbarung getroffen **3** haben, als auch für Fälle, in denen AGB einbezogen werden. Abweichungen zugunsten des Verbrauchers sind jedoch uneingeschränkt zulässig.[7]

Die Regelungen des Verbraucherschutzes gelten nicht, wenn der Speditionsvertrag die Versendung **4** von **Briefen** und **briefähnlichen** Sendungen zum Gegenstand hat. Im Bereich des postalischen Massenverkehrs sind die Haftungsregelungen also uneingeschränkt dispositiv.

2. Versender ist kein Verbraucher. Ist der Versender kein Verbraucher, erstreckt sich die Ein- **5** schränkung der Vertragsfreiheit nach Abs. 1 auf die verschuldensunabhängige Haftung des Versenders nach § 455 Abs. 2, auf die Obhutshaftung für Güterschäden (§ 461 Abs. 1), auf die Haftung für andere (§ 462) sowie auf die Verjährungsregelung (§ 463).

a) Individualvereinbarung. Diese haftungsrechtlichen Normen unterliegen nur insoweit der Pri- **6** vatautonomie, als die Vertragsparteien im Einzelnen abweichende Regelungen durch Individualvereinbarung ausgehandelt haben. Verwenden die Vertragsparteien vorformulierte **AGB,** sind ihnen nach Abs. 2 S. 1 und 2 Grenzen bei der Ausgestaltung dieser Bedingungen gesetzt.

Völlige Vertragsfreiheit besteht also, soweit die Parteien abweichende Regelungen im **Einzelnen** **7** **ausgehandelt** haben. Unerheblich ist, ob die ausgehandelte Klausel dann für eine Mehrzahl von gleichartigen Verträgen zwischen denselben Vertragsparteien verwendet wird. Damit wird den Parteien die Möglichkeit eingeräumt, durch einen individuell ausgehandelten **Rahmenvertrag** über eine Vielzahl zukünftiger Transportverträge die volle Dispositionsbefugnis zu erhalten, was vor allem bei der Einbeziehung von **Logistikleistungen** unverzichtbar ist. Abzustellen ist ausschließlich auf das konkrete Zustandekommen der Vereinbarung, die äußere Gestaltung des Vertragswerkes ist unerheblich. Zu den Anforderungen, die an das Aushandeln im Einzelnen gestellt werden → § 449 Rn. 1 ff.

Hat der Speditionsvertrag die Versendung von **Briefen** und **briefähnlichen Sendungen** zum **8** Gegenstand, gelten die Einschränkungen der Privatautonomie nicht.

b) Haftungshöchstbeträge. Die Obhutshaftung des Spediteurs wegen Verlustes oder Beschädigung **9** ist auf den gesetzlichen Höchstbetrag von 8,33 SZR je Kilogramm des Rohgewichts der Sendung begrenzt (§ 461 Abs. 1 iVm § 431 Abs. 1 und 2). Auf Drängen der Spediteure und Binnenschiffer wurde – in Abweichungen von den Vorschlägen der Sachverständigenkommission – den Parteien die Möglichkeit eingeräumt, die Haftungshöhe durch Individualvereinbarung unbeschränkt und durch AGB innerhalb eines bestimmten „Haftungskorridors" abweichend zu bestimmen. Danach können durch AGB die Haftungsgrenzen für Güterschäden innerhalb eines Rahmens von 2 bis 40 SZR festgelegt werden. Nach den **ADSp 2003** wurde der Höchstbetrag auf 5,00 EUR je Kilogramm des Rohgewichts der Sendung festgeschrieben (Ziff. 23.1.1). Die **ADSp 2017** enthalten differenziertere Regelungen (Ziff. 23–26).

c) Geeigneter Hinweis. Vorformulierte Vertragsklauseln mussten bisher durch „drucktechnisch **10** deutliche Gestaltung" besonders hervorgehoben werden. Im Hinblick auf die damit verbundenen Probleme bei der praktischen Umsetzung dieses Erfordernisses und die Rechtsprechung des Bundesgerichtshofes[8] reicht es nunmehr aus, den Vertragspartner „in geeigneter Weise" darauf hinzuweisen, dass von den gesetzlichen Haftungshöchstbeträgen abgewichen wird. So soll einerseits dem Verwender ein Spielraum eröffnet, andererseits aber auch der beabsichtigten Warnfunktion Rechnung getragen

---

[3] BT-Drs. 17/10309, 61.
[4] BT-Drs. 17/10309, 61.
[5] BT-Drs. 13/10014, 50, 53.
[6] *Thume* in Fremuth/Thume TranspR Rn. 14–17.
[7] Baumbach/Hopt/*Merkt* Rn. 4.
[8] BGH Urt. v. 23.1.2003 – I ZR 174/00, TranspR 2003, 119 (120) mAnm *Herber.*

werden[9] (→ § 449 Rn. 1 ff.). Diese Warnfunktion steht zB einer stillschweigenden Einbeziehung der ADSp. entgegen

11   **d) Begünstigungsklausel (Abs. 2 S. 1 Nr. 2).** Über den Haftungskorridor hinaus können gem. Abs. 2 S. 1 Nr. 2 durch AGB auch höhere oder niedrigere Haftungshöchstgrenzen festgelegt werden, falls dies zu einer Begünstigung des Vertragspartners des Verwenders führt. Begünstigende Klauseln sind stets zulässig.

12   **e) Versenderhaftung (Abs. 2 S. 2).** Die gesetzliche Neuregelung ermöglicht in Abs. 2 S. 2 (entsprechend § 449 Abs. 2 S. 3) eine summenmäßige Beschränkung der Haftung des Versenders durch AGB. Nachdem die Haftung des Versenders aus § 455 Abs. 2 der Höhe nach nicht mehr begrenzt ist, besteht ein entsprechendes Bedürfnis.[10]

13   **3. Selbsteintritt, Fixkostenspedition, Sammelladungsspedition (Abs. 3).** Abs. 3 betrifft die Frage, inwiefern die auf das Frachtrecht unmittelbar Bezug nehmenden Bestandteile der Vorschriften über den Selbsteintritt, die Fixkosten- und Sammelladungsspedition zwingender Natur sein sollen. Beim Selbsteintritt (§ 458), der Fixkostenspedition (§ 459) sowie bei der Sammelladungsspedition (§ 460) hat der Spediteur hinsichtlich der Beförderung die Rechte und Pflichten eines Frachtführers. Die Haftung des Spediteurs bestimmt sich in diesen Fällen insoweit unmittelbar nach Frachtrecht. Abs. 3 sichert diese Regelung, indem von der **frachtrechtlichen** Haftung des Spediteurs nur in dem Umfang abgewichen werden kann, als das anwendbare Frachtrecht selbst dispositiv ist.

14   Diese Regelung gewährleistet, dass hinsichtlich des zwingenden Charakters zwischen den Vorschriften des Frachtrechts und denjenigen Normen des Speditionsrechts, die ihrerseits an die frachtrechtlichen Regelungen anknüpfen, ein **völliger Gleichlauf** besteht.[11] Danach kann der Spediteur, soweit er in Bezug auf die Beförderung die Rechte und Pflichten eines Frachtführers hat, für den die Vorschriften des Vierten Abschnitts gelten, gem. § 449 Abs. 1 von den Bestimmungen der §§ 413 Abs. 2, 414, 418 Abs. 6, 422 Abs. 3, 425–438, 445 Abs. 3 und 446 Abs. 2 vertraglich nur durch Einzelvereinbarung oder eine im Einzelnen ausgehandelte Rahmenabrede abweichen. Zusätzlich kann der Spediteur, soweit er als Frachtführer haftet, nach Abs. 3 iVm § 449 Abs. 2 Nr. 1 auch durch AGB – innerhalb des Haftungskorridors oder in beliebiger Höhe zugunsten der anderen Seite – abweichende Höchstbeträge für die wegen Verlustes oder Beschädigung des Gutes innerhalb des Obhutszeitraumes zu leistende Entschädigung vereinbaren.

15   **4. Kabotage (Abs. 5).** Abs. 5 enthält eine unabdingbare Regelung[12] zu der Frage, inwiefern das zwingende deutsche Speditionsrecht bei innerstaatlichen Transporten (Kabotage) **vereinbartem ausländischen Speditionsrecht** vorgeht. Die Vorschrift folgt inhaltlich voll der frachtrechtlichen Bestimmung des § 449 Abs. 4. Unterliegt ein Speditionsvertrag ausländischem Recht, gilt die in Abs. 1 und Abs. 2 statuierte Beschränkung der Vertragsfreiheit auch für einen solchen Vertrag, wenn der Ort der Übernahme und der Ort der Ablieferung des Gutes im Inland liegen. Für den Speditionsvertrag gelten dann die unabdingbaren Regelungen des deutschen Speditionsrechts.

---

[9] BT-Drs. 17/10309, 60.
[10] BT-Drs. 17/10309, 61.
[11] Vgl. BR-Drs. 368/97, 115.
[12] *Koller* § 449 Rn. 77.

Sechster Abschnitt. Lagergeschäft

§ 467 Lagervertrag

(1) **Durch den Lagervertrag wird der Lagerhalter verpflichtet, das Gut zu lagern und aufzubewahren.**

(2) **Der Einlagerer wird verpflichtet, die vereinbarte Vergütung zu zahlen.**

(3) [1]**Die Vorschriften dieses Abschnitts gelten nur, wenn die Lagerung und Aufbewahrung zum Betrieb eines gewerblichen Unternehmens gehören.** [2]**Erfordert das Unternehmen nach Art oder Umfang einen in kaufmännischer Weise eingerichteten Geschäftsbetrieb nicht und ist die Firma des Unternehmens auch nicht nach § 2 in das Handelsregister eingetragen, so sind in Ansehung des Lagergeschäfts auch insoweit die Vorschriften des Ersten Abschnitts des Vierten Buches ergänzend anzuwenden; dies gilt jedoch nicht für die §§ 348 bis 350.**

Schrifttum: *Andresen,* Das inkonnexe Pfandrecht im Transport, Sonderbeilage TranspR 3/2004, V ff.; *Blanck,* Anmerkung zur Entscheidung des BGH Urt. v. 3.11.1994 – I ZR 100/92 –, TranspR 1995, 256; *Bracker,* Anmerkung zu LG Hamburg Urt. v. 19.3.1997 – 403 O 9/97, TranspR 1998, 160; *Bultmann,* Haftung des Lagerhalters und Beweislastverteilung im Schadensprozeß unter besonderer Berücksichtigung der Hamburger Lagerbedingungen (HLB), TranspR 1995, 41; *Brüggemann,* Auswirkungen des Transportrechtsreformgesetzes auf das Recht der Umschlagsbetriebe, TranspR 2000, 53; *Didier,* Pfand-, Sicherungs- und Zurückbehaltungsrechte des Frachtführers bei drohender Zahlungsunfähigkeit und Insolvenz des Absenders, NZI 2003, 513; *Frantzioch,* Transport- und Verkehrsrecht, 2000, 187, 193 ff.; *Gass,* Das neue Transport- und Speditionsrecht, 1999; *Gass,* Die Bedeutung der Logistik für Speditionsunternehmer im Rahmen moderner Hersteller- und Zulieferbeziehungen, TranspR 2000, 203; *Glöckner,* Das geplante Übereinkommen über die Haftung von internationalen Lagerhaltern, TranspR 1980, 120; *Harten,* Die Haftung des Terminal Operators, TranspR 1990, 54; *Hole/Busch,* Quo vadis Gefahrgutrecht, TransportR 2003; *Knauth,* Die Fixkostenspedition in der Insolvenz des Versenders, TranspR 2002, 282; *Kraft/Hacke,* Anwendbarkeit der Vorschrift zum Lagerrecht bei speditionsfesten Kosten, VersR 2003, 837; *Krins,* Haftung und Versicherung in der Kontraktlogistik: Ein Überblick, TranspR 2007, 269; *Müglich,* Probleme des Einsatzes neuer Informationstechniken im Transportrecht, TranspR 2000, 145, *Müglich,* Tracking and Tracing, informationsrechtliche Aspekte der elektronischen Sendungsverfolgung, TranspR 2003, 280; *Müglich,* Probleme des Einsatzes neuer Informationstechnik im Transportrecht, TranspR 2000, 145; *Pfeiffer,* Handbuch der Handelsgeschäfte, 1999; *Pradel,* Ist nur kein Lager ein gutes Lager? – Das Lager als Bindeglied zwischen Produktion – Verkehr – Handel in der mittelfristigen Zukunft, Jahrbuch der Güterverkehrswirtschaft 1996; *Ramming,* Das abhanden gekommene Inhaberpapier (Ladeschein, Konnossement), RdTW 2018, 161; *Ramming,* Die Rechtsprechung zum TranspR im Jahr 2015, RdTG 2016, 41; *Ramming,* Die Ablieferung des Gutes an den Nichtberechtigten, RdTW 2015, 85; *Schindler,* Neue Vertragsbedingungen für den Güterkraftverkehrs-, Speditions- und Logistikunternehmer (VBGL), TranspR 2003, 194; *Tunn,* Lagerrecht, Kontraktlogistik, 2005; *Ulmer/Brandner/Hensen,* AGB-Recht, 12. Aufl. 2016; *Valder,* AGB-Kontrolle im Lagerrecht, TransR 2010, 27.

Übersicht

I. Normzweck

1   Das Lagergeschäft ist als drittwichtigstes Transportgeschäft geregelt. Durch das Transportrechtsänderungsgesetz (TRG)[1] ist dem Verbraucherschutzgedanke Rechnung getragen und deshalb die zwingende Vorschrift des § 475h eingefügt worden.

2   Die Lagerung von Gütern, Umzugsgütern, Einrichtungen und Kunstgegenständen etc, gewinnt wegen der durch die Globalisierung notwendig gewordenen Mobilität der Gesellschaft an Bedeutung. Auch kommt dem Lagergeschäft sowohl im nationalen als auch im internationalen Warenverkehr erhebliche Bedeutung zu. Die volkswirtschaftliche Bedeutung der Lagerhaltung liegt darin, einen kontinuierlichen Produktionsvorgang nebst reibungslosem Warenabsatz zu gewährleisten. Hierbei kommt es zu mehrstufigen Bevorratungssystemen, die aus europäischen und nationalen Zentrallagern sowie aus zahlreichen Regionallagern bestehen.[2] Als gewerblicher Dienstleiter unterhält der Lagerhalter Vorrats-, Umschlags- und Auslieferungslager für Industrie- und Handelsunternehmen. Historisch gewachsen diente seine Tätigkeit auch öffentlichen Aufgaben, so zB wenn die Bundesanstalt für Landwirtschaft und Ernährung (BLE) Lagerhalter mit der Lagerung von Getreide und anderen Lebensmitteln beauftragt.[3] Der Lagerhalter erbringt mittlerweile neben der reinen Lagerhaltung zusätzliche Dienstleistungen, so zB die Vermittlung von Versicherungen oder bestimmte Behandlungen an den Waren, so zB Kontrollen, Verwiegen, Kühlen, Umfüllen, Umpacken.[4] Die Übernahme von **logistischen Dienstleistungen,** die auf die Durchführung von Geschäftsbesorgungen abzielen, gehört hier ebenfalls dazu. Im internationalen Lagergeschäft **(warehousing)** gewinnt das **supply chain management** an Bedeutung. Hierunter versteht man eine Versorgungskette bzw. eine Wertschöpfungskette, die als gesamtheitlich zu betrachtendes System spezifische Wirtschaftsgüter für einen definierten Zielmarkt hervorbringt. Beispielhaft können hier die Lieferketten der Automobilindustrie oder textile Wertschöpfungsketten benannt werden. Häufig werden in derartigen Systemen Lagerhallen nicht vom Hersteller selbst betrieben. Derartige Fremdlagerungen sind für den Hersteller gegenüber der Selbstlagerung günstiger und entlasten den Unternehmer **(outsourcing).**[5] Lagerhaltung findet sich auch in großen Seehäfen. Regionale Umschlagplätze arbeiten mit eigenen AGB, wie zB den Hamburger Lagerbedingungen **(HLB),** Anhang I.

II. Rechtsnatur des Lagergeschäfts

3   Das Lagergeschäft ist eine **handelsrechtliche Sonderform** der **bürgerlich-rechtlichen Verwahrung.** Soweit die §§ 467 ff. HGB keine Regelungen enthalten und sich aus dem Wesen des handelsrechtlichen Lagergeschäftes nicht etwas anderes ergibt, sind die Bestimmungen über den Verwahrungsvertrag nach §§ 688–700 BGB anzuwenden.

III. Anwendungsbereich (Abs. 3)

4   § 467 Abs. 3 definiert den Anwendungsbereich der Normen über das Lagergeschäft. Danach gelten die §§ 467–475h nur, wenn die Lagerung und Aufbewahrung zum Betrieb eines gewerblichen Unternehmers gehört. Das gesamte HGB gilt, wenn der Lagerhalter Kaufmann ist. Erfüllt er die Voraussetzungen der §§ 1 Abs. 1 und 2 jedoch nicht, gelten die §§ 467–475h und darüber hinaus die allgemeinen Vorschriften über Handelsgeschäfte gem. §§ 343 ff. mit Ausnahme der §§ 348–350. Soweit die §§ 467 ff. keine Regelungen enthalten und sich aus §§ 343 ff. nicht etwas anderes ergibt, sind auch die Bestimmungen über den Verwahrungsvertrag nach §§ 688–700 BGB anzuwenden.

5   Die §§ 467 ff. sind auch auf solche Lagerverträge anzuwenden, die vor dem Inkrafttreten des Transportrechtsreformgesetztes (TRG) vom 1.7.1998 abgeschlossen, jedoch erst nach diesem Termin beendet worden sind.[6]

IV. Lagergeschäft und AGB

6   Die Normen des Lagergeschäftes sind dispositiv. Sie werden in der Praxis durch Allgemeine Geschäftsbedingungen konkretisiert, ergänzt oder abbedungen. Für das Lagergeschäft der Spediteure gelten die ADSp 2003, 2016 bzw. 2017. Die ADSp 2017 regeln das Lagergeschäft in den Ziff. 15 ADSp 2017. Werden Möbel gelagert, so können die Allgemeinen Lagerbedingungen des Deutschen Möbeltransportes eingreifen. Lagerhalter verwenden außer diesen AGB vielfach unternehmenseigene AGB.[7] Hervorzuheben sind die Hamburger Lagerungsbedingungen, die Betriebsordnung der Bremer-Lager-

---

[1] TRG vom 25.6.1998 BGBl. 1998 I 1588.
[2] Vgl. *Pradel* Jahrbuch der Güterverkehrswirtschaft 1996, 168.
[3] *Andresen/Valder* Vor § 467 Rn. 1.
[4] Vgl. hierzu *Andresen/Valder* Vor § 467 Rn. 2.
[5] GK-HGB/*Giermann* Vor §§ 467–475h Rn. 2.
[6] OLG Bremen Urt. v. 13.5.2004 – 2 U 9/04, OLGR Bremen 2004, 548.
[7] *Koller* Rn. 1.

haus-Gesellschaft. Sonderregelungen für den Bereich des Bankverwahrungsgeschäftes (Depotgeschäfts) enthält das Depotgesetz.[8] Bei Lagerung von Kühlgut werden häufig die Allgemeinen Bedingungen der Kühlhäuser (ABK) vereinbart. Die Lagerung von Gütern, die die Bundesanstalt für Landwirtschaft und Ernährung bei gewerblichen Lagerhaltern einlagert, erfolgt überwiegend auf der Grundlage der VOL/A, die ebenfalls Allgemeine Geschäftsbedingungen darstellen.

Bis 1981 hat sich UNIDROIT mit dem internationalen Lagervertrag beschäftigt und einen Entwurf **7** hinsichtlich der Haftung von internationalen Lagerhaltern ausgearbeitet.[9] Mit dem Inkrafttreten dieses Entwurfes ist nicht mehr zu rechnen.[10]

Unter der Betreuung von UNCITRAL wurde im April 1991 in Wien zum Abschluss einer **8** diplomatischen Konferenz der Vereinten Nationen das Übereinkommen über die Haftung der im internationalen Handelsverkehr tätigen Umschlagbetriebe verabschiedet.[11] Der Begriff des **Terminal Operators,** der über den des Lagerhalters (**„warehousing"**) hinausgeht, knüpft an die Obhutsübernahme an. Als „Terminal Operator" in diesem Sinne versteht man eine Person, die sich in Ausübung ihrer geschäftlichen Tätigkeit verpflichtet, Güter, die Gegenstand einer internationalen Beförderung sind, in Obhut zu nehmen und in Bezug auf diese Güter transportbezogene Leistungen zu erbringen oder zu verschaffen, und zwar auf einem Gelände, das unter ihrer Aufsicht steht oder das sie zu betreten und zu benutzen berechtigt ist.[12] Auch dieses Übereinkommen wird wohl nicht in Kraft treten.

V. Abgrenzung zu verwandten Verträgen

1. Abgrenzung zum Mietvertrag. Beim **Mietvertrag** gem. §§ 535 ff. BGB schuldet der Vermieter **9** nur die **Gebrauchsüberlassung** hinsichtlich der **Räume.** Der Vermieter ist nur verpflichtet, Gefahren, die von der Mietsache selbst ausgehen zu beseitigen. Der Mieter übernimmt die Obhut für die Lagerung und Aufbewahrung selbst.[13] Beim **Lagervertrag** schuldet der Lagerhalter über die bloße Gebrauchsüberlassung der Lagerräumlichkeit hinaus die ordnungsgemäße **Aufbewahrung des Gutes.** Er übernimmt also Obhutspflichten hinsichtlich des eingelagerten Gutes. Diese Obhutsübernahme macht den Lagervertrag zu einem Vertrag besonderen Vertrauens. Bedeutsam wird die Unterscheidung in Fällen der Selbsteinlagerung, dem sog. „self-storage". Hier wird häufig nur der Lagercontainer und damit auch nur der Gebrauch hieran überlassen, sodass oft nur ein Mietvertrag und kein Lagervertrag vorliegen wird.

2. Abgrenzung zur Verwahrung. Der Lagervertrag ist ein handelsrechtlicher Spezialfall des **10** bürgerlichen-rechtlichen Verwahrungsvertrages. Der geschuldete Sorgfaltsmaßstab bestimmt sich beim Lagerhalter nach § 347.

3. Abgrenzung zum Darlehensvertrag. Auf Geld ist der Lagervertrag nicht anwendbar. Der **11** Lagerhalter ist grundsätzlich nicht befugt, vertretbare Sachen mit anderen (eigenen) Sachen gleicher Art und Güte zu vermischen (§ 469). Der Einlagerer hat vielmehr einen Anspruch auf Rückgabe „seines" Gutes. Erwirbt der Lagerhalter Eigentum an dem Gut und soll dieser nur Güter gleicher Art und Güte zurückgeben, so liegt ein unregelmäßiger Verwahrvertrag vor, auf den gem. § 700 BGB die Vorschriften über das Darlehen zur Anwendung kommen.

4. Abgrenzung zur verkehrsbedingten Zwischenlagerung. Vom Fracht- bzw. Speditionsver- **12** trag unterscheidet sich der Lagervertrag durch die **Übernahme der Lagerung** als **vertragliche Hauptpflicht.** Teilweise wird zur Vorbereitung und Abwicklung dieser Verträge eine verkehrsbedingte Lagerung und Aufbewahrung erforderlich, die nicht unter die §§ 467 ff. fällt. Eine derartige Zwischenlagerung kann aus den unterschiedlichsten Gründen notwendig werden, sei es, weil das Gut auf ein anderes Transportmittel umgeschlagen werden muss oder weil sonstige logistische oder organisatorische Gründe eine Zwischenlagerung notwendig machen. Kennzeichnend für eine **verkehrsbedingte Einlagerung ist,** dass sie auf Grund einer vom Spediteur/Frachtführer getroffenen Disposition erforderlich ist und ihr **kein Auftrag bzw. keine Weisung des Auftraggebers** oder **Empfängers zugrunde** liegt.[14] Von einer verkehrsbedingten Lagerung kann nur dann gesprochen werden, wenn sie in enger Beziehung zum Transport selbst steht, mit der Art und Weise der Beförderung so zusammen hängt, dass die Beförderung als solche dem Hauptgegenstand der Vertragspflichten bildet und die Lagerung hierzu nur als Annex erscheint.[15] Liegen die Voraussetzungen einer verkehrsbedingten (Zwischen-)Lagerung vor, so gilt Fracht- oder Speditionsrecht und nicht aber das Lagerrecht.

---

[8] *Koller* Rn. 1.

[9] Vgl. hierzu *Glöckner* TranspR 1980, 120 f.; *Helm,* Der UNIDROIT-Entwurf für ein Übereinkommen über einen internationalen Lagervertrag, 1981; *Richter-Hannes* TranspR 1982, 141.

[10] *Koller* Rn. 1.

[11] *Herber/Harten* TranspR 1991, 401.

[12] Art. 1a S. 1 UN-Draft Convention on Liability of Operators of Transport Terminals in International Trade, vgl. *Harten* TranspR 1990, 54 (55).

[13] BGH Urt. v. 30.1.1956 – II ZR 165/54, VersR 56, 154 (155); BGH Urt. v. 5.10.1951 – I ZR 92/50, BGHZ 3, 200 (202) = NJW 1951, 957.

[14] BGH Urt. v. 10.3.1971 – I ZR 87/69, VersR 1971, 619 (620).

[15] MüKoHGB/*Frantzioch* Rn. 2 unter Hinweis auf BGH Urt. v. 10.3.1994 – I ZR 75/92, TranspR 1994, 279.

13   **5. Abgrenzung zum DepotG.** Die (unverschlossene) Einlagerung von **Wertpapieren** unterliegt nicht den Normen über den Lagervertrag, sondern dem DepotG.

14   **6. Abgrenzung zu logistischen Dienstleistungen.** Nach dem Urteil des OLG Frankfurt a. M.[16] gehört das Anbringen von Labeln („Belabelung", dh die Etikettierung) nicht zu den lagergeschäftlichen Elementen des Lagerverhältnisses. Die „Belabelungen" von Waren, die durch einen Lagerhalter durchgeführt werden, stellen eine „ihrer Art nach im Transportrecht neutrale Tätigkeit werkvertraglicher Natur" dar, bei der als Ergebnis die Anbringung des richtigen Labels an die richtige Sendung geschuldet wird.[17] Bei fehlerhafter Ausführung derartiger Tätigkeiten gilt dann das Leistungsstörungsrecht des BGB.

15   **7. Abgrenzung zu Gefälligkeit.** Gestattet ein Steinmetz, der Kaufmann ist, nicht nur im Einzelfall die Einlagerung fremder Grabsteine auf seinem Betriebsgelände, so gehört diese Tätigkeit zu seinem Handelsgeschäft. Damit liegt jeweils ein handelsrechtliches Lagergeschäft vor, dessen Entgeltlichkeit vermutet wird. Nach OLG München scheidet dann ein bloßes Gefälligkeitsverhältnis ohne Rechtsbindungswillen aus.[18]

VI. Abschluss des Lagervertrages

16   Der Lagervertrag ist ein Konsensualvertrag, für dessen Wirksamkeit es auf die Übergabe des Gutes nicht ankommt.[19] Bereits mit dem Abstellen eines unverschlossenen Containers auf dem Betriebsgelände des Lagerhalters kann ein Lagervertrag zustande kommen, auch wenn noch abgeladen werden muss.[20] Der Abschluss eines Lagervertrages ist mithin formfrei und kann durch konkludentes Handeln erfolgen, zB durch Anlieferung des Gutes. Zu beachten ist § 362 HGB, der für den Lagerhalter gilt. **Die Zusendung der Güter von jemandem, mit dem der Lagerhalter in Geschäftsbeziehungen steht,** gilt als Antrag auf Abschluss eines Lagervertrages.[21] Lehnt der Lagerhalter den Antrag ab, hat er gleichwohl eine besondere Verantwortung für das in seiner Obhut befindliche Gut am § 362 Abs. 2. Auch wegen § 311 Abs. 2 BGB hat der Lagerhalter vor Abschluss des Lagervertrages seine ihm obliegende Schutzpflichten zu erfüllen.[22] Der Lagerhalter hat mit der Sorgfalt eines ordentlichen Lagerhalters gem. § 347 für eine vorübergehende Lagerung und Aufbewahrung zu sorgen,[23] wenn eine Geschäftsbeziehung besteht. Kein stillschweigender Abschluss eines Lagervertrages liegt vor, wenn sich die Absendung der beim Spediteur lagernden Güter verzögert.[24]

VII. Pflichten des Lagerhalters

17   Der Lagerhalter ist gegenüber dem Einlagerer zur Lagerung und Aufbewahrung des Gutes verpflichtet.

18   **1. Einlagerer.** Einlagerer kann als Vertragspartner des Lagerhalters jedermann sein.[25] Weder muss der Einlagerer ein eigenes rechtliches Interesse am Gut besitzen[26] noch kommt es darauf an, wer das Gut übergeben hat. Entscheidend sind allein die Vertragsbeziehungen. Auch ein Verbraucher (§ 13 BGB) kann Einlagerer sein. Auch ein Rechtsnachfolger des ursprünglichen Einlagerers kann die Rechte aus dem Lagervertrag geltend machen, sofern er sie zB durch Abtretung erworben hat.

19   **2. Gut/Güter.** Güter iSv § 467 sind lagerfähige, fremde bewegliche Sachen. Das einzulagernde Gut muss keine Ware im Sinne des Handelsverkehrs sein. Auch **unveräußerliche Sachen** können eingelagert werden, so zB Akten, Müll und Abfall.[27] Auf den wirtschaftlichen Wert des Gutes kommt es nicht an. Der **Aggregatzustand** spielt ebenfalls keine Rolle. Flüssigkeiten oder Gase sind jedoch in Tanks oder Flaschen abzufüllen, damit sie einlagerungsfähig sind. Auch lebende Tiere gem. § 90a BGB können Gegenstand des Lagervertrages werden, solange sie in verschlossenen Behältnissen untergebracht sind, zB Fische in einem Fischtank oder Vögel in Käfigen.[28] Geld und Wertpapiere unterfallen nicht dem Begriff des Gutes.[29] Die Verwahrung von Wertpapieren unterliegt dem DepotG.

[16] OLG Frankfurt a. M. Urt. v. 1.11.2006 – 21 U 9/05, TranspR 2007, 81.

[17] OLG Frankfurt a. M. Urt. v. 1.11.2006 – 21 U 9/05, TranspR 2007, 81.

[18] OLG München Urt. v. 8.8.2018 – 7 U 4106/17, NJW-RR 2018, 1245.

[19] BGH Urt. v. 11.7.1966 – II ZR 153/63, BGHZ 46, 43 (48) = NJW 1966, 1966 (1968).

[20] OLG Hamburg Urt. v. 23.2.1984 – 6 U 163/83, VersR 1984, 1035 (zu § 15 HLB) und *Teutsch* in Fremuth/Thume TranspR Rn. 3.

[21] BGH Urt. v. 11.7.1966 – II ZR 153/63, BGHZ 46, 43 (47) = NJW 1966, 1966; *Andresen/Valder* Rn. 16.

[22] *Koller* Rn. 5; MüKoHGB/*Frantzioch* Rn. 30.

[23] Staub/*Koller* § 416 Rn. 15 mH auf OLG Hamburg Urt. v. 23.2.1984 – 6 U 163/83, VersR 1984, 1035.

[24] *Koller* § 416 Rn. 18; *Koller* Rn. 4.

[25] *Koller* Rn. 2.

[26] BGH Urt. v. 23.6.1955 – II ZR 348/53, VersR 1955, 628.

[27] *Andresen/Valder* Rn. 13.

[28] MüKoHGB/*Frantzioch* Rn. 12; *Teutsch* in Fremuth/Thume TranspR Rn. 7; Baumbach/Hopt/*Merkt* Rn. 4.

[29] Baumbach/Hopt/*Merkt* Rn. 4; Staub/*Koller* § 416 Rn. 11; MüKoHGB/*Frantzioch* Rn. 12.

Das Gut darf weder im Eigentum des Lagerhalters stehen noch durch Einlagerung in das Eigentum **20** des Lagerhalters übergehen (Umkehrschluss aus § 700 BGB). Liegt nur eine Übereignung des Lagergutes zur Sicherheit vor, handelt es sich gleichwohl um Lagergut.[30]

Die Lagerung und Aufbewahrung muss gewerbsmäßig erfolgen (§ 467 Abs. 3 S. 1).[31] Unerheblich **21** ist, dass der Schuldner kein Kaufmann und nur kleingewerblich tätig ist.[32]

3. Vergütung. § 467 setzt voraus, dass die Lagerung entgeltlich erfolgt. Hierdurch unterscheidet **22** sich der Lagervertrag von dem Verwahrungsvertrag gem. § 689 BGB.

4. Lagerung, Aufbewahrung und Schutzpflichten des Lagerhalters. Lagerung bedeutet, dass **23** der Lagerhalter genügend Platz oder Raum zur Verfügung stellen muss, in dem das Gut für die Dauer der Einlagerung verbleiben soll. Lagerung ist durch **Ortsfestigkeit** gekennzeichnet im Unterschied zur Beförderung, die auf **Ortsveränderung** abzielt.

a) Lagerung und Aufbewahrung. Die Art der Lagerung bestimmt sich in erster Linie nach der **24** Parteivereinbarung. Bestandteil der **Parteivereinbarung** sind regelmäßig auch die vom Lagerhalter gestellten Allgemeinen Lagerbedingungen, etwa die ADSp oder die HLB. Es wird etwa bestimmt, ob das Gut im Freien oder in geschlossenen Räumen gelagert werden soll, ob der Lagerort beheizt, gekühlt oder belüftet sein soll, ob das Lagergut gestapelt, palettiert, verpackt oder unverpackt zu lagern ist, ob es separat oder isoliert gelagert wird oder mit anderem Gut vermischt werden darf (vgl. § 468). Gibt der Einlagerer eine bestimmte Art der Lagerung vor, so hat sich der Lagerhalter danach zu richten, selbst wenn eine sachlich zweckmäßigere Lagerung angezeigt wäre. Nach Treu und Glauben (§ 242 BGB) hat der Lagerhalter seinen Vertragspartner auf die Unzweckmäßigkeit seiner Vorgaben hinzuweisen und ggf. ergänzende Instruktionen einzuholen. Als **sachkundiger „Lagerfachmann"** hat er die Güterobhutspflicht, das Gut vor Schaden zu bewahren.

Haben die Parteien keine Vereinbarung über die Art der Lagerung getroffen, ist es Aufgabe des **25** Lagerhalters, die sachgerechte Art der Lagerung zu bestimmen.[33] Der Lagerhalter hat das Gut so zu lagern, dass Schäden, die vorhersehbar sind und die mit zumutbarem Aufwand vermieden werden können, nicht eintreten.[34] Folglich darf der Einlagerer erwarten, dass die Lagerräume und Vorrichtungen diejenigen Eigenschaften aufweisen, die erforderlich sind, um das Gut sicher zu lagern und die üblicherweise mit **zumutbarem Aufwand**[35] hergestellt werden können. Hierbei kommt es nicht darauf an, dass gerade der konkrete Lagerhalter in der Lage ist, für ausreichende Lagerverhältnisse zu sorgen.[36] Entscheidend ist vielmehr, welche optimalen Lagerverhältnisse ein ordentlicher Lagerhalter herstellen könnte, wenn er den zu diesem Zweck nötigen Aufwand betrieben hätte.[37] Ein Lagerhalter hat nicht zwangsläufig die Kenntnisse über die Eigenschaften des Lagergutes, die der Einlagerer besitzt. Die Frage nach der **Zumutbarkeit des Aufwandes** muss sich deshalb an der **Verkehrsüblichkeit,** dh daran **orientieren,** was in **ordentlichen Lagerhandelskreisen** als **angemessener Schutz** empfunden wird und danach, was **Handelsbrauch iSv § 346** ist. Die vom Lagerhalter gewählte Lagervorrichtung muss **nicht** einen absoluten Schutz gegen jede Art von Schäden bieten. Der Lagerhalter hat aber zwischen dem Ausmaß der erkennbar drohenden Schäden und dem zur Abwehr von Schäden notwendigen Aufwand abzuwägen und hierbei den Wert und die spezifische Schadensanfälligkeit des Lagergutes zu berücksichtigen. Denn die **Auswahl des geeigneten Lagerplatzes stellt eine Kardinalpflicht des Lagerhalters dar.**[38] Bewahrt ein **Möbelspediteur** einzulagerndes **Umzugsgut** in einem **Wechselkoffer** auf, verstößt er hierdurch nicht gegen seine Sorgfaltspflicht bei der Auswahl des richtigen Lagerplatzes.[39] Entstehen bei dem Lagerhalter Zweifel darüber, wie das Gut zu lagern ist, so hat er den Einlagerer um Weisungen zu ersuchen.[40] Aus eigenem Antrieb darf der **Lagerhalter** aber nur **ausnahmsweise** die **vereinbarte Art der Lagerung ändern,** und zwar dann, wenn er nach Würdigung der gesamten Umstände davon ausgehen kann, dass der Einlagerer bei Kenntnis der Sachlage die Änderung billigen würde (vgl. § 692 BGB).[41] § 692 BGB trägt der Tatsache Rechnung, dass der Einlagerer oft auf die Umstände, die eine Abänderung der vereinbarten Art der Lagerung

---

[30] Vgl. hierzu *Koller* Rn. 2.

[31] *Koller* § 467 Rn. 2.

[32] *Koller* § 467 Rn. 2, vgl. auch § 467 Abs. 3 S. 2.

[33] *Andresen/Valder* Rn. 4; OLG Hamburg Urt. v. 5.1.1984 – 6 U 119/83, VersR 1984, 1036 (1037); LG Berlin Urt. v. 21.12.1989 – 7 O 164/88, TranspR 1990, 296 (299).

[34] OLG Köln Urt. v. 13.9.2005 – 3 U 40/05, TranspR 2006, 401 (403); OLG Hamburg Urt. v. 9.7.1992 – 6 U 235/91, TranspR 1992, 427 (428); LG Duisburg Urt. v. 8.12.1987 – 16 O 159/87, TranspR 1989, 111 (113); *Tunn,* Lagerrecht, Kontraktlogistik, 2005, Rn. 28 ff.; *Bultmann* TransR 1995, 41 (42).

[35] *Andresen/Valder* Rn. 7; *Koller* Rn. 8.

[36] *Koller* Rn. 8.

[37] OLG Frankfurt a. M. Urt. v. 11.10.2000 – 13 U 198/98, TranspR 2002, 84 (86).

[38] BGH Urt. v. 1.6.1979 – I ZR 103/78, VersR 1979, 901 (902).

[39] LG Bonn Urt. v. 15.1.1988 – 17 O 161/87, in „Der Möbelspediteur" Nr. 15/88, S. 318; vgl. hierzu 2.2.3 ALB.

[40] BGH Urt. v. 30.3.1989 – I ZR 2/87, NJW-RR 1989, 991 ff.

[41] MüKoHGB/*Frantzioch* Rn. 20; Staub/*Koller* § 416 Rn. 42.

gebieten, nicht rechtzeitig reagieren kann.[42] Die Befugnis des Lagerhalters zur eigenmächtigen Änderung des Vertragsinhalts kann uU sogar zu einer Abänderungspflicht führen, wenn zur Gefahrenabwehr ein sofortiges Tätigwerden angezeigt ist und Rücksprache beim Einlagerer nicht gehalten werden kann.[43] Sind beispielsweise wegen eines technischen Defekts alle Sicherungsmaßnahmen in einer Lagerhalle ausgefallen und ist deshalb das Gut dem freien Zugriff Dritter ausgesetzt, so hat der Lagerhalter das Gut unverzüglich (§ 121 BGB) in einen anderen, geschützten Lagerraum zu verbringen, falls der technische Defekt nicht in zumutbarer Weise durch andere Sicherungsmaßnahmen, etwa durch Abstellen von Wachpersonal, kompensiert werden kann. Über die Änderung der Art der Lagerung und Aufbewahrung hat der Lagerhalter in jedem Falle Anzeige beim Einlagerer zu erstatten. Haben die Parteien über die Art der Lagerung nicht gesprochen, so hat der Lagerhalter das Gut so zu lagern, wie es der Interessenlage des Einlagerers entspricht.[44] Der Lagerhalter hat sich also in die Person des Einlagerers hinein zu versetzen und die aus dessen Sicht – unter Berücksichtigung der natürlichen Beschaffenheit und Eigenschaften des Gutes – taugliche Lagerungsart zu wählen.[45]

26   Die **Lagerräume** müssen für die **Art** der **Lagerung** und Aufbewahrung (baulich) **geeignet sein**.[46] Tiefkühlkost darf nur in dafür geeigneten Kühlräumen eingelagert werden, die mit einer funktionstüchtigen Kühlanlage ausgestattet sind, die die Ware vor Verderb schützt. Werden technische oder elektronische Geräte eingelagert, so sind diese regelmäßig in klimatisierten Räumen unterzubringen.[47] Chemikalien dürfen nicht mit anderen Stoffen zusammen gelagert werden, die zu einer Veränderung der chemischen Eigenschaften führen oder eine sonstige chemische Reaktion auslösen.[48] Werden verschiedene Güter in derselben Lagerhalle gelagert, so ist auf die Güterverträglichkeit zu achten. Qualitätsmindernde Einflüsse einer Mischlagerung müssen ausgeschlossen werden. Die Lagerung unverschlossener oder unzureichend verpackter Lebensmittel zieht zB Ratten und Mäuse an, deren Bissschäden an anderen Gütern zu Funktionsstörungen führen können, etwa durch „Anknabbern" eines Kabels.[49] Werden mehrere unterschiedliche Waren in Mischlagern nebeneinander gelagert, so sind stark riechende Güter von geruchsensiblen Gütern zu trennen. Neben intensiv riechenden Gewürzen dürfen beispielsweise nicht Kaffee, Tee, feines Tuch oder Stoffe gelagert werden.[50]

27   **b) Schutz-, Obhuts- und Fürsorgepflichten.** Zu den Schutz-, Obhuts- und Fürsorgepflichten des Lagerhalters gehört es, das **Gut gegen Gefahren zu schützen.** Aus diesem Grunde hat er in zumutbarer und verkehrsüblicher Weise[51] Schutzvorkehrungen zu treffen und seinen Lagerbetrieb so zu organisieren, dass die Lagerräume gegen Diebstahl und sonstige rechtswidrige Eingriffe sowie gegen das Eindringen von Schädlingen geschützt sind.[52] Die Anforderungen an den Lagerhalter dürfen aber nicht überspannt werden. Vom Lagerhalter kann nicht verlangt werden, dass die Lagerhallen hermetisch abgeschlossen sind und das Eindringen von Kleintieren, Insekten oder sonstigen Schädlingen gänzlich unterbunden wird, es sei denn, der Lagerhalter hat sich zu einer Lagerung unter „sterilen" Bedingungen vertraglich verpflichtet. Der Lagerhalter hat aber eine unkontrollierte Ausbreitung von Schädlingen zu verhindern und in regelmäßigen Abständen durch einen „Kammerjäger" einen etwaigen Schädlingsbefall zu bekämpfen.[53] Größere Ritzen und Löcher in den Lagerhallen sind abzudich-

---

[42] Staub/*Koller* § 416 Rn. 42.

[43] Schlegelberger/*Schröder* § 416 Rn. 17; Staub/*Koller* § 416 Rn. 19 und 42.

[44] Staub/*Koller* § 416 Rn. 26.

[45] Schlegelberger/*Schröder* § 416 Rn. 17.

[46] Vgl. hierzu Rspr.: OLG Düsseldorf Urt. v. 2.4.1992 – 18 U 201/91, TranspR 1992, 426 f. (Lagerung von Umzugsgut in Tiefgarage); OLG Düsseldorf Urt. v. 12.10.1995 – 18 U 23/95, TranspR 1996, 84 (85) (Rolltor); OLG Hamburg Urt. v. 25.4.2002 – 6 U 67/01, TranspR 2003, 259 (260) (Lagerung von Textilien in Wassernähe); OLG Hamburg Urt. v. 21.1.1993 – 6 U 181/92, TranspR 1993, 394 (Gefahr des Eindringens von Ratten über die Kanalisation); OLG Hamburg Urt. v. 14.1.1988 – 6 U 1/87, TranspR 1989, 188 (Gefahr der Annahme von Gerüchen); OLG Hamburg Urt. v. 18.8.1983 – 6 U 123/83, VersR 1984, 794 (Lagerung von Lebensmitteln in einem hochwassergefährdeten Keller); OLG Köln Urt. v. 13.9.2005 – 3 U 40/05, TranspR 2006, 401 (403) (Lagerung nässeempfindlicher Güter auf überschwemmungsgefährdetem Boden der Lagerhalle); LG Berlin Urt. v. 21.12.1989 – 7 O 164/88, TranspR 1990, 296 (299) (Klimatisierte Räume); LG Berlin Urt. v. 21.12.1989 – 7 O 164/88, TranspR 1990, 296 (297) (Lagerung im Freien); LG Hamburg Urt. v. 3.12.1992 – 418 O 90/91, TranspR 1995, 76 ff. (Lagerung im Freien); OLG Hamburg Urt. v. 25.4.2002 – 6 U 67/01, TranspR 2003, 259 ff., Lagerung von Herrenhemden in einem in Wassernähe gelegenem Lager ohne Ventilation und Luftzirkulation; *Bultmann* TranspR 1995, 41 ff.

[47] LG Berlin Urt. v. 21.12.1989 – 7 O 164/88, TranspR 1990, 296 (299).

[48] OLG Düsseldorf Urt. v. 2.4.1992 – 18 U 201/91, TranspR 1992, 426 f. (Lagerung von Umzugsgut in einer Tiefgarage).

[49] *Bultmann* TranspR 1995, 41 (42).

[50] OLG Hamburg Urt. v. 14.1.1988 – 6 U 1/87, TranspR 1989, 188.

[51] Vgl. etwa die Formulierung in § 6 Abs. 2 HLB, wonach der Lagerhalter für die „verkehrsübliche Bewachung" Sorge trägt.

[52] *Bultmann* TranspR 1995, 41 (42); MüKoHGB/*Frantzioch* Rn. 24.

[53] OLG Karlsruhe Urt. v. 14.11.1972 – 8 U 4/72, VersR 1974, 129; KG Urt. v. 12.2.1973 – 2 U 1302/72, BB 1973, 446; OLG Hamburg Urt. v. 21.1.1993 – 6 U 181/92, TranspR 1993, 394; Staub/*Koller* § 416 Rn. 30; *Koller* Rn. 10.

ten. Gullys sind zu vergittern, damit ein Eindringen von Ratten über die Kanalisation verhindert wird.[54]

Der Lagerhalter hat für den Fall eines Brandes ausreichend vorzusorgen, insbesondere Blitzschutz- **28** anlagen zu installierten.[55] Vorhandene Brandschutzanlagen sind einzuschalten.[56] Bei Ausbruch eines Brandes hat der Lagerhalter unverzüglich Abwehrmaßnahmen einzuleiten. Er muss das Eindringen von Wasser verhindern.[57]

Der Lagerhalter ist verpflichtet, das **Gut gegen rechtswidrige Zugriffe** von eigenen Leuten und **29** Dritten mit **verkehrsüblicher Sorgfalt** eines ordentlichen Lagerhalters zu **schützen (§ 347).** Soweit sich der Lagerhalter nicht zu einem bestimmten Sicherheitsstandard gegenüber dem Einlagerer vertraglich verpflichtet hat, richtet sich der **verkehrsübliche Sicherungsaufwand nach dem Güterwert.** Einen absoluten Schutz kann es nie geben und wird demnach auch nicht geschuldet. Der Bewachungsaufwand hat jedoch zB bei der Lagerung von hochwertigen Fernsehgeräten deutlich höher auszufallen als beispielsweise bei der Einlagerung von leeren Joghurtbechern. Welche Sicherungsmaßnahmen dem Lagerhalter als zumutbar aufzuerlegen sind, ist Tatfrage und gegebenenfalls in einem gerichtlichen Verfahren mittels Einholung eines Sachverständigengutachtens festzustellen.[58] In jedem Falle hat der Lagerhalter für ein funktionierendes Wareneingangs- und Warenausgangssystem zu sorgen (Schnittstellenkontrolle). Ergibt sich, dass ein Lagerdiebstahl nur von eigenen Leuten begangen worden sein kann, etwa durch Anfertigung von Nachschlüsseln, so ist der Lagerhalter verpflichtet, die geeigneten Maßnahmen einzuleiten, um eine Wiederholung eines Diebstahls zu verhindern.[59] Tauscht der Lagerhalter nur die Schlösser zu den Lagertüren aus, trifft er aber keine Vorsorge, dass seine Bediensteten von den neuen Schlüsseln keine Nachbildungen fertigen können, so handelt er grob fahrlässig.[60] Weiß der Einlagerer von diebstahlgefährdetem Gut oder dass das Lager nicht hinreichend gegen Diebstahl geschützt ist, und lagert er gleichwohl seine Güter dort ein, so hat er sich gem. § 254 BGB ein Mitverschulden anrechnen zu lassen.[61]

c) Kontroll- und Mitteilungspflichten. Den Lagerhalter trifft nach § 470 die Pflicht, die bei ihm **30** eingehenden Güter auf äußerlich erkennbare Beschädigungen und Mängel, etwa durch Kontrolle der Verpackungen, Plomben und Verschlüsse zu überprüfen.[62] Erkennt der Lagerhalter **äußerlich erkennbare Beschädigungen,** so hat er diese festzuhalten und etwaige Schadensersatzansprüche des Einlagerers zu sichern und dem Einlagerer darüber unverzüglich – also ohne schuldhaftes Zögern (§ 121 BGB) – Nachricht zu geben. Verletzt der Lagerhalter diese Pflicht, so haftet er nach den Grundsätzen der pVV gem. § 280 BGB. Für verdeckte und unverschuldete Mängel, die während der Lagerzeit entstehen und das Gut schädigen, haftet der Lagerhalter nicht.[63] Die vertraglich übernommene Obhutspflicht des Lagerhalters verlangt ferner, dass das eingelagerte Gut regelmäßig auf etwaigen Schädlingsbefall, Fäulnis und Schwammbefall, Stapelungsschäden und äußerlich erkennbare Schäden kontrolliert wird.[64] Sind Veränderungen an dem Gut zu erkennen, dann hat der Lagerhalter den Einlagerer darüber **unverzüglich zu informieren.** Der Lagerhalter hat das Gut zur Seite zu rücken, um erfahrungsgemäß bekannte Gefahrenherde einsehen zu können.[65] Die Eigenschaften des Gutes sind nicht zu kontrollieren, da der Lagerhalter kein Warenfachmann ist und eine solche Feststellung demnach nicht erwartet werden kann.[66] Vorbeugende Maßnahmen zum Schutz des Gutes vor möglichen Beschädigungen hat der Lagerhalter aber grundsätzlich nicht zu treffen, es sei denn, dass er sich insoweit vertraglich verpflichtet hat.[67]

Die **Warenkontrolle hat in regelmäßigen Abständen** zu erfolgen, die nicht zu groß sein dürfen. **31** Nach OLG Hamburg[68] kann es im Einzelfall ausreichend sein, wenn die Kontrollen mindestens wöchentlich vorgenommen werden. Gegebenenfalls empfiehlt sich eine tägliche stichprobenartige Inspizierung der Lager.[69] In den sog. Mottenflugfällen muss beachtet werden, dass es im Regelfall nicht

---

[54] Vgl. in diesem Zusammenhang etwa auch OLG Hamburg Urt. v. 21.1.1993 – 6 U 181/92, TranspR 1993, 394 (395).

[55] Staub/*Koller* § 416 Rn. 30; *Koller* Rn. 10.

[56] OLG Schleswig Urt. v. 23.4.2009 – 16 U 76/08, TranspR 2013, 310 (311).

[57] OLG Hamburg Urt. v. 18.8.1983 – 6 U 123/83, VersR 1984, 796; OLG Düsseldorf Urt. v. 2.4.1992 – 18 U 201/91, TranspR 1992, 426.

[58] BGH Urt. v. 3.11.1994 – I ZR 100/92, TranspR 1995, 253 (256) (Verlust einer Simultandolmetscheranlage).

[59] OLG Hamburg Urt. v. 3.2.1994 – 6 U 66/93, TranspR 1995, 257.

[60] OLG Hamburg Urt. v. 3.2.1994 – 6 U 66/93, TranspR 1995, 257.

[61] OLG Hamburg Urt. v. 21.1.1993 – 6 U 142/92, TranspR 1994, 80.

[62] Eine Überprüfungspflicht für äußerlich erkennbare Mängel regelt etwa auch § 5 Abs. 7 HLB.

[63] Zum Anscheinsbeweis in solchen Fällen s. BGH Urt. v. 24.6.1964 – I b ZR 222/62, VersR 1964, 1014 (1016) (Kornkäfer).

[64] *Bultmann* TranspR 1995, 41 (42).

[65] Staub/*Koller* § 416 Rn. 29.

[66] Staub/*Koller* § 416 Rn. 29.

[67] *Alff* Fracht-, Lager- und SpeditionsR § 417 Rn. 4; MüKoHGB/*Frantzioch* Rn. 25.

[68] OLG Hamburg Urt. v. 9.7.1992 – 6 U 235/91, TranspR 1992, 427 (428) (Mottenflug).

[69] *Bultmann* TranspR 1995, 41 (42).

zu dem Pflichtenkreis des Lagerhalters gehört, den Zuflug von Motten auf das Lager zu verhindern.[70] Allerdings hat der Lagerhalter gleichwohl das Lager in regelmäßigen Abständen auf Mottenflug und -befall zu kontrollieren. Stellt er einen Befall fest, muss er den Einlagerer unverzüglich informieren.[71] Demgegenüber ist der Lagerhalter nicht verpflichtet, in Säcken gelagertes Gut täglich hochkant aufzustellen, um die Schweißnähte und die sog. Ohren auf Raupen-, Larven- und Mottenbefall zu überprüfen. Darin läge eine Überspannung des Pflichtenkreises des Lagerhalters. Führt der Einlagerer selbst stichprobenartige Kontrollen durch, wozu er nach § 471 Abs. 1 ausdrücklich berechtigt ist, so kann die Kontrollpflicht des Lagerhalters konkludent eingeschränkt werden, soweit Zweitkontrollen durch den Lagerhalter dadurch überflüssig sind.[72]

32   Der Lagervertrag ist ein **Vertrag „besonderen Vertrauens".**[73] Demnach muss der Lagerhalter das Gut grundsätzlich **selbst einlagern,** § 472 Abs. 2. Dies bedeutet, dass der Lagerhalter das Gut nur in eigenen Hallen und Räumen einlagern darf.[74] „Eigene" Hallen und Räume sind auch solche, die nicht im Eigentum des Lagerhalters stehen, die aber unter seiner Aufsicht und Obhut betrieben werden oder die er zu betreten und zu benutzen berechtigt ist, etwa auf Grund eines Pacht- oder Mietvertrages.[75] Entscheidend ist ausschließlich, dass das **eingelagerte Gut unter der Obhut des vertraglichen Lagerhalters** verbleibt. Nur wenn es ihm ausdrücklich gestattet ist, kann er das Gut bei einem **Dritten** einlagern und sich durch Substitution seiner Obhutspflichten, also durch deren befreiende Übertragung auf den Dritten, entledigen. Dies entspricht der Sache nach der Regelung des § 691 S. 1 BGB, wonach der Verwahrer im Zweifel nicht berechtigt ist, die hinterlegte Sache bei einem Dritten zu hinterlegen, also die Aufbewahrung der Sache dessen eigener Verantwortung zu übertragen und sie damit aus dem eigenen Verantwortungsbereich zu entlassen.[76] Der Lagerhalter kann sich zur Erfüllung seiner Pflichten in zulässiger Weise Hilfspersonen bedienen. Dabei ist es ohne Belang, ob der Lagerhalter eigene Leute einsetzt oder zur Erfüllung seiner Vertragspflichten Erfüllungsgehilfen einsetzt, für die er gem. § 278 BGB haftet.[77] Wegen einer vertragswidrigen Einlagerung bei einem Dritten haftet der Lagerhalter nach den Grundsätzen der pVV gem. § 280 BGB.

33   **5. Pflichten des Einlagerers.** Nach § 467 Abs. 2 ist der Einlagerer verpflichtet, die vereinbarte Vergütung zu bezahlen. Diese besteht in der Regel aus **dem Entgelt für die Ein- und Auslagerung** sowie aus dem **sog. Lagergeld,** das für die **Aufbewahrung des Gutes für eine bestimmte Lagerzeit** anfällt.[78] Mit dem Entgelt für die Ein- und Auslagerung und dem Lagergeld in der Regel alle Leistungen des Lagerhalters abgegolten, die er zur Erbringung seiner Dienstleistung schuldet. Eine gesonderte Vergütung nach § 354 kann verlangt werden, wenn der Lagerhalter darüber hinaus bestimmte vertragliche Leistungen erbringt, so zB die Durchführung spezieller Warenbehandlungen wie zB verwiegen, etikettieren, sortieren, säubern etc.[79] Die Fälligkeit der Vergütung ergibt sich aus der Parteivereinbarung. Ergänzend ist § 699 Abs. 1 BGB heranzuziehen. Die Vergütung ist danach bei Beendigung des Aufbewahrung zu entrichten; bei Bemessung nach Zeitabschnitten ist nach dem Ablauf des jeweiligen Abschnittes zu zahlen. In der Regel wird jedoch Zahlung für die jeweiligen Abschnitte im Voraus geleistet (so zB 6.6.3 ALB).

VIII. Drittschadensliquidation

34   Der Einlagerer ist als Vertragspartner des Lagerhalters zur Drittschadensliquidation berechtigt. Dies betrifft diejenigen Fälle, bei denen der Einlagerer als berechtigter Besitzer Lagergut einlagert, das im Eigentum eines Dritten steht. Nach ständiger Rechtsprechung des BGH ist in derartigen Fällen eine Drittschadensliquidation möglich.[80]

IX. Haftungsgrundsätze

35   **1. Haftung des Lagerhalters.** Für Verlust und Beschädigungen trifft den Lagerhalter eine nach § 475 auf vermutetem Verschulden beruhende Obhutshaftung.

36   Der Obhutszeitraum erstreckt sich von der Übernahme des Gutes zur Lagerung bis zur Auslieferung. Die Obhutshaftung bezieht sich nur auf reine **Güterschäden.** Wegen anderer Schäden haftet der Lagerhalter nach allgemeinen Grundsätzen, insbes. wegen **pVV gem. § 280** BGB. Eine Haftungs-

---

[70] OLG Hamburg Urt. v. 9.7.1992 – 6 U 235/91, TranspR 1992, 427 ff.

[71] OLG Hamburg Urt. v. 9.7.1992 – 6 U 235/91, TranspR 1992, 427 ff.

[72] OLG Hamburg Urt. v. 9.7.1992 – 6 U 235/91, TranspR 1992, 427 (428).

[73] BR-Drs. 368/97, 120.

[74] BR-Drs. 368/97, 120.

[75] Diese Auslegung deckt sich mit der Definition des Terminal Operators in Art. 1a S. 1 UN-Draft Convention on Liability of Operators of Transport Terminals in International Trade.

[76] MüKoBGB/*Henssler* BGB § 691 Rn. 3.

[77] Staub/*Koller* § 416 Rn. 7.

[78] *Andresen/Valder* Rn. 21.

[79] *Andresen/Valder* Rn. 21.

[80] BGH Urt. v. 10.5.1984 – I ZR 52/82, NJW 1985, 2411.

höchstgrenze gilt nicht, kann sich aber aus den in der Praxis üblichen allgemeinen Geschäftsbedingungen (→ Rn. 6–11) ergeben. Lagert der Lagerhalter gem. § 472 Abs. 2 das Gut bei einem Dritten ein, so haftet er ebenfalls nach vermutetem Verschulden und nicht wegen Auswahlverschuldens. Die gesetzliche Haftung ist dispositiv, für Verträge mit Verbrauchern (§ 13 BGB) gilt jedoch § 475h. Danach kann zum Nachteil des Verbrauchers nicht von §§ 475a und 475e Abs. 3 abgewichen werden.

2. Haftung des Einlagerers. Der Einlagerer haftet bei der Verletzung einer ihm nach § 468 Abs. 1   37 zugewiesenen Pflicht **verschuldensunabhängig.** Diese verschuldensunabhängige Gefährdungshaftung entspricht den Regelungen in § 414 und § 455 des Fracht- und Speditionsrechts. Ein Verbraucher haftet bei Verletzung der ihm obliegenden Pflicht nach § 468 Abs. 2 S. 1 Nr. 2, jedoch nur bei **Verschulden (§ 468 Abs. 4).**

X. Leistungsstörungen

Neben den in § 475 geregelten Fällen kommen die Grundsätze des Leistungsstörungsrechtes gem.   38 §§ 275 ff. BGB zur Anwendung.[81] Das Lagergeld kann analog § 536 Abs. 1 S. 2 BGB gemindert werden.[82]

§ 468 Behandlung des Gutes. Begleitpapiere. Mitteilungs- und Auskunftspflichten

(1) [1]**Der Einlagerer ist verpflichtet, dem Lagerhalter, wenn gefährliches Gut eingelagert werden soll, rechtzeitig in Textform die genaue Art der Gefahr und, soweit erforderlich, zu ergreifende Vorsichtsmaßnahmen mitzuteilen.** [2]**Er hat ferner das Gut, soweit erforderlich, zu verpacken und zu kennzeichnen und Urkunden zur Verfügung zu stellen sowie alle Auskünfte zu erteilen, die der Lagerhalter zur Erfüllung seiner Pflichten benötigt.**

(2) [1]**Ist der Einlagerer ein Verbraucher, so ist abweichend von Absatz 1**

1. der Lagerhalter verpflichtet, das Gut, soweit erforderlich, zu verpacken und zu kennzeichnen,

2. der Einlagerer lediglich verpflichtet, den Lagerhalter über die von dem Gut ausgehende Gefahr allgemein zu unterrichten; die Unterrichtung bedarf keiner Form.

[2]**Der Lagerhalter hat in diesem Falle den Einlagerer über dessen Pflicht nach Satz 1 Nr. 2 sowie über die von ihm zu beachtenden Verwaltungsvorschriften über eine amtliche Behandlung des Gutes zu unterrichten.**

(3) [1]**Der Einlagerer hat, auch wenn ihn kein Verschulden trifft, dem Lagerhalter Schäden und Aufwendungen zu ersetzen, die verursacht werden durch**

1. ungenügende Verpackung oder Kennzeichnung,

2. Unterlassen der Mitteilung über die Gefährlichkeit des Gutes oder

3. Fehlen, Unvollständigkeit oder Unrichtigkeit der in § 413 Abs. 1 genannten Urkunden oder Auskünfte.

[2]**§ 414 Absatz 2 ist entsprechend anzuwenden.**

(4) **Ist der Einlagerer ein Verbraucher, so hat er dem Lagerhalter Schäden und Aufwendungen nach Absatz 3 nur zu ersetzen, soweit ihn ein Verschulden trifft.**

Schrifttum: S. vor §§ 407 u. 467.

Parallelvorschriften: §§ 410 Abs. 1, 411; Art. 22 CMR.

I. Normzweck

Die Vorschrift enthält Bestimmungen über die Güterbehandlung, Begleitpapiere, Mitteilungs- und   1 Auskunftspflichten. Sie unterscheidet zwischen Verbrauchern (§ 13 BGB) und Unternehmern (§ 14 BGB). Abs. 1 benennt die Pflichten des Einlagerers. Abs. 2 regelt den Verbraucherschutz. In den Abs. 3 und 4 sind Haftungsregelungen für die dort näher beschriebenen Pflichtverletzungen enthalten. § 468 ist angelehnt an die speditionsrechtliche Vorschrift des § 455 und hinsichtlich des Verbraucherschutzes an die Normen des Umzugsvertrages gem. § 451b Abs. 2.[1]

II. Einlagerung gefährlichen Gutes

1. Einlagerer ist Unternehmer (§ 14 BGB). Abs. 1 S. 1 legt dem Einlagerer eine Mitteilungs-   2 pflicht bei der Einlagerung gefährlichen Gutes auf. § 468 Abs. 1 S. 1 entspricht § 410. Es gelten deshalb die gleichen Grundsätze wie in → § 410 Rn. 1 ff. dargestellt. Zumindest sind **alle nach**

---

[81] *Andresen/Valder* Rn. 20; *Koller* Rn. 18.
[82] *Koller* Rn. 18.
[1] BT-Drs. 13/8445, 118.

öffentlich-rechtlichen Vorschriften als Gefahrstoffe klassifizierte Güter „gefährliche Güter" iSd § 468.[2] **Darüber hinaus liegt gefährliches Gut iSv § 468** dann **vor,** wenn es allein unter lagerungsspezifischen **Gesichtspunkten als gefährlich anzusehen ist,** ohne dass es den öffentlich-rechtlichen Gefahrgutklassen unterliegt.[3]

3   Die **Mitteilungspflicht des Einlagerers** erstreckt sich auf die genaue Art der Gefahr und, soweit erforderlich, auf die zu ergreifenden Vorsichtsmaßnahmen. Die Mitteilung hat rechtzeitig zu erfolgen. Dies ist sie dann, wenn der Lagerhalter nach Erhalt der Information noch imstande ist, die geeigneten Vorsichtsmaßnahmen für eine sichere und sorgfältige Einlagerung und Aufbewahrung ergreifen zu können. Der Einlagerer hat dem Lagerhalter deshalb sowohl die Art der Gefahr, zB vom Gut ausgehende Immissionen, als auch etwa dagegen zu ergreifende Vorsichtsmaßnahmen mitzuteilen.[4] Die Formulierung „soweit erforderlich" stellt auf einen **verobjektivierten Horizont** des Einlagerers ab.[5] Darin kommt klar zum Ausdruck, dass die Mitteilung etwaiger Vorsichtsmaßnahmen sich unmittelbar an den Informationsbedürfnissen des Lagerhalters zu orientieren hat, die nach dem objektivierten Einlagererhorizont zu bestimmen sind. Ob die erteilten Informationen zum Ergreifen von Vorsichtsmaßnahmen ausreichend, umfassend, richtig und verständlich waren, liegt im alleinigen Verantwortungsbereich des Einlagerers.

4   **2. Einlagerer ist Verbraucher (§ 13 BGB).** Die Mitteilungspflicht wird nach § 468 Abs. 2 S. 1 Nr. 2 nach Art und Umfang eingeschränkt, wenn der Einlagerer ein Verbraucher ist. Die Vorschrift ist angelehnt an die **verbraucherschützende Norm des § 451b Abs. 2** aus dem **Umzugsrecht.**[6] Der Lagerhalter hat den Verbraucher über seine Pflichten zu unterrichten gem. § 468 Abs. 2 S. 2.

5   Dem Verbraucher als Einlagerer sind dann Informationspflichten hinsichtlich der vom Gut ausgehenden Gefahren auferlegt. In Abweichung zu Abs. 1 genügt es aber, wenn dieser **in allgemeiner Weise den Lagerhalter formlos unterrichtet.** Die genaue Art der Gefahr anhand der gängigen Bezeichnung des Gefahrguts sowie die eventuell zu ergreifenden Vorsichtsmaßnahmen müssen nicht mitgeteilt werden. Eine genaue Kenntnis der öffentlich-rechtlichen Gefahrgutvorschriften sowie der jeweiligen Gefahrgutklassen kann von einem Verbraucher als Einlagerer nicht erwartet werden. Es ist somit ausreichend, wenn dieser den Lagerhalter darauf aufmerksam macht, dass sich unter seinen Lagergütern möglicherweise gefährliche Gegenstände befinden, wie zB Öl oder Benzin, unter grober Darstellung der davon ausgehenden Gefahren. Die Unterrichtung bedarf keiner Form (Abs. 2 S. 1 Nr. 2 Hs. 2).

6   Damit der Einlagerer seiner Unterrichtungspflicht nach S. 1 überhaupt nachkommen kann, bedarf es zuerst eines **Hinweises von Seiten des Lagerhalters.** Durch diese in Abs. 2 S. 2 statuierte Hinweispflicht erhält der Einlagerer einen **von außen kommenden Anstoß** zur Mitteilung über die Gefährlichkeit der zu lagernden Güter. Der Hinweis kann formlos erfolgen.

III. Verpackung; Kennzeichnung; Urkunden; Auskünfte

7   **1. Einlagerer ist Unternehmer (§ 14 BGB).** Abs. 1 S. 2 weist die Pflicht zur Verpackung und Kennzeichnung des Lagergutes dem Unternehmer, der Einlagerer ist, zu (vgl. §§ 411, 455 Abs. 1). Dieser hat die erforderlichen Urkunden zur Verfügung zu stellen und, ebenso wie im Speditionsrecht (§ 455 Abs. 1 S. 1), umfassend Auskunft zu erteilen. Der Verpflichtung zur umfassenden Auskunftserteilung liegt, ebenso wie im Speditionsrecht, die Wertung zugrunde, dass der Lagerhalter nicht nur die für einen Frachtführer notwendigen Auskünfte für eine amtliche Behandlung des Gutes, insbesondere für eine Zollbehandlung, sondern auch darüber hinausgehende Auskünfte zur Erfüllung seines umfassenden Pflichtenprogramms benötigt. Die Zuweisung der genannten Pflichten an den Einlagerer steht unter dem Vorbehalt, dass der Lagerhalter sich nicht vertraglich zur Übernahme dieser Leistungsinhalte verpflichtet. Den Parteien steht es offen, eine andere als die gesetzliche Pflichtenverteilung zu vereinbaren, sei es individualvertraglich oder durch Einbeziehung Allgemeiner Geschäftsbedingungen. Die Vorschriften über das Lagergeschäft sind **dispositiv.** Soweit sich also der Lagerhalter vertraglich zur Übernahme von Leistungsinhalten verpflichtet, hat er selbst für die Erledigung der übernommenen Tätigkeiten zu sorgen. Vgl. ebenfalls → § 455 Rn. 2.

8   **a) Verpackung.** Der Einlagerer hat dafür Sorge zu tragen, dass das Gut so verpackt ist, dass es die bestimmungsgemäße oder, falls keine bestimmte Art der Lagerung geschuldet ist, die verkehrsübliche Art der Lagerung übersteht.[7] Die Verpackungspflicht ist dem Einlagerer zugewiesen, weil dieser als **„Warenfachmann"** regelmäßig besser als der Lagerhalter beurteilen kann, welchen Anforderungen die sorgfältige Verpackung entsprechen muss, damit das Gut geschützt ist.[8] Da den Lagerhalter mit der

² *Koller* Rn. 2.
³ *Andresen/Valder* Rn. 3.
⁴ *Teutsch* in Fremuth/Thume TranspR Rn. 5.
⁵ BT-Drs. 13/8445, 39.
⁶ BT-Drs. 13/8445, 118.
⁷ Vgl. Staub/*Koller* § 416 Rn. 27.
⁸ *Müglich* TranspR Rn. 6.

Pflicht zur Aufbewahrung auch Obhuts- und Fürsorgepflichten hinsichtlich des Lagergutes treffen, hat er den Einlagerer auf der Grundlage seiner besonderen Kenntnisse als sorgfältiger Lagerhalter (§ 347) frühzeitig entsprechende Hinweise für eine zweckmäßige und geeignete Verpackung zu geben. Dies hat umso eher dann zu gelten, wenn der Lagerhalter erkennen kann, dass der Einlagerer nicht selbst über die entsprechenden Kenntnisse verfügt. Auf bestehende Verpackungsmängel hat der Lagerhalter hinzuweisen. Bei einem sachkundigen Lagerhalter kann der Einwand des Mitverschuldens in Betracht kommen, wenn er den Einlagerer für Schäden infolge mangelhafter Verpackung in Anspruch nehmen will.

b) Kennzeichnung. Soweit sich der Lagerhalter nicht vertraglich zur Kennzeichnung des Lager- **9** gutes verpflichtet hat, hat der Einlagerer – entsprechend der gesetzlichen Pflichtenverteilung – das Gut zu kennzeichnen. Die Vorschrift korrespondiert mit § 411 und mit § 455 Abs. 1.

c) Urkunden. Der Einlagerer hat dem Lagerhalter die zur Ausführung des Lagervertrages notwen- **10** digen Urkunden zur Verfügung zu stellen. Die Vorschrift entspricht § 455 Abs. 1. Welche Urkunden zur Erfüllung der Verpflichtungen aus dem Lagervertrag im Einzelfall notwendig werden, bestimmt sich nach dem jeweiligen Leistungsinhalt. Zu den notwendigen Urkunden gehören jedenfalls solche, die für die **Zollbehandlung** oder sonstige amtliche Güterbehandlung notwendig werden. Neben den Zollpapieren sind etwa zu nennen die Warenbegleitpapiere sowie eventuell erforderliche Genehmigungen.

d) Erteilen von Auskünften. Der Einlagerer hat dem Lagerhalter alle Auskünfte zu erteilen, die **11** der Lagerhalter zur Erfüllung seiner Pflichten benötigt. Die Vorschrift entspricht § 455 Abs. 1. Sie ist gegenüber der frachtrechtlichen Norm des § 413 breiter angelegt und nicht auf die amtliche Behandlung, insbesondere die Zollabwicklung, beschränkt. Damit soll der Tatsache Rechnung getragen werden, dass die jeweiligen Leistungsinhalte eines Lagerhalters – wie die eines Spediteurs – oftmals sehr vielschichtig sein können und eine Einengung auf bestimmte Auskünfte nicht erlaubt. Der **Umfang der Auskunftserteilung** bestimmt sich **nach dem Pflichtenprogramm des Lagerhalters,** also nach dem **individuellen Leistungsinhalt des Lagervertrages.** Allgemeingültige Aussagen über den Umfang der Auskunftspflicht können demnach nicht getroffen werden. Ob der Einlagerer alle notwendigen Auskünfte erteilt hat, wird sich oftmals erst während der eigentlichen Lagerung und Aufbewahrung herausstellen, nämlich dann, wenn Gefahren oder Komplikationen entstanden sind, denen bei Kenntnis der erforderlichen Informationen hätte erfolgreich entgegengewirkt werden können. Bei der Beurteilung des Umfanges der erforderlichen Auskünfte ist deshalb danach zu fragen, ob die erteilten Auskünfte einem ordentlichen Lagerhalter zur Erfüllung seiner vertraglichen Pflichten genügen können. Aufgrund der Obhuts- und Fürsorgepflicht hat der Lagerhalter beim Einlagerer „nachzuhaken", ob möglicherweise noch weitere, bisher noch nicht erteilte Auskünfte von Bedeutung sein können.

2. Einlagerer ist Verbraucher (§ 13 BGB). Schließt ein Verbraucher den Lagervertrag, so wird in **12** Abweichung zur Pflichtenverteilung nach Abs. 1 der **Lagerhalter verpflichtet,** für die erforderliche Verpackung und Kennzeichnung des Gutes zu sorgen. Diese Regelung zu Gunsten eines Verbrauchers trägt der Tatsache Rechnung, dass ein nicht gewerblich oder beruflich selbstständig handelnder Einlagerer in aller Regel **keine spezifischen Warenkenntnisse** hat, die es rechtfertigen, ihm die Pflichten aufzuerlegen. Aus diesem Grunde erscheint es interessengerecht, diese Leistungsinhalte dem Lagerhalter zuzuweisen, da von diesem – im Rahmen seines Geschäftsbetriebs – größere Kenntnisse im Umgang mit Gütern und Waren erwartet werden können. Die Vorschrift findet Anlehnung an § 451a Abs. 2.

Der Lagerhalter hat den Verbraucher auch über die von ihm zu beachtenden Verwaltungsvorschrif- **13** ten über eine amtliche Behandlung des Gutes zu unterrichten, da ohne **Anstoß von außen** nicht davon ausgegangen werden kann, dass ein Verbraucher Kenntnis über die ihm gesetzlich auferlegten Pflichten hat.

IV. Haftung

1. Einlagerer ist Unternehmer (§ 14 BGB). § 468 Abs. 3 regelt – ebenso wie § 414 und § 455 **14** im Fracht- und Speditionsrecht – eine grundsätzlich **verschuldensunabhängige Haftung** des **Einlagerers** wegen Verletzung der ihn nach Abs. 1 treffenden Pflichten. Auf die Haftungshöchstgrenze nach § 414 Abs. 1 S. 2 wird in § 468 Abs. 3 S. 2 verwiesen. Ein etwaiges Mitverschulden des Lagerhalters bei der Schadensentstehung wird gem. § 414 Abs. 2 berücksichtigt.

2. Einlagerer ist Verbraucher (§ 13 BGB). Ist der Einlagerer ein **Verbraucher,** so tritt nach **15** Abs. 4 an die Stelle der Gefährdungshaftung eine **Verschuldenshaftung.** Der Verbraucher haftet also nur, wenn dem Lagerhalter der Verschuldensnachweis gelingt. Abs. 3 S. 1 enthält durch den Verweis auf § 414 Abs. 1 S. 2 und Abs. 2 Haftungsbegrenzungen, ua auf 8,33 SZR pro kg Rohgewicht des eingelagerten Gutes (→ § 414 Rn. 1 ff.). Hat der Lagerhalter dem Verbraucher gegenüber jedoch die

Belehrung nach Abs. 2 S. 2 unterlassen, liegt ein Verschulden des Verbrauchers nicht vor. In diesen Fällen trägt der kaufmännische Lagerhalter das Risiko im Verhältnis zum Verbraucher.[9]

V. Sonstiges

16   Im Unterschied zu § 410 berechtigt § 468 den Lagerhalter nicht, das Gut zu vernichten oder unschädlich zu machen. § 410 trägt dem Bedürfnis des Frachtführers Rechnung, das Transportmittel so schnell wie möglich anderweitig verfügbar zu machen.[10] Trotzdem kann der Lagerhalter zur Vernichtung des Gutes befugt sein, wenn die Voraussetzungen der §§ 677 ff. BGB erfüllt sind oder § 904 BGB eingreift bzw. eine anderweitige Behandlung des Gutes unzumutbar ist.[11]

§ 469 Sammellagerung

(1) **Der Lagerhalter ist nur berechtigt, vertretbare Sachen mit anderen Sachen gleicher Art und Güte zu vermischen, wenn die beteiligten Einlagerer ausdrücklich einverstanden sind.**

(2) **Ist der Lagerhalter berechtigt, Gut zu vermischen, so steht vom Zeitpunkt der Einlagerung ab den Eigentümern der eingelagerten Sachen Miteigentum nach Bruchteilen zu.**

(3) **Der Lagerhalter kann jedem Einlagerer den ihm gebührenden Anteil ausliefern, ohne daß er hierzu der Genehmigung der übrigen Beteiligten bedarf.**

Schrifttum: S. vor §§ 407 u. 467.

Parallelvorschriften (ersetzt seit 1.7.1998): § 419 aF, § 23 OLSchVO.

Übersicht

I. Normzweck

1   Die Vorschrift regelt die Voraussetzungen und die Rechtsbeziehungen bei einer Sammellagerung im Unterschied zur Sonderlagerung des § 467, die eine Einzellagerung ist. Eine Sammellagerung (Mischlagerung) liegt dann vor, wenn **vertretbare Sachen verschiedener Einlagerer in einem einheitlichen Bestand zusammen gelagert** und aufbewahrt werden.[1] Solche Sammellagerungen eröffnen eine kostengünstige Lagerung, da die Trennung in Behältern und Lagerräumen entfällt und Großraumlager und der rationale Einsatz von Förder- und Transporteinrichtungen dadurch erst

---

[9] *Teutsch* in Fremuth/Thume TranspR Rn. 17.
[10] *Koller* Rn. 4.
[11] *Koller* Rn. 4.
[1] MüKoHGB/*Frantzioch* Rn. 7.

ermöglicht wird.[2] Abs. 1 regelt die Voraussetzungen, unter denen der Lagerhalter vom Regelfall der Einzellagerung abweichen kann, wohingegen Abs. 2 den Zeitpunkt der Entstehung von Miteigentum gesetzlich definiert. Abs. 3 enthält die Ermächtigung des Lagerhalters, jedem Einlagerer seinen Anteil allein auf dessen Anforderung auszuliefern, ohne dass er hierzu der Genehmigung der übrigen Beteiligten bedarf.

II. Vermischungsbefugnis des Lagerhalters (Abs. 1)

Nach Abs. 1 ist der Lagerhalter nur berechtigt, vertretbare Sachen mit anderen Sachen gleicher Art 2 und Güte zu vermischen, wenn die beteiligten Einlagerer ausdrücklich einverstanden sind.

1. Vertretbare Sachen. Es gilt die Legaldefinition in § 91 BGB. Vertretbare Sachen sind danach 3 bewegliche Sachen, die im Verkehr nach Zahl, Maß oder Gewicht bestimmt zu werden pflegen. Vertretbar ist eine Sache, wenn sie sich von anderen gleicher Art **nicht durch ausgeprägte Individualisierungsmerkmale abhebt** und dadurch ohne weiteres austauschbar ist.[3] Ob dies der Fall ist, bestimmt sich nach objektiven Kriterien und nicht nach der Verkehrsauffassung der Parteien. Der Aggregatzustand ist unerheblich. Vertretbare Sachen können sowohl feste Stoffe wie Getreide, Kies, Sand und dergleichen sein als auch flüssige Stoffe wie Öl, Benzin, Diesel oder gasförmige Stoffe. Bei der Sammellagerung können vertretbare Sachen gleicher Art und Güte der Sammelmenge in einfacher Weise wieder entnommen werden, ohne dass dadurch die Qualität der entnommenen oder der in Sammellagerung verbleibenden Güter beeinträchtigt wird.

2. Vermischen. Nach §§ 947, 948 BGB werden die bisherigen Eigentümer durch untrennbare 4 Vermischung ihrer Sachen Miteigentümer an dem durch Vermischung erzeugten Bestand. Eine untrennbare Vermischung liegt erst dann vor, wenn die Trennung mit unverhältnismäßig hohen Kosten verbunden wäre.[4]

3. Einverständnis der beteiligten Einlagerer. a) Ausdrückliches Einverständnis. Die Befugnis zur Sammellagerung hängt vom Einverständnis aller an der Sammellagerung beteiligten Einlagerer 5 ab. Nach dem eindeutigen Wortlaut der Vorschrift muss das Einverständnis ausdrücklich erteilt werden.[5] Konkludentes Handeln reicht nicht aus.[6] Nur durch ein ausdrückliches Einverständnis wird der Einlagerer in deutlicher Weise davor gewarnt, dass sich das Alleineigentum an dem Lagergut mit der Einlagerung in Miteigentum nach Bruchteilen an dem betroffenen Sammellagerbestand umwandelt. Das Einverständnis kann auch durch ausdrückliche Einbeziehung Allgemeiner Geschäftsbedingungen geschehen (allgM).[7]

Miteigentum entsteht auch, wenn der Einlagerer die ausdrückliche Zustimmung zur Vermischung 6 unbefugt abgegeben hat, es sei denn, dass die fehlende Befugnis dem Lagerhalter bei Zugang der Einverständniserklärung bekannt war oder er sie hätte erkennen müssen.[8] Ist dem Lagerhalter also die Tatsache bekannt, dass der Eigentümer mit der Sammellagerung nicht einverstanden ist, darf er das Alleineigentum gegen den Willen des Eigentümers nicht verletzen, auch wenn sein Vertragspartner, der Einlagerer, damit einverstanden wäre.

b) Form. Das ausdrückliche Einverständnis ist nicht an eine bestimmte Form gebunden. Es kann 7 schriftlich oder mündlich erteilt werden.[9] Zu Beweiszwecken ist es jedoch ratsam, dass sich der Lagerhalter das ausdrückliche Einverständnis zur Sammellagerung von allen Einlagerern schriftlich bestätigen lässt.

c) Zeitpunkt. Das Einverständnis muss **vor der Einlagerung** vorliegen. Eine nachträgliche Ge- 8 nehmigung ist nicht möglich (str.).[10] Aus dem Wortlaut der Vorschrift ergibt sich, dass der Lagerhalter erst nach erteiltem Einverständnis zur Sammellagerung befugt ist. In der nachträglichen Genehmigung durch den Einlagerer liegt aber in aller Regel ein konkludenter Verzicht auf die Geltendmachung von Schadensersatzansprüchen.[11] Ein konkludenter Verzicht auf Ersatzansprüche kann der nachträglichen Genehmigung dann nicht entnommen werden, wenn der Lagerhalter das Gut mit Gütern schlechterer

---

[2] *Teutsch* in Fremuth/Thume TranspR Rn. 2.

[3] BGH Urt. v. 30.6.1971 – VIII ZR 39/70, NJW 1971, 1794; BGH Urt. v. 29.9.1966 – VII ZR 160/64, NJW 1966, 2307; Palandt/*Ellenberger* BGB § 91 Rn. 1.

[4] *Teutsch* in Fremuth/Thume TranspR Rn. 4.

[5] BT-Drs. 13/8445, 119.

[6] MüKoHGB/*Frantzioch* Rn. 19.

[7] Staub/*Koller* § 419 Rn. 3 mwN; *Teutsch* in Fremuth/Thume TranspR Rn. 5; *Andresen/Valder* Rn. 3; MüKoHGB/*Frantzioch* Rn. 19; Schlegelberger/*Schröder* § 419 Rn. 4; Heymann/*Herrmann* Rn. 1.

[8] *Teutsch* in Fremuth/Thume TranspR Rn. 7.

[9] Heymann/*Herrmann* Rn. 1; Staub/*Koller* § 419 Rn. 3.

[10] Schlegelberger/*Schröder* § 419 Rn. 4; Staub/*Koller* § 419 Rn. 3; aA Heymann/*Herrmann* Rn. 1; MüKoHGB/*Frantzioch* Rn. 19.

[11] *Teutsch* in Fremuth/Thume TranspR Rn. 5.

Qualität zusammen lagert. Nur vertretbare Sachen gleicher Art und Güte dürfen in Sammellagerung genommen werden.

9   **4. Beweislast.** Der Lagerhalter hat alle Tatsachen zu behaupten und unter Beweis zu stellen, aus denen sich die Befugnis zur Sammellagerung ergibt. Er hat demnach zu beweisen, dass es sich bei dem Lagergut um vertretbare Sachen handelt, die gleicher Art und Güte und dass alle an der Sammellagerung beteiligten Einlagerer ihr Einverständnis zur Sammellagerung erteilt haben.

10   **5. Haftung des Lagerhalters bei unbefugter Sammellagerung.** Führt der Lagerhalter Güter einer Sammellagerung zu, ohne dass er dazu befugt war, so macht er sich wegen der unzulässigen Vermischung schadensersatzpflichtig. Neben der Haftung des Lagerhalters nach § 475 kommt auch eine Haftung nach den §§ 987 ff., 823 BGB in Betracht.

III. Die dingliche Rechtslage bei einer Sammellagerung (Abs. 2)

11   **1. Berechtigte Vermischung.** Abs. 2 bestimmt, dass im Falle der berechtigten Sammellagerung eine **dingliche Surrogation** der Art eintritt, dass **vom Zeitpunkt der Einlagerung** ab die Eigentümer der eingelagerten Güter ihr Alleineigentum am Lagergut verlieren und stattdessen **Miteigentum am Sammelbestand nach Bruchteilen** erwerben. Diese dingliche Surrogation tritt unabhängig davon ein, ob das Sammelgut tatsächlich vermischt wird. Miteigentum entsteht also nicht erst mit der tatsächlichen Vermischung gem. §§ 947, 948 BGB. Vielmehr wird das Miteigentum bereits mit der Einlagerung begründet. Die Vorverlagerung der dinglichen Rechtsänderung auf den Zeitpunkt der Einlagerung führt zur Ausweitung der Gefahrengemeinschaft aller einlagernden Miteigentümer. Die Miteigentumsquote der Miteigentümer verändert sich bereits mit der Einlagerung, obwohl dem tatsächlichen Sammelbestand das neue Gut noch nicht zugeführt worden ist. Der neue Miteigentümer wird also an der Bruchteilsgemeinschaft gem. §§ 741 ff. BGB berechtigt, bevor eine entsprechende Vermehrung am Sammelbestand tatsächlich festgestellt werden kann. Diese Risikoerhöhung ist nach dem Willen der Sachverständigenkommission zur Reform des Transportrechts dadurch zu rechtfertigen, dass der Zeitpunkt der Einlagerung gegenüber dem der Vermischung leichter zu bestimmen ist.[12] Zu beachten ist, dass der **Lagerhalter** bei **der Sammellagerung grundsätzlich kein Eigentum erwirbt,** es sei denn, er bringt eigene in seinem Eigentum stehende Güter ebenfalls in den Sammelbestand ein.

12   **a) Originärer Rechtserwerb.** Die dingliche Rechtsänderung führt zu Miteigentum in der Person des früheren (Allein-)Eigentümers. Durch die Hingabe des Gutes zur Sammellagerung erwirbt nicht der Einlagerer, sondern der **tatsächliche Eigentümer des Gutes Miteigentum nach Bruchteilen,** selbst wenn die Person des Eigentümers den Parteien unbekannt ist oder über die Person des Eigentümers Ungewissheit herrscht. Dabei handelt es sich um einen gesetzlichen Erwerbsakt, der sich automatisch vollzieht. Einer Eigentumsübertragung des Miteigentumsanteils nach den §§ 929 ff. BGB an den Alteigentümer bedarf es nicht. Beispiel: Vorbehaltsverkäufer V veräußert 20 Tonnen Winterweizen unter Eigentumsvorbehalt (§§ 929, 158 BGB) an den Vorbehaltskäufer K, der das Gut beim Lagerhalter L in Sammellagerung gibt. Der bisherige Sammelbestand an Winterweizen (bisher 80 Tonnen) erhöht sich auf insgesamt 100 Tonnen. Mit der Einlagerung verliert V sein Alleineigentum an den 20 Tonnen Weizen, erwirbt aber stattdessen im Wege der dinglichen Surrogation Miteigentum am gesamten Sammelbestand iHv 1/5. Der Miteigentumsanteil fällt originär an V, ohne dass es eines Übertragungsaktes (sei es durch den Lagerhalter L, sei es durch den Einlagerer K) bedarf.

13   Der Miteigentumsanteil bestimmt sich nach dem Verhältnis der von jedem Einlagerer eingelagerten Güter zur tatsächlichen Gesamtmenge. Der **Umfang des Miteigentumsanteils** richtet sich nach dem tatsächlichen Sammelbestand, nicht nach dem Sollbestand (allgM).[13] Dezimiert sich der Sammelbestand, sei es durch Diebstahl, Unterschlagung, Verlust, Verderb, Untergang, Veruntreuung, Fehlauslieferung oder aus sonstigen Gründen, so verringert sich zwar die Gesamtmenge, nicht jedoch der Anteil daran.

14   Die nach § 949 S. 1 BGB erloschenen Drittrechte am Alleineigentum bestehen am Miteigentumsanteil fort, § 949 S. 2 BGB.

15   **b) Besitzverhältnisse am Sammelgut.** Der Lagerhalter wird durch die Einlagerung unmittelbarer Besitzer an dem Gut, wenn die Einlagerung in eigenen Räumen des Lagerhalters stattfindet. Gehören die Lagerräume einem Dritten, so ist der Lagerhalter mittelbarer Besitzer. Die jeweiligen Einlagerer sind mittelbare Mitbesitzer an dem gesamten Lagerbestand (§ 866 BGB), also an jeder Einzelnen zum Sammelbestand gehörenden Sache. Der Besitz des Lagerhalters ist Fremdbesitz. Der Besitz des Einlagerers kann Fremdbesitz oder Eigenbesitz sein.

16   **c) Bruchteilsgemeinschaft (§§ 741 ff. BGB).** Mit der Einlagerung entsteht Miteigentum nach Bruchteilen am Sammelbestand. Auf die Bruchteilsgemeinschaft sind, soweit § 469 nicht entgegensteht

---

[12] Vgl. BR-Drs. 368/97, 118.
[13] Für alle Staub/*Koller* § 419 Rn. 8.

(vgl. § 741 BGB „soweit sich nicht aus dem Gesetz ein anderes ergibt"), die §§ 742 ff. BGB ergänzend anwendbar. Dies bedeutet im Einzelnen:

aa) Größe des Anteils. Der jeweilige Anteil richtet sich nach dem Verhältnis des eingebrachten **17** Gutes zum tatsächlichen Sammelbestand. Die Zweifelsregelung des § 742 BGB wird bei der Sammellagerung nicht praktisch.

bb) Früchteanteil. Jeder Miteigentümer kann einen seinem Anteil entsprechenden Teil der Früchte **18** des Sammelbestandes verlangen (§ 743 BGB).

cc) Verwaltungsbefugnis. Die Verwaltung des Sammelbestandes obliegt dem Lagerhalter. Auf- **19** grund der Obhutsübernahme hat der Lagerhalter die zur Erhaltung des Gutes erforderlichen Arbeiten selbst vorzunehmen, § 471 Abs. 1 S. 2 BGB. § 744 Abs. 2 BGB wird insoweit durch § 471 Abs. 1 S. 2 BGB verdrängt.

dd) Verfügungsbefugnis. Nach § 747 S. 1 BGB kann jeder Miteigentümer über seinen Anteil am **20** Sammelbestand verfügen. Die Übertragung des Miteigentumsanteils geschieht nach allgemeinen Grundsätzen (§§ 929 ff. BGB).[14] Nach den §§ 932 ff. BGB, 366 ist ein gutgläubiger Erwerb möglich, wenn der Einlagerer weder Miteigentümer nach § 469 Abs. 2, noch verfügungsbefugt nach § 185 BGB ist. Ein gutgläubiger Erwerb wird allerdings auf die Fälle zu beschränken sein, in denen das Miteigentum durch Auslieferung an den Erwerber zuvor wieder in Sondereigentum umgewandelt wurde und der Erwerber gutgläubig hinsichtlich der Miteigentümerstellung war.[15] Auf die Ermächtigung zur Auslieferung des dem Einlagerer gebührenden Teils gem. § 469 Abs. 3 kann § 366 analog angewendet werden.[16]

ee) Aufhebung der Bruchteilsgemeinschaft. Nach § 749 Abs. 1 BGB kann jeder Miteigentü- **21** mer jederzeit die Aufhebung der Gemeinschaft verlangen. Die Aufhebung der Gemeinschaft geschieht gem. § 752 S. 1 BGB durch Teilung in Natur. Bei der Sammellagerung geschieht die Aufhebung **durch Auslieferung des dem Einlagerer gebührenden Teils,** ohne dass es einer Genehmigung der übrigen Beteiligten bedarf (§ 469 Abs. 3). Der dem Bruchteil entsprechende Anteil am Sammelbestand muss also nicht zur (Rück-)Umwandlung in Alleineigentum von allen Miteigentümern auf einen Miteigentümer zu Alleineigentum übertragen werden.[17] Der Lagerhalter kann die Teilung des Sammelbestandes zur Unzeit verweigern. Nach Treu und Glauben (§ 242 BGB) kann die Aufhebung regelmäßig nur innerhalb der üblichen Geschäftszeiten verlangt werden, soweit die Parteien keine besondere Vereinbarung getroffen haben (§§ 133, 157 BGB). Vor Aufhebung der Gemeinschaft kann der jeweilige Miteigentümer nicht die Herausgabe ganz bestimmter Sachen aus dem Sammelbestand an sich verlangen. Ein solcher Anspruch kann auch nicht auf § 985 BGB gestützt werden, da der Sammelbestand allen an der Sammellagerung beteiligten Miteigentümern zusammen gehört (Bruchteilsgemeinschaft) und kein Alleineigentum an einzelnen Gegenständen besteht.[18]

2. Unberechtigte Vermischung. Liegen die Voraussetzungen einer Sammellagerung nach § 469 **22** Abs. 1 nicht vor und/oder ist der Lagerhalter nicht berechtigt, das Gut zu vermischen, so findet eine dingliche Surrogation nach § 469 Abs. 2 nicht statt. Stattdessen verliert der Eigentümer sein (Allein-) Eigentum mit der tatsächlichen Vermischung gem. den **§§ 947, 948 BGB.**

Der Eigentümer kann, wenn er nach den §§ 947, 948 BGB sein Alleineigentum an dem Gut **23** verliert, nach den §§ 987 ff., 823 BGB **Ersatzansprüche** gegen den Lagerhalter geltend machen, soweit die Beendigung des Alleineigentums von diesem widerrechtlich und schuldhaft herbeigeführt wurde.

IV. Die Verwaltungsbefugnis des Lagerhalters (Abs. 3)

1. Recht zur Auslieferung. Abs. 3 ermächtigt den Lagerhalter zur Auslieferung ohne Zustimmung **24** der Miteigentümer. Während bei der Sonderlagerung die Herausgabe der eingelagerten Güter eine bloße Besitzverschaffung zum Gegenstand hat, muss bei der Sammellagerung wieder **Alleineigentum** an dem **eingelagerten Gut** begründet werden.[19] Bei der Auslieferung entsteht erneut Eigentum des ursprünglichen (Mit-)Eigentümers. Die **dingliche Rechtsänderung,** die das Gut durch die Einlagerung erfahren hat gem. § 469 Abs. 2, wird nun durch die Auslieferung **wieder umgekehrt.** Ob es zur Auslieferung einer rechtsgeschäftlichen Verfügung[20] bedarf oder ob die Rechtsänderung im Wege der

[14] MüKoHGB/*Frantzioch* Rn. 30; ausf. Staub/*Koller* § 419 Rn. 10.
[15] Vgl. zur Problematik Staub/*Koller* § 419 Rn. 10; MüKoHGB/*Frantzioch* Rn. 30.
[16] Schlegelberger/*Schröder* § 419 Rn. 16; Staub/*Koller* § 419 Rn. 10; MüKoHGB/*Frantzioch* § 469 Rn. 30.
[17] Staub/*Koller* § 419 Rn. 13; MüKoHGB/*Frantzioch* Rn. 31; nach Schlegelberger/*Schröder* § 419 Rn. 13 sind die §§ 749 Abs. 2 u. 3, 750, 751 BGB auf die Sammellagerung kaum anwendbar.
[18] Schlegelberger/*Schröder* § 419 Rn. 13; MüKoHGB/*Frantzioch* Rn. 31.
[19] *Andresen/Valder* Rn. 9.
[20] Heymann/*Herrmann* Rn. 2; Baumbach/Hopt/*Merkt* Rn. 4; Schlegelberger/*Schröder* § 419 Rn. 16; MüKoHGB/*Frantzioch* Rn. 34.

dinglichen Surrogation kraft Gesetzes[21] erfolgt, ist umstritten.[22] Praktisch wird diese Frage vor allem bei der irrtümlichen Falschauslieferung an einen Nichtberechtigten. **Nach allgM** verschafft der Lagerhalter dem Einlagerer, der Allein- oder Miteigentümer ist, bei der Auslieferung das (Allein-, Mit-)Eigentum an dem ausgelieferten Lagergut in rechtsgeschäftlicher Form. Notfalls könne die Übereignung an den Miteigentümer durch eine Einigung „mit dem, den es angeht", und eine Übergabe an eine **„Geheißperson"** konstruiert werden.[23] Die Bedeutung des § 469 Abs. 3 liege darin, dass der Lagerhalter dazu ohne besondere Einwilligung (§ 185 BGB) **gesetzlich ermächtigt** werde. Problematisch ist diese Konstruktion, wenn der Einlagerer nicht auch gleichzeitig Eigentümer ist. **Die Gegenansicht,** der wohl der Vorzug zu geben ist, sieht in der Befugnis zur Auslieferung nur ein **Tatbestandsmerkmal** für den **kraft Gesetzes eintretenden Eigentumserwerb** mit der Folge, dass der Miteigentümer mit der Auslieferung – unabhängig von der Frage, an wen das Gut tatsächlich ausgeliefert wurde – Alleineigentümer wird.[24] Im Ergebnis führt der gesetzliche Eigentumserwerb also zu einer Übereignung an den, den es angeht.[25] Dies dürfte der Wertung des Gesetzes auch am ehesten entsprechen, wenn man berücksichtigt, dass Miteigentum am Sammelbestand nur während der Sammellagerung bestehen soll und nach der Auslieferung die alten Rechtsverhältnisse und Rechtspositionen hinsichtlich des Gutes wieder hergestellt werden sollen.[26] Aus § 469 Abs. 2 ergibt sich, dass vom Zeitpunkt der Einlagerung an der **Eigentümer,** nicht der Einlagerer, **Miteigentümer am Sammelbestand** werden soll. Versteht man die Auslieferung als actus contrarius zur Einlagerung, so ergibt sich im Umkehrschluss zu § 469 Abs. 2, dass der bisherige Eigentümer, und wiederum nicht der Einlagerer oder gar ein Dritter, Eigentum erwerben soll. **Die Auslieferung stellt also die dingliche Rechtslage wieder her, die vor der Einlagerung bestand.**[27]

25   **2. Fallgruppen.** Die Auslieferung selbst ist ein **Realakt.** Der Lagerhalter überträgt nur den Besitz an dem Gut an den Einlagerer oder dessen Rechtsnachfolger, verfügt aber rechtsgeschäftlich nicht über das Eigentum. Der Eigentumserwerb vollzieht sich ausschließlich durch gesetzliche Zuweisung an den vorherigen Eigentümer, ist also willensunabhängig. Im Einzelnen können folgende Fallgruppen gebildet werden:

26   **a) Einlagerer und Miteigentümer sind identisch.** Liefert der Lagerhalter den dem Einlagerer gebührenden Anteil an dem Sammelbestand aus, dann erwirbt dieser Besitz und (Allein-)Eigentum an dem Lagergut, sofern er während der Sammellagerung Miteigentümer geworden ist und diese Rechtsposition zwischenzeitlich nicht verloren hat.

27   **b) Einlagerer und Miteigentümer sind nicht identisch.** Liefert der Lagerhalter dem Einlagerer seinen Anteil am Lagerbestand aus, obwohl dieser nicht Miteigentümer am Sammelbestand geworden ist oder er zwar Miteigentümer geworden ist, diese Rechtsposition zwischenzeitlich aber verloren hat, so überträgt der Lagerhalter mit der Auslieferung nur den **Besitz an den Einlagerer.** Das **Eigentum** fällt kraft Gesetzes unmittelbar **an den tatsächlichen Miteigentümer.** Dabei spielt es keine Rolle, ob sich der Einlagerer irrtümlich für den Miteigentümer gehalten hat, ob sich der Lagerhalter in den Eigentumsverhältnissen getäuscht hat oder ob dieser sich überhaupt Vorstellungen hinsichtlich der Verfügungsbefugnis gemacht hat. Liefert der Lagerhalter das Gut auf Anweisung des Einlagerers an einen (angeblichen) Erwerber aus, so erwirbt dieser gleichwohl nicht unmittelbar das Eigentum an dem eingebrachten Gut, sondern – zumindest für eine logische Sekunde – der frühere Miteigentümer. Allerdings kann der Erwerber unter den Voraussetzungen der §§ 932 ff. BGB anschließend gutgläubig Eigentum erwerben. Bei der versehentlichen **Falschauslieferung an einen Nichtberechtigten,** also an jemanden, der weder Miteigentümer ist, noch einen Auslieferungsanspruch hat, handelt der Lagerhalter unbefugt, da dem Nichtberechtigten kein Anteil an dem Lagergut gebührt. Dies bedeutet, dass die Bruchteilsgemeinschaft durch die Falschauslieferung nicht (partiell) beendet wird, sondern nach wie vor weiterbesteht. Das Miteigentum verwandelt sich also nicht kraft Gesetzes in Alleineigentum zurück. Dies führt dazu, dass das dem Nichtberechtigten befindliche Gut weiterhin Miteigentum aller Miteigentümer bleibt. Da der falsche Empfänger bei § 469 Abs. 3 nicht auf die Befugnis zur rechtsgeschäftlichen Verfügung durch den Lagerhalter vertrauen kann, sondern sich der gute Glaube nur auf die Besitzverschaffung bezieht, verhilft § 366 dem nichtberechtigten Empfänger nicht zu einem gutgläubigen Erwerb. Ein gutgläubiger Erwerb kann nur dann stattfinden, wenn dem falschen Empfänger vor der Auslieferung gerade die Art von Gütern übereignet wurde, die der Lagerhalter nun ausliefert.[28] Die Falschauslieferung geht im Falle des gutgläubigen Erwerbs durch einen

---

[21] *K. Schmidt* HandelsR § 34 VI 2c bb; *Staub/Koller* § 419 Rn. 16b.
[22] BR-Drs. 368/97, 118.
[23] Vgl. *K. Schmidt* HandelsR § 34 VI 2c bb.
[24] *Staub/Koller* § 419 Rn. 16a; vgl. auch *K. Schmidt* HandelsR § 34 VI 2c bb.
[25] *K. Schmidt* HandelsR § 34 VI 2c bb.
[26] *Staub/Koller* § 419 Rn. 16b.
[27] Vgl. zur korrespondierenden Vorschrift des § 6 Abs. 1 S. 1 DepotG *Hellner/Steuer* BuB Rn. 8/65.
[28] *Staub/Koller* § 419 Rn. 17.

nichtberechtigten Empfänger zu Lasten des Sammelbestandes, also zu Lasten aller Einlagerer.[29] Verluste haben die Einlagerer im Verhältnis ihrer Anteile zu tragen.

c) Zuvielauslieferung. Der Lagerhalter darf nur die dem Einlagerer gebührende Menge ausliefern. **28** Wer in gutem Glauben mehr als seinen Anteil erhält, wird Eigentümer des ganzen Empfangenen gem. §§ 366, 932 BGB. Er ist dann allerdings zur Herausgabe der Bereicherung verpflichtet gem. §§ 812 Abs. 1 S. 1 BGB (allgM).[30] Nach anderer Auffassung soll Bruchteilseigentum solange fortbestehen, bis der Einlagerer die überschießende Menge dem Lagerhalter zurückgegeben hat.[31]

3. Weitere Verwaltungsbefugnisse. Dem Lagerhalter obliegen bei der Sammelverwahrung an- **29** sonsten dieselben Verwaltungsmaßnahmen wie bei der Sonderlagerung. So hat der Lagerhalter etwa den Lagerort zu bestimmen und für die ordnungsgemäße Lagerung und Aufbewahrung des Gutes zu sorgen. Zu den Pflichten des Lagerhalters → § 467 Rn. 20 ff. Geht der Lagerhalter „ohne Not" von der Sammellagerung zur Sonderlagerung über, so kann er die insoweit entstandenen Mehrkosten nicht ersetzt verlangen, weil diese dann nicht erforderlich sind (§ 693 BGB). Anderes gilt freilich dann, wenn der Übergang zur Sonderlagerung dem (mutmaßlichen) Interesse des Einlagers entspricht (§ 692 BGB).

V. Summenlagerung

Die Summenlagerung unterscheidet sich von der Sonderlagerung (§ 467) und der Sammellagerung **30** (§ 469) dadurch, dass bei ihr das Eigentum des Einlagerers nicht erhalten bleibt, sondern (vereinbarungsgemäß) auf den Lagerhalter übergeht, der sich verpflichtet, Sachen von gleicher Art, Güte und Menge zurückzugeben.[32] Für derartige Geschäfte gelten die Grundsätze über das Darlehen gem. §§ 607 ff. BGB. Zeit und Ort der Übernahme bestimmen sich im Zweifel nach Verwahrungsrecht.[33]

VI. Insolvenz und Zwangsvollstreckung

Durch die Einlagerung wandelt sich das Alleineigentum des Eigentümers am Gut in Miteigentum **31** am Sammelbestand. Pfändet ein Dritter den Sammelbestand, so kann der Einlagerer als Eigentümer gem. § 771 ZPO Drittwiderspruchsklage erheben. Auch Miteigentum (nach Bruchteilen) ist ein die Veräußerung hinderndes Recht.[34] In der Insolvenz des Lagerhalters ist jeder Miteigentümer nach § 47 InsO zur Aussonderung berechtigt. Ist einer der Miteigentümer des Sammelbestandes – zu denen auch der Lagerhalter gehört, wenn er eigenes Gut eingebracht hat – insolvent, so kann nach § 84 InsO die Auseinandersetzung der Gemeinschaft verlangt werden.

VII. Ansprüche bei Verlust und Beschädigung des Lagergutes

Generell haben alle Miteigentümer die Verluste und Beschädigungen des Gutes nach Maßgabe ihrer **32** Anteile zu tragen.[35] Erlangen sie wegen des Verlustes oder der Beschädigung einen Anspruch gegen den Dritten, so zB gem. § 823 BGB, steht ihnen der Anspruch nicht gemeinschaftlich, sondern pro rata zu (vgl. § 432 BGB).[36]

§ 470 Empfang des Gutes

Befindet sich Gut, das dem Lagerhalter zugesandt ist, beim Empfang in einem beschädigten oder mangelhaften Zustand, der äußerlich erkennbar ist, so hat der Lagerhalter Schadenersatzansprüche des Einlagerers zu sichern und dem Einlagerer unverzüglich Nachricht zu geben.

Schrifttum: S. vor §§ 407 u. 467.

I. Normzweck

Die Vorschrift regelt die gesetzlichen Pflichten des Lagerhalters im Zusammenhang mit der Ent- **1** gegennahme des Lagergutes auf Grund eines wirksamen Lagervertrages. Danach hat der Lagerhalter die

---

[29] Schlegelberger/*Schröder* § 419 Rn. 16; MüKoHGB/*Frantzioch* Rn. 33; aA Staub/*Koller* § 419 Rn. 17: Falschauslieferung geht nur zu Lasten des betroffenen Miteigentümers.

[30] Baumbach/Hopt/*Merkt* Rn. 4; *K. Schmidt* HandelsR § 34 VI 2c cc; MüKoHGB/*Frantzioch* Rn. 33; GK-HGB/*Giermann* Rn. 7; aA *Koller* Rn. 4.

[31] Staub/*Koller* Rn. 17.

[32] *Andresen/Valder* Rn. 13.

[33] *Andresen/Valder* Rn. 13; MüKoHGB/*Frantzioch* Rn. 16.

[34] BLAH/*Hartmann* ZPO § 771 Rn. 16.

[35] Baumbach/Hopt/*Merkt* Rn. 6; *Koller* Rn. 5.

[36] *Koller* Rn. 5.

Ansprüche seines Vertragspartners zu sichern. Denn nach dem Gesetzestext betrifft dies die Fälle, bei denen die Anlieferung des Gutes in Abwesenheit des Einlagerers stattfindet, so zB die Einlagerung als letzter Akt einer Beförderung oder eines Speditionsauftrages.[1] Die **Pflicht zur Anspruchssicherung** umfasst dann sowohl die Pflicht zur Rechtswahrung als auch die Pflicht zur Beweissicherung.[2] Die Regelung entspricht im Wesentlichen § 388.[3] Werden dem Lagerhalter **Güter zugesandt, ohne dass ein wirksamer Lagervertrag** zwischen den Parteien **zustande gekommen** ist, kommt **§ 470 nicht zur Anwendung.** Den Lagerhalter können dann jedoch vorvertragliche Rechtspflichten treffen, deren Missachtung eine Haftung nach **§§ 280, 311 Abs. 2, 823 BGB** oder nach den **§§ 987 ff. BGB** auslöst.

II. Voraussetzungen der Anspruchssicherungspflicht

2   **1. Wirksamer Lagervertrag.** Voraussetzung der vertraglichen Pflicht zur Anspruchssicherung ist, dass dem Lagerhalter auf Grund eines **wirksamen Lagervertrages** Güter zugesandt wurden. Der Lagerhalter muss vollen Gewahrsam an dem Gut erlangt haben.[4] Unter den Voraussetzungen des § 362 (bestehende Geschäftsverbindung; Erbieten zur Besorgung von Lagergeschäften) kann ein Lagervertrag durch schlichtes Zusenden von Gütern zustande kommen, es sei denn, der Lagerhalter lehnt einen damit verbundenen Antrag unverzüglich ab.

3   **2. Zusenden von Gütern.** Dem Lagerhalter müssen Güter zugesandt werden. Dies bedeutet, dass ein **Transportmittler** (etwa ein Frachtführer, Spediteur, Reeder oder Verfrachter) bei der **Aushändigung der Güter an den Lagerhalter zwischengeschaltet sein muss.**[5] Werden die Güter vom Einlagerer, einem seiner Gehilfen oder Leuten ohne Bestimmung übergeben, dann trifft den Lagerhalter keine Anspruchssicherungspflicht. Die Güter müssen **zum Zwecke der Lagerung und Aufbewahrung** zugesandt werden. Es muss sich also um Lagergut handeln. Werden dem Lagerhalter aus anderen Gründen Güter zugesandt, zB wegen Fehlverladung oder etwa als Pfand, so findet § 470 keine Anwendung.

4   **3. Beschädigter oder mangelhafter Zustand beim Empfang.** Die Pflicht zur Anspruchssicherung wird ausgelöst, wenn sich das Gut beim Empfang in einem beschädigten oder mangelhaften Zustand befindet. Ein **mangelhafter Zustand** liegt nicht nur bei Qualitätsmängeln, sondern auch bei Quantitätsabweichungen (Fehlmengen) vor.[6] Wird dem Lagerhalter ein anderes als das zur Einlagerung vertraglich bestimmte Gut übergeben (Aliud-Lieferung), so ist § 470 auf Grund der vergleichbaren Interessenlage analog anzuwenden.[7] Die Beschädigung, Fehlmenge, Gattungsabweichung oder sonstige Mängel müssen bereits beim Empfang vorliegen. Ein **Empfang** liegt nur dann vor, wenn der Lagerhalter den vollen Gewahrsam über das Gut übertragen bekommt, er also in der Lage ist, das Gut überhaupt zu untersuchen. Wird das Gut erst während der Einlagerung und Aufbewahrung mangelhaft, so hat der Lagerhalter auf Grund der allg. Obhuts- und Interessenwahrungspflicht gem. § 471 Abs. 2 den Einlagerer bzw. den legitimierten Besitzer des Lagerscheins unverzüglich (§ 121 BGB) auf diesen Umstand hinzuweisen und dessen Weisung einzuholen und bei Gefahr im Verzuge mit zumutbarer Sorgfalt die zur Abwendung der Gefahr geeigneten Maßnahmen selbst zu treffen.

5   **4. Äußerliche Erkennbarkeit.** Der Lagerhalter ist gesetzlich nur zur Untersuchung der Güter auf äußerlich erkennbare Beschädigungen und Mängel verpflichtet. Die Beschädigung oder der sonstige Mangel ist äußerlich erkennbar, wenn der Lagerhalter mit **zumutbarem Aufwand**[8] und der gebotenen Sorgfalt einen etwaigen Schaden durch Sinneswahrnehmung feststellen kann.[9] Besondere Fachkenntnisse können vom Lagerhalter nicht verlangt werden. Bei **verpacktem Gut** bezieht sich die äußerliche Erkennbarkeit grundsätzlich nur auf die **Verpackung,** nicht auf deren Inhalt. Die Verpackung ist ausnahmsweise nur dann zu öffnen, wenn besondere Anhaltspunkte dafür vorliegen, dass der Inhalt beschädigt oder mangelhaft ist (zB Porzellan oder Glas klirrt beim Schütteln der Verpackung), die Verpackung also eingedrückt oder durchfeuchtet. Geöffnete Verpackungen sind zu vermerken und zu verschließen. Den Parteien steht es offen, umfangreichere Untersuchungspflichten bei der Zusendung von Gütern vertraglich zu vereinbaren. Durch eine entsprechende Abrede kann der Lagerhalter verpflichtet sein, das Gut auch auf äußerlich nicht erkennbare Mängel zu untersuchen.

---

[1] *Teutsch* in Fremuth/Thume TranspR Rn. 2.
[2] BR-Drs. 368/97, 118.
[3] BT-Drs. 13/8445, 119.
[4] *Müglich* TranspR Rn. 2.
[5] Staub/*Koller* § 417 Rn. 5; *Koller* § 388 Rn. 3; Schlegelberger/*Hefermehl* § 388 Rn. 4.
[6] Schlegelberger/*Hefermehl* § 388 Rn. 6; aA Staub/*Koller* § 417 Rn. 3, der die Vorschrift bei Quantitätsabweichungen analog anwendet, ebenso *Koller* Rn. 2.
[7] Staub/*Koller* § 417 Rn. 3.
[8] *Andresen/Valder* Rn. 2.
[9] MüKoHGB/*Frantzioch* Rn. 6; Staub/*Koller* § 417 Rn. 4.

III. Umfang der Anspruchssicherungspflicht

Die Pflicht zur Anspruchssicherung umfasst sowohl die **Pflicht zur Rechtswahrung** als auch die **6** **Pflicht zur Beweissicherung.**

1. Pflicht zur Rechtswahrung. Die Pflicht zur Rechtswahrung erstreckt sich auf die **Rechte,** die **7** der **Lagerhalter als Empfänger** nach dem einschlägigen Frachtrecht im eigenen Namen geltend machen kann, so zB § 421, Art. 13 CMR, Art. 44 CIM.[10] Durch die Rechtswahrung muss sichergestellt werden, dass der Einlagerer seine Rechtspositionen nicht nur wahrnehmen, sondern mit an Sicherheit grenzender Wahrscheinlichkeit auch durchsetzen kann.[11] Dies bedeutet zunächst, dass der Lagerhalter ein Schadensprotokoll erstellt, Zeugenangaben notiert und gegebenenfalls auch Fotos fertigt. Der Lagerhalter wahrt bei äußerlich erkennbaren Schäden oder Mängeln des Gutes die Rechte des Einlagerers zB auch, indem er die Annahme verweigert oder gegebenenfalls die Ware nur unter Vorbehalt,[12] die aber zu konkretisieren ist, annimmt. Der **Einlagerer ist unverzüglich,** dh also ohne schuldhaftes Zögern (§ 121 BGB) über einen etwaigen Schaden zu **informieren.** Durch die Benachrichtigung soll der Einlagerer befähigt werden, durch Weisungen und eigene Maßnahmen auf die Rechtswahrung Einfluss zu nehmen. Soweit kein sofortiges Tätigwerden des Lagerhalters erforderlich ist, sind Weisungen des Einlagerers abzuwarten. Andernfalls hat der Lagerhalter selbst die gebotenen Maßnahmen einzuleiten.

Zur **Durchsetzung der Rechte** ist der Lagerhalter nicht verpflichtet, es sei denn, er hat sich dazu **8** gegenüber dem Einlagerer vertraglich besonders verpflichtet.[13]

2. Pflicht zur Beweissicherung. Bei der Pflicht zur Beweissicherung hat der Lagerhalter ebenfalls **9** die Sorgfalt eines ordentlichen Lagerhalters anzuwenden (§ 347). In aller Regel wird es genügen, wenn der Lagerhalter einen Havariekommissar oder einen sonstigen vereidigten Sachverständigen mit der Begutachtung des Schadens betraut. Im Einzelfall soll es geboten sein, ein selbstständiges Beweisverfahren gem. § 485 ZPO einzuleiten,[14] was aber ohne Rücksprache mit dem Einlagerer kaum möglich sein dürfte.[15]

3. Kosten. Der Ersatz der Aufwendungen, die dem Lagerhalter aus Erfüllung der Pflichten des **10** § 470 entstehen, richtet sich nach § 474.[16]

IV. Haftung des Lagerhalters

Verletzt der Lagerhalter eine ihm nach § 470 obliegende Pflicht, so haftet er für dadurch verursachte **11** Schäden nach den Grundsätzen der pVV gem. § 280 BGB.[17]

§ 471 Erhaltung des Gutes

(1) [1]**Der Lagerhalter hat dem Einlagerer die Besichtigung des Gutes, die Entnahme von Proben und die zur Erhaltung des Gutes notwendigen Handlungen während der Geschäftsstunden zu gestatten.** [2]**Er ist jedoch berechtigt und im Falle der Sammellagerung auch verpflichtet, die zur Erhaltung des Gutes erforderlichen Arbeiten selbst vorzunehmen.**

(2) [1]**Sind nach dem Empfang Veränderungen an dem Gut entstanden oder zu befürchten, die den Verlust oder die Beschädigung des Gutes oder Schäden des Lagerhalters erwarten lassen, so hat der Lagerhalter dies dem Einlagerer oder, wenn ein Lagerschein ausgestellt ist, dem letzten ihm bekannt gewordenen Besitzer des Scheins unverzüglich anzuzeigen und dessen Weisungen einzuholen.** [2]**Kann der Lagerhalter innerhalb angemessener Zeit Weisungen nicht erlangen, so hat er die angemessen erscheinenden Maßnahmen zu ergreifen.** [3]**Er kann insbesondere das Gut gemäß § 373 verkaufen lassen; macht er von dieser Befugnis Gebrauch, so hat der Lagerhalter, wenn ein Lagerschein ausgestellt ist, die in § 373 Abs. 3 vorgesehene Androhung des Verkaufs sowie die in Absatz 5 derselben Vorschriften vorgesehenen Benachrichtigungen an den letzten ihm bekannt gewordenen legitimierten Besitzer des Lagerscheins zu richten.**

Schrifttum: S. vor §§ 407 u. 467.

---

[10] *Koller* Rn. 2.
[11] Staub/*Koller* § 417 Rn. 6.
[12] *Andresen/Valder* Rn. 2.
[13] MüKoHGB/*Frantzioch* Rn. 7.
[14] MüKoHGB/*Frantzioch* Rn. 7.
[15] *Teutsch* in Fremuth/Thume TranspR Rn. 5.
[16] *Teutsch* in Fremuth/Thume TranspR Rn. 6.
[17] BT-Drs. 13/8445, 119.

I. Normzweck

1   Die Vorschrift bestimmt die Rechte und Pflichten des Lagerhalters, die **nach** der **Entgegennahme** des Gutes bestehen. **Bei Entgegennahme** des Gutes treffen den Lagerhalter Untersuchungspflichten nach § 470. § 471 Abs. 1 S. 1 verpflichtet den Lagerhalter, dem Einlagerer die Besichtigung des Gutes, die Entnahme von Proben und die zur Erhaltung des Gutes notwendigen Handlungen während der Geschäftszeiten zu gestatten. Die Vorschrift berücksichtigt, dass der **Einlagerer als Warenfachmann** häufig über die Eigenschaften des Lagergutes besser informiert ist als der Lagerhalter selbst. § 471 Abs. 1 S. 2 bestimmt für die Sonderlagerung die Berechtigung und für die Sammellagerung (§ 469) die Verpflichtung des Lagerhalters zur Selbstausführung von Erhaltungsmaßnahmen. Diese Norm regelt die Pflicht des Lagerhalters, zu erwartende Veränderungen des Gutes dem Einlagerer bzw. dem zuletzt bekannten legitimierten Inhaber des Lagerscheins **unverzüglich** anzuzeigen und dessen Weisungen einzuholen. Kann der Lagerhalter innerhalb angemessener Zeit keine Weisungen erlangen, so hat er die gebotenen Maßnahmen selbst zu treffen (Abs. 2 S. 2).

II. Zugang zum Gut; Entnahme von Proben; Erhaltungsmaßnahmen (Abs. 1)

2   **1. Person des Einlagerers.** § 471 setzt die Existenz eines Lagervertrages voraus. Deshalb ist Einlagerer der Vertragspartner des Lagerhalters sowie diejenige Person, an die der lagerrechtliche Herausgabeanspruch abgetreten worden ist.[1] Daneben ist Einlagerer im Sinne des Gesetzes auch derjenige, der vom Einlagerer mit der Ausübung seiner Rechte betraut wird. Ansprüche aus § 471 Abs. 1 müssen demnach **nicht höchstpersönlich** ausgeübt werden. Der Einlagerer kann auch einen Dritten mit der Ausübung dieser Rechte ermächtigen und der Dritte hat gegenüber dem Lagerhalter die Ermächtigung nachzuweisen. **Weist der Dritte die Ermächtigung nicht nach**, muss der Lagerhalter die **Ausübung der gesetzlichen Rechte durch** den Dritten im **mutmaßlichen Interesse des Einlagerers zurückweisen**. Er macht sich dann nicht schadensersatzpflichtig. Ist ein Lagerschein ausgestellt, so ist Einlagerer in diesem Sinne der legitimierte Besitzer des Scheins oder ein in ihm ausgewiesener Berechtigter. Ist der Eigentümer des Lagergutes nicht vertraglicher Einlagerer, so stehen ihm die Rechte aus § 471 nicht zu.

3   **2. Pflichten des Lagerhalters.** Der Lagerhalter schuldet bei der Erfüllung seiner Vertragspflichten nur die Sorgfalt eines ordentlichen Lagerhalters (§ 347), nicht die eines optimalen Lagerhalters. Schuldet der Lagerhalter also nur eine sorgfältige Einlagerung und Aufbewahrung und fehlen ihm Spezialkenntnisse, die die Anwendung eines höheren Sorgfaltsmaßstabs rechtfertigten, muss dem Einlagerer die Möglichkeit eingeräumt werden, selbst für eine bessere Erhaltung des Gutes während der Einlagerungszeit zu sorgen. Deshalb räumt § 471 Abs. 1 dem Einlagerer das Recht ein, während der Geschäftsstunden das Gut zu besichtigen, Proben zu nehmen und die zur Erhaltung des Gutes notwendigen Handlungen selbst zu treffen. Wegen dieses Besichtigungs- und Kontrollrechtes können sich auch etwaige Käufer oder Kreditgeber Gewissheit über Zustand, Ausrüstung und Qualität des Gutes verschaffen[2], wenn dies mit Einverständnis des Einlagerers geschieht. Die Verpflichtung des Lagerhalters nach § 471 Abs. 1 ist eine **Kardinalpflicht**.[3] Sie kann durch Parteivereinbarung nur ausnahmsweise eingeschränkt, aber keinesfalls gänzlich ausgeschlossen werden.[4] Durch § 471 Abs. 1 wird nur der **Lagerhalter zur Duldung der entsprechenden Handlungen verpflichtet.** Eine **Verpflichtung des Einlagerers** diese vorzunehmen **besteht nicht.** Folglich darf sich der Lagerhalter nicht darauf verlassen, dass der Einlagerer die ihm zustehenden Rechte auch tatsächlich ausübt. Deshalb kann sich der Lagerhalter auch nicht erfolgreich auf den Einwand des Mitverschuldens nach § 254 BGB berufen[5] und behaupten, bei der Wahrnehmung der dem Einlagerer zugestandenen Rechte wäre ein Güterschaden nicht eingetreten.

4   **a) Besichtigungsrecht des Einlagerers während der Geschäftszeiten.** Der Lagerhalter hat dem Einlagerer die Besichtigung des Gutes zu gestatten. Dies bedeutet, dass der Lagerhalter dem Einlagerer **Zutritt** zu den Lagerräumen gewährt und den genauen Lagerort benennen muss, **an dem das Gut gelagert und aufbewahrt wird.** Der Lagerhalter hat ferner alle Handlungen vorzunehmen, die zu einer ordnungsgemäßen Besichtigung des Gutes notwendig werden (zB Aufschließen der Türen, Beleuchtung, Öffnen der Schließanlage etc). Werden Dritte mit der Besichtigung des Gutes betraut, so müssen diese ihre Berechtigung gegenüber dem Lagerhalter zunächst nachweisen. Die Obhuts- und Kontrollpflichten des Lagerhalters bestehen neben dem Besichtigungsrecht des Einlagerers.

---

[1] Staub/*Koller* § 418 Rn. 2; *Koller* Rn. 2.
[2] Schlegelberger/*Schröder* § 418 Rn. 2; Staub/*Koller* § 418 Rn. 1; MüKoHGB/*Frantzioch* Rn. 6.
[3] MüKoHGB/*Frantzioch* Rn. 8; Staub/*Koller* § 418 Rn. 1; OLG Celle Urt. v. 30.10.2008 – 11 U 78/08, MDR 2009, 371.
[4] Schlegelberger/*Schröder* § 418 Rn. 1 u. 2; MüKoHGB/*Frantzioch* Rn. 8; *Koller* Rn. 2.
[5] Staub/*Koller* § 418 Rn. 1.

§ 471 ordnet an, dass der Einlagerer seine Rechte nur während der üblichen Geschäftsstunden **5** wahrnehmen darf. Insofern steht § 471 im Einklang mit § 358, wonach bei Handelsgeschäften die Leistung nur während der gewöhnlichen Geschäftszeit bewirkt und gefordert werden kann.[6] Das Besichtigungsrecht darf deshalb zunächst nur während der am Ort der Lagerung der im Lagergewerbe üblichen Geschäftszeiten ausgeübt werden.[7] Es kann darüber hinaus vertraglich eingeschränkt werden. Das Besichtigungsrecht des Einlagerers ist generell nicht schrankenlos. Neben der im Gesetz vorgesehenen zeitlichen Schranke ist es auch an Treu und Glauben und unter Berücksichtigung der Verkehrssitte zu bestimmen. Nach allgM bezieht sich die Schranke auch auf die Häufigkeit der Besichtigung und ihre zeitliche Ausdehnung.[8] Der Lagerhalter kann den Einlagerer oder den mit der Ausübung der Rechte betrauten Dritten zurückweisen, soweit die Gefahr besteht, **durch** die **Ausübung des Besichtigungsrechts** werde der **Geschäftsbetrieb des Lagerhalters** in **unzumutbarer Weise beeinträchtigt.** Was dem Lagerhalter zumutbar ist, ist Einzelfallfrage und bestimmt sich nach den konkreten Verhältnissen unter Berücksichtigung der Gesamtumstände. Dient das Besichtigungsrecht der Abwendung einer konkreten Gefahr für das eingelagerte Gut, muss der Lagerhalter größere Beeinträchtigungen seines Geschäftsbetriebs hinnehmen. Etwas anderes gilt, wenn die Besichtigung nur im Rahmen einer Routineschau erfolgen soll. Denkbar ist, dass der Lagerhalter den Zugang zum Gut (§ 242 BGB) außerhalb der üblichen Geschäftszeiten zu gestatten hat, so bei **Gefahr im Verzug.** Eine Verpflichtung des Lagerhalters, seine Lagerräume dem Einlagerer zum Zwecke von Verkaufsverhandlungen zur Verfügung zu stellen, besteht nicht.[9] Wird der Geschäftsbetrieb des Lagerhalters durch extensive Ausübung des Besichtigungsrechts nachhaltig und wiederholt gestört, kann der Lagerhalter den Lagervertrag aus wichtigem Grunde ohne Einhaltung einer Kündigungsfrist kündigen. § 473 Abs. 2 S. 2.[10] Den Parteien steht es offen, das gesetzliche Besichtigungsrecht individualrechtlich oder durch Einbeziehung von AGB zu konkretisieren oder einzuschränken[11] und die dafür entstehenden zusätzlichen Kosten abzurechnen.

b) Recht zur Entnahme von Proben. Der Einlagerer hat das Recht, Proben von dem einge- **6** lagerten Gut zu entnehmen. Unter Proben versteht man eine **kleine Menge des eingelagerten Gutes.**[12] Proben werden regelmäßig zur Feststellung der Qualität oder der Zusammensetzung des Lagergutes gezogen. Die Bedeutung der Vorschrift liegt darin, dass der Lagerhalter der Entnahme von Proben nicht auf Grund seines Pfandrechts gem. § 475b widersprechen kann.[13] Darüber hinausgehende Mengen darf der Einlagerer zwar ebenfalls jederzeit herausverlangen gem. § 473 Abs. 1 S. 1, jedoch kann der Lagerhalter dann sein Pfandrecht gem. § 475b bis zur vollständigen Erfüllung aller erfassten Ansprüche entgegensetzen. Der Lagerhalter ist nicht verpflichtet, bei der Entnahme von Proben mitzuwirken oder Räume oder Hilfsmittel zur Auswertung der Proben zur Verfügung zu stellen.[14] Er braucht mangels besonderer Vereinbarung nicht mitzuwirken. Es gelten auch die unter → Rn. 5 oben dargestellten Schranken. Proben können deshalb nur während der üblichen Geschäftszeiten entnommen werden, wobei der Geschäftsbetrieb des Lagerhalters dadurch nicht in unzumutbarer Weise eingeschränkt oder belastet werden darf. Es steht den Parteien frei vertraglich zu bestimmen, dass der Lagerhalter in bestimmten Abständen Proben nimmt und diese zum Zwecke der Auswertung an den Einlagerer oder an Dritte (zB Labore) schickt.

c) Recht zu Erhaltungsmaßnahmen während der Geschäftszeiten. Der Lagerhalter hat wäh- **7** rend der Geschäftsstunden (→ Rn. 5) die zur Erhaltung des Lagergutes notwendigen Handlungen zu gestatten. Zur Umlagerung des Gutes an einen anderen Ort ist der Einlagerer danach jedoch nicht befugt.[15] Veredelungsarbeiten, die der Verbesserung oder Wertsteigerung dienen, so zB verpacken, ausrüsten, sortieren, verarbeiten usw, dienen nicht der Erhaltung des Gutes und müssen deshalb vom Lagerhalter nicht gestattet werden. Die Pflicht des Lagerhalters beschränkt sich auf die Ermöglichung der Erhaltungsmaßnahmen; eine aktive Mitwirkung ist gesetzlich nicht geschuldet. Etwas anderes kann zwischen den Parteien vereinbart werden.

3. Auskunftsrecht. § 471 Abs. 1 S. 1 regelt kein Auskunftsrecht des Einlagerers. Auf Nachfrage **8** des Einlagerers hat der Lagerhalter gleichwohl unter Berücksichtigung von § 242 BGB Auskunft zu erteilen, wenn der Einlagerer aus besonderen Gründen, zB wegen der Entfernung zum Lagerort etc, sein gesetzliches Besichtigungsrecht nicht oder nur mit ungebührlichem Aufwand ausüben

---

[6] *Andresen/Valder* Rn. 5.
[7] *Koller* Rn. 3; *Andresen/Valder* Rn. 5.
[8] MüKoHGB/*Frantzioch* Rn. 7; *Andresen/Valder* Rn. 5.
[9] Staub/*Koller* § 418 Rn. 2.
[10] Vgl. Staub/*Koller* § 418 Rn. 2 aE.
[11] MüKoHGB/*Frantzioch* Rn. 8; *Koller* Rn. 3.
[12] MüKoHGB/*Frantzioch* Rn. 9; enger Staub/*Koller* § 418 Rn. 3.
[13] *Koller* Rn. 4; Staub/*Koller* § 418 Rn. 3; Schlegelberger/*Schröder* § 418 Rn. 3; MüKoHGB/*Frantzioch* Rn. 9.
[14] Staub/*Koller* § 418 Rn. 3.
[15] Staub/*Koller* § 418 Rn. 4; Schlegelberger/*Schröder* § 418 Rn. 4; MüKoHGB/*Frantzioch* Rn. 13.

könnte.[16] Dann hat der Lagerhalter aber gem. § 474 einen Aufwendungsersatzanspruch wegen der erteilten Auskünfte.

9 **4. Zurückbehaltungsrecht.** Der Lagerhalter kann dem Anspruch auf Besichtigung des Gutes, auf Entnahme von Proben sowie auf Durchführung von Erhaltungsmaßnahmen kein Zurückbehaltungsrecht entgegensetzen, da das Zurückbehaltungsrecht **mit der Obhutspflicht des Lagerhalters kollidiert.** Der Lagerhalter ist gerade verpflichtet, mit der Sorgfalt eines ordentlichen Lagerhalters (§§ 475, 347) jeden Schaden von dem Gut abzuwenden. Denn durch die Ausübung des Zurückbehaltungsrechts steigt die Gefahr für das Gut, wenn dadurch dem Einlagerer die Besichtigung und Untersuchung des Gutes verweigert wird und er deshalb keine Erhaltungsmaßnahmen an dem Gut vornehmen kann. Ausnahmsweise kann der Lagerhalter sich auf sein Zurückbehaltungsrecht berufen und den Zutritt verweigern, wenn die konkrete Gefahr besteht, dass der Einlagerer sich nicht an die Sicherheitsvorschriften hält.[17]

10 **5. Haftung. a) Des Lagerhalters.** Verweigert der Lagerhalter dem Einlagerer den Zugang zum Gut bzw. die Möglichkeit Proben zu entnehmen und Erhaltungsmaßnahmen durchzuführen, so haftet er für den Schaden, der durch Verlust oder Beschädigung des Gutes in der Obhutszeit eintritt, nach § 475.[18] Für andere Schäden haftet der Lagerhalter nach § 280 BGB aus pVV.

11 **b) Des Einlagerers.** Überschreitet der Einlagerer seine Befugnisse aus § 471 Abs. 1 S. 1, so haftet er für den Exzess nach den Grundsätzen der pVV gem. § 280 sowie nach §§ 823 ff. BGB. Für seine Gehilfen haftet er im Rahmen der §§ 278, 831 BGB. Gleiches gilt für die Begleitung durch Kaufinteressenten.[19] Soweit Leute/Mitarbeiter des Lagerhalters geschädigt werden, entfaltet der Lagervertrag Schutzwirkung zugunsten dieses Personenkreises[20] gem. § 311 Abs. 3 BGB.

III. Selbstausführung

12 Die Regelung des Abs. 1 S. 2 betrifft die Selbstausführung von Erhaltungsmaßnahmen durch den Lagerhalter. Der Lagerhalter hat danach bei der Sonderlagerung das Recht und im Falle der **Sammellagerung** gem. § 469 auch die **Pflicht zur Selbstausführung.** Soweit den Lagerhalter keine Pflicht zur Selbstausführung der Arbeiten trifft, hat er dem Einlagerer die Ausführung der erforderlichen Arbeiten nach Abs. 1 S. 1 zu gestatten.

IV. Veränderungen am Gut (Abs. 2)

13 **1. Allgemeines.** Abs. 2 ordnet eine **Anzeigepflicht** des Lagerhalters für den Fall an, dass nach Empfang Veränderungen an dem Gut entstanden oder zu befürchten sind. Der Lagerhalter hat in diesem Fall Weisungen einzuholen. Die Anzeige mit der Aufforderung, Weisung zu erteilen, ist an den Einlagerer oder bei Ausstellung eines Lagerscheines gegenüber dem zuletzt bekannt gewordenen legitimierten Scheininhaber zu richten. Können Weisungen nicht eingeholt werden, so bestimmt Abs. 2 S. 1, dass der Lagerhalter selbst die angemessen erscheinenden Maßnahmen zu ergreifen hat. Ihm steht dabei insbes. das Recht zum Selbsthilfeverkauf zu. Abs. 2 S. 1 statuiert für den Lagerhalter eine Benachrichtigungspflicht, wenn nach Empfang des Gutes Veränderungen entstanden sind oder solche zu befürchten sind. Es muss keine konkrete Entwertung des Gutes drohen; ausreichend ist, dass eine solche zu erwarten ist. Die Anzeigepflicht greift auch dann ein, wenn Schäden erwartet werden, die den Lagerhalter selbst treffen.

14 **2. Umlagerung; Einlagerung bei einem Dritten.** Die schlichte Umlagerung des Gutes liegt innerhalb der Dispositionsbefugnis des Lagerhalters und ist nicht anzeigepflichtig. Bei einer Einlagerung bei einem Dritten gem. § 472 Abs. 2 überschreitet der Lagerhalter hingegen seine Dispositionsbefugnis, auch wenn deswegen das Gut selbst nicht verändert wird. Die **Einlagerung bei einem Dritten** ist nur zulässig, wenn der **Einlagerer** dies **ausdrücklich gestattet.**

15 **3. Anzeige und Weisung.** Kommt der Lagerhalter seiner Verpflichtung, das Gut mit der Sorgfalt eines ordentlichen Lagerhalters (§ 347) vor allen erdenklichen Schäden zu bewahren nach und stellt im Rahmen der von ihm durchzuführenden Kontrolle Veränderungen fest, die bereits entstanden oder zu befürchten sind, dann hat er diese Tatsachen unverzüglich anzuzeigen und Weisungen einzuholen. Derartiges hat grundsätzlich gegenüber dem **Einlagerer** zu erfolgen. Ist ein Lagerschein ausgestellt, dann ist abweichend hierzu der Letzte bekannt gewordene legitimierte **Besitzer des Lagerscheins** zu informieren; dieser ist dann gegenüber dem Lagerhalter ebenfalls weisungsbefugt. Es ist vorrangige

---

[16] Schlegelberger/*Schröder* § 418 Rn. 7; einschränkend Staub/*Koller* § 418 Rn. 5: nur, falls dies ohne Schwierigkeiten möglich ist und sich der Lagerhalter zu derartigen Auskünften üblicherweise bereit erklärt.

[17] Staub/*Koller* § 418 Rn. 6.

[18] *Andresen/Valder* Rn. 16; *Koller* Rn. 11; aA *Gass* → 1. Aufl. 2001, Rn. 11; *Teutsch* in Fremuth/Thume TranspR Rn. 10.

[19] Schlegelberger/*Schröder* § 418 Rn. 1; Staub/*Koller* § 418 Rn. 9.

[20] *Koller* Rn. 10.

Sache des Einlagerers bzw. des legitimierten Lagerscheinbesitzers, das bei Veränderungen des Gutes Erforderliche zu unternehmen und sach- und interessengerecht zu reagieren. Dies entspricht auch der gesetzgeberischen Annahme, dass der Einlagerer als „Warenfachmann" in aller Regel besser als der Lagerhalter die Folgen von Veränderungen und der sich daraus ergebenden Schadensrisiken abzuschätzen vermag.[21] Der Lagerhalter hat den erhaltenen Weisungen Folge zu leisten. Eigene Maßnahmen zur Beseitigung oder Eindämmung drohender oder entstandener Güterschäden sind vom Lagerhalter nicht zu ergreifen. Kommt der Lagerhalter seiner Verpflichtung zur Anzeige ohne schuldhaftes Zögern (§ 121 Abs. 1 S. 1 BGB) nach und erleidet das Gut Schäden, weil der Einlagerer keine Weisung erteilt hat oder in anderer Weise nicht rechtzeitig eingegriffen hat, so ist Letzterer für den insoweit entstandenen Schaden selbst verantwortlich.[22] Entstehen bei der Ausführung einer Weisung Kosten, so können diese im Wege des Aufwendungsersatzes gem. § 474 geltend gemacht werden.

4. Eigene Maßnahmen des Lagerhalters. a) Voraussetzungen. Können Weisungen innerhalb   **16** angemessener Zeit nicht erlangt werden, dann hat der Lagerhalter die **erforderlichen Maßnahmen** anstelle des Einlagerers selbst zu treffen. Fraglich ist, ob der Lagerhalter auch dann selbst tätig werden muss, wenn der Einlagerer zwar Weisungen erteilt, diese aber unausführbar oder ersichtlich untauglich sind. Die Obhutspflicht verlangt, dass der Lagerhalter in einem solchen Fall Rücksprache mit dem Einlagerer hält und ihn über die Fehlerhaftigkeit der Weisungen aufklärt. Ggf. sind neue, weitere Weisungen einzuholen. Beharrt der Einlagerer dennoch auf seiner Weisung, ist der Lagerhalter daran gebunden. Ist eine Weisung objektiv unausführbar, so hat der Lagerhalter ebenfalls Rücksprache zu halten und neue Weisungen einzuholen. **Ein eigenmächtiges Vorgehen des Lagerhalters löst Schadensersatzansprüche aus.** Etwas anderes gilt nur dann, wenn neue Weisungen nicht eingeholt werden können (etwa auf Grund der geringen Zeit) oder wenn Rücksprache nicht gehalten werden kann oder wenn der Einlagerer nicht (rechtzeitig) antwortet.

b) Die für das Gut angemessen erscheinenden Maßnahmen. Hat der Lagerhalter anstelle des   **17** Einlagerers selbst die angemessen erscheinenden Maßnahmen zu treffen, so ist es im Wege einer **objektiven ex-post-Kontrolle**[23] zu ermitteln, welche Maßnahmen für das Gut optimal gewesen wären. Es wird hier nicht darauf abgestellt, was der Lagerhalter aus seiner subjektiven Sicht als angemessen hielt, noch was der Einlagerer oder Scheininhaber vermutlich angeordnet hätte. Dabei steht dem Lagerhalter insbesondere das Recht zu, das Gut nach den Vorschriften über den Selbsthilfeverkauf gem. § 373 veräußern zu lassen, sofern diese Maßnahme der Angemessenheitskontrolle Stand hält, sich also als die für das Gut verhältnismäßige Maßnahme darstellt.[24] Berücksicht werden muss, dass bei einer Veräußerung des Gutes nach den Vorschriften über den Selbsthilfeverkauf in aller Regel das wirtschaftlich schlechteste Ergebnis erzielt wird, da das Gut dadurch oftmals unter Wert „verschleudert" wird. Erfolgt ein Selbsthilfeverkauf nach § 373 und ist ein Lagerschein ausgestellt, so ist die in § 373 Abs. 3 vorgesehene Androhung des Verkaufs sowie die in § 373 Abs. 5 vorgesehene Benachrichtigung an den letzten ihm bekannt gewordenen legitimierten Besitzer des Lagerscheines zu richten und nicht an den Einlagerer.

c) Haftung des Lagerhalters. Versäumt der Lagerhalter seine Pflicht, dem Einlagerer oder dem   **18** letzten bekannt gewordenen legitimierten Inhaber des Lagerscheins Veränderungen am Gut mitzuteilen, dann haftet er für den daraus entstandenen Schaden, der durch Verlust oder Beschädigung des Gutes in der Obhutszeit entsteht nach § 475.[25] Für alle weiteren Schäden haftet der Lagerhalter nach pVV aus § 280 BGB. Gleiches gilt, wenn der Lagerhalter sich nicht weisungsgemäß verhält oder Selbsthilfemaßnahmen anwendet, die nicht der Angemessenheitskontrolle standhalten.

§ 472 Versicherung. Einlagerung bei einem Dritten

(1) ¹**Der Lagerhalter ist verpflichtet, das Gut auf Verlangen des Einlagerers zu versichern.** ²**Ist der Einlagerer ein Verbraucher, so hat ihn der Lagerhalter auf die Möglichkeit hinzuweisen, das Gut zu versichern.**

(2) **Der Lagerhalter ist nur berechtigt, das Gut bei einem Dritten einzulagern, wenn der Einlagerer ihm dies ausdrücklich gestattet hat.**

I. Normzweck

§ 472 sieht eine Verpflichtung des Lagerhalters vor, das Gut auf Verlangen des Einlagerers zu   **1** versichern. Ist der Einlagerer ein Verbraucher, so hat der Lagerhalter die Pflicht, auf die Versicherungs-

[21] Vgl. BR-Drs. 368/97, 119.
[22] Staub/*Koller* § 417 Rn. 17.
[23] BT-Drs. 13/8445, 120; *Andresen/Valder* Rn. 15; aA Koller Rn. 8, der eine ex ante Betrachtung fordert.
[24] HK-HGB/*Ruß* Rn. 5 und *Müglich* TranspR Rn. 11.
[25] AA *Gass* → 1. Aufl. 2001, Rn. 19 – Haftung nur nach pVV.

möglichkeit gem. S. 2 hinzuweisen. Nach Abs. 2 ist der Lagerhalter nur berechtigt, das Gut beim Dritten einzulagern, wenn der Einlagerer ihm dies ausdrücklich gestattet hat.

II. Versicherung des Gutes (Abs. 1 S. 1)

2   Das Lagerrecht kennt **keine Versicherungspflicht.** Zur Versicherung des Lagergutes ist der Lagerhalter deshalb nur auf Verlangen des Einlagerers verpflichtet. Eine **Weisung zur Versicherung** kann auch **konkludent** erfolgen oder sich **aus den Umständen ergeben.**[1] Die bloße Wertangabe stellt keinen derartigen Antrag zur Eindeckung einer Versicherung dar.[2] Möglich ist, dass der Lagerhalter dem Einlagerer eine Versicherung vermittelt und dann wie ein Versicherungsmittler in Erscheinung tritt. Typischerweise verfügt der Lagerhalter aber über eine Generalpolice, durch die er das Lagergut gegen verschiedene Gefahren für Rechnung des jeweiligen Einlageres oder einer Bank zur Kreditsicherung versichert (vgl. Ziff. 21 ADSp 2017).[3] Dann schuldet der **Lagerhalter** als **Versicherungsnehmer dem Versicherer die Prämie,** die er als **Aufwendungsersatz** dem jeweiligen Einlagerer berechnet. Für die Besorgung der Versicherung erwächst dem Lagerhalter ein Vergütungsanspruch aus § 354. Der Einlagerer muss angeben, welchen Versicherungsschutz er wünscht, um das Gut während der gesamten Lagerzeit gegen die üblichen Risiken in Form von Feuer, Einbruchsdiebstahl, Sturm etc, zu versichern.[4]

3   Ist der Einlagerer ein **Verbraucher** (§ 13 BGB), dann trifft den Lagerhalter nach Abs. 1 S. 2 die Pflicht, den Einlagerer auf die Möglichkeit zum Abschluss einer Versicherung gegen die Gefahren der Lagerung hinzuweisen. Die Hinweispflicht dient dem Schutz des Verbrauchers, der als Einlagerer nicht ohne weiteres von sich aus einen entsprechenden Versicherungsvertrag abschließt. Der Hinweis kann formlos erfolgen. In Abweichung zum Umzugsrecht muss der Hinweis also weder schriftlich noch drucktechnisch besonders hervorgehoben werden. Verletzt der Lagerhalter seine Hinweispflicht und verwirklichen sich Risiken, gegen die üblicherweise Versicherungsschutz eingedeckt wird, dann haftet der Lagerhalter für den fehlenden Versicherungsschutz und in dessen Höhe nach den **Grundsätzen der pVV gem. § 280 BGB.**

III. Einlagerung bei einem Dritten (Abs. 2)

4   Abs. 2 stellt klar, dass der Lagerhalter das Gut **grundsätzlich nur in eigenen Räumen lagern** und aufbewahren darf. Der Lagerhalter muss also unmittelbarer Besitzer gem. §§ 854, 855 BGB des Lagergutes werden und bleiben.[5] Hier kommt die gesetzgeberische Wertung zum Ausdruck, dass der **Lagervertrag ein Vertrag besonderen Vertrauens** ist. Die **Güterobhut** steht im Vergleich zum Frachtvertrag, der stärker vom Beförderungselement geprägt ist, im Vordergrund.[6] Der Lagerhalter darf das Gut nur im eigenen Lager einlagern.[7]

5   Eigene Lager sind auch solche, die der Lagerhalter etwa auf Grund eines Pacht- oder Mietvertrages nutzt.[8] Zu fordern ist, dass das Gut innerhalb des Organisations- und Herrschaftsbereichs des Lagerhalters aufbewahrt wird.[9]

6   Nach Abs. 2 ist der Lagerhalter nur berechtigt das Gut bei einem Dritten einzulagern, wenn der Einlagerer ihm dies **ausdrücklich** gestattet. Nur dann kann sich der Lagerhalter eines anderen Lagerhalters bedienen, um die Obhutspflicht zu erfüllen. Ausdrücklich bedeutet, dass die **Erlaubnis schriftlich** oder **mündlich** erteilt werden muss. **Bloßes Stillschweigen** oder eine durch **schlüssiges Handeln** erteilte Ermächtigung reicht hierzu nicht.[10] Eine derartige Erlaubnis kann auch im Rahmen von allgemeinen Geschäftsbedingungen (Ziff. 15.2 ADSp 2017) erklärt werden.[11]

7   Nimmt der Lagerhalter eine Umlagerung vor, so bedarf es einer schriftlichen Benachrichtigung des Auftraggebers, dass und wohin das dem Lagerhalter anvertraute Lagergut umgelagert wurde.[12]

8   Hat der Lagerhalter vertragswidrig die Einlagerung bei einem Dritten vorgenommen, so haftet er beim Eintritt von Güterschäden gem. § 475, im Übrigen aus pVV gem. § 280 BGB für jeden adäquat verursachten Schaden.[13] Für Hilfspersonen, derer sich der Lagerhalter zur Erfüllung seiner Pflichten bedient, haftet er nach § 278 BGB.[14]

---

[1] BGH Urt. v. 18.1.1974 – I ZR 127/72, VersR 1974, 327 (328).
[2] *Teutsch* in Fremuth/Thume TranspR Rn. 1; *Koller* Rn. 2.
[3] *Andresen/Valder* Rn. 4.
[4] Schlegelberger/*Schröder* § 417 Rn. 9.
[5] *Koller* Rn. 4.
[6] BR-Drs. 368/97, 120.
[7] BR-Drs. 368/97, 120.
[8] Diese Auslegung deckt sich mit der Definition des Terminal Operators in Art. 1a S. 1 UN-Draft Convention on Liability of Operators of Transport Terminals in International Trade.
[9] *Koller* Rn. 4.
[10] *Andresen/Valder* Rn. 9.
[11] *Andresen/Valder* Rn. 9.
[12] Vgl. BGH Urt. v. 8.5.2017 – I ZR 48/13, TranspR 2014, 438.
[13] *Koller* Rn. 4.
[14] Staub/*Koller* § 416 Rn. 7.

§ 473 Dauer der Lagerung

(1) ¹Der Einlagerer kann das Gut jederzeit herausverlangen. ²Ist der Lagervertrag auf unbestimmte Zeit geschlossen, so kann er den Vertrag jedoch nur unter Einhaltung einer Kündigungsfrist von einem Monat kündigen, es sei denn, es liegt ein wichtiger Grund vor, der zur Kündigung des Vertrags ohne Einhaltung der Kündigungsfrist berechtigt.

(2) ¹Der Lagerhalter kann die Rücknahme des Gutes nach Ablauf der vereinbarten Lagerzeit oder bei Einlagerung auf unbestimmte Zeit nach Kündigung des Vertrags unter Einhaltung einer Kündigungsfrist von einem Monat verlangen. ²Liegt ein wichtiger Grund vor, so kann der Lagerhalter auch vor Ablauf der Lagerzeit und ohne Einhaltung einer Kündigungsfrist die Rücknahme des Gutes verlangen.

(3) Ist ein Lagerschein ausgestellt, so sind die Kündigung und das Rücknahmeverlangen an den letzten dem Lagerhalter bekannt gewordenen legitimierten Besitzer des Lagerscheins zu richten.

Schrifttum: S. vor §§ 407 u. 467.

Parallelvorschriften: §§ 695, 699 Abs. 2 BGB.

I. Normzweck

Die Vorschrift regelt die Dauer der Lagerzeit und enthält Bestimmungen zur Beendigung des 1 Lagervertrags. Die im Gesetz vorgesehenen Auflösungsgründe sind für den Einlagerer und den Lagerhalter spiegelbildlich ausgestaltet. § 473 Abs. 1 entspricht § 695 BGB.¹

Die in § 473 geregelten Beendigungsgründe sind nicht abschließend. Sie regeln nur die **Kündigung** 2 **des Lagervertrages,** folglich gilt ergänzend das BGB.

II. Rückgabespruch des Einlagerers

1. Anspruchsinhaber. Inhaber des vertraglichen Rückgabeanspruches ist der **Einlagerer** als **Vertrags-** 3 **partner des Lagerhalters.** Der Einlagerer kann die Auslieferung des Gutes an sich selbst fordern, auch wenn er bei Einlagerung **nicht** der **Eigentümer des Gutes gewesen** ist. Dies ist Folge des schuldrechtlichen Rückgabeanspruches, der unabhängig von dem Eigentum an dem Lagergut zu beurteilen ist. Liegt ein Vertrag zugunsten Dritter iSv § 328 BGB vor, so kann auch dem Dritten ein entsprechender Herausgabeanspruch zustehen. Daneben kann einem Dritten auch eine Ermächtigung gem. § 362 Abs. 2 BGB erteilt werden, das Gut in Empfang zu nehmen. Auf die Ermächtigung in Form einer Weisung an den Lagerhalter im Rahmen eines Lieferscheins (delivery order) sind die §§ 783 ff. BGB analog anzuwenden.² Eine Anweisung iSv § 784 BGB wird dann angenommen, wenn der Lagerhalter dem Anweisungsempfänger die Lagerkosten in Rechnung stellt.³ In Fällen, in denen das Lagergut mehrfach verkauft wurde, ohne dass eine Bewegung des Lagergutes stattfand, liegt eine Abtretung des Herausgabeanspruches des Einlagerers gegenüber dem Lagerhalter nur dann vor, wenn dies ausdrücklich vereinbart worden ist.⁴

2. Kündigungsrecht des Einlagerers (Abs. 1 S. 2). a) Unbefristete Lagerzeit. § 473 Abs. 1 4 S. 1 regelt das Kündigungsrecht des Einlagerers für den Fall, dass der Lagervertrag auf unbestimmte Zeit abgeschlossen wurde. Dann kann der Einlagerer den Lagervertrag unter Einhaltung einer **ein-monatigen Mindestkündigungsfrist** kündigen. Verlangt er das Lagergut zuvor heraus, bleibt er vergütungspflichtig. Regelmäßig wird in dem Herausgabeverlangen jedoch auch eine konkludente Kündigung des Vertrages zu sehen sein.

b) Befristete Lagerzeit. Weist der Lagervertrag eine bestimmte Lagerfrist aus, ist bei einem vor- 5 fristigen Herausgabeverlangen durch den Einlagerer § 699 Abs. 2 BGB anzuwenden. Danach steht dem Lagerhalter ein verhältnismäßiger Vergütungsanspruch zu, sofern nicht – was die Regel sein dürfte – etwas anderes vereinbart wurde.

c) Kündigung aus wichtigem Grund. Ohne Einhaltung einer Kündigungsfrist kann der Einlage- 6 rer die sofortige Rückgabe des Lagergutes verlangen, wenn ein **wichtiger Grund** vorliegt. Voraussetzung hierfür ist, dass das **Vertrauensverhältnis zwischen Einlagerer und Lagerhalter schwerwiegend gestört** ist. Dies ist zu bejahen, wenn der Einlargerer unter **Berücksichtigung der Umstände des Einzelfalles** und **Abwägung der widerstreitenden Interessen** die Fortsetzung des Vertrages bis zu dessen vereinbarter Beendigung oder bis zum Ablauf der Frist für eine ordentliche Kündigung nach Treu und Glauben **nicht mehr zugemutet** werden kann.⁵ Es ist dem Einlagerer zB

¹ BT-Drs. 13/8445, 121.
² *Koller* Rn. 3; BGH Urt. v. 17.5.1971 – VIII ZR 15/70, NJW 1971, 1608 (1609).
³ *Koller* Rn. 3; OLG Hamburg Urt. v. 6.5.1982 – 6 U 148/81, VersR 1982, 1104 (1105).
⁴ OLG Bremen Urt. v. 27.2.1997 – 2 U 140/96, OLGR Bremen 1997, 191.
⁵ BGH Urt. v. 7.10.2004 – I ZR 18/02, NJW 2004, 1360 (1361); BGH Urt. v. 26.9.1996 – I ZR 265/95, BGHZ 133, 316 (320) = NJW 1997, 1702 (1703); BGH Urt. v. 29.3.2001 – I ZR 182/98, BGHZ 147, 178 (190) = NJW

nicht zuzumuten, den Lagervertrag als einen „**Vertrag besonderen Vertrauens**" bis zum Ablauf der Kündigungsfrist fortzusetzen, wenn der Lagerhalter sich hartnäckig den Weisungen des Einlagerers widersetzt, das Gut des Einlagerers für sich nutzt oder durch nachlässige Lagerorganisation ein konkretes Diebstahlsrisiko für das Gut schafft.

III. Rücknahmeanspruch des Lagerhalters (Abs. 2)

7   **1. Unbefristete Lagerzeit.** Bei unbestimmter Lagerzeit kann der Lagerhalter die Rücknahme des Gutes nach § 473 Abs. 2 S. 1 Alt. 2, erst verlangen, wenn er den Lagervertrag unter Einhaltung einer Kündigungsfrist von einem Monat gekündigt hat. Die **Kündigung des Vertrages** setzt **nicht voraus,** dass das **Lagergut bereits eingelagert wurde.**[6]

8   **2. Befristete Lagerzeit.** Nach § 473 Abs. 2 S. 1 hat der Lagerhalter einen Anspruch darauf, dass der Einlagerer das Gut nach Ablauf der Lagerzeit zurücknimmt. Mit Zeitablauf endet der Lagervertrag.

9   **3. Wichtiger Grund.** Liegt ein **wichtiger Grund** vor, so kann der Lagerhalter auch vor Ablauf der Lagerzeit und ohne Einhaltung der Kündigungsfrist die sofortige Rücknahme des Gutes verlangen gem. § 473 Abs. 2 S. 2. Ob ein wichtiger Grund vorliegt, bestimmt sich, wie in → Rn. 6 dargestellt, nach Abwägung der Interessen beider Parteien unter Berücksichtigung der gesetzlichen Wertungen und Risikoverteilungen. Es dürfen keine sachfremden Belange eingestellt werden. Auf ein Verschulden einer Partei kommt es nicht an.

10   Kündigt der Lagerhalter, da er seinen Lagerbetrieb zur Vermeidung eines Insolvenzverfahrens einstellt, liegt hierin kein wichtiger Grund, der eine außerordentliche Kündigung des Lagervertrages rechtfertigen kann.[7] Eine außerordentliche Kündigung aus wichtigem Grund kann im Allgemeinen nicht auf Umstände gestützt werden, die im Risikobereich des Kündigenden, hier des Lagerhalters, liegen. Die finanzielle Notlage eines Unternehmens, dessen Fortführung mit dem Risiko verbunden ist, die Eröffnung des Insolvenzverfahrens beantragen zu müssen, berechtigt daher für sich allein nicht zur außerordentlichen Kündigung bestehender Verträge aus wichtigem Grund.[8] Der Lagerhalter wird sich grundsätzlich auch nicht darauf berufen können, dass die Lagerkosten nach Abschluss des Lagervertrages gestiegen sind.[9] Wird ein Teil der Lagerhallen zerstört, so stellt dies ebenfalls keinen wichtigen Grund dar. Denn mit Zustimmung des Einlagerers besteht die Möglichkeit, das Gut bei einem Dritten einzulagern gem. § 472 Abs. 2.[10] Verweigert der Einlagerer seine Zustimmung zur Dritteinlagerung, dann wird wohl ein wichtiger Grund zur Kündigung des Lagervertrages ohne Einhaltung einer Kündigungsfrist gegeben sein. Ein wichtiger Grund der zur Kündigung berechtigt, stellt auch die unterlassene pflichtwidrige Mitteilung über die Gefährlichkeit des eingelagerten Gutes dar (§§ 410, 468 Abs. 3 Nr. 2), wenn Personal und Eigentum des Lagerhalters oder eines Dritten gefährdet werden. Hat der Lagerhalter die Gefährlichkeit bei Übernahme des Gutes zwar gekannt aber unterschätzt, so dürfte darin ebenfalls ein wichtiger Grund vorliegen.[11]

11   Der Lagervertrag endet mit Wirksamwerden der Kündigung.

IV. Adressat von Kündigung und Rücknahmeverlangen (Abs. 3)

12   Adressat von Kündigung und Rücknahmeverlangen des Lagerhalters ist grundsätzlich der **Einlagerer.** Ist ein Lagerschein ausgestellt, dann ist Adressat der Kündigung und des Rückgabeverlangens der dem Lagerhalter zuletzt bekannt gewordene legitimierte Besitzer des **Lagerscheins.**

V. Rechte des Lagerhalters bei nicht erfolgter Rücknahme

13   Nimmt der Einlagerer das Gut nicht zurück obwohl er nach § 473 dazu verpflichtet ist, gerät er in Gläubigerverzug gem. §§ 293 ff. BGB und unter den Voraussetzungen der §§ 280, 286 BGB auch in Schuldnerverzug.[12] Diese Rechtsfolge gilt auch, wenn der Einlagerer den Herausgabeanspruch abgetreten hat. Der Lagerhalter ist berechtigt, das Gut dem Einlagerer zu übergeben, selbst wenn ihm die Abtretung bekannt war (vgl. § 404 BGB).[13] Dem Lagerhalter steht ohne Rücksicht auf einen etwaigen

---

2002, 596 (599); BGH Urt. v. 11.3.2003 – XI ZR 403/01, BGHZ 154, 146 (153) = NJW 2003, 1658 (1659); BGH Urt. v. 17.12.1998 – I ZR 106/96, TranspR 1999, 168 (169); BGH Urt. v. 3.11.1999 – I ZR 145/97, TranspR 2000, 214 (216) = NJW RR 2000, 1560 (1562).

6 *Andresen/Valder* Rn. 6.
7 BGH Urt. v. 7.10.2004 – I ZR 18/02, TranspR 2005, 161 (163).
8 BGH Urt. v. 7.10.2004 – I ZR 18/02, TranspR 2005, 161 (163).
9 *Teutsch* in Fremuth/Thume TranspR Rn. 9.
10 MüKoHGB/*Frantzioch* Rn. 13.
11 Staub/*Koller* § 422 Rn. 5.
12 *Koller* Rn. 8; *Andresen/Valder* Rn. 9; *Teutsch* in Fremuth/Thume TranspR Rn. 10.
13 *Koller* Rn. 8.

Verzugsschaden ein Anspruch auf Fortzahlung entweder der vereinbarten Vergütung oder des ortsüblichen Lagergeldes gem. § 354 zu.

VI. Ausstellung eines Lagerscheins

Nach Abs. 3 ist Adressat einer Kündigung oder des Rücknahmeverlangens durch den Lagerhalter **14** für den Fall, dass ein Lagerschein ausgestellt ist, nur der zuletzt bekannt gewordene Inhaber des Lagerscheins. Der Einlagerer ist dann nicht mehr der richtige Adressat.

VII. Einwendungen

Der Lagerer ist berechtigt, dem Einlagerer, dessen Rechtsnachfolger, dem Pfandgläubiger sowie **15** dem Eigentümer sein Pfandrecht nach § 475b entgegen zu setzen.[14] Er darf sich auf bestehende bürgerlich rechtliche oder kaufmännische bzw. vertragliche Zurückbehaltungsrechte nach § 273 BGB bzw. § 369 BGB berufen. Im Wege der Drittwiderspruchsklage kann der Einlagerer bzw. der Eigentümer oder anderweitig Berechtigte vorgehen, wenn das Gut beim Lagerhalter gepfändet wurde (§ 771 ZPO).[15] Bei der Insolvenz des Lagerhalters wird der Herausgabeanspruch nicht berührt. Der Einlagerer kann das Gut aussondern (§ 47 InsO).

§ 474 Aufwendungsersatz

Der Lagerhalter hat Anspruch auf Ersatz seiner für das Gut gemachten Aufwendungen, soweit er sie den Umständen nach für erforderlich halten durfte.

Schrifttum: S. vor §§ 407 u. 467.

Parallelvorschriften: §§ 693, 670 BGB.

I. Normzweck

Dem Lagerhalter steht nach § 474 ein Ersatzanspruch für alle **güterbezogenen Aufwendungen** **1** zu. Der Anspruch steht unter dem Vorbehalt, dass der Lagerhalter die Aufwendungen für **erforderlich** halten durfte. Der Aufwendungsersatzanspruch tritt neben den allgemeinen Vergütungsanspruch nach § 467 Abs. 2 und findet Anlehnung an §§ 693, 670 BGB.

II. Aufwendungsersatz

1. Wirksamer Lagervertrag. Vorausgesetzt wird ein **wirksamer Lagervertrag.** Nur dann kann **2** ein Aufwendungsersatzanspruch ebenso wie der Vergütungsanspruch nach § 467 Abs. 2 entstehen. Ist also ein Lagervertrag nicht zustande gekommen oder unwirksam, kann der Lagerhalter Aufwendungen nur nach den Grundsätzen der ungerechtfertigten Bereicherung gem. §§ 812 ff. BGB oder der Geschäftsführung ohne Auftrag gem. §§ 677 ff. BGB ersetzt bekommen.

2. Begriff der Aufwendung. Ein Aufwendungsersatzanspruch kann nur für diejenigen Tätig **3** keiten erwachsen, die nicht bereits durch den Vergütungsanspruch gem. § 467 Abs. 2 abgegolten sind. Mit dem **Vergütungsanspruch** des Lagerhalters werden grundsätzlich **alle Tätigkeiten abgegolten,** zu denen sich der **Lagerhalter vertraglich verpflichtet** hat oder die ihm gesetzlich zugewiesen sind, wie die **Verpflichtung zur Güterobhut.** Da der Lagerhalter absehen kann, welche Kosten bei der Ausführung des Lagervertrages entstehen, werden diese vom Vergütungsanspruch erfasst und können nicht (zusätzlich) als Aufwendungsersatz geltend gemacht werden. Deshalb sind laufende Kosten keine Aufwendungen. Auch kann der Lagerhalter nicht die Bewachungskosten für erkennbar diebstahlgefährdetes Gut ersetzt verlangen.[1] Auch die Kosten der Abwehr von Ungeziefer, des Einsatzes der Arbeitskraft des Lagerhalters, stellen keine Aufwendungen dar.[2]

Auf der anderen Seite muss berücksichtigt werden, dass **der Lagerhalter kein „Warenfachmann"** **4** **ist** und er bei Vertragsschluss noch nicht alle zukünftigen Vermögensopfer exakt überblicken kann, die er konkret zum Zwecke der ordnungsgemäßen Vertragsausführung eingehen muss. Der Lagerhalter kann manche Vermögensopfer, so zB **Zölle oder Einfuhrumsatzsteuer** nicht beeinflussen, sodass diese zu den erstattungsfähigen **Aufwendungen** zählen. In die Kategorie dieser Aufwendungen fallen deshalb auch Abgaben und Kosten für eine besondere **amtliche Behandlung des Gutes,**[3] für eine

---

[14] *Koller* Rn. 5.

[15] BGH Urt. v. 7.6.1984 – I ZR 47/82, TranspR 1985, 9 (11); *Koller* Rn. 5.

[1] Staub/*Koller* § 420 Rn. 3.

[2] *Koller* Rn. 2; *Koller* VersR 1995, 1385 (1386); *Tunn,* Lagerrecht, Kontraktlogistik, 2005, Rn. 165; *Teutsch* in Fremuth/Thume TranspR Rn. 2.

[3] BT-Drs. 13/8445, 121.

Behandlung des Gutes auf Weisung des Einlagerers,[4] die **Kosten der Eindeckung einer Versicherung**[5] oder die **Kosten einer Behandlung des Gutes aus sonstigen Gründen,** die vom Lagerhalter **nicht zu verantworten sind.**[6] Ein Aufwendungsersatzanspruch umfasst auch die Kosten für eine außergewöhnliche Bewegung des Gutes, sei es aus klimabedingten Gründen oder auf Veranlassung des Einlagerers.[7] Stellt der Lagerhalter nach der Entgegennahme Veränderungen am Gut fest und handelt er, nachdem er den Einlagerer davon in Kenntnis gesetzt hat, zur Beseitigung der Gefahr auf dessen Weisung, so kann er die insoweit entstandenen Kosten ebenfalls als Aufwendungsersatz verlangen. Der Lagerhalter kann Ersatz der Kosten verlangen die dadurch entstanden sind, dass die Güter umgelagert werden mussten, weil sie in Folge höherer Gewalt einen Nässeschaden erlitten haben.[8]

5   **3. Fälligkeit.** Die Fälligkeit des Aufwendungsersatzanspruches folgt aus § 271 Abs. 1 BGB. Im Zweifel ist der Anspruch **sofort fällig.**[9] Der Lagerhalter ist durch das Lagerhalterpfandrecht hinreichend geschützt, sodass ein Anspruch auf Vorschuss nicht bestehen soll.[10]

6   **4. Verjährung.** Die Verjährung des Aufwendungsersatzanspruches richtet sich nach § 475a.

§ 475 Haftung für Verlust oder Beschädigung

[1] **Der Lagerhalter haftet für den Schaden, der durch Verlust oder Beschädigung des Gutes in der Zeit von der Übernahme zur Lagerung bis zur Auslieferung entsteht, es sei denn, daß der Schaden durch die Sorgfalt eines ordentlichen Kaufmanns nicht abgewendet werden konnte.** [2] **Dies gilt auch dann, wenn der Lagerhalter gemäß § 472 Abs. 2 das Gut bei einem Dritten einlagert.**

Übersicht

I. Normzweck

1   § 475 regelt eine auf vermutetem Verschulden beruhende Obhutshaftung des Lagerhalters.[1] Die Haftung des Lagerhalters ist dem Grunde und der Höhe nach dispositiv. Bei Verträgen mit Verbrauchern (§ 13 BGB) ist aber § 475h zu beachten.

II. Haftung des Lagerhalters

2   Nach § 475 haftet der Lagerhalter verschuldensabhängig nur für Güterschäden, die während des maßgeblichen Obhutszeitraums eingetreten sind. Für andere Schäden, dh für Vermögensschäden, Güterfolgeschäden oder für Güterschäden außerhalb des Obhutszeitraums haftet der Lagerhalter nach allgemeinen Grundsätzen, insbesondere aus pVV gem. § 280,[2] nach den §§ 987 ff. BGB oder wegen deliktischer Handlung nach § 823 BGB.[3]

---

[4] BT-Drs. 13/8445, 121.
[5] *Koller* Rn. 2; *Koller* VersR 1995, 1385 (1386).
[6] *Koller* Rn. 2.
[7] BT-Drs. 13/8445, 121.
[8] BGH Urt. v. 2.2.1995 – I ZR 211/92, NJW RR 1995, 1117 = TranspR 1995, 402; hierzu *Koller* NJW 1996, 300.
[9] Vgl. *Müglich* TranspR Rn. 4 und HK-HGB/*Ruß* Rn. 2.
[10] *Koller* Rn. 2; aA *Andresen/Valder* Rn. 5.
[1] BR-Drs. 368/97, 120.
[2] BR-Drs. 368/97, 121.
[3] *Teutsch* in Fremuth/Thume TranspR Rn. 8; aA *Koller* Rn. 2; MüKoHGB/*Frantzioch* Rn. 2; *Tunn,* Lagerrecht, Kontraktlogistik, 2005, Rn. 318, die eine Haftung aus § 475 auch für Güterfolgeschäden annehmen.

1. Obhutszeitraum. Wie im Frachtrecht (§ 425), wird der Obhutszeitraum durch zwei Zeitpunkte 3 definiert, nämlich durch die Übernahme des Gutes zur Lagerung und durch die Auslieferung des Gutes.

a) Übernahme des Gutes. Der **Obhutszeitraum** beginnt mit **Übernahme des Gutes durch** 4 **den Lagerhalter** oder einen seiner Gehilfen. Die Übernahme muss zum Zwecke der Lagerung erfolgen. Dazu zählt also nicht die Übernahme nur zu einer verkehrsbedingten (Zwischen-)Lagerung (→ § 467 Rn. 17). Übernahme bedeutet den Erwerb des unmittelbaren Besitzes zur Lagerung durch den Lagerhalter, seine Leute oder eingesetzte Subunternehmer gem. § 278 BGB. Bei Anlieferung des Gutes beim Lagerhalter gehört es nur zu den Aufgaben des Lagerhalters, das Gut einzulagern, wozu aber nicht das Entladen des Fahrzeuges gehört. Wünscht der Einlagerer die Übernahme der Entlade-tätigkeit durch den Lagerhalter, so bedarf es einer zusätzlichen vertraglichen Vereinbarung.[4] Die Über-nahme des Gutes beginnt in dem Moment, in dem der Lagerhalter zum Zwecke der Einlagerung mit der Verbringung in das Lager beginnt.

b) Auslieferung des Gutes. Der **Obhutszeitraum** wird durch **Auslieferung des Lagergutes an** 5 **den Einlagerer** bzw. dessen Rechtsnachfolger **beendet.** Auslieferung bedeutet, dass der Lagerhalter den vollständigen Besitz und Gewahrsam an dem Gut **im Einverständnis** mit dem Einlagerer wieder aufgibt und diesen in die Lage versetzt, die **tatsächliche Gewalt über das Gut auszuüben.**[5] Mit der Bereitstellung des Lagergutes auf der Rampe zur Abholung ist die Auslieferung erfolgt. Die Beladung des Fahrzeuges ist Aufgabe des Einlagerers, der jedoch den Lagerhalter damit gesondert beauftragen kann.[6] Die Auslieferung muss an den Berechtigten erfolgen, also an den Einlagerer oder dessen Rechtsnachfolger, bei Ausstellung eines Lagerscheins an den legitimierten Besitzer des Lagerscheines. Wird das Gut an einen Dritten ausgeliefert, so führt dies zum Lagergutverlust, falls der Dritte vom Berechtigten nicht zur Entgegennahme des Gutes bevollmächtigt oder ermächtigt wurde.[7]

2. Verschulden. Nach § 475 entfällt die Haftung des Lagerhalters, wenn der Schaden durch die 6 **Sorgfalt eines ordentlichen Kaufmannes** nicht abgewendet werden konnte (§ 347 Abs. 1). Es ist mithin die Sorgfalt eines ordentlichen Kaufmannes, bezogen auf das Lagergewerbe, maßgeblich. Liegt eine unentgeltliche Lagerung vor, kann sich der Lagerhalter auf die Haftungsmilderung von § 690 BGB berufen.[8]

Der Sorgfaltsmaßstab bezieht sich auf alle durch den Lagerhalter zu erbringenden Leistungen und 7 Pflichten, so zB äußerliche Kontrolle und Benachrichtigung des Einlagerers gem. § 471 Abs. 2. Zu den Pflichten, die dem Lagerhalter bei der Auswahl der Lagerräume, der Kontrolle und Gefahren-abwehr obliegen → § 467 Rn. 26 ff.

Da § 475 die **Vermutung begründet,** dass der Lagerhalter den Verlust oder die Beschädigung **des** 8 **Gutes zu vertreten** hat, muss er zu seiner **Entlastung** wiederum den **Beweis führen,** dass er **die Sorgfalt eines ordentlichen Kaufmannes beachtet** hat. Eine erfolgreiche Beweisführung setzt deshalb voraus, dass eine lückenlose Schadensaufklärung durch den Lagerhalter stattfindet[9] und die Schadensursache geklärt wird.

Das Verschulden von **Erfüllungsgehilfen** wird dem Lagerhalter nach § 278 BGB zugerechnet. Der 9 Lagerhalter kann sich nicht mit dem Argument exkulpieren, er hafte wegen des Fehlverhaltens des Dritten nur wegen Auswahlverschuldens. § 475 S. 2 stellt klar, dass der Lagerhalter auch im Falle der Einlagerung bei einem Dritten aus dem von ihm geschlossenen Lagervertrag selbst verpflichtet bleibt.

Der Lagerhalter haftet gem. § 278 auch für Arbeitnehmer, die gerade diejenigen eingelagerten Güter 10 bestehlen, die sie zu bewachen haben.[10] Denn die Verhinderung von Diebstählen gehört gerade zum Aufgabenbereich des Arbeitnehmers.[11] Der Lagerhalter hat auch für das Verhalten seines Gabelstapler-fahrers gem. § 278 BGB einzustehen, wenn dieser in Folge bloßer Unachtsamkeit Sprinklerdüsen in der Lagerhalle beschädigt, dadurch die Sprinkleranlage in Gang setzt und dadurch das Lagergut beschädigt wird.[12]

III. Schaden des Gutes

Nach dem Gesetzeswortlaut haftet der Lagerhalter für den Schaden, der durch Verlust oder Beschä- 11 digung entsteht. Die Reichweite von § 475 wird unterschiedlich interpretiert. Aus der Begründung

---

[4] AA *Andresen/Valder* Rn. 7, im Zweifel gehöre es zu den Aufgaben des Lagerhalters, das Gut vom Fahrzeug zu entladen bzw. zu beladen.

[5] Vgl. BGH Urt. v. 29.11.1984 – I ZR 121/82, TranspR 1985, 182 (183) = VersR 1985, 258 = RIW 1985, 326 = ETL 1985, 448; BGH Urt. v. 19.1.1973 – I ZR 4/72, NJW 1973, 511 (512).

[6] AA *Andresen/Valder* wie vor Rn. 4.

[7] Vgl. OLG München Urt. v. 10.10.1990 – 7 U 3528/89, TranspR 1991, 138.

[8] *Andresen/Valder* Rn. 10.

[9] OLG Hamburg Urt. v. 14.1.1988 – 6 U 1/87, TranspR 1989, 189.

[10] BGH Urt. v. 17.3.1981 – VI ZR 287/79, VersR 1981, 732 (733); BGH Urt. v. 20.6.1984 – VIII ZR 137/83, BB 1984, 1449.

[11] *Koller* Rn. 3.

[12] OLG Köln Urt. v. 27.5.2003 – 3 U 24/03, TranspR 2004, 373 ff.

zum Regierungsentwurf[13] ergibt sich, dass nur Güterschäden von der Norm erfasst werden sollen und alle weiteren Schäden, wie zB Güterfolgeschäden, von § 475 ausgeschlossen und deshalb nach allgemeinen Regeln des BGB zu beurteilen sind. Demgegenüber wird die Auffassung vertreten, dass § 475 nach seinem Wortlaut auch Güterfolgeschäden erfasse, da ein Güterfolgeschaden eben gerade auch ein „durch Verlust und Beschädigung des Gutes entstandener Schaden" im Sinne der Norm sei.[14] In der Praxis wirkt sich der Unterschied der beiden Auffassungen im Wesentlichen im Beweisrecht aus. Da § 475 auf vermutetem Verschulden beruht, muss der Lagerhalter den Entlastungsbeweis führen (→ Rn. 19). Demgegenüber beruht ein Anspruch aus pVV gem. § 280 Abs. 1 BGB auf Verschulden und ist deshalb vom Geschädigten zu beweisen.

11a   Der Schaden muss im Obhutszeitraum (→ Rn. 3) entstanden sein. Dies bedeutet, dass die Schadensursache im Obhutszeitraum gesetzt sein muss. Nicht erforderlich ist, dass sich der Schaden noch im Obhutszeitraum unmittelbar zeigt.[15] Auszuklammern sind Schadensursachen, die nicht aus mangelhafter Obhut resultieren, sondern die dem Kreis dienst- oder werkvertraglicher Pflichten zuzuordnen sind, die der Lagerhalter zusätzlich zu seinen lagerrechtlichen Pflichten übernommen hat.[16]

12   **1. Verlust. Verlust** liegt vor, wenn der Lagerhalter dem Einlagerer auf unübersehbare Zeit den Besitz am Gut nicht verschaffen kann, sei es durch Zerstörung, Abhandenkommen, Beschlagnahme des Gutes oder Auslieferung an einen Nichtberechtigten. Die Besitzverschaffung ist auch dann unmöglich, wenn das Gut völlig zerstört ist oder wenn der Lagerhalter nicht mehr wirksam darüber verfügen kann, etwa bei einer Beschlagnahme. Das Gut gilt nicht nur dann als zerstört, wenn die verbleibende Restsubstanz völlig unbrauchbar geworden ist, es sich also nur noch um Schrott und Trümmer handelt,[17] sondern auch dann, wenn die Kosten zur Wiederherstellung des beschädigten Gutes den ursprünglichen Güterwert übersteigen (sog. wirtschaftliche Unmöglichkeit), das Gut unter wirtschaftlichen Gesichtspunkten also **reparaturunwürdig** ist (allgM).[18] Wird das **Gut** an einen **Nichtberechtigten herausgegeben,** so liegt ebenfalls **Güterverlust vor,** soweit der Lagerhalter den Gewahrsam an dem Gut nicht binnen kurzer Frist wiedererlangen kann.[19] Verliert das Gut nur an Wert, so liegt kein Verlust iSv § 475 vor.

13   **2. Beschädigung.** Das eingelagerte Gut ist beschädigt, wenn es in seiner **Substanz verändert ist.** Verbleibt dem Gut **kein Substanzwert,** liegt **Verlust** vor. Eine Werteinbuße ohne Substanzveränderung ist keine Beschädigung. Verliert das Gut etwa wegen Preisverfall während der Lagerzeit an Wert, stellt dies keine Güterbeschädigung dar.

14   **Innere Substanzverletzungen** liegen vor, wenn die Qualität des Gutes auf Grund externer Einflüsse abgenommen hat, obwohl es scheinbar äußerlich unversehrt geblieben ist. Derartige Beschädigungen entstehen vor allem durch Antauen von Tiefkühlgut, da dieses oftmals nicht erneut eingefroren werden kann bzw. angetaute Ware von einem Käufer nicht abgenommen zu werden braucht.[20] Wird daher angetaute Ware erneut eingefroren, so beseitigt dies nicht die Substanzverletzung.[21] Innere Substanzverletzungen liegen auch vor bei Verderb von frischem Fleisch auf Grund ungenügender Kühlung,[22] bei Geruchsschäden durch andere Güter, bei Frischeverlust von Obst,[23] bei innerer Fäulnis von Früchten[24] oder bei Aromaverlust, etwa bei Kaffee.[25]

---

[13] BT-Drs. 13/8445, 122.

[14] *Koller* Rn. 8; MüKoHGB/*Frantzioch* Rn. 19; *Tunn,* Lagerrecht, Kontraktlogistik, 2005, Rn. 318.

[15] *Koller* Rn. 3.

[16] OLG Frankfurt a. M. Urt. v. 1.11.2006– 21 U 9/05, TranspR 2007, 78 (81); *Koller* Rn. 3.

[17] OLG Hamburg Urt. v. 24.5.1984 – 6 U 67/84, TranspR 1984, 274.

[18] *De la Motte* VersR 1988, 317 (318); *Koller* § 429 Rn. 3; Staub/*Helm* § 429 Rn. 22.

[19] BGH Urt. v. 27.10.1978 – I ZR 30/77, VersR 1979, 276 = NJW 1979, 2473; BGH Urt. v. 13.7.1979 – I ZR 108/77, VersR 1979, 1154; OLG Frankfurt a. M. Urt. v. 30.3.1977 – 17 U 71/76, VersR 1978, 169; OLG Hamburg Urt. v. 13.3.1953 – 1 U 396/52, VersR 1953, 277; BGH Urt. v. 29.10.1962 – II ZR 31/61, NJW 1963, 99.

[20] *Thume* in Fremuth/Thume TranspR CMR Art. 17 Rn. 126; Thume/*Seltmann* CMR Art. 17 Rn. 76 mwN zur Rspr.

[21] OLG München Urt. v. 16.1.1992 – 7 U 2240/90, TranspR 1992, 181; OLG Schleswig Urt. v. 18.3.1983 – 11 244/80, TranspR 1983, 148; OLG Celle Urt. v. 13.1.1975 – 12 U 100/75, NJW 1975, 1603 = VersR 1975, 250 (251); *Thume* TranspR 1992, 1.

[22] OLG Hamm Urt. v. 11.6.1990 – 18 U 214/89, TranspR 1990, 375; OLG Hamm Urt. v. 18.10.1984 – 18 U 175/82, TranspR 1985, 107; OLG Hamburg Urt. v. 27.10.1988 – 6 U 116/88, TranspR 1989, 318; OLG Schleswig Urt. v. 30.8.1978 – 9 U 29/78, VersR 1979, 141; OLG Koblenz Urt. v. 2.7.1976 – 2 U 515/74, VersR 1976, 1151; LG Bremen Urt. v. 23.12.1988 – 11 O 733/86, TranspR 1989, 267; LG Duisburg Urt. v. 14.12.1988 – 19 O 15/88, TranspR 1989, 269.

[23] AG Düsseldorf Urt. v. 12.9.1985 – 47 C 412/83, VersR 1986, 500 = MDR 1986, 239.

[24] OGH Urt. v. 31.3.1982 – 3 Ob 506/82, TranspR 1984, 196 [CMR].

[25] BGH Urt. v. 10.2.1983 – I ZR 114/81, BGHZ 86, 387 = TranspR 1983, 67 = VersR 1983, 629 = NJW 1983, 1674.

Äußere Substanzverletzungen liegen vor, wenn die Oberfläche des Gutes beeinträchtigt ist. Dazu **15**
zählen Bruchschäden, Kratzer, Abbrechen von Teilen, Schrammen, Verbiegungen, Verschmutzungen,[26] Nässeschäden[27] oder Rostschäden.[28]

IV. Haftungsumfang

Der Haftungsumfang bestimmt sich nach allgemeinen Grundsätzen, also nach den **16**
§§ 249 ff. BGB. Eine gesetzliche Haftungsbeschränkung ist im Lagerrecht nicht vorgesehen. Mit diesem Konzept der Haftung unterscheidet sich das Lagerrecht vom Speditions- und Frachtrecht, bei dem hinsichtlich Verlust und Beschädigung eine verschuldensunabhängige Obhutshaftung nebst Haftungsbeschränkung sowie eine weitestgehend zwingende Ausgestaltung der Haftung vorgesehen ist.[29] Der Haftungsumfang ist sowohl wegen Güterschäden innerhalb des Obhutszeitraumes als auch wegen anderer Schäden außerhalb der wegen Schäden außerhalb des maßgeblichen Obhutszeitraumes **unbeschränkt**.[30] Darüber hinaus ist die Haftung abdingbar. Der Haftungsrahmen kann durch individuelle Vereinbarung oder allgemeine Geschäftsbedingungen (zB Ziff. 22, 20 ADSp 2017; Ziff. 10–12 ALB Möbeltransport) gestaltet werden.

Gem. § 254 BGB wird das Mitverschulden des Einlagerers bei der Entstehung angerechnet. Ist die **17**
Ungeeignetheit der Lagerung und Aufbewahrung vom Einlagerer erkannt worden, so muss er den Lagerhalter auf diesen Umstand hinweisen und Abhilfe fordern. Unterlässt er dies, so trifft ihn ein anrechenbares Mitverschulden.[31] Nichts anderes gilt, wenn diebstahlgefährdete Güter „sehenden Auges" in ein unsicheres Lager gegeben werden.[32]

V. Drittschadensliquidation

Der **Einlagerer** oder dessen Rechtsnachfolger sind zur Geltendmachung von Ersatzansprüchen **18**
aktivlegitimiert. Die Ansprüche sind gegen den Lagerhalter zu richten. Ist der Einlagerer oder dessen Rechtsnachfolger nicht **Eigentümer** des Gutes, so kann der Schaden im Wege der Drittschadensliquidation geltend gemacht werden.[33] Dies gilt auch dann, wenn der Eigentümer den Lagerhalter wegen seines Schadens ebenfalls durch Klage in Anspruch nimmt.[34] Der Lagervertrag ist nur ausnahmsweise ein Vertrag mit Schutzwirkung zugunsten Dritter, dh zugunsten des Eigentümers. Dann nämlich, wenn der Lagerhalter erkennt oder auf Grund der Gesamtumstände erkennen muss, dass der Einlagerer nicht der Eigentümer des Gutes ist.[35]

VI. Beweislast und Einzelfälle

Aus § 475 S. 1 ergibt sich die Vermutung, dass der Verlust oder die Beschädigung des Gutes **19**
während der Obhutszeit durch den Lagerhalter zu vertreten ist. Dies bedeutet, dass der **Einlagerer** zunächst **darzulegen** und zu **beweisen** hat, dass der **Schaden nach Übernahme des Gutes durch den Lagerhalter entstanden** ist. Der Lagerhalter muss dann diese **Beweisvermutung widerlegen.** Hierbei hat er in **vollem Umfange nachzuweisen,** dass der **Verlust** oder die **Beschädigungen nicht von ihm zu verantworten sind.**[36] Zur Widerlegung dieser Vermutung muss der Lagerhalter ua darlegen, wie der betriebliche Ablauf organisiert ist, wie die Schnittstellenkontrollen funktionieren und welche konkreten Maßnahmen er getroffen hat um Verlust oder Beschädigung zu verhindern. Erst wenn der Lagerhalter nachweisen kann, dass er alle erforderlichen Maßnahmen mit der Sorgfalt eines ordentlichen Kaufmannes getroffen und auch überwacht hat, aber trotzdem ein Schaden eingetreten ist, haftet der Lagerhalter nicht.[37] Ein non liquet in dieser Frage geht zu Lasten des Lagerhalters.

---

[26] OLG Hamburg Urt. v. 19.12.1985 – 6 U 188/80, TranspR 1986, 146 = VersR 1986, 261; OLG Hamburg Urt. v. 3.10.1985 – 6 U 118/85, VersR 1986, 911 (912); OLG Köln Urt. v. 26.9.1985 – 7 U 8/85, TranspR 1986, 285 (287).

[27] BGH Urt. v. 7.5.1969 – I ZR 126/67, VersR 1969, 703; LG Köln Urt. v. 11.11.1982 – 91 O 60/81, TranspR 1983, 54.

[28] BGH Urt. v. 19.11.1959 – II ZR 78/58, BGHZ 31, 183 = VersR 1960, 30 = NJW 1960, 337.

[29] GK-HGB/*Giermann* Rn. 3.

[30] OLG Düsseldorf Urt. v. 5.9.2007 – I 18 U 209/06, TranspR 2008, 43 (44).

[31] BGH Urt. v. 30.3.1989 – I ZR 2/87, NJW-RR 1989, 991; OLG Hamburg Urt. v. 5.1.1984 – 6 U 119/83, VersR 1984, 1036 (1037).

[32] OLG Hamburg Urt. v. 21.1.1993 – 6 U 142/92, TranspR 1994, 80 (81).

[33] StRspr BGH Urt. v. 10.5.1984 – I ZR 52/82, NJW 1985, 2411.

[34] BGH Urt. v. 10.5.1984 – I ZR 52/82, NJW 1985, 2411 = TranspR 1984, 283; krit. Staub/*Koller* § 417 Rn. 11a.

[35] BGH Urt. v. 10.5.1984 – I ZR 52/82, NJW 1985, 2411 = TranspR 1984, 283 (285); OLG Hamburg Urt. v. 19.12.1996 – 6 U 117/95, TranspR 1997, 270 (273); *Andresen/Valder* § 467 Rn. 19; aA LG Hamburg Urt. v. 28.10.2002 – 415 O 148/01, TranspR 2002, 467 (468); LG Bonn Urt. v. 19.3.1987 – 8 S 554/86, TranspR 1987, 200 (201).

[36] OLG Frankfurt a. M. Urt. v. 11.10.2000 – 13 U 198/98, TranspR 2002, 84 (86); OLG Köln Urt. v. 21.11.1997 – 20 U 238/96, TranspR 1998, 316 (320); *Koller* Rn. 5.

[37] *Teutsch* in Fremuth/Thume TranspR Rn. 15.

Streiten die Parteien über die Rückgabe des Lagergutes, ist der Lagerhalter für dessen vollständige Rückgabe beweispflichtig.[38] Ist zwischen dem Lagerhalter und dem Einlagerer streitig, ob bestimmte Güter vom Einlagerer zurückgenommen wurden oder ob die Güter im Lager abhanden gekommen sind, muss der Lagerhalter die Rücknahme durch den Einlagerer beweisen.[39] Selbst wenn der Einlagerer während der Lagerzeit verschiedene Entnahmen des Lagergutes vorgenommen hat, ist es Aufgabe des Lagerhalters, gerade im Hinblick auf die Beweislastregelung des § 475 Abs. 1 für eine entsprechende Dokumentation der Entnahmen zu sorgen, sei es in Form von Kontrolllisten, computermäßiger Erfassung der Bewegung des Lagers etc.[40] Die Anforderungen an die Dokumentation des Lagerhalters entsprechen den Anforderungen, die in gleicher Weise auch sonst an die Schnittstellendokumentation im Transportgewerbe zu stellen ist. Liegt ein Verstoß gegen § 475 S. 1 vor, so schuldet der Lagerhalter gem. § 249 S. 1 BGB im Regelfall Naturalrestitution.

20   Zu beachten ist § 15 Nr. 1 S. 1 HLB, wonach der Lagerhalter berechtigt ist, für verloren gegangene eingelagerte Waren an Stelle von Geldersatz Güter gleicher Art und Güte zur Verfügung zu stellen. § 15 Nr. 1 S. 1 HLB verstößt nicht gegen § 9 Abs. 2 Nr. 1 AGBGB,[41] jetzt § 307 Abs. 2 Nr. 1 BGB.

21   Nach der Entscheidung des OLG Köln[42] haftet ein Lagerhalter nach § 475, der sich bei Unwetterwarnung darauf beschränkt, vor seinen Lagertoren Katzenstreu aufzubringen, um anfallendes Oberflächenwasser davon abzuhalten, in die Lagerhalle einzudringen. Ein derartiges Verhalten verstößt gegen vertragswesentliche Pflichten, das Gut in adäquaten Lagerräumen einzulagern. Der Lagerhalter kann sich dann nicht gem. § 475 S. 1 entlasten, denn die Sorgfalt eines ordentlichen Kaufmannes bei Lagerung der Papierrollen wurde nicht beachtet.[43] Nach dem LG Hamburg[44] haftet der Lagerhalter nicht für Nässeschäden des Lagergutes in Folge einer sturmbedingten Dachabdeckung der Lagerhalle. Ein Lagerhalter, der ein Lagergebäude anmietet, ist ohne besondere Anhaltspunkte nicht gehalten, dieses hinsichtlich seiner konstruktiven Sicherheit zu untersuchen bzw. untersuchen zu lassen. Eine Haftung nach § 475 scheidet danach aus. Gibt der Lagerhalter eine „Differenzmeldung" (Verlustmeldung) auf Nachfrage des Einlagerers ab und zahlt später vorbehaltlos den nach ADSp berechneten, gewichtsbezogenen Schadensersatz-Höchstbetrag, kann in dessen Gesamtverhalten ein deklaratorisches Schuldanerkenntnis liegen. Der Einlagerer kann dann weitergehenden, unbeschränkten Schadensersatz geltend machen, wenn der Schaden auf eine schuldhafte Verletzung von Kardinalpflichten des Einlagerers beruht, wozu dessen Herausgabepflicht zählt.[45]

22   Nach OLG Düsseldorf[46] haftet der Lagerhalter gem. § 475 wegen grob fahrlässiger Verletzung seiner Organisationspflicht in Fällen, in denen er keine ausreichenden Schutzmaßnahmen dagegen trifft, dass von ihm eingesetzte Gabelstapler schon bei leichter Unachtsamkeit der Fahrer Kollisionen mit Sprinkleranlagen verursachen können und diese zu einem Wasseraustritt und zu einer Beschädigung des Lagergutes führen.

23   Nach der Entscheidung des BGH[47] haftet der Lagerhalter wegen der Beschädigung und Zerstörung von eingelagerten Fernsehgeräten gem. § 475, die zuvor umgelagert wurden, ohne dass der Einlagerer hierüber benachrichtigt wurde. Bei der Benachrichtigungspflicht des Einlagerers handelt es sich um eine vertragswesentliche Pflicht, Kardinalpflicht.[48]

24   Das OLG Stuttgart[49] befasste sich mit der Beschädigung von eingelagertem Kühlgut. Der Einlagerer kann sich bei seinem Schadensersatzanspruch aus § 475 S. 1 auf den Beweis des ersten Anscheins stützen, dass ein Verderben des eingelagerten Käses in Folge Bakterienbefalls auf den Temperaturanstieg im Kühllager zurück zu führen ist, wenn feststeht, dass das Transportgut (hier Käse) in Folge eines teilweisen Ausfalls des Kühlsystems zeitweise über die zulässige Lagertemperatur hinaus erwärmt worden ist. Dieser Anscheinsbeweis wird nur dann erschüttert, wenn der Lagerhalter konkrete Umstände vorträgt, aus denen sich eine Unterbrechung der Kühlkette vor der Einlagerung ergeben kann. Das Urteil verhält sich zu den Anforderungen, die an den Beweis des ersten Anscheins zu stellen sind, auch in Bezug auf den Ursachenzusammenhang zwischen einer feststehenden Pflichtverletzung und der Beschädigung einer Sache. Danach muss der Einlagerer zunächst nach der allgemeinen Beweislastregelung nachweisen, dass das Gut in einer bestimmten Menge unbeschädigt vom Lagerhalter übernommen worden ist. Nach einer Entscheidung des BGH[50] muss der Einlagerer, der Schadensersatz

---

[38] OLG Karlsruhe Urt. v. 18.10.2006 – 15 U 48/05, TranspR 2007, 209 ff.; BGH Urt. v. 2.2.1973 – I ZR 8/72, VersR 1973, 342 (343); *Teutsch* in Fremuth/Thume TranspR Rn. 20.

[39] OLG Karlsruhe Urt. v. 18.10.2006 – 15 U 48/05, TranspR 2007, 209 ff.

[40] OLG Karlsruhe Urt. v. 18.10.2006 – 15 U 48/05, TranspR 2007, 209 (211).

[41] LG Hamburg Urt. v. 12.9.2002 – 404 S 1/02, rTranspR 2003, 32 f.

[42] LG Köln Urt. v. 13.9.2005 – 3 U 40/05, TranspR 2006, 401.

[43] LG Köln Urt. v. 13.9.2005 – 3 U 40/05, TranspR 2006, 403.

[44] LG Hamburg Urt. v. 27.4.2001 – 404 O 155/00, TranspR 2003, 403 ff.

[45] OLG Düsseldorf Urt. v. 5.9.2007 – I 18 U 209/06, TranspR 2008, 43 (44).

[46] OLG Düsseldorf Urt. v. 22.12.2016 – I 18 U 161/15, TransR 2017, 230.

[47] BGH Urt. v. 8.5.2014 – I ZR 48/13, TranspR 2014, 438.

[48] Mit weiteren Ausführungen auch zu Ziff. 15.2 S. 2, 24.1, 27 ADSp 2017.

[49] OLG Stuttgart Urt. v. 16.4.2014 – 3 U 150/13, TranspR 2015, 356.

[50] BGH Urt. v. 19.3.2017 – I ZR 209/12, TranspR 2014, 436.

wegen Beschädigung des Gutes während der Lagerzeit beansprucht, grundsätzlich darlegen und gegebenenfalls beweisen, dass er das Gut in unbeschädigtem Zustand eingelagert und der Lagerhalter es beschädigt zurück gegeben hat. Hat der Einlagerer einzelne eingelagerte Waren wieder entnommen, ist er dafür beweisbelastet, dass ein bestimmtes, bei Abholung des restlichen Warensortimentes nicht mehr im Lager befindliche Gut während seiner Verwahrung durch den Lagerhalter verloren gegangen ist.

Nach einer Entscheidung des LG Mannheim[51] trägt der Einlagerer grundsätzlich die Beweislast 25 dafür, dass der Schaden nach Übernahme des Gutes durch den Lagerhalter entstanden ist. Die im Bereich des Transportrechtes entwickelten Beweiserleichterungen, dass bei kaufmännischen Absendern in der Regel angenommen werden kann, dass das verschlossene Behältnis die im Lieferschein angegebenen Güter enthält, gilt nicht hinsichtlich der Frage, ob das übernommene Gut zum Zeitpunkt der Übernahme unbeschädigt war. Die Anforderungen an den Nachweis der Mangelfreiheit bei Übergabe des Transportgutes durch den Einlagerer dürfen nicht überspannt werden.

Zur Abgrenzung zwischen einer verkehrsbedingten und einer verfügten Lagerung des Gutes bei 26 einem Transport und zu einer Haftung des Frachtführers nach Lagerrecht gem. § 475 verhält sich das Urteil des LG Wuppertal[52] zur grundsätzlichen Schadensersatzpflicht des Lagerhalters nach § 475 bei Verlust des Lagergutes auch OLG München.[53]

Nach einer Entscheidung des OLG Düsseldorf[54] gibt der Lagerhalter ein deklaratorisches Schuld- 27 anerkenntnis ab und nicht nur ein Zeugnis gegen sich selbst, wenn er auf Nachfrage des Einlagerers nach dem Verbleib bestimmter Waren eine „Differenzmeldung" abgibt und nach Mahnung die durch die Einlagerseite gem. ADSp berechneten gewichtsbezogenen Schadensersatzhöchstbeträge zahlt. Es tritt eine Beweislastumkehr ein.

VII. Abdingbarkeit

Die Vorschrift ist **dispositiv.** Besondere Regelungen enthalten die Ziff. 22 ff. ADSp 2017. Die 28 Haftung des Lagerhalters oder seiner Angestellten kann nicht durch AGB für die Fälle eingeschränkt werden, in denen Schäden vorsätzlich oder grob fahrlässig verursacht werden.[55] Dies gilt auch, wenn der Erfüllungsgehilfe den Schaden vorsätzlich oder grob fahrlässig herbeiführt und hierbei gegen wesentliche vertragliche Pflichten verstößt.[56]

Die Regelung, bei der Verletzung vertraglicher Kardinalpflichten eine Haftung wegen grob fahr- 29 lässigem Verhalten zu begrenzen oder ganz auszuschließen, kann gegen § 307 BGB verstoßen.[57]

§ 475a Verjährung

¹ **Auf die Verjährung von Ansprüchen aus einer Lagerung, die den Vorschriften dieses Abschnitts unterliegt, findet § 439 entsprechende Anwendung.** ² **Im Falle des gänzlichen Verlusts beginnt die Verjährung mit Ablauf des Tages, an dem der Lagerhalter dem Einlagerer oder, wenn ein Lagerschein ausgestellt ist, dem letzten ihm bekannt gewordenen legitimierten Besitzer des Lagerscheins den Verlust anzeigt.**

I. Normzweck

Die Vorschrift regelt die Verjährung von Ansprüchen aus dem Lagervertrag unter Bezugnahme auf 1 § 439. Lagerrechtliche Ansprüche sollen in gleicher Weise wie speditions- und frachtrechtliche Ansprüche verjähren.[1]

II. Anspruchsart

§ 475c erfasst alle **wechselseitigen** Ansprüche aus dem Lagervertrag; mithin nicht nur solche aus 2 § 475.[2] Demnach verjähren sowohl alle Ansprüche des Lagerhalters gegen den Einlagerer sowie die Ansprüche des Einlagerer gegen den Lagerhalter unabhängig davon, ob es sich um vertragliche oder außervertragliche Ansprüche handelt.[3] Vorausgesetzt wird allerdings ein **wirksamer Lagervertrag.**

---

[51] LG Mannheim Urt. v. 18.7.2013 – 23 O 62/12, RdTW 2016, 160.

[52] LG Wuppertal Urt. v. 4.1.2012 – 13 O 62/10, TranspR 2012, 378.

[53] OLG München Urt. v. 16.7.2009 – 23 U 2075/09, BeckRS 2009, 20679.

[54] OLG Düsseldorf Urt. v. 5.9.2007 – 18 U 209/16, TranspR 2008, 43.

[55] BGH Urt. v. 6.2.1974 – VIII ZR 12/73, NJW 1974, 900 (901); OLG München Urt. v. 16.7.2009 – 23 U 2075/09, BeckRS 2009, 20679.

[56] BGH Urt. v. 15.9.2005 – I ZR 58/03, NJW-RR 2006, 267 = TranspR 2006, 38.

[57] BGH Urt. v. 19.2.1998 – I ZR 233/95, TranspR 1998, 374 (376); BGH Urt. v. 20.7.2005 – VIII ZR 121/04, NJW-RR 2005, 1496 (1505); OLG Celle Urt. v. 30.10.2008 – 11 U 78/08, OLG Report Celle 2009, 45; MDR 2009, 371; vgl. auch zur AGB-Kontrolle im Lagerrecht *Valder* TranspR 2010, 27.

[1] BT-Drs. 13/8445, 122.

[2] BT-Drs. 13/8445, 122.

[3] *Koller* Rn. 2.

3   Nicht erfasst werden Ansprüche aus **selbstständigen** Verträgen, die lediglich dem Umfeld der
Lagerei zuzurechnen sind. Ansprüche des Lagerhalters gegen Dritte und Ansprüche Dritter gegen den
Lagerhalter verjähren generell nicht nach § 475a, weil die §§ 467 ff. nicht auch im Verhältnis zu
Dritten wirken wollen.[4]

III. Frist und Beginn der Verjährung

4   Die Verjährung beginnt bei teilweisen Verlusten und bei Beschädigungen mit dem Ablauf des Tages,
an dem die Auslieferung stattgefunden hat. Für den Fall des gänzlichen Verlustes gilt § 475a S. 2.1.

5   **1. Gänzlicher Güterverlust gem. Satz 2.** Im Falle des **gänzlichen Güterverlustes** enthält
§ 475a in S. 2 eine gegenüber § 439 Abs. 2 abweichende Regelung. Gänzlicher Verlust liegt nur dann
vor, wenn das gesamte eingelagerte Gut verloren geht.[5] Der Verlust nur einzelner Güter ist Teilverlust
und nicht gänzlicher Verlust. Dem gänzlichen Verlust steht die völlige Zerstörung des Gutes gleich
(→ § 475 Rn. 12). Liegt die Voraussetzung vor, dh ist das gesamte eingelagerte Gut verloren gegangen
oder zerstört worden, beginnt die Verjährung mit Ablauf des Tages, an dem der Lagerhalter dem
Einlagerer bzw. dem letzten bekannt gewordenen Besitzer des Lagerscheines den Verlust anzeigt.
Abzustellen ist dabei auf den **Zugang der Anzeige**[6] beim Einlagerer bzw. bei Ausstellung eines
Lagerscheines beim letzten bekannt gewordenen Besitzer des Lagerscheins.[7] Eine eigenständige Regelung des Verjährungsbeginns im Falle des vollständigen Verlustes ist notwendig, da der hypothetische
Ablieferungszeitpunkt für den Lagervertrag nicht passt. Eine eigenständige Regelung des Verjährungs-
beginns im Falle des vollständigen Verlustes ist notwendig, da eine Ablieferung, an die sonst angeknüpft
wird, in diesen Fällen nicht stattfindet.

6   **2. Teilweiser Verlust und Beschädigung.** Bei teilweisem Verlust und bei der Beschädigung sowie
in allen anderen Fällen, bei denen kein gänzlicher Güterverlust vorliegt, **beginnt** die **Verjährung des
Anspruchs mit Ablauf des Tages, an dem das Gut ausgeliefert wurde** bzw. hätte hypothetisch
ausgeliefert werden müssen gem. § 439 Abs. 2 S. 1. Sofern es nach § 439 auf die Ablieferung beim
Empfänger ankommt, ist im Rahmen von § 475a auf die Auslieferung bzw. die Rückgabe des Gutes
abzustellen.[8]

7   Durch den Verweis auf § 439 kennt das Lagerrecht auch die gesonderten Verjährungsregelungen bei
Regressansprüchen, die den Verjährungsbeginn verlegen. § 439 Abs. 2 S. 3 verlangt, dass der Rück-
griffsgläubiger innerhalb von drei Monaten nachdem er Kenntnis vom Schaden und der Person des
Rückgriffsschuldners erlangt hat, den Rückgriffsschuldner unterrichtet. Erfolgt diese Unterrichtung
nicht, wird der Verjährungsbeginn nicht hinausgeschoben.[9] Anders als beim Frachtgeschäft hat diese
Regelung beim Lagerrecht aber eine geringe Bedeutung.

IV. Hemmung der Verjährung

8   Die Hemmung der Verjährung bestimmt sich nach § 439 Abs. 3 entsprechend. Vgl. die Erläuterungen zu → § 439 Rn. 1 ff.

V. Abdingbarkeit

9   Bei der Zulässigkeit abweichender Verjährungsvereinbarungen ist zwischen **Unternehmern** (§ 14
BGB) und **Verbrauchern** (§ 13 BGB) zu unterscheiden. Grundsätzlich ist das Lagerrecht zwar dispositiv ausgestaltet. § 475a nimmt aber auf § 439 Abs. 4 Bezug. Danach kann zunächst zu Gunsten
oder zu Ungunsten beider Vertragsparteien, dh des Lagerhalters bzw. des Einlagerers von § 475a nur
durch Individualvereinbarung abgewichen werden. Ist der Einlagerer ein **Verbraucher,** folgt aber aus
§ 475h, dass von den Verjährungsvorschriften nicht zu seinem Nachteil abgewichen werden kann.
Eine Besserstellung zu Gunsten des Verbrauchers ist danach möglich, eine Schlechterstellung nicht.[10]

VI. Aufrechnung mit verjährten Forderungen

10   Die Zulässigkeit der Aufrechnung mit verjährten Forderungen bestimmt § 215 BGB. Danach
schließt die Verjährung die Aufrechnung nicht aus, wenn die verjährte Forderung zu der Zeit, zu
welcher sie gegen die andere Forderung (erstmalig) hätte aufgerechnet werden können, noch nicht

---

[4] *Koller* Rn. 2.
[5] BGH Urt. v. 8.7.1955 – I ZR 201/53, BGHZ 18, 98 (101) = NJW 1955, 1513.
[6] *Teutsch* in Fremuth/Thume TranspR Rn. 9; *Andresen/Valder* Rn. 5.
[7] MüKoHGB/*Frantzioch* Rn. 12.
[8] *Koller* Rn. 2; OLG München Urt. v. 24.11.2016 – 23 U 2076/16, TranspR 2017, 136; OLG Schleswig Urt. v.
23.4.2009 – 16 U 76/08, TranspR 2013, 310; OLG Stuttgart Beschl. v. 17.11.2009 – 3 G 50/09, ZMR 2010, 359.
[9] *Andresen/Valder* § 439 Rn. 27; MüKoHGB/*Frantzioch* Rn. 14.
[10] *Koller* Rn. 4.

verjährt war. Abgestellt wird auf den Zeitpunkt, zu dem sich die Forderungen erstmalig aufrechenbar gegenüberstanden.

§ 475b Pfandrecht des Lagerhalters

(1) [1]Der Lagerhalter hat für alle Forderungen aus dem Lagervertrag ein Pfandrecht an dem ihm zur Lagerung übergebenen Gut des Einlagerers oder eines Dritten, der der Lagerung zugestimmt hat. [2]An dem Gut des Einlagerers hat der Lagerhalter auch ein Pfandrecht für alle unbestrittenen Forderungen aus anderen mit dem Einlagerer abgeschlossenen Lager-, Fracht-, Seefracht- und Speditionsverträgen. [3]Das Pfandrecht erstreckt sich auch auf die Forderung aus einer Versicherung sowie auf die Begleitpapiere.

(2) Ist ein Orderlagerschein durch Indossament übertragen worden, so besteht das Pfandrecht dem legitimierten Besitzer des Lagerscheins gegenüber nur wegen der Vergütungen und Aufwendungen, die aus dem Lagerschein ersichtlich sind oder ihm bei Erwerb des Lagerscheins bekannt oder infolge grober Fahrlässigkeit unbekannt waren.

(3) Das Pfandrecht besteht, solange der Lagerhalter das Gut in seinem Besitz hat, insbesondere solange er mittels Konnossements, Ladescheins oder Lagerscheins darüber verfügen kann.

Schrifttum: S. vor §§ 407 u. 467.

I. Normzweck

Die Vorschrift regelt auch nach der Neufassung des HGB durch das Gesetz zur Reform des 1 Seehandelsrechts (BGBl. 2013 I 835) das **gesetzliche** Lagerhalterpfandrecht in Anlehnung an die Pfandrechte des Frachtführers und Spediteurs. §§ 441, 464. Abs. 1 regelt die Reichweite des Pfandrechtes. Es erstreckt sich auf **alle durch den Lagervertrag begründeten, konnexen Forderungen.** Daneben erstreckt sich das Pfandrecht auch auf alle **inkonnexen Forderungen** aus anderen mit dem Einlagerer abgeschlossenen Lager-, Fracht- und Speditionsverträgen zwischen **denselben Parteien,** soweit diese **unbestritten** sind. Dadurch soll bei einer laufenden Geschäftsbeziehung der Lagerhalter dinglich abgesichert werden.[1] Von der Reichweite des Pfandrechts des Lagerhalters sind neben den Begleitpapieren auch Forderungen aus abgeschlossenen Versicherungen erfasst. § 475b Abs. 2 statuiert den Gutglaubensschutz des legitimierten Inhabers eines Orderlagerscheins und sichert somit die Verkehrsfähigkeit dieses **Traditionspapiers.** In § 475b Abs. 3 wird das Bestehen des Lagerhalterpfandrechts an dem Besitz des Lagergutes bzw. die Verfügungsbefugnis des Lagerhalters angeknüpft. Mit der Neufassung des § 475c durch das Gesetz zur Reform des Seehandelsrechts (BGBl. 2013 I 835) wurde in die Vorschrift in Parallele zu § 408 eine Verordnungsermächtigung eingefügt, die noch nicht ausgeübt worden ist.[2]

II. Das gesetzliche Lagerhalterpfandrecht

1. Entstehung. Zwischen den Parteien muss ein wirksamer Lagervertrag (§ 467) bestehen.[3] Ein 2 Mietvertrag über Lagerraum oder ein Verwahrungsvertrag lässt das gesetzliche Lagerhalterpfandrecht nicht entstehen,[4] möglicherweise aber das Vermieterpfandrecht. Weiterhin muss der Lagerhalter das Gut in Besitz genommen und diesen noch nicht aufgegeben haben. Mittelbarer Besitz ist ausreichend, sofern der Besitz nicht durch ein Besitzmittlungsverhältnis mit dem Einlagerer abgeleitet ist.[5]

Gibt der Lagerhalter den Besitz an einem Teil des Gutes auf, dann erlischt das Pfandrecht an diesem 3 Teil des Gutes. Es setzt sich jedoch an dem im Besitz des Lagerhalters verbleibenden anderen Teil fort, sodass die gesamte Forderung durch das Pfandrecht am Restgut gesichert bleibt.

Die Entstehung des Pfandrechtes setzt voraus, dass dem Lagerhalter das Gut vom **Eigentümer** der 4 Ware oder einem gem. § 185 BGB **verfügungsberechtigten Einlagerer** übergeben worden ist. Ausreichend ist auch, dass der Eigentümer mit der Einlagerung uneingeschränkt einverstanden war. Liegt ein derartiges uneingeschränktes Einverständnis nicht vor, so kann der Lagerhalter ein Pfandrecht nur wegen **konnexer Forderungen** gutgläubig, sei es wegen guten Glaubens an das Eigentum des Einlagerers gem. § 932 ff. BGB oder wegen guten Glaubens an die Verfügungsbefugnis des Einlagerers gem. § 366 Abs. 3 erwerben. Soweit das Pfandrecht inkonnexe Forderungen aus Lager-, Fracht- oder Speditionsverträgen sichert, wird der Lagerhalter nur in seinem Vertrauen auf das **Eigentum des Einlagerers, nicht aber auf dessen Verfügungsbefugnis** geschützt (vgl. § 366 Abs. 3 S. 2). Ein derartig gutgläubiger Erwerb des Pfandrechtes wegen inkonnexer Forderungen wird

---

[1] GK-HGB/*Giermann* Rn. 1.
[2] *Koller* § 475c Rn. 1.
[3] *Koller* Rn. 2; *Teutsch* in Fremuth/Thume TranspR Rn. 3.
[4] Zur Abgrenzung des Lagervertrages zu verwandten Vertragsformen → § 467 Rn. 14–18.
[5] Staub/*Koller* § 421 Rn. 6.

in der Praxis häufig an den bekannten und marktgängigen Eigentumsvorbehalten und Sicherungsübereignungen scheitern, mit denen der Lagerhalter auf Grund seiner Sonderkenntnisse ohne weiteres zu rechnen hat.[6]

5   Das Pfandrecht erstreckt sich auf das Gut in seiner Gesamtheit, also auch auf die Verpackung[7] und entsteht auch an unpfändbaren Gegenständen gem. § 811 ZPO.[8] Dabei ist es unerheblich, wenn durch das Pfandrecht eine **Übersicherung** des Lagerhalters eintritt.[9] Das Pfandrecht erfasst als dingliches Recht, wie aus den Regelungen der §§ 1222, 1230, 1257 BGB zu sehen ist, ohne Rücksicht auf die Höhe der zu sichernden Forderung das ganze eingelagerte Gut.[10] Befriedigt der Einlagerer also den Lagerhalter nicht vollständig, so hat er keinen Anspruch darauf, wenigstens einen Teil der Güter herauszuverlangen. Dies gilt auch dann, wenn der auf Lager verbleibende andere Teil wertmäßig alle bereits entstandenen und noch zu erwartenden Außenstände deckt. Setzt der Lagerhalter dem Einlagerer, der das partielle Herausgabeverlangen gestellt hat, sein Pfandrecht entgegen, kann darin ein **arglistiges** Handeln liegen. Jedenfalls dann, wenn der auf Lager verbleibende Teil des Lagergutes evident ausreicht, die Außenstände des Lagerhalters für die Gegenwart und zukünftig vollständig zu befriedigen.[11] Die Schwelle zur Arglisteinrede darf jedoch nicht zu niedrig angesetzt werden, da das Pfandrecht nicht nur der Absicherung des Lagerhalters dient, wie etwa das gesetzliche oder vertragliche Zurückbehaltungsrecht; es vielmehr die Befugnis zur Verwertung einräumt und somit ein **Druckmittel** darstellen soll.

6   Droht das Gut während der Ausübung des Pfandrechtes zu verderben, hat der Lagerhalter die Pflicht, dies unverzüglich (§ 121 Abs. 1 S. 1 BGB) anzuzeigen gem. § 1218 Abs. 2 BGB. Der Einlagerer hat gegenüber dem Lagerhalter das Recht, den Austausch des Gutes zu verlangen, wenn dessen Verderb oder eine wesentliche Minderung des Wertes zu besorgen ist (vgl. § 1218 Abs. 1 BGB).

7   **2. Dauer des Lagerhalterpfandrechts (Abs. 3).** Die Dauer des Pfandrechts ist an die Herrschaft über das Gut geknüpft. Hat der Lagerhalter das Gut nicht in seinem unmittelbaren oder mittelbaren Besitz, so genügt es, wenn er mittels Konnossements, Ladescheins oder Lagerscheins über das Gut verfügen kann.[12] Der gutgläubige Erwerb des Eigentums durch einen Dritten bringt das Lagerhalterpfandrecht ebenfalls zum Erlöschen (§ 936 BGB iVm § 366 Abs. 2). Nach OLG Hamburg[13] verzichtet der Lagerhalter gegenüber dem Rechtsnachfolger des Einlagerers nicht auf sein gesetzliches Pfandrecht für die in der Vergangenheit entstandenen Forderungen, wenn er das eingelagerte Gut bloß auf den Namen des Rechtsnachfolgers „umbucht".

8   **3. Einzelfälle.** Nach der Entscheidung des BGH[14] hat der Verpfänder gegen den Lagerhalter (Pfandgläubiger) einen Anspruch auf Rückgabe der Pfandsache Zug-um-Zug gegen Gewähr einer anderen ausreichenden Sicherheit immer dann, wenn eine wesentliche Minderung des Wertes des Pfandes zu besorgen ist. Bei dem Lagergut handelte es sich um PCs, die erfahrungsgemäß einem schnellen Wertverlust unterlagen, sodass die Voraussetzungen für einen Pfandaustausch nach §§ 218 Abs. 1 BGB vorlagen.[15]

9   Nach der Entscheidung des OLG[16] hindert die rechtskräftige Abweisung einer Zahlungsklage des Pfandgläubigers auf Fracht-/Lagerlohn gegen den Eigentümer des mit seinem Einverständnis eingelagerten Frachtgutes nicht die Verwertung für Forderungen des Versenders aus dem Frachtvertrag.

10   Nach der Entscheidung des OLG Frankfurt a. M.[17] ist der Abruf sämtlicher restlicher Waren als Kündigung des Lagervertrages insgesamt zu verstehen. Nach § 354 Abs. 1 entsteht ein Anspruch auf Lagergeld, wenn dieses Lagergut auf Grund der Ausübung eines gesetzlichen Pfandrechtes weiter eingelagert wird. Diese sachgerechte weitere Aufbewahrung der Pfandsache im Lager bis zum Pfandverkauf bewahrt das Gut vor Schäden und seiner Verschlechterung; steht deshalb auch im Interesse des Pfandgebers. Das Pfandrecht nach § 475b besteht ungeachtet der Höhe der gesicherten Höhe der Forderung grundsätzlich am gesamten Lagergut. Eine Pflicht zur teilweisen Freigabe besteht nur in Ausnahmefällen, wenn die Berufung auf das Pfandrecht nach § 242 BGB nicht mehr vereinbar erscheint. Allerdings darf der Lagerhalter den Zeitraum der weiteren Ein-

---

[6] *Koller* Rn. 3; KKRD/*Koller* § 366 Rn. 3.

[7] Schlegelberger/*Schröder* § 421 Rn. 3; MüKoHGB/*Frantzioch* Rn. 10; Staub/*Koller* § 421 Rn. 3.

[8] LG Frankfurt a. M. Urt. v. 1.9.1954 – 2/1 S 511/54, BB 1954, 194.

[9] Vgl. Baumbach/Hopt/*Merkt* Rn. 1; BGH Urt. v. 22.4.1999 – I ZR 37/97, NJW 1999, 3716 = DB 2000, 141 = MDR 2000, 284 = VersR 2000, 78 = WM 1999, 2550; GK-HGB/*Giermann* Rn. 4.

[10] BGH Urt. v. 3.11.1965 – I b ZR 137/63, BB 1966, 179 (180); BGH Urt. v. 14.4.1958 – III ZR 189/56, BGHZ 27, 69 (71) = NJW 1958, 992.

[11] BGH Beschl. v. 11.11.1953 – IV ZB 67/53, NJW 1954, 310; Heymann/*Herrmann* Rn. 1; Staub/*Koller* § 421 Rn. 3; Schlegelberger/*Schröder* § 421 Rn. 3; MüKoHGB/*Frantzioch* Rn. 9.

[12] Vgl. HK-HGB/*Ruß* Rn. 2.

[13] OLG Hamburg Urt. v. 10.11.1983 – 6 U 108/83, VersR 1984, 242 ff. (Ls.).

[14] BGH Beschl. v. 20.6.2013 – I ZR 132/12, TranspR 2013, 353.

[15] BGH Beschl. v. 20.6.2013 – I ZR 132/12, TranspR 2013, 353.

[16] OLG Düsseldorf Beschl. v. 10.9.2012 – I-3 VA 4/12.

[17] OLG Frankfurt a. M. Urt. v. 3.8.2016 – 14 U 65/16, RdTW 2017, 174.

lagerung nicht unbegrenzt hinausschieben und somit für eine stetige Ausweitung des Ersatzanspruches sorgen. Die erweiterte Einlagerung ist nur solange gerechtfertigt, wie der Lagerhalter nicht zur Verwertung des Pfandgegenstandes nach Maßgabe des § 1257 BGB iVm §§ 1220 ff. BGB verpflichtet ist.[18]

III. Gutglaubensschutz bei Ausstellung eines Orderlagerscheins (Abs. 2)

Wird ein Orderlagerschein durch Indossament übertragen, besteht gegenüber dem legitimierten **11** Inhaber des Orderlagerscheins nur wegen der Vergütungen und Aufwendungen, die aus dem Orderlagerschein ersichtlich sind oder ihm bei Erwerb des Lagerscheins bekannt oder in Folge grober Fahrlässigkeit unbekannt waren, ein Pfandrecht.[19] Dies bedeutet, dass sich der Erwerber eines Orderlagerscheins auf die im Schein eingetragenen Verbindlichkeiten verlassen kann, sodass der Lagerhalter wegen seiner Vergütungen und Aufwendungen, die nicht im Orderlagerschein eingetragen sind, dem Erwerber nicht sein Pfandrecht entgegenhalten kann. Etwas anderes gilt dann, wenn der Erwerber weiß oder auf Grund der Gesamtumstände hätte wissen müssen, dass weitere, sich nicht aus dem Papier ergebende Verbindlichkeiten bestehen. Dann ist der Erwerber nicht in seinem guten Glauben geschützt. Maßgeblich für den guten Glauben des Erwerbers ist der Zeitpunkt des Erwerbs. Spätere Kenntnis oder grob fahrlässige Unkenntnis schadet nicht. Erkennbare Anhaltspunkte, aus denen sich die Möglichkeit des Bestehens weiterer Verbindlichkeiten ergibt, begründen eine Obliegenheit des Erwerbers zur Rückfrage beim Lagerhalter.

Der Gutglaubensschutz dient der Verkehrsfähigkeit des Orderlagerscheins und überwindet nur das **12** **gesetzliche Pfandrecht** des Lagerhalters. Der gute Glaube des Erwerbers wird vermutet. Der Lagerhalter trägt die **Beweislast** dafür, dass der Erwerber nicht im guten Glauben war. Auf Pfandrechte **Dritter** sowie auf ein vertraglich bestelltes Pfandrecht ist die Vorschrift unanwendbar. Zur Verwertung des Pfandrechtes → § 441 Rn. 1 ff.

§ 475c Lagerschein

(1) **Über die Verpflichtung zur Auslieferung des Gutes kann von dem Lagerhalter, nachdem er das Gut erhalten hat, ein Lagerschein ausgestellt werden, der die folgenden Angaben enthalten soll:**

1. **Ort und Tag der Ausstellung des Lagerscheins;**
2. **Name und Anschrift des Einlagerers;**
3. **Name und Anschrift des Lagerhalters;**
4. **Ort und Tag der Einlagerung;**
5. **die übliche Bezeichnung der Art des Gutes und die Art der Verpackung, bei gefährlichen Gütern ihre nach den Gefahrgutvorschriften vorgesehene, sonst ihre allgemein anerkannte Bezeichnung;**
6. **Anzahl, Zeichen und Nummern der Packstücke;**
7. **Rohgewicht oder die anders angegebene Menge des Gutes;**
8. **im Falle der Sammellagerung einen Vermerk hierüber.**

(2) **In den Lagerschein können weitere Angaben eingetragen werden, die der Lagerhalter für zweckmäßig hält.**

(3) [1] **Der Lagerschein ist vom Lagerhalter zu unterzeichnen.** [2] **Eine Nachbildung der eigenhändigen Unterschrift durch Druck oder Stempel genügt.**

(4) [1] **Dem Lagerschein gleichgestellt ist eine elektronische Aufzeichnung, die dieselben Funktionen erfüllt wie der Lagerschein, sofern sichergestellt ist, dass die Authentizität und die Integrität der Aufzeichnung gewahrt bleiben (elektronischer Lagerschein).** [2] **Das Bundesministerium der Justiz wird ermächtigt, im Einvernehmen mit dem Bundesministerium des Innern durch Rechtsverordnung, die nicht der Zustimmung des Bundesrates bedarf, die Einzelheiten der Ausstellung, Vorlage, Rückgabe und Übertragung eines elektronischen Lagerscheins sowie die Einzelheiten des Verfahrens über nachträgliche Eintragungen in einen elektronischen Lagerschein zu regeln.**

Übersicht

---

[18] OLG Frankfurt a. M. Urt. v. 3.8.2016 – 14 U 65/16, RdTW 2017, 174.
[19] *Andresen/Valder* Rn. 13.

I. Normzweck

1 Zu den Aufgaben des gewerblichen Lagerhalters gehört es, über die Einlagerung von Gütern Lagerpapiere auszustellen. § 475c befasst sich mit der Ausstellung und dem Inhalt des Lagerscheins. Danach ist der Lagerschein ein vom Lagerhalter ausgestelltes Papier, in dem sich der Lagerhalter verpflichtet, die von ihm empfangenen und eingelagerten Güter an den im Lagerschein genannten Berechtigten gegen Vorlage des ausgestellten Papiers auszuhändigen. Der Lagerschein ist mithin ein Wertpapier, das die Verpflichtung des Lagerhalters verbrieft, das Gut auszuliefern. Mit der Neufassung des § 475c durch das Gesetz zur Reform des Seehandelsrechts (BGBl. 2013 I 835) wurde in die Vorschrift in Parallele zu § 408 eine Verordnungsermächtigung eingefügt, von der Gebrauch gemacht wurde. § 475c Abs. 4 S. 2 wurde dann durch Verordnung vom 31.8.2015 (BGBl. 2015 I 1, 1474) geändert.

II. Arten von Lagerscheinen und verwendeten Papieren

2 **1. Orderlagerschein.** Der Orderlagerschein ist ein sog. gekorenes Orderpapier. Der Orderlagerschein gilt nur dann als Orderpapier, wenn er mit einer Orderklausel versehen ist. Fehlt die Orderklausel, ist er ein Rektapapier (Namenslagerschein). Der Orderlagerschein ist ein Wertpapier mit **Traditionswirkung.** In ihm werden die Rechte aus dem Lagervertrag verbrieft. Durch den Orderlagerschein verpflichtet sich der Lagerhalter, das Gut an den Einlagerer oder an dessen Order herauszugeben. Die Traditionswirkung des Orderlagerscheins besteht darin, dass nur die **Übergabe des Gutes** durch die **Übergabe des Papiers** ersetzt werden **kann** gem. § 475g. Der Erwerber erwirbt also mit Übergabe des Papiers und Indossament die verbrieften Rechte, insbesondere den vertraglichen Herausgabeanspruch hinsichtlich des Guts aus § 473 Abs. 1. Die **Übertragung des Eigentums** an dem Gut nach allgemeinen **sachenrechtlichen Grundsätzen gem. §§ 929 ff. BGB** bleibt möglich. Durch die Traditionswirkung gehört der Orderlagerschein zu den umlauffähigen Wertpapieren. Die Legitimationswirkung des Orderlagerscheins ergibt sich aus § 475 f.

3 Die Übertragung des Gutes geschieht durch Einigung gem. § 929 BGB und Übergabe des Gutes. Die Übertragung des Gutes selbst kann durch ein **Übergabesurrogat** ersetzt werden. Wurde ein Orderlagerschein ausgestellt und wird dann der Weg des § 931 BGB gewählt, so muss neben Einigung und Abtretung des Herausgabeanspruchs auch eine Übergabe des Papiers, in dem der Herausgabeanspruch verkörpert ist, erfolgen.[1]

4 Veräußerer und Erwerber müssen durch eine durchgehende Kette von Indossamenten legitimiert sein gem. § 365 iVm Art. 16 WG. Sie hat mit dem Einlagerer zu beginnen und sich bis zum Inhaber des Lagerscheins zu erstrecken. Die Übergabe des Scheins ersetzt die Übergabe des Gutes nur unter der Voraussetzung, dass der Lagerhalter das Gut zuvor übernommen hat und das Papier an den Herausgabeberechtigten und als solchen legitimierten Erwerber übergeben wurde. Bei Übernahme des Gutes durch den Lagerhalter genügt es, wenn dieser wissent- und willentlich wenigstens den mittelbaren Besitz an dem Gut begründet[2] und dieser im Zeitpunkt der Übergabe des Orderlagerscheins noch fortbesteht.[3]

5 **2. Inhaberlagerschein.** Der Inhaberlagerschein ist Wertpapier.[4] Durch ihn **verpflichtet** sich der Lagerhalter, das Gut an den Inhaber des Scheins herauszugeben. Dogmatisch stellt er eine Inhaberschuldverschreibung iSd §§ 793 ff. BGB dar und verbrieft den lagervertraglichen Herausgabeanspruch. Die Übereignung des Lagergutes erfolgt regelmäßig durch Einigung (§ 929 BGB) und Abtretung (§§ 398 ff. BGB) des Herausgabeanspruchs (§ 931 BGB). Die Einigung bezieht sich auf die Übertragung des Lagergutes, nicht auf die Übertragung des Scheins. In der Übergabe des Inhaberlagerscheins liegt konkludent die Erklärung zur Abtretung des Herausgabeanspruchs.[5] Der Inhaberlager-

---

[1] BGH Urt. v. 27.10.1967 – I b ZR 157/65, BGHZ 49, 160 (162) = NJW 1968, 591 (592); Staub/*Canaris* § 363 Rn. 104; Staub/*Koller* § 424 Rn. 12.

[2] Staub/*Koller* § 424 Rn. 10; Schlegelberger/*Schröder* § 424 Rn. 4a.

[3] Schlegelberger/*Schröder* § 424 Rn. 5.

[4] *Hueck/Canaris* WertpapierR § 22 I. 4. b).

[5] Schlegelberger/*Schröder* § 424 Rn. 11; aA Staub/*Koller* § 424 Rn. 23 (Herausgabeanspruch muss nicht zediert werden).

schein ist **kein Traditionspapier.** Nur beim Orderlagerschein wird die Übergabe des Gutes durch die Übergabe des Papiers ersetzt (vgl. § 475g).

Nach § 796 BGB kann der Lagerhalter dem Inhaber des Inhaberlagerscheins nur solche Einwendun- **6** gen entgegensetzen, welche die Gültigkeit der Ausstellung **(zB Fälschung)** betreffen oder sich aus dem Papier selbst ergeben oder dem Lagerhalter unmittelbar gegen den Scheininhaber zustehen. Hat der Lagerhalter das Gut bereits herausgegeben – sei es an den Einlagerer oder einen Dritten – so kann er diese Einwendung nicht gegenüber dem Besitzer des Inhaberlagerscheins erheben, da sie sich nicht aus dem Papier selbst ergibt.[6] Der Lagerhalter kann dem Inhaber des Papiers sein gesetzliches (§ 475b) oder vertragliches Lagerhalterpfandrecht entgegensetzen, wenn die Höhe der zu sichernden Vergütungen und Aufwendungen aus dem Lagerschein ersichtlich ist (§ 796 BGB). Nach allgM kann sich der Lagerhalter gegenüber dem Besitzer des Inhaberlagerscheins auf sein gesetzliches Pfandrecht berufen, wenn die zu sichernden **Vergütungen und Aufwendungen üblich sind,** weil jeder Inhaber eines Lagerscheines mit solchen Forderungen zu rechnen hat, auch wenn ein entsprechender Vermerk in den Schein nicht eingetragen ist.[7]

Die bloße Pfändung des Inhaberlagerscheines erstreckt sich regelmäßig **nicht** auf das Gut. Wie bei **7** jeder Pfandrechtsbestellung ist dies nur unter den Voraussetzungen des § 1205 BGB, insbesondere des § 1205 Abs. 2 BGB der Fall. Danach kann die Übergabe einer im mittelbaren Besitz des Eigentümers befindlichen Sache dadurch ersetzt werden, dass der Eigentümer den mittelbaren Besitz auf den Pfandgläubiger überträgt und die Verpfändung dem Besitzer (also dem Lagerhalter) anzeigt. Ohne eine solche **Pfandrechtsanzeige gegenüber dem Lagerhalter scheitert eine wirksame Pfändung des Gutes.** Durch die Pfändung des Inhaberlagerscheins kann der Pfandrechtsgläubiger – auch ohne Eintritt der Pfandreife (§ 1228 Abs. 2 BGB) – die Herausgabe des Gutes verlangen. Mit der Entgegennahme des Gutes erwirbt der Pfandrechtsgläubiger gem. § 1287 BGB das Pfandrecht am Gut.

3. Namenslagerschein. Der Namenslagerschein ist ein **Wertpapier.** Durch Ausstellung eines **8** Namenslagerscheins verpflichtet sich der Lagerhalter, das Gut gegen Rückgabe des Lagerscheines nur an den im Schein **namentlich Benannten** oder an den durch eine **durchgehende Kette lückenloser Zessionen legitimierten Zessionar** herauszugeben. Der Name des Berechtigten muss sich nicht unmittelbar aus dem Namenslagerschein selbst ergeben. Es genügt, wenn sich der Name aus den vom Lagerhalter unterzeichneten Anlagen ergibt.[8]

In aller Regel erfolgt die Übertragung des Gutes bei ausgestelltem Namenslagerschein durch **9** Einigung über den Eigentumsübergang (§ 929 BGB) und (formlose) Abtretung (§§ 398 ff. BGB) des Herausgabeanspruchs (§ 931 BGB). Gemäß § 952 Abs. 2 BGB geht das Eigentum an dem Lagerschein auf den Erwerber über. Das Recht am Papier folgt automatisch dem Recht aus dem Papier, sodass ein gutgläubiger Erwerb des Papiers insoweit ausscheidet.[9] Die Übergabe des Lagerscheins ist in Abweichung zum Orderlagerschein kein Surrogat für die Besitzübergabe. Die Übergabe des Namenslagerscheins kann jedoch eine konkludente Abtretung des Herausgabeanspruchs enthalten.[10] Wird eine bei einem Lagerhalter eingelagerte Ware durch Einigung und Abtretung des Herausgabeanspruchs übereignet und der Veräußerer weder Eigentümer der Ware noch verfügungsbefugt (§ 185 BGB), so kann ein gutgläubiger Erwerber gem. § 934 BGB Eigentum erwerben. § 934 BGB schützt aber nicht den guten Glauben des Erwerbers daran, dass – sofern im Lagerschein festgehalten ist, dass die Abtretung auf dem Papier schriftlich zu erklären und dieses bei Abtretung vorzulegen ist und beide Anforderungen nicht eingehalten wurden – der abzutretende Herausgabeanspruch nicht in einem Namenslagerschein verbrieft und nicht eine die Abtretung erschwerende Vereinbarung getroffen ist.[11]

Wird ein Namenslagerschein nur zum Schein (§ 117 BGB) ausgestellt, dann kann sich der Lagerhal- **10** ter im Falle der Abtretung dem Zessionar gegenüber auf diesen Umstand nicht berufen (§ 405 BGB).[12] Ansonsten stehen dem Lagerhalter sämtliche Einreden und Einwendungen gegen den Zessionar zu (§ 404 BGB). Der Namenslagerschein verbrieft den lagervertraglichen Auslieferungsanspruch nach § 473 Abs. 1. Ob durch den Namenslagerschein ein selbstständiger, vom vertraglichen Auslieferungsanspruch unabhängiger Auslieferungsanspruch begründet werden soll, ist durch Auslegung (§§ 133, 157 BGB) zu ermitteln. Im Zweifel begründet der Namenslagerschein keine selbstständige Verpflichtung.[13]

---

[6] Schlegelberger/*Schröder* § 424 Rn. 11.
[7] Staub/*Koller* § 424 Rn. 24; Schlegelberger/*Schröder* § 424 Rn. 11.
[8] BGH Urt. v. 13.12.1974 – I ZR 73/73, DB 1975, 831 (832).
[9] BGH Urt. v. 25.5.1979 – I ZR 147/77, NJW 1979, 2037 (2038).
[10] Schlegelberger/*Schröder* § 424 Rn. 10.
[11] BGH Urt. v. 25.5.1979 – I ZR 147/77, NJW 1979, 2037.
[12] BGH Urt. v. 13.12.1974 – I ZR 73/73, DB 1975, 831.
[13] Staub/*Koller* § 424 Rn. 26.

III. Andere Lagerpapiere

11   **1. Lagerempfangsschein.** Von den Lagerscheinen als Wertpapier ist der **Lagerempfangsschein** zu unterscheiden, der **kein Wertpapier** ist. Der Lagerempfangsschein stellt nur eine Bescheinigung darüber dar, dass der Lagerhalter das Gut im Rahmen des Lagervertrages in seine Obhut übernommen hat.[14] Nach **allgM** ist der Lagerempfangsschein als **Quittung** iSv § 368 BGB **ausgestaltet.**[15] Der Lagerempfangsschein dient als Quittung und ist regelmäßig mit einem Verwahrungs- und Auslieferungsversprechen verbunden. Als Privaturkunde hat der Lagerschein die Beweiswirkung des § 416 ZPO.

12   Bei Rückgabe des Gutes ist der Lagerhalter verpflichtet, die Legitimation des Einlagerers oder dessen Rechtsnachfolger zu prüfen. Der Rückgabeanspruch des Einlagerers gem. § 473 Abs. 1 wird durch den Lagerempfangsschein gerade nicht verbrieft. Der Lagerhalter muss deshalb die Rechtsinhaberschaft des Inhabers des Lagerempfangsscheins mit der Sorgfalt eines ordentlichen Lagerhalters prüfen. Sonderregelungen enthalten die allgemeinen Lagerbedingungen der Deutschen Möbelspediteure (ALB). Sie sehen in Punkt 4 vor, dass der **Lagervertrag mit dem Lagerverzeichnis zugleich Quittung und Lagerempfangsschein ist.** Der Lagerhalter ist danach auch berechtigt, das eingelagerte Gut an den Inhaber des Lagerscheins herauszugeben.

13   **2. Freistellungs- und Lieferscheine.** Bei Liefer- und Freistellungsscheinen handelt es sich um Dokumente, die dem Durchhandeln eingelagerter Waren dienen.[16] Sie werden in der Regel vom **Einlagerer** und nicht vom Lagerhalter ausgestellt. Rechtlich handelt es sich um eine Anweisung iSv § 783 BGB mit einer Doppelermächtigung. Das Papier ermächtigt den Käufer des Lagergutes, dieses beim Lagerhalter in Empfang zu nehmen; der Lagerhalter wird ermächtigt, die Ware für Rechnung des Einlagerers an den Käufer auszuliefern.[17] Weder die Lieferscheine noch die Freistellungsscheine beeinflussen unmittelbar die Eigentumsfrage. Denn die Übergabe eines solchen Scheines bewirkt keine Abtretung des Herausgabeanspruches und damit auch keinen Eigentumsübergang iSv § 931 BGB.[18]

IV. Der Lagerschein im Einzelnen

14   Eine gesetzliche Verpflichtung zur Ausstellung eines Lagerscheines gibt es nicht. Nach Abs. 1 „kann" der Lagerhalter nach Erhalt des Gutes über die Verpflichtung zur Auslieferung des Gutes einen Lagerschein ausstellen. Der Lagerhalter ist also nicht verpflichtet, etwa auf Verlangen des Einlagerers einen Lagerschein auszustellen. Der Lagerschein hat nur Bedeutung für das **Rechtsverhältnis zwischen Lagerhalter und legitimiertem Besitzer des Lagerscheins,** was sich aus § 475d Abs. 1 ergibt. Für das Rechtsverhältnis zwischen Einlagerer und Lagerhalter wiederum bleibt der Lagerschein ohne Bedeutung; denn gem. § 475d Abs. 3 beurteilt sich dieses Rechtsverhältnis nur nach den Bestimmungen des Lagervertrages. Als Wertpapier verbrieft der Lagerschein den Herausgabeanspruch in Bezug auf das eingelagerte Gut.

15   **1. Ausstellung des Lagerscheins.** Der Lagerschein soll die in Abs. 1 Nr. 1–8 enthaltenen Angaben enthalten. Dem Lagerschein entspricht im Frachtrecht der Ladeschein gem. §§ 444–448 und im Seefrachtrecht das Konnossement. Die Ausstellung des Lagerscheins ist freiwillig. Sie berücksichtigt, dass insbesondere bei kurzer Einlagerungsdauer oft nicht die Notwendigkeit besteht, schon während dieser Zeit das Gut weiter zu veräußern, es zu verpfänden oder in anderer Weise darüber zu verfügen.

16   **2. Inhalt des Lagerscheins.** Die in den Nr. 1–4 genannten Daten geben die Vertragsdaten wieder, die die Vertragsparteien benannt haben. Für den Lagerhalter sind zB Name und Anschrift wegen § 471 Abs. 2 von Bedeutung. Nämlich dann, wenn der Lagerhalter dem Einlagerer Mitteilung über die Veränderung am Gut zu machen hat. Die genaue Bezeichnung des Lagerhalters ist wichtig, um Ansprüche aus dem Lagerschein durch den berechtigten Lagerscheininhaber ordnungsgemäß geltend machen zu können. Der Lagerschein kann auch **nach Einlagerung ausgestellt werden,** was sich aus Nr. 1 und 4 erschließt. Die Angaben zum Tag der Ausstellung des Lagerscheins Nr. 1 dienen der **ordnungsgemäßen Verwaltung des Vertrages und der Berechnung der Vergütung des Lagerhalters.** Die Angaben zum Ort und Tag der Einlagerung nach Nr. 4 sind von Bedeutung für die Haltbarkeit des Lagergutes.[19]

17   Nr. 5 betrifft die Angaben über die Art des Gutes, dessen Verpackung sowie gefährliche Güter. Die Notwendigkeit, Gefahrgutangaben zu machen, erfolgt bereits aus § 468 Abs. 1.

---

[14] Staub/*Koller* § 424 Rn. 22.

[15] *Andresen/Valder* Rn. 15; *Koller* § 475d Rn. 2; aA *Gass* → 1. Aufl. 2001, Rn. 13.

[16] *Andresen/Valder* Rn. 19.

[17] BGH Urt. v. 7.7.1971 – I ZR 45/70, WM 1971, 1308; OLG Frankfurt a. M. Urt. v. 13.5.1980 – 5 U 158/79, DB 1981, 636; Staub/*Koller* § 424 Rn. 6.

[18] *Andresen/Valder* Rn. 20.

[19] Vgl. hierzu die Darstellung bei *Andresen/Valder* Rn. 10.

Mengen und Gewichtsbezeichnungen der Nr. 6 und 7 sind für Teilauslagerungen und zur Kon- **18** kretisierung der auszulagernden Güter wichtig sowie für die Berechnung des Lagergeldes, das überwiegend nach Gewicht abgerechnet wird.

Sonstige Angaben können die Vertragsparteien gem. Abs. 2 frei vereinbaren. Denkbar sind Weisun- **19** gen zur Behandlung des Gutes oder Vereinbarungen über eine Lagerung im Freien.[20]

3. Form. Der Lagerschein entspricht im Frachtrecht dem Ladeschein gem. §§ 444–448 und im **20** Seefrachtrecht dem Konnossement. Für ihn ist Schriftform vorgesehen gem. Abs. 3, was wiederum § 444 Abs. 3 entspricht. Hierbei ist es zulässig, dass die Unterschrift durch Druck oder durch Stempel (Faksimile) ersetzt wird.

V. Regelungen in den ADSp (Stand 2017)

Ziff. 15.2 ADSp 2017 erwähnt die fakultative Ausstellung eines Lagescheins. Darüber hinaus kann **21** der Auftraggeber vom Spediteur nach Ziff. 8.1 ADSp 2017 eine Empfangsquittung verlangen. Inhalt dieser Quittung ist die Anzahl und Art der Packstücke, nicht jedoch deren Inhalt, Wert oder Gewicht.

§ 475d Wirkung des Lagerscheins. Legitimation

(1) [1]Der Lagerschein begründet die Vermutung, dass das Gut und seine Verpackung in Bezug auf den äußerlich erkennbaren Zustand sowie auf Anzahl, Zeichen und Nummern der Packstücke wie im Lagerschein beschrieben übernommen worden sind. [2]Ist das Rohgewicht oder die anders angegebene Menge des Gutes oder der Inhalt vom Lagerhalter überprüft und das Ergebnis der Überprüfung in den Lagerschein eingetragen worden, so begründet dieser auch die Vermutung, dass Gewicht, Menge oder Inhalt mit den Angaben im Lagerschein übereinstimmt.

(2) [1]Wird der Lagerschein an eine Person begeben, die darin als zum Empfang des Gutes berechtigt benannt ist, kann der Lagerhalter ihr gegenüber die Vermutung nach Absatz 1 nicht widerlegen, es sei denn, der Person war im Zeitpunkt der Begebung des Lagerscheins bekannt oder infolge grober Fahrlässigkeit unbekannt, dass die Angaben im Lagerschein unrichtig sind. [2]Gleiches gilt gegenüber einem Dritten, dem der Lagerschein übertragen wird.

(3) [1]Die im Lagerschein verbrieften lagervertraglichen Ansprüche können nur von dem aus dem Lagerschein Berechtigten geltend gemacht werden. [2]Zugunsten des legitimierten Besitzers des Lagerscheins wird vermutet, dass er der aus dem Lagerschein Berechtigte ist. [3]Legitimierter Besitzer des Lagerscheins ist, wer einen Lagerschein besitzt, der

1. auf den Inhaber lautet,
2. an Order lautet und den Besitzer als denjenigen, der zum Empfang des Gutes berechtigt ist, benennt oder durch eine ununterbrochene Reihe von Indossamenten ausweist oder
3. auf den Namen des Besitzers lautet.

Schrifttum: S. vor §§ 407 u. 467.

Parallelvorschrift: § 444 Abs. 2, 3.

I. Normzweck

Die Vorschrift enthält auch nach der Neufassung durch das Gesetz zur Reform des Seehandelsrechts **1** (BGBl. 2013 I 836) Regelungen über die Wirkung des Lagerscheins unter weitgehender Anlehnung an den frachtrechtlichen Ladeschein gem. § 444. Dabei tritt die im Lagerschein als zum Empfang des Gutes berechtigt benannte Person gem. § 475d Abs. 2 S. 1 an die Stelle des Empfängers iSd § 444 Abs. 2 S. 1.[1]

II. Wirkung des Lagerscheins

1. Maßgebliches Rechtsverhältnis (Abs. 1 und 3). Abs. 1 bestimmt, dass der Lagerschein für das **2** Rechtsverhältnis zwischen dem Lagerhalter und dem legitimierten Besitzer des Lagerscheins maßgeblich ist. Für das Rechtsverhältnis zwischen Lagerhalter und Einlagerer hat der Lagerschein hingegen keine Bedeutung. Hier ist ausschließlich der Inhalt des von den Parteien geschlossenen Lagervertrages entscheidend (Abs. 3).

Abreden zwischen Lagerhalter und Einlagerer muss sich der legitimierte Besitzer des Lagerscheins **3** nur dann entgegen halten lassen, wenn der Lagerschein auf sie Bezug nimmt. Ist der Lagerschein als **Wertpapier** ausgestellt, hat der legitimierte Besitzer des Scheins einen vom **vertraglichen Heraus-**

---

[20] *Andresen/Valder* Rn. 12.
[1] *Koller* § 475 Rn. 1.

gabeanspruch des Einlagerers (§ 473 Abs. 1) unabhängigen wertpapierrechtlichen Herausgabeanspruch.

4   Für die Höhe der zu bezahlenden Vergütung und Auslagen ist im Verhältnis zwischen Lagerhalter
und Einlagerer der Lagervertrag und zwischen Lagerhalter und legitimierten Inhaber des Scheins der
Inhalt des Lagerscheins maßgeblich. Im Lagerschein werden aber nicht alle vom Scheininhaber zu
tragenden Verpflichtungen eingetragen sein, da bestimmte Auslagen und Kosten sich in aller Regel erst
durch die spezifischen Besonderheiten während der Dauer der Einlagerung und Aufbewahrung
ergeben. Aus diesem Grunde sind nicht im Lagerschein eingetragene Ansprüche vom Inhaber des
Scheins auch dann zu erfüllen, wenn sie sich nicht aus dem Lagerschein ergeben, dieser aber mit der
nachträglichen Entstehung hätte rechnen müssen oder diese üblich sind.

5   **2. Vermutungswirkung des Lagerscheins.** Abs. 1 enthält eine widerlegliche Beweisvermutung
hinsichtlich der in ihm enthaltenen Angabe. Ebenso wie der Frachtbrief (§ 409) und der Ladeschein
(§ 444) entfaltet auch der Lagerschein eine Vermutungswirkung hinsichtlich der in ihm enthaltenen
Angaben. Die Vermutungswirkung bezieht sich auf den gesamten Inhalt des Lagerscheins. Danach
begründet der Lagerschein insbesondere die Vermutung, dass das Gut und seine Verpackung in Bezug
auf den äußerlichen Zustand sowie auf Anzahl, Zeichen und Nummern der Packstücke wie im
Lagerschein beschrieben vom Lagerhalter **übernommen** worden sind. Die Vermutungswirkung wird
dahingehend erweitert, dass Gewicht, Menge oder Inhalt des übernommenen Gutes mit den Angaben
des Lagerscheins **übereinstimmen,** soweit der Lagerhalter diese Angaben überprüft und das Ergebnis
dieser Überprüfung in den Lagerschein eingetragen hat. Einer gemeinsamen Überprüfung der Menge
oder des Inhalts des Gutes durch Einlagerer und Lagerhalter bedarf es nicht. § 475d Abs. 1 entspricht
inhaltlich der Regelung des § 444 Abs. 1.

6   **a) Widerlegliche Vermutung.** Die Vermutung der Güterübernahme und der Übereinstimmung
der Angaben bzgl. Gewicht, Menge und Inhalt des übernommenen Gutes mit den Angaben im
Lagerschein ist grundsätzlich gem. § 292 ZPO **widerleglich.** Die Vermutung kann von beiden
Parteien durch Gegenbeweis (Vollbeweis) entkräftet werden. Der Lagerschein begründet die **wider-
legliche** Vermutung nur für das Rechtsverhältnis zwischen dem Lagerhalter und dem berechtigten
Inhaber des Scheins.

7   **b) Unwiderlegliche Vermutung.** Die Vermutungswirkung nach Abs. 1 ist ausnahmsweise **unwiderleglich,** wenn der Lagerschein an einen gutgläubigen Dritten übertragen wurde. Abs. 1 ist
ausnahmsweise **unwiderleglich,** wenn der Lagerschein an einen gutgläubigen Dritten übertragen
wurde gem. § 475d Abs. 2 S. 1. Gleiches gilt gem. § 475d Abs. 2 S. 2 in den Fällen, in denen der
Lagerschein an einen Dritten übertragen oder gem. § 365 gutgläubig erworben worden ist. In derartigen Fällen kann die Vermutung nach Abs. 1 nicht widerlegt werden es sei denn, der Besitzer war
zum Zeitpunkt der Begebung (Übertragung) hinsichtlich des Inhalts des Lagerscheins entweder bösgläubig oder ihm war in Folge grober Fahrlässigkeit unbekannt, dass die Angaben im Lagerschein
unrichtig sind.

8   **c) Beweislast.** Der Aussteller des Lagerscheins hat die Bösgläubigkeit nachzuweisen.[2]

§ 475e Auslieferung gegen Rückgabe des Lagerscheins

(1) **Der legitimierte Besitzer des Lagerscheins ist berechtigt, vom Lagerhalter die Auslieferung des Gutes zu verlangen.**

(2) [1]**Ist ein Lagerschein ausgestellt, so ist der Lagerhalter zur Auslieferung des Gutes nur
gegen Rückgabe des Lagerscheins, auf dem die Auslieferung bescheinigt ist, verpflichtet.**
[2]**Der Lagerhalter ist nicht verpflichtet, die Echtheit der Indossamente zu prüfen.** [3]**Er darf
das Gut jedoch nicht dem legitimierten Besitzer des Lagerscheins ausliefern, wenn ihm
bekannt oder infolge grober Fahrlässigkeit unbekannt ist, dass der legitimierte Besitzer des
Lagerscheins nicht der aus dem Lagerschein Berechtigte ist.**

(3) [1]**Die Auslieferung eines Teils des Gutes erfolgt gegen Abschreibung auf dem Lagerschein.** [2]**Der Abschreibungsvermerk ist vom Lagerhalter zu unterschreiben.**

(4) **Der Lagerhalter haftet dem aus dem Lagerschein Berechtigten für den Schaden, der
daraus entsteht, daß er das Gut ausgeliefert hat, ohne sich den Lagerschein zurückgeben zu
lassen oder ohne einen Abschreibungsvermerk einzutragen.**

Schrifttum: S. vor §§ 407 u. 467.

Parallelvorschrift: § 445.

---

[2] *Koller* § 444 Rn. 5.

I. Normzweck

§ 475e orientiert sich weitgehend an §§ 445 und 475f aF.[1] 1

II. Anspruch auf Auslieferung

Nach Abs. 1 ist der legitimierte Besitzer des Lagerscheins berechtigt, vom Lagerhalter die Aus- 2
lieferung des Gutes zu verlangen. Wer legitimierter Berechtigter ist folgt aus § 475d.

III. Auslieferung gegen Rückgabe des Lagerscheines (Abs. 2)

Ist ein Lagerschein ausgestellt, darf der Lagerhalter das Gut nicht ausliefern, solange ihm kein 3
Lagerschein vorliegt. Hier trägt das Gesetz dem wertpapierlichen Grundsatz Rechnung, dass die
Leistung nur Zug-um-Zug gegen Rückgabe des Papiers verlangt werden kann. Diese Zug-um-Zug-
Verpflichtung folgt für den Orderlagerschein aus § 364 Abs. 3, für das Konnossement aus § 643 und
für Inhaberpapiere aus § 797 BGB. Die Tatsache der Ablieferung ist auf dem Lagerschein zu bescheinigen (sog. Abschreibung) gem. § 475e Abs. 2. Ist dem Lagerhalter bekannt oder evident erkennbar,
dass der Besitzer des Lagerscheins nicht materiell berechtigt ist, darf er das Gut nicht ausliefern. Dies
gilt auch bei evidenten Fälschungen der Indossamente.[2]

IV. Verlust des Lagerscheines

Bei Verlust des Lagerscheins ist dieser nach den **allgemeinen wertpapierrechtlichen Bestim-** 4
mungen für kraftlos zu erklären. Der Auslieferungsanspruch bleibt selbstverständlich bestehen. Die
Kraftloserklärung richtet sich für den Orderlagerschein nach § 365 Abs. 2, für den Inhaberlagerschein
nach §§ 799, 800 BGB. Für den Namenslagerschein ist strittig, ob ein Aufgebotsverfahren analog
§ 808 Abs. 2 S. 2 BGB durchzuführen ist[3] oder ob es ausreichen soll, dem Lagerhalter die Auslieferung
zu quittieren.[4] Das Aufgebotsverfahren ist vorzuziehen, da dieses zu größerer Rechtssicherheit führt.

V. Haftung des Lagerhalters (Abs. 4)

Liefert der Lagerhalter das Gut aus, ohne sich den Lagerschein zurückgeben zu lassen oder ohne 5
einen Abschreibungsvermerk einzutragen, so haftet er dem rechtmäßigen Besitzer des Lagerscheins für
den Schaden, der hieraus entsteht. **Die Vorschrift statuiert eine verschuldensunabhängige, der**
Höhe nach unbegrenzte Haftung des Lagerhalters wegen Pflichtverletzungen im Zusam-
menhang mit dem Lagerschein.[5]

Das bloße Vorzeigen des Lagerscheins erfüllt nicht die Voraussetzungen der Rückgabe des Lager- 6
scheins. Durch Vorzeigen wird nicht die Gefahr beseitigt, dass der Inhaber des Scheines später doch
noch den Lagerschein weiter gibt. § 475 Abs. 3 dient dem Schutz des berechtigten Inhabers des
Lagerscheins und sichert zugleich die wertpapierrechtliche Legitimationswirkung. Ihm liegt die gleiche
wertungsrechtliche Haftung zugrunde wie für vergleichbare Pflichtverletzungen im Zusammenhang
mit einem Frachtbrief gem. § 418 Abs. 6 S. 2 oder einem Ladeschein gem. § 446. **Die Schadens-**
ersatzpflicht besteht gegenüber dem berechtigten Inhaber des Lagerscheins. Dieser ist beweispflichtig für das Fehlverhalten des Lagerhalters und den Kausalzusammenhang zwischen Pflichtverletzung und Schaden. Den geltend gemachten Schaden hat er substantiiert darzulegen und gegebenenfalls
zu beweisen. Auf ein Verschulden des Lagerhalters kommt es nicht an.

§ 475f Einwendungen

[1] Dem aus dem Lagerschein Berechtigten kann der Lagerhalter nur solche Einwendungen
entgegensetzen, die die Gültigkeit der Erklärungen im Lagerschein betreffen oder sich aus
dem Inhalt des Lagerscheins ergeben oder dem Lagerhalter unmittelbar gegenüber dem aus
dem Lagerschein Berechtigten zustehen. [2] Eine Vereinbarung, auf die im Lagerschein lediglich verwiesen wird, ist nicht Inhalt des Lagerscheins.

Schrifttum: S. vor §§ 407 u. 467.

---

[1] Begründung des Regierungsentwurfs zu § 475e eines Gesetzes zur Reform des Seehandelsrechts, BR-Drs. 310/
12, 111, TranspR 2012, 165 (206); *Koller* Rn. 1.
[2] *Koller* § 475d Rn. 21 und *Koller* Rn. 2.
[3] *Hueck/Canaris* WertpapierR § 1 I. 5. a); *Koller* § 448 Rn. 3; *Staub/Helm* § 448 Rn. 4.
[4] *Schlegelberger/Geßler* § 448 Rn. 6.
[5] *Andresen/Valder* Rn. 6, parallel dazu § 447; Baumbach/Hopt/*Merkt* Rn. 1; aA *Koller* Rn. 3, der ebenso wie bei
§ 475h ein Verschulden des Lagerhalters fordert.

I. Normzweck

1   § 475f (BGBl. 2013 I 836) orientiert sich im Wesentlichen an § 447. Es kann deshalb auf die Erläuterungen zu § 447 verwiesen werden.

II. Legitimation durch Lagerschein (Satz 1)

2   Die Vorschrift enthält in S. 1 eine Regelung über die **empfangsberechtigte Person.**

3   Legitimierter Empfänger des Gutes gem. S. 1 ist zum einen der im Lagerschein eingetragene Empfänger und im Falle eines Orderlagerscheins der Indossatar. Die Vorschrift orientiert sich an § 447.[1]

4   **1. Inhaberlagerschein.** Ist ein **Inhaberlagerschein** ausgestellt, so gilt gem. § 793 Abs. 1 BGB der jeweilige Besitzer als zum Empfang des Gutes legitimiert. Der Lagerhalter leistet also mit Erfüllungswirkung, wenn er an diesen das Gut abliefert. Keine schuldbefreiende Wirkung hat die Auslieferung an den Besitzer des Lagerscheins ausnahmsweise dann, wenn der Lagerhalter die Nichtberechtigung des Inhabers positiv kennt oder dieser Umstand dem Lagerhalter auf Grund grober Fahrlässigkeit verborgen blieb.[2]

5   **2. Orderlagerschein.** Ist ein **Orderlagerschein** ausgestellt, so gilt der durch Indossament legitimierte Inhaber als Empfänger der Ware. Die Auslieferung des Gutes erfolgt für den Lagerhalter mit Erfüllungswirkung, wenn er an den im Orderlagerschein genannten Berechtigten leistet. Die Übertragung der Rechtsposition kann durch Blankoindossament erfolgen (§ 365 Abs. 1, Art. 13, 14 WG). Der wertpapierrechtlich verbriefte Auslieferungsanspruch kann nach allgemeinen wertpapierrechtlichen Grundsätzen ebenfalls abgetreten werden.[3]

6   **3. Namenslagerschein.** Ist ein **Namenslagerschein** ausgestellt, so ist der im Lagerschein benannte Berechtigte zum Empfang des Gutes legitimiert. Hat dieser seinen wertpapierrechtlich verbrieften Auslieferungsanspruch an einen Dritten abgetreten, so ändert sich die Legitimationswirkung erst, wenn dem **Zessionar der Lagerschein ausgehändigt wird.** Teilt der Inhaber des Namenslagerscheins dem Lagerhalter die Abtretung des Auslieferungsanspruches mit, so erfolgt die Auslieferung an den Zessionar auch dann gegenüber dem Zedenten mit Erfüllungswirkung, wenn die Abtretung tatsächlich nicht erfolgt oder unwirksam ist (§ 409 Abs. 1 S. 1 BGB).

§ 475g Traditionswirkung des Lagerscheins

[1] Die Begebung des Lagerscheins an denjenigen, der darin als der zum Empfang des Gutes Berechtigte benannt ist, hat, sofern der Lagerhalter das Gut im Besitz hat, für den Erwerb von Rechten an dem Gut dieselben Wirkungen wie die Übergabe des Gutes. [2] Gleiches gilt für die Übertragung des Lagerscheins an Dritte.

1   § 475g (BGBl. 2013 I 836) entspricht fast wörtlich dem § 448. Nur an die Stelle des Begriffes „Ladeschein" tritt der Begriff „Lagerschein", an die Stelle der Formulierung „benannte Empfänger" die Formulierung „der zum Empfang des Gutes Berechtigte" und an die Stelle des Begriffes „Frachtführer" der Begriff „Lagerhalter".[1*] Auch in der Regierungsbegründung wird auf den Gleichklang der Regelungen hingewiesen. § 475g soll sich ebenfalls auf Rektalagerscheine beziehen.[2*]

§ 475h Abweichende Vereinbarungen

Ist der Einlagerer ein Verbraucher so kann nicht zu dessen Nachteil von den §§ 475a und 475e Absatz 4 abgewichen werden.

Schrifttum: S. vor §§ 407 u. 467.

Parallelvorschriften: §§ 449, 466, 541h, 452d.

1   Die Vorschriften über das Lagergeschäft sind weitestgehend dispositiv. Eine Grenze ergibt sich gem. § 475h, sofern der Einlagerer Verbraucher (§ 13 BGB) ist. Zum Nachteil des Verbrauchers kann hier nicht von der Verjährungsregelung in § 475a und von den Haftungsregeln gegenüber dem recht-

---

[1] BT-Drs. 13/8445, 124; *Koller* Rn. 1.

[2] Palandt/*Sprau* BGB § 793 Rn. 12 mwN; *Koller* § 447 Rn. 1.

[3] Staub/*Canaris* § 363 Rn. 142.

[1*] *Koller* Rn. 1.

[2*] Begründung des Regierungsentwurfs zu § 475g eines Gesetzes zur Reform des Seehandelsrechts, BR-Drs. 310/12, 111, TranspR 2012, 165 (206); *Koller* Rn. 1.

mäßigen Besitzer bei Auslieferung ohne Rückgabe des Lagerscheins gem. § 475e Abs. 3 abgewichen werden. Weitergehende Beschränkungen bestimmt § 475h nicht. Allgemeine Geschäftsbedingungen sind an §§ 305–310 BGB zu messen. Hier zu nennen sind die ADSp 2017, die Allgemeinen Lagerbedingungen des deutschen Möbeltransports (ALB) sowie die Hamburger Lagerbedingungen (HLB, Anhang I). Die Regelungen der ADSp sind nicht auf Verträge mit Verbrauchern anwendbar (Ziff. 2.4 ADSp 2017). Sie bleiben daher von § 475h unberührt.

Zu Gunsten von Verbrauchern gem. § 13 BGB sind die §§ 475a, 475e Abs. 4 sowie § 475h **2** zwingender Natur.[1] Es kommt beim Lagerschein deshalb darauf an, ob der Einlagerer Verbraucher ist.[2] § 475h ist im Verhältnis zu § 439 Abs. 4, auf den § 475a verweist, lex specialis.[3]

---

[1] Begründung des Regierungsentwurfes zu §§ 475e–475g eines Gesetzes zur Reform des Seehandelsrechts, BR-Drs. 301/12, 112, TranspR 2012, 165 (206).

[2] *Koller* Rn. 1.

[3] MüKoHGB/*Frantzioch* Rn. 1; *Ramming* TranspR 2010, 397 (405).

Transportrechtliche Nebenbestimmungen

Übereinkommen über den Beförderungsvertrag im internationalen Straßengüterverkehr (CMR)

Vom 19. Mai 1956 (BGBl. 1961 II S. 1119),

Zuletzt geändert durch Protokoll zum Übereinkommen über den Beförderungsvertrag im internationalen Straßenverkehr (CMR) vom 5.7.1978 (BGBl. 1980 II S. 733)

Vorbemerkungen

Schrifttum: *Alff,* Fracht- Lager- und Speditionsrecht, 2. Aufl. 1991; *Atamer,* Reform des türkischen Transport- und Seefrachtrechts, TranspR 2010, 50; *Basedow,* Auslegungsgrenzen im internationalen Einheitsrecht, TranspR 1994, 388; *Becher,* Englisches Transportrecht, TranspR 2010, 127; *Benz,* Einige aktuelle Probleme im schweizerischen Transportrecht, TranspR 2009, 185; *Bracker,* Aktuelle Entwicklungen im #Recht des internationalen Straßengütertransports, TranspR 1999, 7; *Brandi-Dohm,* Auslegung internationalen Einheitsprivatrechts durch die internationale Rechtsprechung, Das Beispiel des Warschauer Abkommens von 1929, TranspR 1996, 45; *Clarke,* Harmonization of the Regulation of Carriage of Goods in Europe, TranspR 2002, 428; *Czapski,* Interprétation de la Convention CMR à la lumière du droit international public, ETL 1998, 461; *Coester-Waltjen,* Internationales Beweisrecht, 1990; *Czoklich,* CMR gilt nun auch für innerösterreichische Straßengütertransporte, RdW 1990, 368; *Damar,* Neues türkisches Handels- und Transportrecht, TranspR 2013, 1; *Decker,* Wertersatz, kein Schadensersatz bei Verlust des Gutes im internationalen Straßengüterverkehr, TranspR 1985, 311; *Didier/Andresen,* Leitfaden zur CMR, 8. Aufl. 2015; *Eckoldt,* Die niederländische CMR-Rechtsprechung, TranspR 2009, 117; *Fischer,* Ergänzung der CMR durch schweizerisches Recht – Rechtsgrundlagen und Anwendungsbeispiele, TranspR 1995, 424; *Fischer,* Ergänzung der CMR durch unvereinheitlichtes deutsches Recht nach der Transportrechtsreform, TranspR 1999, 261; *Franz,* Die Haftung des Frachtführers nach französischem Recht, Schriften zum Transportrecht Bd. 9, 1993; *Freise,* Das Transportrecht – Stand und Entwicklungslinien, RdTW 2013, 41; *Fremuth,* Das TransportrechtsreformG und sein Überleitungsrecht, TranspR 1999, 95; *Frolov/Boës,* Schadensersatzansprüche im nationalen russischen Transportrecht, RdTW 2013, 213; *Helm,* Direkte Inanspruchnahme des Haftpflichtversicherers – Wertersatz bei Beschädigung von Gütern, IPRax 1981, 46; *Helm,* Probleme der CMR: Geltungsbereich – ergänzend anwendbares Recht – Frachtbrief – Weisungsbefugnis – aufeinanderfolgende Frachtführer, VersR 1988, 548; *Helm,* Zwingende ergänzende Anwendung von HGB und BGB zur CMR, TranspR 1990, 14; *Frolov/Boës,* Schadensersatzansprüche im nationalen russischen Transportrecht, RdTW 2013, 213; *Gran,* Die Rechtsprechung zum Transportrecht im Jahr 2017, NJW 2018, 991; *Gran,* Die Rechtsprechung zum Transportrecht im Jahr 2016, NJW 2017, 996; *Gran,* Die Rechtsprechung zum Transportrecht im Jahr 2015, NJW 2016, 998; *Gran,* Die Rechtsprechung zum Transportrecht im Jahr 2014, NJW 2015, 995; *Gran,* Die Rechtsprechung zum Transportrecht im Jahr 2013, NJW 2014, 975; *Gran,* Die Rechtsprechung zum Transportrecht im Jahr 2012, NJW 2013, 910; *Gran,* Die Rechtsprechung zum Transportrecht in den Jahren 2010 und 2011, NJW 2012, 34; *Gruber,* Aktuelle transportrechtliche Probleme in Frankreich, TranspR 2009, 123; *Haak,* Europäische Lösung der deutsch-niederländischen Kontroverse in der CMR-Interpretation?, TranspR 2009, 189 (Vorlagebeschluss TranspR 2009, 279); *Hartenstein/Reuschle,* Transport- und Speditionsrecht, 3. Aufl. 2015; *Herber,* Internationale Transportrechtsübereinkommen und deutsche Einheit, Auswirkungen der deutschen Vereinigung auf das internationale Einheitsrecht, TranspR 1990, 253; *Herber,* Probleme des Multimodaltransports mit Seestreckeneinschluss nach neuem deutschen Recht, TransportR 2001, 101; *Herber/Piper,* CMR, Internationales Straßentransportrecht, Kommentar, 1996; *Heuer,* Der Umfang der Kostenerstattung gem. Art. 23 Abs. 4 CMR, TranspR 1987, 357; *Jesser,* Art. 29 CMR – Welches Verschulden steht dem Vorsatz gleich?, TranspR 1997, 171; *Jesser-Huß,* Aktuelle transportrechtliche Probleme in Österreich, TranspR 2009, 109; *Johansson,* The Scope and the Liability of the CMR – Is there a Need for Changes?, TranspR 2002, 391; *Koller,* Zur Aufklärung über die Schadensentstehung im Straßengütertransportrecht – zugleich ein Beitrag zur Beweislast im Rahmen des Art. 29 CMR, VersR 1990, 553; *Koller,* Zum Begriff des Schadens und zur Kausalität im Recht der CMR, VersR 1994, 384; *Koller,* CMR und Speditionsrecht, VersR 1988, 556; *Koller,* Die Ergänzung der CMR durch unvereinheitlichtes nationales Recht – Zur Änderung der KVO –, TranspR 1989, 260; *Koller,* Das Standgeld bei CMR-Transporten, TranspR 1988, 129; *Koller,* Transportrecht, 9. Aufl. 2016; *Konow,* Schadensersatz wegen positiver Forderungsverletzung im Rahmen von Frachtverträgen – Zur Abgrenzung von den Entschädigungsansprüchen, TranspR 1987, 14; *Krejci,* Grundriß des Handelsrechts, 1995; *Libouton,* International Road Transport. Convention on the contract for the international carriage of goods by road (C.M.R.) – Review of court decisions 1965–1971, ETL 1973, 2; *Lutz,* Anmerkungen zur französischen Rechtsprechung zur CMR, TranspR 1991, 6; *Mankowski,* Kollisionsrechtsanwendung bei Güterbeförderungsverträgen, TranspR 1993, 213; *De Meij,* Interpretatie van verdragen van uniform (vervoer)recht, ETL 1998, 607; *Mercadal,* Guide juridique et pratique du contrat de transport routier de marchandises interieur et CMR, Rouen 1993; *Mercadal,* Droit des transports terrestres et aériens, Rouen 1996; *Meyer-Rehfueß,* Aktuelle Fragen des deutschen und internationalen Landtransportrechts – Bericht über das Symposium der deutschen Gesellschaft für Transportrecht im April 1994, TranspR 1994, 326; *de la Motte,* CMR: Schaden – Entschädigung – Versicherung, VersR 1988, 317; *Pesce,* Il trasporto internazionale di merci, Turin 1995; *Pesce,* Uniform Law on International Carriage of Goods: A System of Special Rules, ETL 1997, 503; *Piper,* Einige ausgewählte Probleme des Schadensersatzrechts der CMR, VersR 1988, 201; *Piper,* Probleme der CMR unter Berücksichtigung der Rechtsprechung des Bundesgerichtshofes insbesondere zur Ersatzverpflichtung des CMR-Frachtführers, TranspR 1990, 357; *Polić Foglar,* Schweizerisches Transportrecht, TranspR 2009, 290; *Pokrant/ Gran,* Transport- und Logistikrecht: Höchstrichterliche Rechtsprechung und Vertragsgestaltung, 9. Aufl. 2009; *Rodière,* The Convention on Road Transport, ETL 1971, 2, 306, 574; *Rodière,* La CMR, BT 1974, 182 ff., 206 ff., 230 ff., 242 ff., 266 ff., 278 ff., 290 ff., 314 ff., 326 ff., 338 ff., 350 ff., 362 ff.; *Roesch,* Ist der frachtrechtliche Haftpflichtversicherer des Straßenfrachtführers zur Führung „umgekehrter" (aktiver) Haftpflichtprozesse verpflichtet?, VersR 1977, 113; *Roesch,* Kann im Frachtrecht bei Güterschäden über die Haftungsbestimmungen der einzelnen frachtrechtlichen Regelungen hinaus Ersatz aus positiver Vertragsverletzung oder unerlaubter Handlung beansprucht werden?, VersR 1980, 314; *Rogov,* Zur Bestimmung des zuständigen Gerichts bei Streitigkeiten aus internationalen Beförderungsverträgen in Österreich, TranspR 2003, 67; *Rogov,* Neuauslegung des Art. 1 Abs. 5 CMR?, TranspR 2005, 185; *Roltsch,* Der Direktanspruch des Verfügungsberechtigten gegen den Straßentransport-Haftpflichtversicherer, VersR 1985, 317; *Seltmann,* Neuregelung des österreichischen Frachtrechtes durch das Binnen-Güterbeförderungsgesetz, TranspR 1990, 405; *Thesing,* Das Recht des nationalen und internationalen Straßengüterverkehrs, 1991; *Thume,* Aktivlegitimation und Regressverfolgung in Deutschland, TranspR 2005, 225; *Thume,* Durchbrechung der Haftungsbeschränkungen nach § 435 HGB im internationalen Vergleich, TranspR 2002, 1; *Thume,* Die Haftung des CMR-Frachtführers wegen positiver Vertragsverletzung, TranspR 1995, 1; *Thume,* Haftungs- und Versicherungsfragen bei fehlerhafter Ablieferung des Frachtgutes und bei Vermischungsschäden, RuS 2006, 89; *Thume,* Palettenverträge im Straßengüterverkehr, TranspR 1989, 47; *Thume,* Zinspflicht des Frachtführers schließt Rückgriff gegen Unterfrachtführer wegen Verzugsschäden des Hauptfrachtführers nicht aus, RIW 2001, 372; *Thume,* 60 Jahre CMR, TranspR 2017, 141; *Thume,* Wie das „CMR-Windhundrennen" verhindert werden könnte, TranspR 2017, 352; *Tomehave,* Zum Mitverschulden des Versenders bei unterlassener Wertdeklaration, TranspR 2006, 124; *Walch,* Aktivlegitimation und Regressvoraussetzungen betreffend transport- und versicherungsrechtliche Ansprüche nach österreichischer Rechtslage und Rechtsprechung, TranspR 2005, 229; *Widmann,* Übereinkommen über den Beförderungsvertrag im internationalen Straßengüterverkehr (CMR), 1993; *Willems,* Haftungsrahmen und Anspruchsverjährung nach belgischem Fracht- und Speditionsrecht, TranspR 2005, 349; *Willenberg,* Rechtsfragen des Palettenverkehrs auf der Straße, TranspR 1985, 161; *Wittwer,* Die EuGH-Rechtsprechung zum Europäischen Zivilprozessrecht aus den Jahren 2003 und 2004, ZeuP 2005, 868; *Wulfmeier,* Der Gütertransportvertrag im niederländischen Neuen Bürgerlichen Gesetzbuch, TranspR 1993, 261, 405; *Yates,* Contracts for the Carriage of Goods by Land, Sea and Air, Teil 3.1, Carriage of Goods by Road: CMR, 1993; *Zapp,* Die Haftung des „413-HGB"-Spediteurs bei grenzüberschreitenden LKW-Transporten für Schäden aus verspäteter Ladungsübernahme, TranspR 1993, 334; *Zapp,* Vertraglich begründete Überprüfungspflichten und Art. 41 CMR, TranspR 1991, 371; *Zapp,* Rechtsprobleme im Zusammenhang mit der Verpackung in der CMR und im deutschen HGB, TranspR 2004, 333.

Übersicht

I. Entstehungsgeschichte der CMR

1   *Während das im internationalen Güterverkehr geltende Frachtrecht für Beförderungen mit der Eisenbahn, zur See und in der Luft schon seit langem durch internationale Übereinkommen vereinheitlicht ist (CIM v. 1890, Haager Regeln v. 1924, Warschauer Übereinkommen v. 1929), wurden Verhandlungen über die **Vereinheitlichung** des **Frachtrechts** im **internationalen Straßengüterverkehr** erst nach dem 2. Weltkrieg im Rahmen der Wirtschaftskommission für Europa unter Beteiligung unter anderem des Internationalen Instituts für die Vereinheitlichung des Privatrechts (UNIDROIT), der Internationalen Handelskammer (ICC) und des Internationalen Straßenverkehrsverban-

---

* Sehr herzlich danke ich Frau Rechtsreferendarin Dr. Diana Rataj für die Unterstützung bei der Literatur- und Rechtsprechungsrecherche.

des (IRU) aufgenommen. Am 19.5.1956 wurde das Übereinkommen über den Beförderungsvertrag im internationalen Straßengüterverkehr (Convention relative au Contrat de transport international de marchandises par route),[1] offizielle Abkürzung **CMR,** von 10 Staaten unterzeichnet. Es trat mit der Ratifizierung durch 5 Staaten, Art. 43 Abs. 1, am **2.7.1961 völkerrechtlich in Kraft.**[2] In der BRD wurde es durch Gesetz vom 16.8.1961 (BGBl. II 1119) ratifiziert und trat am **5.2.1962 als inner-staatliches Recht** in Kraft (Bek. v. 28.12.1961, BGBl. 1962 II 12). In der ehemaligen DDR galt es seit dem 27.3.1974 (BGBl. II 1231).

Nach Aufhebung der Goldbindung des Dollars und des offiziellen Goldpreises führten Schwierig-keiten mit der Rechnungseinheit (ursprünglich Goldfranken, sog. Germinalfranken)[3] zur **Änderung** des Art. 23 Abs. 3 und zur Einfügung von Abs. 7–9 (→ Art. 23 Rn. 7) gemäß dem in Art. 49 vorgesehenen Verfahren durch **Protokoll v. 5.7.1978.** Innerstaatlich wurde die Änderung durch Gesetz v. 9.6.1980 (BGBl. II 721) bereits zum **14.6.1980 in Kraft** gesetzt.[4] Das Protokoll trat in der BRD am 28.12.1980 in Kraft (BGBl. II 1443). Innerstaatlich hat weiterhin das Gesetz v. 5.7.1989 (BGBl. II 586) eine **Gerichtsstandsbestimmung** für die örtliche Zuständigkeit getroffen, die die in Art. 31 Abs. 1 geregelte internationale Zuständigkeit ergänzt (→ Art. 31 Rn. 7).

Vertragsstaaten sind folgende Staaten: Albanien, Armenien, Aserbeidschan, Belgien, Bosnien-Herzegowina, Bulgarien, Dänemark, Deutschland, Estland, Finnland, Frankreich, Georgien, Grie-chenland, Großbritannien, Iran, Irland, Italien, Kasachstan, Kirgisistan, Kroatien, Lettland, Libanon, Litauen, Luxemburg, Marokko, Mazedonien, Moldawien, Mongolei, Niederlande, Norwegen, Öster-reich, Polen, Portugal, Rumänien, Russland, Schweden, Schweiz, Serbien-Montenegro, Slowenien, Slowakei, Spanien, Tadschikistan, Tschechien, Tunesien, Turkmenistan, Türkei, Ungarn, Usbekistan, Weißrussland, Zypern.[5] Das Abkommen gilt nicht für Beförderungen zwischen dem UK und der Republik Irland, wie sich aus dem Unterzeichnungsprotokoll ergibt.

II. Gegenstand des Übereinkommens

1. Grenzüberschreitender Straßengüterverkehr. Die CMR betrifft nur den grenzüberschrei-tenden Verkehr. Sie beseitigt nicht **nationale Vorschriften** zum Straßengüterverkehr, harmonisiert sie nicht und verpflichtet die Vertragsstaaten auch nicht dazu.[6] Zunehmend werden jedoch in ver-schiedener Art und Intensität Regeln der CMR für den innerstaatlichen Güterverkehr übernommen,[7] sei es durch dort verwendete der CMR entsprechende AGB (Belgien, Dänemark),[8] sei es durch Anordnung der Geltung der gesamten CMR auch für den innerstaatlichen Verkehr (Österreich),[9] sei es durch die Übernahme von Einzelvorschriften der CMR für den innerstaatlichen Verkehr, wie in Deutschland, in den Niederlanden, Schweden, Norwegen und Finnland.[10] Zu Vereinheitlichungs-bestrebungen im **multimodalen Verkehr** vgl. das 1980 entworfene, bislang aber nicht in Kraft getretene UN-Übereinkommen.[11]

2. Regeln des Privatrechts. Die CMR behandelt nicht die ordnungsrechtlichen Fragen des Zugangs zum Markt. Die Zulassung bestimmt sich nur noch nach qualitativen Kriterien.[12] Maß-gebend ist § 3 **Güterkraftverkehrsgesetz**[13] für inländische Unternehmer und § 6 Güterkraftver-kehrsgesetz für solche mit Sitz im Ausland. Danach wird die Erlaubnispflicht ersetzt durch die Gemein-schaftslizenz nach **Art. 3 der Gemeinschaftslizenz-VO.**[14] In der EG besteht seit 1.7.1998 **Kabota-**

---

[1] Denkschrift der Bundesregierung zur CMR und zum zugehörigen Unterzeichnungsprotokoll, BT-Drs. III/1144, 33.

[2] Zur Geschichte vgl. *Koller* Vor Art. 1; *Heuer* Frachtführerhaftung 11 ff.; *Herber/Piper* Einf. Rn. 1–5; *Thume/de la Motte* Rn. 2 ff.; zu den Materialien vgl. *Herber/Piper* Einf. Rn. 21.

[3] Vgl. *Loewe* ETL 1976, 568; *Herber/Piper* Einf. Rn. 12; HEPK/*Glöckner* Art. 23 Rn. 8.

[4] Zu Bewährung der CMR und Änderungsvorschlägen *Loewe* ETL 1976, 595; *Glöckner* TranspR 1984, 113 f.; *Herber* TranspR 1987, 55 ff.; *Herber/Piper* Einf. Rn. 13 ff.; MüKoHGB/*Jesser-Huß,* Einl. Rn. 33 f.; zum CMRProt vgl. auch *Rogov* TranspR 2005, 185 f.

[5] BGBl. 1998 II 341 Fundstellennachweis B.

[6] Denkschrift BT-Drs. III/1144, 34; HEPK/*Glöckner* Einl. Rn. 8.

[7] Vgl. *Fischer* TranspR 1994, 365 (370 ff.).

[8] *Fischer* TranspR 1994, 365 (370 f.); *Reithmann* in Reithmann/Martiny IntVertragsR Rn. 1170; MüKoHGB/*Jesser-Huß* Einl. Rn. 29.

[9] Vgl. OGH Wien Urt. v. 14.7.1993 – 7 Ob 540/93, TranspR 1994, 189 (190); *Czoklich* RdW 1990, 368; *Seltmann* TranspR 1990, 405 ff.; *Krejci,* Grundriß des Handelsrechts, 1995, Kap. 25 I A 1; *Seltmann* in *Herber/Piper* Anh. H; MüKoHGB/*Jesser-Huß* Einl. Rn. 32 mwN.

[10] Vgl. *Fischer* TranspR 1994, 365 (370, 372); *Reithmann* in Reithmann/Martiny IntVertragsR Rn. 1170; Mü-KoHGB/*Jesser-Huß* Einl. Rn. 30 f.; *Herber/Piper* Einf. Rn. 17; zu Niederlanden *Wulfmeier* TranspR 1993, 261 ff. und TranspR 1993, 405 ff.

[11] Abgedruckt in ETL 1980, 87 ff.; vgl. dazu *Larsen/Dielmann* VersR 1982, 417 ff.; *Herber/Piper* Einf. Rn. 11 mwN.

[12] Zum Marktzugang im grenzüberschreitenden Verkehr außerhalb der EG vgl. MüKoHGB/*Jesser-Huß* Einl. Rn. 9 ff.

[13] IdF v. 22.6.1998 (BGBl. I 1485), zuletzt geändert am 19.7.2007, BGBl. I 1460.

[14] VO (EWG) Nr. 881/92 des Rates v. 26.3.1992, ABl. 1992 L 95, 1.

gefreiheit.[15] Mit dem Beitritt der zehn neuen Mitglieder (Estland, Lettland, Litauen, Polen, der Slowakei, Slowenien, Tschechische Republik, Ungarn sowie Malta und Zypern) zur EU am 1.5.2004 ist nicht automatisch die Freigabe der Kabotage, also der Zugang zu den nationalen Straßengüterverkehrsmärkten, verbunden worden. Nur mit **Malta, Slowenien und Zypern** wurde mit dem Beitritt zur EU, zum 1.5.2004, die sofortige Kabotagefreiheit vereinbart. Für **Estland, Lettland, Litauen, die Slowakei und Tschechische Republik** galt eine zweijährige allgemeine Übergangsfrist ab 1.5.2004 bis zur Freigabe der Kabotage am 1.5.2006, für **Polen und Ungarn** betrug diese Übergangsfrist drei Jahre ab dem Tag des Beitritts, innerhalb derer ein generelles Kabotageverbot insofern gilt, als es keinen Vertrag der EU oder der derzeitigen Mitgliedstaaten mit den zehn neuen Mitgliedern über die Freigabe der Kabotage gegeben hat, also bis zum 1.5.2007. Auch in den anderen Mitgliedstaaten zugelassene Verkehrsunternehmer sind vom innerstaatlichen Güterverkehr in den Beitrittsländern ausgeschlossen. Die genannten Übergangsfristen können im Falle „schwerer Störungen des nationalen Güterverkehrsmarktes oder der Gefahr derartiger Störungen" für Polen und Ungarn um zwei Jahre verlängert werden, für die anderen fünf Staaten um zwei Jahre mit einer Verlängerungsmöglichkeit um ein Jahr (sog. **3+2 bzw. 2+2+1 Lösung**), wenn solche Störungen oder befürchtete Störungen seitens eines oder mehrerer Mitgliedstaaten der EU-Kommission mitgeteilt werden. Nur Verkehrsunternehmer, die in Mitgliedstaaten ansässig sind, in denen Kabotage uneingeschränkt zugelassen ist, sind im Gegenzug zum innerstaatlichen Güterkraftverkehr in den anderen Mitgliedstaaten, in denen ebenfalls uneingeschränkter Kabotageverkehr zulässig ist, berechtigt. Eine uneingeschränkte Kabotage in allen Mitgliedstaaten wird auf Grund der Übergangsregelungen somit spätestens ab dem 1.5.2009 möglich sein. Allerdings konnten bzw. können die „alten" und „neuen" Mitgliedstaaten mit Beitrittsbeginn nach und nach auf der Grundlage bilateraler Abkommen sowohl Kabotage-Genehmigungen austauschen als auch die Kabotagefreigabe zulassen. So hat Deutschland etwa mit der Tschechischen Republik allerdings auch schon vor dem Ablauf des Kabotageverbots Kabotagegenehmigungen für Beförderungen im Vor- und Nachlauf zum Kombinierten Verkehr auf der Verbindung Duisburg-Lovosice vereinbart.

6   **3. CMR als Einheitsrecht und Kodifikation.** Die CMR ist ein **völkerrechtlicher Vertrag,** der durch Ratifizierung **innerstaatliches Recht** geworden ist. Sie schafft **Einheitsrecht,** dh Recht, das in mehreren Staaten gleich lautend gilt und nach seinem Sinn und Zweck auch gelten soll.[16] Die einheitliche Geltung betrifft **materielles** wie **Kollisionsrecht.**[17] Eine kollisionsrechtliche Vorschrift ist insbesondere Art. 1 Abs. 1.[18] Danach wird die Gesamtheit der Vertragsstaaten als Einheit behandelt. Für den Anwendungsbereich des Art. 1 Abs. 1 gilt das Einheitsrecht der CMR als unmittelbar anwendbares Recht, ohne dass es einer Anknüpfung über die allgemeinen Grundsätze des internationalen Privatrechts bedürfte oder sie auch nur zulässig wäre.[19] Weitere Kollisionsnormen enthalten Art. 5 Abs. 1 S. 2, Art. 16 Abs. 5, Art. 20 Abs. 4, Art. 29 Abs. 1, Art. 32 Abs. 1, 3. Kollisionsnormen der CMR, die als lex specialis andere Anknüpfungsregeln verdrängen,[20] sind ebenso wie die materiellrechtlichen Regelungen zwingend, die Vereinbarung anderen Rechts ist nichtig, Art. 41.[21] Zur **Rechtswahl der CMR** außerhalb ihres Anwendungsbereichs → Art. 1 Rn. 20, zur Anwendung der CMR in **Nichtvertragsstaaten** → Art. 6 Rn. 13.

7   Insbesondere soll die CMR das Recht der im internationalen Güterverkehr verwendeten Urkunden und die Haftung des Frachtführers für Verlust, Beschädigung und Überschreitung der Lieferfrist vereinheitlichen (Präambel). Sie ist jedoch **keine Kodifikation** des gesamten internationalen Straßengüterverkehrs (allgM). Sie regelt weiter bestimmte Nebenpflichten, Ausschluss- und Verjährungsfristen und die zugelassenen Gerichtsstände. Ein abgeschlossenes System der **Leistungsstörungen** enthält sie nicht.[22] Nicht erfasst sind insbesondere der Anspruch auf **Beförderungsentgelt** (→ Rn. 16), das **Pfand- und Zurückbehaltungsrecht**[23] und die **Folgen der Nichterfüllung** (→ Rn. 20, → Rn. 21). Soweit die CMR eingreift, sind ihre Vorschriften allerdings **zwingend,** Art. 41. Eine abweichende Parteivereinbarung ist nicht möglich.[24]

---

[15] VO (EWG) Nr. 3118/93 des Rates v. 25.10.1993, ABl. 1993 L 279, 1 ff.

[16] Zum Begriff *Kropholler* IPR § 11 I S. 76; *Kropholler* EinhR S. 1; *v. Bar/Mankowski* IPR I Rn. 61 ff., 78.

[17] *Kropholler* IPR § 11 I 1 S. 77; *Loewe* ETL 1976, 519; *Herber/Piper* Rn. 5; *Koller* Rn. 2; GroßkommHGB/*Helm* Art. 1 Rn. 1; *Lenz* StraßengütertranspR Rn. 53.

[18] *Lieser* CMR 5 ff., 10; *Herber/Piper* Rn. 6; *Lenz* StraßengütertranspR Rn. 54; *Clarke* Nr. 8 S. 20.

[19] *Lieser* CMR 8; *Jesser* Frachtführerhaftung 16; *Herber/Piper* Rn. 5; *Koller* Rn. 3; HEPK/*Glöckner* Präambel Rn. 3; *Lenz* StraßengütertranspR Rn. 54; *Clarke* Nr. 8 S. 20; aA Cass. Italien Urt. v. 26.11.1980, ETL 1983, 70; vgl. dazu → Art. 4 Rn. 1.

[20] *Helm* VersR 1988, 548 (549); *Reithmann* in Reithmann/Martiny IntVertragsR Rn. 1171 mwN; *Lieser* CMR 24 f.; *Heuer* Frachtführerhaftung 25; *Koller* Rn. 3; *Lenz* StraßengütertranspR Rn. 55.

[21] *Fischer* TranspR 1995, 424 (426); *Herber/Piper* Rn. 7; *Koller* Rn. 3; aA *Precht/Endrigkeit* Art. 1 Rn. 6, weil Art. 41 die Geltung der CMR bereits voraussetze; Cass. Italien Urt. v. 26.11.1980, ETL 1983, 70, vgl. dazu → Art. 4 Rn. 1.

[22] *Reithmann* in Reithmann/Martiny IntVertragsR Rn. 1172; *Koller* Rn. 22; *Thume/Schmid* Anh. I Rn. 24; MüKoHGB/*Jesser-Huß* Einl. Rn. 17.

[23] *Loewe* ETL 1976, 507; *Herber/Piper* Rn. 15; *Thume/Fremuth* Anh. V Rn. 2.

[24] AllgM; *Thume* TranspR 1995, 1 mwN; *Piper* Rn. 356; *Loewe* ETL 1976, 593 f.; *Koller* Art. 41 Rn. 1.

Soweit sie keine Bestimmungen trifft, ist auch für Verträge, die grundsätzlich der CMR unterliegen, **8** das nach den Regeln des internationalen Privatrechts maßgebliche **nationale Recht** heranzuziehen.[25] Eine ausdrückliche Klarstellung dieser Rechtslage wie in der CIM wurde nicht für notwendig gehalten.[26] Zur Ergänzung darf aber nicht unmittelbar auf die Sachnormen der lex fori zurückgegriffen werden.[27] Die Anwendung des unvereinheitlichten Rechts kommt nur dort in Betracht, wo in der CMR bewusst **keine abschließende Regelung** getroffen wurde oder eine autonome Ausfüllung unbeabsichtigter Lücken nicht möglich ist (→ Rn. 12). Die Grenzen für die Heranziehung nationalen Rechts sind im Einzelnen streitig (vgl. insbesondere → Rn. 22 ff., → Art. 17 Rn. 6; → Art. 23 Rn. 15; → Art. 25 Rn. 5).

III. Auslegung und Lückenfüllung

Die inländischen Gerichte sind zur Auslegung der CMR uneingeschränkt befugt.[28] Die CMR dient **9** der **Rechtsvereinheitlichung.** Mit ihr soll die Prüfung der Kollisionsregeln, die Frage, welches Recht anzuwenden ist, überflüssig gemacht und den Beteiligten die Anwendung fremden Rechts möglichst erspart werden.[29] Dem Einheitszweck entsprechend gelten für die Auslegung die **allgemeinen Auslegungsgrundsätze** mit Modifikationen.[30] **Innerstaatliche Begriffe** und Rechtsgrundsätze auch des englischen oder französischen Rechts, in deren Sprache die CMR abgefasst ist, können hingegen nicht als dem Übereinkommen zugrunde liegend angesehen werden.[31] Die CMR bedarf der **Auslegung** und ist gegebenenfalls zu ergänzen, um so den übereinstimmenden Wille der Vertragsparteien der CMR zu ermitteln.[32] Wegen der Schwierigkeiten, den maßgebenden Willen der Vertragsparteien zu erforschen, kommt dem **Wortlaut** und – insbesondere wenn die Entstehungsgeschichte keinen Aufschluss gibt – dem **systematisch-logischen Zusammenhang** der Einzelvorschrift, aber auch ihrem **Sinn und Zweck** besondere Bedeutung zu.[33] Deshalb ist auch das jeweilige **Verständnis der CMR in den anderen Vertragsstaaten** zu beachten, da nur so eine Annäherung an das Ziel der Rechtsvereinheitlichung zu verwirklichen ist.[34] Das gilt auch für Normen der CMR, die sich an die deutsche Kraftverkehrsordnung **(KVO)** anlehnen,[35] die durch das Gesetz zur Neuregelung des Fracht-Speditions- und Lagerrechts (Transportrechtsreformgesetz, **TRG**)[36] aufgehoben wurde. Nicht zu verkennen ist allerdings, dass die praktische Durchführung einer solchen Rechtsvergleichung die Instanzgerichte oft überfordern wird.

[25] AllgM; BGH Urt. v. 21.12.1973 – I ZR 119/72, NJW 1974, 412 (413); Urt. v. 9.2.1979 – I ZR 6/77, NJW 1979, 2470; Urt. v. 10.2.1982 – I ZR 80/80, BGHZ 83, 96 (101) = NJW 1982, 1946 (1947); Urt. v. 10.10.1991 – I ZR 193/89, BGHZ 115, 299 (302) = NJW 1992, 621 (622); Shell Chemicals v. P&O Roadtanks, Q. B.(D.) Urt. v. 24.10.1992, ETL 1993, 276 (279 f.); *Thume* TranspR 1995, 1; *Herber/Piper* Rn. 14; *Koller* Rn. 5; *Thume/Schmid* Anh. I Rn. 2; *Rodière* ETL 1971, 2; *Hill/Messent* 102; *Clarke* Nr. 5 S. 14 ff. und Zusammenstellung von Einzelfällen Nr. 64 S. 244 ff.; zur Bestimmung des zuständigen Gerichts s. zB *Rogov* TranspR 2003, 67 f.

[26] Denkschrift BT-Drs. III/1144, 34.

[27] Vgl. *Helm* VersR 1988, 548 (549); *Fischer* TranspR 1999, 261 (262); *Basedow* TranspV § 4 III S. 79.

[28] BGH Urt. v. 19.3.1976 – I ZR 75/74, NJW 1976, 1583 (1584) (WA) mAnm *Kropholler*.

[29] BGH Urt. v. 19.3.1976 – I ZR 75/74, NJW 1976, 1583 (1584); *Loewe* ETL 1976, 517; *Lieser* CMR 7 f.; *Dubischar* GütertransportR 96, 97.

[30] *Kropholler* IPR § 9 V S. 61; *Kropholler* EinhR 263; *Lieser* CMR 13 ff., 19; *Koller* Rn. 4; *Straube/Schütz* HGB § 452 Anh. I CMR Vor Rn. 6.

[31] BGH Urt. v. 28.2.1975 – I ZR 40/74, NJW 1975, 1597 (1598); Urt. v. 19.3.1976 – I ZR 75/74, NJW 1976, 1583 (1584); Urt. v. 16.6.1982 – I ZR 100/80, BGHZ 84, 339 (343) = NJW 1983, 518 (WA); OGH Wien Urt. v. 27.4.1987 – 1 Ob 573/86, TranspR 1987, 372 (373); Buchanan v. Babco Forwarding & Shipping, H. L. Urt. v. 9.11.1977, ETL 1978, 75 (80); *Piper* TranspR 1990, 357; *Fischer* TranspR 1994, 365 (366); *Brandi-Dohm* TranspR 1996, 45 (46); *Pesce* ETL 1997, 503 (505); *Koller* VersR 1994, 384 (385); *Koller* Rn. 4; *Lieser* CMR 20 ff.; MüKoHGB/*Jesser-Huß* Einl. Rn. 19.

[32] BGH Urt. v. 28.2.1975 – I ZR 40/74, NJW 1975, 1597 (1598); Urt. v. 6.7.1979 – I ZR 127/78, BGHZ 75, 92 (94); Urt. v. 16.6.1982 – I ZR 100/80, BGHZ 84, 339 (343); Urt. v. 14.12.1988 – I ZR 235/86, VersR 1989, 309 (310); Urt. v. 10.10.1991 – I ZR 193/89, BGHZ 115, 299 (302); *Piper* TranpR 1990, 357 (358); *Pesce* ETL 1997, 503 (513); *Dubischar* GütertransportR 98; GroßkommHGB/*Helm* Art. 1 Rn. 4; *Herber/Piper* Rn. 12; *Thume/Schmid* Anh. I Rn. 13; *Haak*, The Liability of the Carrier under the CMR, 1986, 31 ff.; *Theunis/Pesce* 2.

[33] BGH Urt. v. 28.2.1975 – I ZR 40/74, NJW 1975, 1597 (1598); Urt. v. 6.7.1979 – I ZR 127/78, BGHZ 75, 92 (94); Urt. v. 10.10.1991 – I ZR 193/89, BGHZ 115, 299 (302); Urt. v. 5.10.1992 – I ZR 260/90, NJW 1993, 1269; Urt. v. 14.7.1993 – I ZR 204/91, BGHZ 123, 200 (204) = NJW 1993, 2808 (2809); OGH Wien Urt. v. 27.4.1987 – 1 Ob 558/87, TranspR 1987, 372 (373); Schweizer Bundesgericht Urt. v. 29.6.1987, BGE 113 II 359, 362 (WA); *Brandi-Dohm* TranspR 1996, 46; *Meij* ETL 1998, 607 (644 ff.); *Kropholler* IPR § 9 V S. 62; *Jesser* Frachtführerhaftung 29; *Koller* Rn. 4; *Herber/Piper* Rn. 9 ff.; MüKoHGB/*Jesser-Huß* Einl. Rn. 19.

[34] BGH Urt. v. 28.2.1975 – I ZR 40/74, NJW 1975, 1597 (1599); Urt. v. 14.7.1993 – I ZR 204/91, BGHZ 123, 200 (204); *Jesser* Frachtführerhaftung 28; *Lieser* CMR 15 ff.; *Kropholler* IPR § 9 V S. 62; *Herber/Piper* Rn. 13; MüKoHGB/*Jesser-Huß* Einl. Rn. 22 mwN; *Rodière* ETL 1971, 574 (593); *Clarke* Nr. 3 S. 5; *Hill/Messent* 2 f.; zu int. Auslegungsdifferenzen vgl. auch *Fischer* TranspR 1994, 365.

[35] *Herber/Piper* Rn. 12.

[36] IdF v. 25.6.1998, BGBl. I 1588.

10   Bei der Berücksichtigung des **Wortlauts** kann nicht ohne weiteres auf den **deutschen Text** – eine gemeinsam von den Regierungen der BRD, Österreichs und der Schweiz erarbeitete Übersetzung – abgestellt werden. Für ihn spricht zwar eine tatsächliche **Vermutung der Richtigkeit**.[37] Allein und gleichrangig verbindlich sind aber nur der **französische** und **englische Text**, Art. 51 Abs. 3.[38] Zunächst gilt die Vermutung, dass die verwendeten Begriffe in jedem der beiden Texte dieselbe Bedeutung haben.[39] **Weichen** die maßgebliche **englische und französische Fassung voneinander ab** (vgl. etwa Art. 21 Fn. 41), ist davon auszugehen, dass beide Texte ihrer Idee nach dasselbe aussagen und der in ihnen zum Ausdruck gekommene Wille nur einer sein kann, der wiederum nach Sinn und Zweck des Übereinkommens unter Rückgriff auf Wortlaut, Materialien und Zusammenhang der Vorschrift zu ermitteln ist.[40]

11   Anhaltspunkte für die **Entstehungsgeschichte** können die Denkschrift und die Ausführungen von *Loewe* bieten,[41] der an den Beratungen teilgenommen hat. Die **offiziellen Beratungsdokumente** sind nicht veröffentlicht und schwer zugänglich.[42] Für die Auslegung ist auch von Bedeutung, dass sich die CMR an die **CIM** anlehnt.[43] Ähnliche Auslegungsregeln werden in den **anderen Vertragsstaaten** angewandt.[44]

12   Unbeabsichtigte **Lücken** der CMR sind durch autonome Auslegung (→ Rn. 9), durch **Analogie** oder Heranziehung in ihr enthaltener allgemeiner Grundsätze zu schließen.[45] Soweit die CMR **bewusst keine Regelung** enthält, gilt nationales Recht und scheidet eine Analogie aus.[46] Von der Auslegung der CMR zu unterscheiden ist die **Auslegung der unter die CMR fallenden Vereinbarung** (→ Rn. 15).

IV. Ergänzende Anwendung unvereinheitlichten Rechts

13   **1. Bestimmung des ergänzend heranzuziehenden nationalen Rechts.** Soweit die CMR keine Regelung enthält und keine aus dem Zusammenhang ihrer Vorschriften schließbare unbeabsichtigte Lücke vorliegt, ist das ergänzend anwendbare nationale Recht heranzuziehen (→ Rn. 12). Seine Bestimmung richtet sich nach den **Kollisionsregeln in der CMR** selbst (→ Rn. 6) und, wo es solche nicht gibt, nach den **Regeln des IPR**. Dabei muss die auch nachträglich formlos mögliche **Rechtswahl** der Parteien, Art. 3 Rom I-VO, berücksichtigt werden.[47] Fehlt es an einer solchen, unterliegt der Vertrag dem Recht des Staates, zu dem er die **engste Verbindung** aufweist, Art. 4 Rom I-VO. Bei Güterbeförderungsverträgen wird **vermutet,** dass diese zu dem Staat besteht, in dem der Frachtführer bei Vertragsschluss seine Hauptniederlassung hatte, sofern sich in diesem Staat auch Verlade- oder Entladeort oder die Hauptniederlassung des Absenders befinden (dies ergab sich zuvor aus Art. 28 Abs. 4 EGBGB). Greift die Vermutung nicht, bestimmt sich die engste Verbindung nach Art. Art. 4 Abs. 1 Rom I-VO.[48] Das Recht der lex causae gilt auch für die **Beweislast** bezüglich der Ansprüche, die nicht aus der CMR, sondern aus nationalem Recht herzuleiten sind.[49]

---

[37] *Herber/Piper* Rn. 10 aE.

[38] BGH Urt. v. 10.10.1991 – I ZR 193/89, BGHZ 115, 299 (302); Denkschrift BT-Drs. III/1144, 34; *Koller* Rn. 4; *MüKoHGB/Jesser-Huß* Einl. Rn. 21; *Herber/Piper* Rn. 10.

[39] *Dölle* RabelsZ 26 (1961), 4 (27); *Jesser* TranspR 1997, 171 (173); *Lieser* CMR 16; ähnl. *Clarke* Nr. 6 S. 17 f.; *Hill/Messent* 6 f.

[40] BGH Urt. v. 10.10.1991 – I ZR 193/89, BGHZ 115, 299 (302) unter Hinweis auf Art. 33 Abs. 4 des Wiener Übereinkommens v. 23.3.1969 über das Recht der Verträge, BGBl. 1985 II 962; Oberster Gerichtshof der Niederlande Urt. v. 29.6.1990, TranspR 1991, 132 (134); *Piper* TranspR 1990, 357; *MüKoHGB/Jesser-Huß* Einl. Rn. 20; *Koller* Vor Art. 1 Rn. 4; *Clarke* Nr. 4a S. 7 f.

[41] *Loewe* ETL 1976, 503 ff.; BGH Urt. v. 10.10.1991 – I ZR 193/89, BGHZ 115, 299 (303); *Herber/Piper* Rn. 21.

[42] Vgl. *Herber/Piper* Einf. Rn. 21.

[43] CIM idF v. 25.10.1952 (BGBl. 1956 II 34); dazu BGH Urt. v. 21.12.1973 – I ZR 119/72, NJW 1974, 412; Urt. v. 28.2.1975 – I ZR 40/74, NJW 1975, 1597 (1598); *Jesser* TranspR 1997, 171 (174); *Clarke* Nr. 4e S. 13.

[44] Österreich: OGH Wien Urt. v. 27.4.1987 – 1 Ob 558/87, TranspR 1987, 372 (373); England: Buchanan v. Babco, C. A. Urt. v. 2.12.1976, ETL 1977, 751 (753 ff.); H. L. Urt. v. 9.11.1977, ETL 1978, 75 (80); Fothergill v. Monarch Airlines, H. L. 2 Lloyd'sL. Rep. 1980, 295 (WA); *Clarke* Nr. 7 S. 19 und *Hill/Messent* 3 f. jeweils mwN; Niederlande: Oberster Gerichtshof Urt. v. 29.6.1990, TranspR 1991, 132 (134).

[45] BGH Urt. v. 28.2.1975 – I ZR 40/74, NJW 1975, 1597 (1598); Urt. v. 6.7.1979 – I ZR 127/78, BGHZ 75, 92 (94); *Lieser* CMR 20 f.; *GroßkommHGB/Helm* Art. 1 Rn. 4; *Thume/Schmid* Anh. I Rn. 2; *Koller* Rn. 4; *Herber/Piper* Rn. 16; ähnl. *Pesce* ETL 1997, 503 (506 f.); *Willems* TranspR 2005, 349 f.; auch Heranziehung allgemeiner Grundsätze der verschiedenen Transportrechtskonventionen.

[46] *MüKoHGB/Jesser-Huß* Einl. Rn. 37; *Lieser* CMR 23 f.; zur Aktivlegitimation und Regreßverfolgung s. *Thume* TranspR 2005, 225 ff.; *Walch* TranspR 2005, 229 ff.; zum Konventionenkonflikt zwischen EuGVÜ und CMR *Wittwer* ZEuP 2005, 868 (893 f.).

[47] Ausf. *Mankowski* TranspR 1993, 213 (218 f.); *Fischer* TranspR 1999, 261 (263); *Helm* VersR 1988, 548 (549).

[48] OLG München Urt. v. 3.5.1989 – 7 U 6078/88, TranspR 1991, 61 (62); OLG Düsseldorf Urt. v. 21.4.1994 – 18 U 192/93, VersR 1996, 1040 (1041); *Fischer* TranspR 1999, 261 (263); *Mankowski* TranspR 1993, 213 (224).

[49] *Coester-Waltjen,* Internationales Beweisrecht, 1983, Rn. 371; *Herber/Piper* Art. 17 Rn. 171; *MüKoHGB/Jesser-Huß* Art. 18 Rn. 3; zweifelnd, ob nicht lex fori *Koller* VersR 1990, 553 (559).

2. Ergänzend anwendbares deutsches Recht. Wird zur Ergänzung auf deutsches Recht ver- **14** wiesen, so ist jedenfalls nach der Neuregelung des Frachtrechts des HGB und der Aufhebung der KVO[50] durch das TRG v. 25.6.1998 (BGBl. I 1588) in erster Linie auf die den Vorschriften des zwingendem Rechts nicht widersprechende **Parteivereinbarung** und etwa wirksam einbezogene Allgemeine Geschäftsbedingungen (zB ADSp),[51] in zweiter Linie auf die frachtrechtlichen Regeln des **HGB** und schließlich auf das **BGB** zurückzugreifen.

3. Einzelfälle. a) Vertragsschluss, Auslegung, Willensmängel. Der CMR-Beförderungsvertrag **15** ist ein **formfreier Konsensualvertrag** (→ Art. 4 Rn. 1). Im Übrigen fehlen Vorschriften zum Zustandekommen. Auch fehlen Vorschriften über die Anfechtung und Nichtigkeit. Es gelten die für den Abschluss von Konsensualverträgen einschlägigen Normen des nach Art. 10 Rom I-VO geltenden nationalen Rechts.[52] Dieses ist auch für die Auslegung des Vertrags und den Einfluss von Willensmängeln maßgeblich, Art. 12 Rom I-VO. Bei Anwendung deutschen Rechts **gilt BGB** (§§ 133, 145 ff., 157, 164 BGB; bei Verträgen mit Verbrauchern ua die §§ 312b–312f BGB greifen) und HGB (mit den Vorschriften über den Geschäftsbesorgungsvertrag §§ 413, 418, 422 und der Folge des § 362 HGB). Innerstaatliche **AGB** können als Parteivereinbarung ergänzend herangezogen werden, sofern zwingende Normen der CMR nicht entgegenstehen.[53] Bei Anwendung der Grundsätze zum **kaufmännischen Bestätigungsschreiben** ist Art. 10 Abs. 2 Rom I-VO zu beachten.[54]

b) Vergütung. Sie ist in der CMR nur in Art. 13 Abs. 2 und bezüglich der Verjährung in Art. 32 **16** behandelt. **Fälligkeit** und **Höhe** richten sich nach dem ergänzend anwendbaren nationalen Recht.[55] Nach deutschem Recht greift hinsichtlich der Fälligkeit § 420 Abs. 1 S. 1 HGB. Die Preise sind frei verhandelbar. Fracht für zusätzliche, **im Beförderungsvertrag nicht vorgesehene Ware** kann der Frachtführer als Geschäftsführung ohne Auftrag verlangen oder auch als Schadensersatz nach Art. 7.[56] Für **Standgeld**[57] kommen bei Ereignissen nach Art. 10, 11, 14, 15 als Anspruchsgrundlagen Art. 10, 11 Abs. 2 S. 2, Art. 16 Abs. 1 in Betracht,[58] die insofern abschließend sind. Darüber können sich Standgeldansprüche aus den Vorschriften §§ 412 Abs. 3, 420 Abs. 3 HGB ergeben,[59] und nur soweit auch diese Sonderregeln nicht greifen, können sich weitere Ersatzansprüche aus den §§ 280 ff. BGB[60] sowie aus Parteivereinbarung[61] ergeben. Eine Standgeldabrede bezieht sich nach deutschem Recht im **Zweifel nur auf die Höhe,** nicht auf den Grund der Zahlungspflicht.[62]

c) Schutz- und Nebenpflichten. Die CMR enthält einige sich aus dem Beförderungsvertrag **17** ergebende Nebenpflichten wie Obhutspflichten und die Pflicht zur rechtzeitigen Beförderung des Gutes (Art. 17). Hinsichtlich weiterer Schutzpflichten, die den Frachtführer wie den Absender in Wahrnehmung der Sicherung der Rechtsgüter und der Vermögensinteressen der Vertragspartei treffen können (§ 241 Abs. 2 BGB), weist die CMR in Art. 7 Abs. 1, Art. 10, 11 Abs. 2, 3, Art. 12 Abs. 7 nur lückenhafte Regeln auf. Soweit eine Regelung in der CMR getroffen ist, scheidet eine abweichende Vereinbarung aus, Art. 41. Im Übrigen können sich **weitere Nebenpflichten** aus dem ergänzend anwendbaren Recht ergeben oder durch Vereinbarung übernommen werden.[63] Aus ihrer

[50] Zum früheren Rechtszustand und zur Frage der zwingenden Anwendung der KVO vgl. einerseits (abl.) *Helm* VersR 1988, 548 (549 f.); *Helm* TranspR 1989, 389 (390 f.); *Koller* TranspR 1989, 260 (261); *Koller* Rn. 6; *Zapp* TranspR 1993, 334; *Thume/Schmid* Anh. I Rn. 5; *MüKoHGB/Jesser-Huß* Einl. Rn. 48; andererseits (bej.) BGH Urt. v. 10.4.1974 – I ZR 84/73, NJW 1974, 1610 (1615); Urt. v. 20.1.1983 – I ZR 90/81, NJW 1983, 1266; Urt. v. 24.9.1987 – I ZR 197/85, VersR 1988, 244 (245); *Herber/Piper* Rn. 21; zu übergangsrechtlichen Fragen *Fischer* TranspR 1999, 261 (265) mwN; *Fremuth* TranspR 1999, 95 ff.
[51] OLG Hamburg Urt. v. 7.5.1987 – 6 U 12/87, TranspR 1987, 457; *Fremuth/Thume* Rn. 16.
[52] AllgM; zum Vertragsschluss nach ausländischem Recht vgl. *MüKoHGB/Jesser-Huß* Einl. Rn. 4; zum engl. Recht vgl. *Clarke* Nr. 202 S. 405.
[53] BGH Urt. v. 7.3.1985 – I ZR 182/82, BGHZ 94, 71 (74) = NJW 1985, 2091 (2092).
[54] *Lieser* CMR 7 ff.; *Thume/Schmid* Anh. I Rn. 10; *MüKoHGB/Jesser-Huß* Art. 4 Rn. 3.
[55] *Fischer* TranspR 1999, 261 (270); *Koller* Rn. 11; *Thume/de la Motte* Rn. 42; HEPK/*Glöckner* Rn. 3; vgl. OGH Wien Urt. v. 31.1.1991 – 7 Ob 687/90, TranspR 1993, 237 (238) (zur Frachtminderung).
[56] *Koller* Rn. 12.
[57] Ausf. *Koller* TranspR 1988, 129 ff.; vgl. auch *Braun* VersR 1988, 878 (883).
[58] Daneben für Fracht nationales Recht OGH Wien Urt. v. 1.2.1983 – 2 Ob 572/82, TranspR 1983, 160 (161); *Lenz* Straßengütertranspr Rn. 422; aA abschließend und zwingend *Koller* TranspR 1988, 129 (130 ff.); *Koller* Rn. 14; HEPK/*Glöckner* Einl. Rn. 4; *Thume/Schmid* Anh. I Rn. 55; vgl. auch → Art. 16 Rn. 3.
[59] OLG Düsseldorf Urt. v. 1.10.1992 – 18 U 33/92, TranspR 1993, 97 zu § 632 BGB; Urt. v. 9.11.1995 – 18 U 11/95, VersR 1997, 89 zu § 642 BGB; *Koller* Rn. 15; *Thume/Schmid* Anh. I Rn. 60.
[60] OLG Düsseldorf Urt. v. 4.3.1982 – 18 U 197/81, VersR 1982, 1202; *Thume/Schmid* Anh. I Rn. 62.
[61] OLG München Urt. v. 4.6.1987 – 23 U 1698/87, VersR 1987, 932 (933); *Koller* TranspR 1988, 129 (136 f.); *Braun* VersR 1988, 878 (884); HEPK/*Glöckner* Einl. Rn. 4; *Thume/Schmid* Anh. I Rn. 59.
[62] OLG München Urt. v. 4.6.1987 – 23 U 1698/87, VersR 1987, 932 (933); *Zapp* TranspR 1993, 334 (335 f.); *Koller* Rn. 15; HEPK/*Glöckner* Art. 14 Rn. 8; *Thume/Schmid* Anh. I Rn. 61.
[63] BGH Urt. v. 28.2.1975 – I ZR 40/74, NJW 1975, 1597 (1598): Pflicht zur Besorgung einer Transportversicherung; OLG München Urt. v. 3.5.1989 – 7 U 6078/88, TranspR 1991, 61 (62): Kontrollpflicht; *Koller* Rn. 9, 35; *Thume/Schmid* Anh. I Rn. 22.

Verletzung resultierende Schadensersatzansprüche unterliegen nicht den Begrenzungen der Art. 23 ff. (→ Rn. 19). Nach nationalem Recht richtet sich vor allem die **Be- und Entladepflicht** (→ Art. 17 Rn. 15). **Überprüfungspflichten** können vereinbart werden, ohne dass dadurch Art. 8 tangiert wird, da Art. 8 nur eine Pflicht zur Überprüfung hinsichtlich der Beweislast im Rahmen des Art. 17 vorsieht (→ Art. 8 Rn. 5). Es widerspricht auch nicht dem Grundsatz, dass der Frachtführer nach Art. 17 nur für offensichtliche schadensverursachende Verpackungs- und Lademängel haftet.[64]

18   **d) Kündigung, Rücktritt.** Für die Zeit **vor Übernahme** des Frachtguts ist das nach Art. 12 Abs. 1 lit. d Rom I-VO bestimmte nationale Recht maßgebend, da die CMR hierzu (mit Ausnahme der Verjährung, Art. 32) schweigt.[65] Nach deutschem Recht finden §§ 415, 417 Abs. 2 HGB Anwendung. Für die Zeit **nach Übernahme** trifft die CMR mit dem in Art. 12 geregelten Weisungsrecht, das auch auf Vertragsbeendigung gerichtet sein kann, und dem in Art. 16 geregelten Recht zum Entladen ("Auslade"-Recht)[66] abschließende Vorschriften über die **Vertragsbeendigung,**[67] die Kündigung oder Rücktritt ausschließen. Die Rechtsfolgen der Beendigung für den Anspruch auf **Fracht** regeln sie allerdings nicht, sodass sich dieser wieder nach nationalem Recht richtet.[68]

19   **e) Leistungsstörungen.** Die CMR enthält hierzu Vorschriften über den Verlust und die Beschädigung, Art. 17, die Lieferfristüberschreitung, Art. 17, 19 und über bestimmte Nebenpflichten, wie unzulängliche Frachtbriefangaben, Art. 7, und Begleitpapiere, Art. 11, Nichtbeachtung von Weisungen, Art. 12 Abs. 7, Störungen bei der Nachnahme, Art. 21, beim Transport gefährlicher Güter, Art. 22 Abs. 2, über Beförderungs- und Ablieferungshindernisse, Art. 14, 15, 16 Abs. 1. **Abschließende Bestimmungen** trifft sie aber lediglich bezüglich Schäden, die aus der **Beschädigung** und dem **Verlust** von Frachtgütern während der Obhut des Frachtführers und aus der Überschreitung der **Lieferfrist** entstehen[69] (→ Vor Art. 17 Rn. 6) und für Ersatzansprüche[70] (nicht aber Frachtansprüche) des Frachtführers wegen **Beförderungs-** und **Ablieferungshindernissen.** Die Vorschriften der CMR sind zwingend, Art. 41. Fehlen abschließende Regelungen, sind die Normen des nach dem IPR anwendbaren Rechts ergänzend heranzuziehen.[71] Dann gelten auch die **Haftungsgrenzen** der CMR und ihre **Beweislastregeln** nicht.[72] Die Abgrenzung zu den nach Art. 17 ff. zu ersetzenden Schäden ist oft schwierig.[73] Die Haftung für ein **Verschulden vor Vertragsschluss** (§§ 311 Abs. 2, 3 BGB iVm § 280 Abs. 1 BGB) kann der Frachtführer ausschließen. Ist ein Vertrag zustande gekommen, greift Art. 17 für die ausdrücklich geregelten Fälle. Sonstige, in der CMR geregelten Informationspflichten (Art. 7, 11) erfassen lediglich Verstöße, zu denen es erst nach dem Abschluss des Vertrages gekommen ist.

20   **aa) Unmöglichkeit.** Für die Haftung des Frachtführers auf **Schadensersatz wegen Nichterfüllung** des Frachtvertrags gilt nationales Recht. In Art. 17 ff. abschließend geregelt ist nur der Anspruch auf Ersatz des Verzögerungsschadens, der neben dem Leistungsanspruch besteht und nicht, wie der Schadensersatzanspruch wegen Nichterfüllung, an seine Stelle tritt.[74] Zur **anfängliche Unmöglichkeit** → HGB § 407 Rn. 66 ff.[75] Bei **anfänglichem Unvermögen** haftet der Frachtführer nach § 311a Abs. 2 BGB nur, wenn er auf Grund von Fahrlässigkeit sein Unvermögen nicht erkennen konnte.[76]

---

[64] OLG München Urt. v. 3.5.1989- 7 U 6078/88, TranspR 1991, 61 (62); OLG Hamm Urt. v. 30.3.1998 – 18 U 179/97, TranspR 1998, 463 (464); *Koller* Rn. 35; *Thume* in Fremuth/Thume TranspR Art. 8 Rn. 18; aA *Zapp* TranspR 1991, 371; *Zapp* TranspR 2004, 333 (336); *Thume/Schmid* Art. 41 Rn. 14 ff.

[65] *Fischer* TranspR 1999, 261 (269); *Heuer* Frachtführerhaftung 47; *Herber/Piper* Rn. 29; *Koller* Rn. 20, *Thume/Schmid* Anh. I Rn. 50; *Clarke* Nr. 65 S. 247.

[66] Vgl. *Koller* Rn. 20.

[67] *Fischer* TranspR 1999, 261 (269); *Heuer* Frachtführerhaftung 46; *Thume/Schmid* Anh. I Rn. 49; *Herber/Piper* Rn. 29; *Koller* Rn. 20; *Lenz* Straßengütertranspß Rn. 208.

[68] *Koller* Rn. 20; *Thume/Schmid* Anh. I Rn. 51.

[69] BGH Urt. v. 27.10.1978 – I ZR 30/77, NJW 1979, 2473 (2474); Urt. v. 14.7.1993 – I ZR 204/91, BGHZ 123, 200 (206).

[70] *Koller* Rn. 22; *Herber/Piper* Rn. 27.

[71] AllgM; BGH Urt. v. 27.10.1978 – I ZR 30/77, NJW 1979, 2473 (2474); Urt. v. 9.2.1979 – I ZR 6/77, NJW 1979, 2470; Urt. v. 10.2.1982 – I ZR 80/80, BGHZ 83, 96 (101); OGH Wien Urt. v. 13.6.1985 – 6 Ob 587/85, TranspR 1988, 13 (14); Denkschrift BT-Drs. III/1144, 34; *Loewe* ETL 1976, 552; *Lieser* CMR 116 f. mwN; *Piper* Rn. 359; *Herber/Piper* Rn. 27; *Koller* Rn. 5; *Thume/Schmid* Anh. I Rn. 1; *Clarke* Nr. 64 S. 243 f. (Zusammenstellung von Fallgruppen).

[72] BGH Urt. v. 27.10.1978 – I ZR 30/77, NJW 1979, 2473 (2474); Urt. v. 24.6.1987 – I ZR 127/85, BGHZ 101, 172 (179) = VersR 1987, 1212 (1215); OGH Wien Urt. v. 12.12.1984 – 1 Ob 643+644/84, VersR 1986, 798 (799); Urt. v. 13.6.1985 – 6 Ob 587/85, TranspR 1988, 13 (14); *Piper* VersR 1988, 201 (208); GroßkommHGB/ *Helm* Art. 17 Rn. 3; *Thume/Schmid* Anh. I Rn. 48.

[73] Vgl. *Konow* TranspR 1987, 14 ff.; *Piper* VersR 1988, 201 (208); *Thume* TranspR 1995, 1 ff.; *Herber/Helm,* Aktuelle Fragen des deutschen und internationalen Landtransportrechts,, Bd. 12, 1995, 80 ff.

[74] BGH Urt. v. 9.2.1979 – I ZR 6/77, NJW 1979, 2470.

[75] *Thume/Schmid* Anh. I Rn. 26; *Koller* Rn. 23a, der §§ 415 ff. HGB anwendet, ohne zu berücksichtigen, dass es schon an einem wirksamen Vertrag fehlt; ausführlicher zur anfänglichen Unmöglichkeit auch *Koller* HGB § 407 Rn. 83.

[76] Vgl. *Koller* HGB § 407 Rn. 84 ff.

Liegt das anfängliche Unvermögen in einem Transportmittelmangel oder in dem Versagen von Personal begründet, greift die Garantiehaftung des Frachtführers, da er das Beschaffungsrisiko übernommen hat (§ 276 Abs. 1 S. 1 BGB).[77] Bei **nachträglicher** Unmöglichkeit **vor Übernahme** des Gutes kann die Haftung des Frachtführers gem. §§ 280, 283 BGB greifen, wenn er die Unmöglichkeit zu vertreten hat.[78] Im Falle der Gestellung eines untauglichen Fahrzeugs, das deshalb nicht zum Transport eingesetzt, sondern zurückgewiesen wird, greifen die Nichterfüllungsvorschriften der §§ 280, 281 BGB. Kommt es zu einer Verzögerung der Beladung durch den Absender, greift mangels Regelung in der CMR aus § 412 Abs. 3 HGB die Verpflichtung zur Zahlung einer angemessenen Vergütung. Während das AG Köln darin eine Pflichtverletzung des Absenders sieht, wird diese von *Koller* verneint.[79] Bei nachträglicher Unmöglichkeit der Weiterbeförderung **nach Übernahme** des Gutes geben Art. 14, 16 Abs. 2 Sonderregeln (Weisungsrecht, Ausladung). Gemäß Art. 16 Abs. 1 erwirbt der Frachtführer einen Entschädigungsanspruch. Hat er schuldhaft gehandelt, besteht kein Anspruch auf Ersatz der Aufwendungen. Hat der Frachtführer den Transport gem. Art. 16 Abs. 2, 3 beendet, gibt § 420 Abs. 2 HGB Vorgaben für das weitere Vorgehen (iE → HGB § 420 Rn. 16 ff.).[80] Daneben kann, soweit es nicht um aus dieser Unmöglichkeit folgende Substanz- und Verspätungsschäden geht, für die Art. 17 eine abschließende Regelung trifft, ein Schadensersatzanspruch nach § 280 BGB gegen den Frachtführer bestehen, wenn ihn ein Verschulden trifft.[81] Trifft den Absender ein Verschulden, kann sich ein Schadensersatzanspruch des Frachtführers aus Art. 11 oder ergänzend wegen Verletzung einer Schutzpflicht ergeben (→ Rn. 22).

bb) Verzug des Frachtführers. Befindet sich der Frachtführer in Verzug, sind das Weisungsrecht **21** aus Art. 12 sowie die Folgen aus Art. 14, 16 Abs. 1 zu beachten. Die Anwendung unvereinheitlichten Rechts ist wegen der abschließenden Regelung in Art. 17, 23 Abs. 5 ausgeschlossen, soweit es um Schäden aus **Lieferfristüberschreitung** (→ Art. 17 Rn. 7) geht.[82] §§ 280, 323 BGB bleibt aber anwendbar bei **Erfüllungsverweigerung** des Frachtführers[83] (→ Art. 17 Rn. 6). Tritt neben die Lieferfristüberschreitung eine **zusätzliche Pflichtverletzung**, die ihrerseits einen Schaden verursacht, kommt insoweit eine Haftung aus Verletzung von Schutz- und Nebenpflichten in Betracht (→ Rn. 23). Ist die **Ladungsfrist** durch den Frachtführer nicht eingehalten worden, ist eine analoge Anwendung der CMR-Regeln zur Überschreitung der Lieferfrist ausgeschlossen, weil diese auf vom Frachtführer nicht ohne weiteres zu übersehenden und zu beherrschenden Vorgängen während des Transports zugeschnitten sind. Es ist unvereinheitlichtes Recht heranzuziehen[84] (→ Art. 17 Rn. 6).

cc) Schlechterfüllung, Schutzpflichtverletzung. In den von der CMR (etwa Art. 17, 7 Abs. 3, **22** 10, 11 Abs. 3, 12 Abs. 7, 16 Abs. 2, 21, 22 Abs. 2) nicht erfassten Fällen der Schlechterfüllung oder Schutzpflichtverletzung (§ 241 Abs. 2 BGB) durch den Frachtführer gilt nationales Recht.[85] Die Haftung ist dann entsprechend dem nationalen Recht **abdingbar**, im Rahmen deutschen Rechts mit der Einschränkung nach § 276 Abs. 2 BGB, § 309 Nr. 7 lit. b BGB (vormals § 11 Nr. 7 AGBG).[86] Eine nach § 449 Abs. 1, 2 HGB nur beschränkt abdingbare **Haftungsbegrenzung** enthält nunmehr § 433 HGB hinsichtlich primärer Vermögensschäden aus der Verletzung einer mit der Ausführung der Beförderung zusammenhängenden vertraglichen Pflicht. Der **Absender** haftet für **Schlechterfüllung** im Rahmen des Beförderungsvertrags nach § 280 BGB iVm § 433 HGB, da diese nicht von der in der CMR geregelten Absenderhaftung erfasst werden.[87] Nationales Recht

---

[77] Thume/*Schmid* Anh. I Rn. 27.

[78] BGH Urt. v. 9.2.1979 – I ZR 6/77, NJW 1979, 2471; OLG Köln Urt. v. 26.8.1994 – 19 U 190/93, VersR 1995, 854; unklar *Koller* Rn. 25; Thume/*Schmid* Anh. I Rn. 28.

[79] AG Köln Entsch. v. 6.2.1985- 119 C 270/84, TranspR 1985, 179 (181); *Koller* Rn. 27.

[80] Vgl. auch *Koller* Rn. 28.

[81] OLG Frankfurt a. M. Urt. v. 24.6.1991 – 12 U 152/90, VersR 1992, 1157: gezahlte Fracht; *Koller* TranspR 1988, 129 (132); *Koller* Rn. 28; *Herber/Helm*, Aktuelle Fragen des internationalen Landtransportrechts, Bd. 12, 1995, 80, 87; Thume/*Schmid* Anh. I Rn. 28.

[82] BGH Urt. v. 14.7.1993 – I ZR 204/91, BGHZ 123, 200 (206); OLG Köln Urt. v. 9.10.1986 – 18 U 73/86, TranspR 1986, 429 (430); OLG Düsseldorf Urt. v. 9.3.1995 – 18 U 142/94, TranspR 1995, 288; *Koller* Rn. 29; Thume/*Schmid* Anh. I Rn. 29.

[83] BGH Urt. v. 9.2.1979 – I ZR 6/77, NJW 1979, 2470 (2471); OLG Düsseldorf Urt. v. 9.3.1995 – 18 U 142/94, TranspR 1995, 288; *Lieser* CMR 127; *Koller* Rn. 29; aA *Clarke* Nr. 66 S. 249 für die Zeit nach Übernahme des Guts.

[84] OLG Hamm Urt. v. 20.3.1997 – 18 U 194/96, TranspR 1998, 297 (299); OGH Wien Urt. v. 14.11.1984 – 1 Ob 587/84, TranspR 1985, 346 (347); *Zapp* TranspR 1993, 334; *Koller* VersR 1988, 556 (559); *Koller* Rn. 26, Art. 19 Rn. 3; *Herber/Piper* Art. 19 Rn. 3; Thume/*Schmid* Anh. I Rn. 30; HEPK/*Glöckner* Art. 19 Rn. 4; *Clarke* Nr. 58 S. 226; *Hill/Messent* 160, 161.

[85] BGH Urt. v. 27.10.1978 – I ZR 30/77, NJW 1979, 2473 (2474); Urt. v. 14.7.1993 – I ZR 204/91, BGHZ 123, 200 (206 f.); OLG Düsseldorf Urt. v. 21.4.1994 – 18 U 190/93, TranspR 1994, 391; *Piper* VersR 1988, 201 (208); *Konow* TranspR 1987, 14 ff.; *Heuer* Frachtführerhaftung 185; *Loewe* ETL 1976, 507; *Lieser* CMR 93 ff.; *Koller* Rn. 30; *Herber/Piper* Rn. 27.

[86] Thume/*Schmid* Anh. I Rn. 25; *Koller* Rn. 23.

[87] OLG Düsseldorf Urt. v. 4.3.1982 – 18 U 197/81, VersR 1982, 1202: Beschädigung des Transportfahrzeugs durch Transportgut; *Koller* Rn. 30; Thume/*Schmid* Anh. I Rn. 38; iE ebenso *Rodière* ETL 1971, 2 (10).

greift auch bezüglich solcher Sach- und Vermögensschäden ein, die durch **Pflichtverletzungen** des **Frachtführers außerhalb** des **Obhutszeitraums** des Art. 17 (→ Art. 17 Rn. 8 f.) entstehen.[88] Dazu gehören etwa Schäden durch die Mitwirkung bei einem **nach Ablieferung** stattfindenden Entladevorgang.[89]

23   **Abschließend** ist die Regelung der **Art. 17 ff.** für **Sachschäden** (Beschädigung, Verlust) **und dadurch mittelbar herbeigeführte Vermögensschäden,** die während des Obhutszeitraums verursacht wurden, und für **Vermögensschäden, die auf eine Lieferfristüberschreitung zurückgehen.**[90] Ein Ersatz aus allgemeiner Pflichtverletzung kommt deshalb **nicht** in Betracht für eine durch eine Lieferfristüberschreitung veranlasste Stornierung von Folgeaufträgen[91] oder einen durch den Güterschaden eingetretenen Kautionsverfall.[92] Das schließt eine **Haftung aus Pflichtverletzung** für solche Vermögensschäden nicht aus, die nicht nur mittelbar durch den Sachschaden sondern durch eine nicht in der Obhutsverletzung liegende zusätzliche Vertragsverletzung oder einen anderen **zusätzlichen Kausalverlauf** herbeigeführt wurden.[93] Aus diesem Grund haftet der Frachtführer wegen Pflichtverletzung für Schäden aus unrichtiger Auskunft, zB bei **unterlassener** rechtzeitiger **Information** über eine Untervertretung, aus der sich höhere Ersatzansprüche als nach Art. 23 ergeben hätten,[94] aus falscher oder unterlassener **Beratung,**[95] für Vermögensschäden durch **Verwechslung** auszuliefernder Ware,[96] durch **Stornierung** von Folgeaufträgen verursacht durch die Verletzung von Nebenpflichten aus dem Vertrag und nicht durch den Verlust als solchen,[97] Schäden durch **nicht vertragsentsprechende Beförderung,**[98] Schäden an **sonstigen Gütern des Empfängers,**[99] Produktionsstörungen, die durch die Ablieferung des falschen Gutes verursacht werden,[100] Nichtabschluss einer **Transportversicherung,**[101] bei Unterlassung der vereinbarten Anzeige der Bereitschaft zur Ablieferung,[102] für im Zusammenhang mit einer **Lieferfristüberschreitung** eingetretene Schäden (Dispositionsschäden wie Deckungskauf, Umsatzausfall, vorprozessuale Kosten), die nicht auf der Verzögerung sondern auf anderen Umständen wie **falscher Auskunft** über den Standort des Fahrzeugs oder die voraussichtliche Ankunft am Bestimmungsort beruhen.[103] Zur Verletzung von **nachnahmeähnlichen Vereinbarungen** → Art. 21 Rn. 11.

24   Umstritten ist, ob die Haftung aus § 280 BGB auch zur Deckung solcher **Schadensbeseitigungs- und Schadensfeststellungskosten** führen kann, die weder die Berechnung der Wertminderung beeinflussen (→ Art. 25 Rn. 4) noch nach Art. 23 Abs. 4 zu ersetzen sind (→ Art. 23 Rn. 12), aber auf eine Pflichtverletzung aus dem Beförderungsvertrag zurückzuführen sind.[104] Das betrifft etwa schadensbedingte Aufwendungen für die Beseitigung von **Umweltschäden** durch das bei einem vom

---

[88] BGH Urt. v. 26.1.1995 – I ZR 213/92, NJW-RR 1995, 992 (993); OLG München Urt. v. 3.5.1989 – 7 U 6078/88, TranspR 1991, 61 (62); *Thume* TranspR 1995, 1 (2); *Lieser* CMR 138; *Lenz* StraßengütertranspR Rn. 760; *Heuer* Frachtführerhaftung 184; *Koller* Rn. 30.

[89] BGH Urt. v. 26.1.1995 – I ZR 213/92, NJW-RR 1995, 992; OLG Düsseldorf Urt. v. 27.11.1986 – 18 U 112/86, TranspR 1987, 23 (24).

[90] Beisp. OLG Düsseldorf Urt. v. 2.11.1982 – 18 U 148/82, VersR 1983, 749; OLG Köln Urt. v. 26.9.1985 – 7 U 8/85, TranspR 1986, 285 (287) mAnm *Knorre*.

[91] *Konow* S. 16; *Koller* Rn. 30; aA Thume/*Schmid* Anh. I Rn. 37.

[92] AA *Decker* TranspR 1985, 311 (315); *Heuer* TranspR 1987, 357 (361); wohl auch Thume/*Schmid* Anh. I Rn. 43.

[93] *Konow* TranspR 1987, 14 (16); *Thume* TranspR 1995, 1 (6); *Heuer* Frachtführerhaftung 185; *Koller* Rn. 30; *Lenz* StraßengütertranspR Rn. 762 mwN; ähnl. *Herber/Piper* Rn. 27.

[94] OLG Frankfurt a. M. Urt. v. 21.12.1993 – 5 U 11/93, TranspR 1994, 152 (153); LG Frankfurt a. M. Urt. v. 9.7.1984 – 3/11 O 44/84, TranspR 1985, 110 (112) mAnm *Schiller*.

[95] OLG Hamm Urt. v. 8.4.1983 – 18 U 230/81, TranspR 1983, 151 (154).

[96] BGH Urt. v. 27.10.1978 – I ZR 30/77, NJW 1979, 2473; Shell Chemicals UK v. P & O Roadtanks, Q. B.(D.) Urt. v. 29.10.1992, ETL 1993, 276 (279); *Hill/Messent* 11.

[97] OGH Wien Urt. v. 12.12.1984 – 1 Ob 643+644/84, VersR 1986, 798 (799).

[98] OLG Hamburg Urt. v. 30.8.1984 – 6 U 57/84, VersR 1985, 832: Verstoß gegen Vereinbarung der Beförderung auf kürzestem Weg; Urt. v. 7.5.1987 – 6 U 12/87, VersR 1987, 111: Einsatz eines türkischen statt des vereinbarten deutschen LKW.

[99] BGH Urt. v. 14.1.1991 I ZR 299/89, VersR 1992, 767 (768) (CIM); Reims BullT 2003, 707 f. (Brechen eines Schlauches vom Frachtführer geschuldeten Ausladen von Säure, die sich über das Gelände des Empfängers ergießt); *Koller* Rn. 30.

[100] Antwerpen ETR 1977, 420; Queen's Bench Division ETR 1993, 276; *Johansson* TranspR 2002, 391.

[101] BGH Urt. v. 28.2.1975 – I ZR 40/74, NJW 1975, 1597 (1598); ähnl. OLG Köln Urt. v. 26.9.1986 – 7 U 8/85, TranspR 1986, 285 (287); *Koller* Rn. 30; aA Antwerpen ETR 2006, 272; zum Mitverschulden eines Paketversenders, der von einer Wertdeklaration abgesehen hatte BGH Urt. v. 1.12.2005 – I ZR 117/04, TranspR 2006, 121; dazu *Tomhave* TranspR 2006, 124 f.; zu Versicherungsfragen bei fehlerhafter Ablieferung vgl. *Thume* RuS 2006, 89 f.

[102] OGH Wien Urt. v. 12.9.2002, ETR 2004, 674 (681 f.).

[103] BGH Urt. v. 14.7.1993 – I ZR 204/91, BGHZ 123, 200 (206) mAnm *Koller* EWiR 1993, 977 (978); OLG Düsseldorf Urt. v. 26.1.1995 – 18 U 145/94, VersR 1996, 736; OLG München Urt. v. 29.7.1998 – 7 U 2494/98, TranspR 2000, 31 (33).

[104] So *Piper* HRR Speditions- und FrachtR Rn. 425; *Herber/Piper* Art. 23 Rn. 32 mit Beispiel; iE auch *Konow* TranspR 1987, 14 (17).

Frachtführer verschuldeten Unfall zerstörte Frachtgut[105] oder Bergungskosten zur Freimachung eines Gewässers[106] (→ Art. 25 Rn. 5). Das für einen Ersatzanspruch aus § 280 BGB wegen Schlechterfüllung vorgebrachte Argument, Art. 23 Abs. 4 erfasse schadensbedingte Kosten schon nach seinem Wortlaut nicht und der Wertersatz, den Art. 23 Abs. 1 vorsehe, solle nur die Geltendmachung von Folgeschäden aus dem Sachschaden ausschließen, nicht aber besondere Kosten im Zusammenhang mit dem Schadensfall,[107] vermag nicht zu überzeugen. Die CMR will die Ersatzleistung für Schäden, die die Folge von Güterschäden und Lieferfristüberschreitungen sind, abschließend regeln (**Folgeschäden**).[108] Auch entstehende Kosten sind Schäden. Nachdem nun § 432 S. 2 HGB eine Art. 23 Abs. 4 CMR entsprechende Regelung enthält, die neben dem Wertersatz weitere Schadensersatz für Schäden aus Verlust oder Beschädigung ausdrücklich ausschließt, spricht dies auch innerstaatlich jedenfalls gegen einen Ersatzanspruch aus § 280 BGB wegen Schlechterfüllung für **Schadensbeseitigungskosten** (zu Schadensfeststellungskosten → Art. 23 Rn. 15, zu Schadensverhütungsmaßnahmen → Art. 23 Rn. 1).

f) Aufrechnung, Abtretung. Die Aufrechnung ist in Art. 32 Abs. 4 eingeschränkt, im Übrigen ist **25** das sich aus Art. 12 Abs. 1 lit. d Rom I-VO ergebende Recht anwendbar. Aus Art. 32 Abs. 4, 36, 41 kann nicht geschlossen werden, dass die CMR allgemein und zwingend die **Zulässigkeit** der Aufrechnung regeln wollte.[109] Eine Beschränkung des Aufrechnungsrechts enthält Nr. 19 ADSp. Die **Abtretung** ist mit der Einschränkung des Art. 41 Abs. 2 zulässig nach Maßgabe des gem. Art. 14 Rom I-VO festzustellenden nationalen Rechts.[110]

g) Pfand- und Zurückbehaltungsrecht. Pfand- und Zurückbehaltungsrecht bestimmen sich, da **26** die CMR schweigt und Art. 13, 16 Abs. 2 nicht entgegenstehen, nach nationalen Recht.[111] Nach deutschem Recht sind §§ 441, 366 Abs. 3 HGB, Nr. 20 ADSp, § 273 BGB, § 369 HGB maßgebend.[112]

h) Versicherung, Verzollung. Zu unterscheiden ist die **CMR-Versicherung,** die das Haftpflicht- **27** trisiko des Frachtführers abdeckt und in der der Frachtführer Versicherungsnehmer ist, von der **Transportversicherung,** die die Sachinteressen des Ladungsbeteiligten als Versicherungsnehmer betrifft. Eine generelle **Versicherungspflicht** des Frachtführers besteht im grenzüberschreitenden Straßengüterverkehr nicht.[113] Ansprüche aus der Versicherung des Ladungsbeteiligten kann sich der Frachtführer nicht wirksam abtreten lassen, Art. 41 Abs. 2. Zu Weisungen → Art. 6 Rn. 18. Die **Durchführung der Verzollung** ist, wie sich aus Art. 6 Abs. 1 lit. l, j, Art. 11 ergibt, Nebenpflicht des Frachtführers, wenn nicht eine andere Weisung des Absenders erteilt wird.[114] Der Frachtführer hat für ein Fehlverhalten des Empfängers einzustehen.[115] Zum Aufwendungsersatzanspruch des Frachtführers nach

---

[105] Für Ersatzpflicht BGH Urt. v. 14.11.1991 – I ZR 299/89, VersR 1992, 767 (768) (CIM); OLG Hamburg Urt. v. 24.1.1985 – 6 U 149/84, VersR 1986, 357; *Konow* TranspR 1987, 14 (17); *Helm,* Aktuelle Fragen des deutschen und internationalen Landtransportrechts, Bd. 12, 1995, 80, 91 f.; *Herber/Piper* Art. 23 Rn. 32; *Thume/Schmid* Anh. I Rn. 42; aA *Thume* TranspR 1995, 1 (5); *Thume/Thume* Art. 23 Rn. 38; *Koller* Rn. 30, Art. 23 Rn. 5.

[106] OLG Düsseldorf Urt. v. 14.7.1986 – 18 U 88/86, TranspR 1987, 24 (27).

[107] So ausf. *Herber/Piper* Art. 23 Rn. 32.

[108] So auch *Koller* Rn. 30 mwN; *Thume/Thume* Art. 23 Rn. 38 mwN sowie *Thume* TranspR 1995, 1 (6); VersR 2002, 267 (271); TranspR 2004, Beil. 40; Antwerpen ETR 1992, 127; aA BGH Urt. v. 14.11.1991 – I ZR 299/89, VersR 1992, 767 (768) (CIM); *Konow* TranspR 1987, 14 (17).

[109] BGH Urt. v. 7.3.1985 – I ZR 182/82, BGHZ 94, 71 (75) = NJW 1985, 2091 (2092); Urt. v. 14.12.1988 – I ZR 235/86, VersR 1989, 309 (310); OGH Wien Urt. v. 31.1.1991 – 7 Ob 687/90, TranspR 1993, 237 (238 f.); *Braun* VersR 1988, 878 (882 f.); *Loewe* ETL 1976, 587; *Piper* Rn. 474; ausf. Thume/Schmid Anh. I Rn. 64, 65; *Koller* Rn. 17.

[110] OLG München Urt. v. 5.11.1997 – 7 U 2989/97, TranspR 1998, 466; *Piper* VersR 1988, 201 (204); *Koller* Rn. 18; *Herber/Piper* Rn. 28.

[111] OLG Düsseldorf Urt. v. 5.2.1987 – I ZR 7/85, VersR 1987, 678 (680); OLG Hamburg Urt. v. 3.11.1983 – 6 U 118/83, VersR 1984, 235 (236); *Loewe* ETL 1976, 551; *Braun* VersR 1988, 878 (881); *Piper* Rn. 360; *Koller* Rn. 19; Theunis/Claringhould 212; *Clarke* Nr. 106 S. 399.

[112] *Lieser* CMR 188; *Thume/Fremuth* Anh. V; *Herber/Piper* Rn. 28; *Koller* Rn. 19; HEPK/*Glöckner* Einl. Rn. 12; vgl. *Fischer* TranspR 1999, 261 (288).

[113] OLG Köln Urt. v. 26.9.1985 – 7 U 8/85, VersR 1986, 285 (287); *Roltsch* VersR 1985, 317; HEPK/*Glöckner* Einl. Rn. 16; zu Versicherungsfragen vgl. *Thume* RuS 2006, 89 f.; *de la Motte* VersR 1988, 317 (321 ff.); *Lenz* Straßengütertranspr Rn. 810 ff.; zu den versicherten Risiken einer CMR-Haftpflichtversicherung vgl. OLG Bremen Urt. v. 15.5.1997 – 2 U 123/96, TranspR 1997, 388 (389), zum Entschädigungsumfang OLG München Urt. v. 20.7.1994 – 7 U 301 S/94, TranspR 1994, 447, zur Person des Versicherten BGH Urt. v. 10.12.1998 – I ZR 162/96, VersR 1999, 777 (778).

[114] BGH Urt. v. 15.1.1987 – I ZR 215/84, VersR 1987, 980 (981); OLG Saarbrücken Urt. v. 31.1.1992 – 4 U 179/90, TranspR 1992, 371; OLG Düsseldorf Urt. v. 18.11.1993 – 18 U 99/93, RIW 1994, 598; OLG München Urt. v. 26.11.1997 – 7 U 2672/97, TranspR 1998, 254 (255); aA Handelsgericht Wien Urt. v. 5.5.1998 – 1 R 710/97a, TranspR 1999, 249 (250); OGH Wien Urt. v. 28.1.1999 – 6 Ob 277/98y; einschr. Cour Cass., BullT 2002, 403; OLG München Urt. v. 26.11.1997 – 7 U 2672/97, TranspR 1998, 254 (255).

[115] OLG München Urt. v. 26.11.1997 – 7 U 2672/97, TranspR 1998, 254 (255).

deutschem Recht vgl. § 420 Abs. 1 S. 2 HGB. Weisungen des Empfängers vor Erwerb des Verfügungsrechts nach Art. 12 sind unzulässig.[116]

28   **i) Außervertragliche Ansprüche.** Zu außervertraglichen Ansprüche → Art. 28 Rn. 1 ff.

Kapitel I. Geltungsbereich

Art. 1 [Geltungsbereich. Völkerrechtliche Verbindlichkeit]

(1) [1]Dieses Übereinkommen gilt für jeden Vertrag über die entgeltliche Beförderung von Gütern auf der Straße mittels Fahrzeugen, wenn der Ort der Übernahme des Gutes und der für die Ablieferung vorgesehene Ort, wie sie im Vertrage angegeben sind, in zwei verschiedenen Staaten liegen, von denen mindestens einer ein Vertragstaat ist. [2]Dies gilt ohne Rücksicht auf den Wohnsitz und die Staatsangehörigkeit der Parteien.

(2) Im Sinne dieses Übereinkommens bedeuten „Fahrzeuge" Kraftfahrzeuge, Sattelkraftfahrzeuge, Anhänger und Sattelanhänger, wie sie in Artikel 4 des Abkommens über den Straßenverkehr vom 19. September 1949 umschrieben sind.

(3) Dieses Übereinkommen gilt auch dann, wenn in seinen Geltungsbereich fallende Beförderungen von Staaten oder von staatlichen Einrichtungen oder Organisationen durchgeführt werden.

(4) Dieses Übereinkommen gilt nicht

a) für Beförderungen, die nach den Bestimmungen internationaler Postübereinkommen durchgeführt werden;

b) für die Beförderung von Leichen;

c) für die Beförderung von Umzugsgut.

(5) Die Vertragsparteien werden untereinander keine zwei- oder mehrseitigen Sondervereinbarungen schließen, die Abweichungen von den Bestimmungen dieses Übereinkommens enthalten; ausgenommen sind Sondervereinbarungen unter Vertragsparteien, nach denen dieses Übereinkommen nicht für ihren kleinen Grenzverkehr gilt, oder durch die für Beförderungen, die ausschließlich auf ihrem Staatsgebiet durchgeführt werden, die Verwendung eines das Gut vertretenden Frachtbriefes zugelassen wird.

Schrifttum: S. bei Vor Art. 1 sowie *Becher,* Die Anwendung der CMR in der englischen Rechtspraxis, TranspR 2007, 232; *Erbe,* Anmerkung zu Schweizerisches Bundesgericht, Urt. v. 19.2.2009 – 4 A 218.2009, TranspR 2010, 161; Staub, Handelsgesetzbuch, Großkommentar, Vierzehnter Band, CMR, 2017; *Fischer,* Der „Güter"-Begriff der CMR, TranspR 1995, 326; *Fremuth/Thume,* Kommentar zum Transportrecht, 2000; *Herber,* Neue Entwicklungen im Recht des Multimodaltransports, TranspR 2006, 435; *Hill,* The Interpretation of CMR in English Courts, LMCLQ 1977, 212; *Jung,* The Convention on the Contract for the International Carriage of Goods by Road (CMR): Survey, Analysis and Trends of Recent German Case Law, ULR II 1997; *Koller,* Die Haftung beim Transport mit vertragswidrigen Beförderungsmitteln, VersR 1988, 432; *Koller,* Die Haftung für Sachschäden infolge vertragswidrigen Truckings im grenzüberschreitenden Luftfrachtverkehr, ZLW 1989, 359; *Koller,* Quantum Corporation Inc. v. Plane Trucking Limited und die Anwendbarkeit der CMR auf die Beförderung mit verschiedenartigen Beförderungsmitteln, TranspR 2003, 45; *Müller,* Das neue Leben des Lohnfuhrvertrages, TranspR 2017, 252; *Ramming,* Fixkostenspedition – CMR – FBL, TranspR 2006, 95; *Ramming,* Keine Anwendung der CMR auf Teilstrecken einer Multimodal-Beförderung, NJW 2009, 414; *Rode,* Haftungsrahmen nach dem Weltpostvertrag, TranspR 2005, 301; *Saller,* Der Lohnfuhrvertrag lebt schon immer, TranspR 2017, 406; *Schmidt,* Sattelanhänger und ähnliche Transportmittel als Beförderungsgut, TranspR 2013, 59; *Tuma,* Anmerkung zur Entscheidung des Obersten Gerichtshofes vom 19.1.2011, Az.: Ob 145/10i, TranspR 2011, 225 – Zur Frage der Anwendbarkeit der CMR auf grenzüberschreitende Straßengütertransporte, TranspR 2011, 226; *Victor-Granzer,* Haftungsrahmen und Anspruchsverjährung nach französischem Fracht- und Speditionsrecht, TranspR 2005, 354.

Übersicht

---

[116] BGH Urt. v. 15.1.1987 – I ZR 215/84, VersR 1987, 980 (981); *Koller* Art. 13 Rn. 12.

I. Allgemeines

Art. 1 bestimmt den **sachlichen, räumlichen und persönlichen Anwendungsbereich** des Über- **1** einkommens.[1] Die Vorschrift wird ergänzt durch Art. 2, der den sachlichen Anwendungsbereich auf einen Spezialfall des multimodalen Verkehrs, den sog. **Huckepack- oder Ro-Ro-Verkehr,** erweitert. Den so bestimmten Anwendungsbereich regelt die CMR nicht erschöpfend; für die Lückenfüllung ist ergänzend auf unvereinheitlichtes nationales Recht zurückzugreifen.[2] Teils enthält die CMR dafür eigene kollisionsrechtliche Verweisungsregeln, im Übrigen ist das Kollisionsrecht des Forumsstaates anzuwenden. Innerhalb ihres Anwendungsbereichs ist die CMR zwingend (Art. 41). Sie kann im Übrigen auch kraft **Parteivereinbarung,** zur Anwendung kommen,[3] falls dem keine sonstigen zwingenden Rechtsvorschriften entgegenstehen; in diesem Fall ist die CMR vollen Umfangs dispositiv.[4]

II. Anwendungsvoraussetzungen

1. Internationaler Straßenbeförderungsvertrag. a) Vertrag. Die CMR setzt den Abschluss eines **2** **Vertrages über eine internationale Beförderung** voraus. Dabei kann es sich auch um einen Unterfrachtvertrag handeln,[5] der gegebenenfalls in Bezug auf Absender- und Empfängerrechte unabhängig vom Hauptfrachtvertrag für sich zu betrachten ist.[6] Fehlt es an einem wirksamen Vertragsschluss, so führt die bloße Tatsache einer internationalen Beförderung allein nicht zur Anwendbarkeit der CMR.[7]

Das Übereinkommen enthält nur punktuelle Regelungen zum **Vertragsschluss.** Dieser beurteilt **3** sich daher grundsätzlich nach den allgemeinen Regeln des jeweils anwendbaren nationalen Rechts[8] (→ Vor Art. 1 Rn. 15). Ist deutsches Recht anwendbar, so kommt der Beförderungsvertrag nach den Vorschriften der §§ 145 ff. BGB durch zwei mit Bezug aufeinander abgegebene, inhaltlich deckungsgleiche Willenserklärungen (Angebot und Annahme) zustande[9] (zum Vertragsschluss im Übrigen → Vor Art. 1 Rn. 15). Wie jeder Beförderungsvertrag ist auch der CMR-Frachtvertrag ein Werkvertrag (§§ 631 ff. BGB), der eine Geschäftsbesorgung (§ 675 BGB) zum Gegenstand hat.[10]

Der Beförderungsvertrag nach der CMR ist ein **Konsensualvertrag.** Dies lässt sich aus Art. 9 Abs. 1 **4** entnehmen, der zwischen Vertragsschluss und Übernahme des Gutes unterscheidet[11] (hierzu → Art. 4 Rn. 1). Der Vertragsschluss ist jedenfalls insoweit **formfrei,** als gemäß Art. 4 S. 2 die Ausstellung eines Beförderungsdokuments (CMR-Frachtbrief) kein Wirksamkeitserfordernis ist.[12] Der Ausstellung eines

---

[1] Der Begriff wird hier für das durch die CMR bestimmte vereinheitlichte Frachtrecht verwendet. Das Übereinkommen enthält zusätzlich, insbesondere in den Schlussbestimmungen, auch völkerrechtliche Regelungen, die sich aber nur an die Vertragsstaaten richten.

[2] Cour Cass. Paris Urt. v. 7.3.2006 – C 04–13.358, ETR 2006, 558; MüKoHGB/*Jesser-Huß* CMR Einl. Rn. 36.

[3] Staub/*Reuschle* Rn. 41 ff.; *Herber/Piper* Rn. 3 und 56; Thume/*de la Motte/Temme* Rn. 60.

[4] BGH Urt. v. 28.2.2013 – I ZR 180/11, TranspR 2013, 290 Rn. 25.

[5] OLG Düsseldorf Urt. v. 12.11.2003 – I-18 U 38/00, VersR 2004, 1479.

[6] BGH Urt. v. 14.6.2007 – I ZR 50/05, TranspR 2007, 425.

[7] BGH Urt. v. 26.3.2009 – I ZR 120/07, TranspR 2010, 76 Rn. 14; Urt. v. 29.5.2019 – I ZR 194/19, BeckRS 2019, 19069; vgl. ferner *Lieser* CMR 59 f.; *Clarke* Nr. 10 S. 17; *Hill/Messent* 13 ff.; *Lamy* I Nr. 451; *Koller* Rn. 3; MüKoHGB/*Jesser-Huß* Rn. 2.

[8] Denkschrift BT-Drs. III/1144, 34 (36); MüKoHGB/*Jesser-Huß* CMR Art. 1 Rn. 2; *Koller* CMR Vor Art. 1 Rn. 7; *Herber/Piper* Rn. 5; um autonome Begriffsbildung bemüht dagegen Thume/*de la Motte/Temme* Vor Art. 1 Rn. 19 ff.

[9] Staub/ *Reuschle,* CMR Art. 1 Rn. 61.

[10] *Züchner* VersR 1969, 683; *Herber/Piper* Rn. 9.

[11] Vgl. dazu BGH Urt. v. 27.1.1982 – I ZR 33/80, TranspR 1982, 105; *Clarke* Nr. 9 S. 16; *Rodière* Rn. 4 (Frankreich); *Loewe* ETL 1976, 510; *Herber/Piper* Rn. 7; MüKoHGB/*Jesser-Huß* Rn. 2.

[12] BGH Urt. v. 9.2.1979 – I ZR 67/77, VersR 1977, 466 (467); BGH Urt. v. 2.7.1982 – I ZR 33/80, TranspR 1982, 105 f.; Thume/*de la Motte/Temme* Vor Art. 1 Rn. 25 und Art. 4 Rn. 11; *Koller* Rn. 4; MüKoHGB/*Jesser-Huß* Rn. 2; demgegenüber folgern die italienischen Gerichte aus Art. 6 Abs. 1k, dass die Anwendung der CMR von der Ausstellung eines Frachtbrief mit diesem Hinweis abhänge, stRspr, Corte di Cassazione Urt. v. 26.11.1980, ETL 1983, 70; Urt. v. 2.10.2003, Kass. Nr. 14680; Urt. v. 27.5.2005, Kass. Nr. 11282, zuletzt Urt. v. 7.2.2007, Kass. Nr. 2529.

Frachtbriefs kommt indessen nicht nur deklaratorische Wirkung,[13] sondern wegen der Beweiswirkung nach Art. 9 Abs. 1 potentiell konstitutive Bedeutung zu. Dem Frachtbrief wird insbesondere in den **skandinavischen Ländern** unter diesem Gesichtspunkt größere Bedeutung beigemessen als in Deutschland. Auch in **Belgien** und **Frankreich** spielt der Frachtbrief eine wichtigere Rolle.

5 Es ist nicht erforderlich, dass die Parteien des Vertrages, also der Absender und der Frachtführer, gewerblich handeln. Ebenso wenig müssen sie Kaufleute oder Unternehmer sein.[14] Art. 1 Abs. 1 S. 3 stellt klar, dass der **persönliche Anwendungsbereich** auch in Bezug auf den Wohnsitz und die Staatsangehörigkeit der Parteien keinerlei Einschränkungen unterliegt.[15]

6 **b) Beförderung.** Gegenstand des Vertrages muss eine Beförderung sein. Der Begriff „Beförderung" wird in der CMR nicht definiert. Das an der CMR orientierte deutsche Transportrecht konkretisiert die vertragstypische Leistung eines Beförderungsvertrages dahin, dass der Frachtführer das Gut zum Bestimmungsort zu befördern und dort an den Empfänger auszuliefern hat (vgl. § 407 Abs. 1 HGB). Wie sich aus Art. 13 Abs. 1 S. 1 ergibt, sieht auch die CMR in der Ablieferung der Güter am Ablieferungsort die zentrale Frachtführerpflicht. Kennzeichnend für den Beförderungsvertrag ist dementsprechend neben der **Obhut** über das Gut und der Pflicht zur vertragsgemäßen **Beförderung** die erfolgsbezogene Pflicht des Frachtführers zur **Ablieferung** des Guts am Bestimmungsort.[16] Zur Abgrenzung zum Speditionsvertrag → Rn. 20 ff.

7 Eine Beförderung sieht der Vertrag auch dann vor, wenn diese Pflicht mit anderen Vertragspflichten, etwa Lagerhaltung, kombiniert ist. Es kommt insofern nicht darauf an, ob die Beförderung prägende oder gar alleinige vertragliche Hauptpflicht ist. Auch wer etwa als Logistikdienstleister seinem Auftraggeber nur gelegentlich internationale Transporte schuldet, unterliegt insoweit der CMR, soweit diese Transporte die weiteren Anwendungsvoraussetzungen erfüllen. Vielfach wird vertreten, die Beförderung dürfe jedoch nicht nur Nebenpflicht sein;[17] dem ist für den häufig genannten Beispielsfall der Auslieferung von Kaufsachen im Ergebnis zuzustimmen, weil die Beförderung dann bloße Vorbereitungshandlung für die geschuldete Übergabe am vereinbarten Ort ist und der Lieferant auch nicht Obhut über fremde Sachen hat.

8 **c) Grenzüberschreitender Transport, Beteiligung eines CMR Vertragsstaates.** Es muss sich um eine Beförderung von einem in einen anderen Staat handeln. Dabei ist maßgeblich, dass der Ort der Übernahme des Guts und der für die Ablieferung vorgesehene Ort **in verschiedenen Staaten** liegen (Art. 1 Abs. 1 S. 1). Es reicht nicht, wenn während der Beförderung zwar Staatsgrenzen überschritten werden, der Abgangs- und der Bestimmungsort aber gleichwohl in ein- und demselben Staat liegen.[18] Wird bei einem Transport das Gut an der Grenze ausgeladen und auf Grund eines neuen Frachtvertrages weiterbefördert (sog. **„gebrochener oder segmentierter Verkehr"**), so findet die CMR ebenfalls keine Anwendung. Abzustellen ist darauf, ob nach der vertraglichen Vereinbarung die Straßenbeförderung grenzüberschreitend sein soll.[19]

9 Wird das Gut vor dem Grenzübertritt auf **einseitige Weisung** des Absenders gestoppt oder nur inländisch weiterbefördert, so soll dies nach hM für die Anwendung der CMR auf den Beförderungsvertrag keinen Einfluss haben.[20] Dagegen spricht aber, dass eine wirksame Weisung des Absenders den Vertrag ex nunc ändert und, jedenfalls wenn die Weisung vom Frachtführer ausdrücklich oder stillschweigend akzeptiert wird, als schlüssige Änderungsvereinbarung aufzufassen sein kann, die zweifellos der (zwingenden) Anwendung der CMR die Grundlage entzieht. Deshalb spricht mehr dafür, die CMR nur solange für anwendbar zu halten, wie der Vertrag eine internationale Beförderung vorsieht. Im umgekehrten Fall gilt reziprok dasselbe: Weist der Absender eines nationales Straßenbeförderungsvertrages den Frachtführer wirksam an, im Ausland abzuliefern, führt dies zur Anwendung der CMR, denn die Parteien können sich der zwingenden Anwendung der CMR nicht dadurch entziehen, dass der Vertrag erst national abgeschlossen und durch Weisung auf eine internationale Beförderung erweitert wird. Die durch Weisung herbeigeführten Eingriffe in die Vertragsfreiheit (Art. 41) können jedoch eine Anpassung des Vertrags nach den Grundsätzen des Wegfalls der Geschäftsgrundlage erforderlich oder eine solche Weisung unzumutbar und damit unwirksam machen.

10 Schließlich muss mindestens entweder der Ort der Übernahme oder der Ablieferungsort in einem **Vertragsstaat der CMR**[21] belegen sein. Diese Regelung betrifft genau genommen nicht den räumli-

---

[13] So aber *Jung* ULR 1997 II, 151 f.; *Clarke* Nr. 10a (i) S. 21.

[14] *Piper* VersR 1988, 205; MüKoHGB/*Jesser-Huß* Rn. 11; *Koller* Rn. 2.

[15] OLG Brandenburg Urt. v. 1.6.2011 – 7 U 105/10, ETR 2013, 29; *Koller* Rn. 7.

[16] So auch MüKoHGB/*Jesser-Hus* Rn. 3; trotz Betonung der Notwendigkeit einer autonomen Begriffsbestimmung iE ebenso Staub/*Reuschle* Rn 60, und Thume/*de la Motte/Temme* Vor Art. 1 Rn. 22.

[17] *Koller* Rn. 3; Thume/*de la Motte/Temme* Vor Art. 1 Rn. 1; Staub/*Reuschle* Rn. 62; MüKoHGB/*Jesser-Hus* Rn. 3.

[18] *Sánchez-Gamborino* Nr. 88; *Regnarsen* 21; *Koller* Rn. 6; *Herber/Piper* Rn. 50; Thume/*de la Motte/Temme* Rn. 21.

[19] Staub/*Reuschle* Rn. 102; *Pesce* S. 40; *Loewe* ETL 1976, 521 f.; *Sánchez-Gamborino* Nr. 92; *Herber/Piper* Rn. 52.

[20] *Dubischar* GütertransportR 97; *Loewe* ETL 1976, 520 f.; *Koller* Rn. 6; Staub/*Reuschle* Rn. 102; *Herber/Piper* Rn. 52 f.

[21] Ende 2018 (seit): Albanien (2006), Armenien (2006), Aserbaidschan (2006), Belarus (1993), Belgien (1962), Bosnien/Herzegowina (1992), Bulgarien (1978), Dänemark (1965), Deutschland (1962), Estland (1993), Finnland

chen Geltungsbereich der CMR – sie gilt in allen Vertragsstaaten und nur dort – sondern beschränkt den internationalen Anwendungsanspruch der CMR im Hinblick auf Sachverhalte, die keinen hinreichenden Bezug zu einem Vertragsstaat aufweisen, also im Verhältnis zu Nichtvertragsstaaten. Sie zieht der Anwendung der CMR dann eine Grenze, wenn in einem Vertragsstaat der CMR (oder in einem Nichtvertragsstaat, dessen IPR auf das Recht eines Vertragsstaates verweist) ein internationaler Straßentransport zwischen zwei dritten Staaten zu beurteilen ist, der weder in einem Vertragsstaat zu übernehmen noch in einem solchen abzuliefern war.

d) Beförderung von Gütern. Güter sind alle beweglichen Sachen (auch Tiere). Es spielt keine **11** Rolle, ob die Sachen Handelsware[22] und Gegenstand eines Kaufvertrags[23] sind. Auch wirtschaftlich unverwertbare Sachen sind Güter.[24]

Die **Verpackung** ist Teil des Gutes. Aus diesem Grunde können auch vom Absender gestellte **12** Lademittel wie Container, Paletten, und Wechselbrücken[25] Güter iSv Art. 1 sein, auch selbst rollende Anhänger und Sattelauflieger,[26] einerlei ob sie selbst ausdrücklich Gegenstand des Beförderungsvertrags sind oder vom Absender als Lademittel gestellt werden.

Trucking-Verträge, bei denen selbstrollende Gegenstände wie Trailer oder Anhänger mittels eines **13** vom Beförderer gestellten Zugfahrzeugs geschleppt werden, fallen unter die CMR. Keine Güter sind jedoch mit eigener Motorkraft bewegte Kraftfahrzeuge, weil es dann an einer Beförderung mittels Kraftfahrzeugen fehlt. Etwas anderes gilt, soweit der Frachtführer in einem zu überführenden Kraftfahrzeug sonstiges Gut des Absenders befördert.[27]

e) Beförderung auf der Straße mittels Fahrzeugen. Gem. Art. 1 Abs. 1 iVm Art. 1 Abs. 2 **14** muss der Vertrag eine Beförderung auf der Straße (oder Huckepack) mittels Fahrzeugen vorsehen, und zwar auf der gesamten vertraglich geschuldeten Strecke.[28] Sieht der Vertrag eine **Multimodalbeförderung,** also den Transport mit verschiedenartigen Beförderungsmitteln, vor, ist die CMR außer im Fall des Art. 2 nicht anzuwenden, auch wenn das Gut über eine der Teilstrecken mit einem Straßenfahrzeug zu befördern ist.[29] Im Rahmen von Multimodalfrachtverträgen kann die CMR nach deutschem Recht nur über § 452a HGB zur Anwendung kommen.[30]

Fehlt es im Beförderungsvertrag an der Angabe des Transportmittels (sog. **unbenannter Trans-** **15** **portvertrag,** häufig im Rahmen von Logistik- oder Speditionsverträgen), so entscheidet das ergänzend anwendbare nationale Recht darüber, ob der Vertrag eine internationale Straßenbeförderung

---

(1973), Frankreich (1961), Georgien (1999), Griechenland (1977), Iran (1998), Irland (1991), Italien (1961), Jordanien (2009), Jugoslawien, ehemaliges, (1961), Kasachstan (1995), Kirgisistan (1998), Kroatien (1991), Lettland (1994), Libanon (2006), Litauen (1993), Luxemburg (1964), Malta (2008), Marokko (1995), Mazedonien, ehemalige jugoslawische Republik, nunmehr Nordmazedonien(1991), Moldau, Republik (1993), Mongolei (2003), Montenegro (2006), Niederlande (1961), Norwegen (1969), Österreich (1961), Polen (1962), Portugal (1969), Rumänien (1973), Russische Föderation (1983), Schweden (1969), Schweiz (1970), Serbien (1992), Slowakei (1993), Slowenien (1991), Sowjetunion, ehemalige, (1983), Spanien (1974), Syrien (2008), Tadschikistan (1996), Tschechische Republik (1993), Tschechoslowakei, ehemalige (1974), Tunesien (1994), Türkei (1995), Turkmenistan, (1996), Ukraine (2007), Ungarn (1970), Usbekistan (1995), Vereinigtes Königreich (1967), Zypern (2003); die Vertragsstaaten sind außer aus dem Fundstellenverzeichnis des BGBl. Teil II aus den Webseiten der Deutschen Gesellschaft für Transportrecht ersichtlich, www.transportrecht.org.

[22] Ausf. *Fischer* TranspR 1995, 326 ff.; *Koller* Rn. 4.

[23] *Putzeys* Rn. 170; *Pesce* 46; MüKoHGB/*Jesser-Huß* Rn. 12; *Koller* Rn. 4; aM *Loewe* ETL 1976, 511.

[24] *Herber/Piper* Rn. 13.

[25] Rechtbank Rotterdam Urt. v. 6.7.2011 – 368406/HAZA 10–3621, ETR 2011, 655; *Koller* Rn. 4; *Herber/Piper* Rn. 14, 22; *Thume/de la Motte/Temme* Rn. 32 ff.

[26] Str.; wie hier *Fischer* TranspR 1995, 326; MüKoHGB/*Jesser-Huß* Rn. 14 unter Hinweis auf die französische Fassung „au moyen de véhicules"; aA *Koller* Rn. 4 mwN, der sich von der Differenzierung zwischen dem Gut und dem damit beladenen Fahrzeug in Art. 2 Abs. 1 S. 1 leiten lässt, was aber nicht überzeugt, weil Art. 2 eine Sondersituation regelt.

[27] OLG Düsseldorf Urt. v. 14.7.1986 – 18 U 88/86, VersR 1986, 1070; Urt. v. 26.10.1995 – 18 U 27/95, TranspR 1996, 152 (153).

[28] Inzwischen hM, vgl. BGH Urt. v. 17.7.2008 – I ZR 181/05, NJW 2008, 2782; Urt. v. 28.2.2013 – I ZR 180/11, RdTW 2013, 277 Rn. 24; zust. *Ramming* NJW 2009, 414; ferner *Herber* TranspR 2006, 435 (439); *Ramming* VersR 2005, 607 (608); *Koller* TranspR 2003, 45 (47 ff.); *Koller* TranspR 2004, 361; *Koller* Rn. 5; wohl auch MüKoHGB/*Jesser-Huß* Rn. 19; aA noch BGH Urt. v. 24.6.1987 – I ZR 127/85, NJW 1988, 640 = TranspR 1987, 447 (448); LG Krefeld Urt. v. 15.12.1987 – 12 O 57/87, VersR 1988, 1021; OLG Köln Urt. v. 25.5.2004 – 3 U 152/03, TranspR 2004, 359 (360 f.); LG Aachen Urt. v. 28.11.2016 – 41 O 45/05, TranspR 2007, 40 (42) sowie English Court of Appeal Urt. v. 27.3.2002, Quantum Corporation Ltd. vs. Plane Trucking Ltd. and Air France, Lloyd's Law Reports 2002 Volume 2 Part 1, S. 25 ff. = ETR 2004, 535, dazu *Becher* TranspR 2007, 232, und *Koller* TranspR 2003, 45.

[29] Schweizerisches Bundesgericht Urt. v. 19.2.2009 – 4 A 218/2009, TranspR 2010, 160 mAnm *Erbe;* vgl. auch Hof van Beroep Antwerpen Urt. v. 13.5.2010 – 2009/AR/1079, ETR 2011, 223.

[30] Dagegen wendet das englische Recht die CMR insoweit an, English Court of Appeal Urt. v. 27.3.2002, Quantum Corporation Ltd. vs. Plane Trucking Ltd. and Air France, Lloyd's Law Reports 2002 Volume 2 Part 1, S. 25 ff. = ETR 2004, 535.

vorsieht.[31] Nach deutschem Recht wird ein solcher Vertrag regelmäßig dahin auszulegen sein, dass der Absender dem Frachtführer die Bestimmung der Beförderungsart überlässt, die dieser gem. §§ 262, 263 BGB[32] zu treffen hat. Damit bestimmt der Frachtführer zugleich das anzuwendende Recht. Der Absender kann dem Beförderer auch ausdrücklich eine **Ersetzungsbefugnis** einräumen, was regelmäßig beim sog. Luftersatzverkehr per Lkw geschieht.[33] Wird von dieser Befugnis Gebrauch gemacht, kommt das Recht der gewählten Transportart zum Zuge. Wenn dagegen noch eine Teilstrecke für die ursprünglich vorgesehene Transportart übrig bleibt, weil der Beförderer nur teilweise von der Ersetzungsbefugnis Gebrauch macht, so sind die Regeln über den multimodalen Transportvertrag anzuwenden, soweit deutsches Recht Anwendung findet, also die §§ 452 ff. HGB. Über § 452a HGB kann die CMR zur Anwendung kommen, im Spezialfall des Huckepack-Verkehrs auch über Art. 2.

16   Haben die Parteien ohne jede Ersetzungsbefugnis einen **Luft-, Eisenbahn- oder Schifftransport** vereinbart, kommt die CMR nicht zur Anwendung, wenn der Beförderer vertragswidrig den grenzüberschreitenden Transport per Lkw ausführt. Maßgeblich ist dann vielmehr in erster Linie die Transportrechtsordnung des vereinbarten Verkehrsmittels. Dabei ist zu prüfen, ob die vorsätzliche Verletzung des Transportvertrages das Recht des Beförderers auf vertragliche Haftungsbeschränkungen beseitigt.[34] Zusätzlich können die Ladungsbeteiligten den Frachtführer nach Maßgabe der Haftungsvorschriften der CMR in Anspruch nehmen, weil die Anmaßung einer Ersetzungsbefugnis nicht besser behandelt werden darf als die vertraglich vereinbarte Befugnis.[35]

17   Haben die Parteien dagegen ohne Ersetzungsbefugnis einen grenzüberschreitenden Straßentransport vereinbart, so findet die CMR auch dann Anwendung, wenn die Güter mit einem anderen Verkehrsmittel befördert werden.[36] Da der Beförderer durch den Einsatz eines **vertragswidrigen Verkehrsmittels** seine Vertragspflichten verletzt und das Transportgut vorsätzlich Schadensrisiken aussetzt, mit denen der Auftraggeber nicht zu rechnen braucht, erscheint es jedoch nicht angemessen, ihn in den Genuss der Haftungserleichterungen der CMR kommen zu lassen, insbesondere wenn sich diese Schadensrisiken ausgewirkt haben und der Frachtführer nach dem Recht des vertragswidrigen Verkehrsmittels strenger haften würde als nach der CMR. Teils wird hier eine unbeschränkte Haftung nach Art. 17, 29 befürwortet.[37] Die Rechtsprechung hat schon vor der Transportrechtsreform dem Absender das Recht eingeräumt, den Frachtführer statt nach der CMR nach dem Recht des tatsächlich eingesetzten Verkehrsmittels in die Verantwortung zu nehmen.[38] Daran ist festzuhalten, denn der Frachtführer, der sich das Recht zur Verwendung eines abweichenden Verkehrsmittels anmaßt, darf nicht besser stehen als derjenige, der sich dieses Recht vom Absender einräumen lässt.

18   Art. 1 Abs. 2 definiert den Begriff „**Fahrzeug**" durch Verweisung auf Legaldefinitionen des Abkommens über den Straßenverkehr vom 19.9.1949.[39] Unter „**Fahrzeuge**" fallen danach Kraftfahrzeuge, Sattelkraftfahrzeuge, Anhänger und Sattelanhänger. „**Kraftfahrzeug**" ist jedes mit mechanischem Antrieb und eigener Kraft auf der Straße verkehrende Fahrzeug, das nicht an Schienen oder elektrische Leitungen gebunden ist und üblicherweise zur Beförderung von Personen oder Gütern dient. „**Sattelfahrzeug**" ist jedes Kraftfahrzeug mit einem Anhänger ohne Vorderachse, der so auf dem Zugfahrzeug aufliegt, dass ein wesentlicher Teil des Gewichts des Anhängers und seiner Ladung vom Zugfahrzeug getragen wird. Ein solcher Anhänger wird „**Sattelanhänger**" oder „**Sattelauflieger**" genannt. „**Trailer**" ist ein Sattelanhänger. „**Anhänger**" ist jedes Fahrzeug, welches von einem Kraftfahrzeug gezogen wird. „**Personenkraftwagen**" und „**Personenkrafträder**" sind ebenfalls Fahrzeuge iSd der CMR.[40] Keine Fahrzeuge sind dagegen **Wechselbrücken** und -pritschen,[41] also Ladeflächen mit Aufbauten ohne Motor und Fahrgestell.

---

[31] Zum niederländischen Recht *Dorrestein* 70; nach belgischer Auffassung ist die CMR auf unbenannte Transportverträge nicht anzuwenden, Hof van Cassatie Brüssel Urt. v. 8.11.2004 – C.03.0510.N/1, ETR 2006, 228; Hof van Beroep Antwerpen Urt. v. 31.10.2011 – 2010/AR/875, ETR 2013, 82; anders nach englischem Recht, Court of Appeal London Urt. v. 27.3.2002, Quantum Corporation Ltd. vs. Plane Trucking Ltd. and Air France, Lloyd's Law Reports 2002 Volume 2 Part 1, S. 25 ff. = ETR 2004, 535.

[32] AM *Ebenroth* VersR 1988, 757 (758): § 315 BGB.

[33] OLG Hamburg Urt. v. 14.10.1991 – 6 U 103/91, TranspR 1992, 66; MüKoHGB/*Jesser-Huß* Rn. 19; Thume/ *de la Motte/Temme* Rn. 14.

[34] OLG Hamburg Urt. v. 31.12.1986 – 6 U 151/85, TranspR 1987, 142 (145); MüKoHGB/*Jesser-Huß* Rn. 20.

[35] MüKoHGB/*Jesser-Huß* Rn. 20.

[36] OLG Köln Urt. v. 30.5.2006 – 3 U 164/05, TranspR 2007, 114 (115); CH Antwerpen Urt. v. 9.12.1977, ETL 1978, 110 (119); Staub/*Reuschle* Rn. 88; Theunis/*Ramberg* 19, 25; *Hill/Messent* 20; *Koller* Rn. 5.

[37] *Koller* VersR 1988, 432 (437); *Koller* ZLW 1989, 359; *Koller* Rn. 5.

[38] BGH Urt. v. 17.5.1989 – I ZR 211/87, TranspR 1990, 19 (20) = VersR 1990, 331 (332); BGH Urt. v. 30.9.1993 – I ZR 258/91, BGHZ 123, 303 (306) = TranspR 1994, 16 (17); Thume/*de la Motte/Temme* Rn. 20.

[39] Abgedr. bei *Müller*, Straßenverkehrsrecht, 21. Aufl. 1959, 1190 ff. Deutschland ist nicht Vertragspartei dieses Abkommens, das inzwischen durch das Übereinkommen über den Straßenverkehr vom 8.11.1968 ersetzt wurde; das neue Übereinkommen ist für Art. 1 Abs. 2 unmaßgeblich, str., zum Streitstand vgl. *Koller* Rn. 5.

[40] Denkschrift BT-Drs. III/1144, 34; HEPK/*Glöckner* Rn. 16.

[41] *Basedow* TranspR 1994, 338, mit Recht krit. gegen OLG Hamburg Urt. v. 13.3.1993 – 6 U 60/93, TranspR 1994, 193.

f) Entgeltlichkeit. Der CMR unterfallen nur solche Beförderungen, die entgeltlich sind. Es genügt 19
die Einräumung eines geldwerten Vorteils,[42] der dem Frachtführer als Gegenleistung für die Übernahme der Beförderungspflicht gewährt wird. Das Entgelt kann stillschweigend vereinbart sein. Es
kann auch für eine Gesamtheit von Transporten vereinbart[43] oder im Rahmen einer Gesamtvergütung
für weitere Leistungspflichten enthalten sein.

2. Abgrenzung zum Speditionsvertrag. Die CMR ist nur auf Beförderungsverträge, nicht 20
dagegen auf Speditionsverträge anzuwenden.[44] Dies gilt allerdings nur für die Geschäftsbesorgungs-
spedition im Sinne des § 453 Abs. 1 HGB. Der Geschäftsbesorgungsspediteur schuldet nicht den
Beförderungserfolg, sondern nur eine zur Herbeiführung des Erfolgs geeignete Organisationsleistung.
Dagegen ist der **Fixkostenspediteur** als Carrier im Sinne der CMR anzusehen.[45] Dasselbe gilt bei
Selbsteintritt und bei der Sammelladungsspedition. Zwar ist die CMR als internationales Übereinkommen autonom auszulegen, sodass es sich verbietet, die Rechtsfolgen der §§ 458–460 HGB ohne
Weiteres auf die CMR zu übertragen. Jedoch gilt der Gedanke, der den genannten Vorschriften
zugrunde liegt, im Rahmen der CMR gleichermaßen: Wer zwar als Spediteur auftritt, den Transport
tatsächlich aber auf eigenes wirtschaftliches Risiko realisiert und nicht für Rechnung des Auftraggebers
organisiert, kann nur als Frachtführer behandelt werden. Das ist besonders augenfällig im Fall des
Selbsteintritts und der **Sammelladungsspedition,** gilt aber bei der in der Praxis regelmäßig
gegebenen **Fixkostenspedition** gleichermaßen, denn auch hier wird der Spediteur nicht fremdnützig,
für Rechnung des Auftraggebers tätig, sondern fordert ein festes Entgelt für die Beförderungsleistung
und schuldet diese daher auch. Das wird nicht nur in Deutschland und Österreich,[46] sondern auch in
anderen Vertragsstaaten der CMR so gesehen,[47] allerdings nicht durchgängig in allen.[48] So trennt das
französische Recht strikt zwischen dem Frachtführer und dem Spediteur; ersterer haftet zwingend,
aber der Höhe nach grundsätzlich beschränkt, letzterer haftet der Höhe nach für eigenes Verschulden
unbeschränkt, für das Verschulden des von ihm eingesetzten Beförderers so wie dieser, aber stets
vollständig dispositiv,[49] wobei vertragliche Haftungsbeschränkungen allerdings bei grobem Verschulden
entfallen.[50]

Unstreitig und zweifelsfrei anwendbar ist die CMR, wenn der Speditionsvertrag deutschem Recht 21
unterliegt und die Voraussetzungen der §§ 458–460 HGB gegeben sind; es findet dann **zwingend**
kraft Verweisung des nationalen Handelsrechts die CMR Anwendung.[51] Wird die Geltung der CMR
darauf gestützt und nicht bereits auf die autonomen Anwendungsregeln der CMR, kommt allerdings
der Brüssel Ia-VO sowie dem EuGVÜ und dem LugÜ der Vorrang vor Art. 31 zu, weil diese
Vorschriften nicht durch nationales Recht einschränkbar sind.[52]

Die **Abgrenzung** zwischen Speditions- und Frachtvertrag in den in der Praxis seltenen Fällen der 22
Geschäftsbesorgungsspedition trifft häufig auf erhebliche Schwierigkeiten, da die Parteien in der Regel
nicht klarstellen, ob ein Fracht- oder Speditionsvertrag gewollt ist und in vielen Fällen die rechtlichen
Unterschiede auch gar nicht kennen. Der Begriff Spedition wird im Sprachgebrauch des Alltags nicht

---

[42] *Loewe* ETL 1976, 510; *Sánchez-Gamborino* Nr. 96; Staub/*Reuschle* Rn. 85; *Herber/Piper* Rn. 12.

[43] OLG Düsseldorf Urt. v. 27.2.1987 – 18 U 217/86, TranspR 1987, 183; *Pesce* 46.

[44] OGH Wien Urt. 30.5.2012 – 7 Ob 21/12g, TranspR 2012, 337 (338); Urt. v. 20.1.1982, J. Bus. L. 1984, 92;
OLG Karlsruhe Urt. v. 18.4.1973 – 1 U 37/72, VersR 1973, 662; OLG München Urt. v. 4.4.1979 – 7 U 4030/78,
VersR 1979, 713 (714); Cass. Paris Urt. v. 21.6.1982, ETL 1983, 207; Cass. Paris Urt. v. 27.10.1975, BT 1975, 526;
HB Brüssel Urt. v. 26.6.1974, ETL 1975, 235; Cass. Paris Urt. v. 18.3.1986, BT 1986, 607; Cass. Paris Urt. v.
17.3.1993, BTL 1993, 488; *Clarke* Nr. 10a (i–iv) S. 21 ff.; *Hill/Messent* 22; *Rodière* Rn. 257; *Hill* 214; *Lamy* I Nr. 452;
Thume/de la Motte/Temme Vor Art. 1 Rn. 21; Staub/*Reuschle* Rn. 66.

[45] OGH Wien Urt. v. 30.5.2012 – 7 Ob 21/12g, TranspR 2012, 337 (338); BGH Urt. v. 14.2.2008 – I ZR 183/
05, TranspR 2008, 323; OLG Düsseldorf Urt. v. 14.7.2010 – I-18 U 221/09, OLG Köln Urt. v. 27.9.2005 – 3 U
143/02, TranspR 2007, 316 (317, 318 f.); Urt. v. 2.8.2005 – 3 U 21/05, TranspR 2005, 472 (473); OLG Karlsruhe
Urt. v. 27.6.2002 – 9 U 204/01, TranspR 2002, 344 (345); OLG Hamm Urt. v. 14.6.1999 – 18 U 217/98, VersR
2000, 519; OLG München Urt. v. 23.7.1996 – 25 U 4715/95, TranspR 1997, 33 (34); *Koller* Rn. 3; Staub/*Reuschle*
Rn. 66; aM *Ramming* TranspR 2006, 95 (96 f.). Anders auch Hoge Raad Den Haag Urt. v. 25.1.2008 – C 06/257/
HR, ETL 2008, 498: Spediteur haftet zwar uU wie ein Frachtführer, wird dadurch aber nicht zu einem solchen. Zur
Rechtslage in Tschechien Oberstes Gericht Prag Urt. v. 10.10.2012 – 31 Cdo 488/2010, RdTW 2013, 171.

[46] §§ 412, 413 Unternehmensgesetzbuch Österreich.

[47] England: Queen's Bench Division Urt. v. 12.10.1979, ETR 1984, 411 (417 ff.); Schweiz: Zivilgericht Basel-
Stadt Urt. v. 14.2.1989 – P 51/87, TranspR 1989, 428 (431).

[48] Teilweise anders insbesondere die komplizierte Rechtslage in Frankreich, vgl. Cour Cass. Urt. v. 21.6.1982,
ETR 1983, 207; weitere Einzelheiten bei Staub/*Reuschle* Rn. 73.

[49] C. Amiens Urt. v. 7.3.1997, BTL 1997, 261; Cass. Paris Urt. v. 16.5.2006 – U 04–12–545, ETR 2006, 685;
Urt. v. 27.5.1986, BT 1986, 676; Cass. Paris Urt. v. 5.10.1965, BT 1965, 398; Cass. Paris Urt. v. 4.11.1970, BT
1971, 7; *Victor-Granzer* TranspR 2005, 354 (355 f.); *Lamy* II Nr. 47.

[50] IE vgl. *Victor-Granzer* TranspR 2005, 354 (355 f.).

[51] BGH Urt. v. 18.2.1972 – I ZR 103/70, NJW 1972, 1003; BGH Urt. v. 10.2.1982 – I ZR 80/80, NJW 1982,
1946; OGH Wien Urt. v. 4.11.1981 – 6 Ob 790/81, TranspR 1982, 80; OGH Wien Urt. v. 14.7.1993 – 7 Ob 540/
93, VersR 1994, 707 (708); *Jesser* 21.

[52] *Koller* Rn. 3.

nur von Spediteuren im Rechtssinne, sondern gleichermaßen auch von Frachtführern und Fuhrunternehmern benutzt. Sofern sich den vertragsbildenden Erklärungen nicht entnehmen lässt, ob der Leistungserbringer für den Transporterfolg einstehen oder den Transport nur besorgen soll, kann nur unter Berücksichtigung der Umstände des Einzelfalls abgegrenzt werden. Dabei kommt es nicht entscheidend auf die äußere Form und die Begrifflichkeit des Vertrages, sondern gem. §§ 133, 157 BGB vor allem darauf an, wie der Leistungserbringer auftritt und wie sein Auftreten durch den Auftraggeber verstanden werden musste. Zu den maßgeblichen Umständen zählt, ob der Auftraggeber bei Vertragsschluss erkennen kann, dass der Leistungserbringer den Transport durch Dritte ausführen lassen wird, ferner der Gebrauch speditionstypischer Dokumente oder Geschäftsbedingungen, die Werbung des Unternehmens, die gewählten Vertragsbezeichnungen, die Firma und Angabe im Handelsregister, frühere Beziehungen der Parteien und die Übernahme speditioneller Nebentätigkeiten. Von Belang sind auch der Kenntnishorizont und die Professionalität des Auftraggebers.[53]

23   **3. Charter- und Lohnfuhrverträge.** Kein Beförderungsvertrag iSv Art. 1 ist die reine **Miete** eines Lkw.[54] Wird allerdings der Lkw mit Fahrer vermietet, liegt ein **Chartervertrag** vor, auf welchen die CMR anzuwenden ist, sofern der Fahrer zwar nach Weisung des Auftraggebers, aber selbstständig und verantwortlich die Obhut über das Gut übernehmen und es zum Bestimmungsort befördern und dort abliefern soll.[55] Anders ist es, wenn der Fahrer in arbeitnehmerähnlicher Funktion nur die technische Führung des gemieteten Fahrzeugs unter der unternehmerischen Verantwortung des dann selbst als Beförderer auftretenden Auftraggebers leisten soll.[56] Für solche vertraglichen Gestaltungen hat sich der Begriff der **Lohnfuhr** eingebürgert, der allerdings schillernd und begrifflich nicht klar gegen den Chartervertrag abgegrenzt ist.

24   **a) Begriff des Lohnfuhrvertrages.** Es gibt keinen durch Gesetz oder durch allgemeines Verständnis der betroffenen Verkehrskreise exakt vorgegebenen Begriff des Lohnfuhrvertrags. Der BGH[57] sieht im Lohnfuhrvertrag einen untechnischen Sammelbegriff für unterschiedliche vertragliche Gestaltungsformen, die den Bereichen Dienstvertrag, Dienstverschaffungsvertrag, Werkvertrag, Mietvertrag oder gemischter Vertrag zuzuordnen sein können. Allerdings hat der Begriff durchaus ein gewisses Profil. Er entstammt ursprünglich dem Bereich der Individualpersonenbeförderung aus der Zeit des Pferdedroschkenwesens[58] und ist insofern prägend für eine Beförderungsleistung durch ein bemannt gestelltes Fahrzeug nach individueller, direkt dem Fahrer erteilter Weisung des Auftraggebers. Der Begriff wurde 1956 in den AGNB[59] aufgegriffen und in § 25 Abs. 1 definiert als das Stellen eines **bemannten Fahrzeugs zur Verwendung nach Weisung** des Auftraggebers. An dieser Definition orientieren sich – im Anschluss an § 9 VBGL – auch die ADSp 2017 (Ziff. 1.14 S. 3 ADSp 2017).

25   **b) Anwendung von Frachtrecht.** Diese Definition klärt nicht, ob auf den so verstandenen Lohnfuhrvertrag Frachtrecht anzuwenden ist. Denn weder das Bemannen des Transportfahrzeugs noch die Weisungsgebundenheit des Auftragnehmers sind Besonderheiten des Lohnfuhrvertrags, sondern grundsätzlich jedem Frachtvertrag eigen.[60] Ein echtes Kennzeichnungsmerkmal findet sich nur in dem Begriff des Stellens, in Ziff. 1.14 ADSp 2017 sprachlich verstärkt zur **„Gestellung"**, mit dem ein überwortetes Überlassen des bemannten Beförderungsmittels an den Auftraggeber angedeutet wird, der dadurch das bemannte Beförderungsmittel **auf Zeit für eigene Rechnung verwenden** kann. Dabei bleibt jedoch offen, ob der Besitz an und das Disponieren über das Fahrzeug durch den weiterhin betriebsverantwortlichen Auftragnehmer vermittelt wird, sodass dieser als Frachtführer anzusehen ist, oder ob der Auftraggeber selbst zum Unternehmer der Beförderung wird, indem er das bemannte Fahrzeug wie bei einer **Vermietung** in seinen Besitz nimmt und sich das **arbeitsrechtliche Direktionsrecht** gegenüber dem Fahrer einräumen lässt.

26   Nach der **Rspr. des BGH**[61] ist ein Lohnfuhrvertrag dann kein Frachtvertrag, sondern eine Kombination aus Elementen des Mietvertrags und der Dienstverschaffung, wenn er dadurch gekennzeichnet ist, dass ein Fahrzeug mit Fahrer zur beliebigen Ladung und Fahrt nach Weisung des Auftraggebers zur Verfügung gestellt wird. Ob das der Fall ist, richtet sich nach Ansicht des BGH nach den Umständen des Einzelfalls.[62] Ob ein solcher Vertrag als Frachtvertrag einzustufen ist, soll davon abhängen, ob der Unternehmer zur Herbeiführung des **Transporterfolgs** verpflichtet ist, während eine Kombination

---

[53] *Koller* HGB § 453 Rn. 16 f.

[54] Cour Cass. Paris Urt. v. 2.6.2004 – T 02–17.941, ETR 2004, 693; OGH Wien Urt. v. 30.5.1985 – 7 Ob 29/84, TranspR 1986, 225.

[55] Ähnl. *Koller* Rn. 3, der aber für maßgeblich hält, ob die Überlassung für eine bestimmte Zeit erfolgt.

[56] OLG Innsbruck Beschl. v. 20.6.1995 – 1 R 154/95, TranspR 1997, 343 (346); Staub/*Reuschle* Rn. 62.

[57] BGH Urt. v. 4.4.2016 – I ZR 102/15, TranspR 2016, 303.

[58] Zur Taxe der Lohnfuhr *J. G. Krünitz,* Oeconomische Encyclopädie, 1773–1858.

[59] Allgemeine Beförderungsbedingungen für den gewerblichen Güterverkehr mit Kraftfahrzeugen.

[60] S. schon BGH Urt. v. 3.6.1964 – Ib ZR 220/62, MDR 1964, 736.

[61] BGH Urt. v. 4.4.2016 – I ZR 102/15, TranspR 2016, 301; Urt. v. 26,4,2007 – IX ZB 160/06, ZIP 2007, 1330.

[62] BGH, Urt. v. 4.4.2016 – I ZR 102/15, TranspR 2016, 303; Urt. v. 26.4.2007 – IX ZB 160/06, ZIP 2007, 1330.

aus Mietvertrag und Dienstverschaffungsvertrag anzunehmen sein soll, wenn die Fahrer des Auftragnehmers dem Auftraggeber gegenüber weisungsgebunden sind und ihm den Besitz an dem zu befördernden Gut vermittelt[63].

Diese Definitionen vermögen die bestehende Rechtsunsicherheit indessen nicht zu beseitigen. Sie **27** führen deshalb nicht weiter, weil sie nicht die tatbestandlichen Voraussetzungen der abzugrenzenden Gestaltungen klären, sondern nur deren unterschiedliche Rechtsfolgen ansprechen. Richtig erscheint, dass auch der Lohnfuhrvertrag grundsätzlich ein Vertrag über die **entgeltliche Beförderung von Gut** ist. Es ist kein Merkmal des Frachtvertrags, dass er nur einen einzelnen Beförderungsvorgang und eine einzelne bestimmte Beförderungsstrecke erfasst. Im Gegenteil werden Frachtverträge durchaus häufig in der Form von Rahmen- oder Mengenverträgen für eine unbestimmte Vielzahl von Beförderungsstrecken geschlossen[64]; die Einzelbeförderung erfolgt dann auf Abruf, Weisung oder Einzelauftrag, ohne dass dies Zweifel am geschuldeten Beförderungserfolg auslösen könnte. Der Lohnfuhrvertrag ist daher **nur dann kein Frachtvertrag,** wenn die Beförderung nicht durch den Auftragnehmer, sondern durch den Auftraggeber selbst unternehmerisch bewirkt wird. Voraussetzung dafür ist, dass der Auftraggeber mindestens mittelbaren, nicht vom Auftragnehmer vermittelten **Besitz am Fahrzeug** und kraft einer den Kriterien der Arbeitnehmerüberlassung genügenden Vertragsgestaltung das arbeitsrechtliche **Direktionsrecht gegen den Fahrer** erwirbt. Allein der Umstand, dass der Auftraggeber vertraglich berechtigt ist, das bemannte Fahrzeug auf Zeit, das heißt für eine Mehrzahl konsekutiv auszuführender Beförderungen, zu beschäftigen und insoweit dem Auftragnehmer oder auch dem Fahrer direkt Weisung zu erteilen, nimmt dem Vertrag nicht den Charakter eines Transportvertrags, unter dem die Ausführung der Beförderungen und die Erreichung des Ablieferungserfolgs geschuldet sind. Dies ist im Seehandelsrecht, in dem die sachlich gleiche Frage bereits seit vielen Jahrzehnten für das insoweit wesensgleiche Schiffszeitcharterrecht diskutiert wird, längst anerkannt.[65]

Sofern der Frachtvertrag unter Einbeziehung der **ADSp 2017** geschlossen wurde, ist Ziff. 1.4 S. 3 **28** ADSp 2017 zu beachten. Die Zielsetzung dieser Bestimmung besteht darin, den Lohnfuhrvertrag dem Regime des durch grundsätzlich beschränkte Haftung gekennzeichneten Frachtrechts – bei internationaler Straßenbeförderung also der CMR – zu unterwerfen. Soweit der zu beurteilende Lohnfuhrvertrag aufgrund seiner Gestaltung rechtlich ohnehin als Frachtvertrag zu qualifizieren ist, hat die Bestimmung nur deklaratorische Bedeutung. In den übrigen Fällen hat sie die Wirkung einer AGB-Klausel, die die **Anwendung der CMR auf vertraglicher Grundlage** herbeizuführen sucht. Der ADSp-Spediteur muss sich deshalb im Zweifel an Ziff. 1.14 S. 3 ADSp 2017 und demzufolge an frachtvertraglicher Haftung für den Beförderungserfolg auch dann festhalten lassen, wenn er als Lohnfuhrunternehmer auftritt.[66] Andererseits kann die Klausel sich nicht gegenüber gegenteiligen individualvertraglichen Vereinbarungen durchsetzen; ist danach nur eine Kombination aus Vermietung des Fahrzeugs und Dienstverschaffung gewollt, kann die Klausel daran nichts ändern. Das gilt insbesondere, wenn der Wunsch zur Einbeziehung der ADSp vom Auftraggeber ausgegangen ist.

III. Beförderung durch Hoheitsträger

Art. 1 Abs. 3 hat lediglich klarstellende Bedeutung und ist weitgehend überholt. An der Anwen- **29** dung der CMR ändert sich nichts, wenn der vertragschließende Beförderer in staatshandelsrechtlichen oder sonstigen öffentlichen Strukturen organisiert ist. Dasselbe gilt, wenn die Beförderung von einem Staat oder einer staatlichen Organisation ausgeführt wird.[67] Unentgeltliche Beförderungen, etwa aus humanitären Gründen, Spenden, Hilfeleistungen oder Militärtransporte in andere Vertragsstaaten oder Drittländer unterliegen dagegen nicht der CMR.

IV. Von der Geltung ausgenommene Beförderungen

1. Postbeförderungen. Die CMR gilt nicht für Beförderungen, welche nach den Bestimmungen **30** internationaler Postübereinkommen durchgeführt werden.[68] Zu nennen sind die am 15.9.1999 in Seoul unterzeichneten Verträge des Weltpostvereins,[69] insbesondere der Weltpostvertrag,[70] das Post-

---

[63] BGH Urt. v. 4.4.2016 – I ZR 102/15, TranspR 2016, 303 Rn. 10, 19; ebenso OGH Urt. v. 16.9.1989 – 4 Ob 592/87.

[64] S. etwa LG Hamburg Urt. v. 17.7.2015 – 412 HKO 117/14, TranspR 2016, 21; OLG Köln Urt. v. 29.8.2014 – 3 U 27/14, RdTW 2015, 430.

[65] *Trappe* TranspR 2011, 232.

[66] Die klauselkontrollrechtlichen Bedenken von *Grass* TranspR 2018, 133 (135 f.) sind deshalb nicht berechtigt, weil der Spediteur selbst Verwender der ADSp ist und deshalb für sich keine Klauselkontrolle in Anspruch nehmen kann.

[67] Vgl. *Loewe* ETL 1976, 516; HEPK/*Glöckner* Rn. 19.

[68] BGH Urt. v. 28.1.2003 – X ZR 113/02, TranspR 2003, 238; Urt. v. 3.3.2005 – I ZR 273/02, TranspR 2005, 307; Urt. v. 22.9.2005 – I ZR 67/03, TranspR 2006, 468 (469); LG Bonn Urt. v. 20.12.2001 – 14 O 162/01, TranspR 2002, 443.

[69] Vgl. das Gesetz zu den Verträgen vom 15.9.1999 des Weltpostvereins vom 18.6.2002, BGBl. 2002 II 1446.

[70] Vgl. dazu *Rode* TranspR 2005, 301.

paketübereinkommen und das Postnachnahmeübereinkommen. Ausgenommen sind aber nur solche Beförderungen, die einem Postübereinkommen unterliegen. Wenn ein Postunternehmen sich zur Beförderung von Post eines anderen Frachtführers bedient, ist daher auf das Rechtsverhältnis zu diesem Frachtführer – bei Vorliegen der übrigen Voraussetzungen – die CMR anzuwenden.

31   **2. Beförderung von Leichen.** Die Ausnahme des Art. 1 Abs. 4b CMR kommt auch dann zur Anwendung, wenn keine besonders eingerichteten Fahrzeuge eingesetzt werden. Sie gilt insbesondere auch für die Beförderung von Kränzen und Särgen, soweit sie mit der Leiche zusammen befördert werden.

32   **3. Beförderung von Umzugsgut.** Die CMR schließt die Beförderung von Umzugsgut aus, weil diese Materie Spezialregelungen notwendig gemacht und die Beratungen über die CMR verzögert hätte.[71] Es bleibt auch dann bei dem Ausschluss des Art. 1 Abs. 4c CMR, wenn das Umzugsgut mit normaler Ware gemischt wird oder das Gut im Rahmen einer Sammelladung transportiert wird.[72]

V. Sondervereinbarungen

33   Art. 1 Abs. 5 ist nicht Teil des durch die CMR geschaffenen Einheitsrechts, sondern betrifft die völkerrechtliche Verpflichtung der Vertragsstaaten, dieses Einheitsrecht innerstaatlich verbindlich zu machen. Die Vorschrift hätte daher systematisch in die Schlussbestimmungen gehört. Für die innerstaatliche Rechtsanwendung ist sie ohne Bedeutung. Deutschland hat von dem Recht, Sondervereinbarungen über kleinen Grenzverkehr zu treffen, keinen Gebrauch gemacht; dies wäre auch nicht sinnvoll gewesen, da das autonome deutsche Straßentransportrecht der CMR weitgehend entspricht.

VI. Beweislast

34   Die Beweislast für die tatsächlichen Anwendungsvoraussetzungen trägt diejenige Partei, die sich auf die CMR stützt.[73] Das Vorliegen eines der Ausnahmefälle des Abs. 4 hat zu beweisen, wer die Anwendbarkeit der CMR bestreitet.[74]

Art. 1a [Gerichtsstand des Übernahme- oder Ablieferungsorts]

Für Rechtsstreitigkeiten aus einer dem Übereinkommen unterliegenden Beförderung ist auch das Gericht zuständig, in dessen Bezirk der Ort der Übernahme des Gutes oder der für die Ablieferung des Gutes vorgesehene Ort liegt.

Schrifttum: S. bei Art. 31 und *Koller*, Übernahmeort und Gerichtsstand bei der Einschaltung von Zwischenspediteuren und Unterfrachtführern TranspR 2000, 152.

Parallelvorschrift: § 30 Abs. 1 ZPO.

1   Die Vorschrift ist nicht Bestandteil der CMR, sondern des deutschen Ratifizierungsgesetzes vom 16.8.1961 (BGBl. 1961 II 1119) und wurde erst 1989 als Art. 1a in dieses eingefügt (Gesetz vom 5.7.1989, BGBl. 1989 II 586). Die Vorschrift war erforderlich geworden, weil Art. 31 nur die internationale Zuständigkeit regelt, nicht aber die **innerstaatliche örtliche Zuständigkeit** der Gerichte des nach Art. 31 zuständigen Vertragsstaats (→ Art. 31 Rn. 1 ff.).

2   Während Art. 1a neben § 440 HGB aF einen eigenen, auf die CMR bezogenen Anwendungsbereich hatte, hat die Regelung neben **§ 30 Abs. 1 ZPO** nF[1] keinen eigenständigen Regelungsgehalt mehr. Ob sie deshalb nach dem Grundsatz *lex posterior derogat legi priori* als obsolet zu betrachten ist, ist jedoch zweifelhaft, und zwar wegen der Frage, ob die Zuständigkeitsbestimmungen der Brüssel Ia VO, soweit sie die örtliche Zuständigkeit regeln, die deutschen Regeln über die örtliche Zuständigkeit verdrängen. Dies ist für die allgemeine Vorschrift des § 30 ZPO eher anzunehmen als für eine Bestimmung des deutschen Ratifizierungsgesetzes zur CMR, die als Ausführungsbestimmung zu Art. 31 CMR anzusehen ist. Art. 31 CMR genießt den **Vorrang** vor der Brüssel Ia-VO,[2] weshalb es naheliegt, auch den zur Ausfüllung dieses Vorrangs notwendigen Ausführungsbestimmungen nationalen Rechts den Vorrang einzuräumen.

---

[71] Vgl. *Loewe* ETL 1976, 517.
[72] Vgl. OLG Hamburg Urt. v. 3.7.1980 – 6 U 160/79, VersR 1980, 1075; aM *Putzeys* Rn. 102.
[73] *Koller* Rn. 12.
[74] *Giemulla* in Baumgärtel/Prütting/Laumen Beweislast-HdB Art. 1 Rn. 5; aA *Koller* Rn. 12.
[1] In der Fassung des Gesetzes zur Reform des Seehandelsrechts von 2013, BGBl. 2013 I 831.
[2] Art. 71 EuGVVO, Art. 57 EuGVÜ, Art. 57 LugÜ; EuGH Urt. v. 28.10.2004 – C-148/03, NJW 2005, 44 = TranspR 2004, 458; BGH Urt. v. 27.2.2003 – I ZR 58/02, TranspR 2003, 302 (303); Urt. v. 20.11.2003 – I ZR 102/02, TranspR 2004, 74.

Art. 2 [Huckepacktransport]

(1) [1]**Wird das mit dem Gut beladene Fahrzeug auf einem Teil der Strecke zur See, mit der Eisenbahn, auf Binnenwasserstraßen oder auf dem Luftwege befördert und wird das Gut – abgesehen von Fällen des Artikels 14 – nicht umgeladen, so gilt dieses Übereinkommen trotzdem für die gesamte Beförderung.** [2]**Soweit jedoch bewiesen wird, daß während der Beförderung durch das andere Verkehrsmittel eingetretene Verluste, Beschädigungen oder Überschreitungen der Lieferfrist nicht durch eine Handlung oder Unterlassung des Straßenfrachtführers, sondern durch ein Ereignis verursacht worden sind, das nur während und wegen der Beförderung durch das andere Beförderungsmittel eingetreten sein kann, bestimmt sich die Haftung des Straßenfrachtführers nicht nach diesem Übereinkommen, sondern danach, wie der Frachtführer des anderen Verkehrsmittels gehaftet hätte, wenn ein lediglich das Gut betreffender Beförderungsvertrag zwischen dem Absender und dem Frachtführer des anderen Verkehrsmittels nach den zwingenden Vorschriften des für die Beförderung durch das andere Verkehrsmittel geltenden Rechts geschlossen worden wäre.** [3]**Bestehen jedoch keine solchen Vorschriften, so bestimmt sich die Haftung des Straßenfrachtführers nach diesem Übereinkommen.**

(2) **Ist der Straßenfrachtführer zugleich der Frachtführer des anderen Verkehrsmittels, so haftet er ebenfalls nach Absatz 1, jedoch so, als ob seine Tätigkeit als Straßenfrachtführer und seine Tätigkeit als Frachtführer des anderen Verkehrsmittels von zwei verschiedenen Personen ausgeübt würden.**

Schrifttum: S. bei Vor Art. 1 sowie *Bahnsen,* Art. 2 CMR und die UND ADRIYATIK, TranspR 2012, 400; *Basedow,* Auslegungsgrenzen im Internationalen Einheitsrecht, TranspR 1994, 338; *De Wit* Multimodal Transport, 1995; *Freise,* Unimodale transportrechtliche Übereinkommen und multimodale Beförderungen, TranspR 2012, 1; *Herber,* Anmerkung zu OLG Hamburg, Urteil vom 14.4.2011 – 6 U 47/10, TranspR 2011, 232; *Herber,* Haftung beim Ro/Ro-Verkehr, TranspR 1994, 375; *Theunis,* Die Haftung des Straßenfrachtführers bei der Ro/Ro-Beförderung, TranspR 1990, 263; *van Beelen,* De aansprakelijkheid van de wegvervoerder bij stapelvervoer conform art 2 CMR, ETR 1991, 743.

Übersicht

I. Allgemeines

Art. 2 erweitert den Anwendungsbereich der CMR auf einen Spezialfall des **multimodalen** 1 **Verkehrs** (→ Art. 41 Rn. 13),[1] und zwar auf den **Huckepack- bzw. Ro/Ro-Verkehr.** Er zeichnet sich dadurch aus, dass das mit dem Gut beladene Straßenfahrzeug einen Teil der vertraglich geschuldeten Beförderungsstrecke nicht selbst bewältigt, sondern – zum Beispiel aufgrund geographischer Hindernisse, wirtschaftlicher Erwägungen oder wegen umweltpolitischer Vorgaben[2] – im beladenen Zustand seinerseits mittels eines anderen Trägerbeförderungsmittels zu Wasser, auf Eisenbahnschienen oder auf dem Luftwege über die Teilstrecke befördert wird. Die Regelung ordnet eine durchgängige Haftung des Frachtführers für den Gesamttransport an, ersetzt dabei aber das Haftungsregime der CMR unter den in Abs. 1 S. 2 genannten Voraussetzungen durch das Regime des Trägerbeförderungs-

---

[1] *Clarke* Nr. 14 S. 31; Thume/*Fremuth* Rn. 1 f.; Hill/*Messent* 39; *Lamy* I Nr. 454; MüKoHGB/*Jesser-Huß* Rn. 1; *Koller* Rn. 1.
[2] *Freise* TranspR 2012, 1 (2).

mittels. Praktische Bedeutung hat der Huckepack-Verkehr im Fährverkehr, vor allem über den Ärmelkanal, aber auch nach Skandinavien und im Mittelmeerbereich, sowie im Güterverkehr der Bahn.

2   Art. 2 geht auf einen Wunsch Großbritanniens zurück, das damit seiner Insellage Rechnung trug. Die Regelung zielt darauf ab, die Haftung des CMR-Frachtführers im Interesse einer deckungsgleichen Regressführung[3] dem Recht des Trägerbeförderungsmittels zu unterwerfen, wenn sich dessen Risiken ausgewirkt haben. Die Bestimmung wurde erst während der Diplomatischen Konferenz endgültig formuliert und weist daher einige Unklarheiten auf. Eine umfassendere Regelung des multimodalen Verkehrs wurde im Unterzeichnerprotokoll auf ein gesondertes Übereinkommen vertagt,[4] das 1980 in Form des Internationalen Übereinkommens über den grenzüberschreitenden multimodalen Transport[5] zwar zustande kam, bis heute aber nicht in Kraft getreten ist. Mit einem Inkrafttreten wird auch nicht mehr gerechnet. Für den immer größere Bedeutung gewinnenden **Multimodalverkehr** bleibt deshalb, soweit nicht Art. 2 oder Einzelregelungen anderer Übereinkommen anzuwenden sind, nationales Recht maßgeblich, in Deutschland die §§ 452 ff. HGB.

II. Anwendungsvoraussetzungen

3   **1. Einheitlicher Beförderungsvertrag.** Art. 2 kommt nur zur Anwendung, wenn ein **einheitlicher Beförderungsvertrag** über die grenzüberschreitende Güterbeförderung mit einem Straßenfahrzeug geschlossen ist und der Frachtführer vertragsgemäß[6] das beladene Fahrzeug auf einem Teil der Strecke mittels eines Trägerfahrzeugs (Seeschiff, Binnenschiff, Eisenbahn oder Luftfahrzeug) befördert.[7] Dabei spielt es keine Rolle, ob die Landesgrenze während des Straßentransports oder im Laufe der Huckepack-Beförderung durch das Trägertransportmittel überschritten wird.[8] Die Huckepack-Beförderung darf jedoch nur einen Teil des geschuldeten Gesamttransports umfassen, wobei es gleichgültig ist, ob diese Teilstrecke am Anfang, in der Mitte oder am Ende der Gesamtstrecke liegt.[9]

4   **Vertragsgemäß** ist die Huckepack- bzw. Ro/Ro-Beförderung dann, wenn sie zwischen den Parteien des Beförderungsvertrages ausdrücklich oder stillschweigend **vereinbart** worden oder zumindest erlaubt ist (→ Art. 1 Rn. 15 ff.). Art. 2 enthält keine gesetzliche Ermächtigung des Frachtführers, Huckepack- bzw. Ro/Ro-Beförderungen ohne Einverständnis des Absenders durchzuführen.[10] Eine stillschweigende Erlaubnis kann sich aber daraus ergeben, dass diese Beförderung auf einem Teil der Strecke üblich ist oder auf Grund der geografischen Gegebenheiten nahe liegt. Auch bei unbenannten Transportverträgen, bei denen der Absender es dem Beförderer überlässt, über die Transportart zu bestimmen, ist von einer Erlaubnis auszugehen.[11] Art. 2 findet jedoch keine Anwendung, wenn der Frachtführer von der Erlaubnis zum Huckepack- bzw. Ro/Ro-Verkehr keinen Gebrauch gemacht hat. Im Falle vertragswidriger Beförderung, also zum Beispiel nicht erlaubter Umladung auf das Seeschiff, gelten die unter → Art. 1 Rn. 17 dargestellten Grundsätze.[12]

5   Sieht der Vertrag einen **Multimodaltransport** vor, also die Beförderung des Gutes mit verschiedenartigen Beförderungsmitteln, auf die das Gut jeweils umgeladen wird, so ist die CMR auch dann nicht anzuwenden, wenn das Gut über eine grenzüberschreitende Teilstrecke auf der Straße befördert wird.[13] Die CMR findet dann nur über § 452a HGB Anwendung (näher → Art. 1 Rn. 14).

6   **2. Huckepack- oder Ro/Ro-Verkehr.** Das mit dem Gut beladene Straßenfahrzeug (→ Rn. 8) muss von einem anderen Transportmittel aufgenommen und im beladenen Zustand über einen Teil der vertraglich geschuldeten Beförderungsstrecke transportiert werden. Dieses andere Beförderungsmittel muss auf der See, auf Eisenbahnschienen, auf Binnenwasserstraßen oder in der Luft verkehren; handelt es sich ebenfalls um ein Straßenfahrzeug, gilt die CMR ohne die Modifikationen des Art. 2.

7   In der Praxis relevante Anwendungsfälle sind der Huckepack- und der Ro/Ro-Verkehr. **Huckepackverkehr** bezeichnet die Beförderung eines Straßenfahrzeugs auf einem Eisenbahngüterwaggon.[14] Beispiele bilden die RoLa-Beförderungen („rollende Landstraße") über die Alpen sowie der Eurotunnelverkehr zwischen Frankreich und England.[15] **Ro/Ro-Verkehr** liegt vor, wenn ein beladenes Straßenfahrzeugs auf einem Binnen- oder Seeschiff befördert wird, das typischerweise mit entsprechenden Rampen zum Auf- und Abfahren („roll on, roll off") ausgestattet ist. Auch die Kombination von

---

[3] BGH Urt. v. 15.12.2011 – I ZR 12/11, TranspR 2012, 330 (331); *Freise* TranspR 2012, 1 (3).

[4] *Hill/Messent* 39; *Pesce* 249; *Sánchez-Gamborino* Nr. 135.

[5] International Convention on International Multimodal Transport of Goods, Genf, 24.3.1980.

[6] Staub/*Reuschle* Rn. 7.

[7] *Sánchez-Gamborino* Nr. 166, 167; *Thume/Fremuth* Rn. 49 ff.; *Koller* Rn. 2; *Herber/Piper* Rn. 5.

[8] *Theunis* TranspR 1990, 269; *Koller* Rn. 2.

[9] *Theunis* TranspR 1990, 269.

[10] *Thume/Fremuth* Rn. 30; *Herber/Piper* Rn. 11.

[11] Staub/*Reuschle* Rn. 7.

[12] OLG Düsseldorf Urt. v. 30.6.1983 – 18 U 53/83, TranspR 1984, 130 (131); Staub/*Reuschle* Rn. 7.

[13] BGH Urt. v. 17.7.2008 – I ZR 181/05, NJW 2008, 2782; Urt. v. 24.6.1987 – I ZR 127/85, NJW 1988, 640 = TranspR 1987, 447 (448).

[14] *Thume/Fremuth* Rn. 6.

[15] *Lamy* I Nr. 459, 460.

Huckepack- und Ro/Ro-Verkehr ist denkbar, etwa die Beförderung eines Güterzugs per Fähre, der seinerseits beladene Straßenfahrzeuge im Huckepackverkehr befördert.

3. Trägertransport des Straßenfahrzeugs ohne Umladung. Huckepack- bzw. Ro/Ro-Verkehr **8** liegen nur vor, wenn das beförderte Gut während des Transports mit dem Trägertransportmittel auf dem Straßenfahrzeug verbleibt, also nicht auf das Trägertransportmittel umgeladen wird. Das Straßenfahrzeug muss selbst auf das Trägertransportmittel verladen werden. Wird das Gut umgeladen, so liegt kein Huckepack-Verkehr vor, sondern ein multimodaler Transport, sofern ein einheitlicher Vertrag über den Gesamttransport geschlossen wurde. Man spricht vom **segmentierten (gebrochenen) Verkehr,** sofern für jeden einzelnen Transportabschnitt ein eigenständiger Beförderungsvertrag vorliegt.

Abgesehen von kurzen Fährverbindungen ist es häufig unökonomisch, Sattelkraftfahrzeuge oder **9** Lastzüge mitsamt der schweren Zugmaschine im Ro/Ro- oder Huckepackverkehr zu befördern. Daher werden Anhänger und Sattelauflieger häufig abgehängt und ohne Zugmaschine auf Trägerbeförderungsmitteln befördert. Das steht der Anwendung von Art. 2 nicht entgegen.[16] Nach der Legaldefinition des Art. 1 Abs. 2 sind Fahrzeuge neben Kraftfahrzeugen und Sattelkraftfahrzeugen auch Anhänger sowie Sattelanhänger (→ Art. 1 Rn. 13).

Dagegen ist ein Rolltrailer (ein zu Umschlagszwecken in der Ro/Ro Verladung benutzter, mit **10** Rollen versehener Untersatz für große Ladungsstücke wie Container) kein Fahrzeug, weil er nicht als Straßenfahrzeug dienen kann. Auch ein Container ist kein Fahrzeug.[17] Dasselbe gilt für **Wechselbrücken** oder -aufbauten, also Laderäume für Lkws, die vom Fahrgestell getrennt sind und meist auf ausfahrbaren Stützen abgestellt werden.[18]

Eine Umladung der Güter auf das Trägerbeförderungsmittel ist allerdings dann unschädlich, wenn **11** sie infolge eines **Beförderungshindernisses** iSv Art. 14 erfolgt.[19] Art. 2 S. 1 stellt dies ausdrücklich klar. Ebenso wenig steht es der Anwendung der CMR entgegen, wenn die Umladung vertragswidrig erfolgt.[20]

III. Modifizierte Anwendung der CMR

1. Anwendung der CMR auf die gesamte Beförderungsstrecke. Liegen die Voraussetzungen **12** des Art. 2 vor, ist die CMR nach Art. 2 Abs. 1 S. 1 einheitlich auf die gesamte Beförderung anzuwenden, auch soweit sie im Huckepack- oder im Ro/Ro-Verkehr bewirkt worden ist.[21] Der Frachtbrief umfasst daher auch die mit dem Trägerbeförderungsmittel zurückzulegende Strecke. Auch die Obliegenheiten des Absenders, etwa in Bezug auf die transportsichere Verpackung des Gutes, sind der CMR zu entnehmen, wobei der Absender die Besonderheiten der Beförderung zu beachten hat.[22]

Für die Haftung des Frachtführers gilt grundsätzlich dasselbe. Ein Verschulden des Frachtführers des **13** Trägerbeförderungsmittels sowie seiner Erfüllungsgehilfen ist dem CMR-Frachtführer nach Art. 3 zuzurechnen.[23] Daher ist ein Schaden nur dann iSd Art. 17 Abs. 2 unabwendbar, wenn er auch für den Frachtführer des Trägerbeförderungsmittels unabwendbar war.

2. Haftung nach dem Recht des Trägerbeförderungsmittels. Statt nach den Haftungsregeln **14** der Art. 17 ff. CMR haftet der Frachtführer jedoch nach einem fiktiven Teilstreckenbeförderungsvertrag für das beförderte Gut auf der Grundlage des Frachtrechts des Trägerbeförderungsmittels, wenn der Schaden während und nur wegen der Trägerbeförderung eingetreten ist. Art. 2 Abs. 1 S. 2 enthält nicht etwa eine Verweisung auf das Recht des Trägerbeförderungsmittels, sondern errichtet eine **eigene Haftungsordnung,** die kraft der CMR anzuwenden und daher zwingend (Art. 41) ist und sich lediglich inhaltlich nach dem gesetzlichen Frachtrecht richtet, das auf einen hypothetischen Frachtvertrag über das Gut zwischen Absender und dem Frachtführer des Trägerbeförderungsmittels anzuwenden wäre. Dafür ist im Einzelnen folgendes erforderlich:

a) Schadenseintritt während der Trägerbeförderung. Der Schaden, also der Verlust oder die **15** Beschädigung von Gütern oder die Überschreitung der Lieferfrist, muss während der Beförderung durch das Trägerbeförderungsmittel eingetreten sein. Die Beförderung durch das Trägerbeförderungsmittel dauert, solange der Frachtführer des Trägerbeförderungsmittels das beladene Straßenfahrzeug in seiner Obhut hat.[24] Die Trägerbeförderung umfasst darüber hinaus aber auch solche Zeiträume, die das

---

[16] OLG Düsseldorf Urt. v. 16.4.2008 – I-18 U 82/07, BeckRS 2008, 8252 Rn. 22; OLG Hamburg Urt. v. 14.4.2011 – 6 U 47/10, TranspR 2011, 228 (229); *Herber* TranspR 2011, 232 f.

[17] Thume/*Fremuth* Rn. 60; *Regnarsen* 33.

[18] HM, LG Regensburg Urt. v. 28.11.1989 – 2 C 476/88, TranspR 1990, 194; *Basedow* TranspR 1994, 338; *Koller* Rn. 3; *Herber/Piper* Rn. 8; Thume/*Fremuth* Rn. 78 f.; Staub/*Reuschle* Rn. 10; MüKoHGB/*Jesser-Huß* Rn. 6; für die Einordnung als Fahrzeug dagegen OLG Hamburg Urt. v. 13.3.1993 – 6 U 60/93, TranspR 1994, 193 (194).

[19] Dazu näher Staub/*Reuschle* Rn. 14 ff.

[20] Staub/*Reuschle* Rn. 7.

[21] Staub/*Reuschle* Rn. 28.

[22] OLG Düsseldorf Urt. v. 25.3.1993 – 18 U 271/92, TranspR 1994, 439 (440); Staub/*Reuschle* Rn. 19.

[23] Staub/*Reuschle* Rn. 23.

[24] *Herber/Piper* Rn. 17; Thume/*Fremuth* Rn. 39; MüKoHGB/*Jesser-Huß* Rn. 11.

anzuwendende Trägerbeförderungsrecht mit zu regeln beansprucht,[25] für das deutsche Seefrachtrecht also in der Regel auch den Umschlag im Seehafen.[26]

16 **b) Auf Trägerbeförderung beruhendes Schadensereignis.** Der Schaden muss durch ein Ereignis verursacht worden sein, das nur während und wegen der Beförderung durch das Trägerbeförderungsmittel eingetreten sein kann. Gemeint ist, dass das Schadensereignis auf einer besonderen Gefahr beruht, die gerade dem Trägerbeförderungsmittel eigen ist.[27] Zugrunde liegt der Gedanke, dass der Frachtführer für solche besonderen **transportträgertypischen Gefahren,** denen er das Gut im Einverständnis mit dem Absender aussetzt, auch (nur) nach Maßgabe der für diese Gefahren geltenden frachtrechtlichen Haftungsgrundsätze einstehen soll.[28] Ob transportträgertypische Gefahren wirksam geworden sind, ist nach den konkreten Umständen des Einzelfalls zu bestimmen.[29] Typische Gefahren des Seetransports sind beispielsweise Schäden durch Schiffskollisionen, das Sinken eines Schiffs, Strandung und starker Seegang,[30] nicht dagegen Streik.[31] Auch Feuer an Bord einer Fähre kann eine transportträgertypische Gefahr sein, wenn der Brand nicht lokal begrenzt bleibt, sondern sich über die auf den Decks eng gestauten Fahrzeuge ausbreitet und auf See nur bordeigene Brandbekämpfungsmittel zur Verfügung stehen, die ihrerseits dem Angriff des Feuers ausgesetzt sind.[32] Typische Gefahren der Bahnbeförderung sind das Entgleisen eines Waggons, Kollisionen mehrerer Züge infolge falsch gestellter Weichen oder Signale sowie die Unpassierbarkeit von Schienenstrecken infolge von Unfällen und Mängeln der Bahninfrastruktur. Ob dies auch für die erhöhte Diebstahlsgefahr gilt, wenn der Fahrer das Fahrzeug – etwa während der Bahnbeförderung – verlassen muss,[33] erscheint hingegen fraglich, weil der Fahrer wegen der Lenk- und Ruhezeiten auch sonst nicht durchgängig im Fahrzeug verbleiben und der Frachtführer dieses Risiko durch entsprechende Sicherungen am Fahrzeug beherrschen kann.

17 **c) Keine Verursachung durch den Straßenfrachtführer.** Das Schadensereignis darf nicht durch den Straßenfrachtführer verursacht worden sein. Die missverständlich formulierte Bestimmung meint **eigene, zu vertretende**[34] **Verursachungsbeiträge** des CMR-Frachtführers sowie seiner Erfüllungsgehilfen, nicht aber Handlungen oder Unterlassungen des Frachtführers des Trägerbeförderungsmittels sowie dessen Erfüllungsgehilfen. Zwar sind dem CMR-Frachtführer auch Handlungen und Unterlassungen der Letzteren gemäß Art. 3 zuzurechnen; da die Vorschrift aber die besonderen Risiken des Trägerbeförderungsmittels gerade erfassen will, ist für die Anwendung von Art. 2 Abs. 1 S. 2 das Verschulden des Frachtführers des Trägerbeförderungsmittels und seiner Erfüllungsgehilfen auszublenden.[35] Das gilt nach Art. 2 auch dann, wenn der CMR-Frachtführer selbst auch das Trägerbeförderungsmittel betreibt, dann bezogen auf diejenigen Erfüllungsgehilfen, die für den Betrieb des Trägerbeförderungsmittels eingesetzt sind.

18 Es bleibt jedoch bei den allgemeinen Haftungsregeln der CMR, wenn der Schaden durch den CMR-Frachtführer oder seine (unmittelbaren) Leute mit[36] verursacht worden ist, und zwar auch dann, wenn sich eine verkehrsträgertypische Transportgefahr des Trägerbeförderungsmittels verwirklicht hat. Das gilt zum Beispiel bei ungenügender Sicherung der Ladung auf dem Straßenfahrzeug gegen die Beanspruchung durch Seegang[37] oder den Einfluss von Seewasser, erst recht bei unzureichend angezogenen Handbremsen oder technischen Mängeln am Straßenfahrzeug.[38] Nur soweit der Schaden vom CMR-Frachtführer selbst nicht abgewendet werden konnte, gilt das Recht des Trägerbeförderungsmittels, zum Beispiel bei Großfeuer auf einer Fähre, einer Schiffskollision, dem Entgleisen eines Eisenbahnzugs oder der Unpassierbarkeit von Schienenwegen oder Binnenwasserstraßen. Wie das Wort „soweit" in Art. 2 Abs. 1 S. 2 ergibt, kommt auch eine parallele Anwendung der CMR sowie des Frachtrechts des Trägerbeförderungsmittels in Betracht, sofern der Schaden nur teilweise durch den

[25] *Clarke* 40; *Koller* Rn. 10.
[26] BGH Urt. v. 2.11.2005 – I ZR 325/02, TranspR 2006, 389.
[27] *Staub/Reuschle* Rn. 35; *Herber/Piper* Rn. 18; *Thume/Fremuth* Rn. 41; *Koller* Rn. 10.
[28] BGH Urt. v. 15.12.2011 – I ZR 12/11, TranspR 2012, 330 (333).
[29] BGH Urt. v. 15.12.2011 – I ZR 12/11, TranspR 2012, 330 (333); OLG Hamburg Urt. v. 14.4.2011 – 6 U 47/10, TranspR 2011, 228 Rn. 20.
[30] OLG Hamburg Urt. v. 14.4.2011 – 6 U 47/10, TranspR 2011, 228 Rn. 20.
[31] Hof van Beroep Gent Urt. v. 30.4.1997, ETR 1997, 606.
[32] BGH Urt. v. 15.12.2011 – I ZR 12/11, TranspR 2012, 330 (333); OLG Düsseldorf Urt. v. 12.1.2011 – I-18 U 87/10, TranspR 2011, 150 (153); OLG Hamburg Urt. v. 14.4.2011 – 6 U 47/10, TranspR 2011, 228 Rn. 20; OLG München Urt. v. 23.12.2010 – 23 U 2468/10, TranspR 2011, 158 (obiter); vgl. ferner Hoge Raad Den Haag Urt. v. 14.6.1996, ETR 1996, 558.
[33] So *Koller* Rn. 10.
[34] *Bahnsen* TranspR 2012, 400 (403 f.).
[35] AllgM, BGH Urt. v. 15.12.2011 – I ZR 12/11, TranspR 2012, 330 (333); MüKoHGB/*Jesser-Huß* Rn. 12; Thume/*Fremuth* Rn. 40; *Herber/Piper* Rn. 19; *Koller* Rn. 9; Staub/*Reuschle* Rn. 33.
[36] Thume/*Fremuth* Rn. 40; abw. *Herber/Piper* Rn. 19, die auf die primäre Schadensursache abstellen.
[37] Cour d'Appel Paris Urt. v. 23.3.1988, ETR 1990, 215.
[38] *Koller* Rn. 9.

CMR-Frachtführer und im Übrigen ohne dessen Verschulden durch typische Gefahren des Trägerbeförderungsmittels verursacht wurde.[39]

d) Gesetzliches Haftungsrecht des Trägerbeförderungsmittels. Schließlich muss die Beför- **19** derung durch das Trägerbeförderungsmittel **gesetzlichen Vorschriften** unterliegen, die auf einen nur das Gut betreffenden Beförderungsvertrag zwischen dem Absender und dem Frachtführer des Trägerbeförderungsmittels anzuwenden wären. Gibt es keine solchen Vorschriften, so bleibt es nach Art. 2 S. 3 bei den Haftungsregeln der CMR.

Streitig ist, ob es sich bei diesen Vorschriften, wie die nicht verbindliche deutsche Übersetzung in **20** Übereinstimmung mit der französischen Übereinkommensfassung nahe legt, um zwingende Bestimmungen handeln muss. Nach der zutreffenden herrschenden Meinung[40] verweist Art. 2 Abs. 1 S. 2 CMR im Einklang mit der englischen Originalfassung des Übereinkommens (*„conditions prescribed by law"*) nicht auf zwingendes, sondern lediglich auf **objektives Gesetzesrecht,** das für sich genommen auch dispositiv sein kann. Dies ergibt sich aus der Entstehungsgeschichte und dem Sinn der Bestimmung.[41] Die Regelung beruht auf einem englischsprachigen Textentwurf Großbritanniens, weshalb der englischen Fassung von Art. 2 CMR besondere Bedeutung zukommt.[42] Der Grund der Verweisung auf das Recht des Trägerbeförderungsmittels liegt nicht darin, dass gerade und nur zwingendes Recht zur Anwendung kommen soll, sondern darin, dass die durch transportträgertypische Risiken verursachten Schäden durch das sachnähere und auch für den Regress des CMR-Frachtführers maßgebliche Recht des betreffenden Trägerbeförderungsmittels geregelt werden sollen. Dem CMR-Haftungsrecht kommt kein höherer Gerechtigkeitsgehalt zu als dem gesetzlichen Haftungsrecht des Trägerbeförderungsmittels,[43] auf dessen Besonderheiten es zugeschnitten ist. Zwar soll verhütet werden, dass der Absender sich überzogene haftungsbeschränkende Vertragsbedingungen des Trägerbeförderungsmittels entgegen halten lassen muss, jedoch schießt die französische Fassung unnötig über dieses Ziel hinaus, denn es ist schon deshalb sichergestellt, weil die Verweisung des Art. 2 ihrerseits gemäß Art. 41 zwingend ist, sodass auch das in Bezug genommene dispositive Recht des Trägerbeförderungsmittels im Rahmen seiner Anwendung nach Art. 2 zwingenden Charakter erhält.[44]

Es kommt hinzu, dass die gegenteilige Auslegung dem Art. 2 gerade in demjenigen Anwendungsfall, **21** dem die Vorschrift ihr Bestehen verdankt und der den Schöpfern der CMR vor Augen stand, also dem RoRo-Fährverkehr, kaum einen sinnvollen Anwendungsbereich lässt.[45] Nach den Haager bzw. Haag-Visby-Regeln sind die Haftungsregeln des Seehandelsrechts insgesamt nicht zwingend (vgl. auch § 512 HGB), wenn kein Konnossement ausgestellt ist (vgl. § 525 HGB). Das ist aber gerade beim Fährverkehr typischerweise der Fall.

Außerdem sind die Vorschriften nur teilweise zwingend, sodass sich kein sinnvoller hypothetischer **22** Vertrag ohne Rückgriff auf die nicht zwingenden sonstigen Vorschriften bilden lässt. Verbreitet sind frachtrechtliche Haftungsvorschriften auch halbzwingend oder nur unter der Voraussetzung qualifizierter Information abdingbar, sodass auch der Begriff der zwingenden Vorschrift auf Auslegungsschwierigkeiten trifft. Art. 2 meint daher eine zwingende Anwendung der für das Trägertransportmittel geltenden gesetzlichen Vorschriften, auch soweit sie im Verhältnis der Frachtvertragsparteien des Trägerbeförderungsmittels nicht zwingend wären.

IV. Rechtsfolgen und Anwendungsfälle

Liegen die Voraussetzungen des Art. 2 vor, so haftet der CMR-Frachtführer nicht nach den **23** Art. 17 ff. des Übereinkommens, sondern nach Maßgabe der Haftung des Frachtführers des Trägerbeförderungsmittels, unterstellt, dieser hätte über das Gut einen Beförderungsvertrag mit dem Absender nach den **für das Trägerbeförderungsmittel geltenden Rechtsvorschriften** abgeschlossen. Die maßgeblichen Rechtsvorschriften sind unter Berücksichtigung des konkret eingesetzten Trägerbeförderungsmittels und seines Frachtführers und der konkret mit dem Trägerbeförderungsmittel zurück-

---

[39] *Herber/Piper* Rn. 19.

[40] BGH Urt. v. 15.12.2011 – I ZR 12/11, TranspR 2012, 330 (333); OLG Hamburg Urt. v. 14.4.2011 – 6 U 47/10, TranspR 2011, 228, Rn. 21 ff.; *Herber/Piper* Rn. 22, *Thume/Fremuth* Rn. 90 ff., jew. mwN zum Streitstand, ferner Hoge Raad Niederlande Urt. v. 29.6.1990 – Nr. 13.672, TranspR 1991, 132 sowie *van Beelen* ETR 1991, 743; aA OLG München Urt. v. 23.12.2010 – 23 U 2468/10, TranspR 2011, 158 f., LG Hamburg Urt. v. 15.9.1983 – 6 U 59/83, TranspR 1983, 157 (158 f.); wohl auch OLG Celle Urt. v. 4.7.1986 – 2 U 187/85, TranspR 1997, 275 (276), die beiden letzteren aber nur von der deutschen CMR Übersetzung ausgehend und daher ohne Problembewusstsein; ferner *Staub/Reuschle* Rn. 38 f.; *Koller* Rn. 11; verneinend.

[41] Dazu iE *Herber* TranspR 1994, 375 (378 f.); *Herber* TranspR 2012, 232 (233).

[42] BGH Urt. v. 15.12.2011 – I ZR 12/11, TranspR 2012, 330 (331); *Herber* TranspR 1994, 375 (379).

[43] AM offenbar *Koller* Rn. 11.

[44] Näher *Bahnsen* TranspR 2012, 400 (407).

[45] Dies gilt umso mehr, wenn man, wie *Koller* Rn. 11 aE fordert, dass auf Grund des hypothetischen Seefrachtvertrages mit dem Fährverfrachter zwingend ein Konnossement hätte ausgestellt werden müssen, denn ein solcher Zwang besteht, soweit ersichtlich, nie.

gelegten Beförderungsstrecke anhand der Regeln des internationalen Privatrechts zu ermitteln. Für alle nicht die Haftung des Frachtführers betreffenden Fragen bleibt es bei der Anwendung der CMR.

24   **1. Seeschiff – Ro/Ro-Verkehr.** Ist auf den hypothetischen Seefrachtvertrag deutsches Recht anzuwenden und folgt man der herrschenden Ansicht, dass das objektive gesetzliche Haftungsrecht des Trägerbeförderungsmittels auch dann zur Anwendung kommt, wenn es nicht schlechterdings oder im Einzelfall zwingend ist, haftet der CMR-Frachtführer nach dem kollisionsrechtlich anzuwendenden gesetzlichen **Seefrachtrecht.** Dabei sind haftungsbeschränkende Abreden zwischen CMR-Frachtführer und Verfrachter nicht zu berücksichtigen.[46]

25   Folgt man dagegen der früher herrschenden Ansicht, dass Art. 2 Abs. 1 S. 2 nur auf zwingende Vorschriften des Trägerbeförderungsmittels verweist, so richtet sich die Haftung des CMR-Frachtführers nur dann nach Seefrachtrecht, wenn der Fährverfrachter auf Grund eines – hypothetischen – Vertrages über die Beförderung des Gutes ein Konnossement ausgestellt hätte oder hätte ausstellen müssen.[47] In der Regel wird beim Fährverkehr kein Konnossement ausgestellt; allerdings ist ein hypothetischer Frachtvertrag nur über das vom CMR-Frachtführer beförderte Gut zu unterstellen. Einen solchen Vertrag würde der Betreiber eines Ro/Ro-Fährdienstes allerdings in der Regel nicht abschließen, sodass die Frage nach der zwingenden Anwendbarkeit des Seefrachtrechts nicht sinnvoll zu beantworten ist.

26   Nach den verbreitet – auch im deutschen Recht – zugrunde gelegten **Haag/Visby Regeln** haftet der Verfrachter für vermutetes Verschulden (§§ 498 HGB). Jedoch haftet der Verfrachter nach objektivem deutschem Seefrachtrecht abweichend vom Haag/Visby-System auch für Feuer an Bord und nautische Fehler (vgl. § 512 Abs. 2 Nr. 1, 525 HGB). Der Höhe nach ist die Haftung beschränkt auf zwei Sonderziehungsrechte pro Kilogramm Rohgewicht der Güter oder 666,67 Sonderziehungsrechte pro Stück oder Einheit (§ 504 HGB). Des Weiteren kann der Verfrachter, soweit er Reeder, Ausrüster oder Charterer des Schiffes ist, seine Haftung bei Großschäden noch weitergehend nach Maßgabe des Londoner Übereinkommens vom 19.11.1976 über die Beschränkung der Haftung für Seeforderungen (in der Fassung des Protokolls vom 2.5.1996[48] beschränken (§§ 611 ff. HGB).

27   Die Bestimmung des Begriffs des **Stücks oder der Einheit** trifft auf praktische Schwierigkeiten,[49] weil die Güter einem Seeverfrachter im Rahmen des zu unterstellenden hypothetischen Frachtvertrages zwischen ihm und dem Absender in der Regel nicht so zur Beförderung hätten übergeben werden können, wie sie dem CMR-Frachtführer übergeben wurden (zB in Kartons). Es ist daher zu ermitteln, in welcher seemäßigen Verpackung die Güter hätten befördert werden können.

28   **2. Binnenschiff – Ro/Ro-Verkehr.** Für die Beförderung mit Binnenschiffen gelten in Deutschland die Bestimmungen des § 425 HGB, sofern sowohl der Lade- als auch der Löschhafen sich **in Deutschland** befinden. Das ist beim Flussfährverkehr in der Regel, aber keineswegs immer der Fall.

29   Für **internationale Binnenschifftransporte** gilt im Rahmen seines Anwendungsbereichs (Art. 2) das Budapester Übereinkommen über den Vertrag über die Güterbeförderung in der Binnenschifffahrt (CMNI), dessen Haftungsbestimmungen nach Art. 25 CMNI weitgehend zwingendes Recht sind. Danach haftet der Frachtführer für vermutetes Verschulden (Art. 16 CMNI), der Höhe nach beschränkt auf zwei Sonderziehungsrechte pro Kilogramm Gewicht der Güter oder 666,67 Sonderziehungsrechte pro Stück oder Einheit (20 CMNI).

30   **3. Lkw/Luftverkehr.** Diese Fallgestaltung ist nur von geringer praktischer Bedeutung. Anzuwenden sind bei nationalen Lufttransporten die §§ 425 HGB, bei internationalen Transporten das Warschauer oder das Montrealer Übereinkommen, soweit sie auf einen hypothetischen Luftfrachtvertrag zwischen dem Absender und dem Luftfrachtführer über das Gut Anwendung beanspruchen würden.[50]

31   **4. Lkw/Bahn.** Für nationale Huckepacktransporte gelten die §§ 425 HGB, sonst zwingend die Einheitlichen Rechtsvorschriften über die internationale Eisenbahnbeförderung von Gütern, CIM (Anhang B zum COTIF in der Fassung des Protokolls vom 3.6.1999). Danach gilt eine Obhutshaftung (Art. 23 CIM), die der Höhe nach grundsätzlich auf 17 Sonderziehungsrechte je Kilogramm der Güter beschränkt ist (Art. 30, 32 CIM). Nach der CIM besteht ein Direktanspruch gegen den ausführenden Beförderer (Art. 27 CMI), der aber dem Absender des CMR-Frachtvertrages nicht eröffnet ist, weil er einen der CIM unterliegenden Eisenbahnfrachtvertrag des Absenders mit einem vertraglichen Bahnfrachtführer voraussetzt.

---

[46] Hoge Raad Niederlande Urt. v. 29.6.1990 – Nr. 13.672, TranspR 1991, 132; Cour Cass. Paris Urt. v. 5.7.1988, ETR 1990, 221; aA LG Köln Urt. v. 28.5.1985 – 83 O 84/84, VersR 1985, 985.
[47] So *Koller* Rn. 11 aE.
[48] BGBl. 2000 II 790.
[49] Vgl. OLG Celle Urt. v. 4.7.1986 – 2 U 187/85, VersR 1987, 1087.
[50] Thume/*Fremuth* Rn. 108 ff.

V. Beweislast

Die Beweislast für die Voraussetzungen des Art. 2 obliegt demjenigen, der die von den Art. 17 ff. **32** CMR abweichenden Rechtsfolgen der Vorschrift für sich in Anspruch nimmt. Beansprucht ein Anspruchsteller die schärfere Haftung des Eisenbahn-Huckepack-Verkehrs, hat er zu beweisen, dass der Schaden durch ein Ereignis verursacht wurde, das während und wegen der Huckepack-Beförderung eingetreten ist. Umgekehrt muss der CMR-Frachtführer die Voraussetzungen des Art. 2 beweisen, wenn er sich auf die gegenüber der CMR-Haftung erleichterte Haftung nach Seefrachtrecht berufen will.[51]

Kapitel II. Haftung des Frachtführers für andere Personen

Art. 3 [Gehilfenhaftung]

Der Frachtführer haftet, soweit dieses Übereinkommen anzuwenden ist, für Handlungen und Unterlassungen seiner Bediensteten und aller anderen Personen, deren er sich bei Ausführung der Beförderung bedient, wie für eigene Handlungen und Unterlassungen, wenn diese Bediensteten oder anderen Personen in Ausübung ihrer Verrichtungen handeln.

Schrifttum: *Boecker*, Lkw-Ladungsverluste in Europa – Eine Bestandsaufnahme, TranspR 2002, 137; *Brinkmann*, Frachtgüterschäden im internationalen Straßen- und Lufttransportrecht. Ein Vergleich der Haftung nach dem Montrealer Übereinkommen und der CMR, TranspR 2006, 146; *Glöckner*, Die Haftungsbeschränkungen und die Versicherung nach den Art. 3, 23–29 CMR, TranspR 1988, 327; *Heuer*, Aufeinanderfolgende Frachtführer nach Art. 34 ff. CMR, TranspR 1984, 169; *Heuer*, Zur Frachtführerhaftung nach der CMR: Haftungszeitraum – Ladetätigkeiten – Fahrervollmacht – Lkw- bzw. Ladungsdiebstahl, VersR 1988, 312; *Hübsch*, Haftung des Güterbeförderers und seiner selbständigen und unselbständigen Hilfspersonen für Güterschäden, Schriften zum Transportrecht Bd. 19, 1997; *Knöfel*, Die Haftung des Güterbeförderers für Hilfspersonen, Schriften zum Transportrecht Bd. 13, 1995; *Schmidt*, Die Arbeitsteilung im modernen Luftverkehr und ihr Einfluss auf die Haftung des Luftfrachtführers (Der Begriff der Leute im sog. Warschauer Abkommen), 1983; *Schmidt*, Neues zu Art. 3 CMR, TranspR 2004, 351; iÜ vgl. Vor Art. 1.

Parallelvorschriften: § 428 HGB; Art. 19 MU; Art. 50 CIM; Art. 17 Abs. 1 CMNI; § 278 BGB.

I. Allgemeines

Art. 3 ist **keine Anspruchsgrundlage**[1] – solche enthalten gegenüber dem Frachtführer vor allem **1** Art. 17 ff. – sondern regelt Zurechnungsfragen und ähnelt damit den § 278 BGB, § 428 HGB. Die frachtrechtliche Zurechnungsnorm des § 428 HGB stimmt mit Art. 3 überein. Er geht aber weiter als § 278 BGB, weil die Personen, für die der Frachtführer haftet, nicht als seine Erfüllungsgehilfen tätig werden müssen. Geregelt wird nur die **Zurechnung bezüglich des Frachtführers.** Bezüglich der **Verfügungsberechtigten** gilt insoweit das ergänzend anwendbare nationale Recht,[2] nach deutschem Recht § 278 BGB. Auch die **Haftung der Bediensteten** und der anderen Personen **selbst** wird von der CMR nicht erfasst, sondern richtet sich nach unvereinheitlichtem Recht,[3] soweit nicht die Vorschriften der Art. 34 ff. eingreifen. Bei Verlust, Beschädigung und Überschreitung der Lieferfrist ist ihre außervertragliche Haftung allerdings gem. Art. 28 in gleicher Weise eingeschränkt wie die des Frachtführers (→ Art. 28 Rn. 8). Ebenso bemisst sich der **Rückgriff** des Frachtführers **gegen Bedienstete** und andere Personen, deren er sich bedient, nach nationalem Recht,[4] es sei denn, er hat seinerseits (als Absender) mit ihnen einen der CMR unterliegenden Beförderungsvertrag geschlossen; dann haftet der Unterfrachtführer dem Hauptfrachtführer nach CMR. Zur Drittschadensliquidation → Art. 13 Rn. 15. Aus Art. 3 folgt mittelbar die Zulässigkeit der **Einschaltung Dritter** bei der Ausführung der **Beförderung.**[5]

Art. 3 gilt für die der CMR unterliegenden Beförderungsverträge und bestimmt die Haftung des **2** Frachtführers im Sinn der CMR, also auch des gem. §§ 458–460 HGB dem Frachtführer gleich-

[51] *Regnarsen* 35.
[1] Sehr herzlich danke ich Frau Rechtsreferendarin Dr. Diana Rataj für die Unterstützung bei der Literatur- und Rechtsprechungsrecherche. MüKoHGB/*Jesser-Huß* Rn. 1; *Koller* Rn. 1; *Hill/Messent* 62; *Schmidt* TranspR 2004, 351.
[2] *Herber/Piper* Rn. 1; MüKoHGB/*Jesser-Huß* Rn. 9 mwN.
[3] OGH Wien Urt. v. 25.9.1968, ETL 1973, 309 (318); Kh Antwerpen Urt. v. 7.11.1986, ETL 1987, 453 (454); *Thume/Schmid* Rn. 41 f.; *Herber/Piper* Rn. 18; MüKoHGB/*Jesser-Huß* Rn. 12; *Hill/Messent* 61; *Putzeys* Nr. 140.
[4] Hof van Beroep Antwerpen Urt. v. 8.11.1989, ETL 1990, 83 (84); *Sánchez-Gamborino* Nr. 217.
[5] *Koller* Rn. 1; zur Einschränkung dieser Befugnis *Koller* VersR 1988, 556 (561) und MüKoHGB/*Jesser-Huß* Rn. 3.

stehenden Spediteurs[6] (→ Art. 1 Rn. 15). Er greift jedoch nur für die **in der CMR geregelten Haftungstatbestände.**[7] Insoweit ist seine Geltung zwingend, Art. 41. Soweit im Rahmen eines der CMR unterfallenden Beförderungsvertrags unvereinheitlichtes Recht Anwendung findet (→ Vor Art. 1 Rn. 8, → Vor Art. 1 Rn. 15 ff.), gilt auch für die Haftungszurechnung und die Frage, ob sich der Frachtführer von der Haftung für Hilfspersonen wirksam frei zeichnen kann, das nationale Recht. Art. 3 findet demgemäß **Anwendung** im Rahmen der Haftungsregelungen der Art. 7 Abs. 3, Art. 12 Abs. 7, Art. 17, Art. 21. Da Art. 11 Abs. 3 (Haftung für Verlust oder unrichtige Verwendung von dem Frachtbrief beigegebenen oder ausgehändigten Urkunden) auf das nach IPR-Regeln anwendbare Recht verweist, kommt Art. 3 hier – nach Maßgabe des nationalen Rechts abdingbar[8] – nicht zum Zug. Ebenso wenig gilt er im Rahmen der Haftung auf **Schadensersatz wegen Nichterfüllung,** für die die CMR keine Regelung enthält.[9]

II. Anwendungsvoraussetzungen

3   **1. Bedienstete.** Der Begriff ist weit auszulegen.[10] Die maßgebliche englische und französische Fassung stimmen nicht voll überein.[11] Den verwendeten Begriffen „agents and servants" wie „préposés" ist aber zu entnehmen, dass die Bediensteten nicht in einem **sozialen Abhängigkeitsverhältnis** zum Frachtführer stehen müssen. Ein wirksames Arbeitsverhältnis ist deshalb nicht erforderlich.[12] Auch weisungsgebundene **freie Mitarbeiter** fallen unter Art. 3. Andererseits müssen sie aber eine nicht nur vorübergehende Funktion im Betrieb haben.[13] Der Ansicht, Bedienstete seien auch alle Personen, die nicht im Betrieb des Frachtführers tätig seien, sofern sie von ihm iSv § 278 BGB eingeschaltet und weisungsabhängig seien,[14] ist entgegenzuhalten, dass diese gerade zum Personenkreis der „anderen Personen" gehören. Der Relativsatz „deren er sich bei Ausführung der Beförderung bedient" bezieht sich nicht auf die Bediensteten. Sie müssen, um die Zurechnung zum Frachtführer zu begründen, nicht in die **Ausführung der konkreten Beförderung** eingebunden sein.[15] Das macht der grammatikalische Zusammenhang der Originalfassungen deutlich. Das französische „lesquelles" kann sich nur auf „personnes" beziehen. Die Folgerung ergibt sich aber auch daraus, dass die Erwähnung der Bediensteten sonst überflüssig wäre. Zu den Bediensteten ist vor allem der **Fahrer** des Transportfahrzeugs[16] zu rechnen, aber auch **Büropersonal.**[17]

4   **2. Andere Personen, deren er sich bedient.** Die Haftung für andere Personen, derer sich der Frachtführer bedient, setzt voraus, dass er sie **zur Erfüllung seiner Pflichten aus dem Frachtvertrag** einsetzt. Die dritte Person muss aber keine Beförderungspflichten erfüllen. Zu den Pflichten aus dem Beförderungsvertrag gehört auch die **allgemeine Obhutspflicht,** zu deren Wahrnehmung der Frachtführer Dritte einschalten kann.[18] Ob Dritte mit der Erfüllung der Obhutspflicht betraut sind, hängt von dem ihnen übertragenen Pflichtenkreis ab.[19]

---

[6] MüKoHGB/*Jesser-Huß* Rn. 8; *Koller* Rn. 2; *Fremuth/Thume* FrachtR Rn. 3.

[7] BGH Urt. v. 9.2.1979 – I ZR 6/77, NJW 1979, 2470; OLG Düsseldorf Urt. v. 26.1.1995 – 18 U 145/94, VersR 1996, 738; OGH Wien Urt. v. 5.5.1983 – 7 Ob 529/83, TranspR 1984, 42; Denkschrift BT-Drs. III/1144, 35; *Herber/Piper* Rn. 1; *Koller* Rn. 1; MüKoHGB/*Jesser-Huß* Rn. 11 mwN zur Gehilfenhaftung nach dem MÜ und der CMR *Brinkmann* TranspR 2005, 146 (149 f.); *Koller* ETR 2005, 619 f.

[8] *Nickel-Lanz,* La Convention relative au contrat de transport de merchandises par route (CMR), 1976, 55; aA (zwingend) *Jesser* Frachtführerhaftung 82; Thume/*Schmid/Seltmann* Rn. A 8.

[9] BGH Urt. v. 9.2.1979 – I ZR 6/77, NJW 1979, 2470; *Loewe* ETL 1976, 503 (507); MüKoHGB/*Jesser-Huß* Rn. 11.

[10] *Heuer* Frachtführerhaftung 163; *Jesser* Frachtführerhaftung 140; Thume/*Schmid* Rn. 14.

[11] *Loewe* ETL 1976, 503 (525); *Koller* Rn. 3; MüKoHGB/*Jesser-Huß* Rn. 16; eingehend *Schmidt,* Die Arbeitsteiligkeit im modernen Luftverkehr und ihr Einfluss auf die Haftung des Luftfrachtführers (Der Begriff der Leute im sog. Warschauer Abkommen), 1983, 52.

[12] *Heuer* Frachtführerhaftung 163; *Jesser* Frachtführerhaftung 141; ausf. MüKoHGB/*Jesser-Huß* Rn. 16 f.; *Koller* Rn. 3; *Herber/Piper* Rn. 3; aA *Haak,* The Liability of the Carrier under the CMR, 1986, 177; *Knöfel,* Die Haftung des Güterbeförderers für Hilfspersonen, Schriften zum Transportrecht Bd. 13, 1995, 101.

[13] Thume/*Schmid* Rn. 14; *Herber/Piper* Rn. 3; MüKoHGB/*Jesser-Huß* Rn. 18 mit Beispielen.

[14] So *Koller* Rn. 3, der übersieht, dass die von ihm in Bezug genommene Entscheidung des BGH Urt. v. 14.2.1989 – VI ZR 121/88, TranspR 1989, 275 (277) das LuftVG betrifft, das anders als die CMR die Unterscheidung zwischen Bediensteten und sonstigen Personen nicht kennt.

[15] *Heuer* Frachtführerhaftung 164; *Jesser* Frachtführerhaftung 141; *Herber/Piper* Rn. 4; *Koller* Rn. 4; aA Hill/*Messent* 60; *Precht/Endrigkeit* Rn. 1; krit. Thume/*Schmid* Rn. 28 wegen der sich ergebenden erweiterten Haftung des Frachtführers im Vergleich zu anderen Arbeitgebern bei grober Fahrlässigkeit der Bediensteten.

[16] BGH Urt. v. 16.2.1984 – I ZR 197/81, NJW 1984, 2033; OGH Wien Urt. v. 8.3.1986 – 2 Ob 640/85, TranspR 1986, 379; *Herber/Piper* Rn. 5 mwN.

[17] *Herber/Piper* Rn. 5.

[18] BGH Urt. v. 27.6.1985 – I ZR 40/83, VersR 1985, 1060 (1061); *Herber/Piper* Rn. 6; *Koller* Rn. 4; Thume/*Schmid* Rn. 30.

[19] *Herber/Piper* Rn. 6.

Unter Art. 3 fallen etwa der vom Frachtführer beauftragte **Unterfrachtführer** einschließlich 5
seines Personals,[20] der vom Fixkostenspediteur beauftragte Frachtführer,[21] vom Unterfrachtführer
beauftragte Unterunterfrachtführer, die der Frachtführer mittelbar einsetzt[22] und deren Bedienstete,[23]
der vom Spediteur/Frachtführer (§§ 458–460 HGB) beauftragte Empfangsspediteur,[24] **Dritte,** die bei
einem Transportunfall eine Umladung vornehmen[25] oder die der Frachtführer zur Anzeige eines
Beförderungshindernisses einsetzt,[26] der **Havariekommissar,** der für den Frachtführer den Inhalt der
Frachtstücke zur Beweissicherung untersucht,[27] der **Lagerhalter,** dem er das Gut während des
Obhutszeitraums des Art. 17 zur Zwischenlagerung (→ Art. 17 Rn. 13) übergibt,[28] der Spediteur,
dem der Frachtführer die Verzollung überlässt,[29] **nachfolgende Frachtführer,** Art. 34 ff.[30]

Unter Art. 3 fallen nicht der **Vermieter** des vom Frachtführer benutzten Fahrzeugs, weil sonst 6
Art. 17 Abs. 3 überflüssig wäre,[31] die **Drittfirma,** deren Fahrzeug vom Frachtführer nach Anweisung
des Absenders benutzt wird,[32] die die Einfuhruntersuchung vornehmenden **Veterinärbeamten,** deren
Handeln dem Gefahrbereich des Empfängers zuzurechnen ist,[33] ebenso **Zollbeamte**[34] (→ Art. 17
Rn. 62).

3. In Ausübung ihrer Verrichtung. Der Frachtführer haftet für Bedienstete und Dritte, deren er 7
sich zur Beförderung bedient, nur, wenn sie in Ausübung ihrer Verrichtung handeln. Das erfordert einen
inneren Zusammenhang zwischen zugewiesener Aufgabe nach ihrer Art und ihrem Zweck und der
schädigenden Handlung. Die Handlung muss zum allgemeinen Umkreis des zugewiesenen Aufgabenbereichs gehören und darf **nicht nur bei Gelegenheit** der Aufgabenerfüllung begangen sein.[35] Das
ergibt eine autonome Auslegung der CMR auf Grund des Sinns und Zwecks der Regelung, ohne dass
ein Rückgriff auf nationales Recht erforderlich wäre.[36] Der innere Zusammenhang fehlt nicht schon,
wenn der Bedienstete oder Dritte **weisungswidrig** handelt.[37] Er ist dann gegeben, wenn der zugewiesene Aufgabenbereich die Gefahr der schädigenden Handlung erheblich gesteigert hat.[38] Hinsichtlich
der Frage, ob Bedienstete und Dritte in die konkrete Beförderung eingebunden sein müssen → Rn. 3 f.

[20] OLG Hamburg Urt. v. 30.3.1989 – 6 U 169/88, TranspR 1989, 321 (323); OGH Wien Urt. v. 25.4.1984 – 3
Ob 584, 585/83, TranspR 1985, 265; Urt. v. 12.11.1996 – 4 Ob 2278/96, TranspR 1997, 104 (105); Cass. Paris Urt.
v. 1.6.1981, ETL 1983, 216; *Herber/Piper* Rn. 7; *Libouton* ETL 1973, 6 (22).

[21] BGH Urt. v. 13.7.2000 – I ZR 156/98, NJW-RR 2000, 1631 (1632); OLG Düsseldorf Urt. v. 23.11.1989 – 18
U 70/89, TranspR 1990, 63 (65); OLG Hamm Urt. v. 6.2.1997 – 18 U 141/96, TranspR 1998, 34; OGH Wien Urt.
v. 25.4.1984 – 3 Ob 584, 585/83, TranspR 1985, 265; Urt. v. 16.1.1985 – 1 Ob 685/84, TranspR 1986, 21 Urt.
v. 4.6.1987 – 7 Ob 30/86, TranspR 1988, 273 (276); *Koller* VersR 1988, 556 (561).

[22] OLG Düsseldorf Urt. v. 12.12.1985 – 18 U 90/85, VersR 1986, 1069; OLG Hamm Urt. v. 14.11.1985 – 18 U
268/84, VersR 1987, 609; *Helm* VersR 1988, 548 (549); *Herber/Piper* Rn. 7; *Koller* Rn. 3; aA *Hill/Messent* 61 f. bei
nachfolgenden Frachtführern.

[23] OGH Wien Urt. v. 16.1.1985 – 1 Ob 685/84, TranspR 1986, 22; *Jesser* Frachtführerhaftung 142; *Herber/Piper*
Rn. 7.

[24] BGH Urt. v. 25.10.1995 – I ZR 230/93, VersR 1996, 736 (738); OLG Hamburg Urt. v. 18.6.1992 – 6 U 113/
91, TranspR 1992, 421; *MüKoHGB/Jesser-Huß* Rn. 19.

[25] *Jesser* Frachtführerhaftung 142; *Loewe* ETL 1976, 503 (526); *Thume/Schmid* Rn. 19; *MüKoHGB/Jesser-Huß*
Rn. 19; *Sánchez-Gamborino* Rn. 196.

[26] *Thume/Schmid* Rn. 20.

[27] *Heuer* Frachtführerhaftung 164; *MüKoHGB/Jesser-Huß* Rn. 19; *Herber/Piper* Rn. 11.

[28] *Thume/Schmid* Rn. 22.

[29] OLG München Urt. v. 27.3.1981 – 23 U 3758/80, VersR 1982, 264 (265); *Herber/Piper* Rn. 7; *HEPK/Glöckner*
Rn. 6.

[30] OGH Wien Urt. v. 4.6.1987 – 7 Ob 30/86, TranspR 1988, 273 (276); C. A. Paris Urt. v. 4.7.1984, BT 1985,
158; *Heuer* TranspR 1984, 169; *Loewe* ETL 1976, 503 (588); *Herber/Piper* Art. 34 Rn. 5; *Hill/Messent* 61; einschr.
MüKoHGB/Jesser-Huß Rn. 7; aA *Czapski* ETL 1998, 461 (485).

[31] *Loewe* ETL 1976, 503 (526); *MüKoHGB/Jesser-Huß* Rn. 5 mwN; *Koller* Rn. 3; *Thume/Schmid* Rn. 24;
Herber/Piper Rn. 8.

[32] Vgl. OLG Hamburg Urt. v. 4.7.1991 – 6 U 36/91, TranspR 1992, 16 (19); *Herber/Piper* Rn. 8; zu deren
Eigenhaftung aus nationalem Recht: OLG Hamburg Urt. v. 4.2.1993 – 6 U 192/92, TranspR 1993, 306 (307)
mAnm *Herber.*

[33] LG Bremen Urt. v. 23.12.1988 – 11 O 733/86, TranspR 1989, 267 (268); *Thume* TranspR 1992, 1 (4).

[34] *Groth* VersR 1983, 1104 (1105); *Herber/Piper* Rn. 8; *HEPK/Glöckner* Rn. 6; aA *Knöfel,* Die Haftung des
Güterbeförderers für Hilfspersonen, Schriften zum Transportrecht Bd. 13, 1995, 105, weil ein Zollbeamter im
Rahmen der Pflichten des Frachtführers tätig werde.

[35] BGH Urt. v. 27.6.1985 – I ZR 40/83, VersR 1985, 1060 (1061); OGH Wien Urt. v. 12.12.1984 – 1 Ob 643,
644/84, VersR 1986, 798 (799); *Glöckner* TranspR 1988, 327; *Piper* VersR 1988, 201 (208); *Piper* HRR Speditions-
und FrachtR Rn. 361; *Jesser* Frachtführerhaftung 143; *Koller* Rn. 5.

[36] Ausf. *MüKoHGB/Jesser-Huß* Rn. 22 ff.; aA *Hill/Messent* 63.

[37] BGH Urt. v. 27.6.1985 – I ZR 40/83, VersR 1985, 1060 (1061); OGH Wien Urt. v. 12.12.1984 – 1 Ob 643,
644/84, VersR 1986, 798 (799); *Straube/Schütz* HGB § 452 Anh. I CMR Art. 3 Rn. 2; aA wohl *Glöckner* TranspR
1988, 327.

[38] *Jesser* Frachtführerhaftung 143; *Herber/Piper* Rn. 9; ähnl. *Koller* Rn. 5 (und der Frachtführer damit rechnen
konnte); ähnl. *MüKoHGB/Jesser-Huß* Rn. 24: die übertragene Verrichtung muss den Gehilfen erst in die Lage
versetzt haben, die schädigende Handlung zu begehen.

8   **Einzelfälle** sind Haftung für Folgen von **Alkoholschmuggel** während des Beförderungsvorgangs und unter Verwendung des Transportfahrzeugs,[39] bei Beschlagnahme von Gütern wegen **Menschenschmuggels**,[40] bei einer **Spritztour** mit transportiertem Pkw.[41] Bei **Diebstahlshandlungen und Beschädigungen** durch Bedienstete besteht der notwendige innere Zusammenhang, wenn ihnen auf Grund ihrer Stellung der Zugriff auf das Gut erleichtert wird, auch wenn sie nicht unmittelbar mit der Beförderung befasst sind,[42] für im Rahmen der Beförderung eingeschaltete Dritte, wenn ihnen auch die Obhutspflicht übertragen wird.[43] Für **vom Fahrer übernommene Zu- oder Rückladungen** haftet der Frachtführer nicht, wenn nicht die Voraussetzungen einer Duldungsvollmacht vorliegen; denn dem Fahrer wird nicht schon mit der Übergabe eines Transports eine Vollmacht zum Abschluss eines weitergehenden Vertrags eingeräumt. Es fehlt deshalb an einem, solche Ware betreffenden Vertrag mit dem Frachtführer als Zurechnungsvoraussetzung.[44]

9   **4. Be- und Entladen.** Ist der Frachtführer, was die CMR nicht regelt (→ Art. 17 Rn. 15), zur Be- oder Entladung verpflichtet, so gehören diese Vorgänge zum **Obhutszeitraum,** in dem er nach Art. 17 haftet (→ Art. 17 Rn. 14). Für sein Personal und sonst von ihm eingesetzte Dritte, die die Be- oder Entladung vornehmen, hat er nach Art. 3 einzustehen.[45] Ist er nicht zur Be- oder Entladung verpflichtet und be- oder entladen seine Leute[46] gefälligkeitshalber, so greift für **Schäden, die während des Be- oder Entladens** anfallen, schon die Haftungsnorm des Art. 17 nicht ein, weil der Schaden außerhalb des Obhutszeitraums aufgetreten ist[47] (→ Art. 17 Rn. 55). Damit scheidet auch die Anwendbarkeit des Art. 3 aus. Tritt der **Schaden** in diesem Fall erst **nach der Übernahme und vor der Abladung** ein, also im Obhutszeitraum, so ist Art. 17 Abs. 4 lit. c zu beachten (→ Art. 17 Rn. 56). Leute des Frachtführers, die gefälligkeitshalber tätig werden, werden als Erfüllungsgehilfen des Absenders tätig (→ Art. 17 Rn. 60) mit der Folge der Haftungsfreistellung des Frachtführers nach Art. 17 Abs. 4 lit. c.[48] Nur wenn der Frachtführer seine Leute trotz fehlender Beladungspflicht, selbst zur Beladung auffordert, gefälligkeitshalber erbrachte Leistungen duldet[49] oder seine Leute Spezialeinrichtungen des Beförderungsfahrzeugs bedienen,[50] handeln sie für ihn, so dass er selbst die Be- bzw. Entladung vornimmt, die Haftungsfreistellung nach Art. 17 Abs. 4 lit. c nicht eingreift und er für seine Leute nach Art. 3 im Rahmen seiner Haftung nach Art. 17 einzustehen hat (→ Art. 17 Rn. 56). Zur Haftung des Frachtführers für die **Betriebssicherheit** und daraus folgendes Einstehenmüssen für seine Leute nach Art. 3 → Art. 17 Rn. 64.

III. Rechtsfolgen

10   Der Frachtführer muss sich das Handeln und Unterlassen seiner Bediensteten und der Personen, deren er sich bedient, ohne Rücksicht auf **eigenes Verschulden** zurechnen lassen. Soweit er für eigenes Verhalten nur bei Verschulden haftet, hat er auch für seine Leute nur einzustehen, wenn ihnen ein solches zu Last fällt.[51] Der Frachtführer muss sich auch das Verschulden einer zur Verzollung eingeschalteten Grenzspedition zurechnen lassen (Verlust durch Beschlagnahme des Frachtgutes durch kroatischen Zoll wegen fehlender Papiere bzgl. eines Teiles des Frachtgutes, obgleich deren Erforderlichkeit erkennbar war).[52] Die Haftung nach Art. 3 ist **unabdingbar,** Art. 41. Die **Beweislast** für die

---

[39] BGH Urt. v. 27.6.1985 – I ZR 40/83, VersR 1985, 1060 (1061); vgl. auch OGH Wien Urt. v. 12.12.1984 – 1 Ob 643, 644/84, VersR 1986, 798 (799); Thume/*Schmid/Seltmann* Rn. 34, A 34; aA *Glöckner* TranspR 1988, 327.

[40] OGH Wien Urt. v. 22.11.1977 – 5 Ob 666/77, TranspR 1980, 31 (32).

[41] *Groth* VersR 1983, 1104 (1105); *Herber/Piper* Rn. 11; MüKoHGB/*Jesser-Huß* Rn. 25; *Clarke* Nr. 234 S. 468; ähnl. BGH Urt. v. 16.2.1984 – I ZR 197/81, VersR 1984, 551 (Privatbesuch).

[42] *Herber/Piper* Rn. 12; Thume/*Schmid* Rn. 37; *Clarke* Nr. 234 S. 468 iVm Nr. 48 S. 192; einschränkend *Heuer* Frachtführerhaftung 166; vgl. auch OLG Hamburg Urt. v. 9.7.1981 – 6 U 111/80, VersR 1983, 352.

[43] *Herber/Piper* Rn. 12; Thume/*Schmid* Rn. 37; vgl. OLG Hamburg Urt. v. 14.5.1996 – 6 U 199/95, TranspR 1997, 100 (101).

[44] OGH Wien Urt. v. 14.11.1985 – 6 Ob 605/83, TranspR 1988, 15 (17); Urt. v. 19.1.1994 – 7 Ob 3/94, TranspR 1994, 437 (439); *Heuer* VersR 1988, 312 (316); Thume/*Schmid* Rn. 42 ff.; zu Anscheinsvollmacht bei Aushändigung eines Frachtbriefblanketts OLG Düsseldorf Urt. v. 28.10.1982 – 18 U 95/82, VersR 1983, 743.

[45] *Heuer* VersR 1988, 312 (315); *Koller* Rn. 3; *Herber/Piper* Rn. 14.

[46] Zum Begriff der „Leute" im sog. Warschauer Abkommen vgl. ausf. *Schmidt,* Die Arbeitsteilung im modernen Luftverkehr und ihr Einfluss auf die Haftung des Luftfrachtführers (der Begriff der „Leuten" im sog Warschauer Abkommen), 1983; gemeint sind mit „Leuten" Angestellte, freie Mitarbeiter, Bedienstete oder auch sonstige Selbstständige und Subunternehmer.

[47] *Heuer* VersR 1988, 312 (315); *Koller* Rn. 3; *Herber/Piper* Art. 17 Rn. 119; iE ebenso MüKoHGB/*Jesser-Huß* Rn. 26.

[48] OLG Hamm Urt. v. 19.2.1973 – 8 U 206/72, NJW 1973, 2163; *Heuer* VersR 1988, 312 (315 f.); *Glöckner* TranspR 1988, 327; HEPK/*Glöckner* Rn. 4; *Herber/Piper* Rn. 15.

[49] Ähnl. *Koller* Rn. 3; *Herber/Piper* Rn. 15; MüKoHGB/*Jesser-Huß* Rn. 26.

[50] *Heuer* VersR 1988, 312 (315).

[51] *Jesser* Frachtführerhaftung 144; *Herber/Piper* Rn. 17; HEPK/*Glöckner* Rn. 1; *Hill/Messent* 62; aA *Precht/Endrigkeit* Rn. 1.

[52] OLG München Schlussurt. v. 6.10.2011 – 23 U 687/11, 23 U 687/11, TranspR 2011, 434; vgl. zur Zurechnung des Verhaltens von Bediensteten bei Verlust des Frachtgutes aufgrund von einer Beschlagnahme durch den Frachtführer auch OLG Brandenburg Urt. v. 1.6.2011 – 7 U 105/10, TranspR 2013, 29.

Voraussetzungen des Eintretenmüssens des Frachtführers trägt nach allgemeinen Grundsätzen der **Anspruchssteller.**[53] Dies gilt auch für eine **unvollständige Ablieferung des Frachtgutes.**[54] Der im Transportrecht für Verlustfälle entwickelte Grundsatz, dass den **Frachtführer** eine **sekundäre Darlegungslast** trifft, wenn der Vortrag des Gegners ein vom Frachtführer zu vertretendes **schadensursächliches qualifiziertes Verschulden** mit gewisser Wahrscheinlichkeit nahe legt oder sich Anhaltspunkte dafür aus dem unstreitigen Sachverhalt ergeben, gilt nach BGH auch für Fälle, in denen das Frachtstück zwar abgeliefert, seine Verpackung aber während des Transports geöffnet, sein Inhalt ganz oder teilweise herausgenommen und die Verpackung wieder verschlossen wurde.[55] Der **Hinweis** an den Frachtführer auf den **ungewöhnlich hohen Wert** des Transportguts braucht nicht grundsätzlich bis zum Abschluss des Frachtvertrags zu erfolgen. Er muss nur so **rechtzeitig** erteilt werden, dass der Frachtführer noch im normalen Geschäftsablauf eine Entscheidung darüber treffen kann, ob er angesichts des Werts des Transportguts den Frachtvertrag überhaupt ausführen will, und dass er – falls er sich für die Ausführung entscheidet – die notwendigen besonderen Sicherungsmaßnahmen ergreifen kann (zB Transport von in einer Kiste mit acht Weinflaschen mit einem Wert von über 20.000 EUR).[56]

Kapitel III. Abschluß und Ausführung des Beförderungsvertrages

Art. 4 [Frachtbrief]

[1] Der Beförderungsvertrag wird in einem Frachtbrief festgehalten. [2] Das Fehlen, die Mangelhaftigkeit oder der Verlust des Frachtbriefes berührt weder den Bestand noch die Gültigkeit des Beförderungsvertrages, der den Bestimmungen dieses Übereinkommens unterworfen bleibt.

Schrifttum: *Koller,* Kurzkomm. zu BGH Urt. v. 25.9.1986 – II ZR 26/86 –, EWiR 1986, 1219; *Koller,* Kurzkomm. zu BGH Urt. v. 8.6.1988 – I ZR 149/86 –, EWiR 1988, 993; *Mankowski,* Neue internationalprivatrechtliche Probleme des Konossements, TranspR 1988, 410; *Muth,* Der IRU/CMR – Frachtbrief und andere internationale Dokumente, ZfV 1964, 647; *Vasella,* Rolle und Funktion der Frachtpapiere im Transport- und Logistikrecht, TranspR 2014, 365; vgl. iÜ die Nachweise Vor Art. 1.

Parallelvorschriften: § 408 HGB; Art. 4, 9 MÜ; Art. 6 § 2 CIM; Art. 11 Abs. 1 CMNI.

I. Beförderungsvertrag und Frachtbrief

Die CMR geht – anders als das innerstaatliche deutsche Recht in § 408 HGB – davon aus, dass für **1** jeden Beförderungsvertrag ein Frachtbrief erstellt wird. Aus Art. 4 S. 2 ergibt sich aber, dass der Beförderungsvertrag **kein Formalvertrag** ist. Aus Art. 9 Abs. 1, der zwischen Abschluss des Beförderungsvertrags und Übernahme des Gutes unterscheidet, folgt, dass er **kein Realvertrag** ist. Zu seinem Abschluss ist daher weder ein Frachtbrief noch die Übernahme des Gutes nötig. Damit ist auch ein **Wagengestellungsvertrag** als selbstständiges Rechtsinstitut zwar möglich aber nicht erforderlich.[1] Der Beförderungsvertrag der CMR ist ein reiner **Konsensualvertrag,**[2] dessen Zustandekommen sich nach dem anwendbaren nationalen Recht richtet (→ Vor Art. 1 Rn. 15). Das **Fehlen des Frachtbriefs,** seine Mangelhaftigkeit oder sein Verlust berühren weder die Gültigkeit des Vertrags, noch kann aus seinem Fehlen auf die Unanwendbarkeit der CMR geschlossen werden.[3] Auch der von einem anderen als dem Absender unterzeichnete Frachtbrief entzieht die Beförderung nicht der CMR. Umgekehrt wird dadurch, dass ein Dritter sich wahrheitswidrig als CMR-Frachtführer bezeichnet und als solcher den Frachtbrief unterschreibt, kein der CMR unterliegender Vertrag geschlossen.[4] Aller-

---

[53] *Giemulla* in Baumgärtel/Prütting/Laumen Beweislast-HdB Rn. 1; *Koller* Rn. 6; Thume/*Schmid* Rn. 39.
[54] OLG Hamm Urt. v. 27.1.2011 – I-18 U 81/09, TranspR 2011, 181; BGH Urt. v. 13.6.2012 – I ZR 87/11, NJW 2012, 3774.
[55] BGH Urt. v. 13.6.2012 – I ZR 87/11, NJW 2012, 3774.
[56] BGH Urt. v. 13.6.2012 – I ZR 87/11, NJW 2012, 3774.
[1] HEPK/*Glöckner* Rn. 4; *Koller* Rn. 1; zum Wagengestellungsvertrag vgl. MüKoHGB/*Jesser-Huß* Rn. 7; Thume/*Schmid* Anh. I Rn. 12.
[2] AllgM; BGH Urt. v. 27.1.1982 – I ZR 33/80, NJW 1982, 1944 (1945); Hof van Beroep Antwerpen Urt. v. 23.2.1993, ETL 1993, 934 (935); *Piper* HRR Speditions- und FrachtR Rn. 362; MüKoHGB/*Jesser-Huß* Rn. 5; Hill/*Messent* 18; *Pesce* 95 f.; *Clarke* Nr. 22 S. 61; *Sánchez-Gamborino* Nr. 225.
[3] BGH Urt. v. 16.10.1986 – I ZR 149/84, VersR 1987, 305; Hof van Beroep Brüssel Urt. v. 19.12.1968, ETL 1969, 948 (950); Gerechtshof's Gravenhage Urt. v. 9.1.1970, ETL 1970, 587 (590); C.A. Paris Urt. v. 16.6.1972, ETL 1972, 1040 (1043); HEPK/*Glöckner* Rn. 2 mwN; *Herber/Piper* Rn. 3; *Libouton* ETL 1973, 2 (23); Theunis/*Mercadal* 31; *Lamy* I Nr. 472; Hill/*Messent* 65; *Sánchez-Gamborino* Nr. 237; *Mercadal,* Droit des transports terrestres et aériens, 1990, Rn. 154.
[4] OLG München Urt. v. 27.11.1992 – 23 U 3700/92, VersR 1993, 1298 (Haftung aus Rechtsschein); *Loewe* ETL 1976, 503 (527); *Fremuth/Thume* FrachtR Rn. 8.

dings hält der **italienische Kassationshof** die CMR auf die internationale Straßengüterbeförderung nur dann für anwendbar, wenn in einem Frachtbrief auf sie verwiesen wird oder die Parteien sich übereinstimmend auf das Übereinkommen berufen.[5] Zur **Form** des Frachtbriefs vgl. Art. 5, zum **Inhalt** Art. 6, zur **Haftung** des Absenders bei unrichtigen Angaben im Frachtbrief Art. 7, zur **Überprüfungspflicht** des Frachtführers Art. 8.

II. Wirkung des Frachtbriefs

2 **1. Beweiswirkung.** Der wirksam ausgestellte, von beiden Parteien unterzeichnete Frachtbrief (→ Art. 5 Rn. 3) ist Informationsträger und vor allem **Beweisurkunde.** Für die **sachliche Wirksamkeit** einer Abrede oder Weisung ist der Eintrag im Frachtbrief in der Regel jedoch nicht erforderlich.[6] Liegt ein wirksamer Frachtbrief vor, spricht die **(widerlegliche) Vermutung** nach Art. 9 Abs. 1 für den Abschluss des Vertrags, seinen frachtbriefgemäßen Inhalt und für die Übernahme des Gutes durch den Frachtführer. Bei Fehlen eines Vorbehalts des Frachtführers spricht zudem die Vermutung des Art. 9 Abs. 2 dafür, dass Gut und Verpackung bei Übernahme in äußerlich einwandfreiem Zustand waren und die Anzahl der Frachtstücke und ihre Bezeichnung im Frachtbrief richtig angegeben sind.[7] Zur Beweislage, wenn kein (ordnungsgemäßer) Frachtbrief ausgestellt ist, → Art. 9 Rn. 1.

3 **2. Konstitutive Bedeutung des Frachtbriefs im Ausnahmefall. Konstitutive Bedeutung** hat der Frachtbrief nur **ausnahmsweise,**[8] nämlich für das Verfügungsrecht, Art. 12 Abs. 5, das die Innehabung eines Frachtbriefs voraussetzt, sodass diesem Sperrwirkung zukommt[9] (→ Art. 12 Rn. 10), für die Haftungsbefreiung bei der Verwendung offener Fahrzeuge, Art. 17 Abs. 4 lit. a[10] (→ Art. 17 Rn. 45), für die Erhöhung des Haftungshöchstbetrags nach Art. 24 und die Angabe eines besonderen Lieferinteresses, Art. 26[11] (→ Art. 24 Rn. 4, → Art. 26 Rn. 2) sowie für die Begründung der gesamtschuldnerischen Haftung aufeinander folgender Frachtführer[12] (→ Art. 34 Rn. 6). Auch die unwiderlegliche Vermutung der Kenntnis des Frachtführers von der Gefährlichkeit des Guts nach Art. 22 Abs. 1 besteht nur, wenn diese im Frachtbrief eingetragen ist.[13]

III. Pflicht zur Ausstellung eines Frachtbriefs

4 Der CMR kann, anders als der Regelung in § 408 Abs. 2 HGB[14] nicht entnommen werden, dass eine Partei allein zur Erstellung des Frachtbriefs verpflichtet ist.[15] Aus Art. 7 Abs. 2 lässt sich eine derartige Pflicht des Absenders nicht herleiten.[16] Aus der in Art. 5 Abs. 1 vorgesehenen Aushändigung des Frachtbriefs an den Absender ergibt sich keine Haftung des Frachtführers.[17] Da Art. 4 von der Ausstellung eines Frachtbriefs ausgeht und in Art. 5 Abs. 1 S. 1 für beide Parteien Mitwirkungshandlungen vorgesehen sind, ergibt sich vielmehr, dass **beide Parteien** eine **Mitwirkungspflicht** bei der Ausstellung des Frachtbriefs trifft.[18] Die CMR enthält jedoch keine Sanktionen für den Fall der Verweigerung der Mitwirkung. Art. 7 betrifft nur den Fall des unrichtig oder unvollständig ausgefüll-

[5] Cass. Italien Urt. v. 26.11.1980 ETL 1983, 70; zur allg. Kritik vgl. *Capotosti* VersR 1985, 524 (527 f.); *Meyer-Rehfueß* TranspR 1994, 326 (337); *Fischer* TranspR 1994, 365; *Herber* TranspR 1987, 55 (57); *Herber/Piper* Rn. 3; *Thume/Teutsch* Art. 6 Rn. 23 mwN; *Libouton* ETL 1973, 2 (23); *Hill/Messent* 72.

[6] BGH Urt. v. 10.2.1982 – I ZR 80/80, BGHZ 83, 96 (100) = NJW 1982, 1946 (Nachnahme); Urt. v. 27.1.1982 – I ZR 33/80, NJW 1982, 1944 (1945); OLG Düsseldorf Urt. v. 12.12.1985 – 18 U 90/85, TranspR 1986, 56 (57); *Helm* VersR 1988, 548 (552); *Piper* TranspR 1990, 357; *Herber/Piper* Rn. 4; HEPK/*Glöckner* Art. 5 Rn. 1; *Thume/Teutsch* Rn. 27; *Clarke* Nr. 24 S. 66; *Hill/Messent* 65; *Sánchez-Gamborino* Nr. 231.

[7] *Piper* HRR Speditions- und FrachtR Rn. 363; *Lenz* StraßengütertranspR Rn. 222 ff.; MüKoHGB/*Jesser-Huß* Rn. 11; *Hill/Messent* 65.

[8] BGH Urt. v. 27.1.1982 – I ZR 33/80, NJW 1982, 1944 (1945); Berufungsgericht Athen Urt. v. 1985, ETL 1987, 65 (67); *Helm* VersR 1988, 548 (552); *Loewe* ETL 1976, 503 (526); *Herber/Piper* Rn. 5; MüKoHGB/*Jesser-Huß* Rn. 12; *Hill/Messent* 65.

[9] *Loewe* ETL 1976, 503 (526); *Koller* Rn. 2; *Herber/Piper* Rn. 6.

[10] OLG Düsseldorf Urt. v. 30.5.1988 – 18 U 293/87, TranspR 1988, 423 (424); Berufungsgericht Athen Urt. v. 1985, ETL 1987, 65 (67).

[11] BGH Urt. v. 27.1.1982 – I ZR 33/80, NJW 1982, 1944 (1945); Urt. v. 14.7.1993 – I ZR 204/91, BGHZ 123, 200 (204) = NJW 1993, 2808 (2809); *Koller* Rn. 3.

[12] BGH Urt. v. 27.1.1982 – I ZR 33/80, NJW 1982, 1944 (1945); Urt. v. 25.10.1984 – I ZR 138/82, NJW 1985, 555 (556); *Piper* HRR Speditions- und FrachtR Rn. 369; *Piper* TranspR 1990, 357; *Koller* Rn. 2; *Herber/Piper* Rn. 5.

[13] BGH Urt. v. 16.10.1986 – I ZR 149/84, NJW 1987, 1144.

[14] Vgl. dazu *Zapp* TranspR 2004, 333 (334).

[15] *Loewe* ETL 1976, 503 (527); HEPK/*Glöckner* Art. 5 Rn. 4; *Lenz* StraßengütertranspR Rn. 329; *Pesce* 108; zweifelnd *Clarke* Nr. 23 S. 62; aA *Lamy* I Nr. 470 (Absender).

[16] *Koller* Rn. 2; aA MüKoHGB/*Jesser-Huß* Rn. 9.

[17] *Clarke* Nr. 23 S. 62 Fn. 10; *Sánchez-Gamborino* Nr. 239: aA Cass. Paris Urt. v. 9.7.1980 BT 1980, 449; *Hill/Messent* 68 und wohl *Theunis/Mercadal* 33, die eine Haftung des Frachtführers für fehlenden Frachtbrief annehmen.

[18] *Loewe* ETL 1976, 503 (527); *Herber/Piper* Rn. 7; *Clarke* Nr. 23 S. 63; aA *Koller* Rn. 3: die Lücke der CMR schon bezüglich der Pflicht zur Ausstellung eines Frachtbriefs sei durch nationales Recht zu füllen. Nach deutschem

ten Frachtbriefs. Die Folgen der **Mitwirkungsverweigerung** richten sich deshalb nach nationalem Recht.[19] Bei Anwendbarkeit deutschen Rechts kommt ein Schadensersatzanspruch aus § 280 BGB wegen Schlechtleistung und – wo der Vertragszweck so gefährdet ist, dass ein Festhalten am Vertrag nicht zuzumuten ist – ein Rücktrittsrecht[20] in Betracht. Außerdem besteht ein Zurückbehaltungsrecht nach § 273 BGB bis zur Ausstellung eines Frachtbriefs.[21] Da die Folgen der Pflichtverletzung sich nicht aus dem zwingenden Recht der CMR ergeben, sind sie auch nach Maßgabe des nationalen Rechts abdingbar.[22] Die Parteien können auch gemeinsam (stillschweigend) auf eine **Ausstellung** des Frachtbriefs **verzichten.** Ersatzansprüche entstehen dann nicht.[23]

Art. 5 [Ausfertigungen. Form des Frachtbriefs]

(1) [1]**Der Frachtbrief wird in drei Originalausfertigungen ausgestellt, die vom Absender und vom Frachtführer unterzeichnet werden.** [2]**Die Unterschriften können gedruckt oder durch den Stempel des Absenders oder des Frachtführers ersetzt werden, wenn dies nach dem Recht des Staates, in dem der Frachtbrief ausgestellt wird, zulässig ist.** [3]**Die erste Ausfertigung erhält der Absender, die zweite begleitet das Gut, die dritte behält der Frachtführer.**

(2) **Ist das zu befördernde Gut auf mehrere Fahrzeuge zu verladen oder handelt es sich um verschiedenartige oder um in verschiedene Posten aufgeteilte Güter, können sowohl der Absender als auch der Frachtführer verlangen, daß so viele Frachtbriefe ausgestellt werden, als Fahrzeuge zu verwenden oder Güterarten oder -posten vorhanden sind.**

Schrifttum: *Czerwenka,* Bedarf es einer Revision der CMR zur Einführung des elektronischen Frachbriefs im internationalen Straßenverkehr?, TranspR Sonderbeil. 2004, IX; *Haak,* Revision der CMR, TranspR 2006, 325; iÜ vgl. Vor Art. 1, Art. 4.

Parallelvorschriften zu Abs. 1 S. 1: § 408 HGB; Art. 7 MÜ, Art. 11, 12 §§ 2, 3 CIM, Art. 11 CMNI.

I. Originalausfertigungen

Für den Frachtbrief ist eine bestimmte Gestaltung in der CMR nicht vorgeschrieben.[1] Auch in 1 Art. 6 Abs. 1 vorgesehene Angaben können, wenn sie im Frachtbrief fehlen, mit anderen Beweismitteln nachgewiesen werden (→ Art. 6 Rn. 1). **Mindestvoraussetzung** für einen wirksamen Frachtbrief ist jedoch, dass das Papier als warenbegleitend gedacht ist, sich auf einen Frachtvertrag bezieht, Angaben über die Parteien und die vorgesehene Beförderung enthält[2] und unterschrieben ist (→ Rn. 3). Das verbreitetste Formular ist das Frachtbriefformular der **Internationale Road Transport-Union (IRU).**[3] Art. 5 Abs. 1 sieht die Ausstellung von **drei Originalausfertigungen** des Frachtbriefs vor, da er für jeden der Beteiligten zu Beweiszwecken von Bedeutung ist. Nach Art. 5 Abs. 1 S. 2 erhält der Absender die erste Ausfertigung, die zweite begleitet das Gut und ist nach Art. 13 Abs. 1 S. 1 bei Ablieferung dem Empfänger auszuhändigen, die dritte behält der Frachtführer. Dazu, ob der Frachtbrief auch elektronisch erstellt werden kann, enthält Art. 5 keine Vorgaben. Vielleicht wegen des Wortzusatzes „Brief" wird aber allgemein von einem papiergebundenen Frachtbrief ausgegangen. Es gibt verschiedenen Ansätze und Vorschläge[4] zur Einführung eines elektronischen Frachtbriefs, über die bislang aber keine Einigung erzielt werden konnte.[5]

Für die an den Frachtbrief geknüpften Rechtsfolgen ist die Einhaltung dieser **Reihenfolge** nicht 2 Voraussetzung, auch nicht bei Frachtbriefsätzen mit entsprechenden Bestimmungsvermerken oder

---

Recht bestehe nach § 408 Abs. 1 HGB ein Anspruch des Frachtführers auf Ausstellung eines Frachtbriefes und bei Nichtausstellung ein Zurückbehaltungsrecht zu.
[19] *Loewe* ETL 1976, 503 (527); *Herber/Piper* Rn. 8; *Thume/Teutsch* Art. 5 Rn. 17; *Clarke* Nr. 23 S. 63.
[20] *Herber/Piper* Rn. 8; MüKoHGB/*Jesser-Huß* Rn. 10 mwN; offen gelassen in BGH Urt. v. 9.2.1979 – I ZR 67/77, NJW 1979, 2471 (2472); aA *Loewe* ETL 1976, 503 (528) (Rücktrittsrecht unabhängig vom nationalen Recht in jedem Fall); ebenso *Clarke* Nr. 23 S. 63; *Koller* Rn. 3 (Anspruch nur für Frachtführer).
[21] *Herber/Piper* Rn. 8; MüKoHGB/*Jesser-Huß* Rn. 10; *Koller* Rn. 3.
[22] *Koller* Rn. 3.
[23] *Loewe* ETL 1976, 503 (528); *Herber/Piper* Rn. 9.
[1] *Thume/Teutsch* Rn. 1; *Hill/Messent* 67; *Clarke* Nr. 23 S. 62.
[2] *Helm* VersR 1988, 548 (550); *Thume/Teutsch* Rn. 2; ähnl. *Theunis/Mercadal* 33: Warenrechnung genügt nicht.
[3] Abgedr. bei *Thume* Anh. VII Rn. 13; zu Abweichungen vom internationalen Muster in Deutschland, Frankreich, England und Österreich vgl. *Herber/Piper* Rn. 9; *Thume/Teutsch/Seltmann* Rn. 3, A 5.
[4] ZB von der Hauptarbeitsgruppe Straßenverkehr der Wirtschaftskommission der Vereinten Nationen für Europa (ECE), die sich seit 1997 mit dieser Frage beschäftigt, die Nachfolgeorganisation Centre for the Facilitation of Procedures and Practices ind Administration, Commerce and Transport (CEFACT) und schließlich seit 2001 das Römische Institut für die Vereinheitlichung des Privatrechts (UNIDROIT).
[5] Ausf. dazu *Czerwenka* TranspR Sonderbeil. 2004, IX, X f.; *Haak* TranspR 2006, 325 (334).

verschiedenen Farben für die einzelnen Blätter. Die unterschriebenen Ausfertigungen sind nämlich **rechtlich gleichwertig.**[6] Absenderausfertigung iSd Art. 12 Abs. 5 ist die Ausfertigung, die der Absender tatsächlich erhält.[7] Einen Anspruch auf Ausstellung von **mehr als drei Originalausfertigungen** sieht Art. 5 Abs. 2 in Sonderfällen vor. Die Ausstellung zusätzlicher Frachtbriefe ist darüber hinaus zulässig.[8] Sie sind aber wegen Art. 41 nicht als Originale zu betrachten, sondern nur als Kopien.[9] Zur Pflicht zur Ausstellung des Frachtbriefs → Art. 4 Rn. 4.

II. Unterschrift

3   Der Originalfrachtbrief ist vom **Absender und Frachtführer zu unterzeichnen,** Art. 5 Abs. 1 S. 1. Nur ein in dieser Weise ordnungsgemäß unterzeichneter Frachtbrief hat die **Beweiswirkung** des Art. 9 (→ Art. 4 Rn. 2) und gegebenenfalls konstitutive Wirkung (→ Art. 4 Rn. 3).[10] Es genügt, dass die Absender- oder Empfängerausfertigung unterschrieben ist.[11] Auch die sonstigen mit dem Frachtbrief verbundenen **Rechtswirkungen,** wie die Haftung des Absenders nach Art. 7 Abs. 1 und die Prüfungsobliegenheit des Frachtführers nach Art. 8 Abs. 1 Buchst. a, setzen abweichend von der Regelung in § 408 HGB einen ordnungsgemäß unterschriebenen Frachtbrief voraus (→ Art. 7 Rn. 1, → Art. 8 Rn. 1). Die Beweisvermutung kann deshalb, wenn ein **Dritter** im eigenen Namen **unterschrieben** hat, nicht der Vertragspartei entgegengesetzt werden.[12] Der nur **von einer Partei unterzeichnete Frachtbrief** hat nicht die Vermutungswirkung des Art. 9, kann aber Beweiswirkung als Urkunde nach dem Prozessrecht des Gerichtsorts haben[13] (→ Art. 9 Rn. 1). **Vertretung** bei der Ausstellung und Unterschrift ist möglich.[14] Für die Wirksamkeit der Vollmacht ist nicht das Vertragsstatut maßgebend, sondern das Recht des Ortes, an dem von ihr Gebrauch gemacht wird.[15] Der vom Absender ausgestellte aber nicht unterschriebene Frachtbrief kann eine Haftung nach nationalem Recht auslösen.

4   Die **Unterschrift** kann gedruckt sein oder durch Stempel des Absenders oder Frachtführers ersetzt werden, wenn dies nach dem Recht des Staates zulässig ist, in dem der Frachtbrief ausgestellt, dh die jeweilige Unterschrift geleistet wird,[16] Art. 5 Abs. 1 S. 2. In Deutschland ist über § 408 Abs. 2 S. 3 HGB **Druck und Stempel,** allerdings nur als Faksimile der Unterschrift,[17] zulässig. Erstellung der Unterschrift im **Durchschreibeverfahren** kann den vervielfältigten Frachtbrief zum Original machen.[18] Druck oder Stempel genügen in **Belgien,**[19] den **Niederlanden,**[20] **England,**[21] **Frankreich,**[22] **Spanien.**[23] Faksimilestempel, Durchschrift oder Stempel sind in Österreich zulässig.[24] In **Italien** ist eigenhändige Unterschrift notwendig.[25]

---

[6] *Herber/Piper* Rn. 7; HEPK/*Glöckner* Rn. 5; *Koller* Rn. 2; Thume/*Teutsch* Rn. 7.

[7] *Loewe* ETL 1976, 503 (528); *Koller* Rn. 2; MüKoHGB/*Jesser-Huß* Rn. 4.

[8] *Herber/Piper* Rn. 9; HEPK/*Glöckner* Rn. 5; *Sánchez-Gamborino* Nr. 248.

[9] *Loewe* ETL 1976, 503 (528); MüKoHGB/*Jesser-Huß* Rn. 5; Thume/*Teutsch* Rn. 7; ähnl. *Putzeys* Nr. 335; aA *Sánchez-Gamborino* Nr. 248.

[10] Zur Vermutungswirkung vgl. BGH Urt. v. 9.2.1979 – I ZR 67/77, NJW 1979, 2471 (2472); Urt. v. 8.6.1988 – I ZR 149/86, VersR 1988, 952 (953); OLG Hamburg Urt. v. 3.5.1984 – 6 U 11/84, TranspR 1985, 37 (38); BGH Urt. v. 16.10.1986 – I ZR 149/84, NJW 1987, 1144 zu Art. 22; OLG Innsbruck Urt. v. 26.1.1990 – 4 R 298/89, TranspR 1991, 12 (18) zu Art. 34; *Koller* Rn. 3; *Herber/Piper* Rn. 6; aA *Lamy* I Nr. 473 mN aus der frz. Rspr.: der Frachtbrief wirkt gegen den Aussteller, auch wenn er ihn nicht unterschrieben hat, gegen die Partei, die ihn nicht erstellt hat nur, wenn sie ihn unterzeichnet hat; ähnl. Thume/*Teutsch* Rn. 16; MüKoHGB/*Jesser-Huß* Rn. 9 mwN: Unterschrift desjenigen erforderlich, gegen den die Vermutung spricht; ebenso Theunis/*Mercadal* 39.

[11] *Koller* Rn. 3.

[12] BGH Urt. v. 17.7.1997 – I ZR 251/94, TranspR 1998, 21 (23); *Herber/Piper* Rn. 4; HEPK/*Glöckner* Rn. 1; *Koller* Rn. 3.

[13] OLG München Urt. v. 27.11.1992 – 23 U 3700/92, VersR 1993, 1298; *Helm* VersR 1988, 548 (550); *Koller* Rn. 3; *Herber/Piper* Art. 9 Rn. 18.

[14] MüKoHGB/*Jesser-Huß* Rn. 7 f.; *Koller* Rn. 3; *Herber/Piper* Rn. 4.

[15] BGH Urt. v. 13.5.1982 – III ZR 1/80, NJW 1982, 2733; Urt. v. 26.4.1990 – VII ZR 218/89, NJW 1990, 3088; ausf. MüKoHGB/*Jesser-Huß* Rn. 7; *Herber/Piper* Rn. 4.

[16] Ausf. MüKoHGB/*Jesser-Huß* Rn. 11.

[17] *Fischer* TranspR 1999, 261 (266) mwN.

[18] BGH Urt. v. 25.4.2006 ZIP 2006, 1088 (1091); *Helm* VersR 1988, 548 (551); *Koller* Rn. 3; aA Denkschrift BT-Drs. III/1144, 38; Thume/*Teutsch* Rn. 11.

[19] *Putzeys* Nr. 332.

[20] *Dorrestein*, Recht van het internationale wegvervoer, 1977, 94.

[21] *Clarke* Nr. 23 S. 63.

[22] Theunis/*Mercadal* 40 mwN; *Lamy* I Nr. 473.

[23] *Sánchez-Gamborino* Nr. 245.

[24] *Krejci* HandelsR Kap. 25 II D.

[25] MüKoHGB/*Jesser-Huß* Rn. 12 mwN; *Pesce* 109.

Art. 6 [Angaben im Frachtbrief]

(1) **Der Frachtbrief muß folgende Angaben enthalten:**

a) **Ort und Tag der Ausstellung;**
b) **Name und Anschrift des Absenders;**
c) **Name und Anschrift des Frachtführers;**
d) **Stelle und Tag der Übernahme des Gutes sowie die für die Ablieferung vorgesehene Stelle;**
e) **Name und Anschrift des Empfängers;**
f) **die übliche Bezeichnung der Art des Gutes und die Art der Verpackung, bei gefährlichen Gütern ihre allgemein anerkannte Bezeichnung;**
g) **Anzahl, Zeichen und Nummern der Frachtstücke;**
h) **Rohgewicht oder die anders angegebene Menge des Gutes;**
i) **die mit der Beförderung verbundenen Kosten (Fracht, Nebengebühren, Zölle und andere Kosten, die vom Vertragsabschluß bis zur Ablieferung anfallen);**
j) **Weisungen für die Zoll- und sonstige amtliche Behandlung;**
k) **die Angabe, daß die Beförderung trotz einer gegenteiligen Abmachung den Bestimmungen dieses Übereinkommens unterliegt.**

(2) **Zutreffendenfalls muß der Frachtbrief ferner folgende Angaben enthalten:**

a) **das Verbot umzuladen;**
b) **die Kosten, die der Absender übernimmt;**
c) **den Betrag einer bei der Ablieferung des Gutes einzuziehenden Nachnahme;**
d) **die Angabe des Wertes des Gutes und des Betrages des besonderen Interesses an der Lieferung;**
e) **Weisungen des Absenders an den Frachtführer über die Versicherung des Gutes;**
f) **die vereinbarte Frist, in der die Beförderung beendet sein muß;**
g) **ein Verzeichnis der dem Frachtführer übergebenen Urkunden.**

(3) **Die Parteien dürfen in den Frachtbrief noch andere Angaben eintragen, die sie für zweckmäßig halten.**

Schrifttum: *Fumi,* Anforderungen an den Nachweis der innergemeinschaftlichen Lieferung in Versendungsfällen, EFG 2005, 648; *Rüth/Winter,* Kein Vertrauensschutz bei lückenhaften Belegen über innergemeinschaftliche Lieferungen, DStR 2005, 681; *Rüsken,* Keine Ausfuhrerstattung ohne Angaben zum Frachtführer in dem Beförderungspapier, Anmerkung zum BFH-Urteil v. 8.8.2006, AZ.: VII R 20/05, BFH-PR 2007, 78; *Rüsken,* Übernahmequittung ist kein „Beförderungspapier", BFH-PR 2005, 83; iÜ vgl. Vor Art. 1, Art. 4.

Parallelvorschriften: § 408 HGB; Art. 5 MÜ, Art. 7 CIM 1999, Art. 11 CMNI.

Übersicht

I. Allgemeines

1   Art. 6, dem § 408 Abs. 1 HGB nachgebildet ist, regelt die **Eintragungen** im **Frachtbrief.** Sie sind in Abs. 1 und 2 **nicht abschließend** aufgezählt, so können die Parteien nach Abs. 3 weitere Eintragungen vornehmen. Für vorhandene Angaben gilt beim ordnungsgemäß unterschriebenen Frachtbrief die Beweisvermutung des Art. 9 (→ Art. 9 Rn. 2 ff.) und die Nachprüfungsobliegenheit des Art. 8. **Fehlende oder unrichtige Angaben** im Frachtbrief machen den Beförderungsvertrag nicht unwirksam, Art. 4. **Nicht eingetragene,** aber getroffene Abreden sind im Regelfall dennoch wirksam (→ Art. 4 Rn. 2).[1] Zu Angaben, für die die Eintragung im Frachtbrief konstitutiv ist (→ Art. 4 Rn. 3). Die **Vermutungswirkung** nach Art. 9 entfällt nur für die nicht aufgenommene Angabe, nicht insgesamt.[2] Nicht in den Frachtbrief aufgenommene Angaben müssen mit den nach der lex fori zulässigen **Beweismitteln** nachgewiesen werden.[3] Zum Erfordernis der Paramountklausel für die Vermutungswirkung des Art. 9 Abs. 2 → Rn. 13.

2   Die Unrichtigkeit oder Unvollständigkeit bestimmter Frachtbriefangaben zieht eine **Schadensersatzpflicht des Absenders** nach Art. 7 nach sich. Abgesehen davon enthält die CMR keine Sanktionen für das Fehlen oder die Unrichtigkeit von Angaben im Frachtbrief.[4] Da beide Parteien bei der Frachtbrieferstellung eine **Mitwirkungspflicht** trifft (→ Art. 4 Rn. 4), haben sie auch dazu beizutragen, dass die nach Art. 6 Abs. 1 und 2 vorgesehenen Angaben in ihm enthalten sind.[5] Weigert sich eine Partei mitzuwirken, bemessen sich die Rechte der anderen Partei nach dem ergänzend anwendbaren nationalen Recht (→ Art. 4 Rn. 4). Bei **falschen Angaben** im Frachtbrief kommt für den Frachtführer generell und für den Absender neben der Regelung des Art. 7 eine Haftung aus § 280 BGB, aber auch aus § 826 BGB oder aus Rechtsscheinhaftung in Betracht.[6] Eine Urkunde wird nur dann als Beförderungspapier im Sinne des Ausfuhrerstattungsrechts anerkannt, wenn sie Angaben zur Identität des Frachtführers und dessen Unterschrift auf dem Beförderungspapier enthält. Nur wenn die Urkunde diese Voraussetzungen erfülle, könne sie ein tauglicher Nachweis dafür sein, dass die Ware die Gemeinschaft verlassen hat.[7] Eine bloße Übernahmequittung wird hingegen nicht als Beförderungspapier in Gestalt des Frachtbriefes angesehen.[8] Die CMR-Frachtbriefe ihrerseits sind nach der Rechtsprechung des BFH nicht als Ausfuhrnachweise anerkannt.[9]

II. Angaben nach Abs. 1

3   **1. Ort und Tag der Ausstellung (Abs. 1 lit. a).** Der Ort bestimmt die zulässige Form der Unterschriften unter dem Frachtbrief, Art. 5 Abs. 1. Die **Vermutungswirkung** des Art. 9 spricht jedoch nicht dafür, dass der im Frachtbrief angegebene Ausstellungstag der Tag des Abschlusses des Beförderungsvertrags ist, weil es sich um einen Konsensualvertrag handelt. Der Ausstellungstag ist der späteste Zeitpunkt des Vertragsschlusses.[10]

4   **2. Name und Anschrift des Absenders (Abs. 1 lit. b).** Name und Anschrift des Absenders, Abs. 1 lit. b, sind für die Vermutungswirkung des Art. 9,[11] für die Haftung des Absenders nach Art. 7, 10, 11 Abs. 2 und für das Verfügungsrecht über das Gut, Art. 12, wichtig. Die Absenderstellung kann aber auch anders bewiesen werden. Der Absender ist der Vertragspartner des Frachtführers.[12] Weicht die tatsächliche Rechtslage von den Eintragungen im Frachtbrief ab, handelt es sich hierbei um widerlegbare Vermutungen.[13]

---

[1] Zu lückenhaften Belegen und zur Funktion des CMR-Frachtbriefes vgl. *Rüth/Winter* DStR 2005, 681 ff.

[2] *Koller* EWiR 1988, 993 (994); *Koller* Rn. 6, 9; *Giemulla* in Baumgärtel/Prütting/Laumen Beweislast-HdB Rn. 2, Art. 9 Rn. 1; MüKoHGB/*Jesser-Huß* Rn. 3.

[3] *Giemulla* in Baumgärtel/Prütting/Laumen Beweislast-HdB Rn. 2; Theunis/*Mercadal* 39; *Sánchez-Gamborino* Nr. 252; vgl. auch BGH Urt. v. 27.1.1982 – I ZR 33/80, NJW 1982, 1944 (1945).

[4] *Thume/Teutsch* Rn. 3; *Koller* Rn. 1; MüKoHGB/*Jesser-Huß* Rn. 3; *Herber/Piper* Rn. 3.

[5] *Loewe* ETL 1976, 503 (529); GroßkommHGB/*Helm* Rn. 1; *Herber/Piper* Rn. 3.

[6] Vgl. BGH Urt. v. 25.9.1986 – II ZR 26/85, BGHZ 98, 284 (289) = NJW 1987, 588 (589): unrichtiges Bordkonossement; MüKoHGB/*Jesser-Huß* Rn. 3.

[7] BFH Urt. v. 8.8.2006, BFH-RR 2007, 78; vgl. dazu *Rüsken* BFH-RR 2007, 78 f.; der sich ua auch kritisch mit dem verwirrenden Dokument der EG-Kommission – Dokument K (2000) 2255 – auseinandersetzt sowie mit den Umständen, unter denen der Stempelabdruck des Frachtführers die Unterschrift ausnahmsweise ersetzen kann.

[8] BFH Urt. v. 24.8.2004, BFH-RR 2005, 83; dazu *Rüsken* BFH-RR 2005, 83 f.

[9] BFH Urt. v. 5.2.2004, BFH/NV 2004, 988; dazu *Fumi* EFG 2005, 648; vgl. auch FG Bremen Urt. v. 18.8.2003, EFG 2003, 1737; FG Bremen Urt. v. 1.12.2004, EFG 2005, 646.

[10] Vgl. MüKoHGB/*Jesser-Huß* Rn. 4.

[11] OLG München Urt. v. 27.3.1981 – 23 U 3758/80, VersR 1982, 264 (265); OLG Düsseldorf Urt. v. 12.2.1981 – 18 U 195/80, VersR 1982, 302.

[12] BGH Urt. v. 27.4.2006 – I ZR 162/03, TranspR 2006, 361 (363); *Koller* Rn. 3; MüKoHGB/*Jesser-Huß* Rn. 6; *Haak,* The Liability of the Carrier under the CMR, 1986, 253.

[13] BGH Urt. v. 27.4.2006 – I ZR 162/03, TranspR 2006, 361 (363).

3. Name und Anschrift des Frachtführers (Abs. 1 lit. c). Name und Anschrift des Fracht- **5** führers, Abs. 1 lit. c, bestimmen über die Vermutung des Art. 9 seine Passivlegitimation etwa für Art. 7 Abs. 3 oder Art. 17. Bei Eintrag des Frachtführers greift die Vermutungswirkung des Art. 9 auch dann ein, wenn der Frachtbrief darüber hinaus das **Kennzeichen** des **Fahrzeugs** eines **Dritten** enthält.[14] Wer sich im Frachtbrief **wahrheitswidrig** als **Frachtführer geriert**, kann nach nationalem Recht haften, etwa aus Verschulden bei Vertragsverhandlungen (§§ 311 Abs. 2 Nr. 1, 3, 241 Abs. 2 BGB), § 826 BGB oder Rechtsscheingrundsätzen.[15]

4. Stelle und Tag der Übernahme des Gutes, Ablieferungsstelle (Abs. 1 lit. d). Übernahme- **6** und Ablieferungsstelle sind für die Anwendbarkeit der CMR von Bedeutung, Art. 1 Abs. 1. Der Tag der Übernahme ist für den Obhutszeitraum nach Art. 17, die Wertberechnung nach Art. 23, die Berechnung vereinbarter Lieferfristen nach Art. 19 und den Verjährungsbeginn nach Art. 32 Abs. 1 lit. b maßgebend. Die Eintragung erbringt gem. Art. 9 Abs. 1 den **Beweis für die Übernahme** des Gutes. Fehlt der Eintrag des Tags der Übernahme spricht der **Beweis des ersten Anscheins** für Übernahme am Tag der Ausstellung des Frachtbriefs.[16] Die für die Ablieferung vorgesehene **Stelle** ist genau (zB nach Straße und Hausnummer) zu bezeichnen.[17] Sie ist entscheidend für die Erfüllung der Frachtführerpflichten nach den Art. 12–15. Bei unrichtigen oder unvollständigen Angaben haftet der Absender nach Art. 7 Abs. 1.

5. Name und Anschrift des Empfängers (Abs. 1 lit. e). Name und Anschrift des Empfängers, **7** Abs. 1 lit. e, werden durch die Frachtbriefeintragung bewiesen, Art. 9 Abs. 1.[18] Der Empfänger ist **nicht Partei** des Beförderungsvertrags, hat jedoch die Rechte nach Art. 12–15. Die Eintragung **mehrerer Empfänger** ist nicht zulässig, weil dies zu Unklarheiten bei der Berechtigung führt.[19] Werden gleichwohl mehrere Empfänger eingetragen, entfaltet die Eintragung keine Vermutungswirkung. Die **Bestimmung des Empfängers** kann einer nach Ankunft des Gutes am Empfangsort zu erholenden Weisung überlassen werden.[20] **Stellung an Order**[21] ist nach Maßgabe des ergänzend anwendbaren nationalen Rechts möglich, nach deutschem Recht ist sie allerdings wegen des numerus clausus der Wertpapiere ausgeschlossen,[22] zulässig ist sie hingegen in Frankreich.[23]

6. Bezeichnung des Gutes und der Verpackung (Abs. 1 lit. f). Die Bezeichnung des Gutes und **8** der Verpackung, Abs. 1 lit. f, ist erheblich für die Prüfungsobliegenheit nach Art. 8.[24] Die **Vermutung** des Art. 9 Abs. 2 spricht für einen äußerlich guten Zustand von Gut und Verpackung bei der Übernahme, wenn ein Vorbehalt fehlt. Bei **unzulänglicher Bezeichnung** ist der Frachtführer für dadurch verursachte Schäden von der Haftung befreit, Art. 17 Abs. 4 lit. e. Bei **gefährlichen Gütern** ist die im Absendestaat allgemein anerkannte, für den Frachtführer verständliche Bezeichnung erforderlich (→ Art. 22 Rn. 4).

7. Anzahl, Zeichen, Nummern (Abs. 1 lit. g). Anzahl, Zeichen, Nummern, Abs. 1 lit. g, hat **9** der Frachtführer nach Art. 8 Abs. 1 zu überprüfen. Es gilt, wenn ein Vorbehalt fehlt, die **Vermutung** der Übereinstimmung mit den Eintragungen im Frachtbrief, Art. 9 Abs. 2. Der **Absender haftet** bei unvollständigem oder unrichtigem Eintrag, Art. 7 Abs. 1 (dort ausführlicher dazu). Für den Frachtführer kann dann der Haftungsbefreiungsgrund nach Art. 17 Abs. 4 lit. e eingreifen.

8. Rohgewicht, Menge (Abs. 1 lit. h). Rohgewicht, Menge, Abs. 1 lit. h, ist im Rahmen des **10** Art. 8 Abs. 3 vom Frachtführer zu überprüfen. Das Rohgewicht (Gewicht von Ware zuzüglich Verpackung)[25] ist Grundlage der Preisvereinbarung und entscheidend für die Haftungsobergrenze des Art. 23. Zur **Vergütung** für **Mehrfracht** → Vor Art. 1 Rn. 16.

---

[14] OLG Hamburg Urt. v. 6.11.1980 – 6 U 68/80, VersR 1982, 556; Thume/*Teutsch* Rn. 6.

[15] OLG München Urt. v. 27.11.1992 – 23 U 3700/92, VersR 1993, 1298.

[16] Trib.com. Paris Urt. v. 14.3.1978, ETL 1978, 742; Thume/*Teutsch* Rn. 9.

[17] BGH Urt. v. 13.7.2000 – I ZR 156/98, NJW-RR 2000, 1631 (1633); *Koller* Rn. 5; *Herber/Piper* Rn. 9; zur Beweisvermutung bei Angabe nur des Ortes vgl. MüKoHGB/*Jesser-Huß* Rn. 11.

[18] BGH Urt. v. 13.7.1979 – I ZR 108/77, VersR 1979, 1154.

[19] BGH Urt. v. 15.6.2000 – I ZR 55/98, NJW-RR 2000, 1635 (1638); *Herber/Piper* Rn. 10; *Koch/Shariatmadari* HGB § 450 Anh. V CMR Art. 6 Rn. 16; Staub/*Helm* HGB § 452 Anh. VI CMR Art. 6 Rn. 11; die Geltung des nationalen Rechts für das Verhältnis mehrerer eingetragener Empfänger wird hingegen befürwortet von *Koller* Rn. 6; Thume/*Teutsch* Rn. 10; MüKoHGB/*Jesser-Huß* Rn. 13.

[20] Thume/*Teutsch* Rn. 10; *Koller* Rn. 6.

[21] Stellung „an Order" bedeutet, dass die das Blankoindossament zum Inhaberkonnossement.

[22] Thume/*Teutsch* Rn. 10; nach Ansicht von *Sánchez-Gamborino* Nr. 255 ist die Orderstellung generell ohne Rücksicht auf nationales Recht ausgeschlossen.

[23] Theunis/*Mercadal* 35.

[24] *Herber/Piper* Rn. 11; *Koller* Rn. 7.

[25] Thume/*Teutsch* Rn. 15; *Herber/Piper* Rn. 10.

11   9. Kosten (Abs. 1 lit. i). Kosten, Abs. 1 lit. i, die mit der Beförderung verbunden sind, sind Fracht, Nebengebühren, Zölle und sonstige dem Frachtführer vom Vertragsschluss bis zur Ablieferung entstehende Kosten. Dazu zählt auch die **Einfuhrumsatzsteuer.**[26] Die Kosten müssen nicht genau beziffert werden, es genügt, dass der Umfang der Zahlungspflicht **erkennbar** ist.[27] Die Angabe der Kosten ist für die Zahlungspflicht des Empfängers, Art. 13 Abs. 2, Art. 16 Abs. 4, und zur Information nachfolgender Frachtführer, Art. 34, von Bedeutung. Die **Vermutungswirkung** des Art. 9 Abs. 1 gilt für aufgenommene Kosten, nicht aber dahin, dass keine weiteren Kosten anfallen. Zur Pflicht zur Beifügung von Urkunden → Art. 11 Abs. 1.

12   10. Weisungen für die amtliche Behandlung (Abs. 1 lit. j). Eine Weisung zur **Verzollung** (→ Vor Art. 1 Rn. 27) begründet für den Frachtführer nicht auch die Pflicht, den Zoll zu verauslagen.[28] Er hat uU einen Vorschussanspruch nach ergänzend anwendbarem nationalen Recht.[29] Dafür, dass eingetragene Weisungen Vertragsinhalt geworden sind, spricht die Vermutung des Art. 9 Abs. 1. Sind Weisungen **nicht eingetragen** worden, bedeutet dies aber nicht zugleich, dass sie unwirksam sind[30] (→ Art. 4 Rn. 2). Sie müssen in anderer Weise nachgewiesen werden. Zur Schadensersatzpflicht bei Verletzung von Weisungen (→ Art. 12 Rn. 18). **Unrichtiger** oder **unvollständiger Eintrag** von Weisungen macht den Absender nach Maßgabe des Art. 7 Abs. 1 haftbar.

13   11. Hinweis auf die CMR (Paramountklausel) (Abs. 1 lit. k). Der Hinweis auf die CMR soll sicherstellen, dass auch in **Nichtvertragsstaaten** die CMR zumindest als Parteivereinbarung anzuwenden ist.[31] Ob dies aber erreicht wird, ist zweifelhaft.[32] Obwohl die CMR in ihrem Anwendungsgebiet zwingend gilt, Art. 41, lässt der **italienische Kassationshof** sie nur eingreifen, wenn sie im Frachtbrief eingetragen ist oder sich die Parteien übereinstimmend auf das Übereinkommen berufen (→ Art. 4 Rn. 1). Fehlt die Angabe nach Abs. 1 lit. k, wird die Wirksamkeit des Beförderungsvertrags nicht berührt. Der Frachtführer haftet auf Schadensersatz gem. Art. 7 Abs. 3.[33] Der BGH[34] macht aber wohl auch die Vermutungswirkung des Art. 9 Abs. 2 von dem Vorliegen der Paramountklausel abhängig.

III. Angaben nach Abs. 2

14   1. Verbot umzuladen (Abs. 2 lit. a). Von dem Umladeverbot betroffen ist nur das Umladen auf einen anderen LKW und das auf Lager Nehmen vom LKW.[35] Das Umladen auf Schiff, Eisenbahn oder Flugzeug ist für den Beförderungsvertrag der CMR von vornherein nicht erlaubt,[36] für den Huckepackverkehr gilt die CMR nicht, Art. 2. Da ein entsprechendes Verbot in den Frachtbrief aufzunehmen ist, ist das **Umladen** vom LKW auf einen anderen **grundsätzlich gestattet.**[37] Die Wirksamkeit des Verbots ist nicht von der Eintragung abhängig. Ist die Umladung trotz des Verbots **technisch notwendig,** so hat der Frachtführer nach Art. 14 vorzugehen (→ Art. 14 Rn. 7).

15   2. Kosten, die der Absender übernimmt (Abs. 2 lit. b). Soweit Kosten im Frachtbrief nicht als durch den Absender übernommen vermerkt sind, hat der Frachtführer sie **vom Empfänger einzuziehen.**[38] Dieser haftet jedoch nur für die aus dem Frachtbrief hervorgehenden Kosten, Art. 13 Abs. 2. Das ist der Differenzbetrag zwischen den Beträgen nach Abs. 1 lit. i und Abs. 2 lit. b. Können Kosten wegen unvollständiger Angaben im Frachtbrief nicht vom Empfänger erlangt werden, haftet der Absender nach Art. 7 Abs. 1 lit. b.[39]

---

[26] OLG Düsseldorf Urt. v. 11.12.1980 – 18 U 112/80, NJW 1981, 1910; OLG Saarbrücken Urt. v. 31.1.1992 – 4 U 179/90, TranspR 1992, 371 (372); *Herber/Piper* Rn. 14; *Thume/Teutsch* Rn. 18; HEPK/*Glöckner* Rn. 10; MüKoHGB/*Jesser-Huß* Rn. 21.

[27] BGH Urt. v. 25.4.1991 – III ZR 74/90, VersR 1991, 1037 (1039); aA OGH Wien Urt. v. 3.10.1973 – 7 Ob 148/73, TranspR 1978, 78; MüKoHGB/*Jesser-Huß* Rn. 21.

[28] *Herber/Piper* Rn. 15; aA *Koller* Rn. 11; *Thume/Teutsch* Rn. 19; *Fremuth/Thume* FrachtR Rn. 21.

[29] *Koller* Rn. 11; MüKoHGB/*Jesser-Huß* Rn. 23; *Herber/Piper* Rn. 15.

[30] *Herber/Piper* Rn. 15; *Koller* Rn. 11; MüKoHGB/*Jesser-Huß* Rn. 24.

[31] Ausf. *Loewe* ETL 1976, 503 (529 ff.); *Thume/Teutsch* Rn. 21; *Herber/Piper* Rn. 16; *Clarke* Nr. 24 S. 65; *Hill/Messent* 72.

[32] *Mankowski* TranspR 1993, 213 (217); *Loewe* ETL 1976, 503 (531); *Hill/Messent* 72; *Pesce* 117.

[33] *Herber/Piper* Rn. 16; *Koller* Rn. 12.

[34] BGH Urt. v. 8.6.1988 – I ZR 149/86, VersR 1988, 952; OLG Nürnberg Urt. v. 18.11.1998 – 12 U 2204/98, TranspR 2000, 226 (127); *Herber/Piper* Rn. 16; abl. *Koller* EWiR 1988, 993 (994); *Koller* Rn. 12.

[35] *Koller* Rn. 13; *Herber/Piper* Rn. 19; MüKoHGB/*Jesser-Huß* Rn. 30; *Clarke* Nr. 30a S. 85 f.

[36] MüKoHGB/*Jesser-Huß* Rn. 30 mwN; *Clarke* Nr. 30a S. 86.

[37] *Koller* Rn. 13; *Thume/Teutsch* Rn. 26; *Herber/Piper* Rn. 19; MüKoHGB/*Jesser-Huß* Rn. 30; *Hill/Messent* 73; *Clarke* Nr. 30a S. 85.

[38] MüKoHGB/*Jesser-Huß* Rn. 31 f.; *Herber/Piper* Rn. 20; *Koller* Rn. 14; *Hill/Messent* 73.

[39] *Thume/Teutsch* Rn. 28; *Hill/Messent* 73.

3. Nachnahme (Abs. 2 lit. c). Die Eintragung im Frachtbrief ist nicht konstitutiv, sie hat nur **16** Beweisbedeutung.[40] Zum Inhalt der Nachnahmevereinbarung → Art. 21 Rn. 1, zur Haftung des Frachtführers bei Nachnahmefehlern → Art. 21 Rn. 6 ff.

4. Wert, besonderes Interesse (Abs. 2 lit. d). Über die in Art. 23 und 25 vorgesehenen Höchst- **17** grenzen hinaus kann Schadensersatz verlangt werden, wenn im Frachtbrief der Wert des Gutes, Art. 24, oder ein besonderes Interesse, Art. 26, eingetragen ist. Insoweit ist die **Eintragung konstitutiv** (→ Art. 24 Rn. 4 und → Art. 26 Rn. 2). Für **Versicherungsschutz** ist nach den Versicherungs- bedingungen die Zustimmung des Versicherers zu den Klauseln erforderlich.[41]

5. Weisungen über die Versicherung (Abs. 2 lit. e). Weisungen über die Versicherung, Abs. 2 **18** lit. e, einzutragen, ist für den nachfolgenden Frachtführer und für den Empfänger im Schadensfall von Bedeutung, auch wenn zur Wirksamkeit die Eintragung nicht erforderlich ist. Ein **Verstoß** gegen solche Weisungen führt zur Schadensersatzpflicht nach dem ergänzend anwendbaren nationalen Recht.[42] Die Ansprüche des Absenders gegen die Transportversicherung können nicht an den Fracht- führer **abgetreten** werden, Art. 41 Abs. 2. Zur Versicherung → Vor Art. 1 Rn. 27.

6. Lieferfrist (Abs. 2 lit. f). Die Lieferfrist kann auch **ohne Eintrag** im Frachtbrief wirksam **19** vereinbart werden.[43]

7. Urkundenverzeichnis (Abs. 2 lit. g). Die Eintragung übergebener Urkunden dient der **Be-** **20** **weiserleichterung** im Schadensfall, Art. 11 Abs. 1. Für den Frachtführer besteht keine Pflicht sie auf Vollständigkeit zu überprüfen, Art. 11 Abs. 2. Auch ohne Eintragung können das Gut **begleitende Urkunden** als dem Frachtführer übergeben angesehen werden.[44]

IV. Zweckmäßige Angaben (Abs. 3)

Die Parteien können **weitere** in Art. 6 Abs. 1 und 2 nicht genannte **Abreden** wie etwa eine **21** Vereinbarung über die Verwendung offener Fahrzeuge, Art. 17 Abs. 4 lit. a, oder über ein anfängliches Verfügungsrecht des Empfängers, Art. 12 Abs. 3, treffen und diese eintragen.[45] Für eingetragene Abreden gilt die **Beweisvermutung** des Art. 9 Abs. 1.[46] Nicht eingetragene Abreden müssen ent- sprechend der lex fori nachgewiesen werden. Bei **Verstoß** gegen Abreden greift, soweit die CMR keine Regelung enthält, nationales Recht ein.[47] Der **Absender haftet** für dem Frachtführer ent- stehende Schäden aus nicht vollständigen oder unrichtigen Angaben im Frachtbrief gem. Art. 7 Abs. 1 lit. c.[48]

Art. 7 [Haftung für unrichtige und unvollständige Angaben]

(1) **Der Absender haftet für alle Kosten und Schäden, die dem Frachtführer dadurch entstehen, daß folgende Angaben unrichtig oder unvollständig sind:**
a) die in Artikel 6 Absatz 1 Buchstabe b, d, e, f, g, h und j bezeichneten Angaben;
b) die in Artikel 6 Absatz 2 bezeichneten Angaben;
c) alle anderen Angaben oder Weisungen des Absenders für die Ausstellung des Fracht-
briefes oder zum Zwecke der Eintragung in diesen.

(2) **Trägt der Frachtführer auf Verlangen des Absenders die in Absatz 1 bezeichneten Angaben in den Frachtbrief ein, wird bis zum Beweise des Gegenteils vermutet, daß der Frachtführer hierbei im Namen des Absenders gehandelt hat.**

(3) **Enthält der Frachtbrief die in Artikel 6 Absatz 1 Buchstabe k bezeichnete Angabe nicht, so haftet der Frachtführer für alle Kosten und Schäden, die dem über das Gut Ver- fügungsberechtigten infolge dieser Unterlassung entstehen.**

Schrifttum: *Knorre*, Anm. zu LG Köln Urt. v. 16.9.1988 – 87 S 1/88, TranspR 1988, 271, 272; iÜ vgl. Vor Art. 1.

Parallelvorschriften: § 414 HGB; Art. 10 MÜ, Art. 8 § 1 CIM 1999; Art. 8 CMNI.

---

[40] Jetzt allgM; BGH Urt. v. 10.2.1982 – I ZR 80/80, BGHZ 83, 96 (100) = NJW 1982, 1946; *Loewe* ETL 1976, 503 (566); *Koller* Rn. 15; MüKoHGB/*Jesser-Huß* Rn. 34 f. mwN.
[41] *Thume*/*Teutsch* Rn. 32.
[42] *Thume*/*Teutsch* Rn. 33; *Koller* Rn. 17; *Herber*/*Piper* Rn. 23; MüKoHGB/*Jesser-Huß* Rn. 38; *Hill*/*Messent* 73.
[43] BGH Urt. v. 30.9.1993 – I ZR 258/91, BGHZ 123, 303 (307) = NJW 1993, 3331; *Herber*/*Piper* Rn. 24; MüKoHGB/*Jesser-Huß* Rn. 39.
[44] *Loewe* ETL 1976, 503 (533); *Herber*/*Piper* Rn. 25.
[45] Weitere Beispiele vgl. *Loewe* ETL 1976, 503 (534); MüKoHGB/*Jesser-Huß* Rn. 41; *Thume*/*Teutsch* Rn. 36.
[46] GroßkommHGB/*Helm* Rn. 6; *Koller* Rn. 20; *Herber*/*Piper* Rn. 26; MüKoHGB/*Jesser-Huß* Rn. 41.
[47] *Koller* Rn. 20.
[48] *Loewe* ETL 1976, 503 (534); *Thume*/*Teutsch* Rn. 37; MüKoHGB/*Jesser-Huß* Rn. 41; wohl einschr. *Herber*/*Piper* Rn. 26.

I. Haftung des Absenders für Frachtbriefangaben (Abs. 1)

1 **1. Unrichtige oder unvollständige Angaben.** Art. 7 Abs. 1 (Parallelvorschrift: § 414 Abs. 1 HGB) ist eine Schutzvorschrift zugunsten des Frachtführers bezüglich bestimmter in Art. 6 vorgesehener Angaben, für deren Unvollständigkeit oder Unrichtigkeit der Absender haften soll, aus dessen Sphäre sie stammen. Schon nach dem Wortlaut nach greift die Vorschrift nicht, wenn eine in Art. 7 Abs. 1 genannte **Angabe gänzlich fehlt.** Ein Schutz des Frachtführers ist hier nicht erforderlich, weil ihm seine unzureichende Information bekannt ist.[1] Das gilt ebenso, wenn ein **wirksamer Frachtbrief nicht ausgestellt** ist.[2] Einschränkend ist insoweit jedoch aus Abs. 1 lit. c zu entnehmen, dass die Absenderhaftung nach Art. 7 gilt, wenn die Angaben jedenfalls zur Eintragung in einen Frachtbrief bestimmt waren.[3] Abs. 2 spricht dagegen, Angaben des Absenders, für deren Unrichtigkeit oder Unvollständigkeit er nach Abs. 1 einzustehen hat, immer schon dann anzunehmen, wenn er den vom Frachtführer eigenmächtig ausgefüllten Frachtbrief unterzeichnet.[4] Die **Beweislast** für Unrichtigkeit oder Unvollständigkeit trägt der Frachtführer.[5]

2 Die **Angaben,** für deren Unrichtigkeit oder Unvollständigkeit der Absender haftet, sind einmal die in Art. 7 Abs. 1 lit. a genannten nach Art. **6 Abs. 1,** weiter gem. Art. 7 Abs. 1 lit. b alle Angaben nach Art. **6 Abs. 2.** Ein für die letzteren **typischer Haftungsfall** ist die gegen den Frachtführer verhängte Geldbuße wegen auf falschen Gewichtsangaben beruhender Überladung[6] oder ein dadurch entstehender Fahrzeugschaden.[7] Schließlich bezieht sich Art. 7 Abs. 1 lit. c auf Angaben nach Art. **6 Abs. 3,** die zur Übernahme in den Frachtbrief bestimmt sind, unabhängig davon, ob sie vor oder nach Ausstellung des Frachtbriefs gemacht werden.[8]

3 Die Haftungsregelung des Art. 7 Abs. 1 ist **abschließend** und wegen ihres Ausnahmecharakters einer Analogie nicht zugänglich.[9] In den von Art. 7 Abs. 1 **nicht erfassten Fällen** des völligen Fehlens einer Angabe, der Unrichtigkeit oder Unvollständigkeit einer dort nicht genannten Angabe oder des Fehlens eines Frachtbriefs kommt jedoch eine Haftung des Absenders nach dem ergänzend anwendbaren **nationalen Recht** in Betracht. Im deutschen Recht können Ansprüche wegen Verschuldens vor Vertragsschluss aus §§ 311 Abs. 2, 241 Abs. 2 BGB oder wegen Schlechterfüllung nach § 280 BGB bestehen.[10] Hat ein Frachtführer auf Rechnung des Absenders Eintragungen vorgenommen und diese unterzeichnet, können Ansprüche wegen schuldhafter schlechter Geschäftsbesorgung bestehen (§§ 280, 675 BGB).[11]

4 **2. Haftungsumfang.** Der Anspruch gegen den Absender ist **verschuldensunabhängig** und der Höhe nach **unbegrenzt.**[12] Er umfasst **alle Kosten und Schäden,** Sachschäden, den entgangenen Gewinn und sonstige Vermögensschäden, wie die englische Fassung (loss and damages) zeigt.[13] Der Schaden kann auch in einer Verantwortlichkeit des Frachtführers gegenüber Dritten bestehen.[14] Die Haftung des Absenders kann vom Frachtführer **einredeweise** seiner eigenen Inanspruchnahme entgegengehalten werden.[15] Den Frachtführer trifft zwar keine generelle Pflicht, die Angaben des Absenders im Frachtbrief zu **überprüfen.**[16] Eine Haftungsminderung wegen **Mitverschuldens** ist aber bei Kenntnis des Frachtführers von der Unrichtigkeit oder offensichtlicher Unrichtigkeit und dann anzunehmen, wenn der Frachtführer seine Überprüfungsobliegenheit gem. Art. 8 Abs. 1 lit. a verletzt

---

[1] *Koller* Rn. 1; MüKoHGB/*Jesser-Huß* Rn. 2; GroßkommHGB/*Helm* Rn. 2; *Herber/Piper* Rn. 3; Thume/*Teutsch* Rn. 7; HEPK/*Glöckner* Rn. 3; *Zapp* TranspR 2004, 333 (334); aA *Loewe* ETL 1976, 503 (532).

[2] OLG Düsseldorf Urt. v. 13.12.1990 – 18 U 142/90, TranspR 1991, 91 (93); *Helm* VersR 1988, 548 (551); *Jesser* Frachtführerhaftung 167; *Herber/Piper* Rn. 2; MüKoHGB/*Jesser-Huß* Rn. 2; Thume/*Teutsch* Rn. 7; HEPK/*Glöckner* Rn. 3.

[3] GroßkommHGB/*Helm* Rn. 2; MüKoHGB/*Jesser-Huß* Rn. 2; *Fremuth/Thume* FrachtR Rn. 3; ähnl. Thume/*Teutsch* Rn. 7; aA wohl *Koller* Rn. 1.

[4] AA *Koller* Rn. 1.

[5] *Giemulla* in Baumgärtel/Prütting/Laumen Beweislast-HdB Rn. 1; *Herber/Piper* Rn. 4; *Koller* Rn. 1, 2, 3; Thume/*Teutsch* Rn. 6; HEPK/*Glöckner* Rn. 3.

[6] C.A. Colmar Urt. v. 16.6.1972 BT 1972, 320; *Herber/Piper* Rn. 4; *Theunis/Mercadal* 37; *Clarke* Nr. 26a S. 75; *Lamy* I Nr. 472 lit. a; *Sánchez-Gamborino* Nr. 406.

[7] *Loewe* ETL 1976, 503 (535).

[8] Thume/*Teutsch* Rn. 5; *Herber/Piper* Rn. 6; aA *Koller* Rn. 3, der Weisung vor Übergabe des Frachtbriefs voraussetzt.

[9] *Herber/Piper* Rn. 3, 4; *Koller* Rn. 1; *Fremuth/Thume* FrachtR Rn. 7.

[10] *Helm* VersR 1988, 548 (551); *Herber/Piper* Rn. 2, 20; MüKoHGB/*Jesser-Huß* Rn. 2, 10.

[11] LG Frankfurt a. M. TranspR 2002, 129 f.; *Koller* Rn. 4 mwN.

[12] AllgM; *Herber/Piper* Rn. 8; Thume/*Teutsch* Rn. 8; *Hill/Messent* 74.

[13] *Koller* Rn. 1; Thume/*Teutsch* Rn. 8; *Herber/Piper* Rn. 7; MüKoHGB/*Jesser-Huß* Rn. 6.

[14] *Koller* Rn. 1; *Herber/Piper* Rn. 7; MüKoHGB/*Jesser-Huß* Rn. 6.

[15] BGH Urt. v. 15.6.2000 – I ZR 55/98, NJW-RR 2000, 1635 (1638); *Herber/Piper* Rn. 9; vgl. LG Köln Urt. v. 16.9.1988 – 87 S 1/88, TranspR 1989, 271 mAnm *Knorre:* kein Vertretenmüssen des Frachtführers nach Art. 17 Abs. 2, wenn Verspätungsschaden auf Überladung wegen falscher Gewichtsangaben im Frachtbrief beruht.

[16] MüKoHGB/*Jesser-Huß* Rn. 3; *Putzeys* Nr. 1013.

hat.[17] Obliegenheiten hat er im eigenen Interesse wahrzunehmen, sodass sie im Rahmen des Mitverschuldens bei eigenen Schäden berücksichtigungsfähig sind.

II. Eintragungen des Frachtführers (Abs. 2)

Der Absender haftet nach Abs. 1 für die von ihm selbst im Frachtbrief gemachten Angaben. Darüber   5
hinaus wird nach Abs. 2 vermutet, dass der Frachtführer, der **auf Verlangen des Absenders Eintragungen** vornimmt, dabei „im Namen des Absenders", dh im Rahmen der ihm vom Absender gegebenen Anweisungen gehandelt hat.[18] Weil der Absender die Möglichkeit hat, die Eintragungen bei der Unterschrift zu überprüfen, haftet er auch in diesem Fall nach Abs. 1 für unrichtige oder unvollständige Angaben.[19] Ein solches Ersuchen des Absenders wird jedoch nicht vermutet, sondern muss vom Frachtführer **nachgewiesen** werden.[20]

Um die **Vermutung des Abs. 2 zu widerlegen** und seine Haftung nach Abs. 1 auszuschließen,   6
hat der Absender nachzuweisen, dass die vom Frachtführer vorgenommene Eintragung seinen Anweisungen widerspricht und damit **eigenmächtig** war. Das setzt weder Vorsatz[21] noch Fahrlässigkeit[22] des Frachtführers voraus.[23] Hat allerdings der Absender den Frachtführer um die Eintragung ersucht und sie ihm ohne nähere Angaben auch überlassen, so hat er das Risiko unrichtiger Angaben übernommen und haftet nach Abs. 1, es sei denn, er kann dem Frachtführer bewusst falsche Angaben nachweisen. Bei **schuldhaft unrichtigen Eintragungen** des Frachtführers kann dieser selbst darüber hinaus nach nationalem Recht ersatzpflichtig sein.[24]

III. Fehlender Hinweis auf Geltung der CMR (Abs. 3)

Es soll sichergestellt werden, dass der Frachtführer eines CMR-Beförderungsvertrags vom Absender   7
auch dann nach Maßgabe der CMR in Anspruch genommen werden kann, wenn die zunächst angerufenen Gerichte des **Nichtvertragsstaats** oder **Italiens**[25] (→ Art. 6 Rn. 13) die CMR wegen Fehlens der Klausel nach Art. 6 Abs. 3 (Paramountklausel) nicht einmal als vertraglich vereinbartes Recht angesehen haben.[26] Der **Frachtführer haftet** in diesem Fall, wenn ein wirksamer Frachtbrief ausgestellt ist,[27] unbeschränkt[28] und verschuldensunabhängig[29] für alle dem Verfügungsberechtigten dadurch entstehenden Schäden.[30] Zu ihnen gehören die Prozesskosten im Nichtvertragsstaat und die Differenz gegenüber den nach der CMR höheren Ersatzansprüchen. Das bedeutet nicht, dass dem Urteil im Nichtvertragsstaat damit die Rechtswirkung aberkannt wird, es ist vielmehr Voraussetzung des Schadenersatzanspruchs.[31]

Art. 8 [Überprüfung durch Frachtführer]

(1) **Der Frachtführer ist verpflichtet, bei der Übernahme des Gutes zu überprüfen**

a) die Richtigkeit der Angaben im Frachtbrief über die Anzahl der Frachtstücke und über ihre Zeichen und Nummern;
b) den äußeren Zustand des Gutes und seiner Verpackung.

(2) [1] **Stehen dem Frachtführer keine angemessenen Mittel zur Verfügung, um die Richtigkeit der in Absatz 1 Buchstabe a bezeichneten Angaben zu überprüfen, so trägt er im Frachtbrief Vorbehalte ein, die zu begründen sind.** [2] **Desgleichen hat er Vorbehalte zu begründen, die er hinsichtlich des äußeren Zustandes des Gutes und seiner Verpackung**

---

[17] Thume/*Temme* Art. 8 Rn. 6; ähnl. *Koller* Rn. 1 (Art. 11 Abs. 2 S. 2 analog); einschränkend auf positive Kenntnis *Herber*/*Piper* Art. 8 Rn. 20; weitergehend (Ausschluss der Absenderhaftung) MüKoHGB/*Jesser-Huß* Rn. 3.

[18] OLG Düsseldorf Urt. v. 12.2.1981 – 18 U 195/80, VersR 1982, 302 (303): „als Gehilfe"; GroßkommHGB/*Helm* Rn. 3; *Koller* Rn. 4; Thume/*Teutsch* Rn. 10; *Herber*/*Piper* Rn. 10.

[19] GroßkommHGB/*Helm* Rn. 3; *Koller* Rn. 4; *Herber*/*Piper* Rn. 11; MüKoHGB/*Jesser-Huß* Rn. 7.

[20] *Loewe* ETL 1976, 503 (535); *Giemulla* in Baumgärtel/Prütting/Laumen Beweislast-HdB Rn. 2; *Herber*/*Piper* Rn. 11; MüKoHGB/*Jesser-Huß* Rn. 7; Thume/*Teutsch* Rn. 11.

[21] So aber *Koller* Rn. 4.

[22] So OLG Düsseldorf Urt. v. 12.2.1981 – 18 U 195/80, VersR 1982, 302 (303); *Helm* VersR 1988, 548 (552); Thume/*Teutsch* Rn. 11; MüKoHGB/*Jesser-Huß* Rn. 8.

[23] *Herber*/*Piper* Rn. 10.

[24] *Koller* Rn. 4; *Herber*/*Piper* Rn. 10; Thume/*Teutsch* Rn. 11.

[25] Thume/*Teutsch* Rn. 15; MüKoHGB/*Jesser-Huß* Rn. 9.

[26] Denkschrift BT-Drs. III/1144, 37; Thume/*Teutsch* Rn. 12.

[27] *Herber*/*Piper* Rn. 15.

[28] *Herber*/*Piper* Rn. 17; Thume/*Teutsch* Rn. 14.

[29] *Herber*/*Piper* Rn. 14; Thume/*Teutsch* Rn. 12.

[30] Zu Einzelheiten, insbesondere zum Nachweis, dass bei Eintragung der Klausel CMR angewandt worden wäre *Heuer* Frachtführerhaftung 144 f.; *Loewe* ETL 1976, 503 (535 f.); *Herber*/*Piper* Rn. 13, 16; Thume/*Teutsch* Rn. 16.

[31] *Herber*/*Piper* Rn. 19; MüKoHGB/*Jesser-Huß* Rn. 9; krit. *Loewe* ETL 1976, 503 (536); *Heuer* Frachtführerhaftung 146; GroßkommHGB/*Helm* Rn. 4; Thume/*Teutsch* Rn. 17.

macht. [3] Die Vorbehalte sind für den Absender nicht verbindlich, es sei denn, daß er sie im Frachtbrief ausdrücklich anerkannt hat.

(3) [1] Der Absender kann vom Frachtführer verlangen, daß dieser das Rohgewicht oder die anders angegebene Menge des Gutes überprüft. [2] Er kann auch verlangen, daß der Frachtführer den Inhalt der Frachtstücke überprüft. [3] Der Frachtführer hat Anspruch auf Ersatz der Kosten der Überprüfung. [4] Das Ergebnis der Überprüfung ist in den Frachtbrief einzutragen.

Schrifttum: *Koller,* Die Haftung des Frachtführers nach der CMR wegen unzureichender Überprüfung der Verladung, DB 1988, 589; *Ruitinga,* Some notes as to articles 8 and 9 of the CMR, ETL 1982, 223; *Züchner,* Zur Prüfungspflicht des Frachtführers nach Art. 8 CMR, ZfV 1968, 460; iÜ vgl. Vor Art. 1, Art. 4.

Parallelvorschriften zu Abs. 2: § 409 HGB; Art. 11 MÜ; Art. 12 §§ 3, 4 CIM; Art. 12 CMNI.

I. Allgemeines

1   Art. 8 Abs. 1, der im innerstaatlichen deutschen Recht keine Entsprechung hat, begründet **keine echten Rechtspflichten** des Frachtführers gegenüber Absender oder Verfügungsberechtigtem.[1] Das ergibt sich nicht nur daraus, dass im maßgeblichen englischen und französischen Text von „shall" und „est tenu" die Rede ist, sondern vor allem aus den in der CMR bestimmten Folgen unterlassener Überprüfung. Es sind nämlich **keine Ersatzansprüche gegen den Frachtführer** vorgesehen.[2] Die geregelten Rechtsfolgen berühren lediglich die eigene Rechtsstellung des Frachtführers. Er muss die Vermutung des Art. 9 Abs. 2 gegen sich gelten lassen, wenn er mangels Überprüfung keine Vorbehalte eingetragen hat,[3] er kann die Rechte nach Art. 10 verlieren,[4] das Unterlassen der Überprüfung kann im Rahmen eines Mitverschuldens berücksichtigt werden (→ Rn. 10). Art. 8 Abs. 1 enthält nur eine **Obliegenheit des Frachtführers.**[5] Sie setzt voraus, dass ein **wirksamer** (→ Art. 5 Rn. 3) **Frachtbrief** ausgestellt und ausgehändigt wurde[6] (sonst gilt bezüglich einer Überprüfungspflicht nationales Recht), nicht aber, dass der Frachtbrief alle Eintragungen nach Art. 6 enthält.[7] Zweifelhaft ist, ob der BGH daneben die **Kennzeichnung als CMR-Frachtbrief** voraussetzt.[8] Zur Heranziehung nationalen Rechts → Rn. 12.

II. Gegenstand der Überprüfungsobliegenheit (Abs. 1)

2   **1. Zahl, Zeichen, Nummern.** Die Anzahl der Frachtstücke, ihre Zeichen und Nummern sind auf Übereinstimmung mit den im Frachtbrief eingetragenen Angaben, Art. 6 Abs. 1 lit. g, zu überprüfen. Deshalb ist eine Überprüfung der Anzahl der **Frachtstücke** auf ihre Vollständigkeit erforderlich.[9] Maßgebend sind die im Frachtbrief benannten zu befördernden Einheiten.[10] Sind im Frachtbrief **Container** mit einer bestimmten Anzahl von Waren aufgeführt, ist im Zweifel anzunehmen, dass die Container die Frachtstücke sein sollen.[11] Ebenso gilt eine **verschweißte Palette** im Zweifel samt Gut als Frachtstück, so dass nur die Zahl der Paletten zu überprüfen ist.[12] Die Menge ist auch bei **Flüssig-**

[1] HM; BGH Urt. v. 9.2.1979 – I ZR 67/77, NJW 1979, 2471 (2472); OLG Düsseldorf Urt. v. 7.2.1974 – 18 U 37/73, VersR 1975, 638 (639); *Züchner* VersR 1969, 682 (688); *Zapp* TranspR 1991, 371 (372); *Jesser* Frachtführerhaftung 54; *Koller* Rn. 1; *Thume/Teutsch* Rn. 3 f.; HEPK/*Glöckner* Rn. 2, 5, 6; *Herber/Piper* Rn. 1; *Clarke* Nr. 25b(i) S. 72; aA *Loewe* ETL 1976, 503 (537) aber mit gleichem Ergebnis bezüglich der Verletzungsfolgen.

[2] OLG Düsseldorf Urt. v. 24.9.1992 – 18 U 28/92, TranspR 1993, 54 (55); Zivilgericht Basel Stadt/Appellationsgericht Urt. v. 19.4.1991/8.5.1992 TranspR 1992, 408 (409); *Zapp* TranspR 1991, 371 (372); *Thume* TranspR 1992, 1 (3); *Loewe* ETL 1976, 503 (537); *Koller* Rn. 1; HEPK/*Glöckner* Rn. 3; *Herber/Piper* Rn. 2; Thume/*Teutsch* Rn. 6; MüKoHGB/*Jesser-Huß* Rn. 4; *Clarke* Nr. 25b(i) S. 72.

[3] BGH Urt. v. 9.2.1979 – I ZR 67/77, NJW 1979, 2471 (2472); OLG Düsseldorf Urt. v. 4.3.1982 – 18 U 197/81, VersR 1982, 1202 (1203); OGH Wien Urt. v. 3.7.1985 – 3 Ob 547/85, TranspR 1987, 374 (377); *Helm* VersR 1988, 548 (552).

[4] *Loewe* ETL 1976, 503 (537); GroßkommHGB/*Helm* Rn. 3; MüKoHGB/*Jesser-Huß* Rn. 4; *Koller* Rn. 1; Thume/*Teutsch* Rn. 6.

[5] OLG Hamm Urt. v. 8.2.1982 – 18 U 165/81, TranspR 1985, 187; OLG Düsseldorf Urt. v. 24.9.1992 – 18 U 28/92, TranspR 1993, 54 (55); *Koller* Rn. 1; *Herber/Piper* Rn. 1; Thume/*Teutsch* Rn. 3; HEPK/*Glöckner* Rn. 3 ff.; *Zapp* TranspR 2004, 333 (335).

[6] BGH Urt. v. 9.2.1979 – I ZR 67/77, NJW 1979, 2471 (2472); Urt. v. 16.10.1986 – I ZR 149/84, VersR 1987, 304; Urt. v. 8.6.1988 – I ZR 149/86, VersR 1988, 952; OLG Hamm Urt. v. 30.3.1998 – 18 U 179/97, TranspR 1998, 463 (464); *Helm* VersR 1988, 548 (552); *Piper* TranspR 1990, 357 (361); *Koller* Rn. 1; *Herber/Piper* Rn. 4; Theunis/*Ruitinga* 46; *Hill/Messent* 75; einschränkend OLG Hamburg Urt. v. 30.3.1989 – 6 U 169/88, TranspR 1989, 321 (323); MüKoHGB/*Jesser-Huß* Rn. 5.

[7] *Koller* Rn. 1.

[8] BGH Urt. v. 8.6.1988 – I ZR 149/86, VersR 1988, 952.

[9] *Koller* Rn. 2; GroßkommHGB/*Helm* Rn. 4; *Herber/Piper* Rn. 6; HEPK/*Glöckner* Rn. 1.

[10] Ausf. MüKoHGB/*Jesser-Huß* Rn. 6.

[11] *Piper* TranspR 1990, 357 (360); *Koller* Rn. 2; Thume/*Teutsch* Rn. 9; *Herber/Piper* Rn. 6; MüKoHGB/*Jesser-Huß* Rn. 6; *Clarke* Nr. 25a(i) S. 70.

[12] *Willenberg* TranspR 1985, 161 (163); *Herber/Piper* Rn. 6; MüKoHGB/*Jesser-Huß* Rn. 6.

keiten oder **Schüttgütern** zB in Form des Rohgewichts oder unter der anders angegebenen Menge (Abs. 3) zu kontrollieren.[13]

2. Äußerer Zustand von Gut und Verpackung. Der Frachtführer hat lediglich den äußeren **3** Zustand des Gutes bzw. den ebenfalls äußeren Zustand der Verpackung zu überprüfen. Sind die Frachtstücke als Verpackungseinheit, als Container oder Palette erfasst, müssen sie im Regelfall **nicht geöffnet** werden.[14] Die Überprüfungspflicht umfasst eine **Evidenzkontrolle** („,état apparent", ,,apparent condition"). Erforderlich sind die Maßnahmen, die ein Frachtführer üblicherweise aufbringt und ihm zuzumuten sind,[15] um den offensichtlichen Zustand des Gutes festzustellen. Dazu zählt **eine ordentliche äußere Inspektion** durch Augenschein, Betasten und Befühlen.[16] So genügt es etwa, wenn der Frachtführer vor Verplombung der Ladung ihre Rückseite prüft und feststellt, dass sie den Angaben im Frachtbrief entspricht.[17] **Spezielle Waren-** oder **Verpackungskenntnisse** und **Untersuchungsapparaturen** können beim Frachtführer regelmäßig nicht vorausgesetzt werden. Es können aber Grundkenntnisse in Warenkunde und Verpackungstechnik bezüglich der Waren, die er normalerweise transportiert, erwartet werden.[18] Bei Spezialtransporten kann sich allerdings eine erweiterte Prüfpflicht ergeben.[19] Insbesondere fällt bei **Kühltransporten** eine äußere **Temperaturprüfung** des Transportguts unter Art. 8 Abs. 1 lit. b,[20] weil sie dem Frachtführer billigerweise zugemutet werden kann. Die **französische Rspr.** ist bezüglich einer Pflicht zur Temperaturprüfung uneinheitlich,[21] geht aber von der Vermutung aus, dass der Frachtführer, der keine Vorbehalte gemacht hat, das Gut mit der vorgesehenen oder angemessenen Temperatur übernommen hat.[22]

Die **Qualität der Verpackung** und ihre **Eignung** werden von der Überprüfungsobliegenheit nicht **4** erfasst, soweit nicht die Prüfung ihres äußeren Zustands (Beulen, Löcher, Risse etc) darauf hinweist, dass sie dem Transport nicht gewachsen ist.[23] Es besteht also keine Pflicht zu überprüfen, ob das Gut förderungstauglich verpackt ist. Der Frachtführer muss nur prüfen, ob der Ist-Zustand vom Normalzustand der konkreten Verpackung abweicht und nicht wie das Gut normaler Weise verpackt sein sollte oder wie der Normalzustand der Verpackung beschaffen sein sollte.[24] Auch die Kontrolle der ordnungsgemäßen **Verladung,** die die CMR von der Verpackung unterscheidet (Art. 17 Abs. 4 lit. b), gehört nicht zu den Obliegenheiten des Frachtführers nach Art. 8.[25] Ein fehlender Vorbehalt begründet deshalb keine Vermutung für die Ordnungsmäßigkeit der Verladung nach Art. 9 Abs. 2. Demgegenüber entnimmt die **französische Rechtsprechung** aus Art. 8 Abs. 1 die Pflicht des Frachtführers, die Verladung auch bezüglich der Beförderungssicherheit zu überprüfen, und lässt ihn bei **erkennbar mangelhafter Verladung** oder Verstauung mithaften, wenn er keine Vorbehalte angebracht hat[26] (→ Art. 17 Rn. 64).

---

[13] *Koller* Rn. 2; *Thume/Teutsch* Rn. 9; *MüKoHGB/Jesser-Huß* Rn. 6.

[14] OLG Düsseldorf Urt. v. 24.9.1992 – 18 U 28/92, TranspR 1993, 54 (55); *Piper* TranspR 1990, 357 (361); *Zapp* TranspR 1991, 371 (372); *Koller* Rn. 3; *Herber/Piper* Rn. 7; *MüKoHGB/Jesser-Huß* Rn. 8; *Thume/Teutsch* Rn. 15; *Clarke* Nr. 25a(i) S. 70 f.; *Hill/Messent* 75; *Sánchez-Gamborino* Nr. 426.

[15] OLG Düsseldorf Urt. v. 4.3.1982 – 18 U 197/81, VersR 1982, 1202; *Piper* TranspR 1990, 357 (360); *Zapp* TranspR 1991, 371 (372); *Koller* Rn. 3; *Thume/Teutsch* Rn. 11; *MüKoHGB/Jesser-Huß* Rn. 7; *Herber/Piper* Rn. 7, 8; *GroßkommHGB/Helm* Rn. 5; *Clarke* Nr. 25a S. 68.

[16] *Loewe* ETL 1976, 503 (537); *MüKoHGB/Jesser-Huß* Rn. 7; *Herber/Piper* Rn. 8; *Thume/Teutsch* Rn. 11; *Clarke* Nr. 25a S. 68; *Sánchez-Gamborino* Nr. 421; *Zapp* TranspR 2004, 333 (335).

[17] Cour Cass. Urt. v. 28.9.2004, ETR 2005, 552.

[18] *MüKoHGB/Jesser-Huß* Rn. 9; *Koller* Rn. 3; *Thume/Teutsch* Rn. 12; *Clarke* Nr. 25a S. 68 f.; *Hill/Messent* 75; ähnl. *Lamy* I Nr. 464; anders *Zapp* TranspR 2004, 333 (335).

[19] *GroßkommHGB/Helm* Rn. 5; *Herber/Piper* Rn. 9; *MüKoHGB/Jesser-Huß* Rn. 9; *Koller* Rn. 3; *Thume/Teutsch* Rn. 13; *Theunis/Ruitinga* 48; *Sánchez-Gamborino* Nr. 424.

[20] OLG Karlsruhe Urt. v. 18.10.1967 – 1 U 27/66, DB 1967, 2022; OLG Hamburg Urt. v. 30.3.1989 – 6 U 169/88, TranspR 1989, 321 (323); ausf. *MüKoHGB/Jesser-Huß* Rn. 10; *HEPK/Glöckner* Rn. 8; *Koller* Rn. 3; *Herber/Piper* Rn. 9; *Thume/Teutsch* Rn. 13; *Hill/Messent* 76; *Clarke* Nr. 25b(iii) S. 74; *Theunis/Ruitinga* 48; aA OLG Hamm Urt. v. 11.6.1990 – 18 U 214/89, TranspR 1990, 375 (376); Urt. v. 26.6.1997 – 18 U 106/94, TranspR 1998, 301 (302); *Züchner* VersR 1969, 682 (687); *Zapp* TranspR 1991, 371; *Loewe* ETL 1976, 503 (537); *Sánchez-Gamborino* Nr. 423; *Putzeys* Nr. 389.

[21] Einerseits C. A. Paris Urt. v. 20.11.1979 BT 1981, 330 (Pflicht zur Überprüfung); andererseits C. A. Paris Urt. v. 14.2.1991 BT 1991, 289 (keine Überprüfungspflicht, wenn Ware in gutem äußerem Erhaltungszustand); vgl. *Lamy* I Nr. 463.

[22] Cass. Paris Urt. v. 10.7.1990 BT 1990, 697; *Lamy* I Nr. 463; vgl. *Lutz* TranspR 1991, 6 (7).

[23] Kh Antwerpen Urt. v. 13.10.1972 ETL 1973, 330; *MüKoHGB/Jesser-Huß* Rn. 11; ähnl. *Herber/Piper* Rn. 10; *Lamy* I Nr. 464; *Putzeys* Nr. 388; *Hill/Messent* 75; *Clarke* Nr. 25a S. 69.

[24] *Zapp* TranspR 2004, 333 (334).

[25] Kh Antwerpen ETR 2002, 511; Kh Antwerpen Urt. v. 6.5.1993 ETL 1993, 768 (769); *Zapp* TranspR 1991, 371 (372 f.); *Heuer* VersR 1988, 312 (316); *Jesser* Frachtführerhaftung 55; *Koller* Rn. 3; *Thume/Teutsch* Rn. 16; *Herber/Piper* Rn. 9; *MüKoHGB/Jesser-Huß* Rn. 13; *Haak,* The Liability of the Carrier under the CMR, 1986, 186; *Sánchez-Gamborino* Nr. 463.

[26] Cass. Paris Urt. v. 3.5.1976 ETL 1978, 106 (107); Urt. v. 10.10.1989 BT 1989, 673; *Lamy* I Nr. 466, 498, 499; *Mercadal,* Droit des transports terrestres et aériens, 1990, Rn. 176; vgl. auch *Lutz* TranspR 1991, 6 (7); *MüKoHGB/Jesser-Huß* Rn. 14, *Hill/Messent* 78, *Theunis/Ruitinga* 4.

5   Dem Frachtführer können durch Vereinbarung echte **Zusatzpflichten** auferlegt werden, etwa die **Verladung**[27] oder die **Qualität** der Ware[28] zu **überprüfen.** Darin ist keine unzulässige Erweiterung des abschließend geregelten Haftungsrahmens des Art. 17 zu sehen,[29] es handelt sich vielmehr um eine in der CMR nicht geregelte vertragliche Nebenpflicht. Ihre **Verletzung** kann aus dem ergänzend anwendbaren nationalen Recht Ersatzansprüche begründen.

III. Vorbehalte (Abs. 2)

6   **1. Gegenstand, Begründung.** Einen **Vorbehalt** hat der Frachtführer **einzutragen,** wenn er bei Übernahme am äußeren Zustand des Gutes oder der Verpackung Mängel feststellt, Abs. 2 S. 2, oder ihm angemessene Mittel zur Prüfung von Anzahl, Nummern und Zeichen nicht zur Verfügung stehen, Abs. 2 S. 1, oder – ohne dass der Fall ausdrücklich geregelt ist – sich die Unrichtigkeit der Angaben bezüglich Anzahl, Nummern oder Zeichen ergibt.[30] **Unangemessen** ist die Überprüfung, wenn sie mit Mitteln, deren Gebrauch einem sorgfältigen Frachtführer zugemutet werden kann, nicht möglich ist.[31] Das kann etwa wegen der **Verpackungsart** (bereits verplombter Container) oder wegen des erforderlichen **Aufwands** bei einer großen Anzahl von Stücken der Fall sein.[32] Erstattet der Absender die Kosten, wird sich der Frachtführer kaum auf das Fehlen angemessener Mittel berufen können.[33] Die Eintragung von Vorbehalten nach Abs. 2 S. 1, obwohl die Prüfung mit angemessenen Mitteln möglich gewesen wäre, entfaltet nicht die Rechtswirkungen zulässiger, wirksamer Vorbehalte.[34] Wer sich auf die Unwirksamkeit eines Vorbehalts beruft, trägt die **Beweislast** für das Vorhandensein angemessener Überprüfungsmittel.[35] Kann ausnahmsweise der äußere Zustand des Gutes oder der Verpackung nicht überprüft werden, gilt Abs. 2 S. 1 analog.[36]

7   Vorbehalte müssen **bei Übernahme** des Gutes und vor Übergabe der Frachtbriefausfertigung an den Absender **eingetragen** werden. Sie sind gegenüber dem Absender wirkungslos, wenn sie auf seiner Ausfertigung fehlen.[37] Der Vorbehalt ist zu **begründen,** dh der beanstandete Zustand ist für Außenstehende nachvollziehbar in Stichpunkten darzulegen.[38] Das erfordert uU auch anzugeben, wie die Feststellungen getroffen wurden. **Vorbehalte ohne notwendige Begründung** sind wirkungslos, es sei denn der Absender erkennt sie an.[39] Im Fall des Abs. 2 S. 1 ist anzugeben, warum eine Überprüfung nicht möglich war.[40] Deshalb genügt für Gut, das in geschlossenem Container übernommen wurde, nicht der Vermerk **„said to contain".** Es muss vielmehr auf den Verschluss und den Grund der Unmöglichkeit der Öffnung (zB Plombe) hingewiesen werden.[41] Vorgedruckte oder **vorgestempelte Vorbehalte** reichen regelmäßig nicht.[42] Stellt der Frachtführer die **Unrichtigkeit** der Angaben zu **Anzahl, Zeichen** oder **Nummern** fest, hat er die Abweichung einzutragen. Eine weitere Begründung ist hier nicht notwendig und auch kaum möglich.[43]

8   **2. Rechtsfolgen wirksamer Vorbehalte. a) Anerkannte Vorbehalte (Abs. 2 S. 3).** Anerkannte Vorbehalte, Abs. 2 S. 3 verhindern den Eintritt der Beweiswirkungen des Art. 9 Abs. 2. An sie sind

---

[27] OLG München Urt. v. 3.5.1989 – 7 U 6078/88, TranspR 1991, 61; OLG Hamm Urt. v. 30.3.1998 – 18 U 179/97, TranspR 1998, 463 (464); OGH Wien Urt. v. 8.10.1984 – 1 Ob 577//84, VersR 1985, 795 (796); *Herber/ Piper* Rn. 10.

[28] *Koller* Rn. 1, Vor Art. 1 Rn. 35.

[29] So aber AG München Urt. v. 27.6.1996 – 181 C 4015/96, TranspR 1997, 341 (342); *Zapp* TranspR 1991, 371 (372); *Thume/Teutsch* Rn. 12, 18.

[30] OLG Düsseldorf Urt. v. 24.9.1992 – 18 U 28/92, TranspR 1993, 54 (55); *Loewe* ETL 1976, 503 (538); *Herber/ Piper* Rn. 13; *Thume/Teutsch* Rn. 24; *MüKoHGB/Jesser-Huß* Rn. 16 mwN; *Theunis/Ruitinga* 46.

[31] *Loewe* ETL 1976, 503 (538); *Herber/Piper* Rn. 12; *Sánchez-Gamborino* Nr. 438.

[32] *Willenberg* TranspR 1985, 161 (163); *Loewe* ETL 1976, 503 (538); *Koller* Rn. 4; *Herber/Piper* Rn. 12; *Thume/ Teutsch* Rn. 20; *Lamy* I Nr. 462; vgl. Hof van Beroep Antwerpen Urt. v. 26.1.1977, ETL 1977, 833 (834).

[33] *Koller* Rn. 4; *Herber/Piper* Rn. 12; *Thume/Teutsch* Rn. 22; *Theunis/Ruitinga* 53.

[34] *Giemulla* in Baumgärtel/Prütting/Laumen Beweislast-HdB Rn. 1.

[35] *Giemulla* in Baumgärtel/Prütting/Laumen Beweislast-HdB Rn. 1; *Herber/Piper* Rn. 12; *Koller* Rn. 4; *Ruitinga* ETL 1982, 235 (239).

[36] *Koller* Rn. 4; aA schon eine Überprüfungsobliegenheit verneinend *Herber/Piper* Rn. 11.

[37] Kh Antwerpen Urt. v. 21.10.1975, ETL 1976, 271 (274); *Loewe* ETL 1976, 503 (538); ausf. *MüKoHGB/Jesser-Huß* Rn. 17; *Koller* Rn. 6; *Hill/Messent* 76; *Putzeys* Nr. 414.

[38] OLG Düsseldorf Urt. v. 24.9.1992 – 18 U 28/92, TranspR 1993, 54 (55); Denkschrift BT-Drs. III/1144, 37; *Loewe* ETL 1976, 503 (538); *MüKoHGB/Jesser-Huß* Rn. 18; *Pesce* 139; *Lamy* I Nr. 467.

[39] LG Mönchengladbach Urt. v. 16.3.1988 – 9 O 33/86, TranspR 1988, 431; *Loewe* ETL 1976, 503 (538); *Thume/Teutsch* Rn. 25; *Herber/Piper* Rn. 13; *Koller* Rn. 6; *MüKoHGB/Jesser-Huß* Rn. 18; *Putzeys* Nr. 413.

[40] LG Mönchengladbach Urt. v. 16.3.1988 – 9 O 33/86, TranspR 1988, 431; *Loewe* ETL 1976, 503 (538); *Thume/Teutsch* Rn. 25; *Koller* Rn. 6; *Theunis/Ruitinga* 47; *Lamy* I Nr. 467.

[41] C. A. Paris Urt. v. 5.4.1990 BT 1991, 223; *Koller* Rn. 6; anders, wenn diese Art des Vorbehalts zwischen den Parteien üblich war *MüKoHGB/Jesser-Huß* Rn. 18 mwN; *Theunis/Ruitinga* 49.

[42] Kh Antwerpen Urt. v. 26.6.1985 ETL 1986, 582 (583); *Herber/Piper* Rn. 13; *HEPK/Glöckner* Rn. 9; weitergehend *Putzeys* Nr. 410.

[43] OLG Düsseldorf Urt. v. 24.9.1992 – 18 U 28/92, TranspR 1993, 54 (55); *Loewe* ETL 1976, 503 (538); *Koller* Rn. 6; *Thume/Teutsch* Rn. 24; *Ruitinga* ETL 1982, 235 (237 f.); *Theunis/Ruitinga* 47; *Clarke* Nr. 25b S. 71.

Absender und Empfänger ohne die Möglichkeit des Gegenbeweises **gebunden.**[44] Die abweichende Ansicht nimmt lediglich eine widerlegliche Vermutung an,[45] die gegenüber dem nicht anerkannten Vorbehalt dahin verstärkt ist, dass der Absender auch darlegen und beweisen muss, warum er den (unrichtigen) Vorbehalt anerkannt hat.[46] So soll eine Besserstellung des Frachtführers vermieden werden, gegen den selbst nur widerlegliche Vermutungen sprechen. Allerdings gibt es für ihn keine einem besonderen Anerkenntnis entsprechende Lage. Die Bindung des Absenders an den anerkannten Vorbehalt macht den Frachtführer nicht schon haftungsfrei. Er muss vielmehr die Ursächlichkeit gerade der im Vorbehalt festgehaltenen Mängel für den Schaden beweisen.[47] Es ist eine **ausdrückliche Anerkennung** erforderlich. Einfache Unterzeichnung des Frachtbriefs genügt nicht, weil sie nach Art. 5 schon für einen wirksamen Frachtbrief erforderlich ist.[48] Die Anerkennung in einem Exemplar des Frachtbriefs reicht.[49]

b) Nicht anerkannte Vorbehalte. Nicht anerkannte Vorbehalte sind nicht unwirksam oder völlig 9 wirkungslos. Sie sind zwar einerseits – anders als die anerkannten Vorbehalte – nicht zugunsten des Frachtführers verbindlich, sie **schließen** aber – weil Art. 9 Abs. 2 keinen anerkannten Vorbehalt voraussetzt – je nach Vorbehalt die **Vermutung aus,** dass Gut oder Verpackung bei Übernahme in äußerlich gutem Zustand waren oder dass Anzahl, Zeichen und Nummern der Frachtstücke mit den Frachtbriefeintragungen übereinstimmten.[50] Damit ist die **Beweislage** völlig **offen.** Ein solcher Vorbehalt stellt den Grundsatz wieder her, dass der Anspruchssteller die vollzählige und ordnungsgemäße Übernahme des Gutes nachzuweisen hat, aber auch der Frachtführer den Verpackungsmangel beweisen muss, wenn er sich auf die Haftungsbefreiung des Art. 17 Abs. 4 lit. b berufen will.[51] Hat der Frachtführer einen Vorbehalt angebracht und selbst vom ursprünglichen Frachtbrief abweichende Nummern von Frachtstücken vermerkt, trifft ihn auch die Beweislast, dass er Frachtstücke mit den von ihm eingetragenen Nummern, auf deren Verlust er in Anspruch genommen wird, nicht übernommen hat.[52] **Will sich der Absender die Vermutung** des Art. 9 Abs. 2 **erhalten,** muss er Weisung zum Ausladen geben, Art. 12.[53] Für nachgewiesen **unrichtige Vorbehalte** macht sich der Frachtführer nach nationalem Recht ersatzpflichtig.[54] Für die **Ansprüche gegen den Absender nach Art. 10** genügt der einseitige Vorbehalt.[55]

IV. Rechtsfolgen unterlassener Überprüfung oder fehlender Vorbehalte

An die fehlende Überprüfung allein sind keine Rechtsfolgen geknüpft.[56] Eine der tatsächlichen 10 Folgen ist etwa die Nichteintragung von Vorbehalten. In diesem Fall greift die Vermutung nach **Art. 9 Abs. 2** für den ordnungsgemäßen äußeren Zustand von Gut und Verpackung und für die im Frachtbrief vermerkte Anzahl sowie Zeichen und Nummern ein.[57] Eine entsprechende Beweiserleichterung sieht das innerdeutsche Recht in § 409 Abs. 2 HGB vor. Der Frachtführer kann diese Vermutung nur durch den vollen Gegenbeweis entkräften.[58] Außerdem entfällt uU die Haftung des Absenders für mangelhafte Verpackung nach Art. 10[59] und den Frachtführer kann im Rahmen der Absenderhaftung

[44] *Giemulla* in Baumgärtel/Prütting/Laumen Beweislast-HdB Rn. 1; *Koller* Rn. 7; MüKoHGB/*Jesser-Huß* Rn. 20; *Theunis/Ruitinga* 52; *Putzeys* Nr. 418; *Clarke* Nr. 25b(ii) S. 72; *Dorrestein*, Recht van het internationale wegvervoer, 1977, 110; *Ruitinga* ETL 1982, 235 (239); *Sánchez-Gamborino* Nr. 442.

[45] *Loewe* ETL 1976, 503 (539); *Jesser* Frachtführerhaftung 56; *Thume/Teutsch* Rn. 28; *Herber/Piper* Rn. 19; *Haak*, The Liability of the Carrier under the CMR, 1986, 212.

[46] *Herber/Piper* Rn. 19.

[47] Ausf. MüKoHGB/*Jesser-Huß* Rn. 20; *Putzeys* Nr. 418; *Lamy* I Nr. 467.

[48] *Loewe* ETL 1976, 503 (540); *Koller* Rn. 7; *Herber/Piper* Rn. 18; MüKoHGB/*Jesser-Huß* Rn. 19, der auch gesonderte Unterschrift verlangt; *Hill/Messent* 77; *Sánchez-Gamborino* Nr. 441; aA Theunis/*Ruitinga* 52.

[49] *Thume/Teutsch* Rn. 28; *Putzeys* Nr. 421.

[50] OLG Hamm Urt. v. 8.2.1982 – 18 U 165/81, TranspR 1985, 187; OLG Düsseldorf Urt. v. 24.9.1992 – 18 U 28/92, TranspR 1993, 54 (55); Denkschrift BT-Drs. III/1144, 37; *Helm* VersR 1988, 548 (551); *Piper* TranspR 1990, 357 (360); *Loewe* ETL 1976, 503 (539); *Giemulla* in Baumgärtel/Prütting/Laumen Beweislast-HdB Rn. 1; *Koller* Rn. 8; MüKoHGB/*Jesser-Huß* Rn. 21; *Herber/Piper* Rn. 15; *Krejci* HandelsR Kap. 25 III A 2b; *Clarke* Nr. 25b(ii) S. 73; *Theunis/Ruitinga* 52, 54; aA (Eingreifen der Vermutung des Art. 9 Abs. 2): *Rodière* BT 1974, 208; *Lamy* I Nr. 468; *Putzeys* Nr. 423; *Sánchez-Gamborino* Nr. 443; Paris BullT 2005, 454 f.

[51] OLG Hamm Urt. v. 8.2.1982 – 18 U 165/81, TranspR 1985, 187; *Piper* TranspR 1990, 357 (361); *Koller* Rn. 8; GroßkommHGB/*Helm* Rn. 6; *Thume/Teutsch* Rn. 30; *Ruitinga* ETL 1982, 235 (245); *Clarke* Nr. 25b(ii) S. 73.

[52] MüKoHGB/*Jesser-Huß* Rn. 21; *Lenz* Straßengütertranspr Rn. 227.

[53] *Loewe* ETL 1976, 503 (539); *Koller* Rn. 8; *Herber/Piper* Rn. 17; *Thume/Teutsch* Rn. 31.

[54] *Loewe* ETL 1976, 503 (539 f.); *Herber/Piper* Rn. 17; *Koller* Rn. 8; *Thume/Teutsch* Rn. 31.

[55] *Koller* Rn. 8; *Herber/Piper* Rn. 17; *Thume/Teutsch* Rn. 30.

[56] *Koller* Rn. 5; *Herber/Piper* Rn. 14; Theunis/*Ruitinga* 51.

[57] BGH Urt. v. 9.2.1979 – I ZR 67/77, NJW 1979, 2471 (2472); OGH Wien Urt. v. 3.7.1985 – 3 Ob 547/85, TranspR 1987, 374 (375); C.A. Liège Urt. v. 18.12.1967 ETL 1969, 965 (972); Trib.com. Charleroi Urt. v. 26.6.1977, ETL 1977, 776 (778).

[58] OGH Wien Urt. v. 3.7.1985 – 3 Ob 547/85, TranspR 1987, 374 (375); *Piper* VersR 1988, 361; *Helm* TranspR 1990, 357, 548 mwN; HEPK/*Glöckner* Art. 9 Rn. 2; *Putzeys* Nr. 427.

[59] *Loewe* ETL 1976, 503 (537); GroßkommHGB/*Helm* Rn. 3; *Koller* Rn. 1; *Herber/Piper* Rn. 20; *Putzeys* Nr. 430.

nach Art. 7 Abs. 1 lit. a als Gläubiger ein **Mitverschulden** treffen,[60] weil dieses auch in einer Obliegenheitsverletzung bestehen kann (→ Art. 7 Rn. 4). Bezüglich Ladungsschäden, bei denen Haftungsbefreiungsgründe nach Art. 17 Abs. 4 lit. b (Verpackungsmängel), Art. 17 Abs. 4 lit. e (falsche Nummerierung) oder Art. 17 Abs. 2 (besondere Mängel des Gutes) zu seinen Gunsten wirken, kann ihm eine Verantwortung nach Art. 17 Abs. 5 nicht schon deshalb entgegengehalten werden, weil er seinen in Art. 8 Abs. 1 enthaltenen Prüfungsobliegenheiten nicht nachgekommen ist; denn eine Haftungssanktion ist an ihre Verletzung gerade nicht geknüpft. Er muss sich insoweit aber eine Verletzung seiner allgemeinen Obhutspflicht zurechnen lassen, wenn er die Mängel kannte oder sie offensichtlich waren.[61]

11 Die **französische Rechtsprechung** hält den Frachtführer für berechtigt, den Inhalt der Frachtstücke zu überprüfen und erstreckt, wenn ein Vorbehalt vom Frachtführer nicht erhoben wurde, die Vermutung des Art. 9 Abs. 2 auf den **inneren Zustand des verpackten Gutes,** selbst wenn er diesen gar nicht überprüfen konnte (→ Art. 9 Rn. 4). Auf die Angaben im Frachtbrief soll sich der Frachtführer danach verlassen können.[62] Als Folge wird weiter vermutet, dass ein **Schaden während des Obhutszeitraums entstanden** ist, wenn der Empfänger nur einen ordnungsgemäßen Vorbehalt gem. Art. 30 gemacht hat.[63] Schließlich kann sich der Frachtführer nach der französischen Rspr. auf eine offensichtlich **mangelhafte Verladung** nicht berufen, wenn er einen diesbezüglichen Vorbehalt nicht gemacht hat (→ Rn. 4).

12 Art. 8 begründet keine eigenen Ansprüche gegen den Frachtführer (→ Rn. 1). Solche können auch nicht auf die **ergänzende Anwendung nationalen Rechts** gestützt werden, weil die Folgen der Obliegenheitsverletzung in der CMR abschließend geregelt sind.[64] Allerdings können Ersatzansprüche nach nationalem Recht aus im **Vertrag** ausdrücklich oder stillschweigend **übernommenen Kontrollpflichten** entstehen.[65]

V. Überprüfung von Gewicht, Menge oder Inhalt (Abs. 3)

13 **1. Anspruch auf Überprüfung.** Eine Pflicht zur Überprüfung von Gewicht, Menge und Inhalt der Frachtstücke besteht nur auf **Verlangen des Absenders und gegen Kostenerstattung.**[66] Sie ist eine echte Rechtspflicht[67] (ähnl. § 409 Abs. 3 HGB). Ist die Überprüfung unzumutbar, wobei der Kostenerstattungsanspruch zu berücksichtigen ist, so gilt Art. 8 Abs. 2 S. 1 analog.[68] Eine Pflicht zur **Funktions-, Qualitäts-** oder **Eigenschaftsüberprüfung** besteht nach der Vorschrift nicht.[69] Zur vertraglichen Erweiterung der Prüfungspflichten → Rn. 5.

14 **2. Rechtsfolgen.** Der **Absender,** der ein Überprüfungsverlangen stellt, hat die Kosten zu tragen. Zur Fälligkeit und einem etwaigen Vorschussanspruch sind die innerstaatlichen Vorschriften heranzuziehen. Nach deutschem Recht gelten §§ 675, 669 BGB.[70] Der **Frachtführer** ist verpflichtet, das Ergebnis im Frachtbrief einzutragen, Abs. 3 S. 4. Für die **Beweiswirkungen** von Eintragungen fehlt es an einer § 409 Abs. 3 S. 1 HGB entsprechenden Regelung. Art. 9, der im Rahmen des Abs. 1 unmittelbar Anwendung findet, ist hier wegen der gleichen Interessenlage analog heranzuziehen,[71] ohne dass es darauf ankommt, ob der Frachtführer tatsächlich Kostenersatz erhalten hat. Das bedeutet, dass bei Eintragungen, die mit dem Absendereintrag übereinstimmen, gem. Art. 9 Abs. 2 die Richtig-

---

[60] Thume/*Teutsch* Rn. 6; *Koller* Rn. 1; HEPK/*Glöckner* Rn. 6; zu Unrecht einschr. *Herber/Piper* Rn. 20: nur wenn der Frachtführer Mängel tatsächlich feststellt.

[61] *Herber/Piper* Art. 17 Rn. 104, 106, 137; wohl auch Thume/*Thume* Art. 17 Rn. 140; iErg ebenso, wenn auch unter Heranziehung von Art. 8 *Koller* Rn. 1, 5, Art. 17 Rn. 38; iErg ähnl. über Art. 29 MüKoHGB/*Jesser-Huß* Rn. 12 aE; weitergehend unter Berufung auf Art. 8 OLG Karlsruhe Urt. v. 18.10.1967 – 1 U 227/66, DB 1967, 2022; *Fremuth/Thume* FrachtR Rn. 15.

[62] Paris BullT 2002, 580.

[63] Cass. Paris Urt. v. 2.2.1982 BT 1982, 152; *Lamy* I Nr. 468 mwN; *Lutz* TranspR 1991, 6 (7).

[64] Zivilgericht/Appellationsgericht Basel Stadt Urt. v. 19.4.1991/8.5.1992, TranspR 1992, 408; *Konow* TranspR 1987, 14 (15); *Thume* TranspR 1995, 1 (3); *Koller* Rn. 1; *Herber/Piper* Rn. 3; vgl. auch OLG Düsseldorf Urt. v. 7.2.1974 – 18 U 37/73, VersR 1975, 638 (639).

[65] *Konow* TranspR 1987, 14 (16 f.); *Herber/Piper* Rn. 3; *Thume* TranspR 1995, 1 (3); vgl. OLG München Urt. v. 3.5.1989 – 7 U 6078/88, TranspR 1991, 61 (62).

[66] OLG Düsseldorf Urt. v. 24.9.1992 – 18 U 28/92, TranspR 1993, 54 (55); *Koller* Rn. 9; HEPK/*Glöckner* Rn. 10.

[67] *Jesser* Frachtführerhaftung 56; GroßkommHGB/*Helm* Rn. 7; MüKoHGB/*Jesser-Huß* Rn. 22; *Herber/Piper* Rn. 22; aA *Zapp* TranspR 1991, 371 (372).

[68] *Koller* Rn. 9; ausf. MüKoHGB/*Jesser-Huß* Rn. 23; aA (Beschränkung der Pflicht auf das Zumutbare): *Jesser* Frachtführerhaftung 56; GroßkommHGB/*Helm* Rn. 8; *Herber/Piper* Rn. 23.

[69] GroßkommHGB/*Helm* Rn. 9; *Herber/Piper* Rn. 23; Thume/*Teutsch* Rn. 33; *Putzeys* Rn. 393.

[70] *Koller* Rn. 10; *Herber/Piper* Rn. 24; MüKoHGB/*Jesser-Huß* Rn. 24; Thume/*Teutsch* Rn. 34.

[71] *Koller* Rn. 10; MüKoHGB/*Jesser-Huß* Rn. 25 ff.; *Herber/Piper* Art. 9 Rn. 14; *Precht/Endrigkeit* Art. 9 Rn. 2; *Rodière* ETL 1970, 627 (628); aA (Anwendbarkeit nationalen Rechts) *Helm* VersR 1988, 548 (551); *Clarke* Nr. 25b (iii) S. 74; *Hill/Messent* 77; *Haak,* The Liability of the Carrier under the CMR, 1986, 190; *Sánchez-Gamborino* Nr. 463.

keit der Angabe im Frachtbrief vermutet wird und eine abweichende Eintragung wie die Eintragung eines Vorbehalts behandelt wird.[72] Das gilt auch für gemeinsame Eintragungen.[73] **Fehlt ein Eintrag,** obwohl ein Prüfungsverlangen gestellt wurde, scheidet mangels einer entsprechenden Verlautbarungsgrundlage eine analoge Anwendung von Art. 9 aus. Es ist nationales Recht uU mit den Regeln der Beweisvereitelung maßgebend,[74] ebenso wenn nachgewiesen werden kann, dass ein **Eintrag falsch** ist, oder der Frachtführer die Überprüfungspflicht nach Abs. 3 verletzt.[75] **Eintragungen im Frachtbrief ohne ein Prüfungsverlangen** haben nicht die Beweiswirkungen des Art. 9. Maßgebend ist auch insoweit mangels einer Regelung in der CMR das nationale Recht.[76]

Art. 9 [Beweiswirkung des Frachtbriefs]

(1) **Der Frachtbrief dient bis zum Beweise des Gegenteils als Nachweis für den Abschluß und Inhalt des Beförderungsvertrages sowie für die Übernahme des Gutes durch den Frachtführer.**

(2) **Sofern der Frachtbrief keine mit Gründen versehenen Vorbehalte des Frachtführers aufweist, wird bis zum Beweise des Gegenteils vermutet, daß das Gut und seine Verpackung bei der Übernahme durch den Frachtführer äußerlich in gutem Zustande waren und daß die Anzahl der Frachtstücke und ihre Zeichen und Nummern mit den Angaben im Frachtbrief übereinstimmten.**

Schrifttum: *Fumi,* Anforderungen an den Nachweis der innergemeinschaftlichen Lieferung in Versendungsfällen, EFG 2005, 648; *Oetker,* Versendungskauf, Frachtrecht und Drittschadensliquidation, JuS 2001, 833; *Rüth/Winter,* Kein Vertrauensschutz bei lückenhaften Belegen über innergemeinschaftliche Lieferungen, DStR 2005, 681; iÜ vgl. Vor Art. 1, Art. 4, 8.

Parallelvorschriften: § 409 HGB; Art. 11 MÜ; Art. 12 §§ 1, 2 CIM 1999; Art. 11 Abs. 3, 12 Abs. 2 CMNI.

I. Voraussetzungen der Beweiswirkung

Die Vorschrift enthält Beweisregeln, die an die Ausstellung eines **ordnungsgemäß unterzeichne- 1 ten** (→ Art. 5 Rn. 3) **Frachtbriefs** anknüpfen und sie voraussetzen.[1] Der BGH scheint (ohne nähere Begründung) daneben einen mit der Angabe nach Art. 6 Abs. 1 lit. k (Paramountklausel) versehenen Frachtbrief zu fordern.[2] Der Frachtbrief ist eine **widerlegbare**[3] **Beweisurkunde,** mit der über die Vermutung des Art. 9 Abs. 1 eine Umkehrung der Beweislast verbunden ist[4] (ebenso § 409 Abs. 2 HGB für innerdeutsche Beförderungen). **Fehlt ein Frachtbrief** ganz oder ist er nicht ordnungsgemäß von beiden Parteien unterzeichnet, greift Art. 9 nicht ein, es gilt nationales Beweisrecht.[5] Den Anspruchssteller trifft die volle Beweislast. Fehlt ein Frachtbrief, kann je nach den Umständen für die Beweiswürdigung die Erwägung von Bedeutung sein, dass der Frachtführer, der die Ausstellung eines Frachtbriefs nicht verlangt habe, keinen Grund gehabt habe, einen Vorbehalt geltend zu machen.[6] Dem nur **von einer Partei unterzeichneten Frachtbrief** kann die allgemeine Beweiswirkung einer

---

[72] *Herber/Piper* Art. 9 Rn. 14; MüKoHGB/*Jesser-Huß* Rn. 26, 27; aA wohl *Putzeys* Nr. 395.

[73] *Herber/Piper* Art. 9 Rn. 14; einschr. zur Möglichkeit des Gegenbeweises *Loewe* ETL 1976, 503 (537); Theunis/ *Ruitinga* 51.

[74] *Herber/Piper* Art. 9 Rn. 16; *Koller* Rn. 10; MüKoHGB/*Jesser-Huß* Rn. 26 f.; *Hill/Messent* 77; Theunis/*Ruitinga* 51; aA GroßkommHGB/*Helm* Rn. 10; *Helm* VersR 1988, 548 (551).

[75] *Koller* Rn. 10; *Herber/Piper* Rn. 22; MüKoHGB/*Jesser-Huß* Rn. 22.

[76] *Koller* Rn. 10; Theunis/*Ruitinga* 51; *Clarke* Nr. 25b(iii) S. 74 f.; *Libouton* ETL 1973, 6 (28); aA *Herber/Piper* Art. 9 Rn. 15; *Rodière* ETL 1970, 647.

[1] BGH Urt. v. 9.2.1979 – I ZR 67/77, NJW 1979, 2471 f.; Urt. v. 16.10.1986 – I ZR 149/84, NJW 1987, 1144; Urt. v. 8.6.1988 – I ZR 149/86, VersR 1988, 952; Urt. v. 17.4.1997 – I ZR 251/94, VersR 1998, 79 (80); OLG Hamburg Urt. v. 30.3.1989 – 6 U 169/88, TranspR 1989, 321 (323); OLG München Urt. v. 27.11.1992 – 23 U 3700/92, VersR 1993, 1298; *Herber/Piper* Rn. 1; *Hill/Messent* 68; *Clarke* Nr. 25 S. 67; *Rüth/Winter* DStR 2005, 681 (682); *Fumi* EFG 2005, 648 f.; *Sánchez-Gamborino* Nr. 461; aA MüKoHGB/*Jesser-Huß* Rn. 2: fehlende Unterschrift verhindert Beweisvermutung nur zum Nachteil dieser Partei; vgl. auch Nachweise Art. 5 Fn. 8.

[2] BGH Urt. v. 8.6.1988 – I ZR 149/86, VersR 1988, 952; *Herber/Piper* Art. 6 Rn. 16; abl. *Koller* EWiR 1988, 993 (994).

[3] BGH Urt. v. 18.1.2002 TranspR 2001, 369 (371); Cour Cass. ETR 1993, 746; aA wohl schweiz. Bundesgericht ETR 1995, 668 (670); Tribunal Supremo (Spanien) ETR 1995, 678.

[4] BGH Urt. v. 9.2.1979 – I ZR 67/77, NJW 1979, 2471 (2472); Urt. v. 17.4.1997 – I ZR 251/94, VersR 1998, 79 (80); OLG Düsseldorf Urt. v. 12.12.1985 – 18 U 90/85, TranspR 1986, 56 (57); OGH Wien Urt. v. 3.7.1985 – 3 Ob 547/85, TranspR 1987, 374 (377); Cass. Paris Urt. v. 1.12.1992 ETL 1993, 745 (746); Denkschrift BT-Drs. III/ 1144, 37; *Helm* VersR 1988, 548 (551); *Giemulla* in Baumgärtel/Prütting/Laumen Beweislast-HdB Rn. 1; *Herber/ Piper* Rn. 1; *Koller* Rn. 1; MüKoHGB/*Jesser-Huß* Rn. 1; *Clarke* Nr. 25 S. 68; *Pesce* 142.

[5] OLG Nürnberg Urt. v. 23.2.1994 – 12 U 2937/93, TranspR 1994, 288; *Herber/Piper* Rn. 17; Thume/*Teutsch* Rn. 3.

[6] BGH Urt. v. 9.2.1979 – I ZR 67/77, NJW 1979, 2471 (2472).

Urkunde nach dem jeweils anwendbaren Prozessrecht zukommen.[7] Nach deutschem Verfahrensrecht wird durch einen nur von einer Partei unterzeichneten Frachtbrief gem. § 416 ZPO die Abgabe der in ihm enthaltenen Erklärung nachgewiesen. Hinsichtlich der inhaltlichen Richtigkeit unterliegt er als Privaturkunde der freien Beweiswürdigung und begründet regelmäßig nur die widerlegliche Vermutung, dass die in ihm enthaltenen Erklärungen richtig sind. Selbst wenn der einseitig vom Frachtführer unterzeichnete Frachtbrief keinen Vorbehalt enthält, ist der Schluss, das Gut sei in äußerlich einwandfreiem Zustand übernommen worden, mangels einer bestehenden Prüfungsobliegenheit unzulässig.[8]

II. Beweiswirkungen des Art. 9

2   **1. Vermutung für Abschluss und Inhalt des Vertrags und für Übernahme des Gutes (Abs. 1).** Der ordnungsgemäß unterzeichnete Frachtbrief begründet die gesetzliche widerlegliche Vermutung für den **Abschluss**[9] des Vertrags (nicht für dessen Zeitpunkt oder das Fehlen von Willensmängeln oder die Geschäftsfähigkeit und Vertretungsmacht)[10] und für **den als Absender und Frachtführer**[11] oder als **Empfänger**[12] **dort Ausgewiesenen.** Ein im Frachtbrief nicht Ausgewiesener kann sich auf die Vermutung des Art. 9 Abs. 1 nicht berufen. Von der Vermutungswirkung wird auch der im Frachtbrief **vermerkte Inhalt** erfasst. Das gilt zB für den in dem Brief enthaltenen Inhalt als Frachtvertrag,[13] die Lieferfrist,[14] den Bestimmungsort[15] sowie aufgeführte Weisungen.[16] Für **AGB,** auf die der Frachtbrief Bezug nimmt, greift die Vermutungswirkung des Art. 9 Abs. 1, wenn die Einbeziehung in den Vertrag nach dem ergänzend anwendbaren nationalen Recht zulässig ist.[17] Weil Abreden nach Art. 6 Abs. 3 in den Frachtbrief aufzunehmen sind, spricht die Vermutung der **Vollständigkeit** für die in ihm vermerkten Absprachen.[18] Schließlich wird die Tatsache der **Übernahme des** im Frachtbrief angegebenen **Gutes** durch den im Frachtbrief angegebenen Frachtführer und die Übergabe der in ihm genannten **Begleitpapiere**[19] vermutet. Für den Inhalt im Frachtbrief aufgeführter Begleitpapiere gilt nicht Art. 9, sondern Art. 11.[20] Sind im Frachtbrief bezüglich der in Abs. 1 genannten Umstände **Vorbehalte** eingetragen, so kann die Vermutung des Abs. 1 in analoger Anwendung von Abs. 2 nicht herangezogen werden.[21]

3   **2. Vermutung für Zustand von Gut und Verpackung, Anzahl, Zeichen und Nummern (Abs. 2). a) Allgemeines.** Die widerlegliche **Vermutung,** die eine Beweislastregelung zu Lasten des Frachtführers trifft, wenn Vorbehalte fehlen oder nicht ordnungsgemäß (→ Art. 8 Rn. 7) erhoben sind, erleichtert die Beweisführung des Anspruchsstellers. Sie reicht so weit wie die Prüfungsobliegenheit des Frachtführers nach Art. 8 Abs. 1.[22] Der Frachtführer kann den **Gegenbeweis** aber auch führen, wenn er eine Überprüfung vorsätzlich unterlassen hat.[23] Die **Vermutung entfällt,** wenn ein ordnungsgemäßer Vorbehalt (→ Art. 8 Rn. 9) eingetragen ist. Die Beweislage ist dann wieder völlig offen, es sei denn, der Absender hat den Vorbehalt anerkannt (→ Art. 8 Rn. 8).

---

[7] BGH Urt. v. 17.4.1997 – I ZR 251/94, VersR 1998, 79 (80); *Helm* VersR 1988, 548 (550); *Koller* Art. 5 Rn. 3; *Herber/Piper* Rn. 18.

[8] *Koller* Art. 5 Rn. 3; aA OLG Hamburg Urt. v. 30.3.1989 – 6 U 169/88, TranspR 1989, 321 (323).

[9] MüKoHGB/*Jesser-Huß* Rn. 3; *Herber/Piper* Rn. 6; *Pesce* 147.

[10] *Koller* Rn. 2; *Herber/Piper* Rn. 6; MüKoHGB/*Jesser-Huß* Rn. 3.

[11] OLG Hamburg Urt. v. 6.11.1980 – 6 U 68/80, VersR 1982, 556; OLG München Urt. v. 27.3.1981 – 23 U 3758/80, VersR 1982, 264 (265); OLG Düsseldorf Urt. v. 14.12.1995 – 18 U 211/93, TranspR 1996, 155; Hof van Beroep Antwerpen Urt. v. 23.2.1993, ETL 1993, 934 (937); *Helm* VersR 1988, 548 (551); MüKoHGB/*Jesser-Huß* Rn. 3; *Herber/Piper* Rn. 6.

[12] Texas Instruments Ltd. v. Nason (Europe) Ltd., Q. B.(D.) Urt. v. 8.6.1990, ETL 1991, 671 (676); *Helm* VersR 1988, 548 (551); *Herber/Piper* Rn. 6; MüKoHGB/*Jesser-Huß* Rn. 4.

[13] OLG München Urt. v. 30.10.1974 – 7 U 4596/73, VersR 1975, 129 (130); *Helm* VersR 1988, 548 (551); MüKoHGB/*Jesser-Huß* Rn. 3 mwN.

[14] OLG Düsseldorf Urt. v. 30.12.1982 – 18 U 152/82, VersR 1983, 1029; C. A. Grenoble Urt. v. 13.3.1980, BT 1981, 306; *Koller* Rn. 2; MüKoHGB/*Jesser-Huß* Rn. 4.

[15] Kh Antwerpen Urt. v. 3.4.1977, ETL 1977, 411 (414); *Herber/Piper* Rn. 6; MüKoHGB/*Jesser-Huß* Rn. 4.

[16] Rb. Roermond Urt. v. 30.5.1968, ETL 1969, 1019; *Koller* Rn. 2; *Herber/Piper* Rn. 6.

[17] *Giemulla* in Baumgärtel/Prütting/Laumen Beweislast-HdB Rn. 2; *Herber/Piper* Rn. 8.

[18] *Thume/Teutsch* Rn. 4; *Koller* Rn. 2; *Herber/Piper* Rn. 7; MüKoHGB/*Jesser-Huß* Rn. 4.

[19] OLG Schleswig Urt. v. 30.8.1978 – 9 U 29/78, VersR 1979, 141 (142); *Helm* VersR 1988, 548 (551); *Herber/Piper* Rn. 10; MüKoHGB/*Jesser-Huß* Rn. 10.

[20] *Clarke* Nr. 25 S. 67 Fn. 44; *Putzeys* Nr. 444.

[21] *Koller* Rn. 2; *Thume/Teutsch* Rn. 5; MüKoHGB/*Jesser-Huß* Rn. 6; aA (Notwendigkeit der Korrektur vor Unterzeichnung): *Herber/Piper* Rn. 8.

[22] OLG Düsseldorf Urt. v. 4.3.1982 – 18 U 197/81, VersR 1982, 1202; Denkschrift BT-Drs. III/1144, 37; *Piper* TranspR 1990, 357 (361); *Helm* VersR 1988, 548 (551); *Thume/Teutsch* Rn. 9; *Herber/Piper* Rn. 9; MüKoHGB/*Jesser-Huß* Rn. 7.

[23] OLG Düsseldorf Urt. v. 7.2.1974 – 18 U 37/73, VersR 1975, 638; OLG Hamm Urt. v. 8.2.1982 – 18 U 165/81, TranspR 1985, 187; OGH Wien Urt. v. 3.7.1985 – 3 Ob 547/85, TranspR 1987, 374 (377); *Herber/Piper* Rn. 12; *Putzeys* Nr. 427.

b) Äußerer Zustand von Gut und Verpackung. Es wird nur der ordnungsmäßige **äußere** 4 Zustand zur Zeit der Übernahme vermutet, weil auch nur er nach Art. 8 Abs. 1 zu überprüfen ist.[24] Auf den **inneren Zustand** des Frachtguts erstreckt sich die Vermutung nicht. Der Absender hat deshalb zu beweisen, dass der Frachtführer das **Gut in unbeschädigtem Zustand übernommen** hat.[25] Das gilt auch dann, wenn der äußerlich nicht erkennbare Schaden nach Ablieferung rechtzeitig gerügt worden ist,[26] Art. 30. Nach **französischer Rechtsprechung** bezieht sich die Vermutung auch darauf, dass der Frachtführer das Gut in ordnungsgemäßen inneren Zustand übernommen hat, dass der Schaden also nach der Übernahme entstanden ist und zwar selbst dann, wenn eine Untersuchung aus tatsächlichen Gründen gar nicht möglich war[27] (→ Art. 8 Rn. 11). Im deutschen und spanischen Schrifttum wird hingegen die Auffassung vertreten, die Vermutung erfasse nicht die ordnungsmäßige **Verladung** und **Verstauung,** da sich die Prüfungspflicht des Art. 8 Abs. 1 nicht auf sie bezieht.[28] Zur französischen Auffassung → Art. 8 Rn. 4.

c) Anzahl, Zeichen, Nummern. Der auf die Anzahl der Frachtstücke, ihre Zeichen und Num- 5 mern bezogenen Vermutung des Abs. 2 steht nicht entgegen, dass eine Überprüfung unmöglich war, weil der Frachtführer insoweit gem. Art. 8 Abs. 2 einen Vorbehalt hätte eintragen können.[29] Der **Gegenbeweis** gegen die Vermutung des Abs. 2 verlangt vom Frachtführer den vollen Beweis für die Anzahl der nach seiner Behauptung übernommenen Frachtstücke. Es genügt nicht der Nachweis der Unrichtigkeit der im Frachtbrief enthaltenen Zahl.[30]

d) Gewicht, Menge. Zur analogen Anwendung von Art. 9 → Art. 8 Rn. 14.   6

Art. 10 [Haftung für mangelhafte Verpackung]

Der Absender haftet dem Frachtführer für alle durch mangelhafte Verpackung des Gutes verursachten Schäden an Personen, am Betriebsmaterial und an anderen Gütern sowie für alle durch mangelhafte Verpackung verursachten Kosten, es sei denn, daß der Mangel offensichtlich oder dem Frachtführer bei der Übernahme des Gutes bekannt war und er diesbezüglich keine Vorbehalte gemacht hat.

Schrifttum: *Froeh,* Die Haftung für Beschaffenheitsschäden im Transportrecht, 1991; *Koller,* Die Unzulänglichkeit der Verpackung im Transport- und Transportversicherungsrecht, VersR 1993, 519; *Thume,* Haftungsprobleme beim Containerverkehr, TranspR 1990, 41; iÜ vgl. Vor Art. 1.

Parallelvorschriften: § 414 HGB; Art. 14 CIM 1999.

I. Allgemeines

Der Absender haftet dem Frachtführer für **Schäden,** die diesem **durch mangelhafte Verpackung** 1 entstehen, weil er die Eigenschaften des Gutes besser kennt als der Frachtführer[1] (ebenso § 414 HGB). Nach Art. 17 Abs. 4 lit. b ist der Frachtführer außerdem von der Haftung für Schäden am Gut durch mangelhafte Verpackung befreit. Art. 10 erfasst nicht Schäden durch **mangelhafte Verladung oder Verstauung** und ist darauf als Ausnahmevorschrift auch nicht analog anwendbar,[2] weil die CMR in Art. 17 Abs. 4 lit. b und c zwischen Verpackung und Verladung ausdrücklich unterscheidet und in Art. 10 nur die Verpackung nennt. Zur Verpackung gehört aber die Befestigung von Packstücken auf einer **Palette** oder in einem **Container.**[3] Nicht anwendbar ist Art. 10, wenn durch mangelhafte

---

[24] BGH Urt. v. 8.6.1988 – I ZR 149/86, VersR 1988, 952 (953); *Helm* VersR 1988, 548 (551); *Piper* TranspR 1990, 357 (361); *Jesser* Frachtführerhaftung 57; MüKoHGB/*Jesser-Huß* Rn. 7.

[25] BGH Urt. v. 8.6.1988 – I ZR 149/86, VersR 1988, 952 (953); *Piper* TranspR 1990, 357 (361); *Jesser* Frachtführerhaftung 57; Thume/*Teutsch* Rn. 10.

[26] *Loewe* ETL 1976, 503 (541).

[27] Cass. Paris Urt. v. 2.2.1982, ETL 1982, 294; Urt. v. 1.12.1992 ETL 1993, 745; Trib.com. Charleroi Urt. v. 26.6.1977, ETL 1977, 776 (778); ähnl. *Sánchez-Gamborino* Nr. 461; vgl. wN bei *Lutz* TranspR 1991, 6 (7); *Piper* TranspR 1990, 357 (361); *Lamy* I Nr. 468.

[28] *Herber/Piper* Rn. 13; *Koller* Rn. 3; MüKoHGB/*Jesser-Huß* Rn. 10; ebenso *Sánchez-Gamborino* Nr. 463 für Spanien.

[29] *Heuer* VersR 1988, 312 (314); *Piper* TranspR 1990, 357 (360); MüKoHGB/*Jesser-Huß* Rn. 9; *Koller* Rn. 3; *Herber/Piper* Rn. 5; aA OLG Hamm Urt. v. 18.10.1984 – 18 U 175/82, TranspR 1985, 107 (110); *Czoklich,* Einführung in das Transportrecht, 1990, 314; zweifelnd *Helm* VersR 1988, 548 (551).

[30] *Piper* TranspR 1990, 357 (360); *Helm* VersR 1988, 548 (551); ausf. MüKoHGB/*Jesser-Huß* Rn. 11; Theunis/*Ruitinga* 44.

[1] *Koller* VersR 1993, 519 (520); Thume/*Temme* Rn. 4; *Herber/Piper* Rn. 1.

[2] OGH Wien Urt. v. 2.4.1982 – 7 Ob 526/82, TranspR 1984, 151; Urt. v. 18.12.1984 – 2 Ob 515/84, TranspR 1986, 372 (373); *Koller* Rn. 1; Thume/*Temme/Seltmann* Rn. 3, 30, A 30; *Herber/Piper* Rn. 1, 17; MüKoHGB/*Jesser-Huß* Rn. 2 mwN; aA Trib.com. Brüssel Urt. v. 12.4.1972 ETL 1972, 1046 (1051); *Lamy* I Nr. 469 lit. b.

[3] BGH Urt. v. 18.3.1971 – II ZR 78/69, NJW 1971, 1363 (zum Seetransport); *Thume* TranspR 1990, 41 (46); *Herber/Piper* Rn. 17; krit. MüKoHGB/*Jesser-Huß* Rn. 3.

Verladung die **Verpackung beschädigt** wird[4] oder Schäden durch Mängel des Gutes selbst entstehen.[5] In diesen Fällen können Ersatzansprüche nach nationalem Recht eingreifen.[6]

II. Mangelhafte Verpackung

2   **Maßgeblich** ist, welcher Verpackung das Gut objektiv betrachtet, seiner **Beschaffenheit** nach für die von den Parteien vereinbarte bzw. die normale vertragsgemäße Beförderung bedarf, um den damit üblicherweise verbundenen Einwirkungen standzuhalten und keine Schäden an Personen oder Sachen anderer hervorzurufen.[7] Demgegenüber ist die nach Art. 17 Abs. 4 lit. d notwendige Verpackung nur auf den Schutz des Frachtguts selbst ausgerichtet.[8] Im Übrigen kann aber auf die Ausführungen → Art. 17 Rn. 48 f. und auf Rspr. und Lit. zu **§ 18 KVO** zurückgegriffen werden,[9] an den sich Art. 10 anlehnt.[10]

III. Schaden, Kosten

3   Der Absender haftet **dem Frachtführer** für **Personenschäden und Schäden an Betriebsmitteln und anderen Waren.** Die Haftung erfasst Schäden, die dem Frachtführer unmittelbar entstehen und Schäden Dritter, für die der Frachtführer in Anspruch genommen werden kann,[11] insoweit auch von Verkehrsteilnehmern außerhalb des Transportverhältnisses.[12] Dafür, dass im Rahmen der vertraglichen Haftung des Art. 10 eine Haftung für **Schäden Dritter** geschaffen werden sollte, die keinen Rückgriffsanspruch gegen den Frachtführer haben, besteht kein Anhaltspunkt.[13] Der Wortlaut zwingt nicht zu einer solchen Auslegung. Der Frachtführer kann deshalb solche reinen Drittschäden nicht im Wege der **Drittschadensliquidation** gegen den Absender geltend machen.[14] **Kosten,** die neben dem Schaden zu ersetzen sind, sind etwa Aufwendungen, die dem Frachtführer zur **Beseitigung des Verpackungsmangels**[15] entstehen, aber auch reine Vermögensschäden wie solche aus **Standzeiten.**[16]

IV. Haftpflicht des Absenders

4   **1. Umfang.** Die Schadensersatzpflicht des Absenders, dh des Vertragspartners des Frachtführers,[17] tritt **ohne Rücksicht auf** sein **Verschulden**[18] oder das seiner Leute[19] ein. Sie setzt einen bereits bestehenden Beförderungsvertrag, nicht aber die Übernahme des Gutes durch den Frachtführer voraus.[20] Der Höhe nach ist sie **unbegrenzt**[21] und **unabdingbar** (Art. 41).[22] Neben der Ersatzpflicht nach Art. 10, kann den Absender eine **außervertragliche Haftung** nach Maßgabe des nationalen Rechts treffen, weil Art. 28 keine Anwendung findet.[23] Da der Haftung für mangelhafte Verpackung

---

[4] *Koller* Rn. 1.

[5] OLG Düsseldorf Urt. v. 4.3.1982 – 18 U 197/81, VersR 1982, 1202; *Koller* Rn. 1; *Herber/Piper* Rn. 17; HEPK/ *Glöckner* Rn. 7.

[6] *Koller* Rn. 1; *Herber/Piper* Rn. 7.

[7] BGH Urt. v. 19.11.1959 – II ZR 78/58, BGHZ 31, 183 (185 f.), NJW 1960, 337 (338); ausf. *Koller* VersR 1993, 519 ff.; *Jesser* Frachtführerhaftung 66; *Herber/Piper* Rn. 3; ähnl. *Thume/Temme* Rn. 5 ff.; *Clarke* Nr. 82 S. 311, Nr. 83a S. 314.

[8] *Heuer* Frachtführerhaftung 94; *Herber/Piper* Rn. 2, 18; derartig einschränkend auch für Art. 10 wohl Mü-KoHGB/*Jesser-Huß* Rn. 3; aA *Clarke* Nr. 82 S. 311.

[9] *Koller* Rn. 2; *Herber/Piper* Rn. 3; MüKoHGB/*Jesser-Huß* Rn. 3.

[10] Denkschrift BT-Drs. III/1144, 37.

[11] *Loewe* ETL 1976, 503 (541); *Thume/Temme* Rn. 17; *Herber/Piper* Rn. 18; *Theunis/Ruitinga* 58; *Hill/Messent* 79; *Pesce* 153.

[12] MüKoHGB/*Jesser-Huß* Rn. 7; ebenso *Thume/Temme* Rn. 17, 21 beschränkt auf Personenschäden und Sachschäden an den dem Frachtführer übergebenen Gütern.

[13] AA GroßkommHGB/*Helm* Rn. 1; *Jesser* Frachtführerhaftung 169; HEPK/*Glöckner* Rn. 4; MüKoHGB/*Jesser-Huß* Rn. 7; *Sánchez-Gamborino* Nr. 476.

[14] *Thume/Temme* Rn. 24; *Herber/Piper* Rn. 18 zu weitgehend insoweit, als sie einen Schaden des Frachtführers schon annehmen, wenn Zahlungen an Dritte zur Vermeidung gerichtlicher Auseinandersetzung erfolgten; aA (für Drittschadensliquidation): *Koller* Rn. 3; MüKoHGB/*Jesser-Huß* Rn. 7; GroßkommHGB/*Helm* Rn. 1; zur Drittschadensliquidation beim Versendungskauf nach nationalem Recht vgl. *Oetker* JuS 2001, 833 (836 ff.).

[15] *Loewe* ETL 1976, 503 (541); *Koller* Rn. 3; HEPK/*Glöckner* Rn. 5; *Herber/Piper* Rn. 19.

[16] MüKoHGB/*Jesser-Huß* Rn. 7; *Sánchez-Gamborino* Nr. 478 m. weit. Beispielen.

[17] OLG Hamburg Urt. v. 15.3.1984 – 6 U 17/84, TranspR 1984, 191; *Herber/Piper* Rn. 20.

[18] GroßkommHGB/*Helm* Rn. 1; *Koller* Rn. 4; *Herber/Piper* Rn. 1.

[19] OLG Hamburg Urt. v. 15.3.1984 – 6 U 17/84, TranspR 1984, 191: Verpackung durch Auftraggeber des als Absender auftretenden Spediteurs.

[20] *Thume/Temme* Rn. 16.

[21] *Loewe* ETL 1976, 503 (542); MüKoHGB/*Jesser-Huß* Rn. 7; *Herber/Piper* Rn. 20 mwN; *Clarke* Nr. 83b S. 315; *Hill/Messent* 79; *Theunis/Ruitinga* 59.

[22] *Theunis/Ruitinga* 59 mwN; aA MüKoHGB/*Jesser-Huß* Rn. 7; *Rodière* ETL 1971, 2 (9).

[23] *Loewe* ETL 1976, 503 (542); *Koller* Rn. 4; *Herber/Piper* Rn. 24.

die Pflicht des Absenders zur Verpackung zugrunde liegt, ist Art. 10 nicht anzuwenden, wenn der **Frachtführer** innerhalb des Vertragsverhältnisses die **Verpackungspflicht übernommen** hat.[24] Art. 41 steht der Übernahme dieser Pflicht nicht entgegen.

2. Ausschluss. Die Haftung des Absenders ist im Hinblick auf das Mitverschulden des Fracht- **5** führers ausgeschlossen, soweit dieser bei offensichtlichen oder ihm (oder seinen Leuten, Art. 3) bei Übernahme tatsächlich bekannten Mängeln keinen ordnungsgemäßen Vorbehalt gemacht hat. Der Haftungsausschluss korrespondiert mit der Überprüfungsobliegenheit nach Art. 8 Abs. 1. Die maßgebliche englische und französische Fassung spricht in Art. 8 von einer Überprüfung der „apparent condition", des „ètat apparent", in Art. 10 in Bezug auf die Mängel ebenso von „apparent". Ein **offensichtlicher Mangel** in Art. 10 ist deshalb ein solcher, der im Rahmen der Überprüfungspflicht des Art. 8 Abs. 1 bei Übernahme zu erkennen war.[25] Der zur Erhaltung des Ersatzanspruchs zu erhebende **Vorbehalt** muss wegen des Sachzusammenhangs mit Art. 8, 9 im Frachtbrief **einge-tragen** und begründet werden.[26] Art. 10 setzt die Ausstellung eines Frachtbriefs aber nicht voraus. Fehlt er, genügt der **mündliche Vorbehalt**, um die Haftung des Absenders weiterbestehen zu lassen.[27] Ist ein Vorbehalt nicht erhoben, spricht nicht schon eine Vermutung für die Kenntnis des Mangels.[28]

3. Mitverschulden des Frachtführers. Außer diesem in Art. 10 geregelten Spezialfall eines Mit- **6** verschuldens des Frachtführers, das die Haftung des Absenders ausschließt, kann eine Schadensteilung in Anwendung des Rechtsgedankens des Art. 17 Abs. 5 in Betracht kommen, wenn der Frachtführer von ihm zu vertretende **sonstige Schadensursachen** gesetzt hat, zB Fehler bei der anschließenden Ladungssicherung oder Fahrfehler,[29] ohne dass es eines Rückgriffs auf nationales Recht, § 414 Abs. 2 HGB, bedarf. Ein Mitverschulden liegt aber über die in Art. 10 selbst getroffene Regelung für offensichtliche Verpackungsmängel hinaus nicht schon in einer unterlassenen **Nachprüfung der Verpackung,** weil auch Art. 8 Abs. 1 lit. b nur evidente Verpackungsmängel betrifft.[30]

V. Beweislast, Verjährung

Der **Frachtführer,** der Ansprüche gegen den Absender geltend macht, muss die Mangelhaftigkeit **7** der Verpackung, die Kausalität und den Schaden nachweisen.[31] Der **Absender** hat die Offensichtlichkeit des Mangels bzw. die Kenntnis des Frachtführers vom Mangel zu beweisen,[32] dieser wiederum den Vorbehalt.[33] Das geschieht regelmäßig durch Vorlage des Frachtbriefs, zu der der Absender im Prozess verpflichtet ist, §§ 420 ff. ZPO, § 810 BGB.[34] Für die **Verjährung** gilt Art. 32.[35]

Art. 11 [Begleitpapiere]

(1) **Der Absender hat dem Frachtbrief die Urkunden beizugeben, die für die vor der Ablieferung des Gutes zu erledigende Zoll- oder sonstige amtliche Behandlung notwendig sind, oder diese Urkunden dem Frachtführer zur Verfügung zu stellen und diesem alle erforderlichen Auskünfte zu erteilen.**

(2) [1]**Der Frachtführer ist nicht verpflichtet zu prüfen, ob diese Urkunden und Auskünfte richtig und ausreichend sind.** [2]**Der Absender haftet dem Frachtführer für alle aus dem Fehlen, der Unvollständigkeit oder Unrichtigkeit der Urkunden und Angaben entstehenden Schäden, es sei denn, daß den Frachtführer ein Verschulden trifft.**

---

[24] *Koller* Rn. 2; MüKoHGB/*Jesser-Huß* Rn. 1; *Jesser* Frachtführerhaftung 66; *Haak,* The Liability of the Carrier under the CMR, 1986, 173; *Theunis*/*Ruitinga* 58.

[25] *Loewe* ETL 1976, 503 (542); MüKoHGB/*Jesser-Huß* Rn. 4; *Thume*/*Temme* Rn. 36; *Koller* Rn. 4; *Herber*/*Piper* Rn. 21; *Theunis*/*Ruitinga* 58.

[26] Cass. Paris Urt. v. 12.10.1981, ETL 1982, 294; *Loewe* ETL 1976, 503 (542); *Giemulla* in Baumgärtel/Prütting/Laumen Beweislast-HdB Rn. 3; *Koller* Rn. 4; *Herber*/*Piper* Rn. 21 (vgl. dort zur unzulässigen Berufung auf fehlenden formellen Vorbehalt unter dem Gesichtspunkt des § 242 BGB); *Clarke* Nr. 83c S. 315 f.; *Pesce* 152 ff.; aA Groß-kommHGB/*Helm* Rn. 3; *Thume*/*Temme* Rn. 41; MüKoHGB/*Jesser-Huß* Rn. 5; *Putzeys* Nr. 1020.

[27] *Koller* Rn. 4.

[28] *Koller* Rn. 4.

[29] *Herber*/*Piper* Rn. 22; *Koller* Rn. 4; aA wohl MüKoHGB/*Jesser-Huß* Rn. 8.

[30] *Koller* VersR 1993, 519 (522); *Herber*/*Piper* Rn. 23.

[31] *Giemulla* in Baumgärtel/Prütting/Laumen Beweislast-HdB Rn. 1; *Jesser* Frachtführerhaftung 169; *Thume*/*Temme* Rn. 44; *Lamy* I Nr. 469 lit. a.

[32] *Jesser* Frachtführerhaftung 169; *Giemulla* in Baumgärtel/Prütting/Laumen Beweislast-HdB Rn. 1; *Herber*/*Piper* Rn. 25; *Großkomm*HGB/*Helm* Rn. 3.

[33] *Giemulla* in Baumgärtel/Prütting/Laumen Beweislast-HdB Rn. 2; *Koller* Rn. 5; *Herber*/*Piper* Rn. 25; MüKoHGB/*Jesser-Huß* Rn. 9.

[34] *Herber*/*Piper* Rn. 25.

[35] *Loewe* ETL 1976, 503 (542); *Koller* Rn. 4; *Herber*/*Piper* Rn. 26; *Theunis*/*Ruitinga* 59.

(3) **Der Frachtführer haftet wie ein Kommissionär für die Folgen des Verlustes oder der unrichtigen Verwendung der im Frachtbrief bezeichneten und diesem beigegebenen oder dem Frachtführer ausgehändigten Urkunden; er hat jedoch keinen höheren Schadenersatz zu leisten als bei Verlust des Gutes.**

Schrifttum: *Lamy,* Transport „Route", Tome I, Paris 2007; iÜ vgl. Vor Art. 1.

Parallelvorschriften: Art. 11: § 413 HGB; Art. 10, 16 MÜ; Art. 8 § 1 CIM 1999; Art. 8 CMNI.
Art. 11 Abs. 2: § 414 HGB.

I. Allgemeines

1   Den **Absender** trifft die Verantwortung für die ordnungsmäßige **Beibringung der Urkunden** für Zoll- und sonstige amtliche Formalitäten, die vor der Ablieferung anfallen, weil er sein Gut kennt und weiß, welche amtliche Behandlung notwendig ist bzw. sich diese Kenntnis durch die Inanspruchnahme der Dienste eines Spediteurs verschaffen kann (vgl. innerstaatlich §§ 413, 414 HGB). Zur Übernahme der Pflicht durch den Frachtführer → Rn. 5. Aufgabe des **Frachtführers,** der sich auf die Angaben des Absenders verlassen darf, Abs. 2 S. 1, ist lediglich die **Abwicklung** der Formalitäten entsprechend den beigebrachten Urkunden und erteilten Weisungen.

II. Begleitpapiere (Abs. 1)

2   Der Absender hat dem Frachtbrief ohne gesonderte Anforderung diejenigen **Urkunden** beizugeben oder dem Frachtführer ansonsten rechtzeitig vor Bedarf[1] zur Verfügung zu stellen, die für Zoll- oder sonstige amtliche Behandlung auf dem vertragskonformen Beförderungsweg vor der Ablieferung (nicht notwendig an der Grenze)[2] **von den Behörden verlangt** werden können,[3] ohne Rücksicht auf ihre Üblichkeit,[4] ihre regelmäßige Kontrolle durch die Behörden oder die Kosten der Beschaffung.[5] Solche Urkunden sind zB Zoll- und Begleitscheine, Gesundheits-, Ein- und Ausfuhrbescheinigungen und Urkunden zur Devisenkontrolle oder Gefahrgutzeugnisse.[6] Nicht notwendige, aber die Beförderung **beschleunigende** Urkunden fallen, wie etwa ein Carnet TIR,[7] nicht unter Art. 11 Abs. 1.[8] Die Auskünfte und Urkunden müssen **vollständig** und **gültig** sein.[9] Dies gilt auch für die Ladung.[10] Auch bei berechtigten Zweifeln der zuständigen Behörde an der Gültigkeit greift Art. 11 ein.[11] Sie müssen für alle in Betracht kommenden **Routen** genügen, wenn nicht eine Weisung für eine bestimmte Fahrstrecke erteilt ist.[12] Allerdings kann sich eine entsprechende Weisung stillschweigend aus der Beigabe der nur für eine bestimmte Route genügenden Papiere ergeben. Die Urkunden sind gem. Art. 6 Abs. 2 lit. g im Frachtbrief aufzulisten.[13] Beauftragt der Absender einen **Zollspediteur** oder einen sonstigen **Dritten** mit der Beibringung, so haftet er ohne Rücksicht auf deren Verschulden für eine Unvollständigkeit der Urkunden nach Abs. 2 S. 2.[14] Beauftragt jedoch der Frachtführer einen Zwischenspediteur, so haftet er selbst nach Abs. 3.[15] Außerdem hat der Absender alle für die Durchführung des Transports erforderlichen **Auskünfte** zu erteilen, deren Kenntnis von einem ordentlichen Frachtführer nicht erwartet werden kann,[16] über die er ersichtlich nicht verfügt und solche, um die er bittet.[17]

---

[1] OLG Köln Urt. v. 26.8.1994 – 19 U 190/93, VersR 1995, 854; *Koller* Rn. 2; *Herber/Piper* Rn. 2; MüKoHGB/ *Jesser-Huß* Rn. 2; *Jesser* Frachtführerhaftung 170; *Hill/Messent* 80; *Sánchez-Gamborino* Nr. 488; *Nickel-Lanz,* La Convention relative au contrat de transport de merchandises par route (CMR), 1976, 52; *Clarke* Nr. 26b S. 76; aA *Heuer* Frachtführerhaftung 147: müssen dem Frachtbrief beigegeben werden.
[2] *Loewe* ETL 1976, 503 (542); *Koller* Rn. 1.
[3] *Loewe* ETL 1976, 503 (542); *Koller* Rn. 2; *Herber/Piper* Rn. 1; *Hill/Messent* 80.
[4] *Herber/Piper* Rn. 1; *Koller* Rn. 2.
[5] *Koller* Rn. 2.
[6] *Heuer* Frachtführerhaftung 148; *Loewe* ETL 1976, 503 (542); *Herber/Piper* Rn. 1; *Thume/Temme* Rn. 3; *Hill/ Messent* 80.
[7] BGH Urt. v. 9.9.2010 – I ZR 152/09, TranspR 2011, 180.
[8] *Herber/Piper* Rn. 1; *Thume/Temme* Rn. 8; *Koller* Rn. 2.
[9] *Koller* Rn. 2; *Herber/Piper* Rn. 2.
[10] Cour Cass. ETR 2005, 552.
[11] *Koller* Rn. 2.
[12] *Thume/Temme* Rn. 5, 6.
[13] *Herber/Piper* Rn. 2; MüKoHGB/*Jesser-Huß* Rn. 2 m. Nachw. zur Gegenansicht; *Clarke* Nr. 26b S. 76; *Lamy* I Nr. 476.
[14] *Herber/Piper* Rn. 5; *Koller* Rn. 2; *Hill/Messent* 80; vgl. zur Haftung für Fehlverhalten dieses Dritten BGH Urt. v. 30.4.1997 – I ZR 20/95, NJW-RR 1998, 102 (104).
[15] *Herber/Piper* Rn. 5.
[16] AA Montpellier, zit. nach *Lamy* I, Nr. 2109. Nach *Lamy* I Nr. 778 hat der Absender nur solche Auskünfte zu geben, welche die Sendung als solche, insbesondere die Ware und den Empfänger betreffen.
[17] Ausf. MüKoHGB/*Jesser-Huß* Rn. 3; *Koller* Rn. 2; *Herber/Piper* Rn. 3.

III. Absenderhaftung für Begleitpapiere (Abs. 2 S. 2)

1. Umfang. Der Absender haftet unabhängig von seinem **Verschulden** oder dem Verschulden　**3**
seiner Beauftragten in **unbegrenzter Höhe**[18] für Schäden aus dem Fehlen, der Unrichtigkeit oder der
Unvollständigkeit von Urkunden oder Auskünften. Letztere sind mit „Angaben" gemeint, wie der in
Abs. 1 und 2 gleich lautende Wortlaut des englischen und französischen Fassung zeigt.[19] Die Haftung
betrifft nur **Schäden des Frachtführers**, sei es, dass sie unmittelbar bei ihm entstehen, zB aus
Standzeiten,[20] sei es über einen gegen ihn bestehenden Regressanspruch. Der Absender kann jedoch
nicht für **Schäden Dritter** in Anspruch genommen werden.[21] Für einen dem **Absender** selbst
entstehenden Schaden haftet der Frachtführer nach Maßgabe des Art. 17 Abs. 1, 2. Art. 11 Abs. 2
schließt diese Haftung des Frachtführers nicht von vornherein aus;[22] denn die fehlenden Urkunden
sind in Art. 17 nicht, wie die fehlerhafte Verpackung, als Haftungsbefreiungsgrund genannt. Die
Haftungsbefreiung nach Art. 17 Abs. 2 setzt anders als Art. 11 ein schuldhaftes Verhalten des Absenders
voraus. Der Frachtführer kann aber mit dem ihm gegen den Absender zustehenden Ersatzanspruch aus
Art. 11 **aufrechnen.** Die **Beweislast** für die Voraussetzungen des Ersatzanspruchs nach Art. 11 Abs. 2
S. 2 Hs. 1 trägt der Frachtführer.[23]

2. Haftungsausschluss (Abs. 2 S. 2 Hs. 2). Die Haftung des Absenders entfällt bei **Verschulden**　**4**
des **Frachtführers,** welches der Absender als Ausnahmetatbestand zu **beweisen** hat.[24] Ein Verschulden des Frachtführers kann vorliegen, wenn Urkunden wegen von ihm erteilter falscher Auskünfte über ihre Erforderlichkeit[25] oder wegen eines für den Absender völlig unvorhersehbaren
Transportweges[26] fehlen oder er Schadensminderungsmaßnahmen unterlassen hat.[27] Da sich der
Frachtführer auf die Angaben des Absenders verlassen darf, Abs. 2 S. 1, kann ein solches Verschulden
nicht schon auf eine **fehlende Überprüfung** der Urkunden gestützt werden,[28] auch wenn ihre
Mängel offensichtlich sind[29] oder auf mangelnder Unterstützung bei der Beschaffung beruhen.[30]
Positive **Kenntnis** des Fehlens oder der Unrichtigkeit von Urkunden ohne entsprechenden Hinweis
an den Absender schliesst jedoch die Berufung des Frachtführers auf die Absenderhaftung nach den
Grundsätzen des Rechtsmissbrauchs aus.[31] Trifft **Verschulden** des **Absenders** und des **Frachtfüh-
rers zusammen,** ist der Schaden in Anwendung des Rechtsgedankens des Art. 17 Abs. 5 zu teilen.[32]
Eine solche Auslegung der CMR geht der Anwendung nationaler Rechtsvorschriften wie § 414
Abs. 2 HGB vor.

Übernimmt der **Frachtführer** vertraglich die **Pflicht zur Beschaffung** der notwendigen Ur-　**5**
kunden, so besteht keine Pflicht des Absenders nach Abs. 1 und keine Haftung nach Abs. 2.[33] Der
Frachtführer haftet dann für unrichtig ausgestellte Urkunden nach dem ergänzend anwendbaren
nationalen Recht.[34] Übernimmt der Frachtführer eine Pflicht **zur Überprüfung** der Urkunden, so
trifft ihn für Schäden aus unrichtig erstellten Urkunden ein Mitverschulden (→ Rn. 4). Die Übernahme derartiger Pflichten ist nicht nach Art. 41 CMR ausgeschlossen, weil es sich um die Über-

---

[18] *Jesser* Frachtführerhaftung 170; *Herber/Piper* Rn. 4; MüKoHGB/*Jesser-Huß* Rn. 4, 7; GroßkommHGB/*Helm*
Rn. 3; *Koller* Rn. 3; HEPK/*Glöckner* Rn. 4; *Hill/Messent* 81.

[19] GroßkommHGB/*Helm* Rn. 3; *Thume/Temme* Rn. 14; MüKoHGB/*Jesser-Huß* Rn. 4.

[20] *Jesser* Frachtführerhaftung 178; *Herber/Piper* Rn. 4; HEPK/*Glöckner* Rn. 5; MüKoHGB/*Jesser-Huß* Rn. 7 mit
Beispielen.

[21] *Koller* Rn. 3; *Herber/Piper* Rn. 6; aA *Thume/Temme* Rn. 16 ff. unter Rückgriff auf seine entsprechende Auffassung zu Art. 10; MüKoHGB/*Jesser-Huß* Rn. 8.

[22] *Koller* Rn. 3; ähnl. *Herber/Piper* Rn. 7; aA (keine Haftung): C. A. Paris Urt. v. 27.1.1971, BT 1971, 115; *Loewe*
ETL 1976, 503 (542); GroßkommHGB/*Helm* Rn. 4; MüKoHGB/*Jesser-Huß* Rn. 9, der von einem regelmäßig
vorliegenden unabwendbaren Ereignis ausgeht; *Libouton* ETL 1973, 6 (29).

[23] *Giemulla* in Baumgärtel/Prütting/Laumen Beweislast-HdB Rn. 1; *Herber/Piper* Rn. 13; *Koller* Rn. 3.

[24] *Giemulla* in Baumgärtel/Prütting/Laumen Beweislast-HdB Rn. 1; *Koller* Rn. 3; HEPK/*Glöckner* Rn. 4; *Herber/
Piper* Rn. 13.

[25] *Herber/Piper* Rn. 10; *Koller* Rn. 3; *Sánchez-Gamborino* Nr. 495.

[26] Trib.com. Paris Urt. v. 15.7.1978 BT 1978, 420; *Herber/Piper* Rn. 9; *Koller* Rn. 3; MüKoHGB/*Jesser-Huß*
Rn. 6.

[27] MüKoHGB/*Jesser-Huß* Rn. 6.

[28] *Thume/Temme* Rn. 22 f.; *Koller* Rn. 3; *Herber/Piper* Rn. 8; *Lamy I* Nr. 476.

[29] *Herber/Piper* Rn. 8; aA *Zapp* TranspR 1991, 371 (373); *Koller* Rn. 3 im Hinblick auf die Regelung in Art. 10.

[30] OLG Koblenz Urt. v. 21.5.1982 – 2 U 847/81, TranspR 1985, 127 (128); *Herber/Piper* Rn. 12; aA *Koller* Rn. 3.

[31] OLG Düsseldorf Urt. v. 12.2.1981 – 18 U 195/80, VersR 1982, 302: Kenntnis vom Fehlen des Carnet TIR;
Herber/Piper Rn. 8; *Thume/Temme* Rn. 23; HEPK/*Glöckner* Rn. 6; iE ebenso MüKoHGB/*Jesser-Huß* Rn. 6 mwN.

[32] *Herber/Piper* Rn. 12; *Koller* Rn. 3 aE; *Alff* Fracht-, Lager- und SpeditionsR Rn. 1; GroßkommHGB/*Helm*
Rn. 5 (unter Heranziehung nationalen Rechts, § 254 BGB); diff. *Thume/Temme* Rn. 24; *Rodière* BT 1974, 232; aA
MüKoHGB/*Jesser-Huß* Rn. 5: bei Verschulden des Frachtführers entfällt Haftung des Absenders immer ganz.

[33] *Loewe* ETL 1976, 503 (543); MüKoHGB/*Jesser-Huß* Rn. 6.

[34] *Herber/Piper* Rn. 11; *Koller* Rn. 3; MüKoHGB/*Jesser-Huß* Rn. 6; aA (Anwendung von Art. 11 Abs. 2 S. 2
Hs. 2): *Loewe* ETL 1976, 503 (543) und *Clarke* Nr. 26b S. 76.

nahme zusätzlicher in der CMR nicht geregelter speditioneller Pflichten neben den Frachtführer-pflichten handelt.[35]

IV. Haftung des Frachtführers (Abs. 3)

6   **1. Haftungstatbestand.** Der Frachtführer haftet für Schäden, die aus dem **Verlust oder der unrichtigen Verwendung** der gemäß Abs. 1 dem Frachtbrief beigegebenen oder sonst ausgehändig-ten Urkunden entstehen.[36] Eine unrichtige Verwendung ist bei jedem pflichtwidrigen Umgang mit den Frachtdokumenten anzunehmen.[37] Dabei ist ein Überprüfen der überlassenen Urkunden bei Antritt der Fahrt noch kein Verwenden, weil sonst ein Regelungswiderspruch zwischen Abs. 2 und Abs. 3 entstünde.[38] **Aktivlegitimiert** sind Absender und Empfänger wie im Rahmen des Art. 13.[39] Die Aufnahme der Urkunden in den Frachtbrief gem. Art. 6 Abs. 2 lit. g ist nicht Voraussetzung der Haftung,[40] aber für die Beweiswirkung nach Art. 9 von Bedeutung (→ Rn. 7). Anders ist es bei **aufeinander folgenden Frachtführern,** die nur nach Maßgabe des Frachtbriefs Vertragspartner werden (→ Art. 34 Rn. 7). Die beigegebenen Urkunden müssen nur dem ersten Frachtführer übergeben worden sein.[41] Art. 11 Abs. 3 gilt nach seinem Wortlaut nicht bei **unrichtiger Verwendung von Auskünften** und ist auch nicht analog anwendbar.[42] Die Frage einer Haftung richtet sich nach dem ergänzend anwendbaren nationalen Recht.[43]

7   **2. Haftungsfolgen.** Der Frachtführer haftet über Art. 41 **zwingend**[44] nach dem Kommissionsrecht des Statuts des Transportvertrags,[45] bei Anwendbarkeit deutschen Rechts nach **Speditionsrecht** (Transportkommission)[46] und nicht verschuldensunabhängig gem. § 413 Abs. 2 HGB. Nach Speditionsrecht richten sich die Haftungsvoraussetzungen einschließlich der **Gehilfenhaftung.**[47] Da der Frachtvertrag Haftungsgrundlage ist und nicht speditionelle Pflichten, ist der Schaden von der **CMR Versicherungspolice** gedeckt.[48] Der Absender muss **beweisen,** dass die Urkunden beigegeben waren. Die Eintragung im Frachtbrief gibt dafür eine Vermutung, Art. 9 (→ Art. 6 Rn. 20). Der Haftungsumfang ist **der Höhe nach zwingend begrenzt** auf den Betrag, der bei Verlust des Gutes zu bezahlen wäre, Abs. 3 Hs. 2, also auf die Beträge nach Art. 23 oder Art. 24, 26, 29.[49] Liegt der Schaden in **Verlust, Beschädigung** oder in der Überschreitung der **Lieferfrist,** so greift Art. 11 Abs. 3 wegen der abschließenden Regelung dieser Schäden in Art. 17 nicht ein.[50]

Art. 12 [Verfügungsrecht]

(1) [1]**Der Absender ist berechtigt, über das Gut zu verfügen.** [2]**Er kann insbesondere ver-langen, daß der Frachtführer das Gut nicht weiterbefördert, den für die Ablieferung vor-gesehenen Ort ändert oder das Gut einem anderen als dem im Frachtbrief angegebenen Empfänger abliefert.**

---

[35] C. A. Paris Urt. v. 25.3.1994 BT 1994, 389; *Loewe* ETL 1976, 503 (543); *Thume/Temme* Rn. 22; *Koller* Rn. 3; MüKoHGB/*Jesser-Huß* Rn. 6; *Herber/Piper* Rn. 11, anders Art. 41 Rn. 1; *Clarke* Nr. 26b S. 76; aA C. A. Paris Urt. v. 27.1.1971, BT 1971, 115; *Hill/Messent* 80 f.; HEPK/*Glöckner* Art. 41 Rn. 1; *Zapp* TranspR 1991, 371 (373) (Beschaffungspflicht kann übernommen werden, anders aber allein Überprüfungspflicht).

[36] BGH Urt. v. 26.6.1997 – I ZR 32–95 = BGHZ 136, 156, NJW 1998, 1075.

[37] BGH Urt. v. 26.6.1997 – I ZR 32/95, VersR 1998, 611 (613).

[38] OLG Düsseldorf Urt. v. 23.12.1996 – 18 U 92/96, TranspR 1997, 422 (423).

[39] Ausf. MüKoHGB/*Jesser-Huß* Rn. 17 mwN.

[40] *Heuer* Frachtführerhaftung 150; GroßkommHGB/*Helm* Rn. 6; *Herber/Piper* Rn. 16; *Koller* Rn. 4; MüKoHGB/*Jesser-Huß* Rn. 14.

[41] MüKoHGB/*Jesser-Huß* Rn. 14; *Koller* Rn. 4.

[42] *Loewe* ETL 1976, 503 (543); *Koller* Rn. 4; *Thume/Temme* Rn. 28; *Herber/Piper* Rn. 18; MüKoHGB/*Jesser-Huß* Rn. 15; *Pesce* 160.

[43] MüKoHGB/*Jesser-Huß* Rn. 15; *Loewe* ETL 1976, 503 (543); *Koller* Rn. 4; aA *Herber/Piper* Rn. 18: keine Haftung gewollt.

[44] *Jesser* Frachtführerhaftung 82; GroßkommHGB/*Helm* Rn. 6; *Herber/Piper* Rn. 14; *Koller* Rn. 4; aA *Thume/Temme* Rn. 25: nur Verweisung zwingend.

[45] IE MüKoHGB/*Jesser-Huß* Rn. 11 mwN.

[46] *Loewe* ETL 1976, 503 (543); *Herber/Piper* Rn. 14; MüKoHGB/*Jesser-Huß* Rn. 10.

[47] *Heuer* Frachtführerhaftung 82; *Jesser* Frachtführerhaftung 82; GroßkommHGB/*Helm* Rn. 6; *Herber/Piper* Rn. 14, 15; *Koller* Rn. 4; aA *Nickel-Lanz,* La Convention relative au contrat de transport de merchandises par route (CMR), 1976, 55.

[48] GroßkommHGB/*Helm* Rn. 6; MüKoHGB/*Jesser-Huß* Rn. 11; *Herber/Piper* Rn. 19; aA *Züchner* VersR 1969, 682 (685).

[49] *Koller* Rn. 4; MüKoHGB/*Jesser-Huß* Rn. 19; *Hill/Messent* 81.

[50] *Heuer* Frachtführerhaftung 151; *Jesser* Frachtführerhaftung 84; *Herber/Piper* Rn. 17; *Nickel-Lanz,* La Convention relative au contrat de transport de merchandises par route (CMR), 1976, 55; aA MüKoHGB/*Jesser-Huß* Rn. 18 mwN; *Koller* Rn. 4.

(2) ¹Dieses Recht erlischt, sobald die zweite Ausfertigung des Frachtbriefes dem Empfänger übergeben ist oder dieser sein Recht nach Artikel 13 Absatz 1 geltend macht. ²Von diesem Zeitpunkt an hat der Frachtführer den Weisungen des Empfängers nachzukommen.

(3) Das Verfügungsrecht steht jedoch dem Empfänger bereits von der Ausstellung des Frachtbriefes an zu, wenn der Absender einen entsprechenden Vermerk in den Frachtbrief eingetragen hat.

(4) Hat der Empfänger in Ausübung seines Verfügungsrechtes die Ablieferung des Gutes an einen Dritten angeordnet, so ist dieser nicht berechtigt, seinerseits andere Empfänger zu bestimmen.

(5) Die Ausübung des Verfügungsrechtes unterliegt folgenden Bestimmungen:

a) der Absender oder in dem in Absatz 3 bezeichneten Falle der Empfänger hat, wenn er sein Verfügungsrecht ausüben will, die erste Ausfertigung des Frachtbriefes vorzuweisen, worin die dem Frachtführer erteilten neuen Weisungen eingetragen sein müssen, und dem Frachtführer alle Kosten und Schäden zu ersetzen, die durch die Ausführung der Weisungen entstehen;

b) die Ausführung der Weisungen muß zu dem Zeitpunkt, in dem sie die Person erreichen, die sie ausführen soll, möglich sein und darf weder den gewöhnlichen Betrieb des Unternehmens des Frachtführers hemmen noch die Absender oder Empfänger anderer Sendungen schädigen;

c) die Weisungen dürfen nicht zu einer Teilung der Sendung führen.

(6) Kann der Frachtführer auf Grund der Bestimmungen des Absatzes 5 Buchstabe b die erhaltenen Weisungen nicht durchführen, so hat er unverzüglich denjenigen zu benachrichtigen, der die Weisungen erteilt hat.

(7) Ein Frachtführer, der Weisungen nicht ausführt, die ihm unter Beachtung der Bestimmungen dieses Artikels erteilt worden sind, oder der solche Weisungen ausführt, ohne die Vorlage der ersten Ausfertigung des Frachtbriefes verlangt zu haben, haftet dem Berechtigten für den daraus entstehenden Schaden.

Schrifttum: *Fumi*, Anforderungen an den Nachweis der innergemeinschaftlichen Lieferung in Versendungsfällen, EFG 2005, 648; *Koller*, Rechtsnatur und Rechtswirkungen frachtvertraglicher Sperrpapiere, TranspR 1994, 181; *Meyer-Rehfueß*, Das frachtvertragliche Weisungsrecht, Schriften für Transportrecht Bd. 14, 1995; *Müller-Wiedenhorn*, Zur nachträglichen Weisung an den Frachtführer, EWiR 2003, 217; iÜ vgl. Vor Art. 1.

Parallelvorschriften: § 418 HGB; Art. 12 MÜ; Art. 18, 19 CIM 1999; Art. 14 CMNI.

I. Allgemeines

Art. 12 regelt das Recht des Absenders und des Empfängers zu **nachträglichen Verfügungen** 1 (Weisungen) über das Gut.[1] Das frachtrechtliche Verfügungsrecht sichert die Herrschaft über das Gut, zum Eigentum am Gut und damit zum sachenrechtlichen Verfügungsrecht sagt es nichts.[2] Der **Absender** bleibt grundsätzlich bis zur Übergabe von Gut und Frachtbrief an den Empfänger Eigentümer (Abs. 2 S. 1), es sei denn, der Empfänger macht schon vorher seine Rechte nach Art. 13 geltend. Das Verfügungsrecht des **Empfängers** beginnt grundsätzlich, wenn das des Absenders erlischt, Abs. 2 S. 2. Er kann es durch entsprechenden Vermerk im Frachtbrief von vornherein an Stelle des Absenders erhalten, Abs. 3. Die **Ausübung** des Weisungsrechts ist zum Schutz des Frachtführers von bestimmten Voraussetzungen abhängig, Abs. 5, insbesondere erfordert sie den Besitz des Frachtbriefs, Abs. 5 lit. a (anders die innerstaatliche Parallelvorschrift des § 418 HGB). Wenn ein Frachtbrief erstellt ist, können ohne seine Vorlage Weisungen nicht erteilt werden. Gibt der Absender die Ausfertigung an einen Dritten (Bank, Empfänger) weiter, sind ihm Weisungen nicht mehr möglich. Der Frachtbrief hat damit eine **Sperrfunktion**.[3] Beachtet der Frachtführer Weisungen nicht, knüpfen sich daran **Schadensersatzpflichten**, Abs. 7. Durch die Rücktrittserklärung in einem Anwaltsschreiben wird keine Rückbeförderung iS einer Weisung angeordnet, auch wenn auf die Rechtsfolgen (Rückgewähr) hingewiesen wird.[4]

II. Inhalt des Verfügungsrechts (Abs. 1 S. 2)

Das Verfügungsrecht gibt die Möglichkeit, die **Vertragspflichten des Frachtführers** hinsichtlich 2 der Beförderung und der Ablieferung des vom Beförderungsvertrag erfassten Guts und damit zusammenhängender Maßnahmen, die mittelbar das Gut betreffen, durch einseitige, empfangsbedürftige

[1] *Clarke* 73; ausführlicher dazu *Müller-Wiedenhorn* EWiR 2003, 217 (218).
[2] *Herber/Piper* Rn. 1; MüKoHGB/*Jesser-Huß* Rn. 2; *Clarke* Nr. 32c S. 95.
[3] *Koller* TranspR 1994, 181 ff.; *Koller* Rn. 1; *Herber/Piper* Rn. 3; MüKoHGB/*Jesser-Huß* Rn. 2, 25.
[4] OLG Stuttgart Urt. v. 11.11.2009 – 3 U 98/09, TranspR 2010, 152.

Willenserklärung **nachträglich zu ändern.**[5] Der BGH stellt an die nachträglichen Vertragsänderungen strenge Beweisanforderungen, da nicht ohne weiteres davon ausgegangen werden könne, dass der Frachtführer auf den Schutz des Art. 12 verzichten wolle.[6] Die **zulässigen Weisungen** sind in Abs. 1 S. 2 nur beispielhaft genannt.[7] Zulässig sind auch Weisungen bezüglich **Nachnahme**[8] (→ Rn. 14), **Versicherung,**[9] Maßnahmen nach § 418 Abs. 1 HGB[10] sowie Weisungen bezüglich des zu **verwendenden Fahrzeugs**[11] und der **Verzollung.**[12] Die Durchführung der Verzollung ist nach Maßgabe der Weisungen des Absenders Sache des Frachtführers (→ Vor Art. 1 Rn. 27).

3   Die **Grenzen des Weisungsrechts** liegen zum einen dort, wo nicht die Beförderung des Gutes betroffen ist, wie bei Weisungen zum **Verkauf** und zur längeren **Lagerung,**[13] zur **Vernichtung,**[14] zur Verkürzung der **Lieferfrist.**[15] Zum anderen können Weisungen sich im Übrigen nur auf das vom Vertrag erfasste Gut beziehen.[16] Nicht unter Art. 12 fallen von vornherein **vorbehaltene Konkretisierungen** des Vertrags,[17] wie etwa die Bezeichnung des zunächst offen gebliebenen Empfängers, weil sie keine nachträglichen Änderungen der Vertragspflichten darstellen, und Änderungen des Vertrags, über die die Parteien Übereinstimmung erzielen, weil sie nicht einseitig erfolgen.[18] Eine Weisung zur Änderung des Beförderungsvertrags darf jedoch weder dessen Kern ändern noch dessen Natur betreffen.[19]

4   Die Verfügung muss dem Frachtführer so **zugehen,** dass er bei pflichtgemäßer Sorgfalt davon Kenntnis nehmen konnte.[20] Sie ist durch neue widersprechende Weisungen **widerrufbar,** wie aus Abs. 4 folgt.[21] Das Weisungsrecht kann vertraglich **ausgeschlossen** werden. Art. 41 steht dem ebenso wenig entgegen wie der Abrede, bestimmte Weisungen zu befolgen, weil es sich um eine Regelung des Umfangs der vertraglichen Pflichten handelt.[22] Die **Anwendbarkeit** der **CMR** wird durch Weisungen nicht beeinflusst. Das Abkommen bleibt einerseits auch dann maßgeblich, wenn durch nachträgliche Weisungen der vereinbarte grenzüberschreitende Transport entfällt[23] und kann andererseits durch Weisung nicht nachträglich eingeführt werden.[24]

III. Person des Verfügungsberechtigten

5   **1. Absender (Abs. 1).** Das Weisungsrecht des Absenders als des **primär Verfügungsbefugten** besteht vom Abschluss des Beförderungsvertrags bis zu dem Zeitpunkt, in dem es auf den Empfänger übergeht oder die Ware abgeliefert worden ist.[25] Ein Frachtbrief braucht nicht ausgestellt zu sein. Eine **Doppellegitimation** ist im Regelfall ausgeschlossen.[26] Auch nach Übergang des Verfügungsrechts an

[5] OLG Hamburg Urt. v. 7.5.1987 – 6 U 12/87, VersR 1987, 1111; *Helm* VersR 1988, 548 (554); *Koller* Rn. 2; *Herber/Piper* Rn. 5, 8; *Clarke* Nr. 32a S. 90; *Theunis/Maccarone* 65; *Dorrestein,* Recht van het internationale wegvervoer, 1977, 135 f.; *Pesce* 161 f.

[6] BGH Urt. v. 4.7.2002 – I ZR 302/99, NJW-RR 2002, 1608 (1609).

[7] OLG Hamburg Urt. v. 7.5.1987 – 6 U 12/87, VersR 1987, 1111; *Herber/Piper* Rn. 8; GroßkommHGB/*Helm* Rn. 2; HEPK/*Glöckner* Rn. 3; MüKoHGB/*Jesser-Huß* Rn. 14.

[8] *Helm* VersR 1988, 548 (554); *Koller* Rn. 2; *Herber/Piper* Rn. 9; *Thume/Temme* Rn. 20; HEPK/*Glöckner* Rn. 3; einschr. *Fremuth/Thume* FrachtR Rn. 28 und Art. 21 Rn. 12, der Art. 12 Abs. 5 lit. a nicht auf Nachnahmeweisungen anwendet; aA *Heuer* Frachtführerhaftung 153 und die skandinavische Auffassung, vgl. dazu MüKoHGB/*Jesser-Huß* Rn. 16.

[9] *Helm* VersR 1988, 548 (554); MüKoHGB/ *Basedow* Rn. 16; *Thume/Temme* Rn. 20.

[10] *Helm* VersR 1988, 548 (554); wohl auch Thume/*Temme* Rn. 20 jeweils zu § 27 KVO.

[11] *Koller* Rn. 2; *Thume/Temme* Rn. 6; MüKoHGB/*Jesser-Huß* Rn. 16; HEPK/*Glöckner* Rn. 3; aA OLG Hamburg Urt. v. 7.5.1987 – 6 U 12/87, VersR 1987, 1111; *Herber/Piper* Rn. 10: wegen Veränderung der Haftungsregelung.

[12] BGH Urt. v. 15.1.1987 – I ZR 215/84, VersR 1987, 980 (981); *Koller* Rn. 2; *Herber/Piper* Rn. 9; MüKoHGB/ *Jesser-Huß* Rn. 16; HEPK/*Glöckner* Rn. 3.

[13] *Helm* VersR 1988, 548 (554); *Koller* Rn. 2; aA *Herber/Piper* Rn. 9, 28, die den Zusammenhang mit der Beförderung weit fassen und Einschränkungen über die Zumutbarkeit des Abs. 5 lit. a vornehmen; *Thume/Temme* Rn. 4; MüKoHGB/*Jesser-Huß* Rn. 16.

[14] *Koller* Rn. 2; aA *Heuer* Frachtführerhaftung 153; *Herber/Piper* Rn. 9; MüKoHGB/*Jesser-Huß* Rn. 16.

[15] *Heuer* Frachtführerhaftung 153; *Herber/Piper* Rn. 10, die Unzulässigkeit wegen einer Veränderung der Haftungsregelung annehmen.

[16] OLG Hamburg Urt. v. 9.2.1984 – 6 U 199/83, TranspR 1985, 38; *Helm* VersR 1988, 548 (554); *Jesser* Frachtführerhaftung 85; *Koller* Rn. 2; *Herber/Piper* Rn. 10; MüKoHGB/*Jesser-Huß* Rn. 16.

[17] OLG Hamburg Urt. v. 7.4.1994 – 6 U 223/93, TranspR 1994, 444; *Herber/Piper* Rn. 6; MüKoHGB/*Jesser-Huß* Rn. 2; *Koller* Rn. 2.

[18] *Koller* Rn. 2; *Herber/Piper* Rn. 6.

[19] BGH Urt. v. 21.9.2017 – I ZR 47/16 = WM 2018, 1841 Rn. 19.

[20] *Thume/Temme* Rn. 8; *Koller* Rn. 2.

[21] OLG Frankfurt a. M. Urt. v. 18.12.1990 – 5 U 203/89, TranspR 1991, 249 (250); *Thume/Temme* Rn. 21; *Koller* Rn. 2; MüKoHGB/*Jesser-Huß* Rn. 13 aE.

[22] *Herber/Piper* Rn. 11; aA MüKoHGB/*Jesser-Huß* Rn. 2.

[23] *Koller* Rn. 1; *Thume/Temme* Rn. 4; MüKoHGB/*Jesser-Huß* Rn. 3 (auch zum Scheingeschäft); *Herber/Piper* Rn. 7.

[24] MüKoHGB/*Jesser-Huß* Rn. 3; *Thume/Temme* Rn. 4, 7.

[25] *Helm* VersR 1988, 548 (553); *Koller* Rn. 6; *Thume/Temme* Rn. 5; *Theunis/Maccarone* 65.

[26] Vgl. dazu *Helm* VersR 1988, 548 (553); *Jesser* Frachtführerhaftung 86; *Herber/Piper* Rn. 12.

den Empfänger kann der Absender noch die Ablieferung an den Empfänger oder ein Vorgehen nach dessen Weisungen verlangen.[27] Bei **Annahmeverweigerung** durch den Empfänger fällt das Verfügungsrecht an den Absender zurück, Art. 15 Abs. 1 S. 2. **Verzichtet** der **Empfänger** auf sein **Weisungsrecht,** indem er etwa auf Anfrage des Frachtführers Weisung nicht erteilt, gilt diese Vorschrift entsprechend.[28]

2. Empfänger (Abs. 2, 3). Der Erwerb des Verfügungsrechts durch den Empfänger ist in der CMR, **6** die davon ausgeht, dass ein Frachtbrief erstellt ist, anders geregelt als in § 418 Abs. 2 HGB. Er kann das Verfügungsrecht auf **drei Arten** erwerben. Es geht gem. Art. 12 Abs. 2 S. 1 Hs. 1, S. 2 vom Absender auf ihn über, sobald die **zweite Ausfertigung des Frachtbriefs** an ihn übergeben ist, unabhängig davon, ob er darauf einen Anspruch hatte.[29] Er erlangt es weiter, wenn er nach Ankunft des Gutes am Ablieferungsort seine **Rechte nach Art. 13** geltend macht, sei es Übergabe von Gut und Frachtbrief verlangt oder Ersatzansprüche anmeldet. Maßgebend ist der Zugang der entsprechenden Willenserklärung beim Frachtführer ohne Rücksicht auf die Bezahlung der auf dem Gut lastenden Kosten.[30] Zum Legitimationserfordernis der Vorlage der Absenderausfertigung des Frachtbriefs → Rn. 10. Ist kein Frachtbrief ausgestellt, genügt für die Entstehung des Verfügungsrechts des Empfängers, dass die Forderung auf Ablieferung des Gutes nach Ankunft des Gutes am Ablieferungsort gestellt wird.[31] Der Empfänger hat schließlich das Verfügungsrecht gem. **Art. 12 Abs. 3 von der Erstellung des Frachtbriefs an** unter Ausschluss des Verfügungsrechts des Absenders, wenn dieser in den (wirksamen) Frachtbrief einen entsprechenden Vermerk einträgt.[32] Dies ist besonders wichtig, um Rechte des Empfängers zu schützen, wenn er etwa die Ware bereits bezahlt hat. Es setzt die Ausstellung eines Frachtbriefs voraus, weil der Absender ohne einen solchen sein Verfügungsrecht nicht verlieren kann[33] (→ Rn. 11). Für vom Empfänger erteilte Weisungen **haftet** nur er selbst nach Abs. 5 lit. a, nicht der Absender.

Der **Inhalt des Weisungsrechts** entspricht dem des Absenders, bis auf die Einschränkung nach **7** Abs. 4.[34] Hat der Empfänger von seinem Verfügungsrecht dahin Gebrauch gemacht, dass er die **Ablieferung an einen Dritten** angeordnet hat,[35] kann dieser nicht seinerseits einen anderen Empfänger bestimmen. Zum Eintritt eines Ablieferungshindernisses in diesem Fall vgl. Art. 15 Abs. 3. Der Sekundärempfänger ist Verfügungsberechtigter iSd Art. 17 Abs. 2.[36]

3. Dritte. Dritte erhalten ein Weisungsrecht nur durch **Vollmacht** des Absenders oder Empfängers. **8** Sie können aber, wenn sie die Absenderausfertigung in Besitz haben, die Ausübung des **Weisungsrechts** bis zur Ankunft des Gutes am Bestimmungsort **verhindern.** Der Frachtführer kann sich auch zur Beachtung von Verfügungen Dritter verpflichten.[37] Er haftet dann für Schäden durch Nichtbefolgung nach nationalem Recht.

IV. Ausübung des Verfügungsrechts (Abs. 5)

1. Grundsatz. Die Ausübung des Verfügungsrechts ist gebunden an die **Voraussetzungen** des **9** Abs. 5. Ist ein Frachtbrief ausgestellt, braucht der Frachtführer Weisungen nur zu befolgen, wenn sie eingetragen sind,[38] ihm der Frachtbrief vorgelegt wird und die Weisung nicht unausführbar oder unzumutbar ist oder zur Teilung der Sendung führt. Der in lit. a genannte Kostenanspruch ist eine **Folge** der Ausübung des Weisungsrechts.[39]

2. Frachtbriefvorlage (Abs. 5 lit. a). Ist ein Frachtbrief ausgestellt, so müssen der **Absender** und **10** der **nach Abs. 3 verfügungsberechtigte Empfänger**[40] sich zur Ausübung ihres Weisungsrechts

---

[27] *Herber/Piper* Rn. 12; *Koller* Rn. 6; *Thume/Temme* Rn. 35.

[28] *Koller* Rn. 6; *Thume/Temme* Rn. 35; ähnl. MüKoHGB/*Jesser-Huß* Rn. 8; iE ebenso unter Rückgriff auf § 333 BGB *Helm* VersR 1988, 548 (553); aA *Herber/Piper* Rn. 12: gewillkürte Rückübertragung.

[29] LG Augsburg Urt. v. 22.1.1991 – 2 HKO 3684/90, TranspR 1991, 183; *Herber/Piper* Rn. 14; *Thume/Temme* Rn. 38; MüKoHGB/*Jesser-Huß* Rn. 9; *Clarke* Nr. 32b S. 95 Fn. 31.

[30] MüKoHGB/*Jesser-Huß* Rn. 10; *Koller* Rn. 7.

[31] *Jesser* Frachtführerhaftung 86 Fn. 413; *Koller* Rn. 7; MüKoHGB/*Jesser-Huß* Rn. 10.

[32] *Herber/Piper* Rn. 15; GroßkommHGB/*Helm* Rn. 7; MüKoHGB/*Jesser-Huß* Rn. 8, 11; aA *Clarke* Nr. 32b S. 94: Weisungsrecht des Absenders endet erst mit Übergabe des Frachtbriefs.

[33] BGH Urt. v. 27.1.1982 – I ZR 33/80, NJW 1982, 1944 (1945); *Herber/Piper* Rn. 16.

[34] MüKoHGB/*Jesser-Huß* Rn. 18; *Herber/Piper* Rn. 17; *Koller* Rn. 7.

[35] OLG Hamburg Urt. v. 17.11.1983 – 6 U 130/83, VersR 1984, 236: Akkreditivbank als Empfänger ordnet Ablieferung an Dritten an.

[36] *Helm* VersR 1988, 548 (553).

[37] BGH Urt. v. 15.10.1959 – II ZR 219/57, NJW 1960, 39 (40) (KVO); *Koller* Rn. 1; *Herber/Piper* Rn. 18; MüKoHGB/*Jesser-Huß* Rn. 12.

[38] BGH Urt. v. 4.7.2002 – I ZR 302/99, NJW-RR 2002, 1608 (1609).

[39] *Herber/Piper* Rn. 32; aA MüKoHGB/*Jesser-Huß* Rn. 32 mwN mit der Folge der Fälligkeit der Kosten vor Ausübung des Weisungsrechts.

[40] *Herber/Piper* Rn. 15; *Koller* Rn. 7; MüKoHGB/*Jesser-Huß* Rn. 11; *Thume/Temme* Rn. 37; zu den damit verbundenen Schwierigkeiten vgl. *Heuer* Frachtführerhaftung 155 sowie *Lenz* StraßengütertranspR Rn. 984, 986 und HEPK/*Glöckner* Rn. 4.

durch Vorlage der Absenderausfertigung des Frachtbriefs legitimieren.[41] Es kann jedoch nicht die Aushändigung der Ausfertigung verlangt, sondern lediglich im Prozess die **Vorlage** gem. § 422 ZPO, § 810 BGB erzwungen werden.[42] Vorlage durch **Telefax** ist nicht möglich, weil daraus nicht ersichtlich ist, ob der Verfügende im Besitz der Originalausfertigung oder nur einer Kopie war.[43] Die Erstausfertigung des Frachtbriefs hat somit (anders als regelmäßig im innerdeutschen Frachtrecht, § 418 Abs. 4 HGB) **Sperrwirkung.**[44] Der Absender entäußert sich mit der Übergabe des Frachtbriefs an einen Anderen der frachtrechtlichen Verfügungsmöglichkeit über das Gut. Umgekehrt kann der Empfänger davon ausgehen, dass dann der Weg, den das Gut nimmt, vom Absender nicht mehr zu beeinflussen ist. Der Frachtführer kann auf die Vorlage des Frachtbriefs oder die Eintragung der Weisung in den Brief, die nur seinem Schutz dienen, **verzichten.**[45] Er riskiert bei Ausführung einer Weisung ohne Legitimation durch Vorlage der Erstausfertigung einen Schadensersatzanspruch nach Abs. 7, hat andererseits einen Anspruch nach Abs. 5 lit. a. Für den **Empfänger,** der seine **Rechte nach Art. 13 Abs. 1 geltend macht** und deshalb gem. Art. 12 Abs. 2 weisungsbefugt ist, gilt das Legitimationserfordernis der Vorlage der Erstausfertigung des Frachtbriefs für die Ausübung seines Weisungsrechts nicht, wie schon der Wortlaut des Art. 12 Abs. 5 lit. a ergibt.[46] Es besteht dafür auch kein Bedürfnis, weil der Frachtführer das Weisungsrecht des Empfängers kennen muss.

11 **Ist ein Frachtbrief nicht ausgestellt** und kann deshalb die Erstausfertigung nicht gem. Abs. 5 lit. a vorgelegt werden, hindert dies die Erteilung von **Weisungen durch den verfügungsbefugten Absender** nicht. Die Vorlage der Absenderausfertigung dient dem Schutz des Frachtführers vor Weisungen nicht mehr Verfügungsbefugter. Fehlt es an einem Frachtbrief, kommt ein Übergang der Verfügungsbefugnis auf den Empfänger nach Abs. 2 Alt. 1 oder Abs. 3 nicht in Betracht. Deshalb besteht auch nicht die Gefahr, dass ein nicht mehr Verfügungsbefugter eine Weisung erteilt. Es fehlt ein Schutzbedürfnis des Frachtführers.[47] Weisungen können **formlos** erteilt, Art. 4 S. 2, und mit allen zulässigen Beweismitteln nachgewiesen werden.[48] Die **Beweislast** trifft denjenigen, der sich auf die Weisung beruft.[49] Das gilt nach Art. 15 Abs. 1 S. 2 ebenso bei **Annahmeverweigerung des Empfängers.** Eine Ausnahme vom Erfordernis der Vorlage der Absenderausfertigung des Frachtbriefs ist aber weder für den Fall des **Verlustes des Frachtbriefs** zu machen, weil das Schutzbedürfnis des Frachtführers hier weiterbesteht,[50] noch für Weisungen, die den Transport des Gutes zu dem im Frachtbrief ausgewiesenen Empfänger begünstigen, weil der Schutzzweck des Abs. 5 Buchst. a sich auch auf den Nachweis des Inhalts der Weisung bezieht.[51]

12 **3. Kosten- und Schadensersatz (Abs. 5 lit. a).** Da durch die Ausübung des Weisungsrechts von der vertraglichen Abrede abgewichen wird, besteht **gegen** den **Weisungsberechtigten,** der die Weisung erteilt hat,[52] sowie gegen den Empfänger,[53] ein Anspruch auf Ersatz aller Kosten und Schäden, die durch die Ausführung der Weisung entstehen. Der Absender haftet aber nicht bei **Uneinbringlichkeit** eines Anspruchs gegen den Empfänger.[54] Der Anspruch ist unabhängig davon, ob die Weisung für den Frachtführer **bindend** war, weil das Recht, die Ausführung gemäß Buchst. b, c zu verweigern, nur seinem zusätzlichen Schutz dient.[55] Er **entfällt** jedoch in Anwendung des Rechtsgedankens des Art. 16 Abs. 1 Hs. 2, wenn der Frachtführer die Kosten verschuldet hat.[56]

13 Der Ersatzanspruch ist **unbegrenzt** und unabhängig von einem **Verschulden** des Anweisenden. Der Schadens- und Kostenbegriff ist dabei autonom auszulegen.[57] **Entgangener Gewinn,** etwa durch einen im Zusammenhang mit der Weisung verlorenen Auftrag, ist als Schaden zu ersetzen.[58] Schäden, für die der Frachtführer Dritten nach Art. 17 haftet, sind bei einer Geltendmachung im Wege der

---

[41] BGH Urt. v. 4.7.2002 – I ZR 302/99, NJW-RR 2002, 1608 (1609).

[42] BGH Urt. v. 27.1.1982 – I ZR 33/80, NJW 1982, 1944 (1945); GroßkommHGB/*Helm* Rn. 9; *Koller* Rn. 6; *Herber/Piper* Rn. 24; MüKoHGB/*Jesser-Huß* Rn. 26.

[43] MüKoHGB/*Jesser-Huß* Rn. 26; *Clarke* Nr. 32a S. 90; aA *Herber/Piper* Rn. 24.

[44] *Helm* VersR 1988, 548 (553); *Koller* TranspR 1994, 181 ff.; *Koller* Rn. 1; *Herber/Piper* Rn. 19; MüKoHGB/*Jesser-Huß* Rn. 25; *Lenz* StraßengütertranspR Rn. 218, 985.

[45] OLG Hamm Urt. v. 25.9.1984 – 27 U 362/83, TranspR 1985, 100 (102); *Koller* Rn. 6; *Herber/Piper* Rn. 21.

[46] MüKoHGB/*Jesser-Huß* Rn. 10, 27; *Clarke* Nr. 32b S. 95 Fn. 32; *Koller* Rn. 7.

[47] BGH Urt. v. 27.1.1982 – I ZR 33/80, NJW 1982, 1944 (1945); OLG Hamm Urt. v. 25.9.1984 – 27 U 362/83, TranspR 1985, 100 (102); *Piper* HRR Speditions- und FrachtR Rn. 370; *Herber/Piper* Rn. 22; MüKoHGB/*Jesser-Huß* Rn. 6, 27; HEPK/*Glöckner* Rn. 11; *Clarke* Nr. 32a 92 f.

[48] BGH Urt. v. 27.1.1982 – I ZR 33/80, NJW 1982, 1944 (1945); *Helm* VersR 1988, 548 (553); MüKoHGB/*Jesser-Huß* Rn. 7; *Koller* Rn. 6; *Hill/Messent* 84 Fn. 6.

[49] *Helm* VersR 1988, 548 (553); *Herber/Piper* Rn. 22; *Koller* Rn. 6; *Fumi* EFG 2005, 648 f.

[50] *Koller* TranspR 1994, 181 (182 f.); *Koller* Rn. 6.

[51] *Herber/Piper* Rn. 23; aA *Koller* Rn. 6: teleologische Reduktion.

[52] *Herber/Piper* Rn. 36; MüKoHGB/*Jesser-Huß* Rn. 28.

[53] IE MüKoHGB/*Jesser-Huß* Rn. 28.

[54] *Herber/Piper* Rn. 36.

[55] MüKoHGB/*Jesser-Huß* Rn. 29; *Herber/Piper* Rn. 29.

[56] *Koller* Rn. 3; MüKoHGB/*Jesser-Huß* Rn. 29; *Herber/Piper* Rn. 32.

[57] Ausf. MüKoHGB/*Jesser-Huß* Rn. 30; aA (nach nationalem Recht) *Koller* VersR 1994, 384 (388); *Koller* Rn. 3.

[58] MüKoHGB/*Jesser-Huß* Rn. 31; *Thume/Temme* Rn. 50; *Theunis/Maccarone* 74.

Drittschadensliquidation vom Weisungsberechtigten in voller Höhe zu ersetzen, auch wenn die Haftung des Frachtführers nach Art. 23 beschränkt ist.[59] Zu den **Kosten** gehört entsprechend dem Vorbild der CIM 1952 bei einer **Verlängerung der Beförderungsstrecke** ein anteilig erhöhtes Beförderungsentgelt, das auch den Gewinn mit abdeckt und sich nicht auf Ersatz der Selbstkosten beschränkt[60] (→ Art. 16 Rn. 3). Durch die Weisung **ersparte Aufwendungen** sind auszugleichen.[61] Bei einer durch eine Weisung **verkürzten Beförderungsstrecke** wird nach deutschem Recht das Beförderungsentgelt selbst nicht verändert, § 649 BGB, weil § 420 HGB nur für eine durch ein Beförderungshindernis vorzeitig beendete Beförderung gilt. Deshalb wird dem Frachtführer ein Schaden nicht entstehen. Ersparte Aufwendungen muss er sich jedoch auch hier anrechnen lassen.[62] Da die CMR zur **Fälligkeit** und zu einem **Vorschussanspruch** nichts bestimmt, richten sie sich nach dem ergänzend anwendbaren nationalen Recht.[63] Nach deutschem Rechts gelten § 418 Abs. 1, 2 HGB sowie das Zurückbehaltungsrecht nach § 369 HGB.[64] Die Berufung auf den Vorschussanspruch kann etwa bei unaufschiebbaren Weisungen **rechtsmissbräuchlich** sein.[65] Die **Beweislast** für die Weisung, die Kosten, den Schaden und die Kausalität trägt der Frachtführer.[66]

4. Zumutbarkeit (Abs. 5 lit. b). Eine Bindung des Frachtführers an die Weisung besteht nicht, **14** wenn ihre **Ausführung** objektiv **unmöglich** ist oder der Frachtführer auch durch zumutbare Heranziehung eines Dritten, dessen Kosten ihm nach Abs. 2 zu ersetzen sind, zur Ausführung der Weisung nicht in der Lage ist.[67] Eine Weisung muss auch nicht befolgt werden, wenn sie den **gewöhnlichen Betrieb ernstlich hemmen** würde[68] – es sei denn, dies ist vom Frachtführer selbst verschuldet – oder wenn sie den **Empfänger oder den Absender anderer Sendungen schädigen** würde. Darin kommt der Grundsatz der Zumutbarkeit zum Ausdruck, der eine Interessenabwägung gebietet. Unzumutbar kann unter diesen Gesichtspunkten eine **nachträgliche** Einführung oder Erweiterung einer **Nachnahme** sein, wenn sie den Frachtführer mit einem zu großen Risiko belastet.[69] Maßgebender Zeitpunkt ist der Zugang der Weisung[70] bei demjenigen, der sie ausführen soll, wie dem Fahrer.[71] Eine **gesetzwidrige** Weisung bindet nicht.[72] Zum Kostenersatz bei Ausführung einer nicht bindenden Weisung → Rn. 12.

5. Teilung der Sendung (Abs. 5 lit. c). An Weisungen, die zur Teilung der Sendung führen, ist **15** der Frachtführer **nicht gebunden.** Anders liegt es, wenn von vornherein **mehrere Frachtbriefe** ausgestellt sind, weil unter einer Sendung die unter einem Frachtbrief reisende Ware zu verstehen ist.[73] Zum Begriff der Sendung bei Fehlen eines Frachtbriefs → Art. 23 Rn. 8.

V. Benachrichtigungspflicht des Frachtführers (Abs. 6)

Der Frachtführer, dem die **Ausführung von Weisungen nicht zumutbar** ist, Abs. 5 lit. b, muss **16** den Verfügenden benachrichtigen. Eine Verletzung dieser Pflicht hat einen **Schadensersatzanspruch** nach Maßgabe des anwendbaren nationalen Rechts zur Folge.[74] Einer analogen Anwendung von Art. 12 Abs. 7[75] steht entgegen, dass die nach Abs. 6 unterlassene Benachrichtigung bei nicht binden-

---

[59] MüKoHGB/*Jesser-Huß* Rn. 31; *Oetker* JuS 2001, 833 (836 f.).

[60] Ausf. MüKoHGB/*Jesser-Huß* Rn. 30; *Herber/Piper* Rn. 33; *Clarke* Nr. 32a S. 92; *Pesce* 167; *Theunis/Maccarone* 74; aA (nur übliche Vergütung abzüglich angemessenem Gewinnabschlag) OLG München Urt. v. 12.4.1991 – 23 U 1606/91, VersR 1992, 724; ebenso Thume/*Temme* Rn. 49; *Koller* Rn. 3.

[61] *Herber/Piper* Rn. 33; *Koller* Rn. 3.

[62] *Herber/Piper* Rn. 33; MüKoHGB/*Jesser-Huß* Rn. 33; iE ebenso *Koller* Rn. 3.

[63] *Koller* Rn. 3; *Herber/Piper* Rn. 35; Thume/*Temme* Rn. 29; aA *Loewe* ETL 1976, 503 (544): Vorschussanspruch nur bei zu befürchtender Insolvenz; ebenso HEPK/*Glöckner* Rn. 13; MüKoHGB/*Jesser-Huß* Rn. 32: Fälligkeit vor Ausübung des Weisungsrechts.

[64] Vgl. zum Rechtszustand vor dem TRG OLG Hamm Urt. v. 25.9.1984 – 27 U 362/83, TranspR 1985, 100 (102); *Herber/Piper* Rn. 35 mwN; GroßkommHGB/*Helm* Rn. 10.

[65] GroßkommHGB/*Helm* Rn. 10; *Herber/Piper* Rn. 35.

[66] *Giemulla* in Baumgärtel/Prütting/Laumen Beweislast-HdB Rn. 7; Thume/*Temme* Rn. 66.

[67] *Koller* Rn. 4; *Herber/Piper* Rn. 25; MüKoHGB/*Jesser-Huß* Rn. 20; aA bzgl. der Heranziehung Dritter wegen des Haftungsrisikos nach Art. 3 Thume/*Temme* Rn. 22.

[68] *Loewe* ETL 1976, 503 (545); *Herber/Piper* Rn. 27; *Jesser* Frachtführerhaftung 91; MüKoHGB/*Jesser-Huß* Rn. 21; Thume/*Temme* Rn. 24; *Koller* Rn. 4; *Hill/Messent* 85.

[69] *Herber/Piper* Rn. 28; ähnl. *Putzeys* Nr. 493 (unzumutbar fundamentale Änderung des Vertrags oder Erweiterung der Verpflichtungen des Frachtführers).

[70] *Herber/Piper* Rn. 26; *Koller* Rn. 4; *Lamy* I Nr. 478 lit. c.

[71] MüKoHGB/*Jesser-Huß* Rn. 20.

[72] BGH Urt. v. 27.10.1978 – I ZR 86/76, VersR 1979, 417 (418).

[73] BGH Urt. v. 30.1.1981 – I ZR 18/79, BGHZ 79, 302 (305) = NJW 1981, 1902; *Loewe* ETL 1976, 503 (545); Thume/*Temme* Rn. 28; *Clarke* Nr. 32a S. 93; aA *Hill/Messent* 85; *Koller* Rn. 5.

[74] MüKoHGB/*Jesser-Huß* Rn. 23; *Jesser* Frachtführerhaftung 91 f.; GroßkommHGB/*Helm* Rn. 11; Thume/*Temme* Rn. 48; aA *Heuer* Frachtführerhaftung 157: keine Ersatzpflicht, weil Abs. 7 abschließend.

[75] So OGH Wien Urt. v. 13.6.1985 – 6 Ob 587/85, TranspR 1988, 13 (15); *Koller* Rn. 8; *Herber/Piper* Rn. 38; *Hill/Messent* 54.

der Weisung mit einer Nichtausführung einer bindenden Weisung nach Abs. 7 in ihrem Gewicht nicht vergleichbar ist. Die **Beweislast** für die Erfüllung der Benachrichtigungspflicht trifft den Frachtführer.[76] Unterlässt er die Benachrichtigung, hat er die Unzumutbarkeit der Weisungsausführung nachzuweisen.[77]

17   Die **Benachrichtigungspflicht** ist **nicht** auf die Fälle der Verweigerung der Ausführung einer bindenden Weisung oder von Zweifeln über die Zumutbarkeit **auszudehnen**.[78] Bei ihnen greift ohnehin eine Ersatzpflicht des Frachtführers nach Abs. 7 ein, die ihm die Benachrichtigung, die den Schaden geringer halten kann, nahelegt. Ebensowenig gilt die Benachrichtigungspflicht in den schon dem Wortlaut nach ausgesparten Fällen der lit. a und c, in denen ein Bedürfnis dafür auch nicht besteht.[79]

VI. Schadensersatzpflicht des Frachtführers (Abs. 7)

18   **1. Nicht ausgeführte Weisungen.** Der Frachtführer haftet dem Verfügungsberechtigten für die Nichtausführung ihm zugegangener wirksamer, dh nach Maßgabe des Abs. 5 lit. a–c erteilter Weisungen,[80] auf **Schadensersatz** in unbegrenzter Höhe und unabhängig von Verschulden.[81] Allerdings greift **bei Güter- und Verzögerungsschäden** und ihren Folgen die **Schadensbegrenzung** nach Art. 23 ein, die für alle solche Schäden betreffenden Ersatzansprüche der CMR gilt und daher auch Art. 12 Abs. 7 einschränkt.[82] Ist Art. 29 anwendbar, entfällt die Einschränkung wieder.[83] Eine dem nicht empfangsbevollmächtigten Fahrer zugegangene Weisung ist nicht rechtsverbindlich. Im Falle ihrer Nichtbeachtung haftet der Frachtführer weder gem. Art. 12 Abs. 7 Fall 1 CMR noch gem. § 280 BGB[84]. Ist ein **Frachtbrief nicht ausgestellt** und die erste Frachtbriefausfertigung nach Abs. 5 demgemäß nicht vorgelegt, ist Art. 12 Abs. 7 ebenfalls anwendbar, weil eine wirksame Weisung (→ Rn. 11) erteilt worden ist.[85] Zur Nachnahme vgl. Art. 21, der Art. 12 Abs. 7 vorgeht. Zu Schäden aus der **Nichteinholung** von Weisungen → Art. 14 Rn. 5. Die **Beweislast** für die Voraussetzungen und die formgerechte Ausübung des Weisungsrechts, Abs. 1–3, 5 lit. a, Schaden und Kausalität trägt der Verfügungsberechtigte, für Vorliegen einer Ausnahme nach lit. b, c der Frachtführer.[86]

19   **2. Ausführung von Weisungen ohne Legitimation.** Durch den Schadensersatzanspruch nach Abs. 7 wird der **berechtigte Inhaber des Sperrpapiers** gegen Weisungen ohne Vorlage der Absenderausfertigung geschützt.[87] Berechtigter kann außer Absender oder Empfänger auch ein Dritter sein, dem der Frachtbrief übergeben wurde.[88] Der Schadensersatzanspruch eines **Verfügungsberechtigten, der selbst im Besitz der Ausfertigung** mit der eingetragenen Weisung ist, entfällt jedoch nach dem Sinn der Regelung.[89] Schadensersatzpflichtig nach Abs. 7 ist auch der Frachtführer, der sich zwar den Frachtbrief vorlegen lässt, aber in diesen **nicht eingetragene Weisungen** ausführt,[90] weil Abs. 5 Buchst. a für eine ordnungsgemäße Weisung deren Eintragung im Frachtbrief voraussetzt. Der Frachtführer hat zu **beweisen**, dass er sich die Frachtbriefausfertigung vorlegen ließ.[91]

[76] *Giemulla* in Baumgärtel/Prütting/Laumen Beweislast-HdB Rn. 9; *Koller* Rn. 8; *Herber/Piper* Rn. 39; *Thume/ Temme* Rn. 70.

[77] *Heuer* Frachtführerhaftung 157; *Giemulla* in Baumgärtel/Prütting/Laumen Beweislast-HdB Rn. 9; *Herber/Piper* Rn. 39: Indiz für Zumutbarkeit.

[78] So aber *Herber/Piper* Rn. 37.

[79] *Koller* Rn. 8; aA *Herber/Piper* Rn. 38 für lit. c.

[80] *Helm* VersR 1988, 548 (552); ausf. Thume/*Temme* Rn. 53; *Herber/Piper* Rn. 40; MüKoHGB/*Jesser-Huß* Rn. 34 mwN; *Clarke* Nr. 32c S. 96.

[81] OGH Wien Urt. v. 13.6.1985 – 3 Ob 587/85, TranspR 1988, 13 (15); *Helm* VersR 1988, 548 (554); Thume/ *Temme* Rn. 52; *Herber/Piper* Rn. 40; MüKoHGB/*Jesser-Huß* Rn. 34, 35; *Koller* Rn. 9.

[82] BGH Urt. v. 27.1.1982 – I ZR 33/80, NJW 1982, 1944 (1945); *Heuer* Frachtführerhaftung 159; *Jesser* Frachtführerhaftung 93; *Herber/Piper* Rn. 40; *Pesce* 168 f.; *Sánchez-Gamborino* Nr. 552; aA OGH Wien Urt. v. 13.6.1985 – 6 Ob 587/85, TranspR 1988, 13 (15); wohl auch OLG Hamburg Urt. v. 30.8.1984 – 6 U 57/84, VersR 1985, 832; *Helm* VersR 1988, 548 (554); *Koller* Rn. 9; MüKoHGB/*Jesser-Huß* Rn. 36: kein Zusammenhang mit Beförderungsrisiko.

[83] *Herber/Piper* Rn. 40; Thume/*Temme* Rn. 56.

[84] BGH Urt. v. 21.9.2017 – I ZR 47/19 Rn. 26 bzw. Ls. 6.

[85] BGH Urt. v. 27.1.1982 – I ZR 33/80, NJW 1982, 1944 (1945); *Piper* HRR Speditions- und FrachtR Rn. 370; Thume/*Temme* Rn. 61; *Herber/Piper* Rn. 41; aA (Haftung für Güter- und Verzögerungsschäden nach Art. 17, im Übrigen nationales Recht) *Koller* Rn. 9; *Jesser* Frachtführerhaftung 85.

[86] *Koller* Rn. 9; *Herber/Piper* Rn. 42; Thume/*Temme* Rn. 68, 70; *Theunis/Maccarone* 73 für lit. b; aA (Verfügungsberechtigter muss auch Voraussetzungen des Abs. 5 lit. b beweisen) *Jesser* Frachtführerhaftung 92; *Hill/Messent* 86 Fn. 19.

[87] Ausf. *Herber/Piper* Rn. 43; *Koller* Rn. 10; GroßkommHGB/*Helm* Rn. 14; *Theunis/Maccarone* 74.

[88] *Herber/Piper* Rn. 43; *Koller* TranspR 1994, 181 (184); *Koller* Rn. 10.

[89] *Herber/Piper* Rn. 44; *Koller* Rn. 10; *Hill/Messent* 86.

[90] *Koller* Rn. 10; Thume/*Temme* Rn. 60; MüKoHGB/*Jesser-Huß* Rn. 37; *Lamy* I Nr. 478 lit. d; aA *Herber/Piper* Rn. 46.

[91] *Giemulla* in Baumgärtel/Prütting/Laumen Beweislast-HdB Rn. 10; *Koller* Rn. 10; *Herber/Piper* Rn. 47; Thume/*Temme* Rn. 69.

3. Ausführung von Weisungen Nichtberechtigter. Der Frachtführer kann sich auf die Absen- 20 derausfertigung verlassen. Sie hat auch dann **Legitimationswirkung,** wenn sie von einem nicht Weisungsberechtigten vorgelegt wird. Der Frachtführer haftet deshalb nicht für die Folgen der Ausführung einer derartigen Weisung.[92]

Art. 13 [Rechte des Empfängers. Zahlungspflicht]

(1) [1]Nach Ankunft des Gutes an dem für die Ablieferung vorgesehenen Ort ist der Empfänger berechtigt, vom Frachtführer zu verlangen, daß ihm gegen Empfangsbestätigung die zweite Ausfertigung des Frachtbriefes übergeben und das Gut abgeliefert wird. [2]Ist der Verlust des Gutes festgestellt oder ist das Gut innerhalb der in Artikel 19 vorgesehenen Frist nicht angekommen, so kann der Empfänger die Rechte aus dem Beförderungsvertrage im eigenen Namen gegen den Frachtführer geltend machen.

(2) [1]Der Empfänger, der die ihm nach Absatz 1 zustehenden Rechte geltend macht, hat den Gesamtbetrag der aus dem Frachtbrief hervorgehenden Kosten zu zahlen. [2]Bei Streitigkeiten hierüber ist der Frachtführer zur Ablieferung des Gutes nur verpflichtet, wenn ihm der Empfänger Sicherheit leistet.

Schrifttum: *Benkelberg/Beier,* Empfängerhaftung nach Maßgabe des Frachtbriefes, TranspR 1989, 351; *Bodis/Remiorz,* Der Frachtzahlungsanspruch gegen den Empfänger nach § 421 Abs. 2 HGB, TranspR 2005, 438; *Gröhe,* Der Transportvertrag als Vertrag zugunsten Dritter – Zur Passivlegitimation des Unterfrachtführers, ZEuP 1993, 141; *Helm,* Der Ersatzberechtigte im CMR-Haftpflicht-Fall, TranspR 1983, 29; *Koller,* Die Verdoppelung des Prozessrisikos von CMR-Frachtführern, VersR 1982, 414; *Koller,* Die Haftung des Unterfrachtführers gegenüber dem Empfänger, VersR 1988, 673; *Koller,* Vertragliche Direktansprüche gegen schädigende Unterfrachtführer im Straßentransportrecht, VersR 1993, 920; *Koller,* Die Inanspruchnahme des Empfängers für Beförderungskosten durch Frachtführer oder Spediteur, TranspR 1993, 41; *Lamy,* Transport „Route", Tome I, Paris 2007; *Neumann,* Prozessuale Besonderheiten im Transportrecht, TranspR 2006, 429; *Oetker,* Versendungskauf, Frachtrecht udn Drittschadensliquidation, JuS 2001, 833; AcP 202 (2002), 722; *Rabe,* Drittschadensliquidation im Güterbeförderungsrecht, TranspR 1993, 1; *Ramming,* Fixkostenspedition – CMR – FBL, Anmerkung zu Bundesgerichtshof, Urteil vom 8. Juli 2004 – I ZR 272/01 –, TranspR 2006, 95; *Thume,* Aktivlegitimation und Regressverfolgung in Deutschland, dargestellt am Beispiel der CMR, Europäisches Transportrecht 2005, 801; *Thume,* Keine Rechte des Empfängers nach Art. 13 Abs. 1 CMR und § 435 HGB gegen den Unterfrachtführer?, TranspR 1991, 85; *Valder,* Rechtsprobleme bei Unfrei-Sendungen, Spediteur 1994, 27; *Walch,* Paradoxon dualer Haftungsobergrenze des Art. 23 Abs. 3 CMR, TranspR 2005, 229; iÜ vgl. Vor Art. 1.

Parallelvorschriften: § 421 HGB; Art. 13 MÜ; Art. 17 § 1 CIM 1999; Art. 14 CMNI.

I. Allgemeines

Aus Art. 13 (Parallelvorschrift § 421 HGB) ergibt sich, dass der CMR-Vertrag ein **Vertrag zu** 1 **Gunsten Dritter** ist, weil er dem Empfänger, der nicht Vertragspartner ist, von der Ankunft am Ablieferungsort an einen **selbstständigen Anspruch** auf Ablieferung des Gutes und auf Schadensersatz bei Verlust, Verspätung und Beschädigung einräumt.[1] Der **Empfänger** kann die Rechte aus dem Vertrag im eigenen Namen geltend machen. Nur dann treffen ihn auch Pflichten, wie die Zahlungspflicht nach Abs. 2. Mit der Übergabe der zweiten Ausfertigung des Frachtbriefs an den Empfänger oder der Geltendmachung der Rechte aus Art. 13 Abs. 1 hat der Frachtführer den Weisungen des Empfängers nachzukommen, Art. 12 Abs. 2 S. 2 (→ Art. 12 Rn. 6).

II. Rechtserwerb des Empfängers (Abs. 1 S. 1)

Der Empfänger kann vom Frachtführer die **zweite Ausfertigung des Frachtbriefs** und die 2 **Ablieferung des Gutes** zu den Bedingungen im Frachtbrief[2] sowie vorherige äußere Besichtigung[3] verlangen. Die Ablieferung des Gutes, die der Empfänger zugleich mit der zweiten Ausfertigung des Frachtbriefs oder später fordern kann,[4] ist die frachtbriefmäßige, **vollständige und unversehrte Übergabe.**[5] Die Forderung nach Herausgabe von **beschädigtem** Gut ist damit nicht wegen Unmöglichkeit ausgeschlossen.[6] Der Anspruch geht vielmehr auf das verbleibende Minus; im Übrigen

---

[92] *Heuer* Frachtführerhaftung 158; *Herber/Piper* Rn. 45; iE ebenso *Koller* Rn. 11.

[1] HM vgl. MüKoHGB/*Jesser-Huß* Rn. 2; zur Aktivlegitimation *Thume* ETR 2005, 801.

[2] OLG Düsseldorf Urt. v. 16.6.1992 – 18 U 260/91, TranspR 1993, 17; *Hill/Messent* 88.

[3] *Koller* TranspR 1993, 41 (42); MüKoHGB/*Jesser-Huß* Rn. 12 mwN.

[4] *Koller* Rn. 3; Thume/*Temme* Rn. 8.

[5] BGH Urt. v. 6.7.1979 – I ZR 127/78, BGHZ 75, 92 (95) = NJW 1979, 2472; *Piper* VersR 1988, 201; *Piper* HRR Speditions- und FrachtR Rn. 373; *Loewe* ETL 1976, 503 (552); MüKoHGB/*Jesser-Huß* Rn. 16; *Herber/Piper* Rn. 5; *Clarke* Nr. 40a S. 131; aA *Koller* RiW 1988, 254 (255); *Koller* Rn. 3; Thume/*Temme* Rn. 8; HEPK/*Glöckner* Rn. 7.

[6] So aber *Koller* RiW 1988, 254 (255); *Koller* Rn. 3; HEPK/*Glöckner* Rn. 7.

tritt der Schadensersatzanspruch an die Stelle des Herausgabeanspruchs.[7] Ist ein **Frachtbrief nicht ausgestellt,** kann der Empfänger die Ablieferung beanspruchen.[8] Zum Begriff der Ablieferung → Art. 17 Rn. 10 ff.

3   Der Empfänger darf die zweite Frachtbriefausfertigung und Ablieferung des Gutes nur **Zug um Zug gegen** Empfangsbestätigung **(Quittung)** begehren, für die besondere Formvorschriften nicht bestehen.[9] Auf sie ist **Art. 9 Abs. 1 entsprechend anwendbar,** weil sie für die Ablieferung die gleiche Funktion hat wie der Frachtbrief für die Übernahme.[10] Ist eine Quittung nicht ausgestellt, ist die Ablieferung durch jedes Beweismittel nachweisbar.[11] Die **Absenderausfertigung** des Frachtbriefs braucht nicht vorgelegt zu werden.[12]

4   Um Empfängerrechte entstehen zu lassen, muss das Gut an dem für die **Ablieferung vorgesehenen Ort** angekommen sein. Das ist die konkrete, durch Straße, Hausnummer etc bezeichnete Stelle, wie in Art. 6 Abs. 1 lit. d.[13] Vorgesehen ist der Ort, der ursprünglich im Vertrag bestimmt oder vom Verfügungsberechtigten, also vom Absender gemäß Art. 12 Abs. 1 oder vom Empfänger gem. Art. 12 Abs. 3, durch Weisung nachträglich angeordnet ist.[14]

5   **Berechtigter Empfänger** ist, wer im Vertrag als Empfänger bestimmt ist (Vermutung für den im Frachtbrief als Empfänger Ausgewiesenen, Art. 9 Abs. 1) oder vom verfügungsberechtigten Absender[15] oder ursprünglichen Empfänger nach Art. 12 Abs. 4[16] nachträglich bestimmt wurde. Nur Ablieferungsstelle und nicht Empfänger ist, wer im Frachtbrief neben dem ausgewiesenen Empfänger, zB als Käufer unter „notify" als **Meldeadresse** benannt ist[17] oder derjenige, an den das Gut im Einverständnis mit dem **Empfänger** abgeliefert wird oder der Empfänger aus **wirtschaftlicher** Sicht.[18] Zur Ermittlung der Person des Empfängers kann es abweichend von den Angaben im Frachtbrief auf die Feststellung im Wege ergänzender Vertragsauslegung ankommen.[19] Art. 12 erlaubt Änderungen in der Person des Empfängers nur bei entsprechender Weisung an den Frachtführer.[20]

III. Schadensersatzanspruch des Empfängers (Abs. 1 S. 2)

6   **1. Anspruch wegen Verlust und Verspätung.** Aus Art. 13 Abs. 1 S. 2 ergibt sich das Recht des Empfängers auch **Schadensersatzansprüche** gem. Art. 17 ff. gegen den Frachtführer im eigenen Namen geltend zu machen,[21] ohne dass es darauf ankommt, wer Eigentümer ist oder wer das Transportrisiko trägt. Der Verlust kann anerkannt sein, nach Art. 20 wegen Fristablaufs vermutet oder sonst nachgewiesen werden (nach BGH muss er festgestellt, dh bewiesen sein,[22] vgl. „établie"; „established").[23] Beförderungsvertrag iSv Abs. 1 S. 2 ist nach neuerer Rechtsprechung des BGH der Vertrag zwischen Absender und (Unter-)Frachtführer unabhängig von der Regelung in Art. 34.[24] Für die Geltendmachung von Schadensersatzansprüchen wegen Verlustes des Gutes oder Verspätung wird der

---

[7] BGH Urt. v. 15.10.1998 – I ZR 111/96, TranspR 1999, 102 (104); *Herber/Piper* Rn. 5.

[8] *Koller* Rn. 3; *Fremuth/Thume* FrachtR Rn. 3, 9.

[9] *Koller* Rn. 2; *MüKoHGB/Jesser-Huß* Rn. 13; *Clarke* Nr. 37 S. 114; *Sánchez-Gamborino* Nr. 560.

[10] Kh Gent Urt. v. 15.1.1981 ETL 1981, 708; *Herber/Piper* Rn. 9; *Koller* Rn. 2; aA (lex fori) *MüKoHGB/Jesser-Huß* Rn. 13.

[11] OLG Düsseldorf Urt. v. 1.4.1982 – 18 U 234/81, VersR 1983, 632 (633); Kh Gent Urt. v. 15.1.1981, ETL 1981, 708; *Herber/Piper* Rn. 10; *MüKoHGB/Jesser-Huß* Rn. 13; *HEPK/Glöckner* Rn. 14.

[12] AllgM; *Koller* Rn. 3; *GroßkommHGB/Helm* Rn. 3; *Herber/Piper* Rn. 9, 16; *MüKoHGB/Jesser-Huß* Rn. 7; *Thume/Temme* Rn. 11; *Clarke* Nr. 37 S. 115; *Hill/Messent* 88.

[13] Vgl. BGH Urt. v. 15.1.1987 – I ZR 215/84, VersR 1987, 980 (981); *Thume/Temme* Rn. 7; *Herber/Piper* Rn. 2; *Hill/Messent* 87; aA (geografischer Ort) *Loewe* ETL 1976, 503 (545); *MüKoHGB/Jesser-Huß* Rn. 8; *Koller* Rn. 2.

[14] *Koller* Rn. 2; *Thume/Temme* Rn. 7; *Herber/Piper* Rn. 3.

[15] OLG Hamm Urt. v. 25.9.1984 – 27 U 362/83, TranspR 1985, 100 (102); *MüKoHGB/Jesser-Huß* Rn. 4; *Herber/Piper* Rn. 4; *Hill/Messent* 88.

[16] OLG Hamburg Urt. v. 17.11.1983 – 6 U 130/83, VersR 1984, 236; *MüKoHGB/Jesser-Huß* Rn. 4; *Koller* Rn. 4; *Clarke* Nr. 40 S. 130; *Hill/Messent* 89.

[17] OLG Düsseldorf Urt. v. 8.7.2004 – I ZR 272/01, NJW-RR 2004, 1480 (1481); OLG Düsseldorf Urt. v. 2.3.1989 – 18 U 244/88, TranspR 1989, 423; Urt. v. 11.11.1993 – 18 U 102/93, VersR 1994, 1498 (WA); C.A. Paris Urt. v. 24.10.1991, BT 1991, 779; *Koller* Rn. 4; *MüKoHGB/Jesser-Huß* Rn. 4; *Herber/Piper* Rn. 4; *Thume/Temme* Rn. 14; aA *MüKoHGB/Kronke* WA Art. 13 Rn. 4, danach kann auch der Empfänger „notify party" sein; dazu, dass die Angabe einer „notify party" neben einer Bank als Empfängerin mehrdeutig und missverständlich sein kann vgl. Aix-en-Provence Bull 2004, 706.

[18] OLG Düsseldorf Urt. v. 2.3.1989 – 18 U 244/88, TranspR 1989, 423; *Koller* Rn. 4; *Thume/Temme* Rn. 15.

[19] OLG Köln Urt. v. 17.3.1998 – 4 U 14/97, VersR 1998, 1575; BGH Urt. v. 8.7.2004 – I ZR 272/01, NJW-RR 2004, 1480 (1481), danach ist die Eintragung im Frachtbrief „maßgeblich".

[20] *Ramming* TranspR 2006, 95 (102).

[21] Rb Antwerpen Urt. v. 16.5.1998, ETL 1999, 119 (121); *MüKoHGB/Jesser-Huß* Rn. 15, 16 auch zur französischen Ansicht, die nationales Recht anwendet; *Clarke* Nr. 40 S. 131; *Hill/Messent* 58.

[22] BGH Urt. v. 1.12.2005 – I ZR 265/03, TranspR 2006, 210.

[23] *Giemulla* in Baumgärtel/Prütting/Laumen Beweislast-HdB Rn. 2; *Herber/Piper* Rn. 14; *MüKoHGB/Jesser-Huß* Rn. 9; *Hill/Messent* 88; *Koller* Rn. 5; aA (kein Nachweis durch Zeugenaussagen) *Koller* RiW 1988, 254 (257).

[24] BGH Urt. v. 14.6.2007 – I ZR 50/05, BGHZ 172, 337 = NJW 2008, 289 unter Aufgabe von BGH NJW-RR 1988, 481, so zuvor bereits *Koller* VersR 1988, 673.

Übergang der **frachtrechtlichen Verfügungsbefugnis** vom Absender auf den Empfänger – anders als bei einer Beschädigung – nicht vorausgesetzt.[25] Der Empfänger muss deshalb auch die **Absender-ausfertigung** des Frachtbriefs nicht vorlegen.[26] Er verliert die materielle Anspruchsberechtigung nicht, wenn er die **Annahme** des Gutes vor oder nach dessen Verlust **verweigert** hat, weil Art. 15 Abs. 2 nur zum Verlust der Verfügungsmacht über die Ware führt, es sei denn der Empfänger bringt deutlich zum Ausdruck, dass er auch eventuelle Ersatzansprüche wegen Beschädigung des Transport-guts nicht annehmen wolle.[27] Rechte wegen **Verspätung** hat der Empfänger, wenn die Ware nicht rechtzeitig angekommen ist, Art. 19. Verlust oder Verspätung liegen nicht vor, wenn der Absender aus seinem Verfügungsrecht die **Rücksendung** bestimmt hat.[28] Der Empfänger muss darlegen und **beweisen,** dass das Gut nicht rechtzeitig angekommen ist.[29]

2. Anspruch wegen Beschädigung. Der Anspruch wegen Beschädigung des Frachtgutes ist in der **7** CMR nicht ausdrücklich geregelt. Aus dem Gesamtzusammenhang der CMR ist jedoch zu entnehmen, dass der Empfänger auch zur Geltendmachung von Schadensersatzansprüchen wegen Beschädigung berechtigt ist, sobald er das **Verfügungsrecht** über das Gut erhalten hat.[30] Im Rahmen der Regelung der Ansprüche nach Art. 17 ff. ist in einer Reihe von Vorschriften auf den Verfügungsberechtigten abgestellt (Art. 18 Abs. 2 S. 2, Art. 20 Abs. 1, Art. 27). Verfügungsberechtigt ist der Empfänger, sobald er nach Ankunft des Gutes die Ablieferung verlangt. Dann muss er bei beschädigtem Gut statt der Ablieferung auch Schadensersatz verlangen können.[31] Dabei entfällt die Aktivlegitimation des Emp-fängers weder durch Abtretung seines Anspruchs noch bei Zahlung des Ersatzes durch den Versicherer.[32]

3. Passivlegitimierter Frachtführer. Der Beförderungsvertrag, aus dem der Empfänger die **8** Rechte nach Art. 13 Abs. 1 S. 2 geltend machen kann, ist der Vertrag zwischen Absender und **Hauptfrachtführer** und bei Einschaltung von Unterfrachtführern, die unter Übergabe von Gut und Frachtbrief in den Beförderungsvertrag eintreten, Art. 34, auch derjenige zwischen Absender und **Unterfrachtführer**[33], nicht aber der Vertrag zwischen Hauptfrachtführer und demjenigen Unter-frachtführer, der nicht **aufeinander folgender Frachtführer** ist.[34] Aus ihm billigt die CMR dem Empfänger keine Ersatzansprüche gegen den Unterfrachtführer zu. Der Unterfrachtführer ist nur Hilfsperson, Art. 3, und Erfüllungsgehilfe des Hauptfrachtführers bei der Ausführung der Beför-derung. Angesichts dieser Position unterscheiden sich seine Tätigkeiten von denen eines Arbeitnehmers, etwa des Fahrers des Frachtführers, gegen den ebenfalls frachtrechtliche Ansprüche von Empfänger oder Absender nicht in Betracht kommen.[35] Der verfügungsberechtigte Empfänger

---

[25] BGH Urt. v. 21.12.1973 – I ZR 119/72, NJW 1974, 412 (413); Urt. v. 28.4.1988 – I ZR 32/86, NJW 1988, 3095; Urt. v. 15.10.1998 – I ZR 111/96, TranspR 1999, 102 (103); *Koller* RiW 1988, 254 (255); *Koller* Rn. 5; *Herber/Piper* Rn. 15; *Thume/Temme* Rn. 20; *Hill/Messent* 90; aA OGH Wien Urt. v. 9.9.1982 – 7 Ob 818/81, TranspR 1984, 42.

[26] *Helm* TranspR 1983, 29 (33); *Koller* Rn. 5; *Herber/Piper* Rn. 16.

[27] BGH Urt. v. 15.10.1998 – I ZR 111/96, TranspR 1999, 102 (104) = LM CMR Nr. 71 mAnm *Bydlinski*; aA OLG Frankfurt a. M. Urt. v. 30.5.1996 – 15 U 56/95, TranspR 1997, 427 (430) und *Bracker* TranspR 1999, 7 (9).

[28] Rb. Middelburg Urt. v. 26.6.1963, ETL 1966, 736 (737); *Loewe* ETL 1976, 503 (546); *Thume/Temme* Rn. 23; MüKoHGB/*Jesser-Huß* Rn. 10; *Herber/Piper* Rn. 12.

[29] *Giemulla* in Baumgärtel/Prütting/Laumen Beweislast-HdB Rn. 2; *Herber/Piper* Rn. 17; *Koller* Rn. 6; aA (nur Darlegungslast) wohl Thume/*Temme* Rn. 45.

[30] BGH Urt. v. 6.5.1981 – I ZR 70/79, NJW-RR 2002, 1480; OGH Wien Urt. v. 25.9.1968, ETL 1973, 309 (318); Kh Antwerpen Urt. v. 7.11.1986, ETL 1987, 453 (454); *Thume/Schmid* Rn. 41 f.; *Herber/Piper* Rn. 18; MüKoHGB/*Jesser-Huß* Rn. 12; *Hill/Messent* 61; *Putzeys* Nr. 140..

[31] BGH Urt. v. 6.7.1979 – I ZR 127/78, BGHZ 75, 92 (94); Urt. v. 6.5.1981 – I ZR 70/79NJW 1981, 2640; Urt. v. 24.9.1987 – I ZR 197/85, VersR 1988, 244 (246); Urt. v. 15.10.1998 – I ZR 111/96, TranspR 1999, 102 (103); OLG Düsseldorf Urt. v. 1.7.1995 – 18 U 207/94, TranspR 1996, 109; OLG Frankfurt a. M. Urt. v. 30.5.1996 – 15 U 56/95, TranspR 1997, 427 (429); vgl. OLG Hamm Urt. v. 9.12.1999 – 18 U 89/99, TranspR 2000, 122 (123); OGH Wien Urt. v. 28.6.1988 – 8 Ob 657/87, TranspR 1989, 222 (225); Kh Antwerpen Urt. v. 7.12.1973, ETL 1976, 295 (299); *Helm* TranspR 1983, 29 (30 f.); *Piper* TranspR 1990, 357 (358); *Piper* VersR 1988, 201; *Piper* HRR Speditions- und FrachtR Rn. 373; *Herber/Piper* Rn. 17; *Thume/Temme* Rn. 24 ff.; *Hill/Messent* 93; aA zum Zeitpunkt des Eintritts der Aktivlegitimation und zur Begr. *Koller* RiW 1988, 254 (257); *Koller* Rn. 7, der darauf abstellt, wann der Absender die Befugnis verliert, einen anderen Empfänger zu bestimmen, Art. 13 Abs. 1 S. 2 analog; *Clarke* Nr. 41b S. 139 f., der die Ersatzberechtigung ohne Rücksicht auf die Verfügungsbefugnis bejaht; zur auslän-dischen Rspr. vgl. *Koller* RW 1988, 254 (256).

[32] BGH Urt. v. 6.7.2006 – I ZR 226/03, TranspR 2006, 363 (365).

[33] LG Ulm Urt. v. 19.5.2017 – 10 O 36/16, TranspR 2017, 411.

[34] BGH Urt. v. 24.9.1987 – I ZR 197/85, VersR 1988, 244 (246); Urt. v. 28.4.1988 – I ZR 32/86, NJW 1988, 3095; Urt. v. 10.5.1990 – I ZR 234/88, VersR 1991, 238 (239); Urt. v. 24.10.1991 – I ZR 208/89, BGHZ 116, 15 (18 ff.) = VersR 1992, 640 f.; Cass. Belgien Urt. v. 17.9.1987, ETL 1988, 201 (202); Hof van Beroep Antwerpen Urt. v. 8.10.1986, ETL 1987, 436 (437 f.); *Herber/Piper* Rn. 19; HEPK/*Glöckner* Rn. 8; aA (Rechte des Empfängers gegen Frachtführer und Unterfrachtführer als Gesamtschuldner) OLG München Urt. v. 21.7.1989 – 23 U 2703/89, TranspR 1989, 324 (325); *Koller* VersR 1988, 673 f.; *Koller* TranspR 1993, 920 ff.; *Koller* Rn. 5; *Thume* TranspR 1991, 85 (88 f.); MüKoHGB/*Jesser-Huß* Rn. 18 f.; Thume/*Temme* Rn. 17.

[35] BGH Urt. v. 10.5.1990 – I ZR 234/88, VersR 1991, 238 (239); Urt. v. 24.10.1991 – I ZR 208/89, BGHZ 116, 15 (18 ff.); *Herber/Piper* Rn. 19.

kann allerdings die Rechte aus dem Beförderungsvertrag zwischen Absender und Frachtführer wegen Beschädigung des Gutes im eigenen Namen gegen den Frachtführer geltend machen, dies wird aus den Regelungen in Abs. 1 S. 2, Art. 18 Abs. 2 S. 2, 20 Abs. 1, 27 abgeleitet.[36] Dass dies auch für die Ansprüche zwischen Haupt- und Unterfrachtführer gilt, hat inzwischen der BGH unter Aufgabe seiner vorherigen Rechtsprechung entschieden.[37] Hat der Empfänger die Verfügungsbefugnis über das Transportgut einmal erlangt, kann er die Rechte nach Abs. 1 auch dann im eigenen Namen geltend machen, wenn er die Annahme der Ware verweigert.[38] Eine Zahlungspflicht wurde zuvor schon in der Lit. und nun auch durch den BGH auch gegenüber dem Unterfrachtführer bejaht.[39] Die Empfängerrechte nach Abs. 1 S. 2 sind abtretbar, auch wenn der Empfänger die Verfügungsbefugnis noch nicht erlangt hat.[40] Gegen den Unterfrachtführer hat auch der Absender keine Rechte. Weitergehende Ansprüche als dem Absender stehen dem Empfänger nicht zu.[41] Er leitet seine Stellung in erster Linie aus dem Vertrag zwischen Absender und Hauptfrachtführer ab und kann sich deshalb nicht auf seine Empfängerstellung im Vertrag zwischen Hauptfrachtführer und Unterfrachtführer stützen, in dem seine Benennung nur Folge seiner Empfängerstellung im Hauptfrachtvertrag ist. Daran hat auch die Regelung hinsichtlich des ausführenden Frachtführers im innerstaatlichen Recht nach § 437 HGB nichts geändert, da Art. 13 Abs. 1 iRd Art. 34 ff. bzgl. der Aktivlegitimation abschließend ist (→ Art. 34 Rn. 1). Empfänger und Absender sind **Gesamtgläubiger** (§ 428 BGB; Doppellegitimation).[42] Zu einer Doppelbelastung des Frachtführers, weil das frachtrechtliche Verfügungsrecht des Absenders nach Art. 12 Abs. 1 erst später erlischt, als das das Verfügungsrecht des Empfängers nach Abs. 1 entsteht, kommt es deshalb nicht.[43]

IV. Schadensersatzanspruch des Absenders

9   Auch der Absender ist **als Vertragspartner** berechtigt, Schadensersatzansprüche gegen den Frachtführer geltend zu machen, ohne dass es eines Rückgriffs auf nationales Recht bedarf.[44] Der Schadensersatzanspruch besteht auch nach dem Ende seiner Verfügungsbefugnis fort.[45] Die CMR selbst geht von der Überschneidung der Verfügungsrechte von Absender und Empfänger aus, Art. 13 Abs. 1 S. 1, Art. 12 Abs. 2.[46] Die **Doppelberechtigung von Absender und Empfänger** beeinträchtigt den Frachtführer nicht, weil beide **Gesamtgläubiger** sind, § 428 BGB.[47] Der Absender bleibt auch dann aktivlegitimiert, wenn der Empfänger seinen Anspruch abtritt oder Ersatz von dem

[36] BGH Urt. v. 9.12.1987 – VIII ZR 374/86, NJW-RR 1988, 478, *Koller* RIW 1988, 254.

[37] BGH Urt. v. 14.6.2007 – I ZR 50/05, BGHZ 172, 336 = NJW 2008, 289 (Aufgabe von BGHZ 116, 15 Ls. 1) mzustAnm *Thume* TranspR 2007, 427, *Ramming* NJW 2008, 292; für eine analoge Anwendung von Art. 36 auf Ablieferungsansprüche mit der Folge einer Einschränkung der Passivlegitimation von Unterfrachtführern aber *Koller* TranspR 2009, 460.

[38] Vgl. BGH Urt. v. 15.10.1998 – I ZR 111/96, BGHZ 140, 84 = ZIP 1999, 441.

[39] BGH Urt. v. 14.6.2007 – I ZR 50/05, BGHZ 172, 337 = NJW 2008, 289 vgl. *Thume* TranspR 2007, 428; *Ramming* NJW 2008, 292; *Herber* TranspR 2008, 240.

[40] BGH Urt. v. 28.4.1988 – I ZR 32/86, NJW 1988, 3095.

[41] BGH Urt. v. 24.9.1987 – I ZR 197/85, VersR 1988, 244 (246); Urt. v. 28.4.1988 – I ZR 32/86, NJW 1988, 3095; *Piper* TranspR 1990, 357 (358).

[42] BGH Urt. v. 6.7.2006 – I ZR 226/03, NJW-RR 2006, 1544.

[43] BGH Urt. v. 15.10.1998 – I ZR 111/96, BGHZ 140, 84, 93 = NJW 1999, 1110.

[44] BGH Urt. v. 1.6.2006 – I ZR 200/03, TranspR 2006, 308 (309); OGH Wien Urt. v. 30.11.1989 – 6 Ob 730/88, VersR 1990, 1259; Urt. v. 12.11.1996 – 4 Ob 2278/96, TranspR 1997, 104 (106); Cour Cass. ETR 2004, 693; *Helm* TranspR 1983, 29 (32); *Piper* VersR 1988, 201 (202); *Piper* TranspR 1990, 357 (358); *Piper* HRR Speditions- und FrachtR Rn. 372; *Loewe* ETL 1976, 503 (552); *Lieser* CMR 89; *Herber/Piper* Rn. 30; MüKoHGB/*Jesser-Huß* Rn. 20; iE ebenso, aber nicht aus Art. 13, sondern unter Heranziehung nationalen Rechts OLG Koblenz Urt. v. 6.10.1989 – 2 U 200/88, TranspR 1991, 93; *Clarke* Nr. 41 S. 135; *Koller* Rn. 8 sowie die französische Auffassung: vgl. *Lutz* TranspR 1991, 6 und MüKoHGB/*Jesser-Huß* Rn. 21 mwN.

[45] BGH Urt. v. 10.4.1974 – I ZR 84/73, NJW 1974, 1614 (1616); Urt. v. 1.10.1975 – I ZR 12/75, VersR 1976, 168 (169); Urt. v. 6.5.1981 – I ZR 70/79, NJW 1981, 2640; Urt. v. 28.4.1988 – I ZR 32/86, NJW 1988, 3095; Urt. v. 24.10.1991 – I ZR 208/89, BGHZ 116, 15 (19);OLG Zweibrücken Urt. v. 17.12.1996 – 8 U 63/96, TranspR 1997, 369 (370); OGH Wien Urt. v. 28.6.1988 – 8 Ob 657/87, TranspR 1989, 222 (225); Urt. v. 30.11.1989 – 6 Ob 730/88, VersR 1990, 1259; OLG Linz Urt. v. 27.11.1989 – 4 R 288/89, TranspR 1990, 154 (156); Kh Antwerpen Urt. v. 7.12.1973, ETL 1976, 295; Hof van Beroep Brüssel Urt. v. 7.2.1992, ETL 1993, 286; ausf. *Piper* VersR 1988, 201 (202); *Thume/Temme* Rn. 28; MüKoHGB/*Jesser-Huß* Rn. 20 ff.; *Herber/Piper* Rn. 31; HEPK/*Glöckner* Rn. 4; *Libouton* ETL 1973, 6 (30); *Clarke* Nr. 41 S. 135 f.; *Lamy* I Nr. 555; aA *Helm* TranspR 1983, 29 ff.; *Helm* VersR 1988, 558 (562); *Heuer* Frachtführerhaftung 178 f.

[46] *Piper* HRR Speditions- und FrachtR Rn. 375; *Piper* VersR 1988, 201; *Piper* TranspR 1990, 357 f.; *Lieser* CMR 89; *Herber/Piper* Vor Art. 17 Rn. 16.

[47] BGH Urt. v. 1.6.2006 – I ZR 200/03, TranspR 2006, 308 (309); BGH Urt. v. 6.7.2006 – I ZR 226/03, TranspR 2006, 363 (365); BGH Urt. v. 10.4.1974 – I ZR 84/73, NJW 1974, 1614 (1616); Urt. v. 6.7.1979 – I ZR 127/78, BGHZ 75, 92 (96); Urt. v. 10.5.1984 – I ZR 52/82, VersR 1984, 932 (934); Urt. v. 28.4.1988 – I ZR 32/86, NJW 1988, 3095; OGH Wien Urt. v. 28.6.1988 – 8 Ob 657/87, TranspR 1989, 222 (225); OGH Wien Urt. v. 30.11.1989 – 6 Ob 730/88, VersR 1990, 1259; *Piper* VersR 1988, 201 (202); *Koller* RiW 1988, 254 (257); *Herber/Piper* Rn. 34, Vor Art. 17 Rn. 16; MüKoHGB/*Jesser-Huß* Rn. 24 mwN; vgl. *Clarke* Nr. 41 S. 136; krit. *Helm* RiW

Versicherer erhält.[48] Die Möglichkeit konkurrierender Ansprüche von Absender und Empfänger wird auch in **Frankreich,**[49] **Belgien**[50] und den **Niederlanden**[51] angenommen. Zur Vermeidung einer doppelten Zahlungspflicht gehen die nationalen Rechte verschiedene Wege. Neben dem Rechtsinstitut der Gesamtgläubigerschaft wird dazu teils auf ein besonderes Interesse an der Rechtsverfolgung abgestellt.[52]

V. Abtretbarkeit der Schadensersatzansprüche

Sie richtet sich nach dem für den abgetretenen Anspruch maßgebenden nationalen Recht.[53] Der **10** **Anspruch des Empfängers** ist abtretbar ohne Rücksicht darauf, ob er ihn nach Art. 13 Abs. 1 S. 2 geltend gemacht hat, und bevor der Empfänger frachtrechtlich verfügungsbefugt wurde, weil ihm die Rechte in gleicher Weise zustehen wie dem Absender.[54] Der Frachtführer darf in seinen AGB die Abtretbarkeit von Absender- oder Empfängerrechten an den **Transportversicherer** nicht ausschließen.[55]

VI. Kostenzahlungspflicht des Empfängers (Abs. 2)

Den Empfänger trifft, sobald er die Rechte nach Art. 13 Abs. 1 geltend macht und nicht erst mit **11** der Ablieferung des Gutes,[56] die durch Abreden zwischen ihm und dem Absender nicht abdingbare Pflicht, die aus dem Frachtbrief sich ergebenden (offenen) Kosten zu zahlen. Damit erlischt aber eine bestehende Zahlungsverpflichtung des Absenders nicht **(Gesamtschuldner).**[57] Für Kosten, die durch einen **franko-Vermerk** oder eine sonstige im Frachtbrief enthaltene Absprache vom Absender übernommen worden sind, ist der Empfänger nicht zahlungspflichtig.[58] Wie der Vergleich mit der maßgeblichen englischen und französischen Fassung zeigt, besteht nicht nur ein Recht des Frachtführers, die Ablieferung zu verweigern, sondern ein direkter **Anspruch gegen den Empfänger.**[59] Dieser kann **in den Frachtbrief Einsicht** verlangen, um sich vor dem Begehren nach Übergabe des Frachtbriefs über die Kosten zu informieren.[60] Weil in Anwendung deutschen Rechts die Fracht erst bei Ablieferung fällig ist und der Empfänger nicht weitergehende Pflichten haben kann als der Absender, kann der Frachtführer Zahlung nur **Zug-um-Zug** gegen Auslieferung fordern.[61] Der Empfänger kann die Ablieferung Zug-um-Zug gegen Sicherheitsleistung begehren, Abs. 2 S. 2. Während der **englische Wortlaut** des Art. 13 Abs. 2 dafür spricht, dass der Empfänger nur eine Einrede gegen den die Auslieferung verlangenden Empfänger erwirbt[62] und nicht Schuldner des Frachtführers ist, wenn er die Aushändigung des Frachtbriefes und des Gutes fordert, spricht der **französische Wortlaut** für eine Aktivlegitimation des Frachtführers. Der Frachtführer kann danach unmittelbar, nachdem der Empfänger die Ablieferung verlangt hat, Zahlung vom Empfänger fordern.[63]

1988, 254, § 31 f.; aA Corte di Cassazione Rivista di diritto internazionale privato e procedura 10 (1994), 651 (nur der Empfänger ist aktivlegitimiert).

[48] BGH Urt. v. 1.6.2006 – I ZR 200/03, TranspR 2006, 308 (309).

[49] C. A. Paris Urt. v. 10.2.1984 BT 1984, 568; *Lamy* I Nr. 555 und Nr. 882; vgl. *Hill/Messent* 90.

[50] Hof van Beroep Brüssel Urt. v. 5.12.1968, ETL 1969, 958; Urt. v. 7.2.1992, ETL 1993, 286 (287); Hof van Beroep Antwerpen Urt. v. 13.10.1986, ETL 1987, 443 (445); *Putzeys* Nr. 1056; weit. Nachw. bei *Hill/Messent* 90.

[51] Nachw. bei *Libouton* ETL 1973, 6 (30) und *Hill/Messent* 90.

[52] Vgl. *Hill/Messent* 90 f.

[53] BGH Urt. v. 28.4.1988 – I ZR 32/86, NJW 1988, 3095; OLG Karlsruhe Urt. v. 25.2.1999 – 9 U 108/96, TranspR 1999, 349 (351); MüKoHGB*Basedow* Rn. 5; *Piper* VersR 1988, 201 (203); *Herber/Piper* Rn. 33; *Koller* Rn. 10; *Thume/Temme* Rn. 27.

[54] BGH Urt. v. 14.3.1985 – I ZR 168/82, VersR 1985, 753; Urt. v. 28.4.1988 – I ZR 32/86, NJW 1988, 3095; *Herber/Piper* Rn. 33, Vor Art. 17 Rn. 15; MüKoHGB/*Jesser-Huß* Rn. 5 mwN; *Koller* Rn. 5.

[55] BGH Urt. v. 9.11.1981 – II ZR 197/80, VersR 1982, 287 (289); MüKoHGB/*Jesser-Huß* Rn. 5; *Herber/Piper* Rn. 33.

[56] OLG Düsseldorf Urt. v. 11.12.1980 – 18 U 112/80, NJW 1981, 1910 (1911); *Koller* Rn. 11; MüKoHGB/*Jesser-Huß* Rn. 25; *Thume/Temme* Rn. 37; *Herber/Piper* Rn. 20; aA *Benkelberg/Beier* TranspR 1989, 351 (354); GroßkommHGB/*Helm* Rn. 4; *Lenz* Straßengütertranspr Rn. 990, 996.

[57] *Benkelberg/Beier* TranspR 1989, 351 (354) Fn. 42; *Herber/Piper* Rn. 20, 27; *Lenz* Straßengütertranspr Rn. 994 ff.; MüKoHGB/*Jesser-Huß* Rn. 29.

[58] MüKoHGB/*Jesser-Huß* Rn. 28; *Herber/Piper* Rn. 38; vgl. BGH Urt. v. 23.1.1970 – I ZR 35/69, NJW 1970, 604.

[59] OLG Düsseldorf Urt. v. 11.12.1980 – 18 U 112/80, NJW 1981, 1910 (1911); *Koller* Rn. 11.

[60] *Koller* TranspR 1993, 41 (42); *Herber/Piper* Rn. 24; *Thume/Temme* Rn. 32; MüKoHGB/*Jesser-Huß* Rn. 11 mwN.

[61] *Koller* Rn. 11; *Herber/Piper* Rn. 21; MüKoHGB/*Jesser-Huß* Rn. 31; ähnl. App. Venedig Urt. v. 31.10.1974, ETL 1975, 242 (247).

[62] *Clarke* 105; *Benkelberg/Beier* TranspR 1989, 351 (354).

[63] OLG Düsseldorf Urt. v. 11.12.1980 – 18 U 112/80, TranspR 1982, 13 (15); *Bodis/Remiorz* TranspR 2005, 438 (441); *Koller* Rn. 11; aA Cour Cass. BullT 2004, 246; nach OGH Wien Urt. v. 5.7.1977, zit. nach *Greier*, CMR-Gerichtsurteile, 1985, 54, 57.

12   Der Anspruch gegen den Empfänger ist auf die im Frachtbrief **ausgewiesenen Kosten** beschränkt.[64] Ob ihr Schuldner der Absender oder der Empfänger ist, ist gleichgültig, wenn sich nicht ein entsprechender Kostenübernahmevermerk durch den Absender auf dem Frachtbrief findet, Art. 6 Abs. 2 lit. b. Die Kosten müssen nicht im Frachtbrief **beziffert** sein. Es genügt, dass ihr Umfang sich in berechenbarer Weise aus ihm ergibt.[65] Eine dem Frachtbrief beigefügte Rechnung allein, ohne Hinweis im Frachtbrief ist aber nicht ausreichend.[66] Die Regelung ist abschließend. **Andere Kosten** kann der Frachtführer auch nach nationalem Recht vom Empfänger nur bei Vorliegen eines besonderen Verpflichtungsgrundes, nicht aber aus § 421 Abs. 2 S. 2 HGB, aus GoA oder ungerechtfertigter Bereicherung verlangen.[67] Eine nationale Regelung, die dem Frachtführer unter erleichterten Voraussetzungen einen Anspruch auf Erstattung der Beförderungskosten gegen den Empfänger einräumt, steht der Regelung in Art. 13 Abs. 2 in seinem Anwendungsbereich entgegen.[68] Der Frachtführer kann wegen einer Zahlung auch aus **abgetretenem Recht des Absenders** gegen den Empfänger vorgehen. Dieser Anspruch erlischt, sobald die Forderung des Frachtführers auf Frachtlohn verjährt ist.[69]

13   Wurde ein **Frachtbrief nicht ausgestellt,** ist Art. 13 Abs. 2 S. 1 mangels einer Verlautbarungsgrundlage nicht analog anwendbar. Der Anspruch des Frachtführers gegen den Empfänger richtet sich nach dem ergänzend anwendbaren **nationalen Recht.** Nach deutschem Recht kann er für die angemessenen Kosten aus § 421 Abs. 2 S. 2 HGB, im Übrigen aus gesonderter eigener Verpflichtung des Empfängers entstehen,[70] die als stillschweigende nur bei Erkennbarkeit der Kosten für den Empfänger wird angenommen werden können.[71] Auch Ansprüche aus GoA werden in diesem Fall nicht durch eine abschließende Regelung in Art. 13 ausgeschlossen.[72]

14   Ein **Zurückbehaltungsrecht** nach Art. 13 Abs. 2 S. 2 wegen der Kosten kann der Frachtführer nur gegenüber einer geforderten Ablieferung geltend machen, nicht aber gegenüber einem Schadensersatzanspruch, weil er in seinem Rahmen die Beförderungskosten zu erstatten hat, Art. 23 Abs. 4.[73] Der Anspruch auf **Sicherheit** richtet sich, was die Art der Sicherheit betrifft, nach nationalem Recht,[74] welches sich nach dem Ort der Sicherheitsleistung bestimmt.[75] Nach deutschem Recht sind die §§ 232 ff. BGB und für das Pfandrecht[76] § 441 HGB einschlägig.

VII. Drittschadensliquidation, Prozessstandschaft, Streitverkündung

15   **1. Drittschadensliquidation.** Bei der Ausführung von Beförderungsverträgen fallen die formelle Ersatzberechtigung und der entstandene Schaden oft nicht in einer Person zusammen. Der Berechtigte, der nicht selbst geschädigt ist, kann nach **deutschem Recht** für den einem Dritten entstandenen

[64] OLG Düsseldorf Urt. v. 27.11.1980 – 18 U 104/80, VersR 1981, 556; Urt. v. 11.12.1980 – 18 U 112/80, NJW 1981, 1910; OLG Hamm Urt. v. 15.9.1988 – 18 U 260/87, TranspR 1989, 55 (56); OLG München Urt. v. 9.10.1992 – 23 U 2092/92, TranspR 1993, 75 (76); *Herber/Piper* Rn. 22; Thume/*Temme* Rn. 39.

[65] BGH Urt. v. 25.4.1991 – III ZR 74/90, VersR 1991, 1037 (1039); vgl. BGH Urt. v. 23.1.1970 – I ZR 35/69, NJW 1970, 604; OLG Düsseldorf Urt. v. 27.11.1980 – 18 U 104/80, VersR 1981, 556; Urt. v. 11.12.1980 – 18 U 112/80, NJW 1981, 1910; HEPK/*Glöckner* Rn. 11; *Herber/Piper* Rn. 22; aA OGH Wien Urt. v. 12.12.1973 – 5 Ob 242/73, und Urt. v. 5.7.1977 – 5 Ob 602/77, *Greiter* Nr. 5, 10; MüKoHGB/*Jesser-Huß* Rn. 27; *Czoklik,* Einführung in das Transportrecht, 1990, 125 f.

[66] OLG Hamm Urt. v. 15.9.1988 – 18 U 260/87, TranspR 1989, 55 (56) mwN; *Koller* Rn. 11; *Herber/Piper* Rn. 22; HEPK/*Glöckner* Rn. 11; Thume/*Temme* Rn. 39.

[67] OLG Düsseldorf Urt. v. 11.12.1980- 18 U 112/80, NJW 1981, 1910; OLG München Urt. v. 9.4.1997 – 7 U 6298/96, TranspR 1997, 368; *Koller* TranspR 1993, 41; *ders.* Rn. 11; *Herber/Piper* Rn. 25; Thume/*Temme* Rn. 36; *Lenz* Straßengütertranspr Rn. 1006; aA (ergänzend GoA): OLG Hamm Urt. v. 5.7.1982 – 18 U 297/81, RIW 1982, 838 (839); GroßkommHGB/*Helm* Rn. 4; offengelassen BGH Urt. v. 25.4.1991 – III ZR 74/90, VersR 1991, 1037 (1039).

[68] OLG Braunschweig Urt. v. 8.4.2015 – 2 U 123/13.

[69] OLG Hamm Urt. v. 15.9.1988 – 18 U 260/87, TranspR 1989, 55 (57).

[70] BGH Urt. v. 29.6.1959 – II ZR 114/57, VersR 1959, 659 (661 f.); OLG Düsseldorf Urt. v. 11.12.1980-18 U 112/80, NJW 1981, 1910; Urt. v. 27.11.1980 – 18 U 104/80, VersR 1981, 556; OLG Hamm Urt. v. 15.9.1988 – 18 U 260/87, TranspR 1989, 55 (56); *Koller* TranspR 1993, 41 (46); *Helm* VersR 1988, 548 (552); MüKoHGB/*Jesser-Huß* Rn. 26; *Herber/Piper* Rn. 26.

[71] OLG Düsseldorf Urt. v. 27.11.1980 – 18 U 104/80, VersR 1981, 556; OLG München Urt. v. 9.10.1992 – 23 U 2092/92, TranspR 1993, 75 (76); *Koller* TranspR 1993, 41 (47).

[72] OLG Celle Urt. v. 5.3.1985 – 19 U 7/84, TranspR 1985, 303 (304); OLG Hamm Urt. v. 5.7.1982 – 18 U 297/81, RIW 1982, 838 (839); *Koller* TranspR 1993, 41 (42 ff.); MüKoHGB/*Jesser-Huß* Rn. 26; vgl. BGH Urt. v. 25.4.1991 – III ZR 74/90, VersR 1991, 1037 (1039); aA OLG Düsseldorf Urt. v. 11.12.1980- 18 U 112/80, NJW 1981, 1910 (1911); differenzierend OLG München Urt. v. 9.4.1997 – 7 U 6298/96, TranspR 1997, 368 abl. *Bracker* TranspR 1999, 7 (9).

[73] MüKoHGB/*Jesser-Huß* Rn. 32 mwN.

[74] GroßkommHGB/*Helm* Rn. 4; *Koller* Rn. 11; *Herber/Piper* Rn. 28.

[75] *Herber/Piper* Rn. 28; aA OLG Hamburg Urt. v. 3.11.1983 – 6 U 118/83, VersR 1984, 235 (236); MüKoHGB/ *Jesser-Huß* Rn. 33 (Vertragsstatut und Recht des Erfüllungsorts).

[76] Vgl. *Benkelberg/Beier* TranspR 1989, 351 (354); MüKoHGB/*Jesser-Huß* Rn. 34; Thume/*Fremuth* Anh. V; *Herber/ Piper* Rn. 29.

Schaden Ersatz fordern, wenn die Interessen des Berechtigten und des Dritten auf Grund des Frachtvertrags so eng verknüpft sind, dass sie die Wahrnehmung der Drittinteressen durch den Anspruchsinhaber rechtfertigen.[77] Es würde zu untragbaren Ergebnissen führen, wenn der Schädiger aus dem für ihn zufälligen Auseinanderfallen von Berechtigtem und Geschädigtem Nutzen ziehen dürfte mit der Begründung, der Ersatzberechtigte habe keinen Schaden, der Geschädigte keinen Anspruch.[78] Schutzwürdige Belange des Frachtführers werden dadurch nicht berührt. Er braucht nur einmal Ersatz zu leisten. Ein Interesse, im Frachthaftungsprozess zu klären, wem die Entschädigung letztlich gebührt, besteht nicht.[79] Der Anspruch geht grundsätzlich auf **Leistung an den Anspruchsinhaber,** dem es nicht verwehrt ist, auf Zahlung an den Geschädigten zu klagen.[80] Gegen dessen Willen findet allerdings eine Liquidation seines Schadens durch einen formal Ersatzberechtigten nicht statt.[81] Eine Drittschadensliquidation ist deshalb ausgeschlossen, wenn der Geschädigte oder sein Versicherer als Legalzessionar (§ 67 VVG) ohne Beteiligung des Frachtführers dessen Entlastung vereinbaren oder auf die Geltendmachung ihrer Ansprüche verzichten.[82] Dem Geschädigten muss es freistehen, ob er letztlich den Frachtführer in Anspruch nimmt.

Einzelfälle: Absender für Empfänger,[83] Spediteur für Auftraggeber,[84] Empfänger für Absender,[85]   **16**
Absender für Versender,[86] Spediteur für Absender oder Empfänger,[87] Unterfrachtführer für Geschädigten,[88] Hauptfrachtführer für Absender gegen Unterfrachtführer,[89] **nicht** ein Zwischenspediteur, dem kein Schadensersatzanspruch zusteht, gegen ausliefernden Spediteur.[90]

2. Prozessstandschaft. Bei ihr geht es um die Geltendmachung eines fremden Anspruchs durch   **17**
den Geschädigten. Sie betrifft die Prozessführungsbefugnis und damit die Zulässigkeit der Klage. Bei einem **eigenen schutzwürdigen Interesse** an der Verfolgung des fremden Rechts ist sie allgemein anerkannt, wenn der Dritte, dem das Recht zusteht, den Kläger zumindest stillschweigend zur Geltendmachung des Rechts ermächtigt hat.[91] Das Interesse ergibt sich bei Fremdschäden daraus, dass dem Geschädigten die Entschädigung im Verhältnis zum Anspruchsinhaber letztlich zufließen soll.[92]

Einzelfälle: Absender für Empfänger,[93] Versender bzw. Transportversicherer für Absender oder   **18**
Empfänger,[94] Endempfänger bzw. sein Transportversicherer für Empfangsspediteur als frachtbriefmäßigen Empfänger.[95] Eine stillschweigende Zustimmung fehlt aber bei der Rechtsverfolgung, die nicht der Partner des vom formalen Gläubiger abgeschlossenen Kaufvertrags, sondern ein weiterer Erwerber gegen den Frachtführer führt.[96]

---

[77] OLG Düsseldorf Urt. v. 26.7.2004- 18 U 253/03, TranspR 2005, 118 (120); wohl auch Staub/*Helm* Anh. VI § 452 CMR Art. 17 Rn. 252; *Walch* TranspR 2005, 229 (233); *Koller* Rn. 8 mwN; aA MüKoHGB/*Jesser-Huß* Art. 29 Rn. 31; der OGH Wien Urt. v. 22.3.2002 ETR 2004, 79 (83 f.), leitet die Zulässigkeit unmittelbar aus der CMR ab; die französische Rechtsprechung verlangt einen eigenen Schaden, Cour Cass. BullT 2004, 104; Paris BullT 2004, 154 f.

[78] BGH Urt. v. 10.7.1963- VIII ZR 204/61, BGHZ 40, 91 (100 f.); OLG Zweibrücken Urt. v. 17.12.1996- 8 U 63/96, TranspR 1997, 369 (370); ebenso jetzt OGH Wien Urt. v. 26.11.1996- 4 Ob 2336/96, TranspR 1997, 281 (283); *Rabe* TranspR 1993, 1; *Piper* VersR 1988, 201 (202 f.); *ders.* TranspR 1990, 357 (358); *Koller* RiW 1988, 254 (258); *Herber/Piper* Rn. 32; krit.: *Helm* TranspR 1983, 29 (33); *Koller* VersR 1982, 414 (415 f.).

[79] BGH Urt. v. 20.4.1989- I ZR 154/87, NJW 1989, 3099 (3100); OLG Zweibrücken Urt. v. 17.12.1996 – 8 U 63/96, TranspR 1997, 369 (370); *Piper* HRR Speditions- und FrachtR Rn. 381; *ders.* VersR 1988, 201 (203).

[80] BGH Urt. v. 20.4.1989- I ZR 154/87, NJW 1989, 3099; *Piper* HRR Speditions- und FrachtR Rn. 381.

[81] BGH Urt. v. 10.5.1984- I ZR 52/82, VersR 1984, 932 (934); *Piper* HRR Speditions- und FrachtR Rn. 381; *Herber/Piper* Vor Art. 17 Rn. 17.

[82] OLG Zweibrücken Urt. v. 17.12.1996- 8 U 63/96, TranspR 1997, 369 (371).

[83] BGH Urt. v. 1.10.1975- I ZR 12/75, VersR 1976, 168 (169); Urt. v. 9.11.1981- II ZR 197/80, VersR 1982, 287 (288); OLG Linz Urt. v. 27.11.1989- 4 R 288/89, TranspR 1990, 154 (155 f.); *Herber/Piper* Rn. 32.

[84] BGH Urt. v. 10.4.1974- I ZR 84/73, NJW 1974, 1614 (1616).

[85] BGH Urt. v. 9.11.1981- II ZR 197/80, NJW 1982, 992 (993); *Piper* HRR Speditions- und FrachtR Rn. 380.

[86] BGH Urt. v. 14.3.1985- I ZR 168/82, VersR 1985, 753 (754); OLG Hamm Urt. v. 6.2.1997- 18 U 141/96, TranspR 1998, 34.

[87] BGH Urt. v. 14.3.1985- I ZR 168/82, VersR 1985, 753 (754); Urt. v. 20.4.1989- I ZR 154/87, NJW 1989, 3099; OLG München Urt. v. 16.1.1991- 7 U 2240/90, TranspR 1992, 181 (182); OLG Zweibrücken Urt. v. 17.12.1996- 8 U 63/96, TranspR 1997, 369 (370).

[88] OLG Hamburg Urt. v. 14.12.1986 – 6 U 266/85, VersR 1987, 558.

[89] BGH Urt. v. 14.11.1991 – I ZR 236/89, BGHZ 116, 95 = NJW 1992, 1698; OLG Schleswig Urt. v. 2.10.2003- 16 U 17/03, VersR 2004, 266; aA Hof van Beroep Antwerpen Urt. v. 8.11.1989, ETL 1990, 83 (84).

[90] OLG München Urt. v. 27.1.1994 – 24 U 325/93, VersR 1995, 813.

[91] BGH Urt. v. 24.10.1985 – VII ZR 337/84, BGHZ 96, 151 (152 ff.); *Piper* HRR Speditions- und FrachtR Rn. 384; vgl. MüKoHGB/*Jesser-Huß* Rn. 6.

[92] BGH Urt. v. 6.5.1981 – I ZR 70/79, NJW 1981, 2640; *Piper* HRR Speditions- und FrachtR Rn. 385; *Lieser* S. 90.

[93] BGH Urt. v. 10.4.1974- I ZR 84/73, NJW 1974, 1614.

[94] BGH Urt. v. 6.2.1981 – I ZR 172/78, NJW 1981, 2750.

[95] BGH Urt. v. 6.5.1981 – I ZR 70/79, NJW 1981, 2640.

[96] BGH Urt. v. 15.10.1998 – I ZR 111/96, TranspR 1999, 102 (105).

19   **3. Streitverkündung.** Der vom Absender in Anspruch genommene Frachtführer kann dem Empfänger den Streit verkünden.[97] Der Frachtführer, der wegen eines Schadensersatzanspruchs des Absenders seinen Unterfrachtführer im Wege der Drittschadensliquidation in Regress nimmt, kann dem Absender den Streit verkünden, weil er insoweit die Inanspruchnahme eines Dritten besorgt, § 72 Abs. 1 ZPO.[98]

Art. 14 [Beförderungshindernisse]

(1) **Wenn aus irgendeinem Grunde vor Ankunft des Gutes an dem für die Ablieferung vorgesehenen Ort die Erfüllung des Vertrages zu den im Frachtbrief festgelegten Bedingungen unmöglich ist oder unmöglich wird, hat der Frachtführer Weisungen des nach Artikel 12 über das Gut Verfügungsberechtigten einzuholen.**

(2) **Gestatten die Umstände jedoch eine von den im Frachtbrief festgelegten Bedingungen abweichende Ausführung der Beförderung und konnte der Frachtführer Weisungen des nach Artikel 12 über das Gut Verfügungsberechtigten innerhalb angemessener Zeit nicht erhalten, so hat er die Maßnahmen zu ergreifen, die ihm im Interesse des über das Gut Verfügungsberechtigten die besten zu sein scheinen.**

Schrifttum: *Konow,* Aufwendungsersatz bei Fürsorgemaßnahmen für das Gut während des Transports, TranspR 1988, 229; *Rogov,* Zollhaftung und Verhalten des Frachtführers bei CMR-Transporten nach Rußland, ETL 1998, 649; *Rogov,* Zollrechtliche Rahmenbedingungen für das Verhalten des Frachtführers bei Straßentransporten nach Rußland, TranspR 1999, 54; *Tilche,* CMR – Guerre et empêchement au transport, ETL 1994, 633; iÜ vgl. Vor Art. 1.

Parallelvorschriften: § 419 HGB; Art. 20 CIM 1999.

I. Allgemeines

1   Art. 14 (Parallelvorschrift: § 419 HGB) regelt durch Vertragsanpassung[1] die Rechtsfolgen von **Beförderungshindernissen** nach Übergabe, aber vor Ankunft des Gutes am Bestimmungsort.[2] Für Hindernisse vor Übernahme des Gutes gilt das ergänzend anwendbare nationale Recht,[3] für **Ablieferungshindernisse** Art. 15, bei Unmöglichkeit der Ablieferung wegen Verlustes greifen die Art. 17 ff. ein. Art. 14 ist in Zusammenhang mit Art. 16 zu lesen. Zur **Annahmeverweigerung** vor Ankunft des Gutes → Art. 15 Rn. 1.

II. Unmöglichkeit der Vertragserfüllung (Abs. 1)

2   **1. Voraussetzungen.** Es müssen Beförderungshindernisse auftreten, die die Ausführung des Vertrags zu den im Frachtbrief festgelegten Bedingungen unmöglich machen. Gemeint ist tatsächliche oder rechtliche **objektive Unmöglichkeit,**[4] subjektive nur dann, wenn auch die Beauftragung eines Dritten nicht zumutbar ist,[5] wie überhaupt vom Frachtführer nur **zumutbare Maßnahmen** zur Beseitigung des Hindernisses verlangt werden können (arg. aus Art. 16 Abs. 3 S. 1, Art. 19, 17 Abs. 2 letzter Hs.) und bei unzumutbaren Unmöglichkeit gegeben ist.[6] Bloße **Erschwerungen** und Verteuerungen reichen nicht aus.[7] Sieht der Frachtführer dennoch von der Ausführung ab, so regeln sich Ersatzansprüche gegen ihn nach nationalem Recht als solche wegen Nichterfüllung des Vertrags.[8]

---

[97] *Loewe* ETL 1976, 503 (554); *MüKoHGB/Jesser-Huß* Rn. 24; *Putzeys* Nr. 1060.

[98] BGH Urt. v. 14.11.1991 – I ZR 236/89, BGHZ 116, 95, mAnm *Koller* EWiR 1992, 405 (406); *Herber/Piper* Vor Art. 17 Rn. 22; krit. *Rabe* TranspR 1993, 1 (7); zu den prozessualen Besonderheiten im Transportrecht zB *Neumann* TranspR 2006, 429 (430).

[1] Vgl. *MüKoHGB/Jesser-Huß* Rn. 4 f.

[2] *GroßkommHGB/Helm* Rn. 1; *Herber/Piper* Rn. 1; *MüKoHGB/Jesser-Huß* Rn. 1; *Rodière* ETL 1971, 3.

[3] *Koller* Rn. 1; → Vor Art. 1 Rn. 27; *MüKoHGB/Jesser-Huß* Rn. 1; *Clarke* Nr. 65 S. 247.

[4] OLG Frankfurt a. M. Urt. v. 24.6.1991 – 12 U 152/90, VersR 1992, 1157; *Jesser* Frachtführerhaftung 88; *GroßkommHGB/Helm* Rn. 2; *Herber/Piper* Rn. 5; *Koller* Rn. 3; *Thume/Temme* Rn. 5; *Clarke* Nr. 33a(i) S. 99.

[5] OGH Wien Urt. v. 27.8.1981 – 6 Ob 540/81, *Greiter* Nr. 20; *Jesser* Frachtführerhaftung 88; *Herber/Piper* Rn. 5 mwN; *MüKoHGB/Jesser-Huß* Rn. 8; *GroßkommHGB/Helm* Rn. 2; ähnl. *Clarke* Nr. 33a(i) S. 99 f.

[6] OLG Hamburg Urt. v. 25.2.1988 – 6 U 194/87, TranspR 1988, 277 (278) (für Ablieferungshindernis); *Koller* TranspR 1988, 129 (130); *GroßkommHGB/Helm* Rn. 2; HEPK/*Glöckner* Rn. 1; *Herber/Piper* Rn. 8; *Pesce* 173; *Clarke* Nr. 33a(i) S. 100; *Putzeys* Nr. 476; zur Abgrenzung *MüKoHGB/Jesser-Huß* Rn. 10 f.

[7] OLG München Urt. v. 28.6.1983 – 25 U 1354/83, TranspR 1984, 186 (187) (notwendiger Umweg); OLG Hamburg Urt. v. 25.2.1988 – 6 U 194/87, TranspR 1988, 277 (278); *Loewe* ETL 1976, 503 (547); *Koller* TranspR 1988, 129 (130); *Koller* Rn. 3; *GroßkommHGB/Helm* Rn. 2; *Thume/Temme* Rn. 17; *Rodière* ETL 1971, 2 (4); *Putzeys* Nr. 478; *Hill/Messent* 94.

[8] *Loewe* ETL 1976, 503 (547); *Herber/Piper* Rn. 9; *MüKoHGB/Jesser-Huß* Rn. 9; *Thume/Temme* Rn. 17; HEPK/*Glöckner* Rn. 1; *Hill/Messent* 94.

Führt er die Beförderung unter Erschwernissen aus, hat er Anspruch auf Ersatz von **Mehraufwendungen** nach nationalem Recht.[9]

Die Unmöglichkeit muss die Durchführung **zu den im Frachtbrief festgelegten Bedingungen** **3** (zB Umladeverbot, bestimmte Reiseroute, vereinbarte Lieferfrist) betreffen.[10] **Fehlt** es an einem **Frachtbrief** oder einem Eintrag in ihm, gilt Art. 14 Abs. 1 analog, wenn die Beförderung nicht in vertragsgemäßer Weise erbracht werden kann;[11] denn die Bezugnahme auf den Frachtbrief in Art. 14 Abs. 1 beruht darauf, dass die CMR grundsätzlich von seiner Erstellung ausgeht.[12] Die Unmöglichkeit muss eingetreten sein oder unmittelbar bevorstehen.[13] Auch **zeitweise Hindernisse** genügen, wenn die vertragsgemäße Lieferzeit[14] oder die Frist nach Art. 19 überschritten würde.[15] Der **Ursprung** des Hindernisses ist ohne Belang.[16] Die **Obhutspflicht** des Frachtführers bleibt unberührt, er haftet im Rahmen des Art. 17 für das Gut.[17] Bei einem von ihm verschuldeten Hindernis erhält der Frachtführer keinen Kostenersatz, Art. 16 Abs. 1.

2. Rechte des Frachtführers. a) Maßnahmen nach Art. 16 Abs. 2, 3. Treten **Beförderungs-** **4** **hindernisse** auf, ohne dass die Beförderung auf andere Weise möglich wäre, Art. 14 Abs. 1, kann der Frachtführer Maßnahmen nach Art. 16 Abs. 2, 3 (Abladen, Verkauf) treffen, ohne vorher Weisungen einholen zu müssen[18] (→ Art. 16 Rn. 7). Das gilt nicht mehr nach Zugang einer Weisung, weil diese auch ohne Hindernis zu befolgen wäre.[19] Zu Fällen nach Art. 14 Abs. 2 vgl. aber → Rn. 8.

b) Weisungen. Macht der Frachtführer von den Rechten nach Art. 16 Abs. 2, 3 nicht Gebrauch, **5** hat er Weisungen des Verfügungsbefugten[20] zu erholen, soweit diese innerhalb angemessener Zeit zu erlangen sind (arg. aus Art. 14 Abs. 2).[21] Er hat weiter dem Verfügungsbefugten die nötigen **Informationen** zu geben.[22] An erteilte Weisungen ist er im Rahmen der Voraussetzungen des Art. 12 **gebunden.**[23] Erforderlich ist dafür insbesondere die Vorlage der Erstausfertigung des Frachtbriefs, Art. 12 Abs. 5 lit. a.[24] **Kosten,** die ihm durch die Einholung oder Ausführung von Weisungen entstehen, sind nach Art. 16 Abs. 1 zu ersetzen,[25] für Schäden → Art. 16 Rn. 4. **Kommt der Frachtführer** einer **Weisung nicht nach** oder befolgt er Weisungen eines **nicht Verfügungsbefugten,** gilt Art. 12 Abs. 7.[26] Geht er nicht nach Art. 16 Abs. 2, 3 vor, **holt** er aber auch **pflichtwidrig Weisungen nicht** oder **verspätet ein,** erhält er keinen Kostenersatz nach Art. 16 Abs. 1.[27] Er haftet für aus seinen Maßnahmen folgende Güter- oder Verspätungsschäden nach Art. 17,[28] für andere nach

---

[9] OLG München Urt. v. 28.6.1983 – 25 U 1354/83, TranspR 1984, 186 (187); *Loewe* ETL 1976, 503 (547); *Herber/Piper* Rn. 9; *Koller* Rn. 3; *Thume/Temme* Rn. 17; *Lenz* StraßengütertranspR Rn. 417; MüKoHGB/*Jesser-Huß* Art. 16 Rn. 2.

[10] *Koller* TranspR 1988, 129 (131) mwN; *Koller* Rn. 3; *Loewe* ETL 1976, 503 (547); *Herber/Piper* Rn. 7; *Clarke* Nr. 33a(i) S. 99; *Hill/Messent* 94; vgl. auch OLG München Urt. v. 28.6.1983 – 25 U 1354/83, TranspR 1984, 186.

[11] GroßkommHGB/*Helm* Rn. 2; *Koller* Rn. 3; *Thume/Temme* Rn. 7; *Clarke* Nr. 33a S. 97 Fn. 55; einschr. MüKoHGB/*Jesser-Huß* Rn. 7: nur bei Fehlen eines Frachtbriefs.

[12] *Herber/Piper* Rn. 2.

[13] Vgl. OLG München Urt. v. 12.4.1990 – 23 U 3161/88, TranspR 1990, 280 (285); *Koller* Rn. 3; *Thume/Temme* Rn. 6; *Herber/Piper* Rn. 4.

[14] Cour Cass. BullT 2006, 728; *Clarke* CMR S. 79; aA Orlean BullT 1997, 159.

[15] OLG München Urt. v. 12.4.1990 – 23 U 3161/88, TranspR 1990, 280 (285); *Koller* Rn. 3; MüKoHGB/*Jesser-Huß* Rn. 12 mwN; *Thume/Temme* Rn. 6.

[16] OLG Frankfurt a. M. Urt. v. 24.6.1991 – 12 U 152/90, VersR 1992, 1157; *Herber/Piper* Rn. 4; *Clarke* Nr. 33a(i) S. 98; *Hill/Messent* 94.

[17] OLG Hamburg Urt. v. 31.3.1994 – 6 U 168/93, TranspR 1995, 245.

[18] BGH Urt. v. 5.2.1987 – I ZR 7/85, VersR 1987, 678 (679); *Loewe* ETL 1976, 503 (547); *Koller* TranspR 1988, 129 (132); *Koller* Rn. 5; MüKoHGB/*Jesser-Huß* Rn. 10; *Herber/Piper* Rn. 13; *Hill/Messent* 95; *Clarke* Nr. 33c (ii) S. 104; aA (Ausladerecht ultima ratio): *Pesce* 182 f.; *Putzeys* Nr. 481; *Sánchez-Gamborino* Nr. 583.

[19] *Herber/Piper* Rn. 14 mwN; *Koller* Rn. 5.

[20] *Herber/Piper* Rn. 11; GroßkommHGB/*Helm* Rn. 3; *Thume/Temme* Rn. 10; MüKoHGB/*Jesser-Huß* Rn. 14; *Koller* Rn. 5; *Hill/Messent* 94.

[21] *Herber/Piper* Rn. 10; MüKoHGB/*Jesser-Huß* Rn. 13; *Koller* Rn. 5.

[22] OLG München Urt. v. 12.4.1990 – 23 U 3161/88, TranspR 1990, 280 (285); MüKoHGB/*Jesser-Huß* Rn. 13; *Rodière* ETL 1971, 2 (4); *Clarke* Nr. 33a S. 98.

[23] OLG München Urt. v. 12.4.1991 – 23 U 1606/91, VersR 1992, 724: Bestimmung anderen Empfängers; *Herber/Piper* Rn. 12; *Koller* Rn. 5; *Clarke* Nr. 33a S. 98.

[24] *Herber/Piper* Rn. 12; MüKoHGB/*Jesser-Huß* Rn. 14 mwN; *Koller* Rn. 5; GroßkommHGB/*Helm* Rn. 3; *Thume/Temme* Rn. 11; aA *Loewe* ETL 1976, 503 (547) für den Fall des Art. 12 Abs. 3.

[25] OLG München Urt. v. 12.4.1991 – 23 U 1606/91, VersR 1992, 724; *Herber/Piper* Art. 16 Rn. 3; *Thume/Temme* Art. 16 Rn. 4; aA OLG Köln Urt. v. 26.8.1994 – 19 U 190/93, VersR 1995, 854 (nationales Recht); MüKoHGB/*Jesser-Huß* Rn. 15 (Art. 12 Abs. 5 lit. a).

[26] MüKoHGB/*Jesser-Huß* Rn. 16; *Herber/Piper* Rn. 17; aA (nationales Recht für Weisung eines nicht Verfügungsbefugten) GroßkommHGB/*Helm* Rn. 3.

[27] C. A. Grenoble Urt. v. 4.2.1988 BT 1988, 699; *Herber/Piper* Art. 16 Rn. 14; *Koller* Rn. 5; *Clarke* Nr. 33d(ii) S. 111.

[28] OLG Düsseldorf Urt. v. 12.12.1985 – 18 U 90/85, VersR 1986, 1069; *Herber/Piper* Rn. 15; *Koller* Rn. 5; *Clarke* Nr. 33d(i) S. 110.

ergänzend anwendbarem nationalen Recht.[29] Wird eine **Weisung** trotz Aufforderung **nicht erteilt,** so kann der Verfügungsberechtigte dem Frachtführer ebenfalls nach nationalem Recht haftbar werden, auch wenn es im Hinblick auf die Möglichkeiten des Art. 16 Abs. 2, 3 meist an der Kausalität des Unterlassens der Weisung für den Schaden fehlen wird.[30]

6   **c) Abschließende Regelung, Beweislast.** Die Rechte des Frachtführers sind abschließend geregelt, ein **Rücktrittsrecht** nach nationalem Recht besteht daneben nicht.[31] Dagegen werden die Folgen für die **Gegenleistungspflicht** des Absenders von Art. 14 nicht erfasst.[32] Die **Beweislast** hinsichtlich des Bestehens von Beförderungshindernissen und der Erholung und Befolgung von Weisungen obliegt dem Frachtführer.[33]

III. Beförderung zu abweichenden Bedingungen (Abs. 2)

7   Ist die **Beförderung noch in anderer Weise möglich** und werden innerhalb einer nach den Umständen zu bemessenden[34] angemessenen Zeit **Weisungen nicht erteilt,** ist der Frachtführer berechtigt, die Maßnahmen treffen, die ihm im Interesse des Verfügungsberechtigten die besten zu sein scheinen, zB Umladung, Umleitung auf eine andere Route.[35] Er muss jedoch vorher Weisungen einholen und den Ablauf einer angemessenen Frist für die Weisungserteilung abwarten.[36] Abs. 2 ist auch anwendbar, wenn die **Zeit** schon **für das Einholen einer Weisung nicht** mehr **reicht.**[37] Das entspricht dem Interesse des Absenders an der Schadensvermeidung. Der Frachtführer **haftet** für das Gut weiter nach der CMR bis zur Ablieferung.[38] Für entstehende **höhere Kosten** gilt Art. 16 Abs. 1 nicht, es ist nationales Recht (§ 419 Abs. 4 HGB) maßgebend.[39] Der Frachtführer trägt die **Beweislast** für die Nichterreichbarkeit einer Weisung und die zur abweichenden Ausführung drängenden Umstände.[40]

8   Das **Recht** nach **Art. 16 Abs. 2, 3 zu verfahren,** hat der Frachtführer bei Bestehen einer anderen Beförderungsmöglichkeit nicht, weil das Weisungsrecht des Verfügungsberechtigten gewahrt werden soll. Art. 16 Abs. 2 verweist nur auf Art. 14 Abs. 1, nicht auf Abs. 2.[41] Unter den Maßnahmen, die im Interesse des Verfügungsbefugten am besten zu sein scheinen, Abs. 2, kann aber, wenn Weisungen nicht in absehbarer Zeit zu erlangen sind, auch das Vorgehen nach Art. 16 Abs. 2 oder 3 fallen,[42] ohne dass Art. 16 Abs. 2, 3 analog herangezogen werden muss.[43] Erteilt der **Absender** nicht rechtzeitig Weisungen, trifft ihn kein Mitverschulden, da ihn keine Pflicht zur Erteilung von Weisungen trifft.[44]

Art. 15 [Ablieferungshindernisse]

(1) ¹**Treten nach Ankunft des Gutes am Bestimmungsort Ablieferungshindernisse ein, so hat der Frachtführer Weisungen des Absenders einzuholen.** ²**Wenn der Empfänger die Annahme des Gutes verweigert, ist der Absender berechtigt, über das Gut zu verfügen, ohne die erste Ausfertigung des Frachtbriefes vorweisen zu müssen.**

---

[29] OLG Hamm Urt. v. 11.3.1976 – 18 U 245/75, NJW 1976, 2077 (2078); *Konow* TranspR 1988, 229 (230); *Herber/Piper* Rn. 15; MüKoHGB/*Jesser-Huß* Rn. 16; GroßkommHGB/*Helm* Rn. 3; *Koller* Rn. 5; *Clarke* Nr. 33d(i) S. 109 f.; *Lamy* I Nr. 481.

[30] OLG Düsseldorf Urt. v. 15.12.1983 – 18 U 72/83, TranspR 1984, 38 (40 f.); *Rodière* ETL 1971, 2 (6); *Clarke* Nr. 33b S. 102 Fn. 88; aA *Herber/Piper* Rn. 16 und *Koller* Rn. 6, die schon eine Pflicht des Verfügungsberechtigten zu Weisungen im Hinblick auf Art. 16 Abs. 2, 3 ablehnen.

[31] *Herber/Piper* Rn. 19; aA *Thume/Temme* Rn. 13; zweifelnd GroßkommHGB/*Helm* Rn. 3.

[32] OLG Köln Urt. v. 26.8.1994 – 19 U 190/93, VersR 1995, 854; MüKoHGB/*Jesser-Huß* Rn. 2.

[33] *Giemulla* in Baumgärtel/Prütting/Laumen Beweislast-HdB Rn. 1, 2; *Herber/Piper* Rn. 20; *Thume/Temme* Rn. 18.

[34] OGH Wien Urt. v. 10.2.1981 – 5 Ob 719/80, *Greiter* Nr. 18; *Thume/Temme/Seltmann* Rn. 14, A 14 mwN; MüKoHGB/*Jesser-Huß* Rn. 18; *Hill/Messent* 95; *Sánchez-Gamborino* Nr. 592; ähnl. *Koller* Rn. 6: Zeit, die ordentlicher Verfügungsberechtigter für Antwort braucht.

[35] Bsp. vgl. MüKoHGB/*Jesser-Huß* Rn. 19 mN.

[36] *Herber/Piper* Rn. 24; *Thume/Temme* Rn. 14.

[37] Ausf. MüKoHGB/*Jesser-Huß* Rn. 18; *Herber/Piper* Rn. 22; *Thume/Temme* Rn. 16; HEPK/*Glöckner* Rn. 7; aA *Koller* Rn. 6 (nationale Vorschriften zur GoA).

[38] *Koller* Rn. 6; *Clarke* Nr. 33c(i) S. 103; offen gelassen bei *Hill/Messent* 95.

[39] *Jesser* Frachtführerhaftung 90; GroßkommHGB/*Helm* Rn. 4; HEPK/*Glöckner* Rn. 6; *Herber/Piper* Art. 16 Rn. 6; aA *Koller* Rn. 6 und MüKoHGB/*Jesser-Huß* Rn. 21, die Art. 16 Abs. 1 anwenden; gegen jeden Anspruch *Clarke* Nr. 33d(ii) S. 111.

[40] *Giemulla* in Baumgärtel/Prütting/Laumen Beweislast-HdB Rn. 3; *Thume/Temme* Rn. 19; *Herber/Piper* Rn. 26.

[41] *Loewe* ETL 1976, 503 (547); *Herber/Piper* Rn. 23.

[42] *Herber/Piper* Rn. 25 mwN; *Clarke* Nr. 33c(i) S. 102 f.; *Hill/Messent* 95.

[43] So aber *Koller* Rn. 6; wohl auch *Sánchez-Gamborino* Nr. 593.

[44] Ausf. *Koller* Rn. 6; aA Cour Cass. BullT 2002, 274.

(2) **Der Empfänger kann, auch wenn er die Annahme des Gutes verweigert hat, dessen Ablieferung noch so lange verlangen, als der Frachtführer keine dem widersprechenden Weisungen des Absenders erhalten hat.**

(3) **Tritt das Ablieferungshindernis ein, nachdem der Empfänger auf Grund seiner Befugnisse nach Artikel 12 Absatz 3 Anweisung erteilt hat, das Gut an einen Dritten abzuliefern, so nimmt bei der Anwendung der Absätze 1 und 2 dieses Artikels der Empfänger die Stelle des Absenders und der Dritte die des Empfängers ein.**

Schrifttum: Vgl. Vor Art. 1 und Art. 14.

Parallelvorschriften: § 419 HGB; Art. 21 CIM 1999.

I. Allgemeines

Art. 15 (Parallelvorschrift: § 419 HGB) regelt **Hindernisse nach Ankunft des Gutes,** die am **1** ursprünglichen oder durch nachträgliche Weisung angeordneten Bestimmungsort eintreten und der Ablieferung entgegenstehen, ohne die Obhut des Beförderers zu beenden.[1] Darüber hinaus regelt die Vorschrift als Sonderfall die **Annahmeverweigerung.** Ablieferungshindernisse vor Ankunft des Gutes werden von Art. 14 erfasst. Art. 15 Abs. 1 S. 2 ist nach der Interessenlage analog anzuwenden, wenn die **Entgegennahme** des Gutes vor seiner Ankunft **ernstlich und endgültig verweigert** wird.[2] Art. 15 Abs. 2 gilt dann nicht. Wie auch bei Art. 14 (→ Art. 14 Rn. 3) steht es der Anwendung von Art. 15 nicht entgegen, wenn ein Frachtbrief nicht ausgestellt worden ist.[3] Art. 15 wird durch die Regelung in Art. 16 ergänzt.

II. Ablieferungshindernis (Abs. 1, 3)

1. Begriff. Zu den Hindernissen → Rn. 1, zur Annahmeverweigerung → Rn. 6. Die Ablieferung **2** muss **objektiv unmöglich** sein.[4] Zur Unmöglichkeit → Art. 14 Rn. 2. Ein Ablieferungshindernis kann zB in einer **Zollbeschlagnahme,**[5] im Fehlen von **Hilfsmitteln zum Entladen**[6] oder auch darin liegen, dass der **Empfänger** am Ablieferungsort im Rahmen der dem Frachtführer zumutbaren Nachforschungspflicht **nicht zu ermitteln**[7] oder nicht anzutreffen ist.[8] Die Frage, ob jemand das Ablieferungshindernis zu **vertreten** hat, spielt keine Rolle.[9] Es ist etwa vom Empfänger zu vertreten, wenn er die vorgesehenen Ablieferungsbedingungen nicht erfüllt. Das Ablieferungshindernis ist vom Frachtführer zu **beweisen,**[10] Weisungen vom Absender, deren Befolgung vom Frachtführer.[11]

2. Rechtsfolgen. Auch hier bestehen, wie im Fall des Art. 14 Abs. 1, die **Rechte aus Art. 16 3 Abs. 2, 3** zum Abladen und zum Verkauf, ohne dass vorher Weisung eingeholt werden müsste.[12] Nimmt der Frachtführer nicht in Anspruch, hat er wie in Art. 14 unverzüglich die **Weisung des Absenders** zu erbitten. Diesem hat er dazu die erforderlichen **Informationen** zu erteilen.[13] Das Weisungsrecht des Absenders kann mit einem solchen des Empfängers nach Art. 12 konkurrieren.[14] Zum weisungswidrigen Handeln und zu Aufwendungen des Frachtführers, der pflichtwidrig keine Weisung eingeholt hat (→ Art. 14 Rn. 5). Zu den **Kosten** der Weisungseinholung und Ausführung vgl. Art. 16 Abs. 1. Art. 14 Abs. 2 gilt nicht analog.[15] Für die Wirksamkeit einer Weisung ist grundsätzlich die Vorlage der **Erstausfertigung des Frachtbriefs** am Ablieferungsort oder am Sitz des

---

[1] *Herber/Piper* Rn. 4; *Koller* Rn. 3; *Lenz* StraßengütertranspR Rn. 424.

[2] *Thume/Temme* Rn. 2; *Koller* Rn. 1; *Herber/Piper* Rn. 1; aA (Art. 14 Abs. 1) MüKoHGB/*Jesser-Huß* Rn. 6; unklar BGH Urt. v. 5.2.1987 – I ZR 7/85, VersR 1987, 678 (679).

[3] *Herber/Piper* Rn. 2.

[4] *Thume/Temme* Rn. 3; *Koller* Rn. 2; *Herber/Piper* Rn. 5.

[5] OLG Hamburg Urt. v. 16.1.1986 – 6 U 218/85, TranspR 1986, 229 (230); *Herber/Piper* Rn. 8; *Lenz* StraßengütertranspR Rn. 427.

[6] OLG Köln Urt. v. 23.2.1972 – 2 U 85/71, BB 1973, 405; *Loewe* ETL 1976, 503 (548); *Thume/Temme* Rn. 3; MüKoHGB/*Jesser-Huß* Rn. 2 mwN; *Clarke* Nr. 33b S. 101.

[7] OLG Hamburg Urt. v. 25.2.1988 – 6 U 194/87, VersR 1988, 909; *Herber/Piper* Rn. 7; HEPK/*Glöckner* Rn. 4; GroßkommHGB/*Helm* Rn. 2; *Thume/Temme* Rn. 3.

[8] Weitere Beisp. MüKoHGB/*Jesser-Huß* Rn. 2, 3.

[9] OLG Düsseldorf Urt. v. 15.12.1983 – 18 U 72/83, TranspR 1984, 38 (40); *Thume/Temme* Rn. 4; *Herber/Piper* Rn. 6 mwN; *Clarke* Nr. 33b S. 101.

[10] *Giemulla* in Baumgärtel/Prütting/Laumen Beweislast-HdB Rn. 2; *Herber/Piper* Rn. 10; *Thume/Temme* Rn. 16.

[11] *Herber/Piper* Rn. 10; *Thume/Temme* Rn. 17, 18.

[12] BGH Urt. v. 5.2.1987 – I ZR 7/85, VersR 1987, 678 (679); *Loewe* ETL 1976, 503 (548); *Herber/Piper* Rn. 14; *Clarke* Nr. 33c S. 102; einschränkend (zunächst Einholung der Entscheidung des verfügungsberechtigten Empfängers, weil dieser uU Ablieferungshindernis beseitigen kann): GroßkommHGB/*Helm* Rn. 2; *Thume/Temme* Rn. 10; *Sánchez-Gamborino* Nr. 625.

[13] *Herber/Piper* Rn. 11; MüKoHGB/*Jesser-Huß* Rn. 7; *Rodiére* ETL 1971, 2 (5); *Clarke* Nr. 33b S. 100.

[14] Vgl. dazu iE MüKoHGB/*Jesser-Huß* Rn. 9 f.

[15] *Koller* Rn. 4; *Clarke* Nr. 33b S. 102.

Frachtführers[16] erforderlich. Eine Ausnahme macht Art. 15 Abs. 1 S. 2 nur für die Annahmeverweigerung. Kann der Absender den Frachtbrief nicht mehr vorweisen, bleibt dem Frachtführer nur das Vorgehen nach Art. 16 Abs. 2, 3.[17]

4   Verlangt der nach Art. 12 Abs. 3 verfügungsbefugte Empfänger **Ablieferung an einen Dritten,** so tritt der Empfänger an die Stelle des Absenders, der Dritte an die Stelle des Empfängers, Abs. 3. Das gilt wegen des eindeutigen Wortlauts nicht für den nach Art. 12 Abs. 2, Art. 13 Abs. 1 verfügungsbefugten Empfänger[18] und den nach Art. 12 Abs. 4 benannten Dritten.[19]

5   Der Frachtführer trägt bis zur Ablieferung (→ Art. 17 Rn. 10 ff.) oder bis zu einem Abladen nach Art. 16 Abs. 2 die Verantwortung für das Gut.[20] Haben Absender oder Empfänger das Ablieferungshindernis zu vertreten, kann die **Haftung des Frachtführers** nach Art. 17 Abs. 2 entfallen oder nach Art. 17 Abs. 5 gemindert sein.[21]

III. Annahmeverweigerung (Abs. 1 S. 2, Abs. 2)

6   **1. Begriff.** Sie liegt vor, wenn der Empfänger sich weigert, das Gut zum vertragsgerechten Zeitpunkt entgegenzunehmen.[22] Dem steht es gleich, wenn er die sofortige **Zahlung** der im Frachtbrief angeführten Beträge oder der **Sicherheitsleistung** nach Art. 13 Abs. 2 S. 2[23] oder eine vorgesehene **Nachnahmeeinlösung**[24] verweigert. Es kommt nicht darauf an, ob dies zu Recht geschieht.[25]

7   **2. Rechtsfolgen.** Durch die Annahmeverweigerung **erhält** der **Absender das Verfügungsrecht** über das Gut auch dann wieder, wenn dieses bereits nach Art. 12 auf den Empfänger übergegangen ist und der Absender deshalb die Erstausfertigung des Frachtbriefs schon dem Empfänger übergeben hat.[26] Demgemäß kann der Absender in diesem Fall **Weisungen** erteilen, **ohne** die **Erstausfertigung** des Frachtbriefs vorweisen zu müssen, Abs. 1 S. 2. Solange allerdings der Absender noch keine Weisung erteilt hat, die einer Ablieferung des Gutes an den Empfänger entgegensteht, kann dieser die Annahmeverweigerung **widerrufen** und die Ablieferung des Gutes verlangen, Abs. 2. Die Weisung ist mit der Bekanntgabe an der Hauptniederlassung des Frachtführers oder an den Fahrer erteilt.[27] Der Frachtführer ist verpflichtet, Weisungen des Absenders zu erholen.[28] In der Annahmeverweigerung liegt **keine Ablieferung** des Gutes (→ Art. 17 Rn. 13).

Art. 16 [Kostenerstattung. Ausladung und Verwahrung. Notverkauf]

(1) **Der Frachtführer hat Anspruch auf Erstattung der Kosten, die ihm dadurch entstehen, daß er Weisungen einholt oder ausführt, es sei denn, daß er diese Kosten verschuldet hat.**

(2) **¹In den in Artikel 14 Absatz 1 und in Artikel 15 bezeichneten Fällen kann der Frachtführer das Gut sofort auf Kosten des Verfügungsberechtigten ausladen; nach dem Ausladen gilt die Beförderung als beendet. ²Der Frachtführer hat sodann das Gut für den Verfügungsberechtigten zu verwahren. ³Er kann es jedoch auch einem Dritten anvertrauen und haftet dann nur für die sorgfältige Auswahl des Dritten. ⁴Das Gut bleibt mit den aus dem Frachtbrief hervorgehenden Ansprüchen sowie mit allen anderen Kosten belastet.**

(3) **¹Der Frachtführer kann, ohne Weisungen des Verfügungsberechtigten abzuwarten, den Verkauf des Gutes veranlassen, wenn es sich um verderbliche Waren handelt oder der Zustand des Gutes eine solche Maßnahme rechtfertigt oder wenn die Kosten der Verwah-**

---

[16] GroßkommHGB/*Helm* Rn. 2; *Herber/Piper* Rn. 12; *Thume/Temme* Rn. 8; MüKoHGB/*Jesser-Huß* Rn. 8.

[17] *Loewe* ETL 1976, 503 (548); *Herber/Piper* Rn. 13; MüKoHGB/*Jesser-Huß* Rn. 8; *Clarke* Nr. 33b S. 101.

[18] *Loewe* ETL 1976, 503 (549); *Thume/Temme* Rn. 14; MüKoHGB/*Jesser-Huß* Rn. 15; GroßkommHGB/*Helm* Rn. 5; *Koller* Rn. 4; *Sánchez-Gamborino* Nr. 609; aA *Herber/Piper* Rn. 23 wegen gleicher Interessenlage.

[19] *Thume/Temme* Rn. 14.

[20] OLG Düsseldorf Urt. v. 12.1.1984 – 18 U 151/83, TranspR 1984, 102 (103); Urt. v. 12.12.1985 – 18 U 90/85, VersR 1986, 1096; OGH Wien Urt. v. 15.4.1993 – 2 Ob 591/92, TranspR 1993, 425 (426); *Koller* Rn. 3, 8; *Herber/Piper* Rn. 15.

[21] *Koller* Rn. 8.

[22] OLG Düsseldorf Urt. v. 12.1.1984 – 18 U 151/83, TranspR 1984, 102 (103); OLG Frankfurt a. M. Urt. v. 30.5.1996 – 15 U 56/95, TranspR 1997, 427 (431); Kantongerecht Rotterdam Urt. v. 24.5.1966, ETL 1966, 729 (730); GroßkommHGB/*Helm* Rn. 1; *Koller* Rn. 2; *Herber/Piper* Rn. 17, 18; *Clarke* Nr. 33b S. 100 f.; aA (endgültige Verweigerung) *Lenz* Straßengütertranspr Rn. 429.

[23] *Loewe* ETL 1976, 503 (548); *Koller* Rn. 2; GroßkommHGB/*Helm* Rn. 3; *Herber/Piper* Rn. 19; MüKoHGB/*Jesser-Huß* Rn. 2; *Clarke* Nr. 33b S. 101 Fn. 84; *Putzeys* Nr. 534; aA (bei Bereitschaft zur späteren Zahlung) OLG Hamburg Urt. v. 3.11.1983 – 6 U 118/83, VersR 1984, 235 (236); HEPK/*Glöckner* Rn. 2.

[24] *Thume/Temme* Rn. 6.

[25] *Herber/Piper* Rn. 17; *Koller* Rn. 2; HEPK/*Glöckner* Rn. 3; *Clarke* Nr. 33b S. 101.

[26] OLG Frankfurt a. M. Urt. v. 30.5.1996 – 15 U 56/95, TranspR 1997, 427 (430); Denkschrift BT-Drs. III/1144, 39; *Clarke* Nr. 33b S. 101.

[27] *Herber/Piper* Rn. 21; enger (Eintreffen beim Fahrer) MüKoHGB/*Jesser-Huß* Rn. 13.

[28] OLG Hamburg Urt. v. 31.3.1994 – 6 U 168/93, TranspR 1995, 245 (246).

rung in keinem Verhältnis zum Wert des Gutes stehen. [2] Er kann auch in anderen Fällen den Verkauf des Gutes veranlassen, wenn er innerhalb einer angemessenen Frist gegenteilige Weisungen des Verfügungsberechtigten, deren Ausführung ihm billigerweise zugemutet werden kann, nicht erhält.

(4) [1] Wird das Gut auf Grund der Bestimmungen dieses Artikels verkauft, so ist der Erlös nach Abzug der auf dem Gut lastenden Kosten dem Verfügungsberechtigten zur Verfügung zu stellen. [2] Wenn diese Kosten höher sind als der Erlös, kann der Frachtführer den Unterschied beanspruchen.

(5) Art und Weise des Verkaufes bestimmen sich nach den Gesetzen oder Gebräuchen des Ortes, an dem sich das Gut befindet.

Schrifttum: Vgl. Vor Art. 1, Art. 14.

Parallelvorschriften: § 419 HGB; Art. 22 CIM 1999.

I. Allgemeines

Art. 16 steht in Zusammenhang mit Art. 14 und 15 und ergänzt sie bezüglich der Rechte des **1** Frachtführers (Parallelvorschriften: §§ 419, 420 HGB). Er begründet einen **Erstattungsanspruch** für Kosten der Einholung und Ausführung von Weisungen, Abs. 1, regelt das **Recht zum Ausladen und Verwahren,** Abs. 2, sowie die Voraussetzungen und Folgen eines **Verkaufs** des Gutes durch den Frachtführer, Abs. 3–5.

II. Ersatz für Kosten von Weisungen (Abs. 1)

Der Frachtführer hat Anspruch auf Erstattung der **Kosten,** die durch die **Einholung der Weisun-** **2** **gen** nach Art. 14 Abs. 1, 15 und durch ihre **Ausführung** entstehen, Art. 16 Abs. 1. Zur Kostenerstattung bei Maßnahmen nach Art. 14 Abs. 2 → Art. 14 Rn. 7. Für die Erstattung von Kosten **spontaner,** nicht vom Frachtführer eingeholter **Weisungen** gilt Art. 12 Abs. 5 lit. a.[1] Weitere Ansprüche auf Kostenersatz, die auch von Art. 16 Abs. 1 nicht erfasste **Aufwendungen vor Einholung einer Weisung**[2] betreffen können, enthalten Art. 7, 10, 11. Zu den Aufwendungen des Frachtführers, der pflichtwidrig keine Weisungen einholt, → Art. 14 Rn. 5.

Kosten sind die freiwilligen Aufwendungen des Frachtführers.[3] Bei Einsatz **eigener Arbeitskraft** **3** und eigener **Hilfsmittel** hat der Frachtführer Anspruch auf die übliche Vergütung (vgl. § 632 BGB). Der Kostenbegriff des Art. 16 umfasst wie in Art. 12 Abs. 5 (→ Art. 12 Rn. 13) auch den Gewinn des Frachtführers. Die Vorschrift lehnt sich an Art. 23 § 3 CIM 1952 an. Dieser wird durch eine Legaldefinition des Kostenbegriffs in Art. 17 § 1 CIM ergänzt, in der die Fracht genannt ist, zu der auch der Gewinn gehört.[4] Dabei entspricht es in aller Regel nicht den Interessen des Absenders, den Frachtführer auf die Möglichkeit zu verweisen, solche Kosten durch sofortiges Abladen zu vermeiden. Für **Standzeiten,** die vom Einholen der Weisung bis zu ihrem Eintreffen, durch das Abwarten einer angemessenen Frist aber auch infolge der erteilten Weisung entstehen, ist ein angemessenes Standgeld zu zahlen.[5] Für **Frachtvergütungsansprüche** des Frachtführers fehlen Vorschriften in der CMR, es gilt nationales Recht,[6] also auch die Regelung über die Distanzfracht nach § 420 Abs. 2 HGB.

Den Ersatz von **Schäden,** die durch die **Ausführung** von nach Art. 14, 15 erholten **Weisungen** **4** hervorgerufen werden, etwa von entgangenem Gewinn, regelt Art. 16 Abs. 1 nicht. Insoweit ist Art. 12 Abs. 5 lit. a analog anzuwenden.[7] Für Schäden, die aus der **Einholung** von Weisungen herrühren, wird der Frachtführer nicht entschädigt, weil bei der angemessenen Frist, die er abwarten muss, ein drohender Schaden einzustellen ist.[8]

---

[1] MüKoHGB/*Jesser-Huß* Rn. 2; *Thume/Temme* Rn. 2.

[2] *Herber/Piper* Rn. 5.

[3] *Koller* Rn. 2; *Herber/Piper* Rn. 4; *Thume/Temme* Rn. 5.

[4] OLG Köln Urt. v. 26.8.1994 – 19 U 190/93, VersR 1995, 854; MüKoHGB/*Jesser-Huß* Rn. 5, Art. 12 Rn. 30; aA (angemessener Gewinnabschlag) OLG München Urt. v. 12.4.1991 – 23 U 1606/91, VersR 1992, 724; *Koller* TranspR 1988, 129 (132); *Koller* Rn. 2; *Jesser* Frachtführerhaftung 177; *Thume/Temme* Rn. 6; unklar *Herber/Piper* Rn. 4.

[5] MüKoHGB/*Jesser-Huß* Art. 16 Rn. 5, Art. 12 Rn. 31; *Koller* TranspR 1988, 129 (133); *Koller* Rn. 2, 4; *Herber/Piper* Rn. 5; *Thume/Temme/Seltmann* Rn. A 3; *Lamy* I Nr. 481; *Jesser* Frachtführerhaftung 177; aA *Lenz* StraßengütertranspR Rn. 422 f.

[6] OLG Köln Urt. v. 26.8.1994 – 19 U 190/93, VersR 1995, 854; *Herber/Piper* Rn. 7; *Thume/Temme* Rn. 12; *Hill/Messent* 97; aA (Art. 16 Abs. 1 abschließend und zwingend) OLG München Urt. v. 12.4.1991 – 23 U 1606/91, VersR 1992, 724; OLG Frankfurt a. M. Urt. v. 24.6.1991 – 12 U 152/90, VersR 1992, 1157; *Koller* Rn. 4; *Koller* TranspR 1988, 129 (133); *Fischer* TranspR 1999, 261 (266).

[7] Ausf. MüKoHGB/*Jesser-Huß* Rn. 6; *Koller* Rn. 3; *Herber/Piper* Rn. 8; aA (nationales Recht) *Thume/Temme* Rn. 7 f.; aA (kein Anspruch) *Fremuth/Thume* FrachtR Rn. 4.

[8] MüKoHGB/*Jesser-Huß* Rn. 7; *Herber/Piper* Rn. 8; *Fremuth/Thume* FrachtR Rn. 4; aA (nationales Recht): *Thume/Temme* Rn. 7, 8.

5   Der **Kosten- und Schadensersatz entfällt,** wenn den **Frachtführer** ein **Verschulden** trifft, sei es, dass ihm eine Sorgfaltspflichtverletzung bei der Einholung[9] oder Ausführung der Weisung zur Last fällt, sei es, dass er oder seine Leute (Art. 3)[10] das Hindernis verschuldet haben.[11] Die Tatsache allein, dass das Hindernis in der Sphäre des Frachtführers entstanden ist, genügt nach dem eindeutigen Wortlaut der englischen und französischen Fassung dafür jedoch nicht[12] (anders § 419 Abs. 1 S. 3 HGB). **Beiderseitiges Verschulden** führt zu anteiligem Kostenersatz[13] (→ Art. 11 Rn. 4).

6   **Schuldner** der Aufwendungen, die mit der Einholung von Weisungen verbunden sind, ist nur der Verfügungsberechtigte, bei dem sie nach Art. 14, 15 einzuholen waren. Für Aufwendungen aus dem Befolgen der Weisungen ist derjenige passivlegitimiert, dessen Weisung ausgeführt wurde.[14] Die Verpflichtung zum Kostenersatz kann nach Art. 13 Abs. 2 auf den Empfänger übergehen.[15] Der Frachtführer hat Hindernis, Einholung und Ausführung der Weisung sowie daraus entstehende Kosten,[16] der Verfügungsberechtigte Verschulden des Frachtführers[17] **nachzuweisen.**

III. Ausladen, Verwahrung (Abs. 2)

7   **1. Voraussetzungen des Ausladens.** Ausladen kann der Frachtführer in den Fällen des Art. 14 Abs. 1 (zu Art. 14 Abs. 2 → Art. 14 Rn. 8) und des Art. 15 **ohne** vorherige Einholung einer **Weisung**[18] (→ Art. 14 Rn. 4, → Art. 15 Rn. 3), solange das Transporthindernis fortbesteht. Er ist dazu aber nur verpflichtet, wenn das Gut sonst Schaden nehmen würde.[19] Erbittet er eine Weisung, darf er vor dem Ablauf angemessener Frist ebenso wie nach Eingang einer entgegenstehenden Weisung von den Rechten nach Abs. 2 keinen Gebrauch machen.[20] Ein Recht zur Rückbeförderung, das ihm § 419 Abs. 3 HGB einräumt, hat er nach der CMR nicht.

8   **2. Allgemeine Rechtsfolgen des Ausladens.** Der **Beförderungsvertrag** ist mit dem Abschluss des Ausladens **beendet,** Abs. 2 S. 2, der Frachtführer deshalb zum erneuten Aufladen und zur Weiterbeförderung auch dann nicht verpflichtet, wenn das Transporthindernis nach dem Abladen entfällt.[21] Das Ausladen steht der Ablieferung gleich. Mit seinem Abschluss endet der **Haftungszeitraum** des Art. 17.[22] Der Frachtführer haftet nach Maßgabe von Art. 17 ff. auch noch während des Ausladens am Empfangsort, selbst wenn es nicht zu seinen Vertragspflichten gehört.[23] Eine anlässlich eines Ablieferungshindernisses vom Frachtführer vorgenommene **Zwischenlagerung,** bei der die Ausladung nicht an Stelle der Ablieferung erfolgt, beendet den Haftungszeitraum nicht.[24] Behauptet der Frachtführer das Ende der Obhutspflicht, weil er im Hinblick auf ein Transporthindernis ausgeladen habe, hat er die entsprechenden Umstände zu **beweisen.**[25]

---

[9] Cour Cass. BullT 2006, 728.

[10] *Herber/Piper* Rn. 10; *Koller* Rn. 3; *Hill/Messent* 97.

[11] OLG Frankfurt a. M. Urt. v. 24.6.1991 – 12 U 152/90, VersR 1992, 1157; *Loewe* ETL 1976, 503 (549); *Herber/Piper* Rn. 11; MüKoHGB/*Jesser-Huß* Rn. 4 mwN; *Koller* Rn. 3; GroßkommHGB/*Helm* Rn. 1; *Rodière* ETL 1971, 2 (7); *Hill/Messent* 97.

[12] *Loewe* ETL 1976, 503 (549); *Koller* Rn. 3; *Herber/Piper* Rn. 10; aA *Putzeys* Nr. 627.

[13] *Putzeys* Nr. 1036; aA MüKoHGB/*Jesser-Huß* Rn. 3.

[14] C. A. Paris Urt. v. 21.12.1982, BT 1983, 233; ausf. MüKoHGB/*Jesser-Huß* Rn. 8; *Herber/Piper* Rn. 13; *Clarke* Nr. 33d(ii) S. 110; *Koller* Rn. 4, der aber für Kosten der Einholung generell den Absender für passiv legitimiert hält; aA (wer Ablieferung des Gutes verlangt, Art. 16 Abs. 2 S. 4 analog) *Putzeys* Nr. 626.

[15] *Herber/Piper* Rn. 13; MüKoHGB/*Jesser-Huß* Rn. 8; *Putzeys* Nr. 626.

[16] OLG Hamburg Urt. v. 25.2.1988 – 6 U 194/87, TranspR 1988, 278 (Hindernis); *Giemulla* in Baumgärtel/Prütting/Laumen Beweislast-HdB Rn. 2; *Herber/Piper* Rn. 9.

[17] *Koller* Rn. 3; *Thume/Temme* Rn. 36; *Herber/Piper* Rn. 12.

[18] BGH Urt. v. 5.2.1987 – I ZR 7/85, VersR 1987, 678 (679); *Koller* TranspR 1988, 129 (132); *Koller* Rn. 6; *Herber/Piper* Rn. 17.

[19] OLG Düsseldorf Urt. v. 12.12.1985 – 18 U 90/85, TranspR 1986, 56 (58); *Herber/Piper* Rn. 17; MüKoHGB/*Jesser-Huß* Rn. 11.

[20] *Thume/Temme* Rn. 14; *Koller* Rn. 5; *Herber/Piper* Rn. 16.

[21] BGH Urt. 5.2.1987 – I ZR 7/85, VersR 1987, 678 (679); OLG München Urt. v. 12.4.1991 – 23 U 1606/91, VersR 1992, 724 (725); *Heuer* Frachtführerhaftung 47; GroßkommHGB/*Helm* Rn. 2; *Thume/Temme* Rn. 16; *Herber/Piper* Rn. 18; *Lenz* StraßengütertranspR Rn. 207; aA (nur Ende des Transports aber nicht Ende des Transportvertrags) MüKoHGB/*Jesser-Huß* Rn. 10; *Clarke* Nr. 33c(ii) S. 105; *Lamy* I Nr. 484; *Dorrestein,* Recht van het internationale wegvervoer, 1977, 162 f.

[22] BGH Urt. v. 5.2.1987 – I ZR 7/85, VersR 1987, 678 (679); *Loewe* ETL 1976, 503 (550); *Herber/Piper* Rn. 19; *Koller* Rn. 6; HEPK/*Glöckner* Rn. 1; MüKoHGB/*Jesser-Huß* Rn. 11; *Rodière* ETL 1971, 2 (7); *Clarke* Nr. 33c(ii) S. 105; *Sánchez-Gamborino* Nr. 627.

[23] OLG Köln Urt. v. 23.2.972 – 2 U 85/71, MDR 1972, 614: bei vorheriger Annahmeverweigerung des Empfängers aber Art. 17 Abs. 2 beachten; *Herber/Piper* Rn. 20; *Koller* Rn. 6; MüKoHGB/*Jesser-Huß* Rn. 11; *Hill/Messent* 98.

[24] *Koller* Rn. 6; *Thume/Temme* Rn. 23; *Herber/Piper* Rn. 24; aA OGH Wien Urt. v. 15.4.1993 – 2 O b 591/92, TranspR 1993, 425 (426); *Heuer* Frachtführerhaftung 64.

[25] OLG Hamburg Urt. v. 25.2.1988 – 6 U 194/87, TranspR 1988, 277 (278); *Koller* Rn. 3; *Thume/Temme* Rn. 37.

3. Kosten des Ausladens. Art. 16 Abs. 2 S. 1 gibt dem Frachtführer einen **Anspruch** gegen den **9**
Verfügungsberechtigten auf Zahlung der **Kosten des Ausladens.**[26] Dazu gehören auch die über die
reinen Abladekosten hinausgehenden Kosten der **Verwahrung,**[27] wie Abs. 4 S. 2 entnommen werden
kann, sowie **Standgeld** und **Reinigungskosten,** soweit sie nicht auch bei normaler Transportabwicklung angefallen wären und den Frachtführer getroffen hätten.[28] Das Gut bleibt außerdem nach Abs. 2
S. 4 mit den Kosten belastet. Damit wird dem Frachtführer ein **Leistungsverweigerungsrecht** eingeräumt,[29] das sich nicht nur auf die Kosten der Entladung, sondern, wie der Zusammenhang mit dem
Verkaufsrecht zeigt, auch auf sich nicht aus dem Frachtbrief ergebende Kosten der Verwahrung und
sonstige nach dem Entladen entstehende Kosten bezieht.[30] Ergänzend hat der Frachtführer nach
deutschem Recht ein Pfandrecht, § 441 HGB.[31] Der Anspruch auf die Kosten entfällt bei einer **vom
Frachtführer verschuldeten Abladung** oder Verwahrung in analoger Anwendung von Art. 16
Abs. 1.[32] Die Auswirkung der Abladung auf den **Vergütungsanspruch aus dem Beförderungsvertrag** ist in der CMR nicht geregelt und richtet sich nach nationalem Recht.[33] Bei Anwendbarkeit
deutschen Rechts gilt § 420 Abs. 2 HGB.

4. Verwahrung. Den abladenden Frachtführer treffen die Pflichten des **Verwahrers,** Abs. 2 S. 2, 3. **10**
Er darf das Gut nicht sich selbst überlassen.[34] Das kraft Gesetzes entstehende Verwahrungsverhältnis
zwischen Frachtführer und dem über das Gut Verfügungsberechtigten[35] mit den für den Frachtführer
maßgebenden Haftungsvorschriften richtet sich nach nationalem Recht.[36] Nach deutschem Recht sind
die Vorschriften der §§ 688 ff. BGB einschlägig. **Beauftragt** der **Frachtführer** einen **Dritten** mit der
Verwahrung, so haftet er für ein Auswahlverschulden unbegrenzt und zwingend nach der CMR, da
diese insoweit eine eigene Anspruchsgrundlage schafft.[37] Der Lagervertrag, den der Frachtführer für
Rechnung des Verfügungsbefugten schließt, unterliegt nationalem Recht.[38] Art. 16 Abs. 2 greift nicht
analog in Fällen, in denen sich der Frachtführer lediglich zu einer Zwischenlagerung verpflichtet.[39]

IV. Verkauf des Gutes (Abs. 3–5)

1. Voraussetzungen. Bestehen Beförderungs- oder Ablieferungshindernisse nach den Vorschriften **11**
der Art. 14 Abs. 1, Art. 15, kann der Frachtführer das Gut **verkaufen,** ohne vorher Weisungen
einholen zu müssen (im Fall des Abs. 3 S. 2 mit angemessener Wartepflicht, wenn diese gefordert
wurde),[40] und ohne dass eine vorherige Abladung erforderlich ist,[41]
– wenn es sich um **verderbliche Ware** handelt, ohne dass konkreter Verderb drohen muss,[42] etwa bei
Tiefkühlgut auch wenn die Lagerung in Kühlhaus möglich wäre,[43]
– wenn der Zustand des Gutes eine solche Maßnahme rechtfertigt, dh wenn wegen des **konkreten
Zustands** der baldige Verderb sicher zu erwarten ist,[44]

---

[26] *Herber/Piper* Rn. 26; MüKoHGB/*Jesser-Huß* Rn. 13; aA *Thume/Temme* Rn. 25 (Anspruch nur aus nationalem
Recht); *Koller* Rn. 6 (nur Leistungsverweigerungsrecht nach Abs. 2 S. 4).
[27] *Herber/Piper* Rn. 26, 28; aA (aus Lager- oder Verwahrvertrag nach nationalem Recht) *Loewe* ETL 1976,
503 (551); *Thume/Temme* Rn. 25; HEPK/*Glöckner* Rn. 2; MüKoHGB/*Jesser-Huß* Rn. 14.
[28] *Herber/Piper* Rn. 28 (für Reinigungskosten); iE auch MüKoHGB/*Jesser-Huß* Rn. 13; aA OLG Düsseldorf Urt.
v. 4.3.1982 – 18 U 197/81, VersR 1982, 1202.
[29] BGH Urt. v. 5.2.1987 – I ZR 7/85, VersR 1987, 678 (680); *Loewe* ETL 1976, 503 (550); *Herber/Piper* Rn. 26;
Koller Rn. 6; GroßkommHGB/*Helm* Rn. 3.
[30] BGH Urt. v. 5.2.1987 – I ZR 7/85, VersR 1987, 678 (680): Straßennutzungsgebühr; *Herber/Piper* Rn. 27;
Koller Rn. 6; MüKoHGB/*Jesser-Huß* Rn. 13, 15; einschr. *Clarke* Nr. 33c(ii) S. 105: soweit die Verwahrung auf
Weisung beruht; aA OLG Düsseldorf Urt. v. 4.3.1982 – 18 U 197/81, VersR 1982, 1202; *Loewe* ETL 1976,
503 (551); HEPK/*Glöckner* Rn. 2.
[31] BGH Urt. v. 5.2.1987 – I ZR 7/85, VersR 1987, 678 (680); OLG Hamburg Urt. v. 3.11.1983 – 6 U 118/83,
VersR 1983, 235 (236); *Loewe* ETL 1976, 503 (550); GroßkommHGB/*Helm* Rn. 3; *Herber/Piper* Rn. 26.
[32] *Koller* Rn. 6; MüKoHGB/*Jesser-Huß* Rn. 13.
[33] *Koller* Rn. 6; MüKoHGB/*Jesser-Huß* Rn. 16; *Herber/Piper* Rn. 25.
[34] OLG Düsseldorf Urt. v. 12.12.1985 – 18 U 90/85, TranspR 1986, 56 (58); *Koller* Rn. 7; *Thume/Temme* Rn. 1;
MüKoHGB/*Jesser-Huß* Rn. 12.
[35] BGH Urt. v. 5.2.1987 – I ZR 7/85, VersR 1987, 678 (679).
[36] *Loewe* ETL 1976, 503 (550); *Koller* Rn. 7; *Herber/Piper* Rn. 21; MüKoHGB/*Jesser-Huß* Rn. 12; *Hill/Messent*
98.
[37] *Thume/Temme* Rn. 22; *Herber/Piper* Rn. 22; aA (nationales Recht) *Koller* Rn. 7.
[38] *Loewe* ETL 1976, 503 (550); *Herber/Piper* Rn. 23; GroßkommHGB/*Helm* Rn. 3; *Koller* Rn. 7.
[39] OGH Wien Beschl. v. 16.5.2002 – 6 Ob 90/02g, TranspR 2002, 403 (405); *Herber/Piper* Rn. 24; *Koller* Rn. 7;
aA *Heuer* Frachtführerhaftung 64.
[40] *Koller* Rn. 9; aA (generelle Wartepflicht) *Herber/Piper* Rn. 31; *Clarke* Nr. 33c(iii) S. 106.
[41] *Koller* Rn. 8; *Thume/Temme* Rn. 28; *Herber/Piper* Rn. 35; MüKoHGB/*Jesser-Huß* Rn. 17 mwN; aA *Loewe*
ETL 1976, 503 (551).
[42] *Koller* Rn. 8; *Herber/Piper* Rn. 29; einschr. *Thume/Temme* Rn. 27.
[43] AA *Thume/Temme* Rn. 27; *Fremuth/Thume* FrachtR Rn. 20.
[44] *Koller* Rn. 8; *Herber/Piper* Rn. 29; *Thume/Temme* Rn. 30.

– wenn die **Kosten der Verwahrung** in keinem Verhältnis zum Wert des Gutes stehen. Ein **Wertverlust genügt** nicht, wie der Wortlaut der englischen und französischen Fassung ergibt.[45] Das **Recht zum Verkauf erlischt,** wenn wirksame entgegenstehende Weisungen eintreffen,[46] es sei denn, das Gut ist bereits nach Abs. 2 abgeladen, weil dann der Beförderungsvertrag beendet ist.[47] Sind diese Sondervoraussetzungen nicht gegeben, kann der Frachtführer verkaufen,

– wenn er um **Weisungen** gebeten, sie aber **innerhalb angemessener Zeit nicht erhalten** hat oder ihre Ausführung ihm nicht zumutbar ist, Abs. 3 S. 2. Die Zumutbarkeit ist wie in Art. 12 Abs. 5 zu beurteilen.[48] Die **Beweislast** für die Voraussetzungen des Verkaufs trägt der Frachtführer.[49]

12   **2. Art und Weise des Verkaufs.** Sie richtet sich nach dem Recht des Aufenthaltsorts des Gutes, Abs. 5, in Deutschland nach § 419 Abs. 3 S. 3 BGB, § 373 HGB.[50] Mit dem Übergang des Eigentums endet der Beförderungsvertrag und der Haftungszeitraum, auch wenn noch nicht abgeladen ist.[51] Der **Erlös** aus dem Verkauf des Gutes nach Abzug der Kosten, die auf ihm lasten (der im Frachtbrief ausgewiesenen, derjenigen von Weisungen, der Abladung, Verwahrung und des Verkaufs), ist dem Verfügungsberechtigten auszuzahlen.[52] Sind die **Kosten höher als der Erlös,** kann der Frachtführer die Differenz vom Verfügungsbefugten ersetzt verlangen. Die **Beweislast** für den Erlös und die Kosten des Verkaufs trägt der Verfügungsberechtigte, der die Auszahlung verlangt.[53] Ihm steht allerdings ein **Rechnungslegungsanspruch** zu.[54]

Kapitel IV. Haftung des Frachtführers

Vorbemerkungen

Schrifttum: Vgl. Vor Art. 1.

I. Haftungssystem der CMR

1   **1. Überblick.** Die CMR regelt nur die Haftung des Frachtführers nur bezüglich bestimmter **Haftungstatbestände.** Kernbestimmungen enthält insoweit das IV. Kapitel mit den Vorschriften über die vertragliche Haftung des Frachtführers für Verlust, Beschädigung und Lieferfristüberschreitung, Art. 17 und die Haftung für die Auslieferung ohne vorgesehenes Nachnahmeinkasso, Art. 21. Außerhalb des IV. Kapitels bestimmt Art. 7 Abs. 3 die **Haftung des Frachtführers** für Schäden durch die Unterlassung bestimmter Angaben im Frachtbrief, Art. 11 Abs. 3 für Folgen des Verlustes oder der unrichtigen Verwendung dem Frachtführer ausgehändigter Urkunden, Art. 12 Abs. 7 für die Nichtausführung von Weisungen und Art. 16 Abs. 2 S. 3 für bei der Verwahrung von Transportgut eingeschaltete Dritte. **Zur Haftung von Absender und Empfänger** vgl. Art. 7 Abs. 1 (Absenderhaftung für Schäden durch unrichtige oder unvollständige Angaben im Frachtbrief), Art. 10 (Haftung des Absenders für mangelhafte Verpackung), Art. 11 Abs. 2 S. 2 (Haftung des Absenders bei Fehlen, Unvollständigkeit oder Unrichtigkeit von Urkunden), Art. 13 Abs. 2 (Haftung des Empfängers für die aus dem Frachtbrief hervorgehenden Kosten).

2   **2. Frachtführerhaftung.** Nach Art. 17 Abs. 1 haftet der Frachtführer für **Verlust, Beschädigung und Lieferfristüberschreitung.** Verlust und Beschädigung müssen innerhalb des **Obhuts- und Haftungszeitraums** zwischen Übernahme und Ablieferung des Gutes eintreten.[55] Außerhalb dieses Obhutszeitraums gilt für die Haftung das ergänzend anwendbare nationale Recht. Nach Art. 9 spricht die **Vermutung** dafür, dass Gut und Verpackung bei Übernahme in äußerlich gutem Zustand waren, wenn der Frachtbrief keinen Vorbehalt ausweist. Art. 20 gibt eine **Vermutung für den Verlust.** Art. 19 definiert die **Lieferfrist.**

3   Die Haftung des Frachtführers ist als **Gefährdungshaftung** ausgestaltet (str. → Art. 17 Rn. 2), die ihn nicht trifft, wenn Verlust, Beschädigung oder Lieferfristüberschreitung durch ein unabwendbares

---

[45] *Herber/Piper* Rn. 29; *Koller* Rn. 8.

[46] *Koller* Rn. 8; *Herber/Piper* Rn. 32 mwN.

[47] *Herber/Piper* Rn. 32; aA *Loewe* ETL 1976, 503 (551); *Koller* Rn. 8.

[48] *Loewe* ETL 1976, 503 (551); *Herber/Piper* Rn. 33; MüKoHGB/*Jesser-Huß* Rn. 15 mwN; Thume/*Temme* Rn. 32; *Clarke* Nr. 33c(iii) S. 106 Fn. 22.

[49] *Giemulla* in Baumgärtel/Prütting/Laumen Beweislast-HdB Rn. 6; *Herber/Piper* Rn. 36; *Koller* Rn. 8.

[50] *Fischer* TranspR 1999, 261 (270); GroßkommHGB/*Helm* Rn. 8; *Koller* Rn. 10; *Herber/Piper* Rn. 37; MüKoHGB/*Jesser-Huß* Rn. 21 auch zur Durchführung nach ausländischem Recht.

[51] MüKoHGB/*Jesser-Huß* Rn. 17.

[52] *Herber/Piper* Rn. 38; *Koller* Rn. 10; *Rodière* ETL 1971, 2 (8).

[53] *Giemulla* in Baumgärtel/Prütting/Laumen Beweislast-HdB Rn. 10; *Herber/Piper* Rn. 39; aA *Koller* Rn. 10: Frachtführer.

[54] *Giemulla* in Baumgärtel/Prütting/Laumen Beweislast-HdB Rn. 10; *Herber/Piper* Rn. 39.

[55] OLG Brandenburg Urt. v. 1.6.2011 – 7 U 105/10, TranspR 2013, 29.

Ereignis herbeigeführt worden sind. Darüber hinaus ist die **Haftung ausgeschlossen,** wenn die Schäden auf Verschulden des Berechtigten, auf einer vom Frachtführer nicht verschuldeten Weisung oder auf besonderen Mängeln des Gutes beruhen, Art. 17 Abs. 2. Das Vorliegen haftungsausschließender Umstände hat der Frachtführer zu beweisen, Art. 18 Abs. 1. Bei den **„bevorrechtigten Haftungsausschlüssen",** Art. 17 Abs. 4 (vor allem Verpackungsmängel, Verladefehler, innerer Verderb), wird vermutet, dass der Schaden aus diesen besonderen Gefahren entstanden ist, wenn der Frachtführer darlegt, dass er nach den Umständen aus den besonderen Gefahrenquellen entstehen konnte, Art. 18 Abs. 2 S. 1. Insofern trifft den Verfügungsberechtigten die Beweislast für eine Mitverursachung des Schadens durch den Frachtführer, Art. 18 Abs. 2 S. 2. Die Beweiserleichterungen gelten nicht bei **Vorsatz** oder **ihm gleichstehenden Verschulden,** Art. 29 Abs. 1.

Die scharfe Haftung, die sich durch den Verzicht auf ein Verschulden ergibt, wird aufgefangen durch **4** eine Beschränkung der **Haftungshöhe,** Art. 23, 25, wenn nicht dem Frachtführer Vorsatz oder dem gleichstehendes Verschulden zur Last fällt, Art. 29 Abs. 1, oder ein höherer Warenwert deklariert, Art. 24, oder ein besonderes Interesse an der Lieferung festgelegt wird, Art. 26. Für **Dritte** haftet der Frachtführer im Rahmen der CMR nach Art. 3 bzw. Art. 34. Auch gegenüber **konkurrierenden außervertraglichen Ansprüchen,** etwa aus unerlaubter Handlung, kann sich der Frachtführer bei Verlust, Beschädigung und Lieferfristüberschreitung auf die Haftungsbeschränkungen der CMR berufen, Art. 28 Abs. 1, wenn er nicht vorsätzlich oder mit Verschulden handelt. Zur **Aktivlegitimation** vgl. Art. 13, zur **Reklamationspflicht** des Empfängers Art. 30, zur Verjährung Art. 32.

II. Ergänzend anwendbares nationales Recht

Die CMR ist **keine Kodifikation** des gesamten Haftungsrechts des Frachtführers. Soweit nicht **5** Schäden aus Verlust, Beschädigung oder Lieferfristüberschreitung betroffen sind oder die CMR selbst die Verletzung von Nebenpflichten regelt, ist auf das ergänzend anwendbare **nationale Recht** zurückzugreifen (→ Vor Art. 1 Rn. 8), etwa bezüglich der Folgen der **Nichterfüllung** des Vertrags, Schadensersatz statt der Leistung, des Verzugs mit der Stellung des Fahrzeugs, **Unmöglichkeit** oder auch der Folgen von **Schlechterfüllung** (§ 280 BGB), sofern der Schaden nicht Folge von Verlust, Beschädigung des Guts oder Lieferfristüberschreitung ist,[56] zB von unrichtigen Angaben zur Ankunft des Transportfahrzeugs am Bestimmungsort,[57] So steht die CMR zB einer vertraglichen Überprüfungspflicht des Frachtführers nicht entgegen.[58] Ersatzansprüche aus der Verletzung von Verhaltenspflichten, die nicht Verlust, Beschädigung oder Lieferfristüberschreitung zur Folge haben, bleiben von Art. 17 ff. unberührt. Die von der CMR nicht abgedeckten Haftungstatbestände unterliegen auch nicht den Haftungseinschränkungen der CMR.

Eine **analoge Anwendung** der Haftungstatbestände der CMR ist nicht möglich.[59] Umgekehrt sind **6** die Schäden, die die Folge von Verlust und Beschädigung von Transportgut innerhalb des Obhutszeitraums oder von Überschreitung der Lieferfrist sind, **zwingend,** Art. 41, und **abschließend** geregelt,[60] auch bei Pflichtverletzung iSv § 280 Abs. 1 BGB.[61] In Bezug auf sie scheidet daher eine ergänzende Heranziehung anderer nationaler Rechtsgrundlagen aus. So ist zB keine Vereinbarung einer Vertragsstrafe bei Lieferfristüberschreitung möglich (→ Art. 17 Rn. 7). Zur Anwendbarkeit der Schlechtleistungshaftung oder Haftung wegen Verstoß gegen Schutzpflichten gem. § 280 BGB (vormals Grundsätze der pVV) → Vor Art. 1 Rn. 22 ff. Unbedenklich ist es dagegen, die **Geltung der CMR** über ihren Anwendungsbereich hinaus zu **vereinbaren,** soweit nicht zwingendes innerstaatliches Recht entgegensteht.[62]

Art. 17 [Haftung des Frachtführers. Haftungsausschlüsse]

(1) **Der Frachtführer haftet für gänzlichen oder teilweisen Verlust und für Beschädigung des Gutes, sofern der Verlust oder die Beschädigung zwischen dem Zeitpunkt der Über-**

---

[56] BGH Urt. v. 6.7.1979 – I ZR 127/78, NJW 1979, 2472 (2473).

[57] BGH Urt. v. 14.7.1993 – I ZR 204/91, BGHZ 123, 200 = NJW 1993, 2808.

[58] OLG Karlsruhe Urt. v. 24.3.2011 – 9 U 81/10, TranspR 2011, 186.

[59] *Koller* Rn. 1.

[60] BGH Urt. v. 27.10.1978 – I ZR 30/77, NJW 1979, 2473 (2474); Urt. v. 10.2.1982 – I ZR 80/80, BGHZ 83, 96 (99) = NJW 1982, 1946; Urt. v. 14.7.1993 – I ZR 104/91, BGHZ 123, 200 (206) = NJW 1993, 2808 (2810); OGH Wien Urt. v. 14.9.1982 – 4 Ob 578/81, TranspR 1984, 195; Urt. v. 13.6.1985 – 6 Ob 587/85, TranspR 1988, 13 (14); Shell Chemicals v. P&O Roadtanks, Q. B.(D.) Urt. v. 29.10.1992, ETL 1993, 276 (279); *Piper* TranspR 1990, 357 (358); *Piper* VersR 1988, 201 (208); *Piper* HRR Speditions- und FrachtR Rn. 356; *Loewe* ETL 1976, 503 (503 f.); Thume/*Seltmann* Rn. 5, A5; Großkomm*HGB/Helm* Art. 17 Rn. 31; HEPK/*Glöckner* Art. 17 Rn. 104.

[61] OLG Düsseldorf Urt. v. 9.3.1995, TranspR 1995, 288; Urt. v. 7.3.2007 – 18 U 115/06, TranspR 2007, 196; aA MüKoHGB/*Jesser-Huß* Rn. 97.

[62] BGH Urt. v. 24.6.1987 – I ZR 127/85, BGHZ 101, 172 (173) = VersR 1987, 1212 (1213); Urt. v. 27.1.1994 – I ZR 314/91, NJW-RR 1994, 994 (995); *Piper* HRR Speditions- und FrachtR Rn. 358.

nahme des Gutes und dem seiner Ablieferung eintritt, sowie für Überschreitung der Lieferfrist.

(2) Der Frachtführer ist von dieser Haftung befreit, wenn der Verlust, die Beschädigung oder die Überschreitung der Lieferfrist durch ein Verschulden des Verfügungsberechtigten, durch eine nicht vom Frachtführer verschuldete Weisung des Verfügungsberechtigten, durch besondere Mängel des Gutes oder durch Umstände verursacht worden ist, die der Frachtführer nicht vermeiden und deren Folgen er nicht abwenden konnte.

(3) Um sich von seiner Haftung zu befreien, kann sich der Frachtführer weder auf Mängel des für die Beförderung verwendeten Fahrzeuges noch gegebenenfalls auf ein Verschulden des Vermieters des Fahrzeuges oder der Bediensteten des Vermieters berufen.

(4) Der Frachtführer ist vorbehaltlich des Artikels 18 Absatz 2 bis 5 von seiner Haftung befreit, wenn der Verlust oder die Beschädigung aus den mit einzelnen oder mehreren Umständen der folgenden Art verbundenen besonderen Gefahren entstanden ist:

a) Verwendung von offenen, nicht mit Planen gedeckten Fahrzeugen, wenn diese Verwendung ausdrücklich vereinbart und im Frachtbrief vermerkt worden ist;

b) Fehlen oder Mängel der Verpackung, wenn die Güter ihrer Natur nach bei fehlender oder mangelhafter Verpackung Verlusten oder Beschädigungen ausgesetzt sind;

c) Behandlung, Verladen, Verstauen oder Ausladen des Gutes durch den Absender, den Empfänger oder Dritte, die für den Absender oder Empfänger handeln;

d) natürliche Beschaffenheit gewisser Güter, derzufolge sie gänzlichem oder teilweisem Verlust oder Beschädigung, insbesondere durch Bruch, Rost, inneren Verderb, Austrocknen, Auslaufen, normalen Schwund oder Einwirkung von Ungeziefer oder Nagetieren, ausgesetzt sind;

e) ungenügende oder unzulängliche Bezeichnung oder Numerierung der Frachtstücke;

f) Beförderung von lebenden Tieren.

(5) Haftet der Frachtführer auf Grund dieses Artikels für einzelne Umstände, die einen Schaden verursacht haben, nicht, so haftet er nur in dem Umfange, in dem die Umstände, für die er auf Grund dieses Artikels haftet, zu dem Schaden beigetragen haben.

Schrifttum: *Bayer,* Frachtführerhaftung und Versicherungsschutz für Ladungsschäden durch Raub oder Diebstahl im grenzüberschreitenden Straßengüterverkehr, VersR 1995, 626; *Boecker,* Lkw-Ladungsverluste in Europa – Eine Bestandsaufnahme in Europa, TranspR 2002, 137; *Boecker,* Lkw-Ladungsverluste durch Diebstahl sowie Raubüberfall in Europa, VersR 2003, 556; *Boettge,* Zum Haftungsauschluss des Frachtführers nach Art. 17 Abs. 2 CMR bei Raub – Zugleich Anmerkung zum Urteil des LG Karslruhe vom 24.3.2006 (15 O 196/04 KfH IV) VersR 2006, 1431 –, VersR 2006, 1618; *Bracker,* Wild Wild East – Zur Auslegung von Art. 17 Abs. 2 Fall 4 CMR, TranspR Sonderbeil. 2004, 7; *Brinkmann,* Frachtgüterschäden im internationalen Straßen- und Lufttransportrecht. Ein Vergleich der Haftung nach dem Montrealer Übereinkommen und der CMR, TranspR 2006, 146; *Demuth,* Ist der CMR-Totalschaden als Verlust zu behandeln?, TranspR 1996, 257; *Herber,* Zur Haftung bei einem Raubüberfall auf einen Lkw durch falsche Polizisten in Tschechien, TranspR 2003, 353; *Heuer,* Du sollst keinen anderen Fahrer haben neben Dir?, TranspR 1994, 107; *Humphreys/de Peuter,* Highway Robbery in Europe – Theft under CMR, ETL 1992, 735; *Jesser,* Unzulängliche Reinigung des Transportfahrzeugs als Mangel i S des Art. 17 Abs. 3 CMR, TranspR 1997, 98; *Johansson,* The Scope and the Liability of the CMR – Is there a need for Changes?, TranspR 2002, 385; *Knorre,* Zur Haftung des Frachtführers nach Art. 23, 25 CMR, TranspR 1985, 241; *Koller,* Zur Aufklärung über die Schadensentstehung im Straßentransportrecht, VersR 1990, 553; *Koller,* Zur Beweislast für unzureichende Vorkühlung des Transportguts, TranspR 2000, 449; *Koller,* Zur Haftung des Frachtführers, EWiR 2002, 375; *Koller,* Der Importeur als Haftungsadressat des Produkthaftungsgesetzes, in: Kontinuität im Wandel der Rechtsordnung, Beiträge für Claus-Wilhelm Canaris zum 65. Geburtstag, 2002, 47; *Koller,* Schadensverhütung und Quersubventionen bei der CMR aus deutscher Sicht. Überlegungen aus Anlass des 50jährigen Bestehens der CMR, TranspR 2006, 413; *Koller,* Die Tragweite von Abwehrklauseln und der Einwand des Mitverschuldens im Gütertransportrecht, VersR 2004, 269; *Laurijssen,* Diefstal in Italie onder Artikel 17 Lid 2 C.M.R., ETL 1998, 39; *de la Motte,* Beladepflicht nach CMR und KVO, TranspR 1988, 364; *Müller-Rostin,* Die Haftung des Luftfrachtführers bei Beförderung von Luftfracht, TranspR 1989, 121; *Neumann,* Wirtschaftliche Kriterien der Haftung des Frachtführers, TranspR 2004, 14; *Oetker,* Versendungskauf, Frachtrecht und Drittschadensliquidation, JuS 2001, 833; *Ramberg,* The Law of Carriage of Goods – Attempts at Harmonization, ETL 1974, 2; *Ramming,* Fixkostenspedition – CMR – FBL, Anmerkung zu Bundesgerichtshof, Urteil vom 8. Juli 2004 – I ZR 272/01 –, TranspR 2006, 95; *Rogov,* Zollrechtliche Rahmenbedingungen für das Verhalten des Frachtführers bei Straßentransporten nach Rußland, TranspR 1999, 34; *Ruhwedel,* Neue Entwicklungen im Lufttransportrecht vor dem Hintergrund des Inkrafttretens des Montrealer Übereinkommens, TranspR 2006, 421; *van Ryn,* Une nouvelle étape dans l'élaboration du droit du transport: la C.M.R., ETL 1966, 656; *Schmidt/Kehl,* Die Haftung des CMR-Frachtführers nach den Grundsätzen der culpa in contrahendo, TranspR 1996, 89; *Starosta,* Falschauslieferung an den Endempfänger?, VersR 1992, 804; *Thonfeld,* Verantwortlichkeiten für das Beladen und Entladen im Straßengüterverkehr, TranspR 1998, 19; *Thonfeld,* Kann der hohe Wert des Gutes ein Maßstab für die Anforderungen an die Sorgfaltspflicht des Frachtführers sein, Anm. zu BGH Urt. v. 17.4.1997 – I ZR 131/95 – TranspR 1998, 241; *Thume,* Grobes Verschulden und Mitverschulden – Quo vadis BGH?, TranspR 2006, 369; *Thume,* Die Haftung des Spediteurs für Kardinalfehler und grobe Organisationsmängel, TranspR 1991, 209; *Thume,* Haftungsprobleme bei CMR-Kühltransporten, TranspR 1992, 1; *Thume,* Die unbeschränkte Haftung des CMR-Frachtführers, VersR 1993, 930; *Thume,* Die Haftung des CMR-Frachtführers für Fahrzeugmängel, RIW 1994, 357; *Thume,* Die Rechte des Empfängers bei Vermischungsschäden in Tanks oder Silos als Folge verunreinigt angelieferter Güter, VersR 2002, 267; *Thume,* Zur Sorgfalstpflicht des Frachtführers und zur Bedeutung eines befristeten Verjährungsverzichts, TranspR 2003, 305; *Widmann,* Verladen und Entladen durch Absender – § 412

HGB –, TranspR 1999, 391; *Wijffels,* Legal Interpretations of the CMR: The Continental Viewpoint, ETL 1976, 208; *Zapp,* Rechtsprobleme im Zusammenhang mit der Verpackung in der CMR und im deutschen Handelsgesetzbuch, TranspR 2004, 333; *Zehetbauer,* Entscheidung des Obersten Gerichtshofes vom 17-2–2006 zum Beginn des Obhutszeitraumes des Straßenfrachtführers, TranspR 2006, 233; iÜ vgl. Vor Art. 1, Art. 1, 3, 8, 10.

Parallelvorschriften: Art. 17: § 425 HGB; Art. 36 ff. CIM; Art. 16 CMNI.
Art. 17 Abs. 2: § 426 HGB; Art. 36 § 2 CIM; § 7 Abs. 2 StVG.
Art. 17 Abs. 4: Art. 18 CMR; § 427 HGB; Art. 36 § 3 CIM.

Übersicht

A. Haftungsgrundsatz (Abs. 1)

I. Allgemeines

Der Frachtführer haftet nach Art. 17 Abs. 1 für **Verlust und Beschädigung** des Gutes im Obhuts- **1** zeitraum und für **Überschreitung der Lieferfrist.** Dies führte zu einer vollen Verursacherhaftung, wenn der Frachtführer nicht nach Art. 18 Abs. 1 die Möglichkeit hätte, sich von der Haftung zu befreien. Zur Haftungsbefreiung bedarf es des Nachweises, dass die in Art. 17 Abs. 2 geregelten Umstände den Schaden verursacht haben. Dies gilt vor allem für den Nachweis der für den Frachtführer **nicht vermeidbaren Umstände,** deren Folgen er nicht abwenden konnte, Abs. 2 letzte Alt. Schließlich besteht bei den in Abs. 4 genannten Umständen eine erleichterte Haftungsbefreiung für Güterschäden **(bevorrechtigte Haftungsausschlussgründe).** Die Schadensverursachung durch Güterschäden wird vermutet, wenn der Frachtführer darlegt, dass der Verlust oder die Beschädigung aus ihnen entstehen konnte, Art. 18 Abs. 2. Für diesen Fall hat der Anspruchsteller den Gegenbeweis zu erbringen. Die Haftungsausschlussgründe nach Art. 17 sind **abschließend.** Die Vereinbarung weiterer ist wegen Art. 41 nicht möglich.[1] Die Berufung auf Haftungsausschlussgründe ist bei schwerem Verschulden des Frachtführers ausgeschlossen, Art. 29. An das Haftungssystem der CMR lehnt sich jetzt auch das innerdeutsche Frachtrecht in §§ 425 ff. HGB an. Der beauftragte Spediteur oder Frachtführer kann im Wege der **Drittschadensliquidation** nicht nur für den Absender Ersatz begehren, sondern auch für den Transportversicherer, der den Schaden des Absenders ersetzt. Die Drittschadensliquidation setzt keine unmittelbare vertragliche Beziehung zwischen dem Vertragsberechtigten und dem Geschädigten voraus.[2]

II. Verschuldens- oder Gefährdungshaftung

Aus dem Zusammenhang der haftungsbegründenden und haftungsausschließenden Umstände ergibt **2** sich, dass der Frachtführer über die gewöhnliche Sorgfalt hinaus haftet. Es lässt sich ihnen aber nicht eindeutig entnehmen, ob es sich um eine **vermutete Verschuldenshaftung mit gesteigertem Sorgfaltsmaßstab** oder um eine verschuldensunabhängige **Gefährdungshaftung** handelt, die nach Maßgabe der Haftungsbefreiungsgründe eingeschränkt ist. Die Meinungen dazu sind geteilt.[3] Für die

---

[1] OGH Wien Urt. v. 17.3.1998 – 4 Ob 56/98h, TranspR 1998, 361 (362); *Jesser* Frachtführerhaftung 16.
[2] OGH Wien Urt. v. 27.4.2011 – 7 OB 216/10F, TranspR 2011, 373.
[3] Für Gefährdungshaftung BGH Urt. v. 21.12.1966 – I b ZR 154/64, NJW 1967, 499 (500); Urt. v. 28.2.1975 – I ZR 40/74, NJW 1975, 1597 (1598); Urt. v. 13.4.2000 – I ZR 290/97, TranspR 2000, 407 (408) = NJW-RR

Annahme einer Gefährdungshaftung spricht, dass man sonst unter Beachtung der in Art. 17 Abs. 2, Art. 18 getroffenen Regelung außerordentlich weite Sorgfaltspflichten des Frachtführers annehmen müsste, ohne dass solche einen positiven Niederschlag in der CMR gefunden hätten. Gegen sie wird vorgebracht, sie sei typisch für die außervertragliche Haftung. **Unmittelbare Auswirkungen** hat die Entscheidung der Frage in die eine oder andere Richtung allenfalls im Rahmen des Art. 17 Abs. 5 bei der Zurechnung nur von Mitverschulden oder einer Mitverantwortung des Frachtführers unabhängig von einem Verschulden.[4] Praktisch ausschlaggebend ist jedoch vor allem die Auslegung des **Begriffs der Unabwendbarkeit** in Art. 17 Abs. 2 letzte Alt.

III. Haftungstatbestände

3   **1. Verlust.** Der Frachtführer haftet für den ganzen oder teilweisen Verlust des Frachtguts, zu dem auch die **Verpackung** gehört.[5] Der **Begriff** des Verlustes wird im Transportrecht nach allgemeiner Meinung einheitlich gebraucht,[6] deckt sich also mit dem in § 425 HGB und ist vom Ziel des Beförderungsvertrags, der Ablieferung her zu definieren. Verlust liegt vor, wenn das Gut in absehbarer Zeit nicht an den Berechtigten ausgeliefert werden kann.[7] Das kann auf Untergang, Zerstörung,[8] Unauffindbarkeit[9] oder auch sonstiger tatsächlicher oder rechtlicher **Unmöglichkeit der Auslieferung** an den Berechtigten beruhen, wie etwa einer Beschlagnahme,[10] der Verweigerung einer Importgenehmigung,[11] der Versteigerung des Frachtguts durch den Frachtführer in Ausübung eines beanspruchten Pfandrechts[12], bei Beschlagnahme wegen fehlender Zollpapiere[13] oder der Auslieferung an einen anderen als den berechtigten Empfänger, selbst wenn er der Käufer ist, wenn diese Auslieferung in absehbarer Zeit nicht rückgängig gemacht werden kann,[14] so zB bei Auslieferung an örtliche Schwestergesellschaft des Frachtführers ohne Benachrichtigung des Empfängers über Wareneingang, auch wenn der Absender das Gut bei Drittem auffindet und wieder an sich bringt,[15] dann greift aber eine entsprechende Schadensminderung.[16] Gerät das Gut später dennoch in die Hand des Empfängers, fehlt es uU am Schaden.[17] Maßgebend ist die wirtschaftliche Betrachtungsweise, so dass auch völliger **wirtschaftlicher** Wertverlust durch einen Sachschaden **(Totalschaden)**[18] als Verlust und nicht als

---

2000, 1633 (1634); OLG Celle Urt. v. 20.6.2000 – 11 U 181/01, TranspR 2004, 122 (123); OLG München Urt. v. 17.7.1991 – 7 U 2871/91, TranspR 1991, 427 f.; OLG Nürnberg Urt. v. 10.12.1992 – 12 U 2400/92, TranspR 1993, 138; *Züchner* DB 1971, 513; *Züchner* VersR 1970, 701 (702); *Roesch* VersR 1982, 828 (833); *Piper* HRR Speditions- und FrachtR Rn. 392; *Koller* Rn. 21 mwN; Thume/*Thume* Rn. 13; HEPK/*Glöckner* Rn. 17; *Dubischar* GütertransportR 103 f.; für Verschuldenshaftung OGH Wien in stRspr vgl. Urt. v. 6.9.1983 – 4 Ob 580/83, TranspR 1984, 11 (12); Urt. v. 10.7.1991 – 1 Ob 579/91, TranspR 1991, 422 (423); Urt. v. 19.1.1994 – 7 Ob 607/93, TranspR 1994, 282 (283); Urt. v. 12.11.1996 – 4 Ob 2278/96, TranspR 1997, 104 (107); *Heuer* Frachtführerhaftung 51 ff.; *Jesser* FrachtführerhaftungHGB/*Helm* Rn. 4; MüKoHGB/*Jesser-Huß* Rn. 3; *Lenz* Straßengütertransp R Rn. 491; *Rodiere* ETL 1971, 13; *Libouton* ETL 1973, 32; *Ramberg* ETL 1974, 3 (12); *Sánchez-Gamborino* Nr. 677; offen gelassen *Herber/Piper* Rn. 36.

[4] Vgl. *Herber/Piper* Rn. 144; *Thume* TranspR 2003, 305 f.

[5] OLG Brandenburg Urt. v. 1.6.2011 – 7 U 105/10, TranspR 2013, 29; OLG München Schlussurt. v. 6.10.2011 – 23 U 687/11, TranspR 2011, 434; *Glöckner* TranspR 1988, 327 (328); Thume/*Thume* Rn. 60; *Neumann* TranspR 2004, 14 ff.

[6] BGH Urt. v. 27.10.1978 – I ZR 30/77, NJW 1979, 2473; *Koller* Rn. 1; Thume/Thume/*Thume* Rn. 63; MüKoHGB/*Jesser-Huß* Rn. 8; GroßkommHGB/*Helm* Rn. 2; HEPK/*Glöckner* Rn. 2.

[7] *Piper* HRR Speditions- und FrachtR Rn. 407; *Heuer* Frachtführerhaftung 68; *Herber/Piper* Rn. 2; MüKoHGB/*Jesser-Huß* Rn. 8; *Lenz* Straßengütertransp R Rn. 518.

[8] OLG Hamburg Urt. v. 24.5.1984 – 6 U 67/84, TranspR 1984, 274; *de la Motte* VersR 1988, 317; Thume/*Thume* Rn. 65.

[9] OLG Hamm Urt. v. 2.12.1991 – 18 U 133/88, TranspR 1992, 179 (181); OLG Köln Urt. v. 3.3.1999 – 11 U 105/97, VersR 2000, 206; *Herber/Piper* Rn. 2; *Clarke* Nr. 56 S. 220.

[10] *Starosta* VersR 1992, 804; Thume/*Thume* Rn. 67 mwN.

[11] BGH Urt. v. 3.7.1974 – I ZR 120/73, NJW 1974, 1616; MüKoHGB/*Jesser-Huß* Rn. 9.

[12] BGH Urt. v. 18.5.1995 – I ZR 151/93, NJW 1995, 2917.

[13] OLG München Schlussurt. v. 6.10.2011 – 23 U 687/11, TranspR 2011, 434.

[14] BGH Urt. v. 27.10.1978 – I ZR 30/77, NJW 1979, 2473; Urt. v. 13.7.1979 – I ZR 108/77, VersR 1979, 1154; Urt. v. 27.1.1982 – I ZR 33/80, NJW 1982, 1944 (1945); Urt. v. 13.7.2000 – I ZR 49/98, TranspR 2000, 409 (411); Urt. v. 13.7.2000 – I ZR 156/98, NJW-RR 2000, 1631 (1632); OLG Düsseldorf Urt. v. 1.7.1993 – 18 U 23/93, TranspR 1995, 77 (79); Thume/*Thume* Rn. 68; MüKoHGB/*Jesser-Huß* Rn. 9; *Herber/Piper* Rn. 3; *Clarke* Nr. 56 S. 220; diff. *Starosta* VersR 1992, 804 (805).

[15] BGH Urt. v. 2.4.2009 – I ZR 16/07, TranspR 2009, 411.

[16] BGH Urt. v. 6.7.1979 – I ZR 127/78, NJW 1979, 2472 (2473).

[17] BGH Urt. v. 27.10.1978 – I ZR 30/77, NJW 1979, 2473; *Piper* HRR Speditions- und FrachtR Rn. 408; Thume/*Thume* Rn. 69.

[18] BGH Urt. v. 3.7.1974 – I ZR 120/73, NJW 1974, 1616; OLG Hamm Urt. v. 6.2.1997 – 18 U 141/96, TranspR 1998, 34 bei Wasserschäden an Lebensmittelverpackung; OLG Hamburg Urt. v. 15.1.1998 – 6 U 14/96, TranspR 1998, 290 (293) für Wiederherstellungskosten, die den Wert in unbeschädigtem Zustand übersteigen; OGH Wien Urt. v. 28.6.1988 – 8 Ob 657/87, TranspR 1989, 222 (225); OLG Wien Urt. v. 10.7.1997 – 3 R 6/97,

Beschädigung einzuordnen ist. Zur abweichenden verjährungsrechtlichen Behandlung → Art. 32 Rn. 8, zur **Verlustfiktion** bei Zeitablauf und zum Wiederauffinden Art. 20 Rn. 3.[19] **Kein Verlust** liegt vor, wenn das Gut dem Absender auf Grund einer wirksamen Weisung zurückgeliefert wird[20] oder wenn eine vereinbarte **Nachnahme** nicht eingezogen wird.[21]

Teilverlust ist gegeben, wenn ein bestimmter abgrenzbarer Teil des Frachtguts verloren geht, ohne **4** dass der Rest in Mitleidenschaft gezogen ist.[22] Führt ein Teilverlust oder die Beschädigung eines Teils der Sendung zur Wertminderung oder zum **Wertverlust** auch **des Restes,** liegt Beschädigung der gesamten Sendung oder Totalverlust und nicht Teilverlust vor.[23] Die Abgrenzung ist für die Verjährung von Bedeutung (vgl. Art. 32 Abs. 1 lit. a und b).

2. Beschädigung. Auch dieser Begriff wird im Transportrecht einheitlich verwendet.[24] Erforderlich **5** ist eine **wertmindernde Substanzveränderung des Frachtguts,** gleichgültig ob sie beseitigt werden kann oder nicht.[25] Eine Wertminderung ohne Substanzverschlechterung etwa **reiner Preisverfall** genügt aber nicht.[26] Wird das Gut infolge der Beschädigung wirtschaftlich unbrauchbar, ist Verlust gegeben (→ Rn. 3). Auch Beschädigung eines Teils kann wirtschaftlich **Totalschaden** und damit Verlust bedeuten.[27]

Einzelfälle:[28] Antauen von Tiefkühlgut, auch wenn das Gut später wieder eingefroren wird,[29] **5a** Beschädigung wegen Nichteinhaltung der Kühltemperatur,[30] Vollreife von Früchten durch mangelhafte Kühlung;[31] nicht zu beseitigender Verdacht einer Substanzverletzung,[32] Nässeschaden.[33]

3. Lieferfristüberschreitung. Zum Begriff der Lieferfristüberschreitung vgl. die Ausführungen zu **6** Art. 19. Entscheidend ist die **verspätete Ablieferung** des Guts. Für Verspätungen bei der Erfüllung von Beförderungsverträgen, die nicht zur Überschreitung der Lieferfrist führen, gilt nicht Art. 17, sondern das ergänzend anwendbare nationale Recht,[34] so etwa bei Schäden wegen **verspäteter Übernahme** oder Verladung des Gutes bei rechtzeitiger Ablieferung,[35] ebenso bei völlig fehlender Über-

---

TranspR 1997, 435 (436) mwN; *de la Motte* VersR 1988, 317 (318); *Knorre* TranspR 1985, 241 (243); *Herber/Piper* Rn. 2, 7; aA (Beschädigung, solange etwas abgeliefert werden kann) William Tatton v. Ferrymasters Q. B.(D.) Urt. v. 31.10.1973, ETL 1974, 737 (739); *Demuth* TranspR 1996, 257; *Heuer* Frachtführerhaftung 72; ausf. MüKoHGB/*Jesser-Huß* Rn. 12; Thume/*Demuth* Art. 30 Rn. 6; *Lenz* StraßengütertranspR Rn. 528; *Putzeys* Nr. 692; *Clarke* Nr. 56a S. 221 f.

[19] Zur unwiderleglichen Verlustvermutung des Art. 20 iVm Art. 17 vgl. *Koller* EWiR 2002, 375.

[20] OLG Düsseldorf Urt. v. 16.6.1992 – 18 U 260/91, TranspR 1993, 17; *Herber/Piper* Rn. 3.

[21] Thume/*Thume* Rn. 70; *Koller* Art. 21 Rn. 4; aA OLG Hamburg Urt. v. 18.5.1989 – 6 U 258/88, TranspR 1990, 188 (190); *Jesser* Frachtführerhaftung 68.

[22] IE *de la Motte* VersR 1988, 317 (318); *Heuer* Frachtführerhaftung 70 f.; Thume/*Thume* Rn. 71 mwN; *Herber/Piper* Rn. 4; MüKoHGB/*Jesser-Huß* Rn. 10.

[23] BGH Urt. v. 3.7.1974 – I ZR 120/73, NJW 1974, 1616: Verweigerung der Einfuhrerlaubnis für gesamte Sendung bei Antauen eines Teils; Urt. v. 6.2.1997 – I ZR 202/94, VersR 1997, 1298: irreparable Beschädigung eines wichtigen Teils einer Maschine; ebenso OLG Hamburg Urt. v. 15.1.1998 – 6 U 14/96, TranspR 1998, 290 (292); OLG Düsseldorf Urt. v. 12.12.1985 – 18 U 90/85, TranspR 1986, 56 (59): Teilverderb von Kühlgut ohne Möglichkeit des Aussortierens; OLG München Urt. v. 16.1.1991 – 7 U 2240/90, TranspR 1992, 181 (184): erhöhte Keimzahl bei einer Probe Muschelfleisch; OLG Hamburg Urt. v. 13.7.1995 – 6 U 21/95, TranspR 1996, 110 (111): Anordnung der Vernichtung aus lebensmittelrechtlichen Gründen bei Antauen eines Teils; *de la Motte* VersR 1988, 317 (318); *Thume* TranspR 1992, 1 (2); Thume/*Thume* Rn. 72; *Knorre* TranspR 1985, 241 (242 f.); *Clarke* Nr. 58 S. 220.

[24] OLG Hamburg Urt. v. 30.3.1989 – 6 U 169/88, VersR 1989, 1214; *Thume* TranspR 1992, 1 (2); *Koller* Rn. 2; MüKoHGB/*Jesser-Huß* Rn. 11; HEPK/*Glöckner* Rn. 4; *Brinkmann* TranspR 2006, 146 f.

[25] OLG Köln Urt. v. 26.9.1985 – 7 U 8/85, TranspR 1986, 285 (287) mAnm *Knorre; Herber/Piper* Rn. 6; Thume/*Thume* Rn. 78 mwN; *Sánchez-Gamborino* Nr. 681.

[26] *de la Motte* VersR 1988, 317; Thume/*Thume* Rn. 73.

[27] Hof van Beroep Brüssel Urt. v. 21.1.1987, ETL 1987, 745 (747): Beschädigung des wichtigsten Teils einer Maschine, die in verschiedenen Transporten befördert wird.

[28] Vgl. Thume/*Thume* Rn. 74 ff.; MüKoHGB/*Jesser-Huß* Rn. 11; bei Kühltransporten *Thume* TranspR 1992, 1 ff.

[29] BGH Urt. v. 3.7.1974 – I ZR 120/73, NJW 1974, 1616; OLG Hamburg Urt. v. 30.3.1989 – 6 U 169/88, VersR 1989, 1214; OLG München Urt. v. 16.1.1991 – 7 U 2240/90, TranspR 1992, 181 (184); Thume/*Thume* Rn. 76 f.

[30] OLG Frankfurt a. M. Urt. v. 22.11.2010 – 13 U 33/09, BeckRS 2012, 16073.

[31] HEPK/*Glöckner* Rn. 6; *Herber/Piper* Rn. 8; MüKoHGB/*Jesser-Huß* Rn. 11.

[32] BGH Urt. v. 24.5.2000 – I ZR 84/98, TranspR 2000, 456 (458); OLG Hamburg Urt. v. 13.9.1990 – 6 U 65/90, TranspR 1991, 151 (153) (Verdacht der Verunreinigung).

[33] BGH Urt. v. 7.5.1969 – I ZR 126/67, VersR 1969, 703.

[34] *Schmidt/Kehl* TranspR 1996, 89 (90); ausf. *Zapp* TranspR 1993, 334 f.; *Koller* VersR 1988, 556 (559); *Koller* Rn. 56; MüKoHGB/*Jesser-Huß* Art. 19 Rn. 4; *Herber/Piper* Rn. 11; *Clarke* Nr. 58 S. 226.

[35] OLG Hamburg Urt. v. 25.6.1987 – 6 U 10/87, TranspR 1987, 458 (459); Urt. v. 9.2.1989 – 6 U 40/88, VersR 1990, 876; OLG Düsseldorf Urt. v. 9.11.1995 – 18 U 11/95, VersR 1997, 89; OLG Hamm Urt. v. 20.3.1997 – 18 U 194/96, TranspR 1998, 297 (299); *Piper* VersR 1988, 201 (209); *Koller* VersR 1988, 556 (559); *Koller* Rn. 56; *Herber/Piper* Rn. 11; Thume/*Thume* Art. 19 Rn. 31; HEPK/*Glöckner* Art. 19 Rn. 2, 4; *Hill/Messent* 161 f.; *Clarke* Nr. 58 S. 226.

nahme des Gutes.[36] Von Art. 17 ff. erfasst wird nämlich nur der Verzögerungsschaden, der neben den Erfüllungsanspruch tritt, nicht aber der Schadensersatzanspruch wegen **Nichterfüllung** infolge Verzugs, der an Stelle des ursprünglichen Erfüllungsanspruchs tritt.[37] Nationales Recht (§ 280 BGB) gilt auch für Schäden, die nicht durch die Verspätung als solche, sondern etwa durch eine **falsche Auskunft** über die voraussichtliche Ankunftszeit des Transportfahrzeugs hervorgerufen sind, selbst wenn es darüber hinaus zur Überschreitung der Lieferfrist kommt.[38] Eine Verspätung bei der **Rückgabe** noch nicht transportierten Guts infolge einer vertragsabändernden Weisung fällt nur unter Art. 19, wenn erst nach Ablauf der damit möglicherweise abgeänderten Lieferfrist zurückgegeben wird.[39]

7   Schadensersatzansprüche wegen Lieferfristüberschreitung sind in der CMR **abschließend** geregelt.[40] § 431 Abs. 3 HGB kann deshalb im Rahmen der Lieferfristüberschreitung nicht zur Anwendung kommen, die Vereinbarung einer **Vertragsstrafe** wegen Lieferfristüberschreitung ist unwirksam,[41] ebenso die Vereinbarung eines **Fixgeschäfts**.[42] Es kann auch nicht **Frachtminderung** nach § 634 BGB verlangt werden[43] oder ein Anspruch aus einer **Garantievereinbarung** geltend gemacht werden.[44] **Haftungsbefreiungsgründe** nach Abs. 2 gelten auch für Verspätungsschäden, solche nach Abs. 4 nicht. Zur **Beweislast** für Haftungsbefreiungsgründe → Art. 18 Rn. 2, zum Zusammentreffen von **Substanz- und Verspätungsschaden** → Art. 23 Rn. 19.

IV. Haftungszeitraum

8   **1. Allgemeines.** Der Frachtführer haftet für **Verlust oder Beschädigung** nur, wenn sie zwischen Übernahme (→ Rn. 9) und Ablieferung (→ Rn. 10) verursacht wurden (→ Rn. 17), auch wenn sie sich erst nach Ablieferung zeigen.[45] Für diesen Zeitraum trifft den Frachtführer eine Obhutspflicht. **Haftungs- und Obhutszeitraum** stimmen überein.[46] Die Haftung beginnt nicht schon mit dem Abschluss des Beförderungsvertrags und nicht erst mit dem Beginn der Beförderung.[47] **Außerhalb** des Obhutszeitraums gilt für die Haftung des Frachtführers ergänzend anwendbares nationales Recht,[48] nach **deutschem Recht** kann § 280 BGB wegen Schlechtleistung oder Schutzpflichtverletzung[49] oder die §§ 823 ff. BGB Anwendung finden. Zu Schäden beim Be- und Entladen → Rn. 14. Für die Haftung wegen **Lieferfristüberschreitung** ist der Haftungszeitraum nicht von Bedeutung.

9   **2. Übernahme.** Übernommen ist das Gut, wenn es aus dem **Gewahrsam des Absenders in den des Frachtführers übergeht** und dieser selbst (oder seine Leute, Art. 3) willentlich den unmittelbaren oder mittelbaren Besitz zum **Zweck der Beförderung** übernehmen.[50] Der Begriff entspricht dem in

---

[36] BGH Urt. v. 9.2.1979 – I ZR 6/77, NJW 1979, 2470; OLG Hamburg Urt. v. 9.2.1989 – 6 U 40/88, VersR 1990, 876; *Koller* Rn. 56; MüKoHGB/*Jesser-Huß* Art. 19 Rn. 4 mwN; *Heuer* Frachtführerhaftung 133; *Clarke* Nr. 58 S. 226; → Vor Art. 1 Rn. 21.

[37] BGH Urt. v. 9.2.1979 – I ZR 6/77, NJW 1979, 2470.

[38] BGH Urt. v. 14.7.1993 – I ZR 204/91, BGHZ 123, 200 (207) = NJW 1993, 2808 (2810); *Koller* Rn. 56; → Vor Art. 1 Rn. 23.

[39] *Koller* Rn. 56; MüKoHGB/*Jesser-Huß* Art. 19 Rn. 5; vgl. OLG Düsseldorf Urt. v. 31.7.1986 – 18 U 163/85, TranspR 1986, 341 (344) (WA).

[40] BGH Urt. v. 27.10.1978 – I ZR 30/77, NJW 1979, 2473 (2474); OLG Düsseldorf Urt. v. 9.10.1986 – 18 U 73/86, TranspR 1986, 429 (430); Urt. v. 9.3.1995 – 18 U 142/94, VersR 1996, 1303; *Piper* TranspR 1990, 356 (358); GroßkommHGB/*Helm* Rn. 31; *Thume*/*Thume* Rn. 213; *Herber*/*Piper* Rn. 13; *Koller* Rn. 67.

[41] OLG München Urt. v. 26.7.1985 – 23 U 2577/85, TranspR 1985, 395 (396 f.); *Piper* TranspR 1990, 356 (358); *Herber*/*Piper* Rn. 14; *Clarke* Nr. 92 S. 348; aA MüKoHGB/*Jesser-Huß* Rn. 97; *Putzeys* Nr. 915.

[42] OLG Düsseldorf Urt. v. 9.3.1995 – 18 U 142/94, VersR 1996, 1303; aA MüKoHGB/*Jesser-Huß* Rn. 97.

[43] OLG Düsseldorf Urt. v. 9.10.1986 – 18 U 73/86, TranspR 1986, 429 (430); Urt. v. 9.3.1995 – 18 U 142/94, VersR 1996, 1304 aE; *Thume*/*Thume* Art. 19 Rn. 30.

[44] OLG Frankfurt a. M. Urt. v. 21.2.1984 – 5 U 72/83, TranspR 1984, 97 (98); *Thume*/*Thume* Art. 19 Rn. 30.

[45] OLG München Urt. v. 3.5.1989 – 7 U 6078/88, TranspR 1991, 61; *Koller* Rn. 11; *Herber*/*Piper* Rn. 15; MüKoHGB/*Jesser-Huß* Rn. 15; *Clarke* Nr. 54b S. 218.

[46] BGH Urt. v. 26.1.1995 – I ZR 213/92, NJW-RR 1995, 992; OGH Wien Urt. v. 6.7.1985 – 3 Ob 547/85, TranspR 1987, 374 (376); *Herber*/*Piper* Rn. 15; *Thume*/*Seltmann* Rn. A 16.

[47] *Heuer* VersR 1988, 312 (313); *Piper* HRR Speditions- und FrachtR Rn. 402; *Thume*/*Thume* Rn. 1; *Herber*/*Piper* Rn. 16; *Hill*/*Messent* 104.

[48] OGH Wien Urt. v. 12.9.2002, ETR 2004, 674 (681); *Schmidt*/*Kehl* TranspR 1996, 89 (90); *Koller* Rn. 5, 10; *Thume*/*Thume* Rn. 59; MüKoHGB/*Jesser-Huß* Rn. 15; *Clarke* Nr. 56b S. 216; so auch zu Unrecht Kh Leuven Urt. v. 23.10.1990, ETL 1992, 273 für Stauschäden bei nicht vereinbarter Umladung.

[49] BGH Urt. v. 26.1.1995 – I ZR 213/92, NJW-RR 1995, 992 (993): Schäden beim Umladen nach Beendigung des Beförderungsvertrags; OLG München Urt. v. 3.5.1989 – 7 U 6078/88, TranspR 1991, 61: Übernahme erkennbar mangelhafter Ware; OLG Düsseldorf Urt. v. 27.11.1986 – 18 U 112/86, TranspR 1987, 23 (24): Abladefehler nach Ablieferung; *Koller* Rn. 10: Schäden durch nochmaliges Anfahren bereits zur Abladung bereitgestellten Lkw.

[50] *Heuer* VersR 1988, 312 (313); *Piper* TranspR 1990, 356 (360); *Koller* Rn. 5; *Thume*/*Thume* Rn. 18 f.; *Herber*/*Piper* Rn. 16 f.; MüKoHGB/*Jesser-Huß* Rn. 16; *Zehetbauer* TranspR 2006, 233 (235) (rangieren, um das Gut besser verstauen zu können); vgl. Cass. Paris Urt. v. 8.2.1994, ETL 1994, 666 (667): noch keine Übernahme von Ware, die am Verladeort des Absenders bereitsteht.

§ 425 HGB.[51] Anlass des Besitzerwerbs muss der zu erfüllende Transportvertrag sein.[52] Deshalb fehlt es an einer Übernahme, wenn **mehr Frachtgut** als vertraglich vereinbart entgegengenommen wird, ohne dass der Frachtvertrag konkludent darauf erstreckt wird.[53] Weil die Art. 17 ff. nicht die Haftung aus Lagerung oder Verwahrung betreffen, fehlt es an einer Übernahme, wenn das Gut ohne schon vereinbarte Beförderung zunächst zur **Zwischenlagerung** und zur späteren Beförderung auf Abruf übergeben wird,[54] auch wenn der Frachtführer ohne entsprechenden Abruf bereits mit der Beförderung beginnt.[55] Anders liegt es wegen des unmittelbaren Zusammenhangs mit dem Beförderungszweck, wenn der Frachtführer zur **vollständigen Beladung des Lkw** noch auf Gut wartet oder noch Nebenleistungen (wie die Verpackung) im Beförderungsvertrag übernommen hatte.[56] Die Übernahme setzt voraus, dass der Frachtführer den Besitz des Gutes in Erfüllung seiner Verpflichtung aus dem Vertrag mit dem Absender ergreift und nicht auf Grund eines **Vertrags mit einem Dritten**.[57]

3. Ablieferung. Die Ablieferung ist von Bedeutung für die Bestimmung des Obhuts- und   **10** Haftungszeitraums, bei Ablieferungshindernissen nach Art. 15, 16, für die Rechte des Empfängers nach Art. 12, 13 und für die Verjährung, Art. 32. Der in der CMR verwendete Begriff deckt sich mit dem in § 425 HGB.[58] Die Ablieferung ist ein zweiseitiger Akt,[59] nämlich der Vorgang, durch den der Frachtführer die Obhut an dem beförderten Gut im Einverständnis mit dem Verfügungsberechtigten aufgibt und diesen in die Lage versetzt, die tatsächliche Gewalt über das Gut auszuüben.[60] Erforderlich ist nicht der Übergang der tatsächlichen Sachherrschaft. Es genügt die Möglichkeit, das Gut tatsächlich in Besitz zu nehmen.[61] Daran fehlt es aber bei einer Abgabe im Zolllager,[62] Sicherstellung durch den Zoll[63] oder einer nicht vereinbarten Einlagerung oder Verwahrung durch den Frachtführer[64] (→ Rn. 13). Nimmt der Frachtführer die Ware nach Ablieferung wieder an sich, ist das keine auflösende Bedingung der Ablieferung. Er haftet vielmehr nach nationalem Recht.[65] Das erforderliche Einverständnis des Empfängers ist ein Rechtsgeschäft.[66] Die bloße Ankunft am Ablieferungsort oder die Benachrichtigung davon verbunden mit der Aufforderung, die Ware zu übernehmen,[67] reicht nicht. Anlieferung nach Geschäftsschluss ist Ablieferung nur

---

[51] GroßkommHGB/*Helm* Rn. 2; *Heuer* VersR 1988, 312 (313); *Herber/Piper* Rn. 16 jeweils in Bezug auf § 429 HGB aF; iE *Koller* Rn. 4.

[52] *Heuer* VersR 1988, 312 (313); *Koller* Rn. 5; *Thume/Thume* Rn. 18; MüKoHGB/*Jesser-Huß* Rn. 17; *Hill/Messent* 104.

[53] OLG Hamburg Urt. v. 9.2.1984 – 6 U 199/83, TranspR 1985, 32; *Herber/Piper* Rn. 22; *Thume/Thume* Rn. 18; zur Vollmacht des Fahrers insoweit vgl. OGH Wien Urt. v. 19.1.1994 – 7 Ob 3/94, TranspR 1994, 437 (439).

[54] *Heuer* VersR 1988, 312 (313); *Thume/Thume* Rn. 18; *Koller* Rn. 5; *Lenz* StraßengütertranspR Rn. 499.

[55] OLG Düsseldorf Urt. v. 26.10.1978 – 18 U 41/78, MDR 1979, 405; *Koller* Rn. 5; MüKoHGB/*Jesser-Huß* Rn. 18; einschr. *Herber/Piper* Rn. 21: im Regelfall stillschweigend abgeschlossener Frachtvertrag.

[56] *Heuer* VersR 1988, 312 (313); *Thume/Thume* Rn. 19; *Herber/Piper* Rn. 19; MüKoHGB/*Jesser-Huß* Rn. 18; *Clarke* Nr. 27 S. 78 f.; *Hill/Messent* 114.

[57] BGH Urt. v. 29.11.1984 – I ZR 121/82, VersR 1985, 258 (259); vgl. OLG Düsseldorf Urt. v. 16.6.1992 – 18 U 260/91, TranspR 1993, 17.

[58] OLG Düsseldorf Urt. v. 27.11.1986 – 18 U 112/86, TranspR 1987, 23; *Heuer* VersR 1988, 312 (314); *Thume/Thume* Rn. 20; MüKoHGB/*Jesser-Huß* Rn. 21 jew. in Bezug auf § 429 HGB aF.

[59] BGH Urt. v. 15.11.1965 – II ZR 31/65, BGHZ 44, 303 (306); OLG Düsseldorf Urt. v. 12.12.1985 – 18 U 90/85, TranspR 1986, 56 (57); *Herber/Piper* Rn. 27; MüKoHGB/*Jesser-Huß* Rn. 21.

[60] BGH Urt. v. 19.1.1973 – I ZR 4/72, NJW 1973, 511 (512) (EVO); Urt. v. 29.11.1984 – I ZR 121/82, VersR 1985, 258 (259); OLG Nürnberg Urt. v. 21.12.1989 – 12 U 3257/89, TranspR 1991, 99; OGH Wien Urt. v. 6.7.1989 – 7 Ob 614/89, VersR 1990, 1180; OGH Wien Urt. v. 28.3.2000, ETR 2003, 231 (234); *Heuer* VersR 1988, 312 (314); *Piper* TranspR 1990, 356 (360); *Herber/Piper* Rn. 23; *Thume/Thume* Rn. 21; *Hill/Messent* 106; *Libouton* ETL 1973, 6 (33); *Lamy* I Nr. 482 unter Heranziehung nationalen Rechts.

[61] Rb. Rotterdam Urt. v. 15.1.1971, ETL 1971, 417 (418); OGH Wien Urt. v. 6.7.1989 – 7 Ob 614/89, VersR 1990, 1180; Rb. Antwerpen Urt. v. 29.4.1999, ETL 1999, 851 (852); *Heuer* VersR 1988, 312 (314); *Lenz* StraßengütertranspR Rn. 398; *Herber/Piper* Rn. 26; *Koller* Rn. 6.

[62] OLG Hamburg Urt. v. 24.5.1984 – 6 U 67/84, TranspR 1984, 274 (275); *Müller-Rostin* TranspR 1989, 121 (124) (WA); MüKoHGB/*Jesser-Huß* Rn. 22 mwN; vgl. aber OLG Köln Urt. v. 17.3.1998 – 4 U 14/97, TranspR 2000, 80 (81): Handelsbrauch wonach Verantwortlichkeit des Frachtführers im iranischen Zollhof endet.

[63] OLG Hamburg Urt. v. 30.1.1986 – 6 U 218/85, TranspR 1986, 229 (230); *Braun* VersR 1988, 648 (651).

[64] Gerechtshof's Gravenhage Urt. v. 10.5.1978, ETL 1978, 607; *Herber/Piper* Rn. 32 mwN; *Hill/Messent* 106.

[65] *Herber/Piper* Rn. 28; aA *Koller* Rn. 6; *Hill/Messent* 71.

[66] OLG Nürnberg Urt. v. 21.12.1989 – 12 U 3257/89, TranspR 1991, 99; vgl. BGH Urt. v. 23.10.1981 – I ZR 157/79, NJW 1982, 1284; *Herber/Piper* Rn. 27; *Thume/Seltmann* Rn. 24, A 24; aA (Rechtshandlung, die natürlichen Willen voraussetzt) MüKoHGB/*Jesser-Huß* Rn. 21.

[67] OLG Nürnberg Urt. v. 21.12.1989 – 12 U 3257/89, TranspR 1991, 99 (100): Abstellen beim Eingangstor und Abgabe der Ladepapiere; OLG Hamburg Urt. v. 14.5.1996 – 6 U 247/95, TranspR 1997, 101 (103): Unterrichtung von Ankunft auf Freihafengelände und Aufforderung zur Abholung; Hof van Beroep Antwerpen Urt. v. 13.2.1985, ETL 1986, 184: Ankunft auf Gelände des Empfängers; Gerechtshof's Gravenhage Urt. v. 10.5.1978, ETL 1978, 607: Übersendung einer Ankunftsanzeige; *Heuer* VersR 1988, 312 (314); *Thume/Thume* Rn. 23; *Koller* Rn. 6; *Hill/Messent* 106; *Theunis/Libouton* 79, 80; *Clarke* Nr. 37 S. 116; *Sánchez-Gamborino* Nr. 664.

bei Einverständnis des Empfängers.[68] Stellt der Frachtführer das Gut zunächst nur einseitig beim Empfänger ab und verlässt daraufhin den Entladeort und schafft der Empfänger es daraufhin in sein Lager, ist darin sein Einverständnis zu sehen.[69] Wird das Frachtgut an den vom Sammelladungsspediteur benannten Empfänger abgeliefert, endet die frachtrechtliche Haftung des Spediteurs/Frachtführers, der die Versendung von Transportgut im Wege einer Sammelladung veranlasst hat.[70] Empfänger kann in diesen Fällen auch ein Empfangsspediteur sein. Die Beförderung des Gutes vom Empfangsspediteur zum Empfänger (sogenannter **speditioneller Nachlauf**) unterfällt nicht mehr dem Anwendungsbereich des § 460 Abs. 2 S. 1 HGB iVm Art. 17 Abs. 1.[71]

11   Der nach dem Frachtvertrag **berechtigte Empfänger** muss die Möglichkeit der Besitzergreifung erhalten.[72] Eine **Besitzergreifung für Dritte** genügt nur, wenn der Besitz Übernehmende vom berechtigten Empfänger bevollmächtigt wurde (auch Anscheins- oder Duldungsvollmacht), die Ablieferung an ihn im Vertrag vereinbart wurde oder er mit einer Weisung gem. Art. 12 bezeichnet wurde.[73] Nicht Ablieferung, sondern Verlust ist gegeben, wenn das Gut in die Hand eines nicht vom Frachtführer beauftragten Dritten gerät, der es Absender oder Empfänger übergibt.[74] Der Ablieferung an den Berechtigten steht jedoch nicht entgegen, dass die **Ablieferungsbedingungen** nicht eingehalten werden (zB kein Nachnahmeeinzug),[75] → Rn. 3 aE. Bei weisungsgemäßem **Rücktransport an den Absender** übernimmt dieser die Stellung des Empfängers.[76] Auch bei unaufgefordertem Rücktransport liegt in der Entgegennahme durch den Absender die Ablieferung.[77]

12   Eine Ablieferung nach Art. 17 kann nur an dem vom Verfügungsberechtigten bestimmten **Ablieferungsort** erfolgen.[78] Diesen kann der Empfänger im Rahmen seines Weisungsrechts und des Frachtvertrags bezeichnen.[79] Trägt der Absender nicht konkret vor, dass er innerhalb der Lieferfrist die Weisung erteilen wollte, das Gut an einen anderen als den Empfänger auszuhändigen, es einzulagern oder ihm wieder zurückzusenden, so fehlt es bei Ablieferung an den Empfänger an einen nicht bestimmten Ort jedenfalls am Schaden.[80] Im Zweifel besteht Einverständnis des Empfängers mit dem im Frachtbrief bestimmten Ort.[81]

13   Der Ablieferung steht die sonstige Übergabe bei vereinbarungsgemäßer **Beendigung des Beförderungsvertrags**[82] gleich. Wird die **Annahme verweigert** fehlt es an einer Ablieferung. Das Ende der Obhutspflicht tritt in diesem Fall erst mit der Abladung nach Art. 16 Abs. 2 ein, die der Ablieferung gleichsteht (→ Art. 16 Rn. 8). Bis dahin behält der Frachtführer die Verantwortung für die Ware.[83] Auch eine **Zwischenlagerung,** die der Frachtführer von sich aus am Bestimmungsort vor-

---

[68] OLG Düsseldorf Urt. v. 12.12.1985 – 18 U 90/85, TranspR 1986, 56 (57); OLG Nürnberg Urt. v. 21.12.1989 – 12 U 3257/89, TranspR 1991, 99 (100); vgl. BGH Urt. v. 23.10.1981 – I ZR 157/79, NJW 1982, 1284; Thume/ *Thume* Rn. 51; *Koller* Rn. 7; *Herber/Piper* Rn. 27.

[69] OGH Wien Urt. v. 28.3.2000, ETR 2003, 231 (234).

[70] BGH Urt. v. 7.4.2011 – I ZR 15/10, NJW-RR 2011, 1602 = MDR 2011, 1303 = TranspR 2011, 365.

[71] BGH Urt. v. 7.4.2011 – I ZR 15/10, NJW-RR 2011, 1602 = MDR 2011, 1303 = TranspR 2011, 365.

[72] OLG Oldenburg Urt. v. 11.10.2001 – 8 U 112/01, TranspR 2003, 76 (78); der BGH verneinte das Vorliegen einer Ablieferung bei Übergabe an den wirtschaftlichen Endempfänger vgl. BGH Urt. v. 13.7.1979 – I ZR 8/77, VersR 1979, 1154; ebenso OLG Frankfurt a. M. Urt. v. 30.3.1977 – 17 U 71/76, VersR 1978, 169 (170); BGH Urt. v. 27.1.1982 – I ZR 33/80, NJW 1982, 1944 (1945): Auslieferung entgegen der Weisung des berechtigten Absenders; BGH Urt. v. 29.11.1984 – I ZR 121/82, VersR 1985, 258 (259): keine Ablieferung bei Weiterleitung an Dritten, um Gut dort untersuchen zu lassen; *Koller* Rn. 7; Thume/ *Thume* Rn. 25; *Herber/Piper* Rn. 29, 31; *Clarke* Nr. 37 S. 116, Nr. 54b S. 218.

[73] BGH Urt. v. 13.7.2000 – I ZR 49/98, TranspR 2000, 409 (411); OLG Oldenburg Urt. v. 11.10.2001 – 8 U 112/01, TranspR 2003, 76 (78); OLG München Urt. v. 10.10.1990 – 7 U 3528/89, TranspR 1991, 138 (140); OGH Wien Urt. v. 29.10.1992 – 7 Ob 617/92, TranspR 1993, 424; *Koller* Rn. 7; MüKoHGB/*Jesser-Huß* Rn. 22; Thume/ *Thume* Rn. 27.

[74] *Koller* Rn. 7; *Clarke* Nr. 54b S. 218 (aber uU kein Schaden); vgl. OLG München Urt. v. 23.4.1993 – 23 U 6919/92, VersR 1994, 1328 (1329).

[75] Thume/ *Thume* Rn. 25; aA OLG Hamburg Urt. v. 18.5.1989 – 6 U 258/88, TranspR 1990, 188 (190).

[76] *Herber/Piper* Rn. 31; *Koller* Rn. 7; *Haak,* The Liability of the Carrier under the CMR, 1986, 299.

[77] *Herber/Piper* Rn. 31; *Koller* Art. 32 Rn. 4; aA OGH Wien Urt. v. 13.6.1985 – 6 Ob 578/85, TranspR 1987, 217 (219).

[78] BGH Urt. v. 9.11.1979 – I ZR 28/78, NJW 1980, 833 (KVO); OLG München Urt. v. 23.4.1993 – 23 U 6919/92, VersR 1994, 1328 (1329); *Koller* Rn. 7; *Herber/Piper* Rn. 24; *Rodière* ETL 1971, 2; *Clarke* Nr. 37 S. 116, Nr. 37a S. 118; *Hill/Messent* 106, 107.

[79] OLG Hamm Urt. v. 11.3.1976 – 18 U 245/75, NJW 1976, 2077 (2078); *Herber/Piper* Rn. 24; *Hill/Messent* 106 f.; aA *Koller* Rn. 7: unerheblich, ob bezeichneter Ort mit Frachtvertrag in Einklang.

[80] OLG München Urt. v. 23.4.1993 – 23 U 6919/92, VersR 1994, 1328 (1329).

[81] BGH Urt. v. 9.11.1979 – I ZR 28/78, NJW 1980, 833; *Herber/Piper* Rn. 24, 26; *Koller* Rn. 7; MüKoHGB/ *Jesser-Huß* Rn. 23.

[82] BGH Urt. v. 26.1.1995 – I ZR 213/92, NJW-RR 1995, 992 (993); OLG Zweibrücken Urt. v. 23.9.1966 – 1 U 40/66, NJW 1967, 1717 (1718).

[83] OLG Düsseldorf Urt. v. 12.1.1984 – 18 U 151/83, TranspR 1984, 102 (103); Urt. v. 12.12.1985 – 18 U 90/85, TranspR 1986, 56 (58); *Herber/Piper* Rn. 30 mwN; *Koller* Rn. 7 mwN; Thume/ *Thume* Rn. 57; *Clarke* Nr. 33c(ii) 105.

nimmt[84] oder eine solche wegen eines Transporthindernisses, ohne dass der Frachtführer nach Art. 16 Abs. 2 vorgeht,[85] berührt den Obhutszeitraum des Frachtführers nicht.[86] Soll jedoch nach Ankunft am Bestimmungsort eine Zwischenlagerung durch den Frachtführer gemäß vertraglicher Vereinbarung oder auf Grund einer Weisung nach Art. 12 stattfinden, liegt in der Übernahme zur Verwahrung die Ablieferung.[87] Die Haftung richtet sich nach dem nationalen Recht für einen selbstständigen Lagervertrag. Sind einzelne Teile einer Sendung an verschiedene Entladestellen oder an verschiedene Empfänger zu liefern, wird die Ablieferung sukzessive mit dem Vorliegen des Einverständnisses des bzw. der Empfänger erfüllt.[88] Für **nach der Ablieferung verursachte Schäden** haftet der Frachtführer nicht nach Art. 17, insoweit gilt nationales Recht. So greifen nach deutschem Recht Ansprüche wegen Verletzung einer Nebenpflicht nach § 280 BGB[89] sowie deliktische Ansprüche (§§ 823 ff. BGB). Handelt es sich bei der Ablieferung um eine Gefälligkeit, kann der Frachtführer zudem gem. §§ 311 Abs. 2, 280 BGB verantwortlich gemacht werden.

4. Be- und Entladen. Schäden anlässlich der Be- oder Entladung fallen in den **Haftungszeitraum** 14 des Frachtführers, wenn ihn die Pflicht zum Be- oder Entladen aus dem Beförderungsvertrag trifft. Dann tritt die Übernahme mit dem Beginn der Beladung ein[90] und ist die Beendigung des Abladevorgangs Voraussetzung der Ablieferung.[91] Das kann auch gelten, wenn Absender oder Empfänger auf Veranlassung des Frachtführers tatsächlich verladen oder entladen, falls sie als Erfüllungsgehilfen für ihn tätig werden (→ Rn. 61). Fehlt es an einer entsprechenden Be- oder Entladepflicht des Frachtführers, findet die Übernahme erst statt, wenn die Beladung abgeschlossen, das Gut auf der Ladefläche abgesetzt ist und der Frachtführer die Übernahme erkennen lässt,[92] die Ablieferung endet, wenn die Ladefläche des Lkw dem Empfänger mit dessen Einverständnis zum Zweck der Entladung zugänglich gemacht ist.[93] In diesen Fällen gehören Be- und Entladung auch dann nicht zum Haftungszeitraum, wenn Leute des Frachtführers gefälligkeitshalber daran mitwirken.[94] Zur Haftung aus nationalem Recht für **Schäden außerhalb des Obhutszeitraums** → Rn. 8.

Zur **Be- und Entladepflicht** enthält die CMR keine Regelungen.[95] Weder aus Art. 8 noch aus 15 Art. 17 Abs. 4 lit. c lässt sich eine solche Pflicht entnehmen. Es ist vielmehr das ergänzend anwendbare **nationale Recht** entscheidend. Nach **deutschem Recht** ist in erster Linie die getroffene ausdrückliche oder stillschweigende Vereinbarung maßgebend.[96] Die Übernahme kann je nach den Umständen darin liegen, dass der Frachtführer im Beisein des Absenders oder Empfängers selbst be- oder entlädt,[97] nicht jedoch darin, dass er eine Anweisung lediglich bezüglich der Betriebssicherheit der Verladung erteilt.[98]

---

[84] OLG Hamm Urt. v. 29.6.1998 – 18 U 19/98, TranspR 1999, 201 (202); Thume/*Thume* Rn. 57; *Herber/Piper* Rn. 32; *Haak,* The Liability of the Carrier under the CMR, 1986, 297; *Hill/Messent* 106.

[85] OLG Düsseldorf Urt. v. 22.11.1990 – 18 U 111/90, TranspR 1991, 59 (60); Thume/*Thume* Rn. 58; aA OGH Wien Urt. v. 15.4.1993 – 2 Ob 591/92, TranspR 1993, 425 (426); *Heuer* Frachtführerhaftung 64, der immer Art. 16 Abs. 2 S. 1 anwenden will.

[86] BGH Urt. v. 15.9.2005 – I ZR 58/03, TranspR 2006, 38 (41) (auch zur Nachlagerung); *Koller* Rn. 8.

[87] *Heuer* Frachtführerhaftung 66; Thume/*Thume* Rn. 57 f.; *Koller* Rn. 8; *Herber/Piper* Rn. 32; *Hill/Messent* 106.

[88] OLG München Urt. v. 28.1.2004 – 7 U 3887/03, TranpR 2004, 324 (325).

[89] Vgl. OLG Karlsruhe Urt. v. 24.3.2011 – 9 U 81/10, VersR 2011, 1546 = MDR 2011, 864: Die Klausel im Frachtauftrag „Während der Verladung ist vom Fahrer zu kontrollieren, dass nur Ware mit dieser Temperatur verladen wird, ansonsten sind wir sofort zu benachrichtigen und entsprechende Vermerke im CMR Frachtbrief zu machen" begründet regelmäßig eine entsprechende Nebenpflicht des Frachtführers, deren Verletzung zum Schadensersatz verpflichtet.

[90] BGH Urt. v. 23.5.1990 – I ZR 295/88, TranspR 1990, 328 (329) (KVO); OLG Düsseldorf Urt. v. 2.12.1982 – 18 U 148/82, VersR 1983, 749 f.; OGH Wien Urt. v. 3.7.1985 – 3 Ob 547/85, TranspR 1987, 374 (376 f.); *Heuer* VersR 1988, 312 (315); *Piper* HRR Speditions- und FrachtR Rn. 403; *Herber/Piper* Rn. 20; Thume/*Thume* Rn. 30; MüKoHGB/*Jesser-Huß* Rn. 19; *Lenz* Straßengütertranspr Rn. 500.

[91] BGH Urt. v. 9.11.1979 – I ZR 28/78, NJW 1980, 833; Hof van Beroep Gent Urt. v. 20.11.1975, ETL 1976, 231; C. A. Mons Urt. v. 5.4.1978, ETL 1978, 568 (569); Hof van Beroep Antwerpen Urt. v. 19.11.1991, ETL 1992, 127 (129); *Heuer* Frachtführerhaftung 67; MüKoHGB/*Jesser-Huß* Rn. 25; *Herber/Piper* Rn. 25 mwN; *Lenz* Straßengütertranspr Rn. 509; *Koller* Rn. 9; HEPK/*Glöckner* Rn. 13.

[92] *Piper* TranspR 1990, 356 (360); *Herber/Piper* Rn. 20; MüKoHGB/*Jesser-Huß* Rn. 19; Thume/*Thume* Rn. 30; *Koller* Rn. 4; HEPK/*Glöckner* Rn. 13.

[93] *Heuer* VersR 1988, 312 (315); *Züchner* VersR 1968, 723 f.; Thume/*Thume* Rn. 22, 30 mwN zur Rspr.; *Koller* Rn. 9; *Herber/Piper* Rn. 25; *Clarke* Nr. 37 S. 116; aA wohl *Hill/Messent* 105.

[94] *Heuer* VersR 1988, 312 (315); *Koller* Rn. 5; MüKoHGB/*Jesser-Huß* Rn. 20.

[95] BGH Urt. v. 24.9.1987 – I ZR 197/86, VersR 1988, 244 (245); OLG Düsseldorf Urt. v. 2.12.1982 – 18 U 148/82, VersR 1983, 749; OGH Wien Urt. v. 8.10.1984 – 1 Ob 577/84, TranspR 1985, 103 (104); Urt. v. 17.11.1986 – 1 Ob 675/86, TranspR 1987, 427 (429); *Piper* HRR Speditions- und FrachtR Rn. 403, 396; GroßkommHGB/*Helm* Rn. 16; Thume/*Thume* Rn. 31, 36; MüKoHGB/*Jesser-Huß* Rn. 19, 25; *Koller* Vor Art. 1 Rn. 8, Art. 17 Rn. 39; *Koller* DB 1988, 589; *Clarke* Nr. 28 S. 80; *Hill/Messent* 136; *Mercadal,* Droit des transports terrestres et aériens, 1990, Rn. 171.

[96] OLG Düsseldorf Urt. v. 2.12.1982 – 18 U 148/82, VersR 1983, 749; *Piper* TranspR 1990, 356 (359); *Koller* Vor Art. 1 Rn. 8; Thume/*Thume* Rn. 37.

[97] *Heuer* VersR 1988, 312 (315); Thume/*Thume* Rn. 38; weitergehend *Thonfeld* TranspR 1998, 21.

[98] BGH Urt. v. 24.9.1987 – I ZR 197/86, VersR 1988, 244 (245).

Bei **Spezialfahrzeugen** mit besonderen Ladevorrichtungen besteht die Lade- und Entladepflicht konkludent für den Frachtführer.[99] Ist nichts anderes vereinbart und ergibt sich auch nichts aus den Umständen oder der Verkehrssitte, hat der Absender beförderungssicher zu **laden** und zu **entladen**. Das folgt nunmehr aus § 412 Abs. 1 S. 1 HGB.[100] Für **Kühlfahrzeuge** gilt nichts anderes. Zur Betriebssicherheit der Verladung → Rn. 64.

16   Im **französischen Recht** obliegt mangels anderer Abrede die Ladung und Stauung für Transporte unter 3t dem Frachtführer, ab 3t dem Absender.[101] Nach **österreichischem Recht** trifft die Beladepflicht, wenn eine Vereinbarung nicht getroffen wurde, in der Regel die Partei, die nach den konkreten Umständen besser geeignet ist, mit der Art der Güter oder den Besonderheiten des Transportfahrzeugs besser vertraut ist, im Zweifel den Absender.[102] Nach **belgischem Recht** ist der Frachtführer be- und entladepflichtig, es sei denn es ist anderes vereinbart oder folgt aus der Natur der Güter.[103] Im **englischen** Recht trifft den Frachtführer die Entladepflicht.

17   **5. Schadensentstehung.** Die CMR-Haftung des Frachtführers für Verlust und Beschädigung greift ein, wenn die **Schadensursache** in den **Obhutszeitraum** fällt, auch wenn der Schaden erst nach Ablieferung erkennbar wird.[104] Art. 17 Abs. 1 gilt nicht, wenn feststeht, dass der Schaden zwar während des Obhutszeitraums aufgetreten ist, aber seine Ursache bereits vorher gesetzt war, zB bei der Beladung durch den beladepflichtigen Absender,[105] und der Frachtführer den Schadenseintritt auch nicht verhindern konnte, Art. 17 Abs. 2. Zur Anwendung von Abs. 4 lit. c in diesem Fall → Rn. 56.

18   **6. Beweislast.** Der **Anspruchssteller** hat für Ansprüche aus der CMR (für solche aus nationalem Recht → Vor Art. 1 Rn. 19) nach den der CMR zu entnehmenden Grundsätzen[106] die **rechtsbegründenden Tatsachen,** nämlich die Übernahme des Gutes, die Eigenschaft als CMR-Frachtführer (→ Art. 1 Rn. 27), Verlust oder Beschädigung und ihre Ursächlichkeit für den Schaden[107] und die **Schadensentstehung im Obhutszeitraum**[108] zu beweisen.[109] Die konkrete Schadensursache oder den konkreten Schadensverlauf muss er zwar nicht darlegen oder nachweisen, für ein substantiiertes Klagevorbringen genügt aber die Behauptung nicht, das Gut sei vollkommen beschädigt eingetroffen.[110] Nach **französischer Auffassung** genügt für die Haftung des Frachtführers, der selbst bei Übernahme keine Vorbehalte angebracht hat, dass bei Ankunft wirksame Vorbehalte des Empfängers gemacht werden oder das Vorliegen des Schadens bei Ankunft bewiesen wird. Dann muss der Frachtführer sich durch den Nachweis entlasten, dass der Schaden schon bei Übernahme bestand[111] (→ Art. 30 Rn. 13). Der Anspruchssteller ist auch für die **Lieferfristüberschreitung,** ihre Kausalität

---

[99] BGH Urt. v. 13.6.1985 – I ZR 12/83, VersR 1985, 1035 (KVO); OLG München Urt. v. 2.12.1981 – 3 U 1622/81, TranspR 1983, 149 f.; LG Köln Urt. v. 24.9.1993 – 90 O 42/93, TranspR 1994, 114 (116); iE Hof van Beroep Antwerpen Urt. v. 19.11.1991, ETL 1992, 127 (128): Löschen in Erdtank gehört zur Ablieferung; *Lieser* CMR 104; *Widmann* TranspR 1999, 391; ausf. *Thume* TranspR 1992, 1 (4); Thume/*Thume* Rn. 52 ff.; vgl. aber auch OLG Düsseldorf Urt. v. 29.9.1988 – 18 U 81/88, TranspR 1989, 10 (12) zum Entladen durch Pumpe des Empfängers.

[100] *Fischer* TranspR 1999, 261 (267) mwN; zum für das Beladen iE gleichen Rechtszustand vor dem TRG vgl. BGH Urt. v. 24.9.1987 – I ZR 197/86, VersR 1988, 244 (245); *Piper* TranspR 1990, 356 (359); *Piper* HRR Speditions- und FrachtR Rn. 396; Thume/*Thume* Rn. 42 f.

[101] *Lamy* I Rn. 466; *Mercadal,* Droit des transports terrestres et aériens, 1990, Rn. 168; *Piper* TranspR 1990, 356 (359); *Herber/Piper/Rapp* Anh. B III 3b.

[102] OGH Wien Urt. v. 8.10.1984 – 1 Ob 577/84, TranspR 1985, 103 (104); Urt. v. 18.12.1984 – 2 Ob 515/84, TranspR 1986, 372 (373); Urt. v. 21.2.1985 – 7 Ob 22/84, VersR 1986, 559 (560); Thume/*Seltmann* Rn. 44 A; Straube/*Schütz* § 429 Rn. 9.

[103] Hof van Beroep Gent Urt. v. 20.11.1975, ETL 1976, 231 (234); Kh Antwerpen Urt. v. 7.3.1980, ETL 1981, 466 (469); wN bei *Hill/Messent* 136 Fn. 235; krit. *Putzeys* Nr. 451 ff.

[104] BGH Urt. v. 6.7.1979 – I ZR 127/78, NJW 1979, 2471 (2472); OLG Hamm Urt. v. 11.6.1990 – 18 U 214/89, TranspR 1990, 375 (376); OLG Brandenburg Urt. v. 29.3.2000 – 7 U 206/98, TranspR 2000, 358; *Herber/Piper* Rn. 15; MüKoHGB/*Jesser-Huß* Rn. 15; HEPK/*Glöckner* Rn. 16; *Koller* Rn. 11; *Clarke* Nr. 54b S. 218.

[105] *Herber/Piper* Rn. 15; *Koller* Rn. 11; aA *Heuer* VersR 1988, 312 (315); Thume/*Thume* Rn. 154; Fremuth/*Thume* FrachtR Rn. 95.

[106] *Herber/Piper* Art. 18 Rn. 2; *Koller* Rn. 12; MüKoHGB/*Jesser-Huß* Art. 18 Rn. 5 mwN; aA in der Begründung (nach Grundsätzen deutschen Beweisrechts) wohl BGH Urt. v. 24.6.1987 – I ZR 127/85, BGHZ 101, 172 (179) = VersR 1987, 1212 (1214); *Piper* TranspR 1990, 356 (360); Thume/*Thume* Art. 18 Rn. 6.

[107] BGH Urt. v. 24.6.1987 – I ZR 127/85, BGHZ 101, 172 (179) = NJW 1988, 640; Urt. v. 13.7.2000 – I ZR 49/98, TranspR 2000, 409 (411); *Piper* TranspR 1990, 356 (360); MüKoHGB/*Jesser-Huß* Rn. 5; *Koller* Rn. 12; Thume/*Thume* Art. 18 Rn. 6; *Herber/Piper* Art. 18 Rn. 2.

[108] BGH Urt. v. 12.2.1985 – I ZR 88/83, VersR 1986, 381 (383); Urt. v. 8.6.1988 – I ZR 149/86, VersR 1988, 952; OLG München Urt. v. 24.4.1992 – 23 U 6509/91, TranspR 1992, 360 (361); *Piper* TranspR 1990, 356 (360); *Giemulla* in Baumgärtel/Prütting/Laumen Beweislast-HdB Art. 17–20 Rn. 11; *Koller* Rn. 12; *Herber/Piper* Art. 18 Rn. 2; Thume/*Thume* Art. 18 Rn. 10; *Hill/Messent* 108; *Putzeys* Nr. 672; *Haak,* The Liability of the Carrier under the CMR, 1986, 194 mwN.

[109] OLG Hamm Urt. v. 27.1.2011 – I-18 U 81/09, TranspR 2011, 181: Der Anspruchssteller trägt die Beweislast für eine unvollständige Ablieferung des Gutes.

[110] OLG München Urt. v. 24.4.1992 – 23 U 6509/91, TranspR 1992, 360 (361); Thume/*Thume* Art. 18 Rn. 26.

[111] *Lutz* TranspR 1991, 6 (7) mwN.

für einen Verspätungsschaden und den Schaden beweispflichtig.[112] Für eine konkrete Darlegung genügt es nicht, wenn der Empfänger vorträgt, er habe wegen der Verspätung des Frachtführers die Zahlung verweigert, weil er seinerseits die Zahlung vom Endempfänger nicht erhalten habe.[113] Der für Verlustfälle entwickelte Grundsatz, dass den Frachtführer eine sekundäre Darlegungslast trifft, wenn der Vortrag des Gegners ein vom Frachtführer zu vertretendes schadensursächliches qualifiziertes Verschulden mit gewisser Wahrscheinlichkeit nahelegt oder sich Anhaltspunkte dafür aus dem unstreitigen Sachverhalt ergeben, gilt auch für Fälle, in denen das Frachtstück zwar abgeliefert, seine Verpackung aber während des Transports geöffnet, sein Inhalt ganz oder teilweise herausgenommen und die Verpackung wieder verschlossen worden ist.[114] Der Hinweis an den Frachtführer auf den ungewöhnlich hohen Wert des Transportguts (gut 20.000 EUR für acht Flaschen Wein) braucht nicht grundsätzlich bis zum Abschluss des Frachtvertrags zu erfolgen. Er muss nur so rechtzeitig erteilt werden, dass der Frachtführer noch im normalen Geschäftsablauf eine Entscheidung darüber treffen kann, ob er angesichts des Werts des Transportguts den Frachtvertrag überhaupt ausführen will, und dass er – falls er sich für die Ausführung entscheidet – die notwendigen besonderen Sicherungsmaßnahmen ergreifen kann.[115]

Sind **Vorbehalte im Frachtbrief** nicht eingetragen, spricht für die Übereinstimmung der Anzahl **19** der Frachtstücke mit den Angaben im Frachtbrief und für eine Übernahme in äußerlich einwandfreiem Zustand die **Vermutung** nach Art. 9 Abs. 2. Enthält der Frachtbrief ordnungsgemäße Vorbehalte, ist die Beweislage offen. Der Anspruchsteller muss den Beweis für die Anzahl der übergebenen Stücke und für die Übergabe in einwandfreiem Zustand führen.[116] Gleiches gilt, wenn ein ordnungsgemäßer **Frachtbrief fehlt.**[117] Der Beweis kann mit allen Beweismitteln erbracht werden, etwa mit einer **Empfangsbescheinigung** (Übernahmequittung).[118] Die Vermutung ihrer Richtigkeit ist aber schon widerlegt, wenn die Überzeugung des Gerichts vom Empfang der Ladung erschüttert wird, ohne dass insoweit ein voller Gegenbeweis nötig ist, wenn etwa nachgewiesen wird, dass die Frachtstücke in Abwesenheit des Frachtführers beladen wurden und er Zahl und Zustand nicht prüfen konnte.[119] Die Beweislast wird dem Anspruchsteller durch die Vermutungen nach Art. 20 und Art. 30 Abs. 2 erleichtert. **Vereinbarungen** über die **Abänderung der Beweislast** sind **unwirksam,** Art. 41 Abs. 2.

Beweispflichtig für die Tatsache der **Ablieferung** oder der **Abladung** nach Art. 16 Abs. 2 ist der **20** Frachtführer.[120] Etwas anderes ergibt sich auch nicht aus Art. 20. Für den Zeitpunkt der Übernahme oder Ablieferung ist von Bedeutung, ob der Frachtführer die **Be- und Entladepflicht** übernommen hat (→ Rn. 14). Dies muss der Anspruchsteller nachweisen.[121] Dass der Frachtführer persönlich be- oder entladen hat, kann für die Übernahme der Be- oder Entladepflicht sprechen.[122]

B. Allgemeine Haftungsausschlussgründe (Abs. 2)

I. Verschulden des Verfügungsberechtigten (Abs. 2 Alt. 1)

Es kommt nicht auf das Verschulden des nach Art. 12 **Verfügungsberechtigten** an. Der Wortlaut **21** der deutschen Fassung ist im Verhältnis zu der maßgeblichen englischen Fassung (Art. 51: „claimant") und der französischen Fassung („l'ayant droit") ungenau. Der Haftungsausschlussgrund betrifft vielmehr das Verschulden eines der möglichen **Anspruchsteller,**[123] also des **Absenders oder des Empfän-**

---

[112] *Herber/Piper* Art. 18 Rn. 2 mwN; MüKoHGB/*Jesser-Huß* Art. 18 Rn. 5; Thume/*Thume* Art. 19 Rn. 32 ff.

[113] OLG Düsseldorf Urt. v. 9.10.1986 – 18 U 73/86, TranspR 1986, 429 (430); Urt. v. 17.5.1990 – 18 U 31/90, VersR 1991, 1314; Urt. v. 15.12.1994 – 18 U 72/94, TranspR 1995, 244.

[114] BGH Urt. v. 13.6.2012 – I ZR 87/11, NJW 2012, 3774.

[115] BGH Urt. v. 13.6.2012 – I ZR 87/11, NJW 2012, 3774.

[116] *Koller* Art. 8 Rn. 8; Thume/*Thume* Art. 18 Rn. 14.

[117] BGH Urt. v. 9.2.1979 – I ZR 6/77, NJW 1979, 2471 f.; Urt. v. 16.10.1986 – I ZR 149/84, VersR 1987, 304 (305); Urt. v. 8.6.1988 – I ZR 149/86, VersR 1988, 952; *Piper* TranspR 1990, 356 (361); Thume/*Thume* Art. 18 Rn. 15.

[118] *Piper* TranspR 1990, 356 (361); *Koller* Rn. 12; Thume/*Thume* Art. 18 Rn. 15; vgl. OLG Köln Urt. v. 20.6.1997 – 19 U 225/96, VersR 1998, 1006 (1007).

[119] BGH Urt. v. 7.11.1985 – I ZR 130/83, VersR 1986, 287 (289); OLG Köln Urt. v. 20.6.1997 – 19 U 225/96, VersR 1998, 1006 (1007) mwN; OLG Hamburg Urt. v. 25.5.1998 – 6 U 146/97, TranspR 1998, 351 (353); *Piper* TranspR 1990, 356 (361); Thume/*Thume* Art. 18 Rn. 15.

[120] BGH Urt. v. 15.6.2000 – I ZR 55/98, TranspR 2000, 459 (460) = NJW-RR 2000, 1635 (1636); Urt. v. 13.7.2000 – I ZR 49/98, TranspR 2000, 409 (411) mwN; OLG Oldenburg Urt. v. 11.10.2001 – 8 U 112/01 TranspR 2003, 76 (78); OGH Wien Urt. v. 28.3.2000, ETR 2003, 231 (235); Versailles BullT 2004, 51; *Piper* HRR Speditions- und FrachtR Rn. 406; Thume/*Thume* Art. 18 Rn. 18; *Koller* Rn. 12 mwN; *Hill/Messent* 108; *Mercadal,* Droit des transports terrestres et aériens, 1990, Rn. 196.

[121] Thume/*Thume* Art. 18 Rn. 17.

[122] *de la Motte* TranspR 1988, 360 (364); Thume/*Thume* Art. 18 Rn. 67.

[123] *Loewe* ETL 1976, 503 (556); *Koller* Rn. 31; *Herber/Piper* Rn. 57; Thume/*Thume* Rn. 81; *Rodière* ETL 1971, 2 (15); *Putzeys* Nr. 756; *Hill/Messent* 108; vgl. OLG Hamburg Urt. v. 19.12.1985 – 6 U 188/80, VersR 1986, 261 (262); aA OLG Düsseldorf Urt. v. 12.1.1984 – 18 U 151/83, TranspR 1984, 102 (104).

gers. Der Frachtführer kann dem Absender auch ein Verschulden des Empfängers entgegenhalten und umgekehrt[124] wie sich aus dem französischen Wortlaut entnehmen lässt.

22   **Verschulden** bedeutet einen Verstoß gegen die im Verkehr erforderliche Sorgfalt auch in eigenen Angelegenheiten,[125] also nicht notwendig eine schuldhafte Vertragsverletzung. Es kann sich auf die **Schadensursache** oder die **Schadenshöhe** beziehen und muss für Verlust, Beschädigung oder Lieferfristüberschreitung **ursächlich** sein.[126] Der Empfänger, der ein Gut nicht abnimmt, handelt nicht verkehrswidrig, da ihn keine Abnahmepflicht trifft.[127] Da die Vorschriften der CMR keine Verpflichtung des verfügungsberechtigten Absenders enthalten, einem einseitigen Verlangen des Frachtführers nach bestimmten Sicherheitsmaßnahmen nachkommen zu müssen, begründet die Nichtbefolgung eines solchen weder ein Verschulden des Absenders noch eine Obliegenheitsverletzung, die zu einer Mithaftung nach Abs. 5 führen kann.[128] Mangels Kausalität für die Überschreitung der Lieferfrist ist eine Berufung auf Art. 17 Abs. 2 ausgeschlossen, wenn bei leichter Überladung durch den Absender über einen Reifenschaden ein Brand entsteht[129] oder eine so knappe Lieferfrist vereinbart ist, dass eine nur unerhebliche Überschreitung zu **hohem Schaden** führt.[130] Allerdings kommt ein **Mitverschulden** des Absenders wegen eines unterlassenen Hinweises auf eine besondere, für den Frachtführer nicht erkennbare Schadenshöhe in Betracht[131] (→ Art. 19 Rn. 6). Für das **Verschulden Dritter,** deren sich Absender oder Empfänger bedienen, gilt nationales Recht.[132] **Schadensteilung** gem. Art. 17 Abs. 5 findet statt, wenn vom Anspruchsberechtigten auch Umstände als schadensursächlich nachgewiesen werden, die der Frachtführer nach Art. 17 Abs. 1 oder Abs. 3 zu vertreten hat.[133]

23   **Einzelfälle:**[134] Verschulden ist zu bejahen bei fehlendem Hinweis auf aus der Sicht des Frachtführers **nicht erkennbare Risiken,**[135] bei einer Verspätung wegen **Überladung** des Fahrzeugs durch den Absender,[136] für Schäden durch **Fehlen** notwendiger oder ordnungsgemäßer **Papiere**[137] oder wenn der Absender auf die Versicherung des Frachtführers, Essiggeruch werde zu befördernden Orangensaft nicht schädigen, die Ladung vornimmt.[138] Zum Verschulden beim Transport gefährlicher Güter vgl. Art. 22. Ein Verschulden fehlt im Regelfall bei einer **Annahmeverweigerung** des Empfängers, weil ihn gegenüber dem Frachtführer keine Pflicht zur Annahme trifft, eine Garantie der Abnahme durch den Absender nicht vorliegt und diesem das Verhalten des Empfängers auch nicht zugerechnet werden kann[139] (aber → Rn. 25). Der Absender ist nicht verpflichtet, das **Fahrzeug** auf seine **Eignung** zu untersuchen.[140] Deshalb trifft ihn kein Verschulden, wenn er das Kühlfahrzeug nicht auf Tauglichkeit

[124] *Loewe* ETL 1976, 503 (554); *Giemulla* in Baumgärtel/Prütting/Laumen Beweislast-HdB Art. 17–20 Rn. 17 ff.; Thume/*Thume* Rn. 81; *Koller* Rn. 31; *Clarke* Nr. 70 S. 260; aA *Hill/Messent* 109.

[125] BGH Urt. v. 13.7.2000 – I ZR 49/98, TranspR 2000, 409 (412); *Heuer* Frachtführerhaftung 81; *Koller* Rn. 31; *Herber/Piper* Rn. 58; Thume/*Thume* Rn. 82; GroßkommHGB/*Helm* Rn. 9; *Clarke* Nr. 70 S. 261; *Hill/Messent* 108; *Sánchez-Gamborino* Nr. 725.

[126] OLG Hamburg Urt. v. 19.12.1985 – 6 U 188/80, VersR 1986, 261 (262); Cass. Belgien Urt. v. 12.12.1980, ETL 1981, 250; *Koller* Rn. 31, 57; *Hill/Messent* 109; *Putzeys* Nr. 752.

[127] BGH Urt. v. 15.10.1998 – I ZR 111/96, VersR 1999, 646 (648); OGH Wien Urt. v. 12.9.2002, ETR 2004, 674 (682); *Koller* Rn. 31 Fn. 211 mwN.

[128] BGH Urt. v. 13.7.2000 – I ZR 49/98, TranspR 2000, 409 (412); Urt. v. 13.7.2000 – I ZR 156/98, NJW-RR 2000, 1633.

[129] MüKoHGB/*Jesser-Huß* Rn. 31; iE ebenso (kein Verschulden) *Koller* Rn. 31; *Hill/Messent* 110; *Putzeys* Nr. 754; zweifelnd *Herber/Piper* Rn. 6.

[130] *Koller* Rn. 57.

[131] OLG Zweibrücken Urt. v. 14.11.1984 – 4 U 193/83, TranspR 1985, 397; *Herber/Piper* Rn. 62; aA OLG Hamburg Urt. v. 6.12.1979 – 10 U 84/78, VersR 1980, 290 (291); Thume/*Thume* Rn. 213; *Koller* Rn. 31, 57.

[132] *Jesser* Frachtführerhaftung 99; Thume/*Thume* Rn. 82; GroßkommHGB/*Helm* Rn. 9; MüKoHGB/*Jesser-Huß* Art. 3 Rn. 9; aA (Art. 3 analog) OLG Hamburg Urt. v. 19.12.1985 – 6 U 188/80, VersR 1986, 261 (262); *Herber/Piper* Rn. 60; *Koller* Rn. 31.

[133] Thume/*Thume* Rn. 85; *Herber/Piper* Rn. 56; GroßkommHGB/*Helm* Rn. 9; *Rodière* ETL 1971, 2 (15); aA (Schadensteilung nur bei nachgewiesenem Verschulden des Frachtführers) MüKoHGB/*Jesser-Huß* Rn. 32; *Heuer* Frachtführerhaftung 81.

[134] Vgl. MüKoHGB/*Jesser-Huß* Rn. 33; *Clarke* Nr. 70 S. 260.

[135] OLG Köln Urt. v. 30.8.1990 – 17 U 35/89, TranspR 1990, 425 (426): bes. nässeempfindlich; C. A. v. Nimes Urt. v. 18.5.1988 BT 1988, 472: bes. kälteempfindlich; OLG Düsseldorf Urt. v. 3.6.1993 – 18 U 7/93, VersR 1995, 1211; Hof van Beroep Antwerpen Urt. v. 23.6.1992, ETL 1993, 293 (298): übermäßige Höhe eines Sattelauflegers; ausf. *Koller* Rn. 31; *Herber/Piper* Rn. 59, 62; MüKoHGB/*Jesser-Huß* Rn. 33; *Lamy* I Nr. 490 mwN; *Hill/Messent* 110.

[136] LG Köln Urt. v. 16.9.1988 – 87 S 1/88, TranspR 1989, 271 mAnm *Knorre*; *Koller* Rn. 57; *Herber/Piper* Rn. 66 mwN.

[137] MüKoHGB/*Jesser-Huß* Rn. 33; *Herber/Piper* Rn. 66 mwN.

[138] *Koller* Rn. 31; aA *Hill/Messent* 109 mwN.

[139] BGH Urt. v. 15.10.1998 – I ZR 111/96, TranspR 1999, 102 (105); OLG Düsseldorf Urt. v. 12.12.1985 – 18 U 90/85, TranspR 1986, 56 (59); OLG Hamburg Urt. v. 31.3.1994 – 6 U 168/93, TranspR 1995, 245 (246) aE; Urt. v. 14.5.1996 – 6 U 247/95, TranspR 1997, 101 (103); *Herber/Piper* Rn. 63; HEPK/*Glöckner* Rn. 31; *Koller* Rn. 31; Thume/*Thume* Rn. 82.

[140] OLG Frankfurt a. M. Urt. v. 25.10.1977 – 5 U 14/77, VersR 1978, 535 (536); *Herber/Piper* Rn. 64; *Koller* Rn. 31; MüKoHGB/*Jesser-Huß* Rn. 33.

oder ausreichende **Vorkühlung** prüft[141] oder gegen den Einsatz eines **offenen Fahrzeugs** nicht protestiert.[142] Er handelt nur schuldhaft, wenn er die fehlende Eignung kennt oder diese auch ohne Prüfung offensichtlich ist, → Rn. 39 aE.

II. Weisungen des Verfügungsberechtigten (Abs. 2 Alt. 2)

Soweit sie den Schaden verursacht haben, bilden sie einen Haftungsausschlussgrund für den Fracht- **24** führer, wenn er nicht selbst verschuldet hat. „Verfügungsberechtigte" sind dabei, wie im Fall der Alt. 1 **Absender** oder **Empfänger**[143] (→ Rn. 21), weil beide für Schadensersatzansprüche aktivlegitimiert sind. Der Anweisende muss aber bei Weisungserteilung **Weisungsbefugnis nach Art. 12** gehabt haben, weil der mit Art. 12 beabsichtigte Schutz des Empfängers nicht gewährleistet wäre, wenn der Frachtführer durch eine Weisung des nicht mehr berechtigten Absenders befreit wäre.[144] Weisungen des nichtberechtigten Empfängers, der selbst Ansprüche geltend macht, können den Frachtführer allerdings entlasten.[145] Hat der Frachtführer vorher aber ein bestimmtes Verhalten vereinbart, darf er sich nicht nachträglich auf Art. 17 Abs. 2 berufen.[146]

Die Weisung muss **keine Verfügung iSd Art. 12** sein.[147] Schon der englische und französische **25** Text hat insoweit in Art. 17 und Art. 12 einen anderen Wortlaut. In Betracht kommt etwa die Weisung, den Lkw an eine Ladebrücke vorzuziehen,[148] Weisungen bezüglich **Zollbehandlung** oder **Transportversicherung,** auch wenn sie bereits bei Vertragsschluss erteilt wurden[149] oder bezüglich der einzuhaltenden **Temperatur.**[150] Unter die Haftungsbefreiung fallen aber auch Verzögerungsschäden durch die Angabe einer **falschen Empfängeradresse**[151] oder wegen **Annahmeverweigerung** des benannten Empfängers.[152] **Bloße Empfehlungen** sind keine Weisungen, die den Frachtführer entlasten.[153] Eine Weisung iSd Art. 12 muss **bindend** sein (Art. 12 Abs. 5), um die Haftungsbefreiung zu bewirken, weil die Ausführung einer nicht bindenden Weisung in den Risikobereich des Frachtführers fällt.[154] Die Ausführung **gesetzwidriger** Weisungen befreit schon deshalb nicht von der Haftung.[155]

Die Weisung kann zugleich ein schuldhaftes Verhalten nach Art. 17 Abs. 2 Alt. 1 darstellen. Ein **26** **Verschulden** des Weisungsgebers ist aber für die Alt. 2 nicht vorausgesetzt.[156] Verschulden des Frachtführers schließt seinerseits die Haftungsbefreiung aus oder führt zur Schadensteilung nach Art. 17 Abs. 5.[157] Es kann darin liegen, dass er schuldhaft eine unrichtige Auskunft gibt, auf der die schadensverursachende Weisung beruht[158] oder eine Weisung in Kenntnis der Schadensneigung ausführt.[159]

III. Besondere Mängel des Gutes (Abs. 2 Alt. 3)

Der Frachtführer ist von der Haftung gem. Art. 17 Abs. 2 Alt. 3 frei, wenn „besondere Mängel des **27** Gutes" den Schaden verursachen. Bevorrechtigter Haftungsausschlussgrund nach Art. 17 Abs. 4 lit. d ist die „natürliche Beschaffenheit gewisser Güter", derzufolge sie dem Verlust oder der Beschädigung

---

[141] OLG München Urt. v. 16.1.1991 – 7 U 2240/91, TranspR 1992, 181 (183).

[142] OLG Düsseldorf Urt. v. 15.12.1983 – 18 U 72/83, TranspR 1984, 38 (39); *Koller* Rn. 31; MüKoHGB/*Jesser-Huß* Rn. 33; *Herber/Piper* Rn. 64.

[143] *Herber/Piper* Rn. 71; *Koller* Rn. 32; *Thume/Thume* Rn. 87; *Jesser* Frachtführerhaftung 100; *Clarke* Nr. 71 S. 261; aA *Heuer* Frachtführerhaftung 84; *Rodière* ETL 1971, 2 (16); *Hill/Messent* 111, die Weisungen des jeweiligen Anspruchsstellers verlangen.

[144] *Herber/Piper* Rn. 71; HEPK/*Glöckner* Rn. 33; *Heuer* Frachtführerhaftung 84; *Thume/Thume* Art. 18 Rn. 32 *Clarke* Nr. 71 S. 261; weiter *Koller* Rn. 32: nur Empfänger muss verfügungsberechtigt gewesen sein.

[145] *Koller* Rn. 32.

[146] Vgl. BGH Urt. v. 10.2.1982 – VIII ZR 158/80, BGHZ 83, 202 f.; BGH Urt. v. 27.2.2003 – I ZR 145/00, TranspR 2003, 298 (299); aA OGH Wien Urt. v. 28.2.2001, ETR 2003, 131 (136 f.); näher dazu *Koller* Rn. 32.

[147] Vgl. BGH Urt. v. 27.10.1978 – I ZR 86/76, VersR 1979, 417; *Herber/Piper* Rn. 70; *Koller* Rn. 32; MüKoHGB/*Jesser-Huß* Rn. 34; *Clarke* Nr. 71 S. 261.

[148] *Koller* Rn. 32; *Hill/Messent* 111; *Clarke* Nr. 71 S. 261.

[149] *Heuer* Frachtführerhaftung 84; *Jesser* Frachtführerhaftung 100 f.; MüKoHGB/*Jesser-Huß* Rn. 34.

[150] Cass. Paris Urt. v. 19.4.1982, ETL 1983, 13; *Clarke* Nr. 71 S. 261.

[151] *Koller* Rn. 58; *Thume/Thume* Rn. 215.

[152] *Thume/Thume* Rn. 215; einschr. *Koller* Rn. 58 auf den Fall der Vorhersehbarkeit der Annahmeverweigerung; aA wohl OLG Hamburg Urt. v. 14.5.1996 – 6 U 247/95, TranspR 1997, 101 (103).

[153] *Koller* Rn. 32 mwN; *Herber/Piper* Rn. 73; HEPK/*Glöckner* Rn. 33; MüKoHGB/*Jesser-Huß* Rn. 35.

[154] *Heuer* Frachtführerhaftung 84; *Jesser* Frachtführerhaftung 100; *Thume/Thume* Rn. 88; MüKoHGB/*Jesser-Huß* Rn. 35 mwN; aA *Koller* Rn. 32; *Herber/Piper* Rn. 72.

[155] BGH Urt. v. 27.10.1978 – I ZR 86/76, VersR 1979, 417 f.; iE ebenso *Herber/Piper* Rn. 72; *Koller* Rn. 32.

[156] *Herber/Piper* Rn. 74; *Koller* Rn. 32; *Thume/Thume* Rn. 100; *Clarke* Nr. 71 S. 262; aA *Sánchez-Gamborino* Nr. 717, 727 bei Einordnung als Unterfall der 1. Alt.

[157] OLG München Urt. v. 5.7.1996 – 23 U 1698/96, TranspR 1997, 147 (148 f.); *Herber/Piper* Rn. 74; *Koller* Rn. 32; MüKoHGB/*Jesser-Huß* Rn. 35; *Putzeys* Nr. 757; einschr. zur Schadensteilung *Clarke* Nr. 71 S. 262.

[158] *Herber/Piper* Rn. 74; *Koller* Rn. 32; GroßkommHGB/*Helm* Rn. 10.

[159] MüKoHGB/*Jesser-Huß* Rn. 35 mwN; *Herber/Piper* Rn. 74; vgl. auch OLG München Urt. v. 5.7.1996 – 23 U 1698/96, TranspR 1997, 147 (148).

besonders ausgesetzt sind. Während Abs. 4 lit. d Fälle einer typischen schadensgeneigten **Beschaffenheit** der Gattung betrifft, greift Abs. 2, wenn die Beschaffenheit des Gutes gerade atypisch ist, also **von der üblichen der zu befördernden Gattung abweicht,** von der der Frachtführer ausgehen und auf die er sich einstellen kann.[160] So gilt bei Rostschäden, die während der Beförderung von Gütern mit Lackmängeln auftreten Abs. 2 Alt. 3, bei Eisenteilen ohne Lackierung fallen Rostschäden unter Abs. 4 lit. d.[161] Für Schäden, die auf der besonderen Anfälligkeit eines fehlerhaften Produkts beruhen, über dessen Mängel der Frachtführer **informiert** ist, greift zwar Abs. 2 ein; der Frachtführer haftet aber wegen eigenen Verschuldens nach **Art. 17 Abs. 5.**[162] Durch mangelhaftes Gut können auch **Verspätungsschäden** entstehen.[163] Ein **Beispiel** eines besonderen Mangels ist etwa ein Fehler in der Elektrik transportierter Pkw, der einen Brand verursacht.[164] **Nicht ausreichend vorgekühltes Kühlgut** leidet an einem besonderen Mangel nach Abs. 2 Alt. 3, wenn der Frachtführer nach der üblichen Beschaffenheit eine bestimmte Vorkühltemperatur erwarten konnte.[165] Zur Überprüfungsobliegenheit des Frachtführers hinsichtlich ausreichender Vorkühlung → Art. 8 Rn. 3; zur Beweislast → Art. 18 Rn. 2.

IV. Unvermeidbare Umstände (Abs. 2 Alt. 4)

28   **1. Begriff.** Der Frachtführer ist von der Haftung frei, wenn der Schaden durch Umstände verursacht wurde, die er nicht vermeiden und deren Folgen er auch nicht abwenden konnte (so auch die innerstaatliche Regelung des § 426 HGB). Dem Wortlaut der letzten Alt. des Art. 17 Abs. 2, die mit der Frage des Haftungsprinzips zusammenhängt, lässt sich nicht entnehmen, welche Anstrengungen und der Einsatz welcher Mittel vorausgesetzt werden, um den generalklauselartigen Haftungsausschluss der Unvermeidbarkeit herbeizuführen. Teils wird Unabwendbarkeit als **höhere Gewalt** im Sinn des deutschen Rechts verstanden. Danach ist die Haftung nur ausgeschlossen, wenn der Frachtführer nachweist, dass der Schaden durch ein unvorhergesehenes, unvermeidbares, außergewöhnliches Ereignis herbeigeführt worden ist, das seinen Ursprung außerhalb seines Betriebskreises hatte.[166] Dazu heißt es in der Denkschrift, dass der in früheren Fassungen des CIM gebrauchte Begriff der höheren Gewalt bei der Revision 1952 durch die in der CMR wiederholte Fassung ersetzt worden sei, ohne dass man in der Sache etwas habe ändern wollen. Dem Einwand, aus dem Umkehrschluss aus Art. 17 Abs. 3 sei zu folgern, dass auch betriebsinterne Umstände die Haftung ausschließen könnten, hält sie entgegen, Abs. 3 stelle nur für einen besonders schweren Mangel klar, dass er nicht geeignet sei, die Haftung des Frachtführers zu beseitigen.

29   Die hM geht im Ergebnis davon aus, dass der Frachtführer von seiner Haftung bezüglich solcher Schadensursachen befreit ist, die er im konkreten Fall auch durch die **äußerste,** ihm **mögliche** und nach den Umständen des Falles vernünftigerweise **zumutbare Sorgfalt** nicht vermeiden und in ihren Folgen nicht beherrschen konnte, dass dazu aber auch **betriebsinterne Umstände** mit Ausnahme der in Abs. 3 genannten gehören können.[167] Auf die **Unvorhersehbarkeit** des Ereignisses kommt es nicht an; denn nicht vorhersehbare Umstände sind nicht unvermeidbar, wenn sie unter Einsatz der äußersten Sorgfalt unwirksam gemacht worden wären.[168] Für diese Auffassung spricht, dass Art. 17 Abs. 3 sonst

[160] OLG Hamm Urt. v. 11.6.1990 – 18 U 214/89, TranspR 1990, 375 (376); *Heuer* Frachtführerhaftung 85; *Koller* Rn. 33 mwN; *Herber/Piper* Rn. 76; *Theunis/Libouton* 81; *Clarke* Nr. 89a S. 335; *Hill/Messent* 112, 152; *Sánchez-Gamborino* Nr. 736.

[161] Bsp. aus GroßkommHGB/*Helm* Rn. 11; vgl. auch *Theunis/Libouton* 81.

[162] *Herber/Piper* Rn. 77; *Thume/Thume* Rn. 93; aA (mit der Unterrichtung Bestimmung einer besonderen Gattung, in der kein Mangel besteht): *Koller* Rn. 33; *Jesser* Frachtführerhaftung 102; MüKoHGB/*Jesser-Huß* Rn. 38.

[163] *Koller* Rn. 59; *Thume/Thume* Rn. 216.

[164] OLG München Urt. v. 27.2.1987 – 23 U 3465/86, TranspR 1987, 185 (186).

[165] OLG Schleswig Urt. v. 30.8.1978 – 9 U 29/78, VersR 1979, 141 (142); OLG Frankfurt a. M. Urt. v. 17.11.1981 – 5 U 144/79, TranspR 1982, 106; OLG Hamm Urt. v. 21.6.1999 – 18 U 201/98, TranspR 1999, 445 (446); *Koller* Rn. 33, Art. 18 Rn. 6; MüKoHGB/*Jesser-Huß* Rn. 39; *Herber/Piper* Rn. 78, Art. 18 Rn. 39; *Lamy* I Nr. 491; *Theunis/Chao* 133 f.; *Putzeys* Nr. 761; *Hill/Messent* 112 mwN zur englischen Rspr.; ähnl. *Sánchez-Gamborino* Nr. 720 (Einordnung unter Abs. 2 Alt. 1); aA (Behandlung wie Verpackungsfehler) *Thume/Thume* Rn. 92, 193, Art. 18 Rn. 76, 77; *Thume* TranspR 1992, 1 (2).

[166] Hof van Beroep Antwerpen Urt. v. 15.3.1989, ETL 1989, 574 (578); *van Ryn* ETL 1966, 656; *Rodière* ETL 1971, 2 (17 f.); *Libouton* ETL 1973, 6 (32); *Bracker* TranspR Sonderbeilage 2004, 7 ff.

[167] BGH Urt. v. 28.2.1975 – I ZR 40/74, NJW 1975, 1597 (1599); Urt. v. 5.6.1981 – I ZR 92/79, VersR 1981, 1030; Urt. v. 16.2.1984 – I ZR 197/81, NJW 1984, 2033 (2034); Urt. v. 13.11.1997 – I ZR 157/95, TranspR 1998, 250 (251); Urt. v. 8.10.1998 – I ZR 164/96, TranspR 1999, 59 (61); OLG Düsseldorf Urt. v. 11.5.1989 – 18 U 274/88, TranspR 1990, 60 (63); OLG Hamm Urt. v. 13.5.1993 – 18a U 94/93, NJW-RR 1994, 294; OLG München Urt. v. 4.12.1996 – 7 U 3479/95, TranspR 1997, 193 (196); Urt. v. 10.1.1997 – 23 U 1628/96, TranspR 1997, 277 (279); OGH Wien Urt. v. 10.7.1991 – 1 Ob 579/81, TranspR 1991, 422 (423); Urt. v. 19.1.1994 – 7 Ob 607/93, VersR 1994, 1455 (1456); Urt. v. 12.11.1996 – 4 Ob 2278/96w, TranspR 1997, 104 (107); *Jesser* Frachtführerhaftung 105; *Piper* HRR Speditions- und FrachtR Rn. 392; *Thume/Seltmann* Rn. 11, A 11; *Herber/Piper* Rn. 40; krit. *Heuer* VersR 1988, 312 (313).

[168] BGH Urt. v. 5.6.1981 – I ZR 92/79, VersR 1981, 1030; OLG Hamburg Urt. v. 1.4.1982 – 6 U 216/81, VersR 1982, 1171; OGH Wien Urt. v. 19.1.1994 – 7 Ob 607/93, VersR 1994, 1455; *Loewe* ETL 1976, 503 (555).

überflüssig wäre. Ihn als besonders hervorgehobenes Beispiel betriebsinterner Umstände zu betrachten, besteht kein ersichtlicher Grund, zumal solche leicht allgemein hätten formuliert werden können. Auch wird der Begriff der höheren Gewalt gerade nicht verwendet, obwohl er der französischen Rechtssprache bekannt ist.[169] Diese Ansicht stimmt mit der Tendenz in **anderen Rechtsordnungen** überein[170] und entspricht damit der gewollten Einheitlichkeit. Unabwendbarkeit bedeutet damit nicht **absolute Unvermeidbarkeit.** Schäden, die nur mit **absurden Maßnahmen** hätten verhindert werden können, sind unabwendbar.[171] Auf die Auslegung des Begriffs des unabwendbaren Ereignisses in § 7 Abs. 2 StVG kann als Anhalt zurückgegriffen werden,[172] wenn man dabei im Auge behält, dass die Begriffe des Einheitsrechts aus diesem und nicht aus der nationalen Rechtsordnung heraus zu entwickeln sind. Der Frachtführer muss für die Haftungsbefreiung auch nachweisen, dass die **Folgen** der unvermeidbaren schadensstiftenden Umstände **nicht abgewendet werden konnten.** Die Vertreter eines Haftungsprinzips der Verschuldenshaftung (→ Rn. 2) gehen ebenfalls von einem dahin gesteigerten Sorgfaltsmaßstab aus, dass der Frachtführer erst als entlastet gilt, wenn er im Interesse der Schadensverhütung die äußerste wirtschaftlich zumutbare Sorgfalt angewendet hat und der Schaden gleichwohl eingetreten ist.[173]

Dem Begriff der äußersten Sorgfalt wird entgegengehalten, er sei eine Leerformel. Statt dessen **30** sollten nur die konkreten Schäden für unvermeidbar erklärt werden, die, ohne Möglichkeit für den Frachtführer sie abzuwenden, durch staatliche Eingriffe verursacht worden sind, oder die schon auf den ersten Blick nur mit absurden Maßnahmen hätten verhütet werden können.[174] Eine **andere Abgrenzung** wird nach wirtschaftlichen Gesichtspunkten gesucht. Eine Schadensvermeidung könne nicht gefordert werden, wenn der Vermeidungsaufwand höher sei, als die durch ihn in der Gesamtheit der Fälle zu erwartende Schadensminderung.[175] Beides ist aber nicht konkreter als die Formel des BGH. In der Praxis wird man nur an Hand einzelner Fallgruppen unter Berücksichtigung auch ökonomischer Grenzen vorgehen können.

2. Einzelfälle.[176] Als **vermeidbar** wurden **Brandschäden** angesehen, die durch Brandstiftung bei **31** ungesichertem Abstellen eines Lkw in einem Wohngebiet oder auf einem unbewachten Parkplatz verursacht wurden,[177] oder ein Brandanschlag auf einen Lkw, der auf einem unbewachtem Parkplatz abgestellt war, auch wenn noch andere Lkw dort standen und der Fahrer im Führerhaus schlief,[178] und der Brand eines Fahrzeugs bei unbekannt gebliebener Ursache,[179] als **unvermeidbar** der durch ihre Elektrik oder Brandstiftung verursachte Brand transportierter Pkw.[180] Zum **Reifenbrand** → Rn. 40. Der Verlust der Ware durch Beschlagnahme ist bei vorsätzlicher Beteiligung des Fahrers an Schmuggelaktion für Frachtführer nicht unvermeidbar: Nimmt der Fahrer eines Lkw, der mit dem Transport von Gasgebläsen von Deutschland nach England beauftragt ist, bei einem vertragswidrig eingelegten Zwischenstopp Schmuggelgut an Bord, wird das Transportgut daraufhin durch die Polizei beschlagnahmt und erst ca. ein Jahr später herausgegeben, so liegt Verlust der Ware vor, der nicht unvermeidbar ist.[181]

Bei **Diebstahl und Raub** stellt die Rechtsprechung generell **strenge Anforderungen** an die **32** Entlastung, vor allem an potentiell besonders diebstahlsgefährdeten Orten. Dort wird für die Unvermeidbarkeit von Diebstahl ständige Aufsicht uU durch Einsatz von **zwei Fahrern** gefor-

---

[169] BGH Urt. v. 28.2.1975 – I ZR 40/74, NJW 1975, 1597 (1599).

[170] England: Ulster Swift v. Taunton Meat Haulage, Q. B.(D.) Urt. v. 8.5.1975, ETL 1976, 246 (255); Silber v. Islander Trucking, Q. B.(D.) Urt. v. 6., 7.11.1984, 2 Lloyd'sL. Rep. 1985, 243 (246); *Clarke* Nr. 74e S. 274 ff., der in Anlehnung an die Rspr. von „utmost care" spricht, die „practical" und „short of absurd" sein müsse; *Hill/Messent* 113 ff.; Frankreich, wo anders als bei force majeure Unvorhersehbarkeit nicht gefordert wird: Cass.Paris Urt. v. 22.7.1986, BT 1986, 591; *Lamy* I Nr. 492; *Mercadal,* Droit des transports terrestres et aériens, 1990, Rn. 228; uneinheitlich Belgien: vgl. Nachweise bei *Herber/Piper* Rn. 40, Theunis/*Libouton* 82; wie hier Hof van Beroep Antwerpen Urt. v. 7.11.1995, ETL 1998, 114 (115); weniger streng die italienische Rspr. (diligenza professionale): *Pesce* 212; Spanien: *Sánchez-Gamborino* Nr. 745, der keinen praktischen Unterschied zur höheren Gewalt sieht.

[171] So ausdr. OLG Hamm Urt. v. 6.1.1997 – 18 U 92/96, TranspR 2000, 179 (180); BGH Urt. v. 10.4.2003 – I ZR 228/00, TranspR 2003, 303; OLG Zweibrücken Urt. v. 4.3.2004 – 4 U 167/02, VersR 2005, 97 f.; zum Beurteilungsmaßstab des Frachtvertrages mit den Abreden über die Qualität des Transportweges vgl. OLG Wien Urt. v. 26.3.2004 – 5 R 30/04z, TranspR 2004, 364 (365); *Koller* Rn. 23 mwN.

[172] BGH Urt. v. 5.6.1981 – I ZR 92/79, VersR 1981, 1030 (1031); Urt. v. 16.2.1984 – I ZR 197/81, NJW 1984, 2033 (2034); Urt. v. 13.5.1993 – 18a U 94/93, NJW-RR 1994, 294; OLG Saarbrücken Urt. v. 17.12.1996 – 8 U 63/96, TranspR 1997, 369 (371); *Herber/Piper* Rn. 42.

[173] OGH Wien in stRspr; GroßkommHGB/*Helm* Rn. 5; MüKoHGB/*Jesser-Huß* Rn. 42.

[174] *Koller* Rn. 19 ff.

[175] MüKoHGB/*Jesser-Huß* Rn. 42.

[176] Vgl. *Koller* Rn. 24 ff.; *Herber/Piper* Rn. 44 f.; Thume/*Thume* Rn. 98 ff.; *Clarke* Nr. 75a ff. S. 279 ff.; *Hill/Messent* 120 ff.; Theunis/*Libouton* 82 ff.; zur spanischen Rspr. *Sánchez-Gamborino* Nr. 749 ff.; zu Raub und Diebstahl: *Bayer* VersR 1995, 626 (628 f.), *Humphreys/de Peuter* ETL 1992, 735 ff., *Laurijssen* ETL 1998, 39 ff.

[177] BGH Urt. v. 5.6.1981 – I ZR 92/79, VersR 1981, 1030 (1031).

[178] OLG Düsseldorf Urt. v. 12.1.1984 – 18 U 151/83, TranspR 1984, 102 (103 f.).

[179] Nachw. bei Theunis/*Libouton* 84 f.

[180] OLG München Urt. v. 27.2.1987 – 23 U 3465/86, TranspR 1987, 185 (186).

[181] OLG München Urt. v. 1.6.2011 – 7 U 5611/10, VersR 2012, 881.

dert.[182] **Vermeidbar** ist der **Diebstahl,** wenn die Transportstrecke nicht so geplant ist, dass bewachte Parkplätze während der gesetzlichen Ruhezeit aufgesucht werden können,[183] Diebstahl eines während des Wochenendes auf einem Tankstellengelände abgestellten Lkw,[184] ein Einbruchdiebstahl in einen auf einem öffentlichen Parkplatz abgestellten Lkw in Frankreich,[185] Diebstahl aus einem versperrt über Nacht so abgestellten Fahrzeug, dass die Türen gegen eine Wand geparkt waren,[186] Einbruch in versperrtes mit Lenkradschloss gesichertes Fahrzeug, das an Einfahrt zur Autostrada für 1 Stunde unbeaufsichtigt zurückgelassen wurde,[187] Diebstahl aus Fahrzeug, das an BAB-Raststätte geparkt ist und in dem Fahrer schläft,[188] Diebstahl in Nebenstraße in England, nachdem Fahrer das Fahrzeug für 1/2 Stunde zum Provianteinkauf verlassen hat,[189] Diebstahl eines auf verschlossenem, mit Zaun und Vorhängeschloss versehenem Parkplatz abgestellten Lkw,[190] eines versperrt, aber unbewacht in einer Nebenstraße in Italien für mehrere Stunden abgestellten Fahrzeugs,[191] eines für eine Stunde unbeaufsichtigt vor dem Zollhof in Turin abgestellten Lkw,[192] Diebstahl eines in Oberitalien auf beleuchtetem Parkplatz gegenüber Zollhof abgesperrt abgestelltem Lkw, der mit zusätzlicher Kette gesichert war, die Lenkradschloss und Pedal verband,[193] Diebstahl bei Abstellen eines mit Planen abgedeckten Lkw bei Dunkelheit am Straßenrand in unmittelbarer Nähe eines Zollgebäudes an österreichisch-italienischer Grenze,[194] Diebstahl eines Fahrzeugs, das wegen vom Anspruchsteller zu vertretender Unvollständigkeit der Zollpapiere über ein Wochenende in der Nähe eines Zollgebäudes geparkt war,[195] Zurücklassen eines beladenen Lkw-Aufliegers auf bewachtem Parkplatz in Osteuropa ohne Vergewisserung, ob Entfernung durch Unbefugten mit einer Ersatzmaschine ausgeschlossen ist,[196] Der Diebstahl eines drei Stunden unbeaufsichtigten und nur mit einem Anhängerkupplungsschloss gesicherten Anhängers, der Digitalkameras und Camcorder enthält, ist nicht unvermeidbar.[197] **Raub** bei Fahren mit unversperrter Fahrertüre in Neapel,[198]

[182] OLG Karlsruhe Urt. v. 29.6.1995 – 12 U 186/94, VersR 1995, 1306 (1308); OLG Frankfurt a. M. Urt. v. 21.12.1995 – 5 U 86/95, VersR 1997, 1377; OLG München Urt. v. 4.12.1996 – 7 U 3479/95, TranspR 1997, 192; Urt. v. 10.1.1997 – 23 U 1628/96, TranspR 1997, 277; OGH Wien Urt. v. 6.9.1983 – 4 Ob 580/83, TranspR 1984, 11 (12); Urt. v. 25.1.1990 – 7 Ob 698/89, TranspR 1990, 235 (239); Urt. v. 19.1.1994 – 7 Ob 607/93, VersR 1994, 1455 (1456); aA OLG Zweibrücken Urt. v. 17.12.1996 – 8 U 63/96, TranspR 1997, 369 (371) für Raub; Hill/Messent 123 mwN; Boecker VersR 2003, 556 f.; Herber TranspR 2003, 353.

[183] BGH Urt. v. 17.4.1997 – I ZR 131/95, TranspR 1998, 25 mAnm Thonfeld TranspR 1998, 241; OLG Nürnberg Urt. v. 24.2.1999 – 12 U 4139/94, TranspR 2000, 81 (83); ähnl. Oberster Gerichtshof Dänemark Urt. v. 24.6.1997, ETL 1998, 52; ähnl. Hooge Raad der Nederlanden Urt. v. 17.4.1998, ETL 1999, 82 (83): Abstellen am Abend vor verschlossenem Tor eines Gewerbegrundstücks in Italien, ohne ca. 50 km entfernten bewachten Parkplatz anzufahren; Boecker TranspR 2002, 137; Boecker ETR 2004, 445; Cour d'Appel Mons ETR 2004, 99 (104); Cour Cass. BullT 2004, 427 (Diebstahl aus Lkw auf einem nicht bewachten Parkplatz); LG Hamburg Urt. v. 23.9.2001 – 419 O 109/01, TranspR 2003, 351 (352) (Raub in Tschechien durch falsche Polizisten. Der Fahrer hätte im Konvoi fahren und sich die Ausweise der Polizisten zeigen lassen können); Cour Cass. BullT 2004, 770 (Raub in Polen durch falsche Polizisten nach Verstoß gegen ein Fahrverbot und Offenbarung der Güter gegenüber einer ersten echten Polizeikontrolle); Bobigny BullT 2004, 789 (Diebstahl auf Parkplatz in einem gefährdeten Bereich von Lyon); Cour Cass. BullT 2006, 400 f. und Versailles BullT 2004, 194 (bei Verlassen der Straße wegen eines Staus und der Suche nach der Adresse im Laderaum); Paris BullT 2004, 537 (538) (Raub beim Warten auf Entladung 80m von bewachtem Parkplatz entfernt und späterem Anlieferungstermin); Antwerpen ETR 2006, 429 (Diebstahl eines fünf Tage abgestellten Sattelschleppers auf einem umzäunten Gebiet ohne besondere Kontrollen); iÜ vgl. den Überblick bei Boettge VersR 2006, 1618 ff.

[184] BGH Urt. v. 21.12.1966 – I b ZR 154/64, NJW 1967, 499.

[185] OLG München Urt. v. 17.7.1991 – 7 U 2871/91, TranspR 1991, 427 (428).

[186] OLG Düsseldorf Urt. v. 30.6.1983 – 18 U 9/83, VersR 1984, 980 f.

[187] OLG Düsseldorf Urt. v. 11.5.1989 – 18 U 274/88, TranspR 1990, 60 (63); ähnl. OLG Koblenz Urt. v. 16.10.1987 – 2 U 1375/86, VersR 1989, 279: 5 Minuten unbeachtet abgestellter Lkw.

[188] OLG München Urt. v. 19.10.1992 – 28 U 3650/90, TranspR 1993, 192 (193); Urt. v. 10.1.1997 – 23 U 1628/96, TranspR 1997, 277 (279); ähnl. KG Urt. v. 11.1.1995 – 23 U 377/94, TranspR 1995, 342 (345); aA Tribunal Supremo de Espana Urt. v. 20.12.1985, ETL 1986, 428: Abstellen auf Parkplatz in der Nähe einer Polizeistation zur Einnahme einer Mahlzeit.

[189] OLG Celle Urt. v. 13.6.1977 – 12 U 171/76, VersR 1977, 860; ähnl. Michael Galley Footwear v. Dominic Iaboni, 2 Loyd's L. Rep. 1985, 251.

[190] OLG Hamburg Urt. v. 13.3.1993 – 6 U 60/93, TranspR 1994, 193 (195); OLG Bremen Urt. v. 11.1.2001 – 2 U 100/00, TranspR 2001, 166 (168).

[191] OLG Koblenz Urt. v. 13.2.1996 – 3 U 96/95, VersR 1997, 1379; ähnl. OLG Hamburg Urt. v. 13.3.1993 – U 60/93, TranspR 1994, 193 (5 Stunden in Speditionshof).

[192] OLG München Urt. v. 27.3.1981 – 23 U 3758/80, VersR 1982, 264 (265); ähnl. OLG Düsseldorf Urt. v. 27.3.1980 – 18 U 192/79, VersR 1980, 826 (827); ähnl. für Bahnhofsvorplatz Cass. Paris Urt. v. 14.12.1981, ETL 1983, 51 (53).

[193] OLG Düsseldorf Urt. v. 25.6.1981 – 18 U 30/81, VersR 1982, 606; ähnl. OGH Wien Urt. v. 6.9.1983 – 4 Ob 580/83, TranspR 1984, 11.

[194] OGH Wien Urt. v. 15.12.1981 – 4 Ob 577/81, TranspR 1984, 282 (283).

[195] Cass. Brüssel Urt. v. 12.12.1980, ETL 1981, 250 (252).

[196] OLG Oldenburg Urt. v. 25.9.1996 – 4 U 79/94, VersR 1997, 1380 (1381).

[197] OLG Saarbrücken Urt. v. 16.7.2008 – 5 U 34/08, TranspR 2008, 409.

[198] OGH Wien Urt. v. 13.9.1990 – 8 Ob 620/90, RdW 1991, 46.

Raub bei Übernachtung in einem auf einem Rastplatz abgestellten Lkw,[199] Raub beim Parken an Mautstellen in Italien bei Fahrt mit nur einem Fahrer,[200] Raubüberfall, obgleich sichere Fahrstrecke für Fahrer zumutbar war,[201] Raub auf unbewachtem Parkplatz in Italien, während der Fahrer auf die Aufhebung eines Fahrverbots wartet,[202] Raub auf menschenleerem Industriegelände, nach dem die Entladung nicht mehr möglich war.[203] Als **unvermeidbar** wurde der Diebstahl eines versperrt auf bewachtem Parkplatz in Italien abgestellten Fahrzeugs, während kurzer Abwesenheit des Fahrers, angesehen,[204] ein Überfall während der Fahrt oder in der Autobahntankstelle,[205] ein Überfall bei kurzem Halt, um sich nach dem Weg zu erkundigen,[206] der Raubüberfall während gesetzlicher Ruhepause auf Autobahnparkplatz,[207] von vier bewaffneten Tätern ausgeführter Raub in Italien, auch wenn Fahrzeug nur von einem Fahrer besetzt war,[208] bewaffneter Überfall, wenn kein sicherer Parkplatz erreichbar war, auch bei nur einem Fahrer;[209] Raub von Champagner während einer vermeintlichen Polizeikontrolle in Frankreich;[210] während Fahrer wegen Einhaltung der Lenkzeitbeschränkungen geschlafen hat und ein bewachter Parkplatz wegen Verzögerung bei der Beladung nicht rechtzeitig aufgesucht werden konnte;[211] während des Schlafes des Fahrers auf einem unbewachten Parkplatz, weil zumutbare bewachte Parkplätze nicht erreichbar waren;[212] bewaffneter Raub in Süditalien durch Abfangen eines Lkw;[213] Raub beim Parken vor den nachts verschlossenen Gebäude des Empfängers in Pisa;[214] Raub durch Personen in Moskau, die den Fahrer nach Vorzeigen gefaxter Frachtunterlagen angehalten hatten und von ihm mitgenommen worden waren.[215]

Zu Schäden im **Straßenverkehr** vgl. die zu § 7 Abs. 2 StVG ergangene Rechtsprechung.[216] Vermeidbar sind Schäden durch Ausweichmanöver oder durch **plötzliches Bremsen,**[217] wenn beides nicht völlig ungewöhnlich und im heutigen Straßenverkehr unvorhersehbar ist, bei pauschaler Berufung auf **schlechte Straßenverhältnisse** in Russland,[218] Schäden durch **Geschwindigkeit** von 65 km/h an einer Baustelle bei einspuriger Verkehrsführung,[219] bei **ungeklärter Unfallursache.**[220] Unvermeidbar ist ein **Zusammenstoß** eines rechts fahrenden Fahrzeugs mit einem entgegenkommenden Lkw, der ins Schleudern geraten ist und die Mittellinie überfährt,[221] **Auffahren** eines Dritten

33

---

[199] Cass. Paris Urt. v. 14.5.1991, ETL 1992, 124; vgl. Nachw. *Lamy* I Nr. 1547 lit. a; ähnl. Kh Turnhout Urt. v. 30.6.1997, ETL 1998, 139 (140); Kh Gent Urt. v. 11.2.1997, ETL 1998, 121 (122) für nächtliches Anhalten; aA CA Paris Beschl. v. 1.7.1999 – 1998/00 288, TranspR 2001, 130 (139).

[200] Silber v. Islander Trucking, Q. B.(D.) Urt. v. 6./7.11.1984, 2 Lloyd'sL. Rep. 1985, 243 (250).

[201] OLG Stuttgart Urt. v. 20.4.2011 – 3 U 49/10, TranspR 2011, 340.

[202] OLG Hamburg Urt. v. 1.4.1982 – 6 U 216/81, VersR 1982, 1171; Urt. v. 24.6.1982 – 6 U 135/81, VersR 1982, 1172; ähnl. OLG München Urt. v. 4.12.1996 – 7 U 3479/95, TranspR 1997, 193 (196); OLG Hamm Urt. v. 6.1.1997 – 18 U 92/96, TranspR 2000, 179 für Raub auf bewachtem Parkplatz, der durch Chipeinwurf verlassen werden kann.

[203] OLG Hamm Urt. v. 6.12.1993 – 18 U 101/93, TranspR 1994, 62; ähnl. BGH Urt. v. 8.10.1998 – I ZR 164/96, TranspR 1999, 59 (61); Hooge Raad der Nederlanden Urt. v. 17.4.1998, ETL 1999, 82 (83); anders, wenn Empfänger entgegen Zusage zur nächtlichen Entladung nicht anwesend war: Rb. Leeuwarden Urt. v. 6.11.1994, S.&S. 1996 Nr. 56.

[204] Kh Tongeren Urt. v. 27.5.1992, ETL 1992, 852.

[205] BGH Urt. v. 13.11.1997 – I ZR 157/95, TranspR 1998, 250 (251) mAnm *Koller* EWiR 1998, 551; OLG Köln Urt. v. 13.12.1998 – 12 U 121/97, TranspR 2000, 462 (463); OLG Linz Urt. v. 8.7.1993 – 13 R 31/93, TranspR 1994, 64 (65); OGH Wien Urt. v. 19.1.1994 – 7 Ob 607/93, VersR 1994, 1455 (1456); Cass. Paris Urt. v. 21.6.1988, ETL 1988, 710.

[206] LG Aachen Urt. v. 29.10.1993 – 43 O 44/93, TranspR 1994, 241; ähnl. LG Ravensburg Urt. v. 21.12.1993 – 2 KfHO 1049/93, TranspR 1994, 117 (118); aA BGH Urt. v. 13.4.2000 – I ZR 290/97, TranspR 2000, 407 (409) für den Fall, dass Fahrer weder Stadtplan noch Wegbeschreibung hat; Cass. Paris Urt. v. 5.1.1988, BT 1988, 103.

[207] Rb. Rotterdam Urt. v. 11.11.1994, S.&S. 1995 Nr. 103.

[208] OLG Zweibrücken Urt. v. 17.12.1996 – 8 U 63/96, TranspR 1997, 369 (371); vgl. auch OLG München Urt. v. 5.7.1996 – 23 U 1698/96, TranspR 1997, 147 (149).

[209] Cicatiello v. Anglo-European Shipping Services, Q. B. (D.) Urt. v. 1.2.1994, ETL 1995, 218; ähnl. OLG München Urt. v. 27.10.2000 – 23 U 1698/96, TranspR 2001, 125 (126); vgl. auch OLG Wien Urt. v. 26.3.2004- 5 R 30/04z, TranspR 2004, 364 (365 f.).

[210] Reims BullT 2002, 187; vgl. auch OLG Karlsruhe Urt. v. 21.12.2000 – 9 U 205/99, TranspR 2003, 347 (348); LG Karlsruhe Urt. v. 24.3.2006 – 15 O 196/04 KfH IV, VersR 2006, 1431.

[211] Lyon BullT 2002, 437 f.

[212] Paris BullT 2002, 622.

[213] Reims BullT 2003, 18.

[214] Cour Cass. BullT 2003, 50.

[215] OLG Karlsruhe Urt. v. 29.5.2002 – 9 U 151/01, TranspR 2004, 126 (127).

[216] Nachw. *Koller* Rn. 24; *Herber/Piper* Rn. 48; *Clarke* Nr. 75b S. 284; *Hill/Messent* 120 f.; *Theunis/Libouton* 82.

[217] Trib.com. Namur Urt. v. 22.7.1965, ETL 1966, 133; Hof van Beroep Brüssel Urt. v. 6.4.1977, ETL 1977, 881; Hof van Beroep Antwerpen Urt. v. 13.10.1986, ETL 1987, 443 (445).

[218] OLG Hamburg Urt. v. 29.5.1980 – 6 U 137/79, VersR 1980, 950 mAnm *Bischof* VersR 1981, 539 f.

[219] OLG Düsseldorf Urt. v. 24.3.1983 – 18 U 186/82, TranspR 1984, 14 (15).

[220] OLG Bremen Urt. v. 12.2.1976 – 2 U 113/75, VersR 1976, 584 (585); C. A. Paris Urt. v. 1.12.1992, BT 1993, 115 (Massenauffahrunfall im Nebel).

[221] BGH Urt. v. 28.2.1975 – I ZR 40/74, NJW 1975, 1597 (1598); Rb Antwerpen Urt. v. 31.10.1997, ETL 1998, 835 (836); Urt. v. 30.1.1998, ETL 1998, 842 (843).

auf ein ordnungsgemäß geparktes Fahrzeug,[222] wenn das Frachtgut dem Fahrer von der Polizei abgenommen wird.[223]

34   **Fahrzeugmängel** können nie zur Entlastung führen, Art. 17 Abs. 3. Zu **Reifenschäden** → Rn. 40. **Unsichere Transportverhältnisse** machen Schäden nicht unvermeidbar, wenn sie bekannt sind und der Auftrag deshalb hätte zurückgewiesen werden können.[224] Schäden durch **Ladungsfehler** sind vermeidbar, wenn nach bekannt unsorgfältiger Neubeladung durch den Zoll eine Ladungskontrolle nur alle 100 km stattfindet.[225] Von der Haftung nach Art. 17 Abs. 1 CMR ist der Frachtführer gem. Art. 17 Abs. 4 lit. c CMR befreit, wenn die Beschädigung des Gutes auf einen Verlade- oder Verstaufehler des Absenders zurückzuführen ist. Ein Verladefehler kommt in Betracht, wenn es wegen einer Notbremsung zu einer Höherstauung der Ladung kommt,[226] Eine zur Haftungsbefreiung des Frachtführers gem. Art. 17 Abs. 4 lit. c CMR führende mangelhafte Ladung oder Stauung des Transportgutes kann vorliegen, wenn der Absender bei der Beladung die behördlich genehmigte Transporthöhe überschreitet.[227] Schäden durch mangelnden **Nässeschutz** sind vermeidbar, auch wenn die Ladung länger als im Vertrag vorgesehen ist und über die Bordwand hinausreicht,[228] ebenso bei einem **Transport im offenen Lkw,** wenn dies nicht ausdrücklich vereinbart ist[229] sowie **Rostschäden** bei offenem Transport von Feinblechen.[230]

35   Bezüglich der **Witterungsverhältnisse** hat sich der Frachtführer zu informieren. Vermeidbar sind Schäden wegen fehlender Überprüfung der **Befahrbarkeit** einer hochalpinen Fahrstrecke,[231] Schäden infolge von **Regen** oder **Sturm,**[232] Schäden durch plötzlichen **Frost** im Januar im Norden Frankreichs,[233] Schäden durch voraussehbare Vereisung der Straße.[234] Als unvermeidbar wurden angesehen, Schäden durch Verzögerungen auf Grund nicht vorhersehbarer **Straßensperren** und **Fahrverbote,** etwa auf Grund der Sperrung eines Tunnels trotz anderslautender vorheriger Information.[235]

36   Vermeidbar sind **Verspätungen,** denen durch die Einschaltung von Subunternehmern hätte begegnet werden können,[236] Verzögerungen durch **Streik** von Zollbeamten, wenn eine andere Übergangsstelle hätte genommen werden können,[237] Verluste durch **Falschauslieferung** in Russland, wenn die Legitimation des Empfängerabgesandten nicht anhand von Codewort oder Ausweisnummer überprüft wurde.[238] Unvermeidbar sind Schäden wegen **Verzögerungen der Beladung** durch den Absender.[239] Auch die Überschreitung von Lieferfristen wegen weiterer Aufträge des Absenders führt nicht zum Ausschluss.[240]

Art. 18 [Beweislast. Vermutungen]

(1) **Der Beweis, daß der Verlust, die Beschädigung oder die Überschreitung der Lieferfrist durch einen der in Artikel 17 Absatz 2 bezeichneten Umstände verursacht worden ist, obliegt dem Frachtführer.**

(2) [1]**Wenn der Frachtführer darlegt, daß nach den Umständen des Falles der Verlust oder die Beschädigung aus einer oder mehreren der in Artikel 17 Absatz 4 bezeichneten besonderen Gefahren entstehen konnte, wird vermutet, daß der Schaden hieraus entstanden ist.** [2]**Der Verfügungsberechtigte kann jedoch beweisen, daß der Schaden nicht oder nicht ausschließlich aus einer dieser Gefahren entstanden ist.**

---

[222] C. A. Paris Urt. v. 13.12.1976, BT 1977, 37.

[223] OGH Wien Urt. v. 12.11.1996 – 4 Ob 2278/96w, TranspR 1997, 104 (107).

[224] Zweifelhaft, vgl. zB LG Hamburg Urt. v. 29.7.1994 – 402 O 72/94, TranspR 1994, 448 (449).

[225] OGH Wien Urt. v. 18.3.1986 – 2 Ob 646/85, TranspR 1986, 379 (381).

[226] BGH Urt. v. 19.3.2015, I ZR 190/13, TranspR 2015, 342 Rn. 20.

[227] BGH Urt. v. 19.3.2015, I ZR 190/13, TranspR 2015, 342 Rn. 26.

[228] OLG Düsseldorf Urt. v. 18.10.1984 – 18 U 121/84, TranspR 1985, 105 (106 f.).

[229] OLG Düsseldorf Urt. v. 30.5.1988 – 18 U 293/87, TranspR 1988, 423 (425).

[230] OLG Frankfurt a. M. Urt. v. 25.10.1977 – 5 U 14/77, VersR 1978, 535 (536).

[231] OLG Düsseldorf Urt. v. 3.6.1993 – 18 U 7/93, VersR 1995, 1211.

[232] Hof van Beroep Brüssel Urt. v. 25.5.1972, Jur.Anv. 1972, 219; Trib.com. Brüssel Urt. v. 4.2.1972, ETL 1972, 573 (576).

[233] C. A. Montpellier Urt. v. 28.2.1985, BT 1985, 600.

[234] OLG Saarbrücken Urt. v. 10.2.1971 – 1 U 9/70, VersR 1972, 757 (758).

[235] Rb. Amsterdam Urt. v. 9.2.1977, S.&S. 1978 Nr. 194; *Hill/Messent* 120.

[236] BGH Urt. v. 30.9.1993 – I ZR 258/91, TranspR 1994, 16 (17).

[237] C. A. Paris Urt. v. 27.5.1980, BT 1981, 435.

[238] OLG Düsseldorf Urt. v. 20.3.1997 – 18 U 140/96, TranspR 1997, 425 (427); vgl. auch OLG Köln Urt. v. 16.1.1998 – 11 U 101/97, TranspR 1999, 203 (204); OLG Hamburg Urt. v. 28.7.1999 – 6 U 32/99, TranspR 2000, 176; Urt. v. 18.8.1999 – 6 U 95/98, TranspR 2000, 177 ff.; OLG Stuttgart Urt. v. 13.10.1999 – 3 U 176/96, TranspR 2001, 127 (128); Woiwodschaftsgericht Lodz Urt. v. 11.2.1998 – XGL 539/96, TranspR 1999, 451 (453); aA iE Maritime and Commercial Court of Copenhagen Urt. v. 16.9.1996, ETL 1998, 70 (75).

[239] LG Köln Urt. v. 16.9.1988 – 87 S 1/88, TranspR 1989, 271.

[240] OLG Hamm Urt. v. 15.9.2008 – 18 U 199/07, TranspR 2009, 168.

(3) Diese Vermutung gilt im Falle des Artikels 17 Absatz 4 Buchstabe a nicht bei außergewöhnlich großem Abgang oder bei Verlust von ganzen Frachtstücken.

(4) Bei Beförderung mit einem Fahrzeug, das mit besonderen Einrichtungen zum Schutze des Gutes gegen die Einwirkung von Hitze, Kälte, Temperaturschwankungen oder Luftfeuchtigkeit versehen ist, kann sich der Frachtführer auf Artikel 17 Absatz 4 Buchstabe d
nur berufen, wenn er beweist, daß er alle ihm nach den Umständen obliegenden Maßnahmen hinsichtlich der Auswahl, Instandhaltung und Verwendung der besonderen Einrichtungen getroffen und ihm erteilte besondere Weisungen beachtet hat.

(5) Der Frachtführer kann sich auf Artikel 17 Absatz 4 Buchstabe f nur berufen, wenn er
beweist, daß er alle ihm nach den Umständen üblicherweise obliegenden Maßnahmen
getroffen und ihm erteilte besondere Weisungen beachtet hat.

Schrifttum: *Bästlein,* Beweisfragen in Rechtsstreitigkeiten gegen den HGB-Frachtführer wegen Güterschäden,
TranspR 2003, 413; vgl. iÜ Vor Art. 1, Art. 17.

Parallelvorschriften: § 427 HGB; Art. 25 CIM 1999; Art. 18 CMNI.

I. Allgemeines

Art. 18 (Parallelvorschrift: § 427 Abs. 2–4 HGB) regelt nur die **Beweislast** für **Haftungsbefrei-** 1
ungsgründe. Zur Beweislast für die Ansprüche aus Art. 17 ff. generell, insbesondere bezüglich der
Haftungsbegründung hinsichtlich Übernahme, Ablieferung, Schadensentstehung im Obhutszeitraum und Lieferfristüberschreitung → Art. 17 Rn. 18, für Fahrzeugmängel → Art. 17 Rn. 43. Zur
Beweislast für Ansprüche, die aus **nationalem Recht** folgen, → Vor Art. 1 Rn. 13. Von Art. 18 wird
auch nicht die Beweislast für den Fall erfasst, dass sich beim **multimodalen Verkehr** der Frachtführer
auf einen unbekannten Schadensort beruft. Soweit die Beweislast durch die CMR bestimmt wird, ist
sie **zwingend** und **unabdingbar,** Art. 41 Abs. 2.

II. Beweislast gem. Abs. 1 für Haftungsausschlussgründe nach Art. 17 Abs. 2

Ist nachgewiesen, dass Verlust oder Beschädigung im Obhutszeitraum entstanden sind oder Ver- 2
spätungsschäden auf einer Lieferfristüberschreitung beruhen, so hat der **Frachtführer** gem. Art. 18
Abs. 1 den **Beweis** für die in Art. 17 Abs. 2 genannten bevorrechtigten **Haftungsausschluss-**
gründe und ihre **Ursächlichkeit** zu führen.[1] Er muss die Schadensverursachung durch Verschulden
des Verfügungsberechtigten oder durch seine Weisungen, besondere Mängel und ihre Schadensursächlichkeit oder die Unabwendbarkeit des Schadensereignisses nachweisen. Die Beweislast für **man-**
gelnde Vorkühlung von Kühlgut trägt der Frachtführer, weil sie einen besonderen Mangel nach
Art. 17 Abs. 2 darstellt. Der BGH entschied aber jüngst, dass der Anspruchsteller, der vom Frachtführer Schadensersatz mit der Begründung beansprucht, Tiefkühlware sei während des Transports
nicht ausreichend gekühlt worden, muss aber seinerseits darlegen und beweisen, dass er dem Frachtführer das Transportgut in ordnungsgemäß gekühltem Zustand übergeben hat.[2] Eine Parallele zum
Verpackungsmangel, Art. 17 Abs. 4 lit. b, zu ziehen, würde den Frachtführer nicht entlasten, weil er
den Mangel der Verpackung nachzuweisen hat, bevor die Beweiserleichterung des Art. 18 Abs. 2
eingreifen kann. Auch das Argument, der Frachtführer hafte nur für Schäden innerhalb des Obhutszeitraums, bei mangelnder Vorkühlung sei die Schadensursache vorher gesetzt, der Anspruchsteller
habe aber die Schadensentstehung im Haftungszeitraum zu beweisen, führt nicht zu einer Ver-
lagerung der Beweislast auf den Anspruchsteller; denn dann wäre der Regelung der besonderen
Mängel in Art. 17 Abs. 2 und Art. 18 Abs. 1 der Boden entzogen. Eine **Gesamtschau** von Art. 17
Abs. 1 und 2 ergibt vielmehr, dass der Anspruchsteller zu beweisen hat, dass der Schaden im
Obhutszeitraum entstand, ohne Qualität der Ware sich verschlechterte. Dass dies wegen des besonderen
Mangels geschah, hat wegen Art. 17 Abs. 2, Art. 18 Abs. 1 der Frachtführer nachzuweisen.[3] Die
Beweislast für ein Verschulden des Frachtführers bei Weisungen des Verfügungsberechtigten trägt der

---

[1] BGH Urt. v. 28.2.1975 – I ZR 40/74, NJW 1975, 1597 (1599); OGH Wien Urt. v. 10.7.1991 – 1 Ob 579/91,
TranspR 1991, 422 (423); *Giemulla* in Baumgärtel/Prütting/Laumen Beweislast-HdB Art. 17–20 Rn. 22; Mü-
KoHGB/*Jesser-Huß* Rn. 8; Thume/*Thume* Rn. 30 f.; *Herber/Piper* Rn. 6 ff. mwN; *Clarke* 69b S. 255; *Sánchez-Gam-*
borino Nr. 857; aA für Mängel des Gutes *Froeb,* Die Haftung für Beschaffenheitsschäden im Transportrecht, 1991, 75.
[2] BGH Urt. v. 23.11.2017 – I ZR 51/16, TranspR 2018, 194 Rn. 19 ff.
[3] OLG Schleswig Urt. v. 30.8.1978 – 9 U 29/78, VersR 1979, 141 (142); OLG Frankfurt a. M. Urt. v. 17.1.1981 –
5 U 144/79, TranspR 1982, 106; *Bästlein/Bästlein* TranspR 2003, 413 (416); ausf. *Koller* TranspR 2000, 449; *Koller*
Rn. 6; *Herber/Piper* Rn. 6, 39; MüKoHGB/*Jesser-Huß* Art. 17 Rn. 39; *Lamy* I Nr. 491; *Putzeys* Nr. 761; Theunis/
Chao 133 f.; *Hill/Messent* 112; für Gleichstellung mit Verpackungsmängeln und Beweislast des Anspruchstellers
Thume/*Thume* Rn. 1992, 1; Thume/*Thume* Rn. 76, 77; *Fremuth/Thume* FrachtR Art. 17 Rn. 127; für Beweislast des
Anspruchstellers unter Bezug auf Art. 17 Abs. 1: OLG Hamm Urt. v. 11.6.1990 – 18 U 214/89, TranspR 1990, 375
(376); Urt. v. 26.6.1997 – 18 U 106/94, TranspR 1998, 301 (303); Brandenburg. OLG Urt. v. 29.3.2000 – 7 U 206/
98, TranspR 2000, 358.

Anspruchssteller.[4] Für den Entlastungsbeweis des Frachtführers bedarf es grundsätzlich des Nachweises der **konkreten Schadensursache**.[5] Bleibt die Schadensursache **offen,** muss er den Entlastungsbeweis bezüglich jeder bei realistischer Betrachtung denkbaren Ursache erbringen. Ausreichend ist nicht, dass der Frachtführer hinreichend darlegt, dass er den Transport so organisiert hat, dass es zum Schaden nur auf Grund unvermeidbarer Umstände kommen konnte.[6] Bei einer Berufung auf ein unabwendbares Ereignis kann der Beweis konkreter Schadensursachen unterbleiben, wenn nur ein von außen kommender, nicht in einem Fahrzeugmangel liegender unabwendbarer Umstand den Schaden verursacht haben kann.[7]

III. Beweislast für Haftungsausschlussgründe nach Art. 17 Abs. 4

3   **1. Kausalitätsvermutung (Abs. 2 S. 1).** Ist nachgewiesen, dass Verlust oder Beschädigung im Obhutszeitraum entstanden sind und will sich der Frachtführer auf bevorrechtigte Haftungsausschlussgründe nach Art. 17 Abs. 4 berufen (sie gelten nicht für Verzögerungsschäden, → Art. 17 Rn. 44), hat er die dort **bezeichneten Gefahren,** also etwa Verpackungs- oder Verladefehler, Verladen durch Absender, Empfänger oder für sie handelnde Dritte (zum Nachweis eines Verladefehlers → Rn. 9), die natürliche schadensgeneigte Beschaffenheit etc gem. Art. 18 Abs. 1 **zu beweisen**[8] (zur Unzulässigkeit des Anscheinsbeweises → Rn. 7). Darüber hinaus muss er nach Art. 18 Abs. 2 S. 1 lediglich die **Möglichkeit der Schadensentstehung** infolge dieser besonderen Gefahren an Hand der Umstände des Falles **darlegen.** Die Kausalitätsvermutung des Art. 18 Abs. 2 S. 1 greift danach bereits bei einem substantiierten Vortrag, dass diese Gefahren als Schadensursache nicht nur theoretisch möglich sind, sondern nicht außerhalb aller Wahrscheinlichkeit liegen, selbst wenn es andere gleich plausible Erklärungen gibt.[9] Das setzt voraus, dass die konkreten Sachumstände, mit denen die Möglichkeit der Schadensverursachung begründet wird, unstreitig oder nachgewiesen sind.[10] Es ist nicht erforderlich, die **Wahrscheinlichkeit** der Schadensverursachung durch die besondere Gefahr darzulegen oder zu beweisen.[11]

4   Ist die Möglichkeit der Schadensverursachung durch (nachgewiesene) Gefahrenumstände nach Art. 17 Abs. 4 vom Frachtführer in diesem Sinn dargelegt, greift zu seinen Gunsten die **Vermutung** ein, der Schaden beruhe tatsächlich auf diesen Umständen, Art. 18 Abs. 2 S. 1. Der Frachtführer muss einen weiteren Beweis aus Art. 18 Abs. 1 nicht mehr führen, um von der Haftung frei zu werden. Widerruft er jedoch ein **gerichtliches Geständnis**, §§ 288, 290 ZPO, hat er die volle Beweislast für die Unrichtigkeit der widerrufenen Behauptung und kann sich nicht auf die Beweiserleichterung nach Art. 18 Abs. 2 stützen.[12]

5   **2. Gegenbeweis (Abs. 2 S. 2).** Der Anspruchsberechtigte kann sich gegenüber der Kausalitätsvermutung des Art. 18 Abs. 1 S. 1 gemäß dessen S. 2 nicht nur auf ein Verschulden des Frachtführers oder Fahrzeugmängel nach Art. 17 Abs. 3 berufen, sondern auf jeden Umstand, der für den Schaden

---

[4] *Giemulla* in Baumgärtel/Prütting/Laumen Beweislast-HdB Art. 17–20 Rn. 19; Thume/*Thume* Rn. 32; *Herber/ Piper* Rn. 6.

[5] OLG München Urt. v. 27.2.1987 – 23 U 3465/86, TranspR 1987, 185; OLG Hamburg Urt. v. 18.10.1990 – 6 U 253/89, VersR 1991, 446 (447); *Giemulla* in Baumgärtel/Prütting/Laumen Beweislast-HdB Art. 17–20 Rn. 17; *Herber/Piper* Rn. 5; *Koller* Rn. 2; MüKoHGB/*Jesser-Huß* Rn. 9.

[6] OLG Hamburg Urt. v. 18.10.1990 – 6 U 253/89, VersR 1991, 446 (447); MüKoHGB/*Jesser-Huß* Rn. 9; *Herber/ Piper* Rn. 5.

[7] OLG München Urt. v. 27.2.1987 – 23 U 3465/86, 185; OGH Wien Urt. v. 10.7.1991 – 1 Ob 579/91, 423 für Reifenschaden; MüKoHGB/*Jesser-Huß* Rn. 9; *Herber/Piper* Rn. 5; GroßkommHGB/*Helm* Rn. 8; *Hill/Messent* 118.

[8] BGH Urt. v. 20.10.1983 – I ZR 105/81, VersR 1984, 262 (263); Urt. v. 28.3.1985 – I ZR 194/82, NJW 1985, 2092 (2093); Urt. v. 8.6.1988 – I ZR 149/88, VersR 1988, 952 (953); OLG Karlsruhe Urt. v. 24.1.2002 – 9 U 94/ 99, TranspR 2002, 410 (411); OLG Celle Urt. v. 20.6.2002 – 11 U 181/01, TranspR 2004, 122 (123); Frankfurt a. M. Urt. v. 8.7.1980 – 5 U 186/79, MDR 1981, 53 (54); OLG Hamm Urt. v. 18.10.1984 – 18 U 175/82, TranspR 1985, 107 (108); *Loewe* ETL 1976, 503 (562); GroßkommHGB/*Helm* Art. 17 Rn. 13; Thume/*Thume* Rn. 46; *Herber/Piper* Rn. 10 mwN; MüKoHGB/*Jesser-Huß* Rn. 12; *Lenz* StraßengütertranspR Rn. 591; *Clarke* Nr. 76 S. 296; Theunis/*Libouton* 92.

[9] BGH Urt. v. 20.10.1983 – I ZR 105/81, VersR 1984, 262; Urt. v. 4.10.1984 – I ZR 112/82, NJW 1985, 554; Urt. v. 28.3.1985 – I ZR 194/82, NJW 1985, 2092; Urt. v. 15.6.2000 – I ZR 55/98, TranspR 2000, 459 (462) = NJW-RR 2000, 1635 (1637); OLG Frankfurt a. M. Urt. v. 11.6.1992 – 5 U 237/87, NJW-RR 1993, 169 (170);Urt. v. 1.12.1997, ETL 2000, 125 (126); Ulster Swift v. Taunton Meat Haulage, Q. B.(D.) Urt. v. 8.5.1975, ETL 1976, 246 (248); Cass. Paris Urt. v. 4.2.1986, ETL 1986, 263 (264f.); *Züchner* VersR 1967, 1026 (1028); *Piper* HRR Speditions- und FrachtR Rn. 397, 398; *Piper* TranspR 1990, 357 (359); *Giemulla* in Baumgärtel/Prütting/Laumen Beweislast-HdB Art. 17–20 Rn. 5; Thume/*Thume* Rn. 48; *Herber/Piper* Rn. 11; MüKoHGB/*Jesser-Huß* Rn. 11; GroßkommHGB/*Helm* Art. 17 Rn. 13; *Rodière* ETL 1971, 306 (307); *Lamy* I Nr. 494; *Clarke* Nr. 76 S. 297, Nr. 77 S. 299; *Sánchez-Gamborino* Nr. 857.

[10] OLG Köln Urt. v. 5.2.1975 – 2 U 5/74, VersR 1975, 709 (710); OLG Wien Urt. v. 8.11.1990 – 5 R 114/90, TranspR 1991, 100 (102); *Loewe* ETL 1976, 503 (562); *Clarke* Nr. 77 S. 300; *Putzeys* Nr. 679, 682.

[11] *Libouton* ETL 1971, 2 (51); *Clarke* Nr. 77 S. 301; Theunis/*Libouton* 92, 93; *Sánchez-Gamborino* Nr. 857; aA C. A. Liège Urt. v. 20.1.1971, ETL 1971, 541 (544); *Putzeys* Nr. 682.

[12] OLG Frankfurt a. M. Urt. v. 17.11.1981 – 5 U 144/79, TranspR 1982, 106 (107); *Herber/Piper* Rn. 12.

ursächlich oder mitursächlich geworden ist. Ein solcher liegt noch nicht in der Inobhutnahme des Gutes oder in der Inbetriebnahme des Fahrzeugs. Beweist der Anspruchssteller aber positiv **konkrete Umstände,** die mit dem Transportgeschehen in Zusammenhang stehen, und ihre **Ursächlichkeit** oder weist er nach, dass die fraglichen Gefahrenumstände des Art. 17 Abs. 4 nicht ursächlich gewesen sind,[13] so ist es Sache des Frachtführers gegenüber den vom Anspruchssteller bewiesenen Umständen den **Entlastungsbeweis** nach Art. 17 Abs. 2, Art. 18 Abs. 1 zu führen[14] oder andere vom Anspruchssteller zu vertretende Schadensursachen zu beweisen. Sind **mehrere Schadensursachen** nachgewiesen, die teils vom Frachtführer, teils vom Anspruchsberechtigten zu vertreten sind, so greift **Art. 17 Abs. 5** ein.[15]

3. Offene Fahrzeuge (Art. 17 Abs. 4 lit. a, Art. 18 Abs. 3).

Der Frachtführer hat zu beweisen, **6** dass gemäß ausdrücklicher, im Frachtbrief vermerkter Abrede (→ Art. 17 Rn. 45) tatsächlich im offenen Fahrzeug transportiert wurde und dass kein **außergewöhnlicher Abgang** oder der Verlust ganzer Frachtstücke stattgefunden hat, Art. 18 Abs. 3. Kann er das nicht, so greift die Vermutung nach Abs. 2 S. 1 nicht und ihn trifft der volle Entlastungsbeweis nach Abs. 1.[16] Gelingt ihm der Nachweis, so hat er die Vermutung des Abs. 2 S. 1 für sich,[17] wenn er darüber hinaus darlegt, dass Verlust oder Beschädigung aus diesem Umstand entstanden sein kann.[18] Art. 18 Abs. 3 gilt **nicht analog** bei **Rinnverlusten** von Schüttgut, weil diese zugleich auf Art. 17 Abs. 4 lit. d beruhen.[19]

4. Verpackungsmangel (Art. 17 Abs. 4 lit. b).

Den Frachtführer trifft die Beweislast für die **7** **Verpackungsbedürftigkeit**[20] und die **Mangelhaftigkeit** der Verpackung.[21] Der **Beweis** kann durch anerkannte Vorbehalte geführt werden. Liegt ein ordnungsmäßiger Frachtbrief ohne Vorbehalt vor, so spricht die Vermutung für den **äußerlich guten Zustand** der Verpackung bei Übernahme des Gutes, Art. 9 Abs. 2. Vermerkt der Frachtführer bei Ablieferung einen **Schaden unter der Verpackung,** so bleibt dem Empfänger die Beweislast für die mangelfreie Übernahme durch den Frachtführer.[22] Eine nach Art. 41 Abs. 2 unzulässige Beweislastumkehr läge vor, wenn allein aus der Tatsache eines **normalen Transportverlaufs** ohne besonders harte Bremsvorgänge auf einen Verpackungsmangel iSd Art. 17 Abs. 4 lit. b geschlossen würde; denn dies würde die Kausalitätsvermutung des Art. 18 Abs. 2 S. 1 führen, und stünde im Widerspruch zur Beweislastregel des Art. 18 Abs. 1.[23] Die Vermutung des Art. 18 Abs. 2 S. 1 greift unabhängig davon, ob die **Verpackung untersucht** wurde.[24]

5. Ladungsmangel (Art. 17 Abs. 4 lit. c).

Der Frachtführer, der sich auf Ladungsmängel berufen **8** will, hat zu beweisen, dass der Absender, Empfänger oder ein für sie handelnder Dritter eine der Tätigkeiten gem. Art. 17 Abs. 4 lit. c vorgenommen hat.[25] Beruft sich der Anspruchssteller gegenüber dem Nachweis der **tatsächlichen Verladung** durch Absender, Empfänger oder deren Leute darauf, dass diese unter der **Oberaufsicht** oder auf Weisung des Frachtführers für diesen handelten (→ Art. 17 Rn. 58), so hat er diese neue, die Haftungsbefreiung beseitigende Tatsache zu beweisen.[26] Durch den Nachweis einer **Ladepflicht** des **Frachtführers** kann die Haftungsbefreiung zu Fall gebracht werden, weil sich ein Tätigwerden der Leute des Absenders dann als solches für den pflichtigen Frachtführer darstellen wird (→ Art. 17 Rn. 59).

---

[13] OLG Köln Urt. v. 5.2.1975 – 2 U 5/75, VersR 1975, 709 (710); Cass. Paris Urt. v. 4.2.1986, ETL 1986, 263 (265); MüKoHGB/*Jesser-Huß* Rn. 13; *Hill/Messent* 146.

[14] BGH Urt. v. 28.3.1985 – I ZR 194/82, NJW 1985, 2092; *Piper* TranspR 1990, 357 (359); *Piper* HRR Speditions- und FrachtR Rn. 398; *Herber/Piper* Rn. 13; *Thume/Thume* Rn. 51; MüKoHGB/*Jesser-Huß* Rn. 13.

[15] BGH Urt. v. 28.3.1985 – I ZR 194/82, NJW 1985, 2092 (2095); *Piper* HRR Speditions- und FrachtR Rn. 398; *Herber/Piper* Rn. 13 mwN; *Hill/Messent* 147; *Clarke* Nr. 78a S. 303 mwN.

[16] *Giemulla* in Baumgärtel/Prütting/Laumen Beweislast-HdB Art. 17–20 Rn. 26; *Thume/Thume* Rn. 53.

[17] So ohne weiteres Erfordernis *Herber/Piper* Rn. 15.

[18] *Piper* TranspR 1990, 357 (359); *Koller* Rn. 3 mwN; *Thume/Thume* Rn. 52; MüKoHGB/*Jesser-Huß* Rn. 16.

[19] LG Offenburg Urt. v. 21.1.1969 – 2 O 68/68, VersR 1969, 560 mAnm*Willenberg*; GroßkommHGB/*Helm* Art. 17 Rn. 14; *Hill/Messent* 130.

[20] BGH Urt. v. 8.6.1988 – I ZR 149/88, VersR 1988, 952 (953); OLG Frankfurt a. M. Urt. v. 11.6.1992 – 5 U 237/87, NJW-RR 1993, 169; *Herber/Piper* Rn. 20; *Thume/Thume* Rn. 55; MüKoHGB/*Jesser-Huß* Rn. 17; *Koller* Rn. 4; *Hill/Messent* 131; *Clarke* Nr. 81 S. 309; aA *Giemulla* in Baumgärtel/Prütting/Laumen Beweislast-HdB Art. 17 –20 Rn. 28.

[21] BGH Urt. v. 20.10.1983 – I ZR 105/81, VersR 1984, 262 (263); Urt. v. 4.10.1984 – I ZR 112/82, NJW 1985, 554; Urt. v. 8.6.1988 – I ZR 149/88, VersR 1988, 952 (953); *Herber/Piper* Rn. 16 mwN; *Thume/Thume* Rn. 56; *Koller* Rn. 4; *Clarke* Nr. 81 S. 310; aA *Bischoff* VersR 1981, 539.

[22] OLG Düsseldorf Urt. v. 2.12.1982 – 18 U 105/82, VersR 1983, 1055; *Herber/Piper* Rn. 18.

[23] BGH Urt. v. 4.10.1984 – I ZR 112/82, NJW 1985, 554; *Giemulla* in Baumgärtel/Prütting/Laumen Beweislast-HdB Art. 17–20 Rn. 28; *Thume/Thume* Rn. 56; MüKoHGB/*Jesser-Huß* Rn. 18; *Koller* Rn. 4.

[24] *Herber/Piper* Rn. 17; aA Kh Antwerpen Urt. v. 10.10.1980, ETL 1982, 64 (67).

[25] *Piper* TranspR 1990, 357 (359); *Giemulla* in Baumgärtel/Prütting/Laumen Beweislast-HdB Art. 17–20 Rn. 30; *Koller* Rn. 5; ausf. *Thume/Thume* Rn. 64; MüKoHGB/*Jesser-Huß* Rn. 20 mwN; *Herber/Piper* Rn. 21; *Clarke* Nr. 85 S. 319; *Lamy* I Nr. 494.

[26] *Giemulla* in Baumgärtel/Prütting/Laumen Beweislast-HdB Art. 17–20 Rn. 30; *Thume/Thume* Rn. 69.

9   Streitig ist, ob ein **Verladefehler** vom Frachtführer nachzuweisen ist, bevor die Kausalitätsvermutung des Art. 18 Abs. 2 S. 1 eingreifen kann. Die hM erstreckt die **Beweislast** des Frachtführers über die von Absender, Empfänger oder für sie Handelnde tatsächlich durchgeführte Beladung hinaus auch auf Verladefehler.[27] Dem ist trotz des Wortlauts von Art. 17 Abs. 4 lit. c, der im Vergleich zu Art. 17 Abs. 4 lit. b nicht an die Fehlerhaftigkeit anknüpft, zuzustimmen, weil dem Verladenden nicht allein wegen der Verladung das Transportrisiko überbürdet werden kann. Die abweichende Ansicht lässt es schon genügen, dass der Frachtführer Umstände substantiiert darlegt und nachweist, die einen Verladefehler plausibel und realistisch erscheinen lassen.[28] Der Nachweis einer theoretischen Möglichkeit eines Ladefehlers genügt auch danach nicht. Art. 18 Abs. 2 S. 1 setzt weiter voraus, dass der Ladefehler auch eine plausible Schadensursache ist (→ Rn. 3).

10   Die Vermutung des Art. 18 Abs. 2 S. 1 gilt unabhängig davon, ob der Frachtführer die Verladung bei Übernahme kontrolliert hat.[29] Beruft sich der Anspruchssteller auf die **Verletzung** einer **Überprüfungspflicht** des Frachtführers etwa hinsichtlich der Betriebssicherheit (→ Art. 17 Rn. 64), so hat er sie nachzuweisen. Dafür, wie für die Mitursächlichkeit, kann der **Anscheinsbeweis** sprechen.[30] Dann ist Art. 17 Abs. 5 anwendbar, wenn der Frachtführer sich nicht nach Art. 17 Abs. 2 entlastet.

11   **6. Besondere Beschaffenheit der Güter, klimatechnische Fahrzeuge (Art. 17 Abs. 4 lit. d, Art. 18 Abs. 4).** Werden Waren nicht in einem Fahrzeug mit speziellen Einrichtungen nach Art. 18 Abs. 4 befördert, so hat der Frachtführer zu beweisen, dass es sich um eine auf Grund ihrer natürlichen Beschaffenheit bei normalem Transportverlauf unter Berücksichtigung ordnungsmäßiger Verpackung und Verladung **besonders schadensanfällige Gütergattung** handelt.[31] Er hat für die Vermutung nach Art. 18 Abs. 2 S. 1 nur noch darzulegen, dass die Verursachung durch die natürliche Beschaffenheit plausibel ist und nicht außerhalb aller Wahrscheinlichkeit liegt[32] (→ Rn. 3), was sich meist schon aus dem Nachweis der besonderen Gefährdung ergeben wird. Die Vermutung kann wiederum durch den Gegenbeweis entkräftet werden, dass die besondere Beschaffenheit nicht ursächlich war. Der Nachweis eines vom Frachtführer zu vertretenden **atypischen Transportverlaufs** durch den insoweit beweispflichtigen Anspruchssteller schliesst allein die Berufung auf Art. 17 Abs. 4 lit. d noch nicht aus, sondern führt im Regelfall zur Anwendung von Art. 17 Abs. 5 (→ Art. 17 Rn. 68).

12   Bei **Transporten in klimatechnischen Fahrzeugen,** die ausdrücklich oder stillschweigend etwa auf Grund der Art der zu befördernden Güter **vereinbart** sind,[33] kommt die Haftungsbefreiung nach Art. 17 Abs. 4 lit. d nur zum Zug, wenn der Frachtführer nachweist, dass er alle ihm obliegenden Maßnahmen hinsichtlich Auswahl, Instandhaltung und Verwendung der besonderen Einrichtungen getroffen und ihm erteilte besondere Weisungen, etwa in Bezug auf Temperatur, Trockenheit, die Einrichtungen[34] oder die Beförderungsdauer[35] beachtet hat, Art. 18 Abs. 4. Er haftet damit für **vermutetes Verschulden.**[36] Kann er sich nicht nach Art. 18 Abs. 4 entlasten, so bleibt ihm nur der Nachweis, dass der Schaden auf anderen Haftungsausnahmen wie Anweisungen oder Fehlern des Absenders beruht.[37] Die Einschränkungen, die Art. 18 Abs. 4 für die Haftungsbefreiung trifft, gelten allerdings nur, soweit die Einrichtungen die besondere **Schadensanfälligkeit ausgleichen** sollten. Der Frachtführer kann sich deshalb unmittelbar auf Art. 17 Abs. 4 lit. d berufen, wenn etwa im Kühlfahrzeug transportiertes Obst zerdrückt ist.[38] Art. 17 Abs. 4 lit. d iVm Art. 18 Abs. 4 gehen

---

[27] BGH Urt. v. 28.3.1985 – I ZR 194/82, NJW 1985, 2092; Urt. v. 8.6.1988 – I ZR 149/88, VersR 1988, 952 (955); OLG Schleswig Urt. v. 30.8.1978 – 9 U 29/78, VersR 1979, 141 (142); OLG Hamburg Urt. v. 29.5.1980 – 6 U 137/79, VersR 1980, 950; OLG Hamm Urt. v. 18.10.1984 – 18 U 175/82, TranspR 1985, 107 (109); Cass. Belgien Urt. v. 9.12.1999, ETL 2000, 386 (387); *Piper* TranspR 1990, 357 (359); *Züchner* VersR 1967, 1026 (1027 f.); *Giemulla* in Baumgärtel/Prütting/Laumen Beweislast-HdB Art. 17–20 Rn. 30; *Herber/Piper* Rn. 21 mwN; MüKoHGB/*Jesser-Huß* Rn. 20 f.; *Thume/Thume* Rn. 65; HEPK/*Glöckner* Rn. 5.

[28] Cass. Paris Urt. v. 31.1.1995, ETL 1995, 688; *Roesch* BB 1982, 20 (24); *Bischoff* VersR 1981, 539; *Hill/Messent* 143 ff.; *Clarke* Nr. 76 S. 297, Nr. 85 S. 320; Theunis/*Libouton* 93 f. mwN; *Putzeys* Nr. 796; *Lamy* I Nr. 497; *Pesce* 225.

[29] *Herber/Piper* Rn. 23; *Koller* Rn. 5; aA Kh Antwerpen Urt. v. 10.10.1980, ETL 1982, 64 (67).

[30] *Koller* DB 1988, 589 (592) aE; *Herber/Piper* Art. 17 Rn. 124; Thume/*Thume* Rn. 70.

[31] OLG Frankfurt a. M. Urt. v. 8.7.1980 – 5 U 186/79, MDR 1981, 53 (54); Thume/*Thume* Rn. 72; *Koller* Rn. 6; *Herber/Piper* Rn. 25; MüKoHGB/*Jesser-Huß* Rn. 22.

[32] *Piper* TranspR 1990, 357 (359); *Giemulla* in Baumgärtel/Prütting/Laumen Beweislast-HdB Art. 17–20 Rn. 33; *Koller* Rn. 6; *Herber/Piper* Rn. 25; *Hill/Messent* 149.

[33] *Herber/Piper* Rn. 28; *Clarke* Nr. 89b (ii) S. 341; *Hill/Messent* 151; aA (im Frachtbrief oder bei seinem Fehlen in anderer Urkunde) *Sánchez-Gamborino* Nr. 818.

[34] OLG Hamm Urt. v. 14.11.1985 – 18 U 268/84, VersR 1987, 609; Theunis/*Chao* 122; *Clarke* Nr. 89b(ii) S. 342.

[35] C. A. Paris Urt. v. 4.3.1985, BT 1985, 396; *Clarke* Nr. 89b (ii) S. 344.

[36] OLG Koblenz Urt. v. 2.7.1976 – 2 U 515/74, VersR 1976, 1151 (1152); OLG Hamburg Urt. v. 27.10.1988 – 6 U 116/88, VersR 1989, 719 (720); *Thume* TranspR 1992, 1 (5); Thume/*Thume* Art. 17 Rn. 200, Art. 18 Rn. 79; HEPK/*Glöckner* Rn. 82; *Herber/Piper* Rn. 27 mwN; MüKoHGB/*Jesser-Huß* Art. 17 Rn. 83.

[37] Cass. Paris Urt. v. 15.2.1982, ETL 1983, 24; Urt. v. 19.4.1982, ETL 1983, 13 (14); MüKoHGB/*Jesser-Huß* Art. 17 Rn. 84.

[38] MüKoHGB/*Jesser-Huß* Art. 17 Rn. 84; *Regnarsen* 186.

Art. 17 Abs. 3 vor, weil Art. 18 Abs. 4 sonst weitgehend überflüssig wäre.[39] Art. 18 Abs. 4 bezieht sich auch nicht auf Ladungsmängel nach **Art. 17 Abs. 4 lit. c.**[40]

Spezialeinrichtungen iSv Art. 18 Abs. 4 sind nicht schon **Kartons** oder **Planen,** mit denen ein 13 Fahrzeug versehen ist.[41] **Abstandhalter** in Kühlwagen gehören nicht dazu,[42] sie betreffen die ordnungsmäßige Verladung. **Container** als solche sind nicht Einrichtungen nach Art. 18 Abs. 4,[43] können aber Fahrzeugteile darstellen. Für **andere Spezialeinrichtungen** als die zum Schutz vor Hitze, Kälte, Temperaturschwankungen oder Luftfeuchtigkeit ist Art. 18 Abs. 4 nicht analog anwendbar, weil sie in der Vorschrift, die eine Ausnahme von Art. 17 Abs. 3 darstellt, gerade nicht aufgeführt sind.[44]

Es gilt der gewöhnliche **Verschuldensmaßstab.** Die erforderliche Sorgfalt ist einzuhalten.[45] Der 14 **Entlastungsbeweis** erfordert insbesondere bei **Kühleinrichtungen,**[46] dass der Frachtführer substantiiert die Art der Einrichtung, ihre Wartung und Bedienung, Inhalt und Umfang der Kontrollen und die Kühlung während der Fahrtpausen vorträgt und beweist.[47] Nachzuweisen ist nur die **regelmäßige Wartung** und **Kontrolle.**[48] Nicht notwendig ist der Nachweis, wie es konkret zum Schaden gekommen ist[49] oder dass die Kühleinrichtung einwandfrei gearbeitet haben.

Die Entlastung nach Art. 18 Abs. 4 hat zur Bedingung, dass der Frachtführer für ausreichende 15 **Vorkühlung** des Fahrzeugs[50] und die Einhaltung der **vorgesehenen Temperatur** Sorge trägt.[51] Er hat deshalb die Pflicht, sie in regelmäßigen Abständen zu **kontrollieren,** sei es durch Überprüfung des Kühlguts oder von Kühlkontrollblättern.[52] Weist er nach, dass er die notwendige Kühltemperatur eingehalten hat, und ist der weit überwiegende Teil der Ladung ordnungsgemäß ausgeliefert worden, reicht dies zur Entlastung nach Art. 18 Abs. 4 aus.[53] Seine Pflichten verletzt der Frachtführer, wenn die Kühlung zwei Stunden nicht in Betrieb ist und nur drei mal in 48 Stunden kontrolliert wird[54] oder das Fahrzeug mit eingeschalteter Kühlung 48 Stunden ohne Kontrolle auf einem Parkplatz abgestellt wird[55] oder Vorrichtungen zur laufenden Temperaturkontrolle fehlen,[56] wie ein **Außenthermometer.**[57] Ein Thermograf oder eine Warnanlage sind allerdings nicht erforderlich,[58] weil sie nur als zweites Kontrollinstrument sinnvoll wären, das nicht verlangt werden kann. Den Frachtführer trifft aus Art. 18 Abs. 4 die Pflicht zu überprüfen, dass durch die Beladung die **Kühleinrichtungen nicht**

---

[39] OLG Hamburg Urt. v. 27.10.1988 – 6 U 116/88, VersR 1989, 719 (720); *Thume* TranspR 1992, 1 (5); *Giemulla* in Baumgärtel/Prütting/Laumen Beweislast-HdB Art. 17–20 Rn. 36; *Herber/Piper* Rn. 26 mwN; *Koller* Art. 17 Rn. 51; *Haak,* The Liability of the Carrier under the CMR, 1986, 172 f.; *Clarke* Nr. 75f (i) S. 292, Nr. 89b (i) S. 339; aA Cass. Paris Urt. v. 15.2.1982, BT 1982, 182; Kh Brüssel Urt. v. 27.2.1987, ETL 1987, 582; vgl. Nachw. bei *Theunis/Libouton* 127 ff.

[40] OLG Düsseldorf Urt. v. 13.12.1979 – 18 U 133/79, VersR 1980, 286 (287); OLG Hamburg Urt. v. 21.2.1985 – 6 U 198/84, TranspR 1985, 400 (401); *Herber/Piper* Rn. 27; aA OLG München Urt. v. 27.6.1979 – 7 U 1181/79, VersR 1980, 241.

[41] *Herber/Piper* Rn. 29; *Clarke* Nr. 75f (i) S. 292; aA teils die frz. Rspr., vgl. Nachw. bei Theunis/*Chao* 115.

[42] OLG Hamburg Urt. v. 21.2.1985 – 6 U 198/84, TranspR 1985, 400 (401); *Herber/Piper* Rn. 29; HEPK/ *Glöckner* Rn. 87; aA *Koller* DB 1988, 589 (592).

[43] *Herber/Piper* Rn. 29; *Clarke* Nr. 75f (i) S. 293.

[44] *Thume* Art. 17 Rn. 190; wohl auch *Heuer* Frachtführerhaftung 104; *Putzeys* Nr. 821; aA *Koller* Art. 17 Rn. 51; MüKoHGB/*Jesser-Huß* Art. 17 Rn. 82; *Herber/Piper* Rn. 29 bzgl. besonderer Federung.

[45] *Herber/Piper* Rn. 30; GroßkommHGB/*Helm* Rn. 18; *Koller* Art. 17 Rn. 51; *Putzeys* Nr. 820; aA OGH Wien Urt. v. 22.11.1984, *Greiter* Nr. 50 S. 253, 260; *Clarke* Nr. 89b (i) S. 340: äußerste Sorgfalt entsprechend Art. 17 Abs. 1, 2.

[46] Zu Kühltransporten vgl. insbes. *Thume* TranspR 1992, 1 ff.

[47] OLG Hamm Urt. v. 14.11.1985 – 18 U 268/84, VersR 1987, 609; Urt. v. 6.12.1993 – 18 U 98/93, TranspR 1994, 195 (196); Urt. v. 21.6.1999 – 18 U 201/98, TranspR 1999, 445 (447); OLG Hamburg Urt. v. 27.10.1988 – 6 U 116/88, VersR 1989, 719 (721); Hof van Beroep Brüssel Urt. v. 17.12.1984, ETL 1985, 354.

[48] OLG Hamburg Urt. v. 27.10.1988 – 6 U 116/88, VersR 1989, 719 (720); OLG Hamm Urt. v. 21.6.1999 – 18 U 201/98, TranspR 1999, 445 (447); *Herber/Piper* Rn. 32.

[49] *Herber/Piper* Rn. 31; *Clarke* Nr. 89b (ii) S. 343; aA Q. B. (D.) Urt. v. 8.5.1975, ETL 1976, 246 (258).

[50] OLG München Urt. v. 16.1.1991 – 7 U 2240/90, TranspR 1992, 181 (183); *Thume* TranspR 1992, 1 (2).

[51] OLG Nürnberg Urt. v. 14.6.1965 – 9 U 181/64, ETL 1971, 247; Hof van Beroep Brüssel Urt. v. 17.12.1984, ETL 1985, 354 (355); *Koller* Art. 17 Rn. 51; *Herber/Piper* Rn. 35; Theunis/*Chao* 120, 121 mwN aus der frz. Rspr.

[52] OLG Hamburg Urt. v. 27.10.1988 – 6 U 116/88, VersR 1989, 719 (720); OLG Hamm Urt. v. 18.10.1984 – 18 U 175/82, TranspR 1985, 107 (108); Urt. v. 6.12.1993 – 18 U 98/93, TranspR 1994, 195 (196); OLG München Urt. v. 16.1.1991 – 7 U 2240/90, TranspR 1992, 181 (183); *Thume* TranspR 1992, 1 (5); *Herber/Piper* Rn. 35; *Koller* Art. 17 Rn. 51.

[53] Hof van Beroep Brüssel Urt. v. 17.12.1984, ETL 1985, 354; *Herber/Piper* Rn. 37; *Hill/Messent* 149, 150.

[54] OLG Hamm Urt. v. 18.10.1984 – 18 U 175/82, TranspR 1985, 107 (108).

[55] OLG Hamburg Urt. v. 2.5.1985 – 6 U 206/84, VersR 1986, 865 (866).

[56] OLG Koblenz Urt. v. 2.7.1976 – 2 U 515/74, VersR 1976, 1151 (1152); OLG München Urt. v. 27.6.1979 – 7 U 1181/79, VersR 1980, 241 (242); OLG Hamburg Urt. v. 27.10.1988 – 6 U 116/88, VersR 1989, 719 (720); *Koller* Art. 17 Rn. 51; Theunis/*Chao* 128.

[57] OLG Koblenz Urt. v. 2.7.1976 – 2 U 515/74, VersR 1976, 1151 (1152); C. A. Toulouse Urt. v. 14.1.1981, BT 1981, 158; *Libouton* ETL 1973, 6 (28).

[58] OLG Hamburg Urt. v. 27.10.1988 – 6 U 116/88, VersR 1989, 719 (720).

beeinträchtigt werden[59] (→ Art. 17 Rn. 57). Bei einer insoweit ersichtlich fehlerhaften Beladungsanweisung des Absenders hat er diesen zumindest auf die Gefahr hinzuweisen.[60]

16 **Weisungen** des Absenders **zur Kühltemperatur** hat er zu beachten.[61] Er handelt aber schuldhaft, wenn er sie ohne Hinweis an den Absender ausführt, obwohl er weiß oder offensichtlich ist, dass das Gut Schaden nehmen muss.[62] Gegen seine **Auswahlpflicht** aus Art. 18 Abs. 4 verstößt der Frachtführer, wenn er eine **nicht ausreichend dimensionierte Kühlanlage** zur Verfügung stellt[63] oder zur vereinbarten Beförderung kartonierter Kühlwaren einen **Lkw ohne Rillenboden** und Wellwände einsetzt, der nur zur Beförderung von Fleisch an Haken eingerichtet ist.[64] Die **Instandhaltungspflicht** umfasst das Bereithalten einer Reparaturmöglichkeit für das Kühlaggregat auch am Wochenende.[65] Mangelnde **Vorkühlung des Kühlguts** ist ein besonderer Mangel des Guts iSv Art. 17 Abs. 2 den der Frachtführer zu beweisen hat. Das Gut ist bei Transport in Kühlwagen nicht mehr besonders anfällig und Art. 17 Abs. 4 lit. d deshalb nicht anwendbar (→ Art. 17 Rn. 27, → Art. 18 Rn. 2).

17 **7. Unzureichende Bezeichnung oder Nummerierung (Art. 17 Abs. 4 lit. e).** Der Frachtführer muss diese nachweisen und die Möglichkeit einer Schadensverursachung daraus darlegen (→ Rn. 3). Die Vermutung nach Art. 9 Abs. 2 kann bei fehlendem Vorbehalt im Frachtbrief gegen ihn wirken. Kennt er die unzureichende Bezeichnung wird es an der Kausalität für den Schaden fehlen. Ist sie offensichtlich, kann über die allgemeine Obhutspflicht des Frachtführers, für die er nach Art. 17 Abs. 1, 2 einzustehen hat, Schadensteilung nach Art. 17 Abs. 5 in Betracht kommen.[66]

18 **8. Lebende Tiere (Art. 17 Abs. 4 lit. f, Art. 18 Abs. 5).** Der Frachtführer muss die **Möglichkeit der Verursachung** durch die **besondere Tiergefahr** darlegen (→ Rn. 3).[67] Auf die Haftungsbefreiung nach Art. 17 Abs. 4 lit. f kann er sich nur berufen, wenn er darüber hinaus nachweist, dass er die **üblichen,** nicht die erforderlichen,[68] **Maßnahmen** getroffen und besondere **Weisungen** beachtet hat, Art. 18 Abs. 5. Der Anspruchsteller kann den **Gegenbeweis** führen, dass der Schaden nicht auf dem besonderen mit der Tierbeförderung verbundenen Risiko beruht.[69]

IV. Beweisführung, Beweiswürdigung, Informationspflicht

19 Die CMR enthält keine Vorschriften zur Beweiswürdigung und Beweisführung.[70] Diese Fragen bestimmen sich nach dem **Recht des angerufenen Gerichts.**[71] Findet deutsches Recht Anwendung, so ist im Rahmen der freien Beweiswürdigung, § 286 ZPO, nicht nur der **Formalbeweis** durch Zeugen und Sachverständige etc, sondern auch der **prima facie Beweis** möglich, soweit darin keine nach Art. 41 Abs. 2 unzulässige Beweislastumkehr liegt.[72] Der Anscheinsbeweis spricht für die Fehlerhaftigkeit des Guts bei Übernahme und widerlegt einen Eintrag im Frachtbrief, wenn der Frachtführer beweist, dass er die notwendige Mindesttemperatur immer eingehalten hat.[73] Ein Anscheinsbeweis ergibt sich jedoch nicht für das Vorliegen von Verpackungsmängeln bei einem **normalen Transportverlauf,** weil dies zu der nach Art. 41 unzulässigen Umkehr der Beweislast nach Art. 18 Abs. 1 führen würde.[74] Wer die Gegenpartei schuldhaft in der Möglichkeit beschneidet, den **Anscheinsbeweis zu**

[59] OLG München Urt. v. 27.6.1979 – 7 U 1181/79, VersR 1980, 241; *Herber/Piper* Rn. 35; *Hill/Messent* 150.

[60] Ähnl. OLG München Urt. v. 27.6.1979 – 7 U 1181/79, VersR 1980, 241; aA *Herber/Piper* Rn. 35.

[61] OLG Nürnberg Urt. v. 14.6.1965 – 9 U 181/64, ETL 1971, 247 (260); *Koller* Art. 17 Rn. 51; *Herber/Piper* Rn. 36.

[62] Cass. Paris Urt. v. 19.4.1982, ETL 1983, 13 (15); *Koller* Art. 17 Rn. 51; beschränkt auf Fälle positiver Kenntnis *Herber/Piper* Rn. 36; *Hill/Messent* 151; unklar *Thume* TranspR 1992, 1 (6).

[63] OLG Hamburg Urt. v. 27.10.1988 – 6 U 116/88, VersR 1989, 719 (720); OLG Hamm Urt. v. 6.12.1993 – 18 U 98/93, TranspR 1994, 195 (196); *Koller* Art. 17 Rn. 51; ähnl. Cass. Paris Urt. v. 15.2.1982, BT 1982, 182.

[64] OLG Hamm Urt. v. 18.10.1984 – 18 U 175/82, TranspR 1985, 107; *Thume* TranspR 1992, 1 (2); *Koller* Art. 17 Rn. 51; *Herber/Piper* Rn. 33.

[65] OLG Hamburg Urt. v. 2.5.1985 – 6 U 206/84, VersR 1986, 865 (866); *Herber/Piper* Rn. 34.

[66] Vgl. BGH Urt. v. 27.10.1978 – I ZR 30/77, NJW 1979, 2473 f.; weitergehend aus Verletzung von Art. 8 Abs. 1: *Clarke* Nr. 90 S. 346.

[67] Oberster Gerichtshof Dänemark Urt. v. 10.9.1996, ETL 1997, 230 (231, 244); *Herber/Piper* Rn. 43; *Putzeys* Nr. 840.

[68] *Koller* Rn. 8; *Thume/Thume* Rn. 83.

[69] Oberster Gerichtshof Dänemark Urt. v. 10.9.1996, ETL 1997, 230 (231, 244); *Herber/Piper* Rn. 43 mwN; *Thume/Thume* Rn. 84; *Putzeys* Nr. 840.

[70] BGH Urt. v. 4.10.1984 – I ZR 112/82, NJW 1985, 554; *Piper* HRR Speditions- und FrachtR Rn. 400; *Thume/Thume* Rn. 3; *Herber/Piper* Art. 17 Rn. 172; MüKoHGB/*Jesser-Huß* Rn. 3; *Hill/Messent* 156.

[71] *Koller* VersR 1990, 553 (560); *Koller* Rn. 2; *Thume/Thume* Rn. 3; MüKoHGB/*Jesser-Huß* Rn. 3 mwN; *Herber/Piper* Rn. 3; *Clarke* Nr. 78 S. 302.

[72] BGH Urt. v. 4.10.1984 – I ZR 112/82, NJW 1985, 554; *Piper* TranspR 1990, 357 (359 f.); *Herber/Piper* Art. 17 Rn. 172; *Koller* Rn. 2; *Thume/Thume* Rn. 4; HEPK/*Glöckner* Rn. 3.

[73] OLG Düsseldorf Urt. v. 20.10.1980 – 18 U 103/80, VersR 1981, 526 (KVO); ähnl. Hof van Beroep Brüssel Urt. v. 17.12.1984, ETL 1985, 354.

[74] BGH Urt. v. 4.10.1984 – I ZR 112/82, NJW 1985, 554; vgl. auch OLG Köln Urt. v. 8.6.1994 – 27 U 42/94, VersR 1996, 261 (KVO).

erschüttern oder zu widerlegen, kann sich nicht auf die Grundsätze des Anscheinsbeweises berufen.[75]

Der Frachtführer hat angesichts des unterschiedlichen Informationsstandes aus dem Grundsatz von 20 Treu und Glauben dem Geschädigten im Prozess die notwendigen **Informationen über die Schadensentstehung** aus seinem eigenen Betriebsbereich und aus dem seiner Unterfrachtführer zur Verfügung zu stellen, wenn der Schaden außerhalb der Verantwortungssphäre des Geschädigten entstanden ist.[76] Der Geschädigte darf in einem solchen Fall Behauptungen aufstellen und Beweisangebote zu Tatsachen machen, wenn dafür nur plausible Anhaltspunkte sprechen.[77] Insbesondere im Rahmen des Art. 29 treffen den Frachtführer die gleichen Einlassungs- und Überprüfungspflichten, wie sie der BGH zu § 51b ADSp aF im Jahr 1994 entwickelt hat.[78]

Art. 19 [Überschreitung der Lieferfrist]

Eine Überschreitung der Lieferfrist liegt vor, wenn das Gut nicht innerhalb der vereinbarten Frist abgeliefert worden ist oder, falls keine Frist vereinbart worden ist, die tatsächliche Beförderungsdauer unter Berücksichtigung der Umstände, bei teilweiser Beladung insbesondere unter Berücksichtigung der unter gewöhnlichen Umständen für die Zusammenstellung von Gütern zwecks vollständiger Beladung benötigten Zeit, die Frist überschreitet, die vernünftigerweise einem sorgfältigen Frachtführer zuzubilligen ist.

Schrifttum: *Johansson,* The scope an the liability of the CMR: is there a need for changes?, TranspR 2002, 385; *Starosta,* Anm. zu LG Stuttgart v. 27.9.1992 (KfH O 81/91), TranspR 1992, 22, 24; *Thume,* Die Haftung des CMR-Frachtführers für Verspätungsschäden, RIW 1992, 966; *Thume,* Zur Lieferfristüberschreitung gem. Art. 19 CMR, TranspR 1992, 403; *Voigt,* Zur Lieferfristregelung der CMR, VP 1965, 184; *Voigt,* Der Beginn der Lieferfrist beim CMR-Vertrag, VersR 1973, 501; *Züchner,* Zum Frachtvertrag nach der CMR, VersR 1964, 220; *Züchner,* Ersatzpflicht bei Lieferfristüberschreitung nach der CMR, VersR 1970, 701; vgl. iÜ Vor Art. 1, Art. 17.

Parallelvorschriften: § 423 HGB; Art. 19 MÜ; Art. 23 CIM 1999; Art. 16 CMNI.

I. Definition Lieferfrist/-überschreitung

Art. 19, der Vorbild war für die innerstaatliche Vorschrift des § 423 HGB, gibt eine **Legalde-** 1 **finition** des Begriffs der **Lieferfrist** und ihrer **Überschreitung.** Lieferfrist ist der gesamte von der Übernahme bis zur Ablieferung vorgesehene Zeitraum. Sie umfasst nicht nur die reine Beförderungsdauer.[1] → Art. 17 Rn. 10 ff. Ablieferung kann bei entsprechender Weisung des Verfügungsberechtigten auch die **Rücklieferung** an den Absender vor Ausführung des Transports sein, so dass bei Verspätung Schadensersatz nach Art. 17, 19 in Betracht kommt.[2] Dazu, und dass der Frachtführer für Beladungsverzögerungen ergänzend nach nationalem Recht haftet (§§ 280, 281, 286 bzw. §§ 280, 283, 311a BGB), → Art. 17 Rn. 6.[3] Die **Abladung** nach Art. 16 ist Ablieferung[4] (→ Art. 16 Rn. 8). **Überschritten** ist die **Lieferfrist,** wenn die Ablieferung nicht innerhalb der vereinbarten oder der nach Art. 19 Alt. 2 zu bestimmenden Frist erfolgt. Wenn es zu einer Ablieferung überhaupt nicht gekommen ist, liegt nicht Verspätung, sondern **Verlust** vor (→ Art. 17 Rn. 6 und zur Verlustvermutung Art. 20). Das **Maß der Überschreitung** der Lieferfrist ist ohne Belang.[5]

Die Vorschriften der CMR zur Lieferfristüberschreitung gelten nicht analog für die dem Fracht- 2 führer zur Übernahme des Gutes eingeräumte **Ladefrist** (→ Vor Art. 1 Rn. 21; → Art. 17 Rn. 6).

---

[75] BGH Urt. v. 17.6.1997 – I ZR 119/94, TranspR 1998, 85 (87).

[76] OLG München Urt. v. 12.4.1990 – 23 U 3161/88, TranspR 1990, 280 (286); Urt. v. 10.10.1990 – 7 U 3528/ 89, TranspR 1991, 138 (140); OGH Wien Urt. v. 14.7.1993 – 7 Ob 540/93, VersR 1994, 707 (708); OLG Stuttgart Urt. v. 16.9.1998 – 3 U 111/98, TranspR 1999, 66; *Koller* VersR 1990, 553 (557 ff.); ähnl. (aus §§ 675, 666 BGB) *Thume* TranspR 1991, 209 (214 f.); vgl. auch BGH Urt. v. 3.11.1994 – I ZR 100/92, BGHZ 127, 275 (284) = VersR 1995, 604 (606); Urt. v. 6.2.1997 – I ZR 222/94, TranspR 1998, 78 (79) mwN (ADSp).

[77] OLG München Urt. v. 10.10.1990 – 7 U 3528/89, TranspR 1991, 138 (140); OLG Hamburg Urt. v. 25.5.1998 – 6 U 146/97, TranspR 1998, 351 (353); OLG Stuttgart Urt. v. 16.9.1998 – 3 U 111/98, TranspR 1999, 66; *Koller* VersR 1990, 553 (560).

[78] OLG München Urt. v. 1.4.1998 – 7 U 6182/97, TranspR 1998, 473; OLG Hamm Urt. v. 29.6.1998 – 18 U 19/98, TranspR 1999, 201 (202).

[1] *de la Motte* VersR 1988, 317 (320); *Thume* RIW 1992, 966; Thume/*Thume* Rn. 4; *Herber/Piper* Rn. 2.

[2] OLG Düsseldorf Urt. v. 31.7.1986 – 18 U 163/85, TranspR 1986, 341 (344) (WA); *Herber/Piper* Rn. 18; *Koller* Rn. 2; MüKoHGB/*Jesser-Huß* Rn. 5.

[3] Vgl. die Nachweise in → Art. 17 Rn. 6; aA *Johansson* TranspR 2002, 385 (388 f.).

[4] *Koller* Rn. 3; Thume/*Thume* Rn. 23; *Loewe* ETL 1976, 503 (550).

[5] *Thume* TranspR 1992, 403 (404); *Thume* RIW 1992, 966 (967); Thume/*Thume* Rn. 20; *Koller* Rn. 5; MüKoHGB/*Jesser-Huß* Rn. 12; aA LG Stuttgart Urt. v. 27.9.1991 – 7 KfH O 81/91, TranspR 1992, 22 (24) mzustAnm *Starosta:* nur erhebliche Abweichung von der normalen Lieferfrist; vgl. auch *Herber/Piper* Rn. 19 zur Verlängerung der Lieferfrist bei üblicher Überschreitung der durchschnittlichen Beförderungsdauer.

II. Vereinbarte Lieferfrist

3   Die **Vereinbarung** ist **formlos** möglich. Sie muss zu ihrer Wirksamkeit im Frachtbrief nicht eingetragen sein,[6] weil der Frachtvertrag Konsensualvertrag ist. Für das **Zustandekommen,** die **Auslegung**[7] und die **Fristberechnung** gilt das ergänzend anwendbare nationale Recht. Für die Frist nach deutschem Recht sind §§ 186 ff. BGB heranzuziehen.[8] **Klauseln** wie „so schnell wie möglich", „prompt" beinhalten keine Lieferfristabrede,[9] wohl aber die Vereinbarung, eine bestimmte Fähre zu benutzen.[10] Innerhalb der vereinbarten Frist ist, wenn eine genaue Tageszeit nicht vereinbart ist und sich aus dem anwendbaren nationalen Recht nichts anderes ergibt, im Wege der Vertragsauslegung auf die **üblichen Geschäftszeiten** abzustellen.[11] **Ablieferungshindernisse** nach Art. 14, 15 verlängern die Frist nicht.[12] Es ist aber ein Haftungsausschluss nach Art. 17 Abs. 2 zu prüfen.

4   Der **Beginn** der **Frist** kann kalendermäßig vereinbart oder als Tag des Vertragsschlusses bestimmt sein.[13] Ist zum Anfang der Frist nichts vereinbart, so beginnt sie mit der Übernahme des Gutes, da auch Art. 19 Alt. 2 an die tatsächliche Beförderungsdauer anknüpft.[14] Das **Ende** der **Lieferfrist** kann ein fester Termin sein.[15]

5   Die Vereinbarung einer **unzumutbar kurzen Lieferfrist** führt zur Nichtigkeit wegen **Sittenwidrigkeit** nur, wenn bewusst die Unerfahrenheit oder Notlage des Frachtführers ausgenutzt wird, weil dieser in erster Linie die Dauer des Transports abschätzen kann.[16] Es kommt jedoch ein Mitverschulden des Absenders, Art. 17 Abs. 2, 5, in Betracht, wenn er auf eine ersichtlich zu kurze Frist nicht hinweist.[17] Ist die Einhaltung der vereinbarten Frist **objektiv unmöglich,** ist der gesamte Vertrag[18] bzw. im Regelfall nach Maßgabe von § 139 BGB nur die Lieferfristabrede[19] nichtig.

6   Weist der Absender auf die Gefahr eines **besonders hohen Schadens** bei auch nur geringer Fristüberschreitung nicht hin, ist im Rahmen des Schadensersatzes nach Art. 23 Abs. 5 das Mitverschulden nach Art. 17 Abs. 2 iVm Abs. 5 zu berücksichtigen.[20] Zwar wird der Schadensersatzanspruch des Absenders bei jeder Fristüberschreitung und jeder Schadenshöhe nach Art. 23 begrenzt. Ausgangspunkt der Haftung des Frachtführers ist jedoch der Schaden des Absenders. Dieser ist durch den fehlenden Hinweis mitentstanden, gleichgültig wieviel davon ersetzt wird. Deshalb kann die Anwendung von Art. 17 Abs. 5 nicht auf die Fälle der Haftung des Frachtführers nach Art. 29 beschränkt werden.[21]

III. Fehlende Lieferfristabrede

7   Entscheidend für die Frage der Überschreitung der Lieferfrist ist nach der 2. Alt. der Zeitraum, der verständigerweise einem sorgfältigen Frachtführer für eine derartige Beförderung zuzubilligen ist. Dabei ist auf die **Betrachtung ex ante** unter Berücksichtigung aller nach den verfügbaren Informatio-

---

[6] So die neuere Meinung BGH Urt. v. 10.2.1982 – I ZR 80/80, BGHZ 83, 96 (100) = NJW 1982, 1946 (1947); Urt. v. 30.9.1993 – I ZR 258/91, TranspR 1994, 16 (17); OLG Köln Urt. v. 7.12.1993 – 25 U 5/93, TranspR 1994, 197; OLG Düsseldorf Urt. v. 27.2.1997 – 18 U 104/96, TranspR 1998, 194; *Koller* Rn. 4; Thume/*Thume* Rn. 11 mN auch zur aA; *Herber/Piper* Rn. 4; GroßkommHGB/*Helm* Art. 17 Rn. 26; *Hill/Messent* 159 f.; *Lamy* I Nr. 536 mwN; *Clarke* Nr. 58a S. 226.

[7] Zu Klauseln über die Transportdauer vgl. *Thume* RiW 1992, 966.

[8] *Herber/Piper* Rn. 6; *Koller* Rn. 2; Thume/*Thume* Rn. 5; MüKoHGB/*Jesser-Huß* Rn. 8.

[9] LG Stuttgart Urt. v. 27.9.1991 – 7 KfH O 81/91, TranspR 1992, 22 (23); *Thume* TranspR 1992, 403 (404); *Thume* RiW 1992, 966; *Thume* Rn. 12; MüKoHGB/*Jesser-Huß* Rn. 8 mwN; *Hill/Messent* 161.

[10] C. A. Aix en Provence Urt. v. 20.12.1977, BT 1978, 245; *Clarke* Nr. 58a S. 307.

[11] *Thume* RiW 1992, 966 (968); Thume/*Thume* Rn. 24; *Herber/Piper* Rn. 13; HEPK/*Glöckner* Rn. 11; iE ebenso OLG Düsseldorf Urt. v. 12.12.1985 – 18 U 90/85, VersR 1986, 1069 unter Rückgriff auf § 358 HGB.

[12] *Thume* RiW 1992, 966 (967); Thume/*Thume* Rn. 23; *Koller* Rn. 3 aE; *Herber/Piper* Rn. 12.

[13] Thume/*Thume* Rn. 5; *Koller* Rn. 2.

[14] *Thume* RiW 1992, 966; Thume/*Thume* Rn. 6; *Voigt* VersR 1973, 501 (504); *Heuer* Frachtführerhaftung 133; *Jesser* Frachtführerhaftung 74; *Koller* Rn. 2; *Herber/Piper* Rn. 7; *Hill/Messent* 159; aA (Vertragsschluss): *de la Motte* VersR 1988, 317 (320); HEPK/*Glöckner* Rn. 1.

[15] OLG Saarbrücken Urt. v. 10.2.1971 – 11 U 9/70, VersR 1972, 757 (758); Thume/*Thume* Rn. 13; *Jesser* Frachtführerhaftung 75; *Hill/Messent* 159.

[16] OLG Hamburg Urt. v. 6.12.1979 – 10 U 84/78, VersR 1980, 290 (291); OLG Düsseldorf Urt. v. 7.7.1988 – 18 U 63/88, TranspR 1988, 425 (428); *Thume* RiW 1992, 966 (967); Thume/*Thume* Rn. 14; *Koller* Rn. 4; *Herber/Piper* Rn. 9; ähnl. MüKoHGB/*Jesser-Huß* Rn. 7; weitergehend *Züchner* VersR 1964, 220 (224); *Voigt* VP 1965, 184 (185); *Heuer* Frachtführerhaftung 135; *Jesser* Frachtführerhaftung 76; HEPK/*Glöckner* Rn. 9.

[17] *Herber/Piper* Rn. 11.

[18] *Koller* Rn. 4.

[19] GroßkommHGB/*Helm* Art. 17 Rn. 26; Thume/*Thume* Rn. 14; MüKoHGB/*Jesser-Huß* Rn. 7; ähnl. unter Heranziehung des Gedankens des Art. 41 Abs. 1 S. 2 *Herber/Piper* Rn. 10; vgl. zur Unmöglichkeit auch OLG Düsseldorf Urt. v. 7.7.1988 – 18 U 63/88, TranspR 1988, 425 (428).

[20] OLG Zweibrücken Urt. v. 14.11.1984 – 4 U 193/83, TranspR 1985, 397 (398); *Herber/Piper* Art. 17 Rn. 62.

[21] So aber OLG Hamburg Urt. v. 6.12.1979 – 10 U 84/78, VersR 1980, 290 (291); *Koller* Rn. 4; Thume/*Thume* Rn. 30; vgl. auch OLG München Urt. v. 12.4.1990 – 23 U 3161/88, TranspR 1990, 280 (287).

nen erkennbarer Umstände des Transportverlaufs abzustellen.[22] Dafür spricht neben dem Wortlaut des Art. 19 Alt. 2, dass den Frachtführer entlastende Umstände nicht ex post in die Bemessung einbezogen werden müssen, weil sie im Rahmen der Haftungsbefreiung nach Art. 17 Abs. 2, 4 heranzuziehen sind.

Zu berücksichtigen ist[23] die **besondere Eilbedürftigkeit** bei **verderblichen Gütern**,[24] die es uU **8** verlangt, einen Fahrerwechsel einzukalkulieren,[25] die normale Dauer der **Zollabfertigung**[26] sowie bereits voraussehbare **Fahrverbote**.[27] Ein sorgfältiger Frachtführer bezieht nach den konkreten Informationen **nahe liegende Verzögerungen** schon ein, so dass für einen Sicherheitszuschlag kein Raum ist.[28] Auf die Fristen, die § 26 KVO bestimmte, kann ebenso wenig zurückgegriffen werden[29] wie auf die Rechtsprechung zu § 428 HGB aF, weil diese Vorschrift auf eine schlechthin angemessene Frist abstellte (Maßstab).[30]

IV. Rechtsfolgen

Für **Verspätungsschäden** haftet der Frachtführer nur, wenn ihre **Verursachung** durch die Über- **9** schreitung der Lieferfrist nachgewiesen ist, Art. 23 Abs. 5. Es genügt nicht, dass Schäden nur zufällig während der Verspätung eingetreten sind.[31] Zum notwendigen **Vorbehalt** des Empfängers vgl. Art. 30 Abs. 3. Der Frachtführer kann sich nach Art. 17 Abs. 2 entlasten, wenn nicht ein Fahrzeugmangel, Art. 17 Abs. 3 ursächlich war. Die bevorrechtigten **Haftungsausschlussgründe** des Art. 17 Abs. 4 gelten für Verspätungsschäden nicht (→ Art. 17 Rn. 44). Zur Höhe des Schadensersatzes vgl. die Ausführungen in Art. 23 Abs. 5, Art. 29. Für **Schäden am beförderten Gut** haftet der Frachtführer während des Obhutszeitraums gem. Art. 17, ohne dass der Anspruchssteller die Verursachung durch die Lieferfristüberschreitung nachweisen müsste. Bei ihnen greifen die bevorrechtigten Haftungsbefreiungsgründe auch dann, wenn sie nach Ablauf der Lieferfrist zur Wirkung kommen.[32] Zum Nebeneinander von Substanz- und Verspätungsschäden → Art. 23 Rn. 19.

Die Lieferfristüberschreitung und ihre Folgen sind in der CMR **abschließend geregelt**. Andere **10** vertragliche Ansprüche sind daneben ausgeschlossen (→ Art. 17 Rn. 7). § 326 BGB ist nicht ergänzend anwendbar.[33] Für die vereinbarte oder sonstige Lieferfrist und ihre Überschreitung trägt der Anspruchssteller die **Beweislast**.[34] Für die Angaben im Frachtbrief spricht die Vermutung des Art. 9 Abs. 1.

Art. 20 [Verlustvermutung. Wiederauffinden]

(1) **Der Verfügungsberechtigte kann das Gut, ohne weitere Beweise erbringen zu müssen, als verloren betrachten, wenn es nicht binnen dreißig Tagen nach Ablauf der vereinbarten Lieferfrist oder, falls keine Frist vereinbart worden ist, nicht binnen sechzig Tagen nach der Übernahme des Gutes durch den Frachtführer abgeliefert worden ist.**

(2) [1]**Der Verfügungsberechtigte kann bei Empfang der Entschädigung für das verlorene Gut schriftlich verlangen, daß er sofort benachrichtigt wird, wenn das Gut binnen einem Jahr nach Zahlung der Entschädigung wieder aufgefunden wird.** [2]**Dieses Verlangen ist ihm schriftlich zu bestätigen.**

(3) **Der Verfügungsberechtigte kann binnen dreißig Tagen nach Empfang einer solchen Benachrichtigung fordern, daß ihm das Gut gegen Befriedigung der aus dem Frachtbrief**

---

[22] OLG Düsseldorf Urt. v. 23.12.1996 – 18 U 92/96, TranspR 1997, 422 (423); *Thume* RiW 1992, 966 (967); *Thume* TranspR 1992, 403 (404); *Koller* TranspR 1988, 129 (131); *Koller* Rn. 5; *Herber/Piper* Rn. 14; *Jesser* Frachtführerhaftung 77; aA (ex post) MüKoHGB/*Jesser-Huß* Rn. 10 mwN; *Pesce* 249; *Putzeys* Nr. 706.
[23] Einzelfälle Thume/*Thume* Rn. 18; MüKoHGB/*Jesser-Huß* Rn. 13; *Hill/Messent* 161.
[24] *Herber/Piper* Rn. 15 mwN; *Putzeys* Nr. 706.
[25] OLG Düsseldorf Urt. v. 7.7.1988 – U 63/88, TranspR 1988, 425 (428); *Thume* RiW 1992, 966 (967); Thume/*Thume* Rn. 18; *Koller* Rn. 5; MüKoHGB/*Jesser-Huß* Rn. 13.
[26] MüKoHGB/*Jesser-Huß* Rn. 13; *Lamy* I Nr. 535.
[27] LG Stuttgart Urt. v. 27.4.1991 – 7 KfH O 81/91, TrauspR 1992, 22 (24); Trib.com. Liège Urt. v. 27.6.1985, ETL 1985, 572 (574); *Herber/Piper* Rn. 16; GroßkommHGB/*Helm* Art. 17 Rn. 27.
[28] C. A. Trento Urt. v. 21.5.1998, ETL 1999, 380 (381); *Thume* TranspR 1992, 403 (405); *Koller* Rn. 5; aA LG Stuttgart Urt. v. 27.4.1991 – 7 KfH O 81/91, TranspR 1992, 22 (24) mzustAnm *Starosta*.
[29] OLG Düsseldorf Urt. v. 7.7.1988 – 18 U 63/88, TranspR 1988, 425 (428); GroßkommHGB/*Helm* Rn. 27; *Koller* Rn. 5; weiter (Anhaltspunkt, wenn Transportstrecke vergleichbar) Thume/*Thume* Rn. 16; *Heuer* Frachtführerhaftung 136.
[30] *Koller* Rn. 5; *Herber/Piper* Rn. 14; Thume/*Thume* Rn. 16; aA HEPK/*Glöckner* Rn. 7.
[31] OLG Köln Urt. v. 14.3.1997 – 3 U 147/95, VersR 1997, 1033.
[32] OLG Köln Urt. v. 14.3.1997 – 3 U 147/95, VersR 1997, 1033.
[33] OLG Düsseldorf Urt. v. 9.3.1995 – 18 U 142/94, TranspR 1995, 288.
[34] Thume/*Thume* Rn. 32 f.; *Koller* Rn. 6; MüKoHGB/*Jesser-Huß* Rn. 6; *Herber/Piper* Rn. 1; *Clarke* Nr. 58b S. 229; aA bezüglich Umständen, die zur Verlängerung der üblichen Frist führen *Giemulla* in Baumgärtel/Prütting/Laumen Beweislast-HdB Art. 17–20 Rn. 16.

hervorgehenden Ansprüche und gegen Rückzahlung der erhaltenen Entschädigung, gegebenenfalls abzüglich der in der Entschädigung enthaltenen Kosten, abgeliefert wird; seine Ansprüche auf Schadensersatz wegen Überschreitung der Lieferfrist nach Artikel 23 und gegebenenfalls nach Artikel 26 bleiben vorbehalten.

(4) Wird das in Absatz 2 bezeichnete Verlangen nicht gestellt oder ist keine Anweisung in der in Absatz 3 bestimmten Frist von dreißig Tagen erteilt worden oder wird das Gut später als ein Jahr nach Zahlung der Entschädigung wieder aufgefunden, so kann der Frachtführer über das Gut nach dem Recht des Ortes verfügen, an dem es sich befindet.

Schrifttum: *Koller,* Zur Haftung des Frachtführers, EWiR 2002, 375; iÜ vgl. Vor Art. 1, Art. 17.

Parallelvorschriften: § 424 HGB; Art. 29 CIM 1999.

I. Verlustvermutung (Abs. 1)

1   Art. 20, an den sich § 424 HGB für das innerstaatliche Frachtrecht anlehnt, räumt dem Verfügungsberechtigten – gemeint ist nach dem klaren englischen und französischen Wortlaut der **Ersatzberechtigte**[1] – das Recht ein, aus Verlust des Gutes **Schadensersatz** nach Art. 17, 23 zu verlangen, wenn das Gut innerhalb der bestimmten Fristen nicht abgeliefert wird. Die Vorschrift gilt auch bei Überschreitung der Lieferfrist bezüglich eines Teils des beförderten Gutes, wenn ein rechtzeitiger Vorbehalt nach Art. 30 Abs. 1 gemacht ist.[2] Sie ist jedoch nicht anwendbar, wenn das Gut nach Art. 16 Abs. 2 ausgeladen ist, weil dann der Frachtvertrag beendet ist. Auf die Verlustvermutung kann sich der Empfänger nicht berufen, wenn bei Bestehen eines Frachtvertrags auch zwischen Absender und Frachtführer letzterer das Gut dem Absender auf Grund berechtigter Weisung zurückgeliefert hat.[3] Zur Ablieferung → Art. 17 Rn. 10 ff. und zur Übernahme → Art. 17 Rn. 9 sowie zur vereinbarten Lieferfrist → Art. 19 Rn. 3. Die **Frist** des Abs. 1 **beginnt** am Tag nach Ablauf der vereinbarten Lieferfrist bzw. am Tag nach Übernahme des Gutes (Rechtsgedanke der Art. 30 Abs. 4, Art. 32 Abs. 1 S. 4). Die **Fristberechnung** richtet sich nach dem ergänzend anwendbaren nationalen Recht und nicht nach Art. 30 Abs. 1, 2, der nur für die dort geregelten kurzen Fristen passt.[4] Die Frist muss nicht abgelaufen sein, wenn der Frachtführer selbst den Verlust des Gutes dem Berechtigten mitteilt.[5]

2   Der Anspruchsberechtigte hat ein **Wahlrecht.** Er muss von dem Recht, Schadensersatz wegen Verlustes zu verlangen, nicht Gebrauch machen.[6] Er kann auch abwarten, ob das Gut wieder auftaucht und dann neben der Herausgabe den Verzögerungsschaden nach Art. 23 Abs. 5 geltend machen. Der Absender verliert sein Wahlrecht, das nicht innerhalb von 30 Tagen nach dem vorgesehenen Lieferzeitpunkt abgelieferte Transportgut als verloren zu betrachten, wenn der Empfänger das verspätet angediente Transportgut entgegengenommen und in Absprache mit dem Absender vernichtet hat.[7] Das Recht, Schadensersatz zu verlangen, besteht auch, wenn das Gut nach Ablauf der Frist des Abs. 1 aber vor Ersatzleistung oder vor Klageerhebung **wieder auftaucht.** Art. 20 Abs. 1 enthält nämlich nicht nur eine Beweiserleichterung, sondern eine durch den Frachtführer **unwiderlegliche Vermutung** zugunsten des Anspruchsstellers.[8] Für die Annahme einer solchen spricht nur der Wortlaut des Art. 20 Abs. 1, sondern auch das Interesse des Ersatzberechtigten, für etwaige weitere Dispositionen Klarheit zu gewinnen. Der **Frachtführer** kann sich gegenüber dem auf die Verlustvermutung gestützten Anspruch nach Art. 17 Abs. 2 **entlasten,** aber auch Art. 17 Abs. 4 oder

---

[1] OLG Düsseldorf Urt. v. 20.3.1997 – 18 U 80/96, TranspR 1998, 32 (33); *Koller* Rn. 1; Thume/*Demuth* Rn. 7; Herber/*Piper* Rn. 2; MüKoHGB/*Jesser-Huß* Rn. 5.

[2] OLG Düsseldorf Urt. v. 23.11.1989 – 18 U 70/89, TranspR 1990, 63 (66); MüKoHGB/*Jesser-Huß* Rn. 6 mwN; Thume/*Demuth* Rn. 5; *Nickel-Lanz,* La Convention relative au contrat de transport de merchandises par route (CMR), 1976, 119.

[3] OLG Düsseldorf Urt. v. 16.6.1992 – 18 U 260/91, TranpR 1993, 17.

[4] OLG Düsseldorf Urt. v. 25.9.1997 – 18 U 127/96, TranspR 1999, 159 (160); MüKoHGB/*Jesser-Huß* Rn. 2, 3; aA *Koller* Rn. 1; Herber/*Piper* Rn. 5.

[5] Herber/*Piper* Rn. 4 mwN; Thume/*Demuth* Rn. 3.

[6] BGH Urt. v. 15.10.1998 – I ZR 111/96, TranspR 1999, 102 (104); OLG Düsseldorf Urt. v. 23.11.1989 – 18 U 70/89, TranspR 1990, 63 (66); Urt. v. 20.3.1997 – 18 U 80/96, TranspR 1998, 32 (33); *Loewe* ETL 1976, 503 (564); *Koller* Rn. 1; GroßkommHGB/*Helm* Rn. 1; MüKoHGB/*Jesser-Huß* Rn. 5; HEPK/*Glöckner* Rn. 2; *Haak,* The Liability of the Carrier under the CMR, 1986, 229.

[7] OLG Stuttgart Urt. v. 7.12.2016 – 3 U 08/16, TranspR 2017, 309.

[8] BGH Urt. v. 25.10.2001 – I ZR 187/99, TranspR 2002, 198 (199) mAnm *Koller* EWiR 2002, 375; BGH Urt. v. 27.10.1978 – I ZR 30/77, NJW 1979, 2473; OLG Frankfurt a. M. Urt. v. 5.11.1985 – 5 U 261/84, TranspR 1986, 282 (284); OLG Düsseldorf Urt. v. 23.11.1989 – 18 U 70/89, TranspR 1990, 63 (66); Urt. v. 20.3.1997 – 18 U 80/ 96, TranspR 1998, 32 (33); Urt. v. 10.6.1999 – 18 U 171/98, TranspR 1999, 393 (394) (auch zum Vorliegen eines Schadens); Kh Brüssel Urt. v. 6.4.1984, ETL 1984, 431 (434); *Groth* VersR 1983, 1104 (1106); *Koller* Rn. 1; Herber/ *Piper* Rn. 3; HEPK/*Glöckner* Rn. 2; Thume/*Demuth* Rn. 3; MüKoHGB/*Jesser-Huß* Rn. 4; *Clarke* Nr. 56b S. 224; Hill/*Messent* 167; aA OLG Hamburg Urt. v. 17.11.1983 – 6 U 43/83, VersR 1984, 258; *Loewe* ETL 1976, 503 (564); *Haak,* The Liability of the Carrier under the CMR, 1986, 228; Theunis/*Libouton* 96; *Pesce* 197 f.; *Putzeys* Nr. 695.

5 geltend machen.[9] Führt er den Entlastungsbeweis für **bestimmte Tage,** so sind diese in die 30- bzw. 60-Tagefrist nicht mit einzubeziehen.[10]

II. Wiederauffinden (Abs. 2–4)

1. Benachrichtigungsverlangen (Abs. 2). Der Ersatzberechtigte, der auf die Verlustvermutung 3 gestützt Schadensersatz erhalten hat, kann das binnen eines Jahres **wiederaufgefundene Gut zurückbeanspruchen,** Abs. 3, wenn er bei Empfangnahme der Entschädigung **schriftlich** die **Benachrichtigung** für diesen Fall verlangt hat, Abs. 2. Damit soll eine Begünstigung des Frachtführers durch die Verlustvermutung ausgeschlossen werden. Das Benachrichtigungsverlangen muss in unmittelbarem Zusammenhang mit der Entgegennahme der Entschädigung stehen.[11] Eine Unterschrift braucht es nicht zu enthalten, weil es nur der Beweissicherung dient. Für das Benachrichtigungsverlangen genügt ein **Telefax.**[12] Von sofortiger Benachrichtigung muss in dem Verlangen nicht die Rede sein.[13] Das Verlangen muss nicht schon bei der Einreichung der Zahlungsklage erhoben werden. Eine Klage auf Entschädigung steht der Zahlung der Entschädigung nicht gleich.[14] Die in Art. 20 Abs. 2 S. 2 vorgesehene **Bestätigung** des Verlangens ist eine Sollvorschrift.[15] Die **Fristberechnung** richtet sich nach nationalem Recht, bei Anwendung deutschen Rechts nach § 187 Abs. 1 BGB, § 188 Abs. 2 BGB.[16] Dabei ist die Erfüllungshandlung entscheidend, nicht der Eintritt des Leistungserfolgs.[17] Eine **fehlende Befristung** des Verlangens macht dieses nicht unwirksam. Die Verpflichtung des Frachtführers ist dann von Gesetzes wegen auf ein Jahr beschränkt.[18]ie Annahme von wieder aufgefundenem Gut ist grundsätzlich nur im Wege der den fortbestehenden Schadensersatzanspruch mindernden **Vorteilsausgleichung** zu berücksichtigen.[19]

2. Folgen des Benachrichtigungsverlangens (Abs. 3). Liegt ein wirksames Verlangen auf Be- 4 nachrichtigung vor, kann der Ersatzberechtigte innerhalb von 30 Tagen nach der Benachrichtigung **wählen,** ob er die **Entschädigung** behalten **oder Ablieferung** des Gutes an sich fordern will, Abs. 3. Das Wahlrecht steht ihm auch zu, wenn er bei Wiederauffinden des Gutes nach Ablauf der Frist des Abs. 1, die geltend gemachte Entschädigung noch nicht erhalten hatte.[20] Unterlässt der Frachtführer die Benachrichtigung, so besteht das Wahlrecht innerhalb eines Jahres nach Entschädigungszahlung.[21] Schadensersatzansprüche wegen **unterlassener Benachrichtigung** unterliegen dem nach Art. 20 Abs. 4 anwendbaren nationalen Recht.[22] Die Ablieferung kann der Ersatzberechtigte nur **Zug um Zug** gegen Zahlung der aus dem **Frachtbrief hervorgehenden Ansprüche**[23] abzüglich der in der Entschädigung enthaltenen Kosten verlangen, Abs. 3 Hs. 1. Das Ablieferungsverlangen ist endgültig. Von ihm kann er nicht mehr auf die Verlustvermutung zurückgehen.[24] **Neben dem Ablieferungsanspruch** bestehen Ansprüche aus Lieferfristüberschreitung, Abs. 3 Hs. 2, ebenso der dort nicht erwähnte Anspruch auf Schadensersatz bei beschädigt abgeliefertem Gut.[25] Mit ihnen ist die Aufrechnung gegen die zurückzuerstattende Entschädigung möglich.[26]

3. Verfügungsrecht des Frachtführers (Abs. 4). Besteht **kein Herausgabeanspruch des Er-** 5 **satzberechtigten** bezüglich des wieder aufgefundenen Guts, weil er keine Benachrichtigung verlangt hat, die Frist nach Abs. 3 nicht eingehalten hat oder das Gut erst später als 1 Jahr nach Entschädigung wiederaufgefunden wurde, so bestimmt Abs. 4 ein **Verfügungsrecht des Frachtführers** nach Maßgabe des Rechts des Landes, in dem das Gut sich befindet. Er erwirbt nicht Eigentum kraft Gesetzes,[27]

---

[9] *Koller* Rn. 1; *Herber/Piper* Rn. 6; *Hill/Messent* 165; *Lamy* I Nr. 507; aA *Fremuth/Thume* FrachtR Rn. 9.

[10] OLG Düsseldorf Urt. v. 25.9.1997 – 18 U 127/96, TranspR 1999, 159 (160); *Koller* Rn. 1.

[11] *MüKoHGB/Jesser-Huß* Rn. 9; *Hill/Messent* 166; ähnl. *Thume/Demuth* Rn. 13.

[12] *Koller* Rn. 2; *Herber/Piper* Rn. 7; *MüKoHGB/Jesser-Huß* Rn. 9.

[13] *Thume/Demuth* Rn. 9.

[14] *Koller* Rn. 2; *Thume/Demuth* Rn. 12; aA *Groth* VersR 1983, 1104 (1106).

[15] *Loewe* ETL 1976, 503 (565); *Thume/Demuth* Rn. 16; *Hill/Messent* 166.

[16] *Thume/Demuth* Rn. 10; *Herber/Piper* Rn. 7.

[17] *Thume/Demuth* Rn. 10.

[18] AA *Thume/Demuth* Rn. 10.

[19] Vgl. BGH Urt. v. 25.10.2001 – I ZR 187/99, TranspR 2002, 198, Beweislast für Vorteil trägt Frachtführer, OLG Düsseldorf Urt. v. 21.11.2007 – I–18 U 105/07, TranspR 2008, 38.

[20] *de la Motte* VersR 1988, 317 (320); *MüKoHGB/Jesser-Huß* Rn. 9 mwN; *GroßkommHGB/Helm* Rn. 4; *Herber/Piper* Rn. 9.

[21] *de la Motte* VersR 1988, 317 (320); *Loewe* ETL 1976, 503 (565); *GroßkommHGB/Helm* Rn. 4; *Thume/Demuth* Rn. 19; *Koller* Rn. 2.

[22] *Loewe* ETL 1976, 503 (569); *Thume/Demuth* Rn. 18; *MüKoHGB/Jesser-Huß* Rn. 10; *Clarke* Nr. 94b S. 360; *Hill/Messent* 169; *Sánchez-Gamborino* Nr. 905.

[23] *Herber/Piper* Rn. 10; ausf. *Thume/Demuth* Rn. 21; weitergehend *Hill/Messent* 167: auch frachtvertragliche Ansprüche außerhalb des Frachtbriefs.

[24] *de la Motte* VersR 1988, 317 (320); *Thume/Demuth* Rn. 19.

[25] *Thume/Demuth* Rn. 23; *Koller* Rn. 2; *MüKoHGB/Jesser-Huß* Rn. 10.

[26] *Herber/Piper* Rn. 11.

[27] So aber *Loewe* ETL 1976, 503 (566); *MüKoHGB/Jesser-Huß* Rn. 12.

sondern ist befugt, sich selbst Eigentum zu verschaffen[28] oder ist zur Weiterveräußerung kraft der von Gesetzes wegen erteilten Einwilligung des Absenders, Empfängers[29] oder des mit der Versendung einverstandenen Eigentümers[30] befugt. Der Erlös steht dem Frachtführer zu.[31]

Art. 21 [Nachnahme]

Wird das Gut dem Empfänger ohne Einziehung der nach dem Beförderungsvertrag vom Frachtführer einzuziehenden Nachnahme abgeliefert, so hat der Frachtführer, vorbehaltlich seines Rückgriffsrechtes gegen den Empfänger, dem Absender bis zur Höhe des Nachnahmebetrages Schadenersatz zu leisten.

Schrifttum: Haak, Revision der CMR? TranspR 2006, 325; *Koller,* LM CMR Nr. 50 Anm. zu BGH Urt. v. 10.10.1991 – I ZR 193/89 –; *Starosta,* Anm. zu LG Nürnberg-Fürth Urt. v. 25.1.1991 – 2 HKO 6078/90 – TranspR 1991, 300, 301; *Tilche,* Livraison contre paiement, BT 1994, 684; *Thume,* Anm. zu OLG Düsseldorf Urt. v. 21.4.1994 – 18 U 190/93 – TranspR 1994, 391, 392; iÜ vgl. Vor Art. 1, Art. 14, 17.

Parallelvorschriften: § 422 HGB; Art. 17 § 6 CIM 1999.

I. Nachnahmevereinbarung

1 **1. Gegenstand.** Die Vorschrift (Parallelvorschrift: § 422 HGB) bezieht sich, wie die englische (cash on delivery) und französische (encaissement) Fassung zeigen, grundsätzlich auf die Nachnahme, bei der **Geld gegen Auslieferung von Ware** eingezogen wird.[1] Da eine Nachnahmevereinbarung eine verschuldensunabhängige Haftung nach Art. 21 zur Folge hat, können nicht schon im Interesse einer Erstreckung auf gängige Zahlungsformen alle fälligen Zahlungspapiere[2] oder die **Zahlungspapiere,** die nach der Verkehrsauffassung an die Stelle von Geld treten,[3] ohne weiteres gleichgestellt werden. Zusätzlich müssen sie ebenso eindeutig und einfach zu handhaben sein wie Geld.[4] Das trifft zu, wenn die Auslieferung gegen einen **Scheck** mit **Einlösungsgarantie** wie einem Euroscheck vereinbart wird, nicht aber generell bei Schecks, Travellerschecks oder bankbestätigten Schecks, weil bei ihnen weit höhere Anforderungen an Erfahrung und Kenntnisse gestellt werden als bei Bargeldnachnahme.[5] Deshalb ist Art. 21 auch nicht auf die Vereinbarung der Auslieferung gegen **Sichtwechsel** anwendbar.[6] Zu nachnahmeähnlichen Abreden → Rn. 10. Soweit international weitergehend eine Nachnahmevereinbarung angenommen wird, wird regelmäßig (mit Art. 21 unvereinbar) Verschulden für die Haftung vorausgesetzt.[7]

2 Die Vereinbarung kann sich auf die Nachnahme des **Warenwerts** und/oder der **Fracht** sowie **sonstiger Zahlungsverbindlichkeiten** des Empfängers beziehen.[8] Der Nachnahmebetrag ist der

---

[28] *Herber/Piper* Rn. 13; enger *Koller* Rn. 2 und GroßkommHGB/*Helm* Rn. 5.

[29] GroßkommHGB/*Helm* Rn. 5; *Thume/Demuth* Rn. 25; ähnl. *Herber/Piper* Rn. 13.

[30] *Bracker* TranspR 1999, 7 (12); *de la Motte* VersR 1988, 317 (320); *Herber/Piper* Rn. 13; vgl. auch *Koller* Rn. 2 mit Bedenken aus Art. 14 GG und OLG Düsseldorf Urt. v. 20.3.1997 – 18 U 80/96, TranspR 1998, 32 (34) zu dem mit der Verwertung einverstandenen Eigentümer.

[31] OLG Düsseldorf Urt. v. 20.3.1997 – 18 U 80/96, TranspR 1998, 32 (34); *Thume/Demuth* Rn. 24 f.; *Herber/ Piper* Rn. 13.

[1] BGH Urt. v. 10.2.1982 – I ZR 80/80, BGHZ 83, 96 (101) = NJW 1982, 1946 (1947); Urt. v. 25.10.1995 – I ZR 230/93, VersR 1996, 736 (738); OLG Düsseldorf Urt. v. 19.6.1986 – 18 U 29/86, TranspR 1986, 336 (337); Urt. v. 13.12.1990 – 18 U 142/90, TranspR 1991, 91 (92); Urt. v. 21.4.1994 – 18 U 190/93, TranspR 1994, 391 mAnm *Thume;* OLG Hamburg Urt. v. 18.4.1991 – 6 U 244/90, TranspR 1991, 297; *Koller* Rn. 1; *Thume/Fremuth* Rn. 24 mwN; HEPK/*Glöckner* Rn. 1; *Herber/Piper* Rn. 5 mwN; *Haak* TranspR 2006, 325 (334 f.).

[2] So aber C. A. Paris Urt. v. 23.6.1994, BT 1994, 692; MüKoHGB/*Jesser-Huß* Rn. 3, 4.

[3] So wohl BGH Urt. v. 25.10.1995 – I ZR 230/93, VersR 1996, 736 (738); *Loewe* ETL 1976, 503 (566); *Herber/ Piper* Rn. 6; *Koller* Rn. 1; *Hill/Messent* 118.

[4] OLG Köln Urt. v. 27.11.1974 – 2 U 169/73, RIW 1975, 162; OLG Düsseldorf Urt. v. 19.6.1986 – 18 U 29/86, TranspR 1986, 336 (337); *Starosta* TranspR 1991, 301; *Thume/Fremuth* Rn. 42 ff.

[5] OLG Düsseldorf Urt. v. 19.6.1986 – 18 U 29/86, TranspR 1986, 336 (337) (gegen Kundenakzept und Bankaval); Urt. v. 13.12.1990 – 18 U 142/90, TranspR 1991, 91 (92) (gegen Bankscheck); *Starosta* TranspR 1991, 301; ausf. *Thume/Fremuth* Rn. 42 ff.; aA OLG Hamm Urt. v. 28.4.1983 – 18 U 230/81, TranspR 1983, 151 (152) (Travellerscheck); Urt. v. 16.8.1984 – 18 U 281/83, TranspR 1985, 97 (98) (bankbestätigter Scheck); OLG Hamburg Urt. v. 18.4.1991 – 6 U 244/90, TranspR 1991, 297 (Bankscheck); Cass. Belgien Urt. v. 18.2.1994, ETL 1994, 464 (bankbestätigter Scheck); MüKoHGB/*Jesser-Huß* Rn. 5; *Herber/Piper* Rn. 6; *Koller* Rn. 1.

[6] *Loewe* ETL 1976, 503 (566); *Herber/Piper* Rn. 6, anders Art. 6 Rn. 21; aA HEPK/*Glöckner* Art. 6 Rn. 9; MüKoHGB/*Jesser-Huß* Rn. 5; *Libouton* ETL 1973, 6 (25); *Pesce* 261; *Mercadal,* Droit des transports terrestres et aériens, 1990, Rn. 206; *Putzeys* Rn. 718 (für alle Wechsel).

[7] Cass. Paris Urt. v. 22.6.1993, ETL 1993, 928; Cass. Belgien Urt. v. 18.2.1994, ETL 1994, 464; vgl. MüKoHGB/ *Jesser-Huß* Rn. 13 Fn. 35.

[8] OLG Hamburg Urt. v. 18.4.1991 – 6 U 244/90, TranspR 1991, 297; *Lieser* CMR 143; MüKoHGB/*Jesser-Huß* Rn. 6 mwN.

Höhe nach nicht begrenzt.[9] Die Pflicht zur Erledigung der Nachnahme muss **Inhalt des Beförderungsvertrags mit dem Absender** sein.[10] Deshalb fallen Aufwendungen eines am CMR-Frachtvertrag nicht beteiligten Verzollungsspediteurs, die dieser dem Empfänger vorgestreckt hat, nicht unter Art. 21.[11] Der Absender muss jedoch nicht zwingend der Begünstigte sein.[12]

2. Form, Auslegung. Die Abrede ist – abgesehen vom Fall des Art. 34[13] (→ Art. 34 Rn. 7) – **3** **formlos** möglich. Zu ihrer Wirksamkeit bedarf es nicht der Eintragung im Frachtbrief. Art. 6 Abs. 2 dient lediglich der Beweiserleichterung.[14] Auch durch eine **nachträgliche Weisung** des Absenders, kann eine Nachnahmeweisung erteilt werden, falls sie nicht unzumutbar ist.[15] Zu den Voraussetzungen des Art. 12 Abs. 5 lit. a → Art. 12 Rn. 2. Die Haftung richtet sich dann nach Art. 21 und nicht nach Art. 12 Abs. 7 (→ Rn. 6). Nachnahmeabreden und entsprechende Weisungen können nicht durch **AGB** ausgeschlossen werden.[16] Zur **Auslegung** der Abrede ist das ergänzend anwendbare nationale Recht heranzuziehen. Nach deutschem Recht beinhalten die Klauseln **COD** („cash on delivery")[17] und **POD** („pay on delivery")[18] eine Nachnahmevereinbarung, nicht aber „**Kassa gegen Dokumente".**[19]

3. Nachnahmeeinlösung. Der Frachtführer darf das Gut nur gegen Nachnahme ausliefern. Ver- **4** weigert der Empfänger die Nachnahmeeinlösung, ist dies Annahmeverweigerung (→ Art. 15 Rn. 6). **Wie** die Nachnahmevereinbarung im Einzelnen zu **erfüllen** ist, etwa in welcher Währung, **wann** sie erfüllt ist, und ob der Einzug von Geld erforderlich ist oder Scheckhingabe ausreicht, ist dem nationalen Recht zu entnehmen.[20] Nach **deutschem**[21] und **österreichischem**[22] Recht bedeutet **Scheckentgegennahme** keine ordnungsmäßige Erfüllung der Nachnahmeabrede, wenn sie nicht vereinbart ist. Nach **englischem**[23] und **belgischem** Recht[24] steht im Handelsverkehr die Annahme eines Schecks der von Bargeld gleich. In **Frankreich** gibt es Vertragsmuster, die Einziehung per Scheck vorsehen. Diese ist stets zulässig, auch wenn sie nicht vorgeschrieben ist.[25] Die **eingezogene Nachnahme** hat der Frachtführer nach deutschem Recht gem. §§ 675, 667 BGB herauszugeben. Er haftet bei Verletzung der Herausgabepflicht nach § 280 BGB und nicht nach Art. 21.[26] Für die Ablieferung des Nachnahmebetrags an den Absender ist der Frachtführer **beweispflichtig.**[27]

4. Unwirksamkeit oder Undurchführbarkeit der Nachnahmeabrede. Ist die Nachnahmever- **5** einbarung aus irgendeinem Grund **unwirksam** oder eine entsprechende nachträgliche Weisung etwa

[9] *Heuer* Frachtführerhaftung 160; *Loewe* ETL 1976, 503 (566); *Herber/Piper* Rn. 4; HEPK/*Glöckner* Rn. 3; *Jesser* Frachtführerhaftung 94; *Hill/Messent* 170.

[10] BGH Urt. v. 17.1.1991 – I ZR 134/89, VersR 1991, 1079 (1080); *Herber/Piper* Rn. 3; *Koller* Rn. 2; MüKoHGB/*Jesser-Huß* Rn. 6; *Thume/Fremuth* Rn. 21.

[11] OGH Wien Urt. v. 5.5.1983 – 7 Ob 29/83, TranspR 1984, 42; *Jesser* Frachtführerhaftung 94; MüKoHGB/*Jesser-Huß* Rn. 6; *Thume/Fremuth/Seltmann* Rn. 22, A 22.

[12] OGH Wien Urt. v. 5.5.1983 – 7 Ob 29/83, TranspR 1984, 42; *Koller* Rn. 2; *Herber/Piper* Rn. 3.

[13] *Koller* Rn. 2; *Thume/Fremuth* Rn. 84.

[14] BGH Urt. v. 10.2.1982 – I ZR 80/80, BGHZ 83, 96 (100); OLG Düsseldorf Urt. v. 13.12.1990 – 18 U 142/90, TranspR 1991, 91 (92); Urt. v. 11.11.1993 – 18 U 44/93, RIW 1994, 774 (775) aE; OGH Wien Urt. v. 11.7.1990 – 1 Ob 621/90, TranspR 1992, 322 (323); *Thume/Fremuth* Rn. 74 ff.; *Fremuth* zu Problemen mit Art. 13 Abs. 2 bei fehlendem Frachtbrief Rn. 98 ff.; *Herber/Piper* Rn. 8; *Koller* Rn. 2, Art. 6 Rn. 15; *Clarke* Nr. 38 S. 124; *Hill/Messent* 170.

[15] *Koller* Rn. 2; *Herber/Piper* Rn. 9; *Thume/Fremuth* Rn. 78 ff. mwN; MüKoHGB/*Jesser-Huß* Rn. 9; vgl. auch BGH Urt. v. 10.10.1991 – I ZR 193/89, BGHZ 115, 299 = NJW 1992, 621 (622) zur nachträglichen Änderung.

[16] OLG Düsseldorf Urt. v. 13.12.1990 – 18 U 142/90, TranspR 1991, 91 (92); MüKoHGB/*Jesser-Huß* Rn. 10.

[17] BGH Urt. v. 19.9.1984 – VIII ZR 108/83, NJW 1985, 550; OLG Düsseldorf Urt. v. 13.12.1990 – 18 U 142/90, TranspR 1991, 91 (92); *Thume/Fremuth* Rn. 70; *Herber/Piper* Rn. 10.

[18] *Thume/Fremuth* Rn. 70.

[19] OLG Köln Urt. v. 27.11.1974 – 2 U 169/73, RIW 1975, 162; OLG Düsseldorf Urt. v. 21.4.1994 – 18 U 190/93, TranspR 1994, 391; *Herber/Piper* Rn. 10; HEPK/*Glöckner* Art. 6 Rn. 8.

[20] BGH Urt. v. 10.2.1982 – I ZR 80/80, BGHZ 83, 96 (101); Urt. v. 25.10.1995 – I ZR 230/93, VersR 1996, 736 (738); OLG Hamburg Urt. v. 18.4.1991 – 6 U 244/90, TranspR 1991, 297; Denkschrift BT-Drs. III/1144, 41; *Heuer* Frachtführerhaftung 161; *Herber/Piper* Rn. 11; *Koller* Rn. 3; *Clarke* Nr. 39a S. 126; *Hill/Messent* 171.

[21] BGH Urt. v. 10.2.1982 – I ZR 80/80, BGHZ 83, 96 (101); Urt. v. 25.10.1995 – I ZR 230/93, VersR 1996, 736 (738); *Fischer* TranspR 1999, 270 insbes. zu § 422 HGB nF mwN; *Herber/Piper* Rn. 11; *Thume/Fremuth* Rn. 43; einschr. MüKoHGB/*Jesser-Huß* Rn. 12.

[22] *Jesser* Frachtführerhaftung 95.

[23] *Hill/Messent* 171, 172; *Clarke* Nr. 39a S. 127.

[24] Hof van Beroep Gent Urt. v. 13.9.1995, ETL 1997, 602 (603) (Auslieferung gegen akzeptierten Wechsel); *Putzeys* Nr. 723; vgl. *Herber/Piper* Rn. 11.

[25] *Lamy* I Nr. 485 lit. b; *Mercadal,* Droit des transports terrestres et aériens, 1990, Rn. 203.

[26] *Heuer* Frachtführerhaftung 161; *Thume/Fremuth* Rn. 114; *Herber/Piper* Rn. 18; *Koller* Rn. 3; MüKoHGB/*Jesser-Huß* Rn. 7; vgl. BGH Urt. v. 17.1.1991 – I ZR 134/89, VersR 1991, 1079 (1080); OLG München Urt. v. 3.11.1989 – 23 U 3476/89, TranspR 1990, 71 f.; aA *Tilche* BT 1994, 684.

[27] BGH Urt. v. 10.10.1991 – I ZR 193/89, BGHZ 115, 299 (303); *Giemulla* in Baumgärtel/Prütting/Laumen Beweislast-HdB Rn. 4; *Koller* Rn. 4; *Herber/Piper* Rn. 13.

schon mangels Eintrags im Frachtbrief **nicht bindend,** Art. 12 Abs. 5 lit. a, so kann der Frachtführer im Hinblick auf seine sich aus dem Beförderungsvertrag ergebende Pflicht, die Vermögensinteressen zu wahren, das Gut dennoch **nicht** ohne Zahlung ausliefern. Er haftet bei Verletzung dieser Pflicht aus nationalem Recht wegen Verletzung von Nebenpflichten gem. § 280 BGB,[28] aber nicht weiter, als wenn eine wirksame Nachnahmeabrede zustande gekommen wäre.[29] Ist eine Nachnahmevereinbarung, etwa aus devisenrechtlichen Gründen oder weil im Empfangsland die Einlösung mittels Scheck zwingend ist, nach deutschem Recht Erfüllung, aber nur durch Barzahlung möglich ist, **nicht ausführbar,** so verlangt die gegenüber einer Nichtigkeit nach § 306 BGB vorgehende ergänzende Vertragsauslegung eine Anpassung der Abrede dahin, dass nur ausgeliefert werden darf, wenn die Zahlung in bar oder ähnlich liquider Weise gesichert ist, gegebenenfalls Weisung einzuholen ist oder das Gut eben nicht ausgeliefert werden darf.[30] Hält sich der Frachtführer nicht daran, greift die Haftung nach Art. 21.[31] Eine Pflicht zur **Aufklärung über die Undurchführbarkeit** einer Nachnahmeabrede kann aus dem Geschäftsbesorgungscharakter von Nachnahmeaufträgen folgen. Verstößt der Frachtführer dagegen, schuldet er Schadensersatz wegen Verletzung von Nebenpflichten, § 280 BGB.[32]

II. Haftung für fehlerhafte Einziehung

6   Liefert der Frachtführer das Gut **ohne Einziehung der Nachnahme** aus, haftet er dem Absender abschließend nach Art. 21,[33] ohne die Beschränkungen der Art. 23, 25.[34] Die Vorschrift ist lex specialis gegenüber Art. 12 Abs. 7[35] und Art. 17 ff.[36] Ein Verschulden wird nicht vorausgesetzt.[37] Der Wortlaut wie der Hinweis in der Denkschrift (BT-Drs. III/1144, 41) auf die Übereinstimmung mit § 31 Abs. 1 KVO lassen den Schluss zu, dass es sich um eine reine **Erfolgshaftung** handelt. Auch eine **Haftungsbefreiung** oder Haftungsminderung wie in Art. 17 Abs. 2 oder 5 ist nicht vorgesehen. Diese Vorschriften sind jedoch nach der Interessenlage analog anzuwenden.[38] Der Heranziehung nationalen Rechts zur Berücksichtigung eines Mitverschuldens des Ersatzberechtigten bedarf es nicht.[39]

7   Der Anspruch reicht nach der deutschen Übersetzung, die mit der englischen Fassung übereinstimmt, **bis** zur **Höhe** des **Nachnahmebetrags,** besteht aber nicht ohne weiteres und stets in dieser Höhe. Der Absender muss vielmehr in diesem Rahmen neben der Nachnahmevereinbarung und ihrer Verletzung[40] seinen konkreten **Schaden beweisen.**[41] Er soll für den Fall der Nichterhebung nicht besser stehen, als wenn der Frachtführer die Ware mangels Zahlung auftragsgemäß nicht abgeliefert hätte. Der Nachnahmebetrag kann als Schadensersatz nur verlangt werden, wenn der Ersatzberechtigte nachweist, dass der Empfänger den Nachnahmebetrag gezahlt hätte, wenn der Frachtführer darauf bestanden hätte, oder wenn der Wert des beförderten Gutes dem Nachnahmebetrag entspricht.[42] Zu zahlen ist der Verkehrswert der Ware bei Weiterveräußerung, nicht der dem Empfänger in Rechnung gestellte Betrag.[43] Der daneben bestehende **Zinsanspruch** ist auch bei Verzug nach Art. 27 auf 5 %

---

[28] OLG Hamm Urt. v. 28.4.1983 – 18 U 230/81, TranspR 1983, 151 (153); aA *Koller* Rn. 3 (Nichtigkeit des gesamten Frachtvertrags); Thume/*Fremuth* Rn. 21 (Pflicht zur Auslieferung).

[29] OLG Hamm Urt. v. 16.8.1984 – 18 U 281/83, TranspR 1985, 97 (100).

[30] BGH Urt. v. 25.10.1995 – I ZR 230/93, VersR 1996, 736 (738 f.); OLG Hamm Urt. v. 28.4.1983 – 18 U 230/81, TranspR 1983, 151 (153); Urt. v. 16.8.1984 – 18 U 281/83, TranspR 1985, 97 (98); OLG Düsseldorf Urt. v. 19.12.1985 – 18 U 158/85, TranspR 1986, 59 (60); HEPK/*Glöckner* Rn. 5; Thume/*Fremuth* Rn. 122; *Herber/Piper* Rn. 21; ähnl. iE *Koller* Rn. 3.

[31] BGH Urt. v. 25.10.1995 – I ZR 230/93, VersR 1996, 736 (738); OLG Hamm Urt. v. 16.8.1984 – 18 U 281/83, TranspR 1985, 97 (98); *Herber/Piper* Rn. 22; HEPK/*Glöckner* Rn. 5; *Koller* Rn. 3; aA Thume/*Fremuth* Rn. 49: Umdeutung in nachnahmeähnliche Vereinbarung und Haftung aus pVV.

[32] OLG Hamm Urt. v. 28.4.1983 – 18 U 230/81, TranspR 1983, 151 (153 f.); HEPK/*Glöckner* Rn. 8; *Herber/Piper* Rn. 23; aA *Koller* Rn. 3: § 307 Abs. 2 BGB.

[33] OLG Düsseldorf Urt. v. 13.12.1990 – 18 U 142/90, TranspR 1991, 91 (92); *Koller* Rn. 4; *Herber/Piper* Rn. 2.

[34] *Herber/Piper* Rn. 17; MüKoHGB/*Jesser-Huß* Rn. 17; *Hill/Messent* 172.

[35] Thume/*Fremuth* Rn. 52; *Koller* Rn. 1; *Herber/Piper* Rn. 2.

[36] *Thume* TranspR 1994, 392 f.; *Herber/Piper* Rn. 17; *Koller* Rn. 4.

[37] OLG Düsseldorf Urt. v. 21.4.1994 – 18 U 190/93, TranspR 1994, 391; *Lieser* CMR 149; *Koller* Rn. 4; Thume/*Fremuth* Rn. 128 f. mwN; aA Cass. Belgien Urt. v. 18.2.1994, ETL 1994, 464 (465); *Putzeys* Nr. 715; *Loewe* ETL 1976, 503 (566), der bei Fehlen eines Nachnahmevermerks im Frachtbrief Verschulden fordert; weit. Nachw. aus der französischen und belgischen Rspr. bei MüKoHGB/*Jesser-Huß* Rn. 13.

[38] *Koller* Rn. 4; *Herber/Piper* Rn. 16.

[39] So aber OLG Hamm Urt. v. 16.8.1984 – 18 U 281/83, TranspR 1985, 97 (99).

[40] *Giemulla* in Baumgärtel/Prütting/Laumen Beweislast-HdB Rn. 2; *Koller* Rn. 4; *Herber/Piper* Rn. 12.

[41] BGH Urt. v. 10.10.1991 – I ZR 193/89, BGHZ 115, 299 (306), unter Berücksichtigung einer möglichen Differenz zwischen englischer und französischer Fassung; *Herber/Piper* Rn. 14; Thume/*Fremuth* Rn. 137; MüKoHGB/*Jesser-Huß* Rn. 15 f.; aA (Nachnahmebetrag ohne Nachweis) OLG Hamburg Urt. v. 18.4.1991 – 6 U 244/90, TranspR 1991, 298; GroßkommHGB/*Helm* Rn. 5; *Hill/Messent* 173; *Libouton* ETL 1973, 2 (55); wohl auch *Lamy* I Nr. 485; zweifelnd *Koller* LM CMR Nr. 50; *Koller* Rn. 4; ebenso *Clarke* Nr. 39b S. 128 f.

[42] BGH Urt. v. 10.10.1991 – I ZR 193/89, BGHZ 115, 299 (304); ausf. MüKoHGB/*Jesser-Huß* Rn. 15; *Herber/Piper* Rn. 15; zu Fällen des § 377 HGB vgl. *Koller* LM CMR Nr. 50.

[43] BGH Urt. v. 10.10.1991 – I ZR 193/89, BGHZ 115, 299 (304).

beschränkt.[44] Die Begrenzung des Ersatzanspruchs auf den Nachnahmebetrag und Zinsen entfällt, wenn **Art. 29** anwendbar ist.[45]

Ein **Schaden entsteht** dem Absender erst, wenn sein (Kaufpreis-)Anspruch gegen den Empfänger **8** nicht durchsetzbar ist, dieser etwa zahlungsunfähig ist. Ist die Ware noch vorhanden, muss der Absender im Rahmen seiner Schadensminderungspflicht ihre Rückholung auf Grund eines Eigentumsvorbehalts versuchen. Ist der Empfänger lediglich säumig, ist ein Schaden noch nicht entstanden. Der Absender muss zunächst gegen den Empfänger vorgehen und sich auch gegen etwaige kaufrechtliche Einwendungen des Empfängers verteidigen. Bei einem **im Ausland ansässigen Empfänger** ist diese vorherige Inanspruchnahme dem Absender nicht zuzumuten. Er kann sofort gegen Abtretung des Kaufpreisanspruchs gegen den Frachtführer auf Ersatz klagen,[46] hat allerdings die in → Rn. 7 genannten Nachweise zu führen. Der Anspruch des Absenders kann somit auf den Wert des Gutes und/oder die Rechtsverfolgungskosten gehen. Bei der Schadenshöhe mindernd zu berücksichtigen sind etwaige (Rücktransport-)kosten, die sich als Folge der Nichtauslieferung ergeben hätten, oder Umsatzsteuer,[47] die dann nicht angefallen wäre.

III. Rückgriffsrecht des Frachtführers

Der Ersatzanspruch des Frachtführers besteht vorbehaltlich seines Rückgriffsrechts. Das bedeutet, **9** dass auch ein Nachnahmefehler dem Frachtführer seine **Zahlungsansprüche gegen den Empfänger** nach Art. 13 Abs. 2 nicht nimmt.[48] Er kann, wenn der Nachnahmebetrag im Frachtbrief vermerkt ist, aus eigenem Recht gegen den Empfänger vorgehen. Dieser kann ihm Einwendungen aus dem Verhältnis zum Absender nicht entgegenhalten, weil er den zu bezahlenden Betrag bei Annahme des Gutes gekannt hat.[49] War der Nachnahmebetrag im Frachtbrief nicht vermerkt, gibt Art. 21 dem Frachtführer insoweit kein eigenes Recht. Maßgebend für den Übergang der der Nachnahme zugrunde liegenden Forderungen auf ihn ist dann nationales Recht.[50]

IV. Nachnahmeähnliche Abreden

Für Abreden, die die Ablieferung des Gutes betreffen, ohne die Einziehung von Geld oder gleich- **10** gestellten Papieren zu bestimmen, wie zB für die Klauseln gegen „bankbestätigten Scheck", „gegen **Wechselakzept**" (→ Rn. 1),[51] „Auslieferung gegen Kundenakzept und **Bankaval**",[52] „gegen **Zahlungsnachweis**",[53] „gegen Eröffnung eines **Akkreditivs**",[54] „gegen Vorlage **FCR**" (Forwarder's Certificate of Receipt = Spediteurübernahmebescheinigung)[55] und ähnlichen[56] gilt Art. 21 nicht. Sie sind nach Maßgabe des ergänzend anwendbaren **nationalen Rechts** als Bestandteil des Beförderungsvertrags wirksam.[57]

Wird die Ware ohne Einhaltung einer nachnahmeähnlichen Abrede abgeliefert, finden auch bezüg- **11** lich der **Haftung** die Vorschriften des nationalen Rechts, bei deutschem Recht § 280 BGB (Nicht-

---

[44] BGH Urt. v. 10.10.1991 – I ZR 193/89, BGHZ 115, 299 (305 f.).

[45] OGH Wien Urt. v. 11.7.1990 – 1 Ob 621/90, TranspR 1992, 322; Thume/*Fremuth* Rn. 156; MüKoHGB/*Jesser-Huß* Rn. 17; *Pesce* 258 f.; *Clarke* Nr. 39b S. 128.

[46] Vgl. zum Ganzen Thume/*Fremuth* Rn. 142 ff.

[47] BGH Urt. v. 10.10.1991 – I ZR 193/89, BGHZ 115, 299 (304 f.); Thume/*Fremuth* Rn. 150; *Herber/Piper* Rn. 15.

[48] *Loewe* ETL 1976, 503 (566); Thume/*Fremuth* Rn. 5; HEPK/*Glöckner* Rn. 10; GroßkommHGB/*Helm* Rn. 6; *Koller* Rn. 4; *Herber/Piper* Rn. 19.

[49] OLG Düsseldorf Urt. v. 13.12.1973 – 18 U 100/73, VersR 1974, 1074 (1075); *Koller* Rn. 4; HEPK/*Glöckner* Rn. 10; Thume/*Fremuth* Rn. 166; *Herber/Piper* Rn. 19; MüKoHGB/*Jesser-Huß* Rn. 18; *Theunis/Mercadal* 38; *Clarke* Nr. 39b S. 129; *Putzeys* Nr. 728.

[50] Thume/*Fremuth* Rn. 167; GroßkommHGB/*Helm* Rn. 6; *Koller* Rn. 4; ähnl. *Herber/Piper* Rn. 20; aA MüKoHGB/*Jesser-Huß* Rn. 18; *Regnarsen* 230.

[51] Cour Cass. BullT 2002, 110; Paris BullT 2003, 691.

[52] OLG Düsseldorf Urt. v. 19.6.1986 – 18 U 29/86, TranspR 1986, 336 (337); Thume/*Fremuth* Rn. 59; HEPK/*Glöckner* Rn. 6.

[53] LG Nürnberg/Fürth Urt. v. 25.1.1991 – 2 HKO 6073/90, TranspR 1991, 300 mzustAnm *Starosta*; Thume/*Fremuth* Rn. 61; MüKoHGB/*Jesser-Huß* Rn. 5; *Hill/Messent* 171; aA Cass. Paris Urt. v. 6.6.1995, BT 1995, 474; *Lamy* I Nr. 485 lit. b.

[54] Thume/*Fremuth* Rn. 60; MüKoHGB/*Jesser-Huß* Rn. 5; *Koller* Rn. 1; aA *Lamy* I Nr. 485 lit. b; *Mercadal*, Droit des transports terrestres et aériens, 1990, Rn. 206.

[55] OLG Düsseldorf Urt. v. 21.4.1994 – 18 U 190/93, TranspR 1994, 391; Thume/*Fremuth* Rn. 62 ff.; *Koller* Rn. 1; MüKoHGB/*Jesser-Huß* Rn. 5.

[56] Vgl. Thume/*Fremuth* Rn. 67 ff., 71 f. insbesondere zu den Abreden „kassa gegen Dokumente" und „Lieferung ab Werk, Kosten zu Lasten des Empfängers"; vgl. dazu auch OLG München Urt. v. 31.5.2000 – 7 U 6226/99, TranspR 2002, 26 (27); OLG Karlsruhe Urt. v. 8.6.2001 – 15 U 74/00, NJW-RR 2002, 907 (908); *Koller* Rn. 5 in Fn. 40 mwN; sehr weitgehend LG Hamburg Urt. v. 9.9.2002 – 415 O 157/01, TranspR 2003, 166 (167).

[57] *Koller* Rn. 1; *Herber/Piper* Rn. 7; MüKoHGB/*Jesser-Huß* Rn. 8 mwN; *Hill/Messent* 171; aA (Art. 21 analog): *Lamy* I Nr. 485 lit. b mN aus der französischen Rspr.

erfüllung einer Nebenpflicht, Schlechtleistung) Anwendung[58] mit der Haftungseinschränkung gem. § 433 HGB auf den dreifachen Betrag, der bei Verlust zu zahlen wäre. Tritt durch die Missachtung ein **Verlust** des Gutes ein, so greifen die Art. 17 ff. mit ihrer Haftungsbegrenzung nicht. Es liegt nämlich bei Aushändigung der Ware an den Empfänger eine wirksame Ablieferung vor[59] (→ Art. 17 Rn. 3), die den Haftungszeitraum nach Art. 17 beendet. Wird auf Grund devisenrechtlicher Vorschriften eine **nachnahmeähnliche Vereinbarung undurchführbar,** so gelten die Grundsätze nach → Rn. 5, mit der Maßgabe, dass sich eine Haftung nach § 280 BGB bestimmt.[60] Zur Pflicht des Frachtführers auf die Undurchführbarkeit hinzuweisen → Rn. 5.

Art. 22 [Gefährliche Güter]

(1) [1]**Der Absender hat den Frachtführer, wenn er ihm gefährliche Güter übergibt, auf die genaue Art der Gefahr aufmerksam zu machen und ihm gegebenenfalls die zu ergreifenden Vorsichtsmaßnahmen anzugeben.** [2]**Ist diese Mitteilung im Frachtbrief nicht eingetragen worden, so obliegt es dem Absender oder dem Empfänger, mit anderen Mitteln zu beweisen, daß der Frachtführer die genaue Art der mit der Beförderung der Güter verbundenen Gefahren gekannt hat.**

(2) **Gefährliche Güter, deren Gefährlichkeit der Frachtführer nicht im Sinne des Absatzes 1 gekannt hat, kann der Frachtführer jederzeit und überall ohne Schadenersatzpflicht ausladen, vernichten oder unschädlich machen; der Absender haftet darüber hinaus für alle durch die Übergabe dieser Güter zur Beförderung oder durch ihre Beförderung entstehenden Kosten und Schäden.**

Schrifttum: *Bottke,* Zur straf- und ordnungswidrigkeitsrechtlichen Verantwortlichkeit bei der Beförderung gefährlicher Güter einschließlich der Verantwortlichkeit des Gefahrgutbeauftragten, TranspR 1992, 390; *de Gottrau,* Die Haftung bei der Beförderung von gefährlichen Gütern (Art. 22 CMR), TranspR 1988, 320; *Herber,* Zum ECE-Übereinkommen vom 10. Oktober 1989 über die Haftung beim Transport gefährlicher Güter, TranspR 1990, 51; *Herber,* Das Übereinkommen vom 10. Oktober 1989 über die Haftung beim Transport gefährlicher Güter auf der Straße, auf der Schiene und auf Binnengewässern (CRTD), ETR 1991, 161; *Huck,* Haftung und Deckung beim Transport radioaktiver Stoffe unter besonderer Berücksichtigung des atomrechtlichen Genehmigungsverfahrens, TranspR 1994, 129; *Oetker,* Versandungskauf, Frachtrecht und Drittschadensliquidation, JuS 2001, 833; *Putzeys,* Responsabilité du transporteur pour les dommages causés aux tiers dans les differents modes de transport, ETL 1991, 173; *Ridder,* Gefahrguthandbuch, 1992; *Visser,* Entwicklungen in den Vorschriften für die Beförderung gefährlicher Güter auf Schiene und Straße (RID/ADR), ETL 1991, 92; *Wiesbauer,* Haftungsfragen beim Gefahrguttransport, RdW 1984, 70; *Wijffels,* Le Régime juridique du Transport International de Marchandises Dangereuses par Route (CMR-ADR), ETL 1969, 870; iÜ vgl. Vor Art. 1, Art. 17.

Parallelvorschriften: § 410 HGB; Art. 9 CIM 1999; Art. 7 CMNI.

I. Allgemeines

1   Art. 22 Abs. 1 (Parallelvorschrift § 410 HGB) normiert eine **Hinweispflicht des Absenders auf die Gefährlichkeit des Gutes.** Kennt der Frachtführer die Gefährlichkeit nicht hinreichend, hat er das Recht, ohne Ersatzpflicht die Ware abzuladen, zu vernichten oder unschädlich zu machen, Abs. 2. Ihm steht weiter ein Anspruch auf Ersatz von Kosten und Schäden gegen den Absender zu. Die Vorschrift ist in Anlehnung an seerechtliche Bestimmungen entstanden.[1] Daneben besteht die **deliktsrechtliche** Haftung des Absenders.[2] Der Frachtführer haftet dem Absender auch beim Transport gefährlicher Güter gem. Art. 17 ff. für Verlust, Beschädigung und Lieferfristüberschreitung. Weitere Vorschriften, die für die Beförderung gefährlicher Güter bedeutsam sein können, enthalten Art. 7 Abs. 1 lit. a, Art. 6 Abs. 1 lit. f und Art. 10. Die **Haftung gegenüber Dritten** wird von der CMR nicht erfasst. Das ECE-Übereinkommen über die zivilrechtliche Haftung für Schäden beim Transport gefährlicher Güter auf Straße, Schiene und Binnenwasserstraßen vom 10.10.1989 ist noch nicht in Kraft.[3]

---

[58] OLG Hamm Urt. v. 28.4.1983 – 18 U 230/81, TranspR 1983, 151; OLG Düsseldorf Urt. v. 19.6.1986 – 18 U 29/86, TranspR 1986, 336 (337); Urt. v. 21.4.1994 – 18 U 190/93, TranspR 1994, 391 mAnm *Thume; Thume* TranspR 1995, 1 (3); Thume/*Fremuth* Rn. 26, 52; HEPK/*Glöckner* Rn. 6; *Herber*/*Piper* Rn. 7.

[59] *Thume* TranspR 1994, 392 f.; Thume/*Fremuth* Rn. 30; aA OLG Hamburg Urt. v. 18.5.1989 – 6 U 258/88, TranspR 1990, 188 (190); *Koller* Rn. 1: Begrenzung der Ansprüche aus positiver Vertragsverletzung durch Art. 17 ff. bei Verlust.

[60] Vgl. OLG Hamm Urt. v. 28.4.1983 – 18 U 230/81, TranspR 1983, 151 (153); Thume/*Fremuth* Rn. 49, Anh. I Rn. 41.

[1] *de Gottrau* TranspR 1988, 320; GroßkommHGB/*Helm* Rn. 3.

[2] *de Gottrau* TranspR 1988, 320 (321); *Koller* Rn. 1; MüKoHGB/*Jesser-Huß* Rn. 12; zur strafrechtlichen Verantwortlichkeit vgl. *Bottke* TranspR 1992, 390 ff.

[3] Abgedr. in TranspR 1990, 83 ff.; vgl. dazu *Herber* TranspR 1990, 51 ff.; *Herber* ETL 1991, 161 ff. und Nachw. bei *Koller* Rn. 1.

Öffentlichrechtliche Gefahrgutvorschriften beinhaltet das Europäische Übereinkommen über 2 die internationale Beförderung gefährlicher Güter auf der Straße vom 30.9.1957 – **ADR** –,[4] das Gesetz über die Beförderung gefährlicher Güter[5] und die Gefahrgutverordnung Straße – GGVS,[6] die durch die Gefahrgutverordnung Straße und Eisenbahn[7] abgelöst wurde.[8] Die Beförderung **radioaktiver** Stoffe ist im AtomG geregelt.[9] Auch die Gefahrgutverordnung Straße, Eisenbahn und Binnenschifffahrt v. 30.3.2017 ist zu berücksichtigen.[10]

II. Gefährliche Güter

Gefährlich sind Güter, die bei normalem Transportverlauf eine unmittelbare Gefahr für das Trans- 3 portmittel, andere transportierte Güter oder andere Rechtsgüter darstellen.[11] Die Gefährlichkeit muss sich aus der **Beschaffenheit des Gutes** selbst ergeben, nicht erst aus einer bestimmten Art des Transports.[12] Sie kann auf seiner normalen, aber auch auf einer außergewöhnlichen konkreten Eigenart beruhen.[13] Gefährlich sind die **in der ADR genannten Güter** immer, andere können es sein.[14]

III. Kenntnis der Gefährlichkeit (Abs. 1)

Der Absender hat den Frachtführer, wenn er ihm gefährliche Güter übergibt,[15] auf die genaue Art 4 der Gefahr **aufmerksam zu machen** und ihm gegebenenfalls zu ergreifende Vorsichtsmaßnahmen anzugeben, Abs. 1. Dieser Zeitpunkt genügt dem Schutzbedürfnis des Frachtführers, weil er bis dahin das Gut zurückweisen kann. Als tatsächliche Handlung erfordert der Hinweis keine Geschäftsfähigkeit.[16] Er erfolgt regelmäßig durch den Frachtbrief. Dort muss der Absender gem. Art. 6 Abs. 1 lit. f die allgemein verständliche und anerkannte Bezeichnung der Art der Güter und der Verpackung angeben, die im Allgemeinen ausreicht.[17] Die Mitteilung der **Gefahrenklasse** eines unter die ADR fallenden Gutes und die gängige Bezeichnung genügt,[18] nicht aber ohne Weiteres nur die **chemische Bezeichnung**, deren Einordnung Fachkenntnisse erfordert.[19]

Für den ordnungsgemäß vom Frachtführer und Absender unterzeichneten, die Eintragung enthal- 5 tenden Frachtbrief wird die **Kenntnis** des Frachtführers unwiderleglich **vermutet**.[20] Fehlt es an einem ausreichenden Eintrag oder einem (unterzeichneten) Frachtbrief, so hat der Absender die genaue Kenntnis des Frachtführers von der Gefährlichkeit und den erforderlichen Vorsichtsmaßnahmen beim Transport und bei einem Unfall mit anderen Mitteln **nachzuweisen**.[21] Notwendig ist die Information

---

[4] BGBl. 1969 II 1489.

[5] IdF v. 29.9.1998 (BGBl. I 3115), zuletzt geändert am 31.10.2006.

[6] IdF v. 22.12.1998 (BGBl. I 3994).

[7] Verordnung über die innerstaatliche und grenzüberschreitende Beförderung gefährlicher Güter auf der Straße und mit Eisenbahnen idF v. 24.11.2006, BGBl. I 2683.

[8] Relevant sind darüber hinaus für den Bereich der Gefahrguttransporte die Gefahrgutkontrollverordnung idF v. 26.10.2005, zuletzt geändert am 31.10.2006, BGBl. I 2407; die Gefahrgut-Ausnahmeverordnung idF v. 6.11.2002, zuletzt geändert am 10.5.2005, BGBl. I 1299; die Gefahrgutbeauftragtenverordnung idF v. 26.3.1998, zuletzt geändert am 31.10.2006, BGBl. I 2407; die Gefahrgutbeauftragtenprüfungsverordnung idF v. 1.12.1998, zuletzt geändert am 31.10.2006, BGBl. I 2006, 2407; die Kostenverordnung für Maßnahmen bei der Beförderung gefährlicher Güter v. 13.11.1990, zuletzt geändert am 17.12.2004, BGBl. I 3711; näher zu den Gefahrgutvorschriften vgl. Thume/*de la Motte* Rn. 4 ff.

[9] Vgl. *Huck* TranspR 1994, 129.

[10] Bekanntmachung der Neufassung der Gefahrgutverordnung Straße, Eisenbahn und Binnenschifffahrt vom 30.3.2017, BGBl. 2017 I 711.

[11] *de Gottrau* TranspR 1988, 320; *Loewe* ETL 1976, 503 (567); HERBER/*Piper* Rn. 5; HEPK/*Glöckner* Rn. 2; *Koller* Rn. 2; *Clarke* Nr. 73 S. 265 f.; *Hill/Messent* 175; *Putzeys* Nr. 824; aA OLG Düsseldorf Urt. v. 23.1.1992 – 18 U 127/91, TranspR 1992, 218 (219) und *Giemulla* in Baumgärtel/Prütting/Laumen Beweislast-HdB Rn. 2, die Gefährlichkeit für Güter außerhalb des Fahrzeugs verlangen und sonst nationales Recht eingreifen lassen; MüKoHGB/*Jesser-Huß* Rn. 5: gefährlich ist Gut, das in anormaler Situation zu unkalkulierbarer Gefahrenquelle für Dritte wird.

[12] Thume/*de la Motte* Rn. 24; *Koller* Rn. 2; *Herber/Piper* Rn. 6; *Clarke* Nr. 73 S. 266.

[13] *Koller* Rn. 2; Thume/*de la Motte* Rn. 24; MüKoHGB/*Jesser-Huß* Rn. 5: zB verstrahlte Molke; aA bezüglich konkreter außergewöhnlicher Beschaffenheit *Herber/Piper* Rn. 6.

[14] HEPK/*Glöckner* Rn. 5 ff.; *Herber/Piper* Rn. 7; *Koller* Rn. 2; GroßkommHGB/*Helm* Rn. 2; *Hill/Messent* 176; *Pesce* 264.

[15] *Koller* Rn. 3; MüKoHGB/*Jesser-Huß* Rn. 6; aA (Abschluss des Beförderungsvertrags) Thume/*de la Motte* Rn. 37.

[16] *Koller* Rn. 3; aA Thume/*de la Motte* Rn. 25.

[17] *de Gottrau* TranspR 1988, 320 (321) mN zur Rspr.; *Herber/Piper* Rn. 9; Thume/*de la Motte* Rn. 34; *Koller* Rn. 3; *Hill/Messent* 177.

[18] GroßkommHGB/*Helm* Rn. 22; Thume/*de la Motte* Rn. 31; MüKoHGB/*Jesser-Huß* Rn. 7.

[19] *de Gottrau* TranspR 1988, 320 (321); Thume/*de la Motte* Rn. 34 f.; *Herber/Piper* Rn. 9; aA MüKoHGB/*Jesser-Huß* Rn. 9.

[20] *Koller* Rn. 3; *Herber/Piper* Rn. 19; aA (Art. 9 Abs. 1) GroßkommHGB/*Helm* Rn. 2.

[21] BGH Urt. v. 16.10.1986 – I ZR 149/84, VersR 1987, 304 (305); *de Gottrau* TranspR 1988, 320 (321); *Koller* Rn. 3; *Herber/Piper* Rn. 19; *Hill/Messent* 178.

des Frachtführers selbst oder eines Vertreters. Ein **Kennenmüssen** genügt nicht.[22] Doch kann sich die Kenntnis nicht nur aus einer nachweisbaren Information bei Übergabe, sondern auch aus **Hinweisen bei früheren** gleichartigen **Transporten** ergeben.[23] Die Übergabe eines nicht unterzeichneten Frachtbriefs an den Fahrer erbringt den Nachweis ebenso wenig wie die Aushändigung des einen entsprechenden Vermerk tragenden Versendeauftrags oder eines Unfallmerkblatts.[24]

IV. Recht zum Ausladen etc (Abs. 2 Hs. 1)

6   Der Frachtführer, der die Gefährlichkeit bei der Übernahme nicht kannte, hat ein Wahlrecht mit weitem Beurteilungsspielraum zwischen **Ausladen, Vernichten oder Unschädlichmachen** des Gutes, Abs. 2 Hs. 1. Das Ausladen entspricht dem nach Art. 16 Abs. 2[25] mit der damit verbundenen Pflicht zur Verwahrung (→ Art. 16 Rn. 10). Ohne dass an seine Kenntnisse und sein Entscheidungsvermögen hohe Ansprüche gestellt werden dürften,[26] hat er entsprechend dem Grundsatz der Verhältnismäßigkeit das **mildeste Mittel** zu wählen.[27] Verstößt er gegen diese Pflicht, wird er nicht deshalb von seiner aus Art. 17 folgenden Verantwortung gegenüber dem Absender völlig frei, weil dieser ihm seinerseits gem. Art. 22 Abs. 2 für entstehende Kosten haftet. Er haftet vielmehr nach Maßgabe von Art. 17 Abs. 5 weiter mit.[28] Ist der Frachtführer **über die Gefährlichkeit des Gutes informiert,** können sich Rechte zum Abladen etc aus nationalem Recht ergeben.[29]

V. Schadensersatz, Kostenerstattungsanspruch (Abs. 2 Hs. 2)

7   Der **Absender,** dh der Vertragspartner des Frachtführers,[30] **haftet** dem Frachtführer, der die Gefährlichkeit des Gutes nicht kennt, auf Ersatz von Schäden und Kosten. Für sie muss das Unterlassen der Information aber kausal gewesen sein.[31] Die Ersatzpflicht ist **unbegrenzt**[32] und **verschuldensunabhängig.**[33] Sie erfasst alle dem Frachtführer im Zusammenhang mit der Gefährlichkeit entstandenen Kosten und Schäden, etwa auch entgangenen Gewinn, Entschädigungsleistungen, die er an Dritte zahlen muss[34] oder Schäden am Fahrzeug.[35] Den Frachtführer trifft nach Art. 22 **keine Pflicht,** sich bezüglich der Gefährlichkeit des beförderten Gutes **zu informieren.**[36] Nach Maßgabe nationalen Rechts, § 414 Abs. 2 HGB, kann die Haftung des Absenders aber wegen **Mitverschuldens des Frachtführers** herabgesetzt sein oder ganz entfallen.[37] Art. 22 begründet keine unmittelbare **Aktivlegitimation** Dritter.[38] Der Frachtführer kann jedoch gemäß nationalem Recht über die Drittschadensliquidation (→ Art. 13 Rn. 15) Schäden Dritter geltend machen,[39] weil der Absender für alle Schäden haftet.

---

[22] Thume/*de la Motte* Rn. 35; *Koller* Rn. 3; *Herber/Piper* Rn. 11; aA wohl *de Gottrau* TranspR 1988, 320 (321).

[23] Cass. Paris Urt. v. 16.10.1990, BT 1990, 797; C. A. Paris Urt. v. 31.3.1992, BT 1992, 331; *Loewe* ETL 1976, 503 (566 f.); *Hill/Messent* 178; aA *Koller* Rn. 3.

[24] BGH Urt. v. 16.10.1986 – I ZR 149/84, VersR 1987, 304 (305 f.); aA (für Vermerk auf beigegebener Rechnung): Cass. Paris Urt. v. 16.10.1990, BT 1990, 797; MüKoHGB/*Jesser-Huß* Rn. 9; *Lamy* I Nr. 475 lit. b.

[25] *de Grottau* TranspR 1988, 320 (322); *Herber/Piper* Rn. 12; Thume/*de la Motte* Rn. 39.

[26] *Herber/Piper* Rn. 2; *Koller* Rn. 4; MüKoHGB/*Jesser-Huß* Rn. 11.

[27] *Loewe* ETL 1976, 503 (567); *Giemulla* in Baumgärtel/Prütting/Laumen Beweislast-HdB Rn. 4; *Herber/Piper* Rn. 12; *Koller* Rn. 4; GroßkommHGB/*Helm* Rn. 3; ähnl. *Hill/Messent* 178 f.; aA *de Grottau* TranspR 1988, 320 (322): völlig freie Wahl; Thume/*de la Motte* Rn. 38 f.: Haftung nur bei Treuwidrigkeit.

[28] Vgl. OLG Hamburg Urt. v. 19.12.1985 – 6 U 188/80, VersR 1986, 261 (262); *Giemulla* in Baumgärtel/Prütting/Laumen Beweislast-HdB Rn. 4; *Herber/Piper* Rn. 12; MüKoHGB/*Jesser-Huß* Rn. 11; ähnl. *Koller* Rn. 4; aA Thume/*de la Motte* Rn. 41: Mithaftung nur bei Treuwidrigkeit.

[29] *Koller* Rn. 3; *Herber/Piper* Rn. 13.

[30] BGH Urt. v. 16.10.1986 – I ZR 149/84, VersR 1987, 304 (305); *Koller* Rn. 5; *Clarke* Nr. 73a S. 269.

[31] *Herber/Piper* Rn. 15; *Putzeys* Nr. 829.

[32] *Koller* Rn. 5; Thume/*de la Motte* Rn. 45; *Putzeys* Nr. 1050.

[33] GroßkommHGB/*Helm* Rn. 4; *Koller* Rn. 5 mwN auch zur Gegenansicht; HEPK/*Glöckner* Rn. 3; Thume/*de la Motte* Rn. 45; aA *Putzeys* Nr. 829.

[34] *de Gottrau* TranspR 1988, 320 (322); GroßkommHGB/*Helm* Rn. 4; *Herber/Piper* Rn. 16; MüKoHGB/*Jesser-Huß* Rn. 13.

[35] BGH Urt. v. 16.10.1986 – I ZR 149/84, VersR 1987, 304; Thume/*de la Motte* Rn. 45; *Clarke* Nr. 73a S. 269.

[36] MüKoHGB/*Jesser-Huß* Rn. 8; *Jesser* Frachtführerhaftung 172; *Nickel-Lanz*, La Convention relative au contrat de transport de merchandises par route (CMR), 1976, 58.

[37] BGH Urt. v. 16.10.1986 – I ZR 149/84, VersR 1987, 304 (306) aE; OLG Hamburg Urt. v. 19.12.1985 – 6 U 188/80, VersR 1986, 261 (262); *Koller* Rn. 5; *Herber/Piper* Rn. 8, 15; aA MüKoHGB/*Jesser-Huß* Rn. 12: völliges Entfallen der Absenderhaftung.

[38] *Loewe* ETL 1976, 503 (567); GroßkommHGB/*Helm* Rn. 4; *Koller* Rn. 5; *Hill/Messent* 179.

[39] *Koller* Rn. 5; *Herber/Piper* Rn. 16; *Hill/Messent* 179; vgl. zur Drittschadensliquidation beim Versendungskauf nach nach nationalem Recht *Oetker* JuS 2001, 833 (838).

Art. 23 [Haftungsumfang, Haftungshöchstbeträge]

(1) Hat der Frachtführer auf Grund der Bestimmungen dieses Übereinkommens für gänzlichen oder teilweisen Verlust des Gutes Schadenersatz zu leisten, so wird die Entschädigung nach dem Wert des Gutes am Ort und zur Zeit der Übernahme zur Beförderung berechnet.

(2) Der Wert des Gutes bestimmt sich nach dem Börsenpreis, mangels eines solchen nach dem Marktpreis oder mangels beider nach dem gemeinen Wert von Gütern gleicher Art und Beschaffenheit.

(3) Die Entschädigung darf jedoch 8,33 Rechnungseinheiten für jedes fehlende Kilogramm des Rohgewichts nicht übersteigen.

(4) Außerdem sind – ohne weiteren Schadenersatz – Fracht, Zölle und sonstige aus Anlaß der Beförderung des Gutes entstandene Kosten zurückzuerstatten, und zwar im Falle des gänzlichen Verlustes in voller Höhe, im Falle des teilweisen Verlustes anteilig.

(5) Wenn die Lieferfrist überschritten ist und der Verfügungsberechtigte beweist, daß daraus ein Schaden entstanden ist, hat der Frachtführer dafür eine Entschädigung nur bis zur Höhe der Fracht zu leisten.

(6) Höhere Entschädigungen können nur dann beansprucht werden, wenn der Wert des Gutes oder ein besonderes Interesse an der Lieferung nach den Artikeln 24 und 26 angegeben worden ist.

(7) [1] Die in diesem Übereinkommen genannte Rechnungseinheit ist das Sonderziehungsrecht des Internationalen Währungsfonds. [2] Der in Absatz 3 genannte Betrag wird in die Landeswährung des Staates des angerufenen Gerichts umgerechnet; die Umrechnung erfolgt entsprechend dem Wert der betreffenden Währung am Tag des Urteils oder an dem von den Parteien vereinbarten Tag. [3] Der in Sonderziehungsrechten ausgedrückte Wert der Landeswährung eines Staates, der Mitglied des Internationalen Währungsfonds ist, wird nach der vom Internationalen Währungsfonds angewendeten Bewertungsmethode errechnet, die an dem betreffenden Tag für seine Operationen und Transaktionen gilt. [4] Der in Sonderziehungsrechten ausgedrückte Wert der Landeswährung eines Staates, der nicht Mitglied des Internationalen Währungsfonds ist, wird auf eine von diesem Staat bestimmte Weise errechnet.

(8) [1] Dessenungeachtet kann ein Staat, der nicht Mitglied des Internationalen Währungsfonds ist und dessen Recht die Anwendung des Absatzes 7 nicht zuläßt, bei der Ratifikation des Protokolls zum CMR oder dem Beitritt zu jenem Protokoll oder jederzeit danach erklären, daß sich der in seinem Hoheitsgebiet geltende Haftungshöchstbetrag des Absatzes 3 auf 25 Werteinheiten beläuft. [2] Die in diesem Absatz genannte Werteinheit entspricht 10/31 Gramm Gold von 900/1000 Feingehalt. [3] Die Umrechnung des Betrags nach diesem Absatz in die Landeswährung erfolgt nach dem Recht des betreffenden Staates.

(9) [1] Die in Absatz 7 letzter Satz genannte Berechnung und die in Absatz 8 genannte Umrechnung erfolgen in der Weise, daß der Betrag nach Absatz 3, in der Landeswährung des Staates ausgedrückt, soweit wie möglich dem dort in Rechnungseinheiten ausgedrückten tatsächlichen Wert entspricht. [2] Die Staaten teilen dem Generalsekretär der Vereinten Nationen die Art der Berechnung nach Absatz 7 oder das Ergebnis der Umrechnung nach Absatz 8 bei der Hinterlegung einer der in Artikel 3 des Protokolls zum CMR genannten Urkunden sowie immer dann mit, wenn sich die Berechnungsart oder das Umrechnungsergebnis ändert.

Schrifttum: *Bischof,* Berechnung der Entschädigungsleistung nach Art. 23 CMR, VersR 1982, 1132; *Boecker,* Lkw-Ladungsverluste in Europa – Eine Bestandsaufnahme, TranspR 2002, 137; *Boettge,* Zum Haftungsausschluss des Frachtführers nach Art. 17 Abs. 2 CMR bei Raub – Zugleich Anmerkung zum Urteil des LG Karlsruhe vom 24.3.2006 (15 O 196/04 KfH IV) VersR 2006, 1431, VersR 2006, 1618; *Butzer,* Die Ermittlung des Ersatzwertes für Unikate im Frachtrecht – Zugleich ein Beitrag zum Begriff des „gemeinen Wertes", VersR 1991, 854; *Csoklich,* Wahl des Gerichtsstandes nach der CMR und Rechtshängigkeitsrede (Österreich), Europäisches Transportrecht 2005, 609; *Haak,* Revision der CMR?, TranspR 2006, 325; *Herber,* Überblick über die gesetzlichen Regelungen in Deutschland und in internationalen Übereinkommen, TranspR 2004, 93; *Koller,* Die Erstattungspflicht von Frachten, Zöllen und sonstigen Kosten gem. Art. 23 Abs. 4 CMR, VersR 1989, 2; *Koller,* Zur Haftung des Frachtführers, EWiR 2002, 375; *Konow,* Aufwendungsersatz bei Fürsorgemaßnahmen für das Gut während des Transports, TranspR 1988, 229; *Oetker,* Versendungskauf, Frachtrecht und Drittschadensliquidation, JuS 2001, 833; *Pesce,* Die richterliche Auslegung des Art. 23 Abs. 3 CMR – Probleme und Lösungen, TranspR 1987, 11; *Rinkler,* Zweifache Schadensberechnung bei qualifiziertem Verschulden – zugleich Anmerkung zu BGH, Urteil vom 3.3.2005 – I ZR 134/02 (TranspR 2005, 253f), TranspR 2005, 305; *Rogov,* Neuauslegung des Art. 1 Abs. 5 CMR?, TranspR 2005, 185; *Rogov,* Paradoxon der dualen Haftungsobergrenze des Art. 23 Abs 3 CMR, TranspR 2002, 286; *Schelin,* Methods of Interpreting the CMR Convention, TranspR 2002, 382; *Thume,* Entschädigung nach Art. 23 CMR und Entgang einer Exportsubvention, TranspR 1995, 55; *Voigt,* Vermögensschadenhaftung nach der CMR, VP 1965, 122; *Voigt,* Das Ladegeschäft beim CMR-Vertrag, VP 1965, 148; *Walch,* Aktivlegitimation und Regressvoraussetzungen betreffend transport- und versicherungsrechtliche Ansprüche nach österreichischer Rechtslage und Rechtsprechung, TranspR 2005, 229; *Züchner,* Die Ermittlung des Höchstbetrages gemäß Art. 23 Abs. 3 CMR, ZfV 1966, 167; iÜ vgl. Vor Art. 1, Art. 3, 17, 19.

Parallelvorschriften: Art. 23: Art. 25 CMR; §§ 429, 430 HGB; Art. 40, 42 CIM; Art. 19 CMNI.
  Art. 23 Abs. 4: § 432 HGB.

Übersicht

I. Allgemeines

1   Art. 23 trifft als Ausgleich für die in Art. 17 vorgesehene strenge Haftung des Frachtführers Regelungen über den **Umfang** seiner **Haftung** (nicht der des Absenders oder des Empfängers)[1] aus der CMR für Sachschäden nach Art. 17 bei Total- oder Teilverlust, Abs. 1–4, 7–9, und für Vermögensschäden bei Lieferfristüberschreitung, Abs. 5. Den bei Beschädigungen geschuldeten Ersatz regelt Art. 25 unter weitgehender Verweisung auf Art. 23. Die Haftungsbeschränkungen gelten nicht in den Fällen der Art. 24 und 26 (Abs. 6) und für Art. 29. Zu beachten sind die nach Art. 30 notwendigen Vorbehalte. Aufwendungen des Geschädigten zur **Schadensverhütung,** die als erforderlich anzusehen waren, um einen konkret drohenden Schaden zu verhindern, sind ebenfalls nach Art. 23 zu ersetzen.[2] Im innerstaatlichen deutschen Recht finden sich ähnliche Regelungen in §§ 429 ff. HGB. Die dort bestimmten Höchstbeträge sind jedoch iRd § 449 HGB abdingbar.

II. Entschädigung bei Verlust (Abs. 1–4, 7–9)

2   **1. Wertersatzprinzip (Abs. 1).** Zum Begriff des Verlustes und zur Abgrenzung von der Beschädigung → Art. 17 Rn. 3 ff. Zu entschädigen ist der Wert des Gutes. Der Frachtführer ist weder zur **Naturalrestitution** noch zur Zahlung der **Reparaturkosten** verpflichtet.[3] Der **Herstellungs- oder Wiederbeschaffungspreis** ist nicht zu ersetzen.[4] Das gilt auch für Regressansprüche unter Frachtführern.[5] Deshalb ist auch für eine Klage auf Freistellung von Ansprüchen Dritter kein Platz.[6] **Mittelbare Schäden** wie entgangener Gewinn, Verdienstausfallschaden, Folgeschäden an anderen Vermögenswerten und Schadensbeseitigungskosten können aus der CMR nicht verlangt werden, wenn nicht Art. 23 Abs. 5 oder Art. 29 eingreifen.[7] Zu daneben bestehenden Ansprüchen aus § 280 BGB → Vor Art. 1 Rn. 23, 24.

3   **2. Wertermittlung (Abs. 2).** Art. 23 sieht anders als § 249 BGB eine **pauschalierende, abstrakte Wertersatzberechnung** vor, die das individuelle Ersatzinteresse des Gläubigers und seine persönlichen Verhältnisse (etwa seine Absatzmöglichkeiten) außer Betracht lässt und verlangt, einen ausschließlich objektiven Maßstab anzulegen. Der Wertersatz ist **Mindest- und Höchstbetrag.** Der Wert ist zu ersetzen, gleichgültig ob der individuelle Schaden höher oder geringer ist,[8] wenn nur

---

[1] *Herber/Piper* Rn. 2; MüKoHGB/*Jesser-Huß* Rn. 2; *Clarke* Nr. 97 S. 363; *Herber* TranspR 2004, 93 ff.; zum Gerichtsstand vgl. *Csoklich* ETR 2005, 609 f.

[2] BGH Urt. v. 30.9.1993 – I ZR 258/91, BGHZ 123, 303 (309) = NJW 1993, 3331 (3332); *Herber/Piper* Rn. 2; aA *Koller* Rn. 1: nationales Recht, §§ 667 ff. BGB; ebenso wohl *Konow* TranspR 1988, 229 (230).

[3] BGH Urt. v. 13.2.1980 – IV ZR 39/78, NJW 1980, 2021; OGH Wien Urt. v. 17.11.1986 – 1 Ob 675/86, TranspR 1987, 427 (428, 430) aE; *Helm* IPRax 1981, 46; *Glöckner* TranspR 1988, 327; *Herber/Piper* Rn. 3; MüKoHGB/*Jesser-Huß* Rn. 3; GroßkommHGB/*Helm* Rn. 2; *Sánchez-Gamborino* Nr. 1038.

[4] OGH Wien Urt. v. 28.6.1988 – 8 Ob 657/87, TranspR 1989, 222 (225); Cass. Paris Urt. v. 8.2.1982, ETL 1983, 43 (44); *Thume* TranspR 1995, 55; *Koller* Rn. 4; *Herber/Piper* Rn. 3.

[5] *Koller* Rn. 3; *Herber/Piper* Rn. 3.

[6] *Koller* Rn. 3; *Walch* TranspR 2005, 229 (233).

[7] OLG Düsseldorf Urt. v. 2.12.1982 – 18 U 148/82, VersR 1983, 749 (750); OGH Wien Urt. v. 22.3.1994 – 4 Ob 1529/94, TranspR 1994, 439; Cass. Paris Urt. v. 3.2.1987, ETL 1987, 16 (17); Bezirksgericht Werdenberg Urt. v. 22.9.1998 – WBZ 97-58, TranspR 2001, 132 (134); *Decker* TranspR 1985, 311 (312); *Thume* TranspR 1995, 55; *Loewe* ETL 1976, 503 (567); MüKoHGB/*Jesser-Huß* Rn. 3; *Herber/Piper* Rn. 4; *Koller* Rn. 5; *Clarke* Nr. 93 S. 357; *Haak,* The Liability of the Carrier under the CMR, 1986, 224, 231.

[8] BGH Urt. v. 15.10.1992 – I ZR 260/90, NJW 1993, 1269 (1270); OLG Hamm Urt. v. 25.11.1993 – 18a U 48/93, TranspR 1994, 61: Ansehensverlust bei Verkauf beschädigter Güter; Cass. Paris Urt. v. 8.2.1982, ETL 1983, 43 (44); *Bischof* VersR 1982, 1132; *de la Motte* VersR 1988, 317 (318); *Knorre* TranspR 1985, 241; *Decker* TranspR 1995, 311 (312); *Jesser* Frachtführerhaftung 124; *Thume* TranspR 1995, 55 (56); Thume/*Thume* Rn. 4; *Herber/Piper* Rn. 5; MüKoHGB/*Jesser-Huß* Rn. 4; *Putzeys* Nr. 867.

überhaupt ein Schaden entstanden ist. Auch wenn der Absender dem Empfänger Ersatz nicht schuldet, kann er vom Frachtführer Wertersatz fordern.[9] Eine gemeinsame Bestimmung des Werts der Ware vor Schadenseintritt ist wegen Art. 41 unzulässig, kann jedoch uU in eine Abrede nach Art. 24, 26 umgedeutet werden.[10] Der Anspruchssteller trägt die **Beweislast** für den beanspruchten Wert.[11]

Der Wert bemisst sich nach dem **Börsenpreis**.[12] Fehlt es an einem solchen, ist der Marktpreis oder **4** mangels beider der gemeine Wert von Gütern gleicher Art und Beschaffenheit maßgebend, Abs. 2. **Marktpreis** ist der **gemeine Handelswert** iSd § 430 HGB aF, also der durchschnittliche Preis, zu dem entsprechende Güter am Versandort gehandelt werden,[13] weil die Vorschrift aus Art. 31 CIM aF übernommen wurde, der Begriff der CIM aber mit § 430 HGB aF übereinstimmte.[14] Marktpreis ist auch der **staatlich festgesetzte Preis**.[15] Der bei Fehlen eines Marktpreises zu ersetzende **gemeine Wert** ist der ohne Berücksichtigung der besonderen Verhältnisse der Parteien bei einem Verkauf zu erzielende Erlös.[16] Gibt es auch einen solchen nicht (Beispiel: Gesteinsproben aus wissenschaftlicher Probebohrung), können die **Wiederherstellungskosten** einen Anhalt für eine Schätzung geben.[17] Der **Fakturenwert** ist ein wesentliches Indiz für Marktwert oder gemeinen Wert.[18] Bei **fob-Preisen** sind die Transportkosten bis zum Übernahmeort wegen der Maßgeblichkeit des dortigen Wertes herauszurechnen.[19]

Entscheidend ist der **Verkaufswert am Ort und zu der Zeit der Übernahme**, Abs. 1, in der **5** **Absatzstufe** (Groß- oder Einzelhandel) des Vertrags, der mit dem Transport erfüllt werden sollte.[20] **Wertsteigerungen während oder auf Grund des Transports** bleiben unberücksichtigt,[21] um das Haftungsrisiko zu mindern und überschaubar zu machen. Der in einer pro forma Rechnung aufscheinende Betrag, der am Ort der Absendung nicht in gleicher Weise zu erzielen gewesen wäre, ist deshalb nicht der Ersatzbetrag.[22] Die **Gewinnspanne** des Verkäufers am Ort und zurzeit der Übernahme durch den Frachtführer ist jedoch ein Teil des zu ersetzenden Wertes des Gutes,[23] so dass nicht ohne weiteres der Herstellungspreis oder der Wiederbeschaffungspreis des Verkäufers herangezogen werden darf. Andererseits ist nicht der Verkaufswert des Käufers des in Frage stehenden Vertrags maßgebend, auch wenn er der materiell Geschädigte ist, weil sonst ein Teil des entgangenen Gewinns des Geschädigten entgegen dem Grundgedanken des Art. 23 ersetzt würde.[24] Gelangt verlorenes Gut

---

[9] *Knorre* TranspR 1985, 241; MüKoHGB/*Jesser-Huß* Rn. 4; *Rinkler* TranspR 2005, 305 ff.; zum Haftungsausschluss *Boettge* VersR 2006, 1618 f.

[10] *Herber/Piper* Rn. 13; *Koller* Rn. 11; gegen Zulässigkeit der Umdeutung MüKoHGB/*Jesser-Huß* Art. 24 Rn. 10.

[11] BGH Urt. v. 12.12.1985 – I ZR 88/83, VersR 1986, 381 (383); *Giemulla* in Baumgärtel/Prütting/Laumen Beweislast-HdB Rn. 2; *Koller* Rn. 14; MüKoHGB/*Jesser-Huß* Rn. 14; *Putzeys* Nr. 850.

[12] Zu unterschiedlichen Notierungen vgl. MüKoHGB/*Jesser-Huß* Rn. 7; *Herber/Piper* Rn. 6.

[13] OGH Wien Urt. v. 13.7.1994 – 7 Ob 565/93, TranspR 1995, 285 (287); *Bischof* VersR 1982, 1132; *Butzer* VersR 1991, 854 (856); *Koller* VersR 1989, 2 (5); *Koller* Rn. 3; *Piper* HRR Speditions- und FrachtR Rn. 418; *Herber/Piper* Rn. 7; GroßkommHGB/*Helm* Rn. 3; iE ebenso MüKoHGB/*Jesser-Huß* Rn. 8.

[14] AA *Bischof* VersR 1982, 1132: als ergänzend anwendbares nationales Recht.

[15] *Glöckner* TranspR 1988, 327 (328); *Loewe* ETL 1976, 503 (567); *Koller* Rn. 4; *Thume/Thume* Rn. 8 mwN; *Herber/Piper* Rn. 10; *Putzeys* Nr. 866.

[16] OGH Wien Urt. v. 28.6.1988 – 8 Ob 657/87, TranspR 1989, 222 (225); Urt. v. 13.7.1994 – 7 Ob 565/93, TranspR 1995, 285 (287); *Glöckner* TranspR 1988, 327 (328); *Heuer* Frachtführerhaftung 120; *Herber/Piper* Rn. 11; MüKoHGB/*Jesser-Huß* Rn. 13.

[17] *de la Motte* VersR 1988, 317 (318); ähnl. *Butzer* VersR 1991, 854 (857 f.); *Thume/Thume* Rn. 13; MüKoHGB/*Jesser-Huß* Rn. 13.

[18] OLG Hamburg Urt. v. 11.9.1986 – 6 U 105/86, VersR 1987, 375; OLG München Urt. v. 21.12.1990 – 23 U 3353/90, TranspR 1991, 96 (98); OLG Hamm Urt. v. 25.5.1992 – 18 U 165/91, TranspR 1992, 410 (411); Urt. v. 13.5.1993 – 18a U 94/93, NJW-RR 1994, 294; OGH Wien Urt. v. 28.6.1988 – 8 Ob 657/87, TranspR 1989, 222 (225); Urt. v. 13.7.1994 – 7 Ob 565/93, TranspR 1995, 285 (287); *Bischof* VersR 1982, 1132 (1133); *Loewe* ETL 1976, 503 (568); *Koller* Rn. 5; *Thume/Thume* Rn. 11; MüKoHGB/*Jesser-Huß* Rn. 12, 13 mwN auch zu Fällen, in denen der Rechnungspreis nicht herangezogen werden kann; *Clarke* Nr. 94a S. 358; *Hill/Messent* 183.

[19] *Loewe* ETL 1976, 503 (568); *Thume/Thume* Rn. 11; *Koller* Rn. 5; *Clarke* Nr. 94a S. 359; *Hill/Messent* 104.

[20] OLG München Urt. v. 31.5.2000 – 7 U 6226/99, NJW-RR 2000, 1638; *Bischof* VersR 1983, 1132; *Glöckner* TranspR 1988, 327 (328); *Decker* TranspR 1985, 311 (312); MüKoHGB/*Jesser-Huß* Rn. 9; *Herber/Piper* Rn. 8; *Thume/Thume* Rn. 9; *Jesser* Frachtführerhaftung 125; *Sánchez-Gamborino* Nr. 1003.

[21] OLG Düsseldorf Urt. v. 14.7.1983 – 18 U 15/83, TranspR 1984, 16 (17); *Knorre* TranspR 1985, 241; *Decker* TranspR 1985, 311 (312); *Thume* TranspR 1995, 55 (56); *Thume/Thume* Rn. 7, 10; *Herber/Piper* Rn. 7; MüKoHGB/*Jesser-Huß* Rn. 8; *Clarke* Nr. 94a S. 359; aA OLG München Urt. v. 27.2.1981 – 23 U 3825/80, VersR 1982, 334 (335); *Thume/Thume* Rn. 7; Bezirksgericht Werdenberg Urt. v. 22.9.1998 – WBZ 97-58, TranspR 2001, 132 (134) zum Streckengeschäft; *Bischof* VersR 1982, 1132 (1133); maßgebend ist der Streckengeschäft der Markt, der durch die Nachfrageentscheidung des dritten Empfängers (Zweitkäufers) bestimmt wird, vgl. OLG Düsseldorf Urt. v. 26.7.2004 – 18 U 253/03, TranspR 2005, 118 (121); OGH Wien Entsch. v. 8.7.2004 – 6 Ob 309/03i, TranspR 2006, 72 (73 f.).

[22] OGH Wien Urt. v. 13.7.1994 – 7 Ob 565/93, TranspR 1995, 285 (287).

[23] Cass. Paris Urt. v. 8.2.1982 ETL 1983, 43; OGH Wien Urt. v. 28.6.1988 – 8 Ob 657/87, TranspR 1989, 222 (225); MüKoHGB/*Jesser-Huß* Rn. 8 mwN; *Koller* Rn. 3; *Putzeys* Rn. 866; *Clarke* Nr. 94a S. 359; *Lamy* I Nr. 522; aA *Loewe* ETL 1976, 503 (568); wohl auch *Bischof* VersR 1982, 1132 (1133).

[24] OGH Wien Urt. v. 28.6.1988 – 8 Ob 657/87, TranspR 1989, 222 (225); MüKoHGB/*Jesser-Huß* Rn. 9 auch zum Sonderfall des Überspringens einer Handelsstufe; *Herber/Piper* Rn. 7; jetzt wohl auch *Koller* Rn. 3.

wieder in den Besitz des Geschädigten, muss er sich den dadurch erlangten Vorteil anrechnen lassen, kann aber die Wiederbeschaffungskosten abziehen.[25]

6   **Ausfuhrsubventionen,**[26] zB EG-Ausfuhrerstattungen, die erst bei Ausfuhr gezahlt werden, sind wegen der Maßgeblichkeit des Übernahmeorts dem Wert nicht hinzuzurechnen,[27] ebenso wenig **Steuern** und **Zölle bei Exportgütern.**[28] Das gilt auch, wenn die Beträge vom Absender bereits **vorausentrichtet** waren,[29] weil sie sonst unter die Höchstbetragsbeschränkung des Wertersatzanspruchs fielen, während nicht vorausentrichtete nach Art. 23 Abs. 4 voll ersetzbar sein können. **Abgaben,** die beim Absender anfallen, weil die für den Export bestimmte Ware im Ursprungsland oder in einem Durchgangsland (ungeplant) in Verkehr gebracht wird (etwa nach einem Diebstahl), sind nicht Teil des Wertes am Übernahmeort.[30] Zur Berücksichtigung von Steuern, Abgaben und nach Übernahme anfallender Frachtkosten nach Art. 23 Abs. 4 → Rn. 10.

7   **3. Haftungshöchstsumme (Abs. 3, 7–9).** Um den Frachtführer vor wirtschaftlich unzumutbarer Inanspruchnahme zu schützen,[31] ist der Anspruch nicht nur auf Wertersatz beschränkt, sondern auch durch einen Haftungshöchstbetrag (zuzüglich der Beträge nach Abs. 4), wenn nicht Art. 24, 26 oder Art. 29 eingreifen. Der **Höchstbetrag** wird auf Grund des Protokolls vom 5.7.1978 (BGBl. 1980 II 721 [733]) in den Protokollstaaten (das sind die meisten Vertragsstaaten),[32] statt der bis dahin vorgesehenen Anknüpfung an den Goldwert in Sonderziehungsrechten des Internationalen Währungsfonds ausgedrückt, Abs. 3, 7–9 (→ Vor Art. 1 Rn. 2). Auch bei Vertragsstaaten, die nicht **Protokollstaaten** sind, zieht die **deutsche Rechtsprechung** die Sonderziehungsrechte heran, weil eine Umrechnung der Goldfranken[33] mangels Goldbezug der Währungen nicht mehr möglich ist.[34] Der **Wert eines Sonderziehungsrechts** wird ständig im BA und der DVZ veröffentlicht. Die Entschädigung wird in die Währung des Landes des angerufenen Gerichts umgerechnet, Abs. 7 S. 2. Für die **Umrechnung** ist der von den Parteien vereinbarte Tag,[35] sonst nach dem eindeutigen Wortlaut der Tag der Verkündung des Urteils letzter Instanz[36] maßgebend. Eine weitere Umrechnung ist erforderlich, wenn die Entschädigung in anderer Währung zu zahlen ist.[37]

8   Der Höchstbetrag sind 8,33 Sonderziehungsrechte je kg des **Rohgewichts,** Abs. 3. Rohgewicht ist dabei Bruttogewicht einschließlich der Verpackung.[38] Sind Verpackungs- und Lademittel unbeschädigt geblieben, sind sie für die Ermittlung des für die Haftungshöchstsumme maßgeblichen Rohgewichts nicht einzubeziehen[39]. Anzuknüpfen ist an das Rohgewicht **der jeweiligen Gesamtsendung.** Es kommt nicht darauf an, ob innerhalb einer Sendung der Wert einzelner verloren gegangener Stücke oder in einer Verpackungseinheit zusammengefasster Gegenstände 8,33 Rechnungseinheiten erreicht oder übersteigt.[40] Eine Sendung sind die in einem Frachtbrief zusammengenge-

---

[25] Vgl. BGH Urt. v. 27.10.1978 – I ZR 30/77, NJW 1979, 2473; OLG München Urt. v. 23.4.1993 – 23 U 6919/92, VersR 1994, 1328 (1329); *Koller* Rn. 5; *Thume/Thume* Rn. 61; aA zum Ersatz der Wiederbeschaffungskosten OLG Hamburg Urt. v. 17.11.1983 – 6 U 43/83, VersR 1984, 258.

[26] OLG Karlsruhe Urt. v. 8.6.2001 – 15 U 74/00, NJW-RR 2002, 907 (908); AG Reutlingen Urt. v. 30.4.1996 – 14 C 2723/95, TranspR 1996, 292 (293); LG Tübingen Urt. v. 1.3.2001 – 2 KfHO 59/00, TranspR 2002, 79.

[27] *Thume* TranspR 1995, 55 (56); *Thume* Rn. 9; *Herber/Piper* Rn. 9; MüKoHGB/*Jesser-Huß* Rn. 11, 40; aA AG Reutlingen Urt. v. 30.4.1996 – 14 C 2723/95, TranspR 1996, 292 (293); C. A. Paris Urt. v. 8.6.1982, BT 1982, 564; *Koller* Rn. 3; *Lamy* I Nr. 519.

[28] IE OLG Hamburg Urt. v. 7.11.1985 – 6 U 88/85, TranspR 1986, 15 (17); KG Urt. v. 11.1.1995 – 23 U 377/94, TranspR 1995, 342 (345); *Herber/Piper* Rn. 9; GroßkommHGB/*Helm* Rn. 2; HEPK/*Glöckner* Rn. 6; *Koller* Rn. 4; *Decker* TranspR 1985, 311 (312); *Hill/Messent* 184.

[29] *Heuer* TranspR 1987, 357; MüKoHGB/*Jesser-Huß* Rn. 6; diff. *Koller* VersR 1989, 2 (7); aA wohl *Decker* TranspR 1985, 311 (312) und Thume/*Thume* Rn. 9.

[30] *Herber/Piper* Rn. 9; vgl. Thume/*Thume* Rn. 9 ff.

[31] BGH Urt. v. 30.1.1981 – I ZR 18/79, BGHZ 79, 302 (304) = NJW 1981, 1902.

[32] Vgl. iE *Herber/Piper* Rn. 15.

[33] Zur Zugrundelegung von 25 Goldfranken und zur Bemessung des Wertes von 25 Goldfranken vgl. *Rogov* TranspR 2002, 291 (293 ff.); *Rogov* TranspR 2005, 185 (188); *Rogov* TranspR 2005, 463.

[34] *Herber/Piper* Rn. 16.

[35] Zum Vergleich und außergerichtlicher Zahlung vgl. *Herber/Piper* Rn. 17.

[36] BGH Urt. v. 5.6.1981 – I ZR 92/79, VersR 1981, 1030 (1031); Urt. v. 6.2.1997 – I ZR 202/94, TranspR 1997, 335 (337); *Herber/Piper* Rn. 17; *Koller* Rn. 9; MüKoHGB/*Jesser-Huß* Rn. 21; aA OLG Düsseldorf Urt. v. 12.1.1984 – 18 U 151/83, TranspR 1984, 102 (104): Tag der Letzten mündlichen Verhandlung; teils aA Thume/*Thume* Rn. 17: letzte Tatsacheninstanz.

[37] *Lamy* I Nr. 532.

[38] BGH Urt. v. 30.1.1981 – I ZR 18/79, VersR 1981, 473; *Glöckner* TranspR 1988, 327 (328); *Herber/Piper* Rn. 18; *Koller* Rn. 9; MüKoHGB/*Jesser-Huß* Rn. 24; *Jesser* Frachtführerhaftung 127.

[39] OLG Dresden Urt. v. 10.1.2018 – 13 U 1158/17, TranspR 2018, 144 Rn. 29.

[40] BGH Urt. v. 30.1.1981 – I ZR 18/79, VersR 1981, 473 f.; OGH Wien Urt. v. 18.3.1986 – 2 Ob 640/85, TranspR 1986, 379 (381); *Piper* HRR Speditions- und FrachtR Rn. 420 m. Beisp.; *Herber/Piper* Rn. 18, 19; *Koller* Rn. 9; Thume/*Thume* Rn. 18; MüKoHGB/*Jesser-Huß* Rn. 27 mwN; *Putzeys* Nr. 891; *Clarke* Nr. 97b S. 366; aA (Zusammenfassung gleichartiger Güter innerhalb einer Sendung) *Pesce* TranspR 1987, 11 (13); *Jesser* Frachtführerhaftung 129; *Lamy* I Nr. 524 lit. a.

fassten Güter als die übliche Einheit, die im Regelfall nicht getrennt werden darf.[41] Fehlt ein Frachtbrief sind es die auf Grund **eines** Frachtvertrags **eines** Absenders an **einen** Empfänger beförderten Güter.[42] Die **Beweislast** für das Gewicht des Gutes als Voraussetzung für die Haftungsbegrenzung trifft den Frachtführer.[43]

Sind **mehrere Sendungen** in einer Beförderung zusammengefasst (mehrere Frachtbriefe, mehrere **9** Empfänger oder Absender) ist der Wert der einzelnen Sendung entscheidend.[44] Ergibt sich bei Einschaltung eines Unterfrachtführers für eine **Sammelladung**, dass der Frachtführer gegenüber seinem jeweiligen Auftraggeber zu einem geringeren Betrag haftet als der Unterfrachtführer ihm gegenüber, so hat er im Wege der Drittschadensliquidation (→ Art. 13 Rn. 15) den höheren Betrag vom Unterfrachtführer einzufordern und anteilig den Auftraggebern auszuzahlen.[45]

4. Frachten, Zölle und sonstige Kosten (Abs. 4). Neben dem Anspruch auf Wertersatz, Abs. 1, **10** 2, und über dessen Höchstbetrag, Abs. 3, hinaus besteht nach Abs. 4 ein Anspruch auf Erstattung von Frachten, Zöllen und sonstigen Kosten, die aus Anlass der Beförderung entstanden sind, in **voller Höhe** ohne Berücksichtigung der gewichtsabhängigen Beschränkung nach Abs. 3.[46] Sind Kosten, deren Rückerstattung verlangt werden könnte, ganz oder teilweise **noch nicht bezahlt**, so erlischt der Anspruch darauf, ohne dass es – wie bei den bezahlten – einer Aufrechnung bedürfte.[47] Fallen **vorausbezahlte Kosten** auf Grund des Schadens gar nicht an, sind sie nach Maßgabe nationalen Rechts zurückzuerstatten.[48]

Kosten iSv Abs. 4 sind neben dem Wert des Gutes alle mit dem Transport zusammenhängenden, **11** uU auch erst nachträglich entstandenen Kosten,[49] aber nicht zusätzliche Kosten aus einem Verlust oder einer Beschädigung,[50] also zB nicht Rücktransport-, Gutachterkosten ua (str.) auch nicht solche, die bereits den Versandwert des Gutes nach Abs. 1 und 2 beeinflusst haben, wie der BGH jüngst entschieden hat.[51] „Aus Anlass der Beförderung" entstanden sind jedenfalls nicht die bis zur Übernahme angefallenen **Vorfracht-, Vorlagerungs- oder Verpackungskosten**, die bereits in den zu ersetzenden Wert einfließen und sonst doppelt erstattet würden.[52] Da **vorausentrichtete Steuern** und Abgaben nicht in den Wert nach Abs. 2 einbezogen werden, können sie grundsätzlich für eine Erstattung nach Abs. 4 in Frage kommen[53] (→ Rn. 6).

Im Übrigen kann dem in Art. 23 verankerten **Wertersatzprinzip** und der ausdrücklichen Fest- **12** stellung, dass die in Abs. 4 genannten Kosten „ohne weiteren Schadensersatz" zu erstatten sind, mit der in Deutschland hM entnommen werden, dass erstattungsfähig nur solche **mit der Beförderung verbundene Kosten** sind, die typischerweise geeignet sind den Wert der Ware am Übernahmeort zu erhöhen und **bei vertragsgemäßer Beförderung gleichermaßen in derselben Form und Höhe entstanden wären**,[54] nicht aber alle durch den Transport verursachten Kosten. Nicht erstattungs-

---

[41] BGH Urt. v. 30.1.1981 – I ZR 18/79, VersR 1981, 473 (474); OLG Hamburg Urt. v. 15.1.1998 – 6 U 14/96, TranspR 1998, 290 (294); *Piper* HRR Speditions- und FrachtR Rn. 421; *Herber/Piper* Rn. 19; MüKoHGB/*Jesser-Huß* Rn. 26, 27; aA *Koller* Rn. 9.

[42] *Lamy* I Nr. 525.

[43] OLG Nürnberg Urt. v. 10.12.1992 – 12 U 2400/92, TranspR 1993, 138 (139); OGH Wien Urt. v. 4.6.1987 – 7 Ob 30/86, TranspR 1988, 273 (275); *Giemulla* in Baumgärtel/Prütting/Laumen Beweislast-HdB Rn. 3; *Herber/Piper* Rn. 22; *Koller* Rn. 9; *Thume/Thume* Rn. 63.

[44] *de la Motte* VersR 1988, 317 (319); *Herber/Piper* Rn. 20; *Clarke* Nr. 97b S. 367.

[45] *de la Motte* VersR 1988, 317 (319); ausf. MüKoHGB/*Jesser-Huß* Rn. 29 f.; *Oetker* JuS 2001, 833 (836); *Thume/Thume* Rn. 20; *Koller* Rn. 9; *Herber/Piper* Rn. 21; zur Drittschadensliquidation beim Versendungskauf nach nationalem Recht vgl. *Oetker* JuS 2001, 833 (836 ff.).

[46] *Haak* TranspR 2006, 325 (331); *Heuer* TranspR 1987, 357 (358); *Koller* Rn. 10; *Herber/Piper* Rn. 24; *Thume/Thume* Rn. 21, 25; MüKoHGB/*Jesser-Huß* Rn. 42 mwN; *Lamy* I Nr. 526.

[47] BGH Urt. v. 14.12.1988 – I ZR 235/86, BGHZ 94, 71 (76) = VersR 1989, 309 (310); OLG Düsseldorf Urt. v. 30.6.1983 – 18 U 53/83, TranspR 1984, 130 (132); *Heuer* TranspR 1987, 357 (358); *Herber/Piper* Rn. 25; *Thume/Thume* Rn. 26; MüKoHGB/*Jesser-Huß* Rn. 34.

[48] Ähnl. MüKoHGB/*Jesser-Huß* Rn. 42; aA *Putzeys* Nr. 878.

[49] OLG Frankfurt a. M. Urt. v. 5.11.1985 – 5 U 261/84, NJW-RR 1986, 577.

[50] BGH Urt. v. 26.6.2002 – I ZR 206/00, NJW-RR 2004, 32; OLG Düsseldorf Urt. v. 14.3.2007 – 18 U 138/06, TranspR 2007, 200.

[51] BGH Urt. v. 10.12.2009 – I ZR 154/07, NJW 2010, 1818; vgl. auch *Heuer* TranspR 1987, 357; *Koller* VersR 1989, 2.

[52] *Decker* TranspR 1985, 311 (314); *Heuer* TranspR 1987, 357; *Koller* VersR 1989, 2 (5, 7); *Koller* Rn. 10; *Loewe* ETL 1976, 503 (568); *Herber/Piper* Rn. 26; MüKoHGB/*Jesser-Huß* Rn. 33; *Theunis/Glöckner* 102; *Clarke* Nr. 98 S. 368; *Sánchez-Gamborino* Nr. 1041; vgl. OLG Hamburg Urt. v. 15.1.1998 – 6 U 14/96, TranspR 1998, 290 (293).

[53] *Heuer* TranspR 1987, 357 (358); *Koller* VersR 1989, 2 (6, 7); *Jesser* Frachtführerhaftung 130; MüKoHGB/*Jesser-Huß* Rn. 33.

[54] BGH Urt. v. 13.2.1980 – IV ZR 39/78, NJW 1980, 2021; OLG München Urt. v. 17.7.1991 – 7 U 2871/91, TranspR 1991, 427 (428); KG Urt. v. 11.1.1995 – 23 U 377/94, TranspR 1995, 342 (346); *Glöckner* TranspR 1988, 327 (329); *de la Motte* VersR 1988, 317 (319 ff.); *Decker* TranspR 1985, 311 (313 f.); *Knorre* TranspR 1985, 241 (243 f.); ähnl. *Heuer* TranspR 1987, 357 (360); *Koller* VersR 1989, 2 (6); *Koller* Rn. 10; *Piper* HRR Speditions- und FrachtR Rn. 425; *Herber/Piper* Rn. 26; ausf. MüKoHGB/*Jesser-Huß* Rn. 38; *Jesser* Frachtführerhaftung 131; *Czoklich*, Einführung in das Transportrecht, 1990, 203.

fähig[55] sind die Kosten, die durch den nach Art. 17 zu ersetzenden **Güterschaden** zusätzlich zu den mit dem Transport verbundenen Kosten **verursacht** sind.[56] Das sind, soweit sie nicht zur Schadensminderung führen und dann im Rahmen der Wertminderung zu erstatten sind (→ Art. 25 Rn. 4), Schadensbesichtigungs- und Feststellungskosten des Havariekommissars oder eines Sachverständigen,[57] Rücktransport- und Lagerkosten,[58] Vernichtungskosten,[59] Kosten der Sortierung, Neuverpackung und Sonderzustellung geretteter Ware,[60] Bergungskosten,[61] Reparaturkosten,[62] Verfall von Verarbeitungskautionen wegen Diebstahls,[63] Rechtsverfolgungskosten[64] (→ Art. 27 Rn. 7), auf dem Güterschaden beruhende Zollstrafen.[65] Nicht erstattungsfähig, weil allein schadensbedingt, sind auch **Kosten, Abgaben und Zölle,** die wegen des Verlustes angefallen sind und bei einem normalen Transport nicht entstanden wären. Sind wegen eines Diebstahls statt Abgaben im Empfangsland, die bei dem vorgesehenen Transport fällig geworden wären, Abgaben in einem Transitland zu zahlen, weil die Ware dort in Verkehr gebracht wurde, oder wären ohne einen Schadensfall innerstaatliche Abgaben nicht erhoben worden oder **Beihilfen** und **Kautionen** nach EG-Recht nicht entfallen, fehlt es an einer Erstattungspflicht nach Abs. 4.[66]

13   **Erstattungsfähig** sind dagegen Aufwendungen, die auch bei einem normalen Transport entstanden wären,[67] wie Kosten der **Beseitigung von Beförderungshindernissen,**[68] **Wiege-, Siegel- und Rollgelder, Nachnahmegebühren und Transportversicherungsprämien, Import- und Exportsteuern,**[69] **Einfuhrumsatzsteuer** im Empfangsland[70] (anders im Transitland, → Rn. 12). Bei Abgaben und Steuern ist in diesem Zusammenhang ohne Belang, ob sie dem Absender oder dem Empfänger belastet worden wären, wenn sie nur bei einem der Verfügungsberechtigten angefallen wären.[71]

---

[55] BGH Urt. v. 26.6.2003 – I ZR 206/00, TranspR 2003, 453 (454 f.); dazu *Schmidt-Kessel* EWiR 2004, 331 (332); OLG Düsseldorf Urt. v. 26.7.2004 – 18 U 253/03, TranspR 2005, 118 (120); Montpellier BullT 2003, 31; Hoge Raad ETR 2006, 829; Antwerpen ETR 2006, 284; weitere Nachweise aus der älteren Rspr. s. auch *Koller* Rn. 10.

[56] BGH Urt. v. 13.2.1980 – IV ZR 39/78, NJW 1980, 2021; *Decker* TranspR 1985, 311 (314); *Glöckner* TranspR 1988, 327 (329); *de la Motte* VersR 1988, 317 (320); *Heuer* TranspR 1987, 357 (359); *Piper* HRR Speditions- und FrachtR Rn. 425; GroßkommHGB/*Helm* Rn. 2; *Koller* Rn. 10; *Herber/Piper* Rn. 27; MüKoHGB/*Jesser-Huß* Rn. 38; aA (alle sinnvoll aufgewendeten Kosten) Buchanan v. Babco, C. A. Urt. v. 2.12.1976, ETL 1977, 751 (753); H. L. Urt. v. 9.11.1977, ETL 1978, 75 (76); Oberster Gerichtshof Dänemark Urt. v. 4.5.1987, ETL 1994, 360; *Loewe* ETL 1976, 503 (569); *Putzeys* Rn. 868 ff.

[57] OLG Hamburg Urt. v. 2.5.1985 – 6 U 206/84, VersR 1986, 865 (866); Urt. v. 24.10.1991 – 6 U 103/91, TranspR 1992, 66 (67); OLG Frankfurt a. M. Urt. v. 11.6.1992 – 5 U 237/87, NJW-RR 1993, 169 (171); OHG Wien Urt. v. 23.2.1989 – 1 R 218/88, TranspR 1990, 156 (157); Hof van Beroep Antwerpen Urt. v. 23.3.1983, ETL 1983, 518; Kh Mechelen Urt. v. 18.11.1999, ETL 2000, 432 (433 f.); MüKoHGB/*Jesser-Huß* Rn. 41 mwN; aA OLG Düsseldorf Urt. v. 14.7.1983 – 18 U 15/83, TranspR 1984, 16 (17); *Loewe* ETL 1976, 503 (569).

[58] OLG Düsseldorf Urt. v. 30.6.1983 – 18 U 9/83, VersR 1984, 980 (981); OLG Hamburg Urt. v. 11.9.1986 – 6 U 105/86, VersR 1987, 375 (376); OLG München Urt. v. 5.7.1989 – 7 U 5947/88, TranspR 1990, 16 (17); William Tatton v. Ferrymasters, Q. B. (D.) Urt. v. 20.11.1973, ETL 1974, 737 (746); MüKoHGB/*Jesser-Huß* Rn. 41 mwN; aA *Lamy* I Nr. 526.

[59] BGH Urt. v. 13.2.1980 – IV ZR 39/78, NJW 1980, 2021; *Herber/Piper* Rn. 30; aA App. Venedig Urt. v. 31.10.1974, ETL 1975, 242 (248).

[60] OLG München Urt. v. 5.7.1989 – 7 U 5947/88, TranspR 1990, 16 (17); OLG Stuttgart Urt. v. 15.9.1993 – 3 U 69/93, TranspR 1994, 156 (159); aA *Lamy* I Nr. 526.

[61] OLG Düsseldorf Urt. v. 14.7.1986 – 18 U 88/86, TranspR 1987, 24 (27); *Koller* Rn. 10; aA *Putzeys* Rn. 869.

[62] BGH Urt. v. 13.2.1980 – IV ZR 39/78, NJW 1980, 2021; OLG München Urt. v. 5.7.1989 – 7 U 5947/88, TranspR 1990, 16 (17) (Transportkosten zur Reparatur).

[63] OLG Innsbruck Urt. v. 26.1.1990 – 4 R 298/89, TranspR 1991, 12 (21 f.); *Decker* TranspR 1985, 311 (314); MüKoHGB/*Jesser-Huß* Rn. 41; aA C. A. Paris Urt. v. 30.9.1987, BT 1988, 59 (60).

[64] OLG Hamburg Urt. v. 3.6.1982 – 6 U 136/80, TranspR 1985, 266 (268); *Herber/Piper* Rn. 31; *Koller* Rn. 10.

[65] OLG Hamburg Urt. v. 16.1.1986 – 6 U 218/85, TranspR 1986, 229 (230); MüKoHGB/*Jesser-Huß* Rn. 41.

[66] KG Urt. v. 11.1.1995 – 23 U 377/94, TranspR 1995, 342 (346); LG Köln Urt. v. 17.10.1986 – 87 O 160/85, TranspR 1987, 98; OGH Wien Urt. v. 25.1.1990 – 7 Ob 698/89, VersR 1990, 1259 (1260); OLG Innsbruck Urt. v. 26.1.1990 – 4 R 298/89, TranspR 1991, 12 (21); *Heuer* TranspR 1987, 357 (360 f.); *Decker* TranspR 1985, 311 (314 f.); *Helm* IPRax 1981, 46; *de la Motte* VersR 1988, 317 (320); *Piper* HRR Speditions- und FrachtR Rn. 425, 366; Thume/*Thume* Rn. 35; *Herber/Piper* Rn. 30; *Koller* Rn. 10; vgl. auch *Glöckner* TranspR 1988, 327 (329); aA wohl OLG Hamburg Urt. v. 7.11.1985 – 6 U 88/85, TranspR 1986, 15 (17); Buchanan v. Babco, C. A. Urt. v. 2.12.1976, ETL 1977, 751 (753); H. L. Urt. v. 9.11.1977, ETL 1978, 75 (76).

[67] BGH Urt. v. 13.2.1980 – IV ZR 39/78, NJW 1980, 2021; *Heuer* TranspR 1987, 357 (360); *Knorre* TranspR 1985, 241 (243); *Koller* Rn. 10; *Herber/Piper* Rn. 28; Thume/*Thume* Rn. 36; *Lenz* StraßengütertranspR Rn. 683; MüKoHGB/*Jesser-Huß* Rn. 38.

[68] *Koller* Rn. 10; *Herber/Piper* Rn. 29; *Putzeys* Nr. 871.

[69] BGH Urt. v. 13.2.1980 – IV ZR 39/78, NJW 1980, 2021; OLG Hamburg Urt. v. 2.5.1985 – 6 U 206/84, VersR 1986, 865 (866); Urt. v. 16.1.1986 – 6 U 218/85, TranspR 1986, 229 (230); *Decker* TranspR 1985, 311 (314); *Herber/Piper* Rn. 29; Thume/*Thume* Rn. 3; *Lenz* StraßengütertranspR Rn. 682.

[70] OLG München Urt. v. 17.7.1991 – 7 U 2871/91, TranspR 1991, 427 (428); OGH Wien Urt. v. 25.1.1990 – 7 Ob 698/89, VersR 1990, 1259 (1260); Cass. Paris Urt. v. 28.1.1975, BT 1975, 442.

[71] OLG München Urt. v. 17.7.1991 – 7 U 2871/91, TranspR 1991, 427 (428); OGH Wien Urt. v. 25.1.1990 – 7 Ob 698/89, VersR 1990, 1259 (1260); *Decker* TranspR 1985, 311 (314); *Koller* Rn. 10; MüKoHGB/*Jesser-Huß* Rn. 40.

Wesentlich weiter wird Art. 23 Abs. 4 in anderen Ländern ausgelegt. Die **französische Recht-** 14
sprechung stellt bei den sonstigen Kosten auf einen inneren Zusammenhang mit dem Transport ab, der
etwa bei Untersuchungskosten, Kosten des Aussortierens, Zwischenlagerungskosten bejaht wird.[72] In
England und **Dänemark** werden die sinnvoll aufgewendeten Kosten als erstattungsfähig angesehen.[73]
In den **Niederlanden** wird eine der deutschen hM entsprechende restriktive Auslegung vertreten.[74]

Nach Art. 23 Abs. 4 nicht erstattungsfähige Kosten können uU im Rahmen der Wertberechnung 15
als **Schadensminderungskosten** ersetzt verlangt werden (→ Art. 25 Rn. 4). Soweit dies ausscheidet,
weil die Kosten nicht der Substanzerhaltung dienen, kommt für zusätzliche Aufwendungen auch kein
Ersatzanspruch nach nationalem Recht wegen Verletzung einer Nebenpflicht bzw. Schlechtleistung aus § 280 BGB in Betracht[75] (→ Vor Art. 1 Rn. 24, → Art. 25 Rn. 5). Dies gilt im grenzüberschreitenden Straßengüterverkehr wegen der gewollt abschließenden Regelung, die die CMR für
Schäden aus Verlust oder Beschädigung trifft, auch für Schadensfeststellungskosten. Die Anspruchsgrundlage des § 430 HGB gilt nicht im Rahmen der CMR.

5. Besonderheiten bei Teilverlust.[76] Der Wert des jeweils verlorenen Teils der Sendung ist nach 16
den dargestellten Grundsätzen zu ersetzen.[77] Wird durch den Verlust weiteres Gut oder die ganze
Sendung entwertet, so findet auch insoweit Wertersatz statt.[78] Das für die Bemessung der Höchstsumme **maßgebliche Gewicht** ist das Rohgewicht des gesamten verlorenen Gutes,[79] bei Entwertung
der Gesamtsendung das Gesamtgewicht.[80] Das Gewicht der Verpackung des verlorenen Teils ist bei
einer Verpackung zusammen mit nicht verlorenen Stücken dem Gewicht anteilig hinzuzurechnen.[81] Es
kommt nicht darauf an, ob der Wert einzelner verlorener Güter schon die Haftungshöchstsumme
erreicht.[82] **Frachten, Zölle und sonstige Kosten** werden unabhängig von den Haftungsgrenzen des
Art. 23 Abs. 3, wenn sie nach Gewicht berechnet werden, gewichtsanteilig ersetzt; beziehen sie sich
auf den Wert, so ist der des verlorenen Stücks im Verhältnis zur ganzen Sendung maßgebend.[83] Zum
Zusammentreffen von Teilverlust und Teilbeschädigung → Art. 25 Rn. 3.

III. Entschädigung bei Lieferfristüberschreitung (Abs. 5)

1. Zu ersetzender Schaden. Abs. 5 betrifft die durch Überschreitung der Lieferfrist entstehenden 17
Vermögensschäden. Die Haftung für **Substanzschäden,** die sich aus einer Lieferfristüberschreitung
ergeben, richtet sich demgegenüber schon nach dem Wortlaut des Abs. 1 ausschließlich nach Abs. 1–
3. Auch aus der Systematik kann eine Privilegierung des Frachtführers bei Verlust oder Beschädigung
des Gutes infolge Lieferfristüberschreitung durch eine Haftungsbeschränkung auf die Höhe der Fracht
nicht hergeleitet werden[84] (zum Zusammentreffen von Substanz- und Vermögensschäden → Rn. 19).

---

[72] C. A. Poitiers Urt. v. 31.3.1971, BT 1971, 168; *Lamy* I Nr. 526 mwN.

[73] Buchanan v. Babco, C. A. Urt. v. 2.12.1976 ETL 1977, 751 (754); H. L. Urt. v. 9.11.1977 ETL 1978, 75 (76);
vgl. auch *Hill/Messent* 189 ff., *Clarke* Nr. 98 S. 370; Oberster Gerichtshof Dänemark Urt. v. 4.5.1987, ETL 1994,
360.

[74] Kantongerecht Delft Urt. v. 13.5.1965, ETL 1966, 722 (725); Gerechtshof's Hertogenbosch Urt. v. 4.2.1986,
S&S 1987 Nr. 25; *Haak,* The Liability of the Carrier under the CMR, 1986, 253 f.; vgl. dazu auch *Koller* VersR
1989, 2; MüKoHGB/*Jesser-Huß* Rn. 37 mwN.

[75] OLG Hamburg Urt. v. 2.5.1985 – 6 U 206/84, VersR 1986, 865 (Besichtigungskosten); Urt. v. 16.1.1986 – 6 U
218/85, TranspR 1986, 229 (230) (Kosten des Havariekommissars und Zollstrafe); OLG Frankfurt a. M. Urt. v.
11.6.1992 – 5 U 237/87, NJW-RR 1993, 169 (171) aE (Gutachterkosten); OLG Wien Urt. v. 23.2.1989 – 1 R 218/
88, TranspR 1990, 156 (158) (Besichtigungskosten durch Sachverständigen); *Koller* Rn. 10; *Thume/Thume*
Rn. 38 mwN; aA OLG Hamburg Urt. v. 24.1.1985 – 6 U 149/84, VersR 1986, 357 für Feuerwehrkosten; *Piper*
HRR Speditions- und FrachtR Rn. 425; *Herber/Piper* Rn. 32 mit Einzelfällen.

[76] Zur Abgrenzung von Total- und Teilverlust: *de la Motte* VersR 1988, 317.

[77] OLG München Urt. v. 27.2.1981 – 23 U 3825/80, VersR 1982, 334 (335); *Koller* Rn. 13; MüKoHGB/*Jesser-
Huß* Rn. 15; *Herber/Piper* Rn. 33; *Haak,* The Liability of the Carrier under the CMR, 1986, 246.

[78] BGH Urt. v. 3.7.1974 – I ZR 120/73, NJW 1974, 1013 (1014); Urt. v. 6.2.1997 – I ZR 202/94, VersR 1997,
1298; OLG Stuttgart Urt. v. 15.9.1993 – 3 U 69/93, TranspR 1994, 156 (159); OLG Hamburg Urt. v. 15.1.1998 – 6
U 14/96, TranspR 1998, 290 (292); *Knorre* TranspR 1985, 241 (242 f.); *de la Motte* VersR 1988, 317 (319); *Herber/
Piper* Rn. 34; *Clarke* Nr. 97b S. 366.

[79] *de la Motte* VersR 1988, 317 (319); *Knorre* TranspR 1985, 241 (242); *Heuer* Frachtführerhaftung 121; *Koller*
Rn. 14; HEPK/*Glöckner* Rn. 24.

[80] OLG Stuttgart Urt. v. 15.9.1993 – 3 U 69/93, TranspR 1994, 156 (157): Unverkäuflichkeit der Gesamtsendung;
Knorre TranspR 1985, 241 (242 f.).

[81] *Herber/Piper* Rn. 36.

[82] BGH Urt. v. 30.1.1981 – I ZR 18/79, VersR 1981, 473; OGH Wien Urt. v. 18.3.1986 – 2 Ob 640/85,
TranspR 1986, 379 (381); *Glöckner* TranspR 1988, 327 (328); *Piper* HRR Speditions- und FrachtR Rn. 422; *Koller*
Rn. 14; *Thume/Thume* Rn. 23; *Clarke* Nr. 97b S. 366; aA (Zusammenfassung gleichartiger Güter) *Pesce* TranspR
1987, 11 (13); *Jesser* Frachtführerhaftung 129.

[83] *Koller* Rn. 15; HEPK/*Glöckner* Rn. 26; *Herber/Piper* Rn. 37; MüKoHGB/*Jesser-Huß* Rn. 43; zweifelnd *Loewe*
ETL 1976, 503 (569); aA GroßkommHGB/*Helm* Rn. 6: Gewicht.

[84] BGH Urt. v. 15.10.1992 – I ZR 260/90, NJW 1993, 1269 (1270); OGH Wien Urt. v. 31.3.1982 – 3 Ob 506/
82, TranspR 1984, 196; *Glöckner* TranspR 1988, 327 (330); *Thume* RIW 1992, 966 (969); *Thume/Thume* Rn. 47;

Der Ersatz der durch eine Lieferfristüberschreitung herbeigeführten Vermögensschäden ist in der CMR zwar auf die Höhe der Fracht beschränkt, nicht aber auf den Ersatz unmittelbarer Schäden. Eine solche Unterscheidung ergibt sich nämlich nicht aus dem Wortlaut der englischen und französischen Fassung, obwohl sie an sich der CMR nicht fremd ist und Art. 23 Abs. 1 nur unmittelbare Schäden betrifft.[85] Zu den nach Abs. 5 **zu ersetzenden Vermögensschäden** gehören der Schaden des Empfängers durch **Produktionsausfall, entgangener Gewinn,** Vermögenseinbußen des Absenders durch **Schadensersatzforderungen seines Vertragspartners,** Aufwendungen, die erforderlich sind, um einen konkret drohenden Schadenseintritt wie den **Abbruch der Geschäftsbeziehungen** zu verhüten,[86] Schäden durch Verkauf zu niedrigerem Preis wegen Qualitätsverlust nach Ablieferung,[87] **Preisverfall** wegen Verspätung oder Verlust der **Absatzmöglichkeit,**[88] Differenz zu den niedrigeren Kosten des wegen der längeren Dauer zunächst nicht gewollten Seetransports,[89] **Zahlungsverweigerung** des Auftraggebers führt zum Schadensersatz erst, wenn der Absender versucht hat, die Ansprüche gerichtlich durchzusetzen.[90]

18 Der Schaden muss durch die Lieferfristüberschreitung verursacht sein.[91] Zum Begriff der **Kausalität** ist auf nationales Recht zurückzugreifen.[92] Der Ersatzanspruch ist auf den **Betrag der Fracht** begrenzt, soweit nicht Art. 24, 26, 29 greifen. Das ist die Fracht für die gesamte Sendung und die gesamte Beförderungsstrecke, auch wenn die Beförderung der Sendung etwa auf mehrere Fahrzeuge verteilt wird.[93] Der Höchstbetrag wird durch Beträge nach Abs. 4 nicht erhöht,[94] der Anspruch auf Frachtführervergütung bleibt unberührt,[95] die Fracht wird nicht vermindert. Bei einem neben der Verspätung eintretenden Teilverlust beschränkt sich die Haftung nach Abs. 5 auf den Frachtanteil, der nicht schon wegen Teilverlustes nach Abs. 4 zurückzuerstatten ist.[96] Ersetzt wird nur der **tatsächlich entstandene Schaden,** wenn er niedriger ist als der Höchstbetrag.[97] Zu **Schadensverhütungsmaßnahmen** → Rn. 1. Der Anspruch aus Lieferfristüberschreitung ist in Art. 23 Abs. 5 **abschließend** geregelt. Davon erfasst werden aber nicht Ansprüche wegen Nichtausführung des Vertrags (→ Art. 17 Rn. 6) oder wegen verspäteter Entrichtung der Entschädigung. Der Frachtführer kann im Regressprozess gegen den Subunternehmer auch die Kosten des verlorenen Vorprozesses geltend machen, wenn diese einen Verzugsschaden im Sinne der Vorschriften des BGB darstellen; im internationalen Straßengüterverkehr steht Art. 23 CMR diesem Anspruch nicht entgegen[98]. Die **Beweislast** trifft den Frachtführer bezüglich der vereinbarten Fracht als ihm günstigen Teil der Haftungsbeschränkung,[99] den Anspruchssteller für die Überschreitung der Lieferfrist, die Schäden und die Kausalität.[100]

19 **2. Zusammentreffen von Verspätungs- und Substanzschäden.** Kommt es bei einer Beförderung zu einem Verspätungsschaden und einem Substanzschaden, ohne dass der eine durch den anderen verursacht wurde, so steht die Entschädigung wegen Verlustes oder Beschädigung selbstständig und

---

Piper HRR Speditions- und FrachtR Rn. 414; *Herber/Piper* Rn. 40; *Koller* Rn. 17; GroßkommHGB/*Helm* Rn. 9; *Hill/Messent* 197; *Haak,* The Liability of the Carrier under the CMR, 1986, 230; *Putzeys* Nr. 700; zweifelnd *Clarke* Nr. 59b S. 230.

[85] BGH Urt. v. 30.9.1993 – I ZR 258/91, BGHZ 123, 303 (308 f.); *Herber/Piper* Rn. 39; HEPK/*Glöckner* Rn. 28; *Thume/Thume* Rn. 43; *Clarke* Nr. 59a S. 230; aA (Schadensbegriff nach nationalem Recht): *Koller* VersR 1994, 384 (388); *Koller* Rn. 18.

[86] BGH Urt. v. 30.9.1993 – I ZR 258/91, BGHZ 123, 303, dort offen gelassen für Schmiergeldzahlung; MüKoHGB/*Jesser-Huß* Rn. 45; *Herber/Piper* Rn. 38, 39.

[87] OLG Düsseldorf Urt. v. 7.7.1988 – 18 U 63/88, TranspR 1988, 425 (429); *Thume* RIW 1992, 966 (968 f.).

[88] OLG Urt. v. Hamm 14.11.1985 – 18 U 268/84, TranspR 1986, 77 (79); OLG Düsseldorf Urt. v. 23.12.1996 – 18 U 92/96, TranspR 1997, 422 (423); *Putzeys* Nr. 885.

[89] OGH Wien Urt. v. 30.11.1989 – 6 Ob 730/88, VersR 1990, 1259.

[90] OLG Düsseldorf Urt. v. 17.5.1990 – 18 U 31/90, VersR 1991, 1314; MüKoHGB/*Jesser-Huß* Rn. 45.

[91] BGH Urt. v. 14.7.1993 – I ZR 204/91, BGHZ 123, 2808 (2810); OLG Zweibrücken Urt. v. 14.11.1984 – 4 U 193/83, TranspR 1985, 397; OLG München Urt. v. 26.7.1985 – 23 U 2577/85, TranspR 1985, 395 (397); Urt. v. 29.7.1992 – 7 U 2494/98, VersR 1999, 1173; OLG Düsseldorf Urt. v. 17.5.1990 – 18 U 31/90, VersR 1991, 1314; OLG Köln Urt. v. 14.3.1997 – 3 U 147/95, TranspR 1998, 195 f.; *Lamy* I Nr. 539 lit. b; *Putzeys* Nr. 901.

[92] *Koller* VersR 1994, 384 (388); *Koller* Rn. 18; MüKoHGB/*Jesser-Huß* Rn. 47; *Clarke* Nr. 59c S. 233.

[93] Cass. Paris Urt. v. 26.6.1984, BT 1984, 610; *Thume* RIW 1992, 966 (968) mwN; *Thume/Thume* Rn. 52; *Koller* Rn. 19; *Herber/Piper* Rn. 42; *Clarke* Nr. 97c S. 367; *Hill/Messent* 195; *Lamy* I Nr. 539 lit. b; *Mercadal,* Droit des transports terrestres et aériens, 1990, Rn. 244.

[94] *Loewe* ETL 1976, 503 (569); *Herber/Piper* Rn. 44; *Koller* Rn. 19; *Hill/Messent* 141.

[95] OLG Nürnberg Urt. v. 27.10.1993 – 12 U 1951/93, TranspR 1994, 154; *Thume* RIW 1992, 966 (968); *Koller* Rn. 19.

[96] *Thume/Thume* Rn. 52.

[97] OLG Düsseldorf Urt. v. 17.5.1990 – 18 U 31/90, VersR 1991, 1314; *Herber/Piper* Rn. 43; *Koller* Rn. 19; *Hill/Messent* 196.

[98] OLG Karlsruhe Urt. v. 15.12.2016 – 9 U 159/14, TranspR 2017, 217 Rn. 36 ff.

[99] *Giemulla* in Baumgärtel/Prütting/Laumen Beweislast-HdB Rn. 8; *Thume/Thume* Rn. 65; *Herber/Piper* Rn. 46.

[100] OLG Düsseldorf Urt. v. 17.5.1990 – 18 U 31/90, VersR 1991, 1314; *Herber/Piper* Rn. 46.

kumulativ neben dem Ersatz des Verspätungsschadens.[101] Dabei ist zu beachten, dass die bevorrechtigten Haftungsbefreiungsgründe des Art. 17 Abs. 4 nur für Sachschäden gelten und zwar auch für solche, die während einer Verspätung, nämlich nach Ablauf der Lieferfrist eintreten.[102] Anders ist es in den Fällen, in denen ein Verspätungsschaden durch einen Substanzschaden herbeigeführt wurde oder umgekehrt, weil die Kumulierung beider Ansprüche zu einer Umgehung des Wertersatzprinzips des Abs. 1 führen würde. Es ist **nur** der **Substanzschaden** nach Maßgabe des Art. 23 Abs. 1, 4 **zu ersetzen**.[103]

IV. Höhere Entschädigung (Abs. 6)

Eine über die Höchstbeträge der Abs. 3, 5 hinausgehende Entschädigung kann nur nach Art. 24, 26 **20** oder im Fall des Art. 29 verlangt werden. Deshalb sind **Vertragsstrafeversprechen,** die einen höheren Betrag vorsehen, ebenso unwirksam[104] wie **Garantieversprechen.**[105]

V. Schadensteilung

Ist der Schaden nach Art. 17 Abs. 5 zu teilen, so ist die **Haftungsquote** nicht von dem nach Art. 23 **21** Abs. 1–3 oder Abs. 5 errechneten Höchstbetrag zu bestimmen, sondern unter Zugrundelegung der festgesetzten Quote zu prüfen, ob der Höchstbetrag erreicht ist.[106] Während sich ein **Mitverschulden,** durch welches sich Substanzschäden nach Ablieferung vergrößern, nicht auswirkt, weil sich der Ersatzanspruch pauschal nach dem Versandwert bemisst, ist bei Verspätungsschäden ein Mitverschulden bezüglich der Schadenshöhe nach dem Rechtsgedanken des Art. 17 Abs. 5[107] mitzuberücksichtigen. Zur Vereinbarung besonders kurzer Lieferfristen → Art. 19 Rn. 5; zum unterlassenen Hinweis auf besonders schwere Folgen → Art. 19 Rn. 6. Der für Verlustfälle entwickelte Grundsatz, dass den Frachtführer eine *sekundäre Darlegungslast* trifft, wenn der Vortrag des Gegners ein vom Frachtführer zu vertretendes schadensursächliches qualifiziertes Verschulden mit gewisser Wahrscheinlichkeit nahelegt oder sich Anhaltspunkte dafür aus dem unstreitigen Sachverhalt ergeben, gilt auch für Fälle, in denen das Frachtstück zwar abgeliefert, seine **Verpackung** aber während des Transports geöffnet, sein Inhalt ganz oder teilweise herausgenommen und die Verpackung wieder verschlossen worden ist.[108] Auf einen ungewöhnlich hohen Wert des Transportguts (über 20.000 EUR für acht Weinflaschen) ist der Frachtführer hinzuweisen, und zwar so rechtzeitig, dass er noch im normalen Geschäftsablauf eine Entscheidung darüber treffen kann, ob er angesichts des Werts des Transportguts den Frachtvertrag überhaupt ausführen will, und dass er – falls er sich für die Ausführung entscheidet – die notwendigen besonderen Sicherungsmaßnahmen ergreifen kann (Mitverschuldensanteil 50 %).[109]

Art. 24 [Einvernehmliche Erhöhung des Höchstbetrags]

Der Absender kann gegen Zahlung eines zu vereinbarenden Zuschlages zur Fracht einen Wert des Gutes im Frachtbrief angeben, der den in Artikel 23 Absatz 3 bestimmten Höchstbetrag übersteigt; in diesem Fall tritt der angegebene Betrag an die Stelle des Höchstbetrages.

Schrifttum: *Bischof,* Anm. zu OLG Hamburg Urt. v. 29.5.1980 – 6 U 137/79, VersR 1981, 539; *Eltermann,* Anm. zu LG Darmstadt Urt. v. 23.9.1981 – 7 S 60/80, VersR 1982, 1107; *Haak,* Revision der CMR?, TranspR 2006, 325; *Oeynhausen,* Wertdeklaration im internationalen Straßengüterverkehr nach Art. 24 CMR, TranspR 1982, 113; iÜ vgl. Vor Art. 1, Art. 3, 17, 23.

Parallelvorschriften: § 449 HGB; Art. 25 MÜ; Art. 34 CIM 1999; Art. 20 CMNI.

---

[101] OLG Hamm Urt. v. 14.11.1985 – 18 U 268/84, VersR 1987, 609; *Heuer* Frachtführerhaftung 139; *Jesser* Frachtführerhaftung 135; Thume/*Thume* Rn. 51; *Koller* Rn. 17; *Herber/Piper* Rn. 40; MüKoHGB/*Jesser-Huß* Art. 17 Rn. 95; *Lamy* I Nr. 540; *Haak,* The Liability of the Carrier under the CMR, 1986, 260.

[102] OLG Köln Urt. v. 14.3.1997 – 3 U 147/95, TranspR 1997, 337 (338).

[103] OGH Wien Urt. v. 22.3.1994 – 4 Ob 1529/94, TranspR 1994, 439; Cass. Paris Urt. v. 5.12.1989, BT 1990, 310; *Glöckner* TranspR 1988, 327 (330); *Heuer* Frachtführerhaftung 138 f.; *Jesser* Frachtführerhaftung 134; *Herber/Piper* Rn. 40; MüKoHGB/*Jesser-Huß* Art. 17 Rn. 95; GroßkommHGB/*Helm* Rn. 9; *Hill/Messent* 197; zweifelnd *Clarke* Nr. 59b S. 230 f.; offen gelassen BGH Urt. v. 15.10.1992 – I ZR 260/90, NJW 1993, 1269 (1270); aA OLG Hamm Urt. v. 14.11.1985 – 18 U 268/84, VersR 1987, 609; *Koller* Rn. 17; *Lenz* StraßengütertranspR Rn. 545; *Thume* RIW 1992, 966 (969 f.); Thume/*Thume* Rn. 48, 49, Art. 25 Rn. 29 für Verspätung und Beschädigung, anders aber für Zusammentreffen von Verspätung und Totalverlust.

[104] OLG München Urt. v. 26.7.1985 – 23 U 2577/85, TranspR 1985, 395 (396); *Herber/Piper* Rn. 41; *Hill/Messent* 196; *Lamy* I Nr. 539 lit. d mwN; aA MüKoHGB/*Jesser-Huß* Rn. 48.

[105] OLG Frankfurt a. M. Urt. v. 21.2.1984 – 5 U 72/83, TranspR 1984, 97 (98); *Koller* Rn. 11; *Herber/Piper* Rn. 45; Thume/*Thume* Rn. 55; MüKoHGB/*Jesser-Huß* Rn. 48.

[106] *Thume* RIW 1992, 966 (970); Thume/*Thume* Rn. 56, 60; *Koller* Rn. 8.

[107] Für Rückgriff auf nationales Recht *Koller* Rn. 21; *Thume* RIW 1992, 966 (970); Thume/*Thume* Rn. 57.

[108] BGH Urt. v. 13.6.2012 – I ZR 87/11, NJW 2012, 3774.

[109] BGH Urt. v. 13.6.2012 – I ZR 87/11, NJW 2012, 3774.

I. Allgemeines

1   Der **Höchstbetrag** der Entschädigung für Verlust oder Beschädigung nach Art. 23 Abs. 3, Art. 25 kann durch eine Wertangabe im Frachtbrief **erhöht** werden. Damit wird aber weder ein Schadensersatz über den Wert des Gutes hinaus gesichert, noch der Höchstbetrag bei Lieferfristüberschreitung erhöht, noch eine Haftung für entgangenen Gewinn begründet. Dazu ist eine Deklaration des **Lieferinteresses** nach Art. 26 erforderlich.[1] Art. 24 hat in der Praxis kaum Bedeutung, weil ein höherer Wert üblicherweise durch eine Transportversicherung abgedeckt wird.[2] Art. 24 und Art. 26 sind nebeneinander anwendbar.[3] Zum innerdeutschen Recht vgl. § 449 Abs. 2 HGB.

II. Voraussetzungen der Werterhöhung

2   **1. Einigung der Parteien.** Die Wertangabe verlangt als Teil eines Beförderungsvertrags eine entsprechende Einigung der Parteien.[4] Wenn sie bei Vertragsschluss oder danach vom Absender gewünscht wird, muss sie der Frachtführer nicht akzeptieren; er kann den Abschluss des Beförderungsvertrags oder nach seinem Abschluss die Einigung auf die Wertangabe von einem zu vereinbarenden Zuschlag abhängig machen.[5] In der **vorbehaltlosen Entgegennahme** eines **Frachtbriefs** mit einem solchen Eintrag des Absenders liegt noch keine konkludente Annahme,[6] erst recht nicht im Verweis auf eine das Gut begleitende Pro-forma-Rechnung mit entsprechendem Eintrag[7] oder im Eintrag des SVS-Werts in einen Speditionsauftrag.[8] Eine Einigung auf eine Werterhöhung für den grenzüberschreitenden Verkehr liegt auch nicht in der Begrenzung der Entschädigung auf einen anderen als den in § 431 Abs. 1, 2 HGB vorgesehenen Wert durch innerstaatliche AGB. Dem Eintrag im Frachtbrief kommt jedoch die **Vermutung** einer Abrede zu, Art. 9 Abs. 1.[9] Der Fahrer eines Frachtfahrzeugs ist nicht schon als solcher in jedem Fall kraft **Anscheinsvollmacht** zum Abschluss einer Werterhöhungsvereinbarung befugt, wenn ihm der Absender einen Frachtbrief mit einem entsprechenden Eintrag übergibt.[10] Der Frachtführer, der dem Fahrer ein **Frachtbriefblankett** überlässt, kann sich aber auf weisungswidrige Ausfüllung nicht berufen.[11] Eine Pflicht des Frachtführers auf die Abgabe einer Werterklärung hinzuwirken, besteht nicht.[12]

3   **2. Zuschlagsabrede.** Dagegen ist weder die **Vereinbarung** noch die **Zahlung** eines vereinbarten Zuschlags Voraussetzung der Haftungssummenerhöhung.[13] Art. 24 stellt nur klar, dass der Frachtführer sich ohne Zuschlag nicht auf eine Wertdeklaration einlassen muss. Diese Auslegung ist mit dem Wortlaut vereinbar, widerspricht nicht Art. 41 und berücksichtigt auch das Schutzbedürfnis des Frachtführers. Da der Zuschlag in die Frachtberechnung einbezogen werden kann, ist die Klärung, ob er vereinbart wurde, ohnehin nur schwer möglich. Verabreden die Parteien, die sich auf eine Werterhöhung einigen, zum Zuschlag nichts, besteht ein Anspruch auf **angemessenen Zuschlag** aus Art. 24. Er wird mindestens die Kosten der Versicherungsprämie für eine Zusatzversicherung umfassen.[14]

---

[1] GroßkommHGB/*Helm* Art. 23 Rn. 4; MüKoHGB/*Jesser-Huß* Rn. 10 mwN; *Herber/Piper* Rn. 2; *Hill/Messent* 199 f.

[2] *Glöckner* TranspR 1988, 327 (330); GroßkommHGB/*Helm* Rn. 1; *Herber/Piper* Rn. 1.

[3] *Herber/Piper* Rn. 2; *Koller* Rn. 4; *Haak*, The Liability of the Carrier under the CMR, 1986, 232.

[4] *Glöckner* TranspR 1988, 327 (330); *Bischof* VersR 1981, 539; *Eltermann* VersR 1982, 1107; MüKoHGB/*Jesser-Huß* Rn. 2; *Koller* Rn. 2; *Herber/Piper* Rn. 4; *Putzeys* Nr. 903.

[5] *Bischof* VersR 1981, 539 (540); *Oeynhausen* TranspR 1982, 113 (115); *Herber/Piper* Rn. 5; *Thume/Thume* Rn. 3, 5; MüKoHGB/*Jesser-Huß* Rn. 3; *Haak,* The Liability of the Carrier under the CMR, 1986, 233, 264; aA GroßkommHGB/*Helm* Rn. 2 bei nachträglicher Wertangabe.

[6] *Bischof* VersR 1981, 539; *Koller* Rn. 2; *Herber/Piper* Rn. 6; auf den Einzelfall abstellend MüKoHGB/*Jesser-Huß* Rn. 3.

[7] BGH Urt. v. 14.7.1993 – I ZR 204/91, NJW 1993, 2808 (2810); *Bischof* VersR 1981, 539; *Oeynhausen* TranspR 1982, 113 (115 f.); *Herber/Piper* Rn. 6; MüKoHGB/*Jesser-Huß* Rn. 3; aA OLG Hamburg Urt. v. 29.5.1980 – 6 U 137/79, VersR 1980, 950 (951).

[8] *Koller* Rn. 2; *Thume/Thume* Rn. 12 mwN.

[9] *Koller* Rn. 2 aE.

[10] *Bischof* VersR 1981, 539; MüKoHGB/*Jesser-Huß* Rn. 4; *Herber/Piper* Rn. 7; *Thume/Thume* Rn. 4; *Putzeys* Nr. 906; *Clarke* Nr. 100 S. 377; aA *de la Motte* VersR 1988, 317 (320).

[11] OLG Düsseldorf Urt. v. 28.10.1982 – 18 U 95/82, VersR 1983, 749; *Koller* Rn. 2; MüKoHGB/*Jesser-Huß* Rn. 4; *Herber/Piper* Rn. 7; aA *Thume/Thume* Rn. 4.

[12] Cass. Paris Urt. v. 12.10.1981, ETL 1982, 294 (295).

[13] OLG Hamburg Urt. v. 29.5.1980 – 6 U 137/79, VersR 1980, 950 (951); OLG Düsseldorf Urt. v. 7.7.1988 – 18 U 63/88, TranspR 1988, 425 (429); *de la Motte* VersR 1988, 317 (321); GroßkommHGB/*Helm* Rn. 2; MüKoHGB/*Jesser-Huß* Rn. 8; *Herber/Piper* Rn. 9; *Hill/Messent* 200; *Putzeys* Nr. 905; aA bezüglich der Zuschlagsabrede *Bischof* VersR 1981, 539 (540); *Oeynhausen* TranspR 1982, 113; *Eltermann* VersR 1982, 1107; *Pesce* TranspR 1987, 11 (12); *Heuer* Frachtführerhaftung 124 f.; *Thume/Thume* Rn. 10; *Lamy* I Nr. 528 lit. c.

[14] MüKoHGB/*Jesser-Huß* Rn. 9; *Heuer* Frachtführerhaftung 124; HEPK/*Glöckner* Rn. 1.

3. Deklaration im Frachtbrief. Die Eintragung der **Wertangabe** im Frachtbrief ist wegen der **4** Warnfunktion des Frachtbriefs gegenüber dem Frachtführer **konstitutiv**.[15] Eine Verweisung auf Anlagen, wie Rechnungen etc, ist nur dann ausreichend, wenn im Frachtbrief zum Ausdruck kommt, dass eine Wertangabe nach Art. 24 gewollt ist.[16] Der vereinbarte Zuschlag muss im Frachtbrief nicht angegeben werden.[17] Die **Beweislast** für Werterhöhungsabrede, Eintragung und Schaden trägt der Anspruchssteller.[18]

III. Rechtsfolgen

Der vereinbarte Wert tritt an die **Stelle des Höchstbetrags** nach Art. 23 Abs. 3. Im Übrigen ist **5** die Entschädigung auch hier nach Art. 23 Abs. 1, 2 und Art. 25 zu berechnen.[19] Ergibt diese Berechnung einen niedrigeren Betrag als den Werterhöhungsbetrag, so ist nur dieser niedrigere zu ersetzen. Es spricht keine Vermutung dafür, dass das Gut den angegebenen Wert hat.[20] Ergibt sich ein Wert, der den Erhöhungsbetrag übersteigt, so bildet letzterer die Obergrenze[21] und zwar auch bei Teilbeschädigung oder Teilverlusten.[22] **Kosten** iSd Art. 23 Abs. 4 sind darüber hinaus zu ersetzen.[23] Ein Erhöhungsbetrag, der den **Warenwert** übersteigt, ist zulässig,[24] weil immer nur der Wert des Gutes bis zum Höchstbetrag ersetzt wird. Ein niedrigerer Betrag als der Wert des Gutes kann nicht vereinbart werden, Art. 41.[25]

Art. 25 [Haftung bei Beschädigung]

(1) **Bei Beschädigung hat der Frachtführer den Betrag der Wertverminderung zu zahlen, die unter Zugrundelegung des nach Artikel 23 Absatz 1, 2 und 4 festgestellten Wertes des Gutes berechnet wird.**

(2) **Die Entschädigung darf jedoch nicht übersteigen,**

a) **wenn die ganze Sendung durch die Beschädigung entwertet ist, den Betrag, der bei gänzlichem Verlust zu zahlen wäre;**
b) **wenn nur ein Teil der Sendung durch die Beschädigung entwertet ist, den Betrag, der bei Verlust des entwerteten Teiles zu zahlen wäre.**

Schrifttum: *Rinkler,* Zweifache Schadensberechnung bei qualifiziertem Verschulden – zugleich Anm. zu BGH, Urt. v. 3.3.2005, – I ZR 134/02 (TranspR 2005, 253 f.), TranspR 2005, 305; iÜ vgl. Vor Art. 1, Art. 3, 17, 19, 23.

Parallelvorschriften: § 429 HGB; Art. 32 CIM 1999.

I. Wertminderung bei Beschädigung (Abs. 1)

Wie beim Verlust besteht auch bei der Beschädigung (Parallelvorschrift: § 429 Abs. 2 HGB) ein **1** **pauschalierter Wertersatzanspruch** (→ Art. 23 Rn. 3). Zum Begriff der Beschädigung und zur Abgrenzung gegenüber dem Verlust, dessen Abwicklung sich nach Art. 23 bestimmt, insbesondere für den Fall des Totalschadens → Art. 17 Rn. 3, 5, zum Zusammentreffen von Beschädigung mit Verspätungsschäden → Art. 23 Rn. 19. Die zu ersetzende Wertminderung **errechnet sich** als Differenz

---

[15] BGH Urt. v. 27.1.1982 – I ZR 33/80, NJW 1982, 1944 (1945) zu Art. 26; Urt. v. 14.7.1993 – I ZR 204/91, NJW 1993, 2808 (2810); OGH Wien Urt. v. 30.8.1990 – 8 Ob 561/90, TranspR 1992, 406 (408); Berufungsgericht Athen Urt. v. 1985, ETL 1987, 65 (67); *Czapski* ETL 1998, 461 (469); *Loewe* ETL 1976, 503 (569); *Herber/Piper* Rn. 11 mwN; *Koller* Rn. 3; *Thume/Thume* Rn. 11, 12; *Hill/Messent* 199; *Clarke* Nr. 100 S. 376; *Haak,* The Liability of the Carrier under the CMR, 1986, 232; einschr. *MüKoHGB/Jesser-Huß* Rn. 7; aA *Lamy* I Nr. 528 lit. c (auch in anderer Urkunde).

[16] Ähnl. *Koller* Rn. 3; *Herber/Piper* Rn. 12; *MüKoHGB/Jesser-Huß* Rn. 6; weitergehend OLG Hamburg Urt. v. 29.5.1980 – 6 U 137/79, VersR 1980, 950 (951) (bloße Verweisung auf pro forma Rechnung); aA *Thume/Seltmann* Rn. A 11, 12; *Putzeys* Nr. 904.

[17] *Heuer* Frachtführerhaftung 125; *Herber/Piper* Rn. 13; *Thume/Thume* Rn. 12; *Haak,* The Liability of the Carrier under the CMR, 1986, 234.

[18] Cass. Paris Urt. v. 10.7.1989 BT 1989, 591; *Herber/Piper* Rn. 16; *Hill/Messent* 200.

[19] *Loewe* ETL 1976, 503 (569); *GroßkommHGB/Helm* Rn. 1; *MüKoHGB/Jesser-Huß* Rn. 10; *Herber/Piper* Rn. 14.

[20] *Koller* Rn. 4; *Thume/Thume* Rn. 13; *Rodière* ETL 1971, 304 (316); *Haak,* The Liability of the Carrier under the CMR, 1986, 261.

[21] *Heuer* Frachtführerhaftung 124; *Herber/Piper* Rn. 14 mwN; *Thume/Thume* Rn. 13; *Koller* Rn. 4; HEPK/ *Glöckner* Rn. 3; *Lenz* Straßengütertranspr Rn. 703; *Putzeys* Nr. 900.

[22] *Lamy* I Nr. 528 lit. a.

[23] *Loewe* ETL 1976, 503 (569); *Jesser* Frachtführerhaftung 136; *MüKoHGB/Jesser-Huß* Rn. 10; *Koller* Rn. 4.

[24] *Heuer* Frachtführerhaftung 124; *Jesser* Frachtführerhaftung 136; *Herber/Piper* Rn. 3; *MüKoHGB/Jesser-Huß* Rn. 5 mwN; aA *Glöckner* TranspR 1988, 327 (330); *Pesce* TranspR 1987, 11 (12).

[25] BGH Urt. v. 12.12.1985 – I ZR 88/83, VersR 1986, 381 (384); *MüKoHGB/Jesser-Huß* Rn. 5; *Hill/Messent* 199 Fn. 142; *Koller* EWiR 2002, 375.

zwischen dem nach Art. 23 für Zeitpunkt und Ort der Übernahme ermittelten Wert und dem fiktiven Wert wiederum zum Zeitpunkt und am Ort der Übernahme unter Berücksichtigung der Beschädigung.[1] Auch ein **merkantiler Minderwert** ist zu berücksichtigen.[2]

2   Aus dem Wertersatzprinzip folgt, dass weder **mittelbare Schäden** ersetzt werden[3] noch **Reparatur- oder Wiederbeschaffungskosten**.[4] Die Wertminderung[5] kann auch nicht durch Abzug des am Empfangsort erzielten Erlöses des beschädigten Gutes vom nach Art. 23 errechneten Wert im unbeschädigten Zustand ermittelt werden.[6] Reparaturkosten[7] und Verkaufserlös[8] können jedoch Anhaltspunkte für die Wertminderung sein. Sie sind nicht ohne weiteres ihr Mindestbetrag. Im Regelfall wird die Wertminderung durch **Schätzung** eines Prozentsatzes des Wertes im unbeschädigten Zustand bestimmt werden. Prima facie kann angenommen werden, dass das Verhältnis zwischen dem Wert in unbeschädigtem und in beschädigtem Zustand am Übernahmeort, dem am Empfangsort entspricht, wenn die Angaben sich auf Werte am Empfangsort beschränken.[9]

3   Ersetzt wird die **Wertminderung des beschädigten Teils.** Wirkt sie sich als Entwertung der ganzen Sendung aus, so ist die Wertminderung der gesamten Sendung zu ersetzen.[10] Wird der Gesamtwert der Sendung durch die Beschädigung eines Teils mehr gemindert als der Wert des einzelnen Teils, so ist die Minderung des Wertes der Gesamtsendung entscheidend.[11] Tritt die **Beschädigung** eines Teils der Sendung **neben** den **Verlust** eines anderen Teils, ist die Entschädigung gesondert nach Art. 25 und Art. 23 zu bemessen,[12] beschränkt auf den für den Verlust beider Teile sich ergebenden Höchstbetrag.[13]

II. Schadensminderungskosten

4   **Aufwendungen, die der Substanzerhaltung dienen,** kommen im (niedrigeren) Wert der Ware im beschädigten Zustand zum Ausdruck. Sie sind ein Indiz für das Maß der Wertminderung und ausschließlich im Rahmen der Wertberechnung nach Art. 23, 25 ersatzfähig.[14] Es besteht kein gesonderter Erstattungsanspruch nach Art. 23 Abs. 4.[15] Sie sind vielmehr in die Ermittlung der Wertminderung uU im Wege der Schätzung, § 287 ZPO, miteinzubeziehen.[16] Darunter können etwa **Sortier-, Verpackungs-** und **Umpackkosten,**[17] **Sachverständigenkosten,** soweit sie der Prüfung

[1] OLG Düsseldorf Urt. v. 14.7.1983 – 18 U 15/83, TranspR 1984, 16 (17); Urt. v. 28.5.1986 – 18 U 38/86, TranspR 1986, 381 (382); OLG Hamburg Urt. v. 11.9.1986 – 6 U 105/86, VersR 1987, 375 (376); *Knorre* TranspR 1985, 241; ausf. MüKoHGB/*Jesser-Huß* Rn. 3, 6; *Koller* Rn. 3; *Herber/Piper* Rn. 2; *Thume/Thume* Rn. 4; *Clarke* Nr. 93 S. 356; *Rinkler* TranspR 2005, 305 f.

[2] OGH Wien Urt. v. 17.11.1986 – 1 Ob 675/86, TranspR 1987, 427 (428); *Herber/Piper* Rn. 2.

[3] OGH Wien Urt. v. 21.2.1985 – 7 Ob 22/84, VersR 1986, 559 (560); OLG Wien Urt. v. 23.2.1989 – 1 R 218/88, TranspR 1990, 156 (157); *Knorre* TranspR 1985, 241; *Herber/Piper* Rn. 5.

[4] BGH Urt. v. 13.2.1980 – IV ZR 39/78, NJW 1980, 2021; OLG Köln Urt. v. 25.8.2016 – 3 U 28/16, TranspR 2017, 62 Rn. 30; *Glöckner* TranspR 1988, 327 (330); *Piper* HRR Speditions- und FrachtR Rn. 429; *Herber/Piper* Rn. 4; *Clarke* Nr. 93 S. 355.

[5] BGH Urt. v. 3.3.2005 – I ZR 134/02, VersR 2005, 1557 (1558); OLG Celle Urt. v. 20.6.2002 – 11 U 181/01, TranspR 2004, 122 (124).

[6] OLG Düsseldorf Urt. v. 14.7.1983 – 18 U 15/83, TranspR 1984, 16 (17); *Knorre* TranspR 1985, 241; *Herber/Piper* Rn. 2; MüKoHGB/*Jesser-Huß* Rn. 10; *Koller* Rn. 3.

[7] OLG München Urt. v. 5.7.1989 – 7 U 5947/88, TranspR 1990, 16 (17); OLG Hamburg Urt. v. 15.1.1998 – 6 U 14/96, TranspR 1998, 290 (292); *Herber/Piper* Rn. 4.

[8] OLG Hamburg Urt. v. 11.9.1986 – 6 U 105/86, VersR 1987, 375; Kh Antwerpen Urt. v. 17.2.1974, ETL 1974, 504 (514); MüKoHGB/*Jesser-Huß* Rn. 10.

[9] OLG Düsseldorf Urt. v. 14.7.1983 – 18 U 15/83, TranspR 1984, 16 (17); Urt. v. 28.5.1986 – 18 U 38/86, TranspR 1986, 381 (382); *Knorre* TranspR 1985, 241; *Thume/Thume* Rn. 5; *Koller* Rn. 3; *Herber/Piper* Rn. 3.

[10] BGH Urt. v. 3.7.1974 – I ZR 120/73, VersR 1974, 1013 (1014); OLG Düsseldorf Urt. v. 28.5.1986 – 18 U 38/86, TranspR 1986, 381 (382); OLG Stuttgart Urt. v. 15.9.1993 – 3 U 69/93, TranspR 1994, 156 (159); *Knorre* TranspR 1985, 241 (242 f.); *Loewe* ETL 1976, 503 (570); MüKoHGB/*Jesser-Huß* Rn. 13; *Koller* Rn. 4; *Thume/Thume* Rn. 3, 7 f.; *Herber/Piper* Rn. 9.

[11] *Knorre* TranspR 1985, 241 (243) mit Bsp.; *Thume/Thume* Rn. 9; *Koller* Rn. 4.

[12] OLG München Urt. v. 27.2.1981 – 23 U 3825/80, VersR 1982, 334 f.; OLG Dresden Urt. v. 10.1.2018 – 13 U 1158/17, TranspR 2018, 144; *Knorre* TranspR 1985, 241 (242); HEPK/*Glöckner* Rn. 25; MüKoHGB/*Jesser-Huß* Rn. 14; *Haak,* The Liability of the Carrier under the CMR, 1986, 245; aA *Koller* Rn. 5.

[13] *Herber/Piper* Rn. 10; *Koller* Rn. 5.

[14] OLG München Urt. v. 5.7.1989 – 7 U 5947/88, TranspR 1990, 16 (17); OLG Hamburg Urt. v. 11.9.1986 – 6 U 105/86, VersR 1987, 375 (376); Urt. v. 24.10.1991 – 6 U 103/91, TranspR 1992, 66 (67); *Knorre* TranspR 1985, 241 (245); MüKoHGB/*Jesser-Huß* Rn. 11; *Koller* Rn. 3; *Thume/Thume* Rn. 16 ff.; *Herber/Piper* Rn. 6; *Clarke* Nr. 93 S. 355; *Haak,* The Liability of the Carrier under the CMR, 1986, 206, 207.

[15] OLG Celle Urt. v. 29.10.1998 – 11 U 110/97, TranspR 1999, 106; zur insoweit abw. Meinung vgl. Nachw. bei MüKoHGB/*Jesser-Huß* Rn. 11.

[16] *Koller* Rn. 3 mwN in Fn. 11; aA OGH Wien Urt. v. 8.7.2004, ETR 2005, 734 (739); MüKoHGB/*Jesser-Huß* Rn. 11, danach wird nicht berücksichtigt, dass hinsichtlich der Kosten der Schadensminderung am Schadens- und am Übernahmeort keine Identität gegeben sein muss, vgl. BGH Urt. v. 15.10.1998 – I ZR 111/96, BB 1999, 442 (444).

[17] BGH Urt. v. 15.10.1998 – I ZR 111/96, TranspR 1999, 102 (106); OLG München Urt. v. 27.6.1979 – 7 U 1181/79, VersR 1980, 241 (242); OLG Düsseldorf Urt. v. 30.6.1983 – 18 U 9/83, VersR 1984, 980 (981); OLG

der Funktionstauglichkeit und weiterer Verwertungsmöglichkeit dienen[18] (zu reinen Schadensfeststellungskosten → Rn. 5), Kosten von **Rücktransport** und **Zwischenlagerung** zur Vermeidung völligen Verlustes[19] fallen. Sind solche Kosten allerdings objektiv nicht notwendig und fließen sie deshalb in eine Wertminderung nicht ein, so sind sie auch nicht über die Anwendung nationalen Rechts ersatzfähig, weil die Beschränkung auf die Wertminderung abschließend ist.[20]

Andere schadensbedingte Aufwendungen, die nicht der Substanzerhaltung zugute kommen 5
(Aufwendungen zum **Umweltschutz, Sicherung** der Unfallstelle, **Schadensfeststellungskosten,** Rücktransport- und Bergungskosten, die nicht der Restwerterhaltung dienen), schlagen sich nicht im Wert der beschädigten Sache nieder und können deshalb im Rahmen der Wertermittlung nach Art. 23, 25 nicht ersetzt verlangt werden.[21] Es kommt auch kein Ersatzanspruch nach nationalem Recht wegen Verletzung von **Nebenpflichten oder Schlechtleistung** (§ 280 BGB) in Betracht. Die Regelung der CMR in Art. 17 ff. ist insoweit abschließend[22] (→ Vor Art. 1 Rn. 24 aE und → Art. 23 Rn. 15).

III. Haftungshöchstbeträge (Abs. 2)

Die Berechnung der Höchstbeträge bei einer Beschädigung entspricht der in Art. 23 für Verlust 6
vorgesehenen. Bei einer **Wertminderung der ganzen Sendung** ist Höchstbetrag der bei Verlust der ganzen Sendung zu entrichtende Betrag, Abs. 2 lit. a. Sie kann sich aus der Beschädigung eines Teils der Sendung ergeben, wenn dies zu wirtschaftlicher Betrachtung zu einer Entwertung der Gesamtsendung führt.[23] Davon wird in der Regel nicht ausgegangen werden können, wenn der Wert der Sachgesamtheit durch eine in angemessener Zeit mögliche Ersatzbeschaffung oder Reparatur vollständig wiederhergestellt werden kann.[24] Bei einer **Wertminderung eines Teils der Sendung** ist Höchstbetrag derjenige, der bei Verlust dieses Teils zu zahlen wäre, Abs. 2 lit. b. Dabei kommt es nicht auf das Gewicht der einzelnen Stücke und auch nicht auf einen als wirtschaftliche Einheit übernommenen Gegenstand[25] an, sondern wie beim Teilverlust (→ Art. 23 Rn. 16) auf das **Gesamtgewicht der beschädigten Frachtstücke** der Sendung zuzüglich des anteiligen Verpackungsgewichts.[26] Der durch die Verwertung des beschädigten Stücks erzielte Erlös mindert schon den Schaden, sodass der **Verwertungserlös** nicht vom Haftungshöchstbetrag abgezogen werden darf.[27] **Höhere Entschädigungen** können nur nach Maßgabe der Art. 24, 26, 29 erzielt werden.

IV. Kosten, Frachten, Zölle (Abs. 1 iVm Art. 23 Abs. 4)

Aus der Verweisung auf Art. 23 Abs. 4 folgt, dass die dort genannten Beträge auch bei einer 7
Beschädigung **zusätzlich zum summenmäßigen Höchstbetrag** und zwar anteilig entsprechend

Hamburg Urt. v. 24.10.1991 – 6 U 103/91, TranspR 1992, 66 (67); OLG Stuttgart Urt. v. 15.9.1993 – 3 U 69/93, TranspR 1994, 156 (159); OGH Wien Urt. v. 21.2.1985 – 1 Ob 22/84, VersR 1986, 559 (560); Hof van Beroep Antwerpen Urt. v. 23.3.1983 ETL 1983, 518.

[18] OLG Hamm Urt. v. 25.11.1993 – 18a U 48/93, TranspR 1994, 61; OLG Düsseldorf Urt. v. 21.4.1994 – 18 U 53/93, TranspR 1995, 347 (349); OLG Wien Urt. v. 23.2.1989 – 1 R 218/88, TranspR 1990, 156 (157); C. A. Aix en Provence Urt. v. 9.12.1980, BT 1981, 143; MüKoHGB/*Jesser-Huß* Rn. 12 mwN.

[19] OLG Düsseldorf Urt. v. 30.6.1983 – 18 U 9/83, VersR 1984, 980 (981); OLG Hamburg Urt. v. 11.9.1986 – 6 U 105/86, VersR 1987, 375 (376); Urt. v. 15.1.1998 – 6 U 14/96, TranspR 1998, 290 (294); OLG Celle Urt. v. 29.10.1998 – 11 U 110/97, TranspR 1999, 106; wohl auch BGH Urt. v. 3.7.1974 – I ZR 120/73, VersR 1974, 1013 (1015); aA OLG München Urt. v. 5.7.1989 – 7 U 5947/88, TranspR 1990, 16 (17); William Tatton v. Ferrymasters, Q. B. (D.) Urt. v. 20.11.1973, ETL 1974, 737 (747).

[20] *Herber/Piper* Rn. 6; *Koller* Rn. 3; aA *de la Motte* VersR 1988, 317 (321): Ersatz aller Kosten, die ex ante zur Schadensminderung vernünftig und angemessen erscheinen.

[21] OLG München Urt. v. 5.7.1989 – 7 U 5947/88, TranspR 1990, 16 (17); OLG Hamburg Urt. v. 24.10.1991 – 6 U 103/91, TranspR 1992, 66 (67); *Herber/Piper* Rn. 7; *Koller* Rn. 3; MüKoHGB/*Jesser-Huß* Rn. 12.

[22] OLG München Urt. v. 5.7.1989 – 7 U 5947/88, TranspR 1990, 16 (17); OLG Hamburg Urt. v. 24.10.1991 – 6 U 103/91, TranspR 1992, 66 (67); *Glöckner* TranspR 1988, 328 (329); *Decker* TranspR 1985, 311 (312); *Koller* Art. 23 Rn. 10; *Thume*/*Thume* Rn. 38; wohl auch MüKoHGB/*Jesser-Huß* Rn. 12; aA BGH Urt. v. 3.7.1974 – I ZR 120/73, NJW 1974, 1013; OLG Düsseldorf Urt. v. 14.7.1986 – 18 U 88/86, TranspR 1987, 24 (27); *Piper* HRR Speditions- und FrachtR Rn. 425; *Herber/Piper* Rn. 8.

[23] BGH Urt. v. 3.7.1974 – I ZR 120/73, NJW 1974, 1013; Urt. v. 6.2.1997 – I ZR 202/94, VersR 1997, 1298; OLG München Urt. v. 23.11.2017 – 23 U 1858/17, TranspR 2018, 34; Schweizerisches Bundesgericht Lausanne Urt. v. 30.10.2017 – 4A_261/2017; OLG Hamburg Urt. v. 15.1.1998 – 6 U 14/96, TranspR 1998, 290 (292); *Knorre* TranspR 1985, 241 (242); *Koller* Rn. 7; *Herber/Piper* Rn. 11; MüKoHGB/*Jesser-Huß* Rn. 13; *Hill/Messent* 198; *Czoklich*, Einführung in das Transportrecht, 1990, 200 f.

[24] BGH Urt. v. 6.2.1997 – I ZR 202/94, VersR 1997, 1298 (1299).

[25] So aber *Koller* Rn. 8.

[26] OLG München Urt. v. 27.2.1981 – 23 U 3825/80, VersR 1982, 334 (335); *Thume*/*Thume* Rn. 24; GroßkommHGB/*Helm* Rn. 5; *Herber/Piper* Rn. 13; MüKoHGB/*Jesser-Huß* Rn. 18; *Putzeys* Nr. 891.

[27] BGH Urt. v. 6.5.1981 – I ZR 70/79, VersR 1981, 929 (931); *Glöckner* TranspR 1988, 327 (328); *Herber/Piper* Rn. 14.

dem Prozentsatz der Wertminderung.[28] zu erstatten sind. Ein Abstellen auf den Gewichtsanteil der beschädigten Ware[29] berücksichtigt nicht, dass die CMR generell die Wertminderung heranzieht und führt zu willkürlichen Ergebnissen.

Art. 26 [Besonderes Lieferinteresse]

(1) **Der Absender kann gegen Zahlung eines zu vereinbarenden Zuschlages zur Fracht für den Fall des Verlustes oder der Beschädigung und für den Fall der Überschreitung der vereinbarten Lieferfrist durch Eintragung in den Frachtbrief den Betrag eines besonderen Interesses an der Lieferung festlegen.**

(2) **Ist ein besonderes Interesse an der Lieferung angegeben worden, so kann unabhängig von der Entschädigung nach den Artikeln 23, 24 und 25 der Ersatz des weiteren bewiesenen Schadens bis zur Höhe des als Interesse angegebenen Betrages beansprucht werden.**

Schrifttum: Vgl. Vor Art. 1, Art. 3, 24.

Parallelvorschriften: §, 449 HGB; Art. 22 Abs. 3 MÜ; Art. 35 CIM 1999; Art. 20 CIM.

I. Allgemeines

1 Die in Art. 23 Abs. 3 bestimmten Höchstbeträge der Entschädigung können durch die Angabe eines erhöhten Werts gem. Art. 24 angehoben werden. Ein nach Art oder Höhe über die Haftungsbeschränkungen nach Art. 23, 24, 25 hinausgehender Schaden kann durch Angabe eines besonderen Interesses gedeckt werden, Art. 26 Abs. 2. Die Vorschrift gestattet ein **Abweichen vom Grundsatz des Wertersatzes** nach Art. 23 Abs. 1, 2. Maßnahmen nach Art. 24 und Art. 26 sind nebeneinander möglich.[1] In der Praxis wird wenig von ihnen Gebrauch gemacht.[2] Zum innerstaatlichen Recht vgl. § 449 HGB.

II. Voraussetzungen (Abs. 1)

2 Entsprechend dem zu Art. 24 Ausgeführten muss nur ein Betrag des besonderen Interesses vereinbart werden, die Vereinbarung eines Zuschlags zur Fracht ist nicht erforderlich.[3] Es muss ein **bestimmter Betrag** festgesetzt sein, der nach oben unbegrenzt und an den tatsächlichen Wert nicht gebunden ist.[4] Die Abrede, dass alle Schäden ersetzt werden sollen, genügt nicht.[5] Voraussetzung der Wirksamkeit ist die **Eintragung** des besonderen Interesses im Frachtbrief.[6] Das angegebene besondere Interesse kann auch nur für einen der in Abs. 1 genannten Umstände vereinbart werden,[7] nicht für den dort nicht enthaltenen Fall der Lieferverzögerung ohne Überschreitung einer vereinbarten Lieferfrist.[8] Ist nichts anderes bestimmt, gilt es für Verlust, Beschädigung und Überschreitung der vereinbarten Lieferfrist.

III. Schadensersatzanspruch (Abs. 2)

3 Er umfasst bis zur Höhe des angegebenen Betrags alle Schäden, die nach Art oder Höhe nicht schon gem. Art. 23, 24, 25 gedeckt sind. Das sind nach diesen Vorschriften nicht zu ersetzende **individuelle Wertverluste** und **mittelbare Schäden** wie der entgangene Gewinn.[9] Welche Schäden im Einzelnen

---

[28] OLG Düsseldorf Urt. v. 28.5.1986 – 18 U 38/86, TranspR 1986, 381 (382); Urt. v. 30.6.1983 – 18 U 9/83, VersR 1984, 980 (981); William Tatton v. Ferrymasters, Q. B. (D.) Urt. v. 20.11.1973, ETL 1974, 737 (746); *Knorre* TranspR 1985, 241 (245); *Herber/Piper* Rn. 16; *Koller* Rn. 9; Thume/*Thume* Rn. 14 ff., 25; HEPK/*Glöckner* Rn. 3.

[29] OLG Hamburg Urt. v. 3.6.1982 – 6 U 136/80, TranspR 1985, 266 (268).

[1] *Precht/Endrigkeit* Rn. 3; *Heuer* Frachtführerhaftung 126; *Herber/Piper* Rn. 3; *Haak,* The Liability of the Carrier under the CMR, 1986, 232.

[2] *Glöckner* TranspR 1988, 327 (331) (dort auch zur Abdeckung der Haftung nach Art. 26 durch eine Haftpflichtversicherung); Thume/*Thume* Rn. 2; *Clarke* Nr. 100 S. 375.

[3] OLG Düsseldorf Urt. v. 7.7.1988 – 18 U 63/88, TranspR 1988, 425 (429); *de la Motte* VersR 1988, 317 (321); *Loewe* ETL 1976, 503 (571); GroßkommHGB/*Helm* Art. 26; MüKoHGB/*Jesser-Huß* Rn. 9; *Herber/Piper* Rn. 6; *Koller* Rn. 2; *Clarke* Nr. 100 S. 375; *Hill/Messent* 200; aA bezüglich der Vereinbarung eines Zuschlags *Bischof* VersR 1981, 539 (540); *Eltermann* VersR 1982, 1107 (1108); *Heuer* Frachtführerhaftung 125; Thume/*Thume* Rn. 9; HEPK/*Glöckner* Rn. 1; *Lamy* I Nr. 529 lit. c.

[4] *Heuer* Frachtführerhaftung 125; *Herber/Piper* Rn. 5; MüKoHGB/*Jesser-Huß* Rn. 5; Thume/*Thume* Rn. 6.

[5] *Koller* Rn. 1; Thume/*Thume* Rn. 6; MüKoHGB/*Jesser-Huß* Rn. 5.

[6] BGH Urt. v. 27.1.1982 – I ZR 33/80, NJW 1982, 1944 (1945); Urt. v. 14.7.1993 – I ZR 204/91, BGHZ 123, 201 (204) = NJW 1993, 2808; OLG Düsseldorf Urt. v. 29.5.1991 – 18 U 302/90, TranspR 1991, 291 (293); OGH Wien Urt. v. 30.8.1990 – 8 Ob 561/90, TranspR 1992, 406 (408); Berufungsgericht Athen Urt. v. 1985, ETL 1987, 65 (66); *Glöckner* TranspR 1988, 327 (331); *Herber/Piper* Rn. 7 mwN; *Koller* Rn. 3; Thume/*Thume* Rn. 11; *Heuer* Frachtführerhaftung 125; *Putzeys* Nr. 910; einschränkend MüKoHGB/*Jesser-Huß* Rn. 7.

[7] *Loewe* ETL 1976, 503 (571); Thume/*Thume* Rn. 5; MüKoHGB/*Jesser-Huß* Rn. 6.

[8] *Herber/Piper* Rn. 1; MüKoHGB/*Jesser-Huß* Rn. 6; *Hill/Messent* 200.

[9] *Decker* TranspR 1985, 311 (315); *Jesser* Frachtführerhaftung 138; *Loewe* ETL 1976, 503 (571); *Heuer* Frachtführerhaftung 126; Thume/*Thume* Rn. 13; *Herber/Piper* Rn. 8; MüKoHGB/*Jesser-Huß* Rn. 10; *Clarke* Nr. 100 S. 376.

ersetzt werden, bestimmt, da die CMR eine Regelung nicht enthält, das anwendbare nationale Recht.[10] Nur der **konkrete, tatsächliche Schaden** wird ersetzt. Er muss vom Anspruchssteller nachgewiesen werden.[11] Da die Schadensersatzregelung der CMR in Art. 23 ff. abschließend ist, kann weder eine Schadenspauschalierung noch eine **Garantie**[12] noch eine **Vertragsstrafe**[13] vereinbart werden. Eine **Umdeutung** in die Angabe eines besonderen Interesses ist bei einer entsprechenden Eintragung in den Frachtbrief möglich.[14] Zur Erlangung eines erhöhten **Zinsanspruchs** über Art. 26 → Art. 27 Rn. 3.

Art. 27 [Zinsen. Währungsumrechnung]

(1) [1]**Der Verfügungsberechtigte kann auf die ihm gewährte Entschädigung Zinsen in Höhe von 5 v. H. jährlich verlangen.** [2]**Die Zinsen laufen von dem Tage der schriftlichen Reklamation gegenüber dem Frachtführer oder, wenn keine Reklamation vorausging, vom Tage der Klageerhebung an.**

(2) **Wird die Entschädigung auf Grund von Rechnungsgrößen ermittelt, die nicht in der Währung des Landes ausgedrückt sind, in dem die Zahlung beansprucht wird, so ist die Umrechnung nach dem Tageskurs am Zahlungsort der Entschädigung vorzunehmen.**

Schrifttum: *Baumann,* Anm. zu OLG Hamburg Urt. v. 3.6.1982 – 6 U 136/80, TranspR 1985, 266, 268; *Fischer,* CMR-Beförderungsvertrag und Zinsanspruch, TranspR 1991, 321; *Koller,* Der Verzugsschaden bei CMR-Transporten, VersR 1992, 773; *Koller,* Verzugszins und die Auslegung der CMR, TranspR 1994, 53; *Koller,* KurzKomm. zu BGH Urt. v. 24.5.2000, I ZR 80/98, EWiR 2000, 1109; *Loewe,* Die Bestimmungen der CMR über Reklamationen und Klagen, TranspR 1988, 309; *de la Motte,* Der Zinsanspruch des Verfügungsberechtigten nach Art. 27 CMR, insbesondere im Regress eines Transportversicherers, TranspR 1986, 369; *Remien,* Schadensersatzwährung im Deliktsrecht, ZEuP 1995, 119; *Thume,* Art. 27 CMR und Entschädigungsverzug des Frachtführers, TranspR 1993, 365; *Thume,* Verzugsfolgen bei verzögerter Entschädigungsleistung des CMR-Frachtführers, TranspR 1998, 440; vgl. iÜ Vor Art. 1, Art. 3, 13, 19.

Parallelvorschriften: Art. 37 § 2 CIM 1999; § 291 BGB.

I. Verzinsung (Abs. 1)

1. Anwendungsbereich. Die CMR enthält in Anlehnung an Art. 38 CIM aF einen eigenen 1 Zinsanspruch. Er bezieht sich schon dem Wortlaut nach nur auf **Forderungen gegen den Frachtführer,**[1] **die sich aus der CMR ergeben,** nicht auf Ansprüche gegen ihn aus ergänzend anwendbarem nationalem Recht.[2] Nicht erfasst werden demnach Ansprüche wegen Verletzung einer Nebenpflicht oder Schlechterfüllung aus § 280 BGB, zu viel gezahlter Fracht,[3] solche auf Erstattung von **Gerichtskosten**[4] oder **Frachtforderungen.**[5] Art. 27 ist unstreitig anwendbar auf Ersatzforderungen gegen den Frachtführer aus Verlust, Beschädigung und Überschreitung der Lieferfrist, Art. 17, 19, 23, einschließlich Art. 24 und 26.[6] Er ist systematisch im Anschluss an diese Vorschriften eingeordnet. Der BGH hat zutreffend auch die Ansprüche aus **Nachnahmeverstößen,** Art. 21, der Zinsregelung nach

---

[10] *Decker* TranspR 1985, 311 (315); *Koller* VersR 1994, 384 (387 f.); *Koller* Rn. 4; *Loewe* ETL 1976, 503 (572); *Herber/Piper* Rn. 8; *Clarke* Nr. 100 S. 376; *Haak,* The Liability of the Carrier under the CMR, 1986, 232; aA *Hill/Messent* 201 f.: jeder Schaden, der sich in Geld ausdrücken lässt; MüKoHGB/*Jesser-Huß* Rn. 11: auch immaterielle Schäden; ebenso *Putzeys* Nr. 913.

[11] *Giemulla* in Baumgärtel/Prütting/Laumen Beweislast-HdB Rn. 1; *Thume/Thume* Rn. 18; *Herber/Piper* Rn. 1, 9; *Clarke* Nr. 100 S. 376.

[12] OLG Frankfurt a. M. Urt. v. 21.2.1984 – 5 U 72/83, TranspR 1984, 97; MüKoHGB/*Jesser-Huß* Rn. 14.

[13] OLG München Urt. v. 26.7.1985 – 23 U 2577/85, TranspR 1985, 395 (397); OLG Frankfurt a. M. Urt. v. 21.2.1984 – 5 U 72/83, TranspR 1984, 97; *Koller* Rn. 6; aA (nach nationalem Recht) MüKoHGB/*Jesser-Huß* Rn. 5, 14.

[14] OLG München Urt. v. 26.7.1985 – 23 U 2577/85, TranspR 1985, 395 (397); *Herber/Piper* Rn. 2; *Thume/Thume* Rn. 16; *Koller* Rn. 6.

[1] OGH Wien Urt. v. 20.7.1989 – 7 Ob 14/89, TranspR 1991, 37 (43); *Fischer* TranspR 1991, 321 (322) mwN; *Thume* TranspR 1993, 365; *Thume/Thume* Rn. 4; MüKoHGB/*Jesser-Huß* Rn. 3; *Clarke* Nr. 99 S. 374; *Haak,* The Liability of the Carrier under the CMR, 1986, 235; *Sánchez-Gamborino* Nr. 1112.

[2] *Thume* TranspR 1993, 365 (366); *Fischer* TranspR 1991, 321 (324); MüKoHGB/*Jesser-Huß* Rn. 7; *Koller* Rn. 1; aA BGH Urt. v. 27.11.2003 – I ZR 61/01, NJW-RR 2004, 833 (834); der den engen systematischen Zusammenhang außer Acht gelassen hat.

[3] OLG Düsseldorf Urt. v. 15.2.1990 – 18 U 152/89, TranspR 1990, 240 (242); *Fischer* TranspR 1991, 321 (324); *Putzeys* Nr. 945.

[4] OLG Hamm Urt. v. 18.5.1998 – 18 U 189/97, TranspR 1999, 442 (445); *Fischer* TranspR 1991, 321 (327) Fn. 76; *Koller* Rn. 1; *Herber/Piper* Rn. 3; MüKoHGB/*Jesser-Huß* Rn. 7.

[5] *Fischer* TranspR 1991, 321 (324); MüKoHGB/*Jesser-Huß* Rn. 3 mwN; *Hill/Messent* 203.

[6] BGH Urt. v. 10.10.1991 – I ZR 193/89, BGHZ 115, 299 (305 f.) = NJW 1992, 621 (623); *Fischer* TranspR 1991, 321 (322) mwN; *Thume* TranspR 1998, 440 (441); *Thume* TranspR 1993, 365 (366); *Thume/Thume* Rn. 5, 9; *Heuer* Frachtführerhaftung 123, 127; *Herber/Piper* Rn. 2; *Koller* Rn. 1.

Art. 27 unterworfen, weil sich diese nach dem maßgeblichen englischen und französischen Text auf die auch in Art. 21 genannten Begriffe „compensation" bzw. „indemnité„ bezieht und beide Vorschriften im gleichen Kapitel der CMR enthalten sind.[7] Bestritten ist, ob Art. 27 auch für **Ansprüche aus Art. 7 Abs. 3, Art. 11 Abs. 3, Art. 12 Abs. 7 und Art. 16 Abs. 2 S. 3** gilt. Dagegen spricht die systematische Stellung dieser Vorschriften außerhalb des 4. Kapitels und die Tatsache, dass Art. 27 als haftungsbeschränkende Norm (→ Rn. 8) einen Ausgleich für die strenge Haftung nach Art. 17 bildet.[8] Lediglich auf Art. 11 Abs. 3 muss die Vorschrift des Art. 27 Anwendung finden, weil dort auf die Haftung wegen Verlustes verwiesen wird.[9] Der Anspruch aus Art. 27 setzt weder **Verzug** noch Kaufmannseigenschaft voraus[10] und besteht unabhängig davon, ob tatsächlich ein Zinsschaden entstanden ist.[11]

2   Für **Ansprüche, die nicht nach Art. 27 zu verzinsen** sind, richtet sich die Verzinsung nach dem ergänzend anwendbaren nationalen Recht.[12] **Außervertragliche Ansprüche** dürfen wegen Art. 28 nicht über 5 % verzinst werden, soweit nicht vertragsfremde Dritte betroffen sind[13] (→ Art. 28 Rn. 4, 5).

3   **2. Höhe.** Der Zinsanspruch beträgt nach Art. 27 **zwingend** 5 %. Er ist der Höhe nach nicht abdingbar,[14] auch nicht für die Zeit nach Klageerhebung.[15] Ein **Zinseszinsanspruch** nach Maßgabe nationalen Rechts, der einem forum-shopping Vorschub leisten würde, ist damit ebenfalls ausgeschlossen.[16] Ein höherer Zinssatz kann auch nicht über **Art. 26** erreicht werden, weil auch für diese Vorschrift die Zinsregel des Art. 27 gilt.[17] Schließlich steht Art. 27 einer **Stundungsvereinbarung** zu höheren Zinsen entgegen, selbst wenn sie erst nach Schadensentstehung getroffen wird.[18]

4   **3. Beginn.** Der Zinsanspruch muss zwar innerhalb der Verjährungsfrist geltend gemacht werden, der Zeitpunkt der Geltendmachung ist aber für den Beginn des Zinslaufs ohne Bedeutung.[19] Dafür ist die **schriftliche Reklamation** hinsichtlich der Entschädigung gegenüber dem Frachtführer entscheidend, wobei es nach dem maßgeblichen englischen und französischen Text auf deren **Absendung** ankommt.[20] Der Tag der Absendung ist erster Zinstag.[21] Reklamation ist eine solche nach Art. 32 Abs. 2, weil der englische und französische Wortlaut dieser Vorschrift mit dem des Art. 27 übereinstimmt, während dies für Art. 30 nicht gilt, und der Vorbehalt nach Art. 30 auch nicht schriftlich zu machen ist.[22] Dementsprechend muss die schriftliche Reklamation ergeben, wer aus welchem Sach-

---

[7] BGH Urt. v. 10.10.1991 – I ZR 193/89, BGHZ 115, 299 (305); OLG Hamm Urt. v. 28.4.1983 – 18 U 230/81, TranspR 1983, 151 (155); *Thume* TranspR 1993, 365 (366); Thume/*Thume* Rn. 7; *Herber/Piper* Rn. 2; MüKoHGB/ *Jesser-Huß* Rn. 4; *Koller* Rn. 1; *Hill/Messent* 203; aA *Fischer* TranspR 1991, 321 (323); *Haak,* The Liability of the Carrier under the CMR, 1986, 235.

[8] *Fischer* TranspR 1991, 321 (323); HEPK/ *Glöckner* Rn. 1; MüKoHGB/*Jesser-Huß* Rn. 6; *Koller* Rn. 2 bis auf den Fall des Art. 12 Abs. 7 (ohne Gründe); aA *Thume* TranspR 1993, 365 (366); Thume/*Thume* Rn. 8; *Herber/Piper* Rn. 2: zumindest Art. 27 analog.

[9] *Fischer* TranspR 1991, 321 (324); ähnl. MüKoHGB/*Jesser-Huß* Rn. 6.

[10] OLG Bamberg Urt. v. 27.4.1981 – 4 U 142/80, TranspR 1984, 184 (zum Verzug); *Fischer* TranspR 1991, 321 (326); *de la Motte* TranspR 1986, 369; *Glöckner* TranspR 1988, 327 (331); *Koller* Rn. 1; Thume/*Thume* Rn. 1; *Herber/ Piper* Rn. 4.

[11] *Fischer* TranspR 1991, 321 (330); *Herber/Piper* Rn. 4.

[12] *Fischer* TranspR 1991, 321 (336); *Thume* TranspR 1993, 365 (369); Thume/*Thume* Rn. 10; *Herber/Piper* Rn. 3.

[13] OLG Düsseldorf Urt. v. 22.1.1987 – 18 U 209/86, TranspR 1987, 146 (149); Kh Antwerpen Urt. v. 7.11.1986, ETL 1987, 453 (458); *Fischer* TranspR 1991, 321 (324); MüKoHGB/*Jesser-Huß* Rn. 5; *Lenz* StraßengütertranspR Rn. 789, 794; *Haak,* The Liability of the Carrier under the CMR, 1986, 270; aA *Loewe* ETL 1976, 503 (574): Erstreckung auch auf vertragsfremde Anspruchssteller.

[14] BGH Urt. v. 10.10.1991 – I ZR 193/89, BGHZ 115, 299 (306) = VersR 1992, 383; *Fischer* TranspR 1991, 321 (330); *Loewe* ETL 1976, 503 (572); Thume/*Thume* Rn. 26; *Koller* Rn. 4; *Herber/Piper* Rn. 6; *Hill/Messent* 203.

[15] Cass. Belgien Urt. v. 17.9.1987, ETL 1988, 201 (208); *Fischer* TranspR 1991, 321 (334); *Groth* VersR 1983, 1104 (1107); *Thume* TranspR 1991, 321 (367); *Koller* Rn. 4; *Herber/Piper* Rn. 6; MüKoHGB/*Jesser-Huß* Rn. 9 mN aus der int. Rspr. in Fn. 19.

[16] *Fischer* TranspR 1991, 321 (335); *Thume* TranspR 1993, 365 (367); MüKoHGB/*Jesser-Huß* Rn. 20; *Hill/Messent* 203; aA Cass. Paris Urt. v. 17.3.1992, BT 1992, 253 (254); Urt. v. 25.11.1997, ETL 1999, 249 zur Kapitalisierung von Zinsen; *Koller* Rn. 4; *Lamy* I Nr. 531.

[17] *Thume* TranspR 1993, 365 (369); Thume/*Thume* Rn. 37; aA *Koller* VersR 1992, 773 (776); *Koller* TranspR 1994, 53 (56); *Koller* Rn. 6, weil zu dem nach Art. 26 zu ersetzenden Schaden der Verzugsschaden gerechnet werden könne.

[18] *Thume* TranspR 1993, 365 (368); *Fischer* TranspR 1991, 321 (335); aA *Koller* Rn. 6 wegen fehlenden Schutzbedürfnisses des Frachtführers.

[19] *Fischer* TranspR 1991, 321 (326); Thume/*Thume* Rn. 15; MüKoHGB/*Jesser-Huß* Rn. 10.

[20] *Fischer* TranspR 1991, 321 (328); *Loewe* ETL 1976, 503 (572); iE *Herber/Piper* Rn. 7; Thume/*Thume* Rn. 21; *Koller* Rn. 3; MüKoHGB/*Jesser-Huß* Rn. 14 mN aus der Rspr.

[21] *Fischer* TranspR 1991, 321 (329); HEPK/ *Glöckner* Rn. 3; MüKoHGB/*Jesser-Huß* Rn. 14.

[22] OLG Hamm Urt. v. 7.11.1996 – 18 U 77/96, TranspR 1998, 459 (461); *Fischer* TranspR 1991, 321 (326); *de la Motte* TranspR 1986, 369 (370); Thume/*Thume* Rn. 18; *Koller* Rn. 3; MüKoHGB/*Jesser-Huß* Rn. 11 mwN; *Putzeys* Nr. 947, 1142; *Clarke* Nr. 99 S. 374; *Sánchez-Gamborino* Nr. 1115; aA *Heuer* Frachtführerhaftung 123; *Herber/Piper* Rn. 7; *Pesce* 293; wohl auch *Loewe* ETL 1976, 503 (572).

verhalt vom Empfänger der Reklamation Entschädigung beansprucht, und eine Stellungnahme dazu ermöglichen.[23] Die schriftliche Reklamation ist auch in Form von Telex oder Telefax möglich.[24] Eine **mündliche** Reklamation begründet keinen Zinsanspruch.[25] Der Zinslauf beginnt im Falle einer mündlichen Reklamation erst mit der Klageerhebung, deren Zeitpunkt und Wirksamkeit sich nach der lex fori bestimmen.[26] Für den Zeitraum vor der schriftlichen Reklamation oder der Klageerhebung schliesst Art. 27 einen Zinsanspruch auch auf der Grundlage nationalen Rechts aus.[27]

4. Ende. Der Zinslauf endet mit der **Zahlung der Entschädigung.**[28] Der Zins richtet sich nicht 　5 schon ab Vorliegen eines rechtskräftigen Urteils nach nationalem Recht.[29] Der Wortlaut, über den man sich nicht unter Vernachlässigung des Vereinheitlichungszwecks des Abkommens durch eine eigene Bewertung der Schutzwürdigkeit des Frachtführers hinwegsetzen sollte, enthält keinerlei zeitliche Beschränkung.

5. Berechtigter. Aus der maßgeblichen englischen und französischen Fassung, Art. 51, ergibt sich 　6 (wie auch zu Art. 17 Abs. 2 und Art. 18 Abs. 2), dass der Anspruch nicht dem Art. 12 Verfügungsberechtigten sondern dem für den Schadensersatzanspruch **Aktivlegitimierten** zusteht.[30] Bei einem Übergang des Entschädigungsanspruchs erhält der Erwerber (zB Transportversicherer) den Zinsanspruch für den gesamten Zinszeitraum.[31]

6. Abschließende Regelung. Bestritten ist, inwieweit Art. 27 die Geltendmachung **konkreten** 　7 **Verzugsschadens** ausschließt. Die engste Auslegung sieht in Art. 27 lediglich eine Regelung für den abstrakt berechneten Verzugsschaden, die Festlegung eines gesetzlichen Zinssatzes, die daneben den Beginn der Verzinsung vereinheitlicht, aber die Geltendmachung eines konkreten Verzugsschadens nach Maßgabe des ergänzend anwendbaren nationalen Rechts nicht ausschliesst.[32] Eine weite Auffassung vom Inhalt des Art. 27 nimmt in Anlehnung an die überwiegend entsprechende Auslegung des Art. 38 CIM aF, dem Art. 27 nachgebildet ist, eine abschließende Regelung nicht nur in Bezug auf konkrete Verzugszinsen, sondern bezüglich aller sonstigen konkreten Verzugsschäden an, die auch Zinsvereinbarungen verbietet.[33]

Nach einer zuzustimmenden Mittelmeinung ist die Regelung von **Zinsschäden** auch für den Fall 　8 des Verzugs in Art. 27 **abschließend.** Es ist davon auszugehen, dass Art. 27 einheitliche Vorschriften schaffen wollte und den Zinsanspruch nach Voraussetzungen und Folgen schlechthin regelt. Die alleinige, nationale Vorschriften auch im Fall des Verzugs ausschließende Geltung des Art. 27 lässt sich auch daraus entnehmen, dass der Zinssatz für die Zeit ab Klageerhebung eingreift, einem Zeitpunkt, in dem Verzug regelmäßig gegeben ist.[34] In dieselbe Richtung weist auch die **belgische, französische, niederländische und dänische Rechtsprechung,** wonach Art. 27 weitgehend als nationale Zinsbestimmungen verdrängende Sonderregelung angesehen wird.[35]

Die Abrechnung **anderer konkreter Verzugsschäden,** etwa von **Rechtsverfolgungskosten** wie 　9 der außergerichtlichen Kosten des vom Absender in Anspruch genommenen Hauptfrachtführers, nach

---

[23] *Fischer* TranspR 1991, 321 (327); *MüKoHGB/Jesser-Huß* Rn. 12 mwN; *Thume/Thume* Rn. 19.

[24] OLG München Urt. v. 16.1.1991 – 7 U 2240/90, TranspR 1992, 181 (184); *Fischer* TranspR 1991, 321 (328) mwN; *Loewe* TranspR 1988, 309 (315); *Thume/Thume* Rn. 20; *Herber/Piper* Rn. 7.

[25] *de la Motte* TranspR 1986, 369; *Loewe* ETL 1976, 503 (572); *Thume/Thume* Rn. 17 mwN; *Herber/Piper* Rn. 7; *MüKoHGB/Jesser-Huß* Rn. 10; *Hill/Messent* 203; *Pesce* 293; *Sánchez-Gamborino* Nr. 1117.

[26] *Loewe* ETL 1976, 503 (572); *Koller* Rn. 3; *Thume/Thume* Rn. 24; *Herber/Piper* Rn. 7; *Clarke* Nr. 99 S. 374; *Pesce* 293 f.; *Sánchez-Gamborino* Nr. 1119; aA *MüKoHGB/Jesser-Huß* Rn. 16: Begriff der Klageerhebung autonom zu bestimmen.

[27] *Fischer* TranspR 1991, 321 (334); *MüKoHGB/Jesser-Huß* Rn. 17; *Hill/Messent* 204; *Sánchez-Gamborino* Nr. 1114.

[28] Kh Antwerpen Urt. v. 3.3.1976, ETL 1977, 437 (442); *Fischer* TranspR 1991, 321 (334); *Thume* TranspR 1993, 365 (366); *Thume/Thume* Rn. 25; *MüKoHGB/Jesser-Huß* Rn. 18; *Clarke* Nr. 99 S. 374.

[29] So aber *Koller* Rn. 5; *Herber/Piper* Rn. 4; *Hill/Messent* 204.

[30] *Fischer* TranspR 1991, 321 (322); *de la Motte* TranspR 1986, 369; *Koller* RIW 1988, 254 (257); *Koller* Rn. 2; *MüKoHGB/Jesser-Huß* Rn. 24; *HEPK/Glöckner* Rn. 2; *Thume/Thume* Rn. 2; *Herber/Piper* Rn. 5; *Sánchez-Gamborino* Nr. 1110.

[31] *de la Motte* TranspR 1986, 369 (370); *Thume/Thume* Rn. 25; *MüKoHGB/Jesser-Huß* Rn. 24.

[32] OLG Düsseldorf Urt. v. 12.1.1984 – 18 U 151/83, TranspR 1984, 102 (105); OLG Frankfurt a. M. Urt. v. 21.2.1984 – 5 U 72/83, TranspR 1984, 97 (99); OLG Köln Urt. v. 26.9.1985 – 7 U 8/85, TranspR 1986, 285 (288); OLG München Urt. v. 21.12.1990 – 23 U 3353/90, VersR 1991, 1311 (1312); *de la Motte* TranspR 1986, 369; *Baumann* TranspR 1985, 269; *Koller* TranspR 1994, 53 (55 f.); *Koller* VersR 1992, 773; *Koller* Rn. 6.

[33] *Fischer* TranspR 1991, 321 (332).

[34] BGH Urt. v. 10.10.1991 – I ZR 193/89, BGHZ 115, 299 (306); *Loewe* ETL 1976, 503 (572); ausf. *Thume/Thume* Rn. 27 ff.; *Piper* HRR Speditions- und FrachtR Rn. 431; *MüKoHGB/Jesser-Huß* Rn. 22; *HEPK/Glöckner* Rn. 1; *Herber/Piper* Rn. 10; *Dorrestein,* Recht van het internationale wegvervoer, 1977, 251; *Haak,* The Liability of the Carrier under the CMR, 1986, 266; *Putzeys* Rn. 946.

[35] Cass. Belgien Urt. v. 17.9.1987, ETL 1988, 201 (208); Kh Brüssel Urt. v. 6.4.1984, ETL 1984, 431 (444); Urt. v. 27.2.1987, ETL 1987, 582 (589); Hof van Beroep Gent Urt. v. 25.6.1986, ETL 1987, 421 (434); Cass. Paris Urt. v. 17.3.1992, BT 1992, 253 und Nachw. bei *Fischer* TranspR 1991, 321 (331).

nationalem Recht ist durch Art. 27 nicht ausgeschlossen.[36] Die verhältnismäßig geringe Verzinsung spricht dagegen, dass eine abschließende Pauschalierung der Haftungsfolgen des Verzugs des Frachtführers gewollt war. Sie ist allerdings insoweit untersagt, als die CMR in sonstigen Vorschriften eine abschließende Regelung enthält. Das ist bei Schäden aus Verlust oder Beschädigung der Fall, bei denen die Vorschriften der Art. 23 und Art. 25 nur Wertersatz vorsehen und den Ersatz mittelbarer Schäden verbieten. Bei Verspätungsschäden und im Anwendungsbereich des Art. 26 ist zwar der Ausgleich mittelbarer Schäden und damit auch von Verzugsschäden, die durch verspätete Ablieferung entstehen, innerhalb der Haftungsgrenzen des Art. 23 Abs. 5, Art. 26 nicht ausgeschlossen. Darüber hinausgehende Beträge können aber wegen der abschließenden Regelung des Schadensersatzes bei Lieferfristüberschreitung nicht nach nationalem Recht ersetzt verlangt werden.[37] Dagegen werden konkrete Verzugsschäden aus verspäteter Zahlung der Entschädigung von der CMR nicht erfasst und können nach nationalem Recht abgerechnet werden.[38]

10   Art. 27 ist danach in Bezug auf Zinsschäden auch eine **haftungsbeschränkende Vorschrift.** Sie gilt nicht, wenn **Art. 29** Anwendung findet. Konkrete Verzugsschäden sind dann ebenso wie über Art. 27 hinausgehende Verzugszinsen nach nationalem Recht abrechenbar (hM). Allerdings bleibt der frühzeitige Zinsbeginn auch bei Vorsatz oder gleichstehendem Verschulden bestehen, weil Art. 29 lediglich Haftungsbeschränkungen aufhebt.[39]

II. Währungsumrechnung (Abs. 2)

11   Nach dem Vertragsstatut richtet sich die in der CMR nicht geregelte Frage, in welcher Währung der Gläubiger Zahlung verlangen kann.[40] Die deutsche Rechtsprechung verurteilt in Euro, weil der in ausländischer Währung ermittelte Schadensbetrag lediglich einen Rechnungsfaktor für die Schadenshöhe bildet.[41] Art. 27 Abs. 2 betrifft nur die Frage, nach welchem Kurs **Schadensposten umzurechnen** sind, die nicht in der Währung des Landes ausgedrückt sind, in dem Zahlung beansprucht wird.[42] Insoweit ist bei freiwilliger Zahlung der Tageskurs am Zahlungsort entscheidend,[43] bei einer Verurteilung der Zeitpunkt des Urteils, vgl. Art. 23 Abs. 7 S. 2 Hs. 2.[44]

12   **Kursschwankungen** zum Nachteil des Berechtigten nach Klageerhebung können wegen der abschließenden Regelung in Art. 27 einen Anspruch aus Verzug nach nationalem Recht nicht begründen.[45] Bei Schwankungen nach Rechtskraft des Urteils kann jedoch im Hinblick auf Art. 29 ein Ausgleich nach nationalem Recht in Betracht kommen.[46] Kursschwankungen zum Vorteil des Berechtigten führen nicht zu einer Ausgleichspflicht, weil die Säumnis dem Verpflichteten nicht zugute kommen soll.[47]

Art. 28 [Außervertragliche Ansprüche]

(1) **Können Verluste, Beschädigungen oder Überschreitungen der Lieferfrist, die bei einer diesem Übereinkommen unterliegenden Beförderung eingetreten sind, nach dem anzuwendenden Recht zur Erhebung außervertraglicher Ansprüche führen, so kann sich der Fracht-**

---

[36] BGH Urt. v. 24.5.2000 – I ZR 80/98, TranspR 2000, 455; OLG Hamm Urt. v. 6.12.1993 – 18 U 101/93, TranspR 1994, 62; Urt. v. 7.11.1996 – 18 U 77/96, TranspR 1998, 459 (461); *Thume* TranspR 1993, 365 (367); *Thume/Thume* Rn. 31 ff.; *Herber/Piper* Rn. 11.

[37] OLG Hamburg Urt. v. 22.1.1998 – 6 U 142/97, TranspR 1998, 252 (254) für Verlust und Beschädigung; *Herber/Piper* Rn. 11; *Fischer* TranspR 1999, 261 (277); aA und für generelle Abrechnung konkreter Verzugsschäden nach nationalem Recht OLG Hamm Urt. v. 7.11.1996 – 18 U 77/96, TranspR 1998, 459 (461); *Thume* TranspR 1993, 365 (368); *Thume/Thume* Rn. 31 ff.; ausf. *Thume* TranspR 1998, 440 (443) unter unzutreffender Berufung darauf, dass die abschließende Regelung der Schadensersatzansprüche nach Art. 17 ff. nur Unregelmäßigkeiten hinsichtlich des Leistungsumfangs erfasse.

[38] BGH Urt. v. 24.5.2000 – I ZR 80/98, TranspR 2000, 455 (456); OLG München Urt. v. 21.12.1990 – 23 U 3353/90, VersR 1991, 1311 (1312); *Koller* TranspR 1994, 53 (56); *Koller* VersR 1992, 773 (777); einschr. auf den Fall des Art. 29: MüKoHGB/*Jesser-Huß* Rn. 23; aA *Thume* TranspR 1993, 365 (369); *Herber/Piper* Rn. 11.

[39] OLG München Urt. v. 16.1.1991 – 7 U 2240/90, TranspR 1992, 181 (184); *Thume* TranspR 1993, 365 (369); *Hill/Messent* 203.

[40] Eingehend MüKoHGB/*Jesser-Huß* Rn. 25 f.

[41] BGH Urt. v. 20.11.1990 – IV ZR 6/90, NJW 1991, 634 (637) mwN; krit. MüKoHGB/*Jesser-Huß* Rn. 26 f.

[42] *Herber/Piper* Rn. 12; MüKoHGB/*Jesser-Huß* Rn. 30; *Clarke* Nr. 99 S. 374.

[43] *Koller* Rn. 7; *Thume/Thume* Rn. 42; *Herber/Piper* Rn. 12; aA MüKoHGB/*Jesser-Huß* Rn. 30 (Leistungsort nach nationalem Recht).

[44] *Herber/Piper* Rn. 12.

[45] OLG Hamm Urt. v. 13.5.1993 – 18a U 94/93, NJW-RR 1994, 294 (295); MüKoHGB/*Jesser-Huß* Rn. 31; *Herber/Piper* Rn. 13; aA Rechtbank v. Koophandel Antwerpen Urt. v. 29.3.1977, ETL 1977, 293 (295); *Loewe* ETL 1976, 503 (573); *Thume/Thume* Rn. 43; *Clarke* Nr. 99 S. 375.

[46] MüKoHGB/*Jesser-Huß* Rn. 30; ähnl. *Koller* Rn. 7; unklar *Herber/Piper* Rn. 13.

[47] *Loewe* ETL 1976, 503 (573); *Herber/Piper* Rn. 13; *Haak*, The Liability of the Carrier under the CMR, 1986, 236; aA MüKoHGB/*Jesser-Huß* Rn. 31.

führer demgegenüber auf die Bestimmungen dieses Übereinkommens berufen, die seine Haftung ausschließen oder den Umfang der zu leistenden Entschädigung bestimmen oder begrenzen.

(2) **Werden Ansprüche aus außervertraglicher Haftung für Verlust, Beschädigung oder Überschreitung der Lieferfrist gegen eine der Personen erhoben, für die der Frachtführer nach Artikel 3 haftet, so kann sich auch diese Person auf die Bestimmungen dieses Übereinkommens berufen, die die Haftung des Frachtführers ausschließen oder den Umfang der zu leistenden Entschädigung bestimmen oder begrenzen.**

Schrifttum: S. bei Vor Art. 1 sowie *Glöckner,* Die Haftungsbeschränkungen und die Versicherung nach den Art. 3, 23–29 CMR, TranspR 1988, 327; *Koller,* Gehilfen des CMR-Frachtführers und Art. 31 CMR, TranspR 2002, 133; *Koller,* Haftungsbeschränkungen zu Gunsten selbständiger Hilfspersonen und zu Lasten Dritter im Transportrecht, TranspR 2015, 409; *Lenz,* Konkurrierende Verjährungsfristen im Straßengütertransportrecht – zugleich Besprechung von LG Karlsruhe, TranspR 1989, 237, TranspR 1989, 396; *Thume,* Die Ansprüche des geschädigten Dritten im Frachtrecht, TranspR 2010, 45; *Tuma,* Können deliktische Ansprüche nicht am Frachtvertrag Beteiligter durch vertragliche Bestimmungen eingeschränkt werden?, VersR 1983, 408.

Parallelvorschriften: §§ 434, 436, 506, 508 HGB, Art. 29, 30 MÜ; Art. 24, 25A WA; Art. 41 CIM; Art. 17 Abs. 3, 22 CMNI.

I. Übersicht

1. Zweck. Art. 28 soll den Frachtführer davor schützen, dass das zwingende Haftungsbeschränkungssystem der CMR auf dem Umweg über außervertragliche Ansprüche umgangen und damit ausgehebelt wird. Die Bestimmung sucht dies dadurch sicherzustellen, dass sie außervertragliche Ansprüche, die infolge in der CMR geregelter Schadensereignisse entstehen, zwar nicht ausschließt,[1] sie aber **nach Inhalt und Höhe** auf die in der CMR geregelten vertraglichen Ansprüche **beschränkt.** In diesen Schutz bezieht Abs. 2 der Vorschrift auch die Gehilfen ein, für deren Verschulden der Frachtführer gem. Art. 3 einzustehen hat. Dem liegt der Gedanke zugrunde, dass die Gehilfen den Frachtführer in Regress nehmen könnten, sofern sie im Verhältnis zu ihm nur in geringerem Umfang oder überhaupt nicht für den Schaden haften.[2] **1**

2. Rechtsnatur. Nach wohl herrschender Ansicht[3] hat Art. 28 vertraglichen Charakter, sodass der Anspruchsteller durch oder im Zusammenhang mit dem CMR-Vertrag in eine Beschränkung außervertraglicher Ansprüche nach Maßgabe der Rechtsfolgen der CMR einwilligt. Diese Auffassung entspricht dem Regelungszusammenhang und dem Grundcharakter der CMR als einer Vertragsordnung, deren Bestimmungen zwar inhaltlich zwingend sind, aber nur durch Vertragsschluss ausgelöst werden können. Sie ist aber letztlich nicht überzeugend. Zunächst trifft es schon nicht zu, dass die CMR nur vertragsrechtliche Fragen regelt; ein Gegenbeispiel bildet Art. 31, der sämtliche Streitigkeiten mit hinreichend enger Beziehung zur einer dem CMR unterliegenden Beförderung erfasst – auch z.B. eine Direktklage gegen einen Verkehrshaftungsversicherer.[4] Außerdem würde eine vertragliche Qualifikation dem Anwendungsbereich von Art. 28 so enge Grenzen setzen, dass der Zweck, den Frachtführer vor für ihn nicht erkennbaren Risiken aus der Sphäre der Güterinteressenten zu schützen, nur sehr unvollkommen erreicht werden könnte. Klar anwendbar wäre Art. 28 danach nur gegenüber dem Absender. Aber schon eine Erfassung des frachtvertraglichen Empfängers ist dogmatisch kaum zu begründen, weil dieser nach den Grundsätzen des Vertrags zugunsten Dritter nur Rechte erwerben, aber nicht ihm vertragsunabhängig zustehende außervertragliche Ansprüche nur deshalb verlieren kann, weil er auch Empfänger ist. Für am Leistungsaustausch unbeteiligte Dritte, darunter auch den Eigentümer des Guts, lässt sich eine rechtsgeschäftliche Verpflichtung auf die CMR erst recht nicht überzeugend begründen. Ansätze, einen Verzicht des Dritten auf weitergehende Rechtsfolgen außervertraglicher Ansprüche mittels Ermächtigungs- oder Einwilligungskonstruktionen zu erklären, laufen auf Fiktionen hinaus und betreffen auch weniger das Rechtsverhältnis zum Frachtführer als vielmehr das des Inhabers außervertraglicher Ansprüche zum Absender, also zu demjenigen, der das Gut dem Risiko beschränkter Haftung ausgesetzt hat. Dort sollten daher Störungen ausgetragen werden. **2**

Nach richtiger Ansicht[5] ist Art. 28 je nach Anwendungsfall eine Bestimmung des Delikts- bzw. des sonstigen Rechts außervertraglicher Schuldverhältnisse. Sie gilt als Teil des Einheitsrechts der CMR unmittelbar und ohne Rücksicht auf die Bestimmungen des internationalen Privatrechts. Sie beschränkt deshalb die Rechtsfolgen in Deutschland oder einem anderen CMR-Vertragsstaat geltend gemachter außervertraglicher Ansprüche, soweit sie sich auf in der CMR geregelte Schäden beziehen, **3**

---

[1] BGH Urt. v. 28.4.1988 – I ZR 32/86, TranspR 1988, 338 (340); Staub/*Reuschle* Rn. 3.
[2] Staub/*Reuschle* Rn. 15; *Koller* Rn. 1.
[3] BGH Urt. v. 12.12.1991 – I ZR 212/89, TranspR 1992, 152 (153 f.); Thume/*Schmid* Rn. 16 mwN; Staub/*Reuschle* Rn. 9; *Herber/Pieper* Rn. 4; → 3. Aufl. 2015, Rn. 5.
[4] BGH Urt. v. 29.5.2019 – I ZR 194/18, BeckRS 2019, 19069; s. auch Beschl. v. 31.5.2001 – I ZR 85/00, TranspR 2001, 452 f.; OGH Urt. v. 25.2.2015 – 9 Ob 42/14p, TranspR 2015, 399 (400).
[5] *Koller* Rn. 3; wohl auch MüKoHGB/*Jesser-Hus* Rn. 11.

unabhängig von der Person des Anspruchsstellers und seiner Beziehung zum Frachtvertrag. Sie gilt auch dann, wenn die Ansprüche nicht deutschem und auch nicht dem Recht eines anderen Vertragsstaats der CMR unterliegen. Insoweit geht die Vorschrift daher dem nach den Bestimmungen der Rom II-VO zur Regelung des außervertraglichen Schuldverhältnisses berufenen Recht vor (Art. 28 Abs. 1 Rom II-VO).

II. Außervertragliche Haftung des Frachtführers

4   **1. Außervertragliche Ansprüche.** Art. 28 Abs. 1 erfasst Ansprüche, die sich gegen den Frachtführer richten und nicht vertraglicher Natur sind. Der außervertragliche Anspruch muss des Weiteren durch den **Verlust oder die Beschädigung des Guts oder durch eine Überschreitung der Lieferfrist** ausgelöst werden.[6] Das ist auch dann der Fall, wenn ein solcher Güter- oder Verspätungsschaden zu weiteren Schadensfolgen, insbesondere Vermögensschäden, (Güterfolgeschäden) geführt hat. Jedoch findet die Vorschrift keine Anwendung auf Ansprüche auf Ersatz sonstiger Schäden,[7] zum Beispiel aus einer Körperverletzung des Empfängers oder einer Schädigung seiner sonstigen Rechtsgüter bei Gelegenheit der Ablieferung,[8] selbst wenn es dabei zugleich auch zu einem Schaden an den beförderten Gütern kommt. Ebenso wenig schränkt Art. 28 vertragliche Ansprüche ein, die neben Art. 17 nach ergänzend anwendbarem autonomem nationalem Recht bestehen,[9] zum Beispiel wegen verspäteter Übernahme[10] oder wegen Auslieferung falscher Güter.[11] Hierzu gehören auch Ansprüche aus § 311 Abs. 2 und 3 BGB sowie Ansprüche auf Abtretung von Ansprüchen gegen Unterfrachtführer.[12]

5   Außervertragliche Ansprüche iSv Art. 28 sind in erster Linie Ansprüche aus **unerlaubter Handlung.** Kollisionsrechtlich unterliegen sie in der Regel dem Vertragsstatut, soweit sie mit Ansprüchen aus dem Frachtvertrag konkurrieren (Art. 4 Abs. 3 Rom II-VO). Im Übrigen gilt das Recht des Schadensorts (Art. 4 Abs. 1 Rom II-VO). Daneben können außervertragliche Ansprüche aus Geschäftsführung ohne Auftrag, aus Notstand (§ 904 S. 2 BGB), aus ungerechtfertigter Bereicherung sowie aus dem Eigentümer-Besitzer-Verhältnis bestehen, jedoch ist dies nur selten der Fall, weil das Bestehen eines wirksamen Frachtvertrages diese Anspruchsgrundlagen in der Regel sperrt.

6   **2. Ansprüche Dritter.** Unstreitig bezieht sich Art. 28 Abs. 1 auf die außervertraglichen Ansprüche des Absenders oder Empfängers, die ihnen das nationale Recht neben den vertraglichen Ansprüchen aus Art. 17 f. einräumt. Dagegen ist **umstritten,** ob Abs. 1 auch Ansprüche Dritter einschränken kann, die am Frachtvertrag nicht beteiligt sind und deshalb keine Rechte aus der CMR ableiten können. Kern dieses Disputs ist letztlich die Frage, ob Art. 28 als vertragliche oder gesetzliche Bestimmung zu qualifizieren ist (→ Rn. 2 f.).

7   Für die Einbeziehung der Ansprüche Dritter wird angeführt, sowohl der Wortlaut als auch der Sinn von Art. 28 Abs. 1 erfasse auch solche Ansprüche, denn es gehe gerade darum, die außervertragliche Haftung nach nationalem Recht einzuschränken.[13] Die Gegenmeinung verweist darauf, dass Art. 28 lediglich die vertraglichen Haftungsprivilegien des Frachtführers sichere und daher nicht weitergehende Anwendung beanspruchen könne als die in der CMR vorgesehenen vertraglichen Ansprüche.[14] Nach einer vermittelnden Auffassung gilt Art. 28 grundsätzlich auch Dritten gegenüber, jedoch nur soweit sie veranlasst haben oder damit einverstanden waren, dass der Absender ihr Gut zum Gegenstand eines den Haftungsschranken der CMR unterliegenden Frachtvertrages macht.[15]

8   Die Ansicht, Art. 28 sei auf vertragsparallele außervertragliche Ansprüche zu beschränken, vermag nicht zu überzeugen, weil Art. 28 nicht vertraglich, sondern als eine Bestimmung des außervertraglichen Gesetzesrechts zu qualifizieren ist. Als vertragliche Regelung könnte sie nämlich nicht einmal die außervertraglichen Ansprüche des Empfängers beschränken (→ Rn. 2 f.). Die vermittelnde Ansicht bietet zwar den Vorteil, dass sie den Dritten in der Regel angemessen behandelt. Sie findet aber – anders als im autonomen deutschen Recht (§ 434 Abs. 2 S. 2 HGB) – keine Stütze im Wortlaut des

---

[6] Staub/*Reuschle* Rn. 8.

[7] OGH Wien Urt. v. 12.12.1984 – 1 Ob 643 & 644/84, VersR 1986, 798 f.; *Hill/Messent* 151; Thume/*Schmid* Rn. 5; *Clarke* Nr. 68 S. 192; *Herber/Piper* Rn. 3; *Koller* Rn. 2.

[8] OGH Urt. v. 15.3.2005 – 1 Ob 21/05b, ETL 2005, 878; *Glöckner* TranspR 1988, 327 (331); Thume/*Schmid* Rn. 5.

[9] Thume/*Schmid* Rn. 6; *Herber/Piper* Rn. 2.

[10] *Clarke* Nr. 68 S. 192.

[11] BGH Urt. v. 20.10.1978 – I ZR 30/77, VersR 1979, 276 (278).

[12] BGH Urt. v. 22.1.2015 – I ZR 127/13, TranspR 2015, 167.

[13] So *Koller* Rn. 3; ihm folgend OLG Köln Urt. v. 4.7.1995 – 22 U 272/94, TranspR 1996, 284 (287); OLG Frankfurt a. M. Urt. v. 8.6.1982 – 5 U 159/81, VersR 1983, 141; ähnl. *Clarke* Nr. 68 S. 192.

[14] *Glöckner* TranspR 1988, 327 (331); *Herber/Piper* Rn. 4; Thume/*Schmid* Art. 28 Rn. 17; ebenso (zum alten Frachtrecht) BGH Urt. v. 12.12.1991 – I ZR 212/89, TranspR 1992, 152 (153 f.).

[15] OGH Wien Urt. v. 27.9.1983 – 5 Ob 633/83, TranspR 1984, 191 (192 f.); *Lenz* TranspR 1989, 396 (398); *Tuma* VersR 1983, 410; *Regnarsen* 255 f.; Staub/*Reuschle* Rn. 9; iErg ebenso *Herber/Piper* Rn. 4, die wegen der Wirkungen des Frachtvertrages auf zustimmende Dritte auf nationales Recht zurückgreifen.

CMR. Außerdem verlagert sie eine im Rechtsverhältnis zwischen dem Absender und dem Dritten angesiedelte Vorfrage in das Haftungsverhältnis zwischen dem Dritten und dem Frachtführer und belastet damit den Frachtführer mit Unsicherheiten und Risiken, die er weder vermeiden noch zuverlässig versichern kann. Das geschieht ohne Not, denn angesichts des sonst – etwa bei Pfandrechten – gewährten Gutglaubensschutzes ist es konsequent, dem Frachtführer, der angesichts der Fähigkeit des Absenders zur Übergabe des Guts zur Beförderung regelmäßig auf dessen entsprechende Befugnis vertrauen darf, auch in Ansehung der Haftungsbeschränkung Gutglaubensschutz zu gewähren. Es spricht deshalb mehr dafür, Art. 28 seinem Wortlaut gemäß ohne Einschränkung auch Dritten gegenüber anzuwenden. Der Dritte wird dadurch nicht rechtlos gestellt, muss aber seine Ansprüche gegen den Absender oder sonstige Parteien verfolgen, die die Beförderung unter CMR-Bestimmungen ermöglicht oder veranlasst haben.

3. Rechtsfolge. Art. 28 schließt außervertragliche Ansprüche wegen Verlust oder Beschädigung **9** von Gütern oder Überschreitung der Lieferfrist nicht aus, beschränkt sie aber nach Inhalt und Höhe auf die in der CMR vorgesehenen vertraglichen Ansprüche.[16] Anzuwenden sind insbesondere Art. 17 Abs. 2–5, Art. 22 Abs. 2 sowie die Art. 23–25 und 29 (allgM). Jedoch kann der Frachtführer sich auch auf die in der CMR vorgesehenen Beweislastregeln,[17] die Präklusionsregel des Art. 30 sowie die Verjährungsvorschrift des Art. 32 berufen.[18] Art. 31 ist zwar keine die Haftung ausschließende oder den Entschädigungsumfang bestimmende oder begrenzende Vorschrift,[19] ist aber nach Ansicht des BGH[20] auch auf deliktische Ansprüche und selbst auf den versicherungsrechtlichen Direktanspruch gegen eine Verkehrshaftungsversicherer[21] anzuwenden.

III. Außervertragliche Ansprüche gegen Gehilfen

Art. 28 Abs. 2 erstreckt die Rechtsfolgen des Abs. 1 auf die Gehilfen des Frachtführers iSv Art. 3, **10** einerlei ob sie unselbstständig oder selbstständig sind. Neben dem Personal des Frachtführers gilt die Regelung daher auch für selbstständige Erfüllungsgehilfen[22] sowie den **Unterfrachtführer,**[23] auch dann, wenn er keinen grenzüberschreitenden Transport übernommen hat.[24] Der Unterfrachtführer kann daneben auch vertraglich nach § 437 HGB oder, im Verhältnis zum Empfänger, aus dem Unterfrachtvertrag[25] haften.

Es spielt keine Rolle, ob der Gehilfe durch den Absender, den Empfänger oder einen Dritten in **11** Anspruch genommen wird. Maßgebend ist nur, dass der Anspruch wegen Güter- oder Verspätungsschäden an einem Gut erhoben wird, das auf der Grundlage eines der CMR unterliegenden Vertrags befördert worden ist.

Die außervertragliche Haftung des Gehilfen wird von Art. 28 Abs. 2 nicht ausgeschlossen, sondern **12** den für Frachtführer geltenden Bestimmungen angeglichen. Folglich kann eine Hilfsperson nur unter den Voraussetzungen und Einschränkungen zur Verantwortung gezogen werden, unter denen der Frachtführer selbst unter denselben Umständen Entschädigung zu leisten hätte. Das gilt unter den in → Rn. 5 genannten Voraussetzungen auch dann, wenn der Gehilfe durch einen am Frachtvertrag nicht beteiligten Dritten, zum Beispiel den Eigentümer der Güter, in Anspruch genommen wird. Der Wegfall der Haftungsbeschränkungen nach Art. 29 tritt jedoch nur dann ein, wenn die Voraussetzungen in der Person des Gehilfen gegeben sind.[26]

Art. 29 [Verlust der Haftungsbeschränkung]

(1) **Der Frachtführer kann sich auf die Bestimmungen dieses Kapitels, die seine Haftung ausschließen oder begrenzen oder die Beweislast umkehren, nicht berufen, wenn er den Schaden vorsätzlich oder durch ein ihm zur Last fallendes Verschulden verursacht hat, das nach dem Recht des angerufenen Gerichtes dem Vorsatz gleichsteht.**

(2) **¹Das gleiche gilt, wenn Bediensteten des Frachtführers oder sonstigen Personen, deren er sich bei Ausführung der Beförderung bedient, Vorsatz oder ein dem Vorsatz gleichstehendes Verschulden zur Last fällt, wenn diese Bediensteten oder sonstigen Personen in Ausübung ihrer Verrichtungen handeln. ²In solchen Fällen können sich auch die Bediens-**

---

[16] *Glöckner* TranspR 1988, 327 (331).

[17] *Glöckner* TranspR 1988, 327 (331); Staub/*Reuschle* Rn. 10.

[18] Staub/*Reuschle,* Rn. 10.

[19] *Koller* TranspR 2002, 132 (134).

[20] BGH Beschl. v. 31.5.2001 – I ZR 55/00, NJW-RR 2002, 31 = TranspR 2001, 452.

[21] BGH Urt. v. 29.5.2019 – I ZR 194/18, BeckRS 2019, 19069.

[22] Staub/*Reuschle* Rn. 12.

[23] OLG Frankfurt a. M. Urt. v. 8.6.1982 – 5 U 159/81, VersR 83, 141; Staub/*Reuschle* Rn. 13.

[24] OLG Frankfurt a. M. Urt. v. 8.6.1982 – 5 U 159/81, VersR 83, 141; *Koller* Rn. 5; *Herber/Piper* Rn. 8.

[25] BGH Urt. v. 14.6.2007 – I ZR 50/05, TranspR 2007, 425.

[26] *Herber/Piper* Rn. 8; Staub/*Reuschle* Rn. 16.

teten oder sonstigen Personen hinsichtlich ihrer persönlichen Haftung nicht auf die in Absatz 1 bezeichneten Bestimmungen dieses Kapitels berufen.

Schrifttum: S. bei Vor Art. 1 und 3 sowie *Becher,* Die Anwendung der CMR in der englischen Rechtspraxis, TranspR 2007, 232; *Eckoldt,* Die niederländische CMR-Rechtsprechung, TranspR 2009, 117; *Fremuth,* Haftungsbegrenzungen und deren Durchbrechung im allgemeinen deutschen Frachtrecht und nach der CMR, TranspR 2004, 99; *Goller,* Zur transportrechtlichen Rechtsprechung des Oberlandesgerichts München, TranspR 2008, 53; *Harms,* Vereinbarungen zur Qualität der Transportleistung und Art. 29 CMR, TranspR 2008, 310; *Herber,* Anmerkung zum Urteil des obersten griechischen Gerichtshof Athen, Nr. 2010/1990, TranspR 1992, 175; *Herber/ Schmuck,* Beweislast des Transportunternehmers bei grobe Fahrlässigkeit, VersR 1991, 1209; *Heuer,* Anmerkung zu BGH 14.7.1983, TranspR 1984, 71; *Jesser-Huß,* Haftungsbegrenzungen und deren Durchbrechung im allgemeinen Frachtrecht und nach der CMR in Österreich, TranspR 2004, 111; *Jesser-Huß,* Aktuelle transportrechtliche Probleme in Österreich, TranspR 2009, 109; *Knorre,* Der Einwand des Mitverschuldens bei Ladungsverkehren, TranspR 2007, 393; *Knorre,* Zur Anwendung der für Paketdienstfälle entwickelten Grundsätze zum Mitverschulden des Auftraggebers auf Ladungsverkehre, TranspR 2008, 162; *Koller,* Zur Aufklärung über die Schadensentstehung im Straßentransportrecht, VersR 1990, 553; *Koller,* Abreden über die Qualität von Beförderungen im Licht des § 449 Abs. 2 HGB, TranspR 2006, 265; *Koller,* Schadensverhütung und Quersubventionen bei der CMR aus deutscher Sicht, TranspR 2006, 413; *Haak,* Haftungsbegrenzung und ihre Durchbrechung nach der CMR in den Niederlanden, TranspR 2004, 104; *Lutz,* Die Rechtsprechung der französischen Cour de Cassation zum Begriff des groben Verschuldens des Frachtführers nach Art. 29 CMR, TranspR 1989, 139; *Malsch/Anderegg,* Zur transportrechtlichen Rechtsprechung des Oberlandesgerichts Düsseldorf, TranspR 2008, 45; *Neumann,* Die vorsätzliche Nichtbeachtung von besonderen frachtvertraglichen Abreden, TranspR 2006, 67; *Oeynhausen,* Art. 29 CMR: Grobe Fahrlässigkeit – dem Vorsatz gleichstehendes Verschulden?, TranspR 1984, 57; *Pöttinger,* Welches Verschulden steht im Rahmen des Art. 29 Abs. 1 und 2 CMR dem Vorsatz gleich?, VersR 1986, 518; *Pokrant,* Aktuelle höchstrichterliche Rechtsprechung zum Transportrecht, TranspR 2011, 49; *Pokrant,* Aktuelle höchstrichterliche Rechtsprechung zum Transportrecht, TranspR 2012, 45; *Pokrant,* Die Rechtsprechung des Bundesgerichtshofs zur sekundären Darlegungslast des Frachtführers, RdTW 2013, 10; *Rinkler,* Zweifache Schadensberechnung bei qualifiziertem Verschulden, TranspR 2005, 305; *Schelin,* Haftungsbegrenzung und ihre Durchbrechung nach der CMR in den skandinavischen Ländern und in Finnland, TranspR 2004, 107; *Schmidt,* Gegenläufige Vermutungen und Quersubventionierung – Zum Mitverschulden des Versenders wegen unterlassener Wertdeklaration im Falle unbegrenzter Haftung des Frachtführers, TranspR 2008, 299; *Schmidt,* Grenzen der Wahl einer Berechnung der Ersatzleistung nach Art 23 CMR resp § 429 HGB bei grobem Verschulden, TranspR 2009, 1; *Schriefers,* Die unbeschränkte Haftung „plus X" des § 435 HGB laut OLG Stuttgart, TranspR 2007, 184; *Schriefers/Schlattmann,* Der schlafende Fahrer – ein Beispiel für die Haftungsprobleme im Transportrecht, TranspR 2011, 18; *Thume,* Grobes Verschulden und Mitverschulden – Quo vadis BGH, TranspR 2006, 369, 370; *Thume,* Die Schadensberechnung bei grobem Verschulden: Wertersatz – Schadensersatz?, TranspR 2008, 78; *Thume,* Neues vom BGH zur Schadensregulierung im Transportrecht, TranspR 2010, 125; *Thume,* Kosten des Vorprozesses bei Regelhaftung des CMR-Frachtführers, TranspR 2012, 61; *Thume,* Vereinbarungen über die Qualität des Transports und deren Auswirkungen auf die zwingende Haftung gem. §§ 425 ff. HGB und Art. 17 ff. CMR, TranspR 2012, 426; *Tountopoulos,* Die griechische Rechtsprechung zum Begriff der „wilful misconduct" des Frachtführers nach Art. 29 CMR, TranspR 2012, 283; *Tuma,* Der Verschuldensgrad des Artikel 29 CMR, TranspR 2007, 333; *Zarth,* Anmerkung zu einer Entscheidung des BGH, Urteil vom 30.9.2010, Az. I ZR 39/09 – Zum Wahlrecht des Geschädigten bei qualifiziertem Verschulden des Frachtführers nach Art. 29 Abs. 1 CMR, EWiR 2011, 109.

Parallelvorschriften: §§ 435, 507 Abs. 1 HGB, Art. 25 WA; Art. 44 CIM; Art. 21 CMNI.

Übersicht

I. Allgemeines

1   Der das Transportrecht beherrschende Grundsatz der beschränkten Frachtführerhaftung[1] wird in fast[2] allen Haftungsordnungen durchbrochen, wenn dem Frachtführer ein **besonders schweres Verschulden** zur Last fällt. Dem liegt der Gedanke zugrunde, dass dem Absender die partiell rechts-

---

[1] Art. 22 MÜ, Art. 22 WA, Art. 20 CMNI, Art. 30 CIM, Art. 4 § 5 Haager bzw. Haag-Visby Regeln (Internationales Übereinkommen zur Vereinheitlichung von Regeln über Konnossemente vom 25.8.1924 mit Protokoll von Visby vom 23.2.1968).

[2] Ausgenommen ist das MÜ, dessen Haftungsschranken selbst bei Vorsatz des Luftfrachtführers Bestand haben.

entziehende Wirkung der Haftungsbeschränkung zwar im Regelfall zuzumuten ist, dass er jedoch nicht entschädigungslos das krasse Risiko tragen soll, das ein vorsätzlich oder mit vorsatzgleichem Verschulden gegen seine Vertragspflichten verstoßender Frachtführer für das Gut und die sich daran knüpfenden Vermögensinteressen darstellt.

Art. 29 nimmt dem Frachtführer daher alle zu seinen Gunsten im Kapitel IV vorgesehenen **2** Haftungsausschlüsse, Haftungsbeschränkungen und Beweislastumkehrungen, wenn er den Schaden vorsätzlich oder durch ein dem Vorsatz gleichstehendes Verschulden verursacht hat. Das gilt gem. Art. 29 Abs. 2 S. 1 auch dann, wenn das grobe Verschulden nicht dem Frachtführer bzw. seinen Organen persönlich, sondern seinen Bediensteten oder zur Ausführung der Beförderung eingesetzten sonstigen Personen[3] zur Last fällt, vorausgesetzt, sie handelten dabei in Ausübung ihrer Verrichtungen.[4] Zwar ist der Frachtführer bei zugerechnetem schwerem Verschulden eher schutzwürdig als bei eigenem, jedoch kann er dieses Risiko im Regelfall durch die Einschaltung zuverlässigen Personals und verlässlicher, solventer Subunternehmer eindämmen.[5]

Nicht schutzwürdig sind auch die Bediensteten oder sonstigen Erfüllungsgehilfen des Frachtführers **3** selbst, wenn ihnen schweres Verschulden zur Last fällt. Daher können sie sich, wenn sie persönlich auf Ersatz in Anspruch genommen werden, ebenfalls nicht auf die Haftungserleichterungen des Kapitels IV berufen (Art. 29 Abs. 2 S. 2).

Art. 29 ist jedoch **keine Anspruchsgrundlage.** Qualifiziertes Verschulden allein führt nicht zur **4** Haftung, wenn es sich nicht ausgewirkt hat.[6] Die Vorschrift kann daher nur dann zur Anwendung kommen, wenn der Frachtführer den Schaden **verursacht** hat und den Unabwendbarkeitsnachweis nicht führen kann.

Zu beachten ist ferner, dass nach Art. 29 **nur die in Kapitel IV geregelten Haftungserleichterungen** entfallen. Sonstige Bestimmungen, die den Frachtführer begünstigen, bleiben anwendbar. Dies **5** gilt zum Beispiel für die Vorbehaltsobliegenheiten und Beweisregeln in Art. 30[7] sowie auch für Haftungserleichterungen nach ergänzend anwendbarem nationalem Recht.[8] Jedoch sieht Art. 32 Abs. 1 in Parallele zu Art. 29 bei grobem Verschulden eine Verlängerung der Verjährungsfrist auf drei Jahre vor.

II. Unbeschränkte Haftung des Frachtführers

1. Voraussetzungen. Der Frachtführer kann sich auf die Haftungserleichterungen des Kapitels IV **6** nicht berufen, wenn er oder einer seiner Erfüllungsgehilfen in Ausübung seiner Verrichtungen (Art. 29 Abs. 2 S. 1) den Schaden durch die vorsätzliche Verletzung einer Vertragspflicht oder mit einem Verschulden verursacht hat, das nach nationalem Recht dem Vorsatz gleichsteht.

a) Vorsätzliche Schadensverursachung. Die Bestimmung des Begriffs des Vorsatzes wird durch **7** eine Bedeutungsdivergenz[9] zwischen den beiden allein verbindlichen (Art. 51 Abs. 3) englischen und französischen Übereinkommensfassungen erschwert. Die französische Fassung fordert, dass *„le dommage provient de son dol"*; unter **„dol"** wird im französischen Recht lediglich direkter Vorsatz verstanden.[10] Dagegen lässt die englische Fassung des Übereinkommens es ausreichen, wenn *„the damage was caused by his **wilful misconduct"**,* also eine Verschuldensform, die zwar einen bewussten Verstoß gegen Vertragspflichten oder gebotene Sorgfaltsregeln, hinsichtlich des Schadens jedoch lediglich voraussetzt, dass der Handelnde die möglichen Konsequenzen seines bewusst regelwidrigen Tuns, eine erheblich erhöhte Schadenswahrscheinlichkeit, konkret erkannt hat, dies aber aus Rücksichtslosigkeit oder Gleichgültigkeit in den Wind schlägt.[11]

In der deutschen Rechtspraxis wird allgemein davon ausgegangen, dass neben Absicht und direktem **8** Vorsatz **auch Eventualvorsatz** ausreicht, wobei dahin stehen kann, ob diese Verschuldensform als Vorsatz im Sinne des Übereinkommens oder als vorsatzgleiches Verschulden nach dem deutschen Forumsrecht anzusehen ist.[12] Vorsatz eines Unterfrachtführers oder sonstigen Erfüllungsgehilfen ist dem Hauptfrachtführer nach Art. 3 zuzurechnen.[13]

---

[3] Ausnahme: Der Trägerbeförderer und seine Erfüllungsgehilfen im Rahmen des Art. 2 CMR, → Art. 2 Rn. 17.
[4] OLG Düsseldorf Urt. v. 14.7.2010 – I-18 U 221/09, BeckRS 2011, 20163.
[5] *Koller* Rn. 1.
[6] Vgl. jedoch zur Beweislast BGH Urt. v. 20.1.2005 – I ZR 95/01, TranspR 2005, 311 (314).
[7] BGH Urt. v. 14.11.1991 – I ZR 236/89, TranspR 1992, 135 (138) (Vorbehalt nach Art. 30 Abs. 3 bei Lieferverzögerung).
[8] *Koller* Rn. 1.
[9] Dazu iE *Tuma* TranspR 2007, 333.
[10] *Lamy* Transport I Nr. 947.
[11] Court of Appeal London, Denfleet International Ltd. v. TNT Global SPA, [2007] EWCA Civ 405: Einschlafen am Steuer infolge erkannter Müdigkeit reicht noch nicht, wohl aber bei Überziehung der Lenkzeiten; vgl. auch Jones v. *Martin Bencher* [1986] 1 Lloyd's Rep 54.
[12] *Herber/Piper* Rn. 2; *Thume/Harms* Rn. 6; *Koller* Rn. 2; aM *Neumann* TranspR 2006, 67 (69).
[13] OLG Schleswig Urt. v. 18.12.2014 – 16 U 24/14, TranspR 2015, 157.

9   Der Vorsatz braucht sich nach der Rechtsprechung des BGH nur auf den **haftungsbegründenden Tatbestand** zu beziehen, nicht also auch auf den konkret eingetretenen Schaden.[14] Das entspricht zwar nicht der deutschen Übersetzung der CMR, der zufolge der Schaden vorsätzlich verursacht sein muss, wohl aber beiden Originalfassungen, denen zufolge der Schaden nur kausale Folge eines „dol" bzw. „wilful misconduct" sein muss. Um die Haftungsschranken fallen zu lassen, reicht demnach ein vorsätzlicher Verstoß gegen eine sich aus der gesetzlichen Obhutspflicht ergebende oder ausdrücklich vereinbarte Vertragspflicht, deren Einhaltung den Schaden verhindert hätte. Eine Willensbeziehung des Frachtführers oder seines Gehilfen zum konkreten Schaden ist demnach nicht erforderlich. Diese durch eine Beweislastumkehr bei der Schadensursächlichkeit des Verstoßes[15] noch verschärfte Rechtsprechung[16] kann im Einzelfall den Vorsatzbegriff weiter fassen als den der nach deutschem Recht gleichstehenden Leichtfertigkeit iSd § 435 HGB.

10   **b) Verursachung durch vorsatzgleiches Verschulden.** Art. 29 lässt neben dem Vorsatz auch vorsatzgleiches Verschulden genügen und verweist zur Bestimmung dieses Begriffes auf das **Recht des Forumsstaates.** Zu dieser bewussten, sich an eine ähnliche Regelung im WA 1929 anlehnenden Lücke in der Vereinheitlichung des Rechts der internationalen Straßengüterbeförderung kam es, weil die Vertragsstaaten außerstande waren, sich auf einen einheitlichen Begriff des vorsatzgleichen Verschuldens zu einigen.[17] Sie führt zu erheblicher Rechtsuneinheitlichkeit und hat zur Konsequenz, dass der auf Ersatz klagende Ladungsinteressent[18] durch die Wahl des Gerichtsstandes die Aussichten für eine Durchbrechung der Haftungsschranken beeinflussen kann.

11   **aa) Vorsatzgleiches Verschulden in Deutschland.** Welcher Verschuldensmaßstab nach deutschem Recht dem Vorsatz gleichsteht, lässt sich nach allgemeiner Meinung aus der Parallelvorschrift des § 435 HGB entnehmen.[19] Die Formel **leichtfertig und in dem Bewusstsein, dass ein Schaden mit Wahrscheinlichkeit eintreten werde,** stammt aus Art. 25 Abs. 3 des Warschauer Abkommens in der Fassung von 1955 und wurde 1963 bei der Revision der Haager Regeln durch das Protokoll von Visby in das internationale Seefrachtrecht übernommen (Art. 4 § 5e Haag-Visby Regeln, vgl. § 660 Abs. 3 HGB). Sie findet sich auch in Art. 36 CIM sowie Art. 21 CMNI.

12   **bb) Begriff der Leichtfertigkeit mit Schädigungsbewusstsein.** Der Verschuldensmaßstab des § 435 HGB ist im Rahmen von Art. 29 Abs. 1 unmittelbar anzuwenden. Daher kann wegen der Einzelheiten der Begriffsbestimmung und der in diesem Zusammenhang ausgefochtenen – weitgehend theoretischen – Streitfragen auf die Kommentierung zu § 435 HGB verwiesen werden (Rechtsprechungsübersicht zu Art. 29 → Rn. 20 ff.).

13   Die Rechtsprechung definiert das Tatbestandsmerkmal der **Leichtfertigkeit** als einen besonders schweren Pflichtenverstoß, bei dem der Frachtführer oder seine Leute sich in krasser Weise über die Sicherheitsinteressen der Vertragspartner hinwegsetzen.[20] Dabei kommt es nicht auf die subjektive Vorwerfbarkeit, sondern auf das objektive Ausmaß, den Grad des Verstoßes gegen die Vertragspflichten an.[21] Ein besonders krasser Verstoß ist regelmäßig anzunehmen, wenn elementare Schutzvorkehrungen unterlassen werden. Dabei wachsen die Anforderungen an elementare Sorgfalt mit dem Schadensrisiko,[22] das sich aus der Schadenswahrscheinlichkeit und der Höhe des drohenden Schadens ergibt. Je größer die mit der Güterbeförderung verbundenen Risiken sind, desto höhere Anforderungen sind an die zu treffenden Sicherheitsmaßnahmen zu stellen. Von erheblicher Bedeutung ist in diesem Zusammenhang, ob das transportierte Gut leicht verwertbar und damit besonders diebstahlgefährdet ist, welchen Wert es hat, ob dem Frachtführer die besondere Gefahrenlage bekannt sein musste und welche

---

[14] BGH Urt. v. 27.6.1985 – I ZR 40/83, TranspR 1985, 338 (340); Urt. v. 16.7.1998 – I ZR 44/96, TranspR 1999, 19 (22); Urt. v. 20.1.2005 – I ZR 95/01, TranspR 2005, 311 (314); Urt. v. 30.9.2010 – I ZR 39/09, TranspR 2010, 437; *Koller* Rn. 2; krit. dazu *Neumann* TranspR 2006, 67 (68 f.).

[15] BGH Urt. v. 30.9.2010 – I ZR 39/09, TranspR 2010, 437 Rn. 32 mwN.

[16] BGH Urt. v. 13.4.1989 – I ZR 28/87, TranspR 1989, 327 (328); Urt. v. 16.7.1998 – I ZR 44/96, TranspR 1999, 19 (22 f.); Urt. v. 20.1.2005 – I ZR 95/01, TranspR 2005, 311 (314); krit. dazu *Neumann* TranspR 2006, 67 (69).

[17] Denkschrift BT-Drs. III/1144, 44; näher Thume/*Harms* Rn. 8 ff.; BGH Urt. v. 14.7.1983 – I ZR 128/81, TranspR 1984, 68 (69 f.).

[18] Zum Recht des Geschädigten, ungeachtet einer im Ausland anhängigen negativen Feststellungsklage der Gerichtsstand zu wählen, vgl. BGH Urt. v. 20.11.2003 – I ZR 294/02, TranspR 2004, 77.

[19] Angedeutet vom BGH bereits in dem Urt. v. 16.7.1998 – I ZR 44/96, TranspR 1999, 19; seither stRspr, Urt. v. 20.1.2005 – I ZR 95/01, TranspR 2005, 311 (313); Urt. v. 19.5.2005 – I ZR 238/02, TranspR 2006, 114 (115); Urt. v. 23.1.2007 – I ZR 166/04, TranspR 2007, 361; Urt. v. 6.6.2007 – I ZR 121/04, TranspR 2007, 423; Urt. v. 30.9.2010 – I ZR 39/09, TranspR 2010, 437; ebenso die allgM im Schrifttum, Thume/*Harms* Rn. 14; *Herber/Piper* Rn. 5; *Koller* Rn. 3a.

[20] BGH Urt. v. 21.3.2007 – I ZR 166/04, TranspR 2007, 361 (362); Urt. v. 6.6.2007 – I ZR 121/04, TranspR 2007, 423 (424); Urt. v. 30.9.2010 – I ZR 39/09, TranspR 2010, 437 Rn. 24.

[21] *Neumann* TranspR 2002, 413 (416).

[22] BGH Urt. v. 6.6.2007 – I ZR 121/04, TranspR 2007, 423 (424); Urt. v. 16.7.1998 – I ZR 44/96, TranspR 1999, 19 (21); Urt. v. 1.7.2010 – I ZR 176/08, TranspR 2011, 78; OGH Wien Beschl. v. 27.1.2016 – 7 Ob 229/15z, TranspR 2016, 200.

konkreten Möglichkeiten einer gesicherten Fahrtunterbrechung es gab, um vorgeschriebene Ruhezeiten einzuhalten.[23] Zu den elementaren Sorgfaltsanforderungen gehören auch ein zuverlässige, Schadensrisiken in angemessenem Umfang vorbeugende Betriebsorganisation sowie die Durchführung von Schnittstellenkontrollen, die es dem Frachtführer erlauben, Schadensquellen zeitlich und örtlich einzugrenzen und auf ihre Ursache zurückzuführen.

Das subjektive Tatbestandsmerkmal des **Bewusstseins der Wahrscheinlichkeit des Schadens- 14 eintritts** ist in der Regel nicht direkt feststellbar. Die Rechtsprechung unterstellt das Bewusstsein, wenn das leichtfertige Verhalten nach seinem Inhalt und nach den Umständen, unter denen es aufgetreten ist, diese Folgerung rechtfertigt.[24] Das ist der Fall, wenn das Handeln des Frachtführers nach dem äußeren Ablauf des zu beurteilenden Geschehens vom Bewusstsein getragen wurde, dass der Eintritt eines Schadens mit Wahrscheinlichkeit drohe[25] oder wenn, wie die Rechtsprechung auch formuliert, die Erkenntnis, es werde wahrscheinlich ein Schaden entstehen, sich dem Handelnden aus seinem leichtfertigen Verhalten aufdrängte.[26] Dabei sind Erfahrungssätze heranzuziehen. Ferner kann der Schluss auf das Bewusstsein der Schadenswahrscheinlichkeit auch im Rahmen typischer Geschehensabläufe nahe liegen. Im Ergebnis abstrahiert die Rechtsprechung daher vom wirklichen Bewusstsein der handelnden Person und schließt von den (objektiven) Umständen des leichtfertigen Verhaltens auf das (innere) Schädigungsbewusstsein. Wahrscheinlichkeit des Schadenseintritts setzt **keine überwiegende Wahrscheinlichkeit** voraus.[27]

Parteivereinbarungen über die Primärpflichten des Frachtführers sind im Rahmen des Art. 29 zu 15 beachten, soweit sie die Leistungspflichten des Frachtführers inhaltlich bestimmen oder konkretisieren.[28] Wegen Art. 41 unwirksam sind dagegen Bestimmungen, die darauf abzielen, die von der CMR verbürgte Obhutshaftung einzuschränken. Darunter fallen nach der Rechtsprechung des BGH auch vertragliche Einschränkungen der vom Frachtführer geschuldeten **Sicherheitsvorkehrungen,** zum Beispiel ein vertraglicher Verzicht auf Schnittstellenkontrollen.[29] Wegen der Vermischung der von der CMR nur punktuell vorgegebenen Primärpflichten mit den zwingend geregelten Haftungsfolgen ist dies zweifelhaft, zumal die Rechtsprechung haftungs*verschärfende* Abreden über die anzuwendende Sorgfalt nicht beanstandet.[30] Es liegt näher, die in der Praxis regelmäßig in Klauselform getroffenen Abreden dieser Art nur der AGB-Kontrolle zu unterwerfen. Unter diesem Gesichtspunkt hat das OLG München[31] ein klauselmäßiges Verbot der Nutzung unbewachter Parkplätze als unwirksam beurteilt, wenn davon in der vorherigen individuellen Kommunikation keine Rede war.

cc) Darlegungs- und Beweislast. Die CMR geht davon aus, dass der Frachtführer in der Regel 16 nur beschränkt haftet. Daher sind die Voraussetzungen des Art. 29 vom Anspruchsberechtigten **darzulegen** und zu **beweisen.**[32] Will also der Anspruchsteller den Frachtführer für den eingetretenen Schaden unbeschränkt haftbar machen, so trifft ihn hierfür die volle Beweislast hinsichtlich der Umstände, aus denen sich die qualifizierte schuldhafte Schadensverursachung ergibt.[33]

---

[23] BGH Urt. v. 1.7.2010 – I ZR 176/08, TranspR 2011, 78 Rn. 21.

[24] BGH Urt. v. 21.3.2007 – I ZR 166/04, TranspR 2007, 361 (362); Urt. v. 30.9.2010 – I ZR 39/09, TranspR 2010, 437 Rn. 24.

[25] BGH Urt. v. 25.3.2004 – I ZR 205/01, TranspR 2004, 309 (310).

[26] BGH Urt. v. 21.3.2007 – I ZR 166/04, TranspR 2007, 361 (362); Urt. v. 6.6.2007 – I ZR 121/04, TranspR 2007, 423.

[27] BGH Urt. v. 25.3.2004 – I ZR 205/01, TranspR 2004, 309 (312); vgl. auch OLG München Urt. v. 27.7.2001 – 23 U 3096/01, TranspR 2002, 161.

[28] BGH Urt. v. 20.1.2005 – I ZR 95/01, TranspR 2005, 311 (313 f.) (deutscher Fahrer); Urt. v. 1.7.2010 – I ZR 176/08, TranspR 2011, 78 Rn. 23; OLG Nürnberg Urt. v. 4.2.2009 – 12 U 1445/08, TranspR 2009, 256; OLG München Urt. v. 13.9.2006 – 7 U 3872/05, OLGR München 2007, 178; OLG Köln Urt. v. 8.3.2002 – 3 U 163/00, TranspR 2002, 239 (Umladeverbot); OLG Hamburg Urt. v. 13.12.2001 – 6 U 281/99, OLGR Hamburg 2002, 348; LG Bremen Urt. v. 5.6.2018 – 11 O 169/17, TranspR 2018, 390: nur videoüberwachte Parkplätze; *Koller* TranspR 2006, 265 (268); *Neumann* TranspR 2006, 67 (69); *Thume/Harms* Rn. 29 f.; *Harms* TranspR 2008, 310 (311).

[29] BGH Urt. v. 1.12.2005 – I ZR 108/04, TranspR 2006, 171 (173); Urt. v. 1.12.2005 – I ZR 103/04, TranspR 2006, 169 (170); Urt. v. 30.1.2008 – I ZR 146/08, TranspR 2008, 117 Rn. 25. Krit. dazu *Harms* TranspR 2008, 310 f. sowie *Thume* TranspR 2012, 426 (429 f.).

[30] BGH Urt. v. 30.9.2010 – I ZR 39/09, TranspR 2010, 437 Rn. 25; s. auch OGH Wien Beschl. v. 18.10.2017 – 7 Ob 160/17f, TranspR 2018, 58: Verpflichtung des Frachtführer, die Verladeleistung der Verladers zu überprüfen.

[31] OLG München Urt. v. 26.10.2017 – 23 U 1699/17, TranspR 2018, 56.

[32] BGH Urt. v. 5.6.2003 – I ZR 234/00, TranspR 2003, 467 (469); Urt. v. 4.3.2004 – I ZR 200/01, TranspR 2004, 460 (461); Urt. v. 14.6.2006 – I ZR 136/03, TranspR 2006, 348; Urt. v. 30.1.2008 – I ZR 146/05, TranspR 2008, 117 (120); Urt. v. 3.3.2011 – I ZR 50/10, TranspR 2011, 220 Rn. 20; Urt. v. 13.6.2012 – I ZR 87/11, TranspR 2012, 463 Rn. 16; Urt. v. 19.7.2012 – I ZR 104/11, TranspR 2013, 111 Rn. 18; OLG Düsseldorf Urt. v. 21.1.1993 – 18 U 144/92, TranspR 1993, 246 (247) (Art. 25 WA 1955); *Pokrant* RdTW 2013, 10 (11).

[33] BGH Urt. v. 5.6.2003 – I ZR 234/00, TranspR 2003, 467 (469); Urt. v. 9.10.2003 – I ZR 275/00, TranspR 2004, 175; Urt. v. 18.12.2008 – I ZR 128/06, TranspR 2009, 134 Rn. 14 f.; Urt. v. 10.12.2009 – I ZR 154/07, NJW 2010, 1816 Rn. 20; OLG Stuttgart Urt. v. 15.9.1993 – 3 U 69/93, TranspR 1994, 156; OLG Nürnberg Urt. v. 10.12.1992 – 12 U 2400/92, TranspR 1993, 138; OLG Hamburg Urt. v. 18.6.1992 – 6 U 113/91, TranspR 1992, 421; OLG Hamburg Urt. v. 7.2.1991 – 6 U 40/90, TranspR 1991, 294; OLG Düsseldorf Urt. v. 29.5.1991 – 18 U

17   Nach deutschem Prozessrecht[34] genießt der Anspruchsberechtigte bei Verlustfällen und regelmäßig[35] auch bei Beschädigung von Gut[36] eine Erleichterung bei der Vortragslast (nicht auch der Beweislast[37]). Sie kommt dann zum Tragen, wenn der unstreitige Sachverhalt oder der Vortrag des Anspruchstellers ein qualifiziertes Verschulden des Frachtführers mit gewisser Wahrscheinlichkeit nahelegen.[38] Der Frachtführer hat dann ausnahmsweise nähere Angaben über die zu seinem Wahrnehmungsbereich gehörenden Verhältnisse zu machen, wenn der Anspruchsteller außerhalb des maßgeblichen Geschehensablaufs steht und keine Kenntnisse von den näheren Umständen des Schadensfalles hat, während der Schädiger zu näheren Angaben in der Lage ist[39] **(sekundäre Darlegungslast).** Um der sekundären Darlegungslast nachkommen zu können, hat er unverzüglich nach Bekanntwerden eines Verlustfalls konkrete Nachforschungen anzustellen und zu dokumentieren, insbesondere durch Befragung der betroffenen Mitarbeiter,[40] aber auch durch Erkundigungen bei sonstigen Erfüllungsgehilfen(„Recherchepflicht").[41] Kommt er dem nicht nach, kann dies unter Berücksichtigung der Umstände des Einzelfalls den Schluss auf ein qualifiziertes Verschulden rechtfertigen.[42]

18   Besondere Bedeutung gewinnt die sekundäre Darlegungslast des Frachtführers oder Fixkostenspediteurs **bei Verlustfällen** in Bezug auf die Organisation des Betriebs und die Sicherheitsvorkehrungen, mit denen der Frachtführer Sendungsverluste zu verhüten sucht.[43] Der Frachtführer hat insbesondere darzulegen, ob und wie er **Schnittstellenkontrollen** vornimmt, die es ermöglichen, Sendungsverluste zeitnah auf ihre Ursache zurückzuführen. Ferner ist darzulegen, welche Sicherungsmaßnahmen gegen Diebstahl getroffen werden und wie Fehlleitungen von Sendungen verhütet werden. Dem Gericht muss daraus ersichtlich werden, wie die einzelnen Maßnahmen in der Praxis geordnet, überschaubar und zuverlässig ineinander greifen.[44] Das gilt auch für Paketdienste.[45]

19   Bei **Beschädigung** von Sendungen sind fehlende Schnittstellenkontrollen dagegen in der Regel nicht schadensursächlich, da sie die Verhütung oder Aufklärung von Sendungsverlust bezwecken, nicht aber einen sorgfältigeren Umgang des Frachtführers mit den Gütern.[46] Der Anspruchsteller hat daher Anhaltspunkte vorzutragen, die darauf schließen lassen, dass der Schaden auf ein qualifiziertes Verschulden zurückzuführen ist, etwa anhand von Art und Ausmaß der Beschädigung des Gutes. Erst dann trifft den Frachtführer eine Einlassungs- und Recherchepflicht, er hat vorzutragen, welche Kenntnisse er über den konkreten Schadensverlauf hat und welche Schadensursachen er ermitteln konnte. Kann er trotz angemessener Nachforschungen keine Angaben zur Schadensentstehung machen, kann daraus nicht die Vermutung für das Vorliegen der Voraussetzungen eines qualifizierten Verschuldens hergeleitet werden. Der Anspruchsteller bleibt in diesem Fall beweisfällig.[47] Zur Beweislast für die Kausalität eines festgestellten qualifizierten Verschuldens → Rn. 48.

20   **dd) Rechtsprechungsübersicht.** Die Kasuistik ist kaum noch zu überblicken. Bei der Heranziehung älterer Entscheidungen ist zu berücksichtigen, dass der BGH bei der Feststellung bewusster Leichtfertigkeit im Sinne von § 435 HGB in jüngerer Zeit unverkennbar **schärfere Anforderungen**

302/90, TranspR 1991, 291; OLG Düsseldorf Urt. v. 14.7.1987 – 18 U 48/87, TranspR 1987, 378 = VersR 1987, 392; *Pokrant* RdTW 2013, 10 (11); *Koller* Rn. 7.

  [34] Die Darlegungslast im Prozess richtet sich nach der lex fori, *Koller* TranspR 2006, 413 (416).

  [35] BGH Urt. v. 22.11.2007 – I ZR 74/05, BGHZ 174, 244 Rn. 26 = NJW 2008, 282 (283).

  [36] BGH Urt. v. 29.7.2009 – I ZR 212, TranspR 2009, 331 Rn. 34 (zu Seetransport); Urt. v. 12.1.2012 – I ZR 214/10, TranspR 2012, 107 Rn. 24; Urt. v. 13.6.2012 – I ZR 87/11, TranspR 2012, 463 Rn. 18; *Pokrant* RdTW 2013, 10 (11 f.).

  [37] BGH Urt. v. 18.12.2008 – I ZR 128/06, TranspR 2009, 134 Rn. 15; Urt. v. 10.12.2009 – I ZR 154/07, TranspR 2010, 78 Rn. 16 ff.; LG Krefeld Urt. v. 9.11.2011 – 7 O 92/10, TranspR 2013, 27 (28); *Pokrant* RdTW 2013, 10 (11).

  [38] *Pokrant* RdTW 2013, 10 (11).

  [39] BGH Urt. v. 21.9.2000 – I ZR 135/98, TranspR 2001, 29; Urt. v. 18.12.2008 – I ZR 128/06, TranspR 2009, 134 Rn. 14; Urt. v. 2.4.2009 – I ZR 60/06, TranspR 2009, 262 Rn. 27; Urt. v. 3.3.2011 – I ZR 50/10, TranspR 2011, 220 Rn. 20; Urt. v. 13.6.2012 – I ZR 87/11, TranspR 2012, 463 Rn. 20; Urt. v. 19.7.2012 – I ZR 104/11, TranspR 2013, 111 Rn. 18; Urt. v. 4.7.2013 – I ZR 156/12, TranspR 2014,146; OLG Düsseldorf Urt. v. 18.12.2013 – I-18 U 106/13, TranspR 2014, 291.

  [40] BGH Urt. v. 19.7.2012 – I ZR 104/11, TranspR 2013, 111 Rn. 19.

  [41] *Pokrant* RdTW 2013, 10 (12).

  [42] BGH Urt. v. 21.3.2007 – I ZR 166/04, TranspR 2007, 361 (362); Urt. v. 30.1.2008 – I ZR 146/05, TranspR 2008, 117 (120); Urt. v. 24.11.2010 – I ZR 192/08, TranspR 2011, 161; Urt. v. 13.6.2012 – I ZR 87/11, TranspR 2012, 463 Rn. 17; Urt. v. 19.7.2012 – I ZR 104/11, TranspR 2013, 111 Rn. 20; Urt. v. 3.3.2011 – I ZR 50/10, TranspR 2011, 220 Rn. 20 f.; OLG Köln Urt. v. 16.4.2015 – 3 U 108/14, TranspR 2015, 288; OLG Bamberg Urt. v. 29.7.2015 – 3 U 29/15, TranspR 2016, 155.

  [43] Vgl. iE die Darstellung bei Thume/*Harms* Rn. 88 ff.

  [44] BGH Urt. v. 3.11.1994 – I ZR 100/92, TranspR 1995, 253 (255); Urt. v. 8.5.2002 – I ZR 34/00, TranspR 2002, 408 (409).

  [45] OLG Düsseldorf Urt. v. 1.10.2014 – 18 U 52/13, TranspR 2015, 285; LG Düsseldorf Urt. v. 28.3.2017 – 35 O 59/16, TranspR 2017, 311.

  [46] BGH Urt. v. 9.10.2003 – I ZR 275/00, TranspR 2004, 174 (177).

  [47] BGH Urt. v. 29.6.2006 – I ZR 176/03, TranspR 2006, 390 (393).

stellt als in früheren Jahren. Vgl. zunächst die Kommentierung zu → § 435 Rn. 10 f. Zu Art. 29 sind folgende Entscheidungen hervorzuheben (**ja = qualifiziertes Verschulden, nein = kein qualifiziertes Verschulden**):

(1) Ungeklärter Sendungsverlust/Organisationsverschulden. Ja bei Fehlen durchgängiger Ein- und Ausgangs- **(Schnittstellen-)**kontrollen,[48] auch bei Paketbeförderungsunternehmen,[49] aber in der Regel nur bei Verlust, nicht bei bloßer Beschädigung.[50] AGB-mäßiger Verzicht auf Schnittstellenkontrollen ist unwirksam.[51] Ja bei unzureichenden Maßnahmen gegen Diebstahl, insbesondere bei gleichartigen Vorschäden.[52] Ja wenn die praktische Durchführung erforderlicher Sicherheitsvorkehrungen (Scannen) nicht sichergestellt wird.[53] Ja auch bei unterlassenen zeitnahen Such- und Ermittlungsmaßnahmen.[54]

21

(2) Diebstahl. Abweichend von früheren Entscheidungen ist das Abstellen eines mit wertvollem Gut beladenen Planenfahrzeugs auf **unbewachtem Parkplatz oder öffentlicher Straße** nach neuester Rechtsprechung des BGH selbst bei einem generellen Warnhinweis auf die Diebstahlsgefahr nicht mehr ohne weiteres bewusst leichtfertig, wenn der Frachtführer keine konkrete Kenntnis über Art und Wert des Gutes hat.[55] Dagegen reicht Kenntnis von der Art des Gutes, wenn dessen hoher Wert bekannt ist.[56] Frühere Entscheidungen waren strenger und bejahten Leichtfertigkeit schon bei Verwendung eines Planen-Lkw,[57] auch bei Abstellen in unverschlossenem Container,[58] ebenfalls bei ungesichertem Abstellen eines Lkw mit besonders diebstahlsgefährdeter Ware an einer Tankstelle[59] oder im Industriegebiet,[60] nachts auch im Wohngebiet[61] oder an öffentlicher Straße,[62] oder auf einsamem Parkplatz[63] oder bei Übernachtung auf unbewachtem Parkplatz ohne Sicherheitsvorkehrungen in

22

[48] BGH Urt. v. 22.5.2014 – I ZR 109/13, WM 2014, 2331; Urt. v. 22.5.2014 – I ZR 109/13, TranspR 2015, 33; OLG Düsseldorf Urt. v. 23.2.2011 – I-18 U 65/10, BeckRS 2011, 8306; Urt. v. 18.12.2013 – I-18 U 106/13, TranspR 2014, 291; OLG München Urt. v. 27.7.2001 – 23 U 3096/01, TranspR 2002, 161; OLG Nürnberg Urt. v. 18.11.1998 – 12 U 2204/98, TranspR 2000, 126 (zu grober Fahrlässigkeit); LG Düsseldorf Urt. v. 28.3.2017 – 35 O 59/16, TranspR 2017, 311.

[49] BGH Urt. v. 19.5.2005 – I ZR 238/02, TranspR 2006, 114 (115); Urt. v. 25.11.2004 – I ZR 210/01, BGHReport 2005, 711; BGH Urt. v. 4.3.2004 – I ZR 200/01, TranspR 2004, 460; Urt. v. 20.9.2007 – I ZR 44/05, TranspR 2008, 163 (166); Urt. v. 30.1.2008 – I ZR 146/05, TranspR 2008, 117 (120); Urt. v. 30.1.2008 – I ZR 165/04, TranspR 2008, 122 (123); OLG Düsseldorf Urt. v. 1.10.2014 – I-18 U 98/14, TranspR 2015, 285; Urt. v. 14.2.2007 – I-18 U 137/06, BeckRS 2007, 14896; Urt. v. 21.11.2007 – I-18 U 105/07, TranspR 2008, 38; OLG Koblenz Urt. v. 30.11.2006 – 2 U 1521/05, VersR 2007, 1009; OLG Nürnberg Urt. v. 18.11.1998 – 12 U 2204/98, TranspR 2000, 126 (zu grober Fahrlässigkeit); OLG Karlsruhe Urt. v. 29.11.1996 – 9 U 46/96, VersR 1997, 645 (zu grober Fahrlässigkeit).

[50] BGH Urt. v. 9.10.2003 – I ZR 275/00, TranspR 2004, 175; Urt. v. 19.5.2005 – I ZR 238/02, TranspR 2006, 114 (115).

[51] BGH Urt. v. 30.1.2008 – I ZR 165/04, TranspR 2008, 122 (124); Urt. v. 20.9.2007 – I ZR 44/05, TranspR 2008, 163 (166); Urt. v. 30.1.2008 – I ZR 146/05, TranspR 2008, 117 (120) (zu § 449 HGB).

[52] LG Hamburg Urt. v. 9.9.2002 – 415 O 157/01, TranspR 2003, 166.

[53] BGH Urt. v. 19.7.2012 – I ZR 104/11, TranspR 2013, 111 Rn. 23.

[54] BGH Urt. v. 19.7.2012 – I ZR 104/11, TranspR 2013, 111 Rn. 25 ff.; OLG Düsseldorf Urt. v. 18.12.2013 – I-18 U 106/13, TranspR 2014, 291.

[55] BGH Urt. v. 1.7.2010 – I ZR 176/08, TranspR 2011, 78 Rn. 21, 26; Urt. v. 13.12.2012 – I ZR 236/11, TranspR 2013, 286 Rn. 20; s. auch bereits Urt. v. 6.6.2007 – I ZR 121/04, TranspR 2007, 423 Rn. 19 ff.; OLG Koblenz Urt. v. 5.20.5.2010 – 5 U 1443/09, TranspR 2010, 442; OLG Hamm Urt. v. 23.4.2012 – 18 U 236/10, BeckRS 2013, 15262; LG Essen Urt. v. 18.12.2013 – 44 O 35/13, TranspR 2014, 194; OLG Stuttgart Urt. v. 25.2.2015 – 3 U 143/14, TranspR 2015, 191; LG Karlsruhe Urt. v. 30.4.2015 – 15 O 10/14, TranspR 2016, 195; vgl. jedoch OLG Düsseldorf Urt. v. 17.12.2014 – I-18 U 98/14, TranspR 2016, 546: Leichtfertigkeit des auftraggebenden Hauptfrachtführers, der dem Unterfrachtführer den Wert mitteilt.

[56] OLG München Urt. v. 17.7.2014 – 23 U 4545/13, TranspR 2015, 389; LG Hamburg Urt. v. 15.4.2016 – 412 HKO 73/15, TranspR 2017, 32; HansOLG Hamburg Urt. v. 25.10.2018 – 6 U 243/16, TranspR 2019, 21.

[57] OLG München Urt. v. 29.11.1995 – 7 U 4806/95, TranspR 1997, 190 (zu grober Fahrlässigkeit); OLG Celle Urt. v. 6.1.2003 – 11 U 105/02, BeckRS 2003, 30301588; LG Hamburg Urt. v. 5.12.2000 – 412 O 98/00, TranspR 2001, 79; OLG Hamm Urt. v. 10.12.1987 – 18 U 294/86, TranspR 1989, 155 (zu grober Fahrlässigkeit); vgl. nunmehr OLG Düsseldorf Urt. v. 17.12.2014 – I-18 U 98/14, TranspR 2016, 456: Einsatz eines Planen-Lkw durch den nicht über den Wert des Guts belehrten Unterfrachtführer.

[58] OLG Hamm Urt. v. 30.3.1998 – 18 U 179/97, TranspR 1998, 463 (zu grober Fahrlässigkeit).

[59] LG Frankfurt a. M. Urt. v. 11.9.2001 – 3–04 O 79/00, TranspR 2002, 165.

[60] OLG Hamm Urt. v. 12.7.1995 – 18 U 191/94, TranspR 1996, 237; Urt. v. 26.10.1998 – 18 U 79/97, TranspR 2000, 359 (beide zu grober Fahrlässigkeit); vgl. auch OLG Koblenz Urt. v. 3.2.1997 – 3 U 1162/96, OLGR Koblenz 1998, 264 und Urt. v. 13.2.1996 – 3 U 9/95, TranspR 1996, 378 (beide zu grober Fahrlässigkeit).

[61] OLG Stuttgart Urt. v. 28.9.2005 – 3 U 135/05, OLGR Stuttgart 2006, 66.

[62] LG Hamburg Urt. v. 5.12.2000 – 412 O 98/00, TranspR 2001, 79; OLG München Urt. v. 27.5.1998 – 7 U 4959/97, TranspR 1998, 357; OLG Nürnberg Urt. v. 24.2.1999 – 12 U 4139/94, TranspR 2000, 81; abw. jedoch OLG Hamm Urt. v. 19.11.1998 – 18 U 133/96, TranspR 2000, 363 (alle außer LG Hamburg zu grober Fahrlässigkeit).

[63] OLG München Urt. v. 26.11.1997 – 7 U 3347/97, TranspR 1998, 305; OLG Hamm Urt. v. 26.10.1998 – 18 U 79/97, TranspR 2000, 359 (zu grober Fahrlässigkeit).

diebstahlsgefährdeter Region,[64] auch wenn dies erforderlich wird, weil der Transport mit nur einem Fahrer ausgeführt wird,[65] auch bei Abstellen des Planen-Lkws in dunkler Straße im Industriegebiet,[66] auch bei nur kurzzeitigem Abstellen auf einem Speditionshof in besonders diebstahlsgefährdeter Region,[67] bei Nichteinrasten des Lenkradschlosses,[68] **trotz bewachten Geländes** auch ja bei hoch diebstahlsgefährdeter Ware, wenn es auf dem Gelände bereits zu gleichartigen Schäden gekommen war,[69] ja auch bei **weisungswidrigem Abstellen** eines Lkw mit hochwertiger Ware (Computer) auf unbewachtem, wenn auch beleuchtetem Parkplatz,[70] ebenfalls wenn Benutzung eines bewachten Parkplatzes mangels Ortskenntnis des Fahrers unterbleibt.[71] Diese strenge Rspr. wird zum Teil ansatzweise aufrechterhalten, etwa für den Fall der Verwendung eines Planen-Lkw für besonders hochwertiges und leicht absetzbares Gut, wenn der Fahrer zwar im Fahrzeug übernachtet, aber keine weiteren Sicherheitsvorkehrungen trifft.[72] **Keine Leichtfertigkeit** wird angenommen bei geringem oder **mäßigem Güterwert**[73] oder wenn **keine konkrete Kenntnis** des Frachtführers von Diebstahlsgefahr,[74] auch nicht bei Abstellen auf umzäuntem, verschlossenem Gelände bei mäßigem Güterwert,[75] bei ungesichertem Abstellen eines neutralen Trailers wegen eines unvorhergesehenen Werkstattaufenthalts,[76] bei Übernachtung auf einem Autohof einer deutschen Autobahn,[77] bei zwei Meter hohem Zaun und stiller Alarmanlage auch nicht bei hoher Diebstahlsgefahr (Zigaretten) und Verwendung eines Planen-Lkw,[78] nein bei Diebstahl von Zigaretten aus neutralem Container und Autobahnparkplatz[79] auch nicht, wenn der Fahrer es unterlässt, durch besondere Parkstellung ein Öffnen des Containers unmöglich zu machen[80] oder die rückwärtige Tür eines Planen-Lkw durch ein Vorhängeschloss zu sichern,[81] nein auch bei Abstellen eines gesicherten Koffer-Lkw mit T-Shirts auf dem Parkplatz der Zollbehörde Sofia,[82] ebenfalls nicht schon wegen des Einsatzes nur eines Fahrers in Russland, wenn die Benutzung bewachter Parkplätze möglich war.[83]

23 **(3) Raub. Nein** bei Überraschungsüberfall **mit Waffen** auf belebtem Autobahnparkplatz in Italien,[84] oder Überfall durch mehrere Täter in der Türkei,[85] auch nein, wenn der verschlossene Lkw in

---

[64] BGH Urt. v. 14.7.1983 – I ZR 128/81, TranspR 1984, 68 ff. = VersR 1984, 134; BGH Urt. v. 16.2.1984 – I ZR 197/81, TranspR 1984, 182 (183); OLG München Urt. v. 17.7.2014 – 23 U 4545/13, TranspR 2015, 389; OLG Hamm Urt. v. 23.11.2009 – 18 U 48/09, MDR 2010, 505; OLG München Urt. v. 4.12.1996 – 7 U 3479/95, TranspR 1997, 193 und LG Frankfurt a. M. Urt. v. 6.10.1995 – 3/11 S 31/94, TranspR 1997, 197; OLG Nürnberg Urt. v. 24.2.1999 – 12 U 4139/94, TranspR 2000, 81; OLG Celle Urt. v. 12.6.1981 – 2 U 18/81, VersR 1981, 1183 (1184); vgl. auch OGH Wien Urt. v. 25.1.1990 – 7 Ob 698/89, TranspR 1990, 235 (239).

[65] BGH Urt. v. 28.5.1998 – I ZR 73/96, VersR 1998, 1264 (zu grober Fahrlässigkeit); anders OLG Stuttgart Urt. v. 26.7.2006 – 3 U 7/06, TranspR 2007, 320, wenn ein Kofferfahrzeug auf stark frequentiertem Parkplatz abgestellt wird.

[66] BGH Urt. v. 17.4.1997 – I ZR 97/95, TranspR 1998, 65 (66 f.) (zu grober Fahrlässigkeit); OLG Köln Urt. v. 10.12.2002 – 3 U 56/02, TranspR 2003, 459; aA LG Essen Urt. v. 18.12.2013 – 44 O 35/13, TranspR 2014, 194.

[67] OLG Hamburg Urt. v. 13.3.1993 – 6 U 60/93, TranspR 1994, 193 (194) (zu grober Fahrlässigkeit).

[68] OLG München Urt. v. 12.5.1989 – 23 U 2248/88, TranspR 1990, 427 (429) = NJW-RR 1990, 1507 (1508) (zu grober Fahrlässigkeit).

[69] OLG Hamburg Urt. v. 14.5.1996 – 6 U 247/95, TranspR 1997, 101 (zu grober Fahrlässigkeit); vgl. jedoch OLG Koblenz Beschl. v. 3.7.2013 – 2 U 1164/12, TranspR 2014, 154 sowie OLG Hamburg Urt. v. 26.6.2014 – 6 U 172/12, TranspR 2014, 429.

[70] BGH Urt. v. 30.9.2009 – I ZR 39/09, TranspR 2010, 437 Rn. OLG Hamburg Urt. v. 31.12.2001 – 6 U 281/99, OLGR Hamburg 2002, 348; vgl. auch OLG Nürnberg Urt. v. 4.2.2009 – 12 U 1445/08, TranspR 2009, 256 und OLG Stuttgart Urt. v. 11.5.2016 – 3 U 214/15, TranspR 2017, 409.

[71] BGH Urt. v. 17.4.1997 – I ZR 97/95, TranspR 1998, 65 (zu grober Fahrlässigkeit).

[72] OLG München Urt. v. 22.1.2015 – 23 U 1589/14, TranspR 2015, 393; vgl. auch OLG München Urt. v. 17.7.2014 – 23 U 4545/13, TranspR 2015, 389.

[73] OLG Nürnberg Urt. v. 17.4.2002 – 12 U 4138/01, TranspR 2002, 243; OLG Oldenburg Urt. v. 30.5.1995 – 5 U 63/94, VersR 1996, 1171 (zu grober Fahrlässigkeit); OLG München Urt. v. 19.10.1992 – 28 U 3650/90, NJW-RR 1993, 744 (745) (zu grober Fahrlässigkeit).

[74] BGH Urt. v. 6.6.2007 – I ZR 121/04, TranspR 2007, 423; OLG Stuttgart Urt. v. 23.2.2005 – 3 U 172/04, OLGR Stuttgart 2006, 149; ebenso schon zu grober Fahrlässigkeit OLG Saarbrücken Urt. v. 12.12.2000 – 4 U 908/99, TranspR 2001, 169; HansOLG Hamburg Urt. v. 25.10.2018 – 6 U 243/16, TranspR 2019, 21.

[75] OLG Schleswig Urt. v. 12.10.2006 – 16 U 21/06, OLGR Schleswig 2007, 60.

[76] OLG Hamburg Urt. v. 5.3.2015 – 6 U 201/11, TranspR 2017, 113.

[77] OLG München Urt. v. 28.10.2015 – 7 U 4228/14, TranspR 2016, 193.

[78] OLG Karlsruhe Urt. v. 12.5.2005 – 9 U 164/04, NJW-RR 2005, 1123; vgl. auch OLG München Urt. v. 13.9.2006 – 7 U 3872/05, OLGR München 2007, 178.

[79] KG Urt. v. 11.1.1995 – 23 U 377/94, TranspR 1995, 342 (zu grober Fahrlässigkeit).

[80] OLG Düsseldorf Urt. v. 5.6.1997 – 18 U 124/96, TranspR 1999, 23 (zu grober Fahrlässigkeit).

[81] OLG Hamburg Urt. v. 26.6.2014 – 6 U 172/12, TranspR 2014, 429.

[82] OLG Oldenburg Urt. v. 7.12.1993 – 5 U 96/93, OLGR Oldenburg 1996, 17 (zu grober Fahrlässigkeit).

[83] OLG Hamburg Urt. v. 5.10.2000 – 6 U 173/98, OLGR Hamburg 2001, 45 (zu grober Fahrlässigkeit); abw. LG Regensburg Urt. v. 11.10.2001 – 1 HKO 223/01, TranspR 2002, 166.

[84] OLG Nürnberg Urt. v. 22.3.1995 – 12 U 4139/94, TranspR 1996, 381; LG Frankfurt a. M. Urt. v. 21.12.1995 – 3/5 O 164/93, TranspR 1996, 288 (zu grober Fahrlässigkeit).

[85] LG Darmstadt Urt. v. 28.2.1996 – 9 O 414/94, VersR 1997, 1381 (zu grober Fahrlässigkeit).

unmittelbarer Nähe zum beleuchteten Autobahnrestaurant abgestellt wird und der Fahrer im Fahrzeug übernachtet.[86] **Ja,** wenn der Frachtführer bei hohem Güterwert trotz bekannter Raubgefahr **nur einen Fahrer** einsetzt und infolgedessen Ruhepausen auf unbewachten Parkplätzen erforderlich werden[87] und er keine Vorsichtsmaßnahmen wie Alarmanlage und Wegfahrsperre trifft[88] oder wenn er trotz Anhaltspunkten für einen Raub keine näheren Angaben macht und auch nicht die Polizei einschaltet.[89]

(4) Auslieferfehler. Ja bei Aushändigung an eine auf dem Empfängergelände angetroffene Person **24** ohne **Legitimationsprüfung,**[90] ebenfalls bei Auslieferung gegen undatierte und unleserliche Quittung ohne Firmenstempel,[91] bei Auslieferung an falschen Empfänger trotz eindeutiger Adressierung,[92] oder entgegen einer „on hold" Weisung,[93] oder wenn der Frachtführer nach Falschauslieferung im Frachtbrief nachträglich den falschen Empfänger einträgt.[94] Auch wenn der Frachtführer nicht dartut, weshalb falsch ausgeliefert wurde und welche Maßnahmen gegen eine versehentliche Falschauslieferung getroffen wurden.[95] Ebenfalls ja, wenn der Frachtführer aufgrund einer ihm gegenüber gerichtlich für unwirksam erklärten Ersatzzustellungsklausel an „Nachbarn" ausliefert.[96]

(5) Beschädigung. Ja bei fehlender **Ladungssicherung** und darauf beruhender Beschädigung bei **25** Verkehrsunfall,[97] ebenso bei Manövrieren mit geöffneter Laderaumtür, wenn Gut herausfallen kann;[98] ja bei evidentem Verpackungsmangel,[99] auch bei massiven Staufehlern,[100] zumindest wenn keine Maßnahmen zur Verhinderung von Staufehlern nachweisbar sind,[101] ebenso bei unterlassener **Höhenkontrolle** eines LKW mit Überhöhe;[102] bei grobem Ladungssicherungsmangel,[103] ja bei weisungswidriger **Umladung** einer schweren Maschine,[104] bei sorglosem Umladen trotz Hinweis auf besondere Kippgefahr,[105] ja bei Ladungsverlust durch Brand bei Planen-Lkw, der mit hochwertiger Ladung unbewacht an öffentlicher Straße abgestellt wird,[106] ja bei **Vermengen** beschädigter und unbeschädigter Güter,[107] ja bei Durchführung eines Kühltransportes mit defektem **Kühlfahrzeug** bei hohen Außentemperaturen[108] oder mit ungeeignetem oder nicht vorgekühltem Kühlauflieger ohne Kontrolle der Temperatur[109], bei unterlassener Funktionskontrolle der Kühlaggregate[110] oder bei Stehenlassen des Kühlwagens über das Wochenende,[111] ebenso bei Beförderung von Tiefkühlgut mit einem Fahrzeug ohne aktive Kühlung;[112] ja auch bei Ausfüllen des Frachtbriefs durch den Fahrer, ohne dass diesem alle erforderlichen Informationen vorliegen[113] und unter Umständen bei einer Vielzahl gefahrerhöhender Nachlässigkeiten des Frachtführers;[114] **nein** bei Güterschaden infolge **falscher Adressangabe** an den Fahrer, die zu Fahrfehler auf enger Straße führt,[115] bei Unfall infolge Einnickens am Steuer nur dann,

---

[86] OLG Nürnberg Urt. v. 24.2.1999 – 12 U 4139/94, TranspR 1996, 381 (zu grober Fahrlässigkeit).

[87] BGH Urt. v. 28.5.1998 – I ZR 73/96, TranspR 1998, 454 (zu grober Fahrlässigkeit).

[88] BGH Urt. v. 28.5.1998 – I ZR 73/96, TranspR 1998, 454; Urt. v. 17.4.1997 – I ZR 131/95, TranspR 1998, 25; OLG Nürnberg Urt. v. 24.2.1999 – 12 U 4139/94, TranspR 2000, 81; LG Frankfurt a. M. Urt. v. 6.10.1995 – 3/ 11 S 31/94, TranspR 1997, 197; teilw. abw. OLG Hamm Urt. v. 19.11.1998 – 18 U 133/96, TranspR 2000, 363 (alle zu grober Fahrlässigkeit).

[89] LG Mönchengladbach Urt. v. 25.10.2000 – 7 O 42/00, TranspR 2001, 172.

[90] OLG Düsseldorf Urt. v. 24.7.2002 – 18 U 33/02, TranspR 2003, 343; vgl. auch LG Frankfurt a. M. Urt. v. 22.9.1999 – 3/2 O 23/97, TranspR 2000, 368; LG Hamburg Urt. v. 23.1.1996 – 401 O 100/95, TranspR 1998, 117 (zu grober Fahrlässigkeit).

[91] OLG München Urt. v. 28.1.1998 – 7 U 4333/97, TranspR 2003, 343.

[92] LG Düsseldorf Urt. v. 4.3.2013 – 36 O 74/10, TranspR 2013, 158.

[93] OLG München Urt. v. 26.1.2011 – 7 U 3426/10, TranspR 2011, 147 Rn. 23 ff.

[94] OLG Düsseldorf Urt. v. 15.10.1987 – 18 U 72/87, VersR 1988, 1177 (zu grober Fahrlässigkeit).

[95] BGH Urt. v. 30.1.2008 – I ZR 146/05, TranspR 2008, 117 (120).

[96] BGH Beschl. v. 24.3.2016 und 25.1.2017 – I ZR 113/15, TranspR 2016, 440 und TranspR 2017, 106.

[97] BGB Urt. v. 3.3.2005 – I ZR 134/02, TranspR 2005, 253.

[98] LG Düsseldorf Urt. v. 12.12.2014 – 33 O 13/12, RdTW 2015, 228.

[99] OLG Stuttgart Urt. v. 9.2.2011 – 3 U 173/10, TranspR 2012, 459 Rn. 35.

[100] AG Berlin-Kreuzberg Urt. v. 18.6.1998 – 16 C 628/97, TranspR 1998, 403 (zu grober Fahrlässigkeit).

[101] OLG Karlsruhe Urt. v. 9.12.1998 – 15 U 22/98, TranspR 2000, 465 (zu grober Fahrlässigkeit).

[102] OLG Schleswig Urt. v. 26.9.2013 – 16 U 37/13, TranspR 2014, 70.

[103] OGH Wien Beschl. v. 18.10.2017 – 7 Ob 160/17f; *Thume* TranspR 2018, 58.

[104] OLG Köln Urt. v. 8.3.2002 – 3 U 163/00, TranspR 2002, 239 (zu grober Fahrlässigkeit).

[105] OLG Hamm Urt. v. 21.11.2013 – I-18 U 33/13, TranspR 2014, 290.

[106] OLG Hamburg Urt. v. 17.1.2001 – 6 U 42/00, TranspR 2002, 238.

[107] LG Freiburg Urt. v. 2.9.2004 – 12 O 22/04, TranspR 2005, 315.

[108] OLG München Urt. v. 22.3.2006 – 7 U 5212/05, TranspR 2006, 400.

[109] OLG München Urt. v. 29.7.2010 – 23 U 4922/09; OLG Hamburg Urt. v. 23.6.1999 – 6 U 297/98, TranspR 2000, 175; (zu grober Fahrlässigkeit).

[110] OLG Zweibrücken Urt. v. 12.3.2019 – 5 U 63/18, TranspR 2019, 268.

[111] OLG Düsseldorf Urt. v. 12.12.1985 – 18 U 90/85, TranspR 1986, 56 (58) (zu grober Fahrlässigkeit).

[112] OLG Düsseldorf, Urt. v. 8.11.2017 – 18 U 173/15, TranspR 2018, 197.

[113] OLG Düsseldorf Urt. v. 24.7.2002 – 18 U 45/02, VersR 2003, 198.

[114] OGH Wien Urt. v. 22.4.2014 – 7 Ob 46/14m, TranspR 2014, 377, 380.

[115] OLG Düsseldorf Urt. v. 26.7.2004 – I-18 U 253/03, TranspR 2005, 118.

Bahnsen 1323

wenn der Fahrer sich bewusst über von ihm erkannte deutliche Anzeichen einer **Übermüdung** hinweggesetzt hat,[116] nein auch bei Beschädigung durch geringen **Fahrfehler**[117] oder Umkippen eines Lkw durch Sturm[118] und bei technischen Defekten, wenn diese nicht auf unzureichende Wartung schließen lassen[119] (Reifenbrand infolge beidseitigen Blockieren der Bremsen), nein auch bei Beförderung rostanfälliger Rohre in offenem Lkw, wenn kein Hinweis des Versenders.[120] Ebenfalls nein bei Beschädigung des Guts durch an der Fährstation in den Laderaum eingedrungene Flüchtlinge.[121] Fehlende **Schnittstellenkontrollen** führen bei bloßer Beschädigung noch nicht in unbeschränkte Haftung wegen groben Organisationsverschuldens.[122]

26   **(6) Lieferverzögerung.** Nicht ohne weiteres bei Schaden am Fahrzeug und fehlenden Barmitteln für sofortige Reparatur.[123] Auch nicht bei Liegenbleiben des Lkw.[124] Ja dagegen, wenn der Fahrer kein Geld für Treibstoff mit sich führt,[125] bei Einsatz nur eines Fahrers für eine Beförderung von Neapel an den Niederrhein bei 50stündiger Lieferfrist[126] und bei Übernahme eines Transports nach Saudi-Arabien ohne Beachtung von Zollformalitäten.[127]

27   **(7) Andere Fälle.** Ja bei Alleinlassen einer unbekannten jungen Anhalterin im Fahrzeug während einer Pause,[128] ja bei Verwechselung von Kennzeichnungsaufklebern, wenn der Fehler durch Abgleich mit dem ebenfalls aufgeklebten Lieferschein erkennbar war,[129] ja bei Versteigerung des Gutes zur Ausübung vermeintlichen Pfandrechts.[130] Ja auch bei absprachewidriger Transportorganisation[131] und bei Güterschäden infolge behördlicher Maßnahmen wegen Schmuggel.[132] Bei Unterschlagung des Guts durch einen Unterfrachtführer liegt Vorsatz vor.[133] Nicht ohne weiteres bei Schäden durch das Eindringen von Flüchtlingen in den Laderaum.[134]

28   **ee) Vorsatzgleiches Verschulden in anderen Vertragsstaaten.** Die nachfolgende Übersicht soll lediglich erster Orientierung dienen und ist nicht uneingeschränkt aktuell und verlässlich. Sie entstammt den von Deutschland aus verfügbaren Quellen, teils auch eigenen Recherchen des Verfassers.

29   **(1) Belgien.** Nach belgischer Praxis gibt es kein vorsatzgleiches Verschulden.[135] Unbeschränkt gehaftet wird nur bei Vorsatz, wobei dieser sich nicht nur auf die Pflichtverletzung, sondern auch auf den Schaden beziehen muss.[136] Der Vorsatz bedarf allerdings nicht des direkten Nachweises, der nur bei Geständigkeit des Fahrers zu führen wäre. So ist Vorsatz unterstellt worden, wenn der Frachtführer die Waren ohne Prüfung der Identität und Berechtigung des Empfängers ausliefert und nicht einmal den genauen Auslieferungsort angeben kann.[137]

30   **(2) Dänemark.** In Dänemark ist die Gleichstellung von grober Fahrlässigkeit und Vorsatz gesetzlich angeordnet.[138] Bei Diebstahl der Ware aus dem abgestellten Fahrzeug ziehen die dänischen Gerichte durchaus qualifiziertes Verschulden in Betracht, es sei denn, es wurden nach den gegebenen Umstän-

116 BGH Urt. v. 21.3.2007 – I ZR 166/04, TranspR 2007, 361 (363); OLG München Urt. v. 19.7.2000 – 7 U 1716/00, TranspR 2000, 412.

117 OGH Wien Beschl. v. 27.3.2013 – 7 Ob 230/12t, TranspR 2013, 351.

118 HansOLG Hamburg Urt. v. 7.3.2018 – 6 U 40/16, TranspR 2018, 301.

119 BGH Urt. v. 13.1.2011 – I ZR 188/08, TranspR 2011, 218 Rn. 20.

120 LG Traunstein Urt. v. 25.2.2011 – 1 HKO 2060/10, TranspR 2011, 160 Rn. 24.

121 OLG Köln Urt. v. 25.8.2016 – 3 U 28/16, TranspR 2017, 62.

122 BGH Urt. v. 19.5.2005 – I ZR 238/02, TranspR 2006, 114 (115).

123 OLG Hamburg Urt. v. 28.6.2002 – 6 U 86/99, OLGR Hamburg 2003, 111.

124 LG Wuppertal Urt. v. 30.3.2012 – 1 O 58/11, TranspR 2013, 32 Rn. 42.

125 OLG Düsseldorf Urt. v. 26.4.1984 – 18 U 65/84, TranspR 1985, 128 (129) (zu grober Fahrlässigkeit).

126 OLG Düsseldorf Urt. v. 12.12.1985 – 18 U 90/85, TranspR 1986, 56 (58) (zu grober Fahrlässigkeit).

127 OLG München Urt. v. 12.4.1990 – 23 U 3161/88, TranspR 1990, 280 (281); OLG Stuttgart Urt. v. 16.9.1998 – 3 U 111/98, TranspR 1999, 66 (beide zu grober Fahrlässigkeit).

128 OLG Hamm Urt. v. 22.11.2004 – 18 U 123/02, TranspR 2005, 123.

129 OLG Köln Urt. v. 30.5.2006 – 3 U 164/05, TranspR 2007, 114 (115).

130 BGH Urt. v. 18.5.1995 – I ZR 151/93, TranspR 1995, 383 (zu grober Fahrlässigkeit).

131 OLG Hamburg Urt. v. 30.8.1984 – 6 U 57/84, VersR 1985, 832 (zu grober Fahrlässigkeit).

132 OLG München Urt. v. 27.6.1985 – I ZR 40/83, TranspR 1985, 338 (zu grober Fahrlässigkeit); OLG München Urt. v. 1.6.2011 – 7 U 5611/10, TranspR 2011, 337 Rn. 32.

133 OLG Schleswig Urt. v. 18.12.2014 – 16 U 24/14, TranspR 2015, 157.

134 LG Hamburg Urt. v. 17.10.2013 – 415 HKO 71/11, BeckRS 2016, 11254.

135 Der Hof van Cassatie argumentiert, das belgische Recht kenne die Verschuldensform des Vorsatzes und grenze diese klar gegen die Fahrlässigkeit ab. Daher sei im Rahmen von Art. 29 kein sonstiges grobes, nicht absichtliches Verschulden in Betracht zu ziehen, Urt. v. 27.1.1995, ETL 1996, 694; vgl. auch Rechtbank van Koophandel Urt. v. 16.4.1997, ETL 1999, 119; Hof van Beroep Brüssel Urt. v. 17.10.1996, ETL 1996, 840.

136 Hof van Beroep Antwerpen Urt. v. 19.2.2007, ETL 2007, 427.

137 Hof van Beroep Antwerpen Urt. v. 9.3.1998, ETL 1998, 707.

138 Vgl. § 37 des „Lov om fragtaftaler ved international vejtransport", der die Haftungsbeschränkungen ausschließt, wenn der Schaden vom Frachtführer „med forsæt eller ved grov uagtsomhed" verursacht wurde, abgedruckt bei *Regnarsen* 257.

den angemessene Schutzmaßnahmen getroffen.[139] In der Entscheidungspraxis ist im Vergleich zur Rechtsprechung in Deutschland jedoch Zurückhaltung bei der Durchbrechung der Haftungsbeschränkung festzustellen.

(3) Finnland. In Finnland gilt grobe Fahrlässigkeit als dem Vorsatz gleichstehendes Verschulden. **31** Die Haftungsdurchbrechung wird jedoch restriktiv gehandhabt.[140]

(4) Frankreich. In Frankreich[141] steht dem Vorsatz *„faute lourde"*[142] gleich.[143] Dieser Begriff ähnelt **32** der groben Fahrlässigkeit, wenngleich nach der Definition des Court de Cassation[144] ein noch gravierenderes Verschulden zu fordern ist. Die Entscheidungen der französischen Gerichte sind jedoch den deutschen durchaus vergleichbar.[145] So wurde ein Verlust infolge Überfalls durch vier bewaffnete Personen als nicht grob fahrlässig angesehen,[146] auch nicht ein Fehler beim Ankoppeln eines Aufliegers;[147] wohl aber ein Verlust infolge des Abstellens auf einem unbewachten Parkplatz für zwei Tage,[148] gleichermaßen bei Herunterfallen des Gutes infolge mangelhafter Ladungssicherung[149] und bei Auffahren auf vorausfahrendes Fahrzeug auf sonst freier Autobahn.[150] Die Gerichte in **Luxemburg** orientieren sich stark an der französischen Rechtsprechung.

(5) Griechenland. Nach griechischem Recht fehlt es an einer gesetzlichen Bestimmung des dem **33** Vorsatz gleichstehenden Verschuldens. An der Auffassung, dass deshalb für Art. 29 nur Vorsatzfälle in Betracht kommen,[151] hat der Oberste Gerichtshof jedoch nicht festgehalten. Aufgrund der griechischen Übersetzung des Begriffs *„wilful misconduct"* werden dem Vorsatz solche Handlungsweisen gleichgestellt, bei denen der Frachtführer weiß, dass er durch sein Tun das Risiko des Schadenseintritts erhöht und unbesonnen handelt, ohne dass zu fordern ist, dass er notwendigerweise die Schadensfolgen in Kauf genommen hätte.[152]

(6) Großbritannien. Die englische Praxis stellt dem „wilful misconduct" keine weitere, gleich- **34** wertige Verschuldensform an die Seite. Wilful misconduct wird angenommen bei bewusster Verletzung von Vertragspflichten in der Erkenntnis einer erheblichen Erhöhung der Gefahr für das Gut.[153] Dafür reicht es nicht aus, wenn der Schaden infolge von Mängeln des Fahrzeugs eingetreten ist und der Frachtführer die Wartung nicht dokumentieren kann,[154] wohl aber, wenn der Frachtführer sich dazu verleiten lässt, das Gut entgegen eindeutiger Anweisung vor Erreichen des Bestimmungsorts auf ein fremdes Fahrzeug umzuladen.[155]

(7) Italien. In Italien wird grobe Fahrlässigkeit *(„colpa grave")* dem Vorsatz gleichgestellt.[156] Sie wird **35** angenommen, wenn der Frachtführer – ob bewusst oder unbewusst – dergestalt dem Beförderungszweck zuwider gehandelt hat, dass ein objektiv absehbares Risiko des Schadenseintritts bestand.[157]

(8) Niederlande. Vorsatzgleich ist hier nur ein dem Eventualvorsatz ähnliches Verschulden. Die **36** Haftungsbeschränkung wird dem Frachtführer versagt, wenn ihm ein waghalsiges Verhalten vorzuwerfen ist, das die Gewissheit vermittelt, dass daraus voraussichtlich ein Schaden entstehen wird. Das ist dann anzunehmen, wenn der Handelnde die mit seinem Handeln verbundene Gefahr kennt und sicher ist, dass die Möglichkeit der Verwirklichung der Gefahr eindeutig größer ist als die Möglichkeit, dass

---

[139] *Schelin* TranspR 2004, 107 (110).
[140] *Schelin* TranspR 2004, 107 (110).
[141] Umfangreiche Darstellung der frz. Rspr. bei *Koller* Rn. 4c ff.
[142] Art. 1150 Code Civil.
[143] *Lutz* TranspR 1989, 139; Thume/ *Victor-Granzer* Länderbericht Frankreich, Ziff. 3.
[144] *Une négligence d'une extrême gravité, confinant au dol et dénotant l'inaptitude du transporteur, maître de son action, à l'accomplissement de la mission contractuelle qu'il a acceptée,* also eine Nachlässigkeit äußerster Schwere, die dem Vorsatz nahekommt und aus der sich die Unfähigkeit des Frachtführers zur Durchführung der von ihm übernommenen vertraglichen Aufgabe ergibt, Cour de Cassation Paris Urt. v. 28.6.2005 – 03–20.744; vgl. auch *Tuma* TranspR 2007, 333 (342).
[145] Umfassender Rechtsprechungsüberblick bei *Koller* Rn. 4c.
[146] Cour de Cassation Paris Urt. v. 7.1.2003 – W 99–21.598, ETL 2003, 788.
[147] Cass. Paris Urt. v. 26.2.1985, zit. nach *Lutz* TranspR 1989, 139 (140).
[148] Cour de Cassation Paris Urt. v. 3.10.2000 – 1619 F-D, ETL 2001, 92.
[149] Cass. Paris Urt. v. 7.4.1987, zit. nach *Lutz* TranspR 1989, 139.
[150] Cass. Paris Urt. v. 8.1.1974, ETL 1974, 314 (315).
[151] Oberster Gerichtshof Urt. Nr. 2010/1990, TranspR 1992, 175, dazu *Herber* TranspR 1992, 175.
[152] Oberster Gerichtshof Urt. v. 12.3.1998 – 18/1998, ETL 1999, 100.
[153] Court of Appeal London, Denfleet International Ltd. v. TNT Global SPA, [2007] EWCA Civ 405; Jones *v. Martin Bencher* [1986] 1 Lloyd's Rep 54; *Becher* TranspR 2007, 232 (233); vgl. auch Thume/*Clarke* Länderbericht Großbritannien; Staub/*Reuschle* Rn. 25.
[154] Commercial Court London Urt. v. 20.11.2002 – [2002] EWHC 2461, ETL 2003, 218.
[155] Court of Appeal London Urt. v. 18.4.1997 – [1997] EWCA Civ 1454, ETL 1998, 79.
[156] Cass. Rom Urt. v. 16.12.1980 – Nr. 5269, Foro it. 1981 I S. 1676, mAnm *Macario; Pöttinger* VersR 1986, 518; *Pesce* 237 Fn. 132; Thume/*Pesce* Länderbericht Italien.
[157] *Tuma* TranspR 2007, 333 (341).

sie sich nicht verwirklicht, er aber gleichwohl von seinem Verhalten nicht Abstand nimmt.[158] Liegt im Einzelfall Vorsatz nahe, hat der Frachtführer sich zu entlasten.[159]

37   **(9) Norwegen.** In Norwegen gilt grobe Fahrlässigkeit als dem Vorsatz gleichstehendes Verschulden. Sie ist gegeben, wenn der Frachtführer einen für das Gut ungeeigneten (zu hart gefederten) Anhänger benutzt.[160]

38   **(10) Österreich.** Als dem Vorsatz gleichstehendes Verschulden gilt – wie bis zur Transportrechts-reform in Deutschland – grobe Fahrlässigkeit.[161] Die Praxis der Gerichte ähnelt weitgehend der deutschen.[162] Die Beweislast für grobes Verschulden trägt der Geschädigte; jedoch trifft den Fracht-führer eine Einlassungsobliegenheit.[163]

39   **(11) Polen.** Das polnische Recht stellt dem Vorsatz die bewusste grobe Fahrlässigkeit gleich. Sie ist gegeben, wenn der Fahrer das Gut nicht zu dem im Frachtbrief angegebenen Zollamt befördert, sondern es zusammen mit den Begleitpapieren einer anderen Person an einem anderen Ort übergibt, ohne deren Empfangsberechtigung zu prüfen.[164]

40   **(12) Portugal.** Das portugiesische Recht kennt keine grobe Fahrlässigkeit. Nach internem Recht wird nur bei Vorsatz unbeschränkt gehaftet. Deshalb wird davon ausgegangen, dass auch für den Wegfall der Haftungsschranken der CMR nur Vorsatz in Betracht kommt. Ob ein gleichstehender Verschuldensgrad unterhalb des Vorsatzes in Betracht zu ziehen ist, wird offenbar nicht diskutiert.[165]

41   **(13) Schweden.** Wie in allen skandinavischen Ländern steht grobe Fahrlässigkeit gesetzlich dem Vorsatz gleich.[166] Allerdings wird dieser Begriff tendenziell enger ausgelegt als in Deutschland und Österreich.[167]

42   **(14) Schweiz.** Als vorsatzgleiches Verschulden gilt grobe Fahrlässigkeit,[168] die genauso bestimmt wird wie in Deutschland. Die Haftungsbeschränkung bleibt dem Frachtführer versagt, wenn er den beladenen Sattelauflieger drei Tage auf einem unbewachten Parkplatz stehen lässt, selbst wenn das Gut nicht diebstahlsgefährdet ist.[169] Dasselbe gilt, wenn er den Transport trotz der Erkenntnis antritt, dass die Ladungssicherung durch den Absender offensichtlich unzureichend ist.[170]

43   **(15) Spanien.** Das spanische interne Landtransportrecht[171] stellt klar, dass der Frachtführer sich bei Vorsatz nicht auf die dort vorgesehenen gesetzlichen Haftungsgrenzen berufen kann.[172] Ob damit zugleich angeordnet ist, dass ein niedrigerer Verschuldensgrad *(culpa lata)* nicht iSv Art. 29 dem Vorsatz gleichsteht, ist jedoch in der Rechtsprechung umstritten.[173] Die Grundsätze des internen spanischen Rechts lassen an sich für einen Verschuldensgrad zwischen dem durch ein Wissenselement gekenn-zeichneten Vorsatz und der Fahrlässigkeit keinen Raum; beide Verschuldensformen sind klar von-einander abgegrenzt und führen, wie in Portugal, zu unterschiedlichen Rechtsfolgen. Die Gerichte

---

[158] Hoge Raad Den Haag Urt. v. 11.10.2002 – C00/300HR, ETL 2004, 658; Urt. v. 10.8.2012 – 11/ 02022, ETL 2012, 556; vgl. auch *Haak* TranspR 2004, 104 (106); Thume/*van Rossenberg* Länderbericht Niederlande.

[159] Gerechtshof Den Haag Entsch. v. 28.11.2007 – C04/1654, ETL 2008, 364.

[160] Oberster Gerichtshof Oslo Urt. v. 16.3.1995 – lnr 42B/1995, nr. 3/1993, ETL 1996, 563.

[161] OGH Urt. v. 11.7.1990 – 1 Ob 621/90, TranspR 1992, 322; Urt. v. 31.7.2001 – 7 Ob 184/01m, TranspR 2002, 113; Urt. v. 19.3.1998 – 6 Ob 361/97z, ZfRV 1998, 160; *Jesser-Huß* TranspR 2004, 111; vgl. nunmehr § 430 Abs. 3 Unternehmensgesetzbuch; Thume/*Jesser-Huß* Länderbericht Österreich.

[162] Vgl. *Jesser-Huß* TranspR 2004, 111 (113); ungesichertes Abstellen OGH Urt. v. 25.1.1998 – 7 Ob 698/89, TranspR 1990, 235; Urt. v. 27.6.1996 – 8 Ob 2013/96, ZfRV 1996, 247; OLG Innsbruck Urt. v. 26.1.1990 – 4 R 298/89, TranspR 1991, 12, (ungesichertes Abstellen in Oberitalien); schwere Alkoholisierung: OGH Urt. v. 14.10.1997 – 1 Ob 2377/96g, ZfRV 1998, 34; Urt. v. 24.3.1998 – 1 Ob 66/98g, ZfRV 1998, 205; unterlassene Reinigung der Laderäume: OGH Urt. v. 6.10.2000 – 1 Ob 204/00g, ETL 2003, 236; nicht: Unaufklärbarkeit des Verlustes, OGH Urt. v. 17.3.2005 – 6 Ob 232/04t, TranspR 2005, 408.

[163] OGH Urt. v. 14.7.1993 – 7 Ob 540/93, TranspR 1994, 189; Urt. v. 17.12.1997 – 7 Ob 376/97p, ZfRV 1998, 126; Urt. v. 11.11.1998 – 7 Ob 145/98v, ZfRV 1999, 65; Urt. v. 27.9.2000 – 7 Ob 160/00f, ZfRV 2001, 71; Urt. v. 11.5.2005 – 9 Ob 12/05p, TranspR 2005, 411.

[164] Woiwodschaftsgericht Lodz Urt. v. 11.2.1998 – X GC 539/96, TranspR 1999, 451.

[165] Vgl. die Darstellung bei *Tuma* TranspR 2007, 333 (342).

[166] *Schelin* TranspR 2004, 107 (108); *Fremuth* TranspR 2004, 99 (102); *Tuma* TranspR 2007, 333 (341).

[167] Beispiel: Anfahren einer Brücke trotz Wahrnehmung der Höhenbegrenzung keine grobe Fahrlässigkeit, Ent-scheidung des Obersten Gerichtshofs, zitiert nach *Schelin* TranspR 2004, 107 (108).

[168] Handelsgericht des Kantons Aargau Urt. v. 7.6.2011 – HOR.2010.47, TranspR 2012, 339.

[169] Appellationsgericht Basel Urt. v. 12.5.2000, TranspR 2000, 372.

[170] Zivilgericht des Kantons Basel-Stadt Urt. v. 19.4.1991 – P 1988/388, TranspR 1992, 408.

[171] Art. 23 der Ley de Ordenación de los Transportes Terrestres, Ley 16/87 vom 30.7.1987 in der Fassung von Art. 3 des Real Decreto 1211/90 vom 28.9.1990.

[172] Art. 3.4 Real Decreto 1211/90.

[173] Vgl. einerseits für die Gleichstellung Audiencia Provincial (Berufungsgericht) de Toledo v. 25.3.1997 sowie die Audiencia Provincial Jaén v. 26.1.2006, andererseits dagegen Sentencia Juzgado de lo Mercantil (Handelsgericht) de Valencia v. 16.5.2005 und Sentencia del Tribunal Supremo de España v. 24.2.1995, zit. nach *Sánchez-Gamborino* Nr. 1175, 1181. Die Entscheidungen sind leider nur in kostenpflichtigen Internetdiensten veröffentlicht.

tendieren jedoch dazu, Vorsatz schon dann anzunehmen, wenn dem Frachtführer bewusst war – oder angesichts der Umstände bewusst gewesen sein muss, dass sein Handeln die Gefahr eines Schadens erheblich erhöhte. Damit bewegt die spanische Praxis sich bis in die Nähe des englischen *wilful misconduct* und der bewussten Fahrlässigkeit. Dem Frachtführer wurde unter anderem die Haftungsbeschränkung aberkannt bei verkehrswidrigem Überfahren eines Schienenweges,[174] bei Abstellen eines Fahrzeugs auf einem unbeleuchteten und unbewachten Parkplatz über Nacht,[175] bei Abstellen des Fahrzeuges ohne es abzuschließen[176] sowie bei Entfernung des Fahrers während der Entladung, wodurch es zu einem ungeklärten Verlust kam.[177]

(16) Türkei. Nach türkischem Recht steht grobe Fahrlässigkeit dem Vorsatz gleich. Die Rspr. **44** unterscheidet sich nicht erheblich von der deutschen. So wird auch in der Türkei im Falle des Abstellens eines unbewachten Fahrzeugs mit diebstahlsgefährdeter Ware unbeschränkt gehaftet.

c) Qualifiziertes Verschulden von Erfüllungsgehilfen. Die Haftungsbeschränkungen und -ver **45** günstigungen des Kapitels IV entfallen auch dann, wenn der Vorwurf qualifizierten Verschuldens nicht den Frachtführer selbst (oder seine Organe) trifft, sondern seine Erfüllungsgehilfen (Art. 3). Dies stellt Art. 29 Abs. 2 S. 1 klar. Jedoch gilt dies nur dann, wenn diese Personen **in Ausführung ihrer Verrichtungen** handeln, also nicht lediglich bei Gelegenheit ihrer Tätigkeit für den Frachtführer. Dies setzt voraus, dass ein innerer sachlicher Zusammenhang zwischen der übertragenen Verrichtung nach ihrer Art und ihrem Zweck und der schädigenden Handlung besteht; die Handlung muss noch zum allgemeinen Umkreis des zugewiesenen Aufgabenbereichs gehören.[178] Dafür reicht es aus, wenn die schädigende Handlung während des Beförderungsvorgangs und unter Verwendung der dafür eingesetzten Betriebsmittel vorgenommen wird und sich als Verletzung der Obhutspflicht darstellt.[179]

2. Kausalität des qualifizierten Verschuldens für den Schaden. Die vorsätzliche oder grob **46** fahrlässige Pflichtverletzung muss für den Schaden, dessen unbeschränkten Ersatz der Anspruchsteller erstrebt, **kausal geworden** sein.[180] Leichtfertigstes Verhalten und selbst vorsätzliche Pflichtverstöße des Frachtführers bleiben im Rahmen des Art. 29 ohne Folgen, wenn sie sich bei der Entstehung des Schadens nicht[181] oder nicht mehr[182] ausgewirkt haben.

Der Begriff der Kausalität ist nicht in der CMR geregelt und bestimmt sich deshalb nach dem jeweils **47** ergänzend anwendbaren nationalen Recht.[183]

Die **Beweislast** für die Schadensursächlichkeit des pflichtwidrigen Verhaltens trägt zwar grund **48** sätzlich der Geschädigte[184]; jedoch gilt bei qualifiziertem Verschulden des Frachtführers nach der Rechtsprechung des BGH etwas anderes, wenn die festgestellte grobe Pflichtverletzung geeignet war, einen Schaden nach Art des eingetretenen herbeizuführen. Kommt das qualifizierte Verschulden als Schadensursache ernsthaft in Betracht, so obliegt es danach dem Frachtführer, im Prozess solche Umstände vorzutragen und zu beweisen, die gegen die Kausalität des festgestellten Sorgfaltsverstoßes sprechen.[185] Die Begründung des BGH, die Kausalität sei aufgrund des durch das qualifizierte Verschulden ausgelösten erhöhten Schadensrisikos zu vermuten,[186] überzeugt nur hinsichtlich der Einlassungs- nicht aber hinsichtlich der Beweislast. Zu verlangen ist nur konkreter, die Vermutung der Kausalität erschütternder Sachvortrag.

3. Rechtsfolgen. a) Wegfall der Haftungserleichterungen. Ist dem Frachtführer oder einem **49** seiner Gehilfen (Art. 3) der Vorwurf des qualifizierten Verschuldens in Bezug auf die Schadensverursachung anzulasten, so kann er sich auf alle Haftungsbeschränkungen und Haftungsausschlüsse des IV. Kapitels (Art. 17–28) sowie alle dort zugunsten des Frachtführers aufgestellten Beweisvermutungen nicht berufen. Die weiteren Bestimmungen der CMR bleiben jedoch anwendbar, auch soweit sie den

---

[174] Tribunal Supremo v. 9.2.1999.

[175] Audiencia Provincial Barcelona v. 6.4.1998, v. 7.4.1999 und vom 10.12.1999, Audiencia Provincial Granada v. 4.12.2000.

[176] Audiencia Provincial Madrid v. 27.2.2006.

[177] Audiencia Provincial Barcelona v. 18.6.1999.

[178] BGH Urt. v. 27.6.1985 – I ZR 40/83, TranspR 1985, 338 (339).

[179] BGH Urt. v. 27.6.1985 – I ZR 40/83, TranspR 1985, 338 (339).

[180] BGH Urt. v. 27.6.1985 – I ZR 40/83, TranspR 1985, 338; OLG Stuttgart Urt. v. 11.6.2003 – 3 U 222/02, TranspR 2003, 308; OLG München Urt. v. 27.11.1968, ETL 1971, 115 (127).

[181] OLG Düsseldorf Urt. v. 7.3.2007 – 18 U 115/06, OLGR Düsseldorf 2007, 445.

[182] BGH Urt. v. 27.6.1985 – I ZR 40/83, TranspR 1985, 338 (340).

[183] *Koller* Rn. 5; *Herber/Piper* Rn. 14.

[184] BGH Urt. v. 13.6.2012 – I ZR 87/11, TranspR 2012, 463 Rn. 16; Urt. v. 10.12.2009 – I ZR 154/07, TranspR 2010, 78 Rn. 16.

[185] BGH Urt. v. 13.4.1989 – I ZR 28/87, TranspR 1989, 327 (328); Urt. v. 16.7.1998 – I ZR 44/96, TranspR 1999, 19 (22 f.); Urt. v. 20.1.2005 – I ZR 95/01, TranspR 2005, 311 (314); Urt. v. 15.12.2005 – I ZR 95/03, TranspR 2006, 210; Urt. v. 30.1.2008 – I ZR 146/05, TranspR 2008, 117 (120); Urt. v. 30.9.2010 – I ZR 39/09, TranspR 2010, 437 Rn. 32; LG Bremen Urt. v. 5.6.2018 – 11 O 169/17, TranspR 2018, 390; *Koller* Rn. 7; Thume/ *Harms* Rn. 101.

[186] BGH Urt. v. 30.9.2010 – I ZR 39/09, TranspR 2010, 437 Rn. 33.

Frachtführer begünstigen. So führt die Versäumnis des notwendigen Vorbehalts nach Art. 30 auch dann zum Anspruchsverlust, wenn dem Frachtführer qualifiziertes Verschulden vorzuwerfen ist.[187]

50   **b) Voller Schadensersatz.** Die CMR regelt die Konsequenzen des Wegfalls der Haftungsbegünstigungen nicht. Diese Lücke ist daher unter Rückgriff auf das ergänzend anwendbare nationale Recht zu füllen.[188] Gilt danach deutsches Recht, so richtet sich der Umfang des Ersatzanspruchs nicht nach den Vorschriften des § 429 HGB, die gem. § 435 HGB unanwendbar sind, sondern nach den allgemeinen Regeln der §§ 249 ff. BGB.[189] Zu ersetzen sind danach auch entgangener Gewinn[190], die in einem Vorprozess entstandenen Rechtsverfolgungskosten[191] sowie weitere Folgeschäden. Andererseits unterliegt die konkrete Schadensberechnung den Grundsätzen der Schadenminderungspflicht und Vorteilsausgleichung.[192]

51   Wie sich aus dem Wortlaut von Art. 29 Abs. 1 ergibt, wirkt der Wegfall der Haftungsbegünstigungen allerdings nur zulasten des Frachtführers.[193] Der Absender ist daher nicht gehindert, seinen Schaden anstelle der §§ 249 ff. BGB bzw. der entsprechenden Vorschriften den anzuwendenden nationalen Rechts nach dem abstrakten **Wertersatzprinzip** der Art. 23 ff. zu berechnen.[194] Wählt er diesen Weg der Schadensberechnung, muss er allerdings nach der Rechtsprechung des BGH auch das Haftungsbeschränkungssystem der CMR – insbesondere also auch die Höchsthaftungssummen des Art. 23 Abs. 3 – gegen sich gelten lassen.[195] Das hat – entgegen dem Sinn des Art. 29 – zur Folge, dass die qualifiziert schuldhafte Schadensverursachung folgenlos bleibt, wenn der Anspruchsteller keinen die Regelhaftung übersteigenden eigenen Schaden geltend machen kann und eine Drittschadensliquidation nach anwendbarem nationalem Recht nicht zugelassen ist. Voller Wertersatz sollte zumindest dann zugesprochen werden, wenn das anzuwendende nationale Recht dies (anstelle konkreter Schadensberechnung) zulässt.

52   **c) Mitverschulden des Absenders.** Ist der Schadensersatz gem. Art. 29 nach den allgemeinen Regeln des als Vertragsstatut ergänzend anwendbaren nationalen Rechts zu bestimmen, so finden nach ständiger Rechtsprechung auch die allgemeinen Mitverschuldensregeln Anwendung.[196] Dies gilt – systematisch wenig überzeugend – ungeachtet der Tatsache, dass der in der CMR selbst geregelte Mitverschuldenseinwand aus Art. 17 Abs. 2 und Abs. 5 in den Fällen des Art. 29 nicht anwendbar ist.[197] Indes besteht weitgehend Einigkeit, dass die Mitverschuldensrechtsprechung als Korrektiv zur scharfen deutschen Auslegung des Begriffs der bewussten Leichtfertigkeit sachlich geboten ist. Im Schrifttum wird teils dafür plädiert, die Anspruchskürzung wegen Mitverschuldens aus der CMR selbst heraus zu begründen.[198]

53   **aa) Unterlassene Wertdeklaration.** Nach der vornehmlich[199] anhand von Paketbeförderungsfällen entwickelten Rechtsprechung des BGH kommt ein Mitverschulden des Versenders insbesondere bei **unterlassener Wertdeklaration** in Betracht.

---

[187] BGH Urt. v. 14.11.1991 – I ZR 236/89, BGHZ 116, 95 (103 f.) = TranspR 1992, 135 (138); *Clarke* Nr. 101 S. 378; *Koller* Rn. 8; *Herber/Piper* Rn. 19; aA Paris Urt. v. 22.4.1922, BTL 1992, 362; GroßkommHGB/*Helm* Art. 30 Rn. 10.

[188] BGH Urt. v. 15.10.1998 – I ZR 111/96, TranspR 1999, 102 (105); Urt. v. 20.1.2005 – I ZR 95/01, TranspR 2005, 311 (314); Urt. v. 3.3.2005 – I ZR 134/02, TranspR 2005, 253 (254); Urt. v. 30.9.2010 – I ZR 39/09, TranspR 2010, 437 Rn. 38; *Schaub/Reuschle* Rn. 47; *Thume* TranspR 2008, 78 (79); *Koller* Rn. 10. Zur Drittschadensliquidation nach österreichischem Recht s. OGH Wien Urt. v. 27.4.2011 – 7 Ob 216/10f, TranspR 2011, 373.

[189] BGH Urt. v. 20.1.2005 – I ZR 95/01, TranspR 2005, 311 (314).

[190] OLG Nürnberg Urt. v. 4.2.2009 – 12 U 1445/08, TranspR 2009, 256.

[191] LG Hamburg Urt. v. 29.3.2012 – 403 HKS 1/11, TranspR 2012, 381 Rn. 4 f.

[192] *Thume* TranspR 2008, 78 (83).

[193] BGH Urt. v. 30.9.2010 – I ZR 39/09, TranspR 2010, 437 Rn. 39.

[194] BGH Urt. v. 3.3.2005 – I ZR 134/02, TranspR 2005, 253 (254); Urt. v. 30.9.2010 – I ZR 39/09, TranspR 2010, 437 Rn. 39; vgl. (zu § 435 HGB) auch OLG Stuttgart Urt. v. 5.9.2001 – 3 U 143/02, TranspR 2002, 23; OLG Nürnberg Urt. v. 4.2.2009 – 12 U 1445/08, TranspR 2009, 256; *Rinkler* TranspR 2005, 305 (306); *Thume/Harms* Rn. 82; aM *Thume* TranspR 2008, 78 (84); krit. *Schriefers* TranspR 2007, 184 (187).

[195] BGH Urt. v. 30.9.2010 – I ZR 39/09, TranspR 2010, 437 Rn. 32; aA OLG Nürnberg Urt. v. 4.2.2009 – 12 U 1445/08, TranspR 2009, 256 Rn. 55.

[196] Abl. *Thume* TranspR 2006, 369 (371); krit. auch *Koller* VersR 2004, 269 (274): Lösung über § 311 Abs. 2 BGB.

[197] BGH Urt. v. 5.6.2003 – I ZR 234/00, TranspR 2003, 467 (471); Urt. v. 1.12.2005 – I ZR 265/03, TranspR 2006, 208 f.; Urt. v. 1.12.2005 – I ZR 4/04, TranspR 2006, 116 (117); Urt. v. 15.12.2005 – I ZR 95/03, TranspR 2006, 210 (211); Urt. v. 3.5.2007 – I ZR 95/05, TranspR 2007, 419 (420); Urt. v. 3.5.2007 – I ZR 106/05, TranspR 2007, 421 (422); Urt. v. 13.8.2009 – I ZR 3/07, TranspR 2010, 143 Rn. 11; Urt. v. 13.6.2012 – I ZR 87/11, TranspR 2012, 463 Rn. 22.

[198] Vgl. *Thume/Harms* Rn. 77: Analogie zu Art. 17 Abs. 5, was aber nur bei abgrenzbaren Verursachungsbeiträgen passt; MüKoHGB/*Jesser-Huß* Rn. 37: Grundsatz von Treu und Glauben im internationalen Geschäftsverkehr generell zu beachten.

[199] Vgl. jedoch BGH Urt. v. 20.1.2005 – I ZR 95/01, TranspR 2005, 311; vgl. ferner OLG Düsseldorf Urt. v. 21.11.2007 – I-18 U 200/06, TranspR 2008, 33 (35); zur Anwendung auf Ladungsverkehre *Knorre* TranspR 2007, 393 (394); *Knorre* TranspR 2008, 162.

(1) Obliegenheitsverletzung. Eine Mitverantwortlichkeit des Geschädigten begründet der BGH 54
in seiner jüngeren Rechtsprechung in erster Linie mit **§ 254 Abs. 2 S. 1 BGB.** Danach kann sich
ein anspruchsminderndes Mitverschulden daraus ergeben, dass der Geschädigte es unterlassen hat, den
Frachtführer auf die **Gefahr eines außergewöhnlich hohen Schadens** und das damit verbundene
Verlustrisiko aufmerksam zu machen.[200] Von einem ungewöhnlich hohen Schaden geht der BGH
aus, wenn der Wert des Guts das Zehnfache desjenigen Betrages übersteigt, auf den der Frachtführer
seine (Regel-)Haftung in seinen Beförderungsbedingungen zu beschränken sucht.[201] Maßgeblich ist
bei der Paketbeförderung regelmäßig der Wert des einzelnen Pakets, nicht der Wert der gesamten
Sendung.[202]

Nach der Rspr. des BGH kann der Absender sich ferner dem Einwand der **Mitverursachung** des 55
Schadens nach **§ 254 Abs. 1 BGB** aussetzen, wenn er von einer Wertdeklaration absieht, obgleich er
weiß[203] oder (zum Beispiel auf Grund der Beförderungsbedingungen des Frachtführers) wissen muss,[204]
dass der Frachtführer die Sendung bei zutreffender Wertangabe mit größerer Sorgfalt behandelt, zB als
Wertpaket unter besonderen Sicherheitsvorkehrungen und Verantwortlichkeiten befördert. Mit dem
Verzicht auf angebotene weitergehende Schutzvorkehrungen setze der Versender das Gut einem
erhöhten Verlustrisiko aus, das ihm anteilig zuzurechnen sei.[205] Diese Obliegenheit hängt nicht davon
ab, ob der Absender Kenntnis davon hat, dass der Frachtführer bei Angabe des Sendungswertes
besondere zusätzliche Sicherungsmaßnahmen ergriffen hätte.[206] Obgleich eine Wertdeklaration häufig
den Inhalt des Frachtvertrags beeinflusst, muss sie nicht unbedingt bereits bei Vertragsschluss erfolgen.[207] Vielmehr reicht es aus, wenn der Absender den Frachtführer so **rechtzeitig** auf den ungewöhnlich hohen Wert des Gutes hinweist, dass dieser im normalen Geschäftsgang noch darüber
entscheiden kann, ob er den Frachtvertrag angesichts des Wertes überhaupt ausführt und ob und
welche Sicherheitsvorkehrungen er trifft.[208] Über die reine Wertdeklaration hinaus erwartet die Rechtsprechung vom Absender, bei Erfordernis **von sich aus** erforderliche verfahrenstechnische Maßnahmen zu treffen, damit die wertdeklarierte Sendung nicht mit der Masse sonstiger Sendungen eingeliefert und befördert, sondern gesondert dem sichereren Beförderungsverfahren zugeführt wird.[209]

(2) Kausalität. Nach der Rechtsprechung des BGB wird die Kausalität unterlassener Wertdeklara- 56
tion sowohl bei Mitverursachung nach § 254 Abs. 1 BGB als auch bei Mitverschulden nach § 254
Abs. 2 S. 1 BGB im Ergebnis **vermutet.** Beruft sich der Frachtführer auf ein Mitverschulden nach
§ 254 Abs. 2 S. 1 BGB, braucht er nicht den Nachweis zu führen, dass er Wertsendungen generell
sicherer befördert.[210] Ohne besonderen Sachvortrag des Anspruchstellers ist vielmehr davon auszugehen, dass der Frachtführer bei einem Hinweis auf den ungewöhnlich hohen Wert des Guts
entweder besondere Sicherheitsvorkehrungen getroffen oder den Transportauftrag abgelehnt hätte.[211]
Die Verletzung der Obliegenheit zur Wertdeklaration bleibt infolge fehlender Kausalität nur dann
folgenlos, wenn feststeht, dass der Frachtführer auch bei richtiger Wertangabe die Sendung (zumindest in dem schadensursächlichen Bereich)[212] nicht sicherer befördert hätte als gewöhnliche Sendun-

[200] BGH Urt. v. 19.1.2006 – I ZR 80/03, TranspR 2006, 121 Rn. 18; Urt. v. 13.8.2009 – I ZR 3/07, TranspR
2010, 143 Rn. 13; Urt. v. 13.6.2012 – I ZR 87/11, TranspR 2012, 463 Rn. 22.

[201] BGH Urt. v. 1.12.2005 – I ZR 265/03, TranspR 2006, 208 (209); Urt. v. 20.7.2006 – I ZR 9/05, TranspR
2006, 394 (397); 3.5.2007 – I ZR 95/05, TranspR 2007, 419 (420); Urt. v. 20.9.2007 – I ZR 44/05, TranspR 2008,
163, Urt. v. 20.9.2007 – I ZR 44/05, TranspR 2008, 163 (167); Urt. v. 30.1.2008 – I ZR 146/05, TranspR 2008,
117 (121); Urt. v. 30.1.2008 – I ZR 165/04, TranspR 2008, 122 (125).

[202] BGH Urt. v. 3.5.2007 – I ZR 98/05, TranspR 2007, 412 Rn. 20; Urt. v. 3.7.2008 – I ZR 183/06, TranspR
2008, 400 Rn. 18; Urt. v. 13.8.2009 – I ZR 3/07, TranspR 2010, 143 Rn. 14.

[203] BGH Urt. v. 15.11.2001 – I ZR 158/99, TranspR 2002, 295 (301); Urt. v. 20.9.2007 – I ZR 44/05, TranspR
2008, 163 (166).

[204] BGH Urt. v. 1.12.2005 – I ZR 46/04, TranspR 2006, 205 (206); Urt. v. 1.12.2005 – I ZR 4/04, TranspR
2006, 116 (117); Urt. v. 1.12.2005 – I ZR 284/02, TranspR 2006, 202 (204); Urt. v. 1.12.2005 – I ZR 265/03,
TranspR 2006, 208 (209); Urt. v. 19.1.2006 – I ZR 80/03, TranspR 2006, 121 Rn. 21; Urt. v. 3.5.2007 – I ZR 106/
05, TranspR 2007, 421 (422); Urt. v. 30.1.2008 – I ZR 165/04, TranspR 2008, 122 (124).

[205] BGH Urt. v. 15.11.2001 – I ZR 158/99, TranspR 2002, 295 (301); Urt. v. 15.11.2001 – I ZR 163/99,
TranspR 2002, 452 (457); Urt. v. 5.6.2003 – I ZR 234/00, TranspR 2003, 467 (470); Urt. v. 25.11.2004 – I ZR
210/01, BGHReport 2005, 711; Urt. v. 1.12.2005 – I ZR 4/04, TranspR 2006, 116 (117); Urt. v. 15.12.2005 – I
ZR 95/03, TranspR 2006, 210 (211); Urt. v. 3.5.2007 – I ZR 106/05, TranspR 2007, 421 (422).

[206] BGH Urt. v. 20.1.2005 – I ZR 95/01, TranspR 2005, 311 (314 f.); Urt. v. 15.12.2005 – I ZR 95/03, TranspR
2006, 210 (211).

[207] AA OLG München Urt. v. 14.4.2011 – 23 U 3364/10, BeckRS 2011, 10025.

[208] BGH Urt. v. 13.6.2012 – I ZR 87/11, TranspR 2012, 463 Rn. 26.

[209] BGH Urt. v. 3.5.2007 – I ZR 95/05, TranspR 2007, 419 (420 f.); Urt. v. 20.9.2007 – I ZR 44/05, TranspR
2008, 163 (166); Urt. v. 30.1.2008 – I ZR 146/05, TranspR 2008, 117 (121); Urt. v. 30.1.2008 – I ZR 165/04,
TranspR 2008, 122 (125).

[210] BGH Urt. v. 1.12.2005 – I ZR 265/03, TranspR 2006, 208 (209); Urt. v. 15.12.2005 – I ZR 95/03, TranspR
2006, 210 (211).

[211] BGH Urt. v. 3.7.2008 – I ZR 205/06, TranspR 2008, 394 Rn. 20; Urt. v. 13.8.2009 – I ZR 3/07, TranspR
2010, 143 Rn. 15.

[212] BGH Urt. v. 13.8.2009 – I ZR 3/07, TranspR 2010, 143 Rn. 12.

gen.[213] Wegen **Kenntnis des Beförderers vom Wert** der Sendung ist die Kausalität fehlender Wertdeklaration dann zu verneinen, wenn der Beförderer zumindest gleich gute Erkenntnismöglichkeiten vom Wert der Sendung hat wie der Geschädigte.[214]

57　　**(3) Maß des Mitverschuldens.** Das Maß des Mitverschuldens und der darauf beruhenden Anspruchskürzung ist nicht schematisch, sondern unter Berücksichtigung aller Umstände des Einzelfalls zu bestimmen.[215] Grundsätzlich wiegt das Mitverschulden des Versenders je schwerer, desto höher der **Wert der Sendung** war,[216] je mehr dieser also von dem Betrag abweicht, ab dem ein Hinweis auf den Wert hätte erfolgen müssen. Dabei kann nach den Umständen des Einzelfalls trotz des qualifizierten Verschuldens des Frachtführers auch ein Mitverschuldensanteil des Versenders von mehr als 50 % in Betracht kommen,[217] vor allem wenn das Paket nach den **Beförderungsbedingungen** des Transporteurs von der Beförderung ausgeschlossen gewesen wäre.[218] In diesen Fällen wird regelmäßig nur bis zur Höhe der vom Beförderer festgesetzten Wertgrenze gehaftet.[219] Bis zum vollständigen Anspruchsausschluss kann das Mitverschulden führen, wenn der Versender positive Kenntnis davon hat, dass der Frachtführer die zur Beförderung aufgegebene Sendung wegen ihres hohen Wertes nicht befördern will, und er ihn gleichwohl nicht vor Vertragsschluss darüber aufklärt.[220] Neben dem **Grad des Verschuldens des Absenders** ist für die Abwägung auch von Bedeutung, inwieweit die versäumte Wertdeklaration den Schadenseintritt wahrscheinlicher gemacht hat. Wäre eine wertdeklarierte Sendung vom Beförderer wenigstens teilweise in einem besonders gesicherten Bereich befördert worden wäre, so ist zu berücksichtigen, inwieweit dies geschehen wäre.[221] Ferner kann maßgeblich sein, inwieweit der Frachtführer bei Offenlegung des Sendungswertes Erfolg versprechende Sicherheitsvorkehrungen getroffen oder die Annahme der Sendung ganz verweigert hätte.[222]

58　　**bb) Kenntnis der leichtfertigen Betriebsorganisation.** Eine Anspruchsminderung nach § 254 BGB kann auch dann in Betracht kommen, wenn der Versender einen Spediteur mit der Transportdurchführung beauftragt, von dem er weiß oder zumindest hätte wissen müssen, dass es in dessen Unternehmen auf Grund von groben Organisationsmängeln immer wieder zu Verlusten kommt.[223] Die Rechtsprechung lässt aber gegenüber der Annahme eines Mitverschuldens unter diesem Gesichtspunkt Zurückhaltung erkennen und betont die Eigenverantwortung des Beförderers.[224] Ein Mitverschulden wird nur dann angenommen, wenn der Sachverhalt dem Absender Anlass für die Annahme bietet, der Beförderer werde durch die ihm angetragenen Arbeiten überfordert, weil er die erforderliche Ausstattung oder die notwendige fachliche Kompetenz nicht besitze.[225] Als juristischer Laie ist der Versender regelmäßig nicht in der Lage, die Ordnungsmäßigkeit der Betriebsorganisation des Frachtführers oder Spediteurs zuverlässig zu beurteilen, während letzterer allein die betriebliche Organisationsverantwortung trägt.[226]

59　　**cc) Einlieferung von Verbotsgut.** Ein Mitverschulden kann auch dann vorliegen und im Einzelfall zum Ausschluss des Ersatzanspruchs führen, wenn der Absender dem Frachtführer ohne einen Hinweis ein Gut zur Beförderung übergibt, von dem er positiv weiß, dass der Frachtführer es in der gewählten

---

[213] BGH Urt. v. 8.5.2003 – I ZR 234/02, TranspR 2003, 317 (318); Urt. v. 9.10.2003 – I ZR 275/00, TranspR 2004, 175 (177); BGH Urt. v. 1.12.2005 – I ZR 265/03, TranspR 2006, 208 (209); Urt. v. 3.5.2007 – I ZR 106/05, TranspR 2007, 421 (422); Urt. v. 30.1.2008 – I ZR 146/05, TranspR 2008, 117 (121); Urt. v. 30.1.2008 – I ZR 165/04, TranspR 2008, 122 (125); Urt. v. 3.7.2008 – I ZR 210/05, TranspR 2008, 406 Rn. 13; Urt. v. 13.8.2009 – I ZR 3/07, TranspR 2010, 143 Rn. 12; Urt. v. 21.8.2008 – I ZR 105/05, TranspR 2008, 249; LG Düsseldorf, Urt. v. 28.3.2017 – 35 O 59/16, TranspR 2017, 311.

[214] BGH Urt. v. 1.12.2005 – I ZR 265/03, TranspR 2006, 208 (209); Urt. v. 1.12.2005 – I ZR 4/04, TranspR 2006, 116 (118); Urt. v. 3.7.2008 – I ZR 210/05, TranspR 2008, 406 Rn. 18.

[215] BGH Urt. v. 13.8.2009 – I ZR 3/07, TranspR 2010, 143 Rn. 16; Urt. v. 13.6.2012 – I ZR 87/11, TranspR 2012, 463 Rn. 32.

[216] BGH Urt. v. 1.12.2005 – I ZR 4/04, TranspR 2006, 116 (119); Urt. v. 15.12.2005 – I ZR 95/03, TranspR 2006, 210 (211); Urt. v. 20.9.2007 – I ZR 44/05, TranspR 2008, 163 (167); *Malsch/Anderegg* TranspR 2008, 45 (46).

[217] BGH Urt. v. 3.5.2007 – I ZR 109/04, TranspR 2007, 405; Urt. v. 20.9.2007 – I ZR 44/05, TranspR 2008, 163 (167); Urt. v. 13.6.2012 – I ZR 87/11, TranspR 2012, 463 Rn. 32.

[218] Urt. v. 20.9.2007 – I ZR 44/05, TranspR 2008, 163 (167).

[219] BGH Urt. v. 3.7.2008 – I ZR 210/05, TranspR 2008, 406 Rn. 23.

[220] BGH Urt. v. 13.7.2006 – I ZR 245/03, TranspR 2006, 448; Urt. v. 15.2.2007 – I ZR 186/03, TranspR 2007, 164 (zu § 425 HGB); BGH Urt. v. 3.7.2008 – I ZR 210/05, TranspR 2008, 406 Rn. 23; Urt. v. 13.6.2012 – I ZR 87/11, TranspR 2012, 463 Rn. 32.

[221] BGH Urt. v. 19.5.2005 – I ZR 238/02, TranspR 2006, 114 (116); Urt. v. 20.9.2007 – I ZR 44/05, TranspR 2008, 163 (167); *Malsch/Anderegg* TranspR 2008, 45 (46); vgl. auch *Koller* TranspR 2006, 413 (418 f.).

[222] BGH Urt. v. 3.7.2008 – I ZR 210/05, TranspR 2008, 406 Rn. 14 ff.

[223] BGH Urt. v. 15.11.2001 – I ZR 163/99, TranspR 2002, 452 (457); Urt. v. 15.11.2001 – I ZR 264/99, TranspR 2002, 460 (464); Urt. v. 15.11.2004 – I ZR 210/01, BGHReport 2005, 711.

[224] BGH Urt. v. 13.2.2003 – I ZR 128/00, TranspR 2003, 254 (258); Urt. v. 24.6.2010 – I ZR 73/08, TranspR 2010, 382 Rn. 14.

[225] BGH Urt. v. 30.3.2006 – I ZR 57/03, TranspR 2006, 250 (252).

[226] AM OLG Düsseldorf Urt. v. 14.2.2007 – 18 U 137/06.

Beförderungsart nicht befördern will.[227] Ein solches Verhalten des Absenders ist regelmäßig mit ursächlich, weil der Frachtführer bei Erteilung des gebotenen Hinweises die Möglichkeit gehabt hätte, die Beförderung abzulehnen.[228]

III. Unbeschränkte Eigenhaftung von Erfüllungsgehilfen

Nach Art. 29 Abs. 2 S. 2 kann der **Ersatzberechtigte** ohne die Beschränkungen des Art. 28 Abs. 2 **60** gegen die Personen vorgehen, deren sich der Frachtführer bei der Ausführung der Beförderung bedient, soweit diese in Ausübung ihrer Verrichtung und nicht lediglich bei Gelegenheit gehandelt haben.[229] Die Regelung stellt allerdings keine Anspruchsgrundlage dar; sie beseitigt lediglich die Schranken des Art. 28 Abs. 2. Ob die Verrichtungsgehilfen dem Ersatzberechtigten auf Grund ihres Eigenverhaltens haften, richtet sich nach den für die Haftung jeweils anwendbaren Vorschriften, also vornehmlich nach dem anwendbaren Deliktsstatut.

Kapitel V. Reklamationen und Klagen

Art. 30 [Vorbehalte]

(1) [1]**Nimmt der Empfänger das Gut an, ohne dessen Zustand gemeinsam mit dem Fracht-führer zu überprüfen und ohne unter Angaben allgemeiner Art über den Verlust oder die Beschädigung an den Frachtführer Vorbehalte zu richten, so wird bis zum Beweise des Gegenteils vermutet, daß der Empfänger das Gut in dem im Frachtbrief beschriebenen Zustand erhalten hat; die Vorbehalte müssen, wenn es sich um äußerlich erkennbare Ver-luste oder Beschädigungen handelt, spätestens bei der Ablieferung des Gutes oder, wenn es sich um äußerlich nicht erkennbare Verluste oder Beschädigungen handelt, spätestens bin-nen sieben Tagen, Sonntage und gesetzliche Feiertage nicht mitgerechnet, nach der Abliefe-rung gemacht werden. [2]Die Vorbehalte müssen schriftlich gemacht werden, wenn es sich um äußerlich nicht erkennbare Verluste oder Beschädigungen handelt.**

(2) **Haben Empfänger und Frachtführer den Zustand des Gutes gemeinsam überprüft, so ist der Gegenbeweis gegen das Ergebnis der Überprüfung nur zulässig, wenn es sich um äußerlich nicht erkennbare Verluste oder Beschädigungen handelt und der Empfänger binnen sieben Tagen, Sonntage und gesetzliche Feiertage nicht mitgerechnet, nach der Überprüfung an den Frachtführer schriftliche Vorbehalte gerichtet hat.**

(3) **Schadenersatz wegen Überschreitung der Lieferfrist kann nur gefordert werden, wenn binnen einundzwanzig Tagen nach dem Zeitpunkt, an dem das Gut dem Empfänger zur Verfügung gestellt worden ist, an den Frachtführer ein schriftlicher Vorbehalt gerichtet wird.**

(4) **Bei der Berechnung der in diesem Artikel bestimmten Fristen wird jeweils der Tag der Ablieferung, der Tag der Überprüfung oder der Tag, an dem das Gut dem Empfänger zur Verfügung gestellt worden ist, nicht mitgerechnet.**

(5) **Frachtführer und Empfänger haben sich gegenseitig jede angemessene Erleichterung für alle erforderlichen Feststellungen und Überprüfungen zu gewähren.**

Schrifttum: *Loewe,* Die Bestimmungen der CMR über Reklamationen und Klagen, TranspR 1988, 309; *de la Motte,* Schadensvorbehalt des Empfängers – § 438 HGB, § 39 KVO, Art. 30 CMR, VersR 1982, 1037; *Schriefers,* Verdeckte Schäden nach dem deutschen Transportrecht – Einige Überlegungen zu § 438 Abs. 2 HGB, TranspR 2016, 55; *Züchner,* Rechtsfragen aus Art. 30 CMR, VersR 1968, 824; vgl. iÜ Vor Art. 1, Art. 27.

Parallelvorschriften: §§ 438, 452, 611 HGB; Art. 26 WA; Art. 52–57 CIM.

I. Allgemeines

Art. 30 (Parallelvorschrift: § 438 HGB), der auf einem Kompromiss über die Folgen eines unterlas- **1** senen Vorbehalts beruht,[1] soll den Frachtführer rechtzeitig auf die Tatsache des Vorhandenseins von Schäden am Transportgut hinweisen und den Geschädigten vor einer Verschlechterung der Beweislage, Art. 30 Abs. 1 S. 1, und anderen Nachteilen, Abs. 2, 3, bewahren.[2] Bei vorbehaltsloser Annahme besteht die **widerlegliche Vermutung,** dass der Empfänger das Gut in dem im Frachtbrief beschrie-

---

[227] BGH Urt. v. 15.2.2007 – I ZR 186/03, TranspR 2007, 164 Rn. 24; Urt. v. 4.7.2013 – I ZR 156/12, TranspR 2014, 146.

[228] BGH Urt. v. 4.7.2013 – I ZR 156/12, TranspR 2014, 146.

[229] *Sánchez-Gamborino* Nr. 1185 ff.

[1] *Koller* Rn. 1; Thume/*Demuth* Rn. 1; vgl. auch *Loewe* TranspR 1988, 309 (310).

[2] BGH Urt. v. 9.2.1984 – I ZR 18/82, VersR 1984, 578 (579); *Koller* Rn. 1; *Herber/Piper* Rn. 2; MüKoHGB/ *Jesser-Huß* Rn. 2.

benen Zustand erhalten hat, Abs. 1. Der Rechtsnachteil der **Beweislastumkehr** kann entgegen dem Wort „und" in der deutschen Übersetzung durch die Anbringung von Vorbehalten oder durch gemeinsame Feststellungen vermieden werden, wie der maßgebliche englische und französische Text ergibt. Ein **Rechtsverlust** für den Anspruchssteller folgt aus dem Unterlassen eines Vorbehalts nur bei Lieferfristüberschreitungen, Abs. 3, und bei gemeinsamer Schadensfeststellung bezüglich erkennbarer Beschädigungen oder Teilverluste, Abs. 2.

2   Art. 30 erfasst nicht **Ansprüche außerhalb des Haftungszeitraums** wie Beschädigungen vor Übernahme oder nach Ablieferung.[3] Er setzt eine **Ablieferung** voraus und gilt deshalb nicht für Fälle, in denen eine Transportleistung noch gar nicht erbracht ist.[4] Auch bei **Totalverlust** ist ein Vorbehalt nicht erforderlich,[5] es sei denn der Verlust äußert sich in einer völligen Entwertung des Frachtguts, die eine Ablieferung nicht ausschließt. Die Regelung der Reklamation in Art. 30 ist **abschließend** auch insoweit, als nach ihr Vorbehalte nicht notwendig sind. Nationale Regelungen werden verdrängt.[6] Dagegen ist Art. 30 nach Wortlaut und systematischer Stellung auch für Fälle des Art. 29 zu beachten.[7]

II. Vorbehalt bei Teilverlust oder Beschädigung (Abs. 1, 2)

3   **1. Voraussetzungen eines wirksamen Vorbehalts. a) Inhalt.** Der Vorbehalt soll keine bloße Formalität sein, sondern dem Frachtführer einen ernstlichen Hinweis auf eine mögliche spätere Inanspruchnahme geben, damit er Beweise sichern kann. Er erfordert zwar weder die Einholung eines **Sachverständigengutachtens**,[8] noch eine detaillierte Darstellung von Beschädigung oder Teilverlust,[9] noch – anders als Art. 32 – ein konkretes Ersatzbegehren.[10] Vorausgesetzt wird aber, dass der Schaden hinsichtlich Art und Umfang hinreichend bestimmt umschrieben ist.[11] Ein **pauschaler Vorbehalt** „in schlechtem Zustand"[12] oder allein die Erklärung „Vorbehalt",[13] „Beschädigung"[14] genügt ebenso wenig wie ein Vorbehalt nur bezüglich der Verpackung[15] oder die Erklärung „angenommen vorbehaltlich nachträglicher Prüfung".[16] Allerdings hat der BGH die Rüge einer Beschädigung der Verpackung in einer Entscheidung zu Art. 26 WA 1955 als ausreichend angesehen, wenn aus ihr die Möglichkeit eines Schadens am Inhalt der Verpackung mit hinreichender Deutlichkeit folgt.[17] Dies entspricht der Ansicht, dass generell der **Hinweis auf die Wahrscheinlichkeit** eines hinreichend bestimmt beschriebenen Schadens genügt,[18] weil dies dem Informationszweck bereits Rechnung trägt. Art. 30 findet keine Anwendung, wenn der Frachtführer selbst den Schaden auf dem Frachtbrief vermerkt,[19] weil dann der Vorbehalt überflüssig ist.

4   **b) Verfasser und Adressat.** Der Empfänger muss den Vorbehalt erklären. Ein solcher des Absenders ist wirkungslos, es sei denn, er handelt erkennbar als Stellvertreter des Empfängers.[20] Adressat des

---

[3] Thume/*Demuth* Rn. 7.

[4] BGH Urt. v. 12.12.1985 – I ZR 88/83, VersR 1986, 381 (383); *Loewe* TranspR 1988, 309; *Koller* Rn. 1; Thume/*Demuth* Rn. 7.

[5] *Herber/Piper* Rn. 3 mwN; Thume/*Demuth* Rn. 5 f.; *Koller* Rn. 1; *Lamy* I Nr. 509; *Czoklich,* Einführung in das Transportrecht, 1990, 250; *Hill/Messent* 223; *Putzeys* Nr. 568.

[6] *Piper* VersR 1988, 201 (205); *Piper* HRR Speditions- und FrachtR Rn. 446; GroßkommHGB/*Helm* Rn. 1; MüKoHGB/*Jesser-Huß* Rn. 5.

[7] BGH Urt. v. 14.11.1991 – I ZR 236/89, BGHZ 116, 95 (103 f.) = NJW 1992, 1698 (1700); OGH Wien Urt. v. 19.9.2002 – 3 Ob 316/01v, TranspR 2003, 243 (244 f.); *Herber/Piper* Rn. 2; *Koller* Rn. 1 mwN; MüKoHGB/*Jesser-Huß* Rn. 5; *Clarke* Nr. 60 S. 234 Fn. 66; aA GroßkommHGB/*Helm* Rn. 10.

[8] *Piper* HRR Speditions- und FrachtR Rn. 449; *Piper* VersR 1988, 201 (206); *Koller* Rn. 4; *Lamy* I Nr. 511.

[9] *Herber/Piper* Rn. 6; *Koller* Rn. 4; Thume/*Demuth* Rn. 10 f.; *Lamy* I Nr. 511.

[10] BGH Urt. v. 9.2.1984 – I ZR 18/82, VersR 1984, 578 (579); *Loewe* ETL 1976, 503 (577); *Piper* HRR Speditions- und FrachtR Rn. 451; *Herber/Piper* Rn. 7; Thume/*Demuth/Seltmann* Rn. 9, A 10; *Sánchez-Gamborino* Nr. 1217.

[11] OLG Hamburg Urt. v. 27.1.2004 – 6 U 151/03, TranspR 2004, 215 (216); *de la Motte* VersR 1982, 1037 f.; *Loewe* TranspR 1988, 310; *Piper* HRR Speditions- und FrachtR Rn. 449; *Piper* VersR 1988, 201 (206); *Herber/Piper* Rn. 7; MüKoHGB/*Jesser-Huß* Rn. 9 f.; GroßkommHGB/*Helm* Rn. 4; *Rodière* ETL 1971, 322; *Lamy* I Nr. 511; aA *Hill/Messent* 220: pauschaler Vorbehalt genügt.

[12] *Loewe* TranspR 1988, 310; *Putzeys* Nr. 555; *Sánchez-Gamborino* Nr. 1218; aA *Hill/Messent* 220.

[13] OLG Hamburg Urt. v. 27.1.2004 – 6 U 151/03, TranspR 2004, 215 (216); Versailles BullT 2004, 390; OLG Wien Urt. v. 22.6.1989 – 1 R 93/89, TranspR 1990, 158 (159); *Jesser* Frachtführerhaftung 60; GroßkommHGB/*Helm* Rn. 4; MüKoHGB/*Jesser-Huß* Rn. 9; *Koller* Rn. 4; abw. der englische Wortlaut vgl. dazu *Hill/Messent* 220, auch das Rügen einer Beschädigung oder des Verlusts genügt danach nicht, 209 f., 219 f.

[14] *Loewe* ETL 1976, 503 (577); *Koller* Rn. 4; *Herber/Piper* Rn. 6; aA *Hill/Messent* 220.

[15] OLG Hamburg Urt. v. 7.5.1987 – 6 U 257/86, VersR 1987, 1087 (1088) (KVO).

[16] OLG Oldenburg Urt. v. 15.10.1971 – 6 U 56/71, VersR 1973, 415; OLG Wien Urt. v. 22.6.1989 – 1 R 93/89, TranspR 1990, 158; *de la Motte* VersR 1982, 1037; MüKoHGB/*Jesser-Huß* Rn. 9.

[17] BGH Urt. v. 9.6.2004 – I ZR 266/00, TranspR 2004, 369 (371).

[18] *Herber/Piper* Rn. 6; aA *Koller* Rn. 4; MüKoHGB/*Jesser-Huß* Rn. 9, 13; *Fremuth/Thume* Rn. 8.

[19] *Koller* Rn. 4; *Herber/Piper* Rn. 15.

[20] *Herber/Piper* Rn. 10; Thume/*Demuth* Rn. 15; MüKoHGB/*Jesser-Huß* Rn. 11; *Putzeys* Nr. 545 bis; aA wohl *Clarke* Nr. 61b S. 239.

Vorbehalts ist der Frachtführer. Sein Fahrer oder sonstige Hilfspersonen sind Empfangsboten.[21] Ein an den Absender,[22] Spediteur[23] oder Lieferanten[24] gerichteter Vorbehalt genügt nicht. Bei **mehreren Frachtführern** ist der Vorbehalt an den Hauptfrachtführer zu richten, der abliefernde Unterfrachtführer ist aber sein Empfangsbote, so dass die Rüge ihm gegenüber auch für den Hauptfrachtführer wirkt.[25] Zu aufeinander folgenden Frachtführern → Art. 36 Rn. 2. Für die Haftung des Unterfrachtführers gegenüber dem Absender oder Empfänger kann, soweit sie in Betracht kommt, der Vorbehalt gegenüber dem Hauptfrachtführer nicht maßgeblich sein.[26]

c) Form und Frist bei äußerlich erkennbaren Mängeln. Das sind solche, die ohne Öffnen der 5 Verpackung ohne weiteres mit Hilfe der Sinne erkennbar sind, also etwa gesehen, gehört oder gefühlt werden können.[27] Ergeben sich bei einer solchen Prüfung deutliche Hinweise auf Schäden (Fäulnisgeruch), so muss auch die Verpackung geöffnet werden.[28] Ist die **Verpackung beschädigt**, kommt es darauf an, ob die Schäden bei Prüfung des Inhalts der Verpackung erkennbar sind.[29]

Bei äußerlich erkennbaren Mängeln besteht **kein Formerfordernis**, wie im Umkehrschluss aus 6 Art. 30 Abs. 1 S. 2 ergibt.[30] Auch bei einer „**reinen Quittung**" kann deshalb der Nachweis eines mündlichen Vorbehalts geführt werden.[31] Zum Vorbehalt bei an sich nicht erkennbaren aber **zufällig festgestellten** Mängeln → Rn. 8.

Der Vorbehalt muss **spätestens bei Ablieferung**, kann aber auch schon vorher erklärt werden.[32] 7 Sie ist als der Zeitpunkt zu verstehen, in dem die Verfügungsgewalt übergeht und dem Empfänger gleichzeitig die Möglichkeit der Überprüfung eröffnet wird.[33] Besteht erst nach Ablieferung Gelegenheit zur Untersuchung, wird es an der äußerlichen Erkennbarkeit fehlen.[34] Wird der Vorbehalt schriftlich abgegeben, **genügt** die **Absendung** bei Ablieferung, wie aus der englischen und französischen Fassung folgt.[35] Art. 30 Abs. 4 gilt bei erkennbaren Mängeln nicht.[36]

d) Form und Frist bei äußerlich nicht erkennbaren Mängeln. Der Vorbehalt ist **schriftlich** zu 8 erklären. Dabei ergibt die autonome Auslegung der CMR, dass jede sichtbare Form, wie Telex, **Telefax**,[37] aber auch **EDV**[38] genügt. Die Schutzfunktion des Schriftformerfordernisses ist jedoch nicht erfüllt, wenn ein nur allgemeiner und damit nicht wirksam schriftlich geäußerter Vorbehalt telefonisch präzisiert wird.[39] Wird ein an sich äußerlich nicht erkennbarer Mangel **zufällig bemerkt** und bei Ablieferung gerügt, kann Schriftform nicht verlangt werden, weil der Frachtführer bereits ausreichend geschützt ist.[40]

Der Vorbehalt muss innerhalb von 7 Tagen nach Ablieferung **abgesandt** werden.[41] Zum **Frist-** 9 **beginn** s. Abs. 4 (→ Rn. 18); zur Anrechnung von Sonn- und Feiertagen (nicht Samstagen), wobei

---

[21] *Loewe* ETL 1976, 503 (577); *Koller* Rn. 5; vgl. BGH Urt. v. 12.12.1985 – I ZR 88/83, VersR 1986, 381 (383).
[22] *Piper* VersR 1988, 201 (206); GroßkommHGB/*Helm* Rn. 3; *Clarke* Nr. 61b S. 239; *Hill*/*Messent* 223.
[23] Vgl. BGH Urt. v. 12.12.1985 – I ZR 88/83, VersR 1986, 381 (383); *Loewe* TranspR 1988, 209 (310); *Herber*/*Piper* Rn. 11; MüKoHGB/*Jesser-Huß* Rn. 11; *Clarke* Nr. 61b S. 239.
[24] Hof van Beroep Gent Urt. v. 17.11.1967, ETL 1969, 145 (150); *Putzeys* Nr. 540.
[25] *Koller* Rn. 5; *Herber*/*Piper* Rn. 12; MüKoHGB/*Jesser-Huß* Rn. 11.
[26] *Loewe* TranspR 1988, 310; *Koller* Rn. 5; MüKoHGB/*Jesser-Huß* Rn. 11; *Herber*/*Piper* Rn. 12.
[27] *de la Motte* VersR 1982, 1037; GroßkommHGB/*Helm* Rn. 2; *Thume*/*Demuth* Rn. 19 ff.; ähnl. *Herber*/*Piper* Rn. 4; ausf. MüKoHGB/*Jesser-Huß* Rn. 7, 8, 10 mit Bsp.; *Hill*/*Messent* 218 f.; *Sánchez-Gamborino* Nr. 1225; ähnl. *Clarke* Nr. 61b (i) S. 239; aA *Lamy* I Nr. 509, der stichprobenartige Öffnung verlangt.
[28] *Thume*/*Demuth* Rn. 20 mit Beisp.; *Herber*/*Piper* Rn. 4; HEPK/*Glöckner* Rn. 2.
[29] OLG Hamburg Urt. v. 7.5.1987 – 6 U 257/86, VersR 1987, 1087 (1088) (KVO); *Thume*/*Demuth* Rn. 21; aA Kh Antwerpen Urt. v. 30.9.1994, ETL 1995, 232: Vorbehalt wegen Verpackungsmängeln bei Erhalt, wegen Inhalts innerhalb 7 Tagen nach Lieferung.
[30] *Loewe* TranspR 1988, 309 (310); MüKoHGB/*Jesser-Huß* Rn. 12; *Herber*/*Piper* Rn. 10 aus der Rspr.; *Clarke* Nr. 61b (i) S. 239; *Hill*/*Messent* 220; *Lamy* I Nr. 511.
[31] *Hill*/*Messent* 221.
[32] *Loewe* TranspR 1988, 309 (310); HEPK/*Glöckner* Rn. 5; *Thume*/*Demuth* Rn. 23; *Herber*/*Piper* Rn. 9; MüKoHGB/*Jesser-Huß* Rn. 13; *Rodière* ETL 1971, 319.
[33] BGH Urt. v. 14.11.1991 – I ZR 236/89, BGHZ 116, 95 (104); *Loewe* ETL 1976, 503 (577); *Koller* Rn. 6; *Thume*/*Demuth* Rn. 23; *Clarke* Nr. 61a S. 239.
[34] AA (ausnahmsweise Erklärung erst nach Ablieferung) *Loewe* ETL 1976, 503 (577); *Herber*/*Piper* Rn. 9; *Koller* Rn. 6.
[35] *Herber*/*Piper* Rn. 8; *Thume*/*Demuth* Rn. 23; *Koller* Rn. 6; *Clarke* Nr. 61b S. 239; aA ohne Begründung BGH Urt. v. 14.11.1991 – I ZR 236/89, BGHZ 116, 95 (103 f.), insoweit abgedr. in NJW 1992, 1698 (1700).
[36] *Loewe* ETL 1976, 503 (577); *Thume*/*Demuth* Rn. 23; *Herber*/*Piper* Rn. 8; *Koller* Rn. 6.
[37] OGH Wien Urt. v. 19.9.2002 – 3 Ob 316/01v, TranspR 2003, 243 (245); OLG Hamburg Urt. v. 6.12.1979 – 10 U 84/78, VersR 1980, 290 (291); *Loewe* ETL 1976, 503 (577); *Koller* Rn. 14; *Herber*/*Piper* Rn. 23; *Thume*/*Demuth* Rn. 12; MüKoHGB/*Jesser-Huß* Rn. 12; HEPK/*Glöckner* Rn. 3; *Hill*/*Messent* 220; *Clarke* Nr. 61b (i) S. 240.
[38] *Koller* Rn. 14.
[39] AA Kh Antwerpen Urt. v. 1.4.1980, ETL 1980, 461 (465); *Herber*/*Piper* Rn. 24; *Czoklich*, Einführung in das Transportrecht, 1990, 250.
[40] *Loewe* ETL 1976, 503 (578); *Koller* Rn. 3; *Thume*/*Demuth* Rn. 13; *Herber*/*Piper* Rn. 5; aA *Gielmulla* in Baumgärtel/Prütting/Laumen Beweislast-HdB Rn. 2.
[41] *Loewe* ETL 1976, 503 (577); *Koller* Rn. 14; *Thume*/*Demuth* Rn. 24; *Hill*/*Messent* 222; aA BGH Urt. v. 14.11.1991 – I ZR 236/89, BGHZ 116, 95 (103 f.), insoweit abgedr. in NJW 1992, 1698 (1700).

die Feiertage sich nach dem Recht des Ablieferungsorts bestimmen[42] (vgl. Abs. 1 S. 1, → Art. 31 Rn. 10, 14). In den Fällen des Art. 16 Abs. 2 oder Art. 22 Abs. 2 beginnt die Frist mit der Abladung, die der Ablieferung gleichsteht, und der Möglichkeit der Untersuchung.[43]

10   **e) Beweislast.** Für einen wirksamen Vorbehalt ist der Anspruchssteller beweispflichtig,[44] auch für die äußerliche Nichterkennbarkeit von Mängeln bei einem innerhalb von 7 Tagen angebrachten Vorbehalt,[45] für den Tag der Ablieferung trägt der Frachtführer die Beweislast.[46]

11   **2. Rechtsfolgen vorbehaltsloser Annahme.** Liegt ein ordnungsgemäßer Frachtbrief vor und macht der Empfänger keinen Vorbehalt, besteht die **widerlegliche Vermutung,**[47] dass die Ware in dem äußerlichen Zustand und in der Zahl, wie sie im Frachtbrief bezeichnet ist, abgeliefert wurde, Abs. 1 S. 1 Hs. 1. Das bedeutet in Verbindung mit Art. 9 Abs. 2 die Vermutung, dass die Ware in **äußerlich ordnungsgemäßem Zustand** und in der vermerkten **Anzahl** abgeliefert wurde, wenn auch der Frachtführer bei Warenübernahme keinen Vorbehalt angebracht hatte.[48] Enthält der Frachtbrief einen Vorbehalt des Frachtführers bezüglich eines Warenmangels, so wird sein Bestehen vermutet.[49] Die Vermutung nach Abs. 1 bezieht sich nicht auf das **Gewicht.**[50]

12   **Fehlt** es an einem **ordnungsgemäßen Frachtbrief** oder enthält er **keine Angaben** zur Stückzahl und ergibt sich diese auch nicht aus den im Frachtbrief erwähnten Begleitpapieren, auf die die Vermutungswirkung erstreckt wird,[51] so tritt die **Beweislastumkehr** des Abs. 1 nicht ein.[52] Art. 30 begründet auch keine Beweislastumkehr zu Lasten des Frachtführers im Falle eines bei der Ablieferung auf dem Frachtbrief einseitig vom Empfänger vermerkten Vorbehalts. Erst recht tritt eine solche Beweislastumkehr nicht allein deshalb ein, weil der Frachtführer keine reine Ablieferungsquittung vorzulegen vermag.[53] Für die Frage, ob der Schaden im Obhutszeitraum entstanden ist, gelten dann die allgemeinen Beweislastregeln (→ Art. 17 Rn. 19),[54] Allerdings ergibt sich für die Fälle, in denen ein wirksamer Frachtbrief erstellt ist, der nichts Näheres zum Zustand der Ware enthält, aus Art. 9 Abs. 2 iVm Art. 30 Abs. 1 die Vermutung, dass das Gut in äußerlich gutem Zustand übernommen und abgeliefert wurde.[55] Der fehlende Vorbehalt des Empfängers ist bedeutungslos, wenn der Frachtführer **Feststellungen verhindert** hat, Abs. 5 (→ Rn. 19).

13   **3. Rechtsfolgen wirksamen Vorbehalts.** Er schließt den Eintritt der zugunsten des Frachtführers wirkenden Vermutung des Abs. 1 S. 1 Hs. 1 hinsichtlich Anzahl und Zustand des Gutes aus. Aus der Anknüpfung der Vermutung des Abs. 1 S. 1 an den vom Empfänger unterlassenen Vorbehalt folgt aber nicht, dass bei wirksamem Vorbehalt den Frachtführer die **Beweislast** für das Nichtbestehen des Mangels bei Ablieferung trifft. Die Beweislage hinsichtlich des Zustandes und der Anzahl bei Ablieferung ist vielmehr wieder offen.[56] Nach allgemeinen Grundsätzen trägt der Anspruchssteller die

---

[42] *Loewe* ETL 1976, 503 (577); MüKoHGB/*Jesser-Huß* Rn. 22 mwN; *Koller* Rn. 14; *Hill/Messent* 222.

[43] *Koller* Rn. 14; *Herber/Piper* Rn. 21.

[44] *Giemulla* in Baumgärtel/Prütting/Laumen Beweislast-HdB Rn. 2; *Koller* Rn. 3, 8; *Herber/Piper* Rn. 13; GroßkommHGB/*Helm* Rn. 5.

[45] *Thume/Demuth* Rn. 57; aA *de la Motte* VersR 1982, 1037.

[46] *Koller* Rn. 6, 14.

[47] Hof van Beroep Brüssel Urt. v. 21.1.1987, ETL 1987, 745 (746); *Loewe* TranspR 1988, 309 (310); *Thume/Demuth* Rn. 28; *Herber/Piper* Rn. 16; *Koller* Rn. 8; *Rodière* ETL 1971, 319; *Lamy* I Nr. 515; *Hill/Messent* 218; aA *Züchner* VersR 1968, 824 (827): Erlöschen der Ansprüche.

[48] BGH Urt. v. 8.6.1988 – I ZR 149/86, VersR 1988, 952 (953); OLG Düsseldorf Urt. v. 29.3.1979 – 18 U 11/78, VersR 1979, 651; Hof van Beroep Brüssel Urt. v. 19.10.1972, ETL 1974, 608 (610); *Koller* Rn. 8; *Herber/Piper* Rn. 16; MüKoHGB/*Jesser-Huß* Rn. 4, 14.

[49] Cass. Paris Urt. v. 25.11.1997, ETL 1999, 248 (249); *Thume/Demuth* Rn. 29; *Koller* Rn. 8; vgl. BGH Urt. v. 8.6.1988 – I ZR 149/86, VersR 1988, 952.

[50] OLG Düsseldorf Urt. v. 29.3.1979 – 18 U 11/78, VersR 1979, 651; *Herber/Piper* Rn. 16; *Koller* Rn. 8; MüKoHGB/*Jesser-Huß* Rn. 14; HEPK/*Glöckner* Rn. 8.

[51] OLG Düsseldorf Urt. v. 29.3.1979 – 18 U 11/78, VersR 1979, 651; *Koller* Rn. 8; *Herber/Piper* Rn. 17.

[52] BGH Urt. v. 8.6.1988 – I ZR 149/86, VersR 1988, 952 zum Fehlen eines Frachtbriefs; OLG Düsseldorf Urt. v. 29.3.1979 – 18 U 11/78, VersR 1979, 651 zu Art, Menge; *Piper* HRR Speditions- und FrachtR Rn. 447; *Herber/Piper* Rn. 17; *Koller* Rn. 8, 16; *Thume/Demuth* Rn. 30; MüKoHGB/*Jesser-Huß* Rn. 15; aA (Vermutung, dass der Frachtführer das Gut so abgeliefert hat, wie er es übernommen hat) C. A. Limoges Urt. v. 2.6.1967, BT 1967, 273; *Loewe* TranspR 1988, 309 (310); *Jesser* Frachtführerhaftung 60; GroßkommHGB/*Helm* Rn. 5; Thume/*Demuth*/*Seltmann* Rn. A 30; *Clarke* Nr. 61 S. 235; *Hill/Messent* 218; *Sánchez-Gamborino* Nr. 1204.

[53] OLG Hamm Urt. v. 27.1.2011 – I-18 U 81/09, TranspR 2011, 181.

[54] *Herber/Piper* Rn. 17; aA *Koller* Rn. 8: ergänzend anwendbares nationales Recht, mit Beweislast für Empfänger bei Anwendbarkeit deutschen Rechts, § 363 BGB.

[55] MüKoHGB/*Jesser-Huß* Rn. 15; *Koller* Rn. 8; aA OLG Wien Urt. v. 22.6.1989 – 1 R 93/89, TranspR 1990, 158 (159); *Giemulla* in Baumgärtel/Prütting/Laumen Beweislast-HdB Rn. 1; wohl auch *Herber/Piper* Rn. 19.

[56] MüKoHGB/*Jesser-Huß* Rn. 16; GroßkommHGB/*Helm* Rn. 5; Thume/*Demuth* Rn. 25; *Herber/Piper* Rn. 14; *Koller* Rn. 7; *Putzeys* Nr. 585; *Clarke* Nr. 63b (iii) S. 241; *Sánchez-Gamborino* Nr. 1216; *Hill/Messent* 219; vgl. auch BGH Urt. v. 8.6.1988 – I ZR 149/86, VersR 1988, 952; aA *Loewe* TranspR 1988, 309 (310) wegen der Entstehungsgeschichte.

Beweislast für die Schadensentstehung im Obhutszeitraum.[57] Die **französische Auffassung** geht darüber hinaus. Danach liefert ein Vorbehalt des Empfängers den Anscheinsbeweis dafür, dass der Schaden während des Transports eingetreten ist.[58] **Fehlt** ein ordnungsgemäßer **Frachtbrief,** bleibt es bei der Beweislastverteilung des Art. 17.[59] Der Absender ist beweispflichtig, wenn dem Frachtführer keine Gelegenheit zur Feststellung gem. Abs. 5 gegeben wird.[60]

4. Gemeinsame Überprüfung (Abs. 2). Bei einer **gemeinsamen** Überprüfung und **Feststel-** 14 **lung** (nur letztere ist nach dem englischen und französischen Wortlaut für die Anwendbarkeit von Abs. 2 maßgebend)[61] wird bezüglich äußerlich erkennbarer Teilverluste oder Beschädigungen die Richtigkeit des Untersuchungsergebnisses auch mit Wirkung gegen den Absender unwiderlich vermutet.[62] Bei äußerlich nicht erkennbaren Mängeln ist die Vermutung für das Ergebnis der gemeinsamen Feststellungen nur widerlegbar, wenn der Empfänger innerhalb von 7 Tagen danach einen Vorbehalt an den Frachtführer gerichtet hat.[63] Dabei muss der Anspruchsteller beweisen, dass ein äußerlich nicht erkennbarer Mangel bei Ablieferung vorlag.[64] Eine **Form** ist für die gemeinsame Feststellung nicht vorgeschrieben.[65] Der Fahrer kann den Frachtführer vertreten.[66] Der **Zeitpunkt** der gemeinsamen Feststellung ist nicht bestimmt. Sie kann vor, bei oder nach der Ablieferung vorgenommen werden.[67]

Fehlt es nachweisbar an einer **ordentlichen Überprüfung** (Manipulation, Defekt des Prüfgeräts), 15 so tritt die Wirkung der gemeinsamen Überprüfung nicht ein (vgl. englischer Text: „duly checked"),[68] ohne dass es eines Rückgriffs auf eine Anfechtung wegen Willensmängeln nach nationalem Recht[69] bedarf. Überprüfen die Parteien gemeinsam, kommen sie aber **nicht zu gemeinsamen Feststellungen,** so muss der Empfänger zur Vermeidung der Vermutungswirkung des Abs. 1 einen Vorbehalt erklären,[70] der in dem Hinweis auf die eigenen, von denen des Frachtführers abweichenden Feststellungen liegen kann.[71] Nach Ansicht des Gerechtshof Leeuwarden enthält die CMR keine abschließende Regelung über die Frachtführerhaftung in dem Sinne, dass sie abschließend die Haftung des Frachtführers für den Verlust und die Beschädigung des Transportgutes oder die Überschreitung der Lieferfrist regelt. Bei dem Transport besonders empfindlicher Güter, bei dem der Frachtführer die zusätzliche Verpflichtung, die Waren nur zu einem bestimmten Zeitpunkt und nur in Anwesenheit eines Vertreters des Absenders zu löschen, übernimmt und unterlässt er dies, wodurch ein Ladungsschaden entsteht, kann er sich nicht auf die unrechtmäßige Anwendung des Abs. 2 berufen, da der Schaden aufgrund der zusätzlich eingegangenen Verpflichtung entstanden ist.

III. Vorbehalt bei Überschreitung der Lieferfrist (Abs. 3)

1. Präklusion. Abs. 3 betrifft nur **Vermögensschäden** wegen Lieferfristüberschreitung und ist auf 16 Ansprüche wegen Verletzung einer **Nebenpflicht** oder wegen **Schlechtleistung** nach § 280 BGB auch nicht analog anwendbar.[72] Durch Lieferfristüberschreitung herbeigeführte **Substanzschäden** fallen schon unter Abs. 1, 2.[73] Ansprüche wegen Vermögensschäden erlöschen, wenn nicht rechtzeitig Vorbehalte erklärt werden. Dieser Rechtsverlust ist von **Amts wegen** zu beachten[74] und tritt nach der systematischen Stellung der Vorschrift auch bei Vorsatz oder gleichstehendem Verschulden des Fracht-

---

[57] OLG Hamburg Urt. v. 27.1.2004 – 6 U 151/03, TranspR 2004, 215 (216); *Herber/Piper* Rn. 14; *Thume/Demuth* Rn. 25; *Koller* Rn. 7, 15; GroßkommHGB/*Helm* Rn. 5; iE MüKoHGB/*Jesser-Huß* Rn. 17; *Clarke* Nr. 63b (iii) S. 241; *Sánchez-Gamborino* Nr. 1216.

[58] Cass. Paris Urt. v. 2.2.1982, ETL 1983, 47 (48); Urt. v. 15.6.1986, BT 1986, 542; Urt. v. 9.1.1990, BT 1990, 492; *Lamy* I Nr. 514; vgl. zur Kritik *Clarke* Nr. 60 S. 234; MüKoHGB/*Jesser-Huß* Rn. 16; *Hill/Messent* 219.

[59] BGH Urt. v. 8.6.1988 – I ZR 149/86, VersR 1988, 952; *Thume/Demuth* Rn. 25; GroßkommHGB/*Helm* Rn. 5; *Koller* Rn. 7.

[60] OLG Hamburg Urt. v. 13.5.1993 – 6 U 255/92, TranspR 1994, 195; *Koller* Rn. 7.

[61] *Koller* Rn. 9; *Thume/Demuth* Rn. 33.

[62] OLG Wien Urt. v. 22.6.1989 – 1 R 93/89, TranspR 1990, 158 (159); *Piper* HRR Speditions- und FrachtR Rn. 448; *Piper* VersR 1988, 201 (206); *Herber/Piper* Rn. 18; *Koller* Rn. 10; GroßkommHGB/*Helm* Rn. 6; *Thume/Demuth* Rn. 38 mwN; *Clarke* Nr. 61a S. 237.

[63] *Piper* HRR Speditions- und FrachtR Rn. 448; *Koller* Rn. 17; *Sánchez-Gamborino* Nr. 1212.

[64] *Giemulla* in Baumgärtel/Prütting/Laumen Beweislast-HdB Rn. 5; *Thume/Demuth* Rn. 41; *Koller* Rn. 17.

[65] *Loewe* ETL 1976, 503 (578); *Thume/Demuth* Rn. 35; *Koller* Rn. 9; *Herber/Piper* Rn. 19.

[66] Cass. Paris Urt. v. 27.5.1981, BT 1981, 407; ausf. MüKoHGB/*Jesser-Huß* Rn. 19 mwN; *Thume/Demuth* Rn. 37; *Hill/Messent* 218.

[67] *Herber/Piper* Rn. 19; *Thume/Demuth* Rn. 36.

[68] *Herber/Piper* Rn. 19; MüKoHGB/*Jesser-Huß* Rn. 19; *Putzeys* Nr. 576.

[69] So *Thume/Demuth* Rn. 34.

[70] *Herber/Piper* Rn. 18; *Koller* Rn. 12; MüKoHGB/*Jesser-Huß* Rn. 18.

[71] *Koller* Rn. 12; *Thume/Demuth* Rn. 38.

[72] BGH Urt. v. 27.10.1978 – I ZR 30/77, NJW 1979, 2473.

[73] GroßkommHGB/*Helm* Rn. 8; *Herber/Piper* Rn. 31; *Thume/Demuth* Rn. 42; *Koller* Rn. 18; *Clarke* Nr. 62 S. 242.

[74] BGH Urt. v. 14.11.1991 – I ZR 236/89, BGHZ 116, 95 (104); OLG Köln Urt. v. 19.8.2003 – 3 U 26/03, TranspR 2004, 322 (323).

Abs. 3, und die Befreiung von der Prozesskostensicherheit, Abs. 4. Damit in Zusammenhang stehen Art. 33 zu schiedsgerichtlichen Vereinbarungen und Art. 39 zu internationalen Gerichtsständen bei aufeinander folgenden Frachtführern.

2 Soweit die unabdingbare Vorschrift des Art. 31 reicht, geht sie als **Sonderregelung** allgemeinen Bestimmungen des nationalen Rechts,[1] aber auch der VO (EU) Nr. 1215/2012 des Rates über die gerichtliche Anerkennung und Vollstreckung von Entscheidungen in Zivil- und Handelssachen (**EuGVVO**,[2] vgl. Art. 71 EuGVVO), dem EG-Übereinkommen über die gerichtliche Zuständigkeit und die Vollstreckung gerichtlicher Entscheidungen in Zivil- und Handelssachen (**EuGVÜ**,[3] vgl. Art. 57 Abs. 2 EuGVÜ) und dem Übereinkommen von Lugano über die gerichtliche Zuständigkeit und Vollstreckung gerichtlicher Entscheidungen in Zivil- und Handelssachen (**Lugano-Übereinkommen**,[4] vgl. Art. 57 Abs. 2 LugÜ), vor.[5]

II. Geltungsbereich

3 Art. 31 findet insgesamt Anwendung auf alle **der CMR unterliegenden Beförderungsverträge**. Das ergibt sich für Abs. 1 aus seinem Wortlaut, für Abs. 2 und 3 aus der Verweisung auf Abs. 1 und für Abs. 4 aus dem Sinnzusammenhang.[6] Erfasst werden nicht nur die in der CMR selbst geregelten Forderungen, sondern ebenso sich auf nationales Recht gründende vertragliche Ansprüche aus der CMR unterliegenden Verträgen, wie solche aus **§ 280 BGB** oder Frachtansprüche, und – wie aus Art. 28 Abs. 2 entnommen werden kann – außervertragliche Ansprüche aus **unerlaubter Handlung** oder **ungerechtfertigter Bereicherung**.[7] Ob Art. 31 auch auf eine internationale Beförderung von Kraftfahrzeugen im Rahmen eines **multimodalen Frachtvertrages** Anwendung findet, war lange Zeit umstritten.[8] Der BGH entschied im Jahr 2008, dass auf multimodale Transportverträge (dazu auch § 452 HGB) Art. 31 **nicht unmittelbar** anwendbar ist.[9]

4 Die Vorschrift erstreckt sich auf **Absender** oder **Frachtführer** als Parteien des Beförderungsvertrags betreffende Ansprüche und solche, die den über Art. 13 einbezogenen **Empfänger**[10] betreffen, sowie Ansprüche, die gegen **Gehilfen** des Frachtführers,[11] Art. 3, geltend gemacht werden und aus einer Beförderung herrühren, die der CMR unterliegt. Sie gilt aber nicht für sonstige nicht am Frachtvertrag beteiligte Dritte.[12] Bei **Multimodalverträgen** kommt es darauf an, ob sie der CMR unterfallen.[13] Leitet man die Anwendbarkeit der CMR auf **Fixkosten-, Sammelladungs- und selbsteintretende Spediteure** unmittelbar aus einer (weiten) Auslegung des Begriffs des Beförderungsvertrags und nicht nur aus der Verweisung des innerstaatlichen Rechts auf das Frachtrecht her (→ Art. 1 Rn. 13, 15), so können sie zwanglos in Art. 31 einbezogen werden,[14] während sonst die allgemeinen Regeln unter

---

[1] *Loewe* ETL 1976, 503 (579); *Herber/Piper* Rn. 1; *Hill/Messent* 224.

[2] Vom 20.12.2012, ABl. L 351, 1; EuGH v. 4.9.2014 – C-157/13, TranspR 2015, 116.

[3] Vom 27.9.1968, BGBl. 1972 II 773.

[4] Vom 16.9.1988, BGBl. 1994 II 2658, 3772; in Deutschland in Kraft seit 1.3.1995, BGBl. II 221.

[5] EuGH Urt. v. 28.10.2004 – C-148/03, NJW 2005, 44 f.; BGH Urt. v. 20.11.2003 – I ZR 102/02, VersR 2004, 1024; OGH Wien Beschl. v. 18.12.2000 – 2 Nd 512/00, TranspR 2003, 66 und Beschl. v. 8.4.2002 – 2 Nd 504/02, TranspR 2003, 67; dänischer OGH Urt. v. 10.9.2003, ETR 2004, 74 (78); *Loewe* TranspR 1988, 309 (312); *Fremuth* TranspR 1983, 35 (37); *Müller/Hök* RIW 1988, 773 (774); MüKoHGB/*Jesser-Huß* Rn. 9 ff., 15; *Koller* Rn. 1; *Herber/ Piper* Rn. 3; unrichtig OLG Dresden Urt. v. 24.11.1998 – 14 U 713/98, TranspR 1999, 62 (64), soweit es eine Zuständigkeit nach dem Lugano-Übereinkommen verlangt und Art. 31 nicht anwendet, wenn der Beklagte sich nicht auf das Verfahren einlässt; vgl. *Schlosser* EuGVÜ Art. 57 Rn. 6.

[6] *Herber/Piper* Rn. 4; GroßkommHGB/*Helm* Rn. 3; MüKoHGB/*Jesser-Huß* Rn. 3.

[7] OLG Düsseldorf Urt. v. 29.9.1988 – 18 U 81/88, TranspR 1989, 10 (11); Denkschrift BT-Drs. III/1144, 44; *Arnade* TranspR 1992, 341 (342); *Müller/Hök* RIW 1988, 773 Fn. 14; *Loewe* ETL 1976, 503 (579); *Koller* Rn. 1; *Herber/Piper* Rn. 4; MüKoHGB/*Jesser-Huß* Rn. 3; *Thume/Demuth* Rn. 5, 6; *Clarke* Nr. 46b S. 180; *Sánchez-Gambo-rino* Nr. 1262; besteht Streit über die Anwendbarkeit der CMR, findet etwa aus deutscher Sicht die CMR keine Anwendung, wird eine solche aus englischer Sicht befürwortet, ist der Anwendungsbereich des Art. 31 auch nicht über das EGBGB herleitbar, vgl. *Koller* TranspR 2004, 361 f.; *Ramming* VersR 2005, 607 (611).

[8] Verneint wird dies vom OLG Karlsruhe Beschl. v. 6.10.2004 – 15 AR 40/04, TranspR 2005, 362 (363); so auch *Koller* Rn. 1; bejaht wird dies vom OLG Köln Urt. v. 25.5.2004 – 3 U 152/03, TranspR 2004, 359 (360 f.) sowie vom LG Aachen Urt. v. 28.11.2006 – 41 O 45/05, TranspR 2007, 40 (42); näher dazu die Ausführungen zu Art. 1.

[9] BGH Urt. v. 17.7.2008 – I ZR 181/05, NJW 2008, 2783 mzustAnm *Ramming* NJW 2009, 414; OLG Karlsruhe Urt. v. 17.10.2009 – 15 U 159/07, TranspR 2008, 471.

[10] *Herber/Piper* Rn. 6; *Thume/Demuth* Rn. 7.

[11] BGH Beschl. v. 31.5.2001 – I ZR 85/00, VersR 2002, 213 und Urt. v. 9.10.2003 – I ZR 17/01, TranspR 2004, 166 (168); *Schmidt* TranspR 2004, 351 (352); *Thume/Demuth* Rn. 8; *Herber/Piper* Rn. 6; krit. dazu *Koller* Rn. 1 sowie ausf. in TranspR 2002, 133 f.; *Ramming* VersR 2005, 607.

[12] C. A. Paris Urt. v. 27.11.1990, BT 1991, 243; *Loewe* ETL 1976, 503 (580); *Herber/Piper* Rn. 6. *Hill/Messent* 225; *Sánchez-Gamborino* Nr. 1262.

[13] MüKoHGB/*Jesser-Huß* Rn. 6; ähnl. *Sánchez-Gamborino* Nr. 1263.

[14] OLG München Urt. v. 31.3.1998 – 25 U 4876/97, TranspR 1998, 353 (354); MüKoHGB/*Jesser-Huß* Rn. 8; iE ebenso *Thume/Demuth* Rn. 14; vgl. auch *Arnade* TranspR 1992, 341 (343 ff.) und OLG Hamm Urt. v. 14.6.1999 – 18 U 217/98, TranspR 2000, 29 (30).

Berücksichtigung des EuGVÜ[15] herangezogen werden müssen. Art. 31 Abs. 1 ist schließlich auch auf aufeinanderfolgende Straßenfrachtführer anwendbar.

Betroffen sind **Hauptsacheverfahren, Mahnverfahren, Urkundenprozess,**[16] nicht aber der **5** **Wechselprozess** im Hinblick auf die Abstraktheit der Wechselforderung und die **Vollstreckungs- gegenklage,** § 767 ZPO, wegen des Zusammenhangs mit dem Erstprozess.[17] Auch Verfahren des **einstweiligen Rechtsschutzes** sind nicht einzubeziehen. Trotz des Wortlauts des Abs. 1 („alle Ver- fahren") ist nämlich aus der fehlenden Vollstreckbarkeit solcher Entscheidungen etwa in einem Transit- land, Abs. 4, zu schließen, dass die CMR für sie eine Regelung nicht vorsehen wollte.[18] Maßgebend für die Zuständigkeit ist hier das jeweilige Prozessrecht als lex fori. Auch einen Gerichtsstand der **Widerklage** begründet Art. 31 nicht, wenn ein solcher für eine isolierte Klage nicht gegeben wäre.[19]

Die Beförderung muss nicht durchgeführt sein. Es genügt der **Abschluss eines Beförderungs- 6 vertrags,** an den auch Art. 1 die Anwendbarkeit der CMR knüpft.[20] Auf Ansprüche aus **§§ 311a Abs. 2, 241 BGB** findet Art. 31 deshalb keine Anwendung.[21]

III. Internationale Zuständigkeit (Abs. 1)

1. Anwendungsvoraussetzungen. Abs. 1 regelt ausschließlich die **internationale** Zuständigkeit **7** eines Vertragsstaates. Mit ihr ist die örtliche oder sachliche Zuständigkeit nicht bestimmt. Fehlt es für die letzteren an einer entsprechenden ergänzenden nationalen Festlegung des international zuständigen Gerichts oder an einer Zuständigkeit nach EuGVÜ,[22] so kann eine **örtliche oder sachliche Zu- ständigkeit** nicht unmittelbar aus Art. 31 entnommen werden.[23] In Deutschland ist mit Art. 1a des Vertragsgesetzes zur CMR[24] eine solche auf die internationale Zuständigkeit abgestimmte Regelung für die örtliche Zuständigkeit getroffen worden. Damit ist die **völkerrechtliche Verpflichtung,** auch einen örtlichen Gerichtsstand zur Verfügung zu stellen,[25] erfüllt worden. Die sich aus Art. 31 ergeben- den internationalen Gerichtsstände sind **ausschließlich** und **zwingend.**[26] Für die Zuständigkeit nach Abs. 1 genügt die Behauptung der notwendigen Tatsachen, auch wenn sie im Verfahren nicht bewiesen werden können.[27]

2. Gesetzliche Gerichtsstände. Für sie kommen nach dem Wortlaut des Abs. 1 auch Gerichte **8** von **Nichtvertragsstaaten** in Betracht.[28] Es besteht dann allerdings keine Vollstreckbarkeit nach Abs. 3.

a) Gewöhnlicher Aufenthalt, Hauptniederlassung, Geschäftsstelle des Beklagten (Abs. 1 9 lit. a). Für den **gewöhnlichen Aufenthaltsort** sind allein die tatsächlichen Umstände maßgebend,

---

[15] *Arnade* TranspR 1992, 341 (342); *Koller* Rn. 1; *Schinkels* IPRax 2003, 517 f.

[16] Thume/*Demuth* Rn. 10; *Herber/Piper* Rn. 4.

[17] Thume/*Demuth* Rn. 10; *Herber/Piper* Rn. 4.

[18] MüKoHGB/*Jesser-Huß* Rn. 26; aA *Fremuth* TranspR 1983, 35 (39); Thume/*Demuth* Rn. 10.

[19] Thume/*Demuth* Rn. 38.

[20] *Csoklich* ETR 2005, 609 (610); *Arnade* TranspR 1992, 341 (342); *Herber/Piper* Rn. 5; MüKoHGB/*Jesser-Huß* Rn. 4; *Koller* Rn. 1; *Clarke* Nr. 46b S. 180; *Putzeys* Nr. 1088; *Haak,* The Liability oft he Carrier under the CMR, 1986, 281; *Sánchez-Gamborino* Nr. 1262; aA Handelsgericht Wien Urt. v. 3.4.1984 – 1 R 94/84, TranspR 1984, 152; *Loewe* ETL 1976, 503 (580); *Loewe* TranspR 1988, 309 (311); *Hill/Messent* 225; vertragliche wie außervertragliche Ansprüche werden gleichermaßen erfasst, zu einer Entgeltforderung vgl. OLG Düsseldorf Urt. v. 29.9.1988 – 18 U 81/88, TranspR 1989, 10 (11); zu außervertraglichen Ansprüchen vgl. BGH Beschl. v. 31.5.2001 – I ZR 85/00, VersR 2002, 213 (214); *Koller* Rn. 1 mwN in Fn. 8; es genügt der Abschluss eines Beförderungsvertrages zur Anwendung der CMR, auch wenn es zu einer tatsächlichen Beförderung nicht gekommen ist, vgl. OGH Wien Urt. v. 12.6.2001, ETR 2004, 357 (359); OLG Oldenburg Urt. v. 5.1.2000 – 4 U 34/99, TranspR 2000, 128; MüKoHGB/*Jesser-Huß* Rn. 4; *Koller* Rn. 1.

[21] Thume/*Demuth* Rn. 3; *Herber/Piper* Rn. 5.

[22] BGH Urt. v. 26.10.1981 – II ZR 198/80, TranspR 1984, 25 (27); *Haubold* IPRax 2006, 224 f.; *Joost* EWiR 2004, 225 f.; *Ramming* VersR 2004, 607.

[23] BGH Urt. v. 6.2.1981 – I ZR 148/78, BGHZ 79, 332 (335) = NJW 1981, 1902 mablAnm *Kropholler* NJW 1981, 1904; BGH Urt. v. 9.12.1982 – I ZR 25/81, VersR 1983, 282 (283); OLG Hamm Urt. v. 17.4.1986 – 18 U 45/84, TranspR 1986, 431; *Piper* HRR Speditions- und FrachtR Rn. 455; *Koller* Rn. 6; Thume/*Demuth* Rn. 11; *Herber/Piper* Rn. 9; MüKoHGB/*Jesser-Huß* Rn. 16; *Sánchez-Gamborino* Nr. 1268; aA *Kropholler* NJW 1981, 1904; *Suhr* VersR 1979, 830.

[24] IdF d. Gesetzes v. 5.7.1989, BGBl. II 586.

[25] *Loewe* ETL 1976, 503 (581); *Kropholler* in Martiny/Waehler, Handbuch des internationalen Zivilverfahrensrechts Bd. I, 1984, Rn. 403; *Herber/Piper* Rn. 9; zweifelnd *Herber* TranspR 1987, 55 (56).

[26] *Loewe* ETL 1976, 503 (579); Thume/*Demuth* Rn. 9; *Sánchez-Gamborino* Nr. 1286.

[27] OLG München Urt. v. 23.7.1996 – 25 U 4715/95, TranspR 1997, 33 (34); OLG Hamm Urt. v. 14.6.1999 – 18 U 217/98, TranspR 2000, 29 (30); AG Kulmbach Urt. v. 5.9.2007 – 70 C 395/02, TranspR 2003, 168 (169); zur negativen Feststellungsklage vgl. BGH Urt. v. 20.11.2003 – I ZR 102/02, TranspR 2004, 77 = NJW-RR 2004, 397 (398); dazu auch *Herber* TranspR 2003, 19 f.; *Shariatmadari* TranspR 2006, 105 ff.; *Otte* TranspR 2004, 347 (349).

[28] *Loewe* TranspR 1988, 309 (311); *Herber/Piper* Rn. 11; *Clarke* Nr. 46b S. 181; *Hill/Messent* 224; *Haak,* The Liability oft he Carrier under the CMR, 1986, 275; *Sánchez-Gamborino* Nr. 1289; aA *Suhr* VersR 1979, 830; GroßkommHGB/*Helm* Rn. 5; *Koller* Rn. 2; Thume/*Demuth* Rn. 12.

die Vorschriften über den Wohnsitz spielen keine Rolle.[29] Hinsichtlich der Geschäftsleitung ist umstritten, ob es auf den satzungsmäßigen oder den tatsächlichen Sitz der Geschäftsleitung ankommt.[30] Der **Ort der Hauptniederlassung** ist der in der Satzung als solcher bestimmte oder der abweichende tatsächliche Ort der Geschäftsleitung[31] des Beklagten, ohne dass es darauf ankommt, ob der Beförderungsvertrag dort abgeschlossen wurde.[32] Dagegen ist der **Ort einer Zweigniederlassung oder Geschäftsstelle** des Beklagten nur dann für die internationale Zuständigkeit von Bedeutung, wenn durch deren Vermittlung das Geschäft zustande kam, sei es durch die Zweig- oder Geschäftsstelle selbst, sei es über die Hauptniederlassung.[33] Der Begriff der Geschäftsstelle ist weit zu fassen. Darunter können auch selbstständige **Agenten** fallen, wenn sie wirtschaftlich die Funktion einer solchen haben.[34] Jede ständige Einrichtung, von der Geschäfte geführt werden, reicht aus, eine bestimmte Größe ist nicht vorausgesetzt.[35]

10 **b) Ort der Übernahme oder Ablieferung Abs. 1 lit. b).** Der Ort der Übernahme ist nach dem eindeutigen Wortlaut derjenige, an dem diese tatsächlich vorgenommen wurde, nicht der dafür vertraglich vorgesehene Ort.[36] Fehlt es allerdings an einer tatsächlichen Übernahme, ist entsprechend der Regelung zum Ablieferungsort der im Vertrag vorgesehene Ort maßgebend.[37] Bei **mehreren Frachtführern** ist der Ort entscheidend, an dem das Gut ursprünglich übernommen wurde, auch wenn die Klage sich gegen einen später eintretenden Unterfrachtführer richtet.[38] Der für die Ablieferung vorgesehene Ort ist allein der vertraglich oder durch zulässige nachträgliche Weisung (Art. 12) bestimmte.[39] Entscheidend ist dabei der Letzte für die Ablieferung vorgesehene Ort.[40]

11 **3. Prorogation.** Neben den von der CMR in Art. 31 unmittelbar vorgesehenen Gerichtsständen ist die Bestimmung einer **internationalen Zuständigkeit** durch Parteivereinbarung zugelassen, allerdings nur **in den Vertragsstaaten.**[41] Die Bestimmung bezieht sich ausschließlich auf die internationale Zuständigkeit.[42] Die Prorogation der örtlichen richtet sich nach nationalem Recht.

12 Der Kläger hat die **Wahl** zwischen den verschiedenen gesetzlichen und einem vereinbarten internationalen Gerichtsstand.[43] Die Vereinbarung eines internationalen Gerichtsstandes als **ausschließlichen** oder der Ausschluss eines gesetzlich vorgesehenen widerspricht nach dem eindeutigen englischen Wortlaut der zwingenden Regelung des Art. 31 und ist unwirksam.[44] Deshalb ist auch **Nr. 30.2 ADSp** im Rahmen der internationalen Zuständigkeit insoweit nicht anwendbar als sie einen aus-

---

[29] *Loewe* TranspR 1988, 309 (312); iE MüKoHGB/*Jesser-Huß* Rn. 18; *Herber/Piper* Rn. 13; *Koller* Rn. 3; *Thume/Demuth* Rn. 16.

[30] Die Zuständigkeit beider Orte wird bejaht von *Hill/Messent* 227; *Koller* Rn. 3; aA sind hingegen *Loewe* TranspR 1988, 309 (312); MüKoHGB/*Jesser-Huß* Rn. 19; *Staub/Helm* Rn. 35; für die faktische Geschäftsleitung als maßgebenden Ort spricht sich *Csoklich* ETR 2005, 609 (610) aus.

[31] *Herber/Piper* Rn. 14; *Koller* Rn. 3; *Hill/Messent* 227; aA (nur faktischer Ort) *Loewe* TranspR 1988, 309 (312); *Thume/Demuth* Rn. 17; MüKoHGB/*Jesser-Huß* Rn. 19; *Kropholler* in Martiny/Waehler, Handbuch des internationalen Zivilverfahrensrechts Bd. I, 1984, Rn. 405; *Clarke* Nr. 46b (ii) S. 183.

[32] *Loewe* ETL 1976, 503 (580); *Herber/Piper* Rn. 14; *Thume/Demuth* Rn. 18; *Koller* Rn. 3.

[33] *Herber/Piper* Rn. 15; *Thume/Demuth* Rn. 22; *Koller* Rn. 3.

[34] BGH Urt. v. 16.6.1982 – I ZR 100/80, BGHZ 84, 339 (344); *Koller* Rn. 3; *Thume/Demuth* Rn. 21; *Herber/Piper* Rn. 15; *Clarke* Nr. 46b (iii) S. 185; aA *Loewe* ETL 1976, 503 (581); MüKoHGB/*Jesser-Huß* Rn. 21 unter Rückgriff auf die Auslegung der gleich lautenden Anknüpfungsmerkmale des EuGVÜ.

[35] *Koller* Rn. 3; *Thume/Demuth* Rn. 21.

[36] BGH Urt. v. 13.3.2014 – I ZR 36/13; Handelsgericht Wien Urt. v. 3.4.1984 – 1 R 94/84, TranspR 1984, 152 (153); *Loewe* TranspR 1988, 309 (312); *Koller* Rn. 4; *Herber/Piper* Rn. 16; MüKoHGB/*Jesser-Huß* Rn. 22.

[37] *Herber/Piper* Rn. 16; aA Handelsgericht Wien Urt. v. 3.4.1984 – 1 R 94/84, TranspR 1984, 152 (153); *Sánchez-Gamborino* Nr. 1282; *Hill/Messent* 225.

[38] BGH Beschl. v. 31.5.2001 – I ZR 85/00, VersR 2002, 213 (214); OGH Wien Beschl. v. 1.4.1999 – 4 Nd 503/99, TranspR 2000, 34 (35) mwN; OLG Köln Urt. v. 25.5.2004 – 3 U 152/03, TranspR 2004, 359 (361); *Herber/Piper* Rn. 17; *Clarke* Nr. 46b (iv) S. 185; aA (auch der Übernahmeort durch den jeweiligen Bekl.) *Loewe* TranspR 1988, 309 (312); MüKoHGB/*Jesser-Huß* Rn. 22; *Haak/Hoecks* TranspR 2005, 89 (100 ff.); *Hill/Messent* 228; *Koller* TranspR 2000, 152 f.; *Sánchez-Gamborino* Nr. 1283.

[39] C.A. Paris Urt. v. 24.10.1991, BT 1991, 779; *Koller* Rn. 4; *Thume/Demuth* Rn. 26; *Herber/Piper* Rn. 26; *Clarke* Nr. 46b (iv) S. 186; *Dorrestein*, Recht van het internationale wegvervoer, 1977, 285; *Sánchez-Gamborino* Nr. 1285.

[40] BGH Urt. v. 18.12.2003 – I ZR 228/01, NJW-RR 2004, 762 (763); aA OLG Hamm Urt. v. 31.5.2001 – 18 U 200/00, TranspR 2001, 397 (398).

[41] BGH Urt. v. 18.12.2003 – I ZR 228/01, NJW-RR 2004, 762; *Herber/Piper* Rn. 21; HEPK/*Glöckner* Rn. 6; *Clarke* Nr. 46c S. 186; *Hill/Messent* 224, 225; *Sánchez-Gamborino* Nr. 1269; ohne Einschränkung für Vereinbarung nach Klageerhebung *Koller* Rn. 5; *Thume/Demuth* Rn. 33; *Putzeys* Nr. 1095.

[42] *Koller* Rn. 5; *Herber/Piper* Rn. 19.

[43] *Loewe* ETL 1976, 503 (580); HEPK/*Glöckner* Rn. 8; *Herber/Piper* Rn. 7; *Clarke* Nr. 46c S. 187; *Hill/Messent* 224.

[44] OLG Hamburg Urt. v. 26.4.1984 – 8 U 252/83, TranspR 1984, 194 (195); OLG Wien Urt. v. 15.10.1986 – 4 R 163/86, TranspR 1987, 223; *Fremuth* TranspR 1983, 35 (37); *Mankowski* TranspR 1993, 213 (217); *Koller* Rn. 2, 5; *Thume/Demuth* Rn. 27; *Clarke* Nr. 46c S. 188.

schließlichen Gerichtsstand vorsieht.[45] Die Regelung kann aber als Vereinbarung eines zusätzlichen internationalen Gerichtsstandes aufrechterhalten werden.[46]

Formvorschriften für die Vereinbarung eines internationalen Gerichtsstandes enthält die CMR **13** nicht. Insoweit ist auf das **nationale Recht**[47] der lex fori[48] zurückzugreifen. Ist deutsches Recht anzuwenden, gilt § 38 ZPO und nicht EuGVÜ bzw. EuGVVO, weil letzteres auf die Begründung eines ausschließlichen Gerichtsstandes zielt.[49] Die Vereinbarung ist danach formlos und stillschweigend möglich.[50] Auch durch rügelose Einlassung zur Hauptsache kann die Zuständigkeit begründet werden, § 39 ZPO.[51] Die **Eintragung im Frachtbrief** fordert die CMR nicht.[52] Soll die Prorogation jedoch dem Empfänger oder einem nachfolgenden Frachtführer entgegengesetzt werden, verlangt der Gedanke des Art. 13 Abs. 2 S. 1 und des Art. 34 die Eintragung im Frachtbrief.[53]

IV. Örtliche, sachliche Zuständigkeit

Sie bestimmen sich nach dem **innerstaatlichen Recht** des Staates des international zuständigen **14** Gerichts.[54] In Deutschland sind die Zuständigkeitsvorschriften nach EuGVVO, EuGVÜ und LugÜ maßgebend (etwa für die Zuständigkeit am Ort einer Zweigniederlassung oder am Erfüllungsort, § 29 ZPO, Art. 5 EuGVVO,[55] Art. 5 Nr. 1, 5 EuGVÜ, Art. 5 LugÜ)[56] und, soweit diese nicht vorgehen, die allgemeinen Regeln der ZPO (§§ 13, 17, 21, 38 f. ZPO). Da in Deutschland die allgemeinen innerstaatlichen Vorschriften aber nicht für jeden Fall der internationalen Zuständigkeit nach Art. 31 eine örtliche Zuständigkeit boten, ist mit Art. 1a des Vertragsgesetzes zur CMR der völkerrechtlichen Verpflichtung entsprechend eine die Lücke schließende Regelung getroffen worden. Sie knüpft in gleicher Weise wie Art. 31 an **Übernahme- und Ablieferungsort** an. Dazu gilt das unter → Rn. 10 Ausgeführte. Art. 31 ist zwingend (Art. 41) und geht der EuGVO,[57] dem EuGVÜ sowie dem Übereinkommen von Lugano über die gerichtliche Zuständigkeit und Vollstreckung gerichtlicher Entscheidungen in Zivil- und Handelssachen v. 16.9.1988 vor.[58] Dies gilt selbst dann, wenn die Ansprüche gegenüber einem Unterfrachtführer als Hilfsperson (Art. 3) geltend gemacht werden,[59] wobei allein der zwischen Hauptfrachtführer und Auftraggeber geschlossene Gesamtbeförderungsvertrag darüber entscheidet, ob die Streitigkeit aus einer der CMR unterliegenden Beförderung entstanden ist.[60] Der für

---

[45] *Kropholler* in Martiny/Waehler, Handbuch des internationalen Zivilverfahrensrechts Bd. I, 1984, Rn. 407; *Koller* Rn. 5; *Herber/Piper* Rn. 20; *Thume/Demuth* Rn. 45; aA OLG Hamburg Urt. v. 30.4.1981 – 6 W 175/80, TranspR 1984, 132 (133).

[46] *Fischer* TranspR 1999, 261 (289); MüKoHGB/*Jesser-Huß* Rn. 24; vgl. auch OLG Oldenburg Urt. v. 5.1.2000 – 4 U 34/99, TranspR 2000, 128 (129).

[47] Gent ETR 2006, 570; *Loewe* TranspR 1988, 309 (311); *Herber/Piper* Rn. 22; *Koller* Rn. 5; *Thume/Demuth* Rn. 28; aA (aus CMR ergibt sich Formfreiheit) belg. OGH Urt. v. 29.4.2004, ETR 2004, 688; AG Köln Urt. v. 6.2.1985 – 119 C 270/84, TranspR 1985, 179 (180); MüKoHGB/*Jesser-Huß* Rn. 25.

[48] OLG Bamberg Urt. v. 22.9.1988 – 1 U 302/87, IPRax 1990, 105 (106); OLG Wien Urt. v. 15.10.1986 – 4 R 163/86, TranspR 1993, 213 (223); *Csoklich* ETR 2005, 609 (619); *Loewe* TranspR 1988, 309 (311); *Müller/Hök* RIW 1988, 774; *Thume/Demuth* Rn. 29; *Koller* Rn. 5; aA (lex causae) *Herber/Piper* Rn. 22.

[49] *Fremuth* TranspR 1983, 35 (37); *Müller/Hök* RIW 1988, 774; *Koller* Rn. 5; *Herber/Piper* Rn. 22 mwN; *Thume/Demuth* Rn. 28, 31; aA GroßkommHGB/*Helm* Rn. 4; *Kropholler* in Martiny/Waehler, Handbuch des internationalen Zivilverfahrensrechts Bd. I, 1984, Rn. 406.

[50] *Fremuth* TranspR 1983, 35 (37); *Müller/Hök* RIW 1988, 774 (775); *Herber/Piper* Rn. 22; *Koller* Rn. 5; aA GroßkommHGB/*Helm* Rn. 4; *Kropholler* in Martiny/Waehler, Handbuch des internationalen Zivilverfahrensrechts Bd. I, 1984, Rn. 406.

[51] OLG Hamburg Urt. v. 27.8.1981 – 6 U 68/81, TranspR 1985, 184; *Fremuth* TranspR 1983, 35 (37); *Koller* Rn. 5; *Herber/Piper* Rn. 23; MüKoHGB/*Jesser-Huß* Rn. 25.

[52] Cour Cass (Belgien) ETR 2004, 688; Gent ETR 2006, 570.

[53] *Koller* Rn. 5; *Herber/Piper* Rn. 22; *Lamy* I Nr. 556 lit. a; ähnl. *Clarke* Nr. 46c S. 186 (Bindung nur bei Kenntnis); aA *Loewe* ETL 1976, 503 (580); *Thume/Demuth* Rn. 32; *Hill/Messent* 226.

[54] BGH Urt. v. 6.2.1981 – I ZR 148/78, BGHZ 79, 332 (335); Cass. Paris Urt. v. 17.1.1995, BT 1995, 90; *Koller* Rn. 6; MüKoHGB/*Jesser-Huß* Rn. 16; *Thume/Demuth* Rn. 35.

[55] Dazu, dass der Erfüllungsort gem. Art. 5 Nr. 1b EuGVVO autonom ist, vgl. *Koller* Rn. 5, s. aber die Einschränkungen des BGH Urt. v. 1.6.2005 – VIII ZR 256/04, NJW-RR 2005, 1518 (1521).

[56] Vgl. iE *Thume/Demuth* Rn. 36 ff.; *Schneider* BGHReport 2004, 321 f.

[57] Zu Ausgangs- und Bestimmungsort als Erfüllungsorte gem. Art. 5 Nr. 1 lit. b EuGVO vgl. EuGH Urt. v. 9.7.2009 – C-204/08, NJW 2009, 2801 mzustAnm *Mankowski* TranspR 2009, 303 (auf Vorlagebeschluss BGH Beschl. v. 22.4.2008 – X ZR 76/07, NJW 2008, 2121.

[58] *Vogl* EWiR 2004, 1219 zu Art. 57 Abs. 2 lit. a S. 2 EuGVÜ (auf Vorlagebeschluss OLG München Urt. v. 27.3.2003 – 14 U 281/02, TranspR 2003, 155), ebenso bereits BGH Urt. v. 20.11.2003 – I ZR 102/02, NJW-RR 2004, 2004, 497, aA OLG Dresden VersR 1999, 1260; OLG München Urt. v. 8.6.2000 – 14 U 770/99, TranspR 2001, 399 (401); mit Vorbehalten nun EuGH Urt. v. 4.5.2010 – C-533/08, NJW 2010, 1736 zu Art. 71 EuGVO. Der EuGH ist für die Auslegung von Art. 31 allerdings nicht zuständig, vgl. EuGH Urt. v. 4.5.2010 – C-533/08, NJW 2010, 1736, 1738.

[59] BGH Beschl. v. 31.5.2001 – I ZR 85/00, NJW-RR 2002, 31 mAnm *Koller* TranspR 2002, 133.

[60] BGH Urt. v. 20.11.2008 – I ZR 70/06, TranspR 2009, 27 mAnm *Koller* LMK 2009, 276423, krit. *Eichel* TranspR 2010, 426.

die Ablieferung vorgesehene Ort bleibt als Gerichtsstand nach I b auch dann erhalten, wenn das Gut im Hinblick auf seine Beschädigung nicht abgeliefert, sondern zurückbefördert wird.[61] Eine Konkretisierung oder nachträgliche Änderung oder eine bezüglich des Ablieferungsortes erteilte Weisung bestimmen auch die örtliche Zuständigkeit.[62]

15   Auch eine **Prorogation** der örtlichen Zuständigkeit im Rahmen der international gegebenen richtet sich nach nationalem Recht.[63] Einschlägig ist vorrangig Art. 23 EuGVVO, Art. 17 EuGVÜ einschließlich der dort bestimmten Formvorschriften,[64] und wenn dieser keine Anwendung findet (§ 38 ZPO). Nach § 38 ZPO genügt eine formlose Abrede. Die Bestimmung eines **ausschließlichen** örtlichen oder sachlichen **Gerichtsstandes** ist möglich. Da die Vereinbarung eines ausschließlichen internationalen Gerichtsstandes nach Art. 31 aber **unwirksam** ist, kann ein örtlicher ausschließlicher Gerichtsstand über Nr. 30.2 ADSp nur dann begründet werden, wenn der internationale schon nach Art. 31 besteht und auch kein in Deutschland vorhandener internationaler Gerichtsstand damit ausgeschlossen wird.[65] Eine unwirksame Vereinbarung eines ausschließlichen Gerichtsstands in die eines zusätzlichen Wahlgerichtsstands lässt sich allerdings umdeuten.[66] Die Gerichtsstandsvereinbarung ist zwar formfrei, soweit Art. 23 EuGVVO anwendbar ist, gilt allerdings dessen Form (str.). Formfreie Vereinbarungen des Erfüllungsorts und damit der Zuständigkeit sind nach Art. 5 EuGVVO möglich.[67]

V. Einrede der Rechtsfähigkeit und Rechtskraft (Abs. 2)

16   Die deutsche Rechtsprechung verlangt für die Einrede der Rechtskraft und Rechtshängigkeit, dass das ausländische Urteil die Anerkennungsvoraussetzungen nach § 328 ZPO erfüllt.[68]

17   **Abs. 2** betrifft nur Verfahren vor bzw. Urteile von Gerichten in Vertragsstaaten, da nur diese nach dem Wortlaut des Abs. 2 „nach Abs. 1 zuständig sind".[69] Wann von Rechtshängigkeit oder Rechtskraft auszugehen ist, beurteilt sich nach dem Recht des ersten Gerichts, bei dem die Klage eingereicht wurde.[70] Nach dem Wortlaut des Abs. 2 genügt Anhängigkeit. Rechtshängigkeit ist nicht gefordert, so dass nach deutschem Recht ein anhängiges Mahnverfahren die Blockadewirkung herbeiführen kann.[71] Es muss sich um Klage „wegen derselben Sache" handeln. Bei beiden Klagen muss derselbe Sachverhalt zugrunde liegen, dh es muss **„Nämlichkeit des Streitgegenstandes"** bestehen. Ein bloßer Sachzusammenhang zwischen den Klagen reicht nicht aus.[72] Die Rechtshängigkeit einer vom Schuldner gegen den Gläubiger bei einem nach I zuständigen Gericht erhobenen negativen Feststellungsklage steht der späteren Erhebung der Leistungsklage durch den Gläubiger vor dem zuständigen Gericht eines anderen CMR-Vertragsstaats nicht entgegen.[73]

18   Was Identität des Streitgegenstandes ist, sollte autonom ausgelegt werden.[74] Es ist nicht auf Grund normaler Übereinstimmung beider Klagen die Identitätsfrage zu prüfen. Auch spielen nicht allein Parteien, Anträge und die rechtlichen Begründungen die ausschlaggebende Rolle bei der Prüfung der Identität. Vielmehr ist auf den Kernpunkt „beider Verfahren" abzustellen. Der englische Text spricht von **„on the same grounds"**. Daraus könnte gefolgert werden, dass Identität nicht besteht, wenn zwar der Sachverhalt derselbe ist, die Klagen jedoch auf unterschiedliche Rechtsgrundlagen gestützt

---

[61] BGH Urt. v. 18.12.2003 – I ZR 228/01, NJW-RR 2004, 763.

[62] OLG Hamburg Urt. v. 7.4.1994 – 6 U 68/94, TranspR 1995, 115 (116); LG Hamburg Urt. v. 20.10.1993 – 417 O 223/92, TranspR 1995, 114 (115); LG Freiburg Urt. v. 20.10.1994 – 12 O 175/93, TranspR 1995, 113 (114); LG München I Urt. v. 19.7.1994 – 13 HKO 19895/92, TranspR 1995, 116 (117) mAnm *Herber* TranspR 1995, 117; *Herber/Piper* Rn. 19.

[63] MüKoHGB/*Jesser-Huß* Rn. 24; *Herber/Piper* Rn. 19; *Thume/Demuth* Rn. 40.

[64] *Kropholler,* Europäisches Zivilprozessrecht, 10 Aufl. 2018, Art. 57 Rn. 4.

[65] BGH Urt. v. 18.12.2003 – I ZR 228/01, NJW-RR 2004, 762; OLG Karlsruhe Beschl. v. 6.10.2004 – 15 AR 40/04, TranspR 2005, 362 (363); OLG Hamburg Urt. v. 30.4.1981 – 6 W 175/80, TranspR 1984, 132; Urt. v. 26.4.1984 – 6 U 252/83, TranspR 1984, 193 (194); *Herber/Piper* Rn. 20; *Thume/Demuth* Rn. 46; noch enger *Koller* Rn. 6.

[66] Vgl. OGH Wien Entsch. v. 27.11.2008 – 7 Ob 194/08t, TranspR 2009, 413 mAnm *Jesser-Huß* TranspR 2009, 415. Kein Konkurrenzverhältnis zu Rom I-VO, da die CMR schon nicht von Art. 25 Abs. 1 Rom I-VO erfasst wird, s. auch *Wagner* TranspR 2009, 107 f., aA *Jayme/Nordmeier* IPRax 2008, 507 f. (Vorrang CMR nach Art. 25 Abs. 1 Rom I-VO).

[67] Vgl. *Mankowski* TranspR 2008, 67.

[68] BGH Urt. v. 10.10.1985 – I ZR 1/83, NJW 1986, 2195 und OLG Hamm Urt. v. 6.7.1988 – 8 WF 352/88, NJW 1988, 3102, *Haak* TranspR 2006, 325 (333).

[69] *Thume/Demuth* Rn. 52 und MüKoHGB/*Jesser-Huß* Rn. 29; *Koller* Rn. 2.

[70] *Herber/Piper* Rn. 22.

[71] *Loewe* TranspR 1988, 309 ff.

[72] RH Brüssel Urt. v. 28.2.1975, ETL 1975, 419 und *Clarke* Nr. 46d S. 189.

[73] BGH Urt. v. 20.11.2003 – I ZR 102/02, NJW-RR 2004, 497 mAnm *Otte* TranspR 2004, 347, abl. *Barnert* ZZP 118, 81, s. auch *Haak* TranspR 2009, 189.

[74] Vgl. die Rspr. des EuGH zur Parallelvorschrift des Art. 21 EuGVÜ; EuGH Urt. v. 8.12.1987 – 144/86 (Gubisch), NJW 1989, 665; MüKoHGB/*Jesser-Huß* Rn. 30.

werden. Dem widerspricht der französische Text mit der Formulierung **„pour la même cause"**. Die Verneinung der Identität könnte bei unterschiedlichen Rechtsgrundlagen zu einem sog „forum shopping" führen.[75]

VI. Vollstreckbarkeit (Abs. 3 und 4)

Abs. 3 erklärt unter bestimmten Voraussetzungen Urteile von Gerichten der Vertragsstaaten in **19** CMR-Sachen für alle Vertragsstaaten vollstreckbar. **Abs. 4** enthält eine Legaldefinition für den Begriff „Urteil". Das Urteil muss „in einer Streitsache" iSd Abs. 1 zu einem CMR-Transport ergangen sein.[76] Zu den Voraussetzungen des Abs. 1 und damit zur Vollstreckbarkeit gehört auch, dass das Gericht des erkennenden Staates international zuständig war.[77] Vollstreckbare Titel sind in erster Linie Leistungsurteile. Auch Versäumnisurteile sowie gerichtliche Vergleiche können vollstreckbar sein, wenn sie in dem Staat, in dem sie erlassen wurden, entsprechenden Rechtscharakter haben. Ferner werden Entscheidungen in Mahnverfahren als Vollstreckungstitel anerkannt.[78] Nicht für vollstreckbar erklärt werden können Urteile ohne vollstreckungsfähigen Inhalt. Unschädlich ist allerdings, wenn sich der vollstreckungsfähige Inhalt erst aus dem Zusammenhang mehrerer Titel ergibt. Klageabweisende Urteile, die dem Kläger Schadensersatz oder Zinsen auferlegen, sind dagegen von der internationalen Vollstreckbarkeit nach Abs. 4 ausgenommen. Voraussetzung für die Anwendbarkeit der Abs. 3 und 4 ist, dass der Titel des erkennenden Staates **endgültig vollstreckbar** geworden ist. Dementsprechend unterfallen neben den vorläufig vollstreckbaren Entscheidungen auch Entscheidungen im einstweiligen Rechtsschutzverfahren nicht den Abs. 3 und 4.

VII. Sicherheitsleistung (Abs. 5)

Abs. 5 befreit Staatsangehörige der Vertragsstaaten mit Wohnsitz oder Niederlassung in einem dieser **20** Staaten von der nach den nationalen Rechtsordnungen etwa bestehenden Verpflichtungen zur Sicherheitsleistung von Prozesskosten. Abs. 5 ist lex specialis zu § 110 ZPO.[79] Abs. 5 ordnet nach seinem Wortlaut nicht nur eine Gleichstellung von inländischen und ausländischen Klägern an, sondern verbietet den Vertragsstaaten im Geltungsbereich der CMR, auch von inländischen Klägern Sicherheiten für Prozesskosten zu verlangen.[80] Die Vorschusspflicht für Gerichtskosten gem. §§ 65, 68, 69 GKG werden von der Vorschrift des Abs. 5 nicht erfasst. Gleiches gilt für die Sicherheitsleistung bei vorläufig vollstreckbaren Urteilen gem. §§ 709 ff. ZPO.[81]

Art. 32 [Verjährung]

(1) ¹Ansprüche aus einer diesem Übereinkommen unterliegenden Beförderung verjähren in einem Jahr. ²Bei Vorsatz oder bei einem Verschulden, das nach dem Recht des angerufenen Gerichtes dem Vorsatz gleichsteht, beträgt die Verjährungsfrist jedoch drei Jahre. ³Die Verjährungsfrist beginnt

a) bei teilweisem Verlust, Beschädigung oder Überschreitung der Lieferfrist mit dem Tage der Ablieferung des Gutes;

b) bei gänzlichem Verlust mit dem dreißigsten Tage nach Ablauf der vereinbarten Lieferfrist oder, wenn eine Lieferfrist nicht vereinbart worden ist, mit dem sechzigsten Tage nach der Übernahme des Gutes durch den Frachtführer;

c) in allen anderen Fällen mit dem Ablauf einer Frist von drei Monaten nach dem Abschluß des Beförderungsvertrages.

⁴Der Tag, an dem die Verjährung beginnt, wird bei der Berechnung der Frist nicht mitgerechnet.

(2) ¹Die Verjährung wird durch eine schriftliche Reklamation bis zu dem Tage gehemmt, an dem der Frachtführer die Reklamation schriftlich zurückweist und die beigefügten Belege zurücksendet. ²Wird die Reklamation teilweise anerkannt, so läuft die Verjährung nur für den noch streitigen Teil der Reklamation weiter. ³Der Beweis für den Empfang der Reklamation oder der Antwort sowie für die Rückgabe der Belege obliegt demjenigen,der

[75] Vgl. *Hill/Messent* 230; zum Begriff des „forum shopping" → Art. 1 Rn. 16.

[76] Thume/*Demuth* Rn. 55; *Koller* Rn. 9 und *Herber/Piper* Rn. 30.

[77] OLG Düsseldorf Urt. v. 14.6.1973 – 18 U 6/73, DB 1973, 1697; *Heussler* EWiR 2004, 227 f.; *Vogl* EWiR 2004, 1219 f.

[78] *Mühler/Hök* RIW 1988, 773 ff.; *Loewe* ETL 1976, 503 (503 ff. und 583 ff.); *Koller* Rn. 9.

[79] GroßkommHGB/*Helm* Rn. 8; MüKoHGB/*Jesser-Huß* Rn. 39 und *Herber/Piper* Rn. 35.

[80] *Clarke* Nr. 46f S. 190; *Hill/Messent* 173; GroßkommHGB/*Helm* Rn. 8; *Koller* Rn. 11; aA *Loewe* ETL 1976, 503 (582).

[81] Thume/*Demuth* Rn. 65.

sich darauf beruft. [4]Weitere Reklamationen, die denselben Anspruch zum Gegenstand haben, hemmen die Verjährung nicht.

(3) [1]Unbeschadet der Bestimmungen des Absatzes 2 gilt für die Hemmung der Verjährung das Recht des angerufenen Gerichtes. [2]Dieses Recht gilt auch für die Unterbrechung der Verjährung.

(4) Verjährte Ansprüche können auch nicht im Wege der Widerklage oder der Einrede geltend gemacht werden.

Schrifttum: *Bracker,* Aktuelle Entwicklungen im Recht des internationalen Straßengütertransports, TranspR 1999, 7; *De Beule,* L'article 32.2 CMR, ETL 1988, 658; *Demuth,* Verhandlungen, Verjährungsverzicht, insbesondere bei Forderungsübergang, TranspR 2016, 64; *Drews,* Zur Frage der Hemmung der Verjährung im Transportrecht, TranspR 2004, 340; *Herber,* Dreijährige Verjährung von Primärleistungsansprüchen nach § 439 Abs. 1 Satz 2 HGB? TranspR 2010, 357; *Jesser-Huß,* Zum Verjährungsbeginn bei Regressansprüchen zwischen Hauptfrachtführer und Unterfrachtführer, TranspR 2001, 81; *Köper,* Zur Anwendbarkeit des § 439 Abs. 1 S 2 auf Frachtansprüche, TranspR 2006, 191; *Koller,* Konkurrenz der vertraglichen Zahlungs- oder Freistellungsansprüche mit Ansprüchen aus Drittschadensliquidation und die Verjährung, RdTW 2015, 361; *Loewe,* Die Bestimmungen der CMR über Reklamationen und Klagen, TranspR 1988, 309; *Schmid/Kehl,* Das Problem sogenannter spätestehender Ansprüche im Zusammenhang mit der Verjährungsvorschrift des Art. 32 CMR, TranspR 1995, 435; *Thume,* Aktivlegitimation und Regressverfolgung in Deutschland, dargestellt am Beispiel der CMR, ETL 2005, 801; *Thume,* Neue Rechtsprechung zur Verjährung im Transportrecht, TranspR 2009, 233.

Parallelvorschriften: § 439 HGB; Art. 58 CIM.

Übersicht

I. Allgemeines

1 Art. 32 gilt für die Verjährung **aller Ansprüche,** die sich aus einer der CMR unterliegenden Beförderung ergeben. Zusätzlich zu den Ansprüchen, die die CMR unmittelbar selbst regelt, erfasst die einheitliche Verjährungsregelung auch alle sich nach ergänzend anwendbarem nationalen Recht ergebenden Ansprüche, soweit sie mit der CMR-Beförderung in sachlichem Zusammenhang stehen,[1] auch Ansprüche, die außerhalb des Obhutszeitraums des Frachtführers entstehen.[2] Verjährungsregelungen **außervertraglicher Ansprüche** werden durch Art. 32 verdrängt.[3] Art. 32 ist insoweit lex specialis.

2 Allerdings regelt Art. 32 die Verjährung **nicht abschließend.** Art. 32 Abs. 3 verweist in Bezug auf die Wirkungen der Hemmung oder Unterbrechung der Verjährung auf das Recht des angerufenen Gerichts (lex fori). Die Norm enthält ebenfalls keine Regelung für die Wirkung der Verjährung[4] sowie zu der Frage, ob die Verjährung als Einrede oder von Amts wegen zu beachten

---

[1] BGH Urt. v. 10.1.2008 – I ZR 13/05, TranspR 2008, 84; *Thume/Demuth* Rn. 1; *Herber/Piper* Rn. 5.
[2] BGH Urt. v. 10.1.2008 – I ZR 13/05, TranspR 2008, 84: Beschädigung des Guts nach erfolgter Ablieferung.
[3] BGH Urt. v. 10.1.2008 – I ZR 13/05, TranspR 2008, 84; *Thume/Demuth* Rn. 1; *Koller* Art. 28 Rn. 4.
[4] *Koller* Art. 1 Rn. 1.

ist.[5] Diese Fragen bestimmen sich nach dem kollisionsrechtlich zur ergänzenden Regelung des Vertrages berufenen nationalen Recht.[6] Ist deutsches Recht anwendbar, so ist die Verjährung im Prozess als **Einrede** zu erheben (§ 222 BGB).[7] Gleiches gilt, soweit österreichisches Recht Anwendung findet (§ 1501 ABGB). Dies ist ein bedeutsamer Unterschied zu sog. Ausschlussfristen, welche von Amts wegen zu berücksichtigen sind.[8]

II. Anwendungsbereich

Die Verjährungsregelung erfasst alle Ansprüche, gleichgültig ob es sich um Ansprüche des Fracht- 3 führers,[9] des Absenders oder des Empfängers handelt.[10] Unerheblich ist, ob die Ansprüche aus der CMR oder aus unvereinheitlichtem nationalen Recht entnommen werden, sofern diese mit der CMR-Beförderung in sachlichem Zusammenhang stehen.[11] Die der Verjährung nach Art. 32 unterliegenden Ansprüche sind nicht auf Geldleistungen oder Zahlungsansprüche begrenzt.[12] Es spielt auch keine Rolle, ob es sich um vertragliche oder außervertragliche Ansprüche handelt;[13] Art. 32 gilt selbst bei Straftaten.[14] Erfasst werden neben den Primäransprüchen, also dem Anspruch auf Ausführung der Beförderung sowie dem Frachtzahlungsanspruch insbesondere der Anspruch auf Ersatz notwendiger Auswendungen wie verauslagter Zölle,[15] Ersatzansprüche aus der Verletzung vertraglicher Pflichten,[16] aus ungerechtfertigter Bereicherung,[17] Ansprüche aus unerlaubter Handlung,[18] Auskunftsansprüche,[19] Herausgabeansprüche bezüglich des Gutes oder Paletten,[20] Ansprüche auf Vornahme einer Handlung oder Unterlassungsansprüche, Ansprüche aus Nichterfüllung.[21] Auch Regress- und Freistellungsansprüche des Hauptfrachtführers gegen den schädigenden Unterfrachtführer unterliegen der Verjährung nach Art. 32.[22] Ersatzansprüche wegen der Verletzung einer Nachnahme verjähren ebenfalls nach Art. 32.[23]

Erfasst werden jedoch nur Ansprüche, die auf einem **rechtswirksamen Frachtvertrag** beruhen,[24] 4 sodass Ansprüche aus § 311 Abs. 2 BGB nicht unter Art. 32 fallen (str.).[25] Ob die Beförderung bereits begonnen hat oder nicht, ist für die Verjährungsregelung ebenso ohne Belang wie die Frage, ob das Gut bei Entstehung des Anspruchs bereits abgeliefert war[26]. Nicht erfasst werden auch Ansprüche aus **selbstständigen Abreden,**[27] etwa der Zusage eines Absenders, dem Frachtführer nach Abschluss der

---

[5] *Loewe* TranspR 1988, 309 (315); *Thume/Demuth* Rn. 2; *Herber/Piper* Rn. 2.

[6] *Loewe* TranspR 1988, 309 (315); *Herber/Piper* Rn. 1; *Koller* Rn. 1.

[7] Vgl. OLG Düsseldorf Urt. v. 14.7.1983 – 18 U 15/83, TranspR 1984, 16.

[8] BGH Urt. v. 7.5.1963 – VI ZR 198/62, NJW 1963, 1405; OLG Köln Urt. v. 20.11.1980 – 1 U 120/79, ZLW 1982, 167 (174); OLG Frankfurt a. M. Urt. v. 12.7.1977 – 5 U 188/76, NJW 1978, 502.

[9] BGH Urt. v. 28.2.1975 – I ZR 35/74, NJW 1975, 1075 = AWD 1975, 291; *Thume/Demuth* Rn. 17; *Koller* Rn. 1; *Herber/Piper* Rn. 5.

[10] BGH Urt. v. 10.4.1974 – I ZR 84/73, NJW 1974, 614 = VersR 1974, 796; *Thume/Demuth* Rn. 16; *Koller* Rn. 1; *Herber/Piper* Rn. 6.

[11] BGH Urt. v. 10.5.1990 – I ZR 234/88, TranspR 1990, 418 = VersR 1991, 238 (Gesamtschuldnerausgleich unter Frachtführern); Urt. v. 14.5.2009 – I ZR 208/06, TranspR 2009, 477 (Anspruch aus § 280 BGB); Urt. v. 20.11.2008 – I ZR 70/06, TranspR 2009, 26 Rn. 22; OLG Düsseldorf Urt. v. 8.3.1976 – 1 U 181/75, VersR 1976, 1161; OLG Nürnberg Urt. v. 26.11.1974 – 7 U 135/74, NJW 1975, 501; OGH Urt. v. 22.5.1978 – 1 Ob 563/78, TranspR 1980, 143; OLG München Urt. v. 29.9.1999 – 7 U 1966/99 (nv); *Herber/Piper* Rn. 5; *Koller* Rn. 1.

[12] *Thume/Demuth* Rn. 3.

[13] BGH Urt. v. 18.2.1972 – I ZR 103/70, NJW 1972, 1003; OLG Düsseldorf Urt. v. 8.5.1969, ETL 1970, 446 (462); *Loewe* TranspR 1988, 309 (313); *Herber/Piper* Rn. 5.

[14] Rechtbank van Koophandel Urt. v. 30.6.2000 – A. R. 95/10997, ETL 2000, 796 (801).

[15] BGH Urt. v. 7.3.2013 – I ZR 186/11, RdTW 2013, 218 (zu § 439 HGB).

[16] BGH Urt. v. 27.10.1978 – I ZR 30/77, VersR 1979, 276; OLG Hamburg Urt. v. 24.1.1985 – 6 U 149/84, TranspR 1985, 185 (186); OLG Düsseldorf Urt. v. 18.10.1984 – 18 U 71/84, TranspR 1984, 276.

[17] BGH Urt. v. 18.2.1972 – I ZR 103/70, NJW 1972, 1003; OLG Saarbrücken Urt. v. 7.4.2004 – 5 U 726/03, BeckRS 2005, 00403; OGH Urt. v. 2.4.1982 – 7 Ob 575/82, TranspR 1984, 43; *Koller* Rn. 1; *Herber/Piper* Rn. 6; aA LG Essen Urt. v. 24.10.1990 – 15 S 211/90, TranspR 1992, 326.

[18] OLG Düsseldorf Urt. v. 18.10.1984 – 18 U 71/84, TranspR 1984, 276; OLG Düsseldorf Urt. v. 8.5.1969, ETL 1970, 446 (462); OGH Wien Urt. v. 22.2.1990 – 7 Ob 47/89, VersR 1991, 127 (128); Urt. v. 15.3.2005 – 1 Ob 21/05b, ETL 2005, 878.

[19] OLG München Urt. v. 10.10.1992 – 7 U 3528/89, TranspR 1991, 138 (139).

[20] *Thume/Demuth* Rn. 3.

[21] OGH Wien Urt. v. 12.2.1985 – 5 Ob 505/85, TranspR 1986, 374 (376).

[22] OGH Wien Urt. v. 20.6.2000 – 2 Ob 75/99i, TranspR 2001, 79; dazu *Jesser-Huß* TranspR 2001, 81; *Loewe* TranspR 1988, 309 (314 ff.); *Jesser* 183; *Koller* Rn. 5.

[23] Gerechtshof's Hertogenbosch Urt. v. 13.1.1970, ETL 1971, 817; *Herber/Piper* Rn. 6.

[24] BGH Urt. v. 8.5.2014 – I ZR 217/12, TranspR 2014, 331; *Thume/Demuth* Rn. 4; *Koller* Rn. 1; MüKoHGB/*Jesser-Huß* Rn. 5.

[25] *Thume/Demuth* Rn. 4; *Koller* Rn. 1; aA *Loewe* TranspR 1988, 309 (313); *Herber/Piper* Rn. 6.

[26] BGH Urt. v. 10.1.2008 – I ZR 13/05, TranspR 2008, 84 Rn. 12 ff.

[27] Näher dazu *Thume/Demuth* Rn. 6 f.

CMR-Beförderung eine Rückfracht zu verschaffen.[28] Keine selbstständige Abrede ist die Übernahme von Zollformalitäten im Rahmen eines Frachtvertrags,[29] wohl aber dann, wenn sie von einem im Übrigen unbeteiligten Dritten versprochen wird.[30]

5 Die Verjährungsvorschrift gilt nicht für die Geschäftsbesorgungsspedition,[31] jedoch uneingeschränkt für den Spediteur im Falle des Selbsteintritts, der Sammelladungs- und der **Fixkostenspedition,** da den Spediteur hinsichtlich der Beförderung insoweit die Rechte und Pflichten eines Frachtführers treffen.[32] Ansprüche des Versenders gegen den Grenzspediteur unterliegen nicht der Verjährungsvorschrift des Art. 32, da es sich insoweit nicht um Ansprüche aus einer der CMR unterliegenden Beförderung handelt.[33] Ansprüche des Zollspediteurs auf Aufwendungsersatz gegen den Hauptspediteur oder den Empfänger fallen ebenfalls nicht unter Art. 32.[34]

6 Ansprüche **aufeinander folgender Frachtführer** untereinander unterliegen der Verjährung nach Art. 32, wenn diese in einem sachlichen Zusammenhang mit einer Beförderung unter Geltung der CMR stehen.[35]

7 Auf **Lagerverträge** ist Art. 32 nicht anwendbar.[36] Anderes gilt jedoch für eine verkehrsbedingte Zwischenlagerung, da diese der Beförderung zuzurechnen ist. Auf **Logistikverträge** ist die Bestimmung nur insoweit anzuwenden, als der Logistikunternehmer Beförderungsleistungen iSd Art. 1 oder 2 schuldet. Das ist nicht der Fall, soweit er lediglich die Bereitstellung des Guts zum Versand übernimmt.

8 Die **Vermietung** eines Trailers, welcher im grenzüberschreitenden Güterverkehr auf der Straße eingesetzt wird, verjährt ebenfalls nicht nach Art. 32.[37] Gleiches gilt bei der Vermietung eines Beförderungsmittels samt Fahrer.[38] Die **Überführung** von Fahrzeugen mit anderen Beförderungsmitteln unterliegt auch nicht der Verjährung nach Art. 32.

9 Außervertragliche **Ansprüche Dritter,** die nicht an der Beförderung beteiligt sind, verjähren nach hM nur dann nach Art. 32, wenn diese die Beförderung veranlasst oder geduldet haben oder zumindest mit einer Beförderung der in ihrem Eigentum stehenden Güter gerechnet haben.[39] Richtig erscheint demgegenüber, Ansprüche Dritter, die durch eine der CMR unterliegende Beförderung entstanden sind, stets Art. 32 zu unterwerfen. Der Dritte unterliegt nicht deshalb Art. 32, weil er mit der Beförderung einverstanden war, sondern weil die Bestimmung seinen außervertraglichen Anspruch mitregelt und insoweit eine Regel des Delikts- bzw. sonstigen objektiven Gesetzesrechts ist (→ Art. 28 Rn. 6 ff.). Die hM findet auch im Wortlaut von Art. 32 keinerlei Stütze.

10 Art. 32 gilt auch für die mit einer CMR-Beförderung im Zusammenhang stehenden Ansprüche **gegen Dritte,** für die der Frachtführer nach Art. 3 haftet (Art. 28 Abs. 2).[40] Dies soll nach der Rechtsprechung allerdings nur dann gelten, wenn der Dritte wusste oder zumindest hätte wissen können, dass er im Rahmen einer der CMR unterliegenden Gesamtbeförderung tätig wird.[41] Auch diese Einschränkung erscheint nicht konsequent.

III. Verjährungsbeginn

11 Art. 32 Abs. 1 S. 3 regelt den **Verjährungsbeginn** in Abhängigkeit von der Art des Schadens mit den Bestimmungen in lit. a–c. Gemeinsam für alle Schadensarten gilt, dass der Tag, an dem die Verjährung beginnt, bei der Berechnung der Frist nicht mitzuzählen ist. Bei Sammelladungen sind die Güter der einzelnen Absender unabhängig voneinander zu betrachten. Die Verjährung der

---

[28] *Koller* Rn. 1.

[29] BGH Urt. v. 7.3.2013 – I ZR 186/11, RdTW 2013, 218 (zu § 439 HGB); OLG Bremen Urt. v. 15.4.2004 – 2 U 109/03, OLGR Bremen 2004, 450; Hof van Beroep Antwerpen Urt. v. 15.5.2006 – 2003/AR/1564, ETL 2006, 658; Rechtbank van Koophandel Antwerpen Urt. v. 1.10.2004 – AR 02/14272, ETL 2006, 102.

[30] OLG Saarbrücken Urt. v. 31.3.2004 – 5 U 527/02, OLGR Saarbrücken 2004, 546.

[31] BGH Urt. v. 23.3.1995 – III ZR 177/93, VersR 1995, 940; OLG Düsseldorf Urt. v. 28.10.1993 – 18 U 50/93, NJW-RR 1995, 1122; Thume/*Reuschle* Rn. 5; Staub/*Reuschle* Rn. 5; *Koller* Rn. 1.

[32] Für die Fixkostenspedition BGH Urt. v. 14.2.2008 – I ZR 183/05, TranspR 2008, 323.

[33] BGH Urt. v. 13.1.1978 – I ZR 63/76, ETL 1978, 402 (405 f.); *Koller* Rn. 1; *Herber/Piper* Rn. 7.

[34] OGH Wien Urt. v. 18.9.1985 – 8 Ob 517/85, TranspR 1987, 219 (222); *Braun* VersR 1988, 648 (650); *Herber/Piper* Rn. 11.

[35] BGH Urt. v. 10.5.1990 – I ZR 234/88, TranspR 1990, 418 = VersR 1991, 238; Hof von Cassatie Brüssel Urt. v. 19.2.2004 – C.02.0202.N, ETL 2004, 521.

[36] BGH Urt. v. 13.1.1978 – I ZR 63/76, ETL 1978, 402 (405 f.); *Herber/Piper* Rn. 7.

[37] Thume/*Demuth* Rn. 6.

[38] *Koller* Rn. 3.

[39] OLG Frankfurt a. M. Urt. v. 20.4.2007 – 3 U 203/05, TranspR 2008, 472 Rn. 38; OGH Wien Urt. v. 18.9.1985 – 8 Ob 517/85, TranspR 1987, 219 (222); OGH Urt. v. 10.11.1981 – 5 Ob 712/81, TranspR 1982, 111; *Braun* VersR 1988, 648 (650); *Koller* Rn. 1; *Herber/Piper* Rn. 10; aA *Lenz* TranspR 1989, 396 (398).

[40] BGH Urt. v. 10.1.2008 – I ZR 13/05, TranspR 2008, 84; Urt. v. 20.11.2008 – I ZR 70/06, TranspR 2009, 26 Rn. 22; OGH Wien Urt. v. 15.3.2005 – 1 Ob 21/05b; Thume/*Demuth* Rn. 20.

[41] BGH Urt. v. 20.11.2008 – I ZR 70/06, TranspR 2009, 26 Rn. 25.

Ersatzansprüche bestimmt sich nur für denjenigen Absender nach Art. 32 Abs. 1a–c, der einen Schaden erlitten hat.[42]

Der einheitliche Verjährungsbeginn hat zur Folge, dass bei erst nach der Beförderung entstehenden **12** Ansprüchen (zB aus zollrechtlicher Inanspruchnahme oder wegen Standgeld) die Verjährungsfrist bereits läuft, bevor die Ansprüche entstanden sind.[43] Dies gilt auch für die sich aus solchen Ansprüchen ergebenden **Regressforderungen** aufeinander folgender oder im sonst im Subunternehmerverhältnis zueinander stehender Frachtführer innerhalb einer Beförderungskette. Auch die Regressansprüche verjähren nämlich im Verhältnis aller beteiligten Frachtführer untereinander nach Art. 32 und nicht erst mit Zahlung der Ersatzforderung durch den Regress nehmenden Frachtführer.[44] Es ist auch durchaus denkbar, dass Ansprüche erst nach Ablauf der Verjährungsfrist entstehen oder fällig werden.[45] Für eine Verlängerung der Fristen besteht gleichwohl in der Regel keine Veranlassung, soweit der Rückgriffsanspruch im Wege der Feststellungsklage oder der Klage auf zukünftige Leistung gerichtlich anhängig gemacht werden kann.[46] Ist deutsches Recht anwendbar, so ist in diesem Zusammenhang ferner an das prozessuale Instrument der Streitverkündung (§ 72 ZPO) zu denken. Nur soweit der Anspruch nicht erkennbar war, kommt zur Vermeidung grober Unbilligkeiten eine entsprechende Anwendung der Verjährungshemmung in Betracht.[47]

1. Teilweiser Verlust, Beschädigung, Verzögerung (lit. a). *Teilweiser Verlust* liegt vor, wenn ein **13** bestimmter abgrenzbarer Teil einer Sachgesamtheit des Gutes verloren geht, während das übrige Gut abgeliefert wird. Unter einer Beschädigung versteht man die äußere oder innere Substanzverschlechterung, die zur Wertminderung des Gutes führt. Auch eine zum wirtschaftlichen Totalverlust führende Beschädigung ist eine Beschädigung im Rechtssinne. Eine Legaldefinition des Begriffs der Lieferfristüberschreitung enthält Art. 19.

Im Falle des teilweisen Verlusts, der Beschädigung oder der Lieferfristüberschreitung beginnt die **14** Verjährung mit dem Ablauf des Tags der **Ablieferung** des Gutes. Ablieferung liegt vor, wenn der Frachtführer im Einvernehmen mit dem Empfänger den Gewahrsam am beförderten Gut aufgibt und diesen in den Stand setzt, die tatsächliche Gewalt über das Gut auszuüben. Der Tag der Ablieferung wird bei der Bestimmung der Frist nicht mitgerechnet.[48] Im Falle der sukzessiven Ablieferung kommt es auf den letzten Ablieferungsakt an.[49] Bei Teilverlust beginnt die Verjährung erst mit der Ablieferung des Restgutes zu laufen, weil erst dann der Empfänger in zuverlässiger Weise Kenntnis von dem Schaden erlangt.[50] Wird das als teilweise verloren betrachtete Gut zu einem späteren Zeitpunkt im beschädigten Zustand aufgefunden und an den Empfänger ausgeliefert und macht der Ersatzberechtigte nun Ansprüche wegen Beschädigung geltend, so ist hinsichtlich dieser Ansprüche auf die Ablieferung des beschädigten Gutes abzustellen.[51] Die zuvor ausbezahlten Ersatzansprüche wegen teilweisen Verlustes sind dann jedoch zurückzuerstatten.

Kommt es **nicht zu einer Ablieferung,** weil der Empfänger die Annahme des Gutes berechtig- **15** terweise wegen einer Beschädigung verweigert, ist zu differenzieren[52] (str.): Verbleibt das Gut beim Frachtführer, liegt weder ein Verlust noch eine Ablieferung vor mit der Folge, dass sich der Verjährungsbeginn nach Buchst. c richtet.[53] Gibt der Verfügungsberechtigte die Weisung, dass das Gut zum Absender zurück oder zu einem Dritten transportiert werden soll, so tritt der Absender bzw. der Dritte an die Stelle des Empfängers mit der Folge, dass bei einer Ablieferung an den Absender oder an den Dritten sich die Verjährung nach Buchst. a richtet.[54] Etwas anderes gilt, wenn

---

[42] HB Brüssel Urt. v. 16.11.1977, ETL 1980, 319 (324); Rechtsbank van Koophandel Brüssel Urt. v. 28.2.1975, ETL 1975, 419 (421 f.).

[43] BGH Urt. v. 11.12.1981 – I ZR 178/78, TranspR 1982, 153 (154) = VersR 1982, 649 (650); OLG Hamm Urt. v. 23.9.1985 – 18 U 283/84, TranspR 1986, 18 (19); OLG Hamburg Urt. v. 15.8.1985 – 6 U 35/85, TranspR 1985, 341 (342); OLG Düsseldorf Urt. v. 18.10.1973 – 18 U 19/73, VersR 1974, 1095 (1097); *Loewe* TranspR 1988, 309 (314 f.); *Herber/Piper* Rn. 12; *Koller* Rn. 3, 6; aA OGH Wien Urt. v. 13.4.1989 – 6 Ob 536/89, TranspR 1990, 152 (154); OGH Wien Urt. v. 10.7.1985 – 1 Ob 563/85, TranspR 1986, 377 (378).

[44] *Koller* Rn. 3; aA OGH Wien Urt. v. 13.4.1989 – 6 Ob 536/89, TranspR 1990, 152 (154); OGH Wien Urt. v. 10.7.1985 – 1 Ob 563/85, TranspR 1986, 377 (378).

[45] *Koller* Rn. 3, 6; *Herber/Piper* Rn. 12; *Staub/Reuschle* Rn. 39 f.

[46] BGH Urt. v. 11.12.1981 – I ZR 178/78, TranspR 1982, 153 (154) = VersR 1982, 649 (650).

[47] OGH Wien Urt. v. 1.7.1982, TranspR 1984, 193 (194); OLG Hamm Urt. v. 23.9.1985 – TranspR 1986, 18 (19 f.); offengelassen von OLG Hamburg Urt. v. 9.2.1989 – 6 U 40/88, TranspR 1990, 191 (193); *Herber/Piper* Rn. 12; *Koller* Rn. 6; *Thume/Demuth* Rn. 58.

[48] Kantongerecht Delft Urt. v. 13.5.1965, ETL 1966, 722 (723); *Herber/Piper* Rn. 14.

[49] *Thume/Demuth* Rn. 25; *Koller* Rn. 4; *Herber/Piper* Rn. 14; aA *Braun* VersR 1988, 648 (650).

[50] OLG Düsseldorf Urt. v. 31.11.1989 – 18 U 70/89, TranspR 1990, 63; *Thume/Demuth* Rn. 25; *Koller* Rn. 4; *Herber/Piper* Rn. 15.

[51] OLG Düsseldorf Urt. v. 23.11.1989 – 18 U 70/89, TranspR 1990, 63 (66); *Clarke* Nr. 54b S. 217; *Herber/Piper* Rn. 15; *Koller* Rn. 4.

[52] *Herber/Piper* Rn. 17.

[53] AM *Thume/Demuth* Rn. 30: lit. b; *Koller* Rn. 4: kein Fristlauf.

[54] BGH Urt. v. 21.9.2017 – I ZR 47/16, TranspR 2018, 11; *Koller* Art. 32 CMR Rn. 4; *Staub/Reuschle* Rn. 50; aM OGH Wien Urt. v. 24.4.2001 – 4 Ob 318/00v: keine Ablieferung, daher Art. 32 Abs. 1 lit. c anzuwenden.

dem Frachtführer der Frachtauftrag wegen Verzögerungen des Transports vor der Ablieferung entzogen wird. In diesem Fall entfällt die Lieferfrist, sodass die Frist des Art. 32 Abs. 1 S. 3 lit. a nicht zu laufen beginnt.[55] Der Verjährungsbeginn richtet sich in diesem Falle nach hM nicht nach lit. a, sondern nach lit. c.[56]

16   **2. Totalverlust (lit. b).** Totalverlust liegt vor, wenn das Gut in seiner Substanz gänzlich verloren ist oder (etwa wegen Diebstahls oder Unterschlagung) unerreichbar wird. Wird das Gut zwar vollständig zerstört, aber in diesem Zustand abgeliefert, so liegt kein Fall des Totalverlusts, sondern eine Beschädigung vor.[57] Gleiches gilt, wenn das Gut wirtschaftlich vollständig entwertet wird.[58] Im Falle des **Totalverlusts** beginnt die Verjährung mit Ablauf des 30. Tages nach dem vereinbarten Liefertermin. Wurde kein Liefertermin vereinbart, so beginnt die Verjährung mit Ablauf des 60. Tages nach der Übernahme des Gutes durch den Frachtführer. Dies gilt auch dann, wenn ein Teil des Gutes beschlagnahmt wird oder ein anderer Teil fälschlicherweise an einen Unberechtigten ausgeliefert wird.[59] Richten sich bei einer **Frachtführerkette** Ansprüche gegen einen der aufeinander folgenden Frachtführer, so kommt es auf dessen Übernahme an und nicht auf die Übernahme durch den Hauptfrachtführer.[60]

17   **3. Sonstige Fälle (lit. c).** Unter dem lit. c ist ein **Auffangtatbestand** normiert, der alle diejenigen Fallgruppen erfasst, die nicht unter die lit. a und b fallen. Dazu gehören **alle** Ansprüche, die nicht durch Art. 17 oder die mit Art. 17 konkurrierenden außervertraglichen Anspruchsgrundlagen bereitgestellt werden. Erfasst werden nicht nur die Ansprüche, die sich unmittelbar auf die CMR stützen, sondern auch Ansprüche, die nicht durch die CMR geregelt werden. Bei Ansprüchen nach Buchst. c beginnt die Verjährung mit Ablauf einer Frist von drei Monaten nach Abschluss des Beförderungsvertrages. Der Tag des Vertragsschlusses wird analog Abs. 1 letzter Satz nicht in die Berechnung der Frist eingerechnet.[61] Auf den Tag der Ausstellung eines Frachtbriefes kommt es nicht an, da der CMR-Beförderungsvertrag als Konsensualvertrag ausgestaltet ist und der Vertragsschluss vor der Ausstellung des Frachtbriefes erfolgt sein kann.[62]

18   Das den Verjährungsbeginn auslösende Tatbestandsmerkmal ist der **Zeitpunkt des Vertragsschlusses.** Der Vertrag kommt in aller Regel im Zeitpunkt des Zugangs der Annahmeerklärung zustande (§ 130 BGB). Eine Erklärung ist zugegangen, wenn seitens des Empfängers **Kenntnisnahme** möglich und nach den Umständen zu erwarten ist.[63] Unter Anwesenden und bei Telefonaten erfolgt der Zugang sofort. Eingeworfene Briefe gelten als zugegangen, wenn nach der Verkehrsanschauung mit der nächsten Leerung zu rechnen ist.[64] E-Mails oder Telefaxe sind bei Eingang während der Geschäftsstunden als sofort, sonst mit dem nächsten Geschäftsstundenbeginn als zugegangen anzusehen.[65]

19   Unter Buchst. c fallen im **einzelnen** Ansprüche auf Bezahlung von Frachtansprüchen (§ 407 Abs. 2 HGB)[66] oder Standgeld (§ 412 Abs. 3 HGB),[67] Ansprüche aus Nachnahmen (§ 422 HGB),[68] Ansprüche aus Vertragsverletzung,[69] Rückzahlungsansprüche,[70] Ansprüche wegen Nichterfüllung des Beförderungsvertrages wegen Verzögerung bei anschließender Kündigung des Auftrags,[71] Ansprüche auf

---

[55] Thume/*Demuth* Rn. 28; *Koller* Rn. 4.

[56] OLG Hamburg Urt. v. 9.2.1989 – 6 U 40/88, VersR 1990, 876; OLG Düsseldorf Urt. v. 24.3.1983 – 18 U 186/82, TranspR 1984, 14; OLG Düsseldorf Urt. v. 18.10.1984 – 18 U 71/84, TranspR 1984, 276; OGH Urt. v. 13.6.1985 – 6 Ob 578/85, TranspR 1987, 717; *Herber/Piper* Rn. 16; *Koller* Rn. 3; offengelassen von BGH Urt. v. 29.11.1984 – I ZR 121/82, TranspR 1985, 182 = VersR 1985, 258 = RIW 1985, 326 = ETL 1985, 448; OGH Urt. v. 6.7.1989 – 7 Ob 614/89, VersR 1990, 1180; aA Thume/*Demuth* Rn. 29 u. 30.

[57] Thume/*Demuth* Rn. 31; *Koller* Rn. 5.

[58] Vgl. OGH Wien Urt. v. 28.6.1988 – 8 Ob 657/87, TranspR 1989, 222 (225); *Koller* Rn. 5; *Herber/Piper* Rn. 19.

[59] Thume/*Demuth* Rn. 31; *Koller* Rn. 5.

[60] *Hill/Messent* 178.

[61] *Koller* Rn. 6; Staub/*Reuschle* Rn. 71; aA OLG Düsseldorf Urt. v. 18.10.1973 – 18 U 19/73, VersR 1974, 1095.

[62] Thume/*Demuth* Rn. 37; Staub/*Reuschle* Rn. 66; *Koller* Rn. 6; *Herber/Piper* Rn. 23.

[63] MüKoBGB/*Einsele* § 130 Rn. 16 mwN zur Rspr.

[64] Palandt/*Heinrichs* BGB § 130 Rn. 6.

[65] Ausf. MüKoBGB/*Einsele* BGB § 130 Rn. 18; vgl. auch Palandt/*Heinrichs* BGB § 130 Rn. 7 f.

[66] BGH Urt. v. 28.2.1975 – I ZR 35/74, NJW 1975, 1075 = ETL 1975, 523 = AWD 1975, 291.

[67] BGH Urt. v. 11.12.1981 – I ZR 1978/78, TranspR 1982, 153 = VersR 1982, 649 = RIW 1982, 758; BGH Urt. v. 28.2.1975 – I ZR 35/74, NJW 1975, 1075; OLG Saarbrücken Urt. v. 24.2.1995 – 4 U 22/94, TranspR 1995, 291 = RIW 1996, 605; Queen's Bench Division ETL 1978, 617; *Koller* Rn. 6; Thume/*Demuth* Rn. 47.

[68] *Koller* Rn. 6; Staub/*Reuschle* Rn. 61.

[69] BGH Urt. v. 27.10.1978 – I ZR 30/77, TranspR 1979, 108 = VersR 1979, 276; OLG Hamburg Urt. v. 9.2.1989 – 6 U 40/88, TranspR 1990, 191; Thume/*Demuth* Rn. 47.

[70] BGH Urt. v. 18.2.1972 – I ZR 103/70, VersR 1972, 873 = NJW 1972, 1003; *Bayer* TranspR 1985, 412; Thume/*Demuth* Rn. 47; aA LG Essen Urt. v. 24.10.1990 – 15 S 211/90, TranspR 1992, 326.

[71] OLG Hamburg Urt. v. 9.2.1989 – 6 U 40/88, TranspR 1990, 191; OGH Urt. v. 12.2.1985 – 5 Ob 505/85, TranspR 1986, 374; Urt. v. 1.7.2009 – 7 Ob 268/08z, TranspR 2010, 348; *Koller* Rn. 6.

Abtretung von Forderungen,[72] deliktische Ansprüche gegen Frachtführergehilfen,[73] Zinsansprüche, soweit sie akzessorisch zu der Hauptforderung sind[74] und Kosten des Vorprozesses.[75]

Wurde der **Inhalt des Frachtvertrags nachträglich verändert,** sei es durch Weisung oder durch **20** einvernehmliche Vertragsänderung, so ist wegen des Verjährungsbeginns danach zu unterscheiden, ob der der Verjährung unterliegende Anspruch von der Vertragsänderung betroffen wurde oder nicht.[76] Ist der Anspruch erst nach der Vertragsänderung entstanden, so ist auf den Zeitpunkt der Vertragsänderung abzustellen.[77] Ansonsten besteht die Gefahr, dass der Anspruch bereits verjährt sein kann, bevor die Voraussetzungen der Anspruchsgrundlage überhaupt entstanden sind.[78] Ist der Anspruch von der Vertragsänderung unberührt geblieben, so ist auf den (anfänglichen) Vertragsschluss abzustellen. Ist der Anspruch vor Ablauf der Verjährungsfrist entstanden, wird er aber erst nach Ablauf der Verjährung fällig, so bleibt es dabei, dass die Verjährung drei Monate nach Abschluss des Beförderungsvertrages zu laufen beginnt.[79] Der Anspruchsberechtigte hat in diesem Fall nämlich die Möglichkeit, Feststellungsklage oder Klage auf künftige Leistung zu erheben und insoweit eine die Verjährung hemmende Maßnahme einzuleiten.[80]

Bei Rahmenverträgen und als **Dauerschuldverhältnis** ausgestalteten Fracht- oder Logistikverträ- **21** gen kommt es auf den Zeitpunkt an, in dem die jeweilige Beförderungspflicht des Frachtführers begründet wird.

IV. Verjährungsdauer

1. Regelverjährung. Die Verjährungsfrist beträgt im Grundsatz **ein Jahr.** Der Tag, an dem die **22** Verjährung beginnt, wird bei der Berechnung der Frist nicht mitgezählt (Abs. 1 S. 3).[81]

2. Verjährung bei qualifiziertem Verschulden. Ist dem Schuldner qualifiziertes Verschulden **23** vorzuwerfen (Vorsatz oder dem Vorsatz gleichstehendes Verschulden, vgl. hierzu Art. 29), so verlängert sich die Verjährungsfrist auf insgesamt **drei Jahre** (Abs. 1 S. 2). Die Begriffe des Vorsatzes und des diesem nach dem nationalen Recht des Forumsstaates gleichstehenden Verschuldens entsprechen denen aus Art. 29.[82] In Deutschland ist vorsatzgleiches Verschulden **Leichtfertigkeit im Bewusstsein der Schadenswahrscheinlichkeit** iSv § 435 HGB.[83]

Diese Regelung, die ausweislich des Gleichklangs mit Art. 29 zumindest in erster Linie auf die **24** gegen den Frachtführer gerichteten Ansprüche wegen Verlust, Beschädigung oder Lieferfristüberschreitung zugeschnitten ist, wird nach der Rechtsprechung des BGH zu der Parallelregelung des § 439 Abs. 1 S. 2 HGB auch auf **Primäransprüche** wie den Anspruch auf Zahlung der Fracht angewendet.[84] Aus den Urteilsgründen ergibt sich, dass der BGH diese Auslegung auch für Art. 32 Abs. 1 S. 2 vertritt.[85] Gegen diese Ansicht spricht, dass Primäransprüche nicht aufgrund Verschuldens entstehen, sodass die Frage nach qualifiziertem Verschulden nicht auf den Anspruchstatbestand des Primäranspruchs bezogen werden kann,[86] sondern nur auf den Grad der Schuldhaftigkeit des Zahlungsverzugs des Schuldners, also einen erst nachträglich eintretenden Umstand, der mit dem Primäranspruch nur mittelbar zu tun hat und eigentlich nur für Verzugsschäden maßgeblich sein kann. Eine grob schuldhafte Zahlungsverweigerung hat aber bei Sekundäransprüchen unstreitig keine verjährungs-

---

[72] BGH Urt. v. 22.1.2015 – I ZR 127/13, TranspR 2015, 167; OLG München Urt. v. 10.10.1990 – 7 U 3528/89, TranspR 1991, 138 (142); OLG Düsseldorf Urt. v. 18.10.1984 – 18 U 71/84, TranspR 1984, 276.

[73] OGH Wien Urt. v. 10.11.1981 – 5 Ob 712/81, TranspR 1984, 1991 = VersR 1984, 548.

[74] *Fischer* TranspR 1991, 336.

[75] OLG Düsseldorf Urt. v. 18.10.1984 – 18 U 71/84, TranspR 1984, 276.

[76] *Koller* Rn. 6; *Herber/Piper* Rn. 24.

[77] *Koller* Rn. 6; aA Thume/*Demuth* Rn. 39.

[78] OLG Düsseldorf Urt. v. 18.10.1973 – 18 U 19/73, VersR 1974, 1095 (1097); *Koller* Rn. 6.

[79] OLG Hamburg Urt. v. 15.8.1985 – 6 U 35/85, TranspR 1985, 341; OLG Hamm Urt. v. 23.9.1985 – 18 U 283/84, TranspR 1986, 18.

[80] Thume/*Demuth* Rn. 57; *Koller* Rn. 6; zum Problem sog. spätentstehender Ansprüche im Zusammenhang mit der Verjährungsvorschrift des Art. 32 vgl. ausf. *Schmid/Kehl* TranspR 1995, 434 ff. sowie Thume/*Demuth* Rn. 56 ff.

[81] Kantongerecht Delft Urt. v. 13.5.1965, ETL 1966, 722 (723); HB Brüssel Urt. v. 16.1.1977, ETL 1980, 319 (324); Thume/*Demuth* Rn. 14; *Hill/Messent* 180; *Herber/Piper* Rn. 25.

[82] Thume/*Demuth* Rn. 15; *Koller* Rn. 7.

[83] BGH Urt. v. 16.7.1998 – I ZR 44/96, TranspR 1999, 19; seither stRspr, Urt. v. 20.1.2005 – I ZR 95/01, TranspR 2005, 311 (313); Urt. v. 19.5.2005 – I ZR 238/02, TranspR 2006, 114 (115); Urt. v. 23.1.2007 – I ZR 166/04, TranspR 2007, 361; Urt. v. 6.6.2007 – I ZR 121/04, TranspR 2007, 423; OLG Brandenburg Urt. v. 7.11.2007 – 7 U 78/07, BeckRS 2008, 9483; ebenso die allgemeine Meinung im Schrifttum, Thume/*Harms* Rn. 14; *Herber/Piper* Rn. 5; *Koller* Art. 29 Rn. 3a.

[84] BGH Urt. v. 22.4.2010 – I ZR 31/08, TranspR 2010, 225 Rn. 24 ff.; s. auch LG Wuppertal Urt. v. 12.12.2012 – 8 S 47/12, TranspR 2013, 158; OLG Düsseldorf Urt. v. 20.3.2013 – 1 U 107, 12, TranspR 2013, 196; ebenso MüKoHGB/*Jesser-Huß* Rn. 11a; *Koller* Rn. 7; mit Recht aA *Herber* (Urteilsanmerkung zu BGH) TranspR 2010, 357; vgl. auch OLG Frankfurt a. M. Urt. v. 15.4.2005 – 24 U 11/05, TranspR 2005, 405; *Köper* TranspR 2006, 191.

[85] So auch OLG Düsseldorf Urt. v. 20.3.2013 – I-18 U 107/12, TranspR 2013, 196 Rn. 13; im Anschluss an den BGH auch OGH Wien Urt. v. 6.7.2011 – 7 Ob 74/11z, VersR 2012, 642.

[86] *Köper* TranspR 2006, 191.

verlängernde Wirkung. Nachdem der Gesetzgeber jedoch von der aus Anlass des Seehandelsrechts-reformgesetzes[87] erwogenen Korrektur des § 439 Abs. 1 HGB abgesehen hat, wird diese Rechtsprechung wohl weiter Bestand haben.

25 Bei Anwendung auf Primäransprüche stellt die Rechtsprechung darauf ab, in welchem Ausmaß das Vorenthalten der Zahlung, verstanden als Verletzung des Frachtvertrages, schuldhaft war.[88] Vorsätzlich oder leichtfertig im Bewusstsein wahrscheinlichen Schadens handelt der Schuldner danach, wenn er entgegen einem **vertraglichen Aufrechnungsverbot** mit zweifelhaften Schadensersatzansprüchen aufrechnet.[89] Das gleiche gilt, wenn er die Zahlung unter Hinweis auf nicht vorgelegte Ablieferbelege verweigert, obgleich die Ablieferung unstreitig ist.[90]

V. Hemmung der Verjährung (Abs. 2)

26 **1. Allgemeines.** Abs. 2 trifft eine Sonderregelung für die Hemmung der Verjährung (vgl. § 205 BGB) der gegen den **Frachtführer** gerichteten Ansprüche,[91] und zwar durch die Begründung eines besonderen Hemmungstatbestandes für den Fall der Haftbarmachung bzw. Reklamation. Die Hemmung ist nicht beschränkt auf Schadensreklamationen wegen Güterschäden oder Lieferfristüberschreitung, sondern erfasst **alle** Ansprüche aus Pflichtverletzungen des Frachtführers, die unmittelbar mit der Beförderung in Zusammenhang stehen und nicht lediglich dem durch selbstständige Verträge erfassten Umfeld der Beförderung zuzurechnen sind.[92] Die Haftbarmachung hemmt nur dann die Verjährung, wenn der geltend gemachte Anspruch noch nicht verjährt ist.

27 **2. Inhalt und Form der Haftbarmachung.** Die Hemmung der Verjährung tritt nur ein, wenn durch eine schriftliche Erklärung des Absenders oder Empfängers Ersatzansprüche gegen den Frachtführer erhoben werden. Eine schlichte Schadensanzeige ist inhaltlich nicht ausreichend.[93] Verlangt wird vielmehr, dass dem Frachtführer durch ein Anspruchsschreiben unzweideutig klargemacht wird, er werde für den entstandenen Transportschaden haftbar gemacht.[94] Zweifel bei der Auslegung gehen zu Lasten des Anspruchstellers. Nicht ausreichend ist, wenn lediglich eine Inanspruchnahme angekündigt oder angedroht wird.[95] Die Haftbarmachung muss gegenüber dem Frachtführer erfolgen. Eine Reklamation gegenüber dem Speditionsversicherer des Frachtführers genügt nicht,[96] es sei denn, dass diesem die erforderliche Vertretungsmacht zur abschließenden Entscheidung über den Schadensfall eingeräumt wurde.[97] Die Haftbarmachung muss schließlich durch – oder in offengelegter Stellvertretung für – einen aus dem Frachtvertrag **Berechtigten** (oder dessen Rechtsnachfolger) erfolgen; ein Transportversicherer ist nur dann berechtigt, wenn die Ersatzansprüche des Ladungsinteressenten auf ihn übergegangen sind.[98]

28 Der Frachtführer muss aus der Haftbarmachung erkennen können, wer ihn für den Schaden verantwortlich macht.[99] Die Person des Reklamierenden und des in Anspruch Genommenen muss aus der Haftbarmachung unzweideutig hervorgehen.[100] Dabei ist es unschädlich, wenn nur der Name des Reklamierenden fehlt, soweit für den Frachtführer dessen **Identität** feststeht.[101] Ferner muss ersichtlich sein, auf welchen konkreten Schaden sich die Reklamation bezieht.[102] Nur so ist der Frachtführer in der Lage, in sachgerechter Weise darüber eine Entscheidung zu treffen und die notwendigen Maß-

---

[87] Vom 20.4.2013, BGBl. 2013 I 881.

[88] BGH Urt. v. 22.4.2010 – I ZR 31/08, TranspR 2010, 225 Rn. 24 ff.; OLG Düsseldorf Urt. v. 20.3.2013 – I-18 U 107/12, TranspR 2013, 196 Rn. 13 f.

[89] OLG Düsseldorf Urt. v. 20.3.2013 – I-18 U 107/12, TranspR 2013, 196 Rn. 15; aA (Vorinstanz) LG Krefeld Urt. v. 3.7.2012 – 12 O 23/12.

[90] LG Wuppertal Urt. v. 12.12.2012 – 8 S 47/12, TranspR 2013, 158.

[91] BGH Urt. v. 28.2.1975 – I ZR 35/75, VersR 1975, 445 = NJW 1975, 1075 = ETL 1975, 523; OGH Wien Urt. v. 22.5.1978 – 1 Ob 563/78, TranspR 1980, 143; Thume/Demuth Rn. 59; Koller Rn. 8.

[92] AA OGH Wien Urt. v. 12.2.1985 – 5 Ob 505/85, TranspR 1986, 374: Art. 32 Abs. 2 bezieht sich nur auf Reklamationen hinsichtlich des Zustandes oder des Verlustes des Gutes oder der Überschreitung der Lieferfrist.

[93] Thume/Demuth Rn. 61.

[94] Vgl. BGH Urt. v. 7.11.1985 – I ZR 130/83, TranspR 1986, 53 (55); BGH Urt. v. 9.2.1984 – I ZR 18/82, VersR 1984, 578 = ETL 1985, 275; OLG Düsseldorf Urt. v. 8.3.1976 – 1 U 181/75, VersR 1976, 1161 = NJW 1976, 1594; OLG Düsseldorf Urt. v. 13.1.1972 – 18 U 84/70, VersR 1973, 178 (181); Fischer TranspR 1991, 327 ff.; Thume/Demuth Rn. 61; Koller Rn. 8.

[95] OLG Nürnberg Urt. v. 12.4.1991 – 12 U 68/91, TranspR 1992, 63; Thume/Demuth Rn. 61.

[96] Loewe TranspR 1988, 316.

[97] Koller Rn. 9.

[98] BGH Urt. v. 8.7.2004 – I ZR 272/01, TranspR 2004, 357; vgl. auch Thume ETL 2005, 801 (807); Staub/Reuschle Rn. 122.

[99] LG Aachen Urt. v. 28.1.2006 – 41 O 45/05, TranspR 2007, 40; Thume/Demuth Rn. 62; aA Koller Rn. 9, der die Ansicht vertritt, dass der Name des Anspruchstellers sich nicht notwendigerweise aus dem Anspruchsschreiben ergeben müsse.

[100] Thume/Demuth Rn. 62.

[101] Thume/Demuth Rn. 62; Koller Rn. 9.

[102] Vgl. OLG Düsseldorf Urt. v. 8.3.1976 – 1 U 181/75, VersR 1976, 1161 = NJW 1976, 1594; Thume/Demuth Rn. 62; Koller Rn. 9.

nahmen zu seiner Verteidigung oder zur Sicherung seines eigenen Regresses einzuleiten. In der Reklamation muss allerdings nicht schon der Schaden nach Grund und Höhe beziffert werden.[103] Im Einzelfall kann es durchaus ausreichend sein, wenn ihm die gesamten Schadensunterlagen „kommentarlos" überreicht werden.[104] Eine Übersendung der erforderlichen Schadensunterlagen ist für die wirksame Haftbarmachung nicht notwendig, da die Vorschrift dem Anspruchsteller nicht das Risiko auferlegt, zwischen notwendigen und unnötigen Unterlagen für die Schadensbearbeitung zu entscheiden.[105] Es ist Sache des Frachtführers, die erforderlichen Unterlagen anzufordern oder den Anspruch sofort abzulehnen.[106]

Die Erklärung hat **schriftlich** zu erfolgen. Schriftform iSd § 126 BGB ist – anders als bei § 439 **29** Abs. 3 HGB in der bis April 2013 geltenden Fassung[107], jedoch in Übereinstimmung mit § 439 Abs. 3 S. 2 HGB nF – nicht erforderlich.[108] Es ist ausreichend, wenn die Reklamation in Textform mittels **E-Mail, Telegramm, Telex oder Telefax** erfolgt (hM),[109] denn die CMR unterscheidet nicht zwischen Schrift- und Textform. In gleicher Weise hat der Frachtführer die Erfüllung des gegen ihn erhobenen Anspruchs abzulehnen. Hat der Frachtführer den Anspruch einmal abgelehnt, hemmt eine erneute Erklärung, die denselben Ersatzanspruch zum Gegenstand hat, die Verjährung nicht erneut.[110] Zur Gewährleistung der geforderten Rechtssicherheit bezüglich des Ablaufs der Verjährungsfrist muss die Ablehnungserklärung inhaltlich eindeutig sein. Zweifel bei der Auslegung gehen zu Lasten des Frachtführers.

3. Zurücksendung der Belege. Um die Hemmung zu beenden, müssen **alle** der Reklamation **30** beigefügten Belege zurückgesandt werden. Eine Höchstdauer für die Hemmungszeit gibt es nicht.[111] Nach Sinn und Zweck der Vorschrift muss es ausreichend sein, wenn nur **Originalbelege** zurückgesandt werden. Kopien und andere Schriftstücke, die jederzeit wiederhergestellt werden können und keinen besonderen Wert darstellen, können nach der Ratio der Norm beim Frachtführer verbleiben.[112] Das gilt erst recht, wenn dem Frachtführer, wie üblich, die Schadensunterlagen nur per Telefax oder als elektronische Dateien übermittelt worden sind.

4. Hemmungswirkungen nach nationalem Recht (Abs. 3 S. 1). Die Wirkung der Hemmung **31** nach Art. 32 Abs. 2 richtet sich nach dem Recht des angerufenen Gerichts.[113] Ist deutsches Recht anwendbar, so wird gem. § 209 BGB der Zeitraum der Verjährungshemmung **nicht in die Verjährungsfrist eingerechnet.** Gleiches gilt nach österreichischem Recht.[114]

Art. 32 Abs. 3 S. 1 verweist darüber hinaus auch für die **sonstigen Fälle der Verjährungs- 32 hemmung** auf das autonome Verjährungsrecht der lex fori.[115] Nach deutschem Recht sind die Hemmungstatbestände der §§ 203 ff. BGB einschlägig,[116] insbesondere die Hemmung infolge Rechtsverfolgung nach § 204 BGB. Danach wird die Verjährung unter anderem gehemmt durch die **Erhebung der Klage** durch den sachbefugten[117] Kläger oder auf Leistung oder auf Feststellung des Anspruchs, auf Erteilung der Vollstreckungsklausel oder auf Erlass des Vollstreckungsurteils (§ 204 Abs. 1 Nr. 1 BGB), ferner durch Zustellung des **Mahnbescheids** im Mahnverfahren (§ 204

---

[103] OLG Frankfurt a. M. Urt. v. 5.10.2004 – 10 U 304/03, TranspR 2005, 256; OLG Karlsruhe Urt. v. 28.9.2001 – 15 U 49/00, TranspR 2004, 33; OLG Düsseldorf Urt. v. 27.5.1982 – 18 U 16/82, VersR 1983, 62; Kassationshof Brüssel Entsch. v. 7.12.2012 – C.12.0098.N, ETL 2013, 210; Thume/*Demuth* Rn. 62; Staub/*Reuschle* Rn. 107; *Koller* Rn. 9.

[104] OLG Düsseldorf Urt. v. 13.1.1972 – 18 U 84/70, VersR 1973, 178 (181).

[105] Ebenso *Koller* Rn. 9.

[106] *Koller* Rn. 9.

[107] Vgl. BGH Urt. v. 20.9.2012 – I ZR 75/11, TranspR 2013, 156; OLG München Urt. v. 23.7.2008 – 7 U 2446/08, TranspR 2008, 321.

[108] Thume/*Demuth* Rn. 64; *Koller* Rn. 11; Herber/*Piper* Rn. 32.

[109] OLG Koblenz Urt. v. 6.10.1989 – 2 U 200/88, TranspR 1991, 93; *Koller* Rn. 11; Thume/*Demuth* Rn. 64.

[110] OLG Düsseldorf Urt. v. 8.11.1979 – 18 U 44/79, VersR 1980, 389; vgl. auch OGH Wien Urt. v. 27.4.1987 – 1 Ob 558/87, TranspR 1987, 372 = SZ 60/70 = RdW 1987, 371; Corte Suprema di Cassazione Rom Urt. v. 29.1.2003 – 01272/03, ETL 2003, 520; Thume/*Demuth* Rn. 85; *Koller* Rn. 17.

[111] Cour d'Appel Paris Urt. v. 14.12.2011 – 98/20210, ETL 2012, ZintEisenbVerk 2012, Nr. 1, 6–7; *Loewe* TranspR 1988, 309 (317); Thume/*Demuth* Rn. 75.

[112] Ganz hM in Deutschland, OLG München Urt. v. 10.10.1990 – 7 U 3528/89, TranspR 1991, 138 (141); OLG Hamburg Urt. v. 27.5.1982 – 6 U 15/82, TranspR 1983, 90; OLG Düsseldorf Urt. v. 2.10.1980 – 18 U 121/80, VersR 1981, 737; OLG Celle Urt. v. 13.1.1975 – 12 U 100/74, NJW 1975, 1603 (1604); OGH Wien Urt. v. 27.4.1987 – 1 Ob 558/87, TranspR 1987, 372 (373); The Maritime and Commercial Court of Denmark Urt. v. 17.6.1982, ETL 1982, 850 (851 f.); Hill/*Messent* 186; Thume/*Demuth* Rn. 79; *Koller* Rn. 15; Herber/*Piper* Rn. 46; anders jedoch Hof van Beroep Antwerpen Urt. v. 2.6.2003 – 2001/AR/1964, 2003/AR/106, ETL 2004, 407.

[113] Herber/*Piper* Rn. 48; *Koller* Rn. 16.

[114] OGH Wien Urt. v. 26.4.1988 – 4 Ob 537/88, TranspR 1988, 421 (423); *Loewe* TranspR 1988, 309 (318).

[115] AM *Drews* TranspR 2004, 340.

[116] *Koller* Rn. 16; Herber/*Piper* Rn. 49.

[117] HansOLG Hamburg Urt. v. 25.10.2018 – 6 U 243/16, TranspR 2019, 21: bei Klage in Prozessstandschaft Verjährungshemmung erst ab Offenlegung.

Abs. 1 Nr. 3 BGB), durch die Veranlassung der Bekanntgabe eines **Güteantrags,** der bei einer durch die Landesjustizverwaltung eingerichteten oder anerkannten Gütestelle oder, wenn die Parteien den Einigungsversuch einvernehmlich unternehmen, bei einer sonstigen Streitbeilegungen betreibenden Gütestelle gestellt wird, wobei die Hemmung der Verjährung bereits mit der Einreichung des Antrags eintritt, wenn die Bekanntgabe „demnächst" nach der Einreichung des Antrags veranlasst wird (§ 204 Abs. 1 Nr. 4 BGB). Weitere Fälle der Hemmung durch Rechtsverfolgung sind die Geltendmachung der **Aufrechnung** des Anspruchs im Prozess (§ 204 Abs. 1 Nr. 5 BGB), die Zustellung der **Streitverkündung** (§ 204 Abs. 1 Nr. 6 BGB), des Antrags auf Durchführung eines **selbstständigen Beweisverfahrens** (§ 204 Abs. 1 Nr. 7 BGB), die Zustellung des Antrags auf Erlass eines **Arrests** oder einer **einstweiligen Verfügung,** oder, wenn der Antrag nicht zugestellt wird, dessen Einreichung, wenn der Arrestbefehl, die einstweilige Verfügung oder die einstweilige Anordnung innerhalb eines Monats seit Verkündung oder Zustellung an den Gläubiger dem Schuldner zugestellt wird (§ 204 Abs. 1 Nr. 9 BGB), die Anmeldung des Anspruchs im **Insolvenzverfahren** (§ 204 Abs. 1 Nr. 10 BGB), der Beginn eines **schiedsrichterlichen Verfahrens** (§ 204 Abs. 1 Nr. 11 BGB) sowie die Einreichung eines Antrags auf gerichtliche Zuständigkeitsbestimmung (§ 204 Abs. 1 Nr. 13 BGB) oder eines **Prozesskostenhilfeantrags** (§ 204 Abs. 1 Nr. 14 BGB).

33   Neben den Fällen der Hemmung durch Rechtsverfolgung sind die Hemmung durch **Verhandlungen** (§ 203 BGB), durch **Stundung** (§ 205 BGB) sowie durch **höhere Gewalt** zu erwähnen (§ 206 BGB).[118] Nach nationalem Recht richtet sich auch die Verjährung **vollstreckbar festgestellter Ansprüche.**[119]

34   Die Verweisung auf die lex fori hat zur Folge, dass sich das auf die Wirkungen der Verjährungshemmung anzuwendende Recht nicht bzw. erst nachträglich feststellen lässt, solange die Ansprüche nicht rechtshängig sind.

VI. Unterbrechung der Verjährung (Abs. 3 S. 2)

35   Hinsichtlich der Unterbrechung der Verjährung wird in Abs. 3 S. 2 wie bei der Hemmung auf das Recht des angerufenen Gerichts (lex fori) verwiesen. Soweit deutsches Recht anwendbar ist, gelten die Vorschriften über den Neubeginn der Verjährung, der nach § 212 BGB nur noch für den Fall des Anerkenntnisses sowie der Vornahme bzw. Beantragung von Vollstreckungshandlungen angeordnet ist. Von praktischer Bedeutung ist vor allem der Neubeginn infolge Anerkenntnisses (§ 212 Abs. 1 Nr. 1 BGB). Nach AG Mannheim beendet ein Anerkenntnis eine zuvor bestehende Verjährungshemmung.[120] Ein Neubeginn auf Grund von Vollstreckungshandlungen kann im Falle der Inanspruchnahme einstweiligen Rechtsschutzes eintreten, im Übrigen nicht, weil Art. 32 die Verjährung titulierter Ansprüche nicht regelt. § 852 BGB ist nicht analog anwendbar.[121]

VII. Zulässigkeit von Parteiabreden

36   Die Verjährungsregelungen des Art. 32 sind gem. Art. 41 zwingend. **Vor Entstehung** des Anspruchs ist eine abweichende Vereinbarung über die Verjährung unwirksam. Das gilt auch insoweit, als von ergänzend anwendbaren Vorschriften des nationalen Rechts abgewichen wird, die für sich genommen dispositiv wären.[122] Nach Entstehung des Anspruchs steht es den Parteien jedoch frei, im Wege der Parteiabrede eine andere als die gesetzliche Verjährungsregelung zu vereinbaren. Zu diesem Zeitpunkt sind die Parteien nämlich nicht mehr schutzbedürftig. Die Zulässigkeit einer Parteiabrede richtet sich dann nach dem anwendbaren nationalen Recht.[123] Ist deutsches Recht anwendbar, so ist § 439 HGB zu beachten, welcher § 225 BGB insoweit als lex specialis verdrängt. Der Beklagte kann selbst entscheiden, ob er im Prozess die Einrede der Verjährung, die nach deutschem Recht nicht von Amts wegen Berücksichtigung findet, erhebt oder nicht.[124] Ein Verjährungsverzicht kann auch zugunsten des wirtschaftlich Berechtigten erklärt werden.[125]

118 Ausf. zu den einzelnen Hemmungstatbeständen Thume/*Demuth* Rn. 89.
119 OLG Hamm Urt. v. 24.1.2019 – 18 U 57/09, BeckRS 2019, 1857.
120 AG Mannheim Urt. v. 10.6.2011 – 10 C 27/11, BeckRS 2011, 29138.
121 OLG Hamm Urt. v. 23.1.1995 – 18 U 78/94, TranspR 1995, 290.
122 Rechtbank von Koophandel Antwerpen Entsch. v. 4.6.2010 – AR 09/2558, ETL 2010, 573.
123 *Koller* Rn. 20.
124 *Herber/Piper* Rn. 52.
125 *Koller* Rn. 20.

VIII. Einrede und Widerklage (Abs. 4)

1. Aufrechnung. Die Aufrechnung **mit** bereits verjährten Ansprüchen ist nach Abs. 4 unzulässig.[126] **37** Die Aufrechnung greift jedoch durch, wenn sie bereits in unverjährter Zeit erklärt wurde.[127] Art. 32 Abs. 4 verbietet nicht die Aufrechnung **gegen** verjährte Ansprüche.[128]

Weitergehende vertragliche Aufrechnungsverbote schließt die Vorschrift nicht aus (hM).[129] Die **38** Bedeutung des Abs. 4 beschränkt sich darauf, den Parteien den Aufrechnungseinwand nach Eintritt der Verjährung abzuschneiden.[130] Vertraglich vereinbarten Aufrechnungsabreden steht die CMR nicht entgegen.[131] Die Zulässigkeit vereinbarter Aufrechnungsabreden beurteilt sich ausschließlich nach dem ergänzend anzuwendenden nationalen Recht.[132] Bei ergänzender Anwendbarkeit deutschen Rechts kann auch das Aufrechnungsverbot aus Ziff. 19 ADSp 2017 eingreifen.[133] Ein Aufrechnungsverbot gilt dann nicht, wenn die Forderung gegen den Aufrechnungsgegner wegen dessen Vermögensverfalls nicht durchsetzbar wäre.[134]

2. Zurückbehaltung, Einrede des nichterfüllten Vertrages. Nach Verjährungseintritt kann sich **39** der Anspruchsinhaber wegen verjährter Forderungen nicht mehr auf sein Zurückbehaltungsrecht berufen.[135] Gleiches gilt für die Einrede des nichterfüllten Vertrages, § 320 BGB. Das Leistungsverweigerungsrecht wegen Nichterstattung von Ablade- und Verwahrkosten gem. Art. 16 Abs. 2 bleibt jedoch unberührt, weil diese Ansprüche nicht selbstständig einklagbar sind und demnach nicht der Verjährung nach Art. 32 unterliegen.[136]

3. Pfandrecht. Im Hinblick auf ein Frachtführerpfandrecht kann sich der Frachtführer, soweit **40** deutsches Recht Anwendung findet, auf die Regelung des § 223 BGB berufen.[137]

4. Widerklage. Die Widerklage wegen bereits verjährter Ansprüche ist unzulässig. **41**

IX. Beweislast

Der Schuldner hat nach allgemeinen Beweislastgrundsätzen den Beginn und den Ablauf der einjäh- **42** rigen Verjährungsfrist zu behaupten und unter Beweis zu stellen.[138] Die Tatsachen, aus denen sich eine Verlängerung der Verjährungsfrist auf drei Jahre nach Abs. 1 S. 2 ergibt, hat hingegen der Gläubiger zu beweisen.[139] Der Gläubiger hat auch die Voraussetzungen der Hemmung und Unterbrechung zu beweisen. Der Frachtführer trägt dann die Beweislast hinsichtlich der Beendigung der Hemmung oder Unterbrechung.[140]

Art. 33 [Schiedsgerichtsbarkeit]

Der Beförderungsvertrag kann eine Bestimmung enthalten, durch die die Zuständigkeit eines Schiedsgerichtes begründet wird, jedoch nur, wenn die Bestimmung vorsieht, daß das Schiedsgericht dieses Übereinkommen anzuwenden hat.

---

[126] BGH Urt. v. 7.3.1985 – I ZR 182/83, TranspR 1986, 68 = BGHZ 94, 71 = RIW 1985, 655; OLG Hamburg Urt. v. 10.5.1984 – 6 U 236/83, TranspR 1984, 196; OLG Düsseldorf Urt. v. 16.2.1982 – 18 U 156/82, VersR 1983, 1132; OLG Saarbrücken Urt. v. 29.10.1982 – 4 U 117/81, TranspR 1984, 148 (150); *Braun* VersR 1980, 648 (651); *Herber/Piper* Rn. 55; *Koller* Rn. 21.

[127] OLG Zweibrücken Urt. v. 4.3.2004 – 4 U 167/02, VersR 2005, 97.

[128] *Thume/Demuth* Rn. 98.

[129] BGH Urt. v. 14.12.1988 – I ZR 235/86, TranspR 1989, 41 = VersR 1989, 309; BGH Urt. v. 7.3.1985 – I ZR 182/82, BGHZ 94, 71 = TranspR 1986, 68; OLG Hamburg Urt. v. 10.5.1984 – 6 U 236/83, TranspR 1984, 196; OGH Wien Urt. v. 18.5.1982 – 4 Ob 516/82, TranspR 1983, 48; *Thume/Demuth* Rn. 103; *Koller* Rn. 22; aA noch BGH Urt. v. 20.1.1983 – I ZR 90/81, NJW 1983, 1266 = RIW 1983, 44; OLG Hamburg Urt. v. 29.11.1984 – 6 U 134/84, TranspR 1985, 130.

[130] BGH Urt. v. 7.3.1985 – I ZR 182/82, NJW 1985, 2091; OGH Wien Urt. v. 31.1.1991 – 7 Ob 687/90, TranspR 1993, 237 (239); *Koller* VersR 1988, 556 (559); *ders.* Rn. 22.

[131] *Herber/Piper* Rn. 57.

[132] BGH Urt. v. 20.1.1983 – I ZR 90/81, MDR 1983, 554; *Bayer* TranspR 1985, 417 (418 f.); *Herber/Piper* Rn. 57; *Staub/Reuschle* Rn. 163.

[133] BGH Urt. v. 7.3.1985 – I ZR 182/82, BGHZ 94, 71 = TranspR 1986, 68 = RIW 1985, 655.

[134] BGH Urt. v. 20.12.1956 – II ZR 177/55, BGHZ 23, 17 (26) = WM 1957, 209; *Thume/Demuth* Rn. 103.

[135] *Thume/Demuth* Rn. 100; *Staub/Reuschle* Rn. 156; *Herber/Piper* Rn. 54; *Koller* Rn. 21.

[136] *Koller* Rn. 21; *Herber/Piper* Rn. 54.

[137] *Thume/Demuth* Rn. 102; *Herber/Piper* Rn. 54; *Koller* Rn. 21.

[138] *Thume/Demuth* Rn. 104; *Koller* Rn. 23.

[139] *Thume/Demuth* Rn. 105; *Koller* Rn. 23; *Herber/Piper* Rn. 59.

[140] OLG Frankfurt a. M. Urt. v. 5.11.1985 – 5 U 261/84, VersR 1986, 1070 (1971); *de Beule* ETL 1988, 654 ff.; *Thume/Demuth* Rn. 107; *Koller* Rn. 23; *Herber/Piper* Rn. 59.

Schrifttum: *Haak,* Revision der CMR?, TranspR 2006, 325; *Lachmann,* Handbuch für die Schiedsgerichtspraxis, 3. Aufl. 2008; *Lau,* Zur Schiedsgerichtsbarkeit im Transportwesen der Bundesrepublik Deutschland, TranspR 1986, 1; *Loewe,* Die Bestimmungen der CMR über Reklamationen und Klagen, TranspR 1988, 309; *Osterthun,* Das neue deutsche Recht der Schiedsgerichtsbarkeit, TranspR 1998, 177; *Schwab/Walter,* Schiedsgerichtsbarkeit, 7. Aufl. 2005.

I. Schiedsvereinbarung

1   Art. 33 eröffnet den Parteien die Möglichkeit, ungeachtet der zwingenden Gerichtsstandsregeln des Art. 31 die Zuständigkeit eines Schiedsgerichts zu begründen. Die CMR regelt die **Voraussetzungen** des wirksamen Zustandekommens einer Schiedsabrede nur insofern, als die Schiedsvereinbarung vorsehen muss, dass das Schiedsgericht die CMR anzuwenden hat (→ Rn. 5). Im Übrigen lässt sich der CMR zu Voraussetzungen und Rechtsfolgen der Schiedsvereinbarung nichts entnehmen.[1] Das gilt auch für die einzuhaltende Form;[2] das Erfordernis eines Hinweises auf die Anwendung der CMR spricht zwar aus praktischen Gründen dringend für die Schriftform, macht diese rechtlich aber nicht zwingend erforderlich.

2   Daher gelten die **allgemeinen Grundsätze.** Das anzuwendende Recht richtet sich nach der Rechtswahl der Parteien (§ 1059 Abs. 2 Nr. 1a ZPO), bei deren Fehlen nach dem mutmaßlichen Parteiwillen, der häufig dem Vertragsstatut des Hauptvertrages entsprechen wird.[3] Fehlt es an einer Rechtswahl und am Sitz des Schiedsgerichts Deutschland, gelten für die Schiedsvereinbarung nach dem Territorialitätsprinzip des § 1025 ZPO die §§ 1025 ff. ZPO,[4] für die Form also insbesondere § 1031 ZPO. Danach ist **grundsätzlich Schriftform** erforderlich. Die Schiedsvereinbarung muss entweder in einem von den Parteien unterzeichneten Schriftstück oder in zwischen ihnen gewechselten Schreiben, Fernkopien, Telegrammen oder anderen Formen der Nachrichtenübermittlung, die einen Nachweis der Vereinbarung sicherstellen, enthalten sein.[5] Auch Kaufleute können demnach eine Schiedsvereinbarung nicht mündlich treffen,[6] wohl aber durch Schweigen auf ein kaufmännisches Bestätigungsschreiben (§ 1031 Abs. 2 ZPO). Für Verbraucher gilt § 1031 Abs. 5 ZPO. Der Mangel der Form wird durch rügelose Einlassung auf die schiedsgerichtliche Verhandlung zur Hauptsache geheilt (§ 1031 Abs. 6 ZPO).

3   Im Übrigen sind in der internationalen Schiedsgerichtsbarkeit vorrangig die Bestimmungen des **New Yorker UN-Übereinkommens** von 1958 über die Anerkennung und Vollstreckung ausländischer Schiedssprüche (UNÜ)[7] sowie – im Rahmen seines Anwendungsbereichs – des das UNÜ ergänzenden Genfer Europäischen Übereinkommens von 1961[8] maßgeblich. Das UNÜ regelt zwar streng genommen nur die Anerkennung und Vollstreckung von Schiedssprüchen, wenn der Staat des Erlasses des Schiedsspruchs nicht mit dem Staat der Anerkennung und Vollstreckung identisch ist,[9] jedoch wird es in der internationalen Schiedsgerichtspraxis als Regelungsquelle auch für die Wirksamkeit und den Inhalt der Schiedsvereinbarung betrachtet.[10] Nach dem vereinheitlichten Sachrecht des UNÜ gilt für die Schiedsvereinbarung die Schriftform, wobei neben einer beidseits unterzeichneten Vertragsurkunde (zB einem Frachtbrief) auch der Austausch von Briefen oder Telegrammen ausreicht. Dem Telegramm sind elektronisch übermittelte Nachrichten in Textform wie etwa per E-Mail gleichzustellen.[11] Eine Einbeziehung durch allgemeine Geschäftsbedingungen reicht nur dann, wenn diese übermittelt werden oder ein spezifischer schriftlicher Hinweis auf die darin enthaltene Schiedsklausel erfolgt.[12] Für die weiteren Wirksamkeitserfordernisse verweist das vereinheitlichte Kollisionsrecht auf eine Rechtswahl der Parteien und, soweit es daran fehlt, auf das Recht des Staates, in dem der Schiedsspruch ergangen ist bzw. ergehen soll.[13]

4   Den Parteien steht es offen, die Zuständigkeit eines Schiedsgerichts **in einem Nichtvertragsstaat** der CMR zu begründen,[14] denn Art. 31 Abs. 1 gilt nur für die Zuständigkeit staatlicher Gerichte.[15]

---

[1] AM Thume/*Fremuth* Rn. 1, der aus Art. 4 Formfreiheit herleitet, was aber schon deshalb nicht überzeugen kann, weil Hauptvertrag und Schiedsvereinbarung streng zu trennen sind, *Hausmann* in Reithmann/Martiny IntVertragsR Rn. 3220.

[2] Staub/*Reuschle* Rn. 3.

[3] *Hausmann* in Reithmann/Martiny IntVertragsR Rn. 3391 ff.

[4] *Lachmann,* Handbuch für die Schiedsgerichtspraxis, 3. Aufl. 2008, Rn. 269.

[5] *Osterthun* TranspR 1998, 177 (180).

[6] Thomas/Putzo/*Seiler* ZPO § 1031 Rn. 2; Zöller/*Geimer* ZPO § 1031 Rn. 5.

[7] BGBl. 1961 II 122 (123).

[8] BGBl. 1964 II 426.

[9] Art. I Abs. 1 UNÜ.

[10] *Schwab/Walter,* Schiedsgerichtsbarkeit, 7. Aufl. 2005, 383.

[11] Vgl. *Hausmann* in Reithmann/Martiny IntVertragsR Rn. 3271.

[12] *Schwab/Walter,* Schiedsgerichtsbarkeit, 7. Aufl. 2005, 390.

[13] Art. V Abs. 1 UNÜ.

[14] Thume/*Demuth* Rn. 3.

[15] *Herber/Piper* Rn. 3.

Art. 33 soll die Anwendung der CMR auch in diesem Falle sicherstellen. Art. 33 gilt nicht für Schiedsabreden nach Entstehung des Streitfalls.[16]

II. Hinweis auf die Anwendung der CMR

Die Schiedsabrede muss ausdrücklich[17] klarstellen, dass das Schiedsgericht **die CMR anzuwenden** 5 hat. Fehlt es daran, ist die Schiedsabrede nach Art. 41 nichtig.[18] Nach Ansicht des OLG Koblenz ist nicht erforderlich, dass den Schiedsrichtern in der Schiedsvereinbarung die Anwendung der CMR unbedingt, also unabhängig davon vorgeschrieben wird, ob das Übereinkommen nach Art. 1, 2 anwendbar ist. Es soll danach reichen, wenn die Anwendung für den Fall der Einschlägigkeit vorgegeben wird.[19] Dagegen spricht jedoch, dass Art. 33 gerade sicherstellen soll, dass die CMR angewendet wird. Es sollen nicht nur Anwendungszweifel eines nichtstaatlichen Streitschlichtungsgremiums zugunsten der Anwendung des Übereinkommens entschieden werden, sondern die CMR soll auch dann gelten, wenn das Schiedsgericht seinen Sitz in einem Nichtvertragsstaat hat und das dort geltende Kollisionsrecht nicht auf einen Vertragsstaat der CMR verweist. Deshalb darf die Klausel die Anwendung der CMR nur davon abhängig machen, dass im Einzelfall die Voraussetzungen der Art. 1 und 2 vorliegen. Nach Ansicht des Hoge Raad Den Haag[20] braucht die Schiedsklausel der **FENEX-Bedingungen**[21] nicht Art. 33 zu genügen, da der Spediteur zwar unter Umständen wie ein Frachtführer hafte, dadurch aber nicht zu einem CMR-Frachtführer werde, sodass Art. 33 nicht anwendbar sei.

Kapitel VI. Bestimmungen über die Beförderung durch aufeinanderfolgende Frachtführer

Art. 34 [Aufeinanderfolgende Straßenfrachtführer]

Wird eine Beförderung, die Gegenstand eines einzigen Vertrages ist, von aufeinanderfolgenden Straßenfrachtführern ausgeführt, so haftet jeder von ihnen für die Ausführung der gesamten Beförderung; der zweite und jeder folgende Frachtführer wird durch die Annahme des Gutes und des Frachtbriefes nach Maßgabe der Bedingungen des Frachtbriefes Vertragspartei.

Schrifttum: *Benz,* Im Westen nichts Neues? Neuigkeiten zum Transportrecht aus der Schweiz, TranspR 2018, 138; *Demuth,* Ausführender Frachtführer auch im CMR-Bereich?, TranspR 1999, 100; *Heuer,* Aufeinanderfolgende Frachtführer nach Art. 34 ff. CMR, TranspR 1984, 169; *Heuer,* Das künftige deutsche Frachtrecht, TranspR 1998, 45; *Marchand,* La pluralité des transporteurs routiers selon la CMR, ETL 1995, 577; *Neumann,* Der Spediteur-Frachtführer als aufeinander folgender Frachtführer, TranspR 2006, 384; *Schoner,* Der Gerichtsstand im Regreßprozeß nach Art. 39 Abs. 2 CMR – Die Entscheidung des englischen Court of Appeal in Sachen Cummins Engine v. Davis Freight Forwarding –, TranspR 1982, 120; *Suhr,* Anm. zu LG Hamburg Urt. v. 5.1.1981 – 65 O 94/80, VersR 1981, 969; *Tilche,* Transporteurs successifs – Recours et préscription, BT 1995, 12; *Trappe,* „Aufeinanderfolgende Straßenfrachtführer?" (zu Art. 34 ff. CMR), TranspR 1996, 260; *Thume,* Aktivlegitimation und Regressverfolgung in Deutschland, dargestellt am Beispiel der CMR, Europäisches TranspR 2005, 801; *Wanckel,* Zum Begriff der „aufeinanderfolgenden Frachtführer" iS der Art. 34 ff. CMR, VersR 1984, 712; iÜ vgl. Vor Art. 1; Art. 13, Art. 31.

I. Allgemeines

Der vom Hauptfrachtführer eingesetzte **Unterfrachtführer** oder Unterunterfrachtführer, der nicht 1 aufeinander folgender Frachtführer ist, haftet dem Absender nicht aus Art. 17 ff., gleichgültig ob er die ganze Beförderung durchführt oder nur Teilstrecken. Vertragliche Ersatzansprüche bestehen nur zwischen den **unmittelbaren Vertragspartnern.** Dem Absender gegenüber haftet nur der Hauptfrachtführer, der gemäß Art. 3 für seine Unterfrachtführer einzustehen hat.[1] Entsprechendes gilt für

---

[16] *Loewe* TranspR 1988, 309 ff.; *Lau* TranspR 1986, 1; *Herber/Piper* Rn. 2; *Staub/Reuschle* Rn. 7; *Thume/Demuth* Rn. 4.

[17] OLG Stuttgart Urt. v. 11.11.2009 – 3 U 98/09, TranspR 2010, 149 Rn. 27 f. OGH Wien Beschl. v. 20.3.2007 – 10 Ob 20/07c, TranspR 2007, 326; *Staub/Reuschle* Rn. 5: ein Verweis auf das Recht eines CMR-Mitgliedsstaates reicht nicht; ebenso Thume/*Fremuth* Rn. 3; *Herber/Piper* Rn. 2; MüKoHGB/*Jesser-Huß* Rn. 2; wohl auch *Koller* Rn. 1.

[18] OGH Wien Urt. v. 20.3.2007 – 10 Ob 20/07c, TranspR 2007, 326; OLG Hamm Urt. v. 29.6.1998 – 18 U 19/98, TranspR 1999, 201; OLG Köln Urt. v. 2.8.2005 – 3 U 21/05, TranspR 2005, 472; OLG Koblenz Urt. v. 22.2.2007 – 6 U 1162/06, TranspR 2007, 249 (251).

[19] OLG Koblenz Urt. v. 22.2.2007 – 6 U 1162/06, TranspR 2007, 249 (251).

[20] Urt. v. 25.1.2008 – C06/257HR, ETL 2008, 498.

[21] Art. 23 idF 2018.

die auch vom BGH vertretene Ansicht bzgl. der Haftung gegenüber dem Empfänger (→ Art. 13 Rn. 8). Zwar sieht § 437 HGB im innerdeutschen Recht auch die Haftung des **ausführenden Frachtführers** vor. Dies kann aber nicht auf den grenzüberschreitenden Verkehr erstreckt werden, weil die Vorschriften der CMR über aufeinander folgende Frachtführer jedenfalls im Außenverhältnis zu Absender und Empfänger eine abschließende, zwingende Regelung enthalten.[2] Auch Art. 40 hilft nicht weiter, weil nicht das Verhältnis aufeinander folgender Frachtführer untereinander betroffen ist. Der Absender oder Empfänger, der im Rahmen der CMR den Unterfrachtführer in Anspruch nehmen will, muss sich die Ansprüche des Hauptfrachtführers abtreten lassen. Zur Streitverkündung → Art. 13 Rn. 15.

2   Art. 34 ff., die sich an § 432 HGB aF anlehnen,[3] zu denen das HGB nach dem TRG aber keine Entsprechung mehr enthält, bieten für Absender und Empfänger eine verbesserte Position bei der Einschaltung weiterer Frachtführer. Es werden ihnen mehrere Schuldner verschafft, womit sich auch das Insolvenzrisiko vermindert. Bei **aufeinander folgenden Frachtführern** verbleibt es nämlich bei der Haftung des Hauptfrachtführers für die Unterfrachtführer nach Art. 3, 17 ff. gegenüber dem Absender.[4] Die nachfolgenden Frachtführer haften darüber hinaus jeweils als **Gesamtschuldner** (Art. 34). Voraussetzungen für eine Gesamtschuld bzw. Samtfrachtführerschaft ist, dass die Beförderung Gegenstand eines einzigen Vertrages ist. Der Frachtbrief muss auf gesamte Strecke lauten, es muss sich also um einen durchgehenden Frachtbrief handeln, sonst greift Art. 34 nicht ein.[5] Absender und Empfänger können gegen den Hauptfrachtführer, den letzten der aufeinander folgenden Frachtführer oder denjenigen vorgehen, der den Schaden nachweisbar verursacht hat (Art. 36). Eine weitergehende Ausgleichspflicht besteht im Innenverhältnis der aufeinander folgenden Frachtführer (Art. 37). Dieses kann auch abweichend von Art. 37 und 38 gestaltet werden (Art. 40).

3   Die **schlechtere Rechtsstellung der aufeinander folgenden** Frachtführer und die Tatsache, dass der Hauptfrachtführer seine Vertragskonditionen nicht offenbaren will, führt jedoch dazu, dass ein durchgehender Frachtbrief nicht ausgestellt und angenommen wird, um den Eintritt der Voraussetzungen der Art. 34 ff. zu vermeiden. Deshalb hat das Rechtsinstitut der aufeinander folgenden Frachtführer in Deutschland nur geringe praktische Bedeutung.[6] Die FIATA wollte es ganz abschaffen.[7]

II. Voraussetzungen

4   **1. Vertrag über die gesamte Strecke.** Vorausgesetzt wird ein einziger, die ganze grenzüberschreitende Beförderungsstrecke umfassender Straßenbeförderungsvertrag, den der Hauptfrachtführer auch für die vom Unterfrachtführer abzudeckende Strecke zu schließen hat.[8] Der **gebrochene Verkehr,** bei dem für Teilstrecken gesonderte Beförderungsverträge vereinbart werden, fällt deshalb nicht unter Art. 34 ff.[9] Ebenso wenig ist Art. 34 anwendbar, wenn sich der Frachtführer verpflichtet, in einer Stellung als Spediteur weitere Beförderer als **Zwischenfrachtführer** zu beauftragen.[10] Erfasst wird auch nicht der **kombinierte Verkehr** mit Umladung auf ein anderes Transportmittel einschließlich des **Huckepackverkehrs** (Art. 2), weil nicht alle Beteiligten Straßenfrachtführer sind.[11] Innerhalb des grenzüberschreitenden Transports muss die vom einzelnen aufeinander folgenden Frachtführer beförderte Strecke jedoch nicht grenzüberschreitend sein.[12]

---

[1] OGH Wien Urt. v. 28.11.1990 – 1 Ob 575/90, TranspR 1991, 135 (138); Hof van Beroep Antwerpen Urt. v. 8.10.1986, ETL 1986, 436 (437); Urt. v. 15.3.1989, ETL 1989, 574 (579); Tribunal Supremo de Espana Urt. v. 14.7.1987, ETL 1995, 678; *Helm* VersR 1988, 548 (556); MüKoHGB/*Jesser-Huß* Rn. 17; *Herber/Piper* Rn. 3; *Thume/Schmid* Vor Art. 34 Rn. 7; *Clarke* Nr. 51 S. 202; zum Zwischen- und Teilfrachtführer vgl. MüKoHGB/*Jesser-Huß* Rn. 3, 4 und *Thume/Schmid* Vor Art. 34 Rn. 9, 10; *Thume* ETR 2005, 801 f.

[2] Ausf. *Demuth* TranspR 1999, 100 ff.; *Heuer* TranspR 1998, 45 (50).

[3] Denkschrift BT-Drs. III/1144, 46; zur Anlehnung an CIM *Koller* VersR 1988, 556 (561).

[4] *Koller* VersR 1988, 548 (563); *Heuer* TranspR 1984, 169; *Helm* VersR 1988, 548 (555); *Herber/Piper* Rn. 1, 5.

[5] Vgl. OLG Hamm Urt. v. 27.1.2011 – I-18 U 81/09, TranspR 2011, 182 und zuvor bereits BGH Urt. v. 4.10.1984 – I ZR 112/82, NJW 1985, 554; Urt. v. 10.12.1998 – I ZR 162/96, NJW 1999, 1713.

[6] *Loewe* ETL 1976, 503 (588); *Herber/Piper* Rn. 2; MüKoHGB/*Jesser-Huß* Rn. 7; *Koller* Vor Art. 34 Rn. 3; für Belgien *Putzeys* Nr. 288 Fn. 200; anders für England *Hill/Messent* 264.

[7] Vgl. *Glöckner* TranspR 1984, 113 (114 f.).

[8] BGH Urt. v. 9.2.1984 – I ZR 18/82, VersR 1984, 578; OGH Wien Urt. v. 4.6.1987 – 7 Ob 30/86, TranspR 1988, 273 (277); OLG Wien Urt. v. 3.9.1992 – 1 R 114/92, TranspR 1993, 340 (341); OLG München v. 21.7.2016 – 23 U 3256/15, TranspR 2017, 25; GroßkommHGB/*Helm* Rn. 2; *Herber/Piper* Rn. 4; *Thume/Schmid* Rn. 2; MüKoHGB/ *Basedow* Rn. 8 mwN; *Clarke* Nr. 50 S. 194; *Hill/Messent* 262; *Haak,* The Liability oft he Carrier under the CMR, 1986, 108; *Sánchez-Gamborino* Nr. 142.

[9] *Koller* Rn. 2; *Herber/Piper* Rn. 6; *Thume/Schmid* Rn. 3.

[10] *Koller* Rn. 2; vgl. auch MüKoHGB/*Jesser-Huß* Rn. 3.

[11] Hof van Beroep Antwerpen Urt. v. 15.3.1989, ETL 1989, 574 (577); *Herber/Piper* Rn. 6; *Koller* Rn. 2; MüKoHGB/*Jesser-Huß* Rn. 8; *Clarke* Nr. 50 S. 195; aA *Hill/Messent* 277 f.

[12] *Herber/Piper* Rn. 5; *Koller* Rn. 2 mwN; *Clarke* Nr. 50 S. 194; *Hill/Messent* 262, 263; *Sánchez-Gamborino* Nr. 1441; *Straube/Schütz* HGB § 452 Anh. I CMR Art. 34 Rn. 2.

Erster Frachtführer kann auch ein **Fixkostenspediteur** sein.[13] Der Hauptfrachtführer muss 5 nämlich das Gut weder übernehmen, noch eine **eigene Beförderungsleistung** erbringen. Für seine Haftung wesentlich ist nur der Beförderungsvertrag, aus dem er hier wie auch sonst haftet.[14] Der erste Frachtführer, der das Gut nicht übernommen hat, kann im Innenverhältnis vollen Regress fordern, Art. 37.[15] Ein **Sammelladungsspediteur** kann dagegen nicht erster Frachtführer sein, weil er dem nachfolgenden andere Ware übergibt, als er übernommen hat.[16]

2. Übernahme von Gut und Frachtbrief. Als aufeinander folgender Frachtführer kommt nur 6 derjenige in Betracht, der das **Gut angenommen** hat. Wie dem englischen und französischen Wortlaut entnommen werden kann, bestimmen Hs. 1 und 2 zusammen die Voraussetzungen der Haftung.[17] Übernahme unter Vorbehalten reicht.[18] Der nachfolgende Frachtführer iSd Art. 34 ff. muss auch selbst den **durchgehenden Frachtbrief für die gesamte Strecke** übernommen haben.[19] Die abweichende Ansicht, die in der Annahme von Gut und Frachtbrief lediglich eine Vermutung dafür sieht, dass es zu einem Vertragsbeitritt des nachfolgenden Frachtführers gekommen ist,[20] vernachlässigt das Schutzbedürfnis des nachfolgenden Frachtführers, der ohne Annahme von Gut und Frachtbrief nicht über die für die Risikoübernahme erforderlichen Kenntnisse verfügt. Angenommen werden muss der Frachtbrief, den der ursprüngliche Absender für die gesamte Strecke ausgestellt und dem Hauptfrachtführer übergeben hat.[21] Er muss dem nachfolgenden Frachtführer jedoch weder gleichzeitig mit dem Gut noch von seinem Vormann übergeben sein. Die **Ausstellung** eines Frachtbriefs **durch** einen **Unterfrachtführer** genügt nicht, um die Folgen der Art. 34 ff. herbeizuführen.[22] Der durchgehende Frachtbrief hat damit für die Haftung der nachfolgenden Frachtführer gegenüber Absender und Empfänger **konstitutive Bedeutung.**[23]

III. Rechtsfolgen

Der Hauptfrachtführer haftet wie sonst auch nach Art. 3, 17 ff. für die nachfolgenden Frachtführer, 7 die Unterfrachtführer sind. Jeder der Unterfrachtführer als nachfolgender Frachtführer wird zudem durch die Annahme von Gut und Frachtbrief gesamtschuldnerisch **Vertragspartei** des Beförderungsvertrags mit dem ursprünglichen Absender **nach Maßgabe des Frachtbriefs.** Dessen Inhalt ist deshalb selbst dann unwiderleglich, wenn der nachfolgende Frachtführer sein Abweichen vom Ver-

[13] BGH Urt. v. 25.10.1984 – I ZR 138/82, NJW 1985, 555 (556); OGH Wien Urt. v. 4.6.1987 – 7 Ob 30/86, TranspR 1988, 273 (276); *Helm* VersR 1988, 548 (555) mwN; *Koller* VersR 1988, 556 (561); *Koller* Rn. 5; *Heuer* TranspR 1984, 169 (171); MüKoHGB/*Jesser-Huß* Rn. 14; *Herber/Piper* Rn. 8 mwN auch zur Gegenansicht.

[14] OLG Stuttgart Urt. v. 22.7.1982 – 3 U 46/82, VersR 1983, 978 (979) mAnm *Dannenberg*; OLG Hamm Urt. v. 2.12.1991 – 18 U 133/88, TranspR 1992, 179 (180); OGH Wien Urt. v. 28.6.1988 – 8 Ob 657/87, VersR 1989, 980; Urt. v. 19.5.1999 – 7 Ob 68/98 X, VersR 1999, 1132; *Heuer* TranspR 1984, 169 (170); *Piper* VersR 1988, 200 (204); *Wanckel* VersR 1984, 712 (714); *Neumann* TranspR 2006, 384; *Koller* VersR 1988, 556 (563); *Herber/Piper* Rn. 7; MüKoHGB/*Jesser-Huß* Rn. 14; *Clarke* Nr. 50a (i) S. 176; *Hill/Messent* 266; aA OLG Hamburg Urt. v. 3.6.1982 – 6 U 136/80, TranspR 1985, 267 mkritAnm *Baumann; Loewe* ETL 1976, 503 (589).

[15] *Koller* Rn. 4; aA wohl *Helm* VersR 1988, 548 (556).

[16] *Heuer* TranspR 1984, 169 (170 f.); *Herber/Piper* Rn. 8; MüKoHGB/*Jesser-Huß* Rn. 14.

[17] BGH Urt. v. 25.10.1984 – I ZR 138/82, NJW 1985, 555 (556); Urt. v. 10.5.1990 – I ZR 234/88, VersR 1991, 238 (239); OGH Wien Urt. v. 4.6.1987 – 7 Ob 30/86, TranspR 1988, 273 (276); Trib.com. Brüssel Urt. v. 11.5.1987, ETL 1988, 720 (721); GroßkommHGB/*Helm* Rn. 2; *Koller* Rn. 3, 4; *Haak*, The Liability oft he Carrier under the CMR, 1986, 107; *Clarke* Nr. 50b S. 200; aA OLG Stuttgart Urt. v. 22.7.1982 – 3 U 46/82, VersR 1983, 978 (979); *Hill/Messent* 267.

[18] MüKoHGB/*Jesser-Huß* Rn. 12; enger *Clarke* Nr. 50b S. 199; aA Trib. com. Brüssel Urt. v. 11.5.1987, ETL 1988, 720 (724).

[19] BGH Urt. v. 9.2.1984 – I ZR 18/82, VersR 1984, 578 (580); Urt. v. 25.10.1984 – I ZR 138/82, NJW 1985, 555 (556); OGH Wien Urt. v. 4.6.1987 – 7 Ob 30/86, TranspR 1988, 273 (276); OLG Innsbruck Urt. v. 20.6.1995 – 1 R 154/95, TranspR 1997, 343 (345); *Dresser v. Falcongate Freight Management*, Q. B. (D.) Urt. v. 6.11.1990, ETL 1991, 798 (800); *Helm* VersR 1988, 548 (555); *Piper* VersR 1988, 200 (205); *Heuer* TranspR 1984, 169 (172); MüKoHGB/*Jesser-Huß* Rn. 9; *Herber/Piper* Rn. 10 mwN; *Koller* Rn. 4; *Thume/Schmid* Rn. 2, 5; *Haak*, The Liability of the Carrier under the CMR, 1986, 111, 120 f.; *Clarke* Nr. 50b S. 198 f.; *Hill/Messent* 268 f., 270; *Putzeys* Nr. 288; *Sánchez-Gamborino* Nr. 1442.

[20] OLG Stuttgart Urt. v. 22.7.1982 – 3 U 46/82, VersR 1983, 978 (979); Kh Brüssel Urt. v. 6.4.1984, ETL 1984, 431 (441); ähnl. Trib. com. Brüssel Urt. v. 11.5.1987, ETL 1988, 720 (721) und Tendenz in der französischen, belgischen und italienischen Rspr., vgl. dazu *Lamy* I Nr. 558, Nachweise bei MüKoHGB/*Jesser-Huß* Rn. 10 und *Haak*, The Liability oft he Carrier under the CMR, 1986, 109 f.

[21] BGH Urt. v. 9.2.1984 – I ZR 18/82, VersR 1984, 578 (580); Urt. v. 25.10.1984 – I ZR 138/82, NJW 1985, 555 (556); *Piper* VersR 1988, 200 (205); *Herber/Piper* Rn. 10; *Thume/Schmid* Rn. 5; MüKoHGB/*Jesser-Huß* Rn. 9.

[22] *Herber/Piper* Rn. 10; *Koller* Rn. 4; MüKoHGB/*Jesser-Huß* Rn. 9; *Clarke* Nr. 50b(i) S. 201; einschränkend *Hill/Messent* 274; aA *Ulster Swift v. Taunton Meat Haulage*, C. A. Urt. v. 16.11.1976, ETL 1977, 138 (141, 168).

[23] BGH Urt. v. 25.10.1984 – I ZR 138/82, NJW 1985, 555 (556); Urt. v. 10.5.1990 – I ZR 234/88, VersR 1991, 238 (239); OLG Hamburg Urt. v. 14.5.1987 – 6 U 90/86 und 270/86, TranspR 1987, 379 (383); *Heuer* TranspR 1984, 169 (172); *Loewe* ETL 1976, 503 (589); *Herber/Piper* Rn. 10; MüKoHGB/*Jesser-Huß* Rn. 9, 11; *Thume/Schmid* Rn. 5; *Putzeys* Nr. 288.

tragsinhalt kennt.[24] Entsprechend der Regelung des Art. 13 werden die nachfolgenden Frachtführer **Schuldner und Gläubiger des Empfängers.**

8   Ihre Rechtsstellung richtet sich ergänzend nach dem gemäß dem Vertragsstatut anwendbaren Recht. Nach deutschem Recht sind die nachfolgenden Frachtführer **Gesamtgläubiger** nach §§ 428 ff. BGB hinsichtlich des Anspruchs auf Fracht und sonstiger Rechte aus dem Vertrag.[25] Für ihre **Passivlegitimation** bei Güter- und Verspätungsschäden gilt die Sonderregelung des Art. 36 und im Übrigen nationales Recht.[26] Sie sind hinsichtlich vertraglicher Ansprüche **Gesamtschuldner** untereinander und mit dem Hauptfrachtführer. Für die Haftung genügt es, dass der Schaden von einem der Frachtführer zurechenbar verursacht wurde. Bei **Vorsatz** oder **gleichstehendem Verschulden** auch nur eines der Frachtführer entfällt für alle die Haftungsbeschränkung und beurteilt sich die Verjährungsfrist nach Art. 32 Abs. 1 S. 2.[27]

Art. 35 [Überprüfungspflichten. Beweiswirkung des Frachtbriefs]

(1) **[1]Ein Frachtführer, der das Gut von dem vorhergehenden Frachtführer übernimmt, hat diesem eine datierte und unterzeichnete Empfangsbestätigung auszuhändigen. [2]Er hat seinen Namen und seine Anschrift auf der zweiten Ausfertigung des Frachtbriefes einzutragen. [3]Gegebenenfalls trägt er Vorbehalte nach Artikel 8 Absatz 2 auf der zweiten Ausfertigung des Frachtbriefes sowie auf der Empfangsbestätigung ein.**

(2) **Für die Beziehungen zwischen den aufeinanderfolgenden Frachtführern gilt Artikel 9.**

Schrifttum: Vgl. Art. 34.

I. Allgemeines

1   Die in Art. 35 vorgesehene Empfangsbestätigung, die der nachfolgende Frachtführer dem vorhergehenden auszuhändigen hat, hat **keine konstitutive Bedeutung,**[1] wie der Entstehungsgeschichte zu entnehmen ist. Sie trägt dem Interesse des vorangehenden Frachtführers Rechnung, statt einer Ausfertigung des Frachtbriefs eine Bestätigung zu erhalten, die den Zustand des Gutes bei Weitergabe darlegt. Von ihr wird kaum Gebrauch gemacht.[2] Wird eine Empfangsbestätigung **verweigert,** besteht entsprechend dem nationalen Recht ein Zurückbehaltungsrecht des ursprünglichen Frachtführers bzw. ein Schadensersatzanspruch.[3]

II. Wirkungen der Empfangsbestätigung

2   Art. 35 erklärt die Vorschriften Art. 8 Abs. 2 und **Art. 9** für anwendbar. Da **Art. 8 Abs. 2** die Geltung von **Abs. 1** voraussetzt, ist auch dieser heranzuziehen.[4] Art. 8 **Abs. 3** gilt dagegen im Verhältnis aufeinander folgender Frachtführer nicht.[5] Hat der nachfolgende Frachtführer Vorbehalte weder in den Frachtbrief noch in die Empfangsbestätigung eingetragen, greift die Vermutung der Art. 35 Abs. 2, Art. 9 Abs. 2.[6] **Vorbehalte** in Frachtbrief und Empfangsbestätigung lassen die Vermutungswirkung generell entfallen,[7] ebenso Vorbehalte nur im Frachtbrief, weil die Anwendbarkeit des Art. 9 Abs. 2 nicht an eine ordnungsgemäße Empfangsbestätigung geknüpft ist.[8] Im Verhältnis zum vorangehenden Frachtführer entfällt die Vermutungswirkung, wenn Vorbehalte allein in die Empfangsbestätigung eingetragen werden.[9] Hat der vorangegangene Frachtführer **Vorbehalte anerkannt,** so ist

---

[24] *Herber/Piper* Rn. 11; *Koller* Rn. 6; MüKoHGB/*Jesser-Huß* Rn. 16; *Thume/Schmid* Rn. 8; aA *Clarke* Nr. 50b S. 200.

[25] *Koller* Rn. 6; *Herber/Piper* Rn. 12; MüKoHGB/*Jesser-Huß* Rn. 15.

[26] MüKoHGB/*Jesser-Huß* Rn. 15, Art. 36 Rn. 4; *Koller* Rn. 6; *Herber/Piper* Rn. 12.

[27] *Koller* Art. 36 Rn. 1; *Herber/Piper* Rn. 12; MüKoHGB/*Jesser-Huß* Rn. 15; *Clarke* Nr. 50 S. 195 Fn. 62; *Hill/Messent* 280.

[1] Kh Brüssel Urt. v. 6.4.1984, ETL 1984, 431; Urt. v. 11.5.1987, ETL 1988, 720 (721); *Loewe* ETL 1976, 503 (589 f.); MüKoHGB/*Jesser-Huß* Rn. 1; *Koller* Rn. 1; *Dorrestein,* Recht van het internationale wegvervoer, 1977, 267; *Clarke* Nr. 50b (ii) S. 201; *Hill/Messent* 269, 281.

[2] MüKoHGB/*Jesser-Huß* Rn. 2 mwN.

[3] *Loewe* ETL 1976, 503 (590); *Herber/Piper* Rn. 2; MüKoHGB/*Jesser-Huß* Rn. 4; *Koller* Rn. 1.

[4] *Loewe* ETL 1976, 503 (590); MüKoHGB/*Jesser-Huß* Rn. 3; *Hill/Messent* 282.

[5] *Loewe* ETL 1976, 503 (590); MüKoHGB/*Jesser-Huß* Rn. 3 mwN; *Herber/Piper* Rn. 4; *Hill/Messent* 282.

[6] MüKoHGB/*Jesser-Huß* Rn. 3; *Hill/Messent* 283.

[7] *Herber/Piper* Rn. 2; MüKoHGB/*Jesser-Huß* Rn. 2; *Koller* Rn. 1; *Thume/Schmid* Rn. 2; *Hill/Messent* 283.

[8] MüKoHGB/*Jesser-Huß* Rn. 4; iE ebenso *Hill/Messent* 282; *Sánchez-Gamborino* Nr. 1449; aA *Koller* Rn. 1; *Herber/Piper* Rn. 2; *Thume/Schmid* Rn. 2.

[9] *Koller* Rn. 1; *Herber/Piper* Rn. 2; *Thume/Schmid* Rn. 3; iE ähnl. MüKoHGB/*Jesser-Huß* Rn. 4; *Hill/Messent* 283; aA *Sánchez-Gamborino* Nr. 1453: generelles Entfallen der Vermutungswirkung.

er daran gebunden, auch wenn man nicht davon ausgeht, dass er im Verhältnis zum nachfolgenden immer die Stellung eines Absenders einnimmt, Art. 8 Abs. 2 S. 3.[10]

Der **Vorbehalt** schließt im Ergebnis den **Rückgriff** gegen den Frachtführer, der ihn erklärt hat und **3** gegen nachfolgende Frachtführer aus, Art. 35 Abs. 2, Art. 9. Vorbehalte können aber auch unmittelbar aus Art. 9 **gegenüber** dem **Absender** wirken, wenn der Frachtführer gemäß Art. 36 in Anspruch genommen wird.[11]

Art. 36 [Passivlegitimation]

Ersatzansprüche wegen eines Verlustes, einer Beschädigung oder einer Überschreitung der Lieferfrist können, außer im Wege der Widerklage oder der Einrede in einem Verfahren wegen eines auf Grund desselben Beförderungsvertrages erhobenen Anspruches, nur gegen den ersten, den letzten oder denjenigen Frachtführer geltend gemacht werden, der den Teil der Beförderung ausgeführt hat, in dessen Verlauf das Ereignis eingetreten ist, das den Verlust, die Beschädigung oder die Überschreitung der Lieferfrist verursacht hat; ein und dieselbe Klage kann gegen mehrere Frachtführer gerichtet sein.

Schrifttum: Vgl. Art. 34.

I. Allgemeines

Art. 36 gilt nach seiner systematischen Stellung in der CMR nur für aufeinander folgende Fracht- **1** führer nicht für sonstige Unterfrachtführer oder Zwischenfrachtführer. Er betrifft nur die **Ansprüche aus Art. 17.** Für andere, wie solche auf Rückzahlung von Fracht[1] oder auf Schadensersatz nach Art. 21[2] greift er nicht ein, wohl aber für zusammentreffende Ansprüche aus unerlaubter Handlung, Art. 28.[3] Die **Passivlegitimation** im **Innenverhältnis** aufeinander folgender Frachtführer regelt Art. 37.[4]

Die Frage, ob **Reklamationen** iSd Art. 30 und die Hemmung der **Verjährung** nach Art. 32 Abs. 2 **2** **gegen alle** aufeinander folgenden Frachtführer wirken, wird in der CMR nicht angesprochen. Insoweit ist deshalb nationales Recht heranzuziehen.[5] Nach deutschem Recht entfaltet die Reklamation gegenüber einem der Frachtführer Wirkung gegen alle,[6] anders nach englischer Auffassung.[7]

II. Passivlegitimation

Zwar sind alle aufeinander folgenden Frachtführer Gesamtschuldner, so dass es für die Haftung **3** ausreicht, dass bei einem von ihnen die Voraussetzungen des Art. 17 vorliegen. Ihre Passivlegitimation wird jedoch in Art. 36 insoweit **eingeschränkt**, als Absender und Empfänger iRd Art. 34 ff. nur gegen den **ersten** Frachtführer (auch ohne eigene Transportleistung, → Art. 34 Rn. 5), den Frachtführer, auf dessen Transportstrecke der **Schaden** nachweislich **eingetreten**[8] ist, und den **letzten** Frachtführer unabhängig davon, ob bei ihm der Schaden eingetreten ist,[9] vorgehen können. Letzter Frachtführer ist derjenige, der als aufeinander folgender Frachtführer als letzter die Ware in Obhut hatte, nicht der Letzte, der lediglich als Frachtführer in Aussicht genommen wurde.[10*] Die Vorschrift, die sich an CIM aF anlehnt, dient vor allem dem Schutz vor forum shopping des Anspruchstellers.[11*] Nur wenn Absender oder Empfänger ihrerseits in Anspruch genommen werden, können sie **einredeweise** oder **im Wege der Widerklage** die Haftung anderer Frachtführer in der Reihe aufeinander folgender Frachtführer entgegenhalten.[12]

---

[10] *Herber/Piper* Rn. 3; *Hill/Messent* 282; für Absenderstellung *Koller* Rn. 1; *MüKoHGB/Jesser-Huß* Rn. 5.

[11] *MüKoHGB/Jesser-Huß* Rn. 5.

[1] *Hill/Messent* Rn. 4; *Hill/Messent* 286 f.

[2] *MüKoHGB/Jesser-Huß* Rn. 4; *Herber/Piper* Rn. 2; aA *Hill/Messent* 287.

[3] *Koller* Rn. 2; aA *Clarke* Nr. 50a(iv) S. 198.

[4] OGH Wien Urt. v. 12.4.1984 – 6 Ob 727/84, TranspR 1985, 344 (346); *Herber/Piper* Rn. 2; *Koller* Rn. 2; *MüKoHGB/Jesser-Huß* Rn. 4.

[5] *Koller* Rn. 1; *Herber/Piper* Rn. 3; *MüKoHGB/Jesser-Huß* Rn. 6.

[6] *Thume/Schmid* Rn. 4; *Herber/Piper* Rn. 3; ebenso Hof van Beroep Gent Urt. v. 25.6.1986, ETL 1987, 421 (423); aA *Koller* Rn. 1, der § 425 BGB anwendet.

[7] Worldwide Carriers Ltd. v. Ardtran International Ltd. 1, Lloyd's L. Rep. 1986, 61; *Hill/Messent* 280.

[8] *Clarke* Nr. 50a (ii) S. 196 f.; aA *Hill/Messent* 292 f. (Vermutung gegen den Frachtführer zum Zeitpunkt der Schadensentdeckung).

[9] *Loewe* ETL 1976, 503 (590 f.); *Herber/Piper* Rn. 5; *Haak,* The Liability of the Carrier under the CMR, 1986, 114.

[10*] Cass. Paris Urt. v. 3.5.1994, ETL 1995, 685; *Loewe* ETL 1976, 503 (590); *MüKoHGB/Jesser-Huß* Rn. 5; *Koller* Rn. 2; *Herber/Piper* Rn. 5; *Clarke* Nr. 50a(iii) S. 197 f.; *Hill/Messent* 280; *Sánchez-Gamborino* Nr. 1460.

[11*] *MüKoHGB/Jesser-Huß* Rn. 2.

[12] *Koller* Rn. 1; *Herber/Piper* Rn. 1; *Thume/Schmid* Rn. 1.

III. Klagehäufung, Gerichtsstand

4   Mehrere der in Art. 36 genannten Frachtführer können gleichzeitig oder nacheinander verklagt werden. Jeder haftet auf den gesamten Schadensbetrag.[13] Es besteht keine notwendige **Streitgenossenschaft**. Ein klageabweisendes Urteil wirkt deshalb nicht zugunsten der anderen Frachtführer.[14] Aus Art. 36 Hs. 2 ergibt sich aber nicht, dass immer ein gemeinsamer **Gerichtsstand** besteht, Art. 31 gilt vielmehr auch für den Fall des Art. 36.[15] **Gerichtsstandvereinbarungen** müssen im Frachtbrief eingetragen sein, um gegenüber nachfolgenden Frachtführern zu wirken.[16]

Art. 37 [Rückgriff]

Einem Frachtführer, der auf Grund der Bestimmungen dieses Übereinkommens eine Entschädigung gezahlt hat, steht der Rückgriff hinsichtlich der Entschädigung, der Zinsen und der Kosten gegen die an der Beförderung beteiligten Frachtführer nach folgenden Bestimmungen zu:

a) der Frachtführer, der den Verlust oder die Beschädigung verursacht hat, hat die von ihm oder von einem anderen Frachtführer geleistete Entschädigung allein zu tragen;

b) ist der Verlust oder die Beschädigung durch zwei oder mehrere Frachtführer verursacht worden, so hat jeder einen seinem Haftungsanteil entsprechenden Betrag zu zahlen; ist die Feststellung der einzelnen Haftungsanteile nicht möglich, so haftet jeder nach dem Verhältnis des ihm zustehenden Anteils am Beförderungsentgelt;

c) kann nicht festgestellt werden, welche der Frachtführer den Schaden zu tragen haben, so ist die zu leistende Entschädigung in dem unter Buchstabe b bestimmten Verhältnis zu Lasten aller Frachtführer aufzuteilen.

Schrifttum: Vgl. Art. 34.

I. Allgemeines

1   Art. 37 regelt die **Ausgleichspflicht** aufeinander folgender Frachtführer im **Innenverhältnis**, Art. 38 für den Sonderfall der Zahlungsunfähigkeit eines Frachtführers. Beide Vorschriften sind gem. Art. 40 abdingbar. Die Regelung wird ergänzt durch Vorschriften für das Rückgriffsverfahren, Art. 39. Nach der systematischen Stellung betrifft Art. 37 **nur aufeinander folgende Frachtführer** iSd Art. 34, nicht eine andere Beteiligung mehrerer Frachtführer und ist wegen der verschiedenen Interessenlage auf eine solche auch nicht analog anwendbar.[1] Hier richtet sich der Regress nach nationalem Recht.[2]

2   Das Rückgriffsrecht erfasst alle in der CMR geregelten Ansprüche in der in der CMR bestimmten Höhe gegen den Frachtführer, nicht nur solche aus Art. 17,[3] insbesondere auch die aus der Verletzung von Nachnahmevereinbarungen[4] und Verspätungsschäden.[5] Für außervertragliche Ansprüche gilt Art. 28.[6] Der Regress aus Ansprüchen, die nicht aus der CMR folgen, richtet sich nach nationalem Recht.[7] Der Regressanspruch nach Art. 37 umfasst neben der nach CMR anfallenden Entschädigung Zinsen, auch wenn sie nach nationalem Recht entstanden sind,[8] sowie (Regress) kosten, die auf der Inanspruchnahme beruhen.[9] Er setzt voraus, dass die Entschädigung bereits gezahlt

---

[13] Hof van Beroep Antwerpen Urt. v. 14.12.1983, ETL 1983, 809; MüKoHGB/*Jesser-Huß* Rn. 6; *Hill/Messent* 286.

[14] MüKoHGB/*Jesser-Huß* Rn. 7; *Koller* Rn. 3; *Herber/Piper* Rn. 6.

[15] *Koller* Rn. 4; *Herber/Piper* Rn. 7; *Hill/Messent* 285.

[16] *Koller* Rn. 4; *Herber/Piper* Rn. 7; MüKoHGB/*Jesser-Huß* Rn. 7; aA *Loewe* ETL 1976, 503 (591); *Hill/Messent* 286 (oder ihm sonst vor Warenübergabe mitgeteilt werden).

[1] BGH Urt. v. 25.10.1984 – I ZR 138/82, NJW 1985, 555 (556); Urt. v. 10.5.1990 – I ZR 234/88, VersR 1991, 238 f. (offen gelassen); OLG München Urt. v. 21.12.1990 – 23 U 3353/90, VersR 1991, 1131 (1132); OLG Hamburg Urt. v. 22.1.1998 – 6 U 142/97, TranspR 1998, 252 (253) unter Aufgabe der früheren Rspr.; OGH Wien Urt. v. 4.6.1987 – 7 Ob 30/86, TranspR 1988, 273 (277); *Koller* Rn. 1; *Herber/Piper* Rn. 1; *Hill/Messent* 289; krit. MüKoHGB/*Jesser-Huß* Rn. 2; aA OLG Stuttgart Urt. v. 22.7.1982 – 3 U 46/82, VersR 1983, 978 (979) mAnm *Dannenberg;* Ulster Swift v. Taunton Meat Haulage, C. A. Urt. v. 16.11.1976, ETL 1977, 138 (141); Harrison & Sons v. R. T. Stewart Transport, Q. B.(D.) Urt. v. 30.7.1992, ETL 1993, 747 (754); *Helm* VersR 1988, 548 (556).

[2] BGH Urt. v. 25.10.1984 – I ZR 138/82, NJW 1985, 555 (556); *Hill/Messent* 290; *Thume* TranspR 2005, 801.

[3] *Koller* Rn. 2; *Herber/Piper* Rn. 2; *Lamy* I Nr. 560.

[4] MüKoHGB/*Jesser-Huß* Rn. 4; *Hill/Messent* 293; *Lamy* I Nr. 560.

[5] *Koller* Rn. 3; MüKoHGB/*Jesser-Huß* Rn. 4; *Hill/Messent* 293; *Clarke* Nr. 52b S. 206.

[6] *Herber/Piper* Rn. 2; *Koller* Rn. 2; *Hill/Messent* 293.

[7] *Koller* Rn. 2; *Herber/Piper* Rn. 2; MüKoHGB/*Jesser-Huß* Rn. 4; aA *Hill/Messent* 288: kein Regressanspruch.

[8] *Koller* Rn. 3; *Herber/Piper* Rn. 4 mwN.

[9] LG Hamburg Urt. v. 5.1.1981 – 65 O 94/80, VersR 1981, 969 mAnm *Suhr; Koller* Rn. 3.

wurde.[10] Die Beweislast ist Art. 35 und den allgemeinen Vorschriften, Art. 9, 17, 18 zu entnehmen.[11]

II. Rückgriffsanspruch

1. Allein verantwortlicher Frachtführer (lit. a). Der für den Schaden allein verantwortliche 3
Frachtführer hat die zu zahlende Entschädigung im Innenverhältnis allein zu tragen. Das ist der
Frachtführer, der den Schaden nach der CMR zu vertreten hat (vgl. englischer Text). Die reine
Verursachung genügt nicht.[12]

2. Durch mehrere Frachtführer verursachte Schäden (lit. b). Sie können auf mehreren 4
Schadensereignissen oder auf einem durch mehrere Frachtführer zu vertretenden Ereignissen beruhen.[13] Sie sind dem Haftungsanteil entsprechend zu **verteilen.** Lässt sich dieser nicht ermitteln, ist der
Anteil am (reinen) Gesamtbeförderungsentgelt maßgebend.[14] Es kann gegen alle Frachtführer geklagt
werden, wenn **unklar** ist, wer den Schaden zu vertreten hat.[15]

3. Ungeklärter Schadensort (lit. c). Ist nicht feststellbar, welcher der Frachtführer für den 5
Schaden verantwortlich ist, bemisst sich der Regress ebenfalls nach dem Anteil am Beförderungsentgelt. Ein Frachtführer, der nachweist, dass er **nicht** an der Schadensentstehung **beteiligt** war, muss
den Schaden nicht mittragen.[16] Regress nach Art. 37, 39 Abs. 4 setzt aufeinander folgende Frachtführer iSv Art. 34 voraus.[17]

Art. 38 [Ausgleichungspflicht bei Zahlungsunfähigkeit]

**Ist ein Frachtführer zahlungsunfähig, so ist der auf ihn entfallende, aber von ihm nicht
gezahlte Anteil zu Lasten aller anderen Frachtführer nach dem Verhältnis ihrer Anteile an
dem Beförderungsentgelt aufzuteilen.**

Schrifttum: Vgl. Art. 34.

Ist einer der im Sinn des Art. 34 beteiligten Frachtführer zahlungsunfähig, ist der ihn treffende 1
Anteil der Ersatzleistung zu Lasten der anderen Frachtführer nach deren Anteilen am Beförderungsentgelt aufzuteilen. Die Vorschrift ist **dispositiv,** Art. 40.

Der **Begriff** der **Zahlungsunfähigkeit** ist nicht nach nationalem Recht,[1] sondern im Wege auto- 2
nomer Auslegung der CMR dahin zu verstehen, dass eine Zwangsvollstreckung aussichtslos ist oder
ein Versuch bereits erfolglos war.[2] Die Eröffnung eines **Insolvenzverfahrens** weist auf die Zahlungsunfähigkeit hin.[3] Die Vorschrift greift auch ein, wenn der Frachtführer, der den Schaden allein
verursacht hat, zahlungsunfähig ist.[4]

Art. 39 [Rückgriffsverfahren]

**(1) Ein Frachtführer, gegen den nach den Artikeln 37 und 38 Rückgriff genommen wird,
kann nicht einwenden, daß der Rückgriff nehmende Frachtführer zu Unrecht gezahlt hat,
wenn die Entschädigung durch eine gerichtliche Entscheidung festgesetzt worden war,
sofern der im Wege des Rückgriffs in Anspruch genommene Frachtführer von dem gericht-**

---

[10] OGH Wien Urt. v. 16.1.1985 – 1 Ob 685/84, TranspR 1986, 20 (22); William Tatton v. Ferrymasters,
Q. B.(D.) Urt. v. 31.10.1973, ETL 1974, 167; ITT Schaub-Lorenz v. Birkart Johann, C. A. 1, Lloyd's LRep. 1988,
487 (494); *Herber/Piper* Rn. 3; *Thume/Schmid/Seltmann* Rn. 4, A 4; *Hill/Messent* 291; *Clarke* Nr. 52 S. 204; aA
teilweise *Koller* Rn. 3: auch bei rechtskräftiger Verurteilung; aA *MüKoHGB/Jesser-Huß* Rn. 5: Freistellungsanspruch
kann nach Maßgabe nationalen Rechts geltend gemacht werden.
[11] *Herber/Piper* Rn. 7, 9; *Koller* Rn. 3, 5; teils aA *Hill/Messent* 292 f., 295: Verantwortlichkeit des Frachtführers, bei
dem der Schaden entdeckt wurde, wird vermutet; ebenso *Lamy* I Nr. 560.
[12] *Loewe* ETL 1976, 503 (591); *Herber/Piper* Rn. 5; *Koller* Rn. 3; aA HEPK/*Glöckner* Rn. 2.
[13] *Koller* Rn. 4; *Herber/Piper* Rn. 8.
[14] *Herber/Piper* Rn. 8; iE *Hill/Messent* 297 f.
[15] IE *Hill/Messent* 293 f.; unentschieden *Koller* Rn. 3.
[16] Cass. Belgien Urt. v. 30.5.1980, ETL 1983, 79; *Koller* Rn. 5; *Thume/Schmid* Rn. 6; *Herber/Piper* Rn. 9; *Clarke*
Nr. 52c S. 207.
[17] BGH Urt. v. 25.10.1984 – I ZR 138/82, NJW 1985, 556; ebenso BGH Urt. v. 19.4.2007 – I ZR 90/04,
NJW-RR 2008, 121 für Art. 39 Abs. 2.
[1] So aber *Hill/Messent* 296.
[2] *Loewe* ETL 1976, 503 (591); *Koller* Rn. 1; MüKoHGB/*Jesser-Huß* Rn. 2; *Herber/Piper* Rn. 1; *Clarke* Nr. 52c
S. 207; *Sánchez-Gamborino* Nr. 1503.
[3] MüKoHGB/*Jesser-Huß* Rn. 2; *Pesce* 367; aA *Loewe* ETL 1976, 503 (592).
[4] *Herber/Piper* Rn. 1; HEPK/*Glöckner* Rn. 1; MüKoHGB/*Jesser-Huß* Rn. 2.

lichen Verfahren ordnungsgemäß in Kenntnis gesetzt worden war und in der Lage war, sich daran zu beteiligen.

(2) ¹Ein Frachtführer, der sein Rückgriffsrecht gerichtlich geltend machen will, kann seinen Anspruch vor dem zuständigen Gericht des Staates erheben, in dem einer der beteiligten Frachtführer seinen gewöhnlichen Aufenthalt, seine Hauptniederlassung oder die Zweigniederlassung oder Geschäftsstelle hat, durch deren Vermittlung der Beförderungsvertrag abgeschlossen worden ist. ²Ein und dieselbe Rückgriffsklage kann gegen alle beteiligten Frachtführer gerichtet sein.

(3) Die Bestimmungen des Artikels 31 Absatz 3 und 4 gelten auch für Urteile über die Rückgriffsansprüche nach den Artikeln 37 und 38.

(4) ¹Die Bestimmungen des Artikels 32 gelten auch für Rückgriffsansprüche zwischen Frachtführern. ²Die Verjährung beginnt jedoch entweder mit dem Tage des Eintrittes der Rechtskraft eines Urteils über die nach den Bestimmungen dieses Übereinkommens zu zahlende Entschädigung oder, wenn ein solches rechtskräftiges Urteil nicht vorliegt, mit dem Tage der tatsächlichen Zahlung.

Schrifttum: *Jesser-Huß,* Zum Verjährungsbeginn bei Regreßansprüchen zwischen Hauptfrachtführer und Unterfrachtführer, TranspR 2001, 81; *Schelin,* Methods of Interpreting the CMR Convention, TranspR 2002, 382; iÜ vgl. Art. 34.

I. Allgemeines

1   Die Vorschrift gibt Sonderregelungen für das **Rückgriffsverfahren zwischen aufeinander folgenden Frachtführern** und gilt schon nach ihrer systematischen Stellung ausschließlich für dieses.¹ Diese ist unabdingbar.²

II. Einwendungsausschluss (Abs. 1)

2   Der Frachtführer, gegen den nach den Art. 37, 38 Rückgriff genommen wird, ist mit dem Einwand, der **Rückgriff Nehmende** sei selbst **nicht zur Zahlung verpflichtet** gewesen, ausgeschlossen, wenn dessen Entschädigungspflicht in einem gerichtlichen Verfahren festgestellt wurde, der Regresspflichtige davon unterrichtet war und sich am Verfahren beteiligen konnte. **Andere Einwände,** die die eigene Haftung gegenüber dem Regressberechtigten betreffen, bleiben ihm aber weiter offen.³ Wie er von dem Verfahren erfährt und daran teilnehmen kann, bestimmt, da eine Regelung in der CMR fehlt, das Prozessrecht des Gerichts des Ausgangsverfahrens.⁴ Nach deutschem Recht ist **Streitverkündung** möglich, aber nicht notwendig, weil der vom Prozess unterrichtete, auf Regress in Anspruch genommene Frachtführer selbst dem Verfahren **beitreten** kann, § 66 ZPO.⁵ Der Regressschuldner muss nicht vom Regressgläubiger selbst in Kenntnis gesetzt werden.⁶

3   Die **gerichtliche Entscheidung,** auf die sich Abs. 1 bezieht, kann auch durch ein Gericht eines Nichtvertragsstaats getroffen worden sein, muss aber in Anwendung der CMR ergangen sein.⁷ Das ergibt sich aus der Verweisung auf Art. 37, der nur Entschädigungen auf Grund der CMR betrifft. **Schiedssprüche** genügen, wenn die Schiedsabrede Art. 33 entspricht.⁸

III. Gerichtsstand (Abs. 2)

4   Die Sondervorschrift für den Gerichtsstand im Rückgriffsprozess unter aufeinander folgenden Frachtführern ist unabdingbar und ausschließlich (keine Gerichtsstandsvereinbarung), weil Art. 40 die Vorschrift nicht nennt.⁹ Abs. 2 bezieht sich allein auf Regressansprüche im Innenverhältnis zwischen

---

¹ OLG Frankfurt a. M. Urt. v. 31.5.1983 – 5 U 200/82, TranspR 1983, 155 (156 f.); OLG Düsseldorf Urt. v. 18.10.1984 – 18 U 71/84, TranspR 1984, 276 (277); OLG München Urt. v. 21.12.1990 – 23 U 3353/90, TranspR 1991, 96 (97); Hof van Beroep Antwerpen Urt. v. 8.11.1989, ETL 1990, 83 (84); *Koller* Rn. 1; *Herber/Piper* Rn. 1; aA Harrison v. R. T Stewart Transport, Q. B.(D.) Urt. v. 30.7.1992, ETL 1993, 747 (754 f.); *Clarke* Nr. 44b (i) S. 158; allgemein zur Auslegung des Art. 23 CMR vgl. *Schelin* TranspR 2002, 382.

² MüKoHGB/*Jesser-Huß* Rn. 2.

³ *Herber/Piper* Rn. 2; MüKoHGB/*Jesser-Huß* Rn. 5; *Koller* Rn. 2; *Hill/Messent* 301; *Clarke* Nr. 52 S. 205.

⁴ MüKoHGB/*Jesser-Huß* Rn. 4; *Koller* Rn. 2; *Herber/Piper* Rn. 3; *Hill/Messent* 300.

⁵ *Loewe* ETL 1976, 503 (592); *Koller* Rn. 2; *Herber/Piper* Rn. 3; MüKoHGB/*Jesser-Huß* Rn. 4.

⁶ *Herber/Piper* Rn. 3; *Hill/Messent* 300.

⁷ *Herber/Piper* Rn. 4; MüKoHGB/*Jesser-Huß* Rn. 4; *Koller* Rn. 2; *Hill/Messent* 301; aA *Loewe* ETL 1976, 503 (592) bezüglich eines Beruhens auf CMR.

⁸ *Loewe* ETL 1976, 503 (592); *Koller* Rn. 2; *Hill/Messent* 301; *Clarke* Nr. 52 S. 205 Fn. 30; *Sánchez-Gamborino* Nr. 1512; aA MüKoHGB/*Jesser-Huß* Rn. 4.

⁹ Harrison v. R. T. Stewart Transport, Q. B. (D.) Urt. v. 30.7.1992, ETL 1993, 747 (753); MüKoHGB/*Jesser-Huß* Rn. 6 mwN; *Koller* Rn. 3; Thume/*Schmid* Rn. 5; *Herber/Piper* Rn. 6; *Hill/Messent* 302; *Sánchez-Gamborino* Nr. 1518, 1521; aA *Loewe* ETL 1976, 503 (592); *Fremuth* TranspR 1983, 35 (39); OLG München Urt. v. 16.3.2017 – 14 U 1835/16, TranspR 2017, 367.

aufeinander folgenden Frachtführern iSv Art. 34.[10] Die Vorschrift schafft eine internationale Zuständigkeit des Gerichts des Staates, in dem **einer der als Schuldner in Betracht kommenden Frachtführer** (nicht notwendig der konkret verklagte[11]) seinen gewöhnlichen Aufenthalt, seine Hauptniederlassung, Zweig- oder Geschäftsstelle hat. Er ist beteiligter Frachtführer iSd Art. 39, weil sich Abs. 2 S. 2, der ebenfalls vom beteiligten Frachtführer spricht, eindeutig auf den passivlegitimierten Frachtführer bezieht und nicht auf den Regress nehmenden.[12] **Subjektive Klagehäufung** wird in Abs. 2 S. 2 bezüglich aller anderen Frachtführer zugelassen, auch wenn sie keinen internationalen Gerichtsstand am Klageort hätten.[13] Das entspricht der Prozessökonomie. Die Zuständigkeit des angerufenen Gerichts bestimmt sich hingegen nicht nach Abs. 2, wenn noch keine Entschädigung gezahlt wurde und es sich um Schäden handelt, die dem ausführenden Beförderer durch Zeitverlust infolge einer Beschlagnahme durch den Zoll wegen ausstehender Verbrauchssteuern entstanden sind.

IV. Vollstreckbarkeit (Abs. 3)

Die Vollstreckbarkeit von **Urteilen über Rückgriffsansprüche** aufeinander folgender Frachtführer 5 richtet sich nach Art. 31 Abs. 3 und 4. Soweit Art. 31 Abs. 3 auf Art. 31 Abs. 1 verweist, tritt an dessen Stelle Art. 39 Abs. 2.[14] Art. 31 Abs. 2 und 5 sind auf das Regressverfahren zwischen aufeinander folgenden Frachtführern nicht anzuwenden.[15]

V. Verjährung (Abs. 4)

Auch Abs. 4 bezieht sich nur auf aufeinander folgende Frachtführer[16] (→ Rn. 1).[17] **Tag der** 6 **Zahlung** ist derjenige, an dem der Rückgriff nehmende Frachtführer gezahlt hat.[18] Der Regressberechtigte hat den Zeitpunkt zu **beweisen**.[19]

Art. 40 [Abweichende Vereinbarungen]

Den Frachtführern steht es frei, untereinander Vereinbarungen zu treffen, die von den Artikeln 37 und 38 abweichen.

Art. 40 lässt als Ausnahme gegenüber Art. 41 von den Art. 37 und 38 abweichende Vereinbarungen 1 zu.[1] Sie können, soweit das nationale Recht dies gestattet, auch durch AGB getroffen werden.[2]

Kapitel VII. Nichtigkeit von dem Übereinkommen widersprechenden Vereinbarungen

Art. 41 [Zwingendes Recht]

(1) [1]**Unbeschadet der Bestimmungen des Artikels 40 ist jede Vereinbarung, die unmittelbar oder mittelbar von den Bestimmungen dieses Übereinkommens abweicht, nichtig und ohne Rechtswirkung.** [2]**Die Nichtigkeit solcher Vereinbarungen hat nicht die Nichtigkeit der übrigen Vertragsbestimmungen zur Folge.**

---

[10] BGH Urt. v. 15.2.2007 – I ZR 118/04, NJW-RR 2008, 121.

[11] MüKoHGB/*Jesser-Huß* Rn. 7.

[12] LG Hannover Urt. v. 4.9.1991 – 22 O 120/91, TranspR 1992, 327 (329); Cummins Engine v. Davis Freight Forwarding (Hull), C. A. Urt. v. 20.7.1981, 2, Lloyd's LRep. 1981, 402 = TranspR 1982, 100 (Ls.); *Herber/Piper* Rn. 7; MüKoHGB/*Jesser-Huß* Rn. 7; *Hill/Messent* 303; *Theunis/Messent* 177.

[13] Harrison v. R. T. Stewart Transport, Q. B.(D.) Urt. v. 30.7.1992, ETL 1993, 747; *Loewe* ETL 1976, 503 (592 f.); MüKoHGB/*Jesser-Huß* Rn. 7; HEPK/*Glöckner* Rn. 3; *Hill/Messent* 303; aA *Fremuth* TranspR 1983, 35 (39); *Herber/Piper* Rn. 8.

[14] *Koller* Rn. 4; *Herber/Piper* Rn. 9; MüKoHGB/*Jesser-Huß* Rn. 8; *Hill/Messent* 304.

[15] *Loewe* ETL 1976, 503 (593); *Hill/Messent* 304 Fn. 244.

[16] OGH Wien Urt. v. 10.7.1985 – 1 Ob 563/85, TranspR 1986, 377 (378).

[17] BGH Urt. v. 25.10.1984 – I ZR 138/82, NJW 85, 556; ebenso BGH Urt. v. 19.4.2007 – I ZR 90/04, NJW-RR 2008, 121.

[18] BGH Urt. v. 10.5.1990 – I ZR 234/88, VersR 1991, 238 (239); OGH Wien Urt. v. 1.7.1982 – 7 Ob 815/81, TranspR 1984, 193; *Herber/Piper* Rn. 10; MüKoHGB/*Jesser-Huß* Rn. 9.

[19] Hof van Beroep Gent Urt. v. 20.6.1986, ETL 1986, 371 (373); *Koller* Rn. 5; *Herber/Piper* Rn. 10; MüKoHGB/*Jesser-Huß* Rn. 9.

[1] Zum Grund der Regelung vgl. *Loewe* ETL 1976, 503 (593); MüKoHGB/*Jesser-Huß* Rn. 1.

[2] OLG Stuttgart Urt. v. 22.7.1982 – 3 U 46/82, VersR 1983, 978 (979); *Koller* Rn. 1; *Herber/Piper* Rn. 1.

(2) **Nichtig ist insbesondere jede Abmachung, durch die sich der Frachtführer die Ansprüche aus der Versicherung des Gutes abtreten läßt, und jede andere ähnliche Abmachung sowie jede Abmachung, durch die die Beweislast verschoben wird.**

Schrifttum: S. bei Art. 1; ferner *Csoklich,* CMR und vertragliche Aufrechnungsbeschränkungen, VersR 1985, 909; *Harms,* Vereinbarungen zur Qualität der Transportleistung und Art. 29 CMR, TranspR 2008, 310; *Jesser-Huß,* Art. 41 CMR und verbleibende Möglichkeiten der Vertragsgestaltung, TranspR 2017, 358; *Koller,* Abreden über die Qualität von Beförderungen im Licht des § 449 Abs. 2 HGB, TranspR 2006, 265; *Koller,* Schadensverhütung und Quersubventionen bei der CMR aus deutscher Sicht, TranspR 2006, 413; *Zapp,* Art. 41 Abs. 1 CMR – eine ungeliebte Vorschrift? TranspR 2015, 361.

Übersicht

I. Überblick und Zweck

1   Die Bestimmungen der CMR sind **für beide Seiten zwingend.** Sie können weder durch allgemeine Geschäftsbedingungen wie die ADSp oder die Beförderungsbedingungen von Paketdiensten noch durch Individualvereinbarungen, einerlei in welcher Form, abgeändert werden. Art. 41 stellt den in der Präambel formulierten Willen der Vertragsstaaten zur Vereinheitlichung des Rechts der internationalen Güterbeförderung auf der Straße sicher. Weitere Funktion der zwingenden Ausgestaltung ist der **Schutz der wirtschaftlich schwächeren Partei,** gleich, ob dies im Einzelfall der Absender oder der Frachtführer ist.[1] Ein Wettbewerb um günstige Haftungskonditionen wird von der CMR nicht zugelassen.

II. Unabdingbarkeit der CMR

2   **1. Reichweite der unabdingbaren Regelungen.** Die Bestimmungen der CMR sind insgesamt unabdingbar. Vertragliche Vereinbarungen, die davon direkt oder indirekt abweichen, sind nichtig, ohne aber die Wirksamkeit des Frachtvertrages zu berühren (Art. 41 Abs. 1 S. 2). Etwas anderes gilt nur, soweit die CMR selbst abweichende Parteivereinbarungen zulässt. Das ist nur im Bereich des Kapitels VI der Fall; aufeinander folgenden Frachtführern steht es gemäß Art. 40 frei, unter einander von den Bestimmungen der Art. 37 und 38 abweichende Regelungen zu treffen.

3   Soweit die CMR auf **nationales Recht** verweist, wie etwa in Art. 2, 29 Abs. 1, 32 Abs. 1, 33, aber auch Art. 16 Abs. 5 und 23 Abs. 7 S. 4, teilt es seinen zwingenden Charakter den in Bezug genommenen Vorschriften nationalen Rechts selbst mit,[2] auch wenn diese Vorschriften aus ihrem nationalen Geltungsgrund heraus nicht zwingend sind. Die Parteien können daher beispielsweise nicht wirksam vereinbaren, dass das nach Art. 29 zur Bestimmung des Begriffs des vorsatzgleichen Verschuldens maßgebliche Recht des Forumsstaats geändert oder durch das Recht eines anderen Staates ersetzt werden soll, selbst wenn dieser Haftungsmaßstab nach dem Recht des Forumsstaates dispositiv wäre. Ebenso wenig können die Parteien über das nach Art. 2 bei Ro/Ro-Beförderung anzuwendende nationale Recht des Trägerbeförderungsmittels disponieren, auch wenn dieses Vertragsfreiheit gewährt. Soweit das nationale Recht nicht auf Grund Verweisung der CMR, sondern extern lückenfüllend zur Anwendung kommt, entscheidet es dagegen selbst über seine Abdingbarkeit.[3]

4   Die CMR ist nicht nur im Rahmen ihrer ausdrücklichen Regelungen zwingend, sondern auch insoweit, als sie zwar eine abschließende Regelung bezweckt, aber unbeabsichtigte **Lücken** aufweist, die durch eine autonome Auslegung geschlossen werden können.[4] In diesem Bereich ist für die Anwendung nationalen Rechts kein Raum.[5]

---

[1] *Loewe* ETL 1976, 593; *Jesser* Frachtführerhaftung 13; Denkschrift BT-Drs. III/1144, 46; *Koller* Rn. 1.
[2] Staub/*Reuschle* Rn. 2, 4.
[3] *Herber*/*Piper* Rn. 4; Staub/*Reuschle* Rn. 2.
[4] Thume/*Schmid* Rn. 1.
[5] BGH Urt. v. 10.5.1990 – I ZR 234/88, TranspR 1990, 418 = VersR 1991, 238 (239) = NJW-RR 1990, 1508.

Keinen zwingenden Charakter hat die CMR, sofern sie nicht auf Grund ihrer Anwendungsbestim- **5** mungen (Art. 1, 2), also kraft des durch Art. 41 verbürgten eigenen Geltungsanspruchs, sondern lediglich **auf Grund Parteivereinbarung** zur Anwendung kommt, etwa bei nationaler oder multi- modaler Güterbeförderung wegen der Verwendung eines CMR-Frachtbriefes mit einem Vermerk nach Art. 6 Abs. 1k.[6] In diesem Fall gilt die CMR nur kraft Parteiautonomie, sodass die Parteien – in den Grenzen des anzuwendenden Rechts – nach Belieben davon wieder abweichen können.

Nicht vertretbar ist die unter den Mitgliedstaaten isoliert gebliebene, gleichwohl aber noch immer **6** aufrechterhaltene ständige Rechtsprechung des italienischen Kassationsgerichts,[7] der zufolge die CMR insgesamt nicht zwingend ist, sondern nur dann zur Anwendung kommt, wenn die Parteien dies gem. Art. 6 Abs. 1k oder sonst durch eine Einbeziehungsvereinbarung vorgesehen haben.[8]

2. Zulässige vertragliche Regelungen. Trotz ihres zwingenden Charakters schließt die CMR **7** vertragliche Vereinbarungen der Parteien keineswegs aus. Im Gegenteil setzt sie, wie sich aus Art. 1 ergibt, den privatautonomen Abschluss eines Frachtvertrages voraus. Die Parteien sind dabei frei, die **Primärpflichten** zu regeln,[9] also einerseits die Pflicht zur Zahlung von Fracht, auch durch ein Verbot der Aufrechnung mit Gegenansprüchen (Ziff. 19 ADSp 2017),[10] andererseits die individuellen Einzel- heiten des auszuführenden Transports, so etwa die Frage, mit was für einem Fahrzeug der Transport ausgeführt werden soll, ob die Be- und Entladung durch den Frachtführer oder den Absender aus- zuführen ist,[11] sowie insbesondere diejenigen Details, die gemäß Art. 6 in den Frachtbrief eingetragen werden müssen oder können. In diesem Rahmen behalten die Parteien auch nach Vertragsschluss ihre Dispositionsfreiheit.

Auch soweit die CMR keine unmittelbar oder mittelbar eingreifenden Regelungen enthält, sind **8** Parteivereinbarungen nach Maßgabe des ergänzend anwendbaren nationalen Rechts zulässig.[12] Da Art. 41 den Frachtführer nur in seiner Rolle als CMR-Frachtführer schützen will,[13] können auch **zusätzliche Primärleistungspflichten** begründet werden, wie etwa die Qualitätsprüfung von Waren gem. §§ 377, 378 HGB.[14] Art. 8 CMR steht dem nicht entgegen, weil solche Pflichten nicht trans- portbezogene Pflichten darstellen, sondern vom Frachtführer zusätzlich und zu anderen Zwecken übernommen werden.[15] Dies darf aber wegen Abs. 2 nicht zu einer Veränderung der Beweislastvertei- lung für die Ansprüche aus der CMR führen.[16] Der Frachtführer kann sich auch wirksam zur Ver- packung des Gutes verpflichten; aus Art. 10 kann nicht der gegenteilige Schluss gezogen werden. Auch wenn der Frachtführer neben der Beförderung zusätzliche speditionelle Leistungen wie die Kontrolle der Zolldokumente übernimmt, ist hierin kein Verstoß gegen die CMR zu sehen, weil das Über- einkommen auch insoweit keine Regelung vorsieht.[17]

Allerdings gibt die CMR einen **zwingenden Rahmen** an wechselseitigen Rechten und Pflichten **9** der Vertragsparteien vor, der neben der Ausführung der Beförderung und der Obhut des Frachtführers über das Gut insbesondere die Haftung des Frachtführers für Güterschäden, Verluste und Überschrei- tungen der Lieferfrist umfasst. In diesem Bereich können die Parteien nicht vertraglich wirksam eingreifen. Da neben unmittelbaren auch mittelbare Abweichungen erfasst werden, ergibt sich bei der Abgrenzung eine Reihe von Zweifelsfragen.

3. Einzelfragen. a) Rechtswahl. Die CMR enthält Kollisionsnormen nur hinsichtlich ihrer eige- **10** nen Anwendbarkeit (Art. 1, 2 CMR) sowie hinsichtlich bestimmter regelmäßig an das Forum an- geknüpfter Einzelfragen (→ Rn. 3). Insoweit kann keine abweichende Rechtswahl, etwa zugunsten des Rechts eines CMR-Nichtvertragsstaats, getroffen werden. Im Übrigen ist jedoch eine Wahl des ergänzend anwendbaren Rechts wie etwa durch Ziff. 30 ADSp 2017 uneingeschränkt wirksam.[18]

b) Änderung des Haftungsmaßstabs oder –umfangs. Das Haftungssystem regelt die CMR **11** abschließend. Soweit den Parteien nicht ausdrücklich vorbehalten ist, über die Haftung des Fracht-

---

[6] BGH Urt. v. 28.2.2013 – I ZR 180/11, TranspR 2013, 290 = RdTW 2013, 277 Rn. 25.

[7] Corte di Cassazione Urt. v. 26.11.1980, ETL 1983, 70; Urt. v. 2.10.2003 – Kass. Nr. 14680; Urt. v. 27.5.2005 – Kass. Nr. 11282; zuletzt Urt. v. 7.2.2007 – Kass. Nr. 2529.

[8] Ebenso Thume/*Schmid* Rn. 4.

[9] Staub/*Reuschle* Rn. 8; Thume/*Schmid* Rn 13.

[10] BGH Urt. v. 7.3.1985 – I ZR 182/82, TranspR 1986, 68; LG Cottbus Urt. v. 8.7.2008 – 11 O 37/07, TranspR 2008, 368 Rn. 23; OGH Wien Beschl. v. 4.9.2013 – 7 Ob 128/13, TranspR 2014, 153.

[11] OGH Wien Urt. v. 21.2.1985 – 7 Ob 22/84, VersR 1986, 559; Urt. v. 6.3.1991 – 1 Ob 1502/91, TranspR 1991, 424; Urt. v. 22.10.2003 – 3 Ob 265/02w, ZfRV 2004, 26; Urt. v. 6.7.2016 – 7 Ob 105/16s, TranspR 2016, 461; Thume/*Schmid* Rn. 17; *Koller* Rn. 1.

[12] *Herber/Piper* Rn. 4; *Koller* Rn. 1.

[13] *Koller* Rn. 1.

[14] *Herber/Piper* Rn. 4;.

[15] Str. wie hier *Thume* in Fremuth/Thume TranspR Art. 8 Rn. 17; Staub/*Reuschle* Rn 13; aA Thume/*Schmid* Art. 41 Rn 14, auch mwN zum Streitstand.

[16] *Herber/Piper* Rn. 5; *Koller* Rn. 1.

[17] Vgl. Thume/*Schmid* Rn. 16; zweifelnd *Koller* Rn. 1.

[18] OLG Düsseldorf Urt. v. 4.10.2018 – I-12 U 46/17, TranspR 2019, 214 Rn. 35.

führers zu disponieren (Art. 23 Abs. 6, 24, 26), ist jede Vereinbarung, die mittelbar oder unmittelbar in dieses System eingreift, **nichtig.**[19] Das gilt nicht nur für die Haftungsregeln, die die CMR selbst aufstellt, sondern im Fall des Art. 29 auch für das den haftungsausfüllenden Tatbestand regelnde, ergänzend anzuwendende nationale Recht.

12 Unwirksam sind daher vertragliche Haftungserweiterungen,[20] sei es ausdrücklich, sei es in der Form von Garantiezusagen[21] oder Vertragsstrafen.[22] Das Gleiche gilt für Herabsetzungen der Höchsthaftungsbeträge[23] sowie die Festsetzung abweichender Höchsthaftungssummen, etwa durch die ADSp.[24] Ebenso unzulässig ist der Ausschluss der Haftung außerhalb bestehenden Transportversicherungsschutzes.[25]

13 Unzulässig sind auch partielle Haftungsausschlüsse, etwa Regelungen, die die Zurechnung des Verschuldens von Erfüllungsgehilfen im Sinne von Art. 3 ausschließen.[26] Zulässig sind dagegen Bestimmungen, mit denen der Frachtführer erklärt, dass er Güter ab einem bestimmten Wert von der Beförderung ausschließen will.[27] Solche Bestimmungen schließen aber weder die Haftung aus noch stehen sie einem wirksamen Vertragsschluss entgegen, wenn der Frachtführer – über den klauselmäßigen Vorbehalt hinaus – keinerlei durchgreifende Maßnahmen trifft, um die tatsächliche Beachtung solcher Wertgrenzen durchzusetzen. Die Verbotsklausel kann dann jedoch unter dem Gesichtspunkt des Mitverschuldens des Absenders Bedeutung erlangen.[28]

14 Unwirksam sind Bestimmungen, die darauf abzielen, die durch die CMR verbürgten Sorgfaltsanforderungen an die Obhut des Frachtführers über die ihm anvertrauten Güter herabzusetzen,[29] etwa durch einen **Verzicht auf die Durchführung von Schnittstellenkontrollen,**[30] oder heraufzusetzen, etwa durch die Einführung über Art. 11 Abs. 2 hinausgehender[31] oder sonstiger zusätzlicher[32] Prüfungspflichten. Für wirksam gehalten hat die Rechtsprechung dagegen **sorgfaltsverschärfende Abreden** über die Art und Weise, in der der Frachtführer seine Obhut über die Güter ausübt und Gefahren vorbeugt, etwa durch den vorgeschriebenen Einsatz eines zweiten Fahrers[33], das Gebot, die Beförderung nur an bewachten Parkplätzen zu unterbrechen[34] oder ein Umladeverbot; solche Abreden können indes nur dann wirksam sein, wenn sie durch die Umstände geboten sind und daher die ohnehin erforderliche Sorgfalt nur konkretisieren.[35]

15 **c) Fixe Lieferfrist.** Da die CMR die Rechtsfolgen der Lieferfristüberschreitung zwingend regelt, kann der Frachtvertrag nicht als absolutes Fixgeschäft ausgestaltet werden; eine Verfehlung des vereinbarten Liefertermins kann, soweit kein Fall des Art. 29 vorliegt, nur die Rechtsfolgen des Art. 23 Abs. 5 nach sich ziehen.[36]

16 **d) Verfahrensabreden.** Die Parteien können zwar weitere Gerichtsstände vereinbaren, nicht jedoch nach Art. 31 eröffnete Gerichtsstände ausschließen.[37] Eine **Schiedsabrede** ist nur wirksam,

---

[19] Cour de Cass. Paris Urt. v. 9. Mai 2018 – Q 17-13.030; Rechtbank Zeeland-West-Brabant, Urt. v. 13.12.2017 – C/02/324432; OGH Wien Beschl. v. 30.11.2016 – 7 Ob2/16v, TranspR 2017, 161; Urt. v. 28.2.2013 – 7 Ob 5/13f, TranspR 2013, 344.

[20] BGH Urt. v. 27.10.1978 – I ZR 86/76, VersR 1979, 417 (418); Rechtbank Zeeland-West-Brabant, Urt. v. 13.12.2017 – C/02/324432; *Koller* Rn. 1; *Herber/Piper* Rn. 1.

[21] OLG Frankfurt a. M. Urt. v. 21.2.1984 – 5 U 72/83, VersR 1985, 36; Thume/*Schmid* Rn. 7.

[22] OLG München Urt. v. 26.7.1985 – 23 U 2577/85, TranspR 1985, 395; Thume/*Schmid* Rn. 8.

[23] *Koller* Rn. 1; *Herber/Piper* Rn. 1.

[24] BGH Urt. v. 13.7.1979 – I ZR 108/77, VersR 1979, 1154; BGH Urt. v. 9.2.1979 – I ZR 6/77, NJW 1979, 2470 = MDR 1979, 471; BGH Urt. v. 21.11.1975 – I ZR 74/75, BGHZ 65, 340 = VersR 1976, 433 = NJW 1976, 1029; OLG Düsseldorf Urt. v. 27.5.1982 – 18 U 16/82, VersR 1983, 62; OLG Nürnberg Urt. v. 14.5.1981 – 8 U 3/81, VersR 1982, 377; Thume/*Schmid* Rn. 11; zu AÖSp OGH Wien Urt. v. 15.7.1997 – 1 Ob 2374/96, ZfRV 1997, 204; Urt. v. 17.3.1998 – 4 Ob 56/98h, TranspR 1998, 361.

[25] OGH Wien Urt. v. 24.6.1999 – 2 Ob 377/97 y, TranspR 2000, 370 (372).

[26] BGH Urt. v. 25.10.1995 – I ZR 230/93, TranspR 1996, 118 (120 f.); OLG Hamm Urt. v. 14.11.1985 – 18 U 268/84, TranspR 1986, 77.

[27] BGH Urt. v. 26.3.2009 – I ZR 120/07, TranspR 2009, 76 Rn. 20; aA OLG Nürnberg Urt. v. 4.7.2007 – 12 U 2273/05, OLGR Nürnberg 2008, 49; OLG Düsseldorf Urt. v. 21.11.2007 – I-18 U 105/07, TranspR 2008, 38 (40).

[28] BGH Urt. v. 26.3.2009 – I ZR 120/07, TranspR 2010, 76 Rn. 26 ff.

[29] OLG Karlsruhe Urt. v. 21.4.2005 – 9 U 124/04, NJW-RR 2005, 909 (910); aM *Koller* Rn. 1; *Harms* TranspR 2008, 310 (311).

[30] BGH Urt. v. 1.12.2005 – I ZR 108/ 04, TranspR 2006, 171 (173); Urt. v. 1.12.2005 – I ZR 103/04, TranspR 2006, 169 (170); Urt. v. 20.9.2007 – I ZR 44/05, TranspR 2008, 163 (166); Urt. v. 30.1.2008 – I ZR 165/04, TranspR 2008, 122 (123).

[31] *Zapp* TranspR 1991, 371 f.; *Koller* Rn. 1; *Herber/Piper* Rn. 1.

[32] OGH Wien Urt. v. 29.10.1992 – 7 Ob 617/92, TranspR 1993, 424.

[33] BGH Urt. v. 20.1.2005 – I ZR 95/01, TranspR 2005, 311 (314); krit. *Zapp* TranspR 2015, 361.

[34] BGH Urt. v. 30.9.2010 – I ZR 39/09, TranspR 2010, 437; Urt. v. 22.1.2015 – I ZR 127/13, TranspR 2015, 167.

[35] Krit. auch *Koller* TranspR 2006, 265 (269); *Koller* TranspR 2006, 413 (420 f.).

[36] OLG Düsseldorf Urt. v. 9.3.1995 – 18 U 142/94, TranspR 1995, 288 (289); Urt. v. 7.3.2007 – I-18 U 115/06, OLGR Düsseldorf 2007, 445.

[37] OLG Hamburg Urt. v. 26.4.1984 – 6 U 252/83, VersR 1984, 687; Staub/*Reuschle* Rn. 19.

wenn sie gemäß Art. 33 ausdrücklich bestimmt, dass das Schiedsgericht die CMR anzuwenden hat.[38] Ob eine Schiedsabrede die Zuständigkeit der staatlichen Gerichte ausschließen kann, ist streitig. Nach richtiger Ansicht hebeln ausschließliche Schiedsabreden das Recht des Anspruchstellers auf die Wahl eines der in Art. 31 verbürgten staatlichen Gerichtsstände unzulässig aus.[39]

e) Abtretung von Transportversicherungsschutz (Abs. 2). Art. 41 Abs. 2 hebt mit dem **Ver- 17 bot** der Abtretung von Transportversicherungsschutz an den Frachtführer eine unzulässige mittelbare Haftungsentlastung besonders hervor. Art. 41 Abs. 2 betrifft nur **Transportversicherungen** des Absenders bzw. Empfängers, nicht aber Haftpflichtversicherungen des Frachtführers, sofern die Eindeckung dieses Versicherungsschutzes wirtschaftlich den Frachtführer oder Spediteur belastet.[40] Nach dem Sinn der Vorschrift soll der Frachtführer sich nicht dadurch wirtschaftlich frei zeichnen können, dass er sich seiner Haftungsschuld über den vom Absender bezahlten Transportversicherungsschutz entledigt.[41] Eine ähnliche Abmachung iSv Art. 41 Abs. 2 ist anzunehmen, wenn der Frachtführer sich (außer bei Fixkosten- oder Sammelladungsspedition) gegenüber der Inanspruchnahme aus § 86 VVG auf eine unter seiner Beteiligung geschlossene Vereinbarung zwischen Versicherungsnehmer und Transportversicherer beruft, die einen **Regressverzicht** zu seinen Gunsten beinhaltet.[42]

Eine Abtretung des Anspruchs aus der Verkehrshaftungsversicherung an den Absender ist uneinge- 18 schränkt zulässig,[43] da sie das Haftungssystem der CMR nicht abändert und lediglich zu einer Abkürzung des Regulierungsweges führt.

f) Änderungen der Beweislast (Abs. 2). Unzulässig sind, wie Art. 41 Abs. 2 klarstellt, auch von 19 der CMR abweichende Vereinbarungen über die Beweislast.[44] Dies gilt nicht nur für die Beweislastregeln in Art. 18, sondern auch für die übrigen sich aus den allgemeinen Beweisregeln ergebenden Beweislastgrundsätze.[45]

g) Sonstige Fälle. Die CMR trifft keine Bestimmung über die Zulässigkeit eines vertraglich 20 vereinbarten **Aufrechnungsverbots.** Aus diesem Grunde können die Parteien durch Individualvereinbarung oder durch Allgemeine Geschäftsbedingungen wie ADSp (vgl. Ziff. 19 ADSp 2017) oder die AÖSp ein Aufrechnungsverbot vereinbaren.[46] Da die CMR die Fracht nur partiell und die Durchsetzung des Frachtanspruchs überhaupt nicht regelt, gilt dies auch für **Zurückbehaltungs- und Vertragspfandrechte.**

Haben die Parteien ein vertragliches Aufrechnungsverbot vereinbart, so können Gegenansprüche im 21 Wege der **Widerklage** geltend gemacht werden. Die CMR steht der Erhebung einer Widerklage nicht entgegen.[47]

Nicht geändert werden kann auch die **Verjährung** nach Art. 32.[48] Jedoch steht dies Fristverlänge- 22 rungsvereinbarungen nach Entstehen von Ansprüchen nicht entgegen, wenn diese nach dem gem. Art. 32 Abs. 3 anzuwendenden nationalen Recht zulässig sind.[49]

Strittig ist, ob die Berufung auf den Grundsatz von **Treu und Glauben** (§ 242 BGB) von der 23 CMR gedeckt ist.[50] Zwar kann etwa durch das Erheben der Arglisteinrede die Gefahr bestehen, dass einheitliche Regelungen der CMR durch unvereinheitlichtes nationales Recht abgeändert werden; jedoch bleibt zu beachten, dass der Grundsatz von Treu und Glauben zum Fundus aller wesentlichen zivilisierten Rechtsordnungen gehört und als Auslegungsprinzip übernationale Geltung beanspruchen darf.[51]

---

[38] OGH Wien Urt. v. 20.3.2007 – 10 Ob 20/07c, TranspR 2007, 326; OLG Hamm Urt. v. 29.6.1998 – 18 U 19/98, TranspR 1999, 201; OLG Köln Urt. v. 2.8.2005 – 3 U 21/05, TranspR 2005, 472; OLG Koblenz Urt. v. 22.2.2007 – 6 U 1162/06, TranspR 2007, 249 (251).

[39] So auch OGH Wien Beschl. v. 5.5.2010 – 7 Ob 216/09d. Anders OLG Koblenz Urt. v. 22.2.2007 – TranspR 2007, 6 U 1162/06, TranspR 2007, 249 Rn. 34, 39; Koller CMR Art. 33 Rn. 1.

[40] BGH Urt. v. 29.5.2019 – I ZR 194/18, RdTW 2019, 338; Urt. v. 10.12.1998 – I ZR 162/96, *TranspR* 1999, 155 (159); OGH Wien Urt. v. 26.4.1984 – 6 Ob 547/84, TranspR 1985, 348; OGH Wien Urt. v. 15.12.1977 – 7 Ob 72/77, VersR 1978, 980; *Piper* VersR 1988, 201 (204); *Putzeys* Rn. 981; *Koller* Rn. 2; *Herber/Piper* Rn. 6.

[41] *Piper* VersR 1988, 201 (204); Thume/*Schmid* Rn. 30; *Herber/Piper* Rn. 6; *Koller* Rn. 2.

[42] *Piper* VersR 1988, 204; *Loewe* ETL 1976, 594; *Hill/Messent* 236 mwN zur belgischen Rspr.; *Koller* Rn. 2; vgl. auch OGH Wien Urt. v. 9.6.1998 – 7 Ob 44/98s, TranspR 1999, 449 (450).

[43] Thume/*Schmid* Rn. 31.

[44] BGH Urt. v. 4.10.1984 – I ZR 112/82, VersR 1985, 133.

[45] *Koller* Rn. 1; aM Thume/*Schmid* Rn. 32.

[46] OGH Wien Beschl. v. 4.9.2013 – Ob 128/13v, TranspR 2014, 153; BGH Urt. v. 7.3.1985 – I ZR 182/82, TranspR 1986, 68 (69 f.); OLG Saarbrücken Urt. v. 29.10.1982 – 4 U 117/81, TranspR 1984, 148 f.; OLG München Urt. v. 5.7.1989 – 7 U 5947/88, TranspR 1990, 16 (17); LG Cottbus Urt. v. 8.7.2008 – 11 O 37/07, TranspR 2008, 368 (369); aM OLG Hamburg Urt. v. 29.11.1984 – 6 U 134/84, TranspR 1985, 130; *Czoklich* VersR 1985, 913; Thume/*Schmid* Rn. 24.

[47] Vgl. BGH Urt. v. 7.3.1985 – I ZR 182/82, TranspR 1986, 68 (70); Thume/*Schmid* Rn. 25.

[48] OLG Düsseldorf Urt. v. 13.7.1978 – 18 U 176/76, VersR 1978, 1016.

[49] Staub/*Reuschle* Rn. 21 f.

[50] Bejahend *Herber/Piper* Rn. 3; verneinend *Koller* Rn. 1.

[51] *Herber/Piper* Rn. 3; aM *Koller* Rn. 1.

III. Rechtsfolgen der Nichtigkeit

24   Die Nichtigkeit einer der CMR widersprechenden Regelung führt, wie Art. 41 Abs. 1 S. 2 klarstellt, nicht zur Unwirksamkeit des Beförderungsvertrages. An die Stelle der nichtigen Parteiabrede tritt lediglich die Regelung der CMR.[52] § 139 BGB ist daher insoweit ausgeschlossen.[53] Dies gilt aber nur für solche Fälle einer Teilnichtigkeit, die auf der Kollision der Parteiabrede mit zwingenden Bestimmungen der CMR beruhen.

Kapitel VIII. Schlußbestimmungen

Art. 42 [Unterzeichnung: Beitritt]

(1) **Dieses Übereinkommen steht den Mitgliedstaaten der Wirtschaftskommission für Europa sowie den nach Absatz 8 des der Kommission erteilten Auftrages in beratender Eigenschaft zu der Kommission zugelassenen Staaten zur Unterzeichnung oder zum Beitritt offen.**

(2) **Die Staaten, die nach Absatz 11 des der Wirtschaftskommission für Europa erteilten Auftrages berechtigt sind, an gewissen Arbeiten der Kommission teilzunehmen, können durch Beitritt Vertragsparteien des Übereinkommens nach seinem Inkrafttreten werden.**

(3) **¹Das Übereinkommen liegt bis einschließlich 31. August 1956 zur Unterzeichnung auf. ²Nach diesem Tage steht es zum Beitritt offen.**

(4) **Dieses Übereinkommen ist zu ratifizieren.**

(5) **Die Ratifikation oder der Beitritt erfolgt durch Hinterlegung einer Urkunde beim Generalsekretär der Vereinten Nationen.**

Schrifttum zu Art. 42–51: *Rogov,* Ist die Russische Föderation ein Vertragsstaat der CMR? TranspR 2002, 62; *Haak,* Revision der CMR?, TranspR 2006, 325; *Bracker,* Wild Wild East – Zur Auslegung von Art. 17 Abs. 2 Fall 4 CMR, TranspR Sonderbeilage 2004, 7; iÜ vgl. Art. 34.

Art. 43 [Inkrafttreten]

(1) **Dieses Übereinkommen tritt am neunzigsten Tage nach Hinterlegung der Ratifikations- oder Beitrittsurkunden durch fünf der in Artikel 42 Absatz 1 bezeichneten Staaten in Kraft.**

(2) **Dieses Übereinkommen tritt für jeden Staat, der nach Hinterlegung der Ratifikations- oder Beitrittsurkunden durch fünf Staaten ratifiziert oder beitritt, am neunzigsten Tage nach Hinterlegung seiner Ratifikations- oder Beitrittsurkunde in Kraft.**

Art. 44 [Kündigung des Abkommens]

(1) **Jede Vertragspartei kann dieses Übereinkommen durch Notifizierung an den Generalsekretär der Vereinten Nationen kündigen.**

(2) **Die Kündigung wird zwölf Monate nach dem Eingang der Notifizierung beim Generalsekretär wirksam.**

Art. 45 [Außerkrafttreten]

Sinkt durch Kündigung die Zahl der Vertagsparteien nach Inkrafttreten dieses Übereinkommens auf weniger als fünf, so tritt das Übereinkommen mit dem Tage außer Kraft, an dem die letzte dieser Kündigungen wirksam wird.

Art. 46 [Beschränkung, Ausdehnung des Geltungsbereichs]

(1) **¹Jeder Staat kann bei Hinterlegung seiner Ratifikations- oder Beitrittsurkunde oder zu jedem späteren Zeitpunkt durch Notifizierung dem Generalsekretär der Vereinten Nationen gegenüber erklären, daß dieses Übereinkommen für alle oder für einen Teil der Hoheits-**

---

[52] Thume/*Schmid* Rn. 29; *Koller* Rn. 1; Staub/*Reuschle* Rn. 1; vgl. auch OGH Wien Urt. v. 27.11.2008 – 7 Ob 194/08t, TranspR 2009, 413.
[53] Denkschrift BT-Drs. III/1144, 46.

gebiete gelten soll, deren internationale Beziehungen er wahrnimmt. [2]Das Übereinkommen wird für das Hoheitsgebiet oder die Hoheitsgebiete, die in der Notifizierung genannt sind, am neunzigsten Tage nach Eingang der Notifizierung beim Generalsekretär der Vereinten Nationen oder, falls das Übereinkommen noch nicht in Kraft getreten ist, mit seinem Inkrafttreten wirksam.

(2) Jeder Staat, der nach Absatz 1 erklärt hat, daß dieses Übereinkommen auf ein Hoheitsgebiet Anwendung findet, dessen internationale Beziehungen er wahrnimmt, kann das Übereinkommen in bezug auf dieses Hoheitsgebiet gemäß Artikel 44 kündigen.

Art. 47 [Verhandlungs- und Schiedsabrede]

Jede Meinungsverschiedenheit zwischen zwei oder mehreren Vertragsparteien über die Auslegung oder Anwendung dieses Übereinkommens, die von den Parteien durch Verhandlung oder auf anderem Wege nicht geregelt werden kann, wir auf Antrag einer der beteiligten Vertagsparteien dem Internationalen Gerichtshof zur Entscheidung vorgelegt.

Art. 48 [Abbedingung der Verhandlungs- und Schiedsabrede]

(1) [1]Jede Vertragspartei kann bei der Unterzeichnung, bei der Ratifikation oder bei dem Beitritt zu diesem Übereinkommen erklären, daß sie sich durch den Artikel 47 des Übereinkommens nicht als gebunden betrachtet. [2]Die anderen Vertragsparteien sind gegenüber jeder Vertragspartei, die einen solchen Vorbehalt gemacht hat, durch den Artikel 47 nicht gebunden.

(2) Jede Vertragspartei, die einen Vorbehalt nach Absatz 1 gemacht hat, kann diesen Vorbehalt jederzeit durch Notifizierung an den Generalsekretär der Vereinten Nationen zurückziehen.

(3) Andere Vorbehalte zu diesem Übereinkommen sind nicht zulässig.

Art. 49 [Revisionskonferenz]

(1) [1]Sobald dieses Übereinkommen drei Jahre lang in Kraft ist, kann jede Vertragspartei durch Notifizierung an den Generalsekretär der Vereinten Nationen die Einberufung einer Konferenz zur Revision des Übereinkommens verlangen. [2]Der Generalsekretär wird dieses Verlangen allen Vertragsparteien mitteilen und eine Revisionskonferenz einberufen, wenn binnen vier Monaten nach seiner Mitteilung mindestens ein Viertel der Vertragsparteien ihm die Zustimmung zu dem Verlangen notifiziert.

(2) [1]Wenn eine Konferenz nach Absatz 1 einberufen wird, teilt der Generalsekretär dies allen Vertragsparteien mit und fordert sie auf, binnen drei Monaten die Vorschläge einzureichen, die sie durch die Konferenz geprüft haben wollen. [2]Der Generalsekretär teilt allen Vertragsparteien die vorläufige Tagesordnung der Konferenz sowie den Wortlaut dieser Vorschläge mindestens drei Monate vor der Eröffnung der Konferenz mit.

(3) Der Generalsekretär lädt zu jeder nach diesem Artikel einberufenen Konferenz alle in Artikel 42 Absatz 1 bezeichneten Staaten sowie die Staaten ein, die auf Grund des Artikels 42 Absatz 2 Vertragsparteien geworden sind.

Art. 50 [Notifikation]

Außer den in Artikel 49 vorgesehenen Mitteilungen notifiziert der Generalsekretär der Vereinten Nationen den in Artikel 42 Absatz 1 bezeichneten Staaten sowie den Staaten, die auf Grund des Artikels 42 Absatz 2 Vertragsparteien geworden sind,

a) die Ratifikationen und Beitritte nach Artikel 42;
b) die Zeitpunkte, zu denen dieses Übereinkommen nach Artikel 43 in Kraft tritt;
c) die Kündigung nach Artikel 44;
d) das Außerkrafttreten dieses Übereinkommens nach Artikel 45;
e) den Eingang der Notifizierungen nach Artikel 46;
f) den Eingang der Erklärungen und Notifizierungen nach Artikel 48 Absatz 1 und 2.

Art. 51 [Verbindliche Gesetzessprachen]

Nach dem 31. August 1956 wird die Urschrift dieses Übereinkommens beim Generalsekretär der Vereinten Nationen hinterlegt, der allen in Artikel 42 Absatz 1 und 2 bezeichneten Staaten beglaubigte Abschriften übersendet.

ZU URKUND DESSEN haben die hierzu gehörig bevollmächtigten Unterzeichneten dieses Übereinkommen unterschrieben.

GESCHEHEN zu Genf am neunzehnten Mai neunzehnhundertsechsundfünfzig in einer einzigen Urschrift in englischer und französischer Sprache, wobei jeder Wortlaut gleichermaßen verbindlich ist.

Übereinkommen zur Vereinheitlichung bestimmter Vorschriften über die Beförderung im Internationalen Luftverkehr

Vom 28. Mai 1999 (BGBl. 2004 II S. 458)

Zuletzt geändert durch Art. 1 Zweite VO über die Inkraftsetzung der angepassten Haftungshöchstbeträge des Montrealer Übereinkommens vom 3.12.2019 (BGBl. II S. 1098)

Präambel

DIE VERTRAGSSTAATEN DIESES ÜBEREINKOMMENS –

IN ANERKENNUNG des bedeutenden Beitrags, den das am 12. Oktober 1929 in Warschau unterzeichnete Abkommen zur Vereinheitlichung von Regeln über die Beförderung im internationalen Luftverkehr (im Folgenden als „Warschauer Abkommen" bezeichnet) und andere damit zusammenhängende Übereinkünfte zur Harmonisierung des internationalen Luftprivatrechts geleistet haben;

IN DER ERKENNTNIS, dass es notwendig ist, das Warschauer Abkommen und die damit zusammenhängenden Übereinkünfte zu modernisieren und zusammenzuführen;

IN ANERKENNUNG der Bedeutung des Schutzes der Verbraucherinteressen bei der Beförderung im internationalen Luftverkehr und eines angemessenen Schadensersatzes nach dem Grundsatz des vollen Ausgleichs;

IN BEKRÄFTIGUNG des Wunsches nach einer geordneten Entwicklung des internationalen Luftverkehrs und einer reibungslosen Beförderung von Reisenden, Reisegepäck und Gütern in Übereinstimmung mit den Grundsätzen und Zielen des am 7. Dezember 1944 in Chicago beschlossenen Abkommens über die Internationale Zivilluftfahrt;

IN DER ÜBERZEUGUNG, dass gemeinsames Handeln der Staaten zur weiteren Harmonisierung und Kodifizierung bestimmter Vorschriften über die Beförderung im internationalen Luftverkehr durch ein neues Übereinkommen das beste Mittel ist, um einen gerechten Interessenausgleich zu erreichen –

SIND WIE FOLGT ÜBEREINGEKOMMEN:

Convention for the unification of Certain Rules for International Carriage by Air

THE STATES PARTIES TO THIS CONVENTION

RECOGNIZING the significant contribution of the Convention for the Unification of Certain Rules Relating to International Carriage by Air signed in Warsaw on 12 October 1929, hereinafter referred to as the „Warsaw Convention", and other related instruments to the harmonization of private international air law;

RECOGNIZING the need to modernize and consolidate the Warsaw Convention and related instruments;

RECOGNIZING the importance of ensuring protection of the interests of consumers in international carriage by air and the need for equitable compensation based on the principle of restitution;

REAFFIRMING the desirability of an orderly development of international air transport operations and the smooth flow of passengers, baggage and cargo in accordance with the principles and objectives of the Convention on International Civil Aviation, done at Chicago on 7 December 1944;

CONVINCED that collective State action for further harmonization and codification of certain rules governing international carriage by air through a new Convention is the most adequate means of achieving an equitable balance of interests;

HAVE AGREED AS FOLLOWS:

Vorbemerkung Art. 1

Schrifttum: *Bartlik,* Die Kompetenz zum Abschluss von Luftverkehrsabkommen – Analyse des Open-Sky-Urteils und die sich daraus ergebenden Folgen, TranspR 2004, 61; *Basedow,* Hundert Jahre Transportrecht – Vom Scheitern der Kodifikationsidee und ihrer Renaissance, ZHR 1997; *Basedow,* Die Europäische Gemeinschaftals Partei von Übereinkommen des einheitlichen Privatrechts, FS Schlechtriem, 2003, 165; *Boettge,* Das Luftfrachtrecht nach dem Montrealer Übereinkommen, VersR 2005, 908; *Bollweg,* Das Montrealer Übereinkommen, Rückblick – Überblick – Ausblick, ZLW 2000, 439; *Brandi-Dorn,* Auslegung internationalen Einheitsrechts d168
8urch die internationale Rechtsprechung – Das Beispiel des Warschauer Abkommens von 1929, TranspR 1996, 45; *Brinkmann,* Luftfrachtersatzverkehr, 2009; *Brinkmann,* Zum Konflikt von Ziff. 27 ADSp und der Haftungsbeschränkung nach dem Montrealer Übereinkommen, TranspR 2010, 216; *Cheng,* The Labyrinth of the Law of International Carriage by Air, ZLW 2001, 155; *Cheng,* The 1999 Montreal Convention of International Carriage by Air concluded on the seventieth Anniversary of the 1929 Warsaw Convention (Part I), ZLW 2000, 287; *Cheng,* The 1999 Montreal Convention of International Carriage by Air concluded on the seventieth Anniversary of the 1929 Warsaw Conven-

tion (Part II), ZLW 2000, 484; *Clarke,* Will the Montreal Convention be able to replace the Warsaw System and what will the changes be?, TranspR 2003, 436; *Gran,* Das Dilemma bei der Vereinheitlich des internationalen Luftverkehrsrechts, TranspR 2004, 72; *Harms/Schuler/Harms,* Die Haftung des Luftfrachtführers nach dem Montrealer Übereinkommen, TranspR 2003, 369; *Heuer,* Was ist eigentlich so besonders am Luftfrachtverkehr, oder Haftungsbeschränkung für Vorsatz?, TranspR 2003, 100; *Kadletz,* Das neue Montrealer Übereinkommen vom 28. Mai 1999 über den internationalen Luftbeförderungsvertrag (Neues Warschauer Abkommen), VersR 2000, 927; *Kirchhof,* Der Luftfrachtvertrag als multimodaler Vertrag im Rahmen des Montrealer Übereinkommens, TranspR 2007, 133; *Koller,* Schadensverhütung und Schadensausgleich bei Güter und Verspätungsschäden nach dem Montrealer Übereinkommen, TranspR 2004, 181; *Littger/Kirsch,* Die Haftung im internationalen Luftverkehr nach Inkrafttreten des Montrealer Übereinkommens, ZLW 2003, 563; *Mankowski,* Neues aus Europa zum internationalen Privatrecht für Transportverträge: Art. 5 Rom IVO, TranspR 2008, 339; *Müller-Rostin,* Das neue Warschauer Abkommen im Überblick, TranspR 1999, 291; *Müller-Rostin,* Die Montrealer Protokolle Nr. 1, 2 und 4 sind in Kraft getreten, TranspR 1999, 81; *Müller-Rostin,* Die internationale Luftrechtskonferenz von Montreal zur Reform des Warschauer Abkommens (10.-28. Mai 1999), ZLW 2000, 36; *Müller-Rostin,* Neuregelungen im internationalen Luftfrachtverkehr: Montrealer Protokoll Nr. 4 und Montrealer Übereinkommen, TranspR 2000, 234; *Müller-Rostin,* Redaktionelle Unzulänglichkeiten im Übereinkommen von Montreal von 1999 über den internationalen Luftbeförderungsvertrag, VersR 2001, 683; *Müller-Rostin,* Der Zeitpunkt der Rechtsvereinheitlichung ist zugleich Zeitpunkt neuer Rechtszersplitterung, TranspR-Beilage 2004, 25; *Müller-Rostin,* Das Montrealer Übereinkommen vom 28. Mai 1999 – Neue Haftungsregelungen für den internationalen Luftverkehr, GPR 2004, 266; *Müller-Rostin,* Art. 50 Montrealer Übereinkommen – eine unscheinbare aber bedeutungsvolle Vorschrift zur Pflichtversicherung für Luftfrachtführer, VersR 2004, 832; *Müller-Rostin,* Entzieht sich das Luftfrachtrecht der einheitlichen Verjährungsregelung in § 452b Abs. 2 HGB?, TranspR 2008, 241; *Müller-Rostin,* Flugannullierungen wegen Sperrung des Luftraums – Die Rechte der Fluggäste und der Absender von Luftfracht, TranspR 2011, 129; *Naumann,* Die Haftung des Luftfrachtführers für den Verlust wertvollen Gepäcks nach Montrealer Übereinkommen, TranspR 2010, 415; *Ramming,* Neues vom ausführenden Frachtführer, VersR 2007, 1190; *Ramming,* zur Anwendung des Montrealer Protokolls Nr. 4 durch deutsche Gerichte – Anm. zu BGH, Urteil vom 22. Oktober 2009 – I ZR 88/07 (TranspR 2009, 479), TranspR 2011, 169173; *Rauscher/Pabst,* Entwicklungen im europäischen und völkervertraglichen Kollisionsrecht 2005–2007, GPR 2007, 244; *Rauscher/Pabst,* Entwicklungen im europäischen und völkervertraglichen Kollisionsrecht 2009–2010, GPR 2011, 41; *Reuschle,* Montrealer Übereinkommen, 2. Aufl. 2011; *Ruhwedel,* Montrealer Übereinkommen zur Vereinheitlichung bestimmter Vorschriften über die Beförderung im internationalen Luftverkehr vom 28. Mai 1999, TranspR 2001, 189; *Ruhwedel,* Die „Luftfahrtunternehmen der Gemeinschaft" und das Montrealer Übereinkommen, TranspR-Beilage 2004, 34; *Ruhwedel,* Neue Entwicklungen im Lufttransportrecht vor dem Hintergrund des Inkrafttretens des Montrealer Übereinkommens, TranspR 2006, 421; *Ruhwedel,* Montrealer Übereinkommen vs. Warschauer System, TranspR 2008, 89; *Saenger,* Harmonisierung des internationalen Luftprivatrechts, NJW 2000, 169; *Schiller,* Das Warschauer Abkommen beim Wort genommen, TranspR 1996, 173; *Schmid,* Das neue Haftungssystem für internationale Luftbeförderungen, DGLR Jahrbuch 1999, 105; *Schmid,* In-Kraft-Treten des Montrealer Übereinkommens von 1999 – Neues Haftungsregime für internationale Lufttransporte, NJW 2003, 3516; *Schmid/Hopperdietzel,* Rechtsfallen im Luftverkehrsrecht: Wichtige Fristen, NJW 2009, 3085; *Schollmeyer,* Die Harmonisierung des Haftungsrechts im Luftverkehr zwischen Warschau, Montreal und Brüssel, IPRax 2004, 78; *Staudinger,* Internationales Lufttransportrecht, RRa 2006, 146; *Staudinger,* zur Frage des Gerichtsstands des Erfüllungsortes – Anm. zum Urteil des LG Lübeck vom 23. April 2010 – 14 S 264/09 (RRa 2011, 46), RRa 2011, 49; *Tonner,* Der Luftbeförderungsvertrag zwischen europäischer und globaler Regulierung, NJW 2006, 1854; *Vyvers,* Zum (Vor)Rangverhältnis von Montrealer Übereinkommen und Allgemeinen Deutschen Spediteurbedingungen, VersR 2010, 1554; *Wagner,* Neue kollisionsrechtliche Vorschriften für Beförderungsverträge in der Rom I-VO, TranspR 2008, 221; *Wagner,* Die EGVerordnungen Brüssel I, Rom I und Rom II aus der Sicht des Transportrechts, TranspR 2009, 281.

Übersicht

I. Entstehungsgeschichte

1. Allgemeines. Das Montrealer Übereinkommen (im Weiteren: **MÜ**) basiert auf dem Warschauer **1** Abkommen vom 12.10.1929[1] (im Weiteren: **WAbk 1929**) in der Fassung des Protokolls zur Änderung des Abkommens, abgeschlossen in Den Haag am 28.9.1955[2] (im Weiteren: **WAbk**), das für die Bundesrepublik Deutschland seit dem 1.8.1963 in Kraft ist[3], sowie auf weiteren Zusatzabkommen und privatrechtlichen Vereinbarungen, von denen allerdings nur einige weltweit ratifiziert worden sind. Die Gesamtheit dieser zersplitterten Regelungsvielfalt wird im Allgemeinen als **Warschauer Abkommenssystem** bezeichnet.[4]

Durch das MÜ sind die Strukturen des WAbk 1929 nicht grundlegend verändert, sondern lediglich **2** weiterentwickelt worden. Dementsprechend sind die im WAbk 1929 und WAbk verwandten Terminologien auch teilweise in das MÜ übernommen worden. Dies hat unter anderem zur Folge, dass das in Rspr. und Lit. entwickelte Verständnis der im WAbk enthaltenen **Begrifflichkeiten** zum Teil auch bei der Anwendung des MÜ weiterhin Gültigkeit hat und daher zu berücksichtigen ist.

Das WAbk haben 151 Staaten ratifiziert. Das **MÜ** gilt bislang für **136 Staaten**[5] (zu Einzelheiten **3** → Rn. 66 ff.). Das bedeutet gegenüber dem WAbk immer noch ein Defizit. Dass sich an der Anzahl der Vertragsstaaten künftig noch sehr viel ändern wird, dürfte auf der Grundlage der Haftungsregelungen für Personenschäden in Art. 21 zu bezweifeln sein.[6] Von einer **weltweiten Geltung des MÜ** kann – anders als beim WAbk – jedenfalls derzeit wohl keine Rede sein. Insbesondere fehlen gegenwärtig noch Ratifizierungen von Südkorea und Taiwan sowie von vielen Ländern Südamerikas und Afrikas. Allerdings haben im Zeitraum von **Mai 2015** bis **Ende März 2020** immerhin **28** weitere Staaten das Montrealer Übereinkommen ratifiziert, darunter auch **Russland** (mit Wirkung ab dem **21.8.2017**).

Es muss daher zum jetzigen Zeitpunkt noch damit gerechnet werden, dass das oftmals unübersicht- **4** liche **Warschauer Haftungssystem** einschlägig ist, wenn es bei Durchführung eines internationalen Lufttransports von oder nach einem Staat, der nicht Vertragsstaat des MÜ ist, zu einem Güter- oder Personenschaden kommt (zu Einzelheiten → Rn. 54 ff.). Das rechtfertigt es, hier auch noch auf den Werdegang des WAbk einzugehen, zumal sich viele Strukturen des WAbk im MÜ wiederfinden.

2. Das Warschauer Abkommenssystem. Ziel des WAbk 1929 war die **Vereinheitlichung** der **5** Bestimmungen im Bereich der internationalen Luftfahrt. Insbesondere war beabsichtigt, die Haftungsrisiken, die durch die Berührung mehrerer Rechtsordnungen entstehen konnten, zu begrenzen. Darüber hinaus sollte das sich damals gerade entwickelnde Lufttransportgewerbe durch relativ geringe Haftungshöchstsummen gefördert werden.[7]

Die erste Fassung des Abkommens entstand auf verschiedenen Konferenzen, die in den Jahren von **6** 1925 bis 1929 in Paris, Madrid und Warschau abgehalten wurden. Ein von der **CITEJA** (Comité International Technique d'Experts Jurisdisques Aériens) in mehreren Sitzungen erarbeiteter Vorentwurf eines Abkommens „betreffend die Beförderungsdokumente und die Haftung des Transporteurs in den internationalen Beförderungen auf Luftfahrzeugen" wurde der zweiten **Internationalen Luftprivatrechtskonferenz,** die vom 4.–12.10.1929 in Warschau tagte, vorgelegt. An dieser zweiten Konferenz, zu der insgesamt 44 Staaten eingeladen worden waren, nahmen 32 Staaten (so auch das Deutsche Reich) teil. Am 12.10.1929 zeichneten 23 der teilnehmenden Staaten (ua das Deutsche Reich) das

---

[1] Abkommen zur Vereinheitlichung der Regeln über die Beförderung im internationalen Luftverkehr (RGBl. 1933 II 1039).

[2] Protokoll v. 28.9.1955 zur Änderung des Abkommens zur Vereinheitlichung der Regeln über die Beförderung im internationalen Luftverkehr (BGBl. 1958 II 291).

[3] BGBl. 1964 II 1295.

[4] Giemulla/Schmid/*Giemulla* Einl. Rn. 1; *Reuschle* Präambel Rn. 1.

[5] Stand 1.4.2020; der jeweils aktuelle Stand ist abrufbar bei google unter icao Treaty CollectionCurrent lists of parties.

[6] *Ruhwedel* TranspR 2006, 421 (422).

[7] *Koller* WAbk Vor Art. 1 Rn. 1; Giemulla/Schmid/*Giemulla* Einl. Rn. 1.

Abkommen, das entsprechend seinem Art. 37 Abs. 2 am 13.2.1933, nämlich 90 Tage nach Hinterlegung der fünften Ratifizierungsurkunde, in Kraft trat.[8] Für Deutschland wurde das Abkommen durch Gesetz vom 30.11.1933 am 29.12.1933 verbindlich.[9] Ende 1933 waren bereits 12 Länder Vertragsstaaten des WAbk 1929.[10]

7   Schon kurze Zeit nach Inkrafttreten des **WAbk 1929** wurde Kritik an dem Abkommen laut, die sich insbesondere gegen die Vorschriften über den Luftfrachtbrief (Art. 8 f. WAbk 1929) und die Haftungshöchstgrenzen bei Personenschäden (125.000 Goldfranken = etwa 8.300 Dollar) richtete.[11] Dies führte zu zahlreichen Ergänzungen und Modifikationen des WAbk 1929 durch Zusatzabkommen und Zusatzprotokolle, von denen allerdings nur einige weltweit ratifiziert worden sind. Teilweise sind die **Zusatzvereinbarungen** gar nicht erst in Kraft getreten, weil die in den Vereinbarungen festgelegte Anzahl von Mindestratifikationen nicht erreicht wurde.

8   Die erste **bedeutsame Änderung** erfuhr das WAbk 1929 durch das **Haager Protokoll**[12], das während einer diplomatischen Konferenz vom 6.–28.9.1955 in Den Haag erarbeitet wurde. Dieses Protokoll ist nahezu weltweit ratifiziert worden und wird allgemein als „**Warschauer Abkommen 1955**" bezeichnet. Das Haager Protokoll hat allerdings nicht zu einer vollständigen Erneuerung des WAbk 1929 geführt.[13] Es wurde lediglich ein Zusatzprotokoll durch 25 der 44 auf der Konferenz vertretenen Staaten gezeichnet. Am Fortbestand des WAbk 1929 hat sich durch das Haager Protokoll daher grundsätzlich nichts geändert. Das WAbk 1929 und das Haager Protokoll von 1955 werden von den Vertragsstaaten, die beide Vereinbarungen ratifiziert haben, als **einheitliche Urkunde** angesehen.[14] Das Haager Protokoll ist am 1.8.1963 in Kraft getreten. Seit diesem Zeitpunkt ist es auch für die Bundesrepublik Deutschland verbindlich (→ Rn. 1).

9   Von Bedeutung ist ferner das **Zusatzabkommen von Guadalajara** aus dem Jahre 1961[15] (im Weiteren: **ZAG**), das für die Bundesrepublik Deutschland seit dem 31.5.1964 in Kraft ist. Durch dieses Abkommen wird klargestellt, dass sowohl der vertragliche Luftfrachtführer als auch der ausführende, tatsächlich schädigende Luftfrachtführer bei einem Schadensfall haften (**Art. II ZAG**). Dadurch wird zugleich eine einfachere Schadensabwicklung ermöglicht: Kann der Geschädigte den **real Schädigenden** unmittelbar auf Zahlung von Schadensersatz in Anspruch nehmen, erübrigt sich ein Regress des vertraglich haftenden Luftfrachtführers gegenüber dem ausführenden Luftfrachtführer.[16]

10   Schließlich sind noch die **Montrealer (Zusatz-)Protokolle**[17] vom 25.9.1975 zu nennen, die sich ebenfalls mit Haftungsfragen, insbesondere mit der Umstellung der Rechnungseinheit Goldfranken des Warschauer Abkommens auf das **Sonderziehungsrecht** des Internationalen Währungsfonds beschäftigen (Protokolle 1, 2 und 3). Gegenstand des Protokolls Nr. 4 sind dagegen frachtrechtliche Bestimmungen. Es schlägt Änderungen hinsichtlich der Ausstellung alternativer Frachtdokumente vor.[18] Die Bundesrepublik Deutschland hat die Montrealer Protokolle bislang nicht ratifiziert, sodass sie auf Flüge von und nach Deutschland nicht anwendbar sind.[19]

11   **3. Das Montrealer Übereinkommen vom 28.5.1999.** Die zahlreichen Reformen des WAbk 1929, die teilweise nicht in Kraft getreten oder ratifiziert worden sind, sowie die vielen Einzelabkommen haben zur Unübersichtlichkeit und weitgehenden **Rechtszersplitterung** des Luftprivatrechts geführt. Zudem wurde das aus den Zeiten des Beginns der zivilen Nutzung des Luftverkehrs stammende Regelwerk „Warschauer Abkommen" nicht mehr als zeitgemäß angesehen. Das war der Anlass dafür, dass im Jahre 1994 mit einer umfassenden **Überarbeitung** des Warschauer Abkommenssystems begonnen wurde.[20] Auf Einladung der International Civil Aviation Organization (**ICAO**) fand schließlich vom 10.–28.5.1999 in Montreal eine diplomatische Konferenz statt, an der 118 ICAO-Mitgliedstaaten und 12 Nichtregierungsorganisationen teilnahmen. Die Konferenz hatte sich eine Neuregelung

---

[8] Giemulla/Schmid/*Giemulla* Einl. Rn. 2; *Reuschle* Präambel Rn. 2.

[9] RGBl. 1933 II 1039.

[10] Giemulla/Schmid/*Giemulla* Einl. Rn. 2.

[11] Giemulla/Schmid/*Giemulla* Einl. Rn. 3; *Reuschle* Präambel Rn. 4.

[12] Protokoll v. 28.9.1955 zur Änderung des Abkommens zur Vereinheitlichung der Regeln über die Beförderung im internationalen Luftverkehr (BGBl. 1958 II 291).

[13] *Boettge* VersR 2005, 908; zu den wichtigsten Neuerungen s. *Reuschle* Präambel Rn. 5; Giemulla/Schmid/*Giemulla* Einl. Rn. 4.

[14] Giemulla/Schmid/*Giemulla* Einl. Rn. 3.

[15] Zusatzabkommen zum Warschauer Abkommen zur Vereinheitlichung von Regeln über die von einem anderen als dem vertraglichen Luftfrachtführer ausgeführten Beförderung im internationalen Luftverkehr vom 18.9.1961 (BGBl. 1963 II 1159).

[16] *Koller* ZAG Vor Art. 1 Rn. 1; zum Hintergrund des Zusatzabkommens von Guadalajara s. *Reuschle* Präambel Rn. 7 sowie *Koller* ZAG Vor Art. 1 Rn. 1.

[17] Montrealer Protokolle Nr. 1–4 vom 25.9.1975; Protokolle Nr. 1 und Nr. 2 seit dem 15.2.1996, Protokoll Nr. 4 seit dem 14.6.1998 in Kraft; Protokoll Nr. 3 bisher nicht in Kraft gesetzt. Der Text ist abgedruckt bei Giemulla/Schmid Warschauer Abkommen.

[18] Zu Einzelheiten s. *Reuschle* Präambel Rn. 10; Giemulla/Schmid/*Giemulla* Einl. Rn. 11 f.

[19] *Müller-Rostin* TranspR 1999, 81 (83); *Koller* WAbk Vor Art. 1 Rn. 2.

[20] *Boettge* VersR 2005, 908; *Reuschle* Präambel Rn. 14 mit näheren Einzelheiten; ausf. zur Entwicklung des Montrealer Übereinkommens Giemulla/Schmid/*Giemulla* Einl. Rn. 17 ff.; MüKoHGB/*Ruhwedel* Einl. Rn. 13 ff.

wichtiger Rechtsfragen des **internationalen Lufttransports** zum Ziel gesetzt. Insbesondere wurde eine Verbesserung des Verbraucherschutzes angestrebt. Das besondere Interesse der teilnehmenden Staaten und Organisationen lag daher vor allem bei der Frage eines „**angemessenen Schadensersatzes**" bei Personen-, Sach- und Verspätungsschäden im internationalen Luftverkehr", und zwar „nach dem Grundsatz des vollen Ausgleichs" (Abs. 3 der Präambel des MÜ).[21]

Die Konferenz schloss am 28.5.1999 mit der Verabschiedung des „Übereinkommens zur Verein-   **12** heitlichung bestimmter Vorschriften über die Beförderung im Internationalen Luftverkehr", das allgemein als „**Montrealer Übereinkommen**" bezeichnet wird. Das neue Regelwerk wurde noch am 28.5.1999 zur Zeichnung aufgelegt und sogleich von 52 der teilnehmenden Staaten gezeichnet, so ua von den USA sowie den EG-Mitgliedstaaten Belgien, Dänemark, Deutschland, Frankreich, Griechenland, Italien, Portugal und dem Vereinigten Königreich.[22]

Gemäß Art. 53 Abs. 2 liegt das Übereinkommen auch für „Organisationen der regionalen Wirt-   **13** schaftsintegration" zur Unterzeichnung auf. Danach kommt auch der **Europäischen Union** (EU) selbst eine Zeichnungsberechtigung zu. Ihr steht ein eigenes Beitrittsrecht zu, das sie durch ihren Rat am 9.12.1999 ausgeübt hat. Hierbei wurde zugleich eine deutsche Übersetzung des Übereinkommens verabschiedet.[23] Der Rat der Europäischen Union (vormals: Europäische Gemeinschaft) hat das MÜ am 5.4.2001 genehmigt.[24]

Gemäß Art. 53 Abs. 6 S. 1 sollte das Übereinkommen 60 Tage nach Hinterlegung der dreißigsten   **14** Ratifikations-, Annahme-, Genehmigungs- oder Beitrittsurkunde beim Depositar (Verwahrer) zwischen denjenigen Staaten in Kraft treten, die eine solche Urkunde hinterlegt haben. Die dreißigste Urkunde wurde von den USA am 5.9.2003 hinterlegt. Am selben Tag hat auch Kamerun seine Ratifikationsurkunde hinterlegt, sodass das Übereinkommen für 31 Staaten am **4.11.2003** in Kraft getreten und zwischen diesen Staaten nach Art. 53 Abs. 6 unmittelbar geltendes Recht geworden ist.

Da das MÜ am 4.11.2003 in Kraft getreten ist und die Bundesrepublik Deutschland das Über-   **15** einkommen bereits am Tag seiner Verabschiedung gezeichnet hatte, ergab sich die Notwendigkeit, das MÜ zu ratifizieren, damit es für die Bundesrepublik Deutschland verbindliches Recht werden konnte. Die **Bundesrepublik Deutschland** hat die Ratifikationsurkunde am 29.4.2004 beim Generalsekretär der Internationalen Zivilluftfahrtorganisation (ICAO) hinterlegt. Das Übereinkommen ist danach für die Bundesrepublik Deutschland am **28.6.2004** in Kraft getreten. Zu berücksichtigen sind dabei allerdings die in der Bekanntmachung über das Inkrafttreten unter II. und III. enthaltenen Erklärungen.[25]

Neben der Bundesrepublik Deutschland haben auch alle übrigen damaligen Mitgliedstaaten der   **16** **Europäischen Gemeinschaft** (außer Griechenland und Portugal, die schon vorher ihre Ratifikationsurkunde hinterlegt hatten) und die Europäische Union (Gemeinschaft) selbst ihre Ratifikationsurkunden am 29.4.2004 hinterlegt (bevor die Europäische Union am 1.5.2004 um 10 Staaten erweitert wurde). Damit ist das MÜ seit dem 28.6.2004 in allen (alten) Mitgliedstaaten der früheren Europäischen Gemeinschaft in Kraft.[26] Demzufolge gilt zumindest in Europa für die „alten Mitgliedstaaten" bereits ein vereinheitlichtes Recht. Für die neu hinzugekommenen Länder wird es – soweit dies noch nicht der Fall ist – in absehbarer Zeit gelten.[27]

II. Rechtsnatur des Montrealer Übereinkommens

Bei dem MÜ handelt es sich – ebenso wie bei dem **WAbk 1929/WAbk** – um einen **völker-**   **17** **rechtlichen Vertrag** zwischen den Staaten, die das Übereinkommen ratifiziert haben. Da die Bundesrepublik Deutschland das MÜ ratifiziert hat (→ Rn. 15), ist es zugleich verbindliches innerstaatliches Recht, das sowohl kollisionsrechtliche als auch materiell-rechtliche Vorschriften enthält. Die Regelungen des MÜ sind für die Parteien des Luftfrachtvertrages **zwingendes Recht.** Denn nach **Art. 49** sind alle Bestimmungen des Beförderungsvertrags und alle vor Eintritt des Schadens getroffenen besonderen Vereinbarungen nichtig, mit denen die Parteien durch Bestimmung des anzuwendenden Rechts oder durch Änderung der Vorschriften über die Zuständigkeit vom MÜ abweichen (s. auch Art. 26).

Da auch die Europäische Union (Gemeinschaft) das MÜ ratifiziert hat (→ Rn. 16), handelt es sich   **18** bei diesem Regelwerk zugleich um **Gemeinschaftsrecht.** Daraus folgt, dass der Gerichtshof der Europäischen Union **(EuGH)** berufen ist, bei Unklarheiten über das Verständnis einer Regelung des

[21] *Ruhwedel* TranspR 2001, 189 (190); *Müller-Rostin* ZLW 2000, 36 ff.; MüKoHGB/*Ruhwedel* Einl. Rn. 16.

[22] *Boettge* VersR 2005, 908; *Reuschle* Präambel Rn. 15.

[23] Zu Einzelheiten s. *Ruhwedel* TranspR 2001, 189 (190) in Fn. 7; MüKoHGB/*Ruhwedel* Einl. Rn. 18.

[24] ABl. 2001 L 194, 38.

[25] Bekanntmachung über das Inkrafttreten des Übereinkommens zur Vereinheitlichung bestimmter Vorschriften über die Beförderung im Internationalen Luftverkehr vom 16.9.2004 (BGBl. 2004 II 1371); s. auch das Gesetz zur Harmonisierung des Haftungsrechts im Luftverkehr vom 6.4.2004 (BGBl. 2004 I 550; geändert durch Gesetz vom 19.4.2005 BGBl. 2005 I 1070).

[26] Giemulla/Schmid/*Giemulla* Einl. Rn. 35; s. auch *Bollweg* ZLW 2000, 439; *Müller-Rostin* GPR 2004, 266 (267).

[27] *Boettge* VersR 2005, 908 (909).

MÜ im **Vorabentscheidungsverfahren** nach **Art. 267 AEUV** die Auslegung der Norm vorzunehmen.[28]

III. Auslegung des Montrealer Übereinkommens

19   Das MÜ gehört – ebenso wie das WAbk 1929/WAbk, die CMR und die CIM – zum **internationalen Einheitsrecht.** Dem speziellen Einheitsrechtscharakter des MÜ kommt bei seiner Auslegung große Bedeutung zu. Der Rechtsanwender sollte bemüht sein, sein Ergebnis international plausibel und akzeptabel zu machen. Dementsprechend besteht das oberste Ziel bei der Auslegung des internationalen Einheitsrechts in der Herbeiführung eines möglichst weitgehenden **internationalen Rechtsanwendungseinklangs**[29]. Es geht bei der Auslegung – wie sonst auch im Privatrecht – um die Ermittlung des Norminhalts.

20   Als völkerrechtlicher Vertrag unterliegt das MÜ den Regeln über die Auslegung von Rechtsquellen, deren Kernbestand in der Art. 31 ff. **Wiener Vertragsrechtskonvention** vom 25.3.1965 (BGBl. 1985 II 926) konzipiert ist.[30] Danach sind die bei der Auslegung des innerstaatlichen Rechts anwendbaren Auslegungsmethoden (grammatikalische, systematische, historische und teleologische Auslegung) auch bei der Auslegung des internationalen Einheitsrechts heranzuziehen, ohne dass ein bestimmtes Rangverhältnis zu berücksichtigen ist. Die Rspr. räumt dem **„gewöhnlichen Wortsinn"** allerdings einen gewissen Vorrang ein.[31] Bei der grammatikalischen Auslegung sind zudem vor allem die sich aus der Vertragssprache ergebenden Besonderheiten zu beachten.

21   Gemäß Art. 57 ist der Wortlaut des Übereinkommens in arabischer, chinesischer, englischer, französischer, russischer und spanischer Sprache gleichermaßen verbindlich.[32] Der **deutsche Wortlaut** des MÜ stellt lediglich eine unverbindliche Übersetzung dar. Bei einer Divergenz der verbindlichen Texte eines internationalen Übereinkommens ist davon auszugehen, dass sämtliche Texte ihrer Idee nach jeweils dasselbe aussagen und der in den Texten zum Ausdruck gekommene **Wille der Vertragspartner** nur einheitlich sein kann und soll.[33] Zur Ermittlung des Willens der Vertragspartner ist neben dem besondere Bedeutung zukommenden Wortlaut auch auf die Materialien (vorbereitende Arbeiten; vgl. Art. 32 Abs. 1 Wiener Vertragsrechtskonvention), den Zusammenhang der Einzelvorschriften und deren Sinn und Zweck zurückzugreifen.[34]

22   Das MÜ enthält bewusst keine abschließende Kodifikation des internationalen Lufttransportrechts. Die vorhandenen **Lücken** müssen mit Hilfe des nationalen unvereinheitlichten Rechts ausgefüllt werden (näher dazu im nachfolgenden Abschnitt). Soweit das **MÜ** jedoch, wie jedes andere Regelwerk auch, nicht gewollte Lücken aufweist, müssen diese – ebenso wie bei der CMR – im Wege der **Analogie** und des **Umkehrschlusses** sowie aus den Zielen des MÜ geschlossen werden.[35]

IV. Ergänzende Anwendung unvereinheitlichten Rechts

23   Das MÜ vereinheitlicht nur „bestimmte Vorschriften" **(certain rules)** über die Beförderung im internationalen Luftverkehr. Es ist – ebenso wie das WAbk – bewusst lückenhaft gefasst.[36] Soweit das **MÜ** keine Regelungen enthält, sind insbesondere die nach den Regeln des internationalen Privatrechts zu ermittelnden unvereinheitlichten nationalen materiellen Rechtsvorschriften maßgeblich. Regelt das **MÜ** eine Rechtsfrage selbst, so gehen die Vorschriften des Übereinkommens dem nationalen Recht vor.[37]

24   In einigen Bestimmungen verweist das **MÜ** selbst allerdings auf die **Anwendung nationalen Rechts** (so etwa in Art. 22 Abs. 6, Art. 33 Abs. 4 und Art. 35 Abs. 2 auf die lex fori). In diesen Fällen

---

[28] *Basedow* FS Schlechtriem, 2003, 165 (185); *Koller* Vor Art. 1 Rn. 3; s. auch den Vorlagebeschluss des OGH Wien v. 28.6.2018 – 2 Ob 79/18h, RdTW 2019, 422.

[29] BGH Urt. v. 19.3.1976 – I ZR 75/74, NJW 1976, 1583 (1584) = ZLW 1977, 79; MüKoHGB/*Kronke,* 1. Aufl. 1997, WAbk Art. 1 Rn. 2; *Reuschle* Präambel Rn. 49.

[30] MüKoHGB/*Ruhwedel* Einl. Rn. 48 ff.; *Koller* CMR Vor Art. 1 Rn. 4.

[31] BGH Urt. v. 25.6.1969 – I ZR 15/67, BGHZ 52, 216 (220) = NJW 1969, 2014; Urt. v. 14.2.2008 – I ZR 183/05, TranspR 2008, 323.

[32] Die englische und die französische Sprachfassung sind in der BR-Drs. 826/03, 7 ff. veröffentlicht.

[33] BGH Beschl. v. 20.10.1981 – X ZB 3/81, BGHZ 82, 88 (91 f.) = NJW 1982, 1219; Urt. v. 10.10.1991 – I ZR 193/89, NJW 1992, 621 (622) = TranspR 1992, 100; s. auch Art. 33 Abs. 3 Wiener Vertragsrechtskonvention (BGBl. 1985 II 926 und BGH Urt. v. 15.12.2011 – I ZR 12/11, BGHZ 192, 118 = VersR 2012, 1582 (zu Art. 2 Abs. 1 S. 2 CMR).

[34] BGH Urt. v. 19.3.1976 – I ZR 75/74, NJW 1976, 1583 (1584) = ZLW 1977, 79; Urt. v. 10.10.1991 – I ZR 193/89, NJW 1992, 621 (622) = TranspR 1992, 100; Urt. v. 15.12.2011 – I ZR 12/11, BGHZ 192, 118 = VersR 2012, 1582; *Koller* CMR Vor Art. 1 Rn. 4.

[35] BGH Urt. v. 6.7.1979 – I ZR 127/78, BGHZ 75, 92 (94) = NJW 1979, 2472 (zu Art. 12, 13 CMR); EBJS/*Huther,* 2. Aufl. 2009, CMR Vor Art. 1 Rn. 12; EBJS/*Boesche* CMR Vor Art. 1 Rn. 12; *Koller* CMR Vor Art. 1 Rn. 4; *Herber/Piper* CMR Vor Art. 1 Rn. 16; *Reuschle* Präambel Rn. 49, 55.

[36] *Littger/Kirsch* ZLW 2003, 563 (568); *Koller* Vor Art. 1 Rn. 6; Giemulla/Schmid/*Giemulla* Einl. Rn. 37; MüKoHGB/*Ruhwedel* Einl. Rn. 55 ff.

[37] *Reuschle* Präambel Rn. 55.

kommt unmittelbar das Recht des Staates zur Anwendung, in dem das angerufene Gericht seinen Sitz hat. Enthält das **MÜ** selbst keine **Kollisionsregelung,** ist grundsätzlich das Vertragsstatut des Luftbeförderungsvertrags, eventuell das Deliktsstatut, heranzuziehen.[38]

Das **deutsche internationale Privatrecht** ist für bis zum 17.12.2009 abgeschlossene Beför- **25** derungsverträge in den **Art. 27 ff. EGBGB** geregelt. Nunmehr gelten **Art. 3 ff. Rom I-VO.** Aus der Sicht deutscher Gerichte bedeutet dies, dass das Recht desjenigen Staates lückenfüllend zur Anwendung kommt, das nach den **Art. 27–37 EGBGB** oder **Art. 3 ff. Rom I-VO,** insbesondere **Art. 5 Rom I-VO** zu ermitteln ist.[39] Gemäß Art. 3 Abs. 1 S. 1 Rom I-VO können die Parteien das auf den Luftfrachtvertrag anwendbare Recht unter den in **Art. 3 Rom I-VO** selbst genannten Voraussetzungen frei vereinbaren.

Die Rechtswahl braucht nicht ausdrücklich, etwa durch eine **Rechtswahlklausel** in Allgemeinen **26** Geschäftsbedingungen, getroffen zu werden. Sie kann nach Art. 3 Abs. 1 S. 2 Rom I-VO auch **konkludent** erklärt werden, sofern sich ein entsprechender realer Wille beider Parteien mit hinreichender Sicherheit aus den Bestimmungen des Vertrages oder den Umständen des Falles ergibt.[40] Indizien für eine stillschweigende (konkludente) Rechtswahl können sich aus einer Vielzahl von Umständen ergeben, wie Vertragssprache, vereinbarte Währung, Übung der Parteien, Bezugnahme auf eine bestimmte Rechtsordnung, Vereinbarung einer Gerichtsstandsklausel.[41] Gehen die Parteien während eines Rechtsstreits übereinstimmend von der Anwendung einer **bestimmten Rechtsordnung** aus (insbesondere durch Anführen ihrer Vorschriften), so liegt darin in der Regel eine **stillschweigende Rechtswahl.** Gleiches gilt, wenn übereinstimmend und rügelos die Anwendung eines bestimmten Rechts in der Vorinstanz hingenommen wird.[42] Bei Fehlen hinreichender Anhaltspunkte für eine schlüssige Rechtswahl, insbesondere bei mangelnder Häufung von eindeutig auf eine Rechtsordnung hinweisenden Indizien, ist das **Vertragsstatut** nach **Art. 5 Rom I-VO** zu bestimmen. Dies wird gem. Art. 5 Abs. 1 S. 2 Rom I-VO, der Art. 28 Abs. 4 EGBGB ersetzt hat, häufig zur Maßgeblichkeit des Rechts am Hauptniederlassungsort des Beförderers führen, wenn sich im gleichen Staat der Verlade- oder Entladeort oder die Hauptniederlassung des Absenders befinden. Dies folgt daraus, dass der Beförderer regelmäßig die vertragstypische Leistung erbringt **(vgl. Art. 4 Abs. 2 Rom I-VO).**[43]

Regelmäßig werden im internationalen Luftfrachtverkehr Beförderungsbedingungen verwandt. **27** Hierbei handelt es sich um Allgemeine Geschäftsbedingungen, die in den Vertrag einbezogen werden müssen. Ob dies geschehen ist, beurteilt sich gem. **Art. 31 Abs. 1 EGBGB** oder (jetzt) gem. **Art. 10 Abs. 1 Rom I-VO** nach dem Vertragsstatut.[44]

Abgesehen von den zwingenden Vorschriften des **MÜ** selbst, kann auch das ohne Rechtswahl nach **28** **Art. 5 Rom I-VO** berufene Recht **zwingende Vorschriften** enthalten, welche die Parteien nicht abbedingen können **(Art. 3 Abs. 4 Rom I-VO).** Dazu gehören beispielsweise wettbewerbs- und kartellrechtliche Vorschriften, Import- und Exportkontrollvorschriften. Zu beachten ist ferner **Art. 5 Abs. 3 Rom I-VO:** Danach ist es auch bei Vorliegen aller Voraussetzungen für das Eingreifen der Regelung in **Art. 5 Abs. 1 Rom I-VO** bei der Bestimmung des anwendbaren Vertragsstatuts nicht nach der **Generalklausel** des Abs. 1 vorzugehen, wenn sich aus der Gesamtheit der Umstände ergibt, dass der Vertrag engere Verbindungen mit einem anderen Staat aufweist.

Ist deutsches Recht Vertragsstatut, so gelten zunächst die Vorschriften des **Luftverkehrsgesetzes.** **29** Soweit diese nicht über das vom **MÜ** selbst angeordnete Recht hinausgehen, greifen die allgemeinen Vorschriften, insbesondere §§ 407 ff. HGB, ein.[45]

Wird ein Schadensersatzanspruch auf eine **deliktische Haftung** des Luftfrachtführers gestützt, so **30** wird bei der Bestimmung des anwendbaren materiellen Rechts grundsätzlich an den **Tatort** („lex loci delicti commissi") angeknüpft. Bei identischer Staatsangehörigkeit von Schädiger und Geschädigtem wird das anwendbare Deliktsrecht zudem nach dem **Personalstatut** oder nach dem Recht des **Hoheitszeichens** des Luftfahrzeugs (sog. Flaggenprinzip) angeknüpft.[46]

---

[38] *Reuschle* Präambel Rn. 56; MüKoHGB/*Kronke,* 1. Aufl. 1997, WAbk Art. 1 Rn. 14; Giemulla/Schmid/*Giemulla* Einl. Rn. 40; *Koller* WAbk Vor Art. 1 Rn. 6.

[39] *Reuschle* Präambel Rn. 58 ff.; MüKoHGB/*Kronke* WAbk Art. 1 Rn. 13; *Koller* WAbk Vor Art. 1 Rn. 6.

[40] BGH Urt. v. 19.1.2000 – VIII ZR 275/98, NJW-RR 2000, 1002 (1004); Urt. v. 26.7.2004 – VIII ZR 273/03, NJW-RR 2005, 206 (208).

[41] BGH Urt. v. 12.12.1990 – II ZR 276/02, NJW 2004, 3706 (3708); Urt. v. 26.7.2004 – VIII ZR 273/03, NJW-RR 2005, 206 (208); MüKoBGB/*Martiny* Rom I-VO Art. 3 Rn. 45 ff.

[42] BGH Urt. v. 12.12.1990 – VIII ZR 332/89, NJW 1991, 1292 (1293); Urt. v. 28.1.1992 – XI ZR 149/91, NJW 1992, 1380; Urt. v. 13.9.2004 – II ZR 276/02, NJW 2004, 3706 (3708); MüKoBGB/*Martiny* Rom I-VO Art. 3 Rn. 53 ff.

[43] BGH Urt. v. 3.11.2005 – I ZR 325/02, NJW-RR 2006, 616 (617) = TranspR 2006, 41; LG München I Urt. v. 15.7.1975 – 18 O 461/94, ZLW 1977, 155.

[44] Üblicherweise werden die IATA-Conditions of Carriage for Cargo – abgedruckt bei *Reuschle* Anh. III-2 – verwandt.

[45] MüKoHGB/*Ruhwedel* Einl. Rn. 68; *Koller* WAbk Vor Art. 1 Rn. 6 ff.

[46] BGH Urt. v. 23.6.1964 – VI ZR 180/63, NJW 1964, 2012 = VersR 1964, 1027; *Reuschle* Präambel Rn. 63.

V. Bestandteile des internationalen Luftfrachtvertrags

31   **1. Rechtsnatur.** Der Luftfrachtvertrag ist ein **formloser Konsensualvertrag** über eine Ortsver-änderung.[47] Er hat eine Werkleistung zum Gegenstand und ist daher stets ein Werkvertrag iSd § 631 BGB. Der Luftfrachtvertrag kann ohne gleichzeitige oder vorherige Ausstellung eines Luftfrachtbriefes abgeschlossen werden. Dies ergibt sich aus Art. 9. Bei **Spediteuren** ist regelmäßig davon auszugehen, dass in der Ausstellung eines Luftfrachtbriefes ein Selbsteintritt nach § **458 HGB** besteht.[48] Auch bei einer Fixkostenspedition gem. § **459 HGB** und bei Sammelladungsspedition nach § **460 HGB** ist regelmäßig von der **Anwendung des MÜ** auszugehen.[49]

32   **2. Vergütung.** Die Vergütung des Luftfrachtführers ist im MÜ nicht geregelt. Sie richtet sich nach dem gemäß IPR anwendbaren **nationalen Recht** (→ Rn. 23 ff.). Auch die Höhe der Vergütung und ihre Fälligkeit bestimmen sich nach dem anwendbaren nationalen Recht, soweit sie sich nicht aus den vertraglichen Abreden zwischen den Parteien ergeben. Hinsichtlich der Höhe der Vergütung ist auf § 354 HGB, § 632 BGB und hinsichtlich der Fälligkeit auf § 420 HGB bei Anwendbarkeit deutschen Rechts zurückzugreifen.

33   **3. Haftungsgrundlage.** Die **Haftung eines Luftfrachtführers** richtet sich bei Anwendung deut-schen Rechts nach § 425 Abs. 1 HGB (s. § 407 Abs. 3 Nr. 1 HGB). Danach haftet der Frachtführer „für den Schaden, der durch Verlust oder Beschädigung des Gutes in der Zeit von der Übernahme zur Beförderung bis zur Ablieferung … entsteht". Diese Umschreibung entspricht weitgehend der Re-gelung in Art. 18 Abs. 1, wonach der Luftfrachtführer den durch Zerstörung, Verlust oder Beschädi-gung von Gütern entstandenen Schaden zu ersetzen hat, wenn das schadensverursachende Ereignis während der **Luftbeförderung** eingetreten ist. Die Luftbeförderung iSv Abs. 1 umfasst gem. Art. 18 Abs. 3 grundsätzlich den Zeitraum, während dessen sich die Güter in der Obhut des Luftfrachtführers befinden **(Obhutshaftung).** Nach Art. 18 Abs. 4 umfasst der Zeitraum der Luftbeförderung allerdings nicht die Beförderung zu Land, zur See oder auf Binnengewässern außerhalb eines Flughafens. Das gilt jedoch nicht, wenn eine solche Beförderung bei Ausführung des Luftbeförderungsvertrags zum Zwecke der Verladung, der Ablieferung oder der Umladung erfolgt. Dann wird gem. Art. 18 Abs. 4 Hs. 2 bis zum **Beweis des Gegenteils** vermutet, dass der Schaden durch ein während der Luftbeför-derung eingetretenes Ereignis verursacht worden ist (zu Einzelheiten s. die Erläuterungen bei **Art. 18,** → Art. 18 Rn. 1 ff.).

34   Wie bei einem CMR-Frachtführer (Art. 17 Abs. 4 CMR) ist die Haftung eines Luftfrachtführers bei bestimmten Schadensursachen ebenfalls von vornherein vollständig ausgeschlossen, so etwa bei Schäden, die aus der **„Eigenart der Güter"** oder auf Grund von **Verpackungsmängeln** ent-standen sind **(Art. 18 Abs. 2).** Die Haftung des Luftfrachtführers bleibt – anders als bei einer Haftung nach den Regelungen der CMR – auch bei einem **qualifizierten Verschulden** auf seiner Seite generell auf 22 Sonderziehungsrechte (SZR) je Kilogramm Frachtgut absolut begrenzt. Dies gilt selbst im Falle eines Diebstahls oder einer Unterschlagung des Frachtguts durch den Luftfracht-führer oder seine „Leute", also bei **vorsätzlicher** Herbeiführung des Schadens (Art. 22 Abs. 3 und 5, Art. 30 Abs. 3).[50] Wegen der Haftung des Luftfrachtführers im Einzelnen s. die Erläuterungen zu Art. 18 ff.

35   **4. Unabdingbarkeit des Montrealer Übereinkommens.** Nach **Art. 49** ist die **Wahlmöglich-keit** der Parteien des Luftbeförderungsvertrags hinsichtlich des anzuwendenden Rechts sowie von Gerichtsstands- und Schiedsvereinbarungen weitgehend ausgeschlossen. Denn nach dieser Vorschrift sind alle Bestimmungen des Beförderungsvertrags und alle vor Eintritt des Schadens getroffenen Vereinbarungen, mit denen die Parteien durch Bestimmung des anzuwendenden Rechts oder durch Änderung der Vorschriften über die Zuständigkeiten vom **MÜ** abweichen, nichtig. In die gleiche Richtung zielt **Art. 26.** Vereinbarungen über Haftungserweiterungen, etwa ein Verzicht auf die Haftungshöchstgrenzen oder deren Anhebung, sind allerdings zulässig **(Art. 25).**[51]

36   Für das **nationale Luftfrachtrecht** ist in § **449 Abs. 1 S. 1 HGB** bestimmt, dass der Luftfracht-führer seine Haftung im Verhältnis zu einem Verbraucher nicht ausschließen oder einschränken kann, wenn es sich nicht um die Beförderung von Briefen oder briefähnlichen Sendungen handelt. Im Verhältnis zu einem gewerblichen Absender kann der Luftfrachtführer seine in § **425 Abs. 1 HGB** vorgesehene Haftung für Güter- und Verspätungsschäden tatbestandlich ausschließen oder eingrenzen, sofern dies auf der Grundlage einer im Einzelnen ausgehandelten Vereinbarung erfolgt. **Die Beweislast** dafür, dass die AGB des Luftfrachtführers, beispielsweise die IATA-Bedingungen,

---

[47] BGH Urt. v. 19.3.1976 – I ZR 75/74, NJW 1976, 1583 (1584) = ZLW 1977, 79; *Koller* WAbk Vor Art. 1 Rn. 7.
[48] OLG Hamburg Urt. v. 18.2.1988 – 6 U 195/87, TranspR 1988, 201.
[49] Vgl. BGH Urt. v. 3.3.2011 – I ZR 50/10, TranspR 2011, 220 Rn. 24.
[50] *Ruhwedel* TranspR 2006, 421 (423); *Reuschle* Art. 22 Rn. 40; *Koller* Art. 22 Rn. 1.
[51] Vgl. BGH Urt. v. 22.7.2010 – I ZR 194/08, TranspR 2011, 80 Rn. 28 ff.; Urt. v. 3.3.2011 – I ZR 50/10, TranspR 2011, 220 Rn. 25 ff.

tatsächlich auf dem Verhandlungsweg in den Vertrag einbezogen worden sind, obliegt dem Luft-frachtführer.[52]

5. Transportdokumentation. Die Transportdokumentation ist in Kapitel II des MÜ (Art. 3–16) **37** geregelt. Nach **Art. 4 Abs.** 1 muss bei der Beförderung von Gütern ein **Luftfrachtbrief** ausgehändigt werden. Der Mindestinhalt des Luftfrachtbriefes ist (inhaltsgleich zu Art. 8 WAbk) in **Art. 5** geregelt. Um bei einem Schadensfall die **Berechnung der Entschädigung** nach dem MÜ vornehmen zu können, ist in Art. 5 lit. c zwingend die **Angabe des Gewichts** der Sendung vorgeschrieben.

In **Art. 9** ist nunmehr bestimmt, dass das **Fehlen** oder die Unvollständigkeit **eines Luftfrachtbriefs** **38** nicht die Unwirksamkeit des Beförderungsvertrags zur Folge hat. Anders als nach dem WAbk (Art. 9) führt ein Formmangel auch nicht mehr zu einer unbeschränkten Haftung des Luftfrachtführers.[53] Die Vorschrift des **Art. 10** regelt die Haftung des Absenders für die Angaben im Frachtbrief weitergehend als Art. 10 WAbk.

Für den Lufttransport neu sind die Vorschriften der **§§ 444 ff. HGB,** wenn deutsches Recht zur **39** Anwendung kommt. Danach kann der Luftfrachtführer über die Verpflichtung zur Ablieferung des Gutes die Ausstellung eines **Ladescheins** verlangen (§ 444 Abs. 1 HGB). Im Gegensatz zu einem Luftfrachtbrief ist dieser Ladeschein gem. **§ 448 HGB** ein **Traditionspapier.** Im Hinblick darauf, dass **Art. 4 Abs. 2** für den internationalen Lufttransport die Verwendung eines elektronischen Luftfracht-briefes gestattet, dürfte der Ladeschein keine besondere Bedeutung erlangen.

6. Rechte und Pflichten der Parteien. Die Rechte und Pflichten der Parteien des Luftfracht- **40** vertrags sind im MÜ bewusst unvollkommen geregelt. Nähere Bestimmungen sind insbesondere in den **§§ 407 ff. HGB** und den **IATA-Bedingungen** enthalten. Damit stellt sich die Frage der Kon-kurrenz zwischen den HGB-Vorschriften einerseits und den IATA-Bedingungen andererseits. Nach **Art. 11 Abs. 1** erbringt der Luftfrachtbrief nicht nur für den Abschluss des Luftfrachtvertrags und den Empfang des Gutes den Beweis, sondern auch für diejenigen Beförderungsbedingungen, die im Luftfrachtbrief selbst erwähnt sind. Der Hinweis auf **AGB** im Luftfrachtbrief erzeugt aber lediglich die Vermutung, dass eine Einbeziehungsabrede getroffen wurde.[54] Ob diese wirksam ist, beurteilt sich nach § 449 HGB.

7. Verjährung. Die Verjährung nach dem **MÜ** bestimmt sich nach **Art. 35 Abs. 1.** In dieser **41** Vorschrift ist allerdings nur eine **Ausschlussfrist für Schadensersatzansprüche** geregelt. Hinsicht-lich anderer Ansprüche ist bei ergänzender Anwendbarkeit deutschen Rechts auf **§ 439 HGB** zurück-zugreifen.

8. Be-, Entladen und Verstauen. Ebensowenig wie die **CMR** regelt das **MÜ** Fragen des Be- und **42** Entladens sowie des Verstauens. Nach deutschem Recht ist insoweit **§ 412 HGB** zu berücksichtigen.

9. Unmöglichkeit der Beförderung. Regelmäßig sind Lufttransporte als **absolute Fixgeschäfte** **43** iSv **§ 376 HGB** vereinbart.[55] Soweit kein absolutes Fixgeschäft vorliegt, tritt Unmöglichkeit erst dann ein, wenn das Gut nicht oder jedenfalls nicht mehr innerhalb eines zumutbaren Erfüllungszeitraums transportiert werden kann. Im Falle der Unmöglichkeit kommt **§ 419 HGB** zur Anwendung.

10. Ablieferungs- und Beförderungshindernisse. Aus **Art. 12 Abs. 4 S. 2** folgt, dass der **44** Absender bei Entstehung von **Ablieferungshindernissen** wieder verfügungsberechtigt wird und der Luftfrachtführer nach **§ 419 Abs. 1 S. 1 HGB** – bei Anwendung deutschen Rechts – Weisungen einzuholen hat.[56]

11. Schlechterfüllung. Bei Zerstörung, Beschädigung und Verlust des Gutes gewähren die **Art. 12** **45** **Abs. 3, 18 ff.** ausschließlich **Schadensersatzansprüche.** Nur wenn vom MÜ nicht erfasste Sach-verhalte der Schlechterfüllung vorliegen, sind die Grundsätze der positiven Forderungsverletzung, die in **§ 280 Abs. 1 BGB** geregelt ist, anzuwenden.

12. Aufrechnung, Abtretung, Pfand- und Zurückbehaltungsrecht. Aufrechnung, Abtretung **46** und Zurückbehaltungsrecht sind im **MÜ** nicht geregelt, sodass ergänzend deutsches Recht zur Anwendung kommt. Das Pfandrecht des Frachtführers ist speziell in **§ 441 HGB** geregelt.[57]

---

[52] Vgl. OLG Düsseldorf Urt. v. 26.7.2004 – I-18 U 27/04, TranspR 2005, 216; *Koller* HGB § 449 Rn. 50; MüKoHGB/*C. Schmidt* HGB § 449 Rn. 17.

[53] *Koller* Art. 9 Rn. 1; Art. 9 stellt in Anlehnung an Art. 4 Abs. 2 CMR klar, dass es sich bei dem Luftfrachtvertrag nicht um einen Formalvertrag handelt.

[54] *Schmid/Müller-Rostin* NJW 2003, 3516 (3520); *Koller* Art. 11 Rn. 1; MüKoHGB/*Ruhwedel* Art. 11 Rn. 16 aA Giemulla/*Schmid/Müller-Rostin* Art. 11 Rn. 17.

[55] OLG Düsseldorf Urt. v. 13.12.1990 – 18 U 120/90, TranspR 1991, 106; OLG Frankfurt a. M. Urt. v. 20.2.1997 – 1 U 126/95, TranspR 1997, 373 (374); OLG Köln Urt. v. 13.6.1996 – 18 U 174/95, ZLW 1998, 116,

[56] *Reuschle* Art. 12 Rn. 47; *Koller* Art. 12 Rn. 4; aA OLG München Urt. v. 3.2.1995 – 23 U 5322/94, TranspR 1996, 242 (243).

[57] S. zu § 441 HGB BGH Urt. v. 10.6.2010 – I ZR 106/08, TranspR 2010, 303; *P. Schmidt* TranspR 2011, 56 ff.

47   **13. Unerlaubte Handlung.** Eine Haftung des Luftfrachtführers aus unerlaubter Handlung ist in **Art. 29** geregelt. Ergänzend kann bei Anwendung deutschen Rechts auf **§ 434 HGB** zurückgegriffen werden.

VI. Das Montrealer Übereinkommen im Überblick

48   **1. Gliederung des Montrealer Übereinkommens.** Das aus **57 Artikeln** bestehende **MÜ** gliedert sich in insgesamt **7 Kapitel:**

– Allgemeine Bestimmungen (Kapitel I), Art. 1–2;
– Urkunden und Pflichten der Parteien betreffend die Beförderung von Reisenden, Reisegepäck und Gütern (Kapitel II), Art. 3–16;
– Haftung des Luftfrachtführers und Umfang des Schadensersatzes (Kapitel III), Art. 17–37;
– Gemische Beförderung (Kapitel IV), Art. 38;
– Luftbeförderung durch einen anderen als den vertraglichen Luftfrachtführer (Kapitel V), Art. 39–48;
– Sonstige Bestimmungen (Kapitel VI), Art. 49–52;
– Schlussbestimmungen (Kapitel VII), Art. 52–57.[58]

49   **2. Beförderungsdokumente.** Hervorzuheben ist, dass es nach **Art. 3 Abs. 2** auf die Ausstellung eines Flugscheins oder Fluggepäckscheins nicht mehr ankommt, soweit die erforderlichen Informationen über den Flug anderweitig, vor allem in **elektronischer Form,** bereitgestellt werden können. In Betracht kommt etwa, dass die Buchung im Computersystem der Luftverkehrsgesellschaft unter einer Kreditkartennummer vermerkt wird. Mit der bewusst unbestimmten Formulierung (any other means) sollen künftige technische Entwicklungen der Datenverarbeitung nicht von vornherein ausgeschlossen werden. Die Ersetzung des herkömmlichen Luftfrachtbriefs durch zeitsparende **elektronische Datenverarbeitung,** die der Luftfrachtführer allerdings nur im Einvernehmen mit dem Absender einsetzen darf, wird zu einer Beschleunigung der Transportabläufe führen. Nach **Art. 6 WAbk** konnte das Frachtgut nicht verladen werden, bis die Dokumente ausgestellt waren, die Fracht angenommen und der Luftfrachtbrief vom Luftfrachtführer unterzeichnet war.

50   **3. Haftung.** Die Haftung des Luftfrachtführers für **Güterschäden** ist in **Art. 18** grundsätzlich geregelt. Danach haftet der Luftfrachtführer für jeden Fall der Zerstörung, des Verlusts oder der Beschädigung während des Transports, wenn er nicht den Nachweis führen kann, dass der Schaden durch einen oder mehrere konkret bezeichnete Umstände verursacht worden ist **(Art. 18 Abs. 2).** Voraussetzung für eine Haftung des Luftfrachtführers ist nach **Art. 18 Abs. 1,** dass das schädigende Ereignis während der Luftbeförderung eingetreten ist (→ Rn. 33). Die vom Luftfrachtführer zu erbringende Schadensersatzleistung für Güterschäden wird durch **Art. 22 Abs. 3** in der **Höhe** begrenzt, es sei denn, dass dem Luftfrachtführer die Berufung auf die Haftungsgrenzen auf Grund einer Wertdeklaration **(Art. 22 Abs. 3)** oder auf Grund einer Vereinbarung mit dem Absender nach **Art. 25** verwehrt ist. Der vom Luftfrachtführer zu leistende Ersatz beträgt bei Güterschäden nach **Art. 22 Abs. 3 S. 1** umgerechnet etwa **21 EUR** pro Kg.

51   **4. Außervertragliche Ansprüche.** In **Art. 29** wird klargestellt, dass sämtliche **Ansprüche auf Schadensersatz,** gleich ob aus vertraglicher, deliktischer oder anderer Grundlage, nur unter den Voraussetzungen und Beschränkungen des Übereinkommens verlangt werden können. Die Beschränkungen des Übereinkommens erfassen somit auch **außervertragliche** Ansprüche.

52   **5. Haftungsschuldner.** Gemäß **Art. 18 Abs. 1** besteht der **Anspruch auf Schadensersatz** gegenüber dem Luftfrachtführer (carrier). Das MÜ erwähnt zwar in verschiedenen Vorschriften die Parteien des Luftbeförderungsvertrags (**Luftfrachtführer, Fluggast** bzw. **Absender**), definiert diesen Personenkreis jedoch nicht.[59] **Anspruchsgegner** ist zunächst einmal diejenige Person, die mit einem Absender oder einer für den Absender handelnden Person einen Beförderungsvertrag geschlossen hat (**vertraglicher Luftfrachtführer gem. Art. 39**). Als Luftfrachtführer kommt aber auch jede andere Person in Betracht, die auf Grund einer Vereinbarung mit dem vertraglichen Luftfrachtführer berechtigt ist, die Beförderung ganz oder zum Teil auszuführen, ohne dass es sich hinsichtlich dieses Teiles um eine aufeinander folgende Beförderung handelt (**ausführender Luftfrachtführer gem. Art. 39**).[60]

53   **6. Gerichtsstand.** Das **MÜ** enthält in **Art. 33** eine **Neuregelung des Gerichtsstands.** Zunächst ist festzustellen, dass sich an der Vielzahl der Gerichtsstände nach Art. 28 WAbk nichts geändert hat. Diese sind der Wohnsitz des Luftfrachtführers, der Ort der Hauptniederlassung, der Ort der Geschäftsstelle, durch die der Vertrag geschlossen wurde, und der Bestimmungsort. Zusätzlich wird gem. **Art. 33 Abs. 2** für Schadensersatzansprüche, die aus Tod oder Verletzung der Reisenden herrühren, der weitere Gerichtsstand am **Wohnsitz des Reisenden** begründet, soweit der Luftfrachtführer seine

---

[58] S. zu den Neuerungen des MÜ gegenüber dem „Warschauer System" MüKoHGB/*Ruhwedel* Einl. Rn. 33 ff.
[59] Giemulla/Schmid/*Giemulla* Art. 1 Rn. 37; *Reuschle* Art. 1 Rn. 18.
[60] Giemulla/Schmid/*Müller-Rostin* Art. 18 Rn. 139.

Dienste mit eigenen Flugzeugen oder aber in Zusammenarbeit mit anderen Gesellschaften anbietet. Die Eröffnung dieses Gerichtsstandes soll auch für Gepäckschäden gelten. In **Art. 33 Abs. 4** ist schließlich bestimmt, dass sich das Verfahren nach dem Recht des angerufenen Gerichts richtet.

VII. Geltung weiterer Abkommen

1. Überblick über die verschiedenen Abkommen. Das **MÜ** regelt das **internationale Luft-** 54 **beförderungsrecht** für die Personen- und Güterbeförderung. Für die Bundesrepublik Deutschland ist es verbindliches materielles Recht (→ Rn. 15). Die deutschen Gerichte und die Gerichte der anderen Vertragsstaaten haben die Vorschriften des **MÜ** daher unmittelbar auf einen Luftbeförderungsvertrag anzuwenden, sofern dieser in den **sachlichen und räumlichen Anwendungsbereich** des Übereinkommens **(Art. 1)** fällt. Letzteres hängt unter anderem davon ab, ob die Beförderung nach dem Inhalt des Vertrages zwischen zwei Vertragsstaaten stattfinden soll. Da das **MÜ** bislang (nur) von **103 Staaten** ratifiziert wurde (→ Rn. 66 ff.), ist dessen Anwendbarkeit nicht immer gegeben. Vielmehr sind dann die vor dem Inkrafttreten des **MÜ** geltenden Abkommen und Protokolle zu beachten.

Der nationale Gesetzgeber ist allerdings nicht gehindert, die materiellen Vorschriften des **MÜ** in 55 einem erweiterten Rahmen für anwendbar zu erklären. Das Übereinkommen kann im Rahmen der **Vertragsfreiheit** im Luftverkehr grundsätzlich auch mit Nichtvertragsstaaten sowie zwischen Spediteuren als **Vertragsstatut** vereinbart werden. Wird das **MÜ** außerhalb seines Geltungsbereichs als Vertragsordnung vereinbart (beispielsweise für innerstaatliche Luftbeförderungen), so ist dies wie eine Einbeziehung von Allgemeinen Geschäftsbedingungen in ein Vertragsverhältnis zu behandeln mit der Folge, dass die Vorschriften des **MÜ** gegenüber den zwingenden Rechtsnormen des nationalen Frachtrechts zurücktreten müssen.[61] Kommt deutsches Recht zur Anwendung, sind insbesondere die **§§ 307 ff. BGB** (Inhaltskontrolle) und **§ 449 HGB** (Wirksamkeit der Einbeziehung) zu beachten.

Im Bereich der internationalen Luftbeförderung sind neben dem **MÜ** insbesondere noch folgende 56 **Regelwerke von Bedeutung:**

– Abkommen zur Vereinheitlichung von Regeln über die Beförderung im internationalen Luftverkehr (WAbk 1929, Fn. 1);
– Haager Protokoll zur Änderung des WAbk 1929 (Fn. 2);
– Zusatzabkommen zum Warschauer Abkommen von Guadalajara (ZAG, Fn. 17);
– Zusatzabkommen von Guatemala (GP – nicht in Kraft);[62]
– Montrealer Zusatzprotokolle Nr. 1–4 (MP Nr. 1, 2, 4 – in Kraft).[63]

2. Zusatzprotokolle zum WAbk. Das **WAbk** sollte durch weitere Zusatzprotokolle modifiziert 57 bzw. ergänzt werden. Das **ZAG** sollte Probleme bewältigen, die bei **Einschaltung von Subunternehmern** entstehen. Es erlaubt eine einfachere Schadensabwicklung, da der unmittelbare Schädiger direkt in Anspruch genommen werden kann. Regresse des vertraglichen gegen den ausführenden Luftfrachtführer sollten sich erübrigen. Das **ZAG** ist für die Bundesrepublik Deutschland am 31.5.1964 in Kraft getreten. Das Protokoll von Guatemala sah eine Erhöhung der Haftungshöchstsummen vor. Mit einem Inkrafttreten dieses Protokolls ist unter der Geltung des MÜ wohl nicht mehr zu rechnen. Von den vier Montrealer Zusatzprotokollen vom 25.9.1975 sind die Protokolle 1, 2 und 4 in Kraft getreten. **Deutschland** hat sie bislang allerdings noch nicht ratifiziert.[64] Beförderungen zwischen einem **Vertragsstaat des MÜ** und einem Staat, der nur das **WAbk 1929/WAbk** ratifiziert hat, werden weiterhin nach den Vorschriften des WAbk 1929/WAbk geregelt. Je mehr Staaten das **MÜ** ratifizieren, desto weniger wird es zu einem Nebeneinander von **MÜ** und **WAbk** kommen. Ist auf den Luftbeförderungsvertrag das **MÜ** anzuwenden (Art. 1), so werden sowohl das **WAbk** als auch das **ZAG** verdrängt **(Art. 55).**

3. Anwendungsbereich einzelner Abkommen. Der Anwendungsbereich der im internationa- 58 len Luftverkehr geltenden Abkommen ist unterschiedlich geregelt:

– Das **WAbk 1929** kommt nur dann zur Anwendung, wenn beide berührten Staaten (Abgangs- und Zielort) entweder Vertragsstaaten des WAbk 1929 sind oder einer von beiden Vertragsstaat des WAbk 1929, der andere auch Vertragsstaat des WAbk ist;
– Das **WAbk** kommt bei internationalen Beförderungen zur Anwendung, wenn Abgangs- und Zielort sich im Gebiet von Vertragsstaaten des WAbk befinden;
– Eine Anwendbarkeit des **ZAG** kommt nur in Betracht, wenn **beide Staaten** sowohl Parteien des **WAbk 1929/WAbk** als auch des **ZAG** sind.

Die Geltung des WAbk ist **ausgeschlossen,** wenn bei internationalen Beförderungen nur einer oder 59 keiner der berührten Staaten Mitglied des WAbk ist.

---

[61] *Reuschle* Präambel Rn. 40 f.
[62] Der Text ist abgedruckt bei Giemulla/Schmid WAbk Anh. II-1.
[63] Der Text ist abgedruckt bei *Koller* im 5. Abschnitt nach den Erläuterungen zum ZAG.
[64] S. dazu *Müller-Rostin* TranspR 1999, 81; *Müller-Rostin* TranspR 1999, 291; *Müller-Rostin* ZLW 2000, 36.

60 Umstritten ist die Anwendbarkeit des WAbk in den Fällen, in denen ein Staat Mitglied des **WAbk 1929,** der andere nur Vertragsstaat des **WAbk** ist. Teilweise wird die Auffassung vertreten, dass dann das **WAbk 1929** anwendbar sei.[65] Dem steht jedoch entgegen, dass in solchen Fällen keine völkervertragsrechtliche Basis gegeben ist. Das anwendbare Luftrecht ist dann nach Maßgabe des **IPR** zu ermitteln.[66]

61 Das **WAbk 1929** ist anwendbar, wenn der Staat des frachtvertraglichen Abgangs und der des Bestimmungsortes dem WAbk 1929 beigetreten sind. Es ist auch anwendbar, wenn nur einer der Vertragsstaaten das Haager Protokoll ratifiziert hat. Diese Fallgestaltung ist häufig. So sind beispielsweise die **USA** nicht dem Haager Übereinkommen beigetreten. Das **WAbk** und das **ZAG** sind ebenso wie das **MÜ** nur anwendbar, wenn beide Staaten dem Abkommen beigetreten sind.

VIII. Das ZAG im Einzelnen

62 Das **ZAG** wurde im Jahre 1961 von 18 der insgesamt 40 Teilnehmer der Konferenz in Guadalajara/ Mexiko unterzeichnet. Das Abkommen ist ein selbstständiger völkerrechtlicher Vertrag, inhaltlich jedoch eine **Ergänzung zum WAbk.** Nachdem das **ZAG** von fünf Staaten ratifiziert wurde, ist es am 1.5.1964 in Kraft getreten. Für die **Bundesrepublik Deutschland** gilt es seit dem 31.5.1964.[67]

63 Das **ZAG** ist **internationales Einheitsrecht.** Der verbindliche Originaltext ist nicht nur in französischer, sondern auch in englischer und spanischer Sprache abgefasst. Ergeben sich Zweifel bei der Auslegung des ZAG, ist ausschließlich der französische Wortlaut maßgebend.

64 Das **ZAG** hat das **Ziel,** über die Problematik hinwegzuhelfen, die dadurch entsteht, dass ein vertraglicher Luftfrachtführer die Transportleistung nicht mit eigenen Luftfahrzeugen erbringt, sondern sich zur Erfüllung seiner Verpflichtung eines Charterflugzeuges bedient oder **Subunternehmer** einsetzt.

65 Das **ZAG** stellt eine **lückenhafte Regelung** dar. Es ist grundsätzlich **abdingbar.** Das Abkommen greift bei Beförderungsverträgen ein, bei denen der Abgangsort und der Bestimmungsort in zwei verschiedenen Staaten liegen und beide Staaten das ZAG ratifiziert haben.[68] Im Falle der Zwischenlandung in einem dritten Staat genügt es, dass der Staat des Bestimmungs- und Abgangsorts zu den Vertragsstaaten zählt. Es kommt nicht darauf an, ob der ausführende Luftfrachtführer das Gut zwischen zwei Staaten befördert, die das ZAG ratifiziert haben.[69]

IX. Vertragsstaaten des MÜ (Stand 1.4.2020)

66 Das **MÜ** ist mit der Hinterlegung der **30. Ratifikationsurkunde** am **4.11.2003** gemäß seinem **Art. 54 Abs. 6 S. 1** in Kraft getreten (→ Rn. 15). Die Europäische Gemeinschaft (Union) ist dem Übereinkommen durch Hinterlegung der Ratifikationsurkunde am 29.4.2004 beigetreten (→ Rn. 16). Darüber hinaus ist das **MÜ** bislang von folgenden **136 Staaten** (mit Wirkung zum angegebenen Datum) ratifiziert worden:

67 **Ägypten** (25.4.2005); **Albanien** (19.12.2004); **Argentinien** (14.2.2010); **Armenien** (15.6.2010); **Aserbaidschan** (11.4.2015); **Äthiopien** (22.6.2014); **Australien** (24.1.2009); **Bahrain** (4.11.2003); **Barbados** (4.11.2003); **Belgien** (28.6.2004); **Belize** (4.11.2003); **Benin** (29.5.2004); **Bolivien** (5.7.2015); **Bosnien und Herzegowina** (8.5.2007); **Botswana** (4.11.2003); **Brasilien** (18.7.2006); **Bulgarien** (9.1.2004); **Burkina Faso** (25.8.2013); **Chile** (31.7.2005); **Cook Island** (21.7.2007); **Costa Rica** (8.8.2011); **Dänemark** (28.6.2004); **Demokratische Republik Kongo** (19.9.2014); **Deutschland** (28.6.2004); **Dominikanische Republik** (20.11.2007); **Ecuador** (26.8.2006); **Elfenbeinküste** (5.4.2015); **El Salvador** (6.1.2008); **Equatorial Guinea** (17.11.2015); **Estland** (4.11.2003); **Europäische Union** (28.6.2004); **Fiji Inseln** (9.1.2016); **Finnland** (28.6.2004); **Frankreich** (28.6.2004); **Gabun** (5.4.2014); **Gambia** (9.5.2004); **Georgien** (18.2.2011); **Ghana** (3.8.2018) **Griechenland** (4.11.2003); **Guatemala** (6.8.2016); **Guyana** (21.2.2015); **Honduras** (24.1.2016); **Indien** (20.6.2009); **Indonesien** (19.5.2017); **Irland** (28.6.2004); **Island** (16.8.2004); **Israel** (20.3.2011); **Italien** (28.6.2004); **Jamaika** (5.9.2009); **Japan** (4.11.2003); **Jordanien** (4.11.2003); **Kamerun** (4.11.2003); **Kanada** (4.11.2003); **Kap Verde** (22.10.2004); **Kasachstan** (31.8.2015); **Katar** (14.1.2005); **Kenia** (4.11.2003); **Kolumbien** (4.11.2003); **Kongo** (17.2.2012); **Kroatien** (23.3.2008); **Kuba** (13.12.2005); **Kuwait** (4.11.2003); **Lettland** (15.2.2005); **Libanon** (14.5.2005); **Litauen** (29.1.2005); **Luxemburg** (28.6.2004); **Madagaskar** (26.2.2007); **Malaysia** (29.2.2008); **Malediven** (30.12.2005); **Mali** (6.3.2008); **Malta** (4.7.2004); **Marokko** (4.11.2003); **Mauritius** (3.4.2017); **Mazedonien** (4.11.2003); **Mexiko** (4.11.2003); **Moldavien** (16.5.2009); **Monaco** (17.10.2004; **Mongolei** (4.12.2004); **Montenegro** (16.3.2010); **Mozambique** (28.3.2014);

---

[65] *Müller-Rostin* TranspR 1989, 122.
[66] So auch MüKoHGB/*Kronke,* 1. Aufl. 1997, WAbk Art. 1 Rn. 11.
[67] Vgl. die Bekanntmachung v. 18.9.1964 (BGBl. 1964 II 1317).
[68] S. dazu OLG Hamburg Urt. v. 18.2.1988 – 6 U 195/87, ZLW 1988, 362 (364); LG Offenburg Urt. v. 14.1.1986 – 1 S. 356/84, TranspR 1986, 151.
[69] *Koller* ZAG Vor Art. I Rn. 4; Giemulla/Schmid/*Ehlers* ZAG Vor Art. I Rn. 6.

Namibia (4.11.2003); **Neuseeland** (4.11.2003); **Niederlande** (28.6.2004); **Niger** (1.4.2018); **Nigeria** (4.11.2003); **Nepal** (15.12.2018); **Norwegen** (28.6.2004); **Österreich** (28.6.2004); **Oman** (27.7.2007); **Pakistan** (17.2.2007); **Panama** (4.11.2003); **Paraguay** (4.11.2003); **Peru** (4.11.2003); **Phillippinen** (18.12.2015); **Polen** (18.3.2006); **Portugal** (4.11.2003); **Republik Korea** (29.12.2007); **Ruanda** (19.12.2015); **Rumänien** (4.11.2003); **Russische Föderation** (21.8.2017); **Saudi-Arabien** (14.12.2003); **Schweden** (28.6.2004); **Schweiz** (5.9.2005); **Senegal** (6.11.2016); **Serbien** (4.4.2010); **Seychellen** (12.11.2010); **Sierra Leone** (24.1.2016); **Singapour** (16.11.2007); **Slowakei** (4.11.2003); **Slowenien** (4.11.2003); **Spanien** (28.6.2004); **Sri Lanka** (18.1.2019); **St. Vincent und die Grenadinen** (28.5.2004); **Sudan** (17.10.2017): **Südafrika** (21.1.2007); **Swaziland** (22.1.2017); **Syrien** (4.11.2003); **Tansania** (4.11.2003); **Thailand** (2.10.2017): **Togo** (26.11.2016); **Tonga** (19.1.2004); **Tschad** (10.9.2017):**Tschechische Republik** (4.11.2003); **Türkei** (26.3.2011); **Tunesien** (20.11.2018); **Uganda** (27.1.2018); **Ukraine** (5.5.2009); **Ungarn** (7.1.2005); **Uruguay** (4.4.2008); **Vanuatu** (8.1.2006); **Vereinigte Arabische Emirate** (4.11.2003); **Vereinigtes Königreich** (28.6.2004); **Vereinigte Staaten von Amerika** (4.11.2003); **Vietnam** (26.11.2018) **Zypern** (4.11.2003).

Der jeweils **neueste Stand der Vertragsstaaten** ist auf der Internetseite der **ICAO** unter **Treaty** 68 **Collection**[70] abrufbar oder aus der Bekanntmachung im **Bundesgesetzblatt II** ersichtlich. Der aktuelle Mitgliederbestand wird jeweils im **Fundstellennachweis B** zum Stand des Jahresendes zusammengefasst. Eine Zusammenstellung der **Vertragsstaaten** des **WAbk** findet sich bei **Koller**[71].

X. Hinweise zur Kommentierung

Im Folgenden werden insbesondere diejenigen Vorschriften des **MÜ** erläutert, die für die **Güterbe-** 69 **förderung** von Bedeutung sind. Teilweise wird dabei auch auf Entscheidungen zur Personenbeförderung zurückgegriffen.

Kapitel I. Allgemeine Bestimmungen

Art. 1 Anwendungsbereich

(1) [1]Dieses Übereinkommen gilt für jede internationale Beförderung von Personen, Reisegepäck oder Gütern, die durch Luftfahrzeuge gegen Entgelt erfolgt. [2]Es gilt auch für unentgeltliche Beförderungen durch Luftfahrzeuge, wenn sie von einem Luftfahrtunternehmen ausgeführt werden.

(2) [1]Als „internationale Beförderung" im Sinne dieses Übereinkommens ist jede Beförderung anzusehen, bei der nach den Vereinbarungen der Parteien der Abgangsort und der Bestimmungsort, gleichviel ob eine Unterbrechung der Beförderung oder ein Fahrzeugwechsel stattfindet oder nicht, in den Hoheitsgebieten von zwei Vertragsstaaten liegen oder, wenn diese Orte zwar im Hoheitsgebiet nur eines Vertragsstaats liegen, aber eine Zwischenlandung in dem Hoheitsgebiet eines anderen Staates vorgesehen ist, selbst wenn dieser Staat kein Vertragsstaat ist. [2]Die Beförderung zwischen zwei Orten innerhalb des Hoheitsgebiets nur eines Vertragsstaats ohne eine Zwischenlandung im Hoheitsgebiet eines anderen Staates gilt nicht als internationale Beförderung im Sinne dieses Übereinkommens.

(3) Ist eine Beförderung von mehreren aufeinanderfolgenden Luftfrachtführern auszuführen, so gilt sie, gleichviel ob der Beförderungsvertrag in der Form eines einzigen Vertrags oder einer Reihe von Verträgen geschlossen worden ist, bei der Anwendung dieses Übereinkommens als eine einzige Beförderung, sofern sie von den Parteien als einheitliche Leistung vereinbart worden ist; eine solche Beförderung verliert ihre Eigenschaft als internationale Beförderung nicht dadurch, dass ein Vertrag oder eine Reihe von Verträgen ausschließlich im Hoheitsgebiet desselben Staates zu erfüllen ist.

(4) Dieses Übereinkommen gilt auch für Beförderungen nach Kapitel V vorbehaltlich[1] der darin enthaltenen Bedingungen.

Schrifttum: *Brautlacht,* Die Anwendbarkeit des Warschauer Abkommens bei der Luftersatzbeförderung, TranspR 1988, 187; *Eberhardt,* Wann gilt eine Personenbeförderung als „entgeltlich" im Sinne des Warschauer Abkommens?, ZfVers 1974, 702; *A. Gran,* Die Beförderungsbedingungen im Luftfrachtverkehr, TranspR 1999, 173; *Kirchhof,* Der Luftfrachtvertrag als multimodaler Vertrag im Rahmen des Montrealer Übereinkommens, TranspR 2007, 133; *Krings-Brand,* Vertragswidrige Transportmittel und Beförderung durch internationale Kurierdienste, IPrax 1994, 272; *Kuhn,* Entgeltlichkeit im Sinne des Art. 1 Abs. 1 WA, (WA/HP bei Kostenteilung), ZLW 1988, 96; *Müller,* Die

---

[70] Stand 1.4.2020; der jeweils aktuelle Stand ist abrufbar bei google unter icao Treaty CollectionCurrent lists of parties.

[71] *Koller,* 7. Aufl. 2010, WAbk Art. 1 Rn. 11.

[1] **Amtl. Anm.:** Für die Schweiz: vorbehältlich.

Haftung des Luftfrachtführers bei Dienst- und Freiflügen seiner Arbeitnehmer, ZLW 1960, 41; *Müller-Rostin,* Die Anspruchsberechtigung für Güterschäden nach dem Warschauer Abkommen, TranspR 1995, 89; *Müller-Rostin,* Die Luftfrachtersatzbeförderung, TranspR 1996, 217; *Reuschle,* Montrealer Übereinkommen, 2. Aufl. 2011; *Riese,* Die internationale Luftprivatrechtskonferenz und das Charterabkommen von Guadalajara v. 18.9.1961, ZLR 1962, 1; *Ruhwedel,* Das auf den Luftbeförderungsvertrag anwendbare Recht, TranspR 1983, 141; *Ruhwedel,* Neue Entwicklungen im Lufttransportrecht vor dem Hjntergrund des Inkrafttretens des Montrealer Übereinkommens, TranspR 2007, 421; *Schoner,* Die internationale Rechtsprechung zum Warschauer Abkommen in den Jahren 1974 bis 1976, ZLW 1977, 256; *Schoner,* Der Spediteur als Luftfrachtführer, TranspR 1979, 57; *Schwenk,* Charterverträge im Luftverkehr, BB 1970, 282; *Schweickhardt,* Zur Frage der rechtlichen Beurteilung der Haftung des Luftfrachtführers aus Dienst- und Freiflügen seiner Angestellten, ZLR 1954, 7; *Stalder,* Zusatzabkommen zum Warschauer Abkommen zur Vereinheitlichung von Regeln über die von anderen als dem vertraglichen Luftfrachtführer ausgeführte Beförderung im internationalen Luftverkehr, ZIE 1964, 34.

I. Allgemeines

1   **1. Normzweck.** Die Vorschrift des **Art. 1** enthält – ebenso wie **Art. 2** – vor allem Regelungen zum Geltungsbereich des **MÜ** und Begriffsbestimmungen. Der **Geltungsbereich des MÜ** ist in Abs. 1 umschrieben. Ein wesentliches Merkmal für die Geltung des MÜ, nämlich das der **„internationalen Beförderung"**, wird in Abs. 2 definiert. Eine weitere maßgebliche Voraussetzung für die Anwendung des MÜ ist in **Art. 1** nicht ausdrücklich genannt: Das Erfordernis des Zustandekommens eines **Luftbeförderungsvertrages**[2] (→ Rn. 10 ff.). In Abs. 3 ist schließlich geregelt, was gilt, wenn mehrere aufeinander folgende Luftfrachtführer an der Beförderung mitwirken. Bei dem **MÜ** handelt es sich um **internationales Einheitsrecht**[3] (auch → Vor Art. 1 Rn. 19 ff.).

2   **2. Veränderungen gegenüber dem WAbk.** Der **Text** des **Art. 1** entspricht in Abs. 1–3, bis auf kleine Änderungen und Umstellungen in den Formulierungen, demjenigen des **Art. 1 WAbk.** Diesen Modifikationen kommt allerdings keine inhaltliche, sondern lediglich **klarstellende Bedeutung** zu. Neu ist der **Abs. 4** des Art. 1, in dem auf Grund der Verweisung auf Beförderungen nach **Kapitel V** bestimmt ist, dass das Übereinkommen grundsätzlich auch bei einer Luftbeförderung durch einen Dritten **(ausführender Luftfrachtführer)** Anwendung findet. Zu beachten ist ferner, dass für das **MÜ** gem. Art. 57 **andere Sprachfassungen als beim WAbk** gelten.

II. Anwendbarkeitsvoraussetzungen

3   **1. Beförderung.** Der Begriff der **Beförderung** ist im **MÜ** nicht definiert. Er wird allgemein als **objektive Ortsveränderung** verstanden, subjektive Momente (etwa der innere Zweck der Beförderung) sind nicht von Bedeutung.[4] Da eine **Ortsveränderung** während des Fluges als ausreichend angesehen wird, können grundsätzlich auch **Rundflüge** dem MÜ unterliegen.[5]

4   Soweit deutsches Recht zur Anwendung kommt und die vertraglichen Beziehungen als Speditionsvertrag nach §§ 453 ff. HGB zu qualifizieren sind, ist der Vertrag dann dem **MÜ** unterworfen, wenn der Spediteur entweder den **Selbsteintritt** nach § 458 HGB erklärt hat, der Vertrag gem. § 459 HGB zu **fixen Kosten** abgeschlossen worden oder die Beförderung nach § 460 HGB durch **Sammelladung** erfolgt ist. Das Vertragsverhältnis unterliegt dann den **zwingenden Haftungsnormen** des MÜ.[6] Der **Spediteur/Luftfrachtführer** kann sich daher nicht auf **Nr. 19** (Aufrechnungsverbot) und **Nr. 23** (Haftungsbegrenzungen) ADSp berufen.[7]

5   **2. Internationalität der Beförderung.** Die Frage, ob eine Luftbeförderung als **„international"** iSv **Art. 1 Abs. 1** einzuordnen ist, beurteilt sich nach **Abs. 2** der Vorschrift. Gemäß **Art. 1 Abs. 2** sind Beförderungen **„international"**, wenn a) Abgangs- und Bestimmungsort in unterschiedlichen Vertragsstaaten des MÜ liegen (Alt. 1), oder sich b) der **Abgangs- und Bestimmungsort** zwar im selben Vertragsstaat befinden, aber eine **Zwischenladung** in einem Drittstaat, der nicht Vertragsstaat des **MÜ** sein muss, geplant ist (Alt. 2).[8] Unter den Begriffen **„Abgangs- und Bestimmungsort"** werden die Orte verstanden, an denen die vertragliche Beförderung beginnt bzw. endet.[9]

---

[2] *Schollmeyer* IPrax 2004, 78; *Reuschle* Rn. 6; Giemulla/Schmid/*Giemulla* Rn. 1.

[3] Zum Verhältnis von Kollisions- und Einheitsrecht vgl. *Kropholler* EinhR 169 (183 f.); *Reuschle* Rn. 1.

[4] Giemulla/Schmid/*Giemulla* Rn. 2; MüKoHGB/*Kronke,* 1. Aufl. 1997, WAbk Art. 1 Rn. 29.

[5] So Giemulla/Schmid/*Giemulla* Rn. 3.

[6] BGH Urt. v. 3.3.2011 – I ZR 50/10, TranspR 2011, 220 Rn. 24 = VersR 2011, 1332; OLG Stuttgart Urt. v. 28.6.2017 – 3 U 6/17, RdTW 2017, 435 Rn. 44 mwN = TranspR 2017, 431; *Koller* Rn. 5.

[7] BGH Urt. v. 10.2.1982 – I ZR 80/80, BGHZ 83, 96 = NJW 1982, 1946; Urt. v. 10.10.1985 – I ZR 124/83, BGHZ 96, 136 = NJW 1986, 1434 = TranspR 1986, 70; OLG Hamburg Urt. v. 10.9.1974 – 12 U 32/74, VersR 1975, 660; OLG Düsseldorf Urt. v. 31.5.1979 – 18 U 202/78, VersR 1979, 774; Giemulla/Schmid/*Giemulla* Rn. 40; *Reuschle* Rn. 12; MüKoHGB/*Ruhwedel* Rn. 22; zur Einordnung des Air Freight Forwarders *Schoner* TranspR 1979, 57 (58).

[8] Giemulla/Schmid/*Giemulla* Rn. 7; MüKoHGB/*Ruhwedel* Rn. 39 ff.

[9] Giemulla/Schmid/*Giemulla* Rn. 5.

In **Art. 1 Abs. 2** wird für die Frage, was **Abgangs- oder Bestimmungsort** ist, nicht auf die **6** tatsächlichen Gegebenheiten, sondern ausdrücklich auf die „**Vereinbarungen der Parteien**" abgestellt. Dabei wird die Bestimmung dieser Orte bei Eintragung im Luftfrachtbrief gem. **Art. 11 Abs. 1** sowie bei **Beförderungsdokumenten** im Personenluftverkehr nach **§ 416 ZPO** widerleglich bewiesen.[10] Nicht vorhergesehene, umständehalber notwendige Zwischen- oder Notlandungen (etwa aus technischen oder meteorologischen Gründen) in einem Nicht-Vertragsstaat berühren die Geltung des MÜ nicht.[11] Die **Beförderung** von Gütern (oder Peronen) mit einem Luftfahrzeug von **Deutschland** nach **Taiwan** unterfällt – jedenfalls gegenwärtig – weder den Vorschriften des Montrealer Übereinkommens noch denjenigen des Warschauer Abkommens, weil **Taiwan** im Sinne der Übereinkommen als ein **eigener Staat** anzusehen ist, der beiden Übereinkommen – zumindest bislang – nicht beigetreten ist. Der **Beitritt** der **Volksrepublik China** zum **Montrealer Übereinkommen,** die in Bezug auf **Taiwan** keine Erklärung gem. **Art. 56** abgegeben hat, ändert daran nichts.[12] Sofern **deutsches Sachrecht** zur Anwendung kommt, richtet sich die Haftung des Luftfrachtführers bei einem Verlust des Gutes nach den **§§ 407 ff. HGB.**[13]

Keine internationale Beförderung liegt vor, wenn lediglich eine **Zwischenlandung** in einem **7** Vertragsstaat vereinbart ist, Abgangs- und Bestimmungsort jedoch in einem Nichtvertragsstaat des MÜ liegen.[14] Gleiches gilt, wenn ein fremder Staat im Rahmen eines **Inlandfluges** lediglich überflogen wird.[15] Es gilt dann ausschließlich **nationales Recht.**[16]

Zubringerflüge innerhalb eines Staatsgebiets zu einem internationalen Weiterflug fallen dann unter **8** die Herrschaft des **MÜ,** wenn nach den Gesamtumständen (der Vereinbarung) die Reise in das Ausland praktisch schon mit dem Zubringerflug begonnen hat. Das ist nicht nur dann der Fall, wenn dem Fluggast nur ein einziger (Gesamt-)Flugschein ausgestellt wurde, sondern beispielsweise auch dann, wenn die unmittelbare Fortsetzung der Reise die notwendige und einzige Verhaltensmöglichkeit des Fluggastes ist.[17]

Für die Bestimmung der **Internationalität** einer Luftbeförderung sind der **Wohnsitz** (bzw. bei **9** Unternehmen die Niederlassung) sowie die **Staatsangehörigkeit** der Vertragsparteien **ohne Bedeutung.** Unerheblich sind auch der Abschlussort des Luftbeförderungsvertrages und die Staatszugehörigkeit des Luftfahrzeugs infolge Registrierung und Hoheitszeichen.[18]

3. Der Luftbeförderungsvertrag. Das Erfordernis eines **Beförderungsvertrages** ist nicht explizit **10** geregelt oder definiert, ergibt sich aber aus der Formulierung „**Vereinbarungen der Parteien**" sowie aus Art. 1 Abs. 3. Dem **MÜ** ist zu entnehmen, dass er – jedenfalls in seinem Rahmen – ein reiner **Konsensualvertrag** ist.[19] Die Wirksamkeit des Vertrages hängt nicht von der Ausstellung von Beförderungsdokumenten ab **(vgl. Art. 3 Abs. 5, Art. 9).** Der Luftbeförderungsvertrag kann demzufolge auch formfrei, insbesondere **mündlich** (telefonisch) geschlossen werden.[20]

Nach deutschem Recht ist der Luftbeförderungsvertrag in der Regel ein **Werkvertrag** iSv **§ 631 11 BGB.** Der vom Luftfrachtführer **geschuldete Erfolg** besteht in der durch die Beförderung bewirkten **Ortsveränderung.**[21] Kommt deutsches Recht zur Anwendung, so finden gem. **§ 407 Abs. 3 Nr. 1 HGB** auf den Luftfrachtvertrag die Vorschriften der **§§ 407–450 HGB** ergänzend Anwendung.

Für einen **Lufttransportvertrag** kann die Ausstellung eines Luftfrachtbriefes (**Art. 4 ff.**), aber **12** auch die Existenz eines „**Forwarder Air Bill**" oder „**Airway Bill**" sprechen.[22] Unerheblich ist, ob der Luftfrachtführer die Beförderung als eigene ausführt, oder ob er hierzu **Unterfrachtführer** beauftragt.[23] Keine Anwendung findet das **MÜ** bei praktischem **Flugunterricht,** weil hier zwar eine Ortsveränderung stattfindet, dieser jedoch kein Beförderungsvertrag zugrunde liegt. Unerheblich ist, ob das Unternehmen des Luftfrachtführers privatrechtlich organisiert oder Teil einer Staatsorganisation ist **(Art. 2 Abs. 1).** Ebensowenig ist erforderlich, dass der Luftfrachtführer iSd **MÜ** ein Kaufmann

---

[10] *Reuschle* Rn. 30.

[11] Giemulla/Schmid/*Giemulla* Rn. 5; MüKoHGB/*Ruhwedel* Rn. 39 ff.; *Reuschle* Rn. 31.

[12]88 OLG Düsseldorf Urt. v. 30.9.2015 – 18 U 53/15, RdTW 2017, 22 Rn. 19 = TranspR 2017, 368.

[13] OLG Düsseldorf Urt. v. 30.9.2015 – 18 U 53/15, RdTW 2017, 22 Rn. 19 = TransPR 2016, 368.

[14] *Reuschle* Rn. 33.

[15] MüKoHGB/*Ruhwedel* Rn. 45; *Reuschle* Rn. 33.

[16] Giemulla/Schmid/*Giemulla* Rn. 9.

[17] Giemulla/Schmid/*Giemulla* Rn. 10; MüKoHGB/*Ruhwedel* Rn. 45; *Reuschle* Rn. 31.

[18] MüKoHGB/*Kronke,* 1. Aufl. 1997, WAbk Art. 1 Rn. 43; *Reuschle* Rn. 29; *Guldimann* WAbk Art. 1 Rn. 15.

[19] BGH Urt. v. 19.3.1976 – I ZR 75/74, NJW 1976, 1583 (1584) (zum WA); *Koller* WAbk Vor Art. 1 Rn. 7; MüKoHGB/*Ruhwedel* Rn. 12; *Schwenk/Giemulla,* Handbuch des Luftverkehrsrechts, 4. Aufl. 2013, 627; *Reuschle* Rn. 7.

[20] OGH Wien Urteil v. 26.9.2012 – 7 Ob 111/12t, RdTW 2014, 17 Rn. 45; *Schwenk/Giemulla,* Handbuch des Luftverkehrsrechts, 4. Aufl. 2013, 627; *Reuschle* Rn. 6.

[21] BGH Urt. v. 28.9.1978 – VII ZR 116/77, NJW 1979, 495 = ZLW 1979, 134; Urt. v. 25.10.1984 – VII ZR 11/84, NJW 1985, 633 = TranspR 1985, 233; OLG Düsseldorf Urt. v. 11.11.1993 – 18 U 102/93, TranspR 1995, 30 (31); OLG Köln Urt. v. 4.3.1994 – 20 U 140/93, TranspR 1995, 72 = ZLW 1996, 97; *Reuschle* Rn. 7.

[22] OLG München Urt. v. 7.5.1999 – 23 U 6113/98, TranspR 1999, 301 (302) = ZLW 2000, 118.

[23] *Koller* WAbk Art. 1 Rn. 3.

ist. Er muss auch nicht gewerbsmäßig Lufttransporte durchführen oder auf eigene Rechnung organisieren.

13 **Problematisch** sind Fälle, in denen der Vertragspartner **nicht** den **Beförderungserfolg,** sondern nur die Beauftragung Dritter verspricht.[24] Nach richtiger Auffassung genügt zur Anwendung des **MÜ** die bloße Verpflichtung zur Beauftragung auf Rechnung des Auftraggebers.[25]

14 **4. Entgeltlichkeit der Beförderung.** Die **Beförderung gegen Entgelt** setzt **keine Geldleistung** voraus. Ausreichend ist ein wirtschaftliches, vermögenswertes Interesse des Luftfrachtführers. Eine Beteiligung des Reisenden an den **Selbstkosten** genügt bereits.[26] Soweit es an einem Entgelt fehlt, hängt die Anwendbarkeit des **MÜ** davon ab, ob der Vertrag mit einem Luftfrachtunternehmen abgeschlossen wurde, das den Lufttransport selbst durchführt oder diesen auf eigene Rechnung organisiert hat **(Art. 1 Abs. 1 S. 2).**

15 **5. Luftfahrzeuge.** Der Begriff **„Luftfahrzeuge"** wird im **MÜ nicht definiert.** Nach allgemeiner Auffassung fallen darunter alle Geräte, die sich infolge von Reaktionen der Luft in der Atmosphäre halten können, wie etwa Flugzeuge, Hubschrauber, Luftschiffe, Fesselballon, Segelflugzeuge ua (s. auch die Auflistung in **§ 1 Abs. 2 LuftVG).**[27] Hoovercraft-Fahrzeuge unterliegen dagegen nicht den Vorschriften des MÜ.[28]

III. Vertraglich nicht bestimmtes Beförderungsmittel

16 Ist die **Art des Beförderungsmittels** vertraglich nicht vereinbart, so ist der **Frachtführer** grundsätzlich befugt, das Beförderungsmittel nach billigem Ermessen **(§ 315 BGB)** auszuwählen.[29] Grundsätzlich ist der Frachtführer auch zum **Umladen** berechtigt, **wenn** die Parteien **kein Umladeverbot** vereinbart haben.

IV. Vertragswidrige Beförderung

17 Bei einer **vertragswidrigen Beförderung** über Land oder per Schiff haftet der Luftfrachtführer gem. **Art. 18 Abs. 4 S. 3** ausschließlich nach den Regeln des MÜ. **Abweichend** von der bisherigen Rspr.[30] ist bei einer **vertragswidrigen Luftfrachtersatzbeförderung** nicht das Haftungsregime des tatsächlich eingesetzten Beförderungsmittels, sondern das im **MÜ** geregelte **Luftrecht,** also das Recht des **vereinbarten Beförderungsmittels,** anzuwenden.[31] Es muss sich um einen **unerlaubten Ersatztransport** gehandelt haben, der auch nicht später (hilfsweise für den Fall qualifizierten Verschuldens) rechtswirksam genehmigt worden ist.[32]

V. Aufeinanderfolgende Beförderung

18 **Aufeinanderfolgende Beförderungen,** die die Parteien als eine einheitliche Leistung vereinbaren, werden gem. **Art. 1 Abs. 3** wie eine Gesamtbeförderung (frz.: „comme une seule opération") behandelt. Die Gesamtbeförderung unterliegt auch dann dem MÜ, wenn ein vereinbarter Teil Binnentransport in einem Nichtvertragsstaat ist.[33] Sollte der Absender mit den aufeinander folgenden Luftfrachtführern **einzelne Beförderungsverträge** abgeschlossen und keine Verknüpfung der Teilbeförderungen vereinbart haben, so ist deren **Internationalität** getrennt zu beurteilen.[34]

---

[24] *Koller* WAbk Art. 1 Rn. 4.

[25] BGH Urt. v. 24.6.1969 – VI ZR 52/67, NJW 1969, 2008; OLG Stuttgart Urt. v. 2.7.1979 – 2 U 49/79, VersR 1989, 183; *Schmid* TranspR 1983, 114 (115); MüKoHGB/*Kronke,* 1. Aufl. 1997, WAbk Art. 1 Rn. 32, 35.

[26] BGH Urt. v. 24.6.1969 – VI ZR 45/67, BGHZ 52, 194 = NJW 1969, 2008 = ZLW 1970, 199; Urt. v. 2.4.1974 – VI ZR 23/73, NJW 1974, 1617 (zum WA); *Koller* WAbk Art. 1 Rn. 5; MüKoHGB/*Ruhwedel* Rn. 34; *Reuschle* Rn. 16.

[27] *Reuschle* Rn. 27.

[28] Giemulla/Schmid/*Giemulla* WAbk Art. 1 Rn. 26; *Koller* WAbk Art. 1 Rn. 7; *Reuschle* Rn. 27.

[29] BGH Urt. v. 13.4.1989 – I ZR 28/87, NJW-RR 1989, 1270 (1271) = TranspR 1989, 327; OLG Düsseldorf Urt. v. 18.3.1993 – 18 U 200/92, VersR 1994, 1210 = ZLW 1994, 238; OLG Hamburg Urt. v. 11.1.1996 – 6 U 195/95, TranspR 1997, 267 (269); *Koller* HGB § 407 Rn. 24; abw. MüKoHGB/*Dubischar,* 1. Aufl. 1997, HGB § 425 Rn. 8.

[30] BGH Urt. v. 17.5.1989 – I ZR 211/87, NJW 1990, 639 f. = TranspR 1990, 19.

[31] *Koller* Art. 18 Rn. 6; *Reuschle* Art. 18 Rn. 58; aA MüKoHGB/*Ruhwedel* Art. 18 Rn. 60 und TranspR 2006, 421 (427), der eine Anwendung von §§ 280 Abs. 1, 678 BGB befürwortet; *Kirchhof* TranspR 2007, 133.

[32] *Harms/Schuler-Harms* TranspR 2003, 369 (372); *Koller* Art. 18 Rn. 6; Giemulla/Schmid/*Müller-Rostin* Art. 18 Rn. 113; aA *Ruhwedel* TranspR 2006, 421 (427).

[33] MüKoHGB/*Ruhwedel* Rn. 46.

[34] Giemulla/Schmid/*Giemulla* Rn. 20; *Reuschle* Rn. 39.

VI. Ausführung der Beförderung durch Dritte

Die Vorschrift des **Art. 1 Abs.** 4 verweist auch **Kapitel V** des Übereinkommens (Luftbeförderung **19** durch einen anderen als den vertraglichen Luftfrachtführer). Sie hat nur **klarstellende Funktion.** Die Geltung des **MÜ** wird nicht dadurch ausgeschlossen, dass die Luftbeförderung durch einen **Dritten** anstelle des **vertraglichen Luftfrachtführers** durchgeführt wird. Auch in diesem Fall sind die Voraussetzungen der Abs. 1–3 maßgeblich.[35]

VII. Verhältnis des MÜ zum WAbk und ZAG

In **Art. 55** ist bestimmt, dass sowohl das **WAbk** als auch das **ZAG** verdrängt werden, wenn auf den **20** Transport das MÜ anzuwenden ist. Unklar ist die Geltung des MÜ, wenn nur ein Staat das Übereinkommen ratifiziert hat. Teilweise wird die Auffassung vertreten,[36] dass sowohl das **MÜ** als auch das **WAbk** zur Anwendung kommen, wenn der Staat des **Abgangsortes** das **MÜ** und das **WAbk,** der Staat des **Bestimmungsortes** aber nur das **WAbk** ratifiziert hat. Dem ist entgegenzuhalten, dass eine solche Praxis zu einer Verletzung des WAbk im Verhältnis zu dem Staat führte, der das **MÜ** nicht ratifiziert hat.[37] Denn in dem Staat, der sowohl das **WAbk** als auch das **MÜ** ratifiziert hat, müsste das **MÜ** beachtet werden. Vorzugswürdig ist daher die Auffassung, dass in solchen Fällen ausschließlich das **WAbk** oder **ZAG** in derjenigen Fassung zu beachten ist, die für den Staat verbindlich ist, der das **MÜ** nicht ratifiziert hat.[38]

Art. 2 Staatlich ausgeführte Beförderung und Beförderung von Postsendungen

(1) **Dieses Übereinkommen gilt auch für die Beförderungen, die der Staat oder eine andere juristische Person des öffentlichen Rechts ausführt, wenn die Voraussetzungen des Artikels 1 vorliegen.**

(2) **Bei der Beförderung von Postsendungen haftet der Luftfrachtführer nur gegenüber der zuständigen Postverwaltung nach Maßgabe der auf die Beziehungen zwischen Luftfrachtführern und Postverwaltungen anwendbaren Vorschriften.**

(3) **Mit Ausnahme des Absatzes 2 gilt dieses Übereinkommen nicht für die Beförderung von Postsendungen.**

Schrifttum: *Hübsch,* Haftung des Güterbeförderers und seiner selbständigen und unselbständigen Hilfspersonen für Güterschäden, 1997; *Kuhn,* Die Haftung für Schäden an Frachtgütern, Gepäck und Luftpostsendungen nach dem Warschauer Haftungssystem und den §§ 44 bis 52 LuftVG, 1987; *Ruhwedel,* Die Haftung bei der Beförderung von Luftpostsendungen, TranspR 1984, 85; *Schoner,* Die Haftung des Luftfrachtführers bei der Beförderung von Luftpost, ZLW 1980, 97; s. ferner die Angaben zum Schrifttum Vor Art. 1 und bei Art. 1.

I. Allgemeines

1. Normzweck. Die Vorschrift des **Art. 2 Abs.** 1 stellt klar, dass das Übereinkommen auch für **1** Luftbeförderungen gilt, die von einem **Staat** oder anderen **juristischen Personen** des öffentlichen Rechts ausgeführt werden, sofern – was an sich selbstverständlich ist – die Voraussetzungen des **Art. 1** vorliegen. Bei der Beförderung von **Postsendungen** kommt das Übereinkommen allerdings grundsätzlich nicht zur Anwendung, wie sich aus **Art. 2 Abs.** 2 **und** 3 ergibt. In diesem Bereich hat die Haftung der **Post** nach den Bestimmungen des **Weltpostvertrags** (BGBl. 1998 II 2135) und des **Postpaketübereinkommens** (BGBl. 1998 II 2172) gegenüber den frachtrechtlichen Regelungen absoluten **Vorrang.**[1] Der **Weltpostvertrag** und das **Postpaketübereinkommen** gelten für die Bundesrepublik Deutschland seit dem **9.12.1998.**[2]

2. Entstehungsgeschichte. Die Vorschrift des **Art. 2** entspricht der Regelung des **Art. 2 Mont- 2 realer Zusatzprotokoll Nr. 4,** das die Bundesrepublik Deutschland nicht ratifiziert hat (→ Vor Art. 1 Rn. 57), dessen Abs. 1 wiederum **Art. 2 Abs. 1 WAbk** aufgreift.

---

[35] *Reuschle* Rn. 40.
[36] *Littger/Kirsch* ZLW 2003, 563 (568).
[37] *Cheng* ZLW 2001, 155 (170).
[38] *Ruhwedel* TranspR 2001, 189 (202); *Schmid* NJW 2003, 3516 (3520); *Koller* Rn. 7.
[1] BGH Urt. v. 28.1.2003 – X ZR 113/02, BGHZ 153, 327 = TranspR 2003, 238 = NJW 2003, 1602; Urt. v. 3.3.2005 – I ZR 273/02, NJW-RR 2005, 1058 = TranspR 2005, 307; Urt. v. 22.9.2005 – I ZR 67/03, TranspR 2006, 468; *Reuschle* Rn. 1.
[2] S. die Bekanntmachung v. 13.1.1999, BGBl. II 82 f.

II. Staatliche Beförderungen

3   Nach **Art. 2 Abs. 1** erfasst das **Montrealer Übereinkommen** auch die Fälle, in denen der **Staat** oder eine andere **juristische Person des öffentlichen Rechts**[3] gegen Entgelt als **Frachtführer** auftritt. Gleiches gilt für **unentgeltliche** Beförderungen durch den **Staat** oder eine **juristische Person des öffentlichen Rechts,** sofern sie durch ein rechtlich verselbständigtes Luftfahrtunternehmen ausgeführt werden. Denn bei dieser Fallgestaltung werden die Voraussetzungen des **Art. 1 Abs. 1 S. 2** schon deshalb vorliegen, weil die Beförderung durch ein Luftfahrtunternehmen vorgenommen wird.[4] Andere **unentgeltliche Beförderungen** durch den Staat (beispielsweise mit Militärflugzeugen) unterfallen nicht dem Anwendungsbereich des Montrealer Übereinkommens.[5] Dagegen sind die für **Militärbehörden** mit zivilen Flugzeugen durchgeführten Beförderungen dem Übereinkommen unterworfen.[6]

4   Gemäß **Art. 57 lit. a** können die Vertragsstaaten die **Geltung des Montrealer Übereinkommens** jederzeit dahingehend einschränken, dass es auf Beförderungen, die unmittelbar vom Vertragsstaat oder seinen Gebietskörperschaften zu nicht gewerblichen Zwecken ausgeführt werden, **keine Anwendung** findet. Die Anwendung auf **Staatsunternehmen,** egal, ob diese rechtlich verselbständigt sind oder nicht, kann dagegen nicht eingeschränkt werden.[7]

III. Beförderung von Brief- und Paketpost

5   In **Art. 2 Abs. 2 und 3** ist bestimmt, dass das Übereinkommen auf die Beförderung von **Brief- und Paketpost** keine Anwendung findet. Die Regelung in **Art. 2 Abs. 2** hat zur Folge, dass das die Luftbeförderung ausführende Luftfahrtunternehmen im Verhältnis zum Vertragspartner (= Versender) der Postverwaltung **kein ausführender Luftfrachtführer** iSv **Art. 39** ist.[8] Im Rahmen des zwischen der Postverwaltung und dem Luftfrachtführer geschlossenen Vertrages kommt allein der **Postverwaltung** die Rolle des Absenders zu. Dem **tatsächlichen Versender** stehen daher gegen den Luftfrachtführer weder Ansprüche aus dem Montrealer Übereinkommen noch als Delikt **(§§ 823 ff. BGB)** zu. Ein Geschädigter ist auf Haftungsansprüche gegen die Postverwaltung aus **Art. 34 Weltpostvertrag** bzw. **Art. 26 Postpaketübereinkommen** beschränkt. Die **Deutsche Post AG** fällt in die Kategorie der Postverwaltungen.[9] Der **Regressanspruch** der Postverwaltung gegenüber dem Luftfrachtführer unterliegt nicht dem Montrealer Übereinkommen, sondern beurteilt sich bei Anwendung deutschen Rechts nach den frachtrechtlichen Bestimmungen der §§ 407 ff. HGB.[10]

6   Die **Anwendbarkeit** des Montrealer Übereinkommens ist nicht ausgeschlossen, wenn ein **privater Zustelldienst** beauftragt worden ist. Denn diese Zustelldienste zählen nicht zu den „Postverwaltungen" iSv **Art. 2 Abs. 2.**[11] Der Kunde **(Versender)** kann bei einer solchen Fallgestaltung den Luftfrachtführer bei Verlust oder Beschädigung des Gutes in Anspruch nehmen.

7   Gemäß **Art. 2 Abs. 3** ist das Übereinkommen mit Ausnahme von **Abs. 2** auf die **Beförderung von Postsendungen** insgesamt nicht anwendbar. Hier gilt dann das jeweils einschlägige nationale Transportrecht. Bei Anwendbarkeit deutschen Rechts **(Art. 3, 5 Abs. 1 Rom I-VO)** sind – und zwar aufgrund der zwischenzeitlichen **Privatisierung** der deutschen **Postdienste** – grundsätzlich die **§§ 407 ff. HGB** maßgeblich.[12] Jedes **Postgut** ist zugleich auch „Gut" iSv § 407 HGB.[13]

---

[3] Die Formenvielfalt ist beträchtlich; s. etwa *Reuschle* Rn. 3 f.

[4] *Reuschle* Rn. 4; Giemulla/Schmid/*Giemulla* Rn. 1.

[5] *Reuschle* Rn. 4; Giemulla/Schmid/*Giemulla* Rn. 1.

[6] *Reuschle* Rn. 4 mwN in Fn. 7; zum WAbk MüKoHGB/*Kronke,* 1. Aufl. 1997, WAbk Art. 2 Rn. 7; *Koller* WAbk Art. 2 Rn. 1.

[7] MüKoHGB/*Kronke,* 1 Aufl. 1997, WAbk Art. 2 Rn. 3; *Reuschle* Rn. 4.

[8] *Reuschle* Rn. 8, 12; *Koller* Rn. 1; *Ruhwedel* TranspR 1984, 85 (90).

[9] BGH Urt. v. 28.1.2003 – X ZR 113/02, BGHZ 153, 327 = NJW 2003, 1602 = TranspR 2003, 238; Urt. v. 3.3.2005 – I ZR 273/02, NJW-RR 2005, 1058 = TranspR 2005, 307; *Reuschle* Rn. 8; *Koller* Rn. 1.

[10] Giemulla/Schmid/*Giemulla* Rn. 2; *Reuschle* Rn. 9, 11; *Koller* Rn. 1.

[11] *Reuschle* Rn. 12; *Koller* Rn. 1.

[12] BGH Urt. v. 14.6.2006 – I ZR 136/03, TranspR 2006, 348 = VersR 2007, 273; Urt. v. 26.4.2007 – I ZR 70/04, TranspR 2007, 464 (465); MüKoHGB/*Ruhwedel* Rn. 11.

[13] MüKoHGB/*Ruhwedel* Rn. 11.

Kapitel II. Urkunden und Pflichten der Parteien betreffend die Beförderung von Reisenden, Reisegepäck und Gütern

Art. 3 Reisende und Reisegepäck

(1) **Bei der Beförderung von Reisenden ist ein Einzel- oder Sammelbeförderungsschein auszuhändigen; er muss enthalten:**
a) **die Angabe des Abgangs- und Bestimmungsorts;**
b) **falls Abgangs- und Bestimmungsort im Hoheitsgebiet desselben Vertragsstaats liegen, jedoch eine oder mehrere Zwischenlandungen im Hoheitsgebiet eines anderen Staates vorgesehen sind, die Angabe von zumindest einem dieser Zwischenlandepunkte.**

(2) [1]**Jede andere Aufzeichnung, welche die in Absatz 1 genannten Angaben enthält, kann anstelle des in jenem Absatz genannten Beförderungsscheins verwendet werden.** [2]**Werden derartige andere Aufzeichnungen verwendet, so muss der Luftfrachtführer anbieten, dem Reisenden eine schriftliche Erklärung über die darin enthaltenen Angaben auszuhändigen.**

(3) **Der Luftfrachtführer hat dem Reisenden für jedes aufgegebene Gepäckstück einen Beleg zur Gepäckidentifizierung auszuhändigen.**

(4) **Der Reisende ist schriftlich darauf hinzuweisen, dass dieses Übereinkommen, soweit es Anwendung findet, die Haftung des Luftfrachtführers für Tod oder Körperverletzung, für Zerstörung, Verlust oder Beschädigung von Gepäck sowie für Verspätung regelt und beschränken kann.**

(5) **Die Nichtbeachtung der Absätze 1 bis 4 berührt weder den Bestand noch die Wirksamkeit des Beförderungsvertrags; dieser unterliegt gleichwohl den Vorschriften dieses Übereinkommens einschließlich derjenigen über die Haftungsbeschränkung.**

Hier nicht erläutert, da die Vorschrift ausschließlich die Personenbeförderung betrifft.

Art. 4 Güter

(1) **Bei der Beförderung von Gütern ist ein Luftfrachtbrief auszuhändigen.**

(2) [1]**Anstelle eines Luftfrachtbriefs kann jede andere Aufzeichnung verwendet werden, welche die Angaben über die auszuführende Beförderung enthält.** [2]**Werden derartige andere Aufzeichnungen verwendet, so muss der Luftfrachtführer dem Absender auf dessen Verlangen eine Empfangsbestätigung über die Güter aushändigen, die es ermöglicht, die Sendung genau zu bestimmen und auf die in diesen anderen Aufzeichnungen enthaltenen Angaben zurückzugreifen.**

Schrifttum: S. Vor Art. 1 und bei Art. 1; ferner: *Gran,* Probleme der Luftfrachtspedition, TranspR 1996, 138; *Herber,* Seefrachtbriefe und das geltende Recht, TranspR 1986, 169; *Ruhwedel,* Der Luftfrachtbrief, TranspR 1983, 1; *Ruhwedel,* Der „elektronische" Luftfrachtbrief, TranspR 2004, 421; *Schoner,* Der Luftfrachtbrief, TranspR 1979, 80.

Parallelvorschriften: § 408 HGB; Art. 4 ff. CMR; Art. 6, 7 CIM.

I. Allgemeines

Die Vorschrift des **Art. 4** geht im Wesentlichen auf **Art. 5 Montrealer Zusatzprotokoll Nr. 4** 1 zurück.[1] Nach Art. 4 Abs. 1 iVm Art. 7 Abs. 1 ist der **Absender** verpflichtet, einen **Luftfrachtbrief in drei Ausfertigungen** auszustellen, der dem Luftfrachtführer spätestens mit der Übergabe des Transportgutes auszuhändigen ist.[2] Das ist allerdings **nicht zwingend,** wie sich aus **Art. 4 Abs. 2** ergibt. Nach dieser Vorschrift besteht die Möglichkeit, anstelle eines in Papierform ausgestellten Luftfrachtbriefes „andere Aufzeichnungen" zu verwenden, in denen die Daten über die auszuführende Luftbeförderung festgehalten werden können. Damit wird auch bei der **Güterbeförderung** die Verwendung von **elektronischen Datenträgern** anstelle von Dokumenten in **Papierform** ermöglicht.[3]

II. Begriffsbestimmungen

1. Luftfrachtbrief. Das **Montrealer Übereinkommen** bezeichnet den bei einem Luftbeför- 2 derungsvertrag erforderlichen Beförderungsschein als „**Luftfrachtbrief**" (englisch: Air Waybill). Eine

---

[1] *Reuschle* Rn. 2; *Müller-Rostin* TranspR 1994, 321 (323 f.).
[2] *Koller* Rn. 2; *Ruhwedel* TranspR 2004, 421 (423 f.); *Ruhwedel* TranspR 2006, 421 (424 f.); *Boettge* VersR 2005, 908 (910).
[3] *Giemulla/Schmid/Müller-Rostin* Rn. 1; *Ruhwedel* TranspR 2006, 421 (424 f.); *Boettge* VersR 2005, 910.

Bezeichnung als Luftfrachtbrief ist nicht erforderlich. Die Eigenschaft des Dokuments als Luftfrachtbrief ergibt sich aus **Art. 7**.[4] Welche Angaben in einem Luftfrachtbrief enthalten sein müssen, ergibt sich aus **Art. 5**. Der **Auslieferungsanspruch des Empfängers** hängt nicht von der Vorlage der ihm übersandten Ausfertigung des Luftfrachtbriefes ab. Maßgeblich ist vielmehr, dass sich der Empfänger als die auf Grund des Beförderungsvertrags **begünstigte Person** legitimieren kann. Der Luftfrachtbrief ist mithin kein begebbares Wertpapier. Ihm fehlen die **Legitimationsfunktion** (Verbriefung des Herausgabeanspruchs auf das beförderte Gut) und die **Traditionsfunktion** (Repräsentation des Gutes).[5] Der Luftfrachtbrief hat vor allem **Beweisfunktion.** Darüber hinaus kommt ihm **als Quittung und Informationsträger** Bedeutung zu.[6] Zudem ist der Luftfrachtbrief ein **Sperrpapier (Art. 12 Abs. 3).**[7]

3   Im **Montrealer Übereinkommen** ist nur vom **Luftfrachtbrief** die Rede. In der Praxis wird allerdings zwischen dem Hauptluftfrachtbrief (Master Air Waybill) und dem Hausluftfrachtbrief (House Air Waybill) unterschieden. In **Art. 4** ist der sog. **Master Air Waybill** geregelt.[8] Diese Form des Luftfrachtbriefes dient der **Dokumentation** des Beförderungsvertrages mit dem Luftfrachtführer. Es werden der Spediteur als Absender und die jeweilige Luftverkehrsgesellschaft als Luftfrachtführer in das Dokument eingetragen. Die einzelnen **House Air Waybills** decken demgegenüber die individuellen Sendungen ab, die in einer **Sammelladung** in einem **Master Air Waybill** zusammengefasst sind.[9]

4   **2. Güter.** Der Begriff der **Güter** umfasst **körperliche Gegenstände aller Art** mit Ausnahme von Reisegepäck und der dem Frachtführer selbst gehörenden Gegenstände.[10] Für die Beförderung von **Postsendungen** hat das Übereinkommen in **Art. 2 und 3** eine eigenständige Regelung gefunden. Ein Fluggast kann sein **Reisegepäck** (beispielsweise Koffer) auch als **Frachtgut** befördern lassen. Dies muss allerdings vereinbart werden.[11] **Tiere** zählen im Allgemeinen zum **Frachtgut.** Doch kann sich aus den ausdrücklichen Vereinbarungen oder den Begleitumständen ergeben, dass sie als Gepäck befördert werden sollen.[12]

III. Aushändigung eines Luftfrachtbriefes

5   In **Art. 4 Abs. 1** ist bestimmt, dass bei der **Beförderung von Gütern** ein Luftfrachtbrief auszuhändigen ist. **Aussteller** des Luftfrachtbriefes ist gem. **Art. 7 Abs. 1** der **Absender.** Daraus ergibt sich, dass der Luftfrachtführer gegen den Absender von Gütern einen **unmittelbaren Anspruch** auf **Aushändigung** eines **Luftfrachtbriefes** hat. Des Weiteren ist in **Art. 8 lit. a** klargestellt, dass der Luftfrachtführer vom Absender im Falle der Versendung von mehreren Frachtstücken die Ausstellung **einzelner Luftfrachtbriefe** verlangen kann. Der Absender kann seine Pflichten auf Dritte, beispielsweise einen Luftfrachtspediteur oder den Luftfrachtführer selbst, übertragen. Wird der Luftfrachtbrief auf **Verlangen des Absenders** vom **Luftfrachtführer** ausgestellt, so wird dieser dadurch nicht zum Absender, sondern handelt bis zum Beweis des Gegenteils als **Beauftragter** des Versenders, wie sich aus **Art. 7 Abs. 4** ergibt.[13]

IV. Alternative Frachtbriefdokumente

6   Der **Luftfrachtbrief** braucht nicht mehr als **Papierdokument** erstellt zu werden. Er kann vielmehr gem. **Art. 4 Abs. 2** durch **„jede andere Aufzeichnung"** ersetzt werden. Die vage Formulierung **„andere Aufzeichnung"** soll den Einsatz jeglicher Technologie erlauben.[14] In der Praxis kommt vor allem die Übermittlung von Aufzeichnungen per **EDV** in Betracht.[15] Das **elektronische Dokument** sollte zusätzlich durch eine **„qualifizierte elektronische Signatur"** gegen Fälschungen abgesichert sein. Die maßgeblichen **Signaturbestimmungen** finden sich in **§ 126a BGB.** Ferner ist **§ 371a ZPO** im Zusammenhang mit dem **prozessualen Beweiswert** solcher elektronischen Dokumente als **„Urkunden"** zu beachten.[16]

---

[4] *Koller* Rn. 1.

[5] *Reuschle* Rn. 3; MüKoHGB/*Ruhwedel* Rn. 17.

[6] *Reuschle* Rn. 4; MüKoHGB/*Ruhwedel* Rn. 16; *Koller* Rn. 4.

[7] *Koller* Rn. 4.

[8] Giemulla/Schmid/*Müller-Rostin* Rn. 3; *Reuschle* Rn. 6 ff.; *Gran* TranspR 1996, 138 (139).

[9] Giemulla/Schmid/*Müller-Rostin* Rn. 3; *Reuschle* Rn. 6 ff.

[10] MüKoHGB/*Ruhwedel* Rn. 5 f.

[11] MüKoHGB/*Ruhwedel* Rn. 6; Giemulla/Schmid/*Müller-Rostin* Rn. 13.

[12] OLG Düsseldorf Urt. v. 12.1.1978 – 18 U 188/77, VersR 1978, 964; MüKoHGB/*Ruhwedel* Rn. 5 f.; Giemulla/Schmid/*Müller-Rostin* Rn. 13.

[13] Vgl. auch OLG Frankfurt a. M. Urt. v. 20.4.1989 – 1 U 34/88, VersR 1990, 1031; *Reuschle* Rn. 9.

[14] Giemulla/Schmid/*Müller-Rostin* Rn. 8.

[15] *Koller* Rn. 3; *Ruhwedel* TranspR 2004, 421 (423 f.); *Ruhwedel* TranspR 2006, 421 (424 f.).

[16] *Ruhwedel* TranspR 2006, 421 (424).

V. Fehlen eines Luftfrachtbriefes

Ist ein **Luftfrachtbrief** oder ein diesem **gleichgestelltes Dokument** nicht ausgestellt worden, so   7
berührt dies gem. **Art. 9** weder den Bestand noch die Wirksamkeit des Beförderungsvertrages.[17] Der
Luftfrachtvertrag ist ein formlos gültiger **Konsensualvertrag,** der nach den Vorschriften des jeweils
anwendbaren Landesrechts zustande kommt.[18] Die fehlende Ausstellung eines Luftfrachtbriefes ist aber
nicht völlig bedeutungslos: Das **Fehlen** hat zur Folge, dass die Anwendung derjenigen Vorschriften,
die ihn voraussetzen, nicht in Betracht kommt.[19] Das gilt insbesondere für die in **Art. 11** geregelte
Beweiswirkung und die **Sperrwirkung** nach **Art. 12 Abs. 3** (→ Rn. 2).

VI. Beförderung unter außergewöhnlichen Umständen

In **Art. 51** ist bestimmt, dass die **Art. 3–5, 7 und 8** nicht auf Beförderungen anzuwenden sind, die   8
unter **außergewöhnlichen Umständen** und nicht im Rahmen des **gewöhnlichen Luftverkehrs**
ausgeführt werden. Dies kann beispielsweise bei der Beförderung von **militärischen Gütern,** von **Hilfs-
gütern** in Katastrophengebiete sowie bei **Krankentransporten** aus Katastrophengebieten der Fall sein.[20]

Art. 5 Inhalt des Luftfrachtbriefs und der Empfangsbestätigung über Güter

Der Luftfrachtbrief und die Empfangsbestätigung über Güter müssen enthalten:
a) **die Angabe des Abgangs- und Bestimmungsorts;**
b) **falls Abgangs- und Bestimmungsort im Hoheitsgebiet desselben Vertragsstaats liegen,
jedoch eine oder mehrere Zwischenlandungen im Hoheitsgebiet eines anderen Staates
vorgesehen sind, die Angabe von zumindest einem dieser Zwischenlandepunkte;**
c) **die Angabe des Gewichts der Sendung.**

Schrifttum: S. Vor Art. 1 und bei Art. 1; ferner: *Müller-Rostin,* Der unvollständig ausgefüllte Luftfrachtbrief,
TranspR 1991, 277; *Ruhwedel,* Der Luftfrachtbrief, TranspR 1983, 1; *Schoner,* Der Luftfrachtbrief, TranspR 1979, 80.

Parallelvorschriften: Art. 6 CMR; Art. 7 CIM.

I. Allgemeines

Die Vorschrift des **Art. 5** beschreibt lediglich den **Mindestinhalt** eines **Frachtbriefes.** Es ist daher   1
ohne weiteres zulässig, in den Luftfrachtbrief weitere, nicht in **Art. 5** aufgeführte Angaben aufzunehmen (→ Rn. 5 f.). Der Luftfrachtbrief muss, um gültig zu sein, über die in **Art. 5** erwähnten **Informationen** hinaus Angaben enthalten, die eine **Individualisierung des Transports** ermöglichen.
Dazu zählen Angaben zur Person des **Absenders,** des **Frachtführers** und des **Empfängers.**[1]

II. Mindestangaben

1. Abgangs- und Bestimmungsort. Nach **Art. 5 lit. a** sind im **Luftfrachtbrief** und in der   2
Empfangsbestätigung über das Transportgut der Abgangs- und der Bestimmungsort des Transports
anzugeben. Die Angabe hat vor allem für die Beurteilung der Frage Bedeutung, ob der Beförderungsvertrag dem **Montrealer Übereinkommen** unterliegt (s. dazu Art. 1 Abs. 2). Als **Abgangsort** ist
derjenige Flughafen anzusehen, auf dem das Transportgut nach den vertraglichen Vereinbarungen in das
Flugzeug eingeladen werden soll.[2] Dementsprechend ist **Bestimmungsort** derjenige **Flughafen,** auf
dem das **Frachtgut** nach den vertraglichen Vereinbarungen aus dem Flugzeug entladen werden soll.[3]

2. Angabe des Zwischenlandepunktes. Als **Zwischenlandepunkt** wird derjenige **Ort** bezeich-   3
net, an dem eine vorgesehene **Unterbrechung** der Beförderung stattfinden soll. Grund und Dauer der
Unterbrechung sind unerheblich.[4] Der Angabe des **Zwischenlandepunktes** kommt bei der **Luftfracht-
beförderung** – im Gegensatz zur Beförderung von Passagieren – nur **geringe** Bedeutung zu, weil bei der
Beförderung von Gütern Hin- und Rückflüge oder Rundflüge nur äußerst selten vorkommen, sodass zur
Bestimmung der **Internationalität** einer Beförderung schon die Angaben nach **Art. 5 lit. a** ausreichen.[5]

---

[17] *Ruhwedel* Der Luftbeförderungsvertrag Rn. 14; *Reuschle* Rn. 14.
[18] *Koller* Art. 9 Rn. 1; *Reuschle* Rn. 14.
[19] *Reuschle* Rn. 8 Rn. 22.
[20] Giemulla/Schmid/*Müller-Rostin* Rn. 14; *Reuschle* Rn. 15.
[1] Vgl. BGH Urt. v. 21.9.2000 – I ZR 135/98, BGHZ 145, 170 (173 ff.) = NJW-RR 2001, 396 = TranspR 2001,
29; *Koller* WAbk Art. 5–11 Rn. 9; *Reuschle* Rn. 1.
[2] MüKoHGB/*Ruhwedel* Rn. 6 f.; *Reuschle* Rn. 3.
[3] OLG Hamm Urt. v. 24.10.2002 – 18 U 104/01, TranspR 2003, 201 (202); Giemulla/Schmid/*Müller-Rostin*
Rn. 2; *Reuschle* Rn. 3; *Koller* WAbk Art. 1 Rn. 12.
[4] Giemulla/Schmid/*Müller-Rostin* Rn. 4.
[5] Giemulla/Schmid/*Müller-Rostin* Rn. 4; *Reuschle* Rn. 4.

4   **3. Angabe des Gewichts der Sendung.** Die Gewichtsangabe hat vor allem für die **Berechnung der Haftungsgrenze** gem. **Art. 22 Abs. 3** Bedeutung. **Gewicht** der Sendung ist das Gesamtgewicht einschließlich Verpackung. Das Gewicht jedes **einzelnen Teils** einer aus mehreren Packstücken bestehenden Sendung braucht nicht angegeben zu werden.[6] Bei **sperrigen Gütern** kann es auf das **Volumengewicht** ankommen, das höher sein kann, als das reale Gewicht.[7]

III. Weitere Angaben

5   Neben den **Mindestangaben** iSv **Art. 5** können **weitere Angaben** für den ordentlichen Ablauf des Transportes und die Entfaltung der **Instruktions- und Beweisfunktion** des Luftfrachtbriefes erforderlich sein (→ Rn. 1). Das Fehlen bestimmter weiterer Angaben kann Rechtsfolgen nach sich ziehen. So führt die nicht vorhandene **Anschrift des Absenders** beispielsweise dazu, dass dieser **keine Verfügungen** iSd **Art. 12** treffen kann.[8]

6   Die Angabe der **Anschrift des Absenders** trägt zu dessen **Identifizierung** bei, ist aber auch bei allen sonstigen Rückfragen von erheblicher Bedeutung. Durch die Angabe des Namens und der Anschrift des **Luftfrachtführers** wird widerleglich festgelegt, wen die **Pflichten** aus der **Luftfrachtführerstellung** treffen. Das ist vor allem **wichtig,** wenn es zu **Güter- und Verspätungsschäden** gekommen ist und deshalb der Anspruchsverpflichtete ermittelt werden muss. Die Eintragung des Namens und der Anschrift des **Empfängers** ist vor allem für die Aktivlegitimation und die Zahlungspflichten bedeutsam.[9]

Art. 6 Angaben zur Art der Güter

[1] **Falls notwendig, kann vom Absender verlangt werden, zur Einhaltung der Vorschriften der Zoll-, der Polizei- oder anderer Behörden eine Urkunde mit Angaben zur Art der Güter auszuhändigen.** [2] **Diese Bestimmung begründet für den Luftfrachtführer keine Verpflichtung, Verbindlichkeit oder Haftung.**

Schrifttum: S. Vor Art. 1 und bei Art. 1.

1   Die **Bestimmung** hat weder im **Warschauer Abkommen** noch in den **Montrealer Zusatzprotokollen** Nr. 1–4 eine **Entsprechensvorschrift.** Sie gehörte auf der Diplomatischen Konferenz in Montreal vom 10.–28.5.1999 zu den **umstrittensten Vorschriften.**[1] Anlässlich der Beratungen zu **Art. 5 lit. c** sprachen sich zahlreiche arabische und afrikanische Delegierte dafür aus, auch Angaben über die **Beschaffenheit** des Transportgutes in den **Luftfrachtbrief** aufzunehmen.[2]

2   Die **praktische Bedeutung** der Bestimmung ist angesichts der Regelungen in **Art. 16 MÜ** allerdings nur als **gering** einzustufen.[3] Anders als **Art. 16,** der das **privatrechtliche Verhältnis** zwischen Absender und Luftfrachtführer regelt, begründet **Art. 6** lediglich eine **öffentlich-rechtliche Pflicht** des Absenders gegenüber Behörden.[4] Der Sinngehalt der Vorschrift wird daher mit Recht in Zweifel gezogen.[5]

3   Macht der **Absender** im Luftfrachtbrief in der Empfangsbestätigung oder in einer „anderen Aufzeichnung" unrichtige Angaben zur Art der Güter, kann dies allerdings zu einer Schadensersatzverpflichtung gegenüber dem Luftfrachtführer nach **Art. 10 Abs. 2** führen. Eine Haftung erfordert kein schuldhaftes Verhalten des Absenders.[6*] Grundsätzlich haftet der Absender unbeschränkt. Bei ergänzend anwendbarem deutschen Recht kann die Haftung gem. **§ 449 Abs. 2 S. 2 HGB iVm § 414 Abs. 1 Nr. 2 HGB** der Höhe nach begrenzt werden. Eine entsprechende Vereinbarung in **Allgemeinen Geschäftsbedingungen** des Absenders unterliegt dann der Inhaltskontrolle nach den **§§ 307 ff. BGB.** Sie darf den **Luftfrachtführer** mithin nicht **unangemessen** benachteiligen.[7*]

Art. 7 Luftfrachtbrief

(1) **Der Luftfrachtbrief wird vom Absender in drei Ausfertigungen ausgestellt.**

(2) [1] **Die erste Ausfertigung trägt den Vermerk „für den Luftfrachtführer"; sie wird vom Absender unterzeichnet.** [2] **Die zweite Ausfertigung trägt den Vermerk „für den Empfän-**

---

[6] Giemulla/Schmid/*Müller-Rostin* Rn. 9; *Reuschle* Rn. 6.
[7] Zur Berechnung des Volumengewichts s. *Reuschle* Rn. 6; *Gran* TranspR 1998, 343.
[8] Giemulla/Schmid/*Müller-Rostin* WAbk Art. 8 Rn. 7; *Reuschle* Rn. 7.
[9] *Reuschle* Rn. 8.
[1] Giemulla/Schmid/*Müller-Rostin* Rn. 1.
[2] Giemulla/Schmid/*Müller-Rostin* Rn. 1; *Reuschle* Rn. 2.
[3] Giemulla/Schmid/*Müller-Rostin* Rn. 1.
[4] Giemulla/Schmid/*Müller-Rostin* Rn. 2; *Koller* Rn. 1; aA *Reuschle* Rn. 3.
[5] *Müller-Rostin* ZLW 2000, 36 (38); *Müller-Rostin* VersR 2001, 683 (685); *Koller* Rn. 1; aA *Reuschle* Rn. 3.
[6*] Giemulla/Schmid/Müller-Rostin Rn. 9.
[7*] MüKoHGB/Thume HGB § 414 Rn. 21.

ger"; sie wird vom Absender und vom Luftfrachtführer unterzeichnet. [3] Die dritte Ausfertigung wird vom Luftfrachtführer unterzeichnet und nach Annahme der Güter dem Absender ausgehändigt.

(3) **Die Unterschrift des Luftfrachtführers und diejenige des Absenders können gedruckt oder durch einen Stempel ersetzt werden.**

(4) **Wird der Luftfrachtbrief auf Verlangen des Absenders vom Luftfrachtführer ausgestellt, so wird bis zum Beweis des Gegenteils vermutet, dass der Luftfrachtführer im Namen des Absenders gehandelt hat.**

Schrifttum: S. Vor Art. 1 und bei Art. 1; *Gran,* Probleme der Luftfrachtspedition, TranspR 1996, 138; *Gran,* Die Beförderungsbedingungen im Luftfrachtverkehr TranspR 1999, 173; *Grönfors,* Verfügungsrecht und Kreditsicherheit beim Luftgütertransport ohne Dokumente, FS Alex Meyer, 1975, 103; *Müller-Rostin,* Erfordernis der Novellierung der frachtrechtlichen Vorschriften des Warschauer Abkommens durch eine Ratifikation des Montrealer Protokolls Nr. 4, TranspR 1994, 321; *Mülle-Rostin,* Neuregelungen im internationalen Luftfrachtverkehr: Montrealer Protokoll Nr. 4 und Montrealer Übereinkommen, TranspR 2000, 234; *Ruhwedel,* Der Luftfrachtbrief, TranspR 1983, 1; *Ruhwedel,* Neue Entwicklungen im Lufttransportrecht vor dem Hintergrund des Inkrafttretens des Montrealer Übereinkommens, TranspR 2006, 421; *Ruhwedel,* Der Luftbeförderungsvertrag, 3. Aufl. 1998; *Schoner,* Der Luftfrachtbrief, TranspR 1979, 80.

Parallelvorschrift: Art. 6 WAbk.

I. Allgemeines

1. Normzweck. In **Art. 5** sind lediglich der **Inhalt** und die **Mindestangaben,** die ein Luftfracht-   1 brief enthalten muss, geregelt. Die **Formalien** und **Ausstellungsmodalitäten** eines Luftfrachtbriefes in Papierform (**„Air Waybill"**) im Einzelnen werden in **Art. 7** genannt. Die Verwendung eines **Standardluftfrachtbriefes** sieht das **Montrealer Übereinkommen** zwar nicht ausdrücklich vor; jedoch hat sich in der **Praxis** ein von der International Air Transport Association (**IATA**) entwickeltes **Einheitsformular** durchgesetzt, das von nahezu allen **Luftverkehrsgesellschaften** selbst dann verwendet wird, wenn der **Luftbeförderungsvertrag** nicht dem Anwendungsbereich des Warschauer Abkommens oder Montrealer Übereinkommens unterliegt.[1]

2. Entstehungsgeschichte. Die Vorschrift des **Art. 7** entspricht weitgehend dem **Art. 6 WAbk.**   2 Es musste aber berücksichtigt werden, dass nach **Art. 4 Abs. 2** nunmehr anstelle eines **papiermäßigen Luftfrachtbriefes** auch ein **elektronisches Dokument** verwendet werden kann. Dementsprechend schreibt **Art. 7 Abs. 1** – anders als **Art. 6 Abs. 1 WAbk** – nicht mehr vor, dass der Luftfrachtbrief mit dem Transportgut auszuhändigen ist. Aus dem gleichen Grund ist auch das Erfordernis gem. **Art. 6 Abs. 2 S. 2 WAbk** entfallen, wonach das **„zweite Stück"** des Luftfrachtbriefes das Frachtgut begleiten muss. Eine weitere **Abweichung** gegenüber **Art. 6 Abs. 2 S. 3 WAbk** ergibt sich daraus, dass in **Art. 7** nicht mehr bestimmt ist, zu welchem Zeitpunkt der **Luftfrachtführer** die dritte Ausfertigung des Luftfrachtbriefes unterzeichnen muss. Der **Luftfrachtbrief** ist in erster Linie **Beweisurkunde.** Die darin enthaltenen Angaben begründen lediglich widerlegbare Vermutungen.[2]

II. Ausstellung des Luftfrachtbriefes

1. Form. Der **Luftfrachtbrief** ist gem. **Art. 7 Abs. 1** grundsätzlich vom **Absender** in drei Aus-   3 fertigungen auszustellen. Dem englischen Begriff **„original parts"** bzw. dem französischen Begriff **„exemplaires originaux"** kann entnommen werden, dass es sich bei den drei Ausfertigungen für Absender, Luftfrachtführer und Empfänger um **Originale** handeln muss und **Kopien** keine Frachtbriefe darstellen.[3] Der **Luftfrachtbrief** muss nicht als solcher bezeichnet werden. Entscheidend ist, dass das Dokument den **Mindestanforderungen** entspricht, die an einen **formgültigen Luftfrachtbrief** zu stellen sind.[4]

2. Ausfertigungen. Die **erste Ausfertigung** (Original) ist für den **Luftfrachtführer** bestimmt,   4 bei dem sie auch verbleibt. Dieses Exemplar dient dem Luftfrachtführer als Nachweis für den abgeschlossenen Luftfrachtvertrag. Es muss vom **Absender** oder dessen Bevollmächtigten als Vertragspartner des Luftfrachtführers unterschrieben werden.[5] Gemäß **Art. 7 Abs. 3** kann die Unterschrift des Absenders handschriftlich, gedruckt oder durch einen Stempel geleistet werden. Der Absender bestätigt durch seine Unterschrift ua die Kenntnisnahme vom Inhalt des Luftfrachtbriefes.

Die **zweite Ausfertigung** enthält den Vermerk **„für den Empfänger"** und ist von beiden   5 Parteien des Luftbeförderungsvertrages – Luftfrachtführer und Absender – zu unterzeichnen.[6] Der

---

[1] Giemulla/Schmid/*Müller-Rostin* Rn. 1; *Ruhwedel* TranspR 1983, 1.
[2] BGH Urt. v. 15.11.1988 – IX ZR 11/88, TranspR 1989, 151 (153); *Reuschle* Rn. 15.
[3] Giemulla/Schmid/*Müller-Rostin* Rn. 4.
[4] *Koller* Rn. 1.
[5] Giemulla/Schmid/*Müller-Rostin* Rn. 6; MüKoHGB/*Ruhwedel* Rn. 7.
[6] Giemulla/Schmid/*Müller-Rostin* Rn. 6; MüKoHGB/*Ruhwedel* Rn. 8 f.

Luftfrachtführer kann seine Unterschrift – ebenso wie der Absender – eigenhändig, gedruckt oder durch einen Stempel leisten.

6   Die **zweite Ausfertigung** des Luftfrachtbriefes wird dem **Empfänger** am **Bestimmungsort** übergeben, der dadurch allerdings **keinen** unmittelbaren **Herausgabeanspruch** gegen den **Luftfrachtführer** erlangt. Der Luftfrachtbrief ist **kein Legitimationspapier.** Die bloße **Innehabung** des Papiers macht den **Empfänger** noch **nicht** ohne Weiteres **zum Berechtigten.**[7]

7   Die **dritte Ausfertigung** des Luftfrachtbriefes („**Luftfrachtbriefdritt**") ist für den **Absender** bestimmt. Diese Ausfertigung hat der Luftfrachtführer nach Unterzeichnung und Annahme der Güter an den Absender auszuhändigen (**Art. 7 Abs. 2 S. 3**). Eine Unterzeichnung durch den Absender ist für die **Beweiswirkung** der **Absenderausfertigung** nicht erforderlich.[8] Das **Luftfrachtbriefdritt** hat **beweismäßig** in zweifacher Hinsicht Bedeutung: Es dokumentiert zum einen den **Abschluss** des **Luftbeförderungsvertrags** und dient dem Absender darüber hinaus als **Empfangsbestätigung** dafür, dass der Luftfrachtführer ein bestimmtes **Gut übernommen** hat.[9]

8   Des Weiteren kommt dem **Luftfrachtbriefdritt** eine gewisse **Legitimationswirkung** und eine **Sperrfunktion** zu: Der Luftfrachtführer muss sich das Luftfrachtbriefdritt vorlegen lassen, wenn der **Absender** während der Beförderung über das Gut **verfügen** will **(Art. 12 Abs. 3).** Kommt der **Luftfrachtführer** dieser Pflicht nicht nach, so haftet er dem **rechtmäßigen Besitzer** des Luftfrachtbriefdritts für einen etwaigen daraus entstehenden Schaden. Insofern hat das **dritte Exemplar** auch eine **Sperrfunktion** gegenüber Dritten und legitimiert den Besitzer, Verfügungen über das Gut zu treffen.[10] Daneben kann die **Absenderausfertigung** gegenüber Banken auch zur **Kreditsicherung,** beispielsweise als **Dokumentenakkreditiv,** eingesetzt werden.[11]

9   Das **Luftfrachtbriefdritt** steht in **rechtlicher Hinsicht** jedoch weder dem **Konnossement** (**§ 643 HGB**) noch einem **Inhaber- oder Orderpapier** gleich, weil diese Ausfertigung des Luftfrachtbriefs weder die Ware als solche noch den **Herausgabeanspruch** auf das Gut selbst verbrieft.[12] Die **Übergabe** der **Absenderausfertigung** an einen Dritten ist daher nicht mit der Übergabe des Gutes iSv **§ 929 S. 1 BGB** gleichzusetzen, sondern stellt lediglich ein **Indiz** für die Annahme dar, dass der vertragliche **Herausgabeanspruch** des Absenders gegenüber dem Luftfrachtführer an den Inhaber des Luftfrachtbriefdritts abgetreten worden und der Dritte auf diese Weise das **Eigentum** an dem im Dokument bezeichneten **Gut** erlangt hat.[13]

10   Daraus **folgt** zugleich, dass der **Dritte,** der von dem Absender das **Luftfrachtbriefdritt** erhalten hat, vor Verfügungen des Absenders geschützt ist.[14] Kommt der Luftfrachtführer **Weisungen** des **Absenders** nach, ohne sich zuvor die dritte Ausfertigung des Luftfrachtbriefes vorlegen zu lassen, so macht er sich gem. **Art. 12 Abs. 3** gegenüber dem **rechtmäßigen Besitzer** des Luftfrachtbriefdritts **schadensersatzpflichtig.** Gleiches ist anzunehmen, wenn der Luftfrachtführer das von ihm unterzeichnete Luftfrachtbriefdritt dem **Absender** aushändigt, **ohne** zuvor das **Frachtgut** erhalten zu haben, weil dadurch der Empfang der Güter bestätigt und der Absender in die Lage versetzt wird, sich den **Kaufpreis** zu verschaffen, ohne jeweils dem **Luftfrachtführer** das Transportgut zur **Beförderung** übergeben zu haben.[15]

11   **3. Unterzeichnung der Ausfertigung.** Alle **Originale** sind zu unterzeichnen. Dabei muss das Original für den Frachtführer die Unterschrift des Absenders tragen, das des Empfängers die von Absender und Frachtführer und die dritte Ausfertigung („**Luftfrachtbriefdritt**") die des Luftfrachtführers **(Art. 7 Abs. 2).**

12   Eine **Verletzung** dieser reinen **Ordnungsvorschriften** bleibt weitgehend **ohne Folgen,** wie sich insbesondere aus **Art. 9** ergibt.

13   In der Praxis enthalten die **Durchschreibsätze** mehrere Durchschriften, von denen die **ersten drei** als **Originale** gelten, was auch durch einen entsprechenden Vermerk auf der Vorderseite gekennzeichnet ist.[16]

14   Bei einer – auf Grund des **Durchschreibeverfahrens** selten eintretenden – **fehlenden Übereinstimmung** der drei Originale sollte die zweite Ausfertigung ausschlaggebend sein, weil dieses Exemplar sowohl vom **Absender** als auch vom **Luftfrachtführer** unterzeichnet wurde. Zum **Zeitpunkt** der Unterzeichnung der ersten und zweiten Ausfertigung des Luftfrachtbriefes enthält das **Montrealer**

---

[7] *Koller* Rn. 5; *Reuschle* Rn. 12.

[8] OLG Hamm Urt. v. 24.10.2002 – 18 U 104/01, TranspR 2003, 201 (202); *Reuschle* Rn. 7; *Giemulla/Schmid/ Müller-Rostin* Rn. 9.

[9] *Reuschle* Rn. 7; *Ruhwedel* Der Luftbeförderungsvertrag Rn. 285.

[10] *Reuschle* Rn. 7; *Giemulla/Schmid/Müller-Rostin* Rn. 7; MüKoHGB/*Ruhwedel* Rn. 12.

[11] *Reuschle* Rn. 7; *Ruhwedel* TranspR 1983, 1 (5); *Ruhwedel* Der Luftbeförderungsvertrag Rn. 299.

[12] *Reuschle* Rn. 7; *Ruhwedel* Rn. 299; *Koller* Rn. 5.

[13] *Reuschle* Rn. 7.

[14] *Giemulla/Schmid/Müller-Rostin* Rn. 7.

[15] BGH Urt. v. 19.3.1976 – I ZR 75/74, ZLW 1977, 79; *Giemulla/Schmid/Müller-Rostin* Rn. 7.

[16] *Reuschle* Rn. 4.

Übereinkommen keine Angaben. Die Angabe in **Art. 7 Abs. 2 S. 3** zum Zeitpunkt der Unterzeichnung der dritten Ausfertigung ist viel zu unbestimmt.[17]

III. Ausstellung durch den Luftfrachtführer

Stellt der Luftfrachtführer auf **Verlangen** des **Absenders** den Luftfrachtbrief aus, so handelt er im **15** Innenverhältnis als **Geschäftsbesorger.** Dies wird gem. **Art. 7 Abs. 4** vermutet.[18] Kann der Absender die Vermutung nicht widerlegen, so haftet er gem. **Art. 10** für eine mangelhafte Ausstellung des Luftfrachtbriefs ohne Rücksicht auf eigenes Verschulden.[19] Im **Außenverhältnis** handelt der Luftfrachtführer als **Stellvertreter** des **Absenders.**[20]

IV. Fehlen, Verlust des Luftfrachtbriefes

Wie sich aus **Art. 9** ergibt, setzt die **Wirksamkeit des Luftbeförderungsvertrages** nicht die **16** Existenz eines Luftfrachtbriefes voraus. Das **Fehlen** eines Luftfrachtbriefes führt – im Unterschied zum Warschauer Abkommen – auch nicht zu einer erhöhten Haftung des Luftfrachtführers.[21] **Fehlt** ein **Luftfrachtbrief vollständig,** hat dies zur Folge, dass diejenigen Vorschriften, die ihn gerade voraussetzen (beispielsweise **Art. 11** und **Art. 12 Abs. 3**), nicht zur Anwendung kommen.[22]

V. Haftung des Luftfrachtführers und Absenders

Macht der **Luftfrachtführer** von sich aus **Eintragungen in den Luftfrachtbrief,** der die Unter- **17** schrift des Absenders trägt, stellt dies eine **Verfälschung** des **Frachtbriefes** dar, weil gem. **Art. 7 Abs. 1** dem Absender die Ausstellung des Luftfrachtbriefes obliegt. Insoweit kommt eine **Schadensersatzpflicht** gem. **Art. 10 Abs. 3 analog** in Betracht. Wird der Luftfrachtbrief auf **Verlangen des Absenders** vom Luftfrachtführer ausgestellt, so ist insbesondere die **Vermutungsregel** in **Art. 7 Abs. 4** zu beachten. Kann der Absender die **Vermutung** nicht widerlegen, so haftet er gem. **Art. 10** ohne Rücksicht auf eigenes Verschulden (→ Rn. 15).

Hat der **Absender** den Luftfrachtbrief unrichtig, ungenau oder unvollständig ausgefüllt, so entfallen **18** unter den Voraussetzungen des **Art. 10** seine eigene und die Ersatzansprüche des Empfängers.[23] Zudem macht sich der **Absender** gem. **Art. 10 Abs. 1 und 2** schadensersatzpflichtig.

Art. 8 Mehrere Frachtstücke

Handelt es sich um mehrere Frachtstücke,

a) so kann der Luftfrachtführer vom Absender die Ausstellung einzelner Luftfrachtbriefe verlangen;

b) so kann der Absender vom Luftfrachtführer die Aushändigung einzelner Empfangsbestätigungen verlangen, wenn andere Aufzeichnungen im Sinne des Artikels 4 Absatz 2 verwendet werden.

Schrifttum: S. zu Vor Art. 1 und zu Art. 1 und Art. 7.

Parallelvorschrift: Art. 7 WAbk.

I. Allgemeines

Die **Vorschrift** geht weitgehend auf **Art. 7 WAbk** zurück, nach der dem **Luftfrachtführer** gegen **1** den **Absender** ein Anspruch auf Ausstellung mehrerer Luftfrachtbriefe zusteht, wenn die Sendung aus mehreren Frachtstücken besteht. Ergänzend zu Art. 7 WAbk musste berücksichtigt werden, dass anstelle des papiermäßigen Luftfrachtbriefes eine „**andere Aufzeichnung**" gem. Art. 4 Abs. 2 benutzt werden kann. Dem hat das Montrealer Übereinkommen mit lit. b Rechnung getragen.

II. Bedeutung der Vorschrift

An sich geht das Montrealer Übereinkommen, wie sich vor allem aus **Art. 11 Abs. 2 Hs. 1** ergibt, **2** davon aus, dass mehrere Frachtstücke unter einem einzigen Luftfrachtbrief versandt werden.[1] Eine **Aufteilung** einer aus mehreren Frachtstücken bestehenden Sendung auf mehrere Frachtbriefe bzw.

---

[17] Zu den Einzelheiten s. Giemulla/Schmid/*Müller-Rostin* Rn. 10.
[18] *Koller* Rn. 6; Giemulla/Schmid/*Müller-Rostin* Rn. 12.
[19] *Koller* Rn. 6; *Reuschle* Rn. 20.
[20] OLG Hamburg Urt. v. 18.2.1988 – 6 U 195/87, TranspR 1988, 201.
[21] *Koller* Rn. 3.
[22] *Reuschle* Rn. 22.
[23] *Koller* Rn. 4.
[1] *Reuschle* Rn. 3.

Empfangsbestätigungen kann jedoch auf Grund **praktischer Bedürfnisse** geboten sein.[2] Der Ausstellung mehrerer **Teilfrachtbriefe** kommt vor allem bei der Ausübung des **Verfügungsrechts** nach **Art. 12** Bedeutung zu: Hat der Absender für die aus mehreren Frachtstücken bestehende Sendung nur einen einheitlichen Luftfrachtbrief ausgestellt, so kann er nur einheitlich über die gesamte Sendung verfügen. Existieren dagegen **mehrere Teilfrachtbriefe**, kann der **Absender** bis zum Eintreffen der Güter beim Empfänger über jedes **einzelne Frachtstück** verfügen.[3]

3 Die Vorschrift des **Art. 8 lit. b** trägt dem Umstand Rechnung, dass anstelle eines **papiermäßigen Luftfrachtbriefs** insbesondere eine **elektronisch erstellte Aufzeichnung** verwendet werden kann. Aus Art. 4 Abs. 2 und Art. 10 Abs. 3 ergibt sich, dass bei der Verwendung **alternativer Frachtdokumente** nicht der Absender, sondern der **Luftfrachtführer Aussteller** ist. Dementsprechend räumt **Art. 8 lit. b** dem Absender einen Anspruch gegen den Frachtführer auf Ausstellung einer **Empfangsbestätigung** für jedes **einzelne** beförderte Frachtstück ein.

Art. 9 Nichtbeachtung der Bestimmungen über Beförderungsurkunden

Die Nichtbeachtung der Artikel 4 bis 8 berührt weder den Bestand noch die Wirksamkeit des Beförderungsvertrags; dieser unterliegt gleichwohl den Vorschriften dieses Übereinkommens einschließlich derjenigen über die Haftungsbeschränkung.

Parallelvorschriften: Art. 9 MP Nr. 4; Art. 4 CMR.

I. Allgemeines

1 Die Vorschrift des **Art. 9** geht auf Art. 9 Montrealer Zusatzprotokoll Nr. 4 zurück. Sie stellt in **Parallele zu Art. 4 S. 2 CMR** klar, dass der Luftfrachtvertrag kein **Formal-**, sondern ein **Konsensual**vertrag ist.[1] Der Luftfrachtvertrag kommt **formlos** nach Maßgabe des ergänzend anwendbaren nationalen Rechts **(Art. 3, 5 Abs. 1 Rom I-VO)** zustande.[2*]

II. Dokumentationsfehler

2 In **Art. 9** ist klargestellt, dass die **fehlende Ausstellung eines Luftfrachtbriefes** oder „**jeder anderen Aufzeichnung**" iSv Art. 4 Abs. 2 ebenso wie die **unvollständige Ausstellung** dieser Dokumente die **Wirksamkeit** des Luftbeförderungsvertrages **unberührt** lassen. Der Vertrag bleibt mit dem Inhalt bestehen, den die Parteien vereinbart haben.

3 Von ganz **erheblicher Bedeutung** ist, dass die Vorschrift des **Art. 9** ausdrücklich von Art. 9 WAbk abrückt, nach dem das **Fehlen eines Luftfrachtbriefes** oder dessen **Mangelhaftigkeit** eine unbegrenzte Haftung des Luftfrachtführers zur Folge hat. Die Verbindung zwischen Dokumentationsfehler und unbegrenzter Haftung des Luftfrachtführers hat im Montrealer Übereinkommen mit Recht keine Fortsetzung gefunden.[3*]

Art. 10 Haftung für die Angaben in den Urkunden

(1) [1]**Der Absender haftet für die Richtigkeit der Angaben und Erklärungen über die Güter, die von ihm oder in seinem Namen in den Luftfrachtbrief eingetragen werden, sowie der von ihm oder in seinem Namen dem Luftfrachtführer gemachten Angaben oder Erklärungen zur Aufnahme in die Empfangsbestätigung über die Güter oder in die anderen Aufzeichnungen im Sinne des Artikels 4 Absatz 2.** [2]**Dies gilt auch, wenn die für den Absender handelnde Person zugleich der Beauftragte des Luftfrachtführers ist.**

(2) **Der Absender hat dem Luftfrachtführer den Schaden zu ersetzen, den dieser oder ein Dritter, dem der Luftfrachtführer haftet, dadurch erleidet, dass die vom Absender oder in seinem Namen gemachten Angaben und Erklärungen unrichtig, ungenau oder unvollständig sind.**

(3) **Vorbehaltlich**[1*] **der Absätze 1 und 2 hat der Luftfrachtführer dem Absender den Schaden zu ersetzen, den dieser oder ein Dritter, dem der Absender haftet, dadurch erleidet, dass die Angaben und Erklärungen, die vom Luftfrachtführer oder in seinem Namen in die Empfangsbestätigung über die Güter oder in die anderen Aufzeichnungen im Sinne des Artikels 4 Absatz 2 aufgenommen wurden, unrichtig, ungenau oder unvollständig sind.**

---

[2] *Reuschle* Rn. 1; Giemulla/Schmid/*Müller-Rostin* Rn. 2.
[3] *Reuschle* Rn. 4; Giemulla/Schmid/*Müller-Rostin* Rn. 2.
[1] *Koller* Rn. 1; *Reuschle* Rn. 5; Giemulla/Schmid/*Müller-Rostin* Rn. 2.
[2*] *Koller* Rn. 1.
[3*] *Reuschle* Rn. 2.
[1*] **Amtl. Anm.:** Für die Schweiz: vorbehältlich.

Schrifttum: S. Vor Art. 1 und bei Art. 1; ferner: *Ehlers,* Montrealer Protokolle Nr. 3 und 4, Warschauer Haftungssystem und neuere Rechtsentwicklung, 1985; *Ruhwedel,* Der Luftbeförderungsvertrag, 3. Aufl. 1998; *Ruhwedel,* Der Luftfrachtbrief, TranspR 1983, 1.

Parallelvorschriften: Art. 10 WAbk; Art. 7 CMR; Art. 8 § 1 CIM.

I. Allgemeines

1. Normzweck. In **Art. 10 Abs. 1 und 2** ist die **Haftung des Absenders** für **unrichtige, 1 ungenaue** oder **unvollständige Angaben** im **Luftfrachtbrief** oder in der **Empfangsbestätigung** geregelt. In Entsprechung dazu sieht **Art. 10 Abs. 3** eine **Haftung des Luftfrachtführers** für eine fehlerhafte Ausstellung der Empfangsbestätigung oder eine falsche, ungenaue oder unvollständige Speicherung der vom Absender richtig übermittelten Daten vor. Es handelt sich jeweils um eine **verschuldensunabhängige** Haftung.[2]

2. Entstehungsgeschichte. Die in **Art. 10 Abs. 1 S. 1** geregelte Haftung des Absenders ent- 2 spricht derjenigen gem. Art. 10 Abs. 1 WAbk. Darüber hinaus begründet Art. 10 Abs. 1 S. 1 eine **Absenderhaftung** – weitergehend als das WAbk – für die **Richtigkeit, Genauigkeit** und **Vollständigkeit** der von ihm in der **Empfangsbestätigung** oder in „**jeder anderen Aufzeichnung**" gem. **Art. 4 Abs. 2** gemachten Angaben und Erklärungen über die Güter. Die Regelung in Art. 10 Abs. 2 entspricht Art. 10 Abs. 2 WAbk und stellt lediglich hinsichtlich der anderen Dokumentationsverfahren eine sachliche Erweiterung dar. Die Regelung in **Art. 10 Abs. 3** geht auf Art. 10 Abs. 3 **Montrealer Zusatzprotokoll Nr. 4** zurück.

II. Schadensverursachende Angaben

Die **Angaben** iSv **Art. 10 Abs. 1 und 2** können vom **Absender** oder dessen **Hilfspersonen** 3 gemacht werden. Die Erklärungen und Informationen müssen das Frachtgut betreffen. Erklärungen, die nicht das Gut betreffen, sind nach nationalem Recht zu beurteilen (bei Anwendung deutschen Rechts s. **§ 414 Abs. 1 HGB**).[3] Der Begriff der „Angabe" **ist weit** aus**zulegen.** Er umfasst alle transportrelevanten Mitteilungen, deren Be- oder Missachtung das Schicksal der konkreten Sendung berühren können, beispielsweise Angaben zur „**handling information**" wie „**fragile**" (zerbrechlich) oder „**bissiger Hund**".[4] Hat der Absender außerhalb des Luftfrachtbriefs Erklärungen abgegeben – etwa in geschäftlicher Korrespondenz –, so beurteilt sich seine Haftung vorbehaltlich der Anwendbarkeit des **Art. 16** nach dem jeweils anwendbaren nationalen Recht.[5]

Die Haftung des Absenders tritt nur ein, wenn die schadensverursachenden Angaben **unrichtig, 4 ungenau** oder **unvollständig** sind.

Die Bedeutung des Begriffs „**unrichtig**" erschließt sich aus dessen Wortsinn. Unter der Geltung 5 des Warschauer Abkommens wurde teilweise darauf hingewiesen, dass der französische Begriff „**irregulieres**" als „**vorschriftswidrig**" zu verstehen und der Begriff daher eng auszulegen sei.[6] Nach allgemeiner Auffassung ist jedoch einer weiten Auslegung des Begriffs „**unrichtig**" nach seinem **Sinngehalt** der Vorzug zu geben.[7]

Eine „**unrichtige**" **Angabe** liegt beispielsweise vor, wenn Kriegswaffen als „landwirtschaftliches 6 Gut" oder als „Werkzeug, Maschinen und Ersatzteile" deklariert werden.[8] Ebenso „**unrichtig**" ist eine Gewichtsangabe von 60 kg anstelle der korrekten 6 kg. Wird auf Grund einer derartigen unrichtigen Angabe die **Verzollung** der Sendung verzögert, so kann der **Empfänger** den Absender auf **Schadensersatz** in Anspruch nehmen, selbst dann, wenn der Luftfrachtführer oder seine Leute die Gewichtsangabe in den Luftfrachtbrief eingetragen haben.

Die unrichtige **Bezeichnung des Empfängers** der Sendung kann dagegen keine Haftung nach 7 **Art. 10 Abs. 1** auslösen, weil es sich dabei nicht um eine „**Angabe über das Frachtgut**", sondern um eine Erklärung zur auszuführenden Beförderung handelt. Gleiches gilt für eine fehlerhafte Eintragung des vereinbarten **Zwischenlandeortes**.[9]

Unter „**ungenau**" wird eine nicht mehr zu vernachlässigende **Abweichung** vom tatsächlich 8 Gegebenen verstanden.[10] Die **Grenze** zur **Unrichtigkeit** wird dabei häufig fließend sein. Welches **Maß an Ungenauigkeit** eine Angabe erreicht haben muss, um die Haftung nach **Art. 10 Abs. 2**

---

[2] *Reuschle* Rn. 1.

[3] *Guldimann* Internationales Lufttransportrecht WAbk Art. 10 Rn. 6; MüKoHGB/*Kronke,* 1. Aufl. 1997, WAbk Art. 10 Rn. 6; *Reuschle* Rn. 6.

[4] *Reuschle* Rn. 6; Giemulla/Schmid/*Müller-Rostin* Rn. 2.

[5] *Reuschle* Rn. 6; MüKoHGB/*Kronke,* 1. Aufl. 1997, WAbk Art. 10 Rn. 4; Giemulla/Schmid/*Müller-Rostin* Rn. 4; *Ruhwedel* TranspR 1983, 1 (4).

[6] MüKoHGB/*Kronke,* 1. Aufl. 1997, WAbk Art. 10 Rn. 6; *Guldimann* WAbk Art. 10 Rn. 9.

[7] *Reuschle* Rn. 8; Giemulla/Schmid/*Müller-Rostin* Rn. 6.

[8] Beispiel nach Giemulla/Schmid/*Müller-Rostin* Rn. 7.

[9] Giemulla/Schmid/*Müller-Rostin* Rn. 8.

[10] Giemulla/Schmid/*Müller-Rostin* Rn. 9; *Reuschle* Rn. 9; MüKoHGB/*Ruhwedel* Rn. 11 f.

auszulösen, lässt sich nicht generell sagen, sondern kann nur unter Berücksichtigung der jeweiligen **Einzelfallumstände** beurteilt werden. „Unvollständig" bedeutet das **Weglassen** wesentlicher Elemente, die zur Abwicklung des Beförderungsvertrages wichtig sind oder sein können.[11] So ist der **Absender** beispielsweise **verpflichtet,** im Frachtbrief auf **güterspezifische Gefahren** (etwa Feuer- oder Explosionsgefährlichkeit) und **Verderblichkeit** des Frachtgutes hinzuweisen, sofern sich dies nicht bereits eindeutig aus der Bezeichnung des Gutes ergibt. Unterlässt der Absender diese **gebotenen Hinweise,** sind die Angaben **unvollständig.**[12]

III. Rechtsfolgen

9   **1. Die Anspruchsberechtigten. Anspruchsberechtigt** ist – wie sich aus **Art. 10 Abs. 2** ergibt – ausschließlich der **Luftfrachtführer** und nicht auch ein **Dritter,** gegenüber dem der Luftfrachtführer selbst haftet. Die „Dritten", denen der Luftfrachtführer haftet, haben nach dem Wortlaut von Art. 10 Abs. 2 keinen eigenen Anspruch gegen den Absender, sondern grundsätzlich nur gegen den Luftfrachtführer. Der Luftfrachtführer ist aber berechtigt, den **Schaden** des Dritten im Wege der **Drittschadensliquidation** gegen den **Absender** geltend zu machen. Der **Empfänger des Frachtgutes** zählt zu den von **Art. 10 Abs. 2** erfassten **Dritten,** da er gem. **Art. 13 Abs. 1** Begünstigter des Beförderungsvertrages ist.[13]

10   Auf ein **Verschulden** des Absenders kommt es für seine Haftung gem. **Art. 10 Abs. 2** zwar nicht an.[14] Gleichwohl kann ein **Mitverschulden des Luftfrachtführers** in Betracht kommen, das sich beispielsweise aus einem fehlerhaften oder unterlassenen Hinweis in Bezug auf die Formularausfüllung ergeben kann. Ein **Mitverschulden** kann sich vor allem auch daraus ergeben, dass dem Luftfrachtführer oder seinen Leuten **(Art. 30)** bekannt war oder hätte bekannt sein müssen, dass die Angaben und Erklärungen des Absenders zu den Gütern unrichtig oder unvollständig waren.[15] Bei Anwendung deutschen Rechts ist insoweit **§ 425 Abs. 2 HGB** maßgeblich, der die Rechtsgedanken des § 254 BGB in sich vereint.[16] Die Haftung aus **Art. 10** ist grundsätzlich **summenmäßig unbeschränkt,** weil **Art. 22 Abs. 3** im Rahmen dieser Vorschrift keine Anwendung findet.[17] Zu beachten ist aber **§ 431 HGB,** wenn deutsches Recht zur Anwendung kommt **(Art. 3, 5 Abs. 1 Rom I-VO).**

11   **2. Die Anspruchsverpflichteten.** Der Anspruch aus **Art. 10 Abs. 2** richtet sich gegen den **Absender.** Wer dies ist, ergibt sich aus der **Eintragung** im **Luftfrachtbrief** bzw. in der **Empfangsbestätigung.** Hat der Luftfrachtführer den Luftfrachtbrief auf Verlangen des Absenders ausgestellt (Art. 7 Abs. 4), bleibt der Absender anspruchsverpflichtet, da bis zum Beweis des Gegenteils vermutet wird, dass der Luftfrachtführer im **Namen des Absenders** gehandelt hat.

12   Hat der Luftfrachtführer als **Beauftragter des Absenders** gehandelt und dem Absender gegenüber vertraglich die Verantwortlichkeit für die Richtigkeit und Vollständigkeit der Angaben übernommen, hat dies lediglich Bedeutung für das **Innenverhältnis** zwischen Absender und Luftfrachtführer. Die Haftung des Absenders gegenüber Dritten (Außenverhältnis) im Wege der **Drittschadensliquidation** bleibt davon unberührt, da ein Vertrag zu Lasten Dritter rechtlich unzulässig ist.[18]

13   **3. Haftungsumfang.** Der Absender haftet gem. **Art. 10 Abs. 2** für **jeden Schaden,** der durch die fehlerhaften Angaben entstanden ist. Die mangelhafte Angabe muss ursächlich für den Schaden sein. Die **Schadensart** ist unerheblich.[19] Der Absender haftet gem. **Art. 10 Abs. 2** sowohl dem Luftfrachtführer als auch dem Dritten gegenüber grundsätzlich **summenmäßig unbeschränkt.**[20] Dem Absender steht allerdings der Einwand des **Mitverschuldens** zu (aber → Rn. 10.)

IV. Haftung des Luftfrachtführers (Abs. 3)

14   Die Regelung in **Art. 10 Abs. 3** stellt das **Gegenstück** zur Haftung des Absenders gem. Art. 10 Abs. 1 und 2 dar. Der **Luftfrachtführer** haftet für „den Schaden", den der **Absender** im Vertrauen auf die Richtigkeit, Genauigkeit und Vollständigkeit derjenigen Angaben und Erklärungen über das Frachtgut erleidet, die der Luftfrachtführer in die den Luftfrachtbrief ersetzende „andere Aufzeich-

---

[11] Giemulla/Schmid/*Müller-Rostin* Rn. 11; *Guldimann* WAbk Art. 10 Rn. 11.

[12] Giemulla/Schmid/*Müller-Rostin* Rn. 11; *Reuschle* Rn. 10.

[13] AA *Koller* Rn. 1.

[14] BGH Urt. v. 19.3.1976 – I ZR 75/74, ZLW 1977, 79 (84); MüKoHGB/*Ruhwedel* Rn. 4.

[15] Giemulla/Schmid/*Müller-Rostin* Rn. 10.

[16] BGH Urt. v. 5.6.2003 – I ZR 234/00, NJW 2003, 3626 = TranspR 2003, 467; Urt. v. 30.3.2006 – I ZR 57/03, NJW-RR 2006, 1264 = TranspR 2006, 250; Urt. v. 20.7.2006 – I ZR 9/05, NJW-RR 2007, 28 = TranspR 2006, 394.

[17] MüKoHGB/*Ruhwedel* Rn. 4 f.; *Guldimann* WAbk Art. 10 Rn. 15.

[18] Giemulla/Schmid/*Müller-Rostin* Rn. 14; MüKoHGB/*Kronke,* 1. Aufl. 1997, WAbk Art. 10 Rn. 9; *Guldimann* WAbk Art. 10 Rn. 13.

[19] Giemulla/Schmid/*Müller-Rostin* Rn. 17; MüKoHGB/*Kronke* WAbk Art. 10 Rn. 7.

[20] *Reuschle* Rn. 16; Giemulla/Schmid/*Müller-Rostin* Rn. 20; *Guldimann* WAbk Art. 10 Rn. 23.

nung" oder in die **Empfangsbestätigung** gem. **Art. 4 Abs. 2** eingegeben hat.[21] Das setzt allerdings voraus, dass der Absender oder seine Hilfspersonen dem Luftfrachtführer die eingegebenen Angaben und Erklärungen richtig, genau und vollständig übermittelt haben.[22] Der **Luftfrachtführer haftet** – ebenso wie der Absender – **verschuldensunabhängig**. Ein Mitverschulden des Absenders nach § 425 Abs. 2 HGB kann in Betracht kommen. Zu ersetzen ist nur derjenige Schaden, der während der Luftbeförderung eingetreten ist. Die Vorschrift des **Art. 22 Abs. 3** kommt nicht zur Anwendung. Gegebenenfalls ist aber **§ 431 HGB** zu beachten (→ Rn. 10).

Art. 11 Beweiskraft der Urkunden

(1) **Der Luftfrachtbrief und die Empfangsbestätigung über die Güter begründen die widerlegbare Vermutung für den Abschluss des Vertrags, die Annahme der Güter und die Beförderungsbedingungen, die darin niedergelegt sind.**

(2) **Die Angaben in dem Luftfrachtbrief und der Empfangsbestätigung über die Güter zu Gewicht, Maßen und Verpackung sowie zu der Anzahl der Frachtstücke begründen die widerlegbare Vermutung ihrer Richtigkeit; die Angaben über Menge, Rauminhalt und Zustand der Güter begründen diese Vermutung gegenüber dem Luftfrachtführer nur insoweit, als er diese Angaben in Gegenwart des Absenders nachgeprüft hat und dies auf dem Luftfrachtbrief oder der Empfangsbestätigung vermerkt ist, oder wenn es sich um Angaben handelt, die sich auf den äußerlich erkennbaren Zustand der Güter beziehen.**

Schrifttum: *Boettge,* Das Luftfrachtrecht nach dem Montrealer Übereinkommen, VersR 2005, 908; *Guldimann,* Internationales Lufttransportrecht 1965; *Müller-Rostin,* Erfordernis der Novellierung der frachtrechtlichen Vorschriften des Warschauer Abkommens durch eine Ratifikation des Montrealer Protokolls Nr. 4, TranspR 1994, 321; *Ruhwedel,* Der Luftbeförderungsvertrag, 3. Aufl. 1998; *Schmid/Müller-Rostin,* In-Kraft-Treten des Montrealer Übereinkommens von 1999: Neues Haftungsregime für internationale Lufttransporte, NJW 2003, 3516; s. auch Vor Art. 1 und bei Art. 1.

Parallelvorschriften: § 409 HGB; Art. 9 CMR; Art. 12 §§ 3, 4 CIM.

I. Allgemeines

Die **Vorschrift entspricht** sachlich der Bestimmung des **Art. 11 WAbk.** Sie regelt die **Beweis-** **1** **kraft** des Luftfrachtbriefes und der Empfangsbestätigung. Die beiden Absätze der Bestimmung stellen für unterschiedliche Anwendungsbereiche **widerlegliche Vermutungen** auf. Da die überwiegende Zahl der Luftfrachtbeförderungen ohne rechtliche Probleme abgewickelt wird, hat der Luftfrachtbrief in erster Linie **Instruktionswirkung,** dh er enthält Hinweise für die an der **Beförderung** des Luftfrachtguts **Beteiligten.** Darüber hinaus haben Luftfrachtbrief und Empfangsbestätigung aber auch gewisse **Legitimationsfunktionen.**[1]

Eine besonders wichtige Bedeutung des **Luftfrachtbriefes** und der **Empfangsbestätigung** besteht **2** darin, dass sie **Beweisurkunden** iSd **§ 416 ZPO** darstellen.[2] In beiden Urkunden werden hauptsächlich der **Abschluss** und der **Inhalt** des Beförderungsvertrages dokumentiert. Der **Gegenbeweis** ist aber zulässig. Die **Entkräftung der Vermutungswirkung** erfordert allerdings einen **Vollbeweis,** der nach der **lex fori** zu führen ist.[3]

II. Grundsätze

Die Beweisvermutung gem. Art. 11 erfordert grundsätzlich die Ausstellung eines **voll gültigen** **3** **Luftfrachtbriefes.** Für die Übergangszeit zwischen der Übergabe des Gutes und des Frachtbriefes an den Frachtführer und Rückgabe des Frachtbriefes an den Absender gilt, dass sich zumindest der Frachtführer auf die Beweiskraft des Frachtbriefes berufen kann.

Bei **fehlender Übereinstimmung** der drei Originale (Art. 7 Abs. 1) erlangt die zweite, von den **4** Vertragsparteien (Absender und Luftfrachtführer) unterzeichnete Ausfertigung Beweiskraft.[4]

Grundsätzlich wird die Richtigkeit der im Luftfrachtbrief bzw. in der Empfangsbestätigung ent- **5** haltenen Angaben – **unter Vorbehalt des Gegenbeweises** – angenommen.

III. Beweiswirkung

1. Abs. 1. Gemäß **Art. 11 Abs. 1** erbringen der Luftfrachtbrief und die Empfangsbestätigung über **6** die Güter den widerleglichen Beweis für den **Abschluss** des Luftbeförderungsvertrages,[3] den **Emp-**

---

[21] *Reuschle* Rn. 19; Giemulla/Schmid/*Müller-Rostin* Rn. 23.
[22] Giemulla/Schmid/*Müller-Rostin* Rn. 23.
[1] Giemulla/Schmid/*Müller-Rostin* Rn. 1; *Ruhwedel* Der Luftbeförderungsvertrag Rn. 284; auch → Art. 7 Rn. 8 ff.
[2] BGH Urt. v. 19.3.1976 – I ZR 75/74, ZLW 1977, 83; Urt. v. 15.11.1988 – IX ZR 11/88, NJW-RR 1989, 252 = TranspR 1989, 151; Giemulla/Schmid/*Müller-Rostin* Rn. 1; *Reuschle* Rn. 1.
[3] BGH Urt. v. 21.9.2000 – I ZR 135/98, BGHZ 145, 170 (173) = TranspR 2001, 29; *Koller* Rn. 2.

fang des Frachtgutes[4] und die in den Urkunden niedergelegten **Beförderungsbedingungen**. Wird im Luftfrachtbrief lediglich auf die **Geltung von AGB** hingewiesen, so erzeugt dies nur die **Vermutung,** dass eine Einbeziehungsabrede getroffen worden ist. Die Einbeziehung der genannten AGB in den Beförderungsvertrag wird damit angesichts des Wortlautes von **Art. 11 Abs. 1** nicht dokumentiert.[5] Die **Vermutungswirkung** des Art. 11 Abs. 1 erstreckt sich auch nicht darauf, ob die Voraussetzungen der **nationalen Vorschriften** über Vertretung, Willensmängel oder weitere für den **Vertragsschluss** maßgebliche Umstände vorliegen.[6]

7 Der **Luftbeförderungsvertrag** kommt nicht durch die Ausstellung des Luftfrachtbriefes oder einer Empfangsbestätigung zustande. Das ergibt sich aus **Art. 9,** in dem klargestellt ist, dass es sich bei dem Luftfrachtvertrag nicht um einen **Formal**-, sondern um einen **Konsensualvertrag** handelt. Für den Vertragsschluss ist allein der Wille der Parteien, die Abreden getroffen haben, maßgeblich. Der **Luftfrachtbrief** und die **Empfangsbestätigung** dienen daher nur der **Beweiserleichterung** derjenigen Partei, die sich unter Vorlage der Dokumente auf den **Vertragsschluss** beruft.[7]

8 Dem **Luftfrachtbrief** und der **Empfangsbestätigung** kommen ferner eine **Quittungsfunktion** zu. Sie bestätigen die **Übernahme** des Frachtgutes vom **Absender** durch den **Luftfrachtführer**.[8] Hat der **Luftfrachtführer** den Empfang des Gutes bescheinigt, so ist es seine Sache, darzulegen und gegebenenfalls zu beweisen, dass er das Frachtgut tatsächlich **nicht übernommen** hat.[9] Hat der **Luftfrachtführer** im Frachtbrief die Richtigkeit der dort enthaltenen Angaben und die Übernahme der aufgeführten Waren bescheinigt, so handelt es sich bei dem Frachtbrief um eine einer **Quittung** iSd **§ 368 BGB** vergleichbaren **Privaturkunde,** die inhaltlich für die Richtigkeit der Angaben des Absenders spricht. Als **Privaturkunde** iSd **§ 416 ZPO** unterliegt die Bestätigung hinsichtlich ihrer inhaltlichen Richtigkeit **der freien Beweiswürdigung (§ 286 ZPO)** und begründet regelmäßig nur eine dem **Gegenbeweis** zugängliche **Vermutung,** dass die in ihr enthaltenen Erklärungen auch inhaltlich richtig sind. Die **Vermutungswirkung** der Übernahmebestätigung entfällt beispielsweise dann, wenn feststeht, dass es sich um eine bloße **Vorausbescheinigung** handelt, wenn also der Frachtführer nachweist, dass die Bescheinigung unverschuldet „**blind unterschrieben**" wurde und entgegen dem **Bestätigungsinhalt** eine stückzahlmäßige **Übernahme nicht** stattgefunden hat.[10]

9 **2. Abs. 2.** In **Art. 11 Abs. 2** wird die **Beweiswirkung** des Luftfrachtbriefes bzw. der Empfangsbestätigung hinsichtlich der Angaben, die in dem Dokument über die **Frachtgüter** enthalten sind, näher beschrieben. Dabei sind **drei Gruppen** zu unterscheiden:[11] Die **erste Gruppe** umfasst Angaben über **Gewicht, Maß** und **Verpackung** der Güter sowie über die **Anzahl** der Frachtstücke. Von der **zweiten Gruppe** werden **Menge, Raumgehalt** und **Zustand** der Frachtgüter erfasst. Die **dritte** – nicht ausdrücklich genannte – **Gruppe** betrifft alle **übrigen Angaben,** die der **Luftfrachtbrief** oder die **Empfangsbestätigung** über das Gut enthält.[12]

10 Gemäß **Art. 11 Abs. 2** erbringen die Angaben über Menge, Raumgehalt und Zustand der zu befördernden Güter gegenüber dem Luftfrachtführer nur insoweit Beweis, als dieser sie in Gegenwart des Absenders **nachgeprüft** hat und dies auf dem **Luftfrachtbrief** oder der **Empfangsbestätigung vermerkt** ist, oder wenn es sich um Angaben handelt, die sich auf den **äußerlich erkennbaren Zustand** des Gutes beziehen, der ohne Nachprüfung feststellbar ist. Enthält der Luftfrachtbrief bzw. die Empfangsbestätigung **keinen Vermerk,** dass der Luftfrachtführer den Zustand des Gutes in Anwesenheit des Absenders nachgeprüft hat, so gilt die Angabe im Luftfrachtbrief bzw. in der Empfangsbestätigung, dass der Luftfrachtführer das Gut in **äußerlich ordnungsgemäßem Zustand** übernommen hat, bis zum **Beweis des Gegenteils** nur insoweit als richtig, als sie sich auf den äußerlich erkennbaren Zustand des Gutes bezieht. Die **Beweiswirkung** der Angaben zum äußerlich erkennbaren Zustand des Gutes gem. **Art. 11 Abs. 2** entspricht derjenigen des **Art. 9 Abs. 2 CMR.**

---

[4] OLG München Urt. v. 7.5.1999 – 23 U 6113/98, TranspR 1999, 301 (302) = VersR 2000, 1567; *Reuschle* Rn. 9; *Koller* Rn. 2.

[5] *Koller* Rn. 1; *Reuschle* Rn. 18; *Schmid/Müller-Rostin* NJW 2003, 3516 (3520); aA Giemulla/Schmid/*Müller-Rostin* Rn. 17 für den Fall, dass nicht ein Verbraucher iSd § 13 BGB, sondern ein Spediteur oder Unternehmer (§ 14 BGB) Auftraggeber des Luftfrachtführers ist.

[6] *Reuschle* Rn. 9.

[7] Giemulla/Schmid/*Müller-Rostin* Rn. 9.

[8] BGH Urt. v. 13.4.1989 – I ZR 28/87, NJW-RR 1989, 1270 = TranspR 1989, 327; Urt. v. 9.6.2004 – I ZR 266/00, TranspR 2004, 369 = VersR 2005, 811; Giemulla/Schmid/*Müller-Rostin* Rn. 12; *Reuschle* Rn. 19 f.; MüKoHGB/*Ruhwedel* Rn. 14.

[9] Giemulla/Schmid/*Müller-Rostin* Rn. 12.

[10] OLG Düsseldorf Urt. v. 12.10.1995 – 18 U 43/95, NJW-RR 1996, 361 f. = TranspR 1996, 151; OLG Köln Urt. v. 20.6.1997 – 19 U 225/96, TranspR 1996, 303 (304); Giemulla/Schmid/*Müller-Rostin* Rn. 12; *Reuschle* Rn. 20; aA *Koller* Rn. 2, der lediglich eine Erschütterung, aber keine Widerlegung der Vermutungswirkung annimmt.

[11] *Reuschle* Rn. 22; MüKoHGB/*Ruhwedel* Rn. 19 ff.

[12] *Reuschle* Rn. 22.

Darunter ist der Zustand zu verstehen, der sich mit den **Mitteln** und der **Sorgfalt** überprüfen lässt, die einem CMR-Frachtführer zur Verfügung stehen.[13]

Das **Montrealer Übereinkommen** regelt nicht, ob und inwieweit der Luftfrachtführer zur Nach- **11** prüfung der im Luftfrachtbrief bzw. in der Empfangsbestätigung enthaltenen Angaben verpflichtet oder berechtigt ist. Entsprechend sind lückenfüllend die einschlägigen Vorschriften des anzuwendenden nationalen Rechts **(Art. 3, 5 Abs. 1 Rom I-VO)** heranzuziehen.[14] Eine **Verpflichtung zur Nachprüfung** besteht grundsätzlich nicht, weil der Luftfrachtführer dadurch angesichts der Vielzahl und der Unterschiedlichkeit der zu befördernden Güter überfordert würde. Dementsprechend bestimmt **Art. 5 Nr. 2 der Allgemeinen Beförderungsbedingungen der Lufthansa Cargo KG:**[15] „Der Absender hat das Gut in für die sichere Luftbeförderung geeigneter Weise so zu verpacken, dass es vor Verlust, Beschädigung oder Verderb geschützt ist und keinen Personen- oder Sachschaden verursachen kann". Gemäß **§ 409 Abs. 3 S. 2 HGB** besteht allerdings dann eine **Überprüfungspflicht des Frachtführers,** wenn der Absender dies verlangt und angemessene Mittel dafür zur Verfügung stehen. Ein **Recht zur Nachprüfung** wird man dem **Luftfrachtführer** schon aus Gründen der Sicherheit nicht verwehren dürfen, auch wenn der Absender der Prüfung nicht zustimmt.[16]

IV. Prozessuales

Der **Luftfrachtbrief** und die **Empfangsbestätigung** sind **Beweisurkunden** iSd **§ 416 ZPO. 12** Wenn nach **Art. 3 oder 5 Abs. 1 Rom I-VO** das **Verfahren der Beweiserhebung** und der **Beweiswürdigung** damit der **lex fori** unterliegt, so bedeutet dies bei einem Verfahren in der Bundesrepublik Deutschland, dass **deutsches Recht** einschließlich des **deutschen Zivilprozessrechts** Anwendung findet. Dessen Regeln können auch auf ausländisches Recht verweisen.[17]

Art. 12 Verfügungsrecht über die Güter

(1) [1]**Der Absender ist unter der Bedingung, dass er alle Verpflichtungen aus dem Frachtvertrag erfüllt, berechtigt, über die Güter in der Weise zu verfügen, dass er sie am Abgangs- oder Bestimmungsflughafen sich zurückgeben, unterwegs während einer Landung aufhalten, am Bestimmungsort oder unterwegs an eine andere Person als den ursprünglich bezeichneten Empfänger abliefern oder zum Abgangsflughafen zurückbringen lässt.** [2]**Dieses Recht kann nur insoweit ausgeübt werden, als dadurch der Luftfrachtführer oder die anderen Absender nicht geschädigt werden; der Absender ist zur Erstattung der durch die Ausübung dieses Rechts entstehenden Kosten verpflichtet.**

(2) **Ist die Ausführung der Weisungen des Absenders unmöglich, so hat der Luftfrachtführer ihn unverzüglich zu verständigen.**

(3) **Kommt der Luftfrachtführer den Weisungen des Absenders nach, ohne die Vorlage der diesem übergebenen Ausfertigung des Luftfrachtbriefs oder der Empfangsbestätigung über die Güter zu verlangen, so haftet er unbeschadet seines Rückgriffsanspruchs gegen den Absender dem rechtmäßigen Besitzer des Luftfrachtbriefs oder der Empfangsbestätigung über die Güter für den daraus entstehenden Schaden.**

(4) [1]**Das Recht des Absenders erlischt mit dem Zeitpunkt, in dem das Recht des Empfängers nach Artikel 13 entsteht.** [2]**Es lebt jedoch wieder auf, wenn der Empfänger die Annahme der Güter verweigert oder wenn er nicht erreicht werden kann.**

Schrifttum: *Boettge,* Das Luftfrachtrecht nach dem Montrealer Übereinkommen, VersR 2005, 908; *Faesch,* Das Verfügungsrecht des Absenders und Empfängers im Luftfrachtverkehr, IntTranspZ 1955, 2332; *Gran,* Die Beförderungsbedingungen im Luftfrachtverkehr, TranspR 1999, 173; *Grönfors,* Verfügungsrecht und Kreditsicherheit beim Luftgütertransport ohne Dokument, FS Alex Meyer, 1975, 103; *Guldimann,* Internationales Lufttransportrecht, 1965; *Koller,* Rechtsnatur und Rechtswirkungen frachtrechtlicher Sperrpapiere, TranspR 1994, 181; *Müller-Rostin,* Verfügungsrechte und Anspruchsberechtigung von Absender und Empfänger nach dem Warschauer Abkommen, TranspR 1989, 1; *Müller-Rostin,* Die Anspruchsberechtigung für Güterschäden nach dem Warschauer Abkommen, TranspR 1995, 89; *Neupert,* Zur Aktivlegitimation für Schadensersatzansprüche gegen den Luftfrachtführer auf Grund des Warschauer Abkommens, ASDA 1988, 24; *Reuschle,* Montrealer Übereinkommen, 2. Aufl. 2011; *Ruhwedel,* Der Luftbeförderungsvertrag, 3. Aufl. 1998; *Ruhwedel,* Der Luftfrachtbrief, TranspR 1983, 1; *Thume,* Zur Stellung des Empfängers im neuen Frachtrecht, Festgabe für Herber 2000, 153.

Parallelvorschriften: Art. 12 WAbk; Art. 12 CMR; Art. 30 CIM; § 418 HGB.

---

[13] BGH Urt. v. 9.6.2004 – I ZR 266/00, NJW-RR 2004, 1482 (1483 f.) = TranspR 2004, 369; Giemulla/Schmid/*Müller-Rostin* Rn. 22.

[14] Giemulla/Schmid/*Müller-Rostin* Rn. 24; *Reuschle* Rn. 31; MüKoHGB/*Kronke* WAbk Art. 11 Rn. 18.

[15] Abgedruckt bei Giemulla/Schmid Anh. II–4.

[16] Giemulla/Schmid/*Müller-Rostin* Rn. 24; *Guldimann* WAbk Art. 11 Rn. 12.

[17] Soergel/*Kronke* EGBGB Art. 38 Anh. IV Rn. 124; *Schack,* Internationales Zivilverfahrensrecht, 7. Aufl. 2017, Rn. 44 ff.

Übersicht

I. Allgemeines

1   **1. Normzweck.** Die Vorschrift des **Art. 12** enthält Bestimmungen über das **Verfügungsrecht des Absender(Abs. 1 und 3)** und zu **Pflichten des Luftfrachtführers (Abs. 2 und 3).** Der Absender kann während der Beförderung in gewissen Grenzen durch **Weisungen** an den Luftfrachtführer über das Gut verfügen **(Recht zur einseitigen Vertragsänderung).**[1] Dem Luftfrachtbrief kommt hierbei eine **Sperrfunktion** zu. Das Verfügungsrecht des Absenders gem. **Art. 12 Abs. 1** ist **dispositiv;** es kann mithin von den **Parteien** des Beförderungsvertrages **abbedungen** werden.[2] Bei **Standardbedingungen** ist darauf zu achten, dass diese im Transportdokument festgehalten sind **(Art. 15 Abs. 2).** Die Bestimmung des **Art. 12** berührt weder den **Gefahrenübergang** noch den **Eigentumsübergang.** Diese richten sich nach dem anwendbaren einheits- oder nationalen Kaufrecht bzw. Sachenrechtsstatut.[3] Macht der Absender von seinem **Verfügungsrecht** bis zur Ankunft des Gutes am Bestimmungsort in zulässiger Weise Gebrauch, so verwandelt sich die **Verpflichtung** des **Luftfrachtführers** durch die einseitige Erklärung des Absenders in dem von der Weisung betroffenen Umfang automatisch in eine **andere Leistungspflicht,** ohne dass es einer beidseitigen vertraglichen Änderung des Luftfrachtvertrages bedarf.[4]

2   **2. Entstehungsgeschichte.** Das Montrealer Übereinkommen hat in **Art. 12** weitgehend den Text von **Art. 12 WAbk** übernommen. Inhaltlich relevante **Abweichungen** ergeben sich nur daraus, dass der Empfangsbestätigung gem. **Art. 4 Abs. 2** die gleiche **Sperrfunktion** wie der **dritten Ausfertigung** des Luftfrachtbriefes zukommt.

II. Verfügungsrecht gem. Abs. 1

3   **1. Inhalt des Verfügungsrechts. Grundlage** des **Verfügungsrechts** ist das **Bestehen eines Luftfrachtvertrages.** Das Verfügungsrecht steht gem. **Art. 12 Abs. 1** dem **Absender** zu. Es ist an die schuldrechtliche Vertragsposition des Absenders geknüpft. **Eigentum oder Besitz** des Verfügungsberechtigten sind nicht erforderlich.[5] Die **Ausübung** des Verfügungsrechts erfolgt durch Erteilung **einzelner Weisungen** gegenüber dem Luftfrachtführer.

4   Das **Verfügungsrecht** kann gem. **Art. 12 Abs. 1 S. 2** nur unter der Voraussetzung ausgeübt werden, dass weder dem Luftfrachtführer noch anderen **Absendern** ein Schaden zugefügt wird und die **Ausführung** der erteilten Weisung auch tatsächlich möglich ist. Das Verfügungsrecht steht dem Absender ab **Übergabe** des Frachtgutes an den **Luftfrachtführer** zu. Die **Weisungen** des Absenders können sowohl dem vertraglichen als auch dem nachfolgenden Frachtführer **(Art. 36)** erteilt werden. Wie sich aus **Art. 14** ergibt, kann das Verfügungsrecht sowohl im **Eigeninteresse** als auch im **Interesse eines Dritten** ausgeübt werden.[6]

5   Der **Absender** hat **vier Möglichkeiten,** über das Frachtgut zu verfügen. Er kann den Luftfrachtführer anweisen:

– ihm die **Güter** am Abgangs- oder Bestimmungsflughafen **zurückzugeben;**
– die Güter **unterwegs** während einer Landung aufzuhalten;
– die Güter am Bestimmungsort oder unterwegs an eine andere Person als an den ursprünglichen Empfänger abliefern zu lassen;
– die Güter vom Luftfrachtführer an den **Abgangsflughafen** zurückbringen zu lassen.

---

[1] *Reuschle* Rn. 1; MüKoHGB/*Ruhwedel* Rn. 12.
[2] Giemulla/Schmid/*Müller-Rostin* Rn. 1; MüKoHGB/*Ruhwedel* Rn. 1; s. auch Art. 7 IATA-Conditions of Carriage for Cargo, dazu *Gran* TranspR 1999, 173 (185).
[3] Palandt/*Thorn,* 77. Aufl. 2018, Rom I-VO Art. 4 Rn. 5 f. (zum Gefahrenübergang); Palandt/*Thorn,* 77 Aufl. 2018, EGBGB Art. 43 Rn. 1, 3 ff., 9 (zum Sachenrechtsstatut); *Reuschle* Rn. 4.
[4] *Reuschle* Rn. 1; MüKoHGB/*Ruhwedel* Rn. 12.
[5] Giemulla/Schmid/*Müller-Rostin* Rn. 2.
[6] *Reuschle* Rn. 15.

Der **Luftfrachtführer** muss die **Weisungen** des **Absenders** nur dann ausführen, wenn dieser zum 6
Zeitpunkt des Zugangs der Weisung alle ihm obliegenden, **fälligen Verpflichtungen aus dem Luftfrachtvertrag** erfüllt hat.[7] Unter **Erfüllung der Vertragspflichten** des Absenders wird insbesondere
die **Entrichtung** des **Beförderungsentgelts** sowie die **Erstattung** von **Auslagen** verstanden. Ist
gesetzlich oder vertraglich nichts anderes bestimmt, so ist der Absender nicht zu Vorleistungen verpflichtet. Nach deutschem Recht **(Art. 3, 5 Abs. 1 Rom I-VO)** ist der **Vergütungsanspruch** des
Frachtführers gem. **§ 420 Abs. 1 S. 1 HGB** bei **Ablieferung** des Gutes zu erfüllen. Erteilt der
Absender im Falle des **Annahmeverzuges des Empfängers** die Weisung, das Gut zurückzubefördern,
so muss er allerdings mit Eintritt des Annahmeverzuges die **fällige Fracht** zahlen.[8] Der **Fälligkeits-
punkt** für die Frachtvergütung kann durch vertragliche Vereinbarung **vorverlagert** werden.[9]

Der **Luftfrachtführer** muss den **Weisungen des Absenders** nicht nachkommen, wenn durch 7
deren Ausführung ein **Schaden** für ihn selbst oder andere Versender ernsthaft zu befürchten ist, weil es
dem Luftfrachtführer bei einer solchen Fallgestaltung **unzumutbar** ist, die Weisung auszuführen.[10] Bei
der Beurteilung der **Schadenswahrscheinlichkeit** steht dem Luftfrachtführer ein **Ermessensspielraum** zu.[11] Dabei ist zu beachten, dass die **Gefährdung konkret** sein muss. Führt der Luftfrachtführer
die Verfügung aus und kommen dadurch andere Versender zu Schaden, so ist er diesen gegenüber
gegebenenfalls zu **Schadensersatz** verpflichtet.[12]

Die Vorschrift des Art. **12 Abs. 1 S. 1** ermöglicht nur **bestimmte Arten** von Weisungen. Eine 8
Weisung zur Abweichung von der Strecke ist nicht zulässig. Auch können Weisungen von **Bedingungen** abhängig gemacht werden.

Der **Absender** kann das **Verfügungsrecht** nicht einseitig erweitern. Eine **Überschreitung** des 9
Verfügungsrechts ist gem. **Art. 15 Abs. 2** als Angebot zur **Vertragsänderung** zu werten. Hierzu
zählen etwa Weisungen, vom vereinbarten Kurs abzuweichen oder das Gut auf ein anderes **Transportmittel** zu verbringen.[13]

2. Form der Weisung. Die **Weisungen** können grundsätzlich – sofern das **Vertragsstatut** oder 10
Individualvereinbarungen (Art. 15 Abs. 2) nichts Abweichendes bestimmen – **formlos** erfolgen.[14]
Da das Montrealer Übereinkommen keine Formvorschrift für die vom Absender erteilte Weisung
enthält, sind insbesondere die **Allgemeinen Beförderungsbedingungen** der Luftfrachtführer zu
beachten, so beispielsweise **Art. 7 der ABB-Fracht der Lufthansa Cargo AG.**[15] Der Absender kann
seine **Weisungen** frei widerrufen und auch in sonstiger Weise im Rahmen des **Art. 12 Abs. 1 S. 1**
frei **abändern.**

3. Schranken des Verfügungsrechts. Der **Luftfrachtführer** braucht die **Weisungen** des Absen- 11
ders nicht zu befolgen, wenn das **Luftfrachtbriefdritt**, das ausgestellt wurde, **nicht vorgelegt** wird
(**Sperrfunktion** des Luftfrachtbriefdritts), es sei denn eine abweichende Vereinbarung wurde im Brief
eingetragen **(Art. 15 Abs. 2).** Ein **Weigerungsrecht** des **Luftfrachtführers** besteht auch dann,
wenn der Luftfrachtbrief nachweislich untergegangen ist.[16] Führt der Luftfrachtführer **ohne Vorlage**
des **Luftfrachtbriefdritts** Weisungen aus, so können ihm **Schadensersatzansprüche** drohen
(→ Rn. 20).

Der Absender ist für seine **Weisungsbefugnis beweispflichtig.** Die Innehabung des **Luftfracht-** 12
briefdritts spricht für seine **Verfügungsberechtigung.**[17] Des Weiteren obliegt dem Absender die
Beweislast dafür, dass die von ihm erteilte **Weisung** für den Luftfrachtführer **zumutbar** und **ausführbar** war.[18]

4. Kostenerstattung. Der **Absender** hat dem **Frachtführer** zusätzliche, unvermeidbare[19] **Kosten** 13
zu erstatten, die diesem durch die Ausführung der **Weisung** entstanden sind. **Erstattungsfähig** sind
nicht nur die vorhersehbare Kosten, sondern grundsätzlich alle **freiwilligen Aufwendungen,** die in
unmittelbarem Zusammenhang mit der Ausführung der erteilten Weisung stehen.[20]

---

[7] BGH Urt. v. 27.10.1988 – I ZR 156/88, NJW-RR 1989, 160 = TranspR 1989, 60; *Reuschle* Rn. 22;
MüKoHGB/*Ruhwedel* Rn. 22; aA wohl Giemulla/Schmid/*Müller-Rostin* Rn. 20.

[8] *Reuschle* Rn. 23.

[9] *Reuschle* Rn. 23; s. ausf. Giemulla/Schmid/*Müller-Rostin* Rn. 17 ff.

[10] *Koller* WAbk Art. 12 Rn. 7; Giemulla/Schmid/*Müller-Rostin* Rn. 22; *Reuschle* Rn. 24.

[11] MüKoHGB/*Kronke,* 1. Aufl. 1997, WAbk Art. 12 Rn. 7; *Reuschle* Rn. 24.

[12] Giemulla/Schmid/*Müller-Rostin* Rn. 23.

[13] *Guldimann* WAbk Art. 12 Rn. 9.

[14] Giemulla/Schmid/*Müller-Rostin* Rn. 14; *Reuschle* Rn. 8; *Koller* WAbk Art. 12 Rn. 3.

[15] Abgedruckt bei Giemulla/Schmid Anh. II–4 und bei *Reuschle* Anh. III–6 (Stand März 2011).

[16] *Reuschle* Rn. 27 f.; Giemulla/Schmid/*Müller-Rostin* Rn. 35 ff.; *Koller* WAbk Art. 12 Rn. 13; *Koller* TranspR
1994, 181 (183).

[17] *Reuschle* Rn. 14; *Koller* TranspR 1994, 181 (185).

[18] BGH Urt. v. 9.10.1964 – Ib ZR 226/62, NJW 1964, 2348 (2350); *Reuschle* Rn. 24; *Koller* WAbk Art. 12
Rn. 7.

[19] *Guldimann* WAbk Art. 12 Rn. 28; Giemulla/Schmid/*Müller-Rostin* Rn. 27.

[20] *Guldimann* WAbk Art. 12 Rn. 28; Giemulla/Schmid/*Müller-Rostin* Rn. 27.

14   **Extrem hohe Kosten,** auf die der **Frachtführer** den Absender trotz **Vorhersehbarkeit** nicht hingewiesen hat, sind dagegen nicht erstattungspflichtig.²¹ Eine **Kostenerstattungspflicht** entfällt auch dann, wenn der **Luftfrachtführer** die Kosten nicht als erforderlich ansehen durfte.²¹

15   **5. Nichtbefolgung einer zulässigen Weisung.** Der **Luftfrachtführer** muss den **zulässigen Weisungen** des Absenders nachkommen, wenn deren Ausführung ihm **zumutbar** und objektiv **möglich** ist. Sollte durch die **Nichtausführung** einer **zulässigen** Weisung ein Schaden entstehen, so muss der Luftfrachtführer diesen gegebenenfalls ersetzen. Das **Montrealer Übereinkommen** enthält keine ausdrücklichen Regelungen über den Umfang der Schadensersatzpflicht des Luftfracht- führers im Falle der **Nichtbefolgung** einer zulässigen Weisung. Sofern die **Haftungstatbestände** der Art. 18 (Zerstörung, Verlust und Beschädigung des Gutes) oder Art. 19 (Verspätung) erfüllt sind, bemisst sich die **Schadensersatzpflicht des Luftfrachtführers** nach diesen Bestimmungen.²² Diese Haftung ist gem. **Art. 26** zwingender Natur und nach **Art. 22 Abs. 3** auf **19 SZR** begrenzt.²³ Im Übrigen kommen die **allgemeinen Regeln** über die Nicht-, Schlecht- oder verspätete Erfüllung zur Anwendung, bei **Geltung** deutschen Rechts **(Art. 3, 5 Abs. 1 Rom I-VO)** insbesondere § 280 **BGB.**²⁴

16   Befolgt der **Luftfrachtführer** eine Weisung und hält die Güter bei einer **Zwischenlandung** an, so haftet er dem Absender nicht, wenn die **Zollbehörde** wegen fehlender Zollpapiere die Sendung **beschlagnahmt.** Lediglich dann, wenn der Luftfrachtführer auf Grund seiner **Erfahrung** oder sons- tiger Umstände eine **Gefährdung der Güter** hätte in Erwägung ziehen müssen, kann dem Luftfracht- führer auf Grund allgemeiner **Sorgfaltspflicht** gegenüber dem **Absender** die **Verpflichtung oblie- gen,** diesen auf die drohende Gefährdung hinzuweisen.²⁵

III. Unverzügliche Benachrichtigung (Abs. 2)

17   Wenn der Frachtführer eine Weisung nicht ausführt, muss er den Absender **unverzüglich**²⁶ **benachrichtigen.** Dem Luftfrachtführer steht aber eine angemessene **Bedenkzeit** für seine Ent- scheidung zur Verfügung, ob er die Weisung ausführen wird. Denn „**unverzüglich**" bedeutet „**ohne schuldhaftes Zögern**" (§ 121 Abs. 1 BGB).

18   Die **Benachrichtigungspflicht** trifft den **Luftfrachtführer** nicht nur, wenn ihm die Ausführung der Weisung objektiv oder subjektiv unmöglich ist, sondern auch in den Fällen des **Art. 12 Abs. 1 S. 2.**²⁷ Eine **Benachrichtigung** ist allerdings dann nicht erforderlich, wenn der Absender die **dritte Ausfertigung** des Luftfrachtbriefs bzw. die Empfangsbestätigung **nicht vorgelegt** hat, weil der Absender die **Unbeachtlichkeit** der Weisung dann **kennen** muss.²⁸

19   **Unterlässt** der Luftfrachtführer eine **gebotene Benachrichtigung** des Absenders vollständig oder erfolgt die Benachrichtigung **verspätet,** kann ihn gegebenenfalls eine **Schadensersatzpflicht** tref- fen.²⁹ Wird der Schaden von den **Haftungstatbeständen der Art. 18, 19** umfasst, so richtet sich die **Schadensersatzpflicht** des Luftfrachtführers nach diesen Vorschriften, wobei dann auch **Art. 22 Abs. 3** beachtet werden muss (auch → Rn. 15). Ist das nicht der Fall, ergibt sich die Schadensersatz- pflicht des Luftfrachtführers bei **Anwendung deutschen Rechts (Art. 3, 5 Abs. 1 Rom I-VO)** vor allem aus § 280 BGB.³⁰

IV. Bedeutung des Luftfrachtbriefdritts

20   Das **Luftfrachtbriefdritt** und die **Empfangsbestätigung** sind – ebenso wie der **CMR-Fracht- brief (Art. 12 CMR)** – **Sperrpapiere.** Wird das Luftfrachtbriefdritt, das ausgestellt worden ist, nicht vorgelegt, ist der Luftfrachtführer berechtigt, **Weisungen** des Absenders **nicht zu befolgen.**³¹ Etwas anderes ist allerdings dann anzunehmen, wenn kein Luftfrachtbriefdritt existiert oder wenn in das Luftfrachtbriefdritt eine **abweichende Vereinbarung** eingetragen worden ist **(Art. 15 Abs. 2)** und bei Vorlage einer schriftlichen Zustimmung des rechtmäßigen Besitzers. Der **Luftfrachtführer** muss

---

²¹ *Reuschle* Rn. 31; MüKoHGB/*Kronke,* 1. Aufl. 1997, WAbk Art. 12 Rn. 16; *Guldimann* WAbk Art. 12 Rn. 28; Giemulla/Schmid/*Müller-Rostin* Rn. 27.

²² Giemulla/Schmid/*Müller-Rostin* Rn. 29; *Koller* WAbk Art. 12 Rn. 11; MüKoHGB/*Ruhwedel* Rn. 27 f.; *Ruhwe- del* Der Luftbeförderungsvertrag Rn. 228.

²³ MüKoHGB/*Ruhwedel* Rn. 28.

²⁴ *Reuschle* Rn. 44; *Koller* WAbk Art. 12 Rn. 11; MüKoHGB/*Ruhwedel* Rn. 27 f.

²⁵ BGH Urt. v. 9.10.1964 – Ib ZR 226/62, NJW 1964, 2348 f.

²⁶ *Koller* WAbk Art. 12 Rn. 12; Giemulla/Schmid/*Müller-Rostin* Rn. 33.

²⁷ *Koller* WAbk Art. 12 Rn. 12; Giemulla/Schmid/*Müller-Rostin* Rn. 31; *Reuschle* Rn. 34.

²⁸ *Koller* WAbk Art. 12 Rn. 12.

²⁹ *Reuschle* Rn. 44; *Koller* WAbk Art. 12 Rn. 12: Giemulla/Schmid/*Müller-Rostin* Rn. 34; auch → Rn. 15.

³⁰ *Reuschle* Rn. 44; *Koller* WAbk Art. 12 Rn. 12; MüKoHGB/*Ruhwedel* Rn. 27 f.; aA wohl Giemulla/Schmid/ *Müller-Rostin* Rn. 34: nur Art. 18 ff.

³¹ *Koller* WAbk Art. 12 Rn. 13; Giemulla/Schmid/*Müller-Rostin* Rn. 26, 35 ff.

sich das **Original** des Luftfrachtbriefdritts vorlegen lassen, da nur dieses in den Vorschriften des **Montrealer Übereinkommens** genannt wird.[32]

Der Luftfrachtführer macht sich **schadensersatzpflichtig,** wenn er Verfügungen des Absenders 21 ausführt, ohne sich das Luftfrachtbriefdritt vorlegen zu lassen. Er haftet **verschuldensunabhängig** für einen daraus adäquat kausal entstandenen Schaden.[33] **Anspruchsberechtigt** ist der **rechtmäßige Besitzer** des Luftfrachtbriefes bzw. der Empfangsbestätigung. Das ist derjenige, der in nicht **anfechtbarer Weise** Besitz am Luftfrachtbriefdritt bzw. der Empfangsbestätigung **vom Absender** oder **dessen Rechtsnachfolger** erworben hat. Ausreichend ist der Erwerb des mittelbaren Besitzes.[34] Zu den „**rechtmäßigen Besitzern**" zählen insbesondere der (im Luftfrachtbrief genannte) **Empfänger** oder ein sein Besitzrecht von ihm oder vom Absender ableitender Dritter, beispielsweise **Kredit gebende Banken.**[35] In **Art. 12 Abs. 3** ist ausdrücklich ein **Rückgriffsrecht** des Luftfrachtführers gegen den Absender normiert. Der **Rückgriffsanspruch** erfordert ein **Verschulden** des **Absenders.** Dieses kann darin gesehen werden, dass der **Absender** bei Verfügungen ohne Vorlage des Luftfrachtbriefdritts bzw. der Empfangsbestätigung den **Luftfrachtführer** einem **Schadensersatzanspruch** des rechtmäßigen Besitzers des Luftfrachtbriefdritts bzw. der Empfangsbestätigung **aussetzt.**[36] Zu den **Anspruchsgrundlagen** für den gegen den Luftfrachtführer gerichteten Schadensersatzanspruch → Rn. 19.

Das Luftfrachtbriefdritt ist **kein Legitimationspapier** im Sinne des **Wertpapierrechts.** Der Besitz 22 dieses Dokuments sagt nichts darüber aus, wer **berechtigt** ist, über das **Gut** zu **verfügen.** Die **Weisungen** eines **Nichtberechtigten** sind deshalb auch bei Gutgläubigkeit des Luftfrachtführers **unbeachtlich.** Kommt es wegen **Befolgung** der **Weisung** eines **Nichtberechtigten** zu einem Schaden, so muss der Luftfrachtführer dafür entweder nach Art. 18 ff. oder – abhängig von der **Art** des **Schadens** – nach dem anwendbaren **nationalen Recht** Ersatz leisten. Als **Beweismittel** (Indiz) kann das **Luftfrachtbriefdritt** aber große Bedeutung haben.[37]

V. Erlöschen und Wiederaufleben des Verfügungsrechts

Das **Verfügungsrecht** des Absenders **erlischt** grundsätzlich mit Ankunft des Gutes am **Bestim-** 23 **mungsort (Art. 12 Abs. 4 iVm Art. 13 Abs. 1).** Auf ein Ausladen der Güter kommt es nicht an.[38] Des Weiteren **erlischt** das **Verfügungsrecht** des Absenders nach Ablauf der in **Art. 13 Abs. 3** bestimmten Frist, wenn das Gut also verspätet oder überhaupt nicht am Bestimmungsort ankommt.[39] Für diesen Fall bestimmt **Art. 13 Abs. 3,** dass die **Rechte** des **Empfängers** an die Stelle des Verfügungsrechts des Absenders treten. **Der Untergang des Gutes** führt ebenfalls zum **Erlöschen** des **Verfügungsrechts,** weil dadurch das Objekt des Verfügungsrechts weggefallen ist.[40]

Verweigert der Empfänger die **Annahme** der Güter oder kann der **Empfänger nicht erreicht** 24 werden, so lebt das **Verfügungsrecht** des Absenders gem. **Art. 12 Abs. 4 S. 2** wieder auf. Eine **Verzichtserklärung** des Empfängers für den Fall des Auffindens verloren gegangener Frachtgüter kann der **Annahmeverweigerung** gleichkommen.[41] Der Empfänger ist **unerreichbar,** wenn er nicht ohne Schwierigkeiten unter der im **Frachtbriefdoppel** angegebenen Adresse ermittelt oder erreicht werden kann.[42] Den Luftfrachtführer trifft – ebenso wie nach Art. 12 Abs. 2 – eine Pflicht zur **unverzüglichen Benachrichtigung** des Absenders. Denn eine **Annahmeverweigerung** und **Unerreichbarkeit** des **Empfängers** sind gleich zu behandeln wie die Nichtausführung von Weisungen des Vertragspartners.

Art. 13 Ablieferung der Güter

(1) **Sofern der Absender nicht von seinem Recht nach Artikel 12 Gebrauch gemacht hat, ist der Empfänger berechtigt, bei Eintreffen der Güter am Bestimmungsort vom Luftfrachtführer die Ablieferung der Güter gegen Zahlung der geschuldeten Beträge und gegen Erfüllung der Beförderungsbedingungen zu verlangen.**

(2) **Sofern nichts anderes vereinbart ist, hat der Luftfrachtführer dem Empfänger das Eintreffen der Güter unverzüglich anzuzeigen.**

---

[32] *Koller* WAbk Art. 12 Rn. 13; MüKoHGB/*Ruhwedel* Rn. 15.
[33] *Reuschle* Rn. 37; Giemulla/Schmid/*Müller-Rostin* Rn. 38 ff.; *Koller* WAbk Art. 12 Rn. 1; MüKoHGB/*Ruhwedel* Rn. 15.
[34] Giemulla/Schmid/*Müller-Rostin* Rn. 38; *Guldimann* WAbk Art. 12 Rn. 44; *Reuschle* Rn. 38.
[35] *Reuschle* Rn. 38; Giemulla/Schmid/*Müller-Rostin* Rn. 38.
[36] *Reuschle* Rn. 42.
[37] *Koller* WAbk Art. 12 Rn. 14; *Koller* TranspR 1994, 181 (183 ff.).
[38] Giemulla/Schmid/*Müller-Rostin* Rn. 45; *Reuschle* Rn. 45.
[39] Giemulla/Schmid/*Müller-Rostin* Rn. 45; *Reuschle* Rn. 45; *Guldimann* WAbk Art. 12 Rn. 49.
[40] *Koller* WAbk Art. 12 Rn. 14; *Koller* TranspR 1994, 181 (183 ff.).
[41] Giemulla/Schmid/*Müller-Rostin* Rn. 48; *Guldimann* WAbk Art. 12 Rn. 52; *Müller-Rostin* TranspR 1989, 1.
[42] *Reuschle* Rn. 47; MüKoHGB/*Kronke,* 1. Aufl. 1997, WAbk Art. 12 Rn. 27.

(3) Hat der Luftfrachtführer den Verlust der Güter anerkannt oder sind die Güter nach Ablauf von sieben Tagen seit dem Tag, an dem sie hätten eintreffen sollen, nicht eingetroffen, so kann der Empfänger die Rechte aus dem Frachtvertrag gegen den Luftfrachtführer geltend machen.

Schrifttum: S. Vor Art. 1 und bei Art. 1; ferner: *Bodis/Remiorz,* Der Frachtzahlungsanspruch gegen den Empfänger nach § 421 Abs. 2 HGB, TranspR 2005, 438; *Grönfors,* Verfügungsrecht und Kreditsicherheit beim Luftgütertransport ohne Dokument, FS Alex Meier, 1975, 103 ff.; *Guldimann,* Internationales Lufttransportrecht 1965; *Koller,* Die Haftung des Unterfrachtführers gegenüber dem Empfänger, VersR 1988, 673; *Koller,* Der Unterfrachtführer als Schuldner und Gläubiger TranspR 2009, 451; *Koller,* Sind die Art. 31 und 35 MÜ bei Multimodaltransporten zu beachten?, RdTW 2014, 341; *Müller-Rostin,* Verfügungsrechte und Anspruchsberechtigung für Güterschäden nach dem Warschauer Abkommen, TranspR 1989, 1; *Müller-Rostin,* Erfordernis der Novellierung der frachtrechtlichen Vorschriften des Warschauer Abkommens durch eine Ratifikation des Montrealer Protokolls Nr. 4, TranspR 1994, 321; *Müller-Rostin,* Die Anspruchsberechtigung für Güterschäden nach dem Warschauer Abkommen, TranspR 1995, 89; *Ruhwedel,* Der Luftbeförderungsvertrag 1998; *Schoner,* Anleitung für Schadensfälle im internationalen Luftfrachtrecht, TranspR 1978, 68; *Thume,* Keine Rechte des Empfängers nach Art. 13 Abs. 1 CMR und § 435 HGB gegen den Unterfrachtführer?, TranspR 1991, 85; *Thume,* Die Ansprüche des geschädigten Dritten im Frachtrecht TranspR 2010, 45; *Tunn,* Rechtsstellung des Empfängers im Frachtrecht, TranspR 1996, 401; *Valder,* Frachtzahlung durch den Empfänger, FS Thume, 2008, 263.

Parallelvorschriften: Art. 13 WAbk; Art. 13 CMR; Art. 17 § 1 CIM; § 421 HGB.

I. Allgemeines

1   **1. Normzweck.** Die Vorschrift des **Art. 13** regelt die Rechte des Empfängers **nach Ankunft** (Abs. 1) oder **bei Verlust** (Abs. 3) der Güter. Daneben wird eine **Anzeigepflicht** des Frachtführers normiert (Abs. 2). Die Regelungen des **Art. 13** enthalten **dispositives** Recht.[1] Bei **Art. 13** handelt es sich um eine **Kernvorschrift** des Montrealer Übereinkommens unter dem Gesichtspunkt, dass es bei Gütertransporten regelmäßig zu **Dreiecksverhältnissen** (Absender, Frachtführer, Empfänger) kommt. Der **Luftfrachtvertrag** ist als echter **Vertrag zugunsten Dritter** iSv **§ 328 BGB** zu qualifizieren.[2] **Begünstigter** des zwischen dem Absender und dem Frachtführer geschlossenen Vertrages ist der **Empfänger** des Gutes. Seine Rechte und Pflichten sind in **Art. 13** geregelt. Der Empfänger macht seine Rechte im eigenen Namen (und nicht etwa als Rechtsnachfolger des Absenders) geltend.[3]

2   **2. Entstehungsgeschichte.** Die Vorschrift des **Art. 13** entspricht im Wesentlichen **Art. 13 WAbk.** Eine **Abweichung** gegenüber Art. 13 WAbk besteht darin, dass der Empfänger vom Luftfrachtführer nicht mehr die Aushändigung der **Zweitausfertigung des Luftfrachtbriefs** verlangen kann. Der Wegfall dieses Anspruchs beruht darauf, dass eine Luftbeförderung nach dem **Montrealer Übereinkommen** auch dokumentenlos erfolgen kann **(Art. 4 Abs. 2),** was zur Folge hat, dass dem Luftfrachtführer die Vorlage der zweiten Ausfertigung des Luftfrachtbriefs in bestimmten Fällen **unmöglich** ist.

II. Rechte des Empfängers nach Ankunft des Gutes (Abs. 1)

3   **1. Empfänger.** Die Bezeichnung des **Empfängers** erfolgt im Allgemeinen im **Frachtbrief.** Die Eintragung im Luftfrachtbrief erbringt allerdings nur einen **widerleglichen Beweis** für die Person des Empfängers **(Art. 11 Abs. 1).** Zu beachten ist, dass die Person des Empfängers während der Dauer des Luftfrachtvertrags wechseln kann, wenn der **Absender** von seinem **Verfügungsrecht gem. Art. 12 Abs. 1** Gebrauch gemacht hat.[4] Eine **nachträgliche Weisung** des Absenders geht der ursprünglichen Empfängerbestimmung vor.[5]

4   Der Empfänger kann seine Rechte aus **Art. 13** sowohl gegenüber dem **Hauptluftfrachtführer** als auch gegenüber dem **Unterluftfrachtführer** geltend machen, wenn er Adressat der Ablieferung nach dem **Hauptluftfrachtvertrag** und nach dem den Transport abschließenden **Unterfrachtvertrag** ist.[6] Der **BGH** hat seine **frühere Rspr.**,[7] wonach dem **frachtbriefmäßigen Empfänger** des Transportgutes gegen den Unterfrachtführer, der nicht aufeinanderfolgender Frachtführer iSv **Art. 30**

---

[1] *Guldimann* WAbk Art. 13 Rn. 2; *Reuschle* Rn. 2.

[2] OLG Frankfurt a. M. Urt. v. 12.7.1993 – 5 U 159/92, R/W 1994, 68; *Reuschle* Rn. 1; Giemulla/Schmid/*Müller-* Rn. 2; *Tunn* TranspR 1996, 401 (402).

[3] Giemulla/Schmid/*Müller-Rostin* Rn. 2.

[4] BGH Urt. v. 15.10.1998 – I ZR 111/96, BGHZ 140, 84 (88 ff.) = NJW 1999, 1110 (zu Art. 13 CMR); *Reuschle* Rn. 4; Giemulla/ Schmid/*Müller-Rostin* Rn. 4.

[5] Giemulla/Schmid/*Müller-Rostin* Rn. 4.

[6] BGH Urt. v. 14.6.2007 – I ZR 50/05, BGHZ 172, 330 Rn. 26 ff. = TranspR 2007, 425 f.; Urt. v. 30.10.2008 – I ZR 12/06, TranspR 2009, 130 Rn. 28 ff.; *Reuschle* Rn. 5; *Thume* TranspR 2007, 427 f.; *Thume* TranspR 2010, 45 (49); aA *Koller* Rn. 5: der Empfänger soll nur im Rahmen von Art. 39 ff. auf den Unter(luft)frachtführer zugreifen dürfen; *Koller* TranspR 2009, 451 (461).

[7] BGHZ 116, 15 (18) = TranspR 1992, 177 f.

Abs. 1 WAbk (= Art. 36) ist, keine eigenen Schadensersatzsprüche zustehen, mit Urteil vom 14.6.2007 **aufgegeben.**[8]

2. Anspruch auf Ablieferung des Gutes. Der **Empfänger** ist gem. Art. **13 Abs. 1** berechtigt, **5** sich das Gut **nach Ankunft am Bestimmungsort** aushändigen zu lassen. Als **Bestimmungsort** kann nur der vereinbarte **Endpunkt** der Beförderung angesehen werden. Ohne nähere Angaben ist dies der Flughafen, in dessen Einzugsbereich der **Empfänger** seinen **Sitz** hat. Das Gut gilt als am Bestimmungsort angekommen, wenn das Luftfahrzeug **gelandet** und in seiner **Parkposition** zum Stehen gekommen ist.[9] Bei **Multimodalbeförderungen** ist Bestimmungsort derjenige Ort, an dem die Güter aus dem Luftfahrzeug ausgeladen werden. Das gilt auch dann, wenn das Gut anschließend noch mit einem **Oberflächenbeförderungsmittel** weiterbefördert werden muss.[10]

Die **Bestimmung des Ankunftszeitpunktes** kann Schwierigkeiten bereiten, wenn die Sendung **6** aus **mehreren Teilen** besteht. Es ist dann zu unterscheiden, ob gem. **Art. 8** lediglich ein oder mehrere Frachtbriefe ausgestellt wurden. Bei einer Beförderung nur unter **einem Luftfrachtbrief** ist auf die Ankunft des **ersten Teiles** abzustellen, bei mehreren **Luftfrachtbriefen** ist für jedes einzelne Gut dessen **eigener Ankunftszeitpunkt** maßgebend.[11] Der **Ablieferungsanspruch** des Empfängers besteht nur **Zug um Zug** gegen Erfüllung der dem Empfänger aus dem Luftfrachtvertrag obliegenden Verpflichtungen (→ Rn. 7 ff.). Mit **Ankunft** der Sendung am Bestimmungsort **erlischt das Verfügungsrecht** des **Absenders** (Art. 12 Abs. 4 S. 1 iVm Art. 13 Abs. 1).

3. Gegenrechte des Luftfrachtführers. Dem **Ablieferungsanspruch** des Empfängers stehen **7** **Gegenrechte des Luftfrachtführers** gegenüber. Der Luftfrachtführer ist berechtigt, vom Empfänger Zug um Zug gegen Aushändigung des Gutes noch **offene Frachten, Auslagen und sonstige Nebenkosten** erstatten zu lassen.[12] Dabei ist zu beachten, dass den Empfänger weder eine gesetzliche noch eine vertragliche Pflicht trifft, noch nicht bezahlte **Beförderungskosten** zu begleichen. Er ist lediglich berechtigt, **Ablieferung gegen Zahlung** zu verlangen.[13] Macht der **Empfänger** von diesem Recht keinen Gebrauch, so trifft ihn auch **keine Pflicht** zur Frachtzahlung. Mit der **bloßen Entgegennahme** des Frachtguts bekundet der Empfänger im Allgemeinen **nicht** zugleich – stillschweigend – die **Geltendmachung** seines **Ableferungsanspruches**. Zur Entstehung seiner **Zahlungspflicht** bedarf es vielmehr einer davon zu unterscheidenden **Willenserklärung** des **Empfängers.**[14]

Der **Vergütungsanspruch des Frachtführers** wird gem. **§§ 641, 646 BGB, § 420 Abs. 1** **8** **HGB** erst nach vollständiger Ausführung des Beförderungsvertrages, also der **Ablieferung des Gutes** an den berechtigten **Empfänger** fällig. **Verweigert** der Empfänger die Annahme, so ist der Beförderungsvertrag gleichwohl mit der Folge erfüllt, dass der Vergütungsanspruch auch dann fällig ist, wenn es **nicht zur Übergabe der Güter** kommt.[15] Dadurch, dass der Vergütungsanspruch erst bei Ablieferung des Frachtgutes fällig wird, ist der Luftfrachtführer grundsätzlich **vorleistungspflichtig**. Die **Allgemeinen Beförderungsbedingungen** der Lufthansa Cargo AG[16] sehen demgegenüber vor (Art. 4 Nr. 4 lit. c), dass sämtliche Frachten, Gebühren und sonstigen Beträge schon zum **Zeitpunkt der Übernahme** durch den Luftfrachtführer **fällig** und **zahlbar** werden. Diese Bestimmung einer Vorleistungspflicht des Absenders dürfte einer Inhaltskontrolle nach **§ 307 BGB** standhalten.[17]

Der **Luftfrachtführer** hat des Weiteren einen Anspruch auf **Erfüllung der Beförderungsbedin-** **9** **gungen.** Hierbei handelt es sich im Wesentlichen um Zoll-, Steuer- oder Polizeivorschriften, deren Erfüllung sich aus den Allgemeinen Beförderungsbedingungen ergeben muss.[18]

---

[8] BGH Urt. v. 14.6.2007 – I ZR 50/05, BGHZ 172, 330 Rn. 26 ff. = TranspR 2007, 425 f.; Urt. v. 30.10.2008 – I ZR 12/06, TranspR 2009, 130 Rn. 28 ff.; *Reuschle* Rn. 5; *Thume* TranspR 2007, 427 f.; *Thume* TranspR 2010, 45 (49); aA *Koller* Rn. 5: Der Empfänger soll nur im Rahmen von Art. 39 ff. auf den Unter(luft)frachtführer zugreifen dürfen; *Koller* TranspR 2009, 451 (461).

[9] Giemulla/Schmid/*Müller-Rostin* Rn. 6; MüKoHGB/*Kronke*, 1. Aufl. 1997, WAbk Art. 13 Rn. 5; *Guldimann* WAbk Art. 13 Rn. 6; *Reuschle* Rn. 8.

[10] Giemulla/Schmid/*Müller-Rostin* Rn. 6; s. auch *Koller* RdTW 2014, 341 (343).

[11] *Reuschle* Rn. 9; MüKoHGB/*Kronke* WAbk Art. 13 Rn. 6; *Guldimann* WAbk Art. 13 Rn. 7; *Müller-Rostin* TranspR 1989, 1 f.

[12] Giemulla/Schmid/*Müller-Rostin* Rn. 18; MüKoHGB/*Kronke* WAbk Art. 13 Rn. 7.

[13] LG Köln Urt. v. 11.5.1970 – 15 O 113/70, ZLW 1971, 49; Giemulla/Schmid/*Müller-Rostin* Rn. 18.

[14] BGH Urt. v. 11.1.2007 – I ZR 177/04, BGHZ 171, 84 = TranspR 2007, 311 (zu § 421 Abs. 2 HGB); MüKoHGB/*Ruhwedel* Rn. 15; s. auch *Valder* FS Thume, 2008, 263.

[15] BGH Urt. v. 27.10.1988 – I ZR 156/88, NJW-RR 1989, 60 = TranspR 1989, 60; Giemulla/Schmid/*Müller-Rostin* Rn. 18; aA Cour de Cassation ETR 1988, 739.

[16] Abgedruckt bei Giemulla/Schmid Anh. II–4 und bei *Reuschle* Anh. III–6 (ABB-Cargo Stand März 2011).

[17] Giemulla/Schmid/*Müller-Rostin* Rn. 21; *Ruhwedel* Der Luftbeförderungsvertrag Rn. 249.

[18] Giemulla/Schmid/*Müller-Rostin* Rn. 23.

III. Anzeigepflicht des Luftfrachtführers (Abs. 2)

10   Der **Luftfrachtführer** muss den **Empfänger** von der **Ankunft des Gutes** unverzüglich – nach allgemeiner Auffassung bedeutet dies „ohne schuldhaftes Zögern" (§ 121 Abs. 1 BGB)[19] – **benachrichtigen.** Eine bestimmte **Form** schreibt das **Montrealer Übereinkommen** nicht vor. Ebensowenig ist im Übereinkommen der **Inhalt der Anzeige** festgelegt. Üblich ist jedoch eine **schriftliche** Benachrichtigung.[20] Bei **Multimodalbeförderungen,** bei denen die letzte **Teilstrecke** mit einem Oberflächenbeförderungsmittel ausgeführt wird, ist **Bestimmungsort** derjenige Ort, an dem das Gut aus dem Luftfahrzeug entladen wird (→ Rn. 5). Unterlässt der Luftfrachtführer die gebotene Anzeige oder erfolgt die Benachrichtigung des Empfängers **verspätet,** kann eine **Schadensersatzpflicht** nach Maßgabe der **Art. 18 ff.** in Betracht kommen.[21]

IV. Ansprüche auf Schadensersatz (Abs. 3)

11   **1. Voraussetzungen.** Ist das Gut **verlorengegangen** oder ist es nach **Ablauf** von **sieben Tagen** seit dem Tag, an dem es hätte eintreffen sollen, nicht eingetroffen, so **wird der Ablieferungsanspruch des Empfängers** nach **Art. 13 Abs. 1** durch **Sekundäransprüche** ersetzt.[22] Voraussetzung dafür ist, dass das Gut in **Verlust** geraten ist. Ein **Verlust** iSd **Art. 13 Abs. 3** ist anzunehmen, wenn er vom **Luftfrachtführer anerkannt** wird, oder wenn das Gut sieben Tage, nachdem es hätte eintreffen sollen, immer noch nicht eingetroffen ist. Die **Anerkennung des Verlustes** kann **formlos** erfolgen.[23] **Unerheblich** ist, ob das Gut tatsächlich iSv **Art. 18** verlorengegangen ist oder ob es nur zeitweilig nicht aufgefunden werden konnte. **Maßgeblich** ist, dass der **Luftfrachtführer** einen Verlust anerkennt.[24]

12   Für die **Ermittlung des Ankunftszeitpunktes** sind die **vertraglichen Vereinbarungen** maßgeblich. **Ausschlaggebend** ist die letzte gemeinsame Erwartung der Parteien.[25] Fehlt es an der Vereinbarung eines konkreten **Ankunftstermins** – was bei der Güterbeförderung nicht selten der Fall sein dürfte –, so ist für die Beförderung eine **angemessene Frist** zugrunde zu legen. Bei der **Beurteilung,** welche Frist angemessen ist, sind stets die **konkreten Umstände** des jeweiligen **Einzelfalls,** insbesondere die Art des zu befördernden Gutes und die Wetterlage, zu berücksichtigen.[26] Um zu entscheiden, welches der Tag ist, an dem das Gut hätte eintreffen sollen, bedarf es einer **Vertragsauslegung.** Bei der Fristenberechnung sind **Art. 52 (Kalendertage, nicht Werktage)** und – wenn deutsches Recht zur Anwendung kommt – die **§§ 187 ff.** BGB zu beachten. Bei der Berechnung der **Klagefrist gem. Art. 35** bleibt die siebentägige Frist unberücksichtigt.[27]

13   **2. Aktivlegitimation.** Hat der **Luftfrachtführer** den Verlust des Gutes **anerkannt,** kann der Empfänger gegen ihn die **Schadensersatzansprüche** wegen **Verlustes** aus **Art. 18** geltend machen. Die **Aktivlegitimation** des Empfängers erfordert nicht den **Übergang** des frachtrechtlichen Verfügungsrechts vom **Absender** auf den **Empfänger** und auch nicht die Vorlage der **Absenderausfertigung** des Luftfrachtbriefes.[28] Hat der Empfänger die **Verfügungsbefugnis** über das Transportgut einmal erlangt, kann er die **Rechte** aus dem **Beförderungsvertrag** grundsätzlich auch dann im **eigenen Namen** gegen den Frachtführer geltend machen, wenn er die **Annahme** der Ware **verweigert.**[29] Verzichtet der **Empfänger** auf seine Ansprüche aus **Art. 18, 19,** bleibt der **Absender** – auch wenn eine Ablieferung des Gutes erfolgt ist – anspruchsberechtigt.[30] Der **Absender** bleibt bis zum **Erwerb der Verfügungsberechtigung** des **Erwerbers** (Art. 13 Abs. 1) als **Vertragspartner** des Luftfrachtführers zur Geltendmachung der Ersatzansprüche berechtigt. Daran ändert sich nichts, wenn der **Empfänger** zur Geltendmachung der Ersatzansprüche aktivlegitimiert wird (**Doppellegitimation** von Absender und Empfänger). Aufgrund der **Gesamtgläubigerschaft** von Absender und Empfänger, die sich bei Anwendung deutschen Rechts **(Art. 3, 5 Abs. 1 Rom I-VO)** aus **§ 428 BGB**

---

[19] *Reuschle* Rn. 13; Giemulla/Schmid/*Müller-Rostin* Rn. 24; ebenso zum WAbk MüKoHGB/*Kronke* WAbk Art. 13 Rn. 11; *Koller* WAbk Art. 13 Rn. 2.

[20] Giemulla/Schmid/*Müller-Rostin* Rn. 24.

[21] Giemulla/Schmid/*Müller-Rostin* Rn. 26; *Koller* WAbk Art. 13 Rn. 2; MüKoHGB/*Kronke* WAbk Art. 13 Rn. 6; aA MüKoHGB/*Ruhwedel* WAbk Art. 13: Schadensersatzanspruch aus § 280 Abs. 1 BGB.

[22] BGH Urt. v. 3.7.2008 – I ZR 218/05, TranspR 2008, 412; Giemulla/Schmid/*Müller-Rostin* Rn. 27.

[23] OLG Köln Urt. v. 26.3.2002 – 3 U 214/01, NJW-RR 2002, 1682 (1683) = TranspR 2003, 111; *Reuschle* Rn. 15; Giemulla/Schmid/*Müller-Rostin* Rn. 29.

[24] Giemulla/Schmid/*Müller-Rostin* Rn. 29; MüKoHGB/*Kronke* WAbk Art. 13 Rn. 13.

[25] Giemulla/Schmid/*Müller-Rostin* Rn. 31.

[26] OLG Frankfurt a. M. Urt. v. 23.12.1992 – 21 U 62/91, NJW-RR 1993, 809 = TranspR 1993, 103; Giemulla/Schmid/*Müller-Rostin* Rn. 31; *Reuschle* Rn. 17.

[27] *Reuschle* Rn. 19; Giemulla/Schmid/*Müller-Rostin* Rn. 32.

[28] *Reuschle* Rn. 22.

[29] BGH Urt. v. 15.10.1998 – I ZR 111/96, BGHZ 140, 84 (90) = TranspR 1999, 102 (104) (zu Art. 13 CMR); aA *Reuschle* Rn. 23.

[30] *Reuschle* Rn. 23; Giemulla/Schmid/*Müller-Rostin* Rn. 37.

ergibt, muss der **Luftfrachtführer** nicht eine **doppelte Inanspruchnahme** befürchten.[31] Im **nationalen Recht** ist die Doppellegitimation in **§ 421 Abs. 1 S. 2 HGB** normiert.

Hat der **Empfänger** die Annahme des Gutes allerdings **verweigert,** entfallen seine ihm gem.   **13a**
Art. 13 gegenüber dem Luftfrachtführer zustehenden Rechte, einschließlich der Schadensersatzansprüche nach **Art. 18.** Denn in der **Annahmeverweigerung** kommt ein **Verzicht** des Empfängers auf seine Ansprüche gegenüber dem Luftfrachtführer zum Ausdruck mit der Folge, dass die **Verfügungsrechte** des **Absenders** wieder aufleben.[32]

Die zur Geltendmachung der Ansprüche aus **Art. 18, 19 Berechtigten** können im Wege der   **14**
Drittschadensliquidation (Art. 14) auch Schäden betroffener **Dritter** einklagen. Klagt eine **andere
Person** als der Absender oder der Empfänger einen Schaden ein, ist die **Klage abzuweisen,** wenn die Ansprüche weder abgetreten (**§ 398 BGB**) noch gesetzlich übergegangen (**§ 86 Abs. 1 VVG**) sind oder zulässigerweise in **Prozessstandschaft** geltend gemacht werden.[33]

3. Passivlegitimation. Der **Luftfrachtführer** ist als **Vertragspartner des Absenders passivlegi-**   **15**
timiert, es sei denn, **Art. 36** kommt zur Anwendung. Unter bestimmten Voraussetzungen können dem Empfänger die Ansprüche aus **Art. 18** auch gegen den **Unterluftfrachtführer,** der nicht aufeinanderfolgender Frachtführer ist, zustehen.[34]

V. Beweisfragen

Will der **Empfänger** Ansprüche gegen den **Luftfrachtführer** wegen **Verlustes** des Gutes geltend   **16**
machen, so muss er den Verlust **beweisen.** Macht der Empfänger Ansprüche wegen **verspäteter
Anlieferung** geltend, so muss er lediglich die unterbliebene Ankunft des Gutes innerhalb der **vereinbarten Frist** darlegen.[35] Hat der Empfänger dargelegt, dass das Gut nicht innerhalb der **Lieferfrist** oder der sich aus **Art. 13 Abs. 3** ergebenden Frist angekommen ist, hat der **Frachtführer substantiiert** vorzutragen, dass das Gut doch innerhalb der **Frist** am **Bestimmungsort** angekommen ist.[36]

Will der **Frachtführer** gegen den **Empfänger** die ihm aus **Art. 13 Abs. 1** zustehenden **Beträge**   **17**
geltend machen, so hat er das **Ablieferungsverlangen** des Empfängers sowie die einzelnen **Erstattungsbeträge** zu beweisen.[37]

Art. 14 Geltendmachung der Rechte des Absenders und des Empfängers

**Der Absender und der Empfänger können, gleichviel ob sie für eigene oder fremde
Rechnung handeln, die ihnen nach den Artikeln 12 und 13 zustehenden Rechte im eigenen
Namen geltend machen, sofern sie die Verpflichtungen aus dem Frachtvertrag erfüllen.**

Schrifttum: S. Vor Art. 1 und bei Art. 1; ferner: *Müller-Rostin,* Verfügungsrechte und Anspruchsberechtigung von Absender und Empfänger nach dem Warschauer Abkommen, TranspR 1989, 1; *Müller-Rostin,* Die Anspruchsberechtigung für Güterschäden nach dem Warschauer Abkommen, TranspR 1995, 89; *Neupert,* Zur Aktivlegitimation für Schadensersatzansprüche gegen den Luftfrachtführer auf Grund des Warschauer Abkommens, ASDA 24; *Schoner,* Anleitung für Schadensfälle im internationalen Luftfrachtverkehr (Teil 2), TranspR 1979, 67.

Parallelvorschriften: Art. 14 WAbk; § 421 Abs. 1 S. 2 und 3 HGB.

I. Allgemeines

Die Vorschrift des **Art. 14** ist im Verhältnis zu **Art. 14 WAbk unverändert** geblieben. Sie regelt   **1**
die Geltendmachung der Rechte, die dem **Absender** gem. **Art. 12** und dem **Empfänger** nach **Art. 13** zustehen. Bei internationalen Transporten spielt eine verdeckte oder mittelbare Stellvertretung unter Einschaltung mehrerer Spediteure eine besondere Rolle. Die Vorschrift des **Art. 14** ist **dispositiv** und kann vor allem durch **Allgemeine Beförderungsbedingungen** des Luftfrachtführers abgeändert werden (**s. auch Art. 15 Abs. 2**).[1]

---

[31] OLG Stuttgart Urt. v. 10.6.2009 – 3 U 12/09, TranspR 2010, 37 (40); *Reuschle* Rn. 24.
[32] OLG Stuttgart Urt. v. 10.6.2009 – 3 U 12/09, TranspR 2010, 37, 40; Giemulla/Schmid/*Müller-Rostin* Rn. 37.
[33] *Reuschle* Rn. 25 f.
[34] BGH Urt. v. 14.6.2007 – I ZR 50/05, NJW 2008, 289 f. = TranspR 2007, 425 f.
[35] *Giemulla* in Baumgärtel/Prütting/Laumen Beweislast-HdB Bd. IV CMR Art. 13 Rn. 2.
[36] OLG Stuttgart Urt. v. 10.6.2009 – 3 U 12/09, TranspR 2010, 37 (40); *Reuschle* Rn. 24.
[37] *Reuschle* Rn. 25 f.
[1] Giemulla/Schmid/*Müller-Rostin* Rn. 2; MüKoHGB/*Ruhwedel* Rn. 1.

II. Inhalt der Vorschrift

2 Die Bestimmung des **Art. 14** gilt nur – wie sich aus ihrem Wortlaut ergibt – für die Ansprüche von Absendern und Empfängern und nicht auch zugunsten von **Eigentümern** oder **wirtschaftlichen Endempfängern.**[2] Als **„Empfänger"** iSv **Art. 14** gilt mithin grundsätzlich der **frachtbriefmäßige Empfänger** oder der vom **Absender** durch eine **Weisung** gem. Art. 12 Abs. 1 bestimmte Empfänger.[3]

3 **Fraglich** ist, ob der Absender nach **Erlöschen seines Verfügungsrechts (Art. 12 Abs. 4 S. 1)** weiterhin berechtigt ist, Schadensersatzansprüche gegen den Luftfrachtführer wegen Verlustes oder Beschädigung des Gutes geltend zu machen. Im Anwendungsbereich der **CMR** und auch im **nationalen deutschen** Frachtrecht (**s. § 421 Abs. 1 S. 2 HGB**) ist anerkannt, dass der Absender die Ansprüche wegen Verlustes oder Beschädigung des Gutes gegen den Frachtführer unter bestimmten Voraussetzungen – soweit die Rechte des Empfängers nicht entgegenstehen – auch noch **nach Entstehung** der Berechtigung des Empfängers geltend machen kann (**Doppellegitimation** von Absender und Empfänger).[4] Gleiches ist auch für den **Anwendungsbereich des Montrealer Übereinkommens** anzunehmen.[5] Die **Interessen des Luftfrachtführers** werden dadurch nicht in unzumutbarer Weise berührt. Vor doppelter Inanspruchnahme durch Absender und Empfänger ist der Frachtführer geschützt. Hat einer der Berechtigten (Absender oder Empfänger) **Schadensersatzansprüche** wegen **Verlustes** oder **Beschädigung** des Gutes geltend gemacht, kann der Frachtführer, wenn er von dem anderen Berechtigten **nochmals** in Anspruch genommen wird, diesem entgegenhalten, dass er seine **Verpflichtung** zum Schadensersatz aus dem Beförderungsvertrag einem Berechtigten gegenüber **erfüllt** habe und damit frei sei (Fall der **Gesamtgläubigerschaft, § 428 BGB**).[6]

4 Aber auch mit Blick auf die **Interessenlage von Absender und Empfänger** unterliegt die **Doppellegitimation** keinen durchgreifenden Bedenken. Zwar ist in diesen Fällen auch derjenige zur Erhebung der **Schadensersatzklage** befugt, der selbst keinen Schaden erlitten hat (**Drittschadensliquidation**). Zu nicht hinnehmbaren **Konsequenzen** führt das aber nicht. In der Rspr. ist anerkannt, dass **gegen den Willen** des **Geschädigten** die Liquidation seines Schadens durch einen (nur) formell Ersatzberechtigten nicht stattfindet.[7]

5 Darüber hinaus bestehen gewichtige **praktische Gründe**, die eine **Doppellegitimation** von Absender und Empfänger als zweckmäßig erscheinen lassen. Wäre beispielsweise bei einem als **Bringschuld** ausgestalteten **Distanzkauf** der Empfänger nicht geschädigt, aber allein anspruchsberechtigt, wäre der **geschädigte Absender** auf eine **Abtretung** des Ersatzanspruches angewiesen. Aber auch, wenn der **Empfänger** Geschädigter ist (beispielsweise beim **Versendungskauf, § 447 BGB**), liegt die Berechtigung des Absenders, den von diesem beauftragten Frachtführer in Anspruch nehmen zu können, regelmäßig in seinem Interesse.[8]

6 Gemäß **Art. 14** kann der **Spediteur** als frachtbriefmäßiger **Absender** oder **Empfänger** den Schaden des tatsächlichen Absenders oder Empfängers im Wege der **Drittschadensliquidation** geltend machen.[9] Eine **„notify"-Person** (hierbei handelt es sich um die von der Ankunft des Gutes zu benachrichtigende Person) ist nicht zur Klageerhebung berechtigt.[10]

7 In **Art. 14** ist **nicht geregelt**, in welcher **Weise** der Absender die Ansprüche gegen den Luftfrachtführer neben dem Empfänger geltend machen kann. Diese Frage ist daher nach dem ergänzend anwendbaren **nationalen Recht (Art. 3, 5 Abs. 1 Rom I-VO)** zu beurteilen. Nach deutschem Recht handelt es sich bei dem Luftfrachtvertrag um einen echten Vertrag zu Gunsten Dritter (**§ 328 Abs. 1 BGB**). Dementsprechend kann der Absender der den **Erfüllungsanspruch** gegen den Luftfrachtführer geltend macht, auf **Beförderung** des Gutes zum **Bestimmungsort** und **Leistung** an den **Empfänger** klagen.

8 Die Frage, ob der **Absender** eine **Schadensersatzleistung** auch an sich oder **nur** an den **Empfänger** verlangen kann, hängt davon ab, wem der Schaden entstanden ist. Die Vorschrift des **Art. 14** ändert daher nichts an der **materiellen Berechtigung** von Absender und Empfänger.

---

[2] *Koller* WAbk Art. 14 Rn. 1; s. auch *Reuschle* Rn. 6, der annimmt, dass die Vorschrift eine gesetzliche Prozeßstandschaft regelt.

[3] BGH Urt. v. 1.6.2006 – I ZR 200/03, TranspR 2006, 308 (zu Art. 13 Abs. 1 CMR).

[4] BGH Urt. v. 1.6.2006 – I ZR 200/03, TranspR 2006, 308; Urt. v. 6.7.2006 – I ZR 226/03, NJW-RR 2006, 1544 = TranspR 2006, 363; *Herber/Piper* CMR Art. 13 Rn. 31; *Thume/Temme*, 3. Aufl. 2013, CMR Art. 13 Rn. 26.

[5] *Reuschle* Rn. 4 mit ausf. und überzeugender Begründung; aA zu Art. 14 WAbk: MüKoHGB/*Kronke* WAbk Art. 14 Rn. 5; *Müller-Rostin* TranspR 1995, 89 (91); *Schoner* TranspR 1979, 67 (68).

[6] BGH Urt. v. 6.7.2006 – I ZR 226/03, NJW-RR 2006, 1544 = TranspR 2006, 363; *Reuschle* Rn. 26.

[7] BGH Urt. v. 10.5.1984 – I ZR 52/82, TranspR 1984, 283.

[8] *Pokrant/Gran* HRR TranspR/LogistikR Rn. 449 ff.

[9] OLG Frankfurt a. M. Urt. v. 12.7.1977 – 5 U 188/76, NJW 1978, 502 (503); Urt. v. 14.9.1999 – 5 U 30/97, TranspR 2000, 260 (263); *Reuschle* Rn. 3; *Koller* WAbk Art. 14 Rn. 1; Giemulla/Schmid/*Müller-Rostin* Rn. 3.

[10] *Koller* WAbk Art. 14 Rn. 1.

Art. 15 Rechtsverhältnisse zwischen Absender und Empfänger oder Dritten

(1) Die Rechtsverhältnisse zwischen dem Absender und dem Empfänger sowie die Rechtsverhältnisse Dritter, die ihre Rechte vom Absender oder vom Empfänger herleiten, werden durch die Artikel 12, 13 und 14 nicht berührt.

(2) Jede von den Artikeln 12, 13 und 14 abweichende Vereinbarung muss auf dem Luftfrachtbrief oder auf der Empfangsbestätigung über die Güter vermerkt werden.

Schrifttum: S. Art. 14.

Parallelvorschrift: Art. 15 WAbk.

I. Allgemeines

Die Vorschrift des **Art. 15** hat **Art. 15 Abs. 1 und 2 WAbk** lediglich **sprachlich modernisiert.** In **1** Art. 15 Abs. 2 wird die Empfangsbestätigung dem Luftfrachtbrief gleichgestellt. Das ist die konsequente Folge von Art. 4 Abs. 2. In Art. 15 ist zwar nicht mehr ausdrücklich erwähnt, dass das Übereinkommen der Ausstellung eines **begebbaren Luftfrachtbriefs** nicht entgegensteht. Das bedeutet aber nicht, dass diese Möglichkeit auf der Grundlage des Montrealer Übereinkommens nicht mehr besteht. Die Ausstellung eines begebbaren Luftfrachtbriefs ist nach Maßgabe des **nationalen Rechts** (beispielsweise gem. §§ 444 ff. HGB) möglich.[1] Die Vorschrift des Art. 15 Abs. 1 befasst sich mit der Reichweite der in den Art. 12–14 MÜ angeordneten Rechtsfolgen. In Art. 15 Abs. 2 wird klargestellt, dass es sich bei den Regelungen in den Art. 12–14 um dispositives Recht handelt. Darüber hinaus enthält Art. 15 Abs. 2 eine **Formvorschrift** für von den Art. 12–14 abweichende Parteivereinbarungen.

II. Drittbeziehungen (Abs. 1)

In Art. 15 Abs. 1 wird ein im deutschen Recht selbstverständlicher Grundsatz klargestellt: Das **2** Übereinkommen – insbesondere Art. 12, 13 und 14 – regelt grundsätzlich (s. aber auch Art. 10) **nur** die Beziehungen **Absender-Frachtführer** (Parteien des Beförderungsvertrages) und **Frachtführer-Empfänger** (Empfänger als Begünstigter des Beförderungsvertrages). Das Verhältnis **Absender-Empfänger** ist vom Beförderungsvertrag getrennt zu sehen und nach den Vorschriften seines eigenen Statuts zu beurteilen. In Betracht kommen insoweit beispielsweise kauf-, dienst-, gesellschafts- und bankrechtliche oder gemischte Verträge.[2]

Mit **Beziehungen Dritter,** die ihre Rechte vom Absender oder Empfänger ableiten, sind Vertrags- **3** beziehungen zum Absender und Empfänger gemeint. Dass auch die Beziehungen der Dritten zum Luftfrachtführer von Art. 15 Abs. 1 erfasst sein sollen, die auf den hergeleiteten Rechten beruhen, kann nicht angenommen werden, weil deren Rechtsstellung gegenüber dem Luftfrachtführer nach Abtretung der Rechte aus dem Frachtvertrag in Art. 12 Abs. 3 abschließend geregelt ist.[3]

III. Dispositivität von Art. 12–14

Von den Regelungen betreffend die **Verfügungsbefugnis des Absenders** und die **Rechtsstellung 4** **des Empfängers** kann durchweg – wie sich aus Art. 15 Abs. 2 ergibt – auf Grund von Parteivereinbarungen **abgewichen** werden. Abweichende Vereinbarungen müssen aber auf dem Luftfrachtbrief bzw. auf der Empfangsbestätigung vermerkt werden. Die Eintragung abweichender, nicht nur ergänzender Vereinbarungen in vollem Wortlaut ist nach zutreffender Auffassung eine **Formvorschrift,** deren Missachtung die Unwirksamkeit der Abrede zur Folge hat.[4] Dementsprechend ist eine Vereinbarung, durch die von der in Art. 12 Abs. 3 vorgesehene Verpflichtung des Luftfrachtführers, sich vor Ausführung einer Weisung das **Luftfrachtbriefdritt** vorlegen zu lassen, nur wirksam, wenn dies auf dem Luftfrachtbrief bzw. auf der Empfangsbestätigung schriftlich vermerkt ist, sodass jeder **Empfänger** des Luftfrachtbriefdritts Kenntnis von der abweichenden Vereinbarung erlangt und sich demgemäß verhalten kann.[5]

Lediglich **ergänzende Vereinbarungen,** die nicht der Form des Art. 15 Abs. 2 bedürfen, sind **5** beispielsweise solche, die eine bestimmte Form für das Verfügungsrecht des Absenders gem. Art. 12 Abs. 1 vorschreiben oder dem Briefbesitzer auch einen Ersatzanspruch für den Schaden zubilligen, der dadurch entstanden ist, dass die nachträgliche Verfügung des Absenders nicht in das Luftfrachtbriefdritt eingetragen ist.[6]

---

[1] *Reuschle* Rn. 2; Giemulla/Schmid/*Müller-Rostin* Rn. 1; *Koller* Rn. 1.
[2] *Reuschle* Rn. 4; MüKoHGB/*Kronke* WAbk Art. 15 Rn. 2.
[3] *Guldimann* Internationales Lufttransportrecht WAbk Art. 15 Rn. 5; *Reuschle* Rn. 5; Giemulla/Schmid/*Müller-Rostin* Rn. 7; aA MüKoHGB/*Kronke* WAbk Art. 15 Rn. 3.
[4] Giemulla/Schmid/*Müller-Rostin* Rn. 8; *Reuschle* Rn. 6; *Koller* WAbk Art. 15 Rn. 2.
[5] *Reuschle* Rn. 7; Giemulla/Schmid/*Müller-Rostin* Rn. 9; *Guldimann* WAbk Art. 15 Rn. 8.
[6] Giemulla/Schmid/*Müller-Rostin* Rn. 10; *Reuschle* Rn. 9.

Art. 16 Vorschriften der Zoll-, der Polizei- und anderer Behörden

(1) [1]Der Absender ist verpflichtet, alle Auskünfte zu erteilen und alle Urkunden zur Verfügung zu stellen, die vor Aushändigung der Güter an den Empfänger zur Erfüllung der Vorschriften der Zoll-, der Polizei- und anderer Behörden erforderlich sind. [2]Der Absender haftet dem Luftfrachtführer für den Schaden, der durch das Fehlen, die Unvollständigkeit oder die Unrichtigkeit dieser Auskünfte und Urkunden entsteht, es sei denn, dass den Luftfrachtführer oder seine Leute ein Verschulden trifft.

(2) Der Luftfrachtführer ist nicht verpflichtet, diese Auskünfte und Urkunden auf ihre Richtigkeit und Vollständigkeit zu prüfen.

Schrifttum: S. Vor Art. 1.

Parallelvorschriften: § 413 HGB; Art. 11 CMR; Art. 15 §§ 1 und 2 CIM.

I. Allgemeines

1   **1. Normzweck.** Die Vorschrift des **Art. 16 Abs. 1 S. 1** enthält Regelungen zu den **Auskunfts-pflichten** des Absenders sowie zu dessen Verpflichtung, dem Luftfrachtführer diejenigen **Begleit-papiere** zur Verfügung zu stellen, die dieser vor Aushändigung des Gutes an den Empfänger zur Erfüllung der öffentlich-rechtlichen Vorschriften benötigt. Darüber hinaus wird in Art. 16 Abs. 2 ausdrücklich klargestellt, dass der **Luftfrachtführer** nicht verpflichtet ist, die erteilten **Auskünfte** und übergebenen **Urkunden** auf ihre **Richtigkeit und Vollständigkeit** zu prüfen. Durch die Erteilung der Auskünfte und die Übergabe der Begleitpapiere soll der Luftfrachtführer in die Lage versetzt werden, die gerade bei **grenzüberschreitenden Transporten** geforderten **behördlichen** Genehmi-gungen, Steuer- und Zollformalitäten erfüllen zu können, um **Verzögerungen** bei der Ausführung des Transports zu verhindern. Eine **Verletzung** der Pflichten gem. **Art. 16 Abs. 1 S. 1** kann nach **Art. 16 Abs. 1 S. 2** zu einem **Schadensersatzanspruch** des Luftfrachtführers gegen den Absender führen. Fällt dem Luftfrachtführer oder seinen Leuten ein **Verschulden** zur Last, so ist die Haftung des Absenders allerdings vollständig ausgeschlossen. Die Vorschrift des **Art. 16 Abs. 1** regelt das **pri-vatrechtliche Verhältnis** zwischen Absender und Luftfrachtführer, während **Art. 6** lediglich eine **öffentlich-rechtliche Pflicht** des Absenders gegenüber Behörden begründet (→ Art. 6 Rn. 2).[1]

2   **2. Entstehungsgeschichte.** Die in **Art. 16** enthaltenen Regelungen gehen im Wesentlichen auf **Art. 16 WAbk** zurück. Ein **sachlicher Unterschied** besteht lediglich insoweit, als der Absender die erforderlichen Begleitpapiere nicht mehr zusammen mit dem Luftfrachtbrief übergeben muss. Die Bestimmung des **Art. 16 Abs. 1 S. 1** verlangt nur, dass der Absender dem Luftfrachtführer die gebotenen Auskünfte zu erteilen und die notwendigen Urkunden zur Verfügung zu stellen hat.[2] Damit wird berücksichtigt, dass eine Beförderung auch ohne Ausstellung eines Luftfrachtbriefs in Papierform durchgeführt werden kann **(Art. 4 Abs. 2).**[3]

II. Pflichten des Absenders (Abs. 1 S. 1)

3   Der **Absender** ist dem **Luftfrachtführer** zur Erteilung von Auskünften und zur Übergabe von Begleitpapieren verpflichtet, die nach öffentlich-rechtlichen Vorschriften für die Durchführung des Transports notwendig sind. Die in **Art. 16 Abs. 1 S. 1** besonders erwähnten **Zoll- und Polizei-vorschriften** sind nur beispielhaft genannt und **weit auszulegen.**[4] Bei Zoll- und Steuervorschriften kann es sich etwa um Zoll- und Steuerdeklarationen, Ursprungszeugnisse der Herstellerlandes oder Devisengenehmigungen handeln.[5] Der Begriff „**Polizeivorschriften**" meint alle gültigen Gesetze, Verordnungen, polizeiliche Verordnungen und Verfügungen. Solche **Bestimmungen** können bei-spielsweise in **Sicherheitsregeln** für den Transport gefährlicher Güter, radioaktiver Stoffe, von Leichen oder Tieren enthalten sein.[6]

4   Welche Auskünfte und Urkunden im **Einzelfall** zur Verfügung gestellt werden müssen, lässt sich nicht generell sagen, sondern hängt vom Gegenstand und den **Umständen** der konkreten Beförderung ab.

5   **Wann** der Absender seine Pflichten aus **Art. 16 Abs. 1 S. 1** zu erfüllen hat, ist in der Vorschrift **nicht geregelt.** Der Formulierung „**vor Aushändigung der Güter an den Empfänger**" deutet aber darauf hin, dass die erforderlichen Auskünfte und Dokumente nicht erst am **Bestimmungsort,**

---

[1] AA *Reuschle* Art. 6 Rn. 3.
[2] *Reuschle* Rn. 5; Giemulla/Schmid/*Müller-Rostin* Rn. 1.
[3] *Reuschle* Rn. 5.
[4] Giemulla/Schmid/*Müller-Rostin* Rn. 9; *Reuschle* Rn. 7.
[5] *Guldimann* Internationales Lufttransportrecht WAbk Art. 16 Rn. 3; *Reuschle* Rn. 7.
[6] *Reuschle* Rn. 7; Giemulla/Schmid/*Müller-Rostin* Rn. 9.

sondern während der **gesamten Beförderung** präsent sein müssen, um dem Zweck des **Art. 16 Abs. 1 S. 1,** Verzögerungen beim Transport zu vermeiden, genügen zu können.[7]

Die **Erfüllung** der sich aus **Art. 16 Abs. 1 S. 1** ergebenden Pflichten ist **nicht einklagbar,** weil **6** auch keine Pflicht besteht, dem Frachtführer das Gut zur Beförderung zu übergeben.[8] Im Übrigen ist der Luftfrachtführer – wenn **deutsches Recht** zur Anwendung kommt – im Falle der **Nichterfüllung** der Pflichten aus Art. 16 Abs. 1 S. 1 durch die §§ 241 Abs. 2, 273, 280, 324, 642, 643 BGB sowie durch §§ 414 Abs. 1, 419 HGB hinreichend **geschützt.**[9]

III. Haftung des Absenders (Abs. 1 S. 2)

Der Absender ist **kraft Gesetzes** für die **ordnungsgemäße Erfüllung** der Verpflichtungen aus **7** **Art. 16 Abs. 1 S. 1** verantwortlich. Er trägt das gesamte Risiko für die öffentlich-rechtliche Zulässigkeit der Beförderung, es sei denn, dass dem **Luftfrachtführer** selbst oder seinen **Leuten** ein **Verschulden** zur Last fällt.

Die **Absenderhaftung** bezieht sich auf alle **Schäden,** die durch Fehlen, Unvollständigkeit oder **8** Unrichtigkeit der erforderlichen Auskünfte und Begleitpapiere verursacht werden. Die Haftung tritt **unabhängig** von einem **Verschulden** des **Absenders** ein.[10]

IV. Rechtsfolgen bei einer Pflichtverletzung

1. Haftungsumfang. Die Vorschrift des Art. **16 Abs. 1 S. 1** räumt dem Luftfrachtführer einen **9** Ersatzanspruch gegenüber dem Absender für alle Schäden ein, die auf **fehlerhafte Auskünfte** oder **fehlerhafte Begleitpapiere** zurückzuführen sind. Der Anspruch ist der Höhe nach **unbeschränkt,** jedoch erstreckt er sich nur auf **solche Schäden,** die durch das Fehlen, die Unvollständigkeit oder Unrichtigkeit der erforderlichen Auskünfte und Urkunden **kausal** verursacht worden sind. Die Ersatzpflicht umfasst auch **mittelbare Vermögensschäden,** die unter Umständen darin liegen können, dass der Luftfrachtführer einem Dritten zum Schadensersatz verpflichtet ist oder Zoll- oder Steuerstrafen zahlen muss.[11] Bei Anwendbarkeit deutschen Rechts **(Art. 3, 5 Abs. 1 Rom I-VO)** kann auf die **§§ 249 ff. BGB** zurückgegriffen werden.[12] Ansprüche aus **Art. 16 Abs. 1 S. 2** gegen den Absender unterliegen der **Verjährungsregelung** des ergänzend anwendbaren nationalen Rechts und nicht der **Ausschlussfrist** gem. **Art. 35,** da diese Vorschrift im **Kapitel III** unter der Überschrift „Haftung des Luftfrachtführers" steht.[13]

2. Ausschluss der Haftung des Absenders. Der **Absender** haftet nicht, wenn den **Luftfracht-** **10** **führer** oder seine **Leute (Art. 30)** ein **eigenes Verschulden** trifft, wobei jede Form des Vorsatzes und der Fahrlässigkeit ausreichen.[14] Ein Verschulden kann darin liegen, dass der **Luftfrachtführer** oder seine Leute die **Begleitpapiere** beschädigt, vernichtet oder verlegt haben.[15] Des Weiteren kann sich ein Verschulden des Luftfrachtführers daraus ergeben, dass er einer selbst übernommenen Verpflichtung, Auskünfte oder Urkunden zu beschaffen, nicht nachgekommen ist.[16] Ein **Verschulden des Luftfrachtführers** lässt eine **Haftung** des **Absenders** vollständig entfallen. Dies gilt auch im Falle eines etwaigen **Mitverschuldens** des Absenders. Die Vorschrift des **Art. 20** steht dem nicht entgegen.[17]

V. Ausschluss der Haftung des Luftfrachtführers

Der **Luftfrachtführer** braucht nicht für **Güterschäden** oder **Lieferfristüberschreitungen** zu **11** haften, die durch Nichterfüllung der dem Absender gem. **Art. 16 Abs. 1 S. 2** obliegenden Pflichten entstehen. Diese Annahme rechtfertigt sich auf Grund eines **Umkehrschlusses** aus **Art. 16 Abs. 1 S. 2.** Die Vorschrift stellt mithin einen **besonderen Haftungsbefreiungsgrund** innerhalb der Haftung nach den **Art. 18 ff.** dar.[18]

---

[7] *Guldimann* WAbk Art. 16 Rn. 4; *Reuschle* Rn. 10.
[8] *Koller* HGB § 413 Rn. 6; *Reuschle* Rn. 11.
[9] *Koller* HGB § 413 Rn. 6.
[10] BGH Urt. v. 9.10.1964 – I b 226/62, NJW 1964, 2348 (2349 f.); *Reuschle* Rn. 12; *Giemulla/Schmid/Müller-Rostin* Rn. 16; *Koller* WAbk Art. 16 Rn. 3; MüKoHGB/*Ruhwedel* Rn. 8.
[11] *Giemulla/Schmid/Müller-Rostin* Rn. 17; *Reuschle* Rn. 13.
[12] *Giemulla/Schmid/Müller-Rostin* Rn. 17.
[13] *Giemulla/Schmid/Müller-Rostin* Rn. 19.
[14] *Giemulla/Schmid/Müller-Rostin* Rn. 20; *Reuschle* Rn. 14; MüKoHGB/*Ruhwedel* Rn. 11.
[15] *Reuschle* Rn. 14.
[16] *Giemulla/Schmid/Müller-Rostin* Rn. 20.
[17] *Reuschle* Rn. 14; aA *Giemulla/Schmid/Müller-Rostin* Rn. 20.
[18] *Reuschle* Rn. 18.

VI. Keine Prüfungspflicht des Luftfrachtführers (Abs. 2)

12   Grundsätzlich muss der Frachtführer die **Richtigkeit** und **Vollständigkeit** der Auskünfte und Urkunden **nicht überprüfen.** Sollte der Frachtführer den Mangel allerdings erkannt und nicht beanstandet haben, so stehen dem Absender gegebenenfalls nach dem anwendbaren nationalen Recht **(Art. 3, 5 Abs. 1 Rom I-VO)** Ersatzansprüche zu.[19] **Umstritten** ist die Rechtslage, wenn der Luftfrachtführer einen Mangel der Begleitpapiere hätte erkennen müssen, diesen jedoch dem Absender nicht mitteilt. Da der Luftfrachtführer zu einer Prüfung der Begleitpapiere nicht verpflichtet ist, kann ihm auch **kein schuldhaftes** Verhalten angelastet werden, sodass grundsätzlich der Haftungsausschluss nach **Art. 16 Abs. 2** durchgreift. Die Grenze dürfte allerdings bei **Arglist** liegen. Zudem dürfte in einem derartigen Fall – bei Anwendung deutschen Rechts – der Einwand aus § 242 BGB **schadensmindernd** zu berücksichtigen sein.[20]

VII. Beweisfragen

13   Der **Luftfrachtführer,** der gegen den Absender Schadensersatzansprüche nach **Art. 16 Abs. 1 S. 2** geltend macht, muss **darlegen und beweisen,** dass die Auskünfte oder Begleitpapiere unrichtig oder unvollständig waren. Sind die Papiere im Luftfrachtbrief bzw. in der Empfangsbestätigung aufgeführt worden, so kann daraus **zu Gunsten** des **Absenders** die **Vermutung** hergeleitet werden, dass er sie dem Luftfrachtführer übergeben hatte, auch wenn die Beweiskraft des Frachtbriefes bzw. der Empfangsbestätigung sich hierauf gem. **Art. 11** nicht ausdrücklich erstreckt. Der Umstand, dass die Begleitpapiere im Luftfrachtbrief nicht genannt worden sind, begründet allerdings **keine Vermutung** dahingehend, dass diese Urkunden nicht übergeben worden sind.[21]

14   Der Absender, der sich auf einen **Haftungsausschluss** beruft, muss **darlegen und beweisen,** dass der Luftfrachtführer oder seine Leute hinsichtlich eines Informations- oder Dokumentenmangels **schuldhaft** gehandelt haben. Diese **Verteilung** der **Darlegungs- und Beweislast** ist deshalb gerechtfertigt, weil **Art. 16 Abs. 1 S. 2** grundsätzlich von einer Haftung des Absenders ausgeht und die Haftung des Luftfrachtführers einen **Ausnahmefall** darstellt. Für das Vorliegen der Voraussetzungen eines **Ausnahmefalles** ist derjenige **beweispflichtig,** der sich auf diesen Tatbestand beruft.[22]

Kapitel III. Haftung des Luftfrachtführers und Umfang des Schadensersatzes

Art. 17 Tod und Körperverletzung von Reisenden – Beschädigung von Reisegepäck

(1) **Der Luftfrachtführer hat den Schaden zu ersetzen, der dadurch entsteht, dass ein Reisender getötet oder körperlich verletzt wird, jedoch nur, wenn sich der Unfall, durch den der Tod oder die Körperverletzung verursacht wurde, an Bord des Luftfahrzeugs oder beim Ein- oder Aussteigen ereignet hat.**

(2) [1]**Der Luftfrachtführer hat den Schaden zu ersetzen, der durch Zerstörung, Verlust oder Beschädigung von aufgegebenem Reisegepäck entsteht, jedoch nur, wenn das Ereignis, durch das die Zerstörung, der Verlust oder die Beschädigung verursacht wurde, an Bord des Luftfahrzeugs oder während eines Zeitraums eingetreten ist, in dem sich das aufgegebene Reisegepäck in der Obhut des Luftfrachtführers befand.** [2]**Der Luftfrachtführer haftet jedoch nicht, wenn und soweit der Schaden auf die Eigenart des Reisegepäcks oder einen ihm innewohnenden Mangel zurückzuführen ist.** [3]**Bei nicht aufgegebenem Reisegepäck, einschließlich persönlicher Gegenstände, haftet der Luftfrachtführer, wenn der Schaden auf sein Verschulden oder das Verschulden seiner Leute zurückzuführen ist.**

(3) **Hat der Luftfrachtführer den Verlust des aufgegebenen Reisegepäcks anerkannt oder ist das aufgegebene Reisegepäck nach Ablauf von einundzwanzig Tagen seit dem Tag, an dem es hätte eintreffen sollen, nicht eingetroffen, so kann der Reisende die Rechte aus dem Beförderungsvertrag gegen den Luftfrachtführer geltend machen.**

---

[19] *Reuschle* Rn. 20; MüKoHGB/*Kronke* WAbk Art. 16 Rn. 12.
[20] Giemulla/Schmid/*Müller-Rostin* Rn. 22.
[21] Giemulla/Schmid/*Müller-Rostin* Rn. 24; *Reuschle* Rn. 16.
[22] Giemulla/Schmid/*Müller-Rostin* Rn. 25; *Reuschle* Rn. 17.

(4) **Vorbehaltlich[1] entgegenstehender Bestimmungen bezeichnet in diesem Übereinkommen der Begriff „Reisegepäck" sowohl aufgegebenes als auch nicht aufgegebenes Reisegepäck.**

Hier nicht erläutert, da die Vorschrift ausschließlich die Personenbeförderung betrifft.

Art. 18 Beschädigung von Gütern

(1) **Der Luftfrachtführer hat den Schaden zu ersetzen, der durch Zerstörung, Verlust oder Beschädigung von Gütern entsteht, jedoch nur, wenn das Ereignis, durch das der Schaden verursacht wurde, während der Luftbeförderung eingetreten ist.**

(2) **Der Luftfrachtführer haftet jedoch nicht, wenn und soweit er nachweist, dass die Zerstörung, der Verlust oder die Beschädigung der Güter durch einen oder mehrere der folgenden Umstände verursacht wurde:**
a) die Eigenart der Güter oder ein ihnen innewohnender Mangel;
b) mangelhafte Verpackung der Güter durch eine andere Person als den Luftfrachtführer oder seine Leute;
c) eine Kriegshandlung oder ein bewaffneter Konflikt;
d) hoheitliches Handeln in Verbindung mit der Einfuhr, Ausfuhr oder Durchfuhr der Güter.

(3) **Die Luftbeförderung im Sinne des Absatzes 1 umfasst den Zeitraum, während dessen die Güter sich in der Obhut des Luftfrachtführers befinden.**

(4) **[1]Der Zeitraum der Luftbeförderung umfasst nicht die Beförderung zu Land, zur See oder auf Binnengewässern außerhalb eines Flughafens. [2]Erfolgt jedoch eine solche Beförderung bei Ausführung des Luftbeförderungsvertrags zum Zweck der Verladung, der Ablieferung oder der Umladung, so wird bis zum Beweis des Gegenteils vermutet, dass der Schaden durch ein während der Luftbeförderung eingetretenes Ereignis verursacht worden ist. [3]Ersetzt ein Luftfrachtführer ohne Zustimmung des Absenders die von den Parteien vereinbarte Luftbeförderung ganz oder teilweise durch eine andere Art der Beförderung, so gilt diese als innerhalb des Zeitraums der Luftbeförderung ausgeführt.**

Schrifttum: S. Vor Art. 1 und bei Art. 1; ferner: *Brinkmann,* Frachtgüterschäden im internationalen Straßen- und Lufttransport, TranspR 2006, 146; *Brinkmann,* Luftfrachtersatzverkehr, 2009; *Chun,* Die verschuldensunabhängige Haftung im Luftverkehr, 1992; *Ficht,* Die unbekannte Schadensursache im internationalen Luftverkehr, 1986; *Freise,* Unimodale transportrechtliche Übereinkommen und multimodale Beförderungen, TranspR 2012, 1; *Fricke,* Rechtliche Probleme des Ausschlusses von Kriegsrisiken in AVB, VersR 2002, 6; *Giemulla/Brautlacht,* Schadensersatzansprüche wegen vorzeitigen Abbruchs einer Luftbeförderung, TranspR 1988, 360; *Guldimann,* Internationales Lufttransportrecht, 1965; *Harms/Schuler-Harms,* Die Haftung des Luftfrachtführers nach dem Montrealer Übereinkommen, TranspR 2003, 369; *Herber,* Haftungsbegrenzungen und deren Durchbrechung im deutschen und internationalen Transportrecht, TranspR 2004, 93; *Heuer,* Das soll das Besondere am Luftfrachtverkehr sein?, TranspR 2003, 445; *Kirchhof,* Der Luftfrachtvertrag als multimodaler Vertrag im Rahmen des Montrealer Übereinkommens, TranspR 2007, 133; *Kirchhof,* Wo endet die „Luft" im Sinne des Montrealer Übereinkommens?, TranspR 2010, 321; *Kirsch,* Die Haftung des internationalen Luftfrachtführers nach dem Warschauer Abkommen im Anwendungsbereich des Montrealer Protokolls Nr. 4, TranspR 2002, 435; *Koller,* Schadensverhütung und Schadensausgleich bei Güter- und Verspätungsschäden nach dem Montrealer Übereinkommen, TranspR 2004, 181; *Koller,* Unbeschränkte Haftung des Luftbeförderers nach dem Montrealer Übereinkommen 1999?, TranspR 2005, 177; *Koller,* Anmerkung zu BGH, Urt. vom 5.12.2006 – X ZR 165/03, LMK 2007, I, 43; *Koller,* Beweislastverteilung beim multimodalen Luftbeförderungsvertrag – Anm. zu BGH, Urt. v. 10.5.2012 (TranspR 2012, 466), TranspR 2013, 14; *Koller,* Der Straßenfrachtführer als Gehilfe des Luftfrachtführers – Anm. zu BGH, Urt. v. 13.6.2012 – I ZR 161/10 (TranspR 2012, 456), TranspR 2013, 52; *Mühlbauer,* Der Haftungsanspruch wegen Verlustes von Reisegepäck und die Durchbrechung von Haftungslimits im Luftverkehr, TranspR 2003, 185; *Müller-Rostin,* Die Luftfrachtersatzbeförderung, TranspR 1996, 217; *Müller-Rostin,* Der vertragswidrige Luftfrachtersatzverkehr, FS Piper, 1996, 967; *Müller-Rostin,* Entzieht sich das Luftfrachtrecht der einheitlichen Verjährungsregelung des § 452b HGB?, TranspR 2008, 241; *Müller-Rostin,* Flugannullierungen wegen Sperrung des Luftraums – die Rechte der Fluggäste und der Absender von Luftfracht, TranspR 2011, 129; *Müller-Rostin,* Multimodalverkehr und Luftrecht, TranspR 2012, 14; *Ott,* Die Luftfrachtbeförderung im nationalen und internationalen Bereich, 1990; *Ramming,* Anmerkung zu BGH, Urt. v. 10.5.2012 – I ZR 109/11, RdTW 2013, 58; *Ruhwedel,* Haftungsbegrenzungen und deren Durchbrechung im Luftrecht oder: Die absolute Beschränkung der Haftung bei Schäden an Luftfrachtgütern, TranspR 2004, 137; *Ruhwedel,* Neue Entwicklungen im Lufttransportrecht vor dem Hintergrund des Inkrafttretens des Montrealer Übereinkommens, TranspR 2006, 421; *Ruhwedel,* Montrealer Übereinkommen vs. Warschauer System, TranspR 2008, 89; *Schmidt-Raentsch,* Die Ausführung der Luftbeförderung durch einen Dritten, FS Riese, 1964, 479; *Thume,* Vergleich der Haftungsregeln des Warschauer Abkommens mit denen der CMR, TranspR 1996, 143; *Thume,* Zum Verlustbegriff, insbesondere bei weisungswidriger Ablieferung einer Sendung, TranspR 2001, 433; *Willenberg/Lucas,* Der Luftfrachtverkehr auf der Straße oder das Trucking und seine haftungsrechtlichen Folgen, TranspR 1989, 201; *Zapp,* Ansprüche gegen den ausführenden Frachtführer bei internationalen Lufttransporten, TranspR 2000, 239.

Parallelvorschriften: Art. 18 WAbk; Art. 17 CMR; Art. 23 CIM; § 425 HGB.

---

[1] **Amtl. Anm.:** Für die Schweiz: vorbehältlich.

Übersicht

I. Allgemeines

1   **1. Normzweck.** Die Vorschrift des **Art. 18 Abs. 1** regelt die **Haftung des Luftfrachtführers** für **Güterschäden,** wenn das Ereignis, durch das der Schaden verursacht wurde, während der Luftbeförderung entstanden ist. Es handelt sich bei **Art. 18 Abs. 1** um eine **eigenständige Anspruchsgrundlage.** Der Luftfrachtführer haftet für die in Art. 18 Abs. 1 genannten Güterschäden **verschuldensunabhängig.**[1] Von diesem Grundsatz kann nicht durch Parteivereinbarung abgewichen werden.[2] Die **verschuldensunabhängige** Haftung des Luftfrachtführers, die auch als **Gewährhaftung** bezeichnet wird[3], kann – neben **Art. 20** – nur in den vier in **Art. 18 Abs. 2** genannten Fällen durchbrochen werden. Sie ist ferner durch **Haftungshöchstbeträge (Art. 22)** eingeschränkt. Auf diese Weise sollen die Prozessführung und die Schadensregulierung vereinfacht werden.[4] Es wird aber mit Recht kritisiert, dass das **Haftungssystem des MÜ** zu einer unangemessenen Beeinträchtigung des **Präventionszwecks** der Haftung führt.[5]

2   **2. Entstehungsgeschichte.** Die Vorschrift des **Art. 18** entspricht im Wesentlichen der Bestimmung des **Art. 18 WAbk** in der **Fassung** des **Montrealer Zusatzprotokolls Nr. 4,** das von der Bundesrepublik Deutschland jedoch nicht ratifiziert und damit hier auch nicht in Kraft getreten ist. In **Deutschland** stellen die Haftungsregelungen für **Güterschäden** im Montrealer Übereinkommen daher gegenüber dem **bisherigen Haftungssystem** des Warschauer Abkommens eine ganz **erhebliche Abweichung** dar.[6] Die Haftung für Güterschäden ist auch bei einem qualifizierten Verschulden des Luftfrachtführers stets **gewichtsbeschränkt (Art. 22 Abs. 3 und 4).**

II. Anwendungsbereich

3   Die Vorschrift des **Art. 18** zählt zu den **Kernbestimmungen** des Montrealer Übereinkommens. Es ist allgemein anerkannt, dass Art. 18 nicht lediglich Anspruchsvoraussetzungen im Rahmen einer zunächst zu ermittelnden nationalen Rechtsordnung nennt, sondern eine eigenständige **Anspruchsgrundlage** enthält.[7] **Voraussetzung** für die Anwendung der Vorschrift ist das Vorliegen einer vertraglich geschuldeten Luftbeförderung iSv **Art. 1.**

---

[1] *Reuschle* Rn. 2; *Koller* Rn. 1;Giemulla/Schmid/*Müller-Rostin* Rn. 2; *Ruhwedel* TranspR 2001, 189 (196); *Boettge* VersR 2005, 908 (911).

[2] Giemulla/Schmid/*Müller-Rostin* Rn. 2.

[3] *Reuschle* Rn. 2.

[4] *Reuschle* Rn. 2; *Koller* Rn. 1.

[5] *Koller* Rn. 1; *Koller* TranspR 2004, 181 ff.; *Gran* TranspR 2004, 72 ff.; *Boettge* VersR 2005, 908 (913).

[6] BGH Urt. v. 21.9.2000 – I ZR 135/98, BGHZ 145, 170 (186) = TranspR 2001, 29; *Boettge* VersR 2005, 908 (911).

[7] *Reuschle* Rn. 5.

Die **Haftung** des **Luftfrachtführers** ist im Montrealer Übereinkommen allerdings nicht abschlie- **4** ßend geregelt. Die Bestimmung lässt die vorvertragliche Haftung des Luftfrachtführers wegen **Aufklärungspflichtverletzungen**, beispielsweise über die mangelhafte Betriebsorganisation des Luftfrachtführers, unberührt, selbst wenn diese zu Güterschäden geführt haben.[8] Soweit die Voraussetzungen für die **Haftungstatbestände** des Montrealer Übereinkommens erfüllt sind, sind diese **lex speciales** zum allgemeinen Leistungsstörungsrecht, das dadurch verdrängt wird.[9]

III. Haftungsvoraussetzungen (18 Abs. 1)

1. Güter. Der Begriff des „Gutes" ist im **Montrealer Übereinkommen** nicht definiert. Er **5** umfasst **Sachen aller Art** mit Ausnahme von Postsendungen Reisegepäck und der dem Frachtführer selbst gehörenden Gegenstände (→ Art. 4 Rn. 4).[10]

2. Zerstörung. Eine **Zerstörung** liegt vor, wenn die **Substanz** des Gutes vernichtet oder derart **6** stark beschädigt ist, dass es nicht mehr seinem **bestimmungsgemäßen Gebrauch** dienen kann. Zerstörte Güter haben – abgesehen von einem möglichen Schrottwert – keinen **wirtschaftlichen Wert** mehr.[11] Auf einen möglicherweise noch vorhandenen **Marktwert** kommt es nicht entscheidend an.[12] **Verdorbene Nahrungsmittel**, die nur noch als Viehfutter verwendet werden können, gelten als zerstört.[13] Ist auf Grund einer **Veräußerung** der zerstörten Sache noch ein **Erlös** erzielt worden, so kann dieser bei der **Schadensberechnung** schadensmindernd zu berücksichtigen sein.[14]

3. Verlust. Ein **Verlust** des **Frachtgutes** ist gegeben, wenn es untergegangen, unauffindbar oder **7** aus sonstigen tatsächlichen und/oder rechtlichen Gründen vom Frachtführer auf absehbare Zeit nicht an den **berechtigten Empfänger** ausgeliefert werden kann, der Frachtführer also die **tatsächliche Verfügungsgewalt** über das Gut verloren hat.[15] Dies gilt auch dann, wenn der Frachtführer zwar weiß, wo sich das Gut befindet, er darüber aber tatsächlich nicht verfügen kann. Gleiches gilt, wenn das Gut an einen **unrichtigen Empfänger** ausgeliefert wurde und von diesem nicht wiedererlangt werden kann.[16] Wird das Gut entgegen einem **ausdrücklichen „on hold"-Vermerk (Auslieferungssperre)** auf dem Lieferschein dem **frachtbriefmäßigen Empfänger** ausgehändigt und taucht dieser anschließend mit dem Gut unter, ohne es bezahlt zu haben, ist ebenfalls von einem **Verlust** auszugehen, da der Empfänger **bei der Übergabe** noch **nicht empfangsberechtigt** war.[17] Im Falle einer **Wiedererlangung des Gutes** kommt unter Umständen eine Haftung des Luftfrachtführers wegen **Verspätung (Art. 19)** in Betracht. Die **dauernde Unmöglichkeit** der Erlangung des Gutes – beispielsweise wegen einer **endgültigen** behördlichen **Beschlagnahme** – wird dem Verlust gleichgestellt.[18] Zu beachten ist, dass **Art. 13 Abs. 3** eine **(widerlegliche) Verlustvermutung** enthält. Der **Empfänger** kann dann die **Rechte** aus dem Frachtvertrag geltend machen.

4. Beschädigung. Eine **Beschädigung** des Gutes liegt bei einer substantiellen **wertmindernden** **8** **Veränderung** des Gutes vor.[19] Eine Sachbeschädigung kann auch **ohne** festgestellte **Substanzverletzung** allein auf Grund eines der betreffenden Sache anhaftenden **Schadensverdachts** in Betracht kommen. Denn der potentielle Erwerber einer mit einem Schadensverdacht behafteten Sache wird im Allgemeinen nicht bereit sein, ohne vorherige **Ausräumung** des Verdachts für die betroffene Sache den vollen Marktpreis zu zahlen. Ein **begründeter Schadensverdacht** führt daher in der Regel zu einer **Minderung der Wertschätzung** des betroffenen Gutes im geschäftlichen Verkehr.[20] Übersteigen die Reparaturkosten nach einer Beschädigung den **Neuwert** der Sache, so dürfte eine Zerstörung anzunehmen sein.[21]

---

[8] *Koller* Rn. 1.
[9] *Reuschle* Rn. 5.
[10] Ausf. zu diesem Tatbstandsmerkmal Giemulla/Schmid/*Müller-Rostin* Rn. 6–9.
[11] Giemulla/Schmid/*Müller-Rostin* Rn. 11; *Reuschle* Rn. 10; MüKoHGB/*Ruhwedel* Rn. 29; *Thume* TranspR 2001, 433.
[12] *Reuschle* Rn. 10; MüKoHGB/*Kronke,* 1. Aufl. 1997, WAbk Art. 18 Rn. 7.
[13] *Reuschle* Rn. 10.
[14] *Reuschle* Rn. 10; MüKoHGB/*Kronke,* 1. Aufl. 1997, WAbk Art. 18 Rn. 17.
[15] OLG Frankfurt a. M. Urt. v. 21.4.1998 – 5 U 210/96, TranspR 1999, 24; OLG Köln Urt. v. 26.3.2002 – 3 U 214/01, TranspR 2003, 111 (113) = VersR 2003, 269; Giemulla/Schmid/*Müller-Rostin* Rn. 12; *Reuschle* Rn. 12; MüKoHGB/*Ruhwedel* Rn. 30.
[16] OLG Frankfurt a. M. Urt. v. 14.7.1977 – 5 U 129/76, ZLW 1978, 53; Giemulla/Schmid/*Müller-Rostin* Rn. 12; *Reuschle* Rn. 12.
[17] OLG München Urt. v. 26.1.2011 – 7 U 3426/10, TranspR 2011, 147 (148); *Reuschle* Rn. 12.
[18] *Reuschle* Rn. 12; Giemulla/Schmid/*Müller-Rostin* Rn. 14.
[19] *Reuschle* Rn. 13; Giemulla/Schmid/*Müller-Rostin* Rn. 15.
[20] BGH Urt. v. 24.5.2000 – I ZR 84/98, NJW-RR 2001, 322 = TranspR 2000, 456; *Pokrant/Gran* HRR TranspR/LogistikR Rn. 180 f.
[21] Giemulla/Schmid/*Müller-Rostin* Rn. 15.

9   **5. Unterscheidung zwischen Zerstörung, Verlust und Beschädigung.** Die **Abgrenzung** zwischen einem – nach dem Montrealer Übereinkommen nicht anzeigepflichtigen – **Verlust** und einer – nach **Art. 31** anzeigebedürftigen – **Beschädigung** des Transportgutes kann im Einzelfall schwierig sein und ist fließend. Abgrenzungsprobleme können vor allem bei einem **Teilverlust** auftreten, bei dem es sich – maßgeblich sind die Umstände des jeweiligen Einzelfalls – entweder um eine **Beschädigung** oder um einen **Verlust** handeln kann.[22]

10   Die **Kriterien** der **Rspr.** sind nicht einheitlich. Teilweise wird auf den Inhalt des Luftfrachtbriefes abgestellt. Entscheidend soll sein, ob das verloren gegangene Frachtstück im Frachtbrief als **Einzelstück** aufgeführt war. Dann kann gegebenenfalls von einem Verlust auszugehen sein.[23] Hierfür spricht, dass der Luftfrachtführer gem. **Art. 8** vom Absender die Ausstellung **einzelner Luftfrachtbriefe** verlangen kann, wenn es sich um mehrere Frachtstücke handelt. Sind in einem **Luftfrachtbrief mehrere Frachtstücke einzeln aufgelistet,** von denen eines oder mehrere verloren gegangen sind, so ist von einem **Verlust** auszugehen.[24]

11   Als **anzeigebedürftige Beschädigung** ist ein **Teilverlust** jedoch dann zu behandeln, wenn nach dem Inhalt des Beförderungsvertrages mehrere Packstücke als eine gesamte **Beförderungseinheit** erscheinen und eines oder mehrere dieser **Packstücke** in Verlust geraten sind. Eine Beschädigung ist daher anzunehmen, wenn der Luftfrachtbrief nur die **Gesamtzahl der Packstücke** aufführt und diese unter einem **Gesamtgewicht** zu einer Beförderungseinheit zusammenfasst.[25] Beispiel: Fehlen bei einer Sendung von Schuhen mit einem Gesamtgewicht von 416 kg einzelne Schuhe, so ist der Teilverlust als Beschädigung zu behandeln.[26] Von maßgeblicher **Bedeutung** sind die im Luftfrachtbrief niedergelegten **Parteivereinbarungen.**

12   Angesichts der **fließenden Grenzen** zwischen Verlust und Beschädigung kann es **ratsam** sein, im Zweifelsfall bei einem **Teilverlust** von einer **Beschädigung** auszugehen und die gem. **Art. 31 Abs. 2** erforderliche **Schadensanzeige** zu erstatten.

IV. Kausalität

13   Es ist **unerheblich,** durch welches **Ereignis** – zB Unfall, Gefahren, die vom Frachtgut ausgehen, Diebstahl, hohe Temperaturschwankungen etc – der **Schaden** verursacht wird. Das **Schadensereignis** muss weder plötzlich noch unvorhergesehen eintreten. Ebensowenig ist erforderlich, dass ein **aktives** Tun oder **Unterlassen** des Luftfrachtführers oder seiner Leute ursächlich gewesen ist.

14   Die Frage, ob ein **Ereignis** für einen während der **Obhutszeit** des **Luftfrachtführers** eingetretenen Schaden **ursächlich** war, ist auf der **Grundlage** des ergänzend anwendbaren nationalen Rechts **(Art. 3, 5 Rom I-VO)** zu entscheiden.[27] Die Ursächlichkeit ist zu bejahen, wenn das Ereignis nicht hinweggedacht werden kann, ohne dass nicht zugleich auch der eingetretene Schaden **entfiele (conditio sine qua non).** Schadensfolgen, die völlig **außerhalb normaler Geschehensabläufe** liegen, sind dem Luftfrachtführer allerdings nicht zuzurechnen. Bei solchen Fallgestaltungen ist – wenn **deutsches Recht** zur Anwendung kommt – die Zurechenbarkeit durch den Gesichtspunkt der **Adäquanz** einzuschränken.[28] Auf den **Zeitpunkt** der **Schadensentstehung** kommt es nicht entscheidend an. Der Schaden kann auch erst nach Beendigung der Luftbeförderung eintreten. **Maßgeblich** ist vielmehr, dass das Schadensereignis innerhalb des **Obhutszeitraums** des Luftfrachtführers liegt.[29]

V. Obhutszeitraum

15   **1. Begriff der Obhut.** Der **Luftfrachtführer** haftet gem. **Art. 18 Abs. 1** für Schäden, die „**während der Luftbeförderung**" eintreten. Nach **Art. 18 Abs. 3** umfasst die **Luftbeförderung** iSd Abs. 1 den Zeitraum, während dessen sich die Güter in der **Obhut** des Luftfrachtführers befinden. Das bedeutet, dass das Gut in die **Obhut** des Luftfrachtführers gelangt sein muss und sich dort auch noch bei **Eintritt** des **Schadensereignisses** befunden hat **(Obhutszeitraum).** Der **Haftungszeitraum** wird nicht mehr – wie bei **Art. 18 Abs. 2 WAbk** – mit der **Örtlichkeit** der Güter, sondern mit der **Obhutsausübung** des Luftfrachtführers verbunden.[30] Der Begriff der **Obhut** ist weder im Montrealer Übereinkommen noch anderweitig gesetzlich definiert, obwohl er für die Haftung des

---

[22] *Reuschle* Rn. 14; Giemulla/Schmid/*Müller-Rostin* Rn. 16.
[23] BGH Urt. v. 22.4.1982 – I ZR 86/80, BGHZ 84, 101 = NJW 1983, 516; OLG Hamburg Urt. v. 18.2.1988 – 6 U 195/87, TranspR 1988, 201 = VersR 1988, 1158.
[24] *Reuschle* Rn. 17; Giemulla/Schmid/*Müller-Rostin* Rn. 17.
[25] *Reuschle* Rn. 18; Giemulla/Schmid/*Müller-Rostin* Rn. 18.
[26] *Reuschle* Rn. 17; Giemulla/Schmid/*Müller-Rostin* Rn. 17.
[27] Giemulla/Schmid/*Müller-Rostin* Rn. 28; *Reuschle* Rn. 33.
[28] *Reuschle* Rn. 17; Giemulla/Schmid/*Müller-Rostin* Rn. 17.
[29] *Reuschle* Rn. 34.
[30] BGH Urt. v. 24.2.2011 – I ZR 91/10, TranspR 2011, 436 (438) = VersR 2012, 205; *Reuschle* Rn. 3; MüKoHGB/*Ruhwedel* Rn. 15; Giemulla/Schmid/*Müller-Rostin* Rn. 32.

Luftfrachtführers von **zentraler Bedeutung** ist. Er **bedeutet,** dass sich das Gut im **Besitz oder Gewahrsam** des Frachtführers befinden muss, und zwar zum **Zwecke der Beförderung.** Das Gut muss dem Luftfrachtführer also gerade zum Zwecke der Beförderung anvertraut worden sein. Daraus ergibt sich, dass dem **Luftfrachtführer** nicht nur eine vertragliche **Transportpflicht,** sondern auch eine vertragliche Obhutspflicht trifft.[31] Er hat alles zu unterlassen, was zu einer **Gefährdung** des Frachtgutes führen könnte. Teilweise wird angenommen, dass **Obhut** nur vorliegt, wenn der Luftfrachtführer das **Bestimmungsrecht** über die Güter hat und der **Empfänger** oder **Absender** faktisch nicht auf das Gut einwirken können.[32] Dieser engen Auffassung von „**Obhut**" ist jedoch nicht beizutreten. **Entscheidend** ist vielmehr, dass sich die Güter dergestalt im **Einwirkungsbereich des Luftfrachtführers** befinden, dass dieser jederzeit in der Lage ist, sie seiner Obhutspflicht entsprechend vor **Verlust** oder **Beschädigung** zu schützen.[33] Es genügt, dass der **Luftfrachtführer** auf die Behandlung des Gutes **Einfluss** nehmen kann. Eine faktische **Inbesitznahme** muss hierbei **nicht vorliegen,** es genügt vielmehr auch eine entsprechende **Willenseinigung.**[34]

2. Beginn der Obhut. Die Obhut beginnt mit der **Annahme des Gutes** durch den Luftfracht- **16** führer. Im Frachtrecht wird unter „**Annahme**" im Allgemeinen die **Übernahme** (s. **§ 425 Abs. 1 HGB**) des Transportgutes durch den Frachtführer in seinen Besitz oder Gewahrsam zum Zwecke der Beförderung verstanden.[35] Es ist nicht erforderlich, dass dem **Absender** der Güter während der Obhut des Luftfrachtführers sämtliche **Einwirkungsmöglichkeiten** entzogen sind. Es genügt vielmehr, dass der Luftfrachtführer mit Einverständnis des Absenders oder Ablieferers in die Lage versetzt wird, die **tatsächliche Gewalt** über das Frachtgut auszuüben und Verluste und Beschädigungen zu verhindern kann.[36] Im Unterschied zu **Art. 18 Abs. 2 WAbk** verlangt **Art. 18** nicht mehr, dass der **Verlust** oder die **Beschädigung** des Frachtgutes auf einem Flughafen, an Bord eines Luftfahrzeuges oder bei einer Landung außerhalb eines Flughafens entstanden ist. In **Art. 18 Abs. 3** wird der **haftungsrelevante Zeitraum** vielmehr dahingehend definiert, dass sich die Güter in der Obhut des Luftfrachtführers befinden müssen.[37] Ebenso wie beim **Landfrachtrecht** ist auch die Haftung des Luftfrachtführers als **Obhutshaftung** ausgestaltet.[38] Übergibt der Luftfrachtführer das **Frachtgut** freiwillig in die Hand eines Dritten, so wird seine **Obhut** zumindest im **Kernbereich** der Luftbeförderung im **Regelfall** schon deshalb **fortbestehen,** weil der Dritte seinerseits in Erfüllung seiner dem Luftfrachtführer gegenüber bestehenden Vertragspflichten zum sorgsamen Umgang mit dem Frachtgut verpflichtet ist.[39]

3. Unterbrechung der Obhut. Die **Obhut** des Luftfrachtführers kann **unterbrochen** werden. **17** Solange die Obhut des Luftfrachtführers unterbrochen ist, bestehen auch die seinem Vertragspartner geschuldeten **Schutzpflichten** nicht.[40] Von einer Unterbrechung der Obhut ist auszugehen, wenn dem Luftfrachtführer **faktische und rechtliche Einwirkungsmöglichkeiten** auf das Gut zeitweise entzogen sind. Das ist der Fall, wenn ein Ladungsinteressent oder ein von ihm Beauftragter das Frachtgut nach Annahme aber vor Ablieferung durch den Luftfrachtführer unter **Ausschluss jeder Miteinwirkung** des Frachtführers wieder selbst in seine Obhut nimmt.[41] **Beispiel:** Werden Windhunde bei einer **Zwischenlandung** von Beauftragten des Absenders in dessen Zwinger vor dem Weiterflug verpflegt, so hat der Luftfrachtführer während dieses Zeitraums keine Obhut über die Tiere.[42] Der Regelung in **Art. 18 Abs. 2 lit. d** kann entnommen werden, dass eine **Beschlagnahme des Frachtgutes** seitens der **Zollbehörden** zu einer **Unterbrechung** der Obhutshaftung des Luftfrachtführers führt.[43] Durch die Übergabe des Frachtgutes an das Personal des **Flughafenboden-**

[31] BGH Urt. v. 27.6.1985 – I ZR 40/83, NJW-RR 1986, 248 = TranspR 1985, 338; *Reuschle* Rn. 19.

[32] OLG Frankfurt a. M. Urt. v. 21.5.1975 – 17 U 191/74, NJW 1975, 1604; Urt. v. 10.1.1978 – 5 U 50/77, TranspR 1979, 73 = ZLW 1978, 215 f.

[33] BGH Urt. v. 27.10.1978 – I ZR 114/76, NJW 1979, 493 = VersR 1979, 83; OLG Frankfurt a. M. Urt. v. 21.4.1998 – 5 U 210/96, TranspR 1999, 24; OLG Frankfurt a. M. Urt. v. 23.2.2018 – 13 U 151/16, RdTW 2018, 179 Rn. 30 = TranspR 2018, 363 mAnm *Müller-Rostin; Reuschle* Rn. 21; Giemulla/Schmid/*Müller-Rostin* Rn. 35 f..

[34] BGH Urt. v. 21.9.2000 – I ZR 135/98, BGHZ 145, 170 (176 f.) = TranspR 2001, 29; Urt. v. 24.2.2011 – I ZR 91/10, TranspR 2011, 436 (438); Giemulla/Schmid/*Müller-Rostin* Rn. 35; *Reuschle* Rn. 21.

[35] BGH Urt. v. 27.10.1978 – I ZR 114/76, NJW 1979, 493 = VersR 1979, 83; Urt. v. 21.9.2000 – I ZR 135/98, BGHZ 145, 170 (176 f.) = TranspR 2001, 29; *Reuschle* Rn. 24; Giemulla/Schmid/*Müller-Rostin* Rn. 42.

[36] BGH Urt. v. 21.9.2000 – I ZR 135/98, BGHZ 145, 170 (176 f.) = NJW-RR 2001, 396.

[37] BGH Urt. v. 24.2.2011 – I ZR 91/10, TranspR 2011, 436 (438); Giemulla/Schmid/*Müller-Rostin* Rn. 33; *Koller* Rn. 3.

[38] OLG Köln Urt. v. 26.3.2002 – 3 U 214/01, NJW-RR 2002, 1682 = TranspR 2003, 111; Giemulla/Schmid/ *Müller-Rostin* Rn. 33.

[39] BGH Urt. v. 21.9.2000 – I ZR 135/98, BGHZ 145, 170 (177) = NJW-RR 2001, 396; Urt. v. 24.2.2011 – I ZR 91/10, TranspR 2011, 436 (438) = VersR 2012, 205.

[40] *Reuschle* Rn. 25; MüKoHGB/*Kronke*, 1. Aufl. 1997, WAbk Art. 18 Rn. 24.

[41] OLG Köln Urt. v. 26.3.2002 – 3 U 214/01, NJW-RR 2002, 1682 = TranspR 2003, 111; Giemulla/Schmid/ *Müller-Rostin* Rn. 33; zur Frage, ob die Obhut auch durch eine Übergabe des Gutes an Zollbehörden unterbrochen wird, siehe *Reuschle* Rn. 26; Giemulla/Schmid/*Müller-Rostin* Rn. 52 ff.

[42] Beispiel nach *Reuschle* Rn. 25.

[43] Giemulla/Schmid/*Müller-Rostin* Rn. 56; *Reuschle* Rn. 27.

verkehrsdienstes wird die Obhut des Luftfrachtführers dagegen **nicht unterbrochen,** denn die Flughafenbodenverkehrsdienste gehören in der Regel zu den „**Leuten**" iSd **Art. 30,** für die der Luftfrachtführer verantwortlich ist.[44]

18 **4. Ende der Obhutshaftung.** Die Obhut des Luftfrachtführers **endet** – abgesehen von einer **Unterbrechung** – im **Regelfall** nicht schon mit dem **Ausladen der Güter** aus dem Luftfahrzeug, sondern erst mit der **Ablieferung** des Gutes an den **berechtigten Empfänger.** Dementsprechend dauert die **Obhut** des Luftfrachtführers auch dann noch an, wenn er die Güter nach **Beendigung** der eigentlichen Luftbeförderung bis zur **Ablieferung** an den **Empfänger** einlagert. Unerheblich ist dabei, ob das Gut in einem **eigenen Lagerhaus** des Luftfrachtführers eingelagert wird oder ob dies bei einer vom Luftfrachtführer beauftragten **Lagergesellschaft** geschieht, weil das Lagerunternehmen in **Erfüllung** seiner dem Luftfrachtführer gegenüber bestehenden **Vertragspflichten** handelt. Die **obhutsbegründende Einwirkungsmöglichkeit** des Luftfrachtführers wird in einem solchen Fall nicht beendet, da die Lagergesellschaft dem Luftfrachtführer gegenüber zum **Schutz** des Gutes und auf dessen Verlangen zur **Herausgabe** verpflichtet ist. Danach kann die **Obhutshaftung** des Luftfrachtführers gem. **Art. 18 Abs. 1 und 3** auch dann noch in Betracht kommen, wenn das Gut nach der eigentlichen Luftbeförderung vom Flughafengelände mit einem **Landfahrzeug** zu einem **außerhalb des Flughafens** gelegenen Lager befördert wird, in dem es anschließend abhanden kommt.[45] Die Einlagerung muss allerdings verkehrs- bzw. transportbedingt sein, also in enger Beziehung zu dem Transport selbst stehen.[46] Unterliegt die Einlagerung des Gutes in einem außerhalb des Flughafens gelegenen **Warenlager** des Luftfrachtführers **haftungsrechtlich** den Bestimmungen des Montrealer Übereinkommens, erscheint es nicht sinnvoll, **Beförderungen** zu dieser **Einlagerungsstätte** und damit verbundene Umschlagsleistungen einer anderen Haftungsordnung zu unterstellen.[47] Durch die **Ablieferung** gibt der Luftfrachtführer den **Gewahrsam** und die **tatsächliche Gewalt** an dem Gut mit ausdrücklicher oder stillschweigender Einwilligung des Empfängers an diesen ab. Das Gut muss dergestalt bereitgestellt werden, dass der **Empfänger** ohne weitere Hindernisse die **unmittelbare Sachherrschaft** daran erwerben kann.[48] Der Empfänger muss das Gut nicht tatsächlich in Besitz genommen haben. Mit **Einverständnis** des **Empfängers** kann die Ablieferung auch an einen anderen als dem ursprünglich vereinbarten Ablieferungsort erfolgen.[49] Verschafft der Luftfrachtführer nicht dem **frachtbriefmäßigen Empfänger,** sondern einem **Dritten** den Besitz, so muss der Dritte zur Empfangnahme **berechtigt** sein. Eine **Empfangsberechtigung** kann sich daraus ergeben, dass er – etwa gem. **Art. 12** selbst Empfänger geworden ist. Darüber hinaus kann der Dritte vom ursprünglichen Empfänger zur Entgegennahme des Gutes **ermächtigt** worden sein. Denkbar ist auch, dass der **Ablieferungsanspruch** vom berechtigten Empfänger an den **Dritten abgetreten** worden ist.[50] Die Obhut des Luftfrachtführers wird nicht aufgehoben, wenn der berechtigte Empfänger die **Annahme** des Gutes **verweigert.**[51] In einem solchen Fall hat der Luftfrachtführer eine **Weisung** des **Absenders** einzuholen.[52] Die **Übergabe** des **Frachtgutes** an einen **Nichtberechtigten** führt nicht zur Beendigung des **Haftungszeitraums,** da der Luftfrachtführer verpflichtet ist, das Gut an den **berechtigten Empfänger** abzuliefern.[53]

19 **5. Widerlegbare Beweisvermutung (Abs. 4 S. 2).** Die Vorschrift des **Art. 18 Abs. 4 S. 2** entspricht im Wesentlichen **Art. 18 Abs. 3 WAbk.** Der Sache nach wird in dieser Bestimmung der Fall eines **multimodalen Transportvertrages** geregelt, der bei ergänzender Anwendung deutschen Rechts (**Art. 3, 5 Rom I-VO**) an sich dem **§ 452 HGB** unterfällt.[54] Die Vorschrift des **§ 452 HGB** wird aber nur im Anwendungsbereich des **Art. 18 Abs. 4 S. 2** verdrängt. Die Bestimmung des **Art. 18 Abs. 4 S. 2** kommt nur dann zur Anwendung, wenn mit dem Beförderer ein **einheitlicher Vertrag** geschlossen worden ist, der die Luft- und Hilfsbeförderung umfasst und alle Elemente eines **internationalen Luftfrachtvertrages** iSd **Art. 1** enthält.[55] Der **Anwendungsbereich** des **Art. 18**

---

[44] BGH Urt. v. 21.9.2000 – I ZR 135/98, BGHZ 145, 170 (178) = NJW-RR 2001, 396; *Reuschle* Rn. 28.

[45] BGH Urt. v. 24.2.2011 – I ZR 91/10, TranspR 2011, 436 (438) = VersR 2012, 205; OGH – 7 Ob 147/10h, TranspR 2011, 264 mAnm *Müller-Rostin.*

[46] OLG Frankfurt a. M. Urt. v. 23.2.2018 – 13 U 151/16, RdTW 2018, 179 Rn. 30 = TranspR 2018, 363 mAnm *Müller-Rostin;* Giemulla/Schmid/*Müller-Rostin* Rn. 47; *Koller* Rn. 23.

[47] BGH Urt. v. 21.9.2000 – I ZR 135/98, BGHZ 145, 170 (178); *Reuschle* Rn. 28; aA Giemulla/Schmid/*Müller-Rostin* Rn. 86, der maßgeblich auf den Wortlaut des Art. 18 Abs. 4 S. 1 abstellt; s. auch *Müller-Rostin* TranspR 2012, 14 ff.

[48] BGH Urt. v. 27.10.1978 – I ZR 114/76, NJW 1979, 493 = VersR 1979, 83; Urt. v. 23.10.1981 – I ZR 157/79, NJW 1982, 1284 (zu § 29 KVO); OLG Köln Urt. v. 13.12.1994 – 22 U 148/94, VersR 1996, 523 (524); Giemulla/Schmid/*Müller-Rostin* Rn. 43; *Reuschle* Rn. 29; *Koller* HGB § 425 Rn. 25.

[49] Giemulla/Schmid/*Müller-Rostin* Rn. 43; *Reuschle* Rn. 29.

[50] BGH Urt. v. 21.9.2000 – I ZR 135/98, BGHZ 145, 170 (178); *Reuschle* Rn. 28.

[51] *Reuschle* Rn. 29.

[52] Vgl. Tribunale di Palermo AL 1988, 190 Nr. 7 – Galvagno-Elenka c. Alitalia.

[53] *Reuschle* Rn. 30; Giemulla/Schmid/*Müller-Rostin* Rn. 50.

[54] *Koller* Rn. 4.

[55] BGH Urt. v. 24.2.2011 – I ZR 91/10, TranspR 2011, 436 (439) = VersR 2012, 205; BGH Urt. v. 10.12.2015 – I ZR 87/14, RdTW 2016, 136 Rn. 9 = TranspR 2016, 464; *Koller* Rn. 4; Giemulla/Schmid/*Müller-Rostin* Rn. 90.

Abs. 4 S. 2 ist nicht nur bei einem reinen Luftbeförderungsvertrag eröffnet, sondern auch bei einer multimodalen Beförderung. Denn gem. **Art. 38 Abs. 1** unterfallen **gemischte Beförderungen** grundsätzlich auch den Bestimmungen des Montrealer Übereinkommens. Dies wird durch den Hinweis in **Art. 38 Abs. 1** auf **Art. 18 Abs. 4** klargestellt. Die Regelung in **Art. 38 Abs. 1,** der zufolge das Übereinkommen nur für die Luftbeförderung gilt, wird durch Art. 18 Abs. 4 S. 2 **eingeschränkt,** wenn eine Teilstrecke **vertragsgemäß** mit einem Luftfahrzeug ausgeführt wird und der **Zubringerdienst** iSv **Art. 18 Abs. 4 S. 2** rein **tatsächlich** dieser **Luftbeförderung** zugeordnet werden kann.[56] Die Vorschrift des Art. 18 Abs. 4 S. 2 dehnt nicht den Haftungszeitraum des Luftfrachtführers aus, sondern enthält lediglich eine widerlegbare Beweisvermutung. **Steht** bereits **fest,** dass sich das schadensauslösende Ereignis während einer Oberflächenbeförderung ereignet hat, ist für die Vermutung kein Raum. Der **Gegenbeweis** braucht dann nicht geführt zu werden.[57]

Die Beförderung zu Lande (Straße, Eisenbahn), zur See oder auf Binnengewässern darf lediglich **20** **Zubringerdienste** betreffen, für den Luftfrachtführer also nur eine **typische Hilfeleistung** darstellen.[58] Echte **Hilfsfunktion** hat nur diejenige Oberflächenbeförderung auf einer Teilstrecke, für die eine Luftbeförderung – beispielsweise wegen **Fehlens** eines unmittelbar benachbarten geeigneten Flugplatzes oder in Ermangelung passender Verkehrsverbindungen am Ausgangs- oder Endpunkt der Teilstrecke – nicht möglich ist. **Unterbleibt** eine **Luftbeförderung** auf der Teilstrecke, **obwohl** eine solche technisch und verbindungsmäßig **möglich** wäre, hat die Oberflächenbeförderung **keine Hilfsfunktion** mehr, sondern einen **eigenständigen Alternativcharakter** (Beispiel: Beförderung des Gutes per LKW vom Flughafen Köln/Bonn nach München).[59] Ein **Zubringerdienst** iSv **Art. 18 Abs. 4 S. 2** liegt nach Ansicht des **BGH** auch bei folgender Fallgestaltung nicht vor: der **unterbeauftragte Luftfrachtführer** fliegt zwar nicht von dem nächstgelegenen Flughafen (Düsseldorf) direkt zum **Zielort** (Singapur); entscheidend sei vielmehr, dass das Gut vom **nächstgelegenen Flughafen** per Luftfracht zum **Abflugort** des **unterbeauftragten Luftfrachtführers** (also von Düsseldorf nach Paris) befördert werden könne.[60] Soweit eine **Umladung,** also ein Transport zwischen zwei Flughäfen zu Lande aus technischen Gründen nicht vermeidbar ist oder auf Grund **passender Verkehrsverbindungen** ausscheidet, ändert dies nichts an der Anwendbarkeit des Montrealer Übereinkommens.[61] Die **Abrede** über eine **Hilfsbeförderung** zum Zwecke der Verladung, Ablieferung oder Umladung muss nicht unbedingt in den Luftfrachtbrief bzw. in die Aufzeichnungen gem. **Art. 4 Abs. 2** aufgenommen werden, weil der **Luftfrachtbrief** gem. **Art. 11 Abs. 1** lediglich eine **widerlegbare Vermutung** für den Inhalt des Frachtvertrags liefert.[62]

Grundsätzlich haftet der **Luftfrachtführer** nach den Bestimmungen des **Montrealer Übereinkommens** nur für Schäden auf Grund eines während der Luftbeförderung eingetretenen Ereignisses, **nicht** hingegen für **Schäden** während einer **Oberflächenbeförderung** (Art. 18 Abs. 4 S. 1). Erfolgt die **Oberflächenbeförderung** allerdings bei **Ausführung des Luftbeförderungsvertrages** zum Zwecke der Verladung, der Ablieferung oder der Umladung, so wird bis zum **Beweis des Gegenteils** vermutet, dass der Schaden durch ein während der Luftbeförderung eingetretenes Ereignis entstanden ist. Der **Zweck** dieser **widerlegbaren Beweisvermutung** besteht zwar **hauptsächlich** in einer Begünstigung des Geschädigten, weil er den häufig schwer zu erbringenden Nachweis, dass das Schadensereignis in den **Zeitraum der Luftbeförderung** gefallen ist und sich nicht während des **Vor- oder Nachtransportes** ereignet hat, nicht führen muss. Das bedeutet aber nicht, dass nicht auch der in Anspruch genommene **Luftfrachtführer** von der **Beweisvermutung** gem. **Art. 18 Abs. 4 S. 2** begünstigt werden soll. Nach dem Wortlaut der Bestimmung kann sich auch der in Anspruch genommene **Luftfrachtführer** auf die **Beweisvermutung** berufen, wenn für ihn die Anwendung der Haftungsvorschriften des Montrealer Übereinkommens im Vergleich zu dem ansonsten einschlägigen Recht **günstiger** ist.[63] Die **Vermutung** ist durch einen **Gegenbeweis** widerlegbar. Lässt sich **feststellen,** dass der **Schaden** während eines Oberflächentransports **außerhalb** des Flughafens eingetreten ist, ist für die Anwendung des **Art. 18 Abs. 4 S. 2** kein Raum, da die Streckenabschnitte außerhalb

[56] BGH Urt. v. 24.2.2011 – I ZR 91/10, TranspR 2011, 436 (439) = VersR 2012, 205; BGH Urt. v. 10.12.2015/ I ZR 87/14, RdTW 2016, 136 Rn. 9 = TranspR 2016, 464; *Koller* WAbk Art. 18 Fn. 55; MüKoHGB/ *Ruhwedel* Art. 38 Rn. 2; *Reuschle* Art. 38 Rn. 7.

[57] BGH Urt. v. 10.5.2012 – I ZR 109/11, RdTW 2013, 58 Rn. 28 = TranspR 2012, 466; BGH Urt. v. 10.12.2015 – I ZR 87/14, RdTW 2016,136 Rn. 13 = TranspR 2016, 464;Giemulla/Schmid/*Müller-Rostin* Rn. 92; *Reuschle* Rn. 40.

[58] OLG Stuttgart Urt. v. 2.7.1979 – 2 U 49/79, VersR 1980, 183; *Guldimann* WAbk Art. 18 Rn. 12.

[59] BGH Urt. v. 13.6.2012 – I ZR 161/10, RdTW 2013, 66 Rn. 33 f. = TranspR 2012, 456; BGH Urt. v. 10.12.2015 – I ZR 87/14, RdTW 2016, 136 Rn. 17 = TranspR 2016, 464; *Koller* WAbk Art. 18 Rn. 13; *Reuschle* Rn. 41.

[60] BGH Urt. v. 10.12.2015 – I ZR 87/14, RdTW 2016, 136 Rn. 18 = TranspR 2016, 464 mit (zustimmender) Anm. *Jakob* jurisPR-IWR 4/2016 Nr. 4.

[61] OLG Hamburg Urt. v. 11.1.1996 – 6 U 195/95, TranspR 1997, 267 (269).

[62] BGH Urt. v. 24.2.2011 – I ZR 91/10, TranspR 2011, 436 (439) = VersR 2012, 205; *Koller* Rn. 4; *Reuschle* Rn. 40; Giemulla/Schmid/*Müller-Rostin* Rn. 90.

[63] BGH Urt. v. 24.2.2011 – I ZR 91/10, TranspR 2011, 436 (439); Giemulla/Schmid/*Müller-Rostin* Rn. 92; *Reuschle* Rn. 43; aA *Koller* WAbk Art. 18 Rn. 14; *Kirchhof* TranspR 2007, 133 (137).

der Luftbeförderung grundsätzlich dem auf sie anwendbaren Recht unterliegen. Der **Gegenbeweis** muss dann **nicht geführt** werden.[64] **Behaupten** der **Absender** oder der **Empfänger,** der Schaden sei auf der **Landbeförderungsstrecke** eingetreten, so sind sie für diese – ihnen günstige – Tatsache beweispflichtig.[65] Die **Beweisanforderungen** (Anscheinsbeweis, Beweismittel, Beweismaßstäbe) richten sich nach der Rechtsordnung des angerufenen Gerichts **(lex fori).**[66] Kommt deutsches Recht zur Anwendung **(Art. 3, 5 Rom I-VO),** verdrängt **Art. 18 Abs. 4 S. 2** als **vorrangige Multimodalbestimmung** den § 452 HGB (→ Rn. 19).[67]

22   Die **Verjährungs- und Rügefristen** richten sich bei Anwendung des **Art. 18 Abs. 4 S. 2** nach den einschlägigen Vorschriften des **Montrealer Übereinkommens,** mithin nach **Art. 31** und **Art. 35.** Bei gemischten Beförderungen gelten die Vorschriften des Übereinkommens gem. **Art. 38** für den mit einem Luftfahrzeug ausgeführten Beförderungsabschnitt. Die Vorschriften des **Montrealer Übereinkommens** verdrängen mithin auch dann das ergänzend anwendbare nationale Recht, wenn der Schaden lediglich auf Grund der **Beweisvermutung** des **Art. 18 Abs. 4 S. 2** dem **Luftbeförderungsabschnitt** zugerechnet wird.[68] Der **BGH** hat allerdings zu **Art. 18 Abs. 3 S. 2 WAbk,** der mit Art. 18 Abs. 4 S. 2 vollinhaltlich übereinstimmt, entschieden, dass der **Begriff** der **Verjährung** in § 452b Abs. 2 S. 2 HGB bei einem Multimodaltransport auch Ausschluss- und Erlöschungsregelungen – im entschiedenen Fall **Art. 29 Abs. 1 WAbk** – erfasst, die in dem nach den §§ 452 ff. HGB anwendbaren Teilstreckenrecht funktional an die Stelle der Verjährungsregelung treten. Die Vorschrift des § 452b Abs. 2 S. 2 HGB soll daher auch dann anwendbar sein, wenn die **haftungsrelevante Teilstrecke** einem **internationalen Übereinkommen** unterliegt. Nach Ansicht des **BGH** wird also auch im Verhältnis zu den völkerrechtlichen Regelungen eine **Mindestverjährung** nach Maßgabe des § 439 Abs. 1 HGB gewährleistet, wenn dies zu einer späteren Verjährung des Schadensersatzanspruchs führt. Eine kürzere nationale Verjährungsregelung soll gegenüber einer **längeren Ausschlussfrist** in einem internationalen Übereinkommen dagegen grundsätzlich nicht zur Anwendung kommen.[69] Diese Entscheidung ist im **Schrifttum nicht unwidersprochen** geblieben.[70]

23   **6. Luftfrachtersatzverkehr.** Von den **Zubringer- und Umladetransporten** iSv **Art. 18 Abs. 4 S. 2** ist der **Luftfrachtersatzverkehr** zu unterscheiden. Dieser liegt vor, wenn die Luftbeförderung durch eine Landbeförderung ersetzt wird. Führt der **Luftfrachtführer** den gesamten Transport oder einen Teil davon statt mit einem Luftfahrzeug mit einem Landfahrzeug **(LKW = Trucking)** durch, so handelt es sich um einen **Luftfrachtersatzverkehr,** wenn die mit dem LKW ausgeführte Strecke auch mit einem **Luftfahrzeug** hätte bedient werden können.[71] Bei einer **Luftfrachtersatzbeförderung** ist zu unterscheiden, ob diese **vertragsgemäß** oder **vertragswidrig** durchgeführt worden ist. **Maßgeblich** sind die **Parteivereinbarungen** zwischen dem **Absender** und dem **Luftfrachtführer.**[72] Die Befugnis, eine **Luftfrachtersatzbeförderung** vorzunehmen, kann sich auch aus einer stillschweigenden Vereinbarung einer Leistungsänderung seitens des Luftfrachtführers **(§ 315 BGB)** oder aus den **Allgemeinen Beförderungsbedingungen** des Luftfrachtführers ergeben.[73] **Vertragsgemäße Luftfrachtersatzbeförderungen** unterfallen **Art. 18 Abs. 4 S. 1** und **Art. 38.**[74] Die Bestimmungen des Übereinkommens kommen nur für die Teilstrecke der Luftbeförderung zur Anwendung.

24   Bei einer **vertragswidrigen Luftersatzbeförderung** haftet der Luftfrachtführer – wie sich aus **Art. 18 Abs. 4 S. 3** ergibt – **ausschließlich** nach **Art. 18 Abs. 1.**[75] Konsequenz der in Art. 18 Abs. 4 S. 3 enthaltenen Regelung ist, dass der **vertragswidrig** handelnde Luftfrachtführer nicht mehr die **Haftungsordnung** des tatsächlich eingesetzten Beförderungsmittels gegen sich gelten lassen muss. Er wird damit letztlich **besser** gestellt als derjenige Frachtführer, der vereinbarungsgemäß ein anderes Verkehrsmittel als ein Luftfahrzeug benutzt.[76] Dieser **Wertungswiderspruch** lässt sich dadurch **korrigieren,** dass der **Absender** die ursprünglich nicht erlaubte **Ersatzbeförderung** im Nachhinein

---

[64] OLG Düsseldorf Urt. v. 23.2.2011 – 18 U 179/10, BeckRS 2011, 08111; *Reuschle* Rn. 44; Giemulla/Schmid/ *Müller-Rostin* Rn. 92; MüKoHGB/*Ruhwedel* Art. 38 Rn. 7.

[65] OLG Celle Urt. v. 21.5.2004 – 11 U 7/04, NJW-RR 2004, 1411 = TranspR 2005, 214 (216).

[66] *Reuschle* Rn. 45.

[67] BGH Urt. 2.4.2009 – I ZR 60/06, TranspR 2009, 262 Rn. 18 = ZLW 2010, 86; Urt. v. 24.2.2011 – I ZR 91/ 10, TranspR 2011, 436 (437) = VersR 2012, 205.

[68] Giemulla/Schmid/*Müller-Rostin* Rn. 91; *Reuschle* Rn. 45a; aA *Koller* WAbk Art. 18 Rn. 14.

[69] BGH Urt. v. 2.4.2009 – I ZR 60/06, TranspR 2009, 262 Rn. 20 f.; s. auch *Koller* TranspR 2001, 69 (71).

[70] *Ramming* Anm. zum vorbezeichneten Urt. des BGH TranspR 2009, 267 ff.; s. auch *Müller-Rostin* TranspR 2008, 241.

[71] *Reuschle* Rn. 46.

[72] *Reuschle* Rn. 48; Giemulla/Schmid/*Müller-Rostin* Rn. 6.

[73] Giemulla/Schmid/*Müller-Rostin* Rn. 97; *Koller* Rn. 6.

[74] OLG Düsseldorf Urt. v. 12.3.2008 – 18 U 160/07, BeckRS 2008, 09758; *Koller* Rn. 6; Giemulla/Schmid/ *Müller-Rostin* Rn. 106; aA wohl *Ruhwedel* TranspR 2006, 421 (426).

[75] *Koller* Rn. 6; *Reuschle* Rn. 58; *Harms/Schuler-Harms* TranspR 2003, 369 (375).

[76] *Reuschle* Rn. 58; Giemulla/Schmid/*Müller-Rostin* Rn. 114; *Harms/Schuler-Harms* TranspR 2003, 369 (372); *Ruhwedel* TranspR 2004, 137 (138); diff. MüKoHGB/*Ruhwedel* Rn. 60.

genehmigt.[77] Dem Geschädigten wird man im Prozess gestatten müssen, die **Genehmigung** hilfsweise nur für den Fall zu erteilen, dass das Gericht das Verhalten des Luftfrachtführers als „**leichtfertig**" iSd § **435 HGB** bzw. **Art. 29 CMR** ansieht. Verneint das Gericht die Leichtfertigkeit des Luftfrachtführers, so liegt mangels Genehmigung eine **vertragswidrige Luftfrachtersatzbeförderung** vor mit der Folge, dass dem Geschädigten die im Vergleich zu § **431 Abs. 1 HGB** und **Art. 23 Abs. 3 CMR** höheren **Haftungsgrenzen** des Montrealer Übereinkommens zugute kommen. Bejaht das Gericht die Leichtfertigkeit, so ist von einer **vertragsgemäßen** Ersatzbeförderung auszugehen mit der Folge, dass das Recht der Teilstrecke gilt mit einer in diesem Fall **unbegrenzten Haftung**.[78] Die **Genehmigung** kann auch bei **unbekanntem Schadensort** erfolgen. Die Ersatzbeförderung unterfällt dann nicht mehr der Multimodalregelung des **Art. 18 Abs. 4 S. 3**. Sofern nach den Regeln des **IPR** deutsches Recht zur Anwendung kommt (**Art. 3, 5 Rom I-VO**), gilt dann, da **kein internationales Abkommen** entgegensteht, gem. § **452 HGB** für den **Landtransport** per LKW das Landfrachtrecht des deutschen HGB mit der Folge einer **unbegrenzten Haftung** bei **Leichtfertigkeit** und Vorsatz des Luftfrachtführers.[79]

VI. Haftungsausschlüsse (Abs. 2)

Grundsätzlich haftet der **Luftfrachtführer verschuldensunabhängig** für jeden Schaden, der durch   25
Zerstörung, Verlust oder Beschädigung des Gutes entsteht, sofern das schadensverursachende Ereignis während der Luftbeförderung iSv **Art. 18 Abs. 1 und 3** eingetreten ist. Dieser **strengen Haftung** kann der Luftfrachtführer bei Vorliegen eines **Güterschadens** nur in den in **Art. 18 Abs. 2** genannten vier Ausnahmefällen entgehen. Die **Haftungsbefreiungsgründe** sind in **Art. 18 Abs. 2 abschließend** aufgeführt und gelten nur für die Schadenshaftung nach **Art. 18 Abs. 1** und nicht auch für die **Verspätungshaftung** nach **Art. 19**.[80] Der Katalog der Haftungsbefreiungsgründe gem. Art. 18 Abs. 2 ist wortgleich aus dem **Montrealer Zusatzprotokoll Nr. 4** übernommen worden.

Schäden auf Grund der **Eigenart der Güter** (**Art. 18 Abs. 2 lit. a**) sind solche, die durch die   26
natürlichen Eigenschaften der Sache bedingt sind. Es sollen alle Schäden erfasst werden, die auf die normale (**„natürliche"**) Schadensanfälligkeit des Gutes während der Beförderung zurückzuführen sind, ohne dass ein Mangel des Gutes gegeben ist.[81] Dies sind insbesondere Verluste und Beschädigungen durch **Bruch, Rost, inneren Verderb,** Austrocknen, Auslaufen oder normalen Schwund.[82] Haftungsbefreiend wirkt auch, wenn der Schaden durch einen dem Gut **innewohnenden Mangel** verursacht worden ist. Das ist anzunehmen, wenn das Gut von der normalen Beschaffenheit eines **üblichen gleichartigen Gutes** abweicht und diese Abweichung geeignet ist, Schäden am Gut während der Beförderung eintreten zu lassen.[83] Waren die **Eigenart** oder der **Mangel** des Gutes nur eine von **mehreren Schadensursachen,** so ist der Ersatzanspruch anteilig zu mindern.[84]

Eine **Haftung** des **Luftfrachtführers** ist gem. **Art. 18 Abs. 2 lit. b** auch dann ausgeschlossen, wenn   27
bei **verpackungsbedürftigen Gütern** eine mangelhafte Verpackung schadensursächlich war. Ob ein Gut verpackungsbedürftig war, hängt von seiner Beschaffenheit und der Art und Weise der **vereinbarten Beförderung** ab.[85] Eine Haftungsbefreiung nach **Art. 18 Abs. 2 lit. b** kommt nicht in Betracht, wenn der Luftfrachtführer oder seine Leute die Verpackung **vereinbarungsgemäß** vorgenommen haben.[86] Der **Luftfrachtführer** muss sich auch entgegenhalten lassen, dass er den **Absender** nicht auf eine **erkannte** oder **evidente Mangelhaftigkeit** einer Verpackung hingewiesen hat. Ihn trifft eine **Informationspflicht** gegenüber dem Absender[87] Missachtet der **Absender** den erteilten Hinweis oder besteht er auf eine Durchführung der Beförderung, muss der **Luftfrachtführer** den **Transport nicht ablehnen** oder das Gut gar selbst beförderungssicher verpacken. Etwas anderes kann allenfalls dann gelten, wenn eine **schadensfreie Beförderung** offensichtlich ausscheidet.[88] Der **Luftfrachtführer** ist nicht verpflichtet, von sich aus die **Transportgeeignetheit** der **Verpackung** zu überprüfen.[89]

---

[77] *Reuschle* Rn. 59; *Koller* 18 Rn. 6; *Koller* TranspR 2013, 14 (19); *Harms/Schuler-Harms* TranspR 2003, 369 (375); aA *Müller-Rostin* TranspR 2012, 14 (19), mwN; *Ruhwedel* TranspR 2006, 421 (427); s. auch *Kirchhof* TranspR 2007, 133 (139); *Kirchhof* TranspR 2010, 321 (323 ff.).

[78] *Reuschle* Rn. 60; *Koller* Rn. 6; *Harms/Schuler-Harms* TranspR 2003, 369 (375); aA *Ruhwedel* TranspR 2006, 421 (427).

[79] *Koller* Rn. 6; *Reuschle* Rn. 59 f.; *Harms/Schuler-Harms* TranspR 2003, 369 (375).

[80] *Giemulla/Schmid/Müller-Rostin* Rn. 59; *Koller* Rn. 7; *Brinkmann* TranspR 2006, 146 (147 f.); aA *Reuschle* Rn. 63: Anwendung auch im Rahmen von Art. 19.

[81] *Giemulla/Schmid/Müller-Rostin* Rn. 61; *Reuschle* Rn. 65.

[82] *Reuschle* Rn. 65; *Thume/Thume*, 3. Aufl. 2013, CMR Art. 17 Rn. 173; Parallelvorschrift: Art. 17 Abs. 4 lit. d CMR.

[83] *Giemulla/Schmid/Müller-Rostin* Rn. 64.

[84] *Koller* Rn. 7; *Reuschle* Rn. 62; *Ruhwedel* TranspR 2001, 189 (197); *Müller-Rostin* VersR 2001, 683 (685).

[85] *Reuschle* Rn. 68.

[86] *Giemulla/Schmid/Müller-Rostin* Rn. 66; *Reuschle* Rn. 69; *Koller* Rn. 7.

[87] *Giemulla/Schmid/Müller-Rostin* Rn. 72; *Reuschle* Rn. 70; *Koller* Rn. 7.

[88] *Reuschle* Rn. 70; ähnl. Giemulla/Schmid/*Müller-Rostin* Rn. 72 aE.

[89] OLG Frankfurt a. M. TranspR 1984, 20 = ZLW 1984, 90; Giemulla/Schmid/*Müller-Rostin* Rn. 72.

28   Der **Haftungsbefreiungsgrund** gem. **Art. 18 Abs. 2 lit. c** beruht auf der Gefahr eines **gehäuften Schadenseintritts.**[90] Unter „**Krieg**" ist eine mit Waffen ausgetragene Auseinandersetzung zwischen zwei oder mehreren Staaten zu verstehen.[91] **Terroristische Akte** zählen nur dann zu den **Kriegshandlungen,** wenn sie von einer kriegsführenden Partei unterstützt oder zumindest gebilligt werden.[92] Ein **bewaffneter Konflikt** liegt beispielsweise im Falle eines Aufstandes vor, bei dem Waffen eingesetzt werden. Die **Kriegshandlungen** müssen für den Schaden **kausal** sein. Dies muss der Luftfrachtführer gegebenenfalls **beweisen,** wenn er sich darauf beruft.[93]

29   Als **hoheitliche Maßnahmen** in Verbindung mit der Einfuhr, Ausfuhr oder Durchfuhr der Güter kommen ein **Embargo,** eine **Beschlagnahme,** eine **Pfändungsmaßnahme,** eine einstweilige Verfügung und sonstige Handlungen der **Zollabfertigung** in Betracht. Auf die **Rechtmäßigkeit** der hoheitlichen Maßnahme **kommt es** dabei **nicht** an.[94] Sofern der Luftfrachtführer selbst gegen **Zollvorschriften** verstößt, kann er sich nicht auf den Haftungsausschlussgrund gem. **Art. 18 Abs. 2 lit. d** berufen.[95]

30   Die **Haftungsbefreiungstatbestände** gem. **Art. 18 Abs. 2** stellen Ausnahmen von der grundsätzlich verschuldensunabhängigen Haftung des Luftfrachtführers für Verlust und Beschädigung des Gutes dar. Dementsprechend hat der Luftfrachtführer **darzulegen** und gegebenenfalls zu **beweisen,** dass der Schaden an den Gütern (zumindest auch) auf das **Vorliegen** eines solchen **Tatbestandes** zurückzuführen ist.[96] Beruft sich der Luftfrachtführer auf den **Haftungsbefreiungstatbestand** gem. **Art. 18 Abs. 2 lit. b,** obliegt ihm in **zweifacher Hinsicht** die Beweislast: Er muss – erstens – die Notwendigkeit einer Verpackung für das beschädigte Gut und deren Mangelhaftigkeit beweisen. Darüber hinaus muss er – zweitens – beweisen, dass die Verpackung nicht von ihm bzw. seinen Leuten vorgenommen worden ist.[97] Steht ein **Verpackungsmangel** fest, so wird dessen **Kausalität** für den eingetretenen Schaden zugunsten des Luftfrachtführers vermutet, wenn der **Verpackungsmangel** als **Schadensursache** nicht außerhalb aller Wahrscheinlichkeit liegt.[98]

VII. Anzeigefrist

31   Der **Empfänger** ist gem. **Art. 31 Abs. 2 S. 1** verpflichtet, dem Luftfrachtführer im Falle einer **Beschädigung** des Gutes unverzüglich nach Entdeckung des Schadens, jedenfalls binnen vierzehn Tagen nach der Annahme, **Anzeige** zu erstatten, da andernfalls gem. **Art. 31 Abs. 4 Ansprüche** wegen Beschädigung des Gutes **verlorengehen,** es sei denn, dem Luftfrachtführer ist **arglistiges Handeln** vorzuwerfen. Die Schadensanzeige ist grundsätzlich nur wirksam, wenn sie vom **Empfänger** vorgenommen wird. Der **Absender** ist dazu nach dem klaren **Wortlaut** des **Art. 31 Abs. 2** nicht berechtigt.[99] Eine fristgerechte Schadensanzeige des Empfängers kann entbehrlich sein, wenn der Luftfrachtführer oder sein Erfüllungsgehilfe innerhalb der Anzeigefrist **Kenntnis vom Schadenseintritt** erlangt haben und der Luftfrachtführer dadurch in der Lage war, weitere Maßnahmen zur Schadensfeststellung zu treffen.[100] Im Falle einer **Verspätung** muss die Anzeige nach **Art. 31 Abs. 2 S. 2** binnen einundzwanzig Tagen, nachdem die Güter dem Empfänger zur Verfügung gestellt worden sind, erfolgen. Bei **Verlust, Zerstörung** oder **Nichtauslieferung** von Gütern sieht das Montrealer Übereinkommen **keine** Anzeigepflicht vor.

VIII. Aktivlegitimation

32   Das Montrealer Übereinkommen enthält **keine Regelungen** zu der Frage, wer im Falle von **Güter- und Verspätungsschäden** zur Geltendmachung der Ansprüche aus Art. 18 Abs. 1 und Art. 19 S. 1 berechtigt ist. Dem **Regelungsgehalt** des **Art. 29 S. 1 Hs. 2** ist aber zu entnehmen, dass sich die **Anspruchsberechtigung nach nationalem Recht** beurteilt (**Art. 3, 5 Rom I-VO**). Unproblematisch ist die Anspruchsberechtigung des **Absenders als Vertragspartner** des Luftfrachtführers. Ebenso kann der **Empfänger** zum Ersatz von Güterschäden berechtigt sein (**s. Art. 13 Abs. 3**). Hat die Person des Empfängers auf Grund einer **Weisung (Art. 12 Abs. 1)** des Absenders gewechselt, so ist nur der neue Empfänger anspruchsberechtigt. Hat der **Empfänger** die **Verfügungsbefugnis** über das **Transportgut** einmal erlangt, so kann er die Rechte aus dem Beförderungsvertrag

---

[90] *Reuschle* Rn. 71.

[91] *Reuschle* Rn. 71; Giemulla/Schmid/*Müller-Rostin* Rn. 74.

[92] Giemulla/Schmid/*Müller-Rostin* Rn. 59; *Brinkmann* TranspR 2006, 146 (147 f.); aA *Reuschle* Rn. 63: Anwendung auch iRv Art. 19; ferner *Koller* Rn. 7; *Fricke* VersR 1981, 1098; *Fricke* VersR 2002, 6 ff.

[93] *Koller* Rn. 7.

[94] *Reuschle* Rn. 73; Giemulla/Schmid/*Müller-Rostin* Rn. 75.

[95] *Reuschle* Rn. 73; Giemulla/Schmid/*Müller-Rostin* Rn. 75.

[96] Giemulla/Schmid/*Müller-Rostin* Rn. 77; *Reuschle* Rn. 74; *Koller* Rn. 7.

[97] Giemulla/Schmid/*Müller-Rostin* Rn. 80.

[98] OLG Frankfurt a. M. Urt. v. 11.6.1992 – 5 U 237/87, NJW-RR 1993, 169 (170) (zur CMR); *Reuschle* Rn. 74; Giemulla/Schmid/*Müller-Rostin* Rn. 80; *Thume/Thume,* 3. Aufl. 2013, CMR Art. 18 Rn. 57.

[99] LG Frankfurt a. M. Urt. v. 25.5.2010 – 3–09 O 85/08, TranspR 2010, 461 mzustAnm *Vywers.*

[100] OLG München Urt. v. 16.3.2011 – 7 U 1807/09, TranspR 2011, 199 (200).

grundsätzlich auch dann im **eigenen Namen** gegen den Frachtführer geltend machen, wenn er die **Annahme** der Ware **verweigert** hat.[101] Eine „**notify party**" ist dagegen – obwohl diese Person im Luftfrachtbrief genannt wird – grundsätzlich nicht aktivlegitimiert.[102] Auch der **Eigentümer des Frachtgutes,** der weder Absender noch Empfänger ist, kann zur Geltendmachung eines **Schadens-ersatzanspruches** berechtigt sein. Bei Anwendung deutschen Rechts wird man dem Luftfrachtführer gem. **§ 434 Abs. 2 HGB** aber gestatten müssen, gegenüber **außervertraglichen Ansprüchen** die gesetzlichen oder frachtvertraglichen Einwendungen (beispielsweise die Haftungsbegrenzung nach **Art. 22 Abs. 3**) geltend zu machen.[103] Hat der Eigentümer weder die Beförderung veranlasst und musste er mit dieser auch nicht rechnen, kann sich der Luftfrachtführer allerdings nicht auf die Haftungsbeschränkungen des Montrealer Übereinkommens berufen. Gleiches gilt, wenn das Gut vor der Übernahme zur Beförderung dem Dritten abhandengekommen ist.[104] Ansprüche Dritter können insbesondere bei **Eigentumsvorbehalt** und **Sicherungseigentum** bestehen. Ferner ist **Art. 29 S. 1** zu beachten.

Fraglich ist, ob der Absender nach **Erlöschen seines Verfügungsrechts (Art. 12 Abs. 4 S. 1)** **33** weiterhin berechtigt ist, Schadensersatzansprüche gegen den Luftfrachtführer wegen Verlustes oder Beschädigung des Gutes geltend zu machen. Im Anwendungsbereich der **CMR** und auch im **nationalen** deutschen **Frachtrecht (s. § 421 Abs. 1 S. 2 HGB)** ist anerkannt, dass der Absender die Ansprüche wegen Verlustes oder Beschädigung des Gutes gegen den Frachtführer unter bestimmten Voraussetzungen – soweit die Rechte des Empfängers nicht entgegenstehen – auch noch nach Entstehung der Berechtigung des Empfängers geltend machen kann (**Doppellegitimation** von **Absender und Empfänger**). Gleiches gilt im Anwendungsbereich des Montrealer Übereinkommens anzunehmen (zu Einzelheiten → Art. 14 Rn. 3 ff.).

Eine **Anspruchsberechtigung** kann sich auch auf Grund einer **Rechtsnachfolge** durch Abtretung **34** (§ 398 BGB) oder kraft Gesetzes (beispielsweise § 86 Abs. 1 VVG) ergeben. Möglich ist auch die Erteilung einer **Einziehungsermächtigung.** Werden Schadensersatzansprüche im Wege einer **gewillkürten Prozessstandschaft** eingeklagt, ist zu **beachten,** dass der Anspruchsteller ein eigenes schutzwürdiges Interesse an der Geltendmachung des fremden Rechts **darlegen** und gegebenenfalls beweisen muss.[105] Die zur Geltendmachung der Ansprüche aus **Art. 18, 19** Berechtigten können im Wege der **Drittschadensliquidation (Art. 14)** auch Schäden betroffener Dritter einklagen.[106]

IX. Passivlegitimation

Der **Luftfrachtführer** ist als **Vertragspartner des Absenders** passivlegitimiert, es sei denn, dass **35** **Art. 36** zur Anwendung kommt. Unter bestimmten Voraussetzungen können dem Empfänger Ansprüche aus **Art. 18** auch gegen den **Unterfrachtführer,** der nicht aufeinanderfolgender Frachtführer ist, zustehen.[107]

X. Haftungsumfang bei Güterschäden

Das Montrealer Übereinkommen enthält **keine Bestimmungen,** in denen der **Umfang des zu** **36** **ersetzenden Schadens** geregelt ist. Die Frage nach der Art und dem Umfang des zu ersetzenden Schadens ist daher nach dem ergänzend anwendbaren **nationalen Recht** zu beurteilen.[108] Kommt **über Art. 3, 5 Rom I-VO** deutsches Recht zur Anwendung, so ist **Art. 1 § 2** des Gesetzes zur Harmonisierung des Haftungsrechts im Luftverkehr[109] zu beachten. Darin ist bestimmt, dass sich im Falle der Zerstörung, der Beschädigung oder des Verlustes von Gütern die Art des nach **Art. 18 MÜ** zu leistenden Schadensersatzes nach **§ 429 HGB** beurteilt. Aus der **eindeutigen Verweisung** in **Art. 1 § 2** des **Harmonisierungsgesetzes** allein auf § 429 HGB ergibt sich, dass die Anwendbarkeit der **§§ 430, 432 S. 1 HGB** ausgeschlossen ist.[110] Dass es sich bei dem Verweis in **Art. 1 § 2** des

---

[101] BGH Urt. v. 15.10.1998 – I ZR 111/96, BGHZ 140, 84 (89 ff.) = NJW 1999, 1110 (zur CMR); *Reuschle* Rn. 83.

[102] *Reuschle* Rn. 84; *Giemulla/Schmid/Müller-Rostin* Rn. 129.

[103] OLG Frankfurt a. M., Urt. v. 13.2.2018 – 13 U 151/16, RdTW 2018, 179 Rn. 29 = TranspR 2018, 363 mAnm *Müller*-Rostin; *Reuschle* Rn. 88; *Giemulla/Schmid/Müller-Rostin* Rn. 138 f.

[104] *Reuschle* Rn. 88; *Giemulla/Schmid/Müller-Rostin* Rn. 139.

[105] BGH Urt. v. 10.11.1999 – VIII ZR 78/98, NJW 2000, 738; Urt. v. 20.1.2005 – I ZR 34/02, MDR 2005, 884; *Reuschle* Rn. 87.

[106] BGH Urt. v. 1.6.2006 – I ZR 200/03, TranspR 2006, 308; Urt. v. 6.7.2006 – I ZR 226/03, NJW-RR 2006, 1544 = TranspR 2006, 363; *Pokrant/Gran* HRR TranspR/LogistikR Rn. 456.

[107] BGH Urt. v. 14.6.2007 – I ZR 50/05, TranspR 2007, 425 f.; *Reuschle* Rn. 5; *Koller* WAbk Art. 18 Rn. 11; *Thume* TranspR 2007, 427 f.

[108] BGH Urt. v. 9.5.2004 – I ZR 266/00, NJW-RR 2004, 1482 = TranspR 2004, 369; *Koller* Rn. 9; *Reuschle* Rn. 95; *Ruhwedel* TranspR 2001, 189 (197).

[109] BGBl. 2004 I 550.

[110] *Koller* Rn. 9; aA *Giemulla/Schmid/Müller-Rostin* Rn. 147; *MüKoHGB/Ruhwedel* Rn. 95: Sachzusammenhang zwischen § 429 HGB und §§ 430, 432 HGB.

Harmonisierungsgesetzes um ein **Redaktionsversehen** des Gesetzgebers handelt, kann nicht ohne Weiteres angenommen werden.[111] Nach **§ 429 HGB** kann der Geschädigte nur **Wertersatz** verlangen. Eine **Naturalrestitution** ist ausgeschlossen. Ebensowenig hat der Geschädigte einen Anspruch auf Ersatz von **Schadensfeststellungskosten**, da diese dem nicht anwendbaren **§ 430 HGB** unterfallen.[112] Zu beachten ist, dass die Höhe des vom Luftfrachtführer zu ersetzenden Schadens durch **Art. 22 Abs. 3** auf 22 Sonderziehungsrechte begrenzt wird. Eine **Durchbrechung der Haftung** im Falle vorsätzlichen Handelns des Luftfrachtführers kommt – wie sich aus dem Verweis in **Art. 22 Abs. 5** allein auf die **Abs. 1 und 2** des **Art. 22** ergibt – **nicht in Betracht**.[113] Die **Kausalität** ist ebenfalls anhand des ergänzend anwendbaren **nationalen Rechts (Art. 3, 5 Rom I-VO)** zu beurteilen.[114]

XI. Anspruchskonkurrenzen

37 Eine **Anspruchskonkurrenz** kann zwischen **Art. 18 Abs. 1** und **Art. 19 S. 1** bestehen. Zu denken ist etwa an den Fall, dass verderbliche Ware wegen einer zu langen Beförderungsdauer in einem unbrauchbaren Zustand am Bestimmungsort ankommt.[115] Bei einer derartigen Fallgestaltung kommen **beide Anspruchsgrundlagen kumulativ** zur Anwendung mit der Folge, dass der **Sachschaden** nach Art. 18 und der **Verspätungsschaden** gem. Art. 19 zu ersetzen ist.[116]

38 **Anspruchskonkurrenzen** können sich ferner bei im Montrealer Übereinkommen **nicht geregelten Leistungsstörungen** ergeben. Die **Art. 18, 19** enthalten insoweit keine anspruchsverdrängenden **Spezialregelungen**. Dieser Annahme steht **Art. 29 S. 1** nicht entgegen. Denn diese Vorschrift bestimmt lediglich, dass die weitergehenden, nach **nationalem** Recht bestehenden **Schadensersatzansprüche** den Voraussetzungen und Beschränkungen des Übereinkommens unterworfen sind.[117]

XII. Beweisfragen

39 Der **Anspruchsteller** muss für die Geltendmachung von **Schadensersatzansprüchen** aus **Art. 18, 19** den **Abschluss eines Luftfrachtvertrages** darlegen und gegebenenfalls beweisen. Gleiches gilt für die Behauptung, dass die Güter dem Luftfrachtführer in **einwandfreiem Zustand** ausgehändigt worden sind.[118] Auf einen **Anscheinsbeweis** kann sich der Anspruchsteller insoweit nicht berufen.[119] Der Geschädigte kann sich aber auf die **Vermutungen** des **Art. 11 Abs. 2** stützen. Die Beweiswirkung der Angaben zum äußerlich erkennbaren Zustand des Gutes gem. **Art. 11 Abs. 2 S. 2** entspricht derjenigen des **Art. 9 Abs. 2 CMR**. Darunter ist der **Zustand** zu verstehen, der sich mit den Mitteln und der Sorgfalt überprüfen lässt, die einem CMR-Frachtführer zur Verfügung stehen.[120] **Ist streitig,** ob der Schaden während der **Luftbeförderung** oder beispielsweise erst bei einem anschließenden Zubringertransport entstanden ist, muss derjenige, der den Eintritt des Schadens während der Luftbeförderung bestreitet, den Verlust oder die Beschädigung des Gutes während einer **Oberflächenbeförderung** beweisen. Die an den Beweis zu stellenden Anforderungen beurteilen sich nach der lex fori, also nach dem Recht des angerufenen Gerichts.[121] Den Luftfrachtführer trifft allerdings eine **sekundäre Darlegungslast**. Kommt er dieser **Obliegenheit** nicht in ausreichendem Maße nach, so ist der Gegenbeweis zur Widerlegung der Vermutung nach **Art. 18 Abs. 4 S. 2** als erbracht anzusehen.[122]

40 Wird die **Aktivlegitimation** bestritten, weil sich die Position des **Anspruchstellers** als **Absender** oder **Empfänger** nicht aus dem Frachtbrief oder der Empfangsbestätigung **(Art. 5)** ergibt, so muss auch die **Anspruchsberechtigung** bewiesen werden. Die **Beweisanforderungen** unterliegen den allgemeinen internationalen zivilverfahrensrechtlichen Regelungen. Diese gehen von der Maßgeblichkeit des **Beweisrechts am Sitz** des mit der Sache befassten Gerichts **(lex fori)** aus.

---

[111] So aber *Reuschle* Rn. 95.

[112] *Koller* Rn. 9; iE ebenso *Reuschle* Rn. 95; aA Giemulla/Schmid/*Müller-Rostin* Rn. 147; MüKoHGB/*Ruhwedel* Rn. 95.

[113] *Reuschle* Rn. 93.

[114] *Reuschle* Rn. 94; *Koller* Rn. 9.

[115] OLG Frankfurt a. M. Urt. v. 23.12.1992 – 21 U 62/91, NJW-RR 1993, 809 (810) = TranspR 1993, 103.

[116] OLG Frankfurt a. M. Urt. v. 23.12.1992 – 21 U 62/91, NJW-RR 1993, 809 (810 f.) = TranspR 1993, 103; *Reuschle* Rn. 97; Giemulla/Schmid/*Müller-Rostin* Rn. 148; *Ruhwedel* Der Luftbeförderungsvertrag Rn. 560.

[117] LG Köln Urt. v. 10.6.1987 – 88 O 181/86, TranspR 1987, 369 = VersR 1988, 374; *Reuschle* Rn. 98; aA OLG Köln Urt. v. 16.2.1990 – 20 U 177/89, NJW-RR 1990, 527 = TranspR 1990, 199; Giemulla/Schmid/*Müller-Rostin* Rn. 149.

[118] BGH Urt. v. 9.6.2004 – I ZR 266/00, NJW-RR 2004, 1482 = TranspR 2004, 369.

[119] Giemulla/Schmid/*Müller-Rostin* Rn. 29.

[120] BGH Urt. v. 9.6.2004 – I ZR 266/00, NJW-RR 2004, 1482 = TranspR 2004, 369.

[121] BGH Urt. v. 10.5.2012 – I ZR 109/11, RdTW 2013, 58 Rn. 28 = TranspR 2012, 466; *Reuschle* Rn. 44.

[122] BGH Urt. v. 24.2.2011 – I ZR 91/10, TranspR 2011, 436 (439) = VersR 2012, 205; OLG Karlsruhe Urt. v. 18.5.2011 – 15 U 23/10, TranspR 2011, 382 (385); zu den Anforderungen s. BGH Urt. v. 3.3.2011 – I ZR 50/10, TranspR 2011, 220 Rn. 21.

Lässt sich die **Übergabe** des Gutes **in die Obhut** des **Luftfrachtführers** in einem **einwandfreien** 41
Zustand als solche nicht beweisen, steht dem Anspruchsteller noch der Weg offen, die **Beschädigung**
während der **Luftbeförderung** zu beweisen. Dies kann beispielsweise durch chemische Analysen
erfolgen. Gelingt dem Anspruchsteller weder der Beweis der unbeschädigten Übergabe noch jener der
Schadensverursachung während des **Lufttransports,** so ist die Klage wegen **Beweisfälligkeit** als
unbegründet abzuweisen.[123]

Die Angaben im **Luftfrachtbrief** oder in der **Empfangsbestätigung** zur Anzahl der Frachtstücke 42
begründen die **widerlegbare Vermutung** ihrer Richtigkeit **(Art. 11 Abs. 2).** Die Eintragungen auf
der **Absenderausfertigung** erbringen Beweis für ihren Inhalt nach Maßgabe des **§ 416 ZPO.** Sie
unterliegen der freien Beweiswürdigung nach **§ 286 ZPO.** Die Widerlegung einer vom Luftfrachtführer ausgestellten Absenderausfertigung über die Anzahl der **übernommenen Frachtstücke** erfordert zumindest eine **Erschütterung** der Überzeugung des Gerichts.[124] Zur Darlegungs- und
Beweislast des Luftfrachtführers, der sich auf einen **Haftungsbefreiungstatbestand** gem. **Art. 18
Abs. 2** beruft, → Rn. 30.

Art. 19 Verspätung

[1]**Der Luftfrachtführer hat den Schaden zu ersetzen, der durch Verspätung bei der Luftbeförderung von Reisenden, Reisegepäck oder Gütern entsteht.** [2]**Er haftet jedoch nicht für
den Verspätungsschaden, wenn er nachweist, dass er und seine Leute alle zumutbaren Maßnahmen zur Vermeidung des Schadens getroffen haben oder dass es ihm oder ihnen nicht
möglich war, solche Maßnahmen zu ergreifen.**

Schrifttum: S. Vor Art. 1 und bei Art. 18; ferner: *Fröhlich,* Leistungsstörungen im Luftverkehr, 2001; *Leffers,*
Minderung des Flugpreises bei Verspätungen im internationalen Luftverkehr, TranspR 1997, 93; *Kuhn,* Die Haftung
für Schäden an Frachtgütern, Gepäck und Luftpostsendungen nach dem Warschauer Haftungssystem und den §§ 44
bis 52 LuftVG, 1987; *Kuhn,* Sonderfälle der Anspruchsberechtigung bei Art. 17, 18, 19 WA, WA/HP, ZLW 1989,
21; *Schmid,* Der Begriff „Leute" im sog. Warschauer Abkommen, TranspR 1984, 1.

Parallelvorschriften: Art. 19, 20 WAbk; Art. 17 CMR; Art. 33 CIM; § 425 HGB.

Übersicht

I. Allgemeines

1. Normzweck. Bei Art. 19 S. 1 handelt es sich um eine **eigenständige Anspruchsgrundlage.** 1
Die Vorschrift regelt die Haftung des Luftfrachtführers für **Verspätungsschäden.**[1] Wird das **Flugzeug**
als **Transportmittel** für die Güterbeförderung gewählt, so geschieht dies, um Zeit zu sparen. Der
Absender nimmt insoweit regelmäßig höhere Transportkosten in Kauf. Kommt es dann zu einer
Verspätung des Fluges oder zu einer **Nichtbeförderung,** ist dies für den Absender besonders
unerfreulich. Häufig tritt in diesen Fällen ein nicht unerheblicher Schaden ein. Die **Haftung** nach
Art. 19 S. 1 erfordert – **anders** als bei **Art. 18 Abs. 1** – ein **Verschulden des Luftfrachtführers**

---

[123] OLG Nürnberg Urt. v. 9.4.1992 – 12 U 3644/91, TranspR 1992, 276; OLG Frankfurt a. M. Urt. v. 12.7.1993
– 5 U 159/92, OLGR Frankfurt 1993, 316; Giemulla/Schmid/*Müller-Rostin* Rn. 30; *Reuschle* Rn. 37.
[124] *Reuschle* Rn. 38.
[1] *Reuschle* Rn. 1; MüKoHGB/*Kronke,* 1. Aufl. 1997, WAbk Art. 19 Rn. 1.

oder seiner **Leute (Art. 30).** Den Regelungen in **Art. 19 S. 2 iVm Art. 20** ist zu entnehmen, dass das Verschulden des Luftfrachtführers **vermutet** wird. Das bedeutet, dass sich der **Luftfrachtführer** von der Haftung gem. **Art. 19 S. 1** befreien kann, wenn er **nachweist,** dass er und/oder seine Leute alle zumutbaren Maßnahmen zur Schadensvermeidung getroffen haben oder dass es ihm und/oder seinen Leuten nicht möglich war, solche Maßnahmen zu ergreifen **(Art. 19 S. 2).** Im Montrealer Übereinkommen ist nur der Fall **der Verspätung,** dh die nicht zeitgerechte Erfüllung des Luftbeförderungsvertrages, nicht jedoch die **unterbliebene Beförderung** geregelt. Diese beurteilt sich nach dem auf den Luftbeförderungsvertrag ergänzend anwendbaren nationalen Recht **(Art. 3, 5 Rom I-VO).**[2]

2   **2. Entstehungsgeschichte.** Die Regelungen in **Art. 19** entsprechen weitgehend **Art. 19** und **Art. 20 WAbk.** Ein sachlicher **Unterschied** dürfte lediglich darin bestehen, dass in Art. 20 WAbk, auf den **Art. 19 S. 2** zurückgeht, von allen „**erforderlichen**" Maßnahmen zur Schadensverhütung die Rede ist, während es in **Art. 19 S. 2** heißt, dass alle „**zumutbaren**" Maßnahmen zur **Schadensvermeidung** ergriffen worden sein müssen.

II. Voraussetzungen der Verspätungshaftung (Satz 1)

3   **1. Verspätung.** Das Montrealer Übereinkommen erläutert – ebensowenig wie das Warschauer Abkommen – nicht, wann eine „**Verspätung**" anzunehmen ist. Im Allgemeinen wird unter **Verspätung** ein **nicht rechtzeitiges Eintreffen am Bestimmungsort** verstanden.[3] Maßgeblich ist der Zeitpunkt der **Auslieferung** des Gutes und nicht der Landezeitpunkt. Für die Bestimmung der „**Rechtzeitigkeit**" ist der Vertragsinhalt – beispielsweise ein fester Termin – ausschlaggebend. **Fehlt** eine besondere **Parteivereinbarung,** muss der Transport innerhalb eines angemessenen Zeitraumes durchgeführt werden. Daraus ergibt sich, dass **nicht jede Zeitüberschreitung** zur **haftungsbegründenden Verspätung** iSd **Art. 19 S. 1** führt. Einzukalkulieren sind vielmehr – bei Vertragsschluss erkennbare – Umstände wie Wetterverhältnisse, Transportengpässe etc.

4   In **erster Linie** beurteilt sich die Frage der **Verspätung** nach den **vertraglich vereinbarten Fristen.**[4] Die Vereinbarung ist hinreichend bestimmt, wenn bei einer Beförderung im Fluglinienverkehr auf **Flugpläne** Bezug genommen wird.[5] **Klauseln** in **Allgemeinen Geschäftsbedingungen,** die vorsehen, dass **zugesagte Zeiten** unverbindlich sein sollen, sind in aller Regel wegen Verstoßes gegen **Art. 26** und **§ 307 BGB** unwirksam.[6] Das hat jedenfalls dann zu gelten, wenn die Klauseln eine vollständige **Freizeichnung** von **Verspätungsschäden** zum Ziel haben.

5   Sofern die **Parteien** des Luftfrachtvertrages **weder ausdrücklich** noch **konkludent** eine **Beförderungsfrist** vereinbart haben – was im Güterbeförderungsbereich nicht selten vorkommen dürfte[7] – ist der Luftfrachtführer verpflichtet, die Beförderung innerhalb einer **angemessenen Frist** auszuführen.[8] Bei der Beurteilung, welche Frist als „**angemessen**" zu gelten hat, sind die jeweiligen **konkreten Einzelfallumstände** zu berücksichtigen. Nach richtiger Auffassung kommt es dabei – wie im Rahmen des **§ 423 HGB** und **Art. 19 CMR** – entscheidend darauf an, innerhalb welchen Zeitraums ein **ordentlicher Luftfrachtführer** die Durchführung des Transportes versprochen hätte, wenn er die übliche Transportdauer, die üblichen Wartezeiten und sonstigen Verzögerungen einschließlich eines **Sicherheitszuschlags** einkalkuliert hätte.[9]

6   Die **Vereinbarung** einer **Beförderungsfrist** ist Gegenstand des Beförderungsvertrages. Da das Montrealer Übereinkommen zur Frage der Wirksamkeit einer solchen Vereinbarung keine Regelungen enthält, beurteilt diese sich nach dem **Vertragsstatut.** Bei Anwendung **deutschen** Kollisionsrechts **(Art. 3, 5 Rom I-VO)** ist das **deutsche Sachrecht** maßgeblich mit der Folge, dass auch der Vertragsabschluss nach deutschem Recht zu beurteilen ist.[10]

7   Von **Art. 19 S. 1** werden diejenigen **Schäden nicht erfasst,** die auf eine **Unmöglichkeit der Beförderung** zurückzuführen sind. In einem solchen Fall kommt – wenn deutsches Recht ergänzend

---

[2] Giemulla/Schmid/*Schmid* Rn. 103; MüKoHGB/*Ruhwedel* Rn. 10.

[3] OLG Frankfurt a. M. Urt. v. 23.12.1992 – 21 U 62/91, NJW-RR 1993, 809 (810) = TranspR 1993, 103; *Reuschle* Rn. 6; Giemulla/Schmid/*Schmid* Rn. 7; MüKoHGB/*Ruhwedel* Rn. 15.

[4] *Reuschle* Rn. 7; *Koller* WAbk Art. 19 Rn. 5; *Guldimann* Internationales Lufttransportrecht WAbk Art. 19 Rn. 3; MüKoHGB/*Ruhwedel* Rn. 16; *Ruhwedel* Der Luftbeförderungsvertrag Rn. 554.

[5] OLG Frankfurt a. M. Urt. v. 23.12.1992 – 21 U 62/91, NJW-RR 1993, 809 (810) = TranspR 1993, 103; *Reuschle* Rn. 13; Giemulla/Schmid/*Schmid* Rn. 7; *Koller* WAbk Art. 19 Rn. 5.

[6] BGH Urt. v. 20.1.1983 – VII ZR 105/81, NJW 1983, 1522 (1524); *Reuschle* Rn. 13; *Koller* WAbk Art. 19 Rn. 5.

[7] *Reuschle* Rn. 16.

[8] OLG Frankfurt a. M. Urt. v. 15.1.1980 – 5 U 74/79, ZLW 1980, 146 (147); *Reuschle* Rn. 16; *Koller* WAbk Art. 19 Rn. 6; MüKoHGB/*Ruhwedel* Rn. 16.

[9] Hoge Raad ETR 2005, 742; *Reuschle* Rn. 19 ff.; *Koller* WAbk Art. 19 Rn. 6; MüKoHGB/*Ruhwedel* Art. 10 Rn. 16.

[10] *Reuschle* Rn. 15.

anwendbar ist **(Art. 3, 5 Rom I-VO)** – eine Schadensersatzpflicht wegen Pflichtverletzung nach § **280 Abs. 1 S. 1 BGB** in Betracht.[11]

Zu **beachten** ist schließlich, dass es in Einzelfällen zu **Überschneidungen** zwischen **Art. 19** und **8** **Art. 18 Abs. 1** kommen kann. Hierzu wird verwiesen auf die Ausführungen in → Art. 18 Rn. 37 und → Art. 18 Rn. 38. **Bedeutsam** ist die **Abgrenzung** von Art. 18 Abs. 1 zu Art. 19 S. 1 insbesondere für die Frage, ob eine **Schadensanzeigepflicht** des Geschädigten besteht. Gemäß **Art. 31 Abs. 2** muss in den Fällen einer **Beschädigung** des Gutes und einer **Verspätung** eine Anzeige seitens des Empfängers erfolgen, die bei einem **Verlust** des Gutes nicht erforderlich ist. Das **Montrealer Übereinkommen** enthält in dieser Hinsicht **keine** eindeutigen **Abgrenzungskriterien.**

2. Haftungszeitraum. Der maßgebliche **Haftungszeitraum** – das ist die **Luftbeförderung** – **9** wird in **Art. 19** nicht erläutert. Die Luftbeförderung iSv Art. 19 S. 1 MÜ umfasst nicht nur den Zeitraum, in dem sich das Gut an Bord des Luftfahrzeugs befindet. Abzustellen ist vielmehr auf die gesamte dem **Luftfrachtführer** nach dem **Luftbeförderungsvertrag** obliegende Tätigkeit.[12] Dementsprechend kommt es nicht darauf an, ob eine verspätete Ankunft des Gutes beispielsweise auf **Verzögerungen** beim **Zubringerdienst,** beim Ein- oder Umladen sowie darauf zurückzuführen ist, dass das Gut falsch verladen oder eine nach **Art. 12 Abs. 1** bindende **Weisung** des **Absenders** nicht befolgt wurde. Entscheidend ist allein, dass das Gut nicht rechtzeitig angekommen ist.[13]

3. Schaden. In **Art. 19 S. 1** ist nichts darüber gesagt, **welche Schäden** der Luftfrachtführer im **10** Falle einer Verspätung zu ersetzen hat. Der Umfang des zu ersetzenden Schadens beurteilt sich daher nach dem jeweils anwendbaren nationalen Recht. Bei Zugrundelegung deutschen Rechts **(Art. 3, 5 Rom I-VO)** gelten für die Feststellung des Umfangs des zu ersetzenden Schadens **mit der Einschränkung** des Art. 29 die §§ **249 ff. BGB.**[14] Es müssen aber die **Haftungshöchstsummen** gem. **Art. 22** beachtet werden. Kommt es beispielsweise infolge einer verspäteten Anlieferung von Frachtgütern zu einem **Produktionsausfall,** so ist dieser als **Verspätungsschaden** iSv **Art. 19 S. 1** zu kompensieren.[15] Ein **Verspätungsschaden** kann auch dadurch entstehen, dass von einer aus mehreren Teilen bestehenden Sendung ein wichtiges Teil nicht rechtzeitig angeliefert wird mit der Folge, dass sich der Zusammenbau der fristgerecht gelieferten Teile verzögert.[16]

4. Kausalität zwischen Verspätung und Schaden. Nach **Art. 19 S. 1** ist nur der „**durch**" **11** **Verspätung** bei der Luftbeförderung entstandene Schaden zu ersetzen.[17] Die Verspätung muss also „**conditio sine** qua **non**" sein.[17] Allerdings kann dem Luftfrachtführer nicht jede Verspätung zugerechnet werden. Eine Haftung nach **Art. 19 S. 1** erfordert eine Verspätung auf Grund der **typischen Risiken des Luftverkehrs,** da die Art. 17 ff. nur die Schadensersatzansprüche regeln, die sich aus den dem **Luftverkehr eigentümlichen Gefahren** ergeben können.[18]

III. Haftungsausschlüsse

1. Entlastung gem. Satz 2. In **Art. 19 S. 2** wird – in Ergänzung zu **Art. 19 S. 1** – klargestellt, **12** dass es sich bei der Verspätungshaftung des Luftfrachtführers um eine **Verschuldenshaftung** handelt, wobei das **Verschulden** jedoch **vermutet** wird. Der Luftfrachtführer muss sich also entlasten. Er muss nachweisen, dass er und seine Leute alle **zumutbaren Maßnahmen** zur Schadensvermeidung getroffen haben oder dass es ihm und seinen Leuten nicht möglich war, solche Maßnahmen zu treffen. Da das Montrealer Übereinkommen – anders als das Warschauer Abkommen – nicht mehr auf die **Erforderlichkeit,** sondern auf die **Zumutbarkeit einer Schadensverhütungsmaßnahme** abstellt, dürften an den **Entlastungsbeweis** des Luftfrachtführers geringere Anforderungen als nach dem Warschauer Abkommen zu stellen sein.[19]

Was unter einer „**zumutbaren Maßnahme**" zu verstehen ist, wird in den Haftungsvorschriften **13** des Montrealer Übereinkommens nicht erläutert. Zur **Konkretisierung** des **Begriffs** „alle zumutbaren Maßnahmen" sind die **Originalfassungen** des Montrealer Übereinkommens zu berücksichtigen, wobei der englischen Originalfassung besondere Bedeutung zukommt, weil die vorbereitenden

---

[11] OLG Koblenz Urt. v. 29.3.2006 – 1 U 983/05, NJW- RR 2006, 1356 (1357); *Reuschle* Rn. 8; *Koller* WAbk Art. 19 Rn. 2.

[12] *Reuschle* Rn. 28.

[13] *Reuschle* Rn. 28; Giemulla/Schmid/*Schmid* Rn. 26 ff.

[14] BGH Urt. v. 9.6.2004 – I ZR 266/00, NJW-RR 2004, 1482 = TranspR 2004, 369; *Koller* Rn. 4; *Reuschle* Rn. 31; MüKoHGB/*Ruhwedel* Rn. 44, der allerdings unzutreffend auf die §§ 429 ff. HGB verweist.

[15] Giemulla/Schmid/*Schmid* Rn. 3; *Reuschle* Rn. 32.

[16] Giemulla/Schmid/*Schmid* Rn. 3; *Reuschle* Rn. 32; ferner: Tribunale di Milano AL 1991, 299 Nr. 64 – Vibra./. Alitalia u. Lufthansa.

[17] *Reuschle* Rn. 29; Giemulla/Schmid/*Schmid* Rn. 22.

[18] OLG Düsseldorf Urt. v. 13.6.1996 – 18 U 174/95, NJW-RR 1997, 930 = TranspR 1997, 150; Giemulla/ Schmid/*Schmid* Rn. 24; aA *Reuschle* Rn. 30; *Koller* WAbk Art. 19 Rn. 8.

[19] *Reuschle* Rn. 34; Giemulla/Schmid/*Schmid* Rn. 31; *Bollweg* ZLW 2000, 439 (445); *Kadletz* VersR 2000, 927 (933).

Konferenzen und die Diplomatische Konferenz 1999 in Montreal im Wesentlichen in **englischer Sprache** geführt wurden.[20] Die englische Textfassung verwendet die Worte „**all measures that could reasonably be required**". Dementsprechend hätte die amtliche Übersetzung dies richtigerweise mit den Worten „**Alle Maßnahmen, die vernünftigerweise gefordert werden können**" wiedergeben müssen. Der Sinn des englischen Textes ist in der amtlichen deutschen Übersetzung nicht präzise wiedergegeben.[21]

14   Welche **Maßnahmen** „**zumutbar**" waren, ist nicht auf Grund einer **rückwirkenden Betrachtung** festzustellen. Denn im Rückblick wird sich nahezu jede Schadensursache als vermeidbar darstellen. Dies würde zu einer **Überspannung** der an den Luftfrachtführer zu stellenden Sorgfalt führen.[22] Für eine Haftungsbefreiung nach **Art. 19 S. 2** reicht es allerdings nicht aus, dass der Luftfrachtführer geltend macht, er und seine Leute hätten die „**üblichen Vorkehrungen**" getroffen, wenn nach den Umständen des konkreten Einzelfalls ersichtlich zusätzliche Maßnahmen erforderlich gewesen wären. Daher wird man als „**zumutbare Maßnahmen**" solche Handlungen verlangen müssen, die ein sorgfältig, gewissenhaft und vernünftig handelnder Unternehmer in der **konkreten Situation** unter Außerachtlassung allein kaufmännischer Überlegungen ergriffen hätte, wobei auf den **Zeitpunkt des Beginns der Luftbeförderung** abzustellen ist.[23] Der Maßstab für die Vermeidbarkeit der Verspätung bzw. des Schadens ist also die **Vorhersehbarkeit**.

15   Der „**Leute**"-Begriff in **Art. 19 S. 2** kann nicht ohne weiteres mit dem entsprechenden Begriff in § 428 S. 1 HGB und auch nicht mit dem Begriff des Erfüllungsgehilfen iSd **§ 278 BGB** gleichgesetzt werden.[24] Der Begriffsinhalt ist vielmehr – wie im Einheitsrecht allgemein üblich – **autonom** festzustellen. Aus der Gleichstellung von „**Agents**" und „**Servants**" (abhängig Beschäftigte) ergibt sich, dass es bei der **Konkretisierung** des Begriffs „Leute" in **Art. 19 S. 2** weder auf die **Auswahlfreiheit** des Luftfrachtführers noch auf die **arbeitsvertraglich** bedingte Abhängigkeit oder Weisungsgebundenheit ankommt.[25] Demnach zählen zu den „**Leuten**" des Luftfrachtführers nicht nur Arbeitnehmer, sondern **alle Personen,** deren sich der Luftfrachtführer zur Ausführung der von ihm geschuldeten Tätigkeit bedient. Das können auch **selbständige Unternehmer** – wie etwa der Unterfrachtführer oder Luftfrachtumschlaggesellschaften – sein.[26] **Nicht** zu den **Leuten** des Luftfrachtführers **zählen** dagegen die Flugsicherungsbehörde, der Flugwetterdienst, die Zollbehörde und Polizeibeamte, die Sicherheitskontrollen durchführen.[27]

16   Das **Montrealer Übereinkommen** geht von einer **Transportmitteltauglichkeitshaftung** aus, die derjenigen in **§ 559 HGB** ähnelt. Daher gehören zu den vom Luftfrachtführer zu verlangenden zumutbaren Maßnahmen die Prüfung der **Eignung des Fluggeräts,** seiner Ausrüstung und seiner Einrichtungen sowie die ordnungsgemäße Bereitstellung für den konkreten Transport. Ebenso ist der **Luftfrachtführer** für **ordnungsgemäße Wartungsarbeiten** verantwortlich. Gleiches gilt für Lagereinrichtungen, Bodentransportmittel, Ladeeinrichtungen, Sicherheits- und Überwachungsvorkehrungen. Für **Produktfehler** muss der Luftfrachtführer allerdings **nicht einstehen.** Das ergibt sich schon daraus, dass der **Hersteller** des Luftfahrzeugs **nicht** zu den **Leuten** des **Luftfrachtführers** gehört.[28]

17   Nach **Eintreffen** des Frachtgutes **am Bestimmungsort** können Güter- oder Verspätungsschäden durch **Zollbeschlagnahme** oder sonstige hoheitliche Eingriffe entstehen. Auf derartige Maßnahme hat der Luftfrachtführer im Allgemeinen **keinen Einfluss,** sodass er sich entlasten kann.[29]

18   **2. Vertraglicher Haftungsausschluss.** Nach **Art. 26** ist jede Bestimmung im Beförderungsvertrag, welche die im Montrealer Übereinkommen normierte Haftung des Luftfrachtführers ganz oder teilweise aufhebt oder den vorgesehenen Haftungshöchstbetrag herabsetzt, **nichtig.** Eine Klausel, wonach der Luftfrachtführer nicht für **mittelbare oder Folgeschäden** haftet, ist nicht ohne weiteres unwirksam, da diese Schäden vom Montrealer Übereinkommen nicht erfasst werden. Nach **deutschem Recht** (**§ 309 Nr. 7 lit. b BGB**) ist eine derartige Klausel nur dann nichtig, wenn damit ein Schaden ausgeschlossen werden soll, der auf einer **grob fahrlässigen** Vertragsverletzung des Luftfrachtführers oder auf einer vorsätzlichen oder grob fahrlässigen Vertragsverletzung eines Erfüllungsgehilfen des Luftfrachtführers beruht.[30]

---

[20] *Reuschle* Rn. 35; Giemulla/Schmid/*Schmid* Rn. 34.

[21] *Reuschle* Rn. 35; Giemulla/Schmid/*Schmid* Rn. 34.

[22] Giemulla/Schmid/*Schmid* Rn. 35; MüKoHGB/*Ruhwedel* Rn. 30.

[23] Giemulla/Schmid/*Schmid* Rn. 36; MüKoHGB/*Kronke* WAbk Art. 20 Rn. 12.

[24] BGH Urt. v. 14.2.1989 – VI ZR 121/88, NJW-RR 1989, 723 (724); *Reuschle* Rn. 37; Giemulla/Schmid/ *Schmid* Rn. 66 ff.; *Koller* WAbk Art. 20 Rn. 17; MüKoHGB/*Ruhwedel* Rn. 34 ff.

[25] OLG Nürnberg Urt. v. 9.4.1992 – 12 U 3644/91, TranspR 1992, 276 (278); *Reuschle* Rn. 37.

[26] BGH Urt. v. 21.9.2000 – I ZR 135/98, BGHZ 145, 170 (179 ff.) = TranspR 2001, 29; *Reuschle* Rn. 37 f.; *Koller* WAbk Art. 20 Rn. 17.

[27] *Reuschle* Rn. 39.

[28] *Reuschle* Rn. 42; *Ficht,* Die unbekannte Schadensursache im internationalen Luftverkehr, 1986, 97 ff.

[29] BGH Urt. v. 9.10.1964 – I b ZR 226/62, NJW 1964, 2348; OLG Frankfurt a. M. Urt. v. 23.12.1992 – 21 U 62/92, NJW-RR 1993, 809; OLG Köln Urt. v. 10.4.1992 – 25 U 10/91, RIW 1993, 938.

[30] Giemulla/Schmid/*Schmid* Rn. 87.

IV. Anzeigepflicht

Der **Empfänger** ist gem. **Art. 31 Abs. 2 S. 1** verpflichtet, dem Luftfrachtführer im Falle einer   19
Beschädigung des Gutes unverzüglich nach Entdeckung des Schadens, jedenfalls binnen 14 Tagen nach
der Annahme, **Anzeige** zu erstatten. Im Falle einer **Verspätung** muss die **Anzeige** nach **Art. 31
Abs. 2 S. 2** binnen 21 Tagen, nachdem die Güter dem **Empfänger** zur Verfügung gestellt worden
sind, erfolgen (→ Art. 18 Rn. 31). Bei Verlust, Zerstörung oder Nichtauslieferung von Gütern sieht
das Montrealer Übereinkommen **keine Anzeigepflicht** vor.

V. Aktiv- und Passivlegitimation

1. Anspruchsberechtigung. Das **Montrealer Übereinkommen** enthält keine Regelungen zur   20
Frage, wer im Falle von **Güter- und Verspätungsschäden** zur Geltendmachung der Ansprüche aus
Art. 18 Abs. 1 und **Art. 19 S. 1** berechtigt ist. Dem Regelungsgehalt des **Art. 29 S. 1 Hs. 2 MÜ** ist
zu entnehmen, dass sich die **Anspruchsberechtigung nach nationalem Recht** beurteilt. **Unpro-
blematisch** ist die Anspruchsberechtigung des **Absenders als Vertragspartner** des Luftfrachtführers.
Ebenso kann der **Empfänger** ersatzberechtigt sein **(s. Art. 13 Abs. 3)**. Hat die Person des Empfängers auf Grund einer Weisung **(Art. 12 Abs. 1)** des Absenders gewechselt, so ist nur der **neue
Empfänger** anspruchsberechtigt.[31] Sind Absender oder Empfänger **Spediteure**, können sie bei
Anwendbarkeit **deutschen Rechts (Art. 3, 5 Rom I-VO)** den **Verspätungsschaden** nach den
Grundsätzen der **Drittschadensliquidation** ersetzt verlangen und einklagen.[32] Zur Frage, ob auch
der **Eigentümer des Frachtgutes,** der weder **Absender** noch **Empfänger** ist, Ersatzansprüche
gegen den Luftfrachtführer wegen eines Güterschadens oder einer Verspätung hat, → Art. 18 Rn. 32.

2. Anspruchsgegner. Der **Luftfrachtführer** ist als **Vertragspartner des Absenders** passivlegiti-   21
miert, es sei denn, dass **Art. 36** zur Anwendung kommt. Unter bestimmten Voraussetzungen können dem Empfänger die Ansprüche aus **Art. 19 S. 1** auch gegen den Unterfrachtführer, der nicht aufeinanderfolgender Frachtführer ist, zustehen.[33]

VI. Umfang des Schadensersatzes

Das **Montrealer Übereinkommen** enthält keine Bestimmung, in denen der **Umfang des zu   22
ersetzenden Schadens** geregelt ist. Die Frage nach der Art und dem Umfang des zu leistenden
Schadensersatzes ist daher nach dem ergänzend anwendbaren **nationalen Recht** zu beurteilen.
Deutsches Recht kann insbesondere auf Grund einer **Parteivereinbarung** oder nach den sonstigen
Regeln des IPR (vor allem gem. Art. 3, 5 Rom I-VO) zur Anwendung kommen.[34] Bei der
Beförderung von Gütern ist die Haftungsbegrenzung gem. **Art. 22 Abs. 3** auf einen Betrag von **22
Sonderziehungsrechten (SZR) je Kilogramm** zu beachten, es sei denn, dem Luftfrachtführer ist
die Berufung auf diese Haftungsbegrenzung wegen einer **Wertdeklaration** oder nach **Art. 25** verwehrt (siehe dazu die Kommentierungen zu Art. 22 und Art. 25). Darüber hinaus ist **Art. 29 S. 2** zu
berücksichtigen: Nach dieser **Vorschrift** ist bei **Klagen** auf der Grundlage des Montrealer Übereinkommens jeder eine Strafe einschließende, verschärfte oder sonstige nicht kompensatorische Schadensersatz ausgeschlossen.

Bei Anwendung **deutschen Rechts** kommen die **§§ 249 ff. BGB** zur Anwendung. Zu beachten   23
ist, dass **Art. 1 § 2 Gesetze zur Harmonisierung des Haftungsrechts im Luftverkehr**[35] für
Verspätungsschäden nicht gilt. Nach **§ 252 BGB** ist grundsätzlich auch der **entgangene Gewinn** zu
ersetzen. Ersatzfähig sind auch verspätungsbedingte **Mehraufwendungen**.[36] Eine **Minderung** der
Fracht kommt nicht in Betracht, da **Art. 19** lex specialis ist.[37] Bei der Beurteilung der Frage, ob ein
Anspruch auf Ersatz von **mittelbaren oder Folgeschäden** besteht, ist zu berücksichtigen, dass deren
Ersatzfähigkeit durch die **Beförderungsbedingungen** des Luftfrachtführers wirksam ausgeschlossen
sein kann.[38]

---

[31] *Reuschle* Art. 18 Rn. 83; Giemulla/Schmid/*Müller-Rostin* Art. 18 Rn. 123.
[32] *Reuschle* Rn. 48.
[33] *Reuschle* Art. 18 Rn. 73; Giemulla/Schmid/*Müller-Rostin* Art. 18 Rn. 75.
[34] Giemulla/Schmid/*Schmid* Rn. 84; MüKoHGB/*Kronke* WAbk Art. 19 Rn. 29; *Reuschle* Rn. 52; *Koller* WAbk
Art. 19 Rn. 9; *Ruhwedel* Der Luftbeförderungsvertrag Rn. 568.
[35] BGBl. 2004 I 550.
[36] *Reuschle* Rn. 54; *Ruhwedel* Der Luftbeförderungsvertrag Rn. 568.
[37] *Koller* WAbk Art. 19 Rn. 9; *Reuschle* Rn. 57; *Leffers* TranspR 1997, 93; *Fröhlich,* Leistungsstörungen im Luftverkehr, 2001, 89; aA LG Frankfurt a. M. Urt. v. 9.8.1993 – 2/24 S 162/93, NJW-RR 1993, 1270; *Ruhwedel* Der
Luftbeförderungsvertrag Rn. 235.
[38] *Reuschle* Rn. 54; Giemulla/Schmid/*Schmid* Rn. 87 f.; *Koller* WAbk Art. 19 Rn. 9; auch → Rn. 18.

VII. Anspruchskonkurrenzen

24   Die Regelungen in **Art. 18** und **Art. 19** betreffen nach ihrem Wortlaut und ihrer Systematik zwar zwei **verschiedene Tatbestände.** Der Anwendungsbereich der beiden Vorschriften kann sich aber auch überschneiden (→ Art. 18 Rn. 37). Praktische Bedeutung kommt der Wahl der Anspruchsgrundlage vor allem hinsichtlich der gem. **Art. 31** zu beachtenden **Anzeigepflichten** und -**fristen** zu.[39]

25   **Anspruchskonkurrenzen** können sich ferner bei im Montrealer Übereinkommen **nicht geregelten Leistungsstörungen** ergeben (→ Art. 18 Rn. 38).

VIII. Beweisfragen

26   Der **Geschädigte (Anspruchsteller)** muss eine von ihm behauptete **Verspätung beweisen.** Er hat darzulegen, wann die Ankunft nach den **vertraglichen Vereinbarungen** hätte erfolgen müssen und dass dieser Ankunftszeitpunkt nicht nur unerheblich überschritten worden ist. **Fehlt** es an einer vertraglichen **Vereinbarung** in Bezug auf die **Ankunftszeit,** so muss der Geschädigte darlegen und gegebenenfalls beweisen, dass die angemessene Beförderungsdauer nicht unerheblich überschritten worden ist.[40]

27   Ebenso hat der **Geschädigte** den **Schadenseintritt** sowie die **Höhe** und den **Umfang** des von ihm behaupteten Schadens zu **beweisen.**[41]

28   Das **Verschulden** des Luftfrachtführers an einer Verspätung wird gem. **Art. 19 S. 2 vermutet.** Um einer Haftung nach **Art. 19 S. 1** zu entgehen, muss sich der Luftfrachtführer daher **entlasten.** Er muss mithin **darlegen** und gegebenenfalls **beweisen,** dass ihn und seine **Leute** kein Verschulden an einer eingetretenen Verspätung trifft. Ist der Nachweis des fehlenden Verschuldens nicht geführt (**„non liquet"**), so geht dies zu Lasten des Luftfrachtführers. Kommen **mehrere** nicht ausschließbare **Schadensursachen** in Betracht, so muss sich der **Luftfrachtführer** hinsichtlich aller festgestellten Schadensursachen **entlasten.**[42]

Art. 20 Haftungsbefreiung

[1]**Weist der Luftfrachtführer nach, dass die Person, die den Schadensersatzanspruch erhebt, oder ihr Rechtsvorgänger den Schaden durch eine unrechtmäßige Handlung oder Unterlassung, sei es auch nur fahrlässig, verursacht oder dazu beigetragen hat, so ist der Luftfrachtführer ganz oder teilweise von seiner Haftung gegenüber dieser Person insoweit befreit, als diese Handlung oder Unterlassung den Schaden verursacht oder dazu beigetragen hat.** [2]**Verlangt eine andere Person als der Reisende wegen dessen Tod oder Körperverletzung Schadensersatz, so ist der Luftfrachtführer ganz oder teilweise von seiner Haftung insoweit befreit, als er nachweist, dass eine unrechtmäßige Handlung oder Unterlassung des Reisenden, sei es auch nur fahrlässig, den Schaden verursacht oder dazu beigetragen hat.** [3]**Dieser Artikel gilt für alle Haftungsbestimmungen in diesem Übereinkommen einschließlich Artikel 21 Absatz 1.**

Parallelvorschrift: Art. 21 WAbk.

I. Allgemeines

1   Die Vorschrift des **Art. 20** regelt die Frage des **Mitverschuldens des Geschädigten** vertragsautonom.[1] Damit bedarf es keines Rückgriffs mehr – wie noch unter der Geltung des Art. 21 WAbk – auf die **lex fori.** In **Art. 20 S. 3** ist **ausdrücklich klargestellt,** dass die Vorschrift auf alle in Art. 17–19 geregelten Haftungstatbestände Anwendung findet, so auch dann, wenn ein **Verschulden** des **Luftfrachtführers** für dessen Haftung **nicht erforderlich** ist.[2]

II. Inhalt der Vorschrift

2   Nach der **unverbindlichen deutschen Fassung** des **Art. 20 S. 1** kann sich der Luftfrachtführer auf eine Haftungsbefreiung oder zumindest eine Haftungsbeschränkung berufen, wenn der **Anspruchsteller** oder sein **Rechtsvorgänger** „den Schaden durch eine unrechtmäßige Handlung oder Unterlassung, sei es auch nur fahrlässig, verursacht oder dazu beigetragen hat". Die amtliche **deutsche Übersetzung** gibt den maßgeblichen **englischen** bzw. **französischen** Originaltext nicht richtig wieder. In den verbindlichen Originalfassungen wird zuerst die **Fahrlässigkeit** genannt. Dieser wird

---

[39] Giemulla/Schmid/*Schmid* Rn. 89.
[40] Giemulla/Schmid/*Schmid* Rn. 25; *Reuschle* Rn. 33.
[41] Giemulla/Schmid/*Schmid* Rn. 4; *Reuschle* Rn. 33.
[42] Giemulla/Schmid/*Schmid* Rn. 43 f.; *Reuschle* Rn. 45; *Ruhwedel* Der Luftbeförderungsvertrag Rn. 634.
[1] *Reuschle* Rn. 4; *Koller* Rn. 1; Giemulla/Schmid/*Giemulla* Rn. 17; MüKoHGB/*Ruhwedel* Rn. 4.
[2] *Reuschle* Rn. 5; *Boettge* VersR 2005, 908 (913).

sodann ein „**other wrongful act**" bzw. „**autre acte ou omission prejudiciable**" gleichgestellt. Daraus ergibt sich, dass das „andere" Handeln bzw. Unterlassen zumindest einem **fahrlässigen Fehlverhalten entsprechen** muss.[3]

Ein **fahrlässiges Fehlverhalten** ist anzunehmen, wenn die im **Verkehr erforderliche Sorgfalt** 3 außer Acht gelassen wird.[4] Nach der **Rspr.** des **BGH** kann ein haftungsminderndes Mitverschulden des Geschädigten im Allgemeinen dann angenommen werden, wenn dieser es unterlassen hat, den **hohen Wert** des **Frachtgutes** offen zu legen, obwohl er wusste oder **hätte erkennen müssen,** dass das Gut bei korrekter Wertangabe **sicherer** befördert worden wäre.[5] Ebenso kann ein Mitverschulden des Absenders gegeben sein, wenn dieser den Frachtführer nicht auf die **Gefahr** eines **ungewöhnlich hohen Schadens** hingewiesen hat.[6] Das Verhalten seiner **Hilfspersonen** oder der Hilfspersonen seines Rechtsvorgängers muss sich der **Anspruchsteller** nur zurechnen lassen, wenn ihn beider **Auswahl** ein **Fehlverhalten** trifft. Denn im Unterschied zu **Art. 19** ist in **Art. 20 S. 1** von „**Leuten**" keine Rede. Eine Anlehnung an das nationale Rechtsverständnis ist angesichts des **autonomen** Charakters des Montrealer Übereinkommens nicht statthaft.[7]

Neben der Regelung des **Mitverschuldens** des Geschädigten **enthält Art. 20 S. 1** auch eine 4 **Beweislastregel.** Der Luftfrachtführer ist insoweit von seiner Haftung befreit, als er eine Schadensverursachung durch den **Geschädigten** selbst oder dessen Rechtsvorgänger nachweisen kann. Die **Darlegungs-** und **Beweislast** für das Mitverschulden sowie den **Kausalzusammenhang** zwischen **Mitverschulden** und **entstandenem Schaden** obliegt mithin dem **Luftfrachtführer.**[8] Die prozessualen Anforderungen an den vom Luftfrachtführer zu erbringenden Beweis ergeben sich aus den Beweisregeln der **lex fori.** Das ergibt sich nicht aus **Art. 20,** sondern folgt aus dem Grundsatz des **IPR,** dass das angerufene Gericht sein eigenes Verfahrensrecht anzuwenden hat.[9]

III. Rechtsfolgen

Die **Rechtsfolge** eines **Mitverschuldens** des **Geschädigten** oder seines Rechtsvorgängers besteht 5 nach **Art. 20 S. 1** in einer vollständigen oder teilweisen Haftungsbefreiung des Luftfrachtführers.[10] Sofern deutsche Gerichte über die Frage eines Mitverschuldens zu befinden haben, kann bei der **Konkretisierung** des Begriffs des Mitverschuldens – auch wenn dieses im Montrealer Übereinkommen grundsätzlich vertragsautonom geregelt ist – auf § 254 BGB zurückgegriffen werden.[11] Im Falle **beiderseitigen Verschuldens** ist der Umfang des zu leistenden Ersatzes von den Umständen, insbesondere vom Maß der beiderseitigen Verursachung, abhängig.

Art. 21 Schadensersatz bei Tod oder Körperverletzung von Reisenden

(1) **Für Schäden nach Artikel 17 Absatz 1, die 128 821 Sonderziehungsrechte je Reisenden nicht übersteigen, kann die Haftung des Luftfrachtführers nicht ausgeschlossen oder beschränkt werden.**

(2) **Der Luftfrachtführer haftet nicht für Schäden nach Artikel 17 Absatz 1, soweit sie 128 821 Sonderziehungsrechte je Reisenden übersteigen, wenn er nachweist, dass**

a) **dieser Schaden nicht auf eine unrechtmäßige Handlung oder Unterlassung des Luftfrachtführers oder seiner Leute, sei sie auch nur fahrlässig begangen, zurückzuführen ist oder**

b) **dieser Schaden ausschließlich auf eine unrechtmäßige Handlung oder Unterlassung eines Dritten, sei sie auch nur fahrlässig begangen, zurückzuführen ist.**

Hier nicht erläutert, da die Vorschrift ausschließlich die Personenbeförderung betrifft.

---

[3] *Reuschle* Rn. 7; Giemulla/Schmid/*Giemulla* Rn. 10; *Koller* Rn. 1; *Boettge* VersR 2005, 908 (912) in Fn. 52.

[4] *Reuschle* Rn. 6.

[5] BGH Urt. v. 15.11.2001 – I ZR 158/99, BGHZ 149, 337 (352 ff.) = NJW 2002, 3106 = TranspR 2002, 295; Urt. v. 1.12.2005 – I ZR 31/04, NJW 2006, 1426 = TranspR 2006, 212; Urt. v. 19.1.2006 – I ZR 80/03, NJW-RR 2006, 822 = TranspR 2006, 121; Urt. v. 20.7.2006 – I ZR 9/05, NJW-RR 2007, 28 = TranspR 2006, 394; s. auch *Pokrant/Gran* HRR TranspR/LogistikR, Rn. 115 ff.

[6] BGH Urt. v. 19.1.2006 – I ZR 80/03, NJW-RR 2006, 822 = TranspR 2006, 121; s. auch *Koller* HGB § 425 Rn. 74 ff. mwN.

[7] *Koller* Rn. 1 und Fn. 4; aA Giemulla/Schmid/*Giemulla* Rn. 16, 19.

[8] *Reuschle* Rn. 11; Giemulla/Schmid/*Giemulla* Rn. 12; *Ruhwedel* Der Luftbeförderungsvertrag Rn. 648.

[9] *Reuschle* Rn. 11; Giemulla/Schmid/*Giemulla* Rn. 23, *Guldimann* WAbk Art. 21 Rn. 9.

[10] Giemulla/Schmid/*Giemulla* Rn. 13; Soergel/*Kronke* EGBGB Art. 38 Anh. IV Rn. 136.

[11] Giemulla/Schmid/*Giemulla* Rn. 18.

Art. 22 Haftungshöchstbeträge bei Verspätung sowie für Reisegepäck und Güter

(1) Für Verspätungsschäden im Sinne des Artikels 19 haftet der Luftfrachtführer bei der Beförderung von Personen nur bis zu einem Betrag von 5 346 Sonderziehungsrechten je Reisenden.

(2) ¹Bei der Beförderung von Reisegepäck haftet der Luftfrachtführer für Zerstörung, Verlust, Beschädigung oder Verspätung nur bis zu einem Betrag von 1 288 Sonderziehungsrechten je Reisenden; diese Beschränkung gilt nicht, wenn der Reisende bei der Übergabe des aufgegebenen Reisegepäcks an den Luftfrachtführer das Interesse an der Ablieferung am Bestimmungsort betragsmäßig angegeben und den verlangten Zuschlag entrichtet hat. ²In diesem Fall hat der Luftfrachtführer bis zur Höhe des angegebenen Betrags Ersatz zu leisten, sofern er nicht nachweist, dass dieser höher ist als das tatsächliche Interesse des Reisenden an der Ablieferung am Bestimmungsort.

(3) ¹Bei der Beförderung von Gütern haftet der Luftfrachtführer für Zerstörung, Verlust, Beschädigung oder Verspätung nur bis zu einem Betrag von 22 Sonderziehungsrechten für das Kilogramm; diese Beschränkung gilt nicht, wenn der Absender bei der Übergabe des Frachtstücks an den Luftfrachtführer das Interesse an der Ablieferung am Bestimmungsort betragsmäßig angegeben und den verlangten Zuschlag entrichtet hat. ²In diesem Fall hat der Luftfrachtführer bis zur Höhe des angegebenen Betrags Ersatz zu leisten, sofern er nicht nachweist, dass dieser höher ist als das tatsächliche Interesse des Absenders an der Ablieferung am Bestimmungsort.

(4) ¹Im Fall der Zerstörung, des Verlusts, der Beschädigung oder der Verspätung eines Teiles der Güter oder irgendeines darin enthaltenen Gegenstands ist für die Feststellung, bis zu welchem Betrag der Luftfrachtführer haftet, nur das Gesamtgewicht der betroffenen Frachtstücke maßgebend. ²Beeinträchtigt jedoch die Zerstörung, der Verlust, die Beschädigung oder die Verspätung eines Teiles der Güter oder eines darin enthaltenen Gegenstands den Wert anderer Frachtstücke, die in demselben Luftfrachtbrief oder derselben Empfangsbestätigung oder, wenn diese nicht ausgestellt wurden, in den anderen Aufzeichnungen im Sinne des Artikels 4 Absatz 2 aufgeführt sind, so ist das Gesamtgewicht dieser Frachtstücke für die Feststellung, bis zu welchem Betrag der Luftfrachtführer haftet, maßgebend.

(5) Die Absätze 1 und 2 finden keine Anwendung, wenn nachgewiesen wird, dass der Schaden durch eine Handlung oder Unterlassung des Luftfrachtführers oder seiner Leute verursacht worden ist, die entweder in der Absicht, Schaden herbeizuführen, oder leichtfertig und in dem Bewusstsein begangen wurde, dass wahrscheinlich ein Schaden eintreten wird; im Fall einer Handlung oder Unterlassung der Leute ist außerdem nachzuweisen, dass diese in Ausführung ihrer Verrichtungen gehandelt haben.

(6) ¹Die in Artikel 21 und in diesem Artikel festgesetzten Haftungsbeschränkungen hindern das Gericht nicht, zusätzlich nach seinem Recht einen Betrag zuzusprechen, der ganz oder teilweise den vom Kläger aufgewendeten Gerichtskosten und sonstigen Ausgaben für den Rechtsstreit, einschließlich Zinsen, entspricht. ²Dies gilt nicht, wenn der zugesprochene Schadensersatz, ohne Berücksichtigung der Gerichtskosten und der sonstigen Ausgaben für den Rechtsstreit, den Betrag nicht übersteigt, den der Luftfrachtführer dem Kläger schriftlich innerhalb einer Frist von sechs Monaten seit dem Ereignis, das den Schaden verursacht hat, oder, falls die Klage nach Ablauf dieser Frist erhoben worden ist, vor ihrer Erhebung angeboten hat.

Schrifttum: S. Vor Art. 1 und bei Art. 18; ferner: *Basedow,* Haftungshöchstsummen im internationalen Lufttransportrecht: Gold von gestern und Grundrechte von heute, TranspR 1988, 353; *Brand,* Verfassungswidrigkeit der Haftungsbegrenzung im internationalen Lufttransport, IPrax 1987, 193; *Gran,* Beweisführung und Einlassungsobligenheit bei qualifiziertem Verschulden des Luftfrachtführers nach der Haftungsordnung des Warschauer Abkommens, FS Piper, 1996, 847; *Kirsch,* Das besondere am Luftfrachtverkehr, TranspR 2003, 295; *Koller,* Haftungsbeschränkungen zu Gunsten selbständiger Hilfspersonen und zu Lasten Dritter im Transportrecht, TranspR 2015, 409; *Müller-Rostin,* Erfordernis der Novellierung der frachtrechtlichen Vorschriften des Warschauer Abkommens durch eine Ratifikation des Montrealer Protokolls Nr. 4, TranspR 1994, 321; *Müller-Rostin,* Ist die Wertdeklaration des Art. 22 Abs. 2 WA als eine Haftungsbeschränkung anzusehen oder nicht?, TranspR 1996, 149; *Müller-Rostin,* Die Unverbrüchlichkeit der Haftungsgrenzen bei Frachtschäden im Montrealer Protokoll Nr. 4 und im Montrealer Übereinkommen von 1999, GS Helm, 2001, 227; *Müller-Rostin,* Aufhebung der Haftungsgrenzen und Interessendeklaration im Luftrecht, TranspR 2015, 140; *Otte,* Zur Erleichterung der Beweisführung durch Einlassungsobliegenheit im internationalen Luftrecht, GS Lüderitz, 2000, 423; *Ruhwedel,* Künftig keine Kilogramm-Pauschale mehr bei Frachtgutschäden im Luftverkehr?, FS Guldimann, 1997, 201; *Ruhwedel,* Haftungsbegrenzungen und deren Durchbrechung im Luftrecht – Oder: Die absolute Beschränkung der Haftung bei Schäden an Luftfrachtgütern, TranspR 2004, 137; *Schobel,* Die Haftungsbegrenzung des Luftfrachtführers nach dem Warschauer Abkommen, 1992; *Schönwerth,* Unmittelbare Ansprüche des Eigentümers von Gepäck und Fracht gegen den Luftfrachtführer, FS Guldimann, 1997, 215; *Thume,* Haftungsprobleme beim Containerverkehr, TranspR 1990, 41; *Wessels,* Haftungsgrenze und Wertdeklaration in Art. 22 Abs. 2 des Warschauer Abkommens bei Teilschäden an Fracht und Reisegepäck, ZLW 1960, 35.

Parallelvorschriften: Art. 22 und Art. 25 WAbk; Art. 23 CMR; Art. 40, 42, 43 CIM; §§ 429, 431, 432 HGB

I. Allgemeines

1. Normzweck. Nach **Art. 22 Abs. 1–3** ist die **Haftung des Luftfrachtführers** für Schäden an 1
Reisegepäck und Gütern sowie für Verspätungen bei Reisenden, Gepäck und Gütern grundsätzlich
auf **Höchstsummen begrenzt.** Gemäß **Art. 25** besteht die Möglichkeit, die in Art. 22 festgelegten
Haftungssummen durch vertragliche Vereinbarungen zu **erhöhen.** Eine **Reduzierung der Haftungshöchstsummen** ist dagegen nach **Art. 26** ausgeschlossen. Eine **Durchbrechung der Haftungshöchstbeträge** im Falle eines qualifizierten Verschuldens des Luftfrachtführers oder seiner
„Leute" sieht das Montrealer Übereinkommen – **systemwidrig**[1] und in Abweichung von **Art. 25**
WAbk – in Art. 22 Abs. 5 nur für Verspätungen bei der Personen- und Reisegepäckbeförderung sowie
bei Schäden am **Reisegepäck, nicht** aber **bei Güterschäden** vor. Bei **Verlust** und **Beschädigung** von **Gütern** und im Falle einer **Verspätung** bei deren Beförderung bleibt die Haftung mithin selbst
bei **bewusster Leichtfertigkeit oder Vorsatz** des Luftfrachtführers oder seiner „Leute" auf den in
Art. 22 Abs. 3 festgelegten **Höchstbetrag** von **19** (bis zum **31.12.2009**: nur **17**) SZR je Kilogramm
(Ausnahme: Wertdeklaration) begrenzt. Das hat eine erhebliche Verschlechterung der Position des
Warenversenders zur Folge (zu Einzelheiten → Rn. 8–10).[2] Gemäß **Art. 22 Abs. 6** kann das **erken-
nende Gericht** dem Kläger über den Haftungshöchstbetrag hinaus noch Kosten der Rechtsverfolgung
zuerkennen.

2. Entstehungsgeschichte. Eine **wesentliche Neuerung** gegenüber dem **Warschauer Haf-** 2
tungssystem besteht im Montrealer Übereinkommen in der Umstellung der Haftungshöchstbeträge.
Die bisherige Rechnungseinheit „Goldfranken" ist gegen das allgemein anerkannte **Sonderziehungsrecht** (SZR), das bereits in den Montrealer Zusatzprotokollen Nr. 1–3 vorgesehen ist, ausgetauscht
worden. Der Vorteil der Umstellung besteht darin, dass die zu zahlende Entschädigung nicht mehr
Schwankungen einer **Einzelwährung** und unterschiedlichen nationalen Berechnungsmethoden
unterliegt.[3] Darüber hinaus braucht der Luftfrachtführer auch bei einem **qualifizierten Verschulden**
für **Güterschäden** grundsätzlich nur in den **Grenzen des Art. 22 Abs. 3** zu haften (**Ausnahmen:
Wertdeklaration** gem. Art. 22 Abs. 3 S. 2 und bei Vorliegen der Voraussetzungen des **Art. 25**).

II. Haftungsbegrenzung bei Güterschäden

1. Grundsätze. Gemäß **Art. 22 Abs. 3** ist die Haftung des Luftfrachtführers sowohl bei **Substanz-** 3
als auch bei **Verspätungsschäden** auf **19** SZR je Kilogramm **Sendungsgewicht** beschränkt. Maß-
geblich ist dabei – vorbehaltlich der Regelung in **Art. 22 Abs. 4** – das Gewicht der Sendung
insgesamt. Der ab dem **1.1.2010** geltende Haftungsbetrag von **19 SZR** entspricht nicht dem bereits im
Jahre 1975 in den Montrealer Zusatzprotokollen Nr. 1–3 festgelegten Haftungshöchstbetrag. Die
Bundesrepublik Deutschland hat die Protokolle allerdings nicht ratifiziert, sodass hier bis zum
Inkrafttreten des Montrealer Übereinkommens am **28.6.2004** (→ Vor Art. 1 Rn. 12–15) zunächst der
„Goldfranken" als Rechnungseinheit gegolten hat. Die **Erhöhung** der Haftungshöchstsumme von
17 auf 19 SZR beruht auf einer **Anpassung** gem. **Art. 24.**

Die aus dem **Gewicht** zu errechnende **Haftungssumme** stellt einen **Höchstbetrag** dar.[4] Das 4
bedeutet, dass nur der **konkrete Schaden,** der geringer sein kann als der Haftungshöchstbetrag und
den der Geschädigte darzulegen und gegebenenfalls zu beweisen hat, zu ersetzen ist.[5] Das für die
Berechnung der Haftungssumme maßgebliche **Gewicht** ist im Allgemeinen in den **Beförderungsdokumenten** (Frachtbrief oder Empfangsbestätigung) genannt. Die **Gewichtsangabe** gilt bis zum
Beweis des Gegenteils durch den Luftfrachtführer als richtig (**Art. 11 Abs. 2**). **Fehlen** in den
Beförderungsdokumenten **Gewichtsangaben,** so hat das nicht zwangsläufig einen Wegfall der Haftung des Luftfrachtführers zur Folge. Zu beachten ist nämlich, dass der durch den Luftfrachtbrief bzw.
die Empfangsbestätigung erbrachte Beweis (Art. 11 Abs. 2) nur eine **Vermutung** darstellt, die jederzeit durch den Beweis des Gegenteils **widerlegt** werden kann. Das **Gewicht** der zu Schaden gekommenen **Sendung** kann daher auch auf andere Weise (Schriftverkehr oder sonstige Dokumente)
ermittelt und gegebenenfalls bewiesen werden.[6]

2. Schaden bei mehrteiligen Sendungen. Bei **Teilverlust, -beschädigung oder -verspätung** 5
ist gem. **Art. 22 Abs. 4** für die Berechnung der **Haftungshöchstsumme** nur auf das Gewicht des
beschädigten, in Verlust geratenen oder verspätet angekommenen Frachtstücks der Sendung abzustellen. **Andere Teile der Sendung** sind nur dann zu berücksichtigen, wenn auch sie durch den Verlust,
die Beschädigung oder die Verspätung entwertet wurden. Gemäß **Art. 22 Abs. 4 S. 2** sind dabei alle

---

[1] Giemulla/Schmid/*Giemulla* Rn. 3.
[2] Giemulla/Schmid/*Giemulla* Rn. 3.
[3] *Reuschle* Rn. 5; *Boettge* VersR 2005, 908 (913).
[4] Giemulla/Schmid/*Giemulla* Rn. 48.
[5] Giemulla/Schmid/*Giemulla* Rn. 48; *Guldimann* WAbk Art. 22 Rn. 5; *Schoner* ZLW 1980, 348.
[6] Giemulla/Schmid/*Giemulla* Rn. 48.

Güter zu berücksichtigen, die in demselben Luftfrachtbrief, in derselben Empfangsbestätigung oder in derselben anderen Aufzeichnung aufgeführt werden.

6   **Fraglich** ist, wie die **Haftungshöchstgrenze** zu ermitteln ist, wenn einzelne Gegenstände aus mehreren Packstücken der ganzen Sendung in Verlust geraten oder beschädigt worden sind. Die **Problematik** soll an folgendem Beispiel von **Guldimann** verdeutlicht werden:[7] Aus einer **Sendung** von Uhren im Wert von je 30 EUR, die in drei Stücken von 2,5 und 1 kg befördert wird, kommen aus dem **ersten** und dem **zweiten Packstück** je zwei Uhren abhanden. Der **Gesamtwert** der in Verlust geratenen Uhren beträgt mithin **100 EUR.** Legt man für die Schadensberechnung das **Gesamtgewicht** der verlorengegangenen Packstücke zugrunde, so liegt die Haftungshöchstgrenze bei **133 SZR (7 x 19 SZR).** Das Gewicht des **dritten Packstücks** ist bei der Berechnung des Gesamtgewichts nicht zu berücksichtigen, weil dieses Packstück unversehrt geblieben ist. Bei einer **Haftungshöchstgrenze** von **133 SZR** wäre der Schaden insgesamt gedeckt. **Berechnet** man dagegen die Haftungshöchstgrenze für jeden **Teilschaden** nach dem **Einzelgewicht** der Packstücke, so läge die Haftungshöchstgrenze bei das erste **Packstück bei 38 SZR** und diejenige für das zweite Packstück bei **95 SZR.** Das hätte zur Folge, dass der Verlust aus dem **ersten Packstück** nicht vollständig gedeckt wäre. Die **zweite Berechnungsweise** kann zwar für sich in Anspruch nehmen, dass sie der Situation bei Aufteilung der Sendung auf **mehrere Luftfrachtbriefe** iSv **Art. 8** entspricht.[8] Für die erste Berechnungsweise spricht jedoch der **Wortlaut** von **Art. 22 Abs. 4 S. 1,** in dem vom „**Gesamtgewicht der betroffenen Frachtstücke**" die Rede ist.[9]

7   Bei einem **Lufttransport** in **Containern** ist zu unterscheiden: Hat der **Luftfrachtführer** die Verpackung der Einzelstücke in Containern – beispielsweise zur Erleichterung des Transports – gegen Ausstellung **separater Luftfrachtbriefe** vorgenommen, so ist für die **Berechnung** der **Haftungshöchstsumme** nur das Gewicht des beschädigten Frachtstücks und nicht das Gesamtgewicht des Containers zu Grunde zu legen.[10] **Liefert** der **Absender** dagegen einen **kompletten Container** zur Beförderung an, so **ist** dieser ein Stück und **dessen Gesamtgewicht** ist **maßgebend,** es sei denn, die Zahl der Einzelkisten ist im Luftfrachtbrief bzw. in der Empfangsbestätigung dokumentiert.[11]

III. Durchbrechung der Haftungsbegrenzung

8   **1. Keine Durchbrechung bei qualifiziertem Verschulden.** Die in **Art. 22 Abs. 3 und 4** festgelegten **Haftungshöchstbeträge** gelten auch dann – wie dem **Verweis** in **Art. 22 Abs. 5** zu entnehmen ist –, wenn dem Luftfrachtführer ein **qualifiziertes Verschulden** anzulasten ist. Die **Haftungshöchstsumme** ist daher auch dann maßgeblich, wenn der Luftfrachtführer den Anspruchsberechtigten **vorsätzlich** geschädigt hat, also beispielsweise Güter, deren Wert mehr als **19 SZR/kg (bis 31.12.2009 nur 17 SZR)** beträgt, **unterschlagen** oder vorsätzlich den **Diebstahl** Dritter begünstigt hat.[12]

9   Diese doch recht deutliche **Besserstellung des Luftfrachtführers** bei der Güterbeförderung wird in **BT-Drs. 15/2285, 45** unter anderem wie folgt begründet: „Wenn damit eine **Haftungshöchstgrenze** auch für den Fall vorsätzlicher und grob fahrlässiger Schadensverursachung vorgesehen ist, so hat dies seinen **Grund darin,** dass Streitigkeiten über das Vorliegen eines gravierenden Verschuldens vermieden werden sollen, um die **Schadensregulierung** zu **beschleunigen,** Versicherungsprämien niedrig zu halten und damit Frachtkosten zu senken. Allerdings reduziert die **generelle Haftungsbegrenzung** den Anreiz, Schaden zu vermindern, und legt dem **Absender** selbst in einem gewissen Maße auf, hierfür durch eine **Interessendeklaration** oder durch den **Abschluss** einer **Versicherung** für über den Haftungshöchstbetrag hinausgehende Schäden Sorge zu tragen. Bedenken gegen eine solche Regelung, deren **Verfassungsmäßigkeit** in der Lit.[13] – namentlich auch vor dem Hintergrund, dass der rechtsgeschäftliche **Haftungsausschluss** für **Vorsatz** im Allgemeinen nicht möglich ist (§ 276 Abs. 3 BGB) – diskutiert wird, **bestehen nicht.** Der **Staat** ist zwar **verpflichtet,** durch einen Kernbestand an Normen die Existenz und Funktionsfähigkeit des Eigentums zu sichern und schutzwürdige Interessen der Beteiligten in einen gerechten Ausgleich und in ausgewogenes Verhältnis zu bringen.[14] Hierzu müssen vorsätzliche Eigentumsverletzungen grundsätzlich durch Schadensersatzansprüche ausgeglichen werden, woran es hier indes wegen der **ausnahmslosen Haftungshöchstsumme** insoweit fehlt, als der **Schaden** im konkreten Fall diese Summe übersteigt. Doch gilt dies nicht uneingeschränkt. Dies zeigt bereits die **Zulässigkeit** einer **Freizeichnung** für **vorsätzliches Verhalten** von

---

[7] *Guldimann* WAbk Art. 22 Rn. 23; s. auch *Reuschle* Rn. 38.

[8] *Guldimann* WAbk Art. 22 Rn. 23; s. auch *Reuschle* Rn. 38.

[9] *Reuschle* Rn. 38; MüKoHGB/*Ruhwedel* Rn. 22.

[10] *Reuschle* Rn. 39; MüKoHGB/*Kronke,* 1. Aufl. 1997, WAbk Art. 22 Rn. 9; *Ruhwedel* Der Luftbeförderungsvertrag Rn. 508; *Thume* TranspR 1990, 41 (48).

[11] *Reuschle* Rn. 39; MüKoHGB/*Kronke* WAbk Art. 22 Rn. 9; aA *Koller* WAbk Art. 22 Rn. 8.

[12] Giemulla/Schmid/*Giemulla* Rn. 57; *Koller* Rn. 1; *Boettge* VersR 2005, 908 (913); *Ruhwedel* TranspR 2004, 136; *Müller-Rostin* GS Helm, 2001, 227 ff.

[13] *Ruhwedel* TranspR 2001, 189 (196); *Schiller* SchwJZ 2000, 184 (186).

[14] Vgl. BVerfGE 87, 114 = NJW-RR 1993, 971; BVerfGE 95, 48 (58) = NJW 1997, 447.

Erfüllungsgehilfen (§ 278 S. 2 BGB). Die generelle Haftungsbegrenzung ist zudem Teil eines international einheitlichen Haftungssystems, das die typischen **Interessen** von **Absendern** und **Luftfrachtführern** klar und transparent auszugleichen sucht. Mit der Etablierung eines solchen Systems kann der Gesetzgeber den Anforderungen an einen **effektiven Eigentumsschutz** ebenfalls genügen, wenn sich dieses bei einer **Gesamtbetrachtung** als ausgewogen und als den Besonderheiten des **internationalen** Transportwesens angemessen darstellt."

Die grundsätzliche **Unverbrüchlichkeit der Haftungsbegrenzung** bei Güterschäden ist zwar vor **10** allem mit Blick auf **Art. 14 GG** verfassungsrechtlich bedenklich.[15] Insbesondere zwei Gesichtspunkte lassen sich jedoch für eine **Vereinbarkeit** mit der Verfassung anführen: Zum einen haftet der Luftfrachtführer im Falle des Verlustes, der Zerstörung oder der Beschädigung des Frachtgutes gem. **Art. 18 Abs. 1 verschuldensunabhängig**, was für den geschädigten Anspruchsteller auch unter Berücksichtigung der Regelungen in **Art. 18 Abs. 2** und **Art. 20** eine **erhebliche Begünstigung** darstellt.[16] **Des Weiteren** ist zu berücksichtigen, dass der Absender grundsätzlich die Möglichkeit hat, selbst durch eine **Wertdeklaration** sicherzustellen, dass er im Schadensfall vom Luftfrachtführer eine **angemessene** Entschädigung erhält.[17] Schließlich ist auch noch auf **Art. 25** hinzuweisen, der es dem **Absender** ermöglicht, durch **Parteivereinbarung** eine höhere als die in **Art. 22 Abs. 3 und 4** vorgesehene Haftung zu erreichen. Bei einer Verletzung rein speditioneller Pflichten – das ist von Bedeutung bei der Fixkostenspedition (§ 459 HGB) – gelten die Haftungsbeschränkungen des MÜ ohnehin nicht.[18]

2. Interessen- und Wertdeklaration (Abs. 3). Gemäß **Art. 22 Abs. 3** kann die **Haftungs-** **11** **begrenzung** bei der Beförderung von Gütern überwunden werden, wenn der Absender bei der Übergabe des Gutes an den Luftfrachtführer das **Interesse** an der Ablieferung am Bestimmungsort **besonders deklariert** (dh betragsmäßig angibt) und den vom **Luftfrachtführer** etwa **verlangten Zuschlag** entrichtet. Die **Deklaration** eines besonderen Interesses muss eindeutig und bestimmt sein. Dies folgt sich aus der Bedeutung des Begriffs „**declaration special**" bzw. „**special declaration**". Erklärungen in anderem Zusammenhang, etwa Wertangaben für Steuer- oder Zollzwecke oder die Angabe des Versicherungswerts im Luftfrachtbrief, genügen grundsätzlich nicht.[19] Die Interessendeklaration gem. Art. 22 Abs. 3 ist kein einseitiger Akt des Absenders bei der Übergabe des Frachtguts an den Luftfrachtführer. Das ergibt sich aus folgender Überlegung: wenn schon die **Haftungsanhebung** gem. **Art. 25** einer vertraglichen Vereinbarung bedarf, muss die für den Luftfrachtführer sehr viel gravierendere **Deklaration** eines **Lieferinteresses** erst recht auf einer vertraglichen Vereinbarung beruhen;[20] (Aufgabe der gegenteiligen Ansicht in der 3. Aufl. 2015) es steht dem Luftfrachtführer allerdings frei, dafür auch den Zuschlag zu verlangen (→ Rn. 13).[21] Die Zahlung des **Zuschlags** hat der Absender gegebenenfalls zu beweisen.[22]

Der **nachfolgende** Luftfrachtführer tritt in den Beförderungsvertrag ein, den der **vertragschlie-** **12** **ßende** Luftfrachtführer geschlossen hat. Jeder einzelne der nachfolgenden Luftfrachtführer wird zum **unmittelbaren Vertragspartner** des Absenders. Das bedeutet, dass **haftungserweiternde** Vereinbarungen des vertragschließenden Luftfrachtführers für jeden nachfolgenden Luftfrachtführer ebenfalls Vertragsbestandteil werden.[23] Der **ausführende** Luftfrachtführer **(Art. 39)** tritt demgegenüber nicht in den mit zwischen dem **vertraglichen Luftfrachtführer** und dem **Absender** geschlossenen Luftfrachtvertrag ein. Er wird – anders als der nachfolgende Luftfrachtführer – auch nicht im Luftfrachtbrief ausgewiesen. Eine vom **vertraglichen Luftfrachtführer** vereinbarte Haftungserweiterung bindet somit nicht den **ausführenden Luftfrachtführer**, es sei denn, er hat dieser Vereinbarung gem. **Art. 41 Abs. 2 S. 1** ausdrücklich zugestimmt.[24] Gegenüber den „**Leuten**" des Luftfrachtführers entfalte eine Haftungsvereinbarung bzw. Interessendeklaration ebenfalls keine Wirkung, weil andernfalls die **Haftungsbeschränkung**, die **Art. 30 Abs. 1** zugunsten der „**Leute**" vorsieht, dadurch umgangen würde, dass der Luftfrachtführer höhere Haftungsgrenzen mit dem Absender vereinbart. Die „**Leute**" des Luftfrachtführers dürfen auf die Haftungsgrenzen des Übereinkommens vertrauen. Die Vereinbarung höherer Haftungsgrenzen bzw. einer Interessendeklaration liefe auf einen unzulässigen **Vertrag zu Lasten Dritter** hinaus.[25]

---

[15] *Reuschle* Rn. 44 ff. mit ausführlicher Diskussion der Problematik; *Koller* Rn. 1; *Koller* TranspR 2004, 181 ff.

[16] *Boettge* VersR 2005, 908 (914).

[17] *Koller* Rn. 1; *Koller* TranspR 2004, 181 (193); *Harms/Schuler-Harms* TranspR 2003, 369 (375 ff.); *Boettge* VersR 2005, 908 (914).

[18] Vgl. OGH Wien Beschluss v. 18.2.2013 – 7 Ob 188/12s, RdTW 2014, 61 Rn. 32.

[19] OLG Frankfurt a. M. TranspR 1996, 123; *Müller-Rostin* TranspR 2015, 140 (145).

[20] *Müller-Rostin* TranspR 2015, 140 (144).

[21] OGH Wien Beschluss v. 18.2.2013 – 7 Ob 188/12s, RdTW 2014, 61 Rn. 30; *Müller-Rostin* TranspR 2015, 140 (145).

[22] *Giemulla/Schmid/Giemulla* Rn. 60.

[23] *Müller-Rostin* TranspR 2015, 140 (146).

[24] *Müller-Rostin* TranspR 2015, 140 (146).

[25] *Müller-Rostin* TranspR 2015, 140 (147); aA *Koller* Art. 30 Rn. 3.

12a Fraglich ist, ob die **Wertdeklaration** der **Schriftform** bedarf. Nach zutreffender Auffassung **ist** dies zu **bejahen**. Für die Erforderlichkeit der Schriftform spricht der **Zweck** der Wertangabe, der darin besteht, die **Haftungsbeschränkung** aufzuheben und dem Luftfrachtführer das erhöhte Risiko deutlich bewusst zu machen, sodass er **zusätzliche Sicherungsvorkehrungen** treffen und hierfür insbesondere ein **Entgelt** verlangen kann.[26] Darüber hinaus dient die Schriftform auch der **Rechtsklarheit** und **Rechtssicherheit**. Schließlich ist das **Schriftlichkeitserfordernis** auch mit Blick auf **Art. 39** („ausführender Luftfrachtführer") und **Art. 41 Abs. 2 S. 3** geboten.[27] Die Angabe eines „Cirka"-Auftragswerts mit genauer Angabe des Betrags auch unter Vorbehalt von Änderungen ist eine geeignete Wertdeklaration iSv Art. 22 Abs. 3.[28]

13 Eine **Wertdeklaration** führt aber nur dann zu einer Erhöhung der Haftungssumme, wenn der Absender den **verlangten Zuschlag entrichtet** hat. Dem **Luftfrachtführer** steht es allerdings **frei**, einen Zuschlag zu verlangen. Eine Wertdeklaration ist daher auch dann wirksam, wenn der Luftfrachtführer **keinen Zuschlag** geltend gemacht hat.[29] Sofern der Luftfrachtführer einen Zuschlag geltend gemacht hat, ist dieser spätestens **bei Übergabe** des Frachtgutes zu zahlen.[30]

IV. Erstattung von Rechtsverfolgungskosten

14 In **Art. 22 Abs. 6** ist geregelt, unter welchen Voraussetzungen das entscheidende Gericht dem Kläger über den Haftungshöchstbetrag hinaus noch **Kosten der Rechtsverfolgung** zuerkennen darf. Die Vorschrift geht auf den nahezu wortgleichen Art. 22 Abs. 4 WAbk zurück. Mit der zusätzlichen Bezugnahme auf **„Zinsen"** in Satz 1 wird klargestellt, dass auch Zinsen zu den Beträgen zählen, die nicht auf dem Haftungshöchstbetrag anzurechnen sind.[31] Von den **Rechtsverfolgungskosten** werden die nach dem **Rechtsanwaltsvergütungsgesetz** angefallenen **Gebühren** sowie die **Gerichtskosten** umfasst.[32] Hat der Luftfrachtführer innerhalb von **sechs Monaten** nach der Schadensverursachung oder vor **Klageerhebung** eine ausreichende Ersatzleistung angeboten, so wird **§ 91 ZPO** zu Gunsten des **Luftfrachtführers** verdrängt. In diesem Fall werden auch keine Zinsen erstattet.[33]

V. Beweisfragen

15 Eine **rechtswirksame Interessendeklaration** hat eine **Umkehr** der **Beweislast** zur Folge. Der Geschädigte muss die Höhe seines Schadens nicht mehr nachweisen. Er kann vielmehr die deklarierte Summe beanspruchen. Macht der **Luftfrachtführer** geltend, dass der **tatsächlich entstandene Schaden geringer** ist als der von dem Absender **deklarierte Wert** oder die Haftungshöchstsumme gem. **Art. 22 Abs. 3**, so obliegt ihm hierfür die **Beweislast**.[34] Behauptet der **Absender**, dass er den von dem Luftfrachtführer verlangten **Zuschlag entrichtet**, trifft ihn hierfür auch die Beweislast.[35] Fraglich ist, wie sich eine **Interessendeklaration** auf einen **Teilschaden** auswirkt.[36]

Art. 23 Umrechnung von Rechnungseinheiten

(1) [1]**Die in diesem Übereinkommen angegebenen Beträge von Sonderziehungsrechten beziehen sich auf das vom Internationalen Währungsfonds festgelegte Sonderziehungsrecht.** [2]**Die Umrechnung dieser Beträge in Landeswährungen erfolgt im Fall eines gerichtlichen Verfahrens nach dem Wert dieser Währungen in Sonderziehungsrechten im Zeitpunkt der Entscheidung.** [3]**Der in Sonderziehungsrechten ausgedrückte Wert der Landeswährung eines Vertragsstaats, der Mitglied des Internationalen Währungsfonds ist, wird nach der vom Internationalen Währungsfonds angewendeten Bewertungsmethode errechnet, die im Zeitpunkt der Entscheidung für seine Operationen und Transaktionen gilt.** [4]**Der in Sonderziehungsrechten ausgedrückte Wert der Landeswährung eines Vertragsstaats, der nicht Mitglied des Internationalen Währungsfonds ist, wird auf eine von diesem Staat bestimmte Weise errechnet.**

---

[26] OLG Köln Urt. v. 16.2.1990 – 20 U 177/89, NJW-RR 1990, 527 = TranspR 1990, 199 f. zum WAbk; OGH Wien Urteil v. 26.9.2012 – 7 Ob 111/12t, RdTW 2014, 17 Rn. 48 f. zum MÜ; *Müller-Rostin* TranspR 2015, 140 (145); Giemulla/Schmid/*Giemulla* Rn. 63; MüKoHGB/*Ruhwedel* Rn. 8; aA *Reuschle* Rn. 22 mwN zur Gegenansicht.

[27] MüKoHGB/*Ruhwedel* Rn. 8.

[28] OGH Wien Urteil v. 26.9.2012 – 7 Ob 111/12t, RdTW 2014, 17 Rn. 50.

[29] OGH Wien Urteil v. 26.9.2012 – 7 Ob 111/12t, RdTW 2014, 17 Rn. 46; *Reuschle* Rn. 25.

[30] *Reuschle* Rn. 25; *Koller* WAbk Art. 22 Rn. 4.

[31] Vgl. BT-Drs. 15/2285, 45.

[32] *Reuschle* Rn. 48,

[33] *Reuschle* Rn. 49; *Koller* Rn. 3.

[34] Giemulla/Schmid/*Giemulla* Rn. 60; *Müller-Rostin* TranspR 2015, 140 (145).

[35] *Reuschle* Rn. 25; *Koller* WAbk Art. 22 Rn. 4.

[36] S. dazu ausf. *Müller-Rostin* TranspR 2015, 140 (145 f.).

(2) [1]Dessen ungeachtet können Staaten, die nicht Mitglieder des Internationalen Währungsfonds sind und deren Recht die Anwendung des Absatzes 1 nicht zulässt, bei der Ratifikation oder dem Beitritt oder jederzeit danach erklären, dass die Haftung des Luftfrachtführers in gerichtlichen Verfahren in ihrem Hoheitsgebiet im Fall des Artikels 21 auf 1 500 000 Rechnungseinheiten je Reisenden begrenzt ist, im Fall des Artikels 22 Absatz 1 auf 62 500 Rechnungseinheiten je Reisenden, im Fall des Artikels 22 Absatz 2 auf 15 000 Rechnungseinheiten je Reisenden und im Fall des Artikels 22 Absatz 3 auf 250 Rechnungseinheiten für das Kilogramm. [2]Eine Rechnungseinheit entspricht 65 1/2 Milligramm Gold von 900/1000 Feingehalt. [3]Diese Beträge können in einen abgerundeten Betrag der Landeswährung umgerechnet werden. [4]Die Umrechnung der Beträge in die Landeswährung erfolgt nach dem Recht des betreffenden Staates.

(3) [1]Die Berechnung nach Absatz 1 Satz 4 und die Umrechnung nach Absatz 2 ist so vorzunehmen, dass so weit wie möglich die Beträge in den Artikeln 21 und 22 demselben Realwert in der Landeswährung des Vertragsstaats entsprechen, wie er sich aus der Anwendung des Absatzes 1 Sätze 1 bis 3 ergeben würde. [2]Die Vertragsstaaten unterrichten den Verwahrer bei der Hinterlegung der Ratifikations-, Annahme-, Genehmigungs- oder Beitrittsurkunde von der Berechnungsweise nach Absatz 1 oder dem Ergebnis der Umrechnung nach Absatz 2 sowie von jeder Änderung derselben.

Parallelvorschriften: Art. III MP Nr. 3 und Art. VII MP Nr. 4.

I. Allgemeines

Die Vorschrift des **Art. 23** regelt in erster Linie die **Umrechnung** der im Übereinkommen verwendeten **Rechnungseinheit Sonderziehungsrecht (SZR)**. Darüber hinaus bestimmt **Art. 23 Abs. 2**, auf welche Weise Staaten, die nicht Mitglied des Internationalen Währungsfonds sind und deren Recht die Anwendung des **Art. 23 Abs. 1** nicht zulässt, hinsichtlich der Haftungsbegrenzung des Luftfrachtführers verfahren können.   **1**

II. Inhalt der Vorschrift

Gemäß **Art. 23 Abs. 1** erfolgt die **Umrechnung des Haftungshöchstbetrages** aus der nach **Art. 22** ermittelten Anzahl der Sonderziehungsrechte in die Landeswährung. Voraussetzung dafür ist jedoch – neben der **Ratifikation** des Protokolls – die **Mitgliedschaft** des Staates im **Internationalen Währungsfonds**. Der **amtliche Kurs** des **SZR** wird vom **Internationalen Währungsfonds** berechnet und bekannt gemacht.[1]   **2**

Die **Umrechnung** in die entsprechende **Landeswährung** hat im Falle eines **gerichtlichen Verfahrens** gem. **Art. 23 Abs. 1** zwingend am Tag der Verkündung des letztinstanzlichen Urteils zu erfolgen, sodass es, wenn das **Revisionsgericht** entscheidet, auf dessen Urteil ankommt.[2] Der Auffassung, die aus Zweckmäßigkeitsüberlegungen den Tag der **letzten mündlichen Verhandlung** als maßgeblich erachtet,[3] steht der eindeutige Wortlaut des Art. 23 Abs. 1 entgegen.[4] Das **Montrealer Übereinkommen** sieht für den Fall einer Schadensersatzleistung außerhalb eines gerichtlichen Verfahrens keinen Zeitpunkt vor. Diese **Lücke** wird durch **Art. 1 § 3 Gesetz zur Harmonisierung des Haftungsrechts im Luftverkehr**[5] geschlossen.[6] Die Vorschrift verweist für Güterschäden auf die Anwendung des **§ 431 Abs. 4 HGB** und lässt das transportrechtliche Umrechnungssystem auch im Anwendungsbereich des Montrealer Übereinkommens unberührt.[7] Zur **Formulierung** des **Klageantrags** und des **Urteilstenors** s. *Reuschle* Rn. 8.   **3**

Art. 24 Überprüfung der Haftungshöchstbeträge

(1) [1]Unbeschadet des Artikels 25 und vorbehaltlich[1*] des Absatzes 2 werden die Haftungshöchstbeträge nach den Artikeln 21, 22 und 23 vom Verwahrer nach jeweils fünf Jahren überprüft; die erste Überprüfung hat am Ende des fünften Jahres vorzunehmen, das auf das Inkrafttreten dieses Übereinkommens folgt, oder, wenn das Übereinkommen nicht innerhalb von fünf Jahren ab dem Tag, an dem es erstmals zur Unterzeichnung aufliegt, in Kraft

---

[1] Unter anderem im Bundesanzeiger, im Handelsblatt, in der Deutschen Verkehrszeitung (DVZ) und im Internet unter http./www.imf.org oder bei google unter dem Suchbegriff „Sonderziehungsrecht".
[2] BGH Urt. v. 6.2.1997 – I ZR 202/94, NJW-RR 1997, 1121 = TranspR 1997, 335 (337); *Reuschle* Rn. 6; Thume/*Riemer*, 3. Aufl. 2013, CMR Art. 23 Rn. 17.
[3] OLG Düsseldorf Urt. v. 12.1.1984 – 18 U 151/83, TranspR 1984, 102.
[4] *Reuschle* Rn. 6.
[5] BGBl. 2004 I 550.
[6] OLG Hamburg Urt. v. 17.3.2016 – 6 U 4/15, RdTW 2017, 72 Rn. 14 = TranspR 2016, 411.
[7] *Reuschle* Rn. 7; Giemulla/Schmid/*Giemulla* Rn. 12.
[1*] **Amtl. Anm.:** Für die Schweiz: vorbehältlich.

tritt, innerhalb des ersten Jahres nach Inkrafttreten; der Überprüfung ist ein Inflationsfaktor zugrunde zu legen, welcher der kumulierten Inflationsrate seit der vorherigen Überprüfung oder, beim ersten Mal, seit Inkrafttreten des Übereinkommens entspricht. [2]Die für die Bestimmung des Inflationsfaktors zu verwendende Inflationsrate ist der gewogene Mittelwert der jährlichen Zuwachs- oder Rückgangsraten der Verbraucherpreisindizes der Staaten, deren Währungen das in Artikel 23 Absatz 1 genannte Sonderziehungsrecht bilden.

(2) [1]Ergibt die in Absatz 1 genannte Überprüfung, dass der Inflationsfaktor 10 vom Hundert übersteigt, so notifiziert der Verwahrer den Vertragsstaaten die angepassten Haftungshöchstbeträge. [2]Jede Anpassung tritt sechs Monate nach ihrer Notifikation an die Vertragsstaaten in Kraft. [3]Teilt innerhalb von drei Monaten nach der Notifikation an die Vertragsstaaten eine Mehrheit der Vertragsstaaten ihre Ablehnung mit, so tritt die Anpassung nicht in Kraft; in diesem Fall unterbreitet der Verwahrer die Angelegenheit einer Zusammenkunft der Vertragsstaaten. [4]Der Verwahrer notifiziert allen Vertragsstaaten unverzüglich das Inkrafttreten jeder Anpassung.

(3) [1]Unbeschadet des Absatzes 1 ist das in Absatz 2 genannte Verfahren auf Verlangen eines Drittels der Vertragsstaaten jederzeit anzuwenden, wenn der in Absatz 1 genannte Inflationsfaktor seit der vorherigen Überprüfung oder, wenn eine solche nicht erfolgt ist, seit Inkrafttreten des Übereinkommens, 30 vom Hundert überstiegen hat. [2]Weitere Überprüfungen nach dem in Absatz 1 beschriebenen Verfahren werden nach jeweils fünf Jahren vorgenommen, erstmals am Ende des fünften Jahres, das auf eine Überprüfung nach diesem Absatz folgt.

1   Die Vorschrift hat weder im **Warschauer Abkommen** noch in **anderen internationalen Regelwerken** zur Haftung im Luftverkehr ein Vorbild. Sie sieht eine periodische Überprüfung der im Montrealer Übereinkommen festgelegten **Haftungshöchstbeträge** und ein **Verfahren zu ihrer Anpassung** vor, das keine Änderung des Übereinkommens und auch keine Ergänzung durch Zusatzprotokolle erfordert.

Art. 25 Vereinbarungen über Haftungshöchstbeträge

Ein Luftfrachtführer kann sich im Beförderungsvertrag höheren als die in diesem Übereinkommen vorgesehenen Haftungshöchstbeträgen unterwerfen oder auf Haftungshöchstbeträge verzichten.

Parallelvorschrift: Art. 22 Abs. 1 S. 3 WAbk.

Schrifttum: S. Vor Art. 1 und bei Art. 18; ferner: *Bahnsen,* AGB-Kontrolle bei den Allgemeinen Deutschen Spediteurbedingungen, TranspR 2010, 19; *Boettge,* Haftungserweiterung nach Art 25 MÜ durch Ziffer. 27 ADSp, TranspR 2007, 306, Eine Anm. zu AG Hamburg TranspR 2007, 328; *Brinkmann,* Zum Konflikt zwischen Ziff. 27 ADSp und der Haftungsbeschränkung nach dem Montrealer Übereinkommen, TranspR 2010, 216; *Müller-Rostin,* Anhebung der Haftungsgrenzen und Interessendeklaration im Luftrecht, TranspR 2015, 140; *Ramming,* Die neuen ADSp 2017, RdTW 2017, 41; *Vywers,* Zum (Vor-) Rangverhältnis von Montrealer Übereinkommen und Allgemeinen Deutschen Spediteurbedingungen, VersR 2010, 1554; *Vywers,* Lückenhafte Auslegung oder bewusste Lücke? Eine Anm. zu den Urteilen des Bundesgerichtshofs v. 22.7.2010 [I ZR 194/08, TranspR 2011, 80] und v. 3.3.2011 [I ZR 50/10, TranspR 2011, 220], TranspR 2012, 22.

I. Allgemeines

1   Nach **Art. 25** haben die **Parteien** des Luftbeförderungsvertrages die Möglichkeit, eine **Erhöhung** der in **Art. 22** festgelegten **Haftungshöchstbeträge** zu vereinbaren. Für eine solche vertraglich vereinbarte Anhebung der Haftungshöchstbeträge braucht **kein Zuschlag** gem. **Art. 22 Abs. 3** gezahlt zu werden.[1] Der **Luftfrachtführer** kann auch insgesamt auf Haftungshöchstsummen verzichten mit der Folge, dass dann der volle Schaden zu ersetzen ist. Daraus folgt an sich schon im **Umkehrschluss,** was in **Art. 26** noch ausdrücklich klargestellt wird: Eine **vertraglich** vereinbarte **Herabsetzung** der im Montrealer Übereinkommen festgesetzten Haftungshöchstbeträge ist **nichtig.**

II. Inhalt der Vorschrift

2   Der **Unterschied** zwischen **Art. 25** und **Art. 22 Abs. 3 S. 2** scheint bei **vordergründiger** Betrachtung darin zu bestehen, dass die Angabe des Interesses auch noch nach Abschluss des Beförderungsvertrages **einseitig**[2] bei Übergabe des Gutes möglich ist. Dabei bleibt allerdings unberücksichtigt, dass eine **einseitige Wertdeklaration** für sich allein noch **nicht** zur **Erhöhung** der **Haftungshöchstbeträge** führt. Dafür ist vielmehr erforderlich, dass der Luftfrachtführer den zu zahlenden Zuschlag annimmt. Es ist deshalb **auch denkbar,** in der Angabe des Interesses ein **Angebot**

---

[1] *Koller,* 7. Aufl. 2010, Rn. 1.
[2] *Reuschle* Rn. 3.

zur Erhöhung der Haftungshöchstsumme zu erblicken, das der Luftfrachtführer ohne zusätzliche Vergütung oder gegen eine erst **später fällig** werdende **Zusatzvergütung** annimmt. Nach dem **Regelungsgehalt** des **Art. 25** ist es nicht ausgeschlossen, dass eine **Abrede** über die Haftungshöchstbeträge **nach Abschluss** des Beförderungsvertrages in **Abänderung** des ursprünglichen Vertrages getroffen wird. Denn **Art. 25** sagt nichts zu dem **Zeitpunkt**, zu dem die **Vereinbarung** über die **Haftungshöchstbeträge** erfolgt sein muss. Daher ist es durchaus möglich, auch nach **Abschluss** des Luftfrachtvertrags eine **Abänderung** des **ursprünglich** geschlossenen **Vertrags** vorzunehmen. Allerdings muss die für den Luftfrachtführer handelnde Person dabei mit **Vertretungsmacht** ausgestattet gewesen sein.[3]

Die Vorschrift des **Art. 25** erstreckt sich auf alle **Schadensarten**.[4] Die Erhöhung der Haftungs- **3** summe bzw. der Verzicht auf die Haftungshöchstbeträge müssen „im Beförderungsvertrag" vereinbart worden sein. Daraus ergibt sich, dass eine entsprechende Abrede vor dem **schädigenden Ereignis** getroffen worden sein muss, da **Vereinbarungen** grundsätzlich nur für den Fall des Eintritts eines **bestimmten Ereignisses** geschlossen werden (aber → Rn. 2). Dadurch wird der Luftfrachtführer natürlich nicht daran gehindert, eine höhere Ersatzleitung als in **Art. 21** und **Art. 22** vorzusehen zu erbringen.[5]

Eine **Vereinbarung** über **Haftungshöchstsummen** kann auch durch **Allgemeine Geschäfts-** **4** **bedingungen** des **Absenders** zum Gegenstand des Beförderungsvertrags gemacht werden. Es gelten insoweit die allgemeinen Regeln. Sofern **deutsches Recht** zur Anwendung kommt **(Art. 3, 5 Rom I-VO),** ist vor allem auch die Möglichkeit einer Einbeziehung auf Grund eines **kaufmännischen Bestätigungsschreibens** zu berücksichtigen. Haben die Parteien eines Luftfrachtvertrags in einem **Rahmenvertrag** allgemein vereibart, dass **Haftungsbeschränkungen** im Falle eines qualifizierten Verschuldens des Frachtführers oder seiner Leute keine Anwendung finden, stellt dies nach einem Urteil des OLG Düsseldorf eine **rechtsgeschäftliche Haftungserweiterung** iSv **Art. 25** dar.[6]

III. Haftungserweiterung durch ADSp

Die Haftung des Luftfrachtführers für Verlust und Beschädigung von Transportgut ist gem. **Art. 22** **5** **Abs. 3** grundsätzlich auf **22 Sonderziehungsrechte** für jedes Kilogramm beschränkt, wenn der Absender bei der Übergabe des Frachtstücks an den Luftfrachtführer kein Interesse an der Ablieferung am Bestimmungsort betragsmäßig angegeben hat. Diese Haftungsbegrenzung kommt dem Luftfrachtführer selbst dann zu Gute, wenn er oder seine Leute den Eintritt des Schadens durch **qualifiziertes Verschulden** verursacht haben (s. **Art. 22 Abs. 5,** in dem der Abs. 3 der Vorschrift nicht genannt ist).

Nach **Art. 25** kann sich ein **Luftfrachtführer** im **Beförderungsvertrag** höheren als den im **6** Übereinkommen vorgesehenen Haftungshöchstbeträgen unterwerfen oder auf solche verzichten. Dies kann auch durch **Einbeziehung** der ADSp in den Luftfrachtvertrag erfolgen.[7] Sind die **ADSP** Vertragsbestandteil geworden, gelten – wenn nichts Gegenteiliges vereinbart wurde – auch **Nr. 23.1.2** **und Nr. 27.2 ADSp 2003.**

Gemäß **Nr. 27.2 ADSp 2003** gelten die in diesem Regelwerk enthaltenen **Haftungsbefreiungen** **7** und **Haftungsbegrenzungen** (s. vor allem Nr. 23 und Nr. 24 ADSp 2003) nicht, wenn der Schaden in den Fällen der §§ 425 ff., 461 Abs. 1 HGB durch den Spediteur oder die in §§ 428, 462 HGB genannten Personen vorsätzlich oder bewusst leichtfertig verursacht wurde. Der **Wortlaut** von Nr. 27.2 ADSp 2003 steht einer Anwendung der Bestimmung im Rahmen von **Art. 25** nicht entgegen, auch wenn in **Nr. 27 ADSp 2003** lediglich auf die „vorstehenden Haftungsbefreiungen und -begrenzungen" verwiesen wird und nur Bestimmungen des Handelsgesetzbuchs genannt werden, während Vorschriften des **Montrealer Übereinkommens** keine Erwähnung finden.[8]

Es ist zu berücksichtigen, dass nach **Nr. 23.1.2 ADSp 2003,** bei der es sich um eine „vorstehende **8** **Haftungsbegrenzung"** iSv Nr. 27 ADSp 2003 handelt, der ersatzfähige Schaden, der am Gut während des Transports mit einem Beförderungsmittel eingetreten ist, auf den für dieses Beförderungsmittel festgesetzten **Haftungshöchstbetrag** begrenzt wird, bei einer **Luftbeförderung** also gerade auf den in Art. 22 Abs. 3 festgelegten Betrag von 22 Sonderziehungsrechten je Kilogramm. Aufgrund der Verweisung in **Nr. 23.1.2 ADSp 2003** ist die in **Art. 22 Abs. 3** angeordnete Haftungsbegrenzung

---

[3] *Koller* Rn. 1; s. auch Giemulla/Schmid/*Giemulla* Rn. 10.

[4] Giemulla/Schmid/*Giemulla* Rn. 2; so jetzt auch *Reuschle* Rn. 3, aA → 1. Aufl. 2005,, Rn. 3: nur Personenschäden.

[5] Giemulla/Schmid/*Giemulla* Rn. 14.

[6] OLG Düsseldorf Urt. v. 29.1.2014, RdTW 2017, 136 Rn. 10.

[7] BGH Urt. v. 22.7.2010 – I ZR 194/08, TranspR 2011, 80 Rn. 35 ff. = VersR 2011, 690; Urt. v. 3.3.2011 – I ZR 50/10, TranspR 2011, 220 Rn. 25 ff. = VersR 2011, 1332; MüKoHGB/*Ruhwedel* Rn. 4; aA *Koller* Rn. 1; *Bahnsen* TranspR 2010, 19 (22); *Vyvers* VersR 2010, 1554; *Vyvers* TranspR 2012, 22.

[8] BGH Urt. v. 22.7.2010 – I ZR 194/08, TranspR 2011, 80 Rn. 35 ff. = VersR 2011, 690; BGH Urt. v. 3.3.2011 – I ZR 50/10, TranspR 2011, 220 Rn. 25 ff. = VersR 2011, 1332; MüKoHGB/*Ruhwedel* Rn. 4; aA *Koller* Rn. 1; *Bahnsen* TranspR 2010, 19 (22); *Vyvers* VersR 2010, 1554; *Vyvers* TranspR 2012, 22.

zugleich eine „vorstehende Haftungsbegrenzung" iSv **Nr. 27 ADSp 2003** geworden, die unter den Voraussetzungen der **Nr. 27. 2 ADSp 2003** – qualifiziertes Verschulden des Frachtführers oder seiner Leute (Gehilfen, Bedienstete) – nicht gilt.

9   Danach ist **Nr. 27.2 ADSp 2003** als ein Verzicht des Luftfrachtführers auf die Haftungshöchst-beträge iSd **Öffnungsklausel des Art. 25** zu qualifizieren, der auch durch Allgemeine Geschäfts-bedingungen (des Luftfrachtführers) in den Beförderungsvertrag eingeführt werden kann.[9]

10   Die vorstehend dargestellte **Auffassung,** die hauptsächlich der **BGH** mit zwei Urteilen aus den Jahren 2010 und 2011 initiiert hat,[10] ist im Schrifttum teilweise auf deutliche Kritik gestoßen. Der Bezug in **Nr. 27 ADSp 2003** auf *„vorstehende Haftungsbegrenzungen"* umfasse nur auf solche, die in den **ADSp** selbst geregelt seien. Dabei gehe es hauptsächlich um **Nr. 23 ADSp 2003**. In Nr. 23.1 Tz. 1–4 ADSp 2003 würden lediglich **vertraglich vereinbarte,** nicht hingegen **gesetzliche** Haftungs-beschränkungen aufgezählt. Würden die in den ADSp selbst geregelten Haftungsbeschränkungen gem. **Nr. 27 ADSp 2003** wegfallen, bleine es letztlich bei den gesetzlichen Regelungen. Dass auch **gesetzliche** Haftungsbegrenzungen bei Vorliegen der in **Nr. 27.1 und Nr. 27.2 ADSp 2003** ge-nannten Voraussetzungen entfallen sollten, könne der Bestimmung nicht entnommen werden.[11] Der **BGH** lasse auch eine Stellungnahme dazu vermissen, dass **Nr. 27.2 ADSp 2003** nur für solche Haftungsfälle gelte, die nach den **§§ 425, 461 Abs. 1 HGB** zu beurteilen seien. Zudem habe der **BGH** wohl übersehen, dass nach **Nr. 2.5 ADSp 2003** die Klausel **Nr. 27 ADSp 2003** nicht heran-zuziehen sei, wenn der Spediteur nach zwingendem Recht – beispielsweise nach dem **Montrealer Übereinkommen** – hafte.[12]

11   Auf Grundlage der zur Zeit der beiden **BGH-Entscheidungen** noch geltenden **ADSp 2003** sind die im Schrifttum erhobenen Angriffe gegen die Rspr. des **BGH** nicht gerechtfertigt. Darauf soll hier aber nicht mehr näher eingegangen werden, weil sich die Kontoverse um das Verständnis der **Nr. 27 ADSp 2003** durch die **einheitlich** empfohlenen **ADSp 2017** erledigt haben dürfte. In **Nr. 27.4 ADSp 2017** ist– offenbar als Reaktion auf die **BGH-Rspr.** – nunmehr klar geregelt, dass die Vorbehalte der **Nr. 27.1 ADSp 2017** keine Anwendung finden auf gesetzliche Vorschriften, die **(1.)** die Haftung des Spediteurs erweitern oder **(2.)** oder zulassen, diese zu erweitern oder die **(3.)** Zurechnung des Verschuldens von Leuten oder sonstigen Dritten ausdehnen. Beispielhaft wird in **Nr. 27.4 ADSp 2017** auch auf **Art. 25** verwiesen (außerdem werden **Art. 36 CIM** sowie **Art. 20, 21 CMNI** beispielhaft genannt).

12   Eigentlich hätte es der klarstellenden Regelung in **Nr. 27.4 ADSp 2017** nicht bedurft, weil sich **Nr. 27.1 ADSp 2017** von vornherein nur auf einen engen ADSp-eigenen Katalog von Haftungs-ausschlüssen und -begrenzungen bezieht. Dies ist eine grundsätzlich andere Ausgangslage als bei der früheren **Nr. 27.2 ADSp 2003**.[13] Mit **Nr. 27.4 ADSp 2017** wird lediglich noch einmal bestätigt, dass **Nr. 27.1 ADSp 2017** ausschließlich für die dort genannten Haftungsausschlüsse und -begrenzungen gilt und (nur) diese gegebenenfalls beseitigt.[14]

IV. Rechtsfolgen der Vereinbarung höherer Haftungsgrenzen

13   Die Vereinbarung höherer Haftungsgrenzen gem. **Art. 25** ist vergleichbar mit der Vornahme einer **Wertdeklaration** nach **Art. 24 CMR.** Beide Vorschriften haben die **Anhebung** der Haftung für Güterschäden zum Inhalt. Ein **Verzicht** auf die Haftungsgrenzen ist allerdings nur nach **Art. 25** möglich. Bei ergänzender Anwendung **deutschen Rechts** haftet der Luftfrachtführer für Fracht-schäden grundsätzlich gem. **§ 429 HGB** auf objektiven Wertersatz. Das ergibt sich aus **§ 2** Mont-realer-Übereinkommens-Durchführungsgesetz (MontÜG).[15] Bei der Abgabe einer Wertdeklaration bleiben die Grundsätze des **Wertersatzes** unangetastet, lediglich ein die Haftungsgrenze von **19 SZR** bzw. **8,33 SZR** übersteigender Sachsubstanzschaden kann bis zur Höhe der vereinbarten Haftungs-grenze ausgeglichen werden. Rechtsfolge einer Vereinbarung nach **Art. 25** ist lediglich die Anhebung des Wertes der Güter und damit der Haftungshöchstgrenze. Bei Verlust und Beschädigung wird im Falle der Vornahme einer **Wertdeklaration** ausschließlich der **objektive Wert** ersetzt, dessen Höhe nur anders festgelegt wird als nach der Regelhaftung.[16]

14   Mittelbare Schäden werden von einer Haftungsvereinbarung gem. **Art. 25** nicht erfasst.[17] Bei Verspätung einer Luftbeförderung gem. **Art 19** kann die Haftungsbegrenzung für die ebenfalls auf der

---

[9] BGH Urt. v. 22.7.2010 – I ZR 194/08, TranspR 2011, 80 Rn. 35 ff. = VersR 2011, 690; BGH Urt. v. 3.3.2011 – I ZR 50/10, TranspR 2011, 220 Rn. 25 ff. = VersR 2011, 1332.

[10] *Koller* Rn. 1; *Bahnsen* TranspR 2010, 19 (22); *Vyvers* VersR 2010, 1554; *Vyvers* TranspR 2012, 22.

[11] *Koller* ADSp Nr. 27 Rn. 1; *Müller-Rostin* TranspR 2015, 140 (143) mwN in Fn 25.

[12] *Koller* ADSp Nr. 27 Rn. 1; *Müller-Rostin* TranspR 2015, 140 (143); *Vyvers* TranspR 2012, 22 (23).

[13] *Ramming* RdTW 2017, 41 (60).

[14] *Ramming* RdTW 2017, 41 (60).

[15] § 2 MontÜG lautet: Werden Güter zerstört, beschädigt oder gehen sie verloren, bestimmt sich die Art des nach Artikel 18 des Montrealer Übereinkommens zu leistenden Schadensersatzes nach § 429 HGB.

[16] *Müller-Rostin* TranspR 2015, 140 (144).

[17] *Müller-Rostin* TranspR 2015, 140 (144).

Kilogramm-Basis beruhende Haftung – anders als nach **Art. 24** CMR – auch durch eine Vereinbarung gem. **Art. 25** angehoben werden.[18]

Eine **Reduzierung** der Haftungsgrenzen des **Art. 22** kann trotz der grundsätzlich zugunsten des **15** Luftfrachtführers bestehenden **Vertragsfreiheit (Art. 27)** nicht wirksam vereinbart werden. Das ergibt sich aus **Art. 26.** Der in **Art. 27** normierte Grundsatz der **Vertragsfreiheit** für den Luftfracht-führer hat allerdings auch zur Folge, dass es dem Luftfrachtführer freisteht, überhaupt eine **Verein-barung** über eine **Haftungserweiterung** abzuschließen. Dadurch kann seitens des Luftfrachtführers einseitig verhindert werden, dass der **Absender** über eine **Haftungsvereinbarung** ausreichenden Schutz bei einem möglichen Schaden erlangt.[19] Es verbleibt aber immer noch die Möglichkeit, die **beschränkte Haftung** des Luftfrachtführers durch die **Deklaration** des Interesses an der Ablieferung am Bestimmungsort nach **Art. 22 Abs. 3** zu umgehen (→ Art 22 Rn. 11 ff.).

Art. 26 Unwirksamkeit von Vertragsbestimmungen

Jede Bestimmung des Beförderungsvertrags, durch welche die Haftung des Luftfracht-führers ausgeschlossen oder der in diesem Übereinkommen festgesetzte Haftungshöchst-betrag herabgesetzt werden soll, ist nichtig; ihre Nichtigkeit hat nicht die Nichtigkeit des gesamten Vertrags zur Folge; dieser unterliegt gleichwohl diesem Übereinkommen.

Schrifttum: S. Vor Art. 1 und bei Art. 18.

Parallelvorschriften: Art. 23 WAbk; Art. 41 CMR.

I. Allgemeines

Durch **Art. 26** wird klargestellt, dass die **Haftungsregeln des Übereinkommens** zu Lasten des **1** Luftfrachtführers **einseitig zwingendes** Recht darstellen. Die Bestimmung verbietet nicht nur einen **Ausschluss** der Haftung, sondern gilt für jede **Erleichterung** zu Gunsten des Luftfrachtführers, die beispielsweise bei einer **Erweiterung** der **Haftungsausschlussgründe** nach **Art. 18 Abs. 2** oder bei einem **Übergang** zu einer **Verschuldenshaftung** im Rahmen von **Art. 18 Abs. 1** gegeben wäre.[1] Die Vorschrift des **Art. 26** bezweckt die Sicherstellung, dass der durch das **Montrealer Über-einkommen** insgesamt geschaffene Ausgleich zwischen den **Interessen** des **Luftfrachtführers** und denjenigen seines **Vertragspartners** nicht durch Abreden zwischen den Vertragsparteien wieder beseitigt wird.[2]

II. Anwendungsbereich des Art. 26

Der **Regelungsgehalt** des **Art. 26** umfasst nur die im **Montrealer Übereinkommen** selbst **2** enthaltenen Bestimmungen. Sachverhalte, die das Übereinkommen nicht regelt, unterfallen nicht dem Anwendungsbereich des **Art. 26.** Dazu gehören beispielsweise die Fragen nach dem **Umfang** des zu ersetzenden **Schadens** und der Ersatzfähigkeit von sogen. **mittelbaren oder Folgeschäden.**[3] Soweit nach **nationalem Recht** weitergehende Ansprüche als nach den **Haftungsbestimmungen** des Montrealer Übereinkommens bestehen, können diese **eingeschränkt** oder **ausgeschlossen** werden.[4]

III. Freizeichnungsverbot

Die Vorschrift des **Art. 26** erstreckt sich auf die in **Art. 17–19** geregelten **Schadensarten.** Un- **3** erheblich ist, ob die **Freizeichnung** aus einer unmittelbaren Vertragsbestimmung herrührt oder sich aus **allgemeinen Beförderungsbedingungen** ergibt, die Vertragsbestandteil geworden sind, wie beispielsweise den Allgemeinen Deutschen Spediteurbedingungen (**ADSp**) oder den **IATA-Beför-derungsbedingungen.**[5] Unzulässig sind nach **Art. 26** alle Vereinbarungen, die sich hinsichtlich der Haftung des Luftfrachtführers **für den Geschädigten ungünstig auswirken. Unerheblich** ist dabei, **ob die Haftungsausschluss** oder die **-beschränkung** unmittelbar oder lediglich mittelbar wirkt. **Entscheidend** ist vielmehr die Frage, ob durch die Vereinbarung der im Montrealer Übereinkommen

---

[18] *Müller-Rostin* TranspR 2015, 140 (144).
[19] *Müller-Rostin* TranspR 2015, 140 (144).
[1] *Koller,* 7. Aufl. 2010, Rn. 1; *Reuschle* Rn. 8; ausf. zu einzelnen Haftungserleichterungen zugunsten des Luft-frachtführers Giemulla/Schmid/*Giemulla* Rn. 6 ff.
[2] Giemulla/Schmid/*Giemulla* Rn. 1; *Reuschle* Rn. 1.
[3] BGH Urt. v. 9.6.2004 – I ZR 266/00, NJW-RR 2004, 1482 = TranspR 2004, 369; *Reuschle* Rn. 5; Giemulla/Schmid/*Giemulla* Rn. 12.
[4] *Reuschle* Rn. 4; *Geigel/Strauch,* Der Haftpflichtprozeß, 28. Aufl. 2020, Kap. 29 Rn. 164.
[5] BGH Urt. v. 10.10.1985 – I ZR 124/83, BGHZ 96, 136 = NJW 1986, 1434 = TranspR 1986, 70; Giemulla/Schmid/*Giemulla* Rn. 5.

geregelte **Haftungstatbestand zu Ungunsten** des **Vertragspartners** des Luftfrachtführers verändert wird.[6] Derartige – unzulässige – Freizeichnungsvereinbarungen **können** etwa **sein:**

– eine Vereinbarung, welche die Haftung des Luftfrachtführers bei **Mitverschulden** von Absender oder Empfänger **völlig ausschließt;**[7]
– eine Bestimmung, welche für den Fall des **Verlustes** des **Gutes** eine **Anzeigefrist** von 120 Tagen vorsieht;[8]
– eine Bestimmung, welche die **Beweislast** bei Schadensersatzansprüchen **zu Lasten des Geschädigten** verändert.[9]

IV. Rechtsfolgen

4   Als **Rechtsfolge** ordnet **Art. 26** die **Nichtigkeit** der entsprechenden Bestimmung im Beförderungsvertrag an. Die übrigen Vertragsbestandteile bleiben von der **Nichtigkeitsfolge** unberührt. An die Stelle der **nichtigen Vereinbarung** treten die maßgeblichen Vorschriften des Montrealer Übereinkommens.[10] Liegt der Beförderung **kein wirksamer Beförderungsvertrag** zugrunde, beurteilt sich die **Haftung** des **Luftfrachtführers** im Falle eines Schadens nach dem **nationalen Dliktsrecht.** Bei Anwendung **deutschen Rechts** kann die Haftung für jede Art von Fahrlässigkeit ausgeschlossen werden (**§ 276 Abs. 3 BGB**).

V. Beweisfragen

5   Der **Luftfrachtführer** hat das **Zustandekommen einer wirksamen Haftungsfreizeichnung** und ihre Erstreckung auf den **eingetretenen Schaden** sowie die ausschließliche Kausalität eines Ereignisses für den Schaden darzulegen und gegebenenfalls zu beweisen. Der **Geschädigte** muss eine von ihm behauptete **Mitursächlichkeit anderer Faktoren** beweisen.

Art. 27 Vertragsfreiheit

Dieses Übereinkommen hindert den Luftfrachtführer nicht daran, den Abschluss eines Beförderungsvertrags zu verweigern, auf Einwendungen, die ihm nach dem Übereinkommen zur Verfügung stehen, zu verzichten oder Vertragsbedingungen festzulegen, die nicht im Widerspruch zu diesem Übereinkommen stehen.

Schrifttum: S. Vor Art. 1 und bei Art. 18.

Parallelvorschrift: Art. 33 WAbk.

I. Allgemeines

1   Durch **Art. 27** wird klargestellt, dass der **Luftfrachtführer** im Bereich der internationalen Luftbeförderung keinem **Kontrahierungszwang** unterliegt.[1] Das jeweils maßgebliche **unvereinheitlichte nationale Recht** bleibt davon unberührt und kann eine Abschlusspflicht statuieren (siehe für die **Bundesrepublik Deutschland § 21 Abs. 2 S. 3 LuftVG**). Des Weiteren ergibt sich aus **Art. 27,** dass die **Vertragsfreiheit** der an einem Luftbeförderungsvertrag Beteiligten, insbesondere des **Luftfrachtführers,** über die einseitig **zwingenden haftungsrechtlichen Bestimmungen** hinaus nicht eingeschränkt ist.[2]

II. Inhalt der Vorschrift

2   Unter „**Vertragsbedingungen, die nicht im Widerspruch zu diesem Übereinkommen stehen**", sind solche Vereinbarungen zu verstehen, die über die bloße Beförderungsabrede, deren **haftungsrechtliche Folgen** das Montrealer Übereinkommen ausschließlich regelt, hinausgehen. Dabei ist vor allem an die **Allgemeinen Beförderungsbedingungen** des Luftfrachtführers zu denken.[3] Darüber hinaus **gilt** die **Bestimmung** aber auch sinngemäß für **besondere Vertragsbestimmungen,** etwa für die Abmachung, das **Transportgut** werde zu einem genau **bestimmten Zeitpunkt** eintreffen.[4] Kommt das Gut nicht bis zum **zugesagten Zeitpunkt** am Bestimmungsort

---

[6] BGH Urt. v. 22.4.1982 – I ZR 86/80, BGHZ 84, 101 (106) = NJW 1983, 516 = VersR 1982, 896; *Reuschle* Rn. 6; Giemulla/Schmid/*Giemulla* Rn. 1 f.; MüKoHGB/*Kronke* WAbk Art. 23 Rn. 6.

[7] OLG Frankfurt a. M. Urt. v. 14.7.1977 – 5 U 129/76, ZLW 1978, 53 (59).

[8] BGH Urt. v. 22.4.1982 – I ZR 86/80, BGHZ 84, 101 = NJW 1983, 516 = VersR 1982, 896.

[9] Giemulla/Schmid/*Giemulla* Rn. 7 (mit weiteren Beispielen in Fn. 8–11); *Reuschle* Rn. 8.

[10] *Reuschle* Rn. 11.

[1] Giemulla/Schmid/*Schmid* Rn. 2.

[2] *Reuschle* Rn. 1.

[3] Giemulla/Schmid/*Schmid* Rn. 3; *Reuschle* Rn. 5.

[4] Giemulla/Schmid/*Schmid* Rn. 3: *Reuschle* Rn. 5.

an, so **haftet** der **Luftfrachtführer** nicht nur in den Grenzen des **Art. 22 Abs. 3 (19 SZR),** sondern auch für einen darüberhinaus gehenden Schaden.[5] Bei Anwendung **deutschen Rechts** gelten bei **Güterschäden** für die Schadensberechnung die **§§ 429 ff. HGB.**[6]

Nach **Art. 27** ist es dem **Luftfrachtführer** auch erlaubt, auf **Einwendungen** zu verzichten, die 3 ihm nach dem **Montrealer Übereinkommen** zur Verfügung stehen. Der im **prozessualen Sinne** zu verstehende **Einwendungsbegriff** erstreckt sich auf alle den Luftfrachtführer **begünstigenden Haftungsregelungen,** insbesondere auf **Haftungsbeschränkungen** zu Gunsten des Luftfrachtführers.[7] Das **können** beispielsweise die Haftungsausschlussgründe gem. **Art. 18 Abs. 2,** die Haftungsbefreiung nach **Art. 20,** der Fristablauf für eine Schadensanzeige gem. **Art. 31** sowie der Ablauf des Ausschlussfrist nach **Art. 35** sein.[8] Die **Zulässigkeit** eines solchen **Verzichts** ergibt sich zum einen aus **Art. 25,** aber auch aus einem **Umkehrschluss** von **Art. 26.**

Art. 28 Vorauszahlungen

[1]Haben Luftfahrzeugunfälle den Tod oder die Körperverletzung von Reisenden zur Folge, so hat der Luftfrachtführer, wenn er dazu nach nationalem Recht verpflichtet ist, unverzüglich Vorauszahlungen an schadensersatzberechtigte natürliche Personen zur Befriedigung ihrer unmittelbaren wirtschaftlichen Bedürfnisse zu leisten. [2]Diese Vorauszahlungen stellen keine Haftungsanerkennung dar und können mit späteren Schadensersatzleistungen des Luftfrachtführers verrechnet werden.

Hier nicht erläutert, da die Vorschrift ausschließlich die Personenbeförderung betrifft.

Art. 29 Grundsätze für Ansprüche

[1]Bei der Beförderung von Reisenden, Reisegepäck und Gütern kann ein Anspruch auf Schadensersatz, auf welchem Rechtsgrund er auch beruht, sei es dieses Übereinkommen, ein Vertrag, eine unerlaubte Handlung oder ein sonstiger Rechtsgrund, nur unter den Voraussetzungen und mit den Beschränkungen geltend gemacht werden, die in diesem Übereinkommen vorgesehen sind; die Frage, welche Personen zur Klage berechtigt sind und welche Rechte ihnen zustehen, wird hierdurch nicht berührt. [2]Bei einer derartigen Klage ist jeder eine Strafe einschließende, verschärfte oder sonstige nicht kompensatorische Schadensersatz ausgeschlossen.

Schrifttum: S. Vor Art. 1 und bei Art. 18; ferner: *Koller,* Unbeschränkte Haftung des Luftbeförderers nach dem Montrealer Übereinkommen 1999?, TranspR 2005, 177; *Saenger,* Harmonisierung des internationalen Luftprivatrechts: vom IATA-Intercarrier Agreement zur Neufassung des Warschauer Abkommens in der Montrealer Konvention vom Mai 1999, NJW 2000, 169; *Schönwerth/Müller-Rostin,* Unmittelbare Ansprüche des Eigentümers von Gepäck und Fracht gegen den Luftfrachtführer, ZLW 1993, 21.

Parallelvorschriften: Art. 24 WAbk; Art. 28 CMR; § 434 HGB.

I. Allgemeines

Der **Zweck des Art. 29 S. 1** besteht in der Regelung des **Verhältnisses** zwischen den Scha- 1 densersatzansprüchen nach dem **Übereinkommem** und den nach **nationalem Recht** in Betracht kommenden **Schadensersatzansprüchen.** Es wird klargestellt, dass die nach nationalem Recht gegebenen Ansprüche den Voraussetzungen und **Beschränkungen** des **Übereinkommens** unterworfen sind. Durch **Art. 29 S. 1** soll die Haftungsordnung des Übereinkommens als **geschlossenes System** aufrechterhalten und gegen andere **Anspruchsgrundlagen** außerhalb des Montrealer Übereinkommens abgesichert werden. Durch **Art. 29 S. 2** werden Schadensersatzansprüche mit Strafcharakter **(„punitive damages")** und sonstige **nichtkompensatorische** Ansprüche **ausgeschlossen.**

II. Anwendungsbereich des Satz 1

Nach **Art. 29 S. 1** werden die im **Übereinkommen** festgelegten **Voraussetzungen** und Be- 2 **schränkungen** für Schadensersatzansprüche betreffend die Beförderung von „Reisenden, Reisegepäck und Gütern" auf alle **weiteren Ansprüche** außerhalb des Montrealer Übereinkommens, die den

---

[5] *Reuschle* Rn. 5.
[6] *Reuschle* Art. 19 Rn. 53.
[7] *Reuschle* Art. 27 Rn. 4.
[8] *Koller,* 7. Aufl. 2010, Rn. 1; *Reuschle* Rn. 4.

genannten Schadensersatzansprüchen zugrunde gelegt werden können, erstreckt. Dies ergibt sich aus der Anordnung, dass die Voraussetzungen und Beschränkungen, die das **Montrealer Übereinkommen** für die Ansprüche aus den **Art. 17, 18 und 19** vorschreibt, auch bei der Anwendung anderer Anspruchsgrundlagen zu berücksichtigen sind.[1]

3   Das bedeutet, dass dem **nationalen Recht keine weitergehenden Ersatzansprüche** entnommen werden dürfen, als sie in Art. 17 ff. festgelegt sind.[2] Sofern der Schaden nicht auf Grund eines Ereignisses während des **Obhutszeitraums des Luftfrachtführers** verursacht wurde, kann der **Geschädigte** seine Ansprüche uneingeschränkt auf das ergänzend anwendbare **nationale Recht** stützen.[3] Die Präklusionswirkung des **Art. 29 S. 1** greift in derartigen Fällen nicht ein.[4] **Unberührt** bleiben insbesondere Ansprüche aus **Bereicherungsrecht** und **§ 985 BGB** auf Herausgabe sowie **Ansprüche** wegen Schäden, für die das Übereinkommen **keine Regelung** enthält.[5]

4   **Anders** als Art. 24 Abs. 1 WAbk nennt **Art. 29 S. 1** nicht die Vorschriften des Übereinkommens, die vom Anwendungsbereich des Art. 29 S. 1 umfasst werden. Aus dem **Sinn und Zweck** der Regelung in **Art. 29 S. 1** ergibt sich aber, dass die Vorschrift sich nur auf Schadensersatzansprüche nach Art. 17–19 erstreckt und nicht auch auf **Ansprüche** aus **Art. 10 Abs. 3** und **Art. 12 Abs. 3** anwendbar ist.[6]

5   Die **Präklusionsvorschrift** des **Art. 29 S. 1** erstreckt sich insbesondere auch auf **deliktische Ansprüche,** die in Anspruchskonkurrenz zu den im Übereinkommen geregelten Ansprüchen stehen. Das gilt allerdings **nur insoweit,** als die Ansprüche aus unerlaubter Handlung einen vom **Montrealer Übereinkommen** erfassten Schadensfall betreffen.[7]

6   **Fraglich** ist, ob auch **Ersatzansprüche von Personen,** die am Luftbeförderungsvertrag nicht beteiligt sind, durch Art. 29 S. 1 eingeschränkt werden. Dies wird teilweise mit der Begründung verneint, dass andernfalls der **Luftbeförderungsvertrag** zu einem **unzulässigen Vertrag zu Lasten Dritter** würde.[8] Dem kann jedoch entgegengehalten werden, dass das Verbot von Verträgen zu Lasten Dritter sich an Vertragspartner und nicht an den Gesetzgeber richtet, dem es grundsätzlich freisteht, eine deliktische Haftung einzuschränken (anders noch in der Vorauflage).[9]

III. Voraussetzungen

7   Die Vorschrift des **Art. 29 S. 1** gilt nur für das Vertragsverhältnis zwischen **Absender und Luftfrachtführer** bzw. zwischen **Fluggast** und **Luftfrachtführer.** Auf andere Rechtsverhältnisse ist das Übereinkommen nicht anwendbar. Ferner wird in der Vorschrift **klargestellt,** dass die Frage, wer **anspruchsberechtigte Personen** sind, von den Regelungen des Übereinkommens **unberührt** bleibt.

8   Die **Formulierung** in Art. 29 S. 1 **„unter den Voraussetzungen und mit den Beschränkungen"** ist dahin zu verstehen, dass zu den „Voraussetzungen" die **Anspruchsvoraussetzungen** und die **Bestimmung** des **Gerichtsstandorts** zählen, während von dem Begriff „Beschränkungen" die **Haftungsbegrenzungen** und **Haftungsausschlüsse,** wie etwa die Haftungssummen in **Art. 22** und die Ausschlussfrist in **Art. 35,** erfasst werden.[10]

9   Da **Art. 29 S. 1** sich nur auf Schadensersatzansprüche nach **Art. 17–19** erstreckt (→ Rn. 4), werden Ansprüche wegen **Nichterfüllung** oder **Schlechterfüllungstatbestände** von der Vorschrift nicht erfasst.[11] Ebensowenig unterfallen Schadensersatzansprüche auf Grund von **Schadensursachen,** die nicht in den **Obhutszeitraum** des Luftfrachtführers fallen und denen kein dem Luftverkehr **typisches Beförderungsrisiko** innewohnt, dem **Geltungsbereich** des **Art. 29 S. 1.**[12]

10   Sofern der **Eigentümer** des Gutes nicht zugleich **Absender oder Empfänger** im Rahmen des Luftbeförderungsvertrages ist, aus dem Ansprüche nach Art. 18, 19 in Betracht kommen, oder wenn der **ursprüngliche Empfänger** auf Grund einer **Weisung** des Absenders seine Empfängerrechte

---

[1] Giemulla/Schmid/*Giemulla* Rn. 6; *Reuschle* Rn. 9.

[2] *Reuschle* Rn. 9; *Koller*, 7. Aufl. 2010, WAbk Art. 24 Rn. 1; *Hübsch* TranspR 1996, 367 (368 ff.).

[3] OLG Düsseldorf Urt. v. 13.6.1996 – 18 U 174/95, TranspR 1997, 150 (151); OLG Frankfurt a. M. Urt. v. 20.2.1997 – 1 U 126/95, TranspR 1997, 373; OLG Frankfurt a. M. Urt. v. 23. 2 2018 – 13 U 151/16, RdTW 2018, 179 Rn. 33 = TranspR 2018, 363 mAnm *Müller-Rostin*.

[4] *Reuschle* Rn. 9.

[5] *Koller* Rn. 1; *Reuschle* Rn. 11; Giemulla/Schmid/*Giemulla* Rn. 15; *Boettge* VersR 2005, 908 (915).

[6] *Reuschle* Rn. 10; Giemulla/Schmid/*Giemulla* Rn. 7.

[7] *Reuschle* Rn. 12.

[8] *Reuschle* Rn. 13; s. auch BGH Urt. v. 15.3.2011 – X ZR 99/10, TranspR 2011, 380 Rn. 22; *Schönwerth/Müller-Rostin* ZLW 1993, 21 ff.

[9] *Müller-Rostin* TranspR 2018, 367, Anm. zu OLG Frankfurt a. M. Urt. v. 23.2.2018 – 13 U 151/16, TranspR 2018, 363; *Koller* Rn. 11.

[10] *Reuschle* Rn. 15; *Guldimann* Internationales Lufttransportrecht WAbk Art. 24 Rn. 8; *Hübsch* TranspR 1996, 367 (372 f.).

[11] MüKoHGB/*Ruhwedel* Rn. 7; *Reuschle* Rn. 11.

[12] OLG Düsseldorf Urt. v. 13.6.1996 – 18 U 174/95, NJW-RR 1997, 930 (931) = TranspR 1997, 150; OLG Frankfurt a. M. Urt. v. 20.2.1997 – 1 U 126/95, NJW-RR 1997, 1136 f. = TranspR 1997, 337; *Reuschle* Rn. 11.

verloren hat **(Art. 12 Abs. 1),** so kann der Eigentümer gegen den **schädigenden Luftfrachtführer** grundsätzlich nach dem ergänzend anwendbaren nationalen Recht vorgehen.[13] Bei Anwendung **deutschen Rechts (Art. 3, 5 Rom I-VO)** kommt mithin ein Anspruch des Eigentümers aus den **§§ 823 ff. BGB** in Betracht, weil der Eigentümer nicht auf **Ersatzansprüche** aus **Art. 18, 19** verwiesen werden kann. Dementsprechend darf sich der Luftfrachtführer einem Eigentümer gegen-über, zu dem er weder in einer **Absender-** noch in einer **Empfängerposition** steht, nicht auf **Art. 29 S. 1** berufen (→ Rn. 6).[14] Der Luftfrachtführer kann sich dementsprechend **Eigentümern** gegenüber, zu denen er weder in einer **Absender-** noch in einer **Empfängerposition** steht, grund-sätzlich nicht auf **Art. 29 S. 1** berufen.[15]

IV. Ausnahmen vom Anwendungsbereich

Zu Ausnahmen vom **Geltungsbereich** des **Art. 29 S. 1** kann es auf Grund von **vertraglichen** **Vereinbarungen** zwischen dem Luftfrachtführer und seinem Auftraggeber kommen. Davon abge-sehen finden sich auch im **Montrealer Übereinkommen** selbst – wenn auch nur in geringem Umfang – einige **Ausnahmetatbestände.** Soweit eine zulässige Absprache getroffen wurde, hat diese zur Folge, dass für den dadurch geregelten Bereich **nicht ausschließlich** das **Übereinkommen** gilt, sondern in erster Linie die vertragliche Vereinbarung bzw. das nach den Regeln des **IPR** anwendbare **nationale Recht.**[16]   11

Bei der Frage nach der **Zulässigkeit von vertraglichen Abreden** müssen einerseits vor allem die in **Art. 25** und **Art. 27** vorgesehenen Freiheiten berücksichtigt werden. Es darf andererseits aber auch nicht außer Acht gelassen werden, dass das **Übereinkommen** neben einem angemessenen **Interes-senausgleich** zwischen den am Luftbeförderungsvertrag Beteiligten auch die **Vereinheitlichung** **bestimmter Regelungen** im Interesse eines **einheitlichen** internationalen **Haftungsregimes** be-zweckt. Die Erreichung dieses Ziels wäre gefährdet, wenn die Parteien die Regelungen des Montrealer Übereinkommens nach **eigenem Belieben** abändern könnten.[17]   12

In **Art. 29 S. 1 Hs. 2** ist bestimmt, dass die Frage, welche Personen **anspruchsberechtigt** sind und welche **Rechte ihnen zustehen,** vom Geltungsbereich des Montrealer Übereinkommens aus-genommen ist. Daraus ergibt sich, dass insoweit (auch) **nationales Recht** zur Anwendung kommt. Bei den auf den ersten Blick **widersprüchlich** erscheinenden Regelungen in **Art. 29 S. 1** – einerseits Ausschluss des Anwendbarkeit des nationalen Rechts in S. 1, andererseits ausdrückliche Bestim-mung, dass nationales Recht maßgeblich ist in S. 1 Hs. 2 – ist zu **beachten,** dass in S. 1 Hs. 2 das **nationale Recht** nur in dem dort genannten Umfang für anwendbar erklärt wird. **Bedeutsam** ist ferner, dass die wichtige Frage des **Gerichtsstandes** vom **Regelungsbereich** des **Art. 29 S. 1 Hs. 2** **nicht** erfasst wird mit der Folge, dass die auf Art. 17–19 gestützten Schadensersatzansprüche vor einem nach **Art. 33 oder Art. 46 zuständigen Gericht** geltend gemacht werden müssen.[18]   13

V. Anwendungsbereich des Satz 2

Durch **Art. 29 S. 2** werden im **Geltungsbereich** des Montrealer Übereinkommens solche **An-sprüche** ausgeschlossen, die auf der Grundlage des nationalen Rechts oder anderer Vorschriften **unabhängig** davon gewährt werden, ob der **Berechtigte** einen **Schaden** erlitten oder **Aufwendun-gen** zur Schadensminderung getätigt hat.[19] Dagegen sind immaterielle Schäden, deren Ausgleich das anwendbare nationale Recht erlaubt, nicht durch Art. 29 S. 2 präkludiert.[20]   14

Art. 30 Leute des Luftfrachtführers – Mehrheit von Ansprüchen

(1) **Wird einer der Leute des Luftfrachtführers wegen eines Schadens in Anspruch genom-men, der unter dieses Übereinkommen fällt, so kann er sich auf die Haftungsvoraussetzun-gen und -beschränkungen berufen, die nach diesem Übereinkommen für den Luftfracht-führer gelten, sofern er nachweist, dass er in Ausführung seiner Verrichtungen gehandelt hat.**

---

[13] *Koller* WAbk Art. 24 Rn. 2; Giemulla/Schmid/*Müller-Rostin* Art. 18 Rn. 138; MüKoHGB/*Ruhwedel* Art. 18 Rn. 13.

[14] *Guldimann* WAbk Art. 24 Rn. 13; MüKoHGB/*Ruhwedel* Rn. 13; *Reuschle* Rn. 13; aA wohl OLG Köln Urt. v. 20.11.1980 – 1 U 120/79, ZLW 1982, 167 (172); *Müller-Rostin* TranspR 1995, 89 (93); *Hübsch* TranspR 1996, 367 (375).

[15] *Reuschle* Rn. 13; *Guldimann* WAbk Art. 24 Rn. 13; MüKoHGB/*Ruhwedel* Rn. 13; wohl auch *Koller* WAbk Art. 24 Rn. 2.

[16] Giemulla/Schmid/*Giemulla* Rn. 18.

[17] Giemulla/Schmid/*Giemulla* Rn. 19.

[18] Giemulla/Schmid/*Giemulla* Rn. 26.

[19] *Reuschle* Rn. 17.

[20] *Koller* Rn. 3.

(2) **Der Betrag, der in diesem Fall von dem Luftfrachtführer und seinen Leuten als Ersatz insgesamt zu leisten ist, darf die genannten Haftungsgrenzen nicht übersteigen.**

(3) **Die Absätze 1 und 2 finden, außer bei der Beförderung von Gütern, keine Anwendung, wenn nachgewiesen wird, dass der Schaden durch eine Handlung oder Unterlassung der Leute des Luftfrachtführers verursacht worden ist, die entweder in der Absicht, Schaden herbeizuführen, oder leichtfertig und in dem Bewusstsein begangen wurde, dass wahrscheinlich ein Schaden eintreten wird.**

Schrifttum: S. Vor Art. 1 und bei Art. 18, Art. 22Ü; *Koller,* Haftungsbeschränkungen zu Gunsten selbständiger Hilfspersonen und zu LastenDritter im Transportrecht, TranspR 2015, 409; *Müller-Rostin,*.Anhebung der Haftungsgrenzen und Interessendeklaration im Luftrecht, TranspR 2015, 140.

Parallelvorschriften: Art. 25 WAbk; Art. 28 CMR.

I. Allgemeines

1   **1. Normzweck.** Die Vorschrift des **Art. 30 Abs. 1** regelt **Haftungsbeschränkungen bei außervertraglichen Ansprüchen** gegen die Leute des Frachtführers. Die Norm ist im Zusammenhang mit anderen Bestimmungen des **Montrealer Übereinkommens** zu sehen. Es soll verhindert werden, dass die Vorschriften über die Haftungsbeschränkungen nach **Art. 22** umgangen werden. Aus der Natur der Sache ergibt sich, dass der Luftfrachtführer sich bei der Erfüllung seiner **vertraglichen Verpflichtungen** der Hilfe **dritter Personen** bedienen muss. Folglich werden Verletzungen vertraglicher Verpflichtungen häufig von den **Leuten des Luftfrachtführers** begangen. Da diese mit dem **Geschädigten** nicht in vertraglichen Beziehungen stehen, können sie nach den Vorschriften des Montrealer Übereinkommens nicht in Anspruch genommen werden. Es ist allgemein anerkannt, dass das **Übereinkommen** – ebenso wenig wie das **Warschauer Abkommen** – keine eigenen Anspruchsgrundlagen für die Haftung der Leute des Luftfrachtführers enthält. Die **Leutehaftung** beurteilt sich daher ausschließlich nach **nationalem Recht.**[1] Die nationalen deliktischen Haftungstatbestände sehen im Allgemeinen keine Haftungsbeschränkungen vor. Die „Leute" des **Luftfrachtführers** müssten demzufolge bei einer **Inanspruchnahme** unbegrenzt haften. Sofern deutsches nationales Recht zur Anwendung kommt, bestünde für die „Leute" des Luftfrachtführers jedoch unter Umständen ein aus dem **Arbeitsvertrag** herzuleitender **Freistellungsanspruch** gegen den **Luftfrachtführer.** Gäbe es die Vorschrift des **Art. 30 Abs. 1** nicht, so müsste der Luftfrachtführer gegebenenfalls – entgegen der im Übereinkommen vorgesehenen **Haftungsausschlüsse und -beschränkungen** – doch unbegrenzt haften.[2] Dem soll **Art. 30 Abs. 1** entgegenwirken. Zudem eröffnet **Art. 30** den Leuten des Luftfrachtführers die Möglichkeit, sich auch unmittelbar auf die **Beschränkungen** des Übereinkommens im **Außenverhältnis zu einem Anspruchsteller,** also etwa auf die Haftungsausschlüsse nach Art. 18 Abs. 2, die Anzeigepflichten nach **Art. 31** oder die Ausschlussfrist gem. **Art. 35,** zu berufen.[3]

2   **2. Entstehungsgeschichte.** Die Vorschrift des **Art. 30** entspricht in ihren Absätzen 1 und 2 weitgehend **Art. 25 Abs. 1 und 2 WAbk.**

II. Voraussetzungen

3   **1. Leute des Luftfrachtführers.** In den englischen und französischen **Originalfassungen** des **Art. 30 Abs. 1** ist der **Leutebegriff** mit „servants or agents" (englische Fassung) und **„preposé ou mandataires"** (französische Fassung) umschrieben. Da diese Fassungen maßgeblich sind **(Art. 57),** gehören zu den „**Leuten**" des Luftfrachtführers zum einen die **abhängig** bei ihm Beschäftigten, also seine **Arbeitnehmer** (engl.: servant; frz.: preposé). Darüber hinaus werden aber auch solche Personen vom **„Leutebegriff"** des **Art. 30** erfasst, die für den Luftfrachtführer in **Ausführung** einer ihnen von diesem übertragenen **Verrichtung** tätig werden. (engl.: agents; frz.: mandataires).[4] Die **Beschäftigten** der **Flugsicherungsbehörde** und der **Zollbehörde** sowie das Personal der zur Durchführung von Sicherheitsmaßnahmen nach **§ 5 Abs. 5 LuftSiG** Beliehenen gehören nicht zu den „**Leuten**" des Luftfrachtführers.[5] Ergänzend wird auf die Erläuterungen in → Art. 19 Rn. 15 verwiesen.

4   **2. Schadensverursachung bei Ausführung der Verrichtung.** Das **schädigende Verhalten** der Leute des Luftfrachtführers muss zu einem **Schaden** iSv **Art. 17–19** geführt haben. Darüber hinaus ist erforderlich, dass die Schädigung im Rahmen einer **Verrichtung,** die den **Leuten übertragen**

---

[1] Cour d'Appel de Paris RFDA 1976, 109; *Reuschle* Rn. 1; Giemulla/Schmid/*Giemulla* Rn. 1; MüKoHGB/ *Kronke* WAbk Art. 25 A Rn. 7; *Guldimann* Art. 25 Rn. 3.

[2] Giemulla/Schmid/*Giemulla* Rn. 1; *Reuschle* Rn. 1.

[3] *Reuschle* Rn. 1; *Boettge* VersR 2005, 908 (915).

[4] BGH Urt. v. 21.9.2000 – I ZR 135/98, BGHZ 145, 170 (179 ff.) = TranspR 2001, 29; OLG Nürnberg Urt. v. 9.4.1992 – 12 U 3644/91, TranspR 1992, 276 (278); Giemulla/Schmid/*Giemulla* Rn. 1; *Reuschle* Rn. 6.

[5] *Reuschle* Rn. 7.

worden war, **erfolgt** ist. Diese Voraussetzung ist gegeben, wenn ein **unmittelbarer innerer Zusammenhang** zwischen der den Leuten aufgetragenen Verrichtung und der schädigenden Handlung besteht. Das ist im Allgemeinen dann anzunehmen, wenn die **Hilfsperson** des Luftfrachtführers im Rahmen ihrer normalen **Obliegenheiten** tätig wird und ihr Verhalten als Mangel der Vertragserfüllung angesehen werden kann.[6] Zu beachten ist, dass die **Haftungshöchstsummen** grundsätzlich auch denjenigen Leuten des Luftfrachtführers zugute kommen, die das Gut **leichtfertig** beschädigt haben.[7] Ist der **Schaden** dagegen durch eine **vorsätzlich begangene** Straftat (insbesondere Diebstahl oder Unterschlagung) entstanden, besteht im Allgemeinen **kein** unmittelbarer innerer **Zusammenhang** mehr **mit** der vom Luftfrachtführer **übertragenen Tätigkeit.** Es besteht in Fällen eines **gravierenden Fehlverhaltens** vielmehr ein evidentes **Bedürfnis**, einen **Rückgriff** in voller Höhe des Schadens auf den Straftäter zu **ermöglichen.**[8] Der Luftfrachtführer braucht in solchen Fällen nicht zu befürchten, von der die Straftat begehenden Hilfsperson in **Regreß** genommen zu werden. Ein **Arbeitnehmer,** der etwas **gestohlen** oder **unterschlagen** hat, kann von seinem **Arbeitgeber** nicht verlangen, dass er ihn von den Folgen der Straftat **freistellt.**[9]

3. Haftungsbegrenzung zu Gunsten des Luftfrachtführers. Fraglich ist, ob die **Leute** des 5
Luftfrachtführers sich **unabhängig** von dessen **Haftungssituation** auf Haftungsbegrenzungen berufen können. Nach zutreffender Auffassung kommt es für eine **Haftungsprivilegierung der Leute** nicht darauf an, ob sich der Luftfrachtführer selbst im **konkreten Fall** auf eine **Haftungsbegrenzung** berufen kann. Nach dem **Wortlaut** des **Art. 30 Abs. 1** besteht **keine Abhängigkeit** zwischen dem Recht der Leute, sich auf Haftungsbeschränkungen berufen zu können, und der **Haftungssituation** des **Luftfrachtführers.**[10] Hat der Luftfrachtführer höhere als die im Übereinkommen vorgesehenen Haftungsbeträge vereinbart **(Art. 22 Abs. 3, Art. 25, Art. 27),** sind diese für die Haftung des **Gehilfen** daher nicht maßgeblich.[11]

III. Rechtsfolgen

1. Maßgeblichkeit des Art. 22. Sofern die **Voraussetzungen** des **Art. 30 Abs. 1** gegeben sind, 6
kann sich die in **Anspruch genommene Hilfsperson** des Luftfrachtführers auf die in **Art. 22** festgelegten Haftungshöchstsummen berufen. Bei der **Beförderung** von **Gütern** haftet der Gehilfe des Luftfrachtführers daher für Zerstörung, Verlust, Beschädigung oder Verspätung bis zu einem Betrag von 19 SZR je Kilogramm.

2. Haftungslimit (Art. 30 Abs. 2). Dem **Geschädigten** können unter Umständen **sowohl** 7
gegen den **Luftfrachtführer** als auch gegen dessen **Hilfspersonen** wegen desselben Schadens **Ansprüche** zustehen. Da die Gehilfen des Luftfrachtführers häufig einen **Freistellungsanspruch** gegen ihren **Prinzipal** haben werden, besteht die Gefahr, dass der Luftfrachtführer mehrfach Ersatz leisten muss, wenn der entstandene **Schaden** die **Haftungshöchstsummen** des **Übereinkommens** übersteigt. Dem soll die Vorschrift des **Art. 30 Abs. 2** entgegenwirken, die bestimmt, dass der **Betrag,** der in solchen Fällen von dem Luftfrachtführer und seinen Leuten als Ersatz geschuldet wird, die im **Übereinkommen** an verschiedenen Stellen genannten **Haftungssummen** nicht übersteigen darf.[12]

IV. Beweisfragen

Wird eine **Hilfsperson** des Luftfrachtführers wegen eines Güter- oder Personenschadens auf 8
Schadensersatz in Anspruch genommen und macht der **Gehilfe** gegenüber seiner Inanspruchnahme geltend, er habe den Schaden bei **Ausführung** seiner **Verrichtungen** für den Luftfrachtführer verursacht, so **obliegt** ihm hierfür die **Beweislast.**[13] Bleibt der Gehilfe **beweisfällig** für seine ihn **begünstigende** Behauptung, so kann der Geschädigte bei ihm **in voller Höhe** Rückgriff nehmen.

---

[6] BGH Urt. v. 6.10.1970 – VI ZR 56/59, NJW 1971, 31; *Reuschle* Rn. 9; Giemulla/Schmid/*Giemulla* Rn. 4.

[7] *Koller*, 7. Aufl. 2010, Rn. 1.

[8] *Koller* Rn. 1; *Koller* TranspR 2005, 177 (179); etwas enger *Reuschle* Rn. 9; aA BGH Urt. v. 3.7.2008 – I ZR 218/05, TranspR 2008, 412 Rn. 32, allerdings noch zum WAbk, bei dem die Haftungsbegrenzungen – anders als beim Montrealer Übereinkommen – noch durchbrochen werden konnten, Art. 25 WAbk; aA auch MüKoHGB/*Ruhwedel* Rn. 16; *Ruhwedel* TranspR 2006, 421 (426); *Brinkmann* TranspR 2006, 146 (150).

[9] *Koller* Rn. 1; dieser Gesichtspunkt wird von *Ruhwedel* TranspR 2006, 421 (426) vernachlässigt.

[10] *Reuschle* Rn. 11; Giemulla/Schmid/*Giemulla* Rn. 5; aA *Guldimann* WAbk Art. 25 A Rn. 6.

[11] *Reuschle* Rn. 11; Giemulla/Schmid/*Giemulla* Rn. 5; *Müller-Rostin* TranspR 2015, 140 (146 f.); aA *Koller* Rn. 1 und 3; *Koller* TranspR 2015, 409 (420).

[12] Giemulla/Schmid/*Giemulla* Rn. 6.

[13] Cour de Cassation RFDA 1977, 279; *Reuschle* Rn. 10; Giemulla/Schmid/*Giemulla* Rn. 4; *Koller* Art. 25 Rn. 1; MüKoHGB/*Kronke* WAbk Art. 25 Rn. 8.

Art. 31 Fristgerechte Schadensanzeige

(1) **Nimmt der Empfänger aufgegebenes Reisegepäck oder Güter vorbehaltlos an, so begründet dies die widerlegbare Vermutung, dass sie unbeschädigt und entsprechend dem Beförderungsschein oder den anderen Aufzeichnungen im Sinne des Artikels 3 Absatz 2 und Artikels 4 Absatz 2 abgeliefert worden sind.**

(2) [1] **Im Fall einer Beschädigung muss der Empfänger unverzüglich nach Entdeckung des Schadens, bei aufgegebenem Reisegepäck jedenfalls binnen sieben und bei Gütern binnen vierzehn Tagen nach der Annahme, dem Luftfrachtführer Anzeige erstatten.** [2] **Im Fall einer Verspätung muss die Anzeige binnen einundzwanzig Tagen, nachdem das Reisegepäck oder die Güter dem Empfänger zur Verfügung gestellt worden sind, erfolgen.**

(3) **Jede Beanstandung muss schriftlich erklärt und innerhalb der dafür vorgesehenen Frist übergeben oder abgesandt werden.**

(4) **Wird die Anzeigefrist versäumt, so ist jede Klage gegen den Luftfrachtführer ausgeschlossen, es sei denn, dass dieser arglistig gehandelt hat.**

Schrifttum: S. Vor Art. 1 und bei Art. 18; ferner: *Ehlers,* Die Verfahrensregeln des Warschauer Abkommens, TranspR 1996, 183; *Giemulla/Schmid,* Ausgewählte internationale Rechtsprechung zum Warschauer Abkommen in den Jahren 1989 bis 1991, ZLW 1992, 123; *Koller,* Sind die Art. 31, 35 MÜ bei Multimodaltransporten zu beachten?, RdTW 2014, 341; *Koller,* Probleme der Reklamation und Verjährung beim Multimodaltransport mit Luftteilstrecke (Anm. zum Urt. LG Darmstadt v. 27.6.2014 – 14 O 292/13, TranspR 2014, 432), TranspR 2015, 98; *Müller-Rostin,* Die Haftung des Luftfrachtführers bei der Beförderung von Luftfracht, TranspR 1989, 121; *Naumann/Steppler,* Der „Property Irregularity Report" – eine fristgerechte Schadensanzeige nach Artikel 31 MÜ?, ZLW 2009, 232; *Vyvers,* Warum die Klage zum unzuständigen Gericht die Ausschlussfrist nach Art. 35 MÜ doch nicht hemmt (ebenfalls Anm. zum Urt. des LG Darmstadt v. 27.6.2014, TranspR 2014, 432), TranspR 2015, 233.

Parallelvorschriften: Art. 26 WAbk; Art. 30 CMR; Art. 43, 47 CIM; §§ 438, 611 HGB.

Übersicht

I. Allgemeines

1   **1. Keine Durchbrechung bei qualifiziertem Verschulden.** Der **Zweck des Art. 31** besteht darin, dem **Luftfrachtführer** innerhalb angemessener Zeit Klarheit darüber zu verschaffen, ob gegen ihn Ansprüche erhoben werden, damit er rechtzeitig **Beweise** sichern und sich auf etwaige **Schadensersatzansprüche** einstellen kann.[1] Die Vorschrift regelt **zwei verschiedene Bereiche:** Zum einen die Frage, wer die **Beweislast** für den Schadenseintritt im Obhutszeitraum des Luftfrachtführers trägt (Abs. 1), und zum anderen die **rechtsvernichtende Wirkung** von nicht frist- und formgerechten Schadensanzeigen (Abs. 4). Bei **Personenschäden** ist eine frist- und formgerechte Schadensanzeige grundsätzlich nicht erforderlich, da der **Luftfrachtführer** von solchen Schäden im Allgemeinen auch ohne Anzeige Kenntnis haben wird.[2] Die Frage, ob **Art. 31 Abs. 2** auch bei Vorliegen eines **Multimodaltransports** zur Anwendung kommt, ist in der Rspr. und im Schrifttum umstritten (→ Art. 18 Rn. 22).[3]

---

[1] *Reuschle* Rn. 1; Giemulla/Schmid/*Giemulla* Rn. 1; *Koller,* 7. Aufl. 2010, WAbk Art. 26 Rn. 1; MüKoHGB/*Ruhwedel* Rn. 5.

[2] *Reuschle* Rn. 1; Giemulla/Schmd/*Giemulla* Rn. 2.

[3] Sowie eingehend *Koller* RdTW 2014, 341 ff.

2. Entstehungsgeschichte. Die Vorschrift des **Art. 31 entspricht** inhaltlich im Wesentlichen den **2** Regelungen in **Art. 26 WAbk.** Der **Hinweis** auf die „anderen Aufzeichnungen im Sinne des Artikels 3 Absatz 2 und Artikels 4 Absatz 2" ist **neu** in die Vorschrift aufgenommen worden. In **Absatz 3** ist das Erfordernis, dass die **Beanstandung** auf den „**Beförderungsschein**" gesetzt werden muss (so noch Art. 26 Abs. 3 WAbk) mit Blick auf die Möglichkeit, dass **elektronische Fracht-dokumente** hergestellt werden können **(Art. 4 Abs. 2),** gestrichen worden.

II. Vorbehaltlose Annahme

1. Voraussetzungen. Die Anwendung des **Art. 31** erfordert eine **Annahme** des Gutes durch den **3** Empfänger. Es muss also zu einer **Ablieferung** gekommen sein. Solange diese nicht erfolgt ist, besteht für den **Empfänger** keine Obliegenheit zur Schadensanzeige.[4]

Eine **Annahme des Gutes** ist erfolgt, wenn der **Gewahrsam** mit **Billigung** des **Empfängers** von **4** der Frachtführer- auf die Empfängerseite übergegangen ist. Ausreichend ist der natürliche Wille der **empfangsberechtigten Person** zum Besitzerwerb. Der **Empfänger** kann den Zeitpunkt der Ablieferung des Gutes nicht einseitig dadurch **hinausschieben,** dass er die **Rechtsmacht** der empfangsberechtigten Person auf die **rein körperliche Übernahme beschränkt** und die Abgabe der **Billigungserklärung** mit Wirkung für ihn ausschließt.[5]

Die **Annahme** erfolgt **vorbehaltlos** (frz.: „sans protestation"), wenn der **Zustand** der Güter **nicht 5** in irgendeiner Form **beanstandet** wird. Der **Vorbehalt** kann bei **sofort erkennbaren Schäden** durch **ausdrückliche Schadensanzeige** sowie durch eine lediglich **vorläufige Feststellung** eines möglicherweise bestehenden, nicht aber ohne weiteres ersichtlichen Mangels erfolgen.[6] Wird ein **Vorbehalt** erklärt, obwohl keinerlei Anzeichen für einen Schaden vorliegen **(Erklärung „ins Blaue hinein"),** so ist die **Erklärung wirkungslos.**[7] Der **Vorbehalt** iSv Art. 31 Abs. 1 ist auch dann **formbedürftig,** wenn er sofort bei Ablieferung geäußert wird. Der **Vorbehalt** ist **schriftlich** zu erklären. Eine **Unterschrift (§ 126 BGB)** ist nicht erforderlich **(Telefax oder E-Mail genügen der Schriftlichkeit).**[8] Ein **Vorbehalt** nach **Art. 31 Abs. 1** muss inhaltlich noch nicht einer Schadensanzeige gem. Abs. 2 entsprechen. Eine nur **vorläufige Reklamation** eines anscheinend **vorhandenen Mangels** macht eine substantiierte Schadensanzeige daher **nicht entbehrlich,** sondern lässt nur die **Vermutung** des Abs. 1 entfallen.[9]

2. Rechtsfolgen. Die Vorschrift des **Art. 31 Abs. 1** enthält eine **Beweisregel.**[10] Unterlässt die **6** **empfangsberechtigte Person** bei Annahme der Güter einen Vorbehalt, hat dies noch nicht den Verlust von Ansprüchen zur Folge. Es **kehrt** sich aber die **Beweislast um.**[11] Der jeweilige **Anspruchsteller** muss nun **beweisen,** dass das entgegengenommene Gut bei seiner Ablieferung nicht in **gutem Zustand** war. Der **Vorbehalt** muss − ebenso wie die Schadensanzeige gem. Art. 31 Abs. 2 − **schriftlich** erklärt werden (→ Rn. 5). Das ergibt sich aus **Art. 31 Abs. 3,** in dem ganz allgemein von „**Beanstandungen**" die Rede ist.[12]

III. Schadensanzeige (Abs. 2)

1. Erforderlichkeit einer Anzeige. Nach **Art. 31 Abs. 2** ist eine Anzeige nur in den Fällen einer **7** **Beschädigung** (Art. 18) und der **verspäteten Anlieferung** des Gutes (Art. 19) erforderlich. Ist das Gut **zerstört** worden oder **verlorengegangen,** so ist eine **Schadensanzeige** nach Art. 31 Abs. 2 **entbehrlich.**[13] Sofern der **Empfangsberechtigte** nicht bereits bei der Annahme des Gutes einen der Schadensanzeige genügenden Vorbehalt erklärt hat, muss er zum **Erhalt seiner Ersatzansprüche** wegen **Beschädigung** oder **Verspätung** dem Luftfrachtführer innerhalb der in **Art. 31 Abs. 2** genannten Fristen Anzeige erstatten, und zwar in der gem. **Art. 31 Abs. 3** vorgeschriebenen **Form.** Eine **Schadensanzeige** durch den **Absender** genügt grundsätzlich nicht den Anforderungen des

---

[4] *Reuschle* Rn. 4.
[5] MüKoHGB/*Kronke* WAbk Art. 26 Rn. 2; *Guldimann* WAbk Art. 26 Rn. 5; *Reuschle* Art. 31 Rn. 6; Giemulla/Schmid/*Giemulla* Rn. 4.
[6] *Guldimann* WAbk Art. 26 Rn. 6.
[7] *Reuschle* Rn. 8; *Koller* CMR Art. 30 Rn. 4; *Guldimann* WAbk Art. 26 Rn. 6.
[8] OLG Celle Urt. v. 6.3.2003 − 11 U 141/02, TranspR 2003, 314 (315); *Reuschle* Rn. 7; *Koller* WAbk Art. 26 Rn. 2, 12.
[9] *Reuschle* Rn. 8.
[10] *Reuschle* Rn. 12; Giemulla/Schmid/*Giemulla* Rn. 3; MüKoHGB/*Kronke* WAbk Art. 26 Rn. 4.
[11] *Reuschle* Rn. 13; MüKoHGB/*Kronke* WAbk Art. 26 Rn. 4; *Geigel/Strauch,* Der Haftpflichtprozeß, 28. Aufl. 2020, Kap. 29 Rn. 191.
[12] Giemulla/Schmid/*Giemulla* Rn. 4; s. auch OLG Celle Urt. v. 6.3.2003 − 11 U 141/02, TranspR 2003, 314, 315; *Reuschle* Rn. 7.
[13] *Koller* Rn. 3; *Reuschle* Rn. 17; Giemulla/Schmid/*Giemulla* Rn. 23.

Art. 31 Abs. 2[14] Wird die **Anzeigefrist** iSd Art. 31 Abs. 2 **versäumt,** hat dies den **Anspruchs-verlust** zur Folge.[15]

8 **2. Ausnahmen von der Anzeigeobliegenheit.** Bei einer **Zerstörung** oder einem **Totalverlust** des Gutes bedarf es – wie dem eindeutigen Wortlaut des Art. 31 Abs. 2 zu entnehmen ist – **keiner Schadensanzeige.** Hiervon **abweichende Vereinbarungen** sind gem. **Art. 49 nichtig.**[16] **Fraglich** ist, was in den Fällen der **Teilzerstörung** und des **Teilverlustes** zu gelten hat. Besteht die Sendung aus **mehreren,** in einem Luftfrachtbrief zusammengefassten **Packstücken,** von denen lediglich einzelne verlorengegangen oder zerstört worden sind, bedarf es **keiner Schadensanzeige,** weil sich der Luftfrachtführer dann in einer ähnlichen Situation wie bei einem Verlust befindet.[17] Dagegen ist ein **Teilverlust** in der Regel als eine nach **Art. 31 Abs. 2** anzeigebedürftige Beschädigung anzusehen, wenn das beförderte Gut im **Luftfrachtbrief** nur als eine **Beförderungseinheit** ausgewiesen wurde.[18]

9 Die **Anzeigeobliegenheit** gem. Art. 31 Abs. 2 kann **zu Gunsten des Geschädigten** abbedungen werden. Dementsprechend können die in Art. 31 Abs. 2 genannten **Fristen vertraglich verlängert** werden.[19] Da die **Anzeigefristen** dem Interesse des Luftfrachtführers dienen, kann dieser auch auf eine Anzeige generell verzichten. Werden zwischen dem Geschädigten und dem Luftfrachtführer **Vergleichsverhandlungen** geführt, so kann darin nicht ohne weiteres ein **Verzicht** des Luftfracht-führers **auf** Erstattung einer **Schadensanzeige** gesehen werden.[20] Es kommt jedoch eine **Hemmung des Fristenlaufs** während der Vergleichsverhandlungen nach **§ 203 BGB** in Betracht, wenn deutsches Recht anwendbar ist **(Art. 3, 5 Rom I-VO).**[21] Denkbar ist auch, dass der **Luftfrachtführer** sein **Recht,** sich **auf** eine ordnungsgemäße **Schadensanzeige** zu berufen, **verwirkt** hat. Hieran sind jedoch **strenge Anforderungen** zu stellen. Es reicht nicht aus, dass sich der Luftfrachtführer erst im Verlaufe eines Rechtsstreits zu seiner Rechtsverteidigung darauf beruft, dass es an einer **frist- und formgerechten** Schadensanzeige fehlt.[22]

10 Die **Kenntnis des Luftfrachtführers** von der Beschädigung des Gutes oder der verspäteten Ablieferung lässt die Anzeigeobliegenheit des **Anspruchstellers** nicht ohne weiteres entfallen. Denn es ist **zu berücksichtigen,** dass gem. **Art. 31 Abs. 3** jede Beanstandung schriftlich erklärt werden muss. Schon aus diesem Grund kann eine bloße Kenntnis des Luftfrachtführers grundsätzlich nicht genügen.[23] Ausgehend von **Sinn und Zweck der Schadensanzeige,** den **Luftfrachtführer** über den Schaden zu informieren und ihn in die Lage zu versetzen, weitere Schadensfeststellungen zu treffen, ist ein **Schadensprotokoll des Luftfrachtführers** oder seines **Vertreters** allerdings einer Anzeige nach **Art. 31 Abs. 2** gleichzusetzen.[24] Auf die Kenntnis des **genauen Schadensumfangs** kommt es nicht an.[25]

11 Der **Luftfrachtführer** kann sich nicht auf die in **Art. 31 Abs. 2** genannten **Fristen** berufen, wenn ihm ein **arglistiges Verhalten** zur Last fällt. Das ist in **Art. 31 Abs. 4** ausdrücklich bestimmt. Ein derartiger Ausschluss kommt etwa in Betracht, wenn der Luftfrachtführer den **Anspruchsberechtig-ten** schuldhaft daran **gehindert** hat, den anzuzeigenden Sachverhalt festzustellen oder die Anzeige **fristgemäß** zu erstatten.[26]

12 Die in **Art. 13 Abs. 3** genannten Fälle stellen **keine Ausnahme** vom Anzeigeerfordernis nach Art. 31 Abs. 2 dar. In **Art. 13 Abs. 3** ist lediglich die Frage geregelt, ab welchem Zeitpunkt der Empfänger seine Rechte geltend machen kann.[27]

---

[14] KG Hinweisschreiben v. 28.2.2017 – 14 U 35/16, RdTW 2017, 476.

[15] *Geigel/Strauch,* Der Haftpflichtprozeß, 28. Auf. 2020, Kap. 29 Rn. 191 f.; *Reuschle* Rn. 14.

[16] BGH Urt. v. 22.4.1982 – I ZR 86/80, BGHZ 84, 101 (106) = NJW 1983, 516; Urt. v. 11.11.1982 – I ZR 178/80, VersR 1983, 336, jeweils zum WAbk; *Reuschle* Rn. 17.

[17] BGH Urt. v. 22.4.1982 – I ZR 86/80, BGHZ 84, 101 (106) = NJW 1983, 516; OLG Hamburg Urt. v. 18.2.1988 – 6 U 195/87, TranspR 1988, 201 (202 f.) = VersR 1988, 1158; *Koller* WAbk Art. 26 Rn. 7; *Reuschle* Rn. 19; MüKoHGB/*Kronke* WAbk Art. 18 Rn. 13; aA zum WAbk; Hoge Raad der Niederlanden ETR 1983, 581; Brüssel ETR 1991, 556; Genf RFDA 1985, 356; Athen RFDA 1992, 78.

[18] OLG Frankfurt a. M. Urt. v. 4.12.1979 – 5 U 149/78, ZLW 1980, 441 (444); OLG Köln Urt. v. 11.6.1982 – 20 U 121/81, ZLW 1983, 167; OLG Hamburg (wie → Rn. 13); *Reuschle* Rn. 19; ausf. Giemulla/Schmid/*Giemulla* Rn. 23 ff.

[19] *Koller* WAbk Art. 26 Rn. 8; *Reuschle* Rn. 20; Giemulla/Schmid/*Giemulla* Rn. 32.

[20] *Reuschle* Rn. 20; Giemulla/Schmid/*Giemulla* Rn. 33.

[21] *Reuschle* Rn. 20.

[22] OLG Düsseldorf Urt. v. 13.12.1990 – 18 U 120/90, TranspR 1991, 106 (108); *Reuschle* Rn. 21; Giemulla/Schmid/*Giemulla* Rn. 33.

[23] *Koller* WAbk Art. 26 Rn. 9; OLG Stuttgart Urt. v. 29.3.2006 – 3 U 272/05, NJW-RR 2007, 566; aA OLG München Urt. v. 16.3.2011 – 7 U 1807/09, TranspR 2011, 199; *Reuschle* Rn. 22.

[24] BGH Urt. v. 14.3.1985 – I ZR 183/82, TranspR 1986, 22 (23) = VersR 1985, 686; OLG Frankfurt a. M. Urt. v. 8.10.1996 – 5 U 18/96, TranspR 1997, 287 (288) = ZLW 1998, 245; *Koller* WAbk Art. 26 Rn. 9; *Reuschle* Rn. 22; Giemulla/Schmid/*Giemulla* Rn. 35; Hoge Raad der Niederlande, zit. bei Giemulla/Schmid ZLW 1993, 386 (398).

[25] *Reuschle* Rn. 22.

[26] OLG Frankfurt a. M. Urt. v. 3.6.1976 – 16 U 92/75, ZLW 1977, 152 (153); Giemulla/Schmid/*Giemulla* Rn. 30.

[27] Giemulla/Schmid/*Giemulla* Rn. 39.

3. Fristen. In **Art. 31 Abs. 2** werden Fristen für die Anzeige von **Beschädigungen** (Art. 18 **13** Abs. 1) und **Verspätungen** (Art. 19) aufgestellt. Danach muss die Schadensanzeige im Falle einer Beschädigung von Gütern grundsätzlich **unverzüglich,** also **ohne schuldhaftes Zögern (§ 121 Abs. 1 BGB), nach** der **Entdeckung** des Schadens, höchstens aber binnen **14 Tagen** (damit sind Kalender- und nicht Werktage gemeint, **Art. 52**) nach der Annahme des Gutes erfolgen. Die **Anzeigefrist** beginnt mit der **Annahme** des Gutes durch den Empfänger zu laufen. Ist der Schaden bei der Entgegennahme des Gutes ohne weiteres erkennbar, also **offenkundig,** muss der **Empfänger** grundsätzlich ohne schuldhaftes Zögern reagieren. Die Anzeigefrist von maximal 14 Tagen darf dann **nicht** voll **ausgeschöpft** werden.[28] Die **Umstände** des konkreten **Einzelfalls** können es jedoch rechtfertigen, dem Kläger das Ausschöpfen der vollen Frist zuzubilligen.[29] Die **Berechnung** der Anzeigefrist, also **Fristbeginn** und **Fristende,** erfolgt in entsprechender Anwendung des **Art. 35 Abs. 2** nach dem Recht des angerufenen Gerichts.[30] Kommt ergänzend deutsches Recht zur Anwendung **(Art. 3, 5 Rom I-VO),** ist insbesondere **§ 193 BGB** zu beachten. Eine **Verkürzung** der Anzeigefristen, gleichviel ob sie in den AGB des Luftfrachtführers statuiert oder individuell vereinbart worden ist, verstößt gegen **Art. 26** und ist daher **nichtig.**[31]

Fraglich ist, ob die Anzeigefristen bei **verdeckten Schäden,** also bei Schäden, die auf Grund der **14** **Beschaffenheit** des Gutes erst nach Ablauf der in **Art. 31 Abs. 2** normierten Fristen entdeckt werden können, erst ab **Kenntnis oder Erkennbarkeit** des Schadens zu laufen beginnen. Einer solchen **Annahme** steht jedoch der eindeutige **Wortlaut** des **Art. 31 Abs. 2** entgegen. Aus der Formulierung „…, **jedenfalls** …" ergibt sich, dass es nicht auf die Erkennbarkeit des Schadens ankommt. Vielmehr handelt es sich bei den **Anzeigefristen** um sogenannte **absolute Fristen.**[32] Bei **Verspätungen** muss der Empfänger den Schaden **spätestens 21 Tage,** nachdem ihm das Gut „**zur Verfügung gestellt wurde",** anzeigen. **Maßgeblich** ist in diesem Zusammenhang **Art. 13 Abs. 2.** Das bedeutet, dass die Frist bei einem fehlgeschlagenen Ablieferungsversuch mit dem **Annahmeverzug des Empfängers** zu laufen beginnt.[33]

Zur **Fristwahrung** genügt es gem. **Art. 31 Abs. 3,** die Schadensanzeige innerhalb der in Art. 31 **15** Abs. 2 genannten **Fristen** abzusenden. Auf den **Zeitpunkt** des **Zugangs** beim **Empfänger** der Schadensanzeige kommt es nicht an. Daraus folgt zugleich, dass das **Risiko** eines **Verlustes** der Anzeige **nicht vom Anzeigeerstatter,** sondern vom **Empfänger** der Anzeige **zu tragen** ist.[34]

IV. Form und Inhalt der Schadensanzeige

1. Form der Anzeige. Die **Schadensanzeige** muss innerhalb der in **Art. 31 Abs. 2 MÜ** vor- **16** geschriebenen **Fristen schriftlich,** nicht notwendig **unterschrieben** erfolgen.[35] Geschieht dies nicht, ist jegliche Klage gegen das Luftfahrtunternehmen **unzulässig.**[36]Die Übersendung der Schadensanzeige per **Telefax** genügt dem Schriftformerfordernis des **Art. 31 Abs. 3.**[37] Die **Schadensanzeige** kann auch per **E-Mail** übermittelt werden. Denn es reicht für das Schriftformerfordernis aus, dass sich der Luftfrachtführer den **Text ausdrucken** lassen kann.[38] Eine im **Informationssystem** des Luftfrachtführers registrierte Beanstandung genügt ebenfalls dem Schriftformerfordernis des **Art. 31 Abs. 3 MÜ.**[39] Die Regelungen in **Art. 31 Abs. 2 und 3 MÜ** sind dahin auszulegen, dass sie es nicht verbieten, das Schriftformerfordernis als erfüllt anzusehen, wenn ein Vertreter des Luftfrachtführers die **Schadensanzeige** mit Wissen des Flugreisenden **schriftlich** entweder auf Papier oder elektronisch in das System des Luftfrachtführers aufnimmt, sofern der Flugreisende die Möglichkeit hat, die Richtigkeit des Anzeigentextes, wie er **schriftlich** festgehalten und in das Informationssystem eingegeben wurde, vor Ablauf der in **Art. 31 Abs. 2 MÜ** vorgesehenen Frist zu überprüfen und gegebenenfalls zu ändern, zu vervollständigen oder zu ersetzen.[40]

2. Inhalt der Anzeige. Die **Schadensanzeige** muss grundsätzlich den **Schadenssachverhalt** **17** **konkret** mitteilen und erkennen lassen, gegen wen Ansprüche geltend gemacht werden. Die Beschrei-

---

[28] OLG Stuttgart Urt. v. 29.3.2006 – 3 U 272/05, ZLW 2007, 503 (507); *Koller* WAbk Art. 26 Rn. 10.

[29] OLG Stuttgart Urt. v. 29.3.2006 – 3 U 272/05, ZLW 2007, 503 (507).

[30] *Reuschle* Rn. 29; *Koller* WAbk Art. 26 Rn. 10; MüKoHGB/*Ruhwedel* Rn. 20 f.

[31] OLG Frankfurt a. M. Urt. v. 10.5.1977 – 5 U 154/76, ZLW 1977, 230 (233); *Reuschle* Rn. 29.

[32] *Reuschle* Rn. 30; MüKoHGB/*Ruhwedel* Rn. 22.

[33] *Reuschle* Rn. 32; *Koller* WAbk Art. 26 Rn. 11.

[34] Giemulla/Schmid/*Giemulla* Rn. 17; *Guldimann* WAbk Art. 26 Rn. 18.

[35] OLG Celle Urt. v. 6.3.2003 – 11 U 141/02, TranspR 2003, 314 (315); *Reuschle* Rn. 23; *Koller* WAbk Art. 26 Rn. 12.

[36] EuGH Urt. v. 12.4.2018 – C 258/16, TranspR 2018, 456 Rn. 31.

[37] OLG Frankfurt a. M. Urt. v. 12.7.1993 – 5 U 159/93, OLGR Frankfurt 1993, 316 (317) = RIW 1994, 68 (69); OLG München Urt. v. 10.8.1994 – 7 U 7322/93, NJW-RR 1995, 672 f. = TranspR 1995, 118; *Reuschle* Rn. 23; *Koller* WAbk Art. 26 Rn. 12.

[38] *Reuschle* Rn. 23; *Koller* WAbk Art. 26 Rn. 12.

[39] EuGH Urt. v. 12.4.2018 – C 258/16, TranspR 2018, 456 Rn. 37.

[40] EuGH Urt. v. 12.4.2018 – C 258/16, TranspR 2018, 456 Rn. 47.

bung der Beschädigung muss dabei nicht ins Detail gehen; es genügt, dass die Schäden aus der Sicht des **Empfängers** der Anzeige **hinreichend erkennbar** sind.[41] Die **pauschale Reklamation** einer Beschädigung genügt nicht den Anforderungen, die an eine ordnungsgemäße Schadensanzeige zu stellen sind. Wird lediglich die **Beschädigung der Verpackung** gerügt, so kann darin auch eine Anzeige von Beschädigungen des Inhalts der Verpackung zu sehen sein, wenn sich aus der Anzeige mit **hinreichender Deutlichkeit** ergibt, dass ein Schaden entstanden sein konnte.[42]

18   Von der **Schadensanzeige** werden nur die **mitgeteilten Schäden** erfasst. Dementsprechend können weitere selbständige Schäden oder Verspätungen **nach Ablauf** der Anzeigefristen nicht mehr **nachgeschoben** werden.[43]

19   **3. Anzeigeberechtigung.** Nach **Art. 31 Abs. 2** obliegt es grundsätzlich dem **Empfänger,** eine Beschädigung oder Verspätung anzuzeigen. Ebenso ist der **Rechtsnachfolger des Empfängers** zur Schadensanzeige berechtigt. Eine **Schadensanzeige** durch den **Absender** genügt grundsätzlich nicht den Anforderungen des **Art. 31 Abs. 2.**[44] Es **genügt** aber auch, wenn für den Empfänger des Gutes ein von diesem beauftragter Dritter handelt, oder wenn der **Luftfrachtführer** in Gegenwart des Empfängers **selbst** den **Schaden aufnimmt,** oder wenn ein von einem Dritten für den Empfänger gefertigtes **Schadensprotokoll** an den Luftfrachtführer weitergeleitet wird.[45] Wird das Gut an den **Absender zurückgeleitet,** so befindet sich dieser in der **Rolle** des Empfängers.[46]

20   **4. Adressat der Anzeige.** Die **Schadensanzeige** ist in erster Linie an denjenigen **Luftfrachtführer** zu senden, mit dem der Absender den Beförderungsvertrag geschlossen hat, aus dem der Geschädigte Ansprüche nach **Art. 18 oder Art. 19** herleitet.[47] Wird die Schadensanzeige bereits bei **Ablieferung** des Gutes in Form eines **Vorbehalts** erstattet, so sind die von dem Luftfrachtführer mit der Ablieferung des Gutes beauftragten Personen als **Entgegennahme** der Anzeige **bevollmächtigt** anzusehen.[48] Die Anzeige kann auch fristwahrend gegenüber einer von einem dem Luftfrachtführer empfangsbevollmächtigten Person erstattet werden. Die Bevollmächtigung kann sich auch aus einer **Anscheins- oder Duldungsvollmacht** ergeben.[49]

21   In **Art. 42 S. 1** ist nunmehr ausdrücklich **klargestellt,** dass auch der **ausführende Luftfrachtführer** neben dem vertraglichen Luftfrachtführer richtiger Adressat einer Schadensanzeige ist. Der **Unterfrachtführer,** der kein ausführender Luftfrachtführer im Sinne des **Montrealer Übereinkommens** ist, dürfte zwar häufig als **Erfüllungsgehilfe** des vertraglichen Luftfrachtführers anzusehen sein. Daraus folgt jedoch nicht ohne weiteres, dass er auch zur **Entgegennahme** von **Schadensanzeigen** bevollmächtigt ist. Hierfür ist eine ausdrückliche oder konkludente Ermächtigung seitens des **vertraglichen Luftfrachtführers** erforderlich.[50]

22   Die **Schadensanzeige** kann auch **wirksam** gegenüber jedem von mehreren **aufeinanderfolgenden** Luftfrachtführern **(Art. 1 Abs. 3)** erfolgen, weil eine solche Art der Beförderung als eine einzige Beförderung gilt, wenn sie von den Parteien als **einheitliche Leistung** vereinbart worden ist **(Art. 36).** Im Übrigen ist es dem Empfänger mit Blick auf die relativ knapp bemessenen Anzeigefristen auch **nicht zuzumuten,** vor Erstattung der Anzeige unter **Termindruck** den **tatsächlichen Schädiger** zu ermitteln.[51]

V. Rechtsfolgen

23   **1. Ordnungsgemäße Anzeige.** Eine **frist- und formgerechte** Schadensanzeige führt zum **Erhalt** der Ansprüche wegen derjenigen Beschädigungen und Verspätungen, die in der **Anzeige bezeichnet** worden sind.

---

[41] BGH Urt. v. 9.6.2004 – I ZR 266/00, NJW-RR 2004, 1482 = TranspR 2004, 369 (371); OLG Nürnberg Urt. v. 9.4.1992 – 12 U 3644/91, TranspR 1992, 276 (278); OLG München Urt. v. 10.8.1994 – 7 U 7322/93, NJW-RR 1995, 672 f. = TranspR 1995, 218; *Reuschle* Rn. 24; *Koller* WAbk Art. 26 Rn. 12.

[42] BGH Urt. v. 9.6.2004 – I ZR 266/00, NJW-RR 2004, 1482 = TranspR 2004, 369 (371); *Koller* WAbk Art. 26 Rn. 12; aA wohl *Reuschle* Rn. 26.

[43] *Reuschle* Rn. 26; *Koller* WAbk Art. 26 Rn. 12; *Giemulla/Schmid* ZLW 1992, 123 (124).

[44] OLG Düsseldorf Urt. v. 13.12.1990 – 18 U 120/90, TranspR 1991, 106 (107) = VersR 1991, 603; KG Hinweisschreiben v. 28.2.2017 – 14 U 35/16, RdTW 2017, 476; *Koller* WAbk Art. 26 Rn. 13; *Reuschle* Rn. 33; *Schmid/Müller-Rostin* ZLW 2004, 395 (410).

[45] BGH Urt. v. 14.3.1985 – I ZR 183/82, TranspR 1986, 22 (23) = VersR 1985, 686; OLG München Urt. v. 30.12.1994 – 7 U 7322/93, TranspR 1995, 300 f.; *Reuschle* Rn. 33; *Pokrant/Gran,* Transport- und Logistikrecht, 11. Aufl. 2016, Rn. 680 ff.

[46] *Koller* WAbk Art. 26 Rn. 13.

[47] *Reuschle* Rn. 34; Giemulla/Schmid/*Giemulla* Rn. 8; *Koller* WAbk Art. 26 Rn. 14.

[48] U.S. District Court (E.D.N.Y.), AL 1994, 194; U.S. District Court (E.D.N.Y.), 24 Avi 17, 541 (zit. nach *Koller* WAbk Art. 26 Fn. 65); *Koller* WAbk Art. 26 Rn. 14.

[49] *Reuschle* Rn. 34.

[50] OLG Frankfurt a. M. Urt. v. 10.5.1977 – 5 U 154/76, ZLW 1977, 230 (233 f.); Giemulla/Schmid/*Giemulla* Rn. 10; *Reuschle* Rn. 36; MüKoHGB/*Kronke* WAbk Art. 26 Rn. 10.

[51] MüKoHGB/*Kronke* WAbk Art. 26 Rn. 10.

2. Verspätete oder formwidrige Anzeige. Eine **verfristete oder formwidrige Schadens-** 24 **anzeige** hat gem. **Art. 31 Abs. 4** grundsätzlich den **Verlust** der Ansprüche zur Folge, da diese **materiellrechtlich** erlöschen.[52] Auf ein **Verschulden des Anspruchstellers** kommt es nicht an.[53] Bei **Art. 31 Abs. 4** handelt es sich um eine **vom Gericht** auch ohne Geltendmachung seitens des Beklagten **zu berücksichtigende materiellrechtliche Einwendung,** also um einen „**von Amts wegen**" zu beachtenden Umstand.[54] Hat der Luftfrachtführer seine **Ersatzpflicht** nach Ablauf der Anzeigefrist **anerkannt,** so ist es ihm **verwehrt,** sich auf **Art. 31 Abs. 4** zu berufen.[55] Gleiches gilt nach **Art. 31 Abs. 4,** wenn der Luftfrachtführer **arglistig** gehandelt hat. Das ist insbesondere dann anzunehmen, wenn der Luftfrachtführer den Empfänger **schuldhaft** daran **gehindert** hat, **frist-gerecht** Anzeige zu **erstatten.**[56]

VI. Beweisfragen

Ist die **Schadensanzeige** nicht bereits bei **Annahme** des Gutes in Form eines **Vorbehalts** erfolgt, 25 so muss der **Geschädigte beweisen,** dass das Gut während des Obhutszeitraums des Luftfrachtführers zu Schaden gekommen ist.[57] Ferner hat der **Geschädigte** die rechtzeitige **Absendung** der Schadens-anzeige zu beweisen. Ebenso muss der Geschädigte beweisen, dass der **Adressat** der Schadensanzeige zu deren Entgegennahme **bevollmächtigt** war.[58]

Der **Luftfrachtführer** muss, wenn es um den Ersatz von **Verspätungsschäden** geht, beweisen, dass 26 ein ordnungsgemäßer **Ablieferungsversuch** stattgefunden hat, der **fehlgeschlagen** ist, und dass sich der **Empfänger** seit diesem Zeitpunkt in **Annahmeverzug** befunden hat.[59]

Art. 32 Tod des Schadensersatzpflichtigen

Stirbt die zum Schadensersatz verpflichtete Person, so kann der Anspruch auf Schadens-ersatz nach diesem Übereinkommen gegen ihre Rechtsnachfolger geltend gemacht werden.

Schrifttum: S. Vor Art. 1.

Parallelvorschrift: Art. 27 WAbk.

I. Allgemeines

Die Vorschrift des **Art. 32 entspricht** im Wesentlichen **Art. 27 WAbk.** Die Bestimmung „stellt 1 klar, dass die Ansprüche nach dem Übereinkommen im Falle des Todes des Verpflichteten gegen seine **Rechtsnachfolger** geltend gemacht werden können" **(BT-Drs. 15/2285, 49).** Nach **deutschem** Recht hätte es dieser Regelung nicht bedurft, weil der Erbe gem. **§§ 1922 Abs. 1, 1967 BGB** für die **Verbindlichkeiten des Erblassers** haftet. **Haftungsbeschränkungen zu Gunsten** des Erben **(etwa gem. § 1975 BGB)** sind auch im Rahmen von Art. 32 zu beachten.[1]

II. Anwendungsbereich

Die **Vorschrift** erstreckt sich auf alle **Ersatzansprüche** aus **Art. 17–19** gegen den **ersatzpflichti-** 2 **gen** Luftfrachtführer. Persönlich oder sachlich außerhalb des **Regelungsbereichs** des Übereinkommens begründete Ansprüche bleiben von **Art. 32** unberührt.

Fraglich ist, ob **Art. 32** auch auf den **Rechtsnachfolger juristischer Personen** anzuwenden ist. 3 Das ist trotz des **Wortlauts** der Bestimmung, der lediglich natürliche Personen im Blick hat, aus **Praktikabilitätsgründen** zu bejahen.[2]

---

[52] BGH Urt. v. 22.4.1982 – I ZR 86/80, NJW 1983, 516 (517); Urt. v. 14.3.1985 – I ZR 183/82, TranspR 1986, 22 (23) = VersR 1985, 686.

[53] *Reuschle* Rn. 39.

[54] Giemulla/Schmid/*Giemulla* Rn. 40; *Koller* WAbk Art. 26 Rn. 16; nach MüKoHGB/*Kronke* WAbk Art. 26 Rn. 10 soll es auf das Vertragsstatut ankommen; ebenso *Reuschle* Rn. 39.

[55] *Koller* WAbk Art. 26 Rn. 16.

[56] OLG Stuttgart Urt. v. 29.3.2006 – 3 U 272/05, ZLW 2007, 503 (507 f.); *Koller* WAbk Art. 26 Rn. 16.

[57] *Koller* WAbk Art. 26 Rn. 15.

[58] *Reuschle* Rn. 31; *Koller* WAbk Art. 26 Rn. 10.

[59] *Koller* WAbk Art. 26 Rn. 11.

[1] *Reuschle* Rn. 1; *Guldimann* WAbk Art. 27 Rn. 3.

[2] *Reuschle* Rn. 4; MüKoHGB/*Kronke* WAbk Art. 27 Rn. 2; *Guldimann* WAbk Art. 27 Rn. 3; s. auch Giemulla/Schmid/*Giemulla* Rn. 4.

Art. 33 Gerichtsstand

(1) **Die Klage auf Schadensersatz muss im Hoheitsgebiet eines der Vertragsstaaten erhoben werden, und zwar nach Wahl des Klägers entweder bei dem Gericht des Ortes, an dem sich der Wohnsitz des Luftfrachtführers, seine Hauptniederlassung oder seine Geschäftsstelle befindet, durch die der Vertrag geschlossen worden ist, oder bei dem Gericht des Bestimmungsorts.**

(2) **Die Klage auf Ersatz des Schadens, der durch Tod oder Körperverletzung eines Reisenden entstanden ist, kann bei einem der in Absatz 1 genannten Gerichte oder im Hoheitsgebiet eines Vertragsstaats erhoben werden, in dem der Reisende im Zeitpunkt des Unfalls seinen ständigen Wohnsitz hatte und in das oder aus dem der Luftfrachtführer Reisende im Luftverkehr gewerbsmäßig befördert, und zwar entweder mit seinen eigenen Luftfahrzeugen oder aufgrund einer geschäftlichen Vereinbarung mit Luftfahrzeugen eines anderen Luftfrachtführers, und in dem der Luftfrachtführer sein Gewerbe von Geschäftsräumen aus betreibt, deren Mieter oder Eigentümer er selbst oder ein anderer Luftfrachtführer ist, mit dem er eine geschäftliche Vereinbarung geschlossen hat.**

(3) **Im Sinne des Absatzes 2 bedeutet**

a) **„geschäftliche Vereinbarung" einen Vertrag zwischen Luftfrachtführern über die Erbringung gemeinsamer Beförderungsdienstleistungen für Reisende im Luftverkehr mit Ausnahme eines Handelsvertretervertrags[1],**

b) **„ständiger Wohnsitz" den Hauptwohnsitz und gewöhnlichen Aufenthalt des Reisenden im Zeitpunkt des Unfalls. Die Staatsangehörigkeit des Reisenden ist in dieser Hinsicht nicht entscheidend.**

(4) **Das Verfahren richtet sich nach dem Recht des angerufenen Gerichts.**

Schrifttum: S. Vor Art. 1; ferner: *Ehlers,* Die Verfahrensregeln des Warschauer Abkommens, TranspR 1996, 183; *Koller,* Die örtliche Zuständigkeit bei internationalen Gütertransporten mit Luftfahrzeugen, TranspR 2003, 285; *Kronke,* Zur internationalen und örtlichen Zuständigkeit deutscher Gerichte für Haftungsansprüche aus dem grenzüberschreitenden Luftfrachtgeschäft sowie zur Haftung des Luftfrachtführers bei nicht feststellbarem Schadensort, IPrax 1993, 109; *Nagel,* Internationale Zuständigkeit bei Beteiligung ausländischer Fluggesellschaften, IPrax 1984, 13; *Ramming,* Gerichtsstand am Umschlagort zwischen Teilstrecken, VersR 2005, 607; *Reifarth,* Zur Anwendbarkeit des Art. 28 des Warschauer Abkommens auf die „Leute" des Luftfrachtführers, IPrax 1983, 107; *Schiller,* Gerichtsstand der Geschäftsstelle nach Art. 28 WA, ZLW 1984, 259; *Wegner,* Der Gerichtsstand der „Geschäftsstelle" nach Art. 28 Abs. 1 des Warschauer Abkommens, VersR 1982, 423; *Wenzler,* Art. 28 Abs. 1 Warschauer Abkommen in der Rechtsprechung US-amerikanischer Gerichte, TranspR 1990, 414.

Parallelvorschriften: Art. 28 WAbk; Art. 31 CMR.

I. Allgemeines

1   **1. Normzweck.** Die Vorschrift des **Art. 33** regelt in ihrem **Abs. 1** die **internationale Zuständigkeit** und in ihrem **Abs. 4,** welches **Verfahrensrecht** zur Anwendung kommt. Die internationale Zuständigkeit ist zu unterscheiden von der völkerrechtlich-begrenzten **Gerichtsbarkeit.**[2] Die Vorschrift sorgt für **Rechtssicherheit,** weil sie den Parteien hilft, sich Klarheit darüber zu verschaffen, **wo** sie **klagen** oder **verklagt** werden können. Darüber hinaus garantiert sie dem **Geschädigten** eine Auswahl verschiedener **Gerichtsstände,** wodurch zumindest in gewissem Umfang die Haftungsbegrenzungen kompensiert werden. Nach **Art. 33 Abs. 1** hat der Kläger die **Wahl zwischen vier Gerichtsständen.** Die Gerichtsstände stehen dem **Kläger alternativ** zur Verfügung. Der geltend gemachte **Schadensersatzanspruch** kann aber nicht geteilt und bei unterschiedlichen Gerichten verfolgt werden.[3]

2   **2. Entstehungsgeschichte.** Die Regelungen in **Art. 33 Abs. 1 und 4** entsprechen weitgehend dem **Art. 28 WAbk.** Der Begriff **„Hauptbetriebsleitung"** in Art. 28 Abs. 1 WAbk ist lediglich durch den Begriff **„Hauptniederlassung"** in Art. 33 Abs. 1 **ersetzt** worden.

II. Regelungsbereich des Abs. 1

3   Der **Anwendungsbereich** des **Art. 33 Abs. 1** erstreckt sich – wie sich insbesondere aus der Stellung der Vorschrift im Kapitel III ergibt – nur auf **Klagen** aus **Art. 17–19.**[4] Andere Klagen – beispielsweise aus **Art. 10, 12 Abs. 3 oder 16** – fallen nicht in den Geltungsbereich des Art. 33

---

[1] **Amtl. Anm.:** Für die Schweiz: Agenturvertrags.

[2] S. zu Einzelheiten *Geimer,* Internationales Zivilprozessrecht, 7. Aufl. 2015, Rn. 371 ff.; *Schack,* Internationales Zivilverfahrensrecht, 7. Aufl. 2017, Rn. 215 ff.; MüKoHGB/*Kronke* WAbk Art. 28 Rn. 1.

[3] *Guldimann* WAbk Art. 28 Rn. 12.

[4] *Reuschle* Montrealer Übereinkommen, 2. Aufl. (2011), Art. 33 Rn. 11; *Koller* Transportrecht, 7. Aufl. 2010, WAbk Art. 28 Rn. 1; MüKoHGB/*Ruhwedel* MÜ Art. 33 Rn. 6; *Guldimann* Art. 28 Rn. 2; *Ramming* VersR 2005, 607 (698).

Abs. 1.[5] **Umstritten** ist die Anwendbarkeit des **Art. 33 Abs. 1** bei **direkten Klagen** gegen die **Leute** des Frachtführers (aus Art. 30 Abs. 1). Nach zutreffender Auffassung ist dies zu verneinen. Die **Gerichtsstandsregeln** des **Art. 33 Abs. 1** greifen nur bei **Ersatzklagen** gegen den **Luftfracht-führer** ein. Haftungsklagen auch gegen dessen „**Leute**" den abkommensmäßigen Gerichtsständen zu unterstellen, **verbietet sich** angesichts des sachlichen Zusammenhangs des **Art. 31 Abs. 1** mit den Haftungsregeln der **Art. 17 ff.**, die ausschließlich auf den Luftfrachtführer, nicht aber auf die **Ersatz-pflicht seiner „Leute"** zugeschnitten sind.[6]

Der Vorschrift des **Art. 33 Abs. 1** kommt **Ausschlusscharakter** zu: Der **Geschädigte**, der den   4
Luftfrachtführer nach **Art. 17–19** auf Schadensersatz in Anspruch nimmt, muss seine Klage bei einem Gericht erheben, das sich an einem der in **Art. 33 Abs. 1** genannten Orte befindet. Die Vorschrift des **Art. 33 Abs. 1** regelt sowohl die **internationale** als auch die (nationale) **örtliche** Zuständigkeit für eine Klage gegen den Luftfrachtführer.[7] (Einzelheiten dazu nachfolgend bei Rn. 6). Im **Luftfracht-vertrag** vereinbarte, von **Art. 33 Abs. 1 abweichende** Zuständigkeitsregelungen sind gem. **Art. 49 nichtig.**[8] Nach **Schadenseintritt** können die Parteien allerdings einen **anderen Gerichtsstand** wirksam vereinbaren.[9]

III. Verhältnis zu weiteren Regelungen der internationalen Zuständigkeit

Die **Gerichtsstandregelungen** gem. **Art. 33 Abs. 1** gehen den in der **EuGVVO**[10] geregelten   5
Gerichtsständen (**Art. 2 ff. EuGVVO**) vor, wie sich aus **Art. 71 Abs. 1 EuGVVO** ergibt, in dem bestimmt ist, dass die Verordnung Übereinkommen unberührt lässt, denen die Mitgliedstaaten angehö-ren und die für besondere Rechtsgebiete die **gerichtliche Zuständigkeit,** die Anerkennung oder die Vollstreckung von Entscheidungen regeln.[11] Die **Zuständigkeitsregelungen** der **EuGVVO** kön-nen aber dann zur Anwendung kommen, wenn es um Fragen geht, die in **Art. 33** nicht geregelt sind. Denn **Art. 33** befasst sich lediglich mit der **internationalen** und der **örtlichen Entscheidungs-zuständigkeit** (→ Rn. 6).

Die Vorschrift des **Art. 33 Abs. 1** regelt nicht nur die **internationale Zuständigkeit,** sondern   6
auch die **örtliche Zuständigkeit** für eine Klage gegen den Luftfrachtführer.[12] Wohnsitz, Haupt-niederlassung und Geschäftsstelle, durch die der Vertrag zustande gekommen ist, lassen sich ebenso wie der Bestimmungsort einer Sendung leicht konkretisieren. Der Vorschrift des **Art. 33 Abs. 1** zufolge soll ein Gericht an einem dieser Orte angerufen werden können. Es heißt in **Art. 33 Abs. 1** gerade nicht, dass die Gerichte eines Staates anzurufen sind, in dem sich die vorgenannten Gerichtsstände befinden, dass sich das **örtlich zuständige Gericht** dann aber nach nationalem Recht bestimmt. In **Art. 33 Abs. 4** ist auch nur die Rede davon, dass sich das **Verfahren** nach dem Recht des angerufe-nen Gerichts richtet. Wäre eine (weitere) Bestimmung der **örtlichen** Zuständigkeit erforderlich gewesen, hätte es nahegelegen, dies in **Art. 33 Abs. 4** zusätzlich zu erwähnen.[13] Das ist indes gerade nicht geschehen. Die Regelungen zur örtlichen Zuständigkeit (beispielsweise **§§ 12, 13 ZPO**) werden durch **Art. 33 Abs. 1** verdrängt.[14] Bestätigt wird dieses Verständnis von **Art. 33 Abs. 1** durch die Begründung zum Gesetzentwurf zur Harmonisierung des Haftungsrechts im Luftverkehr: dort heißt es zu **§ 56 Abs. 3 LuftVG**, dass **Art. 28 WAbk (jetzt Art. 33 Abs. 1)** sowohl die **internationale** als auch die **örtliche** Zuständigkeit regelt.[15] An der in der 3. Aufl. 2015 noch vertretenen gegenteiligen Auffassung wird nicht mehr festgehalten.

[5] BayObLG Beschl. v. 30.3.2001 – 4 Z AR 32/01, NJW-RR 2001, 1325 f.; *Reuschle* Rn. 12; *Koller* WAbk Art. 28 Rn. 1; MüKoHGB/*Ruhwedel* Rn. 7 f.; *Guldimann* WAbk Art. 28 Rn. 2; aA mit ausf. Begründung Giemulla/ Schmid/*Dettling-Ott* Rn. 13 ff.

[6] BGH Urt. v. 6.10.1981 – VI ZR 112/80, NJW 1982, 524 (525 f.) = VersR 1982, 44; *Koller* WAbk Art. 28 Rn. 1; MüKoHGB/*Ruhwedel* Rn. 8; *Ruhwedel* Der Luftbeförderungsvertrag Rn. 6612; aA *Reuschle* Rn. 11; krit. auch *Schoner* RIW 1982, 598.

[7] LG Ulm Beschl. v. 14.1.2012 – 10 O 163/09, ZLW 2012, 662; *Vyvers* TranspR 2015, 233, 235; aA wohl *Koller* TranspR 2015, 98 (99).

[8] ÖOGH Wien Beschl. v. 19.1.2011 – 7 Ob 147/10h, TranspR 2011, 264; s. auch BGH Urt. v. 22.10.2009 – I ZR 88/07, TranspR 2009, 479 Rn. 13 f.

[9] Giemulla/Schmid/*Dettling-Ott* Rn. 12; *Koller* WAbk Art. 28 Rn. 1; MüKoHGB/*Ruhwedel* Rn. 15.

[10] Verordnung (EG) Nr. 44/2001 des Rates über die gerichtliche Zuständigkeit und die Anerkennung und Vollstreckung von Entscheidungen in Zivil- und Handelssachen v. 22.12.2000 (= ABl. 2000 L 12/01, 1), zuletzt geändert durch VO Nr. 1791/2006 v. 20.11.2006 (= ABl. 2006 L 363/06, 1).

[11] BGH Urt. v. 27.2.2003 – I ZR 58/02, NJW-RR 2003, 1347 = TranspR 2003, 302 f. (zu Art. 31 CMR); *Reuschle* Rn. 4; *Koller* WAbk Art. 28 Rn. 1; MüKoHGB/*Ruhwedel* Rn. 10.

[12] LG Ulm Beschl. v. 14.1.2010 – 10 O 163/09 KfH, ZLW 2012, 662; *Reuschle* Rn. 8; Giemulla/Schmid/*Dettling-Ott* Rn. 24; *Vyvers* TranspR 2015, 233 (235); *Wenzler* TranspR 1990, 414 (417); aA *Koller* WAbk Art. 28 Rn. 1; *Koller* TranspR 2015, 98 (99); *Ehlers* TranspR 1996, 183 (186); *Ramming* VersR 2005, 607 (609).

[13] So mit Recht *Vyvers* TranspR 2015, 233 (235).

[14] *Reuschle* Rn. 7 f.; *Vyvers* TranspR 2015, 233 (235).

[15] Vgl. BT-Drs. 15/2359, 35; OLG Hamm Urt. v. 24.10.2002 – 18 U 104/01, TranspR 2003, 201 (202); *Reuschle* Rn. 8.

7   Die **Gerichtsstände** des **Art. 33 Abs. 1** sind **ausschließlich**. **Abweichende Vereinbarungen** zwischen den Parteien des Luftbeförderungsvertrages vor Eintritt des Schadens sind nach **Art. 49** nichtig.[16] **Nach Schadenseintritt** ist eine **Gerichtsstandsvereinbarung** indes zulässig. Bei der Beförderung von Gütern ist nach **Art. 34** auch vor Schadenseintritt eine **Vereinbarung zulässig**, dass Streitigkeiten über die Haftung des Luftfrachtführers nach dem **Montrealer Übereinkommen** in einem **Schiedsverfahren** beigelegt werden. Eine **derartige Vereinbarung** bedarf aber der **Schrift-form (Art. 34 Abs. 1 S. 2)**. Hat sich der Luftfrachtführer **rügelos** zur Sache eingelassen, so wirkt auch dies **zuständigkeitsbegründend**.[17]

IV. Die Gerichtsstände des Abs. 1

8   **1. Wohnsitz des Luftfrachtführers.** Die **Frage,** wo eine **natürliche Person** ihren **Wohnsitz** hat, beurteilt sich mangels Regelung im Übereinkommen nach dem **ergänzend anwendbaren nationa-len Recht** des angerufenen Gerichts.[18] Handelt es sich bei dem beklagten Luftfrachtführer um eine **juristische Person**, so ist – jedenfalls in Deutschland – der in der **Satzung** genannte Sitz maßgeblich (s. etwa **§ 4 AktG, § 4a GmbHG = Satzungssitz**).[19] Für **Frankreich** ist davon auszugehen, dass der Wohnsitz und die Hauptbetriebsleitung **denselben Ort** bezeichnen (**Art. 102 ff. des französischen Code Civil**). In den **USA** ist bei **juristischen Personen** dem Wohnsitz des Luftfrachtführers der Ort der „**incorporation**" gleichzusetzen.[20]

9   **2. Hauptniederlassung des Luftfrachtführers.** Die **Hauptniederlassung** bezeichnet den Ort, an dem sich die **tatsächliche Leitung** der Geschäfte konzentriert.[21] Dies entspricht **§ 17 Abs. 1 S. 2 ZPO**, in dem bestimmt ist, dass derjenige Ort, an dem die **Verwaltung** geführt wird, als **Sitz** gilt, sofern sich nichts anderes ergibt.

10   **3. Vertragsschließende Geschäftsstelle.** Im **Montrealer Übereinkommen** ist nicht geregelt, welche Voraussetzungen für die Annahme einer „**vertragsschließenden Geschäftsstelle des Luft-frachtführers**" erfüllt sein müssen. **Fraglich** ist, welche rechtliche und organisatorische Natur die **Geschäftsstelle** im Verhältnis zum Luftfrachtführer haben muss.

11   Nach der **Rspr.** des **BGH** kommt es für die Beurteilung, ob der internationale Gerichtsstand der „**vertragsschließenden Geschäftsstelle**" gegeben ist, nicht allein auf den Wortlaut des **Art. 33 Abs. 1** (= Art. 28 Abs. 1 WAbk), sondern vor allem auf **Sinn und Zweck** der Vorschrift an, der offensichtlich darin besteht, dem **Anspruchsberechtigten** die Rechtsverfolgung zu erleichtern. Dem-entsprechend ist eine **weite** Auslegung des Begriffs „**vertragsschließende Geschäftsstelle**" geboten. Der **Wahlgerichtsstand** der Geschäftsstelle gem. **Art. 33 Abs. 1** ist daher am **Sitz** einer selbständigen Agentur begründet, wenn sich eine **ausländische Fluggesellschaft**, die im Inland **keine** eigenen **Niederlassungen** hat, für den Abschluss von Luftfrachtverträgen regelmäßig einer solchen **Agentur** bedient.[22] Dieser Gerichtsstand hat in der Praxis ganz wesentliche Bedeutung, weil ein Großteil des deutschen Luftfrachtaufkommens über **IATA-Agenturen** abgewickelt wird. Durch diese wird damit zugleich auch ein **Gerichtsstand in Deutschland** begründet, was für einen **inländischen Anspruchsberechtigten** im Falle einer **gerichtlichen Auseinandersetzung** mit einem ausländischen Luftfrachtführer erhebliche **Vorteile** mit sich bringt.[23]

12   **Problematisch** ist, ob das **Aufstellen** von sog. „**self-ticketing**"-**Automaten** einer Fluggesell-schaft in den Anwendungsbereich des **Art. 33 Abs. 1** fällt.[24] Ist ein **Luftbeförderungsvertrag** auf elektronischem Wege **(Buchung im Internet)** geschlossen worden, dürfte der Gerichtsstand der „**vertragsschließenden Geschäftsstelle**" nicht in Betracht kommen. Denn bei der Buchung per Internet erkennt der Auftraggeber nicht, wo sich sein Vertragspartner befindet.[25]

13   **4. Gerichtsstand des Bestimmungsorts.** Der **Bestimmungsort** ergibt sich grundsätzlich aus den Parteivereinbarungen. Der Begriff „**Bestimmungsort**" wird in **Art. 35 Abs. 1** in derselben Weise verwandt wie in **Art. 1 Abs. 2 S. 1**. Er ist demnach der Ort, an dem das Flugzeug landen soll. Das ergibt sich klar aus dem Wortlaut der verbindlichen **englischen** Fassung des **Art. 35**. Dort heißt es „arrival at the destination, or from the date on which the aircraft ought to have arrived…". Daraus

---

[16] *Reuschle* Rn. 9; *Geigel/Strauch,* Der Haftpflichtprozeß, 28. Aufl. 2020, Kap. 29 Rn. 201; s. auch BGH Urt. v. 22.10.2009 – I ZR 88/07, TranspR 2009, 479 Rn. 13 f.

[17] *Reuschle* Rn. 9.

[18] BGH Urt. v. 12.6.1975 – VII ZR 46/73, WM 1975, 915; *Reuschle* Rn. 15; Giemulla/Schmid/*Dettling-Ott* Rn. 28; MüKoHGB/*Ruhwedel* Rn. 18.

[19] *Reuschle* Rn. 16; Giemulla/Schmid/*Dettling-Ott* Rn. 30; MüKoHGB/*Kronke* WAbk Art. 28 Rn. 13.

[20] *Reuschle* Rn. 16; Giemulla/Schmid/*Dettling-Ott* Rn. 30 f.

[21] *Reuschle* Rn. 17; Giemulla/Schmid/*Dettling-Ott* Rn. 32.

[22] BGH Urt. v. 16.6.1982 – I ZR 100/80, NJW 1983, 518 f. = VersR 1982, 1100; *Reuschle* Rn. 19; MüKoHGB/*Ruhwedel* Rn. 22.

[23] MüKoHGB/*Ruhwedel* Rn. 23; *Reuschle* Rn. 19.

[24] S. dazu *Reuschle* Rn. 22; Giemulla/Schmid/*Dettling-Ott* Rn. 47 f.

[25] *Reuschle* Rn. 23; ausf. Giemulla/Schmid/*Dettling-Ott* Rn. 51 ff.

folgt deutlich, dass es, sofern die Beförderung nicht abgebrochen wurde, auf die **Ankunft** am **vereinbarten Flughafen** ankommt.[26]Ausschlaggebend ist mithin der Ort des letzten **vertragsgemäßen** Landeflughafens.[27]

Bei einer **Beförderung** durch mehrere **aufeinanderfolgende Luftfrachtführer (Art. 36)** muss 14 **Art. 1 Abs. 3** berücksichtigt werden: Wurde die Beförderung als eine einheitliche Leistung vereinbart, so gilt die letzte **vertragsmäßig vereinbarte** Landung als Bestimmungsort iSd **Art. 33 Abs. 1.**[28]

Bei einer **gemischten Beförderung** iSv **Art. 38** ist zu beachten, dass die Vorschriften des Mont- 15 realer Übereinkommens nur für den Abschnitt der **Luftbeförderung** gelten. Haben die **Parteien** vor und/oder nach der Luftbeförderung eine **andere Transportart** (Straße/Bahn/Schiff) **vereinbart,** so ist auch für **Art. 33 Abs. 1,** also für die Geltendmachung der **Haftungsansprüche** nach dem Übereinkommen auf den Bestimmungsort der Luftbeförderung abzustellen.[29] Der Ort der **Übernahme** des Gutes ist in **Art. 33 Abs. 1** nicht genannt. Er kann daher auch keinen **internationalen Gerichtsstand** für Klagen gegen den Luftfrachtführer begründen.

V. Anwendbares Verfahrensrecht (Abs. 4)

In **Art. 33 Abs. 4** ist bestimmt, dass sich das **Verfahren** nach den Gesetzen des angerufenen 16 Gerichts richtet **(lex fori).** Dazu zählen auch **Beweisregeln,** sofern das **Übereinkommen** solche nicht selbst enthält **(s. etwa Art. 11).**[30]

Art. 34 Schiedsverfahren

(1) [1]Die Parteien des Vertrags über die Beförderung von Gütern können nach Maßgabe dieses Artikels vereinbaren, dass Streitigkeiten über die Haftung des Luftfrachtführers nach diesem Übereinkommen in einem Schiedsverfahren beigelegt werden. [2]Eine derartige Vereinbarung bedarf der Schriftform.

(2) Das Schiedsverfahren wird nach Wahl des Anspruchstellers an einem der in Artikel 33 genannten Gerichtsstände durchgeführt.

(3) Der Schiedsrichter oder das Schiedsgericht hat dieses Übereinkommen anzuwenden.

(4) Die Absätze 2 und 3 gelten als Bestandteil jeder Schiedsklausel oder –vereinbarung; abweichende Bestimmungen sind nichtig.

Schrifttum: S. Vor Art. 1; ferner: *Frings,* Kollisionsrechtliche Aspekte des internationalen Luftbeförderungsvertrags, ZLW 1977, 8; *Sand,* „Parteiautonomie" in internationalen Luftbeförderungsverträgen, ZLW 1969, 205.

Parallelvorschriften: Art. 32 S. 2 WAbk; Art. 33 CMR.

I. Allgemeines

Die Regelungen in **Art. 34 Abs. 1 und 2** gehen im Wesentlichen auf **Art. 32 S. 2 WAbk** zurück. 1 Die Vorschrift gilt nur für die **Beförderung von Gütern.** Da eine Schiedsklausel bereits bei **Abschluss** des Beförderungsvertrags vereinbart werden kann – also **vor Eintritt** eines Schadens – stellt die Bestimmung eine Ausnahme von **Art. 49** dar.

II. Zustandekommen einer Schiedsvereinbarung

Im **Montrealer Übereinkommen** finden sich **keine Bestimmungen,** in denen das Zustande- 2 kommen einer Schiedsvereinbarung geregelt ist. Maßgeblich ist daher das **Vertragsstatut.**[1] Nach **Art. 34 Abs. 1 S. 2** bedarf eine Schiedsvereinbarung zu ihrer Wirksamkeit der **Schriftform.** Der Begriff **„schriftlich"** ist wie in **Art. 31 Abs. 3** zu verstehen, dh eine eigene Unterschrift – wie in **§ 126 Abs. 1 BGB** vorgesehen – ist nicht erforderlich. Gemäß Art. 34 Abs. 1 S. 1 muss es in der Vereinbarung um **„Streitigkeiten über die Haftung des Luftfrachtführers nach diesem Übereinkommen"** gehen.[2] Durch diesen Verweis wird klargestellt, dass alle Vorschriften über die Haftung

---

[26] *Koller* TranspR 2015, 98 (99).

[27] LG Stuttgart Urt. v. 19.8.1997 – 3 KfH – 202/96, TranspR 1998, 196; *Reuschle* Rn. 25; Giemulla/Schmid/ *Dettling-Ott* Rn. 57; aA wohl *Vyvers* TranspR 2015, 233 (235): bei Multimodaltransporten („Haus-zu-Haus-Transporten" unter Einschluss einer Luftbeförderung) soll Zielort der Sendung derjenige Ort sein, an dem der Frachtführer seine Verpflichtungen aus dem Frachtvertrag erfüllen muss, also der Ort, an dem die Güter schließlich abzuliefern sind.

[28] *Reuschle* Rn. 27; *Guldimann* WAbk Art. 28 Rn. 8; *Ruhwedel* Der Luftbeförderungsvertrag Rn. 670.

[29] Giemulla/Schmid/*Dettling-Ott* Rn. 67; *Koller* Rn. 5; *Koller* TranspR 2015, 98 (99).

[30] Giemulla/Schmid/*Dettling-Ott* Rn. 81; *Reuschle* Rn. 31; *Guldimann* WAbk Art. 28 Rn. 14.

[1] *Reuschle* Rn. 5.

[2] OLG Celle Urt. v. 6.3.2003 – 11 U 141/02, TranspR 2003, 314; *Reuschle* Rn. 6; *Koller* Rn. 2; auch → Art. 31 Rn. 16.

sowie die **Haftungsvoraussetzungen** zu beachten sind. Dazu zählen insbesondere die Bestimmungen betreffend die Anzeigefristen.[3]

III. Ort des Schiedsgerichts

3   In **Art. 34 Abs. 2** wird davon ausgegangen, dass die Parteien der **Schiedsvereinbarung** bei deren Abschluss noch nicht den **Ort des Schiedsgerichts** festlegen müssen. Die Vorschrift überlässt es vielmehr dem Anspruchsteller, den Ort des einzuleitenden Schiedsverfahrens zu bestimmen. **Vorgeschrieben** ist allerdings, dass das Schiedsverfahren an einem der in **Art. 33 Abs. 1** genannten Gerichtsstände – und damit im **Hoheitsgebiet eines Vertragsstaats** – durchgeführt werden muss.

IV. Verfahrensfragen

4   Mit der **Wahl** des **Gerichtsstandes** entscheidet sich der **Anspruchsteller** zugleich für das **Verfahrensrecht** der **lex fori.** Dazu zählen bei einem Schiedsverfahren alle anwendbaren Regeln über die Schiedsgerichtsbarkeit. Diese sind daher vor allem für die **Frage,** ob gegen das **Urteil** des Schiedsgerichts ein **Rechtsmittel** gegeben ist und nach welchen Vorschriften die Entscheidung des Schiedsgerichts zu **vollstrecken** ist, **maßgeblich.**[4]

5   Ist **deutsches Recht** maßgeblich **(Art. 3, 5 Rom I-VO),** beurteilt sich die **Anerkennung und Vollstreckbarkeit** ausländischer Schiedssprüche nach § **1061 ZPO.**[5]

Art. 35 Ausschlussfrist

(1) **Die Klage auf Schadensersatz kann nur binnen einer Ausschlussfrist von zwei Jahren erhoben werden; die Frist beginnt mit dem Tag, an dem das Luftfahrzeug am Bestimmungsort angekommen ist oder an dem es hätte ankommen sollen oder an dem die Beförderung abgebrochen worden ist.**

(2) **Die Berechnung der Frist richtet sich nach dem Recht des angerufenen Gerichts.**

Schrifttum: S. Vor Art. 1; *Koller,* Sind die Art. 31, 35 MÜ bei Multimodaltransporten zu beachten?, RdTW 2014, 341; *Koller,* Probleme der Reklamation und Verjährung beim Multimodaltransport mit Luftteilstrecke (Anm. zum Urt. LG Darmstadt v. 27. 6 2014 – 14 O 292/13, TranspR 2014, 432), TranspR 2015, 98; *Vyvers,* Warum die Klage zum unzuständigen Gericht die Ausschlussfrist nach Art. 35 MÜ doch nicht hemmt (ebenfalls Anm. zu LG Darmstadt, TranspR 2014, 432 und Erwiderung zu Koller, TranspR 2015, 98), TranspR 2015, 233.

Parallelvorschrift: Art. 29 WAbk.

I. Allgemeines

1   **1. Normzweck.** Durch **Art. 35** wird der Zeitraum begrenzt, in dem der **Geschädigte** seinen **Anspruch** gegen den Luftfrachtführer gerichtlich geltend machen muss. Die relativ knapp bemessene Frist des **Art. 35 Abs. 1 S. 1** dient – ebenso wie **Art. 31** – der **zügigen** endgültigen **Klärung** und **Bereinigung** der Rechtsverhältnisse, weil sich die **Beweislage** mit zunehmendem zeitlichen Abstand zum **Schadensereignis** erfahrungsgemäß immer mehr **verschlechtert.**[1] Die Vorschrift gilt, wie sich aus ihrer systematischen Stellung im Übereinkommen ergibt, nur für die im **Kapitel III** geregelten **Ersatzansprüche.**[2] Bei der **Ausschlussfrist** handelt es sich um eine **materiell-rechtliche Einwendung,** die **von Amts wegen** zu berücksichtigen ist.[3*] Als **lex speciales** verdrängt **Art. 35** grundsätzlich die nationalen Vorschriften des allgemeinen Frachtrechts über die Verjährung (beispielsweise § **439 HGB),** da die **Ausschlussfrist** funktional dasselbe Problem der **Verfristung** regelt wie die **nationalen Verjährungsvorschriften.**[4*] Nach der **Rspr.** des **BGH** gilt dieser Grundsatz allerdings nicht bei **multimodalen Transportverträgen,** wenn deutsches Recht zur Anwendung kommt **(Art. 3, 5 Rom I-VO).** Gemäß § **452b Abs. 2 S. 2 HGB** verjährt der Anspruch wegen Verlusts des Transportguts bei einem Multimodaltransport auch bei bekanntem Schadensort frühestens nach Maßgabe des § **439 HGB,** bei einem qualifizierten Verschulden iSv § **435 HGB** mithin nach drei Jahren **(§ 439 Abs. 1 S. 2 HGB).** Die Vorschrift des § **452b Abs. 2 S. 2 HGB** soll klarstellen, dass die allgemeine frachtrechtliche Verjährungsregelung des § **439 HGB** – unabhängig davon, ob und wann

---

[3] Giemulla/Schmid/*Dettling-Ott* Rn. 2.

[4] Giemulla/Schmid/*Dettling-Ott* Rn. 10.

[5] *Reuschle* Rn. 10; *Koller* Rn. 2.

[1] Giemulla/Schmid/*Dettling-Ott* Rn. 2; *Koller,* 7. Aufl. 2010, WAbk Art. 29 Rn. 1; MüKoHGB/*Kronke* WAbk Art. 29 Rn. 1.

[2] *Reuschle* Rn. 1.

[3*] *Reuschle* Rn. 1; *Brinkmann* TranspR 2006, 146 (149).

[4*] BGH Urt. v. 24.3.2005 – I ZR 196/02, NJW-RR 2005, 1122 (1123) = TranspR 2005, 317; *Reuschle* Rn. 1; *Koller* WAbk Art. 29 Rn. 1; *Pokrant/Gran* HRR TranspR/LogistikR Rn. 707 ff.

der Schadensort bekannt wird – zur Gewährleistung einer Mindestverjährung im Interesse des Anspruchsberechtigten herangezogen wird.[5] Sie ist daher auch bei unbekanntem Schadensort anzuwenden.[6] Der Begriff der „**Verjährung**" in § **452 Abs. 2 S. 2 HGB** ist weit zu verstehen und erfasst auch **Ausschluss- und Erlöschensregelungen**, die in dem nach den §§ **452 ff. HGB** anwendbaren Teilstreckenrecht funktional an die Stelle einer Verjährungsregelung treten. Die Vorschrift des § **452b Abs. 2 HGB** ist daher auch anwendbar, wenn die haftungsrelevante Teilstrecke einem internationalen Übereinkommen unterliegt. Im Verhältnis zu den **völkerrechtlichen Regelungen** soll gleichfalls eine **Mindestverjährung** nach Maßgabe des § **439 HGB** gewährleistet werden.[7] Allerdings greift die Verjährungsregelung des § **439 HGB** gem. § **452b Abs. 2 S. 2 HGB** nur ein, wenn sie zu einer **späteren Verjährung** des Anspruchs führt. Eine **kürzere** nationale Verjährungsregelung kommt dagegen gegenüber einer **längeren Ausschlussfrist** nach einem **internationalen Übereinkommen** grundsätzlich nicht zur Anwendung.[8]

2. Entstehungsgeschichte. Das **Montrealer Übereinkommen** hat in **Art. 35** wörtlich die 2 Regelungen gem. **Art. 29 WAbk** übernommen. Das Verständnis von Art. 29 WAbk in Lit. und Rspr. kann daher auch für die Auslegung von **Art. 35** berücksichtigt werden.

II. Anwendungsbereich der Vorschrift

1. Ansprüche aus dem Übereinkommen. Die **Ausschlussfrist** gem. **Art. 35 Abs. 1** kommt 3 nur bei der **Geltendmachung von Schadensersatzansprüchen** zur Anwendung. Die Ansprüche müssen auf die **Art. 17–19** gestützt werden. Darüber hinaus werden die mit diesen **Ansprüchen** konkurrierenden Forderungen vom **Geltungsbereich** erfasst, die aus dem **nationalen** Recht hergeleitet werden können.[9] Auf **Ansprüche** aus **Art. 10, 12 Abs. 3 und 16** erstreckt sich der Anwendungsbereich des Art. 35 Abs. 1 dagegen nicht. Dies ergibt sich aus der **systematischen Stellung** des Art. 35 im **Kapitel III** des Übereinkommens, während die Art. 10–16 dem Kapitel „**Luftfrachtbrief**" unterfallen.[10] Dementsprechend verjähren Ansprüche aus den **Art. 10–16** nach dem ergänzend anwendbaren **nationalen Recht**.[11]

2. Ansprüche gegen den Luftfrachtführer. Die Ausschlussfrist des **Art. 35 Abs. 1** ist nur bei 4 **Schadensersatzklagen gegen den Luftfrachtführer** anwendbar. Ansprüche des Luftfrachtführers selbst gegen den **Absender** aus Art. 10 Abs. 1 und 2 sowie Art. 16 Abs. 1 unterfallen nicht dem Geltungsbereich des **Art. 35 Abs. 1**. Diese **Ansprüche** verjähren nach dem jeweils anwendbaren **nationalen Recht**.[12] **Spediteure**, die der **Frachtführerhaftung** unterliegen (bei Anwendung deutschen Rechts gem. §§ 458–460 HGB), können sich ebenfalls auf die Ausschlussfrist gem. **Art. 35 Abs. 1** berufen.[13] Eine vertraglich vereinbarte **Verkürzung der Ausschlussfrist** ist **nichtig**, wie sich aus **Art. 26 und Art. 47** ergibt. Eine vertragliche **Verlängerung** der Klagefrist ist dagegen grundsätzlich möglich. Das folgt aus **Art. 27.**

3. Ansprüche gegen die Leute des Luftfrachtführers. Die Ausschlussfrist nach **Art. 35 Abs. 1** 5 gilt auch bei **Schadensersatzklagen** gegen die **Leute des Luftfrachtführers**. Dies ergibt sich aus **Art. 30 Abs. 1,** in dem bestimmt ist, dass die „Leute" sich auf die Haftungsvoraussetzungen und -beschränkungen berufen können, die für den Luftfrachtführer gelten, wenn sie in **Ausführung ihrer Verrichtungen** gehandelt haben.[14] **Regresklagen** des Luftfrachtführers gegen seine „Leute", die nicht zu den **Luftfrachtführern** zählen, werden **nicht** vom Anwendungsbereich des **Art. 35 Abs. 1** erfasst. Solche Ansprüche verjähren nach dem ergänzend anwendbaren nationalen Recht.[15]

4. Regressansprüche gegen den Luftfrachtführer. Eine **Regresklage** gegen den **Luftfracht-** 6 **führer** kann nur Erfolg haben, wenn für den geltend gemachten Anspruch eine Anspruchsgrundlage besteht. Im **Montrealer Übereinkommen** finden sich für die **Regresklage** eines Dritten gegen den

---

[5] S. Begründung zum Regierungsentwurf des TRG, BT-Drs. 13/8445, 102.

[6] BGH Urt. v. 2.4.2009 – I ZR 60/06, TranspR 2009, 262 Rn. 20 = NJW-RR 2009, 1335; *Koller* WAbk Art. 29 Rn. 1.

[7] S. BT-Drs. 13/8445, 102.

[8] BGH Urt. v. 2.4.2009 – I ZR 60/06, TranspR 2009, 262 Rn. 20; *Pokrant/Gran* HRR TranspR/LogistikR Rn. 707 ff.; aA *Ramming* TranspR 2009, 267: Vorrang der Ausschlussfrist gegenüber den nationalen Verjährungsregelungen, wenn sich der Ersatzanspruch nach Art. 18 Abs. 1 oder Art. 18 Abs. 1 WAbk beurteilt; ebenso *Müller-Rostin* TranspR 2012, 14 (20 ff.); *Müller-Rostin* TranspR 2008, 241.

[9] OLG Frankfurt a. M. Urt. v. 20.4.1989 – 1 U 34/88, ZLW 1989, 381 (383) = VersR 1990, 1031; *Reuschle* Rn. 3; *Koller* WAbk Art. 29 Rn. 2.

[10] *Reuschle* Rn. 6 f.; *Koller* WAbk Art. 29 Rn. 2.

[11] *Koller* WAbk Art. 29 Rn. 2.

[12] *Reuschle* Rn. 4 ff.; *Koller* WAbk Art. 29 Rn. 2; *Guldimann* WAbk Art. 29 Rn. 2; MüKoHGB/*Kronke* WAbk Art. 29 Rn. 2.

[13] *Reuschle* Rn. 5; *Koller* WAbk Art. 29 Rn. 3.

[14] *Reuschle* Rn. 8; Giemulla/Schmid/*Dettling-Ott* Rn. 9; *Koller* WAbk Art. 29 Rn. 3.

[15] *Koller* WAbk Art. 29 Rn. 3; *Reuschle* Rn. 12.

Luftfrachtführer keine Anspruchsgrundlagen. Diese müssen vielmehr dem anwendbaren **nationalen Recht (Art. 3, 5 Rom I-VO)** entnommen werden.[16] Der **Rechtsübergang** eines auf den Haftungsbestimmungen des Montrealer Übereinkommens beruhenden Schadensersatzanspruchs kann durch **Abtretung (§ 398 BGB)** stattfinden oder sich aus einem **gesetzlichen Forderungsübergang (§ 86 Abs. 1 VVG)** ergeben.

7   Danach ist die Frage, ob auf eine **Regressklage gegen den Luftfrachtführer** die Ausschlussfrist gem. **Art. 35 Abs. 1** zur Anwendung kommt, differenziert zu beurteilen: Ist der **klagende Dritte** auf Grund einer Abtretung oder kraft gesetzlichen Forderungsübergangs in die Rechtsstellung des **geschädigten Absenders** oder **Empfängers** eingetreten, so ist die Frist von **Art. 35 Abs. 1** auch bei einer Klage dieses Dritten zu beachten, wenn der geltend gemachte Anspruch auf **Art. 18 oder Art. 19** gestützt wird. Dagegen kommt **Art. 35 Abs. 1** nicht zur Anwendung, wenn der **Dritte** seinen **Rückgriff** nicht auf einen **Rechtsübergang** der Ansprüche des aus **Art. 18** oder **Art. 19** Anspruchsberechtigten stützt.[17]

III. Fristen

8   **1. Rechtsnatur der Ausschlussfrist. Fraglich** ist, ob es sich bei der **Ausschlussfrist** gem. **Art. 35 Abs. 1** um eine **Verwirkungs- oder Verjährungsfrist** handelt. Diese Unterscheidung ist von erheblicher praktischer Bedeutung. Bei der **Verwirkung** geht das Recht nach Ablauf der Frist unter; der Rechtsverlust muss vom **Beklagten** nicht geltend gemacht werden, sondern ist **von Amts wegen** zu beachten. Zudem können die **Parteien** auf den Eintritt der **Verwirkung nicht verzichten**. Bei der **Verjährung** bleibt die Forderung bestehen. Sie ist nach Fristablauf aber **nicht** mehr **durchsetzbar**. Auf den Eintritt der Verjährung muss sich der **Beklagte** im Prozess grundsätzlich berufen.[18] Nach der in **Deutschland** vertretenen Auffassung handelt es sich bei der **Ausschlussfrist** des **Art. 35 Abs. 1** um eine **Verwirkungsfrist**, die von **Amts wegen** zu beachten ist und die nach Ablauf zum Untergang der Forderung führt.[19]

9   **2. Fristbeginn.** In **Art. 35 Abs. 1** werden **drei Zeitpunkte** genannt, an denen die **Ausschlussfrist** zu laufen beginnt: Ankunft am Bestimmungsort, hypothetische Ankunftszeit sowie Abbruch der Beförderung. **Maßgeblich** ist der dem Geschädigten **günstigste Zeitpunkt**.[20]

10   Unter dem Begriff **„Bestimmungsort"** (→ Art. 33 Rn. 13) in **Art. 35 Abs. 1** ist der **vertraglich vereinbarte** Endpunkt der Beförderung zu verstehen.[21] **Fraglich** ist, auf welchen Zeitpunkt abzustellen ist, wenn das Frachtgut während des Transports verlorengeht. Bei solchen Fallgestaltungen kommt es darauf an, was die Parteien des Luftbeförderungsvertrages in Bezug auf den **Ankunftstermin** vereinbart haben. Wurde die Ankunft an einem **bestimmten Tag** vereinbart, so beginnt die Frist bei Verlust des Gutes **frühestens** mit der **Mitteilung** des Luftfrachtführers an den Empfänger nach **Art. 13 Abs. 2,** spätestens nach Ablauf von sieben Tagen seit dem Tag, an dem das Gut hätte eintreffen sollen, zu laufen.[22] **Fehlt** eine **Vereinbarung** über den **Ankunftstermin,** so kommt es auf die **üblicherweise** geschuldete Ankunftszeit an, nach deren Ablauf die Ausschlussfrist des **Art. 35 Abs. 1** zu laufen beginnt.[23] Bei der **dritten Variante** des **Art. 35 Abs. 1** (Abbruch der Beförderung) ist derjenige Zeitpunkt maßgeblich, zu dem der Transport tatsächlich geendet hat. Bei einer **Weisung des Absenders** gem. **Art. 12 Abs. 1** ist der Zeitpunkt der **Ausführung** der Verfügung entscheidend.[24]

11   **3. Klageerhebung.** Zur **Wahrung** der **Ausschlussfrist** muss der Kläger innerhalb dieser Frist **Klage** gegen den Luftfrachtführer **erheben.** Im Montrealer Übereinkommen ist nicht geregelt, wann eine Klage als erhoben gilt. Dies beurteilt sich nach der **lex fori,** also nach dem **Verfahrensrecht** des angerufenen Gerichts.[25] Bei Anwendung **deutschen Rechts** sind die **§§ 253 Abs. 1, 496 ZPO** maßgeblich. Der **Klageerhebung** steht die Beantragung eines Mahnbescheids (**§§ 688 ff.** ZPO) in den prozessualen Wirkungen gleich.[26] Nach **§ 167 ZPO** wird die Ausschlussfrist des **Art. 35 Abs. 1** unter bestimmten Voraussetzungen bereits durch **Einreichung** der Klage bzw. den **Antrag auf**

---

[16] *Reuschle* Rn. 10; Giemulla/Schmid/*Dettling-Ott* Rn. 14.

[17] BGH Urt. v. 6.10.2005 – I ZR 14/03, NJW-RR 2006, 619 = TranspR 2006, 33; Giemulla/Schmid/*Dettling-Ott* Rn. 15; s. auch *Reuschle* Rn. 11, 13; *Koller* WAbk Art. 29 Rn. 3.

[18] Giemulla/Schmid/*Dettling-Ott* Rn. 28.

[19] BGH Urt. v. 22.4.1982 – I ZR 86/80, NJW 1983, 516 (517); Urt. v. 24.3.2005 – I ZR 196/02, NJW-RR 2005, 1122 (1123) = TranspR 2005, 317; Urt. v. 6.10.2005 – I ZR 14/03, NJW-RR 2006, 619 (620) = TranspR 2006, 33; *Reuschle* Rn. 14; *Koller* WAbk Art. 29 Rn. 10 mit Nachweisen zum Verständnis in anderen Vertragsstaaten des Übereinkommens.

[20] *Reuschle* Rn. 15; *Koller* WAbk Art. 29 Rn. 4.

[21] *Reuschle* Rn. 16; *Koller* WAbk Art. 29 Rn. 4; Giemulla/Schmid/*Dettling-Ott* Rn. 49.

[22] LG Stuttgart Urt. v. 19.8.1997 – 3 KfHO 202/96, TranspR 1998, 196; *Reuschle* Rn. 17.

[23] *Reuschle* Rn. 17; aA wohl MüKoHGB/*Kronke* WAbk Art. 29 Rn. 5.

[24] *Reuschle* Rn. 19.

[25] Giemulla/Schmid/*Dettling-Ott* Rn. 65; *Reuschle* Rn. 20; *Koller* WAbk Art. 29 Rn. 9.

[26] BGH Urt. v. 6.10.2005 – I ZR 14/03, NJW-RR 2006, 619 (620) = TranspR 2006, 33; *Reuschle* Rn. 20.

Erlass eines **Mahnbescheids** gewahrt. Wird der Schadensersatzanspruch im Wege des **Mahnverfahrens** geltend gemacht, so ist zu beachten, dass die Zahlung des **restlichen Kostenvorschusses** in **angemessener** Zeit erfolgen muss, da die Sache andernfalls nicht an das zuständige Streitgericht abgegeben wird.[27] Das von dem Kläger **angerufene Gericht** muss nach **Art. 33 Abs. 1 international** zuständig sein. **Fehlt** es daran, wird die Ausschlussfrist nicht gewahrt.[28] Wird der Rechtsstreit vom **unzuständigen Gericht** an das zuständige Gericht **verwiesen,** so hat dieses die Wahrung der Frist des **Art. 35** erneut zu prüfen.[29] Bei Anwendung deutschen Verfahrensrechts ist **§ 513 Abs. 2 ZPO** zu beachten.

Die **Streitverkündung** in einem **Vorprozess** reicht zur **Wahrung** der Ausschlussfrist **nicht** aus. **12** Nach dem eindeutigen Wortlaut des **Art. 35 Abs. 1** muss eine **Klage auf Schadensersatz** innerhalb der **Ausschlussfrist** von zwei Jahren erhoben werden. Eine andere prozessuale Maßnahme wie die **Streitverkündung** in einem anderen Verfahren wird nicht zugelassen. Die **Streitverkündung** steht in ihren Wirkungen nicht einer Klageerhebung gleich. Die Streitverkündung gegenüber einem Dritten ist lediglich die **förmliche Benachrichtigung** des Dritten, dass zwischen **anderen Prozessparteien** ein Rechtsstreit anhängig ist. Der **Streitverkünder** erhebt – anders als der Kläger – keinen **sachlichrechtlichen** oder **prozessualen** Anspruch gegen den **Streitverkündeten**.[30] Ebenso wenig stehen ein **Arrestantrag** und die **Aufrechnung im Prozess** der Klageerhebung gleich.[31] Gleiches dürfte für die **Anmeldung** der Schadensersatzforderung im **Insolvenzverfahren** gelten. Nach der **lex fori** ist zu entscheiden, ob die Frist des **Art. 35 Abs. 1** gewahrt ist, wenn die Schadensersatzforderung in einem Strafverfahren **(Adhäsionsverfahren)** geltend gemacht werden.[32]

4. Fristberechnung. Das **Ende der Ausschlussfrist** berechnet sich gem. **Art. 35 Abs. 2** nach **13** dem Recht des angerufenen Gerichts. Bei Anwendbarkeit **deutschen** Verfahrensrechts sind die **§§ 188 ff. BGB** maßgeblich.[33] Wann die **Klagefrist** zu **laufen** begonnen hat, beurteilt sich dagegen nach **Art. 35 Abs. 1** (→ Rn. 9 f.).

IV. Rechtsfolgen bei Fristversäumung

Hat der Geschädigte eine **fristgerechte Klageerhebung versäumt,** hat dies das (materiell-recht- **14** liche) **Erlöschen des Anspruchs** zur Folge.[34] Nach einer neueren Entscheidung des BGH erfasst der Begriff der Verjährung in § 452b HGB auch Ausschluss- und Erlöschensregelungen (dort: Art. 29 Abs. 1 WAbk), die in dem nach den §§ 452 ff. HGB anwendbaren Teilstreckenrecht funktional an die Stelle der Verjährungsregelung treten. Dementsprechend soll § 452b Abs. 2 S. 2 HGB auch anwendbar sein, wenn die haftungsrelevante Teilstrecke einem internationalen Übereinkommen unterliegt.[35] Hat der Geschädigte innerhalb der Frist des **Art. 35 Abs. 1** nur einen **Teilbetrag** des geltend gemachten **Schadensersatzes** eingeklagt, so ist die Frist nur für diesen Betrag gewahrt. Wird die weitere Forderung erst nach **Ablauf** der **Klagefrist** von zwei Jahren rechtshängig gemacht, so steht dieser **Klage** die **Ausschlussfrist** nach **Art. 35 Abs. 1** entgegen.[36] Die **Ausschlussfrist** des **Art. 35 Abs. 1** ist auch dann zu beachten, wenn der **Geschädigte** die Klagefrist **ohne Verschulden** versäumt hat.[37] Ob eine generelle **Schadensersatzfeststellungsklage** zur Wahrung der Frist des **Art. 35 Abs. 1** ausreicht, ist nach der **lex fori** zu beurteilen.[38]

Die **Ausschlussfrist** ist zwar **unabhängig von** einem **Verschulden** des **Anspruchsberechtigten** **15** zu beachten. Das hindert ihn aber nicht, sich auf ein **arglistiges Verhalten** des Luftfrachtführers zu berufen. **Arglist** kann beispielsweise gegeben sein, wenn der Luftfrachtführer den Geschädigten von der **rechtzeitigen Erhebung** der Klage **abgehalten** hat, wenn der Luftfrachtführer für eine bestimmte Zeit auf die Geltendmachung des Fristablaufs **verzichtet** hat oder wenn der Luftfrachtführer seine

---

[27] *Reuschle* Rn. 20.

[28] LG Berlin Urt. v. 20.4.2016 – 105 O 59/15, TranspR 2016, 245 mzustAnm *Vyvers* TranspR 2016, 246 f.

[29] LG Darmstadt Urt. v. 27.6.2014 – 14 O 292/13, TranspR 2014, 432; *Reuschle* Rn. 20; Giemulla/Schmid/ *Dettling-Ott* Rn. 65, 69; *Vyvers* TranspR 2015, 233 (236); aA *Koller* WAbk Art. 29 Rn. 9; *Koller* TranspR 2015, 98 (100): Anwendung von § 281 ZPO iVm § 167 ZPO.

[30] BGH Urt. v. 6.10.2005 – I ZR 14/03, NJW-RR 2006, 619 (620) = TranspR 2006, 33; *Zöller/Vollkommer* ZPO § 72 Rn. 1; *Koller* WAbk Art. 29 Rn. 9; MüKoHGB/*Ruhwedel* Rn. 22.

[31] *Reuschle* Rn. 21; *Koller* WAbk Art. 29 Rn. 9.

[32] Giemulla/Schmid/*Dettling-Ott* Rn. 67.

[33] BGH Urt. v. 15.3.1985 – I ZR 183/82, TranspR 1986, 22 (24); *Koller* WAbk Art. 29 Rn. 8; *Reuschle* Rn. 22.

[34] BGH Urt. v. 22.4.1982 – I ZR 86/80, NJW 1983, 516 (517) = VersR 1982, 896; *Reuschle* Rn. 23; *Koller* WAbk Art. 29 Rn. 10; MüKoHGB/*Ruhwedel* Rn. 8.

[35] BGH Urt. v. 2.4.2009 – I ZR 60/06, TranspR 2009, 262 Rn. 19 ff. = NJW-RR 2009, 1335 mAnm *Ramming* TranspR 2009, 267 ff.; aA wohl OLG Hamburg Urt. v. 7.10.2013 – 6 U 126/11, RdTW 2014, 231 Rn. 20 ff. mAnm *Ramming* RdTW 2014, 235 ff.

[36] OLG Köln Urt. v. 20.11.1980 – 1 U 120/79, ZLW 1982, 167 (174); Giemulla/Schmid/*Dettling-Ott* Rn. 76.

[37] *Reuschle* Rn. 23; MüKoHGB/*Kronke* WAbk Art. 29 Rn. 10.

[38] Giemulla/Schmid/*Dettling-Ott* Rn. 77.

Haftung anerkannt hat.[39] Entscheidend ist, dass der Luftfrachtführer bei dem **Anspruchsberechtigten** einen **besonderen Vertrauenstatbestand** verursacht hat.[40] Der Beitritt gem. § 66 ZPO in einem Vorprozess reicht dafür allerdings nicht aus.[41]

V. Beweisfragen

16 Die **Einhaltung der Klagefrist** stellt einen **anspruchsbegründenden** Umstand dar. Dementsprechend hat der **Anspruchsberechtigte** die fristgerechte Klageerhebung zu beweisen.[42] Ebenso hat der Anspruchsteller die tatsächlichen **Voraussetzungen** für den von ihm erhobenen **Arglisteinwand** und eine von ihm behauptete Verlängerungsvereinbarung zu beweisen.

Art. 36 Aufeinander folgende Beförderung

(1) Jeder Luftfrachtführer, der Reisende, Reisegepäck oder Güter annimmt, ist bei Beförderungen im Sinne des Artikels 1 Absatz 3, die nacheinander durch mehrere Luftfrachtführer ausgeführt werden, den Vorschriften dieses Übereinkommens unterworfen; er gilt für den Teil der Beförderung, der unter seiner Leitung ausgeführt wird, als Partei des Beförderungsvertrags.

(2) Bei einer solchen Beförderung kann der Reisende oder die sonst anspruchsberechtigte Person nur den Luftfrachtführer in Anspruch nehmen, der die Beförderung ausgeführt hat, in deren Verlauf der Unfall oder die Verspätung eingetreten ist, es sei denn, dass der erste Luftfrachtführer durch ausdrückliche Vereinbarung die Haftung für die ganze Reise übernommen hat.

(3) [1] Bei Reisegepäck oder Gütern kann der Reisende oder der Absender den ersten, der Reisende oder der Empfänger, der die Auslieferung verlangen kann, den letzten, und jeder von ihnen denjenigen Luftfrachtführer in Anspruch nehmen, der die Beförderung ausgeführt hat, in deren Verlauf die Zerstörung, der Verlust oder die Beschädigung erfolgt oder die Verspätung eingetreten ist. [2] Diese Luftfrachtführer haften dem Reisenden oder dem Absender oder Empfänger als Gesamtschuldner.

Schrifttum: S. Vor Art. 1; ferner: *Brautlacht,* Zur Verspätung bzw. Nichtbeförderung bei aufeinanderfolgenden Luftbeförderungen, TranspR 1988, 384; *Guldimann,* Wer ist „erster Luftfrachtführer"?, ZLW 1960, 121.

Parallelvorschriften: Art. 30 WAbk; Art. 34 CMR; § 432 HGB aF.

I. Allgemeines

1 **1. Normzweck.** Die Vorschrift des **Art. 36** regelt die für den **Auftraggeber** des Luftfrachtführers bedeutsame Frage, welcher von mehreren nacheinander **(sukzessiv)** tätig gewordenen Luftfrachtführern **für welchen Schaden** einzustehen hat. Der **aufeinanderfolgende Luftfrachtführer** iSv **Art. 36** ist von einem **vertraglichen Hauptfrachtführer** abzugrenzen, der sich bei der Erbringung der geschuldeten Transportleistung eines ausführenden **Unterfrachtführers** bedient.[1] In solchen Fällen sind die **Art. 39 ff.** zu beachten. Durch **Art. 36** wird dem **Anspruchsberechtigten** im Schadensfall die **Ermittlung** des richtigen Anspruchsgegners **erleichtert.**[2]

2 **2. Entstehungsgeschichte.** Die Vorschrift des **Art. 36** entspricht inhaltlich dem **Art. 30 WAbk,** der nahezu unverändert in das Montrealer Übereinkommen übernommen wurde.

II. Voraussetzungen

3 **1. Luftbeförderung.** Die Anwendung des **Art. 36** erfordert den **Abschluss eines internationalen Luftbeförderungsvertrages** iSv **Art. 1 Abs. 1.** Kommt nach den Regeln des **IPR** deutsches Recht zur Anwendung **(Art. 3, 5 Rom I-VO),** so kann unter den Voraussetzungen der **§§ 458–460 HGB** auch ein Speditionsvertrag den Regeln des **Montrealer Übereinkommens** unterfallen.[3]

---

[39] BGH Urt. v. 22.4.1982 – I ZR 86/80, NJW 1983, 516 (517) = VersR 1982, 896; OLG Frankfurt a. M. Urt. v. 4.7.1984 – 21 U 169/83, MDR 1984, 944; U. S. District Court (S. D. N. Y.), 23. Avi 18. 227; *Reuschle* Rn. 24; *Koller* WAbk Art. 29 Rn. 10; MüKoHGB/*Ruhwedel* Rn. 16.

[40] *Koller* WAbk Art. 29 Rn. 10.

[41] BGH Urt. v. 6.10.2005 – I ZR 14/03, NJW-RR 2006, 619 = TranspR 2006, 33.

[42] *Koller* WAbk Art. 29 Rn. 10; MüKoBGB/*Grothe* BGB Vor § 194 Rn. 25; Soergel/*Niederführ* BGB Vor § 194 Rn. 31.

[1] *Koller,* 7. Aufl. 2010, WAbk Art. 30 Rn. 1.

[2] Giemulla/Schmid/*Müller-Rostin* Rn. 1; *Reuschle* Rn. 1.

[3] *Reuschle* Rn. 4; *Koller* WAbk Art. 30 Rn. 2.

2. Vereinbarung als einheitliche Leistung. Ein in die Beförderung eingeschalteter **weiterer** 4
Luftfrachtführer ist nicht ohne weiteres auch **aufeinanderfolgender Luftfrachtführer** iSv **Art. 36.**
Eine nur **tatsächliche** Aufeinanderfolge von Unterfrachtführern im Zusammenhang mit der Beför-
derung ein und desselben Transportgutes reicht für die Anwendung des **Art. 36** nicht aus.[4] Aus der
Bezugnahme auf **Art. 1 Abs. 3** ergibt sich, dass die Parteien die **gesamte Luftbeförderung** als
einheitliche Leistung gewollt haben müssen, damit **Art. 36** zur Anwendung kommen kann.[5] Die
Lufttransportunternehmen müssen dem **Absender** gegenüber bereit sein, trotz der Übernahme von
Teilleistungen als **Einheit** zu fungieren.[6] Mit Blick auf den Zweck des **Art. 36** – Erleichterung der
Verfolgung von Ersatzansprüchen – wird eine **aufeinanderfolgende Luftbeförderung** schon dann
bejaht, wenn die **beteiligten** Luftfrachtführer oder deren Vertreter wissen, dass das Gut an einem
anderen Ort als demjenigen, an dem das **Gut übernommen** werden soll, **abgesandt** worden ist.[7]
Die **Ausstellung** eines für die **gesamte Strecke** geltenden **Luftfrachtbriefs** und dessen **Annahme**
durch den nachfolgenden Luftfrachtführer ist für die Anwendung des **Art. 36** – anders als bei **Art. 34**
CMR – nicht erforderlich.

3. Mehrere Verträge. Sofern die **Einheitlichkeit des Beförderungsvertrags** gegeben ist, kommt 5
es nicht darauf an, ob die aufeinanderfolgenden Frachtführer mit dem **Absender** einen einheitlichen
Vertrag geschlossen haben, oder ob der **Absender** gleichzeitig mit mehreren Luftfrachtführern **Ver-**
träge geschlossen hat, die dann durch den Willen zur **einheitlichen Leistung** zusammengefasst
werden.[8]

4. Annahme des Gutes. Die **Anwendung** des **Art. 36** erfordert die Annahme des Gutes, dh der 6
Luftfrachtführer muss das Frachtgut in seine **Obhut** genommen haben.[9] Ist von einem **Willen zur**
einheitlichen Beförderungsleistung auszugehen, so braucht der **Anspruchsberechtigte** zur schlüssigen Begründung seines **Ersatzbegehrens** nicht im Einzelnen darzulegen, dass der **übernehmende**
Luftfrachtführer die Entgegennahme des Gutes von einem vorhergehenden Luftfrachtführer erkannt
hat oder zumindest hätte **erkennen müssen,** da sich dies von selbst ergibt.[10] Ebenso wenig ist zu
verlangen, dass der nachfolgende Luftfrachtführer von dem **Vertrag** zwischen **Absender** und **erstem**
Luftfrachtführer Kenntnis hat.[11]

III. Rechtsfolgen

1. Partei des Luftbeförderungsvertrags. Gemäß **Art. 36 Abs. 1** wird der **nachfolgende Luft-** 7
frachtführer, der das Frachtgut angenommen hat, für den Teil der Beförderung, der unter seiner
Leitung ausgeführt wird, **Vertragspartner des Absenders.** Dies gilt auch dann, wenn die einzelne
Teilbeförderung als Binnenbeförderung durchgeführt wird.[12] Der aufeinanderfolgende Luftfrachtführer iSv **Art. 36** unterliegt den **Haftungsbestimmungen** der **Art. 17–19,** nicht hingegen **Nicht-**
erfüllungs- oder sonstigen nicht vom Übereinkommen geregelten **Schlechterfüllungsansprü-**
chen.[13] Ihm stehen aber auch die Ansprüche aus **Art. 10 Abs. 2** und **Art. 16 Abs. 1** gegen den
Absender zu.[14] Das **Vertragsverhältnis** zwischen dem Absender und dem ersten Luftfrachtführer wird
durch den **Vertragsbeitritt** des nachfolgenden Luftfrachtführers **nicht berührt.** Im Fall des **Art. 36**
Abs. 1 findet kein Schuldnerwechsel durch Vertragsübernahme statt.[15]

2. Aktivlegitimation. Der **Absender** ist als **Vertragspartner** des Luftfrachtführers anspruchs- 8
berechtigt. Als **Absender** ist diejenige **natürliche** oder **juristische Person** anzusehen, die sich die
Beförderung im **eigenen** Namen versprechen lässt, also der **materielle Gläubiger** der Beförderungsleistung.[16] Im Allgemeinen ergibt sich die Person des Absenders aus der entsprechenden **Eintragung**
im **Luftfrachtbrief,** der **Gegenbeweis** ist aber zulässig **(Art. 11 Abs. 1).**[17]

---

[4] BGH Urt. v. 19.4.2007 – I ZR 90/04, NJW-RR 2008, 120 f. = TranspR 2007, 416 (zu Art. 34 CMR).

[5] *Reuschle* Rn. 6; *Koller* WAbk Art. 30 Rn. 3; *Müller-Rostin* in Fremuth/Thume TranspR WAbk Art. 1 Rn. 14.

[6] BGH Urt. v. 14.6.2007 – I ZR 50/05, BGHZ 173, 330 Rn. 25 = NJW 2008, 289 = TranspR 2007, 425; *Koller*
WAbk Art. 30 Rn. 3; *Reuschle* Rn. 6.

[7] BGH Urt. v. 9.10.1981 – I ZR 98/79, VersR 1982, 60 (61); OLG München Urt. v. 7.5.1999 – 23 U 6113/98,
TranspR 1999, 301 (304) = VersR 2000, 1567; *Koller* WAbk Art. 30 Rn. 3.

[8] *Koller* WAbk Art. 30 Rn. 5.

[9] *Reuschle* Rn. 8; *Koller* WAbk Art. 30 Rn. 6.

[10] *Koller* WAbk Art. 30 Rn. 6; so iE wohl auch Giemulla/Schmid/*Müller-Rostin* Rn. 6 und MüKoHGB/*Ruhwedel*
Rn. 22; aA *Reuschle* Rn. 9; Giemulla/Schmid/*Ehlers* WAbk Art. 30 Rn. 21.

[11] BGH Urt. v. 20.5.1974 – I ZR 25/73, VersR 1974, 1094; Urt. v. 9.10.1981 – I ZR 98/79, VersR 1982, 60
(61); *Koller* WAbk Art. 30 Rn. 6; *Reuschle* Rn. 9.

[12] *Reuschle* Rn. 10; Giemulla/Schmid/*Ehlers* WAbk Art. 30 Rn. 23.

[13] *Reuschle* Rn. 12; s. auch MüKoHGB/*Ruhwedel* Rn. 18 ff.; Giemulla/Schmid/*Ehlers* WAbk Art. 30 Rn. 22;
Guldimann WAbk Art. 30 Rn. 8.

[14] *Reuschle* Rn. 12.

[15] Giemulla/Schmid/*Ehlers* WAbk Art. 30 Rn. 24; *Reuschle* Rn. 12 f.

[16] Giemulla/Schmid/*Müller-Rostin* Rn. 18; *Reuschle* Rn. 20.

[17] BGH Urt. v. 21.9.2000 – I ZR 135/98, BGHZ 145, 170 (173 f.) = TranspR 2001, 29.

9   Des Weiteren ist der **Empfänger anspruchsberechtigt.** Das ist derjenige, an den das Gut am **Bestimmungsort** abzuliefern ist, dem also die Rechte aus **Art. 13** zustehen.[18] Kommt auf den Luftbeförderungsvertrag ergänzend deutsches Recht zur Anwendung **(Art. 3, 5 Rom I-VO),** so besteht zwischen dem **Absender** und dem **Empfänger** eine **Gesamtgläubigerschaft** iSv **§ 428 BGB.**[19] Fraglich ist, ob der Absender nach **Erlöschen seines Verfügungsrechts (Art. 12 Abs. 4 S. 1)** weiterhin berechtigt ist, Schadensersatzansprüche gegen den Luftfrachtführer wegen Verlustes oder Beschädigung des Gutes geltend zu machen. Im Geltungsbereich der **CMR** und auch im **nationalen** deutschen Frachtrecht **(s. § 421 Abs. 1 S. 2 HGB)** ist dies anerkannt, wenn die Rechte des Empfängers dem nicht entgegenstehen **(Doppellegitimation von Absender und Empfänger,** → Art. 14 Rn. 3 ff.). Gleiches ist nach **zutreffender** Auffassung auch für den **Geltungsbereich des Montrealer Übereinkommens** anzunehmen.[20] Hat der **Absender** den Luftfrachtführer im Rahmen einer Verfügung **(Art. 12 Abs. 1)** angewiesen, das Gut nicht an den **ursprünglich** benannten **Empfänger,** sondern an eine **andere Person** abzuliefern, so wird diese nunmehr zum Empfänger.[21] Der **Empfänger** ist nicht Partei des Beförderungsvertrags, sondern nur aus dem Vertrag **begünstigter Dritter.**[22]

10   **3. Passivlegitimation.** Nach **Art. 36 Abs. 3 S. 1** kann der **Absender** den „**ersten Luftfrachtführer**" auf Schadensersatz in Anspruch nehmen. Darunter ist derjenige Luftfrachtführer zu verstehen, mit dem der (erste) Absender den **Vertrag** über die **Gesamtbeförderung** geschlossen hat.[23] Dem **Empfänger** stehen gegen den ersten Luftfrachtführer grundsätzlich keine eigenen Ansprüche zu. Neben dem „**ersten Luftfrachtführer**" ist auch derjenige Luftfrachtführer **passivlegitimiert,** der den Schaden tatsächlich verursacht hat.

11   Der „**letzte Frachtführer**" kann vom **Empfänger,** nicht aber vom **Absender** auf Schadensersatz in Anspruch genommen werden. Voraussetzung dafür ist aber, dass dieser Luftfrachtführer das **Gut angenommen** hat, da es andernfalls an dem erforderlichen **Rechtsscheinstatbestand** für einen **Vertragsbeitritt** fehlt.[24]

12   **4. Gesamtschuldnerische Haftung.** Gemäß **Art. 36 Abs. 3 S. 2** haften die **anspruchsverpflichteten Luftfrachtführer** dem Anspruchsberechtigten als **Gesamtschuldner (§ 428 BGB).** Der Absender kann außer gegen den „**ersten Luftfrachtführer**" auch gegen denjenigen Luftfrachtführer vorgehen, der den Schaden tatsächlich verursacht hat. Dem **Empfänger** stehen Ansprüche gegen den „**letzten Frachtführer**" und außerdem gegen den **schädigenden Luftfrachtführer** zu.

IV. Rückgriff im Innenverhältnis

13   Der **Rückgriff** unter den **aufeinanderfolgenden Luftfrachtführern** ist nach Maßgabe des ergänzend anwendbaren nationalen Rechts, bei Anwendung deutschen Rechts **(Art. 3, 5 Rom I-VO)** mithin gem. **§ 426 BGB** durchzuführen **(s. auch Art. 37).**[25] Insoweit ist aber auch noch **§ 442 HGB** zu berücksichtigen.

Art. 37 Rückgriffsrecht gegenüber Dritten

Dieses Übereinkommen berührt nicht die Frage, ob die nach seinen Bestimmungen schadensersatzpflichtige Person gegen eine andere Person Rückgriff nehmen kann.

Schrifttum: S. Vor Art. 1.

I. Allgemeines

1   Die **Vorschrift** geht auf **Art. 30 WAbk** in der Fassung des **Montrealer Zusatzprotokolls Nr. 4** zurück. Sie **stellt** insbesondere **klar,** dass beispielsweise der in Anspruch genommene **vertragsschließende Luftfrachtführer** gegen seine **Leute** oder **gegen** einen **ausführenden** Luftfrachtführer **Rückgriff** nehmen kann.

---

[18] *Koller* WAbk Art. 30 Rn. 10; *Reuschle* Rn. 21; MüKoHGB/*Ruhwedel* Rn. 25; Giemulla/Schmid/*Müller-Rostin* Rn. 19.
[19] *Reuschle* Rn. 23; *Koller* WAbk Art. 30 Rn. 11; *Guldimann* WAbk Art. 30 Rn. 17; aA MüKoHGB/*Kronke* WAbk Art. 30 Rn. 15.
[20] *Reuschle* Rn. 23; so auch *Koller* WAbk Art. 30 Rn. 10; aA MüKoHGB/*Kronke* WAbk Art. 30 Rn. 14; unklar allerdings *Reuschle* s. einerseits (Doppellegitimation bejahend) *Reuschle* Art. 14 Rn. 4 und andererseits (Drittschadensliquidation durch den Absender verneinend) *Reuschle* Rn. 22.
[21] Giemulla/Schmid/*Müller-Rostin* Rn. 19.
[22] OLG Köln Urt. v. 19.8.2003 – 3 U 46/03, TranspR 2004, 120; Giemulla/Schmid/*Müller-Rostin* Rn. 19.
[23] *Koller* WAbk Art. 30 Rn. 9; *Reuschle* Rn. 26; Giemulla/Schmid/*Müller-Rostin* Rn. 22; MüKoHGB/*Ruhwedel* Rn. 25.
[24] *Reuschle* Rn. 27; MüKoHGB/*Kronke* WAbk Art. 30 Rn. 19; *Guldimann* WAbk Art. 30 Rn. 21.
[25] *Koller* WAbk Art. 30 Rn. 13; MüKoHGB/*Kronke* WAbk Art. 30 Rn. 22.

II. Anwendbares Recht

Der **Rückgriff vollzieht** sich nach den **Bestimmungen,** die für das **Verhältnis** zwischen **Rück- 2 griffsgläubiger** und **Regressschuldner** maßgeblich sind. **Ausgleichsansprüche** nach § 426 BGB bleiben unberührt.[1]

Kapitel IV. Gemischte Beförderung

Art. 38 Gemischte Beförderung

(1) **Bei gemischter Beförderung, die zum Teil durch Luftfahrzeuge, zum Teil durch andere Verkehrsmittel ausgeführt wird, gilt dieses Übereinkommen vorbehaltlich**[1*] **des Artikels 18 Absatz 4 nur für die Luftbeförderung im Sinne des Artikels 1.**

(2) **Bei gemischter Beförderung sind die Parteien durch dieses Übereinkommen nicht gehindert, Bedingungen für die Beförderung durch andere Verkehrsmittel in den Luftbeförderungsvertrag aufzunehmen, sofern hinsichtlich der Luftbeförderung dieses Übereinkommen beachtet wird.**

Schrifttum: S. Vor Art. 1; ferner: *Freise,* Unimodale transportrechtliche Übereinkommen und multimodale Beförderungen, TranspR 2012, 1; *Koller,* Die Haftung für Sachschäden infolge vertragswidrigen Truckings im grenzüberschreitenden Luftfrachtverkehr, ZLW 1989, 359; *Koller,* Beweislastverteilung beim multimodalen Luftbeförderungsvertrag, TranspR 2013, 14; *Koller,* Der Straßenfrachtführer als Gehilfe des Luftfrachtführers, TranspR 2013, 52; *Koller,* Sind die Art. 31, 35 MÜ bei Multimodaltransporten zu beachten?, RdTW 2014, 341; *Müller-Rostin,* Multimodalverkehr und Luftrecht, TranspR 2012, 14; *Müller-Rostin,* Keine haftungseinschränkende Wirkung des Art. 38 Abs. 1 MÜ, TranspR 2012, 324; *Ramming,* Anmerkung zu BGH, Urt. v. 10.5.2012 – I ZR 109/11, RdTW 2013, 58; *Schoner,* Multimodaler Transport und Luftverkehr, TranspR 1982, 63.

Parallelvorschriften: Art. 31 WAbk; §§ 457 ff. HGB.

I. Allgemeines

Die **Vorschrift** des **Art. 38** entspricht inhaltlich dem **Art. 31 WAbk.** Der Hinweis auf Art. 18 1 Abs. 4 in Art. 38 Abs. 1 dient lediglich der Klarstellung.[2] Es wird deutlich gemacht, dass das Übereinkommen in **Ausnahmefällen** auch auf Beförderungen Anwendung findet, die nicht durch ein Luftfahrzeug erfolgen. Die Vorschrift des **Art. 38 Abs. 1** bezweckt die **Abgrenzung** des sachlichen Anwendungsbereichs des internationalen Lufttransportrechts vom Recht der anderen **Verkehrsträger** (Beförderung zu Lande, zur See oder auf Binnengewässern).[3]

II. Anwendungsbereich des Abs. 1

Die Anwendung des **Art. 38 Abs. 1** erfordert die **anfängliche Vereinbarung,** dass die **Gesamt- 2 beförderung** mit unterschiedlichen Verkehrsmitteln durchgeführt werden soll. Die Gesamtbeförderung muss auch tatsächlich im kombinierten Verkehr **(multimodal)** erfolgen und eine Teilstrecke muss mit einem **Luftfahrzeug** ausgeführt worden sein.[4] Wird also bei einem **einheitlichen** Frachtvertrag über eine Luftbeförderung vertragsgemäß ein Teil des Transports mit einem anderen Verkehrsmittel ausgeführt, so erstrecken sich die **Vorschriften des Montrealer Übereinkommens** nach Art. 38 Abs. 1 grundsätzlich allein auf den Luftbeförderungsabschnitt und nicht auch auf die **Gesamtbeförderung.**[5] Denn die Parteien des Beförderungsvertrags sind nicht befugt, den Vertrag durch Vereinbarung einem bestimmten Regime zu unterstellen, wenn das **kraft Gesetzes** einschlägige Transportrecht nicht vollständig dispositiver Natur ist. Das bedeutet, die Parteien können nicht vereinbaren, dass für einen grenzüberschreitenden Transport per LKW das Montrealer Übereinkommen gelten soll. Das wird sowohl durch **Art. 1 iVm Art. 41 Abs. 1 CMR** als auch durch **Art. 1 Abs. 1** ausgeschlossen. Gleiches gilt umgekehrt: die Parteien können nicht wirksam ver-

---

[1] *Koller* Rn. 1.
[1*] **Amtl. Anm.:** Für die Schweiz: vorbehältlich.
[2] Giemulla/Schmid/*Müller-Rostin* Rn. 1; *Koller,* 7. Aufl. 2010, Rn. 1.
[3] *Reuschle* Rn. 1; MüKoHGB/*Ruhwedel* Rn. 1.
[4] BGH Urt. v. 17.5.1989 – I ZR 211/87, NJW 1990, 639 (640) = TranspR 1990, 19; OLG Hamburg Urt. v. 24.10.1991 – 6 U 103/91, TranspR 1992, 66 = ZLW 1993, 307; *Reuschle* Rn. 4; MüKoHGB/*Ruhwedel* Rn. 6 f.
[5] Vgl. BGH Urt. v. 10.5.2012 – I ZR 109/11, RdTW 2013, 58 Rn. 18 = TranspR 2012, 466; nachfolgend → Rn. 24 aber missverständlich; s. auch OLG Karlsruhe Urt. v. 18.5.2011 – 15 U 23/10, TranspR 2011, 382 (384); Giemulla/Schmid/*Müller-Rostin* Rn. 4; *Reuschle* Rn. 4.

einbaren, dass eine Beförderung per Luftfahrzeug nach den Bestimmungen der **CMR** abgewickelt werden soll.[6]

3   Etwas anderes gilt dann, wenn der Luftfrachtführer **abredewidrig** ganz oder teilweise **andere Verkehrsmittel** als das Luftfahrzeug einsetzt. Für diesen Fall bestimmt **Art. 18 Abs. 4 S. 3,** dass diese Art der Beförderung „als innerhalb des Zeitraums der Luftbeförderung ausgeführt" gilt. Konsequenz der in **Art. 18 Abs. 4 S. 3** enthaltenen Regelung ist, dass der vertragswidrig handelnde Luftfrachtführer nicht mehr die Haftungsordnung des tatsächlich eingesetzten Beförderungsmittels gegen sich gelten lassen muss. Er wird damit letztlich **besser gestellt** als derjenige Frachtführer, der vereinbarungsgemäß ein anderes Verkehrsmittel als ein Luftfahrzeug benutzt. Dazu, wie dieser **Wertungswiderspruch** korrigiert werden kann, → Art. 18 Rn. 24.

4   Das **Übereinkommen** unterscheidet nicht (anders noch in der Vorauflage) zwischen einer vereinbarten **Multimodalbeförderung** und **Zubringerdiensten,** die im Zusammenhang mit der Verladung, der Ablieferung oder Umladung des Gutes erfolgen.[7] Bei den Zubringerdiensten handelt es sich um gleichwertige Bestandteile einer gemischten Beförderung.[8] Ihnen kommt allerdings lediglich eine **Hilfsfunktion** in Bezug auf die Luftbeförderung zu.[9] Für die **Zubringerdienste** enthält Art. 18 Abs. 4 S. 2 eine **Beweislastumkehr.**[10] Steht allerdings fest, dass der Schaden bei Ausführung eines Zubringerdienstes entstanden ist, kommt die Beweisregel nicht zur Anwendung.[11] Der Luftfrachtführer haftet dann nach dem für das **eingesetzte Beförderungsmittel** geltenden Haftungsregime.[12]

III. Bedeutung des Abs. 2

5   Die **Vorschrift des Art. 38 Abs. 2** ermöglicht die Aufnahme von **Bedingungen** in den Luftbeförderungsvertrag, die für einen Beförderungsabschnitt gelten, der nicht mit einem Luftfahrzeug, sondern mit einem anderen Verkehrsmittel ausgeführt wird. Dabei müssen aber die für die Luftbeförderung zwingend geltenden **Haftungstatbestände des Übereinkommens** beachtet werden. Die Aufnahme der Bedingungen in den Luftbeförderungsvertrag darf nicht zu einer **Einschränkung** der zwingenden Vorschriften des Übereinkommens führen. Sofern das doch der Fall ist, hat dies die **Unwirksamkeit** der betreffenden Bedingung zur Folge.[13]

6   Die Vorschrift des **Art. 38 Abs. 2** gilt nur für die Fallgestaltung, dass die Parteien den Einsatz verschiedener Verkehrsmittel von vornherein vereinbart haben und nicht für den Fall einer **vertragswidrigen** Ersatzbeförderung.[14]

Kapitel V. Luftbeförderung durch einen anderen als den vertraglichen Luftfrachtführer

Art. 39 Vertraglicher Luftfrachtführer – Ausführender Luftfrachtführer

[1]Dieses Kapitel gilt, wenn eine Person (im Folgenden als „vertraglicher Luftfrachtführer" bezeichnet) mit einem Reisenden oder einem Absender oder einer für den Reisenden oder den Absender handelnden Person einen diesem Übereinkommen unterliegenden Beförderungsvertrag geschlossen hat und eine andere Person (im Folgenden als „ausführender Luftfrachtführer" bezeichnet) aufgrund einer Vereinbarung mit dem vertraglichen Luftfrachtführer berechtigt ist, die Beförderung ganz oder zum Teil auszuführen, ohne dass es sich hinsichtlich dieses Teiles um eine aufeinander folgende Beförderung im Sinne dieses Übereinkommens handelt. [2]Die Berechtigung wird bis zum Beweis des Gegenteils vermutet.

Schrifttum: S. Vor Art. 1; ferner: *Bachem,* Code-Sharing im internationalen Luftverkehr, 2003; *Giemulla/Van Schyndel,* Rechtsprobleme des „Code-Sharing", TranspR 1997, 253; *Müller-Rostin,* Haftung und Versicherung beim Code-Sharing, NZV 2002, 68; *Walther,* Der ausführende Luftfrachtführer und seine Haftung nach dem Zusatz-

---

[6] *Koller* TranspR 2013, 14 (15); *Freise* TranspR 2012, 1 (10 f.); *Ramming* RdTW 2013, 63 (65 f.); Insoweit gibt das Urteil des BGH v. 10.5.2012 – I ZR 109/11, RdTW 2013, 58 = TranspR 2012, 466 Rn. 24 zumindest Anlass zu Missverständnissen.

[7] Giemulla/Schmid/*Müller-Rostin* Rn. 8; *Reuschle* Rn. 7.

[8] BGH Urt. v. 24.2.2011 – I ZR 91/10, TranspR 2011, 436 (439); Giemulla/Schmid/*Müller-Rostin* Rn. 7.

[9] BGH Urt. v. 10.5.2012 – I ZR 109/11, RdTW 2013, 58 Rn. 18 = TranspR 2012, 466; bei Rn. 24 allerdings missverständlich; s. auch OLG Karlsruhe Urt. v. 18.5.2011 – 15 U 23/10, TranspR 2011, 382 (384); Giemulla/Schmid/*Müller-Rostin* Rn. 4; *Reuschle* Rn. 4.

[10] *Reuschle* Rn. 7; Giemulla/Schmid/*Müller-Rostin* Rn. 7.

[11] BGH Urt. v. 10.5.2012 – I ZR 109/11, RdTW 2013, 58 Rn. 28 = TranspR 2012, 466.

[12] *Reuschle* Rn. 9 f.

[13] Giemulla/Schmid/*Müller-Rostin* Rn. 10; *Guldimann* WAbkArt. 31 Rn. 10.

[14] *Reuschle* Rn. 10; Giemulla/Schmid/*Müller-Rostin* Rn. 12.

abkommen vom 18. September 1961 zum Warschauer Abkommen zur Vereinheitlichung von Regeln über die von einem anderen als dem vertraglichen Luftfrachtführer ausgeführte Beförderung im internationalen Luftverkehr, 1968.

Parallelvorschrift: Art. I ZAG.

I. Allgemeines

1. Normzweck. Die Vorschrift des Art. 39 enthält **Begriffsbestimmungen** („vertraglicher Luftfrachtführer" und „ausführender Luftfrachtführer"). Darüber hinaus wird in Art. 39 ff. die **haftungsrechtliche Gleichbehandlung** von vertraglichem und ausführendem Luftfrachtführer klargestellt (s. insbesondere Art. 40). Dadurch stellt sich für den geschädigten Anspruchsteller nicht mehr das Problem, den **„richtigen Anspruchsgegner"** herauszufinden zu müssen.[1]

2. Entstehungsgeschichte. Die Vorschrift des **Art. 39** geht auf **Art. I** des **Zusatzabkommens von Guadalajara** vom 18.9.1961 **(ZAG)** zurück, in dem die Begriffe „vertraglicher" und „ausführender" Luftfrachtführer bereits definiert sind. Bis zur Verabschiedung des **ZAG** war heftig umstritten, ob der Vertragspartner des Absenders/Reisenden oder aber derjenige, der die Beförderung tatsächlich ausgeführt hat, als **haftender Luftfrachtführer** zu behandeln war.[2] Diese Problematik ist nunmehr endgültig durch die Regelungen in **Art. 39 ff.** geklärt.

II. Definitionen

1. Vertraglicher Luftfrachtführer. Nach der **Definition** des **Art. 39 S. 1** ist **„vertraglicher Luftfrachtführer"** diejenige Person, die mit dem Reisenden/Absender oder dessen Vertreter einen Beförderungsvertrag abschließt, der den Vorschriften des Montrealer Übereinkommens unterliegt. Der abgeschlossene **Beförderungsvertrag** muss also sämtliche in **Art. 1** genannten Voraussetzungen erfüllen.[3] Entscheidend ist die vertragliche Verpflichtung im eigenen Namen. Dabei müssen die **vertragsschließenden Parteien** nicht selbst handeln, sondern können sich durch Dritte vertreten lassen.[4] Die Verpflichtung im eigenen Namen bedeutet nicht, dass die Transportleistung von dem vertraglichen Luftfrachtführer **höchstpersönlich** erbracht werden muss.[5]

Vertraglicher Luftfrachtführer ist nur derjenige, der sich im eigenen Namen zur Erbringung der vertraglich vereinbarten Transportleistung verpflichtet hat. Daher werden **Vertreter** oder **Angestellte** (Leute) des Luftfrachtführers ebenso wenig vom Luftfrachtführerbegriff erfasst wie **Agenten**, **Reisebüros**, **Reiseveranstalter** oder **Spediteure**, die im Allgemeinen nur als **Vermittler** der Beförderungsleistung tätig werden.[6] Etwas anderes gilt allerdings dann, wenn sie sich selbst zur Durchführung der Beförderung verpflichtet haben. Ob dies anzunehmen ist, hängt von der konkreten Vertragsgestaltung ab, die aus der **Sicht eines objektiven Dritten** zu beurteilen ist. **Spediteure**, die nach Maßgabe der §§ 458–460 HGB tätig werden, haben in Bezug auf die Beförderung die Rechte und Pflichten eines **Frachtführers**. Sie erfüllen damit auch die an einen vertraglichen Luftfrachtführer zu stellenden Voraussetzungen, da sie sich (auch) zur Erbringung der **Transportleistung** verpflichten.[7]

2. Ausführender Luftfrachtführer. Der Begriff des **„ausführenden Luftfrachtführers"** wird in **Art. 39 S. 1** in der Weise umschrieben, dass es sich dabei um **„eine andere Person"** handelt, die auf Grund einer Vereinbarung mit dem vertraglichen Luftfrachtführer berechtigt ist, die Beförderung ganz oder teilweise auszuführen. Aus dieser Definition ergibt sich, dass der **ausführende Luftfrachtführer** die **Transportleistung** nicht auf Grund eines Vertrages mit dem Reisenden/Absender erbringt, sondern auf Grund von **Abreden** mit dem **vertraglichen Luftfrachtführer** tätig wird.[8] Der ausführende Luftfrachtführer muss – ebenso wie der vertragliche Luftfrachtführer – **Beförderer** und nicht lediglich **Vermieter** des Luftfahrzeugs sein.[9]

Der von dem vertraglichen Luftfrachtführer zu unterscheidende ausführende Luftfrachtführer muss die **Beförderung** auch tatsächlich **„ausführen"**, dh real bewirken.[10] Dafür ist maßgeblich, dass der betreffende Luftfrachtführer Halter des Luftfahrzeugs ist und damit **gewerbsmäßig** Personen oder

---

[1] *Reuschle* Rn. 1.

[2] *Reuschle* Rn. 2.

[3] Giemulla/Schmid/*Dettling-Ott* Rn. 6.

[4] *Reuschle* Rn. 3 f.; MüKoHGB/*Kronke,* 1. Aufl. 1997, ZAG Art. I Rn. 11; *Koller* ZAG Art. I Rn. 3; *Guldimann* ZAG Art. I Rn. 5.

[5] BGH Urt. v. 24.6.1969 – VI ZR 45/67, BGHZ 52, 194 (198) = ZLW 1970, 199; *Reuschle* Art. 39 Rn. 3; *Koller* ZAG Art. I Rn. 3.

[6] *Reuschle* Art. 39 Rn. 6; *Koller* ZAG Art. I Rn. 3; MüKoHGB/*Kronke* ZAG Art. I Rn. 15.

[7] *Reuschle* Art. 39 Rn. 6; *Koller* ZAG Art. I Rn. 3.

[8] Giemulla/Schmid/*Dettling-Ott* Rn. 16; *Reuschle* Rn. 11; MüKoHGB/*Kronke* ZAG Art. I Rn. 12.

[9] *Koller* ZAG Art. I Rn. 4.

[10] *Reuschle* Rn. 12; Giemulla/Schmid/*Dettling-Ott* Rn. 18 f.; *Walther,* Der ausführende Luftfrachtführer und seine Haftung nach dem Zusatzabkommen vom 18. September 1961 zum Warschauer Abkommen zur Vereinheitlichung von Regeln über die von einem anderen als dem vertraglichen Luftfrachtführer ausgeführte Beförderung im internationalen Luftverkehr, 1968, 41.

Sachen befördert. Es kommt nicht darauf an, dass der Luftfrachtführer die Beförderung auf der **gesamten Strecke** selbst zu verantworten hat.[11]

7   Für die Beurteilung der Frage, wer **„ausführender Luftfrachtführer"** ist, sind die **Eigentumsverhältnisse** am Luftfahrzeug ohne Bedeutung. Die haftungsrechtliche Gleichbehandlung von vertraglichem und ausführendem Luftfrachtführer beruht auf dem Umstand, dass durch die Benutzung eines Luftfahrzeugs ein **Risiko** geschaffen wird, für welches das **Montrealer Übereinkommen** die Haftung regelt. Maßgebliches Kriterium für die Haftung des ausführenden Luftfrachtführers ist daher die **Betriebsgefahr**.[12]

8   Da der ausführende Luftfrachtführer die Beförderung tatsächlich mit oder ohne Hilfspersonen **bewirken** muss, zählen **Unterfrachtführer,** die ihrerseits einen Luftfrachtführer beauftragen, nicht zu den ausführenden Luftfrachtführern iSd **Art. 39 S. 1**.[13]

III. Abgrenzung zu anderen Personen

9   **1. Nachfolgender Luftfrachtführer.** Der **„nachfolgende Luftfrachtführer"** iSd **Art. 36 Abs. 1** ist kein **„ausführender Luftfrachtführer"** iSd **Art. 39 S. 1.** Einer solchen Annahme steht entgegen, dass die Einschaltung eines nachfolgenden Luftfrachtführers nach dem Willen der Parteien des Luftbeförderungsvertrags von vornherein vorgesehen ist. Der **nachfolgende Luftfrachtführer** schuldet dem Reisenden/Absender die Beförderungsleistung selbst. Das ist bei einem ausführenden Luftfrachtführer nicht der Fall. Dieser wird auf Grund einer Ermächtigung mit dem **vertraglichen Luftfrachtführer** tätig und hat sich dementsprechend nicht gegenüber dem Reisenden/Absender direkt verpflichtet.[14]

10   **2. „Leute" des Luftfrachtführers.** Die **„Leute"** des vertraglichen Luftfrachtführers zählen nicht zu den **ausführenden Luftfrachtführern** iSd **Art. 39 S. 1,** selbst wenn sie in die tatsächliche Beförderung des Frachtguts auf dem Luftweg eingeschaltet sind.[15] Diese Annahme ergibt sich zwar nicht unmittelbar aus **Art. 39 S. 1.** Sie folgt aber im Ergebnis aus **Art. 40,** in dem zwischen der Haftung des vertraglichen Luftfrachtführers für die Gesamtbeförderung und der Verantwortlichkeit des ausführenden Luftfrachtführers für die von ihm durchgeführte **Teilstrecke** unterschieden wird.[16] Zu den **„Leuten" des vertraglichen Luftfrachtführers** zählen die auf Grund eines Anstellungsvertrags bei ihm beschäftigten Personen. Ob darüber hinaus alle Personen, die in irgendeiner Weise an der **Erfüllung** des Beförderungsvertrags mitwirken, von dem **„Leutebegriff"** umfasst werden, ist zumindest zweifelhaft. Denn dann bliebe für die Rechtsfigur des ausführenden Luftfrachtführers möglicherweise kein Raum mehr.[17]

IV. Vereinbarungen zwischen vertraglichem und ausführendem Luftfrachtführer

11   Der **ausführende Luftfrachtführer** wird auf Grund einer vertraglichen Abrede ermächtigt, die Beförderung ganz oder zum Teil auszuführen. Die vertragliche Vereinbarung wird zwar häufig zwischen dem vertraglichen und dem ausführenden Luftfrachtführer erfolgen. **Zwingend** ist dies jedoch nicht. Der **unverbindliche deutsche Wortlaut** von **Art. 39 S. 1** ist ungenau. Nach den maßgeblichen französischen und englischen Originalfassungen des Art. 39 genügt eine **Ermächtigung**.[18] Entscheidend ist, dass der vertragliche Luftfrachtführer mit der Durchführung der Beförderung durch den ausführenden Luftfrachtführer einverstanden ist. Ein solches **Einverständnis** kann sich auch aus einem **konkludenten Verhalten** des vertraglichen Luftfrachtführers ergeben. Ein **ausdrücklicher Auftrag** des vertraglichen Luftfrachtführers ist jedenfalls nicht erforderlich.[19]

12   Gemäß **Art. 39 S. 2** wird die **Berechtigung** des ausführenden Luftfrachtführers bis zum **Beweis des Gegenteils** vermutet. Hierbei handelt es sich um eine **Beweislastregel** zugunsten des Anspruchstellers, der andernfalls die Voraussetzungen von Art. 39 S. 1 zu beweisen hätte. Der geschädigte Anspruchsteller muss daher zur schlüssigen Begründung seiner Ansprüche aus **Art. 40 und Art. 41** nur darlegen und gegebenenfalls beweisen, dass er eine dem Übereinkommen unterfallende Beförderung mit dem **vertraglichen Luftfrachtführer** vereinbart hat, dass dieser die Beförderung nicht insgesamt selbst ausgeführt hat und dass ihm im Zusammenhang mit der Beförderung seitens eines anderen Luftfrachtführers ein **Schaden entstanden** ist.[20]

---

[11] *Reuschle* Rn. 13; Giemulla/Schmid/*Dettling-Ott* Rn. 18 f.; aA *Guldimann* ZAG Art. I Rn. 16.

[12] Giemulla/Schmid/*Dettling-Ott* Rn. 25; *Reuschle* Rn. 13.

[13] *Koller* ZAG Art. I Rn. 4.

[14] *Reuschle* Rn. 21; Giemulla/Schmid/*Dettling-Ott* Rn. 27 f.; MüKoHGB/*Kronke* ZAG Art. I Rn. 14.

[15] *Reuschle* Rn. 22; Giemulla/Schmid/*Dettling-Ott* Rn. 29 f.; MüKoHGB/*Kronke* ZAG Art. I Rn. 15.

[16] *Reuschle* Rn. 22; *Guldimann* ZAG Art. I Rn. 10; *Ruhwedel* Der Luftbeförderungsvertrag Rn. 589.

[17] *Reuschle* Rn. 22; *Guldimann* ZAG Art. I Rn. 10.

[18] *Reuschle* Rn. 16; *Koller* ZAG Art. I Rn. 6.

[19] *Reuschle* Rn. 16; *Koller* ZAG Art. I Rn. 6.

[20] *Reuschle* Rn. 19; Giemulla/Schmid/*Dettling-Ott* Rn. 36.

V. Verhältnis zwischen Absender und ausführendem Luftfrachtführer

Der **ausführende Luftfrachtführer** darf mit dem **Absender** keinen eigenen Luftfrachtvertrag 13 abgeschlossen haben. Ebenso wenig darf er mit dem Absender als **nachfolgender Luftfrachtführer** (**Art. 36 Abs. 1**) verbunden sein.[21] Der ausführende Luftfrachtführer braucht den Vertrag, den der Absender mit dem vertraglichen Luftfrachtführer abgeschlossen hat, nicht zu kennen. Er muss lediglich wissen, dass er Frachtgut auf Grund von Verträgen befördern soll, die der **vertragliche Luftfrachtführer** abgeschlossen hat.[22]

Art. 40 Haftung des vertraglichen und des ausführenden Luftfrachtführers

Führt ein ausführender Luftfrachtführer eine Beförderung, die nach dem in Artikel 39 genannten Beförderungsvertrag diesem Übereinkommen unterliegt, ganz oder zum Teil aus, so unterstehen, soweit dieses Kapitel nichts anderes bestimmt, sowohl der vertragliche Luftfrachtführer als auch der ausführende Luftfrachtführer den Vorschriften dieses Übereinkommens, der erstgenannte für die gesamte im Vertrag vorgesehene Beförderung, der zweitgenannte nur für die Beförderung, die er ausführt.

Schrifttum: S. Vor Art. 1 und bei Art. 39.

Parallelvorschrift: Art. II ZAG.

I. Allgemeines

Die Vorschrift des **Art. 40** entspricht **Art. II ZAG**, der – abgesehen von einigen unmaßgeblichen 1 sprachlichen Änderungen – in das Montrealer Übereinkommen übernommen worden ist.

Durch **Art. 40** wird dem **geschädigten Anspruchsteller,** der im Allgemeinen keinen näheren 2 Einblick in die Abwicklung des erteilten Beförderungsauftrags hat und auch die Abreden zwischen den beteiligten Luftfrachtführern nicht kennt, das Herausfinden des „**richtigen" Anspruchsgegners** ganz erheblich erleichtert. Die Vorschrift stellt klar, dass der vertragliche und der ausführende Luftfrachtführer **haftungsrechtlich** gleich zu behandeln sind, obwohl zwischen dem Auftraggeber des vertraglichen Luftfrachtführers und dem ausführenden Luftfrachtführer keine direkten vertraglichen Beziehungen bestehen. Erst auf Grund der Regelungen in **Art. 40** wird der ausführende Luftfrachtführer zum „**Quasi-Vertragspartner"** des Absenders.[1]

II. Regelungsbereich der Vorschrift

Nach **Art. 40** werden sowohl der vertragliche als auch der ausführende Luftfrachtführer dem 3 **Haftungsregime** des Montrealer Übereinkommens unterstellt, wobei der vertragliche Luftfrachtführer für die Gesamtstrecke und der ausführende Luftfrachtführer für die von ihm übernommene **Teilstrecke** verantwortlich ist. Dem geschädigten Absender stehen damit **zwei Schuldner** zur Verfügung, gegen die er **Ansprüche** geltend machen kann.

Die Anwendung des **Art. 40** erfordert, dass der zwischen dem Absender und seinem Auftragnehmer 4 geschlossene Gesamtbeförderungsvertrag den Bestimmungen des Montrealer Übereinkommens unterworfen ist.[2] Ob dies der Fall ist, beurteilt sich nach **Art. 1**. Bei der von dem ausführenden Luftfrachtführer vorgenommenen **Teilstreckenbeförderung** braucht es sich dagegen nicht um eine **internationale Beförderung** im Sinne des Montrealer Übereinkommens zu handeln.[3]

Zu beachten ist der Hinweis in **Art. 40**, dass die Vorschrift nur zur Anwendung kommt, „soweit im 5 **Kapitel V** nichts anderes bestimmt ist". Damit wird auf die Sonderregelungen in **Art. 42** und **Art. 46** verwiesen, die das **Beanstandungs- und Weisungsrecht** sowie den Gerichtsstand betreffen.[4]

III. Rechtsfolgen

In Bezug auf den **vertraglichen Luftfrachtführer** bestätigt **Art. 40** lediglich eine Selbstverständ 6 lichkeit: Er unterliegt für den **gesamten** vertraglich vereinbarten Transport den Bestimmungen des Montrealer Übereinkommens. Die Regelungen im **Kapitel V** lassen die Rechte und Pflichten des

---

[21] *Koller* ZAG Art. I Rn. 5.

[22] Giemulla/Schmid/*Dettling-Ott* Rn. 39.

[1] *Reuschle* Rn. 1; Giemulla/Schmid/*Dettling-Ott* Rn. 5; MüKoHGB/*Kronke*, 1. Aufl. 1997, ZAG Art. II Rn. 1; *Ruhwedel* Der Luftbeförderungsvertrag Rn. 608, 621.

[2] Giemulla/Schmid/*Dettling-Ott* Rn. 5; *Reuschle* Rn. 3; MüKoHGB/*Kronke* ZAG Art. II Rn. 2; *Koller*, 7. Aufl. 2010, ZAG Art. II Rn. 2.

[3] *Reuschle* Rn. 3; *Koller* ZAG Art. II Rn. 3.

[4] MüKoHGB/*Kronke* ZAG Art. II Rn. 3; *Reuschle* Rn. 4, wo allerdings – wohl versehentlich – ein Verweis auf Art. 44 anstatt auf Art. 42 genannt wird.

vertraglichen Luftfrachtführers – abgesehen von Art. 41 – unberührt. Maßgeblich sind die im Beförderungsvertrag getroffenen Abreden, soweit diese nicht durch zwingende Vorschriften des Übereinkommens **(Art. 49)** und Bestimmungen des ergänzend anwendbaren **nationalen Rechts** überlagert oder ergänzt werden.[5]

7   Der **tatsächlich ausführende** Luftfrachtführer ist nur für **seinen Beförderungsabschnitt** verantwortlich. Er haftet dem Auftraggeber des vertraglichen Luftfrachtführers lediglich als „**Quasi-Vertragspartner**" (→ Rn. 2). Das bedeutet, dass es sich bei der Verantwortlichkeit des ausführenden Luftfrachtführers um eine **Deliktshaftung** handelt.[6] Daraus folgt wiederum, dass der Reisende/Absender den ausführenden Luftfrachtführer gestützt auf **Art. 40** nur in Anspruch nehmen kann, wenn das Montrealer Übereinkommen überhaupt anwendbar ist, und wenn die Voraussetzungen der **Art. 17 ff.** erfüllt sind.[7] **Vertragsbezogene Schadensersatzansprüche**, beispielsweise aus **§§ 280 ff. BGB**, können gegen den ausführenden Luftfrachtführer wegen Fehlens einer vertraglichen Verbindung zum Reisenden/Absender von diesen nicht mit Erfolg erhoben werden.[8] Der ausführende Luftfrachtführer braucht für **Güter- und Güterverspätungsschäden** – ebenso wie der vertragliche Luftfrachtführer – gem. **Art. 22 Abs. 3** nur bis zu einem Höchstbetrag von **19 SZR/kg** zu haften. Sofern der vertragliche Luftfrachtführer seine Haftung auf Grund einer „Vereinbarung" **(Art. 25)** erweitert hat oder dazu wegen einer **Wertdeklaration (Art. 22 Abs. 3)** verpflichtet ist, ist der ausführende Luftfrachtführer daran erst ab dem Zeitpunkt gebunden, zu dem er seine Zustimmung dazu erteilt hat **(Art. 41 Abs. 2)**[9] Ebenso wie dem vertraglichen Luftfrachtführer stehen dem ausführenden Luftfrachtführer auch die Einwände und Rechte gem. **Art. 18 Abs. 2** und **Art. 20** zu.[10]

8   Zu **beachten** ist, dass die Vorschriften des Übereinkommens gem. **Art. 1 Abs. 4** grundsätzlich auch für die Beförderungen nach **Kapitel V** gelten. Dementsprechend ist der ausführende Luftfrachtführer auch zur **Ausstellung von Beförderungsdokumenten** verpflichtet.[11] Gemäß Art. 13 Abs. 2 muss der ausführende Luftfrachtführer die **Ankunft des Gutes** anzeigen. **Weisungen** nach **Art. 12** sind gem. **Art. 42 S. 2** nur wirksam, wenn sie an den vertraglichen Luftfrachtführer gerichtet werden. Dementsprechend haftet dieser auch allein nach **Art. 12 Abs. 3**. Die Vorschrift des **Art. 41 Abs. 2** findet keine Anwendung.[12] Für die **Güter- und Verspätungsschäden**, die während der Obhutszeit des ausführenden Luftfrachtführers verursacht wurden, hat dieser nach **Art. 18** und **Art. 19** einzustehen. Dabei muss sich der ausführende Luftfrachtführer das Verhalten des vertraglichen Luftfrachtführers gem. **Art. 41 Abs. 2 S. 2** nur eingeschränkt zurechnen lassen.[13] Die **Ausschlussfrist** des Art. 35 läuft für jeden Luftfrachtführer gesondert.[14]

Art. 41 Wechselseitige Zurechnung

(1) **Die Handlungen und Unterlassungen des ausführenden Luftfrachtführers und seiner Leute, soweit diese in Ausführung ihrer Verrichtungen handeln, gelten bezüglich der von dem ausführenden Luftfrachtführer ausgeführten Beförderung auch als solche des vertraglichen Luftfrachtführers.**

(2) [1] **Die Handlungen und Unterlassungen des vertraglichen Luftfrachtführers und seiner Leute, soweit diese in Ausführung ihrer Verrichtungen handeln, gelten bezüglich der von dem ausführenden Luftfrachtführer ausgeführten Beförderung auch als solche des ausführenden Luftfrachtführers.** [2] **Der ausführende Luftfrachtführer kann jedoch durch solche Handlungen oder Unterlassungen einer Haftung unterworfen werden, welche die in den Artikeln 21, 22, 23 und 24 genannten Beträge übersteigt.** [3] **Eine besondere Vereinbarung, wonach der vertragliche Luftfrachtführer Verpflichtungen eingeht, die nicht durch dieses Übereinkommen auferlegt werden, oder ein Verzicht auf Rechte oder Einwendungen nach diesem Übereinkommen oder eine betragsmäßige Angabe des Interesses an der Lieferung nach Artikel 22 ist gegenüber dem ausführenden Luftfrachtführer nur mit seiner Zustimmung wirksam.**

Schrifttum: S. Vor Art. 1 und bei Art. 39.

Parallelvorschriften: Art. III ZAG; Art. 27 § 4 CIM; § 437 HGB.

---

[5] *Reuschle* Rn. 5; *Koller* ZAG Art. II Rn. 4.
[6] Giemulla/Schmid/*Dettling-Ott* Rn. 5; *Reuschle* Rn. 6.
[7] Giemulla/Schmid/*Dettling-Ott* Rn. 5; *Reuschle* Rn. 6.
[8] *Reuschle* Rn. 6; *Ruhwedel* Der Luftbeförderungsvertrag Rn. 609; MüKoHGB/*Kronke* ZAG Art. II Rn. 6.
[9] MüKoHGB/*Ruhwedel* Rn. 7.
[10] MüKoHGB/*Ruhwedel* Rn. 7.
[11] *Reuschle* Rn. 7.
[12] *Koller* ZAG Art. II Rn. 8; *Reuschle* Rn. 8.
[13] *Koller* ZAG Art. II Rn. 10; *Reuschle* Rn. 9.
[14] *Koller* ZAG Art. II Rn. 12.

I. Allgemeines

Durch **Art. 41** werden der vertragliche und der ausführende Luftfrachtführer grundsätzlich einer **1** **solidarischen Haftung** unterstellt.[1] Das erleichtert dem **geschädigten Anspruchsteller** die Geltendmachung seiner Schadensersatzansprüche. Die Haftung des vertraglichen Luftfrachtführers für die **gesamte Beförderung** erspart dem Geschädigten zudem den Nachweis, welcher der beiden Luftfrachtführer den Schaden verursacht hat. Beide Luftfrachtführer müssen grundsätzlich auch für Handlungen der „**Leute**" des jeweils **anderen Luftfrachtführers** einstehen, wenn diese „in Ausführung ihrer Verrichtungen" einen Schaden verursacht haben.

Die Vorschrift entspricht **Art. III ZAG**, der inhaltlich unverändert in das **Montrealer Überein-** **2** **kommen** übernommen wurde.

II. Einstandspflicht des vertraglichen Luftfrachtführers (Abs. 1)

Die Vorschrift des **Art. 41 Abs. 1** bestimmt, dass der vertragliche Luftfrachtführer auch für das **3** Handeln der von ihm eingesetzten **Hilfspersonen** (ausführender Luftfrachtführer und dessen Leute) haften muss. Das ergibt sich an sich schon aus **Art. 19.** Zu den „Leuten" des ausführenden Luftfrachtführers gehören alle Personen, die der Luftfrachtführer im Rahmen der Erbringung der von ihm geschuldeten Beförderungsleistung einsetzt.[2] *Wegen* der Einzelheiten wird auf die Erläuterungen zu → Art. 19 Rn. 15 und → Art. 30 Rn. 3 ff. verwiesen.

III. Einstandspflicht des ausführenden Luftfrachtführers (Abs. 2)

Von den Regelungen in **Art. 41 Abs. 2** ist insbesondere der **Satz 2** von Bedeutung, in dem die **4** **Zurechnung** des Handelns des vertraglichen Luftfrachtführers und seiner Leute **zu Lasten des ausführenden Luftfrachtführers** insoweit begrenzt wird, als seine Haftung auf die in Art. 21, 22, 23 und 24 genannten Beträge beschränkt wird (s. dazu schon die Ausführungen in → Art. 40 Rn. 7). Gemäß Art. 41 S. 3 braucht sich der ausführende Luftfrachtführer **besondere Vereinbarungen** des vertraglichen Luftfrachtführers, mit denen dieser **zusätzliche** Pflichten, Lasten und Gefahren übernommen hat, nicht zurechnen zu lassen. Etwas anderes gilt nur dann, wenn der ausführende Luftfrachtführer seine **Zustimmung** dazu erteilt hat. Die Zustimmung bedarf **keiner Form** und kann auch noch nachträglich erklärt werden.[3]

IV. Gesamtschuld

Der **ausführende** und der **vertragliche Luftfrachtführer** haften als **Gesamtschuldner.** Soweit **5** das Montrealer Übereinkommen keine konkrete Regelung enthält – hier ist **Art. 44** zu beachten –, sind nach dem ergänzend anwendbaren nationalen Recht die Vorschriften über die **Gesamtschuld-** **nerschaft**, bei Geltung des deutschen Rechts (s. Art. 3 und 5 Rom I-VO) also die **§§ 421 ff. BGB**, maßgeblich.[4]

Art. 42 Beanstandungen und Weisungen

[1] **Beanstandungen oder Weisungen, die nach diesem Übereinkommen gegenüber dem Luftfrachtführer zu erklären sind, werden wirksam, gleichviel ob sie an den vertraglichen Luftfrachtführer oder an den ausführenden Luftfrachtführer gerichtet werden.** [2] **Die Weisungen nach Artikel 12 werden jedoch nur wirksam, wenn sie an den vertraglichen Luftfrachtführer gerichtet werden.**

Schrifttum: S. Vor Art. 1.

Parallelvorschrift: Art. IV ZAG.

I. Allgemeines

Die **Vorschrift** dient den berechtigten **Belangen des Auftraggebers** des Luftfrachtführers. Betei- **1** ligen sich – was oftmals der Fall ist – an der Erbringung der geschuldeten Transportleistung **mehrere Luftfrachtführer,** kann es für den Reisenden/Absender mit erheblichen Schwierigkeiten verbunden sein, den **richtigen Adressaten** für Beanstandungen und/oder Weisungen herauszufinden. Diese Suche wird dem Beförderungs- und Ersatzberechtigten durch **Art. 42** wesentlich erleichtert, indem **Satz 1** der Bestimmung vorschreibt, dass die nach dem Montrealer Übereinkommen vorgesehenen

---

[1] *Giemulla/Schmid/Dettling-Ott* Rn. 1.
[2] *Reuschle* Rn. 5; s. auch die Darlegungen zu → Art. 19 Rn. 15.
[3] *Reuschle* Rn. 9.
[4] *Koller* ZAG Art. III Rn. 4; *Reuschle* Rn. 10.

Beanstandungen und Weisungen grundsätzlich mit gleicher Wirkung sowohl an den vertraglichen als auch an den ausführenden Luftfrachtführer gerichtet werden können.

2   Die Regelungen gem. **Art. 42** gehen auf **Art. IV ZAG** zurück, der inhaltlich unverändert in das Montrealer Übereinkommen übernommen worden ist.

II. Anwendungsbereich

3   Mit „**Beanstandungen**" und „**Weisungen**" gem. Art. 42 S. 1 sind die **Schadensanzeige** nach **Art. 31** sowie die Erklärungen gemeint, die der **Empfänger** gem. **Art. 13** zur Wahrung seiner Rechte abgeben muss.[1] Weisungen, die der Absender im Zusammenhang mit der Ausübung seines Verfügungsrechts gem. **Art. 12** erteilt, sind nach **Art. 42 S. 2** ausdrücklich vom Anwendungsbereich des Satzes 1 der Vorschrift ausgenommen. Derartige Weisungen können nur wirksam an den **vertraglichen Luftfrachtführer** gerichtet werden.

4   Das **Innenverhältnis** zwischen dem vertraglichen und dem ausführenden Luftfrachtführer unterfällt nicht dem Geltungsbereich des **Art. 42**. Die gegenseitigen Pflichten der Luftfrachtführer, beispielsweise sich im Innenverhältnis rechtzeitig über erhaltene Weisungen zu informieren, ergeben sich aus dem **Statut des Auftrags**.[2] Die Verletzung von **Benachrichtigungspflichten** kann zur Begründung von Schadensersatzansprüchen führen.

Art. 43 Leute der Luftfrachtführer

Soweit der ausführende Luftfrachtführer die Beförderung vorgenommen hat, können sich sowohl seine als auch die Leute des vertraglichen Luftfrachtführers, sofern sie nachweisen, dass sie in Ausführung ihrer Verrichtungen gehandelt haben, auf die Haftungsvoraussetzungen und -beschränkungen berufen, die nach diesem Übereinkommen für den Luftfrachtführer gelten, zu dessen Leuten sie gehören; dies gilt nicht, wenn der Nachweis erbracht wird, dass sie in einer Weise gehandelt haben, welche die Berufung auf die Haftungsbeschränkungen nach diesem Übereinkommen ausschließt.

Schrifttum: S. Vor Art. 1 und bei Art. 39.

Parallelvorschrift: Art. V ZAG.

I. Allgemeines

1   Die Bestimmung stellt eine **Ergänzung** zu **Art. 30** dar. Hat der ausführende Luftfrachtführer die Beförderung vorgenommen, können sich seine und die Leute des vertraglichen Luftfrachtführers auf die **Haftungsvoraussetzungen und -beschränkungen** des Übereinkommens berufen, die für den jeweiligen Luftfrachtführer gelten.

2   Die Vorschrift des **Art. 43** geht auf **Art. V ZAG** zurück, der inhaltlich unverändert in das Montrealer Übereinkommen übernommen worden ist.

II. Anwendungsbereich

3   Der Bestimmung des **Art. 43** kommt bei **Gütertransportschäden** nur **geringe Bedeutung** zu. Bei Gütertransporten ist eine Berufung auf die Haftungsbeschränkung gem. Art. 30 immer möglich, es sei denn, der Luftfrachtführer hat auf die Haftungsbeschränkungen verzichtet (Art. 25, 27).[1*] Die Regelung in **Art. 43 Hs. 2** ist bei Gütertransporten bedeutungslos. Hinsichtlich der Frage, wer zum Kreis der „**Leute**" zählt, kann auf die Erläuterungen zu **Art. 19** und **Art. 30** verwiesen werden. Der in Anspruch genommene **Gehilfe** des Luftfrachtführers muss darlegen und gegebenenfalls **beweisen**, dass er „in Ausführung seiner Verrichtungen" gehandelt hat.[2*]

Art. 44 Betrag des gesamten Schadensersatzes

Soweit der ausführende Luftfrachtführer die Beförderung vorgenommen hat, darf der Betrag, den dieser Luftfrachtführer, der vertragliche Luftfrachtführer und ihre Leute, sofern diese in Ausführung ihrer Verrichtungen gehandelt haben, als Schadensersatz zu leisten haben, den höchsten Betrag nicht übersteigen, der nach diesem Übereinkommen von dem vertraglichen oder dem ausführenden Luftfrachtführer als Schadensersatz be-

---

[1] *Reuschle* Rn. 3; *Koller* ZAG Art. IV Rn. 1; MüKoHGB/*Kronke* ZAG Art. IV Rn. 2.
[2] *Koller* ZAG Art. IV Rn. 1; *Reuschle* Rn. 5; MüKoHGB/*Kronke* ZAG Art. IV Rn. 4.
[1*] *Koller* Rn. 1.
[2*] Giemulla/Schmid/*Dettling-Ott* Rn. 5; *Reuschle* Rn. 3.

ansprucht werden kann; keine der genannten Personen haftet jedoch über den für sie geltenden Höchstbetrag hinaus.

Schrifttum: S. Vor Art. 1 und bei Art. 39.

Parallelvorschrift: Art. VI ZAG.

I. Allgemeines

Die Bestimmung stellt eine **Ergänzung** zu **Art. 30 Abs. 2** dar. Mit den Regelungen in **Art. 44** 1 soll verhindert werden, dass der Geschädigte aus dem Umstand der **solidarischen Haftung** von vertraglichem und ausführendem Luftfrachtführer eine materielle Besserstellung erlangt.[1]

Die Vorschrift des **Art. 44** geht auf **Art. VI ZAG** zurück, der inhaltlich unverändert in das 2 Montrealer Übereinkommen übernommen worden ist.

II. Anwendungsbereich

Die Vorschrift des **Art. 44** gilt sowohl für den vertraglichen als auch für den ausführenden Luft- 3 frachtführer und deren Leute, soweit diese in Ausführung ihrer Verrichtungen gehandelt haben. Mit **Art. 44** wird klargestellt, dass derjenige Luftfrachtführer, der für eine Beförderung gem. **Kapitel V** haftet, **keinen höheren Schadensersatz** leisten muss als er individuell geschuldet wird („keine der genannten Personen haftet jedoch über den für sie geltenden Höchstbetrag hinaus").[2] Das führt zu einer **Einschränkung** der grundsätzlich **gesamtschuldnerischen Haftung** von „vertraglichem" und „ausführendem" Luftfrachtführer.[3]

Art. 45 Beklagter

[1] Soweit der ausführende Luftfrachtführer die Beförderung vorgenommen hat, kann eine **Klage auf Schadensersatz nach Wahl des Klägers gegen diesen Luftfrachtführer, den vertraglichen Luftfrachtführer oder beide, gemeinsam oder gesondert, erhoben werden.** [2] **Ist die Klage nur gegen einen dieser Luftfrachtführer erhoben, so hat dieser das Recht, den anderen Luftfrachtführer aufzufordern, sich an dem Rechtsstreit zu beteiligen; Rechtswirkungen und Verfahren richten sich nach dem Recht des angerufenen Gerichts.**

Schrifttum: S. Vor Art. 1 und bei Art. 39.

Parallelvorschrift: Art. VII ZAG.

I. Allgemeines

Die Regelungen in **Art. 45** sind eine konsequente Folge des **Art. 40:** Da beide Luftfrachtführer 1 (vertraglicher und ausführender Luftfrachtführer) gem. Art. 40 dem **Haftungsregime des Übereinkommens** unterstellt werden, muss auch festgelegt werden, wer für von einem Geschädigten geltend gemachte **Haftungsansprüche passivlegitimiert** ist.[1*] Die Vorschrift regelt **prozessrechtliche Fragen,** die sich aus der gesamtschuldnerischen Haftung von vertraglichem und ausführendem Luftfrachtführer ergeben.

Die Regelungen in **Art. 45** gehen auf **Art. VII ZAG** zurück, der inhaltlich unverändert in das 2 Montrealer Übereinkommen übernommen worden ist.

II. Wahlrecht des Klägers (Satz 1)

Die **Vorschrift** kommt nur zur Anwendung, wenn der **ausführende Luftfrachtführer** die Beför- 3 derung vorgenommen hat und der relevante Schaden gerade während seiner Beförderungstätigkeit entstanden ist (**s. Art. 40**).[2*] Unter diesen Voraussetzungen kann der einen Schadensersatzanspruch geltend machende **Kläger wählen,** ob er den vertraglichen oder den ausführenden Luftfrachtführer verklagen will. Er hat auch die Möglichkeit, beide **gemeinsam** oder **gesondert** zu verklagen. Werden beide Luftfrachtführer **„gemeinsam"** verklagt, so hat dies vor demselben nach **Art. 46** international zuständigen Gericht zu erfolgen.[3*] Dieser Weg hat für den **Anspruchsteller** den Vorteil, dass der **„ausführende" Luftfrachtführer** derjenige Frachtführer ist, der dem Schadensereignis im Allgemeinen am „nächsten" steht. Zudem könnten sich auch notwendig werdende **Beweisaufnahmen** ver-

[1] Giemulla/Schmid/*Dettling-Ott* Rn. 1.
[2] Giemulla/Schmid/*Dettling-Ott* Rn. 1; *Reuschle* Rn. 4.
[3] MüKoHGB/*Ruhwedel* Rn. 2.
[1*] Giemulla/Schmid/*Dettling-Ott* Rn. 2.
[2*] MüKoHGB/*Ruhwedel* Rn. 1.
[3*] *Reuschle* Rn. 3.

einfachen.[4] Bei einer **„gesonderten"** Klageerhebung müssen die Klagen bei verschiedenen nach **Art. 46** zuständigen Gerichten anhängig gemacht werden. Die Frage, ob eine Verbindung der gesondert erhobenen Klagen oder eine Trennung der gegen beide Luftfrachtführer gemeinsam anhängig gemachten Klage in Betracht kommt, beurteilt sich nach dem **Prozessrecht des angerufenen Gerichts**.[5] Die gemeinsam verklagten Luftfrachtführer sind nach dem Prozessrecht des angerufenen Gerichts **Streitgenossen**.[6] Bei einer gesonderten Klage gegen den "vertraglichen" Luftfrachtführer ist **Art. 33** zu beachten.

4   Die **Art. 33** und **Art. 46** lassen es zu, dass ein Geschädigter den „vertraglichen" und den „ausführenden" Luftfrachtführer bei zwar jeweils zuständigen, aber **örtlich verschiedenen** Gerichten verklagt. Dadurch tritt – wie dem **§ 425 Abs. 2 aE BGB** entnommen werden kann – keine **doppelte Rechtshängigkeit** ein. Folglich kann es auch zu einander **widersprechenden Urteilen** kommen. Um solche unerwünschten Prozessergebnisse zu verhindern, sollte der einzeln verklagte Luftfrachtführer von seinem **Recht auf Streitverkündung (Art. 45 S. 2)** Gebrauch machen.[7] Bei Anwendung deutschen Rechts gelten die §§ 66 ff. ZPO.

III. Streitverkündung (Satz 2)

5   Wird **nur einer der Luftfrachtführer** verklagt, so ist dieser gem. **Art. 45 S. 2** befugt, dem anderen nach dem Recht des angerufenen Gerichts **(lex fori)** den Streit zu verkünden. Kennt das Prozessrecht des angerufenen Gerichts das **Institut der Streitverkündung** nicht, so ergibt sich für den **Vertragsstaat** aus **Art. 45** die Verpflichtung, die Streitverkündung in diesem besonderen Fall zuzulassen.[8] Dem Regelungsgehalt des **Art. 45** kann **keine Verpflichtung**, sondern nur eine **Berechtigung** zur Streitverkündung entnommen werden.[9] Aus der gesamtschuldnerischen Haftung der beiden Luftfrachtführer lässt sich jedoch eine **Nebenpflicht zur Mitteilung** der Klageerhebung herleiten.[10] Erklärt ein Geschädigter gegenüber einem vertraglichen oder einem ausführenden Luftfrachtführer den Streit, so hat dies **keinen Einfluß** auf den Lauf der **Ausschlussfrist** gem. **Art. 35**.[11]

Art. 46 Weiterer Gerichtsstand

Eine Klage auf Schadensersatz nach Artikel 45 kann nur im Hoheitsgebiet eines der Vertragsstaaten, und zwar nach Wahl des Klägers entweder bei einem der Gerichte erhoben werden, bei denen eine Klage gegen den vertraglichen Luftfrachtführer nach Artikel 33 erhoben werden kann, oder bei dem Gericht des Ortes, an dem der ausführende Luftfrachtführer seinen Wohnsitz oder seine Hauptniederlassung hat.

Schrifttum: S. bei Art. 33.

Parallelvorschrift: Art. VIII ZAG.

I. Allgemeines

1   Die **Vorschrift** regelt die **internationale Zuständigkeit** nur für Schadensersatzklagen nach **Art. 45,** die an eine von dem ausführenden Luftfrachtführer vorgenommene Beförderung anknüpfen. Die in **Art. 33** aufgeführten Gerichtsstände werden um **zwei** weitere **Gerichtsstände erweitert:** Es kann auch bei dem Gericht des Ortes, an dem der ausführende Luftfrachtführer seinen Wohnsitz oder seine Hauptniederlassung hat, geklagt werden.

2   Die Regelungen in **Art. 46** gehen auf **Art. VIII ZAG** zurück. Eine Änderung gegenüber Art. VIII ZAG besteht allerdings insoweit, als sich die Gerichtsstände nach **Art. 46** in einem **Vertragsstaat** befinden müssen. Davon war in **Art. VIII ZAG** keine Rede.

II. Wahlgerichtsstände

3   Dem **Kläger** stehen gem. **Art. 46** insgesamt **sieben Wahlgerichtsstände** zur Verfügung. Sämtliche dieser Gerichtsstände müssen in einem **Vertragsstaat** liegen, wie sich aus dem eindeutigen Wortlaut des **Art. 46** ergibt („eine Klage auf Schadensersatz nach **Art. 45** kann nur im **Hoheitsgebiet eines der Vertragsstaaten** <....> erhoben werden").[1]

---

[4] MüKoHGB/*Ruhwedel* Rn. 3.
[5] *Reuschle* Rn. 3; MüKoHGB/*Kronke* ZAG Art. VII Rn. 2; Giemulla/Schmid/*Dettling-Ott* Rn. 3.
[6] *Koller* ZAG Art. VII Rn. 1; *Guldimann* ZAG Art. VII Rn. 2.
[7] MüKoHGB/*Ruhwedel* Rn. 4 f.
[8] Giemulla/Schmid/*Dettling-Ott* Rn. 5; *Reuschle* Rn. 5; *Guldimann* ZAG Art. VII Rn. 3.
[9] Giemulla/Schmid/*Dettling-Ott* Rn. 7.
[10] *Reuschle* Rn. 6.
[11] BGH Urt. v. 6.10.2005 – I ZR 14/03, TranspR 2006, 33 = VersR 2006, 1664.
[1] Giemulla/Schmid/*Dettling-Ott* Rn. 3; aA *Reuschle* Rn. 4 ohne nähere Begründung.

Art. 47 Unwirksamkeit vertraglicher Bestimmungen

Jede vertragliche Bestimmung, durch welche die Haftung des vertraglichen oder des ausführenden Luftfrachtführers nach diesem Kapitel ausgeschlossen oder der maßgebende Haftungshöchstbetrag herabgesetzt werden soll, ist nichtig; ihre Nichtigkeit hat nicht die Nichtigkeit des gesamten Vertrags zur Folge; dieser unterliegt weiterhin den Bestimmungen dieses Kapitels.

Schrifttum: S. Vor Art. 1 und bei Art. 39.

Parallelvorschrift: Art. IX ZAG.

I. Allgemeines

Die **Vorschrift des Art. 47** regelt das Verhältnis zwischen dem **vertraglichen** und dem **ausführenden** Luftfrachtführer einerseits und dem Reisenden/Absender andererseits. Das Verhältnis zwischen dem vertraglichen und dem ausführenden Luftfrachtführer unterfällt nicht dem Anwendungsbereich der Bestimmung.[1] Die Vorschrift ist von ihrem **Regelungsgehalt** her mit **Art. 26** identisch. **1**

Die Regelungen in **Art. 47** gehen auf **Art. IX Abs. 1 ZAG** zurück, der inhaltlich unverändert in **2** das Montrealer Übereinkommen übernommen worden ist.

II. Freizeichnungsverbot

Die Vorschrift stimmt inhaltlich mit **Art. 26** überein. Auf die Erläuterungen zu dieser Bestimmung **3** kann daher verwiesen werden. Ergänzend ist lediglich darauf hinzuweisen, dass der vertragliche und der ausführende Luftfrachtführer die Haftung unter sich im **Innenverhältnis** grundsätzlich **abweichend** vom Montrealer Übereinkommen regeln können, wie sich auch aus **Art. 48** ergibt.[2]

Art. 48 Innenverhältnis von vertraglichem und ausführendem Luftfrachtführer

Dieses Kapitel, mit Ausnahme des Artikels 45, berührt nicht die Rechte und Pflichten der Luftfrachtführer untereinander, einschließlich der Rechte auf Rückgriff oder Schadensersatz.

Schrifttum: S. Vor Art. 1 und bei Art. 39.

Parallelvorschrift: Art. X ZAG.

I. Allgemeines

Das Montrealer Übereinkommen stellt es den **beiden Luftfrachtführern** grundsätzlich frei, wie sie **1** ihr **Innenverhältnis** regeln. Ausgenommen hiervon ist nur Art. 45.

Die Vorschrift des **Art. 48** geht auf **Art. X ZAG** zurück, der ohne sachliche Änderungen in das **2** Montrealer Übereinkommen übernommen worden ist.

II. Anwendungsbereich

Die Formulierung in **Art. 48**, dass **Kapitel V** das Innenverhältnis zwischen den beiden Luftfracht- **3** führern nicht **„berührt"**, ist unpräzise. Die genannten Rechtsverhältnisse zwischen einer der beiden dem Übereinkommen unterliegenden Seiten und Dritten werden schon durch das Montrealer Übereinkommen „berührt". Sie werden aber nicht vom Montrealer Übereinkommen, sondern von dem nach den **IPR-Regeln** zu ermittelnden Vertrags-, Delikts- oder Bereicherungsstatut geregelt.[1*] Bedeutsam ist, dass das Recht zur **Streitverkündung** gem. Art. 45 nicht der **Dispositionsfreiheit** der Luftfrachtführer unterliegt und daher auch **nicht abbedungen** werden kann.

Kapitel VI. Sonstige Bestimmungen

Art. 49 Zwingendes Recht

Alle Bestimmungen des Beförderungsvertrags und alle vor Eintritt des Schadens getroffenen besonderen Vereinbarungen, mit denen die Parteien durch Bestimmung des anzuwen-

---

[1] *Koller* ZAG Art. IX Rn. 1.
[2] MüKoHGB/*Ruhwedel* Rn. 5; *Reuschle* Rn. 1.
[1*] *Reuschle* Rn. 3; MüKoHGB/*Kronke* ZAG Art. X Rn. 1.

denden Rechts oder durch Änderung der Vorschriften über die Zuständigkeit von diesem Übereinkommen abweichen, sind nichtig.

Schrifttum: S. Vor Art. 1.

Parallelvorschrift: Art. 32 S. 1 WAbk.

I. Allgemeines

1   Die Vorschrift des **Art. 49** ergänzt **Art. 26 und Art. 29.** Den Parteien des Beförderungsvertrags wird die Befugnis genommen, von den zwingenden Vorschriften des Montrealer Übereinkommens durch **individuelle Parteiabreden** abzuweichen.

II. Anwendungsbereich

2   Die **Bestimmung** erfasst nur Vereinbarungen, die „**vor Eintritt des Schadens**" getroffen worden sind. Daher steht es den Parteien grundsätzlich frei, **nach Schadenseintritt** Vereinbarungen zu treffen, die von den **Bestimmungen** des Montrealer Übereinkommens abweichen. Der Regelungsgehalt des Art. 49 erstreckt sich sowohl auf die Gestaltung des **materiellen Rechts** als auch auf **Gerichtsstandsvereinbarungen.**[1]

III. Rechtsfolge des Art. 49

3   Eine nach **Art. 49 unwirksame Parteiabrede** führt nicht zur Nichtigkeit des gesamten Vertragsverhältnisses. Das ergibt sich zwar nicht unmittelbar aus **Art. 49,** folgt aber aus einer entsprechenden Anwendung des **Art. 26 Hs. 2.**[2]

Art. 50 Versicherung

[1]Die Vertragsstaaten verpflichten ihre Luftfrachtführer, sich zur Deckung ihrer Haftung nach diesem Übereinkommen angemessen zu versichern. [2]Der Vertragsstaat, in den ein Luftfrachtführer eine Beförderung ausführt, kann einen Nachweis über einen angemessenen Versicherungsschutz zur Deckung der Haftung nach diesem Übereinkommen verlangen.

1   Die Vorschrift hat **keine entsprechende Bestimmung** im Warschauer Abkommen. Sie wurde neu in das Montrealer Übereinkommen aufgenommen. Für die Beförderung von Gütern sind Art. 1 § 4 Abs. 2 des Gesetzes zur Harmonisierung des Haftungsrechts im Luftverkehr vom 6.4.2004[1*] sowie Art. 1 des Gesetzes zur Anpassung luftversicherungsrechtlicher Vorschriften vom 19.4.2005[2*] zu beachten.

Art. 51 Beförderung unter außergewöhnlichen Umständen

Die Bestimmungen der Artikel 3 bis 5, 7 und 8 über die Beförderungsurkunden sind nicht auf Beförderungen anzuwenden, die unter außergewöhnlichen Umständen und nicht im Rahmen des gewöhnlichen Luftverkehrs ausgeführt werden.

Schrifttum: S. Vor Art. 1.

Parallelvorschrift: Art. 34 WAbk.

I. Allgemeines

1   Abweichend von **Art. 34 WAbk,** dem die Bestimmung des **Art. 51** weitgehend entspricht, wird in Art. 51 nicht mehr auf Art. 9 WAbk (= Art. 9) hingewiesen. Dies hat seinen Grund darin, dass **Art. 9** keine Sanktion mehr an die **Nichtbeachtung** der Bestimmungen über Beförderungsurkunden knüpft.

II. Anwendungsbereich

2   Die **außergewöhnlichen Umstände** müssen bereits **vor Beginn** der Beförderung erkennbar gewesen und von den Parteien für wahrscheinlich gehalten worden sein.[1**] Es kann sich hierbei

---

[1] *Reuschle* Rn. 1.
[2] *Reuschle* Rn. 7; MüKoHGB/*Kronke* WAbk Art. 32 Rn. 9.
[1*] BGBl. 2004 I 550.
[2*] BGBl. 2005 I 1070.
[1**] *Reuschle* Rn. 4.

beispielsweise um **witterungsbedingte Umstände** und um den Zustand des Flughafens und seiner Einrichtungen handeln.

Eine **Beförderung** wird nicht im **gewöhnlichen Luftverkehr** ausgeführt, wenn sie mit einem **3** erheblich gesteigerten Risiko verbunden ist, sodass die üblichen Sicherungsmaßnahmen unzureichend erscheinen.[2] **Anwendungsfälle** sind unter anderem Rettungsflüge, Katastropheneinsätze und Flüge in und aus Kriegsgebieten.

Art. 52 Bestimmung des Begriffs „Tage"

Der Begriff „Tage" im Sinne dieses Übereinkommens bedeutet Kalendertage, nicht Werktage.

Schrifttum: S. Vor Art. 1.

Parallelvorschrift: Art. 35 WAbk.

I. Allgemeines

Durch die **Definition** des Begriffs „Tage" soll eine einheitliche Anwendung von **Fristbestimmun-** **1** **gen** gewährleistet werden.

II. Anwendungsbereich

Der **„Tagebegriff"** ist insbesondere für die **Schadensanzeigefristen (Art. 31 Abs. 2)** und die **2** **Klagefrist (Art. 35)** von maßgeblicher Bedeutung. Die Berechnung der Fristen beurteilt sich nach dem anwendbaren Recht **(Art. 31 Abs. 2)** und der **lex fori (Art. 35)**. Sofern deutsches Recht zur Anwendung kommt, sind die §§ 186 ff. BGB, insbesondere § 193 BGB, zu beachten. **Sonn- und Feiertage** (= Kalendertage) müssen bei der **Fristberechnung** mitgezählt werden.

Kapitel VII. Schlussbestimmungen

Art. 53 Unterzeichnung, Ratifikation und Inkrafttreten

(1) [1]Dieses Übereinkommen liegt am 28. Mai 1999 in Montreal für die Staaten zur Unterzeichnung auf, die an der Internationalen Konferenz über Luftrecht vom 10. bis zum 28. Mai 1999 in Montreal teilgenommen haben. [2]Nach dem 28. Mai 1999 liegt das Übereinkommen am Sitz der Internationalen Zivilluftfahrt-Organisation in Montreal für alle Staaten zur Unterzeichnung auf, bis es nach Absatz 6 in Kraft tritt.

(2) [1]Dieses Übereinkommen liegt ebenso für Organisationen der regionalen Wirtschaftsintegration zur Unterzeichnung auf. [2]Im Sinne dieses Übereinkommens bedeutet der „Organisation der regionalen Wirtschaftsintegration" eine von souveränen Staaten einer bestimmten Region gebildete Organisation, die für bestimmte, durch dieses Übereinkommen geregelte Gegenstände zuständig ist und gehörig befugt ist, dieses Übereinkommen zu unterzeichnen und es zu ratifizieren, anzunehmen, zu genehmigen oder ihm beizutreten. [3]Eine Bezugnahme auf einen „Vertragsstaat" oder „Vertragsstaaten" in diesem Übereinkommen mit Ausnahme des Artikels 1 Absatz 2, Artikels 3 Absatz 1 Buchstabe b, Artikels 5 Buchstabe b, der Artikel 23, 33 und 46 sowie des Artikels 57 Buchstabe b gilt gleichermaßen für eine Organisation der regionalen Wirtschaftsintegration. [4]Die Bezugnahmen in Artikel 24 auf „eine Mehrheit der Vertragsstaaten" und „ein Drittel der Vertragsstaaten" gelten nicht für eine Organisation der regionalen Wirtschaftsintegration.

(3) Dieses Übereinkommen bedarf der Ratifikation durch die Staaten und Organisationen der regionalen Wirtschaftsintegration, die es unterzeichnet haben.

(4) Staaten oder Organisationen der regionalen Wirtschaftsintegration, die dieses Übereinkommen nicht unterzeichnen, können es jederzeit annehmen oder genehmigen oder ihm beitreten.

(5) Die Ratifikations-, Annahme-, Genehmigungs- oder Beitrittsurkunden werden bei der Internationalen Zivilluftfahrt-Organisation hinterlegt; diese wird hiermit zum Verwahrer bestimmt.

(6) [1]Dieses Übereinkommen tritt am sechzigsten Tag nach Hinterlegung der dreißigsten Ratifikations-, Annahme-, Genehmigungs- oder Beitrittsurkunde beim Verwahrer zwischen den Staaten in Kraft, die eine solche Urkunde hinterlegt haben. [2]Eine von einer Organisation der regionalen Wirtschaftsintegration hinterlegte Urkunde wird insoweit nicht gezählt.

---

[2] *Reuschle* Rn. 6.

(7) Für andere Staaten und für andere Organisationen der regionalen Wirtschaftsintegration tritt dieses Übereinkommen sechzig Tage nach Hinterlegung der Ratifikations-, Annahme-, Genehmigungs- oder Beitrittsurkunde in Kraft.

(8) Der Verwahrer notifiziert allen Unterzeichnern und Vertragsstaaten umgehend
a) jede Unterzeichnung dieses Übereinkommens und deren Zeitpunkt;
b) jede Hinterlegung einer Ratifikations-, Annahme-, Genehmigungs- oder Beitrittsurkunde und den Zeitpunkt der Hinterlegung;
c) den Zeitpunkt des Inkrafttretens dieses Übereinkommens;
d) den Zeitpunkt, zu dem eine nach diesem Übereinkommen vorgenommene Anpassung der Haftungshöchstbeträge in Kraft tritt;
e) jede Kündigung nach Artikel 54.

Art. 54 Kündigung

(1) Jeder Vertragsstaat kann dieses Übereinkommen durch eine an den Verwahrer[1] gerichtete schriftliche Notifikation kündigen.

(2) Die Kündigung wird einhundertachtzig Tage nach Eingang der Notifikation beim Verwahrer wirksam.

Art. 55 Verhältnis zu anderen mit dem Warschauer Abkommen zusammenhängenden Übereinkünften

Dieses Übereinkommen geht allen Vorschriften vor, die für die Beförderung im internationalen Luftverkehr gelten
1. zwischen Vertragsstaaten dieses Übereinkommens aufgrund dessen, dass diese Staaten gemeinsam Vertragsparteien folgender Übereinkünfte sind:
   a) Abkommen zur Vereinheitlichung von Regeln über die Beförderung im internationalen Luftverkehr, unterzeichnet in Warschau am 12. Oktober 1929 (im Folgenden als „Warschauer Abkommen" bezeichnet);
   b) Protokoll zur Änderung des Abkommens zur Vereinheitlichung von Regeln über die Beförderung im internationalen Luftverkehr, unterzeichnet in Warschau am 12. Oktober 1929, beschlossen in Den Haag am 28. September 1955 (im Folgenden als „Haager Protokoll" bezeichnet);
   c) Zusatzabkommen zum Warschauer Abkommen zur Vereinheitlichung von Regeln über die von einem anderen als dem vertraglichen Luftfrachtführer ausgeführte Beförderung im internationalen Luftverkehr, unterzeichnet in Guadalajara am 18. September 1961 (im Folgenden als „Abkommen von Guadalajara" bezeichnet);
   d) Protokoll zur Änderung des am 12. Oktober 1929 in Warschau unterzeichneten Abkommens zur Vereinheitlichung von Regeln über die Beförderung im internationalen Luftverkehr in der Fassung des Haager Protokolls vom 28. September 1955, unterzeichnet in Guatemala-Stadt am 8. März 1971 (im Folgenden als „Protokoll von Guatemala-Stadt" bezeichnet);
   e) Zusatzprotokolle Nr. 1 bis 3 und Protokoll von Montreal Nr. 4 zur Änderung des Warschauer Abkommens in der Fassung des Haager Protokolls oder des Warschauer Abkommens in der Fassung des Haager Protokolls und des Protokolls von Guatemala-Stadt, unterzeichnet in Montreal am 25. September 1975 (im Folgenden als „Protokolle von Montreal" bezeichnet), oder
2. innerhalb des Hoheitsgebiets eines einzelnen Vertragsstaats dieses Übereinkommens aufgrund dessen, dass dieser Staat Vertragspartei einer oder mehrerer der in Ziffer 1[1*] Buchstaben a bis e genannten Übereinkünfte ist.

Art. 56 Staaten mit mehreren Rechtsordnungen

(1) Umfasst ein Staat zwei oder mehr Gebietseinheiten, in denen auf die durch dieses Übereinkommen geregelten Gegenstände unterschiedliche Rechtsordnungen angewendet werden, so kann er bei der Unterzeichnung, der Ratifikation, der Annahme, der Genehmigung oder dem Beitritt erklären, dass dieses Übereinkommen sich auf alle seine Gebietseinheiten oder nur auf eine oder mehrere derselben erstreckt; er kann seine Erklärung jederzeit durch eine neue Erklärung ersetzen.

---

[1] **Amtl. Anm.:** Für Deutschland: Verwahrer.
[1*] **Amtl. Anm.:** Für Deutschland: unter Nummer 1.

(2) Die Erklärungen werden dem Verwahrer notifiziert und müssen ausdrücklich angeben, auf welche Gebietseinheiten sich das Übereinkommen erstreckt.

(3) Hinsichtlich eines Vertragsstaats, der eine solche Erklärung abgegeben hat,

a) sind Bezugnahmen auf die „Landeswährung" in Artikel 23 als Bezugnahmen auf die Währung der betreffenden Gebietseinheit dieses Staates zu verstehen und

b) ist die Bezugnahme auf das „nationale Recht" in Artikel 28 als Bezugnahme auf das Recht der betreffenden Gebietseinheit dieses Staates zu verstehen.

Art. 57 Vorbehalte

Zu diesem Übereinkommen dürfen keine Vorbehalte angebracht werden; allerdings kann ein Vertragsstaat jederzeit durch eine an den Verwahrer gerichtete Notifikation erklären, dass dieses Übereinkommen nicht gilt für

a) die Beförderung im internationalen Luftverkehr, die unmittelbar von diesem Vertragsstaat zu nichtgewerblichen Zwecken im Hinblick auf seine Aufgaben und Pflichten als souveräner Staat ausgeführt und betrieben wird;

b) die Beförderung von Personen, Gütern und Reisegepäck für seine militärischen Dienststellen mit in diesem Vertragsstaat eingetragenen oder von ihm gemieteten Luftfahrzeugen, die ausschließlich diesen Dienststellen vorbehalten sind.

ZU URKUND DESSEN haben die unterzeichneten, hierzu gehörig befugten Bevollmächtigten dieses Übereinkommen unterschrieben.

GESCHEHEN zu Montreal am 28. Mai 1999 in arabischer, chinesischer, englischer, französischer, russischer und spanischer Sprache, wobei jeder Wortlaut gleichermaßen verbindlich ist.

Dieses Übereinkommen wird im Archiv der Internationalen Zivilluftfahrt-Organisation hinterlegt; beglaubigte Abschriften werden vom Verwahrer allen Vertragsstaaten dieses Übereinkommens sowie allen Vertragsstaaten des Warschauer Abkommens, des Haager Protokolls, des Abkommens von Guadalajara, des Protokolls von Guatemala-Stadt und der Protokolle von Montreal übermittelt.

Von der Kommentierung der Art. 53–57 wird mangels Bezugs zur Güterbeförderung abgesehen.

Allgemeine Deutsche Spediteurbedingungen
2017

Präambel
Die Allgemeinen Deutschen Spediteurbedingungen 2017 (ADSp 2017) werden zur Anwendung ab dem 1. Januar 2017 empfohlen vom Bundesverband der deutschen Industrie (BDI), Bundesverband Großhandel, Außenhandel, Dienstleistungen (BGA), Bundesverband Güterkraftverkehr Logistik und Entsorgung (BGL), Bundesverband Möbelspedition und Logistik (AMÖ), Bundesverband Wirtschaft, Verkehr und Logistik (BWVL), Deutschen Industrie- und Handelskammertag (DIHK), Deutschen Spedition- und Logistikverband (DSLV) und Handelsverband Deutschland (HDE). Diese Empfehlung ist unverbindlich. Es bleibt den Vertragsparteien unbenommen, vom Inhalt dieser Empfehlung abweichende Vereinbarungen zu treffen.

Schrifttum: S. vor Ziff. 1; *Heuer*, Einige kritische Anmerkungen zu den ADSp 1998, TranspR 1998, 333; *Langen/Bunte*, Kartellrecht, Band II, 13. Aufl. 2018; *Loewenheim/Meessen/Riesenkampff/Kersting/Meyer-Lindemann*, Kartellrecht, 3. Aufl. 2016; *Bunte*, Zur Kontrolle Allgemeiner Geschäftsbedingungen und Konditionsempfehlungen, BB 1980, 325; *Frohnmeyer/Mückenhausen*, EG-Verkehrsrecht, Loseblattsammlung, Stand Oktober 1999; *Haverkamp*, Konditionen, Empfehlungen und Kartellrecht: Die Allgemeinen Deutschen Spediteurbedingungen, TranspR 1999, 217; *Zapfe*, Konditionenkartelle nach der 7. GWB Novelle, WuW 2007, 1230.

I. Allgemeines

Nach der vorübergehenden Spaltung der ADSp-Trägerverbände im Jahr 2015/16 hebt die Präambel **1** jetzt wieder hervor, dass die ADSp 2017 – ebenso wie alle Vorgängerfassungen seit 1927 außer den ADSp 2016 – unter Beteiligung sowohl des Speditionsgewerbes als auch des Handels und der Industrie erarbeitet worden sind. Der damit verbundene Anspruch, ein ausgewogenes, die typischen Interessen der Vertragsparteien angemessen berücksichtigendes Bedingungswerk zu sein, wird durch die Erweiterung des Kreises der ADSp Trägerverbände um den BWVL, den BGL und den AMÖ unterstrichen. Dieser Anspruch ist bereits in der Rspr. zu früheren ADSp-Fassungen auch durchaus anerkannt worden, etwa unter dem Gesichtspunkt der vertraglichen Einbeziehung der ADSp, aber auch bei der Klauselkontrolle. Besondere Berücksichtigung verdient dabei die Erwägung, dass die ADSp 2017 insgesamt einen Kompromisscharakter aufweisen, sodass einzelne, eine Seite begünstigende Regelungen immer im Zusammenhang mit anderen Bestimmungen betrachtet werden müssen, die aus der Sicht der Trägerverbände eine insgesamt angemessene Vertragsordnung gewährleisten. Vorsicht ist vor diesem Hintergrund auch bei der Handhabung des Verwenderrisikos geboten, etwa mit Rücksicht auf die Frage überraschender Klauseln oder Unklarheiten nach § 305c BGB.

Die Präambel stellt außerdem klar, dass es sich bei den ADSp lediglich um eine unverbindliche **2** Konditionenempfehlung der beteiligten Verbände handelt.

II. Kartellrecht

Verbandsempfehlungen von Muster-AGB (Konditionenempfehlungen) sind kartellrechtlich pro- **3** blematisch, weil sie als wettbewerbsbeschränkende Beschlüsse von Unternehmensvereinigungen sowie als abgestimmte Verhaltensweisen aufgefasst werden können. Das gilt auch für die ADSp. Das Bundeskartellamt hatte die Entwurfsfassung der ADSp 1998 wegen nachteiliger Auswirkungen der darin vorgegebenen Versicherungsmodelle auf den Speditionsversicherungsmarkt beanstandet.[1] Die untersagten Regelungen wurden in den ADSp 1999 entschärft und mit den ADSp 2003 ganz aufgegeben.

Die kartellrechtliche Zulässigkeit der ADSp ist an Art. 101 AEUV sowie nachrangig (§ 22 GWB) **4** an § 1 GWB zu messen. Die ADSp 2017 begegnen aufgrund der Freistellung von Konditionenempfehlungen nach Art. 101 Abs. 3 AEUV keinen durchgreifenden Bedenken. Sie sind rechtlich und auch de facto unverbindlich und enthalten keine Kernbeschränkungen wie Preisabsprachen, Gebiets- oder Kundenaufteilungen oder Absatzbeschränkungen, weshalb keine spürbare Beeinträchtigung des Wettbewerbs von ihnen zu erwarten ist. Konditionenkartelle und -empfehlungen haben keineswegs nur nachteilige Auswirkungen auf den Wettbewerb, sondern können im Gegenteil zur Transparenz im Konditionenbereich beitragen, auch im Hinblick auf den ADSp-konformen Versicherungsschutz. Die Vergleichbarkeit von Angeboten erlaubt es dem Nachfrager, sich auf Preis und Qualität zu konzentrieren, sodass einheitliche Bedingungen den erwünschten Preis- und Qualitätswettbewerb eher för-

---

[1] Dazu näher *Haverkamp* TranspR 1999, 217.

dern.[2] Überdies zeichnen die ADSp sich gegenüber anderen Konditionenempfehlungen dadurch aus, dass sie von den Spitzenverbänden der beteiligten Wirtschaftskreise gemeinsam ausgehandelt sind.

III. Unverbindlichkeit und abweichende Vereinbarungen

5   Bei den ADSp handelt es sich um **Musterbedingungen,** die in einen Speditions- oder verwandten Vertrag einbezogen werden können. Für niemanden, auch nicht für die Mitglieder der an der Erarbeitung der ADSp beteiligten Verbände, besteht diesbezüglich eine Verpflichtung. Diese auf die kartellrechtliche Beurteilung zielende **Klarstellung** wird mit dem ebenfalls nur klarstellenden Hinweis verbunden, dass die Parteien von den ADSp abweichende Vereinbarungen treffen können. Dies gilt sowohl für punktuelle Abänderungen der ADSp als auch für tiefgreifende Eingriffe in dieses Bedingungswerk, etwa durch ein vollständig abweichendes Haftungskonzept. Die ADSp werden stets durch den individuellen Vertrag geprägt, dem sie ihre Geltung verdanken.

Vorbemerkung Ziff. 1 ADSp

Schrifttum: *Andresen/Valder,* Speditions-, Fracht- und Lagerrecht, Loseblattsammlung, Stand 5/2019; *Bahnsen,* AGB-Kontrolle bei den Allgemeinen Deutschen Spediteurbedingungen, TranspR 2010, 19; *Basedow,* 100 Jahre Transportrecht: Das Scheitern der Kodifikationsidee und ihrer Renaissance, ZHR 161 (1997), 186; *Bästlein/Bästlin,* Einbeziehung von Haftungsbeschränkungsklauseln in Transportverträge – Anmerkung zu OLG Hamburg, 19.12.2002 – 6 U 222/01, TranspR 2003, 61; *Boettge,* Haftungserweiterung nach Art. 25 MÜ durch Ziff. 27 ADSp?, TranspR 2007, 306; *Fremuth/Thume,* Kommentar zum Transportrecht, 2000; *Gass,* Speditionsvertrag im internationalen Handelsverkehr unter besonderer Berücksichtigung der Deutschen Spediteurbedingungen (ADSp) der englischen Standard Trading Conditions (STC) und der französischen Conditions Générales, 1991; *Gass,* Die Bedeutung der Logistik für Speditionsunternehmen im Rahmen moderner Hersteller-Zulieferbeziehungen, TranspR 2000, 203; *Gran,* Einfluss von „Logistik-AGB" auf Konfliktvermeidung und Unternehmenswert, TranspR 2006, 91; *Grass,* Gedanken zu den ADSp 2017 aus haftungs- und versicherungsrechtlicher Sicht, TranspR 2018, 133; *Häusser/Abele,* Aktuelle Probleme der Speditionsversicherung, TranspR 2003, 8; *Haverkamp,* Konditionen, Empfehlungen und Kartellrecht: Die Allgemeinen Deutschen Spediteurbedingungen, TranspR 1999, 217; *Hector/Salzmann,* ADSp 2017 Praktikerkommentar, 2016; *Heil/Bayer,* Der Anwendungsbereich der Allgemeinen Deutschen Spediteurbedingungen (ADSp), TranspR 1987, 1; *Herber,* TranspRReformgesetz und AGB-Kontrolle, TranspR 1998, 344; *Herber,* Besondere Problembereiche des neuen Transportrechts: Anwendungsbereich ADSp – Einbeziehung und Multimodalvertrag, TranspR 1999, 89; *Herber,* Anmerkung zu BGH, Urt. v. 23.1.2003 – I ZR 174/00, TranspR 2003, 120; *Herber,* Pflichtversicherungen für den Spediteur – mit vielen Fragezeichen, TranspR 2004, 229; *Herber,* ADSp 2017 – oder für den Seespediteur doch lieber ADSp 2016?, TranspR 2016, 438; *Herzog,* Die Einbeziehung der ADSp in den Verkehrsvertrag, TranspR 2001, 244; *Heuer,* Einige kritische Anmerkungen zu den ADSp 1998, TranspR 1998, 333; *Heuer,* Die Allgemeinen Deutschen Spediteurbedingungen nach dem Ableben der Speditionsversicherung gemäß Ziff. 29 ADSp, TranspR 2003, 1; *Heuer,* Haftungsbegrenzungen und deren Durchbrechung nach den ADSp 2003, TranspR 2004, 114; *Heuer,* Brauchen wir Logistik-AGB für die Spedition?, TranspR 2006, 89; *Kirchhof,* Zur begrenzten Haftung des Lagerhalters im Anwendungsbereich der ADSp und Beweislast bei der Verletzung von vertragswesentlichen Pflichten, TranspR 2015, 94; *Köper,* Der Einwand der Mitverursachung nach § 425 Abs. 2 HGB bei Beauftragung eines Frachtführers in Kenntnis fehlender Schnittstellenkontrollen, TranspR 2007, 94; *Köper,* Ausschluss des Aufrechnungsverbots nach Ziff. 19 ADSp bei grobem Verschulden im Sinne von § 435 HGB, Art. 29 CMR, Ziff. 27.2 ADSp, TranspR 2012, 447; *Kollatz,* Auch in der Speditionsversicherung gehen die Uhren jetzt anders, VW 2002, 1695; *Koller,* ADSp '99 – Bedenken gegen Einbeziehung und Wirksamkeit, TranspR 2000, 1; *Koller,* Nochmals – Einbeziehung der ADSp in Transportverträge, TranspR 2001, 359; *Koller,* Anmerkung zu einer Entscheidung des BGH, (Urteil vom 22.7.2010, I ZR 194/08, MDR 2011, 241–242) – Zur Auslegung von Haftungsvereinbarungen auf Basis der Allgemeinen Deutschen Spediteurbedingungen, LMK 2011, 315113; *Koller,* Geltung und Tragweite der Ziffer 23.1.3 ADSp, RdTW 2015, 201; *Krins,* Haftung und Versicherung in der Kontraktlogistik: Ein Überblick, TranspR 2007, 269; *Lorenz,* Neue ADSp mit Speditionsversicherung, in W. Korf, Der Güterverkehr von heute und Recht, 1998, Kap. 6.2; *de la Motte,* Allgemeine Deutsche Spediteurbedingungen, 1998; *Müller,* Logistik-AGB: Opus Magnum oder Makulatur?, TranspR 2006, 227; *Müller-Rostin,* Anhebung der Haftungsgrenzen und Interessendeklaration im Luftrecht, TranspR 2015, 140; *Neufang/Valder,* ADSp 2017: Wieder ein gemeinsames Bedingungswerk, TranspR 2017, 45; *Philippi,* Zur Frage der Fortgeltung des Grundsatzes der stillschweigenden Einbeziehung der ADSp, TranspR 1999, 375; *Piper,* Höchstrichterliche Rechtsprechung zum Speditions- und Frachtrecht, 7. Aufl. 1994, Rn. 89–192; *Ramming,* Zur Abdingbarkeit des Höchstbetrages der Haftung des Frachtführers nach neuem Frachtrecht – unter besonderer Berücksichtigung multimodaler Beförderungen, die eine Seeteilstrecke umfassen, VersR 1999, 1177; *Ramming,* Anmerkung zu einer Entscheidung des OLG Hamburg, Urteil vom 7.10.2013 (6 U 126/11; RdTW 2014, 231) – Zur Beschädigung von Luftfrachtgütern bei multimodaler Beförderung, RdTW 2014, 235; *Ramming,* Die neuen ADSp 2017, RdTW 2017, 41; *Ramming,* Die Haftungsbegrenzungen der Ziff. 23 ADSp 2017, RdTW 2017, 255; *Rosowski,* Die neuen Bedingungswerke aus Sicht der Versicherer, TranspR 2016, 239; *Schindler,* Neue Vertragsbedingungen für den Güterkraftverkehrs-, Speditions- und Logistikunternehmer, TranspR 2003, 194; *Schinkels,* Verhältnis von Art. 31 CMR und EuGVÜ sowie Einbeziehungen der ADSp gegenüber einer italienischen AG, IPRax 2003, 517; *Schmid,* Die Ansprüche des geschädigten Dritten gegen den Fahrer als Arbeitnehmer im Bereich des Verkehrshaftungsrecht, TranspR 1986, 49; *Schmidt,* Formalisierte Einbeziehung der ADSp? – Überlegungen zu § 449 HGB, TranspR 2011, 398; *Schmidt,* Leistungs-

---

[2] *Nordemann* in Loewenheim/Meessen/Riesenkampff/Kersting/Meyer-Lindemann, Kartellrecht, 3. Aufl. 2016, AEUV Art. 101 Abs. 3 Rn. 133 ff.; Immenga/Mestmäcker/*Fuchs* GWB § 2 Rn. 144 f.; vgl. iE auch *Zapfe* WuW 2007, 1230.

umfang und Leistungspflichten in ADSp 2016 und DTLB, TranspR 2016, 227; *Staechelin,* Haben die Allgemeinen Deutschen Spediteurbedingungen ausgedient? BB 2015, 2828; *Steinborn/Wege,* Allgemeine Deutsche Spediteurbedingungen (ADSp) zwischen Marginalisierung und Reform, BB 2015, 2570; *Temme,* Vergleich der Haftungsregelungen in ADSp und DTLB, TranspR 2016, 232; *Thorn,* Termingeschäfte an Auslandsbörsen und internationale Schiedsgerichtsbarkeit, IPRax 1997, 98; *Thume,* Haftung für Umschlagschäden – wer haftet wem und wie? TranspR 2014, 179; *Ulmer/Brandner/Hensen,* AGB Recht, 12. Aufl. 2016; *Valder,* ADSp '93: Einführung schadenverhütender Verhaltenspflichten, TranspR 1993, 81; *Valder,* Zur Definition des Speditionsgeschäfts in Transport- und Vertriebsrecht, FG Herber, 2000, 179; *Valder,* Stillschweigende Einbeziehung der ADSp, Sonderbeilage TranspR 2004, XLII; *Valder,* AGB-Kontrolle im Lagerrecht, TranspR 2010, 27; *Valder,* Die ADSp 2016 – eine Analyse, TranspR 2016, 213; *Valder,* Wertdeklaration als summenmäßige Haftungsbeschränkung, TranspR 2016, 430; *Valder,* § 449 HGB auf dem Prüfstand, TranspR 2018, 286; *Valder/Wieske,* Logistik AGB: Ein neues Klauselwerk, TranspR 2006, 221; *Vyvers,* Zum (Vor-)Rangverhältnis von Montrealer Übereinkommen und Allgemeinen Deutschen Spediteurbedingungen, VersR 2010, 1554; *Vyvers,* Deutsche Transport- und Lagerbedingungen – ein unerwartetes Geschenk für Luftfrachtspediteure?, TranspR 2016, 13; *Vyvers,* Allgemeine Deutsche Spediteurbedingungen 2017 (ADSp 2017) – eine Kurzübersicht, RuS 2017, 397; *Vyvers,* Zehn Ziffern der Allgemeinen Deutschen Spediteurbedingungen 2017 (ADSp 2017), NZV 2018, 58; *Widmann,* Kommentar zur ADSp '99, 6. Aufl. 1999; *Wieske,* Zukunft der ADSp – wie lange ist ein Bedingungswerk noch zeitgemäß?, VersR 2002, 1489; *Wieske,* AGB für die Logistik?, VersR 2006, 336; *Wolf/Lindacher/Pfeiffer,* AGB-Recht, 6. Aufl. 2013.

Übersicht

I. Entstehungsgeschichte

Das **HGB von 1897** regelte das Transportrecht nur bruchstückhaft und dispositiv. Nachdem in den **1** Bereichen des Schiffs- und des Eisenbahntransports schon lange vor Inkrafttreten des HGB Bedingungswerke zur Regelung typischer vertragsrechtlicher Fragen üblich geworden waren,[3] bereitete der **Verein Deutscher Spediteure** 1923/1924 allgemeine Bedingungen für die Tätigkeit seiner Mitglieder vor.[4] Auf die Grundlage verwendeter Texte wurden allgemeine Bedingungen erarbeitet, die ab dem 10.8.1927 verwendet wurden. Das über sieben Jahrzehnte tragende Prinzip der **Haftungsersetzung durch Versicherungsschutz** war in dieser ersten Fassung der ADSp bereits enthalten und galt bis zur Transportrechtsreform von 1998. Die ADSp fanden bereits frühzeitig eine breite Branchenakzeptanz. Dazu mag neben der Empfehlung der beteiligten Spitzenverbände auch beigetragen haben, dass die ADSp vorübergehend quasi-gesetzlichen Status erhielten, weil die Spediteure durch Verwaltungsanordnung des Reichsverkehrsministers vom 29.12.1939 mit Wirkung ab dem 1.4.1940 verpflichtet wurden, ihre Verträge nur auf der Grundlage der ADSp abzuschließen. Obgleich diese Anordnung 1945 obsolet wurde, behielten die ADSp in den folgenden Jahrzehnten ihre Bedeutung als, wie die Rspr. laufend betonte, **„fertig bereitliegende Rechtsordnung",** der sich der Vertragspartner des Spediteurs stillschweigend unterwarf, sofern er wusste oder wissen musste, dass Spediteure üblicherweise nach den ADSp arbeiten.[5]

---

[3] *Basedow* ZHR 161 (1997), 187 (189): Für Eisenbahn gab es seit dem Jahre 1861 sog. Betriebsreglemente und im Binnenschifffahrts- sowie im Seeverkehr waren schon lange vorher Konnossementsbedingungen im Gebrauch.

[4] Zu der Entwicklung iE vgl. *de la Motte* in Fremuth/Thume TranspR Vor ADSp Rn. 1.

[5] Seit BGH Urt. v. 3.2.1953 – I ZR 61/52, BGHZ 9, 1 ff., zuletzt BGH Urt. v. 26.6.1997 – I ZR 28/95, NJW-RR 1997, 1253 = TranspR 1997, 379.

2   Die Transportrechtsreform 1998 machte eine vollständige Neustrukturierung der ADSp erforderlich. So ließ sich das Kernstück der ADSp, die vereinbarte Haftungsersetzung durch Versicherungsschutz, nicht aufrechterhalten, weil der Spediteur – ebenso wie der Frachtführer – AGB-fest haftet. Eine erste Neufassung, die ADSp 1998,[6] musste auf Grund kartellrechtlicher Bedenken nachgebessert werden und mündete in die **ADSp 1999.**[7] Da das Transportrecht des HGB in weiten Teilen AGB-fest ausgestaltet ist, beschränkten die ADSp 1999 sich auf ergänzende Regelungen im Rahmen der durch die §§ 453 ff., 407 ff., 467 ff. HGB offen gelassenen Gestaltungsspielräume. Von einer „fertig bereitliegenden Rechtsordnung" kann seither nicht mehr gesprochen werden. Mit Wirkung zum 1.1.2002 wurden die ADSp im Bereich der Haftungsbeschränkungsregelungen geringfügig modifiziert (ADSp 2002).

3   Die zum 1.1.2003 in Kraft getretenen **ADSp 2003** brachten weiter reichende Veränderungen, wenn auch nicht so gravierend wie die Neufassung von 1999. Erforderlich wurde die Überarbeitung insbesondere deshalb, weil die bisherige Speditionsversicherung auf der Grundlage der den ADSp (bis 2002) anhängenden Mindestbedingungen für die Speditionsversicherung (SpV) seitens der Versicherer nicht mehr angeboten wurde.[8] Die Änderungen betrafen vornehmlich die Hinweispflichten des Auftraggebers bei diebstahlsgefährdeten Gütern, den Zahlungsverzug, die Versicherungspflichten sowie die Haftungsbegrenzungen.

4   Im Frühjahr 2006 wurden den ADSp **„Logistik-AGB"**[9] an die Seite gestellt, die Anwendung finden sollen, soweit Spediteure oder Logistikunternehmen logistische Zusatzleistungen erbringen.[10] Die Logistik-AGB hatten zunächst ein unterschiedliches Echo gefunden[11] und es hatte bislang nicht den Anschein, also ob diesem Bedingungswerk eine den ADSp vergleichbare Verkehrsdurchsetzung beschieden ist. Ob sich das mit der **Neufassung 2019** der Logistik-AGB ändert, bleibt abzuwarten.

5   Aufgrund von Änderungen der Rspr. waren die ADSp 2003 spätestens seit 2010 überarbeitungsbedürftig und wurden seitens des DSLV nur noch mit klarstellenden Zusätzen hinsichtlich der Auslegung von Ziff. 27 zur Verwendung empfohlen. Nach den durch das Seehandelsrechtsreformgesetz vom 20.4.2013[12] eingetretenen Rechtsänderungen war eine vollständige Überarbeitung der ADSp unabweisbar geworden. Die daraufhin aufgenommenen Verhandlungen der Trägerverbände wurden jedoch durch stark unterschiedliche Ansätze der Verhandlungsdelegationen so sehr belastet, sodass sie im Herbst 2015 vorläufig scheiterten. Die Verladerverbände präsentierten im September 2015 ein eigenes Bedingungswerk, die Deutschen Transport- und Lagerbedingungen **(DTLB).**[13] Der Deutsche Spedititions- und Logistikverband zog im Dezember 2016 mit einer einseitigen Neufassung der ADSp, den **ADSp 2016,** nach. Während die DTLB aufgrund unübersehbarer inhaltlicher Schwächen keine Marktbedeutung erlangten, deutete sich für die ADSp 2016 eine, wenn auch gebremste, Marktakzeptanz an. Indessen nahmen die Trägerverbände bereits im Frühjahr 2016 in veränderter personeller Zusammensetzung sowie unter Mitwirkung weiterer Verbände ihre Verhandlungen wieder auf und verabschiedeten im Herbst 2016 die **ADSp 2017,** mit denen die bisherigen ADSp-Trägerverbände BDI, BGA, DIHK, DSLV und HDE sowie zusätzlich auch der BWVL, der BGL und der AMÖ mit Wirkung zum 1.1.2017 zu einer gemeinschaftlich empfohlenen Fassung der ADSp zurückkehrten. Die nachfolgende Kommentierung beruht auf den ADSp 2017; zu den ADSp 2016 vgl. die Kommentierung von Koller, Transportrecht, 8. Aufl. 2013. Zu den vorherigen ADSp Fassungen seit 1999 s. die Vorauflagen dieses Kommentars.

II. Rechtsnatur

6   Die ADSp sind „für eine Vielzahl von Verträgen vorformulierte Vertragsbedingungen" und damit **allgemeine Geschäftsbedingungen** iSd § 305 Abs. 1 BGB, wenn sie von einer Partei der anderen **„gestellt"** werden. Dies ist nicht der Fall, wenn der Einbeziehungsvorschlag von beiden Vertragspartnern ausgeht oder inhaltlich dem übereinstimmenden Willen beider Seiten entspricht,[14] was gerade für

---

[6] Krit. dazu *Heuer* TranspR 1998, 333.

[7] Vgl. dazu *Gass* → 2. Aufl. 2009, ADSp.

[8] Zu den Hintergründen iE *Wieske* VersR 2002, 1489 ff.; vgl. ferner *Kollatz* VW 2002, 1695 und *Häusser/Abele* TranspR 2003, 8; *de la Motte* in Thume/de la Motte, Transportversicherungsrecht, 1. Aufl. 2004, Kap. 5 Rn. 309 ff.; plakativ *Heuer* TranspR 2003, 1.

[9] Die Logistik-AGB wurden am 1.3.2006 durch den Deutschen Spedititions- und Logistikverband (DSLV) und das Institut für Logistikrecht und Riskmanagement der Hochschule Bremerhaven unter Mitwirkung eines Maklerunternehmens vorgestellt. Die weiteren Trägerverbände der ADSp sind nicht beteiligt. Abgedruckt sind die Logistik-AGB in TranspR 2006, 260.

[10] Vgl. iE *Valder/Wieske* TranspR 2006, 221; zu dem tatsächlichen Aufkommen an logistischen Zusatzleistungen *Wieske* VersR 2006, 336.

[11] Krit. *Heuer* TranspR 2006, 89; *Gran* TranspR 2006, 91; dagegen *Müller* TranspR 2006, 227.

[12] BGBl. 2013 I 831.

[13] S. dazu *Peltzer/Wülbern* TranspR 2016, 218; *Schmidt* TranspR 2016, 227; *Temme* TranspR 2016, 232; *Rosowski* TranspR 2016, 239, aus luftfrachtrechtlicher Perspektive *Vyvers* TranspR 2016, 13.

[14] BGH Urt. v. 17.2.2010 – VIII ZR 67/09, ZIP 2010, 628; Urt. v. 20.1.2016 – VIII ZR 26/15, NJW 2016, 1230; OLG Köln Urt. v. 20.1.2015 – 15 U 142/14, BeckRS 2016, 3333; LG Mönchengladbach Urt. v. 30.10.2015 – 7 O 31/15, BeckRS 2015, 116929 Rn. 21; UBH/*Ulmer/Habersack* BGB § 305 Rn. 29.

die ADSp durchaus praktische Bedeutung hat.[15] Auch wenn Spediteure eine laufende Geschäftsbeziehung mit stetig wechselnder Auftraggeberrolle pflegen, ist von einer vom Willen beider Parteien getragenen Geltung der ADSp auszugehen, sodass eine Klauselkontrolle nicht erfolgt.[16]

Als allgemeine Geschäftsbedingungen werden die ADSp nur dann Gegenstand eines Vertrages, wenn **7** sie gemäß den allgemeinen Grundsätzen rechtsgeschäftlich in das Vertragsverhältnis einbezogen werden. Dieses Erfordernis hat die Rspr. trotz der jahrzehntelang benutzten Formel von der stillschweigenden Unterwerfung unter die ADSp stets betont[17] und fordert inzwischen auch konkrete Einbeziehungsvereinbarungen.[18] Die weite Verbreitung der ADSp und ihre leichte Zugänglichkeit durch Abruf aus dem Internet können es allerdings im Einzelfall erleichtern, eine stillschweigende rechtsgeschäftliche Einbeziehung anzunehmen.[19] Neben Deutschland finden sich auch in allen anderen westeuropäischen Staaten allgemein verwendete Spediteurbedingungen.[20] Deshalb kommt eine stillschweigende Einbeziehung der ADSp – oder vergleichbarer ausländischer Bedingungen – auch bei grenzüberschreitenden Vertragsschlüssen in Betracht (näher → Rn. 28).

Hingegen stellen die ADSp **keinen Handelsbrauch** dar, also gem. § 346 HGB kraft allgemeiner **8** freiwilliger Geltung der beteiligten Handelskreise ohne weiteres zu befolgende Regeln.[21] Dies war bereits vor der Transportrechtsreform von 1998 anerkannt und steht seither gänzlich außer Zweifel. Zwar haben die ADSp weiterhin eine überragende praktische Bedeutung und ihre Akzeptanz bei Spediteuren und der verladenden Wirtschaft, die seit jeher sehr hoch war, dürfte nach nach der Neufassung 2017 eher noch zunehmen, jedoch lässt sich nicht feststellen, dass die für einen Handelsbrauch notwendige allseitige und freiwillige Übung der ADSp besteht. Im Gegenteil zeigt die Praxis, dass – zumindest seit der Transportrechtsreform von 1998 – von den ADSp häufig abgewichen wird, und zwar insbesondere bei wirtschaftlich bedeutenderen Geschäften, etwa in der Kontraktlogistik oder bei Rahmenverträgen. Der Annahme eines Handelsbrauches steht im Übrigen auch die mangelnde inhaltliche Konstanz[22] entgegen, die die ADSp auf Grund der tief greifenden Änderungen der Jahre 1998/99, 2003 und 2016/17 aufweisen. Nach einem im Jahre 2004 von den Wirtschaftskammern Österreichs durchgeführten internen Umfrageverfahren lässt sich auch für die österreichischen AÖSp keine Handelsbräuchlichkeit feststellen. Zur Frage der **Branchenüblichkeit** der ADSp → Rn. 25 ff., → Rn. 27.

III. Anwendungsvoraussetzungen

Aufgrund ihrer Rechtsnatur als allgemeine Geschäftsbedingungen entscheidet über die **Einbezie- 9 hung** der ADSp in erster Linie der Parteiwille. Dabei gelten in der Regel die von der Rspr. für die Einbeziehung von AGB gegenüber Unternehmern herausgebildeten Grundsätze, weil die ADSp gegenüber Verbrauchern keine Anwendung beanspruchen (Ziff. 2.4). Danach ist auch zu entscheiden, welche Version der ADSp anzuwenden ist. Besondere Regeln gelten für die Wirksamkeit der **Gerichtsstands- und Rechtswahlklausel** in Ziff. 30 → Ziff. 30 Rn. 1 und 4 ff..

Die ADSp definieren ihren **Anwendungsbereich** selbst (Ziff. 2). Daher ist grundsätzlich zu prüfen, **10** ob die ADSp Anwendung auf den in Rede stehenden Vertragsschluss beanspruchen. Auch wenn dies nicht der Fall ist, können aber die ADSp auf Grund vorrangiger Individualabrede (§ 305b BGB) anzuwenden sein.

Schließlich bleibt zu überprüfen, ob die ADSp mit zwingendem Recht kollidieren und dem **11** anzuwendenden Klauselkontrollrecht standhalten. Als allgemeine Geschäftsbedingungen unterliegen die ADSp nach Maßgabe des § 310 BGB der **Wirksamkeitskontrolle** nach den §§ 305b ff. BGB.

1. Einbeziehung. a) Ausdrückliche Einbeziehungsvereinbarung. aa) Einvernehmliche 12 Einbeziehung. Die ADSp werden Vertragsinhalt, wenn ihre Geltung ausdrücklich zum Gegenstand der **Einigung** der Vertragsparteien gemacht wurde. Das ist jedenfalls dann der Fall, wenn sich der

[15] MüKoBGB/*Basedow* BGB § 305 Rn. 26 f.

[16] BGH Urt. v. 17.2.2010 – VIII ZR 67/09, ZIP 2010, 628; *Pfeiffer* in Wolf/Lindacher/Pfeiffer BGB § 305 Rn. 32; Palandt/*Grüneberg* BGB § 305 Rn. 13.

[17] StRspr, BGH Urt. v. 3.2.1953 – I ZR 61/52, BGHZ 9, 1 = NJW 1953, 541; zuletzt BGH Urt. v. 16.3.2006 – I ZR 65/03, NJW-RR 2006, 1350 = TranspR 2006, 359; UBH/*Ulmer* BGB § 305 Rn. 170 mwN; zur rechtsgeschäftlichen Einbeziehung iE → Rn. 9 ff.

[18] So etwa BGH Urt. v. 11.4.2013 – I ZR 61/12, TranspR 2013, 437.

[19] LG Bremen Urt. v. 15.7.2009 – 11 O 82/09, TranspR 2010, 347; UBH/*Ulmer/Habersack* BGB § 305 Rn. 173.

[20] *Gass*, Speditionsvertrag im internationalen Handelsverkehr unter besonderer Berücksichtigung der Deutschen Spediteurbedingungen (ADSp) der englischen Standard Trading Conditions (STC) und der französischen Conditions Générales, 1991, 240 ff. S. zB neben den österreichischen AÖSp die Allgemeinen polnischen Speditionsbedingungen 2010, die Bedingungen des niederländischen Speditions- und Logistikverbands FENEX oder die schweizerischen Bedingungswerke des SPEDLOGSWISS.

[21] OLG Dresden Urt. v. 24.11.1998 – 14 U 713/98, TranspR 1999, 62 (63); *Koller* ADSp 2016 Vor Ziff. 1 Rn. 1; Baumbach/Hopt/*Merkt* ADSp Anm. 2; Heymann/*Joachim* HGB Anh. § 466 Rn. 6; aA offenbar OLG Hamm Urt. v. 27.5.1993 – 18a U 103/93, VersR 1994, 1374; ferner *Valder* TranspR-Sonderbeilage 2004, XLII, XLIV.

[22] Zu dem Erfordernis dauerhafter Übung → HGB § 346 Rn. 8.

geäußerte Wille beider Parteien auf die Geltung der ADSp richtet, etwa im Falle eines Hinweises auf die ADSp in einer gemeinsam verhandelten Vertragsurkunde. In einem solchen Fall finden die ADSp auch dann Anwendung, wenn sie nach ihren eigenen Anwendungsbestimmungen (Ziff. 2) keine Anwendung beanspruchen (§ 305b BGB).[23]

13   In dieser Fallgestaltung kann sich die Frage stellen, ob die Bedingungen einseitig „gestellt", also allgemeine Geschäftsbedingungen iSd § 305 BGB sind und demzufolge der Klauselkontrolle unterliegen (→ Rn. 6).

14   Werden in einer **Individualvereinbarung** Teile der ADSp vereinbart, so ist im Zweifel anzunehmen, dass der Rest der ADSp nicht gelten soll.[24]

15   **bb) Einseitiges Einbeziehungsverlangen.** Es reicht jedoch auch ein einseitiger, erkennbarer und vom Vertragspartner **hingenommener Einbeziehungswille** des Verwenders. Da die ADSp nur im Verkehr mit Unternehmern Anwendung beanspruchen (Ziff. 2.4), brauchen dabei grundsätzlich die Voraussetzungen des § 305 Abs. 2 BGB nicht eingehalten zu werden (§ 310 Abs. 1 BGB, beachte jedoch → Rn. 19 f. zu dem „geeigneten Hinweis" nach § 449 Abs. 2 S. 1 Nr. 1 HGB). Vielmehr reicht es aus, wenn der Spediteur in einer der vertragsbildenden Erklärungen (Angebot/Annahme) darauf hinweist, dass er die ADSp in den Vertrag einbeziehen will, und der Vertragspartner dem nicht widerspricht.[25] Ein Hinweis auf dem Briefkopf reicht aus.[26] Gleiches gilt für einen Hinweis in der E-Mail-Signatur. Der Hinweis muss aber nicht unbedingt ausdrücklich erfolgen, es genügt jedes Verhalten, das nach den §§ 133, 157 BGB als Einbeziehungserklärung aufzufassen ist.[27] Allerdings muss der Hinweis auf die ADSp so konkret, deutlich und leserlich sein, dass er von dem Vertragspartner bei Anwendung verkehrserforderlicher Sorgfalt wahrgenommen wird.[28] Hinweise, die erst nach Vertragsschluss erfolgen, sind für bereits abgeschlossene Verträge irrelevant.[29] Hat der Vertragspartner seinen Sitz im Ausland und war die **Vertragssprache** nicht Deutsch, so muss ein Hinweis auf die ADSp in der Vertragssprache abgefasst sein.[30] Eine Übermittlung des Textes der ADSp ist nicht erforderlich.[31]

16   Zu Hinweisen auf **mehrere Klauselwerke** → Rn. 48.

17   **Widerspricht** der Vertragspartner des Verwenders der Einbeziehung der ADSp, werden diese nicht Vertragsinhalt. Ein Widerspruch kann auch durch eine umfassende Abwehrklausel in eigenen allgemeinen Geschäftsbedingungen des Vertragspartners erfolgen.[32] Verwendet der Vertragspartner eigene Geschäftsbedingungen, die eine solche Klausel nicht enthalten und nur teilweise mit den ADSp **kollidieren**, ist streitig, ob damit die Bedingungen beider Seiten zugunsten des dispositiven Gesetzesrechts insgesamt entfallen oder nur insoweit, als sie sich widersprechen.[33] Vorzugswürdig ist es, die Bedingungen beider Seiten insoweit eingreifen zu lassen, wie sie nebeneinander widerspruchsfrei gelten zu können.[34]

18   Die ADSp können mit denselben Einschränkungen auch nach den Regeln über das **Schweigen auf ein kaufmännisches Bestätigungsschreiben** Vertragsinhalt werden. Nach diesen kraft Handelsbrauchs geltenden Grundsätzen wird ein kaufmännisches Bestätigungsschreiben, das unmittelbar nach der Führung konkreter, klarstellungsbedürftiger Vertragsverhandlungen versandt wird, mangels Widerspruchs verbindlich, wenn es inhaltlich so abgefasst ist, dass der Bestätigende verständigerweise mit dem Einverständnis des Geschäftsgegners rechnen kann. Durch kaufmännisches Bestätigungsschreiben können allgemeine Geschäftsbedingungen auch dann Vertragsbestandteil werden, wenn die Parteien bei den Vertragsverhandlungen über Geschäftsbedingungen nicht gesprochen haben.[35] Unterlässt der Auftraggeber es, einem im kaufmännischen Bestätigungsschreiben des Spediteurs enthaltenen Hinweis auf die ADSp zu **widersprechen,** werden die ADSp daher Vertragsbestandteil. Dies gilt allerdings dann

---

[23] BGH Urt. v. 16.3.2006 – I ZR 65/03, NJW-RR 2006, 1350 (1351) = TranspR 2006, 359 (360).

[24] Vgl. OLG Düsseldorf Urt. v. 6.10.1988 – 18 U 75/88, TranspR 1989, 20.

[25] BGH Urt. v. 16.3.2006 – I ZR 65/03, TranspR 2006, 359; OLG Düsseldorf Urt. v. 4.10.2018 – I-12 U 46/17, RdTW 2018, 473 (476); UBH/*Ulmer/Habersack* BGB § 305 Rn. 26 ff.

[26] BGH Urt. v. 15.2.2007 – I ZR 118/04, TranspR 2007, 374 (375); LG Bremen Urt. v. 15.7.2009 – 11 O 82/09, TranspR 2010, 347.

[27] UBH/*Ulmer/Habersack* BGB § 305 Rn. 170.

[28] Vgl. BGH Urt. v. 16.1.1981 – I ZR 84/78, WM 1981, 789 (791). Dabei ist allerdings auf die Verkehrssitte Rücksicht zu nehmen, weshalb die Rspr. des BGH zu klein gedruckten Konnossementsklauseln – Urt. v. 30.5.1983, NJW 1983, 2772 = TranspR 1984, 23 sowie Urt. v. 3.2.1986 NJW-RR 1986, 1311 = TranspR 1986, 293 – nicht überzeugt.

[29] OLG Düsseldorf Urt. v. 25.11.1982 – 18 U 278/81, VersR 1983, 552.

[30] OLG Frankfurt a. M. Urt. v. 5.6.1986 – 18 U 24/85, EWIR 1987, 631; vgl. auch OLG Karlsruhe Urt. v. 27.6.2002 – 9 U 204/01, NJW-RR 2002, 1722 = TranspR 2002, 344 (345); OLG Hamm Urt. v. 19.5.2015 – I-7 U 26/15, RdTW 2016, 219; LG Fulda Urt. v. 29.9.2015 – 2 O 681/14, IHR 2016, 198.

[31] OLG Düsseldorf Urt. v. 4.10.2018 – I-12 U 46/17, RdTW 2018, 473 (476 f.).

[32] BGH Urt. v. 24.10.2000 – X ZR 42/99, NJW-RR 2001, 484; Urt. v. 25.1.2007 – VII ZR 105/06 TranspR 2007, 173; LG Erfurt Urt. v. 25.9.2015 – 1 S 20/15, TranspR 2016, 160.

[33] Zum Streitstand MüKoBGB/*Basedow* BGB § 305 Rn. 105 ff.; UBH/*Ulmer/Habersack* BGB § 305 Rn. 182 ff.

[34] LG Erfurt Urt. v. 25.9.2015 – 1 S 20/15, TranspR 2016, 160.

[35] Vgl. BGH Urt. v. 9.7.1970 – VII ZR 70/68, BGHZ 54, 242 = WM 1970, 1108; Urt. v. 6.4.2000 – IX ZR 122/99, NJW-RR 2000, 1154; *Pfeiffer* in Wolf/Lindacher/Pfeiffer BGB § 305 Rn. 135.

nicht, wenn der Spediteur nicht mit dem Einverständnis des Auftraggebers rechnen darf, zum Beispiel wegen einer in dessen Einkaufsbedingungen enthaltenen Abwehrklausel.[36]

cc) Geeigneter Hinweis auf abweichende Höchsthaftungssummen. Das frühere Formerfor- **19** dernis qualifizierter Information durch drucktechnische Hervorhebung nach §§ 449 Abs. 2 S. 2, 466 Abs. 2 S. 2 HGB aF hat der Gesetzgeber wegen der Auslegung, die es in der Rspr. erfahren hat,[37] mit dem Seehandelsrechtsreformgesetz von 2013[38] gestrichen. Solche Abweichungen sind (in den Grenzen des durch §§ 449 Abs. 2 S. 1 Nr. 1, 466 Abs. 2 S. 1 Nr. 1 HGB gezogenen „Korridors") zulasten des Vertragsgegners des Verwenders der AGB nunmehr dann formwirksam, wenn der Verwender auf die abweichenden Höchsthaftungsbeträge in **geeigneter Weise hinweist**.[39]

Zumindest bei erstmaliger Verwendung der ADSp gegenüber einem Absender können die von den **20** § 431 Abs. 1 und 2 HGB abweichenden Bestimmungen (Ziff. 23.1, 23.3 und 23.4) daher weiterhin nicht stillschweigend, sondern nur durch einen „geeigneten Hinweis" auf vom Gesetz abweichende Höchsthaftungsbestimmungen einbezogen werden. Wie dieser Hinweis genau gestaltet werden muss, hängt von dem Informationsbedürfnis des Auftraggebers ab.[40] Er muss jedenfalls erkennen lassen, dass die Geschäftsbedingungen des Verwenders die Regelhaftungssumme des Gesetzes modifizieren. In formeller Hinsicht wird ein ausdrücklicher, individuell formulierter **Hinweis** zum Beispiel in einem Anschreiben auf Art und Umfang der Abweichung von der gesetzlichen Regelhaftungssumme stets ausreichen. Dasselbe gilt für einen entsprechenden mündlichen Hinweis. Sicher ausreichen dürfte es auch, einen formularmäßigen Hinweis auf die abweichenden Haftungssummen im Anschluss an einen ADSp-Einbeziehungshinweis folgen zu lassen. Eine drucktechnische Hervorhebung erscheint nicht unbedingt erforderlich, denn der Gesetzgeber wollte das frühere, als impraktikabel und überzogen empfundene[41] Formerfordernis jedenfalls abmildern. Inhaltlich muss der Hinweis jedenfalls die Tatsache einer Abweichung von der gesetzlichen Regelhaftung erkennen lassen; ob darüber hinaus auch Art und Inhalt der Abweichung angegeben werden müssen, erscheint zweifelhaft, jedoch ist aus Vorsichtsgründen eine Kurzangabe der vom Gesetz abweichenden Bestimmungen anzuraten (→ Rn. 21). Zu der problematischen Frage, ob bei Folgeaufträgen und im Rahmen ständiger Geschäftsbeziehungen auf erneute Hinweise verzichtet werden kann (→ Rn. 24). Der Praxis ist jedenfalls anzuraten, den auf Briefköpfen und E-Mail-Signaturen üblichen Hinweis auf die ADSp stets um einen Hinweis darauf zu ergänzen, dass und inwiefern die ADSp vom Gesetz abweichende Höchsthaftungssummen vorsehen. Es erscheint jedoch überzogen, eine wörtliche Wiedergabe der Bestimmungen zu fordern, die von den gesetzlichen Höchsthaftungssummen abweichen, denn das liefe – entgegen der gesetzgeberischen Absicht – auf eine weitgehende Beibehaltung des früheren Rechtszustandes hinaus. Der geforderte „Hinweis" soll dem Geschäftspartner nur Veranlassung geben, die AGB auf die darin enthaltenen Haftungsbestimmungen zu prüfen.

Ein nach dem Dafürhalten des Verfassers ausreichender Hinweis auf die ADSp und die abweichen- **21** den Höchsthaftungssummen könnte lauten:[42]

Wir arbeiten ausschließlich auf Grundlage der Allgemeinen Deutschen Spediteurbedingungen 2017 – ADSp 2017. Hinweis: Die ADSp 2017 weichen in Ziffer 23 hinsichtlich des Haftungshöchstbetrages für Güterschäden (§ 431 HGB) vom Gesetz ab, indem sie die Haftung aus multimodalen Transporten unter Einschluss einer Seebeförderung bei unbekanntem Schadenort auf 2 SZR/kg und im Übrigen generell die Regelhaftung von 8,33 SZR/kg zusätzlich auf 1,25 Mio. EUR je Schadenfall sowie 2,5 Mio. EUR je Schadenereignis, mindestens aber 2 SZR/kg, beschränken.

Die Verwendung der häufig anzutreffenden Formulierung „ADSp neueste Fassung" erscheint nicht empfehlenswert, weil Folgefassungen der ADSp möglicherweise in anderer Form von § 431 HGB abweichen und der Hinweis deshalb nicht ungeprüft auf spätere Fassungen bezogen werden sollte.

Entbehrlich sollte der besondere Hinweis dann sein, wenn der Auftraggeber die fraglichen **22** Bestimmungen der ADSp selbst positiv kennt.[43] Zwar wird sich das häufig nicht nachweisen

---

[36] BGH Urt. v. 5.5.1982 – VIII ZR 162/81, NJW 1982, 1751; UBH/*Ulmer*//*Habersack* BGB § 305 Rn. 177 ff.; *Pfeiffer* in Wolf/Lindacher/Pfeiffer BGB § 305 Rn. 140.

[37] Dazu BGH Urt. v. 23.1.2003 NJW 2003, 1397 = TranspR 2003, 119; krit. dazu *Herber* TranspR 2003, 120; zust. *Heuer* TranspR 2004, 114. Die Entscheidung betrifft einen Fall, bei dem eine stillschweigende Einbeziehung der ADSp in Rede stand. Zuvor war streitig, ob es ausreicht, wenn die drucktechnische Hervorhebung nur in den von den Trägerverbänden veröffentlichten oder vom Verwender bereitgehaltenen Exemplaren der ADSp erfolgt, so *Philippi* TranspR 1999, 375 (377); *Herzog* TranspR 2001, 244 (246); *Ramming* VersR 1999, 1177 (1182); im Sinne des BGH dagegen bereits LG Memmingen Urt. v. 16.1.2002 – 2 HS 961/01, TranspR 2002, 82 (83) und OLG Hamburg Urt. v. 19.12.2002 – 6 U 222/01, TranspR 2003, 72, dazu *Bästlin/Bästlein* TranspR 2003, 61, ferner *Koller* TranspR 2000, 1 (3 f.).

[38] Vom 20.4.2013, BGBl. 2013 I 831.

[39] Krit. *Valder* TranspR 2018, 286 (292 f.).

[40] *Koller* HGB § 449 Rn. 57; *Schmidt* in Wolf/Lindacher/Pfeiffer Klauseln A 73.

[41] MüKoHGB/*Schmidt* HGB § 449 Rn. 20 mwN.

[42] Der nachfolgende Text entspricht mit leichten Modifikationen dem bei Drucklegung vom Deutschen Speditions- und Logistikverband empfohlenen Wortlaut.

[43] Vgl. zu § 449 Abs. 2 HGB aF OLG Hamburg Urt. v. 19.12.2002 – 6 U 222/01, TranspR 2002, 72 (73).

lassen,[44] jedoch gibt es durchaus Fälle, in denen Kenntnis offensichtlich ist, etwa bei Vertragsschlüssen zwischen ADSp-Spediteuren. Nicht erforderlich ist der Hinweis auch dann, wenn die ADSp auf beiderseitigen Wunsch in den Vertrag einbezogen werden, weil sie dann nicht als allgemeine Geschäftsbedingungen Eingang in den Vertrag finden (→ Rn. 5). In anderen Fällen vereinbarter Einbeziehung der ADSp erscheint es jedoch geraten, im Vertragstext einen Hinweis auf die Abweichungen von § 431 HGB aufzunehmen, sofern der Hinweis nicht bereits anderweitig erteilt worden war.

23 **b) Stillschweigende Einbeziehung. aa) Laufende Geschäftsverbindung.** Ist im Rahmen einer längeren laufenden und nicht nur sporadischen Geschäftsverbindung bislang stets oder meist auf die ADSp hingewiesen worden und hat der Verwender dabei zum Ausdruck gebracht, dass er seinen Vertragsschlüssen stets die ADSp zugrunde legen wolle, so gelten sie bei unveränderten Umständen als stillschweigend vereinbart, falls der Auftraggeber **nicht widerspricht.**[45] Allgemeine Geschäftsbedingungen sind auch dann wirksam einbezogen, wenn der Verwender zu einem früheren Zeitpunkt ausdrücklich und unmissverständlich darauf hingewiesen hat, dass die ADSp auch im Rahmen aller zukünftigen Vertragsschlüsse Anwendung finden sollen.[46] Die ADSp gelten auch dann für Folgeverträge, wenn die Parteien die Einbeziehung zu einem früheren Zeitpunkt ausdrücklich vereinbart haben (Rahmenvertrag). Soweit der Hinweis auf Folgeverträge seinerseits in allgemeinen Geschäftsbedingungen enthalten ist, muss er dem Geschäftsgegner tatsächlich zur Kenntnis gegeben werden.[47]

24 Die Abweichungen der Ziff. 23 von den §§ 461 Abs. 1, 431 HGB werden allerdings nur dann wirksam, wenn die Form der §§ 449 Abs. 2 S. 1 Nr. 1, 466 Abs. 2 S. 1 Nr. 1 HGB **(geeigneter Hinweis)** gewahrt ist[48] (→ Rn. 19 ff.). Daraus sollte aber nicht der Schluss gezogen werden, dass der Hinweis bei jedem Vertragsschluss erneut erfolgen müsse. Der vom Gesetz geforderte geeignete Hinweis soll eine Warnfunktion entfalten, deren Zweck sich erledigt hat, wenn der Vertragspartner des Verwenders die ADSp trotz des ihm erteilten Hinweises hingenommen hat und der so erzielte, durch das Einbeziehungsverlangen und dessen Hinnahme manifestierte Einbeziehungskonsens in einer laufenden Geschäftsbeziehung fortwirkt. Es ist jedenfalls nicht ersichtlich, weshalb an den Hinweis auf besondere Höchsthaftungssummen strengere formelle Anforderungen gestellt werden sollten als an den Hinweis auf die AGB-Verwendung selbst. Auch die Rechtswahl- und Gerichtsstandsregeln in Ziff. 30 bedürfen gesonderter Wirksamkeitsprüfung unter dem Gesichtspunkt der Art der Einbeziehung der ADSp.

25 **bb) Einbeziehung kraft Branchenüblichkeit.** Nach einer DIHK-Umfrage von 1999 verwendeten damals 94 % der Speditionsunternehmen die ADSp und 86 % der Unternehmer der verladenden Wirtschaft gingen mangels anderweitiger Vereinbarung von der Geltung der ADSp aus.[49] Die hohe Verwenderquote dürfte sich seither kaum verändert haben und könnte mit der Erweiterung der ADSp-Trägerverbände seit 2017 sogar noch zunehmen, sodass nach wie vor von einer **Branchenüblichkeit der ADSp** ausgegangen werden kann.

26 Nach früherer Rspr. wurden die ADSp im kaufmännischen Verkehr auch ohne einen besonderen Hinweis des Verwenders auf ihre Einbeziehung im Einzelfall kraft **stillschweigender Unterwerfung** Bestandteil des Vertrags, wenn der Vertragspartner des Spediteurs wusste oder wissen musste, dass der Spediteur ausschließlich nach den ADSp arbeitet.[50] Von Ausnahmen abgesehen,[51] wurde diese Kenntnis unterstellt; ein im Inland ansässiger Kaufmann, der einen mit dem Spediteurgewerbe zusammenhängenden Vertrag schließe, müsse wissen, dass Spediteure ausschließlich nach den ADSp arbeiten.[52]

---

[44] *Herber* TranspR 2003, 120 (121).

[45] BGH Urt. 6.3.1956 – I ZR 154/54, BGHZ 20, 164; BGH Urt. v. 12.7.1974 – I ZR 55/72, VersR 1974, 1121; OLG Köln Urt. v. 5.9.2014 – I-3 U 15/14, TranspR 2015, 121 Rn. 16; enger BGH Urt. v. 12.2.1992 – VIII ZR 84/91, ZIP 1992, 404 (405); UBH/*Ulmer/Habersack* BGB § 305 Rn. 176; MüKoBGB/*Basedow* BGB § 305 Rn. 93; *Koller* ADSp 2016 Vor Ziff. 1 Rn. 14.

[46] MüKoBGB/*Basedow* BGB § 305 Rn. 96 f. Ist ein solcher Hinweis in allgemeinen Geschäftsbedingungen enthalten, ist allerdings erforderlich, dass der Vertragspartner des Verwenders die AGB tatsächlich zur Kenntnis erhält, BGH Urt. v. 12.2.1992 – VIII ZR 84/91, NJW 1992, 1232.

[47] BGH Urt. v. 12.2.1992 – VIII ZR 84/91, NJW 1992, 1232.

[48] Näher dazu *Koller* HGB § 449 Rn. 54 ff.

[49] DIHK-RS-Nr. 0649038 v. 2.9.1999, dazu *Valder* TranspR-Sonderbeilage 2004, XIII, XLIV; *Herzog* TranspR 2001, 244 (245).

[50] BGH Urt. v. 3.2.1953 – I ZR 61/52, NJW 1953, 541 = BGHZ 9, 1; Urt. v. 22.1.1954 – I ZR 34/53, BGHZ 12, 136 (141) = NJW 1954, 795; Urt. v. 8.3.1955 – I ZR 109/53, BGHZ 17, 1 (3) = NJW 1955, 1145; Urt. v. 8.7.1955 – I ZR 201/53, NJW 1955, 1513; Urt. v. 29.6.1959 – II ZR 114/57, NJW 1959, 1679; Urt. v. 7.7.1976 – I ZR 51/75, NJW 1976, 2075; Urt. v. 13.6.1985 – I ZR 13/83, NJW 1985, 2411 (2412) = VersR 1985, 1036; Urt. v. 14.12.1988 – I ZR 235/86, NJW-RR 1989, 481 = TranspR 1989, 141; Urt. v. 20.6.1996 – I ZR 94/94, NJW-RR 1996, 1313 = TranspR 1997, 159.

[51] BGH Urt. v. 7.7.1976 – I ZR 51/75, NJW 1976, 2075: keine stillschweigende Einbeziehung der ADSp gegenüber einem nicht als Spediteur tätigen Ausländer.

[52] BGH Urt. v. 7.7.1976 – I ZR 51/75, NJW 1976, 2075.

Tragender Grund für die Annahme einer stillschweigenden Unterwerfung war dementsprechend die Branchenüblichkeit der ADSp. Allerdings dürfte die einvernehmliche Empfehlung der ADSp durch die beteiligten Wirtschaftsverbände dazu ebenso beigetragen haben wie das damalige Fehlen detaillierten Gesetzesrechts im Bereich des Speditionsrechts, das dazu einlud, auf die ADSp als „fertig bereit liegende Rechtsordnung" zurückzugreifen.

An diese Rspr. hat der BGH seit Inkrafttreten des Transportrechtsreformgesetzes nicht mehr **27** angeknüpft, jedoch wurde sie von einigen Instanzgerichten – nicht immer mit Problembewusstsein – noch längere Zeit aufrecht erhalten,[53] begleitet durch unterschiedliche Auffassungen im Schrifttum.[54] Mit seiner Entscheidung vom 23.1.2003[55] hat der BGH einer Einbeziehung durch stillschweigende Unterwerfung allerdings insofern einen Riegel vorgeschoben, als jedenfalls das Erfordernis drucktechnischer Hervorhebung gem. §§ 449 Abs. 2 S. 2 Nr. 1 und 466 Abs. 2 Nr. 1 HGB aF nicht im Wege der stillschweigenden Einbeziehung der ADSp erfüllt werden konnte.[56] Davon ist auch für den nunmehr geforderten **geeigneten Hinweis** nach §§ 449 Abs. 2 S. 1 Nr. 1, 466 Abs. 2 S. 1 Nr. 1 HGB nF auszugehen, denn dieser muss zwar nicht gedruckt sein, steht aber einer stillschweigenden Einbeziehung in der Regel entgegen. Damit ist allerdings noch nicht entschieden, dass die ADSp insgesamt nicht mehr stillschweigend einbezogen werden können,[57] denn die §§ 449 Abs. 2 S. 1 Nr. 1 und 466 Abs. 2 S. 1 Nr. 1 HGB modifizieren nicht die allgemeinen Grundsätze der rechtsgeschäftlichen Einbeziehung von allgemeinen Geschäftsbedingungen unter Unternehmern,[58] sondern errichten ein Formerfordernis nur für die Abweichung von § 431 Abs. 1 und 2 HGB.[59] Dessen Nichteinhaltung führt zwar zur Unwirksamkeit der entsprechenden Bestimmungen in Ziff. 23, berührt aber nicht die Frage der Einbeziehung der ADSp insgesamt.

Indessen können die ADSp **nicht allein kraft Branchenüblichkeit** Vertragsbestandteil werden. **28** Da zur Einbeziehung von allgemeinen Geschäftsbedingungen eine rechtsgeschäftliche – zumindest stillschweigende – Einigung erforderlich ist,[60] darf die Willensübereinstimmung nicht fingiert werden, wie dies die Unterwerfungsrechtsprechung mit ihrer „Wissen-müssen"-Formel de facto getan hat. Vielmehr bedarf die Einbeziehung stets konkreter Begründung anhand des zu entscheidenden Sachverhalts. Die Branchenüblichkeit von allgemeinen Geschäftsbedingungen ist ein wichtiges Indiz, das bei der Auslegung der von den Parteien ausgetauschten Willenserklärungen zu berücksichtigen ist, reicht aber für sich genommen noch nicht aus, um eine stillschweigende Unterwerfung zu begründen.[61] Zusätzliche Anhaltspunkte für die Einbeziehung der ADSp sind neben entsprechenden Hinweisen in den vertragsbestimmenden Erklärungen,[62] in der vorvertraglichen Korrespondenz oder anlässlich früherer Kontakte zwischen den Parteien[63] beispielsweise Bezugnahmen auf ADSp-Bestimmungen oder einen auf die ADSp abgestimmten Versicherungsschutz während der Vertragsverhandlungen.

Die Annahme einer stillschweigenden Unterwerfung ist noch problematischer bei Vertragsschlüssen **29** mit **Ausländern**.[64] Die frühere Rspr. hat zwar die Wissen-Müssen-Formel auch gegenüber Unterneh-

---

[53] OLG Karlsruhe Urt. v. 18.10.2006 – 15 U 48/05, TranspR 2007, 209 (212); OLG Brandenburg Urt. v. 15.8.2001 – 7 U 32/01, TranspR 2001, 474 (475 ff.); LG Hamburg Urt. v. 2.5.2005 – 415 O 184/04, IPRspr 2005 Nr. 107, 263; LG Hildesheim Urt. v. 13.11.2001 – 10 O 121/00, TranspR 2002, 38 (39); LG Passau Urt. v. 5.4.2001 – 1 HKO 1057/00, TranspR 2001, 269; AG Hamburg Urt. v. 15.5.2001 – 36 B C 327/01, TranspR 2001, 411 (412); OLG Hamburg Urt. v. 11.1.2001 – 6 U 72/00, TranspR 2001, 300 (301); offengelassen in OLG Stuttgart Urt. v. 20.9.2006 – 3 U 115/06, VersR 2007, 859, sowie OLG Karlsruhe Urt. v. 27.6.2002 – 9 U 204/01, NJW-RR 2002, 1722 = TranspR 2002, 344.
[54] Für die Aufrechterhaltung des Prinzips der stillschweigenden Unterwerfung *Valder* TranspR-Sonderbeilage 2004, XLII; *Philippi* TranspR 1999, 375 (376); *Herzog* TranspR 2001, 244; *de la Motte* in Fremuth/Thume TranspR Vor ADSp Rn. 8 ff.; Baumbach/Hopt/*Merkt* ADSp Anm. 2; wohl auch *Herber* TranspR 2003, 120; zweifelnd *Koller* TranspR 2001, 359 (360); *Koller* ADSp Vor Ziff. 1 Rn. 11; ferner *Boettge* TranspR 2007, 306 (307 f.); dagegen *Heuer* TranspR 1998, 333 (334); *Heuer* TranspR 2004, 114 (115); *Herber* TranspR 1999, 89 (91); *Schmidt* in Wolf/Lindacher/Pfeiffer Klauseln A 72.
[55] BGH Urt. v. 23.1.2003 –I ZR 174/00, NJW 2003, 1397 = TranspR 2003, 119; krit. dazu *Herber* TranspR 2003, 120; zust. *Heuer* TranspR 2004, 114; vgl. auch BGH Urt. v. 18.10.2007 – I ZR 138/04, TranspR 2007, 472 (475) = NJW-RR 2008, 549 (550).
[56] Bereits zuvor im gleichen Sinne LG Memmingen Urt. v. 16.1.2002 – 2 Hs 961/01, TranspR 2002, 82 (83) und OLG Hamburg Urt. v. 19.12.2002 – 6 U 222/01, TranspR 2003, 72, dazu *Bästlein/Bästlein* TranspR 2003, 61. Die Frage war zuvor streitig, aA *Philippi* TranspR 1999, 375 (377); *Herzog* TranspR 2001, 244 (246); dagegen *Koller* TranspR 2001, 1 (3 f.).
[57] AM UBH/*Schäfer* Teil 2 Gütertransportverträge Rn. 3; *Heuer* TranspR 2004, 114 (115).
[58] Regierungsbegründung, BT-Drs. 13/8445, 88.
[59] Der BGH (NJW 2003, 1397) spricht von einem Erfordernis qualifizierter Information.
[60] MüKoBGB/*Basedow* BGB § 305 Rn. 91; *Schmidt* in Wolf/Lindacher/Pfeiffer Klauseln A 72.
[61] BGH Urt. v. 20.3.1985 – VIII ZR 342/83, NJW 1985, 1836; Urt. v. 4.2.1992 – X ZR 105/90, NJW-RR 1992, 626.
[62] OLG Stuttgart Urt. v. 20.9.2006 – 3 U 115/06, VersR 2007, 859.
[63] OLG Karlsruhe Urt. v. 27.6.2002 – 9 U 204/01, NJW-RR 2002, 1722 = TranspR 2002, 344.
[64] OLG Bremen Urt. v. 19.5.1994 – 2 U 146/93, TranspR 1995, 32; vgl. auch MüKoBGB/*Basedow* BGB § 305 Rn. 63 sowie *Schinkels* IPRax 2003, 517.

men und Personen mit Sitz im Ausland angewandt,[65] jedoch ist dabei in der Regel das Wissen-Müssen konkret begründet worden, etwa anhand des grenznahen Sitzes, der Deutschland umfassenden speditionellen Betätigung des Auftraggebers,[66] einer ständigen wechselseitigen Geschäftsbeziehung zwischen Spediteuren[67] oder mehrfachen Hinweisen auf die ADSp gegenüber einem die deutsche Sprache beherrschenden Auftraggeber.[68] Im Verkehr mit branchenfremden Ausländern hat die Rspr. dagegen **besondere Einbeziehungshinweise** verlangt.[69] Dem ist zuzustimmen. Eine Einbeziehung der ADSp lässt sich gegenüber Ausländern nicht allein damit begründen, dass der Auftragnehmer Spediteur ist.

30   Besondere Einbeziehungshinweise sind auch dann zu verlangen, wenn Gegenstand des Vertrags keine typische speditionelle Leistung ist,[70] beispielsweise bei logistischen Leistungen oder sonstigen Leistungen iSv Ziff. 2.3.

31   **c) Maßgebliche Fassung der ADSp.** Welche Fassung der ADSp gelten soll, richtet sich nach der **Einbeziehungsabrede.** Nimmt diese auf eine bestimmte ADSp-Fassung Bezug, so hat es damit sein Bewenden, solange nichts anderes vereinbart wird. Im Zweifel ist die Erklärungen der Parteien dahin auszulegen, dass auf die zum Zeitpunkt des Vertragsschlusses empfohlene Fassung der ADSp verwiesen wird. Es entspricht der Interessenlage der Parteien, einen auf die aktuelle Gesetzeslage und Rspr. abgestimmten Bedingungstext zu verwenden. Da die jeweils gültige Fassung jederzeit und leicht verfügbar ist und Änderungen im Markt aufmerksam registriert werden, bedarf es auch im Rahmen laufender Geschäftsbeziehungen keines besonderen Hinweises auf eine geänderte Fassung, sofern die ursprüngliche Einbeziehungsabrede unspezifisch nur die „ADSp" bezeichnet.[71] Dies gilt erst recht, wenn der Einbeziehungshinweis dynamisch gestaltet ist („jeweils letzte Fassung"). Allerdings steht es den Parteien frei, einen älteren Text zugrunde zu legen. Davon ist aber nur auszugehen, wenn ein entsprechender Wille der Parteien eindeutig feststellbar ist.

32   Nach Vertragsschluss erfolgende Änderungen der ADSp berühren den Vertrag nur dann, wenn dies ausdrücklich vereinbart ist. Dies gilt auch für Rahmen- und Mengenverträge.

33   **d) Anzuwendendes Recht.** Bei bestehendem **Auslandsbezug** ist die Frage des wirksamen Zustandekommens einer Einbeziehungsvereinbarung nach deutschem Recht zu beurteilen, wenn der Vertrag, seine Wirksamkeit einschließlich der Geltung der in Rede stehenden Geschäftsbedingungen unterstellt, deutschem Recht unterläge (Art. 3 Abs. 1, 5 Rom I-VO, Art. 10 Abs. 1 Rom I-VO).[72] Daher ist die Einbeziehung von AGB, die – wie die ADSp in Ziff. 30.1 – auf deutsches Recht verweisen, regelmäßig[73] nach deutschem Recht zu beurteilen.[74]

34   **2. Anwendungsbereich.** Ähnlich einem Gesetz regeln die ADSp ihren Anwendungsbereich (Ziff. 2). Diese Regelung ist aber nur in zweiter Linie maßgeblich. Sind die ADSp in das Vertragsverhältnis einbezogen, richtet sich nach der Einbeziehungsabrede, ob die ADSp unbedingt oder nur vorbehaltlich und im Rahmen ihres definierten Anwendungsanspruchs gelten sollen. Dies ergibt sich aus dem Vorrang der **Individualabrede** (§ 305b BGB). Vereinbaren die Parteien ausdrücklich und einvernehmlich die Anwendung der ADSp, so werden sie daher auch dann Vertragsinhalt, wenn das Vertragsverhältnis nicht in den in Ziff. 2 umschriebenen Anwendungsbereich fällt.[75] Dasselbe gilt, wenn eine Auslegung des Einbeziehungshinweises des Verwenders ergibt, dass er die ADSp ungeachtet ihrer inhärenten Anwendungsschranken zum Gegenstand des Vertrages machen will. Fehlt es an einer

[65] BGH Urt. v. 13.7.1973 – I ZR 72/72, NJW 1973, 2154: OLG Frankfurt a. M. Urt. v. 23.4.1980 – 17 U 105/79, VersR 1981, 27 (29); OLG Schleswig Urt. v. 25.5.1987 – 16 U 27/87, NJW-RR 1988, 283; vgl. auch OLG Hamburg Urt. v. 23.2.1995 – 6 U 252/94, TranspR 1996, 40.

[66] BGH Urt. v. 5.6.1981 – I ZR 64/79, VersR 1981, 975; s. auch OLG Düsseldorf Urt. v. 4.10.2018 – I-12 U 46/17, RdTW 2018, 473.

[67] OLG Frankfurt a. M. Urt. v. 16.12.1986 – 5 U 28/86, VersR 1988, 33; OLG Hamburg Urt. v. 23.2.1995 – 6 U 252/94, TranspR 1996, 40.

[68] OLG Karlsruhe Urt. v. 27.6.2002 – 9 U 204/01, NJW-RR 2002, 1722 = TranspR 2002, 344 (345).

[69] BGH Urt. v. 7.7.1976 – I ZR 51/75, NJW 1976, 2075; Urt. v. 16.1.1981 – I ZR 84/78, NJW 1981, 1905 (1906); OLG Dresden Urt. v. 24.11.1998 – 14 U 713/98, TranspR 1999, 62 (64); OLG Köln Urt. v. 19.3.2002 – 3 U 132/01, TranspR 2003, 125 (126).

[70] BGH Urt. v. 12.10.1979 – I ZR 160/77, NJW 1980, 1275.

[71] Vgl. zu diesem sonst gegebenen Erfordernis BGH Urt. v. 6.12.1990 – I ZR 138/89, TranspR 1991, 114 (116) (Paketdienstbedingungen).

[72] *Martiny* in Reithmann/Martiny IntVertragsR Rn. 263; MüKoBGB/*Spellenberg* Rom I-VO Art. 10 Rn. 162.

[73] Zwar kann der Vorbehalt des Art. 10 Abs. 2 Rom I-VO auch für die Einbeziehung von AGB Platz greifen, vgl. *Thorn* IPRax 1997, 98 (104); *Martiny* in Reithmann/Martiny IntVertragsR Rn. 265; jedoch ist bei bestehendem Auslandsbezug in der Regel mit einer Rechtswahlklausel zu rechnen, BGH Urt. v. 26.10.1993 – XI ZR 42/93, NJW 1994, 262; Urt. v. 7.7.1976 – I ZR 51/75, NJW 1976, 2075. Freilich ist eine Berücksichtigung des Heimatrechts des Vertragspartners geboten im Falle der Einbeziehung kraft deutscher Handelsbräuche wie etwa dem Schweigen auf ein kaufmännisches Bestätigungsschreiben, *Martiny* in Reithmann/Martiny IntVertragsR Rn. 272.

[74] Vgl. BGH Urt. v. 26.10.1993 – XI ZR 42/93, BGHZ 123, 380 = NJW 1994, 262; MüKoBGB/*Spellenberg* Rom I-VO Art. 10 Rn. 162 f.

[75] BGH Urt. v. 16.3.2006 – I ZR 65/03, NJW-RR 2006, 1350 (1351) = TranspR 2006, 359 (360); OLG München Urt. v. 31.7.1992 – 23 U 6773/91, VersR 1993, 1382.

die Anwendungsbestimmungen verdrängenden Abrede, gelten die ADSp nur im Rahmen der Regelungen über ihren Anwendungsbereich.

a) Sachlicher Anwendungsbereich. Der sachliche Anwendungsbereich ist in Ziff. 2.1 und Ziff. **35** 1.14 beschrieben. Die ADSp finden danach Anwendung auf **Verkehrsverträge** über alle Tätigkeiten, die üblicherweise zum Speditionsgewerbe gehörende Geschäfte betreffen, insbesondere **Speditionsverträge, Frachtverträge, Lagerverträge** oder Verträge über **speditionsübliche logistische Leistungen,** wenn diese mit der Beförderung oder Lagerung von Gütern im Zusammenhang stehen. Ausgenommen sind die in Ziff. 2.3 und 2.4 beschriebenen Geschäfte.

b) Persönlicher Anwendungsbereich. aa) Spediteur. Die ADSp sind auf solche Geschäfte **36** zugeschnitten, bei denen ein dem **Speditionsgewerbe** zuzurechnenden Unternehmer die vertragstypische Leistung zu erbringen hat.[76] Dies ergibt sich aus der Definition des Verkehrsvertrags in Ziff. 1.14, die auf die üblicherweise zum Speditionsgewerbe gehörenden Geschäfte abstellt. Der die verkehrsvertragliche Leistung erbringende Unternehmer wird in den ADSp als **Spediteur** bezeichnet und in Ziff. 1.13 als Auftragnehmer unter einem Verkehrsvertrag definiert. Er gilt, wie sich aus Ziff. 2.1 schließen lässt, im Zweifel als Verwender der ADSp.[77] Die Anwendung der ADSp hängt nicht davon ab, dass der Verwender Spediteur im Rechtssinne ist oder als solcher auftritt. Dieser Aspekt ist allenfalls für das Zustandekommen einer stillschweigenden Einbeziehungsabrede von Bedeutung, weil der Verkehr bei Spediteuren in besonderem Maße mit den ADSp zu rechnen hat.[78] Die ADSp werden auch von Lagerhaltern, Fuhrunternehmern, Frachtführern, Umschlagsbetrieben und Logistikdienstleistern verwendet und können selbst von Unternehmen ganz anderer Branchenzugehörigkeit verwendet werden. Allein maßgebend ist das Zustandekommen einer Einbeziehungsabrede. Allerdings ist im Hinblick auf das Transparenzgebot zu fordern, dass der Vertrag Leistungen vorsieht, auf die die ADSp sinnvoll angewendet werden können.[79]

Dies ist nicht immer der Fall. Das Speditionsgewerbe erlebt eine seit vielen Jahren anhaltende **37** Tendenz zur Ausweitung des branchentypischen Tätigkeitsfeldes von Spediteuren. Unter dem schillernden Schlagwort **Logistik** erbringen Spediteure, Lagerhalter oder Frachtführer zunehmend Dienstleistungen, die mit der Beförderung oder Lagerung von Gütern allenfalls noch mittelbar zu tun haben. Die Entwicklung wird dadurch vorangetrieben, dass Industrie und Handel sich aus Kosten- oder Spezialisierungserwägungen von ursprünglich selbst wahrgenommenen betrieblichen Aufgaben (unter anderem) im Bereich der Güterbeschaffung und -behandlung trennen. Diese Aufgaben werden häufig dem Lagerhalter oder Spediteur übertragen, der ohnehin mit den Gütern befasst ist und sich daher für zusätzliche Aufgaben anbietet. Solche Zusatzaufgaben können beispielsweise darin bestehen, Güter zu prüfen, sie nachzubearbeiten oder verkaufsfertig zu machen, behördliche Formalitäten zu erfüllen, Montage- oder Reparaturarbeiten durchzuführen, Gewährleistungs- oder Garantiepflichten zu erfüllen, die Versanddokumentation zu erledigen, die Bestandsüberwachung und das Bestellwesen wahrzunehmen oder Entsorgungsaufgaben zu übernehmen.[80]

Diese Entwicklung bringt die Gefahr einer Verwässerung des Berufsbildes mit sich, die dem **38** Anwendungsbereich der ADSp die klaren Konturen zu nehmen droht. Zugleich erhöhen sich die Haftungsrisiken für Spediteure, weil ihre Integration in vitale betriebliche Abläufe des Kunden dazu führt, dass jeder Fehler immense Schäden nach sich ziehen kann. Für die Praxis ist eine sorgfältige Prüfung anzuraten, ob die ADSp für solche Logistikverträge den geeigneten rechtlichen Rahmen bieten oder einer individuellen Vertragsgestaltung oder einem Rückgriff auf die Logistik-AGB[81] der Vorzug zu geben ist.

bb) Auftraggeber. Den Vertragspartner des Spediteurs unter einem Verkehrsvertrag bezeichnen die **39** ADSp als **Auftraggeber,** definiert in Ziff. 1.2. Auftraggeber kann jede Rechtsperson, insbesondere jeder Kaufmann oder sonstige Unternehmer sein. Nur im Verhältnis zu **Verbrauchern** (§ 13 BGB) beanspruchen die ADSp gem. Ziff. 2.4 keine Anwendung. Auch hier gilt jedoch, dass die ADSp auf Grund des Vorrangs der Individualabrede grundsätzlich anzuwenden sind, wenn sie in ein Vertragsverhältnis mit einem Verbraucher ausdrücklich und unter Wahrung der Vorschriften des § 305 Abs. 2 BGB einbezogen sind.[82]

Auftraggeber kann auch ein **Spediteur** sein. Er bleibt in diesem Falle aber Auftraggeber im Sinne **40** der ADSp, kann sich also nicht der dem Spediteur in den ADSp eingeräumten Rechte bedienen.[83] Dies stellt Ziff. 2.1 durch den Zusatz „als Auftragnehmer" klar.

---

[76] Vgl. *Heil/Bayer* TranspR 1987, 1 (2) mwN und *Koller* ADSp 2016 Vor § 1 Rn. 3.
[77] *Neufang/Valder* TranspR 2017, 45.
[78] OLG Dresden Urt. v. 24.11.1998 – 14 U 713/98, VersR 1999, 1258 = TranspR 1999, 62.
[79] BGH Urt. v. 3.7.1981 – I ZR 190/80, ZIP 1981, 1220; UBH/*Ulmer/Habersack* BGB § 305 Rn. 152.
[80] Vgl. *Wieske* VersR 2006, 336 (338); *Gass* TranspR 2000, 203 (204 f.).
[81] Zu den „Logistik-AGB" → Rn. 4.
[82] Vgl. LG Bremen Urt. v. 23.11.1989 – 4 O 1629/89, TranspR 1990, 166.
[83] OLG Frankfurt a. M. Urt. v. 4.12.1979 – 5 U 149/78, NJW 1980, 2649; LG Hamburg Urt. v. 25.3.1991 – 419 O 50/90, VersR 1992, 1373.

41   Die ADSp können auch zu Gunsten oder zu Lasten **Dritter** Wirkung entfalten. So muss sich der kaufmännische Eigentümer von Gütern, welche der Auftraggeber in Obhut des Spediteurs gegeben hat, gem. § 242 BGB die ADSp entgegenhalten lassen, wenn er wusste oder den Umständen nach damit rechnen musste, dass sein Gut einem nach den ADSp arbeitenden Spediteur übergeben wird.[84] Die ADSp gelten nach den Grundsätzen des Vertrags zugunsten Dritter auch zugunsten deliktisch in Anspruch genommener **Subunternehmer**[85] oder **Arbeitnehmer des Spediteurs**,[86] Ziff. 26 iVm §§ 434, 436 HGB. Kein Dritter ist der durch eine handelnde Person rechtsgeschäftlich Vertretene: Er ist Auftraggeber.

42   **cc) Empfänger.** Der Empfänger ist nach Ziff. 1.4 derjenige, an den das Gut abzuliefern ist. Er ist in der Regel begünstigter Dritter eines Vertrages zugunsten Dritter iSd § 328 BGB (vgl. § 421 HGB). Er kann allerdings auch mit dem Auftraggeber identisch sein. Ist er Dritter, unterwirft der Empfänger sich nicht allein durch die **Annahme des Guts** den ADSp.[87] Auch Hinweise auf die ADSp in einer **Empfangsbescheinigung** genügen nicht, um die ADSp im Verhältnis zum Empfänger verbindlich zu machen.[88] Allerdings ist der Empfänger insoweit an die ADSp gebunden, als er seine Rechte aus einem den ADSp unterliegenden Vertrag des Auftraggebers mit dem Spediteur herleitet, sei es kraft seiner Rechtsposition als begünstigter Dritter oder als Rechtsnachfolger des Auftraggebers.[89]

IV. Wirksamkeit der ADSp

43   **1. Unvereinbarkeit mit zwingendem Recht.** Klauseln der ADSp, die zwingendem Recht widersprechen, sind **unwirksam**.[90] Mehrere Bestimmungen der ADSp erkennen eine mögliche Kollision mit zwingendem Recht ausdrücklich an und enthalten deshalb **salvatorische Subsidiaritätsvorbehalte**, vgl. Ziff. 2.2 und 22.1. Solche Bestimmungen sind AGB-rechtlich wegen des Transparenzgebots bedenklich, weil sie ihre Anwendbarkeit nicht selbst klarstellen, sondern sie von anderweitig geregelten Vorfragen abhängig machen.[91] Jedoch erscheint es auf Grund der Besonderheiten der ADSp überzogen, die Vorbehalte und die von ihnen betroffenen Klauseln insgesamt für unwirksam zu halten.[92] Die ADSp regeln Sachverhalte, die je nach konkreter Fallgestaltung einer erheblichen Anzahl von unterschiedlichen Rechtsvorschriften unterliegen können, darunter neben dem deutschen Speditions-, Fracht- oder Lagerrecht auch einer Reihe internationaler transportrechtlicher Übereinkommen. Selbst ausländisches Recht kann eine Rolle spielen, zB über die §§ 458, 452a HGB. Klauseln, die für jeden denkbaren Fall sämtliche in Betracht kommenden zwingenden Vorschriften berücksichtigen, wären kaum möglich und jedenfalls wesentlich weniger transparent als eine Vorschrift, die den Anwender dazu nötigt, sich vor dem Hintergrund eines konkreten Sachverhalts über vorrangiges zwingendes Recht Gedanken zu machen.[93] Die Problematik stellt sich im Seehandelsrecht mit seinen naturgegebenen internationalen Bezügen noch verschärft und daher sind Vorbehalte zugunsten zwingenden nationalen Rechts in Konnossementsbedingungen allgemein üblich.

44   Eine Kollision mit zwingendem Recht führt nicht zur Unwirksamkeit der ADSp insgesamt. Von der **Nichtigkeit** erfasst sind nur die dem zwingendem Recht zuwider laufenden Einzelklauseln (§ 306 Abs. 1 BGB).

45   **2. Vorrang von Individualvereinbarungen.** Individualabreden der Parteien gehen allgemeinen Geschäftsbedingungen stets vor, § 305b BGB. Die ADSp erkennen dies in Satz 3 der Präambel ausdrücklich an.

46   **Individualvereinbarungen** sind begrifflich das Gegenteil von AGB, also im Einzelnen ausgehandelte Vertragsbedingungen.[94] Vorrang vor den ADSp haben sie selbst dann, wenn sie nur konkludent

---

[84] StRspr BGH Urt. v. 12.7.1974 – I ZR 55/72, NJW 1974, 2177; Urt. v. 18.6.1976 – I ZR 106/75, VersR 1976, 1129; Urt. v. 17.11.1980 – II ZR 51/79, VersR 1981, 229 (230); Urt. v. 21.12.1993 – VI ZR 103/93, BB 1994, 381 (385); Urt. v. 6.7.1995 – I ZR 123/93, NJW 1995, 2991; *Heil/Bayer* TranspR 1987, 1 (5); *Koller* ADSp 2016 Vor Ziff. 1 Rn. 1.

[85] BGH Urt. v. 28.4.1977 – II ZR 26/76, VersR 1977, 717.

[86] OLG Celle Urt. v. 23.12.1982 – 5 U 35/81, VersR 1983, 683; LG Darmstadt Urt. v. 26.7.1990 – 13 O 548/89, TranspR 1991, 380 (383), LG Stuttgart Urt. v. 12.12.1990 – 27 O 85/90, TranspR 1991, 316 (317) und *Schmid* TranspR 1986, 49.

[87] Vgl. BGH Urt. v. 28.4.1959 – VI ZR 42/58, NJW 1959, 1779; OLG München Urt. v. 9.10.1992 – 23 U 2092/92, NJW-RR 1993, 743; OLG Düsseldorf Urt. v. 20.6.1985 – 18 U 38/85, TranspR 1985, 254.

[88] OLG München Urt. v. 9.10.1992 – 23 U 2092/92, NJW-RR 1993, 743; OLG Düsseldorf Urt. v. 20.6.1985 – 18 U 38/85, TranspR 1985, 254 (255).

[89] *Koller* ADSp 2016 Vor Ziff. 1 Rn. 8.

[90] OLG Hamburg Urt. v. 16.7.2009 – 6 U 173/08, TranspR 2010, 337 Rn. 47.

[91] UBH/*Fuchs* BGB Vor § 307 Rn. 101; *Schmidt* in Wolf/Lindacher/Pfeiffer Klauseln A 94.

[92] So aber UBH/*Schäfer* Teil 2 Gütertransportverträge Rn. 4.

[93] Vgl. BGH Urt. v. 20.7.2005 – VIII ZR 121/04, ZIP 2004, 1785 (1797): Pflicht zu klarer und verständlicher Formulierung nur im Rahmen des Möglichen.

[94] UBH/*Ulmer/Schäfer* BGB § 305b Rn. 10.

getroffen wurden.[95] Soweit die Individualabrede reicht, werden die ADSp **verdrängt,** bleiben aber in ihren übrigen Teilen wirksam, wenn der bestehende Rest für sich ausreichenden Regelungsgehalt enthält und von der Individualabrede abtrennbar oder mit ihr vereinbar ist.[96] Allerdings muss dabei der Sinn der Individualabrede erhalten bleiben; er darf nicht durch die ADSp entwertet werden.[97] Wenn die Individualabrede alle wesentlichen Vertragselemente umfasst, bleibt kein Raum mehr für die ADSp.[98]

In der Praxis kommt es häufig zu Individualvereinbarungen, in denen auf einzelne Bestimmungen **47** oder **Passagen der ADSp** verwiesen wird. In diesem Fall gelten nur die in Bezug genommenen Teile der ADSp,[99] und zwar bei beiderseitigem Einbeziehungswunsch als Individualvereinbarung, sonst als allgemeine Geschäftsbedingungen des Verwenders. Möglich ist ebenso, durch Individualvereinbarung den Anwendungsbereich der ADSp zu **erweitern,** also die Anwendung der ADSp auf ein Vertragsverhältnis zu vereinbaren, auf das sie nach ihren eigenen Anwendungsbestimmungen keine Anwendung beanspruchen.[100]

3. Verweis auf mehrere Klauselwerke. Der Spediteur ist rechtlich nicht daran gehindert, neben **48** den ADSp noch auf andere Klauselwerke zu verweisen.[101] Er kann auch auf Bedingungen seiner ausführenden Frachtführer oder Verfrachter verweisen, wenn er sich auf deren Bedingungen berufen können will.[102] Allerdings muss sich in diesem Fall ersehen lassen, welche der Bedingungen im Einzelfall gelten sollen.[103] Geschieht dies nicht, liegt ein Verstoß gegen das Transparenzgebot (§ 307 Abs. 1 S. 2 BGB) vor, sodass die Bedingungen insgesamt nicht gelten.[104] Besondere Bedingungen neben den ADSp gehen im Zweifel vor.[105]

Die Bestimmung des jeweiligen Anwendungsbereichs der Bedingungswerke kann durch Vorrang- **49** regelungen,[106] durch die Zuordnung der Bedingungen zu abgegrenzten Teilgebieten des Vertrags oder durch die Definition der Vertragstypen geschehen, für die die Bedingungen jeweils gelten sollen, auch stillschweigend dadurch, dass für den in Rede stehenden Vertrag eindeutig nur eines der Bedingungswerke passt. Die spezielle Regelung hat im Zweifel den Vorrang vor der allgemeineren, und die individueller formulierte Vorrang vor der generellen. Verweisen AGB ihrerseits ergänzend auf die ADSp, gelten daher die ADSp nur nachrangig.[107]

4. Inhaltskontrolle. a) Allgemeines. Sofern die ADSp in den konkreten Vertrag als allgemeine **50** Geschäftsbedingungen einbezogen, also von einer Seite „gestellt" worden sind, unterliegen sie der Klauselkontrolle der §§ 305 ff. BGB. Wirksamkeitsmaßstab ist dabei, falls die ADSp nicht trotz Ziff. 2.4 ausnahmsweise gegenüber Verbrauchern verwendet worden sind, neben § 305c BGB (überraschende Klauseln) im Wesentlichen § 307 BGB. Keine Anwendung finden nach Maßgabe von § 310 Abs. 1 BGB die speziellen Klauselverbote der §§ 308 (außer Nr. 1a) und 309 BGB.

b) Auslegung, Unklarheitenregel. Bevor eine konkrete Klausel auf AGB–rechtliche Bedenklich- **51** keit hin kontrolliert wird, muss ihr Regelungssinn im Wege der **Vertragsauslegung** festgelegt werden. Dabei gilt nach herrschender Meinung der Grundsatz der objektiven Auslegung: Die AGB sind ausgehend von den Verständnismöglichkeiten eines rechtlich nicht vorgebildeten Durchschnittskunden einheitlich so auszulegen, wie sie von verständigen und redlichen Vertragspartnern unter Abwägung der Interessen der normalerweise beteiligten Kreise verstanden werden.[108] Sofern nach Ausschöpfung

[95] Vgl. BGH Urt. v. 6.3.1986 – III ZR 234/84, NJW 1986, 1807; *Piper* HRR Speditions- und FrachtR Rn. 114/; vgl. auch Baumbach/Hopt/*Merkt* ADSp Rn. 3.

[96] Vgl. BGH Urt. v. 18.12.1980 – IVa ZR 51/80, VersR 1981, 328 (329) (Sonderabrede Verjährung).

[97] *Koller* ADSp 2016 Vor Ziff. 1 Rn. 10 mit Beispielen aus der Rspr.

[98] BGH Urt. v. 16.1.1981 – I ZR 84/78, NJW 1981, 1905 f.

[99] OLG Düsseldorf Urt. v. 6.10.1988 – 18 U 75/88, TranspR 1989, 20; OLG Frankfurt a. M. Urt. v. 1.11.2006 – 21 U 9/05, TranspR 2007, 78 (81).

[100] BGH Urt. v. 16.3.2006 – I ZR 65/03, NJW-RR 2006, 1350 (1351) = TranspR 2006, 359 (360).

[101] BGH Urt. v. 21.6.1990 – VII ZR 308/89, NJW 1990, 3197; Urt. v. 22.7.2010 – I ZR 194/08, TranspR 2011, 80 Rn. 32; OLG Nürnberg Urt. v. 29.1.2003 – 12 U 1926/02, TranspR 2003, 349 (350).

[102] OLG Hamburg Urt. v. 11.1.2007 – 6 U 66/06, TranspR 2007, 253 (255); vgl. ferner OLG Düsseldorf Urt. v. 22.11.1990 – 18 U 141/90, TranspR 1991, 34 (35); OLG Hamburg Urt. v. 19.1.1989 – 6 U 174/88, VersR 1989, 1169.

[103] BGH Urt. v. 21.10.1971 – II ZR 157/69, WM 1972, 54 (55); Urt. v. 22.7.2010 – I ZR 194/08, TranspR 2011, 80 Rn. 32; OLG Hamburg Beschl. v. 15.6.2009 – 6 Sch 2/09, HmbSchRZ 2010, 5; OLG Bremen Urt. v. 19.5.1994 – 2 U 146/93, TranspR 1995, 32; KG Urt. v. 19.3.1998 – 2 U 4685/97, TranspR 1998, 418 (420).

[104] BGH Urt. v. 16.3.2006 – I ZR 65/03, NJW-RR 2006, 1350 = TranspR 2006, 359; Urt. v. 21.6.1990 – VII ZR 308/89, NJW 1990, 3197; Urt. v. 3.7.1981 – I ZR 190/80, ZIP 1981, 1220 (1222); Urt. v. 22.7.2010 – I ZR 194/08, TranspR 2011, 80 Rn. 32; OLG Düsseldorf Urt. v. 4.2.2014 – I-23 U 22/13; *Koller* ADSp 2016 Vor Ziff. 1 Rn. 19; *Vogt* in v. Westphalen/Thüsing VertragsR/AGB-Klauselwerke TransportR Rn. 46.

[105] AG Kehl Beschl. v. 30.8.2013 – 5 C 19/13, RdTW 2014, 380.

[106] BGH Urt. v. 21.6.1990 – VII ZR 308/89, NJW 1990, 3197.

[107] AG Kehl Beschl. v. 30.8.2013 – 5 C 19/13, RdTW 2014, 380.

[108] BGH Urt. v. 17.12.1987 – VII ZR 307/86, NJW 1988, 1261 mwN; Urt. v. 3.5.2006 – VIII ZR 243/05, NJW-RR 2006, 1236; Urt. v. 15.11.2006 – VIII ZR 166/06, NJW 2007, 504 (506); nach Ansicht des Schrifttums

der in Betracht kommenden Auslegungsmethoden ein nicht behebbarer Zweifel bleibt und mehrere Auslegungen rechtlich vertretbar sind, ist gem. § 305c Abs. 2 BGB der Wirksamkeitsbeurteilung die kundenfeindlichste Auslegung zugrunde zu legen, wenn die Klausel danach unwirksam ist.[109] Führen alle rechtlich vertretbaren Auslegungen zur Wirksamkeit, gilt nach § 305c Abs. 2 BGB die **kundenfreundlichste** der vertretbaren Auslegungen. Diese generellen Auslegungsregeln sind auch auf die ADSp anzuwenden, wobei der Spediteur regelmäßig als Verwender das Unwirksamkeitsrisiko trägt.[110] Allerdings sollte die Tatsache Berücksichtigung finden, dass der Wortlaut der ADSp nicht vom Spediteur frei gestaltet, sondern von den beteiligten Verkehrskreisen **ausgehandelt** worden ist, der Text also gleichermaßen von Verbandsvertretern beider Seiten verantwortet wird und von ihnen als eindeutig angesehen worden ist. Zu berücksichtigen ist außerdem, dass die ADSp sich um ein geschlossenes, sich schlüssig in die vorgegebene transportrechtliche Gesetzgebung einfügendes Regelwerk bemühen, sodass einer systematischen Auslegung besonderes Gewicht beizumessen ist, bevor eine Regelung als sprachlich unklar angesehen wird.

52   **c) Überraschende Klauseln.** Vertragsklauseln, die nach den Gesamtumständen des Vertragsschlusses ungewöhnlich sind und mit denen der Vertragspartner nicht zu rechnen braucht, werden nach § 305c Abs. 1 BGB nicht Vertragsbestandteil. Die Vorschrift ist für die ADSp wegen der weiten Verbreitung dieses Regelwerks nur von geringer Bedeutung, soweit sie im unternehmerischen Verkehr verwendet werden.

53   **d) Geltungserhaltende Auslegung.** Ob die ADSp durch eine einschränkende Interpretation oder durch eine Reduktion ihres Regelungsgehalts vor der Unwirksamkeit bewahrt werden können, ist zweifelhaft. Grundsätzlich wird eine **geltungserhaltende Reduktion** oder **Auslegung** auch im unternehmerischen Verkehr zu Recht abgelehnt, weil der Verwender es nicht den Gerichten überlassen darf, seine unzulässigen AGB auf das mit den Klauselkontrollvorschriften gerade noch vereinbare Maß zu reduzieren.[111] Allerdings hat die Rspr. diesen Grundsatz für die ADSp durchbrochen,[112] weil die ADSp nicht einseitig aufgestellt sondern unter Mitwirkung der beteiligten Verkehrskreise zustande gekommen sind und daher der Schutzzweck des Verbots geltungserhaltender Reduktion in gleicher Weise greife.[113] Diese Rspr. bezieht sich auf die ADSp in der vor der Transportrechtsreform von 1998 geltenden Fassung, jedoch besteht keine Veranlassung, von dieser großzügigeren Betrachtungsweise abzugehen,[114] denn ihr tragender Grund gilt heute gleichermaßen. Die Verhandlungsführer der beteiligten Verbände haben sich ersichtlich um AGB-rechtskonforme Regelungen bemüht; sollte das das teilweise nicht gelungen sein, so besteht keine Notwendigkeit, dies über die Unwirksamkeitsfolge hinaus zu sanktionieren, zumal die ADSp in Ziff. 2.2 ausdrücklich ihren eigenen Nachrang im Falle von Kollisionen mit AGB-festem Gesetzesrecht klarstellen.

54   **e) Verbot unangemessener Benachteiligung, Transparenzgebot.** Nach § 307 Abs. 1 S. 1 BGB sind Bestimmungen in AGB unwirksam, wenn sie den Vertragspartner des Verwenders entgegen den Geboten von Treu und Glauben **unangemessen benachteiligen.** Dies kann sich auch daraus ergeben, dass eine Bestimmung nicht klar und verständlich ist, **Transparenzgebot** (§ 307 Abs. 1 S. 2 BGB). Eine unangemessene Benachteiligung ist im Zweifel anzunehmen, wenn eine Bestimmung mit **wesentlichen Grundgedanken der gesetzlichen Regelung** unvereinbar ist oder wesentliche, sich aus der Vertragsnatur ergebende Rechte oder Pflichten in einer den **Vertragszweck gefährdenden** Weise einschränkt.

55   Obgleich die speziellen Klauselverbote der §§ 308 (außer Nr. 1a) und 309 BGB auf den unternehmerischen Verkehr nicht anzuwenden sind, sind gem. § 310 Abs. 1 S. 2 BGB keine Gegenschlüsse zu ziehen. Die Rspr. tendiert dazu, vielen speziellen Klauselverboten auch im unternehmerischen Verkehr indizielle Wirkung für die Klauselkontrolle nach § 307 BGB beizumessen.[115]

56   **f) Rechtsfolgen.** Verstößt eine Klausel der ADSp oder ein abtrennbarer Klauselteil gegen das Klauselkontrollrecht, so ist die Klausel oder der Klauselteil unwirksam. Diese Rechtsfolge beschränkt sich grundsätzlich auf die zu beanstandende Klausel. An die Stelle der unwirksamen Bestimmung tritt das dispositive Gesetzesrecht (§ 306 Abs. 2 BGB).[116] Nur wenn dies zu unzumutbaren Härten führt, ist der Vertrag insgesamt unwirksam, § 306 Abs. 3 BGB. Zur geltungserhaltenden Reduktion → Rn. 53.

---

sind vorrangig die individuellen Umstände des Vertragsschlusses zu berücksichtigen, vgl. Palandt/*Heinrichs* BGB § 305c Rn. 15; UBH/*Ulmer/Schäfer* BGB § 305c Rn. 67 ff., jedoch sind diese bei AGB typischerweise unergiebig.

[109] OLG Schleswig Urt. v. 23.3.1995 – 5 W 47/94, ZIP 1995, 762; OLG München Urt. v. 22.1.1997 – 7 U 4756/96, NJW-RR 1998, 393; Palandt/*Heinrichs* BGB § 305c Rn. 20.

[110] *Neufang/Valder* TranspR 2017, 45.

[111] BGH Urt. v. 19.9.1983 – VIII ZR 84/82, NJW 1984, 48 (49); UBH/*Schmidt* BGB § 306 Rn. 14 ff.

[112] BGH Urt. v. 28.6.2001 – I ZR 13/99, NJW-RR 2002, 536 = TranspR 2001, 471; Urt. v. 4.5.1995 – I ZR 90/93, NJW 1995, 3117 = TranspR 1996, 34.

[113] BGH Urt. v. 4.5.1995 – I ZR 70/93, NJW 1995, 3117 = TranspR 1996, 34.

[114] AA *Schmidt* in Wolf/Lindacher/Pfeiffer Klauseln A 74.

[115] BGH Urt. v. 28.5.1984 – III ZR 231/82, NJW 1984, 2941; UBH/*Ulmer/Schäfer* BGB § 310 Rn. 27 f., 31 ff.

[116] BGH Urt. v. 1.2.1984 – VIII ZR 54/83, BGHZ 90, 69 = NJW 1984, 1177.

1. Begriffsbestimmungen

1.1 Ablieferung
Der Begriff der Ablieferung umfasst auch die Auslieferung bei Lagergeschäften.

1.2 Auftraggeber
Die Rechtsperson, die mit dem Spediteur einen Verkehrsvertrag abschließt.

1.3 Diebstahlgefährdetes Gut
Gut, das einem erhöhten Raub- und Diebstahlrisiko ausgesetzt ist, wie Geld, Edelmetalle, Schmuck, Uhren, Edelsteine, Kunstgegenstände, Antiquitäten, Scheckkarten, Kreditkarten oder andere Zahlungsmittel, Wertpapiere, Valoren, Dokumente, Spirituosen, Tabakwaren, Unterhaltungselektronik, Telekommunikationsgeräte, EDV-Geräte und -Zubehör sowie Chip-Karten.

1.4 Empfänger
Die Rechtsperson, an die das Gut nach dem Verkehrsvertrag oder aufgrund wirksamer Weisung des Auftraggebers oder eines sonstigen Verfügungsberechtigten abzuliefern ist.

1.5 Fahrzeug
Ein zum Transport von einem Gut auf Verkehrswegen eingesetztes Beförderungsmittel.

1.6 Gefährliche Güter
Güter, von denen auch im Rahmen einer normal verlaufenden Beförderung, Lagerung oder sonstigen Tätigkeit eine unmittelbare Gefahr für Personen, Fahrzeuge und Rechtsgüter Dritter ausgehen kann. Gefährliche Güter sind insbesondere die Güter, die in den Anwendungsbereich einschlägiger Gefahrgutgesetze und -verordnungen sowie gefahrstoff-, wasser- oder abfallrechtlicher Vorschriften fallen.

1.7 Lademittel
Mittel zur Zusammenfassung von Packstücken und zur Bildung von Ladeeinheiten, z. B. Paletten, Container, Wechselbrücken, Behälter.

1.8 Ladestelle/Entladestelle
Die postalische Adresse, soweit die Parteien nicht eine genauere Ortsbestimmung getroffen haben.

1.9 Leistungszeit
Die Zeit (Datum, Uhrzeit), zu der eine bestimmte Leistung zu erbringen ist, z. B. ein Zeitfenster oder ein Zeitpunkt.

1.10 Packstücke
Einzelstücke oder vom Auftraggeber zur Abwicklung des Auftrags gebildete Einheiten mit und ohne Lademittel, die der Spediteur als Ganzes zu behandeln hat (Frachtstücke im Sinne von §§ 409, 431, 504 HGB).

1.11 Schadenfall / Schadenereignis
Ein Schadenfall liegt vor, wenn ein Geschädigter aufgrund eines äußeren Vorgangs einen Anspruch aus einem Verkehrsvertrag oder anstelle eines verkehrsvertraglichen Anspruchs geltend macht; ein Schadenereignis liegt vor, wenn aufgrund eines äußeren Vorgangs mehrere Geschädigte aus mehreren Verkehrsverträgen Ansprüche geltend machen.

1.12 Schnittstelle
Nach Übernahme und vor Ablieferung des Gutes durch den Spediteur jede Übergabe des Gutes von einer Rechtsperson auf eine andere, jede Umladung von einem Fahrzeug auf ein anderes, jede (Zwischen-)Lagerung

1.13 Spediteur
Die Rechtsperson, die mit dem Auftraggeber einen Verkehrsvertrag abschließt. Spediteure in diesem Sinne sind insbesondere Frachtführer im Sinne von § 407 HGB, Spediteure im Sinne von § 453 HGB, Lagerhalter im Sinne von § 467 HGB und Verfrachter im Sinne von §§ 481, 527 HGB.

1.14 Verkehrsverträge
Verträge des Spediteurs über alle Arten von Tätigkeiten, gleichgültig ob sie Speditions-, Fracht-, Seefracht-, Lager- oder sonstige üblicherweise zum Speditionsgewerbe gehörende Geschäfte (z. B. Zollabwicklung, Sendungsverfolgung, Umschlag) betreffen
Diese umfassen auch speditionsübliche logistische Leistungen, wenn diese mit der Beförderung oder Lagerung von Gütern in Zusammenhang stehen, insbesondere Tätigkeiten wie Bildung von Ladeeinheiten, Kommissionieren, Etikettieren und Verwiegen von Gütern und Retourenabwicklung.
Als Frachtverträge gelten auch Lohnfuhrverträge über die Gestellung bemannter Kraftfahrzeuge zur Verwendung nach Weisung des Auftraggebers.

1.15 Verlader
Die Rechtsperson, die das Gut nach dem Verkehrsvertrag oder aufgrund wirksamer Weisung zur Beförderung übergibt.

1.16 Vertragswesentliche Pflichten
Pflichten, deren Erfüllung die ordnungsgemäße Durchführung des Verkehrsvertrags (Ziffer 1.14) erst ermöglicht und auf deren Einhaltung der Vertragspartner regelmäßig vertrauen darf.

1.17 Wertvolles Gut
Gut mit einem tatsächlichen Wert am Ort und zur Zeit der Übernahme von mindestens 100 Euro/kg.

1.18 Zeitfenster
Vereinbarter Leistungszeitraum für die Ankunft des Spediteurs an der Lade- oder der Entladestelle.

1.19 Zeitpunkt
Vereinbarter Leistungszeitpunkt für die Ankunft des Spediteurs an der Lade- oder der Entladestelle.

Übersicht

I. Überblick

1   **1. Vorläufer in den ADSp 2003.** In der Fassung 2017 weisen die ADSp erstmals eine vorangestellte Bestimmung mit Begriffsdefinitionen auf. Einige Definitionen, teils zu leicht abweichenden Begriffen, waren auch bereits in den ADSp 2003 enthalten und dort kontextbezogen angeordnet. Sie sind, teils modifiziert, übernommen worden. Andere Begriffe wurden von den ADSp 2003 vorausgesetzt, weitere tauchten in den ADSp 2003 überhaupt nicht auf. Begriffsbestimmungen fanden sich für die Ablieferung in Ziff. 13, für diebstahlsgefährdetes Gut in Ziff. 3.6, für gefährliches Gut in Ziff. 3.5, für Packstücke in Ziff. 6.3, für die Schnittstelle in Ziff. 7.2, für Verkehrsverträge in Ziff. 2.1 und für wertvolles Gut in Ziff. 3.6. Die Begriffe Auftraggeber, Empfänger, Ladehilfs- und Packmittel, Schadenfall/Schadenereignis, Spediteur und vertragswesentliche Pflichten wurden in den ADSp 2003 ohne Definition vorausgesetzt. Überhaupt nicht benutzt wurden in den ADSp 2003 die Begriffe Fahrzeug, Ladestelle/Entladestelle, Leistungszeit, Verlader und Zeitpunkt/Zeitfenster.

2   **2. Regelungszweck.** Sinn dieses an internationalen und europäischen Rechtssetzungswerken orientierten[1] Vorgehens ist es, die Definitionen gleichsam „vor die Klammer"[2] zu ziehen, um das Bedingungswerk übersichtlicher[3] und rechtsklarer zu gestalten und auf einheitliche Auslegung der Begriffe durch die Gerichte hinzuwirken.[4] Ob die ADSp damit wirklich übersichtlicher werden, lässt

---

[1] *Neufang/Valder* TranspR 2017, 45.
[2] *Neufang/Valder* TranspR 2017, 45.
[3] *Hector/Salzmann,* ADSp 2017 Praktikerkommentar, 2016, 13.
[4] *Neufang/Valder* TranspR 2017, 45.

sich zwar bezweifeln, denn die Regelungstechnik zwingt den Leser – bei fehlender Vertrautheit mit den ADSp – dazu, stets zu überprüfen, ob eine Bestimmung möglicherweise definierte Begriffe enthält, die zur Erfassung ihres Sinns herangezogen werden müssen. Es kommt hinzu, dass die definierten Begriffe teils nur in einer der operativen Regelungen der ADSp verwendet werden, so etwa die Begriffe des wertvollen (Ziff. 1.17), des diebstahlsgefährdeten (Ziff. 1.3) und des gefährlichen Guts (Ziff. 1.4) und auch der Schnittstelle (Ziff. 1.12), die deshalb übersichtlicher in Ziff. 3.3, 3.2 bzw. 7.2 hätten bestimmt werden können.

Jedenfalls hat die neue Regelung neben einem Gewinn an Begriffsklarheit zur Folge, dass die **3** definierten Begriffe für die gesamten ADSp einheitlich auszulegen sind, sodass ihnen nicht je nach Kontext unterschiedliche Bedeutung beigemessen werden kann.

II. Ablieferung (Ziff. 1.1)

Der Begriff der Ablieferung ist ein Schlüsselbegriff des Transportrechts, weil er die Obhut des **4** Spediteurs bzw. Frachtführers beendet und damit das zeitliche **Ende seiner Obhutshaftung** markiert. Auch für sich danach ereignende Pflichtverletzungen kann er haften, jedoch haftet er dann nicht mehr transport- oder speditionsrechtlich, sondern nach den allgemeinen Regeln. Dementsprechend ist der Begriff der Ablieferung durch zahlreiche gerichtliche Entscheidungen weitgehend geklärt. Ablieferung ist danach ein zweiseitiger Akt, mit dem der Obhutspflichtige die zur Beförderung erlangte Obhut über das Gut mit ausdrücklicher oder stillschweigender Einwilligung des Verfügungsberechtigten wieder aufgibt und diesen in die Lage versetzt, die tatsächliche Gewalt über das Gut auszuüben.[5]

Vor diesem Hintergrund sehen die ADSp davon ab, den Begriff der Ablieferung auch selbst zu **5** definieren. Allerdings besteht wegen der Vielgestaltigkeit des ADSp-Verkehrsvertrags ein Bedürfnis nach einem übergreifenderen Begriff für den Akt der Obhutsaufgabe und Besitzübertragung an den Berechtigten, der insbesondere **auch das Lagergeschäft** erfasst. Das Gesetz spricht dort nicht von der Ablieferung, sondern von „Auslieferung" (§§ 475 S. 1, 475c Abs. 1, 475e HGB) bzw. von „Rücknahme" (§ 473 Abs. 2 und 3 HGB). Der Sache nach handelt es sich aber um den gleichen, die Obhut beendenden und die tatsächliche Gewalt des Verfügungsberechtigten wiederherstellenden Vorgang, sodass Gleichstellung mit der transportrechtlichen Ablieferung sinnvoll erscheint. Deshalb erweitert die Bestimmung der Ziff. 1.1. den Begriff der Ablieferung für die Zwecke der ADSp, indem sie der transportrechtlichen Ablieferung ihr Pendant beim Lagergeschäft an die Seite stellt. Neben dem Lagergeschäft sollte auch jede andere Rückgabe des Guts aus der verkehrsvertraglichen Obhut des Spediteurs dem Begriff der Ablieferung zugeordnet werden, auch dann, wenn die Obhut nicht zu Transport- oder Lagerzwecken übertragen war, sondern zum Beispiel zur Ausführung logistischer Zusatzleistungen.

Der Begriff der Ablieferung wird verwendet in den Ziff. 1.12 (Schnittstellendefinition), Ziff. 5.1 **6** (Informationspflichten), Ziff. 8.3–8.5 (Ablieferungsnachweis), Ziff. 13 (Ablieferung), Ziff. 17.2 (Aufwendungen des Spediteurs) und Ziff. 18.1 Fälligkeit der Vergütung. Sinnwidrig ist die Verwendung des Begriffs in Ziff. 17.2, weil es dort nicht um die Ablieferung, sondern im Gegenteil um die Übernahme des Guts durch den Spediteur geht.

III. Auftraggeber (Ziff. 1.2)

Der Auftraggeber ist nach Ziff. 1.2 der Vertragspartner, der mit dem Spediteur durch einen **7** Verkehrsvertrag verbunden ist. Um alle Spielarten des Verkehrsvertrags zu erfassen, verwenden die ADSp mit dem Auftraggeber einen **neutralen Oberbegriff,** der für alle Arten von Verkehrsverträgen Anwendung findet. Der Auftraggeber kann dementsprechend insbesondere Versender unter einem Speditionsvertrag (§ 453 Abs. 2 HGB), Absender unter einem Frachtvertrag (§ 407 Abs. 2 HGB), Befrachter unter einem Seefrachtvertrag (§ 481 Abs. 2 HGB) oder auch Einlagerer unter einem Lagervertrag sein (§ 467 Abs. 2 HGB). Daneben wird jeder andere erfasst, der einen ADSp-Spediteur mit verkehrsvertraglichen Aufgaben beauftragt. Auftraggeber kann auch ein Unternehmer sein, der seinerseits als Spediteur, Frachtführer oder Lagerhalter fungiert und mithin wirtschaftlich in fremdem Interesse handelt, vorausgesetzt, er handelt im eigenen Namen; anderenfalls ist der Vertretene Auftraggeber.

Der Begriff der **Rechtsperson** umfasst als Oberbegriff die den Verkehrsvertrag abschließende **8** Partei, die eine natürliche oder eine juristische Person sein kann. Wenn natürliche Personen für juristische handeln, sind sie nicht Rechtsperson in diesem Sinne. Auch können zB Zweigniederlassungen als solche keine Auftraggeber sein. Über die Rechtsfähigkeit ausländischer Gebilde entscheidet deren Personalstatut, in der EU regelmäßig der Gründungs- bzw. Registerstaat[6].

---

[5] MüKoHGB/*Herber* HGB § 425 Rn. 41.
[6] EuGH Urt. v. 5.11.2002 – C-208/00, NJW 2002, 3614; BGH Urt. v. 4.7.2013 – V ZB 197/12, NJW 2013, 3656; Urt. v. 9.2.2017 – V ZB 166/15, NZG 2017, 546.

IV. Diebstahlsgefährdetes Gut (Ziff. 1.3)

9   Der Begriff des diebstahlsgefährdeten Guts fand bereits in den ADSp 2003 (Ziff. 3.6) Verwendung. Er zielt auf **Schadensprävention** ab, indem er – ähnlich wie die Begriff des wertvollen und des gefährlichen Guts – dazu dient, solche Güter zu bestimmen, die besonderer Aufmerksamkeit des Spediteurs bedürfen und auf deren diesbezügliche Eigenschaften der Auftraggeber den Spediteur besonders hinweisen soll (vgl. Ziff. 3.2, 3.3). Im Schadenfall dienen diese Hinweispflichten als Ansatzpunkt für ein Verschulden bzw. **Mitverschulden** des Auftraggebers. Weitere Verwendung findet der Begriff in den ADSp nicht, sodass er auch in Ziff. 3.3 hätte definiert werden können.

10   Der Begriff des diebstahlsgefährdeten Guts weist die Schwierigkeit auf, dass Diebstahlsgefährdung eine graduelle Eigenschaft ist, die beinahe jedes bewegliche Gut aufweist. Dem Wort „Gut" hängt schon begrifflich eine generelle Eignung an, sich daran durch Gewahrsamsbruch und Aneignung zu bereichern. Deshalb kann nicht nach dem Ob, sondern nur nach dem **Grad der Diebstahlsgefahr** unterschieden werden. Dafür gibt es aber – anders als für den „Wert" (vgl. Ziff. 1.17) – keinen objektiven Gradmesser, zumal das Ausmaß an Interesse, das ein Gut auslösen kann, auch davon abhängt, wo und wann es dem Zugriff Dritter ausgesetzt ist. Dieser begriffsimmanenten Unschärfe begegnet die Definition in Ziff. 1.4 dadurch, dass auf ein **erhöhtes Raub- oder Diebstahlsrisiko** abgestellt wird, was unausgesprochen einen Gegenbegriff der geringen oder normalen Diebstahlsgefahr voraussetzt.

11   Auf Versuche, diese Abschichtung zwischen normalem und erhöhtem Diebstahlsrisiko abstrakt näher zu bestimmen, etwa im Hinblick auf die Verwendbarkeit und Absetzbarkeit des Guts, den Umschlags- und Beförderungsaufwand, den möglichen Erlös oder das Entdeckungsrisiko für die Täter, verzichtet die Bestimmung. Um das erforderliche erhöhte Maß an Raub- oder Diebstahlsrisiko zu illustrieren, werden der abstrakten Definition statt dessen **Regelbeispiele** angefügt, die, wie sich aus dem Wort „wie" ergibt, **nicht abschließend** sind. Ein erhöhtes Raub- oder Diebstahlsrisiko besteht danach bei Geld, Edelmetallen, Schmuck, Uhren, Edelsteinen, Kunstgegenständen, Antiquitäten, Scheckkarten, Kreditkarten oder anderen Zahlungsmitteln, Wertpapieren, Valoren, Dokumenten, Spirituosen, Tabakwaren, Unterhaltungselektronik, Telekommunikationsgeräten, EDV-Geräten und –Zubehör sowie Chip-Karten. Diese Begriffe sind nach dem allgemeinen Sprachgebrauch zu bestimmen. Sind solche Gegenstände ausnahmsweise keine besondere Verlockung für Diebe (Beispiel: Elektroschrott), so fehlt es an dem notwendigen Merkmal der Diebstahlsgefahr.

12   Die beispielhafte Aufzählung steht einer Gleichstellung **auch anderer Güter** im Einzelfall nicht entgegen, etwa hochwertiger Küchengeräte oder Markenbekleidung, auch Gegenstände mit hohem Affektionsinteresse[7] (zB Oldtimer oder archäologische Fundstücke). Andererseits erlauben es die nur illustrierend („wie") erwähnten Regelbeispiele es, im Einzelfall Güter auch dann als **nicht diebstahlsgefährdet** anzusehen, wenn sie begrifflich unter die Regelbeispiele fallen, zum Beispiel geringwertigen Modeschmuck oder zu entsorgende Altakten.

V. Empfänger (Ziff. 1.4)

13   Als Empfänger bezeichnen die ADSp – im Einklang mit dem allgemeinen transportrechtlichen Empfängerbegriff[8] – denjenigen, an den das Gut nach dem Frachtvertrag oder nach wirksamer Weisung eines Verfügungsberechtigten auszuliefern ist. Der Begriff ist auf den Empfänger unter **Fracht- oder Speditionsverträgen** zugeschnitten, denn hier tritt der Empfänger typischerweise gesondert als derjenige in Erscheinung, der als von den Vertragsparteien begünstigter Dritter regelmäßig mit der Ankunft des Guts am Ablieferort einen eigenen Anspruch auf Ablieferung erwirbt. Es spricht aber nichts dagegen, als Empfänger auch denjenigen anzusehen, an den unter einem **Lagervertrag** das Gut ausgeliefert werden soll, soweit das nach den entsprechenden Vorschriften in Betracht kommt, etwa hinsichtlich Ziff. 8.3 (Ablieferquittung). der als Dritter den Auslieferungsanspruch unter einem Lagervertrag innehat.

14   Empfänger im Sinne der Definition muss nicht ein Dritter sein, sondern es kann sich auch um den **Auftraggeber selbst** handeln, der das Gut vom Spediteur beim einem Verlader (vgl. Ziff. 1.15) oder auch bei einer eigenen Niederlassung abholen und sich selbst zustellen lässt. In diesem Fall kommt dem Auftraggeber zusätzlich auch die Rechtsstellung des Empfängers zu, soweit das mit der Tatsache vereinbar ist, dass er selbst auch Auftraggeber ist.

15   Zum Begriff der **Rechtsperson** → Rn. 8.

16   Wer **Empfänger** ist, richtet sich definitionsgemäß nach dem Verkehrsvertrag. Dass der Empfänger auch durch eine wirksame Weisung eines Verfügungsberechtigten bestimmt werden kann, stellt nur eine Klarstellung dar, weil eine solche Weisung den Frachtvertrag konkretisiert bzw. ändert. Neben

---

[7] AA *Koller* ADSp 2016 Ziff. 3 Rn. 9, der auf die fehlende Ersatzfähigkeit des Affektionsinteresses verweist, was aber nicht überzeugt, weil es bei der Diebstahlsgefahr (im Gegensatz zu wertvollem Gut) nicht um die Höhe der Haftung, sondern um die Schadensgefahr dem Grunde nach geht.

[8] S. nur MüKoHGB/*Thume* HGB § 421 Rn. 4; *Reuschle* → HGB § 421 Rn. 10.

einer Weisung kann der Empfänger aber auch durch ein kaufmännisches Orderpapier bestimmt werden, weil diese Papiere die inhaltsgleichen Rechte aus den zugrundeliegenden Verträgen blockieren, vgl. etwa § 444 Abs. 3 HGB (Ladeschein), §§ 475d Abs. 3, 519 S. 1 HGB. Auch der zB durch Begebung eines solchen Dokuments zur Empfangnahme des Gutes Berechtigte ist als Empfänger im Sinne der ADSp anzusehen.

Der Begriff des Empfängers wird benutzt in Ziff. 4.7 (Anspruchssicherung), Ziff. 5.3 (Abnahme des **17** Gutes), Ziff. 8.3 (Ablieferungsquittung), Ziff. 9 (Belange von Empfängern anderer Sendungen), Ziff. 10 (Frachtüberweisung), Ziff. 11.2 (Entladezeit), Ziff. 13.2, 13.3 (Ablieferung), Ziff. 18.2 (Auslandsforderungen) und Ziff. 20.2.1 (Pfandrecht).

VI. Fahrzeug (Ziff. 1.5)

Als Fahrzeug definieren die ADSp ein zum Transport von einem Gut auf Verkehrswegen eingesetztes **18** Beförderungsmittel. Unter den Begriff des **Beförderungsmittels** fällt jede technische Vorrichtung, die zur Ortsveränderung von Personen oder Sachen dient, wobei im Hinblick auf den Begriff des Verkehrsvertrags reine Personenbeförderungsmittel außer Betracht bleiben. Nicht erfasst sind außerdem Fördereinrichtungen, die verkehrswegunabhängig Güter bewegen können, etwa Kräne, Förderbänder, Rollenbahnen, Rohrleitungen oder Lastenaufzüge. Eigene Motorkraft ist nicht erforderlich.

Verkehrswege sind nicht nur Straßen, sondern auch Schienen, Wasserwege und die Luft als **19** Verkehrsweg von Luftfahrzeugen. Dass der Begriff nicht nur auf Straßen zu beziehen ist, ergibt sich daraus, dass die ADSp Straßenkraftfahrzeuge spezifischer mit „Kraftfahrzeug" (Ziff. 1.14) bzw. „Straßenfahrzeug" (Ziff. 11.3) bezeichnen. Es ist auch nicht erforderlich, dass der Verkehrsweg als solcher öffentlich gewidmet ist; auch private Verkehrsflächen wie etwa Zufahrten auf Gewerbegrundstücken und auf Infrastruktureinrichtungen wie Häfen oder Flughäfen sind erfasst. Gleiches gilt für Verkehrsflächen innerhalb von Gebäuden wie etwa Förderwege in Lagerhäusern.

Beispiele für Fahrzeuge sind demnach neben Lastkraftwagen und anderen Straßenkraftfahrzeugen **20** unter Einschluss von Aufliegern (Trailern) und anderen zur Güterbeförderung geeigneten Anhängern alle entsprechend einsetzbaren See- und Binnenschiffe, auch Schuten, Leichter und Schwimmpontons, ferner Eisenbahngüterwaggons und Flugzeuge. Ebenso fallen unter den Begriff vornehmlich zum Umschlag eingesetzte Hilfsbeförderungsmittel wie Ro-Ro-Trailer, Container-Greifstapler (Reach Stacker), Gabelstapler und Hubwagen.

Der Begriff des Fahrzeugs wird benutzt in den Definitionen der Ziff. 1.6, 1.12, 1.14, ferner in Ziff. **21** 4.2 (Rechte und Pflichten), Ziff. 11.2, 11.3 (Lade-/Entladezeit), Ziff. 15.4.1 (Lagerung) und Ziff. 32.3 (Compliance).

VII. Gefährliche Güter (Ziff. 1.6)

Bei der Bestimmung des Begriffs des gefährlichen Guts folgen die ADSp – wie schon die ADSp **22** 2003[9] – im Ansatz der Auslegung, die derselbe Begriff in den §§ 410 und 483 HGB erfährt, sehen allerdings nunmehr erhebliche **Erweiterungen** vor.

Den Kernbereich gefährlicher Güter bilden nach Satz 2 („insbesondere") alle Stoffe, die als Gefahr- **23** gut im Sinne des **Gefahrgutverzeichnisses** der deutschen Gefahrgutvorschriften ausgewiesen sind.[10] Sie sind stets anzeigepflichtig, selbst wenn im Einzelfall keine besonderen Transportgefahren von ihnen ausgehen. Die Vorschriften des öffentlich-rechtlichen **Gefahrgutrechts,** die den Beteiligten, darunter auch dem Verlader, weitergehende und zusätzliche Pflichten auferlegen, bleiben daneben uneingeschränkt anwendbar.

Dem Gefahrgut gleichgestellt sind Stoffe, die in den Anwendungsbereich einschlägiger Vorschriften **24** des Gefahrstoffrechts, des Abfallrechts und des Wasserrechts fallen. Das **Gefahrstoffrecht** überschneidet sich in seinem stoffbezogenen Anwendungsbereich weitgehend mit dem Gefahrgutrecht, betrachtet gefährliche Stoffe jedoch unter dem Gesichtspunkt des Arbeitsschutzes, des Verbraucherschutzes und des Umweltschutzes.[11] Darüber hinaus erfasst die Definition des gefährlichen Guts auch wasserrechtliche und abfallrechtliche Bestimmungen, soweit diese „einschlägig" sind, sich also mit gefährlichen Stoffen befassen. Für das **Wasserrecht** bezieht sich dies auf wassergefährdende Stoffe iSv § 62 Abs. 3 WHG. Im Bereich des Abfallrechts sind gefährliche Abfälle iSv § 3 Abs. 5 S. 1 KrWG gemeint.

Neben den besonders hervorgehobenen Stoffen nach Satz 2 erfasst die abstrakte Begriffsbestimmung **25** des gefährlichen Guts nach Satz 1 – ebenso wie der gleiche Begriff in den §§ 410, 483 HGB – **auch**

---

[9] *de la Motte* in Fremuth/Thume TranspR ADSp Nr. 3 Rn. 12; → 3. Aufl. 2015, ADSp 2003 Ziff. 3 Rn. 18.

[10] Teil 3 der Anlagen zum Europäischen Übereinkommen über die internationale Beförderung gefährlicher Güter auf der Straße (ADR 2017), s. https://www.unece.org/fileadmin/DAM/trans/danger/publi/adr/adr2017/ADR2017e_web.pdf; wichtige deutsche Gefahrgutvorschriften bei https://www.bmvi.de/SharedDocs/DE/Artikel/G/Gefahrgut/gefahrgut-recht-vorschriften.html.

[11] Vgl. § 2 der Gefahrstoffverordnung vom 26. November 2010, BGBl. 2010 I 1643, 1644 idF der Verordnung zur Umsetzung der Richtlinie 2014/27/EU und zur Änderung von Arbeitsschutzverordnungen vom 15. November 2016, BGBl. 2016 I 2549.

sonstige Stoffe, von denen auch im Rahmen einer normal verlaufenden Beförderung, Lagerung oder sonstigen Tätigkeit eine unmittelbare Gefahr für Personen, Fahrzeuge und Rechtsgüter Dritter ausgehen kann. Gemeint sind zum Beispiel grundsätzlich ungefährliche Güter, bei denen aber gerade die Beförderung oder Lagerung mit besonderen Gefahren einhergehen kann, etwa Frachtstücke mit hohem Schwerpunkt oder Güter, die in größerer Menge zu Selbstentzündung oder Bildung von Gasen neigen.

26   Abweichend von den für die §§ 410, 483 HGB anerkannten Grundsätzen[12] schließen die ADSp auch solche Gefahren in die Hinweispflicht ein, mit denen **üblicherweise zu rechnen** ist. Dem Auftraggeber soll der meist nahe liegende Einwand abgeschnitten werden, ein Hinweis auf die konkrete Gefährlichkeit sei überflüssig gewesen, weil mit der Gefahr zu rechnen gewesen sei. Diese Verschärfung der Aufklärungspflicht des Auftraggebers ist jedenfalls dann anzuerkennen, wenn die Gefahr zwar erkennbar, aber nicht offensichtlich war, zum Beispiel weil sie sich erst aus fundierter Kenntnis der physikalischen oder chemischen Eigenschaften des Guts ergibt. Der Auftraggeber hat kraft seiner überlegenen Kenntnis der Güter im Zweifel über von dem Gut ausgehende Gefahren aufzuklären.

27   Diese Pflichtenstellung darf aber nicht praxisfern übertrieben werden; Gefahren, die **offensichtlich** sind, brauchen nicht besonders angezeigt zu werden. Offensichtlich sind solche potentiell gefährlichen physikalischen oder chemischen Eigenschaften, die **Gegenstand des Allgemeinwissens** sind oder deren sichere Kenntnis jedenfalls von einem Spediteur in der konkret in Rede stehenden verkehrsvertraglichen Funktion erwartet werden kann. So muss ein Spediteur etwa wissen, dass Flüssigkeiten oder Schüttgut sich unter dem Einfluss seitlich wirkender Beschleunigung verlagern können oder dass Stahl nur unter geringer Reibung entfaltet und deshalb auf einer Ladefläche leicht verrutschen kann. Dass der Spediteur von sich aus Vorsorge gegenüber solchen Gefahren zu treffen hat, ergibt sich aus dem Merkmal der **normalen Beförderung, Lagerung oder sonstigen Tätigkeit.** Darunter ist eine güterbezogene Tätigkeit zu verstehen, die der Spediteur gemäß den ihm mitgeteilten oder offensichtlichen sachlichen Erfordernissen und mit der Sorgfalt eines ordentlichen Frachtführers, Lagerhalters oder seiner sonstigen verkehrsvertraglichen Stellung in das Werk setzt. Lässt der Spediteur es daran fehlen, kann er sich allenfalls auf ein Mitverschulden des Auftraggebers berufen.

28   Den Begriff des gefährlichen Guts verwenden die ADSp nur in Ziff. 3.2.

VIII. Lademittel (Ziff. 1.7)

29   Die ADSp führen eine eigene Definition des Lademittels ein, obgleich der Begriff ansatzweise bereits im Gesetz definiert wird. Das HGB (§§ 411 S. 2, 484 S. 2, 486 Abs. 4 S. 3, 504 Abs. 2 S. 2 HGB) bestimmt den Begriff des Lademittels allerdings nur unter dem Gesichtspunkt seiner Verwendung zur **Zusammenfassung von Frachtstücken** und hebt dabei den Container und die Palette als Anwendungsbeispiele hervor. Die ADSp weichen davon insofern sprachlich ab, als die in Ladeeinheiten zusammengefassten kleineren Einheiten als „Packstücke" bezeichnen; eine sachliche Abweichung ergibt sich daraus nicht, weil das Packstück in Ziff. 1.10 als Frachtstück im Sinne des Gesetzes definiert ist.

30   Abweichend vom HGB bestimmen die ADSp den Begriff des Lademittels jedoch zusätzlich auch im Hinblick auf seine Verwendung zur **Bildung von „Ladeeinheiten".** Diese indirekte Kritik am Gesetz ist durchaus berechtigt. Tatsächlich ist die Verwendung zur Zusammenfassung von Frachtstücken für den Begriff des Lademittels weder zwingend notwendig – auch einzelne Frachtstücke oder Massengut werden in Lademitteln gestaut – noch hinreichend, denn der Zusammenfassung von Frachtstücken dient auch ein Karton, der mehrere Pakete oder Einzelstücke enthält. Wenn die ADSp zusätzlich auf die Funktion abstellen, Ladeeinheiten zu bilden, so zielt das auf die **transporttechnische Funktion** von Lademitteln, das Gut zum Transport zu portionieren, zu schützen und für moderne Transporttechnik handhabbar zu machen. Als weiteres stillschweigend vorausgesetztes Merkmal ist darüber hinaus **Wiederverwendbarkeit** des Lademittels zu fordern, um es von normaler Verpackung zu unterscheiden. Ein Lademittel lässt sich demnach definieren als eine standardisierte und regelmäßig wiederverwendbare, das Gut tragende und meist auch umschließende Aufnahmevorrichtung, die typischerweise dazu dient, Güter zu Beförderungseinheiten zusammenzufassen (**Bündelungsfunktion),** sie während des Transports zu schützen (**Verpackungsfunktion)** und ihre Be- und Entladung oder sonstige Handhabung zu erleichtern (**Handhabungsfunktion).**

31   Als weitere praktische Anwendungsfälle für den Begriff des Lademittels neben dem Container und der Palette nennen die ADSp **Wechselbrücken und Behälter.** Wechselbrücken sind funktionell mit dem ISO-Container vergleichbar und fallen in jeder Hinsicht unter den Begriff des Lademittels. Für Behälter gilt das nur dann, wenn sie wiederverwendbar sind.

---

[12] *Trappe* VersR 1986, 942; *Koller* HGB § 410 Rn. 2 unter Hinweis auf die Regierungsbegründung zum Transportrechtsreformgesetz, BR-Drs. 368/97, 38.

Problematisch ist die Begriffsbestimmung insofern, als sie durch die Einführung des Begriffs der **32** Ladeeinheit den Schluss nahelegt, dass eine Ladeeinheit etwas anderes ist als ein Packstück im Sinne von Ziff. 1.10 (→ Rn. 43).

Der Begriff des Lademittels wird verwendet in Ziff. 3.1.1 (Gewichtsangabe einschließlich Lade- **33** mittel), Ziff. 4.2 (ordnungsgemäßer Zustand von Lademitteln) und Ziff. 4.8.1 (Lademitteltausch nicht automatisch vereinbart).

IX. Ladestelle/Entladestelle (Ziff. 1.8)

Die Bestimmung in Ziff. 1.8 enthält keine Definition, sondern bestimmt die **Methode,** nach der im **34** Rahmen eines Verkehrsvertrags die Ladestelle und die Entladestelle bezeichnet werden sollen. Maßgeblich dafür ist regelmäßig die postalische Adresse. Wenn die Parteien etwas anderes vereinbart, insbesondere eine genauere Angabe über den maßgeblichen Ort gemacht haben, ist diese maßgeblich.

Die Begriffe Lade- und Entladestelle bezeichnen den geographischen Punkt, an dem das Gut vom **35** Spediteur übernommen werden bzw. an dem es abgeliefert werden soll. Wenn dieser Ort, wie in der Regel, nur nach der postalischen Adresse bezeichnet ist, hängt der exakte Ort des Obhuterwerbs bzw. der Obhutsaufgabe von der Pflichtenverteilung in Bezug auf das Laden und Entladen sowie von den tatsächlichen Gegebenheiten vor Ort ab. Maßgeblich ist, wo der Spediteur vertragsgemäß Obhut an dem Gut erwirbt bzw. wo er diese Obhut durch Ablieferung → Rn. 4 ff.) wieder aufgibt, in der Regel also an der Ladeschleuse.

Die Begriffe werden verwendet in Ziff. 1.18 (Zeitfenster), Ziff. 1.19 (Zeitpunkt), Ziff. 5.3 (Mit- **36** wirkung bei Ladung und Entladung), Ziff. 7.1 (Ladungssicherung bei mehreren Lade- oder Entladestellen), Ziff. 11.2, 11.3 (Lade-, Entladezeit), Ziff. 13.1 (Ablieferung),

X. Leistungszeit (Ziff. 1.9)

Die Leistungszeit bestimmt den Zeitpunkt oder Zeitraum, in dem die Parteien die von ihnen **37** geschuldeten Leistungen zu erbringen haben. Wie der Klammerzusatz verdeutlicht, kann dieser Zeitpunkt oder –raum durch eine Datums- oder eine Uhrzeitangabe bestimmt sein. Ein **Zeitpunkt** wird in der Regel durch Datum und Uhrzeit eindeutig bestimmt, kann aber auch durch das Anknüpfen an den Eintritt anderer Ereignisse definiert werden, zum Beispiel das Eintreffen des Guts am Leistungsort. **Zeiträume** können durch die Angabe des Kalendertages, aber auch nach längeren oder kürzeren Zeiträumen bestimmt sein, etwa nach Stunden, Wochen oder Monaten.

Unter dem Begriff der **Leistungserbringung** ist dasjenige Tun oder Unterlassen zu verstehen, das **38** nach dem Verkehrsvertrag geschuldet ist, also die Erfüllung. Dabei kann es sich um ein schlichtes Tun, zum Beispiel das Lagern, aber auch um die Herbeiführung eines Erfolgs handeln, etwa der Übernahme oder Ablieferung. Ist ein Erfolg geschuldet, bezieht die Leistungszeit sich in der Regel auf den Eintritt des Erfolgs, nicht auf die Leistungshandlung. Von der Art der geschuldeten Leistung hängt auch ab, ob der Verpflichtete während eines definierten Zeitraums eine Dauerleistung zu erbringen hat so zu disponieren hat, dass ein Leistungserfolg oder ein anderes vertraglich bestimmtes Tun oder Unterlassen während des Zeitraums eintritt.

Ein in Ziff. 1.18 und 1.19 besonders hervorgehobener Anwendungsfall der Leistungszeit sind das **39** **Zeitfenster** und der **Zeitpunkt.** Obgleich diese Begriffe auch auf die Leistungszeit anderer Leistungen der Parteien angewendet werden könnten, definieren die ADSp sie ausschließlich als denjenigen Zeitpunkt oder –raum, zu dem der Spediteur an der Lade- oder Entladestelle einzutreffen hat. Bei der vertraglichen Verwendung dieser Begriff in anderem Zusammenhang ist deshalb Vorsicht geboten.

Der Begriff Leistungszeit wird verwendet in den Definitionen der Ziff. 1.18 und 1.19 sowie in Ziff. **40** 11.3 (Lade- und Entladezeiten, Standgeld) und Ziff. 13.2 (Ablieferung).

XI. Packstücke (Ziff. 1.10)

Der Begriff des **Packstücks** wird von den ADSp traditionell verwendet. In den ADSp 2003 war er **41** definiert[13] als „Einzelstücke oder vom Auftraggeber zur Abwicklung des Auftrags gebildete Einheiten, zB Kisten, Gitterboxen, Paletten, Griffeinheiten, geschlossene Ladegefäße, wie gedeckt gebaute oder mit Planen versehene Waggons, Auflieger oder Wechselbrücken, Container, Iglus.“ In der Neufassung 2017 sind die erläuternden Beispiele weggefallen; stattdessen wurde hinzugesetzt: „mit und ohne Lademittel, die der Spediteur als Ganzes zu behandeln hat (Frachtstücke im Sinne von §§ 409, 431, 504 HGB)“. Das Gesetz verwendet den Begriff des Packstücks nur im Lagerrecht (vgl. §§ 475c und 475d HGB) und spricht im Frachtrecht vom **Frachtstück** (vgl. §§ 408 Abs. 1 Nr. 7, 409 Abs. 2 und 3, 411, 427 Abs. 1 Nr. 5, 431 Abs 2, 484, 499 Abs. 1 Nr. 5, 504, 533, 588 Abs. 2, 590 Abs. 1 und 591 Abs. 2 HGB), jeweils ohne diese Begriffe inhaltlich näher zu bestimmen oder gar voneinander abzugrenzen. Obwohl die ADSp eine eigene Definition verwenden, wird durch den Hinweis auf das

---

[13] S. Ziff. 6.3 ADSp 2003.

Frachtstück im gesetzlichen Sinne klargestellt, dass keine Abweichung vom gesetzlichen Begriff des Frachtstücks beabsichtigt ist.

42   In der Definition von Ziff. 1.10 spiegeln sich deshalb die Schwierigkeiten, die die Bestimmung des Begriffs des Packstücks und verwandter Begriffe wie Frachtstück, Kollo, Ladung oder Einheit auch im Rahmen ihrer Verwendung in den gesetzlichen Vorschriften machen. Sie rühren zunächst daher, dass Begriffe wie „Packung" oder „Packstück" zu insinuieren scheinen, es müsse sich um **verpacktes Gut** oder um eine **zusammengepackte Mehrheit** von Einzelgegenständen handeln, sodass unverpackte Einzeleinheiten nicht unter den Begriff zu fallen scheinen. Diese Betrachtungsweise hat die Rspr. zunächst zugrunde gelegt, im Zusammenhang mit der Anknüpfung der seefrachtrechtlichen Haftungsbeschränkung an Packungen bzw. Stücke oder Einheiten aber schrittweise aufgegeben.[14] In der Tat kann es für den Begriff des Fracht- oder Packstücks keine Rolle spielen, ob das Gut verpackt ist oder nicht. Deshalb ist nach Ziff. 1.10 ein zur Ausführung des Verkehrsvertrags übergebenes **Einzelstück immer ein Packstück,** einerlei, ob es verpackt ist oder nicht. Der etwas missverständliche Begriff des Einzelstücks ist nicht im Sinne von Unikat, sondern im Sinne einer **einzelnen Sache** wie etwa einer Maschine zu verstehen.

43   Zum anderen wird die Begriffsbildung dadurch erschwert, dass das moderne Transportwesen oberhalb der Ebene der einzelnen Produkt- oder Endverkaufseinheit eine Kaskade aufeinander aufbauender **Packebenen** gebildet hat, neben der Verkaufsverpackung zB den Karton, die Kiste, die Palette und schließlich den Container. Es stellt sich daher die Frage, an welche dieser Ebenen der Stückbegriff angeknüpft werden soll. Die ADSp tragen zu dieser Unsicherheit ungewollt durch die Definition des Lademittels in Ziff. 1.7 bei; danach dient ein Lademittel zur Zusammenfassung von Packstücken und zur Bildung von „Ladeeinheiten", was den Schluss nahelegt, dass eine solche Ladeeinheit, also ein beladenes Lademittel wie etwa eine Palette oder ein Behälter, nicht ihrerseits ein Packstück sein kann.

44   Dieser Schluss wäre jedoch verfehlt. Der Begriff des Packstücks zielt auf die **äußere Anmutung** des Guts, so wie es sich nach **Anzahl und äußerer Beschaffenheit** dem Blick des Spediteurs bei der Übernahme darbietet. Maßgeblich ist also die physische Handhabungseinheit, die der Auftraggeber gewählt hat, um das Gut zu Zwecken der Ausführung des Verkehrsvertrags bereitzustellen.[15] Das ergibt sich aus der Funktion dieses transportrechtlichen Systembegriffs. Dafür maßgebend ist, was als solches transportiert bzw. gelagert werden soll[16] – nicht die Unterverpackungen oder der werthaltige Inhalt des Guts. Deshalb ist ein Packstück gemäß der Definition in Ziff. 1.10 auch jede zu einer **Einheit** zusammengefasste Mehrzahl an Sachen, einerlei ob diese Zusammenfassung mittels eines Lademittels wie etwa einer Palette oder eines Containers erfolgt oder ohne, zum Beispiel beim Zusammenpacken kleinerer Sachen in einen Großkarton oder auch bei Verwendung bloßer Bündelungsmittel wie Schnüre oder Stahlbänder oder bei der Bildung von Griffeinheiten beim Hängeversand von Textilien.

45   Ein Packstück kann deshalb auch eine gepackte Palette sowie selbst ein beladener Container sein. Dafür ist allerdings Voraussetzung, dass das Lademittel oder die sonstige Einheit **vom Auftraggeber gebildet,** also nicht etwa erst vom Spediteur zusammengestellt worden ist. Außerdem muss diese Einheit vom „Spediteur als Ganzes zu behandeln" sein. Davon kann ausgegangen werden, wenn ein **versiegelter Container** oder eine mit Schrumpffolie zu einer Einheit **verfestigte Palette** übergeben worden ist. Ist der Container dagegen offen oder ist das Gut lose auf eine Palette gepackt und deshalb als solches für den Spediteur frei zugänglich, so sind als Packstücke die auf oder in dem Lademittel befindlichen Gegenstände anzusehen, wenn sich aus den Vereinbarungen nichts anderes ergibt. Soll der Spediteur ein zunächst als verschlossene Einheit übernommenes Behältnis an einem Umschlagsplatz **auspacken** und die darin befindlichen Einheiten unterschiedlichen Empfängern zustellen, so **ändert** die Packstückeigenschaft sich,[17] denn Packstück ist immer diejenige Handhabungseinheit, die Gegenstand der verkehrsvertraglichen Pflichten des Spediteurs ist. In diesem Fall hat der Auftraggeber seine Pflichten nach Ziff. 6 auch in Bezug auf die auszupackenden Einzeleinheiten zu erfüllen,[18] während die Pflichten des Spediteurs (zB aus Ziff. 7.1.1, 7.2, 8.1, 8.2) sich auf diejenige Einheit beziehen, die sich zum maßgeblichen Zeitpunkt als Packstück darstellt.[19] Beim Auspacken ist also eine Eingangsschnittstellenkontrolle durchzuführen.

46   Schütt- und anderes loses **Massengut** ist als solches kein Packstück. Es kann dazu nur dadurch werden, dass es in ein Lademittel oder anderes Behältnis gefüllt wird.

---

[14] Vgl. etwa BGH Urt. v. 19.9.1977 –II ZR 77/75, BGHZ 69, 243 = NJW 1977, 2314; BGH Urt. v. 9.7.1973 – II ZR 86/71, VersR 1973, 1038; OLG Hamburg Urt. v. 11.11.1976 – 6 U 78/76, VersR 1977, 128; BGH Urt. v. 26.10.1978 – II ZR 193/76, VersR 1979, 29.

[15] Vgl. *Koller* HGB § 409 Rn. 14.

[16] OLG Hamburg Urt. v. 22.4.2010 – 6 U 1/09, TranspR 2011, 112 hat zur Containerklausel in § 504 Abs. 1 S. 2 HGB eine ähnliche Wertung vorgenommen und im Falle eines Containers, der mit palettierten Kartons bepackt war, die Paletten als maßgebliche Einheit für die stückzahlbezogene Haftungsschranke erklärt.

[17] AM *Koller* ADSp 2016 Ziff. 6 Rn. 10.

[18] *Valder* TranspR 1993, 81 (83).

[19] IErg ebenso *Valder* TranspR 1993, 81 (85).

Der Begriff des Packstücks wird in den ADSp verwendet in Ziff. 1.7 (Definition des Lademittels), **47**
Ziff. 3.1.1 (Informationspflichten des Auftraggebers), Ziff. 4.8.5 (Auftragserweiterungen), Ziff. 6 (Verpackungs- und Kennzeichnungspflicht), Ziff. 8 (Quittung) und Ziff. 15.5 (Eingangskontrolle bei Lagerung).

XII. Schadenfall/Schadenereignis (Ziff. 1.11)

Die Begriffe Schadenfall und Schadenereignis werden von den ADSp traditionell bei der Bestim- **48**
mung von Haftungsschranken verwendet, sind aber problematisch, weil sie der **Perspektive der Verkehrshaftungsversicherung** entstammen und zur Regelung der verkehrsvertraglichen Haftung nur eingeschränkt taugen. Das gilt insbesondere für den Begriff des Schadenereignisses, mit dessen Hilfe der Verkehrshaftungsversicherer versucht, seine Deckungspflicht einzuschränken, wenn ein haftungsbegründendes Ereignis nicht nur einen einzelnen Ersatzanspruch auslöst, sondern die Rechtsgüter mehrerer Geschädigter verletzt.[20] Denn diese Kategorie lässt sich im Rahmen des einzelnen Verkehrsvertrags nur dann vertraglich handhaben, wenn man auch Mechanismen einführt, die die Verteilung einer ereignisbezogen beschränkten Ersatzleistung unter mehreren, aus unterschiedlichen Verkehrsverträgen oder auf deliktischem Weg vorgehenden Anspruchstellern regelt, was die ADSp jedoch unterlassen. Eine analoge Anwendung entsprechender versicherungsvertragsrechtlicher Regelungen[21] ist nicht vorgesehen. Sie kann auch nur dann sicher funktionieren, wenn im Einzelfall alle aus dem Schadenereignis herrührenden Ansprüche den ADSp unterliegen. Im Prinzip stellt sich das gleiche Problem, wenn das Schadensereignis zwar nicht mehrere Anspruchsteller getroffen hat, sondern nur einen, dieser aber Ansprüche aus mehreren Verkehrsverträgen hat, zB bei mehreren Einlagerungen in demselben Lager.[22]

Als **Schadenfall** definiert Ziff. 1.11 nicht das schadensauslösende Ereignis als solches, sondern **49**
gemäß der klassischen versicherungsrechtlichen Rspr. des RG[23] das **Geltendmachen eines Anspruchs** durch einen Geschädigten;[24] der zugrunde liegende haftungsauslösende Sachverhalt, der in modernen Versicherungsbedingungen selbst als Schadenfall gilt[25], wird in Anlehnung an die Definition des Schadenereignisses des BGH[26] als **„äußerer Vorgang"** bezeichnet, der der Geltendmachung eines Anspruchs zugrunde liegt. Diese unnötig verwinkelte Begriffsbestimmung ist deshalb nicht unzutreffend, weil der Schadenfallbegriff der ADSp nur im Zusammenhang mit gegen den Spediteur geltend gemachten Ansprüchen verwendet wird. Dass er jedoch in der Sache verfehlt ist, zeigt sich insbesondere[27] an den schadenfallbezogenen Höchsthaftungsgrenzen nach Ziff. 23 und 24, denn wenn die Höchsthaftungssummen für jedes Geltendmachen eines Anspruchs durch einen Geschädigten zur Verfügung stehen, können mehrere Geschädigte (Absender, Empfänger) sie jeweils für sich beanspruchen und kann der Geschädigte sie durch das sukzessive Erheben mehrerer Ansprüche vervielfachen. Als Schadenfall hätte deshalb besser der „äußere Vorgang" bzw. derjenige einheitliche Lebenssachverhalt definiert werden sollen, aufgrund dessen Ansprüche erhoben werden.

Voraussetzung ist weiter, dass der Anspruch aus einem **Verkehrsvertrag**[28] oder anstelle eines **50**
verkehrsvertraglichen Anspruchs erhoben wird. Dieses Merkmal hat nur deklaratorischen Charakter, denn es ergibt sich schon daraus, dass die ADSp nur die ihnen unterliegenden Ansprüche regeln können, also Ansprüche aus Verkehrsverträgen (Ziff. 2.1). Wenn der Begriff des Schadenfalls daneben auch auf Ansprüche Anwendung finden, die **anstelle eines verkehrsvertraglichen Anspruchs** geltend gemacht werden, so zielt das auf vertragsparallele gesetzliche Ansprüche iSv Ziff. 26.

Der Begriff des Schadenfalls wird verwendet in Ziff. 22.4 (Abtretung von Ansprüchen gegen Dritte); **51**
Ziff. 23 (Haftungsbegrenzungen), Ziff. 24 (Haftungsbegrenzungen bei verfügter Lagerung) und Ziff. 28.1 (Haftungsversicherung).

Als **Schadenereignis** definieren die ADSp das Geltendmachen von Ansprüchen durch **mehrere** **52**
Geschädigte aus mehreren Verkehrsverträgen aufgrund eines – gemeint ist: desselben – äußeren Vorgangs. Die Betrachtung dieser Situation ist mit dem grundsätzlichen Problem behaftet, dass die ADSp damit über den Verkehrsvertrag, aus dem sie ihren Geltungsgrund im Einzelfall ableiten, hinaus- und in die Rechtsposition anderer Geschädigter einzugreifen versuchen, was in der Praxis regelmäßig nicht umsetzbar ist (→ Rn. 48). Praktisch umsetzbar ist die schadenereignisbezogene Beschränkung nur auf der versicherungsvertraglichen Ebene, sodass im Ernstfall eine Lücke in der Verkehrshaftungsdeckung besteht.

---

[20] S. Ziff. 8.2 DTV-VHV 2003/2008.
[21] S. §§ 109, 118 VVG, Ziff. 8.2 DTV-VHV 2003/2008.
[22] Dazu *Grass* TranspR 2018, 133 (133 f.).
[23] Seit RGZ 114, 117, vgl. Prölss/Martin/*Lücke* VVG § 100 Rn. 26.
[24] Ähnl. noch OLG Hamburg Urt. v. 23.9.1982 – 6 U 95/82, VersR 1983, 827.
[25] So etwa Ziff 1.1 AHB seit 2004.
[26] BGH Urt. v. 27.6.1957 – II ZR 299/55, BGHZ 25, 34 = NJW 1957, 1477: „der entscheidende äußere Vorgang (…), der die Schädigung des Dritten und damit die Haftpflicht des Versicherungsnehmers unmittelbar herbeiführt."
[27] Auch der Wortlaut von Ziff. 24.1.3 („für die Inventurdifferenz ursächliche Schadenfälle") spricht dafür.
[28] S. die Begriffsbestimmung in Ziff. 1.14.

53 Die Begriffsbestimmung ist außerdem insofern **verfehlt,**[29] als sie, wenn man sie wörtlich nimmt, den Eindruck erweckt, als stünden die Begriffe Schadenfall und Schadenereignis in einem Alternativverhältnis zueinander. Das kann indessen nicht gemeint sein, denn das Geltendmachen eines Anspruchs durch einen Anspruchsteller wird nicht gegenstandslos, wenn ein zweiter Anspruchsteller hinzukommt. Richtigerweise schließt der Begriff des Schadensereignisses den des Schadenfalls in sich mit ein. Denn die beiden Begriffe beziehen sich auf unterschiedliche Ebenen; während der Begriff des Schadenfalls (Geltendmachung eines Anspruchs gegen den Spediteur) den Versicherungsfall aus versicherungsrechtlicher Sicht anspricht, geht es bei dem Schadensereignis genau genommen um den „äußeren Vorgang", der zu der Inanspruchnahme führt, einerlei ob es mehrere oder nur einen Geschädigten gibt. Dieses richtige – aber nur durch korrigierende Auslegung erreichbare – Verständnis zeigt sich etwa in Ziff. 29.1, der sonst nur auf solche „äußeren Vorgänge" anwendbar wäre, die zu Ansprüchen mehrerer Geschädigter führen, was bei der Auftraggeberhaftung nur in seltenen Ausnahmefällen denkbar ist.

54 Der Begriff des Schadensereignisses wird verwendet in Ziff. 23 (Haftungsbegrenzungen), Ziff. 24 (Haftungsbegrenzungen bei verfügter Lagerung), Ziff. 28.1 (Haftungsversicherung) und Ziff. 29.1 (Auftraggeberhaftung).

XIII. Schnittstelle (Ziff. 1.12)

55 Der Begriff der Schnittstelle hat besondere Bedeutung wegen der Rspr. des BGH zu **Schnittstellenkontrollen** (→ Ziff. 7 Rn. 6). Danach ist der Obhutspflichtige bei Meidung des Vorwurfs leichtfertiger (§ 435 HGB) Betriebsorganisation gehalten, an jeder Schnittstelle das Gut durch körperlichen Abgleich[30] mit den Ladeunterlagen auf Identität, Vollständigkeit und Schadenfreiheit zu kontrollieren, damit insbesondere Verluste[31] in zeitlicher, räumlicher und personeller Hinsicht eingegrenzt werden können.[32] Diese Pflicht wird von den ADSp in **Ziff. 7.2** anerkannt. Im Hinblick auf diese Rspr. ist der Begriff der Schnittstelle objektiv vorgegeben und entzieht sich daher einer verbindlichen Definition durch AGB. Es kann lediglich versucht werden, die auf das Gesetz gestützten Anforderungen des BGH so gut wie möglich wiederzugeben.

56 Was genau unter einer kontrollpflichtigen Schnittstelle zu verstehen ist, lässt sich der Rspr. des BGH allerdings nur punktuell entnehmen. Nach Sinn und Zweck der Rspr., die Ursache von Verlustschäden örtlich, zeitlich und personell eingrenzen zu können, liegt es nahe, den Begriff auf den **Übergang zwischen zwei unterschiedlichen Obhutssphären** zu beziehen. Erfasst ist demnach jedenfalls jeder Obhutswechsel, also insbesondere die Übergabe an, von oder zwischen Unterfrachtführern.[33] Darüber hinaus ist aber auch jede Ein- oder Auslagerung in bzw. aus einem **Lager,** insbesondere einem Umschlagslager,[34] eine Schnittstelle, selbst wenn die unmittelbare Obhutsverantwortung dabei nicht von einem auf einen anderen Betrieb übergeht. Das Gleiche gilt für Umladevorgänge von einem in ein anderes **Transportfahrzeug,** selbst wenn beide Fahrzeuge von demselben Frachtführer betrieben werden, denn auch dann geht das Gut von einer in eine andere Gewahrsamsenklave über, sodass diese Vorgänge mit Ein- oder Auslagerungen vergleichbar sind. Umlagerungsvorgänge innerhalb derselben einheitlichen betrieblichen Obhutssphäre sind dagegen nach richtiger Auffassung[35] **keine Schnittstellen,**[36] ebenso wenig ein innerbetrieblicher Verantwortungsübergang von einem auf einen anderen Mitarbeiter, einerlei ob dieser Leitungsverantwortung trägt wie etwa ein Lagermeister oder nicht, etwa ein Kommissionierer.

57 Diesen Vorgaben wird die **Definition der Schnittstelle in Ziff. 1.12** gerecht. Sie bezieht Übergaben zwischen unterschiedlichen Rechtspersonen[37] ebenso ein wie Umladungen zwischen unterschiedlichen Fahrzeugen. Ungenau ist die Definition allerdings hinsichtlich der Zwischenlagerung, weil sie diese zwar nennt, dabei aber nicht verdeutlicht, dass sowohl die Ein- als auch die Auslagerung eine Schnittstelle darstellen.

---

[29] Krit. auch *Grass* TranspR 2018, 133 (134).

[30] BGH Urt. v. 2.12.2004 – I ZR 48/02, BeckRS 2005, 3169 Rn. 20.

[31] Zur geringeren Bedeutung von Schnittstellenkontrollen bei Beschädigung vgl. BGH Urt. v. 19.5.2005 – I ZR 238/02, TranspR 2006, 114.

[32] BGH Urt v 15.11.2001 – I ZR 284/99, TranspR 2002, 306; zuletzt Urt. v. 1.12.2016 – I ZR 128/15, TranspR 2017, 175.

[33] BGH Urt. v. 11.11.2004 – I ZR 120/02, TranspR 2006, 161.

[34] BGH Urt. v. 25.3.2004 – I ZR 205/01, TranspR 2004, 309; Urt. v. 25.11.2004 – I ZR 210/01, BGHReport 2005, 711; Urt. v. 4.5.2005 – I ZR 295/02, NJW-RR 2005, 1555; Urt. v. 8.11.2007 – I ZR 99/05, TranspR 2008, 247; Urt. v. 30.1.2008 – I ZR 146/05, TranspR 2008, 117; Urt. v. 11.9.2008 – I ZR 118/06, TranspR 2008, 362; Urt. v. 2.4.2009 – I ZR 16/07, TranspR 2009, 410; Urt. v. 24.6.2010 – I ZR 73/08, TranspR 2010, 382; Urt. v. 13.6.2012 – I ZR 87/11, TranspR 2012, 463; Urt. v. 13.6.2012 – I ZR 161/10, TranspR 2012, 456; Urt. v. 4.2.2016 – I ZR 216/14, TranspR 2016, 404.

[35] *Koller* TranspR 2018, 1; *Bahnsen* TranspR 2017, 297 (298).

[36] AA BGH Urt. v. 1.12.2016 – I ZR 128/15, TranspR 2017, 175 Rn. 61, wo auch das Umlagern von Gütern aus einem Container zu einem Relationsplatz innerhalb desselben Umschlagbetriebs „insoweit" als Schnittstelle angesehen wird.

[37] Zum Begriff der Rechtsperson → Rn. 8.

Die Definition in Ziff. 1.12 bestimmt den Begriff darüber hinaus auch in zeitlicher Hinsicht und **58** stellt klar, dass der Schnittstellenbegriff sich nur auf den **Obhutszeitraum** des Spediteurs bezieht, also auf die Ausübung der Obhutspflichten nach der Übergabe und vor der Ablieferung des Guts. Das hat zur Konsequenz, dass Übergabevorgänge, die der Obhutsphase vor- oder nachgelagert sind, nicht als Schnittstellen angesehen werden können. Zweifelhaft ist dies jedoch für die Übernahme und Ablieferung selbst; diese Gewahrsamsübergänge will die Definition in Ziff 1.12 durch die Wendung „nach Übernahme und vor Ablieferung" offenbar vom Schnittstellenbegriff ausschließen, gerät dabei aber jedenfalls für den Vorgang der Übernahme in einen Wertungswiderspruch mit der Quittierungspflicht (Ziff. 8.1), aus der sich ergibt, dass der Spediteur jedenfalls Anzahl und Art der Packstücke prüfen muss sowie im eigenen Interesse auch gehalten ist, die Schadenfreiheit des Guts zu prüfen. An diesen Prüfungen kann der Auftraggeber ein eigenes vitales Interesse haben, insbesondere wenn er das Gut nicht selbst zur Beförderung übergibt. Auch die Rspr. tendiert dazu, die Übernahme als Schnittstelle anzusehen.[38]

XIV. Spediteur (Ziff. 1.13)

Der Spediteur ist definiert als diejenige Rechtsperson, die im Rahmen eines den ADSp unterliegen- **59** den Verkehrsvertrages (Ziff. 1.14) als **Vertragspartner des Auftraggebers** auftritt und sich darin zur Ausführung der verkehrsvertraglichen Leistungen verpflichtet. Zum Begriff des Auftraggebers → Rn. 7 f., zum Begriff der Rechtsperson → Rn. 8. Nicht Spediteur in diesem Sinne sind sonstige Leistungserbringer, etwa vom Spediteur unterbeauftragte Unternehmer, selbst wenn sie selbst auch die ADSp verwenden oder Spediteure im Rechtssinne sind.

Für den Spediteur im Sinne der ADSp spielt es keine Rolle, ob er Spediteur im Rechtssinne (§ 453 **60** HGB) ist. Vielmehr knüpft der Begriff aufgrund der versicherungsrechtlichen Funktion der ADSp an das Tätigkeitsfeld des **Spediteurs im berufsständischen Sinne** an,[39] für das der ebenfalls ursprünglich versicherungsrechtliche Begriff[40] des **Verkehrsvertrages** (vgl. Ziff. 1.14) prägend ist. Da Verkehrsverträge in der Regel fracht-, speditions-, lager- oder seefrachtvertragliche Leistungen vorsehen, werden diese gesetzlichen Vertragstypen in Satz 2 der Definition erläuternd als typische Leistungsgegenstände des Spediteurs hervorgehoben. Abschließend ist diese Aufzählung jedoch nicht; auch im Rahmen anderer Vertragstypen, etwa eines Dienst- oder Werkvertrags über Verpackungstätigkeiten, nimmt, wenn die ADSp einbezogen sind, für deren Anwendung der Leistungserbringer die Rolle des Spediteurs ein. Deshalb ist für den Begriff des Spediteurs letztlich allein entscheidend, dass er Erbringer von Leistungen unter einem **den ADSp unterliegenden Vertrag** ist.

XV. Verkehrsverträge (Ziff. 1.14)

1. Überblick. Der bereits in den ADSp 2003 (s. dort Ziff. 2.1) ähnlich definierte Begriff des **61** Verkehrsvertrags wird nur dadurch bestimmt, dass er vom Spediteur (vgl. Ziff. 1.13) unter Einbeziehung der ADSp abgeschlossen worden sein muss. Inhaltliche Anforderungen an den Vertragsgegenstand bestehen streng genommen nicht („über alle Arten von Tätigkeiten"). Da auch der Begriff des Spediteurs nicht inhaltlich, sondern nur durch die Verwendung der ADSp bestimmt ist, bleibt die Definition letztlich eine **Passepartout-Regelung.** Eine inhaltliche Beschränkung ergibt sich nur aus Ziff. 2.3, die aber nicht den Begriff des Verkehrsvertrags einschränkt, sondern die dort aufgeführten speditionsnahen Geschäfte aus dem Anwendungsbereich der ADSp ausnimmt.

Allerdings wird der Begriff des Verkehrsvertrags durch Regelbeispiele erläutert und insofern hin- **62** sichtlich der typischen Vertragsgegenstände bestimmt. Gemeinsamer Kern dieser Regelbeispiele ist das **üblicherweise zum Speditionsgewerbe gehörende Geschäft,** das als Oberbegriff die aufgeführten gesetzlich geregelten Vertragstypen und sonstige unter den Begriff fallende Beispiele zusammenfasst. Damit wird der Verkehrsvertrag weiterhin anhand der üblichen Tätigkeit des **gewerblichen Spediteurs im berufsständischen Sinne**[41] bestimmt. Das entspricht dem herkömmlichen Verständnis des Verkehrsvertrages, der ursprünglich ein versicherungsrechtlicher Begriff[42] zur Beschreibung des Tätig-

---

[38] BGH Urt v 22.5.2014 – I ZR 109/13, TranspR 2015, 33 Rn. 36, 40; für vereinbartes EDI-Verfahren auch BGH Urt v 30.1.2008 – I ZR 165/04, TranspR 2008, 122 und Urt. v. 4.5.2005 – I ZR 235/02, TranspR 2005, 403.

[39] Vgl. *Valder* FG Herber, 2000, 177.

[40] Der Begriff stammt ursprünglich aus dem SVS/RVS und wurde abgewandelt in die den ADSp bis 1998 anhängenden „Mindestbedingungen" für die Speditionsversicherung (SpV) übernommen. Nach der dortigen Definition (Ziff. 1.1 SpV) bezog er sich auf „Verkehrsverträge des Spediteurs als Auftragnehmer über alle Arten von Verrichtungen des Spediteurs, gleichgültig, ob sie Speditions-, Fracht-, Lager und sonstige üblicherweise zum Speditionsgewerbe gehörende Geschäfte betreffen. Hierzu zählen auch speditionsübliche logistische Leistungen, wenn diese mit der Beförderung oder Lagerung von Gütern im Zusammenhang stehen.".

[41] Vgl. *Valder* FG Herber, 2000, 177.

[42] Der Begriff stammt ursprünglich aus dem SVS/RVS und wurde abgewandelt in die den ADSp bis 1998 anhängenden „Mindestbedingungen" für die Speditionsversicherung" (SpV) übernommen. Nach der dortigen Definition (Ziff. 1.1 SpV) bezog er sich auf „Verkehrsverträge des Spediteurs als Auftragnehmer über alle Arten von Verrichtungen des Spediteurs, gleichgültig, ob sie Speditions-, Fracht-, Lager und sonstige üblicherweise zum

keitsfeldes des speditionsversicherten Unternehmers war. Der Verkehrsvertrag ist deshalb regelmäßig Gegenstand **gewerblicher Tätigkeit** (vgl. §§ 453 Abs. 3 S. 1, 407 Abs. 3 S. 1 Nr. 2, 467 Abs. 3 S. 1 HGB),[43] jedoch ist das nicht zwingend notwendig.

63   Der Begriff Verkehrsvertrag taucht auf in den Definitionen Ziff. 1.11, 1,15, 1,16, 4.2 und 4.8.5 (Rechte und Pflichten des Spediteurs), Ziff. 5.1 und 5.3 (Kontaktperson), Ziff. 12.1 (Leistungshindernisse), Ziff. 16 (Vergütung), Ziff. 19 (Aufrechnung), Ziff. 20 (Pfandrecht), Ziff. 21.2.1 (Versicherung), Ziff. 23 (Haftungsbegrenzungen), Ziff. 27 (qualifiziertes Verschulden), Ziff. 28.2 (Haftungsversicherung), Ziff. 30.3 (Gerichtsstand), Ziff. 31 (Geheimhaltung) und Ziff. 32.1 (Compliance).

64   **2. Gesetzlich geregelte Verkehrsvertragstypen.** Grundtypen des Verkehrsvertrags sind die begriffsprägend hervorgehobenen **Speditions-, Fracht-, Seefracht- und Lagergeschäfte.**[44] Damit verweist die Definition auf die gesetzlich geregelten Vertragstypen der §§ 453, 407, 481 und 467 HGB. Dabei kommt es nicht darauf an, ob ein **Speditionsvertrag** sich auf eine Beförderung per Straße, Bahn, Binnenschiff oder Luft[45] richtet und ob der Spediteur kraft Selbsteintritts oder als Sammlungs- oder Fixkostenspediteur nach Frachtrecht haftet.[46] Ein **Frachtvertrag** ist auch ein Vertrag über eine Beförderung im internationalen Verkehr, also ein der CMR, dem Montrealer Übereinkommen (oder dem Warschauer Abkommen), der CMNI oder der CIM unterliegender Beförderungsvertrag. Auch den sog. **Lohnfuhrvertrag** stellt Ziff. 1.14 S 3 dem Frachtvertrag gleich (→ Rn. 67 ff.). Klarstellend erwähnt die Definition auch **Seefrachtverträge.** Nicht eingeschlossen sind jedoch Personenbeförderungsverträge. Auch der Lagervertrag, durch den sich der Spediteur gewerblich zur Lagerung und Aufbewahrung von Gut verpflichtet (§ 467 HGB), ist ein Verkehrsvertrag im Sinne der ADSp.

65   **3. Sonstige speditionsübliche Geschäfte.** Neben den gesetzlich geregelten Vertragstypen erfasst der Begriff des Verkehrsvertrags auch sonstige üblicherweise zum Speditionsgewerbe gehörende Geschäfte. Die in Klammern hinzugefügten Beispiele Zollabwicklung, Sendungsverfolgung und Umschlag sind allerdings meist keine eigenständigen Geschäfte des Spediteurs, sondern nur Nebenleistungen im Rahmen von Verkehrsverträgen. Gegenstand gesonderter Verträge ist in der Praxis nur der **Umschlag,** der rechtlich als frachtvertragliche Leistung zu qualifizieren ist[47]. Ein nur auf **Verzollung** gerichteter Vertrag ist denkbar, wäre aber wohl nicht mehr speditionstypisch, sondern die Vertragsleistung eines Zollagenten. Die **Sendungsverfolgung** ist praktisch nur als Nebenleistung denkbar; sie stellt sich als Erweiterung der speditionsrechtlichen Auskunfts- und Rechenschaftspflichten dar. In Betracht kommende **weitere Nebenleistungen** sind das Erstellen und Beschaffen von Transportdokumenten,[48] das Eindecken von Versicherungen,[49] die Einholung von Auskünften über Einfuhrformalitäten, Abgaben, Zölle und Steuern,[50] die Erledigung des Palettenverkehrs,[51] die Abwicklung von Schadensfällen[52] und das Ver- oder Umpacken von Gütern[53] sowie deren Markierung.[54]

66   Satz 2 erweitert den Begriff der üblicherweise zum Speditionsgewerbe gehörenden Geschäfte auf **logistische Leistungen,** die im Zusammenhang mit der Beförderung oder Lagerung von Gütern stehen. Auch die erfassten logistischen Leistungen müssen sich deshalb als **Neben- oder Zusatzleistungen** zu den gesetzlich geregelten Grundtypen des Verkehrsvertrags darstellen. Sie werden deshalb nicht als „Geschäfte", sondern nur als Tätigkeiten bezeichnet. Da der Begriff der **logistischen Leistung** schillernd ist, ausufernd benutzt wird[55] und sich daher kaum sinnvoll definieren lässt,[56] nennt die Definition auch hier Beispiele, nämlich die Bildung von Ladeeinheiten (vgl. Ziff. 1.7), das Kommissionieren (Zusammenstellen einer Partie zu Auslagerung), das Etikettieren (Kennzeichen von Packstücken), das Verwiegen von Gütern und die Retourenabwicklung. Andere Beispiele für logistische Neben- oder Zusatzleistungen im Rahmen von Verkehrsverträgen sind die Aufbereitung gelagerter oder beförderter Waren für den Verkauf,[57] die Preisauszeichnung,[58] das Beifügen von Bedienungs-

---

Speditionsgewerbe gehörende Geschäfte betreffen. Hierzu zählen auch speditionsübliche logistische Leistungen, wenn diese mit der Beförderung oder Lagerung von Gütern im Zusammenhang stehen.".

[43] *Koller* ADSp 2016 Vor Ziff. 1 Rn. 3.
[44] Vgl. auch OLG Hamburg Urt. v. 9.7.1992 – 6 U 17/92, TranspR 1992, 333 (334).
[45] AM offenbar *Boettge* TranspR 2007, 306 (308 f.).
[46] Vgl. BGH Urt. v. 9.12.1991 – II ZR 53/91, NJW-RR 1992, 482 = VersR 1992, 857 (Seespedition).
[47] BGH Urt. v. 10.4.2014 – I ZR 100/13, TranspR 2014, 283.
[48] *Koller* ADSp 2016 Ziff. 2 Rn. 5.
[49] OLG Düsseldorf Urt. v. 11.3.1993 – 18 U 183/92, TranspR 1993, 253 (254).
[50] LG Flensburg Urt. v. 4.11.1987 – 6 O 147/87, VersR 1988, 715.
[51] *Willenberg* TranspR 1985, 161 (168) mwN.
[52] *Koller* ADSp 2016 Ziff. 2 Rn. 5.
[53] LG Hamburg Urt. v. 4.12.1991 – 406 O 94/91, TranspR 1992, 143.
[54] OLG Köln Urt. v. 5.9.2014 – I-3 U 15/14, TranspR 2015, 121 Rn. 30.
[55] Nach den „Logistik-AGB" (→ Vor Ziff. 1 Rn. 4) soll sogar der Betrieb eines Call-Centers für einen Auftraggeber eine logistische Leistung sein.
[56] *Wieske* TranspR 2002, 177; *Wieske* VersR 2006, 336; vgl. auch *Krins* TranspR 2007, 269 f.
[57] *Valder* FG Herber, 2000, 171, 178.
[58] *de la Motte* in Fremuth/Thume TranspR ADSp Nr. 2 Rn. 1.

anleitungen oder Gebrauchshinweisen,[59] einfache Montage- oder Nachbesserungsleistungen, das Einnähen von Etiketten, der Regalservice[60] sowie die Ermittlung und Zulieferung von Güterbestandsdaten für Warenwirtschaftssysteme.

4. Lohnfuhrverträge. a) Bedeutung. Nach S. 3 „gilt" der Lohnfuhrvertrag als **Frachtvertrag.**[61] **67**
Bemerkenswert an dieser Regelung ist, dass sie sich trotz ihrer systematischen Stellung in der Definition des Verkehrsvertrags nicht darauf beschränkt, den Lohnfuhrvertrag als Verkehrsvertrag einzustufen und ihn damit den ADSp zu unterwerfen; vielmehr fingiert sie für den Lohnfuhrvertrag das Vertragsregime des Frachtvertrags. Damit geht sie über die Funktion von Ziff. 1, die ADSp-Begriffe zu bestimmen, weit hinaus. Der Begriff des Frachtvertrags spielt in den ADSp 2017 keine Rolle; er wird – außer in der Definition Ziff. 1.14 – nicht verwendet.

b) Begriff des Lohnfuhrvertrages. Es gibt keinen durch Gesetz oder durch übereinstimmendes **68**
Verständnis der betroffenen Verkehrskreise exakt vorgegebenen Begriff des Lohnfuhrvertrags. Der BGH[62] sieht im Lohnfuhrvertrag einen untechnischen Sammelbegriff für unterschiedliche vertragliche Gestaltungsformen, die den Bereichen Dienstvertrag, Dienstverschaffungsvertrag, Werkvertrag, Mietvertrag oder gemischter Vertrag zuzuordnen sein können. Allerdings hat der Begriff durchaus ein gewisses Profil. Er entstammt ursprünglich dem Bereich der Individualpersonenbeförderung aus der Zeit des Pferdedroschkenwesens[63] und ist insofern prägend für eine Beförderungsleistung durch ein bemannt gestelltes Fahrzeug nach individueller, direkt dem Fahrer erteilter Weisung des Auftraggebers. Der Begriff wurde 1956 in den AGNB[64] aufgegriffen und in § 25 Abs. 1 definiert als das Stellen eines **bemannten Fahrzeugs zur Verwendung nach Weisung** des Auftraggebers. An dieser Definition orientieren sich – im Anschluss an § 9 VBGL – auch die ADSp.

Die Kennzeichnungskraft dieser Definition leidet unter der Tatsache, dass weder das Bemannen des **69**
Transportfahrzeugs noch die Weisungsgebundenheit des Auftragnehmers Besonderheiten des Lohnfuhrvertrags, sondern grundsätzlich jedem Frachtvertrag eigen sind.[65] Ein echtes Kennzeichnungsmerkmal findet sich nur in dem Begriff des Stellens, in Ziff. 1.14 sprachlich verstärkt zur **„Gestellung",** mit dem ein überantwortendes Überlassen des bemannten Beförderungsmittels an den Auftraggeber angedeutet wird, der dadurch das bemannte Beförderungsmittel **auf Zeit für eigene Rechnung verwenden** kann. Dabei spielt für den Begriff des Lohnfuhrvertrags keine Rolle, ob der Besitz an und das Disponieren über das Fahrzeug durch den weiterhin betriebsverantwortlichen Auftragnehmer vermittelt wird oder ob der Auftraggeber selbst zum Unternehmer der Beförderung wird, indem er das bemannte Fahrzeug wie bei einer **Vermietung** in seinen Besitz nimmt und sich das **arbeitsrechtliche Direktionsrecht** gegenüber dem Fahrer einräumen lässt.

c) Anwendung von Frachtrecht. Nach der Rspr. des BGH[66] ist ein Lohnfuhrvertrag dann kein **70**
Frachtvertrag, sondern eine Kombination aus Elementen des Mietvertrags und der Dienstverschaffung, wenn er dadurch gekennzeichnet ist, dass ein Fahrzeug mit Fahrer zur beliebigen Ladung und Fahrt nach Weisung des Auftraggebers zur Verfügung gestellt wird. Ob das der Fall ist, richtet sich nach Ansicht des BGH nach den Umständen des Einzelfalls.[67] Ob auf einen solchen Vertrag Frachtrecht anzuwenden ist, soll davon abhängen, ob der Unternehmer zur Herbeiführung des **Transporterfolgs** verpflichtet ist, während eine Kombination aus Mietvertrag und Dienstverschaffungsvertrag anzunehmen sein soll, wenn die Fahrer des Auftragnehmers dem Auftraggeber gegenüber weisungsgebunden sind und ihm den Besitz an dem zu befördernden Gut vermitteln[68].

Diese Definitionen führen indessen nicht weiter, weil sie nicht die tatbestandlichen Voraussetzungen **71**
der abzugrenzenden Gestaltungen klären, sondern nur deren unterschiedliche Rechtsfolgen aussprechen. Richtig erscheint, dass auch der Lohnfuhrvertrag grundsätzlich ein Vertrag über die **entgeltliche Beförderung von Gut** ist. Es ist kein Merkmal des Frachtvertrags, dass er nur einen einzelnen Beförderungsvorgang und eine einzelne bestimmte Beförderungsstrecke umfasst. Im Gegenteil werden Frachtverträge durchaus häufig in der Form von Rahmen- oder Mengenverträgen für eine unbestimmte Vielzahl von Beförderungsstrecken geschlossen[69]; die Einzelbeförderung erfolgt dann auf Abruf, Wei-

---

[59] OLG Hamburg Urt. v. 8.6.1989 – 6 U 248/88, VersR 1990, 545 („speditionsübliches Nebengeschäft").

[60] *de la Motte* in Fremuth/Thume TranspR ADSp Nr. 2 Rn. 1.

[61] Krit. *Vyvers* NZV 2018, 58 (58); zum Lohnfuhrvertrag BGH Urt. v. 4.4.2016 – I ZR 102/15, TranspR 2016, 303; OLG Düsseldorf Urt. v. 5.10.2016 – I-18-U 134/15; TranspR 2017, 72; OLG Nürnberg Urt. v. 14.4.2014 – 3 U 1573/14, TranspR 2015, 194; *Müller* TranspR 2017, 252; *Saller* TranspR 2017, 406; *Bodis* TranspR 2016, 303; *Koller* TranspR 2013, 140; *Temme* TranspR 2012, 419.

[62] BGH Urt. v. 4.4.2016 – I ZR 102/15, TranspR 2016, 303.

[63] Zur Taxe der Lohnfuhr *J. G. Krünitz,* Oeconomische Encyclopädie, 1773–1858.

[64] Allgemeine Beförderungsbedingungen für den gewerblichen Güternahverkehr mit Kraftfahrzeugen.

[65] S. schon BGH Urt. v. 3.6.1964 – Ib ZR 220/62, MDR 1964, 736.

[66] BGH Urt. v. 4.4.2016 – I ZR 102/15, TranspR 2016, 301; Urt. v. 26.4.2007 – IX ZB 160/06, ZIP 2007, 1330.

[67] BGH Urt. v. 4.4.2016 – I ZR 102/15, TranspR 2016, 303; Urt. v. 26.4.2007 – IX ZB 160/06, ZIP 2007, 1330.

[68] BGH Urt. v. 4.4.2016 – I ZR 102/15, TranspR 2016, 303; ebenso OGH Urt. v. 16.9.1989 – 4 Ob 592/87.

[69] S. etwa LG Hamburg Urt. v. 17.7.2015 – 412 HKO 117/14, TranspR 2016, 21; OLG Köln Urt. v. 29.8.2014 – 3 U 27/14, RdTW 2015, 430.

sung oder Einzelauftrag, ohne dass dies Zweifel am geschuldeten Beförderungserfolg auslösen könnte. Der Lohnfuhrvertrag ist daher **nur dann kein Frachtvertrag,** wenn die Beförderung nicht durch den Auftragnehmer, sondern durch den Auftraggeber selbst unternehmerisch bewirkt wird. Voraussetzung dafür ist, dass der Auftraggeber mindestens mittelbaren, nicht vom Auftragnehmer vermittelten **Besitz am Fahrzeug** und kraft einer den Kriterien der Arbeitnehmerüberlassung genügenden Vertragsgestaltung das arbeitsrechtliche **Direktionsrecht gegen den Fahrer** erwirbt. Allein der Umstand, dass der Auftraggeber vertraglich berechtigt ist, das bemannte Fahrzeug auf Zeit, das heißt für eine Mehrzahl konsekutiv auszuführender Beförderungen, zu beschäftigen und insoweit dem Auftragnehmer oder auch dem Fahrer direkt Weisung zu erteilen, nimmt dem Vertrag nicht den Charakter eines Transportvertrags, unter dem die Ausführung der Beförderungen und die Erreichung des Ablieferungserfolgs geschuldet sind. Dies ist im Seehandelsrecht, in dem die sachlich gleiche Frage bereits seit vielen Jahrzehnten für das insoweit wesensgleiche Zeitcharterrecht diskutiert wird, längst anerkannt.[70]

72   Die Zielsetzung von Ziff. 1.14 S 3 besteht darin, den Lohnfuhrvertrag dem Regime des durch grundsätzlich beschränkte Haftung gekennzeichneten Frachtrechts zu unterwerfen. Damit wird er zugleich dem Begriff des Verkehrsvertrags zugeordnet. Soweit der zu beurteilende Lohnfuhrvertrag aufgrund seiner Gestaltung rechtlich ohnehin als Frachtvertrag zu qualifizieren ist, hat die Bestimmung nur **deklaratorische Bedeutung.** In den übrigen Fällen hat sie die Wirkung einer die primären und sekundären Vertragspflichten regelnden AGB-Klausel, tritt also gegenüber allen Individualvereinbarungen zurück. Im Zweifel muss sich an Ziff. 1.14 S. 3 und demzufolge an frachtvertraglicher Haftung für den Beförderungserfolg festhalten lassen, wer als Lohnfuhrunternehmer seinem Auftraggeber die ADSp stellt.[71] Andererseits kann die Regelung sich nicht gegenüber gegenteiligen individualvertraglichen Vereinbarungen durchsetzen; ist danach nur eine Kombination aus Vermietung des Fahrzeugs und Dienstverschaffung gewollt, kann die Klausel daran nichts ändern. Das gilt insbesondere, wenn der Wunsch zur Einbeziehung der ADSp vom Auftraggeber ausgeht.

XVI. Verlader (Ziff. 1.15)

73   Verlader ist nach Ziff. 1.15 die Rechtsperson, die das Gut nach dem Verkehrsvertrag oder aufgrund wirksamer Weisung zur Beförderung übergibt. Der Begriff des Verladers wird, obwohl er im Wirtschaftsleben gebräuchlich ist, im gesetzlichen Frachtrecht nicht verwendet, wohl aber in Spezialgesetzen wie dem Gefahrgutrecht. Im Seefrachtrecht wird der Verlader, wenn er nicht mit dem Absender (Befrachter) identisch ist, als „Dritter" bezeichnet – s. §§ 482 Abs. 1, 483 Abs. 1 und 3, 488 Abs. 2 HGB.

74   Gemeint ist jeweils diejenige Rechtsperson (→ Rn. 8), aus deren physischer Obhutsverantwortung das Gut **in die Obhut des Spediteurs** oder des von ihm beauftragten ausführenden Unternehmers übergeben werden soll. In der Regel entspricht dieser Vorgang der Übergabe des unmittelbaren Besitzes. Im Einzelfall kann die Übergabe anders geregelt sein, etwa wenn der Spediteur einen im öffentlichen Verkehrsraum abgestellten beladenen Trailer abholen soll. Denkbar ist auch die Übernahme von einer Person, die erkennbar für einen anderen tätig wird, ohne selbst die Verladerverantwortlichkeit zu übernehmen, etwa bei der Abholung einer Sendung von einem Nachbarn oder von einem Baustellengelände. In diesen Fällen ist wertend zu bestimmen, wer als Verlader anzusehen ist.

75   Maßgeblich dafür ist der Verkehrsvertrag. Er muss, um durchführbar zu sein, eine Regelung darüber enthalten, von wem der Spediteur die Obhutsverantwortung übernehmen soll. Ziff. 1.15 stellt klar, dass diese Bestimmung sich auch aus einer wirksamen Weisung ergeben kann. Dieser Zusatz ist deshalb nur deklaratorisch, weil eine wirksame Weisung den Verkehrsvertrag ändert.

76   Der Begriff des Verladers wird verwendet in Ziff. 5.3 (Kontaktperson), Ziff. 11.2 (Lade- und Entladezeit) und Ziff. 12.1 (Leistungshindernisse).

XVII. Vertragswesentliche Pflichten

77   Die Definition der vertragswesentlichen Pflichten soll diejenigen Vertragspflichten kennzeichnen, für die der AGB-Verwender nach der gefestigten Rspr. des BGH formularmäßig unabdingbar und grundsätzlich auch der Höhe nach unbeschränkt einzustehen hat. Diese Rechtsfolge erkennen die ADSp in Ziff. 27 ausdrücklich an, wenn auch nunmehr zweckgemäß beschränkt auf die von den ADSp selbst geregelten Haftungserleichterungen.

78   Die Definition entstammt der Feder des BGH selbst[72] und kann daher, auch wenn man an ihrer inhaltlichen Kennzeichnungskraft zweifeln kann, den Vorteil praktischer klauselkontrollrechtlicher

---

[70] *Trappe* TranspR 2011, 232.

[71] Die klauselkontrollrechtlichen Bedenken von *Grass* TranspR 2018, 133 (135 f.) sind deshalb nicht berechtigt, weil der Spediteur selbst Verwender der ADSp ist und deshalb für sich keine Klauselkontrolle in Anspruch nehmen kann.

[72] BGH Urt. v. 15.11.2001 – I ZR 122/99, TranspR 2002, 448, unter II 2 b. S. auch Urt. v. 20.7.2005 – VIII ZR 121/04, NJW-RR 2005, 1496 (1505) und Urt. v. 15.9.2005 – I ZR 58/03, TranspR 2006, 38, und I ZR 68/03, TranspR 2006, 42.

Unangreifbarkeit. Diese Regelungsmethode hat gleichzeitig den Vorzug, dass sie sich erkennbar der laufenden Entwicklung der Rspr. unterwerfen und keinen eigenen Definitionsversuch unternehmen will. Was in der Sache gemeint sich, ergibt sich aus dem Ursprung dieser Rspr., die im Seehandelsrecht gesetzt wurde. Der BGH[73] hat es im Anschluss an Wüstendörfer als „Kardinalpflicht" des Verfrachters bezeichnet, ein seetüchtiges Schiff zu stellen. Es geht demgemäß um die Pflichten, mit denen der Spediteur den **Kernbereich seines Leistungsversprechens,** also die Erfüllung der wesentlichen Vertragspflichten (§ 307 Abs. 2 Nr. 2 BGB), sicherstellt.[74]

Der Begriff der vertragswesentlichen Pflicht wird in Ziff. 27.1 und 27.2 verwendet. **79**

XVIII. Wertvolles Gut (Ziff. 1.17)

Mit der Definition des wertvollen Guts orientiert Ziff. 1.17 sich an der Rspr. des BGH[75] zur **80** Hinweispflicht des Auftraggebers bei besonderer Schadensgefahr. Danach ist ein solcher Hinweis zur Vermeidung des Mitverschuldenseinwandes erforderlich, wenn das Gut das Zehnfache des Wertes übersteigt, bis zu dessen Grenze der Frachtführer im Regelfall haften will. Da die von den ADSp in Ziff. 23.1 übernommene gesetzliche Regelhöchsthaftung nach § 431 HGB einem Betrag von rund 10 EUR/kg entspricht, ist der Betrag von 100 EUR eine sinnvolle und rechtsprechungskonforme Wertgrenze.

Maßgeblich für die Wertberechnung ist der „tatsächlicher Wert am Ort und zur Zeit der Über- **81** nahme". Tatsächlicher Wert ist der Wert, der nach den Verhältnissen am Ort und zur Zeit der Übernahme faktisch realisierbar wäre. Der Wert pro Kilogramm bemisst sich nach dem tatsächlichen Übernahmegewicht, also dem Bruttogewicht.

Der Begriff des wertvollen Guts wird nur in Ziff. 3.3 verwendet. **82**

XIX. Zeitfenster und Zeitpunkt (Ziff. 1.18 und 1.19)

Ziff. 1.18 und 1.19 stellen klar, wie Vereinbarungen über die Zeit zu verstehen sind, zu der der **83** Spediteur an der Ladestelle oder der Entladestelle eintreffen soll. Ist die Zeit durch einen Zeitraum („Zeitfenster") bestimmt, kann der Spediteur nach eigenem Ermessen innerhalb des Zeitraums jederzeit eintreffen. Dagegen ist ein Zeitpunkt in dem Sinne einzuhalten, dass der Spediteur spätestens zur vereinbarten Zeit an der Lade- bzw. Entladestelle eingetroffen sein muss; früheres Eintreffen ist unschädlich, geschieht aber auf eigenes Warterisiko.

Der Begriff der Ankunft ist nicht mit der Herstellung der Lade- bzw. Entladebereitschaft gleich- **84** zusetzen. Diese hängt häufig von Mitwirkungshandlungen des Verladers bzw. Empfängers ab, zum Beispiel der Zuweisung einer Ladeschleuse.

Die Begriffe werden in 11.2 verwendet. **85**

2. Anwendungsbereich

2.1 Die ADSp gelten für alle Verkehrsverträge des Spediteurs als Auftragnehmer.
2.2 Gesetzliche Bestimmungen, von denen im Wege vorformulierter Vertragsbedingungen nicht abgewichen werden darf, gehen den ADSp vor.
2.3 Die ADSp gelten nicht für Geschäfte, die ausschließlich zum Gegenstand haben
    2.3.1 Verpackungsarbeiten,
    2.3.2 die Beförderung und Lagerung von abzuschleppendem oder zu bergendem Gut,
    2.3.3 die Beförderung und Lagerung von Umzugsgut im Sinne von § 451 HGB,
    2.3.4 Lagerung und Digitalisierung von Akten; Akten sind alle Arten von verkörperten und digitalisierten Geschäftspapieren, Dokumenten, Datenträgern sowie von gleichartigen der Sammlung von Informationen dienenden Sachen,
    2.3.5 Schwer- oder Großraumtransporte, deren Durchführung eine verkehrsrechtliche Transporterlaubnis bzw. Ausnahmegenehmigung erfordert, Kranleistungen und damit zusammenhängende Montagearbeiten.
2.4 Die ADSp finden keine Anwendung auf Verkehrsverträge mit Verbrauchern i. S. v. § 13 BGB.

Schrifttum: S. vor Ziff. 1; *Ramming,* Die neuen ADSp 2017, RdTW 2017, 41; *Saller,* Auswirkungen der neuen Geschäftsbedingungen des Großraum- und Schwertransportgewerbes, TranspR 2000, 61.

Vorläufer in ADSp 2003: Ziff. 2.1 entspricht Ziff. 2.1 ADSp 2003. Ziff. 2.2 hat einen Vorläufer in Ziff. 2.5 ADSp 2003. Ziff. 2.3 schließt an Ziff. 2.3 ADSp 2003 an. Ziff. 2.4 ähnelt Ziff. 2.4 ADSp 2003.

---

[73] BGH Urt. v. 16.3.1956 – I ZR 132/54, VersR 1956, 367 (369).
[74] IE dazu *Pfeiffer* in Wolf/Lindacher/Pfeiffer BGB § 307 Rn. 138 ff; UBH/*Fuchs* BGB § 307 Rn. 244 ff.
[75] BGH Urt. v. 2.4.2009 – I ZR 16/07, TranspR 2009, 410 (412); Urt. v. 21.1.2010 – I ZR 215/07, RIW 2011, 84; Urt. v. 3.3.2016 – I ZR 245/14, TranspR 2016, 304.

Übersicht

I. Überblick

1   Ziff. 2 regelt den sachlichen und persönlichen Anwendungsbereich der ADSp sowie ihren Anwendungsanspruch gegenüber AGB-festen gesetzlichen Bestimmungen. Kern der Anwendungsbestimmungen ist **Ziff. 2.1,** die die Anwendung der ADSp an den in Ziff. 1.14 definierten Begriff des **Verkehrsvertrages** knüpft und dabei die Auftragnehmerrolle des Spediteurs klarstellt. Die **Ziff. 2.3** grenzt einige speditionsnahe Geschäftsgegenstände aus, **Ziff. 2.4** schließt die Anwendung gegenüber Verbrauchern aus.

II. Anwendungsbestimmungen

2   Soweit sich aus der stets vorausgesetzten und in allen Anwendungsfragen vorrangigen Einbeziehungsabrede der Parteien (→ Vor Ziff. 1 Rn. 12 ff.) nichts anderes ergibt, sind die ADSp auf zwischen dem Leistungserbringer (Spediteur) und seinem Auftraggeber abgeschlossene Verkehrsverträge iSv Ziff. 1.14 anzuwenden, es sei denn, Gegenstand des Vertrages sind Geschäfte iSv Ziff. 2.3 oder der Auftraggeber ist Verbraucher (Ziff. 2.4).

3   **1. Verkehrsvertrag – speditionsübliches Geschäft.** Der Begriff des Verkehrsvertrags ist in Ziff. 1.14 gesondert definiert. Danach sind Verkehrsverträge Verträge des Spediteurs über alle Arten von Tätigkeiten, gleichgültig ob sie Speditions-, Fracht-, Seefracht-, Lager- oder sonstige üblicherweise zum Speditionsgewerbe gehörende Geschäfte (zB Zollabwicklung, Sendungsverfolgung, Umschlag) betreffen. Diese umfassen auch speditionsübliche logistische Leistungen, wenn diese mit der Beförderung oder Lagerung von Gütern in Zusammenhang stehen, insbesondere Tätigkeiten wie Bildung von Ladeeinheiten, Kommissionieren, Etikettieren und Verwiegen von Gütern und Retourenabwicklung. Als Frachtverträge gelten auch Lohnfuhrverträge über die Gestellung bemannter Kraftfahrzeuge zur Verwendung nach Weisung des Auftraggebers.

4   Im Mittelpunkt dieser Begriffsbestimmung, steht das **üblicherweise zum Speditionsgewerbe gehörende Geschäft** im berufsständischen Sinne, ohne damit aber sonstige Geschäfte aus dem Begriff des Verkehrsvertrags zwingend auszuschließen. Deshalb entscheidet letztlich allein die **Einbeziehungsabrede** darüber, ob die ADSp in einen Vertrag einbezogen sind oder nicht. Sie setzt sich, wenn ihr das entnommen werden kann, gem. § 305b BGB auch gegenüber den Anwendungsausschlüssen in Ziff. 2.3 durch. Zu weiteren Einzelheiten → Ziff. 1 Rn. 61 ff., zur Bedeutung der ADSp im Rahmen eines **Lohnfuhrvertrags** → Ziff. 1 Rn. 67 ff.

5   **2. Vorrang AGB-fester gesetzlicher Bestimmungen.** Ziff. 2.2 stellt klar, dass die ADSp gesetzlichen Bestimmungen, von denen im Wege vorformulierter Vertragsbedingungen nicht abgewichen werden darf, den Vorrang einräumen. Die Regelung hat insofern nur deklaratorische Bedeutung, als sie bereits gesetzlich gem. § 306 Abs. 2 BGB angeordnet wird. Sie hat auch nicht insofern eigenständige Tragweite, als der Rechtsfolge des § 139 BGB entgegen zu wirken wäre, denn nichtige allgemeine Geschäftsbedingungen führen ohnehin im Zweifel nicht zur Nichtigkeit des Vertrages (§ 306 Abs. 1 BGB).

6   Der Sinn der Bestimmung liegt darin, den eigenen Nachrang selbst anzuordnen und nicht erst durch einen Widerspruch des Gesetzes zu weichen. Sie zielt mithin darauf, dem **Verbot der geltungserhaltenden Reduktion** Rechnung zu tragen und den eigenen Bestimmungen im Falle einer Kollision mit AGB-festem Gesetzesrecht wenigstens im Übrigen größtmögliche Geltung zu verschaffen. Der Rangrücktritt wird in Ziff. 2.2 allerdings in der Form einer Blankettbestimmung vorgenommen und muss sich, soweit die Regelung im Einzelfall zur Anwendung kommt, am Transparenzgebot messen lassen.[1]

7   **3. Sachliche Anwendungsausschlüsse.** Die Anwendungsausschlüsse in Ziff. 2.3 sind zum Teil sachlich bedingt, zum Teil dienen sie aber auch zur Abgrenzung der ADSp gegenüber speziellen

---

[1] Vgl. UBH/*Schäfer* Teil 2 Gütertransportverträge Rn. 4 und → Vor Ziff. 1 Rn. 43.

Bedingungswerken, in deren Anwendungsbereich eingegriffen werden soll. Das zieht für den ADSp-Spediteur die Gefahr nach sich, auf rein gesetzlicher Grundlage und, etwa im Lagerbereich, ohne effektive Haftungsbeschränkung zu arbeiten.

a) Verpackungsarbeiten. Die ADSp finden – vorbehaltlich anderweitiger Vereinbarung der Parteien – gem. Ziff. 2.3.1 keine Anwendung, wenn Gegenstand des Vertrags ausschließlich[2] Verpackungsarbeiten sind. Verpackung ist, wie sich den §§ 411, 484 HGB entnehmen lässt, das Anbringen sichernder Vorrichtungen, in der Regel in Form einer Umhüllung, zu dem Zweck, die Güter so vor schädlichen Einwirkungen zu schützen, dass sie die mit der Ausführung der verkehrsvertraglichen Leistungen voraussichtlich verbundenen Beanspruchungen unbeschadet und ohne Schädigung anderer Rechtsgüter überstehen.[3] Die Verpackung ist Verpflichtung des Absenders (§§ 411 S. 1, 484 HGB) bzw. Einlagerers (§ 468 Abs. 1 S. 2 HGB). Verpackungsleistungen sind in der Regel eine **Werkleistung,** bei der der geschuldete Erfolg in der Herstellung einer transportsicheren Verpackung besteht. Mängel äußern sich häufig in Transportschäden, weshalb eine Anwendung der ADSp durchaus naheläge. Allerdings müssten haftungserleichternde Regelungen AGB-konform ausgestaltet werden, was wegen der Kardinalpflichtrechtsprechung nur geringe Gestaltungsmöglichkeiten lässt. **8**

Der Ausschluss greift nicht, wenn Verpackungsarbeiten nicht ausschließlich, sondern **neben anderen verkehrsvertraglichen Leistungen** geschuldet sind. Nach Sinn und Zweck sollte das aber nur dann gelten, wenn diese anderen Leistungen im Zusammenhang mit den Verpackungsleistungen stehen, insbesondere also dasselbe Gut betreffen. In diesem Fall gelten für den Vertrag, auch soweit er Verpackungsarbeiten betrifft, die ADSp. Wie in diesem Fall die Verpackungsarbeiten gesetzlich zu beurteilen sind und in welchem gesetzlichen Regelungsrahmen demzufolge die ADSp anzuwenden und AGB-rechtlich zu beurteilen sind, richtet sich nach den Grundsätzen über gemischt oder verbundene Verträge. **9**

b) Abzuschleppende oder zu bergende Güter. Keine Anwendung finden die ADSp auch auf Verkehrsverträge, deren Gegenstand ausschließlich die Beförderung und Lagerung **von abzuschleppendem oder zu bergendem Gut** ist. Abzuschleppen oder zu bergen ist Gut dann, wenn es aus einer irregulären, in der Regel unfallbedingten Lage heraus, häufig unter improvisierendem Einsatz technischer Geräts, in Sicherheit verbracht werden soll. Wegen der damit verbundenen Besonderheiten, insbesondere erhöhter Risiken, sollen Güter in dieser Lage nicht als gewöhnliches Transport- oder Lagergut behandelt werden. Der Verband der Bergungs- und Abschleppunternehmen eV hat für dieses Geschäftsfeld eigenständige AGB[4] entwickelt.[5] **10**

Der Ausschluss erfordert nicht kumulativ Beförderung und Lagerung, greift also seinem Zweck gemäß auch dann, wenn der Verkehrsvertrag entweder die Beförderung oder Lagerung vorsieht. Er gilt jedoch nicht, wenn der Verkehrsvertrag neben der Beförderung oder Lagerung von zu bergendem oder abzuschleppendem Gut noch andere speditionelle Aufgaben vorsieht, die damit im Zusammenhang stehen, insbesondere also dasselbe Gut betreffen. Der Ausschluss gilt auch dann nicht, wenn sich der Einbeziehungsabrede entnehmen lässt, dass die ADSp trotz des Ausschlusstatbestands Anwendung finden sollen. **11**

c) Umzugsgut. Auch auf Umzugsgut finden die ADSp traditionell keine Anwendung. Wegen des Begriffs verweisen die ADSp auf § 451 HGB, der den Begriff zwar nicht definiert, für den sich aber in Rspr. und Schrifttum eine Begriffsklärung herausgebildet hat. Danach ist Umzugsgut eine Gesamtheit zu einem einheitlichen Wohn- oder Betriebszweck dienender Sachen,[6] die bei dem Wechsel privater oder geschäftlicher Räumlichkeiten von den bisherigen in die zukünftigen Räume verbracht werden. **12**

Die Beförderung und Lagerung von Umzugsgut wirft besondere Fragen auf, weil Umzugsgut besonders vielgestaltig, meist in stark variierendem Erhaltungszustand und schwer dokumentierbar ist. Daher sind Umzugsleistungen traditionell Gegenstand gesonderter Bedingungswerke,[7] die auch nach der Einführung des gesetzlichen Umzugstransportrechts in den §§ 451 ff., 452c HGB ihre Bedeutung behalten haben. Der Bundesverband Möbelspedition und Logistik ist zwar in den Kreis der ADSp-Trägerverbände eingerückt, empfiehlt[8] aber seinen Mitgliedern nach wie vor die Verwendung besonderer Bedingungen, nämlich für die Beförderung und Lagerung von Umzugsgut die **Allgemeinen Geschäftsbedingungen für Umzüge und Lagerungen** mit den zugehörigen Haftungsinformationen, für die Einlagerung von Umzugsgut für Nichtverbraucher die **Allgemeinen Lagerbedingungen des Deutschen Möbeltransports (ALB)** und für die nach Ziff. 2.3.4 von der Anwendung der ADSp ausgeschlossene Lagerung und Digitalisierung von Akten die **AGB-Akten.** Für alle sonstigen Verkehrsverträge werden die ADSp empfohlen. Die früheren Allgemeinen Beförderungsbedingungen der deutschen Möbelspediteure für Beförderung von Handelsmöbeln (ABBH) und die Allgemeinen **13**

---

[2] Vgl. OLG Hamburg Urt. v. 8.6.1989 – 6 U 248/88, VersR 1990, 545.
[3] Ähnl. *Koller* HGB § 411 Rn. 1.
[4] Kommentiert bei *Koller* Teil A 4. Abschnitt 6. Unterabschnitt.
[5] *Koller* ADSp 2016 Ziff. 2 Rn. 8.
[6] Vgl. *Koller* HGB § 451 Rn. 3; vgl. auch RegBegr. TRG 1998 BT-Drs. 13/8445, 90.
[7] *de la Motte* in Fremuth/Thume TranspR ADSp Nr. 2 Rn. 10.
[8] AMÖ Mitteilung vom 7.11.2016, s. Webseiten der AMÖ.

Bedingungen der deutschen Möbelspediteure für die Beförderung von EDV-Anlagen, medizintechnischen Geräten und ähnlichen transportempfindlichen Gütern (ABB-EDV) hat die AMÖ zugunsten der ADSp aufgegeben. Mithin bedarf bei Verkehrsleistungen von Umzugsunternehmen jeweils genauer Prüfung im Einzelfall, welchen Bedingungen der Vertrag unterliegt.

14 **d) Akten.** Keine Anwendung finden die ADSp auch auf die Lagerung und Digitalisierung von Akten. Die Lagerung aufbewahrungspflichtiger Geschäftsakten und damit verbundene Zusatzleistungen wie Datenerfassungen, Digitalisierungen, Aktenzugang und die Aktenvernichtung sind ein gegenüber gewöhnlichem Lagergeschäft herausgehobenes, lukratives Geschäftsfeld für Spediteure und Lagerhalter. Diese Dienstleistungen werden mehr durch die Bedeutung der in den Akten verkörperten Daten und Informationen geprägt als durch die gelagerten Datenträger als solche; typischerweise besteht ein hohes Vermögenschadenrisiko. Sie sind deshalb Gegenstand besonderer Bedingungen wie der durch die AMÖ empfohlenen AGB Akten, in deren Anwendungsbereich die ADSp nicht eingreifen sollen.

15 Unter Akten verstehen die ADSp nicht nur papierne Akten, sondern auch digitalisierte Unterlagen einschließlich der Datenträger selbst, letztere aber nach Sinn und Zweck der Regelung nur dann, wenn sie beschrieben sind. Erfasst sind auch gleichartige der Sammlung von Informationen dienende Sachen, zum Beispiel Behältnisse mit Produktionsmustern oder Rückstellproben.

16 Der Anwendungsausschluss bezieht sich nur auf die Lagerung und Archivierung von Akten, also nicht auf deren Transport, obwohl Aktenarchivierungsdienstleister regelmäßig auch die Beförderung von Akten an den Lagerstandort übernehmen. Derselbe Vertrag kann also teils den ADSp, teils den AGB Akten unterworfen sein. Der Ausschluss ist nicht davon abhängig, dass die AGB Akten oder ein anderes Bedingungswerk Anwendung finden; deshalb läuft der ADSp-Spediteur das Risiko unbeschränkter Haftung, wenn er sich mit Akten befasst.

17 **e) Schwer- oder Großraumtransporte, Kran- und Montagearbeiten.** Der Anwendungsausschluss bezweckt die Abgrenzung der ADSp zu den Bedingungswerken der Bundesfachgruppe Schwertransporte und Kranarbeiten (BSK).[9] Er ist deshalb in seiner Reichweite auf den Anwendungsanspruch der Bedingungen der BSK abgestimmt.

18 Ob ein Transport als **Schwer- oder Großraumtransport** einzustufen ist, richtet sich nunmehr allein danach, ob zu seiner Durchführung eine straßenverkehrs- oder wegerechtliche Ausnahmegenehmigung erforderlich ist. Auf die Frage, ob die Parteien den Transport als Schwer- oder Großraumtransport behandeln,[10] soll es nicht mehr ankommen. Dagegen spricht jedoch der Vorrang der Individualabrede; wenn die Parteien für ihr Vertragsverhältnis das Rechtsregime des Großraum- oder Schwertransports wollen, setzt sich das auch gegenüber dem Anwendungsausschluss der ADSp durch.

19 Auch isoliert beauftragte **Kranleistungen** bleiben ausgeschlossen. Kranleistungen regeln die BSK-AGB-Kran-Transport in der Form der Krangestellung, einer Art Kran-Chartervertrag, und der Erbringung von Kranleistungen in der Form von Kranarbeit oder Krantransporten. Da die BSK-AGB-Kran-Transport auch **Montageleistungen** erfassen, die im Zusammenhang mit Kranleistungen erbracht werden, bleiben auch diese vom Anwendungsbereich der ADSp ausgeschlossen. Der Zusatz bezieht sich deshalb nur auf Kranarbeiten, nicht auch auf Schwer- und Großraumtransporte.

20 Die Ausschlüsse greifen nicht, wenn der Spediteur nicht **ausschließlich,** sondern neben dem Schwer- oder Großraumtransport oder der Kranleistung mit weiteren verkehrsvertraglichen Leistungen beauftragt ist,[11] etwa wenn solche Leistungen im Rahmen der Umschlags- oder Lagertätigkeit des Spediteurs anfallen. Auch hier steht es den Parteien frei, trotz des Ausschlusses die Anwendung der ADSp zu vereinbaren.[12]

21 **4. Verträge mit Verbrauchern.** Nach Ziff. 2.4 gelten die ADSp nicht für Verkehrsverträge mit Verbrauchern iSv § 13 BGB.

22 Ziff. 2.4 ist nachrangig gegenüber der Einbeziehungsabrede (§ 305b BGB). Die ADSp finden daher auch gegenüber Verbrauchern Anwendung, wenn sie ausdrücklich und einvernehmlich vereinbart sind[13] (→ Vor Ziff. 1 Rn. 9) oder wenn sich dies aus dem Einbeziehungshinweis ergibt,[14] dann aber nur bei Beachtung der gegenüber Verbrauchern geltenden zusätzlichen Anforderungen des § 305 Abs. 2 BGB (Möglichkeit zumutbarer Kenntnisnahme) sowie unter der strengen Wirksamkeitskontrolle nach den §§ 308, 309 BGB.

---

    [9] Vgl. BSK-AGB-Kran-Transport v. 1.10.2013, kommentiert bei *Koller* unter Teil A 4. Unterabschnitt 4. Unterabschnitt; vgl. ferner *Saller* TranspR 2000, 61.
    [10] OLG Karlsruhe Urt. 25.6.1993 – 6 U 178/93, TranspR 1993, 398 (399); OLG Hamm Urt. v. 10.10.1996 – 18 U 17/96, TranspR 1998, 310 (310 f.); vgl. auch BGH Urt. v. 26.3.2003 – IV ZR 85/02, VersR 2003, 728 zum des versicherungsrechtlichen Begriff des Schwergutauftrags.
    [11] OLG Düsseldorf Urt. v. 16.2.1995 – 18 U 116/94, TranspR 1995, 452.
    [12] KG Urt. v. 19.3.1998 – 2 U 4685/97, TranspR 1998, 418 (420).
    [13] Vgl. *Piper* HRR Speditions- und FrachtR Rn. 101 und *de la Motte* in Fremuth/Thume TranspR ADSp Nr. 2 Rn. 13; aM *Widmann,* Kommentar zur ADSp '99, 6. Aufl. 1999, Ziff. 2 Rn. 10.
    [14] LG Bremen Urt. v. 23.11.1989 – 4 O 1629/89, TranspR 1990, 166 (167 f.).

3. Pflichten des Auftraggebers bei Auftragserteilung; Informationspflichten, besondere Güterarten

3.1 Der Auftraggeber unterrichtet den Spediteur rechtzeitig über alle ihm bekannten, wesentlichen, die Ausführung des Auftrages beeinflussenden Faktoren. Hierzu zählen

    3.1.1 Adressen, Art und Beschaffenheit des Gutes, das Rohgewicht (inklusive Verpackung und vom Auftraggeber gestellte Lademittel) oder die anders angegebene Menge, Kennzeichen, Nummern, Anzahl und Art der Packstücke, besondere Eigenschaften des Gutes (wie lebende Tiere, Pflanzen, Verderblichkeit), der Warenwert (z. B. für zollrechtliche Zwecke oder eine Versicherung des Gutes nach Ziffer 21), und Lieferfristen,

    3.1.2 alle öffentlich-rechtlichen, z. B. zollrechtlichen, außenwirtschaftsrechtlichen (insbesondere waren-, personen- oder länderbezogenen Embargos) und sicherheitsrechtlichen Verpflichtungen,

    3.1.3 im Falle von Seebeförderungen alle nach den seerechtlichen Sicherheitsbestimmungen (z. B. SOLAS) erforderlichen Daten in der vorgeschriebenen Form,

    3.1.4 Dritten gegenüber bestehende gewerbliche Schutzrechte, z. B. marken- und lizenzrechtliche Beschränkungen, die mit dem Besitz des Gutes verbunden sind, sowie gesetzliche oder behördliche Hindernisse, die der Auftragsabwicklung entgegenstehen,

    3.1.5 besondere technische Anforderungen an das Beförderungsmittel und spezielle Ladungssicherungsmittel, die der Spediteur gestellen soll.

3.2 Bei gefährlichem Gut hat der Auftraggeber rechtzeitig dem Spediteur in Textform die Menge, die genaue Art der Gefahr und – soweit erforderlich – die zu ergreifenden Vorsichtsmaßnahmen mitzuteilen. Handelt es sich um Gefahrgut im Sinne des Gesetzes über die Beförderung gefährlicher Güter oder um sonstige Güter, für deren Beförderung oder Lagerung besondere gefahrgut- oder abfallrechtliche Vorschriften bestehen, so hat der Auftraggeber die für die ordnungsgemäße Durchführung des Auftrags erforderlichen Angaben, insbesondere die Klassifizierung nach dem einschlägigen Gefahrgutrecht, mitzuteilen und spätestens bei Übergabe des Gutes die erforderlichen Unterlagen zu übergeben.

3.3 Bei wertvollem oder diebstahlgefährdetem Gut hat der Auftraggeber im Auftrag den Spediteur in Textform über Art und Wert des Gutes und das bestehende Risiko zu informieren, so dass der Spediteur über die Annahme des Auftrags entscheiden oder angemessene Maßnahmen für eine sichere und schadenfreie Abwicklung des Auftrags treffen kann. Nimmt er diesen Auftrag an, ist der Spediteur verpflichtet, geeignete Sicherungsmaßnahmen zum Schutz des Gutes zu ergreifen.

3.4 Der Auftraggeber hat dem Spediteur alle Urkunden und sonstigen Unterlagen zur Verfügung zu stellen und Auskünfte (z. B. Eintarifierung) zu erteilen, die insbesondere für die ordnungsgemäße Zoll- oder sonstige gesetzlich vorgeschriebene Behandlung – hierzu zählen auch Sicherheitskontrollen z. B. für Luftfrachtsendungen – des Gutes notwendig sind.

Schrifttum: S. vor Ziff. 1; *Busch,* Gefahrgut für die Praxis, Handausgabe, 13. Aufl. 2005; *Trappe,* Haftung beim Transport gefährlicher Güter im Seeverkehr, VersR 1986, 942; *Ramming,* Die neuen VGM-Regelungen des SOLAS-Übereinkommens, RdTW 2016, 241; *Valder,* Zur Definition des Speditionsgeschäfts in Transport- und Vertriebsrecht 2000, FG Herber, 1999, 171.

Parallelvorschriften: Ziff 3.1: §§ 455 Abs. 1 S. 1, 408 Abs. 1, 413 Abs. 1, 468 Abs. 1 S. 2; 482 Abs. 1 HGB, Art. 6 CMR, Art. 6 Abs. 2 CMNI, Art. 6 MÜ, Art. 7 CIM;

Ziff. 3.2: §§ 455 Abs. 1 S. 2; 410; 468 Abs. 1 S. 1, 483; HGB, Art. 6 Abs. 1 lit. f CMR, Art. 7 CMNI, Art. 9 CIM;

Ziff. 3.4: §§ 413 Abs. 1, 455 Abs. 1, 468 Abs. 1 487 HGB, Art. 11 CMR, Art. 6 Abs. 2 S. 2 CMNI, Art. 16 MÜ, Art. 15 CIM.

Vorläufer in ADSp 2003: Ziff. 3.1 fasst die Bestimmungen von Ziff. 3.3, 3.4 und 17.4 ADSp 2003 zusammen; Ziff. 3.2 führt Ziff. 3.5 ADSp 2003 fort und Ziff. 3.3 entspricht Ziff. 3.6 ADSp 2003. Zu Ziff. 3.1 vgl. auch Ziff. 2.3.2 DTLB, zu Ziff. 3.2 Ziff. 2.3.3 DTLB.

Übersicht

I. Allgemeines

1   **1. Überblick.** Ziff. 3 regelt die Auftragserteilung und befasst sich dabei mit **Instruktions- und Hinweispflichten** des Auftraggebers, insbesondere bei gefährlichem oder gefährdetem Gut, sowie mit den vom Auftraggeber zur Verfügung zu stellenden **Urkunden.** Die Vorschrift ist in der Neufassung 2017 einerseits von überflüssigen Bestimmungen entlastet worden, regelt andererseits aber die beibehaltenen Gegenstände sehr viel ausführlicher.

2   Bereits das Gesetz ordnet an, dass der Absender (Auftraggeber) verpflichtet ist, dem Spediteur, Frachtführer oder Lagerhalter alle erforderlichen Auskünfte zu erteilen und insbesondere auf gefährliches Gut hinzuweisen, so beispielsweise die §§ 408 Abs. 1, 410, 455 Abs. 1, 468 Abs. 1 und 482, 483 HGB. Auch die Pflicht zur Überlassung erforderlicher Urkunden ist gesetzlich geregelt (§§ 413 Abs. 1, 455 Abs. 1, 468 Abs. 1, 487 Abs. 1 HGB). Der Sinn der Bestimmungen in Ziff. 3 besteht vor allem darin, die gesetzlichen Regelungen zu konkretisieren und in teilweise auch zu erweitern.

3   **2. Rechtscharakter.** Die Bestimmung begründet, wie die Überschrift klarstellt, **Vertragspflichten,** nicht bloße Obliegenheiten[1]. Das ergibt sich auch daraus, dass die Bestimmung die gesetzlichen, schadensersatzbewehrten Mitteilungspflichten konkretisiert und ergänzt, die unstreitig echte Leistungspflichten darstellen. Auch die Interessenlage spricht dafür, denn die Mitteilungspflichten verfolgen nicht nur das eigene Interesse des Auftraggebers an der ordnungsgemäßen Leistungserbringung durch den Spediteur, sondern sollen auch diesen vor Schaden an eigenen Rechtsgütern schützen.

4   **Mitteilungen** iSv Ziff. 3 sind keine Willenserklärungen, aber geschäftsähnliche Handlungen, auf die die gesetzlichen Bestimmungen über Willenserklärungen weitgehend entsprechende Anwendung finden[2]. Der Auftraggeber ist daher grundsätzlich verpflichtet, **von sich aus** die relevanten Umstände („Faktoren") an den Spediteur heranzutragen und für den Zugang seiner Hinweise (§ 130 BGB) zu sorgen. Hinsichtlich der erforderlichen Urkunden besteht eine Bring- oder Schickschuld. Der Spediteur ist allerdings auf Grund seiner Interessenwahrungs- und Prüfungspflichten (Ziff. 4.1) gehalten, den Auftraggeber bei dessen Säumnis auf die von ihm benötigten Informationen anzusprechen, soweit er dazu Anlass erkennen kann. Das gilt insbesondere für Umstände, die erst aufgrund der Ausführungsplanungen des Spediteurs konkrete Relevanz erlangen.

5   Die Mitteilungen des Auftraggebers müssen klar und verständlich, also so beschaffen sein, dass der Spediteur sie verstehen und die für die Ausführung der verkehrsvertraglichen Leistungen notwendigen Informationen daraus ziehen kann. Der Spediteur ist Transport-, nicht Warenfachmann,[3] weshalb der Auftraggeber grundsätzlich keine besondere Fachkunde voraussetzen darf, auch nicht bei der Verwendung von Fachtermini oder technischer Normen. Etwas anderes kann bei spezialisierten Spediteuren und bei laufender Geschäftsverbindung gelten. Nach den Umständen des Einzelfalls richtet sich auch, ob die Verwendung von Fremdsprachen ausreichend ist, wobei englische Sprachkenntnisse zumindest bei einem international tätigen Spediteur regelmäßig vorausgesetzt werden können.

6   **3. Zeitpunkt.** Wann die geforderten Angaben zu machen und Urkunden zu übergeben sind, regelt die Bestimmung nicht einheitlich, sondern unterscheidet: Die Unterrichtung über auftragswesentliche Faktoren muss **rechtzeitig** (→ Rn. 6) erfolgen. Gleiches gilt für eine Gefahrgutanzeige. Dagegen sollen Hinweise auf wertvolles oder diebstahlsgefährdetes Gut bereits **„im Auftrag"** (→ Rn. 8) gegeben werden. Die Pflicht zur Übergabe von Urkunden wird zeitlich nicht näher bestimmt.

---

[1] AA *Koller* ADSp 2016 Ziff. 3 Rn. 2.

[2] Staudinger/*Singer*, 2017, BGB Vor § 116 Rn. 2 mwN.

[3] *de la Motte* in Fremuth/Thume TranspR ADSp Nr. 3 Rn. 5.

a) „Rechtzeitig". Hinsichtlich der allgemeinen auftragswesentlichen Faktoren (Ziff. 3.1) und der   **7**
Gefahrgutanzeige (Ziff. 3.2) orientiert Ziff. 3 sich mit dem Begriff der Rechtzeitigkeit an der
gesetzlichen Regelung in § 410 HGB, die den gleichen Begriff verwendet, allerdings nur für gefährliches Gut gilt. Rechtzeitig ist die Mitteilung danach dann, wenn sie dem Spediteur zu einem
Zeitpunkt zugegangen (§ 130 BGB) ist, zu dem er bei ordnungsgemäßer Betriebsorganisation darauf
noch sachgerecht und ohne unnötigen Mehraufwand reagieren und seine Dispositionen danach
einrichten kann.[4] Der Auftraggeber muss mithin dafür sorgen, dass die Mitteilungen dann bei dem
Spediteur vorliegen, wenn mit der konkreten Planung und Disposition derjenigen verkehrsvertraglichen Leistungen zu rechnen ist, für die die Mitteilungen relevant sind. In der Regel müssen die
Mitteilungen spätestens vor der Übergabe des Guts an den Spediteur vorliegen, vgl. Ziff. 3.2 S. 2 aE,
§ 482 Abs. 1 HGB. Benötigt der Spediteur die Informationen bereits zu einem früheren Zeitpunkt als
„rechtzeitig", muss er sie von sich aus abfragen.

b) „Im Auftrag". Im Gegensatz zu Ziff. 3.1 und 3.2 soll der Auftraggeber nach dem Wortlaut von   **8**
Ziff. 3.3 auf wertvolles oder diebstahlsgefährdetes Gut schon im Auftrag hinweisen. Eine solche Pflicht
können die ADSp aber **nicht wirksam** herbeiführen. Der Auftrag ist die vertragsbegründende
Erklärung des Auftraggebers. Da die ADSp ihren Geltungsgrund erst aus einem wirksam zustande
gekommenen Vertrag schöpfen, können sie keine vorvertraglichen Aufklärungspflichten begründen.[5]
Das gilt insbesondere, wenn die ADSp erst durch ein vom Auftraggeber hingenommenes kaufmännisches Bestätigungsschreiben Vertragsinhalt werden. Es muss daher in der Regel ausreichen, wenn der
Auftraggeber die Hinweise dem Vertragsschluss unmittelbar nachfolgen lässt. Eine Information bei
Auftragserteilung ist nur dann zu verlangen, wenn der Auftraggeber bereits an die ADSp gebunden ist,
etwa wenn zwischen Auftraggeber und Spediteur bereits ein (Rahmen-)Vertragsverhältnis besteht, in
das die ADSp einbezogen sind.

Im vorvertraglichen Bereich gelten die allgemeinen Regeln, denen zufolge der Spediteur vor   **9**
Vertragsschluss nur insoweit Aufklärung verlangen kann, als dies nach Treu und Glauben unter Berücksichtigung der Verkehrssitte redlicherweise zu erwarten ist.[6] Das ist selbst für Gefahrgut nicht unbedingt
anzunehmen, wie sich aus § 410 Abs. 1 HGB ergibt, der nur eine „rechtzeitige" Mitteilung an den
Spediteur verlangt. Wenn der Spediteur, wie dies Ziff. 3.3 bezweckt, bereits vor Abschluss des
Verkehrsvertrags Kenntnis darüber haben will, ob wertvolles oder diebstahlsgefährdetes Gut in Rede
steht, so muss er dies **aktiv erfragen**. Schließt er den Vertrag ohne diese Kenntnis ab, will sich aber
nach Kenntniserlangung von dem Wert oder der Diebstahlsgefahr wieder vom Vertrag lösen, kann das
nur durch unverzügliche Anfechtung nach § 119 Abs. 2 BGB geschehen, wobei Ziff. 3.3 als Beleg für
die Verkehrswesentlichkeit dieser Eigenschaften dienen kann. Auch eine Arglistanfechtung nach § 123
Abs. 1 BGB kommt in Betracht, sofern der Auftraggeber positiv weiß, dass der Spediteur bei hohem
Wert oder Diebstahlsgefahr nicht oder nicht zu gleichen Konditionen abschlussbereit ist. Von einem
solchen Willen kann allerdings nicht schon wegen Ziff. 3.3 ausgegangen werden. Selbst entsprechende
Beförderungsausschlussklauseln in Paketdienst-AGB lassen nicht zwingend auf fehlende Abschlussbereitschaft des Spediteurs schließen, jedenfalls wenn sie nicht praktisch durchgesetzt werden und nur
der Haftungsbeschränkung oder der Vorbereitung eines Mitverschuldenseinwands dienen.

4. Form. Während die auftragswesentlichen Faktoren nach Ziff. 3.1 formlos, also auch mündlich,   **10**
übermittelt werden können, verlangt die Bestimmung für die Mitteilung über eine Gefährlichkeit des
Guts (Ziff. 3.2) oder über hohen Wert oder Diebstahlsgefahr (Ziff. 3.3) **Textform** (§ 126b BGB). Diese
Differenzierung trägt der sich an diese Umstände knüpfenden Schadensgefahr Rechnung. Hinweise
dieser Art sollen aus Gründen der Klarheit und Nachweisbarkeit textlich fixiert übergeben werden, auch
um der Missachtung solcher Hinweise durch Missverständnisse oder Vergesslichkeit vorzubeugen.

5. Prüfungspflicht des Spediteurs. Der Spediteur kann grundsätzlich von der Richtigkeit und   **11**
Vollständigkeit der Angaben des Auftraggebers ausgehen. Allerdings darf er ihnen nicht blind vertrauen. Er hat die Angaben gem. Ziff. 4.1 S. 2 auf ihre Schlüssigkeit hin zu prüfen und dabei auch die
ihm vorliegenden konkreten Kenntnisse und allgemeinen Erfahrungen zu berücksichtigen. Sind die
Angaben ersichtlich fehlerhaft oder unvollständig, hat er auf Grund seiner Interessenwahrungspflichten
auf Korrektur oder Vervollständigung zu drängen.

II. Auftragswesentliche Faktoren (Ziff. 3.1)

1. Grundregel. Der Wortlaut von Ziff. 3.1 S. 1, dem zufolge der Auftraggeber den Spediteur über   **12**
alle ihm bekannten, wesentlichen, die Ausführung des Auftrages beeinflussenden Faktoren unterrichten soll, ist sprachlich zu weit geraten.[7] Die einzige Einschränkung, die diese uferlos weite, auch

---

[4] Vgl. *Koller* HGB § 410 Rn. 4.
[5] Unklar hierzu *Koller* ADSp 2016 Ziff. 3 Rn. 3f.
[6] BGH Urt. v. 13.12.1990 – III ZR 333/89, NJW-RR 1991, 439; Palandt/*Grüneberg* BGB § 311 Rn. 40.
[7] Mit Recht krit. *Koller* ADSp 2016 Ziff. 3 Rn. 5, der sogar Nichtigkeit wegen Unangemessenheit bzw. Intransparenz annimmt.

allgemein bekannte und selbst die eigene Sphäre des Spediteurs erfassende Forderung erfährt, liegt darin, dass die mitzuteilenden Umstände **wesentlich** sein müssen. Dieses Merkmal ist zwar nicht sehr präzise, lässt aber bei verständiger Auslegung eine sinnvolle Eingrenzung der Unterrichtungspflichten zu. Gemeint sind solche Umstände aus der Sphäre des Auftraggebers, deren Kenntnis für die Ausführung der verkehrsvertraglichen Leistungen notwendig ist und nicht unterstellt werden kann.

13   Keine Unterrichtungspflicht besteht mithin hinsichtlich aller Umstände, die dem eigenen Organisations- und Verantwortungsbereich des Spediteurs einschließlich der von ihm zur Erbringung der verkehrsvertraglichen Leistungen eingesetzten Dienstleister zuzurechnen sind. Unterstellt werden kann die Kenntnis der objektiven Rahmenbedingungen wie etwa der öffentlichen Verkehrsinfrastruktur, etwa der Mautpflicht. Unterstellt werden können auch allgemein bekannte güterbezogener Anforderungen, etwa die Notwendigkeit, kartonverpacktes Gut vor Regen zu schützen oder bei der Beförderung von Tiefkühlgut eine ununterbrochene Kühlkette zu gewährleisten. Gleiches gilt für die Eigenschaften eines in laufender Geschäftsverbindung beförderten Guts. Zweifelsfrei „wesentlich" sind hingegen alle Angaben, die gesetzlich vorgeschrieben sind, etwa bei gefährlichem Gut.

14   Wie sich auch aus den in Satz 2 hervorgehobenen Beispielen ersehen lässt, beschränkt sich die Unterrichtungspflicht daher auf **güter- und auftragsbezogene Angaben,** deren Kenntnis unter Berücksichtigung der Verkehrssitte und etwaiger besonderer Beziehungen zwischen den Parteien **nicht selbstverständlich** ist.

15   **2. Beispiele.** Die Grundregel in Satz 1 wird, wie sich aus der Wendung „hierzu zählen" ergibt, **illustriert und konkretisiert** durch die Regelbeispiele in Satz 2, die allerdings so umfassend formuliert sind, dass sie den Anwendungsbereich der Grundregel weitgehend abdecken. Die Regelbeispiele betreffen teilweise nur bestimmte verkehrsvertragliche Leistungen, etwa See- oder internationale Beförderungen. Im Übrigen sind sie ihrerseits **im Licht der abstrakten Grundregel** auszulegen; deshalb sind die in Satz 2 aufgeführten Angaben nicht erforderlich, wenn im Einzelfall sicher ist, dass sie keinerlei Relevanz für die Ausführung der verkehrsvertraglichen Leistungen haben. Beispielsweise ist bei der Ausführung einer innerörtlichen Beförderung die Angabe des Warenwerts oft entbehrlich.

16   **a) Güter- und Auftragsdaten (Ziff. 3.1.1).** Die unter Ziff. 3.1.1 aufgeführten Umstände sind als Bestimmung der Primärleistungspflichten des Spediteurs großenteils schon **notwendige Bestandteile** *(essentialia negotii)* des Verkehrsvertrags. Das gilt insbesondere für die Adressen der Lade- und Entladestellen, aber auch für die Art, Menge und Beschaffenheit des Guts sowie für eine Lieferfrist. Die Angaben über Kennzeichen (s. Ziff. 6.2) und Art und Menge der Packstücke gehören zur Identifikation des Gegenstands der verkehrsvertraglichen Leistung des Spediteurs. Die Angaben über die Beschaffenheit des Guts müssen so detailliert sein, dass der Spediteur die dadurch an ihn gestellten Anforderungen erschließen kann. Deshalb gehören zu den anzeigepflichtigen auftragswesentlichen Faktoren auch außergewöhnliche Dimensionen, zum Beispiel Überbreite bei containerisiertem Gut, oder ein ungewöhnlich hoher oder niedriger Staufaktor (Wichte) der Güter.[8]

17   Das **Rohgewicht** versteht sich stets inklusive der Verpackung und der vom Auftraggeber gestellten Lademittel, weil diese Bestandteil des Guts sind. Die geschuldete Angabe über die Anzahl der **Packstücke** muss sich gem. Ziff. 1.10 auf die Anzahl der dem Spediteur übergebenen Handhabungseinheiten (→ Ziff. 1 Rn. 47) beziehen, also nicht beispielsweise auf die Anzahl an Kartons, die auf Lademitteln gepackt übergeben werden. Letztere kann indessen natürlich zusätzlich angegeben werden.

18   **Besondere Eigenschaften** des Guts liegen dann vor, wenn aufgrund seiner Beschaffenheit Vorsorgemaßnahmen getroffen werden müssen, mit deren Erforderlichkeit der Spediteur bei normalem Gut nicht rechnen muss. Ob diese Voraussetzung gegeben ist, kann nur im Einzelfall entschieden werden. Die Bestimmung hebt lebendes Gut wie Tiere und Pflanzen sowie verderbliches Gut hervor, also Güter mit **inneren Schadensrisiken,** wie sie auch bei besonderer Empfindlichkeit gegen Erschütterungen, bei Temperaturabhängigkeit, bei Ventilations- oder Befeuchtungsbedarf oder bei besonderer Ungezieferneigung bestehen. Der Begriff der **Verderblichkeit** des Gutes entspricht dem in § 427 Abs. 1 Nr. 4 HGB verwendeten Begriff des Gutes, das eine besonders leicht zu Schäden durch inneren Verderb führende natürliche Beschaffenheit aufweist.[9] Zu den besonderen Eigenschaften gehören aber auch **vom Gut ausgehende Gefahren** unterhalb der Schwelle des ohnehin anzeigepflichtigen Gefahrguts, beispielsweise bei hygroskopischem, den Feuchtigkeitshaushalt anderer Güter gefährdendem Gut oder bei Emission von Mikroorganismen aus Naturprodukten.

19   Ebenso wie bereits in der Fassung 2003 wird vom Auftraggeber die **Angabe des Warenwertes** verlangt. Zur Begründung wird auf zollrechtliche Zwecke oder eine Versicherung des Guts nach Ziff. 21 verwiesen. Sofern derartige Zwecke nicht ersichtlich sind, ist die Angabe entbehrlich, weil, wie sich aus Ziff. 3.1 S 1 ergibt, nur relevante Umstände anzugeben sind.

---

[8] Vgl. OLG Düsseldorf Urt. v. 13.5.1982 – 18 U 282/81, VersR 1983, 89. S. auch Art. 6 Abs. 2 lit. a CMNI.
[9] *Koller* ADSp 2016 Ziff. 3 Rn. 11.

b) Öffentlich-rechtliche Verpflichtungen (Ziff. 3.1.2). Die Regelung soll den Spediteur davor   20
schützen, aus Unkenntnis infolge von Rechtsverstößen in öffentlich-rechtliche Haftungsverhältnisse zu
geraten, insbesondere gegen straf- oder ordnungswidrigkeitenrechtlich bewehrte Bestimmungen zu
verstoßen. Die sprachlich zu weit geratene Regelung ist einschränkend im Licht von Ziff. 3.1 S. 1 zu
lesen; öffentlich-rechtliche Verpflichtungen sind daher nur dann mitzuteilen, wenn sie **für die Ausführung des Verkehrsvertrags relevant** sind. Außerdem muss es sich um Verpflichtungen handeln,
die an Umstände aus der Sphäre des Auftraggebers anknüpfen; seine eigenen öffentlich-rechtlichen
Pflichten wie etwa das Fahrpersonalrecht oder das Mindestlohngesetz muss der Spediteur selbst im
Blick haben. Wie die Beispiele zeigen, sind Handlungs- oder Unterlassungspflichten gemeint, die der
Spediteur **gerade wegen der Eigenschaften des Guts oder der in Auftrag gegebenen Leistungen** hat.

Sprachlich zu weit geraten ist die Regelung auch insofern, als der Auftraggeber dem Spediteur nicht   21
nur die tatsächlichen Umstände mitteilen soll, die öffentlich-rechtliche Pflichten auslösen, sondern
auch diese Pflichten selbst, obwohl sie sich regelmäßig aus dem Gesetz ergeben und dem Spediteur
häufig ebenso gut oder besser bekannt sind als dem Auftraggeber. Über gesetzliche Pflichten braucht
der Auftraggeber den Spediteur nur dann aufzuklären, wenn er die Kenntnis der Rechtslage nicht
unterstellen kann. Diese Kenntnis kann – zumindest bei versierten europäischen Spediteuren –
jedenfalls hinsichtlich derjenigen **zollrechtlichen Bestimmungen** unterstellt werden, die für verkehrsvertragliche Leistungen im Rahmen der zollrechtlichen Versandverfahren relevant werden; davon
gehen die ADSp, wie sich aus Ziff. 4.6 entnehmen lässt, auch selbst aus. Hier ist lediglich zu fordern,
dass der Auftraggeber den zollrechtlichen Status des Guts mitteilt und unter Übergabe der erforderlichen Dokumente klare Weisungen hinsichtlich der von ihm gewünschten zollrechtlichen Behandlung
erteilt.

Ob dagegen ist die Kenntnis warenabhängiger **verbrauchssteuerlicher Pflichten** ohne weiteres   22
vorauszusetzen ist, erscheint erheblich zweifelhafter. Hier wird es auf die Umstände des Einzelfalls
ankommen, ob der Auftraggeber neben der Warenart auch die sich daran anknüpfenden steuerlichen
Pflichten mitzuteilen hat.

Auch eine Kenntnis der **Pflichten des Außenwirtschaftsrechts** kann nicht ohne weiteres unter-   23
stellt werden. Sie sind für den Spediteur in der Regel nicht ohne weiteres ersichtlich, weil sie nicht an
die verkehrsvertragliche Leistung als solche anknüpfen, sondern an die individuellen Besonderheiten
des betroffenen Guts und an den vorgesehenen Empfänger bzw. dessen Heimatland und damit an
Umstände aus der Verantwortungssphäre des Auftraggebers. Sie erfordern überdies häufig vertiefte, die
jeweils aktuelle Rechtslage bei Embargo-Maßnahmen berücksichtigende Detailkenntnisse und richten
sich in erster Linie an die Warenbeteiligten als den Initiator des außenwirtschaftsrechtlich reglementierten Wirtschaftsverkehrs. Deshalb kommt Ziff. 3.1.2 in diesem Bereich uneingeschränkt zum
Tragen. Zu den mitzuteilenden Pflichten gehören gem. Ziff. 3.1.4 gegebenenfalls auch außenwirtschaftsrechtliche Verbote. Der Auftraggeber handelt deshalb auch dann pflichtwidrig, wenn er den
Spediteur ohne Hinweis mit einer Leistung beauftragt, die Gegenstand einer Verbotsvorschrift ist.

Hinweise auf **sicherheitsrechtliche Pflichten** sind dann erforderlich, wenn diese Pflichten durch   24
das Gut ausgelöst werden, das Gegenstand des Verkehrsvertrags ist. Neben dem gesondert geregelten
Gefahrgutrecht kommen alle sonstigen, an die Beschaffenheit des Guts anknüpfenden und seine sichere
und gesetzmäßige Beförderung oder Lagerung betreffenden Regelungen in Betracht, etwa die Bestimmungen des Arzneimittel- oder des Lebensmittelrechts[10]. Allgemeine Sicherheitsbestimmungen
des öffentlichen Beförderungs- oder Lagerrechts sind dagegen Sache des Spediteurs.

Soweit die Hinweispflicht reicht, erfasst sie auch **ausländisches öffentliches Recht,** wenn es bei   25
der Ausführung der verkehrsvertraglichen Leistungen für den Spediteur relevant wird. Deshalb ist der
Auftraggeber verpflichtet, den Spediteur auch auf ausländische außenwirtschaftsrechtliche Einfuhrverbote hinsichtlich des zu befördernden Guts hinzuweisen.[11]

c) Seerechtliche Sicherheitsbestimmungen (Ziff. 3.1.3). Die Bestimmung gilt nur für See-   26
beförderungen. Sie zielt vor allem auf die nach spektakulären Seeunfällen wie dem MSC NAPOLI oder
der MOL COMFORT durch den IMO Sicherheitsausschuss im Rahmen des Safety of Life at Sea-
Übereinkommens (SOLAS) eingeführte Pflicht zur Angabe der bestätigten Bruttomasse (*verified gross
mass,* **VGM**) von beladenen, zur Beförderung auf See bestimmten Containern.[12] Diese soll die auf den
Gewichtsangaben der Ablader basierenden Stauplanungen der Reeder verlässlicher machen und dadurch der Stabilität und gleichmäßigen Ladungsverteilung an Bord von Seeschiffen dienen. Da
Container ohne eine VGM-Angabe von den Containerreedereien nicht mehr zur Beförderung
angenommen werden, müsste der Spediteur die Bruttomasse selbst verifizieren, wenn die Angabe nicht
durch den Auftraggeber beigesteuert würde.

---

[10] S. zB § 73 AMG, § 53 LFGB.
[11] BGH Urt. v. 17.9.2015 – I ZR 212/13, TranspR 2015, 433 Rn. 38 (libysches Importverbot für Gebrauchtfahr-
zeuge).
[12] S. dazu *Ramming* RdTW 2016, 241; Rabe/Bahnsen/*Bahnsen* HGB § 482 Rn. 13 ff.

27   **d) Gewerbliche Schutzrechte Dritter (Ziff. 3.1.4).** Auch diese Bestimmung ist sprachlich zu weit geraten und muss im Licht des Relevanzerfordernisses des Obersatzes in Ziff. 3.1 S. 1 gelesen werden. In der Regel sind an dem Gut bestehende gewerbliche Schutzrechte für die Ausführung der verkehrsvertraglichen Leistungen irrelevant und erlangen nur in Ausnahmefällen Bedeutung, etwa bei einer gerechtfertigten Veräußerung, also insbesondere einer Pfandverwertung oder einem Bergungs- oder Notverkauf. Dann kann ein Inverkehrbringen auf diesem Weg mit gewerblichen Schutzrechten kollidieren. Diese Möglichkeit rechtfertigt es aber nicht, von dem Auftraggeber umfassend Auskunft über gewerbliche Schutzrechte zu fordern.

28   Vorhersehbare praktische Relevanz haben gewerbliche Schutzrechte aber dann, wenn sie der Ausführung der verkehrsvertraglichen Leistungen entgegenstehen können. Das ist etwa der Fall, wenn Güter bei der Einfuhr widerrechtlich mit einer geschützten Marke oder geschäftlichen Bezeichnung versehen sind, ein gesetzlich geschütztes Patent verletzen oder gegen Urheberrechte verstoßen und deshalb der Grenzbeschlagnahme nach § 146 MarkenG, § 142a PatG oder § 111b UrhG unterliegen. Der Auftraggeber macht sich deshalb, wenn er schuldhaft solche Güter zum Gegenstand eines Verkehrsvertrags macht, gegenüber dem Spediteur schadensersatzpflichtig. Unabhängig davon kann der Spediteur in der Regel ihm entstehende Aufwendungen wie Lagerkosten ersetzt verlangen.

29   Diese Grundsätze gelten auch für gesetzliche oder behördliche Ausführungshindernisse wie etwa gesetzliche oder behördliche Einfuhrverbote (→ Rn. 21).

30   **e) Technische Anforderungen.** Eine Pflicht des Auftraggebers, dem Spediteur technische Anforderungen an das Beförderungsmittel und zu gestellende Ladungssicherungsmittel mitzuteilen, besteht nur dann, wenn im Einzelfall dazu Anlass besteht, weil es sich um „besondere" oder „spezielle" Anforderungen handelt und weil der Erforderlichkeit weder dem Spediteur bekannt noch offensichtlich ist.

31   Zu den gegebenenfalls mitzuteilenden **besonderen technischen Anforderungen** an Beförderungsmittel zählen etwa Kühl- oder Ventilationseinrichtungen, Einrichtungen zur Be- oder Entladung wie etwa Hebebühnen, integrierte Kräne oder Gabelstapler, Rohrleitungen, ein verschlossener Kastenaufbau, Wechselaufbauten, ein kippbare Ladefläche zum Abkippen von Massengut oder die Ausstattung mit Silos oder Tanks. Auch besondere Einrichtungen zur Ladungssicherung im Laderaum (Anschlagpunkte) gehören hierher. Besondere Anforderungen können **auch konkludent** durch die Mitteilung des zu befördernden Guts angezeigt werden, soweit die Erfordernisse angesichts des Guts evident sind, neben Kühlgütern (oder der Angabe einer Transporttemperatur) etwa die Befähigung zur Durchführung von Schwer- oder Großraumtransporten bei entsprechend dimensioniertem Gut oder sonst zur Aufnahme besonders langer, hoher oder breiter Güter. Gleiches gilt für die Beförderung sensibler Flüssigkeiten wie etwa Lebensmittel in Tanks. Auch eine Gefahrgutanzeige beinhaltet die Mitteilung der sich aus dem Sicherheitsdatenblatt ergebenden technischen Anforderungen und Ausstattungen.

32   Der mit einer Beförderung beauftragte Spediteur hat übliche, auf die Anschlagpunkte seiner Laderäume abgestimmte **Ladungssicherungsmittel** wie Spanngurte, Keile oder Ketten mitzuführen, insbesondere wenn ihm die Beladung obliegt. Aber auch sonst trifft ihn unter dem Gesichtspunkt der Betriebssicherheit des Fahrzeugs eine mindestens sekundäre Ladungssicherungspflicht. Jedoch kann von ihm nicht die Vorhaltung spezieller, nur aufgrund der Besonderheiten des Guts erforderlicher Sicherungsmittel erwartet werden. Dazu zählen etwa speziell geformte Gestelle, Netze, Antirutschmatten, Klebebänder, Folien oder Füll- und Aussteifungsmittel wie etwa Schaumstoff oder Hölzer.

III. Gefährliches Gut (Ziff. 3.2)

33   Die Verpflichtung des Auftraggebers, den Spediteur über zu versendendes, zu beförderndes oder zu lagerndes gefährliches Gut in Kenntnis zu setzen, ist von besonderer Wichtigkeit für Leben und Gesundheit aller in der Transportkette Beschäftigten und daher, obwohl die Gefährlichkeit des Guts auch bereits als auftragswesentlicher Faktor mitteilungspflichtig wäre, in Ziff. 3.2 besonders hervorgehoben. Auch die gesetzlichen Vorschriften fordern vom Auftraggeber, Gefahrgut anzuzeigen. Soweit sie zwingend sind (zB Art. 6 f. CMR und Art. 7–9 CIM), verdrängen sie die ADSp.

34   Die Bestimmung differenziert zwischen dem in Satz 1 behandelten allgemeineren Begriff des **gefährlichen Guts,** definiert in Ziff. 1.6 (→ Ziff. 1 Rn. 22 ff.), und dem davon umfassten, engeren Begriff des Gefahrguts, das in Satz 2 geregelt wird. Satz 1 orientiert sich am Wortlaut des Gesetzes (§ 410 Abs. 1 HGB). Danach hat der Auftraggeber nicht nur die Tatsache anzuzeigen, dass ein gefährliches Gut zu versenden, zu befördern oder zu lagern ist, sondern dem Spediteur auch die genaue Art der Gefahr und, soweit erforderlich, zu ergreifende Vorsichtsmaßnahmen mitzuteilen. Zusätzlich ist nach S. 1 die Menge an Gefahrgut anzuzeigen, was wegen Ziff. 3.1 nur dann eigenständige Bedeutung hat, wenn nur ein Teil des Guts gefährlich ist.

35   Handelt es sich um **Gefahrgut** im Sinne des Gefahrgutrechts oder um sonstige, besonderen gefahrgut- oder abfallrechtlichen Vorschriften unterliegende Güter, hat der Auftraggeber außerdem die Klassifizierung nach Gefahrgutrecht sowie etwaige weitere für die Auftragsdurchführung erforderliche Angaben zu machen und erforderliche Unterlagen wie die vorgeschriebenen **schriftlichen Weisungen** zu übergeben.

IV. Wertvolles oder diebstahlsgefährdetes Gut (Ziff. 3.3)

Zusätzliche Mitteilungspflichten bestehen bei wertvollem und bei diebstahlsgefährdetem Gut. Der **36** Begriff des **wertvollen Guts** ist in Ziff. 1.17 definiert; danach ist das Gut als wertvoll anzusehen, wenn es bei Übernahme einen Wert von mindestens **100 EUR/kg** aufweist (→ Ziff. 1 Rn. 79 ff.). **Diebstahlsgefährdet** ist Gut gemäß der Definition in Ziff. 1.3, wenn es einem **erhöhten Raub und Diebstahlsrisiko** ausgesetzt ist, was hinsichtlich der in Ziff. 1.3 enumerativ aufgeführten Güter zu vermuten ist (→ Ziff. 1 Rn. 9 ff.).

Hinweisen soll der Auftraggeber auf die schon nach Ziff. 3.1 mitteilungspflichtige **Art** des Guts, den **37** ebenfalls bereits nach Ziff. 3.1 (wenn auch zu anderem Zweck) anzuzeigenden **Wert** und auf das bestehende **Risiko,** das allerdings zumindest für das diebstahlsgefährdete Gut schon durch den Tatbestand der Bestimmung vorweggenommen und hinsichtlich des wertvollen Guts weitgehend selbstverständlich ist. Bei sinnvoller Auslegung ist daher anzunehmen, dass der Auftraggeber Art, Wert und Risiko noch näher spezifizieren soll, soweit das im Einzelfall möglich und zur Information des Spediteurs sinnvoll ist. So könnte etwa bei Urkunden angegeben werden, um was für eine Urkunde es sich handelt und welche Schäden bei Verlust drohen. Eine nähere Spezifizierung des Diebstahlsrisikos könnte etwa bei besonderer Risikokenntnis des Auftraggebers, etwa bei Vorschäden, in Betracht kommen. Gleiches gilt für die Angabe des durch hohen Wert verursachten Risikos; mehr als eine entsprechende hohe Schädigungsgefahr kann dem Spediteur kaum mitgeteilt werden.

Problematischer ist der Zweck der Regelung, soweit dieser darin bestehen soll, dem Spediteur die **38** Entscheidung über die **Annahme des Auftrags** zu ermöglichen. Die ADSp können als AGB keine vorvertraglichen Anzeige- oder Mitteilungspflichten erzeugen, weil sie einen unter ihrer wirksamen Einbeziehung geschlossenen Vertrag voraussetzen (→ Rn. 8 ff.). Deshalb läuft die Regelung leer, soweit der Auftraggeber nicht ausnahmsweise bereits vorvertraglich an die ADSp gebunden ist, etwa aufgrund eines Rahmenvertrages. Soweit die Bestimmung den Spediteur dagegen in die Lage versetzen soll, die notwendigen **Vorsorgemaßnahmen** für eine sichere und schadensfreie Abwicklung zu treffen, ist die Bestimmung, soweit sie nicht Ziff. 3.1 eigene Bedeutung hat, durchaus relevant. Sie konkretisiert und erweitert die von der Rspr. unter dem Gesichtspunkt der Schadenminderungspflicht entwickelten Deklarationspflichten des Auftraggebers,[13] die allerdings keine Pflichten, sondern nur Obliegenheiten darstellen.

Dass der Spediteur nach ordnungsgemäß erfolgter Mitteilung über den hohen Wert oder die **39** Diebstahlsgefahr gemäß Satz 2 **geeignete Sicherungsmaßnahmen** zum Schutz des Guts zu treffen hat, stellt nur eine Klarstellung dar, weil der Spediteur stets gehalten ist, im Rahmen seiner Obhutspflichten unter Berücksichtigung aller ihm bekannten Umstände für angemessenen Schutz des Guts zu sorgen. Allerdings erlaubt die Bestimmung den Gegenschluss, dass der Spediteur keine besonderen Sicherungsmaßnahmen schuldet, wenn ihm Wert oder Diebstahlsgefahr zuwider Ziff. 3.3 nicht mitgeteilt worden sind.

Keine Mitteilungspflicht nach Ziff. 3.3 besteht hinsichtlich der sonstigen, nicht den Gütern selbst **40** anhaftenden Schadensgefahr, insbesondere also hinsichtlich drohender **Güterfolge- oder sonstiger Vermögensschäden.** Insoweit bleibt es bei den allgemeinen Regeln aus § 254 BGB.

V. Urkunden (Ziff. 3.4)

Die schon im Gesetz geregelte (→ Rn. 2) Pflicht zur Überlassung der **Urkunden,** die zur Abwick- **41** lung des Verkehrsvertrags erforderlich sind, wird in der systematisch etwas ungeordneten Ziff. 3.4 eher erläutert als inhaltlich näher ausgestaltet. Die Bestimmung erweitert den im Gesetz verwendeten Begriff der Urkunden um **weitere Unterlagen,** jedoch hat das in der Sache keine eigenständige Bedeutung, weil Unterlagen, die nicht in Dokumenten bestehen, als schriftlich fixierte Mitteilungen anzusehen sind. Keine eigenständige Bedeutung hat auch die zusätzliche Erwähnung zu erteilender **Auskünfte,** weil für gesetzlich vorgeschriebene Behandlungen des Guts notwendige Auskünfte immer auch schon auftragsrelevant iSv Ziff. 3.1 sind.

Als typischer Zweck der Überlassung von Urkunden, Unterlagen oder Auskünften wird beispielhaft **42** eine Zoll- oder sonstige gesetzlich vorgeschriebene Behandlung des Guts hervorgehoben; gemeint sind insbesondere **zoll- oder verbrauchssteuerlich erforderliche Unterlagen;** der Spediteur ist bei grenzüberschreitender Beförderung gem. Ziff. 4.6 im Zweifel zu zollamtlicher Abfertigung verpflichtet und benötigt dafür gegebenenfalls das Vorpapier. Regelmäßig notwendig ist auch die **Zolltarifnummer** des Guts nach der kombinierten Nomenklatur, die deshalb Gegenstand einer **Auskunftspflicht** ist. Erforderlich sein können ferner Ein- oder Ausfuhrbewilligung, Herkunftsnachweise der Industrie- und Handelskammern, Bescheinigungen über den Hersteller oder die Herstellungszeit, Gesundheits- oder Sicherheitszeugnisse oder Verpflichtungserklärungen des Aus- oder Einführers.

Hervorgehoben werden ferner Bescheinigungen über Sicherheitskontrollen bei Luftfrachtsendungen **43** zur Gewährleistung einer **sicheren Lieferkette.** Soweit der Lieferant des Guts nicht behördlich als

---

[13] *Koller* HGB § 435 Rn. 19f ff.

Bekannter Versender zugelassen ist und als solcher die Sicherheit des Gutes gewährleistet, müssen vor der Verladung des Guts in ein Flugzeug Sicherheitskontrollen durch einen reglementierten Beauftragten oder die Airline selbst durchgeführt werden § 9a LuftSiG.

VI. Rechtsfolgen

44   **1. Auswirkungen auf den Vertrag.** Im Gegensatz zu den ADSp 2003 und ADSp 2016 enthält Ziff. 3 keine gesonderte Rechtsfolgenregelung mehr. Es gelten mithin die gesetzlichen Bestimmungen. Den Vertragsschluss selbst berühren Verstöße des Auftraggebers gegen Ziff. 3 nicht, auch nicht, soweit er Angaben unterlässt, die „im Auftrag" zu unterbreiten sein sollen, denn die ADSp gelten nur, wenn der Vertrag wirksam ist. Allerdings kann ein Anfechtungsrecht des Spediteurs bestehen (→ Rn. 9).

45   Ferner hat der Spediteur wegen ihm vorenthaltener, nach Ziff. 3 geschuldeter Angaben regelmäßig ein **Leistungsverweigerungsrecht** nach den allgemeinen Regeln.[14] Die verkehrsvertraglichen Pflichten werden, jedenfalls soweit das Fehlen ihrer Ausführung entgegensteht, nicht fällig; der Spediteur kommt deshalb nicht in Verzug und hat Lieferfristüberschreitungen nicht zu vertreten. Wird die Bereitstellung erforderlicher Angaben oder Unterlagen endgültig verweigert, kann Unmöglichkeit mit den entsprechenden Folgen (zB § 420 Abs. 3 HGB) eintreten.

46   Allerdings darf der Spediteur nicht untätig bleiben, sondern muss auf das Fehlen erforderlicher Angaben oder Unterlagen **hinweisen,** zumindest wenn der Auftraggeber sich seines Versäumnisses möglicherweise nicht bewusst ist (Interessenwahrungspflicht, Ziff. 4.1). Ist Gegenstand des Verkehrsvertrags eine Beförderung, sind unter den Voraussetzungen von § 419 HGB oder anwendbarer vergleichbarer anderer transportrechtlicher Bestimmungen **Weisungen** einzuholen.

47   **2. Auswirkungen auf die Haftung des Spediteurs.** Das Fehlen erforderlicher, durch den Auftraggeber beizustellender Angaben oder Unterlagen hat außerdem Auswirkungen auf die Haftung des Spediteurs gegenüber dem Auftraggeber oder Empfänger für darauf zurückzuführende Güter- oder Vermögensschäden. War das Fehlen ursächlich, kann das je nach Sachlage zum Haftungsausschluss oder zu einem anspruchsmindernden Mitverschulden des Auftraggebers führen. Der Frachtführer ist von der Haftung für Güter- und Verspätungsschäden befreit, wenn der Schaden auf der natürlichen Beschaffenheit des Gutes (§ 427 Abs. 1 Nr. 4 HGB, Art. 17 Abs. 4 lit. d CMR) oder darauf beruht, dass es sich um lebende Tiere handelt (§ 427 Abs. 1 Nr. 6 HGB, Art. 17 Abs. 4 lit. f CMR), wenn er alle ihm obliegenden Maßnahmen getroffen und die ihm erteilten Weisungen beachtet hat (§ 427 Abs. 4, 5 HGB, Art. 18 Abs. 4 lit. d, 5 CMR). Soweit der Spediteur wegen fehlender Mitteilungen des Auftraggebers nicht imstande war, erforderliche besondere Maßnahmen zum Schutz der Güter zu treffen und auch keine diesbezüglichen Weisungen erhalten hatte, greift der Haftungsausschluss daher durch.

48   Im Übrigen kann der Mitverschuldenseinwand nach § 425 Abs. 2 HGB, Art. 17 Abs. 2 CMR zum Tragen kommen. Dies gilt insbesondere für die Mitteilungspflicht nach Ziff. 3.3.[15] Der Spediteur gibt mit dieser Regelung zu erkennen, dass er hochwertige oder diebstahlsgefährdete Güter entweder ablehnt oder unter besonderen Sicherheitsvorkehrungen behandelt. Der BGH vertritt in inzwischen gefestigter Rspr. die Auffassung, dass dem Absender ein Mitverschuldenseinwand entgegengehalten werden kann, wenn er trotz der Kenntnis, dass der Spediteur die Sendung bei richtiger Wertangabe mit größerer Sorgfalt behandelt, von einer Wertdeklaration absieht und bei Verlust gleichwohl vollen Schadensersatz verlangt.[16]

49   **3. Haftung des Auftraggebers.** Im Übrigen sind Verstöße des Auftraggebers gegen seine Mitteilungspflichten nach Ziff. 3 **Pflichtverletzungen,** die eine Haftung nach den transportrechtlich geregelten Sonderhaftungstatbeständen nach §§ 414, 488 HGB oder nach § 280 BGB auslösen können. Von besonderer Haftungsrelevanz ist die in § 414 Abs. 1 Nr. 3 HGB geregelte Unterlassung, auf gefährliches Gut hinzuweisen; sie kann in erheblichem Umfang Personen- und Sachschäden an Gütern des Spediteurs oder Dritter zur Folge haben. Soweit Ziff. 3 über die gesetzlich geregelten Auftraggeberpflichten hinausgeht, etwa in Bezug auf Ziff. 3.1.2 und 3.1.4, stellt sich die Frage, ob eine darauf gestützte Haftung des Auftraggebers mit den **zwingenden oder AGB-festen gesetzlichen Bestimmungen** über die Haftung des Auftraggebers kollidiert. Im Landfrachtrecht haftet der Absender für falsche oder unvollständige Angaben nur, soweit sie die Gefährlichkeit des Guts betreffen, in den Frachtbrief aufgenommen oder zur Verzollung oder sonstigen amtlichen Behandlung erforderlich sind (§ 414 Abs. 1 HGB, Art. 7 CMR). Für fehlende Angaben über öffentlich-rechtliche Verpflichtungen oder über Schutzrechte Dritter haftet er gar nicht. Auch im Luftfrachtrecht ist die Haftung des Auftraggebers zwingend geregelt (Art. 10 MÜ). Jedoch sollte der zwingende oder AGB-feste Charakter der gesetzlich geregelten Pflichten des Absenders sowie der sich darauf stützenden Haftungs-

[14] *Koller* ADSp 2016 Ziff. 3 Rn. 2.
[15] OLG Stuttgart Urt. v. 20.9.2006 – 3 U 115/06, VersR 2007, 216.
[16] BGH Urt. v. 15.11.2001 – I ZR 122/99, NJW 2002, 3106 (3109) = TranspR 2002, 295 (301); Urt. v. 1.12.2005 – I ZR 31/04, TranspR 2006, 205 (209 f.).

vorschriften kein Grund sein, weitergehenden vertraglichen Regelungen die Anerkennung zu versagen. Auch bei der Haftung des Frachtführers werden zusätzliche Pflichten anerkannt. Die Haftung ergibt sich, soweit keine zwingenden Vorschriften eingreifen, aus § 280 BGB.

4. Rechte und Pflichten des Spediteurs

4.1 Der Spediteur hat die Interessen des Auftraggebers wahrzunehmen. Er hat den ihm erteilten Auftrag auf offensichtliche Mängel zu prüfen und dem Auftraggeber alle ihm bekannten Gefahrumstände für die Ausführung des Auftrages unverzüglich anzuzeigen. Erforderlichenfalls hat er Weisungen einzuholen.

4.2 Der Spediteur hat dafür Sorge zu tragen, dass die von ihm zur Transportabwicklung eingesetzten Fahrzeuge, Ladungssicherungsmittel und, soweit die Gestellung von Lademitteln vereinbart ist, diese in technisch einwandfreiem Zustand sind, den gesetzlichen Vorschriften und den im Verkehrsvertrag gestellten Anforderungen für das Gut entsprechen. Fahrzeuge und Lademittel sind mit den üblichen Vorrichtungen, Ausrüstungen oder Verfahren zum Schutz gegen Gefahren für das Gut, insbesondere Ladungssicherungsmitteln, auszustatten. Fahrzeuge sollen schadstoffarm, lärmreduziert und energiesparend sein.

4.3 Der Spediteur hat zuverlässiges und entsprechend der Tätigkeit fachlich geschultes, geeignetes und ordnungsgemäß beschäftigtes Fahrpersonal und, soweit erforderlich, mit Fahrerbescheinigung einzusetzen.

4.4 Der Spediteur hat auf einem fremden Betriebsgelände eine dort geltende und ihm bekanntgemachte Haus-, Betriebs- oder Baustellenordnung zu befolgen. § 419 HGB bleibt unberührt.

4.5 Der Spediteur ist berechtigt, die zollamtliche Abwicklung von der Erteilung einer schriftlichen Vollmacht abhängig zu machen, die ihm eine direkte Vertretung ermöglicht.

4.6 Wird der Spediteur mit der grenzüberschreitenden Beförderung des Gutes oder der Import- oder Exportabfertigung beauftragt, so beinhaltet dieser Auftrag im Zweifel auch die zollamtliche oder sonst gesetzlich vorgeschriebene Behandlung des Gutes, wenn ohne sie die grenzüberschreitende Beförderung bis zum Bestimmungsort nicht ausführbar ist. Er darf hierbei

    4.6.1 Verpackungen öffnen, wenn dies zum Zweck der Durchführung einer gesetzlich vorgeschriebenen Kontrolle (z. B. Spediteur als Reglementierter Beauftragter) erforderlich ist, und anschließend alle zur Auftragsabwicklung erforderlichen Maßnahmen treffen, z. B. das Gut neu verpacken,

    4.6.2 die zollamtlich festgesetzten Abgaben auslegen.

4.7 Bei einem Güter- oder Verspätungsschaden hat der Spediteur auf Verlangen des Auftraggebers oder Empfängers diesem unverzüglich alle zur Sicherung von Schadensersatzansprüchen erforderlichen und zur Verfügung stehenden Informationen zu verschaffen.

4.8 Der dem Spediteur erteilte Auftrag umfasst mangels ausdrücklicher Vereinbarung nicht

    4.8.1 die Gestellung und den Tausch von Paletten oder sonstigen Lademitteln,

    4.8.2 die Ver- und Entladung der Güter, es sei denn, aus den Umständen oder der Verkehrssitte ergibt sich etwas anderes,

    4.8.3 ein Umladeverbot (§ 486 HGB findet keine Anwendung),

    4.8.4 die Bereitstellung eines Sendungsverfolgungssystems, es sei denn, dies ist branchenüblich, wobei Ziffer 14 unberührt bleibt,

    4.8.5 Retouren, Umfuhren und verdeckte Beiladungen.

Werden in Abweichung vom Auftrag vom Auftraggeber ein oder mehrere weitere Packstücke zum Transport übergeben und nimmt der Spediteur dieses oder diese Packstücke zum Transport an, so schließen der Spediteur und der Auftraggeber über dieses Gut einen neuen Verkehrsvertrag ab. Bei Retouren oder verdeckten Beiladungen gelten mangels abweichender Vereinbarungen die Bestimmungen des ursprünglichen Verkehrsvertrages. Ziffer 5.2 bleibt unberührt.

4.9 Weitergehende Leistungs- und Informationspflichten, z. B. über Qualitätsmanagementmaßnahmen und deren Einhaltung (Audits) sowie Monitoring- und Bewertungssysteme und Leistungskennzahlen, bedürfen der ausdrücklichen Vereinbarung.

Schrifttum: S. vor Ziff. 1; *Haake,* Die Gefahrtragung für zufälligen Verlust oder zufällige Beschädigung beim Ersatz von Mehrweg-Paletten, BB 1982, 1389; *Harksen,* Vorübergehende Verwendung von Paletten und Container, Außenwirtschaftliche Praxis 2006, 61; *Knorre,* Zur rechtlichen Problematik des sogenannten „Palettentausches", TranspR 1990, 99; *Knorre,* Zur Problematik des Palettentausches, TranspR 2001, 1; *Knorre,* Ergeben sich aus Doppeltauschabrede auch eigene Ansprüche des Verkehrsunternehmens (Frachtführer/Spediteur) auf Rückgabe von gegen den Empfänger? TranspR 2016, 188; *Scheller,* Palettentausch im nationalen und internationalen Kontext, UR 2014, 885; *Schiller/Sips-Schiller,* Der Interessenwahrungsgrundsatz des Spediteurs, BB 1985, 888; *Thume,* Palettenverträge im Strassengüterverkehr, TranspR 1989, 47; *Tunn,* Rechtsfragen zum Verkehr mit Euro- und Gitterboxpaletten, TranspR 1992, 263; *Willenberg,* Rechtsfragen des Palettenverkehrs auf der Straße, TranspR 1985, 161.

Parallelvorschriften: §§ 454 Abs. 4, 347 Abs. 1 HGB.

Vorläufer in ADSp 2003: Zu Ziff. 4.1: Ziff. 1, 3.8 und 12.2 ADSp 2003; Ziff. 4.2, 4.3 und 4.4 haben keinen Vorläufer in den ADSp 2003; Ziff. 4.5 führt Ziff. 5.3 ADSp 2003 fort; Ziff. 4.6 folgt auf Ziff. 5.1 ADSp 2003; Ziff. 4.7 hat keinen direkten Vorläufer in den ADSp 2003; Ziff. 4.8 setzt Ziff. 4.1 fort; Ziff. 4.9 hat keinen Vorläufer in den ADSp 2003.

I. Überblick

1   Ziff. 4 regelt die **Primärpflichten** des Spediteurs. Sie bestimmt teils den Inhalt der Pflichten (Ziff. 4.1–4.5, 4.7), teils steckt sie den Auftragsumfang ab (Ziff. 4.6, 4.8, 4.9). Wie alle Vorschriften der ADSp gilt die Bestimmung nur vorbehaltlich anderweitiger Individualabreden.

II. Interessenwahrungspflicht, Prüfpflichten (Ziff. 4.1)

2   Die Bestimmung gibt dem **fremdnützigen Charakter** des Verkehrsvertrags Ausdruck. Unbeschadet der legitimen eigenen Interessen des Spediteurs, namentlich hinsichtlich der Vergütung und der gewinnbringenden Nutzung der eigenen betrieblichen Ressourcen, dient der Verkehrsvertrag den Zwecken und Interessen des Auftraggebers.

3   **1. Interessenwahrungspflicht.** Satz 1 lehnt sich an den Wortlaut der §§ 454 Abs. 4 und 347 Abs. 1 HGB an und betont die **Interessenwahrungspflicht** des Spediteurs. Wenn der Erbringer der vertragstypischen Leistung ein Spediteur iSd § 453 Abs. 1 BGB ist, hat die Regelung nur deklaratorische Bedeutung. Dagegen erlegt die Bestimmung in allen anderen Fällen dem die ADSp verwendenden Leistungserbringer die Interessenwahrungspflicht des Speditionsrechts auf, auch wenn er nach dem Vertrag als **Lagerhalter, Frachtführer oder Logistikunternehmer** oder in sonstiger Weise tätig wird und daher gesetzlich nicht gleichermaßen zur Wahrung der Interessen des Auftraggebers verpflichtet wäre.

Die Pflicht zur Interessenwahrung fordert von dem Spediteur, sein auftragsbezogenes Verhalten an **4** den Interessen des Auftraggebers auszurichten, die er, soweit sie nicht erkennbar sind, durch Rückfrage zu ermitteln hat.[1] Daraus können sich nicht nur Verhaltens-, sondern auch Leistungspflichten jenseits der in den gesetzlichen Vorschriften sowie den ADSp geregelten typischen Pflichten ergeben.[2] Kollidiert sein eigenes Interesse unauflösbar mit dem des Auftraggebers, so hat der Spediteur den Interessen des Auftraggebers grundsätzlich den Vorrang einzuräumen.[3] Dabei ist allerdings auf die eigenen Interessen des Spediteurs angemessen Rücksicht zu nehmen. Er ist nicht verpflichtet, die ihm durch Gesetz oder Vertrag eingeräumten eigenen Rechte, insbesondere seine Vergütungsansprüche und Sicherungsrechte, hintanzustellen.[4]

Schließlich dient der Interessenwahrungsgrundsatz als Auslegungsleitlinie, die für alle Bestimmungen **5** der ADSp Geltung beansprucht.[5]

2. Prüf- und Hinweispflichten. Der Spediteur ist nicht gehalten, sich positiv darüber zu ver- **6** gewissern, dass dem Auftraggeber bei der Formulierung und Erteilung des Auftrags keine Fehler unterlaufen sind und dass er den Auftrag auch wirklich so erteilen wollte, wie er dem Spediteur zugeht. Er darf grundsätzlich darauf vertrauen, dass der Auftraggeber sein verkehrsvertragliches Anliegen in dem Auftrag richtig und interessegemäß zum Ausdruck gebracht hat. Allerdings darf der Spediteur vor offenbaren Fehlern oder Irrtümern des Auftraggebers auch dann nicht die Augen verschließen, wenn der Auftrag in der erteilten Form objektiv vollständig und ausführbar ist.

a) Offensichtliche Mängel. Ein **Mangel des Auftrags** liegt dann vor, wenn der Auftrag unrichtig **7** oder unvollständig ist, also falsche Angaben wie etwa Verwechselungen, Textreste aus Altdokumenten oder auch Schreib- oder Formulierungsfehler enthält, oder Angaben vermissen lässt, die nach gesetzlichen Vorschriften, den ADSp oder aus Sachgründen notwendig wären. Ob das der Fall ist, beurteilt sich aus der Sicht des Spediteurs. Gleichwohl sind nicht nur objektiv fehlende oder falsche Angaben bedeutsam. Aus der **Interessenwahrungspflicht** ergibt sich vielmehr eine Verpflichtung des Spediteurs, neben seiner allgemeinen Fachkenntnis auch die individuellen Verhältnisse und die Interessenlage des Auftraggebers in Rechnung zu stellen, soweit ihm diese bekannt sind, und darauf zu achten, dass der Auftrag ihnen nicht offensichtlich widerspricht und sachlich schlüssig ist.[6] Daher ist ein Mangel auch dann anzunehmen, wenn der Auftrag in Anbetracht der Verhältnisse des Auftraggebers unsinnige oder kaufmännisch unvernünftige Angaben enthält. Von Bedeutung können auch vom Auftraggeber nicht bedachte Umstände sein, die im Auftrag hätten vernünftigerweise berücksichtigt werden müssen.

Vom Spediteur wird aber nur eine kursorische, **offensichtliche Mängel** erfassende Prüfung ver- **8** langt. Offensichtlichkeit ist dann gegeben, wenn die Abweichung für einen mit der Sorgfalt eines ordentlichen Kaufmanns vorgehenden Spediteur offen sichtbar, also spontan und ohne vertiefte Prüfung oder analysierende Überlegung erkennbar, ist.

Die Bestimmung ist Ausprägung der Pflicht zur Wahrung der Interessen des Auftraggebers. Sie **9** bedeutet nicht, dass der Spediteur sich bei der Prüfung des Auftrags stets auf offensichtliche Mängel beschränken darf. Im Rahmen seiner **eigenen Leistungspflichten** schuldet er uneingeschränkte Sorgfalt. Soweit zur Auftragsdurchführung notwendige, vom Auftraggeber beizustellende Angaben oder Unterlagen fehlen, muss der Spediteur darauf auch dann hinweisen, wenn das Fehlen nicht offensichtlich, aber erkennbar ist. Gleiches gilt für Angaben, die unklar, widersprüchlich, sachwidrig oder sonst nicht sachgerecht umsetzbar sind oder sogar zu Leistungshindernissen führen. Insoweit kann es nicht darauf ankommen, ob die Unzulänglichkeit des Auftrags offensichtlich ist, denn die Ausführbarkeit des Auftrags und etwaige Hindernisse – darunter auch Gefahrumstände iSv Ziff. 4.1 S. 2 – muss der Spediteur mit der von ihm geschuldeten Sorgfalt eines ordentlichen Kaufmanns prüfen und gegebenenfalls für Abhilfe sorgen.

b) Gefahrumstände. Während die Pflicht zur Auftragsprüfung auf offensichtliche Mängel eine **10** Fehlerkontrolle in der Auftraggebersphäre bezweckt, geht es bei der Pflicht zur Mitteilung von Gefahrumständen um eine **Aufklärungspflicht** des Spediteurs, die aus seiner dem Auftraggeber regelmäßig überlegenen Fachkenntnis entspringt. Der Spediteur soll nicht erst angesichts von Beförderungs- oder

[1] OLG Hamburg Urt. v. 29.9.1983 – 6 U 132/82, VersR 1984, 773 = TranspR 1985, 20 (25); *de la Motte* in Fremuth/Thume TranspR ADSp Nr. 1 Rn. 1.

[2] Vgl. etwa OLG München Urt. v. 26.2.1993 – 23 U 5297/92, TranspR 1993, 255 (256).

[3] *Andresen/Valder* HGB § 454 Rn. 30.

[4] OLG Düsseldorf Urt. v. 23.2.1984 – 37 O 100/82, TranspR 1984, 222 (226).

[5] Vgl. *Schiller/Sips-Schiller* BB 1985, 888 f.; *Koller* ADSp 2003 Ziff. 1 Rn. 1; *Andresen/Valder* HGB § 454 Rn. 31.

[6] *Widmann*, Kommentar zur ADSp '99, 6. Aufl. 1999, Ziff. 3 Rn. 21.

anderen Ausführungshindernissen Weisungen einholen, sondern dem Auftraggeber bereits **bei Auftragserteilung** sein Wissen über **Risiken offenbaren,** die mit der Durchführung des Auftrags verbunden sind.

11   Der **Begriff des Gefahrumstands** passt allerdings nur bedingt. Er stammt aus dem Versicherungsvertragsrecht und bezeichnet diejenigen Umstände, die das vom Versicherer zu übernehmende Wagnis beeinflussen und daher Gegenstand von Anzeigepflichten des Versicherungsnehmers sein können (vgl. § 19 Abs. 1 VVG). Hier geht es demgegenüber nicht nur um Schadens-, sondern um Ausführungsrisiken; außerdem bezweckt die Regelung nicht eine Risikoabschätzung, sondern soll dem Auftraggeber die besondere Fachkenntnis des Spediteurs für Verkehrsleistungen bereits bei der Auftragsgestaltung nutzbar machen. Gefahrumstände sind demgemäß nur solche Tatsachen, die eine **bei der Ausführung des Auftrags auftretende besondere Gefahr** bedeuten und dem Spediteur aufgrund seiner spezifischen Fachkenntnis bekannt sind.

12   Mitzuteilen hat der Spediteur „alle ihm bekannten" Gefahrumstände. Hierzu zählen nicht nur Umstände aus der Verantwortungssphäre des Spediteurs wie etwa das Erfordernis einer oder mehrerer Umladungen, Verspätungsrisiken durch knappen Laderaum oder jahreszeitliche Unpassierbarkeit von Strecken, sondern auch der **Auftraggebersphäre** zuzurechnende Störquellen, wenn der Spediteur davon Kenntnis hat, etwa güterbezogene Risiken wie Ein- oder Ausfuhrbeschränkungen oder die Notwendigkeit besonderer Ladungssicherungsmaßnahmen bei empfindlichem Gut. Den Spediteur trifft jedoch keine Leistungspflicht, sich positiv davon zu überzeugen, dass die verkehrsvertragliche Leistung auf keine Hindernisse aus der Auftraggebersphäre trifft. Vielmehr darf er sich darauf beschränken, mit der gebotenen Sorgfalt die ihm vorliegenden Erfahrungen und betrieblichen Erkenntnismöglichkeiten zu nutzen. Nach Sinn und Zweck der Regelung kann eine Mitteilung unterbleiben, wenn der Spediteur weiß, dass der Gefahrumstand dem Auftraggeber bekannt ist.

13   Die Bestimmung schmälert nicht die Sorgfaltspflichten des Spediteurs im eigenen Verantwortungsbereich. Die Prüfung der Frage, ob er die vorgesehene verkehrsvertragliche Leistung tatsächlich ausführen kann, gehört zu den zentralen Leistungspflichten des Spediteurs.

14   **3. Einholung von Weisungen.** Sofern dies dem Spediteur erforderlich erscheint, hat er bezüglich von ihm erkannter Gefahrumstände Weisungen des Auftraggebers einzuholen. Auch hier soll nicht abgewartet werden, bis ein erkannter Gefahrumstand sich zu einem Beförderungs- oder sonstigem Leistungshindernis verfestigt hat, sondern der Spediteur soll bereits nach Auftragserteilung darauf dringen, dass der Auftraggeber den von ihm gewünschten Umgang mit dem Gefahrumstand festlegt.

III. Transportmittel (Ziff. 4.2)

15   **1. Überblick.** Die Bestimmung betrifft Verkehrsverträge, deren Gegenstand eine Beförderungsleistung ist. Sie regelt **Anforderungen** an die vom Spediteur zur Ausführung der Beförderung eingesetzten Mittel. Diese Anforderungen werden nur abstrakt, durch die Kriterien der Mangelfreiheit, Vorschriftsmäßigkeit, Vertragsmäßigkeit, Üblichkeit und Umweltfreundlichkeit bestimmt. Gleichwohl hat die Regelung ihre **praktische Bedeutung;** denn der Transportvertrag ein Werkvertrag ist, der Beförderer also den Beförderungserfolg schuldet, ist es grundsätzlich ihm überlassen, mit welchen betrieblichen Mitteln er diesen Erfolg herbeiführt. Demgegenüber macht Ziff. 4.2 inhaltliche Vorgaben für die eingesetzten Beförderungsmittel.

16   **2. Transportmittel. a) Fahrzeuge.** Die Regelung betrifft alle zur Ausführung („Abwicklung") der Beförderung einsetzten Fahrzeuge. Der **Begriff des Fahrzeugs** ist in Ziff. 1.5 definiert als „ein zum Transport von einem Gut auf Verkehrswegen eingesetztes Beförderungsmittel" (iE → Ziff. 1 Rn. 18 ff.).

17   Ein Fahrzeug wird auch dann **vom Spediteur eingesetzt,** wenn er den Transport nicht selbst ausführt, sondern sich dazu eines Frachtführers bedient.

18   **b) Ladungssicherungsmittel.** Ladungssicherungsmittel sind Einrichtungen zur **Fixierung des Guts** während der Beförderung. Dazu zählen Gurte, Ketten, Seile, Netze, Antirutschmatten, Keile, Folien aber auch Aussteifungsmittel wie Staukissen und -hölzer. Im Schiffstransportbereich spricht man von Garnierung. Bei Containerschiffen rechnen auch die genormten technischen Einrichtungen zur Befestigung gestauter Container hierzu. Soweit spezielle Ladungsmittel erforderlich sind, hat der Auftraggeber dem Spediteur das mitzuteilen (vgl. Ziff. 3.1.5).

19   Kein Einsatz durch den Spediteur erfolgt, wenn der Auftraggeber selbst ladungssicherungspflichtig ist. Das ist der Fall, wenn das Beladen ihm obliegt (§ 412 HGB) oder wenn er das Gut in Lademittel wie Container oder Paletten lädt.

20   **c) Lademittel.** Den **Begriff des Lademittels** definieren die ADSp in Ziff. 1.7 als „Mittel zur Zusammenfassung von Packstücken und zur Bildung von Ladeeinheiten, zB Paletten, Container, Wechselbrücken, Behälter" (näher → Ziff. 1 Rn. 29 ff.). Für Lademittel gilt Ziff. 4.2, wenn deren Gestellung durch den Spediteur vereinbart ist.

3. Anforderungen. a) Ordnungsgemäßer Zustand. Die Transportmittel müssen in **technisch** 21 **einwandfreiem Zustand** sein. Das ist der Fall, wenn die Bauart geltenden technischen Normen entspricht und keine funktionsbeeinträchtigenden technischen Störungen, Beschädigungen oder Abnutzungserscheinungen vorliegen. Vorgeschriebene Wartungsintervalle müssen eingehalten sein. Neuwertigkeit ist nicht erforderlich.

Ferner müssen die Transportmittel den **gesetzlichen Vorschriften** entsprechen. Gemeint ist vor 22 allem das für das Transportmittel geltende Bau-, Zulassungs- und Sicherheitsrecht, für Straßenkraftfahrzeuge zB die StVZO, für Eisenbahnwaggons die EBO.

Schließlich müssen die Transportmittel den im **Verkehrsvertrag gestellten Anforderungen** für 23 das Gut entsprechen. Gemeint ist, dass die gestellten Transportmittel für das konkret zu befördernde Gut, die Beförderungsstrecke und die vereinbarten oder sonst vom Spediteur beabsichtigten Beförderungsmodalitäten tauglich sind, nicht nur gemessen an Bauart, Raum und Tragfähigkeit, sondern auch an den vereinbarten Schutzmaßnahmen wie etwa einer einzuhaltenden Transporttemperatur oder Ventilation.

b) Übliche Schutzvorrichtungen. Die vom Spediteur zu stellenden Fahrzeuge und Lademittel 24 müssen mit üblichen Vorrichtungen, Ausrüstungen oder Verfahren zum Schutz des Guts, insbesondere Ladungssicherungsmitteln, ausgestattet sein. Besonderer Abrede bedarf das Stellen von Ladungssicherungsmitteln nur dann, wenn das Gut spezielle Sicherungsmittel benötigt. **Übliche Sicherungsmittel** wie Anschlagpunkte im Laderaum sowie passende Zurrgurte darf der Auftraggeber hingegen ohne Weiteres erwarten. **Übliche Ausrüstungen** sind etwa Navigationssysteme, Unterlegkeile, im Winter bei entsprechender Fahrtstrecke Schneeketten, ferner Sicherheitsausrüstungen wie Schlösser zum Verschließen der Laderäume oder Containertüren, elektronische Wegfahrsperren und Feuerlöscher. Auch GPS-Tracker dürften üblich geworden sein. **Übliche Verfahren** bei speziellen Ladungsmitteln wie etwa Kühlcontainern sind Einrichtungen zur Kontrolle und Protokollierung von Ein- und Auslasstemperaturen.

c) Umweltfreundlichkeit. Eingesetzte Fahrzeuge „sollen" schadstoffarm, lärmreduziert und ener 25 giesparend sein. Die Regelung hat programmatischen Charakter und ist in der Praxis meist nicht justiziabel. Das gilt schon deshalb, weil das Wort „sollen" Ausnahmen zulässt. Auch gibt es keine festen, dauerhaften Maßstäbe für Schadstoffarmut, Lärmreduzierung und Energieersparnis. Die praktische Bedeutung der Bestimmung beschränkt sich deshalb in der Regel auf eine Appellfunktion; allenfalls im Rahmen von Mengenverträgen mit erheblichem Transportvolumen kann der eingesetzte Fahrzeugpark daran gemessen werden, ob der Spediteur sich um die Einhaltung der Bestimmung bemüht.

IV. Personal (Ziff. 4.3)

1. Überblick. Die zum Ende hin durch ein überflüssiges Wort („und") sprachlich etwas ver 26 unglückte Bestimmung soll sicherstellen, dass Beförderungsleistungen in personeller Hinsicht in gesetzmäßiger Weise und ohne unnötige Personalrisiken erbracht werden. Sie beschränkt sich wie Ziff. 4.2 weitgehend auf abstrakt, teils unter Hinweis auf ohnehin geltendes Recht formulierte Anforderungen. Ihre Bedeutung erlangt sie dadurch, dass sie diese Anforderungen zu Vertragspflichten des Spediteurs macht und es dem Auftraggeber auf diese Weise ermöglicht, objektives Recht gegenüber dem Spediteur einzufordern.

2. Fahrpersonal. Wie sich aus den Begriffen Fahrpersonal[7] und Fahrerbescheinigung[8] ergibt, ist die 27 Bestimmung unter dem Blickwinkel des im gewerblichen Straßengüterkraftverkehr eingesetzten Personals formuliert. Der Begriff des Fahrpersonals wird für den Güterkraftverkehr auf der Straße in § 1 Abs. 1 S 2 FPersG definiert als **Fahrer und Beifahrer** von Kraftfahrzeugen, die am Verkehr auf öffentlichen Straßen teilnehmen. Da auch andere Verkehrsmittel „gefahren" werden, lässt der Begriff sich aber im Sinne eines allgemeinen Fahrzeugführerbegriffs auch auf die Eisenbahn, die Schifffahrt und selbst die Luftfahrt anwenden. Wegen der dort geltenden strengen Berufsaufnahme- und -ausübungsbestimmungen hat das allerdings wenig praktische Bedeutung.

3. Persönliche Anforderungen. Das Personal muss geeignet, zuverlässig, und fachlich geschult 28 sein. Die **Eignung** ist vornehmlich eine Frage der physischen Eigenschaften einer Person, etwa in Bezug auf Seh- und Hörfähigkeit, die der Arbeitgeber durch übliche Testverfahren wie etwa den Standard G25 für die Untersuchung für Fahr-, Steuer- und Überwachungstätigkeiten prüfen kann und aufgrund der Bestimmungen des Arbeitsschutzrechts[9] auch prüfen muss. Die **Zuverlässigkeit** knüpft an die charakterliche Eignung an und betrifft die Frage, ob der Mitarbeiter Gewähr dafür bietet, sich an das Recht und seine arbeitsvertraglichen Pflichten zu halten; insoweit ist zu fordern, dass verfügbare externe Erkenntnisse über den Mitarbeiter, etwa aufgrund eines polizeilichen Führungszeugnisses,

---

[7] S. § 1 Abs. 2 S 2 FPersG.
[8] S. Art. 5 VO (EG) 1072/2009 (Güterkabotage-VO).
[9] § 7 ArbSchG.

sowie die eigenen betrieblichen Erfahrungen aus der Zusammenarbeit erfasst, genutzt und zur Beurteilung der Zuverlässigkeit herangezogen werden. Die **fachliche Schulung** erfordert eine der Tätigkeit entsprechende, erfolgreich abgeschlossene Berufsausbildung, etwa zum Berufskraftfahrer, sowie bei Erfordernis eine ergänzende systematische und kontrollierte Anleitung hinsichtlich des konkreten Aufgabenspektrums.

29   **4. Ordnungsgemäße Beschäftigung.** Der Begriff der ordnungsgemäßen Beschäftigung zielt vor allem auf die sozialversicherungsrechtliche Ordnungsmäßigkeit der Anstellungsverhältnisse von Fahrpersonal. So steht es ordnungsgemäßer Beschäftigung entgegen, wenn der Fahrer sozialversicherungsrechtlich und steuerlich als Selbständiger geführt wird, obwohl er aufgrund der tatsächlichen Gegebenheiten seiner Tätigkeit nach den dafür von der Rspr. entwickelten Kriterien als **Scheinselbständiger,** also als Arbeitnehmer, anzusehen ist. Zur ordnungsgemäßen Beschäftigung zählen auch die dem Arbeitgeber obliegenden organisatorischen und technischen Vorkehrungen zur Einhaltung und Überwachung der arbeits- und insbesondere fahrpersonalrechtlichen Vorschriften, vor allem hinsichtlich der gesetzlich vorgeschriebenen Lenk- und Ruhezeiten. Auch im Übrigen muss die Beschäftigung der Rechtsordnung entsprechen. Dazu gehört etwa die Einhaltung der auch in Ziff. 32 (Compliance) angesprochenen Bestimmungen des MiLoG, des Arbeitsschutzrechts und der Unfallverhütungsvorschriften.

30   Besonderheiten gelten bei ausländischem Fahrpersonal. § 7b GüKG verbietet deutschen Fuhrunternehmern den inländischen Einsatz von **Fahrern aus Drittstaaten** (außerhalb der EU, des Europäischen Wirtschaftsraums und der Schweiz), es sei denn, es liegt eine aufenthaltsrechtliche Beschäftigungsberechtigung im Inland vor oder es ist eine **Fahrerbescheinigung** nach Art. 5 VO (EG) 1072/2009 ausgestellt. Neben dem Fuhrunternehmer ist auch der Auftraggeber bußgeldrechtlich für Verstöße verantwortlich, wenn er Verstoß kennt oder fahrlässig nicht kennt (§§ 7c, 19 Abs. 1a GüKG).

V. Verhalten auf fremdem Betriebsgelände (Ziff. 4.4)

31   Die Fahrer des Spediteurs geraten bei der Abholung bzw. Ablieferung von Gut in eine Leistungsnähe zu fremden betrieblichen Einrichtungen. Dabei kommt es aufgrund der divergierenden Interessen des vor allem auf Beschleunigung der Übernahme bzw. Ablieferung bedachten Fahrers und der an der Wahrung ihrer betrieblichen Ordnung bedachten Lade- bzw. Entladestelle häufig zu Konflikten, etwa wegen Wartezeiten an der Rampe oder überlasteten Ladepersonals.

32   Die Bestimmung versucht, die Auswirkungen dieser Konfliktlage dadurch einzudämmen, dass der Spediteur die Betriebsorganisation der Lade- bzw. Entladestelle jedenfalls dann zu akzeptieren und zu beachten hat, wenn sie ihm in Form einer Haus-, Betriebs- oder Baustellenordnung **bekanntgemacht worden** ist. Das gilt gem. § 305c Abs. 2 BGB auch dann, wenn diese Bekanntgabe erst nach Vertragsschluss erfolgt. Eine Ordnung in diesem Sinne muss „gelten", also tatsächlich durchgesetzt werden, und **abstrakte Regeln** über die Ausübung des Hausrechts und insbesondere für die organisatorische Abwicklung von Anlieferungen und Abholungen vorsehen, etwa durch ein Anmelde- und Slotvergabesystem für Rampenplätze; ein über das Hausrecht hinausgehendes Einzelweisungsrecht gegenüber dem Spediteur besteht nicht.

33   Satz 2 stellt klar, dass die Verpflichtung des Spediteurs zur Beachtung der betrieblichen Ordnung der Lade- oder Entladestelle ihn nicht daran hindert, im Einzelfall ein Beförderungs- oder Ablieferungshindernis iSv § 419 HGB anzunehmen, etwa wegen unabsehbarer Entladeverzögerungen an der Rampe trotz Beachtung der organisatorischen Vorgaben. In diesem Fall sind Weisungen einzuholen. Gegebenenfalls bestehen zusätzliche Aufwendungs- und Vergütungsansprüche nach Maßgabe der anzuwendenden vertraglichen oder gesetzlichen Bestimmungen.

VI. Zollvollmacht (Ziff. 4.5)

34   Wie sich aus Ziff. 4.6 ergibt, gehört es zu den regelmäßigen Aufgaben des mit internationalen Transportaufgaben betrauten Spediteurs, die zollamtliche Abfertigung des Guts zu erledigen. Insbesondere bei der Einfuhr in das Zollgebiet, teilweise aber auch bei der Ausfuhr, ist das regelmäßig mit der Zahlung von Ein- bzw. Ausfuhrabgaben oder der Übernahme entsprechender Zahlungsverpflichtungen verbunden. Sofern der Spediteur bei der Abgabe der Zollanmeldung im eigenen Namen handelt, wird er **selbst Zollschuldner,** haftet also selbst für die fristgerechte Zahlung der Abgaben. Ziff. 4.5 soll es dem Spediteur ermöglichen, die Haftung für Einfuhrabgaben auf den Auftraggeber zu verlagern, indem er die Zollerklärung nicht im eigenen Namen abgibt, sondern aufgrund entsprechender Vollmacht im Namen des Auftraggebers, der dadurch die Rolle des Zollschuldners übernimmt.

35   Gemäß Art. 18 UZK ist im Zollverfahrensrecht Stellvertretung grundsätzlich zulässig. **Zollvertreter** ist nach Art. 5 Nr. 6 UZK „jede Person, die von einer anderen Person dazu bestellt wurde, für deren Geschäftsverkehr mit den Zollbehörden die Handlungen vorzunehmen und Formalitäten zu erfüllen, die im Rahmen der zollrechtlichen Vorschriften erforderlich sind". Art. 18 Abs. 1 UZK unterscheidet indirekte von **direkter Stellvertretung;** erstere ist Tätigkeit im eigenen Namen, wenn auch für Rechnung des Auftraggebers. Nur bei direkter Stellvertretung vermeidet der Spediteur eine eigene Haftung[10].

Gemäß Art. 19 Abs. 2 UZK können die Zollbehörden „einen Nachweis für die von der vertretenen 36 Person erteilten Vertretungsmacht verlangen. Der Nachweis der Vertretungsmacht unterliegt keinen besonderen formellen Anforderungen; im Grundsatz wären daher ein Nachweis durch alle gem. § 92 AO zulässigen Beweismittel denkbar. Im Interesse zügiger Abwicklung kann der Spediteur nach Ziff. 4.4 jedoch einen liquiden Nachweis in Form einer **schriftlichen Vollmacht** fordern. Schriftlichkeit erfordert gem. § 127 Abs. 1 BGB Schriftform nach § 126 Abs. 1 BGB, also eigenhändige Unterzeichnung durch den Aussteller, jedoch genügt nach § 127 Abs. 2 BGB die telekommunikative Übermittlung. Trotz Ziff. 5.6 genügt eine rein digitale Vollmacht, etwa in der Form einer E-Mail, nicht, weil sie zur Vorlage gegenüber Dritten dienen soll und Dritte nicht an die vereinbarte Gleichwertigkeit gebunden werden können (→ Ziff. 5 Rn. 19).

Wird dem Spediteur die Zollvollmacht verweigert, obwohl er die Verzollung durchführen soll, steht 37 ihm ein Leistungsverweigerungsrecht zu.[11]

VII. Verzollung (Ziff. 4.6)

Die Bestimmung regelt – „im Zweifel“, also vorbehaltlich anderer individueller oder sich aus den 38 Umständen ergebender Absprache – in Satz 1 den **Auftragsumfang** und in Satz 2 die **Vertrags-pflichten** des Spediteurs in Bezug auf die **Grenzabfertigung** des Guts. Sie gilt dann, wenn der Spediteur mit einer grenzüberschreitenden Beförderung des Guts beauftragt ist und diese eine zoll-amtliche oder andere gesetzlich vorgeschriebene Behandlung des Guts erfordert. Gleichgestellt sind Verkehrsverträge, deren Inhalt gerade die Import- oder Exportabfertigung als solche ist.

1. Auftragsumfang. Im Einklang mit früheren Fassungen der ADSp[12] stellt Satz 1 klar, dass der 39 Spediteur im Rahmen von grenzüberschreitenden Beförderungsaufträgen, wenn sich aus Auftrag oder Umständen nichts anderes ergibt, **auch damit beauftragt** ist, erforderliche zollamtliche oder andere gesetzlich **vorgeschriebene Behandlungen** des Guts zu veranlassen. **Erforderlich** sind gesetzlich vorgeschriebene Behandlungen, wenn ohne sie die grenzüberschreitende Beförderung bis zum Be-stimmungsort nicht durchführbar ist; gemeint ist nicht die faktische, sondern die gesetzmäßige Durch-führbarkeit. Deshalb bilden die Merkmale der Erforderlichkeit und der gesetzlichen Vorschrift eine Tautologie. Ist Gegenstand des Auftrags ausdrücklich die Import- oder Exportabfertigung als solche, ergibt sich schon aus dem Auftragsgegenstand, dass der Spediteur die zur Abfertigung erforderlichen Behandlungen des Guts zu erledigen hat.

Was im Einzelnen erforderlich ist, richtet sich nach den Umständen und den geltenden gesetzlichen 40 Bestimmungen. Die zu erledigenden Behandlungen des Guts bestehen in erster Linie in der ausdrück-lich erwähnten **zollamtlichen Behandlung,** also etwa den vorgeschriebenen Zollanmeldungen, der Gestellung des Guts bei der Ein- oder Ausfuhr und der Eröffnung oder dem Abschluss erforderlicher Zollverfahren. Dabei darf der Spediteur vorbehaltlich anderer Weisung das Maß des Erforderlichen nicht überschreiten, also nicht zB Güter in den freien Verkehr überführen, wenn die Beförderung zum Bestimmungsort auch unter Versandverfahren erfolgen kann. Andere **gesetzlich vorgeschriebene Behandlungen** sind etwa die seitens des Beförderers notwendigen Maßnahmen bei der Überwachung der grenzüberschreitenden oder inländischen Beförderung verbrauchsteuerpflichtiger Güter unter Steueraussetzung nach dem EMCS[13] oder den noch geltenden nationalen Regelungen. Auch die Beförderpflichten bei der Überwachung der Abfallverbringung gehören hierher. **Nicht gemeint** sind Maßnahmen, die dem Auftraggeber obliegen, etwa die Einhaltung von Genehmigungserforder-nissen aufgrund gesetzlicher Warenverkehrsbeschränkungen, zB nach außenwirtschaftsrechtlichen, um-welt- oder artenschutzrechtlichen, arzneimittelrechtlichen oder kulturgüterrechtlichen Vorschriften.

2. Rechte und Pflichten des Spediteurs. a) Öffnen und Wiederherstellen von Verpackun- 41 **gen (Ziff. 4.6.1).** Dem Spediteur ist es grundsätzlich nicht gestattet, eine ihm zur Beförderung oder Lagerung übergebene, verpackte Sendung zu öffnen. Das gilt auch für gepackte Lademittel (vgl Ziff. 1.7), etwa mit Schrumpffolie gesicherte Paletten oder versiegelte Container. Die Beschädigung der Verpackung oder das Entfernen von Siegeln ist haftungsrechtlich als Beschädigung des Guts einzustu-fen[14] und führt grundsätzlich zur Haftung, wenn sie mit einer Wertminderung des Guts verbunden ist. Denn Gegenstand des Beförderungsauftrags ist das verpackte Gut, nicht lediglich der Inhalt der Verpackung.

---

[10] *Bender* in Krenzler/Herrmann/Niestedt, EU-Außenwirtschafts- und Zollrecht, 11. EL Februar 2018, UZK Art. 19 Rn. 8.

[11] *Koller* ADSp 2016 Ziff. 4 Rn. 1.

[12] Vgl. zB Ziff. 5.3 ADSp 2003.

[13] Excise Movement and Control System, Überwachungssystem für die Beförderung verbrauchssteuerpflichtiger Güter unter Steueraussetzung, Näheres dazu unter www.zoll.de.

[14] BGH Urt. v. 21.9.2017 – I ZR 47/16, TranspR 2018, 11 Rn. 13; Urt. v 18.4.2013 – I ZR 66/12, TranspR 2014, 80 Rn. 21 ff.

42   Der Spediteur handelt bei dem Öffnen von Verpackungen jedoch nicht rechtswidrig, wenn er gesetzlich zur **Kontrolle des Sendungsinhalts verpflichtet** ist, wie etwa in der Eigenschaft als Reglementierter Beauftragter[15] bei dem Versand von Luftfrachtgut, und dafür die Öffnung erforderlich ist. Ziff. 4.6 S. 2 stellt dies nur klar; die Bestimmung geht über gesetzlich vorgeschriebene Kontrollpflichten und die von ihnen erforderten Eingriffe in die Verpackung des Guts nicht hinaus und hat daher nur **deklaratorische Bedeutung.**[16] Erst recht nicht zu vertreten hat der Spediteur Beschädigungen der Verpackung durch die Zollbehörden selbst, etwa im Rahmen einer Zollbeschau.

43   Indessen bleibt der Spediteur auch bei gerechtfertigter Beschädigung der Verpackung für das Gut obhutspflichtig. Er hat daher nachteilige Folgen der Beschädigung der Verpackung nach Möglichkeit zu verhüten, insbesondere indem er die Öffnung der Verpackung und den dadurch ermöglichten Zugriff auf das Gut dokumentiert, die Verpackung wieder verschließt, wiederherstellt oder erneuert und ein Lademittel nachsiegelt. Unterlässt er dies und kommt es deshalb zu weiterem Schaden an dem Gut, wird dafür gehaftet.[17] Dem trägt Ziff. 4.6.1 Rechnung. Die bereits in den einseitig durch den DSLV formulierten ADSp 2016 enthaltene Bestimmung[18] formuliert die Pflichtenlage des Spediteurs allerdings in der Form einer vertraglichen Befugnis, das Gut neu zu verpacken oder sonstige zur Vertragsabwicklung erforderliche Maßnahmen zu treffen. Das beruht auf der Erwägung, dass solche Maßnahmen zu Auslagen- und zusätzlichen Vergütungsansprüchen des Spediteurs gegen den Auftraggeber führen können, darf aber nicht zu dem Schluss führen, dass notwendige Schutzmaßnahmen für das Gut im Belieben des Spediteurs stehen. Die Bestimmung hat daher nur die Folge, dass der Spediteur in diesem Fall keine Weisung einholen muss.

44   **b) Auslage von Abgaben.** Ziff. 4.6.2 stellt klar, dass der Spediteur berechtigt ist, die von den Zollbehörden festgesetzten Abgaben zu verauslagen. Die Auslage durch den Spediteur bietet den Vorteil weitgehend verzögerungsloser Abwicklung der Grenzabfertigung. Sie liegt deshalb auch im Interesse des Spediteurs, dem durch das Anfordern von Abgaben beim Auftraggeber oder Empfänger ein Mehraufwand entstehen würde. Wegen der Auslage erwirbt der Spediteur ein Pfandrecht am Gut. Auch hier besteht die wesentliche Bedeutung der Bestimmung darin, dass der Spediteur keine Weisung einholen muss. Will der Auftraggeber die Auslage verhüten, muss er dem Spediteur gegenteilige Weisung erteilen. Eine Pflicht des Spediteurs zur Verauslagung von Abgaben besteht jedoch nicht; es bleibt ihm daher vorbehalten, je nach Interessenlage entweder zu verauslagen, gem. § 669 BGB Vorschuss zu verlangen oder die Begleichung der Abgaben dem Auftraggeber oder Empfänger zu überlassen.

VIII. Schadensaufklärung (Ziff. 4.7)

45   **1. Überblick.** Die Bestimmung konkretisiert in Ergänzung zu der speditionsrechtlichen gesetzlichen Bestimmung des § 454 Abs. 1 Nr. 3 HGB die Interessenwahrungspflicht des Spediteurs im Güterschadenfall. Seine Obhutspflichten hinsichtlich des Guts setzen sich dann in Form einer Verpflichtung fort, das Kompensationsinteresse des Auftraggebers zu wahren, indem er den schadensursächlichen Sachverhalt aufklärt und dem Auftraggeber die zur Geltendmachung von Ersatzansprüchen erforderlichen Informationen zur Verfügung stellt. Das gilt für alle Arten von Verkehrsverträgen. Die Bestimmung lässt andere Pflichten des Spediteurs, den Regress des Auftragnehmers zu fördern, unberührt – etwa die Abtretungspflicht nach Ziff. 22.4 oder die prozessuale erweiterte Einlassungsobliegenheit des Obhutspflichtigen.

46   **2. Erfasste Schäden.** Im Gegensatz zu der gesetzlichen Bestimmung des § 454 Abs. 1 Nr. 3 HGB gilt die nur für güterbezogene Schäden, also Güter- und Verspätungsschäden. Hinsichtlich sonstiger Vermögensschäden trifft den Spediteur jenseits der genannten gesetzlichen Bestimmung, also insbesondere in der Eigenschaft als Frachtführer oder Lagerhalter, keine materiell-rechtliche Pflicht zur Sachaufklärung.

47   **3. Verschaffungspflicht.** Der Spediteur hat dem Auftraggeber diejenigen Informationen zu verschaffen, die zur Sicherung von Schadensersatzansprüchen erforderlich sind. Der Begriff der **Sicherung** zielt auf die Sachverhaltsfeststellungen, die eine notfalls gerichtliche Durchsetzung von Ansprüchen ermöglichen. Dafür **erforderlich** sein können insbesondere Informationen über den Obhutspflichtigen, in dessen Gewahrsam der Schaden eintrat, den Schadenshergang, die dabei handelnden Personen und Art und Umfang des Schadens. Da Informationen als solche wenig Wert besitzen, fällt auch die Verschaffung geeigneter Belege und Beweismittel unter die Aufklärungspflichten des Spediteurs.

---

[15] S. Ziff. 6.2.1 Anh. VO (EG) 2015/1998 sowie § 9a Abs. 3 LuftSiG; s. dazu auch LG Bonn Urt. v. 25.2.2016 – 12 O 18/15, RdTW 2016, 275.
[16] Offenbar anders *Koller* ADSp 2003 Vor Ziff. 1 Rn. 5, der die Duldungspflicht des dritten Wareneigentümers aus der Drittwirkung der ADSp (→ Vor Ziff. 1 Rn. 41) herleitet.
[17] OLG Frankfurt a. M. Urt. v. 10.10.2016 – 7 U 61/14, TranspR 2017, 253.
[18] Ziff. 5.3 ADSp 2016.

Dem Wortlaut nach umfasst die Verschaffungspflicht nur die **„ihm bekannten"** Informationen. **48** Wie in dem Begriff „verschaffen" anklingt, gebietet die Interessenwahrungspflicht des Spediteurs jedoch, sich im Schadenfall nicht auf die im eigenen betrieblichen Bereich angefallenen oder verfügbaren Informationen zu beschränken, sondern sich durch **Recherchen** bei den zur Ausführung des Verkehrsvertrags eingesetzten Dienstleistern ernsthaft und mit dem gebotenen Nachdruck um weitere Aufklärung zu bemühen. Scheitert das an mangelnder Mitwirkung, wie dies insbesondere bei ausländischem Recht unterliegenden Großunternehmen wie Containerreedereien, See- oder Flughafenbetreibern oder Staatsbahnen häufig der Fall ist, so kann dies dem Spediteur nicht über Verschuldenszurechnungsnormen wie § 428 HGB zugerechnet werden, weil der Spediteur selbst aufzuklären hat und sich nicht zur Erledigung seiner Informationsverschaffungspflicht solcher Dienstleister bedient.

Die Verschaffungspflicht erstreckt sich auch auf solche Informationen, die gegen den Spediteur selbst **49** gerichtete Schadensersatzansprüche stützen können. Dem Spediteur kommt kein Selbstbelastungsprivileg zu.[19]

IX. Begrenzungen des Auftragsumfangs (Ziff. 4.8)

1. Überblick. Die Bestimmung zielt vor allem auf die Vergütungsansprüche des Spediteurs. Sie soll **50** den Umfang des dem Spediteur erteilten Auftrags in Zweifelsfällen klarstellen und damit zugleich bestimmen, welche Leistungen gem. Ziff. 16 durch die vereinbarte Vergütung abgegolten werden. Die in den Ziff. 4.8.1–4.8.5 genannten Aufgaben müssen, wenn der Auftraggeber sie dem Spediteur übertragen will, bereits bei Abschluss des Verkehrsvertrags vereinbart werden. Das Recht des Auftraggebers zur Erteilung von auftragserweiternden Weisungen (Ziff. 9 sowie die entsprechenden gesetzlichen Bestimmungen) bleibt unberührt, jedoch erwirbt der Spediteur gegebenenfalls zusätzliche Aufwendungsersatz- und Vergütungsansprüche.

Einen systematisch aus dem Rahmen der Regelung fallenden Fremdkörper bildet die Bestimmung **51** der Ziff. 4.8.3, denn dort geht es nicht um den Auftragsumfang, sondern um eine dem Spediteur erteilte Umladeerlaubnis; sie wäre besser in Ziff. 4.2 oder an anderer Stelle, zB in Ziff. 7, angeordnet worden.

2. Vorrang der Parteivereinbarung. Die Bestimmung gilt – wie die ADSp insgesamt – nur dann, **52** wenn sich der individuellen Vereinbarung der Parteien nichts anderes entnehmen lässt, § 305b BGB. Dafür reicht es, wenn der Auftrag zur Übernahme der durch Ziff. 4.8 erfassten Aufgaben sich mit hinreichender Klarheit aus den Umständen, aus Handelsbräuchen oder der Verkehrssitte ergibt.[20] Soweit die Klausel **Ausdrücklichkeit** der Vereinbarung fordert, kollidiert sie mit § 305b BGB.[21] Zu beachten ist ferner, dass der Spediteur aufgrund seiner **Interessenwahrungspflicht** den Auftraggeber von sich aus auf erkennbar erforderliche Nebenleistungen anzusprechen hat, falls der Auftraggeber dafür ersichtlich nicht selbst sorgt. Auch die Warn- und Weisungseinholungspflichten des Spediteurs sind zu beachten.[22]

3. Nicht umfasste Leistungen. a) Gestellung oder Tausch von Lademitteln. Zum Begriff des **53** **Lademittels** s. Ziff. 1.7 (→ Ziff. 1 Rn. 29 ff.).

Lademittel stellen erhebliche Sachwerte dar. Das gilt – bei massenweisem Einsatz – selbst für einfache **54** Holzpaletten. Deshalb ist von großer wirtschaftlicher Bedeutung, wer die Lademittel stellt und wie der Berechtigte sie oder Lademittel gleicher Art, Menge und Güte zurückerhält.[23] Das Problem wird dadurch verkompliziert, dass idR neben dem Auftraggeber und dem Spediteur auch der Empfänger an dem Leistungsaustausch beteiligt ist.

In der Praxis wird der Einsatz von Lademitteln sehr unterschiedlich gehandhabt. Hochwertige **55** Lademittel wie **ISO-Container** werden in der Regel durch den Beförderer, zB eine Reederei, gestellt. Die Leercontainergestellung bedarf dabei stets eines entsprechenden Auftrags. Container werden praktisch nie beim Empfänger getauscht, sondern entladen und innerhalb bestimmter Fristen leer zum Berechtigten oder einem von ihm benannten Depot zurückgeführt.

Für **Standardpaletten** ist dagegen der **Tausch** gegen gleichwertige andere Paletten üblich, damit **56** eine vorherige Entladung und anschließende Rückführung unterbleiben kann. Dieser Tausch bedarf neben einem entsprechenden Auftrag an den Spediteur auch der vorbereitenden Einbindung des Empfängers, weil dieser die Tauschpaletten rechtzeitig bereitstellen muss. Dafür muss der Auftraggeber sorgen, weil im Regelfall zwischen Spediteur und Empfänger kein Vertragsverhältnis besteht. Die

---

[19] Das gilt auch für Rechtsschaftspflichten im Allgemeinen, vgl. MüKoBGB/*Krüger* BGB § 259 Rn. 36.
[20] Teils aM *Koller* ADSp 2016 Ziff. 4 Rn. 1.
[21] *Koller* ADSp 2016 Ziff. 4 Rn. 1–6.
[22] Vgl. *Schmidt* in Wolf/Lindacher/Pfeiffer Klauseln A 76; *Widmann,* Kommentar zur ADSp '99, 6. Aufl. 1999, Ziff. 4 Rn. 3.
[23] Eingehend zu diesem Fragenkreis *Koller* HGB § 407 Rn. 55 ff.; *Hector/Knorre*, Paletten-Handbuch, 2015 sowie *Haake* BB 1982, 1389, *Willenberg* TranspR 1985, 161, *Thume* TranspR 1989, 47; *Knorre* TranspR 1990, 99; *Knorre* TranspR 2001, 1; *Knorre* TranspR 2016, 166 und *Tunn* TranspR 1992, 263; zu den zollrechtlichen Fragen *Harksen,* Vorübergehende Verwendung von Paletten und Containern, Außenwirtschaftliche Praxis, 2006, 61.

Tauschpaletten oder sonstigen Hilfsmittel müssen zum Absender zurückgeschafft werden, sofern nicht bereits bei der Übernahme durch den Spediteur Paletten gleicher Zahl und Güte an den Absender geliefert wurden ("Doppeltausch"). Die in der Praxis häufigsten **Palettentauschregeln** sind der Kölner oder der Bonner Palettentausch.[24] Nach dem Kölner Palettentausch liefert der Spediteur bereits dem Absender Tauschpaletten an und erhält bei dem Empfänger Tauschpaletten zurück ("Doppeltausch"). Der Bonnerpalettentausch sieht vor, dass der Spediteur den Palettentausch beim Empfänger vornimmt und Tauschpaletten an den Absender zurückliefert (Bonner Palettentausch).

57 Ziff. 4.8.1 stellt klar, dass Palettentauschpflichten des Spediteurs sich nicht von selbst verstehen, sondern vereinbart sein müssen.[25] Da es sich dabei um eine Zusatzleistung handelt, die nicht notwendig mit dem Transport verbunden ist, gilt das allerdings ohnehin.[26] Der Palettentausch ist jedoch eine typische Nebenleistung des Verkehrsvertrags; die Vereinbarung muss nicht ausdrücklich erfolgen, sondern sich nur mit hinreichender Klarheit aus den Abreden oder den Umständen ergeben. Insoweit sind auch Handelsbräuche zu beachten, die aber im Einzelfall festgestellt werden müssen[27].

58 **b) Ver- und Entladung.** Ziff. 4.8.2 entspricht der gesetzlichen Regelung in § 412 HGB. Danach ist die Beladung des Fahrzeugs einschließlich der Stauung und Ladungssicherung Sache des Absenders, wenn sich aus den Umständen (wie etwa in dem in Ziff. 7.1 geregelten Fall) oder der Verkehrssitte nichts anderes ergibt. Während § 412 HGB gem. § 449 BGB vollständig dispositiv ist, soll eine abweichende vertragliche Vereinbarung jedoch nur bei "Ausdrücklichkeit" beachtlich sein.[28] Das ist gem. § 305b BGB unwirksam[29] (→ Rn. 51) und hätte auch die widersinnige Folge, dass sich "etwas anderes" zwar aus den Umständen oder Verkehrssitte ergeben kann, nicht aber aus einer Vereinbarung der Parteien, wenn diese nicht "ausdrücklich" ist.

59 Handelt es sich um einen Lagervertrag, so gilt im Ergebnis nichts anderes, weil der Lagerhalter bei der Auslagerung nicht ohne weiteres verpflichtet ist, das Gut in ein abholendes Fahrzeug zu verladen,[30] aber auch er abweichenden Abreden nachzukommen hat, selbst wenn diese nicht im Einzelfall nicht "ausdrücklich" erfolgen. Ver- oder Entladepflichten des Lagerhalters können sich insbesondere dann aus den Umständen ergeben, wenn der Lagerhalter für den Auftraggeber die Absender- oder Empfängerfunktionen auszuüben hat, etwa bei einem Lagerlogistikvertrag, bei dem fortlaufend An- und Auslieferungen abzuwickeln sind.

60 Gemäß Ziff. 5.2 haben Fahrpersonal und Lagermitarbeiter nicht ohne weiteres Handlungsvollmacht in Bezug auf vertragliche Abreden mit dem Auftraggeber. Deshalb ist nicht schon deshalb eine vertragliche Übernahme der Ver- oder Entladepflicht anzunehmen, weil der Fahrer diese Aufgaben tatsächlich ausführt.[31] Etwas anderes gilt aber, wenn diese Praxis dem Spediteur bekannt ist oder sein muss (Duldungs- oder Anscheinsvollmacht[32]) oder wenn die Tätigkeit des Personals Ausdruck der Umstände oder der Verkehrssitte ist.[33]

61 **c) Umladeverbot.** Während alle anderen Fälle von Ziff. 4.8 den Auftragsumfang regeln, indem sie Zusatzleistungen im Zweifel ausgrenzen, geht es bei Ziff. 4.8.3 um eine **Leistungsmodalität** im Rahmen des unzweifelhaften Leistungsumfangs. Die Regelung ist deshalb systematisch und unter dem Gesichtspunkt der Transparenz nicht richtig platziert (→ Rn. 50).

62 Das Gesetz enthält mit Ausnahme des Seefrachtrechts (§ 486 Abs. 3 HGB) keine Vorgaben für die Zulässigkeit von Umladungen während eines Transports. Ob der Spediteur das Gut zu einem auf ein anderes Beförderungsmittel umladen darf, hängt deshalb insoweit ausschließlich von der Parteivereinbarung ab, bei deren Unergiebigkeit auch von der Verkehrssitte und den Umständen. Während die Umladung bei Multimodalverkehren, bei Verwendung von Lademitteln wie Paletten und bei der Paketbeförderung selbstverständlich erlaubt ist, ist bei Schwer- und Großraumbeförderungen, bei Ausfüllung des gesamten Laderaums durch das Gut sowie bei besonderer Ladungssicherung durch den Absender im Zweifel vom Gegenteil auszugehen. Wenn sich dem Vertrag, aber der Verkehrssitte oder den Umständen nichts anderes entnehmen lässt, liegt die Umladung im Ermessen des obhutspflichtigen Spediteurs.[34] Das lässt sich auch Art. 6 Abs. 2 lit. a CMR entnehmen. Im Seefrachtrecht gestattet

---

[24] Einzelheiten sowie die Wortlaute der Klauseln finden sich auf den Webseiten des DSLV unter "Publikationen".

[25] *Hector/Salzmann,* ADSp 2017 Praktikerkommentar, 2016, 29; *de la Motte* in Fremuth/Thume TranspR ADSp Nr. 4 Rn. 5.

[26] *Koller* HGB § 407 Rn. 55.

[27] Bejaht durch OLG Hamburg Urt. v. 15.7.1982 – 6 U 82/82, TranspR 1984, 249; verneint durch OLG Hamm Urt. v. 16.3.2000 – 18 U 195/99, TranspR 2000, 332; OLG Düsseldorf Urt. v. 4.3.1982 – 18 U 224/81, TranspR 1984, 250, Urt. v. 30.12.1982 – 18 U 165/82, VersR 1983, 872 – 18 U 165/82; LG Mannheim Urt. v. 16.5.1974 – 9 O 16/73, TranspR 1984, 256; LG Bonn Urt. v. 29.10.1974 – 11 O 11/73, TranspR 1984, 258.

[28] *Hector/Salzmann,* ADSp 2017 Praktikerkommentar, 2016, 29.

[29] So auch *Koller* ADSp 2016 Ziff. 4 Rn. 3.

[30] *Koller* HGB § 473 Rn. 4 unter Hinweis auf § 697 BGB.

[31] *Hector/Salzmann,* ADSp 2017 Praktikerkommentar, 2016, 29.

[32] *Koller* ADSp 2016 Ziff. 4 Rn. 3.

[33] Näher dazu *Koller* HGB § 412 Rn. 8 f.

[34] *Koller* HGB § 407 Rn. 48; § 412 Rn. 63.

§ 486 Abs. 3 HGB für den Fall des containerisierten Verkehrs generell die Umladung, weshalb der Ausschluss von § 486 HGB durch Ziff. 4.8.3 zumindest sehr missverständlich ist.[35] Das gilt auch deshalb, weil § 486 HGB für andere Transportformen keine Regelung trifft, wenngleich es naheliegt, im Umkehrschluss eine Umladung für unzulässig zu halten, wenn sich aus der Vereinbarung, der Verkehrssitte oder den Umständen nichts anderes ergibt.[36]

Vor dem Hintergrund dieser Gesetzeslage bleibt die durchaus missglückte Bestimmung von **63** Ziff. 4.8.3 weitgehend **ohne praktische Relevanz.** Der Spediteur ist im Zweifel ohnehin zur Umladung berechtigt. Wenn sich aber aus der Vereinbarung, der Verkehrssitte oder den Umständen etwas anderes entnehmen lässt, hat es damit wegen § 305b BGB sein Bewenden, auch wenn Ziff. 4.8.3 nur „ausdrücklicher Vereinbarung" weichen will. Trotz des gegenteiligen Wortlauts und der Unklarheitenregel ist die Bestimmung auch nicht so zu deuten, dass entgegen § 486 Abs. 3 HGB eine Umladung im containerisierten Seeverkehr unzulässig sein soll, denn die Bestimmung ist insoweit widersprüchlich und die Umladeerlaubnis ergibt sich hier schon aus den Umständen.

d) Sendungsverfolgungssystem. Der Spediteur ist dem Auftraggeber auskunfts- und rechen- **64** schaftspflichtig (§ 666 BGB). Die ADSp erkennen das in Ziff. 14 ausdrücklich an und erweitern diese Pflicht auf alle Verkehrsverträge. Jedoch hat der Spediteur keine gesetzliche Verpflichtung, dem Auftraggeber jederzeit und direkt den selbstständigen Zugriff auf Sendungsstatusdaten zu ermöglichen, wie dies bei Sendungsverfolgungssystemen der Fall ist. Solche Systeme werden zwar zunehmend angeboten, weil viele Spediteure und andere Transportdienstleister die Daten aufgrund ihrer Schnittstellenkontrollpflichten oder sonst im eigenen Überwachungsinteresse ohnehin erheben und sie ein wertvolles, vertrauenerweckendes Marketinginstrument darstellen, das technisch relativ leicht für den Auftraggeber zugreifbar gemacht werden kann.

Allerdings ist die Verfügbarkeit von Sendungsverfolgungssystemen selbst in denjenigen Branchen, **65** die die Entwicklung vorantreiben wie etwa der KEP-Bereich[37] oder die Container-Linienfahrt, derzeit wohl noch **nicht branchenüblich**[38] und kann daher vom Spediteur auch nicht ohne entsprechende Vereinbarung erwartet werden. Dem trägt Ziff. 4.8.4 Rechnung. Die Bestimmung ist aber so formuliert, dass sie die weitere Marktentwicklung berücksichtigt und die zu erwartende Herausbildung branchenüblicher Informationsangebote anerkennt. Eine „ausdrückliche Vereinbarung" eines Sendungsverfolgungssystems ist dann nicht mehr erforderlich. Die Beweislast für die Branchenüblichkeit trägt der Auftraggeber.

e) Retouren, Umfuhren, Beiladungen. Ein dem Spediteur erteilter Beförderungsauftrag und das **66** ihm zugestandene Entgelt (Ziff. 16) umfassen nur die im Auftrag bezeichnete Beförderungsstrecke. Der Spediteur ist daher ohne entsprechenden weiteren Auftrag oder eine zu weiteren Entgeltansprüchen führende Weisung nicht dazu verpflichtet, das Gut von der Entladestelle wieder zurück zur Ladestelle **(Retoure)** oder es von der ihm aufgegebenen Entladestelle innerhalb desselben Orts weiter zu einer anderen Entladestelle zu befördern **(Umfuhr).** Will der Auftraggeber solche Leistungen in den Auftrag einschließen, muss dies von vornherein vereinbart werden.

Gleiches gilt für **Beiladungen,** womit hier zusätzliche, innerhalb des gebuchten Guts gestaute **67** Gegenstände gemeint sind, zum Beispiel Packstücke in einem zu befördernden Kraftfahrzeug. Wenn solche Beiladungen nicht vereinbart und für den Spediteur auch nicht ersichtlich waren, umfasst der Auftrag ihre Mitnahme nicht.

S. 2 bestimmt, dass ein **neuer Verkehrsvertrag** abgeschlossen wird, wenn der Auftraggeber **zu- 68 sätzliche Packstücke** (vgl. Ziff. 1.10) übergibt und der Spediteur sie zum Transport annimmt. Dem Wortlaut der Regelung ist nicht klar zu entnehmen, ob sie einen solchen neuen Vertrag als durch konkludentes Handeln abgeschlossen ansehen will, ob sie den weiteren Vertrag als bestehend fingiert oder ob sie im Sinne eines Vorvertrags eine Verpflichtung zum Abschluss eines weiteren Vertrags begründen will. Im ersteren Fall wäre gem. § 305b BGB jedenfalls der Vorrang des tatsächlichen potentiell vertragsbegründenden konkludenten Verhaltens der Parteien zu beachten; insoweit kann zwar auch dem Inhalt der ADSp Bedeutung zukommen, weil den Parteien des Verkehrsvertrags deren Geltung bewusst ist, jedoch wird das Verhalten der Parteien bei Mehrladung in der Regel nicht als neuer Vertragsschluss, sondern allenfalls als konkludente Vertragsänderung im Sinne einer Anpassung an die größere Ladungsmenge zu deuten sein, schon deshalb, weil die größere Ladungsmenge zusammengefasst meist effizienter und damit kostengünstiger befördert werden kann. Fingierte Neuverträge oder entsprechende Vorverträge sind wegen § 308 Nr. 5 BGB problematisch, auch wenn diese Bestimmung im unternehmerischen Verkehr nicht gilt und ihr nur eingeschränkt Indizwirkung für eine unangemessene Benachteiligung iSv § 307 BGB zukommt.[39] Gegen die Wirksamkeit spricht vor allem, dass der Spediteur die Annahme von Mehrladung von einer entsprechenden vertraglichen

---

[35] Krit. auch *Ramming* RdTW 2017, 41 (61).
[36] Näher Rabe/Bahnsen/*Bahnsen* HGB § 486 Rn. 73 ff.
[37] Kurier-, Express- und Paketdienste.
[38] *Hector/Salzmann*, ADSp 2017 Praktikerkommentar, 2016, 30.
[39] MüKoBGB/*Wurmnest* BGB § 308 Rn. 16.

Regelung abhängig machen kann und daher kein Bedürfnis für Fiktionen besteht. Außerdem ist auch unklar, welchen Inhalt der fingierte Vertrag oder Vorvertrag haben soll.

69   Nach Satz 3 sollen **Retouren und verdeckte Beiladungen** mangels anderer Vereinbarungen den Bestimmungen des ursprünglichen Verkehrsvertrags unterliegen. Das ist an sich selbstverständlich und bedurfte nur wegen der Bestimmung von Satz 2 einer Klarstellung. Die Regelung lässt allerdings offen, was in Bezug auf Retouren oder verdeckte Beiladungen gelten soll, wenn der Verkehrsvertrag dazu keine Festlegungen enthält. Bei Retouren liegt in der Regel eine **Weisung** zugrunde, sodass die Auswirkungen auf die Ansprüche des Spediteurs sich nach § 418 Abs. 1 S. 4 HGB bzw. den entsprechenden Regelungen anwendbarer anderer transportrechtlicher Bestimmung richten. Im Übrigen liegt es nahe, die Anpassung des Verkehrsvertrags mittels **ergänzender Vertragsauslegung** vorzunehmen. Danach wird die zusätzliche Leistung des Spediteurs in der Regel nach den Maßstäben der ursprünglichen vertraglichen Vergütungsabrede zu bewerten sein.

70   Satz 4 stellt durch den Hinweis auf Ziff. 5.2 klar, dass Lager- und Fahrpersonal nicht ohne weiteres bevollmächtigt ist, den Verkehrsvertrag durch Übergabe oder Annahme weiterer Packstücke oder durch die Veranlassung von Retouren oder Beiladungen zu ändern. Die Wirkungen der Satz 2 und 3 treten daher nur dann ein, wenn ihre Voraussetzungen durch vertretungsberechtigtes Personal veranlasst oder genehmigt worden sind.

X. Leistungs- und Informationspflichten

71   Insbesondere im Rahmen von Dauerschuldverhältnissen wie Lagerlogistikkontrakten finden sich häufig Vereinbarungen über die vom Spediteur zu gewährleistenden **Leistungsqualität** („Service Level") und über deren Protokollierung und Verifizierung durch die Parteien. Es werden Qualitätsnormen und Leistungskennzahlen („Key Performance Indicators", KPIs[40]) vereinbart, die der Spediteur zu erfassen und zu berichten hat und die der Überprüfung durch den Auftraggeber durch entsprechende Audits unterliegen; Audits können sich auch auf weitere leistungs- und sicherheitsrelevante Umstände wie etwa das eingesetzte Personal, das technische Gerät und die Gebäudesicherheit erstrecken.

72   Die Bestimmung soll klarstellen, dass derartige Maßnahmen zur Gewährleistung der Leistungsqualität nicht stillschweigend mit beauftragt sind, sondern mit hinreichender Deutlichkeit im Verkehrsvertrag vereinbart werden müssen. **„Ausdrücklichkeit"** ist wegen des Vorrangs der Individualvereinbarung (§ 305b BGB) nicht erforderlich, wenn eine konkludente Vereinbarung festgestellt werden kann, etwa bei Folgeverträgen unter stillschweigender Bezugnahme auf bisherige Qualitätsüberwachungssysteme.

5. Kontaktperson, elektronische Kommunikation und Dokumente

5.1 Auf Verlangen einer Vertragspartei benennt jede Vertragspartei für den Empfang von Informationen, Erklärungen und Anfragen für die Vertragsabwicklung eine oder mehrere Kontaktpersonen und teilt Namen und Kontaktadressen der anderen Partei mit. Diese Angaben sind bei Veränderung zu aktualisieren. Bestimmt eine Partei keine Kontaktperson, gilt diejenige Person als Kontaktperson, die den Verkehrsvertrag für die Partei abgeschlossen hat.
Über das Gesetz hinausgehende Informationspflichten, z. B. über Maßnahmen des Spediteurs im Falle von Störungen, insbesondere einer drohenden Verspätung in der Übernahme oder Ablieferung, bei Beförderungs- oder Ablieferungshindernissen, bei Schäden am Gut oder anderen Störungen (Notfallkonzept) bedürfen der ausdrücklichen Vereinbarung.
5.2 Mangels ausdrücklicher Vereinbarung bedürfen vertragliche Erklärungen des Lager- und Fahrpersonals zu ihrer Wirksamkeit der Genehmigung der jeweiligen Vertragspartei.
5.3 Der Auftraggeber hat dafür Sorge zu tragen, dass der Verlader oder Empfänger für den Auftraggeber die an der Lade- oder Entladestelle zur Abwicklung des Verkehrsvertrags erforderlichen Erklärungen abgibt und tatsächliche Handlungen, wie die Übergabe oder Übernahme des Gutes, vornimmt.
5.4 Wenn dies zwischen dem Auftraggeber und dem Spediteur vereinbart ist, werden die Parteien per EDI (Electronic Data Interchange)/DFÜ (Datenfernübertragung) Sendungsdaten einschließlich der Rechnungserstellung übermitteln bzw. empfangen. Die übermittelnde Partei trägt die Gefahr für den Verlust, die Vollständigkeit und die Richtigkeit der übermittelten Daten.
5.5 Bei einer Vereinbarung nach Ziffer 5.4 stellen die Parteien sicher, dass das eigene IT-System betriebsbereit ist und die üblichen Sicherheits- und Kontrollmaßnahmen durchgeführt werden, um den elektronischen Datenaustausch vor dem Zugriff Dritter zu

---

[40] Beispiel: Prozentsatz der rechtzeitig bereitgestellten oder der richtig kommissionierten Sendungen.

schützen sowie der Veränderung, dem Verlust oder der Zerstörung elektronisch übermittelter Daten vorzubeugen. Jede Partei ist verpflichtet, der anderen Partei rechtzeitig Änderungen ihres IT-Systems mitzuteilen, die Auswirkungen auf den elektronischen Datenaustausch haben können.

5.6 Elektronisch oder digital erstellte Dokumente, insbesondere Abliefernachweise, stehen schriftlichen Dokumenten gleich. Zudem ist jede Partei berechtigt, schriftliche Dokumente lediglich elektronisch oder digital zu archivieren und unter Beachtung der gesetzlichen Vorschriften die Originale zu vernichten.

Schrifttum: S. vor Ziff. 1.

Vorläufer in ADSp 2003: Ziff. 5 hat keinen Vorläufer in den ADSp 2003. Die Bestimmung war aber in ähnlicher Form als Ziff. 4a bereits in den ADSp 2016 vorgesehen; vgl. zu Ziff. 5.1 auch Ziff. 2.3.1 DTLB, zu Ziff. 5.4 Ziff. 2.4.1 DTLB, zu Ziff. 5.5 Ziff.2.4.2 DTLB.

Übersicht

I. Überblick

Die für den typischen ADSp Verkehrsvertrag etwas überladen wirkende Bestimmung regelt hauptsächlich die Kommunikation zwischen den Parteien, indem sie insbesondere **vertretungsberechtigte Personen** bestimmt und den elektronischen und maschinellen **Datenaustausch** regelt. Daneben enthält die Bestimmung mit den Ziff. 5.1 Abs. 2 und 5.3 Regelungen über **Vertragspflichten** der Parteien, die aus dem Regelungszusammenhang fallen und systematisch besser in den Ziff. 3 und 4 untergebracht worden wären. **1**

II. Kontaktperson (Ziff. 5.1 Abs. 1)

In der Kontraktlogistik ist es üblich, dass die Parteien einander Kontaktpersonen benennen, die sich um die laufende Vertragsabwicklung kümmern und mit dem Vertrag und seiner Implementierung sowie den Verhältnissen der jeweils anderen Partei besonders vertraut sind. Kontaktpersonen sind bei dem Spediteur in der Regel der für den Auftraggeber zuständige Key-Account-Manager, bei dem Auftraggeber der Logistikverantwortliche. **2**

Ziff. 5.1 Abs. 1 folgt dieser Praxis, indem sie beiden Parteien aufgibt, auf Verlangen einer Partei Kontaktpersonen zu benennen und die erforderlichen Kontaktdaten bekannt zu geben sowie diese bei Erfordernis zu aktualisieren. Obgleich beide Parteien dem Wortlaut nach die Benennung von Kontaktpersonen „verlangen" können, begründet die Bestimmung keine Leistungspflicht, sondern nur eine Obliegenheit,[1] denn die unterlassene Benennung hat gem. Satz 2 nur zur Folge, dass diejenige Person als Kontaktperson gilt, die bei dem Abschluss des Verkehrsvertrags für die betreffende Partei aufgetreten ist. **3**

Die **Rechtsstellung der Kontaktperson** besteht dem Wortlaut nach darin, „für den Empfang von Informationen, Erklärungen und Anfragen für die Vertragsabwicklung" zuständig zu sein. Allerdings geht es, dem Zweck der Regelung gemäß, nicht nur um den passiven Empfang, sondern auch um die aktive Abgabe von Informationen, Erklärungen und Anfragen. Allerdings sind Kontaktpersonen nicht notwendig umfassend bevollmächtigt. Ihre Vertretungsmacht beschränkt sich auf die **Vertragsabwicklung.** Eine Vertragskündigung ist davon nicht umfasst. Gleiches gilt für Vertragsänderungen. Allerdings wird in der Regel davon auszugehen sein, dass die Kontaktperson des Auftraggebers Weisungen erteilen und die Kontaktperson des Spediteurs diese entgegennehmen darf. **4**

---

[1] So *Koller* DTLB Ziff. 2 Rn. 1.

III. Informationspflichten; Notfallkonzept (Ziff. 5.1 Abs. 2)

5　　Nach Ziff. 5.1 Abs. 2 hat der Spediteur keine über die gesetzlichen Bestimmungen hinausgehenden Informationspflichten. Gemeint sind damit nicht die Auskunfts- und Rechenschaftspflichten des Spediteurs über die Abwicklung des Verkehrsvertrags, die die ADSp selbst teilweise erweitern (vgl. zB Ziff. 4.7, 12.1), sondern Auskünfte über die Gegebenheiten und die Organisation des Betriebs des Spediteurs und seiner Sub-Unternehmer. Das ergibt sich aus der die Regelung prägenden Hervorhebung der Vorsorgemaßnahmen des Spediteurs für den Fall von Leistungsstörungen (Notfallkonzept). Sie zeigt zugleich, dass die Bestimmung eigentlich nicht auf eine Begrenzung der Informationsansprüche des Auftraggebers zielt, sondern auf eine Beschränkung der Leistungspflichten des Spediteurs im Bereich seiner Eigenorganisation, weshalb sie in Ziff. 4.8 besser aufgehoben gewesen wäre.

6　　Die in der Praxis häufig anzutreffende Forderung des Auftraggebers nach einem dokumentierten Notfallkonzept soll den Spediteur dazu veranlassen, seine **betrieblichen Leistungsrisiken** systematisch zu erfassen und geeignete Vorsorgemaßnahmen und Reaktionsmöglichkeiten festzulegen und vorzubereiten. Damit sollen die Verlässlichkeit der Leistungen erhöht und dem befreienden Unmöglichkeitseinwand begegnet werden. Dass der Spediteur ein Notfallkonzept tatsächlich vorhält, lässt sich aus der Sicht des Auftraggebers nur dadurch verifizieren, dass er sich dieses vorlegen lässt. Damit wird das Notfallkonzept, das der Spediteur schon im eigenen Interesse vorhalten müsste, für den Auftraggeber prüfbar, was zu Forderungen nach verbesserter Vorsorge führen kann. Die Bestimmung zielt vor diesem Hintergrund darauf ab, den Spediteur vor diesbezüglichen Offenbarungsforderungen des Auftraggebers zu schützen, sofern der Verkehrsvertrag keine entsprechenden Pflichten vorsieht.

IV. Vertretungsmacht von Lager- und Fahrpersonal (Ziff. 5.2)

7　　Die Bestimmung stellt klar[2], dass Lager- und Fahrpersonal grundsätzlich nicht bevollmächtigt ist, mit Wirkung für die jeweilige Vertragspartei **„vertragliche Erklärungen"** abzugeben. Gemeint sind nicht alle Erklärungen mit vertraglicher Relevanz, sondern nur solche Erklärungen, die zum Abschluss eines neuen oder der Änderung oder Aufhebung eines bestehenden Vertrags oder einer Verfügung führen. Damit soll verhütet werden, dass dem Verhalten des technischen Personals, etwa der spontanen Mitwirkung bei der Erledigung eigentlich der anderen Partei obliegender Ver- oder Entladung,[3] vertragsbegründende oder -ändernde Qualität zugemessen wird.

8　　Etwas anderes soll nur dann gelten, wenn dies „ausdrücklich" vereinbart ist. Wegen § 305b BGB ist das Erfordernis der Ausdrücklichkeit unwirksam. Auch konkludent zustande gekommene Individualvereinbarungen haben Vorrang vor AGB. Allerdings kann die Bestimmung ein Anlass sein, im Einzelfall besonders zu prüfen, ob die Parteien des Verkehrsvertrags durch stillschweigende Erklärung von dem Regelungsstandard der ADSp abweichen wollten.

9　　Die Bedeutung der Bestimmung ist begrenzt. Sie stellt klar, dass weder der Spediteur noch der Auftraggeber ihrem Fahr- bzw. Lagerpersonal **Außenvollmacht** gegenüber der jeweils anderen Partei erteilen. Damit bleibt aber die Frage unberührt, ob und inwieweit diesem Personal **Innenvollmacht** erteilt ist. Insbesondere für das Bestehen einer Handlungsvollmacht nach §§ 54 oder 56 HGB kann Ziff. 5.2 allenfalls ein Indiz sein.[4] Soweit dem Personal solche Vollmachten erteilt sind, kann Ziff. 5.2 daran nichts ändern, weshalb von dieser Vertretungsmacht auch im Rahmen von Verkehrsverträgen Gebrauch gemacht werden kann. Auch die Grundsätze der **Duldungsvollmacht** bleiben unberührt, weil sie als eine stillschweigend erteilte Vollmacht zu werten ist,[5] die sich gem. § 305b BGB gegenüber AGB durchsetzt.[6] Ob das auch für die durch zurechenbar gesetzten Rechtsschein erzeugte **Anscheinsvollmacht** gilt, ist streitig.[7] Richtig dürfte sein, dass eine Abwehrklausel nur ein widerlegliches Indiz gegen die Annahme einer Anscheinsvollmacht bilden kann.

V. Mitwirkung von Verlader und Empfänger (Ziff. 5.3)

10　　**1. Überblick.** Ebenso wie Ziff. 5.1 Abs. 2 regelt Ziff. 5.3 eine vertragliche Leistungspflicht, weshalb die Bestimmung systematisch besser in Ziff. 3 angeordnet worden wäre. Einen inhaltlichen Bezug zu dem Komplex der Kommunikation hat sie nur insofern, als zu den Pflichten, deren Erfüllung durch Verlader oder Empfänger der Auftraggeber sicherstellen soll, auch Unterrichtungspflichten gehören.

---

[2] BGH Urt. v. 21.9.2017 – I ZR 47/16, TranspR 2018, 11 Rn. 25: Keine Empfangsvollmacht des Fahrers für vertragsändernde Weisung.

[3] Zu den rechtlichen Konsequenzen unterschiedlicher Fallgestaltungen vgl. *Koller* HGB § 412 Rn. 10 ff.

[4] *Hector/Salzmann*, ADSp 2017 Praktikerkommentar, 2016, 33.

[5] *Staudinger/Schilken*, 2014, BGB § 167 Rn. 29a, iE str.

[6] *Lindacher/Hau* in Wolf/Lindacher/Pfeiffer BGB § 305b Rn. 43; UBH/*Ulmer/Schäfer* BGB § 305b Rn. 44.

[7] Bejaht von *Lindacher/Hau* in Wolf/Lindacher/Pfeiffer BGB § 305b Rn. 43; verneint von UBH/*Ulmer/Schäfer* BGB § 305b Rn. 44, die darauf verweisen, dass die Klausel dem Rechtsschein entgegensteht.

Die Bestimmung soll der Tatsache Rechnung tragen, dass Beförderungsleistungen neben dem **11** Auftraggeber in der Regel gegenüber mindestens einem weiteren auf der Auftraggeberseite Beteiligten erbracht werden, nämlich bei Abholungen dem Verlader (vgl. Ziff. 1.15), sonst dem Empfänger (vgl. Ziff. 1.4). Da diese Personen selbst nicht an den Verkehrsvertrag gebunden sind, soll der Auftraggeber darauf hinwirken, dass sie sich entsprechend den verkehrsvertraglichen Erfordernissen verhalten.

2. Erforderliche Erklärungen und tatsächliche Handlungen. Welche Erklärungen zur Abwick- **12** lung des Verkehrsvertrags erforderlich sind und welche tatsächlichen Handlungen vorzunehmen sind, richtet sich nach dem Verkehrsvertrag und den Umständen des Einzelfalls. Als erforderlich anzusehen sind jedenfalls die gesetzlich oder durch die ADSp (vgl. Ziff. 3) vorgeschriebenen Absenderangaben,[8] die, soweit der Auftraggeber sie nicht selbst macht, durch den Verlader beigesteuert werden müssen. Dazu gehören auch die Angaben, die in einen Frachtbrief oder einen dem Verlader (Ablader) zu erteilenden Ladeschein oder ein Konnossement einzutragen sind. Der Verlader ist insbesondere in Bezug auf gefährliches Gut auch selbst unterrichtungspflichtig. Erforderlich sind außerdem besondere Instruktionen zur schadensverhütenden Behandlung des Guts, wie etwa zur Temperatur- oder Klima- führung.

3. Pflicht zum Sorgetragen. Nach der **gesetzlichen Ausgangslage** ist das Verhältnis des Auftrag- **13** gebers zum Drittverlader oder –empfänger nur punktuell[9] transportrechtlich geregelt. Sie stehen meist in einem kaufrechtlichen Verhältnis zueinander, müssen aber überhaupt nicht vertraglich miteinander verbunden sein, etwa beim Streckengeschäft oder wenn sie ihrerseits nur Dienstleister für Dritte wie etwa Frachtführer oder Lagerhalter sind. Aus transportrechtlicher Sicht werden der Verlader und der Empfänger im Pflichten- bzw. Obliegenheitskreis des Auftraggebers tätig, sodass ihr Verhalten, soweit es verkehrsvertraglich relevant ist, sowohl im Rahmen der Primärpflichten als auch schadensersatz- rechtlich dem Auftraggeber zugerechnet wird. Deshalb haftet der Auftraggeber dem Spediteur auch dann nach § 414 HGB, wenn er die in § 414 Abs. 1 HGB genannten Aufgaben einem Dritten, etwa einem Lagerhalter oder Spediteur, überlassen hatte. Die Folgen einer Verletzung der Obliegenheit[10] zur Übergabe des Guts an den Spediteur (zB nach § 417 HGB) treffen den Auftraggeber auch dann, wenn diese Aufgabe einem Drittverlader übertragen war.

Die Bestimmung von Ziff. 5.3 geht insofern über diese gesetzliche Zurechnung fremden Verhaltens **14** hinaus, als sie die darin genannten Tätigkeiten zum Gegenstand einer **Vertragspflicht** macht, und zwar auch insoweit, als sie – wie die Übergabe des Guts – nur Obliegenheiten des Auftraggebers darstellen.[11] Die Pflicht, „dafür Sorge zu tragen",[12] zielt nach allgemeinem Sprachgebrauch auf das Herstellen der Voraussetzungen für den Eintritt einer gewollten Folge, ohne dass diese Folge selbst damit garantiert wird. Die Verpflichtung richtet sich demnach darauf, dass der Auftraggeber den Verlader oder Empfänger so instruiert und das zu ihnen bestehende Rechtsverhältnis so ausgestaltet, dass sie, wenn sie sich ordnungsgemäß verhalten, die ihnen vom Auftraggeber zugedachten Funktionen im Rahmen des Verkehrsvertrags erfüllen.[13] Das ist nicht zu beanstanden, soweit die genannten Beteiligten Verpflichtungen des Auftraggebers erfüllen sollen, insbesondere also hinsichtlich der gesetz- lichen oder vertraglichen Unterrichtungspflichten und der Abgabe sonstiger Erklärungen, die zur Ausführung des Verkehrsvertrags erforderlich sind. Die Pflicht zur Steuerung des Verladers oder Empfängers überschreitet aber die Grenzen des klauselmäßig Zulässigen, soweit sie sich auch auf ein Tun oder Unterlassen erstreckt, zu dem der Auftraggeber selbst nicht verpflichtet wäre und auch nicht klauselmäßig verpflichtet werden könnte. Das ist der Fall, soweit der Auftraggeber – entgegen der klaren, aus den §§ 415–418 HGB zum Ausdruck kommenden gesetzgeberischen Entscheidung[14] – verpflichtet werden soll, die Übergabe des Guts sicherzustellen. Damit erweist die Klausel sich als insgesamt unwirksam.[15]

VI. Datenaustausch (Ziff. 5.4)

Satz 1 der Bestimmung hat keine praktische Bedeutung, weil er nur die Einhaltung der zwischen **15** den Parteien über den elektronischen Datenaustausch mittels Datenfernübertragung getroffenen Ver- einbarungen anordnet. Der engere Begriff EDI bezeichnet den Austausch standardisierter Geschäfts- daten zwischen Unternehmen unter direkter Beteiligung der jeweiligen Anwendungssysteme. Zur

---

[8] Vgl. etwa §§ 408, 410, 413, 455, 482, 484 HGB, Art. Art. 6, 7 CMR, Art. 6, 10 MÜ, Art. 6, 7 CMNI, Art. 7, 8 CIM.

[9] Etwa in § 421 Abs. 4 HGB (Gesamtschuld von Absender und Empfänger hinsichtlich der Fracht).

[10] *Koller* HGB § 407 Rn. 108.

[11] Sehr krit. deshalb *Koller* ADSp 2016 Ziff. 4a Rn. 4.

[12] *Koller* ADSp 2016 Ziff. 4a Rn. 3, moniert den Ausdruck als unklar, was aber nicht überzeugt.

[13] Nach *Hector/Salzmann*, ADSp 2017 Praktikerkommentar, 2016, 33 soll der Auftraggeber „alles Notwendige (veranlassen), um das Be- und Entladen möglichst reibungslos abzuwickeln".

[14] Der Absender soll hinsichtlich der seinen Interessen dienenden Beförderung größtmögliche Flexibilität genie- ßen, vgl. im Einzelnen Begründung zum Transportrechtsreformgesetz 1998, zu § 417, BT-Drs. 13/8445, 44 ff.

[15] So auch *Koller* ADSp 2016 Ziff. 4a Rn. 4.

Übermittlung von Sendungsdaten vgl. Ziff. 8.1.1. Die ausdrückliche Erwähnung elektronischer Rechnungstellung folgt der Rechtsentwicklung, die auf der Grundlage europäischer Gesetzgebung[16] die Rechnungstellung in elektronischer Form der Papierrechnung gleichgestellt hat und ihr für die Zukunft sogar den Vorzug einräumt.[17]

16   Satz 2 folgt dem Grundsatz der **Zugangsbedürftigkeit** von Willenserklärungen. Das Risiko verfälschter (§ 120 BGB) oder verzögerter (§ 130 BGB) Übermittlung trägt der Absender. Allerdings gilt der Zugang bereits als erfolgt, wenn die Mitteilung eine Empfangsvorrichtung erreicht hat, die der Empfänger für den Zugang von Willenserklärungen oder anderer Mitteilungen bereithält oder bereitzuhalten erklärt hat[18]. Dem entspricht Satz 2 von Ziff. 5.4; „übermittelt" im Sinne der Bestimmung sind die Daten mithin, sobald sie die elektronischen Systeme des Empfängers (vgl. Ziff. 5.5) erreicht haben.

VII. Daten- und Funktionssicherheit der IT-Systeme

17   Wenn die Parteien durch elektronischen Datenaustausch, insbesondere unter Nutzung von EDI, miteinander kommunizieren, ist die Betriebssicherheit der IT-Systeme nicht nur Obliegenheit, sondern **Leistungspflicht** der Parteien, weil Störungen schädliche Auswirkungen auf das IT-System und die Datenbestände der jeweils anderen Partei haben können. Ziff. 5.5 schreibt deshalb für diesen Fall vor, dass die Parteien ihre Systeme nicht nur betriebsrein halten, sondern auch in dem jeweils üblichen Umfang Vorsorge gegen Manipulationen durch Dritte treffen müssen. Da die elektronische Kommunikation zwischen den Parteien abgestimmte Transferregeln, etwa in Bezug auf die Übermittlungsart und die Datenstrukturen, voraussetzt, können Änderungen in den IT-Systemen die Kommunikation stören und Anpassungen erforderlich machen; dem trägt Satz 2 Rechnung.

18   Verletzungen der Pflichten haben eine Schadensersatzhaftung nach § 280 BGB zur Folge. Die Haftung des Spediteurs ist nach Maßgabe von Ziff. 23.4, 27 begrenzt; die Haftung des Auftraggebers ist unbegrenzt, weil Ziff. 29 diese Pflicht nicht erfasst.

VIII. Digitale Form von Dokumenten (Ziff. 5.6)

19   **1. Gleichstellung digitaler Dokumente.** Elektronisch oder digital[19] erstellte Dokumente iSv Satz 1 sind nicht alle digitalen Dateien, sondern nur schriftlichen Dokumenten funktionell gleichstehende, jedoch in digitaler Form gespeicherte Informationen. Neben digitalisierten Schriftstücken (Scans oder abfotografierten Schriftstücken) erfasst die Bestimmung vor allem vollständig elektronisch erzeugte Dokumente, etwa E-Mails, Textdateien oder maschinell erstellte Überwachungs- oder Ereignisprotokolle (Logfiles). Wie sich aus der Hervorhebung von Abliefernachweisen (vgl. Ziff. 8.3 S. 2) ergibt, zielt die Bestimmung allerdings vor allem auf Willenserklärungen und geschäftsähnliche Handlungen, die herkömmlich schriftliche Form haben. Eine Ablieferquittung soll auch dann als solche behandelt werden, wenn sie entgegen der in § 368 BGB vorgesehenen Schriftform durch eine elektronisch auf einem Touchpad gezeichnete Unterschrift erteilt wird.

20   Die in Satz 1 angeordnete Gleichstellung kann nur dispositive Schriftformerfordernisse erfassen, insbesondere die zwischen den Parteien vereinbarten, etwa in den ADSp selbst (vgl. Ziff. 4.5, 15.2) vorgesehenen Schriftformerfordernisse. Deshalb kann nicht mit einer elektronischen Unterschrift der prozessuale Urkundenbeweis geführt werden. Dispositiv ist auch die Schriftlichkeit der Quittung (§ 368 BGB) insofern, als es den Parteien freisteht, im Verhältnis zueinander auch elektronisch erzeugten digitalen Dokumenten Quittungsfunktion beizumessen. Soweit die Schriftform aber im Verhältnis zu Dritten zu wahren ist wie etwa bei dem Quittungsverlangen eines Drittverladers, kann die Regelung keine Anwendung beanspruchen. Gleiches gilt im Fall der zur Vorlage gegenüber der Zollverwaltung bestimmten Zollvollmacht (Ziff. 4.5).

21   **2. Archivierung.** Satz 2 stellt klar, dass die ADSp keine der Parteien des Verkehrsvertrags dazu verpflichtet, in schriftlicher Form angefallene Dokumente im Original aufzuheben. Schriftliche Dokumente dürfen unter Beachtung der gesetzlichen Bestimmungen[20] grundsätzlich digitalisiert und unter Vernichtung der Originale archiviert werden. Der Bestimmung lässt sich im Gegenschluss entnehmen, dass eine gänzliche Vernichtung in der Regel erst nach einer angemessenen Archivierungsfrist zulässig ist.

---

[16] Richtlinie 2010/45/EU des Rates vom 13. Juli 2010 zur Änderung der Richtlinie 2006/112/EG über das gemeinsame Mehrwertsteuersystem hinsichtlich der Rechnungsstellungsvorschriften, in Deutschland umgesetzt durch das Steuervereinfachungsgesetz 2011 vom 1.11.2011, BGBl. 2011 I 2131.

[17] Vgl. die (bei Manuskriptabschluss noch nicht verkündete) E-Rech-VO, die für Rechnungen an öffentliche Auftraggeber elektronische Form vorschreibt.

[18] Palandt/*Ellenberger* BGB § 130 Rn. 17.

[19] Die Unterscheidung zwischen „elektronisch oder digital" erstellten Dokumenten erscheint wenig sinnvoll, denn digitale Dokumente sind immer elektronisch erzeugt und elektronisch erstellte Dokumente werden im hier relevanten Zusammenhang in der Regel in digitalem Code verkörpert.

[20] Vgl. §§ 239, 257 HGB, §§ 146 ff. AO.

Die Archivierung in digitaler Form darf allerdings erst erfolgen, wenn üblicherweise mit Archi- 22
vierung des betreffenden Geschäftsvorfalls zu rechnen ist. Ist der Verkehrsvertrag noch nicht abgewickelt oder wird erkennbar, dass sich daran rechtliche Auseinandersetzungen knüpfen, sind Dokumente in der vorliegenden Form aufzubewahren oder dem Auftraggeber auszuhändigen (vgl. Ziff. 4.7,
14.2), wenn ein entsprechendes **Beweisführungsinteresse** des Auftraggebers erkennbar ist. Das gilt
insbesondere für Urkunden, die nur im Original ihre volle Wirkung entfalten wie etwa Wertpapiere
(zB Konnossemente, Ladescheine oder Lagerscheine) oder Bürgschaftsurkunden. Solche Dokumente
dürfen nur dann vernichtet werden, wenn sie nicht mehr im Original benötigt werden.

6. Verpackungs- und Kennzeichnungspflichten des Auftraggebers

**6.1 Das Gut ist vom Auftraggeber zu verpacken und, soweit dies erforderlich ist, mit
deutlich und haltbar angebrachten Kennzeichen für ihre auftragsgemäße Behandlung zu
versehen. Alte Kennzeichen sind zu entfernen oder unkenntlich zu machen. Gleiches
gilt für Packstücke.**
6.2 Darüber hinaus ist der Auftraggeber verpflichtet,
  **6.2.1 zu e i n e r Sendung gehörende Packstücke als zusammengehörig erkennbar zu
  kennzeichnen,**
  **6.2.2 Packstücke – soweit erforderlich – so herzurichten, dass ein Zugriff auf den Inhalt
  ohne Hinterlassen äußerlich sichtbarer Spuren nicht möglich ist.**

Schrifttum: S. vor Ziff. 1; *Salzmann,* ADSp-Änderung – diebstahlsichere Verpackung, obligatorisch VW 1993,
782; *Valder,* Die ADSp 1993: Einführung schadenverhütender Verhaltenspflichten, TranspR 1993, 81.

Parallelvorschriften: §§ 455 Abs. 1 S. 1, 411, 484 HGB.

Vorläufer in ADSp 2003: Ziff. 6.1 und 6.2 entsprechen mit Änderungen den Ziff. 6.1 und 6.2.1 und 6.2.2 ADSp
2003.

I. Überblick

Ziff. 6 erlegt dem Auftraggeber güterbezogene Pflichten auf, die Beschädigungen und Verluste, aber 1
auch Verwechslungen und Fehlversendungen des Guts verhüten und dem Spediteur die Transportabwicklung erleichtern sollen. Die Regelung entspricht im Grundsatz der gesetzlichen Zuordnung der
Verantwortlichkeiten (§§ 455 Abs. 1 S. 1, 411, 484 HGB) und begegnet daher keinen AGB-rechtlichen Bedenken. Es handelt sich um echte Vertragspflichten[1] des Auftraggebers, also nicht um bloße
Obliegenheiten. Einige weitere Detailregelungen der ADSp 2003 zur Verpackung des Guts etwa bei
Sammelgut oder beim Hängeversand sind entfallen; insoweit bleiben Handelsbräuche und die Verkehrsübung maßgeblich. Individualabreden, die auch in abweichender laufender Geschäftspraxis liegen
können, haben – wie stets – Vorrang. Abweichend von den ADSp 2003 regelt die Bestimmung auch
nicht mehr die Rechtsfolgen von Pflichtverletzungen des Auftraggebers; insoweit gelten daher die
gesetzlichen Bestimmungen über Beförderungshindernisse und die – gegebenenfalls nach Ziff. 29
beschränkte – Auftraggeberhaftung.

II. Verpackungspflicht

Im Einklang mit den gesetzlichen Vorschriften erlegen die ADSp die Aufgabe der Verpackung des 2
Guts dem Auftraggeber auf. Auf eine Regelung weiterer Einzelheiten verzichten die ADSp und
überlassen diese damit den **gesetzlichen Bestimmungen,** insbesondere § 411 HGB, die die Verpackungspflicht nach Erfordernis; Zweck und Ausmaß detaillierter festlegen. Obwohl die Verpackungspflicht nach Ziff. 6.1 Hs. 1 nicht eingeschränkt wird, ist deshalb nicht davon auszugehen, dass
die ADSp dem Auftraggeber eine Verpackungspflicht auch dann auflegen wollen, wenn das Gut nicht
verpackungsbedürftig oder -fähig ist wie etwa im Ro-Ro-Verkehr zu befördernde Fahrzeuge oder
Massengut. Auch für die Frage, wie die Verpackung beschaffen sein muss und welche Rechtsfolgen
sich an fehlende oder unzureichende Verpackung knüpfen, gilt das Gesetz. Maßgeblich für die Frage,
ob eine Verpackung erforderlich ist und wie sie beschaffen sein muss, ist daher, dass das Gut in einem
Zustand zu übergeben ist, in dem es die Beanspruchungen der verkehrsvertraglichen Leistungen
voraussichtlich unbeschadet übersteht.[2]

Nach Ziff. 6.1 S. 2 bezieht die Verpackungspflicht sich auch auf **Packstücke** (vgl. Ziff. 1.10). Das 3
ist insofern selbstverständlich, als übergebene Packstücke das „Gut" im Sinne von Ziff. 6.1 bilden.
Gemeint ist, dass der Auftraggeber eine Verpackung auch dann vorzunehmen hat, wenn er ein aus
kleineren Einheiten bestehendes Gut iSv Ziff. 1.10 zur Abwicklung des Verkehrsvertrags zu Einheiten

---

[1] Vgl. OLG Saarbrücken Urt. v. 8.2.2017 – 5 U 29/16, TranspR 2017, 453.
[2] Näher dazu *Koller* HGB § 411 Rn. 4 ff.; Rabe/Bahnsen/*Bahnsen* HGB § 484 Rn. 8 ff.

mit oder ohne Lademittel (vgl. Ziff. 1.7) zusammengestellt hat, etwa durch das Packen einer Palette. Diese ist, sofern erforderlich, ihrerseits zu verpacken, zB durch Stretchfolie. Wenn die so zusammengefassten Untereinheiten vom Spediteur ausgepackt und getrennt weiterbefördert werden sollen, müssen auch diese Untereinheiten anforderungsgemäß verpackt sein (→ Rn. 8).

III. Kennzeichnungspflicht

4 Das Gut muss, soweit dies erforderlich ist, mit Kennzeichen für die auftragsgemäße Handhabung versehen sein. Die Kennzeichnung dient der Information der die Güter tatsächlich handhabenden Personen über die **Identität und die relevanten Eigenschaften** der Packstücke. Sie soll falscher Behandlung der Güter, Verwechslungen und Fehlverladungen vorbeugen sowie verloren gegangene Packstücke wieder auffindbar machen.[3] Ferner dient sie dazu, dem Spediteur die nach Ziff. 7 erforderlichen **Schnittstellenkontrollen** zu ermöglichen.[4] Zur auftragsgemäßen Handhabung sind in der Regel die Versand- und die Absenderadresse sowie die Zeichen oder Nummern nötig, anhand derer die Packstücke individualisiert werden können. Außerdem können je nach der Art des Guts auch Symbole (Piktogramme) mit Hinweisen zur Handhabung und zu Eigenschaften des Guts (zB Zerbrechlichkeit, besondere Stauweise, Anschlagpunkte und Schwerpunkt bei Schwergut) anzubringen.[5]

5 Die Hinweise müssen so abgefasst sein, dass sie von durchschnittlich qualifiziertem Fahr- oder Lagerpersonal auf der gesamten vorgesehenen Beförderungsstrecke verstanden werden, gegebenenfalls in mehreren Sprachen und unter Verwendung international üblicher Symbole. Welche Hinweise im Einzelnen erforderlich sind, richtet sich nach den Umständen, insbesondere den Besonderheiten des Guts sowie den verkehrsvertraglichen Leistungen. Dabei darf der Auftraggeber übliche eigene Sachkunde des Personals des Spediteurs unterstellen.[6]

6 Die Bestimmung lässt Kennzeichnungspflichten nach anderen Vorschriften unberührt, etwa nach dem **Gefahrgutrecht.** Auf Packstücken von **mindestens 1.000 kg** Rohgewicht ist die durch das Gesetz über die Gewichtsbezeichnung an schweren, auf Schiffen beförderten Frachtstücken v. 28.7.1933[7] vorgeschriebene Gewichtsbezeichnung anzubringen. Nach § 1 Abs. 1 des Gesetzes muss das Frachtstück an sichtbarer Stelle mit einer dauerhaften, deutlichen Angabe ihres Rohgewichtes in Kilogramm versehen sein. Das Gesetz ist nach Sinn und Zweck (Schutz von Umschlagspersonal) nicht anzuwenden, wenn das Packstück ein Container ist.

7 Werden Behältnisse oder Verpackungen wiederverwendet, müssen von früherer Benutzung herrührende **alte Kennzeichen** entfernt oder neutralisiert werden. Sie können sonst leicht zu Verwechselungen und Fehlverladungen führen. Bloßes Durchstreichen reicht nicht aus,[8] weil ein derartiges Ungültigmachen in der Praxis leicht übersehen werden und für maschinelle Lesegeräte lesbar bleiben kann. Kann das alte Kennzeichen nicht entfernt werden, muss es vollständig unkenntlich gemacht werden.

8 Satz 2 stellt klar, dass die Kennzeichnungspflicht sich auch auf **Packstücke** (vgl. Ziff. 1.10) in der Form von Einheiten bezieht, die der Auftraggeber zur Abwicklung des Verkehrsvertrags gebildet hat. Gemeint sind vor allem Paletten; die Kennzeichnung darf dementsprechend nicht nur auf darauf gepackten Kartons, sondern muss auch auf der Palette selbst angebracht werden. Soll der Spediteur die ihm übergebenen Packstücke im Verlauf des Transports, etwa an einem Hub, **auspacken** und die darin enthaltenen Untereinheiten (zB Paletten aus einem Container oder Kartons aus einer Palette) individuell weiterbefördern, so ändert er auch im Einvernehmen mit dem Auftraggeber die für die wechselseitigen verkehrsvertraglichen Pflichten maßgeblichen Packstücke (→ Ziff. 1 Rn. 45). Folglich hat der Auftraggeber die Verpackungs- und Kennzeichnungspflichten auch in Bezug auf die Untereinheiten zu erfüllen.

9 **Nicht erforderlich** ist eine Kennzeichnung, wenn der Verlader das Gut in einem eindeutig gekennzeichneten Lademittel übergibt wie etwa einem ISO-Container. Container sind anhand ihrer eigenen, üblicherweise in den Ladungspapieren vermerkten Containerkennzahl gekennzeichnet, sodass weitere Kennzeichnungen sich erübrigen. Gesetzlich vorgeschriebene Warnhinweise, etwa auf Gefahrgut, bleiben aber notwendig.

IV. Besondere Pflichten

10 **1. Kennzeichnung der Zusammengehörigkeit (Ziff. 6.2.1).** Zu den alltäglichen Risiken des Transportgewerbes gehört die Gefahr, einzelne Teile einer Sendung zu vergessen, zu verwechseln oder

---

[3] *Valder* TranspR 1993, 81 (82) (zu ADSp 1993); s. ferner den Fall BGH Urt. v. 4.2.2016 – I ZR 216/14, TranspR 2016, 404.

[4] *Koller* ADSp 2016 Ziff. 6 Rn. 2; *Hector/Salzmann,* ADSp 2017 Praktikerkommentar, 2016, 36.

[5] *Valder* TranspR 1993, 81 (81 f.) (zu ADSp 1993).

[6] *Koller* ADSp 2016 Ziff. 6 Rn. 2: Nässeempfindlichkeit von Wellpappe.

[7] Vgl. Gesetz über die Gewichtsbezeichnung an schweren, auf Schiffen beförderten Frachtstücken v. 28.7.1933, RGBl. 1933 I 412, zuletzt geändert durch Einführungsgesetz zum Strafgesetzbuch, BGBl. 1974 I 469.

[8] LG Köln Urt. v. 6.9.2001 – 89 O 78/01, TranspR 2002, 155; *Valder* TranspR 1993, 81 (82) (zu ADSp 1993).

fehl zu verladen. Daher müssen nach Ziff. 6.2.1 mehrere Packstücke, die zu einer Sendung zusammengefasst sind, so gekennzeichnet werden, dass sie leicht als zusammengehörig identifizierbar sind. Es genügt zB eine einheitliche Kennzeichnung mit **Kontrollnummern** oder durch farbige **Markierungen** oder Hinweise wie „zwei von vier" auf Barcode-Lables.[9]

2. Diebstahlssicherung (Ziff. 6.2.2). Nach Ziff. 6.2.2 sind die Packstücke bei Erfordernis so **11** herzurichten, dass kein Zugriff darauf ohne das Hinterlassen äußerlich sichtbarer Spuren möglich ist. Sinn der Regelung ist es, Diebstähle durch das bei der Beförderung oder Lagerung der Güter eingesetzte Personal zu erschweren.[10] Ziff. 6.2.2 zielt auf Gelegenheitstäter. Deren Zugriff auf die Güter soll sichtbare Spuren hinterlassen, die in einem ordentlichen Speditionsbetrieb zeitnah auffallen und infolge der dadurch erleichterten Lokalisierbarkeit des Diebstahls abschreckend wirken.[11] Wann eine solche diebstahlshemmende Herrichtung **erforderlich** ist, wird nicht näher eingegrenzt. Es liegt nahe, dass solche Abwehrmaßnahmen jedenfalls bei diebstahlsgefährdetem und wertvollem Gut (Ziff. 1.3, 1.17) erforderlich sind, darüber hinaus auch bei Konsumartikeln, die jedermann im eigenen Haushalt verwenden kann. Da die Obhut über das Gut in erster Linie dem Spediteur selbst obliegt, schuldet der Auftraggeber aber nur zumutbare Vorkehrungen. Maßnahmen gegen den Diebstahl durch Kriminelle, die auch die in dem Klammerzusatz erwähnten Verpackungsmittel (schwer nachahmbares Klebeband, verschweißte Folie) unbemerkt überwinden würden, braucht der Auftraggeber nicht zu treffen.[12] Die Regelung verlangt auch nicht, verkaufsfördernde Verpackungen zu unterlassen.[13]

V. Rechtsfolgen

Verstößt der Auftraggeber gegen die Pflichten aus Ziff. 6, so **haftet** er für alle Folgen mangelhafter **12** Verpackung oder Kennzeichnung nach Maßgabe der §§ 455 Abs. 2, 414 Abs. 1, 468 Abs. 3, 488 HGB oder der entsprechenden Bestimmungen des für internationale Beförderungen geltenden Einheitsrechts.

Dem Spediteur kann aber der Mitverschuldenseinwand entgegen gehalten werden, wenn das Fehlen **13** oder die Mangelhaftigkeit der Verpackung oder Kennzeichnung offensichtlich war, er aber keine Warnung an den Auftraggeber ausgesprochen hat. Denn der Spediteur darf sich **nicht blind** darauf verlassen, dass der Auftraggeber seine Verpackungs- und Kennzeichnungspflichten ordnungsgemäß erfüllt hat. Aufgrund seiner Interessenwahrungspflichten ist er vielmehr seinerseits gehalten, ersichtlichen Unzulänglichkeiten der Verpackung oder Unstimmigkeiten der Kennzeichnung oder sonstigen Auffälligkeiten durch Rücksprache mit dem Auftraggeber nachzugehen, damit der Auftraggeber nacharbeiten oder den Spediteur damit beauftragen kann.[14] Allerdings gilt das nur für offensichtliche Unzulänglichkeiten; der Spediteur nicht dazu verpflichtet, sich den Pflichtenkreis des Auftraggebers vollständig zu eigen zu machen und sich im Einzelnen davon zu vergewissern, dass dieser die ihm nach Ziff. 6 obliegenden Pflichten ordnungsgemäß erfüllt hat.[15]

Eine Verletzung der Pflichten aus Ziff. 6 kann außerdem zur Befreiung des Spediteurs von der **14** Haftung für Güter- oder Verspätungsschäden führen,[16] zB nach § 427 Abs. 1 Nr. 2 oder 5 HGB oder nach § 499 Abs. 1 Nr. 5 HGB, oder ihm den Mitverschuldenseinwand eröffnen.

7. Ladungssicherungs- und Kontrollpflichten des Spediteurs

7.1 Erfolgt die Ver- oder Entladung an mehr als einer Lade- oder Entladestelle, stellt der Spediteur nach Abschluss der beförderungssicheren Verladung eines Gutes die Ladungssicherung durchgehend bis zur letzten Entladestelle sicher.
7.2 Der Spediteur ist verpflichtet, an jeder Schnittstelle Kontrollen durchzuführen. Er hat das Gut auf Vollzähligkeit und Identität sowie äußerlich erkennbare Schäden und Unversehrtheit von Label, Plomben und Verschlüssen zu überprüfen und Unregelmäßigkeiten zu dokumentieren.

Schrifttum: S. vor Ziff. 1; *Bahnsen*, „Kontrollverlust" und neue Schnittstellen, TranspR 2017, 297; *Gran*, Vertragsgestaltung im Logistikbereich, TranspR 2004, 1; *Koller*, Die Unzulänglichkeit der Verpackung im Transport- und Transportversicherungsrecht, VersR 1993, 519; *Koller*, Abreden über die Qualität von Beförderungen im Licht des § 449 Abs. 2 HGB, TranspR 2006, 265; *Koller*, Die Vereinbarung der Ausführungsart im Werkvertrags- und

---

[9] *Valder* TranspR 1993, 81 (82) (zu ADSp 1993).

[10] *Valder* TranspR 1993, 81 (82) (zu ADSp 1993).

[11] *Salzmann* VW 1993, 782 (783).

[12] *Koller* ADSp 2016 Ziff. 6 Rn. 5.

[13] *Valder* TranspR 1993, 81 (82) (zu ADSp 1993); einschränkend *Widmann*, Kommentar zur ADSp '99, 6. Aufl. 1999, Ziff. 6 Rn. 8.

[14] Vgl. OLG Stuttgart Urt. v. 18.3.1975 – 16 U 122/74, VersR 1975, 729 (730).

[15] LG Köln Urt. v. 6.9.2001 – 89 O 78/01, TranspR 2002, 155 (156).

[16] LG Köln Urt. v. 6.9.2001 – 89 O 78/01, TranspR 2002, 155 (156).

Transportrecht, TranspR 2007, 221; *Koller*, Mitverschulden bei der Wahl zwischen Leistungen unterschiedlichen Sicherheitsniveaus, VersR 2015, 1328; *Werner*, Organisationsverschulden eines Paketdienstunternehmens, TranspR 2003, 231.

Vorläufer in ADSp 2003: Ziff. 7.1 hat keinen Vorläufer in den ADSp 2003; Vorläufer von Ziff. 7.2 ist Ziff. 7.1 ADSp 2003.

I. Überblick

1   Ziff. 7 regelt **Sicherungspflichten des Spediteurs.** Die bereits mit den ADSp 2016 mit ähnlichem Wortlaut eingeführte Ziff. 7.1 stellt in Abgrenzung zu Ziff. 4.8.2 klar, dass es Aufgabe des Spediteurs ist, die Beförderungssicherheit aufrechtzuerhalten, wenn diese wegen einer Mehrzahl von Lade- oder Entladestellen während der Beförderung beeinträchtigt werden kann. Ziff. 7.2 regelt die Pflicht des Spediteurs zur Durchführung von Schnittstellenkontrollen.

II. Ladungssicherung bei Mehrzahl von Lade- oder Entladestellen

2   Ziff. 7.1 enthält entgegen dem ersten Anschein keine Abweichung von Ziff. 4.8.2, nach der der Spediteur (im Einklang mit § 412 HGB) die Ver- und Entladung des Guts nur dann schuldet, wenn dies vereinbart ist.[1] Vielmehr stellt die Bestimmung nur klar, dass der Spediteur bei Verladepflicht des Absenders nach der Obhut der Beförderungssicherheit des gestauten Guts auch in Ansehung der Auswirkungen aufrechtzuerhalten hat, die sich durch nachträglich an weiteren Ladestellen **hinzugestautes Gut** oder durch **Teilentladungen** ergeben.

3   Die Aufgabe, das zu ladende Gut beförderungssicher zu stauen und zu befestigen, stellt sich dem Absender bzw. Drittverlader auch dann, wenn es den Laderaum des Fahrzeugs nicht vollständig ausfüllt, wenn sich also zB schon Gut anderer Absender an Bord befindet oder später noch weitere Zuladungen erfolgen. Die Ladungssicherung darf dann nicht unter Zuhilfenahme des anderen Guts erfolgen, etwa durch Abstützen oder Gegensichern, sondern jede Partie ist so zu sichern, dass sie selbstständig im Laderaum befestigt ist und unabhängig von anderem Gut, also auch nach dessen Entladung, sicher weiterbefördert werden kann.[2]

4   Diese Aufgabe ist zwar jedem Absender hinsichtlich seines Guts selbst zugewiesen, jedoch gilt das nur für den Zeitpunkt der Obhutsübernahme und auch nur im Innenverhältnis zwischen dem Spediteur und dem jeweiligen Absender. Hat der Absender seine Aufgabe, das Gut beförderungssicher zu verladen, ordnungsgemäß abgeschlossen, so ist die weitere Aufrechterhaltung der Beförderungssicherheit während des Transports Aufgabe des Spediteurs. Das gilt sowohl dann, wenn die vom Auftraggeber gestaute und gesicherte Partie selbst teilentladen wird und dadurch ihre Sicherung einbüßt, als auch dann, wenn die Beförderungssicherheit durch später hinzugestautes Gut anderer Absender oder durch die spätere (vollständige oder teilweise) Entladung anderen Guts gefährdet werden kann. Deshalb muss der Spediteur die **Ver- und Entladetätigkeit dritter Absender oder Empfänger überwachen** und sicherstellen, dass diese nicht die Beförderungssicherheit des (restlichen) Guts beeinträchtigen, zum Beispiel indem andere Verlader ihr Drittgut an dem Gut des Absenders befestigen, es gegenstauen oder überstauen oder indem Empfänger nach der Teilentladung das restliche Gut ungesichert lassen oder bei der Entladung von Drittsendungen die Ladungssicherung des Guts beseitigen oder schwächen. Diese Verpflichtung trägt der Spediteur gegenüber jedem Absender bis zur vollständigen Entladung des Fahrzeugs, also bis zur letzten Entladestelle.

5   Unterlässt der Spediteur diese Prüfung und kommt es deshalb zu einem Güterschaden, so hat er dafür nach den Grundsätzen der Güterschadenhaftung einzustehen. Darin liegt keine Zurechnung des fremden Verschuldens von Drittabsendern oder -empfängern, sondern dem Spediteur fällt die Verletzung eigener Sicherungspflichten zur Last.

III. Schnittstellenkontrolle

6   **1. Allgemeines.** Die Schnittstellenkontrolle bei der Beförderung und dem Umschlag von Gütern ist eine **zentrale Pflicht** des Spediteurs. Von besonderer Bedeutung ist sie bei dem Betrieb von Umschlagslagern ("Hubs"), denn solche Lager sind in besonderem Maß schadensträchtig, weil es leicht zu Fehlverladungen und Diebstählen kommen kann.[3] Das Unterlassen ordnungsgemäßer Schnittstellenkontrollen begründet nach der Rspr. des BGH[4] den Vorwurf der Leichtfertigkeit iSd § 435 HGB und nimmt dem Spediteur damit das Recht, sich auf die gesetzlichen Haftungsbeschränkungen zu

---

[1] AA zu Ziff. 7.1 ADSp 2016 *Koller* ADSp 2016 Ziff. 7 Rn. 1.

[2] Näher *Koller* ADSp 2016 Ziff. 7 Rn. 5 aE.

[3] BGH Urt. v. 13.6.2012 – I ZR 87/11, TranspR 2012, 463 Rn. 19; Urt. v. 4.2.2016 – I ZR 216/14, TranspR 2016, 404; Urt. v. 1.12.2016 – I ZR 128/15, TranspR 2017, 175 Rn. 61.

[4] Vgl. BGH Urt. v. 25.3.2004 – I ZR 205/01, NJW 2004, 2445 = TranspR 2004, 309, stRspr., zuletzt BGH Urt. v. 29.6.2006 – I ZR 168/03, NJW-RR 2006, 1694 = TranspR 2006, 466; Urt. v. 14.6.2006 – I ZR 75/03, NJW 2006, 2976 = TranspR 2006, 345 (347); Urt. v. 1.12.2005 – I ZR 103/04, TranspR 2006, 171.

berufen. Auch die weitergehenden Haftungserleichterungen nach den ADSp entfallen (Ziff. 27). Die Verpflichtung zur Durchführung von Schnittstellenkontrollen kann nur individualvertraglich ausgeschlossen werden.[5] Daher kann Ziff. 7.2 ADSp die Pflichtenstellung des Spediteurs in Bezug auf Schnittstellenkontrollen allenfalls inhaltlich ausgestalten, aber nicht einschränken. Dies gilt für die Frage, welche Kontrollen im Einzelnen an Schnittstellen vorzunehmen sind, ebenso wie für die Frage, an welchen Stellen im Transportablauf Schnittstellenkontrollen durchzuführen sind.

2. Begriff der Schnittstelle. Der Begriff der Schnittstelle ist in Ziff. 1.12 definiert. Danach bilden **7** „nach Übernahme und vor Ablieferung des Gutes durch den Spediteur jede Übergabe des Gutes von einer Rechtsperson auf eine andere, jede Umladung von einem Fahrzeug auf ein anderes, jede (Zwischen-)Lagerung" eine Schnittstelle. Zu den Einzelheiten dieser Begriffsbestimmung → Ziff. 1 Rn. 55 ff.

3. Kontrollpflichten des Spediteurs. a) Kontrolle an jeder Schnittstelle. An jeder Schnittstelle **8** im Sinne von Ziff. 1.12 hat der Spediteur die vorgesehenen Kontrollen durchzuführen. Das gilt auch für Schnittstellen, die in der Verantwortung von Sub-Unternehmern passiert werden, wobei der Spediteur die Kontrollen dann auch durch von ihm eingesetzte Frachtführer, Umschlagsbetriebe oder Lagerhalter durchführen lassen kann. Das gilt auch für Schnittstellen im Ausland. Die Prüfungen sollen die Beförderung konsequent in abgrenzbare Verantwortungssegmente unterteilen, damit im Schadenfall die Verlustursache räumlich, zeitlich und personell eingegrenzt werden und nach Möglichkeit aufgeklärt werden kann. Dieser **Durchgriff der Obhutsverantwortung bis auf die Arbeitsebene** dient in erster Linie der Schadensprävention, indem sie die Sorgfalt der handelnden Mitarbeiter steigert und von Diebstahl oder Unterschlagung abschreckt. Zugleich sollen die Aussichten für einen erfolgreichen Haftungsregress gegen Subunternehmer gesteigert werden.

b) Prüfungen. aa) Gegenstand der Prüfung. Gegenstand der Prüfung ist „**das Gut**", und zwar **9** in derjenigen Gestalt, in der der Spediteur es zur Ausführung der verkehrsvertraglichen Leistungen übergeben bekommen hat.[6] Ist das Gut in Form von Packstücken (vgl. Ziff. 1.10) übergeben worden, bezieht die Prüfungspflicht sich daher auf sämtliche Packstücke[7], aber auch nur auf diese und erstreckt sich nicht auch auf deren Inhalt. Deshalb braucht der Spediteur beispielsweise nicht die Einzelverpackungseinheiten zu überprüfen, die sich in einer mit Schrumpffolie versehenen oder verschweißten Palette befinden. Ist ein vom Absender gepackter und versiegelter Container übergeben worden, bezieht die Prüfung sich nur auf den versiegelten Container als solchen.

Ziff. 7.2 verlangt dem Wortlaut nach die lückenlose Kontrolle **jedes beförderten Guts** und geht **10** damit über die gesetzlichen Kontrollpflichten hinaus. Der BGH hat mehrfach die Auffassung vertreten, dass zuverlässige Schnittstellenkontrollen auch durch eine **stichprobenartige Überprüfung** erfolgen können, wenn auf diese Weise eine hinreichende Kontrolldichte gewährleistet wird, um der Gefahr des Abhandenkommens von Sendungen wirksam entgegenzuwirken.[8] Das setzt jedoch voraus, dass die Umstände der Stichprobenkontrolle, ihr genauer Ablauf, ihre Häufigkeit und Intensität nachvollzogen werden können. Wann eine hinreichende Kontrolldichte gegeben ist und welche Anforderungen an Darlegung und Beweis zu stellen sind, ist **ungeklärt**.[9]

bb) Inhalt der Prüfung. Der Spediteur hat zunächst die **Vollzähligkeit und Identität** des Guts **11** zu überprüfen. sowie den äußeren Zustand aller zu der Sendung gehörender Packstücke[10] zu prüfen. Hierzu hat der Spediteur zunächst das Gut anhand seiner Kennzeichnung (vgl. Ziff. 6) zu **identifizieren** und es durch körperlichen Abgleich mit dem papier- oder EDV-mäßig erfassten Sollbestand[11] dem erteilten Auftrag zuzuordnen. Sodann hat er sich darüber zu vergewissern, dass alle zu dem Auftrag gehörigen Packstücke **vorhanden** sind.

Sodann hat er zu prüfen, ob das Gut äußerlich erkennbare **Schäden** aufweist. Schäden in diesem **12** Sinne sind auch Schäden an diebstahlshemmenden Vorrichtungen iSv Ziff. 6.2.2 und an der sonstigen Verpackung und ihrer Kennzeichnung,[12] weil Verpackungsschäden auch das Gut selbst gefährden. Äußerlich erkennbar sind Schäden auch dann, wenn sie nicht optisch sichtbar sind, sich aber durch

---

[5] BGH Urt. v. 1.12.2005 – 1 ZR 108/04, TranspR 2006, 171 (173); OLG Düsseldorf Urt. v. 23.6.2004 – I-18 U 13/04, BeckRS 2016, 8501; Urt. v. 31.5.2006 – I-18 U 205/05, TranspR 2006, 349; Urt. v. 28.6.2006 – I-18 U 190/05, 18 U 190/05, TranspR 2006, 353 (354); aM *Koller* TranspR 2006, 265 (267); vgl. auch *Koller* TranspR 2007, 221 (224 f.).

[6] *Koller* ADSp 2016 Ziff. 7 Rn. 2.

[7] Vgl. *de la Motte* in Fremuth/Thume TranspR ADSp Nr. 7 Rn. 2.

[8] BGH Urt. v. 14.6.2006 – I ZR 136/03, TranspR 2006, 348; Urt. v. 25.3.2004 – I ZR 205/01, TranspR 2004, 309; Urt. v. 13.2.2003 – I ZR 128/00, TranspR 2003, 255; Urt. v. 15.11.2001 – I ZR 264/99, TranspR 2002, 460; I ZR 182/99, TranspR 2002, 302; I ZR 284/99, TranspR 2002, 306; I ZR 163/99, TranspR 2002, 452; I ZR 221/99, TranspR 2002, 458; I ZR 158/99, TranspR 2002, 295; Urt. v. 4.5.1995 – I ZR 70/93, TranspR 1996, 34 (36).

[9] *Werner* TranspR 2003, 231 (232 f.).

[10] BGH Urt. v. 13.9.2007 – I ZR 155/04, TranspR 2007, 466 (468).

[11] BGH Urt. v. 15.11.2001– I ZR 163/99, TranspR 2002, 452 (455).

[12] *Koller* ADSp 2016 Ziff. 7 Rn. 2.

sinnlich wahrnehmbare **Auffälligkeiten** wie zB Gerüche oder Geräusche bemerkbar machen.[13] Das Gewicht des Guts ist nicht äußerlich erkennbar, weil zur Gewichtsfeststellung ein Verwiegen erforderlich ist. Im Einzelfall kann aber eine extreme Gewichtsabweichung gleichwohl erkennbar sein, etwa wenn der scheinbar beladene Container tatsächlich nur Leergewicht aufweist.

13   Bei der Schnittstellenkontrolle von Packstücken hat der Spediteur neben der äußeren Schadenfreiheit der Packstücke insbesondere die Unversehrtheit von **Labeln, Plomben und Verschlüssen** zu prüfen, weil bei deren Beschädigung befürchtet werden muss, dass jemand unbefugt Zugriff auf den Inhalt der Packstücke genommen hat. Das Gleiche gilt für sonstige **Vorrichtungen zur Diebstahlsprävention** iSv Ziff. 6.2.2, denn da der Spediteur solche Maßnahmen fordert, hat er sich ihrer auch im Rahmen der Schnittstellenkontrolle zu bedienen.

14   Der **Zeitpunkt** der Schnittstellenprüfung soll möglichst nah an dem Passieren der Schnittstelle erfolgen, weil die Prüfung nur dann im Schnittpunkt der abzugrenzenden Verantwortungsphasen ansetzt. Dabei können aber aus betrieblichen Gründen Verzögerungen unausweichlich sein, etwa wenn größere Ladungsmengen zu prüfen sind (Schiffsladungen, Güterzüge).

15   **c) Dokumentation.** Findet der Spediteur bei der Schnittstellenkontrolle Unregelmäßigkeiten vor, so hat er diese zu dokumentieren. **Unregelmäßigkeiten** sind, wie Ziff. 7.1.1 ergibt, jedenfalls das Fehlen von Gut, vertauschte Packstücke und alle Schäden an Packstücken, ihrer Verpackung, an Labeln oder an Verschlüssen samt Plomben. Daneben sind auch weitere dokumentationspflichtige Unregelmäßigkeiten denkbar, zum Beispiel Auffälligkeiten oder sonstige Umstände, die einen Schadensverdacht nahe legen[14] (Beispiel: vorübergehendes Versagen eines Kühlgerätes), nicht aber schon jede Abweichung des Erscheinungsbildes der Güter von dem, was nach den Umständen zu erwarten war.[15] Ist eine Unregelmäßigkeit festgestellt worden, so muss die Dokumentation ersehen lassen, **welcher Art** sie ist und inwieweit das Gut betroffen ist. Es ist aber nicht erforderlich, dass dabei weitere Einzelheiten ausgeführt werden wie etwa Darlegungen zur Schadensursache oder Beweismittel. Ist erkennbar, dass die Verpackung geöffnet worden ist oder sind Vorrichtungen zur Diebstahlssicherung nach Ziff. 6.2.2 beeinträchtigt; hat der Spediteur, wenn das ohne zusätzliche Beschädigung und mit zumutbarem Aufwand möglich ist, an der Schnittstelle auch den Inhalt des Packstücks zu überprüfen.

16   Entgegen dem Wortlaut der Bestimmung hat der Spediteur die Schnittstelle auch dann[16] zu dokumentieren, wenn er **keine Unregelmäßigkeiten** festgestellt hat. Denn nur anhand einer Schnittstellendokumentation lässt sich verifizieren, dass die Schnittstelle überhaupt geprüft worden ist, und mit welchem Ergebnis. Um den Schadenort eingrenzen zu können, muss auch positiv festgestellt werden, an welchen Schnittstellen das Gut noch vorhanden und unversehrt war.[17] Insoweit genügt aber ein Beleg, der sich entnehmen lässt, dass das Gut ohne Beanstandungen kontrolliert wurde.

17   Die Form und genaue Art der Dokumentation lässt Ziff. 7.2 offen. Ausreichend ist jedenfalls neben einem hinreichend aussagekräftigen Vermerk in den Begleitpapieren oder einer direkten Information an die Wareninteressenten im Schadensprotokoll. Zweifelsfrei ausreichend sind auch Empfangsquittungen von Unterfrachtführern, etwa in der Form eines Frachtbriefs oder Lagerscheins, in dem die Obhutsübernahme bescheinigt wird. Auch eine Gate-in oder –out-Quittung eines See-, Flughafen- oder Bahnterminals ist als Schnittstellenprotokoll anzuerkennen. Es ist aber nicht mehr erforderlich als ein textlicher Beleg darüber, dass die Schnittstellenprüfung erfolgt ist und mit welchem Ergebnis.

18   Der Spediteur ist nicht ohne weiteres verpflichtet, dem Auftraggeber die Schnittstellendokumentation **auszuhändigen.** Diese dient in erster Linie der Schadensprävention[18] und damit vornehmlich zu internen Zwecken. Im Schadenfall zwingt ihn aber die erweiterte Darlegungslast, die Protokolle vorzulegen. Ihn können je nach Lage des Falles auch noch weitergehende prozessuale Darlegungsobliegenheiten hinsichtlich der tatsächlichen Durchführung der Schnittstellenkontrollen und ihrer Ergebnisse treffen.[19]

19   Ziff. 7.2 regelt nicht, wie der Spediteur angesichts von ihm bei der Schnittstellenkontrolle vorgefundener Unregelmäßigkeiten **im Übrigen** zu verfahren hat. Bei Verlustfällen verlangt die Rspr. zeitnahe Such- und Recherchemaßnahmen[20]. Ist das Gut beschädigt, so gebieten die Obhutspflichten Maßnahmen zur Verhütung weiterer Schadensfolgen, etwa durch ein Nachsiegeln oder Nachverpacken. Führt die Unregelmäßigkeit zu einem Beförderungshindernis, sind Weisungen einzuholen.

---

[13] Argument aus dem Begriff „Unregelmäßigkeit" in Ziff. 7.2, vgl. *Koller* ADSp 2016 Ziff. 7 Rn. 3; *de la Motte* in Fremuth/Thume TranspR ADSp Nr. 7 Rn. 3.

[14] Vgl. *Widmann,* Kommentar zur ADSp '99, 6. Aufl. 1999, Rn. 3.

[15] So aber *Koller* ADSp 2016 Ziff. 7 Rn. 3.

[16] AA *Valder* (zu ADSp 1993) TranspR 1993, 81 (84); wohl auch *Koller* ADSp 2016 Ziff. 7 Rn. 3.

[17] Für durchgängige Dokumentation *Gran* TranspR 2004, 1 (10); vgl. auch OLG Urt. v. 4.2.1994 – 23 U 3810/92, NJW-RR 1994, 812.

[18] *Koller* ADSp 2016 Ziff. 7 Rn. 3.

[19] Vgl. BGH Urt. v. 13.2.2003 – I ZR 128/00, TranspR 2003, 255 (257).

[20] BGH Urt. v. 19.7.2012 – I ZR 104/11, TranspR 2013, 111 (113).

IV. Rechtsfolgen bei Verletzung von Kontrollpflichten

Bleibt die betriebliche Organisation des Spediteurs in Bezug auf Schnittstellenkontrollen hinter **20** den Anforderungen zurück, ist ihm in der Regel ein grobes Organisationsverschulden vorzuwerfen,[21] das – außer bei der Luftspedition nach dem Montrealer Übereinkommen – zum Wegfall der gesetzlichen Haftungsbeschränkungen führt (§§ 461 Abs. 1, 435, 507 Nr. 1 HGB, Art. 29 CMR, Art. 21 CMNI, Art. 36 CIM).[22] Allerdings kann den Auftraggeber ein Mitverschulden treffen.[23] Sind Kontrollpflichten im Einzelfall verletzt worden, haftet der Spediteur auf Ersatz des dadurch verursachten Schadens. Er kann insbesondere darin bestehen, dass der Auftraggeber oder Empfänger einen Ersatzanspruch gegen Dritte deshalb nicht durchsetzen kann, weil der genaue Schadensort sich nicht mehr feststellen lässt.

8. Quittung

8.1 Der Spediteur hat die Übernahme des Gutes – gegebenenfalls mit Vorbehalt – zu quittieren.
Mit der Übernahmequittung bestätigt der Spediteur im Zweifel nur die Anzahl und Art der Packstücke, nicht jedoch deren Inhalt, Wert, Gewicht oder anders angegebene Menge.
8.2 Bei vorgeladenen oder geschlossenen Ladeeinheiten wie Containern oder Wechselbrücken und vorab vom Auftraggeber übermittelten Daten gilt die Richtigkeit einer Übernahmequittung über Anzahl und Art der geladenen Packstücke als widerlegt, wenn der Spediteur dem Auftraggeber unverzüglich (Mengen-) Differenzen und Beschädigungen meldet, nachdem er die Ladeeinheit entladen hat.
8.3 Als Ablieferungsnachweis hat der Spediteur vom Empfänger eine Ablieferungsquittung über die im Auftrag oder in sonstigen Begleitpapieren genannten Packstücke zu verlangen. Weigert sich der Empfänger, die Ablieferungsquittung zu erteilen, so hat der Spediteur Weisung einzuholen.
Der Auftraggeber kann die Herausgabe der Ablieferungsquittung innerhalb eines Jahres nach Ablieferung des Gutes verlangen.
8.4 Als Übernahme- oder Ablieferungsquittung dienen alle die Auftragsdurchführung nachweisenden, unterzeichneten Dokumente, wie Lieferscheine, Spediteurübernahmescheine, Fracht- und Seefrachtbriefe, Ladescheine oder Konnossemente.
8.5 Die Übernahme- oder Ablieferungsquittung kann auch elektronisch oder digital erstellt werden, es sei denn, der Auftraggeber verlangt die Ausstellung eines Fracht- oder Seefrachtbriefs, Ladescheins oder Konnossements.

Schrifttum: S. vor Ziff. 1 sowie *Valder*, Rechte und Pflichten bei der Ablieferung, TranspR 2015, 257.

Vorläufer in ADSp 2003: Ziff. 8 entspricht Ziff. 8 ADSp 2003, wurde aber modifiziert und um die Ziff. 8.2, 8.4 und 8.5 erweitert.

---

[21] StRspr, zuletzt BGH Urt. v. 1.12.2016 – I ZR 128/15, TranspR 2017, 175 Rn. 61.
[22] BGH Urt. v. 25.3.2004 – I ZR 205/01, TranspR 2004, 309; Urt. v. 17.6.2004 – I ZR 263/01, TranspR 2004, 399 (401).
[23] Vgl. BGH Urt. v. 30.3.2006 – I ZR 57/03, TranspR 2006, 250 (252); dazu *Köper* TranspR 2007, 94.

I. Überblick

1   Die Pflicht zur Erteilung einer Güterempfangsquittung und die Beschaffung einer Ablieferquittung sind Pflichten des Spediteurs mit hoher praktischer Relevanz. Er unterliegt ihnen, einerlei ob er das Gut als Spediteur im Rechtssinne, als Frachtführer, als Lagerhalter oder in sonstiger Funktion übernimmt. Die Übernahme und die Ablieferung des Guts sind von grundlegender Bedeutung für die Abwicklung des Verkehrsvertrags, weil sie **Beginn und Ende der Obhut** und der sich daran knüpfenden besonderen Pflichtenstellung des Spediteurs markieren. Ziff. 8 regelt vor allem den Anspruch auf eine Quittung und die Art ihrer Erteilung.

2   Von mindestens gleicher praktischer Bedeutung wie die Erteilung einer Quittung und deren Form ist die Frage, wie **weit eine Quittung inhaltlich reicht,** inwieweit das Bekenntnis des Quittierenden also neben dem Empfang als solchem auch die genaue Menge, Beschaffenheit und den Zustand des Guts erfasst. Auch hierzu enthält die Ziff. 8 in Ziff. 8.1 S. 2 und 8.2 Regelungen.

II. Übernahmequittung des Spediteurs

3   **1. Rechtsnatur der Empfangsquittung.** Die Übernahmequittung des Spediteurs ist als ein der Gläubigerquittung nach § 368 BGB verwandtes[1] Bekenntnis ein tatsächliches Zeugnis des Spediteurs über die Übernahme des Guts. Sie ist kein Rechtsgeschäft,[2] insbesondere kein Schuldanerkenntnis, sondern lediglich **geschäftsähnliche Handlung.** Die Bestimmungen über die Willenserklärungen, insbesondere auch die Auslegungsregeln, sind darauf grundsätzlich entsprechend anwendbar.[3]

4   **2. Anspruch auf Übernahmequittung (Ziff. 8.1 S. 1).** Das Gesetz sieht keine isolierten Quittierungspflichten bei der Übernahme der Obhut über das Gut durch den Spediteur vor.[4] Allerdings beinhaltet der Anspruch des Absenders auf Unterzeichnung des Frachtbriefs durch den Frachtführer (§ 408 Abs. 2 S. 2 HGB) wegen der Beweiswirkungen nach § 409 HGB in der Sache einen Anspruch auf ein Übernahmebekenntnis.[5] Gleiches gilt für das Konnossement (§ 513 S. 1 HGB), das unter anderem die Funktion eines Empfangsbekenntnisses hat, § 514 Abs. 1 S. 2 Hs. 1 HGB. Demgegenüber räumt Ziff. 8.1 S. 1 dem Auftraggeber für **jeden**[6] **Fall des Verkehrsvertrages** und unabhängig von der Ausstellung von Frachtbriefen und Beförderungsdokumenten stets einen Anspruch auf eine Übernahmequittung für die Übergabe des Guts ein. Soweit der Spediteur das Gut nicht selbst übernimmt, hat er seine Erfüllungsgehilfen entsprechend zu instruieren. Das gilt im Grundsatz auch für ausländische Erfüllungsgehilfen, jedoch sind die für den Spediteur häufig nicht beeinflussbaren Gegebenheiten zu berücksichtigen.

5   Abweichend von Ziff. 8.1 ADSp 2003 ist die Quittung nicht erst auf Verlangen des Auftraggebers sondern stets und aus eigenem Antrieb zu erteilen. Unterlässt der Spediteur das, macht er sich eines **Dokumentationsmangels** schuldig, der im Einzelfall als Beweisanzeichen zu seinen Lasten wirken kann, etwa wenn der Spediteur geltend macht, er habe eine Übernahmequittung nur mit Einschränkungen erteilt haben. Lehnt der Spediteur die Erteilung einer Quittung ab, kann der Auftraggeber die Übergabe des Guts verweigern; es liegt dann ein vom Spediteur zu vertretenden Beförderungshindernis vor.

6   Zu quittieren hat der Spediteur die Art und die Anzahl der ihm übergebenen Packstücke. **Packstück** (Ziff. 1.10) in diesem Sinne ist gegebenenfalls auch eine gepackte Palette oder ein geschlossen übergebener Container. Neben der Zahl ist nach den landläufigen Begriffen auch anzugeben, wie die Packstücke beschaffen sind. Dazu gehören auch äußerlich erkennbare Auffälligkeiten. Wie sich aus Ziff. 8.1 S. 2 entnehmen lässt, ist der Spediteur jedoch nicht ohne weiteres dazu verpflichtet, bei der Übernahme von **Packstücken** (Ziff. 1.10) deren Inhalt, Wert und zusätzliche Mengenangaben wie etwa das Gewicht zu prüfen und zu bescheinigen. Er ist deshalb nicht gehalten, die Packstücke zu wiegen oder sonstige mengenbezogene Angaben wie etwa das Volumen zu ermitteln. Von besonderer praktischer Relevanz ist Quittierung der Anzahl von Einzelstücken oder **Kartons in einer Palette** oder einem anderen Lademittel; selbst wenn diese für den Spediteur zählbar sind, braucht er die Anzahl nicht festzustellen und kann sich darauf beschränken, nur die Anzahl an Paletten oder sonstigen Lademitteln zu quittieren.[7]

---

[1] Um eine Quittung iSv § 368 BGB handelt es sich nicht, weil der Spediteur keinen Anspruch auf die Übergabe des Guts hat und daher auch keine Erfüllungswirkung eintritt.

[2] *Widmann,* Kommentar zur ADSp '99, 6. Aufl. 1999, Ziff. 8 Rn. 1.

[3] MüKoBGB/*Busche* BGB § 133 Rn. 49; MüKoBGB/*Armbrüster* BGB Vor § 116 Rn. 30.

[4] AA *Koller* HGB § 454 Rn. 20: § 368 BGB analog; dagegen spricht, dass angesichts der Quittungsfunktion des Frachtbriefs wenig für die planwidrige Gesetzeslücke spricht.

[5] Ähnl. Art. 8, 9 CMR, Art. 12 CIM, Art. 11 Abs. 2 MÜ, Art. 11, 12 CMNI.

[6] Nach Ansicht von *Koller* besteht die Pflicht analog § 368 BGB auch ohne besondere Vereinbarung, *Koller* ADSp 2016 Ziff. 8 Rn. 6.

[7] *Hector/Salzmann,* ADSp 2017 Praktikerkommentar, 2016, 38; *Koller,* ADSp 2016 Ziff. 8 Rn. 3.

Etwas anderes kann sich aber aus individueller Vereinbarung (§ 305b BGB) oder aus den Umständen **7** ergeben, etwa dann, wenn solche weiteren Angaben bei der Übernahme tatsächlich geprüft wurden, etwa durch Zählen oder Verwiegen, oder ganz leicht prüfbar waren, etwa bei wenigen Paketen auf gepackten Paletten. Auch im Übrigen ist der Spediteur nicht daran gehindert, neben der Zahl und Art der Packstücke auch weitere Angaben zu bescheinigen. Dabei sind individuelle Abreden stets vorrangig zu berücksichtigen (§ 305b BGB), etwa wenn der Spediteur auf ein ausdrückliches Verlangen des Auftraggebers eingeht und die Anzahl von Kartons auf einer als Packstück anzusehenden Palette überprüft und bescheinigt. Soweit die Bescheinigung trotz fehlender Individualabreden Angaben enthält, die über Ziff. 8.1 S. 2 hinausgehen, ist durch Auslegung zu klären, ob die Angaben nur der Bezeichnung der Güter dienen oder Teil der Bestätigung des Spediteurs sind. Dafür ist von Bedeutung, ob die in Rede stehenden Angaben nach dem äußeren Erscheinungsbild der Güter vom Spediteur leicht oder nur mit besonderen Maßnahmen überprüft worden sein können. Im Zweifel ist davon auszugehen, dass der Spediteur lediglich Anzahl und Art der Packstücke bestätigen will.

Wie sich aus der Parenthese ergibt, ist der Spediteur nicht dazu verpflichtet, die Übernahmequittung **8** ohne **Vorbehalte und Einschränkungen** zu erteilen. Er darf die Quittung mit sachgemäßen Vermerken versehen, die ihre Bekenntniswirkung und damit den Beweiswert einschränken, etwa durch Vorbehalte im Hinblick auf nicht prüfbare Umstände oder Eigenschaften des Guts. Gleichermaßen darf er Einschränkungen vornehmen, etwa bei einer Mindermenge oder festgestellten Vorschäden oder Qualitätsabweichungen. Allerdings gilt das nur **„gegebenenfalls"**, also wenn der gegebene Fall dazu Grund gibt. Der Spediteur darf die Quittierungspflicht nicht dadurch entwerten, dass er der Quittung durch routinemäßige umfassende Vorbehalte jeden Beweiswert nimmt.

3. Beweiskraft der Übernahmequittungen (Ziff. 8.1 S. 2, 8.2). a) Allgemeine Grundsätze. **9** Eine unterschriebene[8] Übernahmequittung liefert den formellen Beweis, dass der Spediteur das Empfangsbekenntnis erteilt hat (§ 416 ZPO); die Echtheit der oberhalb der Unterschrift vermerkten Texts wird nach § 440 Abs. 2 ZPO vermutet. Die materielle Beweiskraft einer Übernahmequittung unterliegt der **freien Beweiswürdigung** (§ 286 ZPO). Nach der Rspr. des BGH kann sie dem Richter, auch wenn sie nicht schriftlich erteilt ist, je nach den Umständen des Einzelfalls die Überzeugung verschaffen – oder zu der Überzeugung beitragen, dass das bei der Bescheinigung aufgeführte Gut tatsächlich vom Spediteur übernommen worden ist und sich in dem dort angegebenen Zustand befand.[9] Die materielle Beweiskraft einer Übernahmequittung kann aber durch jeden Gegenbeweis, der die inhaltliche Richtigkeit der quittierten Angaben in Zweifel zieht, entkräftet werden. Der Beweis des Gegenteils ist nicht erforderlich.[10] Erschüttert ist die Beweiskraft insbesondere dann, wenn die Quittung Angaben enthält, die der Quittierende aufgrund der Umstände, unter denen sie erteilt wurde, ersichtlich oder erwiesenermaßen nicht wahrnehmen und daher auch nicht aus eigener Kenntnis bestätigen konnte.[11] Dagegen erschüttert es die Quittung nicht, wenn der Quittierende „blind", also ohne eine ihm mögliche Prüfung quittiert.[12]

Die Bestimmungen in Ziff. 8.1 S. 2 und 8.2 sind deshalb problematisch, weil sie den weitgehend **10** untauglichen Versuch unternehmen, diese zivilprozessualen Grundsätze der Beweiswürdigung vertraglich zu regeln. Welche Erkenntnisse und welches Maß an Überzeugung der Richter aus einer Übernahmequittung zu gewinnen vermag, ist vertraglich nicht gestaltbar und hängt nur von dem Wortlaut der Quittung und den Umständen ab, unter denen sie erteilt wurde. Selbst der Gedanke, dass Ziff. 8.1 S. 2 bei der Auslegung der Übernahmequittung berücksichtigt werden kann, weil der Spediteur im Zweifel ADSp-konform quittieren will, ist in der Regel nicht tragfähig, weil die Quittung meist von Personen erteilt wird, die von der Geltung der ADSp Kenntnis haben. Für den Regelfall widerspricht jedoch weder Ziff. 8.1 S. 2 noch Ziff. 8.2 den in der Rspr. vertretenen Grundsätzen, sodass die Bestimmungen als deklaratorische Leitlinien für die Praxis ihre Berechtigung haben.

b) Quittung bei Übernahme von Packstücken (Ziff. 8.1 S. 2). Ziff. 8.1 S. 2 regelt nur die **11** Quittung bei der Übernahme von Packstücken iSv Ziff. 1.10, also Einzelstücken oder vom Auftraggeber zur Abwicklung des Auftrags gebildete Einheiten mit und ohne Lademittel, die der Spediteur als Ganzes zu behandeln hat. Da der Spediteur nur das quittieren will, was er bei der Übernahme auch überprüfen kann, und der Inhalt von Packstücken in der Regel nicht prüfbar ist, beschränkt die Beweiswirkung der Quittung sich auf die **Art und die Anzahl der Packstücke** als solcher. Weitere Umstände wie der Inhalt der Packstücke, den Wert des darin befindlichen Guts oder sonstige Mengenangaben wie das Gewicht braucht der Spediteur im Zweifel nicht zu überprüfen und daher auch nicht

---

[8] Zu den Anforderungen an die Unterschrift vgl. BGH Urt. v. 15.11.2006 – IV ZR 122/05, NJW-RR 2007, 351.

[9] BGH Urt. v. 23.11.2017 – I ZR 51/16, TranspR 2018, 194 Rn. 24; Urt. v. 22.5.2014 – I ZR 109/13, TranspR 2015, 33 Rn. 21; Urt. v. 20.7.2006 – I ZR 9/05, TranspR 2006, 394 (395); Urt. v. 24.10.2002 – I ZR 104/00, TranspR 2003, 156 (158); OLG Hamm Urt. v. 28.9.1995 – 18 U 195/94, TranspR 1996, 156.

[10] BGH Urt. v. 23.11.2017 – I ZR 51/16, TranspR 2018, 194 Rn. 24; Urt. v. 24.10.2002 – I ZR 104/00, TranspR 2003, 156 (158).

[11] BGH Urt. v. 23.11.2017 – I ZR 51/16, TranspR 2018, 194 Rn. 24; Urt. v. 7.11.1985 – I ZR 130/83, TranspR 1986, 53.

[12] BGH Urt. v. 23.11.2017 – I ZR 51/16, TranspR 2018, 194 Rn. 32.

zu bescheinigen. Etwas anderes gilt, wenn solche weiteren Angaben bei der Übernahme tatsächlich geprüft wurden, etwa durch Zählen oder Verwiegen, oder leicht prüfbar waren, etwa bei wenigen Paketen auf gepackten Paletten.

12   Die Übernahmequittung bei **Massengut** regeln die ADSp nicht. Hier wird in der Regel bei der Übernahme die Menge nach Gewicht oder Volumen überprüft, zB durch Lkw-Wagen, Tankstandsmessungen oder eine Schiffseiche bei der Übernahme durch ein Binnenschiff.

13   **c) Quittung bei Sammelübernahme (Ziff. 8.2).** Ziff. 8.2 regelt die Quittung bei der Übernahme mehrerer zu einer Einheit zusammengefasster Einzelpartien, die der Spediteur nach Erreichen eines Zwischenlagers einzeln weiterzubefördern hat. Es beruht offenbar auf einem Redaktionsversehen, dass in der Bestimmung nicht der in Ziff. 1.7 definierte Begriff des Lademittels verwendet wird, sondern die Wendung „vorgeladene oder geschlossene **Ladeeinheiten** wie Container oder Wechselbrücken". Gemeint sind Ladeeinheiten, in die der Auftraggeber mehrere, für unterschiedliche Empfänger bestimmte Einzelpartien gestaut hat und die er dem Spediteur in dieser Form fertig übergibt, damit er sie zunächst in ein Zwischenlager transportiert und sie dort auspackt und separat weiterbefördert. Kennzeichnend ist, dass der Spediteur den Inhalt des Lademittels nicht bereits bei der Übernahme prüfen kann, weil dieses **„vorgeladen",** also bereits vor dem Eintreffen des Spediteurs gestaut worden, oder jedenfalls **geschlossen** übergeben worden ist.

14   Die Bestimmung geht davon aus, dass der Spediteur in diesen Fällen nicht gem. Ziff. 8.1 S. 2 mit der Quittierung des Lademittels als solchen begnügen kann, sondern den vom Auftraggeber angegebenen Inhalt des Lademittels prüfen und quittieren muss, sobald er es auspackt. Er hat aber nicht dann eine weitere, nunmehr auf die Einzelpackstücke bezogene weitere Quittung zu erteilen. Vielmehr unterstellt die Bestimmung eine **Beweiswirkung** der Quittung für das vorgeladene oder geschlossen übergebene Lademittel **auch hinsichtlich der darin gepackten Einzelpackstücke.** Der Spediteur erlegt sich in Ziff. 8.2 selbst die Obliegenheit auf, dem Auftraggeber unverzüglich nach dem Auspacken des Lademittels Meldung über Differenzen oder Beschädigungen zu erstatten, wenn er solche feststellt. Unterlässt er dies, besteht mithin eine Beweiskraft der Angaben des Auftraggebers über den Inhalt des Lademittels. Da die Parteien nicht in die richterliche Beweiswürdigung eingreifen können, wird davon auszugehen, dass den Verladeangaben des Auftraggebers als solchen keine das ohnehin anerkannte Maß übersteigende Beweiskraft zukommt. Beweiswirkung hat aber das Schweigen des Spediteurs nach dem Auspacken des Lademittels; denn da er gehalten ist, Divergenzen und Beschädigungen unverzüglich zu melden, kommt seinem Schweigen der schlüssige Erklärungsgehalt vollständiger und unbeschädigter Übernahme zu.

15   Eine Meldung über Schäden oder Divergenzen muss **unverzüglich** nach der Entladung des Lademittels, also ohne schuldhaftes Zögern (§ 121 Abs. 1 BGB), erfolgen. Bei der Entladung hat der Spediteur eine Eingangsschnittstellenkontrolle (Ziff. 7.2) vorzunehmen. Werden dabei Schäden oder Fehlmengen festgestellt, muss dies einen Meldeprozess an den Auftraggeber auslösen, damit dort zeitnah, spätestens am folgenden Werktag,[13] die Ursache geprüft werden kann.

III. Ablieferquittung des Empfängers (Ziff. 8.2)

16   **1. Pflicht zur Abforderung einer Ablieferquittung (Ziff. 8.3 S. 1).** Der Spediteur ist seinem Auftraggeber verpflichtet, gegen Auslieferung der im Auftrag oder den sonstigen Begleitpapieren genannten Packstücke vom Empfänger eine Ablieferungsquittung zu verlangen. Sinn dieser Verpflichtung ist es, dem Auftraggeber, der dem Empfänger regelmäßig die Lieferung aufgrund eines Kauf- oder ähnlichen Vertrags schuldet, einen Abliefernachweis und mithin eine **Erfüllungsquittung** iSv § 368 BGB zu verschaffen. Der Empfänger ist neben seiner Eigenschaft als Liefergläubiger zusätzlich auch Inhaber des Forderungsrechts aus dem Verkehrsvertrag und hat daher auch daraus die Gläubigerpflicht aus § 368 BGB.[14] Der Abliefernachweis muss inhaltlich den im Auftrag bezeichneten Packstücken entsprechen, wenn der Spediteur diese Packstücke ordnungsgemäß tatsächlich ausliefert. Fehlen Packstücke oder sind Schäden vorhanden, dürfen entsprechende Abschreibungen gemacht werden. Die Beschaffung einer Ablieferquittung ist gem. Ziff. 18 Abs. 1 S. 2 keine Fälligkeitsvoraussetzung für den Vergütungsanspruch des Spediteurs, wenn die Ablieferung unstreitig ist.

17   **2. Verweigerung der Quittung durch den Empfänger (Ziff. 8.3 S. 2).** Weigert der Empfänger sich, dem Spediteur eine Empfangsbescheinigung auszustellen, sind sowohl die eigenen Interessen des Spediteurs betroffen, der sich gegenüber seinem Auftraggeber entlasten will, als auch die Interessen des Auftraggebers, der gegenüber dem Empfänger den Leistungsnachweis führen will. Der Spediteur darf die Quittungsverweigerung als ein **Ablieferungshindernis** iSv § 419 Abs. 1 S. 1 HGB behandeln, ist also weder verpflichtet noch berechtigt, das Gut ohne Quittung abzuliefern. Stattdessen hat er die Ablieferung zunächst abzubrechen und **Weisungen** des Auftraggebers einzuholen. Der Auftraggeber

---

[13] *Hector/Salzmann,* ADSp 2017 Praktikerkommentar, 2016, 39.
[14] *de la Motte* in Fremuth/Thume TranspR ADSp Nr. 8 Rn. 3; abw. *Widmann,* Kommentar zur ADSp '99, 6. Aufl. 1999, Ziff. 8 Rn. 8.

soll auf den Empfänger einwirken[15] und, falls dessen Weigerung Bestand hat, entscheiden können, wie zu verfahren ist. Weist er den Spediteur an, ohne Quittung abzuliefern, übernimmt er den sich daraus ergebenden Beweismittelverlust auch im Verhältnis zum Spediteur.

Von größerer Relevanz als die völlige Verweigerung einer Quittung ist in der Praxis die Weigerung **18** des Empfängers, eine **reine** Quittung zu erteilen, etwa weil er die Sendung für beschädigt hält. Solche Vorbehalte wird der Spediteur aus eigenem Interesse vermeiden und den wahren Sachverhalt so gut wie möglich dokumentieren wollen. Im Verhältnis zum Auftraggeber darf er diesbezügliche Einschränkungen der Quittung grundsätzlich hinnehmen, wegen der Interessenwahrungspflicht (Ziff. 1) aber nicht seinerseits bestätigen. Problematischer sind Vorbehalte späterer Überprüfung, die den Wert der Quittung bis zur völligen Bedeutungslosigkeit beeinträchtigen können. Solche Quittungen sind, wenn sie trotz § 305b BGB wirksam sind, als verweigert zu behandeln. Das Versäumnis, in solchen Fällen Weisungen einzuholen, wird allerdings häufig nicht schuldhaft sein.

3. Aufbewahrung und Herausgabe (Ziff. 8.3 S. 3). Der Spediteur ist verpflichtet, die Abliefe- **19** rungsquittung für ein Jahr ab der Ablieferung aufzubewahren. Innerhalb dieser Frist kann der Auftraggeber die Herausgabe verlangen. Liegt die Quittung im Original vor, hat der Spediteur das **Original** auszuhändigen. Er darf aber gem. Ziff. 5.6 schriftlich erteilte Quittungen digital archivieren oder auch Ablieferungsquittung von vornherein in digitaler Form erteilen lassen. In diesen Fällen schuldet er nur die Übermittlung der **Datei,** in der die Quittung verkörpert ist.

IV. Quittung auf Ladepapieren (Ziff. 8.4)

Der gängigen Praxis entsprechend stellt die Bestimmung klar, dass Übernahme- und Ablieferquit- **20** tungen nicht als gesonderte Dokumente ausgestellt werden müssen, sondern auch durch Unterzeichnung von Ladepapieren erteilt werden können, wenn diese dadurch „die Auftragsdurchführung nachweisen". Das ist dann der Fall, wenn ein Dokument, das einen hinreichenden Bezug zu dem Verkehrsvertrag aufweisen muss, vom Spediteur oder Empfänger unterzeichnet ist und diese Unterzeichnung Quittungswirkung, also Beweiskraft dafür hat, dass die Übernahme oder die Ablieferung durchgeführt worden ist. Damit wiederholt die Bestimmung allerdings nur ohnehin geltende zivilprozessuale Beweisgrundsätze. Es ist im Warenverkehr allgemein anerkannt,[16] dass die Unterzeichnung eines **Lieferscheins** durch den Empfänger auch dann Quittierungswirkung hat, wenn der Unterschrift kein entsprechender eindeutiger Text wie „Ware ordnungsgemäß empfangen" vorangestellt ist. Für **Spediteurübernahmescheine, Frachtbriefe** und die frachtrechtlichen **Wertpapiere** ist die Funktion als Übernahmequittung ohnehin unzweifelhaft.

V. Elektronische Form (Ziff. 8.5)

Die Übernahme- oder Ablieferungsquittung kann auch elektronisch oder digital erstellt werden, es **21** sei denn, der Auftraggeber verlangt die Ausstellung eines Fracht- oder Seefrachtbriefs, Ladescheins oder Konnossements.

Ziff. 8.5 ergänzt Ziff. 5.6, die für Dokumente, insbesondere Ablieferquittungen, bereits die **Zu-** **22** **lässigkeit der digitalen Form** vorsieht, und stellt klar, dass das auch für die Übernahmequittung des Spediteurs gilt. Wird die Quittung in der Form eines Fracht- oder Seefrachtbriefs, eines Ladescheins oder Konnossements erteilt, kommt die digitale Form nicht in Betracht, weil diese Dokumente schriftlich ausgestellt werden, §§ 408 Abs. 2, 526 Abs. 2, 443 Abs. 1, 516 Abs. 1 HGB.

9. Weisungen

Der Spediteur ist verpflichtet, jede ihm nach Vertragsschluss erteilte Weisung über das Gut zu beachten, es sei denn, die Ausführung der Weisung droht Nachteile für den Betrieb seines Unternehmens oder Schäden für die Auftraggeber oder Empfänger anderer Sendungen mit sich zu bringen. Beabsichtigt der Spediteur, eine ihm erteilte Weisung nicht zu befolgen, so hat er denjenigen, der die Weisung gegeben hat, unverzüglich zu benachrichtigen.

Schrifttum: S. Ziff. 1.

Parallelvorschriften: §§ 418, 454 Abs. 4, 491 HGB.

Vorläufer in ADSp 2003: Ziff. 9 ADSp 2003 regelte zwar auch die Weisung, ist vollständig neugefasst worden.

---

[15] Dem Auftraggeber steht häufig aus seiner Rechtsbeziehung zum Empfänger ein Anspruch auf eine Quittung aus § 368 BGB zu.
[16] *Hector/Salzmann,* ADSp 2017 Praktikerkommentar, 2016, 39.

I. Überblick

1   Die Bestimmung übernimmt das gesetzlich geregelte fracht- und speditionsrechtliche Weisungsrecht des Absenders (§§ 454 Abs. 4, 418 HGB) und **erweitert** es dadurch auf alle anderen Arten von Verkehrsverträgen, also insbesondere auch Lagerverträge und Verträge über sonstige speditionsübliche Leistungen. Soweit das Weisungsrecht in den gesetzlich zwingend geregelt ist (Art. 12 ff. CMR, Art. 12 MÜ, Art. 14 ff. CMNI, Art. 18 f. CIM), hat es damit gem. Ziff. 2.2 sein Bewenden.[1] Die Bestimmung ist klauselkontrollrechtlich unbedenklich.[2]

II. Begriff der Weisung

2   Das Weisungsrecht ist in seiner gesetzlich vorgeprägten Form eine beschränkte Ermächtigung des frachtvertraglichen Absenders zur **einseitigen Änderung vertraglicher Leistungspflichten** des Frachtführers.[3] Im Hinblick darauf, dass der Frachtführer in erster Linie an der Fracht interessiert ist und im Gegenzug eine fremdnützige, den Interessen des am Gut Berechtigten dienende Verkehrsleistung erbringt, die sich über einen gewissen Zeitraum erstreckt und auf Veränderungen der Interessenlage stoßen kann, soll der Frachtführer in zumutbarem Umfang den einseitigen nachträglichen Vorgaben des Weisungsberechtigten Folge leisten müssen. Das Weisungsrecht geht bei Ankunft des Guts am Bestimmungsort auf den Empfänger über. Bei Ausstellung eines Ladescheins oder Konnossements steht es dessen Inhaber zu. Den eigenen Interessen des Verfrachters trägt das Gesetz durch **Aufwendungsersatz- und Vergütungsansprüche** Rechnung.

3   Von dem Weisungsrecht zu unterscheiden ist das Recht zur **Konkretisierung** der Beförderungsleistung in Bezug auf bei Vertragsschluss noch ungeklärte, aber abstrakt von den Leistungspflichten des Verfrachters umfasste Details, etwa den genauen Löschhafen oder den Empfänger. Diese Konkretisierungen unterliegen den §§ 262 f. BGB.[4] Sie lösen im Gegensatz zu Weisungen keine zusätzlichen Aufwendungs- oder Vergütungsansprüche aus, weil der Weisungsberechtigte sich in diesem Fall im Rahmen der vertraglich von vornherein vorgesehenen Leistungspflichten bewegt und den Verfrachter nicht zusätzlich belastet.

4   Im Gegensatz zur Vertragsänderung ist die Weisung nicht von der Zustimmung des Frachtführers abhängig. Eine zulässige Weisung ist für den Frachtführer auch dann bindend, wenn er sie ablehnt und dies auch mitteilt. Eine unzulässige Weisung wird, sofern der Frachtführer sie ausdrücklich oder stillschweigend akzeptiert, als Vertragsänderung wirksam.

III. Schranken des Weisungsrechts

5   **1. Güterbezug.** Das Weisungsrecht hat seine Rechtfertigung im Interesse des Weisungsberechtigten am Gut. Weisungen können daher nur darauf zielen, die Art und Weise der Beförderung des Guts und Ort, Zeit und Modalitäten der Ablieferung gegenüber den ursprünglichen vertraglichen Vereinbarungen zu verändern. Weisungen müssen stets die beförderungsbezogenen Pflichten des Spediteurs

---

[1] *Koller* ADSp 2016 Ziff. 9 Rn. 1.
[2] AM *Koller* ADSp 2016 Ziff. 9 Rn. 2 mit der nicht überzeugenden (s. Rn. 3) Begründung, Ziff. 9 schränke Konkretisierungsrechte des Auftraggebers ein.
[3] *Koller* HGB § 418 Rn. 3f; MüKoHGB/*Thume* HGB § 418 Rn. 2.
[4] *Koller* HGB § 418 Rn. 4; MüKoHGB/*Thume* HGB § 418 Rn. 3.

betreffen und sich konkret auf das Gut auswirken, insbesondere auf seine örtliche Lage, auf die Bedingungen seiner Beförderung oder Lagerung oder auf die Ablieferung. Dagegen kann der Spediteur nicht angewiesen werden, seine betrieblichen Mittel in einer bestimmten Weise einzusetzen oder sich bestimmter Erfüllungsgehilfen zu bedienen, wenn sich dies nicht auf den Beförderungserfolg oder dessen Sicherheit auswirkt.

2. Vertragsrahmen. Weisungen dürfen den Inhalt der Beförderungspflichten verändern. Wie sich **6** aus den gesetzlich geregelten Fällen (§ 418 Abs. 1 S. 2 HGB) ergibt, fällt die Weisung, das Gut anzuhalten, ebenso in den zulässigen Bereich wie das Verlangen, es an einem anderen Ort, einer anderen Stelle oder an einen anderen Empfänger abzuliefern. Weitere zulässige Weisungen können in Transportmodalitäten wie der Beförderungstemperatur, dem Verbot inkompatibler anderer Güter im selben Beförderungsmittel oder der genauen Abhol- oder Ablieferzeit bestehen. Weisungen dürfen aber nicht qualitativ über die durch den Verkehrsvertrag definierten **Pflichtenkreis** des Spediteurs hinausgreifen. Nicht zulässig sind daher Weisungen zur Beförderung eines wesentlich anderen Guts oder einer signifikant größeren Menge des vorgesehenen Gutes.[5] Erst recht kann nicht die Erbringung anderer als der ursprünglich vereinbarten Leistung verlangt werden; so kann der als Lagerhalter verpflichtete Spediteur nicht angewiesen werden, das zu lagernde Gut zu befördern. Ebenso wenig kann der Spediteur angewiesen werden, Pflichten zu übernehmen, die den Auftraggeber treffen, etwa in Bezug auf die Verpackung, die Beschaffung von Dokumenten, die Prüfung der Einfuhrbarkeit des Gutes am Bestimmungsort oder die Suche nach einem Abnehmer für das Gut bei dessen Nichtabnahme durch den vorgesehenen Empfänger. Dem Spediteur kann in der Regel auch nicht auferlegt werden, das Gut zu verwerten oder zu vernichten.[6] Derartige Maßnahmen gehen über den Vertragsrahmen hinaus, weil der Spediteur nur Obhut und Beförderung bzw. Lagerung schuldet. Etwas anderes kann in Notsituationen gelten, wie sie das Gesetz in § 419 Abs. 3 beschreibt.

3. Unzumutbarkeit. Das Weisungsrecht findet eine weitere Schranke, soweit die Ausführung der **7** Weisung entweder **Nachteile** für den Betrieb des Unternehmens des Spediteurs oder Schäden für die Auftraggeber oder Empfänger anderer Sendungen mit sich zu bringen droht. Ist das der Fall, ist die Weisung unverbindlich und sie wird nicht Gegenstand des Verkehrsvertrages. Der Spediteur braucht sie demzufolge nicht zu beachten, hat aber seine Weigerung dem Weisungsgeber nach Satz 2 unverzüglich anzuzeigen.

a) Nachteile für den Spediteur. Bei der Beurteilung der Frage, ob die Ausführung einer Weisung **8** Nachteile mit sich bringt, ist zunächst zu berücksichtigen, dass eine geänderte Vorgabe hinsichtlich der Ausführung des Verkehrsvertrages beim Spediteur immer zu einem Mindestmaß an Dispositions- und Anpassungsaufwand führt. Deshalb kann nicht schon jeder zusätzliche Zeitaufwand, jede Unbequemlichkeit oder Unzuträglichkeit als Nachteil anerkannt werden.[7] Das Interesse des Spediteurs, den einmal geplanten Transport durchlaufen zu lassen, bleibt deshalb außer Betracht.

Ebenfalls außer Betracht bleibt zusätzlicher Kostenaufwand. Derartiger Mehraufwand kann deshalb **9** keinen relevanten Nachteil darstellen, weil er durch den Aufwendungsersatz- und Vergütungsanspruch des Spediteurs kompensiert wird.[8] Es ist daher ohne Belang, ob die Ausführung der Weisung für den Spediteur zu einem erhöhten Aufwand an Zeit, Personal, Material, Treibstoff oder sonstigen Betriebsmitteln führt, ob dadurch eine Minderauslastung des Beförderungsmittels herbeigeführt wird und ob die Hilfe Dritter in Anspruch genommen werden muss. Wegen zusätzlicher Kosten und der allgemeinen Risiken des Betriebsmitteleinsatzes ist der Spediteur durch die ergänzenden Zahlungsansprüche geschützt und auch gesichert, da das Pfandrecht an dem Gut auch diese Ansprüche sichert und er überdies Vorschuss fordern kann.

Relevante Nachteile sind daher solche, die nicht durch **Kostenersatz** vollständig kompensierbar **10** sind. Zu nennen sind etwa signifikante Haftungsrisiken, die übermäßige Inanspruchnahme der vorhandenen betrieblichen Ressourcen und die Unvereinbarkeit einer Weisung mit dem Betriebs- oder Versicherungskonzept des Spediteurs.

b) Schäden für andere Ladungsbeteiligte. Weisungen eines einzelnen Auftraggebers können **11** schädigend in die Beförderungsinteressen anderer Auftraggeber eingreifen. Das ist etwa der Fall, wenn die Ausführung der Weisung es dem Spediteur infolge der planwidrigen Bindung betrieblicher Ressourcen unmöglich machen würde, geschuldete Leistungen gegenüber anderen Auftraggebern zu erbringen, etwa bei Anschlussbeförderungen, für die kein Ausweichbeförderungsmittel zur Verfügung steht. Auch wenn das Gut dritter Auftraggeber von der Ausführung einer Weisung notwendig mitbetroffen wäre, etwa bei der Sammelgutbeförderung oder im Lager, können Schäden drohen. Es kommt nicht darauf an, ob dem Spediteur eine Haftung wegen solcher Schäden droht.

---

[5] *Koller* HGB § 418 Rn. 5.
[6] MüKoHGB/*Thume* HGB § 418 Rn. 18; zweifelnd *Koller* HGB § 418 Rn. 6.
[7] MüKoHGB/*Thume* HGB § 418 Rn. 29.
[8] *Koller* HGB § 418 Rn. 11.

12   Weisungen können auch die Güter anderer Auftraggeber erhöhter Beschädigungsgefahr aussetzen. Das ist etwa der Fall, wenn zur Ausführung der Weisung andere Güter bewegt oder ausgeladen werden müssen. Ein nachträgliches Umstauen nach der Verladung kann vertraglich verboten sein und führt jedenfalls zu erhöhten Beanspruchungen der Verpackung. Außerdem ist eine erneute Ladungssicherung erforderlich. Wenn diese Maßnahmen nicht gefahrlos möglich sind, kann die Ausführung der Weisung unzumutbar sein.

13   **4. Sonstige Grenzen.** Im Übrigen findet das Weisungsrecht seine Grenze an den allgemeinen Vorschriften. Unwirksam sind Weisungen, deren Ausführung unmöglich ist (§ 275 BGB). Das ist zum Beispiel der Fall, wenn die Weisung dem Spediteur keine angemessene Reaktionszeit lässt, um seine betrieblichen Abläufe auf die neuen Vorgaben umzustellen. Unwirksam sind auch verbotene (§ 134 BGB) oder sittenwidrige Weisungen (§ 138 BGB).[9] Verboten wäre etwa eine Weisung, Gefahrgut entgegen den gefahrgutrechtlichen Bestimmungen zu befördern. Sittenwidrig wäre eine Weisung, aufgetretene Beförderungs- oder Ablieferungshindernisse durch die Zahlung eines Schmiergeldes zu überwinden.

IV. Ausübung des Weisungsrechts

14   **1. Inhaber des Weisungsrechts.** Nach dem Wortlaut der Bestimmung soll der Spediteur „jede" ihm erteilte Weisung zu befolgen haben. Gemeint sind jedoch nur die Weisungen von **weisungsberechtigten Personen.** Wem das Weisungsrecht zusteht, regelt die Bestimmung nicht. Das Weisungsrecht wurzelt im Verkehrsvertrag und steht daher zunächst und grundsätzlich dem **Auftraggeber** zu. Bei dessen Ausübung muss der Auftraggeber die Einschränkungen beachten, die sich aus der Ausstellung von Sperrpapieren, Ladescheinen und Konnossementen ergeben. Ist der Verkehrsvertrag ein Transportvertrag, so endet das Weisungsrecht des Auftraggebers, sobald das Gut an der Ablieferstelle bzw. dem Löschplatz angekommen ist und der Empfänger weisungsbefugt wird.

15   Der Transportvertrag ist in der Regel ein Vertrag zugunsten des im Frachtvertrag genannten **Empfängers.** Er erwirbt nach den gesetzlichen Bestimmungen (zB §§ 419, 491 HGB) den Anspruch auf Auslieferung des Gutes, sobald es am Bestimmungsort eingetroffen ist. Folglich steht ihm ab diesem Zeitpunkt auch das Weisungsrecht zu (§§ 418 Abs. 2, 491 Abs. 2 HGB).

16   Ist ein Ladeschein oder **Konnossement** ausgestellt worden, so steht das Weisungsrecht nur dessen Inhaber zu (§§ 446, 520 Abs. 1 HGB). Die Ausstellung eines solchen Dokuments blockiert nicht nur den Auslieferungsanspruch aus dem zugrundeliegenden Frachtvertrag, sondern auch das Weisungsrecht von Auftraggeber und Empfänger.

17   **2. Erteilung von Weisungen.** Die Weisung ist eine einseitige, empfangsbedürftige, vertragsändernde Willenserklärung des Weisungsberechtigten an den Spediteur. Sie bedarf keiner Form, wird aber in der Regel schon zur Absicherung des richtigen Verständnisses und zu Beweiszwecken zumindest in Textform bestätigt.

18   **3. Auswirkungen eines Sperrpapiers.** Ist ein Beförderungsdokument als Sperrpapier ausgestellt worden, so muss die für den Auftraggeber bestimmte Ausfertigung im Original bei dem Spediteur vorgelegt werden, um das Weisungsrecht wirksam auszuüben. Verletzt der Beförderer die Pflicht, sich vor der Ausführung einer Weisung das Sperrpapier vorlegen zu lassen, so trifft ihn eine Schadensersatzhaftung für den daraus entstehenden Schaden.

V. Rechtsfolgen von Weisungen

19   **1. Folgepflicht des Spediteurs.** Eine zulässige Weisung ändert den Vertrag. Der Spediteur hat daher ab Zugang der Weisung sein weiteres erfüllungsrelevantes Verhalten nach dem durch die Weisung geänderten Vertragsinhalt zu richten. Ihm ist jedoch eine angemessene Reaktionszeit zuzubilligen. Bei der Umsetzung von Weisungen hat der Spediteur nicht nur die eigenen betrieblichen Gegebenheiten, sondern auch die Interessen anderer Auftraggeber zu berücksichtigen.

20   Versäumt der Spediteur die ordnungsgemäße Umsetzung der Weisung, so haftet er in gleicher Weise, wie er haften würde, wenn die Weisung bereits bei Vertragsschluss zum Gegenstand der Vereinbarungen der Parteien gemacht worden wäre. Für Güterschäden, die aufgrund Nichtbefolgung der Weisung entstehen, haftet er nach den Grundsätzen der Obhutshaftung, wobei der Entlastungsbeweis regelmäßig fehlschlägt, sofern die Missachtung der Weisung schadensursächlich war. Für sonstige Schäden haftet der Spediteur nach § 280 BGB.

21   **2. Hinweispflicht des Spediteurs bei Verweigerung (Satz 2).** Beabsichtigt der Spediteur, eine ihm zugegangene Weisung nicht auszuführen, so hat er dem Weisungsgeber darüber **unverzüglich Nachricht** zu geben. Diese Pflicht des Spediteurs, die auch in den transportrechtlichen Bestimmungen über Weisungsrecht vorgesehen sind (zB § 418 Abs. 5 HGB), wird durch Satz 2 auf alle Arten von

---

     [9] *Koller* HGB § 418 Rn. 8 ff.

Verkehrsverträgen übertragen. Sinn der Regelung ist es, im Verhältnis zwischen Spediteur und Weisungsgeber klar zu stellen, ob die Weisung als wirksam betrachtet und befolgt wird. Der Weisungsgeber kann daher davon ausgehen, dass der Spediteur die Weisung umsetzt, wenn der Zugang der Weisung sicher ist und ihm keine Mitteilung über die Verweigerung zugeht.

Die Hinweispflicht hängt nicht davon ab, aus welchem Grund der Spediteur die Ausführung der 22 Weisung verweigert. Die Benachrichtigungspflicht beschränkt sich auch nicht auf wirksame Weisungen. Auch wenn die Weisung mangels Vorlage eines Sperrpapiers, Ladescheins oder Konnossements, mangels Zuständigkeit des Empfängers vor der Ankunft des Gutes oder des Auftraggebers nach der Ankunft, wegen drohender Nachteile oder Schäden für den Spediteur oder andere Auftraggeber oder aus sonstigen Gründen unwirksam ist, hat der Spediteur Nachricht zu geben.[10] Das gilt schon deshalb, weil der Grund für die Unwirksamkeit der Weisung häufig nur für den Spediteur, nicht aber den Weisungsgeber erkennbar ist. Etwas anderes gilt nur, wenn der Weisungsgeber evident nicht weisungsbefugt ist.

Die Benachrichtigung ist eine **geschäftsähnliche Handlung,** die an keine Form gebunden ist. Der 23 Spediteur braucht die Weigerung in der Regel nicht zu begründen, auch wenn das in der Regel zweckmäßig ist, um Streitigkeiten über die Verbindlichkeit der Weisung zu verhüten. Im Einzelfall kann sich aus Treu und Glauben eine Begründungspflicht ergeben, insbesondere wenn der Ausführung der Weisung ein seitens des Absenders behebbares Hindernis entgegensteht[11]. Das gilt auch für den Fall, dass der Spediteur die Ausführung der Weisung von einem Kostenvorschuss abhängig machen will.

Die Benachrichtigung muss unverzüglich erfolgen. Der Spediteur hat sich also ohne schuldhaftes 24 Zögern (§ 121 Abs. 1 S. 1 BGB) zu äußern. Ihm bleibt aber die notwendige Zeit, um die Weisung und die mit ihrer Ausführung verbundenen Folgen zu prüfen und seine Entscheidungen zu treffen.

3. Ansprüche des Spediteurs. Die ADSp verzichten auf eine eigene Regelung der Auswirkungen 25 von Weisungen auf die Vergütungsansprüche des Spediteurs. Etwas anderes gilt nur, soweit dem Spediteur durch die Ausführung von Weisungen Aufwendungen iSv Ziff. 17 entstehen. Ziff. 16 schließt zusätzliche Ansprüche bei Weisungen nicht aus, weil sie nur die Äquivalenz zwischen den ursprünglich vereinbarten verkehrsvertraglichen Leistungen und der dafür bestimmten Vergütung betrifft. Maßgeblich sind daher im Rahmen ihres Anwendungsbereichs die frachtrechtlichen Bestimmungen, im Übrigen die allgemeinen Regeln.

a) Frachtverträge. Die gesetzlichen **frachtrechtlichen Bestimmungen** über Weisungsrechte 26 sehen Aufwendungs- und zusätzliche Vergütungsansprüche[12] des Beförderers vor, um dem zusätzlichen Aufwand Rechnung zu tragen, der dem Beförderer durch die Ausführung der Weisung entsteht. Diese Regelungen werden durch Ziff. 9 nicht berührt. Sie werden auch nicht durch Ziff. 16 ausgeschlossen (→ Ziff. 16 Rn. 14).

b) Andere Verkehrsverträge. Für andere Verkehrsverträge als Frachtverträge ergibt sich ein **Auf-** 27 **wendungsersatzanspruch** des Spediteurs aus § 670 BGB. Zusätzlich kann der Spediteur – ebenso wie der Geschäftsführer bei der Geschäftsführung ohne Auftrag[13] – analog § 1835 Abs. 3 BGB die **angemessene Vergütung** verlangen, da er im Rahmen seines Gewerbebetriebs tätig wird und keine Unentgeltlichkeit vereinbart ist.

10. Frachtüberweisung, Nachnahme

Die Mitteilung des Auftraggebers, der Auftrag sei unfrei abzufertigen oder z. B. nach Maßgabe der Incoterms für Rechnung des Empfängers oder eines Dritten auszuführen, berührt nicht die Verpflichtung des Auftraggebers gegenüber dem Spediteur, die Vergütung sowie die sonstigen Aufwendungen (Frachten, Zölle und sonstige Abgaben) zu tragen. Nachnahmeweisungen z. B. nach § 422 HGB, Art. 21 CMR bleiben unberührt.

Schrifttum: S. Ziff. 1; *Valder,* Ablieferung von Gütern, TranspR 2001, 363; *Widmann,* Ablieferung von Gütern nach der Neufassung des HGB, TranspR 2001, 72; *Widmann,* Zur Frachtzahlung, TranspR 2002, 103.

Parallelvorschriften: §§ 421 Abs. 4 HGB.

Vorläufer in ADSp 2003: Ziff. 10 S. 1 entspricht mit geringen Änderungen Ziff. 10.1 ADSp 2003.

I. Überblick

Ziff. 10 bezweckt, die Haftung des Auftraggebers für die Vergütung des Spediteurs und dessen 1 sonstige Aufwendungen grundsätzlich auch dann aufrechtzuerhalten, wenn nach dem Willen des

---

[10] Teilw. anders MüKoHGB/*Thume* HGB § 418 Rn. 33.
[11] Ähnl. *Koller* HGB § 418 Rn. 22.
[12] §§ 418 Abs. 1 S. 4, Abs. 2 S. 3, 491 Abs. 1 S. 4, Abs. 2 S. 3 HGB.
[13] BGH Urt. v. 17.11.2011 – III ZR 53/11, BGHZ 191, 325 Rn. 25.

Auftraggebers **der Empfänger oder ein Dritter** zahlen soll („Frachtüberweisung").[1] Der Auftraggeber kann den Empfänger oder Dritten nicht ohne weiteres wirksam verpflichten und der Spediteur vermag deren Zahlungsbereitschaft und -fähigkeit in der Regel auch nicht zu prüfen. Daher soll die Haftung des Auftraggebers im Innenverhältnis zum Spediteur auch dann unberührt bleiben, wenn der Spediteur sich zunächst darum bemühen soll, sein Geld vom Empfänger zu erhalten. Die Regelung entspricht insoweit § 421 Abs. 4 HGB. Dasselbe soll gelten, wenn der Auftraggeber erklärt hat, der Auftrag sei für Rechnung eines Dritten erteilt, und der Spediteur seine Vergütung und Aufwendungen daher von diesem einfordern soll.

2   Etwas anderes gilt, wenn die den Auftrag erteilende Person nicht im eigenen, sondern im Namen des Empfängers oder **im Namen einer dritten Person** handelt. In einem solchen Fall kommt der Vertrag mit dem Spediteur direkt mit dem Empfänger oder Dritten zustande, sodass dieser selbst Auftraggeber im Sinne der ADSp wird.[2] Die Regelung ist auch dann nicht anzuwenden, wenn die Parteien eine **Individualvereinbarung** (§ 305b BGB) getroffen haben, der sich entnehmen lässt, dass der Spediteur den Auftraggeber nicht in Anspruch nehmen darf. Ein Sonderfall ist die Nachnahmeweisung (§ 422 HGB). Sie lässt die Haftung des Auftraggebers zwar im Grundsatz unberührt, führt aber im Ergebnis gleichwohl zur Undurchsetzbarkeit der Ansprüche des Spediteurs, wenn dieser das Gut an den Empfänger ausliefert, ohne seine Ansprüche im Wege der Nachnahme einzuziehen (§ 422 Abs. 3 HGB). Im Hinblick darauf stellt Ziff. 10 S. 2 klar, dass Nachnahmeweisungen durch S. 1 unberührt bleiben.

3   Ziff. 10 hat den Fall eines Frachtauftrages im Auge. Sie gilt aber gleichermaßen auch für **sonstige Verkehrsverträge** wie Lagerverträge. Sie bezieht sich nicht nur auf Vergütungs- sondern auf sämtliche Ansprüche des Spediteurs aus dem Verkehrsvertrag einschließlich Standgeldansprüchen.[3] Denn der Sache nach beschränkt sie sich auf die Klarstellung, dass der Auftraggeber allein durch Abreden iSv Ziff. 10.1 nicht von seinen vertraglichen Verpflichtungen befreit wird. Dies entspricht dem Gesetz, sodass die Regelung **AGB-rechtlich** unproblematisch ist.

II. Frachtüberweisung und Verweis auf Dritte (Ziff. 10 S. 1)

4   **1. Frankatur „unfrei" (Ziff. 10 S. 1 Alt. 1).** Die Klausel „unfrei" ist nicht exakt definiert. Sie meint im allgemeinen handelsrechtlichen Sprachgebrauch, dass ein Kaufgegenstand nicht abweichend von § 448 Abs. 1 BGB frei, also auch Kosten des Verkäufers versandt wird, sondern dass entsprechend der gesetzlichen Vermutung (§§ 448 Abs. 1, 269 Abs. 1 BGB) der Käufer die Kosten der Versendung trägt.[4] Dem trägt die „Frachtüberweisung" Rechnung; der Spediteur soll bei einer „unfrei" (im Seeverkehr:"freight collect") abzuwickelnden Sendung mit der gebührenden Sorgfalt seine Zahlungsansprüche direkt **gegenüber dem Empfänger** geltend machen. Diese Verfahrensweise dient der Zahlungsvereinfachung und funktioniert in der Regel, weil der Empfänger die Ware nur gegen Zahlung erhält und selbst zahlungspflichtig wird, wenn er die Auslieferung verlangt[5] (§§ 421 Abs. 2 und 3, 494 Abs. 2 und 3 HGB). Sie bedeutet aber nicht, dass der Auftraggeber aus der Haftung entlassen ist. Dies stellt Ziff. 10 S. 1 – im Einklang mit dem Gesetz (§§ 421 Abs. 4, 494 Abs. 4 HGB) – klar.

5   Die Klausel regelt nicht, inwieweit der Spediteur sich bei einer unfrei abzuwickelnden Sendung gegenüber dem Empfänger um die Durchsetzung seiner Ansprüche zu bemühen hat, bevor er auf den Auftraggeber zurückgreift. Insbesondere ist unklar, ob der Spediteur im Falle einer Zahlungsweigerung des Empfängers sein **Zurückbehaltungsrecht oder das Pfandrecht** an dem Gut auszuüben hat. In der Regel ist ihm dies nicht zuzumuten,[6] denn die Ausübung dieser Rechte ist in der Regel mit erheblichen Störungen des Transportablaufs verbunden und der Auftraggeber ist nicht schutzlos gestellt, weil er in der Regel über kaufvertragliche Ansprüche gegen den Empfänger verfügt und weil es ihm freisteht, die Zug-um-Zug Zahlung des Empfängers durch eine Nachnahmeweisung sicherzustellen. Im Einzelfall kann die Interessenlage allerdings die Einholung von Weisungen erforderlich machen. Im **Seefrachtrecht** gilt die Sonderregel des § 494 HGB.

6   **2. Aufträge für Rechnung eines Dritten (Ziff. 10 S. 1 Alt. 2).** Die verkehrsvertraglichen Pflichten des Auftraggebers bleiben auch dann unberührt, wenn er dem Spediteur erklärt hat, der Auftrag solle für Rechnung oder im Interesse eines Dritten ausgeführt werden. Eine solche Angabe kann sich aus Incoterms wie **CIF** ergeben, nach denen der Verkäufer zwar den Frachtvertrag abschließt und die Ware für das Beförderungsmittel liefert, damit aber das Gut in den Risikobereich des Empfängers entlässt.

---

[1] Der aus KVO und EVO stammende Begriff des Überweisens der Fracht meint die Übertragung der Frachtzahlungspflicht vom Vertragspartner des Frachtführers auf den Empfänger, vgl. *de la Motte* in Fremuth/Thume TranspR ADSp Nr. 10 Rn. 1.

[2] *Widmann,* Kommentar zur ADSp '99, 6. Aufl. 1999, Ziff. 10 Rn. 4.

[3] *Koller* ADSp 2016 Ziff. 10 Rn. 2.

[4] OLG Köln Urt. v. 14.3.1973 – 2 U 155/72, VersR 1973, 433.

[5] Nicht jedoch schon mit bloßer Annahme, BGH Urt. v. 11.1.2007 – I ZR 177/04, TranspR 2007, 311.

[6] Verneinend *Valder* TranspR 2001, 363; *Andresen/Valder* HGB § 421 Rn. 18; *Fremuth* in Fremuth/Thume TranspR HGB § 407 Rn. 69; aM *Koller* HGB § 420 Rn. 5; *Widmann* TranspR 2001, 72 (73 f.); *Widmann* TranspR 2002, 103 (104).

Auch die 2. Alternative in Ziff. 10 S. 1 ist nur **deklaratorisch.** Ein solcher Hinweis soll nach der 7 Verkehrsanschauung lediglich den Zahlungsweg abkürzen;[7] weder bindet er den Dritten, noch befreit er den Auftraggeber. Der Spediteur ist nur dazu verpflichtet, sich im Rahmen des Zumutbaren um die Zahlung des Dritten zu bemühen.

Etwas anderes gilt, wenn der Auftrag im Namen und in Vollmacht eines Dritten, also in **Stell-** 8 **vertretung,** erteilt worden ist. Dann ist der Vertretene Auftraggeber.

III. Abgrenzung zur Nachnahme (Ziff. 10 S. 2)

Ziff. 10 S. 2 stellt klar, dass die Haftung des Auftraggebers nach Satz 1 nicht die Pflichten des 9 Spediteurs bei einer Nachnahmeweisung berührt. Die Nachnahme hat mit der Frachtüberweisung gemeinsam, dass der Spediteur bei der Auslieferung Geld vom Empfänger einziehen soll. Jedoch ist Gegenstand der Nachnahmeweisung nicht die Frage, an wen der Frachtführer sich wegen seiner Fracht halten soll. Vielmehr ist die Nachnahme eine vertragliche **Nebentätigkeit des Frachtführers**[8] im Interesse des Auftraggebers. Der Frachtführer übernimmt bei der Nachnahme einen Zahlungsdienst und ist strikt verpflichtet, das Gut nur gegen Zahlung des Empfängers abzuliefern. Den vereinnahmten Betrag hat er an den Auftraggeber auszukehren. Verletzt er diese Pflicht, haftet er im Anwendungsbereich von § 422 Abs. 3 HGB verschuldensunabhängig bis zur Höhe der Nachnahme auf Schadensersatz, sonst nach § 280 BGB wegen Pflichtverletzung.[9]

Ob eine Nachnahmeweisung vorliegt oder nur eine Frachtüberweisung kann im Einzelfall zweifel- 10 haft sein, wenn die Nachnahme nur den Betrag der Fracht umfasst und der Spediteur den eingezogenen Betrag an statt der Zahlung des Absenders behalten soll. Maßgeblich ist, ob die Auslegung der Vereinbarung die Übernahme einer Einziehungspflicht im Interesse des Auftraggebers ergibt oder nur eine Absicht der Parteien, die gesetzliche Haftung des Empfängers für die Fracht zum Tragen zu bringen.

11. Nichteinhaltung von Lade- und Entladezeiten, Standgeld

11.1 Hat der Auftraggeber das Gut zu verladen oder entladen, ist er verpflichtet, die vereinbarte, ansonsten eine angemessene Lade- oder Entladezeit einzuhalten.

11.2 Wird im Straßengüterverkehr für die Gestellung eines Fahrzeugs ein Zeitpunkt oder ein Zeitfenster vereinbart oder vom Spediteur avisiert, ohne dass der Auftraggeber, Verlader oder Empfänger widerspricht, beträgt die Lade- oder Entladezeit bei Komplettladungen (nicht jedoch bei schüttbaren Massengütern) unabhängig von der Anzahl der Sendungen pro Lade- oder Entladestelle bei Fahrzeugen mit 40 Tonnen zulässigem Gesamtgewicht pauschal jeweils maximal 2 Stunden für die Verladung bzw. die Entladung. Bei Fahrzeugen mit niedrigerem Gesamtgewicht reduzieren sich diese Zeiten einzelfallbezogen in angemessenem Umfang.

11.3 Die Lade- oder Entladezeit beginnt mit der Ankunft des Straßenfahrzeugs an der Lade- oder Entladestelle (z.B. Meldung beim Pförtner) und endet, wenn der Auftraggeber oder Empfänger seinen Verpflichtungen vollständig nachgekommen ist.
Ist für die Gestellung des Straßenfahrzeugs an der Lade- oder Entladestelle eine konkrete Leistungszeit vereinbart, so beginnt die Lade- oder Entladezeit nicht vor der für die Gestellung vereinbarten Uhrzeit.

11.4 Wird die Lade- oder Entladezeit aufgrund vertraglicher Vereinbarung oder aus Gründen, die nicht dem Risikobereich des Spediteurs zuzurechnen sind, überschritten, hat der Auftraggeber dem Spediteur das vereinbarte, ansonsten ein angemessenes Standgeld als Vergütung zu zahlen.

11.5 Die vorstehenden Bestimmungen finden entsprechende Anwendung, wenn der Spediteur verpflichtet ist, das Gut zu ver- oder entladen und der Auftraggeber ausschließlich verpflichtet ist, das Gut zur Verladung bereitzustellen oder nach Entladung entgegenzunehmen.

Schrifttum: S. Ziff. 1.

Parallelvorschriften: § 412 Abs. 3 HGB.

Vorläufer in ADSp 2003: Die Bestimmung hat keinen Vorläufer. Ziff. 11 ADSp 2003 regelte Leistungsfristen des Spediteurs.

---

[7] OLG Düsseldorf Urt. v. 24.9.1992 – 18 U 88/92, TranspR 1993, 116; OLG Hamburg Urt. v. 9.2.1984 – 6 U 237/83, VersR 1984, 845.
[8] BGH Urt. v. 21.9.2017 – I ZR 47/16, TranspR 2018, 11 Rn. 18.
[9] OLG Düsseldorf Urt. v. 13.11.2013 – I-18 U 120/12, TranspR 2015, 76 Rn. 46 ff.

I. Überblick

1   Die Bestimmung betrifft nur Transportverträge. Sie regelt die Be- bzw. Entladung unter dem **Gesichtspunkt des Zeitraums,** der der verpflichteten Partei dafür zur Verfügung steht. Ziff. 11.1 trifft zunächst die Grundaussage, dass der **ladepflichtige Auftraggeber** Lade- bzw. Entladezeiten einzuhalten hat. Ziff. 11.2 und 11.3 regeln für den Fall des Straßengüterverkehrs die Dauer und den Beginn der Lade- und Entladezeit. 11.4 enthält die Anspruchsgrundlage für die Zahlung von Standgeld bei Verfehlung der Lade- bzw. Entladezeit. Ziff. 11.5 regelt dieselben Aspekte für den Fall, dass der **Spediteur ladepflichtig** ist. Die Bestimmung ist im Zusammenhang mit Ziff. 13.1 zu lesen, nach der der Spediteur dem Auftraggeber anzuzeigen und Weisungen zu einzuholen hat, wenn eine Überschreitung der Entladezeit durch den Empfänger erkennbar wird.

2   Das gesetzliche Regelungsumfeld ergibt sich für das autonome deutsche Recht vor allem aus § 412 HGB. Nach dessen Abs. 1 ist im Zweifel der Absender lade- und entladepflichtig; davon geht auch Ziff. 4.8.2 aus. Die Lade- bzw. Entladezeit bemisst sich, wenn sie nicht vereinbart ist, gem. § 412 Abs. 2 HGB nach einer nach den Umständen angemessenen Frist. Der Frachtführer kann für diese Zeit keine besondere Vergütung verlangen (§ 412 Abs. 2 HGB), wohl aber für eine Überschreitung (§ 412 Abs. 3 HGB).

II. Verbindlichkeit von Lade- und Entladezeiten (Ziff. 11.1)

3   Der Spediteur hat, wenn der Auftraggeber – der Zweifelsregel des § 412 HGB (s. auch Ziff. 4.8.2) entsprechend – ladepflichtig ist, ein Interesse an Beschleunigung der Lade- bzw. Entladevorgänge, um seine Wartezeiten möglichst abzukürzen. Andererseits müssen Ver- und Entladevorgänge sich in die betrieblichen Abläufe des Auftraggebers bzw. Empfängers einfügen. In diesem Spannungsfeld bestimmt das Gesetz, dass dem Auftraggeber eine bestimmte Lade- bzw. Entladezeit zugebilligt ist, die sich mangels Vereinbarung nach den Umständen ergibt (§ 412 Abs. 2 HGB).

4   Ziff. 11.1 nimmt diese Regelung deklaratorisch auf und macht die Einhaltung der Lade- bzw. Entladezeit zu einer **Vertragspflicht** des Auftraggebers. Welche konkreten **Rechtsfolgen** sich daraus ergeben, ist allerdings zweifelhaft. Nach Ziff. 11.4 hat der Frachtführer, wenn er über die Lade- bzw. Löschzeit hinaus wartet, ebenso wie nach dem Gesetz (§ 412 Abs. 3 HGB) nur Anspruch auf Standgeld, also eine Zusatzvergütung.[1] Eine Schadensersatzpflicht oder ein Kündigungsrecht des Spediteurs sind nicht vorgesehen und wären wegen des Weisungsrechts des Auftraggebers auch problematisch.

III. Lade- und Entladezeiten im Straßengüterverkehr (Ziff. 11.2, 11.3)

5   **1. Bemessung von Lade- und Entladezeit (Ziff. 11.2).** Während das Gesetz bei der Bestimmung von Lade- und Entladezeit eine Einbeziehung aller relevanten Umstände ermöglicht und dadurch sehr vage[2] bleibt, stellt Ziff. 11.2 allein auf das zulässige Gesamtgewicht des Fahrzeugs ab. Die dem Auftraggeber für die vollständige Be- bzw. Entladung eines Fahrzeugs mit **40 Tonnen zulässigem Gesamtgewicht** zugebilligte Zeit beträgt pauschal **zwei Stunden.** Das einschränkende Adjektiv „maximal" steht in sprachlichem Widerspruch zu dem Begriff „pauschal" und ist daher wegen § 305c Abs. 2

---

[1] MüKoHGB/*Thume* HGB § 412 Rn. 33.
[2] Vgl. *Koller* HGB § 412 Rn. 46.

BGB nicht so zu deuten, als sei dieser Zeitraum im Einzelfall je nach den Umständen weiter zu reduzieren. Der Zeitraum von zwei Stunden ist dem Wortlaut der Bestimmung nach unabhängig von der **Anzahl der Sendungen,** die zu verladen bzw. auszuladen sind. Mit dem Begriff „Sendungen" sind nach Sinn und Zweck der Regelung nicht Sendungen iSv § 431 Abs. 2 HGB (mehrere für denselben Empfänger bestimmte Packstücke) gemeint, sondern die Anzahl an zu verladenden oder zu beladenden Packstücken. Es kommt also nicht darauf an, ob beispielsweise nur wenige Paletten oder eine Vielzahl an Paketen zu laden oder zu entladen sind.

Hat das Fahrzeug ein **geringeres zulässiges Gesamtgewicht** als 40 Tonnen, gilt eine kürze Lade- **6** oder Entladezeit. Die Reduzierung ist allerdings nicht pro rata nach dem Gewichtsverhältnis zu berechnen,[3] sondern „einzelfallbezogen" nach Angemessenheit. Mit dieser Formel wird in der Praxis wenig anzufangen sein. Einzelfallbezogenheit bedeutet, dass es überhaupt keine Regel gibt, sondern jeder Einzelfall für sich zu betrachten ist. Das Kriterium der Angemessenheit ergibt sich schon aus dem Gesetz, wird aber durch das zwar in den Vordergrund gerückte, aber einzelfallbezogen zu handhabende Kriterium des zulässigen Gesamtgewichts des Fahrzeugs weitgehend entwertet. Letztlich bleibt nur die Deutung, dass die bei der Lade- bzw. Entladung ablaufenden Prozesse so zügig vonstattengehen müssen, dass bei gleicher Geschwindigkeit ein 40-Tonnen-Lkw vollständig be- bzw. entladen werden könnte.

2. Beginn und Ende der Lade- bzw. Entladezeit (Ziff. 11.3). a) Beginn der Ladezeit. **7** aa) Grundsatz.

Das Gesetz verzichtet auf eine genaue Bestimmung des Beginns der Ladezeit. Ist vertraglich nichts vereinbart oder der Verkehrssitte zu entnehmen, beginnt die Lade- und Entladezeit dann, wenn der Frachtführer nach den Umständen erwarten kann, dass der Verlader oder Empfänger mit dem Laden oder Entladen beginnt.[4] Ziff. 11.3 S. 1 verlegt den Beginn der Lade- bzw. Entladezeit dagegen vor auf den Zeitpunkt der **Ankunft des Straßenfahrzeugs** an der Lade- oder Entladestelle, also an der postalischen Adresse (Ziff. 1.8). Die auf dem Gelände der Ver- bzw. Entladestelle stattfindenden Vorbereitungen wie insbesondere die Identitäts- und Berechtigungskontrolle sowie die Zuweisung und das Anfahren einer Rampenposition gehören daher bereits zur Lade- bzw. Entladezeit. Damit ist insbesondere die in Praxis häufige Wartezeit auf eine Rampenposition dem Risikobereich des Auftraggebers zugewiesen.[5]

Unter dem **Zeitpunkt der Ankunft** ist, wie sich aus dem Beispiel der Meldung beim Pförtner **8** entnehmen lässt, der Augenblick zu verstehen, in dem der Fahrer des Fahrzeugs sich bei dem zur Empfangnahme von Fahrern zuständigen Personal bemerkbar macht. Erst dann kann der lade- bzw. entladepflichtige Auftraggeber die erforderlichen Prozesse in Gang setzen. Es steht dem Beginn der Lade- oder Entladezeit nicht entgegen, wenn die Be- oder Entladung sich deshalb verzögert, weil der Fahrer des Spediteurs nicht alle seinerseits erforderlichen Mitwirkungshandlungen erbringt, etwa durch Vorlage von Ausweispapieren. Solche Verzögerungen wirken sich nur auf die Frage auf, ob der Spediteur wegen der Wartezeit Standgeld fordern kann.

bb) Vereinbarte Gestellungszeiten (Ziff. 11.1 S. 2).

Während der Spediteur im Grundsatz durch **9** den Zeitpunkt seiner Ankunft an der Be- oder Entladestelle den Beginn der Lade- oder Entladezeit vorgeben kann, gilt das dann nicht, wenn die Parteien eine konkrete Leistungszeit vereinbart haben. Dann beginnt die Lade- oder Entladezeit **„nicht vor der für die Gestellung vereinbarten Uhrzeit".** Erscheint der Spediteur schon vorher an der Lade- bzw. Entladestelle, liegt es also in seinem Risikobereich, ob der Auftraggeber willens und in der Lage ist, bereits vor der vereinbarten Zeit mit der Ladung oder Entladung zu beginnen. Auch wenn das der Fall ist, kann ein Standgeldanspruch erst entstehen, nachdem die Lade- oder Entladezeit, berechnet ab der Leistungszeit, verstrichen ist.

Die sprachlich nicht sehr präzise Bestimmung wirft die Frage auf, was unter einer **konkreten 10 Leistungszeit** zu verstehen ist. Der Begriff der Leistungszeit ist gem. Ziff. 1.9 definiert als die Zeit, zu der nach dem Verkehrsvertrag eine Leistung zu erbringen ist, zum Beispiel ein Zeitpunkt oder ein Zeitfenster. Ein Zeitpunkt ist jedenfalls konkret. Ob aber auch ein Zeitfenster hinreichend konkret ist, erscheint fraglich. Ein Zeitfenster bedeutet, dass der Spediteur innerhalb des bestimmten Zeitraums jederzeit leisten kann (→ Ziff. 1 Rn. 81); das lässt sich nur schwer mit einer „vereinbarten Uhrzeit" vereinbaren. Nach Sinn und Zweck der Regelung ist indessen davon auszugehen, dass sich der Vereinbarung der Parteien nur ein bestimmter Zeitpunkt entnehmen lassen muss, vor dem der Spediteur noch nicht gestellen soll und ab dem er zumindest gestellen darf. Das ist auch bei einem Zeitfenster der Fall.[6] Dagegen sind nur ungefähre Zeitangaben nicht hinreichend „konkret".

b) Ende der Ladezeit.

Die Lade- bzw. Entladezeit endet, wenn der Auftraggeber oder Empfänger **11** seinen Verpflichtungen vollständig nachgekommen ist. Gemeint sind nur diejenigen Maßnahmen, deren Erledigung zum Abschluss der Ladung bzw. Entladung und zur Abfahrt des Spediteurs erforderlich ist. Das sind bei der **Verladung** neben der Laderauminspektion die eigentliche Beladung und

---

[3] AM *Hector/Salzmann,* ADSp 2017 Praktikerkommentar, 2016, 45; *Vyvers* NZV 2018, 58 (59).
[4] *Koller* HGB § 412 Rn. 51 ff.
[5] *Válder* TranspR 2016, 213 (215).
[6] *Hector/Salzmann,* ADSp 2017 Praktikerkommentar, 2016, 45.

Stauung nebst Ladungssicherung, ferner eine etwaige Versiegelung des Fahrzeugs oder Lademittels sowie die Ausstellung eines Frachtbriefes, eines Zoll- oder Warenbegleitdokuments sowie weiterer benötigter Unterlagen. Bei der **Ablieferung** gehört zu diesen Maßnahmen neben der Entladung auch die Ausstellung der Quittung und, sofern das vereinbart ist, die Aushändigung von Tauschpaletten. Außerdem werden bei Massengut, insbesondere Flüssigkeiten, sowohl bei Verladung als auch bei der Entladung häufig aufwändige **Probenahmen** und Schnellanalysen vorgenommen.

IV. Standgeld (Ziff. 11.4)

12   **1. Überblick.** Die Bestimmung entspricht fast wörtlich § 412 Abs. 3 HGB, sodass auf die dazu vorliegenden Kommentierungen verwiesen werden kann. Die Funktion der Bestimmung besteht im Wesentlichen darin, den Standgeldanspruch (im Schiffstransportrecht: Liegegeldanspruch) des Spediteurs für alle Verkehrsarten klarzustellen.

13   **2. Voraussetzungen. a) Überschreitung der Lade- oder Entladezeit.** Die nach Ziff. 11.2 und 11.3 zu berechnende Lade- oder Entladezeit muss überschritten worden sein. Damit weicht Ziff. 11.3 insofern vom Gesetz ab, als der Frachtführer danach „warten" muss. Dieses Tatbestandsmerkmal deutet ein Erfordernis ständiger Leistungsfähigkeit und -bereitschaft während des Wartens an,[7] das in der Praxis nicht immer sachgerecht ist. Deshalb stellt Ziff. 11.4 nur auf die Tatsache der Überschreitung der Ladezeit ab. Allerdings ist auch hier zu fordern, dass der Spediteur sich leistungsbereit hält und den Lade- oder Entladevorgang nicht etwa wegen im missfallender Verzögerungen abbricht. Standgeld nur fordern, wer steht.

14   **b) Vertragliche Vereinbarung.** Die sprachliche Veränderung der Vorschrift gegenüber dem Vorbild des § 412 Abs. 3 HGB führt zu einer sinnwidrigen Entstellung des Merkmals der vertraglichen Vereinbarung; denn die Lade- oder Entladezeit wird nicht aufgrund vertraglicher Vereinbarung überschritten. Allerdings ist der Hinweis auf eine vertragliche Vereinbarung auch schon in § 412 Abs. 3 HGB schwer verständlich. Hintergrund ist das Schiffsbeförderungsrecht,[8] das wegen der dort üblichen zeitbezogenen Schiffsnutzungsvergütung für Verzögerungen bei der Ver- oder Entladung besonders sensibel ist und deshalb Regeln für den Zeitraum nach der Lade- oder Löschzeit entwickelt hat. Danach muss der Beförderer nach Ablauf der Lade- oder Entladezeit für einen bestimmten Zeitraum (Überliegezeit, vgl. § 530 Abs. 3 HGB) weiter warten, wenn das vereinbart ist, gegen ein ebenfalls vereinbartes (Über-)Liegegeld. Die vertragliche Vereinbarung bezieht sich mithin nicht auf die Überschreitung der Lade- oder Löschzeit, sondern auf die Tatsache, dass der Spediteur diese **Überschreitung hinzunehmen** hat.

15   Entgegen dem ersten Anschein, den aber nicht nur Ziff. 11.4, sondern auch schon § 412 Abs. 3 BGB setzt, steht ein dem Risikobereich des Spediteurs entstammender Verzögerungsgrund mangels anderweitiger Vereinbarung auch dann einem Standgeldanspruch entgegen, wenn das Warten vereinbart ist.[9] Denn der Spediteur soll keine zusätzlichen Vergütungsansprüche aus Gründen erwerben, für die er selbst verantwortlich ist.

16   **c) Risikobereich des Spediteurs.** Der Grund für die Überschreitung der Lade- oder Löschzeit darf nicht dem **Risikobereich des Spediteurs** zuzurechnen sein. Bei der Formulierung dieses Merkmals im Gesetz (§ 412 Abs. 3 HGB) war der Gesetzgeber des Transportrechtsreformgesetzes 1998 davon ausgegangen, dass Störungsursachen vollständig entweder der einen oder der anderen Partei zuzurechnen sind,[10] sodass Ursachen, die nicht der Risikosphäre des Spediteurs zuzurechnen sind, notwendig in die Sphäre des Auftraggebers fallen. Dagegen vertritt der BGH die Auffassung, dass zwischen den Risikobereichen der Parteien ein **neutraler Bereich** verbleibt, der weder der einen noch der anderen Seite zur Last fällt.[11] Geht man davon aus, so steht es dem Standgeldanspruch nicht entgegen, wenn die Ursache weder der einen noch der anderen Seite zuzuordnen ist,[12] etwa bei Unruhen oder Störungen bei der öffentlichen Energieversorgung. Da das Verwendungsrisiko seines Frachtraums grundsätzlich dem Spediteur zugewiesen ist,[13] sollte bei der Annahme solcher neutralen Risiken Vorsicht walten. Andererseits ist aber auch denkbar, dass Verzögerungsgründe den Risikosphären **beider Parteien** zuzuordnen sind, etwa bei beidseits verschuldeten Umständen. Dann kann eine Verteilung von Risikoanteilen analog § 254 Abs. 1 BGB in Betracht gezogen werden.

---

[7] Vgl. OLG Karlsruhe Urt. v. 12.6.2017 – 22 U 5/16 BSch, TranspR 2018, 61 Rn. 39; *Koller* HGB § 412 Rn. 50 ff.

[8] RegBegr. TranspRRefG 1998, BT-Drs. 13/8445, 41.

[9] *Rabe/Bahnsen/Rabe* HGB § 530 Rn. 32.

[10] RegBegr. TranspRRefG 1998, BT-Drs. 13/8445, 41.

[11] BGH Urt. v. 22.6.2011 – I ZR 108/10, TranspR 2011, 362; Schifffahrtsobergericht Köln Urt. v. 28.10.2008 – 3 U 55/07 BSch, TranspR 2009, 43.

[12] MüKoHGB/*Thume* HGB § 412 Rn. 39; *Koller* HGB § 412 Rn. 53.

[13] *Casum sentit dominus* – der Herr fühlt den Fall.

Fraglich, ob bei der Auslegung von Ziff. 11.4 die Bestimmung von Ziff. 12.2 heranzuziehen ist. Sie **17** beschreibt Risiken, die die Parteien von ihren **Leistungspflichten befreien,** nämlich höhere Gewalt, Unruhen, kriegerische oder terroristische Akte, Streiks und Aussperrungen, die Blockade von Beförderungswegen sowie sonstige unvorhersehbare, unabwendbare und schwerwiegende Ereignisse. Ob diese Auflistung auch den Risikobereich des Spediteurs im Sinne von Ziff. 11.4 abgrenzt, ist trotz der Verwendung des Begriffs „Risikobereich" in Ziff. 12.2 zu bezweifeln, denn bei Ziff. 12.2 geht es um die Frage, was die Parteien schadensersatzrechtlich zu vertreten haben, während es bei Ziff. 11.4 weitergehend um eine Risikozuweisung des Verwendungsrisikos von Frachtraum geht. Wenn der Spediteur etwa einen Streik des eigenen Personals schadensersatzrechtlich nicht zu vertreten hat, so vermag das noch nicht zu rechtfertigen, dieses Risiko dem Auftraggeber zuzuweisen, sodass eine durch einen Streik von Fahrpersonal verursachte Verfehlung der Lade- oder Entladezeit zu Standgeldansprüchen des Spediteurs gegen den Auftraggeber führt. Solche Ergebnisse wären auch vom Hintergrund der Klauselkontrolle nicht hinnehmbar. Ziff. 11.4 ist daher unabhängig von Ziff. 12.2 auszulegen.

Zur Ausfüllung des Begriffs der Risikobereiche von Spediteur und Auftraggeber darf auf alle **18** anerkannten **Kategorien der Zurechnung** zurückgegriffen werden. Zum Risikobereich des Spediteurs gehören jedenfalls alle Umstände, die Gegenstand seiner primären vertraglichen Leistungs- oder Mitwirkungspflichten oder Obliegenheiten sind oder gewesen wären.[14] Ferner gehören dazu auch alle weiteren Umstände, die er iSv § 326 Abs. 2 BGB **zu vertreten hat,** die er also entweder durch schuldhaftes Tun oder pflichtwidriges Unterlassen gesetzt hat. Der Risikobereich beschränkt sich aber nicht auf diejenigen Umstände, die eine Partei durch Außerachtlassung der erforderlichen Sorgfalt verschuldet hat. Nach dem Gedanken der Zurechnung der eigenen **Organisations- und Einflussphäre** trägt der Spediteur auch das Risiko für alle Umstände, die in seinem betrieblichen Organisations- und Gestaltungsbereich[15] oder in dem seiner Erfüllungsgehilfen angesiedelt sind oder die er unter dem Gesichtspunkt der Gefahrbeherrschung durch entsprechende Vorsorge hätte kontrollieren müssen.[16] Das gilt auch für öffentlich-rechtliche Rechtsverhältnisse, die an seine betrieblichen Verhältnisse anknüpfen. Schließlich können ihm nach dem Gedanken der Ingerenz[17] auch alle Risiken zugerechnet werden, die auf seinen Dispositionen, seinen die relevanten Umstände gestaltenden oder prägenden Entscheidungen beruhen. Wirken Umstände zusammen, die aus den Sphären beider Parteien kommen, so hat aktives Tun grundsätzlich den Vorrang vor passiver Zustandsverantwortlichkeit.

Zum **Risikobereich des Spediteurs** zählen zunächst alle von ihm zur Leistungserbringung einge- **19** setzten betrieblichen Mittel, insbesondere also die Unversehrtheit, Eignung, Einsetzbarkeit,[18] Verfügbarkeit,[19] Betriebstauglichkeit[20] und sonstige Beschaffenheit des Beförderungsmittels und seiner technischen Ausstattung sowie das Verhalten des Betriebspersonals. Ferner zählen alle Umstände zur Risikosphäre des Spediteurs, die er durch vertragliche Übernahme zum Gegenstand seiner Leistungspflichten gemacht hat,[21] zB besondere eine Verpackung oder andere Maßnahmen in Bezug auf das Gut.

In den **neutralen Bereich** fallen alle Umstände, die von beiden Parteien unbeeinflussbar sind oder **20** die sie gleichermaßen zur Grundlage ihres Leistungsaustausches gemacht haben. Das gilt im Linienverkehr etwa für eine unvorhersehbare Nichtpassierbarkeit von Verkehrswegen oder andere Störungen der öffentlichen Infrastruktur. Auch politische und Kriegsrisiken sind grundsätzlich neutrale Risiken.

Die Beweislast dafür, dass der fragliche Umstand nicht dem Risikobereich des Spediteurs zuzurech- **21** nen ist, trägt diejenige Partei, die daraus Vorteile für ihre Rechtsposition ableitet, hier also der Spediteur.

3. Angemessenes Standgeld. Liegen die Voraussetzungen vor, so gebührt dem Spediteur das **22** **vereinbarte,** sonst ein **angemessenes** Standgeld. Eine Vereinbarung über das Standgeld unterliegt, soweit sie durch allgemeine Geschäftsbedingungen erfolgt, als Preisnebenabrede der uneingeschränkten Klauselkontrolle.[22] Bei Lastkraftwagen wird ein Standgeld bis 60 EUR pro Stunde von der Rspr. nicht beanstandet.[23]

Was angemessen ist, richtet sich grundsätzlich danach, was der Spediteur mit den durch die Warte- **23** zeit zusätzlich in Anspruch genommenen Betriebsmitteln anderweitig typischerweise hätte einnehmen können.[24] Es ist aber keine konkrete Schadens- oder Kostenermittlung vorzunehmen; der Standgeld-

---

[14] OGH Bamberg Urt. v. 7.5.2014 – 3 U 2/13, RdTW 2015, 103 Rn. 45.
[15] OLG Hamm Urt. v. 26.2.2015 – 18 U 82/14. RdTW 2015, 253 (255).
[16] OLG Düsseldorf Urt. v. 26.2.2015 – I-18 U 82/14, TranspR 2015, 382 Rn. 47.
[17] Ingerere lat.: sich einmischen.
[18] OLG Karlsruhe Urt. v. 12.6.2017 – 22 U 5/16 BSch, TranspR 2018, 61 Rn. 39.
[19] Vgl. BGH Urt. v. 22.6.1998 – II ZR 72/97, TranspR 1998, 365.
[20] LG Darmstadt Urt. v. 20.7.2011 – 7 S 46/11, RRa 2011, 236 Rn. 20.
[21] OLG München Urt. v. 26.4.2012 – 23 U 1293/11, TranspR 2012, 293 Rn. 64.
[22] *Dammann* in Wolf/Lindacher/Pfeiffer BGB § 309 Nr. 1 Rn. 16.
[23] AG Mannheim Urt. v. 19.2.2015 – 10 C 460/13, TranspR 2015, 388 Rn. 15; vgl. auch LG Mönchengladbach Urt. v. 8.9.2010 – 4 S 38/10, BeckRS 2011, 8588 und AG Hamburg Urt. v. 11.9.2014 – 31c C 180/14, TranspR 2014, 426.
[24] IE dazu *Koller* HGB Art. 412 Rn. 58a.

anspruch ist ein zusätzlicher **Vergütungsanspruch,** der den erweiterten Leistungen des Spediteurs Rechnung trägt und deshalb auch Overhead- und Vergütungsbestandteile aufweisen darf.

V. Analoge Anwendung bei Ladepflicht des Spediteurs (Ziff. 11.5)

24   **1. Überblick.** Die – auf den ersten Blick überraschende – Anwendung der Bestimmungen der Ziff. 11.1–11.4 auch bei Ladepflicht des Spediteurs hat ihren Grund darin, dass es für die Ladezeit und deren Überschreitung in der Praxis in der Regel wenig Unterschied macht, ob die Be- oder Entladung durch den Auftraggeber oder durch den Spediteur erledigt wird. Denn Verzögerungen haben ihre Ursache in der Regel nicht in einem langsamen Arbeitstempo bei der eigentlichen Ladung oder Entladung, sondern in **Wartezeiten,** etwa bei Kapazitätsengpässen an der Rampe, bei der Ausstellung von Papieren oder bei Qualitätsprüfungen. Gleichwohl ist die „**entsprechende Anwendung**" im Detail schwierig, weil die Einzelbestimmungen von Ziff. 11 neben der eigentlichen Ver- und Entladung auch Tätigkeiten regeln, die der Auftraggeber in jedem Fall vornehmen muss, sodass der Sinn der entsprechenden Anwendung nicht einfach so erschlossen werden kann, dass der Auftraggeber durch den Spediteur ersetzt wird.

25   **2. Anwendung von Ziff. 11.1.** Auch der Spediteur hat, wenn ihm die Ver- oder Entladung obliegt, eine vereinbarte, sonst eine angemessene Lade- oder Entladezeit einzuhalten. Diese Verantwortung erstreckt sich allerdings nur auf die ihm selbst obliegenden Tätigkeiten, also das eigentliche Verladen bzw. Entladen. Da die Bestimmung dafür keine Fristen vorsieht, kann nur davon ausgegangen werden, dass der Spediteur ein angemessenes Arbeitstempo sicherzustellen hat. Für die dem Auftraggeber obliegenden Aufgaben, insbesondere die Bereitstellung des Guts zur Verladung sowie die Annahme des Guts mitsamt den jeweils damit verbundenen weiteren Maßnahmen, verbleibt es bei der Verantwortung des Auftraggebers.

26   **3. Anwendung von Ziff. 11.2 und 11.3.** Für Dauer und Beginn von Lade- und Löschzeit sind die Bestimmungen von Ziff. 11.2 und 11.3 unverändert anzuwenden, allerdings mit der Maßgabe, dass diese Zeiträume den Parteien gemeinsam zur Erledigung der ihnen jeweils obliegenden Aufgaben zur Verfügung stehen.

27   **4. Anwendung von Ziff. 11.4.** Würde man im Rahmen der entsprechenden Anwendung von Ziff. 11.4 den Auftraggeber durch den Spediteur ersetzen, so würde die Bestimmung zu einem Standgeldanspruch des Auftraggebers führen. Auch wenn eine vom Spediteur verursachte Lade- oder Entladezeitüberschreitung im Einzelfall zu zusätzlichem Aufwand für den Auftraggeber führen kann, ist eine solche Rechtsfolge fernliegend. Denn eine Zusatzvergütung für den Auftraggeber passt nicht in den Verkehrsvertrag und dafür besteht auch kein Bedürfnis, weil der Auftraggeber gegebenenfalls Schadensersatz nach den allgemeinen Regeln (§ 280 BGB) verlangen kann.

28   Ziff. 11.4 kann deshalb auch im Rahmen der entsprechenden Anwendung nur zu einem **Standgeldanspruch zugunsten des Spediteurs** führen. Das ist dann der Fall, wenn der Auftraggeber die ihm obliegenden Aufgaben, etwa der Zugangskontrolle, der Zuweisung einer Rampenposition, der Bereitstellung des Guts und der Sendungsdokumentation, so verzögert hat, dass die Lade- oder Entladezeit deshalb, also trotz angemessen zügiger Ver- bzw. Entladetätigkeit durch den Spediteur, überschritten worden ist. Dasselbe gilt, wenn die Verzögerung andere vom Auftraggeber zu vertretende Gründe, etwa falsche Angaben über das Gut oder den benötigten Laderaum.

12. Leistungshindernisse, höhere Gewalt

12.1 Kann der Spediteur das Gut nicht oder nicht rechtzeitig übernehmen, so hat er dies dem Auftraggeber oder Verlader unverzüglich anzuzeigen und entsprechende Weisungen einzuholen. § 419 HGB findet entsprechende Anwendung. Der Auftraggeber bleibt berechtigt, den Verkehrsvertrag zu kündigen, ohne dass der Spediteur berechtigt ist, Ansprüche nach § 415 Abs. 2 HGB geltend zu machen.

12.2 Leistungshindernisse, die nicht dem Risikobereich einer Vertragspartei zuzurechnen sind, befreien die Vertragsparteien für die Dauer der Störung und den Umfang ihrer Wirkung von den Leistungspflichten.
Als solche Leistungshindernisse gelten höhere Gewalt, Unruhen, kriegerische oder terroristische Akte, Streiks und Aussperrungen, Blockade von Beförderungswegen sowie sonstige unvorhersehbare, unabwendbare und schwerwiegende Ereignisse.
Im Falle eines Leistungshindernisses ist jede Vertragspartei verpflichtet, die andere Partei unverzüglich zu unterrichten; der Spediteur ist zudem verpflichtet, Weisungen des Auftraggebers einzuholen.

Schrifttum: S. Ziff. 1.

Parallelvorschriften: §§ 275, 326 Abs. 5 BGB, § 419 HGB, Art. 14 CMR, Art. 20, 22 CIM.

Vorläufer in ADSp 2003: Ziff. 12.1 ist neu. Ziff. 12.2 setzt in erheblich geänderter Form Ziff. 12.1 ADSp 2003 fort.

Übersicht

I. Überblick

Ziff. 12 zielt vor allem auf den Frachtvertrag, kann aber auch auf den Lagervertrag sinnvoll **1** angewendet werden. Die Bestimmung regelt in Ergänzung zu den gesetzlichen frachtrechtlichen Vorschriften einzelne Aspekte von Leistungsstörungen, nämlich Informationspflichten der Parteien, die Auswirkungen von Leistungsstörungen auf die Leistungspflichten sowie die Reichweite der Verantwortungsbereich der Parteien bei Leistungsstörungen. Fast alle Regelungen der Bestimmung entsprechen dem, was auch bereits nach den anzuwendenden gesetzlichen Vorschriften gelten würde. Ausgenommen hiervon sind die entsprechende Anwendung von § 419 HGB bei Übernahmehindernissen (Ziff. 12.1 S. 2) und die Definition nicht zu vertretender Leistungshindernisse in Ziff. 12.2 S. 2. Ergänzt wird die Bestimmung durch Ziff. 13.1 und 13.2, die sich mit Ablieferungshindernissen befassen.

II. Pflichten bei Übernahmehindernissen (Ziff. 12.1)

1. Übernahmehindernis. Ein Übernahmehindernis liegt vor, wenn der Spediteur das Gut nicht **2** oder nicht rechtzeitig, dh zu der vereinbarten Leistungszeit (Ziff. 1.9), übernehmen kann. Es spielt insoweit keine Rolle, ob er den Umstand, der ihm die Übernahme bzw. die Einhaltung der Leistungszeit unmöglich macht, zu vertreten hat oder nicht. Ohne Belang ist auch, ob die Übernahme des Guts objektiv unmöglich geworden ist oder ob das Hindernis nur in Person des Spediteurs oder seiner dafür vorgesehenen Erfüllungsgehilfen besteht.

2. Anzeigepflicht. Satz 1 verpflichtet den Spediteur zunächst, das Übernahmehindernis unverzüg- **3** lich entweder dem Auftraggeber oder dem Verlader (Ziff. 1.15) anzuzeigen. Diese Verpflichtung entspricht der Interessenwahrungspflicht aus Ziff. 4.1 S. 1[1] und ergibt sich auch bereits aus Treu und Glauben.[2] Die Anzeige soll es dem Auftraggeber ermöglichen, sich so früh wie möglich auf das aufgetretene Hindernis einzustellen. Wie sich aus Ziff. 12.1 S. 3 ergibt, berührt die Anzeige nicht die aus dem Hindernis ergebenden Rechte des Auftraggebers.

Die Anzeige bedarf keiner Form. Sie ist ohne schuldhaftes Zögern zu erstatten, sobald das Über- **4** nahmehindernis erkennbar wird. Die schuldhafte Verletzung der Anzeigepflicht ist eine Pflichtverletzung, die zu Schadensersatzansprüchen aus § 280 BGB führt. Die Anzeige berührt

3. Einholung von Weisungen. Das Gesetz regelt in § 419 HGB nur solche Beförderungs- und **5** Ablieferungshindernisse, die „**nach Übernahme des Gutes**" erkennbar werden.[3] Der Gesetzgeber ging davon aus, dass die Rechtsfolge von § 419 HGB, nämlich die Pflicht des Frachtführers zur Einholung und Befolgung von Weisungen des Verfügungsberechtigten, nur dann zu rechtfertigen sei, wenn der Frachtführer Obhut über das Gut des Auftraggebers ausübt.[4] Geht man davon aus, so richten sich Hindernisse, die schon vor der Obhutsübernahme auftreten, nicht nach der Sondervorschrift des § 419 HGB, sondern nach den allgemeinen Regeln, §§ 242, 275, 326 BGB.

Allerdings ist die Ansicht, das Weisungsrecht gründe auf der Obhut des Frachtführers und setze diese **6** voraus, nicht überzeugend begründbar. Das Weisungsrecht des Auftraggebers basiert darauf, dass der Spediteur gegen eine Vergütung in Geld eine fremdnützige Leistung erbringt, die nur dem Auftraggeber dienen und sich deshalb so weit wie möglich an seinen Interessen orientieren soll. Ob der Spediteur das Gut bereits in seine Obhut genommen hat oder ob es das erst noch tun soll, kann deshalb

---

[1] *Hector/Salzmann*, ADSp 2017 Praktikerkommentar, 2016, 47.
[2] Palandt/*Grüneberg* BGB § 275 Rn. 31.
[3] Krit. dazu *Koller* HGB § 419 Rn. 7.
[4] Vgl. MüKoHGB/*Czerwenka*, 2. Aufl. 2009, HGB § 419 Rn. 9.

für das Recht des Auftraggebers, die verkehrsvertragliche Leistung des Spediteurs zu steuern und insbesondere bei auftretenden Hindernissen Weisungen zu erteilen, keine Rolle spielen. Der Auftraggeber, der die verkehrsvertragliche Leistung des Spediteurs eingekauft und eingeplant hat, ist vor der Obhutsübernahme des Spediteurs nicht weniger schutzwürdig als danach. Umgekehrt belasten Weisungen den Spediteur nicht deshalb schwerer, weil sie ihm bereits vor der Obhutsübernahme erteilt werden.

7   Es ist deshalb folgerichtig, dass Ziff. 12.1 den Spediteur nach Maßgabe von § 419 HGB auch dann der **Pflicht zur Einholung und Befolgung von Weisungen** unterwirft, wenn ein Hindernis schon der Übernahme des Guts entgegensteht. Gleiches gilt bei Verspätungen, wobei allerdings geringfügige Überschreitungen der Leistungszeit unterhalb der Relevanzschwelle außer Betracht bleiben (§ 242 BGB). Es ist auch richtig, dem Spediteur nach §§ 419 Abs. 1 S. 3, 418 Abs. 1 S. 4 HGB Aufwendungsersatz- und Vergütungsansprüche zuzuerkennen, wenn das Übernahmehindernis nicht aus seiner Risikosphäre stammt; auch hier besteht allerdings das Problem von Störungen aus der vom Gesetzgeber nicht gesehenen neutralen Sphäre; jedenfalls im Rahmen der entsprechenden Anwendung von § 419 HGB führen Weisungen, die wegen Übernahmehindernissen aus der neutralen Sphäre erforderlich werden, nicht zu zusätzlichen Aufwendungs- und Vergütungsansprüchen des Spediteurs. Das lässt sich auch aus Ziff. 12.1 S. 2 entnehmen.

8   **4. Kündigungsrecht.** Nach dem Gesetz kann der Absender den Frachtvertrag jederzeit kündigen, § 415 Abs. 1 S. 1 HGB. Allerdings bleibt er grundsätzlich verpflichtet, die vertraglich vereinbarte Fracht zu zahlen (§ 415 Abs. 2 HGB), es sei denn, die Kündigung beruht auf Umständen, die dem Risikobereich des Frachtführers zuzurechnen sind. Ziff. 12.1 S. 3 stellt klar, dass das **Kündigungsrecht auch dann** besteht, wenn der Spediteur der vertraglichen Verpflichtung genügt hat, dem Auftraggeber oder Verlader unverzüglich anzuzeigen, dass er das Gut nicht oder nicht rechtzeitig übernehmen kann. Zweifelhaft ist, ob der **Frachtanspruch** des Spediteurs für jeden Fall des Übernahmehindernisses, also auch für Hindernisse aus der neutralen oder gar aus der Sphäre des Auftraggebers, ausgeschlossen oder nur deklaratorisch auf § 415 Abs. 2 S. 2 HGB und darauf hingewiesen werden soll, dass Übernahmehindernisse in der Regel vom Spediteur zu vertreten sind oder wenigstens aus seiner Risikosphäre stammen. Für letzteres spricht das Wort „bleibt", denn danach soll offenbar insoweit an der gesetzlichen Lage nichts geändert werden.[5]

III. Leistungshindernisse aus der neutralen Sphäre (Ziff. 12.2)

9   **1. Hintergrund.** Die gesetzlichen frachtrechtlichen Bestimmungen des HGB regeln Leistungshindernisse in den §§ 417, 490 (Nichteinhaltung der Ladezeit durch den Absender), §§ 419, 492 (nach Obhutsübernahme eintretende Beförderungs- und Ablieferungshindernisse) und §§ 420 Abs. 2 und 3, 493 Abs. 2 und 3 HGB (Auswirkungen auf den Frachtanspruch). Die **Rechte des Frachtführers** aus § 417 HGB, insbesondere das Recht zur Kündigung unter Aufrechterhaltung des Frachtanspruchs, hat der Frachtführer nicht nur dann, wenn der Grund für die Nichteinhaltung der Ladezeit aus der Risikosphäre des Absenders stammt, sondern auch dann, wenn es sich um ein Hindernis aus dem **neutralen Bereich** (→ Ziff. 11 Rn. 16) handelt, der keiner der beiden Parteien zuzurechnen ist. Diese gesetzliche Ausgangslage wird durch Ziff. 12.2 zugunsten des Auftraggebers geändert. Das **Recht des Absenders** zur Erteilung von Weisungen aus § 419 HGB erfasst nur solche Leistungshindernisse, die während der bereits übernommenen Obhut des Frachtführers eintreten; für Hindernisse, die schon der Gestellung des vereinbarten Frachtraums entgegenstehen, besteht nach dem Gesetz keine Pflicht zur Einholung von Weisungen. Folge der Nichtleistung ist nach den Bestimmungen der §§ 420 Abs. 2 und 3 und 493 Abs. 2 und 3 HGB nur das Entfallen des Frachtanspruchs, es sei denn, das Hindernis ist vom Absender zu vertreten. Auch bei einer Kündigung entfällt nach § 415 Abs. 2 S. 2 HGB der Frachtanspruch, allerdings nur dann, wenn der Grund dem Risikobereich des Frachtführers zuzurechnen ist; auch hier schaden Hindernisse aus dem **neutralen Bereich** also dem Absender, weil der Frachtanspruch erhalten bleibt. Ziff. 12.2 ändert die Rechtslage sowohl hinsichtlich des Weisungsrechts als auch hinsichtlich des Frachtanspruchs zugunsten des Auftraggebers.

10   **2. Begriff des neutralen Leistungshindernisses. a) Hindernis.** Der Begriff des „nicht dem Risikobereich einer Partei zuzurechnenden Leistungshindernisses" wird in Ziff. 12.2 S. 2 durch eine Kombination aus abstrakter Definition und Regelbeispielen bestimmt. Unerwähnt bleibt dabei zunächst, dass es sich um ein Ereignis handeln muss, das die **Leistungserbringung verhindert.** Das ist nicht schon dann der Fall, wenn auftretende Probleme die ursprünglich vorgesehenen Leistungsmodalitäten unmöglich machen, die verkehrsvertragliche Leistung aber in einer anderen, beiden Parteien zumutbaren Weise erbracht werden kann.[6] Dasselbe gilt, wenn der Auftraggeber durch eine

---

[5] AA wohl *Hector/Salzmann,* ADSp 2017 Praktikerkommentar, 2016, 45.
[6] BGH Urt. v. 25.10.1962 – VII ZR 57/61, BGHZ 38, 146 = NJW 1963, 49; LG Frankfurt a. M. Urt. v. 18.2.2013 – 2–24 S 91/12, RRa 2013, 126.

Weisung für die Anpassung des Vertrags an das aufgetretene Beförderungs- oder Ablieferungshindernis sorgt. Zu Notfallkonzepten bei Logistikverträgen → Rn. 20.

b) Unvorhersehbarkeit, Unabwendbarkeit und Schwerwiegen. Grundsätzlich erforderlich ist **11** im Übrigen ein unvorhersehbares, unabwendbares und schwerwiegendes Ereignis. Keines dieser Adjektive erlaubt eine exakte Grenzziehung, denn unvorhersehbar ist im Grundsatz überhaupt kein denkbares Ereignis, unabwendbar ist bei entsprechender Vorsorge fast nichts und auch das Kriterium des Schwerwiegens führt kaum zu einer Eingrenzung, da ein die verkehrsvertragliche Leistung völlig verhindernder Umstand stets von einigem Gewicht ist. Handhabbar wird die Definition nur, wenn sie **relativ** verstanden und auf die konkreten betrieblichen Gegebenheiten der Parteien bezogen wird. Damit erweist die Definition sich als **Komplementärbegriff zu den durch ordnungsgemäße Betriebsorganisation beherrschbaren Risiken.** Alle Risiken, die der Spediteur und seine Unterauftragnehmer bei ordnungsgemäßer Organisation ihrer Betriebe im Rahmen eines angemessenen Risikomanagements hätten in Betracht ziehen und durch entsprechende Vorsorgemaßnahmen beherrschbar machen müssen, sind weder unvorhersehbar noch unabwendbar. Das gilt insbesondere für alle typischen betrieblichen Risiken[7] wie zum Beispiel Ausfall von Personal, technische Störungen an Fahrzeugen und Ausrüstung oder Wartezeiten bei anderen Ladestellen. Darüber hinaus muss der Spediteur sich auch gegen von außen kommende Risiken wappnen, etwa Schlechtwetter, winterliche Straßenverhältnisse, Verkehrsstaus oder Baustellen.

Auch das **Schwerwiegen** des Ereignisses ist relativ, also nach den konkreten betrieblichen Verhält- **12** nissen des Spediteurs und seiner Nachunternehmer zu bestimmen. Das gleiche Ereignis kann, wenn es bei einem Kleinbetrieb eintritt, schwerwiegend oder auch, wenn es ein Großunternehmen betrifft, unbedeutend sein. Es muss sich um einen Umstand handeln, der den betrieblichen Organismus im Bereich der zur Leistungserbringung zur Verfügung stehenden Betriebsmittel so stark beeinträchtigt, dass er nicht durch Anpassungen wie Umschichtungen, Mehrarbeit oder die umgehende Beschaffung von Aushilfskapazitäten neutralisiert werden kann.

c) Regelbeispiele. Die Regelbeispiele höhere Gewalt, Unruhen, kriegerische oder terroristische **13** Akte, Streiks und Aussperrungen sowie Blockade von Beförderungswegen sind ihrerseits im Licht der abstrakten Begriffsbestimmung auszulegen. Deshalb sind sie nur dann als neutrales Leistungshindernis anzusehen, wenn sie im konkreten Einzelfall **unvorhersehbar, unabwendbar und schwerwiegend** sind.[8]

Unter **höherer Gewalt** wird in der Regel ein von außen kommendes, nicht vorhersehbares und **14** nicht beherrschbares Störereignis verstanden.[9] zum Beispiel eine unwetterbedingte Überflutung eines Terminalgeländes[10] oder Aschewolken in der Atmosphäre, die Flugverkehr unterbinden.[11]

Unruhen, kriegerische und terroristische Akte sind nur dann unvorhersehbar, wenn sie plötz- **15** lich auftreten und deshalb nicht bei der Planung der Leistungserbringung in Betracht gezogen werden können. Sie müssen darüber hinaus schwerwiegend sein, sodass vereinzelte Gewalttaten nicht ausreichen.

Streiks und Aussperrungen können Teile der Verkehrsinfrastruktur lahmlegen und dadurch die **16** Leistung verhindern, etwa bei Fluglotsenstreiks. Sie sind aber oft nicht unvorhersehbar und auch nicht unabwendbar, etwa wenn eigenes Personal des Spediteurs streikt oder ausgesperrt wird.[12]

Auch die **Blockade von Beförderungswegen** ist nur dann ein unvorhersehbares und unabwend- **17** bares Leistungshindernis, wenn sie unerwartet auftritt und nicht umgangen werden kann. Alltägliche Verkehrsstauungen rechnen deshalb nicht hierzu, wohl aber unfallbedingte längere Sperrungen von Straßen. Auch die vorübergehende Schließung von Flughäfen und Luftfahrtwegen, etwa wegen Aschewolken, gehört dazu. In der Binnenschifffahrt sollten auch Fahrtunterbrechungen durch Hoch- oder Niedrigwassers hierher gerechnet werden, soweit sie bei Vertragsschluss nicht vorhersehbar waren. Gleiches gilt für Eisgang.

3. Rechtsfolgen. a) Freiwerden. Die Parteien werden von ihren Leistungspflichten nach Maßgabe **18** des Umfangs und der Dauer der Störung **befreit.** Befreit wird nicht nur der Schuldner der unmöglichen Leistung, sondern beide Vertragsparteien, sodass auch der Anspruch auf die synallagmatische Gegenleistung entfällt. **Praktische Folgen** hat das vor allem für den Frachtanspruch des Spediteurs. Ist der Auftraggeber wegen eines Umstandes außerhalb seines Risikobereichs, etwa wegen einer durch eine Naturkatastrophe verursachten Unterbrechung seines Produktionsprozesses,[13] daran gehindert, das Gut zu verladen bzw. zur Verladung bereitzustellen, so führt das für beide Parteien zum Freiwerden

---

[7] *Koller* ADSp 2016 Ziff. 12 Rn. 3.

[8] *Hector/Salzmann,* ADSp 2017 Praktikerkommentar, 2016, 47.

[9] S. dazu BGH Urt. v. 15.3.1988 – VI ZR 115/87, TranspR 1988, 278; OLG Hamm Urt. v. 6.10.2003 – 6 U 102/03, NJW-RR 2005, 393.

[10] District Court Southern District New York Urt. v. 8.6.2015 – 13 Civ 3478 (AT), ETR 2017, 15.

[11] BGH Urt. v. 18.12.2012 – X ZR 2/12, NJW 203, 1674 Rn. 20.

[12] AG Berlin-Charlottenburg Urt. v. 3.1.2014 – 232 C 267/13, RRa 2014, 207

[13] *Hector/Salzmann,* ADSp 2017 Praktikerkommentar, 2016, 48.

von den Leistungspflichten.[14] Der Auftraggeber schuldet deshalb dem Frachtführer keine Fracht, auch nicht nach § 417 HGB, dem zufolge dem Frachtführer nur die eigene Risikosphäre schaden würde.

19   Die Befreiung bezieht sich aber nicht nur auf die Primärleistungspflichten, sondern sie erfasst auch Sekundärleistungspflichten, insbesondere **Schadensersatzansprüche.** Obgleich der Spediteur für Umstände außerhalb seiner Risikosphäre selbst als Frachtführer meistens nicht haftet, weil solche Umstände in der Regel auch durch größtmögliche Sorgfalt (§ 426 HGB) nicht abgewendet werden können, kann sich daraus im Einzelfall eine **zusätzliche Verteidigungsmöglichkeit** gegenüber Schadensersatzansprüchen ergeben.

20   Die Befreiung bleibt auf den **Umfang** und die **Dauer** der Störung beschränkt. Bleiben Teilleistungen möglich, so entfallen die Leistungsansprüche nur zu dem entsprechenden Teil. Fällt die Störung weg, bevor die Leistung infolge des Zeitablaufs unmöglich geworden ist, so setzen die Leistungspflichten wieder ein, ohne dass die Verzögerung zu Ersatzpflichten führt.

21   Besondere Relevanz hat die Bestimmung damit für **Logistikverträge,** die in der Regel komplexe, dauerhaft zu erbringende Leistungspflichten vorsehen. Die Regelung wirkt darauf hin, dass die Auswirkungen von Leistungshindernissen auf das Schuldverhältnis auf das unausweichliche Maß beschränkt bleiben. Die Befreiung tritt nicht ein, wenn der Logistikvertrag das Leistungshindernis erfasst und für diesen Fall Ausweichleistungen vorsieht, zB im Rahmen eines **Notfallkonzepts.**

22   Zweifelhaft ist, ob die Bestimmung für den Zeitraum eines zeitlich begrenzten Leistungshindernisses zu einem Ausschluss des Kündigungsrechts aus §§ 326 Abs. 5, 323 BGB führt.[15] Dagegen spricht, dass die Bestimmung nicht das Ziel verfolgt, die Parteien bei unmöglichen Leistungen an den Vertrag zu binden, sondern sie im Gegenteil befreien will. Auch das Kündigungsrecht aus § 326 Abs. 5 BGB knüpft an das Freiwerden des Schuldners an.

23   **b) Pflicht zur Anzeige und zur Einholung von Weisungen.** Ziff. 12.2 S. 3 stellt – partiell in Überschneidung mit Ziff. 12.1 S. 1 – klar, dass die Parteien einander über Leistungshindernisse unverzüglich, also ohne schuldhaftes Zögern, zu **unterrichten** haben. Die Pflicht besteht, sobald das Leistungshindernis erkennbar wird, also nicht erst mit der Fälligkeit der verhinderten Leistungspflicht. Ein Verstoß gegen diese Pflicht kann den Anspruch auf Ersatz desjenigen Schadens begründen, der infolge der verspäteten Unterrichtung (zusätzlich) entstanden ist.

24   Für Leistungshindernisse, die Leistungen des Spediteurs hindern, besteht zusätzlich eine Pflicht des Spediteurs, Weisungen einzuholen. Für Übernahmehindernisse, auch wenn sie nicht auf neutralen Risiken beruhen, gilt das schon nach Ziff. 12.1 S. 1 und 2. Daher hat die Bestimmung vor allem für Fälle Bedeutung, in denen Leistungshindernisse während der Obhut eintreten und für die nicht schon § 419 HGB und die Parallelvorschriften des vereinheitlichten Frachtrechts eine Pflicht zur Einholung von Weisungen regeln. Das sind vor allem lagerrechtliche Fälle.

13. Ablieferung

13.1 Wird nach Ankunft an der Entladestelle erkennbar, dass die Entladung nicht innerhalb der Entladezeit durchgeführt werden kann, hat der Spediteur dies dem Auftraggeber unverzüglich anzuzeigen und entsprechende Weisungen einzuholen. § 419 HGB findet Anwendung.

13.2 Kann der Spediteur die vereinbarte Leistungszeit oder – mangels Vereinbarung – eine angemessene Zeit für die Ablieferung des Gutes nicht einhalten, hat er Weisungen bei seinem Auftraggeber oder dem Empfänger einzuholen.

13.3 Wird der Empfänger in seiner Wohnung, in dem Geschäftsraum oder in einer Gemeinschaftseinrichtung, in der der Empfänger wohnt, nicht angetroffen, kann das Gut, soweit nicht offenkundige Zweifel an deren Empfangsberechtigung bestehen, abgeliefert werden

    13.3.1 in der Wohnung an einen erwachsenen Familienangehörigen, eine in der Familie beschäftigten Person oder einen erwachsenen ständigen Mitbewohner,

    13.3.2 in Geschäftsräumen an eine dort beschäftigte Person,

    13.3.3 in Gemeinschaftseinrichtungen dem Leiter der Einrichtung oder einem dazu ermächtigten Vertreter.

13.4 Wenn der Spediteur mit dem Auftraggeber oder Empfänger eine Vereinbarung getroffen hat, wonach die Ablieferung ohne körperliche Übergabe an den Empfänger erfolgen soll (z. B. Nacht-, Garagen- oder Bandanlieferung), erfolgt die Ablieferung mit der tatsächlichen Bereitstellung des Gutes am vereinbarten Ort.

13.5 Die Ablieferung darf nur unter Aufsicht des Auftraggebers, Empfängers oder eines dritten Empfangsberechtigten erfolgen. Die Ziffern 13.3 und 13.4 bleiben unberührt.

---

[14] *Hector/Salzmann,* ADSp 2017 Praktikerkommentar, 2016, 47.
[15] So *Koller* ADSp 2016 Ziff. 12 Rn. 5.

Schrifttum: S. vor Ziff. 1 sowie *Drescher,* Zur Haftung des Frachtführers bei betrügerischen Bestellungen, TranspR 2007, 303.

Vorläufer in ADSp 2003: Ziff. 13 ADSp 2003.

Übersicht

I. Überblick

Ziff. 13 regelt den **Tatbestand der Ablieferung** an den Empfänger. Dies ist auch durch Klausel- **1** recht möglich, da die Parteien hinsichtlich der Frage, an welche Person oder Örtlichkeit, wann und wie abzuliefern ist, volle Vertragsfreiheit haben. Die Regelung gilt auch zulasten des Empfängers, da der Auftraggeber ihm als begünstigtem Dritten nur die Rechte verschafft, die er gegenüber dem Spediteur begründet.

In der Neufassung 2017 ist die Bestimmung in den Ziff. 13.1 und 13.2 um Regelungen ergänzt **2** worden, die zwar auch die Ablieferung betreffen, aber systematisch besser in Ziff. 11 bzw. Ziff. 12 platziert worden wären, weil sie nicht die Art und Weise der Ablieferung, sondern **Leistungshindernisse** betreffen.

II. Leistungshindernisse bei der Ablieferung

1. Nichteinhaltung der Entladezeit. Die Bestimmung trägt der Tatsache Rechnung, dass der **3** Auftraggeber sich Überschreitungen der Entladezeit mit der Folge des Entstehens von **Standgeldansprüchen** auch dann zurechnen lassen muss, wenn diese durch den dritten Empfänger bei der Entladung verursacht werden. Die Entladezeit umfasst gem. Ziff. 11.3 S. 1 nicht nur die Zeit der eigentlichen Entladung des Beförderungsmittels, sondern praktisch die gesamte Aufenthaltsdauer des Spediteurs an der Entladestelle, insbesondere also auch vom Empfänger verursachte Wartezeiten (näher → Ziff. 11 Rn. 7 ff.). Deshalb läuft der Auftraggeber dieses Risiko auch dann, wenn der Frachtführer zu entladen hat. Zwar haftet nach § 421 Abs. 3 HGB der Empfänger für die bei der Entladung entstehenden Standgeldansprüche des Frachtführers, jedoch bleibt die Haftung des Absenders davon unberührt (§ 421 Abs. 4 HGB) und der Anspruch gegen den Empfänger wird aus praktischen Gründen in der Regel nicht durchgesetzt. Deshalb hat der Auftraggeber ein Interesse daran, bei absehbaren Verzögerungen, jedenfalls wenn sie zu Überschreitungen der Ladezeit führen können, frühzeitig informiert zu werden, um für Abhilfe sorgen zu können.

Die Bestimmung begründet deshalb eine Pflicht des Spediteurs, dem Auftraggeber unverzüglich, **4** also ohne schuldhaftes Zögern, **anzuzeigen,** wenn an der Entladestelle erkennbar wird, dass die Entladezeit nicht eingehalten werden kann. Aufgrund der Anzeige kann der Auftraggeber bei dem Empfänger intervenieren und nach Möglichkeit für beschleunigte Entladung sorgen. Die Anzeige dient zugleich auch den Interessen des Spediteurs, weil die Überschreitung der Entladezeit dadurch für den Auftraggeber verifizierbar wird.

Die Anzeige ist eine **geschäftsähnliche Handlung.** Sie muss dem Auftraggeber bzw. dessen **5** berufenem Personal selbst zugehen und kann ihrem Zweck gemäß nicht etwa gegenüber dem Empfänger als Vertreter des Auftraggebers erstattet werden.

Über die Anzeige hinaus hat der Spediteur auch **„entsprechende Weisungen"** nach Maßgabe des **6** § 419 HGB einzuholen. Problematisch daran ist, dass der zu informierende Auftraggeber sein Weisungsrecht bei Ankunft des Guts an der Abladestelle wegen des durch Ziff. 9 unberührt gelassenen § 418 Abs. 2 HGB in der Regel an den **Empfänger** verliert, sodass der Auftraggeber dann nicht mehr durch die Erteilung einer Weisung intervenieren kann, ohne in Rechte des Empfängers einzugreifen. Nur wenn das Verhalten des Empfängers die Schwelle zur Annahmeverweigerung überschreitet, fällt das Weisungsrecht nach § 419 Abs. 1 S. 2 HGB an den Absender zurück. Deshalb bietet das Weisungsrecht dem Absender nur in schwerwiegenden Fällen die Möglichkeit, den Ablieferungsvorgang wegen vom Empfänger verursachter Verzögerungen abzubrechen und anderweitig über das Gut zu verfügen. Geht der Spediteur in anderen Fällen nach Ankunft an der Entladestelle noch auf Weisungen des Auftraggebers ein, tut er dies auf die Gefahr hin, sich dem Empfänger gegenüber – insbesondere wegen Überschreitung der Lieferfrist – ersatzpflichtig zu machen.

7   **2. Nichteinhaltung der Lieferfrist.** Ziff. 13.1 regelt spiegelbildlich zu Ziff. 12.1 die Sorgfaltspflichten des Spediteurs bei Nichteinhaltung der Leistungszeit für die Ablieferung des Guts, also – in der Terminologie des Gesetzes – der Lieferfrist. Ist die **Leistungszeit** (Ziff. 1.9) konkret vereinbart, kann sie nach einem Zeitpunkt oder einem Zeitfenster (Ziff. 1.18, 1.19) bestimmt sein; im Falle eines Zeitfensters wird die Leistungszeit erst überschritten, wenn der Spediteur bis zum Ende des Zeitfensters noch nicht an der Entladestelle eingetroffen ist. Ist die Leistungszeit nicht konkret vereinbart, so bestimmt sie sich gem. § 423 HGB nach den Umständen; da die Lieferfrist dann in der Regel nur ungefähr bestimmbar ist, wird eine Überschreitung der Leistungszeit in der Praxis meist nur bei einer erheblichen Verspätung feststellbar sein.

8   Ist eine Überschreitung der Leistungszeit absehbar, hat der Spediteur **Weisungen** einzuholen, und zwar entweder vom Auftraggeber oder vom Empfänger. Der Bestimmung lässt sich nicht entnehmen, dass der Spediteur seine Wahl je nach Verfügungsbefugnis des Absenders oder Empfängers treffen soll; ein freies Wahlrecht kollidiert aber mit dem grundsätzlich bis zur Ankunft an der Ablieferstelle gegebenen Verfügungsrecht des Absenders. Deshalb darf der Spediteur **Weisungen des Empfängers** nur dann entgegennehmen und befolgen, wenn sie keine vertragsändernde Qualität haben und nur Modalitäten der Ablieferung betreffen. Anderenfalls kann er sich gegenüber dem Absender schadensersatzpflichtig machen.

9   Der Spediteur hat abweichend von Ziff. 12.1 keine besondere Anzeigepflicht. Für die Praxis empfiehlt sich gleichwohl, zumindest den Empfänger zu verständigen, damit dieser sich auf die Verzögerung einrichten und zB Lageröffnungszeiten mitteilen kann. Ist für den Spediteur ersichtlich, dass der Empfänger ein besonderes Interesse an der Pünktlichkeit des Guts hat, etwa weil dieser Personal zur Entladung bereitgestellt hat oder sonstige Aufwendungen macht, kann sich aus Treu und Glauben eine **Pflicht zur Anzeige** der Verspätung ergeben.

III. Ablieferung an Empfangsvertreter

10   **1. Allgemeines.** Ziff. 13.3 ist in enger Anlehnung an § 178 ZPO (Ersatzzustellung) formuliert. Deshalb kann zur Auslegung auf die dazu ergangene Rspr. zurückgegriffen werden, allerdings nur mit der wegen der unterschiedlichen Normenqualität und Interessenlage gebotenen Vorsicht. Die Bestimmung soll dem Spediteur die **Ablieferung erleichtern**, indem sie ihm die Übergabe des Guts an Empfangspersonen erlaubt, die dem äußeren Anschein nach Gewähr dafür bieten, dass das Gut über sie an den Empfänger gelangen wird. Damit sollen vor allem unnötige Verzögerungen und Kosten durch wiederholte Zustellversuche verhütet werden. Die Regelung entspricht damit der typischen Interessenlage auch des Empfängers.

11   Die Bestimmung begründet keine Empfangsvollmacht der Empfangsperson, sondern begrenzt die Sorgfaltspflichten des Spediteurs bei der Ablieferung. Sie gestattet es dem Spediteur, die wahre Empfangsberechtigung der Empfangsperson nicht positiv festzustellen, sondern sich auf der Grundlage eines äußeren Anscheins in Verbindung mit Erfahrungssätzen mit einer hohen Wahrscheinlichkeit zu begnügen, dass der Empfänger mit der Ablieferung an die Empfangsperson einverstanden ist oder das Gut jedenfalls von der Empfangsperson erhalten wird.

12   **2. Voraussetzungen. a) Kein Antreffen des Empfängers.** Voraussetzung ist zunächst, dass ein **Zustellversuch an den Empfänger** selbst unternommen wurde.[1] Dem Empfänger stehen solche Personen gleich, die der Empfänger (zB durch Nominierung eines Nachbarn gegenüber dem Spediteur) ausdrücklich ermächtigt hat, das Gut an der Entladestelle entgegenzunehmen. Hat der Empfänger im Einzelfall oder generell Weisung erteilt, für ihn bestimmtes Gut ohne weiteres an einer bestimmten Stelle abzustellen (Abstellgenehmigung), so kann der Spediteur entsprechend verfahren. Der Zustimmung des Auftraggebers bedürfen solche Absprachen nicht, weil der Empfänger ab dem Eintreffen des Guts an der Entladestelle verfügungsberechtigt ist.

13   Weiter ist Voraussetzung für die Anwendung der Bestimmung, dass der Empfänger in seiner Wohnung, in dem Geschäftsraum oder in einer Gemeinschaftseinrichtung, in der der Empfänger wohnt, **nicht angetroffen** wird. Ist der Empfänger keine natürliche Person, so wird er auch dann angetroffen, wenn ein gesetzlicher Vertreter oder ein anderes zur Entgegennahme von Waren berufenes Organ (§ 31 BGB) wie etwa ein Lagerleiter zugegen ist.

---

[1] *Koller* ADSp 2016 Ziff. 13 Rn. 3.

b) Empfangspersonen. aa) Mitbewohner (Ziff. 13.3.1). Die Regelung setzt voraus, dass die **14**
Entladestelle, also die vom Auftraggeber angegebene postalische Adresse (Ziff. 1.8) des Empfängers,
eine **Wohnung** darstellt. Anders als bei § 178 ZPO[2] kommt es nicht darauf an, ob diese tatsächlich die
Wohnung des Empfängers ist. Wird in der Wohnung ein erwachsenes Familienmitglied des Emp-
fängers, eine in der Familie beschäftigte Person oder ein erwachsener ständiger Mitbewohner angetroffen, so kommen diese als Empfangspersonen in Betracht. **Familienmitglieder** sind neben Ehepartnern alle verwandten oder verschwägert Personen; diese müssen nicht unbedingt ebenfalls in der
Wohnung wohnen. **Erwachsen** ist, wer nicht mehr Kind und ausreichend reif und verlässlich ist, um
Gewähr für die Aushändigung des Guts an den Empfänger zu bieten.[3] **In der Familie beschäftigte
Personen** sind dauerhaft mit Tätigkeiten im häuslichen Bereich der Wohnung betraute Bedienstete
wie Haushälter oder Putzhilfen, nicht dagegen nur zufällig anwesene Handwerker. Erwachsener
ständiger Mitbewohner ist, wer neben dem Empfänger in derselben Wohnung wohnt. Ob eine
angetroffene Person diese Voraussetzungen erfüllt, muss der Spediteur durch Befragen ermitteln und
nach Maßgabe von Ziff. 8 dokumentieren.

bb) In Geschäftsräumen Beschäftigte (Ziff. 13.3.2). Die Bestimmung setzt voraus, dass die als **15**
Entladestelle bestimmte postalische Adresse (Ziff. 1.8) ein Geschäftsraum ist. **Geschäftsraum** ist jeder
der geschäftlichen Tätigkeit des Adressaten dienende Raum. Wird in dem Geschäftsraum – also nicht
im Außenbereich oder einer offenen, keinen Gewahrsamsschutz bietenden Halle – eine dort beschäftigte Person angetroffen, so kann diese Empfangsperson sein. „Beschäftigt" sind Personen nur dann,
wenn sie dauerhaft zur Leistung von Diensten in den Geschäftsräumen verpflichtet sind. Ob dies der
Fall ist, muss der Spediteur durch Befragen ermitteln.

cc) Empfangsperson in Gemeinschaftseinrichtungen (Ziff. 13.3.3). Die als Entladestelle **16**
bezeichnete postalische Adresse muss eine Gemeinschaftseinrichtung sein. **Gemeinschaftseinrichtungen** sind Unterkünfte, die zum Wohnen oder zur Unterbringung einer Vielzahl von Personen
dienen, etwa Seniorenheime, Wohnheime für Auszubildende, Krankenhäuser, Kasernen oder Justiz-
vollzugsanstalten.[4] In einer solchen Einrichtung kommen der Leiter der Einrichtung oder eine von
ihm zur Entgegennahme von Sendungen ermächtigte Person in Betracht, etwa die Mitarbeiter einer
Poststelle.

c) Keine offenkundigen Zweifel an Empfangsberechtigung. Weiter dürfen keine Umstände **17**
offenkundig sein, die Zweifel daran begründen, dass die angetroffene Empfangsperson das Gut für den
Empfänger entgegennehmen darf. Solche Zweifel sind etwa gegeben, wenn die angetroffene Empfangsperson sich nicht namentlich identifiziert und nur unleserlich quittiert. Auch wenn sie ersichtlich
verdächtig oder unzuverlässig ist, sich unwillig zeigt oder aufgrund der Umstände nicht in der Lage
ist, die **ordnungsgemäße Obhut** über das Gut zu übernehmen, etwa bei klima- oder temperaturge-
führtem Gut, bestehen offenkundige Zweifel. Bei **wertvollem** oder diebstahlsgefährdetem Gut hat der
Spediteur gesteigerte Vorsicht walten zu lassen. Die Empfangsberechtigung ist auch dann zweifelhaft,
wenn die Empfangsperson technisch oder fachlich nicht in der Lage ist, die dem Empfänger obliegende
Prüfung des Gutes auf Vollständigkeit und äußerliche Beschädigungen vorzunehmen.

3. Rechtsfolge. Mit der Übergabe des Guts an eine Empfangsperson iSv Ziff. 13 hat der Spediteur **18**
die Ablieferung **vertragsgemäß bewirkt** (§ 362 BGB). Seine Obhutpflicht erlischt und die Vergütung ist verdient. Allerdings trägt er die Beweislast für die Voraussetzungen von Ziff. 13.3. Gründe
für Zweifel sind vom Auftraggeber darzulegen und zu beweisen. Die Pflicht des Spediteurs zur
Beschaffung einer Ablieferquittung (Ziff. 8.3) besteht auch bei der Ablieferung an eine Empfangsperson.

Die Entgegennahme des Guts durch eine Empfangsperson iSv Ziff. 13.3 hat nicht zur Folge, dass **19**
diese nach § 421 HGB für Ansprüche des Spediteurs aus dem Frachtvertrag haftet. Der Empfänger
selbst wird nur dann nach § 421 Abs. 2 HGB verpflichtet, wenn die Empfangsperson den Ablieferungsanspruch tatsächlich geltend gemacht hat[5] und vom Empfänger auch dazu befugt war, ihn zu
vertreten.

4. Klauselkontrolle. Soweit Ziff. 13.3 im Einzelfall als gestellte allgemeine Geschäftsbedingung der **20**
Klauselkontrolle unterliegt, ist ihre Wirksamkeit wegen des (mindestens) klauselfesten Frachthaftungs-
rechts problematisch,[6] weil sie den gesetzlich vorgeprägten Sorgfaltsmaßstab der Obhutshaftung einschränken. Die Bestimmung entspricht zwar der gesetzlichen Wertung in § 178 ZPO, ist aber mit der
dort geregelten Materie nicht vergleichbar, weil im Prozessrecht das Mittel der Wiedereinsetzung
verfügbar ist, während bei gescheiterter Ablieferung über eine unzuverlässige Empfangsperson ein

[2] Dazu Zöller/*Schultzky* ZPO § 178 Rn. 3 ff.
[3] Zöller/*Schultzky* ZPO § 178 Rn. 9.
[4] Zöller/*Schultzky* ZPO, § 178 Rn. 20.
[5] BGH Urt. v. 11.1.2007 – I ZR 177/04, TranspR 2007, 311.
[6] BGH Urt. v. 1.12.2005 – I ZR 103/04, TranspR 2006, 169; Urt. v. 1.12.2005 – I ZR 108/04, TranspR 2006,
171; OLG Düsseldorf Urt. v. 25.3.2010 – I-6 U 38/09, TranspR 2010, 229.

endgültiger Rechtsverlust droht. Soweit die Regelung im Einzelfall über § 56 HGB und die Grundsätze der Duldungs- und Anscheinsvollmacht hinausgeht, muss ihr daher die Anerkennung versagt bleiben. Das gilt erst recht, wenn auf den Verkehrsvertrag zwingendes Transportrecht wie etwa die CMR zur Anwendung kommt.

IV. Ablieferung ohne körperliche Übergabe (Ziff. 13.4)

21　　**1. Voraussetzungen.** Die Bestimmung setzt voraus, dass es dem Spediteur aufgrund einer **Individualvereinbarung** mit dem Auftraggeber oder dem Empfänger gestattet ist, die Ablieferung anders als durch zu bewirken, dass er dem Empfänger den Besitz oder wenigstens die Möglichkeit zur Besitzübernahme gewährt und der Empfänger dazu auch bereit ist. Derartige Abreden werden in der Praxis aus praktischen Gründen getroffen, in der Regel im Rahmen ständiger Lieferbeziehungen, um die Ablieferung auch außerhalb üblicher Geschäftszeiten, an nicht durch Personal besetzten Orten oder sonst durch schlichtes Handeln ohne besondere Besitzübernahme zu bewirken. Die Bestimmung nennt die praktischen Beispiele der nächtlichen oder Garagenablieferung, die in der Regel durch Zugang des Spediteurs zu den Räumlichkeiten des Empfängers ermöglicht wird, sowie der Bandablieferung, bei der der Spediteur durch Realakt direkt in den Produktionsprozess eines Herstellers anliefert. Weitere Beispiele sind die Regalbelieferung in Supermärkten, die Belieferung von Baustellen mit Baumaterial sowie die Bereitstellung von Paketen an automatisierten Abholdepots.

22　　**2. Rechtsfolgen.** Die Ablieferung ist bewirkt, sobald der Spediteur das Gut in der vereinbarten Weise am vereinbarten Ort tatsächlich bereitgestellt hat. Damit erlischt die Obhut des Spediteurs und es tritt Erfüllung des Ablieferungsanspruchs ein (§ 362 BGB).

23　　Ist die Vereinbarung über die Art der Ablieferung nur mit dem Empfänger getroffen worden, so muss der Spediteur auf andere Weise sicherstellen, dass der Auftraggeber die nach Ziff. 8.3 geschuldete Ablieferquittung erhält, etwa durch eine Verpflichtung des Empfängers, eine direkte Eingangsmeldung an den Auftraggeber zu richten. Der Spediteur selbst verzichtet konkludent auf die ihm nach § 368 BGB gebührende Quittung und darauf, eine eventuelle Schadensanzeige bereits bei der Ablieferung zu erhalten.

V. Aufsicht

24　　Da die Ablieferung zumindest das erkennbare Einverständnis des Empfängers mit der Übernahme des Gewahrsams am Gut voraussetzt,[7] kann sie nicht ohne dessen Mitwirkung erfolgen, selbst dann nicht, wenn der Adressat des Guts aufgrund seines generellen Besitzwillens an den in seinen Räumlichkeiten befindlichen Sachen sachenrechtlich Besitz erwirbt. Die Bestimmung will klarstellen, dass zumindest eine Aufsicht des Adressaten auch dann erforderlich ist, wenn der Spediteur das Gut selbst entladen hat und es in Räumlichkeiten oder sonstige Einrichtungen des Adressaten bringt, um es dort abzustellen. Auch eine solche, allein durch den Spediteur bewirkte Übergabe des Guts macht es erforderlich, dass der Spediteur sich bei dem Adressaten anmeldet und seine Ablieferungstätigkeit unter dessen Augen entfaltet.

25　　Adressat in diesem Sinne ist derjenige, in dessen Obhut das Gut bei der Ablieferung übergeben werden soll. Dies kann der Auftraggeber, der Empfänger oder ein von ihnen wirksam benannter empfangsberechtigter Dritter sein.

26　　Nur wenn der Spediteur an eine ersatzweise zulässige Empfangsperson (Ziff. 13.3) oder vereinbarungsgemäß ohne körperliche Übergabe (Ziff. 13.4) abliefert, ist die Mitwirkung des Adressaten entbehrlich.

14. Auskunfts- und Herausgabepflicht des Spediteurs

14.1 Der Spediteur ist verpflichtet, dem Auftraggeber die erforderlichen Nachrichten zu geben, auf Verlangen über den Stand des Geschäftes Auskunft zu geben und nach dessen Ausführung Rechenschaft abzulegen; zur Offenlegung der Kosten ist er jedoch nur verpflichtet, wenn er für Rechnung des Auftraggebers tätig wird.

14.2 Der Spediteur ist verpflichtet, dem Auftraggeber alles, was er zur Ausführung des Geschäfts erhält und was er aus der Geschäftsführung erlangt, herauszugeben.

Schrifttum: S. vor Ziff. 1.

Vorläufer in ADSp 2003: Ziff. 14 ADSp 2003.

---

[7] *Koller* HGB § 425 Rn. 24.

I. Überblick

Der Speditionsvertrag im Rechtssinne ist ein Geschäftsbesorgungsvertrag iSd § 675 BGB. Der 1
Spediteur im Rechtssinne (§ 453 Abs. 1 HGB) schuldet deshalb dem Auftraggeber auch gesetzlich
Auskunft, Rechenschaft und **Herausgabe** dessen, was er durch die Geschäftsbesorgung erlangt hat
(§§ 675, 662, 666, 667 BGB). Ziff. 14.1 Hs. 1 und Ziff. 14.2 entsprechen fast wörtlich den §§ 666
und 667 BGB. Ziff. 14 erstreckt diese Pflichten weitgehend auch auf den auf eigene Rechnung tätigen
Spediteur im Sinne der ADSp, mithin auch den als Frachtführer oder Lagerhalter tätigen Spediteur.

Die Auskunfts- und Rechenschaftspflicht ist eine materiellrechtliche, vertragliche Nebenleistungs- 2
pflicht. In der Praxis wird sie überlagert durch die prozessuale erweiterte **Einlassungsobliegenheit**
des Spediteurs im Prozess, die dem Frachtführer im Schadenfall nicht nur die Pflicht zur Offenlegung
seines Kenntnisstandes abverlangt, sondern auch eingehende Recherchen zur Aufklärung der Schadensumstände und –ursachen.[1]

II. Umfang der Auskunftspflicht (Ziff. 14.1)

Der Spediteur hat von sich aus alle Mitteilungen zu machen, die zur ordnungsgemäßen Information 3
des Auftraggebers oder Empfängers über die Abwicklung der verkehrsvertraglichen Leistungen erforderlich sind. Die Auskunftspflicht umfasst alle Umstände, die erkennbar für den Auftraggeber
erforderlich sind, zum Beispiel im Hinblick auf Mitwirkungspflichten oder wegen eigener Kostenhaf-
tung. Dazu gehören auch Warnungen und Hinweise im Falle ersichtlicher Komplikationen, damit der
Auftraggeber geeignete Weisungen zu deren Überwindung erteilen kann.[2] Auf Verlangen des Auftraggebers hat der Spediteur auch im Übrigen Auskunft über den Stand der Abwicklung zu erteilen und
nach Abschluss des Geschäfts Rechenschaft über die Erledigung abzulegen. Dies gilt auch dann, wenn
der Spediteur als Frachtführer zu behandeln ist (§§ 458, 459 oder 460 HGB), als Lagerhalter tätig wird
oder sonstige verkehrsvertragliche Leistungen erbringt. Im Rahmen seiner Rechenschaftspflichten hat
der Spediteur dem Auftraggeber auch eine Ablieferquittung zu verschaffen (Ziff. 8.3). Gläubiger der
Auskunftspflicht ist der Auftraggeber; der Empfänger hat keine eigenen vertraglichen Auskunftsansprüche.

Die Auskunftspflicht umfasst nur güterbezogene Umstände. Der Spediteur ist nicht dazu verpflich- 4
tet, dem Auftraggeber umfassend Einblick in seine betrieblichen Gegebenheiten oder die seiner Nachunternehmer zu gewähren. Er braucht dem Auftraggeber auch keine Einzelheiten über die Ausübung
der Obhut, etwa über Sicherheitsvorkehrungen, mitzuteilen, sofern dazu kein besonderer Anlass
besteht und dergleichen nicht besonders vereinbart ist.[3]

Die Kosten von ihm besorgter Leistungen braucht der Spediteur nur dann offen zu legen, wenn er 5
als Geschäftsbesorgungsspediteur, also für Rechnung des Auftraggebers, tätig war (§ 454 Abs. 1 und
Abs. 2 S. 2 HGB). In diesem Fall ist die Offenlegung schon wegen der Abrechnung des Spediteurs
erforderlich. Anderenfalls gehören die Kosten der Leistungserbringung zu den betrieblichen Interna
des Spediteurs.

III. Umfang der Herausgabepflicht (Ziff. 14.2)

Nach Ziff. 14.2 hat der Spediteur dem Auftraggeber alles herauszugeben, was er zur Ausführung des 6
Geschäfts erhalten und was er aus der Geschäftsführung erlangt hat. Dies entspricht, soweit eine
Geschäftsbesorgungsspedition vorliegt, dem Gesetz (§§ 675 Abs. 1, 667 BGB). Gemeint sind insbesondere Dokumente, vereinnahmte Nachnahme, Lademittel oder sonstige Behältnisse oder Beförderungsmittel, Warenretouren und Ansprüche gegen Dritte einschließlich von ersatzpflichtigen Dritten
gezahlter Geldbeträge. Nicht gemeint sind die eigenen Ansprüche des Spediteurs, insbesondere sein
Vergütungsanspruch sowie das Recht zum Besitz bei Ausübung des Pfandrechts.

Zu den herauszugebenden **Ansprüchen gegen Dritte** gehören auch Ansprüche gegen die vom 7
Spediteur mit der Ausführung der verkehrsvertraglichen Leistungen beauftragten Dritten, allerdings
nur nach Maßgabe von Ziff. 22.4. Nach Ziff. 14.2 herauszugeben sind auch Erlöse aus der Verfolgung
solcher Ansprüche durch den Spediteur.

15. Lagerung

**5.1 Der Auftraggeber hat das Gut, soweit erforderlich, zu verpacken und zu kennzeichnen
und Urkunden zur Verfügung zu stellen sowie alle Auskünfte zu erteilen, die der
Spediteur zur sachgerechten Lagerung benötigt.**

---

[1] IE dazu *Koller* HGB § 425 Rn. 20 ff.; *Koller* TranspR 2014, 316.
[2] *Hector/Salzmann*, ADSp 2017 Praktikerkommentar, 2016, 49; *Koller* ADSp 2016 Ziff. 14 Rn. 2.
[3] *Koller* TranspR 2014, 316 (317 f.).

15.2 Die Lagerung erfolgt nach Wahl des Spediteurs in dessen eigenen oder, soweit dies nicht vertraglich ausgeschlossen ist, in fremden Lagerräumen. Lagert der Spediteur bei einem fremden Lagerhalter ein, so hat er dessen Namen und den Lagerort dem Auftraggeber unverzüglich schriftlich bekanntzugeben oder, falls ein Lagerschein ausgestellt ist, auf diesem zu vermerken.

15.3 Der Spediteur hat für die ordnungsgemäße Instandhaltung und Pflege von Lagerhallen und anderen Lagerflächen, der Zufahrten auf den Betriebsflächen und die Sicherung des Gutes, insbesondere gegen Diebstahl, zu sorgen. Weitergehende Sicherungsmaßnahmen, die z. B. über die gesetzlichen Brandschutzvorschriften hinausgehen, bedürfen der ausdrücklichen Vereinbarung.

15.4 Mangels abweichender Vereinbarung

     15.4.1 beginnt die Übernahme des Gutes zur Lagerung mit dem Beginn der Entladung des Fahrzeugs durch den Spediteur und die Auslieferung des Gutes endet mit dem Abschluss der Verladung durch den Spediteur,

     15.4.2 erfolgt die Bestandsführung durch das Lagerverwaltungssystem des Spediteurs,

     15.4.3 erfolgt eine physische Inventur pro Jahr. Auf Weisung des Auftraggebers führt der Spediteur weitere physische Inventuren gegen Aufwandserstattung durch.

15.5 Der Spediteur verpflichtet sich, bei Übernahme des Gutes, wenn ihm angemessene Mittel zur Überprüfung zur Verfügung stehen, eine Eingangskontrolle nach Art, Menge und Beschaffenheit des Gutes, Zeichen, Nummern, Anzahl der Packstücke sowie äußerlich erkennbare Schäden gemäß § 438 HGB durchzuführen.

15.6 Zur Sicherung des Gutes sind regelmäßig Kontrollen durch geeignetes Personal des Spediteurs durchzuführen.

15.7 Bei Fehlbeständen und zu befürchtenden Veränderungen am Gut hat der Spediteur den Auftraggeber unverzüglich zu informieren und Weisung einzuholen. § 471 Abs. 2 HGB bleibt unberührt.

15.8 Weitergehende Leistungs- und Informationspflichten bedürfen der ausdrücklichen Vereinbarung.

Schrifttum: S. vor Ziff. 1.

Vorläufer in ADSp 2003: Ziff. 15.1 ist in die ADSp 2017 neu eingefügt worden. Ziff. 15.2 entspricht Ziff. 15.1 ADSp 2003. Die weiteren Bestimmungen von Ziff. 15 ADSp 2017 sind neu; nur Ziff. 15.4 war in ähnlicher Form als Ziff. 15.6 bereits in den ADSp 2016 enthalten.

Übersicht

I. Überblick

1   Ziff. 15 betrifft die **verfügte Lagerung.** Sie unterscheidet[1] sich von sonstigen durch den Spediteur veranlassten Lagerungen der Güter (insbesondere von transportbedingten Zwischenlagerungen) dadurch, dass sie auf einem Lagervertrag mit dem Auftraggeber oder auf dessen Weisung beruht. Der Spediteur wird demzufolge als Lagerhalter iSv § 467 HGB tätig, auch wenn er die Lagerleistung durch einen Dritten erbringen lässt.[2] Da die verfügte Lagerung nicht transportbezogen iSd § 454 Abs. 2 HGB ist, handelt es sich nicht um Geschäftsbesorgungsspedition. Allerdings ist es möglich und kommt in der Praxis auch durchaus vor, dass der Spediteur die Lagerleistung als Geschäftsbesorger für Rechnung des Auftraggebers besorgt wie etwa im Fall des § 419 Abs. 3 S. 2 HGB.

---

[1] Zur Abgrenzung OLG Hamm Urt. v. 15.8.2005 – 18 U 7/03, BeckRS 2005, 11044 Rn. 24; LG Wuppertal Urt. v. 4.1.2012 – 13 O 62/10, TranspR 2012, 378.

[2] OLG München Urt. v. 16.7.2009 – 23 U 2075/09, BeckRS 2009, 20679 Rn. 14.

Die Bestimmung regelt verschiedene Aspekte der **Primärpflichten** der Parteien. Die Haftung 2
regelt Ziff. 24. Ziff. 15.1 betrifft die Verpackungs-, Kennzeichnungs- und Instruktionspflichten des
Auftraggebers. Ziff. 15.2 und 15.3 regeln die Lagerräumlichkeiten, Ziff. 15.4 den Beginn und das Ende
der Obhut des Spediteurs und die Ziff. 15.5–15.8 die Kontroll- und Informationspflichten des
Spediteurs.

II. Pflichten des Auftraggebers (Ziff. 15.1)

Die Bestimmung entspricht weitgehend der gesetzlichen Regelung des § 468 Abs. 1 S. 2 HGB und 3
wäre deshalb nicht erforderlich gewesen. Aus der Tatsache, dass eine einzelne gesetzliche Bestimmung
in den ADSp übernommen wurde, darf nicht der Gegenschluss gezogen werden, dass die weiteren
Regelungen des § 468 HGB und andere lagerrechtliche Bestimmungen stillschweigend abbedungen
werden sollen.

1. Verpackung und Kennzeichnung. Der Auftraggeber schuldet nur dann eine **Verpackung** des 4
zu lagernden Guts, wenn diese erforderlich ist. Auch hier gilt der in § 411 S. 1 HGB formulierte
Grundsatz, dass die Verpackung sowohl erforderlich sein kann, um das Gut vor Beschädigung und
Verlust zu bewahren, also auch zu dem Zweck, den Spediteur vor Schäden durch das Gut zu schützen.
Letzteres gilt insbesondere für gefährliches Gut (Ziff. 1.6). Maßgeblich ist, welche Gefahren dem Gut
unter den vereinbarten Lagerbedingungen drohen und welche Gefahren von ihm ausgehen können.
Handelsgüter sind in der Regel entweder bereits herstellerseitig lagerfähig verpackt oder ohne Ver-
packung lagerfähig wie etwa Massengüter. Das Gut muss nicht notwendig so verpackt sein, dass es
befördert werden kann.[3]

Eine Kennzeichnung des Guts ist stets erforderlich, wenn es in der Form einzelner Packstücke 5
übergeben wird und gemeinsam mit anderen, verwechselungsfähigen Gütern eingelagert werden soll.
Kennzeichnung ist das Versehen des Guts mit Merkzeichen, die eine eindeutige Identifizierung jedes
Stücks sowie seine Zuordnung zu dem Einlagerer ermöglichen. Die Kennzeichnung besteht in der
Regel als deutlich sichtbar aufgedruckten Nummern oder Buchstabenkombinationen, häufig auch
unter Angabe der Gesamtzahl der zu einer Ladung gehörenden Frachtstücke. Zunehmend finden auch
scanbare Zeichen wie Barcodes Verwendung. Im Rahmen von Logistikverträgen wird die Kennzeichnungspflicht häufig auf den Lagerhalter übertragen, der sich dazu eigener, auf sein Lagerverwaltungssystem abgestimmter Kennzeichen bedient.

2. Urkunden und Auskünfte. Der Auftraggeber hat dem Spediteur die **Urkunden** zur Ver- 6
fügung zu stellen, die er für die sachgerechte Lagerung benötigt. Worum es sich dabei im Einzelnen
handelt, ist von dem zu lagernden Gut abhängig. Viele Hersteller unterhalten im Rahmen von
Qualitätssicherungssystemen schriftliche Spezifikationen für die Lager- und Transportlogistik, die der
Einlagerer dem Spediteur aushändigen muss, damit dieser eine fehlerhafte Behandlung des Guts
vermeiden kann. Weitere Erfordernisse können sich aus öffentlich-rechtlichen Vorschriften ergeben,
etwa dem Zoll- und Steuerrecht. Auch Sondervorschriften wie das Gefahrgutrecht, das Arzneimittel-
recht und das Lebensmittelrecht schreiben Begleiturkunden und Dokumentationspflichten für die
Lagerung vor.

Zu den **Auskünften,** die der Auftraggeber dem Spediteur zu erteilen hat, gehören insbesondere die 7
Angaben über diejenigen Eigenschaften des Guts, die für die Lagerung von Bedeutung sind, zum
Beispiel hinsichtlich der Stapelbarkeit des Guts, der Haltbarkeit, der Lagertemperatur und Luftfeuchtigkeit und der Anforderungen an Belüftung. Auch die Ein- und Auslagerungsmethode (FIFO/FEFO)[4]
ist dem Spediteur mitzuteilen. Inwieweit der Einlagerer den Spediteur über gesetzliche Erfordernisse
der Lagerung zu informieren hat, hängt von den Umständen ab; wirbt der Spediteur mit besonderer
Kompetenz für bestimmte Warengruppen, darf der Einlagerer die Kenntnis gesetzlicher und branchenüblicher Anforderungen unterstellen.

III. Subkontrahieren des Spediteurs (Ziff. 15.2)

Nach Ziff. 15.2 ist der Spediteur nicht verpflichtet, die Lagerleistung mit eigenen Betriebsmitteln zu 8
erbringen. Er darf, wenn nichts anderes vereinbart ist, das Gut auch bei einem dritten Lagerhalter
unterbringen. Die Klausel stellt eine ausdrückliche **Gestattung** iSd § 472 Abs. 2 HGB dar, die auch
durch allgemeine Geschäftsbedingungen erfolgen kann.[5] Sie hat jedoch nicht ohne weiteres zur Folge,
dass der Spediteur nur die sorgfältige Auswahl des dritten Lagerhalters schuldet und daher nur gem.
Ziff. 22.2 haftet.[6] § 691 S. 1 BGB ist auf den Lagervertrag nicht analog anzuwenden, wie § 475 S. 2

---

[3] *Hector/Salzmann,* ADSp 2017 Praktikerkommentar, 2016, 50.
[4] „First in, first out" bzw. „First expired, first out".
[5] OLG Hamburg Urt. v. 5.8.1993 – 6 U 56/93, TranspR 1994, 74 (75); *Koller* HGB § 472 Rn. 4; *Andresen/Valder*
HGB § 472 Rn. 9.
[6] *Koller* ADSp 2016 Ziff. 15 Rn. 2; *Andresen/Valder* HGB § 472 Rn. 8; Baumbach/Hopt/*Hopt* HGB § 475
Rn. 2.

HGB klarstellt. Der tatsächliche Lagerhalter ist daher **Erfüllungsgehilfe** des Spediteurs.[7] Etwas anderes gilt nur dann, wenn der Spediteur die Einlagerung für Rechnung des Auftraggebers nur besorgen soll oder wenn er nach gesetzlichen Vorschriften nur für die sorgfältige Auswahl des Lagerhalters haftet, etwa nach § 419 Abs. 3 S. 2 HGB.

9   Macht der Spediteur von der Gestattung Gebrauch, so hat er dem Auftraggeber den **tatsächlichen Lagerort** unverzüglich (§ 121 Abs. 1 S. 1 BGB) schriftlich **bekannt zu geben.** Diese Pflicht hat der BGH in der Fassung ADSp 2003 als vertragswesentlich iSv Ziff. 27.1 angesehen,[8] weil der genaue Lagerort oft für die Versicherung des Guts durch den Auftraggeber von Bedeutung ist und der Auftraggeber auch nur aufgrund der Anzeige sein Besichtigungsrecht (§ 471 Abs. 1 S. 1 HGB) ausüben kann. Die Bestimmung fordert **Schriftlichkeit** der Mitteilung; jedoch genügt – wie schon nach Ziff. 3.2 ADSp 2003 – gem. Ziff. 5.6 die Textform (zB E-Mail).

10   Die Einlagerung in fremden Lagerräumen ist **vertraglich ausgeschlossen,** wenn die Lagerung in konkret bestimmten eigenen Lagerräumlichkeiten des Spediteurs vereinbart ist. Das kann auch konkludent dadurch geschehen, dass die Parteien das vorgesehene Lager vorab besichtigen oder in dem Vertrag konkret beschreiben. Eine Umlagerung zu einem dritten Lagerhalter ist erst recht ausgeschlossen, wenn die Lagerräume – zum Beispiel im Rahmen eines Logistikvertrags – für die Bedürfnisse des Auftraggebers spezifisch konfiguriert worden sind.

11   Ist ein **Lagerschein** ausgestellt, hat der Spediteur den tatsächlichen Lagerort auf diesem zu vermerken.

IV. Instandhaltung und Sicherung (Ziff. 15.3)

12   Als Lagerhalter hat der Spediteur Obhut über das ihm anvertraute Gut und ist daher verpflichtet, angemessene Maßnahmen zu dessen Schutz zu treffen.[9] Neben der Einhaltung der vereinbarten Lagerungsbedingungen hat der Spediteur im zumutbaren Rahmen Vorsorge gegen erkennbare Gefahren zu treffen, die von den eigenen betrieblichen Einrichtungen oder von außen drohen. Die ADSp treffen insofern keine detaillierten Regelungen, sondern begnügen sich mit grundlegenden, abstrakt formulierten Anforderungen. Sie lassen den gesetzlichen Sorgfaltsmaßstab des ordentlichen Kaufmanns (§ 475 Abs. 1 S. 1 HGB) unberührt, der stets auf der Grundlage des Einzelfalls zu konkretisieren ist. Zu den Umständen des Einzelfalls zählen neben den getroffenen Vereinbarungen und dem vom Auftraggeber erteilten Hinweisen insbesondere die Eigenschaften des Guts und seine Anfälligkeit für Schadensrisiken sowie die gezahlte Lagervergütung; denn der Auftraggeber kann keine Schutzmaßnahmen erwarten, die sich aus der Vergütung nicht finanzieren lassen.

13   **1. Instandhaltung und Pflege des Lagers.** Der Lagerhalter schuldet nicht die Errichtung der Lagerräumlichkeiten und ist deshalb für bauliche Mängel nicht ohne weiteres verantwortlich.[10] Jedoch hat er die Ausstattung des Lagergebäudes, die technischen Einbauten wie etwa Regalsysteme sowie die Verkehrsflächen instand zu halten und sie zu pflegen. **Instandhaltung** ist die Aufrechterhaltung technischer Ordnungsmäßigkeit und Mangelfreiheit; unter dem Begriff der **Pflege** ist weitergehend die Wahrung eines äußerlich ansprechenden und funktional zeitgemäßen Lagerbetriebs zu verstehen, die auch technische Verbesserungen erfordern kann.

14   Neben den Lagerräumlichkeiten selbst hat der Spediteur auch die **Zufahrten** auf den Betriebsflächen instand zu halten und zu pflegen. Ordnungsgemäße Zufahrten sind für den Auftraggeber von erheblicher Bedeutung, weil er in der Regel das Gut anliefern und abholen lässt. Der Begriff der Zufahrt schließt neben den Verkehrsflächen auch die Toranlage ein.

15   **2. Sicherung des Guts.** Der Spediteur hat im Rahmen seiner Sorgfaltspflichten auch angemessene Abwehrmaßnahmen gegen dem Gut drohende Gefahren, insbesondere die **Diebstahlsgefahr,** zu treffen. Dabei geht es nicht nur um von außen eindringende Diebe, die mittels gesicherter, mit Zugangssperren versehener Tore und Fenster sowie durch angemessene Außensicherungsmaßnahmen fernzuhalten sind, sondern auch um die Gefahr von Personaldiebstahl. Der Spediteur muss deshalb durch angemessene Kontrollmaßnahmen sicherstellen, dass Personal nicht unbemerkt gelagertes Gut entwenden kann. Außerdem darf der Spediteur nicht Dritten unkontrollierten Zugang zu den Lagerräumen gestatten.

16   Auch im Übrigen hat der Spediteur das Gut in zumutbarem Umfang vor Gefahren zu schützen. Auch wenn der Begriff der Ordnungsmäßigkeit in der Bestimmung sich sprachlich nicht auf die Sicherung des Guts bezieht, ist, wie sich aus Ziff. 15.3 S. 2 ergibt, hinsichtlich der **allgemeinen Gebäuderisiken** die Einhaltung der gesetzlichen und durch einschlägige Normen vorgegebenen Sicherheitsstandards erforderlich, aber auch ausreichend. Die Brandschutzeinrichtungen müssen deshalb zwar den gesetzlichen Vorschriften und dem Stand der Technik entsprechen, aber nicht darüber

---

[7] AM offenbar *Widmann*, Kommentar zur ADSp '99, 6. Aufl. 1999, Ziff. 15 Rn. 11.
[8] BGH Urt. v. 8.5.2014 – I ZR 48/13, RdTW 2014, 441.
[9] IE dazu *Koller* HGB § 467 Rn. 6 ff.
[10] OLG Hamburg Urt. v. 20.12.2001 – 6 U 100/01, TranspR 2003, 403.

hinausgehen.[11] Gemäß Satz 2 kann ein weitergehendes Sicherheitsniveau nur verlangt werden, wenn dies ausdrücklich vereinbart ist.

Gegen **sonstige Risiken** wie etwa sommerliche Überhitzung oder winterlichen Frost in den   17
Lagerräumen, den Ausfall erforderlicher Kühlanlagen,[12] Vermischungsschäden oder Geruchsbefall, eindringendes Wasser[13] oder Feuchtigkeit[14] und Ungeziefer muss der Spediteur angemessene Schutzmaßnahmen treffen. Organisatorisch muss der Spediteur sicherstellen, dass nicht schon durch leichte Fahrlässigkeit von Mitarbeitern erhebliche Schäden an dem Gut entstehen können.[15] Besonders hochwertiges Gut muss separiert gelagert werden.[16] Vorhandene Sicherungseinrichtungen wie etwa eine Alarm- oder Brandmeldeanlage müssen eingeschaltet sein.[17] Regelmäßig muss der ordnungsgemäße Zustand des Guts durch Kontrollgänge überprüft werden (Ziff. 15.6).

V. Zweifelsregeln (Ziff. 15.4)

Ziff. 15.4 fasst sachlich unterschiedliche Aspekte unter dem Gesichtspunkt der **Vorrangigkeit**   18
abweichender Vereinbarung zusammen. Diese Regelungstechnik darf nicht darüber hinwegtäuschen, dass nicht nur die Bestimmungen von Ziff. 15.4, sondern sämtliche Regelungen der ADSp nachrangig gegenüber jeder Individualvereinbarung sind (→ Vor Ziff. 1 Rn. 45 ff.). Das gilt auch für alle Bestimmungen, die nicht ausdrücklich ihre eigene Nachrangigkeit gegenüber Individualvereinbarungen erwähnen.

1. Obhut des Spediteur (Ziff. 15.4.1). Die Bestimmung hat, soweit sie die Obhutsphase des als   19
Lagerhalter auftretenden Spediteurs bestimmt, vorwiegend deklaratorischen Charakter. Die Obhut setzt grundsätzlich Besitz voraus und ist daher nur beschränkt der Vereinbarung zugänglich. Die eigentliche Bedeutung der Vorschrift besteht in der Klarstellung, dass der Spediteur beim Lagervertrag, abweichend von der Grundregel in Ziff. 4.8.2, zur **Ent- und Verladung des Guts** verpflichtet ist, wenn nichts anderes vereinbart ist. Diese Abweichung von der grundsätzlichen Pflichtenverteilung zwischen Spediteur und Auftraggeber ist deshalb konsequent, weil der Spediteur als Lagerhalter insoweit gegenüber dem Frachtführer den Pflichtenkreis des Absender bzw. Empfängers wahrzunehmen hat.

Bei der Anlieferung von Gut am Lager übernimmt der Spediteur die Obhut, sobald er mit der   20
Entladung beginnt. Abweichend vom Gesetz[18] beginnt die **Obhutsphase** des Spediteurs mithin nicht schon dann, wenn der anliefernde Fahrer das Beförderungsmittel zur Entladung bereitgestellt hat, sondern erst dann, wenn der Spediteur sich anschickt, das Gut aus dem anliefernden Beförderungsmittel zu entladen. Diese Abgrenzung kann zu einer problematischen **Interimsphase** während des Zeitraums führen, in dem das Gut am Lager des Spediteurs auf seine Entladung wartet. Diese Interimsphase bildet ein haftungsfreies Niemandsland, das deshalb besonders gefährlich ist, weil es nicht durch Schnittstellenkontrollen begleitet wird, sodass die dadurch erzeugte Unsicherheit auch in die davor und danach liegenden Obhutsphasen hineinstrahlt. Deshalb benachteiligt die Regelung den Auftraggeber unangemessen und ist daher unwirksam. Der Spediteur übernimmt die Obhut über das Gut, sobald es entladebereit gestellt ist. Jedenfalls ist der Spediteur gehalten, nach Meldung der Entladebereitschaft durch den anliefernden Spediteur umgehend mit der Entladung zu beginnen.

2. Lagerverwaltungssystem (Ziff. 15.4.2). Die Bestimmung stellt zunächst klar, dass der Spedi   21
teur verpflichtet ist, die Lagerbestände durch ein Lagerverwaltungssystem nachzuhalten und zu kontrollieren. Ein solches System erlaubt die ständige Verfügbarkeit von Soll-Beständen, anhand derer die Ist-Bestände abgeglichen werden können. Der ADSp-Lagerhalter darf deshalb das Lager nicht blind nur auf der Grundlage faktischer Istbestände führen.

Außerdem regelt die Vorschrift die **Systemführung** zwischen Auftraggeber und Spediteur. Im   22
Rahmen von Lagerlogistikverträgen erfolgt meist eine doppelte Lagerbestandsführung, nämlich im Warenwirtschaftssystem des Auftraggebers und zugleich im Lagerverwaltungssystem des Lagerhalters.

---

[11] LG Hamburg Urt. v. 28.12.2012 – 311 O 49/12, BeckRS 2014, 23467: unzureichend hohe Brandschutzwände; LG Hamburg Urt. v. 25.2.2013 – 412 HKO 85/12, BeckRS 2014, 23566: vom benachbarten Gebäude ausgehendes Feuer.

[12] OLG Stuttgart Urt. v. 16.4.2014 – 3 U 150/13, TranspR 2015, 356; OLG Frankfurt a. M. Urt. v. 1.11.2006 – 21 U 9/05, TranspR 2007, 78.

[13] BGH Urt. v. 11.4.2013 – I ZR 160/12, TranspR 2013, 383; OLG Köln Urt. v. 13.9.2005 – 3 U 40/05, TranspR 2006, 401.

[14] OLG Hamburg Urt. v. 25.4.2002 – 6 U 67/01, TranspR 2003, 259.

[15] OLG Köln Urt. v. 27.5.2003 – 3 U 24/03, TranspR 2004, 372; OLG Düsseldorf Urt. v. 22.12.2016 – I-18 U 161/15, TranspR 2017, 230: grob fahrlässiges Organisationsverschulden, wenn Gabelstaplerfahrer schon durch leichte Unachtsamkeit die Sprinkleranlage beschädigen können; aA Vorinstanz LG Mönchengladbach Urt. v. 30.10.2015 – 7 O 31/15, BeckRS 2015, 116929.

[16] LG Wuppertal Urt. v. 4.1.2012 – 13 O 62/10, TranspR 2012, 378.

[17] OLG Schleswig-Holstein Urt. v. 23.4.2009 – 16 U 76/08, TranspR 2013, 310: Kardinalpflicht.

[18] OLG Stuttgart Urt. v. 22.1.2003 – 3 U 168/02, TranspR 2003, 104 Rn. 10; OLG Saarbrücken Urt. v. 30.4.1993 – 4 U 52/92, TranspR 1993, 288 (289); *Koller* HGB § 425 Rn. 26.

Deshalb muss entschieden werden, welches System führt, also bei Abweichungen maßgebend ist. In der Praxis hat sich als sinnvoll erwiesen, dass Lagerverwaltungssystem des Lagerhalters führen zu lassen, weil es die Lagerprozesse unmittelbarer abbildet als das Warenwirtschaftssystem des Auftraggebers. Diese Regelung wird in die ADSp übernommen.

23   **3. Inventur (Ziff. 15.4.3).** Die Bestimmung stellt klar, dass eine **jährliche physische Stichtags-inventur** erfolgt, wenn keine anderen Vereinbarungen getroffen sind. Die dafür entstehenden Kosten sind mit der vereinbarten Vergütung abgegolten (Ziff. 16). Beträgt die vereinbarte Lagerdauer weniger als ein Jahr, so entfällt grundsätzlich die Inventur.

24   Der Auftraggeber kann jedoch zusätzliche Inventuren gegen **Aufwandserstattung** verlangen. Der Aufwand ist konkret zu berechnen und nachzuweisen. Er besteht in der Regel im Wesentlichen aus Personalkosten.

VI. Eingangskontrolle (Ziff. 15.5)

25   Der Spediteur nimmt als ADSp-Lagerhalter im Verhältnis zu anliefernden Frachtführern die Funktion des **Empfängers des Guts** wahr. Das gilt auch dann, wenn er nicht als Empfänger, sondern nur als Entladestelle fungiert. Der Auftraggeber muss ihm deshalb die Wahrnehmung der dem Empfänger bei der Ablieferung des Guts durch den Frachtführer obliegenden Maßnahmen übertragen. Dazu zählt insbesondere die **Eingangskontrolle,** auf deren Grundlage der Spediteur dem Frachtführer eine **Ablieferquittung** zu erteilen hat, die gegebenenfalls mit einer **Schadensanzeige** zu verbinden ist. Ziff. 15.5 erwähnt zwar nur die Eingangskontrolle, jedoch lässt sich aus dem Hinweis auf § 438 HGB bei praxisnaher Auslegung entnehmen, dass der Spediteur das Ergebnis seiner Kontrolle gegenüber dem anliefernden auch Frachtführer umzusetzen hat, indem er diesem Diskrepanzen anzeigt.

26   Bei der Eingangskontrolle hat der Spediteur das Gut nach seiner Art und Beschaffenheit zu identifizieren, die Menge, die Kennzeichen und Nummern sowie die Anzahl der Packstücke zu kontrollieren und das Gut auf äußerlich erkennbare Schäden zu prüfen. Eine **Dokumentation** der Kontrolle schreibt die Bestimmung nicht vor, sie ist aber anzuraten. Sie muss stets erfolgen, wenn die Kontrolle Beanstandungen ergeben hat, zumindest in Form einer Schadensanzeige an den Fracht-führer.

27   Die Kontrollpflicht setzt voraus, dass dem Spediteur **angemessene Prüfungsmittel** zur Verfügung stehen. Welche Warenprüfungsmittel der Spediteur vorzuhalten hat, richtet sich nach dem Verkehrs-vertrag, sonst nach der Verkehrssitte. Inwieweit diese Prüfungsmittel dazu geeignet sind, die nach Ziff. 15.5 vorzunehmenden Kontrollen durchzuführen, hängt von dem Gut und den weiteren Gegebenhei-ten ab. Der Auftraggeber kann nicht ohne weiteres davon ausgehen, dass der Spediteur zB elektro-nische Geräte auf ordnungsgemäße Funktion prüfen oder chemische Analysen durchführen kann. Für den Auftraggeber ist deshalb anzuraten, im Verkehrsvertrag die Verfügbarkeit der für eine vollständige Eingangskontrolle erforderlichen Prüfungsmittel vorzuschreiben.

28   Zu einer ordnungsgemäß Eingangskontrolle zählt außerdem die unverzügliche **Information des Auftraggebers** im Falle von Beanstandungen, damit dieser sein Weisungsrecht ausüben und weitere Maßnahmen veranlassen kann. § 470 HGB ist deshalb trotz Ziff. 15.8 uneingeschränkt anzuwenden.

VII. Bestandskontrollen (Ziff. 15.6)

29   Zur ordnungsgemäßen Ausübung der Obhut gehört es, das gelagerte Gut nicht sich selbst zu überlassen, sondern sein Vorhandensein und seinen ordnungsgemäßen Zustand regelmäßig durch Kontrollgänge im Lager zu verifizieren. Diese Kontrollen müssen durch dafür qualifiziertes, hinrei-chend warenkundiges Personal erfolgen. Sie brauchen nicht eine vollständige Bestandsermittlung zu umfassen wie eine Inventur; der Spediteur hat lediglich zu ermitteln, ob das Gut augenscheinlich vollständig vorhanden ist und sich in ordnungsgemäßem Zustand befindet. Bei Qualitätsprüfungen darf er sich auf Stichproben beschränken. Der Rhythmus der Kontrollen ist nicht vorgeschrieben, jedoch müssen sie so engmaschig erfolgen, dass der Überwachungszweck (Ziff. 15.7) erreicht wird. Eine mindestens monatliche Inspektion ist zu empfehlen, bei empfindlichem, verderblichem Gut ein schnel-lerer Rhythmus.

VIII. Meldepflicht (Ziff. 15.7)

30   Das Gesetz sieht in § 471 Abs. 2 HGB eine Pflicht des Lagerhalters zur Information des Einlagerers und zur Einholung von dessen Weisungen nur für die drohender Güterschäden vor, während bereits eingetretene Schäden keine besonderen Reaktionspflichten auslösen. Ziff. 15.7 trifft eine ähnliche Regelung, erfasst aber **auch bereits eingetretene Fehlbestände.** Bereits eingetretene Veränderungen am Gut lässt die Bestimmung unerwähnt, was wohl auf ein Redaktionsversehen zurückzuführen ist, aber keine wesentlichen praktischen Auswirkungen hat, weil schon eingetretene Veränderungen am regelmäßig auch eine weitere Verschlimmerung befürchten lassen.

Die gesetzliche Pflicht aus § 471 Abs. 2 HGB zur Information des Einlagerers und zur Einholung 31 von Weisungen angesichts drohender Güterschäden lässt die Regelung unberührt. Daher ist gegebenenfalls auch der Inhaber eines ausgestellten Lagerscheins zu informieren und um Weisungen zu bitten ist. Außerdem steht dem Spediteur das Instrumentarium des § 471 Abs. 2 S. 2 und 3 HGB zur Verfügung, wenn er keine zeitnahen Weisungen erlangen kann.

IX. Weitergehende Leistungs- und Informationspflichten (Ziff. 15.8)

Ziff. 15.8 gibt vordergründig der Selbstverständlichkeit Ausdruck, dass der Spediteur im Rahmen 32 eines Lagervertrags weitergehende Leistungen und Informationen, als sie in Ziff. 15 vorgesehen sind, nur dann schuldet, wenn dies vereinbart ist. Damit wirft die Bestimmung aber die Frage auf, ob weitergehende gesetzlich geregelte Pflichten wie das Besichtigungsrecht aus § 471 Abs. 1 HGB und die Benachrichtigungspflicht aus § 470 HGB vertraglich ausgeschlossen werden sollen. Eine solche Auslegung müsste jedenfalls zur Unwirksamkeit der Bestimmung führen, weil sowohl das Besichtigungsrecht des Einlagerers als auch die Benachrichtigungspflicht des Lagerhalters angesichts ihrer fundamentalen Bedeutung für den Vertragszweck nicht durch AGB ausgeschlossen werden können.

16. Vergütung

Mit der vereinbarten Vergütung, die die Kosten der Beförderung und Lagerung einschließt, sind alle nach dem Verkehrsvertrag zu erbringenden Leistungen abgegolten. Nachforderungen für im regelmäßigen Verlauf der Beförderung oder Lagerhaltung anfallende und zum Zeitpunkt der Angebotsabgabe vorhersehbare Kosten können nicht gesondert geltend gemacht werden, es sei denn, es ist etwas anderes vereinbart. Kalkulationsfehler gehen zu Lasten des Kalkulierenden. §§ 412, 418, 419, 491, 492 588 bis 595 HGB und vergleichbare Regelungen aus internationalen Übereinkommen bleiben unberührt.

Schrifttum: S. vor Ziff. 1.

Vorläufer in ADSp 2003: Ziff. 16 ADSp 2003; die Bestimmung ist vollständig neu gestaltet worden.

I. Überblick

Die Neufassung von Ziff. 16 gehört zu den prägnanten, zugunsten der Verlader eingeführten 1 Neuerungen in den ADSp 2017. Die Einführung des **Pauschalpreisprinzips** soll die Preisgestaltung des Spediteurs bei der Fixkostenspedition verlässlicher und die tatsächlich anfallenden Kosten vorhersehbarer machen. Zusatzkosten sollen grundsätzlich nicht auf den Auftraggeber abgewälzt werden können. Unberührt bleiben Aufwendungsersatzansprüche nach Ziff. 17 und gesetzlich geregelte Ansprüche auf Aufwendungsersatz- und Zusatzvergütung.

II. Fixpreisabrede

Ziff. 16 gilt nur dann, wenn die verkehrsvertragliche Vergütungsvereinbarung die Kosten der zu 2 erbringenden Beförderungs- oder Lagerleistungen einschließt, also **keine Geschäftsbesorgungsspedition** vorliegt, bei der der Spediteur die verkehrsvertraglichen Leistungen für Rechnung des Auftraggebers besorgt und deshalb zusätzlich zu einer Eigenvergütung nach tatsächlich entstandenem Aufwand abrechnet. Die Bestimmung übernimmt die gesetzliche Beschreibung der Fixkostenspedition in § 459 HGB und erweitert sie auf Lagerverträge zu fixen Kosten. Ob eine Fixkostenabrede vorliegt, beurteilt sich daher nach den gleichen Maßstäben wie in § 459 HGB.[1]

III. Verbindlichkeit der Vergütungsvereinbarung

1. Abgeltung der vereinbarten verkehrsvertraglichen Leistungen (Satz 1). Haben die Par- 3 teien nichts anderes individualvertrag vereinbart, so deckt die vereinbarte Vergütung grundsätzlich **alle nach dem Verkehrsvertrag zu erbringenden Leistungen** ab. Welche Leistungen zu erbringen sind, hängt von der genauen Bestimmung der Primärleistungspflichten des Spediteurs im Verkehrsvertrag ab. Ist bei einem **Transportvertrag** die Leistung nur nach dem **Leistungserfolg,** also der Ablieferung des Guts am Ablieferungsort, bestimmt, so deckt die dafür vorgesehene Vergütung grundsätzlich den gesamten tatsächlichen Aufwand des Spediteurs ab, der zur Herbeiführung dieses Leistungserfolgs erforderlich ist, und zwar, wie sich aus Satz 2 ergibt, unter Einschluss aller vorhersehbaren Kosten. Auch Nebenleistungen wie die Gestellung von Lademitteln sind grundsätzlich abgedeckt. Wie der Spediteur den Beförderungserfolg im Einzelnen realisiert, ist seine Sache. Nur wenn aufgrund von Umständen außerhalb des Risikobereichs des Spediteurs Leistungserschwerungen eintreten, die ein so krasses Missverhältnis zwischen Leistungen und Gegenleistungen verursachen, dass dem Spediteur ein

---

[1] Dazu MüKoHGB/*Bydlinski* HGB § 459 Rn. 10 ff.; *Koller* HGB § 459 Rn. 19 ff.

Festhalten an dem Vertrag in der abgeschlossenen Form nicht mehr zugemutet werden kann, ist nach den Grundsätzen der **gestörten Geschäftsgrundlage** (§ 313 BGB) eine Anpassung vorzunehmen.[2] In solchen Fällen ist der Spediteur jedoch meist schon nach Ziff. 12.2 leistungsfrei.

4   Wenn der Verkehrsvertrag nicht nur den Leistungserfolg bestimmt, sondern auch die einzelnen zur Herbeiführung des Erfolgs erforderlichen **Leistungsschritte im Einzelnen** definiert und die Vergütungsbestandteile entsprechend aufschlüsselt und den einzelnen Leistungen zuordnet, kann unvorhergesehener Mehraufwand aus der Abgeltung herausfallen und abrechnungsfähig sein.[3] Durch eine Aufschlüsselung der Leistungen und Kostenpositionen wird der Vertrag von einem Global- zu einem Detailpauschalwerkvertrag. Soweit die so vertraglich fixierten Leistungsschritte sich als nicht hinreichend oder nicht realisierbar erweisen, bleibt der Spediteur zwar leistungspflichtig, sofern der Leistungserfolg sich noch in anderer, zumutbarer Weise realisieren lässt (→ Ziff. 12 Rn. 10), jedoch kann die von der vertraglichen Leistungsbeschreibung abweichende Realisierung des Transporterfolgs dann eine Vertrags- und Vergütungsanpassung erforderlich machen.

5   Der Preis bleibt allerdings gem. Satz 2 und 3 verbindlich, wenn Abweichungen zwischen der geplanten und der tatsächlichen Leistungserbringung nur darauf beruhen, dass der Spediteur **Kosten unberücksichtigt** gelassen hatte, die im regelmäßigen Verlauf der verkehrsvertraglichen Leistung anfallen und vorhersehbar waren. Solche Kosten vollständig zu ermitteln, richtig zu kalkulieren und in der Vergütungsvereinbarung zu berücksichtigen, ist grundsätzlich Sache des Spediteurs. Dennoch kann der Spediteur den Auftraggeber durch die Aufschlüsselung der Leistungsschritte und zugehörigen Kosten insofern beschränkt in eine **Mitverantwortung** für die Realisierbarkeit seiner Leistungsplanung nehmen, als diese von Umständen in der Risikosphäre des Auftraggebers abhängt. Scheitert die geplante und vertraglich offengelegte Realisierungsplanung des Spediteurs aus Gründen in der Risikosphäre des Auftraggebers, zum Beispiel weil das vom Auftraggeber zu fertigende Gut nicht rechtzeitig für den geplanten Landvorlauf fertig wird, ist der Vertrag in der geschlossenen Form nicht durchführbar. In diesem Fall kann eine Vertragsanpassung unter Einschluss der Vergütungsvereinbarung erforderlich werden.

6   Beim **Lagervertrag** treten Fragen der Abgeltungsreichweite der Vergütung vor allem dann auf, wenn der Vertrag über die reine Aufbewahrung des Guts hinaus Fürsorgemaßnahmen des Lagerhalters vorsieht oder gar als komplexer Lagerlogistikvertrag mit einer Vielzahl an weiteren Werk- oder Dienstleistungen kombiniert ist. Auch solche Verträge enthalten oft Festpreisabreden, andererseits aber auch abstrakte Preisregeln für nicht vertraglich vorhergesehene Zusatzleistungen.

7   **2. Keine Nachforderung bei regelmäßigen, vorhersehbaren Kosten (Satz 2).** Wenn nichts anderes vereinbart ist, kann der Spediteur keine Nachforderungen, also **über die vereinbarte Vergütung hinausgehende zusätzliche Ansprüche**, wegen Kosten stellen, die im regelmäßigen Verlauf der Verkehrsleistung anfallen und vorhersehbar sind. Solche Kosten sind aus der Fracht abzudecken und können auch nicht als Aufwendungen zusätzlich gefordert werden.[4] Hat der Spediteur bei der Bezifferung der von ihm verlangten Vergütung solche Kosten außer Betracht gelassen, so fallen sie ihm grundsätzlich endgültig zur Last. Satz 2 formuliert die Rechtsfolge von Satz 1, nämlich die Abgeltung aller Leistungen durch die vereinbarte Vergütung, nochmals unter dem Blickwinkel der Kosten der Leistungserbringung. Da die Nichtberücksichtigung regelmäßig anfallender, vorhersehbarer Kosten zugleich einen Kalkulationsfehler darstellt, findet sich auch in Satz 3 nochmals eine Bestätigung derselben Rechtsfolge.

8   Allerdings bleibt Satz 2 insofern hinter Satz 1 zurück, als die Regelung sich nicht auf alle zur Leistungserbringung erforderlichen Kosten bezieht, sondern nur auf diejenigen, die regelmäßig anfallen und vorhersehbar sind. Nach Satz 1 trägt der Spediteur aber – bis zur Grenze der Unzumutbarkeit unter dem Gesichtspunkt des Wegfalls der Geschäftsgrundlage – das volle Kostenrisiko der Erbringung der von ihm geschuldeten vertraglichen Leistungen. Treten Mehrkosten aus Gründen auf, die seinem eigenen Risikobereich zuzurechnen sind, so hat er diese nach Satz 1 unabhängig von der Frage zu tragen, ob sie regelmäßig anfallen und vorhersehbar sind. So fallen ihm beispielsweise Mehrkosten infolge von Fehlern eigenen Personals oder wegen der Insolvenz eines Subunternehmers zur Last, obwohl diese weder regelmäßig anfallen noch vorhersehbar sind.

9   Es stellt sich daher die Frage, ob Satz 2 die Rechtsfolge von Satz 1 auf regelmäßig anfallende und vorhersehbare Kosten beschränken soll. Dagegen spricht, dass Satz 2 die Regelung von Satz 1 bei verständiger Auslegung ersichtlich nicht einschränkend wiederholen, sondern um einen weiteren Gesichtspunkt ergänzen soll und dabei eine andere, nämlich kostenbezogene Perspektive einnimmt als Satz 1. Während Satz 1 die Beziehung zwischen den verkehrsvertraglich vereinbarten Leistungen und der Vergütungsvereinbarung in den Blick nimmt, bezieht Satz 2 sich auf die dem Spediteur tatsächlich erwachsenen Kosten, unabhängig von der Frage, ob die Eingehung dieser Kosten verkehrsvertraglich

---

[2] S. die Kommentierungen zu § 313 BGB, zB Palandt/*Grüneberg* BGB § 313 Rn. 32, sowie die werkvertragsrechtliche Fachliteratur, etwa Kapellmann/Messerschmidt, VOB, 6. Aufl. 2018, VOB/B § 2 Abs. 7 Rn. 232 ff.; Werner/ Pastor, Der Bauprozess, 16. Aufl. 2017, Rn. 1544 ff.

[3] So auch *Vyvers* NZV 2018, 58 (59).

[4] MüKoHGB/*Thume* HGB § 420 Rn. 6, dessen Formulierung offenbar von den ADSp übernommen wurde.

vereinbart war. Satz 2 soll mithin Nachforderungen wegen Zusatzkosten auch dann ausschließen, wenn diese Zusatzkosten für Maßnahmen entstanden sind, die zwar nicht ausdrücklich im Verkehrsvertrag vereinbart waren, aber regelmäßig und vorhersehbar anfallen und deshalb vom Spediteur hätten berücksichtigt werden müssen. Es geht deshalb, genau genommen, hier um die Abgrenzung zwischen den Kosten der Erbringung der eigenen Leistungen und – zusätzlich erstattungsfähigen – Aufwendungen iSv Ziff. 17. Die Bestimmung des Satz 2 wäre daher in Ziff. 17 besser aufgehoben gewesen.

3. Kalkulationsfehler. Nach Satz 3 sollen Kalkulationsfehler zulasten desjenigen gehen, der die **10** Kalkulation erstellt hat. Kalkulationsfehler sind meist **Fehler des Spediteurs** bei der Berechnung des geforderten Preises, etwa in der Form fehlender Berücksichtigung anfallender Leistungen,[5] der Anwendung unzutreffender Berechnungsgrundlagen[6] oder mathematischer Fehler.[7] Allerdings kann auch der **Auftraggeber** Kalkulationsfehlern unterliegen, etwa bei der Berechnung des in Auftrag zu gebenden Transportvolumens bei einem Volumenvertrag.

Handelt es sich um einen **verdeckten Kalkulationsfehler,** also eine dem Geschäftsgegner nicht **11** mitgeteilte fehlerhafte Kalkulation, so ist dieser schon nach den allgemeinen Regeln nicht beachtlich, weil derjenige, der aufgrund einer für richtig gehaltenen, in Wirklichkeit aber unzutreffenden Berechnungsgrundlage einen bestimmten Preis oder eine Vergütungsforderung ermittelt und seinem Angebot zugrunde legt, auch das Risiko dafür trägt, dass seine Kalkulation zutrifft.[8] Das Gleiche gilt, wenn der Auftraggeber aufgrund von Fehlern seinen Transportbedarf unzutreffend ermittelt hat und deshalb nicht benötigte Beförderungskapazität in Auftrag gibt. Solche Vertragsschlüsse sind bindend. Nur wenn der Geschäftsgegner den Kalkulationsfehler und zusätzlich auch erkannt hat, dass der Erklärende seine Erklärung in Kenntnis des Fehlers nicht abgegeben hätte, kann der Erklärende dem Geschäftsgegner den Einwand der unzulässigen Rechtsausübung entgegen halten.[9]

Dagegen ist ein offener **Kalkulationsfehler** regelmäßig relevant.[10] Er berechtigt zwar nach herr- **12** schender Ansicht zur Anfechtung, jedoch kann der Vertrag im Einzelfall dahin auszulegen[11] oder nach den Grundsätzen der fehlerhaften Geschäftsgrundlage anzupassen[12] sein, dass nicht das erkennbar fehlerhafte Kalkulationsergebnis, sondern die zutreffenden Berechnungsgrundlagen Vertragsinhalt werden. Ist eine solche Auslegung nicht möglich, weil das Gewollte wegen Widersprüchlichkeit des Vertrags nicht sicher festgestellt werden kann, so ist der Vertrag wegen Dissens unwirksam.[13] In den übrigen Fällen kann der Erklärende dem Geschäftsgegner ebenfalls den Einwand der unzulässigen Rechtsausübung entgegen halten, wenn der Geschäftsgegner den Kalkulationsfehler und dessen Erheblichkeit für den Vertragswillen des Erklärenden erkannt oder sich der Erkenntnis treuwidrig verweigert hat.[14]

Vor dem Hintergrund dieser gesetzlich bestimmten Behandlung der Kalkulationsfehlerfälle hat Ziff. **13** 16 S. 3 kaum praktische Auswirkungen. Da es regelmäßig schon um die Frage eines wirksamen Vertragsschlusses bzw. der Bestimmung der Willensübereinkunft geht, ist dieser Fragenkreis der Bestimmung durch AGB ohnehin weitgehend entzogen. Die Rechtsfolge „geht zu Lasten" ist auch zu unspezifisch, um daraus konkrete Rechtsfolgen abzuleiten, zumal Kalkulationsfehler auch zum eigenen Nutzen ausfallen können.

IV. Nicht abgedeckte Leistungen

1. Auftragsänderungen und –erweiterungen. Wird der Auftrag geändert, so stellt dies die **14** Pauschalpreisabrede stets in Frage. Ganz unberührt bleibt sie nur dann, wenn der Auftrag durch ein abgrenzbares zusätzliches Element **erweitert** wird. Erfolgt diese Erweiterung einvernehmlich durch eine Vertragsergänzung, so obliegt es den Parteien, sich über die zusätzliche Vergütung zu verständigen. Wird der Vertrag einseitig kraft des Weisungsrechts des Auftraggebers erweitert, so unterliegen die Vergütungsansprüche den für das Weisungsrecht anwendbaren gesetzlichen Vorschriften (→ Rn. 17).

Wird der Auftrag nicht lediglich erweitert, sondern in seinem Bestand **ganz oder teilweise ver-** **15** **ändert,** so muss die Pauschalpreisvereinbarung angepasst werden. Bei einvernehmlichen Vertragsänderungen ist dies den Parteien überlassen, bei Änderungen durch Weisung gelten die gesetzlichen Maßstäbe, also insbesondere der abgrenzbaren Zusatzkosten, der Angemessenheit und der Üblichkeit. Soweit die Änderung der Sache nach wie eine teilweise oder gar vollständige Kündigung des Ur-

---

[5] BGH Urt. v. 7.7.1998 – X ZR 17/97, BGHZ 139, 177 = NJW 1998, 3192.

[6] RG Urt. v. 30.11.1922, RGZ 105, 406.

[7] RG Urt. v. 17.12.1920, RGZ 101, 107.

[8] StRspr des BGH, Urt. v. 19.12.1985 – VII ZR 188/84, NJW-RR 1986, 569 (570); Urt. v. 25.6.1987 – VII ZR 107/86, NJW-RR 1987, 1306 (1307); Urt. v. 7.7.1998 – X ZR 17/97, BGHZ 139, 177 (180 f.).

[9] BGH Urt. v. 28.4.1983 – VII ZR 259/82, NJW 1983, 1671 (1672); Urt. v. 7.7.1998 – X ZR 17/97, BGHZ 139, 177 (184 f.).

[10] BGH Urt. v. 27.11.2007 – X ZR 111/04, IHR 2008, 49; Palandt/*Ellenberger* BGB § 119 Rn. 19 ff.

[11] MüKoBGB/*Armbrüster* BGB § 119 Rn. 92; Palandt/*Ellenberger* BGB § 119 Rn. 20, jew. mwN.

[12] MüKoBGB/*Armbrüster* BGB § 119 Rn. 94 f.

[13] MüKoBGB/*Armbrüster* BGB § 119 Rn. 93.

[14] Überblick bei Palandt/*Ellenberger* BGB § 119 Rn. 19 ff.

sprungsauftrags wirkt, können die für die Kündigung vorgesehenen Vergütungsvorschriften wie etwa § 415 Abs. 2 HGB oder § 649 BGB zur Anwendung kommen.

16 **2. Unberührt bleibende Zusatzansprüche (Satz 4).** Das Pauschalpreisprinzip soll die Äquivalenz zwischen den verkehrsvertraglich geschuldeten Leistungen und der dafür vereinbarten Vergütung bewahren. Es steht deshalb nicht solchen Zusatzansprüchen des Spediteurs entgegen, die an zusätzliche, nicht schon im Verkehrsvertrag vorhergesehene und deshalb außerhalb des vereinbarten Syallagmas zwischen Verkehrsleistungen und Vergütung stehenden Anstrengungen des Spediteurs anknüpfen.

17 **a) Standgeld.** Dies gilt zunächst für das Vorhalten des Beförderungsmittels über die vereinbarte Lade- bzw. Entladezeit hinaus, also für **Standgeldansprüche** nach § 412 Abs. 3 HGB oder entsprechende andere gesetzliche oder vertragliche Ansprüche, auch für Liegegeldansprüche des Schifffahrtsrechts (zB nach § 530 Abs. 3 HGB. Derselbe Vorbehalt gilt, auch wenn er in Ziff. 16 S. 4 nicht ausdrücklich erwähnt ist, auch für Ansprüche aus der übermäßigen Inanspruchnahme von Containern („Containerdemurrage") oder anderen frachtführereigenen Lademitteln oder Ausrüstungen; es spielt deshalb keine Rolle, ob solche Ansprüche als Vergütungs- oder als Aufwendungsersatzansprüche[15] nach Ziff. 17 angesehen werden.

18 **b) Weisungen.** Weisungen greifen in die vertraglich vereinbarten Leistungspflichten des Spediteurs ein und können deshalb die Äquivalenz von Leistungen und Vergütung stören. Deshalb lässt Ziff. 16 zusätzliche Aufwendungs- und Vergütungsansprüche aufgrund von Weisungen des Verfügungsberechtigten wie sie etwa in §§ 418 Abs. 1 S. 4, 419 Abs. 1 S. 3, 491 Abs. 1 S. 4, 492 Abs. 1 S. 3 HGB, Art. 12 Abs. 5 lit. a CMR, Art. 12 Abs. 1 S. 2 MÜ, Art. 15 lit. c CMNI und Art. 19 § 2 CIM vorgesehen sind, unberührt. Unberührt bleibt auch der gesetzliche Aufwendungs- bzw. Vergütungsanspruch aus § 670 BGB und analog § 1835 Abs. 3 BGB.

19 **c) Maßnahmen bei Beförderungs- oder Ablieferungshindernissen.** Unvorhersehbarer, nicht von der Vergütungsabrede abgedeckter Zusatzaufwand entsteht dem Spediteur auch dann, wenn er wegen Beförderungs- oder Ablieferungshindernissen, die nicht aus seiner Risikosphäre stammen, zusätzliche Maßnahmen treffen muss, etwa nach §§ 419 Abs. 3, 492 Abs. 3 HGB. Auch aus solchen Maßnahmen zugunsten des Guts herrührende Ansprüche werden durch Ziff. 16 nicht erfasst.

20 **d) Große Haverei.** Auch Ansprüche aus Großer Haverei[16] bleiben durch die Pauschalpreisabrede unberührt. Sie sind dadurch gekennzeichnet, dass der Spediteur aufgrund einer unverschuldeten Notlage im gemeinsamen Interesse von Schiff und Ladung Vermögenswerte aufopfert, die sodann auf die geretteten Werte umgelegt werden. Auch hier erbringt der Spediteur zusätzliche, nicht vorhersehbare Leistungen im Interesse des Ladungsinteressenten. Allerdings ist Inhaber solcher Ansprüche nur selten der ADSp-Spediteur, sondern in der Regel der ausführende See- bzw. Binnenschiffsbeförderer selbst. Der Spediteur zahlt Havereibeiträge in der Praxis meist nur stellvertretend für die Ladungsinteressenten; in diesem Fall hat er Anspruch auf Erstattung nach Ziff. 17.

17. Aufwendungs- und Freistellungsansprüche

17.1 Der Spediteur hat Anspruch auf Ersatz der Aufwendungen, die er den Umständen nach für erforderlich halten durfte und nicht zu vertreten hat, insbesondere Beiträge zu Havereiverfahren, Detention- oder Demurrage-Kosten, Nachverpackungen zum Schutz des Gutes.

17.2 Wenn der Auftraggeber den Spediteur beauftragt, Gut in Empfang zu nehmen und bei der Ablieferung an den Spediteur Frachten, Wertnachnahmen, Zölle, Steuern oder sonstige Abgaben oder Spesen gefordert werden, ist der Spediteur berechtigt, aber nicht verpflichtet, diese – soweit er sie den Umständen nach für erforderlich halten durfte – auszulegen und vom Auftraggeber Erstattung zu verlangen, es sei denn, es ist etwas anderes vereinbart worden.

17.3 Von Aufwendungen wie Frachtforderungen, Beiträgen zu Havereiverfahren, Zöllen, Steuern und sonstigen Abgaben, die an den Spediteur, insbesondere als Verfügungsberechtigten oder als Besitzer fremden Gutes gestellt werden, hat der Auftraggeber den Spediteur auf Aufforderung zu befreien, wenn sie der Spediteur nicht zu vertreten hat.

Schrifttum: S. vor Ziff. 1.

Vorläufer in ADSp 2003: Ziff. 17 ADSp 2003. Ziff. 17.4 ADSp 2003 wurde systematisch zutreffend zu Ziff. 3 ADSp 2017 verlagert.

---

[15] S. dazu Rabe/Bahnsen/*Bahnsen* HGB § 493 Rn. 41 ff.
[16] Überblick dazu bei Rabe/Bahnsen/*Bahnsen* HGB Vor § 588 Rn. 13 ff.

I. Überblick

Ziff. 17 regelt Aufwendungen und Aufwendungsersatzansprüche des Spediteurs. Aufwendungen **1** sind freiwillige Vermögensopfer im Interesse eines anderen. Dazu gehören auch eingegangene Verbindlichkeiten sowie nach herrschender Meinung auch Schäden, die tätigkeitstypischen Risiken entspringen. Nicht zu den Aufwendungen zählen die Eigenkosten des Spediteurs, durch die er die von ihm geschuldete Leistung erbringt und die gem. Ziff. 16 mit seiner Vergütung abgegolten sind. Das Aufgabe besteht darin, diejenigen kostenauslösenden Maßnahmen, die der Spediteur zur Erbringung der von ihm geschuldeten Leistungen erbringt und die er daher aus der Fracht finanzieren muss, von denjenigen abzugrenzen, die er zusätzlich, jenseits seines eines Auftraggeber bereits durch die vereinbarte Vergütung bezahlten Pflichtenkreises in dessen Interesse erbringt und für die er deshalb zusätzlich Kompensation haben soll. Diese Abgrenzung richtet sich in erster Linie nach dem Vertrag und erfordert in Übrigen eine wertende Betrachtung der Verantwortungssphären, was im Wortlaut von Ziff. 17 nur unzureichend zum Ausdruck kommt.

II. Aufwendungsersatzanspruch (Ziff. 17.1)

1. Geschäftsbesorgungsspedition. Im Falle der Geschäftsbesorgungsspedition deckt die Ver- **2** gütung des Spediteurs nur das **„Besorgen"** der der Versendung bzw. Einlagerung, also die vertragsgemäße Organisationsleistung des Spediteurs unter Einschluss der damit verbundenen speditionstypischen Haupt-, Neben- und Sonderleistungen ab, nicht aber die Ausführung der besorgten Leistungen durch die damit beauftragten Dritten. Die an diese Leistungserbringer zu zahlenden **Leistungsvergütungen** sind, soweit sie vereinbart waren oder der Spediteur sie zur Besorgung der ihm in Auftrag gegebenen Leistungen für erforderlich halten durfte, Aufwendungen, die der Spediteur nach §§ 675, 670 BGB zusätzlich zu seiner eigenen Vergütung erstattet verlangen kann.[1] Wegen sonstiger Aufwendungen ist der Geschäftsbesorgungsspediteur genauso zu behandeln wie der auf eigene Rechnung tätige Spediteur.

2. Auf eigene Rechnung tätiger Spediteur. Soweit der Spediteur auf eigene Rechnung tätig ist, **3** zB bei der Fixkostenspedition, als Lagerhalter oder bei logistischen Zusatzleistungen, bedarf ein Aufwendungsersatzanspruch, wenn darüber nichts vereinbart ist, stets besonderer Begründung, denn im Grundsatz hat der Spediteur die Kosten seiner Leistungen selbst zu tragen und aus der vereinbarten Vergütung abzudecken. Dies gilt auch für die an Erfüllungsgehilfen zu zahlenden Vergütungen unter Einschluss aller deren Verkehrsleistung ermöglichender Kosten.[2] Diese Kosten sind daher nicht als Aufwendungen iSv Ziff. 17 zu betrachten.

a) Aufwendungen auf das Gut. Dagegen hat der auf eigene Rechnung tätige Spediteur – ebenso **4** wie der Frachtführer (§§ 420 Abs. 1 S. 2, 493 Abs. 1 S. 2 HGB) und der Lagerhalter (§ 474 HGB) – Anspruch auf Ersatz von Aufwendungen auf das Gut. Dafür ist erforderlich, dass der Spediteur – oder ein von ihm eingeschalteter Unternehmer –kostenauslösende Maßnahmen getroffen hat, die „für das Gut" gemacht werden, also dem Gut – und damit den Ladungsinteressenten – nützlich sind, sei es durch Erhaltung (Schutzmaßnahmen) oder Erhöhung (Verbesserungsmaßnahmen) des ihm innewohnenden Werts. Diese Anforderungen sind allerdings wenig trennscharf, weil der Spediteur Maßnahmen gleicher Zielrichtung auch schon kraft der Obhut über das Gut schuldet. Deshalb dient das Merkmal der **Freiwilligkeit** zur Abgrenzung der Aufwendungen von solchen Maßnahmen des Spediteurs, zu deren Erbringung er bereits aufgrund des Verkehrsvertrags verpflichtet ist und die daher durch die Vergütung abgegolten sind. Dabei ist der Begriff „freiwillig" nicht wörtlich zu nehmen, denn der Spediteur kann im Rahmen seiner Ladungsfürsorgepflicht zu zusätzlichen Anstrengungen im Interesse des Guts auch verpflichtet sein. Gemeint sind Maßnahmen, die der Spediteur zusätzlich zu seinem bereits bezahlten Pflichtenkreis erbringt. Kennzeichnend für sie ist, dass sie außerhalb des kostenmäßig durchkalkulierten Transportablaufs anfallen. Das alleine reicht aber nicht. Hinzukommen muss, dass der Umstand, der Anlass zu der fraglichen Maßnahme des Spediteurs gegeben hat, bei wertender Betrachtung **außerhalb der Risiko- und Verantwortungssphäre** des Spediteurs liegt. Die Bewältigung von Risiken, Hindernissen und Zwischenfällen, für die er selbst verantwortlich ist, muss er aus der Fracht finanzieren. Das gilt insbesondere für die Folgen von Fehlern und Unzulänglichkeiten eigener Erfüllungsgehilfen oder Betriebsmittel, aber auch für ihn belastende objektive Umstände wie etwa unvorhersehbare technische Defekte oder Ausfälle in der öffentlichen Verkehrsinfrastruktur. Nur solche Umstände, die außerhalb seines Risikobereichs angesiedelt sind und daher nach dem Grundsatz *casum sentit dominus* dem Ladungsinteressenten zur Last fallen, können Anlass für eine ersatzfähige Aufwendung sein. Bei dieser Risikobereichsabgrenzung sind auch die Verkehrsanschauung und die Verkehrssitte zu berücksichtigen, wie das Gesetz in § 459 HGB mit der Wendung **„soweit dies üblich ist"** umschreibt.

---

[1] IE MüKoHGB/*Bydlinski* HGB § 456 Rn. 75 ff.
[2] MüKoHGB/*Thume* HGB § 420 Rn. 6.

5   Den freiwilligen Vermögensopfern gleichzustellen sind „risikotypische Begleitschäden", die der Spediteur anlässlich seiner – ursprünglich nicht geschuldeten – fremdnützigen Tätigkeit zugunsten des Auftraggebers erleidet.[3] Eigenes Verschulden des Spediteurs bei der Entstehung des Schadens ist nach herrschender Meinung[4] gegebenenfalls nach den allgemeinen Regeln anspruchskürzend zu berücksichtigen (§ 254 analog).

6   **b) Subjektive Erforderlichkeit.** Ersatzfähig ist die Aufwendung nur dann, wenn der Spediteur sie **für erforderlich halten durfte.** Maßgeblich ist demnach, ob der Spediteur bei Anwendung der gebotenen Sorgfalt (§ 347 HGB) der Überzeugung sein durfte, dass die fragliche Maßnahme nach Art und Maß im mutmaßlichen Interesse des Auftraggebers bzw. Verfügungsberechtigten lag. Dabei ist zu berücksichtigen, dass der Spediteur angesichts erkennbar werdender Beförderungs- oder Ablieferhindernisse Weisungen einzuholen hat.

7   Sofern die Aufwendung nicht individuell **vereinbart** oder durch eine **Weisung** gedeckt ist, etwa bei auftragsgemäßer Verzollung des Guts zum freien Verkehr, ist stets erforderlich, dass der Spediteur die Aufwendung den Umständen nach für erforderlich halten durfte. Mit dieser Formulierung lehnt die Bestimmung sich an § 670 BGB an, allerdings mit der Besonderheit, dass der Spediteur nicht nur einen Auftrag ausführen, sondern zugleich Obhut über das Gut auszuüben hat, sodass er auch Gefahren abwenden muss. Der Spediteur darf die Aufwendung für geboten halten, wenn sie nach sorgfältiger Prüfung aller dem Spediteur bekannten Umstände **mutmaßlich dem Interesse des Verfügungsberechtigten** dient. Bestehen daran Zweifel, hat der Spediteur Weisungen einzuholen, wenn das – wie in der Regel – rechtzeitig möglich ist. Da der Spediteur bei der Entscheidung über die Aufwendung unter Umständen eine Prognoseentscheidung über eine bestehende Gefahrenlage zu treffen hat, ist nicht zwingend erforderlich, dass die Aufwendung sich letztlich als erforderlich erweist; es reicht aus, wenn sie im Augenblick der Entscheidung des Spediteurs vernünftigerweise als geboten erschien.

8   **c) Kein Vertretenmüssen des Spediteurs.** Die Erforderlichkeit der Aufwendung darf **nicht vom Spediteur zu vertreten** sein. Wie in → Rn. 4 schon erwähnt, liegen Zusatzkosten aufgrund eigener Unzulänglichkeiten im vertraglichen Risikobereich des Spediteurs, sodass er sie nicht zum Anlass nehmen kann, unter dem Gesichtspunkt von Aufwendungen zusätzlich Ersatz zu fordern.

9   Dieselbe Kostenposition kann teils Aufwendung und teils Kosten des Spediteurs darstellen. Wartet zum Beispiel das Gut im Löschhafen auf seine Abnahme durch den Empfänger erst deshalb, weil dieser verspätet das Hauskonnossement des Spediteurs erhält und vorlegt, und verzögert die Ablieferung sich dann noch weiter, weil der Spediteur die prompte Freistellung an den Empfänger versäumt, so sind die entstehenden Wartekosten teils Aufwendung, teils nicht ersatzfähige Kosten des Spediteurs.

10   **d) Beispiele.** Als typische Beispiele für Aufwendungen nennt Ziff. 17.1 Beiträge zu Havereiverfahren, Detention- oder Demurrage-Kosten und Nachverpackungen zum Schutz des Gutes. Havereibeiträge werden in der Regel direkt von den die Leistungsgefahr tragenden Ladungsinteressenten eingezogen (s. § 588 Abs. 2 HGB), jedoch kommt es auch vor, dass der Spediteur die Beiträge verauslagt, sodass diese als Aufwendungen erstattet werden müssen. Detention- und Demurragekosten, also Wartekosten des Guts, fallen in der Regel den Ladungsinteressenten zur Last und sind daher, soweit sie vom Spediteur verauslagt worden sind, ebenfalls zu erstatten; allerdings können solche Kosten auch vom Spediteus selbst zu vertreten sein (→ Rn. 9). Gleiches gilt für Nachverpackungskosten.

11   Weitere typische Aufwendungen des Spediteurs auf das Gut sind das Entrichten von Einfuhrabgaben, das Eindecken von Güterversicherung, das Beseitigen von Kennzeichnungs- oder Sicherungsmängeln, das Lagern (außer bei transportbedingter Zwischenlagerung), das Umfahren zu Zwecken der Beschau durch Zoll-, Veterinär- oder Abfallbehörden, die gutachterliche Besichtigung, das Notveräußern, das Verhandeln mit Empfängern, Behörden oder sonstigen Dritten im Interesse des Auftraggebers, sowie – auch das eine Aufwendung „für das Gut" – das Vernichten des Guts, sofern eine den Auftraggeber treffende öffentlich-rechtliche Pflicht zur Vernichtung bestand oder das Gut nicht verwertbar ist.

III. Aufwendungen bei Übernahme des Guts (Ziff. 17.2)

12   Wenn der Auftraggeber den Spediteur beauftragt, Gut in Empfang zu nehmen und bei der Ablieferung an den Spediteur Frachten, Wertnachnahmen, Zölle, Steuern oder sonstige Abgaben oder Spesen gefordert werden, ist der Spediteur berechtigt, aber nicht verpflichtet, diese – soweit er sie den Umständen nach für erforderlich halten durfte – auszulegen und vom Auftraggeber Erstattung zu verlangen, es sei denn, es ist etwas anderes vereinbart worden

13   Ziff. 17.2 konkretisiert die allgemeine Regel in Ziff. 17.1 für den Sonderfall der Übernahmeauslagen. Besteht der Auftrag des Spediteurs darin, ankommendes Gut in Empfang zu nehmen, zB an einem Bahnhof, Hafen oder Terminal oder auch am Lager des Spediteurs, kann er daher, falls nichts

---

[3] MüKoBGB/*Schäfer* BGB § 670 Rn. 11.
[4] BGH Urt. v. 7.11.1960 – VII ZR 82/59, BGHZ 33, 251 (257) = NJW 1961, 359; aA MüKoBGB/*Schäfer* BGB § 670 Rn. 13.

anderes vereinbart oder angewiesen ist, solche Gelder verauslagen, die zur **Auslösung des Guts** erforderlich sind, jedenfalls soweit er keine Zweifel an ihrer Berechtigung hegen muss. Das gilt etwa bei unfrei verschickten „freight collect" Sendungen für die **Fracht** sowie stets für die vom Empfänger zu tragenden lokalen Auslieferkosten wie etwa Terminal Handling Charges, Sicherheitsgebühren oder andere **Spesen.** Auch eine auf dem Gut liegende **Nachnahme** kann der Spediteur für Rechnung des Auftraggebers bezahlen. Sofern die Ablieferung des Guts an den Spediteur von der Entrichtung von Ein- oder Ausfuhrabgaben, Verbrauchssteuern oder andern **Abgaben** abhängig ist, ist dem Spediteur auch deren Verauslagung gestattet.

Jedoch hat der Spediteur die **Berechtigung** solcher Aufwendungen dem Grund und der Höhe nach **14** zu prüfen. Nur wenn er die Aufwendungen den Umständen nach für **erforderlich** halten darf, ist er berechtigt, sie einzugehen. Der Spediteur ist verpflichtet, sorgfältig die Interessen seines Auftraggebers zu wahren und darf daher nie eigenmächtig nicht erforderliche oder ersichtlich interessewidrige Aufwendungen machen. Decken sich Forderungen des ausliefernden Unternehmens oder der sonstigen ausliefernden Stelle nicht mit den vom Auftraggeber erhaltenen Instruktionen, zB bezüglich der Frage, ob die Fracht vom Empfänger zu tragen ist oder ob Abgaben gezahlt (oder durch ein zulässiges Versandverfahren vermieden) werden sollen, oder werden außerordentliche Forderungen erhoben, zB wegen dem Frachtführer entstandener Zusatzkosten oder angeblicher Schäden durch das Gut (zB an Transport- oder Lademitteln), hat der Spediteur Weisungen des Auftraggebers oder Verfügungsberechtigten einzuholen.

Sofern nichts anderes vereinbart ist, ist der Spediteur berechtigt, aber **nicht verpflichtet,** Kosten zu **15** verauslagen. Allerdings kann der Spediteur kraft stillschweigender Individualabrede zu Auslagen verpflichtet sein, wenn ihre Erforderlichkeit zur Ausführung des Auftrages von vornherein ersichtlich war. Regelmäßig ist er berechtigt, eine eigene Auslage dadurch zu vermeiden, dass er gem. § 669 BGB Vorschuss fordert, sofern dafür Zeit bleibt. Legt er die Beträge aus, hat er **Anspruch auf Erstattung** und Verzinsung (§ 354 Abs. 2 HGB). Da Übernahmeauslagen anfallen, bevor der Spediteur das ankommende Gut in seine Obhut nimmt und mit seiner eigenen Leistung beginnt, ist hier in der Regel keine Abgrenzung zu den Eigenkosten des Spediteurs erforderlich.

IV. Freistellungsanspruch (Ziff. 17.3)

Von Aufwendungen wie Frachtforderungen, Beiträgen zu Havereiverfahren, Zöllen, Steuern und **16** sonstigen Abgaben, die an den Spediteur, insbesondere als Verfügungsberechtigten oder als Besitzer fremden Gutes gestellt werden, hat der Auftraggeber den Spediteur auf Aufforderung zu befreien, wenn sie der Spediteur nicht zu vertreten hat.

Ziff. 17.3 regelt solche Aufwendungen, die in der Eingehung einer Verbindlichkeit bestehen. Solche **17** Verbindlichkeiten kann der Spediteur gesetzlich eingehen, etwa wenn er für seinen Auftraggeber als Empfänger des Guts auftritt und deshalb die **Haftung für die Fracht** übernimmt (zB nach § 421 Abs. 2 S. 1 HGB oder § 494 Abs. 2 S. 1 HGB), oder kraft vertraglicher Haftungsübernahme, etwa wenn er, um ein in einen Havereischaden geratenes Gut ausgeliefert zu bekommen, einen eigenen Havereibond zeichnet, also eine Selbstverpflichtung zur Zahlung des geschuldeten **Havereibeitrags.** Auch aus dem Auftreten in Zoll- oder Steuerverfahren für Rechnung des Auftraggebers kann den Spediteur selbst gegenüber den Behörden für **Abgaben** zahlungspflichtig machen. Auch nach anderen Vorschriften kann der Spediteur in Haftungsverhältnisse geraten, die dem Risikobereich des Auftraggebers zuzuordnen sind, weil sie an das Gut anknüpfen, etwa nach Polizei- und Ordnungsrecht, weil er kraft Besitz oder Kontrolle über gefährliches Gut als **Zustandsstörer** gilt.

Sofern die Aufwendung in einer vom Spediteur eingegangenen Verbindlichkeit besteht, richtet der **18** Aufwendungsersatzanspruch sich auf **Freistellung von der Verbindlichkeit** (§ 257 BGB). Der Spediteur kann deshalb vom Auftraggeber verlangen, dass dieser ihn nach eigener Wahl – durch Leistung, befreiende Schuldübernahme oder Veranlassung zum Anspruchsverzicht – von der Haftung befreit. Wird die Verbindlichkeit zu Unrecht geltend gemacht oder ist sie strittig, kann der Spediteur nicht ohne weiteres eine Rechtsverteidigung durch den Auftraggeber verlangen. Er hat eine bestrittene oder zu Unrecht geltend gemachte Verbindlichkeit grundsätzlich selbst zu bekämpfen, es sei denn, sie knüpft ausschließlich an das Gut und dessen Eigenschaften an.

Kein Aufwendungsersatzanspruch und daher auch kein Freistellungsanspruch besteht, soweit der **19** Spediteur die **Verbindlichkeit zu vertreten** hat. „Zu vertreten" hat der Spediteur solche Verbindlichkeiten, deren vertragliche Begründung er nicht für erforderlich halten durfte oder, falls es sich um Verbindlichkeiten als gesetzlichen Schuldverhältnissen handelt, die er bei ordnungsgemäßer Ausführung seiner Vertragspflichten hätte vermeiden können. Problematisch sind in diesem Zusammenhang vor allem Schadensersatzansprüche Dritter sowie Haftungsverhältnisse mit Sanktionscharakter (zB Geldstrafen oder -bußen sowie wegen Verstoßes gegen zollrechtliche Bestimmungen entstehende Einfuhrabgaben, etwa nach Art. 203 Zollkodex). Strafen und Schadensersatzansprüche knüpfen in der Regel an eigenes Verschulden an und sind daher regelmäßig nicht ersatzfähig. Der Spediteur hat seine Aufgaben so zu erledigen, dass er sich weder Strafen noch Schadensersatzansprüchen Dritter aussetzt. Jedoch können Strafen, Bußen oder die Belastung mit Schadensersatzansprüchen einen ersatzfähigen

Schaden nach §§ 455 Abs. 2 oder 414 HGB darstellen, wenn sie auf falschen Angaben oder Instruktionen des Auftraggebers beruhen.

18. Rechnungen, fremde Währungen

18.1 Vergütungsansprüche des Spediteurs erfordern den Zugang einer den gesetzlichen Anforderungen genügenden Rechnung oder Zahlungsaufstellung. Mangels abweichender Vereinbarung erfordert die Fälligkeit bei unstreitiger Ablieferung nicht die Vorlage eines Ablieferungsnachweises.

18.2 Der Spediteur ist berechtigt, von ausländischen Auftraggebern oder Empfängern nach seiner Wahl Zahlung in ihrer Landeswährung oder in Euro zu verlangen.

18.3 Schuldet der Spediteur fremde Währung oder legt er fremde Währung aus, so ist er berechtigt, entweder Zahlung in der fremden Währung oder in Euro zu verlangen. Verlangt er Zahlung in Euro, so erfolgt die Umrechnung zu dem am Tage der Zahlung des Spediteurs amtlich festgesetzten Kurs, den der Spediteur nachzuweisen hat.

18.4 Eine Zahlungsabwicklung im Gutschriftenverfahren ist ausdrücklich zu vereinbaren. Im Zweifel hat der Auftraggeber Gutschriften nach Leistungserbringung sofort zu erteilen. Ziff. 18.1 Satz 1 findet auf das Gutschriftenverfahren keine Anwendung.

Schrifttum: S. vor Ziff. 1.

Vorläufer in ADSp 2003: Ziff. 18 ADSp 2003. Ziff. 18.1 ist neugefasst worden, Ziff. 18.4 wurde neu eingefügt.

I. Überblick

1   Die Bestimmung regelt die Rechnungstellung des Spediteurs sowie weitere Fragen der Zahlungsabwicklung, insbesondere mit Blick auf Fremdwährungen.

II. Durchsetzung von Vergütungsansprüchen (Ziff. 18.1)

2   **1. Rechnung oder Zahlungsaufstellung.** Unter Vergütungsansprüchen iSv Ziff. 18.1 sind trotz der abweichenden Begrifflichkeit der Ziff. 16 und 17 nicht nur eigene Leistungsvergütungen des Spediteurs zu verstehen, sondern **auch Aufwendungsersatzansprüche.** Das ergibt sich daraus, dass die Bestimmung neben der Rechnung auch eine Zahlungsaufstellung zulässt. Außerdem beziehen sich auch die weiteren Bestimmungen in Ziff. 18 ihrem Zweck gemäß auf sämtliche Ansprüche des Spediteurs.

3   Vergütungsansprüche sollen eine Rechnung oder Zahlungsaufstellung **erfordern.** Der kaufmännische Leistungsempfänger hat Anspruch auf die Ausstellung einer dem Umsatzsteuerrecht (§§ 14 Abs. 4, 14a Abs. 5 UStG) genügenden Rechnung. Dieser Anspruch kann, falls erforderlich, selbstständig durchgesetzt werden[1] und bildet zugleich einen Gegenanspruch, der dem Rechnungssteller als Zurückbehaltungsrecht entgegengehalten werden kann.[2]

4   Ohne eine solche Rechnung oder, sofern der Anspruch auf Aufwendungsersatz lautet, eine Zahlungsaufstellung sind Vergütungsansprüche des Spediteurs gegen den Auftraggeber oder andere haftende Dritte nach Abs. 1 S. 1 **nicht durchsetzbar.** Ob Ziff. 18.1 S. 1 mit dem Begriff „erfordern" nur auf das ohnehin bestehende Zurückbehaltungsrecht verweisen, die Fälligkeit des Vergütungsanspruchs regeln oder ihn im Sinne einer aufschiebenden Bedingung gar nicht erst entstehen lassen will, solange keine ordnungsgemäße Rechnung gestellt ist, lässt sich der Bestimmung nicht klar entnehmen. Praktische Folgen hat die Frage vor allem für den Verjährungslauf und für die Aufrechnung, soweit diese trotz Ziff. 19 möglich ist. Bei der gebotenen Auslegung zulasten des Verwenders ist deshalb davon auszugehen, dass die Bestimmung nur auf das **Zurückbehaltungsrecht des Auftraggebers** verweist, ihm also weder den Verjährungslauf nimmt noch das Recht zur Aufrechnung.

5   **2. Abliefernachweise.** Soweit nichts anderes vereinbart ist, tritt die **Fälligkeit des Vergütungsanspruchs** des Spediteurs ein, wenn er seine Leistungen im Wesentlichen erbracht hat, bei der Geschäftsbesorgungsspedition mit Übergabe des Guts an den ausführenden Beförderer (§ 456 HGB), beim Frachtgeschäft mit der Ablieferung des Guts an den Empfänger (§ 420 Abs. 1 S. 1 HGB). Beim Lagervertrag ist die Vergütung, wenn sie nach Zeitabschnitten bemessen ist, mit Ablauf des jeweiligen Zeitabschnitts fällig (§ 699 Abs. 1 S. 2 BGB). Die Fälligkeit hängt in keinem der Fälle davon ab, dass der Spediteur besondere urkundliche Nachweise für die Leistungserbringung vorlegt. Die ADSp ändern daran nichts.

6   Gemäß Ziff. 8.3 schuldet der Spediteur dem Auftraggeber außer der Ablieferung des Guts an den Empfänger bzw. der Übergabe des Guts an den Beförderer einen **Abliefernachweis.** Dieser Nachweis

---

[1] BGH Urt. v. 24.2.1988 – VIII ZR 64/87, NJW 1988, 2042.
[2] MüKoBGB/*Krüger* BGB § 271 Rn. 19.

hat in der erster Linie den Zweck, dem Auftraggeber ein Beweismittel dafür in die Hand zu geben, dass er die Lieferung des Guts an den Empfänger bewirkt und damit gegebenenfalls eine entsprechende Verpflichtung, zB aus einem Kaufgeschäft, erfüllt hat (→ Ziff. 8 Rn. 16). Der Abliefernachweis hat deshalb keine Funktion im Rahmen des synallagmatischen Leistungsaustauschs der Parteien des Verkehrsvertrags; insbesondere hat er nicht den Sinn, dem Auftraggeber zu demonstrieren, dass die Ablieferung erfolgt ist, wenngleich er im Einzelfall, wenn die Ablieferung bestritten oder zweifelhaft ist, auch dem Spediteur als Beweismittel gegenüber dem Auftraggeber dienen kann.

In der Praxis ist aber häufig zu beobachten, dass Auftraggeber (insbesondere wenn sie selbst **7** Spediteur sind) ihren Anspruch auf den Abliefernachweis dazu einsetzen, die Zahlung von Vergütungsforderungen hinauszuzögern oder ganz zu vermeiden. Dem soll Ziff. 18.1 S. 2 einen Riegel vorschieben, wenn der Abliefernachweis nicht konkret benötigt wird, weil die Ablieferung unstreitig ist. Das allerdings nicht gut gelungen, denn die Bestimmung regelt nur die Fälligkeit des Anspruchs, die auch bei fehlendem Ablieferungsnachweis ohnehin gegeben ist, nicht dagegen das **Zurückbehaltungsrecht** des Auftraggebers wegen des fehlenden Abliefernachweises. Da die Fälligkeit eines Anspruchs durch ein Zurückbehaltungsrecht nicht berührt wird,[3] schließt die Bestimmung ein Zurückbehaltungsrecht auch nicht indirekt aus. Wegen § 305c Abs. 2 BGB ist es auch nicht möglich, die Bestimmung ihrem Zweck gemäß entgegen dem Wortlaut so auszulegen, dass sie das Zurückbehaltungsrecht ausschließt.[4]

Das Zurückbehaltungsrecht ist jedoch ohnehin nach **Treu und Glauben** ausgeschlossen, wenn, wie **8** Ziff. 18 Abs. 1 S. 2 voraussetzt, die Ablieferung unstreitig ist, also auch nicht vom Empfänger bestritten wird. Denn dann entfällt der Zweck des Anspruchs auf einen Abliefernachweis, sodass dem Zurückbehaltungsrecht das Schikaneverbot entgegensteht, weil der der Auftraggeber dann kein materielles Interesse an dem Abliefernachweis hat, jedenfalls keines, das so schützenswert wäre, dass ihm deshalb ein Zurückbehaltungsrecht gegenüber der Vergütungsforderung des Spediteurs zugestanden werden kann.

III. Zahlung in Fremdwährung (Ziff. 18.2)

Forderungen des Spediteurs lauten grundsätzlich auf das in Deutschland verbindliche Zahlungs- **9** mittel, also auf den Euro. Ziff. 18.2 begründet gegenüber ausländischen[5] Zahlungspflichtigen ein **Wahlrecht** bezüglich der Zahlungswährung zugunsten des Spediteurs und verkehrt damit die gesetzliche Regelung in § 244 Abs. 1 BGB (Wahlrecht des Schuldners bei unechter Auslandswährungsschuld) in ihr Gegenteil. Dies ist rechtlich zulässig,[6] auch durch allgemeine Geschäftsbedingungen,[7] da der ausländische Auftraggeber oder Empfänger durch eine Zahlung in seiner Landeswährung nicht substantiell belastet wird. Die Umrechnung erfolgt, da sich Ziff. 18.2 nichts anderes entnehmen lässt, analog § 244 Abs. 2 HGB nach dem Kurs am Tag der Zahlung. Die Regelung wirkt auch gegenüber dem Empfänger, soweit er gem. §§ 421 Abs. 2, 494 HGB haftet.

IV. Aufwendungen in Fremdwährung (Ziff. 18.3)

Die missverständlich formulierte Klausel regelt die Währung des Aufwendungsersatzanspruchs des **10** Spediteurs, der Aufwendungen (eingegangene Verbindlichkeiten oder Zahlungen) in ausländischer Währung gemacht hat. Sie räumt dem Spediteur das **Wahlrecht** ein, von seinem (auch inländischen) Auftraggeber entweder Zahlung in der Auslandswährung der Aufwendung oder in Euro zu verlangen. Verlangt er Zahlung in der Auslandswährung, macht er die Forderung dadurch zu einer echten Valutaschuld. Anderenfalls wird sie zu einer auf Euro lautenden Schuld, deren Betrag nach dem Kurs am Tag der Zahlung zu ermitteln ist, es sei denn, eine der Parteien beweist, dass der Spediteur seine Aufwendung nach einem anderen Kurs bestritten hat oder noch bestreiten wird. Diese Nachweismöglichkeit begünstigt **bedenklich** den Spediteur und lädt ihn zu Manipulationen ein, da nur er wissen kann, wann und zu welchem Kurs er gezahlt hat oder noch zahlt.

V. Gutschriftsverfahren

Anstelle eigener Rechnungen des Spediteurs können die Vergütungsforderungen auch im Gut- **11** schriftsverfahren abgerechnet werden, also durch vom Auftraggeber zu erstellende Abrechnungen. Da der Auftraggeber dadurch **Gestaltungsmacht** hinsichtlich der Zahlungsabwicklung erwirbt, indem er den Zeitpunkt der Abrechnungen, den Umfang der darin aufgeführten Forderungen und Aufwendungen und die Behandlung eventuell ungewisser oder streitiger Ansprüche vorgeben kann, stellt Satz 1 klar, dass der Verkehrsvertrag nur dann im Gutschriftsverfahren nur abzurechnen ist, wenn die Parteien

---

[3] MüKoBGB/*Krüger* BGB § 273 Rn. 91.
[4] So auch *Koller* ADSp 2016 Ziff. 18 Rn. 2.
[5] Gemeint sind Ausländer mit Sitz außerhalb des Euro-Raums.
[6] Vgl. bereits RG Urt. v. 15.10.1942 – V 97/41, RGZ 168, 240 (247).
[7] *Vogt* in v. Westphalen/Thüsing VertragsR/AGB-Klauselwerke TransportR Rn. 242.

das ausdrücklich vereinbart haben. Auch hier gilt jedoch der Vorrang der Individualabrede (§ 305b BGB); auch eine konkludente Individualvereinbarung über das Gutschriftsverfahren, etwa aufgrund vorheriger Vertragspraxis zwischen den Parteien oder aufgrund Kenntnis des Spediteurs über die ständige Abrechnungsmethode des Auftraggebers, ist deshalb wirksam.

12   Satz 2 sucht das Risiko auszuschließen, dass der Auftraggeber das Gutschriftsverfahren dazu nutzt, um die Erteilung von Gutschriften hinauszuzögern und sich so Zahlungsaufschub zu verschaffen. Deshalb ist der Auftraggeber verpflichtet, Gutschriften sofort zu erteilen, wenn die jeweils zu vergütenden vertraglichen Leistungen erbracht sind.

13   Satz 3 stellt – im Einklang mit der ohnehin gegebenen Rechtslage – klar, dass die Erteilung einer ordnungsgemäßen Gutschrift keine Voraussetzung für die Durchsetzbarkeit des Anspruchs ist, sodass dieser auch ohne Gutschrift vom Spediteur geltend gemacht und notfalls gerichtliche durchgesetzt werden kann.

19. Aufrechnung, Zurückbehaltung

Gegenüber Ansprüchen aus dem Verkehrsvertrag und damit zusammenhängenden außervertraglichen Ansprüchen ist eine Aufrechnung oder Zurückbehaltung nur zulässig, wenn der Gegenanspruch fällig, unbestritten, entscheidungsreif oder rechtskräftig festgestellt ist.

Schrifttum: S. vor Ziff. 1; *Bayer*, Das Aufrechnungsverbot des § 32 ADSp bei der Fixkostenspedition, TranspR 1985, 417; *Köper*, Ausschluss des Aufrechnungsverbots nach Ziff. 19 ADSp bei grobem Verschulden im Sinne von § 435 HGB, Art. 29 CMR, Ziff. 27.2 ADSp, TranspR 2012, 447; *Rabe*, Vereinbarkeit eines Aufrechnungsausschlusses durch den Spediteur gemäß § 32 ADSp mit § 9 AGBG, EWiR 1987, 417.

Vorläufer in ADSp 2003: Ziff. 19 ADSp 2003 ist redaktionell überarbeitet worden.

I. Überblick

1   Ziff. 19 gehört zu den für die Praxis bedeutsamsten Bestimmungen der ADSp. Die Regelung verbietet die Aufrechnung sowie die Ausübung eines Zurückbehaltungsrechts gegenüber Ansprüchen aus einem Verkehrsvertrag iSv Ziff. 2.1, es sei denn, der in das Feld geführte Gegenanspruch ist fällig und steht fest. Die Regelung gilt **nicht nur zugunsten des Spediteurs,** sondern schützt auch Auftraggeber und Empfänger sowie jeden sonstigen Inhaber eines Anspruchs aus einem Verkehrsvertrag vor der Aufrechnung mit bzw. der Zurückhaltung wegen streitiger Forderungen. In der Praxis profitiert gleichwohl häufig der Spediteur, weil dessen Vergütungs- oder Aufwendungsersatzanspruch in der Regel unbestritten ist, was für die Gegenforderung des Auftraggebers nur selten gilt. Die Klausel soll verhüten, dass die Anspruchsdurchsetzung durch Gegenforderungen verzögert wird, die streitig sind und der Aufklärung bedürfen.[1] Außerdem soll dem Umstand Rechnung getragen werden, dass die gegen einen Spediteur gerichteten Ansprüche häufig durch einen Versicherer bearbeitet werden, dessen Schadensabwicklung nicht die Vergütungs- und Aufwendungsersatzforderungen des Spediteurs blockieren soll.

II. Nicht aufrechenbare Ansprüche

2   Der Anspruch, **gegen den** aufgerechnet werden soll, muss einem Verkehrsvertrag entspringen. Den Begriff des **Verkehrsvertrages** definieren die ADSp in Ziff. 1.14 (→ Ziff. 1 Rn. 61 ff.). Es kommt nicht darauf an, ob es sich um einen Speditionsvertrag im Rechtssinne, um einen Lagervertrag oder um einen Frachtvertrag handelt. Verkehrsvertrag iSv Ziff. 19 ist auch ein Frachtvertrag, der der CMR,[2] (beachte jedoch Art. 32 Abs. 4 CMR) dem MÜ,[3] dem Seefrachtrecht[4] oder einem anderen transportrechtlichen Übereinkommen[5] unterliegt.

3   Daneben erfasst Ziff. 19 auch Ansprüche aus **gesetzlichen Schuldverhältnissen,** zB aus Geschäftsführung ohne Auftrag, Bereicherungsrecht oder Delikt,[6] soweit sie mit dem Verkehrsvertrag zusammenhängen, auf Grund dessen die ADSp anzuwenden sind. Ein Zusammenhang zum Verkehrsvertrag besteht stets bei gesetzlichen Parallelansprüchen, also solchen Ansprüchen, die sich auf das gleiche

---

[1] BGH Urt. v. 15.2.2007 – I ZR 118/04, TranspR 2007, 374 (375); Urt. v. 6.5.1999 – I ZR 84/97, TranspR 1999, 347 (348); OLG Düsseldorf Urt. v. 20.3.2013 – I-18 U 107/12, TranspR 2013, 196 Rn. 19; *Bayer* TranspR 1985, 417 f.

[2] BGH Urt. v. 7.3.1985 – I ZR 182/82, TranspR 1986, 68; Urt. v. 14.12.1988 – I ZR 235/86, NJW-RR 1989, 481 (482); LG Cottbus Urt. v. 8.7.2008 – 11 O 37/07, TranspR 2008, 368 Rn. 23; OLG Nürnberg Urt. v. 27.10.1993 – 12 U 1951/93, TranspR 1994, 154; OLG Hamm Urt. v. 12.11.1992 – 18 U 248/91, OLGR Hamm 1993, 79; *Bayer* TranspR 1985, 417 (418).

[3] *Koller* ADSp 2016 Ziff. 19 Rn. 2.

[4] OLG Köln Urt. v. 15.8.1985 – 7 U 221/84, TranspR 1986, 74 (76).

[5] Auch das CMNI und die CIM regeln die Aufrechnung nicht.

[6] *Koller* ADSp 2016 Ziff. 19 Rn. 2.

Interesse richten wie der Anspruch aus dem Verkehrsvertrag (vgl. zB § 434 HGB), ferner bei Ansprüchen, die in dem durch den Verkehrsvertrag und seiner Abwicklung geschaffenen Lebenssachverhalt wurzeln.

Die die Aufrechnung meist nur bei Zahlungsansprüche in Betracht kommt und solche Anspruche in **4** erster Linie dem Spediteur zustehen, werden in der Praxis meistens die Vergütungsansprüche des Spediteurs von dem Aufrechnungsverbot erfasst. Allerdings gilt die Bestimmung auch für alle anderen Ansprüche aus dem Verkehrsvertrag, neben Vergütungsansprüchen auch für andere Zahlungsansprüche, etwa auf Schadensersatzansprüche, sowohl des Spediteurs als auch des Auftraggebers. Erfasst werden auch Ansprüche wegen der Verletzung von Nebenpflichten.

Auf das Aufrechnungsverbot kann sich auch ein **Dritter** berufen, der Begünstigter (Empfänger) **5** eines Verkehrsvertrags ist oder dem der Anspruch aus einem Verkehrsvertrag abgetreten worden ist.[7] Dies gilt entsprechend für das Verbot des Zurückbehaltungsrechts.

III. Zulässigkeit von Aufrechnung und Zurückbehaltung

1. Feststehen der Gegenforderung. Zulässig sind Aufrechnung und Zurückbehaltung nach dem **6** neuen Wortlaut von Ziff. 19, wenn der Gegenanspruch fällig, unbestritten, entscheidungsreif oder rechtskräftig festgestellt ist. Gemeint ist, dass eine Aufrechnung zulässig sein soll, wenn die Gegenforderung fällig ist und deshalb feststeht, weil sie entweder unbestritten oder gerichtlich festgestellt ist oder (zeitgleich mit der Entscheidung über die verkehrsvertragliche Forderung) wird. Die neue Formulierung ist problematisch, weil sie das Erfordernis der Fälligkeit nicht richtig einordnet.

a) „Fälligkeit". Nach dem Wortlaut der Bestimmung scheint die Fälligkeit des Gegenanspruchs **7** eine von vier alternativ („oder") nebeneinander stehenden Voraussetzungen für die Zulässigkeit der Aufrechnung oder Zurückbehaltung zu sein. Nähme man das wörtlich, so würde das Aufrechnungs- und Zurückhaltungsverbot völlig entwertet,[8] weil die Aufrechnung und Zurückhaltung nur von den ohnehin bestehenden gesetzlichen Voraussetzungen abhingen. Zeitweise Zweifel am Bestand eines sich letztlich als begründet erweisenden Gegenanspruchs hindern nicht dessen sofortige Fälligkeit, sodass der Aufrechnungs- oder Zurückbehaltungseinwand bis zur Klärung des Gegenanspruchs immer beachtet werden müsste.

Die grammatikalisch unzutreffende Verwendung des Merkmals der Fälligkeit ist indessen eindeutig **8** ein Redaktionsfehler. Die Fälligkeit ist als nur ein deklaratorisches, auf die gesetzlichen Aufrechnungsvoraussetzungen verweisendes Merkmal anzusehen, das – wie in der Fassung der ADSp 2016[9] – kumulativ neben einem der weiteren drei Merkmale gegeben sein muss; das Komma nach dem Wort „fällig" ist also als ein „und" zu lesen. Dafür spricht insbesondere, dass die drei weiteren Merkmale die frühere Formulierung „denen ein Einwand nicht entgegensteht" ersetzen und die Bestimmung ersichtlich inhaltlich prägen sollen, aber bei wortlautgetreuer Anwendung neben dem der Fälligkeit praktisch keine inhaltliche Bedeutung haben. Auch der Sinn des Aufrechnungsverbots spricht für eine korrigierende Auslegung. Sie erscheint auch trotz § 305c Abs. 2 BGB vertretbar, weil der gewollte Sinn der Bestimmung klar ist und das Aufrechnungsverbot im Grundsatz beide Parteien des Verkehrsvertrags schützt. In diesem Zusammenhang ist auch die jahrzehntelange, von der Praxis anerkannte und gelebte Bedeutung des Aufrechnungs- und Zurückbehaltungsverbots der ADSp zu berücksichtigen. Sie fügt sich auch in das gesetzliche Aufrechnungsverbot ein, das das für das Transportrecht besonders bedeutsame englische Frachtrecht[10] vorsieht.

b) Unbestrittenheit. Eine fällige Gegenforderung ist aufrechenbar, wenn sie unbestritten ist. Nach **9** gesicherter Auslegung früherer Fassungen der ADSp ist dafür nicht erforderlich, dass der Inhaber der geschützten verkehrsvertraglichen Forderung die Gegenforderung ausdrücklich unstreitig stellt. Nach Sinn und Zweck von Ziff. 19 ist dafür das Vorliegen eines Bestreitens vielmehr maßgeblich, ob das Einwenden einer Gegenforderung zu einer Verzögerung führt, weil die Gegenforderung aufklärungsbedürftig ist.[11] Dafür reicht es nicht aus, dass der Gläubiger den Gegenanspruch pauschal bestreitet; vielmehr muss er sich, um dem Verbot zur Geltung zu verhelfen, substantiiert zu dem Gegenanspruch

---

[7] BGH Urt. v. 20.12.1979 – VII ZR 339/78, ZIP 1980, 110.

[8] So auch *Vyvers* NZV 2018, 58 (59).

[9] Wortlaut: „wenn der fällige Gegenanspruch unbestritten, entscheidungsreif oder rechtkräftig festgestellt ist."

[10] Nach englischem Recht kann gegen eine Frachtforderung in der Regel nicht aufgerechnet werden – The „Aries" H. L. [1977] 1 Lloyd's Rep 334; The „Khian Captain" [1986] 1 Lloyd's Rep 429: „claim for freight was 'sacrosanct',; vgl auch New Yorker SchSpr Hansa 1983, 450: „freight is the very life of the commercial contracts". Etwas anderes gilt unter bestimmten Umständen bei besonders schwerwiegendem „breach of contract" des Beförderers, – The „Teno" [1977] 2 Lloyd's Rep 289; The „Nanfri" C. A. [1978] 2 Lloyd's Rep 132, The „Chrysovalandou Dyo" [1981] 1 Lloyd's Rep 159, The „Elena" [1986] 1 Lloyd's Rep 425, The „Dominique" H. L. [1989] 1 Lloyd's Rep 431, jedoch nicht schon wegen Ladungsbeschädigung – The „Nanfri" aaO.

[11] BGH Urt. v. 20.9.2018 – I ZR 146/17, RdTW 2019, 105; Urt. v. 15.2.2007 – I ZR 118/04, TranspR 2007, 374 Rn. 11; Urt. v. 6.5.1999 – I ZR 84/97, TranspR 1999, 347 (348); Urt. v. 7.3.1991, I ZR 157/89, TranspR 1991, 308 (310); OLG Köln Urt. v. 28.5.2013 – 3 U 189/12, BeckRS 2013, 196951 Rn. 17.

erklären[12] und **konkrete Einwände** vortragen, die nicht – im weitesten Sinne – ohne weiteres unbegründet sind und daher keine sofortige Entscheidung darüber zulassen.[13] Das ist der Fall, wenn die Einwendungen erheblich sind und demzufolge eine Beweisaufnahme erforderlich machen,[14] die nicht sofort durchgeführt werden kann.

10   **c) Rechtskräftige Feststellung.** Ist die aufzurechnende fällige Gegenforderung rechtskräftig festgestellt, so ist sie aufrechenbar. In diesem Fall entfällt der Sinn von Ziff. 19, weil keine Verzögerung durch die Aufklärung der Gegenforderung mehr eintreten kann.

11   **d) Entscheidungsreife.** Dies gilt auch dann, wenn die vom Inhaber der geschützten verkehrsvertraglichen erhobenen Einwendungen zwar zunächst erheblich waren, sich aber im Verlauf eines gerichtlichen oder schiedsgerichtlichen Verfahrens als unberechtigt erwiesen haben und der aufzurechnende Gegenanspruch daher **entscheidungsreif** ist.[15] Kommen die Richter zu dem Ergebnis, dass die Einwände berechtigt waren, ist der Gegenanspruch zwar ebenfalls entscheidungsreif, jedoch kommen dann mangels eines bestehenden, fälligen Gegenanspruchs Aufrechnung oder Zurückbehaltung ebenfalls nicht zum Tragen.

12   **2. Schweres Verschulden des Spediteurs, Treu und Glauben.** Die Rspr. zu früheren Fassungen der ADSp qualifizierte das Aufrechnungsverbot teilweise als Haftungsbefreiung oder -begrenzung iSv Ziff. 27 und wendete es daher nicht an, wenn den Spediteur der Vorwurf der **Leichtfertigkeit** trifft.[16] Dem ist jedenfalls für die Neufassung ADSp 2017 nicht mehr zu folgen, weil Ziff. 27 sich jetzt dem klaren Wortlaut nach nur noch auf die Haftungsbeschränkungsvorschriften der Ziff. 22 ff. bezieht. Auch eine analoge Anwendung von Ziff. 27 oder eine Anwendung gesetzlicher Bestimmungen wie § 435 HGB oder Art. 29 CMR kommt nicht in Betracht, denn ein Aufrechnungsverbot ist keine Haftungsbeschränkung.[17] Auch privilegiert Ziff. 19 nicht einseitig den Spediteur, sondern wirkt zugunsten beider Parteien. Außerdem beeinflusst das Aufrechnungsverbot die Haftung des Spediteurs materiell-rechtlich nicht, sondern hat nur mittelbare Konsequenzen für die materielle Rechtslage, zB nach § 215 BGB. Es kommt hinzu, dass der Beschleunigungszweck des Verbots der Aufrechnung und Zurückbehaltung vereitelt würde, wenn seine Geltung unter dem Vorbehalt des normativen und häufig aufklärungsbedürftigen Tatbestandsmerkmals der Leichtfertigkeit stünde.

13   Jedoch können das Aufrechnungsverbot und das Zurückbehaltungsverbot bei **vorsätzlichen Vertragsverletzungen** nach Treu und Glauben ausgeschlossen sein.[18] Allerdings gilt das nicht, wenn die vorsätzliche Vertragsverletzung streitig und eine hinreichende Aufklärung nicht zeitnah möglich ist.[19]

14   Dasselbe kommt in Betracht, wenn die zur Aufrechnung gestellte Forderung **verjährt** und eine Befriedigung des Schuldners daher nur noch durch Aufrechnung möglich ist.[20]

15   Auch in der **Insolvenz des Schuldners** hindert Ziff. 19 eine Aufrechnung nicht. Das Aufrechnungsverbot darf nach Treu und Glauben nicht wie ein Forderungsverzicht wirken. Daher tritt das Beschleunigungsinteresse des insolventen Gläubigers zurück.[21]

---

[12] BGH Urt. v. 22.1.1954 – I ZR 34/53, BGHZ 12, 136 (142) = NJW 1954, 795.

[13] BGH Urt. v. 6.5.1999 – I ZR 84/97, TranspR 1999, 347 (348); Urt. v. 15.2.2007 – I ZR 118/04, TranspR 2007, 374 (375); OLG Düsseldorf Urt. v. 20.3.2013 – I-18 U 107/12, TranspR 2013, 196 Rn. 22.

[14] BGH Urt. v. 20.9.2018 – I ZR 146/17, BeckRS 2018, 33719 Rn. 21 f.; Urt. v. 22.1.1954 – I ZR 34/53, BGHZ 12, 136 = NJW 1954, 795; Urt. v. 7.3.1991 – I ZR 157/89, TranspR 1991, 308 (310); Urt. v. 15.2.2007 – I ZR 118/04, TranspR 2007, 374 (375); OLG Düsseldorf Urt. v. 20.3.2013 – I-18 U 107/12, TranspR 2013, 196 Rn. 22.

[15] BGH Urt. v. 20.9.2018 – I ZR 146/17, RdTW 2019, 105; Urt. v. 15.2.1978 – IV ZR 5/78, VersR 1978, 522; Urt. v. 7.3.1991 – I ZR 157/89, NJW-RR 1991, 995 (996); Urt. v. 6.5.1999 – I ZR 70/97, NJW 1999, 3629 (3630); LG Erfurt Urt. v. 25.9.2015 – 1 S 20/15, TranspR 2016, 160; OLG Frankfurt a. M. Urt. v. 22.11.2010 – 13 U 33/09, BeckRS 2012, 16703; OLG Naumburg Urt. 10.7.2003 – 7 U (Hs) 12/03, VersR 2004, 889; OLG Karlsruhe Urt. v. 27.6.2002 – 9 U 204/01, TranspR 2002, 344; OLG Düsseldorf Urt. v. 26.7.1984 – 18 U 65/84, TranspR 1985, 128; OLG Schleswig Urt. v. 25.5.1987 – 16 U 27/87, NJW-RR 1988, 283 (284); OLG Sachsen-Anhalt Urt. v. 10.7.2003 – 7 U (Hs.) 12/03, VersR 2004, 889.

[16] Bejahend OLG Karlsruhe Urt. v. 18.10.2006 – 15 U 48/05, OLGR Karlsruhe 2007, 480; vgl. auch BGH Urt. v. 12.12.1996 – I ZR 172/94, TranspR 1998, 75 (76); offengelassen von BGH im Urt. v. 15.2.2007 – I ZR 118/04, TranspR 2007, 374 (376); verneinend *Köper* TranspR 2012, 447 (449 f.); *Koller* ADSp 2016 Ziff. 19 Rn. 3 aE.

[17] Vgl. zu § 276 Abs. 3 BGB BGH Urt. v. 9.5.1966 – VIII ZR 8/64, WM 1966, 734.

[18] BGH Urt. v. 9.5.1966 – VIII ZR 8/64, NJW 1966, 1452: Umstände des Einzelfalls maßgebend; vgl. auch BGH Urt. v. 19.1.2005 – VIII ZR 139/04, NJW-RR 2005, 762; Urt. v. 15.2.2007 – I ZR 118/04, TranspR 2007, 374 (376 f.).

[19] BGH Urt. v. 20.9.2018 – I ZR 146/17, RdTW 2019, 105; Urt. v. 7.3.1985 – III ZR 90/83, ZIP 1985, 921.

[20] OLG Hamm Urt. v. 17.5.1993 – 17 U 7/92, NJW-RR 1993, 1082; aM BGH Urt. v. 15.2.2007 – I ZR 118/04, TranspR 2007, 374 (377): „nicht schlechthin – Umstände des Einzelfalls maßgebend".

[21] BGH Urt. v. 26.2.1987 – I ZR 110/85, TranspR 1987, 287 (289); Urt. v. 12.12.1990 – VIII ZR 355/89, NJW-RR 1991, 971; OLG Celle Urt. v. 7.2.2002 – 11 U 117/01, BeckRS 2002, 30238688; OLG Hamburg Urt. v. 12.10.1989 – 6 U 132/89, TranspR 1990, 31; vgl. auch BGH Urt. v. 6.7.1978 – III ZR 65/77, NJW 1978, 2244 (AGB-Banken); *Rabe* EWiR 1987, 417 (418).

Dagegen hat die Vereinbarung eines **Kontokorrentverhältnisses** (§ 355 HGB) zwischen den **16** Parteien keinen Einfluss auf das Aufrechnungsverbot.[22]

3. Fehlender Versicherungsschutz. Nach früheren Fassungen der ADSp durfte der Spediteur sich **17** (unter anderem) nicht auf Ziff. 19 berufen, wenn er keinen **Versicherungsschutz** eingedeckt hatte (Ziff. 29.3 ADSp 2003). Diese Regelung (nunmehr Ziff. 28.3) bezieht sich nach der Neufassung 2017 nur noch auf die Haftungsbestimmungen der ADSp; da das Aufrechnungsverbot nicht als Haftungsbestimmung angesehen werden kann, steht fehlender Versicherungsschutz nicht mehr entgegen.

IV. Rechtsfolgen

Eine dem Verbot zuwider erklärte Aufrechnung bleibt wirkungslos, sodass Forderung und Gegen- **18** forderung fortbestehen. Eine auf die Aufrechnung gestützte Zahlungsverweigerung ist vertragswidrig und kann qualifiziertes Verschulden im verjährungsrechtlichen Sinn mit der Folge einer Verlängerung der Verjährungsfrist darstellen.[23] Im **Prozess** ist das Aufrechnungsverbot von Amts wegen zu beachten[24] und die Aufrechnung als unzulässig zurückzuweisen.[25] Die Gegenforderung ist mit der Wider-klage (bei Streit über das Aufrechnungsverbot mit der Hilfswiderklage) geltend zu machen, da sie andernfalls nicht rechtshängig wird und daher Verjährung droht. Das Aufrechnungsverbot hindert nur die Aufrechnung **gegen** einen Anspruch aus dem Verkehrsvertrag, nicht dagegen die Aufrechnung **mit** einem solchen Anspruch, es sei denn, der aufgerechnete Anspruch entstammt ebenfalls einem Verkehrsvertrag.[26]

Der Ausschluss des Zurückbehaltungsrechts erfasst sowohl die Einrede aus § 273 BGB als auch das **19** kaufmännische Zurückbehaltungsrecht aus § 369 HGB.[27] § 320 BGB berührt es in der Regel nicht, weil der Spediteur grundsätzlich vorzuleisten hat (§§ 456, 420 Abs. 1 HGB, 699 Abs. 1 BGB).

Das Aufrechnungsverbot nach Ziff. 19 begegnet auch unter dem Gesichtspunkt der §§ 305 ff. BGB **20** grundsätzlich **keinen Wirksamkeitsbedenken**.[28] Dasselbe gilt für den Ausschluss des Zurückbehal-tungsrechts, zumal die Klausel die Vorleistungspflicht des Spediteurs nicht aufhebt.[29]

20. Pfand- und Zurückbehaltungsrecht

20.1 Zur Absicherung seiner Forderungen aus verkehrsvertraglichen Leistungen darf der Spediteur sich auf die ihm zustehenden gesetzlichen Pfand- und Zurückbehaltungs-rechte berufen.

20.2 Die Pfandverwertung erfolgt nach den gesetzlichen Bestimmungen mit der Maßgabe, dass

    20.2.1 bei Ausübung des gesetzlichen Pfandrechts des Frachtführers oder Verfrachters die Androhung des Pfandverkaufs und die erforderlichen Benachrichtigungen an den Empfänger zu richten sind,

    20.2.2 an die Stelle der in § 1234 BGB bestimmten Frist von einem Monat die von einer Woche tritt.

20.3 Der Auftraggeber ist berechtigt, die Ausübung des Pfandrechts zu untersagen, wenn er dem Spediteur ein hinsichtlich seiner Forderungen gleichwertiges Sicherungsmittel (z. B. selbstschuldnerische Bankbürgschaft) einräumt.

Schrifttum: S. vor Ziff. 1; *Altmeppen,* Zur Rechtsnatur der handelsrechtlichen Pfandrechte, ZHR 157 (1993), 541; *Andresen,* Das inkonnexe Pfandrecht im Transportrecht, TranspR Sonderbeilage 2004, 5; *Bechtloff,* Gesetzliche Verwertungsrechte. Eine Untersuchung und Systematisierung der gesetzlich angeordneten Befriedigungs- und Pfand-rechte unter besonderer Berücksichtigung der Entstehungstatbestände, 2003; *Büchner/Ketterl,* Das Pfandrecht des Spediteurs nach dem Handelsgesetzbuch (HGB) und den allgemeinen deutschen Spediteurbedingungen, TranspR 1991, 125; *Fehrentz,* Das Frachtführerpfandrecht in der Binnenschifffahrt, BinSchiff 2010, 77; *Oepen,* Das Pfandrecht des Frachtführers in der Insolvenz des Absenders, TranspR 2011, 89; *Risch,* Die Begründung gesetzliche Pfandrechte

---

[22] BGH Urt. v. 7.3.1991 – I ZR 157/89, TranspR 1991, 308 (310); OLG Düsseldorf Urt. v. 20.3.2013 – I-18 U 107/12, TranspR 2013, 196 Rn. 19; offenbar aM *Koller* ADSp 2016 Ziff. 19 Rn. 2.

[23] OLG Düsseldorf Urt. v. 20.3.2013 – I-18 U 107/12, TranspR 2013, 196 Rn. 15; aM Vorinstanz LG Krefeld Urt. v. 3.7.2012 – 12 O 23/12, BeckRS 2012, 16218.

[24] Vgl. BGH Urt. v. 12.10.1983 – VIII ZR 19/82, NJW 1984, 357.

[25] BGH Urt. v. 17.2.1986 – II ZR 285/84, NJW 1986, 1757.

[26] BGH Urt. v. 6.5.1999 – I ZR 70/97, NJW 1999, 3629.

[27] *Koller* ADSp 2016 Ziff. 19 Rn. 7.

[28] BGH Urt. v. 14.9.2017 – VII ZR 3/17, NJW 2017, 2170 Rn. 13, 17; Urt. v. 16.3.2006 – I ZR 65/03, TranspR 2006, 359 (361); Urt. v. 15.2.2007 – I ZR 118/04, TranspR 2007, 374 (375); Urt. v. 6.5.1999 – I ZR 84/97, TranspR 1999, 347 (348) mwN zu § 32 ADSp aF; OLG Nürnberg Urt. v. 29.1.2003 – 12 U 1926/02, TranspR 2003, 349; *Rabe* EWiR 1987, 417 f.; *Koller* ADSp 2016 Ziff. 19 Rn. 4.

[29] UBH/*Schäfer* BGB § 309 Nr. 2 Rn. 20 ff.; *Vogt* in v. Westphalen/Thüsing VertragsR/AGB-Klauselwerke Trans-portR Rn. 243; *Koller* ADSp 2016 Ziff. 19 Rn. 9; einschränkend BGH Urt. v. 24.9.2002 – KZR 38/99, NJW-RR 2003, 834 (836) (nur bei sachlichem Grund).

an Dritteigentum im Speditions- und Frachtrecht, TranspR 2005, 108; *Schmidt,* Das Pfandrecht der §§ 441, 464 HGB im internationalen Kontext, TranspR 2011, 56.

Vorläufer in ADSp 2003: Ziff. 20 ADSp 2003. Die Bestimmung wurde vollständig überarbeitet.

I. Überblick

1   Ziff. 20 bestätigt die gesetzlichen Pfand- und Zurückbehaltungsrechte, die der ADSp-Spediteur als Spediteur im Rechtssinne (§ 464 HGB), Frachtführer (§§ 440, 495 HGB), Lagerhalter (§ 475b HGB) oder Werkunternehmer (§ 647 BGB) genießt, und sieht punktuelle Modifikationen an der gesetzlichen Ausgestaltung des Pfandrechts vor.

2   Die Bestimmung gilt auch dann, wenn der Verkehrsvertrag den Vorschriften der CMR, der CIM, des MÜ oder der CMNI unterliegt. Diese Übereinkommen regeln das Pfandrecht und das Zurückbehaltungsrecht des Frachtführers nicht, weshalb insoweit Raum für das gem. Ziff. 30.1 lückenfüllend anwendbare deutsche Recht sowie für Ziff. 20 ist.

II. Gesetzliche Sicherungsrechte des Spediteurs

3   Ziff. 20.1 hat praktisch keinen eigenständigen Regelungsgehalt, weil die Bestimmung nur auf die kraft Gesetzes entstehenden Rechte verweist. Die Bedeutung beschränkt sich insofern auf die Klarstellung, dass die ADSp die Pfand- und Zurückbehaltungsrechte nicht einschränken, auch nicht soweit sie, wie etwa Ziff. 14, Herausgabepflichten begründen.

4   **1. Pfandrecht.** Ein Pfandrecht ist ein zur Sicherung einer Forderung bestimmtes dingliches und absolutes, dh gegen jedermann wirkendes, Recht, das den Gläubiger berechtigt, sich wegen seiner Forderung aus dem belasteten Gegenstand zu befriedigen. Es ist streng akzessorisch, dh von dem Bestand einer Forderung abhängig, zu deren Sicherung es dient. Der Pfandrechtserwerb und der Umfang des Pfandrechts richten sich nach den jeweils auf den Verkehrsvertrag anwendbaren Vorschriften, s. daher die Kommentierungen zu §§ 464, 440, 495, 475b und 366 HGB sowie § 647 BGB.

5   Obgleich der ADSp-Verkehrsvertrag, wenn nichts anderes vereinbart ist, deutschem Recht unterliegt (Ziff. 30.1), gilt das nicht automatisch auch für den dinglichen Erwerb eines Pfandrechts. Dieser unterliegt vielmehr gem. Art. 43 Abs. 1 EGBGB nur dann deutschem Recht und damit den §§ 1204 ff. BGB, wenn die Gegenstände, auf die es sich bezieht, sich **in Deutschland** befinden. Anderenfalls gilt für den dinglichen Vollzug des auf schuldrechtlicher Ebene begründeten Pfandrechts in der Regel das anderweitige Ortsrecht *(lex rei sitae).* Deshalb kann der international tätige Spediteur sich in Bezug auf im Ausland befindliches Gut nur insoweit auf ein Pfandrecht stützen, als das Ortsrecht die Entstehung eines solchen – oder eines im Rahmen der Qualifikation gleich zu erachtenden – Rechts auch vollzieht.

6   **2. Zurückbehaltungsrecht.** Die gesetzlichen Zurückbehaltungsrechte aus den § 273 BGB und § 369 HGB haben eigenständige Bedeutung, soweit es sich um Sachen oder Rechte handelt, an denen kein Pfandrecht des Spediteurs entstehen kann, etwa bei Sachen oder Rechten, die der Spediteur im Zuge der Geschäftsführung von Dritten erworben und an den Auftraggeber herauszugeben hat. Im Übrigen ist die Bedeutung gering, weil bereits auf Grund des Pfandrechts ein Recht zum Besitz besteht.

III. Pfandverwertung

7   **1. Verkaufsandrohung.** Soll ein Pfandrecht an einem in Deutschland befindlichen Gegenstand ausgeübt werden, müssen die deutschen Vorschriften über die Pfandverwertung beachtet werden. Der Spediteur hat sich daher unter Beachtung der §§ 1228 ff. BGB über die Verwertung der Güter wegen seiner durch das Pfandrecht gesicherten Forderungen zu befriedigen. Er kann die Güter zur öffentlichen **Versteigerung** bringen (§§ 1235 f. BGB). Haben die Güter einen Börsen- oder Marktpreis, so ist auch ein **freihändiger Verkauf** durch einen hierzu öffentlich ermächtigten Handelsmakler oder Gerichtsvollzieher zugelassen (§§ 1235 Abs. 2, 1221, 385 BGB).

8   Nach den gesetzlichen Bestimmungen muss dem Pfandverkauf gem. § 1234 Abs. 1 BGB eine **Verkaufsandrohung** vorausgehen. Außerdem obliegen dem Pfandgläubiger **Benachrichtigungen** über Zeit und Ort der Versteigerung (§ 1237 BGB) sowie über den Verkauf und dessen Ergebnis (§ 1241 BGB). Ist das ausgeübte Pfandrecht ein Frachtführer- oder Verfrachterpfandrecht (§§ 440, 495 HGB), so hat der Spediteur diese Mitteilungen gem. §§ 440 Abs 4, 495 Abs. 4 HGB an den **verfügungsberechtigten Empfänger** zu richten, also an denjenigen, der nach Ankunft des Guts am Löschplatz den Ablieferungsanspruch erwirbt oder ihn als legitimierter Inhaber eines Wertpapiers innehat. Das Gesetz geht insofern mit Recht davon aus, dass die Pfandverwertung in erster Linie den Empfänger als den Begünstigten des Vertrags betrifft, zumal sie in der Regel nach Ankunft des Guts am Ablieferort erfolgt und nicht schon während der Reise. Im letzteren Fall sind die Benachrichtigungen an den Verfügungsberechtigten zu richten oder, wenn dieser nicht zu ermitteln ist, an den Auftrag-

geber. Nach dem Erreichen des Ablieferorts gilt das Gleiche, wenn der verfügungsberechtigte Empfänger nicht zu ermitteln ist oder er die Annahme des Guts verweigert – §§ 440 Abs. 4 S. 2, 495 Abs. 4 S. 2 HGB. Eine Mitteilung an den Verlader ist weder erforderlich noch ausreichend.

Ziff. 20.2.1 **vereinfacht** diese gesetzliche Regelung insofern, als die Verkaufsandrohung und die 9
Benachrichtigungen **immer an den Empfänger** zu richten sind. Vom Gesetz abweichende Vereinbarungen sind gem. § 1245 Abs. 1 S. 1 BGB zulässig. Zwar ist im Grundsatz eine Vereinbarung im Verhältnis zwischen dem Pfandgläubiger und dem Eigentümer, also nicht dem Verpfänder, erforderlich,[1] jedoch gilt der Verpfänder gem. § 1248 BGB bei Gutgläubigkeit des Pfandgläubigers als Eigentümer, sodass bei gutgläubigen Pfandrechten gem. § 366 Abs. 1 und 3 S. 1 HGB auch die Verfügungsbefugnis des Auftraggebers bzw. der gute Glaube des Spediteurs daran genügen. Allerdings ist die Regelung unangemessen, wenn der Empfänger nicht zu ermitteln oder ersichtlich an der Ware nicht interessiert ist. Für diesen Fall ist der Praxis anzuraten, die Mitteilungen zumindest auch an den Auftraggeber sowie möglicherweise verfügungsberechtigte Dritte zu richten.

2. Wartefrist nach Verkaufsandrohung. Die Monatsfrist des § 1234 Abs. 2 S. 1 BGB wird 10
bereits durch § 368 HGB auf **eine Woche** verkürzt, wenn die Verpfändung ein beiderseitiges Handelsgeschäft ist oder wenn es um das Pfandrecht eines Frachtführers, Verfrachters, Spediteurs oder Lagerhalters geht und der Vertrag auf deren Seite ein Handelsgeschäft ist. Da diese Voraussetzungen bei einem Verkehrsvertrag fast immer vorliegen, hat auch Ziff. 20.2.2 **nur geringe praktische Bedeutung** für diejenigen Fälle, in denen der Verkehrsvertrag für den Spediteur ausnahmsweise kein Handelsgeschäft ist.

IV. Gleichwertiges Sicherungsmittel

Während das Pfandrecht des BGB auf Befriedigung des Pfandgläubigers ausgerichtet ist und deshalb 11
nur im Ausnahmefall, etwa bei drohendem Verderb (§ 1218 BGB), ein Recht des Verpfänders auf Rückgabe des Pfandes gegen anderweitige Sicherheitsleistung vorsieht, ist das Pfandrecht des Spediteurs in der Praxis meist nur ein **Druckmittel,** das zu einer Befriedigung des Spediteurs in Geld führen soll. Denn Gegenstand des Pfandrechts sind in der Regel Güter, deren Aufbewahrung Kosten verursacht und die überdies nur selten ohne Qualitäts- oder Wertverlust so lange gelagert werden können, wie die Klärung streitiger Rechtsbeziehungen in Anspruch nimmt. Außerdem sind viele Güter nur für die Wareninteressenten von vollem Wert, während eine Pfandveräußerung an Dritte oft nur einen Bruchteil des Wertes einbringt. Deshalb ist neben dem Berechtigten, der seine Ware benötigt, auch der Spediteur selbst daran interessiert, die Ware gegen eine besser geeignete Sicherheit freizugeben. Die Interessenlage ähnelt daher der beim Zurückbehaltungsrecht, bei dem bereits das Gesetz dem Gläubiger das Recht einräumt, das Zurückbehaltungsrecht durch Sicherheitsleistung abzuwenden (§ 273 Abs. 3 BGB, § 369 Abs. 4 HGB). Das Gesetz sieht in besonderen Fällen des Pfandrechts an Gütern sogar eine Pflicht des Gläubigers vor, das Pfandrecht durch Sicherheitsleistung abzulösen, so etwa im Bergungsrecht (§§ 587 Abs. 1 S. 1, 585 Abs. 3 Nr. 1 HGB). Allgemein üblich ist diese Verfahrensweise auch in den Fällen der Großen Haverei.

Ziff. 20.3 trägt dieser Interessenlage Rechnung. Allerdings hat nur der Auftraggeber das Recht, 12
einen Austausch des Pfandgegenstands durch eine andere Sicherheit zu fordern. Dafür ist erforderlich, dass er dem Spediteur ein hinsichtlich seiner Forderungen gleichwertiges Sicherungsmittel einräumt. Als Sicherungsmittel kommen nicht nur die Sicherheitsleistungsarten von § 232 BGB in Betracht,[2] sondern jedes Sicherungsmittel, das dem aufzugebenden Pfand tatsächlich gleichwertig ist. Die Gleichwertigkeit beurteilt sich nach den Aussichten des Spediteurs, durch Realisierung der Sicherheit Befriedigung zu erlangen. Deshalb kann im Einzelfall auch eine andere Warenpartie zur Sicherheit überlassen werden.

Häufig bietet sich eine **selbstschuldnerische Bankbürgschaft** an, weil sie relativ günstig ist, nicht 13
unmittelbar Betriebsmittel bindet, ein hohes Maß an Sicherheit bietet und zeitlich praktisch unbegrenzt aufrechterhalten werden kann. „Gleichwertig" ist eine Bankbürgschaft dann, wenn sie den zu erwartenden Verkaufserlös des Pfands abzüglich der Verwertungskosten sichert; sie muss also nicht über die volle Forderung des Spediteurs lauten, denn dadurch würde der Spediteur besser gestellt als er bei Aufrechterhaltung des Pfandrechts stünde.

21. Versicherung des Gutes

21.1 Der Spediteur besorgt die Versicherung des Gutes (z. B. Transport- oder Lagerversicherung) bei einem Versicherer seiner Wahl, wenn der Auftraggeber ihn damit vor Übergabe des Gutes beauftragt.

---

[1] MüKoBGB/*Damrau* BGB § 1245 Rn. 1.
[2] AA offenbar *Koller* ADSp 2016 Ziff. 20 Rn. 3.

21.2 Der Spediteur hat die Versicherung des Gutes zu besorgen, wenn dies im Interesse des Auftraggebers liegt. Der Spediteur darf dies insbesondere vermuten, wenn

21.2.1 der Spediteur bei einem früheren Verkehrsvertrag im Rahmen noch laufender Geschäftsbeziehung eine Versicherung besorgt hat,

21.2.2 der Auftraggeber im Auftrag einen „Warenwert für eine Versicherung des Gutes" angegeben hat.

21.3 Die Vermutung des Interesses an der Eindeckung einer Versicherung nach Ziffer 21.2 besteht insbesondere nicht, wenn

21.3.1 der Auftraggeber die Eindeckung untersagt,

21.3.2 der Auftraggeber ein Spediteur, Frachtführer oder Lagerhalter ist.

21.4 Der Spediteur hat bei der Besorgung einer Versicherung Weisungen des Auftraggebers insbesondere hinsichtlich Versicherungssumme und der zu deckenden Gefahren zu befolgen. Erhält er keine Weisung, hat der Spediteur nach pflichtgemäßem Ermessen über Art und Umfang der Versicherung zu entscheiden und sie zu marktüblichen Bedingungen abzuschließen.

21.5 Kann der Spediteur wegen der Art der zu versichernden Güter oder aus einem anderen Grund keinen Versicherungsschutz eindecken, hat der Spediteur dies dem Auftraggeber unverzüglich mitzuteilen.

21.6 Besorgt der Spediteur nach Vertragsabschluss auf Weisung des Auftraggebers eine Versicherung, übernimmt er die Einziehung eines Entschädigungsbetrags oder sonstige Tätigkeiten bei Abwicklung von Versicherungsfällen und Havareien, so steht ihm auch ohne Vereinbarung eine ortsübliche, ansonsten angemessene Vergütung neben dem Ersatz seiner Auslagen zu.

Schrifttum: S. vor Ziff. 1; *Grass,* Gedanken zu den ADSp 2017 aus haftungs- und versicherungsrechtlicher Sicht, TranspR 2018, 133.

Vorläufer in ADSp 2003: Ziff. 21 ADSp 2003.

Übersicht

I. Überblick

1   Ziff. 21 bezieht sich auf die **Sachversicherung** des Gutes, nicht auf eine Versicherung der Haftpflicht des Spediteurs (vgl. dazu Ziff. 28). Der Spediteur kann danach ausdrücklich oder stillschweigend beauftragt werden, für den Auftraggeber eine Transport- oder Lagerversicherung über das Gut einzudecken, und darf dafür neben der Prämie eine angemessene Vergütung verlangen. An einer solchen Versicherung hat der Spediteur nicht nur wegen der Zusatzvergütung ein eigenes Interesse, denn in aller Regel ist die Eindeckung einer Warenversicherung durch den Spediteur mit einem zumindest faktischen Verzicht des Güterversicherers auf den Regress gegen den Spediteur verbunden.

II. Auftrag zur Versicherung (Ziff. 21.1, 21.2)

2   **1. Übersicht.** Die Besorgung (§ 454 Abs. 2 S. 2 HGB) von Versicherungsschutz für die Güter ist nach dem Gesetz ein typischer Gegenstand des Speditions- (§ 454 Abs. 2 S. 1 HGB) und auch des Lagervertrags (§ 472 Abs. 1 HGB), bedarf aber stets einer entsprechenden Vereinbarung bzw. eines Verlangens des Auftraggebers. Nicht typisch ist diese Leistung des Spediteurs dagegen im Rahmen von Frachtverträgen.[1] Die Bestimmung gilt gleichwohl grundsätzlich für jeden Verkehrsvertrag. Ziff. 21.1

---

[1] *Grass* TranspR 2018, 133 (136).

erleichtert eine individualvertragliche Vereinbarung. Die Ziff. 21.2 und 21.3 führen die Vereinbarung für den Fall herbei, dass die Versicherung im Interesse des Auftraggebers liegt.

2. Individuelle Vereinbarung. Eine individualvertragliche Vereinbarung zur Versicherung des   3 Gutes kann bereits im Verkehrsvertrag oder auch durch nachträgliche Vertragsänderung getroffen werden und ist dann unabhängig von Ziff. 21 (auch von Ziff. 21.3.2 und 21.6) verbindlich (§ 305b BGB). Dabei kommt es auch nicht darauf an, ob das Gut zum Zeitpunkt des Vertragsschlusses bereits an den Spediteur übergeben war oder nicht.

3. Versicherungsauftrag. Ziff. 21.1 gestattet dem Auftraggeber, den Spediteur auch nach Vertrags-   4 schluss noch durch **einseitige Erklärung** vertraglich zur Güterversicherung zu verpflichten, sofern das Gut zu diesem Zeitpunkt noch nicht an den Spediteur übergeben worden ist und er daher noch keine eigenen Dispositionen zur Versicherung getroffen hat. Die Bestimmung enthält ein einseitig bindendes Angebot des Spediteurs, allerdings mit der Maßgabe, dass der Spediteur einen Versicherer seiner Wahl einsetzen darf. Nach der Übergabe des Guts kann der Spediteur einseitig zur Versicherung nur noch durch Anweisung verpflichtet werden; eine solche Anweisung hat er nach Möglichkeit, aber nicht in jedem Fall, zu befolgen (Ziff. 9).

Verletzt der Spediteur schuldhaft die Verpflichtung zur Versicherung des Guts, so haftet er auf   5 Schadensersatz (§ 280 BGB, § 433 HGB). Kann er den Versicherungsschutz – aus welchem Grund auch immer – nicht eindecken, hat er den Auftraggeber darauf nach Ziff. 21.5 hinzuweisen.

4. Deckungsinteresse des Auftraggebers. a) Deckungspflicht. Liegen weder individuelle Ab-   6 sprachen noch Weisungen vor, ist der Spediteur nach Ziff. 21.2 S. 1 verpflichtet, für Rechnung des Auftraggebers Versicherungsschutz einzudecken, sofern dies im **Interesse des Auftraggebers** liegt. Bei der Beurteilung des Interesses des Auftraggebers ist außer den in Satz 2 sowie in Ziff. 21.3 genannten Umständen insbesondere das Schadensrisiko, die wirtschaftliche Bedeutung dieses Risikos für den Auftraggeber sowie in besonderem Maße die Frage von Belang, ob der Auftraggeber bereits selbst für Versicherungsschutz gesorgt hat oder dies – etwa aufgrund eigener Versicherungseindeckung bei früheren Verkehrsverträgen – zu vermuten ist. Die Interessenlage des Versicherers hat der Spediteur auf Grund seiner Interessenwahrungspflicht (Ziff. 1) anhand der ihm zugänglichen Unterlagen zu prüfen und, wenn er kein klares Bild gewinnen kann, nach Möglichkeit aktiv zu erfragen. Insbesondere im Rahmen von Frachtverträgen kann der Spediteur nicht ohne weiteres davon ausgehen, dass der Auftraggeber eine Güterversicherung wünscht. Das gilt erst recht bei Lohnfuhrverträgen.[2]

Im Gegensatz zu früheren Fassungen der ADSp (vgl. Ziff. 21.2 ADSp 2003 und 2016) ist der   7 Spediteur nach den ADSp 2017 zur Eindeckung von Versicherungsschutz nicht nur berechtigt, sondern **verpflichtet,** wenn diese dem Interesse des Auftraggebers entspricht. Deshalb **haftet der Spediteur** für das Fehlen von Versicherungsschutz, wenn dessen Beschaffung im Interesse des Auftraggebers gelegen hätte. Da die Auslegungsregeln von Ziff. 21.2 S. 2 und 21.3 die Interessenlage des Auftraggebers nicht abschließend bestimmen ("insbesondere") und der Spediteur – nach dem Wortlaut der Regelung – das Interesse des Auftraggebers nicht durch Rücksprache verifizieren muss, sondern es vermuten darf, besteht ein Irrtumsrisiko, das eine erhebliche **Haftungsgefahr** für den Spediteur mit sich bringt. Denn wenn im Schadenfall kein Güterversicherungsschutz besteht, wird sich zumindest im Nachhinein regelmäßig sagen lassen, dass dessen Beschaffung im Interesse des Auftraggebers gelegen hätte, sodass der Spediteur der Haftung nur unter dem Gesichtspunkt fehlenden Verschuldens entgehen kann. Vor diesem Hintergrund ist der Spediteur gut beraten, die Frage der Beschaffung von Versicherungsschutz immer **ausdrücklich mit dem Auftraggeber anzusprechen,** um Klarheit zu schaffen und verlust- bzw. haftungsträchtigen Missverständnissen aus dem Weg zu gehen. Im Rahmen eigenen Verkehrshaftungsversicherungsschutzes sollte das Risiko unterlassener oder falscher Bewertung des Interesses des Auftraggebers berücksichtigt sein.

b) Auslegungsregeln. Die Ziff. 21.2.1, 21.2.2 und 21.3 geben dem Spediteur **Leitlinien zur**   8 **Beurteilung** der Interessenlage des Auftraggebers an die Hand, die gleichzeitig für den Auftraggeber vorhersehbarer machen, ob der Spediteur ein Interesse des Auftraggebers annehmen wird.

aa) Vermutung für Versicherungsinteresse des Auftraggebers. Nach Ziff. 21.2.1 darf der   9 Spediteur ein Interesse des Auftraggebers an der Versicherung vermuten, wenn der Spediteur im Rahmen einer noch laufenden Geschäftsbeziehung bereits **bei einem früheren Verkehrsvertrag** eine Versicherung besorgt hatte. Gemeint ist ein unter äußerlich weitgehend konstanten Bedingungen in zeitlicher Nähe[3] erteilter, der Sache nach vergleichbarer[4] Verkehrsvertrag, bei dem der Spediteur unter Billigung des Auftraggebers für Versicherungsschutz gesorgt hat. Die Annahme, dass der Auftraggeber weiterhin dieselbe Interessenlage hat, wie bei dem früheren Verkehrsvertrag, darf aber nicht durch die in Ziff. 21.3 genannten oder sonstige besondere Umstände erschüttert sein.

[2] Vgl. *Grass* TranspR 2018, 133 (136 f.).
[3] *Koller* ADSp 2016 Ziff. 21 Rn. 6.
[4] *Grass* TranspR 2018, 133 (137).

10   Die Vermutung, dass der Auftraggeber eine Versicherungsdeckung wünscht, ist nach Ziff. 21.2.2 auch dann gerechtfertigt, wenn der Auftraggeber im Auftrag gem. Ziff. 3.1.1 einen **Warenwert angegeben** hat, und zwar deshalb, weil Ziff. 3.1.1 ausdrücklich auf den Versicherungszweck hinweist, sodass der Auftraggeber damit rechnen muss, dass eine solche Angabe, wenn kein anderer Zweck ersichtlich ist, der Versicherung des Guts dient. Die Vermutung besteht nicht, wenn der Wert zu anderen Zwecken angegeben ist oder sein könnte, insbesondere wenn der Auftraggeber lediglich den Pflichten aus Ziff. 3.3 nachkommt. Ist ein Interesse des Auftraggebers an der Versicherung zu vermuten, hat der Spediteur dem Auftraggeber nach Ziff. 21.5 Mitteilung zu machen, falls er das Gut gleichwohl nicht versichern kann.

11   Diese Vermutungstatbestände sind, wie sich aus dem Wort „insbesondere" ergibt, **nicht abschließend.** Im Einzelfall sind alle dem Spediteur bekannten Umstände zur Beurteilung des Interesses des Auftraggebers heranzuziehen.

12   **bb) Widerlegung.** In beiden Fällen von Ziff. 21.2 S. 2 ist die Vermutung widerleglich. Hat der Auftraggeber die Eindeckung von Versicherungsschutz ausdrücklich **untersagt,** darf der Spediteur nach Ziff. 21.3.1 keine gegenteilige Interessenlage annehmen. Etwas anderes kann nur dann gelten, wenn die Erklärung des Auftraggebers erkennbar irrtumsbeeinflusst oder von anderen Willensmängeln behaftet ist.

13   Auch wenn der **Auftraggeber seinerseits Spediteur, Frachtführer oder Lagerhalter** ist und daher selbst für fremde Rechnung handelt, darf der Spediteur kein Interesse an einer Güterversicherung unterstellen. Das gilt auch im Fall von Ziff. 21.2.1, weil auch im Rahmen laufender Geschäftsbeziehung der Auftrag erteilende Spediteur für unterschiedliche Auftraggeber tätig sein kann.

14   Auch andere Umstände können ein gegenteiliges Interesse des Auftraggebers nahe legen, etwa ein besonders geringer Sachwert des Guts oder ein geringes Schadensrisiko. Im Zweifel hat der Spediteur Rückfrage zu halten.

III. Art und Umfang der Versicherung (Ziff. 21.4)

15   **1. Konditionen der Versicherungsdeckung.** Bei der Wahl des Versicherers, der gedeckten Risiken (bzw. hingenommenen Deckungsausschlüsse) und des Umfangs der Versicherung, insbesondere hinsichtlich des Versicherungswerts, aber auch bezüglich des Einschlusses von Vermögensschäden, hat der Spediteur sich zunächst nach dem ausdrücklichen Auftrag oder den Weisungen des Auftraggebers zu richten. Soweit der Auftrag bzw. die Weisung dem Spediteur Raum für Ermessen lassen, hat er davon interessegemäß Gebrauch zu machen.

16   Soweit keine Weisungen des Auftraggebers vorliegen, darf der Spediteur nach Ermessen vorgehen und hat sich dabei von den Interessen des Auftraggebers leiten zu lassen. In der Regel entspricht es dem Interesse des Auftraggebers, eine Allgefahrendeckung nach verkehrsüblichen Bedingungen (DTV-Güter/ADS) über den Wert des Guts abzuschließen. Die Versicherung eines imaginären Gewinns kann interessegerecht sein. Ein Selbstbehalt entspricht in der Regel nicht dem Interesse des Auftraggebers, weil ihm an einer einfachen Abwicklung des Gesamtschadens und an der Vermeidung von Streitigkeiten mit dem Spediteur liegt. Der Spediteur darf mit dem Versicherer keinen Verzicht auf dessen Regress gegen den Spediteur vereinbaren, wenn dieser Verzicht prämienwirksam ist. Es ist allerdings in der Praxis üblich, auf den Regress gegen den Spediteur – den Versicherungsnehmer des Versicherers – zu verzichten, sodass eine Prämienwirksamkeit sich selten feststellen lassen wird.

17   **2. Versicherungsrechtliche Stellung des Spediteurs.** Der Spediteur wird die Versicherung in der Regel nicht im Namen des Auftraggebers, sondern im eigenen Namen für dessen Rechnung abschließen (§§ 43 ff. VVG). Der Spediteur ist als Versicherungsnehmer für die Abwicklung des Versicherungsverhältnisses zuständig. Die versicherungsvertraglichen Obliegenheiten treffen ihn ebenso wie den Auftraggeber (§ 47 VVG). Anspruchsberechtigt ist der Auftraggeber als Versicherter, jedoch kann er die Rechte aus der Versicherung nur dann geltend machen und über sie verfügen, wenn er im Besitz eines Versicherungsscheins ist. Anderenfalls ist die Mitwirkung des Spediteurs erforderlich, der die erworbenen Rechte gegen den Versicherer jedoch auf Grund des Geschäftsbesorgungsverhältnisses nach Ziff. 14.2 sowie den §§ 667, 675 BGB an den Auftraggeber herauszugeben hat.

IV. Mitteilungspflicht bei Nichtabschluss (Ziff. 21.5)

18   Hat der Auftraggeber den Spediteur ausdrücklich mit der Versicherung des Guts beauftragt oder dazu angewiesen oder ergibt die Deckungspflicht sich aus dem Interesse des Auftraggebers, darf dieser davon ausgehen, dass der Spediteur die Deckung vertragsgemäß sicherstellt. Geschieht das ausnahmsweise nicht, darf er deshalb eine unverzügliche Mitteilung darüber erwarten, um selbst die erforderlichen Maßnahmen zu treffen.

19   Die Mitteilungspflicht des Spediteurs ergibt sich bereits aus den Grundsätzen von Treu und Glauben und besteht nicht nur dann, wenn – wegen der Art des Guts oder aus sonstigen Gründen – die **Versicherung unmöglich** ist, sondern immer, wenn die Versicherung faktisch nicht abgeschlossen wird, einerlei aus welchem Grund. Der Spediteur hat den Auftraggeber daher auch dann zu informieren, wenn die Deckung zwar möglich wäre, aber trotzdem unterbleibt, etwa wenn der Spediteur die Deckung bewusst oder versehentlich nicht veranlasst hat.

V. Vergütung (Ziff. 21.6)

1. Sonderprovision für Versicherungsdeckung. Ziff. 21.6 sieht für die **Versicherungsbesorgung** einen Vergütungsanspruch des Spediteurs vor, den er zusätzlich zu den ihm entstandenen Aufwendungen, also insbesondere der Prämie, verlangen kann. Dies gilt jedoch nur dann, wenn die Auslegung des Vertrags nicht ergibt, dass die Versicherung des Guts mit der vereinbarten Vergütung (Ziff. 16) abgegolten ist. Davon ist aber auszugehen, wenn die Versicherung des Guts **bereits im Verkehrsvertrag vereinbart** worden ist. Deshalb setzt die – ungenau formulierte[5] – Klausel voraus, dass der Spediteur **erst nach Vertragsabschluss** zur Besorgung der Versicherung **angewiesen** wurde. Das ist nicht der Fall, wenn die Deckungspflicht des Spediteurs sich schon aus Ziff. 21.2 ergibt, denn dann sieht der Verkehrsvertrag von vornherein die Eindeckung vor. Gleiches gilt streng genommen auch für den Auftrag nach Ziff. 21.1, denn auch dieser stellt keine nachträgliche Weisung dar, sondern eine Angebotsannahme durch den Auftraggeber (→ Rn. 5). Nach Sinn und Zweck sollte davon ausgegangen werden, dass eine zusätzliche Vergütung immer dann geschuldet ist, wenn der Spediteur nicht bereits bei Vertragsschluss davon auszugehen hatte, dass er die Versicherung einzudecken haben würde. Das ist der Fall, wenn er dazu gemäß Ziff. 21.1 beauftragt oder nachträglich gesondert angewiesen wurde und ein entsprechendes Interesse des Auftraggebers nicht gem. Ziff. 21.2 von vornherein zu vermuten war.

2. Hilfstätigkeiten im Schadenfall. Zusätzliche Vergütung kann der Spediteur auch dann beanspruchen, wenn er im Schadenfall Hilfsleistungen zugunsten des Auftraggebers übernimmt, etwa indem er die **Einziehung eines Entschädigungsbetrags** übernimmt oder **andere Tätigkeiten** bei Abwicklung von Versicherungsfällen und Havarien entfaltet, zum Beispiel durch die Beschaffung von Sachverständigengutachten. Solche Aktivitäten sind durch die Vergütung (Ziff. 16) nicht abgedeckt, weil sie bei Abschluss des Verkehrsvertrags nicht eingeplant werden konnten.

3. Höhe der Vergütung. Die Vergütung richtet sich im Einklang mit § 354 HGB nach der Ortsüblichkeit. Soweit diese nicht festgestellt werden kann, ist eine angemessene Vergütung geschuldet, bei deren Bestimmung insbesondere der Aufwand zu berücksichtigen ist, der dem Spediteur entstanden ist, aber auch die Kosten, die der Auftraggeber durch die Tätigkeit des Spediteurs erspart.

20

21

22

22. Haftung des Spediteurs, Abtretung von Ersatzansprüchen

22.1 Der Spediteur haftet für Schäden nach Maßgabe der gesetzlichen Vorschriften. Es gelten jedoch die folgenden Regelungen, soweit zwingende oder AGB-feste Rechtsvorschriften nichts anderes bestimmen.

22.2 In allen Fällen, in denen der Spediteur nach den Ziffern 23.3 und 24 verschuldensabhängig für Verlust oder Beschädigung des Gutes (Güterschäden) haftet, hat er statt Schadenersatz Wert- und Kostenersatz entsprechend den §§ 429, 430, 432 HGB zu leisten.

22.3 Bei Inventurdifferenzen kann der Spediteur bei gleichzeitigen Fehl- und Mehrbeständen desselben Auftraggebers zur Ermittlung des Wertersatzes in den von Ziffer 24 erfassten Fällen eine wertmäßige Saldierung des Lagerbestands vornehmen.

22.4 Hat der Spediteur aus einem Schadenfall, für den er nicht haftet, Ansprüche gegen einen Dritten oder hat der Spediteur gegen einen Dritten seine eigene Haftung übersteigende Ersatzansprüche, so hat er diese Ansprüche dem Auftraggeber auf dessen Verlangen abzutreten, es sei denn, dass der Spediteur aufgrund besonderer Abmachung die Verfolgung der Ansprüche für Rechnung und Gefahr des Auftraggebers übernimmt. §§ 437, 509 HGB bleiben unberührt.

Schrifttum: S. vor Ziff. 1; *Ehmen,* Zur Haftung des Frachtführers und des Spediteurs für streikbedingte Verzögerungsschäden bei innerdeutschen und internationalen Transporten, TranspR 2007, 354; *Gran,* Regelungsbereich und Klauselanregungen für Logistikverträge, NJW 2018, 1717; *Grass,* Gedanken zu den ADSp 2017 aus haftungs- und versicherungsrechtlicher Sicht, TranspR 2018, 133; *Müller,* Praxisgerechte Gestaltung von Logistikverträgen, TranspR 2009, 49; *Vyvers,* Zehn Ziffern der ADSp 2017, NZV 2018, 58.

Vorläufer in ADSp 2003: Ziff. 22 ADSp 2003. Die Vorschrift wurde gestrafft. Vorläufer von Ziff. 22.3 ist Ziff. 15.6 ADSp 2003.

---

[5] Der Spediteur wird immer erst „nach Vertragsschluss" tätig; gemeint ist: „auf eine nach Vertragsabschluss erteilte Weisung".

I. Überblick

1   Die Haftung des Spediteurs als Geschäftsbesorgungsspediteur, als nach Frachtrecht haftender Spediteur (§§ 458 ff. HGB) sowie als Frachtführer ist weitgehend zwingend oder AGB-fest gesetzlich geregelt. Jedoch lassen die Vorschriften einige Spielräume, die die ADSp zum Teil nur begrenzt ausschöpfen, teils aber auch überschreiten.

2   Ziff. 22 leitet die Haftungsbestimmungen der ADSp mit einigen vorangestellten, unter systematischen Gesichtspunkten allerdings sehr unterschiedlichen[1] Bestimmungen ein, die auch nicht alle unmittelbar haftungsrechtlicher Natur sind. Besondere Bedeutung hat die **Erstreckung des Wertersatzprinzips** auf alle Verkehrsverträge (Ziff. 22.2). Ziff. 22.3 regelt ein Detail der **Haftung beim Lagervertrag** und steht daher in engem Zusammenhang zu Ziff. 24. Die Bestimmung von Ziff. 22.4 knüpft zwar an die Haftung des Spediteurs an, gehört aber im Kern zur **Herausgabepflicht** des Spediteurs (Ziff. 14.2).

3   Weitere Regelungen vergleichbarer Funktion sind die Ziff. 25 (Zurechnungsausschlüsse bei Schiffsbeförderung) und Ziff. 26 (parallele außervertragliche Ansprüche). Stets zu beachten sind außerdem die Ziff. 27 (Wegfall der Haftungsschranken von Ziff. 22.2 und 22.3 bei grobem Verschulden) und Ziff. 28, der zufolge der Spediteur sich auf die Haftungsbestimmungen nur berufen darf, wenn er ausreichenden Versicherungsschutz vorhält.

II. Haftungsgrundlagen (Ziff. 22.1)

4   Die ADSp regeln zwar die Primärpflichten des Spediteurs, enthalten aber keine Anspruchsgrundlagen für seine Haftung. Sie verweisen in Ziff. 22.1 S. 1 grundsätzlich auf die **gesetzlichen Vorschriften,** allerdings gem. Satz 2 vorbehaltlich der **Modifikationen** der nachfolgenden Vorschriften, soweit diese im Einzelfall nicht mit zwingendem oder AGB-festem Recht kollidieren. Die gesetzlichen Haftungtatbestände sind deshalb im Ausgangspunkt für die Haftung des Spediteurs auch dann maßgeblich, wenn sie nicht zwingend oder AGB-fest sind. Zu den gesetzlichen Vorschriften zählen nicht nur die gesetzlichen **Haftungtatbestände,** insbesondere des internationalen Einheitsrechts (CMR, MÜ, CIM und CMNI), des HGB und des BGB, sondern, wie der Begriff „Maßgabe" klarstellt, auch die gesetzlichen **Haftungsschranken,** neben den besonderen transportrechtlichen Haftungsbefreiungen und Haftungsbeschränkungen insbesondere auch der in der Rspr. zugelassene Einwand des Mitverschuldens wegen unterlassener Wertangaben.[2]

5   **1. Überblick über die wesentlichen gesetzlichen Haftungtatbestände. a) Speditionsrecht.**
Der Spediteur im Rechtssinne haftet gem. § 461 Abs. 1 HGB für Güterschäden nach den Grundsätzen der Obhutshaftung. Bei der – in der Praxis seltenen – Geschäftsbesorgungsspedition schuldet der Spediteur nur das „**Besorgen**" der Versendung (§ 453 Abs. 1 HGB), nicht aber die Beförderung selbst. Da der Erfolg der Beförderung vom Leistungsumfang des Spediteurs nicht umfasst ist, steht er dafür auch nicht ein. Sofern der Spediteur seine eigene Leistung mit der gebotenen Sorgfalt (§ 347 Abs. 1 HGB) erbracht hat, insbesondere den Leistungserbringer sorgfältig ausgewählt, instruiert und ihm das Gut zur Beförderung übergeben hat, haftet er deshalb nicht für dessen Pflichtverletzungen.[3] Dasselbe gilt für beförderungsbezogene Nebenleistungen (zB Verpackung), wenn sich das aus der

---

[1] AA *Hector/Salzmann,* ADSp 2017 Praktikerkommentar, 2016, 64.
[2] Zuletzt BGH Urt. v. 3.3.2016 – I ZR 245/14, TranspR 2016, 304; iE *Koller* HGB § 435 Rn. 19a ff.
[3] OLG Köln Urt. v. 10.7.2001 – 3 U 217/00, TranspR 2001, 464 (469).

Vereinbarung ergibt (§ 454 Abs. 2 S. 2 HGB). Sind solche Nebenleistungen im Rahmen eines gesonderten Auftrages zu erbringen, sind sie nach Werkvertragsrecht zu beurteilen.[4]

Die speditionsvertragliche Haftung beschränkt sich, wenn nicht die Voraussetzungen von § 435 **6** HGB vorliegen, auf Wertersatz in den Grenzen der Haftungshöchstbeträge des § 431 HGB. Für sonstige Schäden haftet der Spediteur nach den Grundsätzen der vermuteten Verschuldenshaftung (§ 461 Abs. 2 HGB). In den Fällen der §§ 458–460 HGB (Selbsteintritt, Fixkosten und Sammelladung) haftet er nach Frachtrecht, weil er den Transport dann nicht mehr für Rechnung des Auftraggebers, sondern für eigene Rechnung realisiert.

b) Frachtrecht. Frachtrecht ist anzuwenden, wenn der Verkehrsvertrag eine Beförderung vorsieht, **7** die der Spediteur nicht lediglich besorgen, sondern auch verantworten soll.[5] Die Haftung des Spediteurs unterliegt Frachtrecht auch dann, wenn – wie in der Praxis die Regel – ein Fall der Fixkostenspedition (§ 459 HGB) vorliegt oder der Spediteur von seinem Selbsteintrittsrecht Gebrauch macht (§ 458 HGB) oder die Partie im Sammelladungsverkehr (§ 460 HGB) befördert.

Soweit der Beförderungsvertrag den Bestimmungen der CMR (Art. 1 f. CMR), des MÜ (Art. 1 f. **8** MÜ), der CMNI (Art. 2 CMNI) oder der CIM (Art. 1 CMI) unterliegt, gelten die Haftungsbestimmungen dieser Übereinkommen (insbesondere also Art. 17 CMR, Art. 18 f. MÜ, Art. 16 CMNI und Art. 23 f. CIM), die eine zwingende, weitestgehend selbst durch Individualvereinbarungen nicht abdingbare (Art. 41 CMR, Art. 26 MÜ, Art. 25 CMNI, Art. 5 CIM) Obhutshaftung des Frachtführers vorsehen. Die Haftung beschränkt sich in der Regel auf Wertersatz[6] und Höchsthaftungssummen, die (außer nach dem MÜ) bei absichtlicher oder leichtfertiger Schadensverursachung entfallen.

Für Seefrachtverträge gelten die Anspruchsgrundlagen der §§ 498 Abs. 1, 500 HGB und die **9** Haftungsbeschränkungsregeln der §§ 502 und 504, die nur bei persönlichem qualifiziertem Verschulden des Spediteurs wegfallen (§ 507 HGB), sowie die übergreifende Haftungsbeschränkung nach den §§ 611 ff. HGB.

Auf sonstige Frachtverträge finden die durch allgemeine Geschäftsbedingungen nur im Rahmen des **10** § 449 HGB abdingbaren Vorschriften der §§ 425 ff. HGB bzw. – bei Multimodalfrachtverträgen – die §§ 452 ff. HGB Anwendung.

c) Lagerrecht. Ist Gegenstand des Verkehrsvertrages eine verfügte Lagerung, so haftet der Spediteur **11** nach § 475 HGB für Güterschäden nach den Grundsätzen der vermuteten Verschuldungshaftung der Höhe nach unbeschränkt auf Schadensersatz. Eine Beschränkung auf Wertersatz sieht das Gesetz nicht vor.

d) Werk- und Dienstvertragsrecht. Für nicht beförderungsbezogene Tätigkeiten wie zB logisti- **12** sche Zusatzleistungen haftet der Spediteur nach den §§ 611, 634, 280 BGB der Höhe nach unbeschränkt für verschuldete Schäden.[7]

2. Modifikationen der ADSp. a) Eingriffe der ADSp in die gesetzlichen Haftungsregeln. **13** Die jeweils anwendbaren gesetzlichen Haftungsvorschriften gelten gem. Ziff. 22.1 S. 2 nur insoweit, als die „folgenden Regelungen" nichts anderes bestimmen. Die folgenden Regelungen sind zunächst die Bestimmungen von Ziff. 22.2–22.4, aber auch die weiteren Regelungen der Ziff. 23–29. Sie verändern nur punktuell das gesetzliche Haftungssystem des Fracht- und Lagerrechts; hauptsächlich bemühen die Regelungen sich um die Füllung von Lücken im gesetzlichen Haftungsbeschränkungssystem.

b) Nachrang von Ziff. 22 gegenüber zwingendem und AGB-festem Recht. Ziff. 22.1 S. 2 **14** stellt zugleich klar, dass die folgenden Bestimmungen in Ziff. 22 nur insoweit gelten sollen, wie zwingendes oder nicht durch allgemeine Geschäftsbedingungen abdingbares Recht dies zulässt. Dieser salvatorische **Subsidiaritätsvorbehalt** verstößt nicht gegen das für die ADSp nur eingeschränkt geltende (→ Vor Ziff. 1 Rn. 53) Verbot der geltungserhaltenden Reduktion,[8] weil eine Kollision mit dem Gesetz nur in besonderen Fallgestaltungen eintritt und dann ohnehin zur vollständigen Unwirksamkeit der kollidierenden Klausel führt. Außerdem ist es kaum möglich, allgemeine Geschäftsbedingungen unter Wahrung der notwendigen Transparenz so zu formulieren, dass allen vorrangigen gesetzlichen Vorschriften ausdrücklich Rechnung getragen wird.

---

[4] BGH Urt. v. 13.9.2007 – I ZR 207/04, TranspR 2007, 477 (478 f.).

[5] Zur Abgrenzung *Koller* HGB § 453 Rn. 16 ff.

[6] Str. bei internationaler Luftbeförderung vgl. *Koller* WA 1955 Art. 18 Rn. 22.

[7] BGH Urt. v. 13.9.2007 – I ZR 207/04, TranspR 2007, 477 (478); OLG Frankfurt a. M. Urt. v. 1.11.2006 – 21 U 9/05, TranspR 2007, 78 (81 f.); *Gran* NJW 2018, 1717; *Müller* TranspR 2009, 49; vgl. ferner den Überblick bei *Krins* TranspR 2007, 269 (271 ff.).

[8] AM UBH/*Schäfer* Teil 2 Gütertransportverträge Rn. 4.

III. Beschränkung auf Wertersatz (Ziff. 22.2)

15   **1. Regelungszweck.** Die vom Gesetz besonders ausgestaltete Obhutshaftung findet bewusst[9] nicht auf alle Fälle Anwendung, in denen der die Verkehrsleistung erbringende Unternehmer für Güterschäden haftet. Sowohl im Speditions- als auch im Frachtrecht haftet der Unternehmer nur dann nach den Grundsätzen der Obhutshaftung, wenn der ihm vorgeworfene, durch eine vertragliche Pflichtverletzung verursachte Güterschaden eingetreten ist, während das Gut sich in seiner Obhut befand. Das ist zwar bei bei der frachtvertraglichen Güterschadenhaftung in der Regel der Fall, aber keineswegs immer.[10] Für Schäden, die vor oder nach der Obhutsphase an dem Gut eintreten, haftet der Frachtführer nach § 280 BGB und der Höhe nach unbeschränkt, und zwar auch dann, wenn der Schaden durch eine die Obhut betreffende Pflichtverletzung verursacht wurde. Auch der Spediteur im Rechtssinne haftet nach § 461 Abs. 2 HGB für Güterschäden, die außerhalb seiner Obhut eintreten, unbeschränkt. Das Lagerrecht sieht, obwohl auch der Lagerhalter Obhut über das eingelagerte Gut hat,[11] überhaupt keine Beschränkung der Haftung vor. Ziff. 22.2 soll diese Lücken insoweit füllen, als das **Wertersatzprinzip für jeden Fall der Güterschadenhaftung** des Spediteurs gelten soll.

16   **2. Anwendungsbereich.** Um die Fälle zu erfassen, die nicht schon durch die frachtvertragliche Obhutshaftung auf Wertersatz beschränkt werden, verweist die Bestimmung auf die von Ziff. 23.3 und 24 angesprochene[12] verschuldensabhängige Haftung für Güterschäden. Ziff. 24 betrifft die **Lagerhalterhaftung** des Spediteurs in den Fällen der verfügten Lagerung. Ziff. 23.3 erfasst alle sonstigen Fälle, in denen der Spediteur für von ihm verschuldete **Güterschäden** haftet, die **nicht während seiner Obhut** eingetreten sind, also insbesondere die Haftung des Spediteurs im Rechtssinne nach § 461 Abs. 2 HGB und alle Fälle der nachrangigen Güterschadenhaftung für Nichtobhutsschäden nach § 280 BGB. Erfasst ist auch die Haftung bei sonstigen speditionsüblichen Tätigkeiten, die in der Regel nach allgemeinem **Geschäftsbesorgungs-, Werk- oder Dienstvertragsrecht** zu beurteilen sind. Die Regelung gilt nicht für Ansprüche, deren Gegenstand keine Güterschäden und auch nicht Schadensfolgen von Güterschäden sind. Sie erfasst auch keine Ansprüche wegen Überschreitung der Lieferfrist sowie wegen sonstiger Pflichtverletzungen des Spediteurs.

17   Unterliegt der Verkehrsvertrag der CMR, der CMNI, der CIM oder dem MÜ bzw. WA oder dem deutschen Seehandelsrecht, ist eine Anwendung von **Ziff. 22.2 ausgeschlossen,** weil die genannten Regime die Haftung des Frachtführers zwingend bzw. AGB-fest regeln. Dies hat nur beschränkte praktische Auswirkungen, weil die genannten Vorschriften in der Regel ebenfalls eine Beschränkung der Haftung für Güterschäden auf Wertersatz vorsehen. Nach – bestrittener – Auffassung des BGH[13] gilt dies jedoch nicht für das internationale **Luftfrachtrecht,** das in den zwingenden Haftungsgrenzen des Art. 22 MÜ bzw. Art. 22 WA vollen Schadenersatz vorsieht. Ausgeschlossen ist Ziff. 22.2 auch unter den Voraussetzungen von **Ziff. 27.1** (grobes Verschulden oder Kardinalpflichtverletzung).

18   **3. Rechtsfolge.** In allen Fällen verschuldensunabhängiger Haftung des Spediteurs für den Verlust oder die Beschädigung des Guts, das Gegenstand des Verkehrsvertrags ist, hat der Spediteur nicht Schadensersatz, sondern nur Wertersatz nach Maßgabe der frachtrechtlichen Obhutshaftung zu leisten. Die Einzelheiten richten sich nach den gesetzlichen Bestimmungen des § 429 HGB. Danach haftet der Obhutspflichtige nur auf Ersatz des Wertes verlorener Sachen und der Wertminderung beschädigter Sachen. Ausgeschlossen sind damit insbesondere alle Güterfolgeschäden wie etwa entgangener Gewinn, erhöhte Ersatzbeschaffungskosten oder Betriebsunterbrechungsschäden.[14] Der Wert beurteilt sich nach dem Einlagerungswert (§ 429 Abs. 1 HGB), im Zweifel unter den Voraussetzungen von § 429 Abs. 3 S. 2 HGB nach der Einkaufsrechnung des Auftraggebers.

19   Entsprechend anzuwenden sind darüber hinaus auch die §§ 430 und 432 HGB, die dem Anspruchsteller zusätzlich die Schadensfeststellungskosten sowie beförderungsbezogene Kosten zuerkennen.

20   **4. Wirksamkeit. Klauselkontrollrechtlich** ist Ziff. 22.3 vertretbar.[15] Sie folgt einem im Transportrecht allgemein, auch international akzeptierten Rechtsprinzip und trägt dem Umstand Rechnung, dass für den Spediteur die Betriebsrisiken der Ladungsbeteiligten und die an das Gut geknüpften wirtschaftlichen Interessen in der Regel nicht vorhersehbar und deshalb auch schwer versicherbar sind.[16] Eine Beschränkung der Haftung auf den vorhersehbaren Schaden wird auch bei Kardinal-

---

[9] RegBegr. TranspRRefG 1998, BT-Drs. 13/8445, 113.
[10] Vgl. die Fälle OLG Stuttgart Urt. v. 22.1.2003 – 3 U 168/02, TranspR 2003, 104 und OLG Hamburg Urt. v. 22.4.2010 – 6 U 1/09, TranspR 2011, 112.
[11] RegBegr. TranspRRefG 1998, BT-Drs. 13/8445, 121.
[12] Krit. zu der Formulierung der Verweisung *Koller* ADSp 2016 Ziff. 22 Rn. 7 Fn. 7, weil Ziff. 23.3 und 24 keine Haftung begründen, sondern beschränken.
[13] BGH Urt. v. 9.6.2004 – I ZR 266/00, TranspR 2004, 369 (372): ergänzend anwendbares nationales Recht sind die §§ 249 ff. BGB; aM *Koller* WA 1955 Art. 18 Rn. 22.
[14] AA *Hector/Salzmann,* ADSp 2017 Praktikerkommentar, 2016, 66.
[15] *Koller* ADSp 2016 Ziff. 22 Rn. 9; *Ramming* RdTW 2017, 41 (50).
[16] *Schmidt* in Wolf/Lindacher/Pfeiffer Klauseln A 94.

pflichten akzeptiert.[17] Die Klausel gilt nicht bei schwerem Verschulden iSv Ziff. 27 und bei fehlender Versicherung (Ziff. 28.3).

IV. Inventurdifferenzen

Die Regelung betrifft den haftungsausfüllenden Tatbestand bei der Güterschadenhaftung des Spedi- **21** teurs als **Lagerhalter** und steht deshalb in engem systematischem Zusammenhang zu Ziff. 24, insbesondere zu Ziff. 24.1.3. Die Bestimmung beschränkt allerdings nicht die Haftung, sondern regelt eine besondere Variante der **Vorteilsausgleichung**. Sie gilt nicht unter den Voraussetzungen von Ziff. 27.1.

Wenn der Spediteur mehrere Güterarten für denselben Auftraggeber lagert, etwa ein Sortiment im **22** Rahmen eines Vertrags über ein Auslieferungslager, führen Verwechselungen des Lagerpersonals bei dem „Picken" und Kommissionieren der einzelnen Produkte oft zu Verschiebungen bei den Bestandsmengen. Gemessen an dem Sollbestand der einzelnen Warenarten liegen dann einerseits **Mindermengen** vor, die, weil sie auf Fehlauslieferungen beruhen, als Verlust einzustufen sind, andererseits aber **Mehrmengen** an anderen Artikeln, die infolge der Verwechselungen nicht ausgeliefert wurden und dem Auftraggeber daher weiterhin zur Belieferung anderer Kunden zur Verfügung stehen.

Nach Ziff. 22.3 darf der Spediteur, wenn der gem. Ziff. 22.2 für Fehlbestände geschuldete Wert- **23** ersatz berechnet wird, eine **wertmäßige Saldierung** den einzelnen Positionen der Lagerbestände vornehmen, soweit sie für denselben Auftraggeber eingelagert wird. Ihm ist mithin gestattet, von dem Wert fehlender Bestände den Wert zusätzlich vorhandener anderer Bestände **in Abzug zu bringen**. Dadurch kann der per Saldo auszugleichende Minderwert der Fehlmengen völlig ausgeglichen werden oder sich sogar als Wertgewinn des Auftraggebers darstellen. Die Wertermittlung richtet sich nach § 429 HGB. Die summenmäßige Haftungsbeschränkung für Inventurschäden nach Ziff. 24.1.3 bleibt unberührt,[18] ist also gegebenenfalls auf den saldierten Restschaden anzuwenden. Keine Anwendung findet die Bestimmung unter den Voraussetzungen von Ziff. 27.2, etwa wenn die Inventurdifferenz auf Diebstahlschäden beruht; allerdings gelten dann die Grundsätze der Vorteilsausgleichung nach den allgemeinen Regeln des Schadensersatzrechts[19], sodass auch dann in der Regel eine Saldierung zulässig sein wird.

Die Regelung ist **klauselkontrollrechtlich** nicht unbedenklich, da auch vorhandene Mehrbestände **24** auf Pflichtverletzungen des Spediteurs hindeuten.[20] Sie entspricht jedoch dem Gedanken der Vorteilsausgleichung, wenngleich deren Voraussetzungen (Kausalität und Adäquanz zwischen Schaden und Vorteil)[21] zwar im Einzelfall gegeben sein können (Verwechselung von Waren bei der Kommissionierung), häufig aber nicht konkret feststellbar sein werden und sich auch mit Fehlmengen überschneiden, die aus sonstigen nicht aufklärbaren Gründen entstanden sind. Gleichwohl erscheint die Regelung vertretbar[22] vor dem Hintergrund der Überlegung, dass das Zusammentreffen positiver und negativer Inventurdifferenzen jedenfalls dem Grunde nach auf unpräzise Kommissioniertätigkeit und damit letztlich auf eine einheitliche Schadensursache zurückzuführen ist. Zugleich ist zu beachten, dass der kaufmännische Auftraggeber durch Bestandssaldierungen wirtschaftlich nicht schlechter gestellt und in der Regel auch sonst nicht merklich belastet wird.

V. Abtretung von Ansprüchen gegen Dritte (Ziff. 22.4)

Dritten gegenüber handelt der Spediteur, auch soweit er für Rechnung des Auftraggebers tätig ist, in **25** der Regel in eigenem Namen. Daher erwirbt er in Schadenfällen, die von ihm eingeschaltete Leistungserbringer verursacht haben, in der Regel Ersatzansprüche gegen diese Dritten. Wegen des Wertersatzprinzips und der Grundsätze der Drittschadensliquidation sind diese Ersatzansprüche in der Regel nicht davon abhängig, inwieweit der Spediteur selbst wirtschaftlich geschädigt ist,[23] etwa wegen eigener Haftung gegenüber dem Auftraggeber.

Soweit der Spediteur nicht als Geschäftsbesorgungsspediteur gehandelt hat und für den Schaden **26** gegenüber dem Auftraggeber selbst haftet, benötigt er die Ansprüche gegen Dritte allerdings zur eigenen Regresswahrung.[24] Wenn er aber nicht oder nur beschränkt und in geringerem Umfang haftet als der Dritte, hält er den Anspruch bzw. dessen überschießenden Teil als zusätzlichen Vermögenswert,

---

[17] Palandt/*Heinrichs* BGB § 307 Rn. 50; UBH/*Fuchs* BGB § 307 Rn. 302.

[18] *Hector/Salzmann*, ADSp 2017 Praktikerkommentar, 2016, 67.

[19] Palandt/*Grüneberg* BGB Vor § 249 Rn. 68 ff.

[20] *Koller* ADSp 2016 Ziff. 22 Rn. 10.

[21] Vgl. Palandt/*Grüneberg* BGB Vor § 249 Rn. 68 ff.

[22] *de la Motte* in Fremuth/Thume TranspR ADSp Nr. 15 Rn. 5; *Valder* TranspR 2010, 27 (33); aM *Koller* ADSp 2016 Ziff. 22 Rn. 10; *Vogt* in v. Westphalen VertragsR/AGB-Klauselwerke TransportR Rn. 228.

[23] BGH Urt. v. 20.4.1989 – I ZR 154/87, TranspR 1989, 413 (414) mwN; Urt. v. 1.6.2006 – I ZR 200/03, TranspR 2006, 308 (309); Urt. v. 18.3.2010 – I ZR 181/08, TranspR 2010, 376 Rn. 47; Urt. v. 22.1.2015 – I ZR 127/13, TranspR 2015, 167 Rn. 25.

[24] *Koller* ADSp 2016 Ziff. 22 Rn. 13.

der ihm nicht selbst gebührt. Nach der Rspr. des BGH[25] hat der Hauptfrachtführer deshalb die seine eigene Haftung übersteigenden Ansprüche gegen Unterfrachtführer zum Wohl des Auftraggebers geltend zu machen. Dieser Grundsatz gilt wegen der Interessenwahrungspflicht (Ziff. 4.1 S. 1) um mehr für den ADSp-Spediteur. Insoweit konkretisiert Ziff. 22.4 S. 1 daher nur den allgemeinen **Herausgabeanspruch** des Auftraggebers nach Ziff. 14.2 und §§ 675, 670 BGB.

27　　Die Bestimmung gilt nicht nur für Fälle der Güterschadenhaftung, sondern auch für Ansprüche aufgrund anderer den Auftraggeber treffender Schäden, etwa wegen Überschreitung der Lieferfrist oder wegen reiner Vermögensschäden. Voraussetzung ist nur, dass ein den Auftraggeber des Spediteurs treffender Schadenfall vorliegt, der Gegenstand von Ersatzansprüchen des Spediteurs ist. Erfasst sind neben vertraglichen auch außervertragliche Ansprüche.

28　　Der Spediteur ist verpflichtet, die Ersatzansprüche gegen Dritte **auf Verlangen des Auftraggebers,** gegebenenfalls anteilig, an diesen abzutreten. Die Abtretung muss wirksam und so dokumentiert sein, dass sie dem haftenden Dritten gegenüber nachweisbar ist, was in der Regel Schriftlichkeit erfordert. Der Spediteur ist darüber hinaus aufgrund seiner Interessenwahrungspflicht (Ziff. 4.1 S. 1) dazu verpflichtet, den Auftraggeber auf überschießende Ersatzansprüche **aufmerksam zu machen,** darf sich also nicht darauf beschränken, auf ein Abtretungsverlangen zu warten. Er muss den Anspruch darüber hinaus vor der Verjährung bewahren,[26] solange der Auftraggeber davon keine Kenntnis hat.

29　　Es besteht aber keine Pflicht des Spediteurs, überschießende Ersatzansprüche von sich aus aktiv durchzusetzen. Etwas anderes gilt, wenn eine **Regresstätigkeit des Spediteurs** für Rechnung des Auftraggebers vereinbart ist. Dann wird der Zweck von Ziff. 22.4 anderweitig verfolgt, sodass eine Abtretung an den Auftraggeber sich erübrigt.

30　　Eine Abtretung der Ansprüche des Spediteurs berührt, wie Ziff. 22.5 S. 3 klarstellt, nicht den direkten Ersatzanspruch des Auftraggebers gegen den ausführenden Frachtführer nach § 437 HGB bzw. den ausführenden Verfrachter nach § 509 HGB. Der ausführende Beförderer kann deshalb nicht einwenden, die direkte Haftung nach den genannten Vorschriften sei wegen des Abtretungsanspruchs des Auftraggebers ausgeschlossen und er könne daher nur auf diesem Weg in Anspruch genommen werden.

23. Haftungsbegrenzungen

23.1 Die Haftung des Spediteurs für Güterschäden in seiner Obhut gemäß § 431 Abs. 1, 2 und 4 HGB ist mit Ausnahme von Schäden aus Seebeförderungen und verfügten Lagerungen der Höhe nach wie folgt begrenzt:

　　23.1.1 auf 8,33 Sonderziehungsrechte für jedes Kilogramm, wenn der Spediteur –
　　　　Frachtführer im Sinne von § 407 HGB,
　　　　– Spediteur im Selbsteintritt, Fixkosten- oder Sammelladungsspediteur im Sinne von §§ 458 bis 460 HGB oder
　　　　– Obhutsspediteur im Sinne von § 461 Abs. 1 HGB ist;

　　23.1.2 auf 2 statt 8,33 Sonderziehungsrechte für jedes Kilogramm, wenn der Auftraggeber mit dem Spediteur einen Verkehrsvertrag über eine Beförderung mit verschiedenartigen Beförderungsmitteln unter Einschluss einer Seebeförderung geschlossen hat und der Schadenort unbekannt ist.
　　　　Bei bekanntem Schadenort bestimmt sich die Haftung nach § 452a HGB unter Berücksichtigung der Haftungsausschlüsse und Haftungsbegrenzungen der ADSp.

　　23.1.3 Übersteigt die Haftung des Spediteurs aus Ziffer 23.1.1 einen Betrag von 1,25 Millionen Euro je Schadenfall, ist seine Haftung außerdem begrenzt aus jedem Schadenfall höchstens auf einen Betrag von 1,25 Millionen Euro oder 2 Sonderziehungsrechte für jedes Kilogramm, je nachdem, welcher Betrag höher ist.

23.2 Die Haftung des Spediteurs bei Güterschäden in seiner Obhut ist bei einem Verkehrsvertrag über eine Seebeförderung und bei grenzüberschreitenden Beförderungen auf den für diese Beförderung gesetzlich festgelegten Haftungshöchstbetrag begrenzt. Ziffer 25 bleibt unberührt.

23.3 In den von Ziffern 23.1 und 23.2 nicht erfassten Fällen (wie § 461 Abs. 2 HGB, §§ 280 ff BGB) ist die Haftung des Spediteurs für Güterschäden entsprechend § 431 Abs. 1, 2 und 4 HGB der Höhe nach begrenzt

　　23.3.1 bei einem Verkehrsvertrag über eine Seebeförderung oder eine Beförderung mit verschiedenartigen Beförderungsmitteln unter Einschluss einer Seebeförderung auf 2 Sonderziehungsrechte für jedes Kilogramm,

---

[25] BGH Urt. v. 18.3.2010 – I ZR 181/08, TranspR 2010, 376 Rn. 50; Urt. v. 22.1.2015 – I ZR 127/13, TranspR 2015, 167 Rn. 26; *Thume* VersR 2000, 1071 (1078).

[26] *Ramming* RdTW 2017, 41 (50).

23.3.2 bei allen anderen Verkehrsverträgen auf 8,33 Sonderziehungsrechte für jedes Kilogramm.

23.3.3 Außerdem ist die Haftung des Spediteurs begrenzt aus jedem Schadenfall höchstens auf einen Betrag von 1,25 Millionen Euro.

23.4 Die Haftung des Spediteurs für andere als Güterschäden mit Ausnahme von Schäden bei verfügten Lagerungen, Personenschäden und Sachschäden an Drittgut ist der Höhe nach begrenzt auf das Dreifache des Betrags, der bei Verlust des Gutes nach Ziffer 23.3.1 bzw. 23.3.2 zu zahlen wäre.

Außerdem ist die Haftung des Spediteurs begrenzt aus jedem Schadenfall höchstens auf einen Betrag von 125.000 Euro.

23.4.1 Die §§ 413 Abs. 2, 418 Abs. 6, 422 Abs. 3, 431 Abs. 3, 433, 445 Abs. 3, 446 Abs. 2, 487 Abs. 2, 491 Abs. 5, 520 Abs. 2, 521 Abs. 4, 523 HGB sowie entsprechende Haftungsbestimmungen in internationalen Übereinkommen, von denen im Wege vorformulierter Vertragsbedingungen nicht abgewichen werden darf, bleiben unberührt.

23.4.2 Ziffer 23.4 findet keine Anwendung auf gesetzliche Vorschriften wie Art. 25 MÜ, Art. 5 CIM oder Art. 20 CMNI, die die Haftung des Spediteurs erweitern oder zulassen, diese zu erweitern.

23.5 Übersteigt die Haftung des Spediteurs aus den Ziffern 23.1, 23.3 und 23.4 einen Betrag von 2,5 Millionen Euro je Schadenereignis, ist seine Haftung unabhängig davon, wie viele Ansprüche aus einem Schadenereignis erhoben werden, außerdem begrenzt höchstens auf 2,5 Millionen Euro je Schadenereignis oder 2 Sonderziehungsrechte für jedes Kilogramm der verlorenen und beschädigten Güter, je nachdem, welcher Betrag höher ist; bei mehreren Geschädigten haftet der Spediteur anteilig im Verhältnis ihrer Ansprüche.

Schrifttum: S. vor Ziff. 1; *Grass,* Gedanken zu den ADSp 2017 aus haftungs- und versicherungsrechtlicher Sicht, TranspR 2018, 133; *Herber,* ADSp 2017 – oder für den Seespediteur doch lieber ADSp 2016?, TranspR 2016, 438; *Koller,* Zu Haftungsfreizeichnungsklauseln im Transportrecht, EWiR 2002, 1; *Ramming,* Die neuen ADSp 2017, RdTW 2017, 41; *Ramming,* Die Haftungsbegrenzungen der Ziff. 23 ADSp 2017, RdTW 2017, 255; *Starosta,* Zur Auslegung und Reichweite der Ziffer 23-3 ADSp, TranspR 2003, 55; *Thonfeld,* Nochmals – Zur Reichweite von Ziff 23-3 ADSp 2003, TranspR 2003, 237; *Vyvers,* Zehn Ziffern der Allgemeinen Deutschen Spediteurbedingungen 2017 (ADSp 2017), NZV 2018, 58; *Zarth / Fischer,* Spediteur pflastern die hohe See: Anmerkung zu Ziff. 22.4 ADSp 2016, TranspR 2016, 45.

Vorläufer in ADSp 2003: Ziff. 23 ADSp 2003.

Übersicht

I. Überblick

1   Ziff. 23 regelt in den Ziff. 23.1 und 23.2 zunächst die Höchsthaftungsbeträge bei **Obhutsgüterschäden,** wobei die beiden Bestimmungen nur in zwei Sonderfällen vom Gesetz abweichen, nämlich bei Schäden mit unbekanntem Schadensort, die während multimodaler Beförderung unter Einschluss einer Seestrecke eingetreten sind (Ziff. 23.1.2), und bei nach autonomem deutschem Frachtrecht zu beurteilenden Großschäden (Ziff. 23.1.3). Die Höchsthaftungsbeträge für Güterschäden, die **nicht in der Obhut des Spediteurs** eingetreten sind, regelt Ziff. 23.3 – ebenso wie Ziff. 22.2 durch weitgehende Gleichstellung mit Obhutsschäden. Ziff. 23.4 regelt Schäden, die **nicht Güterschäden** und auch nicht Folge von Güterschäden sind. Eine zusätzliche übergreifende Haftungsgrenze zieht schließlich Ziff. 23.5 für den Fall von **Kumulschäden** mit mehreren Anspruchstellern.

2   Die Haftungsbegrenzungen nach Ziff. 23 finden zusätzlich zu den Bestimmungen von Ziff. 22 Anwendung. Sie gelten gem. Ziff. 26 auch für parallele außervertragliche Ansprüche. Keine oder nur eingeschränkte Geltung haben sie im Rahmen und unter den Voraussetzungen von Ziff. 27 und 28.3.

II. Formerfordernis „Hinweis in geeigneter Form"

3   Die Haftungsbegrenzungen in Ziff. 23.1.2, 23.1.3 und 23.5 weichen von der gesetzlichen Höchsthaftungssumme nach § 431 Abs. 1 HGB ab. Während das Lagerrecht des HGB ebenso wie das Werk- und Dienstvertragsrecht summenmäßige Haftungsbeschränkungen auch in der Form allgemeiner Geschäftsbedingungen grundsätzlich zulässt, stellt das Speditions- und das Frachtrecht des HGB solche Regelungen unter den Vorbehalt, dass der Verwender seinen Vertragspartner darauf in geeigneter Weise hinweist (näher → Vor Ziff. 1 Rn. 19 ff.). Mit dieser Maßgabe kann nach §§ 449 Abs. 2 S. 1 Nr. 1 und 466 Abs. 2 S. 1 Nr. 1 HGB die Haftung des Spediteurs bzw. Frachtführers für Güterschäden weiterhin im Rahmen des „Korridors" zulässiger Haftungsbegrenzungsbeträge zwar auch durch vorformulierte Vertragsbedingungen auf einen anderen als den in § 431 HGB vorgesehenen Betrag begrenzt werden.

III. Obhutsschäden nach allgemeinem Transportrecht (Ziff. 23.1)

4   **1. Anwendung von § 431 HGB, Ziff. 23.1.1.** Die Bestimmung zitiert nur das Gesetz und hat deshalb **keinen eigenen Regelungsgehalt.** Dass § 431 HGB für die Obhutsgüterschadenhaftung des Frachtführers im Sinne des § 407 HGB, des Selbsteintritts-, Fixkosten- und Sammelladungsspediteurs im Sinne der §§ 458–460 HGB und des Obhutsspediteurs (§ 461 Abs. 1 HGB) gilt, ergibt sich aus dem Gesetz selbst. Aus dem Gesetz ergibt sich auch, dass die Haftung des Verfrachters (§§ 498 ff. HGB) und des Lagerhalters (§ 475 HGB) anderen Regeln unterliegt. Immerhin lässt sich der Bestimmung entnehmen, dass die ADSp keinen Versuch unternehmen, den gesetzlichen Regelhöchsthaftungsbetrag insgesamt abzuändern, was nach den §§ 449 Abs. 2, 466 Abs. 2 HGB grundsätzlich zulässig wäre. Die gesetzliche Verweisung des Multimodalfrachtrechts auf die Haftungsbestimmungen des allgemeinen Frachtrechts findet in der Vorschrift keine Erwähnung. Das liegt daran, dass Ziff. 23.1.2 insoweit teilweise abweichende Bestimmungen trifft, allerdings nur für den Fall der Beteiligung einer Seestrecke. § 431 Abs. 3 HGB wird in Ziff. 23.1.1 deshalb nicht erwähnt, weil er einen Nichtgüterschaden regelt; dafür gilt Ziff. 23.4.

5   Ziff. 23.1 gilt nur für die frachtvertragliche Haftung des Spediteurs für **Obhutsgüterschäden,** also für Verlust oder Beschädigung des Guts (Ziff. 22.2) in der Obhut des Spediteurs. Obhut hat der Spediteur nicht nur dann, wenn er selbst oder seine Arbeitnehmer Besitz an dem Gut ausüben; auch durch von ihm beauftragte andere Erfüllungsgehilfen wie ausführende Beförderer, Umschlagsbetriebe oder Lagerhalter übt er Obhut aus.[1] Der Güterschaden muss während dieser Obhutsphase eingetreten sein, sich also zumindest im Kern gezeigt haben.[2]

6   **2. Multimodalfrachtvertrag mit Seestrecke (Ziff. 23.1.2). a) Überblick.** Die Bestimmung geht davon aus und nimmt hin, dass gem. § 452 HGB die Obhutshaftung aus einem Multimodalfrachtvertrag dem **allgemeinen Frachtrecht** unterliegt, wenn der **Schadensort unbekannt** ist. Für den Fall der Beteiligung einer Seestrecke macht die Bestimmung jedoch von der beschränkten Ermächtigung in § 449 Abs. 2 HGB Gebrauch und **reduziert die Regelhaftung** auf zwei Sonderziehungs-

---

[1] *Ramming* RdTW 2017, 255 (256).
[2] IE *Koller* HGB § 425 Rn. 16 ff.

rechte pro Kilogramm, also die untere Grenze des gesetzlichen Korridors, die zugleich der gesetzlichen gewichtsbezogenen Haftungsgrenze des Seefrachtrechts entspricht (§ 504 HGB). Ist dagegen der **Schadenort bekannt,** hat es mit dem nach § 452a HGB anzuwendenden Teilstreckenrecht sein Bewenden, wobei allerdings die Haftungsausschlüsse und –begrenzungen der ADSp auch im Rahmen dieser Verweisung zur Anwendung kommen.

Die **ADSp 2016** hatten sich in Ziff. 22.4 und 23.1.2 bei Multimodalfrachtverträgen mit Seestrecke **7** gem. § 452d Abs. 2 HGB für eine generelle Verweisung auf das allgemeine Landfrachtrecht entschieden. Das war insbesondere bei See- und Projektspediteuren auf Kritik gestoßen, weil damit die besonderen seefrachtrechtlichen Haftungsschranken bei nautischen Verschulden und Feuer an Bord, auf die der vom Spediteur eingesetzte Reeder sich berufen kann, dem Spediteur nicht mehr zur Verfügung standen und überdies stets das Risiko einer unbeschränkten Haftung nach § 435 HGB gegeben war, was im Seefrachtrecht gem. § 507 HGB wegen der insoweit ausgeschlossenen Verschuldenszurechnung nur für seltene Ausnahmefälle gilt.[3] Das allerdings das Risiko unbeschränkter Haftung nach § 435 HGB bei unbekanntem Schadensort ohnehin besteht und auch nicht durch AGB ausgeschlossen werden kann, nutzt Ziff. 23.1.2 insoweit nur die Möglichkeit zur Reduzierung der Regelhaftung. Dagegen bleibt es bei dem anwendbaren Teilstreckenrecht und mithin auch den Besonderheiten des Seerechts, wenn der Schadensort bekannt ist. Damit ist zugleich gewährleistet, dass der Spediteur im Grundsatz so haftet wie der mit der Ausführung beauftragte Beförderer.

b) Unbekannter Schadensort. aa) Voraussetzungen. Der Auftraggeber muss mit dem Spediteur **8** einen Verkehrsvertrag über eine Beförderung mit **verschiedenartigen Beförderungsmitteln** abgeschlossen haben. Damit knüpft die Bestimmung, wenn auch in verkürzter Weise, an die gesetzliche Definition des Multimodalfrachtvertrags in § 452 HGB an, die allerdings zusätzlich zu verschiedenartigen Beförderungsmitteln verlangt, dass – bei unterstellt separaten Teilstreckenverträgen – unterschiedliche Haftungsvorschriften gelten würden, was nicht für jede Beförderung mit unterschiedlichen Beförderungsmitteln gilt. Praktische Auswirkungen hat diese Verkürzung jedoch nicht, weil die Regelung eine Seestrecke, also eine per Seeschiff zu absolvierende Teilstrecke, erfordert und für jedes andersartige Beförderungsmittel andere Haftungsvorschriften gelten.

Der Verkehrsvertrag muss eine **Seestrecke einschließen.** Gemeint ist eine Teilstrecke, für die bei **9** Abschluss eines separaten Vertrags Seefrachtrecht gelten würde. Insoweit ist nicht maßgebend, ob ein See- oder ein Binnenschiff benutzt wird, sondern ob auf einer Seestrecke befördert wird. Die See umfasst den gesamten Wasserverkehrsraum, der nicht von dem jeweiligen Territorialstaat den Binnengewässern zugeordnet wird.[4] Für Deutschland werden die Grenzen der Seefahrt durch § 1 Abs. 1 Flaggenrechtsverordnung (FlRV) bestimmt.[5] Danach enden die Binnenwasserstraßen an der Meeresmündung. Die Beförderung zwischen den Flussmündungen und im Binnenland gelegenen Hafenstädten wie Hamburg oder Bremen ist deshalb keine Beförderung über See, sondern auf Binnenwasserstraßen. Für gemischte, teils auf See- und teils auf Binnenwasserstraßen zu absolvierende Reisen – einerlei ob von Binnen- oder Seeschiffen – gilt bei internationaler Beförderung Art. 2 Abs. 2 CMNI, sonst entscheidet § 450 HGB über das anzuwendende Recht. Nach Art. 2 Abs. 2 CMNI ist auf einen solchen Frachtvertrag Seefrachtrecht anzuwenden, wenn das Gut grenzüberschreitend befördert wird und entweder ein Seekonnossement ausgestellt wird oder die auf Seegewässern zurückzulegende Strecke die größere ist. Bei inländischer Beförderung kommt es nach § 450 HGB nur darauf an, ob die Seestrecke die größere ist. Maßgeblich ist auch hier die vertragliche Vereinbarung, nicht die tatsächliche Transportdurchführung. Ziff. 23.1.2 gilt nur, wenn nach diesen Maßstäben der Transport mit einem der beteiligten Verkehrsmittel dem Seefrachtrecht unterliegt.

Ferner muss der **Schadensort unbekannt sein.** Ziff. 23.1.2 trifft insoweit keine eigene inhaltlich **10** gestaltende Bestimmung, sondern schließt sich lediglich der gesetzlichen Regelung an. Es kommt deshalb allein darauf an, ob iSv § 452a HGB feststeht, dass der Schaden auf einer bestimmten Teilstrecke eingetreten ist. Diese Frage kann nicht nur wegen der Unschärfen des Obhutschadensbegriffs, etwa bei den Schadensverdachtsfällen, problematisch sein, sondern auch deshalb, weil der BGH das „Eintreten" des Schadens in stRspr anhand des Kriteriums der Schadensverursachung[6] bestimmt, nicht anhand der Frage, an welcher Stelle der Beförderungsstrecke derjenige Umstand eingetreten ist, der die Qualifikation als Verlust oder Beschädigung rechtfertigt. Die weitere Rechtsentwicklung bei § 452a HGB ist jedenfalls auch für Ziff. 23.1.2 maßgeblich und bedarf daher sorgfältiger Beachtung.

bb) Rechtsfolge. Die gewichtsbezogene Höchsthaftungsgrenze nach § 431 Abs. 1 HGB ist anstelle **11** des Betrags von 8,33 Sonderziehungsrechten auf einen Betrag von 2 Sonderziehungsrechten pro Kilogramm des Rohgewichts des Guts reduziert. Im Übrigen bleiben § 431 HGB und die ihm

[3] Vgl. *Zarth/Fischer* TranspR 2016, 45.
[4] Rabe/Bahnsen/*Bahnsen* HGB § 481 Rn. 48 sowie Einf. Rn. 35 f.
[5] BGH Urt. v. 13.3.1980 – II ZR 163/78, BGHZ 76, 201 = NJW 1980, 1747.
[6] BGH Urt. v. 17.9.2015 – I ZR 212/13, TranspR 2015, 433. Urt. v. 13.9.2007 – I ZR 207/04, BGHZ 173, 344 Rn. 24 = NJW 2008, 1072; Urt. v. 18.6.2009 – I ZR 140/06, BGHZ 181, 292 Rn. 21 = VersR 2010, 412; aA *Koller* HGB § 452a Rn. 3; MüKoHGB/*Herber* HGB § 452a Rn. 7.

zugrunde liegenden Haftungsvorschriften unberührt. Die Bestimmung findet deshalb von vornherein keine Anwendung, wenn der Spediteur wegen qualifizierten Verschuldens gem. § 435 HGB unbeschränkt haftet (Ziff. 27.3).

12   **c) Bekannter Schadensort.** Ist der **Schadensort bekannt,** bleibt es, wie Satz 2 klarstellt, bei § 452a HGB und damit der Verweisung auf die schadensträchtige Teilstrecke. Auch insoweit enthält die Bestimmung sich eines Eingriffs in die gesetzliche Regelung des § 452a HGB und deren Auslegung durch die Rspr. Sie verweist jedoch hinsichtlich der Rechtsfolge, also für das jeweilige nach § 452a HGB anzuwendende Teilstreckenrecht auf die Haftungsausschlüsse und –begrenzungen, die die ADSp dafür vorsehen. Gemeint sind die Zurechnungsausschlüsse bei **nautischem Verschulden** und **Feuer an Bord** nach Ziff. 25 (Seefracht- und Binnenschifffahrtsrecht) sowie die **Reduzierungen der Regelhöchsthaftung** nach Ziff. 23.

13   Damit ist klargestellt, dass die Ausschlüsse und Begrenzungen der ADSp **auch dann** gelten, wenn die jeweils geregelten Beförderungsarten Teil einer **Multimodalbeförderung** mit Seestrecke sind. Das ist gem. § 452d Abs. 2 S. 2 HGB zulässig. Handelt es sich um eine **Multimodalbeförderung ohne Seestrecke,** so lässt sich eine Anwendung der ADSp-Haftungsausschlüsse und –begrenzungen auf andere Teilstreckenrechte jedenfalls nicht aus Ziff. 23.1.2 entnehmen. Sie kann auch nicht aus den relevanten Regelungen selbst entnommen werden. Da Ziff. 23.1.1 die Anwendung der Regelhöchsthaftungsbeträge nach § 431 HGB im Rahmen von Multimodalfrachtverträgen nicht erfasst (→ Rn. 3), können die übrigen für § 452a HGB relevanten Haftungsbeschränkungen der Ziff. 23, also Ziff. 23.1.3 (Großschäden) und Ziff. 23.5 (Kumulschäden), im Rahmen von Multimodalfrachtverträgen ohne Seestrecke nicht angewendet werden. Eine Analogie ist wegen der Unklarheitenregel nicht möglich.

14   **3. Haftungsabsenkung bei Großschäden (Ziff. 23.1.3).** Die Bestimmung macht für den Fall hoher Schäden von der in § 449 Abs. 2 Nr. 1 HGB gesetzlich gestatteten Reduzierung des Regelhaftungsbetrags auf zwei Sonderziehungsrechten Gebrauch. Sie findet nur Anwendung, soweit die nach Ziff. 23.1.1 anhand der in § 431 HGB bestimmten Höchsthaftungsbetrags berechnete Haftung des Spediteurs aus einem Schadenfall (Ziff. 1.11, → Ziff. 1 Rn. 49) einen Betrag von 1.250.000 EUR übersteigt. In diesem Fall erhält der Anspruchsteller wegen des über den Betrag von 1.250.000 EUR hinausgehenden Schadens nur dann weiteren Ersatz, wenn eine alternative Berechnung des Ersatzes auf der Grundlage des unteren Korridorgrenzwertes, also einer Höchsthaftung von zwei Sonderziehungsrechten pro Kilogramm Rohgewicht des betroffenen Guts, die rechtfertigt. Für Bereich derjenigen Ladegewichte, für die eine nach zwei Sonderziehungsrechten pro Kilogramm berechnete Haftung den Wert von 1.250.000 EUR nicht erreicht, bildet der Betrag von 1.250.000 EUR daher eine feste Entschädigungsgrenze, die nur unter den Voraussetzungen von § 435 HGB oder Ziff. 27 oder 28.3 entfällt.

15   Die Bestimmung gilt nicht, soweit die Regelhaftung nach § 431 HGB im Rahmen von Multimodalfrachtverträgen zu berechnen ist. Denn Ziff. 23.1.1 erfasst diesen Anwendungsfall nicht (→ Rn. 4 und → Rn. 13).

IV. See- und internationale Beförderungen (Ziff. 23.2)

16   Ziff. 23.1.2 beschränkt sich darauf, für die Haftung des Spediteurs aus Verkehrsverträgen über See- und grenzüberschreitende Beförderungen auf die **jeweils anzuwendenden gesetzlichen Bestimmungen** zu verweisen. Diese Zurückhaltung beruht auf der Tatsache, dass in diesen Fällen kaum Gestaltungsspielraum für AGB besteht.

17   Bestimmt der Verkehrsvertrag, dass der Spediteur eine **Seebeförderung** durchzuführen hat, gelten die §§ 481 ff. HGB und für die Haftung die Bestimmungen der §§ 498 ff. HGB, die gem. § 512 HGB (§ 525 HGB für Konossemente) grundsätzlich klauselfest sind. Von der besonderen Gestattung nach § 512 Abs. 2 Nr. 1 HGB macht Ziff. 25 gesondert Gebrauch, auf den die Ziff. 23.2 deshalb auch besonders hinweist. Die Regelung gilt nicht für multimodale Beförderungen mit Seestrecke; sie unterliegen der spezielleren Regelung in Ziff. 23.1.2.

18   Für unimodale **grenzüberschreitende Beförderungen** gelten die Regelungen des jeweils anwendbaren, durch internationale Übereinkommen festgelegten Einheitsrechts (CMR, CIM, MÜ, CMNI), deren haftungsrechtliche Bestimmungen ebenfalls AGB-fest gestaltet sind. Ist die grenzüberschreitende Beförderung **multimodal,** hat es grundsätzlich mit den gesetzlichen Bestimmungen der §§ 452 ff. HGB sein Bewenden.[7] Eine Reduzierung des gesetzlichen Höchsthaftungsbetrags in § 431 HGB für die besonderen Fälle nach Ziff. 23.1.3 oder 23.5 findet dann nicht statt (→ Rn. 13). Etwas anderes gilt nach der Spezialregelung[8] von Ziff. 23.1.2 dann, wenn es sich um einen Multimodalvertrag

---

[7] *Ramming* RdTW 2017, 255 (256).
[8] So auch *Ramming* RdTW 2017, 255 (258); s. auch BGH Urt. v. 11.4.2013 – I ZR 61/12, TranspR 2013, 437 (zu 23.1 ADSp 2003); aM für Ziff. 23.2 ADSp 2016 *Koller* ADSp 2016 Ziff. 23 Rn. 11: kein Vorrang, daher stets Anwendung der kundenfreundlicheren Ziff. 23.2.

mit einer Seestrecke handelt und der Schadenort unbekannt ist; anstelle der gesetzlichen Regelhaftung beträgt die Höchsthaftung dann 2 Sonderziehungsrechte pro Kilogramm Rohgewicht.

V. Sonstige Fälle der Güterschadenhaftung (Ziff. 23.3)

1. Anwendungsbereich. Ziff. 23.3 erfasst alle nicht durch Ziff. 23.1 oder 23.2 geregelten Fälle, in **19** denen der Spediteur für **Güterschäden** (Ziff. 22.2) haftet. Es handelt sich zunächst um solche Güterschäden, die **nicht während der Obhut** des Spediteurs eingetreten sind.[9] Das ist etwa der Fall, wenn der Spediteur vor der Übernahme des Guts oder nach der Ablieferung – zum Beispiel durch eigenmächtiges Ver- oder Entladen[10] – sich eine Pflichtverletzung des Spediteurs erst nach der Ablieferung oder in der Obhut eines nachfolgenden Frachtführers oder Lagerhalters schädigend auswirkt. Für solche Güterschäden haftet der Spediteur bei Verschulden ebenfalls, aber nicht nach den gesetzlichen Bestimmungen der Obhutshaftung, sondern entweder als Spediteur im Rechtssinne aus § 461 Abs. 1 HGB wegen der Verletzung einer speditionellen Pflicht iSv § 454 HGB oder in anderen Fällen wegen einer sonstigen verkehrsvertraglichen Pflichtverletzung aus § 280 HGB. Erfasst ist auch die Haftung für Güterschäden bei sonstigen speditionsüblichen Tätigkeiten, die in der Regel nach allgemeinem **Geschäftsbesorgungs-, Werk- oder Dienstvertragsrecht** zu beurteilen sind.

Die Regelung **gilt nicht** für Ansprüche aus verfügter **Lagerung**, die Ziff. 24 unterliegen. Sie gilt **20** ferner nicht für Ansprüche, deren Gegenstand **nicht Güterschäden** und auch nicht Schadensfolgen von Güterschäden sind. Sie erfasst auch keine Ansprüche wegen **Vermögensschäden** aus Überschreitung der Lieferfrist sowie wegen sonstiger Pflichtverletzungen des Spediteurs. Ob die Bestimmung zur Anwendung kommen kann, wenn der Spediteur Schäden an sonstigem Gut des Auftraggebers verschuldet, ist zweifelhaft, denn zwar kann der Begriff „Gut" alle Sachen erfassen, jedoch spricht die Definition des Güterschadens in Ziff. 22.2 („Verlust oder Beschädigung des Gutes [Güterschäden]") dafür, dass nur solches Gut gemeint ist, dass Gegenstand der verkehrsvertraglichen Pflichten des Spediteurs ist. Für Schäden an sonstigem Gut gelten daher die allgemeinen Regeln. **Keine Anwendung** findet die Bestimmung schließlich auch unter den Voraussetzungen von Ziff. 27.1 und 28.3.

2. Haftungsbegrenzung. Die Haftung für Güterschäden, die nicht in der Obhut des Spediteurs **21** entstanden sind, ist gesetzlich nicht beschränkt. Deshalb begrenzt Ziff. 23.3 die Haftung des Spediteurs in diesen Fällen weitgehend in gleicher Weise wie die Haftung für Obhutsgüterschäden.

a) Entsprechende Anwendung von § 431 Abs. 1, 2 und 4 HGB. Bei der Bestimmung der **22** Haftungsgrenze sind die Bestimmungen des § 431 Abs. 1, 2 und 4 HGB entsprechend anzuwenden. Die gesetzliche Vorschrift ist also auf das Gut, das infolge des vom Spediteur zu vertretenden, haftungsauslösenden Umstands zu Schaden gekommen ist, so anzuwenden, als wäre es in der Obhut des Spediteurs beschädigt worden oder in Verlust geraten. Die Haftung ist mithin gewichtsbezogen nach § 431 Abs. 1 HGB beschränkt, wobei die Beträge sich nach Ziff. 23.3.1 und 23.3.2 richten. Für die Frage, inwieweit bei zusammengehörigen Frachtstücken das Gewicht der Gesamtsendung zugrunde zu legen ist, gilt § 431 Abs. 2 HGB und für die Rechnungseinheit § 431 Abs. 4 HGB.

b) See- und Multimodalbeförderung mit Seestrecke (Ziff. 23.3.1). Für den Fall einer See- **23** beförderung, also eines Verkehrsvertrags, der ausschließlich eine Beförderung über See (→ Rn. 7 ff.) vorsieht, oder einer Multimodalbeförderung mit einer Seestrecke (→ Rn. 4 ff.) ist die Haftung auf zwei Sonderziehungsrechte für jedes Kilogramm beschränkt. Während die Haftung für Nichtobhutsschäden beim Multimodalvertrag mithin der Haftung für Obhutsschäden bei unbekanntem Schadensort nach Ziff. 23.1.2 entspricht, ist die Haftung bei der Seebeförderung restriktiver beschränkt als nach der gesetzlichen Obhutshaftung, weil danach alternativ zur gewichtsbezogenen Haftungsgrenze auch nach Stück oder Einheit gehaftet wird (§ 504 HGB).

c) Sonstige Verkehrsverträge (Ziff. 23.3.2). Für alle anderen Verkehrsverträge bleibt es bei der **24** gesetzlichen Regelhöchsthaftung von 8,33 Sonderziehungsrechten entsprechend § 431 Abs. 1 HGB. Diese Haftungsgrenze gilt mithin immer, wenn der Spediteur aus Verkehrsverträge ohne Beförderung auf einer Seestrecke für Güterschäden haftet, die außerhalb seiner Obhutszeit eingetreten sind.

d) Maximalentschädigung (Ziff. 23.3.3). Über die vorstehenden Haftungsbegrenzungen hinaus **25** sieht Ziff. 23.3.3 noch eine weitere Haftungsschranke vor, die dann eingreift, wenn die Haftung des Spediteurs aus einem Schadenfall (Ziff. 1.11, → Ziff. 1 Rn. 49) einen Betrag von 1,25 Mio. EUR überschreitet. Damit wird für die Haftung für Nichtobhutsschäden eine absolute Höchsthaftung bestimmt, die nur unter den Voraussetzungen von Ziff. 27 weicht.

---

[9] *Ramming* RdTW 2017, 255 (259); verkannt bei *Koller* ADSp 2016 Ziff. 23 Rn. 14.
[10] *Hector/Salzmann,* ADSp 2017 Praktikerkommentar, 2016, 71.

VI. Haftung für Vermögensschäden (Ziff. 23.4)

26 **1. Voraussetzungen. a) Anwendungsbereich.** Ziff. 23.4 folgt weitgehend dem Regelungsmodell des § 433 HGB. Diese gesetzliche Bestimmung gilt nur für die beförderungsbezogenen **Pflichten des Frachtführers** (einschließlich des Multimodalfrachtführers) und – im Rahmen seiner Beförderungspflicht[11] – auch des als Frachtführer haftenden Spediteurs (§§ 458 ff. HGB). Sie gilt auch im Rahmen von Beförderungen, die den internationalen transportrechtlichen Übereinkommen (CMR, CIM, MÜ bzw. WA, CMNI) unterliegen, soweit diese die Haftung des Frachtführers für nicht auf Güterschäden oder Lieferfristüberschreitungen beruhende Vermögensschäden nicht selbst regeln, sodass im Übrigen auf ergänzendes nationales – gem. Ziff. 30.1 deutsches – Recht zurückzugreifen ist.[12] Daneben gelten für Vermögensschäden gesetzliche Sonderregeln, die gem. Ziff. 23.3.1 unberührt bleiben.

27 Ziff. 23.3 erstreckt das Haftungsbeschränkungskonzept des § 433 HGB in modifizierter Form auf alle **sonstigen verkehrsvertraglichen Vermögensschadenhaftungsfälle** (außer bei der gesondert geregelten Haftung für Lagerung, Ziff. 24), also auf alle Fälle, die nicht von § 433 HGB oder den gesetzlichen Sonderregelungen der Vermögensschadenhaftung erfasst sind. Der praktische Anwendungsbereich von Ziff. 23.3 beschränkt sich demzufolge auf sonstige Pflichtverletzungen des Spediteurs im Rahmen von Beförderungsverträgen, die nicht § 433 unterliegen, also etwa Verzug beim Seefrachtvertrag, Nebenpflichtverletzungen aus internationalen unimodalen Beförderungen, Pflichtverletzungen nach § 461 Abs. 2 HGB sowie die Verletzung nicht beförderungsbezogener Pflichten des Spediteurs oder Frachtführers, etwa im Rahmen logistischer Zusatzleistungen oder sonstiger speditionsüblicher Geschäfte. Die Bestimmung gilt nicht unter den Voraussetzungen von Ziff. 27.1 und 28.3.

28 **b) Erfasste Schäden.** Ziff. 23.4 erfasst alle ersatzfähigen Schäden iSd §§ 249 BGB außer Güterschäden, Schäden an nach Ziff. 24 gelagertem Gut, Personenschäden und Sachschäden an Drittgut.

29 **Güterschäden** sind nach der Definition in Ziff. 22.2 der Verlust oder die Beschädigung des Gutes, das Gegenstand des Verkehrsvertrags ist. Anders als § 433 HGB nimmt Ziff. 23.3 dem Wortlaut nach nur Güterschäden selbst aus, nicht auch Folgeschäden von Güterschäden. Insoweit greift allerdings die Haftungsbeschränkung nach Ziff. 22.2, nach der der Spediteur bei Güterschäden nur auf Wertersatz haftet.

30 **Personenschäden** sind deshalb ausgenommen, weil gem. § 309 Nr. 7 lit. a BGB, der sinngemäß über § 307 BGB auch im unternehmerischen Verkehr gilt,[13] keine Haftungsfreizeichnung oder -beschränkung für fahrlässig verursachte Schäden aus der Verletzung des Lebens, des Körpers oder der Gesundheit möglich ist.

31 Der Begriff des **Drittgutes** ist nicht definiert. Gemeint sind Schäden an solchen Sachen, die nicht Gut im Sinne der ADSp, also nicht Gegenstand des Verkehrsvertrages sind.[14] Der Ausschluss erfasst nur Sachschäden, gilt also, soweit er dem Dritten entgegengehalten werden kann, nicht für sonstige Schäden, etwa Folgeschäden.

32 **2. Haftungsbeschränkung. a) Haftungssumme.** Ziff. 23.4 beschränkt die Haftung des Spediteurs auf die **dreifache Höchsthaftungssumme**, die sich bei Verlust des Gutes ergeben würde, höchstens aber 125.000 EUR je Schadenfall (Ziff. 1.11, näher → Ziff. 1 Rn. 49). Die Bestimmung stellt nunmehr auch klar, wie die Verlusthöchsthaftung zu berechnen ist, nämlich bei einer See- oder Multimodalbeförderung mit Seestrecke nach Ziff. 23.3.1 (2 Sonderziehungsrechte je Kilogramm Rohgewicht) und bei allen anderen Verkehrsverträgen nach Ziff. 23.3.2 (8,33 Sonderziehungsrechte je Kilogramm Rohgewicht). Maßgebend ist das Rohgewicht desjenigen Gutes, das Gegenstand der Pflicht war, die der Spediteur haftungsauslösend verletzt hat.

33 **b) Unberührtbleiben der gesetzlichen Vermögensschadenregeln.** Ziff. 23.4.1 lässt ausdrücklich § 433 HGB sowie die gesetzlichen Sonderregelungen für Vermögensschäden unberührt. Das sind die **Sondervorschriften** die Bestimmungen zur Haftung wegen Lieferfristüberschreitungen (§ 431 Abs. 3 HGB, Nachnahmeschäden (§ 422 Abs. 3 HGB), fehlerhaften Umgang mit Begleitpapieren (§§ 413 Abs. 2, 487 Abs. 2 HGB), Missachtung eines Sperrpapiers (§§ 418 Abs. 6, 491 Abs. 5 HGB), Missachtung eines Ladescheins (§§ 445 Abs. 3, 446 Abs. 2 HGB) oder Konnossement (§§ 520 Abs. 2, 521 Abs. 4 HGB) sowie für unrichtige Angaben des Konnossements, § 523 HGB). Unberührt bleiben auch die zwingenden oder klauselfesten Sonderregelungen der Vermögensschadenhaftung des Frachtführers in den internationalen transportrechtlichen Übereinkommen.[15]

---

[11] Zur streitigen Abgrenzung der Pflichten „hinsichtlich der Beförderung" von den sonstigen speditionellen Pflichten des Fixkostenspediteurs vgl. *Koller* HGB § 459 Rn. 4a; ihm folgend *Starosta* TranspR 2003, 55 (56); vgl. ferner *Andresen/Valder* HGB § 459 Rn. 12 ff. und *Thonfeld* TranspR 2003, 237.

[12] Vgl. jedoch BGH Urt. v. 9.6.2004 – I ZR 266/00, TranspR 2004, 369 (372): ergänzend anwendbares nationales Recht sind die §§ 249 ff. BGB.

[13] OLG Düsseldorf Urt. v. 2.4.2004 – 14 U 213/03, ZGS 2004, 271; UBH/*Christensen* BGB § 309 Nr. 7 Rn. 43.

[14] AM *Ramming* RdTW 2017, 255 (259): Sachen, die der Spediteur für Dritte befördert. Bei solchen Sachen stellt sich aber regelmäßig nicht die Frage einer Haftung gegenüber dem Auftraggeber.

[15] ZB Art. 11 Abs. 3, 12 Abs. 7, 21 CMR.

c) Keine Haftungserweiterung. Ziff. 23.4.2 soll klarstellen, dass die Regelung in Ziff. 23.4 nicht   **34**
als eine vereinbarte Haftungserweiterung für die gesetzlich beschränkte, aber zulasten des Spediteurs
dispositive Güterschadenhaftung des Spediteurs zu verstehen ist. Diese Gefahr besteht nicht nur dann,
wenn der Spediteur nach den in der Vorschrift zitierten Bestimmungen des internationalen Einheitsrechts haftet, die eine vertragliche Erweiterung der Schadensersatzhaftung des Frachtführers zulassen,
sondern auch bei der Haftung nach autonomem deutschem Recht. Denn zwar erfasst Ziff. 23.4 nur
die Haftung wegen anderer als Güterschäden, sodass sie nicht auf den vom Spediteur für Güterschäden
zu leistenden Ersatz angewendet werden kann, jedoch könnte die Bestimmung auf die – nach Ziff.
22.2 eigentlich nicht ersatzfähigen – Güterfolgeschäden bezogen werden.

VII. Höchsthaftung bei Kumulschäden (Ziff. 23.5)

1. Anwendungsbereich. Die Bestimmung ist ähnlich konzipiert wie Ziff. 23.1.3, indem sie eine   **35**
übergreifende feste Haftungsgrenze aufstellt, die – außer in den Fällen von Ziff. 27 – nur dann
überschritten wird, wenn sich dies aufgrund der Mindesthaftung von 2 Sonderziehungsrechten pro
Kilogramm Rohgewicht ergibt, die für die Haftung nach Ziff. 23.1 klauselfest angeordnet ist (§§ 449
Abs. 2, 466 Abs. 2 HGB). Während Ziff. 23.1.3 aber nur diejenigen Fälle regelt, in denen die Haftung
nach § 431 HGB berechnet wird, bezieht Ziff. 23.5 **alle in Ziff. 23 geregelten Fälle** außer See- und
internationalen Beförderungen (Ziff. 23.2) ein und erstreckt ihre haftungsbeschränkende Wirkung
außerdem auch auf die **Ansprüche weiterer Anspruchsteller,** die den Spediteur aufgrund desselben
Schadensereignisses, aber aus anderen Verkehrsverträgen, in die Haftung nehmen. Die Bestimmung gilt
damit für alle durch dasselbe Schadensereignis eintretende Güterschäden, neben Obhutsgüterschäden
(Ziff. 23.1) auch für solche Güterschäden, die außerhalb der Obhut des Spediteurs entstehen (Ziff.
23.3), und für Vermögensschäden (Ziff. 23.4), soweit diese nicht in Ziff. 23.4 ausgenommen sind.

Sie gilt nicht für Seebeförderungen und grenzüberschreitende Transporte nach Ziff. 23.2, weil im   **36**
Seefrachtrecht (§ 512 HGB) und im Anwendungsbereich der die internationale Beförderung von
Gütern regelnden Einheitsrechtsübereinkommen die Haftung nicht durch AGB summenmäßig zusätzlich beschränkt werden kann. Möglich gewesen wäre dies allerdings bei multimodalen grenzüberschreitenden Beförderungen, die in Ziff. 23.1.2 nur für den (allerdings praktisch wichtigsten) Fall einer
Seeteilstrecke einbezogen sind; da die Bestimmung die Haftung des Spediteurs aus Ziff. 23.2 nicht
erwähnt, findet sie darauf jedoch keine Anwendung. Sie gilt auch nicht für die in Ziff. 24 gesondert
geregelte Lagerung. Sie gilt außerdem nicht für Personenschäden und Sachschäden an Drittgut.
Schließlich gilt sie auch dann nicht, wenn die Voraussetzungen von Ziff. 27.1 oder 28.3 vorliegen.

2. Haftungsbeschränkung. a) Schadensereignis. Die Haftungsbeschränkung bezieht sich auf die   **37**
Haftung des Spediteurs aus einem Schadensereignis. Nach dem Wortlaut von Ziff. 1.11 liegt ein
Schadensereignis dann vor, wenn aufgrund eines äußeren Vorgangs mehrere Geschädigte aus mehreren
Verkehrsverträgen Ansprüche geltend machen. Diese Definition ist missverständlich und nur aus
versicherungsrechtlichem Blickwinkel und vor dem Hintergrund der Abgrenzung zum Begriff des
Schadenfalls verständlich. Richtigerweise ist das Schadensereignis der zur Inanspruchnahme des Spedi-
teurs führende „äußere Vorgang", also der haftungsbegründende Lebenssachverhalt, einerlei ob er
einen oder mehrere Geschädigte trifft (→ Ziff. 1 Rn. 53). Die Haftungsbeschränkung nach Ziff. 23.5
bezieht sich deshalb zwar auch, aber nicht nur auf Fälle, in denen aufgrund desselben äußeren Vorgangs
mehrere Geschädigte aufgrund mehrerer Verkehrsverträge Ansprüche gegen den Spediteur erheben.
Bei verständiger Auslegung erfasst ist gleichermaßen auch der Fall, dass der Vorgang **nur einen**
Geschädigten betroffen hat;[16] dann wird in der Praxis allerdings der Betrag von 2,5 Mio. EUR wegen
der summenmäßigen Beschränkungen in Ziff. 23.1.3, 23.3.3 und 23.4 S. 2 nur in seltenen Ausnahmefällen überschritten.

b) Voraussetzungen. Die Bestimmung ist vor diesem Hintergrund unglücklich formuliert. Der   **38**
erste Halbsatz, der den geregelten Tatbestand beschreibt, spricht scheinbar nur die Haftung aus dem
Verkehrsvertrag mit dem Auftraggeber an und lässt damit das Wesentliche aus, nämlich das Zusammentreffen dieser Haftung mit der Haftung aus weiteren, durch dasselbe Schadensereignis berührten
Verkehrsverträgen, und zwar in der Weise, dass die kumulierten Ersatzforderungen der Anspruchsteller trotz der Beschränkungen nach Ziff. 23.1, 23.3 und 23.4 einen Betrag von 2,5 Mio. EUR übersteigen.
Dass dieser Fall erfasst werden soll, ergibt sich nur aus dem Zusatz „unabhängig davon, wie viele
Ansprüche aus einem Schadenereignis erhoben werden", der in den zweiten, die Rechtsfolge regelnden Halbsatz eingeschoben ist. Im Ergebnis ist aber hinreichend deutlich, dass die Bestimmung dann
gelten soll, wenn der Spediteur sich aufgrund eines haftungsauslösenden Vorgangs Ansprüchen ausgesetzt sieht, die trotz der Beschränkung nach Ziff. 23.1, 23.3 und 23.4 kumulativ den Betrag von
2,5 Mio. EUR überschreiten. Ob die Ansprüche jeweils auch schon die Haftungsgrenzen der Ziff.
23.1, 23.3 und 23.4 überschreiten, ist irrelevant.[17]

---

[16] AM *Ramming* RdTW 2017, 255 (261).
[17] AM *Ramming* RdTW 2017, 255 (261).

39   **c) Haftungsgrenze.** Die auch hinsichtlich der Rechtsfolge unscharf formulierte Bestimmung begrenzt die Haftung des Spediteurs aus dem Verkehrsvertrag für Schäden der in Ziff. 23.1, 23.3 und 23.4 bezeichneten Art, und zwar entweder auf einen festen Betrag von 2,5 Mio. EUR oder, wenn Güterschäden eingetreten sind, auf zwei Sonderziehungsrechte je Kilogramm verlorenen oder beschädigten Guts, sofern sich danach ein höherer Betrag ergibt. Auf der Grundlage eines angenommenen Sonderziehungswerts von 1,25 EUR wäre der Betrag von 2,5 Mio. EUR bei einem betroffenen Ladungsgewicht von 1.000t erreicht. Wie das **Gewicht** des betroffenen Guts zu ermitteln ist, regelt die Vorschrift nicht ausdrücklich; es liegt jedoch nahe, hier nach Ziff. 23.3 die Bestimmungen des § 431 Abs. 1, 2 und 4 HGB analog anzuwenden. Maßgeblich ist nicht nur das Gewicht des Guts des Anspruchstellers, sondern das Gesamtgewicht aller durch das Schadensereignis betroffenen Güter.

40   Machen aufgrund des Schadenereignisses **mehrere Geschädigte** aus mehreren Verkehrsverträgen Ansprüche gegen den Spediteur geltend, so steht gleichwohl die Gesamthaftungssumme von entweder 2,5 Mio. EUR oder zwei Sonderziehungsrechte pro Kilogramm der betroffenen Güter nur einmal zur Verfügung. Es erfolgt aber kein förmliches Verteilungsverfahren unter den Gläubigern,[18] sondern es wird nur die Haftung aus dem betrachteten Verkehrsvertrag beschränkt, und zwar auf denjenigen Anteil an der Haftungssumme, der sich für den Anspruchsteller anhand des Anteils seiner – gegebenenfalls bereits nach Ziff. 23.1, 23.3 oder 23.4 beschränkten – Forderung an der Gesamtsumme aller gleichartigen, aus demselben Schadensereignis herrührenden Forderungen aller Anspruchsteller ergibt. Es spielt deshalb keine Rolle, inwieweit die anderen Gläubigeransprüche ebenfalls den ADSp 2017 unterliegen; ob der Spediteur auch dort seine Haftung für Kumulschäden gesondert beschränken kann, richtet sich allein nach den dort relevanten Vereinbarungen.

41   Die **Beweislast** dafür, dass neben dem Anspruchsteller weitere Gläubiger Ansprüche aufgrund desselben Schadensereignisses geltend machen, und mit welchen Beträgen diese Ansprüche konkurrierend zu berücksichtigen sind, liegt bei dem Spediteur.

VIII. Klauselkontrolle

42   **1. Ziff. 23.1.2.** Die Bestimmungen von Ziff. 23.1.2 sind, weil sie von ausdrücklichen gesetzlichen Klauselerlaubnissen Gebrauch machen, **im Grundsatz unbedenklich.** Das gilt auch für die Differenzierung zwischen Fällen bekannten und unbekannten Schadensortes bei Multimodalfrachtverträgen mit Seestrecke. Zwar ist es denkbar, dass der Spediteur das anwendbare Recht und damit seine Haftung durch das Zurückhalten oder Manipulieren von Informationen über den Schadensort zu beeinflussen versucht, jedoch wird diese Gefahr nicht erst durch Ziff. 23.1.2 heraufbeschworen, sondern ist schon im Gesetz angelegt. Ihr wird außerdem durch die erweiterte prozessuale Einlassungsobliegenheit des Spediteurs nachhaltig begegnet.

43   Fraglich ist aber, ob das Haftungsniveau von zwei Sonderziehungsrechten angemessen ist. Es hält sich zwar im Rahmen des gesetzlichen Korridors und entspricht überdies der gewichtsbezogenen Höchsthaftung beim Seetransport, der bei Multimodalfrachtverträgen mit Seestrecke meist den größten Teil der Beförderung einnimmt. Jedoch gilt im Seefrachtrecht eine zusätzliche, stückzahlbezogene Höchsthaftung (§ 504 HGB), die in der Praxis oft zu einer Vollhaftung führt und nach Ziff. 23.1.2 nicht zur Verfügung steht. Dieser Nachteil wird allerdings durch die Möglichkeit einer Durchbrechung der Haftungsschranken nach § 435 HGB ausgeglichen, die im Seefrachtrecht wegen des Erfordernisses persönlichen Verschuldens nach § 507 HGB praktisch ausgeschlossen ist. Im Ergebnis ist die Regelung daher im Grundsatz und für den Regelfall akzeptabel.[19]

44   Nach herrschender Meinung unterliegt die durch § 449 Abs. 1 HGB zugelassene Abweichung von dem gesetzlichen Höchsthaftungsbetrag der Inhaltskontrolle.[20] Die Absenkung der Regelhaftung auf 2 SZR kann aber wegen der aus § 449 Abs. 2 Nr. 1 HGB zum Ausdruck kommenden gesetzgeberischen Wertung weder als überraschend iSv § 305c Abs. 1 BGB[21] noch schlechterdings als unangemessen iSv § 307 BGB angesehen werden. Nur wenn **besondere Umstände im Einzelfall** eine solche Beurteilung rechtfertigen, kann etwas anderes gelten.

45   **2. Ziff. 23.1.3.** Die Bestimmung ist im Grundsatz **unbedenklich,** weil sie sich im Rahmen der gesetzlichen Regelungsvorgaben hält[22] und sich außerdem auf Schadensspitzen beschränkt. Nur in ganz besonderen Sonderfällen kann sie als unangemessen gelten.

---

[18] Unzutreffend deshalb die Kritik von *Ramming* RdTW 2017, 255 (261).

[19] OLG Düsseldorf Urt. v. 29.2.2012 – I-18 U 68/11, BeckRS 2013, 19002; aM *Ramming* RdTW 2017, 255 (258).

[20] *Schaffert* → HGB § 449 Rn. 37; MüKoHGB/*Schmidt* HGB § 449 Rn. 25; aA *Koller* TranspR 2000, 1 (5 f.).

[21] *Koller* HGB § 449 Rn. 60, der dies allerdings mit dem Erfordernis eines besonderen Hinweises begründet.

[22] AA *Ramming* RdTW 2017, 255 (257), der meint, § 449 Abs. 2 HGB gestatte nur die Änderung des für die Regelhaftung gesetzlich bestimmten Referenzwertes von 8,33 Sonderziehungsrechten, aber nicht eine feste betragsmäßige Haftungsgrenze, weil sich dadurch der Referenzwert in Abhängigkeit vom Gewicht des betroffenen Guts ändere. Diese formale Betrachtungsweise überzeugt nicht, weil es nicht auf die Berechnungsformel, sondern auf das Beschränkungsergebnis ankommt und die gesetzlich verbürgte Mindesthaftung von zwei SZR/kg gewährleistet ist.

3. Ziff. 23.3. Ziff. 23.3 hält sich mit seinen Haftungsgrenzen für Güterschäden, die außerhalb der **46** Obhutszeit des Spediteurs eintreten, weitestgehend an die gesetzlich angeordneten bzw. (bei Seebeförderung) zugelassenen Höchsthaftungssummen für Obhutsgüterschäden. Da die Bestimmung nur gilt, wenn der Güterschaden im Rahmen eines den ADSp unterliegenden Verkehrsvertrags verursacht worden ist, und deshalb stets ein enger Bezug zu der verkehrsvertraglichen Obhutshaftung besteht, ist diese Gleichstellung **nicht unangemessen** und auch keineswegs überraschend. Der Auftraggeber wird in der Regel ohnehin davon ausgehen, dass die Haftung des Spediteurs für das Gut unter dem gesamten Verkehrsvertrag einheitlichen Regeln folgt. Die feste Haftungsgrenze nach Ziff. 23.3.3 ist ebenfalls nicht zu beanstanden,[23] weil sie für den Regelfall des ADSp-Verkehrsvertrags auskömmlich ist und unter den Voraussetzungen der Ziff. 27 (grobes Verschulden, Kardinalpflichten) und 28.3 (fehlende Verkehrshaftungsversicherung) entfällt.

4. Ziff. 23.4. Ziff. 23.4 folgt bei Vermögensschäden dem gesetzlichen Haftungsbeschränkungskon- **47** zept des § 433 HGB, wenn auch unter Ausdehnung auf sämtlich verkehrsvertraglichen Pflichten. Aufgrund dieser Orientierung am Gesetz kann die Bestimmung nicht als unangemessen beanstandet werden, obgleich es wenig sachgerecht erscheint, die Haftungsgrenze für Vermögensschäden am Gewicht der Güter zu orientieren. Nicht zu beanstanden ist auch, dass Ziff. 23.4 die Begrenzung auf Leistungen ausdehnt, für die der Spediteur nach dem Gesetz unbeschränkt haften würde, denn der Gesetzgeber hat insoweit bewusst Vertragsfreiheit auch für Klauselrecht gelassen (§ 466 Abs. 1 HGB). Auch die starre Haftungsgrenze bei 125.000 EUR ist noch angemessen. Zwar sind nach der Rspr. summenmäßige Beschränkungen in AGB nur dann wirksam, wenn sie sich in einem angemessenen Verhältnis zu dem vertragstypischen Schadensrisiko halten.[24] Jedoch sind bei der Beurteilung der Angemessenheit auch wertende Gesichtspunkte wie der Aspekt der Preisrelevanz der übermäßigen Überbürdung von Betriebsrisiken des Vertragspartners auf den Leistungserbringer zu berücksichtigen.[25] Der Betrag von 125.000 EUR deckt bei üblichen Speditionsgeschäften die zu erwartenden Vermögensschäden in der Regel ab und trägt dem unabdingbaren Erfordernis der Versicherbarkeit der Haftungsrisiken des Spediteurs Rechnung. Aufgrund von Ziff. 27 verstößt die Klausel auch nicht gegen das Verbot[26] der Haftungsbegrenzung bei grober Fahrlässigkeit des Spediteurs oder seiner leitenden Angestellten sowie bei der fahrlässigen Verletzung von Kardinalpflichten. Zudem ist die Haftung auf Grund von Ziff. 28 sichergestellt. Die Regelung ist daher **wirksam.**[27]

5. Ziff. 23.5. Ziff. 23.5 ist deshalb problematisch, weil sie ihrem Wortlaut nach nicht in jeder **48** denkbaren Fallkonstellation die klauselfest **verbürgte Mindesthaftung für Güterschäden** von zwei Sonderziehungsrechten pro Kilogramm schadensbetroffenen Guts sicherstellt. Denn zwar fließt jedes Kilogramm betroffenen Guts mit zwei Sonderziehungsrechten in die Berechnung der Gesamthaftungssumme ein, jedoch müssen die betroffenen Anspruchsteller sich die Gesamthaftungssumme mit Gläubigern von Vermögensschäden iSv Ziff. 23.4 teilen, sodass auf sie gegebenenfalls weniger als zwei Sonderziehungsrechte pro Kilogramm entfallen. Dieses gesetzeswidrige Ergebnis lässt sich nur vermeiden, wenn man die Wendung „2 Sonderziehungsrechte für jedes Kilogramm der verlorenen und beschädigten Güter" so auslegt, dass die zwei Sonderziehungsrechte nicht nur Berechnungsfaktor der Gesamthöchsthaftung sind, sondern zugleich die Mindesthaftung für Güterschäden bestimmen. Das ist aber mit dem Wortlaut des letzten Halbsatzes der Bestimmung schwer vereinbar und kann auch deshalb nicht zugrunde gelegt werden, weil im Rahmen der Wirksamkeitskontrolle von der kundenfeindlichsten Auslegung auszugehen ist (→ Vor Ziff. 1 Rn. 51). Außerdem hätte diese Auslegung zur Folge, dass die Gläubiger von Vermögensschäden in der genannten Konstellation ganz leer ausgehen, weil die Gesamthaftungssumme vollen Umfangs an die Gläubiger von Güterschadenansprüchen geht.

Im Übrigen ist die Bestimmung nicht zu beanstanden.[28] Sie beschränkt das Haftungsrisiko des **49** Spediteurs bei besonders folgeschweren Schadensereignissen, insbesondere wenn mehrere Geschädigte Ansprüche erheben. Die zusätzliche Beschränkung erfasst jedoch nur Schadensspitzen oberhalb von 2,5 Mio. EUR und gewährleistet – mit der vorstehenden Einschränkung – auch dann noch ein Mindesthaftungsniveau von zwei Sonderziehungsrechten pro Kilogramm betroffenen Gutes. Sie entfällt unter den Voraussetzungen von Ziff. 27 und trägt damit den Vorgaben der Rspr. für die Fälle schweren Verschuldens und der Verletzung von Kardinalpflichten Rechnung.

---

[23] So auch *Ramming* RdTW 2017, 255 (259).

[24] BGH Urt. v. 11.11.1992 – VIII ZR 238/91, NJW 1993, 335; Urt. v. 29.9.2000 – VIII ZR 155/99, NJW 2001, 292 (295); Palandt/*Heinrichs* BGB § 307 Rn. 51; UBH/*Fuchs* BGB § 307 Rn. 302.

[25] Vgl. BGH Urt. v. 25.2.1998 – VIII ZR 276/96, NJW 1998, 1640.

[26] BGH Urt. v. 15.9.2005 – I ZR 58/03, TranspR 2006, 38 (41); Urt. v. 15.9.2005 – I ZR 68/03, TranspR 2006, 42 (44).

[27] So auch *Koller* ADSp 2016 Ziff. 23 Rn. 21; aA, allerdings nur wegen der unzureichenden Definition vertragswesentlicher Pflichten in den ADSp 2003, UBH/*Schäfer* Teil 2 Gütertransportverträge Rn. 7; vgl. auch OLG Brandenburg Urt. v. 15.8.2001 – 7 U 32/01, TranspR 2001, 474 (477); aM *Heuer* TranspR 2003, 1 (7); *Heuer* TranspR 2004, 114 (117).

[28] *Ramming* RdTW 2017, 255 (261), erhebt noch weitere, jedoch nicht überzeugende, hauptsächlich formale Beanstandungen. Unverständlich ist sein Hinweis auf § 512 HGB, der von Ziff. 23.5 nicht berührt wird.

24. Haftungsbegrenzungen bei verfügter Lagerung, Inventuren und Wertdeklaration

24.1 Die Haftung des Spediteurs bei Güterschäden ist bei einer verfügten Lagerung der Höhe nach begrenzt
    24.1.1 entsprechend § 431 Abs. 1, 2 und 4 HGB auf 8,33 Sonderziehungsrechte für jedes Kilogramm,
    24.1.2 höchstens 35.000 Euro je Schadenfall.
    24.1.3 Besteht der Schaden eines Auftraggebers in einer Differenz zwischen Soll- und Ist-Bestand des Lagerbestands, ist die Haftung des Spediteurs abweichend von Ziffer 24.1.2 der Höhe nach auf 70.000 Euro pro Jahr begrenzt, unabhängig von Anzahl und Form der durchgeführten Inventuren und von der Zahl der für die Inventurdifferenz ursächlichen Schadenfälle.

24.2 Der Auftraggeber kann gegen Zahlung eines zu vereinbarenden Zuschlags vor Einlagerung in Textform einen Wert zur Erhöhung der Haftung angeben, der die in Ziffer 24.1 bestimmten Höchstbeträge übersteigt. In diesem Fall tritt der jeweils angegebene Wert an die Stelle des betreffenden Höchstbetrages.

24.3 Die Haftung des Spediteurs für andere als Güterschäden mit Ausnahme von Personenschäden und Sachschäden an Drittgut ist bei einer verfügten Lagerung begrenzt auf 35.000 Euro je Schadenfall.

24.4 Die Haftung des Spediteurs – mit Ausnahme von Personenschäden und Sachschäden an Drittgut – ist in jedem Fall, unabhängig davon, wie viele Ansprüche aus einem Schadenereignis erhoben werden, bei einer verfügten Lagerung auf 2,5 Millionen Euro je Schadenereignis begrenzt; bei mehreren Geschädigten haftet der Spediteur anteilig im Verhältnis ihrer Ansprüche. Ziffer 24.2 bleibt unberührt.

Schrifttum: S. vor Ziff. 1.

Vorläufer in ADSp 2003: Ziff. 24 ADSp 2003.

Übersicht

I. Überblick

1   Die Haftung des Lagerhalters ist gesetzlich als vermutete Verschuldenshaftung geregelt (§ 475 HGB). Eine Haftungsbegrenzung ist gesetzlich nicht vorgesehen, auch nicht durch eine Beschränkung auf Wertersatz. Die Haftung ist aber dispositiv und kann, in den Grenzen der §§ 305 ff. BGB und unter Wahrung der verkehrswesentlichen Pflichten, auch durch AGB eingeschränkt werden.[1]

2   Ziff. 24 errichtet demgegenüber summenmäßige Haftungsbegrenzungen bei Schadensersatzansprüchen aus Lagerleistungen des Spediteurs. Vorrangig vor Ziff. 24 sind die Haftungsbegrenzungen in Ziff. 22 zu berücksichtigen, insbesondere bei Güterschäden die Beschränkung auf Wertersatz (Ziff. 22.2). Die Begrenzungen aus Ziff. 24 gelten gem. Ziff. 26 auch für parallele außervertragliche Ansprüche. Sie entfallen aber im Rahmen und unter den Voraussetzungen der Ziff. 27.2 bei grobem Verschulden und der Verletzung von Kardinalpflichten sowie bei fehlendem Versicherungsschutz (Ziff. 28.3).

3   Ziff. 24 regelt in den Ziff. 24.1 zunächst Höchsthaftungsbeträge bei **Güterschäden,** und zwar durch eine gewichtsbezogene Regelhöchsthaftung (Ziff. 24.1.1), die durch Höchstbeträge pro Schadenfall

---

[1] BGH Urt. v. 20.9.2018 – I ZR 146/17, BeckRS 2018, 33719 Rn. 13.

(Ziff. 24.1.2) und für jährliche Inventurdifferenzen (Ziff. 24.1.3) weiter beschränkt wird. Diese Haftungsgrenzen können nach Ziff. 24.2 durch eine **Wertdeklaration** erhöht werden. Die Höchsthaftung für **sonstige Schäden** regelt Ziff. 24.3. Ziff. 24.4 errichtet ähnlich wie Ziff. 23.5 eine zusätzliche übergreifende Haftungsgrenze bei **Kumulschäden** mit mehreren Anspruchstellern.

II. Verfügte Lagerung

Ziff. 24 gilt für Lagerleistungen des Spediteurs nur dann, wenn die Lagerung „**verfügt**" war. **4** Verfügt ist die Lagerung, wenn sie entweder mit dem Auftraggeber vereinbart wurde (Lagervertrag oder gemischter[2] Vertrag mit lagerrechtlichen Pflichten) oder auf Grund einer Weisung des Auftraggebers erfolgt ist,[3] zum Beispiel auf Grund von vorübergehend nicht behebbaren Ablieferungshindernissen bei einem Frachtvertrag.[4] wenn sie also vom Auftraggeber als Hauptleistungspflicht des Spediteurs gewollt ist. Im Frachtrecht ist der Gegenbegriff zur verfügten Lagerung die **verkehrsbedingte Zwischenlagerung,** also die rechtlich zur Beförderung zu rechnende, aus verkehrstechnischen oder -organisatorischen Gründen notwendige und daher der Beförderung dienende Lagerung, bevor, während oder nachdem sich das Gut auf einem Beförderungsmittel befindet.[5] Bei anderen Verkehrsverträgen liegt eine verfügte Lagerung ebenfalls nicht vor, wenn die Lagerung der Güter nur notwendige Nebenpflicht zu der anderweitigen vertraglichen Hauptpflicht des Spediteurs ist, zB einer Verzollung[6] oder einer logistischen Warenbearbeitung.

III. Haftungsbegrenzung bei Güterschäden (Ziff. 24.1, 24.2)

1. Verlust oder Beschädigung des Gutes. Ziff. 24.1 beschränkt die Haftung des Spediteurs für **5** Güterschäden der Höhe nach. Der Begriff des Güterschadens ist in Ziff. 22.2 definiert als **Verlust oder Beschädigung** des Gutes. Der Begriff des Guts ist genau so zu verstehen wie in § 467 Abs. 1 HGB, die Begriffe des Verlustes und Beschädigung ebenso wie in § 475 S. 1 HGB. Zu dem Gut zählen auch die Verpackung sowie etwaige Lademittel.[7]

Im Gegensatz zu § 475 S. 1 HGB kommt es für Ziff. 24 jedoch nicht darauf an, ob der Güterscha- **6** den während der Lagerung entstanden ist.[8] Die Regelung gilt auch dann, wenn der Spediteur „bei einer verfügten Lagerung" nachrangig gem. § 280 BGB wegen der Verletzung einer ihn treffenden Vertragspflicht für einen Güterschaden haftet, etwa weil er die Annahme des Guts verweigert oder eine Schadensursache gesetzt hat, die sich schon vor der Übernahme oder erst nach der Auslieferung auswirkt.

2. Haftungsbegrenzungen. a) Gewichtsbezogener Höchsthaftungsbetrag (Ziff. 24.1.1). **7** Grundsätzlich beschränkt sich die Wertersatzhaftung (Ziff. 22.2) des Spediteurs nach Maßgabe der entsprechend anzuwendenden frachtrechtlichen Bestimmung des § 431 HGB in Abhängigkeit von dem Gewicht des Guts. Die Regelhöchsthaftung von 8.33 Sonderziehungsrechten pro Kilogramm Rohgewicht nach § 431 Abs. 1 HGB wird unverändert übernommen.

Aus der entsprechenden Anwendung von § 431 Abs. 2 HGB ergibt sich, dass nur das Rohgewicht **8** des vom Schaden betroffenen Teils des Guts maßgeblich ist, wenn das Gut aus mehreren Frachtstücken (Packstücken iSv Ziff. 1.10) besteht und nicht alle Frachtstücke durch die Beschädigung oder den Verlust betroffen sind.

Für das Sonderziehungsrecht gilt § 431 Abs. 4 HGB. **9**

b) Fester Höchsthaftungsbetrag. Die gewichtsbezogen errechnete Höchsthaftung wird zusätzlich **10** durch eine betragsmäßig feste, wenn auch durch Wertdeklaration nach Ziff. 24.2 änderbare Höchsthaftungssumme von grundsätzlich 35.000 EUR pro Schadenfall begrenzt (Ziff. 1.11, näher → Ziff. 1 Rn. 49). Sind mehrere Geschädigte vorhanden, kann sich eine weitere Beschränkung aus Ziff. 24.4 ergeben.

c) Höchsthaftungsbetrag bei Inventurdifferenzen. Bei Schäden durch Inventurdifferenzen gilt **11** eine Höchsthaftungssumme von 70.000 EUR pro Jahr. Inwieweit der Anspruchsteller durch eine Inventurdifferenz geschädigt ist, richtet sich gem. Ziff. 22.2 nach den entsprechend anzuwendenden frachtrechtlichen Bestimmungen der §§ 429, 430 und 432 HGB. Maßgeblich ist der gem. § 429 HGB zu berechnende Wertverlust; zusätzlich zu erstatten sind Schadensfeststellungskosten (§ 430 HGB) und die aus Anlass der Lagerung entstandenen Kosten iSv § 432 HGB. Hat die Inventur außer Beschädi-

---

[2] BGH Urt. v. 20.9.2018 – I ZR 146/17, BeckRS 2018, 33719 Rn. 8.

[3] BGH Urt. v. 15.9.2005 – I ZR 58/03, TranspR 2006, 39 (40).

[4] Vgl. LG Wuppertal Urt. v. 4.1.2012 – 13 O 62/10, TranspR 2012, 378.

[5] Vgl. BGH Urt. v. 10.3.1994 – I ZR 75/92, TranspR 1994, 279 (281); Urt. v. 6.10.1994 – I ZR 179/92, TranspR 1995, 106 (108).

[6] OLG Düsseldorf Urt. v. 1.4.1993 – 18 U 326/92, TranspR 1995, 356 (357).

[7] *Koller* ADSp 2016 Ziff. 24 Rn. 2.

[8] AM *Koller* ADSp 2016 Ziff. 24 Rn. 2.

gungen und Verlusten auch Mehrbestände ergeben, so darf der Spediteur diese zusätzlich vorhandenen Werte gem. Ziff. 22.3 wertmäßig mit den Schäden saldieren.

12 Die Höchsthaftungssumme ist unabhängig von der Anzahl der Schadenfälle, die die Bestandsdifferenzen verursacht haben. In der Regel handelt es sich um unbemerkt gebliebene Eingangsdifferenzen, Fehlkommissionierungen, Zählfehler oder Verwechslungen bei der Auslieferung, Bruchschäden und Diebstähle. Da diese Schadenfälle in der Regel nicht bemerkt oder jedenfalls nicht dokumentiert werden, kann die Höchsthaftungssumme nicht sinnvoll auf Schadenfälle bezogen werden. Sie ist deshalb auf die tatsächlich durchgeführte Lagerbestandsermittlung zu beziehen, bei der eine Inventurdifferenz festgestellt wird.

13 Inventuren sind gem. § 240 Abs. 2 HGB, §§ 140 f. AO mindestens zum Schluss des Geschäftsjahres zu erstellen. Die Höchsthaftungssumme steht jedoch pro Jahr nur einmal zur Verfügung. Das Jahr berechnet sich ab dem Beginn der Lagerung, wenn die Parteien nicht – auch stillschweigend – das Kalender- oder Geschäftsjahr zugrunde legen. Werden Inventuren nicht nur einmal jährlich, sondern in einem kürzeren Intervall durchgeführt, so sind die während des gesamten Jahres feststellten Differenzen zusammen zu rechnen. Es spielt keine Rolle, in welcher Weise die Inventuren durchgeführt werden.

14 **3. Wertdeklaration (Ziff. 24.2). a) Überblick.** Ziff. 24.2 lehnt sich an Ziff. 24 CMR an. Danach kann der Auftraggeber gegen einen zu vereinbarenden Vergütungszuschlag einen die Haftungsgrenzen nach Ziff. 24.1 übersteigenden **Wert zur Erhöhung der Haftung** angeben. Zweck dieser Regelung ist vor allem die Abfederung der starren Haftungsgrenzen von Ziff. 24.1 bei höherwertigem Gut. Außerdem sollen die verengten Voraussetzungen für eine Durchbrechung der Haftungsgrenzen nach Ziff. 27.2 (kumulatives Erfordernis qualifizierten Verschuldens und einer Kardinalpflichtverletzung) durch die Bereitstellung einer optionalen höheren Regelhaftung akzeptabel gemacht werden. Eine solche Haftungsbeschränkung hat der BGH in seiner Entscheidung vom 17.10.2013[9] für den Fall gebilligt, dass dem Auftraggeber das Recht zu entgeltlicher Wertdeklaration vorbehalten ist; dem soll Ziff. 24.2 Rechnung tragen.

15 Es ist zweifelhaft, ob die Wertdeklaration ein einseitiges Recht des Auftraggebers ist oder ob sie nur mit Zustimmung des Spediteurs zustande kommt. Für Art. 24 CMR, die gem. Art. 41 CMR zwingend ist und nicht der Auslegung nach klauselrechtlichen Grundsätzen unterliegt, wird überwiegend vertreten, dass die Zustimmung des Spediteurs zu der Wertdeklaration des Absenders erforderlich sei.[10] Allerdings bleibt dabei unberücksichtigt, dass Art. 24 CMR – ungeachtet des zwingenden Charakters der CMR – selbst Gegenstand der vertraglichen Einigung der Parteien ist. Die Ansicht, der Frachtführer könne die Deklaration völlig frei zurückweisen, lässt sich mit dem Wortlaut von Art. 24 CMR nur schwer in Einklang bringen, denn es handelt sich danach um ein einseitiges Deklarationsrecht des Auftraggebers, dessen haftungsrechtliche Folgen der Frachtführer nur dadurch verhüten kann, dass er die Einigung über den im Gegenzug geschuldeten Vergütungszuschlag verweigert. Das ist wegen des Zwecks der Wertdeklaration indessen nur in den Grenzen von Treu und Glauben zulässig und spricht im Übrigen auch nicht dagegen,[11] die Wertdeklaration zunächst als ein einseitiges Recht anzusehen, dessen Ausübung erst die Frage nach einem Risikozuschlag aufwirft, ähnlich wie bei einem Vorvertrag.

16 Jedenfalls für Ziff. 24.2 erscheint die Auslegung richtig, ein **einseitiges Recht des Auftraggebers zur Wertdeklaration** anzunehmen (§ 305c Abs. 2 BGB).[12] Das entspricht erstens dem Wortlaut und zweitens dem Zweck der Bestimmung, denn als eine bloße abstrakte Idee zur Vertragsergänzung, die den Spediteur in keiner Weise bindet, wäre die Vorschrift wertlos und könnte ihren Zweck nicht erfüllen, dem Auftraggeber eine Ausweichmöglichkeit aus den engen Haftungsgrenzen der Ziff. 24, 27 zu gewähren. Auch vor dem Hintergrund von Ziff. 27.2 muss der Kunde es „in der Hand haben",[13] sich die höhere Haftung durch Wertdeklaration zu verschaffen, weil sonst die erschwerte Haftungsdurchbrechung nicht zu rechtfertigen ist. Ziff. 24.2 ist deshalb ein vertraglich vorgegebenes einseitiges Optionsrecht des Auftraggebers, die Haftungsgrenzen durch Wertdeklaration zu erhöhen. Dem Spediteur bleibt dann nur das Recht, im Gegenzug einen **Risikozuschlag** zu fordern, über den die Parteien sich – beiderseits die Grundsätze von Treu und Glauben wahrend – verständigen müssen.[14] Wird die

---

[9] BGH Beschl. v. 17.10.2013 – I ZR 226/12, TranspR 2014, 200; dazu *Herber* TranspR 2014, 203; Vorinstanz OLG Bremen Urt. v. 23.11.2012 – 2 U 143/11, TranspR 2014, 201; ebenso bereits BGH Urt. v. 19.12.1998 – I ZR 233/95, TranspR 1998, 374 Rn. 23.

[10] Thume/*Thume/Riemer* CMR Art. 24 Rn. 3; MüKoHGB/*Jesser-Hus* CMR Art. 24 Rn. 2; Staub/*Reuschle* CMR Art. 24 Rn. 2; *Koller* CMR Art. 24 Rn. 2. Die Rspr. ist weniger klar; im Sinne der hM OGH Urt. v. 26.4.2001 – 2 Ob 40/00x, ETR 2002, 497. Die Entscheidung des BGH Urt. v. 14.7.1993 – I ZR 204/91, TranspR 1993, 426 weist jedoch in die gegenteilige Richtung, weil das Erfordernis der Eintragung im Frachtbrief dort mit einer Warn- und Schutzfunktion begründet wird, die dem Frachtführer die ihn treffende Haftungserweiterung sinnfällig vor Augen führen soll. Aus dem Urteil des OLG Hamburg v. 29.5.1980 – 6 U 137/79, VersR 1980, 950 lässt sich nur entnehmen, dass der Frachtführer die Deklaration nicht ohne einen Zuschlag hinnehmen muss.

[11] AM MüKoHGB/*Jesser-Hus* CMR Art. 24 Rn. 2.

[12] AM wohl *Koller* ADSp 2016 Ziff. 24 Rn. 6.

[13] BGH Beschl. v. 17.10.2013 – I ZR 226/12, TranspR 2014, 200 Rn. 12.

[14] So auch *Hector/Salzmann,* ADSp 2017 Praktikerkommentar, 2016, 74.

Einigung von einer Partei wider Treu und Glauben verweigert, kann das zu einer Schadensersatzpflicht führen, auf Seiten des Spediteurs auch zu einer Haftung in Höhe der Wertdeklaration des Auftraggebers.

b) Voraussetzungen. aa) Angabe des Werts. Um von der Vorschrift Gebrauch zu machen, muss **17** der Auftraggeber vor der Einlagerung in Textform einen oder mehrere Werte zur Erhöhung der Haftung angeben, die die in Ziff. 24.1 bestimmten Höchstbeträge übersteigen. Deklariert er einen Wert, der unterhalb der Haftungshöchstbeträge liegt, hat das keine Auswirkungen auf die Haftungsgrenzen nach Ziff. 24.1. Aus der Angabe muss sich entnehmen lassen, auf welchen der Höchsthaftungswerte von Ziff. 24.1 er sich beziehen soll. Eine Wertdeklaration hinsichtlich der Höchsthaftungsbeträge nach Ziff. 24.3 und 24.4 ist nicht vorgesehen, kann aber vereinbart werden.

Die Angabe ist eine geschäftsähnliche Handlung; auf sie finden die Bestimmungen über Willens- **18** erklärungen entsprechende Anwendung. Die Angabe bedarf der **Textform** (§ 126b BGB).

Die Wertangabe kann einen Wert pro Kilogramm (Ziff. 24.1.1) nennen oder den Gesamthaftungs- **19** wert der zu lagernden Partie (Ziff. 24.1.2). Die angegebenen Werte müssen den tatsächlichen Marktwert nicht voll ausschöpfen, sondern können niedriger höher ausfallen. Auch den Marktwert übersteigende Angaben sind möglich; wegen des in Ziff. 22.2 verankerten und durch Ziff. 24.2 nicht berührten Wertersatzprinzips führt das aber nicht zu einer den Wert übersteigenden Haftung (→ Rn. 27).

Sofern ein Wert zur Erhöhung der Haftung für Inventurschäden nach Ziff. 24.1.3 angegeben wird, **20** bezieht dieser sich von vornherein nicht auf den Wert des gelagerten Guts, sondern auf die vom Auftraggeber geforderte Regelhöchsthaftung des Spediteurs für solche Schäden. Obwohl Ziff. 24.1.3 einen festen Betrag nennt, kann eine Wertangabe des Auftraggebers die Höchsthaftung auch in anderer Weise beschreiben, etwa anhand einer Inventurschadenquote. Das kann insbesondere dann sinnvoll sein, wenn revolvierende Bestände mehrerer unterschiedlicher Produkte zu lagern sind, sodass die Lagerwerte schwanken und schwer abschätzbar sind.

Die Wertdeklaration muss **vor der Einlagerung** erfolgen. Der Spediteur soll sich, auch im Hinblick **21** auf seine Versicherungsdeckung, auf die erhöhte Haftung einstellen können, bevor diese praktisch wird. Außerdem soll eine nachträgliche Wertdeklaration im Schadenfall vereitelt werden.

Die Angabe des Werts muss **„zur Erhöhung der Haftung"** erfolgen. Dieses Merkmal verspricht – **22** ebenso wie der zu vereinbarende Zuschlag – in der Praxis ein hohes Streitpotential. Nur selten wird der Auftraggeber ausdrücklich klarstellen, dass seine Wertangabe gerade deshalb erfolgt, weil die Haftung erhöht werden soll.[15] Der Wert wird auch nur selten ausdrücklich deklariert. In der Regel kann der Spediteur routinemäßig anhand von Warenbegleitdokumenten oder – im Rahmen von Logistikverträgen – aufgrund seiner eigenen Einbindung in die Erstellung von Rechnungen und Lieferscheinen von dem Wert der Ware Kenntnis nehmen, ohne dass damit eine haftungsrechtliche Absicht des Auftraggebers verbunden ist. Solche Fälle schlichter und absichtsloser Kenntnisnahmemöglichkeit sollten für Ziff. 24.2 nicht ausreichen,[16] insbesondere dann nicht, wenn diese Kenntnisnahme sich für den Spediteur erst im Zuge der Auftragsdurchführung und durch nicht vertretungsberechtigtes Personal ergibt (s. Ziff. 5.2). Der Auftraggeber muss daher in einer an vertretungsberechtigtes Personal des Spediteurs gerichteten Erklärung hinreichend deutlich erkennbar machen, dass er den Wert gerade deshalb angibt, weil der Spediteur entsprechend haften soll.[17]

Zusätzlich erschwert wird die Feststellung der Wertdeklaration im Sinne von Ziff. 24.2, weil sie von **23** **sonstigen Wertangaben** des Auftraggebers abgegrenzt werden muss, insbesondere von der allgemeinen Warenwertangabe nach Ziff. 3.1.1, dem Hinweis auf wertvolles oder diebstahlsgefährdetes Gut nach Ziff. 3.3 und der Wertangabe zu Zwecken der Güterversicherung nach Ziff. 21.2.2. Wie Angaben über den Wert im Einzelfall zu einzustufen sind, kann nur anhand der jeweils obwaltenden Umstände beurteilt werden. Beide Parteien haben es jedenfalls in der Hand, Klarheit darüber herzustellen, welchen Zwecken die Angaben dienen, der Auftraggeber, indem er seine Angabe ausdrücklich mit einem Hinweis auf den verfolgten Zweck verbindet, der Spediteur, indem er den Auftraggeber über dessen Absichten befragt und ihn auf die jeweiligen Rechtsfolgen hinweist.

bb) Zuschlag. Hat der Auftraggeber von seinem Recht zur Wertdeklaration Gebrauch gemacht, so **24** erzeugt diese ihre vertraglichen Wirkungen gegen Zahlung eines Zuschlags, der das erhöhte Risiko des Spediteurs abdecken soll. Der Zuschlag ist „zu vereinbaren"; es sind daher beide Parteien verpflichtet, sich unter Wahrung der Verkehrssitte und der Grundsätze von Treu und Glauben über den Zuschlag zu verständigen. Einen Anhaltspunkt für die Angemessenheit des Zuschlags können die Kosten entsprechender Lagerhalterhaftpflichtdeckung bieten.[18]

---

[15] Vgl. den Fall der Entscheidung des OGH Wien Urt. v. 26.9.2012 – 7 Ob 111/12t, TranspR 2013, 204, wo eine schlichte Angabe des „Auftragswertes" als Wertdeklaration nach Art. 22 Abs. 3 MÜ angesehen wurde, ablehnend dazu *Müller-Rostin* TranspR 2015, 140.
[16] So auch *Koller* CMR Art. 24 Rn. 2 und ADSp 2016 Ziff. 24 Rn. 6.
[17] *Koller* MÜ Art. 22 Rn. 4.
[18] OLG Düsseldorf Urt. v. 6.7.2005 – I-18 U 238/00, BeckRS 2008, 23579.

25   Die Rechtsfolgen der Wertdeklaration hängen – ebenso wie nach hM bei Art. 24, 26 CMR[19] – jedoch nicht davon ab, dass tatsächlich ein abgrenzbarer Zuschlag zu der Vergütung vereinbart und entrichtet wird. Das gilt zunächst für den Fall, dass die Wertdeklaration bereits bei Vertragsschluss erfolgt und das Haftungsrisiko daher vom Spediteur bereits bei der Bemessung der von ihm geforderten Grundvergütung berücksichtigt werden kann. Aber auch sonst braucht der Spediteur von seinem Recht, einen Zuschlag zur Abgeltung der vom Auftraggeber geforderten erhöhten Haftung zu fordern, keinen Gebrauch zu machen, etwa wenn ihm im Hinblick auf bestehenden Versicherungsschutz keine Mehrkosten entstehen oder weil er den Wünschen des Auftraggebers aus wirtschaftlichen Gründen auch ohne Zuschlag entgegen kommen will.

26   **c) Rechtsfolgen.** Der jeweils angegebene Wert tritt an die Stelle des betreffenden Höchstbetrages nach Ziff. 24.1. Hat der Auftraggeber einen **Wert pro Kilogramm** Rohgewicht beziffert, wird diese Angabe für Ziff. 24.1.1 maßgeblich. Hat er einen **Gesamtwert** der zu lagernden Partie angegeben, so tritt dieser an die Stelle des Höchsthaftungsbetrags nach Ziff. 24.1.2. Hat er stattdessen einen Wert für die Haftung für Inventurschäden angegeben, ist dieser im Rahmen von Ziff. 24.1.3 maßgeblich.

27   Eine Wertangabe nach Ziff. 24.1.1 oder 24.1.2 hat, wenn sie den tatsächlichen **Güterwert über-steigt,** nicht zur Folge, dass der Spediteur im Schadenfall bei Verlust in der angegebenen Höhe und bei Wertverlust durch Beschädigung betragsanteilig haftet. Dem steht regelmäßig schon das Wertersatz-prinzip nach Ziff. 22.2 entgegen, das durch Ziff. 24.2 nicht berührt wird. Unter den Voraussetzungen von Ziff. 27 oder 28.3 tritt an dessen Stelle zwar das Prinzip der Totalreparation nach § 249 BGB, jedoch muss der Anspruchsteller auch dann seinen Schaden der Höhe nach nachweisen und kann sich nicht auf eine Wertdeklaration berufen.

IV. Haftungsbegrenzung für sonstige Schäden (Ziff. 24.3)

28   Ziff. 24.3 ähnelt Ziff. 23.4. Die Bestimmung gilt für alle vom Spediteur im Rahmen verfügter Lagerung verantwortete Schäden, die weder Güterschäden noch Personen- oder Sachschäden an Drittgut sind (näher → Ziff. 23 Rn. 28). Eine Beschränkung auf obhutsbezogene Pflichten ist nicht vorgesehen. Für Güterschäden gelten die Bestimmungen von Ziff. 24.1 und 24.2; für Personen- und Sachschäden an Drittgut haftet der Spediteur unbeschränkt.

29   Die Höchsthaftung beläuft sich auf 35.000 EUR pro Schadenfall (Ziff. 1.11, näher → Ziff. 1 Rn. 49). Eine die Höchsthaftungssumme variierende Wertdeklaration nach Ziff. 24.2 ist nicht vor-gesehen. Die Haftungsbegrenzung entfällt unter den Voraussetzungen von Ziff. 27.2 (qualifiziert schuldhafte Kardinalpflichtverletzung) und Ziff. 28.3 (unzureichender Versicherungsschutz).

V. Höchsthaftung bei Kumulschäden

30   Ziff. 24.4 ergänzt die verkehrsvertraglichen Haftungsschranken für verfügte Lagerung nach dem Muster von Ziff. 23.5 um eine absolute, übergreifende Haftungsgrenze von 2,5 Mio. EUR je Scha-denereignis. Sie gilt für alle Ansprüche unter Einschluss von Ansprüchen wegen Güterschäden, nicht jedoch für Ansprüche wegen Personenschäden und wegen Sachschäden an Drittgut (→ Ziff. 23 Rn. 28).

31   Ein Schadensereignis ist nach Ziff. 1.11 gegebenen, wenn aufgrund eines äußeren Vorgangs mehrere Geschädigte Ansprüche geltend machen. Da dieses Erfordernis nur dazu dient, zusätzlich zu dem Begriff des Schadenfalls auch solche Fälle zu erfassen, die zu Ansprüchen mehrerer Geschädigter führen (→ Ziff. 1 Rn. 53), sollte die Bestimmung gleichermaßen auch dann angewendet werden, wenn das zur Haftung führende „äußere Ereignis" nur zu Ansprüchen eines Geschädigten geführt hat.

32   Machen mehrere Geschädigte Ansprüche geltend, so steht die Gesamthaftungssumme von 2,5 Mio. EUR nur einmal zur Verfügung. Die Haftung des Spediteurs aus dem Verkehrsvertrag wird auf denjenigen Anteil an der Gesamthaftungssumme beschränkt, der sich für den Anspruchsteller anhand des Anteils seiner Forderung an der Gesamtsumme aller gleichartigen, aus demselben Schadensereignis herrührenden Forderungen aller Anspruchsteller ergibt (näher → Ziff. 23 Rn. 40).

33   **Ziff. 24.4 gilt nicht** unter den Voraussetzungen von Ziff. 27.2 (qualifiziert schuldhafte Kardinal-pflichtverletzung und Ziff. 28.3 (unzureichender Versicherungsschutz). Satz 2 stellt außerdem klar, dass eine **Wertdeklaration** nach Ziff. 24.2 unberührt bleibt. Das hat zur Folge, dass der Geschädigte ungeachtet der Beschränkung durch die Gesamthöchsthaftungssumme nach Ziff. 24.4 zusätzlich zu seinem sich danach ergebenden Anteil für Güterschäden nach Ziff. 24.1 nach Maßgabe der Wert-deklaration entschädigt wird.

---

[19] MüKoHGB/*Jesser-Hus* CMR Art. 24 Rn. 8 f.; *Koller* CMR Art. 24 Rn. 2. AM Thume/*Thume/Riemer* CMR Art. 24 Rn. 3. Unklar Staub/*Reuschle* CMR Art. 24 Rn. 2.

VI. Klauselkontrolle

1. Güterschäden (Ziff. 24.1, 24.2). Die **Haftungsgrenze von 8,33 Sonderziehungsrechten** je   **34**
Kilogramm Rohgewicht reicht auf Grund der in den §§ 449, 466 HGB zum Ausdruck kommenden
gesetzgeberischen Wertung aus. Zwar sieht der Gesetzgeber für den Lagervertrag keine Haftungsbegrenzung vor, hauptsächlich deshalb, weil die Lagerhalterhaftung nicht als Gefährdungs-, sondern als
dispositive Verschuldenshaftung ausgestaltet ist,[20] jedoch lassen sich die grundsätzlichen Erwägungen,
mit denen die Haftungsbeschränkungen im Frachtrecht begründet werden,[21] weitgehend auch auf die
Lagerhalterhaftung übertragen. Denn auch der Lagerhalter hat fremdes Gut in seiner Obhut, muss seine
Haftung kalkulieren und versichern können und will nicht mit fremden Betriebsrisiken belastet
werden. Der Gesetzgeber des TranspRRefG 1998 hat das auch anerkannt und auf die im Rahmen des
Klauselkontrollrechts eröffneten Freizeichnungsmöglichkeiten verwiesen.[22] Angesichts dessen erscheint
es nicht als überzogen, davon auch Gebrauch zu machen und sich wegen der Höchsthaftungsbeträge an
der gesetzgeberischen Wertung zu orientieren.

Die Begrenzungen auf die **festen Höchsthaftungsbeträge** von 35.000 EUR je Schadenfall bzw.   **35**
70.000 EUR je Inventurdifferenz erscheinen für den Regelfall ebenfalls noch akzeptabel. Zwar müssen
summenmäßige Haftungsbegrenzungen sich in einem angemessenen Verhältnis zu dem vertragstypischen Schadensrisiko halten,[23] jedoch lässt sich das für den – gegenüber der Höchsthaftung nach den
ADSp 2003 versiebenfachten – Höchsthaftungsbetrag von 35.000 EUR bei dem typischen ADSp-
Lagervertrag in der Regel annehmen. Das Gleiche gilt für den Betrag von 70.000 EUR für Inventurschäden. Allerdings kommt es auf die Umstände des einzelnen Verkehrsvertrags an.

Für höhere Schadensrisiken ist weiter zu berücksichtigen, dass dem Auftraggeber nach Ziff. 24.2 das   **36**
einseitig durchsetzbare Recht auf eine Erhöhung der Haftung durch **Wertdeklaration** zusteht. Damit
hat er ein Mittel in der Hand, um sich im Einzelfall eine auskömmliche Haftung zu sichern. Zwar ist
diese Haftungserhöhung entgeltlich, jedoch steht das der Angemessenheit der Regelung nicht entgegen, weil die Entgeltkalkulation des Spediteurs auf den Höchsthaftungssummen der ADSp beruht
und das Bedürfnis nach höheren Haftung vom Wert des Guts und damit der Risikosphäre des Auftraggebers ausgeht.

Ein weiteres Korrektiv der festen Höchsthaftungssummen bildet die **Durchbrechungsregelung** in   **37**
Ziff. 27. Zwar sollen die Haftungsbegrenzungen von Ziff. 24 gem. Ziff. 27.2 nur dann entfallen, wenn
sowohl eine Kardinalpflicht verletzt worden ist als auch qualifiziertes Verschulden vorliegt, jedoch
qualifiziert die Rspr. die für die Verhütung von Güterschäden relevanten Obhutspflichten des Lagerhalters in der Regel ohnehin als Kardinalpflichten.[24]

2. Ziff. 24.3. Ziff. 24.3 errichtet für andere als Güterschäden eine feste Haftungsgrenze von   **38**
35.000 EUR, sodass der Spediteur für reine Vermögensschäden in der Regel mit dem gleichen Betrag
haftet wie für Güterschäden. Das erscheint nicht grundsätzlich unangemessen, auch wenn der Gesetzgeber für das Frachtrecht in § 433 HGB das Dreifache der Regelhaftung für Güterschäden vorgesehen
und die Beschränkung überdies nur auf beförderungsbezogene Pflichtverletzungen erstreckt hat. Der
Gesetzgeber hat sich dabei neben der Vermutung, Vermögensschäden könnten im Einzelfall einen
erheblichen Umfang erreichen, von der Erwägung leiten lassen, dass Ansprüche auf den
Ersatz von Vermögensschäden regelmäßig Verschulden voraussetzen.[25] Wegen der unbeschränkten
Zurechnung des Verschuldens von Erfüllungsgehilfen und der Tatsache, dass schon leichteste Fahrlässigkeit haftungsbegründend ist, schützt dies den Spediteur allerdings nicht vor unabsehbaren und
daher kaum versicherbaren Haftungsrisiken. Es kommt hinzu, dass eine Orientierung der Vermögens-
schadenhöchsthaftung am Gewicht des Guts methodisch zumindest nicht zwingend ist.

Für den Regelfall eines ADSp-Lagervertrags weist die Haftungsgrenze von 35.000 EUR ein an-   **39**
gemessenes Verhältnis zu den vernünftigerweise zu erwartenden Vermögensschadensrisiken auf, denn
diese erreichen in der Praxis eher selten den Wert des Guts, an das sie sich knüpfen. Komplexere und
wirtschaftlich bedeutsamere Verträge werden in der Regel individuell verhandelt. Außerdem kann der
Auftraggeber Vermögensschäden meist im Rahmen einer Güterversicherung mitversichern. Zu berücksichtigen ist auch, dass die Beschränkung unter den Voraussetzungen von Ziff. 27.2 entfällt. Daher
kann die Klausel akzeptiert werden.[26]

---

[20] RegBegr. TranspRRefG 1998, BT-Drs. 13/8445, 122.
[21] RegBegr. TranspRRefG 1998, BT-Drs. 13/8445, 65 (zur Beschränkung auf Wertersatz) und S. 66 (zur summenmäßigen Beschränkung).
[22] RegBegr. TranspRRefG 1998, BT-Drs. 13/8445, 122.
[23] BGH Urt. v. 11.11.1992 – VIII ZR 238/91, NJW 1993, 335; Urt. v. 29.9.2000 – VIII ZR 155/99, NJW 2001,
292 (295); Palandt/*Grüneberg* BGB § 309 Rn. 51; UBH/*Fuchs* BGB § 307 Rn. 302.
[24] Vgl. *Koller* ADSp 2016 Ziff. 24 Rn. 8.
[25] RegBegr. TranspRRefG 1998, BT-Drs. 13/8445, 69.
[26] So auch *Koller* ADSp 2016 Ziff. 24 Rn. 10.

40   **3. Ziff. 24.4.** Die Klausel deckt die im Rahmen typischer ADSp-Lagerverträge zu erwartenden Schadensrisiken – auch unter Berücksichtigung mehrerer Geschädigter – in der Regel ab oder weist jedenfalls ein angemessenes, die Haftung nicht aushöhlendes Verhältnis zu Schadensrisiken auf. Sie ist daher, wenn sich aus dem in Rede stehenden Verkehrsvertrag nicht im Einzelfall etwas anderes ergibt, wirksam.[27]

25. Haftungsausschluss bei See- und Binnenschiffsbeförderungen

25.1 Gemäß § 512 Abs. 2 Nr. 1 HGB ist vereinbart, dass der Spediteur in seiner Stellung als Verfrachter ein Verschulden seiner Leute und der Schiffsbesatzung nicht zu vertreten hat, wenn der Schaden durch ein Verhalten bei der Führung oder der sonstigen Bedienung des Schiffes, jedoch nicht bei der Durchführung von Maßnahmen, die überwiegend im Interesse der Ladung getroffen wurden, oder durch Feuer oder Explosion an Bord eines Schiffes entstanden ist.

25.2 Gemäß Art. 25 Abs. 2 CMNI ist vereinbart, dass der Spediteur in seiner Stellung als Frachtführer oder ausführender Frachtführer nicht für Schäden haftet, die

25.2.1 durch eine Handlung oder Unterlassung des Schiffsführers, Lotsen oder sonstiger Rechtspersonen im Dienste des Schiffes oder eines Schub- oder Schleppbootes bei der nautischen Führung oder der Zusammenstellung oder Auflösung eines Schub- oder Schleppverbandes verursacht werden, vorausgesetzt, der Spediteur hat seine Pflichten nach Art. 3 Abs. 3 CMNI hinsichtlich der Besatzung erfüllt, es sei denn, die Handlung oder Unterlassung wird in der Absicht, den Schaden herbeizuführen, oder leichtfertig und in dem Bewusstsein begangen, dass ein solcher Schaden mit Wahrscheinlichkeit eintreten werde,

25.2.2 durch Feuer oder Explosion an Bord des Schiffes verursacht worden, ohne dass nachgewiesen wird, dass das Feuer oder die Explosion durch ein Verschulden des Spediteurs, des ausführenden Frachtführers oder ihrer Bediensteten oder Beauftragten oder durch einen Mangel des Schiffes verursacht wurde,

25.2.3 auf vor Beginn der Reise bestehende Mängel seines oder eines gemieteten oder gecharterten Schiffes zurückzuführen sind, wenn er beweist, dass die Mängel trotz Anwendung gehöriger Sorgfalt vor Beginn der Reise nicht zu entdecken waren.

25.3 Ziffer 22.4 bleibt unberührt.

Schrifttum: S. vor Ziff. 1; *Ramming,* Die neuen ADSp 2017, RdTW 2017, 41.

Vorläufer in ADSp 2003: Keine.

I. Überblick

1   Ziff. 25 macht von besonderen schifffahrtsrechtlichen Haftungsfreizeichnungsmöglichkeiten Gebrauch. Nach § 512 Abs. 2 Nr. 1 HGB darf der Verfrachter sich in Bezug auf bestimmte Schadensereignisse an Bord von der Verschuldenszurechnung freizeichnen.[1] Ähnliche Freizeichnungsrechte weist für das Binnenschifffahrtsrecht Art. 25 Abs. 2 CMNI[2] auf. Da die gesetzlichen Bestimmungen die Freizeichnungen ausdrücklich zulassen und Ziff. 25 die gesetzlichen Vorgaben wörtlich übernimmt, steht die Wirksamkeit außer Zweifel.[3] Sie sind so auszulegen, die die gesetzlichen Klauselvorbehalte in § 512 Abs. 2 Nr. 1 HGB und Art. 25 Abs. 2 CMNI. Allerdings sind die allgemeinen Regeln des AGB-Rechts und der Klauselkontrolle zu beachten; so darf die Freizeichnung nicht mit Individualabreden oder konkurrierenden anderen Klauselwerken kollidieren.

II. Nautische Fehler und Feuer bei Seebeförderung

2   **1. Anwendungsbereich.** Die Bestimmung gilt, wenn der Spediteur die **Stellung eines Verfrachters** hat. Da die Bestimmung zu den haftungsrechtlichen Regelungen der ADSp zählt, ist damit die haftungsrechtliche Stellung eines Verfrachters gemeint. Demzufolge gilt die Bestimmung nicht nur dann, wenn der Spediteur einen Seefrachtvertrag nach § 481 HGB abgeschlossen hat, sondern auch dann, wenn er nach den §§ 458, 459 oder 460 HGB hinsichtlich der Beförderung die Rechte und Pflichten eines Verfrachters hat oder wenn er als Multimodalfrachtführer[4] gem. § 452a HGB wegen des Schadenseintritts auf einer Seestrecke nach Seefrachtrecht haftet. Dass die Fälle einer nur haftungs-

---

[27] *Koller* ADSp 2016 Ziff. 24 Rn. 10.
[1] IE dazu Rabe/Bahnsen/*Bahnsen* HGB § 512 Rn. 27 ff.
[2] Dazu s. iE v. Waldstein/Holland, Binnenschifffahrtsrecht, 5. Aufl. 2007, CMNI Art. 25 Rn. 8 ff.
[3] So auch *Ramming* RdTW 2017, 41 (56).
[4] AA *Ramming* RdTW 2017, 41 (56 f.), der die „Stellung eines Verfrachters" allein auf den Seefrachtvertrag bezieht.

rechtlichen Stellung als Verfrachter mit erfasst werden sollen, ergibt sich auch aus dem Hinweis auf die Haftungsausschlüsse der ADSp in Ziff. 23.1.2 S. 2.[5]

2. Freizeichnung für nautisches Verschulden. Entgegen der Grundregel in § 501 HGB wird **3** dem Verfrachter unter den weiteren Voraussetzungen der Klausel ein Verschulden der Leute und der Schiffsbesatzung nicht zugerechnet. Die **Leute** des Verfrachters sind die in seinem Gewerbebetrieb abhängig beschäftigten Personen. Die Mitglieder der **Schiffsbesatzung** sind in § 478 HGB legal definiert. Die versagte Verschuldenszurechnung hat aber nicht notwendig auch Haftungsfreiheit zur Folge. Für sein eigenes Verschulden oder das von Organen iSv § 31 BGB haftet der Verfrachter.

Unter die **Führung des Schiffs** fallen alle navigatorischen Maßnahmen, das heißt die Führung des **4** Schiffes in Bezug auf die Fortbewegung vom Beginn der Reise unter Einschluss aller Schiffsmanöver bis hin zum Anlaufen des Löschhafens. Bei der **sonstigen Bedienung** des Schiffes – management of the ship – handelt es sich um die technische Handhabung des Schiffes, soweit sie nicht die Navigation betrifft, auch wenn das Schiff im Hafen liegt.

Der Zurechnungsausschluss gilt nicht bei Maßnahmen im überwiegenden Interesse der Ladung. **5** Entscheidend dafür ist, ob die Maßnahme nach ihrer konkreten Zweckbestimmung überwiegend dem Interesse der Ladung oder des Schiffes dient. Maßnahmen im ausschließlichen oder überwiegenden Interesse des Schiffes sind solche, die den Zweck verfolgen, die Seetüchtigkeit des Schiffes sowie die Tüchtigkeit solcher Einrichtungen zu erhalten, die für die Führung und den Betrieb des Schiffes benötigt werden. Maßnahmen im ausschließlichen oder überwiegenden Interesse der Ladung sind stets solche, die der Ladungsbehandlung dienen, wie Ein- und Ausladen, Stauen, Garnieren, Lüften, Kühlen etc.

3. Freizeichnung für Feuerschäden. „Feuer" setzt eine offene Glut oder Flamme voraus. Ein **6** bloßer Hitzeschaden genügt nicht. Erfasst ist jedoch nicht nur Feuer an Bord, sondern auch an Land nach der Annahme und vor der Ablieferung der Güter. Es kommt nicht darauf an, in welcher Weise die Leute oder die Schiffsmannschaft schuldhaft gehandelt haben, ob also bei der Entstehung des Feuers oder dessen Eindämmung. Unmaßgeblich ist auch, ob ein nautisches oder kommerzielles Verschulden vorliegt. Der Verfrachter haftet jedoch für eigenes Verschulden, etwa wenn das Schiff infolge fehlender oder falscher Ausrüstung, erkennbar mangelhafter Brandbekämpfungseinrichtungen oder wegen mangelnden Trainingszustands der Schiffsbesatzung nicht seetüchtig war.

4. Keine Anwendung bei anfänglicher See- und Ladungsuntüchtigkeit. Die Freizeichnungen **7** finden keine Anwendung, wenn das Schiff anfänglich see- oder ladungsuntüchtig war, selbst wenn das nur auf einem Verschulden der Leute oder der Schiffsmannschaft beruht. Diese für die Haager Regeln anerkannte, am Zweck der eingeschränkten Verschuldenszurechnung orientierte Auslegung[6] gilt auch nach dem 4. Seerechtsänderungsgesetz weiter. Denn es kann nicht angenommen werden, dass der Gesetzgeber ausgerechnet die grundlegende, durch die §§ 485, 498 Abs. 2 S. 2 und 499 Abs 2 S. 2 HGB auch im deutschen Recht besonders betonte Kardinalpflicht des Verfrachters zur Stellung eines see- und ladungstüchtigen Schiffs einschränken wollte.[7]

III. Ausschlüsse bei internationaler Binnenschiffsbeförderung

1. Anwendungsbereich. Der Ausschluss nach Ziff. 25.2 setzt voraus, dass der Spediteur als Fracht- **8** führer oder ausführender Frachtführer nach den Bestimmungen der CMNI haftet, was nach Art. 2 CMNI insbesondere bei internationaler Beförderung auf (überwiegend) Binnenwasserstraßen der Fall ist. Es ist nicht erforderlich, dass der Spediteur einen Beförderungsvertrag nach der CMNI abgeschlossen hat. Die Bestimmung gilt auch dann, wenn er als Spediteur im Rechtssinne nach den §§ 458, 459 oder 460 HGB hinsichtlich der Beförderung die Rechte und Pflichten eines CMNI-Frachtführers hat oder wenn er als Multimodalfrachtführer gem. § 452a HGB wegen des Schadenseintritts auf einer Binnenwasserstraße nach Binnenschifffahrtsrecht haftet.

2. Nautisches Verschulden (Ziff. 25.2.1). Der Spediteur haftet grundsätzlich nicht, wenn der **9** Schaden auf einer Handlung oder Unterlassung des Schiffsführers, Lotsen oder anderer Schiffsbediensteter bei der **nautischen Führung** des Schiffs oder der Zusammenstellung oder Auslösung eines Schub- oder Schleppverbandes verursacht wurden. Der Begriff der nautischen Führung ist ebenso auszulegen wie nach Seefrachtrecht[8] (→ Rn. 4).

Die Haftungsbefreiung tritt jedoch – ähnlich wie nach dem Seefrachtrecht (→ Rn. 7) nur dann ein, **10** wenn der Frachtführer seine Pflichten aus Art. 3 Abs. 3 CMNI erfüllt hatte. Nach dieser Bestimmung ist der Frachtführer verpflichtet, vor der Reise die gehörige Sorgfalt anzuwenden, damit das Schiff

---

[5] Mit sehr formalistischer, sachlich nicht überzeugender Begründung anders *Ramming* RdTW 2017, 41 (57).
[6] BGH Urt. v. 28.6.1971 – II ZR 66/69, BGHZ 56, 300 = NJW 1971, 2223 („Neuwied").
[7] Näher Rabe/Bahnsen/*Bahnsen* HGB § 512 Rn. 45 ff.
[8] Näher v. Waldstein/Holland, Binnenschifffahrtsrecht, 5. Aufl. 2007, CMNI Art. 25 Rn. 9 ff.

reisetüchtig ist, insbesondere in ladetüchtigem Zustand, fahrtüchtig und ordnungsgemäß ausgerüstet ist und über die erforderlichen Genehmigungen verfügt.[9]

11   Außerdem bleibt dem Frachtführer die Haftungsbefreiung versagt, wenn der Schaden – auch durch Personen der Besatzung – absichtlich oder leichtfertig im Bewusstsein der Schadenswahrscheinlichkeit verursacht wurde.[10]

12   **3. Feuer oder Explosion (Ziff. 25.2.2).** Der Spediteur haftet nicht, wenn der Schaden durch Feuer oder Explosion an Bord des Schiffs entstanden ist und diese Schadensursache nicht nachweislich durch ein Verschulden des Frachtführers, seiner Bediensteten oder Beauftragten oder deshalb eingetreten ist, weil das Schiff einen Mangel aufwies. Es kommt nicht darauf an, ob der Mangel am Schiff bereits bei Reiseantritt vorhanden war.[11]

13   **4. Anfängliche nicht erkennbare Reiseuntüchtigkeit (Ziff. 25.2.3).** Schließlich haftet der Spediteur auch dann nicht, wenn der Schaden auf einem bereits vor Beginn der Reise vorhandenen Mangel des Schiffs beruht, der für den Frachtführer selbst[12] trotz Anwendung der gehörigen Sorgfalt bis zum Reisebeginn nicht zu entdecken war. Ob der Mangel nachfolgend während der Reise hätte entdeckt werden können, ist unmaßgeblich.[13]

IV. Unberührtbleiben von Ziff. 22.4, 25.3

14   Ziff. 25.3 stellt klar, dass die Haftungsfreizeichnungen des Spediteurs nach Ziff. 25 nur zu dessen Gunsten wirken und nicht seine Pflicht berühren, den Auftraggeber gem. Ziff. 22.4 in den Genuss weitergehender Haftung Dritter, insbesondere von Unterauftragnehmern, kommen zu lassen. Sofern der Spediteur über solche Ansprüche gegen Dritte verfügt, die nach den Grundsätzen der Drittschadensliquidation oder dem Wertersatzprinzip eine Haftung ohne die Einschränkungen von Ziff. 25 vorsehen, hat er hinsichtlich dieser Ansprüche nach Ziff. 22.4 zu verfahren.

26. Außervertragliche Ansprüche

Die vorstehenden Haftungsausschlüsse und -begrenzungen finden nach Maßgabe der §§ 434, 436 HGB auch auf außervertragliche Ansprüche Anwendung. Ziffer 23.4.1 findet entsprechende Anwendung.

Schrifttum: S. vor Ziff. 1; *Ramming,* Die neuen ADSp 2017, RdTW 2017, 41.

Parallelvorschriften: §§ 434, 436, 506 HGB, Art. 28 CMR, Art. 29 f. MÜ, Art. 22 CMNI, Art. 41 CIM.

Vorläufer in ADSp 2003: Ziff. 26 ADSp 2003.

I. Außervertragliche Haftung des Spediteurs

1   Die §§ 434 Abs. 1 HGB verhilft den Haftungsbefreiungen und -begrenzungen, die der Frachtführer bei der Haftung für Güterschäden genießt, auch gegenüber parallelen außervertraglichen (insbesondere deliktischen) **Ersatzansprüchen des Auftraggebers oder Empfängers** zur Geltung. Das abgewogene frachtrechtliche Haftungskonzept soll nicht auf dem Umweg über deliktische Ansprüche unterlaufen werden. Nach Ziff. 26 soll dies auch für die weitergehenden Haftungserleichterungen der ADSp gelten. Zusätzlich soll die gleiche Rechtsfolge auch in Bezug auf solche Verkehrsverträge eintreten, für die die §§ 434, 436 HGB sowie die weiteren Parallelvorschriften nicht gelten.

2   Nach § 434 Abs. 2 HGB kann der Frachtführer die Verteidigungsmittel auch **gegenüber Dritten** geltend machen, sofern er in Ansehung der Berechtigung des Auftraggebers zum Versand der Güter gutgläubig und die Güter nicht abhandengekommen waren. Dasselbe soll nach Ziff. 26 auch hinsichtlich der zusätzlichen Haftungserleichterungen der ADSp gelten. Jedoch vermag Ziff. 26 dem Spediteur diese Wohltat nicht zu verschaffen, es sei denn, der Dritte ist ausnahmsweise vertraglich an die ADSp gebunden (→ Vor Ziff. 1 Rn. 41). Allerdings hat der Auftraggeber den Spediteur von der weitergehenden Haftung gegenüber dem Dritten freizuhalten.

3   Ziff. 26 gilt nicht unter den Voraussetzungen von Ziff. 27.1 oder 28.3.

---

[9] IE v. Waldstein/Holland, Binnenschifffahrtsrecht, 5. Aufl. 2007, CMNI Art. 3 Rn. 9 ff.

[10] Dazu weitere Einzelheiten bei v. Waldstein/Holland, Binnenschifffahrtsrecht, 5. Aufl. 2007, CMNI Art. 21 Rn. 3 ff.

[11] v. Waldstein/Holland, Binnenschifffahrtsrecht, 5. Aufl. 2007, CMNI Art. 25 Rn. 16.

[12] v. Waldstein/Holland, Binnenschifffahrtsrecht, 5. Aufl. 2007, CMNI Art. 25 Rn. 18.

[13] v. Waldstein/Holland, Binnenschifffahrtsrecht, 5. Aufl. 2007, CMNI Art. 25 Rn. 18.

II. Außervertragliche Haftung der Leute

Gemäß § 436 HGB gelten die frachtvertraglichen Haftungserleichterungen auch dann, wenn Ersatz-　**4**
ansprüche gegen die „**Leute**", also die Arbeitnehmer und sonstigen im betrieblichen Organismus des
Frachtführers tätigen Personen, gerichtet werden. Auch insoweit sollen nach Ziff. 26 zusätzlich die
Haftungserleichterungen der ADSp in das Feld geführt werden können. Allerdings werden Ersatzansprüche gegen die Leute notwendig auf außervertraglicher Grundlage erhoben. Sofern der Anspruchsteller der Auftraggeber oder eine andere an die ADSp gebundene Person ist, unterliegt sie dem
Verkehrsvertrag, sodass Ziff. 26 anzuwenden ist, es sei denn, es liegen die Voraussetzungen von Ziff.
27.1 vor. Ist der Anspruchsteller aber ein sonstiger Dritter, kann Ziff. 26 dessen außervertragliche
Rechte gegen die Leute des Spediteurs nicht beschneiden. Dann kann nur ein Freihaltungsanspruch
gegen den Auftraggeber bestehen.

III. Klauselkontrolle

Die Regelung ist AGB-rechtlich nicht zu beanstanden,[1] weil sie ein vom Gesetzgeber selbst in　**5**
zahlreichen Parallelbestimmungen anerkanntes Anliegen lediglich für die zusätzlichen Haftungserleichterungen der ADSp umsetzt.

27. Qualifiziertes Verschulden

27.1 Die in den Ziffern 22.2, 22.3, 23.3 und 23.4 i. V. m. 23.5, 24 sowie 26 genannten
Haftungsausschlüsse und -begrenzungen gelten nicht, wenn der Schaden verursacht
worden ist
　　27.1.1 durch Vorsatz oder grobe Fahrlässigkeit des Spediteurs oder seiner Erfüllungs-
　　gehilfen oder
　　27.1.2 durch Verletzung vertragswesentlicher Pflichten, wobei Ersatzansprüche in letz-
　　terem Fall begrenzt sind auf den vorhersehbaren, typischen Schaden.
27.2 Abweichend von Ziffer 27.1.2 entfallen die Haftungsbegrenzungen in Ziffer 24.1 und
24.2 nur bei einer grob fahrlässigen oder vorsätzlichen Verletzung vertragswesentlicher
Pflichten.
27.3 §§ 435, 507 HGB bleiben in ihrem jeweiligen Anwendungsbereich unberührt.
27.4 Ziffer 27.1 findet keine Anwendung auf gesetzliche Vorschriften wie Art. 25 MÜ,
Art. 36 CIM oder Art. 20, 21 CMNI, die die Haftung des Spediteurs erweitern oder
zulassen, diese zu erweitern, oder die Zurechnung des Verschuldens von Leuten oder
sonstigen Dritten ausdehnen.

Schrifttum: S. vor Ziff. 1; *Ettrich,* Das Mitverschulden des Versenders bei unterlassener Wertdeklaration –
Anmerkung zu BGH, 8.5.2003 – I ZR 234/02 – TranspR 2003, 317, TranspR 2003, 443; *Grass,* Gedanken zu den
ADSp 2017 aus haftungs- und versicherungsrechtlicher Sicht, TranspR 2018, 133; *Kirchhoff,* Zur begrenzten Haftung
des Lagerhalters im Anwendungsbereich der ADSp und Beweislast bei der Verletzung von vertragswesentlichen
Pflichten, TranspR 2015, 94; *Knorre,* Der Einwand des Mitverschuldens bei Ladungsverkehren, TranspR 2007, 393;
Ramming, Die neuen ADSp 2017, RdTW 2017, 41; *Thume,* Grobes Verschulden und Fortsetzung der Vertragsbeziehungen, TranspR 1999, 85; *Werner,* Organisationsverschulden eines Paketdienstunternehmens, TranspR 2003,
231.

Vorläufer in ADSp 2003: Ziff. 27 ADSp 2003.

Parallelvorschriften: §§ 435, 507 HGB, Art. 29 CMR, Art. 36 CIM, Art. 21 CMNI.

Übersicht

---

[1] *Schmidt* in Wolf/Lindacher/Pfeiffer Klauseln A 100.

I. Überblick

1 Ziff. 27.1 ist ein notwendiger Bestandteil der Haftungsbeschränkungsregelungen der Ziff. 22 ff. Die Bestimmung soll den von der Rspr. entwickelten **Grenzen bei der Zulässigkeit klauselmäßiger Haftungserleichterungen** Rechnung zu tragen.[1] Danach sind Haftungseinschränkungen bei grobem Verschulden und bei der Verletzung von Kardinalpflichten auch im unternehmerischen Verkehr nur in engen Grenzen möglich.[2] Für den Fall der Lagerung enthält Ziff. 27.2 eine Sonderregelung. Ziff. 27.3 und 27.4 grenzen Ziff. 27.1 von gesetzlichen Regelungen ab und sollen ihre Auswirkungen auf gesetzlich geregelte Haftungserleichterungen klarstellen.

II. Qualifiziertes Verschulden allgemein (Ziff. 27.1)

2 **1. Anwendungsbereich.** Ziff. 27.1 gilt für alle Verkehrsverträge (Ziff. 1.14) außer solchen, deren Gegenstand die in Ziff. 27.2 gesondert geregelte Lagerung ist.

3 Die Bestimmung **betrifft nur** diejenigen Haftungsansprüche, die die ADSp in den Ziff. 22.2, 22.3, 23.3, 23.4 iVm Ziff. 23.5, 24 und 26 ansprechen.[3] Sie erfasst auch nur die von den ADSp durch diese Bestimmungen herbeigeführten Haftungserleichterungen. In andere Haftungsbestimmungen und den von ihnen angeordneten Haftungsumfang greift Ziff. 27.1, wie die Ziff. 27.3 und 27.4 klarstellen, nicht ein. Diese Klarstellungen[4] zielen insbesondere auf die Rspr.[5] zu Ziff. 27 ADSp 2003, der zufolge der Spediteur durch diese frühere Fassung der Vorschrift auch auf gesetzliche Haftungserleichterungen wie etwa die seefrachtrechtlichen Haftungsausschlüsse und -begrenzungen verzichtete und sich freiwillig unbeschränkter Haftung unterwarf, insbesondere nach Art. 25 MÜ.

4 Abweichend von Ziff. 27.1 ADSp 2003 sieht Ziff. 27.1 nunmehr davon ab, grobes Verschulden **einfacher Erfüllungsgehilfen** auszublenden. Es kommt deshalb grundsätzlich nicht darauf an, ob der Verschuldensvorwurf dem Spediteur selbst bzw. seinen Organen (§ 31 BGB) zu machen ist oder seinen leitenden oder einfachen Angestellten oder sonstigen Erfüllungsgehilfen. Allein maßgeblich ist die Verschuldenszurechnung nach Maßgabe der geltenden Vorschriften wie etwa § 428 HGB und Art. 3 CMR.

5 Soweit dem Spediteur nach den anzuwendenden Haftungsvorschriften **nur eigenes Verschulden** schadet, also in den Fällen von § 507 HGB[6] und Art. 21 Abs. 1 CMNI,[7] hat es damit sein Bewenden, weil die genannten Vorschriften in Ziff. 23.2 und (für den Multimodalvertrag) in Ziff. 23.1.2 angesprochen werden und Ziff. 27.1 darauf nicht anzuwenden ist. Gleiches gilt für Freizeichnungen nach § 512 Abs. 2 Nr. 1 HGB und Ziff. 25 Abs. 2 CMNI, nach denen das Verschulden bestimmter Erfüllungsgehilfen dem Spediteur unter bestimmten Umständen nicht zugerechnet wird.

---

[1] *Koller* ADSp 2016 Ziff. 27 Rn. 1.
[2] Überblick bei Palandt/*Grüneberg* BGB § 309 Rn. 48 ff.
[3] *Koller* ADSp 2016 Ziff. 27 Rn. 2.
[4] *Koller* ADSp 2016 Ziff. 27 Rn. 1.
[5] BGH Urt. v. 1.12.2016 – I ZR 128/15, TranspR 2017, 175 Rn. 54 f.; Urt. v. 22.7.2010 – I ZR 194/08, TranspR 2011, 80 Rn. 37; Urt. v. 4.2.2016 – I ZR 216/14, TranspR 2016, 404 Rn. 22; OLG Hamburg Urt. v. 24.3.2016 – 6 U 67/10, TranspR 2017, 127 Rn. 45; OLG Köln Urt. v. 5.9.2014 – I-3 U 15/14, TranspR 2015, 121 Rn. 17; AG Hamburg Urt. v. 4.4.2007 – 31 A C 310/06, TranspR 2007, 328 (329); OLG Düsseldorf Urt. v. 12.3.2008 – 18 U 160/07, HmbSeeRRep 2008, 107; OLG Stuttgart Urt. v. 24.2.2010 – 3 U 140/09, BeckRS 2011, 13423; zu Recht aA OLG Hamburg Urt. v. 10.4.2008 – 6 U 90/05, TranspR 2008, 213; *Boettge* TranspR 2007, 306 ff.
[6] BGH Urt. v. 18.6.2009 – I ZR 140/06, TranspR 2009, 327.
[7] BGH Urt. v. 1.6.2017 – I ZR 29/16, TranspR 2017, 420 Rn. 23.

2. Vorsatz oder grobe Fahrlässigkeit (Ziff. 27.1.1). a) Begriffe. Der Schaden muss entweder **6**
bewusst und gewollt herbeigeführt worden sein (Vorsatz) oder auf grober Fahrlässigkeit beruhen.

aa) Vorsatz. Vorsatz ist bewusstes und gewolltes *(dolus directus)* oder wenigstens billigend in Kauf **7**
genommenes *(dolus* eventualis) pflichtwidriges Verhalten.[8] Der Vorsatz muss sich, jedenfalls soweit die
Haftung für Güterschäden oder die Verletzung anderer erfolgsbezogener Pflichten in Rede steht, auf
den Schaden beziehen.[9] Daher rechtfertigt die Verletzung vertraglich vereinbarter Sicherheitsmaßnahmen, selbst wenn die Zuwiderhandlung als solche bewusst erfolgt, ohne weiteres weder die Annahme
von Vorsatz noch von grober Fahrlässigkeit.[10] Etwas anderes kann gelten, soweit den Spediteur eine
Haftung nach § 280 BGB wegen der Verletzung verhaltensbezogener Pflichten trifft. Die Haftung für
Vorsatz des Spediteurs selbst kann, anders als für Vorsatz von Erfüllungsgehilfen, gem. § 276 Abs. 3
BGB selbst individualvertraglich nicht abbedungen werden, jedoch sind Vereinbarungen im Zweifel so
auszulegen, dass sie Vorsatz des Spediteurs selbst nicht erfassen.[11]

bb) Grobe Fahrlässigkeit. Grobe Fahrlässigkeit ist die besonders schwere Verletzung der verkehrs- **8**
üblichen Sorgfalt dergestalt, dass schon **einfachste, ganz nahe liegende Überlegungen** nicht
angestellt werden und das nicht beachtet wird, was im gegebenen Fall jedem einleuchten musste.[12]
Obgleich dieses elementare Mindestmaß an Sorgfalt an objektiven Maßstäben zu messen ist, muss auch
subjektiv eine schlechthin **unentschuldbare Pflichtverletzung** vorliegen, die das in § 276 Abs. 2
BGB bestimmte Maß (Außerachtlassen der im Verkehr erforderlichen Sorgfalt) **erheblich überschreitet.**[13] Maßgeblich sind stets die Umstände des Einzelfalles.

Die Verschuldensform der groben Fahrlässigkeit ist zu unterscheiden von **Leichtfertigkeit** im **9**
Bewusstsein der Schadenswahrscheinlichkeit iSv § 435 HGB. Leichtfertigkeit erfordert nach ständiger
Rspr. einen besonders schweren Pflichtenverstoß, bei dem der Spediteur sich in krasser Weise über die
Sicherheitsinteressen des Auftraggebers hinwegsetzt.[14] Da Leichtfertigkeit das Bewusstsein erfordert,
dass das eigene Verhalten einen Schaden wahrscheinlich macht, während das für grobe Fahrlässigkeit
nicht unbedingt der Fall ist, stellt die Leichtfertigkeit eine gegenüber grober Fahrlässigkeit nochmals
qualifizierte Verschuldensform dar.[15] In der Praxis verwischen sich jedoch die Grenzen der beiden
Schuldformen, weil die Rspr. das Bewusstsein der Schadenswahrscheinlichkeit, das keinem direkten
Beweis zugänglich ist, aus den Umständen schließt[16] und auch bei der groben Fahrlässigkeit in der
Regel das Bewusstsein der Gefahr fordert. Selbst in der Literatur wird empfohlen, nicht zwischen den
beiden Begriffen zu unterscheiden.[17] Letztlich ist in der praktischen Handhabung beiden Schuldformen gemein, dass sie wertender Auslegung im Einzelfall bedürfen und dann angenommen werden
können, wenn das Verhalten des Schädigers als unentschuldbar und schlechterdings intolerabel angesehen wird.

Die ältere Rspr. tendierte dazu, das Verhalten des Spediteurs an einem besonders strengen **Sorg- 10**
faltsmaßstab zu messen, der zeitweilig überzogen erschien und das Regel-Ausnahme-Verhältnis
zwischen Regel- und unbeschränkter Haftung in sein Gegenteil zu verkehren drohte. In Bezug auf die
bewusste Leichtfertigkeit iSv § 435 HGB, die seit der Transportrechtsreform 1998 auch für Art. 29
CMR maßgeblich ist, ist in der Rspr. des BGH in jüngerer Zeit eine spürbare **Korrektur**[18] eingetreten, die auch Einfluss auf die Auslegung des Begriffs der groben Fahrlässigkeit nehmen muss.
Deshalb können ältere Entscheidungen nur noch eingeschränkt zur Auslegung herangezogen werden.

b) Einzelheiten. aa) Individuelle Fehler. Da gelegentliche Fehler wie etwa Ungeschicklichkei- **11**
ten, Bedienungsfehler, Verwechselungen, Ungenauigkeiten, Irrtümer und Versäumnisse im Arbeitsleben nie völlig ausgeschlossen werden können, begründen sie allein nicht ohne weiteres grobe
Fahrlässigkeit. Schäden als solche indizieren deshalb kein grobes Verschulden.[19] Zwischen Unabwend-

[8] Näher MüKoBGB/*Grundmann* BGB § 276 Rn. 155 ff.
[9] MüKoBGB/*Grundmann* BGB § 276 Rn. 93.
[10] BGH Urt. v. 12.12.1996 – I ZR 172/94, TranspR 1998, 75 (77).
[11] BGH Urt. v. 20.9.2018 – I ZR 146/17, RdTW 2019, 105.
[12] StRspr des BGH Urt. v. 15.11.2001 – I ZR 163/99, TranspR 2002, 452 (453); Urt. v. 15.11.2001 – I ZR 158/
99, TranspR 2002, 296 (297); Urt. v. 13.12.2004 – II ZR 17/03, NJW 2005, 981; zuletzt Urt. v. 3.11.2016 – III ZR
286/15, NJW-RR 2017, 596 Rn. 17.
[13] BGH Urt. 10.10.2013 – III ZR 345/12, NJW-RR 2014, 90 Rn. 26 mwN.
[14] StRspr des BGH, zuletzt Urt. v. 1.6.2017 – I ZR 29/16, TranspR 2017, 420.
[15] OLG Frankfurt a. M. Urt. v. 26.1.2016 – 5 U 17/13, TranspR 2016, 399 Rn. 42, 54.
[16] OLG München Urt. v. 16.4.2018 – 7 U 4136/17, BeckRS 2018, 5806.
[17] *Koller* HGB § 435 Rn. 6 mwN im gleichen Sinne.
[18] Vgl. zum Beispiel BGH Urt. v. 13.12.2012 – I ZR 236/11, TranspR 2013, 286 Rn. 20: Abstellen von
wertvollem Gut am Wochenende in unbewachtem Gewerbegebiet; Urt. v. 1.7.2010 – I ZR 176/08, TranspR 2011,
78 Rn. 23 ff.; s. auch OLG Koblenz Urt. v. 20.5.2010 – 5 U 1443/09, TranspR 2010, 442 Rn. 17 f.
[19] BGH Urt. v. 19.2.1998 – I ZR 233/95, TranspR 1998, 1049: Herabstürzen eines Kollos von einem Waggon
aufgrund Unachtsamkeit eines Gabelstaplerfahrers; OLG Hamm Urt. v. 24.7.2014 – I-18 U 148/13, TranspR 2015,
450 Rn. 52: Anstoßen eines Containers an einen anderen Container oder Kran beim Umschlag; OLG Köln Urt. v.
5.9.2014 – I-3 U 15/14, TranspR 2015, 121 Rn. 25: Unerkanntbleiben einer fehlerhaften Sendungszuordnung; LG

barkeit eines Schadens und qualifiziertem Verschulden liegt „das weite Feld der einfachen Fahrlässig-keit",[20] die zwar haftungsbegründend wirkt, dem Spediteur aber nicht die Haftungsbeschränkung nimmt. Ebenso wie die gesetzlichen Haftungsbeschränkungen des Frachtrechts sollen auch die Haf-tungserleichterungen der ADSp dem Spediteur gerade in diesem Bereich einfacher Arbeitsfehler Schutz vor unübersehbarer Haftung gewähren.

12   **(1) Direkte Schädigung durch gefährliches Handeln.** Etwas anderes gilt jedoch bei offensicht-lich hoch riskanten Vorgehensweisen, insbesondere wenn sie vom Schädiger bewusst und aus nicht anerkennenswerten Gründen gewählt werden, etwa zur Zeit- oder Kostenersparnis oder aus Bequem-lichkeit. So ist es etwa grob fahrlässig, während der Ablieferung des Guts mit **offener Heckklappe** rückwärts eine abschüssige Laderampe zu befahren.[21] Auch das Unterqueren von Brücken **ohne Höhenkontrolle** kann je nach Lage des Einzelfalls grob fahrlässig sein.[22] Dasselbe gilt, wenn sich zahlreiche Nachlässigkeiten und Unvorsichtigkeiten kumulieren,[23] etwa bei der Ausführung von **Schweißarbeiten** in einem Schiffsmaschinenraum ohne Sicherheitsvorkehrungen und nach vorheri-gem Ablassen von entzündlichem Hydrauliköl in die Bilge.[24] Auch wenn der Schädiger die eigene Aufmerksamkeit und Sorgfalt hintertreibt, etwa durch Alkohol- oder Drogengenuss oder ablenkendes Tun wie den Einsatz eines Smartphones während des Führens eines Fahrzeugs, ist stets grobe Fahr-lässigkeit in Betracht zu ziehen.

13   Grob fahrlässig ist es auch, Gut zu Zwecken der **Ablieferung** frühmorgens ohne jede Sicherung beim Empfänger abzustellen.[25] Ebenso ist es grob fahrlässig, das Gut ohne Legitimations- und Identi-tätsprüfung an eine Empfangsperson auszuhändigen.[26] Auch die Zustellung an einen Nachbarn auf-grund einer gerichtlich für unwirksam erklärten Ersatzzustellungsklausel ist grob fahrlässig.[27] Gleiches gilt, wenn nach Annahmeverweigerung die erforderliche Kühlung des Guts nicht mehr gewährleistet wird.[28]

14   **(2) Ungesichertes Abstellen von gefährdetem Gut im öffentlichen Raum.** Stellt der Spediteur beladene **Trailer, Wechselbrücken oder Container** verkehrsbedingt außerhalb geschlossener Lager ab, ohne sie gegen Diebstahl besonders zu sichern, so stellte dies nach älterer Rspr. in der Regel ohne weiteres grobe Fahrlässigkeit dar.[29] Die neuere Rspr.[30] beurteilt das Fehlen besonderer Sicherheits-maßnahmen hingegen nur noch dann als qualifiziert schuldhaft, wenn ein **besonderes Schadens-risiko** gegeben[31] und dies dem Frachtführer auch bekannt war.[32]

15   In diesem Fall darf der Frachtführer das Gut grundsätzlich nur gesichert[33] abstellen. Sofern das Fahrzeug selbst keine besonderen Sicherungseinrichtungen aufweist, darf das Beförderungsmittel nur

---

Mönchengladbach Urt. v. 30.10.2015 – 7 O 31/15, BeckRS 2015, 116929: fehlerhafter Gabelstaplereinsatz; LG Mannheim Urt. v. 23.11.2015 – 24 O 41/15, TranspR 2017, 76; OLG Hamburg Urt. v. 7.3.2018 – 6 U 40/16, TranspR 2018, 301: Umkippen eines Trailers bei Wind.

[20] OLG Hamburg Urt. v. 26.6.2014 – 6 U 172/12, TranspR 2014, 429 Rn. 28.

[21] OGH Wien Urt. v. 18.10.2017 – 7 Ob 160/17f, TranspR 2018, 58.

[22] OLG Nürnberg Urt. v. 30.3.2017 – 9 U 243/14 BSch, TranspR 2017, 263; OLG Hamm Urt. v. 27.6.2016 – I-18 U 110/14, TranspR 2016, 442 Rn. 54.

[23] OGH Wien Urt. v. 22.4.2014 – 7 Ob 46/14m, TranspR 2014, 377.

[24] Rheinschifffahrtsobergericht Köln Urt. v. 22.11.2018 – 3 U 74/BSchRh.

[25] OLG München Urt. v. 16.4.2018 – 7 U 4136/17, BeckRS 2018, 5806, sowie Hinweisbeschluss in gleicher Sache v. 5.3.2018 – 7 U 4136/17, TranspR 2018, 348.

[26] LG Hamburg Urt. v. 11.7.2001 – 411 O 23/01, TranspR 2001, 396.

[27] BGH Urt. v. 25.1.2017 – I ZR 113/15, TranspR 2017, 106.

[28] OLG Düsseldorf Urt. v. 8.11.2017 – I-18 U 173/15, TranspR 2018, 197.

[29] BGH Urt. v. 16.11.1995 – I ZR 245/93, TranspR 1996, 72 (74); Urt. v. 15.9.2005 – I ZR 68/03, TranspR 2006, 42 (44); AG Hamburg Urt. v. 1.8.1989 – 36 C 28/89, TranspR 1990, 202 (203); so nunmehr jedoch erneut OLG München Urt. v. 5.3.2018 – 7 U 4136/17, TranspR 2018, 348 (Abstellen von wertvoller Ware vor einem unbesetzten Lagergebäude).

[30] BGH Urt. v. 13.12.2012 – I ZR 236/11, TranspR 2013, 286 Rn. 20: Abstellen von wertvollem Gut am Wochenende in unbewachtem Gewerbegebiet nicht ohne weiteres leichtfertig iSv § 435 HGB; s. auch BGH Urt. v. 1.7.2010 – I ZR 176/08, TranspR 2011, 78 Rn. 23 ff.: Verwendung eines Planen-Lkw trotz Warnhinweis „Achtung: Diebstahlsgefährdete Ware"; OLG München Urt. v. 28.10.2015 – U 4228/14, TranspR 2016, 193; OLG Hamburg Urt. v. 5.3.2015 – 6 U 201/11, TranspR 2017, 113 Rn. 38 ff.; vgl. auch OLG Koblenz Urt. v. 20.5.2010 – 5 U 1443/09, TranspR 2010, 442 Rn. 17 f.; OLG München Urt. v. 26.10.2017 – 23 U 1699/17, TranspR 2018, 56 Rn. 29 ff.; LG Ulm Urt. v. 19.5.2017 – 10 O 36/16 KfH, TranspR 2017, 411 Rn. 89; LG Düsseldorf Urt. v. 29.4.2016 – 36 O 38/15, TranspR 2017, 255; LG Hamburg Urt. v. 15.4.2016 – 412 HKO 73/15, TranspR 2017, 32: ungesichertes Abstellen von LED Fernsehern in Planen-Lkw.

[31] OLG Nürnberg Beschl. v. 4.7.2017 – 12 U 2204/15, BeckRS 2017, 155059; LG Essen Urt. v. 18.12.2013 – 44 O 35/13, TranspR 2014, 194.

[32] Vgl. BGH Urt. v. 6.6.2007 – I ZR 121/04, TranspR 2007, 423 (zu Art. 29 CMR); OLG München Urt. v. 22.1.2015 – 23 U 1589/14, TranspR 2015, 393: hochwertige, von außen als solche erkennbare Markenkleidung; OLG Stuttgart Urt. v. 25.2.2015 – 3 U 143/14, TranspR 2015, 191.

[33] OLG Celle Urt. v. 11.12.2014 – 11 U 160/04, TranspR 2015, 159; OLG München Urt. v. 22.1.2015 – 23 U 1589/14, TranspR 2015, 393; OLG Hamburg Urt. v. 26.6.2014 – 6 U 172/12, TranspR 2014, 429 Rn. 33, lässt es

auf einem Gelände abgestellt werden, das bewacht oder gegen das Betreten durch Unbefugte gesichert ist.[34] Es reicht insoweit nicht aus, Container zu stapeln oder mit den Öffnungsseiten gegeneinander zu stellen, wenn die Türen gleichwohl noch teilweise geöffnet werden können.[35] Auch eine Umzäunung bietet keinen hinreichenden Schutz, wenn Angehörige mehrerer Firmen Zugang zu dem Gelände haben.[36] Auch hier hängt das Ausmaß der Sicherheitsvorkehrungen jedoch stets von der Diebstahlsgefährdung des Gutes ab.

(3) Verstöße gegen Sicherheitsauflagen. Hat der Spediteur gegen Sicherheitsauflagen des Auf- **16** traggebers verstoßen, ist zunächst zu prüfen, ob die Auflagen Vertragsinhalt geworden sind. Häufig sind solche Auflagen allgemeine Geschäftsbedingungen des Auftraggebers, sodass sie der AGB-Kontrolle unterliegen. Überraschende, unklare oder im Widerspruch zu Individualabreden stehende Auflagen werden nicht Vertragsinhalt.[37] Verstößt der Spediteur jedoch gegen wirksam vereinbarte oder durch Weisung erteilte Auflagen, kann das die Annahme groben Verschuldens rechtfertigen,[38] jedenfalls wenn dem Spediteur klar sein musste, dass die Einhaltung der Auflage das Schadensrisiko vermindert hätte.

bb) Organisationsmängel. Während individuelle Fehler von der Rspr. oft mit Nachsicht behan- **17** delt werden, stuft sie Organisationsmängel regelmäßig als grob fahrlässig ein. Dem liegt der Gedanke zugrunde, dass Systemfehler besonders schadensträchtig und leicht zu verhüten sind, weil die Organisation der betrieblichen Abläufe systematisch durchgeplant und kontinuierlich optimiert werden kann.

(1) Personalschulung und -überwachung, Subunternehmer. Um die Gefahr individueller **18** Arbeitsfehler einzudämmen, muss der Spediteur geeignete organisatorische Maßnahmen treffen und darf sich nicht tatenlos mit erkannten oder leicht erkennbaren, im Betriebsablauf begründeten Schadensrisiken abfinden. Das Personal ist ausreichend zu schulen.[39] Die Einhaltung von Arbeitsanweisungen muss durchgesetzt und kontrolliert werden.[40] Es ist grob fahrlässig, Arbeitsabläufe so zu organisieren, dass sie leicht zu Schäden durch einfache Unachtsamkeiten führen können.[41] Subunternehmer müssen geprüft und zuverlässig sein[42] und auf eine bestehende Diebstahlsgefahr hingewiesen werden.[43]

(2) Unterlassene Schnittstellenkontrollen. Vom Spediteur wird verlangt, dass er die ihm anver- **19** trauten Güter kontrolliert transportiert, lagert und umschlägt. Er darf nicht lediglich einen Verkehrsstrom organisieren, bei dem Verluste erst infolge von Kundenreklamationen auffallen, sondern hat die Packstücke individualisiert zu erfassen und sie auf ihrem Transportweg zumindest an allen Schnittstellen (Ziff. 7.2) zu überwachen, um Verluste und Beschädigungen räumlich und zeitlich eingrenzen und auf ihre Ursache zurückführen zu können.[44] Dabei darf keine – selbst geringe – Schadensquote als hinzunehmendes Restrisiko einkalkuliert werden.

Der Betrieb von **Umschlagslagern** ist besonders schadensanfällig und muss daher nach der Rspr. **20** des BGH so organisiert werden, dass in der Regel Ein- und Ausgang der Güter kontrolliert werden, damit Fehlbestände frühzeitig festgehalten werden können.[45] Denn ohne ausreichende Ein- und Ausgangskontrollen, die im Regelfall einen körperlichen Abgleich der papier- bzw. EDV-mäßig erfassten Waren erfordern, kann ein verlässlicher Überblick über Lauf und Verbleib der in den einzelnen Umschlagsstationen ein- und abgehenden Güter nicht gewonnen werden. Dies gilt noch verstärkt, wenn rechtlich selbstständige Drittunternehmen in die Erbringung der Transportleistung eingebunden sind. Es ist daher stets grob fahrlässig, auf **Schnittstellenkontrollen** zu verzichten, die ein- oder ausgehenden Packstücke also nicht individualisiert zu erfassen und zu kontrollieren.[46]

---

insoweit ausreichen, dass der Fahrer im Fahrzeug übernachtete; s. auch OLG Düsseldorf Urt. v. 3.12.2014 – I-18 U 185/13, TranspR 2016, 391: Einschlafen an vom Empfänger zugewiesenem Warteplatz.

[34] BGH Urt. v. 16.11.1995 – I ZR 245/93, TranspR 1996, 72 (74); Urt. v. 15.9.2005 – I ZR 68/03, TranspR 2006, 42 (44); OLG München Urt. v. 17.7.2014 – 23 U 4545/13, TranspR 2015, 389; AG Hamburg Urt. v. 1.8.1989 – 36 C 28/89, TranspR 1990, 202 (203).

[35] BGH Urt. v. 24.10.1996 – I ZR 133/94, TranspR 1997, 161 (163).

[36] OLG Bremen Urt. v. 24.10.2002 – 2 U 43/98, TranspR 2003, 318 (319); OLG Hamburg Urt. v. 23.2.1984 – 6 U 163/83, VersR 1984, 1035 (1036).

[37] OLG München Urt. v. 26.10.2017 – 23 U 1699/17, TranspR 2018, 56; Urt. v. 28.10.2015 – 7 U 4228/14, TranspR 2016, 193.

[38] OLG Stuttgart Urt. v. 11.5.2016 – 3 U 214/15, TranspR 2018, 409; LG Bremen Urt. v. 5.6.2018 – 11 O 169/17, TranspR 2018, 390: Nutzung bewachter Parkplätze; LG Stuttgart Urt. v. 2.10.2017 – 44 O 27/17, TranspR 2018, 200.

[39] AG Düsseldorf Urt. v. 9.11.1988 – 29 C 163/88, VersR 1989, 414.

[40] OLG Karlsruhe Urt. v. 7.11.1991 – U 44/90, TranspR 1992, 67 (69 f.).

[41] OLG Köln Urt. v. 27.5.2003 – 3 U 24/03, VersR 2003, 1464 (1465); OLG Düsseldorf Urt. v. 22.12.2016 – I-18 U 161/15, TranspR 2017, 1358 Rn. 45.

[42] OLG Schleswig-Holstein Urt. v. 18.12.2014 – 16 U 24/14, TranspR 2015, 157.

[43] OLG Düsseldorf Urt. v. 17.12.2014 – I-18 U 98/14, TranspR 2016, 456.

[44] BGH Urt. v. 25.9.1997 – I ZR 156/95, TranspR 1998, 262 (264).

[45] Vgl. Urt. v. 15.11.2001 – I ZR 163/99, TranspR 2002, 452 (454 f.).

[46] BGH Urt. v. 9.11.1995 – I ZR 122/93, TranspR 1996, 303 (304); Urt. v. 12.12.1996 – I ZR 172/94, TranspR 1998, 75 (77); Urt. v. 8.12.1999 – I ZR 230/97, TranspR 2000, 318 (320); Urt. v. 15.11.2001 – I ZR 163/99,

21   Gleichermaßen ist es grob fahrlässig, die Schnittstellenkontrolle **unzureichend zu organisieren,**[47] zum Beispiel dadurch, dass keine vollständige Erfassung der eingehenden Packstücke sichergestellt ist,[48] dass die zur Auslieferung kommenden Packstücke durch die Fahrer von Nahverkehrsunternehmen selbst verladen und kontrolliert werden,[49] dass kein Abgleich zwischen dem Soll- und dem Ist-Eingangsbestand erfolgt,[50] eine nur EDV-mäßige Kontrolle ohne körperliche Erfassung durchgeführt wird,[51] die Schnittstellenkontrolle nicht gegen Fehler gesichert ist[52] oder der Spediteur Sammelpackstücke bildet und nur noch diese, nicht aber die einzelnen Packstücke an den Schnittstellen kontrolliert.[53] Gleiches gilt, wenn die Organisationsvorgaben in der Praxis nicht durchgesetzt werden.[54]

22   An den Schnittstellen muss nicht unbedingt lückenlos kontrolliert werden; eine **stichprobenartige Kontrolle** des Ein- und Ausgangs von Transportgut kann aber im Einzelfall nur dann den gebotenen Sorgfaltsanforderungen genügen, wenn auf diese Weise eine hinreichende Kontrolldichte gewährleistet ist, um der Gefahr des Abhandenkommens von Sendungen wirksam entgegenzuwirken. Das setzt voraus, dass die Umstände der Stichprobenkontrolle, ihr genauer Ablauf, ihre Häufigkeit und Intensität vom Spediteur/Frachtführer nachvollziehbar dargelegt werden.[55] Eine Kontrolldichte von 15 Prozent reicht ebenso wenig[56] wie Kontrollen im Einzelfall nach dem Losverfahren.[57]

23   **(3) Diebstahlsprävention.** Der Spediteur hat zuverlässige Maßnahmen zur Verhinderung von Diebstählen zu treffen. Dabei hängen die im Einzelfall zu fordernden Sorgfaltsvorkehrungen davon ab, in welchem Maß das Gut wertvoll und leicht absetzbar und daher diebstahlsgefährdet ist.[58]

24   Dritten – auch Selbstabholern oder -anlieferern – darf der Spediteur grundsätzlich **keinen unbeaufsichtigten Zugang** zu den gelagerten Gütern gewähren,[59] selbst wenn es sich um ihm bekannte Fahrer handelt.[60] Die für Dritte zugänglichen Bereiche müssen von den Lagerräumlichkeiten abgetrennt sein.

25   Ferner hat der Spediteur auch Diebstähle und Unterschlagungen durch sein **eigenes Personal** in Betracht ziehen. Es ist daher grob fahrlässig, einem angestellten Fahrer in den Nachtstunden oder sonst ohne Aufsicht durch Dritte das Verladen von Paketen zu überlassen,[61] keine Maßnahmen gegen den

---

TranspR 2002, 452 (455 f.); Urt. v. 15.11.2001 – I ZR 158/99, TranspR 2002, 296 (298); Urt. v. 13.2.2002 – I ZR 128/00, TranspR 2003, 255 (257); Urt. v. 13.2.2003 – I ZR 170/00, BGHReport 2003, 732; Urt. v. 25.3.2004 – I ZR 205/01, TranspR 2004, 309; Urt. v. 11.11.2004 – I ZR 120/02, TranspR 2006, 161; OLG Düsseldorf Urt. v. 23.10.1997 – 18 U 184/96, TranspR 1999, 252 (254 f.); Urt. v. 17.6.2005 – I-7 U 5/05, BeckRS 2005, 30358226; OLG München Urt. v. 4.2.1994 – 23 U 3810/92, NJW-RR 1994, 812 (813 f.); OLG Hamm Urt. v. 22.6.1995 – 18 U 170/94, TranspR 1996, 430 (431); OLG Hamburg Urt. v. 25.11.1995 – 6 U 199/94, TranspR 1996, 304 (305); OLG Nürnberg Urt. v. 25.1.1995 – 12 U 3198/94, TranspR 1995, 455 (457); OLG Nürnberg Urt. v. 15.10.1993 – 12 U 1481/92, TranspR 1993, 31 (33); OLG Köln Urt. v. 3.7.1998 – 19 U 284/97, TranspR 2000, 321 (324); OLG Karlsruhe Urt. v. 16.12.1998 – 15 U 75/98, TranspR 2000, 266 (267); OLG Frankfurt a. M. Urt. v. 28.5.1997 – 21 U 103/96, TranspR 2000, 45 (47 f.); AG Frankfurt a. M. Urt. v. 28.10.1994 – Hö 3 C 2389/93, 3 C 2389/93, TranspR 1995, 83 f.; einschr. OLG Stuttgart Urt. v. 11.5.2011 – 3 U 114/10, BeckRS 2013, 603.

[47] BGH Urt. v. 7.11.1996 – I ZR 111/94, TranspR 1997, 291 (293); Urt. v. 27.2.1997 – I ZR 221/94, TranspR 1997, 440 (442); OLG Düsseldorf Urt. v. 23.10.1997 – 18 U 184/96, TranspR 1999, 252 (254).

[48] BGH Urt. v. 6.7.1995 – I ZR 20/93, VersR 1996, 217 (218); Urt. v. 13.6.1996 – I ZR 45/94, TranspR 1997, 61 (63); Urt. v. 6.2.1997 – I ZR 222/94, TranspR 1998, 78 (79); Urt. v. 8.12.1999 – I ZR 230/97, TranspR 2000, 318 (320 f.).

[49] BGH Urt. v. 22.6.1995 – I ZR 21/93, TranspR 1996, 37 (38); Urt. v. 4.5.1995 – I ZR 70/93, TranspR 1996, 34 (36); Urt. v. 9.11.1995 – I ZR 122/93, TranspR 1996, 303 (304); Urt. v. 13.6.1996 – I ZR 45/94, TranspR 1997, 61 (63); Urt. v. 29.6.1996 – I ZR 165/94, TranspR 1997, 377 (378); OLG Düsseldorf Urt. v. 23.10.1997 – 18 U 184/96, TranspR 1999, 252 (254).

[50] BGH Urt. v. 6.7.1997 – I ZR 20/93, VersR 1996, 217 (218); Urt. v. 25.11.2004 – I ZR 210/01, BGHReport 2005, 711.

[51] BGH Urt. v. 29.6.1996 – I ZR 165/94, TranspR 1997, 377 (378); Urt. v. 4.2.2016 – I ZR 216/14, TranspR 2016, 404 Rn. 34 f.; OLG Düsseldorf Urt. v. 23.10.1997 – 18 U 184/96, TranspR 1999, 252 (254).

[52] BGH Urt. v. 1.12.2016 – I ZR 128/15, TranspR 2017, 175; insoweit krit. *Bahnsen* TranspR 2017, 297.

[53] OLG Hamburg Urt. v. 23.5.2002 – 6 U 146/00, TranspR 2003, 65 (70).

[54] LG Osnabrück Urt. v. 12.10.2015 – 8 S 454/14.

[55] BGH Urt. v. 22.6.1995 – I ZR 21/93, TranspR 1996, 37 (38); Urt. v. 9.11.1995 – I ZR 122/93, TranspR 1996, 303 (304); Urt. v. 20.6.1996 – I ZR 94/94, TranspR 1997, 159 (161); Urt. v. 15.11.2001 – I ZR 158/99, TranspR 1002, 296 (298); Urt. v. 15.11.2001 – I ZR 163/99, TranspR 2002, 452 (455); Urt. v. 13.2.2002 – I ZR 128/00, TranspR 2003, 255 (257).

[56] BGH Urt. v. 20.6.1996 – I ZR 94/94, TranspR 1997, 159 (161).

[57] OLG Düsseldorf Urt. v. 23.10.1997 – 18 U 184/96, TranspR 1999, 252 (254).

[58] OGH Wien Beschl. v. 27.1.2016 – 7 Ob 229/15z, TranspR 1016, 200; OLG Karlsruhe Urt. v. 4.12.2015 – 15 U 73/15, TranspR 2017, 109.

[59] BGH Urt. v. 12.12.1996 – I ZR 172/94, TranspR 1998, 75 (77); Urt. v. 8.12.1999 – I ZR 230/97, TranspR 2000, 318 (320); OLG Düsseldorf Urt. v. 3.7.1998 – 19 U 284/97, TranspR 2000, 322 (323); OLG Zweibrücken Urt. v. 25.10.2017 – 1 U 138/16, TranspR 2018, 115.

[60] LG Düsseldorf Urt. v. 29.3.1996 – 39 S 1/95, TranspR 1997, 73 (76).

[61] BGH Urt. v. 15.11.2001 – I ZR 122/99, TranspR 2002, 448 (451 f.); OLG Nürnberg Urt. v. 19.12.1986 – 6 U 3015/86, TranspR 1987, 149 (150); OLG Düsseldorf Urt. v. 21.7.1994 – 18 U 145/93, TranspR 1994, 458 (459 f.).

Diebstahl durch Fahrer oder Lagerpersonal zu ergreifen,[62] oder dem Personal im Bereich von Laderampen und Hallenzugängen freie Bewegungsmöglichkeit einzuräumen,[63] insbesondere wenn sich eigene PKW der Mitarbeiter in der Nähe befinden. Grob fahrlässig ist auch, einer Vielzahl von Mitarbeitern Schlüssel zu Lagerräumen auszuhändigen,[64] kleine klaren Regeln über die Verwahrung der Schlüssel vorzugeben,[65] den Code zum Ausschalten einer Alarmanlage für einen langen Zeitraum unverändert zu lassen[66] oder angesichts eines Falles von Nachschlüsseldiebstahl keine zuverlässigen Maßnahmen zur Verhütung gleichartiger Einbrüche zu treffen.[67]

In der Regel darf nur Personal mit einwandfreiem polizeilichen **Führungszeugnis** beschäftigt 26 werden.[68] Etwas anderes gilt, wenn infolge eines personellen Engpasses eine kurzfristige Einstellung erforderlich wird,[69] jedoch nur für den Zeitraum bis zum Vorliegen des Führungszeugnisses.

Die Lagerräumlichkeiten müssen in angemessener Weise gegen **Einbruch** gesichert werden. Vom 27 Spediteur ist zu erwarten, dass er nahe liegende Schutzmaßnahmen ergreift.[70] Sofern wertvolles, diebstahlsgefährdetes Gut gelagert wird, muss ein Einbruchsschutz geschaffen werden, der nur durch erhebliche Gewalteinwirkung überwunden werden kann.[71] Türen müssen verschlossen werden können,[72] Sicherheitsschlösser können erforderlich sein.[73] Rolltore müssen durch Arretierung gegen gewaltsames Hochdrücken gesichert sein.[74] Haben sich in jüngerer Vergangenheit unaufgeklärte Diebstähle ereignet, besteht Veranlassung zu erhöhten Sicherheitsmaßnahmen.[75] Jedoch ist es nicht erforderlich, Fenster in schwer zugänglicher Höhe zu vergittern.[76]

Die Nutzung eines Flughafens, an dem es **gehäuft zu Sendungsdiebstählen** kommt, ist für sich 28 noch nicht grob fahrlässig.[77]

(4) Maßnahmen bei Verlustfällen. Der Spediteur muss organisatorisch sicherstellen, dass bei 29 Güterverlusten unverzügliche und durchgreifende Maßnahmen ergriffen werden, um das außer Kontrolle geratene Gut entweder wieder aufzufinden oder die Schadensursache räumlich und zeitlich einzugrenzen und nach Möglichkeit aufzuklären. Er darf sich nicht darauf beschränken, routinemäßig Suchmeldungen zu erstellen, ohne damit konkrete und zeitnahe[78] Nachforschungen zu verbinden.[79] Vielmehr müssen personelle Zuständigkeiten geschaffen und ein organisiertes Vorgehen vorgeschrieben werden.[80] Dazu gehört neben der Sachaufklärung auch die zügige Sicherung von Regressansprüchen.[81]

cc) Darlegung- und Beweislast. Die Beweislast für die Voraussetzungen qualifizierten Verschul- 30 dens trägt der **Anspruchsteller.**[82] Sie wird aber durch die prozessualen Grundsätze der **sekundären Darlegungslast**[83] gemildert. Da die Schadensumstände sich der eigenen Wahrnehmung des Geschädigten in der Regel entziehen, soll der Spediteur, wenn Anhaltspunkte für ein grobes Verschulden vorliegen, das Informationsgefälle zum Geschädigten ausgleichen, soweit das möglich und zumutbar

---

[62] BGH Urt. v. 25.11.2004 – I ZR 210/01, BGHReport 2005, 711.

[63] OLG Düsseldorf Urt. v. 23.10.1997 – 18 U 184/96, TranspR 1999, 252 (253 f.).

[64] OLG Düsseldorf Urt. v. 22.1.1998 – 18 U 55/97, VersR 1999, 471 f.; OLG Bremen Urt. v. 24.10.2002 – 2 U 43/98, TranspR 2003, 318 (319); OLG München Urt. v. 17.1.1996 – 7 U 4525/95, VersR 1996, 1568 (1569).

[65] KG Urt. v. 14.11.2002 – 2 U 89/01, TranspR 2003, 172 (173 f.).

[66] OLG München Urt. v. 17.1.1996 – 7 U 4525/95, VersR 1996, 1568 (1569).

[67] OLG Hamburg Urt. v. 3.2.1994 – 6 U 66/93, VersR 1996, 216.

[68] OLG München Urt. v. 4.8.1993 – 7 U 1790/93, TranspR 1993, 436; aM OLG Frankfurt a. M. Urt. v. 4.12.1996 – 21 U 205/95, TranspR 1998, 210 (212), wenn keine Anhaltspunkte für Unzuverlässigkeit des Personals vorliegen.

[69] OLG Düsseldorf Urt. v. 7.7.1994 – 18 U 219/93, VersR 1995, 115 (116); OLG Düsseldorf Urt. v. 13.10.1994 – 18 U 53/94, TranspR 1995, 169 (170).

[70] Vgl. BGH Urt. v. 12.12.1996 – I ZR 172/94, TranspR 1998, 75 (77); Urt. v. 13.4.1989 – I ZR 28/87, TranspR 1989, 327 (328); LG Berlin Urt. v. 18.3.1994 – 56 S 89/93, TranspR 1995, 82 (83).

[71] OLG Saarbrücken Urt. v. 19.8.2018 – 5 U 1/15, TranspR 2017, 38; OLG Hamburg Urt. v. 23.11.1989 – 6 U 68/89, TranspR 1990, 443 (444).

[72] KG Urt. v. 14.6.1995 – 23 U 314/94, TranspR 1996, 214 (215).

[73] BGH Urt. v. 16.1.1997 – I ZR 208/94, TranspR 1997, 294 (296 f.).

[74] OLG Hamburg Urt. v. 23.11.1989 – 6 U 68/89, TranspR 1990, 443 (444); LG Berlin Urt. v. 18.3.1994 – 56 S 89/93, TranspR 1995, 82 (83).

[75] OLG München Urt. v. 9.12.1988 – 23 U 4960/88, VersR 1989, 1108 (1109).

[76] OLG Hamm Urt. v. 5.1.1995 – 18 U 39/94, TranspR 1995, 398.

[77] BGH Urt. v. 10.12.2015 – I ZR 87/14, TranspR 2016, 464.

[78] OLG Nürnberg Urt. v. 15.10.1993 – 12 U 1481/92, TranspR 1993, 31 (33).

[79] AG Nürnberg Urt. v. 14.3.1996 – 21 C 8267/95, TranspR 1996, 359 (360).

[80] OLG Köln Urt. v. 16.9.1993 – 21 U 13/93, TranspR 1994, 122 (123), LG Göttingen Urt. v. 30.8.1994 – 3 S 2/94, TranspR 1995, 39 (40).

[81] OLG Nürnberg Urt. v. 15.10.1993 – 12 U 1481/92, TranspR 1993, 31 (33).

[82] BGH Urt. v. 21.3.2007 – I ZR 166/04, TranspR 2007, 361; BGH Urt. v. 20.9.2018 – I ZR 146/17, BeckRS 2018, 33719 Rn. 19; OLG Hamburg Urt. v. 7.3.2018 – 6 U 40/16, TranspR 2018, 301.

[83] BGH Urt. v. 29.7.2009 – I ZR 212/06, TranspR 2009, 331 (334); Urt. v. 13.1.2011 – I ZR 188/08, TranspR 2011, 218 (219); iE *Koller* HGB § 435 Rn. 21b ff.

ist. Danach hat der Spediteur nicht nur zu offenbaren, was er über die Umstände und Ursachen des Schadenfalls weiß, er ist auch gehalten, im Rahmen einer **Recherchepflicht** Sachaufklärung bei seinen Subunternehmern und weiteren Beteiligten zu betreiben und die Ermittlungsergebnisse zu offenbaren.[84] Da die Rspr. grobes Verschulden unterstellt, wenn der Spediteur seiner erweiterten Einlassungsobliegenheit nicht genügt, ist unzureichende sekundäre Darlegung des Spediteurs de facto ein **Äquivalent qualifiziert schuldhafter Schadensverursachung,** obwohl das prozessuale Verhalten des Spediteurs lange nach Eintritt des Schaden nicht schadensursächlich sein kann. Überzeugend erscheint diese Rspr. nur in solchen Fällen, in denen das Schweigen des Spediteurs „beredt" ist, seine verweigerte Einlassung also den Schluss darauf zulässt, dass er die Schadensumstände in der Erkenntnis nicht offenbart oder aufklärt, dass sie ohnehin qualifiziert schuldhaftes Handeln belegen.

31   **c) Rechtsfolgen.** Rechtsfolge von Ziff. 27.1.1 ist das ersatzlose[85] Entfallen der durch die Ziff. 22.2, 22.3, 23.3 und 23.4 iVm Ziff. 23.5, 24 sowie 26 angeordneten Haftungserleichterungen. An die Stelle der unanwendbaren Bestimmungen treten die jeweils anwendbaren gesetzlichen Bestimmungen.

32   **aa) Nichtobhutsgüterschäden (Ziff. 22.2, 23.3).** Ziff. 22.2 und Ziff. 23.3 beschränken die Ersatzpflicht des als Frachtführer haftenden Spediteurs für Güterschäden, die außerhalb seiner Obhut eintreten und deshalb nicht der gesetzlich beschränkten Obhutshaftung unterliegen, auf Wertersatz und auf die in Ziff. 23.3 bestimmten, gegebenenfalls durch Ziff. 23.5 weiter beschränkten Höchsthaftungsbeträge. Diese Haftungsschranken entfallen unter den Voraussetzungen von Ziff. 27.1.1. Der Spediteur haftet in diesen Fällen also nach Maßgabe der **allgemeinen Regeln des Schadensersatzrechts.** Das hat zwar zur Folge, dass die Haftung der Höhe nach nicht beschränkt ist, sondern dem Grundsatz der Totalreparation folgt, jedoch muss der Geschädigten seinen Schaden konkret berechnen und nachweisen.

33   **bb) Vermögensschäden (Ziff. 23.4).** Unter den Voraussetzungen von Ziff. 27.1 haftet der Spediteur auch für Vermögensschäden der Höhe nach unbeschränkt. Auch Ziff. 23.5 entfällt. Maßgeblich sind die jeweils anzuwendenden Bestimmungen, insbesondere § 280 BGB. Zu beachten ist, dass das grobe Verschulden sich bei den in Betracht kommenden Haftungsbeständen nicht stets auf den Schaden erstrecken muss, sondern sich auch nur auf das pflichtwidrige Handeln beziehen kann.[86]

34   **cc) Schäden aus Lagerung (Ziff. 22.2, 22.3, 24).** Für die Haftung des Spediteurs als Lagerhalter ordnet Ziff. 22.2 eine Beschränkung auf Wertersatz an. Ziff. 22.3 berechtigt den Spediteur bei Inventurschäden zu einer Saldierung von Minder- und Mehrbeständen, Ziff. 24 enthält – auch für Inventurschäden – gewichtsbezogene und absolute Höchsthaftungsbeträge. Diese Regelungen entfallen unter den Voraussetzungen von Ziff. 27.1.1. Der Spediteur haftet demzufolge auf vollen Schadensersatz nach Maßgabe von § 249 BGB. Bei Inventurschäden kommt eine Saldierung allerdings weiterhin in Betracht, wenn die allgemeinen Regeln der **Vorteilsausgleichung** sie zulassen.

35   **dd) Beschränkung außervertraglicher Ansprüche (Ziff. 26).** Dass auch die Beschränkung paralleler außervertraglicher Ansprüche nach Ziff. 26 entfällt, wenn die Voraussetzungen von Ziff. 27.1.1 vorliegen, ist nur eine Klarstellung, da schon Ziff. 26 einen Gleichlauf außervertraglicher mit den Ansprüchen aus dem Verkehrsvertrag anordnet.

36   **3. Verletzung vertragswesentlicher Pflichten (Ziff. 27.1.2). a) Allgemeines.** Die 2003 eingeführte Regelung trägt der stRspr des BGH[87] Rechnung, der zufolge die Haftung für den Vertragszweck gefährdende Pflichtverletzungen durch AGB nur in geringem Umfang beschränkt werden kann.

37   **b) Vertragswesentliche Pflichten.** Den Begriff der **vertragswesentlichen Pflicht** bestimmen die ADSp in Ziff. 1.16 in enger Anlehnung an die eigene Begriffsdefinition des BGH[88] (→ Ziff. 1 Rn. 77 f.). Vertragswesentlich sind danach Pflichten, deren Erfüllung die ordnungsgemäße Durchführung des Verkehrsvertrags erst ermöglicht und auf deren Einhaltung der Vertragspartner regelmäßig vertrauen darf. Diese Begriffsbestimmung wird von der Rspr. kaum beanstandet werden können, bedarf aber zusätzlicher Präzisierung. Gemeint sind diejenigen Pflichten, die den **Kernbereich des Leistungsversprechens** des Spediteurs verbürgen, insbesondere die synallagmatischen Hauptleis-

---

[84] BGH Urt. v. 13.6.2012 – I ZR 87/11, TranspR 2012, 463 Rn. 18; Urt. v. 11.4.2013 – I ZR 61/12, TranspR 2013, 437 Rn. 31.

[85] Eine Beschränkung auf den vorhersehbaren, typischen Schaden ist im Gegensatz zu Ziff. 27.1.2 nicht vorgesehen.

[86] MüKoBGB/*Grundmann* BGB § 276 Rn. 93, 153.

[87] StRspr des BGH, zuletzt Urt. v. 20.9.2018 – I ZR 146/17, RdTW 2019, 105; s. insbesondere BGH Urt. v. 19.2.1998 – I ZR 233/95, TranspR 1998, 374 (376); Urt. v. 15.9.2005 – I ZR 58/03, TranspR 2006, 38 Rn. 38; vgl. ferner die Übersicht bei Palandt/*Heinrichs* BGB § 307 Rn. 35 ff.

[88] BGH Urt. v. 15.11.2001 – I ZR 122/99, TranspR 2002, 448 (450); Urt. v. 24.10.2001 – VIII ARZ 1/01, NJW 2002, 673; Urt. v. 29.9.2000 – VIII ZR 155/99, NJW 2001, 292; Urt. v. 20.7.2005 – VIII ZR 121/04, NJW-RR 2005, 1496 (1505).

tungspflichten.[89] Dieser Kernbereich soll nicht durch den Ausschluss oder die Verkürzung der absichernden Sekundäransprüche de facto ausgehöhlt und entwertet werden.[90]

In Verkehrsverträgen, deren Gegenstand ein Transport ist, gehört zu den Kardinalpflichten die **38** Pflicht zur **Beförderung und Ablieferung;** außerdem ist bei allen typischen Verkehrsverträgen die **Obhut über das anvertraute Gut** wesentlicher Kernbereich der Vertragspflichten. Dementsprechend gehören zu den Kardinalpflichten des Spediteurs generell eine aufgabengemäße Betriebsorganisation, die hinreichende Vorsorge gegen die wesentlichen Schadensrisiken vorsieht, ferner alle Maßnahmen, mit denen der Spediteur sich hinsichtlich der Obhut sowie gegebenenfalls hinsichtlich der Beförderung und Ablieferung leistungsfähig macht. Das bedeutet aber nicht, dass jede Nichtablieferung und jeder Obhutsschaden auf einer Kardinalpflichtverletzung beruht, denn es gehört nicht zum Kernbereich des Leistungsversprechens des Spediteurs, jede denkbare Komplikation während der Leistungsbewirkung zuverlässig beherrschen zu können.

Im Einzelnen wurden bei Verkehrsverträgen Kardinalpflichten angenommen für die Güterhand- **39** habung durch Kaiumschlagsunternehmen,[91] die Obhut des Spediteurs bei einer nicht verkehrsbedingten Zwischenlagerung,[92] die Fahr- und Ladungstüchtigkeit des benutzten Beförderungsmittels,[93] die Auslieferung an den richtigen Berechtigten,[94] die Obhut bei Werttransporten,[95] die Obhut des Lagerhalters,[96] die Benachrichtigungspflicht nach Ziff. 15.1 S. 2[97] und die lieferfristgemäße Ablieferung bei Expresssendungen.[98] Die Annahme, dass die Pflicht zur Obhut über das Gut vertragswesentlich ist, ist generell gerechtfertigt. Vertragswesentlich sind außerdem die Organisationspflichten des Spediteurs.[99]

Dagegen lässt eine Beschädigung des Gutes nicht ohne Weiteres auf die Verletzung einer vertrags- **40** wesentlichen Pflicht schließen,[100] insbesondere dann nicht, wenn sie auf einem einfachen Arbeitsfehler bei der Handhabung des Guts beruht.[101] Nicht vertragswesentlich ist auch die Erledigung einer Sendungsmarkierung als Zusatzleistung zu einem Speditionsvertrag.[102]

c) Rechtsfolgen. Im Falle der Verletzung vertragswesentlicher Pflichten entfallen die in den Ziff. **41** 22.2, 22.3, 23.3 und 23.4 iVm Ziff. 23.5, 24 sowie 26 angeordneten Haftungserleichterungen. An die Stelle der unanwendbaren Bestimmungen treten die jeweils anwendbaren gesetzlichen Bestimmungen (iE → Rn. 31 ff.).

Abweichend von Ziff. 27.1 bleibt die Haftung des Spediteurs jedoch beschränkt auf den **vorseh-** **42** **baren, typischen Schaden.** Die Frage der Vorhersehbarkeit beurteilt sich aus der Sicht eines mit verkehrsüblicher Sorgfalt vorgehenden Spediteurs. Maßgeblich ist dabei der Zeitpunkt, zu dem der Spediteur sich zur Durchführung des Auftrages verpflichtet,[103] weil der Spediteur seine Leistungen zu diesem Zeitpunkt organisiert und versichert. Wird nachträglich ein höheres Schadensrisiko erkennbar, können sich jedoch die Sorgfaltspflichten ex nunc erhöhen.

Der vorhersehbare Schaden ist nicht notwendig auf den Wert der Güter begrenzt. In der Regel ist **43** auch entgangener Gewinn nach üblichen Handelsmargen (10–30 %) vorhersehbar. Auch weitere Folgeschäden (zB Betriebsunterbrechungsschäden, Haftungsschäden) können nach den Umständen vorhersehbar sein.[104]

Nicht geregelt ist, ob die Beschränkung auf den vorhersehbaren Schaden auch dann gilt, wenn die **44** **Voraussetzungen beider Alternativen** von Ziff. 27.1 vorliegen, also eine vertragswesentliche Pflicht grob schuldhaft verletzt wird; gem. § 305c Abs. 2 BGB gilt die Beschränkung auf den vorhersehbaren Schaden nur dann, wenn die Kardinalpflichtverletzung einfach fahrlässig begangen ist.

---

[89] *Koller* ADSp 2016 Ziff. 27 Rn. 8.

[90] MüKoBGB/*Wurmnest* BGB § 309 Rn. 26 mwN.

[91] BGH Urt. v. 19.2.1998 – I ZR 233/95, TranspR 1998, 374 (376); OLG Köln Urt. v. 18.12.1998 – 3 U 45/98 BSch, VersR 1999, 914.

[92] BGH Urt. v. 15.9.2005 – I ZR 68/03, TranspR 2006, 42 (44).

[93] OLG Frankfurt a. M. Urt. v. 17.4.2002 – 13 U 54/00, OLGR Frankfurt 2002, 262 Rn. 22.

[94] BGH Urt. v. 17.1.1974 – II ZR 103/72, VersR 1974, 590.

[95] OLG München Urt. v. 2.3.1994 – 7 U 5918/93, NJW-RR 1994, 742.

[96] BGH Urt. v. 8.5.2013 – I ZR 48/13, RdTW 2014, 441; Urt. v. 15.9.2005 – I ZR 58/03, TranspR 2006, 38 (41); Urt. v. 1.6.1979 – I ZR 103/78, VersR 1979, 902; OLG Köln Urt. v. 13.9.2005 – 3 U 40/05, TranspR 2006, 401 (403); OLG Hamburg Urt. v. 25.4.2002 – 6 U 67/01, TranspR 2003, 259 (260); Urt. v. 8.5.2003 – 6 U 222/02, TranspR 2003, 404 (405); OLG Karlsruhe Urt. v. 18.10.2006 – 15 U 48/05, TranspR 2007, 209 (212).

[97] BGH Urt. v. 8.5.2014 – I ZR 48/13, RdTW 2014, 441.

[98] LG Bonn Urt. v. 5.8.2015 – 3 O 365/13, TranspR 2016, 153; s. auch OLG Urt. v. 13.1.2011 – 6 U 150/09, TranspR 2012, 382.

[99] *Koller* ADSp 2016 Ziff. 27 Rn. 17.

[100] OLG Hamm Urt. v. 24.7.2014 – I-18 U 148/13, TranspR 2015, 296.

[101] LG Mönchengladbach Urt. v. 30.10.2015 – 7 O 31/15, BeckRS 2015, 116929.

[102] BGH Urt. v. 4.2.2016 – I ZR 216/14, TranspR 2016, 404.

[103] *Koller* ADSp 2016 Ziff. 27 Rn. 6b.

[104] Krit. *Herber* TranspR 1998, 344 (346).

45 **4. Mitverschulden.** Ziff. 27 lässt Verteidigungsmittel unberührt, die dem Spediteur nach den allgemeinen Regeln zustehen.[105] Dies gilt auch für den Einwand des Mitverschuldens, der nach der neueren Rspr. des BGH[106] auch bei grobem Verschulden des Spediteurs – in casu bislang regelmäßig des auf Schnittstellenkontrollen verzichtenden Paketdienstes[107] – begründet sein kann.

46 **a) Unterlassene Wertdeklaration.** Ein Mitverschulden ist insbesondere anzunehmen, wenn der Spediteur für Güter mit hohem Sachwert eine wertangemessene, sicherere Beförderungsinfrastruktur vorhält als für Normalgüter und der Auftraggeber es in Kenntnis dieser Tatsache[108] unterlässt, dem Spediteur den Wert des Gutes anzugeben.[109] Daran anknüpfend, fordert Ziff. 3.3 vom Auftraggeber, bei **wertvollem** (Ziff. 1.17: 100 EUR/kg) oder **diebstahlsgefährdetem Gut** (Ziff. 1.3) dem Spediteur die Art, den Wert und das bestehende Risiko mitzuteilen; im Gegenzug schuldet der Spediteur gegebenenfalls erhöhte Sicherheitsmaßnahmen. Unterlässt der Auftraggeber diesen geschuldeten Hinweis, kann das den Einwand des Mitverschuldens begründen. Allerdings gilt das nur dann, wenn der Spediteur das Gut bei Bekanntgabe von Wert oder Gefahr mit größerer Vorsicht behandelt hätte. Im Zweifel wird davon auszugehen sein, dass der Spediteur sich vertragsgemäß verhalten hätte.

47 **b) Unterlassener Hinweis auf sonstiges hohes Schadensrisiko.** Auch das Unterlassen, den Spediteur auf die Gefahr eines sonstigen **besonders hohen Schadens** hinzuweisen, kann den Mitverschuldenseinwand begründen.[110] Ungewöhnlich hoch kann der zehnfache Betrag dessen sein, was der Spediteur in seinen Beförderungsbedingungen als Höchsthaftung bezeichnet.[111]

48 **c) Verbotgut.** Setzt der Auftraggeber sich vorsätzlich über den geäußerten Willen des Spediteurs, bestimmte Güter **(Verbotsgüter)** nicht zu befördern, hinweg, kann das Mitverschulden auch bei grobem Organisationsverschulden des Spediteurs[112] zu einem vollständigen Anspruchsausschluss führen,[113] denn der Schaden wäre dann ganz vermieden worden, sofern der Spediteur das Verbotsgut zurückgewiesen hätte. Zur Beweislast für die Ursächlichkeit des Mitverschuldens → Rn. 52 f.

49 **d) Kenntnis von Organisationsmängeln des Spediteurs.** Dagegen begründet allein der Umstand, dass der Auftraggeber die Geschäftsbeziehung mit dem Spediteur auch in Kenntnis bereits leichtfertig verursachter Sendungsverluste fortgesetzt hat, kein Mitverschulden; nur wenn der Auftraggeber weiß, dass es im Unternehmen des Spediteurs auf Grund schwerwiegender Organisationsmängel immer wieder zu Verlusten kommt, ist ein Mitverschulden in Betracht zu ziehen.[114]

50 **5. Darlegungs- und Beweislast.** Die Darlegungs- und Beweislast für die Voraussetzungen des Wegfalls der Haftungsbefreiungen und -begrenzungen liegt grundsätzlich bei dem Auftraggeber oder sonstigen Anspruchsteller.[115] Im Einzelnen ist jedoch zu differenzieren.

51 **a) Sekundäre Darlegungslast.** Die Beweislast des Auftraggebers wird nach stRspr des BGH dadurch gemildert, dass der Spediteur bei Verlustschäden angesichts des unterschiedlichen Informationsstandes der Vertragsparteien nach Treu und Glauben gehalten ist, soweit möglich und zumutbar zu den näheren Umständen aus seinem Betriebsbereich eingehend vorzutragen.[116] Er hat konkret dar-

[105] Vgl. BGH Urt. v. 15.11.2001 – I ZR 163/99, TranspR 2002, 452 (457) (zu Paketdienstbedingungen).

[106] BGH Urt. v. 15.11.2001 – I ZR 163/99, TranspR 2002, 452 (456 f.); Urt. v. 1.12.2005 – I ZR 31/04, TranspR 2006, 212 (214); Urt. v. 1.12.2005 – I ZR 46/04, TranspR 2006, 205 (206); Urt. v. 15.12.2005 – I ZR 303/02, TranspR 2006, 214 (216).

[107] Für eine Ausweitung dieser Rspr. auf andere Frachtführer *Knorre* TranspR 2007, 393 (394).

[108] OLG Hamburg Urt. v. 16.11.2006 – 6 U 10/06, TranspR 2007, 240 (244).

[109] BGH Urt. v. 15.11.2001 – I ZR 163/99, TranspR 2002, 452 (457); Urt. v. 15.11.2001 – I ZR 221/99, TranspR 2002, 458 (460); Urt. v. 15.11.2001 – I ZR 158/99, TranspR 2002, 296 (300 f.); Urt. v. 8.5.2002 – I ZR 234/02, TranspR 2003, 317 (318); dazu *Ettrich* TranspR 2003, 443; BGH Urt. v. 25.11.2004 – I ZR 210/01, BGHReport 2005, 711; Urt. v. 16.11.2006 – I ZR 257/03, TranspR 2007, 161 (164); vgl. auch *Köper* TranspR 2007, 94.

[110] BGH Urt. v. 15.12.2005 – I ZR 303/02, TranspR 2006, 214 (215 f.).

[111] BGH Urt. v. 1.12.2005 – I ZR 31/04, TranspR 2006, 212 (214); Urt. v. 15.12.2005 – I ZR 303/02, TranspR 2006, 214 (216).

[112] BGH Urt. v. 3.5.2007 – I ZR 98/05, TranspR 2007, 412 (413 f.); Urt. v. 3.5.2007 – I ZR 175/05, TranspR 2007, 414 (415 f.); Urt. v. 3.5.2007 – I ZR 85/05, TranspR 2007, 419 (420 f.).

[113] BGH Urt. v. 15.2.2007 – I ZR 186/03, TranspR 2007, 164 (167); Urt. v. 1.3.2007 – I ZR 132/06, TranspR 2007, 405 (407 f.); Urt. v. 4.7.2013 – I ZR 156/12, TranspR 2014, 146 Rn. 18.

[114] BGH Urt. v. 14.5.1998 – I ZR 95/96, TranspR 1998, 475 (477 f.); Urt. v. 15.11.2001 – I ZR 163/99, TranspR 2002, 452 (457); Urt. v. 15.11.2001 – I ZR 158/99, TranspR 2002, 296 (301); Urt. v. 25.11.2004 – I ZR 210/01, BGHReport 2005, 711; krit. zu dieser Rspr. *Thume* TranspR 1999, 85; zust. *Werner* TranspR 2003, 231 (234 f.).

[115] BGH Urt. v. 3.11.1994 – I ZR 100/92, TranspR 1995, 253 (254 ff.); Urt. v. 13.6.1996 – I ZR 45/94, TranspR 1997, 61 (62); Urt. v. 29.6.1996 – I ZR 165/94, TranspR 1997, 377 (378); Urt. v. 7.11.1996 – I ZR 111/94, TranspR 1997, 291 (292); Urt. v. 27.2.1997 – I ZR 221/94, TranspR 1997, 440 (441 f.); Urt. v. 15.11.2001 – I ZR 163/99, TranspR 2002, 452 (458); Urt. v. 8.5.2002 – I ZR 34/00, TranspR 2002, 408 (409).

[116] BGH Urt. v. 27.2.1997 – I ZR 221/94, TranspR 1997, 440 (442); Urt. v. 25.9.1997 – I ZR 156/95, TranspR 1998, 262 (263).

zulegen, welche Sorgfaltsvorkehrungen er getroffen hat, wie die einzelnen Maßnahmen in der Praxis geordnet, überschaubar und zuverlässig ineinander greifen und welche Maßnahmen er getroffen hat, um sicherzustellen, dass die theoretisch vorgesehenen Organisationsmaßnahmen auch praktisch durchgeführt werden können.[117] Lässt der Spediteur es daran fehlen, kann daraus je nach den Umständen des Einzelfalls der Schluss auf ein qualifiziertes Verschulden gerechtfertigt sein.[118]

Eine Aufklärungspflicht trifft den Spediteur grundsätzlich auch bei Beschädigungen des Gutes, **52** jedoch gilt dies nur, wenn eine unzureichende Sicherung des Gutes gegen Schäden in Betracht kommt,[119] nicht dagegen wenn der Spediteur auf Grund fehlender Schnittstellenkontrollen oder sonstiger Organisationsmängel den Schaden örtlich und zeitlich nicht eingrenzen kann.[120]

b) Beweislast. Sofern der Spediteur im Rahmen seiner sekundären Darlegungslast nicht darzutun **53** vermag, dass er die erforderlichen organisatorischen Sicherheitsvorkehrungen eingehalten hat, trifft ihn bei **Verlustfällen** abweichend von der allgemeinen Beweislastregel auch die Beweislast dafür, dass ein Sendungsverlust nicht auf diesen organisatorischen Mängeln beruht, sofern das festgestellte Organisationsverschulden als Schadensursache ernsthaft in Betracht kommt.[121] Für **Beschädigungen** des Gutes gilt dies jedoch nicht.[122] Hier bleibt es bei der allgemeinen Beweislastregel, also der Beweislast des Anspruchstellers. Ist streitig, ob die schädigenden Mitarbeiter des Spediteurs leitende Funktion haben, trifft den Spediteur die Beweislast.[123]

Die Beweislast für die **Kausalität einer unterlassenen Wertdeklaration** trägt grundsätzlich der **54** Spediteur.[124] Dabei genießt er insofern eine Erleichterung, als dieser Nachweis nicht schon dann scheitert, wenn nicht völlig ausgeschlossen werden kann, dass die Sendung auch bei Angabe des Wertes in Verlust geraten wäre,[125] etwa wenn auch wertdeklarierte Sendungen keiner strikten Schnittstellenkontrolle unterworfen werden. Die Beweislast für die fehlende Kausalität einer pflichtwidrig unterlassenen Wertdeklaration trägt jedoch der Auftraggeber, wenn das zur Beförderung eingelieferte Gut nach den Beförderungsbedingungen von der Beförderung ausgeschlossen war (Verbotsgut).[126]

6. Klauselkontrolle. Ziff. 27.1 ist transparent und wahrt die die von der Rspr. für Haftungs- **55** erleichterungen gezogenen Grenzen.

III. Qualifiziertes Verschulden bei Lagerung (Ziff. 27.2)

Während dem Spediteur bei sonstigen Leistungsarten sowohl grobes Verschulden als auch die **56** Verletzung von Kardinalpflichten schadet, gilt das bei verfügter Lagerung (Ziff. 15, 24) nur dann, wenn **kumulativ** sowohl eine **Kardinalpflicht** verletzt als auch dem Spediteur **grobes Verschulden** vorzuwerfen ist. Eine solche Haftungsbeschränkung verstößt zwar im Grundsatz gegen § 307 BGB,[127] wird vom BGH[128] aber unter der Voraussetzung gebilligt, dass dem Auftraggeber das Recht (→ Ziff. 24 Rn. 16) eingeräumt ist, sich durch Wertdeklaration eine höhere Grundhaftung zu verschaffen.

1. Vorsatz oder grobe Fahrlässigkeit. Zu den Begriffen Vorsatz und grobe Fahrlässigkeit all- **57** gemein → Rn. 6 ff. Nicht jeder Schaden lässt auf grobes Verschulden schließen,[129] sondern bedarf der Würdigung im Einzelfall. Auch im Lager ist zwischen individuellen Fehlern und Organisationsmängeln zu unterscheiden. Während bei individuellen Fehlern der Vorwurf grober Fahrlässigkeit besonderer

---

[117] Vgl. BGH Urt. v. 25.9.1997 – I ZR 156/95, TranspR 1998, 262 (263) und BGH Urt. v. 27.2.1997 – I ZR 221/94, TranspR 1997, 440 (442).

[118] BGH Urt. v. 6.10.1994 – I ZR 179/92, TranspR 1995, 106 (110); Urt. v. 3.11.1994 – I ZR 100/92, TranspR 1995, 253 (256); Urt. v. 5.6.2003 – I ZR 234/00, TranspR 2003, 468 (469); Urt. v. 9.10.2003 – I ZR 275/00, TranspR 2004, 175 (176); krit. dazu *Heuer* TranspR 2004, 114 (119).

[119] BGH Urt. v. 8.5.2002 – I ZR 34/00, TranspR 2002, 408 (409); Urt. v. 3.11.2005 – I ZR 325/02, TranspR 2006, 35 (37).

[120] BGH Urt. v. 29.6.2006 – I ZR 176/03, TranspR 2006, 390 (393); Urt. v. 19.5.2005 – I ZR 238/02, TranspR 2006, 114 (115).

[121] BGH Urt. v. 13.4.1989 – I ZR 28/87, TranspR 1989, 327 (328); vgl. auch BGH Urt. v. 20.1.2005 – I ZR 95/01, TranspR 2005, 311 (314); Urt. v. 16.11.2006 – I ZR 257/03, TranspR 2007, 161 (163 f.).

[122] BGH Urt. v. 15.11.2001 – I ZR 163/99, TranspR 2002, 452 (458); Urt. v. 15.11.2001 – I ZR 182/99, TranspR 2002, 302 (305).

[123] Vgl. BGH Urt. v. 6.3.1972 – II ZR 100/69, WM 1972, 583 (585).

[124] BGH Urt. v. 3.7.2008 – I ZR 205/06, TranspR 2008, 394 Rn. 20; Urt. v. 2.4.2009 – I ZR 16/17, TranspR 2009, 410 Rn. 32.

[125] BGH Urt. v. 8.5.2003 – I ZR 234/02, TranspR 2003, 317 (318); Urt. v. 17.6.2004 – I ZR 263/01, TranspR 2004, 399 (401); Urt. v. 15.12.2005 – I ZR 303/02, TranspR 2006, 214 (215).

[126] BGH Urt. v. 3.3.2016 – I ZR 245/14, TranspR 2016, 304.

[127] BGH Urt. v. 15.9.2005 – I ZR 58/03, TranspR 2006, 38 Rn. 36 ff.

[128] BGH Beschl. v. 17.10.2013 – I ZR 226/12, TranspR 2014, 200; dazu *Herber* TranspR 2014, 203; Vorinstanz OLG Bremen Urt. v. 23.11.2012 – 2 U 143/11, TranspR 2014, 201; vgl. auch bereits BGH Urt. v. 19.2.1998 – I ZR 233/95, TranspR 1998, 374 Rn. 23.

[129] OLG Düsseldorf Urt. v. 12.7.2017 – 18 U 92/16, BeckRS 2017, 153903; aA wohl OLG Karlsruhe Urt. v. 18.10.2006 – 15 U 48/05, OLGR Karlsruhe 2007, 480.

Begründung bedarf, indizieren Organisationsmängel grobe Fahrlässigkeit. Das gilt insbesondere, wenn nach den Umständen naheliegende Schutzmaßnahmen zur Schadensprävention ohne sachlich nachvollziehbare Gründe unterblieben sind[130] und deshalb mit einer gewissen Zwangsläufigkeit vermeidbare Schäden auftreten. Einzelfälle:

58   **a) Individuelle Fehler.** Einfache Arbeitsfehler sind in der Regel nicht grob fahrlässig. Denn bei permanentem Umgang mit fremdem Lagergut sind gelegentliche Ungeschicklichkeiten, Irrtümer, Verwechselungen und Unterlassungen kaum vermeidbar. Deshalb ist auch die Nutzung eines falschen Werkzeugs im Lager nicht ohne weiteres grob fahrlässig.[131]

59   **b) Organisation. aa) Räumlichkeiten.** Der Spediteur darf keine Lagerräume auswählen, die technisch ungeeignet oder unzureichend sind.[132] Auf Zusagen von Unter-Lagerhaltern darf der Spediteur sich nicht ohne Prüfung verlassen.[133] Verderbliche Lebensmittel müssen in einer Lagerhalle mit aktivem Kühlsystem eingelagert werden.[134] Grob fahrlässig es auch, wenn ältere Wasserleitungen bei starkem Dauerfrost nicht entwässert werden.[135]

60   **bb) Prozesse.** Der Lagerhalter muss systematische und zuverlässige Lagereingangs- und -ausgangskontrollen sicherstellen. Grob fahrlässig ist es auch, keine zuverlässigen organisatorischen Regelungen für angehaltene oder zurück laufende Sendungen vorzuhalten, sodass diese unkontrolliert abgestellt oder befördert werden.[136]

61   **cc) Diebstahlsvorsorge.** Dritten wie etwa Selbstabholern darf kein ungehinderter und unkontrollierter Zugang zu den Lagerräumlichkeiten gewährt werden. Gegen den Zugriff unbefugter Dritter müssen angemessene bauliche und organisatorische Schutzvorkehrungen getroffen werden. Es ist grob fahrlässig, eine Vielzahl von Personen mit Schlüsseln zu den Räumlichkeiten auszustatten.[137] Der Spediteur muss auch angemessene Maßnahmen gegen Personaldiebstähle treffen, etwa durch Taschenkontrollen und durch die Überprüfung der Zuverlässigkeit von Pförtnern.[138] Hochwertige Güter der Unterhaltungselektronik müssen nicht zwangsläufig separiert gelagert werden.[139]

62   **dd) Schadensprävention.** Der Lagerhalter muss bei der Einrichtung und Organisation des Lagerbetriebs Schadensrisiken möglichst eindämmen. Es dürfen nicht schon infolge leichter Unachtsamkeit erhebliche Schäden eintreten, etwa durch die Kollision von Gabelstaplern mit der Sprinkleranlage.[140]

63   **2. Vertragswesentliche Pflichten.** Vertragswesentlich ist beim Lagervertrag insbesondere die Sicherung des Guts, also die **Schutz- und Obhutspflichten.**[141] Die Wahl eines geeigneten und hinreichend sicheren Lagerortes für hochwertige Ware ist deshalb eine Kardinalpflicht des Spediteurs,[142] insbesondere wenn der Spediteur sich auf das in Rede stehende Gut spezialisiert.[143] Dasselbe gilt für die Sicherung des Guts gegen Diebstahl.[144] Eine Brandmeldeanlage muss benutzt werden.[145] Auch die durchgängige Gewährleistung der geschuldeten Lagertemperatur gehört zu den vertragswesentlichen Pflichten.[146]

---

[130] OLG Köln Urt. v. 27.5.2003 – 3 U 24/03, TranspR 2004, 372 Rn. 14.

[131] LG Mönchengladbach Urt. v. 30.10.2015 – 7 O 31/15, BeckRS 2015, 116929.

[132] OLG Frankfurt a. M. Urt. v. 11.10.2000 – 13 U 198/98, TranspR 2002, 84; OLG Köln Urt. v. 3.7.1998 – 19 U 284/97, TranspR 2000, 321 (324); OLG Hamburg Urt. v. 25.4.2002 – 6 U 67/01, TranspR 2003, 259; OLG Köln Urt. v. 13.9.2005 – 3 U 40/05, TranspR 2006, 401 Rn. 21.

[133] OLG Frankfurt a. M. Urt. v. 11.10.2000 – 13 U 198/98, TranspR 2001, 736.

[134] OLG Frankfurt a. M. Urt. v. 17.4.2002 – 13 U 54/00, OLGR Frankfurt 2002, 262; Urt. v. 11.10.2000 – 13 U 198/98, TranspR 2001, 736.

[135] LG Duisburg Urt. v. 8.12.1987 – 16 O 159/87, TranspR 1989, 111.

[136] BGH Urt. v. 20.6.1996 – I ZR 94/94, TranspR 1997, 159 (161); Urt. v. 29.6.1996 – I ZR 165/94, TranspR 1997, 377 (378).

[137] OLG Hamburg Urt. v. 21.4.1999 – 6 U 160/98, OLGR Hamburg 2000, 115 Rn. 48; OLG Düsseldorf Urt. v. 22.1.1998 – 15 U 55/97, VersR 1999, 471.

[138] BGH Urt. v. 20.9.2018 – I ZR 146/17, RdTW 2019, 105; Vorinstanz OLG Düsseldorf Urt. v. 12.7.2017 – 18 U 92/16, BeckRS 2017, 153903.

[139] BGH Urt. v. 12.12.1996 – I ZR 172/94, TranspR 1998, 75; aA LG Wuppertal Urt. v. 4.1.2012 – 13 O 62/10, TranspR 2012, 378.

[140] OLG Düsseldorf Urt. v. 22.12.2016 – I-18 U 161/15, TranspR 2017, 230; OLG Köln Urt. v. 27.5.2003 – 3 U 24/03, TranspR 2004, 372.

[141] BGH Urt. v. 15.9.2005 – I ZR 58/03, TranspR 2006, 38 Rn. 40; LG Hamburg Urt. v. 28.10.2002 – 415 O 148/01, TranspR 2002, 467 Rn. 28; Urt. v. 20.10.2011 – 413 HKO 154/10.

[142] OLG Schleswig Urt. v. 23.4.2009 – 16 U 76/08, TranspR 2013, 310 Rn. 39 f.; LG Wuppertal Urt. v. 4.1.2012 – 13 O 62/10, TranspR 2012, 378 Rn. 42; LG Magdeburg Urt. v. 15.2.2011 – 5 O 2100/07, BeckRS 2014, 19330; OLG Hamburg Urt. v. 6 U 67/01, TranspR 2003, 259.

[143] LG Hamburg Urt. v. 20.10.2011 – 413 HKO 154/10, BeckRS 2014, 15396.

[144] BGH Urt. v. 15.9.2005 – I ZR 58/03, TranspR 2006, 38 Rn. 40; OLG Köln Urt. v. 28.1.2003 – 3 U 229/01, BeckRS 2012, 19635; Schleswig-Holsteinisches OLG Urt. v. 23.4.2009 – 16 U 76/08, TranspR 2013, 310 Rn. 39.

[145] Schleswig-Holsteinisches OLG Urt. v. 23.4.2009 – 16 U 76/08, TranspR 2013, 310 Rn. 39 ff.

[146] OLG Stuttgart Urt. v. 16.4.2014 – 3 U 150/13, TranspR 2015, 356 Rn. 14.

Auch Nebenpflichten können vertragswesentlich sein. Wegen der besonderen Bedeutung des **64** genauen Lagerortes für die Versicherung des Guts hat der BGH dies für die Pflicht zur Anzeige einer Umlagerung in ein anderes Lager angenommen.[147]

3. Darlegungs- und Beweislast. Die Darlegungs- und Beweislast für die Voraussetzungen unbe- **65** schränkter Haftung liegt bei dem Anspruchsteller. Jedoch ist der Spediteur gehalten, zu den von ihm getroffenen Maßnahmen zur Verhütung von Schadensfällen in dem ihm möglichen und zumutbaren Umfang vorzutragen.[148]

4. Klauselkontrolle. Die Bestimmung nutzt den vom BGH[149] eingeräumten Spielraum und ist **66** jedenfalls dann wirksam, wenn man davon ausgeht, dass dem Auftraggeber ein einseitig durchsetzbares Recht zur Wertdeklaration eingeräumt ist.

IV. Gesetzliche Durchbrechung der Haftungsgrenzen (Ziff. 27.3)

Ziff. 27.3 stellt klar, dass Ziff. 27.1 nicht in den Anwendungsbereich der gesetzlichen frachtrecht- **67** lichen Vorschriften über die Durchbrechung von Haftungserleichterungen eingreifen will. Die Bestimmungen der §§ 435 und 507 HGB bleiben deshalb in ihrem jeweiligen Anwendungsbereich gänzlich unangetastet. Sie werden weder eingeschränkt, was wegen der Klauselfestigkeit dieser Bestimmungen ohnehin nicht möglich wäre, noch in ihrem Anwendungsbereich erweitert.

Das ergibt sich auch bereits daraus, dass Ziff. 27.1 auf Obhutsgüterschäden keine Anwendung findet. **68**

V. Kein Verzicht auf gesetzliche Haftungsschranken (Ziff. 27.4)

Auch Ziff. 27.4 hat nur klarstellende Funktion. Die Bestimmung soll sicherstellen, dass Ziff. 27.1 **69** seinem Zweck und Wortlaut gemäß ausschließlich auf die Haftungserleichterungen der ADSp angewendet und weder als Verzicht auf gesetzliche Haftungserleichterungen gelesen wird, wie etwa ein Verzicht iSv Art. 25 MÜ auf die Haftungsbeschränkungen des MÜ, noch als erleichterter Tatbestand für gesetzlich geregelte Vorschriften über die Durchbrechung von Haftungserleichterungen wie etwa Art. 36 CIM oder Art. 21 CMNI.

28. Haftungsversicherung des Spediteurs

28.1 Der Spediteur ist verpflichtet, bei einem Versicherer seiner Wahl eine Haftungsversicherung zu marktüblichen Bedingungen abzuschließen und aufrecht zu erhalten, die mindestens im Umfang der Regelhaftungssummen seine verkehrsvertragliche Haftung nach den ADSp und nach dem Gesetz abdeckt. Die Vereinbarung einer Höchstersatzleistung je Schadenfall, Schadenereignis und Jahr ist zulässig; ebenso die Vereinbarung einer angemessenen Selbstbeteiligung des Spediteurs.

28.2 Der Spediteur hat dem Auftraggeber auf Verlangen das Bestehen eines gültigen Haftungsversicherungsschutzes durch die Vorlage einer Versicherungsbestätigung nachzuweisen. Erbringt er diesen Nachweis nicht innerhalb einer angemessenen Frist, kann der Auftraggeber den Verkehrsvertrag außerordentlich kündigen.

28.3 Der Spediteur darf sich gegenüber dem Auftraggeber auf die Haftungsbestimmungen der ADSp nur berufen, wenn er bei Auftragserteilung einen ausreichenden Versicherungsschutz vorhält.

Schrifttum: S. vor Ziff. 1; *Abele,* Versicherungen der Spedition, TranspR 2006, 62; *Herber,* Pflichtversicherungen für den Spediteur – mit vielen Fragezeichen, TranspR 2004, 229; *Ramming,* Die neuen ADSp 2017, RdTW 2017, 41; *Schwampe,* Die Haftungsversicherung des Spediteurs nach Ziff. 28 ADSp 2017, RdTW 2017, 241.

Vorläufer in ADSp 2003: Ziff. 29 ADSp 2003.

Übersicht

---

[147] BGH Urt. v. 8.5.2014 – I ZR 48/13, TranspR 2014, 438 Rn. 24.

[148] OLG München Urt. v. 16.7.2009 – 23 U 2075/09, BeckRS 2009, 20679; OLG Düsseldorf Urt. v. 5.9.2007 – I-18 U 209/06, TranspR 2008, 398; Urt. v. 2.11.2006 – I-12 U 11/05, TranspR 2007, 30.

[149] BGH Beschl. v. 17.10.2013 – I ZR 226/12, TranspR 2014, 200; dazu *Herber* TranspR 2014, 203; Vorinstanz OLG Bremen Urt. v. 23.11.2012 – 2 U 143/11, TranspR 2014, 201; vgl. auch bereits BGH Urt. v. 19.2.1998 – I ZR 233/95, TranspR 1998, 374 Rn. 23.

I. Überblick

1   Nachdem das seit 1927 geltende tragende Haftungskonzept der ADSp, die Haftungsersetzung durch eine den Auftraggeber unmittelbar schützende Versicherung, aus wirtschaftlichen Gründen zusammengebrochen war (→ Vor Ziff. 1 Rn. 3), zerfiel die Speditionsversicherung in die in Ziff. 21 ADSp geregelte, nur noch auf Verlangen des Auftraggebers einzudeckende Güterversicherung und die in den ADSp und im Transportversicherungsbereich traditionell als (Verkehrs-) Haftungsversicherung bezeichnete, jetzt in Ziff. 28 vorgesehene **Haftpflichtversicherung des Spediteurs.**[1] Er ist nach der Vorschrift verpflichtet, seine Haftung nach den ADSp und dem Gesetz zu marktüblichen Konditionen zu versichern und dem Auftraggeber damit im Gegenzug gegen die Hinnahme der in den ADSp vorgesehenen zusätzlichen Haftungserleichterungen wenigstens eine Bonitätssicherung zu verschaffen. Unterlässt er dies, einerlei ob schuldhaft oder nicht, darf er sich auf die Haftungsbestimmungen der ADSp nicht berufen (Ziff. 29.3).

2   Damit ist die Versicherungspflicht nach den ADSp schärfer sanktioniert als die unabhängig davon bestehende Pflichtversicherung des Kraftfahrtunternehmers nach § 7a GüKG.[2] Anders als § 7a GüKG ist die Verkehrshaftungsversicherung des Spediteurs jedoch keine Pflichtversicherung.[3] Daher besteht auch kein Direktanspruch des Geschädigten gegen den Versicherer nach § 117 VVG. In der Insolvenz des Spediteurs ist der Auftraggeber jedoch gem. § 110 VVG absonderungsberechtigt.

II. Zeit, Art und Umfang der Versicherungspflicht

3   1. Zeitpunkt. Da die Versicherungspflicht erst durch den Abschluss des Verkehrsvertrags ausgelöst werden und daher keine vorvertraglichen Pflichten auslösen kann, muss die Deckung an sich nicht schon im Zeitpunkt des Vertragsschlusses vorliegen.[4] Sie ist jedoch unverzüglich, gem. Ziff. 28.3 **„bei" Auftragserteilung**, also in unmittelbarer zeitlicher Nähe dazu und nicht erst bei Übernahme des Guts oder gar auf Anfordern einzudecken.

4   Dafür, dass die Deckung bei Auftragserteilung unverzüglich beschafft werden muss, spricht auch die Tatsache, dass der Spediteur den Versicherungsschutz im weiteren Verlauf **aufrechtzuerhalten** hat, so lange der Verkehrsvertrag nicht abgewickelt ist. Er darf nicht dessen Beendigung veranlassen, insbesondere nicht durch eine Eigenkündigung. Das bedeutet zwar nicht, dass er auch verpflichtet ist, jedes Tun oder Unterlassen zu vermeiden, das den Versicherer zu einer Beendigung der Deckung veranlassen könnte,[5] jedoch bleibt die Versicherungspflicht gegebenenfalls bestehen. Wird der Versicherungsvertrag beendet, hat der Spediteur also unverzüglich Ersatz zu beschaffen, jedenfalls wenn der Versicherer nicht bis zum Ende der Leistungserbringung unter dem laufenden Verkehrsvertrag weiterhaftet.

5   2. Art und Umfang. Einzudecken ist eine Haftpflichtversicherung iSd §§ 100 ff. VVG, also eine Versicherung wegen Ansprüchen, die aufgrund der Verantwortlichkeit des Spediteurs für eine zur Haftung führende Tatsache geltend gemacht werden. Die Versicherung nach § 130 ff. VVG ist keine Haftpflicht- sondern eine Güterversicherung.

6   Der Umfang der geschuldeten Versicherung richtet sich grundsätzlich nach dem jeweiligen Verkehrsvertrag[6] und der **Regelhöchsthaftung** des Spediteurs „nach den ADSp und nach dem Gesetz";

---

[1] *Schwampe* RdTW 2017, 241 (241).
[2] Vgl. dazu *Herber* TranspR 2004, 229 (230 ff.); *Koller* GüKG § 7a Rn. 6.
[3] *Schwampe* RdTW 2017, 241 (243).
[4] AA *Schwampe* RdTW 2017, 241 (243), mit Recht kritisch hinsichtlich der Redaktion von Ziff. 28.
[5] Näher dazu *Schwampe* RdTW 2017, 241 (244 f.).
[6] *Herber* TranspR 2004, 229 (234).

gemeint ist die Höchsthaftung aus dem Verkehrsvertrag, wie sie sich nach dem Gesetz unter Berücksichtigung der durch die ADSp bewirkten vertraglichen Änderungen und Ergänzungen ergibt,[7] wobei
ein Wegfall der Haftungserleichterungen nach Ziff. 27 sowie den entsprechenden gesetzlichen Bestimmungen außer Betracht bleibt.[8] Gesetz sind stets nicht nur die autonomen gesetzlichen Vorschriften
des HGB, sondern auch die den ADSp vorgehenden Bestimmungen der transportrechtlichen Einheitsrechtsübereinkommen CMR, MÜ bzw. WA, CMNI und CIM.[9] Bei der Bestimmung der Regelhöchsthaftung ist im Fall der verfügten Lagerung eine **Wertdeklaration** nach Ziff. 24.2 zu berücksichtigen,[10] denn gem. Satz 2 der Vorschrift tritt der deklarierte Wert an die Stelle des betreffenden
Höchstbetrages.

Der Grundsatz, dass die Versicherung die Regelhaftungssummen abzudecken hat, erleidet mehrere **7**
Einschränkungen, über deren Reichweite die Klausel keine volle Klarheit herstellt.

a) Marktübliche Bedingungen. Es besteht ein Spannungsverhältnis zwischen einerseits dem Er- **8**
fordernis, die verkehrsvertragliche Haftung des Spediteurs zu versichern, und andererseits dem Umstand, dass dafür marktübliche Bedingungen ausreichen sollen. Denn es ist nicht möglich, durch
marktübliche Bedingungen die denkbare verkehrsvertragliche Haftung des Spediteurs vollständig abzudecken,[11] schon deshalb nicht, weil der Spediteur nach den ADSp auch ohne den Wegfall der
Haftungserleichterungen theoretisch in unbegrenzter Höhe haften kann. Ziff. 28.1 S. 2 stellt klar, dass
zumindest Höchstersatzleistungen zulässig sind. Deshalb ist das Merkmal der Marktüblichkeit des
einzudeckenden Versicherungsschutzes maßgeblich, nicht das unerreichbare Ziel grenzenloser Haf-
tungsdeckung. Für dieses Verständnis spricht aus das Merkmal „ausreichend" in Ziff. 28.3, das ersichtlich von begrenzter Versicherungsdeckung nach Maßgabe des Kriteriums der Marktüblichkeit ausgeht.

Damit sind zwar ungewöhnliche, behindernde Regeln wie exotische Rechtswahl- oder Gerichts- **9**
standsklauseln unzulässig, aber beispielsweise Risikoausschlüsse für bestimmte Schäden oder Güterarten[12] sowie Obliegenheiten möglich, sofern sie sich im Rahmen des Marktüblichen halten. Für die
Marktüblichkeit ist nicht erforderlich, dass die Bedingungen am Markt ausschließlich oder ganz
überwiegend zugrunde gelegt werden; es reicht, dass sie sich nach allgemeiner Auffassung der
Verkehrskreise im Rahmen vernünftiger kaufmännischer Gepflogenheiten halten und bei wertender
Betrachtung auch nicht missbräuchlich erscheinen.[13] Was der Markt im Einzelnen als üblich ansieht,
bedarf im Streitfall der gerichtlichen Feststellung. In der Praxis ist aus der Sicht des Versicherers oder
Maklers Zurückhaltung gegenüber zusätzlichen Deckungseinschränkungen geboten, weil bei Vereinbarung unüblicher Bedingungen eine Haftung wegen Beratungsverschuldens nahe liegt. Das gilt auch
dann, wenn marktübliche Risikoausschlüsse in Bezug auf Gefahren vorgesehen sind, die im Betrieb des
Spediteurs regelmäßig auftreten.

b) Höchstersatzleistung. Ziff. 28.1 S. 2 stellt klar, dass zu den zulässigen Einschränkungen der **10**
Deckung auch eine auf den einzelnen Schadenfall, das Schadensereignis oder das Jahr bezogene
Höchstersatzleistung sowie die Vereinbarung einer Eigenbeteiligung des Spediteurs zählen.

Die Bestimmung lässt offen, wie die Höchstersatzleistung zu bemessen ist. Nicht gemeint sind **11**
offensichtlich die festen Haftungshöchstsummen in Ziff. 23 und 24,[14] denn dort finden sich keine auf
das Jahr bezogenen Höchstbeträge. Daher dürfen Höchstersatzleistungen die Haftungshöchstsummen
der ADSp auch unterschreiten.[15] Sie sind außer an dem Prüfstein der Marktüblichkeit nur an dem
allgemeinen Gebot von **Treu und Glauben** zu messen. Danach darf die Höchstersatzleistung nicht so
bemessen werden, dass die Erwartung des Auftraggebers, seine Ansprüche gegen den Spediteur versichert zu finden, im Wesentlichen enttäuscht wird.[16] Sie muss daher die Haftungsrisiken aus dem in
Rede stehenden Verkehrsvertrag im Wesentlichen, jedenfalls deutlich mehr als zur Hälfte, abdecken.
Dabei sind auch höhere vereinbarte Höchsthaftungssummen zu berücksichtigen. Eine auf das Jahr
bezogene Höchstersatzleistung darf zum Zeitpunkt der Leistungserbringung nicht schon ganz oder
weitgehend erschöpft sein.

c) Selbstbeteiligung. Dasselbe gilt für die Vereinbarung einer Schadensbeteiligung. Eine Betei- **12**
ligung des Spediteurs ist im Grundsatz marktüblich. Sie wird häufig mit 10 % des Schadens sowie
einem festen Mindest-, teils auch Höchstbetrag bemessen. Bei grobem Verschulden wird eine erhöhte
Beteiligung verlangt. Solche Bedingungen sind daher unter dem Gesichtspunkt von Ziff. 29 nicht zu

---

[7] LG Düsseldorf Urt. v. 11.2.2011 – 39 O 178/08, BeckRS 2013, 19003; *Herber* TranspR 2004, 229 (233).

[8] *Koller* ADSp 2016 Ziff. 2 Rn. 2.

[9] *Herber* TranspR 2004, 229 (233).

[10] Vgl. *Grass* TranspR 2018, 133 (138).

[11] *Schwampe* RdTW 2017, 241 (245).

[12] Vgl. etwa Ziff. 6 DTV-VHV 2003/2011.

[13] Vgl. BGH Urt. v. 11.3.1987 – VIII ZR 203/86, NJW 1987, 1186 (1187) zum Begriff „handelsüblich".

[14] So auch *Koller* ADSp 2016 Ziff. 29 Rn. 3.

[15] *Abele* TranspR 2006, 62 (64).

[16] Für die Berücksichtigung der individuellen Haftungsexposition des Spediteurs auch *Abele* TranspR 2006, 62
(65).

beanstanden. Eine auch im Außenverhältnis zum Geschädigten wirksame Selbstbeteiligung in Höhe von 10.000 USD ist jedoch zu hoch, weil sie den Versicherungsschutz bei kleinen und mittleren Schäden weitgehend ausschließt.[17]

13   In Bezug auf die Vorgängerbestimmung Ziff. 29.2 ADSp 2003 hatte *Kollatz*[18] die Auffassung vertreten, die dort geregelte „Schadensbeteiligung" betreffe anders als eine Selbstbeteiligung nur das Abrechnungsverhältnis zwischen Versicherer und Spediteur, sodass der Versicherer verpflichtet bleibe, gegenüber dem Geschädigten in voller Höhe zu regulieren, also die Schadensbeteiligung des Spediteurs vorzuleisten und damit dessen Solvenzrisiko zu übernehmen. Diese Auffassung konnte schon für die ADSp 2003 nicht recht überzeugen, weil eine so verstandene Schadensbeteiligung den Auftraggeber kaum berührt, und sie ist jedenfalls aufgrund des Wortlauts von Ziff. 28.1 S. 2 überholt. Die Frage ist ohnehin bedeutungslos, sofern der Spediteur nach § 7a GüKG als Kraftfahrtunternehmer pflichtversichert ist, da dann der Geschädigte in dessen Insolvenz gemäß § 117 VVG einen Direktanspruch gegen den Versicherer in voller Höhe erhält.

III. Nachweis, Kündigungsrecht (Ziff. 28.2)

14   **1. Versicherungsbestätigung.** Auf Verlangen des Auftraggebers hat der Spediteur ihm den Versicherungsschutz in Form einer Versicherungsbestätigung nachzuweisen. Ein solches Verlangen kann der Auftraggeber im Rahmen der Regeln von Treu und Glauben jederzeit während des Verkehrsvertrags an den Spediteur richten. Die ADSp 2017 verwenden mit dem Begriff der Versicherungsbestätigung eine etwas andere Terminologie als die ADSp 2003, die von einer Bestätigung des Versicherers gesprochen hatten. Damit muss die Bestätigung jetzt nicht mehr zwingend vom Versicherer selbst ausgestellt werden; **Aussteller** kann auch ein Assekuradeur oder ein anderer Vertreter des Versicherers sein. Die Bestätigung muss aber für den Versicherer verbindlich sein. Ein von einem Makler stammendes Dokument wie etwa eine Deckungsnote braucht der Auftraggeber ebenso wenig[19] zu akzeptieren wie eine vom Spediteur selbst, etwa seiner Versicherungsabteilung, ausgestellte Bescheinigung.

15   Eine Versicherungsbestätigung ist rechtlich als **Auskunftsvertrag** zu qualifizieren, der entweder direkt zwischen dem Versicherer[20] bzw. seinem Vertreter und dem vom Spediteur vertretenen Auftraggeber zustande kommt[21] oder jedenfalls den Auftraggeber als geschützten Dritten einbezieht.[22] Für eine inhaltlich unzutreffende Bestätigung haftet der Versicherer demzufolge auf das negative Interesse.

16   Gegenstand der Versicherungsbestätigung ist das Bestehen von **Versicherungsschutz.** Es reicht daher nicht, wenn der Versicherer lediglich das Bestehen eines Vertrags bestätigt. Auch deshalb reicht eine Deckungsnote eines Maklers nicht aus. Die Vorlage der Police selbst ist insofern ebenfalls weder erforderlich noch ausreichend, denn auch sie besagt nichts über das tatsächliche Bestehen von Versicherungsschutz. Steht der tatsächlichen Deckung eines Schadens voraussichtlich ein Hindernis entgegen, etwa weil eine Prämie nicht bezahlt oder eine Jahreshöchstleistung bereits weitgehend ausgeschöpft ist, muss dies in der Versicherungsbestätigung kenntlich gemacht oder die Bestätigung versagt werden.

17   **2. Kündigungsrecht.** Hat der Spediteur den Nachweis nicht innerhalb angemessener Frist erbracht, steht dem Auftraggeber ein außerordentliches Kündigungsrecht zu. Es besteht als **vertragliches Sonderkündigungsrecht** unabhängig von den freien Kündigungsrechten aus den §§ 415, 489 HGB und 649 BGB und löst daher nicht deren Rechtsfolgen aus.[23] Dem Auftraggeber wird es dadurch ermöglicht, sich ohne Kostenlasten wie etwa aus § 415 Abs. 2 HGB (Fehlfracht) mit sofortiger Wirkung vom Vertrag zu lösen und, da das Kündigungsrecht durch eine Pflichtverletzung des Spediteurs ausgelöst wird, sogar Schadensersatz zu verlangen.

18   Angemessen ist diejenige Frist, die dem Spediteur zur Beschaffung der Bestätigung vernünftigerweise zuzugestehen ist. In der Regel wird eine Woche anzusetzen sein, jedoch kann nach den Umständen auch eine kürzere oder längere Frist angemessen sein.

IV. Verlust der Haftungserleichterungen (Ziff. 28.3)

19   Hat der Spediteur keinen Haftpflichtversicherungsschutz eingedeckt oder reicht dieser nicht aus, entspricht dieser nicht den Anforderungen der Ziff. 28.1, verliert er das Recht, sich auf die Haftungsbestimmungen der ADSp zu berufen.

---

[17] OLG Nürnberg Beschl. v. 15.4.2010 – 3 AR 547/10, TranspR 2010, 346.

[18] *Kollatz* in Thume/de la Motte, Transportversicherungsrecht, 1. Aufl. 2004, Kap. 6, VerkehrshaftungsAVB, Rn. 43; ihm folgend *Herber* TranspR 2004, 229 (234).

[19] AM *Schwampe* RdTW 2017, 241 (249).

[20] Zur Maklervollmacht vgl. BGH Urt. v. 6.11.1967 – II ZR 71/65, NJW 1968, 299.

[21] Vgl. BGH Urt. v. 22.9.1982 – IV a ZR 322/80, NJW 1983, 276.

[22] Palandt/*Sprau* BGB § 675 Rn. 31, 46.

[23] AM *Schwampe* RdTW 2017, 241 (250).

1. Voraussetzungen. a) Ausreichender Versicherungsschutz. Der Begriff des „ausreichenden"   **20** Versicherungsschutzes in Ziff. 29.3 bezieht sich nur auf die Voraussetzungen von Ziff. 28.1 und ist daher nicht als selbstständiges Tatbestandsmerkmal zu lesen.[24] In diesem Punkt besteht keine ernsthafte Unklarheit, die nach § 305c Abs. 2 BGB zu Lasten des Spediteurs ginge; Ziff. 28.3 steht nicht unabhängig neben Ziff. 28.1, sondern regelt eine besondere Rechtsfolge eines Verstoßes gegen deren Bestimmung; das ist erforderlich, weil ein Verstoß gegen die Versicherungspflicht anderenfalls folgenlos bliebe – für den Schaden haftet der Spediteur ohnehin.

Für Ziff. 28.3 ist belanglos, ob der Spediteur dem Auftraggeber gem. Ziff. 28.2 eine Versicherungs-   **21** bestätigung beschafft hat. Rechtsfolge von Ziff. 28.2 ist allein das Kündigungsrecht. Hat der Auftraggeber davon keinen Gebrauch gemacht, so stehen ihm die Rechte aus Ziff. 28.3 nicht zu, wenn der Versicherungsschutz trotz der ausgebliebenen Bestätigung tatsächlich besteht und auch ausreichend ist.

b) Bei Auftragserteilung. Der Versicherungsschutz soll nicht erst im Verlauf der Vertragsabwick-   **22** lung beschafft werden, sondern bei Auftragserteilung (→ Rn. 3). Das ist deshalb sinnvoll, weil der Spediteur **bei Annahme des Auftrags prüfen** soll, ob er dafür ausreichenden Versicherungsschutz vorhält. Ist das nicht der Fall, soll er den Auftrag entweder nicht annehmen oder für Anpassung des Versicherungsschutzes sorgen.

Da es auf den Zeitpunkt der Auftragserteilung ankommt, schadet es dem Spediteur – soweit Ziff.   **23** 28.3 in Rede steht – nicht, wenn der Versicherungsschutz zu einem **späteren Zeitpunkt** während der Vertragsdurchführung beeinträchtigt wird oder ganz entfällt, etwa weil wegen eines anderweitigen Schadensfalls die Jahreshöchstersatzleistung ganz oder weitgehend erschöpft ist.[25] Dann ist der Spediteur wegen der fortbestehenden Versicherungspflicht nach Ziff. 29.1 zwar verpflichtet, zusätzlichen Versicherungsschutz zu beschaffen, ihm droht aber nicht die Rechtsfolge von Ziff. 28.3, also der Wegfall der Haftungserleichterungen der ADSp.

2. Rechtsfolgen. Der Spediteur kann sich auf die Haftungsbestimmungen der ADSp gegenüber   **24** dem Auftraggeber nicht berufen.

a) Haftungsbestimmungen der ADSp. Die Bestimmung entzieht dem Spediteur das Recht,   **25** gegenüber Ersatzansprüchen die Haftungsbestimmungen der ADSp einzuwenden. Gemeint sind die den Spediteur begünstigenden Regelungen der **Ziff. 22–27.** Damit entfallen insbesondere die Erweiterung des Wertersatzprinzips auf Lagerverträge (Ziff. 22.2), die Beschränkung der Güterschadenhaftung auf 2 Sonderziehungsrechte bei Multimodalfrachtverträgen und unbekanntem Schadenort (Ziff. 23.1.2), die Erweiterung der Haftungsbeschränkungen auf Nichtobhutsgüter- und Vermögensschäden (Ziff. 23.3 und 23.4) und die Haftungserleichterungen bei Lagerung, Ziff. 22.3 und Ziff. An deren Stelle tritt das dispositive Gesetzesrecht, im Grundsatz das allgemeine Schadensersatzrecht der §§ 249 ff. BGB. Nicht anzuwenden sind auch die Haftungserleichterungen bei See- und Binnenschiffbeförderung in Ziff. 25, sodass der Spediteur für die dort geregelten Fälle haftet.

Es entfallen jedoch nur die zusätzlichen, durch die ADSp angeordneten Haftungsbeschränkungen   **26** und –ausschlüsse. **Gesetzliche Haftungserleichterungen** bleiben dem Spediteur uneingeschränkt erhalten, sofern sie ihm nicht durch andere gesetzlich Bestimmungen wie die §§ 435, 507 HGB genommen werden. Unberührt bleiben auch die zugunsten des Auftraggebers wirkenden Bestimmungen, namentlich Ziff. 22.4, die systematisch ohnehin nicht zu den Haftungsvorschriften zählt, sondern eine Sonderregelung zur allgemeinen Herausgabepflicht nach Ziff. 14.2 darstellt, und Ziff. 29, die die Haftung des Auftraggebers beschränkt.

Individualvertraglich vereinbarte Haftungsregelungen bleiben grundsätzlich ebenfalls unbe-   **27** rührt, es sei denn, es entspricht im Einzelfall dem Willen der Vertragsparteien, auch diese wegen des unzureichenden Versicherungsschutzes entfallen zu lassen. Das kann dann anzunehmen sein, wenn die Parteien sich mit ihren vertraglichen Regelungen im Haftungssystem der ADSp bewegt und dieses lediglich modifiziert haben, zum Beispiel durch eine Veränderung der Höchsthaftungssummen.

b) Gegenüber dem Auftraggeber. Nach dem Wortlaut der Bestimmung verliert der Spediteur das   **28** Recht auf die Haftungsbestimmungen der ADSp nur gegenüber dem Auftraggeber. Diese Formulierung fand sich schon in den ADSp 2003 und wurde bislang nicht so gelesen,[26] als solle dem Spediteur dadurch das Recht vorbehalten bleiben, sich gegenüber dem **Empfänger oder Dritten,** soweit diese an die ADSp gebunden sind, weiterhin auf die Haftungserleichterungen der ADSp berufen können.[27] Daran sollte weiterhin festgehalten werden, denn eine Differenzierung des Haftungsniveaus nach der Person des Anspruchstellers kann angesichts der gesetzlich vorgesehenen Drittschadensliquidation des Absenders und Empfängers und des einheitlichen vertraglichen Ursprungs der Rechte von Absender und Empfänger, aber auch wegen der prozessualen Figur der Prozessstandschaft und im Hinblick auf die in der Praxis regelmäßig maßgebliche Überführung von Ersatzansprüchen aller Versicherten auf

---

[24] *Koller* ADSp 2016 Ziff. 28 Rn. 5; aM *Herber* TranspR 2004, 229 (233 f.).
[25] *Schwampe* RdTW 2017, 241 (251).
[26] Vgl. etwa *Koller* ADSp 2016 Ziff. 28 Rn. 5.
[27] So aber das Verständnis von *Schwampe* RdTW 2017, 241 (252).

den Versicherer nicht überzeugen. Deshalb hat der Hinweis auf den Auftraggeber keine eigenständige Bedeutung und soll nur den Bezug der Bestimmung zu den Ansprüchen aus dem Verkehrsvertrag ansprechen.

29 **c) Verwirkung.** Der Auftraggeber verwirkt das Recht aus Ziff. 28.3, wenn er sich mit einer ihm gem. Ziff. 28.2 übergebenen Versicherungsbescheinigung begnügt, obwohl diese unzureichenden Versicherungsschutz bescheinigt.[28] Denn wenn der Auftraggeber sich mit dem ihm überlassenen Nachweis zufrieden gibt, darf der Spediteur im Regelfall davon ausgehen, dass der nachgewiesene Versicherungsschutz von ihm als ausreichend anerkannt wird. Deshalb steht der später, insbesondere im Schadenfall, erhobenen Rüge unzureichenden Versicherungsschutzes auch der Einwand unzulässiger Rechtsausübung (widersprüchliches Verhalten) entgegen.

30 **d) Beweislast.** Die Beweislast dafür, dass der Spediteur Versicherungsschutz eingedeckt hat und dass dieser bei Vertragsschluss verfügbar war, trägt er selbst. Ist streitig, ob der eingedeckte Versicherungsschutz ausreichend iSv Ziff. 28.1 war, trägt dafür der Auftraggeber die Beweislast.

29. Auftraggeberhaftung

29.1 Die Haftung des Auftraggebers aus §§ 414, 455, 468 und 488 HGB ist begrenzt auf 200.000 Euro je Schadenereignis.
29.2 Die vorstehende Haftungsbegrenzung findet keine Anwendung bei Personenschäden, also Verletzung des Lebens, des Körpers oder der Gesundheit, oder wenn der Schaden verursacht worden ist durch Vorsatz oder grobe Fahrlässigkeit des Auftraggebers oder seiner Erfüllungsgehilfen oder durch Verletzung vertragswesentlicher Pflichten, wobei Ersatzansprüche in letzterem Fall begrenzt sind auf den vorhersehbaren, typischen Schaden.

Schrifttum: S. vor Ziff. 1; *Fendt,* Die Auslegung des § 488 III Nr. 1 HGB – Wie genau müssen die Gewichtsangaben sein um als „richtig" zu gelten?, RdTW 2013, 136; *Gündisch,* Die Absenderhaftung im Land- und Seetransportrecht, Hamburg 1999; *Harbs,* Die Rechtsstellung des Abladers nach der Seehandelsrechtsreform und mögliche Auswirkungen auf Dokumentengeschäfte, TranspR 2014, 398; *Ramming,* Die neuen ADSp 2017, RdTW 2017, 41; *Thume,* Verpackungsmängel und ihre Folgen im allgemeinen deutschen Frachtrecht und im grenzüberschreitenden Straßengüterverkehr, TranspR 2013, 8; *Thume,* Haftung für Umschlagsschäden – wer haftet wem und wie?, TranspR 2014, 179.

Vorläufer in ADSp 2003: Keine.

Übersicht

---

[28] OLG Schleswig Urt. v. 23.4.2009 – 16 U 76/08, TranspR 2013, 310 Rn. 44.

I. Überblick

Die in die ADSp 2017 neu eingefügte Ziff. 29 lässt neben anderen Bestimmungen wie Ziff. 4, 7, 9, **1** 14 und 16 erkennen, dass die ADSp auf Verbandsebene ausgehandelt und, auch wenn es vor allem um die Begrenzung der Haftungsrisiken des Spediteurs geht, auch um die Berücksichtigung der Interessen des Auftraggebers bemüht sind. Die Bestimmung begrenzt die Haftung des Auftraggebers, soweit nicht grobes Verschulden vorliegt oder vertragswesentliche Pflichten verletzt sind. Sie macht von den gesetzlichen Klauselerlaubnissen in den §§ 449 Abs. 2 S. 2, 466 Abs. 2 S. 2 und 488 Abs. 5 S. 2 HGB Gebrauch; die Haftung des Einlagerers aus § 468 HGB ist ohnehin dispositiv.

II. Begrenzung der Auftraggeberhaftung

1. Anwendungsbereich. a) Auftraggeber. Die Regelung gilt für die Haftung des Auftraggebers. **2** Auftraggeber ist gem. Ziff. 1.2 diejenige Rechtsperson, die mit dem Spediteur den Verkehrsvertrag abgeschlossen hat. Er kann seinerseits Spediteur sein (→ Ziff. 1 Rn. 7). Für die Haftung Dritter gilt die Bestimmung nicht, auch nicht für den Dritt-Verlader (→ Rn. 11).

b) Erfasste Haftung. Die Bestimmung definiert ihren Anwendungsbereich durch die enumerative **3** Aufzählung der **Haftungsbestimmungen,** deren Rechtsfolge sie regeln will. Das hat zur Folge, dass die Bestimmung nicht gilt, wenn die Haftung des Auftraggebers sich im Einzelfall aus anderen gesetzlichen (zB § 280 BGB) oder vertraglichen Regelungen ergibt. Eine Anwendung auf vertragsparallele außervertragliche Ansprüche nach dem Vorbild von Ziff. 26 ist nicht vorgesehen,[1] sollte aber im Einzelfall dann in Betracht gezogen, wenn die verletzte Pflicht typischerweise zugleich zu deliktischen Ansprüchen führt.

Keine Anwendung findet die Bestimmung auch auf die parallelen Bestimmungen der internationalen Transportrechtsübereinkommen, etwa Art. 7 Abs. 1, Art. 10 und 11 Abs. 2 S. 2 CMR. Eine **4** Einbeziehung dieser Vorschriften hätte zwar sachlich nahe gelegen, ist aber nicht möglich, weil diese Regelungen der Absenderhaftung nicht dispositiv sind.

c) Schadensereignis. Den Bezugspunkt für die Haftungsbeschränkung bildet das Schadensereignis. **5** Ein Schadenereignis liegt nach Ziff. 1.11 vor, „wenn aufgrund eines äußeren Vorgangs mehrere Geschädigte aus mehreren Verkehrsverträgen Ansprüche geltend machen." Die Definition der Begriffe Schadenfall und Schadenereignis in Ziff. 1.11 ist missglückt (→ Ziff. 1 Rn. 48 ff.). Das wirkt sich auch für Ziff. 29.1 aus, denn nimmt man die Definition wörtlich, so erfasst die Haftungsbeschränkung nur solche Fälle, in denen mehrere Geschädigte aus mehreren Verkehrsverträgen Ansprüche geltend machen. Das ist aber in der Situation von Ziff. 29.1 nur selten der Fall, denn es kann zwar mehrere Geschädigte geben (zB die Eigentümer anderer Ladung), aber Ansprüche macht regelmäßig nur der Spediteur allein gegen den Auftraggeber geltend.

Richtig erscheint – auch im Licht von § 305c Abs. 2 BGB, den Begriff des Schadensereignisses so **6** auslegen, dass er den Begriff des **Schadenfalls einschließt** (→ Ziff. 1 Rn. 53).[2] Deshalb erfasst die Bestimmung auch Fälle, in denen nur ein Geschädigter, also der Spediteur, Ansprüche geltend macht. Sie gilt aber darüber hinaus auch für den (denkbaren, aber wohl theoretischen) Fall, dass der Auftraggeber mehrere Verkehrsverträge mit mehreren Spediteuren abgeschlossen hat und diese durch dasselbe Schadenereignis geschädigt werden.

2. Erfasste Fälle. a) Haftung aus § 414 HGB. § 414 HGB gilt für die Auftraggeberhaftung aus **7** einem **Frachtvertrag.** Die Bestimmung findet auch dann Anwendung, wenn ein Speditionsvertrag iSd §§ 458–460 HGB vorliegt.[3] Danach haftet der Absender dem Frachtführer verschuldensunabhängig für Schäden und Aufwendungen, die durch ungenügende Verpackung oder Kennzeichnung, die Unrichtigkeit oder Unvollständigkeit der in den Frachtbrief aufgenommenen Angaben, das Unterlassen der Mitteilung über die Gefährlichkeit des Gutes oder das Fehlen, die Unvollständigkeit oder die Unrichtigkeit der in § 413 Abs. 1 genannten Urkunden oder Auskünfte entstehen. Die Bestimmung zielt auf **Mehraufwendungen,** die der Frachtführer infolge der genannten Versäumnisse des Absenders entstehen, zum Beispiel zusätzliche Handlingkosten oder Verzögerungskosten,[4] aber auch auf **Schäden,** die der Frachtführer an eigenem Gut, zum Beispiel an den von ihm eingesetzten Beförderungsmitteln, oder in Form von Haftungsschäden für das Gut anderer Ladungseigentümer erleidet, etwa dadurch, dass Gut infolge unzureichender Verpackung oder als nicht angezeigtes Gefahrgut während der Beförderung das Beförderungsmittel oder anderes Gut schädigt.[5] Ein Mitverschulden des Frachtführers ist zu berücksichtigen (§ 414 Abs. 2 HGB).

---

[1] *Hector/Salzmann,* ADSp 2017 Praktikerkommentar, 2016, 86; *Neufang/Valder* TranspR 2017, 45 (50).
[2] So auch *Ramming* RdTW 2017, 41 (62 f.).
[3] *Koller* HGB § 455 Rn. 1.
[4] *Hector/Salzmann,* ADSp 2017 Praktikerkommentar, 2016, 85.
[5] IE *Koller* HGB § 414 Rn. 14 ff.; MüKoHGB/*Thume* HGB § 414 Rn. 16 ff.

8   **b) Haftung aus § 455 HGB.** § 455 Abs. 2 HGB ist das **speditionsrechtliche Pendant** zu der frachtrechtlichen Bestimmung des § 414 HGB. Die danach angeordnete Haftung des Versenders unterscheidet sich, wenn er ein Unternehmer ist, sachlich nicht von der aus § 414 HGB. Deshalb kommt es insoweit in der Regel nicht darauf an, ob der Vertrag als Fracht- oder als Speditionsvertrag einzustufen ist und ob die Voraussetzungen des Selbsteintritt, der Fixkostenspedition oder der Sammelladung vorliegen.

9   **c) Haftung aus § 468 HGB.** Inhaltlich gleich geregelt wie die frachtrechtliche Absenderhaftung aus § 414 HGB ist auch die **Haftung des Einlagerers** aus § 468 Abs. 3 HGB, sofern es sich um einen Unternehmer handelt.

10   **d) Haftung aus § 488 HGB.** Auch die Haftung des **seefrachtrechtlichen Befrachters** aus § 488 Abs. 1 HGB ist ähnlich geregelt wird die Haftung des Absenders aus § 414 HGB. Im Gegensatz dazu ist aber gem. § 488 Abs. 1 S. 2 HGB verschuldensabhängig ausgestaltet.[6]

11   Im Gegensatz zu der Haftung aus den §§ 414, 455 und 468 HGB trifft nach § 488 Abs. 2 HGB auch den abladenden Dritten eine verschuldensabhängige Haftung für fehlende oder falsche Angaben, in der Regel den **Verlader.** Dessen Haftung wird durch Ziff. 29 nicht berührt. Eine Anwendung von Ziff. 26 scheidet aufgrund dessen klaren Wortlauts („vorstehend") aus.

12   **3. Regelhöchsthaftung.** Die Haftung des Auftraggebers (Absenders, Versenders, Einlagerers oder Befrachters) aus den genannten Vorschriften ist, wenn nicht die Voraussetzungen von Ziff. 29.2 vorliegen, auf einen festen Betrag von 200.000 EUR pro Schadenfall bzw. Schadensereignis beschränkt. Die Beschränkung bezieht sich auf sämtliche geltend gemachten Schäden oder Aufwendungen. Ein zusätzlicher Ersatz etwa für Schadensfeststellungskosten ist nicht vorgesehen. Weitergehenden Ersatz erhält der Spediteur nur nach anderen Vorschriften, etwa Kostenersatz bei Verzug oder nach prozessualen Regeln.

13   Bei der Regelhöchsthaftung des Spediteurs bleibt es auch dann, wenn der Auftraggeber seinerseits Spediteur ist und über einen der Höhe nach unbeschränkten Regressanspruch gegen seinen eigenen Auftraggeber verfügt. Denn der Auftraggeber wird im Verhältnis zum Spediteur nicht in einer auftrags- oder geschäftsbesorgungsähnlichen Funktion tätig.

III. Durchbrechung der Haftungsschranke

14   Die nach Ziff. 29.2 von der Haftungsbeschränkung ausgenommenen Fälle orientieren sich ebenso wie Ziff. 27.1 an den für die Klauselkontrolle von Haftungsklauseln geltenden Grundsätzen und sind deshalb genauso auszulegen. Da Verwender der ADSp in der Regel der Spediteur ist, wären in den meisten Fällen weitergehende Haftungsschranken zulässig, jedoch soll für die Durchbrechung der Haftungsschranken auf beiden Seiten gleiche Regeln gelten. Zugleich soll so sichergestellt werden, dass die Bestimmung auch dann der Inhaltskontrolle standhält, wenn Verwender der Auftraggeber ist.

15   **1. Personenschäden.** Gemäß § 309 Nr. 7 BGB kann die Haftung für schuldhaft verursachte Personenschäden nicht AGB ausgeschlossen werden. Den Begriff des Personenschadens bestimmt die Vorschrift in Übereinstimmung mit § 309 Nr. 7 BGB als Schaden aus der Verletzung des Lebens, des Körpers oder der Gesundheit. Bei der Auslegung dieser Begriffe kann auf die zu § 823 BGB entwickelten Grundsätze zurückgegriffen werden.[7]

16   § 309 Nr. 7 BGB hätte einem Haftungsausschluss für nicht schuldhaft verursachte Personenschäden nicht entgegengestanden; allerdings lassen die §§ 449 Abs. 2 S. 2, 466 Abs. 2 S. 2, 488 Abs. 5 S. 2 HGB nur eine Beschränkung der Höhe nach, keinen Ausschluss der Haftung des Auftraggebers durch AGB zu.

17   **2. Grobes Verschulden.** Keine Anwendung findet die Beschränkung nach Ziff. 29.1 auch dann, wenn der Schaden durch Vorsatz oder grobe Fahrlässigkeit des Auftraggebers oder seiner Erfüllungsgehilfen verursacht ist. **Schaden** in diesem Sinne sind auch „Aufwendungen" im Sinne der genannten Haftungsvorschriften.[8]

18   Zu den Begriffen Vorsatz und grobe Fahrlässigkeit allgemein → Ziff. 27 Rn. 6 ff. Das qualifizierte Verschulden muss sich auf den Schaden des Spediteurs beziehen. Da der Auftraggeber aus einer solchen Schädigung in der Regel keinen Nutzen ziehen kann, wird eine **vorsätzliche Schädigung** des Spediteurs durch Verletzung der Pflichten aus den §§ 414, 455, 468 oder 488 HGB nur selten anzunehmen sein. In der Regel kommt nur **grobe Fahrlässigkeit** in Betracht.

---

   [6] IE Rabe/Bahnsen/*Bahnsen* HGB § 488 Rn. 6 ff.

   [7] *Dammann* in Wolf/Lindacher/Pfeiffer BGB § 309 Rn. 62.

   [8] Die von *Koller* HGB § 414 Rn. 14, vertretene Differenzierung zwischen freiwilligen (Aufwendungen) und erzwungenen (Schäden) Vermögensopfern lässt außer Acht, dass der Frachtführer zu notwendigen Maßnahmen zur Behebung von Absenderversäumnissen bei Meidung eigener Haftung immer verpflichtet ist, während er nicht notwendige entweder unterlassen muss oder nur auf Weisung vornehmen darf.

a) Individuelle Fehler. Wie bei Ziff. 27 (→ Ziff. 27 Rn. 11 ff.) gilt, dass gelegentliche Arbeitsfehler **19** wie Nachlässigkeiten, Verwechselungen, Irrtümer und Versäumnisse im Arbeitsleben nie völlig ausgeschlossen werden können und deshalb allein nicht ohne weiteres grobe Fahrlässigkeit begründen. Deshalb indizieren Pflichtverletzungen als solche kein grobes Verschulden.

Etwas anderes gilt jedoch bei bewusstem, offensichtlich hoch riskantem Vorgehen, insbesondere **20** wenn der Schädiger es aus nicht anerkennenswerten Gründen wählt, etwa zur Zeit- oder Kostenersparnis oder aus Bequemlichkeit. So ist es grob fahrlässig, **verpackungsbedürftiges Gut** überhaupt nicht[9] oder so offensichtlich unzureichend zu verpacken, dass die Gefahr einer Schädigung des Spediteurs oder Dritter auf der Hand liegt. Gleiches gilt für evident **unzureichende Angaben** zum Gut, die dem Spediteur keine sachgerechte Ladungsfürsorge ermöglichen. Auch vorsätzlich unterlassene Angaben über Aus- oder Einfuhrbeschränkungen begründen hinsichtlich darauf zurückzuführender Schäden qualifiziertes Verschulden. Klar grob fahrlässig ist es auch, bewusst den geschuldeten Hinweis auf **Gefahrgut** zu unterlassen, insbesondere wenn dies geschieht, um Frachtzuschläge zu sparen.

b) Organisationsmängel. Während individuellen Fehlern oft mit Nachsicht begegnet werden **21** kann, sind Organisationsmängel regelmäßig als grob fahrlässig einzustufen. Denn Systemfehler sind besonders schadensträchtig, weil sie ein permanentes, sich bei jedem Durchlaufen des mangelhaft organisierten Prozesses erneut aktualisierendes Schadensrisiko erzeugen. Sie sind dadurch leicht zu verhüten, dass der Auftraggeber durch eine entsprechende Organisation seiner betrieblichen Abläufe die ordnungsgemäße Wahrnehmung der von ihm geschuldeten Aufgaben systematisch sicherstellt. Das schließt zwar individuelle Fehler und „Ausreißer" nicht aus, verhütet aber Fehler in weitgehendem Maße.

aa) Personalschulung und –überwachung. Der Auftraggeber ist gehalten, sich für die Versand– **22** aufgaben qualifizierten Personals zu bedienen und dieses angemessen zu schulen und zu überwachen. Das Personal muss sich des Inhalts und der Bedeutung der gestellten Aufgaben bewusst sein. Das gilt entsprechend für hinzugezogene Fremdkräfte.

bb) Verpackungsaufgaben. Verpackungs- und Kennzeichnungsaufgaben müssen nach festen,[10] die **23** technischen Richtlinien berücksichtigenden Regeln und durch dafür **qualifiziertes Personal** vorgenommen werden. Für den Einkauf und die Verwendung von Verpackungs- und Sicherungsmaterial müssen **angemessene Mittel** bereitgestellt werden. **Lademittel** müssen vor der Verladung auf ihren Zustand kontrolliert und dürfen nur durch Personal beladen werden, das hinsichtlich der für die Beladung und die Sicherung von Gut in Lademitteln geltenden Richtlinien geschult ist.

cc) Gefahrgut. Es muss organisatorisch sichergestellt werden, dass das anwendbare Gefahrgutrecht **24** betrieblich umgesetzt wird. Auch dies erfordert die Schulung und Überwachung des dafür eingesetzten Personals, die geordnete und systematische Erfassung der als Gefahrgut einzustufenden Güter und die gesicherte Weitergabe dieser Daten an den Spediteur anlässlich der Auftragserteilung oder, spätestens, der Übergabe des Guts.

dd) Amtliche Behandlung. Schließlich muss der Auftraggeber auch sicherstellen, dass das von ihm **25** zu Versandaufgaben eingesetzte Personal sich des zoll- oder steuerrechtlichen Status des verkehrsvertraglich zu behandelnden Guts bewusst ist und die sich daran anknüpfenden Pflichten kennt, insbesondere soweit sie durch den Spediteur zu erledigen sind wie etwa die Gestellung von Nichtgemeinschafts- oder unter Steueraufschub versandter Waren.

c) Darlegung- und Beweislast. Die Beweislast für die Voraussetzungen qualifizierten Verschuldens **26** trägt der **Anspruchsteller.**[11] Jedoch trifft auch den Auftraggeber eine **sekundäre Darlegungslast** hinsichtlich der Umstände, die zu der Verletzung der Auftraggeberpflichten geführt haben, denn die Schadensumstände entziehen sich in der Regel der eigenen Wahrnehmung des Geschädigten.

3. Vertragswesentliche Pflichten. a) Begriff. Vertragswesentliche Pflichten sind nach Ziff. 1.16 **27** diejenigen Pflichten, deren Erfüllung die ordnungsgemäße Durchführung des Verkehrsvertrags erst ermöglicht und auf deren Einhaltung der Vertragspartner regelmäßig vertrauen darf. Diese an die eigene Begriffsdefinition des BGH[12] angelehnte Definition meint diejenigen Pflichten, die den **Kernbereich der vertragsspezifischen Interessen der Parteien** verbürgen, insbesondere die synallag-

---

[9] S. den Fall OLG Saarbrücken Urt. v. 8.2.2017 – 5 U 29/16, TranspR 2017, 453.

[10] Vgl. den Fall Schiffahrtsobergericht Köln Urt. v. 24.4.2007 – 3 U 136/06 BSch, BinSchiff 2009, Nr. 3, 96: Nutzung von uneinheitlicher Verpackung zum Auffangen von Konservierungsöl.

[11] BGH Urt. v. 21.3.2007 – I ZR 166/04, TranspR 2007, 361; BGH Urt. v. 20.9.2018 – I ZR 146/17, BeckRS 2018, 33719 Rn. 19; OLG Hamburg Urt. v. 7.3.2018 – 6 U 40/16, TranspR 2018, 301.

[12] BGH Urt. v. 15.11.2001 – I ZR 122/99, TranspR 2002, 448 (450); Urt. v. 24.10.2001 – VIII ARZ 1/01, NJW 2002, 673; Urt. v. 29.9.2000 – VIII ZR 155/99, NJW 2001, 292; Urt. v. 20.7.2005 – VIII ZR 121/04, NJW-RR 2005, 1496 (1505).

matischen Hauptleistungspflichten.[13] Dieser Kernbereich soll nicht durch den Ausschluss oder die Verkürzung der absichernden Sekundäransprüche de facto ausgehöhlt und entwertet werden.[14]

28   Synallagmatische Hauptleistungspflicht des Auftraggebers ist zwar in der Regel nur die Pflicht zur Zahlung der dem Spediteur zustehenden Vergütung. Jedoch ist anerkannt, dass **auch Nebenpflichten** Kardinalpflichten sein können, namentlich diejenigen Pflichten, die sich auf die Verhütung vertragstypisch vorhersehbarer Verletzungen der Rechtsgüter des Vertragspartners richten.[15] Deshalb sind jedenfalls diejenigen Nebenpflichten als vertragswesentlich anzusehen, deren ordnungsgemäße Wahrnehmung erkennbar zur Verhütung von Schäden an den Rechtsgütern des Spediteurs erforderlich ist.

29   **b) Einzelfälle.** Dazu zählt jedenfalls die **Anzeige von Gefahrgut** im Sinne der Gefahrgutgesetze. Im Einzelfall kann auch die **Verpackung** als vertragswesentliche Pflicht anzusehen sein, wenn sie erkennbar und vorhersehbar notwendig ist, um den Spediteur vor den von dem Gut ausgehenden Gefahren zu schützen. Auch die Mitteilung des Zollstatus kann hierher gehören, sofern der Spediteur Gefahr läuft, durch Entziehung des Guts aus zollamtlicher Überwachung eigene Einfuhrabgabenhaftung auf sich zu ziehen.

30   **c) Beschränkung auf den vorhersehbaren, typischen Schaden.** Der Ersatz bleibt bei Verletzung vertragswesentlicher Pflichten auf den vorhersehbaren, typischen Schaden beschränkt. Die Beschränkung soll atypische, fernab der Lebenserfahrung liegende Schadensfolgen von der Ersatzpflicht ausschließen.

30. Anzuwendendes Recht, Erfüllungsort, Gerichtsstand

30.1 Für die Rechtsbeziehung zwischen Spediteur und Auftraggeber gilt deutsches Recht.
30.2 Der Erfüllungsort ist für alle Beteiligten der Ort derjenigen Niederlassung des Spediteurs, an die der Auftrag oder die Anfrage gerichtet ist.
30.3 Der Gerichtsstand für alle Rechtsstreitigkeiten, die aus dem Verkehrsvertrag, seiner Anbahnung oder im Zusammenhang damit entstehen, ist für alle Beteiligten, soweit sie Kaufleute sind, entweder der Ort der Niederlassung des Auftraggebers oder derjenigen Niederlassung des Spediteurs, an die der Auftrag oder die Anfrage gerichtet ist. Die vorstehende Gerichtsstandsvereinbarung gilt im Fall der Art. 31 CMR und 46 § 1 CIM als zusätzliche Gerichtsstandsvereinbarung, im Falle der Art. 39 CMR, 33 MÜ, 28 WA nicht.

Schrifttum: S. vor Ziff. 1; *Fischer,* Ist der Speditionsvertrag ein Güterbeförderungsvertrag im Sinne des Art. 4 EVÜ/Art. 28 Abs. 4 EGBGB?, TranspR 2007, 145; *Rugullis,* Die objektive Anknüpfung von internationalen Speditionsverträgen, TranspR 2006, 380.

Vorläufer in ADSp 2003: Ziff. 30.

I. Rechtswahl (Ziff. 30.1)

1   Ziff. 30.3 enthält eine – **wirksame**[1] – Rechtswahl iSd Art. 3 Abs. 1 Rom I-VO. Ihr zufolge ist auf den Verkehrsvertrag das Recht der Bundesrepublik Deutschland anzuwenden. Im Rahmen ihres jeweiligen sachlichen Anwendungsbereichs gelten damit auch die für Deutschland verbindlichen internationalen transportrechtlichen Einheitsrechtsübereinkommen CMR, MÜ/WA, CIM und CMNI.

II. Erfüllungsort (Ziff. 30.2)

2   Erfüllungsort ist der Ort der geschuldeten **Leistungshandlung** iSd § 269 BGB, nicht der Erfolgsort.[2] Er kann auch durch allgemeine Geschäftsbedingungen wirksam vereinbart werden.[3] Soweit sich aus den Abreden oder der Natur der Sache nichts anderes ergibt, haben die Parteien ihre Leistungen am Ort der Niederlassung des Spediteurs zu erbringen. Maßgeblich ist der Ort derjenigen Haupt- oder Zweigniederlassung, an die der Auftraggeber seinen Auftrag oder seine Anfrage adressiert hat. Ist der

---

[13] *Koller* ADSp 2016 Ziff. 27 Rn. 8.
[14] MüKoBGB/*Wurmnest* BGB § 309 Rn. 26 mwN.
[15] Vgl. *Pfeiffer* in Wolf/Lindacher/Pfeiffer BGB § 307 Rn. 143; UBH/*Fuchs* BGB § 307 Rn. 249; Palandt/*Grüneberg* BGB § 309 Rn. 48.
[1] OLG Köln Urt. v. 18.5.2004 – 3 U 161/03, TranspR 2005, 263; OLG Hamburg Urt. v. 30.3.1989 – 6 U 169/88, TranspR 1989, 321; Urt. v. 28.9.1989 – 6 U 88+89/89, TranspR 1990, 117; LG Hamburg Urt. v. 2.5.2005 – 415 O 184/04, IPRspr. 2005, Nr. 107, 263; OLG Düsseldorf Urt. v. 4.10.2018 – I-12 U 46/17, RdTW 2018, 473; *Mankowski* in Reithmann/Martiny IntVertragsR Rn. 4073.
[2] Zur Terminologie Palandt/*Heinrichs* BGB § 269 Rn. 1; vgl. auch *Widmann,* Kommentar zur ADSp '99, 6. Aufl. 1999, Ziff. 30 Rn. 2.
[3] BGH Urt. v. 1.6.2005 – VIII ZR 256/04, NJW-RR 2005, 1518.

Auftrag an eine natürliche Person oder einen Handelsvertreter gerichtet, kommt es darauf an, für welche Niederlassung der Erklärungsempfänger ersichtlich tätig ist; im Zweifel ist dies die Hauptniederlassung.

Neben der Bestimmung des Leistungsorts eröffnet die Klausel einen **Gerichtsstand** nach § 29   **3** Abs. 2 ZPO, soweit die Zuständigkeitsvorschriften der ZPO anwendbar sind und kein zwingendes Recht (zB Art. 31 Abs. 1 CMR) entgegensteht. Auch im Anwendungsbereich der Brüssel Ia-VO begründet die Erfüllungsortvereinbarung eine gerichtliche Zuständigkeit gem. Art. 7 Abs. 1 lit. a Brüssel Ia-VO.[4] Dabei brauchen die Gerichtsstandsvereinbarungen geltenden Bestimmungen des Art. 25 Brüssel Ia-VO nicht gewahrt zu sein, da Ziff. 30.2 keine abstrakte, nur dem Zweck der Gerichtsstandsbegründung dienende Erfüllungsortklausel darstellt.[5] Insofern hat der Erfüllungsort neben Ziff. 30.3 praktische Relevanz. Der Gerichtsstand des Erfüllungsorts erfasst auch die vertraglichen Sekundäransprüche[6] und konkurrierende deliktische Ansprüche.[7]

III. Gerichtsstand (Ziff. 30.3)

1. Regelungsgehalt. Ziff. 30.3 enthält eine **Prorogation** in der Form eines Wahlgerichtsstandes.   **4** Die beiden zur Auswahl stehenden Gerichtsstände sind der Ort der **Niederlassung des Auftraggebers** sowie der Ort, in dem die **Niederlassung des Spediteurs** sitzt, an die der Auftrag oder die Anfrage gerichtet war.

Eine solche Wahl mehrerer Gerichtsstände ist grundsätzlich zulässig.[8] Das Wahlrecht hat der Kläger   **5** (vgl. § 35 ZPO), sodass die Bestimmung in der Praxis regelmäßig zu einem Klägergerichtsstand führt. Die Gerichtsstandswahl ist **nicht ausschließlich,**[9] sodass der Kläger die Wahl auch anderer im Einzelfall eröffneter Gerichtsstände hat. Eine **Schiedsgerichtsabrede** steht Ziff. 30.3 auch dann nicht entgegen, wenn diese in nachrangigen Bedingungen vorgesehen ist.[10]

Die Gerichtsstandswahl gilt nicht nur für vertragliche Ansprüche aus dem Verkehrsvertrag, sondern   **6** auch für sonstige Ansprüche, soweit diese mit ihm **im Zusammenhang** stehen. Das ist insbesondere bei Ansprüchen aus Neben- oder Zusatzabreden sowie bei gesetzlichen Ansprüchen der Fall, soweit der Anspruchstatbestand ganz oder im Wesentlichen auf Grund des Verkehrsvertrages oder seiner Erfüllung gesetzt worden ist. Stets muss aber ein wirksamer Verkehrsvertrag vorliegen, weil es sonst am Geltungsgrund von Ziff. 30.3 fehlt.

2. Wirksamkeit unter Brüssel Ia-VO, EuGVÜ, Lugano-Übereinkommen. Im Anwendungs-   **7** bereich der Brüssel Ia-VO, des EuGVÜ und des Lugano-Übereinkommens ist die Gerichtsstandswahl nur dann wirksam, wenn neben den AGB-rechtlichen Einbeziehungsvoraussetzungen auch die besonderen **Formerfordernisse** des Art. 25 Brüssel Ia-VO bzw. Art. 17 EuGVÜ/LugÜ erfüllt sind.[11] Ist das nicht der Fall, kann jedoch der Gerichtsstand des Erfüllungsorts gem. Ziff. 30.2 begründet sein (→ Rn. 3).

3. Anwendung im Rahmen der Transportrechtsübereinkommen. a) CMR. Soweit der Ver-   **8** kehrsvertrag den Bestimmungen der CMR unterliegt, gilt für die **internationale Zuständigkeit** nur Art. 31 CMR (bzw. Art. 39 CMR). Dessen Bestimmungen verdrängen insoweit die Vorschriften der Brüssel Ia-VO sowie des EuGVÜ und des LugÜ.[12] Dies gilt auch dann, wenn ein Fall der §§ 458–460 HGB vorliegt, denn auch der Fixkosten- und der Sammelladungsspediteur sowie der selbst eintretende Spediteur sind Frachtführer im Sinne der CMR.[13] Dagegen werden die europäischen international-zivilprozessrechtlichen Vorschriften nicht verdrängt, wenn die CMR lediglich über die Verweisung des § 452a HGB, und damit kraft autonomen deutschen Rechts, zur Anwendung kommt, denn insoweit besteht kein Vorrang gegenüber der Brüssel Ia-VO.

---

[4] Vgl. EuGH Urt. v. 29.6.1994 – C-288/92, NJW 1995, 183 (183 f.); OLG Karlsruhe Urt. v. 6.10.2004 – 15 AR 40/04, TranspR 2005, 362 (363); LG Hamburg Urt. v. 2.5.2005 – 415 O 184/04, IPRspr 2005, Nr. 107, 263.

[5] Vgl. EuGH Urt. v. 20.2.1997 – C-106/95, NJW 1997, 1431; BGH Urt. v. 16.6.1997 – II ZR 37/94, NJW-RR 1998, 755; Zöller/*Vollkommer* ZPO § 29 Rn. 3 und EuGVVO Anh. I Art. 5 Rn. 17.

[6] BGH Urt. v. 16.10.2015 – V ZR 120/14, NJW 2016, 409.

[7] EuGH Urt. v. 13.3.2014 – C-548/12, NJW 2014, 1648.

[8] BGH Urt. v. 20.9.2005 – 19 U 40/05, OLGR 2006, 23; Zöller/*Schultzky* ZPO § 30 Rn. 17.

[9] *Neufang/Valder* TranspR 2017, 45 (52).

[10] BGH Urt. v. 25.1.2007 – VII ZR 105/06, TranspR 2007, 173 Rn. 18 ff.; OLG Hamburg Beschl. v. 15.6.2009 – 6 Sch 2/09, HmbSchRZ 2010, 5.

[11] Vgl. dazu BGH Urt. v. 15.2.2007 – I ZR 40/04, NJW 2007, 2036 = TranspR 2007, 119 (handelsbräuchliche Konnossementsklausel); *Geimer/Schütze* EuZVR Art. 23 Rn. 75 ff.; Zöller/*Geimer* EuGVVO Art. 23 Rn. 21 ff.

[12] EuGH Urt. v. 20.10.2004 – C-148/03, NJW 2005, 44; BGH Urt. v. 20.11.2003 – I ZR 102/02, TranspR 2004, 74.

[13] BGH Urt. v. 14.2.2008 – I ZR 183/05, TranspR 2008, 323; OLG Köln Urt. v. 2.8.2005 – 3 U 21/05, TranspR 2005, 472 (473); OLG Hamm Urt. v. 14.6.1999 – 18 U 217/98, VersR 2000, 519; OLG Karlsruhe Urt. v. 27.6.2002 – 9 U 204/01, TranspR 2002, 344 (345); OLG München Urt. v. 23.7.1996 – 25 U 4715/95, TranspR 1997, 33 (34); vgl. auch *Koller* CMR Art. 1 Rn. 3, ferner *Rugullis* TranspR 2006, 380 (382 f.) (zu Art. 28 Abs. 4 EGBGB), krit. dazu *Fischer* TranspR 2007, 145 sowie *Schinkels* IPRax 2003, 517.

9   Ziff. 30.3 S. 1 ist die Klausel jetzt – anders als die Fassung von 2003[14] – im Grundsatz mit **Art. 31 CMR** vereinbar, da sie keine ausschließlichen Gerichtsstände mehr enthält.[15] Ziff. 30.3 S. 2 stellt besonders klar, dass Satz 1 im Rahmen eines der CMR unterliegenden Verkehrsvertrages nur zusätzliche Gerichtsstände begründen und nicht die Gerichtsstände nach Art. 31 CMR ausschließen soll. Allerdings lässt Art. 31 CMR nur eine Prorogation von Gerichten in Vertragsstaaten zu. Die Bestimmung ist deshalb nach Art. 41 CMR unwirksam, soweit sie im Einzelfall einen Gerichtsstand in einem Nichtvertragsstaat begründen würde.

10   Im Fall des Art. 39 Abs. 2 CMR (Rückgriff unter aufeinanderfolgenden Frachtführern) ist Ziff. 30.3 nicht anzuwenden, da diese Bestimmung keine Gerichtsstandswahl gestattet.

11   **b) CIM.** Art. 46 § 1 CIM erlaubt den Parteien die Wahl von nichtausschließlichen Gerichtsständen in Mitgliedsstaaten des Übereinkommens. Da die Gerichtsstände nach Ziff. 30.3 S. 1 in der Regel in Deutschland gelegen sind und Deutschland Vertragsstaat ist, ist die Gerichtsstandswahl deshalb in der Regel wirksam. Ebenso wie im Fall der CMR gilt etwas anderes, wenn im Einzelfall die Gerichtsstandswahl zur Zuständigkeit eines Gerichts eines Nichtvertragsstaates führen würde.

12   **c) MÜ/WA.** Die zwingenden Gerichtsstandsbestimmungen der Art. 33 MÜ und Art. 28 WA lassen für Ziff. 30.3 insgesamt keinen Raum.

13   **d) CMNI.** Die CMNI regelt den Gerichtsstand nicht und steht daher der Anwendung von Ziff. 30.3 nicht entgegen.

31. Geheimhaltung

Die Parteien sind verpflichtet, sämtliche ihnen bei der Durchführung des Verkehrsvertrages bekannt werdenden, nicht öffentlich zugänglichen Informationen vertraulich zu behandeln. Die Informationen dürfen ausschließlich zum Zwecke der Leistungserbringung genutzt werden. Die Parteien haben andere Rechtspersonen, deren sie sich bei Erfüllung ihrer verkehrsvertraglichen Pflichten bedienen, diese Geheimhaltungsverpflichtung aufzuerlegen.

Schrifttum: S. vor Ziff. 1.

Vorläufer in ADSp 2003: Keine.

I. Überblick

1   Bei der Ausführung des Verkehrsvertrags ist die Mitteilung von Daten an die jeweils andere Vertragspartei unvermeidbar. Neben den Sendungsdaten (Absender bzw. Verlader, Empfänger, Art und Wert des versandten bzw. gelagerten Guts) werden den Parteien auch zahlreiche andere Daten des Vertragspartners bekannt, darunter Personalien des eingesetzten Personals, Einzelheiten über eingesetzte Betriebsmittel, Organisationsregeln und technisches Know-how. Bei komplexen Logistikverträgen erhält der Spediteur oft Zugang zu den gesamten Kunden- und Umsatzdaten des Auftraggebers.

2   Der Schutz dieser Daten ist im deutschen Recht bisher nur punktuell geregelt. Soweit es sich um Geschäftsgeheimnisse handelt, gelten die Strafvorschriften der §§ 17–19 UWG, im Übrigen besteht ein Abwehr- und Schadensersatzanspruch bei betriebsbezogenen Eingriffe über die Generalnorm § 823 Abs. 1 BGB (eingerichteter und ausgeübter Gewerbebetrieb) bzw. § 826 BGB in Verbindung mit § 1004 BGB. Ein verbesserter und systematischerer Schutz von Geschäftsgeheimnissen ist durch die Umsetzung der Richtlinie (EU) 2016/943 des Europäischen Parlaments und des Rates vom 8. Juni 2016 über den Schutz vertraulichen Know-hows und vertraulicher Geschäftsinformationen (Geschäftsgeheimnisse) vor rechtswidrigem Erwerb sowie rechtswidriger Nutzung und Offenlegung[1] zu erwarten.[2] Diese Bestimmungen stellen bei dem Schutz von Geschäftsgeheimnissen zum Teil darauf ab, inwieweit die Nutzung der Geschäftsgeheimnisse vertraglich gestattet oder untersagt ist.

3   Deshalb sind vertragliche Regelungen zur Vertraulichkeit erlangter sensibler Daten auch zukünftig sinnvoll und erforderlich. Ziff. 31 soll sicherstellen, dass die Parteien einschließlich der Subunternehmer des Spediteurs die ihnen bekannt werdenden Daten nicht nach außen gelangen lassen und dass sie

---

[14] BGH Urt. v. 18.12.2003 – I ZR 228/01, TranspR 2004, 169 (170).

[15] Vgl. zur Problematik OLG Karlsruhe Urt. v. 6.10.2004 – 15 AR 40/04, TranspR 2005, 362 (363); OLG Hamburg Urt. v. 11.1.2001 – 6 U 72/00, TranspR 2001, 300.

[1] ABl. 2016 L 157, 1.

[2] Vgl. den Entwurf eines Gesetzes zum Schutz von Geschäftsgeheimnissen (GeschGehG), abrufbar auf den Webseiten des BMJV.

sie nur zweckentsprechend verwenden. Sie zielt vor allem auf den Spediteur, gilt aber gleichermaßen auch für den Auftraggeber.

II. Vertraulichkeit

1. Erfasste Informationen. Die Bestimmung erfasst sämtliche Informationen, die nicht öffent- 4 lich zugänglich sind und die den Vertragsparteien bei der Durchführung des Verkehrsvertrags bekannt werden. Mit dem Begriff der **Information** erfasst die Regelung jede Sachangabe tatsächlicher Art, einerlei worauf sie sich bezieht, welchen Inhalt sie hat und wie sie verkörpert ist. Es ist insbesondere nicht erforderlich, dass es sich um ein Geschäftsgeheimnis im wettbewerbsrechtlichen Sinn[3] handelt.

Die Information muss dem Vertragspartner **bei der Durchführung des Verkehrsvertrags** bekannt 5 geworden sind. Es ist nicht erforderlich, dass die Information dem Vertragspartner gezielt anvertraut worden sind. Auch alle ihm sonst bekannt gewordenen Informationen sind erfasst, auch dann, wenn sie vom ihm selbst ermittelt und gespeichert worden sind und die eigene verkehrsvertragliche Tätigkeit dokumentieren wie etwa die kundenbezogenen Daten eines Lagerverwaltungssystems. Nach Sinn und Zweck muss es sich jedoch um Informationen mit Bezug zum Vertragspartner handeln; ausschließlich die eigene Sphäre betreffende Informationen sind auch dann nicht geschützt, wenn sie bei der Ausführung des Verkehrsvertrags angefallen sind.

Dem Wortlaut nach nicht erfasst sind auch Informationen, die bereits vor Vertragsschluss mitgeteilt 6 wurden, zum Beispiel im Rahmen einer Ausschreibung oder bei Vertragsverhandlungen. Es empfiehlt sich der Abschluss einer vorvertraglichen Vertraulichkeitsvereinbarung.

Ausgenommen sind **öffentlich zugängliche** Informationen. Öffentlich zugänglich sind solche 7 Daten, die allgemein bekannt sind oder die jeder sich ohne Rechtsverstoß beschaffen kann. Das gilt insbesondere für Informationen, die der Vertragspartner selbst in Webseiten, Broschüren oder im Rahmen von Pflichtveröffentlichungen bekannt macht.

2. Pflicht zur Vertraulichkeit. Die Parteien sind verpflichtet, die Informationen vertraulich zu 8 behandeln. Daraus ergibt sich zunächst die Verpflichtung, die Informationen nicht Dritten zur Kenntnis gelangen zu lassen. Darüber hinaus hat der Vertragspartner jedoch auch angemessene Vorkehrungen zu treffen, um sicherzustellen, dass die Information nicht unabsichtlich an Dritte gelangt. Deshalb sind neben der Einhaltung der Datenschutzbestimmungen, einer angemessenen IT-Sicherheitsausstattung und einem geordneten Archivwesen auch nachvertragliche Verschwiegenheitsauflagen an das eigene Personal erforderlich.

III. Zweckentsprechende Verwendung

Die dem Vertragspartner bekannt werdenden geschützten Informationen dürfen nur zum Zweck 9 der verkehrsvertraglichen Leistungserbringung genutzt werden. Ein Einsatz zu anderen Zwecken, insbesondere zu Zwecken der Werbung, ist nicht zulässig. Die Kenntnis der Personalien von Mitarbeitern des Vertragspartners darf nicht zur Abwerbung eingesetzt werden. Kunden- oder Lieferanten-Adressdaten des Auftraggebers dürfen vom Spediteur nicht zur Anlage von branchenbezogenen Datenbanken genutzt werden. Ebenso ist es unzulässig, aus der Zusammenarbeit gewonnene Informationen, etwa über Marktgegebenheiten, Marketingkonzepte, Produktionsverfahren oder Produkteigenschaften für andere Auftraggeber derselben Branche zu nutzen. Nur abstraktes Fachwissen wie etwa aus einem kontinuierlichen Verbesserungsprozess gewonnenes Logistik-Know-how ist auszunehmen.

IV. Unterauftragnehmer

Soweit die Parteien sich zur Erfüllung ihrer Vertragspflichten selbstständiger Erfüllungsgehilfen 10 bedienen, haben sie diese in die Vertraulichkeitsverpflichtung einzubeziehen. In der Regel wird dafür ausreichen, auch im Subunternehmerverhältnis die ADSp zu vereinbaren. Die Vertraulichkeitspflicht kann aber auch individualvertraglich oder durch andere AGB begründet werden.

V. Sanktionen

Da eine Vertragsstrafe bei Verstoß nicht vorgesehen ist, bleibt die Vertraulichkeitspflicht ein relativ 11 schwaches Mittel zum Schutz von Geschäftsgeheimnissen. Der Anspruch auf Vertraulichkeit kann allerdings bei Verstoß durch Unterlassungsklage und einstweilige Verfügung geltend gemacht werden.

---

[3] Vgl. § 17 UWG.

32. Compliance

32.1 Der Spediteur verpflichtet sich, Mindestlohnvorschriften und Vorschriften über Mindestbedingungen am Arbeitsplatz einzuhalten und bestätigt dies auf Verlangen des Auftraggebers in Textform. Der Spediteur stellt den Auftraggeber von seiner Haftung auf den Mindestlohn frei, wenn der Spediteur oder ein im Rahmen des Verkehrsvertrages mit dem Auftraggeber eingesetzter Nachunternehmer oder Entleiher Arbeitnehmern nicht den gesetzlichen Mindestlohn zahlt und der Auftraggeber in Anspruch genommen wird.

32.2 Der Spediteur hat im Fall von Beförderungen sicherzustellen, dass er oder der die Beförderung ausführende Unternehmer

32.2.1 im Anwendungsbereich des GüKG Inhaber einer Erlaubnis nach § 3 GüKG oder einer Berechtigung nach § 6 GüKG oder einer Gemeinschaftslizenz ist oder eine solche Erlaubnis, Berechtigung oder Lizenz nicht unzulässig verwendet,

32.2.2 im Anwendungsbereich des GüKG bei der Beförderung Fahrpersonal einsetzt, das die Voraussetzungen des § 7b Abs. 1 Satz 1 GüKG erfüllt,

32.2.3 auf Anforderung alle bei der Beförderung gesetzlich mitzuführenden Dokumente vorlegt, soweit der Auftraggeber oder Dritte gesetzlichen Kontrollpflichten genügen müssen.

32.3 Der Spediteur oder der die Beförderung ausführende Unternehmer ist verpflichtet, die Tätigkeit seines Fahrpersonals so zu organisieren, dass die vorgeschriebenen Arbeits-, Lenk- und Ruhezeiten eingehalten werden können. Es besteht ein generelles Alkohol- und Drogenverbot beim Führen des Fahrzeugs.

32.4 Beide Parteien verpflichten sich, die für ihr Unternehmen geltenden gesetzlichen Vorschriften einzuhalten. Sie unterstützen und achten die Grundsätze des „Global Compact" („UNGC"), der allgemeinen Erklärung der Menschenrechte der Vereinten Nationen und die Erklärung der International Labor Organization über grundlegende Prinzipien und Rechte bei der Arbeit von 1998 („Declaration on Fundamental Principles and Rights at Work") in Übereinstimmung mit nationalen Gesetzen und Gepflogenheiten. Insbesondere werden beide Parteien in ihren Unternehmen

32.4.1 keine Kinder beschäftigen oder Zwangsarbeiter einsetzen,

32.4.2 die jeweiligen nationalen Gesetze und Regelungen über Arbeitszeiten, Löhne und Gehälter und sonstige Arbeitgeberverpflichtungen einhalten,

32.4.3 die geltenden Arbeits- und Gesundheitsbestimmungen einhalten und für ein sicheres und gesundheitsförderliches Arbeitsumfeld sorgen, um die Gesundheit der Beschäftigten zu erhalten und Unfälle, Verletzungen sowie arbeitsbedingte Erkrankungen zu vermeiden,

32.4.4 jegliche Diskriminierung aufgrund Rasse, Religion, Behinderung, Alter, sexueller Orientierung oder Geschlecht unterlassen,

32.4.5 die internationalen Antikorruptionsstandards, wie sie im UNGC und lokalen Antikorruptions- und -bestechungsgesetzen festgelegt sind, beachten,

32.4.6 alle geltenden Umweltgesetze und -regelungen einhalten,

32.4.7 ihren Geschäftspartnern und Nachunternehmern antragen, die zuvor genannten Grundsätze auch ihrem Handeln zugrunde zu legen.

Schrifttum: S. vor Ziff. 1; *Ramming,* Die Anwendung der Mindestlohnregelungen auf ausländische Spediteure ein Update, RdTW 2019, 51.

Vorläufer in ADSp 2003: Keine.

I. Überblick

1   Ziff. 32 erschöpft sich nicht in einem deklaratorischen Bekenntnis, die geltenden Vorschriften einzuhalten und grundlegende Rechte und Standards zu wahren. Vielmehr macht die Bestimmung die Befolgung der aufgeführten Grundregeln zu einer **Vertragspflicht,** die konkrete Organisations-, Aufsichts- und Kontrollmaßnahmen im eigenen betrieblichen Verantwortungsbereich der Parteien erfordert und bei Verstoß vertragsrechtliche Konsequenzen haben kann. Gleichwohl hat die Bestimmung **vor allem ideelle Bedeutung.** Sie zielt in erster Linie darauf ab, durch die sichtbare Verpflichtung des Vertragspartners eigene Compliance-bezogene Sorgfaltspflichten zu wahren, auch mit Blick auf die öffentliche Wahrnehmung der eigenen wirtschaftlichen Aktivitäten, und Compliance-Risiken aus dem Verantwortungsbereich von Vertragspartnern möglichst fernzuhalten. Insofern entspringt die Bestimmung, auch wenn sie in erster Linie den Spediteur als Leistungserbringer im Auge hat, einem beiderseitigem Interesse.

II. Mindestlohn und –bedingungen am Arbeitsplatz (Ziff. 32.1)

1. Einhaltung durch den Spediteur. Nach § 1 MiLoG hat jeder Arbeitnehmer gegen seinen **2** Arbeitgeber Anspruch auf Zahlung des gesetzlichen Mindestlohns. Dafür haftet gem. § 13 MiLoG in Verbindung mit § 14 Arbeitnehmer-Entsendegesetz der Auftraggeber wie ein selbstschuldnerischer Bürge. Deshalb macht Ziff. 32.1 S. 1 die Einhaltung des Mindestlohns durch den Spediteur zu einem **vertraglichen Anspruch des Auftraggebers,** bei dessen Verletzung dem Spediteur dem Auftraggeber schadensersatzpflichtig ist.

Die Bestimmung verpflichtet den Spediteur außerdem auf die Einhaltung der Mindestbedingungen **3** am Arbeitsplatz. Hinter diesem Begriff verbirgt sich insbesondere das **Arbeitsschutzgesetz** nebst zahlreichen Detailvorschriften wie das Arbeitszeitgesetz, die Arbeitsstättenverordnung, die Lastenhandhabungsverordnung, die Betriebssicherheitsverordnung, die Gefahrstoffverordnung oder die Lärm- und Vibrationsarbeitsschutzverordnung.

2. Freihaltungspflicht. Sofern der Auftraggeber für nicht gezahlten Mindestlohn als bürgender **4** Auftraggeber nach § 13 MiLoG auf Zahlung in Anspruch genommen wird, hat der Spediteur den Auftraggeber von der Haftung freizuhalten. Das gilt nicht nur, wenn der Spediteur selbst die Pflicht zur Zahlung von Mindestlohn nicht erfüllt hat, sondern auch dann, wenn dies hinsichtlich des Personals eines von ihm im Rahmen des verkehrsvertraglichen Pflichtenkreises eingeschalteten Sub-Unternehmers oder eines Personaldienstleisters[1] der Fall ist.

Als problematisch erwiesen hat das MiLoG sich bislang vor allem in Bezug auf Arbeitnehmer **5** ausländischer Transportunternehmer, die ihre Mitarbeiter kurzzeitig auf deutschem Boden einsetzen und den Bestimmungen des Arbeitnehmer-Entsendegesetzes unterliegen.[2] Insbesondere wegen der in diesem Bereich bestehenden rechtlichen Unsicherheiten kann die Freihaltungsverpflichtung praktische Relevanz haben.

III. Güterkraftverkehrsrecht (Ziff. 32.2)

Die Bestimmung betrifft Verkehrsverträge, die im Rahmen des gewerblichen Güterkraftverkehrs **6** abgewickelt werden. Sie erlegt dem Spediteur die **vertragliche Verpflichtung** auf, die Einhaltung güterkraftverkehrsrechtlicher Bestimmungen durch den ausführenden Unternehmer sicherzustellen und Kontrollen zu ermöglichen.

1. Lizenz (Ziff. 32.2.1). Wer in Deutschland gewerblichen Güterkraftverkehr betreiben will, **7** bedarf grundsätzlich einer Erlaubnis nach § 3 GüKG. Für gebietsfremde Unternehmer wird die Erlaubnis gem. § 6 GüKG durch andere Betriebsgestattungen ersetzt, insbesondere durch eine Gemeinschaftslizenz,[3] ferner durch eine Genehmigung nach der CEMT-Resolution,[4] eine CEMT-Umzugsgenehmigung, eine schweizerische Güterkraftverkehrs-Lizenz oder eine Drittstaatengenehmigung.

Der Spediteur ist verpflichtet, dafür zu sorgen, dass der die Beförderungsleistung ausführende **8** Unternehmer über eine Lizenz oder eine diese ersetzende Genehmigung verfügt und diese auch in zulässiger Weise verwendet.

2. Fahrpersonal aus Drittstaaten (Ziff. 32.2.2). Gemäß § 7b Abs. 1 S. 1 GüKG dürfen Unter- **9** nehmer mit Sitz im Inland Staatenangehörige von Staaten außerhalb der EU, des Europäischen Wirtschaftsraums und der Schweiz nur dann als Fahrpersonal einsetzen, wenn sie nach Maßgabe des Aufenthaltsgesetzes oder aufgrund einer Fahrerbescheinigung[5] in Deutschland aufenthalts- und beschäftigungsberechtigt sind. Der Spediteur ist verpflichtet, durch geeignete Maßnahmen sicherzustellen, dass der ausführende Beförderer diese Verpflichtung einhält.

3. Dokumente (Ziff. 32.2.3). Gemäß § 7c GüKG ist der Auftraggeber verpflichtet, keine Güter- **10** kraftverkehrsleistungen ausführen zu lassen, wenn er weiß oder fahrlässig nicht weiß, dass der ausführende Unternehmer gegen diese Bestimmungen verstößt. Um dem Vorwurf fahrlässiger Unkenntnis zu begegnen, reicht die vertragliche Verpflichtung des Spediteurs nicht aus, denn zur Einhaltung der Bestimmungen verpflichtet ist der Unternehmer ohnehin. Deshalb erfordert die Bestimmung die Durchführung von **Kontrollen.** Damit diese erfolgen können, fordert Ziff. 32.2.3 von dem Spediteur, dafür zu sorgen, dass die eingesetzten Fahrer die erforderlichen Dokumente mit sich führen. Diese Pflichten sind parallel auch öffentlich-rechtlich in § 7b Abs. 1 S. 2 und Abs. 2 GüKG geregelt.

---

[1] Der Begriff „Entleiher" scheint ein Redaktionsversehen zu sein, denn mindestlohnpflichtig ist bei der Arbeitnehmerleihe der Verleiher.

[2] Dazu *Ramming* RdTW 2019, 51.

[3] VO (EG) 1072/2009.

[4] Gemäß Verordnung über den grenzüberschreitenden Güterkraftverkehr und den Kabotageverkehr, GüKGrKabotageVO, BGBl. 2012 I 42.

[5] Art. 5 VO (EG) 1072/2009.

IV. Lenk- und Ruhezeiten, Alkohol (Ziff. 32.3)

11   Der Spediteur oder der die Beförderung ausführende Unternehmer werden dazu verpflichtet, bei der Arbeitsorganisation des Fahrpersonals darauf zu achten, dass die gesetzlichen Vorschriften über Lenk- und Ruhezeiten[6] eingehalten werden können. Diese Verpflichtung ist weitgehend **deklaratorisch,** weil sie gleichlautend auch gesetzlich besteht und weil die Einhaltung dieser Grundregeln auch vertraglich ohnehin zu der vom Spediteur zu fordernden Sorgfalt zählt. Der ausführende Unternehmer kann außerdem nicht durch den Verkehrsvertrag zusätzlich verpflichtet werden. Jedoch leistet die Regelung einen Betrag zur Einhaltung der eigenen Verantwortung des Auftraggebers[7] für die Einhaltung der Lenk- und Ruhezeiten.

12   Satz 2 formuliert ein Verbot von Alkohol- und Drogen beim Führen eines Fahrzeugs, das aber in Bezug auf den Adressaten und seine Durchsetzung nicht näher spezifiziert wird. Da der Fahrer als solcher nicht vertraglich an den Verkehrsvertrag gebunden wird, ist die Bestimmung so auszulegen, dass der Spediteur einen Fahrern und seinen Sub-Unternehmers das Verbot aufzuerlegen hat.

V. Gesetze, Menschenrechte, Arbeitsstandards (Ziff. 32.4)

13   Ziff. 32.4 enthält eine Reihe programmatischer, weitestgehend deklaratorischer Bekenntnisse und Selbstverpflichtungen ohne konkrete Auswirkungen auf die Erbringung der wechselseitigen verkehrsvertraglichen Leistungen. Die wechselseitige Verpflichtung soll dadurch über deutsches Recht hinaus auf **globale Compliance Prinzipien** ausgedehnt werden, um auch ausländische Aktivitäten der Parteien oder ihrer Konzernunternehmen in den Blick zu nehmen und möglichen diesbezüglichen Erwartungen ausländischer Parteien Rechnung zu tragen.

14   **1. Einhaltung der Gesetze.** Die Verpflichtung zur Einhaltung der geltenden Gesetze macht die ohnehin verbindlichen gesetzlichen Bestimmungen zu **Vertragspflichten,** sodass jeder Gesetzesverstoß zugleich als vertragliche Pflichtverletzung angesehen werden kann.

15   **2. Achtung globaler Grundsätze. a) Global Compact.** Der Global Compact ist eine weltweite Initiative für verantwortungsvolle Unternehmensführung, der rund 13.000 Unternehmen und Organisationen aus 161 Ländern angehören.[8] Danach sollen **10 universelle Prinzipien** zur den Themen Menschenrechte, Arbeitsnormen, Umwelt und Korruptionsprävention bei der wirtschaftlichen Betätigung von Beachtung finden.

16   **b) Erklärung der Menschenrechte der UN.** Die Allgemeine Erklärung der Menschenrechte vom 10.12.1948 enthält 30 grundlegende Rechte, darunter das Verbot der Diskriminierung (Art. 2 AEMR), den Anspruch auf Rechtsschutz (Art. 8 AEMR), den Anspruch auf Freizügigkeit und Auswanderung (Art. 13 AEMR), das Recht auf soziale Sicherheit (Art. 22 AEMR), auf Arbeit und gleichen Lohn (Art. 23 AEMR) sowie auf Erholung und Freizeit (Art. 24 AEMR). Die Erklärung ist weder völkerrechtlich noch innerstaatlich verbindlich und stellt insofern nur eine Orientierung bereit.

17   **c) Grundlegende Arbeitsprinzipien und -rechte.** Die Erklärung der IAO (ILO) über grundlegende Prinzipien und Rechte bei der Arbeit und ihre Folgemaßnahmen vom 18.6.1998 setzt sich insbesondere für die Vereinigungsfreiheit und das Recht auf Kollektivverhandlungen, die Beseitigung von Zwangs- und Pflichtarbeit, die Abschaffung der Kinderarbeit und die Beseitigung von Diskriminierung in Beschäftigung und Beruf ein.

18   **d) Einzelne Pflichten.** Die Ziff. 32.4.1–32.4.6 heben einzelne Compliance-Pflichten nochmals besonders hervor. Durch die Verpflichtung, keine Kinder zu beschäftigen oder Zwangsarbeiter einzusetzen (Ziff. 32.4.1), nationale Arbeitsentgelt- (Ziff. 32.4.2) und Arbeitsschutzbestimmungen (Ziff. 32.4.3) einzuhalten, Diskriminierungen zu vermeiden (Ziff. 32.4.4), Antikorruptionsstandards zu beachten (Ziff. 32.4.5) und die Umweltgesetze einzuhalten (Ziff. 32.4.5) soll ein Bekenntnis zu besonders bedeutsamen globalen Arbeitgeberpflichten gesetzt werden.

19   Die Verpflichtung, die genannten Grundsätze auch den Geschäftspartnern und Nachunternehmern „anzutragen", soll die Compliance Grundsätze weiter verbreiten und darauf hinwirken, inakzeptable Praktiken von den Parteien des Verkehrsvertrags so weit wie möglich fern zu halten. Eine bindende Verpflichtung lässt sich daraus nicht entnehmen.

---

[6] VO (EU) 561/2006 des EU-Parlaments und des Rates zur Harmonisierung bestimmter Sozialvorschriften im Straßenverkehr, das Arbeitszeitgesetz (ArbZG), das Fahrpersonalgesetz (FPersG) und die Fahrpersonalverordnung (FPersV).

[7] § 20a Abs. 2, 3 Fahrpersonalverordnung (FPersV).

[8] Quelle www.globalcompact.de.

VI. Rechtsfolgen

Besondere Rechtsfolgen der Verletzung der Compliance Bestimmungen wie etwa Regelungen über 20 Meldepflichten, Freihaltungspflichten, Vertragsstrafen oder außerordentliche Kündigungs- oder Auditierungsrechte sehen die ADSp nicht vor. Es bleibt daher den **allgemeinen Regeln,** insbesondere dem **Schadensersatzrecht,** überlassen, konkrete Verstöße gegen Compliance-Pflichten zu sanktionieren. Zwar wird einer Partei des Verkehrsvertrags meist kein eigener wirtschaftlicher Schaden durch Compliance-Verstöße des Vertragspartners entstehen, jedoch ist dies durchaus möglich, zum Beispiel infolge einer Rufschädigung durch das Bekanntwerden von öffentlichkeitswirksamen Verstößen des Partners. Vorstellbar ist auch ein Verstoß, der gravierend genug ist, um nach den allgemeinen Grundsätzen eine **außerordentliche Kündigung** mit entsprechenden mit Schadensersatzfolgen zu rechtfertigen, etwa wegen erhöhter Kosten eines Deckungsvertrags.

Bank- und Börsenrecht

A. Bank- und Börsenrecht I: Die Geschäftsverbindung zwischen Bank und Kunde/Allgemeine Grundlagen
1. Bankvertrag und AGB der Kreditinstitute

Schrifttum: *Baumbach/Hopt*, HGB, 38. Aufl. 2018; *Canaris*, Bankvertragsrecht, 4. Aufl. 1988; *Claussen*, Gibt es einen allgemeinen Bankvertrag oder gibt es ihn nicht?, FS Peltzer, 2001, 55; *Einsele*, Bank- und Kapitalmarktrecht, 3. Aufl. 2014; *Gaede*, Die vertragliche Haftung der Banken für Kreditauskünfte NJW 1972, 926; *Hopt*, Der Kapitalanlegerschutz im Recht der Banken, 1975; *Köndgen*, Die Entwicklung des privaten Bankrechts in den Jahren 1999–2003, NJW 2004, 1288; *Kort*, Keine Herleitung eines eigenständigen allgemeinen Bankvertrages aus längerer Geschäftsverbindung durch Giro- oder Darlehensvertrag, EWiR 2003, 151; *Kümpel/Wittig*, Bank- und Kapitalmarktrecht, 4. Aufl. 2011; *Lang*, Das Aus für die Lehre vom „allgemeinen Bankvertrag"? BKR 2003, 227; *Langenbucher/Bliesener/Spindler*, Bankrechts-Kommentar, 2. Aufl. 2016; *Müller-Graff*, Rechtliche Auswirkungen einer laufenden Geschäftsverbindung im amerikanischen und deutschen Recht, 1974; *Müller-Graff*, Die Geschäftsverbindung als Schutzpflichtverhältnis, JZ 1976, 153; *Niekiel*, Das Recht auf ein Girokonto, 2010; *Petersen*, Der Bankvertrag, JURA 2004, 627; *Philipowski*, Die Geschäftsverbindung, 1963; *Pikart*, Die Rechtsprechung des Bundesgerichtshofs zum Bankvertrag, WM 1957, 1238; *Roth*, Der allgemeine Bankvertrag, WM 2003, 480; *Roth*, Geschäftsverbindung zwischen Bank und Kunden, in Hellner/Steuer, Bankrecht und Bankpraxis (BuB), Stand 10/13, Rn. 2/1a ff.; *Schimansky/Bunte/Lwowski*, Bankrechts-Handbuch, 5. Aufl. 2017; *K. Schmidt*, Handelsrecht, 6. Aufl. 2014; *Schönle*, Bank- und Börsenrecht, 2. Aufl. 1976; *Schwark*, Anlegerschutz durch Wirtschaftsrecht, 1979; *Schwintowski*, Bankrecht, 5. Aufl. 2018; *Wessels*, Zinsrecht in Deutschland und England, 1991.

Übersicht

I. Einzelvertrag für ein Bankgeschäft

1. Vielfalt der Bankgeschäfte. Beziehungen zwischen Bank und Kunde existieren in vielfältiger **1** Erscheinung und unterschiedlicher Dichte. Sie reichen vom Einmalkontakt (zB Auskunftsbegehren über eine Geschäftsmöglichkeit, Devisenumtausch am Schalter) über die Eröffnung einer auf verschiedene, auch künftige Geschäfte angelegten Geschäftsverbindung bis hin zum umfassenden Auftrag, für einen Kunden sämtliche Bankgeschäfte zu erledigen. Meist wendet sich ein Kunde freilich mit dem

Willen an die Bank, zunächst ein Bankgeschäft im Rahmen eines bestimmten Vertragstyps zu tätigen, dh einen **Einzelvertrag** zu schließen. Das kann etwa ein Girovertrag, ein Sparvertrag, ein Kreditvertrag, ein Depotvertrag, ein Wertpapierkauf oder auch ein Mietvertrag über ein Schrankfach sein.

2   **2. AGB-Einbeziehung.** Schon in der Dokumentation über den ersten Einzelvertrag, zB im Kontoeröffnungsantrag, wird vorgesehen, dass für die Vertragsbeziehung nicht nur die im Einzelvertrag getroffenen Regelungen gelten, sondern auch etwaige formularmäßige Sonderbedingungen für die jeweilige Geschäftsart (Bedingungen für den Zahlungsverkehr, für den Sparverkehr, für das Wertpapiergeschäft usw) *und* die Allgemeinen Geschäftsbedingungen (AGB) des Kreditinstituts, dh die AGB-Banken oder die AGB-Sparkassen. Bei Einzelverträgen, die nicht schriftlich abgeschlossen werden (zB beim Devisenumtausch am Schalter), erfolgt die AGB-Einbeziehung durch Aushang. Die AGB der Kreditinstitute (Nr. 1 Abs. 1 AGB-Banken, Nr. 1 Abs. 2 AGB-Sparkassen) regeln die **AGB-Geltung für die gesamte Geschäftsverbindung.** Kunde und Kreditinstitut schließen insofern mit dem ersten Einzelvertrag zugleich einen Rahmenvertrag iSd § 305 Abs. 3 BGB für künftige Bankgeschäfte.

II. Geschäftsverbindung

3   Von einzelnen Bankgeschäften, wie der Eröffnung eines Spar- oder Girokontos oder dem Abschluss eines Kreditvertrags, ist die Geschäftsverbindung zu unterscheiden. Die einzelnen Bankgeschäfte unterliegen den für sie einschlägigen Regelungen. Insbesondere können schon aus dem Einzelvertrag Verhaltenspflichten erwachsen, ohne dass auf eine sie überwölbende Beziehung (wie die Geschäftsverbindung) zurückgegriffen werden muss. Demgegenüber ist die Aufnahme einer (bankmäßigen) Geschäftsverbindung dadurch gekennzeichnet, dass sie über den Einzelvertrag hinausweist und damit zumindest stillschweigend die **Möglichkeit weiterer Geschäftsabschlüsse** voraussetzt. Die Geschäftsverbindung ist – wie § 311 Abs. 2 Nr. 3 BGB belegt – kein bloßes Faktum; sie hat Rechtsfolgen.[1] Insbesondere ist sie eine Quelle zur Begründung oder Intensivierung von Schutzpflichten (→ Rn. 4).

4   Die **Lehre von der Geschäftsverbindung** hat ihren Ursprung im Handelsrecht. Eine Geschäftsverbindung versteht sich dort als Willensübereinstimmung unter Kaufleuten, fortgesetzt miteinander Geschäfte zu tätigen.[2] Sie ist ein gesetzliches Schuldverhältnis ohne primäre Leistungspflichten,[3] aus dem aber – schadensersatzbewehrte – **Schutzpflichten iSd § 241 Abs. 2 BGB** erwachsen können (vgl. § 311 Abs. 2 Nr. 3 BGB).[4] Die Wertungsgrundlage für eine Haftung bei Verletzung dieser Pflichten findet sich – wie bei der Haftung aus vorvertraglichem Verschulden (culpa in contrahendo)[5] – im **Vertrauensprinzip.** Zu ersetzen ist grundsätzlich nur das negative Interesse (Haftung für „enttäuschtes Vertrauen");[6] jedoch ist ausnahmsweise das positive Interesse ersatzfähig, wenn das Geschäft ohne die Pflichtverletzung mit dem vom Geschädigten erstrebten Inhalt zustande gekommen wäre.[7]

5   Diese Grundsätze lassen sich auf die **bankmäßige Geschäftsverbindung** übertragen. Ihre Geltung erfordert nicht, dass auf beiden Seiten Kaufleute beteiligt sind. Geschäftsverbindungen sind demgemäß auch im Verkehr mit Verbrauchern eine **häufige Erscheinung,** nicht etwa eine Eigenheit des Bank-Kunde-Verhältnisses. Insbesondere werden Dienste höherer Art iSd § 627 BGB (zB hausärztliche Leistungen, Rechts- oder Steuerberatung), die aufgrund persönlichen Vertrauens übertragen werden, oft nicht nur einmalig, sondern im Rahmen einer Geschäftsverbindung erbracht.

6   Im Einzelfall kann es schwierig sein, die Haftung aufgrund bankmäßiger Geschäftsverbindung von derjenigen aus **culpa in contrahendo** zu unterscheiden, die daraus erwächst, dass schon durch Aufnahme von Vertragsverhandlungen ein vertragsähnliches Vertrauensverhältnis entsteht, das sekundäre Verhaltenspflichten erzeugt (§ 311 Abs. 2 BGB). Soweit sich die Anwendungsbereiche überschneiden, besteht für eine Unterscheidung praktisch auch kein Bedürfnis. Es handelt sich jedoch um einen Parallel-, nicht um einen Unterfall der culpa in contrahendo.[8] Die Lehre von der Geschäftsverbindung hat eigenständige Berechtigung dort, wo ein vorvertragliches Verhältnis noch nicht bejaht werden kann. Auch wenn eine bankmäßige Geschäftsverbindung die Möglichkeit weiterer Geschäftsabschlüsse impliziert, lässt sich nicht sagen, dass damit zwingend schon ein der Aufnahme von Vertragsverhand-

---

[1] *K. Schmidt* HandelsR § 20 Rn. 7; aA *Philipowski,* Die Geschäftsverbindung, 1963, 118.

[2] *K. Schmidt* HandelsR § 20 Rn. 28.

[3] *Canaris* BankvertragsR Rn. 12 ff.; *Hopt/Roth* in Schimansky/Bunte/Lwowski BankR-HdB § 1 Rn. 46; Baumbach/*Hopt/Hopt* HGB Vor § 343 Rn. 3 und Baumbach/*Hopt/Hopt* Bankgeschäfte Rn. A/7; *K. Schmidt* HandelsR § 20 Rn. 26; *Müller-Graff,* Rechtliche Auswirkungen einer laufenden Geschäftsverbindung im amerikanischen und deutschen Recht, 1974, 247 ff.; *Müller-Graff* JZ 1976, 153 (156); aA *Gernhuber,* Bürgerliches Recht, 3. Aufl. 1991, Kap. 32 II, S. 300.

[4] Palandt/*Ellenberger* BGB Vor § 241 Rn. 4.

[5] BGH Urt. v. 31.3.1992 – XI ZR 70/91, NJW-RR 1992, 879 (882).

[6] BGH Urt. v. 25.2.1988 – VII ZR 310/86, NJW-RR 1988, 785 (785 f.).

[7] BGH Urt. v. 6.6.1974 – II ZR 157/72, BB 1974, 1039 (1040); Urt. v. 2.3.1988 – VIII ZR 380/86, NJW 1988, 2234; Urt. v. 4.7.1989 – VI ZR 217/88, BGHZ 108, 200 (207 ff.) = NJW 1989, 3095; Urt. v. 24.6.1998 – XII ZR 126/96, NJW 1998, 2900 (2901); Palandt/*Grüneberg* BGB § 311 Rn. 56.

[8] Palandt/*Grüneberg* BGB § 280 Rn. 8; Palandt/*Grüneberg* BGB § 311 Rn. 21.

lungen gleichzusetzender Kontakt geknüpft ist, der eine Haftung aus culpa in contrahendo begründen kann.

III. Allgemeiner Bankvertrag?

1. Streitstand. Noch immer **umstritten** ist, ob zwischen Bank und Kunde neben dem Einzel-   7
vertrag idR nicht nur eine schuldrechtliche Sonderverbindung in Gestalt der bankmäßigen Geschäftsverbindung besteht, sondern darüber hinaus eine Vertragsbeziehung begründet wird, welche die
Einzelgeschäfte als **Rahmenvertrag mit Geschäftsbesorgungscharakter** (allgemeiner Bankvertrag)
überlagert. Die Annahme eines solchen Vertrags ist in der Vergangenheit von weiten Teilen des
Schrifttums[9], teils auch in der Rechtsprechung[10] befürwortet worden; sie hatte allerdings schon immer
ihre Gegner.[11]

Befürwortet[12] wird ein allgemeiner Bankvertrag – weiterhin (→ Rn. 9) – im Wesentlichen mit   8
folgenden Argumenten: Interesse und **Erwartung des typischen Kunden** gingen dahin, dass die
Bank auch über den Einzelvertrag hinaus seine Interessen wahre, zB das Bankgeheimnis beachte, ihm
für normale Bankgeschäfte zur Verfügung stehe und ihn bei der Verhandlung über künftige Einzelgeschäfte nicht schädige. Das gehe über eine Geschäftsverbindung hinaus; der Bankkunde wolle und
erwarte mehr. Die Bank ihrerseits bringe – etwa durch die **Bezogenheit der AGB auf die gesamte
Geschäftsverbindung** – von vornherein zum Ausdruck, dass sie sich diesen Erwartungen des typischen Bankkunden nicht verschließe.[13] Die isolierte Betrachtung der einzelnen Bankgeschäfte werde
ihrem **übergreifenden wirtschaftlichen und rechtlichen Zusammenhang** nicht gerecht; wer als
Dienstleistungsunternehmer den Kunden bei Vertragsschluss durch AGB in ein umfassendes Netz von
Interessenwahrungsrechten und -pflichten einbeziehe, formuliere nicht nur die Bedingungen dieses
einen Vertrags, sondern stelle diesen in einen umfassenden Vertragsrahmen.[14] Auch gehe es bei
Beratung, Auskunft, Aufklärung und Geheimhaltung nicht um Nebenpflichten der Bank, sondern um
geschäftsbesorgungsvertragliche Hauptpflichten in Form von Emanationen und Konkretionen
der Pflicht zur Wahrung des Kundeninteresses.[15] Nur die Lehre vom allgemeinen Bankvertrag könne
von Beginn der Geschäftsbeziehung an jene schuldrechtliche Wirkung zwischen Kunde und Bank
herstellen, die ein faires und diskriminierungsfreies Verhalten der Bank iSd § 241 BGB sicherstelle; nur
mit ihr lasse sich auch – im Verletzungsfall – eine Haftung der Bank auf das positive Interesse
rechtfertigen.[16]

Der für das Bankrecht zuständige **XI. Zivilsenat des BGH** hat der Annahme eines allgemeinen   9
Bankvertrags im Grundsatzurteil vom 24.9.2002[17] allerdings eine **klare Absage** erteilt. Dem haben
sich nicht nur Teile des Schrifttums[18], sondern auch die Instanzgerichte[19] angeschlossen. Der allgemeine Bankvertrag ist daher mittlerweile **als Anspruchsgrundlage in der Spruchpraxis bedeutungslos.** Der BGH begründet die Ablehnung eines allgemeinen Bankvertrags im Wesentlichen wie

---

[9] Vgl. die Nachw. in *Hopt/Roth* in Schimansky/Bunte/Lwowski BankR-HdB § 1 Rn. 57 Fn. 7; *Hopt,* Der
Kapitalanlegerschutz im Recht der Banken, 1975, 393 ff.; *Claussen* FS Peltzer, 2001, 55 ff.; *Gaede* NJW 1972, 926
(927); *Pikart* WM 1957, 1238.

[10] OLG Frankfurt a. M. Urt. v. 1.6.1977 – 19 U 181/76, WM 1977, 984 (986); Urt. v. 21.6.1988 – 22 U 187/87,
WM 1988, 1439 (1440).

[11] Abl. schon früher *Canaris* BankvertragsR Rn. 2 ff.; *Schönle,* Bank- und Börsenrecht, 2. Aufl. 1976, § 3 II;
Schlegelberger/*Hefermehl* HGB Anh. § 365 Rn. 13; *Peterek* in Kümpel/Wittig BankR/KapMarktR Rn. 6.9; Hey-
mann/*Horn* HGB Anh. § 372 Bankgeschäfte Rn. 5 f.; MüKoBGB/*Westermann,* 3. Aufl. 1997, BGB Vor § 607
Rn. 14 ff.; Staudinger/*Wittmann,* 12. Aufl. 1991, BGB § 675 Anm. 19; *Lwowski* in Hellner/Steuer BuB Rn. 2/1;
Schwark ZHR 151 (1987), 325 (329 f.); *Schwark,* Anlegerschutz durch Wirtschaftsrecht, 1979, 100 ff.

[12] Vgl. etwa *Bunte* in Schimansky/Bunte/Lwowski BankR-HdB § 2 Rn. 1 ff.; *Hopt/Roth* in Schimansky/Bunte/
Lwowski BankR-HdB § 1 Rn. 16 ff.; Baumbach/Hopt/*Hopt* Bankgeschäfte Rn. A/6; *Köndgen* NJW 2004, 1288
(1289 f.); Staudinger/*Martinek/Omlor,* 2016, BGB § 675 Rn. B 31 ff.; *K. Schmidt* HandelsR § 20 Rn. 17; *Schwintowski* in Schwintowski BankR Kap. 1 Rn. 28 ff.; EBJS/*Thessinga,* 3. Aufl. 2015, Rn. I 9.

[13] *Hopt/Roth* in Schimansky/Bunte/Lwowski BankR-HdB § 1 Rn. 24 f.

[14] *K. Schmidt* HandelsR § 20 Rn. 17; *Schwintowski* in Schwintowski BankR Kap. 1 Rn. 34; Staudinger/*Martinek/
Omlor,* 2016, BGB § 675 Rn. B 31; EBJS/*Thessinga,* 3. Aufl. 2015, Rn. I 9.

[15] Staudinger/*Martinek/Omlor,* 2016, BGB § 675 Rn. B 32.

[16] *Schwintowski* in Schwintowski BankR Kap. 1 Rn. 34 f.

[17] BGH Urt. v. 24.9.2002 – XI ZR 345/01, BGHZ 152, 114 = NJW 2002, 3695.

[18] *Einsele,* Bank- und Kapitalmarktrecht, 3. Aufl. 2014, § 1 Rn. 2; Langenbucher/Bliesener/Spindler/*Müller-
Christmann* Kap. 1 Rn. 10; MüKoBGB/*Heermann* BGB § 675 Rn. 52; *Peterek* in Kümpel/Wittig BankR/Kap-
MarktR Rn. 6.9; *Lang* BKR 2003, 227; *Niekiel,* Das Recht auf ein Girokonto, 2010, 144; Palandt/*Sprau* BGB § 675
Rn. 9; *Petersen* JURA 2004, 627 (630).

[19] KG Urt. v. 13.10.2003 – 12 U 65/02, BeckRS 2004, 07336; OLG Köln Urt. v. 21.7.2004 – 13 U 8/04,
BeckRS 2004, 11546; Urt. v. 13.7.2005 – 13 U 22/05, BeckRS 2006, 14402; LG Itzehoe Urt. v. 9.12.2004 – 7 U
147/04, BeckRS 2005, 00324 Rn. 15; LG Nürnberg-Fürth Urt. v. 25.2.2008 – 10 O 11030/06, WM 2008, 2015
(2017); Urt. v. 28.4.2008 – 10 O 11391/07, BeckRS 2008, 26304. *Obiter* wird ein allgemeiner Bankvertrag noch
erwähnt von OLG Schleswig Beschl. v. 4.10.2010 – 5 U 34/10, WM 2010, 2260 (2262) (jedenfalls mit Insolvenzeröffnung erloschen); OLG München Beschl. v. 2.4.2014 – 20 W 503/14, BeckRS 2014, 13001 (Zuständigkeits-
abgrenzung).

folgt: (1) Aus einer längeren Geschäftsverbindung zwischen Bank und Kunde ergebe sich noch kein eigenständiger allgemeiner Bankvertrag als Rahmenvertrag; die Geschäftsverbindung als solche sei nichts weiter als eine (schuldrechtliche Sonder-)Beziehung, die auf einem Dauerschuldverhältnis oder einer mehr oder weniger großen Zahl von Einzelverträgen beruhe. (2) An einem allgemeinen Bankvertrag fehle es auch, wenn mit dem ersten Einzelvertrag die AGB des Kreditinstituts vereinbart würden; dass die AGB auch für künftige Geschäfte bedeutsam seien, ändere daran nichts. (3) Die Annahme eines neben dem Einzelvertrag mit AGB-Einbeziehung geschlossenen allgemeinen Bankvertrags verfehle zudem allen allgemeinen Vertragsbegriff; es fehle an einer eigenständigen Rechtsfolge eines solchen Bankvertrags, zumal Schutzpflichten unabhängig von Parteiwillen bestünden. (4) Demgegenüber lasse sich auch nicht darauf verweisen, dass sich aus dem allgemeinen Bankvertrag eine Pflicht der Bank zur Vornahme einzelner vom Kunden gewünschter risikoneutraler Geschäftsbesorgungen ergebe; nichts spreche für die Bereitschaft der Bank, geschweige denn ihren erklärten Vertragswillen, sich schon bei Aufnahme der Geschäftsbeziehung einem beschränkten privatrechtlichen Kontrahierungszwang zu unterwerfen. Der allgemeine Bankvertrag als übergreifender Rahmenvertrag erweise sich demnach als überflüssig.[20]

10   **2. Stellungnahme.** Dem BGH ist zuzustimmen. Jeder Bankkunde, der zunächst einen Einzelvertrag unter Einbeziehung der AGB des Kreditinstituts schließt, begründet damit zwar – da die AGB der Kreditinstitute (Nr. 1 Abs. 1 AGB-Banken, Nr. 1 Abs. 2 AGB-Sparkassen) auch für eine nachfolgende Geschäftsverbindung gelten – einen Rahmenvertrag iSd § 305 Abs. 3 BGB. Dessen Rechtswirkung beschränkt sich aber auf die **Vorabvereinbarung der AGB für künftige Bankgeschäfte,** es sei denn, (1) Einzelvertrag und AGB regeln selbst bestimmte Leistungs- oder Schutzpflichten, oder (2) die schuldrechtliche Sonderverbindung zwischen Bank und Kunde (Einzelvertrag, Geschäftsverbindung) begründet nach Treu und Glauben (§ 242 BGB) Nebenleistungs- oder Schutzpflichten. **Nebenleistungs- und Schutzpflichten** sind indes meist **von den Umständen des Einzelfalls abhängig;** sie passen nicht in das „Prokrustesbett" eines allgemeinen Bankvertrags.[21]

11   Keinesfalls lässt sich aus einer (postulierten) Erwartung des „typischen" Bankkunden, aus einem Geschäftsverbindungsbezug der AGB oder aus einem übergreifenden Zusammenhang der Einzelverträge ein beiderseitiger Wille ableiten, **geschäftsbesorgungsvertragliche Hauptpflichten** zu begründen. Wer seine AGB allgemein dahin formuliert, dass sie auch künftige Einzelverträge erfassen, schließt damit noch keinen Rahmenvertrag mit Geschäftsbesorgungspflichten. Ebenso wenig schließt ein solcher AGB-Verwender – wie es den Verfechtern eines Abschlusszwangs der Bank für „risikoneutrale" Geschäfte vorschwebt – einen **Vorvertrag.** Die Befürworter des allgemeinen Bankvertrags zeigen denn auch keine **Willensäußerungen der Vertragsparteien** auf, welche die Annahme eines allgemeinen Bankvertrags rechtfertigten. Das zwischen Bank und Kunde jeweils Vereinbarte entspricht nicht unbedingt dem (aus Sicht der Bankvertragsbefürworter) Wünschenswerten. Es ist auch nicht Aufgabe der Gerichte, in eine sachlich nicht unvertretbare vertragliche Regelung ändernd (oder ergänzend) einzugreifen, nur weil dies für angemessener erachtet wird.[22]

12   Schließlich ist zu bedenken, dass sich die Annahme eines übergreifenden Rahmenvertrags mit künftigen Kontrahierungspflichten kaum auf das Bank-Kunde-Verhältnis beschränken ließe. Sie müsste auf **andere Dienste höherer Art** (zB hausärztliche Leistungen, Rechts- und Steuerberatung) übertragen werden: Auch bei solchen erwartet der „typische" Kunde ein dauerhaftes Vertrauensverhältnis mit sich ggf. wiederholenden Einzelverträgen.[23] Ein allgemeiner Hausarzt-, Anwalts- oder Steuerberatungsvertrag wird aber, soweit ersichtlich, nirgends angenommen. Das Konstrukt wäre auch mit der Vertragsfreiheit unvereinbar.

IV. Allgemeine Verhaltenspflichten von Bank und Kunde

13   Ist demnach die Rechtsfigur „allgemeiner Bankvertrag" abzulehnen, seien gleichwohl einzelne Verhaltenspflichten von Bank und Kunde erörtert, die – ob zu Recht oder zu Unrecht – mit einem allgemeinen Bankvertrag in Zusammenhang gebracht werden.

14   **1. Pflichten der Bank. a) Allgemeiner Kontrahierungszwang?** Da die AGB der Kreditinstitute (Nr. 1 Abs. 1 AGB-Banken, Nr. 1 Abs. 2 AGB-Sparkassen) für die gesamte Geschäftsverbindung gelten und mithin von vornherein weitere Einzelverträge in den Blick nehmen, fragt sich, ob das Kreditinstitut insoweit einem Abschlusszwang unterliegt.

15   Bei einer privaten **Bank** (zu Sparkassen und staatlich beherrschten Kreditinstituten → Rn. 17) ist dies grundsätzlich, dh abgesehen von der Pflicht zum Abschluss eines Basiskontovertrags nach § 31 Abs. 1 ZKG (→ Rn. 18), **nicht der Fall.** Aus dem Umstand, dass die Parteien auch für künftige Einzelverträge schon einen Rechtsrahmen vereinbaren, folgt nicht, dass die Bank sich ihrer Freiheit

---

[20] BGH Urt. v. 24.9.2002 – XI ZR 345/01, BGHZ 152, 114 (119 f.) = NJW 2002, 3695.
[21] Ähnl. *Petersen* JURA 2004, 627 (630).
[22] BGH Urt. v. 25.1.2011 – II ZR 122/09, NJW 2011, 1667 Rn. 21.
[23] Zutr. *Niekiel,* Das Recht auf ein Girokonto, 2010, 144.

begibt, bei jedem ihr angetragenen Einzelvertrag zu entscheiden, ob sie ihn abschließen will.[24] Insbesondere bei einem **Risikogeschäft**, etwa bei jeglicher Art von Bar- oder Avalkredit, muss es grundsätzlich der Bank überlassen bleiben, ob sie das Risiko übernehmen will;[25] dabei sind geschäftspolitische Erwägungen zu respektieren. Diese grundsätzliche Abschlussfreiheit der Bank ist für den Kunden auch erkennbar. Dass die Bank die Grenzen des § 826 BGB sowie der §§ 19, 20 GWB zu beachten hat, versteht sich von selbst; gleiches gilt für das Benachteiligungsverbot aus § 19 AGG.

Soweit im Schrifttum teilweise eine Abschlusspflicht der Bank bei sog. **risikoneutralen Geschäften** **16** postuliert wird,[26] ist dem *nicht* zu folgen.[27] Schon unklar ist, unter welchen Voraussetzungen ein Bankgeschäft „risikoneutral" sein soll. Die angeführten Beispielgeschäfte – Eröffnungen von Spar- oder Girokonten[28] – sind für die Bank keineswegs stets risikolos; so etwa nicht in längeren Niedrigzinsphasen, wie sie die Finanzkrise ab dem Jahr 2008 (bis hin zu Strafzinsen auf EZB-Einlagen) hervorgebracht hat. Abgesehen davon ist die Bank grundsätzlich frei, das Volumen einer bestimmten Art von Geschäften, mag sie der Verkehr auch als „risikoneutral" ansehen, zu verringern. Solche geschäftspolitischen Entscheidungen braucht die Bank gegenüber dem Kunden nicht zu rechtfertigen. Der XI. Zivilsenat des **BGH** hat denn auch klargestellt: Mangels marktbeherrschender Stellung unterliegt eine Bank – weiterhin – keinem allgemeinen Kontrahierungszwang, was den Abschluss eines Girovertrags und die Kontoeröffnung angeht.[29]

Bei **Sparkassen und staatlich beherrschten Kreditinstituten** verhält es sich anders. Sie unterlie- **17** gen als Einrichtungen staatlicher Daseinsvorsorge besonderen öffentlich-rechtlichen Bindungen, die insbesondere in den landesrechtlichen Sparkassengesetzen ihren Niederschlag gefunden haben. Aus der öffentlich-rechtlichen Zielsetzung ergibt sich grundsätzlich ein – in manchen landesrechtlichen Sparkassengesetzen ausdrücklich geregelter[30] – Kontrahierungszwang im Spargeschäft.[31] Eine Sparkasse sowie jede im Allein- oder Mehrheitsbesitz der öffentlichen Hand stehende Bank unterliegt zudem dem Willkürverbot aus Art. 3 Abs. 1, 20 Abs. 3 GG;[32] daraus können sich (iVm der Geschäftspraxis und der dadurch bewirkten Selbstbindung) weitere Kontrahierungspflichten ergeben.

In Umsetzung der Zahlungskontenrichtlinie[33] verpflichtet § 31 Abs. 1 ZKG jedes Kreditinstitut, das **18** Zahlungskonten für Verbraucher anbietet, zum **Abschluss eines Basiskontovertrags.** Dieser besondere Kontrahierungszwang besteht gem. § 31 Abs. 1 S. 2 ZKG gegenüber Verbrauchern mit rechtmäßigem Aufenthalt in der EU (unter Einschluss von Personen ohne festen Wohnsitz und Asylsuchenden), ferner gegenüber Personen ohne Aufenthaltstitel, die aus rechtlichen oder tatsächlichen Gründen nicht abgeschoben werden können (→ Rn. 212).[34]

b) Allgemeine Gleichbehandlungspflicht? Aus dem Vorgesagten ergibt sich zugleich, wie die **19** von Teilen des Schrifttums[35] befürwortete Pflicht der Bank zu bewerten ist, ihre Kunden im Massengeschäft gleich zu behandeln. Eine allgemeine Gleichbehandlungspflicht besteht **ebenso wenig wie ein allgemeiner Kontrahierungszwang.** Eine private Bank unterliegt den Schranken, die sich aus § 826 BGB, §§ 19, 20 GWB ergeben, ferner dem Benachteiligungsverbot aus § 19 AGG. Weitergehende Bindungen bestehen nur für Sparkassen und von der öffentlichen Hand beherrschte Kreditinstitute (→ Rn. 17).

c) Bankgeheimnis. Was die Pflicht des Kreditinstituts zur Wahrung des Bankgeheimnisses angeht, **20** gründet auch diese in keinem allgemeinen Bankvertrag.[36] Die Verschwiegenheitspflicht ist vielmehr schon ausdrücklich in den AGB der Kreditinstitute (Nr. 2 Abs. 1 AGB-Banken, Nr. 1 Abs. 1 S. 2 AGB-Sparkassen) geregelt. Unabhängig davon ergäbe sie sich regelmäßig auch aufgrund der Um-

---

[24] BGH Urt. v. 24.9.2002 – XI ZR 345/01, BGHZ 152, 114 (120) = NJW 2002, 3695.

[25] Nur in besonders gelagerten Ausnahmefällen mag eine Pflicht der Bank zur Verlängerung und Erweiterung eingeräumter Kredite bestehen; vgl. *Canaris* BankvertragsR Rn. 9, 1271.

[26] Vgl. etwa *Hopt/Roth* in Schimansky/Bunte/Lwowski BankR-HdB § 1 Rn. 34; *Bunte* in Schimansky/Bunte/Lwowski BankR-HdB § 2 Rn. 20; ähnl. *Schwintowski* in Schwintowski BankR Kap. 1 Rn. 39.

[27] So auch *Canaris* BankvertragsR Rn. 6 f.; *Peterek* in Kümpel/Wittig BankR/KapMarktR Rn. 6.9: Ausnahmsweise mag die Bank aufgrund ihres vorangegangenen Verhaltens zum Abschluss eines Folgegeschäfts gehalten sein. Gemeint sein dürfte freilich auch damit kein (einklagbarer) Abschlusszwang, sondern ein Fall der Vertrauenshaftung (§ 311 Abs. 2 Nr. 3 BGB iVm § 280 Abs. 1 BGB).

[28] *Hopt/Roth* in Schimansky/Bunte/Lwowski BankR-HdB § 1 Rn. 34.

[29] BGH Urt. v. 15.1.2013 – XI ZR 22/12, NJW 2013, 1519 Rn. 19 mwN.

[30] Vgl. etwa § 5 Abs. 1 SpkG NRW; § 2 Abs. 2 SpkG R.P.

[31] BGH Urt. v. 11.12.1990 – XI ZR 54/90, NJW 1991, 978.

[32] BGH Urt. v. 2.12.2003 – XI ZR 397/02, NJW 2004, 1031.

[33] RL 2014/92/EU v. 23.7.2014, ABl. 2014 L 257, 214–246.

[34] Zu Einzelheiten vgl. *Schmieder* in Schimansky/Bunte/Lwowski BankR-HdB § 47 Rn. 2; *Bülow/Artz* ZKG § 31 Rn. 10; *Herresthal* BKR 2016, 133; *Held* BKR 2016, 353; MüKoBGB/*Casper* BGB § 675f Rn. 24.

[35] *Hopt/Roth* in Schimansky/Bunte/Lwowski BankR-HdB § 1 Rn. 34; Baumbach/Hopt/*Hopt* Bankgeschäfte Rn. A/6; *Schwintowski* in Schwintowski BankR Kap. 1 Rn. 40; aA *Canaris* BankvertragsR Rn. 7, 121, da ein Gemeinschaftsverhältnis fehlt; ebenso *Roth* in Hellner/Steuer BuB 2/7.

[36] AA *Hopt/Roth* in Schimansky/Bunte/Lwowski BankR-HdB § 1 Rn. 59; Baumbach/Hopt/*Hopt* Bankgeschäfte Rn. A/9; *Bunte* in Schimansky/Bunte/Lwowski BankR-HdB § 2 Rn. 11; *Köndgen* NJW 2004, 1288 (1289).

stände, insbesondere aufgrund der erkennbaren Sensibilität der von der Bank erlangten Informationen, als Schutzpflicht aus Treu und Glauben. Einzelheiten sind in A. BankR I, I. 2. (→ Rn. 97 ff.) dargestellt.

21   **2. Pflichten des Kunden.** Auch dem Kunden werden unter dem Stichwort „allgemeiner Bankvertrag" bestimmte Verhaltenspflichten gegenüber der Bank zugeschrieben. So etwa die Pflicht, die Gefahren von Fälschungen und betrügerischen Manipulationen nach Möglichkeit auszuschalten, klare und eindeutige Weisungen zu erteilen und die im Verkehr mit der Bank anfallenden Unterlagen im Interesse der Bank zu kontrollieren und auf Unstimmigkeiten aufmerksam zu machen.[37] Derartige Kundenpflichten sind indes wiederum ausdrücklich in den **AGB der Kreditinstitute** (Nr. 11 AGB-Banken, Nr. 20 AGB-Sparkassen) geregelt. Ansonsten ergäben sie sich regelmäßig als Nebenleistungs- oder Schutzpflichten auch aus Treu und Glauben.

V. Allgemeine Geschäftsbedingungen der Kreditinstitute

Schrifttum: Baumbach/*Hopt*, HGB, 38. Aufl. 2018; *Bunte* in Schimansky/Bunte/Lwowski, Bankrechts-Handbuch, 5. Aufl. 2017; *Bunte*, AGB-Banken, AGB-Sparkassen, Sonderbedingungen, 4. Aufl. 2015; *Claussen*, Bank- und Börsenrecht, 5. Aufl. 2014; *Gößmann/Wagner-Wieduwilt/Weber*, Allgemeine Geschäftsbedingungen der Banken, Sonderdruck aus „Bankrecht und Bankpraxis, 1993; *Graf v. Westphalen*, Trennlinie von AGB-Klauseln im Verbraucherrecht und im unternehmerischen Bereich, BB 2017, 2051, 2053; *Herrmann/Lasch*, AGB-Recht für Unternehmen auf dem Prüfstand, DRiZ 2018, 218; *Kästle*, M&A-Verträge unterliegen nicht der AGB-Kontrolle, NZG 2014, 288; *Kümpel/Wittig*, Bank- und Kapitalmarktrecht, 4. Aufl. 2011; *Maier-Reimer*, AGB-Recht im unternehmerischen Rechtsverkehr – Der BGH überdreht die Schraube, NJW 2017, 1; *Leuschner*, Reformvorschläge für die AGB-Kontrolle im unternehmerischen Rechtsverkehr, ZIP 2015, 1045; *Müller/Marchant/Eilers*, Gestaltungsmöglichkeiten bei der Vereinbarung von laufzeitunabhängigen Bearbeitungsentgelten bei Unternehmerdarlehen, BB 2017, 2243; *Nobbe*, Überprüfung von Banken-AGB zu Entgeltklauseln, WuB 2018, 72; *Pfeiffer*, Reform im AGB-Recht, NJW-aktuell 13/2018, 3; *Schimansky*, Zinsanpassungsklauseln in AGB, WM 2001, 1169; *Schimansky*, Zinsanpassung im Aktivgeschäft, WM 2003, 1449; *Schimansky/Bunte/Lwowski*, Bankrechts-Handbuch, 5. Aufl. 2017; *Schwintowski*, Bankrecht, 5. Aufl. 2018; *Sonnenhol*, Änderungen der AGB-Banken zum 01. April 2002, WM 2002, 1259; *Trinkaus/Lauer/Rinne/Dey*, Rechtsentwicklungen im Kredit- und Kapitalmarktrecht, DB 2017, Beil. 3, 42; *Ulmer/Brandner/Hensen*, AGB-Recht, 12. Aufl. 2016; *Weber*, Bearbeitungsentgelte für Kredite im Kontokorrent, BKR 2017, 106; *Wolf/Lindacher/Pfeiffer*, AGB-Recht, 6. Aufl. 2013.

22   **1. Bedeutung.** Die Entstehung Allgemeiner Geschäftsbedingungen (AGB) geht einher mit dem Aufkommen von Massenverträgen und der Herausbildung gesetzlich nicht oder nur unvollkommen geregelter Geschäftstypen. Es wundert daher nicht, dass AGB bei Bankgeschäften seit jeher eine herausragende Rolle spielen.[38] Sowohl für die Bank-Kunde-Beziehung als auch im Verkehr der Bank mit anderen Kreditinstituten und Handelspartnern sind sie von großer Bedeutung.

23   Die **AGB-Banken**[39] beschränken sich auf Regelungen, die den Rahmen für die Geschäftsverbindung zwischen Bank und Kunde setzen. Sie enthalten Regeln, die gleichsam „vor die Klammer gezogen" werden.[40] Das Regelwerk, das vom Bundesverband deutscher Banken und vom Bundesverband der Deutschen Volksbanken und Raiffeisenbanken nahezu gleichlautend empfohlen wird,[41] wird allgemein und einheitlich angewendet. Daneben sind **Sonderbedingungen** im Gebrauch, so die Bedingungen für den Scheckverkehr, den Sparverkehr, das Wertpapiergeschäft, Anderkonten und Anderdepots, Termingeschäfte und das Online-Banking. Die **AGB-Sparkassen** weichen in der Anordnung ihrer Bestimmungen sowie durch einige zusätzliche und unterschiedliche Klauseln von den AGB-Banken ab; doch überwiegen die Übereinstimmungen.

24   Die AGB-Banken und die AGB-Sparkassen sind nachfolgend in → Rn. 79 bzw. → Rn. 80 abgedruckt. Neben diesen „Grund-AGB"[42] (und den Sonderbedingungen) kommen AGB auch in **Formularen** und **vorgedruckten Erklärungen** vor, die das Rechtsverhältnis der Bank zum Kunden regeln. Beispiele sind die Bankformulare zur Eröffnung von Konten und Depots verschiedener Art.

25   **2. AGB-Recht.** Mit dem Gesetz zur Regelung des Rechts der Allgemeinen Geschäftsbedingungen (AGB-Gesetz) vom 9.12.1976[43] (AGBG) wurde das AGB-Recht, das die Rechtsprechung zuvor

---

[37] Vgl. *Hopt/Roth* in Schimansky/Bunte/Lwowski BankR-HdB § 1 Rn. 61; *Bunte* in Schimansky/Bunte/Lwowski BankR-HdB § 2 Rn. 10.

[38] Zur Entwicklung vgl. *Bunte* in Schimansky/Bunte/Lwowski BankR-HdB § 4 Rn. 2 ff.

[39] Stand Juli 2018. Vgl. zur aktuellen Fassung Baumbach/Hopt/*Hopt* AGB-Banken sowie zu früheren Fassungen etwa *Becher/Gößmann* BKR 2002, 519; *Sonnenhol* WM 2002, 1259; *Sonnenhol* WM 2000, 853; *Sonnenhol* WM 1993, 677.

[40] *Gößmann/Wagner-Wieduwilt/Weber*, Allgemeine Geschäftsbedingungen der Banken, Sonderdruck aus „Bankrecht und Bankpraxis", 1993, Rn. 1/20.

[41] Die AGB der Volks- und Raiffeisenbanken unterscheiden sich nur durch eine Präambel und eine modifizierte Klausel zur Einlagensicherung.

[42] *Peterek* in Kümpel/Wittig BankR/KapMarktR Rn. 6.27.

[43] BGBl. I 3317 idF d. Bek. v. 29.6.2000 (BGBl. I 946).

auf der Grundlage von § 242 BGB entwickelt hatte, kodifiziert. Im Zuge der Schuldrechtsreform sind die materiell-rechtlichen Bestimmungen des AGBG mit geringfügigen Änderungen ins BGB übernommen worden (§§ 305–310 BGB).[44] Zweck der AGB-rechtlichen Inhaltskontrolle ist es, zum Ausgleich ungleicher Verhandlungspositionen und damit zur Sicherung der Vertragsfreiheit **Schutz gegen die Inanspruchnahme einseitiger Gestaltungsmacht** durch den Verwender zu bieten.[45] Dieser Schutz wird auf zweifache Weise bewirkt: Zum einen versagt das AGB-Recht Klauseln durch Einbeziehungs- und Inhaltskontrolle die Geltung zwischen den Vertragsparteien (§§ 305 ff. BGB); zum anderen ist zugelassenen Einrichtungen in Gestalt der Unterlassungsklage ein Mittel an die Hand gegeben, die Verwendung oder Empfehlung von Klauseln generell untersagen zu lassen (§§ 1, 3 UKlaG).

Das AGB-Recht ist inzwischen – zu Recht – Gegenstand intensiver **Reformdiskussion**[46]; dies vor **26** allem vor dem Hintergrund, dass die richterliche Inhaltskontrolle im unternehmerischen Verkehr *praktisch* kaum derjenigen im Verkehr mit Verbrauchern nachsteht und deutsches Recht dort deshalb, vor allem bei Verträgen mit grenzüberschreitendem Bezug, eine verminderte Vertragssicherheit bietet (→ Rn. 41 ff.). Davon unabhängig hat – nicht minder bedenklich – die jahrzehntelange „Auszieselierung" des AGB-Rechts durch die Rechtsprechung die Tendenz hervorgebracht, dass das **dispositive Recht im Gewande des AGB-Rechts zunehmend zwingend** wird; dies selbst in Regelungsbereichen, in denen die Kautelarpraxis dem dispositiven Recht keinerlei Leitbildfunktion abgewinnen kann. All das darf freilich nicht den Blick dafür verstellen, dass sowohl Verbraucher als auch kleinere und mittlere Unternehmjen in vielerlei Hinsicht auf den Schutz des AGB-Rechts angewiesen sind und sich das AGB-Recht, wie es durch die Rechtsprechung ausgeformt worden ist, in *diesen* Bereichen grundsätzlich bewährt hat.

3. Anwendungsbereich des AGB-Rechts. Allgemeine Geschäftsbedingungen sind nach der De- **27** finition des § 305 Abs. 1 S. 1 BGB alle für eine Vielzahl von Verträgen vorformulierten Vertragsbedingungen, die eine Vertragspartei (Verwender) der anderen Vertragspartei bei Abschluss eines Vertrags stellt. Gleichgültig ist, ob die Bestimmungen einen äußerlich gesonderten Vertragsbestandteil bilden oder in die Vertragsurkunde selbst aufgenommen werden, welchen Umfang sie haben, in welcher Schriftart sie verfasst sind und welche Form der Vertrag hat (§ 305 Abs. 1 S. 2 BGB).

Unter **Vertragsbedingungen** sind Regelungen zu verstehen, die den Vertragsinhalt bestimmen **28** sollen.[47] Das Merkmal grenzt AGB zum einen gegen nicht rechtsgeschäftliche Regelwerke (**Rechtsnormen** wie Gesetze, Verordnungen oder öffentlich-rechtliche Satzungen) ab, zum anderen gegen bloße **Empfehlungen, Bitten oder tatsächliche Hinweise,** die keine rechtsgeschäftliche Bedeutung haben.[48] Ob eine Vertragsbedingung vorliegt, beurteilt sich danach, ob beim Empfänger objektiv ein solcher Eindruck hervorgerufen wird, was auch bei einer in eine höfliche Form gekleideten Bitte der Fall sein kann.[49] Keine Vertragsbedingung ist eine bankinterne Anweisung an nachgeordnete Geschäftsstellen, Kunden zu belasten; jedoch kann darin eine verbotene Umgehung iSd § 306a BGB liegen.[50]

Auf **einseitige Rechtsgeschäfte** des Kunden, deren Bedingungen vom Verwender vorformuliert **29** sind, findet das AGB-Recht nach seinem Schutzzweck ebenso entsprechende Anwendung[51] wie auf rechtsgeschäftsähnliche Erklärungen.[52] Ihm unterliegen auch rechtsgeschäftliche Erklärungen, die weder zum notwendigen Vertragsinhalt gehören noch eine Nebenabrede enthalten, sofern sie nur im Zusammenhang mit einer Vertragsbeziehung stehen, so etwa die Erklärung des Einverständnisses mit Werbeansprachen[53] (zB mit künftiger Telefonwerbung in einem Kontoeröffnungsformular) oder

---

[44] Gesetz zur Modernisierung des Schuldrechts (SMG) v. 26.11.2001, BGBl. I 3138. Die verfahrensrechtlichen Vorschriften des AGBG wurden durch das SMG in das Unterlassungsklagengesetz überführt. Zu den materiellen Veränderungen iE *Graf v. Westphalen* NJW 2002, 12.

[45] BGH Urt. v. 30.6.1994 – VII ZR 116/93, BGHZ 126, 326 (332) = NJW 1994, 2825; Urt. v. 19.11.2009 – III ZR 108/08, BGHZ 183, 220 Rn. 13 = NJW 2010, 1277; Urt. v. 13.3.2018 – XI ZR 291/16, NJW-RR 2018, 814 Rn. 20; Palandt/*Grüneberg* BGB Vor § 305 Rn. 8.

[46] Vgl. nur *Berger* NJW 2010, 465 (466); *Kähler* BB 2015, 450; *Kessel* Verhandlungen des 69. Deutschen Juristentags, Bd. 2 I/1 57; *Leuschner* ZIP 2015, 1045 sowie DAV-Stellungnahme Nr. 39/2015 zum Reformbedarf des AGB-Rechts für den unternehmerischen Rechtsverkehr zur Förderung der Wettbewerbsfähigkeit deutschen Rechts und des Standorts Deutschland.

[47] BGH Urt. v. 9.4.2014 – VIII ZR 404/12, BGHZ 200, 362 Rn. 23 f. = NJW 2014, 2269; Palandt/*Grüneberg* BGB § 305 Rn. 4.

[48] BGH Urt. v. 3.11.1993 – VIII ZR 106/93, BGHZ 124, 39 (45) = NJW 1994, 188.

[49] BGH Urt. v. 3.7.1996 – VIII ZR 221/95, NJW 1996, 2574 (2575).

[50] BGH Urt. v. 8.3.2005 – XI ZR 154/04, NJW 2005, 1645 (1646).

[51] BGH Urt. v. 27.1.2000 – I ZR 241/97, NJW 2000, 2677; Urt. v. 16.3.1999 – XI ZR 76/98, BGHZ 141, 124 (126) = NJW 1999, 1864; Urt. v. 5.5.1986 – II ZR 150/85, BGHZ 98, 24 (28) = NJW 1986, 2428; Urt. v. 9.4.1987 – III ZR 84/86, NJW 1987, 2011; Palandt/*Grüneberg* BGB § 305 Rn. 5.

[52] BGH Urt. v. 31.5.1990 – IX ZR 257/89, NJW 1990, 2313 (2314); UBH/*Ulmer/Habersack* BGB § 305 Rn. 17; MüKoBGB/*Basedow* BGB § 305 Rn. 9.

[53] BGH Urt. v. 16.7.2008 – VIII ZR 348/06, BGHZ 177, 253 = NJW 2008, 3055.

das Setzen eines Häkchens in Internet-Bestellformularen[54]. Dagegen unterfallen einseitige Erklärungen des Verwenders, mit denen er nur seine eigenen Verhältnisse gestaltet, grundsätzlich nicht den §§ 305 ff. BGB.[55]

30   Eine Vertragsbedingung ist **vorformuliert,** wenn sie für die mehrfache Verwendung schriftlich aufgezeichnet oder in sonstiger Weise fixiert ist.[56] Vorformuliert sind einzufügende Angaben auch, wenn sie vom Verwender beim Abschluss bestimmter Verträge regelmäßig verlangt bzw. von ihm anhand der Daten des individuellen Vertrages nach bestimmten Vorgaben errechnet und sodann in den Vertrag einbezogen werden.[57] Die „Fixierung" der Vertragsbedingungen muss auf keinem Datenträger erfolgen; es genügt ein „Speichern im Kopf des Verwenders".[58] AGB liegen deshalb auch vor, wenn der Verwender zur wiederkehrenden Verwendung eine Klausel im Gedächtnis behält und sie jeweils handschriftlich in den Vertragstext aufnimmt.[59]

31   Die Formulierung für eine **Vielzahl** von Verträgen wird angenommen, wenn zur Zeit des Vertragsschlusses[60] eine (zumindest) dreimalige Verwendung der Vertragsbedingungen beabsichtigt ist.[61] Um verschiedene Vertragsgegner braucht es sich nicht zu handeln.[62] Eine Vertragspartei, die von einem Dritten für die Mehrfachverwendung formulierte Bedingungen verwendet, muss auch nicht selbst die Mehrfachverwendung geplant haben.[63] Der für einen *bestimmten* Vertrag ausgearbeitete Text unterfällt nicht § 305 Abs. 1 BGB;[64] er kann jedoch aufgrund nachfolgenden Entschlusses, ihn für eine Vielzahl von Fällen zu verwenden, für die Zukunft AGB-Qualität erlangen.[65] Ist eine Klausel nur ein- oder zweimal verwendet worden, hängt ihre AGB-Qualität davon ab, ob der Verwender schon zur Zeit des Vertragsschlusses beabsichtigt hat, sie in weitere Verträge einzubeziehen; dieses nicht ohne weiteres erkennbare subjektive Merkmal ist unter Berücksichtigung aller Umstände festzustellen.[66] Eine AGB-Qualität ergibt sich nicht schon daraus, dass ein vorformulierter Text gegenüber mehreren Interessenten (Bietern) als Aufforderung zur Abgabe eines Vertragsangebots verwendet wird, wenn damit nur auf den Abschluss eines einzigen Vertrages gezielt wird.[67]

32   Eine **Abweichung vom Vielzahlerfordernis** ergibt sich aus § 310 Abs. 3 BGB. Bei Verträgen zwischen einem Unternehmer (zB einem Kreditinstitut) und einem Verbraucher (**Verbraucherverträge)** erstreckt sich der AGB-rechtliche Schutz (gem. §§ 305 Abs. 2 sowie gem. §§ 306 und 307–309 BGB) auf von dem Unternehmer vorformulierte Einzelverträge.

33   **Verwender** ist diejenige Vertragspartei, die der anderen die vorformulierten Vertragsbedingungen **stellt.** Bei Verbraucherverträgen *gelten* die vorformulierten Vertragsbedingungen als vom Unternehmer gestellt, es sei denn, dass sie vom Verbraucher eingeführt wurden (§ 310 Abs. 3 Nr. 1 BGB). Der Verwender muss die Vertragsbedingungen nicht selbst entworfen haben. Es genügt, dass er sie sich als von ihm gestellt zurechnen lassen muss; maßgebend ist auch insoweit der Schutzzweck, die *Inanspruchnahme* einseitiger Gestaltungsmacht zu verhindern.[68] Regelmäßig ist derjenige Vertragsteil Verwender, von dem das Angebot zur Einbeziehung der Klausel in den Vertrag ausgeht.[69] Doch wird ein Vertragsteil schon durch seine Übung zum Verwender, nur zu bestimmten Bedingungen zu kontrahieren, wenn der andere Teil die entsprechenden Klauseln in Kenntnis dieser Praxis vorauseilend in sein

[54] BGH Urt. v. 15.5.2014 – III ZR 368/13, NJW 2014, 2857.

[55] BGH Urt. v. 23.9.2010 – III ZR 246/09, NJW 2011, 139 (141); MüKoBGB/*Basedow* BGB § 305 Rn. 11; Palandt/*Grüneberg* BGB § 305 Rn. 6. Der BGH bezieht eine formularmäßige Beschränkung der gesetzlichen Empfangsvollmacht jedoch in den Schutzbereich ein: Urt. v. 10.2.1999 – IV ZR 324/97, NJW 1999, 1633 (1635).

[56] BGH Urt. v. 7.11.1995 – XI ZR 235/94, NJW 1996, 249 (250); Urt. v. 5.6.2018 – XI ZR 790/16, WM 2018, 1363 Rn. 31.

[57] BGH Urt. v. 13.5.2014 – XI ZR 170/13, WM 2014, 1325 Rn. 21; Urt. v. 5.6.2018 – XI ZR 790/16, WM 2018, 1363 Rn. 31; Palandt/*Grüneberg* BGB § 305 Rn. 8.

[58] BGH Urt. v. 10.3.1999 – VIII ZR 204/98, NJW 1999, 2180 (2181); Urt. v. 30.9.1987 – IVa ZR 6/86, NJW 1988, 410; MüKoBGB/*Basedow* BGB § 305 Rn. 13; Palandt/*Grüneberg* BGB § 305 Rn. 8.

[59] BGH Urt. v. 30.9.1987 – IVa ZR 6/86, NJW 1988, 410.

[60] BGH Urt. v. 13.9.2001 – VII ZR 487/99, NJW-RR 2002, 13 (14).

[61] BGH Urt. v. 11.12.2003 – VII ZR 31/03, NJW 2004, 1454; Urt. v. 27.9.2001 – VII ZR 388/00, NJW 2002, 138 (139); Urt. v. 27.9.2001 – VII ZR 388/00, NJW 2002, 138 (139); MüKoBGB/*Basedow* BGB § 305 Rn. 18; Palandt/*Grüneberg* BGB § 305 Rn. 9.

[62] BGH Urt. v. 11.12.2003 – VII ZR 31/03, NJW 2004, 1454.

[63] BGH Urt. v. 17.2.2010 – VIII ZR 67/09, NJW 2010, 1131; Palandt/*Grüneberg* BGB § 305 Rn. 9.

[64] BGH Urt. v. 26.9.1996 – VII ZR 318/95, NJW 1997, 135; Urt. v. 22.9.1987 – IX ZR 220/86, NJW-RR 1988, 57 (58).

[65] BGH Urt. v. 26.9.1996 – VII ZR 318/95, NJW 1997, 135.

[66] BGH Urt. v. 26.9.1996 – VII ZR 318/95, NJW 1997, 135.

[67] BGH Urt. v. 26.9.1996 – VII ZR 318/95, NJW 1997, 135.

[68] BGH Urt. v. 30.6.1994 – VII ZR 116/93, NJW 1994, 2825 (2826); vgl. auch BGH Urt. v. 24.5.1995 – XII ZR 172/94, BGHZ 130, 50 (57) = NJW 1995, 2034.

[69] Vgl. Palandt/*Grüneberg* BGB § 305 Rn. 10. *Kästle* NZG 2014, 288 (291) verlangt hingegen *zu Recht* die positive Feststellung eines Willens zu einseitiger Klauseldurchsetzung bei M&A-Verträgen; das lässt sich auf Kreditverträge im B2B-Bereich übertragen, die, wenngleich unter Zugrundelegung eines Industriestandards oder bewährter Musterformulierungen, *typischerweise* aufwendig ausgehandelt zu werden pflegen (zB auf Konsortialkreditverträge).

Angebot aufnimmt.[70] Aus der Begünstigung durch eine Klausel lässt sich allerdings nicht auf die Verwenderstellung schließen.[71]

Wird eine Klausel von einem **Notar** als unparteiischem Dritten eingeführt, fehlt es grundsätzlich am **34** Merkmal des Stellens durch eine Vertragspartei.[72] Anders liegt es, wenn eine Partei typischerweise oder im Einzelfall auf die Vertragsgestaltung des Notars Einfluss nimmt (Hausnotar), worauf das Vorliegen einseitig belastender Bedingungen hinweisen kann.[73] AGB liegen auch vor, wenn der notarielle Vertrag keine vom Notar für den Einzelfall entworfene Regelung enthält, sondern inhaltlich nur wiedergibt, was eine Partei für eine Reihe gleichartiger Verträge einseitig festgelegt hat.[74] Bei Verbraucherverträgen gelten auch die von einem Dritten eingeführten AGB als vom Unternehmer gestellt, es sei denn, der Unternehmer weist nach, dass der Verbraucher sie eingeführt hat (§ 310 Abs. 3 Nr. 1 BGB).

Keine AGB sind Vertragsbedingungen, die zwischen den Vertragsparteien im Einzelnen ausgehandelt **35** sind und somit **Individualvereinbarungen** darstellen (§ 305 Abs. 1 S. 3 BGB). Aushandeln erfordert nach der Rechtsprechung allerdings mehr als Verhandeln. Ein Aushandeln wird erst angenommen, wenn der Verwender der Klausel deren **gesetzesfremden Kerngehalt inhaltlich ernsthaft zur Disposition stellt** und dem Verhandlungspartner Gestaltungsfreiheit zur Wahrung eigener Interessen mit zumindest der realen Möglichkeit einräumt, die inhaltliche Ausgestaltung der Vertragsbedingungen zu beeinflussen. Er muss sich also deutlich und ernsthaft zur gewünschten Änderung einzelner Klauseln bereiterklären. Die entsprechenden Umstände hat der Verwender darzulegen. Eine nur allgemein geäußerte Bereitschaft, belastende Klauseln zu ändern, reicht hierfür nicht aus.[75] Ob ein Aushandeln in diesem Sinne vorliegt, ist Klausel für Klausel zu prüfen; ist in einem Formularvertrag nur eine Einzelklausel individuell vereinbart, stellt der restliche Inhalt AGB dar.[76]

Nach diesen Maßgaben kann zwar unter *besonderen* Umständen ein Aushandeln auch vorliegen, **36** wenn „nach gründlicher Erörterung" der gestellte **Klauseltext unverändert** geblieben ist.[77] Praktisch wird dann aber kaum jemals der Nachweis eines Aushandelns gelingen. Denn ein Aushandeln wird schon verneint, wenn die für den Gegner nachteilige Klauselwirkung – ohne „ernsthafte" Infragestellung des gesetzesfremden Kerngehalts – nur „abgeschwächt" wird.[78] Ebenso wenig lässt die Rechtsprechung den Nachweis genügen, der Vertrag sei – wie etwa in der M&A-Praxis oder bei Konsortialkreditverträgen üblich – per Beamer an die Wand projiziert und Zeile für Zeile durchgegangen worden; damit soll nur pauschal vorgetragen sein, „alles" habe zur Disposition gestanden, nicht aber konkret, inwiefern der Kern einer beanstandungswürdigen Einzelklausel hinterfragt worden sei.[79] Die Möglichkeit eines Aushandelns ohne (substantielle) Änderung des gestellten Klauseltextes wird denn auch in der Praxis mittlerweile als gehaltlos angesehen.[80]

Werden **Formulare mit Leerstellen** verwendet, ist zu unterscheiden: Enthält schon der Formular- **37** text die zu beanstandende Regelung, wird durch unselbständige Ergänzungen, die nur den Vertragsgegenstand konkretisieren, der AGB-Charakter einer Klausel nicht infrage gestellt.[81] AGB liegen zudem vor, wenn der Verwender die Leerstelle *selbst* ausfüllt.[82] Ergibt sich die Unangemessenheit gerade aus der Ergänzung, ist die AGB-Qualität zu bejahen, wenn dem Kunden nur die Wahl gelassen ist, zwischen vorgegebenen Alternativen zu wählen.[83] Gleiches gilt, wenn der vorformulierte Vorschlag so im Vordergrund steht, dass die Wahlmöglichkeit dadurch überlagert wird.[84] Soweit ein Formular hingegen Leerstellen enthält, die der Vertragspartner nach freier Entscheidung als selbständige Ergänzung ausfüllt, handelt es sich grundsätzlich nicht um AGB.[85] Anders liegt es dann erst, wenn der Verwender – etwa durch entsprechende Vorgaben gegenüber seinen Vertretern oder Abschlussgehilfen

---

[70] BGH Urt. v. 4.3.1997 – X ZR 141/95, NJW 1997, 2043 (2044).

[71] BGH Urt. v. 4.3.1997 – X ZR 141/95, NJW 1997, 2043 (2044); Urt. v. 24.5.1995 – XII ZR 172/94, BGHZ 130, 50 (57) = NJW 1995, 2034.

[72] BGH Urt. v. 16.11.1990 – V ZR 217/89, NJW 1991, 843; Palandt/*Grüneberg* BGB § 305 Rn. 12.

[73] BGH Urt. v. 14.5.1992 – VII ZR 204/90, BGHZ 118, 229 (239 f.) = NJW 1992, 2161.

[74] BGH Urt. v. 29.1.1982 – V ZR 82/81, BGHZ 83, 56 (58) = NJW 1982, 1035.

[75] BGH Urt. v. 28.7.2015 – XI ZR 434/14, BGHZ 206, 305 Rn. 23 f. mwN = NJW 2015, 3025; BGH Urt. v. 5.6.2018 – XI ZR 790/16, WM 2018, 1363 Rn. 33.

[76] BGH Urt. v. 6.3.1986 – III ZR 195/84, BGHZ 97, 212 (215) = NJW 1986, 1803.

[77] BGH Urt. v. 22.11.2012 – VII ZR 222/12, NJW 2013, 856 Rn. 10 mwN.

[78] BGH Urt. v. 27.3.1991 – IV ZR 90/90, NJW 1991, 1678 (1679); Urt. v. 22.10.2015 – VII ZR 58/14, BeckRS 2015, 18772 Rn. 26 mwN.

[79] OLG Celle Urt. v. 5.3.2014 – 7 U 114/13, NJW-RR 2014, 1432 Rn. 28; Nichtzulassungsbeschwerde zu XI ZR 138/14 nach Hinweis zurückgenommen.

[80] Vgl. *Graf v. Westphalen* BB 2017, 2051 (2053).

[81] BGH Urt. v. 17.3.1993 – VIII ZR 180/92, BGHZ 122, 63 (65) = NJW 1993, 1651; Urt. v. 7.2.1996 – IV ZR 16/95, NJW 1996, 1676 (1677); Urt. v. 2.7.1998 – IX ZR 255/97, NJW 1998, 2815 (2816).

[82] BGH Urt. v. 6.4.2005 – VIII ZR 27/04, NJW 2005, 1574 (1575).

[83] BGH Urt. v. 3.12.1991 – XI ZR 77/91, NJW 1992, 503 (504); Urt. v. 7.2.1996 – IV ZR 16/95, NJW 1996, 1676 (1677).

[84] BGH Urt. v. 7.2.1996 – IV ZR 16/95, NJW 1996, 1676 (1677).

[85] Vgl. BGH Urt. v. 13.11.1997 – X ZR 135/95, NJW 1998, 1067; Urt. v. 7.2.1996 – IV ZR 16/95, NJW 1996, 1676 (1677); Palandt/*Grüneberg* BGB § 305 Rn. 8.

– darauf hinwirkt, dass die Lücke doch in einer Vielzahl von Fällen in bestimmtem Sinne ausgefüllt wird, und damit die Absicht zu erkennen gibt, die Klausel mehrfach zu verwenden.[86] Die Eröffnung einer **Wahlmöglichkeit zwischen mehreren vorformulierten Vertragsbedingungen** bewirkt grundsätzlich ebenfalls noch keine Individualabrede.[87] Vielmehr muss auch hier der Vertragsgegner Gelegenheit erhalten, alternativ eigene Textvorschläge mit der effektiven Möglichkeit ihrer Durchsetzung einzubringen.[88]

38   Das Vorliegen von AGB hat der Vertragspartner, der sich im Individualprozess auf den Schutz des AGB-Rechts beruft, darzulegen und zu **beweisen.** Dabei kommt ihm ein Anscheinsbeweis zugute: Handelt es sich um einen Vertrag, dessen Inhalt nach der Lebenserfahrung für eine Mehrfachverwendung entworfen wurde und vom Verwender zweckentsprechend gestellt worden ist, spricht der erste Anschein für einen Formularvertrag; der Vertragspartner des Verwenders kann dann seiner Darlegungslast schon dadurch genügen, dass er den Vertrag im Prozess vorlegt.[89] Bietet der vorgetragene Sachverhalt eine ausreichende Grundlage für die Bejahung von AGB, hat das Gericht die §§ 305 ff. BGB von Amts wegen anzuwenden, auch wenn sich keine Partei auf das Vorliegen von AGB beruft.[90] Soweit der Verwender geltend macht, eine Klausel sei ausgehandelt, trifft ihn dafür die Beweislast.[91] Durch formularmäßige Bestätigung des Vertragspartners, das Regelwerk sei ausgehandelt, lässt sich dieser Beweis weder erbringen noch verlagern.[92]

39   Die §§ 305 ff. BGB finden **keine Anwendung** bei Verträgen auf dem Gebiet des Erb-, Familien- und Gesellschaftsrechts sowie auf Tarifverträge, Betriebs- und Dienstvereinbarungen (§ 310 Abs. 4 S. 1 BGB); möglich bleibt allerdings auch insoweit eine Inhaltskontrolle nach § 242 BGB.[93] Auf Arbeitsverträge sind die §§ 305 ff. BGB hingegen unter angemessener Berücksichtigung ihrer Besonderheiten anwendbar (§ 304 Abs. 4 S. 2 BGB). Daneben enthält das Gesetz in § 310 Abs. 2 BGB einzelne Bereichsausnahmen, die allerdings keine Bankgeschäfte betreffen. Bedingungswerke im Bankgeschäft, insbesondere die AGB-Banken und die AGB-Sparkassen, sind den §§ 305 ff. BGB unterworfen.

40   **4. AGB im Verkehr mit Unternehmern.** Der geringeren Schutzbedürftigkeit von Unternehmern trägt das **Gesetz** dadurch Rechnung, dass es die Einbeziehungserfordernisse des § 305 Abs. 2 und 3 BGB und die Klauselverbote des § 308 Nr. 1, 2–8 BGB und des § 309 BGB nicht auf AGB erstreckt, die gegenüber Unternehmern verwendet werden (§ 310 Abs. 1 S. 1 BGB); nach § 310 Abs. 1 S. 2 Hs. 2 BGB soll zudem auf die im Handelsverkehr geltenden Gewohnheiten und Gebräuche angemessene Rücksicht genommen werden. Anwendbar bleiben auch im unternehmerischen Verkehr die Bestimmungen der Generalklausel (§ 307 BGB).

41   Die **Rechtsprechung** hat allerdings das Ausmaß AGB-rechtlicher Kontrolle im unternehmerischen Verkehr weitgehend derjenigen im Verkehr mit Verbrauchern angeglichen. Wird etwa die Klausel eines Kreditinstituts im Verkehr mit Verbrauchern für unwirksam befunden wird, ist es oft nur eine Frage der Zeit, bis sie auch bei Verwendung gegenüber Unternehmern richterlicher AGB-Kontrolle nicht (mehr) standhält. Die BGH-Urteile vom 4.7.2017 zu formularmäßigen Vereinbarungen über **Bearbeitungsentgelte bei Unternehmerkrediten**[94] sind ein Menetekel[95] solchen Gleichlaufs. Im Jahr 2014 hatte der BGH entschieden, dass eine in den AGB eines Kreditinstituts enthaltene Bestimmung zur Erhebung eines Bearbeitungsentgelts der Inhaltskontrolle unterliegt und im Verkehr mit Verbrauchern gem. § 307 Abs. 1 S. 1, Abs. 2 Nr. 1 BGB unwirksam ist.[96] Mit seinen Urteilen vom 4.7.2017 hat der BGH dieses Verdikt auf die formularmäßige Erhebung von Bearbeitungsentgelten gegenüber Unternehmern erstreckt: Ein laufzeitunabhängig zu leistendes Bearbeitungsentgelt weiche vom gesetzlichen Leitbild des § 488 Abs. 1 S. 2 BGB ab, das für die Darlehensgewährung (nur) ein laufzeitabhängiges Entgelt in Gestalt des Zinses vorsehe; dieses Leitbild gelte für Unternehmerdarle-

---

[86] BGH Urt. v. 30.9.1987 – IVa ZR 6/86, NJW 1988, 410.

[87] BGH Urt. v. 10.10.2013 – VII ZR 19/12, NJW 2014, 206 Rn. 19 f.; Urt. v. 13.3.2018 – XI ZR 291/16, NJW-RR 2018, 814 Rn. 16 mwN.

[88] BGH Urt. v. 13.3.2018 – XI ZR 291/16, NJW-RR 2018, 814 Rn. 16 mwN.

[89] BGH Urt. v. 14.5.1992 – VII ZR 204/90, BGHZ 118, 229 (238) = NJW 1992, 2160.

[90] BGH Urt. v. 11.11.1997 – XI ZR 13/97, NJW 1998, 592 (593). Dies entspricht auch den Zielen der Verbraucherrichtlinie, EuGH Urt. v. 27.6.2000 – verb. Rs. C-240–244/98, NJW 2000, 2571 (2572).

[91] BGH Urt. v. 3.4.1998 – V ZR 6/97, NJW 1998, 2600 (2601); Urt. v. 3.12.1991 – XI ZR 77/91, NJW 1992, 503 (504); Urt. v. 29.1.1982 – V ZR 82/81, BGHZ 83, 56 (58) = NJW 1982, 1035; Urt. v. 15.12.1976 – IV ZR 197/75, NJW 1977, 624 (625).

[92] BGH Urt. v. 15.12.1976 – IV ZR 197/75, NJW 1977, 624 (625).

[93] Vgl. BGH Urt. v. 14.4.1975 – II ZR 147/73, BGHZ 64, 238 (241) = NJW 1975, 1318; Urt. v. 21.3.1988 – II ZR 135/87, BGHZ 104, 50 (53) = NJW 1988, 1903; Urt. v. 10.6.1991 – II ZR 247/90, NJW 1991, 2906 (2907).

[94] BGH Urt. v. 4.7.2017 – XI ZR 562/15, NJW 2017, 2986; Urt. v. 4.7.2017 – XI ZR 233/16, NJW 2017, 2995. Zust. *Nobbe* WuB 2018, 72 ff.; *Graf v. Westphalen* BB 2017, 2051, 2057. Krit. *Müller/Marchant/Eilers* BB 2017, 2243; *Weber* BKR 2017, 106; *Trinkaus/Lauer/Rinne/Dey* DB 2017, Beil. 3, 42.

[95] Treffend *Graf v. Westphalen* BB 2017, 2051 (2057), der dem BGH freilich im Wesentlichen folgt.

[96] BGH Urt. v. 13.5.2014 – XI ZR 405/12, BGHZ 210, 168 = NJW 2014, 2420; Urt. v. 13.5.2014 – XI ZR 170/13, NJW-RR 2014, 1133.

hen „in gleicher Weise" wie für Verbraucherdarlehen.[97] Durch die Leitbildabweichung werde eine unangemessene Benachteiligung des Vertragspartners indiziert, und zwar – wiederum gleichermaßen – *auch* im Verkehr mit Unternehmern.[98] Diese Vermutung sei auch nicht deshalb widerlegt, weil die Klausel bei umfassender Interessenabwägung den (unternehmerisch tätigen) Kunden nicht unangemessen benachteilige; das jedenfalls nicht bei der auch insoweit gebotenen überindividuellen und generalisierenden Betrachtungsweise.[99] Unternehmer seien auch nicht wegen ihrer Geschäftserfahrenheit und ihres wirtschaftlichen Verständnisses bei Darlehensabschlüssen allgemein weniger schutzbedürftig. Der Schutzzweck des § 307 BGB, die Inanspruchnahme einseitiger Gestaltungsmacht zu begrenzen, gelte auch zugunsten eines informierten und erfahrenen Unternehmers.[100] Daher sei unerheblich, ob der (unternehmerisch tätige) Vertragsgegner aufgrund seiner Verhandlungsmacht im Einzelfall die Möglichkeit gehabt hätte, für ihn günstigere, der Gesetzeslage entsprechende Vereinbarungen zu treffen.[101]

Kritik: Nimmt man die strengen Anforderungen hinzu, die der BGH an das „Aushandeln" einer   42 Klausel stellt (→ Rn. 36), tritt die **Fehlentwicklung** zutage, welche die AGB-Kontrolle im unternehmerischen Verkehr genommen hat. Sie erhellt schon durch drei Schlaglichter: Erstens schützt nach den Rechtsprechungsanforderungen zum „Aushandeln" auch monatelanges Verhandeln eines komplexen Vertragsentwurfs unter anwaltlicher Begleitung – wie etwa in der M&A-Praxis oder bei Konsortialkreditverträgen üblich – nicht verlässlich gegen die Einordnung von Klauseln (zB zur Haftungsbegrenzung) als AGB, soweit sich diese an bewährte Musterformulierungen anlehnen und deshalb im Verhandlungsverlauf unverändert bleiben; die in der Rechtsprechung bisweilen angesprochene Möglichkeit einer „Paketlösung"[102] ist, soweit ersichtlich, in keinem entschiedenen Fall bejaht worden und für die Kautelarpraxis zu unsicher. Zweitens ist die Annahme verfehlt, das Leitbild des dispositiven Rechts (zB zur Vereinbarung nur des Zinses als Darlehensentgelt) habe auch im unternehmerischen Verkehr (etwa bei Mezzanindarlehen und ähnlichen Kreditarten) einen solchen Gerechtigkeitsgehalt, dass Abweichungen davon eine unangemessene Benachteiligung des Vertragspartners indizieren; es missachtet die Vielfalt des Wirtschaftslebens, wenn gesetzlich geregelte Vertragstypen so gleichsam verabsolutiert werden.[103] Drittens trifft es zwar zu, dass der Schutzzweck des § 307 BGB, die Inanspruchnahme einseitiger Gestaltungsmacht zu begrenzen, *im Ansatz* von den Machtverhältnissen der Vertragsteile unabhängig ist und das AGB-Recht deshalb auch einem informierten und erfahrenen Unternehmer (etwa einem Großunternehmen bei Massengeschäften wie der Miete von Dienstfahrzeugen) zugutekommen *kann.* Das rechtfertigt aber nicht, bei der Interessenabwägung von typischen Verhandlungssituationen abzusehen, in denen die Parteien – uU nach monatelanger Vertragsverhandlung unter Anwaltsbeteiligung – ersichtlich „wissen, was sie tun", und deshalb keine Rede davon sein kann, ein Vertragsteil beanspruche „einseitig" Gestaltungsmacht.

Die höchstrichterliche Ausformung des AGB-Rechts im unternehmerischen Verkehr bewirkt in-   43 zwischen einen **Nachteil für deutsches Recht im Wettbewerb der Rechtsordnungen.**[104] Sobald eine Partei einen Vertragsentwurf in die Verhandlungen einführt, dieser auch Musterklauseln enthält und zur Grundlage der Endfassung wird, kann sie sich nicht mehr uneingeschränkt auf den geschriebenen Vertragstext verlassen: „Unangemessene" Klauseln, die international gang und gäbe sind, indes der Rechtsprechung zu § 307 Abs. 1 BGB unterfallen, werden durch gesetzliche Regelungen ersetzt. Das ist für die Beteiligten nicht nur bei M&A-Verträgen ein Problem, bei denen – nach § 307 Abs. 1 BGB kritische – Haftungsbeschränkungen oft zentraler Bestandteil des „Deals" sind und für die das gesetzliche Mängelhaftungsregime nicht passt. Dasselbe Problem stellt sich auch bei Finanzierungs-, Liefer- und Herstellungsverträgen, bei denen die Beteiligten auf die Verlässlichkeit ihrer Sicherungs-, Sanktions- und Haftungsmechanismen angewiesen sind. *De facto* bietet deutsches Recht dadurch im unternehmerischen Verkehr – vor allem bei Verträgen mit grenzüberschreitendem Bezug – eine verminderte Vertragssicherheit. Für ausländische Betrachter stellt sich die Lage vereinfacht so dar: Verträge angelsächsischer Machart sind lang, aber verlässlich (*„What you see is what you get"*). Verträge nach deutschem Recht sind kurz, haben jedoch einen verborgenen Gehalt, der erst im Streitfall sichtbar wird (*„Der Großteil des Eisbergs befindet sich unter der Wasseroberfläche"*). Das verschafft ausländischem (zB englischem,

---

[97] BGH Urt. v. 4.7.2017 – XI ZR 562/15, NJW 2017, 2986 Rn. 38. Dass der Zins, dessen Erhebung bis weit ins 19. Jh. hinein durch vielerlei „Wuchergesetze" eingeschränkt wurde, nun zum alles überstrahlenden „Leitbild" erhoben wird, entbehrt in historischer Sicht nicht der Ironie, vgl. zur späten Durchsetzung der „Zinsfreiheit" in Deutschland, *Wessels* Zinsrecht S. 37 f.

[98] BGH Urt. v. 4.7.2017 – XI ZR 562/15, NJW 2017, 2986 Rn. 40.

[99] BGH Urt. v. 4.7.2017 – XI ZR 562/15, NJW 2017, 2986 Rn. 49.

[100] BGH Urt. v. 4.7.2017 – XI ZR 562/15, NJW 2017, 2986 Rn. 63.

[101] BGH Urt. v. 4.7.2017 – XI ZR 562/15, NJW 2017, 2986 Rn. 71; ebenso schon BGH Urt. v. 10.10.2013 – VII ZR 19/12, NJW 2014, 206 Rn. 27.

[102] BGH Urt. v. 3.4.1998 – V ZR 6/97, NJW 1998, 2600 (2601); Urt. v. 22.11.2012 – VII ZR 222/12, NJW 2013, 856 Rn. 13.

[103] So auch *Maier-Reimer* NJW 2017, 1 (4): „*Prokrustesbett"*.

[104] *Maier-Reimer* NJW 2017, 1.

aber auch schweizerischem) Recht einen Wettbewerbsvorteil. Dieser zeigt sich auch darin, dass die Fallzahlen in den Kammern für Handelssachen seit Jahren zurückgehen, obwohl die Zahl von Konfliktfällen nicht abnimmt. Der Rückgang der Fallzahlen beruht vielmehr zu gutem Teil darauf, dass die betroffenen Unternehmen das deutsche Recht oder die deutsche Gerichtsbarkeit meiden, indem sie in ausländisches Recht oder jedenfalls in die Schiedsgerichtsbarkeit ausweichen.[105] In manchem Großunternehmen bedarf mittlerweile die Vereinbarung der Geltung deutschen Rechts bei grenzüberschreitenden Verträgen eines Vorstandsbeschlusses. Bei Konsortialkreditverträgen dominiert englisches Recht.

44   Zur gebotenen **Abhilfe durch den Gesetzgeber** liegt eine Reihe von Vorschlägen auf dem Tisch: Ein im Auftrag des Bundesjustizministeriums erstelltes Gutachten empfiehlt, Verträge ab einem bestimmten Volumen (zB von mehr als 1 Mio. EUR) von der AGB-Kontrolle auszunehmen.[106] Andere Stimmen befürworten eine Erweiterung der Bereichsausnahmen in § 310 BGB.[107] Eine flexible Lösung könnte darin bestehen, Unternehmen zwar nicht generell aus dem Anwendungsbereich der AGB-Kontrolle (nach den §§ 305c und 307 BGB) auszunehmen, ihnen aber ab einer bestimmten Größenklasse (dh jedenfalls großen Unternehmen iSd Bekanntmachung 2003/361/EG und deren Konzernunternehmen) die **Möglichkeit einer Abbedingung** einzuräumen *(Opt-out)*. Vorbild dafür wäre die Regelung des § 7 Abs. 2 Makler- und Bauträgerverordnung (MaBV), die es, einfach gesprochen, Unternehmen bei Bauträgerverträgen erlaubt, von eher auf Verbraucher zugeschnittenen Schutzbestimmungen der MaBV abzuweichen. Auf diesem Hintergrund hat sich der **Koalitionsvertrag für die 19. Legislaturperiode**[108] des Problems angenommen: Das AGB-Recht für Verträge zwischen Unternehmen soll danach „auf den Prüfstand" gestellt werden, wobei kleine und mittelständische Unternehmen, welche die Vertragsbedingungen ihres Vertragspartners nach den wirtschaftlichen Machtverhältnissen oft faktisch akzeptieren müssen, im bisherigen Umfang durch das AGB-Recht geschützt bleiben sollen. Das weist in die richtige Richtung.[109]

45   **5. Einbeziehung.** AGB werden – wie andere Bestimmungen auch – nur Vertragsbestandteil, wenn sie zwischen den Vertragspartnern vereinbart werden. Davon ausgenommen sind überraschende Klauseln (§ 305c Abs. 1 BGB). Weitere Voraussetzungen für die AGB-Einbeziehung regelt § 305 Abs. 2 BGB für Verbraucherverträge (§ 310 Abs. 3 S. 1 BGB): Der Verbraucher muss auf die AGB hingewiesen werden und es bedarf der zumutbaren Möglichkeit ihrer Kenntnisnahme. Die Parteien können für eine bestimmte Art von Rechtsgeschäften auch vorab eine Rahmenvereinbarung über die künftige Geltung konkreter AGB treffen (§ 305 Abs. 3 BGB).

46   **Überraschenden** Charakter hat eine Klausel, wenn sie von den Erwartungen des Vertragspartners deutlich abweicht und dieser mit ihr den Umständen nach **vernünftigerweise nicht zu rechnen** braucht.[110] Das ist der Fall, wenn sie einen Überrumpelungs- oder Übertölpelungseffekt hat.[111] Maßgeblich sind der Grad der Abweichung vom dispositiven Gesetzesrecht und die für den Geschäftskreis übliche Gestaltung, ferner der konkrete Gang und Inhalt der Vertragsverhandlungen sowie der äußere Zuschnitt des Vertrags.[112] Für die Frage, ob eine Klausel überrascht, ist nicht auf die Erkenntnismöglichkeiten des individuellen Vertragspartners abzustellen, sondern auf die Verständnismöglichkeiten des typischerweise bei Verträgen der geregelten Art zu erwartenden Durchschnittskunden.[113] Eine an sich nicht überraschende Klausel unterfällt dennoch § 305c Abs. 1 BGB, wenn sie nach dem Verhandlungsverlauf keinesfalls zu erwarten war, etwa weil der Verwender durch Erklärungen, Werbung oder auf sonstige Weise Anlass zu der Annahme gegeben hat, mit einer derartigen Klausel sei nicht zu rechnen,[114] oder wenn sie im Vertrag in einem Zusammenhang

---

[105] *Maier-Reimer* NJW 2017, 1 (4).

[106] *Leuschner* Abschlussbericht v. 30.9.2014, „AGB-Recht für Verträge zwischen Unternehmen – Unter besonderer Berücksichtigung von Haftungsbeschränkungen"; *Leuschner* ZIP 2015, 1045.

[107] *Kessel* Verhandlungen des 69. Deutschen Juristentags, Bd. 2 I/1 57; DAV-Stellungnahme Nr. 39/2015; Frankfurter Initiative zur Fortentwicklung des AGB-Rechts (www.agb-recht-initiative.de); Überblick bei *Herrmann/Lasch* DRiZ 2018, 218.

[108] Koalitionsvertrag v. 12.3.2018 Rn. 6186–6190.

[109] So auch *Herrmann/Lasch* DRiZ 2018, 218 (221); *Pfeiffer* NJW-aktuell 13/2018, 3.

[110] BGH Urt. v. 30.6.1995 – V ZR 184/94, BGHZ 130, 150 (154) = NJW 1995, 2637; Urt. 19.5.2016 – III ZR 274/15, NJW-RR 2016, 842 Rn. 23; Urt. v. 21.6.2016 – VI ZR 475/15, NJW-RR 2017, 501 Rn. 10.

[111] BGH Urt. v. 30.9.2009 – IV ZR 47/09, NJW 2010, 294 Rn. 13; Urt. v. 21.6.2016 – VI ZR 475/15, NJW-RR 2017, 501 Rn. 10.

[112] BGH Urt. v. 30.6.1995 – V ZR 184/94, BGHZ 130, 150 (154) = NJW 1995, 2637; Urt. v. 18.5.1995 – IX ZR 108/94, BGHZ 130, 19 (25) = NJW 1995, 2553.

[113] BGH Urt. v. 30.6.1995 – V ZR 184/94, BGHZ 130, 150 (154) = NJW 1995, 2637; Urt. v. 8.5.1987 – V ZR 89/86, BGHZ 101, 29 (33) = NJW 1987, 2228; Urt. v. 23.5.1984 – VIII ZR 27/83, NJW 1985, 850 (851).

[114] BGH Urt. v. 9.4.1987 – III ZR 84/86, NJW 1987, 2011 (2011 f.); Urt. v. 30.10.1987 – V ZR 174/86, BGHZ 102, 152 (160) = NJW 1988, 558; Urt. v. 24.10.2000 – XI ZR 273/99, NJW-RR 2001, 1420 (1421); *Lindacher/Hau* in Wolf/Lindacher/Pfeiffer BGB § 305c Rn. 34 ff.; UBH/*Ulmer/Schäfer* BGB § 305c Rn. 13a; Palandt/*Grüneberg* BGB § 305c Rn. 3 f.

auftaucht, in dem der Vertragspartner sie nicht zu erwarten braucht.[115] Auf der anderen Seite kann einer Klausel das Überraschungsmoment dadurch genommen werden, dass der Verwender in den Verhandlungen auf die außergewöhnliche Gestaltung hinweist. Dafür genügt aber nicht, dass der Vertragspartner die AGB (bloß) gelesen oder eine formularmäßige Lesebestätigung unterzeichnet hat.[116] Auch notarielle Beurkundung nimmt einer Klausel nicht *per se* ihren überraschenden Charakter.[117] Es bedarf vielmehr eines individuellen Hinweises, der die Gewähr dafür bietet, dass dem Vertragspartner die Bedeutung der Klausel bewusst wird.[118] Die Beweislast für einen solchen Hinweis liegt beim Verwender.[119]

Der Verwender muss einen **Verbraucher** bei Vertragsschluss auf die AGB grundsätzlich **ausdrück-**   **47** **lich hinweisen,** will er sie in den Vertrag einbeziehen (§ 305 Abs. 2 Nr. 1 BGB). Der Hinweis muss so angeordnet und gestaltet sein, dass ein Durchschnittskunde ihn selbst bei flüchtiger Betrachtung und durchschnittlicher Aufmerksamkeit nicht übersehen kann.[120] Er braucht nicht unbedingt schriftlich gegeben zu werden, muss aber unmissverständlich und für den Kunden klar erkennbar sein.[121] Eine im Vertrag enthaltene Bezugnahme auf umseitige AGB genügt, bei Abdruck auf der Vertragsrückseite ohne solchen Hinweis im Vertrag. Hinweise nach Vertragsschluss sind grundsätzlich unzureichend, weil nicht bei Vertragsschluss erteilt.[122] Indes können AGB durch ausdrückliche Änderungsvereinbarung auch nachträglich in den Vertrag einbezogen werden.[123]

Ausnahmsweise genügt ein Hinweis auf die AGB durch deutlich sichtbaren **Aushang** am Ort des   **48** Vertragsschlusses, wenn ein ausdrücklicher Hinweis wegen der Art des Vertragsschlusses nur unter unverhältnismäßigen Schwierigkeiten möglich ist (§ 305 Abs. 2 Nr. 1 BGB). In der Bankpraxis spielt die Einbeziehung durch Aushang nur bei Einmalgeschäften am Schalter (zB beim Devisentausch) eine Rolle. Für die Masse der Bankgeschäfte, insbesondere Kontoeröffnungen, findet sich hingegen ein ausdrücklicher Einbeziehungshinweis im einschlägigen Bankformular oder er wird in den Vertrag aufgenommen.

Hinweise bei früheren Geschäften genügen im Verkehr mit Verbrauchern auch im Rahmen einer   **49** ständigen Geschäftsverbindung nicht.[124] Indes können die Vertragspartner durch **Rahmenvereinbarung** für eine bestimmte Art von Rechtsgeschäften die Geltung der AGB im Voraus vereinbaren (§ 305 Abs. 3 BGB). Der Gesetzgeber hatte dabei gerade die AGB-Banken im Blick.[125] Daher kann zu Beginn der Geschäftsverbindung die Geltung der AGB-Banken auch für alle nachfolgenden typischen Bankgeschäfte vereinbart werden.[126] Die Erstreckung auf die „gesamte Geschäftsverbindung" ist dabei hinreichend bestimmt iSd § 305 Abs. 3 BGB.[127] Der Abschluss einer Rahmenvereinbarung ist grundsätzlich auch formfrei möglich; indes genügt eine Vielzahl unter AGB-Einbeziehung geschlossener Einzelverträge nicht, um den stillschweigenden Abschluss einer Rahmenvereinbarung anzunehmen.[128] Praktisch kommt daher nur die schriftliche Vereinbarung in Betracht. Die Rahmenvereinbarung muss sich auf bestimmte AGB beziehen; der Verweis auf eine „jeweils geltende" Fassung ist unwirksam (→ Rn. 58).[129]

Die wirksame Einbeziehung von AGB in Verbraucherverträge erfordert zudem, dass die **Möglich-**   **50** **keit zumutbarer Kenntnisnahme** besteht (§ 305 Abs. 2 Nr. 2 BGB). Das setzt Verfügbarkeit und Lesbarkeit der AGB voraus. Beim Vertragsschluss im Schalterraum der Bank genügt es grundsätzlich, wenn die AGB dort aushängen oder ausliegen.[130] Ausreichend ist es auch, wenn der Hinweis auf die

---

[115] BGH Urt. v. 21.7.2010 – XII ZR 189/08, NJW 2010, 3152 Rn. 27; Urt. v. 28.1.2016 – I ZR 60/14, NJW-RR 2016, 498 Rn. 31.

[116] Vgl. BGH Urt. v. 15.12.1976 – IV ZR 197/75, NJW 1977, 624 (625).

[117] BGH Urt. v.24.10.2000 – XI ZR 273/99, NJW-RR 2001, 1420 (1422).

[118] BGH Urt. v. 4.10.1995 – XI ZR 215/94, BGHZ 131, 55 (59) = NJW 1996, 191.

[119] BGH Urt. v. 18.2.1992 – XI ZR 126/91, NJW 1992, 1822 (1823); Urt. v. 10.11.1989 – V ZR 201/88, BGHZ 109, 197 (203) = NJW 1990, 576; Urt. v. 1.6.1989 – X ZR 78/88, NJW 1989, 2255 (2256).

[120] BGH Urt. v. 18.6.1986 – VIII ZR 137/85, NJW-RR 1987, 112 (113); *Pfeiffer* in Wolf/Lindacher/Pfeiffer BGB § 305 Rn. 69.

[121] UBH/*Ulmer/Habersack* BGB § 305 Rn. 124; *Bunte* in Schimansky/Bunte/Lwowski BankR-HdB § 5 Rn. 15; *Pfeiffer* in Wolf/Lindacher/Pfeiffer BGB § 305 Rn. 69; vgl. BGH Urt. v. 18.6.1986 – VIII ZR 137/85, NJW-RR 1987, 112 (113).

[122] BGH Urt. v. 22.2.2012 – VIII ZR 34/11, NJW-RR 2012, 690 (691); Palandt/*Grüneberg* BGB § 305 Rn. 28.

[123] BGH Urt. v. 18.6.1986 – VIII ZR 137/85, NJW-RR 1987, 112 (113); Palandt/*Grüneberg* BGB § 305 Rn. 46; UBH/*Ulmer/Habersack* BGB § 305 Rn. 157; *Pfeiffer* in Wolf/Lindacher/Pfeiffer BGB § 305 Rn. 98.

[124] BGH Urt. v. 18.6.1986 – VIII ZR 137/85, NJW-RR 1987, 112 (113); Palandt/*Grüneberg* BGB § 305 Rn. 28; *Pfeiffer* in Wolf/Lindacher/Pfeiffer BGB § 305 Rn. 97.

[125] Vgl. UBH/*Ulmer/Habersack* BGB § 305 Rn. 201.

[126] UBH/*Ulmer/Habersack* BGB § 305 Rn. 201; *Bunte* in Schimansky/Bunte/Lwowski BankR-HdB § 2 Rn. 4, § 5 Rn. 22; *Canaris* BankvertragsR Rn. 2495; *Pfeiffer* in Wolf/Lindacher/Pfeiffer BGB § 305 Rn. 116.

[127] *Bunte* in Schimansky/Bunte/Lwowski BankR-HdB § 5 Rn. 22.

[128] UBH/*Ulmer/Habersack* BGB § 305 Rn. 206, 209.

[129] AllgM, vgl. nur UBH/*Ulmer/Habersack* BGB § 305 Rn. 208; *Pfeiffer* in Wolf/Lindacher/Pfeiffer BGB § 305 Rn. 117.

[130] *Bunte* in Schimansky/Bunte/Lwowski BankR-HdB § 5 Rn. 17.

Einbeziehung zur Einsicht bereitgehaltener AGB mit einem Hinweis darauf verbunden wird, wie der Kunde von ihnen Kenntnis nehmen kann.[131] Ungenügend ist der Hinweis auf eine Veröffentlichung an anderer Stelle, etwa in einer Tageszeitung oder auf einer Homepage;[132] gleiches gilt, wenn die AGB unverständlich, verwirrend aufgebaut oder schwer lesbar sind, wie uU solche auf dem Display eines Mobiltelefons.[133] Bei **Zahlungsdiensten** (§§ 675f ff. BGB) müssen dem Zahlungsdienstnutzer unabhängig von den AGB-Einbeziehungsvoraussetzungen zudem – zur Meidung von Nachteilen für den Zahlungsdienstleister – die in Art. 248 §§ 4–9 EGBGB genannten Informationen und Vertragsbedingungen vor Vertragsschluss in Textform oder sonstwie auf dauerhaftem Datenträger mitgeteilt werden (Art. 248 § 3 EGBGB).[134] Bei Vertragsschlüssen im **Internet** ist eine AGB- Kenntnisnahme zumutbar möglich, wenn der Vertragspartner deren Text kostenlos auf klar und deutlich erklärte Weise abrufen kann.[135] Bei umfangreichen Bedingungen muss die Möglichkeit hinzukommen, sie auszudrucken; bloße Lesbarkeit am Bildschirm genügt dann nicht.[136] Problematisch ist die AGB-Einbeziehung bei fernmündlichem Vertragsschluss.[137] Beim **Telefon- und Onlinebanking** haben Bank und Kunde meist einen Girovertrag (§ 675f BGB) und einen Telefon- oder Onlinebanking-Vertrag abgeschlossen, sodass die AGB idR schon zuvor einbezogen wurden. Sonst ist die AGB-Einbeziehung nur dergestalt möglich, dass der Kunde auf die Möglichkeit vorheriger Kenntnisnahme verzichtet und ihm die AGB nachträglich übersandt werden.[138] Welche Anforderungen an einen solchen Verzicht zu stellen sind, ist nicht abschließend geklärt. Teils wird vertreten, ein Kunde, der seinen Auftrag trotz Hinweises auf die AGB aufrechterhalte, verzichte stillschweigend auf die Möglichkeit zumutbarer Kenntnisnahme;[139] nach anderer Ansicht bedarf es eines ausdrücklich erklärten Verzichts.[140] Nach dem Schutzzweck des § 305 Abs. 2 BGB ist jedenfalls nur ein *eindeutig* (individuell, nicht formularmäßig) erklärter Verzicht wirksam.[141] Führt ein **Drittunternehmen** den Kundenauftrag (zB zum Wertpapierkauf) für die Bank aus, gelten dessen AGB gegenüber dem Kunden nur, wenn sie ihrerseits in den Bank/Kunde-Vertrag einbezogen sind. Dafür genügt ein Hinweis in den AGB der Bank auf die Dritt-AGB grundsätzlich nicht;[142] anders liegt es, wenn die Dritt-AGB so typisch sind, dass sich ihre Bekanntheit beim Vertragspartner mit Sicherheit voraussetzen lässt.[143] Keinesfalls darf das Regelwerk durch die Weiterverweisung so komplex werden, dass es für den Kunden nicht mehr verständlich ist.[144]

51   Im **Geschäftsverkehr mit Unternehmern** gelten erleichterte Einbeziehungsvoraussetzungen (§ 310 Abs. 1 S. 1 BGB). Ein ausdrücklicher AGB-Hinweis ist hier nicht erforderlich, wohl aber eine Einbeziehungsvereinbarung.[145] Dafür genügt **schlüssiges Verhalten,** etwa dergestalt, dass der Verwender auf seine AGB Bezug nimmt und der Vertragspartner diesem erkennbaren Einbeziehungswillen nicht widerspricht.[146] Unzureichend ist die bloße Kenntnis des Kunden davon, dass der Vertragspartner üblicherweise zu seinen AGB kontrahiert;[147] auch Branchenüblichkeit *allein* reicht für die Beachtlichkeit der AGB nicht aus.[148] Allerdings kann die Branchenüblichkeit der AGB stillschweigendes Einverständnis des Kunden mit ihrer Einbeziehung indizieren.[149] So ist im **Inter-**

---

[131] Einen solchen Hinweis sehen als ausreichend an BGH Urt. v. 29.6.2006 – I ZR 176/03, NJW-RR 2007, 32 Rn. 19 (für Versandbedingungen der Deutsche Post AG); Palandt/*Grüneberg* BGB § 305 Rn. 32.

[132] *Sonnenhol* WM 2002, 1259 (1261); *Bunte* in Schimansky/Bunte/Lwowski BankR-HdB § 6 Rn. 12.

[133] UBH/*Ulmer/Habersack* BGB § 305 Rn. 149a, 150 ff.; *Pfeiffer* in Wolf/Lindacher/Pfeiffer BGB § 305 Rn. 88.

[134] *Bunte* in Schimansky/Bunte/Lwowski BankR-HdB § 5 Rn. 17; MüKoBGB/*Basedow* BGB § 305 Rn. 66.

[135] BGH Urt. v. 14.6.2006 – I ZR 75/03, NJW 2006, 2976 (2977); UBH/*Ulmer/Habersack* BGB § 305 Rn. 149a; Palandt/*Grüneberg* BGB § 305 Rn. 36 mwN.

[136] UBH/*Ulmer/Habersack* BGB § 305 Rn. 149a; *Sonnenhol* WM 2002, 1259 (1261); abl. beim Bildschirmtext *Pfeiffer* in Wolf/Lindacher/Pfeiffer BGB § 305 Rn. 90. Unzumutbar ist es, wenn der AGB-Ausdruck unverhältnismäßig hohe Kosten verursacht; dagegen begründet die abstrakte Gefahr, dass sich der Kunde beim Abspeichern Computerviren auflädt, noch keine Unzumutbarkeit, vgl. *Pfeiffer* in Wolf/Lindacher/Pfeiffer BGB § 305 Rn. 90.

[137] Vgl. *Bunte* in Schimansky/Bunte/Lwowski BankR-HdB § 5 Rn. 18a ff.; UBH/*Ulmer/Habersack* BGB § 305 Rn. 149.

[138] *Bunte* in Schimansky/Bunte/Lwowski BankR-HdB § 5 Rn. 18d mwN. Vereinzelt wird die Möglichkeit eines Verzichts gänzlich abgelehnt, vgl. AG Krefeld Urt. v. 1.4.1996 – 7 C 1114/95, NJW-RR 1997, 245 (zu weitgehend).

[139] UBH/*Ulmer/Habersack* BGB § 305 Rn. 149.

[140] *Heinrichs* NJW 1997, 1407 (1409).

[141] Palandt/*Grüneberg* BGB § 305 Rn. 35; *Pfeiffer* in Wolf/Lindacher/Pfeiffer BGB § 305 Rn. 110.

[142] BGH Urt. v. 19.1.2005 – XII ZR 107/01, NJW 2005, 1183 (1184 f.); vgl. auch UBH/*Ulmer/Habersack* BGB § 305 Rn. 152a ff.

[143] BGH Urt. v. 16.12.1982 – VII ZR 92/82, BGHZ 86, 135 (138) = NJW 1983, 816; Urt. v. 21.6.1990 – VII ZR 308/89, BGHZ 111, 388 (390) = NJW 1990, 3197 – jew. zur VOB/B; *Bunte* in Schimansky/Bunte/Lwowski BankR-HdB § 5 Rn. 20; *Lindacher/Hau* in Wolf/Lindacher/Pfeiffer BGB § 306 Rn. 23 ff.

[144] *Bunte* in Schimansky/Bunte/Lwowski BankR-HdB § 5 Rn. 20.

[145] BGH Urt. v. 12.2.1992 – VIII ZR 84/91, BGHZ 117, 190 (194 f.) = NJW 1992, 1232; Urt. v. 15.1.2014 – VIII ZR 111/13, NJW 2014, 1296 Rn. 17; *Bunte* in Schimansky/Bunte/Lwowski BankR-HdB § 5 Rn. 23; Palandt/*Grüneberg* BGB § 305 Rn. 49; UBH/*Ulmer/Habersack* BGB § 305 Rn. 169.

[146] BGH Urt. v. 12.2.1992 – VIII ZR 84/91, BGHZ 117, 190 (194 f.) = NJW 1992, 1232.

[147] UBH/*Ulmer/Habersack* BGB § 305 Rn. 170a.

[148] BGH Urt. v. 15.1.2014 – VIII ZR 111/13, NJW 2014, 1296 Rn. 17 mwN.

[149] UBH/*Ulmer/Habersack* BGB § 305 Rn. 173; *Pfeiffer* in Wolf/Lindacher/Pfeiffer BGB § 305 Rn. 127.

bankenverkehr, auch im grenzüberschreitenden Verkehr einer die vertragstypische Leistung erbringenden deutschen Bank, regelmäßig von stillschweigender Einbeziehung der – branchenüblichen – AGB-Banken auszugehen (→ Rn. 53).[150]

Ein Hinweis auf die AGB-Geltung bei früheren Geschäften genügt grundsätzlich auch im 52 unternehmerischen Verkehr nicht, um eine stillschweigende Einbeziehungsvereinbarung für Folgegeschäfte anzunehmen; dies selbst dann nicht, wenn die AGB auch für künftige Geschäfte Geltung beanspruchen.[151] Stehen die vertragschließenden Unternehmer allerdings in **laufender Geschäftsverbindung,** ist von stillschweigender AGB-Einbeziehung auszugehen, wenn der Vertragspartner weiß oder wissen muss, dass der andere Teil (nur) zu seinen AGB zu kontrahieren pflegt.[152] Um eine laufende Geschäftsbeziehung in diesem Sinne anzunehmen, sind allerdings eine gewisse Dauer der Verbindung und mehr als nur gelegentliche Kontakte vonnöten.[153] Verwendet der Vertragspartner seinerseits eine **Abwehrklausel,** liegt darin ein (vorweggenommener) Widerspruch gegen die Einbeziehung der gegnerischen AGB; dieser steht deren stillschweigender Einbeziehung auch entgegen, wenn er später nicht wiederholt wird, es sei denn, weitere Umstände sprechen für eine Willensänderung.[154] Auch im unternehmerischen Verkehr können AGB nachträglich durch **Änderungsvereinbarung** in den Vertrag einbezogen werden; dies auch stillschweigend, etwa dadurch, dass die Geltung der AGB im Prozess von den Prozessbevollmächtigten übereinstimmend angenommen wird.[155]

Im Verkehr unter **Banken** bedarf es grundsätzlich keines besonderen Nachweises der AGB-Ein- 53 beziehung. Bei Branchenüblichkeit der AGB, wie sie für die „Grund-AGB" und die geschäftsartbezogenen Sonderbedingungen der Kreditinstitute (→ Rn. 23) zu bejahen ist, gelten die AGB derjenigen Bank, die vertragstypische Leistung erbringt.[156]

Im unternehmerischen Verkehr können AGB, wenn der Vertragspartner des Verwenders in größe- 54 rem Umfang selbständig am Markt tätig ist[157], auch durch **kaufmännisches Bestätigungsschreiben** in den Vertrag einbezogen werden. Das ist selbst dann möglich, wenn die AGB nicht Gegenstand der Verhandlungen waren, im Bestätigungsschreiben aber auf sie hingewiesen wird und der Verwender auf ihre Anerkennung vertrauen darf.[158]

Eine AGB-Einbeziehung durch **Handelsbrauch** ist möglich, kommt aber praktisch nicht vor. Selbst 55 was die Einbeziehung der AGB-Banken angeht, wird kein entsprechender Handelsbrauch angenommen.[159]

Nicht erforderlich ist im unternehmerischen Verkehr, dass der Vertragspartner die AGB kennt oder 56 sie ihm überlassen worden sind. Es ist hinreichend (aber auch notwendig), dass er die **Möglichkeit** hatte, sich in zumutbarer Weise von deren Inhalt **Kenntnis zu verschaffen.**[160] Auch eine in den AGB enthaltene Weiterverweisung auf ein anderes Klauselwerk ist hier grundsätzlich unbedenklich.[161]

Bei einem **Konflikt von AGB mit Abwehrklauseln** gelten, sofern das Geschäft durchgeführt 57 wird, beide Klauselwerke insoweit, als sie übereinstimmen.[162] Im Übrigen, d. h. für Klauseln, die keine Entsprechung haben, kommt eine Einbeziehung nur in Betracht, wenn sie mit keinem konfligierend

---

[150] BGH Beschl. v. 4.3.2004 – IX ZR 185/02, WM 2004, 1177 (1178); Urt. v. 18.6.1971 – I ZR 83/70, NJW 1971, 2126 (2127); Palandt/*Grüneberg* BGB § 305 Rn. 56; UBH/*Ulmer/Habersack* BGB § 305 Rn. 175; *Pfeiffer* in Wolf/Lindacher/Pfeiffer BGB § 305 Rn. 128.

[151] BGH Urt. v. 12.2.1992 – VIII ZR 84/91, BGHZ 117, 190 (194 f.) = NJW 1992, 1232; Palandt/*Grüneberg* BGB § 305 Rn. 51; aA *Rüffert* MDR 1992, 922 (922 f.).

[152] BGH Urt. v. 11.5.2000 – IX ZR 262/98, NJW 2000, 3777 (3778); aA *Pfeiffer* in Wolf/Lindacher/Pfeiffer BGB § 305 Rn. 126 (nur wenn bisher stets auf AGB hingewiesen wurde und kein Widerspruch erfolgt); UBH/*Ulmer/Habersack* BGB § 305 Rn. 176 (nur wenn bisher regelmäßig vereinbart).

[153] BGH Urt. v. 28.5.1979 – VIII ZR 143/72, DB 1973, 1393 (1394); OLG Hamburg Urt. v. 1.6.1979 – 11 U 32/79, NJW 1980, 1232 (1233); Palandt/*Grüneberg* BGB § 305 Rn. 51; UBH/*Ulmer/Habersack* BGB § 305 Rn. 176.

[154] BGH Urt. v. 20.3.1985 – VIII ZR 327/83, NJW 1985, 1838 (1839 f.); vgl. auch BGH Urt. v. 24.10.2000 – X ZR 42/99, NJW-RR 2001, 484 (485).

[155] vgl. BGH Beschl. v. 19.9.2002 – V ZB 37/02, BGHZ 152, 63 (70) = NJW 2002, 3629; Urt. v. 2.11.1989 – IX ZR 197/88, BGHZ 109, 171 (177) = NJW 1990, 454; Urt. v. 7.6.1984 – IX ZR 66/83, BGHZ 91, 324 (329 f.) = NJW 1984, 2279 f. mablAnm *Canaris.* Anders, wenn den Parteien keine Änderungsnotwendigkeit bewusst ist, BGH Urt. v. 8.7.1999 – VII ZR 237/98, NJW 1999, 3261 (3262).

[156] BGH Urt. v. 26.9.1989 – XI ZR 178/88, BGHZ 108, 353 (362) = NJW 1990, 242; Beschl. v. 4.3.2004 – IX ZR 185/02, WM 2004, 1177 (1178).

[157] Vgl. zu dieser Einschränkung Palandt/*Ellenberger* BGB § 145 Rn. 9 mwN.

[158] BGH Urt. v. 15.1.2014 – VIII ZR 111/13, NJW 2014, 1296 Rn. 18; Palandt/*Grüneberg* BGB § 305 Rn. 52; UBH/*Ulmer/Habersack* BGB § 305 Rn. 178; *Pfeiffer* in Wolf/Lindacher/Pfeiffer BGB § 305 Rn. 135.

[159] UBH/*Ulmer/Habersack* BGB § 305 Rn. 181.

[160] BGH Urt. v. 20.12.1978 – VIII ZR 246/77, BB 1979, 185 (186); Palandt/*Grüneberg* BGB § 305 Rn. 53; UBH/*Ulmer/Habersack* BGB § 305 Rn. 169; *Pfeiffer* in Wolf/Lindacher/Pfeiffer BGB § 305 Rn. 131.

[161] UBH/*Ulmer/Habersack* BGB § 305 Rn. 169.

[162] BGH Urt. v. 23.1.1991 – VIII ZR 122/90, BGHZ 113, 251 (258) = NJW 1991, 1604; Urt. v. 24.10.2000 – X ZR 42/99, NJW-RR 2001, 484 (485); Palandt/*Grüneberg* BGB § 305 Rn. 54; UBH/*Ulmer/Habersack* BGB § 305 Rn. 192; *Pfeiffer* in Wolf/Lindacher/Pfeiffer BGB § 305 Rn. 140.

geregelten Gegenstand zusammenhängen. So lässt sich jedenfalls die Einbeziehung den Gegner begünstigender Klauseln annehmen.[163]

58 **6. Änderungen.** Werden AGB geändert oder neugefasst, muss die Änderung bzw. Neufassung nach
den vorstehenden Grundsätzen erneut in den Vertrag einbezogen werden.[164] Unzulässig ist deshalb eine
Klausel, nach der die jeweils geltende AGB-Fassung als einbezogen gelten soll.[165] Das gilt auch für eine
Rahmenvereinbarung: In einer solchen kann nur die Geltung *bestimmter* AGB für eine bestimmte Art von
Geschäften im Voraus vereinbart werden (§ 305 Abs. 3 BGB). Anders verhält es sich nach § 310 Abs. 1
S. 1 BGB im unternehmerischen Verkehr: Gegenüber Unternehmern lassen sich durch Rahmenver-
einbarung auch die jeweils geltenden AGB in den Vertrag einbeziehen;[166] das erfordert aber, dass der
andere Teil zuvor auf die Änderung hingewiesen wurde,[167] und zwar insbesondere, wenn sie eine spürbare
Verschlechterung seiner Rechtsstellung mit sich bringt.[168] Die nachträgliche Einbeziehung von Änderungen kann zudem – auch im Verkehr gegenüber Verbrauchern – durch eine Erklärungsfiktion erleichtert werden. Wirksam ist die in Nr. 1 Abs. 2 AGB-Banken enthaltene Regelung, nach der Änderungen
der AGB dem Kunden schriftlich bekannt gegeben werden und als genehmigt gelten, wenn der Kunde
nicht schriftlich, ggf. auf elektronischem Weg, Widerspruch erhebt, der innerhalb von sechs Wochen
nach Bekanntgabe der Änderung abgesendet sein muss.[169] Die Voraussetzungen, die § 308 Nr. 5 BGB an
die Wirksamkeit fingierter Erklärungen knüpft, sind eingehalten. Die Bekanntgabe muss allerdings mit
solcher Deutlichkeit geschehen, dass sie auch dem flüchtigen Betrachter ins Auge springt.[170]

59 **7. Vorrang der Individualabrede.** Individuelle Vertragsabreden haben Vorrang vor AGB (§ 305b
BGB); dies unabhängig davon, ob die Individualabrede ausdrücklich oder konkludent getroffen ist.[171]
Sie muss nur wirksam sein.[172] Die der Individualabrede widersprechende Klausel entfaltet keine
Wirkung, ist mithin zwar nicht *per se,* wohl aber gegenüber der Individualabrede als unwirksam zu
behandeln.[173] Ein „offener" Widerspruch ist nicht vonnöten; es genügt eine **mittelbare Unverein-
barkeit.**[174] Keine solche Unvereinbarkeit liegt vor, wenn sich die Bank individualvertraglich eine
Sicherheit einräumen lässt; dadurch wird weder ihr Nachbesicherungsanspruch nach Nr. 13 AGB-
Banken noch ihr AGB-Pfandrecht (Nr. 14 AGB-Banken) ausgeschlossen.[175] Wird ein Wechsel zum
Diskont gegeben, folgt hingegen aus der Natur der Abrede, dass Papier und Erlös nicht dem AGB-
Pfandrecht der Bank unterworfen sein sollen.[176] Eine formularmäßig vereinbarte **doppelte Schriftformklausel** hindert nicht die Wirksamkeit und den Vorrang mündlicher, auch nachträglicher Indivi-
dualabreden.[177] Das gilt erst recht, wenn das mündlich Vereinbarte durch ein unwidersprochen
gebliebenes kaufmännisches Bestätigungsschreiben bindend geworden ist.[178]

60 **8. Auslegung.** Bei der Auslegung von AGB ist von den allgemeinen Grundsätzen der §§ 133, 157
BGB auszugehen; diese werden jedoch durch spezielle Auslegungsregeln überlagert.

61 Das übereinstimmende Parteiverständnis vom Sinn einer Klausel rangiert auch bei AGB vor jeder
anderen Interpretationsmöglichkeit.[179] Im Übrigen gilt der **Grundsatz objektiver Auslegung:** AGB

---

[163] UBH/*Ulmer/Habersack* BGB § 305 Rn. 194.
[164] BGH Urt. v. 22.2.2012 – VIII ZR 34/11, NJW-RR 2012, 690 (691); UBH/*Ulmer/Habersack* BGB § 305
Rn. 164.
[165] UBH/*Ulmer/Habersack* BGB § 305 Rn. 165; *Bunte* in Schimansky/Bunte/Lwowski BankR-HdB § 6 Rn. 10.
Unbedenklich ist es hingegen, wenn sich der Hinweis als ein solcher auf die bei Vertragsschluss geltende Fassung
versteht.
[166] Baumbach/Hopt/*Hopt* Bankgeschäfte Rn. A/8; Palandt/*Grüneberg* BGB § 305 Rn. 50.
[167] Vgl. MüKoBGB/*Basedow* BGB § 305 Rn. 100; Palandt/*Grüneberg* BGB § 305 Rn. 50.
[168] Vgl. BGH Urt. v. 6.12.1990 – I ZR 138/89, NJW-RR 1991, 570 (571); OLG Koblenz Urt. v. 6.5.1983 – 2 U
91/82, BB 1983, 1635.
[169] *Bunte* in Schimansky/Bunte/Lwowski BankR-HdB § 6 Rn. 11; Palandt/*Grüneberg* BGB § 305 Rn. 47; UBH/
Ulmer/Habersack BGB § 305 Rn. 165.
[170] *Bunte* in Schimansky/Bunte/Lwowski BankR-HdB § 6 Rn. 12.
[171] BGH Beschl. v. 25.1.2017 – XII ZR 69/16, NJW 2017, 1017 Rn. 16 f.; Urt. v. 6.3.1986 – III ZR 234/94,
NJW 1986, 1807.
[172] MüKoBGB/*Basedow* BGB § 305b Rn. 5; UBH/*Ulmer/Schäfer* BGB § 305b Rn. 11.
[173] BGH Urt. v. 15.2.2007 – I ZR 40/04, NJW 2007, 2036 Rn. 22 f.; BAG Urt. v. 20.5.2008 – 9 AZR 328/07,
NJW 2009, 316 Rn. 28; Palandt/*Grüneberg* BGB § 305 Rn. 3.
[174] MüKoBGB/*Basedow* BGB § 305b Rn. 6; Palandt/*Grüneberg* BGB § 305b Rn. 4; UBH/*Ulmer/Schäfer* BGB
§ 305b Rn. 12.
[175] Vgl. UBH/*Ulmer/Schäfer* BGB § 305b Rn. 22.
[176] BGH Urt. v. 6.5.1968 – II ZR 228/65, WM 1968, 695; Urt. v. 17.9.1984 – II ZR 23/84, WM 1984, 1391
(1391 f.); *Bunte* in Schimansky/Bunte/Lwowski BankR-HdB § 19 Rn. 53.
[177] BGH Beschl. v. 25.1.2017 – XII ZR 69/16, NJW 2017, 1017 Rn. 16 f.; Urt. v. 15.5.1986 – IX ZR 96/85,
NJW 1986, 3131 (3132); Palandt/*Grüneberg* BGB § 305b Rn. 5.
[178] BGH Beschl. v. 20.10.1994 – III ZR 76/94, NJW-RR 1995, 179 (180).
[179] BGH Urt. v. 29.5.2009 – V ZR 201/08, NJW-RR 2010, 63 Rn. 10; Urt. v. 13.4.2014 – XI ZR 405/12,
BGHZ 201, 168 Rn. 25 = NJW 2014, 2420; *Bunte* in Schimansky/Bunte/Lwowski BankR-HdB § 5 Rn. 40;
Palandt/*Grüneberg* BGB § 305c Rn. 16; UBH/*Ulmer/Schäfer* BGB § 305c Rn. 84.

sind nach ihrem objektiven Inhalt und ihrem typischen Sinn einheitlich so auszulegen, wie sie von verständigen und redlichen Vertragspartnern unter Abwägung der Interessen der normalerweise beteiligten Kreise verstanden werden.[180] Auslegungsmöglichkeiten, die zwar der Wortlaut nicht ausschließt, die aber ganz fern liegen, sind unbeachtlich; da von ihnen keine ernsthafte Gefährdung des Rechtsverkehrs ausgeht, rechtfertigen sie kein Klauselverbot.[181]

Wenn nach Ausschöpfung der in Betracht kommenden Möglichkeiten zumindest zwei Auslegungen **62** vertretbar sind, gehen nicht behebbare Zweifel nach der **Unklarheitenregel** (§ 305c Abs. 2 BGB) zu Lasten des Verwenders.[182] Im Verbandsprozess (§ 1 UKlaG) ist zu untersuchen, ob eine objektiv mehrdeutige Klausel auch **bei kundenfeindlichster Auslegung** noch wirksam ist;[183] es ist also von der für den Kunden nachteiligsten Auslegung auszugehen. Auch im Individualprozess ist zunächst zu prüfen, ob die Klausel bei kundenfeindlichster Auslegung Bestand hat; nur wenn sie sich auch unter diesem Blickwinkel als wirksam erweist, gilt die dem Kunden günstigste Auslegung.[184] Auch bei Formularverträgen ist eine **ergänzende Vertragsauslegung** möglich, es sei denn, die „Lücke" beruht gerade auf rechtlichen Schranken, die sich für die Einbeziehung (§ 305c BGB) oder aus der Inhaltskontrolle der AGB (§§ 307–309 BGB) ergeben;[185] für die ergänzende Vertragsauslegung gilt dann ein objektiv-generalisierender Maßstab, der sich am Wille und Interesse der typischerweise an Geschäften solcher Art beteiligten Verkehrskreise auszurichten hat.[186] Soweit die „Lücke" hingegen auf AGB-rechtlichen Einbeziehungs- oder Inhaltskontrollschranken beruht, besteht im Lichte des § 306 BGB Spielraum für eine ergänzende Vertragsauslegung nur, wenn dispositives Gesetzesrecht zur Füllung der Lücke nicht verfügbar ist und die ersatzlose Streichung der unwirksamen Klausel keine angemessene, den typischen Interessen von AGB-Verwender und Vertragspartner Rechnung tragende Lösung bietet.[187]

9. Inhaltskontrolle. Die Vorschriften zur Inhaltskontrolle umfassen die „Generalklausel" (§ 307 **63** BGB) und diese konkretisierende Verbote mit (§ 308 BGB) und ohne Wertungsmöglichkeit (§ 309 BGB). Vorrangig zu prüfen sind die in § 309 BGB normierten Klauselverbote ohne Wertungsmöglichkeit. Ihnen unterfallende Klauseln sind ohne Rücksicht darauf unwirksam, ob dem Kunden im Einzelfall ausgleichende Vorteile gewährt werden.[188] Demgegenüber enthalten die Klauselverbote des § 308 BGB unbestimmte Rechtsbegriffe, welche die Wertung ermöglichen, ob die Gestaltung auch im Einzelfall unangemessen ist. Soweit die Klauselverbote der §§ 308, 309 BGB nicht eingreifen, ist die Formularbestimmung an der Generalklausel des § 307 BGB zu messen. Dabei ist nicht ausgeschlossen, dass sie der Inhaltskontrolle nach den §§ 308, 309 BGB standhält, nach der Generalklausel aber – etwa wegen Intransparenz – unwirksam ist.[189]

Im Geschäftsverkehr mit einem **Unternehmer,** einer juristischen Person des öffentlichen Rechts **64** oder einem öffentlich-rechtlichen Sondervermögen finden die §§ 308, 309 BGB keine Anwendung (§ 310 Abs. 1 S. 1 BGB). Ihre Wertungen kommen jedoch auch im Rahmen des § 307 BGB zum Tragen (§ 310 Abs. 1 S. 2 BGB). Unterfällt eine Klausel bei ihrer Verwendung gegenüber Verbrauchern einem Verbot des § 309 BGB, ist dies nach der Rechtsprechung ein **Indiz** dafür, dass sie auch bei ihrer Verwendung gegenüber Unternehmen eine unangemessene Benachteiligung bewirkt.[190] Die Kontrolldichte im unternehmerischen Verkehr hat sich dadurch in der Spruchpraxis derjenigen im

---

[180] BGH Urt. v. 16.7.2013 – XI ZR 260/12, WM 2013, 1796 (1799); Urt. v. 13.3.2018 – XI ZR 291/16, NJW-RR 2018, 814 Rn. 24, stRspr.

[181] BGH Urt. v. 12.12.2012 – VIII ZR 14/12, NJW 2013, 926 Rn. 27; Urt. v. 8.2.2011 – XI ZR 168/08, NJW-RR 2011, 1188 (1190); Urt. v. 10.5.1994 – XI ZR 65/93, NJW 1994, 1798 (1799); Urt. v. 10.2.1993 – XII ZR 74/91, NJW 1993, 1133 (1135); *Bunte* in Schimansky/Bunte/Lwowski BankR-HdB § 5 Rn. 43, 50; Palandt/*Grüneberg* BGB § 305c Rn. 16.

[182] Vgl. BGH Urt. v. 22.3.2002 – V ZR 405/00, NJW 2002, 2102 (2103).

[183] BGH Urt. v. 23.6.1993 – IV ZR 135/92, NJW 1993, 2369 (2370); UBH/*Ulmer/Schäfer* BGB § 305c Rn. 93.

[184] BGH Urt. v. 29.4.2008 – KZR 2/07, BGHZ 176, 244 Rn. 19 = NJW 2008, 2172; Urt. v. 23.9.2009 – VIII ZR 344/08, NJW 2009, 3716 Rn. 8; Urt. v. 25.10.2016 – XI ZR 387/15, WM 2017, 84 (86); *Bunte* in Schimansky/Bunte/Lwowski BankR-HdB § 5 Rn. 48; Palandt/*Grüneberg* BGB § 305c Rn. 18; MüKoBGB/*Basedow* BGB § 305c Rn. 35; UBH/*Ulmer/Schäfer* BGB § 305c Rn. 91.

[185] BGH Urt. v. 18.7.2007 – VIII ZR 227/06, NJW-RR 2007, 1697 (1701) mwN; MüKoBGB/*Basedow* BGB § 306 Rn. 22.

[186] BGH Urt. v. 18.7.2007 – VIII ZR 227/ 06, NJW-RR 2007, 1697 (1701) mwN.

[187] BGH Urt. v. 3.11.1999 – VIII ZR 269/98, BGHZ 143, 103 (120) = NJW 2000, 658; Urt. v. 4.7.2002 – VII ZR 502/99, BGHZ 151, 229 (234) = NJW 2002, 3098; Urt. v. 26.3.2015 – VII ZR 92/14, BGHZ 204, 346 Rn. 46 = NJW 2015, 1952.

[188] *Bunte* in Schimansky/Bunte/Lwowski BankR-HdB § 5 Rn. 52i.

[189] BGH Urt. v. 4.12.1996 – XII ZR 193/95, NJW 1997, 739 (740); Urt. v. 20.3.2018 – XI ZR 309/16, NJW 2018, 2042 Rn. 17.

[190] BGH Urt. v. 8.3.1984 – VII ZR 349/82, BGHZ 90, 273 (278) = NJW 1984, 1750; Urt. v. 14.1.1986 – X ZR 54/84, WM 1986, 461 (463); Urt. v. 3.3.1988 – X ZR 54/86, BGHZ 103, 316 (328) = NJW 1988, 1785; Urt. v. 19.9.2007 – VIII ZR 141/06, NJW 2007, 3774; Palandt/*Grüneberg* BGB § 307 Rn. 40; UBH/*Ulmer/Schäfer* BGB § 310 Rn. 27, 32; aA *Bunte* in Schimansky/Bunte/Lwowski BankR-HdB § 5 Rn. 54; *Pfeiffer* in Wolf/Lindacher/Pfeiffer BGB § 307 Rn. 185.

Verkehr mit Verbrauchern angeglichen; dies mit unübersehbaren Nachteilen für die Vertragssicherheit, die deutsches Recht im Wettbewerb der Rechtsordnungen bietet (→ Rn. 41 ff.).

65   Nach der **Generalklausel des § 307 BGB** sind Bestimmungen in AGB unwirksam, wenn sie den Vertragspartner des Verwenders entgegen den Geboten von Treu und Glauben unangemessen benachteiligen (§ 307 Abs. 1 S. 1 BGB). Eine unangemessene Benachteiligung ist im Zweifel anzunehmen, wenn eine Bestimmung mit wesentlichen Grundgedanken der gesetzlichen Regelung, von der abgewichen wird, nicht zu vereinbaren ist (§ 307 Abs. 2 Nr. 1 BGB) oder wesentliche Rechte oder Pflichten, die sich aus der Natur des Vertrags ergeben, so einschränkt, dass die Erreichung des Vertragszwecks gefährdet ist (§ 307 Abs. 2 Nr. 2 BGB).

66   Der Inhaltskontrolle vorgeschaltet ist die Ermittlung des objektiven Klauselinhalts durch Auslegung.[191] Diese richtet sich ausgehend von den Verständnismöglichkeiten eines rechtlich nicht vorgebildeten Durchschnittskunden und dem objektiven Inhalt und typischen Sinn der Klausel danach, wie ihr Wortlaut von verständigen und redlichen Vertragspartnern unter Abwägung der Interessen der regelmäßig beteiligten Verkehrskreise verstanden wird.[192] Bei der (anschließenden) Angemessenheitsprüfung ist zu berücksichtigen, dass **Abweichungen vom gesetzlichen Leitbild** (→ Rn. 68) eine unangemessene Benachteiligung des Vertragspartners indizieren (§ 307 Abs. 2 Nr. 1 BGB).[193] Nachteile einer Regelung können durch Vorteile einer in Wechselbeziehung stehenden Klausel ausgeglichen werden.[194] Bei kollektiv ausgehandelten AGB (nicht mithin bei den AGB-Banken) kann auch eine „Gesamtbilanz" gezogen werden.[195] Pflichten und Sanktionen, die dem Vertragspartner aufgrund berechtigten Verwenderinteresses auferlegt werden, unterliegen gleichwohl einem Übermaßverbot und bedürfen konkreter und angemessener Eingrenzung.[196] Ist durch Abweichung vom gesetzlichen Leitbild eine unangemessene Benachteiligung des Vertragspartners einmal indiziert, lässt sich diese Vermutung nur widerlegen, wenn die Klausel auf der Grundlage einer **umfassenden Interessenabwägung** den Kunden nicht unangemessen benachteiligt.[197] Dieser Nachweis gelingt in der Spruchpraxis selten.

67   Eine unangemessene Benachteiligung kann zudem in einem Verstoß gegen das **Transparenzgebot** bestehen (§ 307 Abs. 1 S. 2 BGB). Der Verwender hat die Rechte und Pflichten seines Vertragspartners möglichst klar und durchschaubar darzustellen. Seine AGB müssen Nachteile und Belastungen so deutlich erkennen lassen, wie dies nach den Umständen möglich und zumutbar ist.[198] Dazu gehört nicht nur, dass die einzelne Klausel für sich genommen klar formuliert ist; sie muss auch im Regelungszusammenhang verständlich sein. Was normativ zusammengehört, ist grundsätzlich auch zusammen zu regeln; andernfalls ist der Zusammenhang ist durch Bezug auf konkrete Klauseln zu verdeutlichen.[199] Eine Vertragsgestaltung, die objektiv dazu geeignet ist, den Vertragspartner über seine Rechtsstellung irrezuführen, verstößt gegen das Transparenzgebot.[200] Bei der Beurteilung ist auf die Erwartungen und Erkenntnismöglichkeiten eines durchschnittlichen Vertragspartners zur Zeit des Vertragsschlusses abzustellen.[201] Im unternehmerischen Verkehr gelten geringere Transparenzanforderungen.[202]

68   Wesentliche Grundgedanken der gesetzlichen Regelung **(§ 307 Abs. 2 Nr. 1 BGB)** ergeben sich idR aus dem gesetzlichen Leitbild eines normierten Vertragstyps. So besteht nach der gesetzlichen Regelung (§ 488 Abs. 1 S. 2 BGB) die Vergütung für ein Darlehen (nur) in geschuldeten Zins, dh in der *laufzeitabhängigen* Vergütung für die Möglichkeit der Kapitalnutzung; laufzeitunabhängig ausgestaltete Vergütungen, die der Darlehensgeber formularmäßig vereinbart (zB Bearbeitungsentgelte oder Zinscap-Prämien) weichen von diesem Leitbild ab, was ihre unangemessen benachteiligende Wirkung indiziert.[203] Wesentliche gesetzliche Grundgedanken können sich aber auch aus allgemeinen, am Gerechtigkeitsgedanken ausgerichteten und auf das betreffende Rechtsgebiet anwendbaren Grund-

---

[191] BGH Urt. v. 25.10.2017 – XII ZR 1/17, NJW-RR 2018, 198 Rn. 12 mwN; stRspr.

[192] BGH Urt. v. 17.10.2017 – XI ZR 157/16, NJW 2018, 383 Rn. 20 mwN; stRspr.

[193] BGH Urt. v. 4.7.2017 – XI ZR 562/15, NJW 2017, 2986 Rn. 40; stRspr.

[194] BGH Urt. v. 29.11.2002 – VI ZR 105/02, BGHZ 153, 94 (102) = NJW 2003, 888; Urt. v. 23.4.1991 – XI ZR 128/90, BGHZ 114, 238 (246) = NJW 1991, 1886; Urt. v. 1.12.1981 – KZR 37/80, BGHZ 82, 238 (240 f.) = NJW 1982, 644; UBH/*Fuchs* BGB § 307 Rn. 116, 144 ff.

[195] BGH Urt. v. 16.12.1982 – VII ZR 92/82, BGHZ 86, 135 (141) = NJW 1983, 816 zur VOB/B; Urt. v. 3.11.1994 – I ZR 100/92, BGHZ 127, 275 (281) = NJW 1995, 1490 zu den ADSp. Zu Recht für eine Anerkennung von „Paketlösungen" auch bei M&A-Verträgen *Kästle* NZG 2014, 288 (293).

[196] BGH Urt. v. 1.2.2005 – X ZR 10/04, NJW 2005, 1774 (1776).

[197] BGH Urt. v. 4.7.2017 – XI ZR 562/15, NJW 2017, 2986 Rn. 40 f.; stRspr.

[198] BGH Urt. v. 17.1.1989 – XI ZR 54/88, BGHZ 106, 259 (264 f.) = NJW 1989, 582; Urt. v. 25.10.2017 – XII ZR 1/17, NJW-RR 2018, 198 Rn. 13; EuGH Urt. v. 30.4.2014 – C-26/13, NJW 2014, 2335 Rn. 66, 70; UBH/*Fuchs* BGB § 307 Rn. 344.

[199] BGH Urt. v. 25.2.2016 – VII ZR 156/13, NJW 2017, 1575 Rn. 31.

[200] BGH Urt. v. 25.2.2016 – VII ZR 156/13, NJW 2017, 1575 Rn. 31.

[201] BGH Urt. v. 25.2.2016 – VII ZR 156/13, NJW 2017, 1575 Rn. 31; stRspr. aA Palandt/*Grüneberg* BGB § 307 Rn. 21: Verständnismöglichkeit des Verbrauchers maßgeblich (arg. ex § 310 Abs. 3 Nr. 3 BGB).

[202] UBH/*Fuchs* BGB § 307 Rn. 345; *Pfeiffer* in Wolf/Lindacher/Pfeiffer BGB § 307 Rn. 252.

[203] Vgl. etwa BGH Urt. v. 13.5.2014 – XI ZR 405/12, BGHZ 201, 168 Rn. 44 = NJW 2014, 2420; Urt. v. 5.6.2018 – XI ZR 790/16, WM 2018, 1363 Rn. 44 (Zinscap-Prämie).

sätzen ergeben,[204] ebenso aus zwingenden oder halbzwingenden gesetzlichen Vorgaben zugunsten des Vertragspartners.[205] So ist mittlerweile eine Klausel (Nr. 4 AGB-Banken aF, Nr. 11 AGB-Sparkassen aF) unwirksam, nach welcher der Kunde gegen das Kreditinstitut nur mit unbestrittenen oder rechtskräftig festgestellten Forderungen aufrechnen kann; dies deshalb, weil sie auch Forderungen erfasst, die dem Verbraucher nach Widerruf eines Darlehensvertrags (§§ 355 Abs. 3 S. 1, 357a BGB) zustehen und mit denen er gegen die Bank soll aufrechnen können. Die Aufrechnungsbeschränkung beinhaltet daher eine unzulässige Erschwerung des Widerrufsrechts.[206]

Eine unangemessene Benachteiligung wird nach **§ 307 Abs. 2 Nr. 2 BGB** zudem dadurch indi- **69** ziert, dass eine Klausel wesentliche Rechte oder Pflichten, die sich aus der Natur des Vertrags ergeben, so einschränkt, dass die Erreichung des Vertragszwecks gefährdet ist. Unzulässig ist demnach die **Aushöhlung von Kardinalpflichten.**[207] Eine solche liegt nicht schon in jeder Leistungsbeschränkung; Leistungsbeschränkungen liegen vielmehr grundsätzlich im unternehmerischen Ermessen des Verwenders. Die Schwelle des § 307 Abs. 2 Nr. 2 BGB wird erst überschritten, wenn die Beschränkung den Vertrag seinem Gegenstand nach aushöhlt und zwecklos macht.[208] Wesentliche Rechte und Pflichten können sich auch aus Nebenpflichten ergeben, sofern diese für die Erreichung des Vertragszwecks von besonderer Bedeutung sind.[209] Zu den Kardinalpflichten hat sich eine umfängliche Kasuistik gebildet.[210] So ist eine Klausel nach § 307 Abs. 2 Nr. 2 BGB unwirksam, in der ein Prospektherausgeber erklärt, keine Haftung für die Prospektangaben zu übernehmen.[211] Wer etwa als Kapitalvermittler einen Auskunftsvertrag schließt, kann sich nicht formularmäßig für eine Unrichtigkeit oder Unvollständigkeit der Auskunft freizeichnen.[212] Eine Bank kann demgegenüber auch formularmäßig ihre Haftung für Schäden ausschließen, die daraus entstehen, dass sie bei einer Überweisung nur die Kontonummer, nicht aber die Namensangabe beachtet.[213] Unzulässig ist eine formularmäßige Freizeichnung für Verzögerungen beim Scheckinkasso.[214]

Der Inhaltskontrolle unterliegen nach **§ 307 Abs. 3 S. 1 BGB** nur Klauseln, durch die von Rechts- **70** vorschriften abweichende oder diese ergänzende Regelungen vereinbart werden. **Leistungsbeschreibungen,** also Klauseln, die *unmittelbar* Art, Umfang und Güte der geschuldeten Leistung definieren, sind der Inhaltskontrolle entzogen.[215] Hingegen sind Klauseln kontrollierbar, die das Hauptleistungsversprechen einschränken, ausgestalten oder modifizieren; frei von der Inhaltskontrolle bleibt so nur der enge Bereich solcher Abreden, ohne deren Vorliegen ein wirksamer Vertrag mangels Bestimmbarkeit des wesentlichen Vertragsinhalts nicht mehr angenommen werden kann.[216] Keiner Inhaltskontrolle unterliegen demnach Bestimmungen über den Preis der vertraglichen Hauptleistung sowie Klauseln über das Entgelt für eine rechtlich nicht geregelte, zusätzlich angebotene Sonderleistung; kontrollfähig sind hingegen Klauseln, die von gesetzlichen Preisregeln abweichen, sowie Bestimmungen, die kein Entgelt für eine Leistung zum Gegenstand haben, sondern mittels derer der Verwender allgemeine Betriebskosten, Aufwand zur Erfüllung eigener Pflichten oder für Tätigkeiten, die im eigenen Interesse liegen, auf den Kunden abwälzt.[217] Eine Sonderleistung ist nur zu berücksichtigen, wenn sie eine „echte" (Gegen-)Leistung darstellt; denn Grundgedanke des dispositiven Rechts ist, dass jeder Rechtsunterworfene seine gesetzlichen Verpflichtungen zu erfüllen hat, ohne dafür ein gesondertes Entgelt verlangen zu können.[218]

Zu **Gebühren im Kreditzusammenhang** hat sich vor diesem Hintergrund (§ 307 Abs. 3 S. 1 **71** BGB) eine facettenreiche Rechtsprechung entwickelt: Verbrauchern formularmäßig berechnete **Bearbeitungsentgelte** verstoßen als laufzeitunabhängiges Entgelt, mit dem die Bank eigenen Bearbeitungsaufwand für die Kapitalbereitstellung auf den Kunden abwälzt, gegen § 307 Abs. 2 Nr. 1

---

[204] BGH Urt. v. 25.6.1991 – XI ZR 257/90, BGHZ 115, 38 (42) = NJW 1991, 2414.

[205] BGH Urt. v. 20.3.2018 – XI ZR 309/16, NJW 2018, 2042 Rn. 18; stRspr.

[206] BGH Urt. v. 20.3.2018 – XI ZR 309/16, NJW 2018, 2042 (unter Aufgabe bisheriger Rspr.). Anders früher BGH Urt. v. 18.6.2002 – XI ZR 160/01, NJW 2002, 2779.

[207] BGH Urt. 23.2.1984 – VII ZR 274/82, NJW 1985, 3016 (3018); Urt. v. 26.1.1993 – X ZR 90/91, NJW-RR 1993, 560 (561), stRspr; Palandt/*Grüneberg* BGB § 307 Rn. 33.

[208] BGH Urt. v. 12.7.2017 – XI ZR 151/15, NJW 2017, 2831 Rn. 15.

[209] BGH Urt. v. 20.6.1984 – VIII ZR 137/83, NJW 1985, 914 (916); Palandt/*Grüneberg* BGB § 307 Rn. 35; UBH/*Fuchs* BGB § 307 Rn. 260; *Pfeiffer* in Wolf/Lindacher/Pfeiffer BGB § 307 Rn. 143.

[210] Vgl. Palandt/*Grüneberg* BGB § 307 Rn. 37, 55 ff., § 309 Rn. 48.

[211] BGH Urt. v. 15.6.2000 – III ZR 305/98, NJW 2000, 3275 (3276).

[212] BGH Urt. v. 13.1.2000 – III ZR 62/99, NJW-RR 2000, 998 (999).

[213] § 675r Abs. 1 BGB; vgl. Palandt/*Grüneberg* BGB § 675r Rn. 1; anders nach früherem Recht BGH Urt. v. 9.7.1991 – XI ZR 72/90, NJW 1991, 2563 (2563).

[214] BGH Urt. v. 21.12.1987 – II ZR 177/87, NJW-RR 1988, 559 (561).

[215] BGH Urt. v. 9.4.2014 – VIII ZR 404/12, NJW 2014, 2269 Rn. 43 mwN; stRspr.

[216] BGH Urt. v. 12.3.1987 – VII ZR 37/86, BGHZ 100, 157 (173 f.) = NJW 1987, 1931; Urt. v. 13.7.1994 – IV ZR 107/93, BGHZ 127, 35 (41) = NJW 1994, 2693; Urt. v. 25.6.1993 – IV ZR 135/92, NJW 1993, 2369; Urt. v. 24.3.1999 – IV ZR 99/98, BGHZ 141, 137 (141) = NJW 1999, 2279; Urt. v. 12.12.2000 – XI ZR 138/00, BGHZ 146, 138 (140) = NJW 2001, 751.

[217] BGH Urt. v. 12.9.2017 – XI ZR 590/15, NJW 2017, 3649 Rn. 25 mwN; stRspr.

[218] Vgl. BGH Urt. v. 21.10.1997 – XI ZR 5/97, BGHZ 137, 43 = NJW 1998, 309.

BGB;[219] entsprechendes gilt nach der Rechtsprechung bei Unternehmerkrediten,[220] gleich ob es sich um einen Barkredit oder um einen Avalkredit[221] handelt (zur Kritik daran → Rn. 41 f.). Gegenüber Verbrauchern ist auch die formularmäßige Vereinbarung einer **Zinscap-Prämie** oder einer **Zinssicherungsgebühr** unzulässig.[222] Für **Bausparverträge** gilt ebenfalls das Leitbild des § 488 Abs. 1 S. 2 BGB; bei ihnen lässt sich in AGB zwar die Zahlung einer **Abschlussgebühr** von 1 % der Bausparsumme vereinbaren,[223] nicht jedoch eine „Darlehensgebühr" bei Auszahlung[224] oder eine allgemeine „Kontogebühr".[225] Bei einem **KfW-Förderdarlehen** benachteiligt eine Bearbeitungsgebühr von 2 % den Verbraucher nicht unangemessen,[226] wohl aber bei einem sonstigen Darlehen mit einem unter Marktniveau liegenden Zins.[227]

72   Die Rechtsprechung hat im Übrigen als kontrollfähige Nebenabreden Klauseln über folgende Gegenstände angesehen: Gebühr je **smsTAN**,[228] Gebühr für geduldete **Kontoüberziehung**,[229] Preis pro **Buchungsposten** auf einem Girokonto,[230] **Verzugszinsen**,[231] Stundungszinsen,[232] Fälligkeitszinsen,[233] **Bereitstellungszinsen**,[234] Überziehungszinsen,[235] **Berechnung von Zins- und Tilgung**,[236] **Wertstellung**,[237] Gebühr für **Ein- und Auszahlungen** am Bankschalter[238] sowie für die Nutzung von **Geldautomaten**,[239] Entgelt für die Verwaltung von **Freistellungsaufträgen**,[240] Entgelt für die **Nichtausführung von Aufträgen oder Lastschriften** mangels Deckung[241] und die Benachrichtigung des Kontoinhabers darüber,[242] Entgelt für die **Bearbeitung von Kontopfändungen** und die **Führung eines Pfändungsschutzkontos**[243], Entgelt für die **Führung eines Darlehenskontos**,[244] Haftungsausschluss beim **Online-Banking**,[245] Erstattung von Fremdkosten bei **Rücklastschriften**,[246] **Zeichnungsgebühr** auch bei Nichtzuteilung von Aktien[247], Entgelt für **Depotübertragungen**.[248]

73   **Nicht kontrollfähig** sind hingegen Klauseln über folgende Gegenstände: die **Erstattung fremder Kosten für Scheckrückgaben** (weil damit nur der nach § 670 BGB bestehende Aufwendungsersatzanspruch verlautbart wird)[249] sowie die **Vereinbarung eines variablen Zinssatzes**.[250]

[219] BGH Urt. v. 13.5.2014 – XI ZR 405/12, BGHZ 201, 168 Rn. 31 ff. = NJW 2014, 2420.
[220] BGH Urt. v. 4.7.2017 – XI ZR 562/15, NJW 2017, 2986 Rn. 38; Urt. v. 4.7.2016 – XI ZR 233/16, NJW 2017, 2995. Zust. *Nobbe* WuB 2018, 72 ff.; *Graf v. Westphalen* BB 2017, 2051 (2057). Krit. *Müller/Marchant/Eilers* BB 2017, 2243; *Weber* BKR 2017, 106; *Trinkaus/Lauer/Rinne/Dey* DB 2017, Beil. 3, 42.
[221] BGH Urt. v. 17.4.2018 – XI ZR 238/16, WM 2018, 1356.
[222] BGH Urt. v. 5.6.2018 – XI ZR 790/16, WM 2018, 1363 Rn. 39.
[223] BGH Urt. v. 7.12.2010 – XI ZR 3/10 BGHZ 187, 360 = NJW 2011, 1801.
[224] BGH Urt. v. 8.11.2016 – XI ZR 552/15, BGHZ 212, 363 = NJW 2017, 1461.
[225] BGH Urt. v. 9.5.2017 – XI ZR 308/15, NJW 2017, 2538.
[226] BGH Urt. v. 16.2.2016 – XI ZR 454/14, BGHZ 209, 71 = NJW 2016, 1875.
[227] BGH Urt. v. 17.10.2017 – XI ZR 157/16, NJW 2018, 383.
[228] BGH Urt. v. 25.7.2017 – XI ZR 260/15, NJW 2017, 3222.
[229] BGH Urt. v. 25.10.2016 – XI ZR 9/15, BGHZ 212, 329 = NJW 2017, 1018.
[230] BGH Urt. v. 28.7.2015 – XI ZR 434/14, BGHZ 206, 305 = NJW 2015, 3025.
[231] BGH Urt. v. 31.1.1985 – III ZR 105/83, NJW 1986, 376 (377).
[232] BGH Urt. v. 19.9.1985 – III ZR 213/83, BGHZ 95, 362 (370) = NJW 1986, 46.
[233] BGH Urt. v. 11.12.1997 – IX ZR 46/97, NJW 1998, 992 (992).
[234] BGH Urt. v. 6.3.1986 – III ZR 234/84, NJW 1986, 1807 (1809).
[235] BGH Urt. v. 14.4.1992 – XI ZR 196/91, BGHZ 118, 126 = NJW 1992, 1751; Urt. v. 29.3.1994 – XI ZR 69/93, BGHZ 125, 343 (345) = NJW 1994, 1532.
[236] BGH Urt. v. 24.11.1988 – III ZR 188/87, BGHZ 106, 42 (46) = NJW 1989, 222.
[237] BGH Urt. v. 17.1.1989 – XI ZR 54/88, BGHZ 106, 259 = NJW 1989, 582; Urt. v. 17.6.1997 – XI ZR 239/96, NJW 1997, 31.
[238] BGH Urt. v. 30.11.1993 – XI ZR 80/93, BGHZ 124, 254 = NJW 1994, 318; nach BGH Urt. v. 18.6.2019 – XI ZR 768/17, BGHZ 222, 240 = WM 2019, 2153 kommt es nun aber wegen § 675f Abs. 5 S. 1 BGB auf die konkrete Ausgestaltung des Preis- und Leistungsverzeichnisses an.
[239] BGH Urt. v. 7.5.1996 – XI ZR 217/95, BGHZ 133, 10 (17) = NJW 1996, 2032 (zweifelhaft).
[240] BGH Urt. v. 15.7.1997 – XI ZR 269/96, BGHZ 136, 261 = NJW 1997, 2752; Urt. v. 15.7.1997 – XI ZR 279/96, NJW 1997, 2753. Verfassungsrechtlich nicht zu beanstanden BVerfG Beschl. v. 28.8.2000 – 1 BvR 1821/97, NJW 2000, 3635.
[241] BGH Urt. v. 21.10.1997 – XI ZR 5/97, BGHZ 137, 43 = NJW 1998, 309.
[242] BGH Urt. v. 13.2.2001 – XI ZR 197/00, BGHZ 146, 377 = NJW 2001, 1419.
[243] BGH Urt. v. 16.7.2013 – XI ZR 260/12, WM 2013, 1796; Urt. v. 19.10.1999 – XI ZR 8/99, NJW 2000, 651; Urt. v. 18.5.1999 – XI ZR 219/98, BGHZ 141, 380 = NJW 1999, 2276.
[244] BGH Urt. v. 7.6.2011 – XI ZR 388/10, BGHZ 190, 66 = NJW 2011, 2640.
[245] BGH Urt. v. 12.12.2000 – XI ZR 138/00, BGHZ 146, 138 = NJW 2001, 751.
[246] BGH Urt. v. 9.4.2002 – XI ZR 245/01, BGHZ 150, 269 (274) = NJW 2002, 1950.
[247] BGH Urt. v. 28.1.2003 – XI ZR 156/02, BGHZ 153, 344 = NJW 2003, 1447.
[248] BGH Urt. v. 30.11.2004 – XI ZR 200/03, NJW 2005, 1275 für Übertragung bei bestehender Geschäftsverbindung; BGH Urt. v. 30.11.2004 – XI ZR 49/04, WM 2005, 274 (275) für Übertragung anlässlich Depotauflösung. Zust. *Billing* MDR 2005, 601 f.
[249] BGH Urt. v. 9.4.2002 – XI ZR 245/01, BGHZ 150, 269 (273) = NJW 2002, 1950.
[250] BGH Urt. v. 17.2.2004 – XI ZR 140/03, BGHZ 158, 149 = NJW 2004, 1588; Urt. v. 13.4.2010 – XI ZR 197/09, NJW 2010, 1742 Rn. 16; *Schimansky* WM 2001, 1169 (1175). Vgl. aber auch BGH Urt. v. 14.5.2014 – VIII ZR 114/13, NJW 2014, 2708 Rn. 26 f. (variabler Gaspreis).

Klauseln über Einräumung und Ausgestaltung **einseitiger Leistungsbestimmungsrechte** sind **74** stets überprüfbar, weil auf diese Weise vom Grundsatz abgewichen wird, dass Leistung und Gegenleistung im Vertrag festzulegen sind.[251] Sie können nur hingenommen werden, soweit sie bei unsicherer Entwicklung der Verhältnisse als Instrument der Anpassung notwendig sind; in der Klausel müssen zudem der Anlass, aus dem das Bestimmungsrecht entsteht, sowie Richtlinien und Grenzen seiner Ausübung möglichst konkret angeben sein.[252] In diesem Zusammenhang sind **Zinsänderungsklauseln** in die Diskussion geraten.[253] Im **Aktivgeschäft** wurden inhaltlich unbeschränkte Änderungsklauseln zunächst einschränkend dahin ausgelegt, dass sie den darlehensgebenden Kreditinstituten Änderungen des Zinssatzes nur nach Maßgabe der kapitalmarktbedingten Veränderungen ihrer Refinanzierungskonditionen gestatten; der Bundesgerichtshof verlangt jedoch inzwischen eine transparente Offenlegung der Änderungsparameter.[254] Im **Passivgeschäft** (Verzinsung von Kundeneinlagen) ist eine dem Kreditinstitut formularmäßig unbeschränkt eingeräumte Zinsänderungsbefugnis jedenfalls wegen Verstoßes gegen § 308 Nr. 4 BGB unwirksam, da sie nicht das erforderliche Mindestmaß an Kalkulierbarkeit möglicher Zinsänderungen aufweist.[255]

10. Unwirksamkeitsfolgen. Sind AGB ganz oder teilweise nicht Vertragsbestandteil geworden **75** oder unwirksam, bleibt der Vertrag im Übrigen wirksam (§ 306 Abs. 1 BGB). Das gilt nur dann nicht, wenn – etwa aufgrund Widerspruchs des Kunden – über die AGB-Einbeziehung offener Dissens besteht; in diesem Fall beurteilt sich das Zustandekommen des Vertrags nach § 154 BGB.[256] Gemäß § 306 Abs. 2 BGB ist die durch Nichteinbeziehung oder Unwirksamkeit einer Klausel entstandene Vertragslücke durch **Rückgriff auf dispositives Recht** zu schließen.[257] Soweit der Klauselgegenstand im dispositiven Recht nicht geregelt ist, kommt auch bei Formularverträgen eine **ergänzende Vertragsauslegung** in Betracht (→ Rn. 62). Gesamtnichtigkeit des Vertrags tritt nur in zwei Fällen ein: Zu einen, wenn eine Lücke verbleibt, die sich weder durch dispositives Recht noch durch ergänzende Vertragsauslegung schließen lässt; zum anderen gem. § 306 Abs. 3 BGB, wenn das Festhalten an dem durch das dispositive Recht ergänzten Vertrag eine **unzumutbare Härte** für eine Vertragspartei darstellt.[258] Letzteres ist nicht der Fall, wenn die Unwirksamkeit der Klausel für den Verwender vorhersehbar war.[259]

Enthält eine Klausel mehrere aus sich heraus verständliche, mithin inhaltlich voneinander **trennbare 76 Regelungen,** lässt sich deren Wirksamkeit gesondert überprüfen. Das setzt aber voraus, dass die Klausel sowohl sprachlich als auch der Sache nach teilbar ist, sodass sinnvoll ein zulässiger und ein unzulässiger Regelungsteil unterschieden werden können. Inhaltliche Trennbarkeit ist immer dann gegeben, wenn der unwirksame Teil der Klausel gestrichen werden kann, ohne dass der Sinn des anderen Teils darunter leidet (sog. *blue pencil test*); ob beide Bestimmungen den gleichen Regelungsgegenstand betreffen, ist dabei unerheblich.[260] Inhaltliche Trennbarkeit ist hingegen zu verneinen, wenn der aufrechtzuerhaltende Teil im Gesamtgefüge des Vertrags nicht mehr sinnvoll ist; so etwa, wenn der unwirksame Teil von so einschneidender Bedeutung ist, dass ohne ihn von einer neuen, völlig abweichenden Gestaltung gesprochen werden müsste.

Ist eine Klausel nicht in vorgennannten Sinne teilbar, führt die Unwirksamkeit eines ihrer Teile zu **77** ihrer Gesamtunwirksamkeit; die Rückführung der Klausel auf einen noch zulässigen Inhalt scheitert dann am **Verbot geltungserhaltender Reduktion.**[261] Davon zu unterscheiden ist die **Umformulierung** einer zwar gegenständlich, aber nicht sprachlich teilbaren Klausel, wenn damit der Vertrag einen

---

[251] BGH Urt. v. 11.10.2007 – III ZR 63/07, WM 2007, 2202 (2203); Urt. v. 9.7.1981 – VII ZR 139/80, BGHZ 81, 229 (232) = NJW 1981, 2351; Urt. v. 18.5.1983 – VIII ZR 83/82, NJW 1983, 1854 (1855); UBH/*Fuchs* § 307 Rn. 173.

[252] BGH Urt. v. 18.5.1999 – XI ZR 219/98, NJW 1999, 2276; Urt. v. 19.10.1999 – XI ZR 8/99, NJW 2000, 651.

[253] *Bruchner* BKR 2001, 16; *Derleder* WM 2001, 2029; *Habersack* WM 2001, 753; *Metz* BKR 2001, 21; *Schebesta* BKR 2002, 564; *Schebesta* BKR 2005, 217; *Schimansky* WM 2001, 1169; *Schimansky* WM 2003, 1449.

[254] BGH Urt. v. 21.4.2009 – XI ZR 78/08, BGHZ 180, 257 (272) = NJW 2009, 2051.

[255] BGH Urt. v. 17.2.2004 – XI ZR 140/03, BGHZ 158, 149, 156 f. mwN = NJW 2004, 1588; Urt. v. 14.3.2017 – XI ZR 508/15, NJW-RR 2017, 942.

[256] Vgl. Palandt/*Ellenberger* BGB § 306 Rn. 8.

[257] Vgl. auch EuGH Urt. v. 30.4.2014 – C-26/13, NJW 2014, 2335 Rn. 82.

[258] Vgl. BGH Urt. v. 8.5.2007 – KZR 14/04, NJW 2007, 3568 Rn. 12. Umstr. ist, ob die Vorschrift des § 306 Abs. 3 BGB mit Art. 6 Abs. 1 RL 93/13/EWG vereinbar ist. Bejahend Staudinger/*Schlosser*, 2013, BGB § 306 Rn. 29; *Lindacher/Hau* in Wolf/Lindacher/Pfeiffer BGB § 306 Rn. 58a; verneinend MüKoBGB/*Basedow* BGB § 306 Rn. 5 f.; UBH/*Schmidt* BGB § 306 Rn. 4e.

[259] BGH Urt. v. 22.2.2002 – V ZR 26/01, NJW-RR 2002, 1136 (1137); UBH/*Schmidt* BGB § 306 Rn. 45; *Lindacher-Hau* in Wolf/Lindacher/Pfeiffer BGB § 306 Rn. 61.

[260] BGH Urt. v. 10.10.2013 – III ZR 325/12, NJW 2014, 141 Rn. 14; Urt. v. 18.2.2016 – III ZR 126/15, BGHZ 209, 52 Rn. 37 = NJW 2016, 1578; *Bunte* in Schimansky/Bunte/Lwowski BankR-HdB § 5 Rn. 66.

[261] BGH Urt. v. 30.11.1993 – XI ZR 80/93, BGHZ 124, 254 (262) = NJW 1994, 318; Urt. v. 1.2.2005 – X ZR 10/04, NJW 2005, 1774 (1776); Urt. v. 23.1.2013 – VIII ZR 80/12, NJW 2013, 991 Rn. 25; UBH/*Schmidt* BGB § 306 Rn. 14 ff. *Wächter*, M&A Litigation, 2. Aufl. 2014 Fn. 19 verweist krit. und treffend darauf, tats. handle es sich oft eher um *„geltungsvernichtende Expansion."*

Leistungsinhalt behält, der den Vorstellungen des Vertragspartners des Verwenders entspricht und die Gesamtnichtigkeit eine gemessen am Schutzzweck der §§ 305 ff. BGB überschießende Rechtsfolge wäre.[262] An der Unwirksamkeit einer Klausel ändert sich nichts durch Zusätze, wie „soweit nicht zwingende gesetzliche Vorschriften entgegenstehen" oder „soweit gesetzlich zulässig"; diese verstoßen gegen das Transparenzgebot (§ 307 Abs. 1 S. 2 BGB).[263]

78   **Salvatorische Ersetzungsklauseln,** nach denen eine unwirksame Bestimmung als durch eine solche wirksame Bestimmung ersetzt gilt, die der unwirksamen Bestimmung wirtschaftlich möglichst nahe kommt, sind in Formularverträgen ihrerseits wegen Verstoßes gegen § 306 Abs. 2 BGB (und § 307 Abs. 1 S. 2 BGB) nichtig.[264] Wirksam sind dagegen **salvatorische Erhaltungsklauseln,** nach denen die teilweise Unwirksamkeit die Vertragswirksamkeit im Übrigen nicht berührt; denn damit wird nur verlautbart, was § 306 Abs. 2 BGB abweichend von § 139 BGB ohnehin bestimmt.[265]

VI. Allgemeine Geschäftsbedingungen der Banken[266]

79   **Grundregeln für die Beziehung zwischen Kunde und Bank**

1. Geltungsbereich und Änderungen dieser Geschäftsbedingungen und der Sonderbedingungen für einzelne Geschäftsbeziehungen

(1) Geltungsbereich

Die Allgemeinen Geschäftsbedingungen gelten für die gesamte Geschäftsverbindung zwischen dem Kunden und den inländischen Geschäftsstellen der Bank (im folgenden Bank genannt). Daneben gelten für einzelne Geschäftsbeziehungen (zum Beispiel für das Wertpapiergeschäft, den Zahlungsverkehr und für den Sparverkehr) Sonderbedingungen, die Abweichungen oder Ergänzungen zu diesen Allgemeinen Geschäftsbedingungen enthalten; sie werden bei der Kontoeröffnung oder bei Erteilung eines Auftrages mit dem Kunden vereinbart. Unterhält der Kunde auch Geschäftsverbindungen zu ausländischen Geschäftsstellen, sichert das Pfandrecht der Bank (Nummer 14 dieser Geschäftsbedingungen) auch die Ansprüche dieser ausländischen Geschäftsstellen.

(2) Änderungen

Änderungen dieser Geschäftsbedingungen und der Sonderbedingungen werden dem Kunden spätestens zwei Monate vor dem vorgeschlagenen Zeitpunkt ihres Wirksamwerdens in Textform angeboten. Hat der Kunde mit der Bank im Rahmen der Geschäftsbeziehung einen elektronischen Kommunikationsweg vereinbart (zum Beispiel das Online-Banking), können die Änderungen auch auf diesem Wege angeboten werden. Der Kunde kann den Änderungen vor dem vorgeschlagenen Zeitpunkt ihres Wirksamwerdens entweder zustimmen oder sie ablehnen. Die Zustimmung des Kunden gilt als erteilt, wenn er seine Ablehnung nicht vor dem vorgeschlagenen Zeitpunkt des Wirksamwerdens der Änderungen angezeigt hat. Auf diese Genehmigungswirkung wird ihn die Bank in ihrem Angebot besonders hinweisen.

Werden dem Kunden Änderungen von Bedingungen zu Zahlungsdiensten (zum Beispiel Überweisungsbedingungen) angeboten, kann er vor dem Wirksamwerden der Änderung betroffenen Zahlungsdiensterahmenvertrag vor dem vorgeschlagenen Zeitpunkt des Wirksamwerdens der Änderungen auch fristlos und kostenfrei kündigen. Auf dieses Kündigungsrecht wird ihn die Bank in ihrem Angebot besonders hinweisen.

2. Bankgeheimnis und Bankauskunft

(1) Bankgeheimnis

Die Bank ist zur Verschwiegenheit über alle kundenbezogenen Tatsachen und Wertungen verpflichtet, von denen sie Kenntnis erlangt (Bankgeheimnis). Informationen über den Kunden darf die Bank nur weitergeben, wenn gesetzliche Bestimmungen dies gebieten oder der Kunde eingewilligt hat oder die Bank zur Erteilung einer Bankauskunft befugt ist.

(2) Bankauskunft

Eine Bankauskunft enthält allgemein gehaltene Feststellungen und Bemerkungen über die wirtschaftlichen Verhältnisse des Kunden, seine Kreditwürdigkeit und Zahlungsfähigkeit; betragsmäßige Angaben über Kontostände, Sparguthaben, Depot- oder sonstige der Bank anvertraute Vermögenswerte sowie Angaben über die Höhe von Kreditinanspruchnahmen werden nicht gemacht.

(3) Voraussetzungen für die Erteilung einer Bankauskunft

Die Bank ist befugt, über juristische Personen und im Handelsregister eingetragene Kaufleute Bankauskünfte zu erteilen, sofern sich die Anfrage auf ihre geschäftliche Tätigkeit bezieht. Die Bank erteilt jedoch keine Auskünfte, wenn ihr eine anderslautende Weisung des Kunden vorliegt. Bankauskünfte über andere Personen, insbesondere über Privatkunden und Vereinigungen, erteilt die Bank nur dann, wenn diese generell oder im Einzelfall ausdrücklich zugestimmt haben. Eine Bankauskunft wird nur erteilt, wenn der Anfragende ein berechtigtes Interesse an der gewünschten Auskunft glaubhaft dargelegt hat und kein Grund zu der Annahme besteht, dass schutzwürdige Belange des Kunden der Auskunftserteilung entgegenstehen.

---

[262] BGH Urt. v. 18.5.1995 – IX ZR 108/94, BGHZ 130, 19 (35 f.) = NJW 1995, 2553 für zu weit geratene Zweckerklärung bei Kontokorrentbürgschaft.

[263] BGH Urt. v. 12.10.1995 – I ZR 172/93, NJW 1996, 1407 (1408); Urt. v. 22.9.2015 – II ZR 340/14, NZG 2016, 31 Rn. 19; Palandt/*Grüneberg* BGB § 306 Rn. 11; *Lindacher-Hau* in Wolf/Lindacher/Pfeiffer BGB § 306 Rn. 44 f.

[264] BGH Urt. v. 26.3.2015 – VII ZR 92/14, NJW 2015, 1952 Rn. 45 mwN.

[265] BGH Urt. v. 6.4.2005 – XII ZR 132/03, NJW 2005, 2225 (2226); Palandt/*Grüneberg* BGB § 306 Rn. 11. UBH/*Schmidt* BGB § 306 Rn. 39.

[266] Stand Juli 2018.

(4) Empfänger von Bankauskünften

Bankauskünfte erteilt die Bank nur eigenen Kunden sowie anderen Kreditinstituten für deren Zwecke oder die ihrer Kunden.

3. Haftung der Bank; Mitverschulden des Kunden

(1) Haftungsgrundsätze

Die Bank haftet bei der Erfüllung ihrer Verpflichtungen für jedes Verschulden ihrer Mitarbeiter und der Personen, die sie zur Erfüllung ihrer Verpflichtungen hinzuzieht. Soweit die Sonderbedingungen für einzelne Geschäftsbeziehungen oder sonstige Vereinbarungen etwas Abweichendes regeln, gehen diese Regelungen vor. Hat der Kunde durch ein schuldhaftes Verhalten (zum Beispiel durch Verletzung der in Nr. 11 dieser Geschäftsbedingungen aufgeführten Mitwirkungspflichten) zu der Entstehung eines Schadens beigetragen, bestimmt sich nach den Grundsätzen des Mitverschuldens, in welchem Umfang Bank und Kunde den Schaden zu tragen haben.

(2) Weitergeleitete Aufträge

Wenn ein Auftrag seinem Inhalt nach typischerweise in der Form ausgeführt wird, dass die Bank einen Dritten mit der weiteren Erledigung betraut, erfüllt die Bank den Auftrag dadurch, dass sie ihn im eigenen Namen an den Dritten weiterleitet (weitergeleiteter Auftrag). Dies betrifft zum Beispiel die Einholung von Bankauskünften bei anderen Kreditinstituten oder die Verwahrung und Verwaltung von Wertpapieren im Ausland. In diesen Fällen beschränkt sich die Haftung der Bank auf die sorgfältige Auswahl und Unterweisung des Dritten.

(3) Störung des Betriebs

Die Bank haftet nicht für Schäden, die durch höhere Gewalt, Aufruhr, Kriegs- und Naturereignisse oder durch sonstige von ihr nicht zu vertretende Vorkommnisse (zum Beispiel Streik, Aussperrung, Verkehrsstörung, Verfügungen von hoher Hand im In- oder Ausland) eintreten.

4. Grenzen der Aufrechnungsbefugnis des Kunden, der kein Verbraucher ist

Der Kunde kann gegen Forderungen der Bank nur aufrechnen, wenn seine Forderungen unbestritten oder rechtskräftig festgestellt sind. Diese Aufrechnungsbeschränkung gilt nicht für eine vom Kunden zur Aufrechnung gestellte Forderung, die ihren Rechtsgrund in einem Darlehen oder einer Fianzierungshilfe gemäß §§ 513, 491 bis 512 BGB hat.

5. Verfügungsberechtigung nach dem Tod des Kunden

Nach dem Tod des Kunden hat derjenige, der sich gegenüber der Bank auf die Rechtsnachfolge des Kunden beruft, der Bank seine erbrechtliche Berechtigung in geeigneter Weise nachzuweisen. Wird der Bank eine Ausfertigung oder eine beglaubigte Abschrift der letztwilligen Verfügung (Testament, Erbvertrag) nebst zugehöriger Eröffnungsniederschrift vorgelegt, darf die Bank denjenigen, der darin als Erbe oder Testamentsvollstrecker bezeichnet ist, als Berechtigten ansehen, ihn verfügen lassen und insbesondere mit befreiender Wirkung an ihn leisten. Dies gilt nicht, wenn der Bank bekannt ist, dass der dort Genannte (zum Beispiel nach Anfechtung oder wegen Nichtigkeit des Testaments) nicht verfügungsberechtigt ist, oder wenn ihr dies infolge Fahrlässigkeit nicht bekannt geworden ist.

6. Maßgebliches Recht und Gerichtsstand bei kaufmännischen und öffentlich-rechtlichen Kunden

(1) Geltung deutschen Rechts

Für die Geschäftsverbindung zwischen dem Kunden und der Bank gilt deutsches Recht.

(2) Gerichtsstand für Inlandskunden

Ist der Kunde ein Kaufmann und ist die streitige Geschäftsbeziehung dem Betriebe seines Handelsgewerbes zuzurechnen, so kann die Bank diesen Kunden an dem für die kontoführende Stelle zuständigen Gericht oder bei einem anderen zuständigen Gericht verklagen; dasselbe gilt für eine juristische Person des öffentlichen Rechts und für öffentlich-rechtliche Sondervermögen. Die Bank selbst kann von diesen Kunden nur an dem für die kontoführende Stelle zuständigen Gericht verklagt werden.

(3) Gerichtsstand für Auslandskunden

Die Gerichtsstandsvereinbarung gilt auch für Kunden, die im Ausland eine vergleichbare gewerbliche Tätigkeit ausüben, sowie für ausländische Institutionen, die mit inländischen juristischen Personen des öffentlichen Rechts oder mit einem inländischen öffentlich-rechtlichen Sondervermögen vergleichbar sind.

Kontoführung
7. Rechnungsabschlüsse bei Kontokorrentkonten (Konten in laufender Rechnung)

(1) Erteilung der Rechnungsabschlüsse

Die Bank erteilt bei einem Kontokorrentkonto, sofern nicht etwas anderes vereinbart ist, jeweils zum Ende eines Kalenderquartals einen Rechnungsabschluss; dabei werden die in diesem Zeitraum entstandenen beiderseitigen Ansprüche (einschließlich der Zinsen und Entgelte der Bank) verrechnet. Die Bank kann auf den Saldo, der sich aus der Verrechnung ergibt, nach Nummer 12 dieser Geschäftsbedingungen oder nach der mit dem Kunden anderweitig getroffenen Vereinbarung Zinsen berechnen.

(2) Frist für Einwendungen; Genehmigung durch Schweigen

Einwendungen wegen Unrichtigkeit oder Unvollständigkeit eines Rechnungsabschlusses hat der Kunde spätestens vor Ablauf von sechs Wochen nach dessen Zugang zu erheben; macht er seine Einwendungen in Textform geltend, genügt die Absendung innerhalb der Sechs-Wochen-Frist. Das Unterlassen rechtzeitiger Einwendungen gilt als Genehmigung. Auf diese Folge wird die Bank bei Erteilung des Rechnungsabschlusses besonders hinweisen. Der Kunde kann auch nach Fristablauf eine Berichtigung des Rechnungsabschlusses verlangen, muss dann aber beweisen, dass zu Unrecht sein Konto belastet oder eine ihm zustehende Gutschrift nicht erteilt wurde.

8. Storno- und Berichtigungsbuchungen der Bank

(1) Vor Rechnungsabschluss

Fehlerhafte Gutschriften auf Kontokorrentkonten (zum Beispiel wegen einer falschen Kontonummer) darf die Bank bis zum nächsten Rechnungsabschluss durch eine Belastungsbuchung rückgängig machen, soweit ihr ein

Rückzahlungsanspruch gegen den Kunden zusteht (Stornobuchung); der Kunde kann in diesem Fall gegen die Belastungsbuchung nicht einwenden, dass er in Höhe der Gutschrift bereits verfügt hat.

(2) Nach Rechnungsabschluss

Stellt die Bank eine fehlerhafte Gutschrift erst nach einem Rechnungsabschluss fest und steht ihr ein Rückzahlungsanspruch gegen den Kunden zu, so wird sie in Höhe ihres Anspruchs sein Konto belasten (Berichtigungsbuchung). Erhebt der Kunde gegen die Berichtigungsbuchung Einwendungen, so wird die Bank den Betrag dem Konto wieder gutschreiben und ihren Rückzahlungsanspruch gesondert geltend machen.

(3) Information des Kunden; Zinsberechnung

Über Storno- und Berichtigungsbuchungen wird die Bank den Kunden unverzüglich unterrichten. Die Buchungen nimmt die Bank hinsichtlich der Zinsberechnung rückwirkend zu dem Tag vor, an dem die fehlerhafte Buchung durchgeführt wurde.

9. Einzugsaufträge

(1) Erteilung von Vorbehaltsgutschriften bei der Einreichung

Schreibt die Bank den Gegenwert von Schecks und Lastschriften schon vor ihrer Einlösung gut, geschieht dies unter dem Vorbehalt ihrer Einlösung, und zwar auch dann, wenn diese bei der Bank selbst zahlbar sind. Reicht der Kunde andere Papiere mit dem Auftrag ein, von einem Zahlungspflichtigen einen Forderungsbetrag zu beschaffen (zum Beispiel Zinsscheine), und erteilt die Bank über den Betrag eine Gutschrift, so steht diese unter dem Vorbehalt, dass die Bank den Betrag erhält. Der Vorbehalt gilt auch dann, wenn die Schecks, Lastschriften und anderen Papiere bei der Bank selbst zahlbar sind. Werden Schecks oder Lastschriften nicht eingelöst oder erhält die Bank den Betrag aus dem Einzugsauftrag nicht, macht die Bank die Vorbehaltsgutschrift rückgängig. Dies geschieht unabhängig davon, ob in der Zwischenzeit ein Rechnungsabschluss erteilt wurde.

(2) Einlösung von Lastschriften und vom Kunden ausgestellter Schecks

Lastschriften sowie Schecks sind eingelöst, wenn die Belastungsbuchung nicht spätestens am zweiten Bankarbeitstag[267] – bei SEPA-Firmenlastschriften nicht spätestens am dritten Bankarbeitstag – nach ihrer Vornahme rückgängig gemacht wird. Barschecks sind bereits mit Zahlung an den Scheckvorleger eingelöst. Schecks sind auch schon dann eingelöst, wenn die Bank im Einzelfall eine Bezahltmeldung absendet. Schecks, die über die Abrechnungsstelle der Bundesbank vorgelegt werden, sind eingelöst, wenn sie nicht bis zu dem von der Bundesbank festgesetzten Zeitpunkt zurückgegeben werden.

10. Fremdwährungsgeschäfte und Risiken bei Fremdwährungskonten

(1) Auftragsausführung bei Fremdwährungskonten

Fremdwährungskonten des Kunden dienen dazu, Zahlungen an den Kunden und Verfügungen des Kunden in fremder Währung bargeldlos abzuwickeln. Verfügungen über Guthaben auf Fremdwährungskonten (zum Beispiel durch Überweisungen zu Lasten des Fremdwährungsguthabens) werden unter Einschaltung von Banken im Heimatland der Währung abgewickelt, wenn sie die Bank nicht vollständig innerhalb des eigenen Hauses ausführt.

(2) Gutschriften bei Fremdwährungsgeschäften mit dem Kunden

Schließt die Bank mit dem Kunden ein Geschäft (zum Beispiel ein Devisentermingeschäft) ab, aus dem sie die Verschaffung eines Betrages in fremder Währung schuldet, wird sie ihre Fremdwährungsverbindlichkeit durch Gutschrift auf dem Konto des Kunden in dieser Währung erfüllen, sofern nicht etwas anderes vereinbart ist.

(3) Vorübergehende Beschränkung der Leistung durch die Bank

Die Verpflichtung der Bank zur Ausführung einer Verfügung zu Lasten eines Fremdwährungsguthabens (Absatz 1) oder zur Erfüllung einer Fremdwährungsverbindlichkeit (Absatz 2) ist in dem Umfang und solange ausgesetzt, wie die Bank in der Währung, auf die das Fremdwährungsguthaben oder die Verbindlichkeit lautet, wegen politisch bedingter Maßnahmen oder Ereignisse im Lande dieser Währung nicht oder nur eingeschränkt verfügen kann. In dem Umfang und solange diese Maßnahmen oder Ereignisse andauern, ist die Bank auch nicht zu einer Erfüllung an einem anderen Ort außerhalb des Landes der Währung, in einer anderen Währung (auch nicht in Euro) oder durch Anschaffung von Bargeld verpflichtet. Die Verpflichtung der Bank zur Ausführung einer Verfügung zu Lasten eines Fremdwährungsguthabens ist dagegen nicht ausgesetzt, wenn sie die Bank vollständig im eigenen Haus ausführen kann. Das Recht des Kunden und der Bank, fällige gegenseitige Forderungen in derselben Währung miteinander zu verrechnen, bleibt von den vorstehenden Regelungen unberührt.

(4) Wechselkurs

Die Bestimmung des Wechselkurses bei Fremdwährungsgeschäften ergibt sich aus dem „Preis- und Leistungsverzeichnis". Bei Zahlungsdiensten gilt ergänzend der Zahlungsdiensterahmenvertrag.

Mitwirkungspflichten des Kunden
11. Mitwirkungspflichten des Kunden

(1) Mitteilung von Änderungen

Zur ordnungsgemäßen Abwicklung des Geschäftsverkehrs ist es erforderlich, dass der Kunde der Bank Änderungen seines Namens und seiner Anschrift sowie das Erlöschen oder die Änderung einer gegenüber der Bank erteilten Vertretungsmacht (insbesondere einer Vollmacht) unverzüglich mitteilt. Diese Mitteilungspflicht besteht auch dann, wenn die Vertretungsmacht in ein öffentliches Register (zum Beispiel in das Handelsregister) eingetragen ist und ihr Erlöschen oder ihre Änderung in dieses Register eingetragen wird. Darüber hinaus können sich weitergehende gesetzliche Mitteilungspflichten, insbesondere aus dem Geldwäschegesetz, ergeben.

(2) Klarheit von Aufträgen

Aufträge müssen ihren Inhalt zweifelsfrei erkennen lassen. Nicht eindeutig formulierte Aufträge können Rückfragen zur Folge haben, die zu Verzögerungen führen können. Vor allem hat der Kunde bei Aufträgen auf die Richtigkeit und Vollständigkeit seiner Angaben, insbesondere der Kontonummer und Bankleitzahl oder IBAN[268]

---

[267] Bankarbeitstage sind alle Werktage außer: Sonnabende, 24. und 31. Dezember.
[268] International Bank Account Number (Internationale Bankkontonummer).

und BIC[269] sowie der Währung zu achten. Änderungen, Bestätigungen oder Wiederholungen von Aufträgen müssen als solche gekennzeichnet sein.

(3) Besonderer Hinweis bei Eilbedürftigkeit der Ausführung eines Auftrags

Hält der Kunde bei der Ausführung eines Auftrags besondere Eile für nötig, hat er dies der Bank gesondert mitzuteilen. Bei formularmäßig erteilten Aufträgen muss dies außerhalb des Formulars erfolgen.

(4) Prüfung und Einwendungen bei Mitteilungen der Bank

Der Kunde hat Kontoauszüge, Wertpapierabrechnungen, Depot- und Erträgnisaufstellungen, sonstige Abrechnungen, Anzeigen über die Ausführung von Aufträgen sowie Informationen über erwartete Zahlungen und Sendungen (Avise) auf ihre Richtigkeit und Vollständigkeit unverzüglich zu überprüfen und etwaige Einwendungen unverzüglich zu erheben.

(5) Benachrichtigung der Bank bei Ausbleiben von Mitteilungen

Falls Rechnungsabschlüsse und Depotaufstellungen dem Kunden nicht zugehen, muss er die Bank unverzüglich benachrichtigen. Die Benachrichtigungspflicht besteht auch beim Ausbleiben anderer Mitteilungen, deren Eingang der Kunde erwartet (Wertpapierabrechnungen, Kontoauszüge nach der Ausführung von Aufträgen des Kunden oder über Zahlungen, die der Kunde erwartet).

Kosten der Bankdienstleistungen

12. Zinsen, Entgelte und Aufwendungen

(1) Zinsen und Entgelte im Geschäft mit Verbrauchern

Die Höhe der Zinsen und Entgelte für die üblichen Bankleistungen, die die Bank gegenüber Verbrauchern erbringt, einschließlich der Höhe von Zahlungen, die über die für die Hauptleistung vereinbarten Entgelte hinausgehen, ergeben sich aus dem „Preisaushang – Regelsätze im standardisierten Privatkundengeschäft" und aus dem „Preis- und Leistungsverzeichnis".

Wenn ein Verbraucher eine dort aufgeführte Hauptleistung in Anspruch nimmt und dabei keine abweichende Vereinbarung getroffen wurde, gelten die zu diesem Zeitpunkt im Preisaushang oder Preis- und Leistungsverzeichnis angegebenen Zinsen und Entgelte.

Eine Vereinbarung, die auf eine über das vereinbarte Entgelt für die Hauptleistung hinausgehende Zahlung des Verbrauchers gerichtet ist, kann die Bank mit dem Verbraucher nur ausdrücklich treffen, auch wenn sie im Preisaushang oder im Preis- und Leistungsverzeichnis ausgewiesen ist.

Für die Vergütung der nicht im Preisaushang oder im Preis- und Leistungsverzeichnis aufgeführten Leistungen, die im Auftrag des Verbrauchers erbracht werden und die, nach den Umständen zu urteilen, nur gegen eine Vergütung zu erwarten sind, gelten, soweit keine andere Vereinbarung getroffen wurde, die gesetzlichen Vorschriften.

(2) Zinsen und Entgelte im Geschäft mit Kunden, die keine Verbraucher sind

Die Höhe der Zinsen und Entgelte für die üblichen Bankleistungen, die die Bank gegenüber Kunden, die keine Verbraucher sind, erbringt, ergeben sich aus dem „Preisaushang – Regelsätze im standardisierten Privatkundengeschäft" und aus dem „Preis- und Leistungsverzeichnis", soweit der Preisaushang und das Preis- und Leistungsverzeichnis übliche Bankleistungen gegenüber Kunden, die keine Verbraucher sind (zum Beispiel Geschäftskunden), ausweisen.

Wenn ein Kunde, der kein Verbraucher ist, eine dort aufgeführte Bankleistung in Anspruch nimmt und dabei keine abweichende Vereinbarung getroffen wurde, gelten die zu diesem Zeitpunkt im Preisaushang oder Preis- und Leistungsverzeichnis angegebenen Zinsen und Entgelte.

Im Übrigen bestimmt die Bank, sofern keine andere Vereinbarung getroffen wurde und gesetzliche Bestimmungen dem nicht entgegenstehen, die Höhe von Zinsen und Entgelten nach billigem Ermessen (§ 315 des Bürgerlichen Gesetzbuches).

(3) Nicht entgeltfähige Leistungen

Für eine Leistung, zu deren Erbringung die Bank kraft Gesetzes oder aufgrund einer vertraglichen Nebenpflicht verpflichtet ist oder die sie im eigenen Interesse wahrnimmt, wird die Bank kein Entgelt berechnen, es sei denn, es ist gesetzlich zulässig und wird nach Maßgabe der gesetzlichen Regelung erhoben.

(4) Änderung von Zinsen; Kündigungsrecht des Kunden bei Erhöhung

Die Änderung der Zinsen bei Krediten mit einem veränderlichen Zinssatz erfolgt aufgrund der jeweiligen Kreditvereinbarung mit dem Kunden. Die Bank wird dem Kunden Änderungen von Zinsen mitteilen. Bei einer Erhöhung kann der Kunde, sofern nichts anderes vereinbart ist, die davon betroffene Kreditvereinbarung innerhalb von sechs Wochen nach der Bekanntgabe der Änderung mit sofortiger Wirkung kündigen. Kündigt der Kunde, so werden die erhöhten Zinsen für die gekündigte Kreditvereinbarung nicht zugrunde gelegt. Die Bank wird zur Abwicklung eine angemessene Frist einräumen.

(5) Änderungen von Entgelten bei typischerweise dauerhaft in Anspruch genommenen Leistungen

Änderungen von Entgelten für Bankleistungen, die von Kunden im Rahmen der Geschäftsverbindung typischerweise dauerhaft in Anspruch genommen werden (zum Beispiel Konto- und Depotführung), werden dem Kunden spätestens zwei Monate vor dem vorgeschlagenen Zeitpunkt ihres Wirksamwerdens in Textform angeboten. Hat der Kunde mit der Bank im Rahmen der Geschäftsbeziehung einen elektronischen Kommunikationsweg vereinbart (zum Beispiel das Online-Banking), können die Änderungen auch auf diesem Wege angeboten werden. Der Kunde kann den Änderungen vor dem vorgeschlagenen Zeitpunkt ihres Wirksamwerdens entweder zustimmen oder sie ablehnen.

Die Zustimmung des Kunden gilt als erteilt, wenn er seine Ablehnung nicht vor dem vorgeschlagenen Zeitpunkt des Wirksamwerdens der Änderung angezeigt hat. Auf diese Genehmigungswirkung wird ihn die Bank in ihrem Angebot besonders hinweisen. Werden dem Kunden die Änderungen angeboten, kann er den von der Änderung betroffenen Vertrag vor dem vorgeschlagenen Zeitpunkt des Wirksamwerdens der Änderung auch fristlos und

---

[269] Bank Identifier Code (Bank-Identifizierungs-Code).

kostenfrei kündigen. Auf dieses Kündigungsrecht wird ihn die Bank in ihrem Angebot hinweisen. Kündigt der Kunde, wird das geänderte Entgelt für die gekündigte Geschäftsbeziehung nicht zugrunde gelegt.

Die vorstehende Vereinbarung gilt gegenüber Verbrauchern nur dann, wenn die Bank Entgelte für Hauptleistungen ändern will, die vom Verbraucher im Rahmen der Geschäftsverbindung typischerweise dauerhaft in Anspruch genommen werden. Eine Vereinbarung über die Änderung eines Entgelts, das auf eine über die Hauptleistung hinausgehende Zahlung des Verbrauchers gerichtet ist, kann die Bank mit dem Verbraucher nur ausdrücklich vereinbaren.

(6) Ersatz von Aufwendungen

Ein möglicher Anspruch der Bank auf Ersatz von Aufwendungen richtet sich nach den gesetzlichen Vorschriften.

(7) Besonderheiten bei Verbraucherdarlehensverträgen und Zahlungsdiensteverträgen mit Verbrauchern für Zahlungen

Bei Verbraucherdarlehensverträgen und Zahlungsdiensteverträgen mit Verbrauchern für Zahlungen richten sich die Zinsen und die Kosten (Entgelte und Auslagen) nach den jeweiligen vertraglichen Vereinbarungen und Sonderbedingungen sowie ergänzend nach den gesetzlichen Vorschriften. Die Änderung von Entgelten von Zahlungsdiensterahmenverträgen (z. B. Girovertrag) richtet sich nach Absatz 5.

Sicherheiten für die Ansprüche der Bank gegen den Kunden

13. Bestellung oder Verstärkung von Sicherheiten

(1) Anspruch der Bank auf Bestellung von Sicherheiten

Die Bank kann für alle Ansprüche aus der bankmäßigen Geschäftsverbindung die Bestellung bankmäßiger Sicherheiten verlangen, und zwar auch dann, wenn die Ansprüche bedingt sind (zum Beispiel Aufwendungsersatzanspruch wegen der Inanspruchnahme aus einer für den Kunden übernommenen Bürgschaft). Hat der Kunde gegenüber der Bank eine Haftung für Verbindlichkeiten eines anderen Kunden der Bank übernommen (zum Beispiel als Bürge), so besteht für die Bank ein Anspruch auf Bestellung oder Verstärkung von Sicherheiten im Hinblick auf die aus der Haftungsübernahme folgende Schuld jedoch erst ab ihrer Fälligkeit.

(2) Veränderung des Risikos

Hat die Bank bei der Entstehung von Ansprüchen gegen den Kunden zunächst ganz oder teilweise davon abgesehen, die Bestellung oder Verstärkung von Sicherheiten zu verlangen, kann sie auch später noch eine Besicherung fordern. Voraussetzung hierfür ist jedoch, dass Umstände eintreten oder bekannt werden, die eine erhöhte Risikobewertung der Ansprüche gegen den Kunden rechtfertigen. Dies kann insbesondere der Fall sein, wenn

– sich die wirtschaftlichen Verhältnisse des Kunden nachteilig verändert haben oder sich zu verändern drohen oder

– sich die vorhandenen Sicherheiten wertmäßig verschlechtert haben oder zu verschlechtern drohen.

Der Besicherungsanspruch der Bank besteht nicht, wenn ausdrücklich vereinbart ist, dass der Kunde keine oder ausschließlich im Einzelnen benannte Sicherheiten zu bestellen hat. Bei Verbraucherdarlehensverträgen besteht der Anspruch auf die Bestellung oder Verstärkung von Sicherheiten nur, soweit die Sicherheiten im Kreditvertrag angegeben sind. Übersteigt der Nettodarlehensbetrag 75.000,- Euro, besteht der Anspruch auf Bestellung oder Verstärkung auch dann, wenn in einem vor dem 21. März 2016 abgeschlossenen Verbraucherdarlehensvertrag oder in einem ab dem 21. März 2016 abgeschlossenen Allgemein-Verbraucherdarlehensvertrag im Sinne von § 491 Abs. 2 BGB keine oder keine abschließenden Angaben über Sicherheiten enthalten sind.

(3) Fristsetzung für die Bestellung oder Verstärkung von Sicherheiten

Für die Bestellung oder Verstärkung von Sicherheiten wird die Bank eine angemessene Frist einräumen. Beabsichtigt die Bank, von ihrem Recht zur fristlosen Kündigung nach Nr. 19 Absatz 3 dieser Geschäftsbedingungen Gebrauch zu machen, falls der Kunde seiner Verpflichtung zur Bestellung oder Verstärkung von Sicherheiten nicht fristgerecht nachkommt, wird sie ihn zuvor hierauf hinweisen.

14. Vereinbarung eines Pfandrechts zugunsten der Bank

(1) Einigung über das Pfandrecht

Der Kunde und die Bank sind sich darüber einig, dass die Bank ein Pfandrecht an den Wertpapieren und Sachen erwirbt, an denen eine inländische Geschäftsstelle im bankmäßigen Geschäftsverkehr Besitz erlangt hat oder noch erlangen wird. Die Bank erwirbt ein Pfandrecht auch an den Ansprüchen, die dem Kunden gegen die Bank aus der bankmäßigen Geschäftsverbindung zustehen oder künftig zustehen werden (zum Beispiel Kontoguthaben).

(2) Gesicherte Ansprüche

Das Pfandrecht dient der Sicherung aller bestehenden, künftigen und bedingten Ansprüche, die der Bank mit ihren sämtlichen in- und ausländischen Geschäftsstellen aus der bankmäßigen Geschäftsverbindung gegen den Kunden zustehen. Hat der Kunde gegenüber der Bank eine Haftung für Verbindlichkeiten eines anderen Kunden der Bank übernommen (zum Beispiel als Bürge), so sichert das Pfandrecht die aus der Haftungsübernahme folgende Schuld jedoch erst ab ihrer Fälligkeit.

(3) Ausnahmen vom Pfandrecht

Gelangen Gelder oder andere Werte mit der Maßgabe in die Verfügungsgewalt der Bank, dass sie nur für einen bestimmten Zweck verwendet werden dürfen (zum Beispiel Bareinzahlung zur Einlösung eines Wechsels), erstreckt sich das Pfandrecht der Bank nicht auf diese Werte. Dasselbe gilt für die von der Bank selbst ausgegebenen Aktien (eigene Aktien) und für die Wertpapiere, die die Bank im Ausland für den Kunden verwahrt. Außerdem erstreckt sich das Pfandrecht nicht auf die von der Bank selbst ausgegebenen eigenen Genussrechte/Genussscheine und nicht auf die verbrieften und nicht verbrieften nachrangigen Verbindlichkeiten der Bank.

(4) Zins- und Gewinnanteilscheine

Unterliegen dem Pfandrecht der Bank Wertpapiere, ist der Kunde nicht berechtigt, die Herausgabe der zu diesen Papieren gehörenden Zins- und Gewinnanteilscheine zu verlangen.

15. Sicherungsrechte bei Einzugspapieren und diskontierten Wechseln

(1) Sicherungsübereignung

Die Bank erwirbt an den ihr zum Einzug eingereichten Scheck und Wechseln im Zeitpunkt der Einreichung Sicherungseigentum. An diskontierten Wechseln erwirbt die Bank im Zeitpunkt des Wechselankaufs uneingeschränktes Eigentum; belastet sie diskontierte Wechsel dem Konto zurück, so verbleibt ihr das Sicherungseigentum an diesen Wechseln.

(2) Sicherungsabtretung

Mit dem Erwerb des Eigentums an Scheck und Wechseln gehen auch die zugrunde liegenden Forderungen auf die Bank über; ein Forderungsübergang findet ferner statt, wenn andere Papiere zum Einzug eingereicht werden (zum Beispiel Lastschriften, kaufmännische Handelspapiere).

(3) Zweckgebundene Einzugspapiere

Werden der Bank Einzugspapiere mit der Maßgabe eingereicht, dass ihr Gegenwert nur für einen bestimmten Zweck verwendet werden darf, erstrecken sich die Sicherungsübereignung und die Sicherungsabtretung nicht auf diese Papiere.

(4) Gesicherte Ansprüche der Bank

Das Sicherungseigentum und die Sicherungsabtretung dienen der Sicherung aller Ansprüche, die der Bank gegen den Kunden bei Einreichung von Einzugspapieren aus seinen Kontokorrentkonten zustehen oder die infolge der Rückbelastung nicht eingelöster Einzugspapiere oder diskontierter Wechsel entstehen. Auf Anforderung des Kunden nimmt die Bank eine Rückübertragung des Sicherungseigentums an den Papieren und der auf sie übergegangenen Forderungen an den Kunden vor, falls ihr im Zeitpunkt der Anforderung keine zu sichernden Ansprüche gegen den Kunden zustehen oder sie ihn über den Gegenwert der Papiere vor deren endgültiger Bezahlung nicht verfügen lässt.

16. Begrenzung des Besicherungsanspruchs und Freigabeverpflichtung

(1) Deckungsgrenze

Die Bank kann ihren Anspruch auf Bestellung oder Verstärkung von Sicherheiten so lange geltend machen, bis der realisierbare Wert aller Sicherheiten dem Gesamtbetrag aller Ansprüche aus der bankmäßigen Geschäftsverbindung (Deckungsgrenze) entspricht.

(2) Freigabe

Falls der realisierbare Wert aller Sicherheiten die Deckungsgrenze nicht nur vorübergehend übersteigt, hat die Bank auf Verlangen des Kunden Sicherheiten nach ihrer Wahl freizugeben, und zwar in Höhe des die Deckungsgrenze übersteigenden Betrages; sie wird bei der Auswahl der freizugebenden Sicherheiten auf die berechtigten Belange des Kunden und eines dritten Sicherungsgebers, der für die Verbindlichkeiten des Kunden Sicherheiten bestellt hat, Rücksicht nehmen. In diesem Rahmen ist die Bank auch verpflichtet, Aufträge des Kunden über die dem Pfandrecht unterliegenden Werte auszuführen (zum Beispiel Verkauf von Wertpapieren, Auszahlung von Sparguthaben).

(3) Sondervereinbarungen

Ist für eine bestimmte Sicherheit ein anderer Bewertungsmaßstab als der realisierbare Wert oder ist eine andere Deckungsgrenze oder ist eine andere Grenze für die Freigabe von Sicherheiten vereinbart, so sind diese maßgeblich.

17. Verwertung von Sicherheiten

(1) Wahlrecht der Bank

Wenn die Bank verwertet, hat sie unter mehreren Sicherheiten die Wahl. Sie wird bei der Verwertung und bei der Auswahl der zu verwertenden Sicherheiten auf die berechtigten Belange des Kunden und eines dritten Sicherungsgebers, der für die Verbindlichkeiten des Kunden Sicherheiten bestellt hat, Rücksicht nehmen.

(2) Erlösgutschrift nach dem Umsatzsteuerrecht

Wenn der Verwertungsvorgang der Umsatzsteuer unterliegt, wird die Bank dem Kunden über den Erlös eine Gutschrift erteilen, die als Rechnung für die Lieferung der als Sicherheit dienenden Sache gilt und den Voraussetzungen des Umsatzsteuerrechts entspricht.

Kündigung
18. Kündigungsrechte des Kunden

(1) Jederzeitiges Kündigungsrecht

Der Kunde kann die gesamte Geschäftsverbindung oder einzelne Geschäftsbeziehungen (zum Beispiel den Scheckvertrag), für die weder eine Laufzeit noch eine abweichende Kündigungsregelung vereinbart ist, jederzeit ohne Einhaltung einer Kündigungsfrist kündigen.

(2) Kündigung aus wichtigem Grund

Ist für eine Geschäftsbeziehung eine Laufzeit oder eine abweichende Kündigungsregelung vereinbart, kann eine fristlose Kündigung nur dann ausgesprochen werden, wenn hierfür ein wichtiger Grund vorliegt, der es dem Kunden, auch unter Berücksichtigung der berechtigten Belange der Bank, unzumutbar werden lässt, die Geschäftsbeziehung fortzusetzen.

(3) Gesetzliche Kündigungsrechte

Gesetzliche Kündigungsrechte bleiben unberührt.

19. Kündigungsrechte der Bank

(1) Kündigung unter Einhaltung einer Kündigungsfrist

Die Bank kann die gesamte Geschäftsverbindung oder einzelne Geschäftsbeziehungen, für die weder eine Laufzeit noch eine abweichende Kündigungsregelung vereinbart ist, jederzeit unter Einhaltung einer angemessenen Kündigungsfrist kündigen (zum Beispiel den Scheckvertrag, der zur Nutzung von Scheckvordrucken berechtigt). Bei der Bemessung der Kündigungsfrist wird die Bank auf die berechtigten Belange des Kunden Rücksicht nehmen. Für die Kündigung eines Zahlungsdiensterahmenvertrages (zum Beispiel laufendes Konto oder Kartenvertrag) und eines Depots beträgt die Kündigungsfrist mindestens zwei Monate.

(2) Kündigung unbefristeter Kredite

Kredite und Kreditzusagen, für die weder eine Laufzeit noch eine abweichende Kündigungsregelung vereinbart ist, kann die Bank jederzeit ohne Einhaltung einer Kündigungsfrist kündigen. Die Bank wird bei der Ausübung dieses Kündigungsrechts auf die berechtigten Belange des Kunden Rücksicht nehmen.

Soweit das Bürgerliche Gesetzbuch Sonderregelungen für die Kündigung eines Verbraucherdarlehensvertrages vorsieht, kann die Bank nur nach Maßgabe dieser Regelungen kündigen.

(3) Kündigung aus wichtigem Grund ohne Einhaltung einer Kündigungsfrist

Eine fristlose Kündigung der gesamten Geschäftsverbindung oder einzelner Geschäftsbeziehungen ist zulässig, wenn ein wichtiger Grund vorliegt, der der Bank deren Fortsetzung auch unter Berücksichtigung der berechtigten Belange des Kunden unzumutbar werden lässt. Ein wichtiger Grund liegt insbesondere vor,

- wenn der Kunde unrichtige Angaben über seine Vermögensverhältnisse gemacht hat, die für die Entscheidung der Bank über eine Kreditgewährung oder über andere mit Risiken für die Bank verbundene Geschäfte (zum Beispiel Aushändigung einer Zahlungskarte) von erheblicher Bedeutung waren; bei Verbraucherdarlehen gilt dies nur, wenn der Kunde für die Kreditwürdigkeitsprüfung relevante Informationen wissentlich vorenthalten oder diese gefälscht hat und dies zu einem Mangel der Kreditwürdigkeitsprüfung geführt hat oder
- wenn eine wesentliche Verschlechterung der Vermögensverhältnisse des Kunden oder der Werthaltigkeit einer Sicherheit eintritt oder einzutreten droht oder dadurch die Rückzahlung des Darlehens oder die Erfüllung einer sonstigen Verbindlichkeit gegenüber der Bank – auch unter Verwertung einer hierfür bestehenden Sicherheit – gefährdet ist oder
- wenn der Kunde seiner Verpflichtung zur Bestellung oder Verstärkung von Sicherheiten nach Nummer 13 Absatz 2 dieser Geschäftsbedingungen oder aufgrund einer sonstigen Vereinbarung nicht innerhalb der von der Bank gesetzten angemessenen Frist nachkommt.

Besteht der wichtige Grund in der Verletzung einer vertraglichen Pflicht, ist die Kündigung erst nach erfolglosem Ablauf einer zur Abhilfe bestimmten angemessenen Frist oder nach erfolgloser Abmahnung zulässig, es sei denn, dies ist wegen der Besonderheiten des Einzelfalles (§ 323 Absätze 2 und 3 des Bürgerlichen Gesetzbuches) entbehrlich.

(4) Kündigung von Verbraucherdarlehensverträgen bei Verzug

Soweit das Bürgerliche Gesetzbuch Sonderregelungen für die Kündigung wegen Verzuges mit der Rückzahlung eines Verbraucherdarlehens vorsieht, kann die Bank nur nach Maßgabe dieser Regelungen kündigen.

(5) Kündigung eines Basiskontovertrages

Einen Basiskontovertrag kann die Bank nur nach den zwischen Bank und dem Kunden auf Grundlage des Zahlungskontengesetzes getroffenen Vereinbarungen und den Bestimmungen des Zahlungskontengesetzes kündigen.

(6) Abwicklung nach einer Kündigung

Im Falle einer Kündigung ohne Kündigungsfrist wird die Bank dem Kunden für die Abwicklung (insbesondere für die Rückzahlung eines Kredits) eine angemessene Frist einräumen, soweit nicht eine sofortige Erledigung erforderlich ist (zum Beispiel bei der Kündigung des Scheckvertrages die Rückgabe der Scheckvordrucke).

Schutz der Einlagen
20. Einlagensicherungsfonds

(1) Schutzumfang

Die Bank ist dem Einlagensicherungsfonds des Bundesverbandes deutscher Banken e. V. angeschlossen. Der Einlagensicherungsfonds sichert gemäß seinem Statut – vorbehaltlich der darin vorgesehenen Ausnahmen – Einlagen, d. h. Guthaben, die sich im Rahmen von Bankgeschäften aus Beträgen, die auf einem Konto verblieben sind, oder aus Zwischenpositionen ergeben und die nach den geltenden Bedingungen von der Bank zurückzuzahlen sind.

Nicht gesichert werden unter anderem die zu den Eigenmitteln der Bank zählenden Einlagen, Verbindlichkeiten aus Inhaber- und Orderschuldverschreibungen sowie Einlagen von Kreditinstituten im Sinne des Art. 4 Abs. 1 Nr. 1 der Verordnung (EU) Nr. 575/2013, Finanzinstituten im Sinne des Art. 4 Abs. 1 Nr. 26 der Verordnung (EU) Nr. 575/2013, Wertpapierfirmen im Sinne des Art. 4 Abs. 1 Nr. 1 der Richtlinie 2004/39/EG und Gebietskörperschaften.

Einlagen von anderen Gläubigern als natürlichen Personen und rechtsfähigen Stiftungen werden nur geschützt, wenn

(i) es sich bei der Einlage um keine Verbindlichkeit aus einer Namensschuldverschreibung oder einem Schuldscheindarlehen handelt und
(ii) die Laufzeit der Einlage nicht mehr als 18 Monate beträgt. Auf Einlagen, die bereits vor dem 01. Januar 2020 bestanden haben, findet die Laufzeitbeschränkung keine Anwendung. Nach dem 31. Dezember 2019 entfällt der Bestandsschutz nach vorstehendem Satz, sobald die betreffende Einlage fällig wird, gekündigt werden kann oder anderweitig zurückgefordert werden kann, oder wenn die Einlage im Wege einer Einzel- oder Gesamtrechtsnachfolge übergeht.

Verbindlichkeiten der Banken, die bereits vor dem 01. Oktober 2017 bestanden haben, werden nach Maßgabe und unter den Voraussetzungen der bis zum 01. Oktober 2017 geltenden Regelungen des Statuts des Einlagensicherungsfonds gesichert. Nach dem 30. September 2017 entfällt der Bestandsschutz nach dem vorstehenden Satz, sobald die betreffende Verbindlichkeit fällig wird, gekündigt oder anderweitig zurückgefordert werden kann, oder wenn die Verbindlichkeit im Wege einer Einzel- oder Gesamtrechtsnachfolge übergeht.

(2) Sicherungsgrenzen

Die Sicherungsgrenze je Gläubiger beträgt bis zum 31. Dezember 2019 20 %, bis zum 31. Dezember 2024 15 % und ab dem 1. Januar 2025 8,75 % der für die Einlagensicherung maßgeblichen Eigenmittel der Bank im Sinne von Art. 72 der Verordnung (EU) Nr. 575/2013. Für Einlagen, die nach dem 31. Dezember 2011 begründet oder prolongiert werden, gelten, unabhängig vom Zeitpunkt der Begründung der Einlage, die jeweils neuen Sicherungsgrenzen ab den vorgenannten Stichtagen. Für Einlagen, die vor dem 31. Dezember 2011 begründet wurden, gelten die alten Sicherungsgrenzen bis zur Fälligkeit der Einlage oder bis zum nächstmöglichen Kündigungstermin.

Diese Sicherungsgrenze wird dem Kunden von der Bank auf Verlangen bekannt gegeben. Sie kann auch im Internet unter www.bankenverband.de abgefragt werden.

(3) Geltung des Statuts des Einlagensicherungsfonds

Wegen weiterer Einzelheiten der Sicherung wird auf § 6 des Statuts des Einlagensicherungsfonds verwiesen, das auf Verlangen zur Verfügung gestellt wird.

(4) Forderungsübergang

Soweit der Einlagensicherungsfonds oder ein von ihm Beauftragter Zahlungen an einen Kunden leistet, gehen dessen Forderungen gegen die Bank in entsprechender Höhe mit allen Nebenrechten Zug um Zug auf den Einlagensicherungsfonds über.

(5) Auskunftserteilung

Die Bank ist befugt, dem Einlagensicherungsfonds oder einem von ihm Beauftragten alle in diesem Zusammenhang erforderlichen Auskünfte zu erteilen und Unterlagen zur Verfügung zu stellen.

Beschwerdemöglichkeiten/ Ombudsmannverfahren

21. Beschwerde- und Alternative Streitbeilegungsverfahren

Der Kunde hat folgende außergerichtliche Möglichkeiten:

– Der Kunde kann sich mit einer Beschwerde an die im Preis- und Leistungsverzeichnis genannte Kontaktstelle der Bank wenden. Die Bank wird Beschwerden in geeigneter Weise beantworten, bei Zahlungsdiensteverträgen erfolgt dies in Textform (zum Beispiel mittels Brief, Telefax oder Email).
– Die Bank nimmt am Streitbeilegungsverfahren der Verbraucherschlichtungsstelle „Ombudsmann der privaten Banken" (www.bankenombudsmann.de) teil. Dort hat der Verbraucher die Möglichkeit, zur Beilegung einer Streitigkeit mit der Bank, den Ombudsmann der privaten Banken anzurufen. Betrifft der Beschwerdegegenstand eine Streitigkeit über einen Zahlungsdienstevertrag (§ 675f des Bürgerlichen Gesetzbuches), können auch Kunden, die keine Verbraucher sind, den Ombudsmann der privaten Banken anrufen. Näheres regelt die „Verfahrensordnung für die Schlichtung von Kundenbeschwerden im deutschen Bankgewerbe", die auf Wunsch zur Verfügung gestellt wird oder im Internet unter www.bankenverband.de abrufbar ist.
  Die Beschwerde ist in Textform (z. B. mittels Brief, Telefax oder E-Mail) an die Kundenbeschwerdestelle beim Bundesverband deutscher Banken e. V., Postfach 04 03 07, 10062 Berlin, Fax: (030) 1663–3169, E-Mail; ombudsmann@bdb.de, zu richten.
– Ferner besteht für den Kunden die Möglichkeit, sich jederzeit schriftlich oder zur dortigen Niederschrift bei der Bundesanstalt für Finanzdienstleistungsaufsicht, Graurheindorfer Straße 108, 53117 Bonn, über Verstöße der Bank gegen das Zahlungsdiensteaufsichtsgesetz (ZAG), die §§ 675c bis 676c des Bürgerlichen Gesetzbuches (BGB) oder gegen Art. 248 des Einführungsgesetzes zum Bürgerlichen Gesetzbuche (EGBGB) zu beschweren.
– Die Europäische Kommission hat unter http://ec.europa.eu/consumers/odr/ eine Europäische Online-Streitbeilegungsplattform (OS-Plattform) errichtet. Die OS-Plattform kann ein Verbraucher für die außergerichtliche Beilegung einer Streitigkeit aus Online-Verträgen mit einem in der EU niedergelassenen Unternehmen nutzen.

VII. Allgemeine Geschäftsbedingungen der Sparkassen[270]

Allgemeines

Nr. 1 Grundlagen der Geschäftsbeziehung

80

(1) Geschäftsbeziehung als Vertrauensverhältnis

Die Geschäftsbeziehung zwischen dem Kunden und der Sparkasse ist durch die Besonderheiten des Bankgeschäfts und ein besonderes Vertrauensverhältnis geprägt. Der Kunde kann sich darauf verlassen, dass die Sparkasse seine Aufträge mit der Sorgfalt eines ordentlichen Kaufmanns ausführt und das Bankgeheimnis wahrt.

(2) Allgemeine und besondere Geschäftsbedingungen

Für die Geschäftsbeziehung gelten ergänzend zu den einzelvertraglichen Vereinbarungen diese Allgemeinen Geschäftsbedingungen (AGB). Für einzelne Geschäftszweige gelten ergänzend oder abweichend besondere Bedingungen, z. B. für die Bereiche des Zahlungsverkehrs, des Sparverkehrs und der Wertpapiergeschäfte; diese werden bei Vertragsabschluss (etwa bei der Kontoeröffnung) oder bei der Erteilung von Aufträgen mit dem Kunden vereinbart.

Nr. 2 Änderungen der Geschäftsbedingungen und von Zahlungsdiensterahmenverträgen

(1) Angebot der Sparkasse

Änderungen der Allgemeinen Geschäftsbedingungen, der besonderen Bedingungen oder von Zahlungsdiensterahmenverträgen sowie die Einführung zusätzlicher Bedingungen werden dem Kunden spätestens zwei Monate vor dem vorgeschlagenen Zeitpunkt ihres Wirksamwerdens in der jeweils gesetzlich zugelassenen Form angeboten.

(2) Zustimmung zu Änderungen

Die Zustimmung des Kunden zum Angebot der Sparkasse gilt als erteilt, wenn er seine Ablehnung nicht vor dem vorgeschlagenen Zeitpunkt des Wirksamwerdens der Änderungen angezeigt hat. Auf diese Genehmigungswirkung wird ihn die Sparkasse in ihrem Angebot besonders hinweisen. Die Sparkasse wird dann die geänderte Fassung der Allgemeinen Geschäftsbedingungen, die geänderten besonderen Bedingungen, den geänderten Zahlungsdiensterahmenvertrag bzw. die zusätzlich eingeführten Bedingungen der weiteren Geschäftsbeziehung zugrunde legen.

---

[270] Fassung November 2018.

(3) Sonderkündigungsrecht bei Änderungen von Bedingungen zu Zahlungsdiensten oder von Zahlungsdiensterahmenverträgen

Werden dem Kunden Änderungen von Bedingungen zu Zahlungsdiensten (z. B. Überweisungsbedingungen) oder von Zahlungsdiensterahmenverträgen angeboten, kann er den von den Änderungen betroffenen Zahlungsdiensterahmenvertrag vor dem vorgeschlagenen Zeitpunkt des Wirksamwerdens der Änderungen auch fristlos und kostenfrei kündigen. Auf dieses Kündigungsrecht wird ihn die Sparkasse in ihrem Angebot besonders hinweisen.

(4) Abweichende Vereinbarungen

Das Änderungsverfahren gemäß Absatz 1 und Absatz 2 findet keine Anwendung, soweit abweichende Vereinbarungen getroffen sind. Satz 1 gilt nicht für Änderungen von Bedingungen zu Zahlungsdiensten oder von Zahlungsdiensterahmenverträgen.

Nr. 3 Bankauskünfte

(1) Inhalt von Bankauskünften

Bankauskünfte sind allgemein gehaltene Feststellungen und Bemerkungen über die wirtschaftlichen Verhältnisse von Kunden, deren Kreditwürdigkeit und Zahlungsfähigkeit. Betragsmäßige Angaben über Kontostände, Sparguthaben, Depot- oder sonstige der Sparkasse anvertraute Vermögenswerte sowie Kreditinanspruchnahmen werden nicht gemacht.

(2) Voraussetzungen für die Auskunftserteilung

Die Sparkasse darf Bankauskünfte über juristische Personen und im Handelsregister eingetragene Kaufleute erteilen, sofern sich die Anfrage auf deren geschäftliche Tätigkeit bezieht und der Sparkasse keine anders lautende Weisung des Kunden vorliegt. In allen anderen Fällen darf die Sparkasse Bankauskünfte nur erteilen, wenn der Kunde dem allgemein oder im Einzelfall ausdrücklich zugestimmt hat. Bankauskünfte erhalten nur eigene Kunden sowie andere Kreditinstitute für deren eigene Zwecke und die ihrer Kunden; sie werden nur erteilt, wenn der Anfragende ein berechtigtes Interesse an der gewünschten Auskunft glaubhaft darlegt.

(3) Schriftliche Bestätigung

Bei mündlichen Auskünften über Kreditwürdigkeit und Zahlungsfähigkeit behält sich die Sparkasse eine unverzügliche schriftliche Bestätigung vor, deren Inhalt von diesem Zeitpunkt an maßgeblich ist.

Nr. 4 Vertretungs- und Verfügungsbefugnisse

(1) Bekanntgabe

Der Sparkasse bekannt gegebene Vertretungs- und Verfügungsbefugnisse gelten, bis ihr eine Mitteilung über das Erlöschen oder eine Änderung zugeht, es sei denn, diese Umstände sind der Sparkasse bekannt oder infolge Fahrlässigkeit nicht bekannt. Dies gilt auch, wenn die Befugnisse in einem öffentlichen Register eingetragen sind und eine Änderung veröffentlicht ist.

(2) Mangel in der Geschäftsfähigkeit des Vertreters

Der Kunde trägt den Schaden, der daraus entstehen sollte, dass die Sparkasse von einem eintretenden Mangel in der Geschäftsfähigkeit seines Vertreters unverschuldet keine Kenntnis erlangt.

Nr. 5 Legitimationsurkunden

(1) Erbnachweis

Nach dem Tod des Kunden hat derjenige, der sich gegenüber der Sparkasse auf die Rechtsnachfolge des Kunden beruft, der Sparkasse seine erbrechtliche Berechtigung nachzuweisen.

(2) Leistungsbefugnis der Sparkasse

Werden der Sparkasse eine Ausfertigung oder eine beglaubigte Abschrift der letztwilligen Verfügung (Testament, Erbvertrag) sowie der Niederschrift über die zugehörige Eröffnungsverhandlung vorgelegt, darf die Sparkasse denjenigen, der darin als Erbe oder Testamentsvollstrecker bezeichnet ist, als Berechtigten ansehen, ihn verfügen lassen und insbesondere mit befreiender Wirkung an ihn leisten. Dies gilt nicht, wenn der Sparkasse die Unrichtigkeit oder Unwirksamkeit dieser Urkunden bekannt oder infolge Fahrlässigkeit nicht bekannt geworden ist.

(3) Sonstige ausländische Urkunden

Werden der Sparkasse ausländische Urkunden als Ausweis der Person oder zum Nachweis einer Berechtigung vorgelegt, so wird sie prüfen, ob die Urkunden zum Nachweis geeignet sind. Sie haftet jedoch für deren Eignung, Wirksamkeit und Vollständigkeit sowie für deren richtige Übersetzung und Auslegung nur bei Fahrlässigkeit oder wenn die Urkunde insgesamt gefälscht ist. Im vorstehenden Rahmen kann die Sparkasse die in den Urkunden als Berechtigte bezeichneten Personen als berechtigt ansehen, insbesondere sie verfügen lassen und mit befreiender Wirkung an sie leisten.

Nr. 6 Rechtswahl, Gerichtsstand, Erfüllungsort

(1) Deutsches Recht

Auf die Geschäftsbeziehung findet deutsches Recht Anwendung, sofern dem nicht zwingende gesetzliche Regelungen entgegenstehen.

(2) Erfüllungsort

Erfüllungsort für die Sparkasse und den Kunden ist der Sitz der Sparkasse.

(3) Gerichtsstand

Ist der Kunde ein Kaufmann, eine juristische Person des öffentlichen Rechts oder ein öffentlich-rechtliches Sondervermögen, kann die Sparkasse an ihrem allgemeinen Gerichtsstand klagen und nur an diesem Gerichtsstand verklagt werden.

Kontokorrentkonten und andere Geschäfte

Nr. 7 Kontokorrent, Rechnungsabschluss

(1) Kontokorrent

Die Sparkasse führt ein Konto zur Abwicklung des laufenden Geschäfts- und Zahlungsverkehrs (Girokonto) als Kontokorrent im Sinne des § 355 des Handelsgesetzbuches (Konto in laufender Rechnung).

(2) Rechnungsabschluss

Soweit nichts anderes vereinbart ist, erteilt die Sparkasse jeweils zum Ende eines Kalenderquartals einen Rechnungsabschluss. Bei Vorliegen eines berechtigten Interesses einer der Vertragsparteien wird der Rechnungsabschluss auch zu sonstigen Terminen erteilt.

(3) Einwendungen gegen den Rechnungsabschluss

Einwendungen gegen Rechnungsabschlüsse müssen der Sparkasse zugehen. Unbeschadet der Verpflichtung, Einwendungen gegen Rechnungsabschlüsse unverzüglich zu erheben (Nr. 20 Absatz 1 Buchst. g), gelten diese als genehmigt, wenn ihnen nicht vor Ablauf von sechs Wochen nach Zugang des Rechnungsabschlusses widersprochen wird. Zur Wahrung der Frist genügt die rechtzeitige Absendung. Die Sparkasse wird den Kunden bei Erteilung des Rechnungsabschlusses auf diese Folgen besonders hinweisen. Stellt sich nachträglich die Unrichtigkeit heraus, so können sowohl der Kunde als auch die Sparkasse eine Richtigstellung aufgrund gesetzlicher Ansprüche verlangen.

Nr. 8 Korrektur fehlerhafter Gutschriften

(1) Stornobuchung vor Rechnungsabschluss

Gutschriften, die ohne einen verpflichtenden Auftrag gebucht werden (z. B. wegen Irrtums, Schreibfehlers), darf die Sparkasse bis zum nächsten Rechnungsabschluss durch einfache Buchung rückgängig machen (Stornobuchung), soweit ihr ein Rückforderungsanspruch gegen den Kunden zusteht.

(2) Korrekturbuchung nach Rechnungsabschluss

Den Rückforderungsanspruch nach Absatz 1 kann die Sparkasse auch noch nach Rechnungsabschluss durch Korrekturbuchung geltend machen, wenn sie die fehlerhafte Gutschrift nicht mehr rechtzeitig vor diesem Zeitpunkt festgestellt hat. Bei Widerspruch des Kunden wird die Sparkasse die Korrekturbuchung rückgängig und ihren Anspruch anderweitig geltend machen.

(3) Kennzeichnung

Storno- und Korrekturbuchungen werden im Kontoauszug gekennzeichnet.

Nr. 9 Gutschriften und Einlösung von Einzugspapieren

(1) Gutschriften „Eingang vorbehalten"

Schreibt die Sparkasse den Gegenwert von Schecks, Lastschriften oder anderen Einzugspapieren schon vor ihrer Einlösung gut, so geschieht dies unter dem Vorbehalt der Einlösung und des Einganges des Gegenwertes (E. v.-Gutschrift). Das gilt auch dann, wenn die Schecks, Lastschriften oder anderen Einzugspapiere bei der Sparkasse selbst zahlbar sind. Werden Schecks oder Lastschriften nicht eingelöst oder geht der Sparkasse der Gegenwert aus einem Einzugspapier nicht zu, so macht sie die Gutschrift gemäß Nr. 23 Absatz 2 dieser AGB rückgängig, und zwar auch nach einem zwischenzeitlich erfolgten Rechnungsabschluss.

(2) Einlösung

Schecks und andere Einzugspapiere sind erst eingelöst, wenn die Belastungsbuchung nicht bis zum Ablauf des übernächsten Bankarbeitstages[271] rückgängig gemacht wird. Sie sind auch eingelöst, wenn die Sparkasse ihren Einlösungswillen schon vorher Dritten gegenüber erkennbar bekundet hat (z. B. durch Bezahltmeldung). Für Lastschriften gelten die Einlösungsregeln in den hierfür vereinbarten besonderen Bedingungen. Über die Abrechnungsstelle der Deutschen Bundesbank eingezogene Schecks sind eingelöst, wenn sie nach deren Geschäftsbedingungen nicht mehr zurückgegeben werden können. Barschecks sind mit Zahlung an den Scheckvorleger eingelöst.

Nr. 10 Auftragsbestätigung vor Ausführung

Bei telefonischen oder auf anderen technischen Wegen erteilten sowie bei nicht unterschriebenen Aufträgen behält sich die Sparkasse die unverzügliche Einholung einer Bestätigung vor Auftragsausführung vor.

Nr. 11 Aufrechnung durch den Kunden[272]

Ist der Kunde kein Verbraucher, kann er gegen Forderungen der Sparkasse nur aufrechnen, wenn seine Forderungen unbestritten oder rechtskräftig festgestellt sind. Satz 1 gilt nicht, wenn die Voraussetzungen des § 513 BGB (Existenzgründer) vorliegen. Gesetzliche Aufrechnungsverbote bleiben unberührt.

Nr. 12 Konten in ausländischer Währung

Konten in ausländischer Währung dienen ausschließlich zur bargeldlosen Abwicklung von Zahlungen an den Kunden und von Verfügungen des Kunden in ausländischer Währung.

Nr. 13 Leistungsbefreiung bei Geschäften in ausländischer Währung

Die Verpflichtung der Sparkasse zur Ausführung einer Verfügung zulasten eines Guthabens in ausländischer Währung oder zur Erfüllung einer Verbindlichkeit in ausländischer Währung ist in dem Umfang und solange ausgesetzt, wie die Sparkasse in der Währung, auf die das Guthaben oder die Verbindlichkeit lautet, wegen politisch bedingter Maßnahmen oder Ereignisse im Lande dieser Währung nicht oder nur eingeschränkt verfügen kann. In dem Umfang und solange diese Maßnahmen oder Ereignisse andauern, ist die Sparkasse auch nicht zu einer Erfüllung an einem anderen Ort außerhalb des Landes der Währung, in einer anderen Währung (auch nicht in Euro) oder durch Anschaffung von Bargeld verpflichtet. Die Verpflichtung der Sparkasse zur Ausführung einer Verfügung zulasten eines Guthabens in ausländischer Währung ist dagegen nicht ausgesetzt, wenn die Sparkasse diese vollständig im eigenen Haus ausführen kann. Das Recht des Kunden und der

---

[271] Bankarbeitstage sind alle Werktage außer, Sonnabende und 24. und 31. Dezember.
[272] Vgl. dazu BGH Urt. v. 20.3.2018 – XI ZR 309/16, NJW 2018, 2042.

Sparkasse, fällige gegenseitige Forderungen in derselben Währung miteinander zu verrechnen, bleibt von den vorstehenden Regelungen unberührt.

Nr. 14 Geldeingang in ausländischer Währung

Geldbeträge in ausländischer Währung darf die Sparkasse mangels ausdrücklicher gegenteiliger Weisung des Kunden in Euro gutschreiben, sofern sie nicht für den Kunden ein Konto in der betreffenden Währung führt.

Nr. 15 Wechselkurs

Die Bestimmung des Wechselkurses bei Geschäften in ausländischer Währung ergibt sich aus dem Preis- und Leistungsverzeichnis. Bei Zahlungsdiensten gilt ergänzend der Zahlungsdiensterahmenvertrag.

Nr. 16 Einlagengeschäft

Mangels abweichender Vereinbarungen sind Einlagen ohne Kündigung fällig (täglich fällige Gelder). Die jeweils gültigen Zinssätze für täglich fällige Gelder werden durch Aushang bekannt gemacht. Für die Zinsberechnung bei Einlagen wird jeder Monat zu 30 Tagen gerechnet.

Entgelte und Aufwendungen
Nr. 17 Zinsen und Entgelte

(1) Zinsen und Entgelte im Geschäftsverkehr mit Verbrauchern

Die Höhe der Zinsen und Entgelte für die im Geschäftsverkehr mit Verbrauchern üblichen Kredite und Leistungen ergibt sich aus dem Preisaushang und ergänzend aus dem Preis- und Leistungsverzeichnis. Wenn ein Verbraucher einen dort aufgeführten Kredit oder eine dort aufgeführte Leistung in Anspruch nimmt und dabei keine abweichende Vereinbarung getroffen wurde, gelten die zu diesem Zeitpunkt im Preisaushang oder Preis- und Leistungsverzeichnis angegebenen Zinsen und Entgelte.

(2) Zinsen und Entgelte außerhalb des Geschäftsverkehrs mit Verbrauchern

Außerhalb des Geschäftsverkehrs mit Verbrauchern bestimmen sich die Zinsen und Entgelte für in Anspruch genommene Kredite und Leistungen nach der getroffenen Vereinbarung, ergänzend nach dem Preis- und Leistungsverzeichnis in der zum Zeitpunkt der Inanspruchnahme geltenden Fassung.

(3) Entgelte für sonstige Leistungen

Für Leistungen, die nicht Gegenstand einer Vereinbarung oder im Preisaushang bzw. im Preis- und Leistungsverzeichnis aufgeführt sind und die im Auftrag des Kunden oder in dessen mutmaßlichem Interesse erbracht werden und die, nach den Umständen zu urteilen, nur gegen eine Vergütung zu erwarten sind, kann die Sparkasse ein nach Maßgabe der gesetzlichen Bestimmungen angemessenes Entgelt verlangen.

(4) Nicht entgeltpflichtige Tätigkeiten

Für Tätigkeiten, zu deren Erbringung die Sparkasse bereits gesetzlich oder aufgrund einer vertraglichen Nebenpflicht verpflichtet ist oder die sie im eigenen Interesse erbringt, wird die Sparkasse kein Entgelt berechnen, es sei denn, es ist gesetzlich zulässig und wird nach Maßgabe der gesetzlichen Regelungen erhoben.

(5) Änderung von Zinsen, Kündigungsrecht des Kunden bei Erhöhung

Die Änderung der Zinsen bei Krediten mit einem veränderlichen Zinssatz erfolgt aufgrund der jeweiligen Kreditvereinbarungen mit dem Kunden. Die Sparkasse wird dem Kunden Änderungen von Zinsen mitteilen. Bei einer Erhöhung kann der Kunde, sofern nichts anderes vereinbart ist, die davon betroffene Kreditvereinbarung innerhalb von sechs Wochen nach der Bekanntgabe der Änderung mit sofortiger Wirkung kündigen. Kündigt der Kunde, so werden die erhöhten Zinsen für die gekündigte Kreditvereinbarung nicht zugrunde gelegt. Eine Kündigung des Kunden gilt als nicht erfolgt, wenn er den geschuldeten Betrag nicht binnen zweier Wochen nach Wirksamwerden der Kündigung zurückzahlt.

(6) Änderung von Entgelten bei typischerweise dauerhaft in Anspruch genommenen Leistungen

Änderungen von Entgelten für Hauptleistungen, die vom Kunden im Rahmen der Geschäftsverbindung typischerweise dauerhaft in Anspruch genommen werden (z. B. Depotführung), oder Änderungen von Entgelten im Rahmen von Zahlungsdiensterahmenverträgen werden dem Kunden spätestens zwei Monate vor dem vorgeschlagenen Zeitpunkt ihres Wirksamwerdens in Textform angeboten. Hat der Kunde mit der Sparkasse im Rahmen der Geschäftsbeziehung einen elektronischen Kommunikationsweg vereinbart (z. B. das Online-Banking), können die Änderungen auch auf diesem Wege angeboten werden. Die Zustimmung des Kunden gilt als erteilt, wenn er seine Ablehnung nicht vor dem vorgeschlagenen Zeitpunkt des Wirksamwerdens der Änderungen angezeigt hat. Auf diese Genehmigungswirkung wird ihn die Sparkasse in ihrem Angebot besonders hinweisen. Werden dem Kunden Änderungen angeboten, kann er den von den Änderungen betroffenen Vertrag vor dem vorgeschlagenen Zeitpunkt des Wirksamwerdens der Änderungen auch fristlos und kostenfrei kündigen. Auf dieses Kündigungsrecht wird ihn die Sparkasse in ihrem Angebot besonders hinweisen. Kündigt der Kunde, wird das geänderte Entgelt für die gekündigte Geschäftsbeziehung nicht zugrunde gelegt.

(7) Besonderheiten bei Verbraucherdarlehensverträgen

Bei Verbraucherdarlehensverträgen richten sich die Zinsen und Entgelte nach den jeweiligen vertraglichen Vereinbarungen sowie ergänzend nach den gesetzlichen Vorschriften.

(8) Besonderheiten bei Zahlungsdiensteverträgen mit Verbrauchern

Bei Zahlungsdiensteverträgen mit Verbrauchern richten sich die Entgelte nach den jeweiligen vertraglichen Vereinbarungen und besonderen Bedingungen. Soweit dort keine Regelung getroffen ist, gelten die Absätze 1 und 4 sowie – für die Änderung jeglicher Entgelte bei Zahlungsdiensterahmenverträgen (z. B. Girovertrag) – Absatz 6.

Nr. 18 Ersatz von Aufwendungen

Der Ersatz von Aufwendungen der Sparkasse richtet sich nach den gesetzlichen Vorschriften.

Pflichten und Haftung von Sparkasse und Kunde
Nr. 19 Haftung der Sparkasse

(1) Haftung für Verschulden

Die Sparkasse haftet für eigenes Verschulden sowie das Verschulden von Personen, derer sie sich zur Erfüllung ihrer Verpflichtung gegenüber dem Kunden bedient, soweit sich nicht aus den folgenden Absätzen, den besonderen Bedingungen oder aus einzelvertraglichen Regelungen etwas Abweichendes ergibt. Haftet die Sparkasse und ist ein Schaden nicht ausschließlich von der Sparkasse verursacht oder verschuldet, so richtet sich die Verpflichtung zum Schadensersatz nach den Grundsätzen des Mitverschuldens, § 254 Bürgerliches Gesetzbuch.

(2) Haftung für Dritte

Die Sparkasse darf Aufträge bei Fehlen einer gegenteiligen Weisung ganz oder teilweise auf Dritte zur selbständigen Erledigung übertragen, soweit dies unter Berücksichtigung der Art des Auftrages und der Interessen von Sparkasse und Kunde erforderlich erscheint. In diesen Fällen beschränken sich die Verpflichtung und Haftung der Sparkasse auf die Weiterleitung des Auftrags einschließlich sorgfältiger Auswahl und Unterweisung des Dritten.

(3) Haftung bei höherer Gewalt

Die Sparkasse haftet nicht für Schäden, die durch die Störung ihres Betriebs (z. B. Bombendrohung, Banküberfall), insbesondere infolge von höherer Gewalt (z. B. von Kriegs- und Naturereignissen) sowie infolge von sonstigen, von ihr nicht zu vertretenden Vorkommnissen (z. B. Streik, Aussperrung, Verkehrsstörung) verursacht sind oder die durch Verfügungen von hoher Hand des In- und Auslands eintreten.

Nr. 20 Mitwirkungs- und Sorgfaltspflichten des Kunden

(1) Grundsatz

Die Sparkasse führt die Aufträge des Kunden mit der Sorgfalt eines ordentlichen Kaufmanns aus. Für den Kunden bestehen seinerseits besondere Mitwirkungs- und sonstige Sorgfaltspflichten, insbesondere folgende Pflichten:

a) Mitteilung wesentlicher Angaben und Änderungen

Der Sparkasse sind unverzüglich alle für die Geschäftsbeziehung wesentlichen Tatsachen anzuzeigen, insbesondere Änderungen des Namens, der Anschrift, des Personenstandes, der Verfügungs- oder Verpflichtungsfähigkeit des Kunden (z. B. Eheschließung, Eingehung einer Lebenspartnerschaft, Änderung des Güterstandes) oder der für ihn zeichnungsberechtigten Personen (z. B. nachträglich eingetretene Geschäftsunfähigkeit eines Vertreters oder Bevollmächtigten) sowie Änderungen der wirtschaftlich Berechtigten oder der der Sparkasse bekannt gegebenen Vertretungs- oder Verfügungsbefugnisse (z. B. Vollmachten, Prokura). Die Anzeigepflicht besteht auch dann, wenn die Tatsachen in öffentlichen Registern eingetragen und veröffentlicht werden. Die Namen der für den Kunden vertretungs- oder verfügungsbefugten Personen sind der Sparkasse mit eigenhändigen Unterschriftsproben auf den Vordrucken der Sparkasse bekannt zu geben. Darüber hinaus können sich weitergehende gesetzliche Mitteilungspflichten, insbesondere aus dem Geldwäschegesetz ergeben.

b) Eindeutige Angaben bei Aufträgen und Weisungen

Aufträge und Weisungen jeder Art müssen den Inhalt des Geschäfts zweifelsfrei erkennen lassen. Abänderungen und Bestätigungen müssen als solche gekennzeichnet sein. Bei Zahlungsaufträgen hat der Kunde insbesondere auf richtige, vollständige, unmissverständliche und leserliche Angaben, vor allem der Kontonummer und Bankleitzahl oder IBAN[273] und BIC[274] zu achten.

c) Sorgfalt bei besonderer Auftragsübermittlung

Bei telefonischen oder auf anderen technischen Wegen erteilten Aufträgen oder Weisungen hat der Kunde dafür zu sorgen, dass sich keine Übermittlungsfehler, Missverständnisse, Missbräuche und Irrtümer ergeben.

d) weggefallen

e) Ausdrücklicher Hinweis bei besonderer Weisung

Besondere Weisungen für die Ausführung von Aufträgen hat der Kunde der Sparkasse gesondert mitzuteilen, bei formularmäßig erteilten Aufträgen außerhalb des Formulars. Dies gilt insbesondere, wenn Zahlungen auf bestimmte Forderungen der Sparkasse verrechnet werden sollen.

f) Hinweis auf Fristen und Termine

Der Kunde hat entsprechend Buchst. e) besonders darauf hinzuweisen, wenn Aufträge innerhalb bestimmter Fristen oder zu bestimmten Terminen ausgeführt sein sollen oder wenn bei nicht ordnungsgemäßer, insbesondere nicht fristgemäßer Ausführung von Aufträgen außergewöhnliche Schäden drohen. Auf die besondere Hinweispflicht bei knappen Scheckvorlegungsfristen nach Nr. 24 wird verwiesen.

g) Unverzügliche Reklamation

Einwendungen gegen Rechnungsabschlüsse, Lastschriften, Kontoauszüge, Wertpapieraufstellung oder sonstige Mitteilungen der Sparkasse sowie Einwendungen gegen die Ordnungsmäßigkeit von der Sparkasse gelieferter Wertpapiere oder sonstiger Werte müssen unverzüglich erhoben werden. Falls Rechnungsabschlüsse oder Depotaufstellungen dem Kunden nicht zugehen, muss er die Sparkasse unverzüglich benachrichtigen. Die Benachrichtigungspflicht besteht auch beim Ausbleiben anderer Anzeigen, Mitteilungen oder Sendungen, deren Eingang der Kunde erwarten oder mit deren Eingang er rechnen muss.

h) Kontrolle von Bestätigungen der Sparkasse

Soweit Bestätigungen der Sparkasse von Aufträgen oder Weisungen des Kunden abweichen, hat er dies unverzüglich zu beanstanden.

(2) Haftung bei Pflichtverletzungen

Schäden und Nachteile aus einer schuldhaften Verletzung von Mitwirkungs- und sonstigen Sorgfaltspflichten gehen zulasten des Kunden. Bei schuldhafter Mitverursachung des Schadens durch die Sparkasse richtet sich die Haftung nach den Grundsätzen des Mitverschuldens, § 254 Bürgerliches Gesetzbuch.

---

[273] International Bank Account Number (Internationale Bankkontonummer).
[274] Bank Identifier Code (Bank-Identifizierungs-Code).

AGB-Pfandrecht, Nachsicherung, Sicherheitenfreigabe
Nr. 21 Pfandrecht, Sicherungsabtretung

(1) Umfang

Der Kunde räumt hiermit der Sparkasse ein Pfandrecht ein an Werten jeder Art, die im bankmäßigen Geschäftsverkehr durch den Kunden oder durch Dritte für seine Rechnung in ihren Besitz oder ihre sonstige Verfügungsmacht gelangen. Zu den erfassten Werten zählen sämtliche Sachen und Rechte jeder Art (Beispiele: Waren,
Devisen, Wertpapiere einschließlich der Zins-, Renten- und Gewinnanteilscheine, Sammeldepotanteile, Bezugsrechte, Schecks, Wechsel, Konnossemente, Lager- und Ladescheine). Erfasst werden auch Ansprüche des
Kunden gegen die Sparkasse (z. B. aus Guthaben). Forderungen des Kunden gegen Dritte sind an die Sparkasse
abgetreten, wenn über die Forderungen ausgestellte Urkunden im bankmäßigen Geschäftsverkehr in die Verfügungsmacht der Sparkasse gelangen.

(2) Ausnahmen

Gelangen Gelder oder andere Werte mit der ausdrücklichen Zweckbestimmung für eine bestimmte Verwendung
in die Verfügungsmacht der Sparkasse (z. B. Bareinzahlung zur Einlösung eines Schecks, Wechsels oder Ausführung einer bestimmten Überweisung), so erstreckt sich das Pfandrecht der Sparkasse nicht auf diese Werte.
Im Ausland verwahrte Wertpapiere unterliegen – vorbehaltlich anderweitiger Vereinbarung – nicht dem Pfandrecht. Dasselbe gilt für die von der Sparkasse selbst ausgegebenen Genussrechte/Genussscheine und für
Ansprüche des Kunden aus nachrangigem Haftkapital (zum Beispiel nachrangig haftende Inhaberschuldverschreibung).

(3) Gesicherte Ansprüche

Das Pfandrecht sichert alle bestehenden und künftigen, auch bedingten oder befristeten, auch gesetzlichen
Ansprüche der Sparkasse gegen den Kunden, die sie im Zusammenhang mit der Geschäftsverbindung erwirbt.
Ansprüche gegen den Kunden aus von diesen für Dritte übernommenen Bürgschaften werden erst ab deren
Fälligkeit gesichert.

(4) Geltendmachung des Pfandrechts

Die Sparkasse darf die dem AGB-Pfandrecht unterliegenden Werte nur bei einem berechtigten Sicherungsinteresse zurückhalten. Ein solches besteht insbesondere unter den Voraussetzungen des Nachsicherungs-
rechts gemäß Nr. 22.

(5) Verwertung

Die Sparkasse ist zur Verwertung dieser Werte berechtigt, wenn der Kunde seinen Verbindlichkeiten bei Fälligkeit
und trotz Mahnung mit angemessener Nachfrist und einer Androhung der Verwertung entsprechend § 1234
Absatz 1 Bürgerliches Gesetzbuch nicht nachkommt. Unter mehreren Sicherheiten hat die Sparkasse die Wahl.
Bei der Auswahl und Verwertung wird die Sparkasse auf die berechtigten Belange des Kunden Rücksicht nehmen.
Die Sparkasse hat das Recht, Verwertungserlöse, die nicht zur Befriedigung sämtlicher Forderungen ausreichen,
nach ihrem billigen Ermessen zu verrechnen. Die Sparkasse wird dem Kunden erteilte Gutschriften über Ver-
wertungserlöse so gestalten, dass sie als Rechnungen im Sinne des Umsatzsteuerrechts anzusehen sind.

Nr. 22 Nachsicherung und Freigabe

(1) Nachsicherungsrecht

Die Sparkasse kann vom Kunden die Bestellung oder Verstärkung von Sicherheiten für seine Verbindlichkeiten
verlangen, wenn sich aufgrund nachträglich eingetretener oder bekannt gewordener Umstände, z. B. aufgrund
einer Verschlechterung oder drohenden Verschlechterung der wirtschaftlichen Verhältnisse des Kunden, eines
Mithaftenden oder Bürgen oder des Werts bestehender Sicherheiten, eine Veränderung der Risikolage ergibt.

Bei Verbraucherdarlehensverträgen besteht ein Anspruch auf die Bestellung oder Verstärkung von Sicherheiten
nur, soweit die Sicherheiten im Kreditvertrag angegeben sind. Übersteigt der Nettodarlehensbetrag 75.000 Euro,
besteht der Anspruch auf Bestellung oder Verstärkung auch dann, wenn in einem vor dem 21. März 2016
abgeschlossenen Verbraucherdarlehensvertrag oder in einem ab dem 21. März 2016 abgeschlossenen Allgemein-Verbraucherdarlehensvertrag im Sinne von § 491 Abs. 2 BGB keine oder keine abschließenden Angaben über Sicherheiten enthalten sind.

(2) Freigabe-Verpflichtung

Die Sparkasse ist auf Verlangen zur Freigabe von Sicherheiten nach ihrer Wahl verpflichtet, soweit der realisierbare Wert aller Sicherheiten den Gesamtbetrag aller Forderungen der Sparkasse nicht nur vorübergehend nicht
mehr als 10 v. H. übersteigt. Diese Deckungsgrenze erhöht sich um den jeweils aktuellen Umsatzsteuersatz,
soweit die Sparkasse im Verwertungsfall mit der Abführung der Umsatzsteuer aus Verwertungserlösen belastet
ist. Die Sparkasse wird bei der Auswahl der freizugebenden Sicherheiten auf die berechtigten Belange des
Kunden Rücksicht nehmen.

Einzugspapiere
Nr. 23 Inkasso im Einzugsgeschäft

(1) Inkasso-Vereinbarung

Schecks, Wechsel, Lastschriften oder sonstige Einzugspapiere werden von der Sparkasse nur zum Einzug
(Inkasso) hereingenommen, soweit nichts anderes vereinbart ist.

(2) Rückbelastung

Hat die Sparkasse den Gegenwert von Einzugspapieren schon vor Eingang gutgeschrieben, so kann sie den
Gegenwert bei Nichteinlösung der Papiere rückbelasten, und zwar auch nach einem zwischenzeitlichen Rechnungsabschluss. Das Gleiche gilt, wenn

– ihr der Gegenwert nicht zugeht oder
– die freie Verfügung über den Gegenwert durch Gesetz oder behördliche Maßnahmen beschränkt ist oder
– die Papiere infolge unüberwindlicher Hindernisse nicht oder nicht rechtzeitig vorgelegt werden können oder
– der Einzug mit im Zeitpunkt der Hereinnahme nicht bekannten unverhältnismäßigen Schwierigkeiten verbunden ist oder
– in dem Land, in dem die Papiere einzulösen sind, ein Moratorium ergangen ist.

Unter den gleichen Voraussetzungen kann die Sparkasse Einzugspapiere auch schon vor Fälligkeit zurückgeben. Die Rückbelastung ist auch zulässig, wenn die Papiere nicht zurückgegeben werden können. Ist dies von der Sparkasse zu vertreten, so trägt sie einen sich hieraus ergebenden Schaden des Kunden.

Nr. 24 Vorlegungsfrist, Eilmittel

Wenn Schecks, die am Bankplatz der Sparkasse zahlbar sind, nicht spätestens am dritten Geschäftstag, Schecks auf auswärtige Bankplätze nicht spätestens am vierten Geschäftstag vor Ablauf der Vorlegungsfrist (Artikel 29 Scheckgesetz) eingereicht werden bzw. bei Übersendung nicht innerhalb dieser Fristen vor Geschäftsschluss bei der Sparkasse eingehen, so hat der Kunde auf den Ablauf der Vorlegungsfrist und die eventuelle Anwendung von Eilmitteln gesondert hinzuweisen.

Nr. 25 Sicherungsrechte im Einzugsgeschäft

(1) Sicherungseigentum

Mit der Einreichung von Schecks und Wechseln zum Einzug überträgt der Kunde der Sparkasse das Sicherungseigentum an den Papieren für den Fall, dass das Einzugspapier nicht eingelöst wird und der Sparkasse aufgrund von Vorausverfügungen des Kunden im Hinblick auf das Einzugsgeschäft Ansprüche gegen den Kunden zustehen, und zwar bis zum Ausgleich dieser Ansprüche. Mit dem Erwerb des Sicherungseigentums gehen auch die zugrunde liegenden Forderungen auf die Sparkasse über.

(2) Sicherungsabtretung

Werden andere Papiere zum Einzug eingereicht (z. B. Lastschriften, kaufmännische Handelspapiere), so gehen die zugrunde liegenden Forderungen unter den Voraussetzungen des Absatzes 1 auf die Sparkasse über.

Auflösung der Geschäftsbeziehung
Nr. 26 Kündigungsrecht

(1) Ordentliche Kündigung

Soweit weder eine Laufzeit noch eine abweichende Kündigungsregelung vereinbart sind, können der Kunde und bei Vorliegen eines sachgerechten Grundes auch die Sparkasse die gesamte Geschäftsbeziehung oder einzelne Geschäftszweige jederzeit ohne Einhaltung einer Kündigungsfrist kündigen. Kündigt die Sparkasse, so wird sie den berechtigten Belangen des Kunden angemessen Rechnung tragen, insbesondere nicht zur Unzeit kündigen.

Für die Kündigung eines Zahlungsdiensterahmenvertrages (z. B. Girovertrag oder Kartenvertrag) durch die Sparkasse beträgt die Kündigungsfrist mindestens zwei Monate.

(2) Kündigung aus wichtigem Grund

Ungeachtet anderweitiger Vereinbarungen können sowohl der Kunde als auch die Sparkasse die gesamte Geschäftsbeziehung oder einzelne Geschäftszweige jederzeit fristlos kündigen, wenn ein wichtiger Grund vorliegt, aufgrund dessen dem Kündigenden die Fortsetzung der Geschäftsbeziehung nicht zugemutet werden kann. Dabei sind die berechtigten Belange des anderen Vertragspartners zu berücksichtigen. Für die Sparkasse ist ein solcher Kündigungsgrund insbesondere gegeben, wenn aufgrund der nachfolgend beispielhaft aufgeführten Umstände die Einhaltung der Zahlungsverpflichtungen des Kunden oder die Durchsetzbarkeit der Ansprüche der Sparkasse – auch unter Verwertung etwaiger Sicherheiten – gefährdet wird:

a) wenn eine wesentliche Verschlechterung oder eine erhebliche Gefährdung der Vermögensverhältnisse des Kunden oder in der Werthaltigkeit der für ein Darlehen gestellten Sicherheiten eintritt, insbesondere wenn der Kunde die Zahlungen einstellt oder erklärt, sie einstellen zu wollen, oder wenn von dem Kunden angenommene Wechsel zu Protest gehen;
b) wenn der Kunde seiner Verpflichtung zur Bestellung oder zur Verstärkung von Sicherheiten (Nr. 22 Absatz 1) nach Aufforderung durch die Sparkasse nicht innerhalb angemessener Frist nachkommt;
c) wenn der Kunde unrichtige Angaben über seine Vermögensverhältnisse gemacht hat;
d) wenn gegen den Kunden eine Zwangsvollstreckung eingeleitet wird;
e) wenn sich die Vermögensverhältnisse eines Mitverpflichteten oder des persönlich haftenden Gesellschafters wesentlich verschlechtert haben oder erheblich gefährdet sind, sowie bei Tod oder Wechsel des persönlich haftenden Gesellschafters.

Besteht der wichtige Grund in der Verletzung einer Pflicht aus dem Vertrag, ist die Kündigung erst nach erfolglosem Ablauf einer zur Abhilfe bestimmten Frist oder nach erfolgloser Abmahnung zulässig. Etwas anderes gilt nur, wenn der Kunde die Leistung ernsthaft und endgültig verweigert, er die Leistung zu einem im Vertrag bestimmten Termin oder innerhalb einer bestimmten Frist nicht bewirkt, obwohl die Sparkasse den Fortbestand ihres Leistungsinteresses vertraglich an die Rechtzeitigkeit der Leistung gebunden hat, oder wenn besondere Umstände vorliegen, die unter Abwägung der beiderseitigen Interessen eine sofortige Kündigung rechtfertigen.

(3) Kündigung bei Verbraucherdarlehensverträgen

Soweit das Bürgerliche Gesetzbuch zwingende Sonderregelungen für die Kündigung von Verbraucherdarlehensverträgen vorsieht, kann die Sparkasse nur nach Maßgabe dieser Regelungen kündigen.

(4) Rechtsfolgen bei Kündigung

Mit der Auflösung der gesamten Geschäftsbeziehung oder einzelner Geschäftszweige werden die auf den betroffenen Konten geschuldeten Beträge sofort fällig. Der Kunde ist außerdem verpflichtet, die Sparkasse insoweit von allen für ihn oder in seinem Auftrag übernommenen Verpflichtungen zu befreien.

Die Sparkasse ist berechtigt, die für den Kunden oder in seinem Auftrag übernommenen Verpflichtungen zu kündigen und sonstige Verpflichtungen, insbesondere solche in fremder Währung, mit Wirkung gegen den Kunden auszugleichen sowie hereingenommene Wechsel und Schecks sofort zurückzubelasten; die wechsel- oder scheckrechtlichen Ansprüche gegen den Kunden und jeden aus dem Papier Verpflichteten auf Zahlung des vollen Betrages der Wechsel und Schecks mit Nebenforderungen verbleiben der Sparkasse jedoch bis zur Abdeckung eines etwaigen Schuldsaldos.

Nr. 27 Weitergeltung der Allgemeinen Geschäftsbedingungen

Auch nach Auflösung der gesamten Geschäftsbeziehung oder einzelner Geschäftszweige gelten für die Abwicklung und in dem Abwicklungsverhältnis entsprechenden Umfange die Allgemeinen Geschäftsbedingungen weiter.

Nr. 28 Schutz der Einlagen durch anerkanntes Einlagensicherungssystem

(1) Freiwillige Institutssicherung

Die Sparkasse gehört dem institutsbezogenen Sicherungssystem der Deutschen Sparkassen-Finanzgruppe (Sicherungssystem) an. Primäre Zielsetzung des Sicherungssystems ist es, die angehörenden Institute selbst zu schützen und bei diesen drohende und bestehende wirtschaftliche Schwierigkeiten abzuwenden. Auf diese Weise schützt die Institutssicherung auch die Einlagen ihrer Kunden. Hierzu zählen im Wesentlichen Spareinlagen, Sparkassenbriefe, Termineinlagen, Sichteinlagen und Schuldverschreibungen.

(2) Gesetzliche Einlagensicherung

Das Sicherungssystem ist als Einlagensicherungssystem nach dem Einlagensicherungsgesetz (EinSiG) amtlich anerkannt. Sollte entgegen Absatz 1 ausnahmsweise die Institutssicherung nicht greifen, hat der Kunde gegen das Sicherungssystem einen Anspruch auf Erstattung seiner Einlagen im Sinne des § 2 Absätze 3 bis 5 EinSiG bis zu den Obergrenzen des § 8 EinSiG.

Nicht entschädigungsfähig nach § 6 EinSiG sind unter anderem Einlagen, die im Zusammenhang mit Geldwäschetransaktionen entstanden sind, sowie Inhaberschuldverschreibungen der Sparkasse und Verbindlichkeiten aus eigenen Akzepten und Solawechseln.

(3) Informationsbefugnisse

Die Sparkasse ist befugt, dem Sicherungssystem oder einem von ihm Beauftragten alle in diesem Zusammenhang erforderlichen Auskünfte zu erteilen und Unterlagen zur Verfügung zu stellen.

(4) Forderungsübergang

Soweit das Sicherungssystem oder ein von ihm Beauftragter Zahlungen an den Kunden leistet, gehen dessen Forderungen gegen die Sparkasse in entsprechender Höhe mit allen Nebenrechten Zug um Zug auf das Sicherungssystem über.

VIII. Außergerichtliche Schlichtungsverfahren

Schrifttum: Baumbach/*Hopt*, HGB, 38. Aufl. 2018; *Bundschuh*, Erfahrungen mit dem Ombudsmannverfahren der Banken, ZBB 1998, 2; *Bundschuh*, Erfahrungen als Ombudsmann, in Kartengesteuerter Zahlungsverkehr, Außergerichtliche Streitschlichtung, Schriftenreihe der Bankrechtlichen Vereinigung, Bd. 14, 1999, 211; *Bundschuh*, Erfahrungen mit dem Bankombudsmann, in Versicherungswissenschaftliche Studien, Bd. 11, 1999, 213; *Claussen*, Bank- und Börsenrecht, 5. Aufl. 2014; *Derleder/Knops/Bamberger*, Handbuch zum deutschen und europäischen Bankrecht, 3. Aufl. 2017; *Heinsius*, Verbraucher und Ombudsmann, WM 1992, 478; *Hellner*, Bankenverband beschließt Ombudsmannsystem, Die Bank 1991, 666; *v. Hippel*, Der Ombudsmann im Bank- und Versicherungswesen, 2000; *Hoeren*, Das neue Verfahren für die Schlichtung von Kundenbeschwerden im deutschen Bankgewerbe, NJW 1992, 2727; *Hoeren*, Der Bankenombudsmann in der Praxis, NJW 1994, 362; *Knauth*, Versicherungsombudsmann – private Streitbeilegung für Verbraucher, WM 2001, 2325; *Metz*, Außergerichtliche Streitschlichtung im Bereich der Kreditwirtschaft, Schriftenreihe der Bankrechtlichen Vereinigung, Bd. 14, 1999, 245; *Parsch*, Zwei Jahre Ombudsmannverfahren, Die Bank 1994, 480; *Parsch*, 5 Jahre Schlichtungsverfahren der privaten Banken, WM 1997, 1228; *Scherpe*, Der Bankenombudsmann – Zu den Veränderungen der Verfahrensordnung seit 1992, WM 2001, 2321; *Schimansky/Bunte/Lwowski*, Bankrechts-Handbuch, 5. Aufl. 2017; *Schlosser*, Alternative Streitbeilegung in der Kreditwirtschaft, Schriftenreihe der Bankrechtlichen Vereinigung, Bd. 14, 1999, 185; *Zawal-Pfeil*, Ombudsmannverfahren, in Bankrecht und Bankpraxis (BuB), Hellner/Steuer, Stand 01/02, Rn. 2/1070 – 2/1138; *Zawal-Pfeil*, Ein Jahr Ombudsmann der privaten Banken, Die Bank 1993, 620; *Zawal-Pfeil*, Fünf Jahre Ombudsmann der privaten Banken, Die Bank 1997, 446.

81   **1. Allgemeines.** Das **Ombudsverfahren der privaten Banken** existiert seit dem 1.7.1992. Es soll Verbrauchern die Möglichkeit geben, Streitigkeiten mit ihrer Bank durch einen Schlichter schnell und ohne Kostenrisiko außergerichtlich zu klären.[275] Einen Anstoß gab die Empfehlung der EU-Kommission, bei grenzüberschreitenden Finanztransaktionen besondere Stellen für Kundenbeschwerden zu schaffen.[276] Zugleich übte die Bundesregierung Druck auf das deutsche Kreditgewerbe aus, private Schlichtungsstellen zu errichten.[277] Neben den privaten Banken sind auch **bei anderen Kreditinstituten vergleichbare Einrichtungen** zur außergerichtlichen Streitschlichtung eingerichtet: So beim Bundesverband Öffentlicher Banken Deutschlands (VÖB), beim Bundesverband der Deutschen Volksbanken und Raiffeisenbanken (BVR), beim Verband der Privaten Bausparkassen und beim Deutsche Sparkassen- und Giroverband (DSGV). Daneben fungiert der Sparkassenverband Baden-Württemberg (SVBW) als regionale Schlichtungsstelle.

82   Seit dem Jahr 1999 hat der Gesetzgeber zudem – damals gem. § 29 Abs. 1 AGBG (in Umsetzung der Überweisungsrichtlinie[278]) – eine **Schlichtungsstelle bei der Deutschen Bundesbank** eingerichtet. § 29 Abs. 2 AGBG enthielt die Ermächtigung zum Erlass einer Verfahrensordnung.

83   Seit dem 1.1.2002 sind die Zuständigkeiten sowohl für private Verbraucherschlichtungsverfahren als auch für diejenigen bei der Deutschen Bundesbank in § 14 UKlaG geregelt. In Umsetzung der Richtlinie 2013/11/EU (ADR-Richtlinie)[279] enthält nun § 14 Abs. 5 UKlaG die Ermächtigung zum

---

[275] Zur Entwicklung auf europäischer und nationaler Ebene vgl. *Höche* in Schimansky/Bunte/Lwowski BankR-HdB § 3 Rn. 6 ff.

[276] Empfehlung der Kommission vom 14.2.1990 zur Transparenz von Bankkonditionen bei grenzüberschreitenden Finanztransaktionen, ABl. 1990 L 67, 39.

[277] *Höche* in Schimansky/Bunte/Lwowski BankR-HdB § 3 Rn. 48.

[278] ABl. L 43, 25.

[279] ABl. L 165, 63.

Erlass einer Verordnung über die Organisation und das Verfahren der Schlichtung. Auf dieser Grundlage ist am 1.2.2017 die **Finanzschlichtungsverordnung (FinSV)**[280] in Kraft getreten, welche die vormalige Schlichtungsstellenverfahrensverordnung abgelöst hat. Der Ombudsmann der privaten Banken ist seit dem 1.2.2017 als Verbraucherschlichtungsstelle anerkannt. Das Verfahren vor ihm hat den Vorgaben der FinSV zu entsprechen (§ 15 FinSV).

Zur Gewährleistung des grenzüberschreitenden Absatzes von Finanzdienstleistungen hat die EU-Kommission zudem ein Netzwerk zur Behandlung von grenzüberschreitenden Beschwerden für Finanzdienstleistungen, das **Consumer Complaints Network for Financial Services (FIN-NET),** geschaffen. Damit soll gewährleistet werden, dass bei Kundenbeschwerden möglichst schnell eine Schlichtungsstelle gefunden wird. Es handelt sich um eine freiwillige Vereinbarung der am Netzwerk teilnehmenden Schlichtungsstellen. Beteiligt sind – aufgrund eines *Memorandum of Understanding* – mehr als 48 Schlichtungseinrichtungen, u. a. die Ombudsmänner der privaten Banken und der Öffentlichen Banken in Deutschland.[281]

84

2. Der Ombudsmann der privaten Banken. Nach der Verfahrensordnung (VerfO) des Ombudsmanns der privaten Banken (→ Rn. 96) erfolgt die **Bestellung der Ombudsleute** durch den Vorstand des Bankenverbands unter Beteiligung des Bundesamts für Justiz und des Bundesverbands der Verbraucherzentralen und -verbände für die Dauer von drei Jahren (§ 2 Abs. 1 und 2 VerfO, § 2 FinSV). Die Ombudsleute müssen die **Befähigung zum Richteramt** haben (§ 2 Abs. 3 VerfO, § 12 Abs. 3 S. 2 FinSV). Ihre vorzeitige Abberufung ist nur möglich, wenn Tatsachen vorliegen, die eine faire, unabhängige oder unparteiische Schlichtungstätigkeit nicht mehr erwarten lassen oder ein vergleichbarer wichtiger Grund vorliegt (§ 2 Abs. 1VerfO, § 3 Abs. 2 FinSV). Um Unabhängigkeit und Unparteilichkeit sicherzustellen, dürfen sie (außer als Schlichter beim Bankenverband) in den letzten drei Jahren vor dem Amtsantritt weder beim Bankenverband noch bei einem Kreditinstitut tätig gewesen sein (§ 2 Abs. 3 VerfO, § 12 Abs. 3 FinSV); ihre Vergütung darf nicht vom Ergebnis eines Schlichtungsverfahrens abhängig gemacht werden (§ 14 FinSV). Die Bestellung kann zweimal wiederholt werden (§ 2 Abs. 1 VerfO, § 12 Abs. 4 FinSV). Es sind zwei oder mehr Ombudsleute zu bestellen, die für sich selbst eine Geschäftsverteilung einschließlich einer Vertretungsregelung festlegen (§ 2 Abs. 4 VerfO, § 12 Abs. 4 u. 5 FinSV). Derzeit (2020) amtieren sechs Ombudsleute.

85

Die Zuständigkeit der Ombudsleute umfasst – neben Streitigkeiten über **Zahlungsdienste** – nur **Streitigkeiten von Verbrauchern mit Banken,** die dem Schlichtungsverfahren beigetreten sind (§ 3 VerfO, § 15 Abs. 1 S. 1 FinSV). Der Antragsteller muss Verbraucher iSd § 13 BGB sein (§ 3 Abs. 1 VerfO); Existenzgründer unterfallen der Schlichtung daher nicht. Der bei Verbraucherdarlehensverträgen weiter gezogene Schutzbereich (§ 513 BGB) wird insoweit nicht übernommen.[282] Aufgrund der Beschränkung auf Verbraucherstreitigkeiten sind von der Schlichtung alle Angelegenheiten ausgenommen, die objektiv der gewerblichen oder der selbständigen beruflichen Tätigkeit des Antragstellers zuzurechnen sind; dabei kommt es nicht darauf an, ob dieser Zusammenhang bei den Vertragsverhandlungen mit der Bank erkennbar geworden ist.[283] Einem **Unternehmer** (§ 14 BGB) steht das Schlichtungsverfahren nur im Hinblick auf private Bankgeschäfte offen. Der Grundsatz des § 344 Abs. 1 HGB, nach dem die von einem Kaufmann vorgenommenen Rechtsgeschäfte im Zweifel als zum Betrieb seines Handelsgewerbes gehörig gelten, gilt auch hier. Bei **Mischfällen,** die sowohl dem unternehmerischen als auch dem privaten Bereich zurechnen und sich nicht unterteilen lassen, ist auf den überwiegenden Zweck des Rechtsgeschäfts abzustellen.[284] Fällt die Streitigkeit in den Anwendungsbereich der §§ 675c–676c BGB (Zahlungsdienste), besteht keine Antragsbeschränkung auf Verbraucher (§ 3 Abs. 2 VerfO).

86

Nicht ausdrücklich geregelt ist, ob der Verbraucher auch **Kunde** der Bank sein muss. Die Frage kann sich etwa im Zusammenhang mit Bürgschaftsübernahmen oder anderen Drittsicherheiten stellen. Sie ist zu bejahen:[285] Aus der Ombudsmann-Verfahrensordnung ergibt sich, dass das Schlichtungsverfahren der Streitbeilegung zwischen Banken und Verbrauchern dienen soll, und zwar (nur) bei Streitigkeiten im Zusammenhang mit den von der Bank angebotenen Produkten und Dienstleistungen (§ 3 Abs. 1 VerfO). Das deutet darauf hin, dass der Zugang zum Schlichtungsverfahren grundsätzlich auf Kunden der Bank beschränkt sein soll. In der Spruchpraxis der Ombudsleute hat sich jedoch ein großzügigerer Ansatz durchgesetzt: Danach kann ein Verbraucher den Ombudsmann schon anrufen,

87

---

[280] BGBl. I 2140.

[281] Nähere Informationen unter https://ec.europa.eu/info/node/43326_de. Vgl. auch *Höche* in Schimansky/Bunte/Lwowski BankR-HdB § 3 Rn. 10.

[282] *Zawal-Pfeil* in Hellner/Steuer BuB Rn. 2/1085; ebenso EuGH Urt. v. 3.7.1997 – C-269/95, WM 1997, 1549 (1551) für den Verbrauchergerichtsstand des Art. 13 Abs. 1, 14 Abs. 1 EuGVÜ.

[283] BGH Urt. v. 27.9.2017 – VIII ZR 271/16, NJW 2018, 146; Beschl. v. 24.2.2005 – III ZB 36/04, BGHZ 162, 253 (256 f.) = NJW 2005, 1273.

[284] *Zawal-Pfeil* in Hellner/Steuer BuB Rn. 2/1086; Vgl. auch Erwägungsgrund 18 der ADR-Richtlinie, ABl. 2013 L 165, 63.

[285] *Höche* in Schimansky/Bunte/Lwowski BankR-HdB § 3 Rn. 105; ebenso zur Vorgängerfassung der VerfO *Zawal-Pfeil* in Hellner/Steuer BuB Rn. 2/1107.

wenn er bei Bankgeschäften **von Aktivitäten der Bank betroffen** und ihm daraus (nach seiner Behauptung) ein gerichtlich durchsetzbarer Anspruch entstanden ist.[286] Nicht antragsbefugt ist ein **Aktionär** oder **stiller Gesellschafter** der Bank, soweit er eine sich aus seiner Gesellschafterstellung ergebende Streitigkeit vorträgt.[287]

88   Die Ombudsmann-Verfahrensordnung regelt auch **Ablehnungsgründe** (= Zulässigkeitsschranken), die dem Schlichtungsverfahren entgegenstehen. So findet keine Schlichtung statt, wenn die Streitigkeit schon **vor einem Gericht anhängig** ist, in der Vergangenheit anhängig war oder während des Schlichtungsverfahrens anhängig wird oder wenn ein Gericht durch Sachurteil über die Streitigkeit entschieden hat (§ 4 Abs. 1 lit. f VerfO, § 6 Abs. 1 Nr. 6 FinSV). Abgestellt wird dabei auf die gerichtliche Anhängigkeit der Streitigkeit, nicht erst auf deren Rechtshängigkeit; daher schadet schon die Einreichung eines Antrags, auch eines Mahnbescheidsantrags, bei Gericht.[288] Ist indes die gerichtliche Klage wirksam **zurückgenommen,** ist der Rechtsstreit als nicht anhängig geworden anzusehen (§ 269 Abs. 3 S. 1 ZPO); für ein Schlichtungsverfahren ist dann wieder Raum.[289] Das Schlichtungsverfahren ist auch ausgeschlossen, wenn die Streitigkeit durch (gerichtlichen oder außergerichtlichen) **Vergleich** oder in anderer Weise beigelegt wurde (§ 4 Abs. 1 lit. g VerfO, § 6 Abs. 1 Nr. 7 FinSV) oder ein Antrag auf Bewilligung von **Prozesskostenhilfe** mangels hinreichender Erfolgsaussicht **zurückgewiesen** worden ist (§ 4 Abs. 1 lit. e VerfO). Wegen derselben Streitigkeit darf zudem kein Schlichtungsverfahren bei einer Verbraucherschlichtungsstelle anhängig oder schon durchgeführt sein (§ 4 Abs. 1 lit. c VerfO, § 6 Abs. 1 Nr. 3 FinSV).

89   Einwendungen gegen die **Zwangsvollstreckung** aus einem rechtskräftigen Titel lassen sich im Schlichtungsverfahren nur klären, soweit es sich um **materielle Einwendungen** gegen den titulierten Anspruch handelt, die gerichtlich durch Vollstreckungsgegenklage (§ 767 ZPO) geltend zu machen wären.[290] Im Übrigen hindert der Abschluss des gerichtlichen Verfahrens, in dem sich die Bank den Titel verschafft hat, die Zulässigkeit des Schlichtungsverfahrens (§ 4 Abs. 1 lit. f VerfO). Weiterer Ablehnungsgrund ist die **Verjährung** des Anspruchs, wenn sich die Bank auf diese Einrede beruft (§ 4 Abs. 1 lit. h VerfO, § 6 Abs. 1 Nr. 8 FinSV). Eine Schlichtung *kann* zudem abgelehnt werden, wenn die Streitigkeit in rechtlicher Hinsicht eine entscheidungserhebliche **Grundsatzfrage** aufwirft (§ 3 Abs. 2 lit. a VerfO, § 6 Abs. 2 Nr. 1 FinSV) oder entscheidungserhebliche **Tatsachen** von der Schlichtungsstelle **nicht geklärt** werden können (§ 4 Abs. 2 lit. b VerfO, § 6 Abs. 2 Nr. 2 FinSV). Was Letzteres angeht, ist zu berücksichtigen, dass im Schlichtungsverfahren **Beweis nur durch Urkundenvorlage** angetreten werden kann (§ 6 Abs. 3 S. 2 VerfO; § 8 Abs. 5 FinSV). Dadurch sind etwa Streitigkeiten im Bereich der Anlageberatung, in denen es meist (auch) auf Zeugenbekundungen zu Beratungsgesprächen ankommt, weitgehend der Schlichtung entzogen.[291]

90   Das Schlichtungsverfahren gliedert sich in zwei Abschnitte. Der in Textform zu stellende Antrag wird zunächst einer **Vorprüfung** durch die Geschäftsstelle unterzogen; zeigen sich formale Antragsmängel, etwa weil die Antragsschrift die zu schlichtende Streitigkeit nicht hinreichend darlegt oder kein konkretes Begehren enthält oder ihr zum Verständnis erforderliche Unterlagen nicht beigefügt sind, fordert die Geschäftsstelle den Antragsteller auf, die Mängel binnen eines Monats zu beheben; danach leitet sie den Antrag an die Bank zur Stellungnahme weiter (§§ 5 Abs. 3, 6 Abs. 2 VerfO; §§ 7 Abs. 1, 8 Abs. 2 FinSV). Im anschließenden **Schlichtungsverfahren** entscheidet die Ombudsperson zunächst über die Zulässigkeit der Schlichtung (§ 4 VerfO, § 7 FinSV). Ist die Schlichtung zulässig, unterbreitet die Ombudsperson – ggf. nach Einholung ergänzender Stellungnahmen und Auskünfte sowie der Erhebung angetretener Urkundenbeweise – den Beteiligten einen **Schlichtungsvorschlag;** dieser kann in einem Vergleichsvorschlag oder einem Schlichtungsspruch bestehen (§ 6 Abs. 4 VerfO, § 9 FinSV). Die **Verfahrenskosten** trägt in beiden Fällen der Bankenverband. Soweit sich der Verbraucher durch einen Bevollmächtigten, etwa einen Rechtsanwalt, vertreten lässt (§ 5 Abs. 2 VerfO, § 7 Abs. 3 FinSV), hat er allerdings dessen Kosten selbst zu tragen (§ 10 Abs. 3 VerfO, § 10 Abs. 1 FinSV).

91   Endet das Verfahren mit einem Schlichtungsspruch, ist dieser **für die Bank bindend,** wenn der Beschwerdewert 10.000 EUR nicht übersteigt (§ 6 Abs. 5 lit. a VerfO, § 15 Abs. 2 FinSV). Bei höherem Wert kommt dem Schlichtungsspruch keine, auch keine teilweise Bindungswirkung zu. Der **Beschwerdewert** bemisst sich dabei, um willkürliche Teilanträge zur Erlangung der Bindungswirkung auszuschließen, nach dem **beschwerdebegründenden Sachverhalt.**[292] Im Einklang damit bestimmt § 5 lit. a S. 2 VerfO, dass für die Bindungswirkung der Gesamtwert maßgeblich ist, wenn der Beschwerdewert 10.000 EUR übersteigt, der Antragsteller davon aber nur einen niedrigeren Teilbetrag geltend macht. Für den Antragsteller ist der Schlichtungsspruch nicht bindend (§ 6 Abs. 5 lit. a S. 3 VerfO).

---

[286] *Höche* in Schimansky/Bunte/Lwowski BankR-HdB § 3 Rn. 107.
[287] *Zawal-Pfeil* in Hellner/Steuer BuB Rn. 2/1108.
[288] *Zawal-Pfeil* in Hellner/Steuer BuB Rn. 2/1090.
[289] Vgl. *Hoeren* NJW 1992, 2727 (2730); *Zawal-Pfeil* in Hellner/Steuer BuB Rn. 2/1094.
[290] *Zawal-Pfeil* in Hellner/Steuer BuB Rn. 2/1091.
[291] Vgl. *Zawal-Pfeil* in Hellner/Steuer BuB Rn. 2/1123c; *Bundschuh* ZBB 1998, 2 (5).
[292] So auch *Höche* in Schimansky/Bunte/Lwowski BankR-HdB § 3 Rn. 101; *Zawal-Pfeil* in Hellner/Steuer BuB Rn. 2/1126.

Die Hemmung der **Verjährung** für die Ansprüche des Antragstellers richtet sich nach § 204 BGB **92** (§ 7 VerfO). Der Ombudsmann der privaten Banken ist eine „sonstige" Gütestelle iSd § 204 Abs. 1 Nr. 4 BGB.[293] Die Verjährung wird somit durch die Veranlassung der Bekanntgabe des Antrags gehemmt, wobei die Hemmung schon mit dem Antragseingang eintritt, wenn der Antrag „demnächst" (analog § 167 ZPO) bekannt gegeben wird. Demnach *kann* die Verjährung schon durch die Einreichung des Antrags bei der Geschäftsstelle gehemmt werden. Voraussetzung für die sofortige Hemmung ist allerdings, dass der Antrag die in § 5 Abs. 1 S. 1 und 2 VerfO beschriebenen formalen Anforderungen wahrt, dh in Textform die zu schlichtende Streitigkeit hinreichend individualisiert und ein konkretes Begehren enthält.[294] Die Beifügung der zum (besseren) Verständnis erforderlichen Unterlagen wird man hingegen zur Verjährungshemmung zunächst nicht verlangen können (§ 5 Abs. 1 S. 3 VerfO). Verzögert sich allerdings die Weiterleitung des Antrags an die Bank, weil der Antragsteller der von der Geschäftsstelle gesetzten Frist zur Vorlage solcher Unterlagen (§ 5 Abs. 3 S. 4 VerfO) nicht nachkommt, erfolgt die Bekanntgabe des Antrags nicht mehr „demnächst" und wirkt dann nicht auf den Einreichungszeitpunkt zurück; in diesem Fall beginnt die Hemmung erst mit der Weiterleitung des vervollständigten Antrags an die Bank.

Indem die Bank gegenüber dem Bankenverband ihre Teilnahme am Schlichtungsverfahren erklärt, **93** schließt sie mit dem Bankenverband einen einseitig verpflichtenden Vertrag *sui generis*, der zugleich als **Vertrag zugunsten Dritter** dem Antragsteller ein eigenes Forderungsrecht aus dem Schlichtungsspruch im Rahmen der Bindungswirkung verschafft.[295] Zwischen Bank und Antragsteller kommt hingegen **kein Schiedsvertrag** zustande; Nr. 21 AGB-Banken verweist auf das Schlichtungsverfahren nur informatorisch.[296] Der Schlichtungsspruch kann daher auch nicht gem. §§ 1042 ff. ZPO für vollstreckbar erklärt werden. Weigert sich die Bank, einen sie bindenden Schlichtungsspruch zu erfüllen, muss der Antragsteller **aus dem Schlichtungsspruch klagen**.[297] Darüber hinaus verhielte sich die Bank in rechtsmissbräuchlicher Weise widersprüchlich (§ 242 BGB), ließe sie den sie bindenden Schlichtungsspruch nicht gegen sich gelten.[298] Eine von der Bank gleichwohl erhobene Klage wäre schon unzulässig.[299]

Insgesamt bietet das Schlichtungsverfahren den Antragsberechtigten die **Möglichkeit vorprozes-** **94** **sualer Prüfung** ihres Begehrens. So stellt es sich in der Praxis auch dar: Nach dem vom Bankenverband als Träger der Schlichtungsstelle alljährlich zu veröffentlichenden Tätigkeitsbericht (§ 20 FinSV)[300] sind im Jahr 2019 von 3.757 eingeleiteten Schlichtungsverfahren 1.605 durch Schlichtungsvorschläge beendet worden, davon 1.362 Verfahren durch Schlichtungsspruch, 243 Verfahren durch Vergleichsvorschlag. Der Schlichtungsvorschlag ist indes in 1.268 Fällen von den Beteiligten *nicht* akzeptiert worden. Der Gang vor die Gerichte ist den Beteiligten somit in keiner Weise – auch nicht *de facto* – erschwert. Mit dem Schlichtungsvorschlag erhalten die Beteiligten allerdings in jedem Fall eine qualifizierte rechtliche Beurteilung, die sie in ihre Überlegungen zum weiteren Vorgehen einbeziehen können.

3. Behördliches Schlichtungsverfahren. Die Organisation für (entsprechende) Schlichtungsver- **95** fahren bei der Deutschen Bundesbank und der BaFin ist in § 1 FinSV gesondert geregelt. Als Schlichter können dort Personen aus dem Kreis der Bediensteten des jeweiligen Trägers berufen werden, die zum Richteramt befähigt sind und die in ihrer Eigenschaft als Schlichter unabhängig und an Weisungen nicht gebunden sind (§ 1 Abs. 3, § 3 FinSV). Was das Verfahren angeht, muss auch dieses – wie das Ombudsmannverfahren des Bankenverbands – den Vorgaben der §§ 4 ff. FinSV entsprechen. Daher kann auf die vorstehenden Ausführungen verwiesen werden (→ Rn. 85 ff.).

4. Verfahrensordnung des Ombudsmanns der privaten Banken (Text). Die Verfahrensord- **96** nung für die Schlichtung im deutschen Bankgewerbe (Stand Januar 2020) lautet:

Präambel

Der Bundesverband deutscher Banken e. V. (Bankenverband) hat für die ihm angeschlossenen Banken ein Schlichtungsverfahren zur Beilegung von Streitigkeiten zwischen Banken und Verbrauchern geschaffen.

§ 1 Organisation der Schlichtungsstelle

(1) Der Ombudsmann der privaten Banken ist eine vom Bundesamt für Justiz anerkannte Verbraucherschlichtungsstelle, die aus den als Schlichterinnen und Schlichtern bestellten Ombudsleuten und einer von dem Bankenverband als Träger des Schlichtungsverfahrens eingerichteten Geschäftsstelle besteht.

---

[293] Vgl. *Höche* in Schimansky/Bunte/Lwowski BankR-HdB § 3 Rn. 112.

[294] Vgl. BGH Urt. v. 18.6.2015 – III ZR 198/14, NJW 2015, 2407 Rn. 21 ff.

[295] *Höche* in Schimansky/Bunte/Lwowski BankR-HdB § 3 Rn. 98 ff.; Baumbach/Hopt/*Hopt* Bankgeschäfte Rn. A/56; *Kirchhartz* in Claussen BankR § 1 Rn. 242.

[296] *Höche* in Schimansky/Bunte/Lwowski BankR-HdB § 3 Rn. 94; Baumbach/Hopt/*Hopt* Bankgeschäfte Rn. A/56; *v. Hippel*, Der Ombudsmann im Bank- und Versicherungswesen, 2000, 89; *Hoeren* NJW 1992, 2727 (2731); *Zawal-Pfeil* in Hellner/Steuer BuB Rn. 2/1127.

[297] *Höche* in Schimansky/Bunte/Lwowski BankR-HdB § 3 Rn. 99; *Hoeren* NJW 1992, 2727 (2731); *Zawal-Pfeil* in Hellner/Steuer BuB Rn. 2/1127.

[298] *Hoeren* NJW 1992, 2727 (2731); *Zawal-Pfeil* in Hellner/Steuer BuB Rn. 2/1128.

[299] *Höche* in Schimansky/Bunte/Lwowski BankR-HdB § 3 Rn. 99 *(pactum de non petendo)*.

[300] Abrufbar unter: www.bankenombudsmann.de.

(2) Schlichtungsverfahren sind von einer Ombudsfrau / einem Ombudsmann durchzuführen, die von der Geschäftsstelle unterstützt werden.

§ 2 Bestellung der Ombudsleute

(1) Bestellung und Abberufung durch den Vorstand

Die Ombudsfrau / der Ombudsmann werden durch den Vorstand des Bankenverbandes auf Vorschlag der Geschäftsführung für die Dauer von drei Jahren bestellt. Ihre Bestellung kann zweimal wiederholt werden. Ombudsleute können vor Ablauf ihrer Amtszeit vom Vorstand des Bankenverbandes nur abberufen werden, wenn Tatsachen vorliegen, die eine faire, unabhängige oder unparteiische Schlichtertätigkeit nicht mehr erwarten lassen, wenn sie nicht nur vorübergehend an der Wahrnehmung ihrer Aufgaben gehindert sind oder wenn ein vergleichbar wichtiger Grund vorliegt. Die Ombudsfrau / der Ombudsmann hat den Vorstand des Bankenverbandes über das Vorliegen von Abberufungsgründen unverzüglich zu unterrichten.

(2) Beteiligung des Bundesamts der Justiz und der Verbraucherverbände

Vor der Bestellung der Ombudsleute teilt der Bankenverband dem Bundesamt für Justiz und dem Bundesverband der Verbraucherzentralen und Verbraucherverbände (Verbraucherzentrale Bundesverband – vzbv) den Namen und den beruflichen Werdegang der vorgesehenen Person mit. Wenn innerhalb von zwei Monaten schriftlich keine Tatsachen vorgetragen werden, welche die Qualifikation oder Unparteilichkeit der vorgesehenen Person in Frage stellen oder erhobene Einwendungen geklärt sind, kann die Bestellung nach Absatz 1 Satz 1 erfolgen.

(3) Qualifikation, Unabhängigkeit und Unparteilichkeit

Ombudsleute müssen die Befähigung zum Richteramt haben. Sie dürfen in den letzten drei Jahren vor Amtsantritt weder beim Bankenverband noch bei einem Kreditinstitut tätig gewesen sein, es sei denn, es handelte sich um eine Beschäftigung beim Bankenverband nur als Schlichter. Die Ombudsleute sind in ihrer Eigenschaft als Schlichter unabhängig und nicht an Weisungen gebunden. Sie schlichten fair und unparteiisch.

(4) Berufung mehrerer Personen, Vertretung und Geschäftsverteilung

Zu Ombudsleuten sind zwei oder mehr Personen zu bestellen. Für jede Person ist eine andere als Vertreter zu bestellen. Die Ombudsleute legen gemeinsam die Geschäftsverteilung einschließlich einer Vertretungsregelung vor jedem Geschäftsjahr fest. Eine Änderung der Geschäftsverteilung ist während des Geschäftsjahrs nur aus wichtigem Grund zulässig.

(5) Befangenheit

Ombudsleute dürfen eine Streitigkeit nicht schlichten, wenn Gründe vorliegen, die Misstrauen gegen ihre Unabhängigkeit oder Unparteilichkeit rechtfertigen. Anstelle der Ombudsfrau / des Ombudsmanns wird ihr/ sein Vertreter tätig.

§ 3 Zuständigkeit

(1) Der Ombudsmann der privaten Banken ist zuständig für Streitigkeiten zwischen Banken, die dem Schlichtungsverfahren beigetreten sind (Banken bzw. Bank), und Verbrauchern über sämtliche von der Bank angebotenen Produkte und Dienstleistungen, insbesondere für Streitigkeiten gemäß § 14 Absatz 1 des Unterlassungsklagengesetzes.

(2) Die Zuständigkeit ist nicht auf Verbraucher beschränkt, wenn die Streitigkeit in den Anwendungsbereich der Vorschriften über Zahlungsdienste (§ 675c bis 676c des Bürgerlichen Gesetzbuches) fällt.

(3) Antragsteller können Verbraucher oder Unternehmer nach Absatz 2 sein.

§ 4 Ablehnungsgründe

(1) Die Ombudsfrau / der Ombudsmann lehnt die Durchführung des Schlichtungsverfahrens ab, wenn

a) kein ausreichender Antrag gestellt wurde,

b) der Ombudsmann der privaten Banken für die Streitigkeit nicht zuständig ist und der Antrag nicht nach § 5 Absatz 4 Satz 1 oder Satz 2 zu behandeln ist,

c) wegen derselben Streitigkeit bereits ein Schlichtungsverfahren bei einer Verbraucherschlichtungsstelle durchgeführt wurde oder anhängig ist,

d) bei Streitigkeiten über den Anspruch auf Abschluss eines Basiskontovertrages nach dem Zahlungskontengesetz bereits ein Verwaltungsverfahren nach den §§ 48 bis 50 des Zahlungskontengesetzes zur Durchsetzung des Anspruchs anhängig ist oder in einem solchen Verfahren unanfechtbar über den Anspruch entschieden worden ist,

e) wegen der Streitigkeit ein Antrag auf Bewilligung von Prozesskostenhilfe abgelehnt worden ist, weil die beabsichtigte Rechtsverfolgung keine hinreichende Aussicht auf Erfolg bot oder mutwillig erschien,

f) die Streitigkeit bereits vor einem Gericht anhängig ist oder ein Gericht durch Sachurteil über die Streitigkeit entschieden hat,

g) die Streitigkeit durch Vergleich oder in anderer Weise beigelegt wurde oder

h) der Anspruch, der Gegenstand der Streitigkeit ist, verjährt ist und die Bank die Einrede der Verjährung erhoben hat.

Stellen die Ombudsleute das Vorliegen eines Ablehnungsgrundes nach Satz 1 fest, ist die Entscheidung über die Ablehnung des Schlichtungsverfahrens unverzüglich den Beteiligten unter Hinweis auf den Ablehnungsgrund zu übermitteln.

(2) Die Ombudsleute können die Durchführung des Schlichtungsverfahrens ablehnen, wenn

a) eine grundsätzliche Rechtsfrage, die für die Bewertung der Streitigkeit erheblich ist, nicht geklärt ist oder

b) Tatsachen, die für den Inhalt eines Schlichtungsvorschlags entscheidend sind, im Schlichtungsverfahren streitig bleiben, weil der Sachverhalt von der Schlichtungsstelle nicht geklärt werden kann.

Die Entscheidung über die Ablehnung nach Satz 1 ist unverzüglich gegenüber den Beteiligten zu begründen.

(3) Eine Entscheidung über die Ablehnung nach Absatz 1 oder Absatz 2 ist nur bis zu drei Wochen nach dem Zeitpunkt möglich, zu dem der Ombudsfrau / dem Ombudsmann alle Informationen für das Schlichtungsverfahren vorlegen.

§ 5 Vorprüfungsverfahren

(1) Schlichtungsantrag

Der Antrag auf Durchführung eines Schlichtungsverfahrens (Schlichtungsantrag) ist in Textform (z. B. Brief, Fax, E-Mail) an den Ombudsmann der privaten Banken zu richten. Im Schlichtungsantrag ist die Streitigkeit, die geschlichtet werden soll, zu schildern und ein konkretes Begehren darzustellen. Dem Schlichtungsantrag sind zum Verständnis der Streitigkeit erforderliche Unterlagen in Kopie beizufügen. Der Antragsteller hat zu versichern, dass

a) wegen derselben Streitigkeit ein Verfahren bei einer Verbraucherschlichtungsstelle weder durchgeführt wurde noch anhängig ist,

b) bei Streitigkeiten über den Anspruch auf Abschluss eines Basiskontovertrages weder ein Verwaltungsverfahren nach den §§ 48 bis 50 des Zahlungskontengesetzes anhängig ist noch in einem solchen Verfahren unanfechtbar über den Anspruch entschieden worden ist,

c) über die Streitigkeit von einem Gericht nicht durch Sachurteil entschieden wurde oder die Streitigkeit nicht bei einem Gericht anhängig ist,

d) die Streitigkeit weder durch Vergleich noch in anderer Weise beigelegt wurde und

e) wegen der Streitigkeit ein Antrag auf Bewilligung von Prozesskostenhilfe nicht abgelehnt worden ist, weil die beabsichtigte Rechtsverfolgung keine hinreichende Aussicht auf Erfolg bot oder mutwillig erschien.

(2) Vertretung

Es ist den Beteiligten freigestellt, sich in dem Verfahren sachkundig vertreten zu lassen. Die Geschäftsstelle unterrichtet die Beteiligten zu Beginn des Verfahrens, dass sie sich in jeder Lage des Verfahrens von einem Rechtsanwalt oder einer anderen Person, die zur Erbringung von Rechtsdienstleistungen befugt ist, beraten oder vertreten lassen können. Die Vertretungsbefugnis ist nachzuweisen.

(3) Formale Vorprüfung

Die Geschäftsstelle stellt fest, ob sich die Bank dem Schlichtungsverfahren angeschlossen hat. Ist die Zuständigkeit gegeben, bestätigt sie dem Antragsteller den Eingang des Schlichtungsantrags. Sie prüft sodann den Schlichtungsantrag und die eingereichten Unterlagen. Entspricht der Schlichtungsantrag nicht den Anforderungen des Absatz 1, weist die Geschäftsstelle den Antragsteller auf die Mängel seines Schlichtungsantrags hin und fordert ihn auf, diese innerhalb einer Frist von einem Monat zu beseitigen. Der Antragsteller ist darüber zu unterrichten, dass die Durchführung des Schlichtungsverfahrens von der Ombudsfrau / dem Ombudsmann abgelehnt wird, wenn innerhalb der Frist die Mängel des Schlichtungsantrags nicht beseitigt werden. Nach Ablehnung der Durchführung eines Schlichtungsverfahrens kann sich der Antragsteller in dieser Streitigkeit nicht erneut an den Ombudsmann der privaten Banken wenden.

(4) Abgabe und Weiterleitung bei Unzuständigkeit

Ist der Ombudsmann der privaten Banken nicht zuständig und handelt es sich um eine Streitigkeit nach § 14 Absatz 1 des Unterlassungsklagengesetzes, gibt die Geschäftsstelle den Schlichtungsantrag unter Benachrichtigung des Antragstellers an die zuständige Verbraucherschlichtungsstelle ab. Hat der Antragsgegner keine inländische Niederlassung, besteht aber eine Niederlassung in einem anderen Vertragsstaat des Abkommens über den Europäischen Wirtschaftsraum, unterrichtet die Geschäftsstelle den Antragsteller über die Möglichkeit der außergerichtlichen Streitbeilegung in diesem Vertragsstaat. Auf Antrag des Antragstellers leitet die Geschäftsstelle den Antrag an eine für außergerichtliche Streitbeilegung zuständige Stelle in dem anderen Vertragsstaat weiter.

§ 6 Schlichtungsverfahren

(1) Ablehnung der Schlichtung

Gelangt die Geschäftsstelle zu der Auffassung, dass die Durchführung eines Schlichtungsverfahrens gemäß § 4 Absatz 1a) bis h) abgelehnt werden muss, legt sie den Vorgang der Ombudsfrau / dem Ombudsmann zur Entscheidung über die Ablehnung vor. Falls die Ombudsfrau / der Ombudsmann keinen Ablehnungsgrund feststellt, wird das Schlichtungsverfahren fortgesetzt.

(2) Weiterleitung an die Bank

Ist der Ombudsmann der privaten Banken für den Schlichtungsantrag zuständig und entspricht dieser den Anforderungen des § 5 Absatz 1 dieser Verfahrensordnung, leitet die Geschäftsstelle den Schlichtungsantrag der Bank zu und fördert sie zur Stellungnahme innerhalb eines Monats nach Zugang des Schlichtungsantrags auf. Die Geschäftsstelle leitet dem Antragsteller die Stellungnahme der Bank zu. Wenn die Bank nach ihrer Stellungnahme nicht bereit ist, dem Begehren des Antragstellers zu entsprechen, stellt die Geschäftsstelle dem Antragsteller anheim, sich innerhalb eines Monats zur Stellungnahme der Bank zu äußern. Die Fristen nach den Sätzen 1 und 3 können auf Antrag um einen Monat verlängert werden. Nach Ablauf der Stellungnahmefrist des Antragstellers legt die Geschäftsstelle der Ombudsfrau / dem Ombudsmann den Vorgang vor, es sei denn, die Bank hat dem Anliegen des Antragstellers entsprochen oder das Schlichtungsverfahren hat sich auf andere Weise erledigt.

(3) Verfahren bei den Ombudsleuten

Die Ombudsleute können zur Klärung des Sach- und Streitstands ergänzende Stellungnahmen der Beteiligten anfordern oder Auskünfte bei der Bundesanstalt für Finanzdienstleistungsaufsicht, der deutschen Bundesbank oder bei einer für die außergerichtliche Beilegung vergleichbarer Streitigkeiten zuständigen Schlichtungsstelle im EWR einholen. Eine Beweisaufnahme führen die Ombudsleute nur durch, wenn der Beweis durch die Vorlage von Urkunden angetreten werden kann. Benötigt die Ombudsfrau / der Ombudsmann keine weiteren Stellungnahmen, Unterlagen oder sonstige Informationen mehr, ist den Beteiligten unverzüglich der Zeitpunkt mitzuteilen, zu welchem alle Informationen für das Schlichtungsverfahren vorlagen.

(4) Schlichtungsvorschlag

Als Schlichtungsvorschlag im Sinne der Finanzschlichtungsstellenverordnung können ergehen:

a) ein Schlichtungsspruch

b) ein Vergleichsvorschlag.

Die Ombudsleute haben den Beteiligten spätestens 90 Tage nach dem Zeitpunkt, zu dem alle Informationen vorlagen, ihren Schlichtungsvorschlag in Textform zu übermitteln, es sei denn, die Frist wurde verlängert. Sie können die Frist nach Satz 2 ohne Zustimmung der Beteiligten für Streitigkeiten verlängern, die sehr umfangreich sind oder bei denen sich schwierige Rechtsfragen stellen. Die Beteiligten sind über die Fristverlängerung unverzüglich zu unterrichten. Die Ombudsleute erlassen Schlichtungsvorschläge auf der Grundlage der gesetzlichen Bestimmungen unter Berücksichtigung von Billigkeitserwägungen. Der Schlichtungsvorschlag enthält eine kurze und verständliche Begründung. Er kann einen Vorschlag zur Übernahme von Auslagen enthalten, wenn dies zur angemessenen Beilegung des Streits der Beteiligten geboten erscheint.

(5) Bindungswirkung

a) Der Schlichtungsspruch ist für die Bank bindend, wenn der Beschwerdewert des Schlichtungsantrags den Betrag von 10.000 € nicht übersteigt; in diesem Fall ist die Anrufung der Gerichte für die Bank ausgeschlossen. Übersteigt der Beschwerdewert den Betrag von 10.000 €, wird davon aber nur ein Teilbetrag geltend gemacht, so ist der Gesamtwert maßgebend. Für den Antragsteller ist ein Schlichtungsspruch nicht bindend. Er kann den Schlichtungsspruch innerhalb von sechs Wochen ab Zugang durch Mitteilung in Textform gegenüber der Geschäftsstelle annehmen. Nimmt er den Schlichtungsspruch nicht an, steht ihm der Weg zu den Gerichten offen.

b) Schlichtungssprüche in Verfahren mit einem höheren Beschwerdewert als 10.000 € sowie Vergleichsvorschläge entfalten für beide Beteiligte keine Bindung. Solche Schlichtungssprüche sowie Vergleichsvorschläge können innerhalb von sechs Wochen ab Zugang durch eine Mitteilung in Textform gegenüber der Geschäftsstelle angenommen werden.

c) Die Beteiligten sind hierauf sowie darauf hinzuweisen, dass sie zur Annahme nicht verpflichtet und bei Nichtannahme berechtigt sind, die Gerichte anzurufen. Ferner sind sie darauf hinzuweisen, welche Rechtsfolgen die Annahme des Schlichtungsspruchs oder des Vergleichsvorschlags hat und dass ein Gericht anders entscheiden kann. Nach Ablauf der Frist teilt die Geschäftsstelle den Beteiligten das Ergebnis des Schlichtungsverfahrens unter Angabe der Beteiligten und des Verfahrensgegenstands in Textform mit. In der Mitteilung ist das Ergebnis des Schlichtungsverfahrens zu erläutern. Mit der Mitteilung ist das Verfahren beendet.

d) Rechtsbehelfe gegen Schlichtungsvorschläge der Ombudsleute sind nach der Verfahrensordnung nicht vorgesehen.

(6) Erfolglosigkeitsbescheinigung

Wurde die Streitigkeit im Schlichtungsverfahren nicht beigelegt, ist die Mitteilung als Bescheinigung über einen erfolglosen Einigungsversuch nach § 15a Absatz 1 Satz 2 EGZPO zu bezeichnen.

(7) Rücknahme des Schlichtungsantrags

Der Antragsteller kann seinen Schlichtungsantrag bis zur Beendigung des Verfahrens jederzeit zurücknehmen. Mit der Rücknahme des Schlichtungsantrags endet das Schlichtungsverfahren vorzeitig. Wird wegen derselben Streitigkeit noch einmal ein Schlichtungsantrag beim Ombudsmann der privaten Banken gestellt, ist die Durchführung des Schlichtungsverfahrens nach § 4 Absatz 1c) abzulehnen.

§ 7 Hemmung der Verjährung

Die Hemmung der Verjährung richtet sich nach § 204 des Bürgerlichen Gesetzbuchs.

§ 8 Verfahrenssprache

Schlichtungsverfahren werden in deutscher Sprache geführt.

§ 9 Vertraulichkeit des Schlichtungsverfahrens

Die Ombudsleute und die in der Geschäftsstelle tätigen Personen sind zur Verschwiegenheit über die Schlichtungsverfahren verpflichtet.

§ 10 Kosten des Verfahrens

(1) Die Kosten des Schlichtungsverfahrens trägt der Bankenverband.

(2) Auslagen der Beteiligten wie Porto oder Telefonkosten werden nicht erstattet. Hat die Bank mit dem Antragsteller eine fremde Vertragssprache vereinbart und/oder findet eine fremde Rechtsordnung Anwendung, so hat die Bank dem Bankenverband die Auslagen zu erstatten, die durch Übersetzungen und die Einholung von erforderlichen Rechtsgutachten aufgrund der fremde Rechtsordnung entstanden sind. Vor Veranlassung einer Übersetzung oder eines Rechtsgutachtens erhält die Bank Gelegenheit zur Stellungnahme.

(3) Soweit sich ein Beteiligter gemäß § 5 Absatz 2 vertreten lässt, hat er die Kosten des Vertreters selbst zu tragen.

§ 11 Inkrafttreten / Schlussbestimmung

(1) Die Verfahrensordnung gilt für Schlichtungsanträge, die ab dem 6. März 2019 eingehen.

(2) Die Beschränkung der Wiederbestellung gemäß § 2 Absatz 1 Satz 2 gilt nicht für die am 1. Februar 2017 bereits amtierenden Ombudsleute.

2. Allgemeine Verhaltens-, Schutz- und Geheimhaltungspflichten der Bank

Schrifttum: *Baumbach/Hopt,* Handelsgesetzbuch, (7) Bankgeschäfte, 39. Aufl. 2020; *Bosch,* Das Bankgeheimnis im Konflikt zwischen US-Verfahrensrechts und deutschem Recht, IPRax 1984, 127; *Canaris,* Bankvertragsrecht, 3. Aufl. 1988; *Breidenbach,* Die Voraussetzungen von Informationspflichten beim Vertragsschluss, 1989; *Bruchner/Stützle,* Leitfaden zu Bankgeheimnis und Bankauskunft, 2. Aufl. 1990; *Claussen,* Gibt es einen allgemeinen Bankvertrag oder gibt es ihn nicht?, FS Peltzer, 2001, 55; *Derleder/Knops/Bamberger,* Handbuch zum deutschen und europäischen Bankrecht, 3. Aufl. 2017; *Einsele,* Bank- und Kapitalmarktrecht, 3. Aufl. 2014; *Geurts/Koch/Schebesta/Weber,* Bankgeheimnis und Bankauskunft in der Praxis, 6. Aufl. 2000; *Hadding,* Zur Abgrenzung von Unterrichtung, Aufklärung, Auskunft, Beratung und Empfehlung als Inhalt bankrechtlicher Pflichten, FS Schimansky, 1999, 67; *Hellner/Steuer,* Bankrecht und Bankpraxis; *Hopt,* Der Kapitalanlegerschutz im Recht der Banken, 1975; *Hopt,* Funktion, Dogmatik und Reichweite der Aufklärungs-, Warn- und Beratungspflichten der Kreditinstitute, in Aufklärungs- und Beratungspflichten der Kreditinstitute – Der moderne Schuldturm, Bankrechtstag 1992, 1; *Junker,* Aktuelle Rechtsfragen zum Bankgeheimnis und zur Bankauskunft, DStR 1996, 224; *Kalateh,* Kreditspezifische Informationspflichten von Banken bei der Kreditvergabe, 2015; *Koch,* Bankgeheimnis im Online- und Internet-Banking Auswirkungen auf den Vertrieb von Bankprodukten, MMR 2002, 504; *Kümpel/Wittig,* Bank- und Kapitalmarktrecht, 4. Aufl. 2011; *Lang,* Inhalt, Umfang und Reichweite des Bankgeheimnisses, ZBB 2006, 115; *Langenbucher/Bliesener/Spindler,* Bankrechts-Kommentar, 2. Aufl. 2016; *Medicus,* Informationspflichten der finanzierenden Bank über Risiken aus dem finanzierten Geschäft, FS Westermann, 2008, 447; *Nobbe,* Bankgeheimnis, Datenschutz und Abtretung von Darlehensforderungen, WM 2005, 1537; *Nobbe,* Rechtsprechung des Bundesgerichtshofs zu fehlgeschlagenen Immobilienfinanzierungen, WM-Sonderbeilage 1/2007; *Nobbe,* Der Verkauf von Krediten, ZIP 2008, 97; *Petersen,* Das Bankgeheimnis zwischen Individualschutz und Institutionenschutz, 2005; *Ransiek,* Die Information des Bankkunden über strafprozessuale und steuerliche Ermittlungsmaßnahmen beim Bankinstitut, 1999; *Ransiek,* Die Information der Kunden über strafprozessuale und steuerrechtliche Ermittlungsmaßnahmen bei Kreditinstituten, wistra 1999, 401; *Roth,* Der allgemeine Bankvertrag, WM 2003, 480; *Rümker,* Aufklärungs- und Beratungspflichten der Kreditinstitute aus Sicht der Praxis, in Aufklärungs- und Beratungspflichten der Kreditinstitute – Der moderne Schuldturm, Bankrechtstag 1992, 29; *Rüth,* Zum sogenannten steuerlichen Bankgeheimnis – 50 Jahre Bankenerlass und § 30a AO, DStZ 2000, 30; *Schebesta,* Die Verfahrensgrundsätze zum Bankauskunftsverfahren, WM 1989, 429; *Schimansky/Bunte/Lwowski,* Bankrechts-Handbuch, 5. Aufl. 2017; *Schumann,* Der Schutz des Kunden bei Verletzungen des Bankgeheimnisses durch das Kreditinstitut, ZIP 2004, 2353; *Schwintowski,* Bankrecht, 5. Aufl. 2018; *Seevers/Handel,* „Panama-Gesetz" – schneller Wurf mit Schwächen, DStR 2017, 522; *Sichtermann/Feuerborn/Kirchherr/Terdenge,* Bankgeheimnis und Bankauskunft in der Bundesrepublik Deutschland sowie in wichtigen ausländischen Staaten, 3. Aufl. 1998; *Stiefel/Petzinger,* Deutsche Parallelprozesse zur Abwehr amerikanischer Beweiserhebungsverfahren?, RIW 1983, 242; *Talaska,* Steuerumgehungsbekämpfungsgesetz, DB 2017, 1803; *Tolani,* Existiert in Deutschland ein Bankgeheimnis? Das Bankgeheimnis gegenüber dem Staat unter Berücksichtigung der jüngsten gesetzlichen Veränderungen, BKR 2007, 275; *Vortmann,* Informationspflicht der Banken im Steuerfahndungsverfahren, WM 1996, 1166; *Weber,* Die Grundsätze für Auskunftsverfahren, Die Bank 1987, 324; *Wech,* Das Bankgeheimnis – Struktur, Inhalt und Grenzen einer zivilrechtlichen Schutzpflicht, 2009.

Übersicht

I. Rechtsgrundlagen

97   **1. Allgemeiner Bankvertrag und gesetzliches Schuldverhältnis.** Rechtsgrundlage für gegenüber dem Kunden bestehende allgemeine Verhaltens- und Schutzpflichten[301] der Bank sind im Regelfall die zwischen Bank und Kunde geschlossenen bankrechtlichen Einzelverträge wie beispielsweise Anlageberatungs-, Kredit-, Zahlungsdienste-, Vermögensverwaltungs- und Wertpapierdienstleistungsverträge. Nach einer im Schrifttum verbreiteten Auffassung werden allgemeine Verhaltens- und Schutzpflichten der Bank darüber hinaus auf einen **allgemeinen Bankvertrag**[302] als Rahmenvertrag gestützt, der bereits vor Abschluss des ersten konkreten Bankgeschäfts oder jedenfalls zeitgleich mit einem solchen zwischen Bank und Kunde zustande kommt.[303] Der Bankvertrag wird dabei als Dienstvertrag mit Geschäftsbesorgungscharakter eingestuft (§ 675 Abs. 1 BGB, § 611 BGB)[304] und hat die interessenwahrende Besorgung von Bankgeschäften verschiedenen Typs für den Kunden[305] sowie die Verpflichtung der Bank zur umfassenden Verschwiegenheit[306] zum Gegenstand. Der BGH hält die Rechtsfigur des allgemeinen Bankvertrages demgegenüber für überflüssig und leitet das Bestehen von Schutz- und Verhaltenspflichten aus einem **gesetzlichen Schuldverhältnis** ohne primäre Leistungspflichten ab.[307] Dieses entsteht bereits mit der Aufnahme der Geschäftsverbindung zwischen Bank und Kunde.[308] Die Einzelheiten zu diesen beiden Rechtsgrundlagen werden unter → Rn. 2–12 dargestellt.

98   Allgemeine Verhaltens-, Schutz und Geheimhaltungpflichten der Bank bestehen unstreitig jedenfalls bereits vor Abschluss eines konkreten Einzelgeschäfts[309] und auch vor Vereinbarung der für die gesamte Geschäftsverbindung geltenden AGB-Banken bzw. AGB-Sparkassen.[310] An dieser Stelle soll indes darauf aufmerksam gemacht werden, dass der Meinungsstreit über die Rechtsgrundlage (→ Rn. 97) der Verhaltenspflichten der Bank bei Fehlen eines konkreten Einzelgeschäfts durchaus praktische Bedeutung haben kann.[311] Wenn die Rechtsgrundlage für das Bestehen und den Umfang der Verhaltenspflichten nicht in einem rechtsgeschäftlichen Willen der Parteien, mithin in einem allgemeinen Bankvertrag, sondern allein in einem auf dem Vertrauensprinzip fußenden[312] gesetzlichen Schuldverhältnis liegt, sind die Verhaltenspflichten letztlich typisiert nach Treu und Glauben (§ 242 BGB)[313] entsprechend den gesetzlichen Maßgaben zu bestimmen; deren Begründung und Reichweite ist daher dann nicht im rechtsgeschäftlichen Willen der Parteien zu suchen.[314] Dieser **unterschiedliche Anknüpfungspunkt** für die Entstehung und Reichweite von Verhaltenspflichten führt insbesondere in denjenigen Fällen zu voneinander abweichenden Ergebnissen, in denen die Interessen- und

---

[301] Zu den allgemeinen Verhaltenspflichten gehört auch die Pflicht zur Wahrung des Bankgeheimnisses, *Hopt/Roth* in Schimansky/Bunte/Lwowski BankR-HdB § 1 Rn. 60; *Peterek* in Kümpel/Wittig BankR/KapMarktR Rn. 6.565.

[302] Hierzu ausf. *Roth* WM 2003, 480; *Claussen* FS Peltzer, 2001, 55 (61 ff.); *Hopt,* Bankrechtstag 1992, 1 (10 f.).

[303] Vgl. hierzu iE → Rn. 8–12; *Hopt/Roth* in Schimansky/Bunte/Lwowski BankR-HdB § 1 Rn. 19 ff. mwN; Baumbach/Hopt/*Hopt* Bankgeschäfte A/6; *Claussen* in Claussen BankR § 1 V 3 Rn. 247; *Roth* WM 2003, 480 (482).

[304] AA *Thessinga* → 3. Aufl. 2015, BankR Rn. I 13.

[305] *Hopt/Roth* in Schimansky/Bunte/Lwowski BankR-HdB § 1 Rn. 36; *Claussen* FS Peltzer, 2001, 55 (58).

[306] *Bunte* in Schimansky/Bunte/Lwowski BankR-HdB § 2 Rn. 11.

[307] BGH Urt. v. 24.9.2002 – XI ZR 345/01, BGHZ 152, 114 = NJW 2002, 3695.

[308] Vgl. *Canaris* BankvertragsR Rn. 103; *Nobbe* WM 2005, 1537 (1539); *Einsele* BankR/KapMarktR § 1 Rn. 4.

[309] Vgl. BGH Urt. v. 17.1.1995 – XI ZR 225/93, NJW 1995, 1152 (1153 aE); zum Bestehen vorvertraglicher Geheimhaltungspflichten der Bank vgl. etwa BGH Urt. v. 26.10.1953 – I ZR 156/52, NJW 1954, 72; *Peterek* in Kümpel/Wittig BankR/KapMarktR Rn. 6.570.

[310] Zu den Allgemeinen Geschäftsbedingungen → Rn. 28 ff.

[311] AA offenbar Langenbucher/Bliesener/Spindler/*Müller-Christmann* Kap. 1 I. Rn. 10.

[312] Vgl. BGH Urt. v. 17.1.1995 – XI ZR 225/93, NJW 1995, 1152 (1153 aE); → Rn. 5–7; *Hopt/Roth* in Schimansky/Bunte/Lwowski BankR-HdB § 1 Rn. 48–58; Langenbucher/Bliesener/Spindler/*Müller-Christmann* Kap. 1 I. Rn. 8.

[313] Vgl. exemplarisch zur vorvertraglichen Aufklärungspflicht BGH Urt. v. 24.5.1993 – II ZR 136/92, NJW 1993, 2107.

[314] Vgl. *Hopt/Roth* in Schimansky/Bunte/Lwowski BankR-HdB § 1 Rn. 50.

Erwartungslage von Bank und Kunde zwar tatsächlich übereinstimmt, nach den gesetzlichen Maßgaben von einer solchen Übereinstimmung aber nicht auszugehen ist.[315] Praktische Relevanz kann die Frage nach der rechtlichen Grundlage von Verhaltenspflichten aber nicht nur für deren Entstehung und Umfang haben, sondern auch für die Rechtsfolgen im Fall einer Pflichtverletzung. Wenn die Haftung wegen der Verletzung einer Verhaltenspflicht auf einem an das Vertrauensprinzip anknüpfenden gesetzlichen Schuldverhältnis beruht, ist regelmäßig nur das negative Interesse ersatzfähig. Ergibt sich die Haftung demgegenüber aus der Verletzung einer aus einem (Bank-)Vertrag resultierenden Pflicht, kann der Geschädigte auch das positive Interesse beanspruchen.[316]

2. Allgemeine Geschäftsbedingungen. Soweit Bank und Kunde vor Abschluss eines bankrecht- **99** lichen Einzelgeschäfts Allgemeine Geschäftsbedingungen, die den allgemeinen Rahmen für die Geschäftsverbindung festlegen (näher → Rn. 28 ff.) gem. § 305 BGB wirksam vereinbaren (→ Rn. 49–61), sind Inhalt und Umfang der mit dem Bankgeheimnis verbundenen **Geheimhaltungspflichten** der Bank in Nr. 2 AGB-Banken – wenngleich deklaratorisch[317] – geregelt (→ Rn. 144 ff.). Aus den in Nr. 3 Abs. 1 AGB-Banken (Nr. 19 AGB-Sparkassen) bestimmten Haftungsgrundsätzen ergibt sich allerdings **kein selbstständiger Haftungsgrund** im Sinne einer Rechtsgrundlage für das Bestehen allgemeiner Verhaltenspflichten. Diese Regelungen befassen sich nur mit dem Verschuldensmaßstab der Bank bzw. der Sparkasse und einem etwaigen Mitverschulden des Kunden.[318] Daher lässt sich auch in denjenigen Fällen, in denen Bank und Kunde zwar die Allgemeinen Geschäftsbedingungen wirksam vereinbart, aber noch kein Einzelgeschäft abgeschlossen haben, das Bestehen allgemeiner Verhaltenspflichten nicht auf Nr. 3 AGB-Banken (Nr. 19 AGB-Sparkassen) stützen, sondern allein auf die in → Rn. 97 genannten Rechtsfiguren (Bankvertrag bzw. gesetzliches Schuldverhältnis) mit den in → Rn. 98 genannten Unterschieden.

II. Dogmatische Einordnung und Allgemeine Grundsätze

1. Zweck. Durch die Geschäftsverbindung zwischen Bank und Kunde erhält die Bank die **100** Möglichkeit, auf vermögenswerte Positionen des Kunden einzuwirken.[319] Eine solche **Einwirkungsmacht** hat die Bank nicht nur im Rahmen des Einlagengeschäfts, bei dem der Kunde der Bank sein Geld zu Aufbewahrungs- und Sparzwecken anvertraut, oder des Depot- und Wertpapierdienstleistungsgeschäfts, bei dem die Bank unmittelbar auf den Wertpapierbestand des Kunden im Zuge der Verwahrung und Ausführung von Kauf- und Verkaufaufträgen Einfluss nimmt, sondern auch im Rahmen des Kapitalanlageberatungs- und Vermögensverwaltungsgeschäfts, mit dem die Bank die Vermögensdispositionen ihrer Kunden beeinflusst. Die Reichweite der Einwirkungsmacht der Bank wird dabei durch das jeweilige Bankgeschäft bestimmt. Die **allgemeinen Verhaltens- und Schutzpflichten der Bank** können vor diesem Hintergrund als **Korrelat** zu der bestehenden Einwirkungsmacht der Bank angesehen werden. Sie und die an sie anknüpfenden Sanktionsmechanismen (Schadensersatz und Rücktritt) bezwecken bei ökonomischer Betrachtung damit letztlich die **Reduktion von Fehlanreizen,** die mit der Einwirkungsmacht der Bank auf vermögenswerte Positionen ihrer Kunden verbunden sind, und sollen demzufolge gewährleisten, dass die Bank ihre Einwirkungsmacht nicht zur Verfolgung eigener wirtschaftlicher Ziele, sondern im Interesse ihrer Kunden ausübt.

Anders als die sonstigen vertraglichen Nebenpflichten, die der Sicherung und mitunter auch der **101** Vorbereitung der jeweils bankseitig vertraglich geschuldeten Hauptleistung dienen[320], bezwecken die allgemeinen Verhaltens- und Schutzpflichten entsprechend den vorstehenden Ausführungen (→ Rn. 100) den **Schutz des Integritätsinteresses** des Bankkunden und damit insbesondere den Schutz dessen vermögensbezogener Rechtsgüter[321], die er der Einwirkungsmacht der Bank aussetzt.

2. Interessenwahrungspflicht und Sorgfaltspflicht. a) Fremdgeschäftsführung und Interes- **102** **senwahrnehmungspflicht.** Kennzeichnend für die meisten Bankgeschäfte ist die Führung des Geschäfts durch die Bank für den Kunden. Eine solche Fremdgeschäftsführung liegt namentlich bei der Vornahme von Zahlungsdiensten (§§ 675f ff. BGB), bei denen die Bank für ihre Kunden Zahlungsvorgänge ausführt, der Kapitalanlageberatung, der Erbringung von Wertpapierdienstleistungen und der Vermögensverwaltung vor. Lediglich im Kreditgeschäft werden Austauschverträge (Überlassung eines Geldbetrages gegen Zahlung eines Zinses, § 488 Abs. 1 BGB) ohne Fremdgeschäftsführungselement

---

[315] Vgl. hierzu näher *Hopt/Roth* in Schimansky/Bunte/Lwowski BankR-HdB § 1 Rn. 25; *Schwintowski* in Schwintowski BankR Kap. 1 Rn. 34 f.; *Roth* WM 2003, 480 (481).

[316] Auf diesen Unterschied weist *Schwintowski* in Schwintowski BankR Kap. 1 Rn. 38 zutreffend hin; dem folgend *Hopt/Roth* in Schimansky/Bunte/Lwowski BankR-HdB § 1 Rn. 56 Fn. 4.

[317] *Bunte* in Schimansky/Bunte/Lwowski BankR-HdB § 2 Rn. 11.

[318] Vgl. *Bunte* in Schimansky/Bunte/Lwowski BankR-HdB § 8 Rn. 2.

[319] Vgl. *Peterek* in Kümpel/Wittig BankR/KapMarktR Rn. 6.564; *Grundmann* → 3. Aufl. 2015, BankR Rn. I 109.

[320] Vgl. *Peterek* in Kümpel/Wittig BankR/KapMarktR Rn. 6.561.

[321] Vgl. *Peterek* in Kümpel/Wittig BankR/KapMarktR Rn. 6.566.

geschlossen. Soweit die Bank Geschäfte für den Kunden (aus)führt, ist sie verpflichtet, sich im Rahmen der Geschäftsführung von den **Interessen des Kunden** und nicht von ihren eigenen wirtschaftlichen Interessen leiten zu lassen. Für das Kommissionsgeschäft, das ebenfalls als Geschäftsbesorgung einzustufen ist[322], ist die Interessenwahrungspflicht des Geschäftsführers (Kommissionärs) indes ausdrücklich normiert (§ 384 Abs. 1 Hs. 2 HGB). Die **Interessenwahrungspflicht der Bank** ist Gegenstand jedes Bankgeschäfts mit Fremdgeschäftsführungselement[323] und damit den allgemeinen Verhaltens- und Schutzpflichten der Bank **immanent**. Sie findet ihre Ausprägung in verschiedenen Typen von Verhaltenspflichten (→ Rn. 107 ff.).

103 **b) Sorgfaltspflicht.** Neben der Pflicht der Bank, die Geschäfte mit Fremdgeschäftsführungselement unter Wahrung des Kundeninteresses durchzuführen (→ Rn. 100–102), besteht für die Bank die Pflicht, die übernommenen Geschäfte mit der **Sorgfalt eines ordentlichen Kaufmanns** auszuführen. Auch die Sorgfaltspflicht des Geschäftsführers ist für das Kommissionsgeschäft ausdrücklich bestimmt (§ 384 Abs. 1 Hs. 2 HGB). Sie besteht genauso für die Bank im Rahmen der Durchführung von Bankgeschäften (§ 347 HGB).[324] Das bedeutet, dass die Bank bei der Vornahme von Bankgeschäften jederzeit die im Bankgewerbe bestehenden beruflichen Standards zu beachten hat.

104 **3. Vertragliche Leistungspflichten und Schutzpflichten.** Schutzpflichten der Bank sind in Abgrenzung zu vertraglichen Leistungspflichten aus Auskunfts- und Beratungsverträgen (→ Rn. 113 f.) dadurch gekennzeichnet, dass sie **nicht klagbar** sind. Eine Schutzpflicht entsteht **spontan** und ist darauf gerichtet, den Kunden über entscheidungserhebliche Umstände im Zusammenhang mit einem konkreten Bankgeschäft zu informieren.[325] Im Schrifttum und in der Rspr. werden für Schutzpflichten unterschiedliche Begriffe verwendet, ohne dass mit der unterschiedlichen Bezeichnung ein voneinander abweichender materiell-rechtlicher Gehalt verbunden wäre.[326] Der für das Bankrecht zuständige XI. Zivilsenat des BGH spricht in dem Zusammenhang insbesondere von **Warn-, Hinweis- und Aufklärungspflichten.**[327] Die Verletzung einer Warn-, Hinweis- und Aufklärungspflicht als Schutzpflicht führt bei Vorliegen der weiteren Anspruchsvoraussetzungen (→ Rn. 137 ff.) genauso zu einer Schadensersatzverpflichtung der Bank aus § 280 Abs. 1 BGB wie die Verletzung einer vertraglichen Leistungspflicht.

105 **4. Zeitlicher Geltungsbereich.** Allgemeine Verhaltens-, Schutz und Geheimhaltungspflichten bestehen während der gesamten Dauer der zwischen Bank und Kunde bestehenden Geschäftsverbindung. Sie sind von der Bank bereits im vorvertraglichen Stadium der **Vertragsanbahnung** iSd § 311 Abs. 2 Nr. 2 BGB zu beachten. Für den Eintritt in das Stadium der Vertragsanbahnung ist es ausreichend, dass ein potenzieller Kunde zur Anbahnung des geschäftlichen Kontakts die Filiale einer Bank aufsucht[328] oder sich zu diesem Zweck auf anderem Weg an die Bank wendet. Auch **nach Beendigung** der gesamten Geschäftsbeziehung zwischen Bank und Kunde bestehen die allgemeinen Verhaltenspflichten der Bank als nachwirkende Schutzpflichten fort.[329] Das gilt vor allem für die Geheimhaltungspflichten der Bank (→ Rn. 144 ff.) im Hinblick auf die im Rahmen der einst bestehenden Geschäftsbeziehung erlangten kundenbezogenen Informationen.

106 **5. Inhalt und Umfang.** Eine allgemeine Rechtspflicht, nach der die Bank ihre Kunden stets umfassend über alle erheblichen Umstände zu informieren, zu beraten und zu warnen hat, besteht nicht. Auch die grundsätzlich bestehenden Geheimhaltungspflichten der Bank (→ Rn. 144 ff.) geltend nicht umfassend, sondern werden vielfach durchbrochen (hierzu iE → Rn. 150 ff.). Eine abstrakte Normierung – sei es im Rahmen eines gesetzlichen Tatbestandes, sei es durch eine allgemeingültige von der Rspr. und Lehre entwickelte Formel –, aus der sich das Bestehen, der Inhalt und die Reichweite von Bankverhaltenspflichten für jeden Einzelfall deduzieren ließe, lässt sich schwerlich finden.[330] Für den Inhalt und Umfang vorvertraglicher Aufklärungspflichten stellt der BGH darauf ab, ob eine Aufklärung nach Treu und Glauben unter Berücksichtigung der Verkehrsanschauung **im Einzelfall** erwartet werden darf, was insbesondere hinsichtlich solcher Umstände der Fall ist, die den

---

[322] Vgl. Baumbach/Hopt/*Hopt* HGB § 383 Rn. 6.
[323] Vgl. *Grundmann* → 3. Aufl. 2015, BankR Rn. I 103.
[324] Vgl. *Peterek* in Kümpel/Wittig BankR/KapMarktR Rn. 6.571; *Grundmann* → 3. Aufl. 2015, BankR Rn. I 103.
[325] Vgl. *Siol* in Schimansky/Bunte/Lwowski BankR-HdB § 43 Rn. 4 f.
[326] Vgl. *Siol* in Schimansky/Bunte/Lwowski BankR-HdB § 43 Rn. 5.
[327] BGH Urt. v. 27.11.1990 – XI ZR 308/89, WM 1991, 85 f. = NJW 1991, 693; BGH Urt. v. 24.4.2012 – XI ZR 96/11, BKR 2012, 721 Rn. 32.
[328] Vgl. BGH Urt. v. 14.3.2013 – III ZR 296/11, NJW 2013, 3366 Rn. 20.
[329] Vgl. *Peterek* in Kümpel/Wittig BankR/KapMarktR Rn. 6.572.
[330] *Siol* in Schimansky/Bunte/Lwowski BankR-HdB § 43 Rn. 15; *Tonner* in Derleder/Knops/Bamberger BankR/KapMarktR § 6 Rn. 18 f.; vgl. zu der Ermittlung von Kriterien im Rahmen eines beweglichen Systems insbes. *Kalateh,* Kreditspezifische Informationspflichten von Banken bei der Kreditvergabe, 2015, 79 ff. und *Breidenbach,* Die Voraussetzungen von Informationspflichten beim Vertragsschluss, 1989, 61 ff.

Vertragszweck vereiteln können und daher für den anderen Teil von wesentlicher Bedeutung sind, sodass dieser nach der Verkehrsauffassung eine Mitteilung erwarten darf.[331] Maßgebend sind letztlich die Umstände des jeweiligen Einzelfalls.[332] Anhand **verschiedener Kriterien** lassen sich das Bestehen und die Reichweite der wesentlichen Bankverhaltenspflichten, namentlich der Aufklärungs- Warn- und Beratungspflichten, allerdings hinreichend sicher bestimmen (→ Rn. 113–122).

III. Typen allgemeiner Verhaltens- und Schutzpflichten

1. Aufklärungs-, Warn- und Beratungspflichten. Zu den allgemeinen Verhaltens- und Schutz- **107** pflichten der Bank gehören neben den separat darzustellenden Geheimhaltungspflichten (→ Rn. 144 ff.) insbesondere Aufklärungs-, Warn- und Beratungspflichten. Sie sind jeweils **Ausprägung der Interessenwahrnehmungspflicht** der Bank (→ Rn. 102).[333] Entsprechend diesem gemeinsamen Ausgangspunkt haben Aufklärung, Warnung und Beratung durch die Bank letztlich ein gemeinsames **Ziel.** Dem Kunden soll es ermöglicht werden, in Bezug auf das von ihm beabsichtigte Geschäft eine **eigenverantwortliche Entscheidung auf informativer Grundlage** zu treffen. Der im Kaufrecht geltende Grundsatz, nach dem der Verkäufer den Käufer im Regelfall nicht auf ein für diesen ungünstiges Geschäft hinweisen muss, sondern davon ausgehen darf, dass sich sein künftiger Vertragspartner selbst über Art und Umfang seiner Vertragspflichten im eigenen Interesse Klarheit verschafft[334], beansprucht bei Bankgeschäften mit Fremdgeschäftsführungselement (→ Rn. 102) keine Geltung. Denn bei diesen Geschäften ist die Bank verpflichtet, die Interessen ihres Kunden wahrzunehmen.

Eine scharfe **Abgrenzung** zwischen Aufklärungs-, Warn- und Beratungspflichten ist weder möglich **108** noch erforderlich.[335] Die Pflichten hängen eng zusammen und überlappen sich teilweise.[336] Unter **Aufklärung** ist in dem Zusammenhang die Mitteilung von auf den Vertragsgegenstand bezogenen Tatsachen in systematischer Form, insbesondere die Darstellung von Vor- und Nachteilen eines Bankgeschäfts und die Offenlegung eines etwa bestehenden Interessenkonflikts der Bank, zu verstehen. Dem Kunden soll durch die Aufklärung Klarheit über den Inhalt und die Risiken des in Aussicht genommenen Geschäfts verschafft werden.[337] Auch mit einer **Warnung** wird dem Kunden eine Tatsache mitgeteilt. Durch sie soll der Kunde indes allein auf einen mit dem beabsichtigten Geschäft verbundenen Nachteil oder auf eine drohende Gefahr aufmerksam gemacht werden.[338] Die **Beratung** umfasst ebenfalls die Mitteilung von auf den Vertragsgegenstand bezogenen Tatsachen. Ihr Schwerpunkt liegt allerdings in der fachkundigen Bewertung dieser Tatsachen und in den hieraus von der beratenden Bank zu ziehenden Schlüssen.[339] Dabei sind dem Kunden im Rahmen der Beratung bestehende Handlungsalternativen begründet aufzuzeigen. Anders als Aufklärungs- und Warnpflichten setzt eine Beratungspflicht der Bank stets eine entsprechende vertragliche Vereinbarung, einen Beratungsvertrag (→ Rn. 113), voraus.[340]

2. Wahrheitspflicht. Soweit die Bank zur Aufklärung, Warnung oder Beratung verpflichtet ist, **109** hat sie die geschuldeten Informationen stets wahrheitsgemäß mitzuteilen.[341] Das folgt ohne weiteres aus der Interessenwahrnehmungspflicht der Bank gegenüber ihren Kunden. Aber auch bei Bankgeschäften ohne Fremdgeschäftsführungselement ist die Bank, soweit sie dem Kunden Tatsachen mitzuteilen hat, verpflichtet, den Kunden wahrheitsgemäß zu informieren. Element der Wahrheitspflicht ist dabei zunächst die Pflicht zur **Vollständigkeit.** Danach hat die Bank dem Kunden alle für

---

[331] BGH Urt. v. 24.5.1993 – II ZR 136/92, NJW 1993, 2107.

[332] *Peterek* in Kümpel/Wittig BankR/KapMarktR Rn. 6.567; Baumbach/Hopt/*Hopt* Bankgeschäfte A/17; im Zusammenhang mit dem Inhalt und Umfang von Beratungspflichten der Bank im Rahmen eines Beratungsvertrags stRspr, BGH Urt. v. 26.6.2012 – XI ZR 316/11, WM 2012, 1520 Rn. 16 = NJW 2012, 2873; BGH Urt. v. 25.11.2014 – XI ZR 480/13, BKR 2015, 163 Rn. 18; BGH Urt. v. 20.1.2015 – XI ZR 316/13, NJW 2015, 1095 Rn. 16.

[333] Baumbach/Hopt/*Hopt* Bankgeschäfte A/16.

[334] BGH Urt. v. 12.2.2004 – III ZR 359/02, BGHZ 158, 110 (119) = NJW 2004, 1732.

[335] Vgl. hierzu eingehend *Hadding* FS Schimansky, 1999, 67 ff.

[336] Vgl. *Hopt,* Bankrechtstag 1992, 1 (3).

[337] Vgl. hierzu *Hadding* FS Schimansky, 1999, 67 (74); *Tonner* in Derleder/Knops/Bamberger BankR/KapMarktR § 6 Rn. 12; *Canaris* BankvertragsR Rn. 111; *Hopt,* Bankrechtstag 1992, 1 (3).

[338] Vgl. *Tonner* in Derleder/Knops/Bamberger BankR/KapMarktR § 6 Rn. 16; *Hadding* FS Schimansky, 1999, 67 (73).

[339] Vgl. BGH Urt. v. 13.5.1993 – III ZR 25/92, NJW-RR 1993, 1114; *Siol* in Schimansky/Bunte/Lwowski BankR-HdB § 43 Rn. 8; *Tonner* in Derleder/Knops/Bamberger BankR/KapMarktR § 6 Rn. 13; *Hadding* FS Schimansky, 1999, 67 (74 f.).

[340] StRpr vgl. insbes. BGH Urt. v. 28.4.2015 – XI ZR 378/13, BGHZ 205, 117 Rn. 21–23 und 76 = NJW 2015, 2248.

[341] Vgl. BGH Urt. v. 22.3.1979 – VII ZR 259/77, BGHZ 74, 103 (110) = NJW 1979, 1449; Urt. v. 25.9.2007 – XI ZR 320/06, BKR 2008, 199 Rn. 14; *Tonner* in Derleder/Knops/Bamberger BankR/KapMarktR § 6 Rn. 20 ff.; *Grundmann* → 3. Aufl. 2015, BankR Rn. I 116; Baumbach/Hopt/*Hopt* HGB § 347 Rn. 24.

seine Entscheidung erheblichen Tatsachen mitzuteilen. Sowohl das **Weglassen einzelner Informa-tionen**[342] als auch **Angaben ins „Blaue hinein"**[343] stellen eine Verletzung der Wahrheitspflicht dar. Die erteilten Informationen müssen zudem klar und für den Kunden **verständlich** sein.[344] Weiteres Element der Wahrheitspflicht ist die Pflicht zur **Berichtigung** erteilter fehlerhafter Informationen.[345] Eine Berichtigungspflicht besteht auch dann, wenn die Bank erkennt, dass eine einst erteilte Auskunft durch das Bekanntwerden weiterer Tatsachen nicht mehr als zutreffend angesehen werden kann.[346]

110   Im Zusammenhang mit der Wahrheitspflicht (→ Rn. 109) hat die Bank grundsätzlich nur das ihr **präsente Wissen**[347] und das **vorhandene Wissen**[348] mitzuteilen, soweit dem keine gegenläufigen Interessen der Bank oder Dritter entgegenstehen[349] (→ Rn. 120). Als vorhanden anzusehen ist dabei das Wissen, das bei sachgerechter Organisation (→ Rn. 111) dokumentiert und verfügbar ist und zu dessen Nutzung unter Berücksichtigung der geschäftlichen Bedeutung des Vorgangs Anlass besteht.[350] Welches Wissen bei der Bank präsent sein muss, hängt vom Einzelfall und dem betreffenden Bank-geschäft ab. Eine geeignete Auswahl der **Wirtschaftspresse** (Börsen-Zeitung, Handelsblatt, FAZ) hat die Bank jedenfalls auszuwerten, wenn sie sich in Bezug auf eine bestimmte Anlageentscheidung als kompetent geriert.[351] Auch die **Ratings** der großen Ratingagenturen (Standard & Poors, Moody's und Fitch) hat die beratende Bank zu kennen.[352] Darüber hinaus können **Nachforschungs- und Erkun-digungspflichten** der Bank bestehen, wenn zwischen ihr und dem Kunden (konkludent) ein Bera-tungs- oder ein Auskunftsvertrag (→ Rn. 113 f.) zustande kommt oder die Bank im Rahmen eines vorvertraglichen Vertrauensverhältnisses eine Auskunft erteilt.[353] Maßgebend für den Umfang der bankseitig anzustellenden Nachforschungen ist dabei das schutzwürdige Vertrauen des Kunden auf die Richtigkeit der ihm gegenüber gemachten Angaben.[354] So hat sich die Bank über ein Anlageobjekt, das sie in das ihren Kunden angebotene Anlageprogramm aufnimmt, umfassend zu informieren und einer eigenen Prüfung zu unterziehen.[355] Aber auch dann, wenn die Bank den Kunden nicht berät, sondern lediglich Auskünfte im Rahmen einer Anlagevermittlung über die Sicherheit einer Kapital-anlage erteilt, darf sie die ihr gegenüber gemachten Angaben nicht ungeprüft an den Kunden weiterreichen, sondern muss das Anlagekonzept auf dessen **wirtschaftliche Plausibilität prüfen** oder offenlegen, dass sie die Angaben nicht geprüft hat.[356]

111   **3. Organisationspflicht.** Eng mit der Wahrheitspflicht (→ Rn. 109) verknüpft ist die Verpflichtung der Bank, die **Verfügbarkeit** ihres **Wissens zu organisieren** (zum „inneren Bankgeheimnis" → Rn. 149). Denn der einzelne Bankmitarbeiter kann mitunter verpflichtet sein, den Kunden über Umstände aufzuklären oder vor Umständen zu warnen, die nicht zum Kreis seines präsenten Wissens, sondern zum vorhandenen Wissen der Bank als Organisation (sog. Aktenwissen) gehören (→ Rn. 110). Aus diesem Grund ist eine Bank verpflichtet, ihren Geschäftsbetrieb zum Schutz des Rechtsverkehrs so zu organisieren, dass bei ihr vorhandenes Wissen den Mitarbeitern, die für die betreffenden Geschäfts-vorgänge zuständig sind, zur Verfügung steht und von diesen auch genutzt wird.[357] Sie muss daher die

---

[342] BGH Urt. v. 18.1.1973 – II ZR 82/71, NJW 1973, 456 f. (Verschweigen von vorangegangenen Verlusten).

[343] Zu einem solchen Fall BGH Urt. v. 5.7.2011 – XI ZR 306/10, WM 2011, 2088 Rn. 19 f. = ZIP 2011, 2001 (konkreter Wissensvorsprung der Bank im Hinblick auf prospektierte Mieterträge).

[344] Vgl. *Tonner* in Derleder/Knops/Bamberger BankR/KapMarktR § 6 Rn. 24; Baumbach/Hopt/*Hopt* Bank-geschäfte A/18; Baumbach/Hopt/*Hopt* HGB § 347 Rn. 26; BGH Beschl. v. 21.10.2014 – XI ZB 12/12, BGHZ 203, 1 Rn. 119 f. = NJW 2015, 236 (Darstellung einer konzerninternen Umhängung einer wesentlichen Beteiligung als Verkauf).

[345] Vgl. *Siol* in Schimansky/Bunte/Lwowski BankR-HdB § 43 Rn. 34; Baumbach/Hopt/*Hopt* HGB § 347 Rn. 28 mwN.

[346] Vgl. zu einem solchen Fall BGH Urt. v. 25.6.1973 – II ZR 26/72, BGHZ 61, 176 (179) = WM 1973, 1134 (unrichtig gewordene Scheckauskunft).

[347] Vgl. BGH Urt. v. 29.4.2008 – XI ZR 221/07, NJW-RR 2008, 1226 Rn. 17.

[348] Vgl. BGH Urt. v. 15.4.1997 – XI 105/96, BGHZ 135, 202 (206 f.) = NJW 1997, 1917.

[349] Vgl. hierzu *Siol* in Schimansky/Bunte/Lwowski BankR-HdB § 43 Rn. 27 ff.

[350] Vgl. BGH Urt. v. 15.4.1997 – XI 105/96, BGHZ 135, 202 (206 f.) = NJW 1997, 1917.

[351] BGH Urt. v. 7.10.2008 – XI ZR 89/07, BGHZ 178, 149 Rn. 25 = NJW 2008, 3702 (Anlageberatung); Urt. v. 1.12.2011 – III ZR 56/11, NJW 2012, 380 (381) (Anlageberatung); vgl. hierzu auch *Schlick* WM 2011, 154 (155 f.) (Handelsblatt für jeden Anlageberater unverzichtbar).

[352] Vgl. OLG Nürnberg BKR 2002, 738 (739) (Anlageberatung); OLG Hamburg VuR 2012, 484 f. (Falschangabe des Ratings durch die beratende Bank); vgl. auch Baumbach/Hopt/*Hopt* HGB § 347 Rn. 27.

[353] Vgl. hierzu BGH Urt. v. 8.2.1977 – VIII ZR 20/77, BGHZ 70, 356 (363) = NJW 1978, 997 (Anlage-empfehlung im Börsenbrief); BGH Urt. v. 8.6.1978 – III ZR 136/76, BGHZ 72, 92 (105) = NJW 1978, 2145 (Darlehensvertrag); BGH Urt. v. 22.3.1979 – VII ZR 259/77, BGHZ 74, 103 (111) = NJW 1979, 1449 (Anlage-beratung).

[354] Vgl. BGH Urt. v. 22.3.1979 – VII ZR 259/77, BGHZ 74, 103 (111) = NJW 1979, 1449.

[355] Vgl. BGH Urt. v. 6.7.1993 – XI ZR 12/93, BGHZ 123, 126 = NJW 1993, 2433 („Bond").

[356] Vgl. BGH Urt. v. 21.11.2019 – III ZR 244/18, WM 2020, 119 Rn. 23 ff. = NJW 2020, 387; Urt. v. 17.2.2011 – III ZR 144/10, NJW-RR 2011, 910 Rn. 9 f.; Urt. v. 11.9.2003 – III ZR 381/02, NJW-RR 2003, 1690.

[357] BGH Urt. v. 12.5.2009 – XI ZR 586/07, WM 2009, 1274 (1275) = NJW 2009, 2298.

interne Kommunikation über all jenes **Aktenwissen**[358] organisieren[359], das sie ihren Kunden im Rahmen der Erfüllung von Aufklärungs- und Warnpflichten rechtzeitig mitzuteilen hat. Kommt sie dieser Organisationspflicht nicht nach, muss sie sich so behandeln lassen, als habe sie von der betreffenden Information Kenntnis.[360] Für Wertpapierdienstleistungsunternehmen bestehen darüber hinaus die in § 80 WpHG geregelten Organisationspflichten.

4. Dokumentationspflicht. Kreditinstitute können bestehende Aufklärungs- Warn- und Bera-   **112** tungspflichten **grundsätzlich mündlich** erfüllen.[361] Eine Verpflichtung oder Obliegenheit, die Erfüllung dieser Pflichten schriftlich zu dokumentieren, besteht grundsätzlich nicht.[362] Aus § 242 BGB kann sich allerdings – etwa wenn über schwierige wirtschaftliche Zusammenhänge aufzuklären ist – eine Pflicht zur schriftlichen Aufklärung ergeben.[363]. Für **Wertpapierdienstleistungsunternehmen** ergeben sich darüber hinaus Dokumentationspflichten aus § 64 Abs. 4 WpHG (Geeignetheitserklärung) und aus § 83 Abs. 6 WpHG[364].

IV. Kriterien für die Entstehung, den Inhalt und den Umfang von Aufklärungs-, Warn- und Beratungspflichten

1. Beratungs- und Auskunftsvertrag. Zur Beratung (→ Rn. 108) ist die Bank nur dann ver-   **113** pflichtet, wenn zwischen ihr und dem Kunden ein **Beratungsvertrag** geschlossen worden ist. Ein solcher kommt – regelmäßig stillschweigend – durch die Aufnahme des Beratungsgesprächs zustande, wenn ein Anlageinteressent an eine Bank oder der Anlageberater einer Bank an einen Kunden herantritt, um über die Anlage eines Geldbetrages beraten zu werden bzw. zu beraten.[365] **Dauerberatungs-verträge**, die den Kunden dazu berechtigen, wiederholt und zu derselben vertraglichen Grundlage Beratungsleistungen der Bank abzurufen, bedürfen allerdings einer ausdrücklichen Abrede.[366] **Inhalt und Umfang** der Beratungspflichten der Bank hängen von den Umständen des Einzelfalls ab. Maßgeblich sind einerseits der Wissensstand, die Risikobereitschaft und das Anlageziel des Kunden und andererseits die allgemeinen und speziellen Risiken, die sich aus den Besonderheiten des Anlageobjekts ergeben. Die Beratung hat sich auf diejenigen Eigenschaften des Anlageobjekts zu beziehen, die für die jeweilige Anlageentscheidung wesentliche Bedeutung haben oder haben können. Während die Bank über diese Umstände richtig, sorgfältig, zeitnah, vollständig und für den Kunden verständlich zu unterrichten hat, muss die Bewertung und Empfehlung des Anlageobjekts unter Berücksichtigung der genannten Gegebenheiten lediglich ex ante betrachtet vertretbar sein. Das Risiko, dass eine aufgrund anleger- und objektgerechter Beratung getroffene Anlageentscheidung sich im Nachhinein als falsch erweist, trägt der Kunde.[367]

Soweit im Streit steht, ob Bank und Kunde einen Beratungsvertrag oder lediglich einen (still-   **114** schweigenden) **Auskunftsvertrag** im Rahmen einer **Anlagevermittlung** geschlossen haben, ist **im Zweifel** von einem **Beratungsvertrag** auszugehen, da eine Bank regelmäßig Anlageberaterin und nicht lediglich reine Anlagevermittlerin ist.[368] Ein Auskunftsvertrag (und kein Beratungsvertrag) kommt in dem Zusammenhang mit der Bank allerdings dann zustande, wenn diese lediglich als reine Anlagevermittlerin ohne Beratung ein Anlageprodukt vertreibt und der Kunde erkennbar die besonde-

---

[358] Ob eine Tatsache (typischerweise) aktenmäßig festzuhalten ist, hängt davon ab, mit welcher Wahrscheinlichkeit sie später rechtserheblich werden kann, wobei für diese Einstufung der Zeitpunkt der Wahrnehmung und nicht ein erst später erreichter Wissensstand maßgebend ist, vgl. BGH Urt. v. 2.2.1996 – V ZR 239/94, BGHZ 132, 30 (38) = NJW 1996, 1339; BGH Urt. v. 13.1.2015 – XI ZR 179/13, BeckRS 2015, 02840 Rn. 18.

[359] Zu den Grundsätzen der Wissenszurechnung innerhalb juristischer Personen allgemein, BGH Urt. v. 2.2.1996 – V ZR 239/94, BGHZ 132, 30 (35 ff.) = NJW 1996, 1339.

[360] Vgl. BGH Urt. v. 2.2.1996 – V ZR 239/94, BGHZ 132, 30 (36) = NJW 1996, 1339; zu einem Fall der Wissenszurechnung bei der Einschaltung von verschiedenen Filialen einer Bank im Zusammenhang mit Aufklärungspflichten bei Steuersparmodellen vgl. BGH Urt. v. 18.1.2005 – XI ZR 201/03, WM 2005, 375 = NJW-RR 2005, 634; zur Zurechnung von Informationen aus Kontounterlagen im Zusammenhang mit der Einreichung disparischer Schecks BGH Urt. v. 15.4.1997 – XI ZR 105/96, BGHZ 135, 202 = NJW 1997, 1917.

[361] BGH Urt. v. 19.5.1998 – XI ZR 286/97, NJW 1998, 2675 (2676).

[362] BGH Urt. v. 24.1.2006 – XI ZR 320/04, BGHZ 166, 56 (Ls.) = NJW 2006, 1429; BGH Urt. v. 13.6.2008 – V ZR 114/07, WM 2008, 1590 (1592) = NJW 2008, 2852.

[363] Vgl. BGH Urt. v. 11.7.1988 – II ZR 355/87, BGHZ 105, 108 = NJW 1988, 2882 (Vermittlung von Warenterminoptionen an unerfahrene Kunden); BGH Urt. v. 9.6.1998 – XI ZR 220/97, WM 1998, 1527 = NJW-RR 1998, 1271 (Vermittlung von Beteiligungen an einem Pool, der mit Börsentermingeschäften handelt, an unerfahrene Kunden).

[364] Vgl. dazu *Roth/Blessing* CCZ 2017, 8 (15 f.).

[365] StRspr BGH Urt. v. 6.7.1993 – XI ZR 12/93, BGHZ 123, 126 (128) = NJW 1993, 2433 („Bond"); BGH Urt. v. 28.4.2015 – XI ZR 378/13, BGHZ 205, 117 Rn. 23 mwN = NJW 2015, 2248.

[366] BGH Urt. v. 28.4.2015 – XI ZR 378/13, BGHZ 205, 117 Rn. 23 mwN = NJW 2015, 2248; vgl. hierzu aber auch BGH Urt. v. 21.11.2019 – III ZR 244/18, WM 2020, 119 Rn. 28 = NJW 2020, 387.

[367] StRspr zum Ganzen BGH Urt. v. 29.4.2014 – XI ZR 130/13, BGHZ 201, 55 Rn. 16 mwN = NJW 2014, 2945; zur Anlageberatung näher *Poelzig* → WpHG §§ 63, 64 Rn. 17 ff.

[368] Vgl. BGH Urt. v. 8.4.2014 – XI ZR 341/12, WM 2014, 1036 Rn. 14 aE = NJW 2014, 2348.

ren Erfahrungen und Kenntnisse der Bank als Vermittlerin in Anspruch nehmen will und die Bank die gewünschte Tätigkeit beginnt.[369] Er verpflichtet die Bank als Vermittlerin zu richtiger und vollständiger Information über diejenigen tatsächlichen Umstände, die für den Anlageentschluss des Kunden von besonderer Bedeutung sind.[370] Die Bank schuldet in einem solchen Fall allein abstrakte, nicht auf die persönliche und finanzielle Situation des Kunden zugeschnittene, neutrale Informationen über das Anlageprodukt ohne fachkundige Bewertung und Beurteilung der dem Kunden mitgeteilten Umstände.[371] Der Beratungsvertrag begründet daher im Vergleich zum bloßen Auskunftsvertrag gegenüber dem Kunden weitergehende Pflichten.[372]

115   **2. Spontane Aufklärungs- und Warnpflichten. a) Allgemeines.** Selbst wenn zwischen Bank und Kunde weder ein Beratungs- noch ein Auskunftsvertrag (→ Rn. 113 f.) geschlossen worden ist, kann die Bank aufgrund einer gegenüber dem Kunden bestehenden Schutzpflicht gleichwohl verpflichtet sein, den Kunden im Zusammenhang mit einem beabsichtigten Bankgeschäft über einen bestimmten Umstand aufzuklären oder vor diesem zu warnen (→ Rn. 104 und → Rn. 108). Die Frage, wann eine solche **„spontane" Aufklärungspflicht der Bank** entsteht, lässt sich allerdings nicht mit Hilfe einer abstrakten allgemeingültigen Formel beantworten. Nimmt man die Rspr. in den Blick, ist festzustellen, dass hierfür vielmehr verschiedene **normative Gesichtspunkte** entscheidend sind.[373] Im Schrifttum werden dementsprechend verschiedene Kriterien im Rahmen eines beweglichen Systems als maßgebend angesehen.[374]

116   Spontane Warn- und Aufklärungspflichten der Bank gegenüber ihren Kunden sind bei allen Bankgeschäften denkbar. Das gilt insbesondere für das Kreditgeschäft[375], das Zahlungsverkehrsgeschäft[376], das beratungslose Wertpapierhandelsgeschäft[377] und das Vermögensverwaltungsgeschäft.[378] Spontane Warn- und Aufklärungspflichten der Bank bestehen allerdings nur in **Ausnahmefällen.**[379] Grundsätzlich ist es Sache des Kunden, sich die für das von ihm beabsichtigte Geschäft erforderlichen Informationen im eigenen Interesse selbst zu beschaffen, wenn er nicht gerade zum Zweck der Informationsbeschaffung bzw. Beratung an die Bank herantritt und mit dieser (konkludent) einen Auskunfts- bzw. Beratungsvertrag abschließt (→ Rn. 113 f.). Je mehr ein Bankgeschäft durch **Fremdgeschäftsführungselemente** gekennzeichnet ist, desto stärker ist die Interessenwahrnehmungspflicht der Bank (→ Rn. 102) ausgeprägt und desto eher ist die Bank dementsprechend verpflichtet, den Kunden (spontan) zu informieren. Bei standardisierten und automatisierten **Massegeschäften,** wie beispielsweise dem Zahlungsverkehrsgeschäft (Überweisungs- und Lastschriftenverkehr) und dem beratungslosen Wertpapierhandelsgeschäft (execution-only-business von Discount-Brokern), verhält es sich demgegenüber umgekehrt. Hier geht man von einen aus objektiv-normativer Sicht schon die Erwartungshaltung des Kunden aufgrund des hohen Grads der Standardisierung und Automatisierung der Abwicklung in erster Linie dahin, dass die Bank das in Auftrag gegebenen Geschäft ordnungsgemäß, schnell und kosteneffizient durchführt. Erwägungen, die die Zweckmäßigkeit des Geschäfts betreffen und die zur Erfüllung von Schutzpflichten anzustellen sind, können in diesem Geschäftsbereich der Bank vom Kunden kaum erwartet werden. Daher muss sich die Bank bei solchen Geschäftsvorgängen grundsätzlich nicht um die beteiligten Interessen ihrer Kunden kümmern.[380]

---

[369] Vgl. BGH Urt. v. 8.4.2014 – XI ZR 341/12, WM 2014, 1036 Rn. 14 = NJW 2014, 2348.

[370] BGH Urt. v. 13.5.1993 – III ZR 25/92, NJW-RR 1993, 1114 (1115).

[371] Vgl. Langenbucher/Bliesener/Spindler/*Spindler* Kap. 33 B.Rn. 36.

[372] Vgl. BGH Urt. v. 13.5.1993 – III ZR 25/92, NJW-RR 1993, 1114.

[373] Vgl. exemplarisch BGH Urt. v. 22.6.2004 – XI ZR 90/03, WM 2004, 1625 (1626) = NJW-RR 2004, 1637 (Zahlungsverkehrsgeschäft); BGH Urt. 31.3.1992 – XI ZR 70/91, NJW-RR 1992, 879 (880) (Kreditgeschäft).

[374] *Hopt,* Der Kapitalanlegerschutz im Recht der Banken, 1975, 414 ff.; *Breidenbach,* Die Voraussetzungen von Informationspflichten beim Vertragsschluss, 1989, 62 ff.; *Rümker,* Bankrechtstag 1992, 29 (38 ff.); *Grundmann* → 3. Aufl. 2015, BankR Rn. I 118 ff.; vgl. auch *Siol* in Schimansky/Bunte/Lwowski BankR-HdB § 43 Rn. 15 ff.

[375] Vgl. BGH Urt. v. 31.3.1992 – XI ZR 70/91, NJW-RR 1992, 879 (880); BGH Urt. v. 28.11.1995 – XI ZR 37/95, NJW 1996, 663 (664); BGH Urt. v. 17.10.2006 – XI ZR 205/05, WM 2007, 114 Rn. 14 = NJW-RR 2007, 257.

[376] Vgl. BGH Urt. v. 24.4.2012 – XI ZR 96/11, BKR 2012, 254 Rn. 32 mwN = NJW 2012, 2422; BGH Urt. v. 6.5.2008 – XI ZR 56/07, BGHZ 176, 281 Rn. 14 = NJW 2008, 2245; BGH Urt. v. 22.6.2004 – XI ZR 90/03, WM 2004, 1625 (1626) = NJW-RR 2004, 1637.

[377] Vgl. BGH Urt. v. 19.3.2013 – XI ZR 431/11, BGHZ 196, 370 Rn. 27 = NJW 2013, 3293; BGH Urt. v. 13.7.2004 – XI ZR 178/03, BGHZ 160, 58 (65) = NJW 2004, 2967; BGH Urt. v. 11.11.2003 – XI ZR 21/03, BKR 2004, 124 (126) = NJW-RR 2004, 484.

[378] Offengelassen BGH Urt. v. 23.10.2007 – XI ZR 424/06, BeckRS 2008, 00446 Rn. 29.

[379] Vgl. BGH Urt. v. 27.11.1990 – XI ZR 308/89, WM 1991, 85 f. = NJW 1991, 155 (Kreditgeschäft); BGH Urt. v. 24.1.2006 – XI ZR 405/04, BeckRS 2006, 2359 Rn. 14 (Kreditgeschäft); BGH Urt. v. 10.1.2006 – XI ZR 169/05, BGHZ 165, 363 (370 f.) = NJW 2006, 845 (Kreditsicherheit); BGH Urt. v. 24.4.2012 – XI ZR 96/11, BKR 2012, 254 Rn. 32 mwN = NJW 2012, 2422 (Zahlungsverkehr); BGH Urt. v. 22.6.2004 – XI ZR 90/03, WM 2004, 1625, 1626 = NJW-RR 2004, 1637 (Überweisungsverkehr).

[380] Vgl. BGH Urt. v. 6.5.2008 – XI ZR 56/07, BGHZ 176, 281 Rn. 14 = NJW 2008, 2245 (zum bargeldlosen Zahlungsverkehr); vgl. auch BGH Urt. v. 18.3.2008 – XI ZR 454/06, BGHZ 176, 67 Rn. 27 = NJW 2008, 1732 (keine Schutzpflicht bei massenhaft abzuwickelnden Entschädigungsansprüchen nach dem ESAEG).

b) Kriterien. aa) Relevanter Umstand. Bei der Beantwortung der Frage, ob die Bank ver- **117** pflichtet ist, den Kunden (spontan) über einen für das beabsichtigte Geschäft relevanten Umstand aufzuklären hat, sind nach der Rspr. des BGH alle **Umstände des konkreten Einzelfalls** zu würdigen.[381] Relevant ist ein Umstand danach jedenfalls dann, wenn er den Vertragszweck vereiteln kann und damit für den Kunden von so wesentlicher Bedeutung ist, dass dieser nach der Verkehrsauffassung eine Mitteilung erwarten darf.[382] Aber auch Umstände, die von wesentlicher Bedeutung für die Entscheidung des Kunden sind, ob er das beabsichtigte Geschäft abschließt, ohne dass der Vertragszweck vereitelt wird, können als aufklärungspflichtig einzustufen ein.[383] Hierzu gehören beispielsweise besondere **Risiken** einer Kapitalanlage, die **unmittelbar bevorstehende Insolvenz** eines potenziellen Vertragspartners oder Emittenten sowie **personelle und kapitalmäßige Verflechtungen** zwischen den an dem beabsichtigten Geschäft beteiligten Parteien.[384] In der Regel handelt es sich um Umstände, aus denen sich ein **Interessenkonflikt** ergibt, oder die die Werthaltigkeit oder Risiken des vom Kunden beabsichtigten Geschäfts betreffen, bei dem der Kunde berechtigterweise von einer **berufsspezifischen Expertise** der Bank ausgehen darf. Über **rechtliche**, insbesondere über **steuerrechtliche Aspekte** muss die Bank demgegenüber grundsätzlich nicht aufklären, da die Beantwortung von Rechtsfragen nicht zu ihrer berufsspezifischen Expertise gehört.[385] Aufklären über solche Aspekte muss sie allerdings dann, wenn sie erkennt, dass der Kunde den von ihm mit dem Geschäft oder mit einer bestimmten rechtlichen Konstruktion erstrebten Zweck nicht erreichen kann.[386] Im Zusammenhang mit der Würdigung, ob die Bank im Einzelfall eine Aufklärungspflicht über einen relevanten Umstand trifft, sind verschiedene Kriterien (→ Rn. 118–122) maßgebend.

bb) Aufklärungsbedürftigkeit. Die Bank kann von vornherein nur dann eine Aufklärungs- bzw. **118** Warnpflicht treffen, wenn der Kunde **aufklärungsbedürftig** und damit **schutzbedürftig** ist[387] und die Bank die Schutzbedürftigkeit des Kunden erkennen kann[388]. An der Aufklärungsbedürftigkeit fehlt es, wenn der Kunde bereits Kenntnis von dem eine Aufklärungspflicht begründenden Umstand hat[389] und er sich über diesen Umstand auch nicht in einem Irrtum befindet[390]. Selbst wenn der Kunde von dem betreffenden Umstand keine Kenntnis hat, ist die Bank jedenfalls insoweit nicht aufklärungspflichtig, als dem Kunden dieselben (oder bessere) Erkenntnisquellen zur Verfügung stehen wie der Bank.[391] Auch eine tatsächlich vorliegende Geschäftserfahrenheit des Kunden kann dessen Schutzbedürftigkeit entfallen lassen[392], während ein erkennbarer Mangel an Lebens- und Geschäftserfahrung Aufklärungspflichten begründen kann[393]. Auch wer (konkludent) zum Ausdruck bringt, dass er keine Aufklärung benötigt, ist nicht aufklärungs- und damit nicht schutzbedürftig.[394] Das gilt insbesondere für den Kunden, der zwar tatsächlich unerfahren ist, sich aber als geschäftserfahren ausgibt[395], wenn die

---

[381] Vgl. BGH Urt. 31.3.1992 – XI ZR 70/91, NJW-RR 1992, 879 f. (zum Kreditgeschäft); BGH Urt. v. 28.2.1989 – XI ZR 70/88, WM 1989, 1047 (1050) = ZIP 1989, 830 (zum Warentermingeschäft); BGH Urt. v. 26.6.2012 – XI ZR 316/11, NJW 2012, 2873 (2876) (zum Verkauf von Zertifikaten als Eigengeschäft der Bank).

[382] Vgl. BGH Urt. v. 24.5.1993 – II ZR 136/92, NJW 1993, 2107; vgl. hierzu auch *Rümker,* Bankrechtstag 1992, 29 (38 ff.).

[383] Vgl. *Rümker,* Bankrechtstrag 1992, 29 (39.).

[384] Vgl. *Rümker,* Bankrechtstrag 1992, 29, (45 f.).

[385] *Siol* in Schimansky/Bunte/Lwowski BankR-HdB § 43 Rn. 33.

[386] Angenommen hat der BGH eine Aufklärungspflicht der Bank, wenn durch eine Überweisung gegen devisenrechtliche Vorschriften verstoßen wird, BGH Urt. v. 31..1957 – II ZR 41/56, BGHZ 23, 222 (227) = WM 1957, 288 oder wenn der Kunde infolge einer Gesetzesänderung Steuervorteile im Rahmen eines steuerbegünstigten Sparens aufgrund einer Überweisung verliert, BGH Urt. v. 16.4.1964 – VII ZR 221/62, WM 1964, 60 f. = NJW 1964, 2058 f.; demgegenüber besteht keine Pflicht zur Aufklärung über Änderungen des Steuerrechts, die sich schädlich auf eingeräumte Sicherheiten auswirken, BGH Urt. v. 21.10.1997 – XI ZR 25/97, WM 1997, 2301 f. = NJW 1998, 305.

[387] Vgl. BGH Urt. v. 7.4.1992 – XI ZR 200/91, WM 1992, 977 = NJW 1992, 1820; BGH Urt. v. 7.11.1991 – III ZR 118/90, WM 1992, 432 (434) = NJW-RR 1992, 531; BGH Urt. v. 22.6.2004 – XI ZR 90/03, WM 2004, 1625, 1626 = NJW-RR 2004, 1637.

[388] Vgl. BGH Urt. v. 31.3.1992 – XI ZR 70/91, NJW-RR 1992, 879 (881); BGH Urt. v. 5.10.1999 – XI ZR 296/98, BGHZ 142, 345 (358) = NJW 2000, 359 (beratungsloser Wertpapierhandel: Unkenntnis infolge grober Fahrlässigkeit schadet); *Siol* in Schimansky/Bunte/Lwowski BankR-HdB § 43 Rn. 19.

[389] Vgl. BGH Urt. v. 22.6.2004 – XI ZR 90/03, WM 2004, 1625 (1626); BGH Urt. v. 4.11.1987 – IVa ZR 145/86, NJW-RR 1988, 365 (366).

[390] Vgl. BGH Urt. v. 10.1.2006 – XI ZR 169/05, BGHZ 165, 363 (370) = NJW 206, 845.

[391] Vgl. BGH Urt. v. 21.10.1997 – XI ZR 25/97, WM 1997, 2301 f. (keine Pflicht zur Aufklärung über eine Steuerrechtsänderung) = NJW 1998, 305.

[392] Vgl. BGH Beschl. v. 14.7.1983 – III ZR 177/82, WM 1983, 1039 („versierter Kaufmann").

[393] Vgl. BGH Urt. v. 7.10.1991 – II ZR 194/90, NJW 1992, 300 (302) (Jugendliche); BGH Urt. v. 27.2.1974 – V ZR 85/72, WM 1974, 512 (515 f.) = NJW 1974, 849 („unerfahrene Angehörige der sozial schwächeren Bevölkerungsschicht").

[394] Vgl. BGH Beschl. v. 9.12.1997 – XI ZR 85/97, NJW 1998, 994; BGH Urt. v. 5.10.1999 – XI ZR 296/98, BGHZ 142, 345 (358) = NJW 2000, 359.

[395] Vgl. BGH Urt. v. 14.5.1996 – XI ZR 188/95, NJW-RR 1996, 947 f.

Bank die Unerfahrenheit des Kunden nicht erkennt.[396] Ein solcher Kunde kann nach Treu und Glauben nicht erwarten von der Bank über die Funktionsweise und die besonderen Gefahren der ihm angeblich vertrauten Geschäfte aufgeklärt zu werden[397], da die bestehende Aufklärungsbedürftigkeit für die Bank nicht erkennbar ist. Auch der Kunde, der trotz der Erklärung der Bank, nicht aufklärungsfähig zu sein, das beabsichtigte Geschäft mit Hilfe der Bank gleichwohl abschließt, ist nicht aufklärungsbedürftig, weil er konkludent zum Ausdruck bringt, Aufklärung nicht zu benötigen.[398]

119   **cc) Kenntnis der Bank.** Der Bank muss der für das vom Kunden beabsichtigte Geschäft relevante Umstand (→ Rn. 117), von dem der Kunde keine Kenntnis hat, **bekannt**[399] oder er muss aufgrund massiver Verdachtsmomente **objektiv evident**[400] sein. Zwischen Bank und Kunde muss mithin ein **Informationsgefälle** zugunsten der Bank bestehen.[401] Dabei ist nur das präsente und vorhandene (→ Rn. 110) von der Bank als wesentlich erkanntes Wissen zu offenbaren; einen Wissensvorsprung muss sich die Bank nicht – auch nicht durch eine Auswertung ihr zugänglicher Unterlagen – verschaffen.[402] Der Bank ist in dem Zusammenhang allerdings gem. § 166 Abs. 1 BGB das Wissen aller Mitarbeiter zuzurechnen, die sie bei der Bearbeitung des konkret in Rede stehenden Geschäfts vertreten oder daran bestimmungsgemäß mitwirken.[403] Die mit einer solchen Wissenszurechnung verbundenen Organisationspflichten der Bank sind oben dargestellt (→ Rn. 111).

120   Selbst wenn die Bank von einem für den Kunden relevanten Umstand (→ Rn. 117) positive Kenntnis hat (→ Rn. 119) und der Kunde aufklärungsbedürftig (→ Rn. 118) ist, kann wegen **gegenläufiger Interessen der Bank** oder wegen Interessen Dritter, die durch das **Bankgeheimnis** geschützt sind (→ Rn. 146–149), eine Aufklärungspflicht der Bank zu verneinen sein. So ist die Bank insbesondere grundsätzlich nicht verpflichtet, über Existenz, Höhe, Herkunft und Zusammensetzung des von ihr mit dem Geschäft des Kunden erwirtschafteten Gewinns Auskunft zu geben.[404] Genauso wenig muss sie den Kunden über vergleichsweise günstigere Bedingungen einer konkurrierenden Bank[405] oder auf ein nur von einer anderen Bank vertriebenes Konkurrenzprodukt mit einer effizienteren Rendite-Risiko-Kombination hinweisen. Soweit die Interessen des Kunden mit den durch das Bankgeheimnis geschützten Interessen Dritter kollidieren, ist eine Abwägung der Interessen vorzunehmen (→ Rn. 176).[406] Danach sind die Interessen des schutzbedürftigen Kunden an dem Erhalt der Information gegen die Geheimhaltungsinteressen des Dritten gegeneinander abzuwägen. Bei dieser Abwägung ist insbesondere zu berücksichtigen, in welchem Umfang die Bank gezwungen wäre, Einzelheiten ihrer Geschäftsverbindung mit einem anderen Kunden und über dessen Vermögenslage zu offenbaren.[407]

121   **dd) Kosten der Informationsbeschaffung.** Die Kosten der Informationsbeschaffung spielen für die Frage, ob die Bank ihren Kunden spontan über einen relevanten Umstand aufzuklären hat, grundsätzlich keine Rolle, da die Bank im Zusammenhang mit der Erfüllung einer solchen Aufklärungspflicht nur präsentes und vorhandenes Wissen (→ Rn. 119) offenbaren muss.[408] (Kostenauslösende) Nachforschungen muss sie grundsätzlich nicht anstellen. Handelt es sich bei dem relevanten Umstand allerdings um einen, der von der berufsspezifischen Expertise der Bank umfasst ist und über den die Bank kein präsentes bzw. vorhandenes Wissen hat, ist die Frage aufgeworfen, ob die Bank sich die erforderliche berufsspezifische Expertise in jedem Fall beschaffen muss oder ob sie sich im Haftungsprozess mit Erfolg darauf berufen kann, dass sie zur Informationsgewinnung unverhältnismäßige Kosten hätte aufwenden müssen. Hier wird man die Schutzpflichten der Bank dahin zu begrenzen haben, dass sie sich die nach ihren Verhältnissen **finanziell tragbare Expertise** wird beschaffen müssen.[409] Ist die Beschaffung der Expertise durch die Bank im Einzelfall (finanziell) nicht tragbar, muss sie den

[396] Vgl. *Siol* in Schimansky/Bunte/Lwowski BankR-HdB § 43 Rn. 20 aE.

[397] Vgl. BGH Urt. v. 14.5.1996 – XI ZR 188/95, NJW-RR 1996, 947 f.

[398] OLG Schleswig-Holstein Urt. v. 5.11.2012 – 5 U 10/12, BeckRS 2012, 23478 Rn. 43.

[399] Vgl. BGH Urt. 31.3.1992 – XI ZR 70/91, NJW-RR 1992, 879 (881) (zum Kreditgeschäft); BGH Urt. v. 6.5.2008 – XI ZR 56/07, BGHZ 176, 281 Rn. 14 = WM 2008, 1252 = NJW 2008, 2245 (zum Zahlungsverkehrsgeschäft).

[400] Vgl. BGH Urt. v. 19.3.2013 – XI ZR 431/11, BGHZ 196, 370 Rn. 27 = NJW 2013, 3293 (Execution-only); BGH Urt. v. 6.5.2008 – XI ZR 56/07, BGHZ 176, 281 Rn. 16 = NJW 2008, 2245 (bargeldloser Zahlungsverkehr); BGH Urt. v. 20.4.2008 – XI ZR 221/07, WM 2008, 1121 Rn. 20 = NJW-RR 2008, 1226 (Kreditgeschäft).

[401] Vgl. *Hopt*, Bankrechtstag 1992, 1 (23 f.).

[402] Vgl. BGH Urt. 31.3.1992 – XI ZR 70/91, NJW-RR 1992, 879 (882); BGH Urt. v. 18.11.2003 – XI ZR 322/01, WM 2004, 172 (173) = BKR 2004, 108; *Siol* in Schimansky/Bunte/Lwowski BankR-HdB § 43 Rn. 31.

[403] BGH Urt. v. 6.5.2008 – XI ZR 56/07, BGHZ 176, 281 Rn. 18 = NJW 2008, 2245.

[404] Auskunftspflichtig ist insoweit nicht einmal die beratende Bank, die dem Kunden ein Produkt empfiehlt, BGH Urt. v. 27.9.2011 – XI ZR 178/10, WM 2011, 2261 Rn. 54 = NJW-RR 2012, 43.

[405] Vgl. *Siol* in Schimansky/Bunte/Lwowski BankR-HdB § 43 Rn. 28.

[406] BGH Urt. v. 27.11.1990 – XI ZR 308/89, WM 1991, 85 f. = NJW 1991, 693; BGH Urt. v. 6.5.2008 – XI ZR 56/07, BGHZ 176, 281 Rn. 20 = NJW 2008, 2245.

[407] BGH Urt. v. 27.11.1990 – XI ZR 308/89, WM 1991, 85 f. = NJW 1991, 693.

[408] Vgl. *Siol* in Schimansky/Bunte/Lwowski BankR-HdB § 43 Rn. 29.

[409] Vgl. hierzu näher *Rümker*, Bankrechtstag 1992, 29, 58 ff.; *Hopt*, Bankrechtstag 1992, 1, 27. Bei einer von einem Börsendienst ausgesprochenen Empfehlung hat der BGH ausgeführt, dass die vom Börsendienst vorzunehmende

Kunden allerdings in jedem Fall darauf aufmerksam machen, dass sie nicht über die erforderliche Expertise verfügt.

ee) Intensität der Kundenbeziehung. Vergleichsweise intensivere Geschäftsbeziehungen zwischen einem Kunden und dessen „Hausbank" begründen **keine gesteigerten Aufklärungspflichten** der Bank.[410] Die Bank hat ihre Schutzpflichten im gleichen Umfang gegenüber einem Dauerkunden wie gegenüber einem Einmalkunden zu erfüllen.[411] Gleichwohl kann das Kriterium der Intensität der Kundenbeziehung mitunter Einfluss auf die Reichweite bankmäßiger Aufklärungspflichten haben. Soweit die Bank nämlich auf der Grundlage einer bereits bestehenden intensiven Geschäftsbeziehung den Kenntnisstand und die Geschäftserfahrenheit ihres Dauerkunden vergleichsweise besser beurteilen kann als bei einem Einmalkunden, kann sie eine bestehende **Aufklärungsbedürftigkeit** (→ Rn. 118) des ihr bereits bekannten Kunden im Einzelfall **eher erkennen.**[412]

V. Allgemeine Verhaltens- und Schutzpflichten bei einzelnen Bankgeschäften

1. Kreditgeschäft. a) Finanzierungsberatung. Das Bestehen und die Reichweite von Aufklärungs- Beratungs- und Warnpflichten der Bank im Zusammenhang mit dem Abschluss von Kreditverträgen hängt in erster Linie davon ab, ob zwischen Bank und Kunde (konkludent) ein **Finanzierungsberatungsvertrag** geschlossen worden ist.[413] Dieser kommt zustande, wenn entweder der Kunde die Bank in Bezug auf eine Finanzierung um Rat, dh um eine fachmännische Bewertung, bittet und die Bank dem nachkommt oder die Bank von sich aus hierzu einen Rat erteilt.[414] Eine Verpflichtung der Bank, den Kunden im Zusammenhang mit dem Abschluss eines Kreditvertrages ohne besonderen Anlass zu beraten, besteht nicht.[415] Die Bank ist grundsätzlich auch nicht gehalten, einen Kreditinteressenten von sich aus auf Bedenken gegen die Zweckmäßigkeit der gewählten Kreditart oder günstigere Angebote anderer Banken hinzuweisen.[416] Erteilt die Bank allerdings von sich aus Auskünfte oder wünscht der Kunde Auskünfte über die Vor- und Nachteile verschiedener Kreditformen und kommt die Bank dem nach, ist sie aufgrund des dann konkludent zustande gekommenen **Auskunftsvertrages** verpflichtet, den Kunden insoweit richtig und vollständig zu informieren.[417]

Welche Aufklärungs- und Hinweispflichten die Bank aufgrund eines Finanzierungsberatungsvertrages zu erfüllen hat, ist anhand der besonderen Umstände des konkreten Einzelfalls zu beurteilen.[418] Sie darf keine Tatsachen verschweigen, über die der Kunde nach Treu und Glauben und unter Berücksichtigung der Verkehrsanschauung redlicherweise Aufklärung erwarten kann. Über Umstände, die zur Vereitelung des vom Kunden mit der Finanzierung angestrebten Zweckes geeignet und deshalb für seine Entschließung von wesentlicher Bedeutung sein können, hat sie von sich aus aufzuklären.[419] Die zur Finanzierung beratende Bank hat jedenfalls die nach den Bedürfnissen des Kunden in Betracht kommenden **Finanzierungsmodelle in Bezug auf deren Vor- und Nachteile** richtig und verständlich darzustellen und gegebenenfalls auf bestehende Bedenken hinzuweisen.[420] Dabei wird sie mit dem Kunden insbesondere die Laufzeit, die Zinsbindung und das damit verbundene Risiko der Zinsänderung, die in Betracht kommenden Tilgungsmodalitäten, die (monatliche) Belastung und eventuell bestehende Förderprogramme der öffentlichen Hand zu erörtern haben. Sie darf nur zu einer solchen Finanzierung raten, die der Kunde unter Berücksichtigung seiner Einkommens- und Vermögensverhältnisse **finanziell tragen** kann.[421] **Fehlerhafte Berechnungen** der Bank zu der mit der empfohlenen Finanzierung verbundenen (monatlichen) Belastung des Kunden begründen – bei Vorliegen der weiteren Haftungsvoraussetzungen (→ Rn. 137 ff.) – einen Schadensersatzanspruch, der darauf gerichtet ist, den Kunden so zu stellen, wie er ohne die unzutreffenden Angaben der Bank zur

---

Überprüfung „keinen unzumutbaren Zeitaufwand und Kostenaufwand erforderlich" gemacht hat, BGH Urt. v. 8.2.1978 – VIII ZR 20/77, BGHZ 70, 356 (361 ff.) = NJW 1978, 997.

[410] Vgl. BGH Urt. v. 13.2.1990 – XI ZR 105/89, WM 1990, 584 (585 f.) = NJW-RR 1990, 623
[411] Vgl. *Hopt*, Bankrechtstag 1992, 1 (26); *Rümker*, Bankrechtstag 1992, 29 (57).
[412] Vgl. *Siol* in Schimansky/Bunte/Lwowski BankR-HdB § 43 Rn. 32.
[413] Vgl. hierzu BGH Urt. v. 19.12.2017 – XI ZR 152/17, WM 2018, 268 Rn. 32 ff. = NJW 2018, 848.
[414] Vgl. OLG Düsseldorf Urt. v. 22.12.2016 – 6 U 57/16, WM 2017, 2059 (2060).
[415] *Siol* in Schimansky/Bunte/Lwowski BankR-HdB § 44 Rn. 9; *Tonner* in Derleder/Knops/Bamberger BankR/KapMarktR § 6 Rn. 48.
[416] BGH Urt. v. 4.12.1990 – XI ZR 340/89, WM 1991, 179 (181) = NJW 1991, 832.
[417] Vgl. zum Auskunftsvertrage → Rn. 114; zum Kreditvertrag *Siol* in Schimansky/Bunte/Lwowski BankR-HdB § 44 Rn. 9; *Tonner* in Derleder/Knops/Bamberger BankR/KapMarktR § 6 Rn. 44.
[418] BGH Urt. v. 19.12.2017 – XI ZR 152/17, WM 2018, 268 Rn. 34 = NJW 2018, 848; OLG Düsseldorf Urt. v. 22.12.2016 – 6 U 57/16, WM 2017, 2059.
[419] OLG Celle Urt. v. 4.10.1989 – 3 U 298/88, NJW-RR 1990, 878 (879).
[420] Vgl. BGH Urt. v. 19.12.2017 – XI ZR 152/17, WM 2018, 268 Rn. 34 = NJW 2018, 848; OLG Celle Urt. v. 15.9.1993 – 3 U 224/91, WM 1993, 2082 (2085).
[421] Vgl. OLG Celle Urt. v. 4.10.1989 – 3 U 298/88, NJW-RR 1990, 878 (879); *Siol* in Schimansky/Bunte/Lwowski BankR-HdB § 44 Rn. 8; *Tonner* in Derleder/Knops/Bamberger BankR/KapMarktR § 6 Rn. 48.

(monatlichen) Belastung stünde.[422] Einen Anspruch auf den Abschluss eines anderen Darlehnsvertrages hat der Kunde in einem solchen Fall allerdings nicht.[423] Soweit spezielle Nachteile mit einer Finanzierungsform verbunden sind, ist der Kunde auch hierüber aufzuklären.[424] Empfiehlt die Bank dem Kunden eine Kombination aus Festkredit und endfälliger **Tilgung durch eine Kapitallebensversicherung,** muss sie insbesondere darauf hinweisen, dass Zinsen für die gesamte Laufzeit auf die volle Darlehensvaluta zu leisten sind, dass bei vorzeitiger Beendigung des Darlehensvertrages eine vergleichsweise höhere Vorfälligkeitsentschädigung anfällt, dass die Summe der eingezahlten Beträge in den ersten Jahren den Rückkaufswert der Lebensversicherung unterschreitet und dass für den Festkredit mehr Zinsen zu zahlen sind als für ein vergleichbares Annuitätendarlehen.[425] Auf die Vereinnahmung einer **Provision** für die Vermittlung der Kapitallebensversicherung muss die zur Finanzierung beratende Bank demgegenüber nicht hinweisen.[426]

125   **b) Informationspflichten betreffend den Kredit.** Kommt zwischen Bank und Kunde im Zusammenhang mit dem Abschluss eines Kreditvertrags weder ein Finanzierungsberatungs- noch ein Auskunftsvertrag (→ Rn. 123 f.) zustande, bestehen grundsätzlich keine allgemeinen Aufklärungspflichten der Bank.[427] Angesichts fehlender Fremdgeschäftsführungselemente des Kreditvertrages (zu diesem Aspekt → Rn. 116) steht dem legitime **Eigeninteresse der Bank** am Abschluss und an der Gestaltung des Kreditvertrages einer allgemeinen Aufklärungspflicht über die Zweckmäßigkeit des Kredits und über die mit der Aufnahme verbundenen Risiken und Rechtsfolgen entgegen.[428] Darauf muss sich der Kunde einstellen.[429] So muss dieser von der Bank grundsätzlich nicht ungefragt darauf aufmerksam gemacht werden, dass die von ihm gewählte Kreditart unzweckmäßig ist.[430] Das gilt – jedenfalls solange es an einer entsprechenden gesetzlichen Grundlage fehlt – auch dann, wenn der Kunde über einen längeren Zeitraum den aus seiner Sicht vergleichsweise teuren **Dispositionskredit** in Anspruch nimmt, obwohl er alternativ einen aus seiner Sicht günstigeren Konsumentenkredit erhalten könnte. Auch über das Bestehen von einem standardisierten Kredit immanenten Marktpreisrisiken, wie **Zinsänderungsrisiken**[431] oder ggf. Währungsrisiken sowie über **allgemeine Lebensrisiken** des Kunden (zB Berufsunfähigkeit, Arbeitslosigkeit oder Scheidung) muss die bloß kreditgewährende Bank nicht hinweisen. Über belastende Besonderheiten eines angebotenen Kredittyps[432] sowie über die mit einer **Umschuldung** verbundenen Nachteile[433] muss sie indessen aufklären. Ihre Aufklärungspflicht verletzt die Bank dann, wenn sie einem Kunden an Stelle des von diesem gewünschten üblichen Ratenkredits einen mit einer Kapitallebensversicherung verbundenen Kreditvertrag anbietet, obwohl ein Versicherungsbedürfnis nicht besteht und die Vertragskombination für den Kunden wirtschaftlich ungünstiger ist als ein marktüblicher Ratenkredit, mit dem der verfolgte Zweck ebenso gut erreichbar ist.[434] Ungefragt muss sie den Kunden allerdings nicht darüber aufklären, dass die Finanzierung einer Immobilie mit einem als Annuitätendarlehen ausgestalteten Realkredit wirtschaftlich günstiger ist als mit einem durch eine Kapitallebensversicherung zu tilgendem Festkredit.[435]

126   **c) Informationspflichten betreffend die Kreditverwendung.** Die kreditgebende Bank ist **grundsätzlich nicht** verpflichtet, den Darlehensnehmer über die Gefahren und Risiken der von ihm beabsichtigten Verwendung des Darlehens sowie über die wirtschaftliche Zweckmäßigkeit des finanzierten Geschäfts **aufzuklären.**[436] Das gilt insbesondere bei Darlehen, mit denen der Kunde im Rahmen eines steuersparenden Bauherren-, Bauträger oder Erwerbermodells die Anschaffung einer Immobilie oder mit denen er den Erwerb von Immobilienfondsanteilen finanziert.[437] Die Bank darf

---

[422] BGH Urt. v. 9.4.1991 – XI ZR 136/90, WM 1991, 890 f. = NJW 1991, 1881.

[423] KG Berlin Beschl. v. 7.10.2004 – 12 W 25/04, WM 2005, 1118 f.

[424] Vgl. BGH Urt. v. 9.3.1989 – III 269/87, WM 1989, 665 f. = NJW 1989, 1667; BGH Urt. v. 3.4.1990 – XI ZR 261/89, BGHZ 111, 117 (124) = NJW 1990, 1844; BGH Urt. v. 4.12.1990 – XI ZR 340/89, WM 1991, 179, 181 = NJW 1991, 832; BGH Urt. v. 18.1.2005 – XI ZR 17/04, NJW 2005, 985 (988); zu den Pflichten einer beratenden Bausparkasse im Zusammenhang mit der Zwischenfinanzierung von Bausparverträgen vgl. iE OLG Celle Urt. v. 4.10.1989 – 3 U 298/88, NJW-RR 1990, 878 (879).

[425] Vgl. BGH Urt. v. 18.1.2005 – XI ZR 17/04, NJW 2005, 985 (988).

[426] BGH Urt. v. 1.7.2014 – XI ZR 247/12, WM 2014, 1621 Rn. 20 ff. = NJW 2014, 3360.

[427] Vgl. *Siol* in Schimansky/Bunte/Lwowski BankR-HdB § 44 Rn. 12.

[428] BGH Urt. v. 7.4.1992 – XI ZR 200/91, NJW 1992, 1820.

[429] *Siol* in Schimansky/Bunte/Lwowski BankR-HdB § 44 Rn. 13.

[430] BGH Urt. v. 20.1.2004 – XI ZR 460/02, NJW-RR 2004, 1126 (1127); *Tonner* in Derleder/Knops/Bamberger BankR/KapMarktR § 6 Rn. 44.

[431] Vgl. OLG Hamm Urt. v. 23.9.1992 – 31 U 108/92, BB 1992, 2177.

[432] Vgl. BGH Urt. v. 4.12.1990 – XI ZR 340/89, WM 1991, 179 = NJW 1991, 832.

[433] Vgl. BGH Urt. v. 11.12.1990 – XI ZR 24/90, WM 1991, 271 (273) = NJW-RR 1991, 501.

[434] BGH Urt. v. 20.1.2004 – XI ZR 460/02, NJW-RR 2004, 1126 (1127) mwN.

[435] BGH Urt. v. 18.11.2003 – XI ZR 322/01, WM 2004, 172 (174) = BKR 2004, 108.

[436] StRspr BGH Urt. v. 9.4.1987 – III ZR 126/85, WM 1987, 1546 (Ls. 1); BGH Urt. v. 10.7.2007 – XI ZR 243/05, BGH WM 2007, 1831 Rn. 14 mwN = NJW 2007, 3272.

[437] BGH Urt. v. 31.3.1992 – XI ZR 70/91, NJW-RR 1992, 879 (880); BGH WM 2007, 1831 Rn. 14 mwN = NJW 2007, 3272.

regelmäßig davon ausgehen, dass ihr Kunde im Zusammenhang mit solchen Steuersparmodellen entweder über die notwendigen Kenntnisse oder Erfahrungen verfügt oder sich jedenfalls der Hilfe von Fachleuten bedient hat.[438] Das Risiko des Fehlschlagens des finanzierten Geschäfts trägt grundsätzlich der Darlehensnehmer. Etwas anderes gilt ausnahmsweise dann, wenn im Einzelfall ein besonderes Aufklärungs- und Schutzbedürfnis des Darlehensnehmers besteht und nach Treu und Glauben ein Hinweis der Bank geboten ist (dazu näher → Rn. 127 ff.).[439] So darf die Bank einen Kunden beispielsweise nicht zu einer **Spekulation mit Aktien auf Kredit** verleiten[440] oder unter Täuschung zur Gewährung eines Kredits an einen anderen Bankkunden mit der Bank bekannt zweifelhafter Bonität veranlassen[441]. Auf die Tatsache, dass die Bank selbst nicht bereit ist, dem vom Kunden in Aussicht genommenen Geschäftspartner weiterhin Kredit zu gewähren, muss sie allerdings nicht hinweisen.[442] Auch auf eine „versteckte Innenprovision" von 18,4 % muss die Bank den Kunden nicht hinweisen, wenn sie sich auf die Rolle als Kreditgeberin beschränkt.[443]

Von dem vorstehend (→ Rn. 126) dargestellten Grundsatz, nach dem in Bezug auf die Kreditverwendung keine Aufklärungspflichten der Bank bestehen, ist bei Vorliegen eines besonderen Aufklärungs- und Schutzbedürfnisses des Darlehensnehmers im Einzelfall eine **Ausnahme** zu machen, wenn nach Treu und Glauben ein Hinweis der Bank geboten ist.[444] Die Rspr. hat im Zusammenhang mit der Kreditfinanzierung im Rahmen von Bauherren-, Bauträger und Erwerbermodellen **vier typisierte Fallgruppen** herausgearbeitet, in denen eine Aufklärungspflicht der Bank ausnahmsweise besteht und deren Verletzung – bei Vorliegen der weiteren Voraussetzungen (→ Rn. 137 ff.) – zu einer Schadensersatzhaftung der Bank aus culpa in contrahendo führt.[445] Diese Rspr. gilt für alle Kreditgeschäfte der Bank.[446] Danach besteht eine Aufklärungspflicht, wenn die Bank in Bezug auf die speziellen Risiken des Vorhabens einen **konkreten Wissensvorsprung** (→ Rn. 128) gegenüber dem Darlehensnehmer hat und dies auch erkennen kann, wenn sie sich im Zusammenhang mit den Kreditgewährungen in **schwerwiegende Interessenkonflikte** (→ Rn. 129) verwickelt hat, wenn sie ihre **Rolle als Kreditgeberin überschritten** (→ Rn. 130) und dadurch einen zusätzlichen Vertrauenstatbestand geschaffen hat oder wenn sie sonst einen **besonderen Gefährdungstatbestand** (→ Rn. 131) für den Kunden geschaffen oder dessen Entstehung begünstigt hat.[447]

127

Die Fallgruppe des **konkreten Wissensvorsprungs** der Bank stellt von den vorgenannten (→ Rn. 127 aE) vier Ausnahmefällen die in der Praxis am häufigsten vorkommende Ausnahme dar.[448] Danach ist die kreditgebende Bank verpflichtet, ihren Kunden über spezielle Risiken des von diesem finanzierten Geschäfts aufzuklären, wenn sie ihren gegenüber dem Kunden bestehenden Wissensvorsprung **erkennt** oder wenn der zuständige Bankmitarbeiter **seine Augen hiervor bewusst verschließt** und ihm sich die aufklärungspflichtige Tatsachen aufdrängen musste.[449] Maßgebend ist das **präsente Wissen** (→ Rn. 110) der Bank; diese ist nicht verpflichtet, sich durch Nachforschungen einen Wissensvorsprung über die Risiken des zu finanzierenden Vorhabens zu verschaffen.[450] Kenntnisse der Bank vom **baulichen Zustand** der vom Kunden zu erwerbenden Immobilie begründen regelmäßig keinen Wissensvorsprung, da die Bank davon ausgehen darf, dass sich der **Kunde im eigenen Interesse** insoweit selbst informiert.[451] Aus diesem Grund muss die Bank grundsätzlich auch nicht darüber aufklären, ob der vom Kunden im Rahmen eines Treuhandmodells zu zahlende Gesamtpreis in einem angemessenen Verhältnis zu dem Wert des Objekts steht.[452] Ein aufklärungspflichtiger Wissensvorsprung der Bank besteht indessen dann, wenn eine **sittenwidrige Überteuerung** des Objekts oder des Fondsanteils gegeben ist und die Bank hiervon Kenntnis hat. Von einer sittenwid-

128

---

[438] BGH Urt. v. 31.3.1992 – XI ZR 70/91, NJW-RR 1992, 879 (880); BGH WM 2007, 1831 Rn. 14 mwN = NJW 2007, 3272.

[439] BGH Urt. v. 28.1.1997 – XI ZR 22/96, WM 1997, 662 f. = NJW 1997, 1361; BGH Urt. v. 24.1.2006 – XI ZR 405/04, BeckRS 2006, 2359 Rn. 14.

[440] BGH Urt. v. 28.1.1997 – XI ZR 22/96, WM 1997, 662 f. = NJW 1997, 1361.

[441] BGH Urt. v. 19.10.1989 – III ZR 92/88, WM 1990, 98 f. = NJW-RR 1990, 484.

[442] BGH Urt. v. 27.6.1989 – XI ZR 52/88, NJW 1989, 2882 (2883) mwN.

[443] BGH Urt. v. 26.10.2004 – XI ZR 255/03, BGHZ 161, 15 (21 f.) = NJW 2005, 664.

[444] Vgl. BGH Urt. v. 28.1.1997 – XI ZR 22/96, WM 1997, 662 f. = NJW 1997, 1361; BGH Urt. v. 24.1.2006 – XI ZR 405/04, BeckRS 2006, 2359 Rn. 14.

[445] BGH Urt. v. 14.6.2004 – II ZR 393/02, BGHZ 159, 294 (317) mwN = NJW 2004, 2736; BGH Urt. v. 17.10.2006 – XI ZR 205/05, WM 2007, 114 = NJW-RR 2007, 257.

[446] Vgl. *Siol* in Schimansky/Bunte/Lwowski BankR-HdB § 44 Rn. 28.

[447] BGH Urt. v. 14.6.2004 – II ZR 393/02, BGHZ 159, 294 (317) mwN = NJW 2004, 2736.

[448] Vgl. zur Kasuistik der Aufklärungspflichten bei Immobilienfinanzierungen *Nobbe* WM-Sonderbeilage 1/2007, 1, 29 ff.; *Tonner* in Derleder/Knops/Bamberger BankR/KapMarktR § 6 Rn. 56 ff.

[449] BGH Urt. v. 29.4.2008 – XI ZR 221/07, WM 2008, 1121 Rn. 18 ff. = NJW-RR 2008, 1226.

[450] Vgl. BGH Urt. 31.3.1992 – XI ZR 70/91, NJW-RR 1992, 879 (882); BGH Urt. v. 18.11.2003 – XI ZR 322/01, WM 2004, 172 (173) = BKR 2004, 10; Urt. v. 29.4.2008 – XI ZR 221/07, WM 2008, 1121 Rn. 19 = NJW-RR 2008, 1226.

[451] Vgl. BGH Urt. v. 26.5.1988 – III ZR 263/87, NJW-RR 1988, 1450; BGH Urt. v. 18.4.2000 – XI ZR 193/99, NJW 2000, 2352 (2353).

[452] BGH Urt. v. 15.10.1987 – III ZR 235/86, NJW 1988, 697 (699).

rigen Überteuerung ist dabei auszugehen, wenn der Erwerbspreis knapp doppelt so hoch ist wie der Verkehrswert der finanzierten Leistung.[453] Im Prozess genügt der Darlehensnehmer seiner Substantiierungslast für eine solche Überteuerung nur dann, wenn er dem Beweis zugängliche Angaben zu den wertbildenden Faktoren des finanzierten Objekts darlegt.[454] Die Kenntnis der Bank bzw. die konkreten Umstände des Einzelfalls, nach denen sich einem zuständigen Bankmitarbeiter die Sittenwidrigkeit des Kaufpreises aufdrängen musste, sind ebenfalls vom Bankkunden darzulegen und zu beweisen.[455] Eine Vermutung zu Lasten der Bank gibt es auch dann nicht, wenn ein institutionalisiertes Zusammenarbeiten zwischen finanzierender Bank und der Verkäuferin oder dem Vertreiber des Objekts vorliegt.[456] Einen aufklärungspflichtigen Wissensvorsprung hat die Bank auch dann, wenn sie erkennt, dass ihr Kunde über wesentliche Eigenschaften des finanzierten Objekts vom Verkäufer, Vermittler oder Fondsinitiator oder durch einen Verkaufsprospekt oder sonstige Urkunden **arglistig getäuscht** worden ist.[457] Dabei wird eine Kenntnis der Bank von einer solchen Täuschung vermutet, wenn sie mit dem Verkäufer, Vermittler oder Fondsinitiator in institutionalisierter Art und Weise zusammenwirkt (→ Rn. 130 aE).[458]

129   Wenn sich die Bank im Zusammenhang mit der Frage, ob sie dem Kunden einen Kredit gewährt, in einem **schwerwiegenden Interessenkonflikt** befindet, ist sie verpflichtet, den Kunden über den Umstand aufzuklären, der den Interessenkonflikt der Bank begründet. Bei diesem Umstand handelt es sich meist um eine von der Bank bereits vorgenommene anderweitige Finanzierung (**„Doppelfinanzierung"**). Ein solcher Konflikt ist immer dann anzunehmen, wenn die Bank im eigenen Interesse mit der Kreditgewährung an den Kunden ein sich mittlerweile erhöhtes Ausfallrisiko aus einer anderweitigen Finanzierung, insbesondere aus einem notleidenden Kredit, auf den Kunden abwälzt. Für die Annahme eines aufklärungspflichtigen schwerwiegenden Interessenkonflikts reicht es allerdings nicht aus, dass die kreditgebende Bank zugleich Kreditgeberin des Bauträgers oder Verkäufers einer Immobilie ist oder diesem eine globale Finanzierungszusage erteilt hat.[459] Ein schwerwiegender Interessenkonflikt kann nach der Rspr. nur dann vorliegen, wenn zu dieser „Doppelfinanzierung" besondere Umstände hinzutreten.[460] Das Vorliegen derartiger Umstände hat die Rspr. bejaht, wenn die Bank durch eine unsolide Finanzierung eines hochverschuldeten Initiators branchenunübliche Risiken übernommen hat und ihren Kunden Kredite gewährt, mit denen der Initiator im Ergebnis seine gegenüber der Bank bestehenden Schulden bedienen kann.[461]

130   Die kreditgebende Bank ist weiter dann Aufklärungspflichten unterworfen, wenn sie ihre **Rolle als Kreditgeberin überschreitet.** Seine Rechtfertigung findet diese Fallgruppe darin, dass die Bank einen zusätzlichen, auf die von ihr übernommene Funktion bezogene Vertrauenstatbestand setzt. Wenn eine finanzierende Bank **nach außen erkennbar** Funktionen übernimmt, die typischerweise vom Veräußerer oder Vertreiber wahrgenommen werden, muss sie auch die im jeweiligen Funktionsbereich geltenden Prüfungs- und Aufklärungspflichten erfüllen.[462] Das ist insbesondere dann der Fall, wenn die Bank Einfluss auf die unternehmerische Planung oder auf die Werbung genommen hat oder in zurechenbarer Weise den Anschein einer weitergehenden Zusammenarbeit mit dem Veräußerer, Vertreiber oder Initiator erweckt.[463] Dieses Verhalten der Bank muss nach außen hervortreten – etwa durch eine entsprechende Benennung der Bank im Verkaufsprospekt –, da es sonst an einem Vertrauenstatbestand fehlt, an den die Aufklärungspflicht anknüpft. Die Rspr. ist insoweit äußerst restriktiv. So rechtfertigt weder die Führung von Treuhandkonten für die Käufer oder die Ankündigung der Durchführung der Mittelverwendungskontrolle[464] noch das Bestehen von Kontakten zu den Fondsinitiatoren[465] oder das Bestehen ständiger Geschäftsbeziehungen zu dem Verkäufer von Eigentumswohnungen wie etwa die Finanzierung von etwa 120 Kaufverträgen in einem Objekt[466] das Vorliegen eines Überschreitens der Rolle der Bank als Kreditgeberin. Ständige Geschäftsbeziehungen der finan-

---

[453] BGH Urt. v. 10.7.2007 – XI ZR 243/05, WM 2007, 1831 Rn. 15 = NJW 2007, 3272 (Fondsanteil); BGH Urt. v. 29.4.2008 – XI ZR 221/07, WM 2008, 1121 Rn. 14 = NJW-RR 2008, 1226 (Eigentumswohnung).

[454] BGH Urt. v. 19.9.2006 – XI ZR 204/04, WM 2006, 2343 Rn. 20 = NJW 2007, 357; BGH Urt. v. 18.10.2016 – XI ZR 145/14, WM 2016, 2384 Rn. 37 ff. = NJW 2017, 1313 (vereinfachtes Ertragswertverfahren genügt nicht).

[455] BGH Urt. v. 15.6.2010 – XI ZR 318/09, WM 2010, 1448 Rn. 11.

[456] BGH Urt. v. 15.6.2010 – XI ZR 318/09, WM 2010, 1448 Rn. 11.

[457] BGH Urt. v. 10.7.2007 – XI ZR 243/05, WM 2007, 1831 Rn. 14. BGH Urt. v. 23.4.2013 – XI ZR 405/11, BKR 2013, 280 Rn. 21.

[458] BGH Urt. v. 10.7.2007 – XI ZR 243/05, WM 2007, 1831 Rn. 17.

[459] BGH Urt. v. 27.1.2004 – XI ZR 37/03, WM 2004, 620 (624) = NJW 2004, 1376; BGH Urt. v. 26.10.2004 – XI ZR 255/03, BGHZ 161, 15 (21) = NJW 2005, 664; BGH Urt. v. 20.3.2007 – XI ZR 414/04, WM 2007, 876 Rn. 50 = NJW 2007, 2396.

[460] BGH Urt. v. 27.1.2004 – XI ZR 37/03, WM 2004, 620 (624) = NJW 2004, 1376.

[461] BGH Urt. v. 17.12.1991 – XI ZR 8/91, NJW-RR 1992, 373 (374 f.).

[462] BGH Urt. v. 31.3.1992 – XI ZR 70/91, NJW-RR 1992, 879 (883).

[463] BGH Urt. v. 31.3.1992 – XI ZR 70/91, NJW-RR 1992, 879 (882).

[464] BGH Urt. v. 27.1.2004 – XI ZR 37/03, WM 2004, 620 (623 f.) = NJW 2004, 1376.

[465] BGH Urt. v. 25.10.2004 – II ZR 373/01, BKR 2005, 73

[466] BGH Urt. v. 18.11.2003 – XI ZR 322/01, WM 2004, 172 (174) = BKR 2004, 108.

zierenden Bank zum Verkäufer, Fondsinitiator oder zu den von ihnen beauftragten Vermittlern, die beispielsweise in Form von Vertriebsvereinbarungen, Rahmenverträgen oder konkreten Vertriebsabsprachen bestehen können, stellen allerdings ein institutionalisiertes Zusammenwirken dar, das im Fall einer arglistigen Täuschung des Kunden durch den Vermittler, Verkäufer oder Fondsinitiator eine Kenntnis der Bank und damit deren Wissensvorsprung (→ Rn. 128) hiervon vermuten lässt.[467]

Die kreditgebende Bank ist schließlich zur Aufklärung über einen **besonderen Gefährdungstat-** **131** **bestand** verpflichtet, wenn sie diesen schafft oder zumindest begünstigt.[468] Unter diese Fallgruppe subsumiert der BGH Fälle, in denen die Bank ein eigenes wirtschaftliches Risiko auf den Kunden verlagert und dieser hierdurch bewusst mit einem zusätzlichen über das eigentliche Risiko des Vorhabens hinausgehenden Risiko belastet wird.[469] Wenn die Bank die Darlehensauszahlung von dem Beitritt des Kunden zu einem **Mietpool** abhängig macht und mit dem Beitritt spezifische Risiken verbunden sind, die die Bank kennt, wie etwa eine Überschuldung des Mietpools, eine Mithaftung der Beitretenden für Poolverbindlichkeiten oder konstant überhöhte Poolausschüttungen, schafft bzw. begünstigt sie nach der Rspr. einen aufklärungspflichtigen besonderen Gefährdungstatbestand.[470] In diesen Fällen steht dem Kunden allerdings kein Anspruch auf Rückgängigmachung des Darlehensvertrages zu, sondern nur ein Anspruch auf Erstattung der Mehrkosten bzw. Mindereinnahmen, die sich durch die Mietpoolbeteiligung gegenüber einer eigenständigen Verwaltung des Objekts durch den Kunden ergeben haben.[471]

2. Kreditsicherheiten. Wenn die Bank Sicherheiten für einen Kredit hereinnimmt, ist sie grund- **132** sätzlich nicht zur Prüfung verpflichtet, ob mit der Sicherheitenbestellung Nachteile für den Sicherungsgeber verbunden sind. Sie prüft die Sicherheiten grundsätzlich nur im eigenen und **nicht im** **Kundeninteresse**[472], sodass sie den Sicherungsgeber grundsätzlich nicht über die Risiken und Nachteile des Sicherungsgeschäfts aufklären muss. Daher kann sich aus einer bankinternen **falschen** **Ermittlung des Beleihungswertes** auch keine Verletzung einer Aufklärungspflicht gegenüber dem Kreditnehmer ergeben.[473] Pflichtwidrig handelt die Bank allerdings dann, wenn sie durch ihr Verhalten erkennbar einen **Irrtum des Sicherungsgebers** über das mit der Sicherheitenbestellung verbundene Risiko **hervorruft** oder dieses Risiko bewusst **verharmlost.**[474] Warnen muss sie den Sicherungsgeber weiter dann, wenn sie weiß, dass der **Hauptschuldner unmittelbar vor der Insolvenz** steht und sie davon ausgehen muss, dass der Sicherungsgeber insoweit nicht hinreichend informiert ist.[475] Auch über eine bevorstehende **Verwertung** der hereingenommenen Sicherheiten wird die Bank den Sicherungsgeber zu informieren haben, damit dieser eine Verwertung durch Zahlung abwenden oder sich zumindest um die Erzielung eines höheren Verwertungserlöses bemühen kann.[476]

3. Beratungsloses Wertpapierhandelsgeschäft. Im beratungslosen Wertpapierhandelsgeschäft **133** (,,**Execution-only-business**") ist die Bank grundsätzlich nicht verpflichtet, ihre Kunden individuell über Risiken aufzuklären. Sie darf vielmehr unterstellen, dass sich der Kunde im eigenen Interesse über die Chancen und Risiken des von ihm beauftragten Wertpapiergeschäfts zuvor ausreichend informiert hat. Insbesondere bei Kunden, die mit **gezielten Aufträgen** zum Erwerb bestimmter Wertpapiere an sie herantreten, darf die Bank im Allgemeinen davon ausgehen, dass eine Beratung weder gewünscht noch erforderlich ist.[477] Selbst wenn der Kunde im Wege des Online-Bankings über die Bank Anleihen von einem kurz vor der Insolvenz stehenden Emittenten mit einem entsprechend negativen Rating von Moody's (Caa3, ,,Ramschniveau") erwirbt, besteht zumindest dann keine Warnpflicht der Bank, wenn die Order nicht deutlich von der für die Bank erkennbaren Zielvorstellung des Kunden abweicht.[478] Wenn sich ein Discount-Broker ausdrücklich nur an **gut informierte und erfahrene** **Anleger** wendet, jede Beratung ablehnt und lediglich Order ausführt, unterliegt er nur **reduzierten** **Aufklärungspflichten,** die grundsätzlich durch die Übermittlung standardisierter Informationen an den Kunden bei Aufnahme der Geschäftsbeziehung erfüllt werden können.[479] Zur Aufklärung ist er allerdings dann ausnahmsweise verpflichtet, wenn er eine tatsächlich bestehende Aufklärungsbedürftig-

---

[467] BGH Urt. v. 16.5.2006 – XI ZR 6/04, BGHZ 168 Rn. 50 ff. = BKR 2006, 337.
[468] Vgl. *Nobbe* WM-Sonderbeilage 1/2007, 1 (31 f.).
[469] BGH Urt. v. 11.2.1999 – IX ZR 352/97, WM 1999, 678 (679 f.) = NJW 1999, 2032.
[470] BGH Urt. v. 18.3.2008 – XI ZR 246/06, WM 2008, 971 (972) = NJW-RR 2008, 1149.
[471] BGH Urt. v. 20.3.2007 – XI ZR 414/04, WM 2007, 876 Rn. 22 = NJW 2007, 2396.
[472] BGH Urt. v. 21.10.1997 – XI ZR 25/97, WM 1997, 2301 (2302) = NJW 1998, 305; BGH Urt. v. 8.5.2001 – XI ZR 192/00, BGHZ 147, 343 (349) = NJW 2002, 62.
[473] BGH Urt. v. 20.3.2007 – XI ZR 414/04, WM 2007, 876 Rn. 41 = NJW 2007, 2396.
[474] BGH Urt. v. 10.1.2006 – XI ZR 169/05, BGHZ 165, 363 (370) = NJW 2006, 845.
[475] Vgl. *Siol* in Schimansky/Bunte/Lwowski BankR-HdB § 44 Rn. 69; *Tonner* in Derleder/Knops/Bamberger BankR/KapMarktR § 6 Rn. 81.
[476] Vgl. *Siol* in Schimansky/Bunte/Lwowski BankR-HdB § 44 Rn. 67; *Tonner* in Derleder/Knops/Bamberger BankR/KapMarktR § 6 Rn. 83.
[477] BGH Urt. v. 19.5.1998 – XI ZR 216/97, BGHZ 139, 36 (38 f.) = NJW 1998, 2673 (für den gezielten Auftrag zum Erwerb von Optionsscheinen).
[478] LG Frankenthal (Pfalz) Urt. v. 13.1.2014 – 7 O 2/13 (nv).
[479] BGH Urt. v. 5.10.1999 – XI ZR 296/98, BGHZ 142, 345 (354 f. und Ls. 3) = NJW 2000, 359.

keit seines Kunden erkennt oder ihm infolge von grober Fahrlässigkeit unbekannt geblieben ist[480]. Warnen muss er den Kunden auch dann, wenn dessen Auftrag von der zuvor erklärten **Zielvorstellung deutlich abweicht**[481] oder wenn erkennbar ist, dass die Tragweite und Risiken eines Auftrags falsch eingeschätzt werden.[482] Auch bei der **gestaffelten Einschaltung mehrerer Wertpapierdienstleistungsunternehmen,** muss der nicht beratende Discount-Broker seinen Kunden warnen, wenn er eine tatsächliche Fehlberatung erkennt oder wenn diese Fehlberatung aufgrund massiver Verdachtsmomente objektiv evident ist.[483]

134   **4. Zahlungsverkehrsgeschäft.** Im bargeldlosen Zahlungsverkehr (Überweisungs- und Lastschriftverkehr) trifft die Bank **grundsätzlich keine Warn- und Hinweispflichten,** da sie nur zum Zweck der technisch einwandfreien, einfachen und schnellen Abwicklung tätig wird und sie sich wegen dieses begrenzten Geschäftszwecks und der Massenhaftigkeit der Geschäftsvorgänge[484] grundsätzlich nicht um die beteiligten Interessen ihrer Kunden kümmern[485], sondern sich streng an die ihnen erteilten formalen Aufträge halten muss.[486] Die Bank muss den Auftraggeber allerdings warnen, wenn ihr ein für sie ersichtlich unmittelbar bevorstehender **wirtschaftlicher Zusammenbruch des Überweisungsempfängers oder der Empfängerbank bekannt** ist[487]. Denn in einem solchen Fall weiß die Bank, dass der Erfolg der Überweisung, dem Empfänger einen Geldbetrag zukommen zu lassen, wegen dessen eigener wirtschaftlicher Lage oder wegen der wirtschaftlichen Lage der Empfängerbank nicht mehr erreicht werden kann. So ist die Überweisungsbank insbesondere verpflichtet, den Auftraggeber darauf hinzuweisen, dass die BaFin die **Schließung der Empfängerbank** für den Verkehr mit der Kundschaft angeordnet hat.[488]

135   Hat die Bank Kenntnis von Umständen, die auf ernste wirtschaftliche Schwierigkeiten des Zahlungsempfängers selbst schließen lassen, wie beispielsweise von der **Pfändung dessen Kontos** oder von einem gestellten **Insolvenzantrag,** wird sie über diese Kenntnis in der Regel nur deswegen verfügen, weil es sich bei dem Zahlungsempfänger um einen ihrer Kunden handelt. In derartigen Situationen kollidiert die Pflicht der Bank, das **Bankgeheimnis** gegenüber dem Zahlungsempfänger zu wahren mit der gegenüber dem Auftraggeber in Betracht kommenden Warnpflicht. Diese Pflichtenkollision ist durch **Interessenabwägung** zu lösen.[489] Danach wird der bloße Verdacht, der Zahlungsempfänger werde insolvent werden, eine Warnpflicht genauso wenig rechtfertigen wie vorerst abgebrochene Sanierungsverhandlungen oder eine Pfändung des Empfängerkontos, wenn der Bank keine weiteren Informationen über die Gründe des Abbruchs der Sanierungsverhandlungen oder der Kontopfändung vorliegen. Erst dann, wenn es für die Bank offenkundig ist, dass der wirtschaftliche Zusammenbruch des Empfängers nicht mehr verhindert werden kann, weil Sanierungsverhandlungen endgültig gescheitert sind oder ein Insolvenzantrag gestellt ist, wird man eine Warnpflicht der Bank gegenüber dem Auftraggeber annehmen müssen.[490]

136   Eine Bank hat auch dann, wenn sie aufgrund einer auf massiven Verdachtsmomenten beruhenden objektiven Evidenz den Verdacht hegt, dass ein Kunde bei der Teilnahme am bargeldlosen Zahlungsverkehr durch eine **Straftat einen anderen schädigen** will, gegenüber diesem eine Warnpflicht.[491] Besondere Prüfpflichten der Bank im Zusammenhang mit der Abwicklung von Zahlungsverkehrsvorgängen bestehen vor diesem Hintergrund allerdings nicht, solange sich aus der normalen Bearbeitung eines Zahlungsverkehrsvorgangs durch die Bank keine entsprechenden Anhaltspunkte für ein solches Verhalten ergeben.[492]

VI. Weitere Haftungsvoraussetzungen

137   **1. Kausalität.** Eine Haftung der Bank für die Erteilung einer fehlerhaften Information oder für die Unterlassung einer gebotenen Aufklärung, mithin für eine Pflichtverletzung iSd § 280 Abs. 1 S. 1 BGB (nachfolgend: Informationspflichtverletzung), setzt weiter voraus, dass die Informationspflichtverletzung ursächlich für den beim Kunden entstandenen Schaden geworden ist. An dieser **Ursäch-**

[480] BGH Urt. v. 5.10.1999 – XI ZR 296/98, BGHZ 142, 345 (358) = NJW 2000, 359.
[481] BGH Urt. v. 13.7.2004 – XI ZR 178/03, BGHZ 160, 58 (65) = NJW 2004, 296.
[482] BGH Urt. v. 11.11.2003 – XI ZR 21/03, WM 2004, 24 (27) = NJW-RR 2004, 484.
[483] BGH Urt. v. 19.3.2013 – XI ZR 431/11, BGHZ 196, 370 Rn. 27 = NJW 2013, 3293.
[484] Zu diesem Aspekt näher → Rn. 116.
[485] BGH Urt. v. 6.5.2008 – XI ZR 56/07, BGHZ 176, 281 Rn. 14 = NJW 2008, 2245.
[486] BGH Urt. v. 29.9.1986 – II ZR 283/85, WM 1986, 1409 = NJW 1987, 371.
[487] BGH Urt. v. 6.5.2008 – XI ZR 56/07, BGHZ 176, 281 Rn. 14 mwN = NJW 2008, 2245.
[488] BGH Urt. v. 29.9.1986 – II ZR 283/85, WM 1986, 1409 (1410) = NJW 1987, 317.
[489] BGH Urt. v. 6.5.2008 – XI ZR 56/07, BGHZ 176, 281 Rn. 20 mwN = NJW 2008, 2245.
[490] Vgl. *Siol* in Schimansky/Bunte/Lwowski BankR-HdB § 44 Rn. 82; *Tonner* in Derleder/Knops/Bamberger BankR/KapMarktR § 6 Rn. 86.
[491] BGH Urt. v. 6.5.2008 – XI ZR 56/07, BGHZ 176, 281 Rn. 15 = NJW 2008, 2245; BGH Urt. v. 24.4.2012 – XI ZR 96/11, BKR 2012, 254 Rn. 32 = NJW 2012, 2422 (Pharming-Angriff im Online-Banking).
[492] Vgl. BGH Urt. v. 6.5.2008 – XI ZR 56/07, BGHZ 176, 281 Rn. 16 = NJW 2008, 2245; BGH Urt. v. 24.4.2012 – XI ZR 96/11, BKR 2012, 254 Rn. 32 = NJW 2012, 2422 (Pharming-Angriff im Online-Banking).

lichkeit fehlt es, wenn der Schaden auch dann eingetreten wäre, wenn sich die Bank pflichtgemäß verhalten hätte.[493] Nach stRspr des BGH ist die Bank, die ihre Informationspflicht verletzt hat, beweispflichtig dafür, dass die geschuldete Information bzw. den zu erteilenden Rat unbeachtet gelassen hätte.[494] Diese sog. **„Vermutung aufklärungsrichtigen Verhaltens"**[495] stellt eine zur Beweislastumkehr führende widerlegliche Vermutung dar, die bei einer feststehenden Informationspflichtverletzung unabhängig davon eingreift, ob der Kunde bei gehöriger Aufklärung vernünftigerweise eine oder mehrere Handlungsalternativen („Entscheidungskonflikt") gehabt hätte.[496] Der danach von der Bank zu führende Beweis bezieht sich auf eine **innere Tatsache**, nämlich das potenzielle Verhalten des Kunden bei pflichtgemäßer Aufklärung. Den Beweis kann die Bank im Prozess entweder direkt durch Beantragung der Vernehmung des (klagenden) Kunden als Partei nach § 445 ZPO[497] oder indirekt durch den Nachweis von Hilfstatsachen (Indizien)[498] führen, die den Schluss auf die zu beweisende innere Tatsache ermöglichen. Ob sich das Risiko, über das die Bank ihren Kunden hätte aufklären müssen, tatsächlich realisiert hat, spielt keine Rolle. Maßgebender Beurteilungszeitpunkt für die Kausalität der Informationspflichtverletzung ist der Zeitpunkt der Vermögensdisposition.[499]

2. Verschulden und Mitverschulden. Voraussetzung für eine Haftung der Bank auf Schadensersatz **138** aus § 280 Abs. 1 BGB ist weiter eine zumindest fahrlässige Informationspflichtverletzung (→ Rn. 137). **Einfache Fahrlässigkeit** iSd § 276 BGB genügt. Nach § 280 Abs. 1 S. 2 BGB muss die informationspflichtige Bank darlegen und beweisen, dass sie die Pflichtverletzung nicht zu vertreten hat. Hierfür wird sie in der Regel nachzuweisen haben, dass sie einem **unvermeidbaren Rechtsirrtum** unterlag.[500] An die Führung dieses Nachweises werden strenge Maßstäbe angelegt. Die Bank hat die Rechtslage sorgfältig zu prüfen, soweit erforderlich Rechtsrat einzuholen und die höchstrichterliche Rspr. sorgfältig zu beachten.[501] Sie trägt grundsätzlich das Risiko, die Rechtslage zu verkennen und kann sich dementsprechend schon dann nicht mehr vom Vorwurf der Fahrlässigkeit entlasten, wenn sie mit der Möglichkeit rechnen musste, dass das zuständige Gericht einen anderen Rechtsstandpunkt einnimmt.[502] Ein unverschuldeter Rechtsirrtum ist allerdings dann anzunehmen, wenn die Rechtslage besonders zweifelhaft und schwierig ist und sich eine einheitliche Rspr. noch nicht gebildet hat.[503] Für fahrlässiges Verhalten ihrer **Erfüllungsgehilfen** haftet die Bank nach § 278 BGB. Das Verhalten von **selbstständigen Anlagevermittlern und Beratern,** die zugleich als Verhandlungsgehilfen der Bank im Zusammenhang mit dem Angebot einer Finanzierung tätig sind, muss sich die auf die Rolle der Kreditgeberin beschränkte Bank nach der Rspr. des BGH allerdings nur soweit zurechnen lassen, als es den Bereich der Anbahnung des Kreditvertrages betrifft.[504]

Ein **Mitverschulden** nach § 254 Abs. 1 BGB wird die ihre Informationspflicht verletzende Bank **139** dem Kunden regelmäßig nicht entgegenhalten können. Der Kunde darf vielmehr darauf vertrauen, dass die ihm erteilte Beratung oder Auskunft richtig und vollständig ist.[505] Lediglich dann, wenn konkrete für den Kunden erkennbare Anhaltspunkte bestehen, die auf die Unrichtigkeit der Informationen schließen lassen, kommt ausnahmsweise ein Mitverschulden des Kunden in Betracht. Das ist beispielsweise der Fall, wenn der Kunde Warnungen Dritter oder differenzierende Hinweise der Bank nicht genügend beachtet.[506] Darlegungs- und Beweispflichtig hierfür ist die Bank.[507]

3. Schaden. Wenn die Bank dem Grunde nach wegen einer von ihr zu vertretenden (→ Rn. 138 f.) **140** kausalen Informationspflichtverletzung (→ Rn. 137) nach § 280 Abs. 1 BGB haftet, kann der Kunde gem. § 249 S. 1 BGB verlangen, so gestellt zu werden, wie er ohne das schädigende Ereignis gestanden hätte, sodass der Schadensersatzanspruch des Kunden grundsätzlich auf Ersatz seines **negativen Inte-**

---

[493] BGH Urt. v. 24.4.1990 – XI ZR 236/89, NJW-RR 1990, 876 (878); BGH Urt. v. 8.4.2014 – XI ZR 341/12, WM 2014, 1036 Rn. 20 = NJW 2014, 2348.
[494] BGH Urt. v. 8.4.2014 – XI ZR 341/12, WM 2014, 1036 Rn. 20 = NJW 2014, 2348.
[495] BGH Urt. v. 8.5.2012 – XI ZR 262/10, BGHZ 193, 159 Rn. 28 ff. = NJW 2012, 2427; BGH Beschl. v. 10.1.2017 – XI ZR 365/14, BKR 2017, 164 Rn. 10.
[496] BGH Urt. v. 8.4.2014 – XI ZR 341/12, WM 2014, 1036 Rn. 20 = NJW 2014, 2348.
[497] StRspr vgl. BGH Beschl. v. 10.1.2017 – XI ZR 365/14, BKR 2017, 164 Rn. 16.
[498] Vgl. BGH Beschl. v. 10.1.2017 – XI ZR 365/14, BKR 2017, 164 Rn. 21 ff. und Rn. 29 (Motiv der Steuerersparnis); BGH Urt. v. 22.3.2016 – XI ZR 425/14, WM 2016, 821 Rn. 36 = NJW 2016, 2949 (Vermeidung des Bekanntwerdens verlustreicher Vorgeschäfte durch den Abschluss von Anschlussverträgen); BGH Urt. v. 28.4.2015 – XI ZR 378/13, BGHZ 205, 117 Rn. 81 = NJW 2015, 2248 (Festhalten an wirtschaftlich günstig verlaufenden Verträgen, die unter derselben Informationspflichtverletzung geschlossen wurden).
[499] Baumbach/Hopt/*Hopt* HGB § 347 Rn. 35.
[500] Vgl. zu einem solchen Fall BGH v. 3.6.2014 – XI ZR 147/12, BGHZ 201, 310 Rn. 22 ff. – NJW 2014, 2947.
[501] BGH Urt. v. 29.4.2014 – XI ZR 130/13, BGHZ 201, 55 Rn. 36 = NJW 2014, 2945.
[502] BGH Urt. v. 29.4.2014 – XI ZR 130/13, BGHZ 201, 55 Rn. 36 = NJW 2014, 2945.
[503] BGH Urt. v. 3.6.2014 – XI ZR 147/12, BGHZ 201, 310 Rn. 25 = NJW 2014, 2947 (Innenprovision).
[504] Vgl. BGH Urt. v. 16.5.2006 – XI ZR 6/04, BGHZ 168, 1 Rn. 63 mwN = NJW 2006, 2099.
[505] Vgl. BGH Urt. v. 3.6.2014 – XI ZR 147/12, BGHZ 201, 310 Rn. 46 mwN = NJW 2014, 2947.
[506] Vgl. BGH Urt. v. 13.5.1993 – III ZR 25/92, NJW-RR 1993, 1114 (1115).
[507] Vgl. *Siol* in Schimansky/Bunte/Lwowski BankR-HdB § 43 Rn. 54.

resses gerichtet ist.[508] Der ersatzfähige Schaden ist dabei allerdings nicht auf das positive Interesse (Erfüllungsinteresse) begrenzt, sondern kann dieses auch übersteigen.[509] Er ist bereits mit Abschluss des für den Kunden nachteiligen Vertrags eingetreten, ohne dass es darauf ankommt, dass die vom Kunden erworbene Vertragsposition später im Wert fällt.[510] Der Kunde kann zwischen zwei Möglichkeiten des Schadensausgleichs **wählen**.[511] Er kann entweder an dem von ihm geschlossenen Vertrag festhalten und die Mehraufwendungen beanspruchen, die beispielsweise darin bestehen können, dass er aufgrund der unzutreffenden Information der Bank den Vertragsgegenstand zu teuer erworben hat[512], oder er kann verlangen, so gestellt zu werden, wie er stünde, wenn er das Geschäft nicht abgeschlossen hätte[513]. In diesem Fall hat er insbesondere auch Anspruch auf Ersatz des **entgangenen Gewinns** nach § 252 BGB.[514] Hierzu hat der Kunde darzulegen und unter Berücksichtigung der Beweiserleichterungen des § 252 S. 2 BGB, § 287 ZPO nachzuweisen, für welche konkrete Form der Kapitalanlage er sich ohne die Informationspflichtverletzung der Bank alternativ entschieden hätte.[515]

141   **Steuernachforderungen,** die infolge der Rückabwicklung eines steuersparenden Geschäfts zu erwarten sind, stellen demgegenüber grundsätzlich keinen Schaden iSd § 249 BGB dar, weil durch sie die aus der Anlageentscheidung erwachsenen Steuervorteile kompensiert werden.[516] Wenn die Schadensersatzleistung der Bank ihrerseits vom Kunden (etwa nach § 2 Abs. 1 S. 1 Nr. 2 EStG, § 15 Abs. 1 S. 1 Nr. 2 EStG oder nach § 16 Abs. 2 S. 1 und 2 EStG) zu versteuern ist, sodass diesem die im Rahmen des Geschäfts zugeflossenen Steuervorteile wieder genommen werden, kommt eine Anrechnung der erzielten Steuervorteile zugunsten der Bank im Rahmen einer **Vorteilsausgleichung** grundsätzlich nicht in Betracht.[517] Eine exakte Ermittlung der vom Kunden erzielten Steuervorteile und eine Gegenüberstellung dieser Vorteile mit den auf die Schadensersatzleistung zu zahlenden Steuern ist dabei nicht erforderlich (§ 287 ZPO).[518] Nur dann, wenn die Bank darlegt und beweist, dass dem Kunden auch unter Berücksichtigung der Steuerbarkeit der Ersatzleistung **außergewöhnlich hohe Steuervorteile** verbleiben, sodass es unbillig wäre, ihm diese zu belassen, ist eine Vorteilsausgleichung zugunsten der Bank in Höhe des dem Kunden danach verbleibenden Steuervorteils vorzunehmen.[519]

142   **4. Verjährung.** Schadensersatzansprüche wegen der Verletzung von Informationspflichten (→ Rn. 137) verjähren gem. § 195 BGB in **drei Jahren.** Der Verjährungslauf wird gem. § 199 Abs. 1 BGB in Gang gesetzt, wenn der Anspruch entstanden ist und die subjektiven Voraussetzungen der Nr. 2 dieser Vorschrift vorliegen. **Entstanden** ist der Anspruch bereits mit Abschluss des für den Kunden nachteiligen Vertrages.[520] Für das Vorliegen der **subjektiven Voraussetzen** genügt es, wenn der Kunde den Sachverhalt in seinen Grundzügen kennt und weiß, dass dieser erhebliche Anhaltspunkte für die Entstehung eines Anspruchs bietet, und ihm die Erhebung einer Feststellungsklage Erfolg versprechend, wenn auch nicht risikolos möglich ist.[521] Unabhängig davon, ob bei dem Kunden die subjektiven Voraussetzungen des § 199 Abs. 1 Nr. 2 BGB vorliegen, verjähren die Ansprüche jedenfalls binnen zehn Jahren von ihrer Entstehung an (sog. **absolute Verjährung,** § 199 Abs. 3 S. 1 Nr. 1 BGB).

143   **5. Darlegungs- und Beweislast.** Nach den allgemeinen Regeln hat der Kunde die objektive Informationspflichtverletzung (→ Rn. 137) der Bank darzulegen und zu beweisen.[522] Da der Kunde in dem Zusammenhang insbesondere dann in Beweisschwierigkeiten kommt, wenn er überhaupt nicht aufgeklärt worden ist (negative Tatsache), obliegt es der Bank im Prozess, die behauptete Fehlberatung substantiiert zu bestreiten und darzulegen, wie sie im Einzelnen beraten bzw. aufgeklärt hat. Der Kunde muss dann gemäß § 286 ZPO beweisen, dass diese Gegendarstellung der Bank nicht zutrifft.[523] Hinsichtlich der Darlegungs- und Beweislast bezüglich der übrigen Haftungsvoraussetzen wird Bezug

---

[508] BGH Urt. v. 6.6.2000 – XI ZR 235/99, WM 2000, 1840 (1841) = NVwZ 2001, 116.

[509] BGH Urt. v. 6.6.2000 – XI ZR 235/99, WM 2000, 1840 (1841) = NVwZ 2001, 116.

[510] Vgl. BGH Urt. v. 8.4.2014 – XI ZR 341/12, WM 2014, 1036 Rn. 25 = NJW 2014, 2348 (Kapitalanlage).

[511] BGH Urt. v. 2.12.1991 – II ZR 141/90, WM 1992, 143 f. = NJW 1992, 1223.

[512] Vgl. BGH Urt. v. 8.12.1988 – VII ZR 83/88, NJW 1989, 1793 (1794).

[513] BGH Urt. v. 2.12.1991 – II ZR 141/90, WM 1992, 143 f. = NJW 1992, 1223.

[514] Vgl. hierzu näher BGH Urt. v. 8.5.2012 – XI ZR 262/10, BGHZ 193, 159 Rn. 64 ff. = NJW 2012, 2427.

[515] Vgl. BGH Urt. v. 24.4.2012 – XI ZR 360/11, WM 2012, 1188 Rn. 13 = NJW 2012, 2266; BGH Urt. v. 28.5.2013 – XI ZR 148/11, BeckRS 2013, 10421 Rn. 45.

[516] BGH Urt. v. 13.1.2004 – XI ZR 355/02, WM 2004, 422 (425) = NJW 2004, 1868.

[517] StRspr, BGH Urt. v. 22.3.1979 – VII ZR 259/77, BGHZ 74, 103 (114) = NJW 1979, 1449; BGH Urt. v. 23.9.2014 – XI ZR 215/13, BKR 2015, 339 Rn. 26 mwN.

[518] BGH Urt. v. 23.9.2014 – XI ZR 215/13, BKR 2015, 339 Rn. 26 mwN.

[519] BGH Urt. v. 28.1.2014 – XI ZR 495/12, BGHZ 200, 110 Rn. 11 = NJW 2014, 994; BGH Urt. v. 23.9.2014 – XI ZR 215/13, BKR 2015, 339 Rn. 26 mwN.

[520] BGH Urt. v. 8.4.2014 – XI ZR 341/12, WM 2014, 1036 Rn. 25 = NJW 2014, 2348.

[521] Vgl. BGH Urt. v. 13.1.2015 – XI ZR 303/13, BGHZ 204, 30 Rn. 20 = NJW 2015, 1948.

[522] Vgl. BGH Urt. v. 24.1.2006 – XI ZR 320/04, BGHZ 166, 56 Rn. 14 f. = NJW 2006, 1429; BGH Urt. v. 23.10.2007 – XI ZR 424/06, BeckRS 2008, 00446 Rn. 18.

[523] BGH Urt. v. 24.1.2006 – XI ZR 320/04, BGHZ 166, 56 Rn. 15 = NJW 2006, 1429; vgl. allgemein zur Beweislast hinsichtlich der Erfüllung von Informationspflichten BGH Urt. v. 20.6.1990 – VIII ZR 182/89, WM 1990, 1977 f. = NJW-RR 1990, 1422.

genommen auf die jeweilige Kommentierung (Kausalität → Rn. 137, (Mit-)Verschulden → Rn. 138 f., Schaden → Rn. 140 f.).

VII. Geheimhaltungspflichten

1. Rechtsgrundlage und verfassungsrechtliche Dimension des Bankgeheimnisses. Eine **144** spezielle gesetzliche Grundlage für das Bankgeheimnis besteht nicht. In Nr. 2 Abs. 1 S. 1 AGB-Banken wird es dahin definiert, dass die Bank zur Verschwiegenheit über alle kundenbezogenen Tatsachen und Wertungen verpflichtet ist, von denen sie Kenntnis erlangt. Die Regelung des Bankgeheimnisses in den **Allgemeinen Geschäftsbedingungen** hat allerdings nur **deklaratorische Bedeutung.**[524] Sie dient allein der Transparenz für den Bankkunden.[525] Rechtsgrundlage des Bankgeheimnisses ist das mit Aufnahme des geschäftlichen Kontakts zwischen Bank und Kunde entstehende **Schuldverhältnis iSd § 311 Abs. 2 Nr. 1 BGB.**[526] Denn der Kunde vertraut der Bank bereits mit Aufnahme der Verhandlungen persönliche und wirtschaftliche Geheimnisse an, über die die Bank nach der Erwartungshaltung des Kunden zur Verschwiegenheit verpflichtet sein soll. Letztlich stellt die Verpflichtung der Bank zur Wahrung des Bankgeheimnisses eine besondere Ausprägung ihrer allgemeinen Pflicht dar, die Vermögensinteressen ihres (potenziellen) Vertragspartners zu schützen und nicht zu beeinträchtigen.[527] Demensprechend ist die Bank selbst dann zur Verschwiegenheit verpflichtet, wenn ein Vertrag mit dem Kunden nicht zustande kommt, nichtig ist oder die AGB-Banken nicht in den Vertrag zwischen Bank und Kunde einbezogen worden sind.[528]

Neben der in → Rn 144 genannten zivilrechtlichen Grundlage, aus der sich die Pflicht zur Ver- **145** schwiegenheit der Bank ergibt, wird das Bankgeheimnis auch vom grundrechtlichen Schutzbereich des **Rechts auf informationelle Selbstbestimmung** (Art. 2 Abs. 1 GG iVm Art. 1 Abs. 1 GG)[529] und des Rechts zur freien Entfaltung der Persönlichkeit (Art. 2 Abs. 1 GG)[530] umfasst und gewährt dem Bankkunden damit **Abwehrrechte** gegen staatliche Eingriffe.[531] Darüber hinaus kann das Grundrecht der Bank auf **freie Berufsausübung** (Art. 12 Abs. 1 GG) durch legislatorische Eingriffe in das Bankgeheimnis betroffen sein, weil hierdurch das Vertrauensverhältnis zwischen Bank und Kunde tangiert wird.[532] Eingriffen des Gesetzgebers in das Bankgeheimnis sind daher verfassungsrechtliche Grenzen gesetzt.[533] Sie müssen sich vor allem am verfassungsmäßigen Grundsatz der Verhältnismäßigkeit messen lassen.[534] Im Rahmen der Bank-Kunden-Beziehung kann die Einbeziehung des Bankgeheimnisses in den verfassungsrechtlichen Schutzbereich des Rechts zur freien Entfaltung der Persönlichkeit und zur informationellen Selbstbestimmung zudem **mittelbare Wirkung**[535] im Zusammenhang mit Ansprüchen des Kunden gegen die Bank wegen der Verletzung des allgemeinen Persönlichkeitsrechts iSd § 823 Abs. 1 BGB entfalten.[536] Für öffentlich-rechtlich organisierte Sparkas-

---

[524] *Nobbe* WM 2005, 1537 (1539); *Beckhusen/Martens* in Derleder/Knops/Bamberger BankR/KapMarktR § 8 Rn. 3; *Wech,* Das Bankgeheimnis – Struktur, Inhalt und Grenzen einer zivilrechtlichen Schutzpflicht, 2009, 102.

[525] *Krepold* in Schimansky/Bunte/Lwowski BankR-HdB § 39 Rn. 3; *Beckhusen/Martens* in Derleder/Knops/Bamberger BankR/KapMarktR § 8 Rn. 3.

[526] *Nobbe* WM 2005, 1537 (1539); *Krepold* in Schimansky/Bunte/Lwowski BankR-HdB § 39 Rn. 8; *Beckhusen/Martens* in Derleder/Knops/Bamberger BankR/KapMarktR § 8 Rn. 8; *Einsele* BankR/KapMarktR § 1 Rn. 4; *Wech,* Das Bankgeheimnis – Struktur, Inhalt und Grenzen einer zivilrechtlichen Schutzpflicht, 2009, 116 f. und 125 ff., s. hierzu auch → Rn. 97 f.

[527] BGH Urt. v. 24.1.2006 – XI ZR 384/03, BGHZ 166, 84 Rn. 38 = NJW 2006, 830.

[528] *Nobbe* WM 2005, 1537 (1539); *Krepold* in Schimansky/Bunte/Lwowski BankR-HdB § 39 Rn. 8.

[529] Vgl. *Krepold* in Schimansky/Bunte/Lwowski BankR-HdB § 39 Rn. 5; *Einsele* BankR/KapMarktR § 1 Rn. 5; *Beckhusen/Martens* in Derleder/Knops/Bamberger BankR/KapMarktR § 8 Rn. 5; *Schantz* in Schwintowski BankR Kap. 4 Rn. 6; Langenbucher/Bliesener/Spindler/*Müller-Christmann* Kap. 1 II. Rn. 23.

[530] Vgl. LG Kiel Urt. v. 30.6.1982 – 10 O 72/82, IPRax 1984, 146 (147); *Krepold* in Schimansky/Bunte/Lwowski BankR-HdB § 39 Rn. 6; *Geurts/Koch/Schebesta/Weber,* Bankgeheimnis und Bankauskunft in der Praxis, 6. Aufl. 2000, Rn. 9; *Beckhusen/Martens* in Derleder/Knops/Bamberger BankR/KapMarktR § 8 Rn. 5.

[531] *Krepold* in Schimansky/Bunte/Lwowski BankR-HdB § 39 Rn. 6; *Beckhusen/Martens* in Derleder/Knops/Bamberger BankR/KapMarktR § 8 Rn. 6; *Einsele* BankR/KapMarktR § 1 Rn. 5; Langenbucher/Bliesener/Spindler/*Müller-Christmann* Kap. 1 II. Rn. 22; zur verfassungsrechtlichen Dimension des Bankgeheimnisses ausführlich *Wech,* Das Bankgeheimnis – Struktur, Inhalt und Grenzen einer zivilrechtlichen Schutzpflicht, 2009, 147 ff.

[532] Vgl. *Krepold* in Schimansky/Bunte/Lwowski BankR-HdB § 39 Rn. 6; *Schantz* in Schwintowski BankR Kap. 4 Rn. 9; *Beckhusen/Martens* in Derleder/Knops/Bamberger BankR/KapMarktR § 8 Rn. 6; *Canaris* BankvertragsR Rn. 38; *Einsele* BankR/KapMarktR § 1 Rn. 6.

[533] *Geurts/Koch/Schebesta/Weber,* Bankgeheimnis und Bankauskunft in der Praxis, 6. Aufl. 2000, Rn. 9.

[534] *Krepold* in Schimansky/Bunte/Lwowski BankR-HdB § 39 Rn. 6; *Geurts/Koch/Schebesta/Weber,* Bankgeheimnis und Bankauskunft in der Praxis, 6. Aufl. 2000, Rn. 9; *Beckhusen/Martens* in Derleder/Knops/Bamberger BankR/KapMarktR § 8 Rn. 5.

[535] Vgl. *Schantz* in Schwintowski BankR Kap. 4 Rn. 7.

[536] vgl. näher hierzu *Petersen,* Das Bankgeheimnis zwischen Individualschutz und Institutionenschutz, 2005, 42 ff.; *Einsele* BankR/KapMarktR § 1 Rn. 5; *Krepold* in Schimansky/Bunte/Lwowski BankR-HdB § 39 Rn. 300; *Beckhusen/Martens* in Derleder/Knops/Bamberger BankR/KapMarktR § 8 Rn. 62; *Lang* ZBB 2006, 115 (125 f.); vgl. zu einer Verletzung des allgemeinen Persönlichkeitsrechts bei unzulässiger Weitergabe von kundenbezogenen Daten der Bank an die Schufa BGH Urt. v. 7.7.1983 – III ZR 159/82, WM 1983, 1188 f. = NJW 1984, 436.

sen und für von der öffentlichen Hand beherrschte Banken besteht demgegenüber eine unmittelbare Grundrechtsbindung.[537]

146 **2. Schutzumfang des Bankgeheimnisses. a) Gegenstand des Bankgeheimnisses.** Das Bankgeheimnis besteht aus zwei Elementen. Zum einen verpflichtet es die Bank, Stillschweigen über die Vermögensverhältnisse ihrer Kunden und über alle sonstigen kundenbezogenen Informationen (Tatsachen und Wertungen) zu bewahren, von denen die Bank „aufgrund, aus Anlass bzw. im Rahmen der Geschäftsverbindung zum Kunden"[538] Kenntnis erlangt **(Verschwiegenheitspflicht).** Zum anderen verpflichtet es die Bank, Auskünfte gegenüber Dritten zu verweigern, wenn sie nicht kraft Gesetzes zur Auskunft verpflichtet ist oder aus sonstigen Gründen, wie beispielsweise im Fall der Einwilligung des Kunden oder des Bestehens einer Warnpflicht der Bank (→ Rn. 135), zur Auskunft verpflichtet oder befugt ist **(Auskunftsverweigerungspflicht).**[539] Inhaltlich werden vom Schutzumfang Tatsachen und Wertungen umfasst. **Tatsachen** sind äußere und innere Vorgänge, wie etwa Motive des Kunden, die dem Beweis zugänglich sind und damit durch Dritte nachgeprüft werden können.[540] **Wertungen** sind nicht anhand von objektiven Kriterien nachprüfbare Schlussfolgerungen, Eindrücke und Meinungsäußerungen.[541] Bereits die Tatsache des **Bestehens einer Geschäftsverbindung** der Bank zu einem Kunden ist selbst dann vom Schutzumfang des Bankgeheimnisses umfasst, wenn der Kunde die Bankverbindung auf seinen Briefbögen angibt.[542] Das Bankgeheimnis erstreckt sich sowohl auf die Vermögensangelegenheiten des Kunden als auch auf dessen **private Angelegenheiten.**[543]

147 Zwischen der Kenntniserlangung von der Information durch die Bank und dem Bestehen der Geschäftsverbindung muss nach der Rspr. des BGH ein **innerer Zusammenhang** bestehen.[544] Ein solcher Zusammenhang liegt nicht nur dann vor, wenn die Bank im Rahmen eines Vertragsschlusses oder der Anbahnung eines Vertrages Informationen über den Kunden erhält, sondern auch dann, wenn sie eine Information anlässlich einer Geschäftsverbindung **zufällig** erlangt[545]. Hierunter fallen beispielsweise Informationen über Erbfälle und Scheidungen in der Familie des Kunden. **Allgemein bekannte oder offenkundige kundenbezogene Tatsachen** werden demgegenüber nicht vom Schutzbereich des Bankgeheimnisses erfasst[546], es sei denn, für die Bank ist erkennbar, dass der Kunde von ihr auch insoweit Geheimhaltung wünscht[547]. Die Kenntniserlangung erfolgt hier nämlich nicht im Wege der Geschäftsverbindung zum Kunden, sondern durch eine andere, allgemein zugängliche Quelle. Eine **eigene Bewertung** solcher Tatsachen durch die Bank unterliegt allerdings wiederum stets der Geheimhaltungspflicht, da die Bank sie in der Regel mit weiteren kundenbezogenen Tatsachen verknüpft, die ihrerseits durch das Bankgeheimnis geschützt sind. Selbst wenn die bankinterne Bewertung allgemein bekannter Tatsachen über einen Kunden nicht an weitere bankinterne kundenbezogene Tatsachen anknüpft, unterfällt sie dem Geheimhaltungsschutz, weil die Wirtschaftsakteure davon ausgehen, dass die Bewertung von allgemein zugänglichen Tatsachen durch eine Bank auf einer vergleichsweise umfassenderen Tatsachenkenntnis beruht.[548]

148 **b) Zeitliche Reichweite des Bankgeheimnisses.** Die Bank ist von Beginn der Geschäftsanbahnungsphase an zur Geheimhaltung verpflichtet.[549] Die Geheimhaltungpflicht **endet nicht mit dem Ende der Geschäftsbeziehung** zum Kunden, sondern besteht darüber hinaus fort.[550] Im Fall des

---

[537] Vgl. BVerfG Urt. v. 22.2.2011 – 1 BvR 699/06, NJW 2012, 1201 – Fraport.

[538] So die Formulierung des BGH Urt. v. 24.1.2006 – XI ZR 384/03, BGHZ 166, 84 Rn. 35 = NJW 2006, 830.

[539] *Geurts/Koch/Schebesta/Weber,* Bankgeheimnis und Bankauskunft in der Praxis, 6. Aufl. 2000, Rn. 1; *Beckhusen/Martens* in Derleder/Knops/Bamberger BankR/KapMarktR § 8 Rn. 11; *Schantz* in Schwintowski BankR Kap. 4 Rn. 20.

[540] *Krepold* in Schimansky/Bunte/Lwowski BankR-HdB § 39 Rn. 12.

[541] *Krepold* in Schimansky/Bunte/Lwowski BankR-HdB § 39 Rn. 12; *Beckhusen/Martens* in Derleder/Knops/Bamberger BankR/KapMarktR § 8 Rn. 12.

[542] *Krepold* in Schimansky/Bunte/Lwowski BankR-HdB § 39 Rn. 15; *Schantz* in Schwintowski BankR Kap. 4 Rn. 21; *Nobbe* WM 2005, 1537 (1538).

[543] *Krepold* in Schimansky/Bunte/Lwowski BankR-HdB § 39 Rn. 13; *Beckhusen/Martens* in Derleder/Knops/Bamberger BankR/KapMarktR § 8 Rn. 14; *Geurts/Koch/Schebesta/Weber,* Bankgeheimnis und Bankauskunft in der Praxis, 6. Aufl. 2000, Rn. 3.

[544] BGH Urt. v. 24.1.2006 – XI ZR 384/03, BGHZ 166, 84 Rn. 35 = NJW 2006, 830; vgl. auch *Weber* in Hellner/Steuer BuB Rn. 1/36; Langenbucher/Bliesener/Spindler/*Müller-Christmann* Kap. 1 II. Rn. 26; *Schantz* in Schwintowski BankR Kap. 4 Rn. 22; aA *Schumann* ZIP 2004, 2353 (2361); *Wech,* Das Bankgeheimnis – Struktur, Inhalt und Grenzen einer zivilrechtlichen Schutzpflicht, 2009, 212 ff.

[545] *Schantz* in Schwintowski BankR Kap. 4 Rn. 22.

[546] *Krepold* in Schimansky/Bunte/Lwowski BankR-HdB § 39 Rn. 13.

[547] Vgl. Langenbucher/Bliesener/Spindler/*Müller-Christmann* Kap. 1 II. Rn. 26 aE; *Beckhusen/Martens* in Derleder/Knops/Bamberger BankR/KapMarktR § 8 Rn. 14; *Sichtermann/Feuerborn/Kirchherr/Terdenge,* Bankgeheimnis und Bankauskunft in der Bundesrepublik Deutschland sowie in wichtigen ausländischen Staaten, 3. Aufl. 1998, 139.

[548] *Schantz* in Schwintowski BankR Kap. 4 Rn. 23.

[549] Vgl. *Krepold* in Schimansky/Bunte/Lwowski BankR-HdB § 39 Rn. 18; Langenbucher/Bliesener/Spindler/*Müller-Christmann* Kap. 1 II. Rn. 28.

[550] *Merz* in Kümpel/Wittig BankR/KapMarktR Rn. 6.125; *Krepold* in Schimansky/Bunte/Lwowski BankR-HdB § 39 Rn. 18; Langenbucher/Bliesener/Spindler/*Müller-Christmann* Kap. 1 II. Rn. 28.

Todes des Kunden wird dessen **Erbe** Geheimnisherr.[551] Dieser ist gegenüber der Bank aus §§ 675, 666 BGB grundsätzlich auskunftsberechtigt hinsichtlich der Bankgeschäfte des Erblassers.[552] Die Geheimhaltungspflicht gilt für alle Mitarbeiter der Bank, auch für solche, deren **Dienstverhältnis beendet** ist.[553]

c) Subjektive Reichweite des Bankgeheimnisses. Die Geheimhaltungspflicht der Bank besteht **149** **gegenüber jedermann** und damit auch gegenüber Familienangehörigen des Kunden und grundsätzlich auch gegenüber **staatlichen Stellen.**[554] Auch gegenüber den Organen und Mitarbeitern der Bank ist das Bankgeheimnis zu wahren (sog. **„inneres Bankgeheimnis"**), wenn die Kenntnis der kundenbezogenen Informationen nicht im Rahmen des ordnungsgemäßen Bankgeschäftsbetriebs, wie etwa zur Durchführung von Kundenaufträgen erforderlich ist.[555] Daher ist die Einrichtung eines bankinternen Pools über kundenbezogene Daten (**„Informationspool"**), auf den alle Bankmitarbeiter zugreifen können, mit dem (inneren) Bankgeheimnis nicht vereinbar und damit unzulässig.[556] Kundenbezogene Informationen dürfen Bankmitarbeitern nur insoweit preisgegeben werden, als diese in die Abwicklung des jeweiligen Kundengeschäfts eingebunden sind und die Information zur Geschäftsabwicklung erforderlich ist. Aus diesem Grund kann einem Bankmitarbeiter oder einem Organ der Bank auch nicht das gesamte aktenkundige Wissen der Bank bzw. einer Bankfiliale zugerechnet werden.[557] Die Bank muss ihr aktenkundiges Wissen vielmehr so organisieren, dass es bankintern nur in den Grenzen des inneren Bankgeheimnisses verfügbar ist (zur Organisationspflicht → Rn. 111). Wenn die Bank Bereiche im Zusammenhang mit der Durchführung von Bankgeschäften auf ein anderes Unternehmen auslagert **(Outsourcing)**, muss sie die vertrauliche Behandlung der kundenbezogenen Informationen – etwa durch eine vertragliche Verpflichtung des Outsourcing-Nehmers zur Wahrung des Bankgeheimnisses – sicherstellen.[558]

3. Schranken des Bankgeheimnisses. Das Bankgeheimnis gilt nicht unbeschränkt, sondern wird **150** in vielen Bereichen durch legislatorische Eingriffe durchbrochen.[559] In Nr. 2 Abs. 1 S. 2 AGB-Banken werden drei Schranken des Bankgeheimnisses (deklaratorisch) genannt. Danach darf die Bank kundenbezogene Informationen weitergeben, wenn der **Kunde einwilligt** (→ Rn. 151), wenn eine **gesetzliche Bestimmung** (→ Rn. 157 ff.) dies vorsieht oder wenn die Bank zur Erteilung einer **Bankauskunft** befugt[560] (→ Rn. 168 ff.) ist. Darüber hinaus kann die Bank unter dem Gesichtspunkt eines **überwiegenden Eigeninteresses** (→ Rn. 155 f.) zur Preisgabe kundenbezogener Informationen berechtigt sein.[561]

a) Einwilligung des Kunden. aa) Konkludente Einwilligung. Die Bank darf kundenbezogene **151** Informationen weitergeben, wenn der Kunde in die Weitergabe einwilligt. Die Einwilligung muss nicht schriftlich, sondern kann konkludent erfolgen.[562] Eine konkludente Einwilligung wird beispielsweise im **Scheckverkehr** angenommen.[563] Durch die Begebung eines Schecks erklärt der Aussteller konkludent, dass er gegenüber dem Scheckinhaber insoweit keine Geheimhaltung von kontobezogenen Informationen wünscht, als diese bei der Einlösung des Schecks ohnehin preisgegeben werden.[564]

---

[551] Vgl. *Beckhusen/Martens* in Derleder/Knops/Bamberger BankR/KapMarktR § 8 Rn. 18 f.; *Merz* in Kümpel/Wittig BankR/KapMarktR Rn. 6.122.

[552] *Krepold* in Schimansky/Bunte/Lwowski BankR-HdB § 39 Rn. 77.

[553] OLG Köln Urt. v. 8.7.1992 – 11 U 43/92, WM 1993, 289 f. = NJW-RR 1993, 372; Langenbucher/Bliesener/*Spindler*/*Müller-Christmann* Kap. 1 II. Rn. 28; *Sichtermann/Feuerborn/Kirchherr/Terdenge,* Bankgeheimnis und Bankauskunft in der Bundesrepublik Deutschland sowie in wichtigen ausländischen Staaten, 3. Aufl. 1998, 208.

[554] *Krepold* in Schimansky/Bunte/Lwowski BankR-HdB § 39 Rn. 21; *Merz* in Kümpel/Wittig BankR/KapMarktR Rn. 6.124.

[555] *Krepold* in Schimansky/Bunte/Lwowski BankR-HdB § 39 Rn. 22 f.; *Merz* in Kümpel/Wittig BankR/KapMarktR Rn. 6.124; Langenbucher/Bliesener/Spindler/*Müller-Christmann* Kap. 1 II. Rn. 32; *Beckhusen/Martens* in Derleder/Knops/Bamberger BankR/KapMarktR § 8 Rn. 23.

[556] *Krepold* in Schimansky/Bunte/Lwowski BankR-HdB § 39 Rn. 24; *Beckhusen/Martens* in Derleder/Knops/Bamberger BankR/KapMarktR § 8 Rn. 23.

[557] Vgl. näher *Krepold* in Schimansky/Bunte/Lwowski BankR-HdB § 39 Rn. 25.

[558] Vgl. hierzu *Krepold* in Schimansky/Bunte/Lwowski BankR-HdB § 39 Rn. 27–30.

[559] Vgl. hierzu krit. *Tolani* BKR 2007, 275 ff. (281): „Der ‚gläserne Bankkunde' ist seit dem 1.4.2005 Realität."

[560] Nr. 2 Abs. 2 und 3 AGB-Banken.

[561] Vgl. OLG Köln Urt. v. 8.7.1992 – 11 U 43/92, WM 1993, 289 (291) = NJW-RR 1993, 372; *Merz* in Kümpel/Wittig BankR/KapMarktR Rn. 6.132-6.134; *Canaris* BankvertragsR Rn. 62; Baumbach/Hopt/*Hopt* Bankgeschäfte Rn. A/10; *Weber* in Hellner/Steuer BuB Rn. 2/926; *Sichtermann/Feuerborn/Kirchherr/Terdenge,* Bankgeheimnis und Bankauskunft in der Bundesrepublik Deutschland sowie in wichtigen ausländischen Staaten, 3. Aufl. 1998, 180; *Schantz* in Schwintowski BankR Kap. 4 Rn. 55 ff.; *Bosch* IPRax 1984, 127 (131).

[562] *Krepold* in Schimansky/Bunte/Lwowski BankR-HdB § 39 Rn. 31; *Merz* in Kümpel/Wittig BankR/KapMarktR Rn. 6.128; Langenbucher/Bliesener/Spindler/*Müller-Christmann* Kap. 1 II. Rn. 48; *Beckhusen/Martens* in Derleder/Knops/Bamberger BankR/KapMarktR § 8 Rn. 55; *Schantz* in Schwintowski BankR Kap. 4 Rn. 33.

[563] *Krepold* in Schimansky/Bunte/Lwowski BankR-HdB § 39 Rn. 37 f.

[564] *Beckhusen/Martens* in Derleder/Knops/Bamberger BankR/KapMarktR § 8 Rn. 58; *Wech,* Das Bankgeheimnis – Struktur, Inhalt und Grenzen einer zivilrechtlichen Schutzpflicht, 2009, 396.

Im **Lastschriftverfahren** besteht demgegenüber keine konkludente Einwilligung des Kunden in die Preisgabe entsprechender Informationen durch die Bank gegenüber dem Einzugsberechtigten.[565] Mit der Erteilung einer **Bankvollmacht** entbindet der Kunde die Bank im Verhältnis zum Bevollmächtigten insoweit vom Bankgeheimnis, als dies von der Reichweite der Vollmacht gedeckt ist.[566]

152 **bb) Formularmäßige Einwilligung/SCHUFA-Klausel.** Eine pauschale formularmäßige Einwilligung in die Weitergabe aller kundenbezogenen Kreditdaten, wie sie beispielsweise die ehemalige SCHUFA-Klausel vorsah, hält einer AGB-rechtlichen Inhaltskontrolle nicht stand und ist nach der Rspr. des BGH vom 19.9.1985 unwirksam.[567] Die von der Kreditwirtschaft infolge dieser Rspr. entwickelte neue SCHUFA-Klausel[568] sieht nunmehr in ihrem ersten Abschnitt lediglich eine Einwilligung zur Übertragung von sog. **Positivmerkmalen** (Kreditbeantragung, Kreditnehmer, Kreditbetrag und vereinbarungsgemäße Abwicklung) vor. Im zweiten und dritten Abschnitt ist bestimmt, dass sog. **Negativmerkmale** über ein vertragswidriges Verhalten des Kunden entsprechend den Regelungen der §§ 28, 28a BDSG nur dann übermittelt werden dürfen, wenn eine Übermittlung zur Wahrung berechtigter Interessen der Bank oder Dritter erforderlich ist und schutzwürdige Interessen des Betroffenen an dem Ausschluss der Übermittlung nicht überwiegen. Danach ist vor der Übermittlung negativer Merkmale zunächst stets eine einzelfallbezogene Interessenabwägung vorzunehmen.[569] Bei dieser ist zwischen harten und weichen Negativmerkmalen zu unterscheiden. **Harte Negativmerkmale** (zB gerichtliche Entscheidungen, fruchtlose Pfändungen, Insolvenzeröffnungen, Abgabe eidesstattlicher Versicherungen[570]) sind stets von erheblichem Interesse iSd § 28 Abs. 1 BDSG, sodass deren Mitteilung an die Schufa in der Regel zulässig ist.[571] Bei **weichen Negativmerkmalen** (zB Beantragung von Mahnbescheiden, Klagerhebungen, Kreditkündigungen[572]) ist im Wege der Interessenabwägung im Einzelfall zu entscheiden, ob diese Merkmale übermittelt werden dürfen.[573] Die Abwägung fällt hier zu Lasten des Kunden aus, wenn sich die Bank vergewissern kann, dass das Kundenverhalten auf Zahlungsunfähigkeit oder Zahlungsunwilligkeit beruht. Geht es allerdings nicht um eine Forderung der Bank oder wehrt sich der Kunde gegen die Inanspruchnahme mit vertretbaren Gründen, muss die Interessenabwägung zugunsten des Kunden ausfallen.[574] Im vierten Abschnitt der SCHUFA-Klausel erklärt der Kunde, dass er die Bank „insoweit", also hinsichtlich der Übermittlung der Daten nach den ersten drei Abschnitten der Klausel, von dem Bankgeheimnis befreit. Diese (formularmäßige) Einwilligung ist erforderlich, weil mit der Befugnis zur Übermittlung von kundenbezogenen Daten nach dem Bundesdatenschutzgesetz nicht zugleich eine Entpflichtung vom Bankgeheimnis verbunden ist.[575] Sie hält einer AGB-rechtlichen Inhaltskontrolle stand[576] und ist damit wirksam.

153 Wenn der Kunde die von ihm einmal klauselmäßig erteilte Einwilligung zur Übermittlung seiner Daten an die Schufa **widerruft**, ist die Bank wegen des Bankgeheimnisses ab dem Zeitpunkt des Widerrufs grundsätzlich nicht mehr befugt, Daten an die Schufa zu übermitteln. Übermittelt sie gleichwohl weiterhin Daten, verletzt sie das Bankgeheimnis (sofern kein anderer Grund für dessen Durchbrechung vorliegt) und das allgemeine Persönlichkeitsrecht des Kunden wegen des Verstoßes gegen datenschutzrechtliche Bestimmungen.[577] Harte Negativmerkmale kann die Bank allerdings – nach Vornahme einer Interessenabwägung – unter dem Gesichtspunkt der Wahrnehmung berechtigter Interessen auch nach dem Widerruf der Einwilligung des Kunden an die Schufa weiterleiten.[578]

154 **cc) Mutmaßliche Einwilligung.** Nach einer im Schrifttum vertretenen Auffassung soll eine mutmaßliche Einwilligung im Einzelfall ebenfalls die Weitergabe von kundenbezogenen Informationen

---

[565] *Krepold* in Schimansky/Bunte/Lwowski BankR-HdB § 39 Rn. 40; *Beckhusen/Martens* in Derleder/Knops/Bamberger BankR/KapMarktR § 8 Rn. 58; *Wech,* Das Bankgeheimnis – Struktur, Inhalt und Grenzen einer zivilrechtlichen Schutzpflicht, 2009, 397.

[566] *Schantz* in Schwintowski BankR Kap. 4 Rn. 35.

[567] BGH Urt. v. 19.9.1985 – III ZR 213/83, BGHZ 95, 362 (365 ff.) = NJW 1986, 46.

[568] Abgedruckt in ZIP 1986, 469; die aktuelle an § 28a BDSG angepasste SCHUFA-Klausel ist abgedruckt bei *Bruchner/Krepold* in Schimansky/Bunte/Lwowski BankR-HdB § 41 Rn. 14.

[569] KG Berlin Urt. v. 17.2.2016 – 26 U 197/12, BeckRS 2016, 04948 Rn. 83.

[570] Langenbucher/Bliesener/Spindler/*Müller-Christmann* Kap. 1 II. Rn. 115.

[571] Vgl. KG Berlin Urt. v. 17.2.2016 – 26 U 197/12, BeckRS 2016, 04948 Rn. 83 (Vollstreckungsbescheid).

[572] Langenbucher/Bliesener/Spindler/*Müller-Christmann* Kap. 1 II. Rn. 115.

[573] KG Berlin Urt. v. 17.2.2016 – 26 U 197/12, BeckRS 2016, 04948 Rn. 83.

[574] OLG Frankfurt a. M. Urt. v. 9.1.2012 – 16 U 126/11, BeckRS 2012, 08817 Rn. 18.

[575] Vgl. *Bruchner/Krepold* in Schimansky/Bunte/Lwowski BankR-HdB § 41 Rn. 16; Langenbucher/Bliesener/Spindler/*Müller-Christmann* Kap. 1 II. Rn. 114; zum Verhältnis zwischen dem Bankgeheimnis und dem Bundesdatenschutzgesetz → Rn. 179.

[576] Vgl. *Krepold* in Schimansky/Bunte/Lwowski BankR-HdB § 41 Rn. 14; *Fandrich* in v. Westphalen/Thüsing VertragsR/AGB-Klauselwerke Teil Klauselwerke II Rn. 42.

[577] Vgl. zu einem solchen Fall OLG Düsseldorf Urt. v. 12.9.2014 – 16 U 7/14, BKR 2015, 105 ff.

[578] Vgl. *Bruchner/Krepold* in Schimansky/Bunte/Lwowski BankR-HdB § 41 Rn. 18; Langenbucher/Bliesener/Spindler/*Müller-Christmann* Kap. 1 II. Rn. 116.

rechtfertigen, wenn eine Rückfrage beim Kunden ausscheidet.[579] Das Vorliegen einer mutmaßlichen Einwilligung wird dabei auf den Rechtsgedanken der Geschäftsführung ohne Auftrag (§ 677 BGB) gestützt.[580] Die Annahme einer mutmaßlichen Einwilligung zur Rechtfertigung einer Durchbrechung des Bankgeheimnisses ist **abzulehnen**.[581] Die Bank muss selbst dann, wenn sie der Auffassung ist, dass eine Weitergabe der Information im (objektiven) Interesse des Kunden liegt, versuchen, die Einwilligung des Kunden einzuholen. Gelingt ihr dies nicht, etwa weil der Kunde nicht rechtzeitig erreichbar ist, muss sie Schweigen. Es ist nicht Sache der Bank über den mutmaßlichen Willen ihres Kunden zu spekulieren und hierdurch im Ergebnis über die Stellung des Kunden als Geheimnisherr zu disponieren.[582]

b) Überwiegendes Eigeninteresse der Bank. Die Bank kann im Einzelfall zur Offenbarung von **155** dem Bankgeheimnis unterliegenden Informationen berechtigt sein, wenn sie ein überwiegendes Eigeninteresse an der Preisgabe der Informationen hat.[583] Das kann beispielsweise der Fall sein, wenn die Verwendung der Information im Rahmen eines **Zivilprozesses zur Abwehr einer Klage** eines Kunden erforderlich ist. In dem Zusammenhang verstößt es nicht gegen das Bankgeheimnis, wenn die Bank zur Verteidigung gegen eine Schadensersatzklage wegen fehlerhafter Anlageberatung Selbstauskünfte des Kunden über dessen Beruf und über dessen Einkommens- und Vermögensverhältnisse oder Steuerbescheide des Kunden in den Prozess einführt.[584] Der Kunde kann sich auch dann nicht mit Erfolg auf das Bankgeheimnis berufen, wenn er die Bank durch ein **vertragswidriges oder rechtswidriges Verhalten**, wie etwa rufschädigende Äußerungen, schädigt. Auch hier rechtfertigt das Eigeninteresse der Bank an der Ergreifung von Maßnahmen zur Abwehr oder zum Ausgleich entstehender Nachteile die Durchbrechung des Bankgeheimnisses, soweit dies zur Verteidigung erforderlich ist.[585] Hierunter fällt weiter der Verkauf und die Abtretung von notleidend gewordenen Darlehensforderungen (sog. **„non performing loans"**) durch die Bank. Nachdem der Kunde in einem solchen Fall seine vertraglichen Rückzahlungspflichten verletzt hat, kann er sich gegen die zur Schadensgeringhaltung seitens der Bank ergriffene Maßnahme des Forderungsverkaufs nicht mehr auf das Bankgeheimnis berufen, soweit die Bank zum Zweck des Forderungsverkaufs Informationen preisgibt, die zur Geltendmachung der Forderung erforderlich sind.[586]

Für international tätige Banken kann sich mitunter die Frage stellen, ob sie unter dem Gesichtspunkt **156** des überwiegenden Eigeninteresses befugt sind, dem deutschen Bankgeheimnis unterliegende kundenbezogene Daten an **staatliche Stellen im Ausland**, wie etwa an ausländische Gerichte, ausländische Aufsichtsbehörden oder an ausländische Zentralbanken, weiterzuleiten. Eine nationale gesetzliche Bestimmung, auf die eine solche Weitergabe kundenbezogener Daten gestützt werden kann, besteht nicht. Denkbar ist ein Auskunftsbegehren ausländischer Stellen insbesondere bezüglich **Finanztransaktionen,** die über eine ausländische Tochtergesellschaft einer in Deutschland ansässigen Bank abgewickelt worden sind und bei denen der Verdacht besteht, dass die Finanzmittel der **Terrorfinanzierung** dienen oder in Länder geflossen sind, die nach dem Recht am Sitz der Tochterbank mit einem **Embargo** belegt sind. Von einer generellen Durchbrechung des Bankgeheimnisses kann in derartigen Fällen indessen nicht ausgegangen werden. Eine Offenbarung der kundenbezogenen Daten setzt vielmehr voraus, dass eine **einzelfallbezogene Abwägung** des Interesses der Bank an der Vermeidung der Nachteile, die ihrer ausländischen Tochterbank im Fall der Weigerung der Weitergabe der Daten drohen, gegen das Interesse der betroffenen Kunden an der Wahrung der Verschwiegenheitspflicht vorgenommen wird.[587] Danach muss die Abwägung ergeben, dass die der ausländischen Tochterbank drohenden Nachteile unter dem Gesichtspunkt der Verhältnismäßigkeit so gewichtig sind, dass deren Hinnahme als unzumutbar einzustufen ist.[588] Die Grenze des Zumutbaren wird dabei

---

[579] *Krepold* in Schimansky/Bunte/Lwowski BankR-HdB § 39 Rn. 31; *Schantz* in Schwintowski BankR Kap. 4 Rn. 32; *Wech,* Das Bankgeheimnis – Struktur, Inhalt und Grenzen einer zivilrechtlichen Schutzpflicht, 2009, 399.

[580] So *Schantz* in Schwintowski BankR Kap. 4 Rn. 32; *Petersen,* Das Bankgeheimnis zwischen Individualschutz und Institutionenschutz, 2005, 82 f.

[581] Ebenso *Beckhusen/Martens* in Derleder/Knops/Bamberger BankR/KapMarktR § 8 Rn. 56; *Merz* in Kümpel/Wittig BankR/KapMarktR Rn. 6.128; Langenbucher/Bliesener/Spindler/*Müller-Christmann* Kap. 1 II. Rn. 48; offenlassend BGH Urt. v. 19.9.1985 – III ZR 213/83, BGHZ 95, 362 (365) = NJW 1986, 46.

[582] Vgl. *Beckhusen/Martens* in Derleder/Knops/Bamberger BankR/KapMarktR § 8 Rn. 56.

[583] Vgl. OLG Köln Urt. v. 8.7.1992 – 11 U 43/92, WM 1993, 289, 291 = NJW-RR 1993, 372; *Merz* in Kümpel/Wittig BankR/KapMarktR Rn. 6.132-6.134; *Canaris* BankvertragsR Rn. 62; Baumbach/Hopt/*Hopt* Bankgeschäfte Rn. A/10; *Weber* in Hellner/Steuer BuB Rn. 2/926; *Sichtermann/Feuerborn/Kirchherr/Terdenge,* Bankgeheimnis und Bankauskunft in der Bundesrepublik Deutschland sowie in wichtigen ausländischen Staaten, 3. Aufl. 1998, 180; *Schantz* in Schwintowski BankR Kap. 4 Rn. 55 ff.; *Bosch* IPRax 1984, 127 (131); zu den dogmatischen Grundlagen *Wech,* Das Bankgeheimnis – Struktur, Inhalt und Grenzen einer zivilrechtlichen Schutzpflicht, 2009, 436 ff.

[584] Vgl. *Krepold* in Schimansky/Bunte/Lwowski BankR-HdB § 39 Rn. 97.

[585] Vgl. *Krepold* in Schimansky/Bunte/Lwowski BankR-HdB § 39 Rn. 96; *Schantz* in Schwintowski BankR Kap. 4 Rn. 55.

[586] Vgl. *Krepold* in Schimansky/Bunte/Lwowski BankR-HdB § 39 Rn. 61; *Nobbe* ZIP 2008, 97 (104) („treuwidrig").

[587] *Canaris* BankvertragsR Rn. 62; *Merz* in Kümpel/Wittig BankR/KapMarktR Rn. 6.134; *Bosch* IPRax 1984, 127 (131).

[588] Vgl. *Canaris* BankvertragsR Rn. 62; *Merz* in Kümpel/Wittig BankR/KapMarktR Rn. 6.134.

überschritten sein, wenn die öffentliche Stelle im Ausland gegenüber der ausländischen Tochterbank schwerwiegende Sanktionen androht[589], wie beispielsweise Geldbußen, die bezogen auf die Ertragslage der Bank als erheblich anzusehen sind, Freiheitsstrafen gegen die Organe oder Mitarbeiter der Tochterbank oder der Entzug der Banklizenz. Vor der Offenbarung der kundenbezogenen Daten hat die Bank in jedem Fall alle denkbaren Bemühungen zu entfalten, um eine Durchbrechung des Bankgeheimnisses zu vermeiden.[590] Die Bank kann zudem im Fall der **Verurteilung durch ein ausländisches Gericht** zur Herausgabe bestimmter Unterlagen, die dem Bankgeheimnis unterliegende Daten enthalten, ein überwiegendes Eigeninteresse daran haben, sich dem Urteilsspruch zu beugen, wenn bei Missachtung des Urteils entsprechende Sanktionen für ihre ausländische Tochterbank oder ihre ausländische Filiale drohen.[591]

157   **c) Gesetzliche Bestimmungen.** Das Bankgeheimnis besteht grundsätzlich auch gegenüber staatlichen (inländischen)[592] Stellen. Strafverfolgungs-, Finanz-, Aufsichts- und Sozialbehörden haben allerdings aufgrund bestehender gesetzlicher Bestimmungen umfassende Befugnisse, Auskünfte über dem Bankgeheimnis unterliegende Informationen zu erhalten.[593] Die gesetzlichen Bestimmungen, mit denen Durchbrechungen des Bankgeheimnisses legitimiert werden, dienen in erster Linie der **Strafverfolgung,** der Sicherung einer **steuerlichen Belastungsgleichheit,** der **Erhebung von Sozialabgaben,** der Überprüfung der **Leistungsberechtigung** im Zusammenhang mit **Sozialleistungen** oder der Erfüllung **bankaufsichtsrechtlicher Zwecke.**

158   **aa) Automatisierter Abruf von Kontostammdaten.** Kreditinstitute sind gem. § 24c Abs. 1 KWG verpflichtet, eine Datenbank („Datei") zu führen, in der die sog. **Kontostammdaten** ihrer Kunden (Name und Geburtstag des Kontoinhabers und der ggf. weiteren Verfügungsberechtigten sowie Name und Anschrift des ggf. abweichend wirtschaftlich Berechtigten iSd § 3 GwG, Konto- bzw. Depotnummer, Tag der Kontoeröffnung und der Kontoauflösung) erfasst werden. Diese Daten kann die BaFin zur Erfüllung ihrer aufsichtsrechtlichen Aufgaben abrufen (§ 24c Abs. 2 KWG). Darüber hinaus können auch Strafverfolgungsbehörden und Gerichte (§ 24c Abs. 3 Nr. 2 KWG), Sozialbehörden (§ 93 Abs. 8 AO iVm § 93b Abs. 1 AO) und Finanzbehörden (§ 93 Abs. 7 AO iVm § 93b AO) auf diese Daten zugreifen, indem sie die BaFin um eine entsprechende Auskunft ersuchen. Anlasslose, routinemäßige **Abrufe „ins Blaue hinein"** sind allerdings **rechtswidrig.** Ein Kontenabruf nach diesen Vorschriften durch Strafverfolgungsbehörden oder Gerichte ist nur rechtmäßig, wenn der Anfangsverdacht einer Straftat oder ein internationales Rechtshilfeersuchen vorliegt oder – wenn der Abruf durch Finanzbehörden erfolgt – soweit er zur Festsetzung oder Erhebung von Steuern erforderlich ist.[594] Für Letzteres muss ein begründeter Verdacht für steuerliche Unregelmäßigkeiten nicht vorliegen; es genügt, wenn aufgrund konkreter Anhaltspunkte oder aufgrund allgemeiner Erfahrungen die Möglichkeit einer Steuerverkürzung in Betracht kommt und daher ein Auskunftsersuchen angezeigt ist.[595] Die Kontenabrufe umfassen **keine Vermögensübersichten** oder Angaben über **Kontostände.** Kreditinstitute müssen gewährleisten, dass ein Abruf der Kontostammdaten jederzeit möglich ist und haben durch technische und organisatorische Maßnahmen zudem sicherzustellen, dass sie selbst von den Abfragen der BaFin keine Kenntnis erlangen (§ 24c Abs. 1 S. 6 KWG). Hierdurch wird vermieden, dass die Geschäftsbeziehung zwischen Kunde und Bank durch den staatlichen Kontenabruf belastet wird. Allerdings werden die Bankkunden über die sie betreffenden Abfragen ebenfalls nicht informiert. Der Gesetzgeber geht davon aus, dass dem Bankkunden eine **Auskunft** lediglich nach pflichtgemäßem Ermessen zu erteilen ist.[596] Kommt es für den Kunden infolge des Kontenabrufs durch eine Finanz- oder eine Sozialbehörde zu weiteren belastenden Maßnahmen, besteht ein Auskunftsrecht des betroffenen Kunden.[597] Eine **Benachrichtigungspflicht** gegenüber dem Kunden über den Kontenabruf kann sich allerdings nur aus dem für die handelnde Behörde jeweils maßgebenden Verfahrensrecht ergeben, das für die ggf. ergriffenen weiteren (Ermittlungs-)Maßnahmen gilt.[598] Die abgerufenen Daten sind nach § 24c Abs. 4 KWG (iVm § 93b Abs. 4 AO) von der BaFin zu protokollieren und mindestens 18 Monate aufzubewahren, um eine effektive Datenschutzkontrolle zu gewährleisten. Nach der Auffassung des BVerfG stehen die § 24c KWG, § 93 Abs. 7 AO, § 93b AO mit der Verfassung in Einklang.[599]

---

[589] *Bosch* IPRax 1984, 127 (131) („extreme Sachverhalte").

[590] *Bosch* IPRax 1984, 127 (131).

[591] Vgl. *Canaris* BankvertragsR Rn. 62; *Stiefel/Petzinger* RIW 1983, 242 (245 ff.).

[592] Zu möglichen Durchbrechungen des Bankgeheimnisses gegenüber ausländischen staatlichen Stellen → Rn. 156.

[593] Vgl. krit. *Tolani* BKR 2007, 275 ff.

[594] BVerfG Beschl. v. 13.6.2007 – 1 BvR 1550/03, WM 2007, 1360 (1365) = NJW 2007, 2464.

[595] Vgl. BVerfG Beschl. v. 13.6.2007 – 1 BvR 1550/03, WM 2007, 1360 (1363) = NJW 2007, 2464.

[596] BT-Drs. 151309, 13.

[597] Vgl. BVerfG Beschl. v. 13.6.2007 – 1 BvR 1550/03 ua, NJW 2007, 2464 Rn. 176.

[598] Vgl. BVerfG Beschl. v. 13.6.2007 – 1 BvR 1550/03 ua, NJW 2007, 2464 Rn. 142.

[599] BVerfG Beschl. v. 13.6.2007 – 1 BvR 1550/03 ua, WM 2007, 1360 = NJW 2007, 2464.

bb) Strafverfahren. Die Inhaber, Organe und Mitarbeiter einer Bank können sich im Strafver- **159** fahren nicht auf das Bankgeheimnis berufen, wenn sie als Zeuge vernommen werden. Ihnen steht **kein Zeugnisverweigerungsrecht** nach § 53 StPO zu.[600] Sie müssen daher vor der Staatsanwaltschaft (§ 161a StPO), vor dem Ermittlungsrichter (§ 162 StPO) und vor dem Prozessgericht nach Ladung als Zeuge erscheinen und aussagen. Ihnen steht allerdings – wie jedem Zeugen – ein Auskunftsverweigerungsrecht (§ 55 StPO) bezüglich solcher Fragen zu, deren Beantwortung sie in Gefahr bringen würde, wegen einer Straftat oder einer Ordnungswidrigkeit, wie beispielsweise einer Beihilfe zur Steuerhinterziehung, verfolgt zu werden. In der Praxis des strafrechtlichen Ermittlungsverfahrens wird die Vernehmung als Zeuge nach § 161a StPO häufig durch eine schriftliche Beantwortung von Fragen abgewendet (sog. **Abwendungsauskunft**).[601] Das ist bedenklich, weil sich die Zeugen in diesem Fall Wissen durch die Einsichtnahme von Geschäftsunterlagen beschaffen, die dem Bankgeheimnis unterliegende Informationen enthalten und die nur mit einem richterlichen Beschluss nach §§ 94, 98 StPO beschlagnahmt und eingesehen werden können.[602] Gegenüber der Polizei sind die Inhaber, Organe und Mitarbeiter einer Bank demgegenüber nicht aussagepflichtig und müssen daher wegen des Bankgeheimnisses die Aussage verweigern, wenn der betroffene Kunde keine entsprechende Einwilligung erteilt hat.[603]

Durchbrechungen des Bankgeheimnisses im Zusammenhang mit strafrechtlichen Ermittlungsver- **160** fahren[604] bestehen weiter bei **Durchsuchungen der Geschäftsräume** von Banken (§§ 102 ff. StPO), bei der **Beschlagnahme von Beweismitteln** (§§ 94, 98 StPO), wie beispielsweise von Kontounterlagen und elektronischen Speichermedien und bei **Herausgabeverlangen** nach § 95 StPO.[605] Für diese Maßnahmen ist grundsätzlich ein richterlicher Beschluss erforderlich (§ 98 Abs. 1 StPO, § 105 Abs. 1 StPO). In der Ermittlungspraxis kann die Bank eine Durchsuchung oder eine Beschlagnahme abwenden, indem sie die im richterlichen Beschluss genannten Unterlagen vorlegt (sog. **Abwendungsvorlage**). Eine solche Abwendungsvorlage verstößt nur dann nicht gegen das Bankgeheimnis, wenn der die Maßnahme anordnende Beschluss rechtmäßig, insbesondere hinreichend bestimmt formuliert ist und den Beschuldigten genau bezeichnet.[606] Nach zutreffender Auffassung ist die Bank zwar nicht verpflichtet, grundsätzlich aber berechtigt, den von der Ermittlungsmaßnahme betroffenen Kunden über die Ermittlungsmaßnahme **zu unterrichten**.[607] Die Bank wird daher im Einzelfall zu entscheiden haben, ob sie ihren Kunden informiert. Nur wenn es objektiv erkennbar ist, dass der Ermittlungserfolg im Fall einer Information des Kunden evident gefährdet ist, wird sie eine Unterrichtung zu unterlassen haben.

cc) Steuerverfahren. (1) Wegfall des sog. steuerlichen Bankgeheimnisses (§ 30a AO aF). **161** Gegenüber den Steuerbehörden besteht **kein Bankgeheimnis**.[608] Kreditinstitute haben bei der Aufklärung eines steuerlichen Sachverhalts (§ 88 AO) gegenüber den Finanzbehörden vielmehr dieselben Rechte und Pflichten wie andere auskunftspflichtige Personen, die keine gesetzliche Verschwiegenheitspflicht beachten müssen.[609] Mit dem **Wegfall der Regelungen des § 30a AO**[610] durch das Steuerumgehungsbekämpfungsgesetz (StUmgBG)[611], die vorsahen, dass (1) Finanzbehörden bei der Ermittlung eines Sachverhalts „auf das Vertrauensverhältnis zwischen den Kreditinstituten und deren Kunden besonders Rücksicht" nehmen müssen (§ 30a Abs. 1 AO aF, sog. „steuerliches Bankgeheimnis"[612]), (2) sich Finanzbehörden erst dann an Kreditinstitute wenden sollen, wenn die Sachverhaltsaufklärung durch den Steuerpflichtigen selbst nicht zum Ziel führt oder keinen Erfolg verspricht (§ 30a

---

[600] AllgM *Krepold* in Schimansky/Bunte/Lwowski BankR-HdB § 39 Rn. 220; *Schantz* in Schwintowski BankR Kap. 4 Rn. 36.

[601] *Schantz* in Schwintowski BankR Kap. 4 Rn. 39; Langenbucher/Bliesener/Spindler/*Müller-Christmann* Kap. 1 II. Rn. 42.

[602] Vgl. *Schantz* in Schwintowski BankR Kap. 4 Rn. 39.

[603] *Krepold* in Schimansky/Bunte/Lwowski BankR-HdB § 39 Rn. 226; *Schantz* in Schwintowski BankR Kap. 4 Rn. 36.

[604] Vgl. hierzu eingehend *Krepold* in Schimansky/Bunte/Lwowski BankR-HdB § 39 Rn. 102–231; *Beckhusen/ Martens* in Derleder/Knops/Bamberger BankR/KapMarktR § 8 Rn. 31–40; *Ransiek,* Die Information des Bankkunden über strafprozessuale und steuerliche Ermittlungsmaßnahmen beim Bankinstitut, 1999.

[605] Vgl. hierzu *Krepold* in Schimansky/Bunte/Lwowski BankR-HdB § 39 Rn. 105 ff.; *Junker* DStR 1996, 224 (226 f.).

[606] Vgl. *Schantz* in Schwintowski BankR Kap. 4 Rn. 39.

[607] Vgl. *Krepold* in Schimansky/Bunte/Lwowski BankR-HdB § 39 Rn. 206; *Schantz* in Schwintowski BankR Kap. 4 Rn. 40; *Ransiek* wistra 1999, 401 ff.; *Vortmann* WM 1996, 1166 ff.; *Weber/Hoffmann* in Hellner/Steuer BuB Rn. 7/900.

[608] Vgl. *Beckhusen/Martens* in Derleder/Knops/Bamberger BankR/KapMarktR § 8 Rn. 43; *Rüth* DStZ 2000, 30 (32); *Junker* DStR 1996, 224 (227); *Seevers/Handel* DStR 2017, 522 (529).

[609] BT-Drs. 18/11132, 23.

[610] Zur alten Rechtslage ausf. *Krepold* in Schimansky/Bunte/Lwowski BankR-HdB § 39 Rn. 232–237b; *Geurts/ Koch/Schebesta/Weber,* Bankgeheimnis und Bankauskunft in der Praxis, 6. Aufl. 2000, Rn. 49; *Rüth* DStZ 2000, 30.

[611] Gesetz zur Bekämpfung der Steuerumgehung und zur Änderung weiterer steuerlicher Vorschriften (Steuerumgehungsbekämpfungsgesetz) vom 23.6.2017, BGBl. I 1682; vgl. hierzu krit. *Talaska* DB 2017, 1803 ff.

[612] BT-Drs. 18/11132, 17.

Abs. 5 aF, sog. Grundsatz der Subsidiarität) und (3) Finanzbehörden zum Zweck der allgemeinen Überwachung die einmalige oder periodische Mitteilung von Konten bestimmter Art oder bestimmter Höhe nicht verlangen können (§ 30a AO aF), soll nach des Gesetzesmaterialien einer „Veränderung der rechtspolitischen Ausgangslage" und verfassungsrechtlichen Bedenken Rechnung getragen sowie ein „strukturelles Vollzugshindernis" beseitigt werden.[613] Ein legitimer Grund für die Geheimhaltung von dem Bankgeheimnis unterliegenden Informationen (→ Rn. 146 f.) gegenüber rechtmäßig handelnden Finanzbehörden besteht tatsächlich nicht, nachdem deren Amtsträger und diesen gleichstehende Personen ihrerseits von Gesetzes wegen nach den Grundsätzen über das Steuergeheimnis (§ 30 AO) zur Verschwiegenheit verpflichtet sind und die Aufklärung steuerlicher Sachverhalte durch die Finanzbehörden einer steuerlichen Belastungsgleichheit dient.[614]

162   **(2) Auskünfte im Besteuerungsverfahren.** Im Besteuerungsverfahren gilt auch nach Aufhebung des § 30a AO (→ Rn. 161) der **Grundsatz der Subsidiarität,** nach dem Kreditinstitute erst dann zur Auskunft angehalten werden sollen, wenn die Sachverhaltsaufklärung durch die Beteiligten (§ 78 AO), insbesondere durch den Steuerpflichtigen nicht zum Ziel führt oder keinen Erfolg verspricht, gem. § 93 Abs. 1 S. 3 AO grundsätzlich nach wie vor, wenn Kreditinstitute nach § 93 Abs. 1 AO um Auskunft ersucht werden oder den Finanzbehörden gem. § 97 AO Urkunden (zB Kontoauszüge) vorlegen sollen. Begründet werden kann die Erforderlichkeit des Auskunftsersuchens unter dem Gesichtspunkte der Subsidiarität damit, dass der Steuerpflichtige die entsprechenden Unterlagen nicht mehr besitzt, eine Auskunft verweigert oder nicht glaubhafte Angaben gemacht hat.[615] Fehlt es an einer entsprechenden Begründung, kann das Kreditinstitut die Rechtmäßigkeit des Auskunftsersuchens nicht überprüfen und muss die Auskunft daher verweigern.

163   Darüber hinaus setzt ein Auskunftsersuchen der Finanzbehörden gegenüber Kreditinstituten weiter voraus, dass ein sog. **hinreichender Anlass** für die Anfrage besteht.[616] Das gilt nach § 93 Abs. 1a AO auch im Rahmen eines **Sammelauskunftsverfahrens,** durch das Kreditinstitute ohne Wahrung der Subsidiarität (vgl. § 93 Abs. 1a S. 3 AO) um Auskünfte über deren Kunden und deren Geschäftsbeziehungen zu Dritten ersucht werden können.[617] Das Bestehen eines hinreichenden Anlasses ist von der Finanzbehörde gegenüber dem Kreditinstitut darzulegen.[618] Er liegt vor, wenn aufgrund konkreter Anhaltspunkte oder aufgrund allgemeiner Erfahrungen die Möglichkeit einer Steuerverkürzung in Betracht kommt und daher ein Auskunftsersuchen angezeigt ist.[619] Auch der **Abruf von Kontostammdaten** durch Finanzbehörden nach § 93 Abs. 7 AO, § 93b AO, § 24c Abs. 1 KWG muss anlassbezogen sein (→ Rn. 158).

164   **(3) Steuerfahndungs- und Steuerstrafverfahren.** Im Rahmen des **Steuerfahndungsverfahrens** nach § 208 AO findet der Grundsatz der Subsidiarität (§ 93 Abs. 1 S. 3 AO, → Rn. 162) keine Anwendung, wenn die Fahndung nach § 208 Abs. 1 S. 1 Nr. 2 die Besteuerungsgrundlage zur Erforschung von Steuerstraftaten und Steuerordnungswidrigkeiten ermittelt oder nach § 208 Abs. 1 S. 1 Nr. 3 tätig wird, um unbekannte Steuerfälle aufzudecken und zu ermitteln (vgl. § 208 Abs. 1 S. 3 Hs. 1 AO). Die Steuerfahndung ist damit befugt, Kreditinstitute um Auskünfte nach § 93 Abs. 1 AO zu ersuchen und sich Urkunden nach § 97 Abs. 1 AO vorlegen zu lassen, ohne dass sie sich zunächst an den Steuerpflichtigen selbst wenden muss.[620] Im Rahmen des **Steuerstrafverfahrens,** das entweder von der Staatsanwaltschaft oder der Finanzbehörde als Ermittlungsbehörde durchgeführt wird, gelten gem. § 385 AO die Vorschriften der Strafprozessordnung. Insoweit wird auf die Ausführungen in → Rn. 159 f. verwiesen.[621]

165   **(4) Anzeigepflicht gegenüber der Erbschaftsteuerstelle des Finanzamts.** Wenn ein Kreditinstitut Kenntnis vom **Tod eines Kunden** erlangt, ist es verpflichtet, gegenüber der Erbschaftsteuerstelle des Finanzamts gemäß **§ 33 ErbStG** iVm § 1 ErbStDV die sich in seinem Gewahrsam befindenden Guthaben und Vermögensgegenstände des Erblassers anzuzeigen, wenn diese einen Wert von 2.500 EUR übersteigen.

---

[613] BT-Drs. 18/11132, 23.

[614] Zweifel an der Verhältnismäßigkeit des Steuerumgehungsbekämpfungsgesetzes finden sich bei *Talaska* DB 2017, 1803 ff.; krit. zum Wegfall von § 30a AO auch *Seevers/Handel* DStR 2017, 522 (529).

[615] Vgl. *Krepold* in Schimansky/Bunte/Lwowski BankR-HdB § 39 Rn. 245; *Schantz* in Schwintowski BankR Kap. 4 Rn. 43.

[616] BFH Urt. v. 24.3.1987 – VI R 30/86, WM 1987, 884 f. = NJW 1988, 2502; BT-Drs. 18/11132, 23; *Krepold* in Schimansky/Bunte/Lwowski BankR-HdB § 39 Rn. 247.

[617] Vgl. BT-Drs. 18/11132, 23.

[618] *Krepold* in Schimansky/Bunte/Lwowski BankR-HdB § 39 Rn. 247.

[619] Vgl. BVerfG Beschl. v. 13.6.2007 – 1 BvR 1550/03, WM 2007, 1360 (1363) = NJW 2007, 2464; *Seevers/Handel* DStR 2017, 522 (527 f.); krit. *Tolani* BKR 2007, 275 (278); vgl. zur Abgrenzung von der unzulässigen Rasterfahndung *Krepold* in Schimansky/Bunte/Lwowski BankR-HdB § 39 Rn. 249.

[620] § 30a AO, der hiervon in Abs. 5 für Kreditinstitute eine Ausnahme regelte, wurde aufgehoben (→ Rn. 161).

[621] Vgl. zum Steuerstrafverfahren *Krepold* in Schimansky/Bunte/Lwowski BankR-HdB § 39 Rn. 270–273.

dd) Geldwäsche. Nach § 261 Abs. 9 StGB kann ein Bankmitarbeiter, der erkennt, dass die angeleg- **166**
ten Gelder eines Kunden aus einer rechtswidrigen Tat stammen, eine freiwillige (strafbefreiende) Anzeige
erstatten. Eine Verletzung des Bankgeheimnisses ist aufgrund des Bestehens einer gesetzlichen Bestimmung mit einer solchen Anzeige nicht verbunden.[622] **Die Zentralstelle für Finanztransaktionsunter-
suchungen,** die die Aufgabe hat, Informationen im Zusammenhang mit Geldwäsche oder Terrorismusfinanzierung zu erheben und zu analysieren und die diese Informationen an die zuständigen inländischen
öffentlichen Stellen zum Zwecke der Aufklärung, Verhinderung oder Verfolgung solcher Taten weiterzugeben hat (§ 28 Abs. 1 GwG), ist gem. § 31 Abs. 6 GwG zur Erfüllung dieser Aufgaben befugt, bei
Kreditinstituten Kontostammdaten nach § 24c KWG (→ Rn. 158) abzurufen. Institute und Finanzunternehmen (= Verpflichtete iSd § 2 Abs. 1 GwG) sind nach § 43 Abs. 1 GwG verpflichtet, **Transaktionen und Geschäftsvorfälle,** die darauf hindeuten, dass sie im Zusammenhang mit einer Geldwäsche oder einer Terrorismusfinanzierung stehen, der Zentralstelle für Finanztransaktionsuntersuchun-
gen unverzüglich auf elektronischem Weg (§ 45 GwG) **zu melden.** Die gemeldete verdächtige
Transaktion darf nur bei Vorliegen der Voraussetzungen des § 46 GwG durchgeführt werden. Die Bankmitarbeiter, die Sachverhalte nach § 43 Abs. 1 GwG melden, können gem. § 48 GwG für eine Meldung
nicht verantwortlich gemacht werden, es sei denn, die Meldung ist vorsätzlich oder grob fahrlässig unwahr
erstattet worden. Die Freistellung von der Verantwortlichkeit nach dieser Vorschrift verdeutlicht, dass
durch Meldungen nach § 43 Abs. 1 GwG nicht gegen das Bankgeheimnis verstoßen wird.[623]

ee) Weitere gesetzliche Auskunftspflichten gegenüber Behörden. Institute (§ 1 Abs. 1b **167**
KWG) sind gem. § 44 Abs. 1 S. 1 KWG verpflichtet, der **BaFin und der Deutschen Bundesbank**
auf Verlangen **Auskünfte über alle Geschäftsangelegenheiten** zu erteilen, Unterlagen vorzulegen
und erforderlichenfalls Kopien anzufertigen. Die BaFin kann auch ohne besonderen Anlass bei den
Instituten Prüfungen vornehmen (§ 44 Abs. 1 S. 2 KWG). Die Beschäftigten der BaFin und die im
Dienst der Deutschen Bundesbank stehenden Personen unterliegen hinsichtlich der ihnen bei ihrer
Tätigkeit bekanntgewordenen Tatsachen, deren Geheimhaltung im Interesse des Instituts oder eines
Dritten liegt, ihrerseits einer gesetzlichen Verschwiegenheitspflicht (§ 9 Abs. 1 KWG). Die Deutsche
Bundesbank kann überdies von den am **Außenwirtschaftsverkehr** teilnehmenden Banken Auskünfte
einholen, sich geschäftliche Unterlagen vorlegen lassen und Prüfungen vornehmen, um die Einhaltung
der nationalen und europäischen Regelungen des Außenwirtschaftsrechts zu überwachen (§ 23 Abs. 1,
2 und 5 AWG). Nach § 60 Abs. 2 SGB II sind weiter die **Träger der Grundsicherung** ermächtigt,
Auskünfte bei Kreditinstituten einzuholen, um die Bedürftigkeit der Antragsteller zu überprüfen.
Sozialversicherungsträger, denen wegen überzahlter Renten ein Erstattungsanspruch zusteht, können von der Bank gem. § 118 Abs. 4 SGB VI die zur Verwirklichung des Anspruchs erforderlichen
Auskünfte beanspruchen.

d) Auskunftspflichten gegenüber Privaten. aa) Bankauskünfte. (1) Grundlagen. Das Bank- **168**
geheimnis wird weiter durchbrochen, wenn die Bank gegenüber anderen Kreditinstituten oder gegenüber
ihren Kunden Auskünfte über andere Kunden erteilt. Für die Abwicklung der Erteilung von Auskünften
über Kunden zwischen Banken (sog. **Bank-an-Bank-Auskünfte**) sind von den Spitzenverbänden der
Kreditwirtschaft „Grundsätze für die Durchführung des Bankauskunftsverfahrens zwischen Kreditinstituten vom 1.5.1987" vereinbart worden.[624] Rechtlich bindend gegenüber den betroffenen Kunden sind
diese Grundsätze allerdings nicht.[625] Formularmäßig geregelt ist das Bankauskunftsverfahren in **Nr. 2
Abs. 2–4 AGB-Banken und Nr. 3 Abs. 1 AGB-Sparkassen.** Diese Bestimmungen sind mit den
Vertretern der obersten Datenschutzbehörden des Bundes und der Länder abgestimmt.[626] Zweifel an ihrer
Wirksamkeit sind bislang nicht geäußert worden. Für Bank-an-Bank-Auskünfte gelten grundsätzlich
dieselben Verfahrensregeln wie für **Bank-an-Kunden-Auskünfte.**[627] Auskünfte darf die Bank **nur an
eigene Kunden** und an andere Kreditinstitute erteilen (Nr. 2 Abs. 4 AGB-Banken), nicht aber an Dritte.
Dritte erhalten Bankauskünfte daher nur über ihre Bank im Wege der Bank-an-Bank-Auskunft.[628] Ein
Rechtsanspruch auf Erteilung einer Bankauskunft besteht allerdings in keinem Fall.[629] Das Bankauskunftsverfahren stellt unter Kaufleuten eine seit Jahrzehnten vorgenommene allgemeine Übung dar und wird im
Geschäftsverkehr auch als anerkannter **Handelsbrauch** eingestuft.[630] Geschäftskunden einer Bank kön-

[622] *Merz* in Kümpel/Wittig BankR/KapMarktR Rn. 6.141; *Schantz* in Schwintowski BankR Kap. 4 Rn. 41.
[623] Vgl. zu § 12 GwG aF BT-Drs. 12/2704, 19; *Beckhusen/Martens* in Derleder/Knops/Bamberger BankR/
KapMarktR § 8 Rn. 42.
[624] Abgedr. in ZIP 1987, 608; dazu näher *Schebesta* WM 1989, 429; *Weber* Die Bank 1987, 324.
[625] *Bruchner/Krepold* in Schimansky/Bunte/Lwowski BankR-HdB § 40 Rn. 2.
[626] *Junker* DStR 1996, 224 (228).
[627] Vgl. *Bruchner/Krepold* in Schimansky/Bunte/Lwowski BankR-HdB § 40 Rn. 25.
[628] Vgl. *Merz* in Kümpel/Wittig BankR/KapMarktR Rn. 6.165; Baumbach/Hopt/*Hopt* AGB-Banken Nr. 2
Rn. 7.
[629] Vgl. Vgl. *Grundmann* → 3. Aufl. 2015, BankR Rn. I 178; Langenbucher/Bliesener/Spindler/*Müller-Christmann*
Kap. 1 II. Rn. 61.
[630] Vgl. *Bruchner/Krepold* in Schimansky/Bunte/Lwowski BankR-HdB § 40 Rn. 18 mwN; Langenbucher/Bliese-
ner/Spindler/*Müller-Christmann* Kap. 1 II. Rn. 63; *Geurts/Koch/Schebesta/Weber,* Bankgeheimnis und Bankauskunft in

nen sich mit Hilfe dieses Instruments zuverlässige Informationen über die Kreditwürdigkeit ihres (poten-ziellen) Geschäftspartners verschaffen. Der Kunde, über den eine Bankauskunft erteilt wurde, kann von der Bank beanspruchen, dass ihm der Inhalt der Auskunft mitgeteilt wird.[631]

169 **(2) Gegenstand.** Nach Nr. 2 Abs. 2 AGB-Banken umfasst eine Bankauskunft im Wesentlichen Angaben über die wirtschaftlichen Verhältnisse, die Kreditwürdigkeit und die Zahlungsfähigkeit des Kunden. Betragsmäßige Angaben über Kontostände, die der Bank anvertrauten Vermögensgegenstände und über in Anspruch genommene Kredite werden nicht gemacht. Auch Angaben zur Privatsphäre eines Geschäftskunden darf die Bankauskunft nicht enthalten.[632] Kernstück der Bankauskunft ist die **Kreditbeurteilung** der Bank. Die Angaben hierzu müssen **allgemein gehalten** sein und dürfen keine geschäftlichen Einzelheiten wiedergeben. Sie sind auch bei einer kritischen Lage des Kunden **schonend** abzufassen[633]. Ein zu günstiges Bild von der wirtschaftlichen Lage des Kunden darf die Bank allerdings ebenfalls nicht zeichnen.[634] Scheckrückgaben und Wechselproteste sind daher in einer Bank-auskunft in jedem Fall zu erwähnen[635], nicht aber Lastschriftrückgaben, wenn die Bank nicht weiß, ob diese tatsächlich auf Liquiditätsschwierigkeiten des Kunden beruhen.[636] Bei einer **ungünstigen Beur-teilung** der wirtschaftlichen Lage und Kreditwürdigkeit des Kunden kann die Auskunft beispielsweise dahin formuliert werden, dass die weitere Entwicklung des Kunden beobachtet werden sollte, dass Kredite unter Ausnutzung letzter Zahlungsfristen zurückgezahlt werden, dass die finanziellen Verhält-nisse (stark) angespannt sind oder dass die Zahlungsweise schleppend ist. Die Bank kann auch die Empfehlung aussprechen, auf ausreichende Sicherheiten zu achten. **Positive Auskünfte** können dahin lauten, dass der Kunde für den angefragten Kreditbetrag jederzeit oder derzeit ohne weiteres „gut" ist. Die Auskunft darf – auch wenn sie allgemein zu halten ist – beim Empfänger nicht zu Missverständ-nissen führen.[637] Enthält die Auskunft beispielsweise Angaben zum Grundbesitz des Kunden, dürfen Angaben zu den Belastungen nicht fehlen.[638] **Recherchen** im Zusammenhang mit einer zu ertei-lenden Bankauskunft muss die Bank allerdings nicht betreiben.[639] Sie hat im Rahmen der Auskunfts-erteilung allein das ihr **präsente Wissen** in den Grenzen des inneren Bankgeheimnisses (→ Rn. 149) zu berücksichtigen.[640]

170 **(3) Voraussetzungen.** Nr. 2 Abs. 3 AGB-Banken (Nr. 3 Abs. 2 AGB-Sparkassen) unterscheidet hinsichtlich der Kunden, über die Auskünfte erteilt werden, zwischen Geschäftskunden und anderen Personen. **Geschäftskunden** in diesem Sinn sind juristische Personen (zB AG, GmbH, KGaA, eG, eV, VVaG) und im Handelsregister eingetragene Kaufleute (oHG, KG, eKfm). Der eingetragene Kaufmann ist nur dann als Geschäftskunde einzustufen, wenn er seine mit dem Gewerbebetrieb verbundenen Geschäfte über die Bank abwickelt.[641] Insoweit gilt die Vermutung des § 344 HGB.[642] Zu den **anderen Personen** gehören nicht nur Privatkunden, sondern auch alle Gewerbetreibenden und Freiberufler, die keine juristischen Personen und die nicht im Handelsregister eingetragen sind. Über Geschäftskunden darf die Bank solange Auskünfte erteilen, bis ihr eine **anders lautende Weisung** vorliegt. Die Bestimmung geht entsprechend dem Handelsbrauch (→ Rn. 168) davon aus, dass **Ge-schäftskunden** mit der Erteilung von Bankauskünften über sich **grundsätzlich einverstanden** sind. Bankauskünfte über **andere Personen** darf die Bank demgegenüber nur dann erteilen, wenn diese generell oder im Einzelfall **ausdrücklich zugestimmt** haben. Eine konkludente Zustimmung reicht hier nicht.[643]

171 Auskünfte sowohl über Geschäfts- als auch über Privatkunden darf die Bank nur erteilen, wenn der Auskunftssuchende ein **berechtigtes Interesse** an der Auskunft **glaubhaft darlegt.** Ein berechtigtes Interesse ist anzunehmen, wenn der Auskunftssuchende eine geschäftliche Beziehung mit dem Kunden beabsichtigt, durch die er ein **finanzielles Ausfallrisiko übernimmt.** Ein solches Risiko kann

---

der Praxis, 6. Aufl. 2000, Rn. 83; *Wech,* Das Bankgeheimnis – Struktur, Inhalt und Grenzen einer zivilrechtlichen Schutzpflicht, 2009, 414 ff.; aA *Canaris* BankvertragsR Rn. 56.

[631] *Bruchner/Krepold* in Schimansky/Bunte/Lwowski BankR-HdB § 40 Rn. 46; Langenbucher/Bliesener/Spind-ler/*Müller-Christmann* Kap. 1 II. Rn. 82.

[632] *Bruchner/Krepold* in Schimansky/Bunte/Lwowski BankR-HdB § 40 Rn. 10.

[633] Vgl. *Bruchner/Stützle,* Leitfaden zu Bankgeheimnis und Bankauskunft, 2. Aufl. 1990, 83; Langenbucher/ Bliesener/Spindler/*Müller-Christmann* Kap. 1 II. Rn. 78

[634] BGH Urt. v. 25.4.1974 – II ZR 161/72, WM 1974, 685 (686).

[635] BGH Urt. v. 5.7.1962 – VII ZR 199/60, WM 1962, 1110 (1111) = BB 1962, 1135

[636] Vgl. *Bruchner/Krepold* in Schimansky/Bunte/Lwowski BankR-HdB § 40 Rn. 12.

[637] *Bruchner/Krepold* in Schimansky/Bunte/Lwowski BankR-HdB § 40 Rn. 11.

[638] Vgl. BGH Urt. v. 12.2.1979 – II ZR 177/77, WM 1979, 548 (549) = NJW 1979, 1595.

[639] *Merz* in Kümpel/Wittig BankR/KapMarktR Rn. 6.164.

[640] Vgl. *Bruchner/Krepold* in Schimansky/Bunte/Lwowski BankR-HdB § 40 Rn. 5 f.; *Schebesta* WM 1989, 429 (431); *Weber* Die Bank 1987, 324 (326); Langenbucher/Bliesener/Spindler/*Müller-Christmann* Kap. 1 II. Rn. 71.

[641] Vgl. *Bruchner/Krepold* in Schimansky/Bunte/Lwowski BankR-HdB § 40 Rn. 16.

[642] *Bruchner/Krepold* in Schimansky/Bunte/Lwowski BankR-HdB § 40 Rn. 16; Hellner/Steuer/*Weber* BuB Rn. 2/950; Langenbucher/Bliesener/Spindler/*Müller-Christmann* Kap. 1 II. Rn. 66; *Geurts/Koch/Schebesta/Weber,* Bankgeheimnis und Bankauskunft in der Praxis, 6. Aufl. 2000, Rn. 82.

[643] *Bruchner/Krepold* in Schimansky/Bunte/Lwowski BankR-HdB § 40 Rn. 19.

beispielsweise mit beabsichtigten Vorleistungen, Warenkrediten oder mit der beabsichtigten Übernahme von Bürgschafts- oder Garantieverpflichtungen verbunden sein. Der Grund für das Auskunftsersuchen ist danach gegenüber der Bank glaubhaft darzulegen.[644] Fehlt es an einer glaubhaften Darlegung eines berechtigten Interesses, hat die Bank die Auskunft mit der entsprechenden Begründung zu verweigern, es sei denn, der Kunde (als Geheimnisherr) hat einer Auskunftserteilung auf informativer Grundlage, etwa nach einer Rückfrage der Bank bei ihm, ausdrücklich zugestimmt.[645]

Entsprechend den Vorgaben des § 28 Abs. 1 Nr. 2 BDSG darf eine Bankauskunft grundsätzlich nur **172** dann erteilt werden, wenn kein Grund zur Annahme besteht, dass **schutzwürdige Belange des Kunden** der Auskunftserteilung entgegenstehen. Aufgrund dieser Einschränkung hat die Bank vor der Erteilung einer Auskunft im Einzelfall eine **Interessenabwägung** vorzunehmen.[646] Allerdings führt danach nicht schon eine **negative Kreditbeurteilung** dazu, dass die Bank die Auskunft verweigern muss.[647] Denn die Bank hat die Belange des Kunden gegen das berechtigte Interesse des Anfragenden an der Auskunft abzuwägen. Dieser möchte gerade erfahren, wie die Bank das Risiko eines beabsichtigten geschäftlichen Kontakts mit ihrem Kunden einstuft, um Ausfallrisiken abzuschätzen. Würde die Bank bei einer negativen Kreditbeurteilung die Auskunft schlicht verweigern, würde dies beim Anfragenden undifferenziert negative Schlussfolgerungen hervorrufen.[648] Daher hat die Bank bei der Abwägung auch die **Folgen einer Auskunftsverweigerung** zu berücksichtigen. Ist für die Bank erkennbar, dass die von ihr zu erteilende Auskunft auch bei schonender Formulierung eindeutig dem Interesse ihres Geschäftskunden zuwiderläuft, ist sie, bevor sie die Auskunft verweigert, verpflichtet, bei ihrem Kunden nachzufragen, ob eine Auskunft erteilt werden soll. Dabei wird die Bank auch das Bankgeheimnis zugunsten des Anfragenden zu beachten haben, dessen Name im Rahmen der Rückfrage bei ihrem Kunden nicht genannt werden darf.[649] Die Verweigerung der Auskunft selbst ist ebenfalls schonend zu formulieren. So kann die Bank beispielsweise wie folgt formulieren: „Im Hinblick auf das Bankgeheimnis kann zu Ihrer Anfrage keine Auskunft erteilt werden". Stimmt der Geschäftskunde einer Auskunftserteilung nach gehaltener Rücksprache zu, ist die Auskunft zu erteilen. Den Inhalt der Auskunft bestimmt allerdings auch dann allein die Bank, die haftungsrechtlich hierfür verantwortlich ist (→ Rn. 173 ff.).

(4) Haftung für fehlerhafte Auskünfte. Die Bank haftet gegenüber ihrem Kunden, über den sie **173** eine fehlerhafte Auskunft, mithin eine **zu schlechte Kreditbeurteilung** erteilt hat, aus § 280 Abs. 1 BGB auf **Schadensersatz** wegen der Verletzung von Nebenpflichten der zwischen Bank und Kunde im Einzelfall bestehenden vertraglichen Verbindung[650], wenn die weiteren Haftungsvoraussetzungen[651] (→ Rn. 137 ff.) gegeben sind. Die bei Geschäftskunden angenommene oder bei Privatkunden ausdrücklich erklärte Zustimmung zur Auskunftserteilung (→ Rn. 170) umfasst nur inhaltlich richtige Auskünfte. Inhaltlich richtig („korrekt") ist eine Bankauskunft, wenn sie dem tatsächlichen Informationsstand der Bank entspricht (→ Rn. 169 aE) und das vorhandene Wissen bei der Formulierung der Auskunft zutreffend umgesetzt worden ist.[652] Darüber hinaus kann der Kunde von der Bank die **Richtigstellung** der über ihn erteilten falschen Auskunft beanspruchen (§ 35 BDSG).[653]

Wenn die Auskunft der Bank eine **zu positive Kreditbeurteilung** ihres Kunden enthält, kommt **174** eine Schadensersatzhaftung der Bank aus § 280 Abs. 1 BGB **gegenüber dem Auskunftsempfänger** in Betracht.[654] Handelt es sich bei diesem um einen **eigenen Kunden** der Bank, verletzt die Bank durch die Erteilung einer fehlerhaften Auskunft ihre Nebenpflichten aus dem mit diesem Kunden bestehenden Vertragsverhältnis. Liegt demgegenüber eine fehlerhafte **Bank-an-Bank-Auskunft** vor, verletzt die auskunftserteilende Bank ihre Pflichten aus einem konkludent geschlossenen **Auskunftsvertrag.**[655] Dieser kommt regelmäßig **zwischen den beteiligten Banken** zustande, da Bank-an-Bank-Auskünfte üblicherweise auf eigenes Ersuchen der Kreditinstitute und nicht im Namen der interessierten Kunden erbeten werden.[656] Ein Handeln der um Auskunft ersuchenden Bank im Namen

---

[644] *Bruchner/Krepold* in Schimansky/Bunte/Lwowski BankR-HdB § 40 Rn. 20.

[645] Vgl. *Grundmann* → 3. Aufl. 2015, BankR Rn. I 177 aE.

[646] *Bruchner/Krepold* in Schimansky/Bunte/Lwowski BankR-HdB § 40 Rn. 20; *Canaris* BankvertragsR Rn. 73b; *Bruchner/Stützle,* Leitfaden zu Bankgeheimnis und Bankauskunft, 2. Aufl. 1990, 86.

[647] Vgl. *Merz* in Kümpel/Wittig BankR/KapMarktR Rn. 6.167.

[648] Vgl. *Bruchner/Krepold* in Schimansky/Bunte/Lwowski BankR-HdB § 40 Rn. 22.

[649] Vgl. *Bruchner/Krepold* in Schimansky/Bunte/Lwowski BankR-HdB § 40 Rn. 35.

[650] Vgl. Langenbucher/Bliesener/Spindler/*Müller-Christmann* Kap. 1 II.Rn. 100; *Merz* in Kümpel/Wittig BankR/KapMarktR Rn. 6.168.

[651] Vgl. hierzu im Zusammenhang mit fehlerhaften Bankauskünften *Bruchner/Krepold* in Schimansky/Bunte/Lwowski BankR-HdB § 40 Rn. 53–60.

[652] BGH Urt. v. 5.12.2000 – XI ZR 340/99, WM 2001, 134 (135 f.) = NJW-RR 2001, 768.

[653] Vgl. *Grundmann* → 3. Aufl. 2015, BankR Rn. I 187.

[654] *Bruchner/Krepold* in Schimansky/Bunte/Lwowski BankR-HdB § 40 Rn. 47.

[655] Vgl. BGH Urt. v. 18.6.1991 – XI ZR 282/90, WM 1991, 1629 f. = NJW-RR 1991, 1265; *Bruchner/Krepold* in Schimansky/Bunte/Lwowski BankR-HdB § 40 Rn. 48.

[656] BGH Urt. v. 6.3.1972 – II ZR 100/69, WM 1972, 583 (585); BGH Urt. v. 25.2.1980 – II ZR 134/79, WM 1980, 527 (528); BGH Urt. v. 18.6.1991 – XI ZR 282/90, WM 1991, 1629 f. = NJW-RR 1991, 1265.

des Kunden und damit ein Auskunftsvertrag zwischen der die Auskunft erteilenden Bank und dem Kunden der anderen Bank ist nur ausnahmsweise bei Vorliegen besonderer Umstände gegeben.[657]

175   Nach den „Grundsätzen für die Durchführung des Bankauskunftsverfahrens zwischen Kreditinstituten" (→ Rn. 168) ist von der anfragenden Bank im Rahmen des Auskunftsersuchens klarzustellen, ob sie die Auskunft im eigenen Interesse oder im Kundeninteresse einholt. Gibt die anfragende Bank im Rahmen ihres Auskunftsersuchens an, **im Kundeninteresse** zu handeln, haftet die auskunftsgebende Bank gegenüber dem Kunden der anfragenden Bank bei einer fehlerhaften Auskunft nach den Grundsätzen über den **Vertrag mit Schutzwirkung für Dritte** auf Schadensersatz. Denn die Auskunft ist in einem solchen Fall für die auskunftsgebende Bank **erkennbar für den Dritten bestimmt** und die Bank ist sich auch darüber bewusst, dass die Auskunft als Grundlage für eine entscheidende Vermögensverfügung (des Kunden) dienen wird.[658] Ist für die auskunftserteilende Bank demgegenüber nicht erkennbar, dass die Auskunft für einen Kunden der anfragenden Bank bestimmt ist, wie es etwa bei einer im Wege der **verdeckten Stellvertretung** eingeholten Bank-an-Bank-Auskunft der Fall ist, muss die auskunftserteilende Bank für einen infolge der fehlerhaften Auskunft beim Kunden der anfragenden Bank entstandenen Schaden nicht einstehen.[659] Eine Einstandspflicht besteht auch dann nicht, wenn die anfragende Bank eine erkennbar im Kundeninteresse eingeholte Auskunft für eigene Zwecke verwendet und ihr infolge der Fehlerhaftigkeit der Auskunft ein Schaden entsteht. Schäden, die durch eine solche **vertragswidrige,** bei der Auskunftserteilung nicht in Rechnung zu stellende **Verwendung der Informationen** für einen anderen als den angegebenen Zweck entstehen, liegen außerhalb des Schutzbereichs der Vertragspflicht.[660] Auch im umgekehrten Fall – wenn die Auskunft also von der anfragenden Bank erkennbar im eigenen Interesse eingeholt wird, von dieser aber an einen ihrer Kunden weiter gegeben wird und diesem infolge der Fehlerhaftigkeit der Auskunft ein Schaden entsteht – haftet die auskunftserteilende Bank für diesen Schaden nicht, weil der Schaden auch hier außerhalb des Schutzbereichs der Vertragspflicht liegt.[661]

176   **bb) Kollision mit Warnpflichten.** Eine Bank kann bei Vorliegen einer **Pflichtenkollision** aufgrund einer gegenüber einem Kunden bestehenden Warnpflicht verpflichtet sein, dem Bankgeheimnis unterliegende Informationen über einen anderen Kunden zu offenbaren.[662] Hierbei handelt es sich regelmäßig um Fälle, in denen die Bank aufgrund von Informationen, die sie aus einem Geschäft mit einem anderen Kunden über diesen erlangt hat, erkennen kann, dass das von dem einen Kunden beabsichtigte Geschäft erhebliche (Ausfall-)Risiken birgt. Die gegenüber dem einen Kunden bestehende Warnpflicht kollidiert in solchen Fällen mit der gegenüber dem anderen Kunden aufgrund des Bankgeheimnisses bestehenden Geheimhaltungspflicht. Die Pflichtenkollision der Bank ist durch eine Interessen- und Güterabwägung zu lösen.[663] Der Ausgang dieser Abwägung wird im Wesentlichen davon abhängen, wie **hoch** sich das **Ausfallrisiko** aufgrund der von der Bank an sich geheim zuhaltenden Information über den anderen Kunden darstellt und **wie viele Einzelheiten** die Bank aus ihrer Geschäftsverbindung im Zusammenhang mit der Warnpflicht gegenüber dem einen Kunden offenbaren müsste.[664] Eine Durchbrechung des Bankgeheimnisses zugunsten eines Kunden ist danach jedenfalls anzunehmen, wenn die Bank aufgrund von **massiven Verdachtsmomenten** erkennen kann, dass ein anderer Kunde dazu ansetzt, den zu warnenden Kunden zu betrügen oder dessen Vermögen zu gefährden.[665] Auch vor der Eingehung einer Bürgschaft zugunsten eines Kunden der Bank, dessen wirtschaftlicher Zusammenbruch für die Bank erkennbar nicht mehr verhindert werden kann, oder vor der Aufnahme eines Kredits zum Zweck der Finanzierung eines Geschäfts mit einem solchen Kunden wird die Bank entweder warnen[666] oder den Abschluss des Bürgschafts- bzw. Kreditvertrages unter Berufung auf das Bankgeheimnis ablehnen müssen.

177   **4. Rechtsfolgen bei Verletzungen des Bankgeheimnisses.** Wenn eine Bank die ihr nach dem Bankgeheimnis obliegenden Geheimhaltungspflichten verletzt, kann der betroffene Kunden von der Bank bei Vorliegen der weiteren Haftungsvoraussetzungen (→ Rn. 137 ff.) aus § 280 Abs. 1 BGB

---

[657] Vgl. BGH Urt. v. 18.6.1991 – XI ZR 282/90, WM 1991, 1629 f. = NJW-RR 1991, 1265.

[658] Vgl. BGH Urt. v. 21.5.1996 – XI ZR 199/95, BGHZ 133, 36 (42) =NJW 1996, 2734.

[659] Vgl. BGH Urt. v. 21.5.1996 – XI ZR 199/95, BGHZ 133, 36 (42) =NJW 1996, 2734.

[660] BGH Urt. v. 18.6.1991 – XI ZR 282/90, WM 1991, 1629 f. = NJW-RR 1991, 1265.

[661] Vgl. BGH Urt. v. 30.3.1976 – VI ZR 21/74, WM 1976, 498 (499 f.) = BB 1976, 855.

[662] Vgl. *Krepold* in Schimansky/Bunte/Lwowski BankR-HdB § 39 Rn. 88; *Merz* in Kümpel/Wittig BankR/ KapMarktR Rn. 6.131; *Schantz* in Schwintowski BankR Kap. 4 Rn. 53; *Beckhusen/Martens* in Derleder/Knops/ Bamberger BankR/KapMarktR § 8 Rn. 50 f.

[663] BGH Urt. v. 6.5.2008 – XI ZR 56/07, BGHZ 176, 281 Rn. 20 mwN = NJW 2008, 2245; BGH Urt. v. 27.11.1990 – XI ZR 308/89, WM 1991, 85 (86) = NJW 1991, 693.

[664] Vgl. zum zweiten Aspekt BGH Urt. v. 27.11.1990 – XI ZR 308/89, WM 1991, 85 (86) = NJW 1991, 693; *Merz* in Kümpel/Wittig BankR/KapMarktR Rn. 6.131; *Beckhusen/Martens* in Derleder/Knops/Bamberger BankR/ KapMarktR § 8 Rn. 51.

[665] Vgl. BGH Urt. v. 8.6.2008 – XI ZR 56/07, BGHZ 176, 281 (288) = NJW 2008, 2245.

[666] Vgl. BGH Urt. v. 29.9.1986 – II ZR 283/85, WM 1986, 1409 (1410) = NJW 1987, 317 (zur Pflichtenkollision im Zahlungsverkehrsgeschäft näher → Rn. 135).

Schadensersatz beanspruchen. Darüber hinaus kommt ein deliktsrechtlicher Schadensersatz aus § 823 Abs. 1 BGB gegen die Bank in Betracht, der sich bei Privatkunden aus einer Verletzung des **allgemeinen Persönlichkeitsrechts**[667] und bei Geschäftskunden aus einer Verletzung des **Rechts am eingerichteten und ausgeübten Gewerbebetrieb** ergibt[668]. Der Anspruch wegen der Verletzung des Rechts am eingerichteten und ausgeübten Gewerbebetrieb kann sich auch gegen den das Bankgeheimnis verletzenden **Vorstandssprecher** der Bank persönlich richten.[669] **Schmerzensgeldansprüche** wegen der Verletzung des allgemeinen Persönlichkeitsrechts kommen in Ermangelung einer besonders schwerwiegenden Verletzung regelmäßig nicht in Betracht.[670] Wenn der Geheimnisbruch durch die Bank das Vertrauensverhältnis zwischen Bank und Kunde tiefgreifend erschüttert hat, kann der Kunde die Geschäftsbeziehung nach Nr. 18 Abs. 2 AGB-Banken (Nr. 26 Abs. 2 AGB-Sparkassen) zudem aus **wichtigem Grund kündigen.**[671]

Muss der Kunde infolge einer Verletzung des Bankgeheimnisses **Steuernachzahlungen** leisten[672], **178** sind diese nicht als Schaden ersatzfähig, da sie das Vermögen des Kunden nach der Differenzhypothese nicht mindern. Denn die Steuerschuld bestand bereits vor der Verletzung des Bankgeheimnisses.[673] **Kosten** für einen im Zusammenhang mit der Steuernachzahlung eingeschalteten **Steuerberater** und für einen **Strafverteidiger** sind ebenfalls nicht ersatzfähig.[674] **Geldstrafen,** die der Steuerpflichtige infolge der Verletzung des Bankgeheimnisses gezahlt hat, sollen dann ersatzfähig sein, wenn der Kunde nachweist, dass er eine Selbstanzeige erstattet hätte und nach § 371 AO in den Genuss der Straffreiheit gekommen wäre.[675] Das ist abzulehnen, weil die Steuerstraftat vom Kunden begangen wurde und die gesetzlichen Voraussetzungen für eine Strafbefreiung nicht vorliegen. Dass die Bank durch die Verletzung des Bankgeheimnisses eine Strafbefreiung ihres Kunden verhindert hat, führt unter normativen Gesichtspunkten nicht dazu, dass der „geschädigte" Kunde durch eine Ersatzleistung billigerweise zu entlasten ist. Darüber hinaus ist der Mitverschuldensanteil des Kunden an der „Schadensentstehung" gem. § 254 Abs. 1 BGB so hoch, dass ein Ersatzanspruch gegen die Bank vollständig entfällt.

5. Verhältnis zum Datenschutzrecht. Zweck der Regelungen des Bundesdatenschutzgesetzes ist **179** es, den Einzelnen vor Beeinträchtigungen seines Persönlichkeitsrechts durch den Umgang mit seinen personenbezogenen Daten zu schützen (§ 1 Abs. 1 BDSG). Das Verhältnis zwischen Datenschutz und Bankgeheimnis wird maßgeblich von § 1 Abs. 3 S. 2 BDSG bestimmt.[676] Nach dieser Vorschrift bleibt ua die Verpflichtung zur Wahrung von Berufsgeheimnissen, die nicht auf gesetzlichen Vorschriften beruhen, von den Regelungen des Datenschutzgesetzes unberührt. Zu den Berufsgeheimnissen in diesem Sinne gehört auch das Bankgeheimnis[677], sodass die Regelungen des **Bundesdatenschutzgesetzes** und die mit dem **Bankgeheimnis** verbundenen Geheimhaltungspflichten **nebeneinander** Geltung beanspruchen.[678] Das bedeutet, dass die Preisgabe einer dem Bankgeheimnis unterliegenden Tatsache oder Wertung (→ Rn. 146) durch die Bank sowohl den Schranken des Bankgeheimnisses (→ Rn. 150 ff.) als auch den Anforderungen des Datenschutzrechts genügen muss.[679] Das Datenschutzrecht hat im Verhältnis zum Bankgeheimnis als Berufsgeheimnis insoweit eine Auffangfunktion.[680] Aus diesem Grund stellen die §§ 28, 28a BSDG, die die Voraussetzungen regeln, unter denen unter anderem die Übermittlung personenbezogener Daten aus datenschutzrechtlicher Sicht zulässig ist, keine gesetzliche Schranke des Bankgeheimnisses dar.[681] Selbst wenn die Voraussetzungen einer dieser Vorschriften vorliegen, ergibt sich hieraus für die Bank noch keine Entpflichtung vom Bankgeheimnis.[682] Darüber

---

[667] *Krepold* in Schimansky/Bunte/Lwowski BankR-HdB § 39 Rn. 300; *Schantz* in Schwintowski BankR Kap. 4 Rn. 61; *Beckhusen/Martens* in Derleder/Knops/Bamberger BankR/KapMarktR § 8 Rn. 62.

[668] BGH Urt. v. 24.1.2006 – XI ZR 384/03, BGHZ 166, 84 Rn. 44 ff. = NJW 2006, 830 (Breuer./.Kirch).

[669] BGH Urt. v. 24.1.2006 – XI ZR 384/03, BGHZ 166, 84 Rn. 119 ff. = NJW 2006, 830 (Breuer./.Kirch).

[670] *Krepold* in Schimansky/Bunte/Lwowski BankR-HdB § 39 Rn. 300; *Beckhusen/Martens* in Derleder/Knops/Bamberger BankR/KapMarktR § 8 Rn. 62.

[671] Vgl. *Krepold* in Schimansky/Bunte/Lwowski BankR-HdB § 39 Rn. 310; *Beckhusen/Martens* in Derleder/Knops/Bamberger BankR/KapMarktR § 8 Rn. 64.

[672] Zu den Durchbrechungen des Bankgeheimnisses im Besteuerungsverfahren → Rn. 162.

[673] *Beckhusen/Martens* in Derleder/Knops/Bamberger BankR/KapMarktR § 8 Rn. 63; *Schantz* in Schwintowski BankR Kap. 4 Rn. 63; *Junker* DStR 1996, 224 (228).

[674] *Krepold* in Schimansky/Bunte/Lwowski BankR-HdB § 39 Rn. 306.

[675] *Krepold* in Schimansky/Bunte/Lwowski BankR-HdB § 39 Rn. 307; *Junker* DStR 1996, 224 (228); *Schantz* in Schwintowski BankR Kap. 4 Rn. 63; *Beckhusen/Martens* in Derleder/Knops/Bamberger BankR/KapMarktR § 8 Rn. 63.

[676] Vgl. BGH Urt. v. 27.2.2007 – XI ZR 195/05, BGHZ 171, 180 Rn. 30 = NJW 2007, 2106.

[677] Vgl. BGH Urt. v. 27.2.2007 – XI ZR 195/05, BGHZ 171, 180 Rn. 30 = NJW 2007, 2106; *Beckhusen/Martens* in Derleder/Knops/Bamberger BankR/KapMarktR § 8 Rn. 54; *Koch* MMR 2002, 504 (507).

[678] Vgl. BGH Urt. v. 27.2.2007 – XI ZR 195/05, BGHZ 171, 180 Rn. 30 = NJW 2007, 2106.

[679] Vgl. *Schantz* in Schwintowski BankR Kap. 4 Rn. 12.

[680] BGH Urt. v. 27.2.2007 – XI ZR 195/05, BGHZ 171, 180 Rn. 30 = NJW 2007, 2106.

[681] Vgl. *Beckhusen/Martens* in Derleder/Knops/Bamberger BankR/KapMarktR § 8 Rn. 54.

[682] Vgl. *Bruchner/Krepold* in Schimansky/Bunte/Lwowski BankR-HdB § 41 Rn. 16; Langenbucher/Bliesener/Spindler/*Müller-Christmann* Kap. 1 II. Rn. 114; vgl. zu Schufa-Klausel → Rn. 152 f.

hinaus ist der **Anwendungsbereich des Bundesdatenschutzgesetzes** insoweit **enger** als der Schutz-umfang des Bankgeheimnisses (→ Rn. 146–149), als er gem. § 3 Abs. 1 BDSG **nur personenbezoge-ne Daten natürlicher Personen** umfasst.

3. Bankkonto

Schrifttum: *Baumbach/Hopt,* HGB, 38. Aufl. 2018; *Becher/Gößmann,* Die Änderungen der Allgemeinen Ge-schäftsbedingungen der privaten Banken und Sparkassen und Landesbanken, BKR 2002, 519; *Bülow/Artz,* Zahlungs-kontengesetz (ZKG), 2017; *Einsele,* Das Gemeinschaftskonto – Kontoinhaberschaft, Forderungsinhaberschaft und Verfügungsbefugnis, FS Nobbe, 2009, 27; *Gabler,* Wirtschaftslexikon, 19. Aufl. 2018; *Herresthal,* Die Kündigung von Girokonten durch private Banken nach dem Recht der Zahlungsdienstleistungen, WM 2013, 773; *Kämmer,* Storno-recht der Banken – Selbsthilferecht oder Gestaltungsrecht sui generis, 1998; *Kunkel,* Das junge Konto – Minderjäh-rigenschutz im Rahmen des Girovertrages, Rpfleger 1997, 1; *Mantz,* Klage gegen unbekannte Inhaber einer ausländischen Domain im Zivilprozess?, NJW 2016, 2845; *Nobbe,* Zulässigkeit von Bankentgelten, WM 2008, 185, 190; *Schimansky/Bunte/Lwowski,* Bankrechts-Handbuch, 5. Aufl. 2017; *K. Schmidt,* Das Gemeinschaftskonto: Rechts-gemeinschaft am Rechtsverhältnis, FS Hadding, 2004, 1093; *K. Schmidt,* Nachdenken über das Oder-Konto – Ein neues Rechtsbild der Gemeinschaftskonten im rechtsdogmatischen und praktischen Test, FS Nobbe, 2009, 187; *Pohlmann,* Das von Ehegatten geführte Oder-Konto, 2002; *Schwintowski,* Bankrecht, 5. Aufl. 2018; *Ulmer/Brandner/ Hensen,* AGB-Recht, 12. Aufl. 2016; *Vortmann,* Bankgeschäfte mit Minderjährigen, WM 1994, 965; *Wagner,* Inter-ventionsrecht des Kontomitinhabers gegen die Zwangsvollstreckung in Oder-Konten, WM 1991, 1145; *Werkmüller,* Aufgaben und Funktionen der Bank in der Erbauseinandersetzung, ZEV 2001, 340; *Wessels,* Die Saldoklage, WM 1997, 1509; *Wolf/Lindacher/Pfeiffer,* AGB-Recht, 6. Aufl. 2013; *Zahrte,* Rechtliche Anforderungen an elektronische Postfachlösungen von Banken, BKR 2017, 279.

Übersicht

I. Bankkontokorrent, Girovertrag und Buchungen

1. Besonderheiten des Bankkontokorrents. a) Begriff „Bankkonto". Rechtstechnisch ist ein **180** Konto eine **Geschäftsaufzeichnung in Tabellenform,** anders ausgedrückt: eine Datenstruktur zur Erfassung von Geschäftsvorfällen samt zugehöriger Belege.[683] Häufig wird auch formuliert, ein Konto sei ein Handelsbuch (§ 238 HGB).[684] Das ist in doppelter Hinsicht unscharf: Zum einen führen auch Nichtkaufleute Konten. Zum anderen muss ein Konto, selbst wenn die Buchführung noch in Gestalt von (gebundenen) Büchern erfolgt, nicht als Buch verselbständigt sein. Insofern ist ein Konto nur **Teil der Handelsbücher** (iSd § 238 HGB). Ein Bankkonto ist – so gesehen – eine Datenstruktur zur Erfassung von Geschäftsvorfällen zwischen Kreditinstitut und Kunde; zugleich ist es Teil der Handelsbücher des Kreditinstituts (iSd § 238 HGB).[685]

Betrachtet man die einzelnen Rechtsbeziehungen, versteht man unter einem Bankkonto die zwi- **181** schen Kreditinstitut und Kunde getroffene **Kontokorrentabrede samt zugrunde liegender Geschäftsbeziehungen.**[686] Die Geschäftsbeziehungen, die durch das Konto erfasst werden, können unterschiedlicher Natur sein. Bankkonten werden nicht nur für den Zahlungsverkehr (Girovertrag) geführt, sondern auch für einzelne Kreditverhältnisse, den Sparverkehr oder Wertpapiergeschäfte (Depots). Davon zu unterscheiden ist das gesamte **Geschäftsverbindung.** Wird sie beendet, enden zugleich alle Kontokorrentabreden: Eine Kontokorrentabrede ohne Geschäftsverbindung ist gegenstandslos und damit hinfällig.

b) Ausgestaltung durch AGB. Die Kontokorrentabrede wird regelmäßig mit dem Konto- oder **182** Depoteröffnungsantrag getroffen; sie ist in den dafür vorgesehenen Bankformularen[687] enthalten. Die Kontokorrentabrede wird durch die Allgemeinen Geschäftsbedingungen der Kreditinstitute (Nr. 7 AGB-Banken, Nr. 7 AGB-Sparkassen) näher ausgestaltet (=**Bankkontokorrent**). Diese regeln, vorbehaltlich abweichender Vereinbarung im Einzelfall, zunächst folgende Punkte: Die Bank erteilt einen Rechnungsabschluss jeweils zum Ende eines Kalenderquartals (= **vierteljährliche Rechnungsperiode**). Die in diesem Zeitraum entstandenen beiderseitigen Ansprüche, einschließlich der Zinsen und Entgelte der Bank, werden verrechnet (= **antizipierte Verrechnungsvereinbarung**). Die Bank kann auf den Rechnungssaldo diejenigen Aktiv- oder Passivzinsen berechnen, die in ihren AGB (iVm dem Preis- und Leistungsverzeichnis) vorgesehen sind (= **Verzinsungsvereinbarung für den Rechnungssaldo**); diese im Voraus getroffene Vereinbarung über die Verzinsung des gesamten Rechnungssaldos, auch soweit in ihm Zinsen enthalten sind, ist deshalb zulässig, weil das Zinseszinsverbot des § 248 Abs. 1 BGB für das Kontokorrent nicht gilt (§ 355 Abs. 1 HGB). Von der Verzinsung des Rechnungssaldos ist diejenige der darin eingehenden Einzelforderungen zu unterscheiden; auch letztere verzinsen sich im Bankkontokorrent insofern einheitlich, als auf den Wertstellungssaldo eines jeden Tags vereinbarungsgemäß der vorgesehene Aktiv- oder Passivzins berechnet wird (Nr. 12 AGB-

---

[683] Vgl. *Gabler,* Wirtschaftslexikon, 19. Aufl. 2018, „Konten".

[684] *Joeres* in Schimansky/Bunte/Lwowski BankR-HdB § 29 Rn. 1; Baumbach/Hopt/*Hopt* Bankgeschäfte Rn. A/36; Palandt/*Sprau* BGB § 675f Rn. 27.

[685] Nicht zu verwechseln mit einem Handelsbuch iSd § 238 HGB ist das Handelsbuch (englisch: *Trading book*) der Bank im kreditaufsichtsrechtlichen Sinne. Es ist in Art. 4 Abs. 1 Nr. 86 Kapitaladäquanzverordnung = VO (EU) Nr. 575/2013 geregelt und bezeichnet alle Positionen in Finanzinstrumenten und Waren, welche die Bank entweder mit Handelsabsicht oder zur Absicherung anderer mit Handelsabsicht gehaltener Positionen hält. Gegenbegriff ist das ebenfalls in der Kapitaladäquanzverordnung geregelte Anlagebuch.

[686] Zu weitgehend Baumbach/Hopt/*Hopt* Bankgeschäfte Rn. A/36: *„das gesamte Rechtsverhältnis zwischen dem Kunden und der Bank".*

[687] Abgedr. bei *Lwowski/Lorenz* in Schimansky/Bunte/Lwowski BankR-HdB § 34.

Banken; Nr. 17 AGB-Sparkassen).[688] Da die Verzinsung nach den Regeln der Zivilkomputation (§§ 187 Abs. 1, 188 Abs. 1 BGB) mit dem auf die Wertstellung eines Betrags folgenden Tag beginnt, ist eine AGB-Klausel wegen unangemessener Benachteiligung des Kunden unwirksam (§ 307 Abs. 1 BGB), nach der die Wertstellung eingehender Überweisungsbeträge erst einen Bankarbeitstag nach Eingang erfolgen soll.[689]

183   **c) Insbesondere: Fingierte Genehmigung des Rechnungsabschlusses.** Die Anerkennung eines Kontokorrentsaldos ist ein abstraktes Schuldanerkenntnis (§ 781 BGB).[690] Die Bank bietet dem Kunden den Abschluss des Anerkenntnisvertrags an, indem sie ihm einen Rechnungsabschluss übersendet. Beim Bankkontokorrent wird die Anerkennungserklärung des Kunden fingiert (= **Genehmigungsfiktion**). Die AGB der Kreditinstitute (Nr. 7 Abs. 2 AGB-Banken, Nr. 7 Abs. 3 AGB-Sparkassen) regeln dazu jeweils, dass der Kunde Einwendungen gegen die Richtigkeit oder Vollständigkeit eines Rechnungsabschlusses vor Ablauf von sechs Wochen nach dessen Zugang zu erheben hat; andernfalls gilt der Rechnungsabschluss als „genehmigt". Die Kreditinstitute verpflichten sich in ihren AGB zudem, den Kunden auf diese Rechtsfolge bei Erteilung des Rechnungsabschlusses besonders hinzuweisen.

184   Die **Wirksamkeit der Fiktionsklausel** ist – auch im Verkehr mit Verbrauchern – seit langem anerkannt: Die Genehmigungsfiktion steht, wie der BGH wiederholt entschieden hat, im Einklang mit § 308 Nr. 5 BGB; sie benachteiligt den Vertragspartner der Bank auch in keiner sonstigen Weise entgegen den Geboten von Treu und Glauben unangemessen.[691] Im Ergebnis bewirkt die Genehmigungsfiktion zwar eine **Umkehr der Beweislast;** diese ist aber mit § 309 Nr. 12 BGB vereinbar, weil das abstrakte Schuldanerkenntnis ein gesetzlich anerkanntes Rechtsinstitut ist.[692] An alldem hat auch die Vorschrift des § 676b Abs. 2 S. 1 BGB nichts geändert, nach der Ansprüche und Einwendungen des Zahlungsdienstnutzers gegen den Zahlungsdienstleister (erst) ausgeschlossen sind, wenn der Zahlungsdienstnutzer den Zahlungsdienstleister nicht spätestens 13 Monate nach dem Tag der Belastung unterrichtet hat. Jene Vorschrift, durch welche die ZDRL 2007[693] umgesetzt worden ist, regelt den *endgültigen* Ausschluss von Korrekturmöglichkeiten, etwa auch einer Kondiktion des Anerkenntnisses.[694] Hingegen enthält § 676b Abs. 2 S. 1 BGB kein neues gesetzliches Leitbild zur Frist, nach deren Ablauf der Rechnungsabschluss als anerkannt gelten kann.[695]

185   **d) Voraussetzungen der Genehmigungsfiktion.** Die Fiktionsvoraussetzungen sind in den AGB der Kreditinstitute nicht sämtlich ausdrücklich benannt: Der Wortlaut der Fiktionsklausel (Nr. 7 Abs. 2 AGB-Banken, Nr. 7 Abs. 3 AGB-Sparkassen) lässt erkennen, dass die Genehmigungsfiktion den (aa) Zugang des Rechnungsabschlusses beim Kunden erfordert. Implizit setzt die Fiktion aber auch die (bb) Genehmigungsfähigkeit des zugegangenen Rechnungsabschlusses voraus. Hingegen bedarf der Rechnungsabschluss keiner besonderen (cc) Form.

186   **aa) Zugang des Rechnungsabschlusses.** Da die Kreditinstitute Kontoauszüge oft nicht mehr in Papierform versenden, sondern diese (vereinbarungsgemäß) nur noch über Kontoauszugsdrucker oder in elektronischer Form zum Abruf bereitstellen, fragt sich, ob die Sechswochenfrist, nach deren Ablauf der Rechnungsabschluss als genehmigt gilt, schon durch die Abrufmöglichkeit in Gang gesetzt wird. Das wird teilweise angenommen, wobei die Bank bei „länger" andauerndem Nichtabruf doch zur (papiernen) Zusendung gehalten sein soll.[696] Die Sechswochenfrist wird, wenn die Bank Abrechnungsdaten nur zum Abruf bereitstellt, spätestens in Gang gesetzt, sobald der Kunde den Rechnungsabschluss *tatsächlich* abruft. Der tatsächliche Abruf kann, wenn der Kunde am Online-Banking teilnimmt, auch zusammen mit dem Öffnen anderer ungelesener Mitteilungen geschehen, was sich die Bank häufig vor weiterer Nutzung der Online-Banking-Funktionen elektronisch (durch Anklicken eines Kästchens) bestätigen lässt; der Beweiswert solcher elektronischer Sammelbestätigungen unterliegt im Streitfall tatrichterlicher Würdigung (§ 286 ZPO). Im Übrigen genügt die Einstellung des Rechnungsabschlusses in das Kontoauszugsdruckersystem oder in das Extranet der Bank grundsätzlich nicht, um die Sechswochenfrist beginnen zu lassen: Die Genehmigungsfiktion infolge unterbliebenen Widerspruchs gegen den Rechnungsabschluss setzt dessen Zugang voraus, dh dessen Gelangen in den Empfangs-

[688] Näher zur „zinsmäßigen Vereinheitlichung" der Einzelansprüche EBJS/*Grundmann,* 3. Aufl. 2015, BankR Rn. I 208.

[689] BGH Urt. v. 6.5.1997 – XI ZR 208/96, BGHZ 135, 316 (318) = NJW 1997, 2042.

[690] BGH Urt. v. 2.11.1967 – II ZR 46/65, BGHZ 49, 24 (27) = NJW 1968, 33; Urt. v. 28.6.1968 – I ZR 156/66, BGHZ 50, 277 (279) = WM 1968, 967; Urt. v. 13.3.1981– I ZR 5/79, BGHZ 80, 172 (176) = NJW 1981, 290.

[691] Vgl. etwa BGH Urt. v. 6.6.2000 – XI ZR 258/99, BGHZ 144, 349 (355) = NJW 2000, 1753; Urt. v. 28.1.2014 – XI ZR 424/12, BGHZ 200, 121 Rn. 21 = NJW 2014, 1441.

[692] Baumbach/Hopt/*Hopt* AGB-Banken § 7 Rn. 3; vgl. auch BGH Urt. v. 18.12.1986 – IX ZR 11/86, BGHZ 99, 274 (284) = NJW 1987, 904 (zu abstrakter Übernahme persönlicher Haftung bei Grundschuldbestellung).

[693] RL 2007/64/EG (ABl. 2007 L 319, 1).

[694] Begr. RegE BT-Drs. 16/11643, 119 unter Verweis auf Art. 58 ZDRL und Erwägungsgrund 31 ZDRL.

[695] So iErg auch BGH Urt. v. 28.1.2014 – XI ZR 424/12, BGHZ 200, 121 (17 ff.) = NJW 2014, 1441; MüKoBGB/*Casper* BGB § 676b Rn. 23 f.; eher zweifelnd Palandt/*Sprau* BGB § 676b Rn. 4.

[696] *Becher/Gößmann* BKR 2002, 519 (522); abl. Baumbach/Hopt/*Hopt* AGB-Banken § 7 Rn. 2 mwN.

bereich des Kunden (§ 130 BGB). Kontoauszugsdrucker und Extranet der Bank sind keine Empfangseinrichtungen des Kunden; sie sind Ausgabestellen der Bank.[697] Ein Anknüpfen des Fristbeginns an solche Abrufmöglichkeiten liefe auf eine – für Rechnungsabschlüsse als Erklärungen von besonderer Bedeutung unwirksame (§ 308 Nr. 6 BGB) – Zugangsfiktion hinaus.[698] Wenn Bank und Kunde allerdings den elektronischen Versand von Kontoauszügen und Rechnungsabschlüssen vereinbart haben und die Bank dem Kunden dazu abredegemäß ein eigens dafür gewidmetes elektronisches Postfach (sog. qualifiziertes elektronisches Postfach) eingerichtet hat, geht ihm der darin abgelegte Rechnungsabschluss jedenfalls am folgenden Werktag zu, nachdem er zusätzlich darüber informiert worden ist, dass Nachrichten in seinem Postfach liegen.[699]

bb) Genehmigungsfähigkeit des Rechnungsabschlusses. Die Fiktionsklausel (Nr. 7 Abs. 2 **187** AGB-Banken, Nr. 7 Abs. 3 AGB-Sparkassen) spricht allgemein vom Zugang „eines" oder „des" Rechnungsabschlusses. Zur Genehmigungsfiktion genügt aber nicht, dass der Kunde auf irgendeinen, womöglich offensichtlich unrichtigen Rechnungsabschluss geschwiegen hat. Die Bank muss vielmehr vernünftigerweise sein Einverständnis mit dem Abrechnungsinhalt erwarten können. In diesem Sinne muss der Rechnungsabschluss genehmigungsfähig sein; insoweit gilt nichts anderes als nach den Regeln zum kaufmännischen Bestätigungsschreiben.[700] Zur Genehmigungsfähigkeit des Rechnungsabschlusses gehört insbesondere, dass der Kunde das abgerechnete Kontokorrentkonto als solches eröffnet, also mit der Bank eine Kontokorrentabrede getroffen hat. Das verdient etwa besonderes Augenmerk, wenn die Bank die Geschäftsverbindung mit dem Kunden beendet hat und ihn auf Ausgleich der Gesamtverbindlichkeit in Anspruch nimmt. In einem solchen Fall werden oft sämtliche Konten des Kunden in einem Abwicklungskonto zusammengefasst und fortan unter dessen Nummer abgerechnet. Schweigt der Kunde auf Rechnungsabschlüsse eines solchen Abwicklungskontos, lässt sich daraus kein Saldoanerkenntnis herleiten: Nur hinsichtlich der aufgelösten Konten können Kontokorrentvereinbarungen bestanden haben. Hingegen ist die Einrichtung des Abwicklungskontos ein bankinterner Vorgang. Auch wiederholtes Schweigen auf Rechnungsabschlüsse bringt die nötige Kontokorrentvereinbarung nicht zustande.[701]

cc) Form des Rechnungsabschlusses. Der Rechnungsabschluss bedarf keiner besonderen Form. **188** Eine ausdrückliche Bezeichnung als „(Jahres-, Halbjahres-, Vierteljahres-)Abschluss" oder als Rechnungs- oder Periodenabschluss ist nach den AGB der Kreditinstitute nicht zwingend. Es genügt, dass die Abrechnung für die jeweilige Rechnungsperiode erkennbar abschließend ist.[702]

2. Girovertrag. a) Einordnung. Vom Bankkontokorrent ist der zugrunde liegende Geschäftsver- **189** trag zu unterscheiden. Dieser kann etwa ein Sparvertrag oder ein Depotvertrag sein, ebenso – besonders häufig – ein Girovertrag. Letzterem gelten die nachstehenden Ausführungen, die sich freilich auf Aspekte beschränken, die mit dem Bankkonto zusammenhängen. Der Girovertrag ist ein – regelmäßig entgeltlicher – **Geschäftsbesorgungsvertrag zur Abwicklung des bargeldlosen Zahlungsverkehrs** mit dienstvertraglichen und, was die Kontoführung („Girokonto") angeht, werkvertraglichen Elementen.[703] Er ist ein **Zahlungsdiensterahmenvertrag** (iSd § 675f Abs. 2 S. 1 BGB), allerdings zumeist kein solcher in Reinform, der ausschließlich Zahlungsdienstleistungen zum Gegenstand hätte. Mit den vereinbarten Zahlungsdiensten sind vielmehr idR andere Bankdienstleistungen verbunden (§ 675f Abs. 2 S. 2 BGB), so etwa das Scheck- und Wechselinkasso oder auch Kreditgewährungen.[704] Zum Abschluss eines Girovertrags ist das Kreditinstitut grundsätzlich nicht verpflichtet;[705] anders verhält es sich bei Basiskontoverträgen (§ 31 ZKG), die als solche abgeschlossen werden (→ Rn. 212).

b) Rechtsrahmen. Da der Girovertrag die Regelungsbereiche zwingender *und* dispositiver Bestim- **190** mungen betrifft, sollte man sich die für ihn geltende Normenhierarchie klarmachen: Zunächst kommen die §§ 675c–676c BGB zur Anwendung, *soweit* diese, wie in § 675e BGB aufgeführt, zugunsten des Zahlungsdienstnutzers zwingend („halbzwingend") sind. Sodann sind zulässige, von den dispositiven Bestimmungen der §§ 675c–676c BGB abweichende Vereinbarungen zu berücksichtigen,

---

[697] OLG Köln Urt. v. 18.1.2006 – 13 U 128/05, BKR 2007, 170 (172); OLG Düsseldorf Urt. v. 26.4.2012 – I-14 U 99/11, LSK 2012, 370261.

[698] So zutr. OLG Köln Urt. v. 18.1.2006 – 13 U 128/05, BKR 2007, 170 (172).

[699] *Zahrte* BKR 2017, 279 (282).

[700] Baumbach/Hopt/*Hopt* AGB-Banken § 7 Rn. 4 mwN.

[701] Vgl. BGH Urt. v. 29.6.1973 – I ZR 120/72, WM 1973, 1014 (1015); Baumbach/Hopt/*Hopt* AGB-Banken § 7 Rn. 5 mwN.

[702] BGH Urt. v. 8.11.2011 – XI ZR 158/10, NJW 2012, 306 Rn. 24.

[703] Baumbach/Hopt/*Hopt* Bankgeschäfte Rn. C/25; Palandt/*Sprau* BGB § 675f Rn. 10. Vgl. zum dienstvertraglichen Charakter der Pflicht zur Ausführung von Überweisungsaufträgen §§ 675f Abs. 1, 675s u. 675y Abs. 1 S. 4 BGB sowie schon BGH Urt. v. 19.3.1991 – XI ZR 102/90, NJW 1991, 2210 (2210).

[704] Begr. RegE zu § 675f BGB, BT-Drs. 16/11643, 102.

[705] BGH Urt. v. 15.6.2004 – XI ZR 220/03, NJW 2004, 2517 (2518); Begr. RegE ÜG, BT-Drs. 14/745, 19.

sonst wieder die §§ 675c–676c BGB. Schließlich gelten nach § 675c Abs. 1 BGB Auftragsrecht sowie nach § 675 Abs. 1 BGB Dienst- und Werkvertragsrecht.[706]

191   **c) Pflichten des Kreditinstituts.** Hauptleistungspflichten des Kreditinstituts sind zunächst die von ihm zu erbringenden **Zahlungsdienste** (§ 675f Abs. 2 S. 1 BGB); diese umfassen insbesondere die Führung des für den Kunden einzurichtenden (Giro-)Kontos und die Ausführung der Zahlungsvorgänge.[707] Vertragstypisch ist zudem die Pflicht des Kreditinstituts, dem Kunden jederzeit, auch zwischen den Rechnungsabschlüssen, den Tagesüberschuss auszuzahlen; der Girovertrag gibt dem Kunden mithin einen – abtretbaren und pfändbaren – Anspruch auf jederzeitige **Auszahlung des Tagesguthabens.**[708] Der Vertrag kann durch Zusatzvereinbarungen ergänzt sein, zB durch solche über den Einsatz von Zahlungskarten oder das Online-Banking; diese sind dann ebenfalls Zahlungsdiensterahmenverträge iSd § 675f Abs. 2 S. 1 BGB.[709]

192   **aa) Aktiv- und Passivsaldo, Kreditlinie.** Ein Aktivsaldo des Kunden auf dem Girokonto stellt eine Forderung aus unregelmäßiger Verwahrung dar (§ 700 Abs. 1 BGB).[710] Hingegen gewährt die Bank dem Kunden bei einem Girokonto, das auch passiv werden darf, aufgrund eines mit dem Girovertrag ausdrücklich oder stillschweigend verbundenen (Kontokorrent-)Kreditvertrags einen verzinslichen Kredit.[711] Der Anspruch auf Auszahlung eines unter einer solchen „Kreditlinie" zugesagten Darlehens ist erst mit dessen Abruf pfändbar; vor dem Abruf durch den Kontoinhaber besteht kein Anspruch, der einem Abtretungs- oder Pfändungsgläubiger das Recht geben könnte, sich ohne Mitwirkung des Kontoinhabers Kreditmittel auszahlen zu lassen.[712]

193   **bb) Nebenpflichten, insbesondere Auskunfts- und Rechenschaftspflicht.** Mit den girovertraglichen Hauptleistungspflichten können – etwa beim Pfändungsschutzkonto – laufende Kontroll-, Dispositions- und Überwachungstätigkeiten in Bezug auf das Girokonto einhergehen. Diese Tätigkeiten stellen aber für sich gesehen keine Zahlungsdienste dar. Sie sind nur Gegenstand von Nebenleistungspflichten des Kreditinstituts.[713]

194   Das Kreditinstitut unterliegt aufgrund des Girovertrags der **Informationspflicht des Beauftragten** (§ 675 Abs. 1 BGB iVm § 666 BGB);[714] daran hat sich durch die ZDRL 2007 und die zu deren Umsetzung erlassenen §§ 675c ff. BGB nichts geändert.[715] Das Kreditinstitut hat deshalb den Kunden – im Verkehr mit Verbrauchern grundsätzlich ohne gesondertes Entgelt – unverzüglich über die Nichteinlösung einer Lastschrift zu unterrichten, damit der Kunde anderweitig für die rechtzeitige Erfüllung seiner Zahlungsverpflichtung sorgen kann. Generell ergibt sich aus § 666 BGB die Pflicht, dem Kunden über den Stand des Kontos **Kontoauszüge** zu erteilen, die fortlaufend alle Änderungen wiedergeben. Diese Informationspflicht unterliegt keiner festen zeitlichen Beschränkung. Sie entfällt auch nicht für Zeiträume, für die ein Rechnungsabschluss schon zu einem Saldoanerkenntnis geführt hat; Beschränkungen können sich nur im Einzelfall aus Treu und Glauben (§ 242 BGB) ergeben.[716]

195   Der mit dem (informatorischen) Kontoauszug übermittelte **Tagessaldo** ist demnach ein reiner Postensaldo, der zur Erleichterung des Überblicks und der Zinsberechnung ermittelt wird und dessen Bedeutung sich darauf beschränkt, Auszahlungen zu verhüten, die nicht durch ein Guthaben gedeckt sind; das Schweigen des Kunden auf einen solchen Kontoauszug führt deshalb weder zu einem Schuldanerkenntnis noch in sonstiger Weise zu einem neuen Schuldgrund.[717] Der (informatorische) Kontoauszug ist nicht einmal eine Willenserklärung. Daran ändert auch die in den AGB der Kreditinstitute (Nr. 11 Abs. 4 AGB-Banken, Nr. 20 Abs. 1 lit. g AGB-Sparkassen) geregelte Kundenpflicht nichts, ihn unverzüglich zu überprüfen; die fahrlässig mangelhafte Kontrolle eines Kontoauszugs kann nur eine Schadensersatzpflicht des Kunden begründen.[718] Allerdings kann insbesondere im unternehmerischen Verkehr der Umstand, dass der Kontoinhaber in Kenntnis erfolgter Abbuchungen Deckung für weitere Dispositionen schafft, im Einzelfall die **konkludente Genehmigung gebuchter Lastschriften** indizieren; dies allzumal, da sich der Kontoinhaber sonst leichter Liquidität dadurch verschaffen

---

[706] Vgl. Baumbach/Hopt/*Hopt* Bankgeschäfte Rn. C/25; MüKoBGB/*Casper* BGB § 675c Rn. 42.

[707] Vgl. etwa BGH Urt. v. 13.11.2012 – XI ZR 145/12, BeckRS 2012, 24814 Rn. 29.

[708] BGH Urt. v. 30.6.1982 – VIII ZR 129/81, BGHZ 84, 325 (329 f.) = NJW 1982, 2192; stRspr.

[709] OLG Frankfurt a. M. Urt. v. 29.5.2015 – 10 U 35/13, WM 2015, 1709 (1711).

[710] BGH Urt. v. 10.10.1995 – XI ZR 263/94, BGHZ 131, 60 (63) = NJW 1996, 190.

[711] BGH Urt. v. 30.11.1993 – XI ZR 80/93, BGHZ 124, 254 (257) = NJW 1994, 318.

[712] BGH Urt. v. 22.1.2004 – IX ZR 39/03, BGHZ 157, 350 (356) = NJW 2004, 1444; Urt. v. 25.10.2007 – IX ZR 157/06, WM 2008, 168 Rn. 14.

[713] BGH Urt. v. 13.11.2012 – XI ZR 145/12, BeckRS 2012, 24814 Rn. 29.

[714] BGH Urt. v. 13.2.2001 – XI ZR 197/00, BGHZ 146, 377 (383) = NJW 2001, 1419.

[715] BGH Urt. v. 22.5.2012 – XI ZR 290/11, BGHZ 193, 238 Rn. 13 = NJW 2012, 1047.

[716] BGH Urt. v. 4.7.1985 – III ZR 144/84, NJW 1985, 2699 (2699).

[717] BGH Urt. v. 28.6.1968 – I ZR 156/66, BGHZ 50, 277 (280) = WM 1968, 967.

[718] OLG Zweibrücken Urt. v. 22.4.1997 – 5 U 48/95, NJW-RR 1997, 1546 (1547); Baumbach/Hopt/*Hopt* AGB-Banken § 7 Rn. 5.

könnte, dass er älteren, seiner Ansicht nach unberechtigten Belastungsbuchungen widerspricht.[719] Das begrenzt auch die Möglichkeiten eines Insolvenzverwalters zum nachträglichen Lastschriftwiderruf.

d) Kundenpflicht zu Aufwendungsersatz und Entgeltzahlung. Soweit das Girokonto durch **196** genehmigte Zahlungsvorgänge einen Sollsaldo aufweist, der durch keine Kreditlinie gestattet ist, hat der Kunde es im Wege des Aufwendungsersatzes auszugleichen (§ 675c Abs. 1 BGB iVm § 670 BGB). Für die Führung des Girokontos kann das Kreditinstitut zudem einen pauschalen Grundpreis (**Kontoführungsgebühr**) verlangen. Dabei kann es danach unterscheiden, ob der Kunde das Konto nur elektronisch (Online-Banking) oder in herkömmlicher Weise nutzt; für nicht durch den Girovertrag abgedeckte Zusatzleistungen können weitere Einzelentgelte verlangt werden.[720]

Im Übrigen wirkt sich der halbzwingende Charakter der §§ 675c–676c BGB auch auf die Entgelte **197** aus, die das Kreditinstitut im Zusammenhang mit der Girokontenführung erheben darf. So sind im Verkehr mit Verbrauchern formularmäßig vereinbarte Entgeltbestimmungen nach § 307 Abs. 1 S. 1, Abs. 2 Nr. 1 BGB unwirksam, nach denen für jede Unterrichtung über die berechtigte Ablehnung der Einlösung einer Lastschrift, der Ausführung einer Einzugsermächtigung oder der Ausführung eines Überweisungsauftrags (mangels Deckung) ein Pauschalbetrag anfallen soll (→ Rn. 71); dies deshalb, weil § 675f Abs. 4 S. 2 BGB und § 675o Abs. 1 S. 4 BGB, die jeweils auf *konkret* verursachten Aufwand abstellen, **gesetzliche Preisregelungen** darstellen.[721] Will ein Kreditinstitut bei solchen Positionen der Klauselunwirksamkeit entgehen, bleibt ihm praktisch nur die Möglichkeit, seine Kosten in die Kontoführungsgebühr einzurechnen; diese unterliegt als Preishauptabrede keiner AGB-Kontrolle.[722]

e) Eigenständigkeit von Kontokorrentabrede und Girovertrag. Die Kontokorrentabrede ist **198** vom Fortbestand des Girovertrags grundsätzlich unabhängig. Das erhellt schon daraus, dass demselben Bankkontokorrent *mehrere* Geschäftsverträge (Girovertrag, Scheckvertrag, Kreditvertrag usw) zugrunde liegen können. Nach den AGB der Kreditinstitute (Nr. 18 Abs. 1 und 19 Abs. 1 AGB-Banken, Nr. 26 Abs. 1 AGB-Sparkassen) kann der Girovertrag vom Kunden jederzeit gekündigt werden, vom Kreditinstitut hingegen nur mit einer angemessenen Frist von mindestens zwei Monaten (Nr. 19 Abs. 1 S. 3 AGB-Banken, Nr. 26 Abs. 1 S. 3 AGB-Sparkassen, → Rn. 219). Letzteres entspricht der Vorgabe in § 675h Abs. 2 S. 2 BGB. Der Girovertrag endet anders als die Kontokorrentabrede zudem mit der Insolvenz des Kunden (§ 116 S. 1 InsO), nicht hingegen mit derjenigen des Kreditinstituts. Der Tod des Kunden oder der Eintritt von dessen Geschäftsunfähigkeit lässt den Bestand des Girovertrags – wie auch denjenigen der Kontokorrentabrede – grundsätzlich unberührt (§ 672 S. 1 BGB).

3. Buchungen. a) Anspruch auf Gutschrift. Nach § 675t Abs. 1 S. 1 BGB ist das Kreditinstitut **199** als Zahlungsdienstleister dem Kunden gegenüber verpflichtet, ihm einen auf dem Girokonto eingegangenen Zahlungsbetrag unverzüglich verfügbar zu machen. Das entspricht dem zuvor aus den §§ 675 Abs. 1, 667 BGB abgeleiteten „Anspruch auf Gutschrift".[723] Das Gesetz geht – wie § 675t Abs. 2 S. 2 belegt – von kurzen Fristen aus. In der Regel wird der Betrag dem Konto des Kunden daher spätestens am Folgetag des Eingangs gutzuschreiben sein.[724]

Gemäß § 675t Abs. 1 BGB muss das Kreditinstitut dem Kunden den eingegangenen Betrag allerdings nur in dem Umfang verfügbar machen, wie es selbst Deckung erhalten hat. Es kann deshalb **200** seine Gutschrift weiterhin unter einer Bedingung (**Vorbehaltsbuchung**) erteilen, wie dies insbesondere beim Scheck- oder Lastschriftinkasso („Eingang vorbehalten") üblich ist.[725] Ein Verfügbarmachen iSd § 675t Abs. 1 BGB liegt auch vor, wenn der Betrag einem debitorisch geführten Konto gutgeschrieben wird (und sich dadurch die Höhe eines in Anspruch genommenen Überziehungskredits reduziert) oder ins Bankkontokorrent eingeht.[726] Die Kontoführung wird insofern durch § 675t Abs. 1 BGB nicht beeinträchtigt.

b) Anspruch aus Gutschrift. Davon zu unterscheiden ist der Anspruch des Kunden „aus" der **201** Gutschrift. Die Gutschrift stellt sich als abstraktes Schuldversprechen oder als Schuldanerkenntnis der

[719] BGH Urt. v. 8.11.2011 – XI ZR 158/10, NJW 2012, 306 (307) mwN.

[720] OLG Frankfurt a. M. Urt. v. 29.5.2015 – 10 U 35/13, WM 2015, 1709 (1711); *Nobbe* WM 2008, 185 (190).

[721] BGH Urt. v. 12.9.2017 – XI ZR 590/15, NJW 2017, 3649 Rn. 28.

[722] Vgl. *Touissant* EWiR 2017, 743 (744). Die gesetzlichen Preisregelungen wirken freilich auch zugunsten der Bank; so ist nach BGH Urt. v. 18.6.2019 – XI ZR 768/17, BGHZ 222, 240 = WM 2019, 2153 die Bepreisung von Barein- und Barauszahlungen am Schalter ohne Freipostenregelung wegen § 675f Abs. 5 S. 1 BGB nicht mehr generell unzulässig.

[723] MüKoBGB/*Jungmann* BGB § 675t Rn. 16; Palandt/*Sprau* BGB § 675t Rn. 4.

[724] BPatG Beschl. v. 10.1.2017 – 25 W (pat) 19/15, GRUR 2017, 1172 (1173) – *Cevita/CêlaVita/CÊLAVITA*; Palandt/*Sprau* BGB § 675t Rn. 4. Vgl. zu Vorbehaltsgutschriften auch Nr. 9 Abs. 1 AGB-Banken u. Nr. 9 Abs. 1 AGB-Sparkassen.

[725] BSG Urt. v. 24.2.2016 – B 13 R 22/15 R, WM 2016, 1220 Rn. 23; Palandt/*Sprau* BGB § 675t Rn. 4; Staudinger/*Omlor*, 2016, BGB § 675t Rn. 6.

[726] Begr. RegE BT-Drs. 16/11643, 112; Palandt/*Sprau* BGB § 675t Rn. 4.

Bank gegenüber dem Kunden dar.[727] Diese abstrakte Forderung ist nicht mit dem kontokorrentrechtlichen Anspruch auf den Rechnungsüberschuss zu verwechseln, der durch das Saldoanerkenntnis entsteht. Auch der Anspruch aus der Gutschrift ist kontokorrentgebunden: Er wird während der Dauer der Kontokorrentabrede als Einzelanspruch sogleich in das Bankkontokorrent eingestellt.[728]

202   Der Zeitpunkt, zu dem der Anspruch aus der Gutschrift entsteht, wird im Anschluss an *Möschel*[729] mit „Abrufpräsenz" bezeichnet. Diese besteht, sobald das Kreditinstitut durch einen entsprechenden Organisationsakt zum Ausdruck bringt, dass es die Daten der Gutschrift zur vorbehaltlosen Bekanntgabe an den Kunden zur Verfügung stellt.[730] Das ist etwa der Fall, wenn das Kreditinstitut die Daten der Gutschrift in sein Kontoauszugsdruckersystem oder in sein Extranet einstellt. Eine Erklärung der Gutschriftannahme durch den Kunden ist nicht erforderlich (§ 151 BGB); der Kunde braucht von der Gutschrift nicht einmal Kenntnis zu erlangen.

203   **c) Belastungsbuchung.** Während die Gutschrift mithin einen abstrakten – kontokorrentgebundenen – Anspruch des Kunden begründet, ist eine Belastungsbuchung ein bloßer Realakt mit deklaratorischer Wirkung.[731] Sie wirkt sich rechtlich erst im Rahmen des nächsten Saldoanerkenntnisses aus. Der Kunde kann ein Saldoanerkenntnis, das er aufgrund fehlerhafter Belastungsbuchung zu Unrecht abgegeben hat, innerhalb der Dreizehnmonatsfrist des § 676b Abs. 2 S. 1 BGB kondizieren; danach ist die Kondiktion ausgeschlossen. Die Ausschlussfrist (§ 676b Abs. 2 S. 1 BGB) beginnt mit dem Tag der Belastung, sofern der Zahlungsdienstleister seinen Informationspflichten gem. Art. 248 §§ 7, 10 und 14 EGBGB nachgekommen ist, sonst mit dem Tag der Unterrichtung des Kunden (§ 676b Abs. 2 S. 2 BGB). Die Beweislast für die Voraussetzungen der Präklusion liegt beim Kreditinstitut.[732]

204   **d) Stornobuchung.** Fehlerhafte Gutschriften darf das Kreditinstitut nach seinen AGB (Nr. 8 Abs. 1 AGB-Banken, Nr. 8 Abs. 1 AGB-Sparkassen) **bis zum nächsten Rechnungsabschluss** durch eine Belastungsbuchung rückgängig machen, soweit ihm ein Rückzahlungsanspruch gegen den Kunden zusteht. Nach Nr. 8 Abs. 1 Hs. 2 AGB-Banken soll der Kunde in diesem Fall gegen die Belastungsbuchung nicht einwenden können, dass er in Höhe der Gutschrift bereits verfügt hat, also entreichert ist (§ 818 Abs. 3 BGB). Das Stornorecht wird regelmäßig durch ein Versehen des Kreditinstituts bei der Gutschrift ausgelöst, kann aber durch **jede Art der Fehlbuchung** entstehen, auch aufgrund fehlerhafter Überweisung, etwa infolge von „*password phishing*".[733] Der Bank muss nur gegen den Kunden ein entsprechender Rückforderungsanspruch zustehen. Zweck des Stornorechts ist es, die mit der Geltendmachung solcher Ansprüche üblicherweise verbundenen Schwierigkeiten und Risiken zu vermeiden und die Rechtsstellung der Bank auf eine eigenständige, von den Unsicherheiten des Bereicherungsrechts unabhängige Grundlage zu stellen.[734]

205   Was die **Wirksamkeit der Stornoklausel** (Nr. 8 Abs. 1 AGB-Banken, Nr. 8 Abs. 1 AGB-Sparkassen) angeht, wird man unterscheiden müssen: Die Stornoklausel ist auch im Verkehr mit Verbrauchern jedenfalls wirksam, was die grundsätzliche **Rückgängigmachung der fehlerhaften Gutschrift** durch eine Belastungsbuchung angeht. Insoweit regelt sie ausschließlich Fälle, in denen der Bank ohnehin ein eigener Rückforderungsanspruch gegen den Kunden zusteht; sie bewirkt damit nur eine vereinfachte Durchsetzung eines schon aus anderen Gründen bestehenden Anspruchs. Darin liegt keine unangemessene Benachteiligung (§ 307 Abs. 1 BGB); auch die Beweislast bleibt unverändert.[735] Fraglich ist aber, ob auch die in Nr. 8 Abs. 1 Hs. 2 AGB-Banken[736] enthaltene **Abbedingung des Entreicherungseinwands** der Inhaltskontrolle standhält. Dafür wird angeführt, die Klausel nehme dem Kunden den Entreicherungseinwand nur für die kurze Zeit vor Erteilung des nächsten Rechnungsabschlusses; dies sei nicht zu beanstanden, zumal die Regelung des § 818 Abs. 3 BGB keinen „derart wesentlichen" gesetzlichen Grundgedanken enthalte, das von ihm durch AGB wirksam abgewichen werden könne.[737] Das überzeugt nicht: § 818 Abs. 3 BGB enthält einen *wesentlichen* Grundgedanken des Bereicherungsrechts, nämlich denjenigen, dass die Herausgabepflicht des „gutgläubig" Bereicherten keineswegs zu einer Verminderung seines Vermögens über den Betrag der

---

[727] BGH Urt. v. 25.1.1988 – II ZR 320/87, BGHZ 103, 143, (146) = NJW 1988, 1320; stRspr.

[728] BGH Urt. v. 15.3.2005 – XI ZR 338/03, NJW 2005, 1771 (1771).

[729] AcP 186 (1986), 187 (204).

[730] BGH Urt. v. 25.1.1988 – II ZR 320/87, BGHZ 103, 143 (147) = NJW 1988, 1320.

[731] BGH Urt. v. 11.10.1988 – XI ZR 67/88, BGHZ 105, 263 (269) = NJW 1989, 300; Urt. v. 18.4.1989 – XI ZR 133/88, BGHZ 107, 192 (197) = NJW 1989, 2120.

[732] OLG Schleswig Urt. v. 28.4.2016 – 5 U 36/15, NJW-RR 2016, 1245 Rn. 55; Palandt/*Sprau* BGB § 676b Rn. 4.

[733] OLG Karlsruhe Beschl. v. 22.1.2008 – 17 U 185/07, WM 2008, 632 (633).

[734] BGH Beschl. v. 8.11.2000 – 5 StR 433/00, NJW 2001, 453 (454); Baumbach/Hopt/*Hopt* AGB-Banken § 8 Rn. 1.

[735] LG Bonn Urt. v. 29.12.2006 – 3 O 236/06, BKR 2007, 519 (519); implizit jeweils auch BGH Beschl. v. 8.11.2000 – 5 StR 433/00, NJW 2001, 453 (454); OLG Karlsruhe Beschl. v. 22.1.2008 – 17 U 185/07, WM 2008, 632 (633).

[736] Die AGB-Sparkassen enthalten (wohlweislich?) keine entsprechende Klausel.

[737] OLG Karlsruhe Beschl. v. 22.1.2008 – 17 U 185/07, WM 2008, 632 (634) (inzident); LG Bonn Urt. v. 29.12.2006 – 3 O 236/06, BKR 2007, 519 (519); EBJS/*Grundmann*, 3. Aufl. 2015, BankR Rn. I 218.

„wirklichen" Bereicherung hinaus führen darf.[738] Ob der *gutgläubige* Empfänger einer Fehlbuchung seine Entreicherung für einen längeren oder „nur" für einen kürzeren Bezugszeitraum nicht einwenden kann, ist für die Inhaltskontrolle unerheblich; andernfalls käme es auf die Zufälligkeit an, wie schnell der gutgläubige Empfänger den erlangten Betrag verbraucht. Richtigerweise ist die formularmäßige Abbedingung des Entreicherungseinwands (Nr. 8 Abs. 1 Hs. 2 AGB-Banken) mit wesentlichen Grundgedanken des § 818 Abs. 3 BGB unvereinbar und nach § 307 Abs. 2 Nr. 1 BGB jedenfalls im Verkehr mit Verbrauchern unwirksam.[739]

An die **„Gutgläubigkeit"** eines Fehlbuchungsbegünstigten sind freilich strenge Anforderungen zu **206** stellen. Bei offensichtlicher „Doppelbuchung" wird sie kaum vorliegen. Hinzu kommt: Soweit der Kunde die Fehlbuchung bei Kontrolle seiner Kontoauszüge hätte erkennen müssen, kann er sich in der Regel ebenfalls nicht – zumindest nicht in voller Höhe (§ 254 Abs. 1 BGB) – auf einen Bereicherungswegfall berufen. Die Entgegennahme eines Betrags, dessen Gutschrift auf erkennbarer Fehlbuchung beruht, ist eine schuldhafte Verletzung der aus dem Giroverhältnis erwachsenden Sorgfaltspflicht, im Rahmen des Möglichen und Zumutbaren eine Schädigung des Kreditinstituts zu vermeiden. Die Schadensersatzpflicht des Kunden führt dann ebenso wie die Anwendbarkeit des § 819 Abs. 1 BGB dazu, dass der Stornoanspruch des Kreditinstituts trotz Wegfalls der Bereicherung durchgreift.[740]

e) Berichtigungsbuchung. Das Stornorecht des Kreditinstituts endet mit dem Rechnungs- **207** abschluss. Wenn das Kreditinstitut eine fehlerhafte Gutschrift *erst danach* feststellt und ihm ein Rückzahlungsanspruch gegen den Kunden zusteht, kann es die Fehlbuchung nur im Einvernehmen mit dem Kunden korrigieren; andernfalls müsste es zunächst sein Saldoanerkenntnis kondizieren.[741] Die AGB der Kreditinstitute (Nr. 8 Abs. 2 AGB-Banken, Nr. 8 Abs. 2 AGB-Sparkassen) regeln die Möglichkeit zu solchen Berichtigungsbuchungen. Dazu sehen sie vor, dass das Kreditinstitut die Berichtigungsbuchung rückgängig machen wird, wenn der Kunde gegen sie „Einwendungen" erhebt. Die Klausel lässt mithin die Beweislast unberührt. Sie regelt nicht mehr als ein vermutetes Einvernehmen, dessen Annahme der Kunde jederzeit beseitigen kann. Das Kreditinstitut darf die Berichtigungsbuchung also nur vornehmen, soweit ihm ein Kondiktionsanspruch gegen den Kunden zusteht.[742] Das ist auch im Verkehr mit Verbrauchern hinnehmbar.[743]

II. Eröffnung, Konditionenänderung und Kündigung des Kontos

1. Kontoeröffnung. a) Pflicht zur Identitätsprüfung. Das Kreditinstitut muss sich – zur Mei- **208** dung einer Haftpflicht gegenüber anderen Zahlungsverkehrsteilnehmern – bei Eröffnung eines Kontos über die Identität des Kontoinhabers vergewissern.[744] Eine solche **vertragliche Sorgfaltspflicht** ergibt sich, wenn man als ihre Grundlage mit entgegen der Rechtsprechung[745] einen allgemeinen Bankvertrag postuliert, ua aus den das Konto betreffenden Überweisungsaufträgen. Denn ein Überweisungsauftrag ist nach Treu und Glauben dahin auszulegen (und von der Empfängerbank so zu verstehen), dass die überwiesenen Beträge dem Empfängerkonto nur gutgeschrieben werden dürfen, wenn dieses in banküblicher Weise ordnungsgemäß errichtet worden ist.[746] Diese vertragliche Sorgfaltspflicht ist nicht mit den gesetzlichen Prüfungspflichten zu verwechseln, die dem Kreditinstitut nach der Abgabenordnung (§ 154 Abs. 2 AO) und dem Geldwäschegesetz (§§ 10 ff. GwG) obliegen. Für die Identitätsprüfung bei Personen unter 16 Jahren, Betreuten, Ausländern und Asylsuchenden gilt zudem die Zahlungskonto-Identitätsprüfungsverordnung (ZIdPrüfV).[747] All diese Vorschriften sind *keine* Schutzgesetze iSd § 823 Abs. 2 BGB, deren Verletzung eine deliktische Haftung des Kreditinstituts gegenüber seinen Kunden begründen könnte.[748] Sie lassen sich jedoch zur **Konkretisierung**

---

[738] BGH Urt. v. 7.1.1971 – VII ZR 9/70, BGHZ 55, 128 (134) = NJW 1971, 609; BGH Urt. v. 9.5.1984 – IVb ZR 7/83, NJW 1984, 2095 (2096).

[739] So auch *Kämmer*, Stornorecht der Banken – Selbsthilferecht oder Gestaltungsrecht sui generis, 1998, 126 ff; *Schwintowski* in Schwintowski BankR Kap. 3 Rn. 77.

[740] BGH Urt. v. 29.5.1978 – II ZR 166/77, BGHZ 72, 9 (14) = NJW 1978, 1876.

[741] BGH Urt. v. 29.5.1978 – II ZR 166/77, BGHZ 72, 9 (12) = NJW 1978, 1876.

[742] OLG Hamburg Urt. v. 8.7.2015 – 13 U 114/14, BeckRS 2015, 19446 Rn. 39; *Pamp* in Wolf/Lindacher/ Pfeiffer Rn. B 36.

[743] Baumbach/Hopt/*Hopt* AGB-Banken § 8 Rn. 4; UBH/*Fuchs* AGB-Banken Rn. 30; *Pamp* in Wolf/Lindacher/ Pfeiffer Rn. B 36.

[744] BGH Urt. v. 10.12.1973 – II ZR 138/72, NJW 1974, 458 (459); Urt. v. 27.1.1977 – II ZR 5/75, WM 1977, 1019; Baumbach/Hopt/*Hopt* Bankgeschäfte Rn. A/49.

[745] BGH Urt. v. 24.9.2002 – XI ZR 345/01, BGHZ 152, 114 (118) = NJW 2002, 3695.

[746] OLG Hamm Urt. v. 15.6.1984 – 20 U 99/83, WM 1985, 1159 (1161).

[747] VO v. 5.7.2016 BAnz AT v. 6.7.2016; zuletzt geändert durch Art. 14 Abs. 6 des Gesetzes v. 17.7.2017 BGBl. I 2446.

[748] OLG Hamm Urt. v. 15.6.1984 – 20 U 99/83, WM 1985, 1159 (1160); OLG Düsseldorf, Urt. v. 9.7.2003 – I 15 U 200/02, BeckRS 2003, 30322893; Baumbach/Hopt/*Hopt* Bankgeschäfte Rn. A/47.

des Sorgfaltsstandards heranziehen, zumal die formularmäßigen Kontoeröffnungsanträge[749] auf sie abgestimmt sind.

209 Deshalb sei kurz die **Legitimationsprüfung nach § 154 AO** dargestellt, deren Einzelheiten auch der Anwendungserlass zur Abgabenordnung (**AEAO**)[750] behandelt. Abs. 1 der Vorschrift ordnet an, dass niemand ein Konto auf einen falschen oder erdichteten Namen für sich oder einen Dritten errichten darf; zulässig ist demgegenüber die Kontoeröffnung auf den Namen eines Dritten, wobei das Kreditinstitut dann die Existenz des Dritten und desjenigen festzustellen hat, der das Konto eröffnet.[751] Nach § 154 Abs. 2 AO muss sich das Kreditinstitut vor Beginn der Kontoführung Gewissheit über die Person und die Anschrift jedes **Verfügungsberechtigten** und jedes **wirtschaftlich Berechtigten** (iSd § 3 GwG) verschaffen und die entsprechenden Angaben auf dem Konto, dh auf dem Kontostammblatt, festhalten. Verfügungsberechtigte in diesem Sinne sind sowohl der Gläubiger der Einlageforderung (Kontoinhaber) und dessen gesetzliche Vertreter als auch jede Person, die zur Verfügung über das Konto bevollmächtigt ist (Kontovollmachtinhaber).[752] Ein Verstoß gegen das durch § 154 Abs. 1 AO statuierte Gebot der (formalen) Kontenwahrheit führt kraft Gesetzes (§ 154 Abs. 3 AO) zu einer öffentlich-rechtlichen Kontosperre mit der Folge eines Herausgabeverbots; Auszahlungen sind dann nur noch mit Zustimmung des Finanzamts zulässig. Die Verletzung der Prüfungspflichten nach § 154 Abs. 2 AO ist hingegen nicht gleichermaßen sanktioniert.[753]

210 Wird das Konto für eine **natürliche Person** eröffnet, besteht Gewissheit über deren Person im Allgemeinen nur, wenn ihr vollständiger Name, das Geburtsdatum und der Wohnsitz bekannt sind.[754] Da § 154 Abs. 2 S. 2 AO auf § 11 Abs. 4 Nr. 1 GwG verweist, kann sich das Kreditinstitut die nötige Gewissheit grundsätzlich nur noch durch Vorlage eines anerkannten oder zugelassenen Passes, Personalausweises oder Pass- oder Ausweisersatzes verschaffen (§ 12 Abs. 1 S. 1 Nr. 1 GwG), nicht hingegen mehr durch ein anderes mit einem Lichtbild versehenes Ausweisdokument (zB Führerschein).[755] Bei einem Ausländer, der kein solches Ausweisdokument besitzt, genügt auch die amtliche Bescheinigung über die Aussetzung der Abschiebung,[756] bei einem Asylsuchenden ggf. ein Ankunftsnachweis nach § 63a AsylG. Wird ein **Konto für mehrere** eröffnet, hat sich jeder Kontoinhaber zu legitimieren. Ist eine **GbR** Kontoinhaberin, muss wegen deren Teilrechtsfähigkeit[757] nur noch die Identität der verfügungsberechtigten Gesellschafter festgestellt werden.[758] Bei einer **juristischen Person** genügt zur Identifizierung die Bezugnahme auf eine amtliche Veröffentlichung oder ein amtliches Register unter Angabe der Registernummer.[759] Nach dem Geldwäschegesetz (§ 11 Abs. 4 Nr. 2) hat das Kreditinstitut bei juristischen Personen oder **Personengesellschaften** freilich ohnehin zu erheben: Firma, Name oder Bezeichnung, die Rechtsform, die Registernummer (falls vorhanden), die Anschrift des Sitzes oder der Hauptniederlassung sowie die Namen der Mitglieder des Vertretungsorgans oder der gesetzlichen Vertreter.

211 **b) Behandlung von „Geisterkonten".** Trotz der engmaschigen Vorgaben zur Identitätsprüfung ist es betrügerischen Online-Verkäufern wiederholt gelungen, entgegen § 154 Abs. 1 AO ein Konto unter falschem oder erdichtetem Namen (**„Geisterkonto"**) zu eröffnen. Als problematisch hat sich die von manchen Kreditinstituten angebotene Online-Legitimierung des Kunden erwiesen, bei der das Ausweisdokument (Pass oder Personalausweis) vor eine *Webcam* gehalten wird; dabei lässt sich die Echtheit schwerlich überprüfen. Auch das sog. Postident-Verfahren, bei dem zur Identitätsprüfung das Ausweisdokument nur in einer beliebigen Postfiliale vorgelegt werden muss, hat zu Geisterkonten geführt. Der unter dem Falschnamen aufgetretene Inhaber des Geisterkontos pflegt dorthin überwiesene Gelder rasch abzuziehen. Bei der Geltendmachung zivilrechtlicher Ansprüche gegen einen solchen Schädiger, fragt sich, ob gegen ihn notfalls auch **Klage unter dem Falschnamen** erhoben (und eine solche Klage ggf. auch öffentlich zugestellt) werden kann. Das ist in Fällen, in denen selbst die Polizei den Namen des Schädigers nicht ermitteln kann, bei verfassungskonformer Auslegung des § 253 ZPO zu bejahen;[760] der Geschädigte wäre sonst rechtlos gestellt. Nach § 253 Abs. 2 Nr. 1 ZPO muss zwar die Klageschrift die Bezeichnung der Parteien enthalten. Das schreibt aber nur vor, *dass,*

---

[749] Abgedruckt bei *Lwowski/Lorenz* in Schimansky/Bunte/Lwowski BankR-HdB § 34.

[750] IdF d. BMF-Schr. v. 31.1.2014 (BStBl. I 290), zuletzt geändert durch BMF-Schr. v. 18.1.2018 (BStBl. I 204); abrufbar über http://www.bundesfinanzministerium.de.

[751] Nr. 2 AEAO zu § 154; vgl. auch BGH Urt. v. 27.1.1977 – II ZR 5/75, WM 1977, 1019 (1021 f.).

[752] Nr. 7 AEAO zu § 154.

[753] Vgl. zum Ganzen BFH Urt. v. 13.12.2011 – VII R 49/10, NJW 2013, 1550.

[754] Nr. 4 AEAO zu § 154.

[755] *Joeres* in Schimansky/Bunte/Lwowski BankR-HdB § 31 Rn. 17; anders noch BGH Urt. v. 10.12.1973 – II ZR 138/72, NJW 1974, 458 (459) (Führerschein).

[756] § 1 Abs. 2 Nr. 1 ZIdPrüfV iVm § 60a Abs. 4 AufenthG, Anl. D2b iVm Anl. D2a AufenthV.

[757] BGH Urt. v. 29.1.2001 – II ZR 331/00, BGHZ 146, 341 (343) = NJW 2001, 1419.

[758] *Joeres* in Schimansky/Bunte/Lwowski BankR-HdB § 31 Rn. 19.

[759] Nr. 4 AEAO zu § 154.

[760] Vgl. Musielak/Voit/*Foerste* ZPO § 253 Rn. 18 mwN; aA aber BGH Beschl. v. 18.9.2018 – VI ZR 34/17, NJW-RR 2018, 1460 Rn. 6 f.

nicht *wie* die Parteien zu bezeichnen sind.[761] Letzteres ergibt sich aus der (doppelten) Funktion der Parteibezeichnung: Zum einen muss die beklagte Partei eindeutig von anderen Personen unterscheidbar sein; nur diese und keine andere Person darf der Bezeichnung unterfallen (Identifizierungsfunktion).[762] Zum anderen wird mit der Bezeichnung die Parteirolle in zeitlicher Hinsicht festgelegt; wird etwa ein Kaufmann unter seiner Firma verklagt, ist ungeachtet späterer Inhaberwechsel der zur Zeit der Klageeinreichung vorhandene Firmeninhaber Beklagter (Festlegungsfunktion).[763] Beiden Funktionen kann durch Bezug auf die Kontoeröffnungsunterlagen genügt werden, sodass die Klage dann gegen den zur Zeit ihrer Einreichung vorhandenen Inhaber des Geisterkontos gerichtet werden kann. Der Identifizierungsfunktion ist genügt, weil nur eine – und keine andere – Person das Konto unter dem angegebenen Falschnamen eröffnet haben kann. Auch der Festlegungsfunktion kann entsprochen werden: Der zur Zeit der Klageeinreichung vorhandene Kontoinhaber, der das Konto unter dem Falschnamen unterhielt, steht, ohne dass sein Name bekannt wäre, ein für alle Mal fest. Zur **Vollstreckung** in das Geisterkonto, zB nach dessen zwischenzeitlicher Beschlagnahme, bedarf es allerdings einer *sicheren,* wenngleich erneut nicht unbedingt namentlichen, Identifizierung des Schuldners im Titel.[764] Ob diese, etwa über ein mit den Kontoeröffnungsunterlagen vorgelegtes Lichtbild, möglich ist, hängt von den Umständen ab.

c) Kontrahierungszwang? Mangels marktbeherrschender Stellung unterliegt eine Bank – weiterhin – keinem allgemeinen Kontrahierungszwang, was den Abschluss eines Girovertrags und die Kontoeröffnung angeht.[765] Bei Sparkassen und staatlich beherrschten Kreditinstituten verhält es sich angesichts öffentlich-rechtlicher Bindungen anders.[766] In Umsetzung der Zahlungskontenrichtlinie[767] verpflichtet allerdings § 31 Abs. 1 ZKG jedes Kreditinstitut, das Zahlungskonten für Verbraucher anbietet, zum **Abschluss eines Basiskontovertrags.** Dieser besondere Kontrahierungszwang besteht gegenüber Verbrauchern mit rechtmäßigem Aufenthalt in der EU (unter Einschluss von Personen ohne festen Wohnsitz und Asylsuchenden), ferner gegenüber Personen ohne Aufenthaltstitel, die aus rechtlichen oder tatsächlichen Gründen nicht abgeschoben werden können (§ 31 Abs. 1 S. 2 ZKG).[768] Das ZKG untersagt mit seinem allgemeinen Benachteiligungsverbot (§ 3) die sog. „Schalterhygiene", dh die Praxis, bestimmten Personengruppen die Eröffnung eines Kontos zu verweigern oder zumindest zu erschweren. Es verpflichtet die Kreditinstitute, den Leistungsumfang von Basiskonten mit denen „normaler" Girokonten vergleichbar zu halten (§ 40 ZKG). Damit soll ein gesetzlich geregeltes „Jedermann-Konto" auch solchen Personen zugänglich sein, die im freien Zahlungsverkehr Schwierigkeiten hätten, ein Konto zu eröffnen oder zu unterhalten. Daraus folgt zugleich, dass der Basiskontovertrag gerade *als solcher,* dh unter Bezug auf die §§ 30 ff. ZKG, abgeschlossen werden muss.[769] Für Girokonten bleibt es hingegen auch im Verkehr mit Verbrauchern beim Grundsatz der Vertragsfreiheit.[770]   212

Die **Ablehnung eines Basiskontovertrags** darf nur erfolgen, wenn der Berechtigte bereits Inhaber eines Basiskontos bei derselben Bank war und diese den Vertrag innerhalb des letzten Jahrs vor Antragstellung berechtigt gekündigt hat (§§ 37, 42 Abs. 3 Nr. 1 ZKG). Was den **Leistungsumfang** angeht, müssen Ein- und Auszahlungen, Lastschriften, Überweisungen und das Zahlungskartengeschäft gewährleistet werden (§ 38 Abs. 2 ZKG), indes kein Kreditgeschäft.[771] Die Bank hat dem Berechtigten zudem **Kontenwechselhilfe** zu leisten. Das gilt sowohl für einen Wechsel innerhalb derselben Bank (§ 20 ZKG) als auch für denjenigen zu einer anderen europäischen Bank (§ 27 ZKG).[772]   213

d) Eröffnung von Konten für beschränkt Geschäftsfähige. Minderjährige, die das siebente Lebensjahr vollendet haben, und andere beschränkt Geschäftsfähige (zB Personen unter Betreuung mit Einwilligungsvorbehalt für den Bereich der Vermögenssorge) bedürfen der Einwilligung ihres gesetzlichen Vertreters (Betreuers) zu Überweisungen[773] und jeder sonstigen das Konto betreffenden Einzelverfügung (§ 107 BGB): Auszahlungen an einen Minderjährigen oder an eine Person, für die ein Betreuer bestellt und ein Einwilligungsvorbehalt für den Bereich der Vermögenssorge angeordnet ist,   214

---

[761] BGH Urt. v. 9.12.1987 – IVb ZR 4/87, BGHZ 102, 332 (334) = NJW 1988, 2114.

[762] BGH Urt. v. 12.5.1977 – VII ZR 167/77, NJW 1977, 1686; *Mantz* NJW 2016, 2845 (2846).

[763] *Mantz* NJW 2016, 2845 (2846).

[764] BGH Beschl. v. 13.7.2017 – I ZB 103/16, NJW 2018, 399 Rn. 13.

[765] BGH Urt. v. 15.1.2013 – XI ZR 22/12, NJW 2013, 1519 Rn. 19 mwN.

[766] BGH Urt. v. 11.12.1990 – XI ZR 54/90, NJW 1991, 978 (Kontrahierungszwang für Sparkassen im Spargeschäft); Urt. v. 2.12.2003 – XI ZR 397/02, NJW 2004, 1031 (1031) (Bindung einer Bank im Alleinbesitz der öffentlichen Hand an das Willkürverbot aus Art. 3 Abs. 1, 20 Abs. 3 GG).

[767] RL 2014/92/EU v. 23.7.2014, ABl. 2014 L 257, 214–246.

[768] Zu Einzelheiten vgl. *Schmieder* in Schimansky/Bunte/Lwowski BankR-HdB § 47 Rn. 2; *Bülow/Artz* ZKG § 31 Rn. 10; *Herresthal* BKR 2016, 133; *Held* BKR 2016, 353; MüKoBGB/*Casper* BGB § 675f Rn. 24.

[769] Vgl. Formular „Antrag auf Abschluss eines Basiskontovertrags" bei *Bunte* in Schimansky/Bunte/Lwowski BankR-HdB § 2 Anh.

[770] AG Mannheim Urt. v. 21.7.2017 – 3 C 3902/16, BeckRS 2017, 142004 Rn. 39.

[771] Vgl. *Bülow/Artz* ZKG § 38 Rn. 8 ff.; MüKoBGB/*Casper* BGB § 675f Rn. 26.

[772] Zur Abgrenzung vgl. *Bülow/Artz* ZKG § 27 Rn. 6 ff.

[773] BGH Urt. v. 15.6.2004 – XI ZR 220/03, NJW 2004, 2517 (2518).

haben keine Erfüllungswirkung.[774] Solche Personen benötigen die Einwilligung ihres gesetzlichen Vertreters (Betreuers) bereits zur Kontoeröffnung (§ 107 BGB); dies nicht nur, wenn die Kontoeröffnung eine Entgeltpflicht begründet: Mit der Kontoeröffnung verbindet sich die Einbeziehung der AGB des Kreditinstituts und schon damit die Begründung von Rechtspflichten.[775] Die Kontoeröffnung ist daher unabhängig von einer Entgeltpflicht für einen beschränkt Geschäftsfähigen nicht lediglich rechtlich vorteilhaft.

215 Soll dem beschränkt Geschäftsfähigen über das Konto zudem **Dispositionskredit** eingeräumt werden, bedarf der gesetzliche Vertreter (Betreuer) dazu nach den §§ 1643, 1822 Nr. 8 BGB der Genehmigung durch das Familiengericht.[776] Gleiches gilt für die Aushändigung einer **ec-Karte,** weil diese dem beschränkt Geschäftsfähigen *de facto* eine Kreditaufnahme ermöglicht.[777]

216 **2. Konditionenänderungen. a) Vertragsbedingungen.** Zur Änderung des Inhalts eines Schuldverhältnisses bedarf es, soweit nicht das Gesetz anderes vorschreibt, eines Vertrags zwischen den Beteiligten (§ 311 Abs. 1 BGB). Für den Girovertrag und andere Zahlungsdiensterahmenverträge regelt § 675g BGB gewisse Erleichterungen: Das Kreditinstitut hat dem Kunden eine beabsichtigte Vertragsänderung spätestens zwei Monate vor dem vorgeschlagenen Zeitpunkt ihres Wirksamwerdens auf einem dauerhaften Datenträger mitzuteilen (§ 675g Abs. 1 BGB iVm Art. 248 § 3 EGBGB). Die Parteien können – auch in AGB[778] – vereinbaren, dass das Schweigen des Kunden auf den Änderungsvorschlag als Zustimmung gilt (§ 675g Abs. 2 S. 1 BGB). Der Kunde hat dann ein Sonderkündigungsrecht (§ 675g Abs. 2 S. 2 BGB). Voraussetzung der **Zustimmungsfiktion nach § 675g Abs. 2 S. 1 BGB** ist zudem, dass das Kreditinstitut den Kunden mit dem Änderungsangebot auf die Rechtsfolgen seines Schweigens und auf sein Sonderkündigungsrecht hingewiesen hat (§ 675g Abs. 2 S. 3 BGB).[779] Widerspricht der Kunde rechtzeitig, gilt der Vertrag mit seinem bisherigen Inhalt fort.[780] Der Kunde kann unter dem einem Girokonto zugrunde liegenden Vertrag zudem jederzeit die **Kontoführung als Pfändungsschutzkonto** verlangen (§ 850k Abs. 7 S. 2 ZPO). Die Bank kann dafür formularmäßig im Verkehr mit Verbrauchern keine höhere Kontoführungsgebühr als diejenige für ein gewöhnliches Girokonto fordern (→ Rn. 197).[781]

217 **b) Zinsänderungen.** Änderungen des für ein Girokonto vereinbarten Zinssatzes (oder eines für ein Fremdwährungskonto vereinbarten Wechselkurses) werden dagegen unmittelbar und ohne vorherige Benachrichtigung wirksam, wenn dies im Girovertrag – auch in AGB[782] – so vereinbart ist und die Änderungen auf den vereinbarten Referenzzinssätzen (Referenzwechselkursen) beruhen (§ 675g Abs. 3 BGB). Der Kunde muss vorvertraglich auf die Berechnungsmethode hingewiesen worden sein (Art. 248 § 4 Abs. 3 lit. b EGBGB). Die Regelung des § 675g Abs. 3 BGB gilt *ausschließlich* für die Durchführung des Zahlungsdiensterahmenvertrags (nicht für einen auf dem Girokonto eingeräumten Dispositionskredit)[783], also etwa für die über einen Referenzzinssatz (zB Euribor) ermittelte Guthabenverzinsung auf dem Girokonto. Ihre praktische Bedeutung ist gering.

218 **3. Kündigung. a) Kündigungsrecht des Kunden.** Der Kunde kann die gesamte Geschäftsverbindung oder einzelne Geschäftsbeziehungen (mithin auch den einem Konto zugrunde liegenden Girovertrag) grundsätzlich jederzeit ordentlich ohne Einhaltung einer Kündigungsfrist kündigen (§ 675h Abs. 1 S. 1 BGB). Für einen Zahlungsdiensterahmenvertrag (Girovertrag) kann wirksam keine längere als eine einmonatige Kündigungsfrist vereinbart werden (§ 675h Abs. 1 S. 1 BGB). Dieses jederzeitige ordentliche Kündigungsrecht des Kunden findet sich auch in Nr. 18 Abs. 1 AGB-Banken und in Nr. 26 Abs. 1 S. 1 AGB-Sparkassen.

219 **b) Kündigungsrecht der Bank.** Das Kreditinstitut kann den einem Girokonto zugrunde liegenden Zahlungsdiensterahmenvertrag (Girovertrag) hingegen nur ordentlich kündigen, wenn dieser auf unbestimmte Zeit geschlossen *und* das Kündigungsrecht vereinbart wurde (§ 675h Abs. 2 S. 1 BGB). Die Mindestkündigungsfrist beträgt zwei Monate (§ 675h Abs. 2 S. 2 BGB). Handelt es sich um einen Vertrag mit einem Unternehmer kann eine kürzere Kündigungsfrist vereinbart werden (§ 675e Abs. 4 BGB). Diese gesetzlichen Vorgaben werden durch Nr. 19 Abs. 1 AGB-Banken und Nr. 26 Abs. 1 AGB-Sparkassen reflektiert.[784] Eine Sparkasse ist nach Nr. 26 Abs. 1 S. 1 ihrer AGB zudem nur bei Vorliegen eines sachgerechten Grunds ordentlich kündigungsberechtigt; das berücksichtigt, dass eine

---

[774] BGH Urt. v. 21.4.2015 – XI ZR 234/14, BGHZ 205, 90 Rn. 14 = NJW 2015, 2497.
[775] *Joeres* in Schimansky/Bunte/Lwowski BankR-HdB § 30 Rn. 1; *Vortmann* WM 1994, 965 (965).
[776] Vgl. KG Urt. v. 13.10.2009 – 1 W 161/08, NJW-RR 2010, 150 (151).
[777] *Joeres* in Schimansky/Bunte/Lwowski BankR-HdB § 30 Rn. 16; *Kunkel* Rpfleger 1997, 1 (2 f.).
[778] Palandt/*Sprau* BGB § 675g Rn. 7; *Bunte* in Schimansky/Bunte/Lwowski BankR-HdB § 6 Rn. 21; allgA.
[779] Palandt/*Sprau* BGB § 675g Rn. 7. Ebenso Nr. 1 Abs. 2 AGB-Banken u. Nr. 2 Abs. 2 AGB-Sparkassen.
[780] MüKoBGB/*Casper* BGB § 675g Rn. 10; Palandt/*Sprau* BGB § 675g Rn. 7.
[781] BGH Urt. v. 13.11.2012 – XI ZR 500/11, NJW 2013, 995 Rn. 49.
[782] Palandt/*Sprau* BGB § 675g Rn. 10, allgA.
[783] Baumbach/Hopt/*Hopt* Bankgeschäfte Rn. C/27; Palandt/*Sprau* BGB § 675g Rn. 9, str.
[784] Vgl. zum Ganzen *Herresthal* WM 2013, 773.

Anstalt des öffentlichen Rechts nach Art. 3 Abs. 1 GG gehindert ist, den Zugang zu ihren Einrichtungen ohne sachgerechten Grund willkürlich zu beschneiden.[785]

Das Kündigungsrecht des Kreditinstituts ist ausgeschlossen, soweit – etwa im seltenen Fall von dessen **220** marktbeherrschender Stellung – ein **Kontrahierungszwang** besteht.[786] Insoweit kommt, wenn der Kunde auf das Girokonto angewiesen ist, auch ein *mittelbarer* Kontrahierungszwang in Betracht. Das Kreditinstitut ist dann zur Fortführung des Kontos verpflichtet, solange für den Kunden keine zumutbare Möglichkeit besteht, seinen Bedarf anderweitig zu befriedigen.[787] Eine Sparkasse kann ihren **Girovertrag mit einer politischen Partei** nicht mit der Begründung kündigen, diese verfolge verfassungsfeindliche Ziele; eine solche Kündigung ist ausgeschlossen, solange das Bundesverfassungsgericht nicht die Verfassungswidrigkeit der Partei festgestellt hat.[788] Bei einem **Basiskonto** ist eine Kündigung des Kreditinstituts nur unter den engen Voraussetzungen des § 42 ZKG zulässig.

III. Nachlasskonto

Mit dem Tod des Kontoinhabers geht dessen Vermögen als Ganzes auf den oder die Erben über **221** (§ 1922 Abs. 1 BGB). Das umfasst auch die Gesamtheit der mit dem Konto verbundenen Rechtspositionen. Für das Kreditinstitut verbinden sich mit dem Erbfall (1) besondere zivilrechtliche Verhaltenspflichten, (2) Fragen der Erbenlegitimation, sowie (3) steuerliche Meldepflichten.

1. Verhaltenspflichten der Bank aufgrund des Erbfalls. a) Kontokennzeichnung. Das Kre- **222** ditinstitut hat das Konto, sobald es Gewissheit über den Tod des Kontoinhabers erlangt, als **„Nachlasskonto"** zu führen und sinnvollerweise auch entsprechend zu kennzeichnen.[789] Dies schon im Hinblick auf die Unterscheidung der Vermögensmassen von Erblasser und Erben: Das beim Tode des Erblassers vorhandene Guthaben fällt in den Nachlass (und ist ggf. mit einem Nacherben-Anwartschaftsrecht belastet). Demgegenüber kann ein verfügungsberechtigter Erbe – etwa ein mit Kontovollmacht über den Tod hinaus versehener Miterbe oder ein Vorerbe – das Konto auch für den eigenen Zahlungsverkehr nutzen und das zum Nachlass gehörende Guthaben aufbrauchen.[790] Tritt der Erbe (so) in das Girovertragsverhältnis ein und führt er das Girokonto für eigene Zwecke fort, entsteht zwischen ihm und der Bank eine eigene Rechtsbeziehung.[791]

b) Keine Kontosperre. Es tritt mithin keine irgendwie geartete Kontosperre ein. Das hindert das **223** Kreditinstitut freilich nicht, sich vor Ausführung von Aufträgen eines Erbprätendenten dessen Erbrecht nachweisen zu lassen. Vom Erblasser noch zu Lebzeiten eingereichte Überweisungsaufträge sind auszuführen. Die Erben können sie, sofern kein künftiger Ausführungstag vereinbart war (§ 675p Abs. 3 BGB), nicht widerrufen (§ 675p Abs. 1 BGB). Auch vom Erblasser erteilte Daueraufträge und andere Weisungen (sowie gestattete Lastschriften) hat das Kreditinstitut bis zu deren Widerruf durch die Erben weiterhin auszuführen (§ 672 BGB). Gleiches gilt – bis zum Widerruf durch die Erben und bis zur Grenze des Vollmachtmissbrauchs – für Verfügungen eines über den Tod hinaus Bevollmächtigten.[792]

c) Besonderheiten bei Erbengemeinschaften. Problematisch ist nicht selten das richtige Ver- **224** halten des Kreditinstituts gegenüber Miterben. Gehört ein Anspruch zum Nachlass, kann der Verpflichtete nur an alle Erben gemeinschaftlich leisten und jeder Miterbe nur die Leistung an sämtliche Erben fordern (§ 2039 Abs. 1 BGB). Das hat Konsequenzen: Auf Verlangen eines Miterben muss das Kreditinstitut jedem Miterben Auskunft über die laufende Geschäftsverbindung und im Rahmen von Treu und Glauben auch über zurückliegende Geschäftsvorfälle geben.[793] Auszahlungen an die Miterben darf das Kreditinstitut nur auf deren **gemeinschaftliche Weisung** vornehmen. Oft kommt es wegen querulatorischen Verhaltens einzelner Miterben zu keiner gemeinschaftlichen Auszahlungs-

---

[785] BGH Urt. v. 11.3.2003 – XI ZR 403/01, BGHZ 154, 146 (151) = NJW 2003, 1658; Urt. v. 5.5.2015 – XI ZR 214/14, BGHZ 205, 220 Rn. 12 mwN = NJW 2015, 2497.

[786] BGH Urt. v. 15.1.2013 – XI ZR 22/12, NJW 2013, 1519 Rn. 19; anders bei Anspruch des Kunden auf Basiskonto, vgl. MüKoBGB/*Casper* BGB § 675h Rn. 12 f. Zur Kündigung von Konten politischer Parteien vgl. BGH Urt. v. 11.3.2013 – XI ZR 403/01, BGHZ 154, 146 ff. = NJW 2003, 1658; MüKoBGB/*Casper* BGB § 675h Rn. 14.

[787] OLG Hamburg Urt. v. 30.5.2012 – 13 W 17/12, WM 2012, 1243 (1244) (Iran-Embargo unterfallender Schiffsagent, Kontrahierungszwang bejaht); LG Stuttgart Urt. v. 6.9.1996 – 27 O 343/96, NJW 1996, 3347 (Scientology-Sekte, Kontrahierungszwang verneint).

[788] BGH Urt. v. 11.3.2003 – XI ZR 403/01, BGHZ 154, 146, amtl. Ls. = NJW 2003, 1658.

[789] Vgl. *Joeres* in Schimansky/Bunte/Lwowski BankR-HdB § 30 Rn. 32 mwN.

[790] BGH Urt. v. 10.10.1995 – XI ZR 263/94, BGHZ 131, 60 (64 f.) = NJW 1996, 190.

[791] BGH Urt. v. 18.1.2000 – XI ZR 160/95, NJW 2000, 1258. Man wird für den Vertragseintritt allerdings grds. verlangen müssen, dass der Erbe die „Umschreibung" des Kontos auf sich beantragt; vgl. Ott/Eulberg/Schebesta/Bartsch, Erbrecht und Banken, 3. Aufl. 2018, § 25 Rn. 54 f.

[792] Näher zur „transmortalen" Vollmacht *Dauber* in Schimansky/Bunte/Lwowski BankR-HdB § 32 Rn. 46 ff.

[793] BGH Urt. v. 4.7.1985 – III ZR 144/84, NJW 1985, 2699; *Joeres* in Schimansky/Bunte/Lwowski BankR-HdB § 30 Rn. 41 f.

anweisung. Die Erbengemeinschaft ist dann praktisch handlungsunfähig, das Nachlasskonto nicht ohne weiteres abzuwickeln. Der BGH hat es immerhin als eine mit Mehrheit zu beschließende Maßnahme ordnungsgemäßer Verwaltung (§ 2038 Abs. 1 BGB) angesehen, dass ein Miterbe Nachlassforderungen auf ein von ihm für die Erbengemeinschaft eröffnetes Treuhandkonto einzieht.[794] Das mag auch die Abwicklung des Nachlasskontos ermöglichen, freilich unter Inkaufnahme eines anderen Kontos. Eine weitere Möglichkeit, das Nachlasskonto auch bei querulatorischem Verhalten einzelner Miterben aufzulösen, besteht darin, dass die kooperativen Miterben die Bank von Ersatzansprüchen der Querulanten freistellen und sie gegen ein solches Versprechen zur Freigabe des Guthabens bewegen.[795]

225   **2. Erbenlegitimation. a) Möglichkeiten des Erbnachweises.** Um nicht doppelt in Anspruch genommen zu werden, ist dem Kreditinstitut daran gelegen, möglichst in den Genuss der Rechtswirkungen der §§ 2366, 2367 BGB zu gelangen, dh sich bei Leistungen auf den öffentlichen Glauben des Erbscheins bzw. eines Testamentsvollstreckerzeugnisses verlassen zu können. Dennoch kann das Kreditinstitut nicht uneingeschränkt – unabhängig von den Umständen – die Vorlage einer solchen Legitimationsurkunde (Erbschein/Testamentsvollstreckerzeugnis) verlangen; die AGB-Klausel, die das früher vorsah, ist im Verkehr mit Verbrauchern nach § 307 Abs. 1, Abs. 2 Nr. 1 BGB unwirksam.[796] Dementsprechend wird in den AGB der Kreditinstitute (Nr. 5 S. 1 AGB-Banken, Nr. 5 Abs. 1 AGB-Sparkassen) nur noch ein Erbnachweis **in geeigneter Weise** verlangt. Ein solcher ist idR ein öffentliches Testament (Erbvertrag) mit Eröffnungsvermerk.[797] In Betracht kommt aber uU auch ein (eindeutiges) privatschriftliches Testament mit Eröffnungsvermerk.[798] Verbleiben zB wegen Alters oder inhaltlicher Unklarheiten der letztwilligen Verfügung konkrete Zweifel an der Erbenstellung, kann das Kreditinstitut auf einem Erbschein bestehen.[799]

226   **b) Vereinbarte Liberationswirkung.** Die AGB der Kreditinstitute (Nr. 5 S. 2 und 3 AGB-Banken, Nr. 5 Abs. 2 AGB-Sparkassen) regeln auch eine Liberationswirkung zugunsten des Kreditinstituts: Wird dem Kreditinstitut eine Ausfertigung oder eine beglaubigte Abschrift der letztwilligen Verfügung (Testament, Erbvertrag) nebst Eröffnungsniederschrift vorgelegt, darf es den darin als Erben oder Testamentsvollstrecker Genannten als Berechtigten ansehen und mit befreiender Wirkung an ihn leisten. Das soll nur dann nicht gelten, wenn dem Kreditinstitut bekannt ist, dass der Genannte (zB nach Anfechtung oder wegen Nichtigkeit des Testaments) nicht verfügungsberechtigt ist, oder wenn dem Kreditinstitut dies infolge von Fahrlässigkeit nicht bekannt geworden ist. Die Liberationsklausel ist – recht verstanden – die **Kehrseite** der im Kundeninteresse gesenkten Nachweislast; da sie überdies schon bei einfacher Fahrlässigkeit des Kreditinstituts nicht eingreift, ist sie auch im Verkehr mit Verbrauchern als wirksam anzusehen.[800]

227   **c) Geschäftsführung ohne Auftrag (GoA).** Auch ohne Erbnachweis kann das Kreditinstitut in GoA Verfügungen zulasten des Kontos tätigen, soweit damit gesetzliche Verpflichtungen der Erben erfüllt werden. Es kann so die **Beerdigungskosten** begleichen (§ 1968 BGB) und für die ersten dreißig Tage nach dem Erbfall den bisherigen **Unterhalt an Familienangehörige** fortzahlen (§ 1969 BGB).[801] Umstritten ist, ob das Nachlassgericht das Kreditinstitut für die unbekannten Erben zur Begleichung der Beerdigungskosten anweisen kann;[802] richtigerweise ist das zu bejahen (§ 1960 BGB). Jedenfalls wird das Kreditinstitut von seiner Leistung frei, wenn es eine entsprechende – in Beschlussform für die unbekannten Erben getroffene – Auszahlungsanweisung des Nachlassgerichts befolgt.[803]

228   **3. Steuerliche Meldepflichten. a) Anzeige nach § 33 Abs. 1 ErbStG.** Inländische Kreditinstitute sowie inländische Zweigniederlassungen ausländischer Kreditinstitute[804] haben beim Tod eines Kunden dessen in ihrem Gewahrsam befindliche Vermögensgegenstände und gegen sie gerichtete Forderungen, mithin auch **Kontoguthaben, Spareinlagen und Depotbestände,** dem für die Verwaltung der Erbschaftsteuer zuständigen Finanzamt schriftlich anzuzeigen (§ 33 Abs. 1 ErbStG). Durch diese Meldepflicht, die im Wesentlichen schon seit dem Jahr 1919 gilt, wird das Bankgeheimnis (§ 30a AO) nicht unbeträchtlich gelockert. Nach Auffassung des BFH ist das nicht zu

---

[794] BGH Urt. v. 19.9.2012 – XII ZR 151/10, NJW 2013, 166 Rn. 10f.

[795] Näher dazu *Werkmüller* ZEV 2001, 340 (342).

[796] BGH Urt. v. 8.10.2013 – XI ZR 401/12, BGHZ 198, 250 Rn. 30 = NJW 2013, 3716.

[797] BGH Urt. v. 7.6.2005 – XI ZR 311/04, NJW 2005, 2779 Rn. 15.

[798] BGH Urt. v. 5.4.2016 – XI ZR 440/15, BGHZ 209, 329 Rn. 25 = NJW 2016, 2409.

[799] BGH Urt. v. 8.10.2013 – XI ZR 401/12, BGHZ 198, 250 Rn. 37 = NJW 2013, 3716.

[800] OLG Celle Urt. v. 26.4.1995 – 3 U 113/94, NJW 1998, 82; Baumbach/Hopt/*Hopt* AGB-Banken § 5 Rn. 3; EBJS/*Grundmann*, 3. Aufl. 2015, BankR Rn. I 262.

[801] Vgl. *Joeres* in Schimansky/Bunte/Lwowski BankR-HdB § 30 Rn. 32.

[802] Bejahend OLG Rostock Beschl. v. 25.10.2012 – 3 W 155/12, BeckRS 2013, 10207; verneinend OLG Dresden Beschl. v. 8.6.2010 – 17 W 510/10, ZEV 2010, 582 (583).

[803] OLG Hamburg Beschl. v. 13.2.2017 – 2 W 64/15, FGPrax 2017, 228 (228).

[804] BFH Urt. v. 31.5.2006 – II R 66/04, DStR 2006, 2299 (2300).

beanstanden, ebenso wenig die Weitergabe (→ Rn. 229) der erlangten Informationen innerhalb der Finanzverwaltung.[805]

b) Wertgrenzen. Im Todesfall werden so sämtliche Bankverbindungen des Kunden transparent, **229** indem der Finanzverwaltung seine Kontostände vom Todestag, und zwar von dessen Beginn (0:00h), gemeldet werden.[806] Hinzu kommen die aufgelaufenen Erträge. Bei Beträgen von nicht mehr als 5.000 EUR kann die Meldung unterbleiben (§ 1 Abs. 4 Nr. 2 ErbStDV). Diese **Bagatellgrenze** bezieht sich freilich auf die gesamte Geschäftsverbindung, nicht auf den einzelnen Kontostand. Bei Überschreiten bestimmter Wertgrenzen – ua bei einem zum Nachlass gehörenden Kapitalvermögen von 50.000 EUR[807] – übermittelt das Erbschaftsteuerfinanzamt die ihm nach § 33 Abs. 1 ErbStG angezeigten Informationen per **Kontrollmitteilung an die Wohnsitzfinanzämter** von Erblasser und Erben. Nicht selten ziehen die Wohnsitzfinanzämter daraus Rückschlüsse auf lebzeitige Einnahmen.

IV. Kontoinhaber und typische Kontoarten

1. Bestimmung des Kontoinhabers. Die Bestimmung des Kontoinhabers ist von erheblicher **230** Bedeutung. Dies deshalb, weil grundsätzlich – dh außer bei Fremd- und Treuhandkonten – nur er **Gläubiger der Einlageforderung** ist. Nach der Kontoinhaberschaft beurteilt sich damit grundsätzlich auch, zu wessen Haftungsmasse das Kontoguthaben rechnet.[808] Kontoinhaber ist, wer bei Kontoerrichtung gegenüber der Bank als Forderungsberechtigter auftritt oder als solcher bezeichnet wird; dabei kommt es auf den für die Bank erkennbaren Willen desjenigen an, der das Konto eröffnet.[809] Die Herkunft der eingezahlten Gelder ist für sich genommen unerheblich. Bei einem **Girokonto** hat die Bezeichnung des Kontoinhabers – anders als bei einem Sparkonto – mehr als bloße Indizwirkung: Der Giroverkehr ist auf einfache Abwicklung angelegt; deshalb ist dort Kontoinhaber regelmäßig der formell im Kontoeröffnungsantrag als solcher Bezeichnete.[810] Bei einem **Sparkonto** erlaubt hingegen dessen Einrichtung auf den Namen eines (zumal noch minderjährigen) Dritten nicht den Schluss, der Dritte solle Kontoinhaber und damit Gläubiger der Einlageforderung sein; hier ist wesentlich, wer das Sparbuch in Besitz nimmt.[811] Kontoinhaber können – seit deren Anerkennung als teilrechtsfähiger Verband[812] – auch eine **GbR** sowie eine **Wohnungseigentümergemeinschaft** sein.[813]

2. Eigenkonto. a) Abgrenzung. Das Eigenkonto, mit dem ein einziger Kontoinhaber eigene **231** Zwecke verwirklicht, ist der Normalfall.[814] Wenn der Wille des Kunden, ein Gemeinschaftskonto oder ein (offenes) Treuhandkonto zu errichten, nicht deutlich zutage tritt und sich im Kontoeröffnungsvertrag niederschlägt, bleibt er außer Betracht; der Bankverkehr verlangt eine klare und eindeutige Erklärung des Kunden.[815] Abzugrenzen ist das Eigenkonto vom Gemeinschaftskonto und vom Fremdkonto; bei letzterem differieren – aufgrund echten Vertrags zugunsten Dritter (§ 328 BGB)[816] – Kontoinhaberschaft (etwa diejenige eines Minderjährigen) und Verfügungsberechtigung (etwa diejenige eines Vormunds).[817] Eng verwandt mit einem Fremdkonto ist das Treuhandkonto (→ Rn. 246 ff.); es wird zwar nicht nach § 328 BGB zugunsten des Dritten eingerichtet, aber (ausschließlich) in seinem Interesse.

b) Gestaltungsformen. Die Einlageforderung und deren Verfügbarkeit können unterschiedlich **232** ausgestaltet sein: **Sperrkonto** ist ein Konto, über das aufgrund Rechtsgeschäfts (zB hinsichtlich einer Mietkaution) oder Gesetzes (zB im Devisenrecht) nur erschwert verfügt werden kann;[818] vollstre-

---

[805] BFH Beschl. v. 2.4.1992 – VIII B 129/91, NJW 1992, 2246.

[806] *Joeres* in Schimansky/Bunte/Lwowski BankR-HdB § 30 Rn. 35; BMF-Schr. v. 2.3.1989 – IV C 3 S 3844 – 1206/88, DB 1989, 605.

[807] Gleichlautender Ländererlass v. 18.6.2003, BStBl. I 2003, 392.

[808] BGH Urt. v. 12.10.1987 – II ZR 98/87, NJW 1988, 709 (710).

[809] BGH Urt. v. 18.10.1994 – XI ZR 237/93, BGHZ 127, 229 (231) = NJW 1995, 261; BGH Urt. v. 12.12.1995 – XI ZR 15/95, NJW 1995, 840 (841).

[810] BGH Urt. v. 12.12.1995 – XI ZR 15/95, NJW 1996, 840 (841).

[811] BGH Urt. v. 18.1.2005 – X ZR 264/02, NJW 2005, 980 (980); vgl. auch MüKoBGB/*Habersack* BGB § 808 Rn. 26 f.

[812] Vgl. BGH Urt. v. 29.1.2001 – II ZR 331/00, BGHZ 146, 341 (343) = NJW 2001, 1419 (zur GbR) sowie § 10 Abs. 6 S. 1 u. 2 WEG (zur Wohnungseigentümergemeinschaft).

[813] Vgl. Bankformular „Eröffnung von Konten und Depots für eine Gesellschaft des bürgerlichen Rechts", abgedruckt bei *Lwowski/Lorenz* in Schimansky/Bunte/Lwowski BankR-HdB § 34 Rn. 62.

[814] Baumbach/Hopt/*Hopt* Bankgeschäfte Rn. A/37; *Schwintowski* in Schwintowski BankR Kap. 7 Rn. 10.

[815] BGH Urt. v. 25.6.1973 – II ZR 104/71, BGHZ 61, 72 (79 f.) = WM 1973, 894; BGH Urt. v. 12.10.1987 – II ZR 98/87, NJW 1988, 709 (710).

[816] *Schwintowski* in Schwintowski BankR Kap. 7 Rn. 42; EBJS/*Grundmann*, 3. Aufl. 2015, BankR Rn. I 248.

[817] BGH Urt. v. 12.10.1987 – II ZR 98/87, NJW 1988, 709 (710); Baumbach/Hopt/*Hopt* Bankgeschäfte Rn. A/41; *Schwintowski* in Schwintowski BankR Kap. 7 Rn. 40.

[818] Baumbach/Hopt/*Hopt* Bankgeschäfte Rn. A/46; *Schwintowski* in Schwintowski BankR Kap. 7 Rn. 59 f.

ckungs- oder insolvenzfest sind solche Sperrvereinbarungen – verstehen sie sich nicht ausnahmsweise als Verpfändung – nicht.[819] Ein **Sonderkonto** (auch Separat-, Unter- oder „Wegen"-Konto genannt) dient einem besonderen Zweck des Kontoinhabers; es ist idR Eigenkonto.[820]

233   **Fremdwährungskonten** dienen dazu, Verfügungen des Kunden und Zahlungen an ihn in fremder Währung bargeldlos abzuwickeln (Nr. 10 Abs. 1 AGB-Banken, Nr. 12 AGB-Sparkassen). Die Einlageforderung ist hier eine effektive Valutaschuld (ohne Umrechnungsbefugnis der Bank nach § 244 BGB).[821] Zu Einzelheiten im Zusammenhang mit Fremdwährungskonten vgl. *Grundmann* → 3. Aufl. 2015, BankR Rn. I 228–I 236.

234   Ein **Nummernkonto** weist den Namen des Kontoinhabers nicht aus. Das verstößt gegen die in § 154 AO angeordnete formale Kontenwahrheit (→ Rn. 209). Ein Nummernkonto ist daher nach deutschem Recht unzulässig.[822]

235   **3. Gemeinschaftskonto.** Gemeinschaftskonto ist ein Konto mehrerer Inhaber. Die Bankpraxis unterscheidet – je nachdem, ob die Kontoinhaber einzeln oder gemeinschaftlich verfügungsberechtigt sein sollen – zwischen Oder-Konto und Und-Konto. Jede Gestaltung hat ihren Niederschlag in einem Bankformular[823] für die Eröffnung eines solchen Kontos gefunden.

236   **a) Oder-Konto.** Beim Oder-Konto kann jeder Mitinhaber aus eigenem Recht über das Guthaben verfügen.[824] Diese Kontogestaltung wird insbesondere von Ehegatten oder anderen einander nahestehenden Personen gewählt.

237   **aa) Außen- und Innenverhältnis.** Die Mitinhaber eines im Haben befindlichen Oder-Kontos sind Gesamtgläubiger (§ 428 BGB).[825] Jeder von ihnen ist aus eigenem Recht hinsichtlich des gesamten Guthabens selbständig forderungsberechtigt; dh, es besteht nicht nur eine Forderung mit mehreren Inhabern, sondern es bestehen mehrere Forderungen, die durch die Einheitlichkeit der Tilgungswirkung miteinander verknüpft sind.[826] Allerdings hat das Kreditinstitut nach der verkehrstypischen Gestaltung dieser **Gesamtgläubigerschaft** kein Wahlrecht, an welchen Mitinhaber es leistet; es muss an denjenigen Mitinhaber leisten, der die Leistung verlangt.[827] Ein Mitinhaber kann den Zahlungsauftrag eines anderen Mitinhabers nach dessen Eingang bei der Bank grundsätzlich nicht widerrufen (§ 675p Abs. 1 BGB); einer Belastungsbuchung kann er nur widersprechen, soweit das zugrunde liegende Geschäft nicht für ihn verbindlich oder nicht durch das Kontoguthaben gedeckt war.[828]

238   Bei **konkurrierenden Leistungsverlangen** ist das Kreditinstitut grundsätzlich verpflichtet, nach dem Prioritätsprinzip zu verfahren; andernfalls macht es sich gegenüber dem übergegangenen Mitinhaber schadensersatzpflichtig, wird aber trotzdem von seiner Leistung frei.[829] Beide Aspekte – Tilgungswirkung und Ersatzpflicht wegen Bearbeitungsverschuldens – sind auseinanderzuhalten.[830] Was eine Bearbeitung nach dem Prioritätsprinzip *genau* bedeutet, ist umstritten. Zum Teil wird angenommen, es komme darauf an, wer die Leistung als Erster verlange.[831] Andere stellen darauf ab, welches Verlangen bei ordnungsgemäßer Bearbeitung zuerst zur Erfüllung gelangen würde; nur wenn

---

[819] BGH Urt. v. 17.4.1986 – IX ZR 54/85, NJW-RR 1986, 848 (849); *Schwintowski* in Schwintowski BankR Kap. 7 Rn. 62.

[820] Baumbach/Hopt/*Hopt* Bankgeschäfte Rn. A/43; *Schwintowski* in Schwintowski BankR Kap. 7 Rn. 43.

[821] EBJS/*Grundmann*, 3. Aufl. 2015, BankR Rn. I 229.

[822] Baumbach/Hopt/*Hopt* Bankgeschäfte Rn. A/47; *Schwintowski* in Schwintowski BankR Kap. 7 Rn. 63.

[823] Abgedruckt bei *Hadding/Häuser* in Schimansky/Bunte/Lwowski BankR-HdB § 35 Anh. 1 (Oder-Konto) u. § 35 Anh. 2 (Und-Konto).

[824] BGH Urt. v. 25.6.2002 – XI ZR 218/01, NJW 2002, 3093 (3094); *Hadding/Häuser* in Schimansky/Bunte/Lwowski BankR-HdB § 35 Rn. 8.

[825] BGH Urt. v. 24.1.1985 – IX ZR 65/84, BGHZ 93, 315 (320 f.) = NJW 1985, 1218; Urt. v. 31.3.2009 – XI ZR 288/08, NJW 2009, 2054 Rn. 13; Urt. v. 20.3.2018 – XI ZR 30/16, NJW 2018, 2632 Rn. 16; Baumbach/Hopt/*Hopt* Bankgeschäfte Rn. A/39; eingehend auch *Einsele* FS Nobbe, 2009, 41 f.; aA *K. Schmidt* FS Nobbe, 2009, 196 (Bruchteilsgemeinschaft).

[826] BGH Urt. v. 20.3.2018 – XI ZR 30/16, NJW 2018, 2632 Rn. 19; OLG Dresden Urt. v. 21.2.2001 – 18 U 1948/00, WM 2001, 1148 (1149); *Hadding/Häuser* in Schimansky/Bunte/Lwowski BankR-HdB § 35 Rn. 11a; MüKoBGB/*Bydlinski* BGB § 428 Rn. 1; Palandt/*Grüneberg* BGB § 428 Rn. 1.

[827] BGH Urt. v. 20.3.2018 – XI ZR 30/16, NJW 2018, 2632 Rn. 19; OLG Celle Beschl. v. 2.8.1995 – 3 W 65/93, WM 1995, 1871; OLG Dresden Urt. v. 21.2.2001 – 18 U 1948/00, WM 2001, 1148 (1149); OLG Düsseldorf Urt. v. 4.2.2009 – I-15 U 84/08, WM 2009, 1560 (1561 f.) mAnm *Nobbe* WuB I C 3 – 1.10; Palandt/*Grüneberg* BGB § 428 Rn. 3.

[828] BGH Urt. v. 25.6.2002 – XI ZR 218/01, NJW 2002, 3093 (3094) (zu Belastungsbuchungen aus Devisentermingeschäften, wenn der Widersprechende nicht börsentermingeschäftsfähig ist).

[829] BGH Urt. v. 20.3.2018 – XI ZR 30/16, NJW 2018, 2632 Rn. 20 u. 25.

[830] Vgl. auch BGH Urt. v. 11.7.1979 – VIII ZR 215/78, NJW 1979, 2038, 2039 (Wahlrecht des Schuldners trotz Klage und Vollstreckung durch einen Gesamtgläubiger).

[831] OLG Celle Beschl. v. 2.8.1995 – 3 W 65/93, WM 1995, 1871; BeckOK BGB/*Gehrlein* BGB § 428 Rn. 2; *Einsele* FS Nobbe, 2009, 41; *Gernhuber* WM 1997, 645 (649); *Pohlmann,* Das von Ehegatten geführte Oder-Konto, 2002, 63; Staudinger/*Looschelders*, 2017, BGB § 428 Rn. 24 u. 27.

dies nicht erkennbar sei, entscheide die Eingangszeit.[832] Letzteres ist zutreffend: Allein wegen der Einrichtung eines Gemeinschaftskontos ist die Bank nicht verpflichtet, ihre Bearbeitungsabläufe zu ändern, zumal das einschlägige Bankformular zum Aspekt konkurrierender Leistungsverlangen schweigt. In vielen Fällen kann die Streitfrage freilich unentschieden bleiben, weil jedenfalls nur ein *vertragsgemäßes* Leistungsverlangen, das eine Pflicht zur (sofortigen) Ausführung begründet, das Kreditinstitut verpflichten kann, eine später eingegangene Weisung unbeachtet zu lassen.[833]

Im Innenverhältnis sind die Mitinhaber des Oder-Kontos, soweit *„nicht ein anderes bestimmt ist"*, zu **239** gleichen Teilen an der Einlageforderung berechtigt (§ 430 BGB); sie sind mithin einander **nach Maßgabe des Innenverhältnisses ausgleichungspflichtig.** Die Regel, dass Gesamtgläubigern gem. § 430 BGB gleiche Anteile zustehen, gilt beim Oder-Konto grundsätzlich auch zwischen Ehegatten.[834] Allerdings ist bei intakter Ehe für ein Oder-Girokonto, von dem die gemeinsamen Lebenshaltungskosten bestritten werden, idR stillschweigend eine andere Bestimmung iSd § 430 BGB dahin getroffen, dass keine hälftige Ausgleichspflicht besteht. Nach endgültiger Trennung der Ehegatten lässt sich kein stillschweigender Verzicht auf die hälftige Ausgleichspflicht mehr annehmen, ebenso wenig bei eigenmächtigen Abhebungen in Vorbereitung auf die Trennung.[835]

Gerät das Oder-Konto ins Soll, haften die Mitinhaber dem Kreditinstitut als **Gesamtschuldner.**[836] **240** Darauf wird im Bankformular zur Eröffnung des Oder-Kontos[837] ausdrücklich hingewiesen. In AGB kann im Verkehr mit Verbrauchern keine wechselseitige Bevollmächtigung der Mitinhaber zu Kreditaufnahmen wirksam vereinbart werden.[838] Die Bankformulare tragen dem Rechnung, indem sie für Kreditaufnahmen die Mitwirkung aller Kontoinhaber verlangen und zudem vorsehen, dass ein einzelner Mitinhaber nur zu vorübergehenden Kontoüberziehungen im banküblichen Rahmen berechtigt ist. Der Mithaftgefahr kann der einzelne Mitinhaber nach den Bankformularen auch dadurch wehren, dass er die Einzelverfügungsberechtigung der anderen widerruft; sodann können – nach der entsprechenden Formularbestimmung – alle Kontoinhaber nur gemeinsam über das Konto verfügen. Ohne diese Klausel bedürfte die Umwandlung des Oder-Kontos in ein Und-Konto der Zustimmung aller Mitinhaber.[839]

bb) Zwangsvollstreckung und Insolvenz. Zur Vollstreckung in ein Oder-Konto genügt ein Titel **241** gegen einen der Mitinhaber.[840] Umstritten ist, ob die Bank, wenn ihr der Gläubiger eines Mitinhabers einen Pfändungs- *und* Überweisungsbeschluss zugestellt hat, nur noch an den Pfändungsgläubiger schuldbefreiend leisten kann.[841] Nach richtiger Ansicht ist das *nicht* der Fall: Zwar lässt sich die Zustellung des Überweisungsbeschlusses (nicht diejenige eines bloßen Pfändungsbeschlusses) an die Bank bei verständiger Würdigung zugleich als Zahlungsverlangen des Pfändungsgläubigers werten.[842] Doch können dem Pfändungsgläubiger keine weitergehenden Rechte zustehen, als sie der Schuldner (dh der von der Pfändung betroffene Kontoinhaber) hatte: Konnte der Schuldner die Erfüllungswirkung nicht abwenden, wenn die Bank ein konkurrierendes, auch späteres Leistungsverlangen eines Mitinhabers bedient (→ Rn. 238), kann es der Pfändungsgläubiger ebenso wenig. Die Bank kann folglich bis zur Auszahlung an den Pfändungsgläubiger noch schuldbefreiend an einen anderen Kontoinhaber leisten.

Die **Insolvenz** eines Kontoinhabers lässt das Kontokorrent- und Giroverhältnis zu den übrigen **242** Mitinhabern unberührt; die Bank kann deshalb auch nach Insolvenzeröffnung auf dem Oder-Konto

---

[832] LG Frankfurt a. M. Beschl. v. 4.11.2003 – 2–21 O 155/03, NJW-RR 2004, 775; Baumbach/Hopt/*Hopt* Bankgeschäfte Rn. A/39; MüKoBGB/*Bydlinski* BGB § 428 Rn. 4.

[833] BGH Urt. v. 20.3.2018 – XI ZR 30/16, NJW 2018, 2632 Rn. 26.

[834] BGH Urt. v. 29.11.1989 – IVb ZR 4/89, NJW 1990, 705 (705); OLG Hamm Beschl. v. 20.1.2017 – 3 UF 225/16, BeckRS 2017, 129175 Rn. 5.

[835] BGH Urt. v. 19.4.2000 – XII ZR 62/98, NJW 2000, 2347 (2348); OLG Hamm Beschl. v. 20.1.2017 – 3 UF 225/16, BeckRS 2017, 129175 Rn. 5.

[836] BGH Urt. v. 3.6.1997 – XI ZR 133/96, NJW 1997, 2320 (2322); *Hadding/Häuser* in Schimansky/Bunte/Lwowski BankR-HdB § 35 Rn. 9.

[837] Abgedruckt bei *Hadding/Häuser* in Schimansky/Bunte/Lwowski BankR-HdB § 35 Anh. 1.

[838] BGH Urt. v. 22.1.1991 – XI ZR 111/90, NJW 1991, 923 (924); *Hadding/Häuser* in Schimansky/Bunte/Lwowski BankR-HdB § 35 Rn. 9.

[839] BGH Urt. v. 24.3.2009 – XI ZR 191/08, BGHZ 180, 191 (194) = NJW-RR 2009, 979; Baumbach/Hopt/*Hopt* Bankgeschäfte Rn. A/39.

[840] BGH Urt. v. 24.1.1985 – IX ZR 65/84, BGHZ 93, 315 (320 f.) = NJW 1985, 1208; *Hadding/Häuser* in Schimansky/Bunte/Lwowski BankR-HdB § 35 Rn. 11; Baumbach/Hopt/*Hopt* Bankgeschäfte Rn. A/39.

[841] Offengelassen in BGH Urt. v. 24.1.1985 – IX ZR 65/84, BGHZ 93, 315 (321) = NJW 1985, 1218. Bejahend OLG Stuttgart Urt. v. 20.12.1995 – 9 U 199/95, InVo 1999, 150 (152); OLG Dresden Urt. v. 21.2.2001 – 18 U 1948/00, WM 2001, 1148 (1149); *Bitter* in Schimansky/Bunte/Lwowski BankR-HdB § 33 Rn. 115; MüKoBGB/*Bydlinski* BGB § 428 Rn. 4; *Wagner* WM 1991, 1145 (1146 f.); wohl auch EBJS/*Grundmann*, 3. Aufl. 2015, BankR Rn. I 242. Verneinend *Hadding/Häuser* in Schimansky/Bunte/Lwowski BankR-HdB § 35 Rn. 11b; Baumbach/Hopt/*Hopt* Bankgeschäfte Rn. A/39; *Einsele* FS Nobbe, 2009, 52 f. (erst nach zum Überweisungsbeschluss hinzutretendem Zahlungsverlangen); vgl. auch BGH Urt. v. 11.7.1979 – VIII ZR 215/78, NJW 1979, 2038 (2039) (Wahlrecht des Schuldners trotz Klage und Vollstreckung durch einen Gesamtgläubiger).

[842] *Bitter* in Schimansky/Bunte/Lwowski BankR-HdB § 33 Rn. 115; aA *Einsele* FS Nobbe, 2009, 52 (zusätzliche Aufforderung nötig).

eingegangene Zahlungen mit einem Schuldsaldo verrechnen.[843] Mit der Insolvenzeröffnung fällt die gesamte Einlageforderung des insolvent gewordenen Kontoinhabers – in *diesem* Sinne das gesamte Kontoguthaben – in die Insolvenzmasse; bei Insolvenz mehrerer Mitinhaber gehört mithin die gesamte Einlageforderung zu jeder der Insolvenzmassen.[844] Für konkurrierende Leistungsverlangen, auch solcher unter Beteiligung eines Insolvenzverwalters, gilt das zur Zwangsvollstreckung Gesagte (→ Rn. 241) entsprechend.

243 **b) Und-Konto.** Beim Und-Konto können die Mitinhaber nur gemeinschaftlich über das Guthaben verfügen.[845] Diese Kontogestaltung hat an Bedeutung verloren, seit GbR und Wohnungseigentümergemeinschaft jeweils als teilrechtsfähiger Verband[846] anerkannt sind und mithin ein Eigenkonto eröffnen können (→ Rn. 230). Hauptanwendungsfälle sind Konten von Ehegatten, anderen einander nahestehenden Personen und Erbengemeinschaften.

244 **aa) Außen- und Innenverhältnis.** Die Mitinhaber des Und-Kontos bilden, soweit unter ihnen keine – nicht rechtsfähige – Gesamthandsgemeinschaft (Erbengemeinschaft, Gütergemeinschaft, Miturhebergemeinschaft) besteht, eine Gemeinschaft nach Bruchteilen iSd §§ 741 ff. BGB; als bloße Mitgläubiger können sie (dann) selbständig nur über ihren Anteil an der gemeinschaftlichen Einlageforderung, nicht aber (einzeln) über das Kontoguthaben verfügen (§ 747 BGB).[847] Anders als beim Oder-Konto bestehen nicht mehrere – hinsichtlich der Tilgungswirkung miteinander verknüpfte – Einlageforderungen; es gibt nur *eine* gemeinschaftlich gehaltene Einlageforderung.[848] Demgemäß kann die Bank schuldbefreiend nur an alle Mitinhaber gemeinschaftlich leisten, nicht aber an einen Mitinhaber allein.[849] Die Mitinhaber können, wenn die Bank einen nicht von allen veranlassten Zahlungsauftrag ausführt, die Rückgängigmachung der Belastungsbuchung verlangen.[850] Für einen Schuldsaldo des Und-Kontos haften die Mitinhaber ebenfalls gesamtschuldnerisch.[851]

245 **bb) Zwangsvollstreckung und Insolvenz.** Zur Vollstreckung in ein Und-Konto bedarf es unabhängig von der Art des Gemeinschaftsverhältnisses – eines Titels gegen sämtliche Mitinhaber.[852] Aus einem gegen einen einzelnen Mitinhaber gerichteten Titel lässt sich nur dessen Anteil am Gesamthandsvermögen bzw. dessen Bruchteil pfänden. Wird ein Mitinhaber insolvent, geht nur dessen Dispositionsbefugnis auf den Insolvenzverwalter über.[853]

246 **4. Treuhandkonto. a) Begriff und Erscheinungsformen.** Ein Treuhandkonto ist ein Konto, das (ausschließlich) zur Gutschrift von Geldbeträgen bestimmt ist, die dem Kontoinhaber von Dritten treuhänderisch anvertraut sind.[854] Beispiele sind das Kautionskonto des Vermieters sowie Anderkonten von Rechtsanwälten, Steuerberatern, Notaren usw.; für letztere haben die Kreditinstitute besondere AGB[855] entwickelt. Das Konto ist **„offenes"** Treuhandkonto, wenn seine Treuhandnatur der Bank – etwa durch Einbeziehung der AGB-Anderkonten – bei Errichtung[856] offengelegt und ihr deutlich gemacht wird, dass darauf ausschließlich Werte gelangen sollen, die dem Kontoinhaber nur als Treuhänder zustehen;[857] in diesem Fall gelten die Befugnis der Bank, wegen eigener Ansprüche gegen den Treuhänder Aufrechnungs- oder Zurückbehaltungsrechte geltend zu machen, sowie ihr AGB-Pfandrecht stillschweigend als abbedungen.[858] Andernfalls ist das **Treuhandverhältnis „verdeckt",** dh der Bank als solches nicht erkennbar und deshalb ihr gegenüber ohne Rechtswirkung.[859]

---

[843] BGH Urt. v. 8.7.1985 – II ZR 16/85, BGHZ 95, 185 (187) = NJW 1985, 2698.

[844] BGH Urt. v. 29.4.1986 – IX ZR 145/85, NJW-RR 1986, 991 (993); OLG Hamburg Urt. v. 19.10.2007 – I U 136/06, ZIP 2008, 88, 90; Baumbach/Hopt/*Hopt* Bankgeschäfte Rn. A/39; aA *K. Schmidt* FS Hadding, 2004, 1115 (Anwendung von § 84 InsO wie bei Bruchteilsgemeinschaft).

[845] BGH Urt. v. 25.6.2002 – XI ZR 218/01, NJW 2002, 3093 (3094); *Hadding/Häuser* in Schimansky/Bunte/Lwowski BankR-HdB § 35 Rn. 8.

[846] Vgl. BGH Urt. v. 29.1.2001 – II ZR 331/00, BGHZ 146, 341 (343) = NJW 2001, 1419 (zur GbR) sowie § 10 Abs. 6 S. 1 u. 2 WEG (zur Wohnungseigentümergemeinschaft).

[847] BGH Urt. v. 30.10.1990 – XI ZR 352/89, NJW 1991, 420.

[848] *Hadding/Häuser* in Schimansky/Bunte/Lwowski BankR-HdB § 35 Rn. 17.

[849] BGH Urt. v. 30.10.1990 – XI ZR 352/89, NJW 1991, 420.

[850] BGH Urt. v. 28.1.1980 – II ZR 39/79, WM 1980, 438; Urt. v. 16.6.2015 – XI ZR 243/13, BGHZ 205, 377 (385) = NJW 2015, 2497.

[851] *Häuser* in Schimansky/Bunte/Lwowski BankR-HdB § 35 Rn. 18.

[852] BGH Urt. v. 5.5.1977 – II ZR 213/75, WM 1977, 840 (840); *Hadding/Häuser* in Schimansky/Bunte/Lwowski BankR-HdB § 35 Rn. 24a.

[853] *Hadding/Häuser* in Schimansky/Bunte/Lwowski BankR-HdB § 35 Rn. 24a.

[854] MüKoInsO/*Ganter* InsO § 47 Rn. 392.

[855] Abgedr. bei *Hadding/Häuser* in Schimansky/Bunte/Lwowski BankR-HdB § 38 Anh. 1–4.

[856] Eine nachträgliche Offenlegung des Treuhandcharakters lässt bereits entstandene Sicherungsrechte der Bank nicht wieder entfallen, vgl. BGH Urt. v. 25.9.1990 – XI ZR 94/89, NJW 1991, 101 (102).

[857] BGH Urt. v. 23.6.1987 – III ZR 263/85, NJW 1987, 3250 (3251).

[858] BGH Urt. v. 25.6.1973 – II ZR 104/71, BGHZ 61, 72 (77) = WM 1973, 894; BGH Urt. v. 23.6.1987 – III ZR 263/85, NJW 1987, 3250 (3251).

[859] BGH Urt. v. 23.6.1987 – III ZR 263/85, NJW 1987, 3250 (3251); Urt. v. 25.9.1990 – XI ZR 94/89, NJW 1991, 101 (102); Baumbach/Hopt/*Hopt* AGB-Anderkonten Einl. Rn. 1.

b) Zugriffsfestigkeit gegenüber Gläubigern des Treuhänders. Die besondere Bedeutung des **247** Treuhandkontos liegt darin, dass das Guthaben grundsätzlich nicht dem Zugriff der Gläubiger des Treuhänders unterliegt. Der Treugeber kann gegen eine Vollstreckung in das Konto Drittwiderspruchsklage erheben (§ 771 ZPO); in der Insolvenz des Treuhänders hat er ein Aussonderungsrecht gem. § 47 InsO.[860] Diese Rechte hat der Treugeber indes nur, wenn die **Treuhandvereinbarung und deren Praktizierung durch den Treuhänder** bestimmten Anforderungen genügen: Zum einen muss das Konto entweder offen als Treuhandkonto ausgewiesen oder sonst – nach der Abrede zwischen Treugeber und Treuhänder – nachweisbar *ausschließlich* zur Aufnahme von treuhänderisch gebundenen Fremdgeldern bestimmt sein.[861] Zum anderen muss der Treuhänder die Treuhandbindung *tatsächlich* beachten: Nutzt er das Guthaben auf dem Konto (auch) für eigene Zwecke, etwa indem er Eigen- und Fremdgelder vermischt oder ohne Zustimmung des Treugebers über das Guthaben verfügt, entfallen Drittwiderspruchs- und Aussonderungsrechte des Treugebers insgesamt.[862]

Hingegen hängt die Zugriffsfestigkeit der auf das Treuhandkonto eingezahlten Mittel *nicht* davon ab, **248** dass diese – wie noch das Reichsgericht[863] gefordert hatte – unmittelbar vom Treugeber auf den Treuhänder übertragen worden sind. Dieses sog. Unmittelbarkeitsprinzip ist für den BGH kein maßgebliches Kriterium.[864] Zwar bedarf eine Treuhand, soll sie insolvenzfest sein, stets einer vollzogenen „dinglichen Komponente"[865], womit eine Vermögensverlagerung auf den Treuhänder gemeint ist. Doch genügt, dass die Vermögensverlagerung von einem Dritten auf den Treuhänder erfolgt. Diese sog. **Erwerbstreuhand** hat der BGH der Sache nach als insolvenzfest anerkannt.[866] Ein Treuhandkonto – gleich ob offen oder verdeckt – ist ein Unterfall der Erwerbstreuhand.[867]

Die Zugriffsfestigkeit des Kontoguthabens setzt ebenso wenig voraus, dass die Treuhandbindung nur **249** für einen einzigen Treugeber besteht.[868] Zugriffsfest kann auch eine für mehrere Treugeber auf dem Konto geführte Sammelmasse **(Sammelkonto)** sein, vorausgesetzt wiederum, das Konto wird nicht auch zu eigenen Zwecken des Treuhänders genutzt (→ Rn. 246).

V. Bankkonto im Zivilprozess

Die klageweise Geltendmachung des Saldos aus dem Bankkontokorrent hat Tücken. Die besonderen **250** **Darlegungsanforderungen der Saldoklage**[869] werden leicht übersehen, weil vordergründig meist nicht über einen Saldo gestritten wird, sondern über einzelne darin einbegriffene Forderungen (zB über einen Kreditrückzahlungsanspruch). Was ein Kreditinstitut, das einen Kontokorrentsaldo einklagt, im Einzelnen darlegen muss, hängt davon ab, ob ein abstrakter oder ein kausaler Saldoanspruch geltend gemacht wird.

1. Abstrakter Saldoanspruch. Die Anerkennung eines Kontokorrentsaldos ist ein abstraktes **251** Schuldanerkenntnis iSd § 781 BGB (→ Rn. 183). Will die Bank den abstrakten Saldoanspruch geltend machen, muss sie zunächst den Abschluss eines Anerkenntnisvertrags darlegen. Wegen der Bindungswirkung des Kontokorrents fragt sich sodann, ob der Anspruch aus dem Saldoanerkenntnis noch als solcher oder nur als Bestandteil eines Folgesaldos einklagbar ist. Auch dazu sind beim Bankkontokorrent Darlegungen erforderlich.

a) Anerkenntnisvertrag. Nach den AGB der Kreditinstitute gilt das Schweigen des Kunden auf **252** einen Rechnungsabschluss als dessen „Genehmigung" (→ Rn. 183). Beruft sich die Bank auf diese Erklärungsfiktion, muss sie zunächst die vertragliche Einbeziehung ihrer AGB darlegen. Diese versteht sich trotz des standardisierten Geschäftsverkehrs nicht von selbst. Sodann bedarf es näherer Darlegungen zu den **Voraussetzungen der Erklärungsfiktion** (Rechtsfolgehinweis, ggf. Genehmigungsfähigkeit des Rechnungsabschlusses). Die Bank muss also insbesondere darlegen, dass sie den Kunden bei Erteilung des Rechnungsabschlusses auf die drohende Erklärungsfiktion hingewiesen hat. In den gängigen Formularen für Rechnungsabschlüsse ist der Rechtsfolgehinweis enthalten. Ist der Klageschrift indes bloß eine Kopie eines solchen Formulars beigefügt, muss diese vollständig sein. Der Rechtsfolgehinweis findet sich nicht selten auf der Formularrückseite. Ist ein Saldoanerkenntnis dargelegt, folgt daraus schlüssig, dass ein abstrakter Saldoanspruch (§ 781 BGB) entstanden ist.

---

[860] BGH Urt. v. 10.2.2011 – IX ZR 49/10, BGHZ 188, 317 Rn. 13 ff. = NJW-RR 2011, 779; Baumbach/Hopt/*Hopt* AGB-Anderkonten Einl. Rn. 1.

[861] BGH Urt. v. 10.2.2011 – IX ZR 49/10, BGHZ 188, 317 Rn. 13 = NJW-RR 2011, 779.

[862] BGH Urt. v. 10.2.2011 – IX ZR 49/10, BGHZ 188, 317 Rn. 15 = NJW-RR 2011, 779.

[863] RG Urt. v. 19.2.1914 – VII 448/13, RGZ 84, 214 (216); Urt. v. 10.10.1917 – V 159/17 RGZ 91, 12 (14).

[864] MüKoInsO/*Ganter* InsO § 47 Rn. 392 a f.

[865] BGH Urt. v. 24.6.2003 – IX ZR 75/01, BGHZ 155, 227 (233) = NJW 2003, 3414; BAG Urt. v. 18.7.2013 – 6 AZR 47/12, WM 2014, 361 Rn. 22.

[866] BGH Urt. v. 24.6.2003, BGHZ 155, 227 (233) = NJW 2003, 3414 *(„auch dann, wenn es ihm von einem Dritten übertragen wurde [...]")*; vgl. auch Staudinger/*Wiegand,* 2017, BGB Anh. §§ 929 ff. Rn. 327.

[867] MüKoInsO/*Ganter* InsO § 47 Rn. 354.

[868] BGH Urt. v. 10.2.2011 – IX ZR 49/10, BGHZ 188, 317 Rn. 13 = NJW-RR 2011, 779.

[869] Näher dazu mit Klagemustern *Wessels* WM 1997, 1509.

253   **b) Kontokorrententbindung.** Der abstrakte Saldoanspruch ist als solcher sofort fällig und einklagbar. Wie jeder andere der Kontokorrentvereinbarung unterfallende Anspruch verliert er diesen Vorzug jedoch, sobald er seinerseits ins Kontokorrent eingestellt wird. Die kontokorrentgebundenen Ansprüche sind für die Dauer der Rechnungsperiode nicht auszahlungsfällig und von selbständiger Geltendmachung ausgeschlossen („gelähmt").[870] Auch später – selbst nach Beendigung des Kontokorrents – können sie nicht mehr selbständig eingeklagt werden, sondern nur noch als Saldobestandteil.[871] Damit der abstrakte Saldoanspruch selbständig einklagbar ist, darf er also der Kontokorrentbindung nicht unterfallen sein.

254   **aa) Kontokorrentkündigung.** Beim Bankkontokorrent entspricht es dem mutmaßlichen Parteiwillen, dass der jeweilige Rechnungssaldo auch nach seiner (fingierten) Genehmigung auf neue Rechnung vorgetragen wird. Die Bank muss bei der Geltendmachung des abstrakten Saldoanspruchs folglich von sich aus dem Einwand der Kontokorrentbindung begegnen. Dazu hat sie regelmäßig darzulegen, dass das Kontokorrent vor dem Stichtag des anerkannten Rechnungsabschlusses beendet worden ist. Da ein Bankkontokorrent gewöhnlich unbefristet läuft, muss die Bank, die einen abstrakten Saldoanspruch geltend macht, also regelmäßig die rechtzeitige Kontokorrentkündigung darlegen.

255   **bb) Kündigungsvoraussetzungen.** Die AGB-Banken erlauben der Bank die Kündigung eines Kontokorrentkontos – außer aus wichtigem Grund – nur unter Einhaltung einer angemessenen Frist von mindestens zwei Monaten (→ Rn. 219). Die Bank muss somit in Ermangelung eines wichtigen Grunds die Einhaltung dieser Kündigungsfrist darlegen. Die Kündigungsvoraussetzungen für das Kontokorrent und einen darin abgewickelten Kredit sind dabei auseinanderzuhalten. Ob der Kredit wirksam gekündigt wurde, kann bei Geltendmachung des abstrakten Saldoanspruchs grundsätzlich dahinstehen. Hat der Beklagte den Saldo anerkannt, obwohl eine darin einbegriffene Kreditverbindlichkeit noch nicht fällig ist, mag er zwar das Anerkenntnis kondizieren können (§ 812 Abs. 2 BGB); Darlegungen dazu obliegen aber nicht dem Kläger. Anders verhält es sich nur, wenn die Parteien – wie meist bei einem Kreditsonderkonto – Kontokorrent und Kredit zu einer rechtlichen Einheit verknüpft haben.

256   **cc) Rechtzeitigkeit der Kündigung.** Die Kontokorrentkündigung darf nicht später wirksam geworden sein, als der abstrakte Saldoanspruch entstanden ist. Bestand das Kontokorrent über den Abschluss des Anerkenntnisvertrags hinaus, hat sich der abstrakte Saldoanspruch in einen Einzelposten verwandelt, der nur als Bestandteil eines anerkennungspflichtigen Folgesaldos eingeklagt werden kann.

257   **2. Kausaler Saldoanspruch.** Kann das Kreditinstitut keinen abstrakten Saldoanspruch geltend machen, muss es sich auf die Kontokorrentvereinbarung iVm mit dem zugrunde liegenden Geschäftsvertrag (zB Girovertrag) stützen. Nach § 355 Abs. 1, Abs. 3 HGB kann jeweils der kausale, dh aus den Einzelforderungen abgeleitete Saldo („Überschuss") verlangt werden, der sich am Ende einer Rechnungsperiode bzw. bei Beendigung des Kontokorrents ergibt. Die Bank hat folglich – außer dem Abschluss der Kontokorrentvereinbarung und des zugrunde liegenden Geschäftsvertrags – zunächst darzulegen, dass der kausale Saldo auszahlungsfällig ist. Sie muss den Saldo sodann nachvollziehbar berechnen.

258   **a) Auszahlungsfälligkeit.** Ist ein Saldovortrag und daneben kein Debetausgleich für die Dauer des Kontokorrents vereinbart, muss die Kontokorrentbeendigung dargetan werden (§ 355 Abs. 3 HGB). Anders verhält es sich nur beim Girovertrag, unter dem der Kunde im Zweifel einen Habensaldo jederzeit abheben und die Bank einen Sollsaldo jederzeit einfordern kann (→ Rn. 191 f.); eine Bank, die den kausalen Saldo eines Girokontos einfordert, braucht daher grundsätzlich nur klarzustellen, dass der Kunde das Konto nach den getroffenen Vereinbarungen nicht überziehen durfte.

259   **b) Nachvollziehbare Berechnung.** Der kausale Saldo muss – bezogen auf den maßgeblichen Auszahlungstermin – nachvollziehbar berechnet werden. Dazu sind alle relevanten Einzelforderungen so substantiiert darzulegen, dass das Gericht den Saldo rechnerisch und rechtlich vollständig nachvollziehen kann.[872] Der genaue Umfang der klägerischen Darlegungslast hängt davon ab, ob und wie eingehend der Beklagte den Saldo bestreitet.

260   **aa) Unstreitiger Saldo.** Solange der Saldo unbestritten ist, wie etwa bei Säumnis des Beklagten, hat es der Kläger nach gefestigter Rechtsprechung[873] leicht. Er kann sich auf die Darlegung beschränken, der Saldo zu seinen Gunsten sei zu einem bestimmten Zeitpunkt soundso hoch gewesen und habe sich

---

[870] RG Urt. v. 18.10.1922 – I 596/21, RGZ 105, 233 (234); BGH Urt. v. 2.11.1967 – II ZR 46/65, BGHZ 49, 24 (27) = NJW 1968, 33.

[871] BGH Urt. v. 5.5.1983 – III ZR 187/81, NJW 1983, 2879 (2880); Urt. v. 28.5.1991 – XI ZR 214/90, NJW 1991, 2908 (2908); LG Köln Urt. v. 25.11.1994 – 19 U 70/94, NJW-RR 1995, 609 (610).

[872] BGH Urt. v. 5.5.1983 – III ZR 187/81, NJW 1983, 2879 (2880); Urt. v. 28.5.1991 – XI ZR 214/90, NJW 1991, 2908 (2908).

[873] Vgl. etwa BGH Urt. v. 28.5.1991 – XI ZR 214/90, NJW 1991, 2908 (2908); OLG Oldenburg Beschl. v. 21.4.1995 – 13 W 15/95, NJW-RR 1995, 1074 (1075).

bis zum Auszahlungstermin noch soundso verändert. Wird unmittelbar auf den Auszahlungstermin abgestellt, genügt eine einzige Betragsangabe. Im so dargelegten Saldo müssen allerdings alle vom Kläger akzeptierten Passivposten enthalten sein; deren Darlegung kann der Kläger nicht dem Beklagten überlassen.[874] Nur für streitige Positionen gilt, dass der Saldogläubiger die Aktiv- der Gegner die Passivposten zu begründen hat.[875] Die Möglichkeit, alle Einzelforderungen in einer einzigen Betragsangabe zusammenzufassen, ist eine beträchtliche Darlegungserleichterung. Worauf sie beruht, wird von der Rechtsprechung nicht erörtert. Der Saldo zählt wohl nicht zu den einfachen Rechtsbegriffen, die der Beklagte wie Tatsachen zugestehen kann.[876] Die Darlegungserleichterung rechtfertigt sich aber unmittelbar aus dem Vereinfachungszweck des Kontokorrents. Ihm liefe es zuwider, wenn der Kläger den Saldo auch herleiten müsste, soweit der Beklagte ihn gar nicht bestreitet.

bb) Global bestrittener Saldo. Wird der Saldobetrag vom Beklagten auch nur global bestritten, **261** muss er aus allen zugrunde liegenden Einzelforderungen abgeleitet werden. Zu den Einzelforderungen gehört auch der letzte vom Beklagten anerkannte Saldoanspruch, wenn er auf neue Rechnung vorzutragen war. Der Kläger kann sich dann darauf beschränken, das letzte Saldoanerkenntnis und die danach eingetretenen Veränderungen darzulegen. Ist es allerdings zu keinem Anerkenntnis gekommen, muss der Kläger die *gesamte* dem Saldo zugrunde liegende Kontokorrententwicklung nachvollziehbar machen.[877] Damit der Saldo *rechnerisch* nachvollziehbar ist, müssen alle einzelnen Buchungsbeträge und Wertstellungsdaten sowie der im Kontokorrent berechnete Zinssatz offengelegt werden; eine Zusammenfassung von Kontobelastungen und -gutschriften genügt nicht.[878]

cc) In Einzelpositionen bestrittener Saldo. Soweit (dann) bestimmte Aktivposten des Saldos **262** streitig werden, muss das Kreditinstitut die betroffene Einzelforderung genauso begründen, als wenn es sie selbständig geltend machte. Gleiches gilt umgekehrt für den Kunden, wenn er einen streitigen Passivposten in Abzug bringen will.[879] Insoweit trifft jede Partei eine uneingeschränkte Darlegungslast.[880]

---

[874] BGH Urt. v. 28.5.1991 – XI ZR 214/90, NJW 1991, 2908 (2908).

[875] Vgl. BGH Urt. v. 11.10.1988 – XI ZR 67/88, BGHZ 105, 263 (265) = NJW 1989, 300; Urt. v. 28.5.1991 – XI ZR 214/90, NJW 1991, 2908 (2908); Urt. v. 7.12.1995 – IX ZR 110/95, NJW 1996, 719 (720).

[876] Vgl. zu einfachen Rechtsbegriffen BGH Urt. v. 16.7.2003 – XII ZR 100/00, NJW-RR 2003, 1578 (1579); HK-ZPO/*Saenger*, 8. Aufl. 2019, ZPO § 288 Rn. 6 mwN.

[877] BGH Urt. v. 5.5.1983 – III ZR 187/81, NJW 1983, 2879 (2880); Urt. v. 28.5.1991 – XI ZR 214/90, NJW 1991, 2908 (2908).

[878] BGH Urt. v. 5.5.1983 – III ZR 187/81, NJW 1983, 2879 (2880).

[879] BGH Urt. v. 11.10.1988 – XI ZR 67/88, BGHZ 105, 263 (265) = NJW 1989, 300; Urt. v. 7.12.1995 – IX ZR 110/95, NJW 1996, 719 (720).

[880] BGH Urt. v. 5.5.1983 – III ZR 187/81, NJW 1983, 2879 (2880).

B. Bank- und Börsenrecht II: Zahlungsverkehr – Zahlungsdiensterecht

Schrifttum (im Wesentlichen ab 2009):

Zu §§ 675c ff.: *Artz,* Das Basiskonto für Verbraucher, ZBB 2016, 191; *Bauer/Glos,* Die zweite Zahlungsdiensterichtlinie – Regulatorische Antwort auf Innovation im Zahlungsverkehrsmarkt, DB 2016, 456; *Bitter,* Problemschwerpunkte des neuen Zahlungsdiensterechts, WM 2010, 1735 (Teil I) und WM 2010, 1773 (Teil II); *Bülow,* Die Angemessenheit des Entgelts nach § 41 Abs. 2 Zahlungskontengesetz, WM 2017, 161; *Bülow/Artz,* Zahlungskontengesetz, 1. Aufl. 2017; *Casper/Terlau,* Zahlungsdiensteaufsichtsgesetz, 2. Aufl. 2020; *Conreder,* Neue Zahlungsdienste nach dem Entwurf des neuen Zahlungsdiensteaufsichtsgesetzes und deren Ausnahmen – Wen geht es an?, BKR 2017, 226; *Dieckmann,* Die Echtzeitüberweisung – Paradigmenwechsel im Recht des Zahlungsverkehrs, BKR 2018, 276; *Ellenberger/Findeisen/Nobbe,* Kommentar zum Zahlungsverkehrsrecht, 2. Aufl. 2013; *Escher,* Bankrechtsfragen des elektronischen Geldes im Internet, WM 1997, 1173; *Franck/Massari,* Die Zahlungsdiensterichtlinie: Günstigere und schnellere Zahlungen durch besseres Vertragsrecht?, WM 2009, 1117; *Grundmann,* Das neue Recht des Zahlungsverkehrs, WM 2009, 1109 (Teil I Grundsatzüberlegungen und Überweisungsrecht) und WM 2009, 1157 (Teil II Lastschrift, Kartenzahlungen und Ausblick); *Habersack,* AGB-Rechtskonformität des Mechanismus zur Änderung der AGB der Kreditwirtschaft, BKR 2020, 53; *Harman,* Neue Instrumente des Zahlungsverkehrs: PayPal & Co., BKR 2018, 457; *Herresthal,* Der Anspruch auf ein Basiskonto nach dem Zahlungskontengesetz (ZKG) – Die Privatautonomie auf dem Rückzug im Bankvertragsrecht, BKR 2016, 133; *Herresthal,* Die Kontowechselhilfe und die Instrumente zur Steigerung der Transparenz nach dem Zahlungskontengesetz (ZKG), BKR 2016, 221; *Köndgen,* Das neue Recht des Zahlungsverkehrs, JuS 2011, 48; *Kunz,* Die neue Zahlungsdiensterichtlinie (PSD II): Regulatorische Erfassung „Dritter Zahlungsdienstleister" und anderer Leistungsanbieter – CB 2016, 416 (Teil 1) und CB 2016, 457 (Teil 2); *Linardatos,* Die Basiskonto-Richtlinie – Ein Überblick, WM 2015, 755; *Nobbe,* Neuregelungen im Zahlungsverkehrsrecht – Ein kritischer Überblick, WM 2011, 961; *Omlor,* Zahlungsauftrag, Zahlungsinstrument, Zahlungsauthentifizierungsinstrument und personalisiertes Sicherheitsmerkmal – eine begriffliche Quadratur des Kreises?, GPR 2014, 282; *Omlor,* Online-Banking unter Geltung der Zweiten Zahlungsdiensterichtlinie (PSD II), BKR 2019, 105; *Omlor,* Aktuelle Gesetzgebungsvorhaben: Umsetzung der zweiten Zahlungsdiensterichtlinie, JuS 2017, 626; *Omlor,* E-Geld im reformierten Zahlungsdiensterecht, ZIP 2017, 1836; *Omlor,* Digitaler Zahlungsverkehr, JuS 2019, 289; *Piekenbrock,* Das Recht der Zahlungsdienste zwischen Unions- und nationalem Recht, WM 2015, 797; *Rösler/Werner,* Erhebliche Neuerungen im zivilen Bankrecht: Umsetzung von Verbraucher- und Zahlungsdiensterichtlinie, BKR 2009, 1; *Rühl,* Weitreichende Änderungen im Verbraucherdarlehensrecht und Recht der Zahlungsdienste, DStR 2009, 2256; *Schmidt-Kessel/Rank,* Bedingungsanpassungsklauseln und Preisanpassungsklauseln im allgemeinen Bankvertragsrecht und im Zahlungsdiensterecht, WM 2018, 2205; *Schürmann,* Das neue Recht der Zahlungsaufträge – ein Überblick, in Habersack/Mülbert/Nobbe/Wittig, Die zivilrechtliche Umsetzung der Zahlungsdiensterichtlinie – Finanzmarktkrise und Umsetzung der Verbraucherkreditrichtlinie (Bankrechtstag 2009), 2010, 11; *Spindler/Zahrte,* Zum Entwurf für eine Überarbeitung der Zahlungsdiensterichtlinie (PSD II), BKR 2014, 265; *Terlau,* SEPA Instant Payment – POS- und eCommerce-Abwicklung über Zahlungsauslösedienste und technische Dienstleister nach der Zweiten Zahlungsdiensterichtlinie (Payment Services Directive 2, PSD2), jurisPR-BKR 2/2016 Anm. 1; *Werner,* Wesentliche Änderungen des Rechts des Zahlungsverkehrs der Zahlungsdienste durch Umsetzung der Zweiten EU-Zahlungsdiensterichtlinie in deutsches Recht, WM 2018, 449; *Zahrte,* Neuerungen im Zahlungsdiensterecht, NJW 2018, 337; *Zahrte,* Die „zweite Stufe" der PSD-2-Umsetzung, BKR 2019, 484.

§ 675c Zahlungsdienste und E-Geld

(1) **Auf einen Geschäftsbesorgungsvertrag, der die Erbringung von Zahlungsdiensten zum Gegenstand hat, sind die §§ 663, 665 bis 670 und 672 bis 674 entsprechend anzuwenden, soweit in diesem Untertitel nichts Abweichendes bestimmt ist.**

(2) **Die Vorschriften dieses Untertitels sind auch auf einen Vertrag über die Ausgabe und Nutzung von E-Geld anzuwenden.**

(3) **Die Begriffsbestimmungen des Kreditwesengesetzes und des Zahlungsdiensteaufsichtsgesetzes sind anzuwenden.**

(4) **Die Vorschriften dieses Untertitels sind mit Ausnahme von § 675d Absatz 2 Satz 2 sowie Absatz 3 nicht auf einen Vertrag über die Erbringung von Kontoinformationsdiensten anzuwenden.**

Übersicht

I. Überblick

Das Zahlungsdiensterecht ist in den §§ 675c–676c in Untertitel 3 unter dem Titel 12 „Auftrag und **1** Geschäftsbesorgungsvertrag" geregelt. Ergänzend gelten kraft Verweisung die im EGBGB geregelten Informationspflichten (Art. 248 EGBGB) sowie die Begriffsbestimmungen des Gesetzes über die Beaufsichtigung von Zahlungsdiensten (ZAG) und des KWG. Auf Basiskonten nach dem Zahlungskontengesetz (ZKG) sind zudem die Vorschriften des ZKG anzuwenden.

Der Untertitel „Zahlungsdienste" (§§ 675c–676c) wurde in Umsetzung der Richtlinie 2007/64/ **2** EG des Europäischen Parlaments und des Rates vom 13.11.2007 über Zahlungsdienste im Binnenmarkt (**Erste Zahlungsdiensterichtlinie,** im Folgenden: **ZDRL 2007** → Rn. 3 f.)[1] mit Wirkung zum 31.10.2009 in das BGB eingefügt. Hierdurch wurde das Zahlungsverkehrsrecht, das bislang mit Ausnahme der Überweisung lediglich auf der Grundlage allgemeiner schuldrechtlicher Instrumente und durch Klauselwerke geregelt war, grundlegend neu strukturiert → Rn. 3 ff. Änderungen erfolgten mit Wirkung zum 13.1.2018 durch die Umsetzung der **Zweiten Zahlungsdiensterichtlinie** (im Folgenden: **ZDRL** → Rn. 5 f.).

II. Europarechtliche Grundlagen

Das Zahlungsdiensterecht beruht auf europäischem Recht. Dies ist bei der Anwendung und **Aus-** **3** **legung** der §§ 675c ff. zu berücksichtigen. Geboten ist eine **unionsrechtskonforme Auslegung** und, soweit die Vorschriften auf Richtlinien beruhen, eine **richtlinienkonforme Auslegung**.[2] Das maßgebliche europäische Recht soll daher im Folgenden knapp skizziert werden:

Mit Verabschiedung und Umsetzung der Richtlinie 2007/64/EG des Europäischen Parlaments und **4** des Rates vom 13.11.2007 über Zahlungsdienste im Binnenmarkt (**Erste Zahlungsdiensterichtlinie,** **ZDRL 2007)**[3] erfuhr der bargeldlose Zahlungsverkehr im Europäischen Wirtschaftsraum eine grundlegende Neuordnung. Im Interesse der Schaffung eines einheitlichen Zahlungsverkehrsraums in Europa, der Single Euro Payments Area (SEPA), wurde mit dem Ziel der **Vollharmonisierung** (Art. 86 ZDRL 2007) ein EG-weiter rechtlicher Rahmen für Zahlungsdienste geschaffen, der neutral ist und gleiche Wettbewerbsbedingungen für alle Zahlungssysteme gewährleistet (Erwägungsgrund Nr. 4 ZDRL 2007, Art. 28 ZDRL 2007). Die Richtlinie wurde mit zwei Gesetzesvorhaben in das nationale deutsche Recht umgesetzt. Der aufsichtsrechtliche Teil (Titel I der Richtlinie) wurde im Gesetz über die Beaufsichtigung von Zahlungsdiensten (ZAG) geregelt. Die zivilrechtlichen Regelungen (Titel III und IV der Richtlinie) wurden im BGB und im EGBGB getroffen. Im BGB wurde durch das Gesetz zur Umsetzung der Verbraucherkreditrichtlinie, des zivilrechtlichen Teils der Zahlungsdiensterichtlinie sowie zur Neuordnung der Vorschriften über das Widerrufs- und Rückgaberecht vom 29.7.2009 unter Titel 12 „Auftrag und Geschäftsbesorgungsvertrag" ein neuer Untertitel „Zahlungsdienste" (§§ 675c– 676c) eingefügt.[4] Insoweit war der nationale Gesetzgeber zu einer umfassenden Neuregelung der für den bargeldlosen Zahlungsverkehr maßgeblichen Regelungen gezwungen.[5]

Am 12.1.2016 trat die **Zweite Zahlungsdiensterichtlinie** (ZDRL) in Kraft.[6] Sie ist an die Stelle **5** der Ersten Zahlungsdiensterichtlinie getreten. Die ZDRL verfolgt fortgesetzt das Ziel der **Vollharmo-**

---

[1] Richtlinie 2007/64/EG des Europäischen Parlaments und des Rates vom 13.11.2007 über Zahlungsdienste im Binnenmarkt, zur Änderung der Richtlinien 97/7/EG, 2002/65/EG, 2005/60/EG und 2006/48/EG sowie zur Aufhebung der Richtlinie 97/5/EG, ABl. 2007 L 319/1.

[2] EuGH Urt. v. 4.2.1988 – 157/86, BeckRS 2004, 71815 Rn. 11; BGH Urt. v. 22.5.2012 – XI ZR 290/11, BGHZ 193, 238 Rn. 50 = NJW 2012, 2571; Palandt/*Sprau* Einf. v. § 675c Rn. 10; Palandt/*Grüneberg* Einl. v. § 1 Rn. 44 mwN.

[3] Richtlinie 2007/64/EG des Europäischen Parlaments und des Rates vom 13.11.2007 über Zahlungsdienste im Binnenmarkt, zur Änderung der Richtlinien 97/7/EG, 2002/65/EG, 2005/60/EG und 2006/48/EG sowie zur Aufhebung der Richtlinie 97/5/EG, ABl. 2007 L 319/1; näher zur Entwicklungsgeschichte: MüKoBGB/*Casper* Vor § 675 Rn. 3.

[4] Art. 1 Nr. 47 VerbrKrRL-UG vom 29.7.2009, BGBl. 2009 I 2355; vgl. hierzu Gesetzentwurf der Bundesregierung BT-Drs. 16/11643 und Beschlussempfehlung des Rechtsausschusses, BT-Drs. 16/13669.

[5] Vgl. Palandt/*Sprau* Einf. v. § 675c Rn. 10 ff.; *Grundmann* WM 2009, 1109; *Meckel* jurisPR-BKR 11 und 12/ 2009.

[6] Richtlinie (EU) 2015/2366 des Europäischen Parlaments und des Rates vom 25.11.2015 über Zahlungsdienste im Binnenmarkt, zur Änderung der Richtlinien 2002/65/EG, 2009/110/EG und 2013/36/EU und der Verordnung

nisierung (Art. 107 ZDRL). Weitere Ziele sind die unionsweite Förderung des Wettbewerbs und die Stärkung des Verbraucherschutzes.

6 Die **Änderungen,** die durch die ZDRL erfolgt sind, sind **in zivilrechtlicher Hinsicht** überschaubar.[7] Der **territoriale Anwendungsbereich** wurde erweitert. Erfasst sind nunmehr auch Zahlungsvorgänge, bei denen nur ein am Zahlungsvorgang beteiligter Zahlungsdienstleister seinen Sitz innerhalb des EWR hat (sog. **one-leg-transactions,** Erwägungsgrund 8 ZDRL, Art. 2 Abs. 2 ff. ZDRL, § 675e). Zudem wurde die Begrenzung auf Zahlungsvorgänge in einer Währung des EWR aufgegeben, auch wenn einzelne Bestimmungen für Zahlungsvorgänge mit Drittstaatenbezug nicht gelten (s. § 675d Abs. 6 zu den Informationspflichten sowie § 675e Abs. 2). Außerdem wurde der sachliche Anwendungsbereich erweitert, weil einige der bislang in § 1 Abs. 10 ZAG aF in nationales Recht umgesetzten Ausnahmetatbestände entfallen sind.[8]

6a Darüber hinaus wurde der personelle Anwendungsbereich auf sog. **dritte (nicht-kontoführende) Zahlungsdienstleister** erstreckt. Die ZDRL erfasst in Erweiterung der ZDRL 2007 **Zahlungsauslöse- und Kontoinformationsdienstleister,** die bislang nicht reguliert waren (Art. 4 Nr. 15 und Nr. 16 ZDRL). Weiter enthält die ZDRL Regelungen zur Stärkung der Sicherheit des bargeldlosen Zahlungsverkehrs durch Einführung einer **starken Kundenauthentifizierung.** Eine solche ist erforderlich, wenn der Zahler online auf sein Zahlungskonto zugreift, einen Zahlungsvorgang elektronisch auslöst oder über einen Fernzugang eine Handlung vornimmt, die das Risiko eines Betrugs im Zahlungsverkehr oder anderen Missbrauch beinhaltet, wie etwa die Änderung des Online-Banking-Passworts[9] (Art. 97 ZDRL). Vorgeschrieben ist die Authentifizierung durch die Verwendung von zwei Faktoren aus den Merkmalen Wissen (zB PIN, Passwort, Antwort auf eine Kontrollfrage), Besitz (zB TAN-Generator, mobile Endgeräte) und Inhärenz (zB Fingerabdruck, § 1 Abs. 24 ZAG).[10] Die Einzelheiten sind in der delegierten Verordnung (EU) Nr. 2018/389 (Regulatory Technical Standards, RTS)[11] geregelt (§ 55 Abs. 5 ZAG iVm Art. 4 ff. RTS). Zu den Ausnahmen, etwa für Kleinbetragszahlungen, siehe Art. 10 ff. RTS. Zugleich wurden die Verbraucherrechte durch die ZDRL beispielsweise durch die **Verringerung der Haftung für nicht autorisierte Zahlungen** von früher 150 EUR auf nunmehr 50 EUR gestärkt (Art. 74 Abs. 1 ZDRL; § 675v Abs. 1 → Rn. 1 ff.). Um Zahlungsdienste kostengünstig anbieten zu können, wurden des weiteren Aufschläge (sog. **Surcharching**) für Zahlungsdienstleistungen untersagt, auf die die SEPA-VO anwendbar ist. Gleiches gilt für Zahlungsinstrumente für kartengebundene Zahlungsvorgänge (Debit- und Kreditkarten), bei denen die Interbankenentgelte durch Kapitel II der MIF-VO fest geregelt sind Art. 62 Abs. 4 ZDRL; umgesetzt in § 270a; zur SEPA-VO und zur MIF-VO → Rn. 8). Zudem sind Verbote von Preisnachlässen im Zuwendungs- und Akquisitionsverhältnis für Zahlungsinstrumente untersagt (Art. 62 Abs. 3 ZDRL, → § 675f Rn. 37).

7 Die **Umsetzung der ZDRL** in nationales Recht erfolgte in zwei Stufen. Die erste Stufe wurde zum 13.1.2018 durch Neuregelung des Zahlungsdiensterechts umgesetzt (Gesetz zur Umsetzung der Zweiten Zahlungsdiensterichtlinie, im Folgenden: **ZDRL-II-UG**).[12] Die Regelungen über die starke Kundenauthentifizierung und die Öffnung der Zahlungskonten für Dritte sind seit dem 14.9.2019 nach Spezifizierung der technischen Standards durch die delegierte Verordnung Nr. 2018/389 verbindlich. Die Systematik der §§ 675c–676c folgt im Wesentlichen den Vorgaben der Zahlungsdienstrichtlinie.[13] Eine Überprüfung der Auswirkungen der ZDRL soll bis zum 13.1.2021 erfolgen. Bis zu diesem Stichtag hat die Kommission einen Bericht über die Anwendung und die Auswirkungen der Richtlinie sowie ggf. einen Gesetzgebungsvorschlag vorzulegen (Art. 108 ZDRL).

8 Die Regelungen der ZDRL werden im Interesse der Schaffung eines einheitlichen Zahlungsverkehrsraums durch weitere europäische Rechtsakte ergänzt. Durch die **SEPA-Verordnung**[14] wurden auf europäischer Ebene – flankierend zur ZDRL 2007 – verbindliche, **einheitliche europäische Zahlungsinstrumente und technische Standards** für Überweisungen und Lastschriften entwickelt, welche die nationalen Zahlungsinstrumente im Bereich des Massenzahlungsverkehrs zwischenzeitlich abgelöst haben. Ausgenommen sind Zahlungsvorgänge, die über Großbetragszahlungssysteme verarbeitet und abgewickelt werden, es sei denn es handelt sich um Zahlungen per Lastschrift, deren

---

(EU) Nr. 1093/10 sowie zur Aufhebung der Richtlinie 2007/64/EG; näher zur Entwicklungsgeschichte: MüKoBGB/*Casper* Vor § 675 Rn. 4.

[7] Zu den wesentlichen Änderungen siehe im Überblick *Omlor* JuS 2017, 626 ff.; *Werner* WM 2018, 49 ff.; *Zahrte* NJW 2018, 337 ff.

[8] MüKoBGB/*Casper* Vor § 675c Rn. 5 mwN.

[9] Casper/Terlau/*Zahrte* ZAG § 55 Rn. 46.

[10] Casper/Terlau/*Zahrte* ZAG § 55 Rn. 4 ff.

[11] Delegierte Verordnung (EU) 2018/389 der Kommission vom 27.11.2017 zur Ergänzung der Richtlinie (EU) 2015/2366 des Europäischen Parlaments und des Rates durch technische Regulierungsstandards für eine starke Kundenauthentifizierung und für sichere offene Standards für die Kommunikation, ABl. 2017 L 69/23.

[12] Gesetz zur Umsetzung der Zweiten Zahlungsdiensterichtlinie vom 17.7.2017, BGBl. 2017 I 2446.

[13] MüKoHGB/*Herresthal* BankvertragsR A 22.

[14] Verordnung (EU) Nr. 260/2012 des Europäischen Parlaments und des Rates vom 14.3.2012 zur Festlegung der technischen Vorschriften und der Geschäftsanforderungen für Überweisungen und Lastschriften in Euro und zur Änderung der Verordnung (EG) Nr. 924/2009, ABL. 2012 L 94/22.

Abwicklung über Großbetragszahlungssysteme der Zahler nicht ausdrücklich verlangt hat (Art. 1 Abs. 2 Nr. 2 lit. b SEPA-VO). Gemäß Art. 6 SEPA-VO war als verbindlicher Endtermin für die Nutzung nationaler Zahlungsinstrumente zunächst der 1.2.2014 vorgesehen. Die Frist für die verbindliche Verwendung der technischen Standards der SEPA-VO wurde jedoch aufgrund bestehender Umsetzungsschwierigkeiten durch Verordnung (EU) Nr. 248/2014 vom 26.2.2014[15] bis zum 1.8.2014 verlängert. Seit dem 1.8.2014 ist die Nutzung der SEPA-Zahlungsinstrumente (SEPA-Überweisung und SEPA-Lastschrift) verbindlich. Zugleich ist die Übergangsregelung für die Nutzung des Elektronischen Lastschriftverfahrens, die durch die SEPA-Verordnung eröffnet worden ist (Art. 16 Abs. 4 SEPA-VO) und das SEPA-Begleitgesetz[16] (§ 7c Abs. 1 ZAG aF) in Deutschland eingeführt war, am 1.2.2016 ausgelaufen. Für die **Zahlung mit Debit- und Kreditkarten,** die vom Anwendungsbereich der SEPA-Verordnung ausgenommen sind (Art. 1 Abs. 2c SEPA-VO), hat der Europäische Gesetzgeber darüber hinaus durch die Verordnung (EU) Nr. 2015/751 vom 29.4.2015 (MIF-VO) Vorschriften zur Begrenzung der Interbankenentgelte für kartengebundene Zahlungsvorgänge eingeführt.[17] Im Übrigen stellt das Rahmenwerk für den Kartenverkehr (SCF-SEPA Cards Framework) einen einheitlichen Rahmen für Kartenzahlungen bereit. Der SEPA-Raum umfasst derzeit die 27 Mitgliedstatten der EU sowie die Länder des EWR (Norwegen, Liechtenstein und Island), die Schweiz, Monaco, San Marino, Andorra, den Staat Vatikanstadt und das Vereinigte Königreich. Die Ausgabe und Nutzung von E-Geld werden zudem durch die **Zweite E-Geld-RL** geregelt.[18] Diese verfolgt ebenfalls das Ziel der Vollharmonisierung (Art. 16 E-Geld-RL).

In Umsetzung der Richtlinie über die Vergleichbarkeit von Zahlungskontenentgelten, den Wechsel **9** von Zahlungskonten und den Zugang zu Zahlungskonten mit grundlegenden Funktionen 2014/92/ EU (im Folgenden: **Zahlungskontenrichtlinie**)[19] wurde außerdem – dem deutschen Recht bislang fremd – ein Anspruch eines jeden Verbrauchers auf ein Zahlungskonto, das sog. **Basiskonto,** geschaffen, der auch gegenüber Privatbanken durchsetzbar ist. Die vollharmonisierende Zahlungskontenrichtlinie wurde durch das **Zahlungskontengesetz** (im Folgenden: ZKG) vom 11.4.2016[20] in nationales Recht umgesetzt. Zugleich wurde hierdurch der Vergleich von Zahlungskontodiensten und den hierfür zu zahlenden Entgelten – auch im europäischen Vergleich – erleichtert.[21] Die Vorschriften über das **Basiskonto** sind am 19.6.2016 in Kraft getreten. Die Vorschriften über die **Kontenwechselhilfe** (§§ 20–29 ZKG) gelten seit dem 18.9.2016 und die Regelungen über die **Entgelttransparenz** seit dem 31.10.2018. Die Kommission hat am 28.9.2017 mehrere delegierte Verordnungen über die Entgelttransparenz, zur Entgeltaufstellung und zur Entgeltinformation erlassen.[22] Am 16.7.2018 hat das BMF außerdem die Vergleichswebsitesverordnung erlassen (VglWebV).[23] Durch die Vergleichswebsites soll die Markttransparenz erhöht werden.

III. Regelungsgehalt des § 675c

§ 675c verfolgt als einleitende Vorschrift des Untertitels über Zahlungsdienste **drei Regelungs-** **10** **ziele:** Erstens bestimmt § 675c den sachlichen Anwendungsbereich der Vorschriften des Untertitels über Zahlungsdienste. Den Vorschriften des § 675d Abs. 6, § 675e Abs. 2 kommt dabei ergänzende Funktion zu.[24] Abs. 1 bestimmt – unter gleichzeitiger, rechtsdogmatischer Einordnung der Verträge als

---

[15] Verordnung (EU) Nr. 248/2014 des Europäischen Parlaments und des Rates vom 26.2.2014 zur Änderung der Verordnung (EU) Nr. 260/2012 in Bezug auf die Umstellung auf unionsweite Überweisungen und Lastschriften, ABl. 2014 L 84/1.

[16] Gesetz zur Begleitung der Verordnung (EU) Nr. 260/12 der Geschäftsordnungen für Überweisungen und Lastschriften in Euro und zur Änderung der Verordnung (EG) Nr. 924/2009, in Kraft getreten am 3.3.2013 (BGBl. 2013 I 610).

[17] Verordnung (EU) 2015/751 des Europäischen Parlaments und des Rates vom 29.4.2015 über Interbankenentgelte für kartengebundene Zahlungsvorgänge, ABl. 2015 L 123/1. Die Verordnung knüpft an die Verbraucherrechte-Richtlinie 2011/83/EU (ABl. 2014 L 257/214) an, durch die die Fähigkeit der Einzelhändler, ihren Kunden für die Nutzung eines bestimmten Zahlungsmittels einen Aufschlag zu berechnen durch Bestimmung einer Obergrenze bereits eingeschränkt worden war, § 312a Abs. 4.

[18] Richtlinie 2009/110/EG des Europäischen Parlaments und des Rates vom 16.9.2009 über die Aufnahme, Ausübung und Beaufsichtigung der Tätigkeit von E-Geld-Instituten, zur Änderung der Richtlinien 2005/60/EG und 2006/48/EG sowie zur Aufhebung der Richtlinie 2000/46/EG, ABl. 2009 L 267, 7.

[19] Richtlinie 2014/92/EU des Europäischen Parlaments und des Rates vom 23.7.2014 über die Vergleichbarkeit von Zahlungskontoentgelten, den Wechsel von Zahlungskonten und den Zugang zu Zahlungskonten mit grundlegenden Funktionen, ABl. 2014 L 257/214.

[20] Gesetz zur Umsetzung der Richtlinie über die Vergleichbarkeit von Zahlungskontoentgelten, den Wechsel von Zahlungskonten sowie den Zugang zu Zahlungskonten mit grundlegenden Funktionen, BGBl. 2016 I 720.

[21] S. dazu *Artz* ZBB 2016, 191; *Herresthal* BKR 2016, 133.

[22] Delegierte Verordnung (EU) 2018/32, ABl. 2018 L 6/3, Delegierte Verordnung (EU) 2018/33, ABl. 2018 L 6/28 und Delegierte Verordnung (EU) 2018/34, ABl. 2018 L 6/37. Zu den von der BaFin nach § 47 ZKG veröffentlichten Mustern der standardisierten Dokumente, die Zahlungsdienstleister den Zahlungsdienstnutzern zur Verfügung stellen müssen, www.bafin.de

[23] BGBl. 2018 I 1182.

[24] MükoBGB/*Casper* Rn. 1; Staudinger/*Omlor,* 2020, Rn. 1; Staub/*Grundmann* BankvertragsR Rn. 66.

Geschäftsbesorgungsverträge – welche Vorschriften auf Verträge über die Erbringung von Zahlungsdiensten anwendbar sind. Durch Abs. 2 wird die Anwendbarkeit der Vorschriften des Untertitels über Zahlungsdienste auf Verträge über die Ausgabe und Nutzung von E-Geld erstreckt. Abs. 4 legt die auf Kontoinformationsdienste anwendbaren Vorschriften fest. Zweitens regelt § 675c Abs. 1 unter teilweisem Verweis auf Vorschriften des Auftragsrechts das auf Verträge über die Erbringung von Zahlungsdienste anwendbare Recht. Drittens bestimmt § 675c als Verweisungsnorm, dass die aufsichtsrechtlichen Begriffsbestimmungen des KWG und des ZAG im Bereich des zivilrechtlichen Zahlungdiensterechts anzuwenden sind (Abs. 3). Dies gilt maßgeblich für den Begriff des Zahlungsdiensts als zentralem Begriff des Zahlungsdiensterechts.

IV. Anwendungsbereich der §§ 675c ff.

11   **1. Sachlicher Anwendungsbereich.** Das in §§ 675c–676c geregelte Zahlungsdiensterecht umfasst **sachlich** den gesamten praktisch relevanten bargeldlosen und teilweise auch den baren Zahlungsverkehr. Die Regelungen umfassen sowohl innerstaatliche als auch grenzüberschreitende Transaktionen. Auch sind Zahlungsvorgänge erfasst, die einen Drittstaatenbezug ausweisen. Allerdings sind die Vorschriften des Zahlungsdiensterechts auf sie teilweise kraft Gesetzes nicht anwendbar (§ 675e Abs. 2 Nr. 1, § 675d Abs. 6) oder es kann auch zum Nachteil des Zahlungsdienstnutzers von ihnen abgewichen werden (§ 675e Abs. 2 Nr. 2; s. dazu im Einzelnen → § 675d Rn. 17 und → § 675e Rn. 5 ff.). Die Regelungen des Zahlungsdiensterechts gelten dabei nicht nur für einzelne Zahlungsverfahren. Vielmehr erstreckt sich der **sachliche Anwendungsbereich** des Zahlungsdiensterechts auf alle Zahlungsdienste, einschließlich der Ausgabe und Nutzung von E-Geld (Abs. 2). Systematisch sind die einzelnen Zahlungsverfahren nicht jeweils im Zusammenhang geregelt. Vielmehr enthalten die Vorschriften abstrakte – allgemeine und besondere – Regelungen über die Erbringung, Nutzung und Ausführung von Zahlungsdiensten, einschließlich Regelungen über die Informationspflichten und die Haftung, die auf die einzelnen Zahlungsverfahren anzuwenden sind.

12   Die §§ 675c–676c legen einen **rechtlichen Rahmen** für die Erbringung, Nutzung und Ausführung von Zahlungsdiensten fest. Die §§ 675c–676c regeln – von wenigen Ausnahmen abgesehen – die Rechtsverhältnisse zwischen dem Zahlungsdienstnutzer und seinem Zahlungsdienstleister. Geregelt sind das sog. **Deckungsverhältnis,** das die Rechtsbeziehungen zwischen dem Zahler und seinem Zahlungsdienstleister, also der Schuldnerbank, bezeichnet, sowie das **Zuwendungsverhältnis** (Inkasso- oder Vollzugsverhältnis) zwischen dem Zahlungsempfänger und seinem Zahlungsdienstleister, der Gläubigerbank. Grundlage ist regelmäßig – dies ist allerdings nicht zwingend – ein Zahlungsdiensterahmenvertrag (§ 675f). Das **Valutaverhältnis,** das die Rechtsbeziehungen zwischen dem Zahler und dem Zahlungsempfänger bezeichnet, ist durch die § 675c ff. BGB nicht unmittelbar geregelt. Das **Interbankenverhältnis** wird in den §§ 675c–676c nur teilweise angesprochen, so in dem die Regressansprüche regelnden § 676a (→ § 676a Rn. 1 ff.). Diese, nach dem **Grundsatz der Neutralität** streng voneinander zu trennenden vertraglichen Beziehungen werden auch nach dem nunmehr geltenden Recht lediglich vereinzelt durchbrochen (s. etwa § 675f Abs. 6).[25]

13   **2. Zeitlicher Anwendungsbereich.** Der **zeitliche Anwendungsbereich** der §§ 675c–676c bestimmt sich nach Art. 229 § 45 und § 22 EGBGB. Ist das Schuldverhältnis, das die Ausführung eines Zahlungsvorgangs zum Gegenstand hat, ab dem 13.1.2018 entstanden **(Neuverhältnis),** so sind gem. Art. 229 § 45 Abs. 1 EGBGB die Bestimmungen des BGB und die Informationspflichten nach Art 248 EGBGB in der ab diesem Tag geltenden Fassung anzuwenden. Anwendbar sind damit durchgängig die Regelungen, wie sie durch die ZDRL umgesetzt worden sind.

14   Für Schuldverhältnisse, die vor dem 13.1.2018 entstanden sind **(Altverhältnisse),** gelten grundsätzlich die gesetzlichen Bestimmungen in der früher geltenden Fassung, die nach Umsetzung der ZDRL 2007 mit Wirkung zum 31.10.2009 in Kraft getreten sind (Art. 229 § 45 Abs. 2 EGBGB). Ausnahmsweise ist auf ein Altverhältnis gem. Art. 229 § 45 Abs. 3 EGBGB das ab dem 13.1.2018 geltende neue Recht anzuwenden, sofern mit der **„Abwicklung eines Zahlungsvorgangs"** erst ab dem 13.1.2018 begonnen wird. Mit dem Beginn der Abwicklung ist dabei der erste auf die Ausführung des Zahlungsvorgangs gerichtete Handlung des beauftragten Geldinstitutes (zB die Bereitstellung oder Übermittlung des Geldbetrages) gemeint.[26] Soweit Zahlungsauslöse- und Kontoinformationsdienste durch die ZDRL neu geregelt werden (§ 675f Abs. 3), sind die Vorschriften der §§ 675c–676c ab dem 13.1.2018 auch auf Altverhältnisse anwendbar (Art. 229 § 45 Abs. 3 EGBGB). Auf Schuldverhältnisse, die vor dem 31.10.2009 entstanden sind, ist mit Ausnahme der Informationspflichten der Art. 248 §§ 4 und 13 EGBGB das ab dem 31.10.2009 geltende Recht anwendbar (Art. 229 § 22 Abs. 1 S. 1 EGBGB). Für Zahlungsvorgänge, mit denen erst ab dem 13.1.2018 begonnen wurde, gilt das derzeit geltende Recht.

---

[25] So etwa Direkthaftung einer zwischengeschalteten Stelle gegenüber dem Zahler gem. § 675z S. 4 (→ § 675z Rn. 8).

[26] Palandt/*Sprau* EGBGB Art. 229 § 45 Rn. 2.

3. Persönlicher Anwendungsbereich. Das in §§ 675c–676c geregelte Zahlungsdiensterecht ist **14a** sowohl auf Verbraucher (§ 13) als auch auf Unternehmer (§ 14) anwendbar. Allerdings eröffnet § 675e Abs. 4 Zahlungsdienstleistern im **unternehmerischen Rechtsverkehr** die Möglichkeit, teilweise von den ansonsten zwingenden Vorschriften des Zahlungsdiensterechts mittels vertraglicher Vereinbarung abzuweichen. Hiervon haben die Banken durch ihre Allgemeine Geschäftsbedingungen Gebrauch gemacht.

4. International-privatrechtlicher Anwendungsbereich. Welches nationale Recht kollisions- **15** rechtlich auf das Rechtsverhältnis zwischen einem Zahlungsdienstnutzer und seinem Zahlungsdienst- leister anwendbar ist, bestimmt sich nach deutschem internationalem Privatrecht. Die Zahlungsdiens- terichtlinie regelt diese Frage nicht.[27] Maßgeblich sind die Vorschriften der **Rom I-VO.** Haben die Parteien **keine Rechtswahl** gem. Art. 3 Rom I-VO getroffen, ist gem. Art. 4 Abs. 1 lit. b Rom I-VO grundsätzlich das Rechts des Staates anwendbar, in dem der Dienstleister seinen gewöhnlichen Auf- enthalt iSd Art. 19 Abs. 1 S. 1 Rom I-VO hat. Dies gilt auch für die Erbringung von Zahlungs- diensten. Ist der Zahlungsdienstnutzer **Verbraucher,** richtet sich das maßgebliche Recht gem. Art. 6 Rom I-VO nach dem **Aufenthaltsort des Verbrauchers,** sofern der Zahlungsdienstleister ebenfalls in diesem Staat tätig ist oder seine Tätigkeit hierauf ausgerichtet hat.[28] In der Regel dürfte indes eine, in den Grenzen des Art. 6 Rom I-VO – auch durch AGB mögliche – Rechtswahl vorliegen, die auf das Heimatrecht des Zahlungsdienstleisters verweist.[29]

V. Verträge über die Erbringung von Zahlungsdiensten (Abs. 1)

1. Begriff des Zahlungsdienstes. Grundlegender Begriff des Zahlungsverkehrsrechts ist der Be- **16** griff des Zahlungsdienstes. Dieser ist über die Verweisungsnorm des § 675c Abs. 3 in § 1 Abs. 1 S. 2 ZAG legaldefiniert. § 1 Abs. 1 ZAG regelt im Wege einer Aufzählung positiv, welche Dienstleistungen Zahlungsdienste sind. § 2 Abs. 1 ZAG führt demgegenüber Zahlungsvorgänge auf, die von der Definition des Zahlungsdienstes ausgenommen sind. Nach der Begriffsbestimmung des § 1 Abs. 1 S. 2 ZAG sind **Zahlungsdienste:**

– das **Ein- und Auszahlungsgeschäft** (§ 1 Abs. 1 S. 2 Nr. 1 und Nr. 2 ZAG) wie Bareinzahlungen auf ein Zahlungskonto und Auszahlungen von einem Zahlungskonto,
– alle für die **Führung eines Zahlungskontos** (§ 675f Abs. 2) erforderlichen Vorgänge (Nr. 1 und Nr. 2),
– die **Überweisung,** einschließlich der Ausführung von Daueraufträgen (§ 1 Abs. 1 S. 2 Nr. 3 lit. c ZAG),
– die **Lastschrift** (§ 1 Abs. 1 S. 2 Nr. 3 lit. a ZAG), namentlich die SEPA-Firmen- und die SEPA- Basislastschrift,
– die Ausführung von Zahlungsvorgängen mittels Zahlungskarten (§ 1 Abs. 1 S. 2 Nr. 3 lit. b ZAG), wie der Girocard der deutschen Banken und Sparkassen oder einer sonstigen Debitkarte; demgegen- über ist die Geldkarte als Prepaidkarte keine Debitkarte sondern als E-Geld zu behandeln[30],
– die Ausführung von Zahlungsvorgängen, die durch einen Kreditrahmen gedeckt sind (§ 1 Abs. 1 S. 2 Nr. 4 ZAG), soweit der Kredit lediglich als Nebengeschäft ausschließlich im Zusammenhang mit der Ausführung des Zahlungsvorgangs gewährt wird und binnen höchstens zwölf Monaten zurückzuzahlen ist (§ 3 Abs. 4 ZAG), wie die Zahlung mittels **Kreditkarte,**
– die **Ausgabe von Zahlungsinstrumenten,** wie Geld-, Giro- und Kreditkarten sowie die Annahme und Abrechnung von Zahlungsvorgängen (Akquisitionsgeschäft, Nr. 5),
– das Finanztransfergeschäft (Nr. 6),
– **Zahlungsauslösedienste** (Nr. 7) und
– **Kontoinformationsdienste** (Nr. 8).

Zusammengefasst sind Zahlungsdienste damit **alle Formen des bargeldlosen Zahlungsver- kehrs** zuzüglich der durch die ZDRL neu eingeführten Zahlungsauslöse- und Kontoinformations- dienste.[31]

Keine Zahlungsdienste sind gem. § 2 Abs. 1 ZAG: **17**

– die **unmittelbare Bargeldzahlung** vom Zahler an den Zahlungsempfänger (Nr. 1),
– Zahlungsvorgänge unter Einschaltung von einseitig beauftragten Handelsvertretern und Zentral- regulierern oder innerhalb verbundener Unternehmen (Nr. 2 und Nr. 13),
– der gewerbsmäßige Transport von Banknoten und Münzen einschließlich ihrer Entgegennahme, Bearbeitung und Übergabe (Nr. 3),

---

[27] BT-Drs. 16/11643, 98.
[28] MüKoBGB/*Casper* Rn. 33 mwN.
[29] BeckOK BGB/*Schmalenbach* Rn. 15.
[30] MüKoBGB/*Casper* Rn. 128.
[31] BeckOK BGB/*Schmalenbach* Rn. 10.

– Dienste, bei denen der Zahlungsempfänger dem Zahler Bargeld im Rahmen eines Zahlungsvorgangs aushändigt, nachdem ihn der Zahlungsdienstnutzer kurz vor der Ausführung eines Zahlungsvorgangs zum Erwerb von Waren oder Dienstleistungen ausdrücklich hierum gebeten hat (Nr. 4),

– Geldwechselgeschäfte, die bar abgewickelt werden (Nr. 5),

– der **Scheck- und Wechselverkehr** (Nr. 6 lit. a und Nr. 6 lit. b) sowie die Zahlung mittels **Gutscheinen,** Reiseschecks und Postanweisung in Papierform (Nr. 6 lit. c–e),

– Zahlungsvorgänge zwischen Teilnehmern von Zahlungs- und Wertpapierabwicklungssystemen innerhalb des Systems oder Ausschüttungen auf Wertpapieranlagen (Nr. 7 und Nr. 8),

– Dienste, die von technischen Dienstleistern erbracht werden, die zwar zur Erbringung der Zahlungsdienste beitragen, jedoch zu keiner Zeit in den Besitz der zu übertragenden Gelder gelangen (Nr. 9),

– bestimmte Dienste im Zusammenhang mit Kundenkreditkarten (Nr. 10),

– betragsmäßige begrenzte digitale Zahlungen als Nebenleistungen eines Anbieters eines elektronischen Kommunikationsnetzes (Nr. 11), zB der Erwerb von Klingeltönen oder Tickets,

– Zahlungsvorgänge, die zwischen Zahlungsdienstleistern, ihren Agenten oder Zweigniederlassungen auf eigene Rechnung ausgeführt werden (Nr. 12),

– **Bargeldabhebungsdienste,** vorausgesetzt, dass dieser Dienstleister keine anderen Zahlungsdienste erbringt (Nr. 14) und

– die nicht gewerbsmäßige Entgegennahme und Übergabe von Bargeld im Rahmen einer gemeinnützigen Tätigkeit oder einer Tätigkeit ohne Erwerbszweck (Nr. 15), wie zB Spendensammlungen.

18   **2. Rechtsnatur.** § 675c Abs. 1 stellt **klar,** dass Verträge, die die Erbringung von Zahlungsdiensten zum Gegenstand haben, als neuer Vertragstypus des BGB **Geschäftsbesorgungsverträge** sind. Mit der **Erbringung** eines Zahlungsdienstes ist die Ausführung der entsprechenden Leistung durch einen Zahlungsdienstleister gemeint. Der **Begriff des Zahlungsdienstleisters** ist in § 1 Abs. 1 S. 1 ZAG definiert. Zahlungsdienstleister sind nach dem Auffangtatbestand des Nr. 1 Unternehmer, die gewerbsmäßig oder in einem Umfang, der einen in kaufmännischer Weise eingerichteten Geschäftsbetrieb erfordert, Zahlungsdienste erbringen, ohne Zahlungsdienstleister iSd Nr. 2–5 zu sein. Nach den Nr. 2 –5 sind Zahlungsdienstleister insbesondere CRR-Kreditinstitute (sog. Einlagenkreditinstitute, Nr. 3), E-Geld-Institute, die im Inland zum Geschäftsbetrieb zugelassen sind (Nr. 2), die Zentralbanken, soweit sie nicht in ihrer Eigenschaft als Währungsbehörde tätig werden (Nr. 4) und die öffentliche Hand, soweit diese nicht hoheitlich handelt (Nr. 5). Zu den Zahlungsdienstleistern iSv § 1 Abs. 1 S. 1 Nr. 1 ZAG zählen auch **Kontoinformations- und Zahlungsauslösedienstleister,** weil Zahlungsauslöse- und Kontoinformationsdienste nach dem Katalog des § 1 Abs. 1 S. 2 ZAG Zahlungsdienste sind (§ 1 Abs. 1 S. 2 Nr. 7 und 8 ZAG). Folge ist, dass auch die mit ihnen geschlossene Verträge, deren Bestand die § 675c Abs. 4, § 675d Abs. 2 und § 675f Abs. 3 voraussetzen, rechtsdogmatisch als Geschäftsbesorgungsverträge einzuordnen sind.

19   **3. Anwendbares Recht.** Gemäß Abs. 1 sind auf Verträge, welche die Erbringung von Zahlungsdiensten zum Gegenstand haben, zuvörderst die Vorschriften des Untertitels über Zahlungsdienste anwendbar. Indes finden gem. § 675c Abs. 1 **subsidiär** die allgemeinen Regeln über Geschäftsbesorgungsverträge und die insoweit ergangene Rechtsprechung zum Girovertrag Anwendung, soweit die §§ 675c ff. keine besonderen Regeln enthalten, auf die Vorschriften des Auftragsrechts in Abs. 1 konkret verwiesen ist (§§ 663, 665–670 und §§ 672–674) und das Ergebnis in Widerspruch zu den Vorschriften der ZDRL steht. Über die Verweisungsnorm § 675c Abs. 1 sind darüber hinaus die allgemeinen Vorschriften der §§ 612, 632 entsprechend anwendbar, soweit weder das Zahlungsdiensterecht noch das Auftragsrecht entsprechende Regelungen enthalten. In der Praxis werden die maßgeblichen Bestimmungen üblicherweise durch die in die Verträge jeweils einbezogenen (§§ 305 ff.) **AGB der Banken und Sparkassen,** nebst der jeweiligen **Sonderbedingungen** ausgefüllt und konkretisiert. Dies ist bei der Prüfungsreihenfolge der jeweils einschlägigen Vorschriften zu berücksichtigen.

VI. E-Geld (Abs. 2)

20   Abs. 2 stellt klar, dass die Vorschriften des Untertitels über Zahlungsdienste auf einen Vertrag Anwendung finden, der sich auf die **Ausgabe und Nutzung von elektronischem Geld (E-Geld)** bezieht. Besonderheiten gelten lediglich, sofern die E-Geld-Zahlung über ein Kleinbetragsinstrument abgewickelt wird und der Zahlungsdienstleister des Zahlers nicht die Möglichkeit zur Sperrung des Zahlungskontos hat, auf dem das E-Geld gespeichert ist (→ § 675i). Der **Begriff des E-Geldes** ist in § 1 Abs. 2 S. 3 ZAG legaldefiniert. In Umsetzung der Zweiten E-Geld-Richtlinie[32] wird E-Geld als (1) elektronisch gespeicherter monetärer Wert (2) in Form einer Forderung gegen den Emittenten definiert, der (3) gegen Zahlung eines Geldbetrages ausgestellt wird, um damit (4) Zahlungsvorgänge

---

[32] Richtlinie 2009/110/EG des Europäischen Parlaments und des Rates vom 16.9.2009 über die Aufnahme, Ausübung und Beaufsichtigung der Tätigkeit von E-Geld-Instituten, zur Änderung der Richtlinien 2005/60/EG und 2006/48/EG sowie zur Aufhebung der Richtlinie 2000/46/EG, Abl. 2009 L 267, 7.

iSd § 675f Abs. 4 S. 1 durchzuführen und der (5) auch von anderen Parteien als dem Emittenten angenommen wird. Kein E-Geld ist ein monetärer Wert, der auf Instrumenten iSd § 2 Abs. 1 Nr. 10 ZAG (wie Kundenkarten) gespeichert ist oder der nur für Zahlungsvorgänge nach § 2 Abs. 1 Nr. 11 ZAG im Zusammenhang mit elektronischen Kommunikationsdiensten eingesetzt wird. Es wird gewöhnlich zwischen kartenbasiertem (hardware-gestütztem) und serverbasiertem E-Geld (Netzgeld) unterschieden. Hauptanwendungsfall des kartenbasierten E-Geldes ist die als Prepaidkarte ausgestaltete **Geldkarte,** die andere Kartenzahlungssysteme (zB POS) als Bargeldersatz für Kleinbetragszahlungen ergänzt. Ist die Funktion girogo auf der Karte integriert, ist auch kontaktloses Bezahlen möglich. Die Geldkarte kann nach den Rahmenvereinbarungen der Deutschen Kreditwirtschaft über das instituts- übergreifende System Geldkarte bis zu einem Höchstbetrag von 200 EUR aufgeladen werden und ohne PIN zur bargeldlosen Zahlung an autorisierten Kassen von Händlern und Dienstleistern (Geld- karten-Terminals) eingesetzt werden.[33] Der auf der Karte geladene Geldbetrag wird beim Bezahlvor- gang auf das Konto des Händlers gebucht, der im Clearingverfahren das Börsenverrechnungskonto des Kunden belastet.[34] Auch können Geldkarten kontogebunden als sog. Whitecard ausgegeben werden. Beispiele für **Netzgeld** sind Dienste wie PayPal oder Amazon Pay. Als E-Geld sind aber nur elektro- nisch gespeicherte Werteinheiten anzusehen, die von einem anderen als dem Emittenten als monetäre Werte akzeptiert werden. Kein E-Geld im Sinne des ZAG sind selbstgeschaffene monetäre Einheiten (Kryptowährungen) wie Bitcoin, lediglich im Zwei-Personen-Verhältnis geltende Geschenkkarten oder Bonusprogramme zur Kundenbindung ohne Zusatzzahlung des Kunden wie Payback oder Miles & More. E-Geld ist als Unterfall des Buchgeldes in gleichem Maße **zur Erfüllung von Geldschulden geeignet** wie Bargeld.[35] Ob ein Gläubiger E-Geld annehmen muss, richtet sich indes nach der Parteiabrede im Valutaverhältnis.

Die **Rechtsnatur von E-Geld** ist umstritten. Eine Einordnung als Schuldverschreibung[36] kommt **21** nicht in Betracht. Hierfür fehlt es selbst bei gegenständlichen Speichermedien mangels Unterschrift an der Urkundenqualität.[37] Auch handelt es sich nicht lediglich um einen geschäftsbesorgungsrechtlichen Anspruch gegen den Emittenten, den erteilten Zahlungsauftrag über Drittkonten auszuführen.[38] Gegen dieses Verständnis sprechen die Erwägungsgründe der Zweiten E-Geld-RL, in denen E-Geld entsprechend der anerkannten Definition für Buchgeld als „elektronischer Ersatz für Münzen und Banknoten" und als „geldwerte Einheit" beschrieben ist (Erwägungsgründe 13 und 7 E-Geld-RL). Vorzugswürdig ist daher die rechtliche Einordnung von E-Geld als Buchgeld mit elektronischer Speicherung.[39]

VII. Bezugnahme auf Begriffsbestimmungen des ZAG und KWG (Abs. 3)

Die Verweisungsnorm des Abs. 3 bestimmt, dass die öffentlich-rechtlichen **Begriffsbestimmun-** **22** **gen des KWG und des ZAG** auch im privatrechtlichen Bereich des Zahlungsdiensterechts Anwen- dung finden. Dies gilt maßgeblich für den Begriff des **Zahlungsdienstes,** aber auch für andere zentrale Begriffe wie den **Zahlungsdienstleister** (§ 1 Abs. 1 S. 1 ZAG), den Zahler (§ 1 Abs. 15 ZAG), den Zahlungsempfänger (§ 1 Abs. 16 ZAG), das Zahlungskonto (§ 1 Abs. 17 ZAG) und das Zahlungsinstrument (§ 1 Abs. 20 ZAG). **Zahler** ist eine natürliche oder juristische Person, die Inhaber eines Zahlungskontos ist und die Ausführung eines Zahlungsauftrags von diesem Zahlungskonto gestattet oder, falls kein Zahlungskonto vorhanden ist, eine natürliche oder juristische Person, die den Zahlungsauftrag erteilt (§ 1 Abs. 15 ZAG). **Zahlungsempfänger** ist die natürliche oder juristische Person, die den Geldbetrag, der Gegenstand eines Zahlungsvorgangs ist, als Empfänger erhalten soll (§ 1 Abs. 16 ZAG). **Zahlungskonto** ist ein auf den Namen eines oder mehrerer Zahlungsdienstnutzer lautendes Konto, das für die Ausführung von Zahlungsvorgängen genutzt wird (§ 1 Abs. 17 ZAG). Ein Sparkonto, auf das Ein- und Auszahlungen nur über ein Zwischenkonto erfolgen können, ist dem- entsprechend kein Zahlungskonto.[40] **Zahlungsinstrument** ist jedes personalisierte Instrument oder Verfahren, dessen Verwendung zwischen dem Zahlungsdienstnutzer und dem Zahlungsdienstleister vereinbart wurde und das zur Erteilung eines Zahlungsauftrags verwendet wird (§ 1 Abs. 20 ZAG), wie eine Geldkarte oder Girocard, eine PIN oder eine TAN. Der Begriff des Zahlungsinstruments ist im Anwendungsbereich der ZDRL an die Stelle des zuvor gebrauchten Begriffs des Zahlungsauthenti- fizierungsinstruments getreten.

---

[33] Abgedr. in Schimansky/Bunte/Lwowski BankR-HdB Anh. §§ 67, 68; s. auch MüKoHGB/*Haertlein* Bank- vertragsR E 282 ff. mit umfangreicher Darstellung des Zahlungsinstruments der Geldkarte.
[34] Casper/Terlau/*Casper* ZAG § 1 Rn. 74 mwN.
[35] BGH Urt. v. 22.11.2017 – VIII ZR 83/16, BGHZ 217, 33 Rn. 16 = NJW 2018, 537 – zur Erfüllungswirkung unter Nutzung des Onlinedienstes PayPal.
[36] *Escher* WM 1997, 1173 (1180 f.).
[37] *Omlor* ZIP 2017, 1836 (1837) mwN.
[38] So indes BeckOGK/*Köndgen* Rn. 117.
[39] *Omlor* ZIP 2017, 1836 (1837); MüKoBGB/*Casper* Rn. 3 mwN.
[40] EuGH Urt. 4.10.2018 – C-191/17, NJW 2018, 3697.

23   **Weitere,** für das Zahlungsdiensterecht wichtige, **Begriffsdefinitionen** finden sich in den §§ 675c–676c. Dies gilt insbesondere für den Begriff des **Zahlungsdienstnutzers** (§ 675f Abs. 1), des **Zahlungsvorgangs** (§ 675f Abs. 4 S. 1), der Autorisierung (§ 675j Abs. 1 S. 1) und des Kleinbetragsinstruments (§ 675i Abs. 1). Zudem finden sich Begriffsdefinitionen in Art. 2 der SEPA-VO.

VIII. Verträge über die Erbringung von Kontoinformationsdiensten (Abs. 4)

24   Die in Abs. 4 enthaltene Sonderregelung für Kontoinformationsdienste beruht auf Art. 33 ZDRL. Nach § 1 Abs. 1 S. 2 Nr. 8 ZAG sind Kontoinformationsdienste Zahlungsdienste. Der Begriff des **Kontoinformationsdiensts** ist in § 675c Abs. 3 iVm § 1 Abs. 34 ZAG legaldefiniert. Ein Kontoinformationsdienst ist ein Online-Dienst zur Mitteilung konsolidierter Informationen über ein Zahlungskonto oder mehrere Zahlungskonten des Zahlungsdienstnutzers bei einem oder mehreren anderen Zahlungsdienstleistern. Kontoinformationsdienstleister rufen Kontoinformationen wie Umsätze und Salden bei den kontoführenden Kreditinstituten ab und bereiten diese für den Kunden auf. Dies ist insbesondere für Kunden interessant, die Konten bei mehreren Banken haben und die sich einen schnellen Überblick über ihre Kontenlage verschaffen wollen.[41] Voraussetzung für die Nutzung eines Kontoinformationsdienstes ist, dass das Kundenkonto am Online-Banking teilnimmt und der Kunde als Kontoinhaber seine Zustimmung zum Zugriff auf die Zahlungskonten erteilt hat. Ein Kontoinformationsdienst ist auch dann gegeben, wenn ein Kontoinformationsdienstleister einen weiteren Dienstleister einschaltet, um auf das Konto zuzugreifen.[42] Bei der erteilten Kontoinformation kann es sich um einen Gesamtüberblick oder um einzelne Kontoinformationen handelt. Eine Bearbeitung der Kontoinformationen ist nicht erforderlich.[43] Soweit in § 1 Abs. 34 ZAG von einer „konsolidierten Kontoinformation" die Rede ist und in Erwägungsgrund 28 ZDRL von einem Gesamtüberblick über die finanzielle Situation des Kunden „in Echtzeit", handelt es sich lediglich um die Beschreibung eines möglichen Ziels der zu erbringenden Dienstleistung, nicht aber um zwingende Tatbestandsmerkmale für das Vorliegen eines Kontoinformationsdienstes.[44]

25   Da Kontoinformationsdienstleister keinen verfügenden Zugriff auf die Zahlungskonten ihrer Nutzer haben, beschränkt Abs. 4 die auf Kontoinformationsdienste **anwendbaren Vorschriften** des Untertitels über Zahlungsdienste auf die in § 675d Abs. 2 und Abs. 3 geregelten **Informationspflichten.**

§ 675d Unterrichtung bei Zahlungsdiensten

(1) **Zahlungsdienstleister haben Zahlungsdienstnutzer bei der Erbringung von Zahlungsdiensten über die in Artikel 248 §§ 1 bis 12, 13 Absatz 1, 3 bis 5 und §§ 14 bis 16 des Einführungsgesetzes zum Bürgerlichen Gesetzbuche bestimmten Umstände in der dort vorgesehenen Form zu unterrichten.**

(2) [1]**Zahlungsauslösedienstleister haben Zahler ausschließlich über die in Artikel 248 § 13 Absatz 1 bis 3 und § 13a des Einführungsgesetzes zum Bürgerlichen Gesetzbuche bestimmten Umstände in der Form zu unterrichten, die in Artikel 248 §§ 2 und 12 des Einführungsgesetzes zum Bürgerlichen Gesetzbuche vorgesehen ist.** [2]**Kontoinformationsdienstleister haben Zahlungsdienstnutzer über die in Artikel 248 §§ 4 und 13 Absatz 1 des Einführungsgesetzes zum Bürgerlichen Gesetzbuche bestimmten Umstände zu unterrichten; sie können die Form und den Zeitpunkt der Unterrichtung mit dem Zahlungsdienstnutzer vereinbaren.**

(3) **Ist die ordnungsgemäße Unterrichtung streitig, so trifft die Beweislast den Zahlungsdienstleister.**

(4) [1]**Für die Unterrichtung darf der Zahlungsdienstleister mit dem Zahlungsdienstnutzer nur dann ein Entgelt vereinbaren, wenn die Information auf Verlangen des Zahlungsdienstnutzers erbracht wird und der Zahlungsdienstleister**

1. **diese Information häufiger erbringt, als in Artikel 248 §§ 1 bis 16 des Einführungsgesetzes zum Bürgerlichen Gesetzbuche vorgesehen,**
2. **eine Information erbringt, die über die in Artikel 248 §§ 1 bis 16 des Einführungsgesetzes zum Bürgerlichen Gesetzbuche vorgeschriebenen hinausgeht, oder**
3. **diese Information mithilfe anderer als der im Zahlungsdiensterahmenvertrag vereinbarten Kommunikationsmittel erbringt.**

[2]**Das Entgelt muss angemessen und an den tatsächlichen Kosten des Zahlungsdienstleisters ausgerichtet sein.**

---

[41] *Omlor* JuS 2019, 289 (293).
[42] Casper/Terlau/*Terlau* ZAG § 1 Rn. 54.
[43] Casper/Terlau/*Terlau* ZAG § 1 Rn. 543; *Conreder* BKR 2017, 226 (228) und den Überblick bei *Kunz* CB 2016, 416.
[44] Casper/Terlau/*Terlau* ZAG § 1 Rn. 543; *Conreder* BKR 2017, 226 (228).

(5) [1]Zahlungsempfänger, Dienstleister, die Bargeldabhebungsdienste erbringen, und Dritte unterrichten über die in Artikel 248 §§ 17 bis 18 des Einführungsgesetzes zum Bürgerlichen Gesetzbuche bestimmten Umstände. [2]Der Zahler ist nur dann verpflichtet, die Entgelte gemäß Artikel 248 § 17 Absatz 2 und § 18 des Einführungsgesetzes zum Bürgerlichen Gesetzbuche zu entrichten, wenn deren volle Höhe vor der Auslösung des Zahlungsvorgangs bekannt gemacht wurde.

(6) [1]Die Absätze 1 bis 5 sind nicht anzuwenden auf

1. die Bestandteile eines Zahlungsvorgangs, die außerhalb des Europäischen Wirtschaftsraums getätigt werden, wenn
   a) der Zahlungsvorgang in der Währung eines Staates außerhalb des Europäischen Wirtschaftsraums erfolgt und sowohl der Zahlungsdienstleister des Zahlers als auch der Zahlungsdienstleister des Zahlungsempfängers innerhalb des Europäischen Wirtschaftsraums belegen ist oder
   b) bei Beteiligung mehrerer Zahlungsdienstleister an dem Zahlungsvorgang von diesen Zahlungsdienstleistern mindestens einer innerhalb und mindestens einer außerhalb des Europäischen Wirtschaftsraums belegen ist;
2. Zahlungsvorgänge, bei denen keiner der beteiligten Zahlungsdienstleister innerhalb des Europäischen Wirtschaftsraums belegen ist.

[2]In den Fällen des Satzes 1 Nummer 1 sind die Informationspflichten nach Artikel 248 § 4 Absatz 1 Nummer 2 Buchstabe e, § 6 Nummer 1 sowie § 13 Absatz 1 Satz 1 Nummer 2 des Einführungsgesetzes zum Bürgerlichen Gesetzbuche auch auf die innerhalb des Europäischen Wirtschaftsraums getätigten Bestandteile des Zahlungsvorgangs nicht anzuwenden. [3]Gleiches gilt im Fall des Satzes 1 Nummer 1 Buchstabe b für die Informationspflicht nach Artikel 248 § 4 Absatz 1 Nummer 5 Buchstabe g des Einführungsgesetzes zum Bürgerlichen Gesetzbuche.

I. Allgemeines

Die Vorschrift sieht in Umsetzung des Titels III der ZDRL umfangreiche – teilweise kostenlos zu **1**
erbringende – **Informationspflichten** für Zahlungsdienstleister (Abs. 1), Zahlungsauslöse- und Kontoinformationsdienste (Abs. 2), aber auch für Zahlungsempfänger, Bargeldabhebungsdienste und sonstige Dritte (Abs. 5) vor. Die Einzelheiten sind auf Grund Verweisung in Art. 248 §§ 1 ff. EGBGB geregelt. Flankierend enthält die Vorschrift Regelungen über die Beweislast (Abs. 3) und das Recht des Zahlungsdienstleisters für die Unterrichtung des Zahlungsdienstnutzers im Einzelfall ein Entgelt zu erheben (Abs. 4). § 675d enthält **halbzwingendes Recht.** Ist der Zahlungsdienstnutzer Verbraucher darf von den Regelungen des § 675d nur abgewichen werden, soweit dies gesetzlich ausdrücklich vorgesehen ist. Dem entsprechend sind im Rechtsverkehr mit Verbrauchern – soweit nicht ohnehin die in § 675d Abs. 6 vorgesehene Ausnahmeregelung für Zahlungsvorgänge mit Drittstaatenbezug einschlägig ist – abweichende Vereinbarungen lediglich bei Kleinbetragsinstrumenten (→ § 675i Abs. 1, Art. 248 § 11 EGBGB) zulässig und hinsichtlich der in Art. 248 §§ 7–9 EGBGB genannten Informationen (Art. 248 § 10 EGBGB).[1] Abweichende Regelungen gegenüber Unternehmern sind demgegenüber ohne derartige Einschränkungen möglich (§ 675e Abs. 4, Art. 248 § 19 EGBGB).

II. Informationspflichten von Zahlungsdienstleistern (Abs. 1)

1. Umfang gesetzlich geregelter Informationspflichten. Gemäß Abs. 1 haben Zahlungsdienst- **2**
leister (→ § 675c Rn. 18) einen Zahlungsdienstnutzer (→ § 675f Rn. 2) bei der Erbringung von Zahlungsdiensten (→ § 675c Rn. 16 f.) über bestimmte in Art. 248 § 1 ff. EGBGB geregelte Umstände in der dort vorgesehenen Form zu unterrichten. Der Zahlungsdienstnutzer kann die Erfüllung der Informationspflicht durch den Zahlungsdienstleister verlangen. Dh ihm steht ein **individueller Anspruch** gegen den Zahlungsdienstleister auf Erbringung der jeweiligen Informationspflichten zu.[2] Die in § 675d speziell geregelten Informationspflichten bestehen allerdings nur gegenüber Zahlungsdienstnutzern, nicht hingegen gegenüber Verbraucherverbänden.[3] Die Informationspflichten gliedern sich in **allgemeine vorvertragliche und vertragliche Informationen** sowie konkrete **Mitteilungen aus Anlass einzelner Zahlungsvorgänge.** Dabei ist zwischen den Informationspflichten im Zusammenhang mit einem Zahlungsdiensterahmenvertrag (Art. 248 §§ 3–11 EGBGB, → Rn. 3 f.) und einem Einzelzahlungsvertrag (Art. 248 §§ 12–16 EGBGB, → Rn. 5 ff.) zu unterscheiden. Geregelt ist nicht nur, welche konkreten Informationen zu erteilen sind, sondern auch auf welche Art und Weise das zu geschehen hat. Entweder sind die Informationen in **besonderer Form** „mitzuteilen" oder sie sind „zugänglich zu machen" (Art. 248 §§ 3, 12 EGBGB).[4] Zudem sind die Informationen und Vertrags-

---

[1] Palandt/*Sprau* EGBGB Vor Art. 248 Rn. 3.
[2] BeckOK BGB/*Schmalenbach* Rn. 3.
[3] BGH Urt. v. 23.2.2010 – XI ZR 186/09, WM 2010, 647 Rn. 36 = NJW-RR 2010, 1712.
[4] Hierzu im Einzelnen BT-Drs. 16/11643, 100.

bedingungen in einer Amtssprache des Mitgliedsstaats der EU oder des EWR, in dem der Zahlungsdienst angeboten wird, oder in einer anderen zwischen den Parteien vereinbarten Sprache in **leicht
verständlichen Worten** und in **klarer und verständlicher Form** abzufassen (Art. 248 § 2
EGBGB).

3   **a) Zahlungsdiensterahmenverträge.** Die **Zahlungsdiensterahmenverträge** (→ § 675f Rn. 5 ff.)
betreffenden **vertraglichen Informationspflichten** sind aufgrund Verweisung durch § 675d Abs. 1 in
Art. 248 §§ 3–11 EGBGB geregelt.[5] Sie gehen über die bei gewöhnlichen Geschäftsbesorgungsverträgen normierten Informationspflichten hinaus. Von besonderer Bedeutung für den Rahmenvertrag[6]
sind die in Art. 248 § 4 EGBGB geregelten **vorvertraglichen Informationspflichten** des Zahlungsdienstleisters, wie die Mitteilung von Informationen zur Nutzung des Zahlungsdienstes (Nr. 2, zB
Beschreibung der wesentlichen Merkmale des Zahlungsdienstes, Kundenkennung und Ausführungsfristen), zu Entgelten, Zinsen und Wechselkursen (Nr. 3), zur Kommunikation zwischen Zahlungsdienstleister und Kunde (Nr. 4), zu Schutz- und Abhilfemaßnahmen gegen Missbrauch (Nr. 5), zur
Änderung und Kündigung des Zahlungsdiensterahmenvertrags (Nr. 6), zu den Vertragsklauseln über das
anwendbare Recht und das zuständige Gericht (Nr. 7) sowie die nach Art. 248 § 5 EGBGB vorgesehene
Verpflichtung, dem Zahlungsdienstnutzer auf Verlangen jederzeit die Vertragsbedingungen, insbesondere also die AGB, in Textform zu übermitteln. Von großer praktischer Bedeutung sind außerdem die in
Art. 248 §§ 6, 7 und 8 EGBGB vorgesehenen **Informationen während der Vertragslaufzeit** über
einzelne Zahlungsvorgänge und die zu entrichtenden Entgelte.

4   Im Rahmen eines bestehenden Zahlungsdiensterahmenvertrags – also in den Fällen des Art. 248
§§ 4–9 EGBGB – muss der Zahlungsdienstleister die Informationen dem Zahlungsdienstnutzer in
besonderer Form in Textform (§ 126b) auf einem **dauerhaften Datenträger „mitteilen"**
(Art. 248 § 3 EGBGB). Das bedeutet, dass der Zahlungsdienstleister diese Informationen dem Kunden
von sich aus, **unaufgefordert auf einem dauerhaften Datenträger zu übermitteln** hat.[7] Dies gilt
auch für die wichtigen Informationspflichten über die Allgemeinen Geschäftsbedingungen und die
maßgeblichen Entgelte. Ein Aushang in den Räumen der Bank nebst Hinweis hierauf im Vertrag
genügt nicht.[8] Vielmehr muss die Zurverfügungstellung der jeweiligen Informationen **in Papierform
oder auf einem anderen dauerhaften Datenträger** erfolgen, sodass der Zahlungsdienstnutzer sie
für seine Zwecke für eine angemessene Dauer einsehen kann und eine unveränderte Wiedergabe
möglich ist.[9] Üblicherweise werden dem Kunden die entsprechenden Unterlagen (Allgemeine Geschäftsbedingungen, Auszüge aus dem Preis- und Leistungsverzeichnis) bei der Kontoeröffnung ausgehändigt.[10] Die Informationen über einzelne Zahlungsvorgänge sind nach Art. 248 § 7 EGBGB zwar
grundsätzlich nach Belastung des Kontos unverzüglich mitzuteilen. Angesichts des immensen Aufwandes, den dies zur Folge hätte, sieht das Gesetz aber vor (Art. 248 § 10 EGBGB), dass **abweichende
Vereinbarungen** – auch von der Form des § 3 – zulässig sind, solange diese mindestens eine
monatliche Unterrichtung vorsehen. Hiervon wird in großem Umfang Gebrauch gemacht. Die Regel
ist die Benachrichtigung durch **Kontoauszug,** sei es durch Zusendung oder durch dessen Abruf
online oder am Kontoauszugsdrucker.[11]

5   **b) Einzelzahlungsverträge.** Informationspflichten treffen einen Zahlungsdienstleister auch bei
Einzelzahlungsverträgen (Art. 248 §§ 12–16 EGBGB, → § 675f Rn. 2 ff.). Insoweit unterscheidet
das Gesetz ebenfalls zwischen allgemeinen vorvertraglichen Informationen (§ 13), wie der mitzuteilenden Kundenkennung, der maximalen Ausführungsfrist und allen Entgelte einerseits und vertraglichen Informationen nach Zugang und Ausführung der jeweiligen Zahlungsaufträgs andererseits
(§§ 14–16). Letztere gliedern sich in solche Informationen, die der Zahlungsdienstleister des Zahlers
dem Zahler erteilen muss (§ 14) und solche, die der Zahlungsdienstleister des Zahlungsempfängers
seinem Kunden zu erteilen hat (§ 15).

6   Für Einzelzahlungsverträge, die nicht von einem Zahlungsdiensterahmenvertrag umfasst sind, erlaubt
das Gesetz in Art. 248 § 12 EGBGB eine **weniger strenge besondere Form** für die Erfüllung der
Informationspflichten als Art. 248 § 3 EGBGB sie vorsieht. Richtlinien- und Gesetzgeber gehen
davon aus, dass es sich in der Regel um Geschäfte in Anwesenheit beider Vertragspartner handelt.
Daher genügt es, dass die Informationen dem Kunden in leicht zugänglicher Form **zur Verfügung
gestellt** werden. D. h. der Zahlungsdienstleister muss sie zur Kenntnisnahme durch den Zahlungsdienstnutzer bereithalten. Eine **Auslage oder ein Aushang** in den Geschäftsräumen ist insoweit
ausreichend. Eine mündliche Auskunft am Schalter oder Auslage bzw. Aushang in den Geschäftsräumen genügt ebenfalls. Nur auf Anforderung des Zahlungsdienstnutzers müssen dem Zahlungs-

[5] S. im Einzelnen Ellenberger/Findeisen/*Nobbe/Pfeifer* § 675d Rn. 1 ff.
[6] *Schürmann,* Schriftenreihe der Bankrechtlichen Vereinigung Band 30, 11 (28 f.).
[7] EuGH Urt. v. 25.1.2017 – C-375/15, NJW 2017, 871 Rn. 48; BT-Drs. 16/11643, 100.
[8] Palandt/*Sprau* EGBGB Art. 248 § 4 Rn. 3.
[9] EuGH Urt. v. 25.1.2017 – C-375/15, NJW 2017, 871 Rn. 42 ff.
[10] *Schürmann,* Schriftenreihe der Bankrechtlichen Vereinigung Band 30, 11 (29).
[11] Palandt/*Sprau* EGBGB 248 § 7 Rn. 1 und § 8 Rn. 1.

dienstnutzer die Informationen in Textform zur Verfügung gestellt werden (Art. 248 § 12 S. 2 EGBGB). Insoweit handelt sich um eine Art „Holschuld".[12]

2. weitergehender Auskunftsanspruch. Im Einzelfall kann dem Zahlungsdienstnutzer über die **7** gesetzlich vorgeschriebenen (Erst-)Informationen hinaus ein **weitergehender Auskunftsanspruch** gegen den Zahlungsdienstleister zustehen.[13] So etwa kann ein Kreditinstitut verpflichtet sein **Informationen über** die von ihm vorgenommenen **Buchungen** und den **Kontostand** zu erteilen, die über die bereits erfolgte Erteilung von Kontoauszügen hinausgehen.[14] Insoweit kann dem Kontoinhaber aus dem zu Grunde liegenden Vertrag – in der Regel dem Zahlungsdiensterahmen- bzw. dem Girovertrag (→ § 675f Rn. 5 ff.) – nach allgemeinen Grundsätzen gegenüber der Bank im Einzelfall ein Auskunftsanspruch nach § 675c Abs. 1, §§ 675, 666 zustehen, dessen Inhalt und Umfang sich nach Treu und Glauben, der Verkehrssitte und den Umständen des Einzelfalles richten. Auch kann sich die Pflicht des Kreditinstituts zu ggf. erneuter Auskunftserteilung daraus ergeben, dass der Kunde einen Anspruch auf rückwirkende Neuberechnung des Saldos bei **rechtswidrigen Kontobelastungen** hat.[15] Zwar darf der von § 675d normierte Pflichtenkatalog mit Rücksicht auf den vollharmonisierenden Charakter der ZDRL nicht um neue – dort nicht enthaltene – Pflichten ergänzt werden.[16] Ziel der ZDRL ist aber gerade das Bemühen, eine möglichst transparente und umfangreiche Information des Zahlungsdienstnutzers sicherzustellen.[17] Dies ist bei der richtlinienkonformen Auslegung der in § 675d, Art. 248 EGBGB gesetzlich normierten Informationspflichten und deren Ausgestaltung zu berücksichtigen. Zudem zeigt die in Art. 40 Abs. 2 ZDRL und § 675d Abs. 2 enthaltene Möglichkeit, die Erteilung von Informationen zu bepreisen, wenn diese über die gesetzlichen Informationen hinausgeht, dass es auch nach der Vorstellung des europäischen Gesetzgebers Fälle gibt, in denen der Zahlungsdienstnutzer weitergehende Informationen benötigt. Der Zahlungsdienstnutzer kann deshalb im Einzelfall zusätzliche Angaben – etwa zur Berechnung der in das Konto eingestellten Zinsen und Entgelte – verlangen, soweit dies zur Überprüfung der Richtigkeit notwendig ist.[18]

Der über die Erfüllung der gesetzlichen Informationspflichten hinausgehende, weitergehende Aus- **8** kunftsanspruch des Zahlungsdienstnutzers ist auch nicht dadurch als verbraucht anzusehen, dass der Kontoinhaber die Information zu irgendeinem früheren Zeitpunkt erhalten hat.[19] Sind ihm die Unterlagen verloren gegangen, so hat er ein Recht auf Ergänzung, wenn die Beschaffung der Bank unschwer möglich ist.[20] Im Ergebnis kommt es nicht entscheidend darauf an, wie und aus welchem Grund er in die Lage geraten ist, erneut um Auskunft bitten zu müssen,[21] solange sein Verlangen nicht mutwillig oder missbräuchlich ist.[22] Auch endet das Recht, Auskunft verlangen zu können, nicht mit dem **Anerkenntnis eines Periodensaldos**[23]. Ebensowenig erlischt der Auskunftsanspruch mit dem Ablauf der **handelsrechtlichen Aufbewahrungsfristen,** wenn dem Kreditinstitut die zur Auskunftserteilung erforderlichen Daten weiterhin zugänglich sind.[24]

3. Entgeltinformationspflichten nach dem ZKG. Die **Entgeltinformationspflichten** des **9** BGB wurden im Interesse einer größeren Transparenz und Vergleichbarkeit der Angebote und Leistungen unterschiedlicher Zahlungsdienstleister im Rechtsverkehr mit Verbrauchern durch die §§ 5–13 ZKG weiter präzisiert. Neben standardisierten vorvertraglichen Informationen (§§ 5–13 ZKG) ist Verbrauchern mindestens einmal jährlich sowie bei Beendigung des Vertrages unentgeltlich eine Entgeltaufstellung zu erteilen (§ 10 ZKG). Dabei sind die durch die Durchführungsverordnungen zur Zahlungskontenrichtlinie vorgegebenen standardisierten Entgeltaufstellungen zu verwenden (§ 9 Abs. 3 ZKG, § 12 Abs. 1 ZKG, § 2 Abs. 7 ZKG, → § 675c Rn. 9).

III. Informationspflichten von Zahlungsauslöse- und Kontoinformationsdienstleister (Abs. 2)

Abs. 2 regelt die Informationspflichten von Zahlungsauslöse- und Kontoinformationsdienstleistern. **9a** Die Informationspflicht von **Zahlungsauslösedienstleistern** beschränkt sich auf die Inhalte gem. Art. 248 §§ 13 Abs. 1–3 und 13a EGBGB. Erforderlich sind vorvertragliche Informationen über die konkret ausgelösten Zahlungsvorgänge. Für die Form gilt Art. 248 §§ 2, 12 EGBGB (Abs. 2 S. 1).

---

12 *Schürmann*, Schriftenreihe der Bankrechtlichen Vereinigung Band 30, 11 (29).
13 So auch Palandt/*Sprau* § 675f Rn. 9; Langenbucher/Bliesener/Spindler/*Herresthal* Kap. 2 § 675f Rn. 50.
14 Zur bisherigen Rechtsprechung: BGH Urt. v. 7.5.1985 – III ZR 144/84, NJW 1985, 2699.
15 BGH Urt. v. 5.10.1993 – XI ZR 35/93, NJW 1993, 3261.
16 BT-Drs. 16/11643, 134.
17 Vgl. etwa Erwägungsgrund 60 ZDRL; zur ZDRL 2007 BT-Drs. 16/11643, 99 f.
18 BGH Urt. v. 7.5.1985 – III ZR 144/84, NJW 1985, 2699 (2700).
19 BGH Urt. v. 28.2.1989 – XI ZR 91/88, BGHZ 107, 104 (109) = NJW 1989, 1601.
20 BGH Urt. v. 7.5.1985 – III ZR 144/84, NJW 1985, 2699.
21 BGH Urt. v. 28.4.1992 – XI ZR 193/91, NJW-RR 1992, 1072.
22 BGH Urt. v. 30.1.2001 – XI ZR 183/00, NJW 2001, 1486.
23 BGH Urt. v. 7.5.1985 – III ZR 144/84, NJW 1985, 2699 (2700).
24 BGH Urt. v. 30.1.2001 – XI ZR 183/00, NJW 2001, 1486.

Die Informationspflichten von **Kontoinformationsdienstleistern** erfassen die in Art. 248 §§ 4, 13 Abs. 1 EGBGB geregelten Inhalte (Abs. 1 S. 2). Form und Zeitpunkt der Unterrichtung sind frei vereinbar.

IV. Beweislast (Abs. 3) und Haftung

10   Ist streitig, ob die nach Abs. 1 geschuldeten Informationspflichten ordnungsgemäß – rechtzeitig und auch vollständig – erfüllt worden sind, trägt der Zahlungsdienstleister die **Beweislast.** Dies entspricht den Vorgaben von Art. 41 ZDRL. Die Regelung gilt auch, wenn streitig ist, ob ein **Zahlungsauslösedienstleister oder ein Kontoinformationsdienstleister** die von ihm nach Abs. 2 geschuldeten Informationspflichten ordnungsgemäß erbracht hat.[25] Die Vorschrift über die Beweislast ist auf Zahlungsauslöse- und Kontoinformationsdienstleister unmittelbar anwendbar. Dies folgt daraus, dass Zahlungsauslösedienstleister und Kontoinformationsdienstleister gem. § 1 Abs. 1 S. 1 Nr. 1 ZAG iVm § 1 Abs. 1 S. 2 Nr. 7 und Nr. 8 ZAG ebenfalls Zahlungsdienstleister sind, an deren Vorliegen die Beweislastregelung des Abs. 3 anknüpft. Für eine analoge Anwendung ist damit weder Raum noch bedarf es des Rückgriffs auf eine Analogie.[26] Vom Wortlaut der Beweislastregel nicht erfasst werden allerdings **Bargeldabhebungsdienstleister und** sonstige **Dritte,** aber auch Zahlungsempfänger die nach § 675d Abs. 5 ebenfalls Informationspflichten treffen (Art. 248 §§ 17a, 17 und 18 EGBGB), die aber keine Zahlungsdienstleister sind. Die Beweislastregelung des § 675 Abs. 3 kann auf sie nicht analog angewandt werden. Dem steht der Grundsatz der Vollharmonisierung entgegen, da Art. 41 ZDRL lediglich Beweislastregeln für Zahlungsdienstleister erlaubt und die Mitgliedstaaten nach Art. 107 Abs. 1 ZDRL keine abweichenden Vorschriften treffen dürfen.[27]

10a   Erfüllt ein Zahlungsdienstleister die ihn treffenden Informationspflichten nach Abs. 1 iVm Art. 248 EGBGB nicht oder nicht ausreichend, so macht er sich nach **§ 280 Abs. 1 schadensersatzpflichtig.** Gleiches gilt, wenn Zahlungsauslöse- und Kontoinformationsdienstleister, Bargeldabbhebungsdienstleister, Zahlungsempfänger oder sonstige Dritte ihre Informationspflichten nach § 675d verletzen. Allerdings ist im Einzelfall zu prüfen, ob dem Zahlungsdienstnutzer durch die fehlerhafte oder nicht erteilte Unterrichtung tatsächlich auch ein **kausaler Schaden** entstanden ist.[28]

V. Entgeltregelung (Abs. 4)

11   Für die Vergütung der zu erteilenden Informationen gilt die Sonderregelung des § 675d Abs. 4. Danach darf der Zahlungsdienstleister für die gesetzlich vorgeschriebenen Informationen im **Regelfall kein Entgelt** verlangen. Das gilt insbesondere für die erstmalige Erteilung von Kontoauszügen. Insoweit ist es nicht nur unzulässig, eine Gebühr für die Übersendung eines nicht geforderten Kontoauszuges per Post zu erheben (**„Zwangskontoauszug").**[29] Auch dürfen für die erstmalige Erteilung der gesetzlich vorgesehenen Informationen **keine Auslagen für die postalische Versendung** verlangt werden. Denn Art. 40 Abs. 1 ZDRL differenziert nicht zwischen dem Entgelt für die Information und Auslagen für Leistungen Dritter. Vielmehr untersagt die Vorschrift dem Zahlungsdienstleister umfassend, dem Zahlungsdienstnutzer die Bereitstellung der gesetzlich vorgesehenen Informationen in Rechnung zu stellen.[30]

12   Die Erhebung eines Entgelts ist aber **ausnahmsweise** bei der Erteilung von Informationen erlaubt, die über das gesetzlich vorgesehene Maß hinausgehen (zB für die Nacherstellung von Kontoauszügen).[31] Soweit die (neuerliche) Auskunft über die in Art. 248 §§ 1–16 EGBGB vorgesehenen Informationen hinausgeht, darf das Kreditinstitut grundsätzlich ein **Entgelt** verlangen (§ 675d Abs. 4 S. 1). Möglich ist auch die Geltendmachung von **Aufwendungsersatz.** Die Erhebung eines Entgelts ist nach der abschließenden Aufzählung in § 675d Abs. 4 S. 1 möglich, wenn die Informationen häufiger erbracht werden (Nr. 1), die Informationen inhaltlich über die gesetzlich vorgeschriebenen Informationen hinausgehen (Nr. 2) oder mithilfe anderer als der im Zahlungsdiensterahmenvertrag vereinbarten Kommunikationsmittel erbracht werden (Nr. 3). Letzteres gilt zB für die Zusendung von Kontoauszügen per Post statt der Bereitstellung im Rahmen der vereinbarten Abholung am Kontoauszugsdrucker oder über das Onlinebanking-Postfach.

13   Ein Entgelt darf auch dann erhoben werden, wenn Entgeltinformationen nach §§ 5 ff. ZKG häufiger als dort vorgesehen erbracht werden (so etwa eine Entgeltaufstellung nach § 10 ZKG zweimal pro Jahr).[32] Andererseits wird man eine **Verpflichtung** eines Zahlungsdienstleisters **zur kostenlosen**

---

[25] Staudinger/*Omlor,* 2020, Rn. 22; Erman/*Graf v. Westphalen* § 675d Rn. 7.

[26] AA BeckOK BGB/*Schmalenbach* § 675d Rn. 8.

[27] BeckOGK/*Zahrte* Rn. 86; aA Staudinger/*Omlor,* 2020, Rn. 21.

[28] MüKoBGB/*Casper* Rn. 11 mwN; Staudinger/*Omlor,* 2020, Rn. 40.

[29] OLG Rostock Urt. v. 21.10.2015 – 2 U 23/15, BeckRS 2016, 2721 Rn. 12.

[30] BeckOK BGB/*Schmalenbach* § 675d Rn. 9; aA LG Frankfurt a. M. Urt. v. 8.4.2011 – 2/25 O 260/10, BeckRS 2011, 8796.

[31] BGH Urt. v. 17.12.2013 – XI ZR 66/13, BGHZ 199, 281 Rn. 17 = NJW 2014, 922.

[32] *Herresthal* BKR 2016, 221 (224).

erneuten Auskunftserteilung dem Rechtsgedanken des § 675y Abs. 6 entsprechend bejahen müssen, wenn konkrete Anhaltspunkte dafür gegeben sind, dass dieser unberechtigte Belastungsbuchungen – etwa in Form einer Einstellung unzulässiger Entgelte in das Kontokorrent – vorgenommen hat. Die Pflicht des Kreditinstituts zu (ggf. erneuter) Auskunftserteilung ergibt sich in diesen Fällen aus dem Anspruch des Kunden auf rückwirkende Neuberechnung des Saldos bei rechtswidrigen Kontobelastungen.[33]

Liegen die tatbestandlichen Voraussetzungen vor, um ein Entgelt in zulässiger Weise vereinbaren zu dürfen, so muss dieses der **Höhe** nach **angemessen** und **an den tatsächlichen Kosten des Zahlungsdienstleisters ausgerichtet** sein (§ 675d Abs. 4 S. 2). Dies bedeutet, dass das Entgelt für die Erfüllung einer Nebenpflicht des Zahlungsdienstleisters „kostenbasiert" sein muss, sich also an den gewöhnlich für die Erfüllung der spezifischen Nebenpflicht anfallenden „Kosten" orientieren muss. Das Entgelt muss an den konkreten Kosten orientiert sein, wobei eine **Pauschalierung** nur innerhalb weitgehend homogener Nutzergruppen erfolgen darf.[34] **Rundungen** auf glatte Beträge sind zulässig.[35] Für einen weitergehenden Aufwendungsersatzanspruch für Fremdaufwendungen (zB für Porto) ist neben einem vereinbarten Entgelt kein Raum. Diese müssen in die Berechnung des Entgelts für die Unterrichtung oder in die Berechnung des vereinbarten Entgelts für den Zahlungsdienst (§ 675f Abs. 5 S. 1) einbezogen werden.[36] Sofern eine Entgeltvereinbarung beabsichtigt ist, muss der Zahlungsdienstnutzer vorvertraglich auch über die Entgelthöhe gem. § 675d iVm Art. 248 § 4 Abs. 1 Nr. 3 lit. a EGBGB unterrichtet werden.[37] Hierbei müssen ihm die entsprechenden Unterlagen in Textform übermittelt werden, ein Aushang des Preis-/Leistungsverzeichnisses in den Geschäftsräumen und ein Hinweis hierauf genügt nicht. 14

Die Kosten, die durch die erneute Beschaffung bereits erteilter[38] Informationen entstehen, sind vom Kunden **vorzuleisten** oder Zug um Zug gegen Aushändigung der Unterlagen zu erstatten.[39] Eine Vorleistungspflicht des Kunden kann sich etwa aus der Tatsache ergeben, dass begründete Zweifel an seiner Bonität bestehen.[40] 15

VI. Informationspflichten von Zahlungsempfängern, Bargeldabhebungsdiensten und sonstigen Dritten (Abs. 5)

Zahlungsempfänger, Dienstleister die Bargeldabhebungsdienste erbringen und sonstige Dritte haben nach Abs. 5 S. 1 über die in Art. 248 §§ 17–18 EGBGB bestimmten Umstände zu unterrichten. Für **Zahlungsempfänger** gelten bei Währungsumrechnungen oder bei der Berechnung von Entgelten für die Nutzung eines bestimmten Zahlungsinstruments die Informationspflichten des Art. 248 § 17 EGBGB. Ein Dienstleister, der **Bargeldabhebungsdienst** erbringt (wie ein **freier Geldautomatenbetreiber**), hat die Informationspflichten nach Art. 248 § 17a EGBGB zu erfüllen. Bargeldabhebungsdienst ist die Ausgabe von Bargeld über Geldausgabeautomaten für einen oder mehrere Kartenemittenten, ohne einen eigenen Rahmenvertrag mit dem Geld abhebenden Kunden geschlossen zu haben (§ 675c Abs. 3 iVm § 1 Abs. 32 ZAG). Maßgeblich ist die Ermöglichung der Barabhebung von einem Zahlungskonto.[41] Die ausschließliche Erbringung von Bargeldabhebungsdiensten stellt keinen Zahlungsdienst dar (§ 675c Abs. 3 iVm § 2 Abs. 1 Nr. 14 ZAG), sodass Bargeldabhebungsdienstleister grundsätzlich vom Anwendungsbereich des Zahlungsdiensterechts ausgenommen sind. Jedoch treffen sie die Informationspflichten des § 17a, die an diejenigen automatenbetreibender Zahlungsdienstleister angeglichen sind.[42] Sie haben ihre Kunden vor der Transaktion über anfallende Entgelte zu informieren (Art. 248 § 17a EGBGB). Außerdem kommt ihnen die Pflicht zu, nach Beendigung der Transaktion eine Quittung zu erteilen. Zudem treffen einen **Dritten** (wie technische Dienstleister, die zum Online-Banking umleiten) die Informationspflichten aus Art. 248 § 18 EGBGB, wenn der Zahlungsdienstnutzer über diesen einen Zahlungsvorgang auslösen und dieser für die Nutzung eines bestimmten Zahlungsinstruments ein Entgelt verlangt. In diesem Fall ist über dieses Entgelt vor Auslösung des Zahlungsvorgangs zu unterrichten. Die für Zahlungsauslösedienstleister geltende Regelung des Abs. 2 wird hierdurch ergänzt (→ Rn. 9). **Abs. 5 S. 2** bestimmt zudem, dass Zahlungsempfänger, Bargeld- 16

[33] BGH Urt. v. 5.10.1993 – XI ZR 35/93, NJW 1993, 3261.
[34] BGH Urt. v. 17.12.2013 – XI ZR 66/13, BGHZ 199, 281 Rn. 19 ff. = NJW 2014, 922.
[35] BGH Urt. v. 17.12.2013 – XI ZR 66/13, BGHZ 199, 281 Rn. 21 = NJW 2014, 922.
[36] BT-Drs. 16/11643, 103; dazu kritisch Palandt/*Sprau* § 675f Rn. 19 und *Schürmann*, Schriftenreihe der Bankrechtlichen Vereinigung Band 30 S. 11 (31).
[37] BT-Drs. 16/11643, 103.
[38] Das übersieht *Köndgen* WuB I B 3.–2.01, wenn er darauf hinweist, dass der Auskunftsanspruch nach § 666 BGB nicht von einer Kostenerstattung abhängig ist.
[39] BGH Urt. v. 30.1.2001 – XI ZR 183/00, NJW 2001, 1486 zugleich zur Bezifferung der Kosten bei einer Leistungsklage und zur Umdeutung in eine Feststellungsklage; s. auch *Nobbe* WM 2008, 185 (190 f.).
[40] OLG Hamm Urt. v. 4.5.1992 – 31 U 286/91, WM 1992, 1100 – Vorleistungspflicht bei einem Kunden bejaht, der die eidesstattliche Versicherung abgegeben hatte.
[41] EuGH Urt. v. 22.3.2018 – C-568/16, BeckRS 2018, 3519 Rn. 30 ff.
[42] Vgl. *Zahrte* NJW 2018, 337 (338); BeckOGK/*Zahrte* EGBGB Art. 248 § 17a Rn. 4 ff.

abhebungsdienste und Dritte ein **Entgelt für die Nutzung eines bestimmten Zahlungsinstruments**[43] nur dann verlangen können, wenn sie es zuvor ordnungsgemäß bekannt gemacht haben.

VII. Ausnahmevorschriften (Abs. 6)

17   § 675d Abs. 6 enthält einen Ausnahme-Katalog für **Drittstaatensachverhalte.** Erfolgt der **Zahlungsvorgang in der Währung eines Staates außerhalb des EWR,** gelten die Abs. 1–5 für die Bestandteile eines Zahlungsvorganges, der außerhalb des EWR getätigt wird, auch dann nicht, wenn sowohl der Zahlungsdienstleister des Zahlers als auch der Zahlungsdienstleister des Zahlungsempfängers ihren Sitz innerhalb des EWR haben (Abs. 6 S. 1 Nr. 1 lit. a). In diesem Fall sind die Informationspflichten nach Art. 248 § 4 Abs. 1 Nr. 2 lit.e, § 6 Nr. 1 sowie § 13 Abs. 1 S. 1 Nr. 2 EGBGB auch auf die innerhalb des EWR getätigten Bestandteile des Zahlungsvorgangs nicht anzuwenden (Abs. 6 S. 2). Hat **mindestens einer der beteiligten Zahlungsdienstleister seinen Sitz im EWR,** ist der andere Zahlungsdienstleister aber außerhalb des EWR ansässig (sog. one-leg-transaction), so gelten die Abs. 1–5 ebenfalls nicht (Abs. 6 S. 1 Nr. 1 lit. b). In diesem Fall sind die Informationspflichten nach Art. 248 § 4 Abs. 1 Nr. 2e, § 6 Nr. 1 sowie § 13 Abs. 1 S. 1 Nr. 2 EGBGB (S. 2) und Art. 248 § 4 Abs. 1 Nr. 5 lit. g EGBGB (S. 3) auch auf die innerhalb des EWR getätigten Bestandteile des Zahlungsvorgangs nicht anzuwenden. Auf **Zahlungsvorgänge, bei denen keiner der beteiligten Zahlungsdienstleister innerhalb des EWR belegen ist,** sind die Abs. 1–5 nicht anzuwenden (Abs. 6 S. 1 Nr. 2). In diesem Fall sind die Transparenzvorschriften des § 675d gänzlich unanwendbar.[44]

§ 675e Abweichende Vereinbarungen

(1) **Soweit nichts anderes bestimmt ist, darf von den Vorschriften dieses Untertitels nicht zum Nachteil des Zahlungsdienstnutzers abgewichen werden.**

(2) **In den Fällen des § 675d Absatz 6 Satz 1 Nummer 1 und 2**
1. **sind § 675s Absatz 1, § 675t Absatz 2, § 675x Absatz 1, § 675y Absatz 1 bis 4 sowie § 675z Satz 3 nicht anzuwenden;**
2. **darf im Übrigen zum Nachteil des Zahlungsdienstnutzers von den Vorschriften dieses Untertitels abgewichen werden.**

(3) **Für Zahlungsvorgänge, die nicht in Euro erfolgen, können der Zahlungsdienstnutzer und sein Zahlungsdienstleister vereinbaren, dass § 675t Abs. 1 Satz 3 und Abs. 2 ganz oder teilweise nicht anzuwenden ist.**

(4) **Handelt es sich bei dem Zahlungsdienstnutzer nicht um einen Verbraucher, so können die Parteien vereinbaren, dass § 675d Absatz 1 bis 5, § 675f Absatz 5 Satz 2, die §§ 675g, 675h, 675j Absatz 2, die §§ 675p sowie 675v bis 676 ganz oder teilweise nicht anzuwenden sind; sie können auch andere als die in § 676b Absatz 2 und 4 vorgesehenen Fristen vereinbaren.**

I. Allgemeines

1   Mit der Vorschrift setzt der deutsche Gesetzgeber die Vorgaben aus Art. 107 ZDRL sowie aus Art. 38 Abs. 1 ZDRL, Art. 61 Abs. 1 ZDRL um. Neben dem Vollharmonisierungsgebot enthält Art. 107 Abs. 3 ZDRL auch die Aussage, dass es sich bei den Vorschriften der ZDRL grundsätzlich um zwingendes Recht handelt, sodass die Mitgliedstaaten hiervon weder in den Umsetzungsgesetzen abweichen noch den Vertragsparteien eine Abweichung qua privatautonomer Vereinbarung gestatten dürfen.

II. Grundsatz der halbzwingenden Geltung (Abs. 1)

2   Nach der Grundregel des Abs. 1 handelt es sich bei den Regelungen des Zahlungsdiensterechts (§§ 675c–676c) um zwingendes Recht. Allerdings gilt dieses Verbot nur zu Lasten des Zahlers, sodass konsequenter Weise von **halbzwingendem Recht** zu sprechen ist. Dies ergibt sich aus einem Umkehrschluss aus Abs. 1 und der richtlinienkonformen Auslegung des Art. 107 Abs. 3 ZDRL. Der deutsche Gesetzgeber hat zwar auf eine explizite Umsetzung dieser Vorgabe verzichtet. Art. 107 Abs. 3 ZDRL sieht aber ausdrücklich die Möglichkeit vor, dem Zahlungsdienstnutzer günstigere Konditionen einzuräumen.

3   Abweichende Vereinbarungen von den halbzwingenden Vorschriften des Zahlungsdiensterechts sind durch **individualvertragliche Vereinbarung** oder durch **AGB** möglich. Ob eine vertragliche Vereinbarung zulasten des Zahlungsdienstnutzers von den Vorgaben des Gesetzes abweicht, ist jeweils

---

[43] *Conreder* BKR 2017, 226; aA MüKoHGB/*Linardatos* Rn. 264 ff. mwN für Dienste wie giropay.
[44] BeckOK BGB/*Schmalenbach* Rn. 13.

durch **Auslegung** zu ermitteln. Ist die Regelung mehrdeutig und erfolgt die Abweichung durch AGB, gilt nach dem Grundsatz der kundenfeindlichsten Auslegung im Zweifel die für den Kunden ungünstige Auslegung (§ 305c Abs. 1). Enthält eine nicht teilbare Vereinbarung sowohl Regelungen, die sich zu Gunsten wie zu Lasten des Zahlungsdienstnutzers auswirken, ist fraglich, ob im Sinne einer Kompensationslösung ein Gesamtvergleich zwischen der Situation mit und ohne Vereinbarung der abweichenden Vertragsgestaltung vorgenommen werden darf, der zur Wirksamkeit der Regelung führen kann. Dies ist mit Rücksicht auf das Gebot der Vollharmonisierung zu verneinen.[1]

Verstößt eine **abweichende Vereinbarung** gegen die gesetzlichen Vorgaben des § 675e Abs. 1, so   **4**
ist sie unabhängig davon, ob es sich hierbei um eine AGB oder eine Individualabrede handelt, gemäß **§ 134 nichtig.**[2] Dies gilt auch dann, wenn es sich um ein **Umgehungsgeschäft** handelt. Erfolgt eine abweichende Vereinbarung durch AGB, ist die Vereinbarung außerdem in der Regel gem. § 307 Abs. 1 S. 1 unwirksam.[3] Denn eine unangemessene Benachteiligung ist immer dann gegeben, wenn die Abweichung von einer gesetzlichen Regelung zugleich zu einem Verstoß gegen (halb-)zwingendes Recht führt; auf eine weitere Interessenabwägung kommt es dabei grundsätzlich nicht an. Ist eine Regelung nichtig oder nach § 307 unwirksam, bleibt der übrige Vertrag im Zweifel wirksam. Liegt eine AGB vor, folgt dies unmittelbar aus § 306 Abs. 1. Bei individualvertraglichen Abreden wird sich trotz der Zweifelsregelung des § 139 in der Regel nichts Anderes ergeben.

III. Ausnahmen (Abs. 2–4)

1. Drittstaatensachverhalte (Abs. 2). § 675e Abs. 2 enthält über die in § 675d Abs. 6 geregelte   **5**
Befreiung von Informationspflichten hinaus, weitergehende **Ausnahmevorschriften für Drittstaatensachverhalte.** § 675e Abs. 2 knüpft an die Ausnahmetatbestände des § 675d Abs. 6 an. Ausnahmen gelten – im Gleichlauf mit § 675d Abs. 6 – für Zahlungsvorgänge, an denen ein Zahlungsdienstleister beteiligt ist, der seinen Sitz im EWR hat (Nr. 1 lit. b). Gleiches gilt für Zahlungsvorgänge in einer Fremdwährung eines Staates außerhalb des EWR (Nr. 2 lit. a). Trifft eine dieser Voraussetzungen zu, so sind die **in § 675e Abs. 2 Nr. 1 genannten Bestimmungen kraft Gesetzes nicht anzuwenden** (§ 675s Abs. 1, § 675t Abs. 2, § 675x Abs. 1, § 675y Abs. 1–4 sowie § 675z S. 3). ZB gilt die Ausführungsfrist des § 675s Abs. 1 aus praktischen Gründen bei Drittstaatensachverhalten nicht. Zudem ist die verschuldensunabhängige Haftung bei einer nicht erfolgten, verspäteten oder fehlerhaften Ausführung eines Zahlungsauftrages nicht anwendbar, weil die Durchsetzung eines solchen Erstattungsanspruchs außerhalb des EWG mit nur geringen Erfolgsaussichten verbunden sein dürfte[4]. Aus demselben Grund findet die Vorschrift des § 675z S. 3 über die Zurechenbarkeit des Verschuldens der zwischengeschalteten Interbanken auf Zahlungsvorgänge mit Drittstaatenbezug keine Anwendung. Darüber hinaus kann nach **§ 675e Abs. 2 Nr. 2** von allen anderen Regeln des Untertitels über Zahlungsdienste **durch Vereinbarung** zum Nachteil des Zahlungsdienstnutzers abgewichen werden.

2. Zahlungsvorgänge, die nicht in Euro erfolgen (Abs. 3). Gemäß Abs. 3 können der Zah-   **6**
lungsdienstleister und der Zahlungdienstnutzer außerdem vereinbaren, dass § 675t Abs. 1 S. 3 und Abs. 2 ganz oder teilweise nicht anzuwenden sind, wenn zwar definitionsgemäß kein Drittstaatensachverhalt vorliegt, die **Zahlungsvorgänge jedoch nicht in Euro,** sondern **in einer anderen Währung des EWR** erfolgen.

3. Rechtsverkehr mit Nichtverbrauchern (Abs. 4). Abs. 4 erlaubt zudem eine weitergehende   **7**
Abbedingung der halbzwingenden Regeln des Zahlungsdienstrechts im **Rechtsverkehr mit Nichtverbrauchern.** Dies betrifft den Rechtsverkehr mit **Unternehmern** und der öffentlichen Hand.[5] Abdingbar sind folgende Vorschriften: die Informationspflichten des § 675d Abs. 1–5, die Einschränkungen für die Erhebung von Entgelten für die Erfüllung gesetzlicher Nebenpflichten (§ 675f Abs. 5 S. 2), die Vorschriften über die Änderung und Kündigung von Zahlungsdiensterahmenverträgen (§§ 675g, 675h), die Vorschrift über den Widerruf der Autorisierung (§ 675j Abs. 2), die Vorschrift über die Unwiderruflichkeit des Zahlungsauftrags (§ 675p) sowie die Vorschriften der §§ 675v–676. Auch können andere als die in § 676b Abs. 2 und 4 vorgesehenen Ausschlussfristen vereinbart werden (Abs. 4 Hs. 2). Entsprechende Vereinbarungen sind sowohl durch individualvertragliche Abreden als auch durch AGB zulässig. Die Kreditwirtschaft hat von den Spielräumen, die ihr § 675e Abs. 4 eröffnet, in ihren AGB weitgehend Gebrauch gemacht.

4. Sonstige dispositive Regelungen. Das Zahlungsdienstrecht enthält über die „gebündelten"   **8**
Ausnahmeregelungen in § 675d Abs. 6 und § 675e Abs. 2–4 hinaus, weitere dispositive Regelungen, die sich „verstreut" in den einzelnen Vorschriften finden. Zu nennen sind insbesondere die spezialge-

---

[1] Erman/*Graf v. Westphalen* Rn. 4.
[2] BGH Urt. v. 28.7.2015 – XI ZR 434/14, BGHZ 206, 305 Rn. 37 = NJW 2015, 3025.
[3] BGH Urt. v. 12.9.2017 – XI ZR 590/15, BGHZ 215, 359 Rn. 44 f.
[4] Erman/*Graf v. Westphalen* Rn. 4.
[5] BeckOK BGB/*Schmalenbach* Rn. 13.

setzliche Ausnahmeregelung bezüglich der Informationspflichten in Art. 248 § 10 EGBGB (→ § 675d Rn. 4) und die auf Kleinbetragsinstrumente und E-Geld bezogene Vorschrift des § 675i Abs. 2 (→ § 675i). Auch kann der Zahler mit seinem Zahlungsdienstleister unter den Voraussetzungen des § 675x Abs. 3 auf den Erstattungsanspruch nach § 675x Abs. 1 verzichten. Zudem kann ein Zahler mit seinem Zahlungsdienstleister bei Zahlungsvorgängen innerhalb des EWR, die nicht in Euro erfolgen, gem. § 675s Abs. 1 S. 2 eine Frist von maximal vier Geschäftstagen vereinbaren. Weiter kann der Zahlungsdienstleister des Zahlungsempfängers gem. § 675q Abs. 2 S. 1 einen Entgeltabzug vor Gutschrifterteilung vereinbaren.

§ 675f Zahlungsdienstevertrag

(1) Durch einen Einzelzahlungsvertrag wird der Zahlungsdienstleister verpflichtet, für die Person, die einen Zahlungsdienst als Zahler, Zahlungsempfänger oder in beiden Eigenschaften in Anspruch nimmt (Zahlungsdienstnutzer), einen Zahlungsvorgang auszuführen.

(2) ¹Durch einen Zahlungsdiensterahmenvertrag wird der Zahlungsdienstleister verpflichtet, für den Zahlungsdienstnutzer einzelne und aufeinander folgende Zahlungsvorgänge auszuführen sowie gegebenenfalls für den Zahlungsdienstnutzer ein auf dessen Namen oder die Namen mehrerer Zahlungsdienstnutzer lautendes Zahlungskonto zu führen. ²Ein Zahlungsdiensterahmenvertrag kann auch Bestandteil eines sonstigen Vertrags sein oder mit einem anderen Vertrag zusammenhängen.

(3) ¹Der Zahlungsdienstnutzer ist berechtigt, einen Zahlungsauslösedienst oder einen Kontoinformationsdienst zu nutzen, es sei denn, das Zahlungskonto des Zahlungsdienstnutzers ist für diesen nicht online zugänglich. ²Der kontoführende Zahlungsdienstleister darf die Nutzung dieser Dienste durch den Zahlungsdienstnutzer nicht davon abhängig machen, dass der Zahlungsauslösedienstleister oder der Kontoinformationsdienstleister zu diesem Zweck einen Vertrag mit dem kontoführenden Zahlungsdienstleister abschließt.

(4) ¹Zahlungsvorgang ist jede Bereitstellung, Übermittlung oder Abhebung eines Geldbetrags, unabhängig von der zugrunde liegenden Rechtsbeziehung zwischen Zahler und Zahlungsempfänger. ²Zahlungsauftrag ist jeder Auftrag, den ein Zahler seinem Zahlungsdienstleister zur Ausführung eines Zahlungsvorgangs entweder unmittelbar oder mittelbar über einen Zahlungsauslösedienstleister oder den Zahlungsempfänger erteilt.

(5) ¹Der Zahlungsdienstnutzer ist verpflichtet, dem Zahlungsdienstleister das für die Erbringung eines Zahlungsdienstes vereinbarte Entgelt zu entrichten. ²Für die Erfüllung von Nebenpflichten nach diesem Untertitel hat der Zahlungsdienstleister nur dann einen Anspruch auf ein Entgelt, sofern dies zugelassen und zwischen dem Zahlungsdienstnutzer und dem Zahlungsdienstleister vereinbart worden ist; dieses Entgelt muss angemessen und an den tatsächlichen Kosten des Zahlungsdienstleisters ausgerichtet sein.

(6) In einem Zahlungsdiensterahmenvertrag zwischen dem Zahlungsempfänger und seinem Zahlungsdienstleister darf das Recht des Zahlungsempfängers, dem Zahler für die Nutzung eines bestimmten Zahlungsinstruments eine Ermäßigung oder einen anderweitigen Anreiz anzubieten, nicht ausgeschlossen werden.

Übersicht

I. Allgemeines

Bei der Vorschrift des § 675f handelt es sich um eine der zentralen Vorschriften des Zahlungs- **1** dienstrechts. Rechtsgrundlage für die Teilnahme am bargeldlosen Zahlungsverkehr war bis zum 31.10.2009 der Girovertrag, ein Geschäftsbesorgungsvertrag mit dienstvertraglichen Elementen,[1] der für die Vertragsparteien ein ganzes Bündel von Rechten und Pflichten begründete, etwa die Pflicht des Kreditinstituts, für seinen Kunden ein Girokonto zu führen, in das seine Forderungen und Verbindlichkeiten eingestellt und in regelmäßigen zeitlichen Abständen saldiert werden.[2] Gemäß § 675f Abs. 2 wurde in Umsetzung der ZDRL 2007 als neuer Vertragstypus und Sonderform eines Geschäftsbesorgungsvertrages[3] der sog. Zahlungsdienstevertrag im BGB verankert. Das Gesetz unterscheidet zwischen dem in Abs. 2 geregelten **Zahlungsdiensterahmenvertrag** (Art. 4 Nr. 21 ZDRL) und dem **Einzelzahlungsvertrag,** der in Abs. 1 geregelt ist (Art. 43 ff. ZDRL). Daneben werden durch § 675f verschiedene, wichtige Rechtsbegriffe des Zahlungsdiensterechts legaldefiniert. Dies gilt für den Begriff des Zahlungsdienstnutzers (Abs. 1) sowie den Begriff des Zahlungsvorgangs und des Zahlungsauftrags (Abs. 4). Mit Umsetzung der ZDRL zum 13.1.2018 wurde die Vorschrift in Abs. 3 um Regelungen über die Nutzung von Zahlungsauslöse- und Kontoinformationsdiensten ergänzt.

II. Einzelzahlungsvertrag (Abs. 1)

Der **Einzelzahlungsvertrag** verpflichtet den Zahlungsdienstleister gegenüber einem Zahlungs- **2** dienstnutzer auf Grundlage eines gegenseitigen Vertrages zur Ausführung eines einmaligen Zahlungsvorgangs. **Zahlungsdienstnutzer** ist nach der in Abs. 1 enthaltenen Legaldefinition jede natürliche oder juristische Person, die einen Zahlungsdienst als Zahler, Zahlungsempfänger oder in beiden Eigenschaften in Anspruch nimmt. Den Zahler trifft die Pflicht, das vereinbarte Entgelt zu entrichten (Abs. 5) und den Zahlungsbetrag zur Verfügung zu stellen. Der Vertragsschluss kann formfrei erfolgen; maßgebend sind die allgemeinen Regeln (§§ 145 ff.). Der Einzelzahlungsvertrag enthält zugleich einen Zahlungsauftrag iSv § 675f Abs. 4 S. 2.[4]

In der Praxis hat der Einzelzahlungsvertrag eine eher **geringe Bedeutung.**[5] Er hat den seltenen **3** Anwendungsfall vor Augen, dass ein Zahlungsvorgang ausgelöst werden soll, ohne dass ein Zahlungskonto vorliegt und schon vorab ein Zahlungsdiensterahmenvertrag geschlossen wurde. Typisches Beispiel ist die Barüberweisung, bei der der Überweisungsbetrag zuvor bar eingezahlt und zulasten eines bankinternen Kontos pro diverse und nicht zulasten eines Zahlungskontos des Zahlers ausgeführt wird (sog. **halbbare/kontoungebundene Überweisung**[6]). Bei der Lastschrift ist ein Einzelzahlungsvertrag mit der ersten Inkassostelle allenfalls theoretisch denkbar, bei den Kartenzahlungen spielt er keine Rolle.

Der Einzelzahlungsvertrag wird regelmäßig mit der erfolgreichen Ausführung des Zahlungsvorgangs **4** beendet, also mit dem Eingang des Geldes auf dem Eingangskonto der Bank des Zahlungsempfängers. Sonderregelungen wie Kündigungsvorschriften finden sich – im Gegensatz zum Zahlungsdiensterahmenvertrag (§ 675h) – für den Einzelzahlungsvertrag nicht. Wird der Zahlungsauftrag nach § 675p erfolgreich widerrufen, erlischt regelmäßig auch der Einzelzahlungsvertrag.

III. Zahlungsdiensterahmenvertrag (Abs. 2)

1. Bedeutung und Rechtsnatur. Von großer praktischer Bedeutung für den bargeldlosen Zah- **5** lungsverkehr ist der in § 675f Abs. 2 geregelte sog. **Zahlungsdiensterahmenvertrag.** Hierbei verpflichtet sich der Zahlungsdienstleister, für den Zahlungsdienstnutzer einzelne und aufeinanderfolgende Zahlungsvorgänge – etwa Überweisungen – auszuführen sowie gegebenenfalls für den Zahlungsdienst-

---

[1] BGH Urt. v. 7.4.1996 – XI ZR 217/95, BGHZ 133, 10 = NJW 1996, 2032; Urt. v. 24.3.2009 – XI ZR 191/08, BGHZ 180, 191 Rn. 11 = NJW-RR 2009, 979.

[2] BGH Urt. v. 24.3.2009 – XI ZR 191/08, BGHZ 180, 191 Rn. 11 = NJW-RR 2009, 979.

[3] *Meckel* jurisPR-BKR 12/2009 Anm. V 4.

[4] BGH Urt. v. 20.3.2018 – XI ZR 30/16, NJW 2018, 2632 Rn. 30; MüKoBGB/*Casper* Rn. 18; Baumbach/Hopt/*Hopt* Bankgeschäfte Rn. C/29; Ellenberger/Findeisen/Nobbe/*Walz* Rn. 5; aA Erman/*Graf v. Westphalen* Rn. 11, wonach der Einzelzahlungsvertrag auf dem Zahlungsauftrag beruht.

[5] *Grundmann* WM 2009, 1109 (113); *Meckel* jurisPR-BKR 12/2009 Anm. V 4.

[6] *Meckel* jurisPR-BKR 12/2009 Anm. V 4.

nutzer ein auf dessen Namen oder die Namen mehrerer Zahlungsdienstnutzer lautendes Zahlungskonto zu führen.

6 Der Zahlungsdiensterahmenvertrag ist **Geschäftsbesorgungsvertrag mit dienst- und werkvertraglichem Charakter** (dienstvertraglich: Kontoführung; werkvertraglich: erfolgreiche Ausführung von Zahlungsaufträgen).[7] Auf ihn finden gem. § 675c Abs. 1 **subsidiär** die allgemeinen Regeln über Geschäftsbesorgungsverträge und die insoweit ergangene Rechtsprechung zum Girovertrag Anwendung, soweit die §§ 675c ff. keine besonderen Regeln enthalten, auf die Vorschriften des Auftragsrechts in Abs. 1 konkret Bezug genommen wird (§§ 663, 665–670 und §§ 672–674) und das Ergebnis nicht in Widerspruch zu den Vorschriften der ZDRL steht.[8] Über die Verweisungsnorm des § 675c Abs. 1 sind zudem die allgemeinen Vorschriften der §§ 612, 632 entsprechend anwendbar.[9] In der Praxis werden die maßgeblichen Bestimmungen üblicherweise durch die AGB der Banken und Sparkassen nebst der jeweiligen Sonderbedingungen ausgefüllt und konkretisiert.

7 **2. Vertragsschluss.** Ein Zahlungsdiensterahmenvertrag kommt nach den allgemeinen Regelungen der §§ 145 ff. durch Angebot und Annahme zustande. Hinsichtlich der zu erfüllenden Informationspflichten ist die **Form** des Art. 248 § 3 EGBGB zu beachten. Ein **Abschlusszwang** besteht **grundsätzlich nicht,** auch wenn der Zugang zum bargeldlosen Zahlungsverkehr eine wesentliche Voraussetzung für die Beteiligung am Wirtschaftsleben darstellt. Ein Kontrahierungszwang kann sich im Einzelfall aus den landesgesetzlichen Regelungen des Sparkassenrechts ergeben. Auch können Parteien aus § 5 Abs. 1 S. 1 PartG einen Anspruch auf Aufnahme einer Geschäftsbeziehung herleiten.[10]

8 Durch das **Zahlungskontengesetz** (im Folgenden: ZKG)[11] vom 11.4.2016 wurde in Umsetzung des Art. 16 der Richtlinie über die Vergleichbarkeit von Zahlungskontenentgelten, den Wechsel von Zahlungskonten und den Zugang zu Zahlungskonten mit grundlegenden Funktionen 2014/92/EU **(Zahlungskontenrichtlinie)** vom 23.7.2014[12] zudem ein gesetzlich geregelter **Anspruch auf ein Zahlungskonto** für Jedermann geschaffen. Die Regelungen sind am 19.6.2016 in Kraft getreten. Hierdurch wird das Recht auf Zugang zu einem Zahlungskonto mit grundlegenden Funktionen (Basiskonto) für natürliche Personen über die bisherigen Kreditinstitute und die Selbstverpflichtung der Sparkassen hinaus gesetzlich verankert;[13] insoweit wurde ein sachlich begrenzter Kontrahierungszwang eingeführt.[14] Der unbefriedigende Zustand, dass eine große Zahl von Menschen – nach Schätzungen der Europäischen Kommission aus dem Jahr 2013 bundesweit fast eine Million[15] – keinen Zugang zu einem Girokonto hatten, wurde hierdurch aufgelöst.

9 Das Zahlungskontengesetz sieht einen einklagbaren **Rechtsanspruch auf Abschluss eines Basiskontovertrages** gegenüber Kreditinstituten iSd Art. 4 Abs. 1 Nr. 1 VO (EU) Nr. 575/2013 vor,[16] die Zahlungskonten für Verbraucher anbieten (§ 31 Abs. 1, § 2 Abs. 5 ZKG). Der Basiskontovertrag stellt dabei einen Unterfall des allgemeinen Zahlungsdiensterahmenvertrages dar.[17] **Anspruchsberechtigt** ist jeder Verbraucher mit rechtmäßigem Aufenthalt in der Europäischen Union. Dazu zählen – wie ausschließlich geregelt ist (§ 31 Abs. 1 S. 2 ZKG) – Personen ohne festen Wohnsitz und Asylsuchende sowie Personen ohne Aufenthaltstitel, die aus rechtlichen oder tatsächlichen Gründen nicht abgeschoben werden können. Der Anspruch ist **unverzüglich,** spätestens jedoch innerhalb von zehn Geschäftstagen nach Eingang des Antrags auf Abschluss eines Basiskontovertrages zu erfüllen § 31 Abs. 2 S. 1 ZKG.

10 Der Antrag kann, sofern er den formellen Anforderungen des § 33 ZKG genügt, nur aus den in §§ 35–37 ZKG geregelten Gründen abgelehnt werden (§ 34 Abs. 1 ZKG). Das Zahlungskontengesetz enthält anders als die Sparkassengesetze und die Empfehlungen zum Girokonto für Jedermann und zum Bürgerkonto einen **abschließenden Katalog von Ablehnungsgründen** in eng begrenzten Ausnahmefällen.[18] Der Anspruch auf Abschluss eines Basiskontovertrages kann nur abgelehnt werden, wenn der Anspruchsteller bereits über ein Zahlungskonto verfügt (§ 35 ZKG), der Berech-

---

[7] BGH Urt. v. 13.11.2012 – XI ZR 500/11, BGHZ 195, 298 Rn. 37 = NJW 2013, 995.

[8] Vgl. BGH Urt. v. 22.5.2012 – XI ZR 290/11, BGHZ 193, 238 Rn. 20 = NJW 2012, 2571; MüKoBGB/*Casper* Rn. 36.

[9] BGH Urt. v. 13.11.2012 – XI ZR 500/11, BGHZ 195, 298 Rn. 37 = NJW 2013, 995.

[10] BVerwG Urt. v. 28.11.2018 – 6 C 2/17, NJW 2019, 1317.

[11] BGBl. 2016 I 722.

[12] Richtlinie 2014/92/EU des Europäischen Parlaments und des Rates über die Vergleichbarkeit von Zahlungskontoentgelten, den Wechsel von Zahlungskonten und den Zugang zu Zahlungskonten mit grundlegenden Funktionen; siehe dazu den Überblicksbeitrag von *Linardatos* WM 2015, 755.

[13] Gesetzesentwurf der Bundesregierung, BT-Drs. 18/7204, 1 (91); kritisch hierzu *Herresthal* BKR 2016, 133 (135 f., 143).

[14] Gesetzesentwurf der Bundesregierung, BT-Drs. 18/7204, 1.

[15] BT-Drs. 18/7204, 1 (53); BT-Drs. 16/11495, 1 (6, 8).

[16] Siehe den Gesetzentwurf der Bundesregierung, BT-Drs. 18/7204.

[17] BT-Drs. 18/7204, 1 (76).

[18] Gesetzesentwurf der Bundesregierung, BT-Drs. 18/7204, 1 (93); für eine Erstreckung der Ablehnungsgründe in vergleichbaren Fällen: *Herresthal* BKR 2016, 133 (138 f.).

tigte innerhalb der letzten drei Jahre vor Antragstellung wegen einer vorsätzlichen Straftat zum Nachteil des Zahlungsinstituts, dessen Mitarbeitern oder Kunden mit Bezug auf deren Stellung als Mitarbeiter oder Kunden verurteilt wurde (§ 36 Abs. 1 Nr. 1 ZKG), der Berechtigte bereits früher Inhaber eines Basiskontos bei demselben Zahlungsinstitut war und dieses den Zahlungsdiensterahmenvertrag innerhalb des letzten Jahres vor Antragstellung nach § 42 Abs. 4 Nr. 1 ZKG (wegen missbräuchlicher Nutzung des Kontos) berechtigt gekündigt hat (§ 36 Abs. 1 Nr. 2 ZKG), der Verstoß gegen § 10 Abs. 1 Nr. 1–3 GWG und § 25j KWG sowie § 47 Abs. 1 GWG drohen würde (§ 36 Abs. 1 Nr. 3 ZKG) oder wenn der Berechtigte Inhaber eines Basiskontos bei demselben Zahlungsinstitut war und dieses den Zahlungsdiensterahmenvertrag über die Führung des Basiskontos innerhalb des letzten Jahres vor Antragstellung nach § 42 Abs. 3 Nr. 2 ZKG wegen Zahlungsverzuges berechtigt gekündigt hat (§ 37 ZKG). Die Beweislast für die Ablehnungsgründe trägt das verpflichtete Kreditinstitut.

Lehnt ein Zahlungsdienstleister den Abschluss eines Basiskontovertrages ab oder erfolgt der Abschluss nicht binnen der gesetzlichen Frist, kann der Berechtigte ein **Verwaltungsverfahren bei der BaFin** anstrengen (§§ 48 ff. ZKG); alternativ steht ihm der Klageweg offen (§ 51 ZKG). Im Falle der Klageerhebung ist das Landgericht zuständig, in dessen Bezirk das verpflichtete Zahlungsinstitut seinen Sitz hat (§ 51 Abs. 3 ZKG). Wegen Verstößen gegen das Zahlungskontengesetz ist zudem die Verbandsklage zulässig (§ 2 Abs. 2 S. 1 Nr. 13 UKlaG).　　**11**

3. Verhältnis zum Girovertrag. Der **Girovertrag** herkömmlicher Prägung ist (auch nach dem erklärten Willen des Gesetzgebers[19]) ein Zahlungsdiensterahmenvertrag. Folge ist, dass bestehende Giroverträge seit dem 31.10.2009 als Zahlungsdiensterahmenverträge iSd § 675f Abs. 2 einzuordnen sind.[20] Bei den von den Kreditinstituten geführten Girokonten handelt es sich um Zahlungskonten iSd § 675f Abs. 2.[21] Das **klassische Girokonto** stellt dabei rechtlich und technisch die am weitesten entwickelte Form eines Zahlungskontos dar.[22] Es umfasst über die Verpflichtung der Bank zu Diensten, die nach neuem Recht als Zahlungsdienste einzuordnen sind, hinaus – entsprechend der Vorstellung des Gesetzgebers[23] – regelmäßig noch weitere Bankdienstleistungen, wie zB das Kreditgeschäft, das Wechsel- oder Scheckinkasso oder die Nutzung einer Kredit- oder Debitkarte.[24] Dass die Erbringung sonstiger Bankdienstleistungen über die Kontoführung und die Abwicklung von Zahlungsaufträgen hinaus zulässig ist, stellt § 675f Abs. 2 S. 2 ausdrücklich klar.[25] Wird das Girokonto als **Pfändungsschutzkonto** geführt, so handelt es sich um keine besondere Kontoart oder ein „aliud" gegenüber dem Girokonto. Das Pfändungsschutzkonto ist vielmehr ein herkömmliches Girokonto, das gem. § 850k Abs. 7 ZPO durch eine – den Girovertrag ergänzende – Vereinbarung zwischen dem Kreditinstitut und dem Kunden „als Pfändungsschutzkonto geführt" wird.[26]　　**12**

4. Zusatzvereinbarungen. Hinsichtlich der Frage, ob im Rahmen des Girovertrags vereinbarte **Zusatzleistungen** dem Zahlungsdiensterecht unterfallen, ist wie folgt zu unterscheiden: Die Regelungen des Zahlungsdiensterechts gelten für Zusatzvereinbarungen, die ihrerseits Zahlungsdienste sind.[27] Das gilt etwa für selbständige Kartenverträge für Debit- und Kreditkarten und das Onlinebanking.[28] Bei Zusatzvereinbarungen, die selbst keine Zahlungsdienste gem. § 1 Abs. 1 S. 2 ZAG zum Gegenstand haben (sog. **zahlungsdienstfremde Leistungen**), ist ausgehend von den allgemeinen Regeln über zusammengesetzte und gemischttypische Verträge wie folgt zu differenzieren:[29] Soweit die Leistungen nach dem übereinstimmenden Willen der Vertragsparteien keinen selbständigen Vertragsbestandteil bilden, dürften auf sie – in der Regel – die §§ 675c–676c Anwendung finden[30] (zB für das Scheckinkasso).[31] Handelt es sich hingegen um selbstständige Zusatzvereinbarungen über Leistungen, die selbst keine Zahlungsdienste sind (zB ein Dispositionskredit[32]), so sind die Regelungen anzuwenden, denen sie ohne eine Verknüpfung mit einem Zahlungsdiensterahmenvertrag unterlägen. Das gilt auch für die unselbständige Zusatzabrede zum Zahlungsdiensterahmenvertrag über die Füh-　　**13**

---

[19] BT-Drs. 16/11 643, 102.
[20] Ellenberger/Findeisen/Nobbe/*Findeisen* ZAG § 1 Rn. 234; Ellenberger/Findeisen/Nobbe/*Walz* Rn. 13; Palandt/*Sprau* Rn. 11; *Nobbe* WM 2011, 961 (962).
[21] BT-Drs. 16/11 643, 102.
[22] RegBegr. BR-Drs. 827/08, 58; Ellenberger/Findeisen/Nobbe/*Findeisen* ZAG § 1 Rn. 233.
[23] BT-Drs. 16/11 643, 102.
[24] *Meckel* jurisPR-BKR 12/2009 Anm. V 4.
[25] BT-Drs. 16/11 643, 102; Ellenberger/Findeisen/Nobbe/*Findeisen* ZAG § 1 Rn. 235.
[26] BGH Urt. v. 13.11.2012 – XI ZR 500/11, BGHZ 195, 298 = NJW 2013, 995 Rn. 18.
[27] Ebenso Palandt/*Sprau* Rn. 10.
[28] BGH Urt. v. 16.7.2013 – XI ZR 260/12, NJW 2013, 3163 Rn. 42 mwN; Urt. v. 20.10.2015 – XI ZR 166/14, BGHZ 207, 176 Rn. 29 = NJW 2016, 560.
[29] So auch Palandt/*Sprau* Rn. 10; Ellenberger/Findeisen/Nobbe/*Schindele* BGB § 675g Rn. 7, § 675h Rn. 6.
[30] Offen insoweit BGH Urt. v. 23.2.2010 – XI ZR 186/09, WM 2010, 647 Rn. 21 = NJW-RR 2010, 1712, wo für andere als Zahlungsdienstleistungen eine Anwendbarkeit der Informationspflichten des BGB § 675d nicht erwogen wird.
[31] Ebenso Ellenberger/Findeisen/Nobbe/*Schindele* § 675g Rn. 7 und § 675h Rn. 6; Palandt/*Sprau* Rn. 11.
[32] Vgl. hier BGH Urt. v. 16.7.2013 – XI ZR 260/12, NJW 2013, 3163 Rn. 33.

rung des Kontos als Pfändungsschutzkonto.[33] Im Einzelfall können allerdings zahlungsdiensterechtliche Vorschriften direkt oder entsprechend heranzuziehen sein; zB § 675h für die Kündigung der Zusatzabrede über das Pfändungsschutzkonto.[34]

14   **5. Vertragsinhalt – Pflichten des Dienstleisters.** Mit dem Zahlungsdiensterahmenvertrag übernimmt das Kreditinstitut die **Verpflichtung zur Führung eines laufenden Kontos,** über das vereinbarungsgemäß Zahlungsverkehrsvorgänge zu Gunsten des Kunden oder zu seinen Lasten verbucht werden. Das Kreditinstitut hat danach für den Kunden bestimmte Geldeingänge entgegenzunehmen und gutzuschreiben[35] sowie – im Rahmen des Guthabens oder einer eingeräumten Kreditlinie – beispielsweise Überweisungsaufträge und Daueraufträge durchzuführen[36] sowie Lastschriften[37] einzulösen. Als unselbständige weitere Nebenabrede ist in der Regel die Verpflichtung zur Einziehung der vom Kunden zu diesem Zweck eingereichten Schecks (Scheckinkasso) anzusehen.[38]

15   **a) Kontoführung.** Das Girokonto wird in aller Regel als **Kontokorrentkonto** iSd §§ 355 ff. HGB geführt, und zwar als Periodenkontokorrent[39] mit einer Verrechnung in regelmäßigen Zeitabschnitten.[40] Diese Rechtsfolge ergibt sich nicht notwendig aus dem Begriff des Girokontos, entspricht aber der Verkehrssitte und dem mutmaßlichen Parteiwillen.[41] Allerdings gilt die gesetzliche Regelung des § 355 HGB für das Girokonto nicht uneingeschränkt; vielmehr sind die Besonderheiten der §§ 675c ff. zu beachten. Auch das **Zahlungskonto,** das ein Zahlungsdienstleister im Rahmen eines Zahlungsdiensterahmenvertrags gem. § 675f Abs. 2 S. 1 führt, wird als **Kontokorrentkonto** geführt.[42] Das **Kontokorrent** wird zwar weder in der Zahlungsdiensterichtlinie noch in den §§ 675c–676c ausdrücklich angesprochen, es wird aber offenbar **als Teil des Zahlungsdiensterahmenvertrags** angesehen. Gemäß § 1 Abs. 17 ZAG ist ein Zahlungskonto jede laufende Rechnung zwischen Zahlungsdienstleister und Zahlungsdienstnutzer für die Durchführung von Zahlungsvorgängen. Hiermit hat sich der Gesetzgeber an die Legaldefinition in § 355 Abs. 1 HGB angelehnt. Im Grundsatz gelten daher für das Zahlungskonto die allgemeinen Regelungen über das Kontokorrent.[43] Allerdings sind die Besonderheiten zu berücksichtigen, die sich aus den zwingend zu beachtenden Vorschriften der §§ 675c–676c ergeben; insoweit können Modifikationen erforderlich sein.[44] Soweit das Girokonto Zahlungskonto ist, darf es daher auch hinsichtlich der Kontokorrentabrede nicht den zwingenden Vorgaben der §§ 675c–676c widersprechen.

16   **b) Gutschrift.** Die Pflicht zur Kontoführung verpflichtet einen Zahlungsdienstleister für den Kunden bestimmte Geldeingänge entgegenzunehmen und gutzuschreiben. Der Kunde hat einen **Anspruch auf Gutschrift,** dh. er hat Anspruch auf Erteilung der Gutschrift als abstraktes Schuldanerkenntnis.[45] Die **Gutschrift** begründet eine selbständige – von dem Grund des Anerkenntnisses oder des Versprechens, insbesondere also von dem Deckungsverhältnis unabhängige – Forderung des Kontoinhabers gegen das Zahlungsinstitut. Das Anerkenntnis beruht auf dem Girovertrag, setzt grundsätzlich dessen Wirksamkeit voraus und kommt durch die **einseitige in der Gutschrift selbst liegende Erklärung** des Zahlungsinstituts zustande.[46] Eine Annahme der Gutschrift durch den Begünstigten ist nicht erforderlich;[47] er braucht von der Gutschrift keine Kenntnis zu erlangen,[48] sie braucht ihm nicht einmal mitgeteilt zu werden.[49]

---

[33] BGH Urt. v. 13.11.2012 – XI ZR 500/11, BGHZ 195, 298 Rn. 19, 24, 44 = NJW 2013, 995; s. insoweit auch zur Einordnung des Pfändungsschutzkontos als herkömmliches Girokonto; BGH Urt. v. 10.2.2015 – XI ZR 187/13, WM 2015, 822 Rn. 18 = NJW-RR 2015, 885.

[34] Vgl. BGH Urt. v. 10.2.2015 – XI ZR 187/13, WM 2015, 624 Rn. 24 = NJW-RR 2015, 885.

[35] BGH Urt. v. 24.1.1985 – IX ZR 65/84, BGHZ 93, 315 (322) = NJW 1985, 339; Urt. v. 6.12.1994 – XI ZR 173/94, BGHZ 128, 135 (139) = NJW 1995, 520.

[36] BGH Urt. v. 24.1.1985 – IX ZR 65/84, BGHZ 93, 315 (322) = NJW 1985, 339; Urt. v. 8.11.2005 – XI ZR 74/05, NJW 2006, 430.

[37] BGH Urt. v. 8.11.2005 – XI ZR 74/05, NJW 2006, 430.

[38] BGH Urt. v. 9.11.2000 – XI ZR 220/99, NJW-RR 2001, 127; Urt. v. 9.4.2002 – XI ZR 245/01, BGHZ 150, 269 (272) = NJW 2002, 1950.

[39] Im Gegensatz zum sog Staffelkontokorrent, bei dem die Verrechnung der gegenseitigen Forderungen bereits mit der Einstellung des jeweiligen Vorgangs in die laufende Rechnung erfolgt.

[40] BGH Urt. v. 28.6.1968 – I ZR 156/66, BGHZ 50, 277 (279 f.) = NJW 1968, 2100.

[41] BGH Urt. v. 1.12.1982 – VIII ZR 279/81, BGHZ 84, 371 (374) = NJW 1982, 2193.

[42] *Grundmann* WM 2009, 1109 (1113); Ellenberger/Findeisen/Nobbe/*Findeisen* ZAG § 1 Rn. 227 f.; Palandt/*Sprau* Rn. 24–26.

[43] Ebenso *Grundmann* WM 2009, 1109 (1113); s. auch die Übersicht bei Palandt/*Sprau* Rn. 24–26.

[44] Ebenso *Grundmann* WM 2009, 1109 (1113) bei Fn. 16.

[45] *Meckel* jurisPR-BKR 1/2010 Anm. 15.

[46] Zu den unterschiedlichen rechtlichen Begründungsansätzen *Hadding/Häuser* WM 1988, 1149 ff.

[47] BGH Urt. v. 7.12.2004 – XI ZR 361/03, BGHZ 161, 273 (279) mwN = NJW-RR 2005, 559; aA *Schwintowski* jurisPK-BGB § 675t Rn. 16; *Meder* WuB I D 1.–3.99.

[48] BGH Urt. v. 25.1.1998 – II ZR 320/87, BGHZ 103, 143 (146) mwN = NJW 1988, 1320.

[49] BGH LM HGB § 355 Nr. 8 Bl. 2R.

Die **Pflicht zur Erteilung der Gutschrift,** also die Pflicht zur Erfüllung des Anspruchs auf **17** Gutschrift, besteht grundsätzlich nur gegenüber dem Kontoinhaber. Das ist bei der gem. § 675r BGB vorgeschriebenen Ausführung anhand der **Kundenkennung** des Empfängers – nunmehr der IBAN – grundsätzlich die Person, der die Kundenkennung zugeordnet ist.[50] **Erkennt** das Empfängerinstitut **vor der Buchung** das Auseinanderfallen von Empfängernamen und Namen gemäß Kundenkennung, so darf es jedenfalls **ohne vorherige Rückfrage** beim Zahler (über dessen Zahlungsdienstleister) **keine Buchung** zugunsten des der Kundenkennung zuzuordnenden Empfängers vornehmen.[51] Erfährt er erst nach erfolgter Gutschrift von der fehlerhaften Kundenkennung, so kommt – sofern die rechtlichen Voraussetzungen noch vorliegen – eine Stornobuchung in Betracht.

Der Anspruch auf Gutschrift ist unverzüglich nach Eingang der Deckung zu erfüllen, dh die **18** Gutschrift ist **unverzüglich** nach Eingang der Deckung zu erteilen.[52] Unverzüglich bedeutet ohne schuldhaftes Zögern (§ 121 Abs. 1 S. 1). Taggleich muss die Gutschrift – anders als die Wertstellung § 675t Abs. 1 S. 2 – nicht erfolgen. Vielmehr ist die Gutschrift entsprechend § 676g Abs. 1 aF spätestens einen Bankgeschäftstag nach Eingang zu erteilen.[53] Allerdings kann der Zahlungsdienstleister die Gutschrift auch schon vor Eingang der Deckung – üblicherweise (etwa im Inkassoverkehr) unter dem Vorbehalt des Eingangs der Deckung – erteilen (sog. **Vorbehaltsgutschrift**).[54] **Erteilt ist die Gutschrift** bei **manueller Buchung** mit Beendigung des Buchungsvorgangs; in diesem Augenblick entsteht der Anspruch des Kontoinhabers *aus* der Gutschrift.[55] Bei Ausführung von Zahlungsvorgängen im **elektronischen Datenverkehr** steht die elektronische Gutschrift, wenn die Daten ohne vorherige Überprüfungsmöglichkeit des Zahlungsdienstleisters in dessen Datenbestand übertragen wurden, unter dem Vorbehalt der sog „**Nachdisposition**"[56] (im Gegensatz zur „Vordisposition"). Nach der zutreffenden Auffassung des BGH[57] ist der Zeitpunkt maßgebend, in dem nach dem Willen des Zahlungsinstituts die Daten der Gutschrift zur vorbehaltlosen Bekanntgabe an den Überweisungsempfänger zur Verfügung gestellt werden. Dieser Wille muss in einem entsprechenden **Organisationsakt** zum Ausdruck kommen.[58] Auf Grund der Zugriffsmöglichkeit des Kunden auf den Datenbestand des Zahlungsinstituts, der auch unmittelbar – etwa durch Kontoauszugsdrucker oder über das Internet – gegeben sein kann, wird deshalb auf die sog „**autorisierte Abrufpräsenz**" abgestellt.[59]

Der **Anspruch auf Gutschrift** ist **kausal**, dh mit allen Einwendungen und Einreden behaftet, die **19** der Empfängerbank im Deckungsverhältnis entgegengesetzt werden können. Insbesondere besteht kein Anspruch des Kontoinhabers auf Gutschrift, wenn der Zahlungsdienstleister von vornherein zur Rückgabe des Erlangten verpflichtet ist.[60] Er ist insoweit vorläufiger Natur und wird deshalb als auflösend bedingt behandelt, solange die Deckung der Empfängerbank in zulässiger Weise wieder entzogen werden kann, so etwa bei der Lastschrift, solange dem Zahler der Erstattungsanspruch aus § 675x zusteht.[61] Für Überweisungen spielt dieses Problem regelmäßig keine Rolle, weil der Zahler den Zahlungsauftrag – vorbehaltlich einer durch § 675p Abs. 4 S. 1 zugelassenen, abweichenden Vereinbarung[62] – nur bis zum Zeitpunkt des Zugangs bei seinem Zahlungsdienstleister (§ 675p Abs. 1) widerrufen kann. Dies gilt auch bei **Daueraufträgen.** Bei ihnen ist zwar die **Widerruflichkeit hinausgeschoben,** jedoch nur bis zum Ende des Geschäftstags vor der vereinbarten Ausführung des Auftrags (§ 675p Abs. 3).

c) Verpflichtung zur Ausführung von Zahlungsvorgängen. Im Rahmen eines Zahlungsdiens- **20** terahmenvertrag iSd § 675f Abs. 2 besteht die Verpflichtung des Zahlungsdienstleisters, bei Vorliegen der im Rahmenvertrag vereinbarten Voraussetzungen – zB auf dem Konto vorhandene Deckung oder Zusage einer Kreditlinie[63] – einen erteilten **Zahlungsauftrag auszuführen,** sofern die Ausführung nicht gegen sonstige Rechtsvorschriften verstößt (§ 675o Abs. 2). Das Zahlungsinstitut darf die Ausführung des Einzelauftrages nicht an Bedingungen knüpfen, die von den im Rahmenvertrag verein-

---

[50] Palandt/*Sprau* § 675t Rn. 5.

[51] So auch Ellenberger/Findeisen/Nobbe/*Ellenberger* § 676 Rn. 2; MüKoBGB/*Casper* § 676 Rn. 4; ebenso *Meckel* jurisPR-BKR 1/2010 Anm. 12.5.

[52] BGH Urt. v. 6.5.1997 – XI ZR 208/96, BGHZ 135, 316 (319) = NJW 1997, 1192. Soweit man den Anspruch auf Gutschrift durch § 675t BGB als geregelt ansieht, ergibt sich die Pflicht zur unverzüglichen Verfügbarmachung unmittelbar aus § 675t Abs. 1 S. 1 BGB.

[53] BT-Drs. 16/11643, 112.

[54] Zur Vereinbarkeit mit § 675t BGB, s. ausdr. Regierungsbegründung BT-Drs. 16/11643, 112.

[55] BGH Urt. v. 25.1.1998 – II ZR 320/87, BGHZ 103, 143 (146) mwN = NJW 1988, 1320.

[56] BGH Urt. v. 15.3.2005 – XI ZR 338/03, NJW 2005, 1771.

[57] BGH Urt. v. 25.1.1998 – II ZR 320/87, BGHZ 103, 143 = NJW 1988, 1320.

[58] BGH Urt. v. 23.11.1999 – XI ZR 98/99, NJW 2000, 804; BGH, Urt. v. 15.3.2005 – XI ZR 338/03, NJW 2005, 1771.

[59] BGH Urt. v. 23.11.1999 – XI ZR 98/99, NJW 2000, 804; BGH, Urt. v. 15.3.2005 – XI ZR 338/03, NJW 2005, 1771.

[60] BGH Urt. v. 9.5.2000 – XI ZR 220/99, NJW-RR 2001, 127.

[61] vgl. hierzu BGH, Urt. v. 20.7.2010 – XI ZR 236/07, BGHZ 186, 269 Rn. 19 ff. = NJW 2010, 3510.

[62] BGH Urt. v. 16.6.2015 – XI ZR 243/13, WM 2015, 1631 Rn. 15 = NJW 2015, 3093.

[63] *Grundmann* WM 2009, 1109 (1115).

barten Voraussetzungen abweichen (§ 675o Abs. 2). § 675o Abs. 2 legt insoweit für Zahlungsdiensterahmenverträge zugunsten des Zahlungsdienstnutzers gegenüber § 665 zwingend und vorrangig die Voraussetzungen fest, unter denen der Zahlungsdienstleister von der dem Zahlungsauftrag zugrundeliegenden Weisung abweichen und die Ausführung ablehnen darf.[64]

21　　**d) Schutz-, Sorgfalts- und Warnpflichten.** Aus dem Zahlungsdiensterahmenvertrag ergibt sich für ein Kreditinstitut zudem die **Schutzpflicht**, die Interessen seines Kunden zu wahren, aus der sich bei massiven Verdachtsmomenten – etwa dem Verdacht einer Veruntreuung – auch Warnpflichten gegenüber dem Kunden ergeben können.[65] Schutzwirkungen zugunsten Dritter entfaltet der Zahlungsdiensterahmenvertrag nicht. Die Schutzpflichten sind vielmehr nicht über die unmittelbaren Kundenbeziehungen hinaus zu erweitern.[66] Dem Kunden stehen bei der Verletzung von **Sorgfalts- oder Warnpflichten** durch die beteiligten Institute vertragliche Ersatzansprüche aus eigenem Recht daher nur gegen das von ihm beauftragte Institut zu, während er gegen die übrigen beteiligten Zahlungsinstitute Ansprüche aus abgetretenem Recht seines Instituts im Wege der Drittschadensliquidation geltend machen kann.[67]

22　　**e) Besonderheiten beim Basiskonto.** Der Basiskontovertrag verpflichtet das kontoführende Institut, ein **Basiskonto in Euro zu eröffnen und zu führen** (§ 38 Abs. 1 ZKG). In Umsetzung von Art. 17 Zahlungskontenrichtlinie muss die Kontoführung **Barein- und Auszahlungen** sowie die Ausführung von **Lastschriften, Überweisungen** und Zahlungsvorgängen mittels einer Zahlungskarte oder einem ähnlichen Zahlungsinstrument (§ 38 Abs. 2 ZKG) genauso ermöglichen, wie sie von dem kontoführenden Institut Verbrauchern allgemein angeboten werden, sog. Diskriminierungsverbot[68] (§ 38 Abs. 4 S. 2, 40 ZKG). Insbesondere darf der Anzahl der Zahlungsdienste nicht beschränkt werden (§ 38 Abs. 4 S. 2 ZKG). Das Basiskonto muss im Einklang mit der Zahlungskontenrichtlinie (Art. 18 Abs. 1 Zahlungskontenrichtlinie) zwar nicht unentgeltlich angeboten werden. Das Entgelt muss aber angemessen sein, wobei für die Beurteilung die marktüblichen Entgelte maßgebend sind (§ 41 Abs. 2 ZKG). Gemäß § 4 Abs. 1 ZKG sind die Regelungen über den Inhalt des Basiskontovertrages halbzwingend; dh von ihnen darf nicht zum Nachteil des Kontoinhabers abgewichen werden.[69] Indessen steht es den Parteien frei, über den Mindestinhalt des Basiskontovertrages hinaus zusätzliche Dienstleistungen zu vereinbaren. Dies gilt insbesondere für eine Überziehungsmöglichkeit, § 39 ZKG.

IV. Zahlungsauslöse- und Kontoinformationsdienste (Abs. 3)

23　　§ 675f Abs. 3 S. 1 räumt dem Zahlungsdienstnutzer das **Recht zur Nutzung eines Zahlungsauslösediensts oder eines Kontoinformationsdiensts** ein. **Zahlungsauslösedienste** sind Zahlungsdienste, bei denen auf Veranlassung des Zahlungsdienstnutzers ein Zahlungsauftrag in Bezug auf eine bei einem anderen Zahlungsdienstleister geführtes Zahlungskonto ausgelöst wird (§ 1 Abs. 1 S. 2 Nr. 7 ZAG). Beispielsweise wird über eine vom Zahlungsauslösedienstleister hergestellte Datenbrücke Geld vom Konto des Zahlers auf das Konto des Zahlungsempfängers – wie einem Onlinehändler – transferiert. Der Zahlungsauslösedienstleister (zB Klarna, Apple oder Google Pay) führt die Zahlung nicht selbst aus; er stößt sie nur an. Anders als bei der Nutzung von Online-Bezahlverfahren der Banken als Zusatzfunktion des Girokontos (wie paydirekt und giropay) greift der Zahlungsauslösedienstleister nicht auf das Online-Banking des Zahlers zu.[70] Der Auslösung des Zahlungsvorgangs liegt im Verhältnis zum Zahlungsdienstnutzer nach der Darstellung des Gesetzgebers[71] ein **Einzelzahlungsvertrag** zu Grunde, für den die §§ 675c–676c gelten. Grundlage kann aber auch ein Zahlungsdiensterahmenvertrag sein, so etwa, wenn ein Art Kundenkonto eingerichtet wird.[72] Die Erbringung eines **Kontoinformationsdienstes** (zur Definition → § 675c Abs. 4 Rn. 24) beruht im Deckungsverhältnis zum Zahlungsdienstnutzer ebenfalls auf einen Zahlungsdienstevertrag.[73] Auf dieser Grundlage macht der Kontoinformationsdienstleister dem Zahlungsdienstnutzer die Informationen über die Zahlungskonten verfügbar (§ 1 Abs. 1 S. 2 Nr. 8 ZAG).

24　　Der kontoführende Zahlungsdienstleister muss dem Zahlungsdienstnutzer die Nutzung von Zahlungsauslösediensten und Kontoinformationsdiensten **gestatten** (Abs. 3 S. 2), sofern das Zahlungskonto als Onlinekonto geführt wird. Den Zugang zum Zahlungskonto darf er nur unter den Voraus-

---

[64] Palandt/*Sprau* § 675o Rn. 3.
[65] BGH Urt. v. 6.5.2008 – XI ZR 56/07, BGHZ 176, 281 Rn. 14 ff. = NJW 2008, 2245; Urt. v. 20.7.2010 – XI ZR 236/07, BGHZ 186, 269 Rn. 18 = NJW 2010, 3651.
[66] BGH Urt. v. 6.5.2008 – XI ZR 56/07, BGHZ 176, 281 Rn. 32 = NJW 2008, 2245.
[67] Hierzu im Einzelnen: BGH Urt. v. 6.5.2008 – XI ZR 56/07, BGHZ 176, 281 Rn. 22 ff. = NJW 2008, 2245.
[68] Zur Verpflichtung das Online-Banking zur Verfügung zu stellen: *Herresthal* BKR 2016, 133 (137).
[69] Gesetzesentwurf der Bundesregierung, BT-Drs. 18/7204, 1 (97).
[70] BeckOGK/*Foerster* Rn. 230.
[71] BT-Drs. 18/11495, 149.
[72] BeckOGK/*Zahrte* Rn. 59.
[73] Palandt/*Sprau* Rn. 12.

setzungen des § 52 Abs. 1 ZAG verweigern. Auch darf er die Nutzung der vorgenannten Dienste nicht davon abhängig machen, dass der Zahlungsauslösedienstleister oder der Kontoinformationsdienstleister zu diesem Zweck einen Vertrag mit ihm abschließt.

V. Zahlungsvorgang und Zahlungsauftrag (Abs. 4)

Abs. 4 enthält weitere für das Zahlungsdiensterecht bedeutsame Definitionen. Ein **Zahlungsvor-** **25** **gang** ist nach § 675f Abs. 4 S. 1 die Bereitstellung, Übermittlung oder Abhebung eines Geldbetrags, unabhängig von der zugrunde liegenden Rechtsbeziehung zwischen Zahler und Zahlungsempfänger. **Zahlungsauftrag** iSd § 675f Abs. 4 S. 2 ist jeder Auftrag, den ein Zahler seinem Zahlungsdienstleister zur Ausführung eines Zahlungsvorgangs erteilt. Rechtsdogmatisch ist der Zahlungsauftrag eine einseitige **geschäftsbesorgungsrechtliche Weisung** nach § 665 zur Ausführung eines Zahlungsvorgangs im Rahmen des Zahlungsdiensterahmen- bzw. des Girovertrags.[74]

VI. Entgelt (Abs. 5)

a) Entgelt für Hauptleistungspflichten. Gemäß § 675f Abs. 5 S. 1 ist der Zahlungsdienstnutzer **26** verpflichtet, dem Zahlungsdienstleister als **Hauptleistungspflicht** das für die Erbringung eines Zahlungsdienstes vereinbarte Entgelt zu entrichten. Die Bestimmung schließt die Vereinbarung von Unentgeltlichkeit nicht aus.[75] Das von § 675f Abs. 5 S. 1 geregelte **Entgelt wird für die Erbringung des Zahlungsdienstes** selbst geschuldet.[76] Was Zahlungsdienst in diesem Sinn und damit Hauptleistung im Rahmen eines Zahlungsdiensterahmenvertrages ist, folgt ausweislich der Verweisungsregelung des § 675c Abs. 3 aus der gesetzlichen Definition in § 1 Abs. 1 S. 2 ZAG (→ § 675c Rn. 16). Zu den Zahlungsdiensten gehören insbesondere die Einrichtung und Führung eines Kontos einschließlich der Ein- und Auszahlungen (§ 1 Abs. 1 S. 2 Nr. 1 ZAG) sowie die Ausführung von Zahlungsvorgängen wie etwa die Ausführung von Überweisungen, Lastschriften und die Ausführung von Zahlungen mittels einer Zahlungskarte (§ 1 Abs. 1 S. 2 Nr. 3 ZAG). Einen Zahlungsdienst iSd § 675c Abs. 1 nimmt dabei auch ein Zahlungsdienstnutzer in Anspruch, der am Schalter oder Geldautomaten **Bargeld** abhebt oder einzahlt.

b) Entgelt für Nebenpflichten. Ausdrücklich geregelt ist (§ 675f Abs. 5 S. 2), dass der Zahlungs- **27** dienstleister für die Erfüllung seiner gesetzlichen **Nebenpflichten** aus §§ 675c–676c grundsätzlich **kein Entgelt** beanspruchen kann. Abweichende Vereinbarungen zwischen Unternehmen sind zulässig, § 675e Abs. 4. Ausnahmen vom gesetzlichen Verbot für die Erfüllung gesetzlicher Nebenpflichten nach §§ 675c–676c ein Entgelt zu erheben, gelten für die berechtigte Ablehnung der Ausführung eines Zahlungsauftrags (§ 675o Abs. 1 S. 4), die Bearbeitung eines Widerrufs nach Ablauf der gesetzlichen Widerrufsfrist (§ 675p Abs. 4 S. 3)[77], die Ausstellung eines verlorenen, gestohlenen, missbräuchlich verwendeten oder sonst nicht autorisiert genutzten Zahlungsinstruments (wie einer Ersatzkarte, § 675l Abs. 1 S. 3)[78] und die Wiederbeschaffung eines Zahlungsbetrags nach einer fehlgeleiteten Ausführung eines Zahlungsvorgangs wegen einer vom Nutzer fehlerhaft angegebenen Kundenkennung (§ 675y Abs. 5 S. 5), sofern dies zwischen den Parteien zuvor im Zahlungsdiensterahmenvertrag vereinbart wurde.[79] Für die Vergütung zusätzlich erbrachter Informationen gilt die – hinsichtlich der Rechtsfolge allerdings entsprechende – Sonderregelung des § 675d Abs. 3.

Die Regelung des § 675f Abs. 5 S. 2 betrifft ausdrücklich nur die gesetzlichen Pflichten gem. **28** §§ 675c–676c.[80] Für **sonstige gesetzliche oder vertragliche Nebenpflichten** oder zusätzlich zum Zahlungsdiensterahmenvertrag übernommene selbstständige Verpflichtungen enthalten die §§ 675c ff. keine eigenständige Regelung. Insoweit verbleibt es hinsichtlich der Frage, ob ein Entgelt wirksam vereinbart kann, bei den allgemeinen Regeln.[81]

c) Entgeltregelungen in AGB. Entgeltbestimmungen über die Erbringung von Zahlungs- **29** **diensten** (= Hauptleistung) sind, soweit sie in Allgemeinen Geschäftsbedingungen – wie Preis- und Leistungsverzeichnissen – enthalten sind, der **Inhaltskontrolle grundsätzlich entzogen** (§ 307 Abs. 3 S. 1).[82] Kreditinstituten steht es frei, für die Kontoführung eine Pauschalgebühr zu verlangen,

---

[74] BGH Urt. v. 20.3.2018 – XI ZR 30/18, NJW 2018, 2632 Rn. 3; *Grundmann* WM 2009, 1109 (1114); *Schürmann,* Schriftenreihe der Bankrechtlichen Vereinigung Band 30, 11 (23).

[75] BT-Drs. 16/11643, 102.

[76] *Palandt/Sprau* Rn. 21.

[77] BGH Urt. v. 12.9.2017 – XI ZR 590/15, BGHZ 215, 359 Rn. 53 = NJW 2017, 3649.

[78] Anders für das bis zur Umsetzung der ZDRL II maßgebliche Recht: BGH Urt. v. 20.10.2015 – XI ZR 166/14, BGHZ 207, 176 Rn. 18 ff. = NJW 2016, 560.

[79] BT-Drs. 16/11643, 102 f.

[80] In diesem Sinne auch BT-Drs. 16/11643, 102; ebenso Palandt/*Sprau* Rn. 22, Ellenberger/Findeisen/Nobbe/*Walz* Rn. 6; Staudinger/*Omlor,* 2020, Rn. 161.

[81] BGH Urt. v. 13.11.2012 – XI ZR 500/11, BGHZ 195, 298 Rn. 44 = NJW 2013, 995.

[82] BGH Urt. v. 13.11.2012 – XI ZR 500/11, BGHZ 195, 298 Rn. 13 mwN = NJW 2013, 995.

Einzelpreise für bestimmte Zahlungsvorgänge zu erheben (sog. Postenentgelte, zu Barein- und Barauszahlungen → Rn. 30) oder ein festes Grundentgelt mit einer variablen Komponente zu verbinden. Dabei darf nach dem Umfang der Kontoführung differenziert werden.[83] Eine **Prüfung der Angemessenheit des Preises** für zahlungsdiensterechtliche Hauptleistungen, wie etwa der Kontoführungsgebühr, findet grundsätzlich nicht statt. Anders ist dies bei einem **Basiskonto** nach dem ZKG. Nach der halbzwingenden (§ 4 Abs. 1 ZKG) Regelung des § 41 Abs. 2 S. 1 ZKG muss das Entgelt für die von § 38 ZKG erfassten Dienste angemessen sein. Für die Beurteilung der Angemessenheit des Entgelts sind – wie § 41 Abs. 2 S. 2 ZKG klarstellt – die marktüblichen Entgelte sowie das Nutzerverhalten zu berücksichtigen. Dabei soll sich die Angemessenheit nicht an dem (Kosten-)Auswand des jeweiligen Zahlungsdienstleisters, sondern am nationalen Einkommensniveau und den durchschnittlichen Entgelten orientieren (Art. 18 Abs. 3 Zahlungskontorichtlinie).[84] Auch wenn bei der Preisgestaltung das ggf. bei Basiskonten unterschiedliche Nutzungsverhalten berücksichtigt werden darf, sind maßgebliche Vergleichsgröße nicht die Entgelte sonstiger Basiskonten, sondern die Entgelte von Girokonten ohne Basisfunktion mit vergleichbaren Funktionen. Andernfalls könnte das gesetzgeberische Ziel, kontolosen, schutzbedürftigen Verbrauchern den Zugang zu Zahlungskonten zu ermöglichen, nicht erreicht werden. Dem entsprechend darf der kontoführende Zahlungsdienstleister bei der Bemessung des Entgelts für ein Basiskonto die Kosten, die sich aus einem, bei Basiskonten höheren Prüfungsaufwand ergeben (wie zB die Legitimationsprüfung, das verstärke Monitoring aufgrund höherer Risiken mit Blick auf Geldwäsche und Terrorismusfinanzierung, Meldungen von Kontoeröffnungsablehnungen), nicht durch einen kalkulatorischen Aufschlag auf alle Inhaber von Basiskonten abwälzen.[85]

30 Nach der Rechtsprechung des BGH sind **Postenentgelte für Barein- und Barauszahlungen** im Anwendungsbereich des Zahlungsdiensterechts auch ohne Freipostenregelung grundsätzlich zulässig.[86] Dies gilt – wie der BGH nunmehr ausdrücklich klargestellt hat – auch für Ein- und Auszahlungen bei einem kreditorisch geführten Konto, auf welches das Recht der unregelmäßigen Verwahrung (§ 700) anwendbar ist, und für ein debitorisches Konto, das zugleich nach Darlehensrecht (§§ 488 ff.) zu beurteilen ist. Bareinzahlungen auf ein Zahlungskonto oder Barauszahlungen von einem Zahlungskonto sind nach dem klaren Wortlaut der § 1 Abs. 1 S. 2 Nr. 1 und Nr. 2 ZAG in Umsetzung von Art. 4 Nr. 3, Anh. Nr. 1, 2 ZDRL Zahlungsdienste und damit nach § 675f Abs. 5 S. 1 bepreisbar. Dem entsprechend gilt die bisherige Rechtsprechung des BGH, wonach die Vereinbarung eines pauschalen Postenentgelts nur wirksam war, wenn dem Kunden mindestens 5 Freiposten pro Monat für Barein- und Barauszahlungen am Bankschalter gewährt wurden[87], für das Ein- und Auszahlungsgeschäft im Anwendungsbereich der ZDRL nicht. Die **Höhe des vereinbarten Entgelts** ist jedoch im Rechtsverkehr mit Verbrauchern anhand der (halb-)zwingenden gesetzlichen Preisregelung des **§ 312a Abs. 4 Nr. 2** zu prüfen. Danach ist eine Vereinbarung, durch die ein Verbraucher verpflichtet wird, ein Entgelt dafür zu zahlen, dass er für die Erfüllung seiner vertraglichen Pflichten ein bestimmtes Zahlungsmittel nutzt, unwirksam, wenn das vereinbarte Entgelt über die Kosten hinausgeht, dem Unternehmer durch die Nutzung des Zahlungsmittels entstehen.[88] Zudem dürfen **gesonderte Entgelte für die Ein- und Auszahlung von Sichteinlagen** nach dem Recht der unregelmäßigen Verwahrung ohne entsprechende Freipostenregelung auch nach neuem Recht nicht erhoben werden, sofern das Konto kein Zahlungskonto im Sinne der ZDRL darstellt.

31 Bei der **Bepreisung von Nebenleistungen** in Allgemeinen Geschäftsbedingungen ist zu berücksichtigen, dass Entgelte für Tätigkeiten, zu deren Erbringung das Kreditinstitut bereits gesetzlich oder aufgrund einer selbständigen vertraglichen Nebenpflicht verpflichtet ist, oder die es vorwiegend im eigenen Interesse vornimmt, nach der ständigen Rechtsprechung des BGH nicht dem **gesetzlichen Leitbild** entsprechen.[89] Diese Grundsätze gelten nicht nur für zahlungsdienstefremde Tätigkeiten, die im Zusammenhang mit der Erbringung von Zahlungsdiensten erbracht werden,[90] sondern auch für zahlungsdiensterechtliche Nebenleistungen. Durch das Zahlungsdiensterecht hat sich – entgegen teil-

---

[83] BGH Urt. v. 13.11.2012 – XI ZR 500/11, BGHZ 195, 298 Rn. 43 = NJW 2013, 995 und BGH Urt. v. 13.11.2012 – XI ZR 145/12, GWR 2013, 45 Rn. 48.

[84] BGH Urt. v. 18.6.2019 – XI ZR 768/17, BGHZ 222, 240 Rn. 67 = NJW 2019, 3771; Staudinger/*Piekenbrock/Rodi,* 2019, Anh. §§ 305–310 Rn F 57; *Bülow* WM 2017, 161 (162); aA für die Heranziehung der Entgelte des jeweiligen Kreditinstituts OLG Schleswig Urt. v. 8.5.2018 – 2 U 6/17, WM 2019, 198 so auch *Edelmann/Bacher* BKR 2019, 428 (434).

[85] BGH Urt. v. 30.6.2020 – XI ZR 119/19; OLG Frankfurt a. M. Urt. v. 27.2.2019 – 19 U 104/18, WM 2019, 1297; aA Staudinger/*Piekenbrock/Rodi,* 2019, Anh. §§ 305–310 F 60a mwN.

[86] BGH Urt. v. 18.6.2019 – XI ZR 768/17, BGHZ 222, 240 Rn. 22 ff. = NJW 2019, 3771; offengelassen in BGH Urt. v. 27.1.2015 – XI ZR 174/13, WM 2015, 519 Rn. 15 = NJW 2015, 1440 und BGH Urt. v. 28.7.2015 – XI ZR 434/14, WM 2015, 1704 Rn. 34 = NJW 2015, 3025.

[87] BGH Urt. v. 7.5.1996 – XI ZR 217/95133, 10 (12 ff.) = NJW 1996, 2032.

[88] BGH Urt. v. 18.6.2019 – XI ZR 768/17, BGHZ 222, 240 Rn. 52 ff. = NJW 2019, 3771.

[89] BGH Urt. v. 7.5.1991 – XI ZR 244/90, BGHZ 114, 330 (335) = NJW 1991, 1953; Urt. v. 21.4.2009 – XI ZR 78/08, BGHZ 180, 257, Rn. 21; BGH Urt. v. 17.9.2009 – Xa ZR 40/08, NJW 2009, 3570 Rn. 14 ff.

[90] BGH Urt. v. 13.11.2012 – XI ZR 500/11, BGHZ 195, 298 Rn. 44 = NJW 2013, 995.

weise vertretener Auffassung[91] – an dem gesetzlichen Leitbild, dass Entgelte für Nebenleistungen von Kreditinstituten (sog. Preisnebenabreden) regelmäßig unzulässig sind, nichts geändert.[92] Insbesondere wurde hierdurch keine generelle Bepreisung nach dem Verursacherprinzip erlaubt.[93] Ein Zahlungsdienstleister hat vielmehr dem bisherigen Leitbild entsprechend für die **gem. §§ 675c–676c bestehenden gesetzlichen Nebenpflichten** nach der Regelung des § 675f Abs. 5 S. 2 nur dann – **ausnahmsweise** – einen Anspruch auf ein gesondertes Entgelt, wenn (1) die Entgelterhebung durch Gesetz ausdrücklich zugelassen und (2) eine entsprechende Vereinbarung zwischen den Parteien getroffen ist (§ 675f Abs. 5 S. 2).[94]

Unwirksam ist etwa eine Entgeltklausel, mit der zugleich **Fehlbuchbuchungen**[95] bepreist werden,[96] oder ein **Entgelt für Reklamationen und Nachforschungen** bei Überweisungsaufträgen erhoben wird.[97] Gleiches gilt zB für die erstmalige Bereitstellung von Kontoauszügen, die nicht am Kontoauszugsdrucker abgeholt werden.[98] Unzulässig ist des Weiteren eine **Kontoauflösungsgebühr.** Sie durfte bereits nach früherer Rechtslage nicht berechnet werden. Der Gesetzgeber hat zudem durch § 675h Abs. 4 klargestellt, dass die vom Zahlungsdienstnutzer ausgeübte Kündigung immer „kostenlos" zu sein hat und ein Kündigungsrecht keinen Entgeltanspruch begründen soll.[99]   **32**

Soweit für die Erfüllung gesetzlicher Nebenpflichten gem. §§ 675c–676c **ausnahmsweise** ein Entgelt erhoben werden darf, wurde die **AGB-Kontrolle** durch das Zahlungsdiensterecht **verschärft.** Denn das Entgelt muss der **Höhe** nach **angemessen und an den tatsächlichen Kosten** des Zahlungsdienstleisters **ausgerichtet** sein, § 675f Abs. 5 S. 2 Hs. 2 (→ Rn. 35).[100] Insoweit findet nunmehr eine dem AGB-Recht an sich fremde Preiskontrolle statt. Die Banken und Sparkassen haben ihre AGB hieran anknüpfend angepasst. Unter anderem ist in Nr. 12 Abs. 3 AGB-Banken bzw. Nr. 17 Abs. 4 AGB-Sparkassen vorgesehen, dass kein Entgelt für Leistungen berechnet wird, zu deren Erbringung die Kreditinstitute kraft Gesetzes oder aufgrund einer vertraglichen Nebenpflicht verpflichtet sind oder die sie im eigenen Interesse wahrnehmen, es sei denn es ist gesetzlich zulässig und wird nach Maßgabe der gesetzlichen Regelungen erhoben. Außerdem enthalten sie für Zahlungsdienstverträge mit Verbrauchern gesonderte Regelungen (Nr. 12 Abs. 7 AGB-Banken, Nr. 17 Abs. 8 AGB-Sparkassen), die insbesondere auf die jeweiligen vertraglichen Vereinbarungen und Sonderbedingen sowie ergänzend auf die gesetzlichen Vorschriften verweisen.   **33**

d) Höhe des Entgelts. Die **Höhe des Entgelts** für die einzelnen Leistungen legen die Kreditinstitute, soweit es sich um die gängigen Leistungen im Privatkundengeschäft handelt, in „Preisverzeichnissen" fest (Nr. 12 AGB-Banken · Nr. 17 AGB-Sparkassen). Durch die Einstellung der Gebührensätze in Preis- und Leistungsverzeichnisse werden die Entgelte nur insoweit vereinbarte, der AGB-rechtlichen Inhaltskontrolle entzogene Preise iSd § 307 Abs. 3 S. 1, als sie die Gegenleistung für eine echte **zahlungsdienste- bzw. girovertragliche Hauptleistung** darstellen. Der Prüfung, ob eine solche Leistung vorliegt, steht die Regelung des § 307 Abs. 3 S. 1nicht entgegen. Vielmehr ist durch Auslegung zu ermitteln, ob eine kontrollfreie Haupt- oder eine kontrollfähige Nebenleistung vorliegt.[101] Die Höhe des Hauptleistungsentgelts unterliegt grundsätzlich der **Vereinbarung der Parteien.** Zu beachten sind aber die Vorgaben der Verordnung (EG) 924/2009 vom 16.9.2009 über grenzüberschreitende Zahlungen (Preisgleichheitsgebot hinsichtlich inländischer und grenzüberschreitender Zahlungen).[102] Schranken ergeben sich zudem aus §§ 134, 138.[103] Auch muss die Preisgestaltung transparent sein, § 307 Abs. 3 S. 2, Abs. 1 S. 2.   **34**

Vereinbarte Entgelte für die Erfüllung einer **gesetzlichen Nebenpflicht** iSd §§ 675c–676c müssen gem. § 675f Abs. 5 S. 2 Hs. 2 **angemessen und an den tatsächlichen Kosten** des Zahlungsdienstleisters **ausgerichtet** sein. Das bedeutet, dass das gegebenenfalls vereinbart Entgelt für die Erfüllung einer Nebenpflicht des Zahlungsdienstleisters „kostenbasiert" sein muss, sich also an den gewöhnlich für die Erfüllung der spezifischen Nebenpflicht anfallenden „Kosten" orientieren muss. Bei der Kalkulation des Entgelts dürfen demgemäß nur Kosten für die Erfüllung der konkreten   **35**

---

[91] So *Grundmann* WM 2009, 1157 (1159); *v. Westphalen* NJW 2010, 2254 (2257 f.); *Bitter* WM 2010, 1773 (1781).

[92] BGH Urt. v. 22.5.2012 – XI ZR 290/11, BGHZ 193, 238 Rn. 40 = NJW 2012, 2571; Urt. v. 12.9.2017 – XI ZR 590/15, BGHZ 215, 359 Rn. 30 = NJW 2017, 3649.

[93] BGH Urt. v. 22.5.2012 – XI ZR 290/11, BGHZ 193, 238 Rn. 53 = NJW 2012, 2571.

[94] BGH Urt. v. 22.5.2012 – XI ZR 290/11, BGHZ 193, 238 Rn. 40 = NJW 2012, 2571.

[95] BGH Urt. v. 27.1.2015 – XI ZR 174/13, WM 2015, 519 Rn. 14 = NJW 2015, 1440 für den Zahlungsverkehr mit Verbrauchern und BGH Urt. v. 28.7.2015 – XI ZR 434/14, WM 2015, 1704 Rn. 35 = NJW 2015, 3025 für den unternehmerischen Rechtsverkehr.

[96] BGH Urt. v. 20.10.2015 – XI ZR 166/14, BGHZ 207, 176 Rn. 24 ff. = NJW 2016, 560.

[97] OLG Frankfurt a. M. Urt. v. 17.4.2013 – 23 U 50/12, ZIP 2013, 1160.

[98] LG Frankfurt a. M. Urt. v. 8.4.2011 – 2–25 O 260/10, WM 2011, 1846.

[99] BT-Drs. 16/11643, 104 zu § 675h Abs. 1.

[100] BGH Urt. v. 22.5.2012 – XI ZR 290/11, BGHZ 193, 238 Rn. 40 = NJW 2012, 2571.

[101] BGH Urt. v. 13.11.2012 – XI ZR 500/11, BGHZ 195, 298 Rn. 15 mwN = NJW 2013, 995.

[102] ABl. 2009 L 266, 11; zur Vorgängerregelung der Verordnung (EG) 2560/2001 vgl. BT-Drs. 16/11643, 102; s. auch *Schürmann*, Schriftenreihe der bankrechtlichen Vereinigung Band 30 S. 11 (30).

[103] BGH Urt. v. 13.11.2012 – XI ZR 500/11, BGHZ 195, 298 Rn. 43.

Nebenpflicht berücksichtigt werden.[104] Dh es dürften dem geltenden Verursachungsprinzip folgend nur Einzelkosten des Zahlungsdienstleisters in die Entgeltberechnung einfließen, die unmittelbar der Erfüllung der bepreisbaren Nebenpflicht zugeordnet werden können und mit dieser in einem ursächlichen Zusammenhang stehen. **Gemeinkosten** des Zahlungsdienstleisters, die nicht mit der Erfüllung der bepreisbaren Nebenpflicht in einem ursächlichen Zusammenhang stehen, sondern – wie allgemeine Personalkosten – unabhängig hiervon anfallen, müssen außer Betracht bleiben. Diese Kosten sind als Gemeinkosten im Rahmen der Kalkulation für das Entgelt zu berücksichtigen, welches der Zahlungsdienstleister mit dem Zahlungsdienstnutzer für die Durchführung des Zahlungsdienstes gem. § 675f Abs. 5 S. 1 vereinbaren kann.[105] Auch ist für einen Ersatz von Fremdaufwendungen neben dem zulässigen Entgelt für die Erfüllung einer Nebenpflicht kein Raum; auch diese müssen gegebenenfalls in die Berechnung des vereinbarten Entgelts für den Zahlungsdienst (Satz 1) oder die Erbringung der bepreisbaren Nebenpflicht (Satz 2) einbezogen werden.[106] Da das Entgelt lediglich an den konkreten Kosten orientiert sein muss, darf eine **Pauschalierung** innerhalb weitgehend homogener Nutzergruppen erfolgen.[107] **Rundungen** auf glatte Beträge sind zulässig.[108] Regelungen, die dem widersprechen, sind nach § 134 nichtig, da es sich bei § 675f Abs. 5 S. 2 Hs. 2 um eine halbzwingende Regelung handelt.[109] Dies gilt sowohl für Vereinbarungen in AGB als auch für Individualvereinbarungen. Bei der **Inhaltskontrolle** ist zudem zu berücksichtigen, dass außerdem eine unangemessene Benachteiligung gem. § 307 Abs. 1 gegeben ist. Denn der Verstoß gegen (halb-) zwingendes stellt zugleich die Abweichung von einer gesetzlichen Regelung dar, ohne dass es auf eine weitere Interessenabwägung ankommt. Richtigerweise stellt § 675f Abs. 5 S. 2 auch keine vorrangige Spezialregelung mit der Folge dar, dass ein etwaiger Verstoß allein am Maßstab von § 134 zu messen wäre.[110]

36   Die Preise müssen zudem so bestimmt sein, dass der Kunde vorhersehen kann, für welche konkrete Leistung welches Entgelt verlangt wird; Rahmengebühren sind deshalb grundsätzlich auch weiter als unzulässig anzusehen.[111] Ziel der ZDRL ist, dass der Zahlungsdienstnutzer die tatsächlichen Kosten und Entgeltforderungen der Zahlungsdienste kennen muss und intransparente Preisgestaltungen unterbleiben müssen. Entsprechend umfasst die Pflicht zur Unterrichtung gem. Art. 248 § 4 Abs. 1 Nr. 3 lit. a EGBGB auch eine **Pflicht zur Aufschlüsselung** der Entgelte.

VII. Entgelt bei Nutzung eines Zahlungsinstruments (Abs. 6)

37   Nach Abs. 6 darf in Umsetzung von Art. 62 Abs. 3 ZDRL in einem Zahlungsdiensterahmenvertrag keine Klausel enthalten sein, die das Recht des Zahlungsempfängers ausschließt, dem Zahler für die **Nutzung eines bestimmten Zahlungsinstruments** eine Ermäßigung oder einen sonstigen Anreiz anzubieten. Damit sind Ermäßigungen seitens des Händlers gegenüber deren Kunden für die Bezahlung mit einem bestimmten Zahlungsinstrument gemeint (sog. Surcharging).[112] Die Vorschrift dient der Förderung des Wettbewerbs um effektive bargeldlose Zahlungsmittel.[113] Die Vorschrift steht im Zusammenhang mit § 270a und § 312a Abs. 4. Sie gilt für das Zuwendungsverhältnis und das Akqisitionsverhältnis (im Kreditkartengeschäft).

VIII. Einzelne Zahlungsdienste

38   **1. Überweisung.** Die Überweisung ist neben der Lastschrift einer der praktisch bedeutsamen Zahlungsdienste. Über sie soll – da die maßgeblichen Rechtsfragen anhand der einzelnen Regelungen des Zahlungsdiensterechts kommentiert werden – im Folgenden lediglich ein knapper Überblick gegeben werden.[114] Die Überweisung wird gem. § 1 Abs. 22 ZAG als ein auf Veranlassung des Zahlers ausgelöster Zahlungsvorgang zur Erteilung einer Gutschrift auf dem Zahlungskonto des Zahlungsempfängers zulasten des Zahlungskontos des Zahlers definiert, die in Ausführung eines oder mehrerer Zahlungsvorgänge durch den Zahlungsdienstleister erfolgt, der das Zahlungskonto des Zahlers führt. Es handelt sich um eine **Push-Zahlung.** Kennzeichnend ist ein Zahlungsauftrag des Zahlungsdienstnutzers an seinen Zahlungsdienstleister, dem Zahlungsdienstleister des Zahlungsempfängers einen Zahlungsbetrag unbar zu übermitteln. Hierdurch autorisiert er den Zahlungsvorgang

---

[104] BGH Urt. v. 12.9.2017 – XI ZR 590/15, BGHZ 215, 359 Rn. 32 = NJW 2017, 3649.

[105] BGH Urt. v. 17.12.2013 – XI ZR 66/13, BGHZ 199, 281 Rn. 33 f. = NJW 2014, 922.

[106] Dazu kritisch Palandt/*Sprau* Rn. 22 und *Schürmann*, Schriftenreihe der Bankrechtlichen Vereinigung Band 30, 11 (31).

[107] BGH Urt. v. 17.12.2013 – XI ZR 66/13, BGHZ 199, 281 Rn. 19 ff. = NJW 2014, 922.

[108] BGH Urt. v. 17.12.2013 – XI ZR 66/13, BGHZ 199, 281 Rn. 21 = NJW 2014, 922.

[109] BGH Urt. v. 28.7.2015 – XI ZR 434/14, BGHZ 206, 305 Rn. 42 Rn. 42.

[110] BGH Urt. v. 12.9.2017 – XI ZR 590/15, BGHZ 215, 359 Rn. 44 f. = NJW 2017, 3649.

[111] BGH Urt. v. 19.10.1999 – XI ZR 8/99, NJW 2000, 651 (652).

[112] S. dazu auch EuGH Urt. v. 7.2.2018 – C-304/16, WM 2018, 314 mAnm *Jungmann* WuB 2018, 267.

[113] MüKoBGB/*Casper* Rn. 67 mwN.

[114] Zur ausführlichen zusammenhängenden Darstellung des Überweisungsverkehrs siehe MüKoHGB/*Häuser* BankvertragsR B sowie BankR-HdB/*Schmieder* §§ 48 ff.

iSv § 675j. Überweisungen können institutsintern, institutsfremd und auch über weitere zwischengeschaltete Stellen abgewickelt werden. Die Ausführung des Zahlungsvorgangs darf vom Zahlungsdienstleister nur in den Grenzen des § 675o Abs. 2 (mit der Kostenfolge des § 675o Abs. 1 S. 4) abgelehnt werden. Eine besondere Form der Überweisung stellt die SEPA Instant-Überweisung dar. Danach hat die Gutschrift innerhalb von 10 Sekunden nach dem Eingang des Auftrags beim Zahlungsdienstleister des Zahlers auf dem Konto des Zahlungsdienstleistes des Empfängers zu erfolgen (SCT Inst Rulebook Nr. 1.8 → § 675j Rn. 19 ff.). Auch basieren **Online-Bezahlverfahren** der Banken wie paydirekt oder giropay auf der Auslösung einer Überweisung mittels Online-Banking.

2. Lastschrift. Die Lastschrift ist in § 1 Abs. 21 ZAG definiert als ein Zahlungsvorgang zur **39** Belastung des Zahlungskontos des Zahlers, bei dem dieser vom Zahlungsempfänger aufgrund einer Zustimmung des Zahlers gegenüber dem Zahlungsempfänger (oder dessen Zahlungsdienstleister) oder seinem eigenen Zahlungsdienstleister ausgelöst wird.[115] Nach der SEPA-VO ist zwischen der SEPA-Basis- und der SEPA-Firmen-Lastschrift zu unterscheiden. Bei beiden **SEPA-Lastschriftverfahren** wird die Zahlstelle mit Erteilung des SEPA-Lastschriftmandats nicht nur autorisiert, den Betrag vom Konto des Zahlungspflichtigen einzuziehen, sondern ihr wird auch die Weisung erteilt, die vom Lastschriftgläubiger auf das Schuldnerkonto gezogene SEPA-Lastschrift einzulösen.[116] In dieser Generalweisung liegt der Zahlungsauftrag gemäß Abs. 4 S. 2. Hierdurch autorisiert der Zahler zugleich den Zahlungsvorgang zur Ausführung in Form einer Einwilligung (§ 675j). Die **früheren innerdeutschen Lastschriftverfahren** in Form des Abbuchungsauftrags- und Einzugsermächtigungsverfahren wurden zum 1.2.2014 abgeschafft (Art. 3 SEPA-VO → § 675c Rn. 8). Das nicht SEPA-konforme sog. elektronische Lastschriftverfahren ist zum 31.1.2016 ausgelaufen (Art. 6 SEPA-VO).

3. Zahlung mittels Zahlungs- und Kreditkarten. Häufigster Anwendungsfall des **Zahlungs-** **40** **kartengeschäfts ohne Kreditgewährung** (§ 1 Abs. 1 S. 2 Nr. 3 lit. b ZAG) ist die Zahlung mittels **Girocard** (EC-Karte)[117] oder einer sonstigen **Debitkarte** eines Drittbieters als Zahlungskarte. Die Zahlungskarte dient als Zahlungsinstrument iSd § 675j Abs. 1 S. 4. Durch die Eingabe von Girocard und PIN am **Geldausgabeautomat des eigenen Instituts** macht der Karteninhaber seinen Anspruch auf Auszahlung (§§ 780, 781) geltend.[118] Er nutzt die Bargeldauszahlungsfunktion der Karte. Am Geldausgabeautomat bei einem **fremden Institut** oder bei der Zahlung an der Händlerkasse **(POS = Point of Sale)** weist der Zahler das kartenemittierende Institut an, sich gegenüber dem fremden Institut (Auszahlung) oder dem Institut des Verkäufers (POS) erfüllungshalber im Rahmen eines abstrakten Schuldanerkenntnisses[119] zu verpflichten, den entstandenen Zahlungsanspruch zu erfüllen, wobei der Auftrag selbst durch den Betreiber der technischen Infrastruktur als Boten übermittelt wird.[120] Im POS-System ist in der Regel die Verwendung einer PIN erforderlich. Bei Kleinbetragszahlungen (meist bis zu 25 EUR[121]) an automatisierten Kassen kann zur kontaktlosen Zahlung hierauf verzichtet werden (vgl. A. I. 3. a) und b) für die Girocard idF vom 14.9.2019), sofern die Debitkarte mit dieser Funktion ausgestattet ist (Near Field Communication = **NCF-Funktion**). Zudem kann die Debitkarte im POS über Banking-Apps als „digitale" Karte mit einem mobilen Endgerät (Smartphone, Smartwatch etc) zur mobilen Nahzahlung genutzt werden (sog. **Mobile Payment**). Dabei ergeben sich keine Besonderheiten im Hinblick auf die Anwendbarkeit der §§ 675c ff.[122] Das früher genutzte **POZ-System** (Point of Sale ohne Zahlungsgarantie) ist heute ein auf SEPA-Basis geführtes elektronisches Lastschriftverfahren. Statt der Eingabe einer PIN setzt es regelmäßig die Unterschrift des Karteninhabers voraus. Hierin liegt eine Lastschriftermächtigung. Bei der Zahlung mittels **Kreditkarte** (Zahlungsgeschäft mit Kreditgewährung; § 1 Abs. 1 S. 2 Nr. 4 ZAG) weist der Zahler das kartenemittierende Institut wie bei der Zahlungskarte an, den Zahlungsanspruch des Verkäufers zu erfüllen, wobei durch Erteilung der geschäftsbesorgungsrechtlichen Weisung der Aufwendungsersatzanspruch gegen den Kunden entsteht (→ § 675j Rn. 12).

---

[115] Zur ausführlichen zusammenhängenden Darstellung des Lastschriftverkehrs s. MüKoHGB/*Omlor* BankvertragsR C sowie BankR-HdB/*Ellenberger* §§ 56 ff.

[116] MüKoHGB/*Omlor* BankvertragsR C Rn. 22 ff.

[117] Zur ausführlichen zusammenhängenden Darstellung der Bankkartenverfahren s. MüKoHGB/*Haertlein* BankvertragsR E sowie BankR-HdB/*Martinek/Omlor* §§ 67 ff.

[118] Ausführlich zur Qualifikation der Rechtshandlungen im Rahmen von Geldautomaten-Transaktionen BankR-HdB/*Maihold* § 54 Rn. 31 f., 40 ff.

[119] S. MüKoBGB/*Fetzer* § 362 Rn. 18 mwN.

[120] BankR-HdB/*Maihold* § 54 Rn. 31.

[121] S. Art. 11 RTS: Einzelbetrag nicht über 50 EUR; Gesamtbetrag seit letzter starker Kundenauthentifizierung nicht über 150 EUR bei maximal 5 kontaktlosen Zahlungen.

[122] MüKoBGB/*Casper* Rn. 148. Zu Mobile Payments s. auch *Harman* BKR 2018, 457 (459).

§ 675g Änderung des Zahlungsdiensterahmenvertrags

(1) Eine Änderung des Zahlungsdiensterahmenvertrags auf Veranlassung des Zahlungsdienstleisters setzt voraus, dass dieser die beabsichtigte Änderung spätestens zwei Monate vor dem vorgeschlagenen Zeitpunkt ihres Wirksamwerdens dem Zahlungsdienstnutzer in der in Artikel 248 §§ 2 und 3 des Einführungsgesetzes zum Bürgerlichen Gesetzbuche vorgesehenen Form anbietet.

(2) ¹Der Zahlungsdienstleister und der Zahlungsdienstnutzer können vereinbaren, dass die Zustimmung des Zahlungsdienstnutzers zu einer Änderung nach Absatz 1 als erteilt gilt, wenn dieser dem Zahlungsdienstleister seine Ablehnung nicht vor dem vorgeschlagenen Zeitpunkt des Wirksamwerdens der Änderung angezeigt hat. ¹Im Fall einer solchen Vereinbarung ist der Zahlungsdienstnutzer auch berechtigt, den Zahlungsdiensterahmenvertrag vor dem vorgeschlagenen Zeitpunkt des Wirksamwerdens der Änderung fristlos zu kündigen. ³Der Zahlungsdienstleister ist verpflichtet, den Zahlungsdienstnutzer mit dem Angebot zur Vertragsänderung auf die Folgen seines Schweigens sowie auf das Recht zur kostenfreien und fristlosen Kündigung hinzuweisen.

(3) ¹Änderungen von Zinssätzen oder Wechselkursen werden unmittelbar und ohne vorherige Benachrichtigung wirksam, soweit dies im Zahlungsdiensterahmenvertrag vereinbart wurde und die Änderungen auf den dort vereinbarten Referenzzinssätzen oder Referenzwechselkursen beruhen. ²Referenzzinssatz ist der Zinssatz, der bei der Zinsberechnung zugrunde gelegt wird und aus einer öffentlich zugänglichen und für beide Parteien eines Zahlungsdienstevertrags überprüfbaren Quelle stammt. ³Referenzwechselkurs ist der Wechselkurs, der bei jedem Währungsumtausch zugrunde gelegt und vom Zahlungsdienstleister zugänglich gemacht wird oder aus einer öffentlich zugänglichen Quelle stammt.

(4) Der Zahlungsdienstnutzer darf durch Vereinbarungen zur Berechnung nach Absatz 3 nicht benachteiligt werden.

I. Allgemeines

1   § 675g beruht auf Art. 54 ZDRL. Die Vorschrift regelt das Verfahren, mit dem der Zahlungsdienstleister von ihm gewünschte **Änderungen des Zahlungsdiensterahmenvertrags** mit dem Zahlungsdienstnutzer vereinbaren kann. Der Anwendungsbereich des § 675g erstreckt sich auf die Änderung von Zins- und Entgeltvereinbarungen. Zudem ist die Vorschrift auf die **Änderung von Zusatzvereinbarungen** anwendbar, die die Erbringung von Zahlungsdiensten zum Gegenstand haben (wie zB einen Kartenvertrag). Gleiches gilt für unselbständige Zusatzvereinbarungen zum Zahlungsdiensterahmenvertrag über **zahlungsdienstfremde Leistungen,** wie etwa die Vereinbarung über die Führung eines Zahlungskontos als Pfändungsschutzkonto (P-Konto).¹ Die Änderung von Zusatzvereinbarungen, welche die Erbringung von selbständigen zahlungsdienstfremden Leistungen zum Gegenstand haben (zB ein Dispositionskredit²), richtet sich hingegen nach den allgemeinen Regeln, denen die Zusatzvereinbarung ohne die Verknüpfung mit dem Zahlungsdiensterahmenvertrag unterläge.³ § 675g ist zu Lasten des Zahlungsdienstnutzers **grundsätzlich nicht abdingbar.** Ausnahmen gelten für den unternehmerischen Rechtsverkehr (§ 675e Abs. 4), für Zahlungsvorgänge mit Drittstaatenbezug (§ 675e Abs. 2 Nr. 2) und für den Einsatz von Kleinbetragsinstrumenten (§ 675i Abs. 2 Nr. 1). Änderungen zu Gunsten des Zahlungsdienstleisters sind uneingeschränkt möglich.

II. Änderungsverfahren nach Abs. 1

2   Nach der **Grundsatznorm des Abs. 1** muss der Zahlungsdienstleister dem Zahlungsdienstnutzer die von ihm gewünschten Änderungen grundsätzlich mindestens zwei Monate vor dem angestrebten Termin, zu dem sie wirksam werden sollen, vorschlagen. Der Zahlungsdienstnutzer kann das **Angebot** nach allgemeinen Regeln (§§ 145 ff.) **annehmen.** Im Massenzahlungsverkehr erfolgt das Angebot des Zahlungsdienstleisters, den Zahlungsdiensterahmenvertrag zu ändern, regelmäßig durch AGB. Das Angebot des Zahlungsdienstleisters muss, wie aus der Bezugnahme auf Art. 248 §§ 2 und 3 EGBGB folgt, in **Textform** (§ 126b) „mitgeteilt" werden. Hat der Zahlungsdienstnutzer mit dem Zahlungsdienstleister im Rahmen der Geschäftsbeziehung einen elektronischen Kommunikationsweg vereinbart (zB das Online-Banking) können die Änderungen auf diesem Weg übermittelt werden.⁴ Ein bloßer Hinweis (etwa im Kontoauszug) darauf, dass die vorgesehenen Änderungen am Schalter zur Mitnahme oder Ansicht ausliegen bzw. dem Kunden auf Wunsch übersandt werden, genügt allerdings nicht.

---

¹ BGH Urt. v. 10.2.2015 – XI ZR 187/13, NJW-RR 2015, 885 Rn. 24.
² BGH Urt. v. 16.7.2013 – XI ZR 260/12, WM 2013, 1796 Rn. 33 = NJW 2013, 3163.
³ So im Ergebnis wohl auch Palandt/*Sprau* Rn. 1 unter Bezugnahme auf den Schwerpunkt des Zahlungsdiensterahmenvertrages; für eine generelle Anwendung: BeckOKBGB/*Schmalenbach* Rn. 1.
⁴ Vgl. Nr. 1 Abs. 2 S. 2 AGB-Banken.

Notwendig ist vielmehr eine aktive Übermittlung der vollständigen Vertragsänderung an den Kunden, sei es durch persönliche Aushändigung, Übersendung durch Brief oder – sofern vereinbart – durch Übermittlung per E-Mail.[5]

Fraglich ist, ob der Zahlungsdienstleister lediglich verpflichtet ist, nur die beabsichtigten Änderungen des Zahlungsvertrages mitzuteilen, oder ob er darüber hinaus gehalten ist, in einer Art **Synopse** sicherzustellen, sodass der Zahlungsdienstnutzer in übersichtlicher und damit nach Art. 248 § 2 EGBGB transparenter Weise ermessen kann, auf welche Änderungen er sich tatsächlich einlässt. Bei überschaubaren, einfach darzustellenden Änderungen ist eine derartige Gegenüberstellung nicht erforderlich.[6] Anders ist dies bei umfangreichen Änderungen.[7]   **3**

Wird eine der gesetzlichen Anforderungen des § 675g Abs. 1 **nicht eingehalten**, hat dies –   **4** vorbehaltlich einer wirksamen Abbedingung der Norm (vgl. § 675e Abs. 4) – die **Unwirksamkeit des gesamten Änderungsangebots** zur Folge. Dies folgt daraus, dass sämtliche der in § 675g Abs. 1 genannten Anforderungen an das Änderungsangebot ausweislich des Wortlauts der Vorschrift („setzt voraus") Wirksamkeitsanforderungen darstellen.[8] Die **Beweislast** für den rechtzeitigen Zugang der Änderungsmitteilung trägt dabei der Zahlungsdienstleister.[9]

III. Erleichterte Änderungen (Abs. 2 und 3)

Abweichend von Abs. 1 kann zwischen den Parteien bereits bei Abschluss des Zahlungsdiensterah-   **5** menvertrages – als Erleichterung – vereinbart werden, dass das **Schweigen des Zahlungsdienstnutzers als Zustimmung** zu einem Änderungsangebot des Zahlungsdienstleisters gewertet wird (Abs. 2 S. 1). Mit dieser **Zustimmungsfiktion** hat der Gesetzgeber – jedenfalls im Grundsatz – einen in den Allgemeinen Geschäftsbedingungen der Banken und Sparkassen seit langem geübten Mechanismus aufgegriffen.[10] Im Fall einer solchen Vereinbarung hat der Zahlungsdienstnutzer drei Möglichkeiten, auf die Mitteilung des Zahlungsdienstleisters zu reagieren: Er kann (1) den Änderungen – auch durch Schweigen – zustimmen, er kann ihnen (2) bis zu dem vorgeschlagenen Zeitpunkt des Wirksamwerdens der Änderung widersprechen (Abs. 2 S. 1) oder er kann (3) das Vertragsverhältnis bis zu jenem Zeitpunkt fristlos kündigen (Abs. 2 S. 2). Will der Zahlungsdienstleister von der erleichterten Möglichkeit der Änderung der Vertragsbedingungen nach Abs. 2 Gebrauch machen, muss er den Zahlungsdienstnutzer bei jeder Vertragsänderung sowohl auf die Rechtsfolgen seines Schweigens als auch auf das Kündigungsrecht hinweisen (Abs. 2 S. 3). Widerspricht der Zahlungsdienstnutzer der Änderung, besteht das Vertragsverhältnis zu den ursprünglich vereinbarten Bedingungen weiter; der Zahlungsdienstleister kann aber in diesem Fall bei Vorliegen der Voraussetzungen des § 675h Abs. 2 das Rahmenvertragsverhältnis kündigen. Sieht eine Klausel einer Bank vor, dass diese ihre AGB entsprechend § 675g Abs. 2 ändern kann, so unterliegt diese Klausel einer Inhaltskontrolle (§ 307 Abs. 3 S. 1).[11]

Die **Änderung von Zinssätzen und Wechselkursen** wird abweichend von Abs. 2 unmittelbar   **6** und ohne vorherige Benachrichtigung wirksam, sofern dies im Zahlungsdiensterahmenvertrag vereinbart wurde und die Änderung auf den dort vereinbarten Referenzzinssätzen oder Referenzwechselkursen beruht (Abs. 3). Referenzzinssatz ist nach der Legaldefinition des Abs. 3 S. 2 der Zinssatz, der bei der Zinsberechnung zugrunde gelegt wird und aus einer öffentlich zugänglichen Quelle – für beide Parteien überprüfbar – stammt (Art. 4 Nr. 28 ZDRL). Dies gilt etwa für den EURIBOR (Europe Interbank Offered Rate) und den Libor (London Interbank Offered Rate) oder den Basiszinssatz, der für den Verzugszinssatz maßgebend ist (§ 247). Referenzwechselkurs ist der Wechselkurs, der beim Währungsumtausch zugrunde gelegt und vom Zahlungsdienstleister zugänglich gemacht wird oder aus einer öffentlich zugänglichen Quelle stammt (Abs. 3 S. 3, Art. 4 Nr. 27 ZDRL). Die Vorschrift gilt zB für die Berechnung von Habenzinsen aus Guthaben oder für die Umrechnung erfolgter Zahlungen in einer Fremdwährung in Euro; indes gilt sie nicht für die Änderung der Sollzinsen eines Dispositionskredits.[12]

---

[5] *Schürmann,* Schriftenreihe der Bankrechtlichen Vereinigung Band 30, 11 (25); *Meckel* jurisPR-BKR 12/2009 Anm. V 5.4.

[6] MüKoBGB/*Casper* Rn. 9; aA Erman/*Graf v. Westphalen* Rn. 8 – insbesondere, wenn die Zustimmungsfiktion des Abs. 2 gelten soll.

[7] Erman/*Graf v. Westphalen* Rn. 8.

[8] Ellenberger/Findeisen/Nobbe/*Schindele* Rn. 11; Erman/*Graf v. Westphalen* Rn. 10; MüKoBGB/*Casper* Rn. 7; aA Langenbucher/Bliesener/Spindler/*Herresthal* Rn. 9.

[9] Erman/*Graf v. Westphalen* Rn. 3.

[10] *Schürmann,* Schriftenreihe der Bankrechtlichen Vereinigung Band 30, 11 (25 f.); *Meckel* jurisPR-BKR 12/2009 Anm. V 5.3.

[11] OLG Köln Urt. v. 19.12.2019 – 12 U 87/18, BKR 2020, 101; *Habersack* BKR 2020, 53 ff.; *Schmidt/Kessel* WM 2018, 2205.

[12] Ellenberger/Findeisen/Nobbe/*Schindele* Rn. 27; Palandt/*Sprau* Rn. 9.

IV. Benachteiligungsverbot (Abs. 4)

Das Benachteiligungsverbot bezieht sich auf Vereinbarungen zur Berechnung von Zins- und Wechselkursen. Entgegenstehende Vereinbarungen sind unwirksam und gemäß § 134 BGB nichtig. Dies gilt etwa, wenn bei der Berechnung von Zinsen durchgängig zu Gunsten des Zahlungsdienstleisters auf- und abgerundet wird.[13]

§ 675h Ordentliche Kündigung eines Zahlungsdiensterahmenvertrags

(1) [1]Der Zahlungsdienstnutzer kann den Zahlungsdiensterahmenvertrag, auch wenn dieser für einen bestimmten Zeitraum geschlossen ist, jederzeit ohne Einhaltung einer Kündigungsfrist kündigen, sofern nicht eine Kündigungsfrist vereinbart wurde. [2]Die Vereinbarung einer Kündigungsfrist von mehr als einem Monat ist unwirksam.

(2) [1]Der Zahlungsdienstleister kann den Zahlungsdiensterahmenvertrag nur kündigen, wenn der Vertrag auf unbestimmte Zeit geschlossen wurde und das Kündigungsrecht vereinbart wurde. [2]Die Kündigungsfrist darf zwei Monate nicht unterschreiten. [3]Die Kündigung ist in der in Artikel 248 §§ 2 und 3 des Einführungsgesetzes zum Bürgerlichen Gesetzbuche vorgesehenen Form zu erklären.

(3) [1]Im Fall der Kündigung sind regelmäßig erhobene Entgelte nur anteilig bis zum Zeitpunkt der Beendigung des Vertrags zu entrichten. [2]Im Voraus gezahlte Entgelte, die auf die Zeit nach Beendigung des Vertrags fallen, sind anteilig zu erstatten.

(4) Der Zahlungsdienstleister darf mit dem Zahlungsdienstnutzer für die Kündigung des Zahlungsdiensterahmenvertrags kein Entgelt vereinbaren.

I. Allgemeines

1   Die Vorschrift beruht auf Art. 55 ZDRL. Die Vorschrift regelt das **Recht zur ordentlichen Kündigung des Zahlungsdiensterahmenvertrags** und damit auch des Girovertrags. Die Vorschrift gilt auch für die **Kündigung von Zusatzvereinbarungen,** welche die Erbringung von Zahlungsdiensten zum Gegenstand haben (wie zB ein Kartenvertrag). Gleiches gilt für unselbständige Zusatzvereinbarungen über **zahlungsdienstfremde Leistungen,** wie etwa die Vereinbarung über die Führung eines Zahlungskontos als Pfändungsschutzkonto (P-Konto).[1] Die Kündigung von Zusatzvereinbarungen, welche die Erbringung von selbständigen zahlungsdienstfremden Leistungen zum Gegenstand haben, richtet sich hingegen nach den Regeln, denen die Zusatzvereinbarung ohne die Verknüpfung mit dem Zahlungsdiensterahmenvertrag unterläge.[2] Dies gilt etwa für die Kündigung eines Dispositionskredits.[3] Die Vorschrift ist **teilweise zwingend.** Von ihr darf nur zum Teil – insoweit auch durch Allgemeine Geschäftsbedingungen – abgewichen werden. Abweichungen zu Gunsten des Zahlungsdienstnutzers (§ 675e Abs. 1) sind zulässig. Zu Lasten des Zahlungsdienstnutzers kann von den Regelungen des § 675h nur abgewichen werden, wenn es sich etwa bei dem Zahlungsdienstnutzer nicht um einen Verbraucher handelt (§ 675e Abs. 4) oder ein Zahlungsvorgang mit Drittstaatenbezug vorliegt (§ 675e Abs. 2 Nr. 2).

II. Ordentliche Kündigung

2   **1. Kündigung des Zahlungsdienstnutzers (Abs. 1).** Der Zahlungsdienstnutzer kann den Zahlungsdienstevertrag nach Abs. 1 grundsätzlich jederzeit ohne Einhaltung einer Kündigungsfrist kündigen, und zwar selbst dann, wenn dieser für einen bestimmten Zeitraum geschlossen worden ist; die Vereinbarung einer Kündigungsfrist – auch in Allgemeinen Geschäftsbedingungen – ist zwar zulässig, die Kündigungsfrist darf aber höchstens einen Monat betragen (Abs. 1 S. 2). Die Vereinbarung einer längeren Kündigungsfrist wäre unwirksam. Bezweckt ist vom Richtliniengeber, dem Kunden den Wechsel von einem Zahlungsdienstleister zum anderen zu erleichtern.[4] Die Regelung hat zur Folge, dass der Zahlungsdienstnutzer an den Vertrag nicht länger als einen Monat gebunden ist. Abs. 1 gilt auch für die ordentliche Kündigung eines Zahlungsdiensterahmenvertrages eines P-Kontos[5] oder Basiskontos durch den Zahlungsdienstnutzer nach dem Zahlungskontengesetz (§ 44 ZKG).[6]

---

[13] Palandt/*Sprau* Rn. 14.
[1] BGH Urt. v. 10.2.2015 – XI ZR 187/13, NJW-RR 2015, 885 Rn. 24.
[2] So iErg wohl auch Palandt/*Sprau* Rn. 1 unter Bezugnahme auf den Schwerpunkt des Zahlungsdiensterahmenvertrages; für eine generelle Anwendung: BeckOK BGB/*Schmalenbach* Rn. 1.
[3] BGH Urt. v. 16.7.2013 – XI ZR 260/12, WM 2013, 1796 Rn. 33 = NJW 2013, 3163.
[4] BT-Drs. 16/11643, 104.
[5] BGH Urt. v. 10.2.2015 – XI ZR 187/13, NJW-RR 2015, 885 Rn. 24.
[6] Gesetzentwurf der Bundesregierung, BT-Drs. 18/7204, 1 (29, 113).

Bei **Verträgen mit fester Laufzeit** besteht nach dem Wortlaut der Vorschrift kein Recht zur 3
ordentlichen Kündigung. Es ist streitig, ob dies angesichts des eindeutigen Wortlauts der Vorschrift und
des in § 675e Abs. 1 normierten Verbots, zum Nachteil des Zahlungsdienstnutzers von den Vorschriften der §§ 675c–676c abzuweichen, zur Folge hat, dass bei Verträgen mit fester Laufzeit nur eine
Kündigung aus wichtigem Grund möglich ist,[7] oder ob wegen § 138 nach einer angemessenen Frist
auch eine ordentliche Kündigung zuzulassen ist.[8] Der eindeutige Wortlaut der Vorschrift sowie § 675e
Abs. 1 sprechen für die erstgenannte Ansicht.

2. Kündigung des Zahlungsdienstleisters (Abs. 2). Demgegenüber sieht Abs. 2 für den Zah- 4
lungsdienstleister nur **eingeschränkte Möglichkeiten zur ordentlichen Kündigung** vor. Ein
ordentliches Kündigungsrecht kraft Gesetzes hat er nicht, vielmehr muss ein Recht zur ordentlichen
Kündigung in jedem Fall **vereinbart** werden (ausreichend ist eine Vereinbarung in Allgemeinen
Geschäftsbedingungen).[9] Selbst beim unbefristeten Vertrag besteht eine Möglichkeit zur ordentlichen
Kündigung gem. Abs. 2 S. 1 nur, wenn sie speziell vereinbart worden ist und die **Kündigungsfrist
mindestens zwei Monate** beträgt (Abs. 2 S. 2).[10] Einen Zahlungsdiensterahmenvertrag, der entsprechende Vereinbarungen nicht enthält, kann der Zahlungsdienstleister nicht ordentlich kündigen;[11]
auf die allgemeinen Rechtsgrundsätze für die Kündigung bei Dauerschuldverhältnissen kann nicht
zurückgegriffen werden.[12] Enthält der Zahlungsdiensterahmenvertrag ein Recht des Zahlungsdienstleisters zur ordentlichen Kündigung, ist auch eine **Änderungskündigung** möglich.[13] Allerdings muss
eine Kündigung den Zahlungsdiensterahmenvertrag als Ganzes erfassen, das Zahlungsinstitut darf also
den Pflichtenumfang nicht etwa durch **Teilkündigung** nachträglich einschränken. Selbstständige
Sondervereinbarungen können hingegen auch selbständig gekündigt werden.[14]

Abs. 2 S. 3 sieht für die Kündigung die **Form** des Art. 248 §§ 2 und 3 EGBGB vor. Die 5
Kündigung hat in Textform (§ 126b) zu erfolgen (Art. 248 § 3). Außerdem hat der Zahlungsdienstleister die Kündigungserklärung in einer Amtssprache eines EU-Mitgliedstaats oder EWR-Vertrags-
staats auszusprechen, soweit nicht zwischen den Parteien eine andere Sprache vereinbart wurde.
Zudem muss die Kündigungserklärung klar und verständlich (transparent) abgefasst sein (Art. 248 § 2
EGBGB). Eine **Begründung** der Kündigung ist demgegenüber nicht erforderlich; sie kann vielmehr
voraussetzungslos erfolgen. Die Nichtbeachtung der gesetzlichen Form des Abs. 2 S. 3 hat gemäß
§ 125 die Unwirksamkeit der Kündigung zur Folge.

Die ordentliche Kündigung durch den Zahlungsdienstleister ist **ausgeschlossen,** wenn sie gegen 6
§§ 134, 138 (zB § 134 iVm dem AGG) verstößt, schikanös (§ 226) oder rechtsmissbräuchlich ist.[15]
Auch kommt eine ordentliche – grund- und begründungslose – Kündigung nicht in Betracht, wenn
und soweit ein Kontrahierungszwang besteht.[16] Kündigen **öffentliche Sparkassen** als Anstalten des
öffentlichen Rechts ein Girokonto ohne sachgerechten Grund, ist die Kündigung – auch außerhalb
eines bestehenden **Kontrahierungszwangs** – wegen Verstoßes gegen Art. 3 Abs. 1 GG nach § 134
nichtig.[17] Das gilt auf Grund der gesetzlichen Verpflichtung, Pfändungen ohne Beanspruchung eines
gesonderten Entgelts bearbeiten zu müssen,[18] auch für Kündigungen oder Änderungskündigungen aus
Anlass von Kontopfändungen.[19] Für Privatbanken besteht eine vergleichbare Grundrechtsbindung
nicht; insbesondere ergibt sich eine allgemeine Pflicht zur gleichwertigen Behandlung ihrer Kunden
nicht aus der mittelbaren Drittwirkung der Grundrechte. Allenfalls in eng begrenzbaren Ausnahmefällen kann eine grund- und begründungslose ordentliche Kündigung einer Privatbank mit § 242
unvereinbar sein, wenn hierdurch eine marktbeherrschende Stellung unzulässig ausgenutzt wird.[20]

Bei einem **Basiskonto** nach dem Zahlungskontengesetz ist das ordentliche Kündigungsrecht des 7
Zahlungsdienstleisters in Umsetzung von Art. 19 Abs. 2 Zahlungskontenrichtlinie allerdings – auch für
Privatbanken – erheblich eingeschränkt. Die Kündigung ist gem. § 42 Abs. 2 ZKG auch bei Vereinbarung eines entsprechenden Kündigungsrechts nur zulässig, wenn in mehr als 24 aufeinanderfolgenden Monaten kein vom Kontoinhaber in Auftrag gegebener Zahlungsvorgang ausgeführt wurde,
die Berechtigung zum Erhalt eines Basiskontos für Jedermann weggefallen ist, der Kontoinhaber ein

---

[7] In diesem Sinne wohl Ellenberger/Findeisen/Nobbe/*Schindele* Rn. 16 und *Meckel* juris-PR-BKR 2/2010 Anm.
22.1.2.
[8] So Palandt/*Sprau* Rn. 3.
[9] BGH Urt. v. 5.5.2015 – XI ZR 214/14, BGHZ 205, 220 Rn. 20 = NJW 2015, 2412.
[10] S. etwa Nr. 19 Abs. 2 AGB–Banken und Nr. 26 Abs. 1 AGB–Sparkassen.
[11] BT-Drs. 16/11643, 104.
[12] So auch *Meckel* jurisPR-BKR 2/2010 Anm. 22.1.2.
[13] MüKoBGB/*Casper* Rn. 8.
[14] BGH Urt. v. 16.7.2013 – XI ZR 260/12, WM 2013, 1796 Rn. 44 = NJW 2013, 3163.
[15] BGH Urt. v. 16.7.2013 – XI ZR 260/12, WM 2013, 316 Rn. 19 = NJW 2013, 3163.
[16] Vgl. BGH Urt. v. 16.7.2013 – XI ZR 260/12, WM 2013, 316 Rn. 19, 30 = NJW 2013, 1519.
[17] BGH Urt. v. 5.5.2015 – XI ZR 214/14, WM 2015, 1379 Rn. 12 = NJW 2015, 2412.
[18] BGH Urt. v. 18.5.1999 – XI ZR 219/98, BGHZ 141, 380 = NJW 1999, 2276; Urt. v. 13.11.2012 – XI ZR
500/11, BGHZ 195, 298 = NJW 2013, 995.
[19] Vgl. OLG Naumburg Urt. v. 31.1.2012 – 9 U 128/11, WM 2013, 1706; MüKoBGB/*Casper* Rn. 75.
[20] BGH Urt. v. 16.7.2013 – XI ZR 260/12, WM 2013, 316 Rn. 18, 27 = NJW 2013, 1519.

weiteres Zahlungskonto eröffnet hat oder der Kontoinhaber eine angekündigte Änderung des Basiskontovertrages nach § 675g abgelehnt hat, die das kontoführende Institut allen Inhabern von Basiskonten wirksam angeboten hat. Außerdem ist eine Kündigungsfrist von mindestens zwei Monaten einzuhalten.

III. Kündigung aus wichtigem Grund

8   § 675h enthält keine Regelungen über die Kündigung aus wichtigem Grund. Insoweit gelten – wie in der Gesetzesbegründung klargestellt ist – die allgemeinen **Grundsätze für die fristlose Kündigung** von Dauerschuldverhältnissen (§ 314).[21] Die Regelungen über die Vollharmonisierung stehen dem nicht entgegen. Ein **wichtiger Grund** zur Kündigung ist stets dann gegeben, wenn bei einer Gesamtwürdigung aller Umstände des Einzelfalles und einer Abwägung der Interessen beider Vertragsparteien die Fortsetzung der Geschäftsbeziehung dem Kündigenden nicht zugemutet werden kann.[22] Ob das der Fall ist, unterliegt im Streitfall der tatrichterlichen – vom Revisionsgericht nur eingeschränkt überprüfbaren – Würdigung. Keinen wichtigen Grund für eine Kündigung stellen Umstände dar, die der Bank im Zeitpunkt der Begründung der Geschäftsbeziehung bekannt waren[23] oder auf die sie sich nach geltendem Recht[24] nicht berufen darf.[25] Die unwirksame außerordentliche Kündigung ist in aller Regel nach der Leitentscheidung des § 140 in eine ordentliche umzudeuten.[26]

9   Besonderheiten für die Kündigung aus wichtigem Grund gelten für einen **Basiskontovertrag** nach dem Zahlungskontengesetz. Der Zahlungsdienstleister kann den Basiskontovertrag nur in engen Grenzen unter den in § 42 Abs. 3 und Abs. 4 ZKG geregelten Voraussetzungen außerordentlich kündigen. Die insoweit geregelten Möglichkeiten zur außerordentlichen Kündigung sind **abschließend** und können weder durch Vereinbarung der Parteien noch durch einen Rückgriff auf anderweitige gesetzliche Regelungen (§§ 313 Abs. 3 S. 1, § 314 Abs. 1) erweitert werden.[27] § 42 Abs. 3 ZKG erlaubt zunächst eine außerordentliche Kündigung unter Einhaltung einer Kündigungsfrist von mindestens zwei Monaten, wenn der Kontoinhaber eine vorsätzliche Straftat zum Nachteil des kontoführenden Instituts oder dessen Mitarbeitern oder Kunden mit Bezug auf deren Stellung als Mitarbeiter oder Kunden des Instituts begangen oder durch sonstiges vorsätzliches strafbares Verhalten die Interessen des Instituts schwerwiegend verletzt hat und deshalb dem kontoführenden Institut unter Berücksichtigung aller Umstände des Einzelfalls und unter Abwägung der Interessen beider Vertragsteile die Fortsetzung des Vertragsverhältnisses nicht zugemutet werden kann (Nr. 1). Zudem ist eine außerordentliche Kündigung zulässig, wenn der Kontoinhaber mit der Entrichtung eines nicht unerheblichen Teils der dem kontoführenden Institut geschuldeten Entgelte oder Kosten über einen Zeitraum von mehr als drei Monaten in Verzug ist, und zu besorgen ist, dass aus der Führung des Basiskontos weitere Forderungen entstehen werden, deren Erfüllung nicht gesichert ist (Nr. 2). Beläuft sich der Zahlungsrückstand auf 100 EUR oder weniger, kommt eine außerordentliche Kündigung – wie in § 42 Abs. 3 Nr. 2 ZKG ausdrücklich geregelt ist – nicht in Betracht. Vor Ausspruch der außerordentlichen Kündigung nach § 42 Abs. 3 ZKG bedarf es grundsätzlich einer Abmahnung bzw. der Setzung einer Frist zur Abhilfe, § 42 Abs. 5 S. 2 ZKG. Ohne Einhaltung einer Kündigungsfrist kann das kontoführende Institut den Basiskontovertrag gemäß § 42 Abs. 4 ZKG nur kündigen, wenn der Kontoinhaber das Zahlungskonto vorsätzlich missbraucht (Nr. 1) oder er den Zahlungsdienstleister bei Abschluss des Basiskontovertrages getäuscht hat (Nr. 2). Die vorgenannten Kündigungsvorschriften sind mit Rücksicht auf Art. 19 Abs. 3 Zahlungskontenrichtlinie **eng auszulegen**.[28] Denn den Mitgliedstaaten ist es über die in der Art. 19 Abs. 2 Zahlungskontenrichtlinie geregelte ordentliche Kündigung hinaus nur in engen Grenzen möglich, weitergehende Kündigungsmöglichkeiten festzulegen.

IV. Sonstige Beendigungsgründe

10   Der Zahlungsdiensterahmenvertrag begründet ein Dauerschuldverhältnis, das – auch konkludent[29] – **einvernehmlich aufgehoben** werden kann.

11   Der Zahlungsdiensterahmenvertrag endet zudem nach §§ 115 Abs. 1, 116 S. 1 InsO mit der **Eröffnung des Insolvenzverfahrens über das Vermögen des Kunden;**[30] bei sog Oder-Konten

---

[21] BT-Drs. 16/11643, 104; MüKoBGB/*Casper* Rn. 2.

[22] BGH Urt. v. 11.3.2003 – XI ZR 403/01, BGHZ 154, 146 (153) = NJW 2003, 1658 mwN.

[23] BGH Urt. v. 7.5.2002 – XI ZR 236/01, NJW 2002, 3167 mwN.

[24] Etwa gegenüber einer politischen Partei wegen Art. 21 Abs. 2 S. 2 GG.

[25] BGH Urt. v. 11.3.2003 – XI ZR 403/01, BGHZ 154, 147 (151) = NJW 2003, 1658 mwN; Urt. v. 2.12.2003 – XI ZR 397/02, NJW 2004, 1031 f.

[26] BGH Urt. v. 8.11.2005 – XI ZR 74/05, NJW 2006, 430.

[27] Gesetzesentwurf der Bundesregierung BT-Drs. 18/7204, 1 (109); für eine analoge Erweiterung *Herresthal* BKR 2016, 133 (140 f.).

[28] Gesetzesentwurf der Bundesregierung BT-Drs. 18/7204, 1 (109).

[29] BGH Urt. v. 19.1.1984 – I 209/81, WM 1984, 426.

[30] BGH Urt. v. 5.12.2006 – XI ZR 21/06, BGHZ 170, 121 Rn. 11 = NJW 2007, 914.

allerdings nicht auch im Verhältnis zu Konto-Mitinhabern.[31] Eine Ausnahme besteht zudem beim Pfändungsschutzkonto; der Zahlungsdiensterahmenvertrag endet in diesem Fall nicht.[32] Wird der Zahlungsdiensterahmenvertrag beendet, gilt er nach § 115 Abs. 3 InsO zugunsten des Zahlungsdienstleisters als fortbestehend, bis dieser von der Insolvenzeröffnung Kenntnis erlangt oder sie schuldhaft nicht kennt.[33] Nach Abs. 3 S. 2 dieser Vorschrift sowie § 116 S. 2 InsO sind Ersatz- und Vergütungsansprüche aus der Fortsetzung Insolvenzansprüche. Will der Insolvenzverwalter die Geschäftsverbindung mit dem Kreditinstitut fortsetzen, muss er einen neuen Zahlungsdiensterahmenvertrag mit ihm abschließen.[34] Für Forderungen des Kreditinstituts aus diesem neuen Vertrag haften früher bestellte Sicherheiten nicht.[35] Die **Insolvenz des Zahlungsinstituts** beendet den Zahlungsdiensterahmenvertrag nicht. Beendigungsgrund ist aber das Erlöschen der Rechtsfähigkeit des Instituts. Bei der Fusion von Zahlungsinstituten werden die vertraglichen Beziehungen im Wege der Gesamtrechtsnachfolge auf die übernehmende Gesellschaft übertragen.[36]

    Kein Erlöschensgrund ist der **Tod des Kontoinhabers** oder der Eintritt seiner Geschäftsunfähig-   **12**
keit (§ 672). Der Erbe tritt in die Rechtsstellung des Erblassers als Kontoinhaber ein.[37] Das gilt auch für eine Erbengemeinschaft und für Einzel- wie für Gemeinschaftskonten. Benutzen die Erben das Zahlungskonto in der Folgezeit für den eigenen Zahlungsverkehr, so sind wegen der auf persönlichem Vertrauen (§ 627) beruhenden Rechtsbeziehungen[38] die mit dem Zahlungsdiensterahmenvertrag verbundenen Rechte und Pflichten ihnen persönlich und nicht mehr dem Nachlass zuzuordnen; spätere Übertragungen des Erbteils berühren deshalb das bestehende Verhältnis nicht.[39] Der Nacherbe ist zwar Erbe des ursprünglichen Kontoinhabers. Hat jedoch der Vorerbe das Konto des Erblassers für eigene Zwecke weiterbenutzt, so sind auch hier die Rechte und Pflichten aus dem Zahlungsdiensterahmenvertrag von nun an ihm persönlich – nicht mehr dem Nachlass – zuzurechnen. Bei Eintritt des Nacherbfalls wird also nicht etwa der Nacherbe Kontoinhaber, im Fall des Todes des Vorerben geht die Kontoinhaberschaft vielmehr auf dessen Erben über.[40] Von der Frage, wer Inhaber des fortgeführten Girokontos ist, ist das sich in diesen Fällen aus §§ 2111 ff. ergebende etwaige Recht auf ein beim Tod des Erblassers vorhanden gewesenes Guthaben streng zu trennen.

V. Wirkungen der Beendigung (Abs. 3)

    Bereits ausgetauschte Leistungen werden bei Beendigung des Zahlungsdiensterahmenvertrages   **13**
rückabgewickelt. Für den Fall der ordentlichen Kündigung regelt Abs. 3 die Wirkungen der Beendigung auf die zu entrichtenden oder bereits entrichtete Entgelte für angebrochene Abrechnungsperioden, etwa für monatliche Kontoführungsgebühren.[41] Regelmäßig erhobene Entgelte sind anteilig nur bis zum Zeitpunkt der Beendigung des Vertrags zu entrichten (Abs. 3 S. 1), im Voraus gezahlte Entgelte, die auf die Zeit nach Beendigung des Vertrags fallen, sind anteilig zu erstatten (Abs. 3 S. 2).

    Mit der Beendigung des Zahlungsdiensterahmenvertrages verliert das laufende Konto seine **Eigen-**   **14**
schaft als Zahlungsverkehrskonto. Ein Guthaben ist auszuzahlen, ein Sollsaldo zurückzuführen (§ 355 Abs. 3 HGB). Der kontoführende Zahlungsdienstleister ist nach Beendigung des Zahlungsdiensterahmenvertrages bzw. des Girovertrages grundsätzlich nicht mehr verpflichtet, nachträglich eingehende Beträge auf dem Konto zu verbuchen.[42] In Nachwirkung zu dem erloschenen Rahmenvertrag kann das Kreditinstitut aber weiterhin als Zahlstelle des Begünstigten fungieren. Es ist daher noch befugt, im Interesse seines früheren Kunden eingehende Zahlungen weiterhin für ihn entgegenzunehmen,[43] muss sie dann aber auf dem – intern weitergeführten – bisherigen Konto verbuchen bzw. herausgeben.[44] Mit der Entgegennahme nachträglich eingehender Zahlungen nimmt das Zahlungsinstitut keine eigenen Interessen wahr, sondern auf der Grundlage eines nachvertraglichen Treueverhältnisses die Interessen seines früheren Kunden.[45] Zwar setzt eine Gutschrift nach giro-

---

[31] BGH Urt. v. 8.7.1985 – II ZR 16/85, BGHZ 95, 185 (187) = NJW 1985, 2698.
[32] LG Verden Urt. v. 19.9.2013 – 4 S 3/13, NZI 2014, 36; Uhlenbruck/*Sinz* InsO §§ 115, 116 Rn. 24b; s. auch die Gesetzesbegründung BT-Drs. 16/7615, 15.
[33] BGH Urt. v. 19.10.1974 – VIII ZR 190/73, BGHZ 63, 87 (90 f.) = NJW 1974, 2285.
[34] BGH Urt. v. 26.8.2008 – XI ZR 47/05, WM 2008, 1442 Rn. 11 aE.
[35] BGH Urt. v. 13.11.1990 – XI ZR 217/19, NJW 1991, 1286 (1287) mwN.
[36] Vgl. zB § 20 Abs. 1 UmwG.
[37] BGH Urt. v. 24.3.2009 – XI ZR 191/08, BGHZ 180, 191 Rn. 10 f. = NJW-RR 2009, 979.
[38] BGH Urt. v. 11.12.1990 – XI ZR 54/90, NJW 1991, 978.
[39] BGH Urt. v. 18.1.2000 – XI ZR 160/99, NJW 2000, 1258.
[40] BGH Urt. v. 10.10.1995 – XI ZR 263/94, BGHZ 131, 60 = NJW 1996, 190.
[41] Ellenberger/Findeisen/Nobbe/*Schindele* § 675h Rn. 28 ff.
[42] BGH Urt. v. 5.12.2006 – XI ZR 21/06, BGHZ 170, 121 Rn. 12 = NJW 2007, 914.
[43] BGH Urt. v. 26.6.2008 – XI ZR 47/05, WM 2008, 1442 Rn. 12; Urt. v. 5.12.2006 – XI ZR 21/06, BGHZ 170, 121 Rn. 12 = NJW 2007, 914; BGH WM 2006, 28.
[44] BGH Urt. v. 5.12.2006 – XI ZR 21/06, BGHZ 170, 121 Rn. 12 = NJW 2007, 914; Urt. v. 26.6.2008 – XI ZR 47/05, WM 2008, 1442 Rn. 12; kritisch hierzu *von Sethe* BKR 2008, 16 ff.; zustimmend zur fortbestehenden Zahlstellenfunktion des Kreditinstituts BFH Urt. v. 10.11.2009 – VII R 6/09, BFHE 227, 360 = DB 2010, 261.
[45] So zu Recht *Schimansky* FS Nobbe, 2009, 163 (171).

vertraglichen Grundsätzen regelmäßig einen bestehenden Zahlungsdiensterahmen- bzw. Girovertrag voraus, ein abstraktes Schuldversprechen bzw. -anerkenntnis kann aber auch durch die Buchung auf einem nachvertraglich fortgeführten Konto nach allgemeinen Grundsätzen zustande kommen.[46] Die nachvertragliche Befugnis des Kreditinstituts gilt zumindest während eines angemessenen Zeitraums nach Erlöschen des Zahlungsdiensterahmen- bzw. des Girovertrages.[47] Sofern die Ursache des Erlöschens des Zahlungsdiensterahmenvertrages in der Beantragung bzw. Eröffnung eines Insolvenzverfahrens liegt, reicht die Befugnis zur Entgegennahme eingehender Zahlungen jedenfalls so lange, bis der Insolvenzverwalter dem Kreditinstitut seine Entscheidung mitgeteilt hat, wie mit dem ihm bekannten weitergeführten Konto und darauf eingehenden Beträgen verfahren werden soll.[48] Bei Erlöschen des Zahlungsdiensterahmenvertrages durch die Eröffnung des Insolvenzverfahrens steht einer Verrechnung des nachträglich eingegangen Betrags mit der Saldoforderung des Kreditinstituts das Aufrechnungsverbot des § 96 Abs. 1 Nr. 1 InsO entgegen, weil das Kreditinstitut erst nach Eröffnung des Insolvenzverfahrens zur Herausgabe des durch Überweisung erlangten Betrags verpflichtet wurde.[49]

15   Wird im Zusammenhang mit der Beendigung eines Zahlungsdiensterahmenvertrages zugleich bei einem anderen Kreditinstitut ein neues Zahlungskonto eröffnet, können Verbraucher Unterstützungsleistungen im Rahmen der **Kontowechselhilfe** nach §§ 20 ff. ZKG in Anspruch nehmen. Erforderlich ist eine Ermächtigung des Kontoinhabers, § 21 ZKG. Der empfangende (neue) Zahlungsdienstleister hat innerhalb von fünf Geschäftstagen, nachdem er von dem bisherigen Zahlungsdienstleister die Information zur Ausführung von Zahlungsaufträgen erhalten hat, die Kontoführung entsprechend der Ermächtigung fortzusetzen (zB sind Daueraufträge einzurichten, § 24 ZKG)

VI. Verbot eines Kündigungsentgelts (Abs. 4)

16   Die Vorschrift stellt ausdrücklich klar, dass die vom Zahlungsdienstnutzer ausgeübte Kündigung stets „kostenlos" zu sein hat. Die Vorschrift entspricht dem schon bislang im deutschen Recht geltenden Prinzip, dass für die Kündigung eines Girovertrages kein Entgelt verlangt werden darf.[50] Der Grundsatz der Vollharmonisierung (Art. 107 ZDRL) steht dem umfassenden Verbot eines Kündigungsentgelts nicht entgegen. Zwar erlaubt Art. 55 Abs. 2 S. 1 ZDRL die Erhebung eines angemessenen Entgelts für die Kündigung eines Zahlungsdiensterahmenvertrages, wenn der Vertrag weniger als sechs Monate in Kraft war. Die Regelung ist jedoch ausweislich des Wortlauts des Art. 55 Abs. 2 S. 2 ZDRL dispositiv (vgl. „sofern").

§ 675i Ausnahmen für Kleinbetragsinstrumente und E-Geld

(1) ¹Ein Zahlungsdienstevertrag kann die Überlassung eines Kleinbetragsinstruments an den Zahlungsdienstnutzer vorsehen. ²Ein Kleinbetragsinstrument ist ein Mittel,

1. mit dem nur einzelne Zahlungsvorgänge bis höchstens 30 Euro ausgelöst werden können,
2. das eine Ausgabenobergrenze von 150 Euro hat oder
3. das Geldbeträge speichert, die zu keiner Zeit 150 Euro übersteigen.

³In den Fällen der Nummern 2 und 3 erhöht sich die Betragsgrenze auf 200 Euro, wenn das Kleinbetragsinstrument nur für inländische Zahlungsvorgänge genutzt werden kann.

(2) Im Fall des Absatzes 1 können die Parteien vereinbaren, dass

1. der Zahlungsdienstleister Änderungen der Vertragsbedingungen nicht in der in § 675g Abs. 1 vorgesehenen Form anbieten muss,
2. § 675l Absatz 1 Satz 2, § 675m Absatz 1 Satz 1 Nummer 3 und 5 sowie Satz 2 und § 675v Absatz 5 nicht anzuwenden sind, wenn das Kleinbetragsinstrument nicht gesperrt oder eine weitere Nutzung verhindert werden kann,
3. die §§ 675u, 675v Absatz 1 bis 3 und 5, die §§ 675w und 676 nicht anzuwenden sind, wenn die Nutzung des Kleinbetragsinstruments keinem Zahlungsdienstnutzer zugeordnet werden kann oder der Zahlungsdienstleister aus anderen Gründen, die in dem Kleinbetragsinstrument selbst angelegt sind, nicht nachweisen kann, dass ein Zahlungsvorgang autorisiert war,
4. der Zahlungsdienstleister abweichend von § 675o Abs. 1 nicht verpflichtet ist, den Zahlungsdienstnutzer von einer Ablehnung des Zahlungsauftrags zu unterrichten, wenn die Nichtausführung aus dem Zusammenhang hervorgeht,

---

[46] BGH Urt. v. 5.12.2006 – XI ZR 21/06, BGHZ 170, 121 Rn. 12, 16 = NJW 2007, 914; Urt. v. 15.11.2005 – XI ZR 265/04, WM 2006, 28 (30).
[47] zeitliche Begrenzung offengelassen in BGHZ 170, 121, Rn. 13 = NJW 2007, 914.
[48] BGH Urt. v. 5.12.2006 – XI ZR 21/06, BGHZ 170, 121 Rn. 13 = NJW 2007, 914.
[49] BGH Urt. v. 26.6.2008 – XI ZR 47/05, WM 2008, 1442 Rn. 12.
[50] Erman/*Graf v. Westphalen* Rn. 1.

5. der Zahler abweichend von § 675p den Zahlungsauftrag nach dessen Übermittlung oder nachdem er dem Zahlungsempfänger seine Zustimmung zum Zahlungsauftrag erteilt hat, nicht widerrufen kann, oder
6. andere als die in § 675s bestimmten Ausführungsfristen gelten.

(3) ¹Die §§ 675u und 675v sind für E-Geld nicht anzuwenden, wenn der Zahlungsdienstleister des Zahlers nicht die Möglichkeit hat, das Zahlungskonto, auf dem das E-Geld gespeichert ist, oder das Kleinbetragsinstrument zu sperren. ²Satz 1 gilt nur für Zahlungskonten, auf denen das E-Geld gespeichert ist, oder Kleinbetragsinstrumente mit einem Wert von höchstens 200 Euro.

I. Allgemeines

Die Vorschrift beruht auf Art. 42, 63, 73 und 74 ZDRL. Die Vorschrift enthält über Art. 248 § 11   **1** EGBGB hinaus **Ausnahmen für Kleinbetragsinstrumente** (Abs. 2) **und E-Geld** (Abs. 3). Durch die Abs. 2 und 3 soll der Einsatz von Kleinbetragsinstrumenten – wie durch die eingeschränkten Informationspflichten des § 675d Abs. 1 iVm Art. 248 § 11 EGBGB – erleichtert werden. Dem entsprechend erlaubt Abs. 2 Vereinbarungen zwischen den Parteien, durch die geregelt werden kann, dass bestimmte Schutzvorschriften zu Gunsten des Zahlungsdienstleisters auf Kleinbetragsinstrumente nicht anzuwenden sind. Zudem setzt Abs. 3 die Vorschriften des § 675u und § 675v für Kleinbetragsinstrumente teilweise außer Kraft. Gleiches gilt für E-Geld, sofern der Zahlungsdienstleister des Zahlers nicht die Möglichkeit zur Sperrung des Zahlungskontos hat, auf das E-Geld gespeichert ist. § 675i gilt auch im unternehmerischen Rechtsverkehr (arg. e. § 675e Abs. 4). Zu Lasten des Zahlungsdienstnutzers ist die Vorschrift allerdings lediglich bei Zahlungsvorgängen mit Drittstaatenbezug abdingbar (§ 675e Abs. 2 Nr. 2). Abweichungen zu Gunsten des Zahlungsdienstnutzers sind demgegenüber uneingeschränkt zulässig.

II. Begriff des Kleinbetragsinstruments (Abs. 1)

Abs. 1 S. 1 bestimmt zunächst, dass ein Zahlungsdienstevertrag die Überlassung eines betragsmäßig   **2** begrenzten Kleinbetragsinstruments vorsehen kann. Darunter fällt insbesondere das karten- und serverbasierte E-Geld. Dies gilt etwa für die von der Deutschen Kreditwirtschaft ausgegebene Geldkarte, die als Prepaidkarte als Bargeldersatz zur Bezahlung niedrigpreisiger Waren und Dienstleistungen eingesetzt wird.[1] Definitionsgemäß dürfte es sich auch bei der **Kontaktlosfunktion (NFC)** von Debitkarten für Kleinbetragszahlungen als zusätzlicher Kartenfunktion um ein Kleinbetragsinstrument handeln, sofern die Höchstgrenzen des Abs. 1 eingehalten werden.[2] Der **Begriff des Kleinbetragsinstruments** ist in den Abs. 1 S. 2 und S. 3 legaldefiniert. Bei einem Zahlungsinstrument, das auch für grenzüberschreitende Zahlungsvorgänge eingesetzt werden kann, handelt es sich um ein Kleinbetragsinstrument, wenn eines der in Abs. 1 S. 2 genannten Merkmale erfüllt ist: entweder dürfen – erstens – nur einzelne Zahlungsvorgänge bis höchstens 30 EUR ausgelöst werden können (Nr. 1) oder es ist – zweitens – eine Ausgabenobergrenze von insgesamt 150 EUR festgelegt (Nr. 2) oder es können – drittens – nur Geldbeträge gespeichert werden, deren Gesamtbetrag zu keiner Zeit 150 EUR übersteigt (Nr. 3). Ist das Zahlungsinstrument lediglich für **inländische Zahlungsvorgänge** nutzbar, ist ein Zahlungsinstrument als Kleinbetragsinstrument einzuordnen, wenn sich die maßgebliche Ausgabenobergrenze bzw. der speicherbare Gesamtbetrag auf 200 EUR beläuft. Die Unterscheidung zwischen der Ausgabenobergrenze und speicherbarem Gesamtbetrag ist erforderlich, da eine Speicherung lediglich beim kartenbasierten, nicht aber beim serverbasierten E-Geld erfolgt.

III. Zulässige Parteivereinbarungen (Abs. 2)

Abs. 2 erlaubt als **Rechtsfolge,** dass die Parteien im Falle der Ausgabe eines Kleinbetragsinstruments   **3** von bestimmten Vorschriften des Zahlungsdiensterechts teilweise durch Vereinbarung abweichen können. Abs. 2 zählt die maßgeblichen Vorschriften abschließend auf. Nach § 675i Abs. 2 Nr. 1 darf der Zahlungsdienstleister bei entsprechender Vereinbarung Änderungen der Vertragsbedingungen in anderer als der in § 675g Abs. 1 genannten Form anbieten. Auch kann vereinbart werden, dass die Anzeigepflicht des § 675l Abs. 1 S. 2, einschließlich der flankierenden Regelungen des § 675m Abs. 1 S. 1 Nr. 3 und Nr. 5 und § 675v Abs. 5 nicht anzuwenden sind, wenn das Kleinbetragsinstrument nach dem Stand der Technik nicht gesperrt oder eine weitere Nutzung nicht verhindert werden kann (§ 675i Abs. 2 Nr. 2). Zudem kann durch Parteivereinbarung geregelt werden, dass die §§ 675u, 675v Abs. 1–3 sowie die §§ 675w und 676 nicht anzuwenden sind, wenn die Nutzung des Kleinbetragsinstruments keinem Zahlungsdienstnutzer zugeordnet werden kann oder der Zahlungsdienstleister aus anderen Gründen, in dem Kleinbetragsinstrument selbst angelegt sind, nicht nachweisen

---

[1] Palandt/*Sprau* Rn. 1.
[2] S. auch die Schlussanträge des Generalanwalts in der Rechtssache C-287/19, BeckRS 2020, 7135 mAnm *Linardatos* EWiR 2020, 353.

kann, dass ein Zahlungsvorgang autorisiert war (§ 675i Abs. 2 Nr. 3). Darüber hinaus ermöglicht § 675i Abs. 2 Nr. 4 zu Gunsten des Zahlungsdienstleisters eine vertragliche Abweichung von der Pflicht aus § 675o Abs. 1, den Zahlungsdienstnutzer von der Ablehnung eines Zahlungsauftrags zu unterrichten. Nach § 675i Abs. 2 Nr. 5 ist außerdem die Vereinbarung einer von § 675p abweichenden Regelung möglich sowie anderer als der in § 675s geregelten Ausführungsfristen (§ 675i Abs. 2 Nr. 6).

IV. Erleichterungen kraft Gesetzes (Abs. 3)

4   Nach Abs. 3 sind die Vorschriften über die Haftung des Zahlungsdienstleisters für nicht-autorisierte Zahlungen (§ 675u) und bei missbräuchlicher Nutzung eines Zahlungsinstruments (675v) – ohne dass es einer vertraglichen Vereinbarung bedarf – **kraft Gesetzes auf E-Geld** nicht anzuwenden, wenn der Zahlungsdienstleister nicht die Möglichkeit zur Sperrung des Zahlungskontos hat, auf dem das E-Geld gespeichert ist (Abs. 3 S. 1 und S. 2). Die Vorschrift trägt der Bargeldersatzfunktion des E-Geldes Rechnung. Wie beim Bargeld soll der Zahler die Gefahr des Verlusts und der missbräuchlichen Verwendung des E-Geld-Instruments tragen. Auch sind die Vorschriften der §§ 675u und 675v nach Abs. 3 **kraft Gesetzes** nicht auf **Kleinbetragsinstrumente** anwendbar, wenn der Zahlungsdienstleister nicht die Möglichkeit zur Sperrung hat (Abs. 3 S. 1) und das Kleinbetragsinstrument einen Wert von höchstens 200 EUR hat. Dieser Höchstbetrag entspricht der derzeit für entsprechende Produkte geltenden Grenze (Abs. 1 S. 3). Kleinbetragsinstrumente erfüllen regelmäßig die Definition des E-Geldes, sodass es auf die vom Gesetzgeber gewählte Unterscheidung zwischen Kleinbetragsinstrumenten und E-Geld in der Regel praktisch nicht ankommt (zur NFC-Funktion indes → Rn. 2).[3]

Schrifttum (ab 2009):

Zu §§ 675j, 675k *Belling/Belling,* Zahlungsdiensterecht und Bereicherungsausgleich bei nicht autorisierten Zahlungsvorgängen, JZ 2010, 708; *Bitter,* Problemschwerpunkte des neuen Zahlungsdiensterechts, WM 2010, 1735 (Teil I) und WM 2010, 1773 (Teil II); *Casper/Pfeifle,* Missbrauch der Kreditkarte im Präsenz- und Mail-Order-Verfahren nach neuem Recht, WM 2009, 2343; *Danwerth,* Mobile Payment – Innovation des Zahlungsverkehrs oder unkalkulierbares Risiko?, ZBB 2015, 119; *Dieckmann,* Die Echtzeitüberweisung – Paradigmenwechsel im Recht des Zahlungsverkehrs, BKR 2018, 276; *Franck/Massari,* Die Zahlungsdiensterichtlinie: Günstigere und schnellere Zahlungen durch besseres Vertragsrecht?, WM 2009, 1117; *Grundmann,* Das neue Recht des Zahlungsverkehrs, WM 2009, 1109 (Teil I Grundsatzüberlegungen und Überweisungsrecht) und WM 2009, 1157 (Teil II Lastschrift, Kartenzahlungen und Ausblick); *Harman,* Neue Instrumente des Zahlungsverkehrs: PayPal & Co., BKR 2018, 457; *Hofmann,* Haftung im Zahlungsverkehr, BKR 2014, 105; *Köndgen,* Das neue Recht des Zahlungsverkehrs, JuS 2011, 48; *Müller/Galneder,* Der PayPal-Käuferschutz in der Architektur der Erfüllungsdogmatik, BKR 2018, 106; *Linardatos,* Das Haftungssystem im bargeldlosen Zahlungsverkehr nach Umsetzung der Zahlungsdiensterichtlinie, 2013; *Nobbe,* Neuregelungen im Zahlungsverkehrsrecht – Ein kritischer Überblick, WM 2011, 961; *Nobbe,* Die Rechtsprechung des Bundesgerichtshofs zu Kartenzahlungen und die neuere Rechtsprechung des Bundesgerichtshofs zum Wechsel- und Scheckrecht, WM-Sonderbeilage 2/2012, 1; *Obermüller,* Überweisungsverkehr bei Insolvenz unter Berücksichtigung des neuen Rechts der Zahlungsdienste, ZInsO 2010, 8; *Omlor,* Zahlungsauftrag, Zahlungsinstrument, Zahlungsauthentifizierungsinstrument und personalisiertes Sicherheitsmerkmal – eine begriffliche Quadratur des Kreises?, GPR 2014, 282; *Omlor,* Aktuelle Gesetzgebungsvorhaben: Umsetzung der zweiten Zahlungsdiensterichtlinie, JuS 2017, 626; *Omlor,* E-Geld im reformierten Zahlungsdiensterecht, ZIP 2017, 1836; *Piekenbrock,* Das Recht der Zahlungsdienste zwischen Unions- und nationalem Recht, WM 2015, 797; *Rammos,* The future is near ... field communication? – Rechtliche Rahmenbedingungen bei kontaktlosen Zahlungen mittels mobiler Endgeräte, CR 2014, 67; *Reymann,* Das Recht der Zahlungsdienste – Eine Zwischenbilanz auf dem Weg zur SEPA, DStR 2011, 1959; *Rösler/Werner,* Erhebliche Neuerungen im zivilen Bankrecht: Umsetzung von Verbraucher- und Zahlungsdiensterichtlinie, BKR 2009, 1; *Rühl,* Weitreichende Änderungen im Verbraucherdarlehensrecht und Recht der Zahlungsdienste, DStR 2009, 2256; *Scheibengruber,* Zur Zulässigkeit und Sinnhaftigkeit der Verlagerung des Missbrauchsrisikos bei Zahlungsdiensten auf die Nutzer – Ein Beitrag zur Analyse der Umsetzung der Zahlungsdiensterichtlinie in das BGB und die AGB der Banken, BKR 2010, 15; *Schürmann,* Das neue Recht der Zahlungsaufträge – ein Überblick, in Habersack/Mülbert/Nobbe/Wittig, Die zivilrechtliche Umsetzung der Zahlungsdiensterichtlinie – Finanzmarktkrise und Umsetzung der Verbraucherkreditrichtlinie (Bankrechtstag 2009), 2010, 11; *Spindler/Zahrte,* Zum Entwurf für eine Überarbeitung der Zahlungsdiensterichtlinie (PSD II), BKR 2014, 265; *Terlau,* SEPA Instant Payment – POS- und eCommerce-Abwicklung über Zahlungsauslösedienste und technische Dienstleister nach der Zweiten Zahlungsdiensterichtlinie (Payment Services Directive 2, PSD2), jurisPR-BKR 2/2016 Anm. 1; *Werner,* Das Weisungsrecht im Überweisungsrecht, BKR 2010, 353; *Zahrte,* Neuerungen im Zahlungsdiensterecht, NJW 2018, 337; *Zahrte,* Haftungsverteilung im Zahlungsdiensterecht beim CEO-Fraud, BKR 2019, 126.

Zusätzlich zu §§ 675l–675q *Bauer/Glos,* Die zweite Zahlungsdiensterichtlinie – Regulatorische Antwort auf Innovation im Zahlungsverkehrsmarkt, DB 2016, 456; *Borges,* Identitätsmissbrauch im Online-Banking und die neue Zahlungsdiensterichtlinie (PSD2), ZBB 2016, 249; *Danwerth,* Mobile Payment – Innovation des Zahlungsverkehrs oder unkalkulierbares Risiko?, ZBB 2015, 119; *van Gelder,* Phisher, Pharmer & Co. – Angriffe und Haftung beim Online-Banking, aus der Praxis eines Ombudsmannes, FS Nobbe, 2009, 55; *Gössmann/Bredenkamp,* Phishing, Vishing, Spoofing, Pharming oder Sniffing – Moderne Missbrauchsformen im Zahlungsverkehr, FS Nobbe, 2009, 93; *Hingst/Lösing,* Die geplante Fortentwicklung des europäischen Zahlungsdiensteaufsichtsrechts durch die Zweite Zahlungsdienste-Richtlinie, BKR 2014, 315; *Hoeren/Kairies,* Anscheinsbeweis und chipTAN, ZBB 2015, 35; *Hoff-*

---

[3] MüKoBGB/*Casper* Rn. 10.

mann, Kundenhaftung unter der Neufassung der Zahlungsdiensterichtlinie, VuR 2016, 243; *Hossenfelder,* Pflichten von Internetnutzern zur Abwehr von Malware und Phishing in Sonderverbindungen, 2013; *Hossenfelder,* Onlinebanking und Haftung – Zu den Sorgfaltspflichten des Bankkunden im Lichte des neuen Zahlungsdiensterechts, CR 2009, 790; *Köbrich,* Phishing 2.0 – Ein Überblick über die zivilrechtlichen Streitstände, VuR 2015, 9; *Linardatos,* Der Kommissionsvorschlag für eine Zahlungsdiensterichtlinie II – Ein Überblick über die haftungsrechtlichen Reformvorhaben, WM 2014, 300; *Lorenz,* Sorgfaltspflichten im Umgang mit Passwörtern, DuD (Datenschutz und Datensicherheit) 2013, 220; *Müller-Brockhausen,* Haftung für den Missbrauch von Zugangsdaten im Internet, 2014; *Omlor,* Online-Banking unter Geltung der Zweiten Zahlungsdiensterichtlinie (PSD II), BKR 2019, 105; *Omlor/Elixmann,* Das Rundschreiben der BaFin zu Mindestanforderungen an die Sicherheit von Internetzahlungen, jM 2015, 398; *Schulte am Hülse/Klabunde,* Abgreifen von Bankzugangsdaten im Onlinebanking – Vorgehensweise der Täter und neue zivilrechtliche Haftungsfragen des BGB, MMR 2010, 84; *Söbbing,* Mobile Zahlungssysteme – Die rechtlichen Herausforderungen bei Zahlungen via Smartphone, Tablet, Watch etc. –, WM 2016; *Spindler,* Internet-Banking und Haftungsverteilung zwischen Bank und Kunden, FS Nobbe, 2009, 215; *Terlau,* Die zweite Zahlungsdiensterichtlinie – zwischen technischer Innovation und Ausdehnung des Aufsichtsrechts, ZBB 2016, 122; *Verheyen/Elgert,* Haftungsfragen bei Angriffen auf das mobile TAN-Verfahren beim Online-Banking, K&R (Kommunikation und Recht) 2015, 440; *Zahrte,* Angriffe auf das Onlinebanking im Jahr 2016, BKR 2016, 315; *Zahrte,* Mindestanforderungen an die Sicherheit von Internetzahlungen (MaSI) – Rechtsfolgen für die Praxis, ZBB 2015, 410; *Zahrte,* Aktuelle Entwicklungen beim Pharming – Neue Angriffsmethoden auf das Online-Banking, MMR 2013, 207; *Zahrte,* Die Natur des Dauerauftrags vor dem Hintergrund des neuen Zahlungsdiensterechts, BKR 2012, 12.

Zusätzlich zu §§ 675r–675t *Casper,* Die fehlgeleitete Überweisung wegen falscher Kontonummer, FS Nobbe, 2009, 3; *Einsele,* Die bereicherungsrechtliche Rückabwicklung von Zahlungen wegen falscher Kontoangabe, FS Dieter Reuter, 2010, 53; *Hadding,* Zur „Kundenkennung" im neuen Recht der Zahlungsvorgänge, FS Uwe H. Schneider, 2011, 443; *Hoffmann,* Die Überweisung anhand fehlerhafter Kundenkennung unter der Neufassung der Zahlungsdiensterichtlinie, WM 2016, 1110; *Rauhut,* Fehlüberweisung wegen falscher Kontodaten, ZBB 2009, 32; *Sprau,* Die Haftung bei fehlerhaften Zahlungsvorgängen – Anmerkungen aus der Sicht eines unbefangenen Kommentators, in Habersack/Mülbert/Nobbe/Wittig, Die zivilrechtliche Umsetzung der Zahlungsdiensterichtlinie – Finanzmarktkrise und Umsetzung der Verbraucherkreditrichtlinie (Bankrechtstag 2009), 2010, 107; *Wolters,* Geld weg bei falscher Kontonummer?, VuR 2009, 16.

Zusätzlich zu §§ 675u–675w *Bartels,* Zur bereicherungsrechtlichen Rückabwicklung von Überweisungen nach Umsetzung der Zahlungsdiensterichtlinie, WM 2010, 1828; *Böger,* Neue Rechtsregeln für den Zahlungsverkehr – Zahlungskontengesetz und Zahlungsdiensterichtlinie II, in Bankrechtliche Vereinigung, Bankrechtstag 2016, 2017, 193; *Borges,* Haftung für Identitätsmissbrauch im Online-Banking, NJW 2012, 2385; *Derleder,* Die vollharmonisierende Europäisierung des Rechts der Zahlungsdienste und des Verbraucherkredits, NJW 2009, 3195; *Diekmann,* Die SEPA-Überweisung: eine unterschätzte Gefahr für die Banken – Zum Rückforderungsanspruch der Bank bei einer Fehlüberweisung, WM 2015, 14; *Ebnet,* Widerruf und Widerrufsbelehrung, NJW 2011, 1029; *Foerster,* Nicht autorisierte Zahlungsvorgänge und Ausschlussfrist des § 676b Abs. 2 BGB – Ausgleich in Anweisungsfällen, AcP 213 (2013), 407; *Fornasier,* Der Bereicherungsausgleich bei Fehlüberweisungen und das europäische Recht der Zahlungsdienste, AcP 212 (2012), 410; *Freitag,* Die Geldschuld im europäischen Privatrecht, AcP 213 (2013), 129; *Grüneberg,* Aktuelle Rechtsprechung des XI. Zivilsenats des Bundesgerichtshofs – Teil II, WM 2017, 61; *Hadding,* Anmerkung zum Urteil des BGH vom 16.6.2015 (XI ZR 243/13) – Zum Bereicherungsausgleich im Zahlungsdienserecht; Rechtsprechungsänderung; WuB 2015, 1631; *Hadding,* Anmerkung zum Urteil des AG Hamburg-Harburg vom 24.4.2013 (642 C 2/13) – Zur bereicherungsrechtlichen Rückabwicklung in Anweisungsfällen unter dem neuen Recht der Zahlungsdienste, WuB 2014, 352; *Hauck,* Bereicherungsausgleich bei Anweisungsfällen nach Umsetzung der Zahlungsdiensterichtlinie, JuS 2014, 1066; *Herresthal,* Anscheinsbeweis und Rechtsscheinhaftung beim Online-Banking, JZ 2017, 28; *Hofmann,* Haftung im Zahlungsverkehr, BKR 2014, 105; *Hofmann,* Das neue Haftungsrecht im Zahlungsverkehr, BKR 2018, 62; *Kropf,* Abkehr vom Veranlasserprinzip seitens des BGH beim bereicherungsrechtlichen Ausgleich im Überweisungsverkehr, WM 2016, 67; *Linardatos,* Das Haftungssystem im bargeldlosen Zahlungsverkehr nach Umsetzung der Zahlungsdiensterichtlinie, 2013; *Linardatos,* Anscheinsbeweise im Zahlungsdienserecht, NJW 2017, 2145; *Lippe/Voigt,* Verwirkung von Widerrufsrechten, NZG 2010, 1258; *Müller,* Der Bereicherungsausgleich bei Fehlleistungen des Kreditinstituts im bargeldlosen Zahlungsverkehr, WM 2010, 1293; *Müller/Plettenberg,* Zur Wende in der höchstrichterlichen Rechtsprechung zum Bereicherungsausgleich bei fehlerhaften Banküberweisungen – Eine kritische Anmerkung zu den Urteilen des XI. Zivilsenats des BGH vom 2. und 16.6.2015 = WM 2015, 1458 und WM 2015, 1631, WM 2016, 809; *Omlor,* SEPA-Zahlungsdienste und Bereicherungsausgleich im Mehrpersonenverhältnis – maximale Harmonisierung oder harmonische Autonomie?, jM 2014, 315; *Omlor,* Geldprivatrecht – Entmaterialisierung, Europäisierung, Entwertung, 2014; *Rademacher,* § 675u BGB: Einschränkung des Verkehrsschutzes im Überweisungsrecht?, NJW 2011, 2169; *Schnauder,* Die Sonderrechtsprechung zum Bereicherungsausgleich im neuen Zahlungsdiensterecht, JZ 2016, 603; *Schürnbrand,* Zwingender Verbraucherschutz und das Verbot unzulässiger Rechtsausübung, JZ 2009, 133; *Sorg,* Die zivilrechtliche Haftung im bargeldlosen Zahlungsverkehr, 2015; *Wilhelm,* Zahlungsdiensterichtlinie und Leistungskondiktion im Mehrpersonenverhältnis, BKR 2017, 8; *Winkelhaus,* Der Bereicherungsausgleich im Lichte des neuen Zahlungsdiensterechts, BKR 2010, 441; *Winkelhaus,* Der Bereicherungsausgleich bei fehlerhafter Überweisung nach Umsetzung des neuen Zahlungsdiensterechts, 2012; *Zahrte,* Angriffe auf das Onlinebanking im Jahre 2016 – Zugleich eine Besprechung von LG Köln (Az. 30 O 330/14) und OLG Köln (Az. 13 U 223/15), BKR 2016, 315; *Zahrte,* Aktuelle Entwicklungen beim Pharming – Neue Angriffsmethoden auf das Online-Banking, MMR 2013, 207.

Zusätzlich zu § 675x *Bautsch/Zahrte,* Die „SEPA-Migrationsverordnung" – Revolution des deutschen Massenzahlungsverkehrs in 2014?, BKR 2012, 229; *Hadding,* Herkömmliche Einzugsermächtigungslastschrift – Fortbestand nach Umsetzung der EU-Zahlungskontenrichtlinie oder Wegfall nach europäischem Interbankenabkommen (SEPA-Rulebook), FS Hüffer, 2010, 273; *Müller/Galneder,* Der PayPal-Käuferschutz in der Architektur der Erfüllungsdogmatik, BKR 2018, 106; *Obermüller/Kuder,* SEPA-Lastschriften in der Insolvenz nach dem neuen Recht der Zahlungsdienste, ZIP 2010, 349; *Omlor,* Die neue Einzugsermächtigungslastschrift – Von der Genehmigungs- zur

Einwilligungstheorie, NJW 2012, 2150; *v. Olshausen,* Die SEPA-Lastschrift: Erfüllung – Aufrechnung – Insolvenz, 2015; *Werner,* Rechtliche Neuerungen im Lastschriftverfahren – insbesondere das SEPA-Lastschriftverfahren, BKR 2010, 9; *Werner,* Der Weg zu SEPA und die Auswirkungen auf die Zahlungsdienste – Ein Überblick, WM 2014, 243.

Zusätzlich zu §§ 675y–676c *Arndt,* Das Interbankenverhältnis im Überweisungsrecht, 2012; *Einsele,* Die Rechtsstellung von Unternehmern im Zahlungsverkehr, ZIP 2011, 1741; *Einsele,* Der Erstattungsanspruch des Zahlers, WM 2015, 1125; *Jungclaus/Keller,* Zum Bereicherungsausgleich nach zu Unrecht erfolgten Lastschriftwidersprüchen, ZIP 2011, 941; *Hadding,* Zur verspäteten Ausführung eines Überweisungsauftrags oder eines Lastschriftmandats, WM 2014, 2065; *Rauhut,* Fehlüberweisung wegen falscher Kontodaten, ZBB 2009, 32.

Zum Schrifttum vor der Umsetzung der ZDRL s. Vorauflage Schrifttum Bankrecht II.

§ 675j Zustimmung und Widerruf der Zustimmung

(1) [1]Ein Zahlungsvorgang ist gegenüber dem Zahler nur wirksam, wenn er diesem zugestimmt hat (Autorisierung). [2]Die Zustimmung kann entweder als Einwilligung oder, sofern zwischen dem Zahler und seinem Zahlungsdienstleister zuvor vereinbart, als Genehmigung erteilt werden. [3]Art und Weise der Zustimmung sind zwischen dem Zahler und seinem Zahlungsdienstleister zu vereinbaren. [4]Insbesondere kann vereinbart werden, dass die Zustimmung mittels eines bestimmten Zahlungsinstruments erteilt werden kann.

(2) [1]Die Zustimmung kann vom Zahler durch Erklärung gegenüber dem Zahlungsdienstleister so lange widerrufen werden, wie der Zahlungsauftrag widerruflich ist (§ 675p). [2]Auch die Zustimmung zur Ausführung mehrerer Zahlungsvorgänge kann mit der Folge widerrufen werden, dass jeder nachfolgende Zahlungsvorgang nicht mehr autorisiert ist.

Übersicht

I. Allgemeines

1   Die Vorschrift beruht auf Art. 54 f. ZDRL 2007 und regelt, unter welchen Voraussetzungen ein Zahlungsvorgang wirksam wird.[1] Hierbei bildet der Begriff „Autorisierung", der in Abs. 1 legaldefiniert wird, den Ausgangspunkt und zugleich die für das Zahlungsdiensterecht spezifische Weichenstellung.[2] Der Zahler soll für den Zahlungsvorgang nur einzustehen haben, wenn er in dessen Ausführung **eingewilligt** hat, nur dann entsteht nach § 650u ein **Aufwendungsersatzanspruch.** Hiervon kann abgewichen werden (Abs. 1 S. 2). Ein Widerruf der Autorisierung ist ohne weitere Vereinbarung bis zu dem Zeitpunkt möglich, zu dem der Zahlungsauftrag beim Zahlungsdienstleister zugegangen (§ 675p Abs. 1) oder einem Zahlungsauslösedienstleister bzw. dem Zahlungsempfänger die Zustimmung erteilt worden ist (§ 675p Abs. 2).

2   Durch die Neufassung des § 675p im Rahmen der Umsetzung der ZDRL wird der Tatsache Rechnung getragen, dass nunmehr Zahlungsauslösedienstleister in den Zahlungsvorgang eingebunden werden können. Erfasst werden **alle Zahlungsvorgänge,** also mittels Überweisung, Lastschrift (in den SEPA-Lastschriftverfahren), Zahlungskarte, Finanztransfer, Fernzahlungsvorgang (Internet), E-Geld (zur Definition: § 1 ZDUG). Der Begriff „Zahlungsauthentifizierungsinstrument" in Abs. 1 S. 4 wurde zugunsten des Begriffs „Zahlungsinstrument" (§ 1 Abs. 20 ZAG idF der ZDRL) aufgegeben; eine Änderung der Rechtslage ist damit grundsätzlich nicht verbunden (→ Rn. 22). **Abdingbar** zu Lasten des Zahlungsdienstenutzers nur im Rahmen von § 675e, zu seinen Gunsten hinsichtlich Zahlungsdienstleister und Zahlungsauslösedienstleister Inhaltskontrolle nach §§ 307 ff.[3]

---

[1] Näher zur Entstehungsgeschichte Staudinger/*Omlor,* 2012, § 675j Rn. 1.
[2] MüKoBGB/*Jungmann* § 675j Rn. 2; BGH Urt. v. 16.6.2015 – XI ZR 243/13, NJW 2015, 3093 (3095) – „Dreh- und Angelpunkt".
[3] Palandt/*Sprau* § 675j Rn. 1.

II. Autorisierung

Autorisierung ist Willenserklärung;[4] die allgemeinen Regeln der Rechtsgeschäftslehre sind an-   **3**
zuwenden.[5] Für den Zugang gilt § 130 Abs. 1 S. 1, wobei in vielen Fällen eine elektronische Willenserklärung vorliegen wird, die maschinell entgegengenommen und verarbeitet wird (zB durch die
Eingabe der PIN in ein POS und den nachfolgenden Abgleich mit den Daten des kartenemittierenden
Instituts). Häufig wird die Willenserklärung an gewillkürte Formerfordernisse gebunden sein (AGB).[6]
Sie muss vom *Berechtigten* abgegeben werden, wobei Stellvertretung auf beiden Seiten und jeder Ebene
des mehrstufigen Zahlungsvorgangs zulässig ist, auch wenn die Autorisierung über einen Zahlungsauslösedienstleister oder sonstigen Dritten erfolgt. Die Grundsätze der Rechtsscheinhaftung finden
Anwendung.[7] Ob auch die Regeln des Rechts der Irrtumsanfechtung (§ 119) Anwendung finden, ist
umstritten.[8] Dagegen spricht vor allem, dass bereits die ZDRL 2007 eine Vollharmonisierung des
Zahlungsdiensterechts bezweckt hat (s. Art. 86 ZDRL 2007) und sich daraus ergibt, dass die Rückabwicklung von Zahlungsaufträgen durch die RL abschließend geregelt sein soll. Raum bleibt allerdings in Ausnahmefällen (→ Rn. 14) und für eine Anwendung der Arglist- und Drohungsanfech-
tung (§ 123),[9] weil die ZDRL 2007 insoweit keine Regelungen getroffen hat. Durch die Umsetzung
der ZDRL ergeben sich insoweit keine Änderungen.

1. Zustimmung. Zustimmung ist als Oberbegriff zu verstehen und umfasst nach Satz 2 Einwil-   **4**
ligung und unter bestimmten Voraussetzungen Genehmigung (wenn vorher vereinbart; idR im
Zahlungsdiensterahmenvertrag;[10] praktisch mit der Aufgabe des Einzugsermächtigungsverfahrens
weniger relevant). Auch hier gelten die allgemeinen Regeln, „Zustimmung" bedeutet nicht nur
Einverständnis mit dem tatsächlichen Geschehen,[11] sondern Zustimmung zu einem Rechtsgeschäft,
wobei die Parteien die Anforderungen an die wirksame Erteilung der Zustimmung selbst definieren.
Die (zumeist in AGB) vereinbarte Genehmigung wirkt zurück (§ 184 Abs. 1), insofern verbleibt dem
Zahler auch das Recht, einen Zahlungsvorgang im Nachhinein zu legitimieren.[12] Die Ausgestaltung
der Zustimmung im Einzelfall hängt von den Besonderheiten des Zahlungsvorgangs ab[13] und wird in
diesem Rahmen, insbesondere unter Berücksichtigung von Zahlungsinstrumenten im Anwendungsbereich des § 675k, frei vereinbart (Abs. 1 S. 3, 4).[14]

Die Parteien können in diesem Rahmen detaillierte Regelungen treffen, wie die Zustimmung   **5**
übermittelt und ausgestaltet werden soll. Sie variiert je nach Zahlungsinstrument. AGB unterliegen der
Inhaltskontrolle nach §§ 307 (B2B), 308, 309 (B2C). Ist die Bevollmächtigung zB im Rahmen eines
Zahlungskartenvertrages durch die AGB ausgeschlossen, liegt keine wirksame Autorisierung vor, wenn
der Zahlungskarteninhaber in die Transaktion des Vertreters einwilligt.[15] Eine wirksame Autorisierung
liegt auch nicht vor, wenn der Zahlungsvorgang von einem Dritten unter „Aussperrung" des Berechtigten von der Nutzung des Zahlungsinstruments oder des Online-Dienstes veranlasst wird.[16]

---

[4] Langenbucher/Bliesener/Spindler/*Langenbucher* § 675j Rn. 5 unter Verweis auf die teilweise vertretene Auffas-
sung (rechtsgeschäftsähnliche Handlung) und mit dem zutreffenden Hinweis, dass dort die Vorschriften über die
Willenserklärungen analog angewendet werden. So zB *Schmieder* in Schimansky/Bunte/Lwowski BankR-HdB § 49
Rn. 16 mwN. S. auch MüKoHGB/*Häuser* Bd. 6 (Bankvertragsrecht) B Rn. 99.

[5] Langenbucher/Bliesener/Spindler/*Langenbucher* § 675j Rn. 5; MüKoBGB/*Jungmann* § 675j Rn. 12; Palandt/
Sprau § 675j Rn. 3.

[6] Näher Erman/*Graf v. Westphalen* § 675j Rn. 2.

[7] BGH Urt. v. 26.1.2016 – XI ZR 91/14, NJW 2016, 2024 (2027) unter Bezugnahme auf BT-Drs. 16/11643,
115 und Erwägungsgrund 33 ZDRL 2007 („Beweiswürdigung nach den Grundsätzen des nationalen Prozessrechts
muss möglich bleiben"); schon LG Darmstadt Urt. v. 28.8.2014 – 28 O 36/14, BKR 2014, 480 (483) zur Anscheinsvollmacht bei einem „Man-in-the-Middle"-Angriff im Rahmen des Smart TAN-Plus-Verfahrens; BeckOK BGB/
Schmalenbach § 675j Rn. 4; Langenbucher/Bliesener/Spindler/*Herresthal* § 675u Rn. 7; diff. Palandt/*Sprau* § 675j
Rn. 2 („wenn das System der Haftung gem. § 675u ff. nicht entgegensteht"); aA MüKoHGB/*Häuser* Bd. 6 (Bankvertragsrecht) B Rn. 99; MüKoBGB/*Jungmann* § 675j Rn. 15 unter Verweis auf die vorzitierte Entscheidung des
BGH; krit. auch *Köbrich* VuR 2015, 9 (13).

[8] So *Zahrte* BKR 2016, 315 (317) unter Verweis auf die instanzgerichtliche Rechtsprechung und Teile des
Schrifttums; w. Nachw. bei MüKoBGB/*Jungmann* § 675j Rn. 17. Offenlassend ausdr. OLG Brandenburg BeckRS
2018, 3962 Rn. 32.

[9] Für die Irrtumsanfechtung näher *Zahrte* BKR 2016, 315 (317) unter Verweis darauf, dass insofern iRd § 122 auf
den privilegierenden Haftungsmaßstab des § 675v Abs. 2 zurückgegriffen werden könnte.

[10] Staudinger/*Omlor*, 2012, § 675j Rn. 4.

[11] So aber Palandt/*Sprau* § 675j Rn. 3 unter Verweis auf § 684 S. 2, der sich aber ausdr. nur auf die Genehmigung
bezieht und nicht die Regelungssystematik der §§ 182 ff. aufgreift.

[12] MüKoBGB/*Jungmann* § 675j Rn. 28 f., für Missverständnisse zwischen Kunden und Bank.

[13] MüKoBGB/*Jungmann* § 675j Rn. 21 (Differenzierung nach Zeitpunkt und Art und Weise).

[14] Wobei regelmäßig weitere Erleichterungen, wie zB die konkludente Einwilligung, vereinbart werden – näher
MüKoBGB/*Jungmann* § 675j Rn. 32.

[15] BGH Beschl. v. 23.11.2016 – 4 StR 464/16, NStZ-RR 2017, 79 (80) iRd Prüfung des objektiven Tatbestands
des § 263a Abs. 1 StGB (Computerbetrug).

[16] *Zahrte* BKR 2016, 315 (319).

6   **a) Überweisung.** Auf der Grundlage eines Zahlungsdiensterahmenvertrages als materieller Grundlage[17] erbringt der Zahlungsdienstleister (Bank) „einzelne und aufeinander folgende Zahlungsvorgänge" (§ 675f Abs. 2), wobei Art. 2 Nr. 1 SEPA-VO speziell die Überweisung als „ein vom Zahler ausgelöster Zahlungsdienst zum Zweck der Erteilung einer Gutschrift auf das Zahlungskonto des Zahlungsempfängers zulasten des Zahlungskontos des Zahlers in Ausführung eines oder mehrerer Zahlungsvorgänge durch den Zahlungsdienstleister des Zahlers" definiert. Es handelt sich um eine Push-Zahlung. Überweisungen können institutsintern, institutsfremd und auch über weitere zwischengeschaltete Stellen abgewickelt werden, sodass mindestens drei aber auch mehr Personen beteiligt sein können, die jeweils entsprechend der Vereinbarungen in den anwendbaren AGB autorisiert werden müssen. Die den Zahlungsvorgang auslösende Autorisierung (Einwilligung[18]) durch den Zahlenden erfolgt im Rahmen (dh zusammen mit) der auftragsrechtlichen Weisung (§ 665) an „seinen" Zahlungsdienstleister und umfasst, wenn dies vereinbart ist, auch die Autorisierung der sonst beteiligten Dienstleister (§§ 164 ff.).

7   Die **Ausführung der Weisung** darf vom Zahlungsdienstleister nur in den Grenzen des § 675o Abs. 2 (mit der Kostenfolge des § 675o Abs. 4) abgelehnt werden, wobei die in der Weisung enthaltene Autorisierung mit Ablehnung und Information des Zahlers nach § 675o Abs. 1 erlischt (*ex nunc;* § 675o Abs. 3 sieht für §§ 675s, 675y, 675z eine Rückwirkungsfiktion vor; der Zahlungsauftrag und damit auch die Autorisierung gelten als „nicht zugegangen", was nach der Rechtslage vor der 2. ZDRL problematisch war – jetzt regelt § 670o Abs. 4 ausdrücklich, dass Gebühren vereinbart werden können, wenn die Ausführung eines Zahlungsauftrags *berechtigterweise* abgelehnt wird). Aufträge, die online abgegeben werden, müssen standardisiert und unter Verwendung der vereinbarten persönlichen Sicherheitsmerkmale (PIN/TAN) eingehen.[19]

8   **Wirksamkeitshindernisse,** welche die Weisung betreffen, erfassen auch die Autorisierung. Zu denken ist an fehlende Geschäftsfähigkeit (Minderjährige[20], Demente) oder Missbrauch der Vertretungsmacht (jedenfalls, wenn der Zahlungsdienstleister das erkennen konnte). Der Dauerauftrag setzt eine „antizipierte Weisung" voraus, welche die Einwilligung für alle folgenden Zahlungen enthält.[21]

9   **b) Lastschrift.** Das Lastschriftverfahren (SEPA-Firmen- und Basislastschrift) verlangt grundsätzlich zweifache Autorisierung, einerseits gegenüber dem eigenen Zahlungsdienstleister durch den Zahlungsdiensterahmenvertrag und andererseits gegenüber dem Zahlungsempfänger, um diesen zu ermächtigen, den Abbuchungsvorgang zu initiieren. In den SEPA-Lastschriftverfahren weist der Schuldner sein Institut an, auf Anforderung sein Konto zu belasten und im Interbankenverhältnis Gutschrift zu erteilen und damit die eingehenden Lastschriften einzulösen.[22] Hierbei handelt es sich nach der ganz hM um eine auftragsrechtliche (General-)Weisung (§§ 665, 675) an die Zahlstelle.[23] Die in der Weisung enthaltene Zustimmung unterliegt keinen Formerfordernissen[24] und kann zwischen den Parteien insbesondere in AGB als Einwilligung und/oder Genehmigung für mehrere Zahlungsvorgänge frei vereinbart werden (§ 675j Abs. 1 S. 3). Art und Weise der Erklärung muss dem Zahlungsdienstenutzer mitgeteilt werden (Art. 248 § 4 Abs. 1 Nr. 2 lit. c EGBGB).

10   In der Praxis treffen die **SEPA-Lastschriftbedingungen** entsprechende Regelungen (s. Nr. 2.2.1 ff. SEPA Basislastschrift). In den auf dieser Grundlage entwickelten Mustern (s. Muster-Basis- und Firmenlastschrift) wird wie folgt formuliert: „...ermächtige, Zahlungen von meinem Konto mittels Lastschrift einzuziehen. Zugleich weise ich mein Kreditinstitut an, die von der Muster GmbH auf mein Konto gezogenen Lastschriften einzulösen." Die infolge der ZDRL geänderten SEPA-Lastschriftbedingungen sehen nunmehr vor, dass die Ermächtigung zugleich die Zustimmung zum Transfer der relevanten personenbezogenen Daten auch an zwischengeschaltete Stellen beinhaltet (Nr. 2.2.1 SEPA-Basislastschrift). Hierdurch soll sichergestellt werden, dass die Anforderungen des **Datenschutzrechts** gerade bei der von der ZDRL gewollten Einbindung von Intermediären (Kontoinformationsdienstleister, Zahlungsauslösedienstleister) aus Sicht des kontoführenden Zahlungsdienstleisters erfüllt werden.

11   **c) Zahlungskarte.** Mit der Umsetzung von Art. 4 Nr. 3 ZDRL iVm Anh. I Nr. 3 ZDRL in § 1 Abs. 1 Nr. 3 lit. b ZAG als „Ausführung von Zahlungsvorgängen mittels einer Zahlungskarte oder eines ähnlichen Zahlungsinstruments" definiert, als „Zahlungsgeschäft" eingeordnet und entsprechend

---

[17] Staub/*Grundmann* Zahlungsgeschäft Rn. 230.
[18] MüKoBGB/*Jungmann* § 675j Rn. 50.
[19] Staub/*Grundmann* Zahlungsgeschäft Rn. 229.
[20] OLG Schleswig Beschl. v. 28.11.2013 – 5 W 40/13, NJW-RR 2014, 741: Autorisierung nur, wenn der Überweisende tatsächlich berechtigt ist (hier: Fehlen einer vormundschaftsgerichtlichen Zustimmung). Näher *Schmieder* in Schimansky/Bunte/Lwowski BankR-HdB § 49 Rn. 19 f.; Staub/*Grundmann* Zahlungsgeschäft Rn. 231, 245 unter Verweis auf die ältere Rspr.
[21] MüKoBGB/*Jungmann* § 675j Rn. 52.
[22] Staub/*Grundmann* Zahlungsgeschäft Rn. 234 unter Verweis auf das entsprechende Muster (s. auch → Anh. § 676c Rn. 2, 3).
[23] BGH Urt. v. 20.7.2010 – XI ZR 236/07, NJW 2010, 3510, 3512; MüKoBGB/*Jungmann* § 675j Rn. 50 mwN.
[24] Staub/*Grundmann* Zahlungsgeschäft Rn. 233 unter Verweis auf die Entstehungsgeschichte der ZDRL 2007.

der ZDRL neu geordnet. Die Zahlungskarte legitimiert den darin ausgewiesenen Inhaber, bargeldlose Zahlungen vorzunehmen oder Bargeld abzuheben (s. auch § 152a StGB). Häufigster Anwendungsfall ist die **Girocard** in der Form der EC-Karte, aber auch zunehmend die sogenannte **Debit-Karte** von Drittanbietern, die in Konkurrenz zur Girocard des Bankwesens tritt. Durch die Eingabe von Girocard und PIN am Geldausgabeautomat des eigenen Instituts macht der Karteninhaber seinen Anspruch auf Auszahlung (§§ 780, 781) geltend.[25] Am Geldausgabeautomat bei einem fremden Institut und bei der Zahlung an der Händlerkasse (POS) weist der Zahler das kartenemittierende Institut an, sich gegenüber dem fremden Institut (Auszahlung) oder dem Institut des Verkäufers (POS) erfüllungshalber im Rahmen eines abstrakten Schuldanerkenntnisses[26] zu verpflichten, den entstandenen Zahlungsanspruch zu erfüllen, wobei der Auftrag selbst durch den Betreiber der technischen Infrastruktur als Boten übermittelt wird.[27]

Bei der Zahlung mittels **Kreditkarte** (Zahlungsgeschäft mit Kreditgewährung; Art. 4 Nr. 3 ZDRL **12** iVm Anh. I Nr. 4 ZDRL, umgesetzt in § 1 Abs. 1 Nr. 3 ZAG) weist der Zahler das kartenemittierende Institut wie bei der Zahlungskarte an, den Zahlungsanspruch des Verkäufers zu erfüllen, wobei durch Erteilung der geschäftsbesorgungsrechtlichen Weisung[28] der Aufwendungsersatzanspruch gegen den Kunden entsteht. Das gilt sowohl für Präsenz- als auch für Distanzzahlungen.[29] Besonderheiten ergeben sich hinsichtlich der Weisung jeweils nicht. Zu beachten ist aber, dass § 675p Abs. 2 durch die ZDRL und die damit verbundene Einführung des Zahlungsauslösedienstleisters überarbeitet worden ist. Konsequenzen ergeben sich vor allem für das Widerrufsrecht, das mit Zustimmung gegenüber dem Zahlungsauslösedienstleister erlischt.

Wird die Zahlungskarte kontaktlos eingesetzt, zum Beispiel durch Heranführen an einen Sensor **13** („Near Field Communication" – **NFC**) ist hierin die konkludente Einwilligung in den Zahlungsvorgang zu sehen, die über den Zahlungsauslösedienstleister und Zahlungsdienstleister des Verkäufers (wiederum als Boten) an den Zahlungsdienstleister des Käufers übermittelt wird.[30] Die relevanten Klauselwerke sehen in ihrer aktuellen und an die Anforderungen der ZDRL angepassten Version vor, dass Kartenzahlungen im NFC-Bereich durch das „halten der Karte mit Kontaktlosfunktion an ein Kartenlesegerät" autorisiert werden,[31] wobei freilich keine weiteren Anforderungen an den Kunden gestellt werden, was im Einzelnen bei der Durchführung des Autorisierungsvorgangs zu beachten ist.

d) Online-Banking. Die Autorisierung erfolgt regelmäßig als Einwilligung, und zwar durch Ein- **14** gabe in die im Rahmenvertrag (zB Nr. 3, 4.1 der Bedingungen für den Zugang zur Bank über elektronische Medien („Online-Bedingungen", → Anh. § 676c Rn. 6) vereinbarte Eingabe-Maske („mittels Online-Banking"). Rechtlich ist sie als Weisung nach § 665 zu qualifizieren und kann auch „pauschal" (ohne genaue betragsmäßige Angaben) erteilt werden.[32] Insofern gelten die allgemeinen Regeln der Rechtsgeschäftslehre (→ Rn. 4). Mit der Umsetzung der ZDRL kann der Zugang zum Online-Banking ebenso wie die Autorisierung des Zahlungsauftrags selbst auch über einen Intermediär erfolgen (Kontoinformations- oder Zahlungsauslösedienstleister),[33] wobei dieser dann ebenfalls als Bote auftritt und die Geheimhaltungspflicht hinsichtlich der personalisierten Sicherheitsmerkmale durch eine ausdrückliche Bestimmung in den AGB aufgehoben wird.[34] Bei der Verwendung von veränderten Zugangsdaten, zB im Rahmen von „Man-in-the-Middle"-Angriffen,[35] kann sich der Zahler im Irrtum befinden; insofern ist ihm ausnahmsweise die Irrtumsanfechtung eröffnet, jedenfalls in denjenigen Fällen, in denen ein Widerruf nicht oder nicht mehr in Betracht kommt.[36]

---

[25] Ausf. zur Qualifikation der Rechtshandlungen im Rahmen von Geldautomaten-Transaktionen *Maihold* in Schimansky/Bunte/Lwowski BankR-HdB § 54 Rn. 31 f., 40 ff.

[26] S. MüKoBGB/*Fetzer* § 362 Rn. 18 mwN.

[27] *Maihold* in Schimansky/Bunte/Lwowski BankR-HdB § 54 Rn. 31.

[28] Zutr. Staub/*Grundmann* Zahlungsgeschäft Rn. 243.

[29] MüKoBGB/*Jungmann* § 675j Rn. 59, 64. Autorisierung entweder durch Eingabe der Kartennummer nebst PIN und ggf. Prüfziffer oder durch Übersendung (zB telefonisch) der Kartendaten. Die Sorgfaltspflichten des Nutzers aus § 675l S. 1 gehen jedenfalls nicht so weit, dass der Zahler die Karte im E-Commerce nicht einsetzen dürfte, weil er personalisierte Sicherheitsmerkmale offenlegen müsste. Zu übermäßig beschränkenden AGB Palandt/*Sprau* § 675l Rn. 2.

[30] Im Rahmen der NFC Zahlungen ist zwischen verschiedenen Verfahren zu unterscheiden, die entweder einseitig oder allseitig ausgestaltet sind und weitere technische Sicherheitsmerkmale enthalten („Secure Element Based"). Zu den rechtlichen Grundfragen s. *Ramos* CR 2014, 67 ff.

[31] S. Nr. 3 Abs. 1 der Kreditkartenbedingungen der Deutschen Bank (Stand: 10.9.2019), → Anh. § 676c Rn. 5.

[32] Langenbucher/Bliesener/Spindler/*Herresthal* § 675j Rn. 3.

[33] S. insofern auch die Umsetzung in Nr. 7.1 bis 7.5 der aktuellen Online-Bedingungen der Deutschen Bank (Stand: 11.9.2019), → Anh. § 676c Rn. 6.

[34] S. wiederum die Umsetzung in Nr. 7.1 bis 7.5 der aktuellen Online-Bedingungen der Deutschen Bank (Stand: 11.9.2019), → Anh. § 676c Rn. 6.

[35] Funktionsweise (Zugriff auf den Internet-Knoten, Trojaner, Manipulation von IP-Adressen) *Schulte am Hülse/Klabunde* MMR 2010, 84 (85).

[36] S. insofern Langenbucher/Bliesener/Spindler/*Herresthal* § 675j Rn. 6, 12a, der danach differenziert, ob eine gefälschte TAN direkt über die vom Zahler genutzte Webseite geleitet wird oder direkt vom Dritten an den Zahlungsdienstleister (dann Rechtsscheinshaftung).

15   **e) Finanztransfer.** Mit der Umsetzung von Art. 4 Nr. 3 ZDRL iVm Anh. I Nr. 6 ZDRL in § 1 Abs. 1 Nr. 6 ZAG und der Orientierung an der Richtliniendefinition in Art. 4 Nr. 22 ZDRL handelt es sich bei einem Finanztransfer nach der Gesetzesbegründung um die Übergabe von Bargeld an einen Zahlungsdienstleister, der einen Zahlungsdienstleister am Zielort durch Telekommunikationsmittel veranlasst, eine entsprechende (oder um Gebühren geminderte) Summe auszuzahlen.[37] Es handelt sich hierbei um einen Auffangtatbestand (so fallen die Online-Dienste der Anbieter, die über Kreditkarte abgewickelt werden, bereits unter die Regelungen zur Kreditkartenzahlung).[38] Ein Finanztransfer-dienstleister kann sowohl auf Seiten des Zahlers als auch des Zahlungsempfängers (oder auf beiden Seiten) auftreten. Es handelt sich um einen Zahlungsdienst, der nicht über ein Zahlungskonto ausgeführt wird, sodass die Autorisierung in der Form der Einwilligung bei Übergabe des Bargelds an den Finanztransferdienstleister erklärt wird.[39]

16   **f) E-Geld.** Es ist zwischen kartenbasiertem und netzbasiertem E-Geld zu unterscheiden. Hauptanwendungsfall des kartenbasierten E-Geldes („hardware-gestütztes E-Geld") ist die **Geldkarte.** Beispiele für **Netzgeld** („software-gestütztes E-Geld") sind die Dienste PayPal, Apple Pay, Amazon Pay oder MasterPass, die unterschiedlich ausgestaltet sind; nicht hierher gehören Kryptowährungen wie Bitcoin, die nicht in den Anwendungsbereich der ZDRL fallen, weil sie nicht innerhalb der EU „ausgegeben" werden[40] und außerdem aufsichtsrechtlich als Finanzinstrumente in der Form der Rechnungseinheiten nach § 1 Abs. 11 S. 1 KWG einzuordnen sind[41]). Mit der Umsetzung der ZDRL und der systematischen Neugruppierung der Zahlungsdienste im ZAG erfasst nun § 1 Abs. 2 ZAG das E-Geld.

17   Bei der **Nutzung der Geldkarte** (oder auch von „**Prepaid-Karten**"[42]) muss zwischen dem Aufladevorgang[43] und der Nutzung unterschieden werden. Bei der Nutzung der Geldkarte Im Valutaverhältnis zwischen Zahler und Zahlungsempfänger ergeben sich keine Besonderheiten zur Zahlung mittels Zahlungs- oder Kreditkarte (→ Rn. 11 f.). Durch den Einsatz der Geldkarte erteilt der Zahler dem kartenausgebenden Institut im Deckungsverhältnis die Weisung, den Zahlungsanspruch des Verkäufers zu erfüllen (→ Rn. 11 für die Zahlungskarte), und zwar durch Transfer des geschuldeten Betrages auf dessen Konto. Hierdurch authentifiziert der Zahler den Zahlungsvorgang.

18   Bei der **Nutzung von Netzgeld** finden – wie bei der Geldkarte – zwei Vorgänge statt: die Ausgabe von E-Geld (das virtuelle Konto wird insofern teilweise auch „**Cyberwallet**" genannt) und die Übertragung des E-Gelds auf das Konto des Empfängers.[44] Die Weisung an den E-Geld-Anbieter, die hinterlegte Kreditkarte (oder eine andere Zahlungsquelle, wie Lastschrift, Bankkonto oder auch ein händlerbezogenes Guthaben[45]) zu belasten und eine Zahlung an einen beliebigen Empfänger (mit oder ohne Konto bei dem Anbieter) zu leisten, wird regelmäßig in den AGB näher geregelt.[46] Hierbei kann es sich um „normale" Zahlungsvorgänge, die der Überweisung oder der Kartenzahlung nachgebildet sind, ebenso handeln, wie um Bezahlvorgänge im Bereich des E-Commerce, die neben der Schnelligkeit der Ausführung zusätzliche Sicherheitsmerkmale und Nebenpflichten (wie zB Garantien) enthalten. Grundsätzlich besteht auch die Möglichkeit, den „Einzug" periodisch fälliger Beträge zu vereinbaren. Hierbei wird – ähnlich der Lastschrift – der Zahlungsempfänger ermächtigt, die Beträge bei Fälligkeit durch den E-Geld-Anbieter von der hinterlegten Kreditkarte abbuchen und dem Konto des Zahlungsempfängers gutschreiben zu lassen.[47] E-Geld-Anbieter eröffnen aber darüber hinaus weitere Dienstleistungen, die zum Teil mit Kreditgewährung verbunden und die in die Abwicklung

---

[37] BT-Drs. 18/11495, 111.

[38] BT-Drs. 18/11495, 111.

[39] ZB Nr. 2.2 der AGB Western Union (zuletzt abgerufen am 13.2.2020): „Durch Ausfüllen des zum Geldversand erforderlichen Auftragsformulars, die Bereitstellung des zu überweisenden Geldbetrags, die Angabe der erforderlichen Informationen und die Annahme der Geschäftsbedingungen erteilt der Auftraggeber seine Zustimmung zur Ausführung des Geldtransfers. Der Auftraggeber hat den Empfänger über den Geldtransfer zu informieren."

[40] *Kociok* in Auer-Reinsdorff/Conrad, Handbuch IT- und Datenschutzrecht, 2. Aufl. 2016, § 27 Rn. 99. Sie stellen streng genommen gar keine Währung dar, sondern begründen unter bestimmten Voraussetzungen Ansprüche der Systemteilnehmer gegeneinander, zB im Rahmen des „Mining" auf Durchführung einer Rechenoperation mit nachfolgender Übermittlung eines Datensatzes, der wiederum als Einheit der relevanten Kryptowährung dient. Dennoch ist es denkbar, dass der Betreiber einer Plattform, die zB Zahlungen in Bitcoin vermittelt, die auf dem „Umtausch" beruhenden Vorgänge als Zahlungsdienste abwickelt.

[41] S. zur aufsichtsrechtlichen Einordnung vor allem die Stellungnahme der BaFin vom 28.4.2016 („Virtuelle Währungen/Virtual currency"), abrufbar unter www.BaFin.de (zuletzt abgerufen am 21.3.2020).

[42] Näher *Terlau* in Schimansky/Bunte/Lwowski BankR-HdB § 55a Rn. 9.

[43] Hierzu Palandt/*Sprau* § 675 f Rn. 55.

[44] Zur praktischen Abwicklung *Kociol* in Auer-Reinsdorff/Conrad, Handbuch IT- und Datenschutzrecht, 2. Aufl. 2016, § 27 Rn. 64 ff. Die Nutzungsbedingungen PayPal unter www.paypal.com (Stand: 19.12.2019) sehen insofern zwei virtuelle, von PayPal geführte Konten vor, die als „Zahlungskonto" und „Reservekonto" bezeichnet werden.

[45] Letzteres speziell bei PayPal als „Merchant Specific Balance" bezeichnet. Es handelt sich hierbei nicht um ein Zahlungsmittel im technischen Sinne und auch nicht um E-Geld, sondern um einen schuldrechtlichen Anspruch gegen PayPal.

[46] S. die Nutzungsbedingungen PayPal unter www.paypal.com (Stand: 18.12.2019).

[47] S. die Nutzungsbedingungen PayPal unter www.paypal.com (Stand: 18.12.2019).

von Zahlungsaufträgen eingebunden sind.[48] Aufsichtsrechtlich zu beachten sind die Regelungen der 2. E-Geld-Richtlinie und des KWG.[49]

g) Sonderfall Instant Payments. Es handelt sich um einen durch die ZDRL erst ermöglichten **19** Zahlungsdienst, der Zahlungen in Echtzeit vermitteln soll. Hierdurch soll vor allem sichergestellt werden, dass elektronische Zahlungen gleichzeitig mit der Versendung von Waren oder der Erbringung von Dienstleistungen (Zug-um-Zug wie beim Präsenzgeschäft unter Verwendung von Bargeld) durchgeführt werden können. Bisher gelten die Ausführungsfristen von Überweisungen des § 675s (in der Regel ein Geschäftstag); der Handel war wegen des Online-Clearing auf die Kartenzahlung (nebst Gebühren) angewiesen. Zudem rückt die Verwendung von Instant Payments den elektronischen Bezahlvorgang in die Nähe der Bargeldnutzung und stellt damit perspektivisch einen weiteren Schritt dar, Bargeld überflüssig werden zu lassen[50]. Bestimmte Formen der Instant Payments setzen die Zwischenschaltung von Zahlungsauslöse- und Kontoinformationsdienstleistern voraus (insofern gilt „Open Access"),[51] die haftungsrechtlich aber dem Zahlungsdienstleister des Zahlers zugerechnet werden; der Regress findet dann im Innenverhältnis statt (§§ 675y, 675a). Aufsichtsrechtlich ist eine Erlaubnis erforderlich (§§ 12 Nr. 3 lit. b, 16 ZAG) und technisch setzen Instant Payments ein eigenes Clearing-System voraus, dass selbst im Falle der Sofort-Überweisung nicht auf der traditionellen **SEPA-Infrastruktur (SCT)** aufsetzen kann, weil es in Echtzeit funktionieren muss.[52]

Als Teil von Target II, dem Echtzeit-Bruttozahlungssystem des Eurosystems, wird die von der EZB **20** aufgesetzte Clearing-Plattform TIPS **(Target Instant Payment Settlement)** genutzt, um die über **SCT inst** angestoßenen Echtzeit-Zahlungen abzuwickeln (settlement).[53] Die Rechnungsdaten und der Zahlbetrag wird vom Portal im E-Commerce bzw. vom Kassensystem am POS zB per Near Field Communication (NFC) auf die Bezahl-App des Kunden übertragen, der dann die Autorisierung am Endgerät durch Eingabe seiner personalisierten Sicherheitsmerkmale vornimmt (bis auf Kleinbeträge idR starke Authentifizierung, weil selbst am POS ein Fernzahlungsvorgang vorliegt).[54] Bei Ablehnung der Transaktion durch eine der Zahlstellen werden Händler und Kunde in Echtzeit informiert (s. zur Abwicklung auch §§ 675k Abs. 3, 675n Abs. 2, 675o Abs. 1, 675p Abs. 2). Ergänzungen in den Klauselwerken waren durch die Einführung von Instant Payments nur im Hinblick auf die mögliche Zwischenschaltung von Intermediären nötig (insofern gelten aber auch die allgemeinen Regeln, wenn auch in der seit dem 13.1.2018 geltenden Fassung),[55] weil die Autorisierung des Zahlvorgangs neben der komplexeren technischen Abwicklung keine weiteren Besonderheiten aufweist.

Obwohl die Ermöglichung von Instant Payments zur Vereinfachung des Zahlungsverkehrs und zur **21** Senkung von Opportunitätskosten gedacht war,[56] bieten einige Banken und Sparkassen diese Form der Zahlung gegen hohe Gebühren an (zwischen 0,50 Cent und 5 EUR).[57] In Anbetracht der tatsächlichen Kosten einer solchen Überweisung im Rahmen des TIPS von nur 0,2 Cent in den ersten zwei

---

[48] ZB den E-Geld-Dienst „PayPal" Plus, der es dem Händler ermöglicht, Zahlungen auch von Kunden über PayPal zu bewirken, die über kein Pay-Pal-Konto verfügen, und der Dienst „Bezahlung nach 14 Tagen", der es bestimmten Verbrauchern ermöglicht, über PayPal ein Zahlungsziel von 14 Tagen zu vereinbaren (s. hierzu die Nutzungsbedingungen PayPal unter: www.paypal.com (Stand: 19.12.2019).

[49] Näher *Terlau* in Schimansky/Bunte/Lwowski BankR-HdB § 55a Rn. 5.

[50] Ob damit auch die Abkehr vom Dreipersonenverhältnis (mit den entsprechenden bereicherungsrechtlichen Konsequenzen) einhergeht, ist noch offen. So aber bereits *Dieckmann* BKR 2018, 276 (277 f.) sowie 282 unter Verweis auf die Übermittlung von Buchgeld zur Erfüllung (§ 362 Abs. 1) und nicht erfüllungshalber unter Inanspruchnahme von Intermediären und der Settlement-Infrastruktur. Konsequent ist insofern die Einordnung aller Beteiligten als Erfüllungsgehilfen (§ 278 Abs. 1) und die Annahme eines Zwei- anstatt eines Drei- oder Mehrpersonenverhältnisses. Freilich wird es hier auf die Ausgestaltung im Einzelfall ankommen.

[51] Zur Abgrenzung s. auch *Terlau* jurisPR-BKR Anm. 1 S. 9.

[52] Insofern wird die flächendeckende Einführung von Instant Payment-Lösungen noch einige Zeit in Anspruch nehmen, weil sie erhebliche Investitionen der Banken und anderer Zahlungsdienstleister in ihre IT-Infrastruktur voraussetzt. Die Vorteile liegen auf der Hand: Die Transaktionskosten sollen 0,2 Cent pro Transaktion betragen und das System soll 365 Tage im Jahr und 24 Stunden täglich verfügbar sein. S. die Berichterstattung in den Medien, zB FAZ v. 23.11.2017, S. 23 und die Verlautbarungen der EZB zur technischen Infrastruktur, dem weiterentwickelten SEPA Credit Transfer Scheme – genannt SCT inst, abrufbar auf der Webseite der ECB: https://www.ecb.europa.eu/paym/retpaym/instant/html/index.en.html (zuletzt abgerufen am 13.2.2020).

[53] S. Pressemitteilung der Bundesbank vom 22.6.2017 und die EZB-Darstellung „Eurosystem expectations for clearing infrastructures to support pan European instant payments in euro" unter https://www.ecb.europa.eu/paym/retpaym/shared/pdf/Eurosystem_expectations_for_instant_clearing_infrastructures.pdf?b3a1ca29c46f12ee610d4c4f24ee42ac (zuletzt abgerufen am 13.2.2020).

[54] S. hierzu auch *Terlau* jurisPR-BKR 2/2016 Anm. 1 S. 7.

[55] S. zB Nr. 3 der Online-Bedingungen Deutsche Bank (Stand: 10.9.2019), → Anh. § 676c Rn. 6.

[56] Die Vision 2020 der Bundesbank spricht insofern von dynamischer Entwicklung im Zahlungsverkehr, kosteneffizienter Abwicklung, technischer Modernisierung und effizienter Sicherheitenverwertung als Ziele der Einführung von TIPS bzw. der SCT inst-Plattform. S. hierzu die Beschreibung der Bundesbank auf www.bundesbank.de (zuletzt abgerufen am 13.2.2020).

[57] „Spitzenreiter" scheint nach Presseberichten (FAZ vom 11.7.2018) die Ostseesparkasse Rostock mit einer Gebühr von 5 EUR pro Vorgang zu sein.

Betriebsjahren des Systems scheint eine solche Preisgestaltung – auch wenn man die Einführungs- und sonstigen Overhead-Kosten berücksichtigt – rechtlich problematisch, es besteht ein besonders grobes Missverhältnis zwischen Leistung und Gegenleistung. Zudem ist eine solche Klausel in den ohnehin nur schwer nachvollziehbaren Preis- und Leistungsverzeichnissen für den unerfahrenen Privatkunden überraschend iSd § 305c Abs. 1, wenn er nicht ausdrücklich darauf hingewiesen wird.

22   **2. Zahlungsinstrumente.** Der Begriff „Zahlungsauthentifizierungsinstrumente" ist mit Umsetzung der ZDRL in **Zahlungsinstrumente** geändert worden. Bereits die ZDRL 2007 hat diesen Begriff verwendet. Es handelt sich nach Art. 4 Nr. 14 ZDRL um „jedes personalisierte Instrument und/oder jeden personalisierten Verfahrensablauf, das bzw. der zwischen dem Zahlungsdienstnutzer und dem Zahlungsdienstleister vereinbart wurde und zur Erteilung eines Zahlungsauftrags verwendet wird." Abzugrenzen ist dieser Begriff von der Auslösung einer Zahlung gegenüber einem Zahlungsauslösedienst (Art. 4 Nr. 15 ZDRL), wobei insofern keine höheren Anforderungen gelten. **Konstitutiv ist das Merkmal „personalisiert".** Es kann sich um persönliche Identifikationsnummern (PIN), Transaktionsnummern (TAN), elektronische Signaturen usw. handeln,[58] nicht aber um die bloße Unterschrift, biometrische oder andere Merkmale, durch die der Zahler auch von Dritten identifiziert werden könnte, es sei denn, die Merkmale können aufgrund der technischen Ausgestaltung des Zahlungsdienstes nur vom Zahlungsdienstleister selbst verarbeitet werden (zB proprietäre Software zur Erfassung biometrischer Merkmale).[59]

23   Der EuGH legt Art. 4 Nr. 23 ZDRL 2007 weit aus und erfasst sowohl die Unterschrift als auch die Erteilung eines Überweisungsauftrags im Online-Banking als personalisiert.[60] Das Gericht schließt aus der Tatsache, dass die Richtlinie auch nicht-personalisierte Zahlungsdienste kennt, dass die damit in Verbindung stehenden Verfahren (eben das Unterschreiben bei einem „Zahlschein") auch von Art. 4 Nr. 23 ZDRL 2007 erfasst sein müssten und verweist zudem darauf, dass insbesondere die deutsche Sprachfassung der Richtlinie von der französischen (und anderen) Sprachfassungen insofern abweiche.[61] Zudem folge aus dem Verfahren der Erteilung eines Überweisungsauftrags, dass neben die Erteilung des Auftrags (der Weisung) auch noch eine separate Authentifizierung durch personalisierte Verfahren (PIN, TAN) trete. Zwar ist zuzugeben, dass die Richtlinie über mehrere Sprachversionen hinweg einheitlich auszulegen ist. Jedoch kann eine solche Auslegung sich nicht ausschließlich hieran orientieren, sondern muss darüber hinaus den Sinn und Zweck der relevanten Norm berücksichtigen, der eben nicht alle denkbaren Verfahren erfassen sollte, denn sonst hätten die Anforderungen allgemeiner gehalten werden müssen.[62] Verwiesen sei nur auf die spezifischen Sorgfaltspflichten nach Art. 42 Nr. 5 lit. a und b, 56 ZDRL 2007 (sowie § 675l), die deutlich machen, dass es sich nicht um Verfahren handeln kann, die allgemeine Merkmale zur Authentifizierung einsetzen.[63] Auch die Möglichkeit zur rahmenvertraglichen Nutzungsbegrenzung nach Art. 55 ZDRL 2007 (sowie § 675k) würde wenig sinnvoll sein, wenn sie zB die Unterschrift oder die Gesichtsform als biometrisches Merkmal erfassen würde. Durch die ZDRL und das damit verbundene Recht des Zahlers, Zahlungsauslösedienstleister zu nutzen (Art. 66 Abs. 1 ZDRL), wird deutlich, dass zumindest für die in Anh. I Nr. 7 ZDRL genannten Zahlungsdienste eine Zustimmung unter Verwendung eines „echten" personalisierten Verfahrens zu verlangen ist.

24   Die Parteien des Zahlungsdienstevertrages können im Rahmenvertrag durch AGB **Regelungen treffen, welche Verfahren „personalisiert" sind,** sodass sich die Folgen der Kontroverse für die Praxis in Grenzen halten werden. Die relevanten Klauselwerke treffen in ihrer aktuellen Fassung entsprechende Festlegungen. So enthält Nr. 7 der Online-Bedingungen der Deutschen Bank (Stand: 10.9.2019) eine abschließende Liste der zulässigen Merkmale und Kombinationsmöglichkeiten im Rahmen der 2-Faktor-Authentifizierung.

25   **3. Widerruf.** Ein Widerruf der Autorisierung ist ohne weitere Vereinbarung bis zu dem Zeitpunkt möglich, zu dem der Zahlungsauftrag beim Zahlungsdienstleister zugegangen (§ 675p Abs. 1) oder einem Zahlungsauslösedienstleister bzw. dem Zahlungsempfänger die Zustimmung erteilt worden ist (§ 675p Abs. 2). Durch diese enge Verzahnung mit § 675p werden die Widerrufsmöglichkeiten im Interesse eines schnellen Zahlungsverkehrs erheblich „zurückgeschnitten".[64] Wirkung des Widerrufs

---

[58] PINs und TANs kommen dann wieder in verschiedenen Formen vor, wie zB iTAN, pushTAN, iTAN, mTAN, chipTAN usw., hierzu ausf. *Maihold* in Schimansky/Bunte/Lwowski BankR-HdB § 55 Rn. 10 ff.

[59] Ob die Merkmale „nicht reproduzierbar" oder „geheim" sein müssen – so MüKoBGB/*Jungmann* § 675j Rn. 47 im Anschluss an *Scheibengruber* BKR 2010, 15 (17) – ist zweifelhaft. Das würde immerhin – wie MüKoBGB/*Jungmann* § 675j Rn. 42 zutreffend feststellt – die Unterschrift auf einer Zahlungskarte ebenso ausnehmen wie bestimmte biometrische Merkmale, die mittlerweile durchaus reproduzierbar sind (zB Fingerabdruckkopie aus Latex).

[60] EuGH Urt. v. 9.4.2014 – C-616/11, ECLI:EU:C:2014:242, EuZW 2014, 464 – T-Mobile Austria. Zust. *Omlor* GPR 2014, 282 (283).

[61] EuGH Urt. v. 9.4.2014 – C-616/11, ECLI:EU:C:2014:242, EuZW 2014, 464 (466) – T-Mobile Austria.

[62] Weder im Richtlinientext noch in den Erwägungsgründen findet sich insofern ein Hinweis.

[63] HM, vgl. nur MüKoBGB/*Jungmann* § 675j Rn. 48 f. mwN. AA Staudinger/*Omlor*, 2012, § 675c Rn. 18.

[64] MüKoBGB/*Jungmann* § 675j Rn. 8 und § 675p Rn. 6 f.

als „Gegenweisung": *ex tunc*.[65] Auch für Daueraufträge und andere sich wiederholende Zahlungsarten, die gekündigt werden, enthält die Kündigung gleichzeitig den Widerruf der Autorisierung.[66]

Durch die Neufassung des § 675p im Rahmen der Umsetzung der ZDRL wird der Tatsache **26** Rechnung getragen, dass nunmehr **Zahlungsauslösedienstleister** in den Zahlungsvorgang eingebunden werden können und hierdurch schnellere Zahlungsvorgänge (Instant Payments, → Rn. 19 ff.) möglich werden sollen). Der Widerruf ist empfangsbedürftige **Willenserklärung** und muss grundsätzlich vor dem Zugang bei dem Zahlungsdienstleister des Zahlers, dem Zahlungsauslösedienstleister oder dem Zahlungsempfänger selbst eingehen (§ 675p Abs. 1 und 2). Praktisch heißt das für Instant Payments, dass keine Zeit für den Widerruf an sich bleibt, denn unter „Echtzeit" wird bei dieser Zahlungsform eine Abwicklung über alle Zahlungsdienstleister hinweg bis zur Gutschrift von weniger als 5 Sekunden vorgesehen; **Instant Payments sind insofern nach § 675p Abs. 2 unwiderruflich.** Auch die Abwicklung von E-Geld-Zahlungen ist zeitkritisch und setzt verschiedene Buchungsschritte, teilweise unter Einbindung von weiteren Zahlungsdienstleistern, voraus; deshalb sehen die Nutzungsbedingungen regelmäßig vor, dass der Zahlungsauftrag ab Eingang unwiderruflich ist.[67] Solche abweichenden Vereinbarungen in AGB sind zulässig (§ 675 Abs. 4), jedoch nicht zu Lasten des Zahlungsempfängers bei Einbindung eines Zahlungsauslösedienstleisters oder Initiierung durch den Zahlungsempfänger selbst (Pull-Zahlungen, § 675p Abs. 4 iVm Abs. 2). Grundsätzlich verdrängt die Möglichkeit des Widerrufs nach Abs. 2 die Anfechtung, auch wenn ein Missbrauchsfall vorliegt (→ Rn. 14).[68] Weder für den Widerruf noch für ähnliche Handlungen, wie zB das Aussetzen eines Dauerauftrags, darf der Zahlungsdienstleister Entgelte verlangen.[69] Bei mehreren Zahlungsvorgängen (also auch im Falle von Lastschriftmandaten und Daueraufträgen) erfasst der Widerruf die Ermächtigung für alle zukünftigen Zahlungen. Ein wirksamer Widerruf hebt die Rechtsfolge der Autorisierung auf; wird er gleichwohl ausgeführt, bestehen Ansprüche des Zahlers nach § 675u.

4. Insolvenz. Im Vorfeld der **Insolvenz** muss der Zahlungsdienstleister den Zahlungsauftrag aus- **27** führen, insofern verbleibt kein Ermessen.[70] Relevant wird die Fragestellung regelmäßig bei der Überweisung, weniger bei den anderen Zahlungsarten. Bei Maßnahmen des vorläufigen Insolvenzverwalters (Verfügungsverbot nach §§ 21 Abs. 2, 24 Abs. 1, 81 InsO) ist danach zu differenzieren, ob der Auftrag vor dieser Maßnahme oder danach erteilt worden ist. Bei Erteilung des Auftrags vor Erlass eines allgemeinen Verfügungsverbots muss der Auftrag ausgeführt werden, wenn Deckung besteht, weil die Maßnahmen des Insolvenzverwalters im Rahmen des § 675o Abs. 2 nicht zur Ablehnung berechtigt.[71] Danach darf die Bank im Hinblick auf das Verfügungsverbot und die Tatsache, dass der vorläufige Insolvenzverwalter die Verfügungsgewalt erlangt, neue Aufträge des Schuldners nicht mehr ausführen; diese sind *unwirksam*.[72] Nach Eröffnung des Insolvenzverfahrens gelten die gleichen Erwägungen, zusätzlich ist zu berücksichtigen, dass der Rahmenvertrag endet.[73] Neue Aufträge des Schuldners dürfen nicht ausgeführt werden; der Insolvenzverwalter kann bereits erfolgte Autorisierungen aber auch nicht mehr widerrufen,[74] er hat jedoch unter Umständen ein Anfechtungsrecht nach den §§ 129 ff. InsO, das sich dann nicht auf die Autorisierung, sondern auf die Zahlung an sich bezieht. Hierbei ist jedoch zu beachten, dass der Gesetzgeber mit der Reform des Anfechtungsrechts die Anforderungen an das Bargeschäft abgesenkt hat und insofern eine Anfechtung von Zahlungen nur noch statthaft ist, wenn die Voraussetzungen des § 133 InsO vorliegen und der andere Teil erkannt hat, dass der Schuldner unlauter handelte (§ 142 Abs. 1 InsO).[75]

---

[65] BGH Urt. v. 2.6.2015 – XI ZR 327/14, NJW 2015, 2725 zum Widerruf der Kontovollmacht und Erlöschen der Autorisierung *ex tunc*. Auch MüKoBGB/*Jungmann* § 675j Rn. 73. Zur Eigenschaft des Widerrufs als „Gegenweisung": MüKoHGB/*Häuser* Bd. 6 (Bankvertragsrecht) B Rn. 125.

[66] MüKoBGB/*Jungmann* § 675j Rn. 70.

[67] S. insofern beispielhaft Nr. 1.5 der Überweisungsbedingungen der Deutschen Bank (Stand: 10/2018), → Anh. § 676c Rn. 1: Bis zum Zugang widerruflich; nach dem Zugang nicht widerruflich, es sei denn, es liegt ein Terminauftrag vor (Abs. 2 und 3); unter Einschaltung eines Zahlungsauslösedienstleisters nicht widerruflich ab Zustimmung diesem gegenüber.

[68] Langenbucher/Bliesener/Spindler/*Herresthal* § 675j Rn. 12a.

[69] OLG Frankfurt a. M. Urt. v. 10.11.2015 – 3 U 173/14, BeckRS 2016, 06051 Rn. 26 betreffend eine Regelung in AGB, die Entgelte für das „Aussetzen" eines Dauerauftrags als vermeintliche Vorstufe des Widerrufs vorsah.

[70] *Schmieder* in Schimansky/Bunte/Lwowski BankR-HdB § 50 Rn. 37.

[71] *Schmieder* in Schimansky/Bunte/Lwowski BankR-HdB § 50 Rn. 44. Es empfiehlt sich allerdings, Regelungen im Rahmenvertrag zu treffen, die nach § 675o Abs. 2 zur Ablehnung berechtigen, auch wenn das Verfügungsverbot nach dem Eingang des Zahlungsauftrags ergeht, wobei zuzugeben ist, dass deren Überwachung regelmäßig praktisch schwer umsetzbar sein wird. S. auch *Obermüller* ZinsO 2010, 8 (14).

[72] *Obermüller* ZInsO 2010, 8 (15 f.); *Schmieder* in Schimansky/Bunte/Lwowski BankR-HdB § 50 Rn. 45.

[73] Palandt/*Sprau* § 675h Rn. 1.

[74] Zum SEPA-Lastschriftverfahren nach den Sonderbedingungen BGH Urt. v. 20.7.2010 – XI ZR 236/07, NJW 2010, 3510 (3512).

[75] Näher BeckOK InsO/*Schoon* InsO § 142 Rn. 1 ff.

28　**5. Beweislast.** Die Darlegungs- und Beweislast für die Erteilung der Weisung und damit für die Autorisierung trägt in den Grenzen des § 675w grundsätzlich der Zahlungsdienstleister.[76]

§ 675k Begrenzung der Nutzung eines Zahlungsinstruments; Verweigerung des Zugangs zum Zahlungskonto

(1) In Fällen, in denen die Zustimmung mittels eines Zahlungsinstruments erteilt wird, können der Zahler und der Zahlungsdienstleister Betragsobergrenzen für die Nutzung dieses Zahlungsinstruments vereinbaren.

(2) [1]Zahler und Zahlungsdienstleister können vereinbaren, dass der Zahlungsdienstleister das Recht hat, ein Zahlungsinstrument zu sperren, wenn

1. sachliche Gründe im Zusammenhang mit der Sicherheit des Zahlungsinstruments dies rechtfertigen,
2. der Verdacht einer nicht autorisierten oder einer betrügerischen Verwendung des Zahlungsinstruments besteht oder
3. bei einem Zahlungsinstrument mit Kreditgewährung ein wesentlich erhöhtes Risiko besteht, dass der Zahler seiner Zahlungspflicht nicht nachkommen kann.

[2]In diesem Fall ist der Zahlungsdienstleister verpflichtet, den Zahler über die Sperrung des Zahlungsinstruments möglichst vor, spätestens jedoch unverzüglich nach der Sperrung zu unterrichten. [3]In der Unterrichtung sind die Gründe für die Sperrung anzugeben. [4]Die Angabe von Gründen darf unterbleiben, soweit der Zahlungsdienstleister hierdurch gegen gesetzliche Verpflichtungen verstoßen würde. [5]Der Zahlungsdienstleister ist verpflichtet, das Zahlungsinstrument zu entsperren oder dieses durch ein neues Zahlungsinstrument zu ersetzen, wenn die Gründe für die Sperrung nicht mehr gegeben sind. [6]Der Zahlungsdienstnutzer ist über eine Entsperrung unverzüglich zu unterrichten.

(3) [1]Hat der kontoführende Zahlungsdienstleister einem Zahlungsauslöse- oder Kontoinformationsdienstleister den Zugang zum Zahlungskonto des Zahlungsdienstnutzers verweigert, ist er verpflichtet, den Zahlungsdienstnutzer in einer im Zahlungsdiensterahmenvertrag zu vereinbarenden Form über die Gründe zu unterrichten. [2]Die Unterrichtung muss möglichst vor, spätestens jedoch unverzüglich nach der Verweigerung des Zugangs erfolgen. [3]Die Angabe von Gründen darf unterbleiben, soweit der kontoführende Zahlungsdienstleister hierdurch gegen gesetzliche Verpflichtungen verstoßen würde.

I. Allgemeines

1　Die Vorschrift beruht auf Art. 55 ZDRL 2007. Die Änderungen (insbesondere der neue Abs. 3) beruhen auf Art. 68 Abs. 5 ZDRL, der es dem kontoführenden Zahlungsdienstleister erlaubt, einem Zahlungsauslöse- oder Kontoinformationsdienstleister den Zugang zum Konto des Zahlungsdienstnutzers unter Angabe der Gründe gegenüber dem Kunden zu verweigern. Bis auf die Neufassung der Überschrift verblieb es ansonsten bei der bestehenden Regelung. Die Vorschrift bezieht sich auf alle Zahlungsdiensteverträge, die unter Nutzung eines Zahlungsinstruments durchgeführt werden.[1] Zusammen mit den §§ 675l und 675m regelt die Vorschrift Missbrauch und Missbrauchsprävention bei der Nutzung von Zahlungsdiensten unter Verwendung von Zahlungsinstrumenten, nicht aber für andere Fälle (zB Überweisung oder Giro- bzw. Kreditkarte ohne PIN).[2] Abdingbar zu Lasten des Zahlungsdienstnutzers nur im Rahmen von § 675e, zu seinen Gunsten hinsichtlich Zahlungsdienstleister und Zahlungsauslösedienstleister Inhaltskontrolle nach §§ 307 ff.[3]

II. Nutzungsbegrenzung mit Betragsobergrenze

2　Die Parteien können im Zahlungsdiensterahmenvertrag (betrifft das **Deckungsverhältnis**) und damit auch in AGB vereinbaren, dass ein Zahlungsinstrument für einen bestimmten Zeitraum nur bis zu einer Betragsobergrenze (Höchstbetrag) eingesetzt werden darf. Hierdurch wird der Zahlungsdienstleister ebenso wie der Zahlungsdienstnutzer vor dem unbefugten Zugriff Dritter geschützt.[4] Mit

---

[76] MüKoBGB/*Jungmann* § 675j Rn. 3 unter Verweis auf LG Düsseldorf BKR 2019, 154; OLG Frankfurt NJW-RR 2017, 1329 und LG Darmstadt WM 2014, 2323; Staudinger/*Omlor*, 2012, § 675j Rn. 6.

[1] Zur Begriffsbestimmung → § 675j Rn. 22 und *Maihold* in Schimansky/Bunte/Lwowski BankR-HdB § 55 Rn. 40.

[2] Staub/*Grundmann* Zahlungsgeschäft Rn. 248.

[3] Palandt/*Sprau* § 675k Rn. 1 mwN und den Ausnahmen (P-Konto).

[4] Der Schutz vor allem des kontoführenden Zahlungsdienstleisters ist sachgemäß, weil dieser dem Zahlungsdienstnutzer in aller Regel den durch missbräuchliche Verfügung entstandenen Schaden ersetzen muss (§ 675u). Daneben hat die Vorschrift auch Präventivcharakter, siehe MüKoBGB/*Jungmann* § 675k Rn. 3 und die Gesetzesbegründung BT-Drs. 16/11643, 106 zum allgemeinen Missbrauchsschutz.

der Ergänzung des Abs. 3 durch die Umsetzung der ZDRL steht dem kontoführenden Zahlungsdienstleister de facto ein Selbsthilferecht gegenüber dem Zahlungsauslöse- und Kontoinformationsdienstleister zu, das jedoch von Informationspflichten gegenüber dem Zahlungsdienstnutzer flankiert wird (Art. 248 § 4 Abs. 1 Nr. 2 lit. f EGBGB), die es dem Kunden ermöglichen sollen, Abhilfe zu schaffen. Abzugrenzen ist die Nutzungsbegrenzung von etwaigen Beschränkungen im Verhältnis des kontoführenden Zahlungsdienstleisters zu seinem Kunden, sogenannten finanziellen Nutzungsgrenzen.[5] Insoweit besteht in der Regel kein Anspruch des Zahlungsdienstnutzers auf Auszahlung von Guthaben.[6] Werden dennoch Zahlungen ausgeführt, fehlt es an einer wirksamen Autorisierung.[7]

1. Zahlungsarten. Die Schutzrichtung ist bei der Nutzung von **Girocard** bzw. **Debit-Karte** und **3**
Kreditkarte mit PIN oder Unterschrift durchaus vergleichbar. In beiden Fällen besteht das Risiko, dass Dritte missbräuchlich in den Zahlungsvorgang eingreifen, oder dass der Karteninhaber selbst die Beschränkungen, die ihm im Innenverhältnis vom kontoführenden Institut oder dem Kartenemittenten auferlegt worden sind (zB Verfügungen nur in einem festgelegten Rahmen oder – offener formuliert – im Rahmen der Einkommens- bzw. Vermögensverhältnisse[8]), missachtet. Dem Risiko des Drittmissbrauchs wird teilweise dadurch Rechnung getragen, dass der Dritte nur innerhalb des durch die Nutzungsbegrenzung festgelegten Verfügungsrahmens Bezahl- oder Abhebevorgänge durchführen kann und damit bei Verlust der Karte Zeit bleibt, die Sperrung einzuleiten.[9]

Beim **Online-Banking** werden regelmäßig Betragsobergrenzen vereinbart, die auch durch PIN/ **4**
TAN-Verfahren abgesichert sein können und sich auf Gesamtbeträge oder auch auf einzelne Transaktionen beziehen können.[10]

Bei **E-Geld-Transaktionen** hängt die Nutzungsbegrenzung zunächst davon ab, welches Zahlungs- **5**
mittel dem E-Geld-Anbieter zur Belastung zur Verfügung steht. Bei der Nutzung von Bankkonten und Lastschriften ermächtigt der Kunde den E-Geld-Anbieter für die Dauer des Vertragsverhältnisses, das Bankkonto zu belasten oder die Lastschrift einzuziehen.[11] Es muss insofern sichergestellt werden, dass jeweils ausreichende Deckung besteht. Bei der Nutzung von Kreditkarten ermächtigt der Kunde den E-Geld-Anbieter wiederum, fällige Zahlungen von der Kreditkarte abzubuchen, wobei die Ermächtigung jederzeit durch Entfernen der Kreditkarte aus dem Zahlungsprofil widerruflich ist.[12] Es muss insofern sichergestellt sein, dass der E-Geld-Anbieter Zahlungen erst ausführt, wenn die entsprechende Abfrage beim Kreditkartenemittenten stattgefunden hat. Für Fälle, in denen Unsicherheit herrscht, etwa, weil weitere Prüfungen erforderlich sind, sperrt der E-Geldanbieter das Guthaben oder führt es auf einem „Reservekonto" zusammen.[13] Zur Risikobegrenzung besteht die Möglichkeit, bestimmte Zahlungsquellen von der Nutzung auszuschließen, wohingegen sich Betragsobergrenzen im E-Geld-Bereich grundsätzlich aus dem Rechtsverhältnis des Kunden mit dem Zahlungsdienstleister ergeben, der die Zahlungsquelle zur Verfügung stellt.

Zusätzlich werden teilweise **weitere Limite** in den AGB vereinbart, die mit den Anforderungen des **6**
Risikomanagements und der Betrugsprävention begründet werden;[14] diese Klauseln unterliegen jedenfalls der Inhaltskontrolle und sind, im Hinblick auf die doppelte Begrenzung zu Lasten des Nutzers und die Möglichkeit des Anbieters, die Zahlungsquelle zu prüfen (und die Zahlung zu verweigern), nach § 307 Abs. 3 S. 1, Abs. 1 S. 1 nur wirksam, wenn Anhaltspunkte vorliegen, dass besondere Maßnahmen zur Betrugsprävention erforderlich sind. Allgemeine Hinweise auf das Risikomanagement reichen insofern nicht aus, weil eine Limitüberschreitung vom Zahlungsdienstleister verhindert werden kann und damit in seiner Sphäre zumindest mitverursacht wird.

---

[5] MüKoBGB/*Jungmann* § 675k Rn. 13.

[6] Näher zum „Deckungsrahmen" Staub/*Grundmann* Zahlungsgeschäft Rn. 249; OLG Schleswig Hinweisbeschl. v. 20.8.2013 – 5 U 64, BeckRS 2013, 17344: ohne Widerspruch der Bank rückwirkende, konkludente Erweiterung des Deckungsrahmens.

[7] Staudinger/*Omlor*, 2012, § 675k Rn. 4.

[8] Nr. 5 der Kreditkarten-Bedingungen der Deutschen Bank (Stand: 10.9.2019), → Anh. § 676c Rn. 5, bezieht sich auf den geltenden Verfügungsrahmen und die finanzielle Nutzungsgrenze.

[9] Sofern das kontoführende Institut bzw. der Kartenemittent aber auch der Kunde Anhaltspunkte für einen Missbrauch durch Dritte haben, bestehen gegenseitige Informationspflichten sowie die Pflicht des Zahlungsdienstleisters ggf. durch den Emittenten Maßnahmen, wie etwa die Sperrung der Karte, einleiten. Die Pflichten der Parteien für solche Fälle sind in den AGB geregelt. Siehe insofern beispielhaft die Nr. 8, 12 und 13 der Kreditkarten-Bedingungen der Deutschen Bank (Stand: 10.9.2019), → Anh. § 676c Rn. 5.

[10] Langenbucher/Bliesener/Spindler/*Herresthal* § 675k Rn. 4.

[11] So die Nutzungsbedingungen PayPal unter www.paypal.com (Stand 18.12.2019), unter der Überschrift „Hinzufügen und Entfernen von Zahlungsquellen".

[12] So die Nutzungsbedingungen PayPal unter www.paypal.com (Stand 18.12.2019), unter der Überschrift „Hinzufügen und Entfernen von Zahlungsquellen".

[13] So die Nutzungsbedingungen PayPal unter www.paypal.com (Stand 18.12.2019), unter der Überschrift „Hinzufügen und Entfernen von Zahlungsquellen".

[14] So das „Sendelimit" in den Nutzungsbedingungen PayPal unter www.paypal.com (Stand 18.12.2019), unter der Überschrift „Zahlungen senden".

7   **2. Zahlungsintermediäre.** Bei einem **Zugang von Zahlungsauslöse- oder Kontoinformationsdienstleistern** zum Zahlungskonto des Zahlungsdienstnutzers besteht grundsätzlich eine andere Interessenlage. Hier sind Fälle erfasst, in denen der Drittdienstleister zwischen dem Zahlungsdienstnutzer und dem kontoführenden Zahlungsdienstleister angesiedelt ist und sicherstellt, dass die relevanten Kontodaten und Abwicklungssysteme zur Verfügung stehen, um eine sofortige Zahlung zu ermöglichen (zB iRd „Instant Payments"[15]). Insofern können die Interessen des Zahlungsdienstnutzers, des kontoführenden Zahlungsdienstleisters und des Zahlungsauslöse- bzw. Kontoinformationsdienstleisters betroffen sein.[16] Hierbei ist aber zu bedenken, dass die ZDRL in Art. 68 Abs. 5 ZDRL ausdrücklich von einem „nicht autorisierten oder betrügerischen Zugang des Kontoinformationsdienstleisters oder des Zahlungsauslösedienstleisters" spricht und damit in erster Linie den Schutz des Zahlungsdienstnutzers und des kontoführenden Zahlungsdienstleisters im Sinn hat und nicht denjenigen des Intermediärs. Weil aber die ZDRL die Einbindung von Zahlungsauslöse- und Kontoinformationsdienstleistern ausdrücklich ermöglichen wollte, um durch Instant Payment Lösungen den Wettbewerb der Zahlungsdiensteanbieter anzufachen und Alternativen zu den langsamen Überweisungen (§ 675s) zu schaffen,[17] dürfen die Anforderungen des Zahlungsdienstleisters des Zahlers im Rahmen der Abwicklung solcher Zahlungsvorgänge nicht überspannt werden.

III. Sperrung und Information

8   **1. Sperrung und Entsperrung.** Die **Sperrung** des Zahlungsinstruments soll die Nutzung gänzlich unterbinden und damit besonders große Schäden verhindern.[18] Das ist technisch jedenfalls für die Girocard und für die Kreditkarte möglich, scheitert aber zB für die Geldkarte an der Überprüfung während des Karteneinsatzes (Bargeldersatzfunktion). Die Befugnis zur Sperrung ist dem Nutzer insofern nach Art. 248 § 4 Abs. 1 Nr. 5 lit. b EGBGB im Vorhinein mitzuteilen. Die Sperrung selbst ist ein Realakt in der Form einer einseitigen, gebundenen Entscheidung des Kartenemittenten,[19] deren Zulässigkeit sich einerseits an § 675k und andererseits an den Vereinbarungen zwischen kontoführendem Zahlungsdienstleister und Zahlungsdienstnutzer orientiert, wobei das Recht des kontoführenden Zahlungsdienstleisters aus § 675k Abs. 3 im Verhältnis zum Kunden nicht disponibel ist.

9   Die Pflicht des Instituts und des Kunden, gemeinsam dem Missbrauch entgegenzuwirken, wird durch die Haftungsverteilung (§§ 675l, 675m, 675u, 675v) abgesichert. Nutzer und Zahlungsdienstleister können auf Betreiben des Nutzers gleichwohl zu jeder Zeit ohne die weiteren Anforderungen des § 675k eine Sperrung vereinbaren.[20] Für die Nutzung von E-Geld ergeben sich Besonderheiten nur daraus, dass Zahlungen über den Anbieter nicht geleistet werden können, sofern die zugrundeliegende Zahlungsquelle vom Zahlungsdienstleister gesperrt worden ist.

10   Der Zahlungsdienstnutzer hat einen Anspruch auf Nutzung des Zahlungsinstruments und damit auch auf **Entsperrung,** wenn die Voraussetzungen der Sperrung nicht mehr vorliegen. Kann das Zahlungsinstrument nicht mehr genutzt werden, zB weil die Missbrauchsgefahr nicht beseitigt werden kann, umfasst der Anspruch auf Entsperren den Anspruch des Kunden auf kostenfreie[21] Ausstellung eines neuen Zahlungsinstruments. Im Online-Banking ist die „technische Blockade" zu beseitigen, dh im Regelfall ist die Übersendung einer neuen PIN oder neuer TANs erforderlich.[22]

11   **2. Gründe für Sperrung.** Die **Gründe für die Sperrung** sind in Abs. 2 abschließend und zwingend geregelt.[23] Es handelt sich um Sicherheitsbedenken, Verdacht der nicht autorisierten oder betrügerischen Verwendung und wesentlich erhöhtes Kreditrisiko (nur bei Zahlungsinstrumenten mit

---

[15] Näher *Terlau* jurisPR-BKR 2/2016, 4 ff. und → § 675j Rn. 19 ff.

[16] Insbesondere besteht für den Dritten ein Haftungsrisiko für den Fall, dass eine ausgelöste Zahlung vom kontoführenden Zahlungsdienstleister nicht eingelöst wird oder dass ein Kontoinformationsdienstleister eine ausgelöste Zahlung durch falsche Informationen, die ihm versehentlich vom kontoführenden Zahlungsdienstleister übermittelt worden sind, nicht vollzieht.

[17] S. vor allem Erwägungsgründe 27 und 29 ZDRL.

[18] Gesetzesbegründung BT-Drs. 16/11643, 106 zur Umsetzung der ZDRL 2007. Näher Staub/*Grundmann* Zahlungsgeschäft Rn. 248.

[19] Staub/*Grundmann* Zahlungsgeschäft Rn. 263.

[20] Insofern erfasst der Begriff der Sperrung nur die „einseitige Sperrung", s. MüKoBGB/*Jungmann* § 675k Rn. 15. Die Klauselwerke sehen regelmäßig die Sperrung auf Veranlassung des Karten- bzw. Kontoinhabers bei Verlust der personalisierten Sicherheitsmerkmale oder aus anderen Gründen genauso vor, wie die Sperrung durch den Zahlungsdienstleister bei Verdacht von Missbrauch, Unsicherheiten im technischen Übertragungsweg oder sonst aus wichtigem Grund (näher Nr. 9.1 und 9.2 sowie 9.4 (automatische Sperren für Chipkarten) der Online-Bedingungen der Deutschen Bank (Stand: 11.9.2019) – Anh. § 676c Rn. 6.

[21] Palandt/*Sprau* § 675k Rn. 6. S. aber § 675l Abs. 1.

[22] Langenbucher/Bliesener/Spindler/*Herresthal* § 675k Rn. 16.

[23] MüKoBGB/*Jungmann* § 675k Rn. 21. Deshalb sind Regelungen in den Klauselwerken, wie zB nach Nr. 9.2 Abs. 1 der Online-Bedingungen der Deutschen Bank (Stand: 11.9.2019), → Anh. § 676c Rn. 6, bedenklich, die eine Sperrung immer dann zulassen, wenn der zugrundeliegende Rahmenvertrag aus wichtigem Grund kündbar ist.

Kreditgewährung[24]). Sicherheitsbedenken liegen vor, wenn „objektiv nachprüfbare Zweifel an der Sicherheit des Zahlungsinstruments bestehen".[25] Das ist zB der Fall, wenn technische Entwicklungen das Zahlungsverfahren unsicher machen oder auch, wenn der Nutzer in erheblichem Umfang gegen seine Pflichten aus § 675l S. 1 verstößt, etwa weil er für den Zahlungsdienstleister ersichtlich personalisierte Sicherheitsmerkmale offenbart.[26]

Der **Verdacht** der nicht autorisierten oder betrügerischen Verwendung setzt konkrete objektive **12** Anhaltspunkte voraus, zB das mehrfache Eintippen von PIN oder TAN.[27] Ein Verdacht erfordert insofern eine auf konkreten Tatsachen basierende, objektiv nachvollziehbare Begründung.[28] Ein wesentlich erhöhtes Kreditrisiko liegt vor, wenn sich – ähnlich dem Maßstab des § 490 – seit Abschluss des Zahlungsdiensterahmenvertrages die Bonität des Nutzers wesentlich verschlechtert hat.[29] Das setzt voraus, dass der Zahlungsdienstleister sowie ggf. der Kartenemittent die Bonität regelmäßig überwacht und sich nicht auf etwaige Mitteilungspflichten des Nutzers aus dem Rahmenvertrag bzw. den AGB verlässt, obgleich hierzu freilich nach dem Zahlungsdiensterecht keine Verpflichtung besteht. Die Anhaltspunkte für die **Bonitätsverschlechterung** müssen objektiv belegbar sein,[30] eine Neubewertung durch die Bank aufgrund anderer Umstände oder wegen einer Anpassung ihrer übergeordneten Grundsätze reicht nicht aus,[31] auch nicht, wenn sie bankaufsichtsrechtlich vorgeschrieben ist, zum Beispiel im Rahmen neuer Eigenkapitalanforderungen, welche die Marge reduzieren würden. Insofern fordert § 675k Abs. 2 S. 1 Nr. 3 eine „abstrakte und gegenwartsbezogene Risikoerhöhung", die sich nicht auf das ursprüngliche (Kredit-)Risiko bezieht.[32] Weitere Gründe für die Sperrung sind grundsätzlich ausgeschlossen. Eine Ausnahme ist jedoch zu machen, wenn die jeweilige Zahlung (nicht grundsätzlich die Nutzung des Zahlungsinstruments) gegen gesetzliche Vorschriften verstoßen würde,[33] wobei in einem solchen Fall die Nichtausführung der konkreten Zahlung sicherlich als milderes Mittel zu ergreifen wäre. Die Kündigung des Rahmenvertrages kann schließlich zur Sperrung bzw. Einziehung des Zahlungsinstruments führen, wobei sich der Zahlungsdienstleister wie bei einer nichtberechtigten Sperrung schadensersatzpflichtig macht (§ 280), wenn die Kündigung ohne sachlichen Grund oder zur Unzeit erfolgt. Es reicht nicht aus, dass der Rahmenvertrag kündbar ist (gleich aus welchem Grund).[34] In der **Insolvenz** des Nutzers endet der Rahmenvertrag automatisch und sollte die Sperrung des Zahlungsinstruments nach sich ziehen, um den Zahlungsdienstleister keinen Schadenersatzansprüchen gegenüber dem Insolvenzverwalter auszusetzen.[35]

3. Information. Die **Information** des Zahlungsdienstnutzers erfolgt auf dem zwischen Institut **13** und Kunden vereinbartem Weg, zB per E-Mail, wobei das Institut erhöhten Sorgfaltspflichten aus der vereinbarten Art der Übermittlung (als Nebenpflicht aus dem Bankvertrag) ausgesetzt ist. Sie umfasst auch die Gründe für die Sperrung, es sei denn, dadurch würden gesetzliche Bestimmungen verletzt (Abs. 2 S. 3). Bei Verletzung insbesondere der zeitlichen Komponente („möglichst vor" bzw. „unverzüglich nach") kommen Schadenersatzansprüche aus § 280 Abs. 1 des Kunden gegen das Institut in Betracht,[36] nicht jedoch, wenn nach einer Sperrung durch Einziehung am Automaten nach dem Ende des Geschäftstages die Information erst am nächsten Geschäftstag erteilt wird.

Im Falle von **Instant Payments** (Abs. 3) muss die Formulierung „unverzüglich nach der Verweige- **14** rung" nach dem Telos der Norm, der durch die Erwägungsgründe der ZDRL (vor allem Erwägungsgrund 27 und 29 ZDRL) zu konkretisieren ist, ausgelegt werden. Insofern muss auch der Zahlungsdienstleister des Zahlers sicherstellen, dass er über die Clearing- und Settlement-Infrastruktur für Instant Payments die Möglichkeit hat, die nötigen Prüfungen durchzuführen und Informationen in Echtzeit zu übermitteln.

---

[24] Str. ist, ob hierunter auch Debit-Karten mit Sofortausgleich fallen, die ggf. auf ein (Kontokorrent-)Konto bezogen sind, dem eine Überziehungsabrede zugrunde liegt. Das ist zu bejahen. Jedenfalls folgt aus der Tatsache, dass die Kreditkomponente nicht in den Ausgabebedingungen geregelt ist, keine andere Sichtweise. Die ZDRL bezweckt ein hohes Sicherheitsniveau, das in den Erwägungsgründen der ZDRL noch einmal besonders betont wird (s. nur Erwägungsgrund 85, 95, 96 ZDRL). Ansonsten wäre der Zahlungsdienstleister darauf angewiesen, im Deckungsverhältnis den Zahlungsdiensterahmenvertrag zu kündigen und die Karte einzuziehen.
[25] Langenbucher/Bliesener/Spindler/*Herresthal* § 675k Rn. 9; MüKoBGB/*Jungmann* § 675k Rn. 22.
[26] Langenbucher/Bliesener/Spindler/*Herresthal* § 675k Rn. 9; Palandt/*Sprau* § 675k Rn. 4.
[27] Palandt/*Sprau* § 675k Rn. 4. Insofern bestehen keine Bedenken, wenn eine automatische Sperre z. B. als Folge einer dreimaligen falschen Eingabe des Nutzungscodes eintritt (so Nr. 9.4 der Online-Bedingungen der Deutschen Bank (Stand: 11.9.2019), → Anh. § 676c Rn. 6, für die Verwendung der Chipkarte mit Signaturfunktion und anderer Chip-basierter Authentifizierungsinstrumente.
[28] Langenbucher/Bliesener/Spindler/*Herresthal* § 675k Rn. 10.
[29] So auch BeckOK BGB/*Schmalenbach* § 675k Rn. 4.
[30] Palandt/*Sprau* § 675k Rn. 4.
[31] MüKoBGB/*Jungmann* § 675k Rn. 29; Langenbucher/Bliesener/Spindler/*Herresthal* § 675k Rn. 11.
[32] Staudinger/*Omlor*, 2012, § 675k Rn. 9.
[33] MüKoBGB/*Jungmann* § 675k Rn. 31, Sperrung als „ultima ratio".
[34] MüKoBGB/*Jungmann* § 675k Rn. 30.
[35] Wobei aber § 103 InsO zu beachten ist. Setzt der Insolvenzverwalter den Rahmenvertrag, unter dem noch Forderungen bestehen, fort, muss der Zahlungsdienstleister eventuell durchgeführte Sperrungen aufheben, sofern er nicht seinerseits den Rahmenvertrag gekündigt hat.
[36] Staudinger/*Omlor*, 2012, § 675k Rn. 10; BeckOK BGB/*Schmalenbach* § 675k Rn. 7.

„Unverzüglich" bedeutet dann im Rahmen derjenigen zeitlichen Anforderungen, die sich aus dem System selbst für Echtzeit-Zahlungen ergeben und die in der Regel auch im Rahmenvertrag vereinbart sein werden. Der Informationsweg wird ebenfalls durch die Vereinbarungen im Rahmenvertrag und die System-Anforderungen bestimmt. Nicht ausreichend ist es dann, wenn die Information des Zahlers auf einem anderen Weg erfolgt, zB durch separate E-Mail, SMS oder gar Brief bei vorheriger elektronischer Kommunikation. Die Klauselwerke greifen diese im Rahmen der ZDRL relevant gewordenen Umstände nicht auf und verweisen, recht allgemein, auf die grundsätzlich möglichen Kommunikationsmittel.[37]

§ 675l Pflichten des Zahlungsdienstnutzers in Bezug auf Zahlungsinstrumente

(1) [1] **Der Zahlungsdienstnutzer ist verpflichtet, unmittelbar nach Erhalt eines Zahlungsinstruments alle zumutbaren Vorkehrungen zu treffen, um die personalisierten Sicherheitsmerkmale vor unbefugtem Zugriff zu schützen.** [2] **Er hat dem Zahlungsdienstleister oder einer von diesem benannten Stelle den Verlust, den Diebstahl, die missbräuchliche Verwendung oder die sonstige nicht autorisierte Nutzung eines Zahlungsinstruments unverzüglich anzuzeigen, nachdem er hiervon Kenntnis erlangt hat.** [3] **Für den Ersatz eines verlorenen, gestohlenen, missbräuchlich verwendeten oder sonst nicht autorisiert genutzten Zahlungsinstruments darf der Zahlungsdienstleister mit dem Zahlungsdienstnutzer ein Entgelt vereinbaren, das allenfalls die ausschließlich und unmittelbar mit dem Ersatz verbundenen Kosten abdeckt.**

(2) **Eine Vereinbarung, durch die sich der Zahlungsdienstnutzer gegenüber dem Zahlungsdienstleister verpflichtet, Bedingungen für die Ausgabe und Nutzung eines Zahlungsinstruments einzuhalten, ist nur insoweit wirksam, als diese Bedingungen sachlich, verhältnismäßig und nicht benachteiligend sind.**

I. Allgemeines

1   Die Vorschrift beruht auf Art. 56 ZDRL 2007. Die Änderungen (insbesondere der neue Abs. 2) beruhen auf Art. 69, 70 ZDRL. Es geht dem Richtliniengeber in diesem Zusammenhang darum, die Kosten für den missbräuchlichen, unverschuldeten Einsatz sowie den Ersatz von Zahlungsinstrumenten zu begrenzen, weil die AGB der Institute häufig Klauseln enthalten haben, nach denen ein Pauschalentgelt fällig wurde, ohne dass es auf ein Verschulden des Kunden ankam.[1] Zudem soll sichergestellt werden, dass die gesetzgeberischen Rahmenbedingungen für eine Nutzung von Zahlungsauslöse- und Kontoinformationsdiensteleistern bestehen und diese Dienste ohne Abschottung durch die AGB der Zahlungsdienstleister (zB Geheimhaltungspflichten) genutzt werden können.[2]

2   Voraussetzung für die Privilegierung des Zahlungsdienstnutzers (keine Kosten) ist gleichwohl, dass er seine Sorgfaltspflichten nach Abs. 1 erfüllt, insofern dient die Vorschrift der Schadensprävention.[3] Sie ist im Zusammenspiel mit § 675v Abs. 1 (und auch § 675u) zu lesen, der die Haftung des Nutzers bei der nicht ordnungsgemäßen Aufbewahrung von personalisierten Sicherheitsmerkmalen mit nachfolgender missbräuchlicher Nutzung regelt.[4] § 675l selbst ist abdingbar zu Lasten des Zahlungsdienstnutzers im Rahmen von § 675e und zu seinen Gunsten findet hinsichtlich Zahlungsdienstleister und Zahlungsauslösedienstleister die Inhaltskontrolle nach §§ 307 ff. statt.[5] Für Kleinbetragsinstrumente im Hinblick auf Satz 2 nach § 675i Abs. 2 Nr. 2 auch zu seinen Lasten abdingbar.[6]

II. Pflichten des Zahlungsdienstnutzers

3   Es handelt sich hierbei um Kundenpflichten zur Missbrauchsprävention, insofern liegt ein „extensives Normverständnis" zugrunde.[7] Der Kunde ist verpflichtet, das Zahlungsinstrument vor Fremdzugriff zu schützen (Abs. 1 S. 1) und ggf. den Missbrauch unverzüglich nach Kenntnis anzuzeigen (Abs. 1 S. 2). Diese Pflichten sind praktisch für alle relevanten Zahlungsinstrumente (Kartenzahlungen sowie Online-Transaktionen inklusive Überweisung im Rahmen des Online-Banking) in den AGB

---

[37] ZB Nr. 9.2 Abs. 2 der Online-Bedingungen der Deutschen Bank (Stand: 11.9.2019), → Anh. § 676c Rn. 5, die für Mitteilungen gegenüber dem Kunden „postalisch", „telefonisch" oder „online" vorsehen, wobei sich der Kunde mit jeder dieser Kommunikationsformen einverstanden erklärt.

[1] Bspw. von dem BGH Urt. v. 20.10.2015 – XI ZR 166/14, NJW 2016, 560 entschiedenen Fall: Das Institut berechnete Gebühren für eine Ersatzkarte selbst im Fall der ordnungsgemäßen Anzeige und Sperrung (§§ 675k Abs. 2, 675l S. 2, jeweils in der Fassung der ZDRL 2007). Die Klausel verstieß gleichwohl gegen § 307 Abs. 1 S. 1, Abs. 2 Nr. 1.

[2] S. Erwägungsgrund 69 ZDRL.

[3] S. auch MüKoBGB/*Jungmann* § 675l Rn. 5.

[4] BeckOK BGB/*Schmalenbach* § 675l Rn. 1.

[5] Palandt/*Sprau* § 675l Rn. 1.

[6] Palandt/*Sprau* § 675l Rn. 1. Insofern enthalten zB die Debitkarten-Bedingungen der Deutschen Bank (Stand: 10.9.2019), → Anh. § 676c Rn. 4, Sonderregelungen in Nr. 6.2.

[7] MüKoBGB/*Jungmann* § 675l Rn. 12; Palandt/*Sprau* § 675l Rn. 2.

der Zahlungsdienstleister geregelt.[8] Die Klauseln sind stets im Rahmen der Inhaltskontrolle am gesetzlichen Leitbild der Norm zu messen und insofern einer Abwägung zwischen den Interessen des Zahlungsdienstleisters an der Vermeidung von Schäden und dem Interesse des Nutzers an der möglichst einschränkungslosen Nutzbarkeit des Zahlungsinstruments zuzuführen.[9]

E-Geld-Anbieter legen zudem weitere Pflichten im Hinblick auf die von ihnen ausgegebenen **4** Zahlungsinstrumente und personalisierten Sicherheitsmerkmale fest. So erstrecken sich die Anforderungen auf die Zahlungsquellen selbst (und werden insofern dupliziert[10]), gehen aber auch darüber hinaus und betreffen dann im Wesentlichen die Sicherheit von Passwörtern, PINs und TANs sowie der technischen Infrastruktur.[11] Hierbei werden zum Teil detaillierte Anweisungen gegeben, mit welchen Geräten und auf welche Art und Weise der Dienst genutzt werden darf. Diese Anforderungen finden sich in ähnlicher Form in den anderen Klauselwerken.[12] Die Pflichten aus Abs. 1 greifen erst, wenn der Nutzer entweder die personalisierten Sicherheitsmerkmale oder das Zahlungsinstrument erhalten hat, wobei „erhalten" Zugang im Sinne des § 130 Abs. 1 S. 1 meint, also Gelangen in den Machtbereich des Empfängers und die Möglichkeit der zumutbaren Kenntnisnahme.[13]

1. Schutz vor Fremdzugriff und Manipulation. Zum **Schutz vor Fremdzugriff** und **Mani- 5 pulation** hat der Zahlungsdienstnutzer alle zumutbaren Vorkehrungen zu treffen, um die personalisierten Sicherheitsmerkmale vor unbefugtem Zugriff zu schützen.[14] „Unbefugt" bedeutet in diesem Zusammenhang, dass der Zugriff nach den vertraglichen Vereinbarungen (im Rahmenvertrag) oder nach den gesetzlichen Regeln untersagt ist.[15] Ein unbefugter Zugriff liegt auch vor, wenn ein an sich befugter Dritter seine Befugnisse zur Nutzung des Zahlungsinstruments überschreitet, ohne dass dieser Fall ausdrücklich geregelt ist.

Die Vorschrift ist mit § 675v Abs. 3 zu lesen: Verstößt der Nutzer in betrügerischer Absicht, **6** vorsätzlich oder grob fahrlässig gegen die Pflicht aus § 675l Abs. 1 S. 1 oder aus den AGB („Bedingungen für die Ausgabe und Nutzung"), so steht dem Zahlungsdienstleister ein Schadenersatzanspruch zu. Die Rechtsprechung hat zur – insofern unveränderten – Rechtslage vor Umsetzung der ZDRL Fallgruppen gebildet, wann der Zahlungsdienstnutzer grob fahrlässig gehandelt und damit einem Schadenersatzanspruch des Instituts ausgesetzt war. Die von der Rechtsprechung entwickelten Grundsätze der **Trennung** von Instrument und Sicherheitsmerkmalen, der **Sicherung** jedes einzelnen Sicherheitsmerkmals und der **Verdachtsvorsorge**[16] gelten auch nach der Umsetzung der ZDRL weiter. Erforderlich ist grundsätzlich, dass der Kunde das Zahlungsinstrument getrennt von der PIN im Rahmen des „zumutbaren" sicher aufbewahrt und bei der Nutzung ebenfalls „im Rahmen des Zumutbaren" dafür sorgt, dass die PIN (oder TAN) Dritten nicht offenbart wird.[17]

Hinzu tritt vor allem für die Nutzung von PIN und TAN im **Internet und im mobilen TAN- 7 Verfahren** die Pflicht, bei Vorliegen bestimmter Verdachtsmomente (zB für eine Phishing[18]- oder Pharming[19]-Attacke), die Nutzung zu unterlassen.[20] Mit der voranschreitenden technischen Entwick-

---

[8] ZB Nr. 6.2 bis 6.4 der Debitkarten-Bedingungen der Deutschen Bank (Stand: 10.9.2019), → Anh. § 676c Rn. 4, die im Rahmen der ZDRL nur im Hinblick auf die Kostentragung für die Ersatzkarte geändert worden sind (Nr. 6.4 Abs. 3). Die Klauselwerke begründen insofern die jeweilige Pflicht des Nutzers, es handelt sich nicht um eine „implizite Pflicht" aus § 675v Abs. 1, s. Staudinger/*Omlor*, 2012, § 675l Rn. 4 mwN.

[9] Es geht damit um Zumutbarkeit und Praktikabilität und damit letztlich um eine Interessenabwägung – Staudinger/*Omlor*, 2012, § 675l Rn. 7 zur Zahlungskarten-PIN. Auch Erman/*Graf v. Westphalen* § 675l Rn. 4.

[10] S. insofern auch die Nutzungsbedingungen PayPal unter www.paypal.com (Stand 19.12.2019) unter der Überschrift „Sichere Nutzung unseres Service" mit dem Hinweis, Nutzer sollten ihre Zahlungs*quellen* sicher verwahren.

[11] S. die Nutzungsbedingungen PayPal unter www.paypal.com (Stand 19.12.2019) unter der Überschrift „Sichere Nutzung unseres Service".

[12] ZB Nr. 7.2 und 7.3 der Online-Bedingungen der Deutschen Bank (Stand: 11.9.2019), → Anh. § 676c Rn. 6. Zur Inhaltskontrolle Erman/*Graf v. Westphalen* § 675l Rn. 7.

[13] MüKoBGB/*Jungmann* § 675l Rn. 16. Ob man diesen Maßstab für unangekündigte Sendungen wie zB die Übersendung erneuerter Karten anwenden sollte, ist zweifelhaft, denn darauf muss sich der Nutzer nicht einstellen. Es wäre unbillig, ihm insoweit das Verlustrisiko aufzubürden, denn bei Briefsendung wird allgemein nicht auf das individuelle Verhalten des Empfängers (zB Urlaub) abgestellt – s. nur Palandt/*Ellenberger* § 130 Rn. 6 zum Einwurf in den Briefkasten.

[14] Es geht insofern nicht um den Schutz des Zahlungsinstruments selbst; s. hierzu und zur aA Staudinger/*Omlor*, 2012, § 675l Rn. 3.

[15] MüKoBGB/*Jungmann* § 675l Rn. 18 stellt nur auf die vertraglichen Bedingungen ab, das greift zu kurz.

[16] Zur Herleitung der Fallgruppen durch die Rspr. Staub/*Grundmann* Zahlungsgeschäft Rn. 266 mwN.

[17] Überblick bei *Maihold* in Schimansky/Bunte/Lwowski BankR-HdB § 55 Rn. 114 ff., insbesondere für mobile Zahlungsdienste und Internet.

[18] So der Fall LG Köln Urt. v. 26.8.2014 – 3 O 390/13, NJW 2014, 3735 (Phishing). Näher zu den verschiedenen Formen des Missbrauchs durch Phishing *Köbrich* VuR 2015, 9 (12).

[19] So der Fall BGH Urt. v. 24.4.2012 – XI ZR 96/11, NJW 2012, 2422 (Pharming) mit einer Übersicht auch über die instanzgerichtliche Rechtsprechung zu den Sorgfaltspflichten. Zur Funktionsweise und den Varianten des Pharming *Zahrte* MMR 2013, 207.

[20] Näher zu solchen Verdachtsmomenten: *Maihold* in Schimansky/Bunte/Lwowski BankR-HdB § 55 Rn. 132 (unter Bezugnahme auf die AGB der Institute, die den Zugang zu den elektronischen Medien regeln und zur Vermeidung von Phishing und Pharming konkrete Anforderungen enthalten).

lung entstehen immer neue Bedrohungslagen: Neben den Trojanerangriffen, Phishing, Pharming, Sniffing, Keylogging, Man-in-the-Middle-Angriffen und anderen Angriffen[21] bei der mobilen Nutzung von Zahlungsdiensten werden immer wieder auch die **Schwachstellen von Menschen** ausgenutzt und auf diese Art und Weise personalisierte Sicherheitsmerkmale entweder ausgespäht und von den Tätern oder unter Druck vom Zahlungsdienstnutzer selbst genutzt, um Zahlungen auszulösen.[22] Unabhängig von der Kreativität der Täter treffen den Nutzer gerade im Hinblick auf seine IT-Infrastruktur bei der Nutzung von mobilen und stationären Diensten umfangreiche Pflichten, die jedoch nicht überspannt werden dürfen, weil sie durch sein technisches Know-how und die eigenen Pflichten des Zahlungsdienstleisters begrenzt werden.[23]

8   Ob mit der älteren Rspr. und der überwiegenden Meinung in der Lit.[24] noch immer davon ausgegangen werden kann, dass im Massengeschäft auf den „nicht allzu versierten Nutzer, der technische Details nicht verstehen muss" abzustellen ist, darf allerdings bezweifelt werden. Zwar enthalten bereits die Mindestanforderungen an die Sicherheit von Internetzahlungen (MaSI)[25] genauso wie die technischen Regulierungsstandards der EBA (RTS)[26] aufsichtsrechtliche Vorgaben für Zahlungsdienstleister, die Online-Zahlungen anbieten, sodass Pflichten vom Zahlungsdienstnutzer auf den Zahlungsdienstleister verlagert werden (starke, sog. „zwei Faktor Authentifizierung", Software, Monitoring von Anmelde- und Authentifizierungsversuchen, Transaktionsüberwachung, Schutz sensibler Zahlungsdaten, Risikoanalyse, Kommunikation mit dem Nutzer und zwischen Zahlungsdienstleister und Zahlungsauslöse- und Kontoinformationsdienstleistern[27]).

9   Die Frage, welche Sicherungspflichten dem Nutzer zugewiesen werden sollen, hängt jedoch entscheidend von den technischen Gegebenheiten und damit vom **Stand der Technik** ab. So lassen sich pauschale Aussagen, dass Windows-Nutzer ein aktuelles Antivirenprogramm zu installieren hätten genauso wenig treffen wie die Aussage, dass im iOS-Betriebssystem (mobil und stationär) keine weiteren Vorkehrungen erforderlich wären.[28] Auch die Aussage, die in handelsüblichen Routern verbaute Firewall reiche aus,[29] ist zu plakativ, weil es wohl entscheidend darauf ankommt, ob die zugrundeliegende Software vom Hersteller oder vom Nutzer aktuell gehalten wird. Es ist auch zu berücksichtigen, dass die digitale Kompetenz in der Bevölkerung stetig zunimmt[30] und sich damit auch der durchschnittliche Nutzer weiterentwickelt. In der Praxis wird **im Einzelfall** ermittelt werden müssen, ob der Nutzer mit denjenigen Sicherheits- und Abwehrmaßnahmen, die dem Stand der Technik entsprochen haben, auf der Basis des vom Zahlungsdienstleister zur Verfügung gestellten IT-Umfelds, das seinerseits der MaSI entsprochen haben muss, den Angriff und damit den Schaden hätte verhindern können.

10   Unter Verbraucherschutzgesichtspunkten könnte *de lege ferenda* erwogen werden, den insoweit häufig überlegenen Zahlungsdienstleister zu verpflichten, den Stand der Technik zu definieren, aktuell zu halten und dem Nutzer für die wichtigsten Infrastrukturen im Rahmen erweiterter Informationspflichten fortlaufend mitzuteilen und im Rahmenvertrag deren Nutzung zu vereinbaren.[31] Auch die Schutzmaßnahmen, die im Hinblick auf PIN und die sich ständig weiterentwickelnden TAN-Verfahren[32] zu beachten sind, müssen sich am Stand der Technik orientieren. Sorgfaltspflichten müssen

---

[21] Aktuelle Zusammenstellung bei Erman/*Graf v. Westphalen* § 675l Rn. 4c.

[22] Zum sog. „Social Engineering" bzw. „Social Hacking" MüKoBGB/*Jungmann* § 675l Rn. 39 f. und *Zahrte* BKR 2016, 315 (319), der hierin die größte Bedrohung für den Zahlungsverkehr sieht und zu Recht anmahnt, dass die Rechtswissenschaft der technischen Entwicklung noch nicht gefolgt sei.

[23] Erman/*Graf v. Westphalen* § 675j Rn. 4d mit dem Hinweis, dass die Pflicht des Zahlungsdienstleisters wiederum dort endet, „wo sie mit zumutbarem Aufwand nicht mehr zu leisten ist".

[24] LG Köln Urt. v. 5.12.2007 – 9 S 195/07, MMR 2008, 259 (260 f.); AG Wiesloch Urt. v. 20.6.2008 – 4 C 57/08, MMR 2008, 626 (628); MüKoBGB/*Jungmann* § 675l Rn. 42 mwN (Pflicht zur Sicherung der IT-Infrastruktur, aber: durchschnittlicher Nutzer).

[25] Rundschreiben 4/2015 der Bundesanstalt für Finanzdienstleistungsaufsicht (BaFin) vom 5.5.2015 („MaSi"), das auf der Grundlage der ZDRL 2007 die EBA-Leitlinien über die Sicherheit von Internetzahlungen umgesetzt hat und für Altfälle in Kraft bleibt.

[26] In Form der Delegierten Verordnung (EU) 2018/389 der Kommission vom 27.11.2017 zur Ergänzung der Richtlinie (EU) 2015/2366 (PSD 2) und der darauf basierten Anforderungen (die Delegierte VO trat am 14.9.2019 in Kraft). S. insofern auch die Regulatory Technical Standards on Strong Customer Authentication and Common and Secure Communication under Article 98 of Directive 2015/2366 (PSD2)" (EBA RTS CP-2017-02) in der Fassung des „Final Drafts" vom 17. Februar 2017.

[27] Insbesondere Nr. 7 bis 11 MaSi (oben), die mittlerweile aber im Wesentlichen (bis auf verbleibende Altfälle) durch die RTS und spezifische BaFin-Rundschreiben zur Sicherheitsarchitektur des Zahlungsverkehrs ersetzt worden ist.

[28] So aber MüKoBGB/*Jungmann* § 675l Rn. 46 für Apple-Smartphones.

[29] MüKoBGB/*Jungmann* § 675l Rn. 43.

[30] Hierzu Instruktiv die am 15.11.2016 vom BMWi vorgestellte Studie zum „Digitalisierungsgrad der Bevölkerung und zur digitalen Schuldbildung" (s. Webseite BMWi).

[31] Im Rspr. hält im Rechtsverhältnis zum Nutzer zur Bestimmung der Anforderungen an die Beweisführung des Zahlungsdienstleisters nach § 675w S. 3 und damit zum Ausschluss seiner Haftung ein Authentifizierungssystem für ausreichend, dass von einer Kompromittierung der eingesetzten Geräte nicht berührt wird, das einen Zugriff Unberechtigter Dritter ausschließt, eine dynamische TAN verwendet, die an den konkreten Zahlungsvorgang gebunden

insofern stets situationsbedingt betrachtet werden.[33] Zu bedenken ist in diesem Zusammenhang auch, dass der Schaden, der im Online-Banking entstehen kann, grundsätzlich nur durch den Deckungsrahmen begrenzt ist und damit höher ausfallen kann als bei der Kartennutzung. Hieraus allerdings den Schluss zu ziehen, dass strengere Anforderungen an die Haftung des Kunden zu stellen sind, würde den Kunden über Gebühr belasten, sieht man einmal von den offensichtlichen Pflichtverstößen im Bereich der Aufbewahrung und Bedienung der Eingabemaske ab.[34] Die Anforderungen müssen zwar im Lichte des möglichen Gesamtschadens betrachtet werden, aber es muss immer auch berücksichtigt werden, welche technischen Schutzfunktionen der Zahlungsdienstleister selbst implementiert hat, um den Zahlungsvorgang technisch zu unterstützen. Die Pflichten des Kunden können insofern nicht weitergehen als die Bereitschaft des Zahlungsdienstleisters, selbst für Sicherheit zu sorgen (→ Rn. 7, → Rn. 9 f.).

Im Übrigen finden die Pflichten des Nutzers für die Nutzung von Zahlungsinstrumenten ihre **11 Grenzen** in der praktischen Nutzbarkeit der Instrumente sowie in den Anforderungen an eine selbstbestimmte Lebensführung des Nutzers.[35] Zum Beispiel das Verbot, eine PIN überhaupt zu notieren[36] oder einen TAN-Block im selben Zimmer aufzubewahren, wie den für das Online-Banking verwendeten Computer würden diese Grenzen überschreiten.

2. Anzeigepflicht und Anzeigegründe. Nach Kenntnis des Verlusts, Diebstahls, der missbräuchli- **12** chen oder sonst nicht autorisierten Nutzung sowie im Falle der *Gefahr* einer nicht autorisierten Nutzung[37] trifft den Zahlungsdienstnutzer nach Abs. 1 S. 2 eine **Anzeigepflicht** gegenüber dem Zahlungsdienstleister.[38] Hierdurch soll dieser in die Lage versetzt werden, einen möglichen Schaden zu vermeiden oder zu reduzieren. Insbesondere wegen der Eilbedürftigkeit sind strenge Maßstäbe an die Erfüllung der Anzeigepflicht zu stellen.[39] Das ergibt sich auch aus der Interessenlage des Zahlungsdienstnutzers, weil insofern das Haftungsrisiko auf den Zahlungsdienstleister verlagert wird.[40]

Verlust (und damit auch **Diebstahl** sowie verwandte Tatbestände[41]) beziehen sich nur auf **13** Zahlungsinstrumente mit körperlicher Komponente, also zB Karten.[42] PIN, TAN oder sonstige persönliche Sicherheitsmerkmale müssen nicht abhandenkommen, um die Anzeigepflicht auszulösen. Umgekehrt erfordert der Verlust der persönlichen Sicherheitsmerkmale ohne den Verlust der Karte eine Anzeige an den Zahlungsdienstleister, wenn hierdurch das Risiko erhöht wird, dass auch die Karte abhandenkommt (zB wenn zu erwarten ist, dass der Täter in einem nächsten Schritt die Karte stehlen wird). Es reicht nicht aus, dass der Nutzer die Karte vorübergehend nicht findet, wobei entscheidend ist, ob der Nutzer nach den Umständen davon ausgehen kann, dass er neben seinem Besitzwillen auch noch mittelbaren oder unmittelbaren (Eigen-)Besitz an der Karte hat (zB bei Verlegen im Haushalt; die objektiven Umstände sprechen gegen Besitz, wenn seit dem Verlegen der Karte mehr als 12 Stunden vergangen sind, dann überwiegt das Risiko der missbräuchlichen Verwendung).

---

ist, und dem Zahler die Möglichkeit zur Überprüfung und Freigabe des Zahlungsauftrags gibt. Insofern wird im Allgemeinen der *Stand der Technik* akzeptiert, wie er von den Zahlungsdienstleistern definiert wird (Nachweise bei *Grüneberg* WM 2017, 61 [62]).

[32] TAN-, iTAN-, mTAN-, SMS-TAN-, chip-TAN-, Photo-TAN-Verfahren der ersten bis dritten Generation („dynamische TAN-Verfahren") – näher MüKoBGB/*Jungmann* § 675l Rn. 57 ff. und auch *Maihold* in Schimansky/Bunte/Lwowski BankR-HdB § 55 Rn. 10 ff.

[33] Für erweiterte Sorgfaltspflichten bei dem Umgang mit TANs auch MüKoBGB/*Jungmann* § 675l Rn. 64.

[34] Staub/*Grundmann* Zahlungsgeschäft Rn. 266 knüpft insofern an die verschiedenen Verbraucherleitbilder an, die seiner Auffassung nach gerade im Hinblick auf die mögliche Schadenshöhe berücksichtigt werden müssten.

[35] AllgM, vgl. nur Langenbucher/Bliesener/Spindler/*Herresthal* § 675l Rn. 8. Auch MüKoBGB/*Jungmann* § 675l Rn. 16 und die Festlegung des Gesetzgebers in Abs. 2.

[36] Langenbucher/Bliesener/Spindler/*Herresthal* § 675l Rn. 8 (Fn. 12).

[37] Zur Vorverlagerung der Pflichten im Falle einer (konkreten) Gefahr einer nicht autorisierten Nutzung MüKoBGB/*Jungmann* § 675l Rn. 65, die v. a. relevant wird bei der (verlangten) mehrmaligen Eingabe von TANs. Staub/*Grundmann* Zahlungsgeschäft Rn. 269, der „sofortige intensive Nachforschungen" fordert und bei nicht erfolgreichem Abschluss der Nachforschungen eine Anzeigepflicht bejaht.

[38] Die Modalitäten der Anzeige können und werden in AGB geregelt. Insbesondere kann der (kartenausgebende) Zahlungsdienstleister die Anzeigeabwicklung und Sperrung an einen Dritten Dienstleister auslagern, den der Nutzer aber zu benennen ist. Der Sperr-Notruf 116116 e. V., der als „Verein zur Förderung der Sicherheit in der Informationsgesellschaft" firmiert, muss spezifisch zwischen Zahlungsdienstleister und Nutzer als Adressat in den AGB vereinbart werden, weil er keinem Zahlungsdienstleister alleine zuzuordnen ist. Die Debitkarten-Bedingungen der Deutschen Bank (Stand: 10.9.2019), → Anh. § 676c Rn. 4, sehen in Nr. 6.4 vor, dass die Sperranzeige auch über den „Zentralen Sperrannahmedienst" unter Angabe der Bank und der IBAN erfolgen kann; dieser Sperrannahmedienst ist nicht mit dem Sperrnotruf 116116 e. V. zu verwechseln.

[39] BeckOK BGB/*Schmalenbach* § 675l Rn. 5.

[40] MüKoBGB/*Jungmann* § 675l Rn. 69.

[41] Raub, räuberische Erpressung (Wegnahme oder wegnahmeähnliche Umstände), nicht täuschungs- oder irrtumsbedingte freiwillige Herausgabe – s. MüKoBGB/*Jungmann* § 675l Rn. 72.

[42] Palandt/*Sprau* § 675l Rn. 5; MüKoBGB/*Jungmann* § 675l Rn. 74.

14   Eine **missbräuchliche Verwendung** liegt entweder vor, wenn der Nutzer das Zahlungsinstrument außerhalb der vom Zahlungsdienstleister eingeräumten Befugnisse verwendet, oder wenn ein im Verhältnis zum Nutzer berechtigter (zB der Zweitkarteninhaber) oder unberechtigter Dritter (zB, in häuslicher Gemeinschaft, der unmittelbare Fremdbesitzer) das Zahlungsinstrument zweckwidrig verwendet; das gilt auch im Online-Banking unter Verwendung von personalisierten Sicherheitsmerkmalen[43] oder bei der Nutzung von E-Geld-Diensten, soweit Zahlungsvorgänge ausgelöst werden, die den Anschein erwecken, dass sie vom Nutzer autorisiert worden sind.[44] Zu beachten ist, dass die Verwendung durch den Nutzer nicht missbräuchlich iSd Abs. 1 S. 2 ist, wenn er gegen vertragliche Abreden verstößt, die sich nicht auf den (technischen) Zahlungsvorgang an sich beziehen, zB bei Überschreitungen des Deckungsrahmens.[45] Die *Gefahr* einer missbräuchlichen Verwendung ist wie bei der nicht autorisierten Nutzung ausreichend, jedenfalls, wenn der Nutzer positive Kenntnis von den Umständen hat, welche die Gefahr begründen.[46]

15   Eine **sonst nicht autorisierte Nutzung** liegt als Auffangtatbestand immer vor, wenn der Zahlungsdienstnutzer mit der Nutzung durch einen Dritten nicht einverstanden ist. Es kommt auf das Verhältnis des Nutzers zum Dritten an, sodass auch die Nutzung durch das Vertragsunternehmen selbst nicht autorisiert sein kann.[47] Mit dem Zugang der ordnungsgemäßen Anzeige bei dem Zahlungsdienstleister trifft den Nutzer keine Haftung mehr infolge des Verlusts oder der missbräuchlichen Verwendung (§ 675v Abs. 3 S. 1). Verletzt er seine Pflichten, so besteht zwar kein Aufwendungsersatzanspruch des Zahlungsdienstleisters (§ 675u Abs. 1 S. 1), jedoch kommt unter bestimmten Voraussetzungen ein **Schadenersatzanspruch** in Betracht (§ 675v Abs. 1; nicht jedoch aus § 280[48]).

16   Die Anzeige muss **unverzüglich** erfolgen. Hierbei ist wiederum nach dem Grad der Kenntnis zu unterscheiden. Bei Verdachtsfällen gilt insofern der Maßstab des § 121 Abs. 1 S. 1, um es dem Zahlungsdienstnutzer zu ermöglichen, Nachforschungen anzustellen. Bei positiver Kenntnis, zB im Falle des Diebstahls, gilt ein strengerer Maßstab. Im Zweifel ist die Anzeige dann sofort zu erstatten, was dem Kunden auch regelmäßig möglich und zumutbar ist, weil die Banken leicht erreichbare Sperr-Notrufnummern anbieten.[49]

17   **3. Weitergehende Sorgfaltspflichten. Weitere, ungeschriebene** und nicht bereits von § 676b erfasste, **Sorgfaltspflichten** des Zahlungsdienstnutzers bestehen nicht.[50] Es würde sich hierbei um Nachforschungs-, Warn- oder Anzeigepflichten etwa für den Fall handeln, dass auf die Ankündigung der Zusendung eines Zahlungsinstruments diese tatsächlich nicht erfolgt.[51] Mit der Umsetzung der 2. ZDRL wurde sowohl vom europäischen wie vom deutschen Gesetzgeber der Verbraucherschutz betont, der wiederum durch die **Vollharmonisierung des Zahlungsdiensterechts** sichergestellt werden soll.[52] Zwar werden die unbestimmten Rechtsbegriffe, wie „Fahrlässigkeit", weiterhin durch das nationale Recht bestimmt (Betonung wiederum in Erwägungsgrund 72 ZDRL), jedoch würde die Begründung zusätzlicher Pflichten des Zahlungsdienstnutzers die bloße inhaltliche Bestimmung (Auslegung) der Zahlungsdiensterichtlinien sprengen. Umgekehrt folgt hieraus, dass der Zahlungsdienstleister das (Rest-) Risiko trägt, dass ein nicht von § 675l erfasstes Fehlverhalten des Kunden vorliegt (das der Zahlungsdienstleister ohnehin nach den §§ 675m, 675u trägt – Beispiel wäre das Versendungsrisiko nach § 675m Abs. 2). Insofern könnten sich hieraus sowohl gegenüber dem Kunden als auch gegenüber dem Zahlungsempfänger erweiterte Sorgfaltspflichten ergeben,[53] die dann konsequenterweise an § 675m zu messen wären.

18   **4. Kosten. Kosten bei Verlust des Zahlungsinstruments** sind der Höhe nach durch Abs. 1 S. 3 begrenzt, wenn den Zahlungsdienstnutzer kein Verschulden trifft. Hierdurch wird Art. 70 Abs. 1 lit. d ZDRL umgesetzt. Es soll dem Nutzer die Möglichkeit gegeben werden, die erforderlichen Anzeigen kostenlos durchzuführen (§ 675m Abs. 1 S. 1 Nr. 4) und ggf. gegen Ersatz der Selbstkosten (Abs. 1 S. 3) ein neues Zahlungsinstrument zu erhalten. Es handelt sich bei diesem Entgelt um ein zugelassenes

---

[43] Hierzu näher *Maihold* in Schimansky/Bunte/Lwowski BankR-HdB § 55 Rn. 50.

[44] MüKoBGB/*Jungmann* § 675l Rn. 78 „extensives Normverständnis".

[45] Staub/*Grundmann* Zahlungsgeschäft, Rn. 251. Zweifelnd Staudinger/*Omlor*, 2012, § 675l Rn. 18, jedenfalls bezogen auf eine „abstrakte Gefahr".

[46] Langenbucher/Bliesener/Spindler/*Herresthal* § 675l Rn. 20.

[47] S. auch Palandt/*Sprau* § 675l Rn. 6.

[48] Die Anwendung des § 280 Abs. 1 ist wegen der Vollharmonisierung durch die ZDRL gesperrt. Differenzierend und mwN Staudinger/*Omlor*, 2012, § 675v, Rn. 15 f.

[49] Im Fall OLG Frankfurt a. M. Beschl. v. 15.7.2003 – 19 U 71/03, NJW-RR 2004, 206 wurde die Karte am Flughafen gestohlen und der Kunde fuhr erst noch 1 1/2 Stunden sein Ferienhaus, um dort die Telefonnummer des Sperrnotrufs aus seinen Unterlagen in Erfahrung zu bringen.

[50] So aber noch die Vorauflage Rn. II 200 und entsprechend Staub/*Grundmann* Zahlungsgeschäft Rn. 271 ff.

[51] So der Fall KG Beschl. v. 31.10.2005 – 12 U 112/05, NJW 2006, 381, wobei der zugrundeliegende Sachverhalt durchaus als außergewöhnlich war. Der Kunde hatte sich nach drei Fehlversuchen nicht gemeldet und vor Antritt einer längeren Auslandsreise größere Geldbeträge auf das Konto transferiert.

[52] Gesetzesbegründung BT-Drs. 18/11495, 76 f. (Schutz des Zahlungsdienstnutzers) und Erwägungsgrund 7, 72, 74 ZDRL.

[53] Vorauflage Rn. II 201/202 mwN; Staub/*Grundmann* Zahlungsgeschäft Rn. 271, 280.

Entgelt iSd § 675f Abs. 5 S. 2 Hs. 1.[54] Die Klauselwerke greifen diese Regelungen entsprechend auf, wobei nähere Bestimmungen in den Preis- und Leistungsverzeichnissen getroffen werden.[55]

III. Ausgabe- und Nutzungsbedingungen, Inhaltskontrolle

Abs. 2 setzt Art. 69 Abs. 1 lit. a ZDRL als *Willkürverbot* um. Der Zahlungsdienstleister darf insbesondere nicht ohne nachvollziehbaren Grund einem Nutzer deutlich strengere Ausgabe- und Nutzungsbedingungen auferlegen als anderen Nutzern.[56] Trotz der Verwendung „benachteiligend" im letzten Hs. ist nicht gemeint, dass die Bedingungen einer erweiterten Inhaltskontrolle unterliegen, die über die §§ 307 ff. hinausgeht. Zusätzlich muss nur geprüft werden, ob einzelne Nutzer ohne sachlichen Grund benachteiligt werden und damit willkürlich gehandelt wird. Willkür liegt nicht bereits vor, wenn unterschiedliche Bedingungen verwendet werden, die sich an der jeweiligen Bonität des Kunden orientieren. Der Begriff „nichtdiskriminierend" in Art. 69 Abs. 1 lit. a ZDRL stellt zudem darauf ab, dass nicht ohne sachliche Rechtfertigung zwischen Bürgern verschiedener EU-Staaten unterschieden werden darf und auch ein Wohnsitzwechsel innerhalb der EU keine Konsequenzen für die Pflichten des Nutzers nach der ZDRL haben darf.[57]

Außerdem soll nach Erwägungsgrund 93 ZDRL befördert werden, dass der Nutzer Zahlungsauslöse- und Kontoinformationsdienstleister nutzen kann, **ohne dass zu hohe oder unsichere Standards der Interoperabilität**[58] **den Marktzugang erschweren** oder verhindern. Insofern geben für die Instant Payments wiederum die Systembedingungen vor, wie die Interoperabilität der Teilsysteme ausgestaltet sein muss, dh letztlich entscheiden sich die Anforderungen auf der aufsichtsrechtlichen Ebene und werden durch Abs. 2 nur zivilrechtlich flankiert.[59]

§ 675m Pflichten des Zahlungsdienstleisters in Bezug auf Zahlungsinstrumente; Risiko der Versendung

(1) [1]**Der Zahlungsdienstleister, der ein Zahlungsinstrument ausgibt, ist verpflichtet,**

1. **unbeschadet der Pflichten des Zahlungsdienstnutzers gemäß § 675l Absatz 1 sicherzustellen, dass die personalisierten Sicherheitsmerkmale des Zahlungsinstruments nur der zur Nutzung berechtigten Person zugänglich sind,**
2. **die unaufgeforderte Zusendung von Zahlungsinstrumenten an den Zahlungsdienstnutzer zu unterlassen, es sei denn, ein bereits an den Zahlungsdienstnutzer ausgegebenes Zahlungsinstrument muss ersetzt werden,**
3. **sicherzustellen, dass der Zahlungsdienstnutzer durch geeignete Mittel jederzeit die Möglichkeit hat, eine Anzeige gemäß § 675l Absatz 1 Satz 2 vorzunehmen oder die Aufhebung der Sperrung gemäß § 675k Absatz 2 Satz 5 zu verlangen,**
4. **dem Zahlungsdienstnutzer eine Anzeige gemäß § 675l Absatz 1 Satz 2 kostenfrei zu ermöglichen und**
5. **jede Nutzung des Zahlungsinstruments zu verhindern, sobald eine Anzeige gemäß § 675l Absatz 1 Satz 2 erfolgt ist.**

[2]**Hat der Zahlungsdienstnutzer den Verlust, den Diebstahl, die missbräuchliche Verwendung oder die sonstige nicht autorisierte Nutzung eines Zahlungsinstruments angezeigt, stellt sein Zahlungsdienstleister ihm auf Anfrage bis mindestens 18 Monate nach dieser Anzeige die Mittel zur Verfügung, mit denen der Zahlungsdienstnutzer beweisen kann, dass eine Anzeige erfolgt ist.**

(2) **Die Gefahr der Versendung eines Zahlungsinstruments und der Versendung personalisierter Sicherheitsmerkmale des Zahlungsinstruments an den Zahlungsdienstnutzer trägt der Zahlungsdienstleister.**

(3) **Hat ein Zahlungsdienstleister, der kartengebundene Zahlungsinstrumente ausgibt, den kontoführenden Zahlungsdienstleister des Zahlers um Bestätigung ersucht, dass ein für die Ausführung eines kartengebundenen Zahlungsvorgangs erforderlicher Betrag auf dem Zahlungskonto verfügbar ist, so kann der Zahler von seinem kontoführenden Zahlungsdienstleister verlangen, ihm die Identifizierungsdaten dieses Zahlungsdienstleisters und die erteilte Antwort mitzuteilen.**

19

20

---

[54] Gesetzesbegründung BT-Drs. 18/11495, 162.
[55] S. zB Nr. 6.4 der Debitkarten-Bedingungen der Deutschen Bank (Stand: 10.9.2019), → Anh. § 676c Rn. 4.
[56] Gesetzesbegründung BT-Drs. 18/11495, 162.
[57] S. auch Erwägungsgründe 64, 69 und va 93.
[58] Die EBA ist aufgerufen, fortlaufend die entsprechenden technischen Ausführungsstandards zu entwickeln. Zu erwähnen sind hier v. a. die bereits implementierten Standards für die starke Authentifizierung und Sicherheit im Zahlungsverkehr („Regulatory Technical Standards on Strong Customer Authentication and Common and Secure Communication under Article 98 of Directive 2015/2366 (PSD2)" (EBA RTS CP-2017-02) in der Fassung des Final Drafts vom 17. Februar 2017.
[59] S. zu den geplanten Maßnahmen → § 675j Rn. 19 f. (SCT inst, TIPS)

I. Allgemeines

1   Die Vorschrift beruht auf Art. 57 ZDRL 2007. Die Änderungen (insbesondere der neue Abs. 3) beruhen auf Art. 65 (vor allem Abs. 5), 70 Abs. 1, 2 ZDRL. Abdingbar zu Lasten des Zahlungsdiensttenutzers nur im Rahmen von § 675e, zu seinen Gunsten Inhaltskontrolle nach §§ 307 ff.[1] Die Vorschrift legt dem Zahlungsdienstleiser Pflichten auf, die mit denjenigen des Zahlungsdienstnutzers korrespondieren („spiegelbildlich"[2]). Die Norm ist nicht abschließend und kann ggf. durch weitere Pflichten ergänzt werden, die sich aus der technischen Fortentwicklung des Zahlungsverkehrs ergeben und der veränderten Risikolage Rechnung tragen.[3] Die missbräuchliche Verwendung und der daraus entstehende Schaden sollen geringgehalten werden, insofern können sich aus dem Bankvertrag und ggf. den AGB nochmals weitergehende Pflichten ergeben.[4] Die Vorschrift dient in erster Linie der **Missbrauchsprävention.**[5]

II. Pflichten des Zahlungsdienstleisters

2   Es handelt sich hierbei um die nähere Ausformung der Pflichten zur Missbrauchsprävention. Der Katalog des Abs. 1 ist nicht abschließend.[6] Der Zahlungsdienstleister ist verpflichtet, Maßnahmen gegen den Fremdzugriff zu ergreifen und für den Fall des missbräuchlichen Fremdzugriffs sicherzustellen, dass eine Sperrung des Zahlungsinstruments erfolgt (das setzt freilich voraus, dass der Zahlungsdienstnutzer seine Pflichten aus § 675l Abs. 1 S. 2 erfüllt) und die weitere Nutzung unterbunden wird. Verboten ist nach Abs. 1 S. 1 Nr. 2 die unaufgeforderte Übersendung eines Zahlungsinstruments, weil sie den Kunden einem erhöhten Risiko und erhöhten Mühen (Rücksendung) aussetzen würde;[7] hierdurch wird die Sachlage auch für das Wettbewerbsrecht geklärt, das eine solche Zusendung unter bestimmten Voraussetzungen zuließ.[8]

3   **1. Schutz vor Fremdzugriff.** Zum **Schutz vor Fremdzugriff** hat der Zahlungsdienstleister bei der Verwendung von Zahlungsinstrument und personalisierten Sicherheitsmerkmalen einen möglichst sicheren Übermittlungsweg zu währen (Abs. 1 S. 1 Nr. 1), es gelten hohe Standards.[9]

4   Differenziert werden muss zwischen den verschiedenen Zahlungsinstrumenten, wobei Abs. 1 S. 1 Nr. 2 sich vorrangig auf Giro- und andere Zahlungskarten bezieht (aber insoweit nicht abschließend ist). Hierbei – und natürlich auch beim Online-Banking – sind Karte bzw. Zugangskennung und PIN bzw. TAN separat in neutralen und durchleuchtungssicheren Umschlägen zu versenden (spiegelbildlich zum Trennungsgrundsatz unter § 675l).[10] Unabhängig davon ist das System selbst im Hinblick auf die Übertragungswege und die Datenübermittlung so sicher wie möglich auszugestalten.[11] Dh die gesamte technische Abwicklung muss dem **Stand der Technik** entsprechen und muss es dem Nutzer jederzeit (24h/7 Tage) ermöglichen, seinen Sorgfaltspflichten nach § 675l nachzukommen (Abs. 1 S. 1 Nr. 3).[12] Zusätzlich muss der Zahlungsdienstleister den Kunden auch über das System und seine Anforderungen informieren und ggf. beraten.[13] Insofern erstrecken sich die Pflichten des Zahlungsdienstleisters zwar vorrangig, aber nicht nur, auf die Übermittlung und auf die Rückübermittlung der personalisierten Sicherheitsmerkmale.[14]

---

[1] Palandt/*Sprau* § 675m Rn. 1.

[2] Staub/*Grundmann* Zahlungsgeschäft Rn. 275; MüKoBGB/*Jungmann* § 675m Rn. 2.

[3] Staudinger/*Omlor,* 2012, § 675m Rn. 1.

[4] Palandt/*Sprau* § 675m Rn. 2. Allerdings keine strengeren Regeln zulasten des Zahlungsdienstnutzers – s. insofern MüKoBGB/*Jungmann* § 675m Rn. 7. In den Klauselwerken finden sich teilweise weitergehende Regelungen, wobei in erster Linie auf die Rechtsfolge, nämlich den Haftungsausschluss zugunsten des Kunden, abgestellt wird, s. hierzu zB Nr. 14 der Debitkarten-Bedingungen der Deutschen Bank (Stand: 10.9.2019). → Anh. § 676c Rn. 4.

[5] BeckOK BGB/*Schmalenbach* § 675m Rn. 1 unter Verweis auf Erwägungsgrund 49 ZDRL 2007.

[6] Staudinger/*Omlor,* 2012, § 675m Rn. 1; BeckOK BGB/*Schmalenbach* § 675m Rn. 2.

[7] Sofern es sich dabei nicht um den Ersatz im Rahmen einer bestehenden Geschäftsbeziehung handelt. Das gilt auch für Zweit- und Zusatzkarten, die erstmalig übermittelt werden. Näher MüKoBGB/*Jungmann* § 675m Rn. 36 ff.

[8] BGH Urt. v. 3.3.2011 – I ZR 167/09, GRUR 2011, 747 betraf den wettbewerbsrechtlich verfolgten Fall der unaufgeforderten Zusendung einer Kreditkarte. Voraussetzung der wettbewerbsrechtlichen Zulässigkeit war, dass die Einsetzbarkeit der Karte von einer weiteren Erklärung des Empfängers abhing und er – aus seiner Sicht – die Möglichkeit der sicheren Entsorgung hatte.

[9] BeckOK BGB/*Schmalenbach* § 675m Rn. 3.

[10] Langenbucher/Bliesener/Spindler/*Herresthal* § 675m Rn. 4.

[11] Staub/*Grundmann* Zahlungsgeschäft Rn. 276. Staudinger/*Omlor,* 2012, § 675m Rn. 4 mit einer Erläuterung der erforderlichen Verfahren; s. auch Erman/*Graf v. Westphalen* § 675m Rn. 2.

[12] Zur Technik näher Langenbucher/Bliesener/Spindler/*Herresthal* § 675m Rn. 4.

[13] Staub/*Grundmann* Zahlungsgeschäft Rn. 276 unter Verweis auf Art. 248 § 4 Abs. 1 Nr. 2 und Nr. 5 EGBGB.

[14] MüKoBGB/*Jungmann* § 675m Rn. 10.

Nach Erstattung der *kostenfrei zu haltenden Anzeige* **des Nutzers** (Abs. 1 S. 1 Nr. 4) ist er ver- **5** pflichtet, jede Nutzung zu verhindern (Abs. 1 S. 1 Nr. 5).[15] Diese Pflicht ist allerdings nicht grenzenlos; vielmehr ist der Zahlungsdienstleister im Rahmen des Zumutbaren und auch nur, sofern seine Sphäre betroffen ist, zur Verhinderung verpflichtet.[16] Praktisch bedeutet das, dass der Zahlungsdienstleister alle relevanten Zahlungsinstrumente, wie zB Zahlungskarten oder auch das (Online-)Konto selbst, sperren und dem Nutzer neue Identifikations- und Authentifizierungsmittel zur Verfügung stellen muss.

Der **Stand der Technik** bei Übermittlung und Rückübermittlung wird (→ § 675l Rn. 9) von der **6** EBA auf der Grundlage von Art. 97 und 98 ZDRL in RTS definiert, die insbesondere die Anforderungen an die „starke Authentifizierung", aber auch die Kommunikation mit dem Nutzer und anderen Dritten über Schnittstellen, vorschreiben.[17]

Unter einer **starken Authentifizierung** oder „Zwei-Faktor-Authentifizierung" versteht man die **7** Autorisierung durch zwei voneinander unabhängigen Elementen der Kategorien Wissen (Kennung, Passwort, PIN, TAN usw.), Besitz (an Karten, Token, Smartphone, Chip usw.) und Inhärenz (ständiges Merkmal des Nutzers, wie zB biometrische Merkmale).[18] Die Legaldefinition befindet sich in § 1 Abs. 24 ZAG. Die MaSi wird im Wesentlichen durch die EBA RTS und ein weiteres Rundschreiben der BaFin zur Meldepflicht von Sicherheitsverstößen im Zahlungsverkehr ersetzt (nähere auf der Homepage der BaFin, unter www.bafin.de, dort unter „Zahlungsdienste"). Kommt der Zahlungsdienstleister seinen Pflichten nicht nach und entsprechen die Übermittlungs- und Rückübermittlungsverfahren dem Stand der Technik, kommt eine Verantwortlichkeit des Nutzers insbesondere aus § 675l nicht in Betracht.[19]

2. Meldesystem. Der Zahlungsdienstleister muss nach Abs. 1 S. 1 Nr. 3 ein internes oder exter- **8** nes[20] **Meldesystem** vorhalten, um es dem Nutzer zu ermöglichen, die Anzeige nach § 675l S. 2 abzusetzen und die Aufhebung der Sperre nach § 675k Abs. 2 S. 5 verlangen zu können. Dieses Meldesystem muss 24h/7 Tage die Woche erreichbar sein.[21] Fraglich ist allerdings, ob es sich hierbei um ein tatsächlich mit Mitarbeitern besetztes Call-Center handeln muss, oder ob die Einrichtung eines IT-basierten, automatisierten Meldesystems auf Spracheingabebasis ausreicht. Lässt man ein automatisiertes Meldesystem genügen, muss sichergestellt sein, dass sowohl die Abwicklung einer Anzeige als auch Sperrung und Entsperrung den gesetzlichen Anforderungen genügt und einer Abwicklung über ein Call Center entspricht. Fällt das System aus, muss der Zahlungsdienstleister alternative Möglichkeiten zur Übermittlung der Anzeige und Durchführung von Sperren/Entsperren vorhalten.

Verletzt der Zahlungsdienstleister seine Organisationspflichten, so ist sein verschuldensunabhängiger **9** Schadenersatzanspruch aus § 675v Abs. 1 S. 1 gegen den Nutzer ausgeschlossen.[22] Jedenfalls müssen die Details der Meldung und die Funktionsweise des Meldesystems im Rahmenvertrag vereinbart werden und unterliegen damit auch der Inhaltskontrolle.

3. Verhinderung der Nutzung. Der Zahlungsdienstleister ist zudem verpflichtet, die **Nutzung** **10** **des Zahlungsinstruments zu verhindern** (Abs. 1 S. 1 Nr. 5), und zwar unabhängig davon, ob er tatsächlich Einfluss auf die Nutzung hat.[23] Das geschieht entweder durch Einziehung und/oder Sperrung des Zahlungsinstruments. Gegebenenfalls muss der Zahlungsdienstleister auch weitere Maßnahmen ergreifen, wie zB Nachforschungen und ggf. Einleitung von Ermittlungshandlungen durch staatliche Stellen, wenn die Sperrung alleine nicht dazu führt, dass die Nutzung des Zahlungsinstruments beendet wird. Diese Maßnahmen liegen wegen der Haftungsverteilung dann vor allem in seinem

---

[15] Die Sperrung muss ebenfalls kostenfrei erfolgen; ein Entgelt in AGB führt zu deren Unwirksamkeit nach § 307, weil zumindest auch gesetzlich begründete Pflichten erfüllt werden – OLG Düsseldorf Urt. v. 19.7.2012 – I-6 U 195/11, NJOZ 2013, 702 (703).

[16] Langenbucher/Bliesener/Spindler/*Herresthal* § 675m Rn. 7; Palandt/*Sprau* § 675m Rn. 2 mwN.

[17] Die RTS gelten auf der Grundlage der Delegierten VO (EU) 2018/389 seit dem 14.9.2019 → § 675j Rn. 19 f. In den RTS sind auch die Mindestgrenzen für Transaktionen festgelegt, die der starken-, d. h. der „Zwei-Faktor-Authentifizierung" unterliegen (kontaktlose Zahlung: 50 EUR; kumulativ 150 EUR/Kleinbetragszahlung: 30 EUR; kumulativ 100 EUR; keine starke Authentifizierung an Terminals, die nicht mit einer Person besetzt sind – „Parkhaus-Ausnahme", sowie weitere Ausnahmen benannt).

[18] Zur Delegierten VO (EU) 2018/389 und den Kriterien iE MüKoBGB/*Jungmann* § 675m Rn. 16 ff. mwN.

[19] Jedoch steht dem Nutzer kein eigenständiger Schadenersatzanspruch gegen den Zahlungsdienstleister aus § 280 Abs. 1 zu, weil die ZDRL im Rahmen der Vollharmonisierung abschließende Regelungen bezweckt. S. auch MüKoBGB/*Jungmann* § 675m Rn. 24.

[20] MüKoBGB/*Jungmann* § 675m Rn. 25.

[21] Erman/*Graf v. Westphalen* § 675m Rn. 4.

[22] MüKoBGB/*Jungmann* § 675m Rn. 29. Alternativ könnte man auch daran denken, den Anspruch nach § 254 wegen überwiegenden Mitverschuldens auf Null zu reduzieren.

[23] Str., differenzierend MüKoBGB/*Jungmann* § 675m Rn. 35 unter Hinweis darauf, dass auch eine gesperrte Karte unter bestimmten Voraussetzungen weiter eingesetzt werden kann. Der Richtliniengeber hat aber dieses Risiko eindeutig dem Zahlungsdienstleister zugeordnet. S. hierzu nur Erwägungsgrund 71, 73, 75 ZDRL. Diesem Umstand wird auch dadurch Rechnung getragen, dass der Nutzer nach § 675v Abs. 1 S. 3 mit der Anzeige grundsätzlich frei wird und weitere Maßnahmen gerade nicht seiner Sphäre zugeordnet worden sind.

eigenen Interesse. Die Anforderungen an den Zahlungsdienstleister werden wiederum durch das Kriterium der Zumutbarkeit begrenzt.

11　**4. Beweismittel und Beweislast.** Abs. 1 S. 2 verpflichtet den Zahlungsdienstleister, dem Nutzer die **Beweismittel** zur Verfügung zu stellen, die erforderlich sind, damit dieser beweisen kann, dass eine Anzeige nach § 675l S. 2 tatsächlich erfolgt ist. Es handelt sich hierbei um einen Anspruch des Nutzers, der sich bereits aus dem Zahlungsdienstevertrag ergibt.[24] Unerheblich hierbei ist, ob der Nutzer die Anzeige beim Zahlungsdienstleister direkt oder bei einer anderen, vom Zahlungsdienstleister benannten Stelle (→ Rn. 8) eingereicht hat.[25]

12　Der Nutzer hat Anspruch auf eine **schriftliche Bestätigung,** allerdings nur innerhalb der Ausschlussfrist von 18 Monaten, die mit der Anzeige beginnt.[26] Verletzt der Zahlungsdienstleister seine Pflicht, ist der Nutzer so zu stellen, wie er stünde, wenn er das Beweismittel hätte nutzen und die Haftung abwehren können (§ 249 Abs. 1). Die materielle **Beweislast** – über den Zugang der Anzeige und die Einrichtung des Meldesystems hinaus – trifft zwar den Kunden, jedoch hat die Bank im Rahmen des Systems der gestuften Darlegungs- und Beweislast diejenigen Informationen darzulegen und zu beweisen, die sich in ihrem ausschließlichen Einflussbereich befinden.[27] Um welche Informationen es sich im Einzelnen handelt, hängt von der Art der Anzeige und ihrem Zugang ab.

13　**5. Versendungsgefahr.** Die **Versendungsgefahr** für Zahlungsinstrumente und personalisierte Sicherheitsmerkmale ist nach Abs. 2 dem Zahlungsdienstleister zugewiesen. Dh bis zum Zugang des Zahlungsinstruments bzw. der personalisierten Sicherheitsmerkmale trägt der Zahlungsdienstleister alleine das Missbrauchs- und Verlustrisiko, die §§ 675u, 675v, 675w gelten nicht.[28] Den Nutzer können Nachforschungspflichten treffen, wenn er eine angekündigte Sendung nicht zeitnah erhält, wobei die Anforderungen aber im Hinblick auf die klare Risikozuordnung durch den Gesetzgeber nicht überspannt werden dürfen.[29]

14　**6. Drittemittenten.** Bei **kartengebundenen Zahlungsinstrumenten** hat der kontoführende Zahlungsdienstleister nach Abs. 3 erweiterte Pflichten, wenn ein *Drittemittent* in Erfahrung bringen möchte, ob das bezogene Konto gedeckt ist. In diesem Fall kann der Zahler vom kontoführenden Zahlungsdienstleister verlangen, ihm mitzuteilen, welche Auskunft an welchen Drittemittenten erteilt worden ist. Hierdurch soll der Zahler in die Lage versetzt werden, die nötigen Dispositionen zu treffen, um seinen Zahlungsverpflichtungen nachkommen zu können.[30]

15　**7. Weitere Sorgfaltspflichten. Weitere, ungeschriebene Sorgfaltspflichten** des Zahlungsdienstleisters können bestehen, weil insoweit der von den Zahlungsdiensterichtlinien im Wege der Vollharmonisierung bezweckte Verbraucherschutz nicht entgegensteht (zur spiegelbildlichen Fragestellung → § 675l Rn. 17). Relevant wird die Frage nur, wenn sich ein Risiko verwirklicht, das nicht bereits durch § 675l dem Nutzer oder durch § 675m dem Zahlungsdienstleister zugewiesen ist. Es geht insofern um Fälle, in denen der Nutzer grob fahrlässig handelt und durch die unverzügliche Erstattung der Anzeige das Risiko nicht reduzieren kann, weil keine Nutzungsbegrenzung vereinbart worden ist und/oder ein Deckungsrahmen von der Bank nicht geprüft wird. Ob in einem solchen Fall der Deckungsrahmen die absolute Grenze ist, weil den Zahlungsdienstleister insofern eine Prüfungspflicht trifft, ist umstritten. *Grundmann* hat in der Vorauflage die Auffassung vertreten, dass insofern eine planwidrige Lücke bestehe[31]. Der BGH hat im Jahr 2012 einen Fall entschieden, in dem eine vereinbarte Nutzungsbegrenzung von der Bank nicht beachtet worden war und nachfolgend der Deckungsrahmen durch eine Auszahlung überschritten wurde (das Konto also einen „Soll"-Saldo aufwies), und eine **Pflichtverletzung der Bank abgelehnt,** aber im Rahmen eines *obiter dictums* angedeutet, dass Hinweis- und Warnpflichten gegenüber dem Kunden zB bei Vorliegen einer Straftat durch Dritte bestehen könnten.[32] Insofern hat der BGH zumindest für besonders gelagerte Fälle Raum gelassen und keine abschließende Aussage zu der Frage getroffen, ob nicht vereinbarte Beschränkungen, die dem Kunden vom Zahlungsdienstleister zum Beispiel im Rahmen einer Bonitätsprüfung auferlegt werden, fortlaufend geprüft werden müssen. Für die Annahme einer solchen Prüfungspflicht spricht indes, dass diese einseitigen Festlegungen wie zB der Deckungsrahmen nicht nur im Interesse der Bank bestimmt werden, sondern darüber hinaus auch den Kunden und im Rahmen der Zahlungsdiensterichtlinien den Zahlungsverkehr insgesamt schützen. Da sie vom Zahlungsdienstleister selbst festgelegt werden und damit aus seiner Sphäre stammen, muss ihm das entsprechende Risiko zugewiesen werden, wenn die technische Möglichkeit der fortlaufenden Prüfung besteht (was regelmäßig der

---

[24] Palandt/*Sprau* § 675m Rn. 3.
[25] Palandt/*Sprau* § 675m Rn. 3.
[26] Langenbucher/Bliesener/Spindler/*Herresthal* § 675m Rn. 8.
[27] Langenbucher/Bliesener/Spindler/*Herresthal* § 675m Rn. 1.
[28] Palandt/*Sprau* § 675m Rn. 4.
[29] Weiter Langenbucher/Bliesener/Spindler/*Herresthal* § 675m Rn. 12 mwN.
[30] Die Gesetzesbegründung BT-Drs. 18/11495, 163 spricht nur davon, dass der Zahler sich informieren kann.
[31] → 3. Aufl. 2015, Rn. II 209 unter Verweis auf § 675k, der insofern aber keine Vorgaben macht.
[32] BGH Urt. v. 24.4.2012 – XI ZR 96/11, NJW 2012, 2422 (2425).

Fall sein wird). Die Pflichten des Zahlungsdienstleisters werden, anders als diejenigen des Nutzers, nicht dadurch begrenzt, dass hohe Anforderungen zu einer Einschränkung der Nutzbarkeit oder Wirtschaftlichkeit des Systems führen.

§ 675n Zugang von Zahlungsaufträgen

(1) [1] Ein Zahlungsauftrag wird wirksam, wenn er dem Zahlungsdienstleister des Zahlers zugeht. [2] Fällt der Zeitpunkt des Zugangs nicht auf einen Geschäftstag des Zahlungsdienstleisters des Zahlers, gilt der Zahlungsauftrag als am darauf folgenden Geschäftstag zugegangen. [3] Der Zahlungsdienstleister kann festlegen, dass Zahlungsaufträge, die nach einem bestimmten Zeitpunkt nahe am Ende eines Geschäftstags zugehen, für die Zwecke des § 675s Abs. 1 als am darauf folgenden Geschäftstag zugegangen gelten. [4] Geschäftstag ist jeder Tag, an dem der an der Ausführung eines Zahlungsvorgangs beteiligte Zahlungsdienstleister den für die Ausführung von Zahlungsvorgängen erforderlichen Geschäftsbetrieb unterhält.

(2) [1] Vereinbaren der Zahlungsdienstnutzer, der einen Zahlungsvorgang auslöst oder über den ein Zahlungsvorgang ausgelöst wird, und sein Zahlungsdienstleister, dass die Ausführung des Zahlungsauftrags an einem bestimmten Tag oder am Ende eines bestimmten Zeitraums oder an dem Tag, an dem der Zahler dem Zahlungsdienstleister den zur Ausführung erforderlichen Geldbetrag zur Verfügung gestellt hat, beginnen soll, so gilt der vereinbarte Termin für die Zwecke des § 675s Abs. 1 als Zeitpunkt des Zugangs. [2] Fällt der vereinbarte Termin nicht auf einen Geschäftstag des Zahlungsdienstleisters des Zahlers, so gilt für die Zwecke des § 675s Abs. 1 der darauf folgende Geschäftstag als Zeitpunkt des Zugangs.

I. Allgemeines

Die Vorschrift beruht auf Art. 64 ZDRL 2007 und ist im Rahmen der ZDRL nicht geändert 1 worden. Die Definition des Geschäftstages beruht auf Art. 4 Nr. 27 ZDRL 2007 (Definition). Die Folgen des Zugangs sind in § 675p Abs. 1, § 675s Abs. 1 S. 1 und – indirekt – § 675o Abs. 1 S. 1 geregelt. Ist der Zahlungsauftrag zugegangen, wird er unwiderruflich (§ 675p Abs. 1), die Ausführungsfrist beginnt zu laufen (§ 675s Abs. 1 S. 1) und es besteht die Möglichkeit, dass der Zahlungsauftrag abgelehnt wird (§ 675o Abs. 1 S. 1).[1] Die Vorschrift gilt für jede Art von Zahlungsaufträgen iSv § 675f Abs. 3 S. 2, aber nicht darüber hinaus.[2] Abdingbar zu Lasten des Zahlungsdienstnutzers nur iRv § 675e, zu seinen Gunsten Inhaltskontrolle nach §§ 307 ff.[3] Für die Wirkungen des Zugangs können insofern abweichende Regelungen vereinbart werden.[4]

II. Zugang

Es finden die Regelungen der §§ 130 ff. für den Zugang von Willenserklärungen Anwendung,[5] und 2 zwar unabhängig davon, ob der Zahlungsauftrag „analog" (zB durch Überbringen eines Überweisungsformulars) oder „digital" (zB durch Absenden eines entsprechenden Formulars auf einer Webseite) übermittelt wird.[6]

Zugang setzt **unter Abwesenden** voraus, dass die Willenserklärung in den Machtbereich des 3 Empfängers gelangt und dieser die zumutbare Möglichkeit hat, vom Inhalt der Erklärung Kenntnis zu nehmen.[7] Hierzu muss der Zahlungsauftrag in den Machtbereich der Bank gelangen und diese muss die Möglichkeit der Kenntnisnahme „unter normalen Umständen" haben.[8] Das ist der Fall, wenn der von der Bank eingerichtete Empfangsvorrichtung erreicht wird (Briefkasten, E-Mail Account, Server) – jedoch noch nicht im Rahmen der Vorbefassung, zB durch einen Algorithmus, der die PIN, die TAN oder eine andere elektronische Legitimation prüft.[9] Man wird in einem solchen Fall nicht davon

---

[1] Zur Ablehnung unter Bezug auf die Erwägungsgründe der ZDRL 2007 Langenbucher/Bliesener/Spindler/ *Herresthal* § 675n Rn. 1 (und insbesondere Fn. 1). Zur Kritik an der Gesetzessystematik Staub/ *Grundmann* Zahlungsgeschäft Rn. 281 f.

[2] MüKoBGB/ *Jungmann* § 675n Rn. 7 unter Verweis darauf, dass es sich bei einem Inkassoauftrag nicht um einen Zahlungsauftrag im Sinne der Norm handelt.

[3] Palandt/ *Sprau* § 675n Rn. 1.

[4] Palandt/ *Sprau* § 675n Rn. 1 unter Verweis auf §§ 675n Abs. 1 S. 3, 675o Abs. 3 und 675p Abs. 2–5.

[5] BeckOK BGB/ *Schmalenbach* § 675n Rn. 2; *Schmieder* in Schimansky/Bunte/Lwowski BankR-HdB § 49 Rn. 15; Langenbucher/Bliesener/Spindler/ *Herresthal* § 675n Rn. 4.

[6] Allerdings ist ein Widerruf nach § 130 Abs. 1 S. 2 von Überweisungsaufträgen im Online-Banking ausgeschlossen, s. insofern Staudinger/ *Omlor*, 2012, § 675n Rn. 7 unter Verweis auf die AGB.

[7] Palandt/ *Ellenberger* § 130 Rn. 5.

[8] Langenbucher/Bliesener/Spindler/ *Herresthal* § 675n Rn. 5.

[9] Langenbucher/Bliesener/Spindler/ *Herresthal* § 675n Rn. 5.

ausgehen können, dass unter normalen Umständen die Möglichkeit der Kenntnisnahme besteht. Diese ist nur gegeben, wenn während der üblichen Geschäftszeit eine Übermittlung auf dem vorher durch vertragliche Vereinbarung eröffneten Weg erfolgt.

4   **Außerhalb der üblichen Geschäftszeiten** greift Abs. 1 S. 2, der den Zugang auf den folgenden Geschäftstag verschiebt. Zur ZDRL 2007 ist teilweise vorgebracht worden, sie verlange nur den „Eingang" des Zahlungsauftrags (Art. 64 Abs. 1 ZDRL 2007, jetzt Art. 78 Abs. 1 ZDRL, insoweit unverändert) und darüberhinausgehende Anforderungen des nationalen Rechts, wie die Möglichkeit der Kenntnisnahme, verstießen gegen die ZDRL 2007; insofern müsse Abs. 1 richtlinienkonform ausgelegt werden.[10] Dem ist entgegenzuhalten, dass der deutsche Gesetzgeber auf der Basis eines einheitlichen Zugangsbegriffs im BGB von seinem Umsetzungsspielraum dergestalt Gebrauch gemacht hat, dass er den Zweck der Richtlinie bestmöglich durch eine systemkonforme, alle Interessen berücksichtigende, Umsetzung erreicht.[11]

5   Im **Online-Banking** und bei anderen Zahlungsarten, die eine automatisierte Prüfung voraussetzen, geht der Zahlungsauftrag spätestens zu, wenn das System ihn prüfen kann; auf die Frage, ob auch der kontoführende Sachbearbeiter Kenntnis erlangt, kommt es nicht an.[12] Die **E-Geld-Anbieter** haben zur Frage des Zugangs eines Zahlungsauftrags spezifische Regelungen in den AGB getroffen, die als Regelungen über die Wirkungen des Zugangs zulässig sind.[13]

III. Geschäftstag

6   Die Definition des Geschäftstags beruht auf Art. 4 Nr. 34 ZDRL, der semantisch von Art. 4 Nr. 27 ZDRL 2007 abweicht.[14] Es kommt ausschließlich darauf an, ob der Tag des Zugangs Geschäftstag *dieses* Zahlungsdienstleisters ist,[15] nach Art. 248 § 4 Nr. 2 EGBGB hat der Zahlungsdienstleister den Nutzer entsprechend zu informieren. „Geschäftstag" bedeutet, dass der Zahlungsdienstleister Geschäfte an diesem Tag **konkret abwickelt,** dh dass der für die Abwicklung des Zahlungsauftrags erforderliche Geschäftsbetrieb tatsächlich stattfindet.[16] Es kommt insofern auf die jeweilige, der Art des Zahlungsauftrags entsprechende, Dienstleistung an, zB Filialöffnung im Falle der Übergabe eines Überweisungsträgers oder auch Bearbeitung von online erteilten Aufträgen durch Mitarbeiter des Zahlungsdienstleisters,[17] wobei der Umfang des erforderlichen Geschäftsbetriebs am konkreten Zahlungsauftrag zu messen ist.[18] Für Transaktionen am Geldautomat gilt, dass Geschäftstage solche des Betriebs der Einrichtung sind, abweichende Regelungen können insofern nicht in AGB getroffen werden.[19]

7   Es ist der **Einzelfall** zu betrachten; im Bereich der automatisierten Online-Abwicklung von Zahlungsaufträgen reicht es jedenfalls aus, wenn das Abwicklungssystem betriebsbereit ist, das ist der Sinn der automatisierten Abwicklung.[20] Die Bank verzichtet dann zumindest konkludent auf den Schutz des Abs. 1. Das ist auch sachgerecht, denn die Digitalisierung von Geschäftsmodellen gerade im Bereich des Zahlungsverkehrs soll sicherstellen, dass der Geschäftsbetrieb auch außerhalb der traditionellen Geschäftszeiten stattfindet und sich damit dem digitalisierten Alltag der Kunden anpasst. Hierdurch erhofft sich die Branche ein höheres Produktivitäts- und Profitabilitätsniveau sowie die Chance, sich im Wettbewerb mit volldigitalen Bank-Lösungen (FinTechs) behaupten zu können.

---

[10] S. hierzu einerseits Langenbucher/Bliesener/Spindler/*Herresthal* § 675n Rn. 7 und andererseits (differenzierend) Langenbucher/Bliesener/Spindler/*Langenbucher* § 675n Rn. 3 mwN.

[11] Wie hier MüKoBGB/*Jungmann* § 675n Rn. 12 f.

[12] So auch MüKoBGB/*Jungmann* § 675n Rn. 16, der zutreffend darauf hinweist, dass die Speicherung zB in der Eingabemaske alleine – dh ohne „Freischaltung" – für den Zugang noch nicht ausreicht.

[13] S. zB die Nutzungsbedingungen PayPal unter www.paypal.com (Stand: 19.12.2019) unter der Überschrift „Zahlungen senden".

[14] MüKoBGB/*Jungmann* § 675n Rn. 23 mit dem Hinweis auf die „individuelle Festlegung".

[15] Palandt/*Sprau* § 675n Rn. 3. Unklar ist, ob mehrere Geschäftstage zu berücksichtigen sind, wenn mehrere Zahlungsdienstleister in den Zahlungsvorgang einbezogen sind und unterschiedliche Geschäftstage bestehen – hierzu näher Langenbucher/Bliesener/Spindler/*Herresthal* § 675n Rn. 12 – ein Geschäftstag, und zwar derjenige des Haupt-Zahlungsdienstleisters. AA – alle Zahlungsdienstleister berücksichtigen – Palandt/*Sprau* § 675n Rn. 4.

[16] Palandt/*Sprau* § 675n Rn. 4.

[17] Palandt/*Sprau* § 675n Rn. 4. Im Fall BGH Urt. v. 25.11.2015 – IV ZR 169/14, NJW-RR 2016, 511 sind weder der 31.12. noch der 1.1. von Zahlungsdienstleister und Kunden als Geschäftstage betrachtet worden.

[18] Staudinger/*Omlor*, 2012, § 675n Rn. 10.

[19] BGH NJW 2018, 299 (301).

[20] AA Langenbucher/Bliesener/Spindler/*Herresthal* § 675n Rn. 14 f., der die Möglichkeit nicht berücksichtigt, dass kein Personal zur Abwicklung des Auftrags eingesetzt wird; auch MüKoBGB/*Jungmann* § 675n Rn. 32, der ebenfalls ohne weitere Begründung die Grundsätze der analogen auf die digitale Abwicklung anwendet („Öffnung der Zahlungsverkehrsabteilung"). Ablehnend auch Erman/*Graf v. Westphalen* § 675n Rn. 5 unter Verweis auf ggf. erforderliche „manuelle Nachdispositionen". Insofern wird verkannt, dass § 675n (wie auch die kurze Ausführungsfrist des § 675s) in erster Linie den Schutz des Zahlungsdienstnutzers bezweckt und es auf Verzögerungen im Ablauf des Zahlungsdienstleisters regelmäßig nicht ankommt. Mit der Umsetzung der ZDRL und der Einführung von Instant-Payment-Lösungen eröffnet sich ohnehin eine andere Perspektive auf die Abwicklungsgeschwindigkeit von Zahlungsaufträgen, die vom Gesetzgeber gewollt ist.

Solange sich aber das Zahlungsverkehrssystem insgesamt noch an der tradierten Definition des **8** Geschäftstages orientiert, werden auch innovative Zahlungsdienstleister das tun müssen, um die Einheitlichkeit der Abwicklung sowie die Anforderungen an sie sicherzustellen. Es verwundert insofern nicht, dass diese sich trotz der erhöhten Abwicklungsgeschwindigkeit für alle ihre Zahlungsprodukte in den AGB von der üblichen Definition des Geschäftstages noch nicht verabschiedet haben[21], wobei aus der jüngsten Rspr. des BGH[22] zu Geldautomaten-Transaktionen durchaus ein Paradigmenwechsel folgen könnte.

IV. Abweichende Regelungen

Abs. 2 S. 1 eröffnet dem Zahlungsdienstleister die Möglichkeit, sog. **„Cut-Off"-Zeiten** einseitig **9** festzulegen und dem Nutzer mitzuteilen (für die Informationspflicht gilt Art. 248 § 4 Abs. 1 Nr. 2 EGBGB). Dem Zahlungsdienstleister wird so die Möglichkeit der taggleichen und untertägigen Abwicklung gegeben, und zwar gleichermaßen bei der „analogen" Abwicklung des Zahlungsauftrags durch Mitarbeiter wie auch bei der „digitalen" Abwicklung durch Mitarbeiter oder Software Agents im Online-Banking und bei Echtzeit-Zahlungen (Instant Payments; Zugangsfiktion[23]). Wie „nahe am Ende des Geschäftstages" der Cut-Off liegt, wird sich nach den internen Anforderungen und den Branchen-Usancen richten, wobei Festlegungen in AGB, die den Kunden unangemessen benachteiligen, gem. § 307 Abs. 1 unwirksam sind.[24]

Zulässig ist es nach Abs. 2 S. 1 auch, einen bestimmten Zeitpunkt für die Ausführung des Zahlungs- **10** auftrags zu vereinbaren **(Terminaufträge)**. Die Vereinbarung kann einmalig als Individualvereinbarung, aber auch in AGB getroffen werden. Vor diesem Zeitpunkt darf der Auftrag dann nicht ausgeführt werden. Anwendungsbeispiele finden sich vor allem bei der Überweisung (Dauerauftrag) und bei der Lastschrift, die der Ausführung periodischer Zahlungen dient. Der vereinbarte Ausführungstag gilt als Tag des Zugangs des Zahlungsauftrags (Zugangsfiktion), an diesem Tag beginnt die Ausführungsfrist (§ 675s Abs. 1) zu laufen.[25]

Für die Umsetzung von **Instant Payment-Lösungen** wird es darauf ankommen, die Systeman- **11** forderungen im Rahmenvertrag zwischen dem Zahler und seinem Zahlungsdienstleister einerseits und zwischen den Beteiligten der konkreten Zahlung (Händler, Zahlungsauslösedienstleister und Zahler) andererseits zu vereinbaren. Vorgegeben wird der Inhalt von den Systemanforderungen und damit letztlich vom Aufsichtsrecht, weil die Systemteilnehmer nach §§ 12 Nr. 3 lit. b und 16 ZAG (und ggf. KWG) eine Erlaubnis benötigen. Insofern wandelt sich, vom europäischen Gesetzgeber angestoßen, das Umfeld für Zahlungsdienste. Es ist insofern auch nicht mehr unbedingt geboten, Cut-Off-Zeiten zu verlangen,[26] wenn Zahlungen perspektivisch in Echtzeit ablaufen können und sollen.

§ 675o Ablehnung von Zahlungsaufträgen

(1) [1]**Lehnt der Zahlungsdienstleister die Ausführung oder Auslösung eines Zahlungsauftrags ab, ist er verpflichtet, den Zahlungsdienstnutzer hierüber unverzüglich, auf jeden Fall aber innerhalb der Fristen gemäß § 675s Abs. 1 zu unterrichten.** [2]**In der Unterrichtung sind, soweit möglich, die Gründe für die Ablehnung sowie die Möglichkeiten anzugeben, wie Fehler, die zur Ablehnung geführt haben, berichtigt werden können.** [3]**Die Angabe von Gründen darf unterbleiben, soweit sie gegen sonstige Rechtsvorschriften verstoßen würde.** [4]**Der Zahlungsdienstleister darf mit dem Zahlungsdienstnutzer im Zahlungsdiensterahmenvertrag ein Entgelt für den Fall vereinbaren, dass er die Ausführung eines Zahlungsauftrags berechtigterweise ablehnt.**

(2) **Der Zahlungsdienstleister des Zahlers ist nicht berechtigt, die Ausführung eines autorisierten Zahlungsauftrags abzulehnen, wenn die im Zahlungsdiensterahmenvertrag fest-**

---

[21] S. hierzu die Regelungen in den der Nutzungsbedingungen PayPal unter www.paypal.com (Stand: 19.12.2019) unter den Überschriften „Zahlungen senden/empfangen", „unsere Rechte" und „Sonstiges". Zu beachten ist, dass die Definition des Geschäftstages sich regelmäßig auf den Sitz des Anbieters bezieht – das ist im Falle von PayPal Luxemburg. Es reicht also nicht aus, wenn sich Verbraucher darauf verlassen, dass am Ort der Auslösung der Zahlung ein Geschäftstag vorliegt. Man wird davon ausgehen können, dass die Definition des Geschäftstages wirksam vereinbart ist, solange sie den Verbraucher nicht unangemessen benachteiligt (sieht man einmal davon ab, dass sie ihn natürlich überraschen kann). Das wird bei einem Standort innerhalb der Europäischen Union der Fall sein, auch wenn keine grenzüberschreitende Zahlung vorliegt.

[22] BGH Urt. v. 17.10.2017 – XI ZR 419/15, NJW 2018, 299 (301).

[23] MüKoBGB/*Jungmann* § 675n Rn. 38.

[24] Beispiele und weitere Nachweise Langenbucher/Bliesener/Spindler/*Herresthal* § 675n Rn. 17 f. MüKoBGB/ *Jungmann* § 675n Rn. 46: „Zwei bis drei Stunden" und iÜ Einzelfallbetrachtung. Keine geltungserhaltende Reduktion.

[25] Langenbucher/Bliesener/Spindler/*Herresthal* § 675n Rn. 21.

[26] BeckOK BGB/*Schmalenbach* § 675n Rn. 5, 5a.

gelegten Ausführungsbedingungen erfüllt sind und die Ausführung nicht gegen sonstige Rechtsvorschriften verstößt.

(3) **Für die Zwecke der §§ 675s, 675y und 675z gilt ein Zahlungsauftrag, dessen Ausführung berechtigterweise abgelehnt wurde, als nicht zugegangen.**

I. Allgemeines

1   Die Vorschrift beruht auf Art. 65 ZDRL 2007; Abs. 1 setzt Art. 79 Abs. 1 UAbs. 1 ZDRL um (Auslösung), Abs. 4 setzt Art. 79 Abs. 1 UAbs. 3 ZDRL um (Entgelt). Abdingbar zu Lasten des Zahlungsdienstenutzers nur im Rahmen von § 675e, zu seinen Gunsten Inhaltskontrolle nach §§ 307 ff.[1] Sind Kleinbetragsinstrumente betroffen, ist Abs. 1 zu Lasten des Nutzers nach § 675i Abs. 2 Nr. 5 abdingbar.[2] Die Norm regelt die Voraussetzungen (Fehlen vertraglicher Voraussetzungen, Verstoß gegen Rechtsvorschriften) und Rechtsfolgen der Ablehnung eines Zahlungsauftrags (Unterrichtung, Begründung), und zwar unabhängig von der Art und Übermittlung des jeweiligen Auftrags; sie stellt damit eine vom allgemeinen Auftragsrecht abweichende *Spezialvorschrift* dar[3] und statuiert insoweit eine begründungsbedürftige Ausnahme.[4] Die Norm erfasst alle Arten von Zahlungsaufträgen und damit sowohl Push- als auch Pull-Zahlungen.[5]

II. Ausführungspflicht

2   Grundsätzlich besteht im Rahmen des Zahlungsdiensterahmenvertrages die Pflicht des Zahlungsdienstleisters, Zahlungsaufträge auszuführen, sofern ein Rahmenvertrag besteht, eine wirksame Autorisierung vorliegt und die Ausführungsbedingungen eingehalten sind.[6] Abs. 2 nennt die Ausnahmen, die Vorschrift ist grundsätzlich abschließend,[7] wobei der Verweis auf die vertraglichen Abreden (im Zahlungsdiensterahmenvertrag) schon den Vorrang der Parteivereinbarung (wenn auch in zentral erstellten AGB) deutlich macht. Das umfasst auch Leistungsverweigerungsrechte aus dem allgemeinen Schuldrecht (zB infolge Unmöglichkeit).[8]

3   **Verstößt der Zahlungsdienstleister** gegen seine Pflicht, einen berechtigten Zahlungsauftrag auszuführen, macht er sich im Deckungsverhältnis schadenersatzpflichtig (§§ 675y, 675z). Im Einzelnen ergeben sich die Ablehnungsgründe aus den relevanten **Klauselwerken,** also den Bedingungen für den Überweisungsverkehr, den Sonderbedingungen für Zahlungen mittels Lastschrift im SEPA Basis- oder Firmenlastschriftverfahren, den Bedingungen für die Girocard bzw. Debit-Karte, den Kartenemissionsverträgen für Kreditkarten und den Bedingungen für das Online-Banking sowie den Nutzungsbedingungen der E-Geld-Anbieter (jeweils abgedruckt im Anhang).[9] Es kommt vor allem darauf an, dass die Identifizierungsdaten zu Zahler und Zahlungsempfänger vorliegen und für die Ausführung des Zahlungsauftrags Deckung besteht.[10]

4   Bei der Nutzung von **E-Geld-Anbietern** muss beachtet werden, dass einerseits Deckung hinsichtlich der zugrundeliegenden Zahlungsquellen bestehen muss und zusätzlich eine weitere Prüfung der Zahlungsvoraussetzungen des Anbieters stattfindet. Hierdurch werden weitere, spezifische Risiken adressiert,[11] die zugunsten und zulasten des Nutzers in AGB vereinbart werden dürfen (zu Lasten nur, soweit eine Regelung getroffen wird, die über die gesetzliche Regelung hinausgeht).

5   Zahlungsaufträge können nach Abs. 2 auch abgelehnt werden, wenn die Ausführung gegen sonstige **Rechtsvorschriften** verstößt. Hierzu gehören nicht die insolvenzrechtlichen Vorschriften über vorläufige Verfügungsverbote, die vor Eröffnung des Insolvenzverfahrens gelten; nach Eröffnung des Insolvenzverfahren muss grundsätzlich differenziert werden (→ § 675j Rn. 27). Verstöße gegen Zahlungsverbote im Zwangsvollstreckungsrecht (zB § 829 Abs. 1 S. 1 ZPO) oder öffentlich-rechtlicher Verbote (zB nach GWG, AWG, AWV) müssen beachtet werden.[12]

---

[1] Palandt/*Sprau* § 675o Rn. 1.

[2] Palandt/*Sprau* § 675o Rn. 1.

[3] MüKoBGB/*Jungmann* § 675o Rn. 3.

[4] MüKoBGB/*Jungmann* § 675o Rn. 3.

[5] MüKoBGB/*Jungmann* § 675o Rn. 7.

[6] Langenbucher/Bliesener/Spindler/*Herresthal* § 675o Rn. 3; Staudinger/*Omlor*, 2012, § 675o Rn. 3.

[7] Palandt/*Sprau* § 675o Rn. 2; auch Staudinger/*Omlor*, 2012, § 675o Rn. 6.

[8] Palandt/*Sprau* § 675o Rn. 2.

[9] Regelungen werden beispielsweise in Nr. 1.7 der Überweisungsbedingungen der Deutschen Bank (Stand: 10/2018), → Anh. § 676c Rn. 1, getroffen. Hierbei wird auf die vorangehenden Ausführungsbedingungen Bezug genommen (also bei Vorliegen der erforderlichen Angaben in der vereinbarten Art und Weise, Autorisierung und Guthaben bzw. Kredit), die erfüllt sein müssen, um die Ausführungspflicht überhaupt zu begründen).

[10] Zu weiteren Details s. MüKoBGB/*Jungmann* § 675o Rn. 14 ff., speziell zur Deckung Rn. 16.

[11] Zu den Risiken im Einzelnen s. auch die Nutzungsbedingungen PayPal unter www.paypal.com (Stand: 19.12.2019) unter der Überschrift „Zahlungen senden", auch mit dem Hinweis, dass die Prüfungen im Interesse des Kunden (unter Sicherheitsgesichtspunkten) stattfinden.

[12] MüKoBGB/*Jungmann* § 675o Rn. 23.

III. Ablehnung

Die Ablehnung des Auftrags muss begründet werden, wobei als **Gründe für die Ablehnung** nur **6** solche nach Abs. 2 in Betracht kommen. Der Zahlungsdienstleister muss die Umstände der Ablehnung mitteilen, es handelt sich dabei um solche Umstände, die iRd Abs. 2 zur Ablehnung des Auftrags berechtigen. Der Zahlungsdienstleister muss die Informationen auf demjenigen Weg zur Verfügung stellen, den die Parteien für die Kommunikation eröffnet haben. Es reicht im Online-Banking oder auch bei der Zahlung über E-Geld-Anbieter aus, dass die Informationen online, also zB in einem Online-Postfach zum Abruf bereitgestellt werden.[13]

Bei **kartengebundenen Zahlungen** im Präsenz- und Online-Bereich reicht es aus, wenn die **7** Ablehnung der Zahlung durch den Zahlungsempfänger mitgeteilt wird und der Zahler aufgefordert wird, einen anderen Zahlungsweg zu nutzen.[14] Die Informationen müssen neben den Umständen (zB unzutreffende Empfängerangaben) auch Hinweise enthalten, wie Abhilfe geschaffen werden kann, zB durch Korrektur der Empfängerangaben und erneute Überweisung, damit der Nutzer reagieren kann[15] oder durch Wahl eines alternativen Zahlungsweges.[16]

Die Mitteilung muss aus diesem Grund auch **unverzüglich erstattet werden,** wobei auf die zu **8** § 121 entwickelten Grundsätze zurückzugreifen ist.[17] Ohne schuldhaftes Zögern handelt der Zahlungsdienstleister, wenn der schnellste, *zumutbare* Weg gewählt wird. Die Frage, welcher Weg zumutbar ist, wird man danach beurteilen müssen, welchen Kommunikationsweg die Parteien grundsätzlich gewählt haben.[18] Ist zB die elektronische Kommunikation nicht eröffnet, steht dieser Weg nicht zur Verfügung und die Bank muss auf konventionelle Kommunikationswege zurückgreifen, was aber im Einzelfall zu einer deutlich späteren Mitteilung führen kann.

Zu beachten ist daneben die **Höchstfrist**[19] in Abs. 1 S. 1 (*innerhalb* der Fristen gem. § 675s Abs. 1, **9** also spätestens am folgenden Geschäftstag muss der *Erfolg* eingetreten sein). Bei beschleunigten Zahlungen in Echtzeit (Instant Payments) werden die möglichen Fristen durch die Systemstandards vorgegeben, die dann auch in Rahmenverträgen zu vereinbaren sind. Eine Abweichung von diesen an der Echtzeit-Ausführung orientierten Fristen dürfte „verspätet" sein. Die Begründung der Mitteilung darf unterbleiben, wenn sich sonst ein Rechtsverstoß ergeben würde, zB weil der Zahlungsdienstleister gegen das Bankgeheimnis,[20] gegen das GWG[21] oder gegen Datenschutzrecht (DS-GVO, BDSG) verstoßen würde. Ein Verstoß gegen **Datenschutzrecht** sollte ohnehin im Vorhinein dadurch ausgeschlossen werden, dass alle Beteiligten in die Speicherung und Verarbeitung ihrer Daten zu Zwecken der Zahlung formularmäßig eingewilligt haben.[22]

Adressat der Mitteilungs- und Begründungspflicht ist derjenige Zahlungsdienstleister, der den **10** Zahlungsvorgang ausgelöst hat (Push-Zahlungen),[23] wobei für Pull-Zahlungen danach zu differenzieren ist, in welchem Rechtsverhältnis der Mangel aufgetreten ist, gegebenenfalls besteht eine Pflicht der Zahlungsdienstleister, sich abzustimmen.[24] Ist die Mitteilung vom Zahlungsdienstleister schuldhaft verzögert worden, stehen dem Zahlungsdienstnutzer Schadenersatzansprüche aus § 280 Abs. 1 zu, wobei zu beachten ist, dass **Kausalität** im Sinne der Adäquanzformel zwischen Verspätung der Mitteilung und dem eingetretenen Schaden bestehen muss. Auch Mitverschulden (§ 254) kann vorliegen, wenn der Nutzer Umstände, die ihm auch ohne Mitteilung bekannt sind, nicht berücksichtigt

---

[13] So auch Erman/*Graf v. Westphalen* § 675o Rn. 4; Langenbucher/Bliesener/Spindler/*Herresthal* § 675o Rn. 10; MüKoBGB/*Jungmann* § 675o Rn. 28 unter Verweis auf die Bedingungen für den Überweisungsverkehr und die Abwicklung im Online-Banking unter Verwendung einer Eingabemaske, die bereits darüber informiert, dass der Zahlungsauftrag nicht ausgeführt werden kann.

[14] MüKoBGB/*Jungmann* § 675o Rn. 29.

[15] Palandt/*Sprau* § 675o Rn. 4. AA MüKoBGB/*Jungmann* § 675o Rn. 34 – keine weitergehenden Hilfestellungen.

[16] Zu den Anforderungen an E-Geld-Anbieter beim Zugriff auf Kontodaten s. Erwägungsgrund 68 ZDRL, der unklar formuliert ist.

[17] Langenbucher/Bliesener/Spindler/*Herresthal* § 675o Rn. 12 unter Verweis auf die Erwägungsgründe der ZDRL 2007 („so rasch wie möglich")

[18] Staub/*Grundmann* Zahlungsgeschäft Rn. 292. Im Online-Banking wird die Mitteilung auf der Eingabemaske selbst sein, s. Langenbucher/Bliesener/Spindler/*Herresthal* § 675n Rn. 10, sodass eine separate Mitteilung, zB per E-Mail entbehrlich ist.

[19] MüKoBGB/*Jungmann* § 675o Rn. 42: Innerhalb der Höchstfrist „auf den Weg bringen"; aA Staudinger/*Omlor* 2012, § 675o Rn. 11 „äußerste Zeitgrenze bildet … die kurze gesetzliche Ausführungsfrist für Zahlungsvorgänge".

[20] MüKoBGB/*Jungmann* § 675o Rn. 35.

[21] Gesetzesbegründung BT-Drs. 16/11643, 108.

[22] Hierzu iRd ZDRL 2007 auch *Spindler/Zahrte* BKR 2014, 265 (268 f.). Diese Regelungen finden sich auch mittlerweile in den entsprechenden Klauselwerken. ZB die Überweisungsbedingungen der Deutschen Bank (Stand: 10/2018), → Anh. § 676c Rn. 1, enthalten in Nr. 1.3 Abs. 2 die Regelung, dass der Kunde mit der Autorisierung in den Abruf, die Verarbeitung, die Übermittlung und die Speicherung der personenbezogenen Daten aus dem Bestand der Bank einwilligt.

[23] Palandt/*Sprau* § 675o Rn. 4.

[24] MüKoBGB/*Jungmann* § 675o Rn. 40.

(zB bei abgebrochenen Vorgängen im Rahmen des Online-Bankings). Die **Beweislast**, dass der Nutzer unterrichtet worden ist, trägt der Zahlungsdienstleister.[25]

IV. Wirkung

11 Der berechtigt abgelehnte Zahlungsauftrag entfaltet keine Rechtswirkung für den Zahlungsdienstleister (Abs. 3) und gilt als wirkungslos im Rahmen der §§ 675s, 675y, und 675z und kann auch nicht geheilt werden.[26] Der zu Unrecht abgelehnte Zahlungsauftrag löst als wirksamer Auftrag Schadenersatzansprüche aus § 280 Abs. 1 aus[27] (→ Rn. 10). Eine Pflicht zur Ausführung des Zahlungsauftrags ergibt sich auch im Rahmen eines Schadenersatzanspruchs nicht, selbst wenn man davon ausgeht, dass vorrangig Naturalrestitution (§ 249) geschuldet ist.[28]

V. Entgelt

12 Es besteht die **Zugangsfiktion** des Abs. 3, die klarstellenden Charakter hat. Für den Fall, dass der Zahlungsdienstleister einen Zahlungsauftrag berechtigterweise – also weil einer der Gründe in Abs. 2 vorgelegen hat – ablehnt, kann er in den AGB vereinbaren, dass der Nutzer ein **Entgelt** schuldet.[29] Grundsätzlich kann das Entgelt sämtliche Aufwendungen der Bank umfassen, wobei neben Porto auch eine Verwaltungspauschale zulässig ist, die sich jedoch an den tatsächlichen Kosten orientieren muss, die zB bei automatisierter Abwicklung sehr gering sein können.[30] Der Entgeltanspruch bezieht sich nur auf die Mitteilung, nicht auf die Prüfung.[31] Darüber hinaus bestehen keine Ansprüche auf ein Entgelt, auch nicht nach den Grundsätzen der Rspr., die bis zur Umsetzung der ZDRL 2007 galten.[32]

§ 675p Unwiderruflichkeit eines Zahlungsauftrags

(1) **Der Zahlungsdienstnutzer kann einen Zahlungsauftrag vorbehaltlich der Absätze 2 bis 4 nach dessen Zugang beim Zahlungsdienstleister des Zahlers nicht mehr widerrufen.**

(2) [1]**Wurde der Zahlungsvorgang über einen Zahlungsauslösedienstleister, vom Zahlungsempfänger oder über diesen ausgelöst, so kann der Zahler den Zahlungsauftrag nicht mehr widerrufen, nachdem er dem Zahlungsauslösedienstleister die Zustimmung zur Auslösung des Zahlungsvorgangs oder dem Zahlungsempfänger die Zustimmung zur Ausführung des Zahlungsvorgangs erteilt hat.** [2]**Im Fall einer Lastschrift kann der Zahler den Zahlungsauftrag jedoch unbeschadet seiner Rechte gemäß § 675x bis zum Ende des Geschäftstags vor dem vereinbarten Fälligkeitstag widerrufen.**

(3) **Ist zwischen dem Zahlungsdienstnutzer und seinem Zahlungsdienstleister ein bestimmter Termin für die Ausführung eines Zahlungsauftrags (§ 675n Abs. 2) vereinbart worden, kann der Zahlungsdienstnutzer den Zahlungsauftrag bis zum Ende des Geschäftstags vor dem vereinbarten Tag widerrufen.**

(4) [1]**Nach den in den Absätzen 1 bis 3 genannten Zeitpunkten kann der Zahlungsauftrag nur widerrufen werden, wenn der Zahlungsdienstnutzer und der jeweilige Zahlungsdienstleister dies vereinbart haben.** [2]**In den Fällen des Absatzes 2 ist zudem die Zustimmung des Zahlungsempfängers zum Widerruf erforderlich.** [3]**Der Zahlungsdienstleister darf mit dem Zahlungsdienstnutzer im Zahlungsdiensterahmenvertrag für die Bearbeitung eines solchen Widerrufs ein Entgelt vereinbaren.**

(5) **Der Teilnehmer an Zahlungsverkehrssystemen kann einen Auftrag zugunsten eines anderen Teilnehmers von dem in den Regeln des Systems bestimmten Zeitpunkt an nicht mehr widerrufen.**

---

[25] MüKoBGB/*Jungmann* § 675o Rn. 31.

[26] Staub/*Grundmann* Zahlungsgeschäft Rn. 295.

[27] Staub/*Grundmann* Zahlungsgeschäft Rn. 295.

[28] MüKoBGB/*Jungmann* § 675o Rn. 45.

[29] ZB in den Überweisungsbedingungen der Deutschen Bank (Stand: 13.1.2018), → Anh. § 676c Rn. 1, findet sich in Nr. 1.7 Abs. 3 eine entsprechende Regelung, die hinsichtlich der Höhe des Anspruchs auf das „Preis- und Leistungsverzeichnis" verweist.

[30] Langenbucher/Bliesener/Spindler/*Herresthal* § 675o Rn. 14, der dem Zahlungsdienstleister ein recht weites Ermessen zubilligt, weil der Nutzer die Kosten letztlich verursacht hat. Der BGH Urt. v. 22.5.2012 – XI ZR 290/11, NJW 2012, 2571 (2575) hat deutlich gemacht, dass Abs. 1 S. 4 eine Ausnahmevorschrift ist und von ihr nicht auf das gesetzliche Leitbild geschlossen werden dürfe.

[31] *Schmieder* in Schimansky/Bunte/Lwowski BankR-HdB § 49 Rn. 34.

[32] Näher dazu BeckOK BGB/*Schmalenbach* § 675o Rn. 7 mwN.

I. Allgemeines

Die Vorschrift beruht auf Art. 66 ZDRL 2007; die Anpassungen in Abs. 2 S. 1 setzen Art. 80 Abs. 2 **1** ZDRL und diejenigen in Abs. 4 S. 1 setzen Art. 80 Abs. 5 ZDRL um. Abdingbar zu Lasten des Zahlungsdienstenutzers nur im Rahmen von § 675e (und damit bei Unternehmern nach § 675e Abs. 4 vollumfänglich), zu seinen Gunsten Inhaltskontrolle nach §§ 307 ff.[1] Sind Kleinbetragsinstrumente betroffen, ist Abs. 1 zu Lasten des Nutzers nach § 675i Abs. 2 Nr. 5 abdingbar.[2] Die Vorschrift enthält den Grundsatz der Unwiderruflichkeit des Zahlungsauftrags, unabhängig davon, ob der Auftrag dem Zahlungsdienstleister selbst oder, zeitlich noch weiter vorverlagert, dem Zahlungsauslösedienstleister (zur Zahlungsauslöse) übermittelt worden ist.[3] Dieser Grundsatz der Unwiderruflichkeit wird in den Abs. 2–4 für die Fälle der Lastschrift (Abs. 2), der vereinbarten Fälligkeit (Abs. 3), und der vereinbarten anderweitigen Regelung (mit Zustimmung des Zahlungsempfängers) (Abs. 4) durch die Möglichkeit einer „Gegenweisung" durchbrochen.[4]

Sinn und Zweck der Norm ist es (wie auch § 675s, → § 675s Rn. 1), der Automatisierung und **2** damit einhergehenden Beschleunigung des Zahlungsverkehrs Rechnung zu tragen.[5] Insofern trifft den Zahlungsdienstleister nach keine Pflicht, den Zahlungserfolg nach Eintritt der Unwiderruflichkeit des Zahlungsauftrags zu vereiteln, selbst wenn ihm ein verspäteter Widerruf zugeht und die Möglichkeit der Vereitelung noch besteht.[6] Gegenstand der Norm sind Zahlungsaufträge im Sinne des § 675f Abs. 3 S. 2.

II. Widerruf

Widerruf (Gegenweisung[7]) ist eine einseitige, empfangsbedürftige Willenserklärung; die allgemeinen **3** Regeln (§§ 130 ff.) finden Anwendung, insbesondere muss der Widerruf dem Zahlungsdienstleister zugehen. Die Form des Widerrufs richtet sich nach den Vereinbarungen der Parteien, insbesondere in AGB.[8]

Die **Anfechtung** der Willenserklärung, die dem Zahlungsauftrag zugrunde liegt, ist jedenfalls im **4** Anwendungsbereich des § 119 ausgeschlossen, weil sie dem vom Richtliniengeber deutlich gemachten und im Rahmen der Vollharmonisierung umgesetzten Beschleunigungswillen widerspricht.[9] Hierfür spricht auch, dass § 675x ein aktives Gegenrecht begründet und dem Wortlaut nach ebenfalls davon ausgeht, dass der Widerruf in § 675p abschließend geregelt ist und die Autorisierung nicht rückwirkend entfällt.[10] Anderes gilt nur ausnahmsweise und für die Anfechtung infolge arglistiger Täuschung oder Drohung, weil diese Fälle von der Richtlinie nicht geregelt worden sind.

1. Zahlungsarten. Zu unterscheiden ist grundsätzlich zwischen Zahlungsinstrumenten, die manuell **5** und damit „analog" und solchen, die automatisiert und damit „digital" abgewickelt werden.

Für die analoge **Überweisung** gilt nach den AGB, dass der Widerruf gegenüber der Bank erklärt **6** werden muss, auch wenn ein Zahlungsauslösedienstleister eingeschaltet war;[11] Anforderungen an die Form werden nicht gestellt, sodass der Zahler insofern jedes der Bank zumutbare Kommunikationsmittel verwenden kann (Brief, Fax, E-Mail, Online-Formular).[12]

---

[1] Palandt/*Sprau* § 675p Rn. 1.

[2] Palandt/*Sprau* § 675p Rn. 1.

[3] Das ändert nichts an der Tatsache, dass ein Zahlungsauftrag – geht man davon aus, dass es sich um eine Einwilligung im Rahmen des Zahlungsdiensterahmenvertrages handelt – im Rahmen der auftragsrechtlichen Dogmatik grundsätzlich widerruflich ist – s. zur Abgrenzung Langenbucher/Bliesener/Spindler/*Herresthal* § 675p Rn. 3.

[4] Staub/*Grundmann* Zahlungsgeschäft Rn. 298 unter Verweis auf die Konzeption des § 675p als Pendent zum System der auftragsrechtlichen Gegenweisung und mit Kritik am Systementwurf, insbesondere im Hinblick auf den Widerruf im Rahmen der SEPA-Basislastschrift. Zu den Grenzen OLG Köln Beschl. v. 21.3.2016 – 13 U 223/15, BKR 2016, 349.

[5] MüKoBGB/*Jungmann* § 675p Rn. 7.

[6] *Zahrte* BKR 2016, 316 (318) unter Verweis auf OLG Köln Beschl. v. 21.3.2016 – 13 U 223/15, BKR 2016, 349.

[7] Staudinger/*Omlor*, 2012, § 675p Rn. 3; s. auch MüKoHGB/*Häuser* Bd. 6 B (Bankvertragsrecht) Rn. 125.

[8] Es finden sich insofern Regelungen, die klarstellen, dass ein Widerruf nach dem Zugang bei der Bank oder bei Einschaltung eines Zahlungsauslösedienstleisters idR unzulässig ist – siehe insofern Nr. 1.5 der Überweisungsbedingungen der Deutschen Bank (Stand: 10/2018), → Anh. § 676c Rn. 1.

[9] MüKoBGB/*Jungmann* § 675p Rn. 11 mwN; Erman/*Graf v. Westphalen* § 675p Rn. 4; aA BeckOK BGB/*Schmalenbach* § 675p Rn. 2a unter Verweis auf den dann möglichen Schadenersatzanspruch des Erklärungsempfängers aus § 122 Abs. 1 und die jüngere Rspr.

[10] Insofern eindeutig BGH Urt. v. 20.7.2010 – XI ZR 236/07, NJW 2010, 3510 (3513).

[11] S. Nr. 1.5 Abs. 1 der Überweisungsbedingungen der Deutschen Bank (Stand: 10/2018), → Anh. § 676c Rn. 1, der auch regelt, dass ein Widerruf gegenüber der Bank nicht mehr zulässig ist, wenn die Zustimmung zur Auslösung der Überweisung gegenüber einem Zahlungsauslösedienstleister erklärt worden ist. Diese Formulierung bezieht sich nur auf das „Ende" des Widerrufsrechts, nicht aber auf den Adressaten des Widerrufs, das kann nur die Bank sein.

[12] Zu beachten ist gleichwohl, dass Vereinbarungen von Bank und Kunden zur Stornierung von Zahlungsaufträgen von der Rechtsprechung nicht als Widerruf, sondern als im Rahmen der Privatautonomie zulässige Sondervereinbarungen ohne Auswirkung auf die Instrumente des Zahlungsdiensterechts eingestuft werden – s. BGH Urt. v.

7   Die AGB für das digitale **Online-Banking** sehen regelmäßig vor, dass der Widerruf eines Online-Banking-Auftrags nur außerhalb des Online-Bankings erfolgen darf (es sei denn, die Parteien haben ausdrücklich etwas anderes vereinbart[13]). Im Kreditkartengeschäft wird der Widerruf des Nutzers im Deckungsverhältnis schon aus praktischen Gründen nicht relevant, weil es sich um eine sogenannte „Pull-Zahlung" handelt, die über das Vertragsunternehmen angestoßen und durch die Autorisierung mit Unterschrift/PIN-Eingabe unwiderruflich wird (→ Rn. 12).[14]

8   Das gleiche gilt für Zahlungen über **E-Geld-Anbieter,** denen als Zahlungsquelle eine Kreditkarte zugrunde liegt, und darüber hinaus, wenn es in den AGB vereinbart ist.

9   Der Widerruf selbst wird **wirksam,** wenn die Voraussetzungen der Abs. 2–4 erfüllt sind, es kommt nicht darauf an, ob der Widerruf im Valutaverhältnis vertragsgemäß war.[15] Für den Kreditkarteneinsatz beim klassischen Distanzgeschäft gelten keine anderen Grundsätze. Zwar unterscheidet sich dieser Zahlungsvorgang von der Kartenzahlung im Ladengeschäft, ist aber grundsätzlich mit der Online-Kartenzahlung vergleichbar. Auch hier hat der Zahler keine Möglichkeit, die geschuldete Leistung zu bewerten. Die Tatsache, dass er die personalisierten Sicherheitsmerkmale verwendet, trifft keine Aussage zu der Frage, wie diese Merkmale tatsächlich verarbeitet werden. Im Übrigen verstieße eine andere Einordnung gegen die Richtlinie und könnte daher nur *de lege ferenda* betrachtet werden.[16]

10   **2. Intermediäre.** Die Einbindung eines **Zahlungsauslösedienstleisters** in den Zahlungsvorgang verlagert den Zeitpunkt, in dem der Zahlungsauftrag unwiderruflich wird, vor. Abs. 2 stellt diesen Fall der Auslösung durch oder über den **Zahlungsempfänger** gleich. Es handelt sich unabhängig von Echtzeit-Zahlungen jeweils häufig um Fälle der „Pull-Zahlungen" bei der Verwendung von Zahlungskarten. Diese Zahlungsaufträge werden durch den Zahler am Terminal des Zahlungsempfängers angestoßen, dem Zahlungsdienstleister aber durch den Zahlungsempfänger oder den Zahlungsdienstleister des Zahlungsempfängers übermittelt. Mit der Autorisierung ist ein solcher Zahlungsauftrag nach Abs. 2 S. 1 unwiderruflich.

11   Die Gleichstellung des Zahlungsauslösedienstleisters durch die Umsetzung von Art. 80 Abs. 2 ZDRL trägt dem Geschäftsmodell solcher Dienstleister Rechnung, die in Echtzeit sicherstellen sollen, dass der Zahlungsempfänger die Zahlung auch tatsächlich erhält.[17] Echtzeit-Zahlungen unter Einbindung von entsprechenden Clearing- und Settlement-Systemen können in der Praxis nicht mehr rückgängig gemacht werden, ohne dass sich das sogenannte Settlement-Risiko verwirklicht, das ein solches Geschäftsmodell belastet, weil es nicht verlagert werden kann und schwer durchsetzbare bereicherungsrechtliche Ansprüche begründet.

12   **3. Sonderregeln.** Für **kartengebundene Zahlungen** gilt die Sonderregelung des Abs. 2 S. 1. Hiernach wird die Unwiderruflichkeit des Zahlungsauftrags auf den Zeitpunkt der Autorisierung vorverlagert, um den Besonderheiten des kartengebundenen Zahlungsverfahrens Rechnung zu tragen. Gleiches gilt bei **anderen vom Zahlungsempfänger ausgelösten Zahlungen,** wie zB dem Abheben von Bargeld am Geldautomaten.[18] Beim Einsatz von Kreditkarten durch Verbraucher führt die Unwiderruflichkeit des Zahlungsauftrags durch die Autorisierung auch dazu, dass kein Einwendungsdurchgriff gegen den Verkäufer nach § 358 besteht.[19] Dieser würde die Funktion der Norm aushöhlen und damit im Widerspruch zum Willen des Gesetzgebers stehen, ein für die Parteien effizientes und verlässliches Regelungsgefüge bereitzustellen.

13   Ob in bestimmten besonders gelagerten Ausnahmefällen ein **Einwendungsdurchgriff,** gestützt auf § 242 in Betracht kommt, ist zweifelhaft und hängt von den Umständen des Einzelfalles ab.[20] Die E-Geld-Anbieter haben für diese Fälle verschiedene Geschäftsmodelle entwickelt, die dem Käufer mehr

---

16.6.2015 – XI ZR 243/13, BKR 2015, 471 (472). Ob diese Sichtweise mit der Umsetzung der ZDRL noch verfängt, und den von der Norm ebenfalls bezweckten Schutz des Zahlungsempfängers hinreichend berücksichtigt, ist zweifelhaft. Die Gesetzesbegründung geht wohl davon aus, dass über den Widerruf hinaus (der freilich privatautonom – zB in AGB – geregelt werden kann) kein weiteres Instrument zur Beseitigung des Zahlungsauftrags zur Verfügung steht (siehe Gesetzesbegründung BT-Drs. 18/11495, 164).

[13] Langenbucher/Bliesener/Spindler/*Herresthal* § 675p Rn. 6 mit dem Verweis darauf, dass bereits ein Online-Formular, das den Widerruf ermöglicht, eine solche abweichende Vereinbarung darstellen kann. Ausdrücklich unter Hinweis auf die Vereinbarungslösung (jeweilige Sonderbedingungen) Nr. 4.2 der Online-Bedingungen der Deutschen Bank (Stand: 11.9.2019), → Anh. § 676c Rn. 4 mit der Formulierung, dass ein Widerruf im Rahmen des Online-Bankings statthaft sein soll, wenn die Bank diese Widerrufsmöglichkeit vorsieht.

[14] Langenbucher/Bliesener/Spindler/*Jungmann* § 675p Rn. 2.

[15] MüKoBGB/*Jungmann* § 675p Rn. 21 („Vorverlagerung").

[16] So wohl Bitter WM 2010, 1773 (1776).

[17] Gesetzesbegründung BT-Drs. 18/11495, 164 unter Hinweis darauf, dass *unwiderruflich* nicht bedeutet, dass der Zahlungsauftrag auch *wirksam* ist. Das bestimmt sich nach § 675n Abs. 1 S. 1 (→ § 675n Rn. 1 ff.).

[18] MüKoBGB/*Jungmann* § 675p Rn. 23.

[19] MüKoBGB/*Jungmann* § 675p Rn. 23.

[20] So MüKoBGB/*Jungmann* § 675p Rn. 26 unter Berufung auf OLG Köln Urt. v. 14.11.2001 – 13 U 8/01, NJW-RR 2002, 620 (621) mit den Beispielen Geschäftsunfähigkeit, Sittenwidrigkeit und Betrug („orgienartige Zechtour").

Sicherheit bieten und ihn sogar durch die Übernahme von Garantien besserstellen als im Falle eines Einwendungsdurchgriffs gegen den Verkäufer.[21]

Für die **SEPA-Lastschrift** gilt die Sonderregelung des Abs. 2 S. 2. Das trägt der Konstruktion der **14** Lastschrift als gestrecktem Zahlungsvorgang Rechnung; diese beruht auf der vorherigen Autorisierung. Widerruflich ist der Lastschriftauftrag bis zum Ende des Geschäftstages des Zahlungsdienstleisters, welcher dem Fälligkeitstermin im Valutaverhältnis vorgeht.[22] Zu beachten sind in diesem Fall auch die Bedingungen für Zahlungen mittels Lastschrift im SEPA-Basis- (und Firmen-) Lastschriftverfahren (insbesondere in der Nr. 2.4.2, die sich auf das Datum der Einlösung der Lastschrift bezieht, aber nichts an den Rechtswirkungen des Abs. 2 ändert[23]). Es kommt wiederum darauf an, dass der Zahlungsdienstleister an diesem Tag Geschäfte tatsächlich ausführt.[24] Erklärt der Zahler den Widerruf zu spät, darf der Zahlungsdienstleister nicht die Rückbelastung beim Zahlungsempfänger vornehmen.[25] Für die insolvenzrechtliche Betrachtung (unter Anfechtungsgesichtspunkten, beim Zahler, §§ 130 ff., 140 InsO) kommt es auf den Zeitpunkt der Wirksamkeit der Abbuchung an, nicht auf den Zeitpunkt der Vorlage der Lastschrift;[26] im Übrigen ist die SEPA-Lastschrift insolvenzfest.[27]

4. Fälligkeitstermin. Es steht Zahler und Zahlungsdienstleister frei, einen **Fälligkeitstermin** zu **15** vereinbaren. Diese Terminzahlungen werden von § 675n Abs. 2 S. 1 einerseits (Zugang) und Abs. 3 andererseits (Widerruf) erfasst, es handelt sich im Wesentlichen um Push-Zahlungen in Form des Dauerauftrags, es sind aber auch andere Zahlungen denkbar. Sie sind widerruflich bis zum Ende des Geschäftstages vor dem vereinbarten Termin (s. auch Nr. 1.5 der Überweisungsbedingungen der Deutschen Bank (Stand: 10/2018, → Anh. § 676c Rn. 1). Handelt es sich um einen Dauerauftrag, ist in der Regel nicht die einmalige Zahlung, sondern der gesamte Dauerauftrag vom Widerruf erfasst (s. wiederum Nr. 1.5 der Überweisungsbedingungen). Sollen einzelne Zahlungen dennoch ausgeführt werden, muss das separat vereinbart werden.[28]

5. Parteivereinbarungen. Die Parteien können nach Abs. 4 S. 1 und 2 unter bestimmten **16** Voraussetzungen **anderweitige Regelungen** treffen und insbesondere die Widerrufsfristen verlängern,[29] allerdings nur, wenn die Interessen Dritter, also diejenigen des Zahlungsempfängers und des Zahlungsauslösedienstleisters nicht beeinträchtigt werden. Insofern spricht das Gesetz in Abs. 4 S. 1 auch ausdrücklich von „jeweilige Zahlungsdienstleister", sodass Vereinbarungen „zu Lasten Dritter" nicht in den Anwendungsbereich der Norm fallen.[30] Anderes gilt jedoch, wenn der Zahlungsempfänger dem Widerruf und damit der Nichtausführung einer Pull-Zahlung zustimmt (Abs. 4 S. 2). „Zustimmen" meint entweder Einwilligung oder Genehmigung (§§ 182 ff.) durch den Zahlungsempfänger. Es reicht insofern nicht, dass ein anderer Zahlungsdienstleister oder der Zahlungsauslösedienstleister zustimmt.

Der **Zeitpunkt einer Vereinbarung** nach Abs. 4 muss vor dem Zugang des Zahlungsauftrags **17** erfolgt sein, ist aber nicht bedingungsfeindlich.[31] Mit der Beendigung der Zahlung (Eingang des Zahlungsbetrages auf dem Konto des Empfängers) ist auch deren Widerruf, unabhängig von der Art der Ausführung, nicht mehr möglich, die Rückabwicklung würde sich ggf. auf einen Erstattungsanspruch beschränken.[32] Grundsätzlich steht es den Parteien außerhalb von § 675p frei, sich über die Beachtung und die Bedingungen eines Widerrufs zu einigen und ihn ggf. zu stornieren.[33]

---

[21] ZB Kauf auf Rechnung von PayPal. Hierbei handelt es sich ausweislich um echtes Factoring der Händlerforderung, das aber dem Kunden Einwendungen gegen die Händlerleistung nicht abschneidet. Der Forderungsinhaber (PayPal) kann seinerseits beim Händler Regress nehmen, wenn der Käufer die Forderung nicht erfüllt. Zudem wird „Käuferschutz" insbesondere nach der Käuferschutzrichtlinie für Fälle gewährt, in denen ein Artikel entweder nicht („item not received") oder nicht in der vereinbarten Form („significantly not as described") versandt wird. Hierbei handelt es sich jedoch ausschließlich um eine Vereinbarung im Verhältnis zwischen Zahler und Zahlungsdienstleister, sie berührt das Rechtsverhältnis zum Zahlungsempfänger nicht, verlagert aber unter bestimmten Umständen das Prozessrisiko auf diesen. S. die Grundsatzentscheidung des BGH Urt. v. 22.11.2017 – VIII ZR 83/16 („Verkäufer kann nach erfolgreichem Antrag auf Käuferschutz erneut Kaufpreis verlangen").

[22] Palandt/*Sprau* § 675p Rn. 4.

[23] Näher MüKoBGB/*Jungmann* § 675p Rn. 29.

[24] → § 675n Rn. 6.

[25] Palandt/*Sprau* § 675p Rn. 4.

[26] OLG Düsseldorf Urt. v. 10.3.2016 – I-12 U 36/15, BKR 2016, 261 (263).

[27] BGH Urt. v. 20.7.2010 – XI ZR 236/07, NJW 2010, 3510.

[28] Langenbucher/Bliesener/Spindler/*Langenbucher* § 675p Rn. 7.

[29] MüKoBGB/*Jungmann* § 675p Rn. 38, der darauf hinweist, dass Zweck des Abs. 4 nur ist, Verlängerungen zu vereinbaren, nicht die Fristen abzukürzen, was freilich nur im Rahmen von § 675e möglich wäre. S. auch *Schmieder* in Schimansky/Bunte/Lwowski BankR-HdB § 49 Rn. 26.

[30] Gesetzesbegründung BT-Drs. 18/11495, 164.

[31] MüKoBGB/*Jungmann* § 675p Rn. 40 zu den Möglichkeiten, Bedingungen zu formulieren.

[32] MüKoBGB/*Jungmann* § 675p Rn. 40 zu den Folgen einer solchen Vereinbarung.

[33] BGH Urt. v. 16.6.2015 – XI ZR 243/13, NJW 2015, 3093 unter Verweis auf die Grundsätze der Privatautonomie.

III. Entgelt

18 Ein Entgelt im Rahmen (bzw. nur für) eine verlängerte Widerrufsfrist[34] darf nach Abs. 4 S. 3 im Zahlungsdienstevertrag (AGB) grundsätzlich vereinbart werden; es bezieht sich auf den erfolgreichen Widerspruch, nicht etwa bereits auf die Bearbeitung.[35] Eine „Ad-hoc"-Vereinbarung ist grundsätzlich möglich, muss aber in den Rahmenvertrag integriert werden oder diesen zumindest inhaltlich „durchbrechen". Entgelte für die *Bearbeitung* sind unzulässig, AGB widersprechen dem Leitbild der Norm.[36]

IV. Widerruf in Zahlungsverkehrssystemen und außerhalb von § 675p

19 Der Widerruf ist in Zahlungsverkehrssystemen unter **Verkehrsschutzgesichtspunkten** eingeschränkt (Abs. 5). Es handelt sich dabei um Zahlungsaufträge iSd § 675f Abs. 3 S. 2, die im Rahmen des jeweiligen Zahlungssystems abgewickelt werden und für deren Gestaltung ein weiter Spielraum bestehen soll.[37] Die Regelung beruht auf Art. 5 Finalitätsrichtlinie,[38] der eine schnelle, effiziente und rechtssichere Abwicklung von Zahlungen in Zahlungsverkehrssystemen (s. § 1 Abs. 16 KWG) sicherstellen soll.[39] Entscheidend ist der von den Regeln des Systems bezeichnete Zeitpunkt.[40] Ob sich außerhalb von Zahlungsverkehrssystemen aus der Privatautonomie ergibt, dass Zahlungsaufträge auch unabhängig von § 675p aufgehoben („storniert") werden dürfen, hängt vom gewählten Zeitpunkt und damit von der Frage ab, ob Rechte Dritter, insbesondere des Zahlungsempfängers, beeinträchtigt werden.[41] Ob die Berufung des Zahlungsdienstleisters auf die Unwiderruflichkeit des Zahlungsauftrags im Einzelfall rechtsmissbräuchlich sein kann,[42] ist zumindest zweifelhaft, denn es handelt sich bei § 675p um eine gesetzliche Wertung nicht nur im Interesse des Zahlungsdienstleisters und des Zahlungsempfängers, sondern auch des Zahlungsverkehrssystems insgesamt. Das bringt Abs. 5 zwar nur für Zahlungsverkehrssysteme im Anwendungsbereich der Finalitätsrichtlinie zum Ausdruck, indem der Widerruf an die in der Regel strengeren AGB des Systems geknüpft wird, jedoch kann man die Regelung durchaus als Ausdruck eines Leitprinzips im Zahlungsverkehrsrecht, nämlich der Schnelligkeit und Sicherheit, betrachten. Es ist wahrscheinlich, dass die Clearing- und Settlement-Systeme, die zur Abwicklung von Instant Payments entwickelt werden (TIPS, → § 675j Rn. 19 ff.) als Zahlungsverkehrssysteme im Sinne der Finalitätsrichtlinie und damit auch iSd Abs. 5 eingeordnet werden.

§ 675q Entgelte bei Zahlungsvorgängen

(1) **Der Zahlungsdienstleister des Zahlers sowie sämtliche an dem Zahlungsvorgang beteiligte zwischengeschaltete Stellen sind verpflichtet, den Betrag, der Gegenstand des Zahlungsvorgangs ist (Zahlungsbetrag), ungekürzt an den Zahlungsdienstleister des Zahlungsempfängers zu übermitteln.**

(2) **¹Der Zahlungsdienstleister des Zahlungsempfängers darf ihm zustehende Entgelte vor Erteilung der Gutschrift nur dann von dem übermittelten Betrag abziehen, wenn dies mit dem Zahlungsempfänger vereinbart wurde. ²In diesem Fall sind der vollständige Betrag des Zahlungsvorgangs und die Entgelte in den Informationen gemäß Artikel 248 §§ 8 und 15 des Einführungsgesetzes zum Bürgerlichen Gesetzbuche für den Zahlungsempfänger getrennt auszuweisen.**

(3) **Zahlungsempfänger und Zahler tragen jeweils die von ihrem Zahlungsdienstleister erhobenen Entgelte, wenn sowohl der Zahlungsdienstleister des Zahlers als auch der Zahlungsdienstleister des Zahlungsempfängers innerhalb des Europäischen Wirtschaftsraums belegen ist.**

---

[34] MüKoBGB/*Jungmann* § 675p Rn. 48 unter Verweis auf die gesetzliche Wertung § 675f Abs. 4 S. 2.

[35] Langenbucher/Bliesener/Spindler/*Langenbucher* § 675p Rn. 9 mit Verweis auf die Gegenauffassung, die ein Entgelt bereits für die Bearbeitung für zulässig hält. In Nr. 1.5 Abs. 3 der Überweisungsbedingungen der Deutschen Bank (Stand: 10/2018), → Anh. § 676c Rn. 1, wird klargestellt, dass der Erfolg geschuldet ist („ …wenn es der Bank gelingt…").

[36] BGH Urt. v. 12.9.2017 – XI ZR 590/15, NJW 2017, 3649 (3654) – Sparkasse.

[37] BeckOK BGB/*Schmalenbach* § 675p Rn. 11.

[38] Richtlinie 98/26/EG des Europäischen Parlaments und des Rates vom 19. Mai 1998 über die Wirksamkeit von Abrechnungen in Zahlungs- sowie Wertpapierliefer- und -Abrechnungssystemen (ABl. 1998 L 166/45), geändert zuletzt durch das Gesetz zur Umsetzung der geänderten Bankenrichtlinie und der geänderten Kapitaladäquanzrichtlinie vom 19. November 2010 (BGBl. I 1592) („Finalitätsrichtlinie").

[39] Es ist zwischen Brutto- und Nettosystemen zu unterscheiden. Bei Bruttosystemen (zB Target II des Eurosystems) werden im Gegensatz zu Nettosystemen gegenläufige Ansprüche nicht verrechnet. Näher Langenbucher/Bliesener/Spindler/*Langenbucher* § 675p Rn. 11.

[40] Palandt/*Sprau* § 675p Rn. 7.

[41] Näher MüKoBGB/*Jungmann* § 675p Rn. 51 ff.; unter Verweis auf OLG Köln Urt. v. 21.3.2016 – 13 U 223/15, BKR 2016, 349 (350) und zum „Storno" auf BGH Urt. v. 16.6.2015 – XI ZR 243/13, NJW 2015, 3093.

[42] So MüKoBGB/*Jungmann* § 675p Rn. 53 mwN.

(4) Wenn einer der Fälle des § 675d Absatz 6 Satz 1 Nummer 1 vorliegt,

1. ist § 675q Absatz 1 auf die innerhalb des Europäischen Wirtschaftsraums getätigten Bestandteile des Zahlungsvorgangs nicht anzuwenden und

2. kann von § 675q Absatz 2 für die innerhalb des Europäischen Wirtschaftsraums getätigten Bestandteile des Zahlungsvorgangs abgewichen werden.

I. Allgemeines

Die Vorschrift beruht auf Art. 67 (Abs. 1 und 2) sowie Art. 52 Abs. 2 (Abs. 3) ZDRL 2007. Die **1** Ergänzungen in Abs. 3 setzen die neue SHARE-Regel des Art. 62 Abs. 2 ZDRL um. Der neue Abs. 4 beruht auf dem räumlichen Anwendungsbereich wie er in Art. 2 Abs. 3 und 4 ZDRL bestimmt ist. Zu beachten ist, dass der von der ZDRL vorgegebene räumliche Anwendungsbereich (EWR) erst noch in den EWR-acquis aufgenommen werden muss und daher vom Gesetzgeber vorweggenommen worden ist.[1] Abdingbar zu Lasten des Zahlungsdienstnutzers nur im Rahmen von § 675e (was abweichende Vereinbarungen im *Valuta*verhältnis allerdings nicht ausschließt[2]), zu seinen Gunsten Inhaltskontrolle nach §§ 307 ff.[3]

Neben **Kürzungsverbot** und der **Legaldefinition des Begriffs Zahlungsbetrag**, an den wieder- **2** um die §§ 675r Abs. 2, 675s Abs. 1 sowie § 675t Abs. 1 anknüpfen (Abs. 1, 2), enthält die Vorschrift den Grundsatz, dass innerhalb des Europäischen Wirtschaftsraums jeder Zahler die von seinem Zahlungsdienstleister erhobenen Entgelte sowie – bei entsprechender Vereinbarung – die Entgelte von Intermediären aus seiner „Sphäre" trägt (Abs. 3). Sinn und Zweck der Regelung ist wiederum das Interesse des Gesetzgebers an einer möglichst reibungslosen, vollautomatischen Abwicklung von Zahlungsaufträgen.[4] Weil aber Abzugsverbot und Gebührenteilung außerhalb des EWR vielfach unüblich sind,[5] enthält die Vorschrift nunmehr räumliche Beschränkungen, um „One-leg"-Transaktionen zu vermeiden, bei denen einer der Zahler außerhalb des EWR sitzt und die durch die Anwendung europäischen Zahlungsdiensterechts nicht zufriedenstellend gelöst werden können (Abs. 4). Insgesamt dient sie vor allem den Interessen des Zahlungsempfängers an der Erfüllung im Valutaverhältnis und der Zuordenbarkeit der eingehenden Zahlungen.[6] Die Vorschrift erfasst grundsätzlich alle Zahlungstypen, Hauptanwendungsfall ist die Push-Zahlung in der Form der Überweisung.[7]

Die §§ 675q–675t enthalten die gesetzlichen Rahmen für die Ausführungspflichten des Zahlungs- **3** dienstleisters. Darüber hinaus bestehen weitere Pflichten, die sich für jede Zahlungsart (Überweisung, Kartenzahlung etc) aus den allgemeinen Grundsätzen des jeweiligen Rechtsverhältnisses ergeben und auf deren Darstellung an dieser Stelle verzichtet wird.[8]

II. Kürzungsverbot

Das Abzugs- bzw. Kürzungsverbot des Abs. 1 richtet sich an alle Zahlungsdienstleister mit Aus- **4** nahme des Zahlungsdienstleisters des Zahlungsempfängers, für den Abs. 2 gilt. Es beabsichtigt neben einer Zuweisung der Gebühren auch, die Transparenz zu fördern.[9] Auf Seiten des Zahlers (Abs. 1) ist der Zahlungsbetrag, der sich aus dem Zahlungsauftrag ergibt,[10] ungekürzt zu übermitteln. Gleichwohl können die Parteien vereinbaren, dass der Zahlbetrag reduziert wird, dann ist der Schutzbereich des Abs. 1 nicht berührt, es liegt keine „Kürzung" vor.[11]

Gebühren und **Entgelte** sind getrennt in Rechnung zu stellen (§ 675f Abs. 4 S. 1). Auf Seiten des **5** Zahlungsempfängers (Abs. 2) ergibt sich die Pflicht aus § 675t Abs. 1, den Zahlungsbetrag ungekürzt gutzuschreiben. Gebühren und Entgelte sind auch hier getrennt in Rechnung zu stellen, es sei denn, die Parteien haben den Direktabzug wirksam vereinbart, wobei die Mitteilungspflicht der Bank nach Art. 248 § 8 Nr. 2, 3 sowie § 15 Nr. 2, 3 EGBGB grundsätzlich unberührt bleibt.[12] Abreden im Sinne

---

[1] Gesetzesbegründung BT-Drs. 18/1194, 165.
[2] BeckOK BGB/*Schmalenbach* § 675q Rn. 9.
[3] Palandt/*Sprau* § 675q Rn. 1.
[4] Erman/*Graf v. Westphalen* § 675q Rn. 2.
[5] Gesetzesbegründung BT-Drs. 18/1194, 165.
[6] MüKoBGB/*Jungmann* § 675q Rn. 8.
[7] MüKoBGB/*Jungmann* § 675q Rn. 10.
[8] Näher Vorauflage II 161 bis 307 sowie Staub/*Grundmann* Zahlungsgeschäft Rn. 335–386 zu Überweisung, Lastschrift, Girocard mit und ohne Zahlungsgarantie und Kreditkartenzahlung. Es geht jeweils im Wesentlichen um die Frage, unter welchen Voraussetzungen die Zahlungsdienstleister im Deckungsverhältnis die Ausführung verweigern darf und wie sich die Nichtausführung im (gestörten) Valutaverhältnis auf Dritte wie Zahlungsempfänger, Händler, andere Zahlungsdienstleister (neuerdings auch Zahlungsauslöse- und Kontoinformationsdienstleister) auswirkt.
[9] Staub/*Grundmann* Zahlungsgeschäft Rn. 319 unter Verweis auf Erwägungsgrund 42 ZDRL 2007.
[10] Langenbucher/Bliesener/Spindler/*Langenbucher* § 675q Rn. 3.
[11] MüKoBGB/*Jungmann* § 675q Rn. 17.
[12] Langenbucher/Bliesener/Spindler/*Herresthal* § 675q Rn. 6.

von Abs. 2 betreffen das Inkassoverhältnis zwischen Zahlungsempfänger und seinem Zahlungsdienstleister und haben keine Auswirkungen auf das Valutaverhältnis.[13] Sie ergeben sich in der Praxis aus den Akquisitionsverträgen im Kreditkartengeschäft; es entsteht ein Entgeltanspruch des Kartenausstellers gegen den Händler (§ 675f Abs. 4), der mit dem Anspruch gegen den Kartenaussteller aus § 780 verrechnet wird.[14]

III. Verstoße gegen das Kürzungsverbot

6   Bei einem Verstoß gegen das Kürzungsverbot greift bei Push-Zahlungen die Haftung des Zahlungsdienstleisters des Zahlers nach § 675y Abs. 1 S. 3 und bei Pull-Zahlungen die Haftung des Zahlungsdienstleisters des Zahlungsempfängers nach § 675y Abs. 2 S. 3 ein.[15] Die Haftungsregelungen sind spezialgesetzliche Ausformungen des Grundsatzes der Naturalrestitution,[16] wobei darüber hinaus in den Grenzen des § 675z Folgeschäden ersetzt verlangt werden können.[17]

IV. SHARE-Regel

7   Grundsätzlich tragen Zahler und Zahlungsempfänger (Valutaverhältnis) „ihre" Entgelte, sofern sie beide ihren Sitz im EWR haben. Aus der Formulierung „tragen" folgt wie schon im Rahmen der ZDRL 2007, dass diese Regel für EWR-Transaktionen ohne Währungsumrechnung zwingend ist[18] und nur von den Parteien abbedungen werden kann, wenn die räumlichen Voraussetzungen nicht gegeben sind (eine Partei mit Sitz außerhalb des EWR). Zur Höhe der Gebühren an sich trifft Abs. 3 keine Aussage; es müssen keine Gebühren erhoben werden, aber wenn sie im grenzüberschreitenden Überweisungsverkehr innerhalb der EU erhoben werden, dürfen sie die im Inland geltenden Gebühren nicht übersteigen.[19]

8   Die in Abs. 4 umgesetzte Regel der ZDRL zur **räumlichen Geltung** macht deutlich, dass nach den Usancen eines Nicht-EWR-Staates bei einer One-leg-Transaktion Abzüge vom Gesetzgeber akzeptiert werden und dass in einem solchen Fall auch von der SHARE-Regel, die sonst zwingend ist, abgewichen werden kann.[20]

V. Internationale Usancen

9   In Fällen mit Drittstaatenbezug können grundsätzlich die in der Praxis häufig vorkommenden „OUR"- und „BEN"-Klauseln vereinbart werden (§ 675e Abs. 2 S. 1 Hs. 1). Es handelt sich hierbei um die Abrede, dass entweder der Zahler oder der Zahlungsempfänger allfällige Entgelte im Valutaverhältnis zu tragen hat. Liegt hingegen kein Drittstaatenbezug vor, sind solche Klauseln unzulässig, weil sie gegen Abs. 1 verstoßen.[21]

§ 675r Ausführung eines Zahlungsvorgangs anhand von Kundenkennungen

(1) [1]**Die beteiligten Zahlungsdienstleister sind berechtigt, einen Zahlungsvorgang ausschließlich anhand der von dem Zahlungsdienstnutzer angegebenen Kundenkennung auszuführen.** [2]**Wird ein Zahlungsauftrag in Übereinstimmung mit dieser Kundenkennung ausgeführt, so gilt er im Hinblick auf den durch die Kundenkennung bezeichneten Zahlungsempfänger als ordnungsgemäß ausgeführt.**

(2) **Eine Kundenkennung ist eine Abfolge aus Buchstaben, Zahlen oder Symbolen, die dem Zahlungsdienstnutzer vom Zahlungsdienstleister mitgeteilt wird und die der Zahlungsdienstnutzer angeben muss, damit ein anderer am Zahlungsvorgang beteiligter Zahlungsdienstnutzer oder dessen Zahlungskonto für einen Zahlungsvorgang zweifelsfrei ermittelt werden kann.**

(3) **Ist eine vom Zahler angegebene Kundenkennung für den Zahlungsdienstleister des Zahlers erkennbar keinem Zahlungsempfänger oder keinem Zahlungskonto zuzuordnen,**

---

[13] MüKoBGB/*Jungmann* § 675q Rn. 29.

[14] MüKoBGB/*Jungmann* § 675q Rn. 26.

[15] Staudinger/*Omlor*, 2012, § 675q Rn. 10 f.

[16] Staub/*Grundmann* Zahlungsgeschäft Rn. 321.

[17] Staudinger/*Omlor*, 2012, § 675q Rn. 12.

[18] Zur Kontroverse Langenbucher/Bliesener/Spindler/*Herresthal* § 675q Rn. 8 mwN.

[19] MüKoBGB/*Jungmann* § 675q Rn. 33 unter Verweis auf die Verordnung (EG) 924/2009 des Europäischen Parlaments und des Rates vom 16.9.2009 über grenzüberschreitende Zahlungen in der Gemeinschaft und zur Aufhebung der der Verordnung (EG) Nr. 2560/2001 (ABl. 2009 L 266/11) in der Fassung der Verordnung (EU) Nr. 260/2012 des Europäischen Parlaments und des Rates vom 14.3.2012 zur Festlegung der technischen Vorschriften und der Geschäftsanforderungen für Überweisungen und Lastschriften in Euro und zur Änderung der Verordnung (EG) Nr. 924 (Zahlungsentgelte-Verordnung).

[20] Näher Gesetzesbegründung BT-Drs. 18/1194, 165.

[21] MüKoBGB/*Jungmann* § 675q Rn. 35.

ist dieser verpflichtet, den Zahler unverzüglich hierüber zu unterrichten und ihm gegebenenfalls den Zahlungsbetrag wieder herauszugeben.

I. Allgemeines

Die Vorschrift beruht auf Art. 74 ZDRL 2007 und ist infolge der geringfügigen Änderung der **1** Definition „Kundenkennung" des Art. 4 Nr. 33 ZDRL in Abs. 2 redaktionell angepasst worden, ohne dass sich daraus inhaltlich Änderungen ergeben.[1] Es werden alle Zahlungsarten erfasst, Hauptanwendungsfall ist jedoch die Überweisung. Die Vorschrift enthält daneben die Legaldefinition der Kundenkennung in Abs. 2 und reduziert die Sorgfaltspflichten der Bank für den Fall, dass ein Zahlungsvorgang anhand von Kundenkennungen ausgeführt wird. Hierdurch soll sichergestellt werden, dass der Zahlungsdienstleister sich in Regelfall auf die Angaben des Zahlers verlassen kann, insbesondere im Online-Banking, wenn bestimmte äußere Rahmenbedingungen (Prüfziffer) gegeben sind.[2] Das dient der Beschleunigung des Zahlungsverkehrs, insbesondere vor dem Hintergrund der Ausführungsfristen in § 675s,[3] führt aber zu der Konsequenz, dass formelle und materielle Rechtmäßigkeit der Zahlung auseinanderfallen können[4] und der Zahlungsverkehr weitgehend anonymisiert abläuft.[5] Zudem wird dem Zahler im Falle der Fehlüberweisung ein Wille unterstellt, den er nicht hat.[6] Der Zahler hat insofern gem. § 675y Abs. 3 S. 1 auch keinen Schadenersatzanspruch gegen den Zahlungsdienstleister, er steht „mit weitgehend leeren Händen" da.[7]

Der **Grundsatz der „formalen Auftragsstrenge",** der sich bei Auseinanderfallen von Konto- **2** und Empfängerbezeichnung im Zweifel am Empfängernamen orientiert, ist durch die ausdrückliche gesetzliche Regelung in Abs. 1 überholt.[8] Die Regelungen gelten auch für institutsinterne Zahlungen; im Hinblick auf die Entstehungsgeschichte und den Wortlaut der Norm ist kein Raum für eine teleologische Reduktion.[9] Die Regelungen sind abdingbar zu Lasten des Zahlungsdienstenutzers nur im Rahmen von § 675e, der weder im Katalog des Abs. 2 noch in demjenigen des Abs. 4 für den unternehmerischen Rechtsverkehr eine spezielle Regelung enthält,[10] zu seinen Gunsten Inhaltskontrolle nach §§ 307 ff.[11]

II. Ausführung des Zahlungsauftrags

Die Ausführung des Auftrags erfolgt **nach Maßgabe der Kundenkennung** (Abs. 1 S. 1), es erfolgt **3** kein Abgleich von Kundenkennung und Empfängername, weder durch die Absender- noch durch die Empfängerbank.[12] Eine Überweisung ist korrekt ausgeführt, wenn der angewiesene Betrag dem der Kundenkennung zugewiesenen Empfänger übermittelt wird.[13] Etwas anderes gilt nur, wenn die Bank positive Kenntnis der Fehlerhaftigkeit der Zuordnung hat und sich dennoch auf diese beruft;[14] fahr-

---

[1] Gesetzesbegründung BT-Drs. 18/1194, 165.

[2] Hierdurch wird gleichwohl die Gefahr des Verschreibens oder Vertippens auf den Kunden abgewälzt, näher: Langenbucher/Bliesener/Spindler/*Herresthal* § 675r Rn. 12. Ob die Prüfziffer wirklich ausreichend ist, um das Risiko wirksam zu begrenzen, ist zumindest fraglich, wird aber im Vergleich mit Bankleitzahl und Kontonummer ganz überwiegend als ausreichend sicher eingestuft, s. Staudinger/*Omlor,* 2012, § 675r Rn. 7, auch im Lichte der ZDRL, hierzu näher Erman/*Graf v. Westphalen* § 675r Rn. 2.

[3] Gesetzesbegründung BT-Drs. 16/11643, 110; Langenbucher/Bliesener/Spindler/*Herresthal* § 675r Rn. 11; weiter differenzierend MüKoBGB/*Jungmann* § 675r Rn. 10.

[4] MüKoBGB/*Jungmann* § 675r Rn. 2: „Aus der Sicht des Zahlungsdienstleisters alles richtig gelaufen, aus der Sicht des Zahlenden aber alles falsch gelaufen."

[5] Krit. bereits zur Umsetzung der ZDRL 2007 *Derleder* NJW 2009, 3195 (3197).

[6] *Bitter* WM 2010, 1725 (1728).

[7] So noch zutreffend MüKoBGB/*Jungmann* § 675r Rn. 5 (7. Auflage) unter Verweis auf die mit der ZDRL (Art. 88 Abs. 3 ZDRL, umgesetzt etwas versteckt in § 675y Abs. 3 S. 2) eingeführte Pflicht des Zahlungsdienstleisters, den Zahler bei der Durchsetzung seines Bereicherungsanspruchs gegen den tatsächlichen Empfänger zu unterstützen. Die Norm dient letztlich auch der Reduzierung der Anforderungen an die Zahlungsdienstleister und damit an das Zahlungssystem insgesamt. AA MüKoBGB/*Jungmann* § 675r Rn. 6 (8. Auflage), der nunmehr eine „echte Unterstützungspflicht des Zahlungsdienstleisters des Zahlungsempfängers" erkennt, und zwar durch die Zurverfügungstellung der relevanten Informationen, die allerdings nicht sicherstellen müssen, dass der Zahlungsbetrag tatsächlich wiedererlangt werden kann.

[8] S. nur OLG Schleswig Beschl. v. 27.1.2012 – 5 U 4/12, BeckRS 2012, 25125, Ls. 2 und unter 3.; MüKoBGB/*Jungmann* § 675r Rn. 1 bezeichnet das als „striktes Kundenkennungsdogma". Zu den Grenzen des Grundsatzes der Auftragsstrenge auch: Staub/*Grundmann* Zahlungsgeschäft Rn. 325.

[9] Auch MüKoBGB/*Jungmann* § 675r Rn. 13.

[10] S. MüKoBGB/*Jungmann* § 675r Rn. 14 („zwingendes Recht").

[11] Palandt/*Sprau* § 675r Rn. 1.

[12] Langenbucher/Bliesener/Spindler/*Langenbucher* § 675r Rn. 3.

[13] Langenbucher/Bliesener/Spindler/*Langenbucher* § 675r Rn. 3 unter Verweis auf die aA von *Hadding* FS U. H. Schneider, 2011, 443, 454 zu den Pflichten der Empfängerbank, die mit Umsetzung der ZDRL nicht mehr haltbar ist.

[14] Langenbucher/Bliesener/Spindler/*Langenbucher* § 675r Rn. 3.; Staudinger/*Omlor,* 2012, § 675r Rn. 14.

lässige Unkenntnis ist nicht ausreichend.[15] Dennoch behalten die beteiligten Zahlungsdienstleister das Recht, den Zahlungsauftrag zu überprüfen[16] und der Zahler hat gegen seinen Zahlungsdienstleister einen Anspruch auf Stornierung einer „Fehlbuchung".[17]

4 Unterläuft dem Überweisenden ein Erklärungsirrtum, wird die **ordnungsgemäße Ausführung des Auftrags fingiert** (Abs. 1 S. 2), insofern ist auch die Anfechtung ausgeschlossen.[18] Dem Zahler steht dann im Rahmen der **Rechtsfolgen** ein Bereicherungsanspruch gegen den fehlerhaft bezeichneten Empfänger aus § 812 Abs. 1 S. 1 Alt. 2 auf Wertersatz zu.[19] Zudem hat er einen Wiederbeschaffungs[20]- und Nachverfolgungsanspruch[21] gegen seinen Zahlungsdienstleister aus § 675y Abs. 3 S. 2 (ggf. analog) sowie einen Anspruch gegenüber dem fehlerhaft bezeichneten Empfänger auf Stornobuchung, sofern dieser zustimmt und seinerseits nicht bereits von seinem Anspruch auf Stornobuchung gegenüber seinem Zahlungsdienstleister Gebrauch macht.[22] Ohne Einverständnis des Zahlungsempfängers hängt der Anspruch des Überweisenden auf Stornobuchung davon ab, ob sein Zahlungsdienstleister selbst einen Anspruch auf Rückzahlung hat, denn nur in diesem Fall kann er dem Anspruch des Empfängers aus § 675t Abs. 1 S. 1 einen eigenen Anspruch entgegensetzen.[23]

III. Kundenkennung

5 Die Anforderungen an die Kundenkennung (nicht: personalisierte Sicherheitsmerkmale) und ihre Zuteilung sind in Abs. 2 und – hinsichtlich der Pflicht, sie dem Kunden zu übermitteln – in Art. 248 § 4 Abs. 1 Nr. 2 lit. b EGBGB, festgelegt. § 675r Abs. 2 enthält die **Legaldefinition** der Kundenkennung. Der Hauptanwendungsfall der Vorschrift liegt im Bereich der Überweisung, weil ansonsten eine rein elektronische Abwicklung vorherrscht, bei der es nicht mehr erforderlich ist, manuelle Eingaben vorzunehmen.[24]

6 Für **SEPA-Überweisungen** wird die **IBAN** (International Bank Account Number)[25] verwendet, die aus einer Abfolge von Buchstaben und Zahlen sowie einer Prüfziffer besteht, die verhindern soll, dass Zahlendreher und andere Fehler bei der Eingabe unerkannt bleiben.[26] Umstritten ist, ob bei der Festlegung der Kundenkennung Sicherheitsmechanismen wie die **IBAN-Prüfziffer** integriert werden müssen und ob sich bei der Verletzung dieser Schutzpflicht ein Anspruch des Zahlers gegen den Zahlungsdienstleister des Empfängers ergeben würde.[27] Eine solche Schutzpflicht ist auf der Rechtsfolgenseite problematisch, weil der Schaden beim Überweisenden eintritt, die Kundenkennung aber vom Zahlungsdienstleister des Empfängers bereitgestellt wird, den die Schutzpflicht zwar treffen würde, der aber mangels Schaden regelmäßig keinem Anspruch des Zahlungsempfängers ausgesetzt ist.[28] Insofern helfen auch die Grundsätze der **Drittschadensliquidation** nicht weiter, weil der Überweisende und nicht der Empfänger versuchen wird, den Schaden geltend zu machen (der Schaden lässt sich nicht zum Anspruch ziehen).

7 Ob der Zahlungsdienstevertrag zwischen Empfänger und seinem Zahlungsdienstleister **Schutzwirkung zugunsten des Überweisenden** entfaltet, ist ebenfalls zweifelhaft, weil Dritte regelmäßig deshalb nicht in den Schutzbereich einbezogen werden sollen, weil ihr Zahlungsdienstleister die gleichen Schutzpflichten ihnen gegenüber hat und er insofern den Schutz nicht benötigt. Denkbar wäre höchstens, den Anspruch nach § 812 Abs. 1 S. 1 Alt. 2 zu kondizieren, wobei sich die Frage

---

[15] Staudinger/*Omlor*, 2012, § 675r Rn. 14 unter Verweis auf die „herausgehobene Vertrauensstellung" des Zahlungsdienstleisters; s. auch Palandt/*Sprau* § 675r Rn. 3.

[16] BGH Urt. v. 16.6.2015 – XI ZR 243/13, BKR 2015, 471 (472). In diesem Fall hatte die Empfängerbank der Absenderbank mitgeteilt, dass ein Fehler in der Zuordnung von Kundenkennung und Empfänger vorlag. Die *Klauselwerke* sehen vor, dass die Bank den Kunden informiert, falls „die vom Kunden angegebene Kundenkennung für die Bank erkennbar keinem Zahlungsempfänger, keinem Zahlungskonto oder keinem Zahlungsdienstleister des Zahlungsempfängers zuzuordnen ist" (s. Nr. 1.7 Abs. 2 der Überweisungsbedingungen der Deutschen Bank (Stand: 10/2018), → Anh. § 676c Rn. 1. Es handelt sich insofern um diejenigen Fälle, in denen gar keine Zahlung ausführbar ist.

[17] Erman/*Graf v. Westphalen* § 675r Rn. 11, wobei dieser Anspruch aus den allgemeinen (schadensrechtlichen) Grundsätzen herzuleiten ist (§§ 241 Abs. 2, 249).

[18] Langenbucher/Bliesener/Spindler/*Langenbucher* § 675r Rn. 4.

[19] MüKoBGB/*Jungmann* § 675r Rn. 46 mwN zur Kontroverse, ob es sich um eine Leistungs- oder Nichtleistungskondiktion (ganz hM, Nachweise dort) handelt.

[20] Langenbucher/Bliesener/Spindler/*Langenbucher* § 675r Rn. 6.

[21] Der Nachverfolgungsanspruch wird von der hM in der Lit. durch eine analoge Anwendung des § 675y Abs. 3 S. 2 begründet. Näher Langenbucher/Bliesener/Spindler/*Langenbucher* § 675r Rn. 6.

[22] Langenbucher/Bliesener/Spindler/*Langenbucher* § 675r Rn. 7.

[23] Näher Langenbucher/Bliesener/Spindler/*Langenbucher* § 675r Rn. 7 mwN.

[24] Staub/*Grundmann* Zahlungsgeschäft Rn. 326.

[25] Die IBAN ist nach Art. 5 Abs. 1 SEPA-VO für Euro-Zahlungen zwingend. Zu weiteren Kennungen wie zB der „alten" BBAN (Basic Bank Account Number) – Konto Nr. mit BLZ für Inlandsüberweisungen – Palandt/*Sprau* § 675r Rn. 2a mwN.

[26] Angeblich soll die Prüfziffer Zahlendreher mit einer Wahrscheinlichkeit von über 99% aufdecken.

[27] Zu ggf. darüber hinaus (§ 241) bestehenden Nebenpflichten zur Einrichtung eines technischen Prüfsystems *Nobbe* WM 2011, 961 (964) im Anschluss an *Bitter* WM 2010, 1725 (1730).

[28] Hierzu Langenbucher/Bliesener/Spindler/*Langenbucher* § 675r Rn. 11 mwN.

stellt, ob der Empfänger tatsächlich bereichert ist, sieht man einmal von den praktischen Schwierigkeiten bei der Durchsetzung des Anspruchs ab.

Im Falle der IBAN reduziert sich die Problematik jedenfalls durch die Verwendung der Prüfziffer auf **8** Fälle des **„qualifizierten Verschreibens"**, also Fälle, die die verwendete, dem Stand der Technik entsprechende, Prüfmechanismen nicht bewältigen kann.[29]

Für Kartenzahlungen ist die **Kartennummer** Kundenkennung.[30] Das Verfahren der Ausführung **9** des Zahlungsauftrags unterscheidet sich grundlegend von demjenigen der SEPA- oder Online-Überweisung. Bei der Kartenzahlung werden neben der Kundenkennung weitere, teilweise personalisierte Sicherheitsmerkmale abgefragt, zB die Prüfziffer (die anders funktioniert als diejenige, die in die IBAN integriert ist) oder auch PIN, Unterschrift oder Rahmenbedingungen des Karteneinsatzes, die von einem Algorithmus im Rahmen der Vorabautorisierung festgelegt werden,[31] daher ist der Anwendungsbereich der Vorschrift für die Kartenzahlung stark begrenzt.

Im Bereich des **E-Geldes** finden zunächst die Kundenkennungen Anwendung, die von der Zah- **10** lungsquelle vorgegeben werden (IBAN für das Bankkonto, Kartennummer für die Kreditkarte usw.). Sodann sind die weiteren Anforderungen des Anbieters zu beachten. Nach den PayPal-Definitionen handelt es sich bei der Kundenkennung zusätzlich um die „E-Mail-Adresse, Mobiltelefonnummer oder ein anderes Identifizierungsmerkmal, das … hinterlegt ist",[32] diese Merkmale ermöglichen es erst, den Dienst an sich zu benutzen und ihn auch auf mobile Anforderungen auszurichten. Gleiches gilt für den Zugang über elektronische Medien nach den üblichen Klauselwerken der Banken, sodass auch hier grundsätzlich zwei Ebenen existieren.[33]

IV. Kundenkennung nicht zuzuordnen

Ist die Kundenkennung weder einem Zahlungskonto noch einem Zahlungsempfänger zuordenbar, **11** so ist der Auftrag nicht ausführbar (Abs. 3). Durch die Nichtausführung soll der Zahler vor den Folgen des Abs. 1 durch vorherigen Abbruch geschützt werden.[34] Ergibt die automatisierte Kohärenzprüfung – ein manuelles Eingreifen kann auch in diesem Moment nicht verlangt werden[35] – durch den Zahlungsdienstleister, dass die Zahlung nicht ausführbar ist, muss der Zahlungsdienstleister den Überweisenden unverzüglich informieren[36] und kann hierfür gem. § 675f Abs. 4 S. 2 auch ein Entgelt verlangen.[37] Der Zahlungsdienstleister kann dem Zahler zudem die Möglichkeit eröffnen, seinen Zahlungsauftrag zu korrigieren, wobei der korrigierte Zahlungsauftrag als neuer Zahlungsauftrag (mit neuer Kohärenzprüfung) zu werten ist[38] und ggf. im Rahmen des fehlgeschlagenen Zahlungsauftrags durchgeführte Belastungsbuchungen zu korrigieren sind. Grundsätzlich gilt, dass der Zahlungsdienstleister die Kundenkennung nicht eigenmächtig ändern darf, auch wenn dadurch eine korrekte Zuordnung möglich wird.[39]

V. Erstattungsanspruch

Als **Rechtsfolge der endgültig fehlgeschlagenen Zahlung** hat der Zahlungsdienstleister dem **12** Überweisenden den Zahlungsbetrag wiederum zu erstatten (Abs. 3).[40] Bei der Verletzung von Pflichten durch den Zahlungsdienstleister kommen Schadenersatzansprüche des Überweisenden nach § 280 Abs. 1 in Betracht, die nicht durch die Regelungen des § 675y gesperrt sind.[41] Die Darlegungs- und Beweislast richtet sich nach den allgemeinen Regeln; der Zahlungsdienstleister des Zahlers muss beweisen, dass er die vorgeschriebene Kohärenzprüfung durchgeführt hat, was sich praktisch bereits

---

[29] Näher MüKoBGB/*Jungmann* § 675r Rn. 21 unter Verweis auf die „Modulo 97-Prüfung".

[30] Palandt/*Sprau* § 675r Rn. 2a mwN.

[31] Näher zur Ausführung von Kartenzahlungen Langenbucher/Bliesener/Spindler/*Jungmann* § 675t Rn. 1 f. mwN.

[32] S. insofern die Nutzungsbedingungen unter www.paypal.com (Stand: 19.12.2019), z. B. unter den Überschriften „Ein Konto eröffnen" und „Sichere Nutzung unserer Services".

[33] So enthalten die Nr. 3 und 7 der Online-Bedingungen der Deutschen Bank (Stand: 11.9.2019), → Anh. § 676c Rn. 6, die Anforderungen an Kundenkennung und Authentifizierung.

[34] Palandt/*Sprau* § 675r Rn. 5.

[35] MüKoBGB/*Jungmann* § 675r Rn. 23 mwN.

[36] BGH Urt. v. 16.6.2015 – XI ZR 243/13, BKR 2015, 471 (472). In diesem Fall hatte die Empfängerbank der Absenderbank mitgeteilt, dass ein Fehler in der Zuordnung von Kundenkennung und Empfänger vorlag.

[37] S. insoweit Nr. 1.7 Abs. 3 der Überweisungsbedingungen der Deutschen Bank (Stand: 10/2018), → Anh. § 676c Rn. 1, wobei zu beachten ist, dass im Zuge der Umsetzung der ZDRL der Text dahin geändert worden ist, dass ein Entgelt nicht mehr „für die Unterrichtung über eine berechtigte Ablehnung", sondern (zutreffend) für die „berechtigte Ablehnung der Ausführung eines autorisierten Überweisungsauftrags" berechnet wird.

[38] MüKoBGB/*Jungmann* § 675r Rn. 26.

[39] Staub/*Grundmann* Zahlungsgeschäft Rn. 329, 331.

[40] Die Formulierung „gegebenenfalls" im Gesetzestext bezieht sich darauf, dass die Kundenkennung keine Zuordnung ermöglichen kann, nicht auf die Rechtsfolge. S. auch Langenbucher/Bliesener/Spindler/*Langenbucher* § 675r Rn. 15.

[41] MüKoBGB/*Jungmann* § 675r Rn. 29.

durch die Verwendung des IBAN-Systems ergibt, sofern die IT-Systeme des Zahlungsdienstleisters ordnungsgemäß funktioniert haben. Über einen **Informationsanspruch** bei einer Zahlung, die der Kohärenzprüfung standgehalten hat, verfügt der Zahler zunächst gegen seinen Zahlungsdienstleister aus dem Zahlungsdiensterahmenvertrag. Die vom eigenen Zahlungsdienstleister erhaltenen Informationen können aber noch nicht sicherstellen, dass der Zahler die zur Geltendmachung des jeweiligen Bereicherungsanspruchs erforderlichen Informationen auch tatsächlich erhält, weil der Zahlungsdienstleister über sie nicht verfügt oder sie infolge des Bankgeheimnisses oder des Datenschutzrechts nicht herausgeben darf.

13   Ob **Informationsansprüche gegen die übrigen beteiligten Zahlungsdienstleister** bestehen und wie diese zu erfüllen wären, ist unklar. Sie würden dem Zahler helfen, seine Bereicherungsansprüche gegen den Zahlungsdienstleister des vermeintlichen Empfängers (bei „steckengebliebener" Zahlung) oder gegen den tatsächlichen Empfänger (bei Gutschrift auf dessen Zahlungskonto) durchzusetzen.[42] Als Rechtsgrundlage kommt grundsätzlich der mit der Umsetzung der ZDRL **erweiterte § 675y Abs. 5** in Betracht. Jedenfalls kann der tatsächliche Empfänger aus § 675r keinen Anspruch auf Gutschrift herleiten, wenn dem Zahlungsdienstleister das Auseinanderfallen von Kennung und Empfänger auffällt.[43] Im Interbankenverhältnis schafft insofern das SEPA-Inlandsüberweisungsabkommen die erforderliche Informationslage, die aber durch **Bankgeheimnis** und **Datenschutz** abgesichert ist.[44] Es ist davon auszugehen, dass die Interbankenregeln (insbesondere Art. II.4 des SEPA-Inlandsüberweisungsabkommens) den Zahler zusätzlich mittelbar schützen und die beteiligten Zahlungsdienstleister im Interbankenverhältnis versuchen werden, den Ausgleich der fehlgeleiteten Zahlungen sicherzustellen, nicht nur um die Pflichten aus § 675y Abs. 5 zu erfüllen.

14   Für die **E-Geld-Anbieter** ist die Lage noch einmal komplizierter: Soweit Zahlungen vorgenommen werden, die denjenigen der konventionellen Zahlungsdienstleister entsprechen (zB Überweisung), gelten die bereits dargestellten Grundsätze. Wenn sich aber das Fehlschlagen der Zahlung aus den spezifischen Umständen der E-Geld-Zahlung ergibt, zB weil der Empfänger die E-Geld-Zahlung ablehnt, obwohl ihm der Betrag bereits zur Verfügung steht, kommen neben bereicherungsrechtlichen Ansprüchen gegen den Empfänger (aus § 812 Abs. 1 S. 1 – Leistungskondiktion – weil eine Leistungsbestimmung vorliegt) unter bestimmten Umständen auch Schadensersatzansprüche des Nutzers gegen den oder die beteiligten E-Geld-Anbieter in Betracht, die aber in den AGB regelmäßig ausgeschlossen werden.[45]

VI. Kein Stornorecht

15   Es besteht kein **Stornorecht** des Zahlungsdienstleisters des Empfängers aus AGB. Grundsätzlich enthalten die Klauselwerke zwar ein Stornorecht für die Zeit nach der Gutschrift in der Form des vertraglich vereinbarten einseitigen Widerrufsrechts hinsichtlich der Gutschrift, das allerdings voraussetzt, dass der Widerrufende selbst zur Rückforderung der Buchung berechtigt ist.[46] In den Fällen des § 675r besteht eine solche materielle Berechtigung des Zahlungsdienstleisters des Empfängers gegen seinen Kunden aber nicht, sodass auch das Stornorecht aus den AGB insoweit keine Rechtsfolgen entfalten kann.[47]

§ 675s Ausführungsfrist für Zahlungsvorgänge

(1) ¹**Der Zahlungsdienstleister des Zahlers ist verpflichtet sicherzustellen, dass der Zahlungsbetrag spätestens am Ende des auf den Zugangszeitpunkt des Zahlungsauftrags folgenden Geschäftstags beim Zahlungsdienstleister des Zahlungsempfängers eingeht. ²Für Zahlungsvorgänge innerhalb des Europäischen Wirtschaftsraums, die nicht in Euro erfolgen, können ein Zahler und sein Zahlungsdienstleister eine Frist von maximal vier Geschäfts-**

---

[42] Es handelt sich hierbei um eine Nichtleistungskondiktion, weil die Leistungsbestimmung des Zahlungsauftrags fehlt. Näher Langenbucher/Bliesener/Spindler/*Langenbucher* § 675r Rn. 3.

[43] HM *Schmieder* in Schimansky/Bunte/Lwowski BankR-HdB § 49 Rn. 79; MüKoBGB/*Jungmann* § 675r Rn. 39. AA *Bitter* WM 2010, 1725 (1728).

[44] MüKoBGB/*Jungmann* § 675r Rn. 53.

[45] S. die Nutzungsbedingungen PayPal unter www.paypal.com (Stand: 19.12.2019) unter der Überschrift „Unsere Rechte". Ob ein solcher pauschaler Haftungsausschluss auch dann wirksam ist, wenn den Zahlungsdienstleister ein Mitverschulden an der Empfangsverweigerung trifft, ist jedenfalls im Hinblick auf §§ 309 Nr. 7 lit. b und 307 Abs. 1 zweifelhaft.

[46] Nr. 1.5 Abs. 3 der Überweisungsbedingungen der Deutschen Bank (Stand: 10/2018), → Anh. § 676c Rn. 1, konstruieren dieses Storno-Recht als „Vereinbarung, die nur wirksam wird, wenn es der Bank gelingt, die Ausführung zu verhindern oder den Überweisungsbetrag zurückzuerlangen", und damit als aufschiebend bedingte Erklärung. S. auch BGH Urt. v. 29.5.1978 – II ZR 166/77, NJW 1978, 2149 (2150) zur Zulässigkeit.

[47] MüKoBGB/*Jungmann* § 675r Rn. 44, der ein Stornorecht nur anerkennen möchte, wenn der Zahler seinen Bereicherungsanspruch (als materielle Grundlage für das Stornorecht) an den Zahlungsdienstleister des Empfängers abtritt.

tagen vereinbaren. [3]Für in Papierform ausgelöste Zahlungsvorgänge können die Fristen nach Satz 1 um einen weiteren Geschäftstag verlängert werden.

(2) [1]Bei einem vom oder über den Zahlungsempfänger ausgelösten Zahlungsvorgang ist der Zahlungsdienstleister des Zahlungsempfängers verpflichtet, den Zahlungsauftrag dem Zahlungsdienstleister des Zahlers innerhalb der zwischen dem Zahlungsempfänger und seinem Zahlungsdienstleister vereinbarten Fristen zu übermitteln. [2]Im Fall einer Lastschrift ist der Zahlungsauftrag so rechtzeitig zu übermitteln, dass die Verrechnung an dem vom Zahlungsempfänger mitgeteilten Fälligkeitstag ermöglicht wird.

(3) [1]Wenn einer der Fälle des § 675d Absatz 6 Satz 1 Nummer 1 vorliegt, ist § 675s Absatz 1 Satz 1 und 3 auf die innerhalb des Europäischen Wirtschaftsraums getätigten Bestandteile des Zahlungsvorgangs nicht anzuwenden. [2]Wenn ein Fall des § 675d Absatz 6 Satz 1 Nummer 1 Buchstabe a vorliegt,

1. ist auch § 675s Absatz 1 Satz 2 auf die innerhalb des Europäischen Wirtschaftsraums getätigten Bestandteile des Zahlungsvorgangs nicht anzuwenden und
2. kann von § 675s Absatz 2 für die innerhalb des Europäischen Wirtschaftsraums getätigten Bestandteile des Zahlungsvorgangs abgewichen werden.

I. Allgemeines

Die Vorschrift beruht auf Art. 68 Abs. 2, 69, 79 ZDRL 2007 und wurde im Hinblick auf den **1** räumlichen Geltungsbereich des Art. 2 Abs. 3 und 4 ZDRL durch einen neuen Abs. 3 ergänzt, um „One-leg"-Transaktionen vom Anwendungsbereich weitgehend auszunehmen. § 675s Abs. 1 S. 1 Hs. 2 wurde gestrichen, weil er seit 31.12.2011 gegenstandslos ist und die ZDRL keine Nachfolgeregelung zur Verlängerung der kurzen Ausführungsfrist mehr beinhaltet.[1] Anders als § 675t (mit dem die Vorschrift zusammengelesen werden muss) regelt § 675 s aber nur die Fristen für die Übermittlung und Ausführung eines Zahlungsauftrags, um den Zahlungsverkehr durch Maximalfristen zu beschleunigen.[2] Hinzu tritt die Möglichkeit der weiteren Beschleunigung durch die Einbindung von Zahlungs- und Kontoinformationsdienstleistern, die Instant Payment-Lösungen umsetzen.[3]

Erfasst werden alle Zahlungsarten, also **Push- und Pull-Zahlungen,**[4] aber nur institutsübergrei- **2** fend,[5] wobei der Zahlungsdienstleister bei der Wahl des „Transportweges" frei ist, solange er die Frist einhält.[6] Abdingbar zu Lasten des Zahlungsdienstenutzers nur im Rahmen von § 675e und nur im Hinblick auf Abs. 2, zu seinen Gunsten Inhaltskontrolle nach §§ 307 ff.[7] Bei Kleinbetragsinstrumenten auch zu Lasten des Nutzers nach § 675i Abs. 2 Nr. 6.[8]

II. Zahlungsdienstleister des Zahlers (Abs. 1)

Geregelt wird die Rechtzeitigkeit der Ausführung für den Fall, dass eine Ausführungspflicht besteht **3** und betrifft alle Zahlungsaufträge unabhängig vom Auslöser.[9] Es ist unerheblich, ob der Zahler bei dem jeweiligen Zahlungsdienstleister tatsächlich ein Konto unterhält oder den Betrag in Bar erhält (Finanztransfer). **Der Zeitpunkt der Ausführung muss innerhalb der Frist liegen, die beginnt, wenn der Zahlungsauftrag dem Zahlungsdienstleister gem. § 675n zugeht** und damit wirksam wird.[10] Für den Fristlauf kommt es nicht darauf an, ob der Zahlungsdienstleister zur Ausführung des

---

[1] Siehe auch Gesetzesbegründung BT-Drs. 18/11495, 166.

[2] Gesetzesbegründung BT-Drs. 16/11643, 111. Im Rahmen der Maximalfristen keine weitere Beschleunigung, siehe MüKoBGB/*Jungmann* § 675s Rn. 1, 7.

[3] Näher *Terlau* juris PR-BKR 2/2016 Anm. 1. Es handelt sich bei Instant Payments um Zahlungsvorgänge, die eine Zug-um-Zug Leistung auch dann ermöglichen, wenn keine Zahlungskarte eingesetzt wird. Perspektivisch sollen hierdurch die klassischen Überweisungen ersetzt werden, die institutsübergreifend immer noch mindestens einen Geschäftstag benötigen dürfen (Abs. 1).

[4] Staudinger/*Omlor*, 2012, § 675s Rn. 3.

[5] BeckOK BGB/*Schmalenbach* § 675s Rn. 2; MüKoBGB/*Jungmann* § 675s Rn. 9; Staudinger/*Omlor*, 2012, § 675s Rn. 5.

[6] MüKoBGB/*Jungmann* § 675s Rn. 15.

[7] Palandt/*Sprau* § 675s Rn. 1, 2.

[8] Palandt/*Sprau* § 675s Rn. 1.

[9] Palandt/*Sprau* § 675s Rn. 2 unter Verweis auf die str. Frage, ob Anknüpfungspunkt Zahlungsaufträge oder Zahlungsvorgänge sind. S. auch MüKoBGB/*Jungmann* § 675s Rn. 9 und § 675j Rn. 1. Zur „Hausüberweisung" (Frist insofern obsolet; § 675t anwendbar) Langenbucher/Bliesener/Spindler/*Langenbucher* § 675s Rn. 3 unter Verweis auf Gesetzesbegründung BT-Drs. 16/11643, 111.

[10] → § 675n Rn. 2 ff.; Staudinger/*Omlor*, 2012, § 675s Rn. 6; Staub/*Grundmann* Zahlungsgeschäft Rn. 391. Nr. 2.2.2 der Überweisungsbedingungen der Deutschen Bank (Stand: 10/2018), → Anh. § 676c Rn. 1, bezieht sich insofern auch auf den Zugang des Überweisungsauftrags als Fristbeginn, wobei nach Abs. 3 Besonderheiten für den Fall gelten, dass Fremdwährungsüberweisungen vorgenommen werden. Dann beginnt die Frist ab dem Moment zu laufen, zu dem der Überweisungsbetrag in Fremdwährung vorliegt.

konkreten Auftrags verpflichtet ist.[11] Für die Dauer der Frist sind wiederum die Geschäftstage des Zahlungsdienstleisters relevant, dem der Zahlungsauftrag vom Zahler zugegangen ist und nicht auch die Geschäftstage des Zahlungsdienstleisters des Empfängers oder die Schnittmenge beider Geschäftstage.[12]

4　　Die Frist verlängert sich nicht, wenn vom Zahlungsdienstleister des Zahlers zur Abwicklung weitere Zahlungsdienstleister eingebunden werden. Der Eingang der Zahlung muss vor Fristende (Ende des Geschäftstages des Zahlungsdienstleisters des Zahlers) bewirkt,[13] dh die Zahlung muss zu diesem Zeitpunkt (Zeitkomponente) eingegangen sein (Erfolgskomponente).[14] Zu beachten ist, dass § 675s Maximalfristen vorschreibt; im Einzelfall muss der Zahlungsdienstleister den Zahlungsauftrag aber früher (unverzüglich) durchführen,[15] auch wenn vom Richtliniengeber keine über die Maximalfristen hinausgehende Beschleunigung beabsichtigt war (→ Rn. 1). Ein Verstoß gegen die Ausführungsfristen des Abs. 1 löst einen Schadenersatzanspruch des Zahlers aus § 675y Abs. 1 aus. **Die Frist endet mit dem Eingang** (Gutschrift) der Valuta auf dem Konto des Zahlungsempfängers.[16]

III. Zahlungsdienstleister des Empfängers (Abs. 2)

5　　Auf den Zahlungsdienstleister des Empfängers kommt es vor allem bei Kartenzahlungen aber auch bei der Abwicklung von (SEPA-)Lastschriften an. Jeweils soll die zügige Übermittlung („Weisungsfluss"[17]) an den Zahlungsdienstleister des Empfängers und damit der Fristbeginn nach Abs. 1 sichergestellt werden. Ausgenommen sind schon nach dem Wortlaut Pull-Zahlungen, denen nicht wie Kartezahlungen oder Lastschriften ein Zahlungsauftrag zugrunde liegt, der weitergeleitet werden müsste.[18]

6　　**„Übermitteln"** bedeutet auf dem Weg, der im Interbankenverhältnis *üblich* ist.[19] Rechtzeitig ist eine Übermittlung, wenn – im Falle der Lastschrift – der relevante Zahlungsauftrag noch am Fälligkeitstag ausgeführt werden kann. Ansonsten gilt die vereinbarte Frist. Es kommt gleichwohl nicht darauf an, dass alle Voraussetzungen der Vereinbarungen im Valutaverhältnis (vor allem rechtzeitige Zahlung) erfüllt werden, weil das regelmäßig (Lastschrift, Dauerauftrag) davon abhängt, wie der Zahler den Zahlungsauftrag terminiert. Durch den Weisungsfluss soll in erster Linie sichergestellt werden, dass der Zahlungsfluss nicht *verzögert* wird.[20] Zu beachten ist, dass im Falle der Kenntnis des Zahlungsdienstleisters von einer bestimmten Frist, zu der der Zahlungsvorgang abgeschlossen sein muss, Sorgfaltspflichten gegenüber dem Kunden bestehen, deren Verletzung grundsätzlich Schadenersatzpflichten auslösen kann.[21]

7　　**E-Geld-Anbieter** haben die Anforderungen in mehrfacher Hinsicht zu beachten, und zwar im Hinblick auf die Zahlungsquelle als Zahlungsdienstleister des Zahlers und die interne Gutschrift (zB auf ein E-Geld-Händlerkonto als Zahlungsdienstleister des Empfängers) sowie bei der Weiterleitung an einen externen Zahlungsdienstleister zur Gutschrift auf dem Empfängerkonto als Zahlungsdienstleister des Zahlers.

IV. Räumlicher Anwendungsbereich und Fremdwährungen (Abs. 3)

8　　Durch die ZDRL wurde Abs. 3 angefügt, der die Anwendung auf Zahlungsaufträge mit Drittstaaten- und Fremdwährungsbezug (EWR, in Vorgriff auf den EWR-acquis) erweitert (sog. „One-Leg-Transaktionen") aber der Tatsache Rechnung trägt, dass die kurze Ausführungsfrist des Art. 83 Abs. 1 ZDRL (§ 675s Abs. 1) im Ausland und in Fremdwährung vielfach nicht eingehalten werden kann und deshalb auch nicht angewendet werden muss.[22] Zudem stellt Abs. 3 es den Parteien eines

[11] Langenbucher/Bliesener/Spindler/*Langenbucher* § 675s Rn. 5; Staudinger/*Omlor*, 2012, § 675s Rn. 6; aA Palandt/*Sprau* § 675s Rn. 3, auch für den Fall, dass der Zahlungsdienstleister ohne Verpflichtung dazu ausführt (dann Fristlauf ab Entscheidung zur Ausführung). Diese Auffassung wird dem Zweck der ZDRL 2007 nicht gerecht, die eine Beschleunigung der Zahlungen erreichen will.

[12] Str., wie hier *Schmieder* in Schimansky/Bunte/Lwowski BankR-HdB § 49 Rn. 43, Palandt/*Sprau* § 675s Rn. 3, jedenfalls für die Überweisung. AA Langenbucher/Bliesener/Spindler/*Langenbucher* § 675s Rn. 7: Schnittmenge – mit dem Argument, dass ansonsten tatsächlich keine Buchung erfolgen kann.

[13] Langenbucher/Bliesener/Spindler/*Langenbucher* § 675s Rn. 8, 10.

[14] MüKoBGB/*Jungmann* § 675s Rn. 30 – der Zahlungsbetrag muss „eingegangen" und nicht bereits „gutgeschrieben" sein, weil die Gutschrift unabhängig vom Eingang in den Pflichtenkreis des Zahlungsdienstleisters des Empfängers fällt.

[15] Staudinger/*Omlor*, 2012, § 675s Rn. 8 („Höchstfristen"); Langenbucher/Bliesener/Spindler/*Langenbucher* § 675s Rn. 4; aA *Grundmann* WM 2009, 1109 (1115).

[16] Abw. Staub/*Grundmann* Zahlungsgeschäft Rn. 391: „Gutschrift der Valuta beim Zahlungsdienstleister des Zahlungsempfängers, also bei Gutschrift auf dessen (Korrespondenz-)Konto."

[17] MüKoBGB/*Jungmann* § 675s Rn. 40.

[18] Palandt/*Sprau* § 675s Rn. 4.

[19] Palandt/*Sprau* § 675s Rn. 4.

[20] MüKoBGB/*Jungmann* § 675s Rn. 40.

[21] Staub/*Grundmann* Zahlungsgeschäft Rn. 394.

[22] Gesetzesbegründung BT-Drs. 18/11495, 166.

Zahlungsauftrags in Fremdwährung frei, im Rahmen von Abs. 2 abweichende Regelungen zu treffen, wenn kein Fall des Abs. 1 S. 2 vorliegt.[23]

Die **E-Geld-Anbieter** erfüllen die gesetzlichen Anforderungen bei internen Zahlungsvorgängen, **9** die der „kurzen" Frist des § 675s unterliegen dadurch, dass beide Kunden den Sitz im EWR haben müssen.[24]

§ 675t Wertstellungsdatum und Verfügbarkeit von Geldbeträgen; Sperrung eines verfügbaren Geldbetrags

(1) [1]Der Zahlungsdienstleister des Zahlungsempfängers ist verpflichtet, dem Zahlungsempfänger den Zahlungsbetrag unverzüglich verfügbar zu machen, nachdem der Betrag auf dem Konto des Zahlungsdienstleisters eingegangen ist, wenn dieser

1. keine Währungsumrechnung vornehmen muss oder
2. nur eine Währungsumrechnung zwischen dem Euro und einer Währung eines Vertragsstaates des Abkommens über den Europäischen Wirtschaftsraum oder zwischen den Währungen zweier Vertragsstaaten des Abkommens über den Europäischen Wirtschaftsraum vornehmen muss.

[2]Sofern der Zahlungsbetrag auf einem Zahlungskonto des Zahlungsempfängers gutgeschrieben werden soll, ist die Gutschrift, auch wenn sie nachträglich erfolgt, so vorzunehmen, dass der Zeitpunkt, den der Zahlungsdienstleister für die Berechnung der Zinsen bei Gutschrift oder Belastung eines Betrags auf einem Zahlungskonto zugrunde legt (Wertstellungsdatum), spätestens der Geschäftstag ist, an dem der Zahlungsbetrag auf dem Konto des Zahlungsdienstleisters des Zahlungsempfängers eingegangen ist. [3]Satz 1 gilt auch dann, wenn der Zahlungsempfänger kein Zahlungskonto unterhält.

(2) [1]Zahlt ein Verbraucher Bargeld auf ein Zahlungskonto bei einem Zahlungsdienstleister in der Währung des betreffenden Zahlungskontos ein, so stellt dieser Zahlungsdienstleister sicher, dass der Betrag dem Zahlungsempfänger unverzüglich nach dem Zeitpunkt der Entgegennahme verfügbar gemacht und wertgestellt wird. [2]Ist der Zahlungsdienstnutzer kein Verbraucher, so muss dem Zahlungsempfänger der Geldbetrag spätestens an dem auf die Entgegennahme folgenden Geschäftstag verfügbar gemacht und wertgestellt werden.

(3) [1]Eine Belastung auf dem Zahlungskonto des Zahlers ist so vorzunehmen, dass das Wertstellungsdatum frühestens der Zeitpunkt ist, an dem dieses Zahlungskonto mit dem Zahlungsbetrag belastet wird. [2]Das Zahlungskonto des Zahlers darf nicht belastet werden, bevor der Zahlungsauftrag seinem Zahlungsdienstleister zugegangen ist.

(4) [1]Unbeschadet sonstiger gesetzlicher oder vertraglicher Rechte ist der Zahlungsdienstleister des Zahlers im Fall eines kartengebundenen Zahlungsvorgangs berechtigt, einen verfügbaren Geldbetrag auf dem Zahlungskonto des Zahlers zu sperren, wenn

1. der Zahlungsvorgang vom oder über den Zahlungsempfänger ausgelöst worden ist und
2. der Zahler auch der genauen Höhe des zu sperrenden Geldbetrags zugestimmt hat.

[2]Den gesperrten Geldbetrag gibt der Zahlungsdienstleister des Zahlers unbeschadet sonstiger gesetzlicher oder vertraglicher Rechte unverzüglich frei, nachdem ihm entweder der genaue Zahlungsbetrag mitgeteilt worden oder der Zahlungsauftrag zugegangen ist.

(5) Wenn ein Fall des § 675d Absatz 6 Satz 1 Nummer 1 Buchstabe a vorliegt,

1. kann von § 675t Absatz 1 Satz 3 für die innerhalb des Europäischen Wirtschaftsraums getätigten Bestandteile des Zahlungsvorgangs abgewichen werden und
2. ist § 675t Absatz 2 auf die innerhalb des Europäischen Wirtschaftsraums getätigten Bestandteile des Zahlungsvorgangs nicht anzuwenden.

I. Allgemeines

Die Vorschrift beruht auf Art. 70, 71, 73 ZDRL 2007 und wurde durch die Art. 75, 78, 82 **1** ZDRL in den Abs. 1, 3 und 4 (neu) geändert. Im Hinblick auf den räumlichen Geltungsbereich des Art. 2 Abs. 3 ZDRL wurde ein neuer Abs. 5 eingefügt. Als *lex specialis* zu den §§ 675 Abs. 1, 667 regelt die Vorschrift, wann dem Überweisungsempfänger die Gutschrift und damit der Geldbetrag zur Verfügung zu stellen und das Konto des Überweisenden zu belasten ist.[1] Hierdurch werden

---

[23] Zu den Hintergründen der Umsetzung Gesetzesbegründung BT-Drs. 18/11495, 166; zu Nr. 2.2.2 Abs. 3 der Überweisungsbedingungen der Deutschen Bank (Stand: 10/2018), → Anh. § 676c Rn. 1.

[24] S. die Nutzungsbedingungen PayPal unter www.paypal.com (Stand: 19.12.2019) unter den Überschriften „Zahlungen senden" und „Zahlungen empfangen".

[1] Langenbucher/Bliesener/Spindler/*Langenbucher* § 675t Rn. 2.

Wertstellungsgewinne vermieden und die schon vor der ZDRL bestehende Praxis der valutarischen Gutschrift fortgeführt.[2]

2 Die Norm enthält **für alle** institutsinternen[3] wie institutsübergreifenden **Zahlungsarten** Regelungen für den Anspruch auf Gutschrift und den Anspruch auf Wertstellung, die Auswirkungen auf den Anspruch aus der Gutschrift („verfügbarmachen") sind eher mittelbar, weil die Norm nur sicherstellen soll, dass auch der Zahlungsempfänger ohne Konto bei dem Zahlungsdienstleister die Auszahlung des Geldbetrages erhält.[4]

3 Die Vorschrift ist im Zusammenspiel mit § 675s zu sehen und stellt in der Gesamtschau einen „raschen Erfolg" der Zahlungstransaktion sicher.[5] Abs. 4 enthält nun durch die Umsetzung von Art. 75 Abs. 1 ZDRL eine Spezialvorschrift für die Sperrung von Kontoguthaben bei kartengebundenen Pull-Zahlungen, die vom oder über den Zahlungsempfänger ausgelöst werden. Hiernach setzt eine Sperrung voraus, dass der Zahler dem zu sperrenden Betrag der Höhe nach zugestimmt hat. Die Sperrung ist unverzüglich freizugeben, wenn die Einzelheiten des Zahlungsauftrags feststehen.

4 Zu Lasten des Zahlers enthält die Vorschrift im Wesentlichen *zwingendes* Recht (Abs. 1 mit Ausnahme Satz 3 gem. Abs. 5 Nr. 1; Abs. 2 ist für inländische Fremdwährungszahlungen abdingbar;[6] Abs. 3, Abs. 4). Zu Gunsten des Zahlers abdingbar in den Grenzen der §§ 307 ff.. Ein Verstoß gegen die Pflichten des § 675t führt zu einem Schadenersatzanspruch des Zahlungsdienstnutzers aus § 280 Abs. 1.[7]

II. Unbare Zahlungseingänge (Abs. 1)

5 Unbare Zahlungseingänge sind – vorbehaltlich etwaiger Währungsumrechnungen (Abs. 1 S. Nr. 2) – unverzüglich nach Eingang des Zahlungsbetrags auf dem Konto des Zahlungsdienstnutzers verfügbar zu machen.[8] **„Verfügbarmachen"** bedeutet, dass der kontoführende Zahlungsdienstleister dem Überweisungsempfänger den Zugriff auf den Betrag in dem rechtlichen Umfang zu eröffnen hat, in dem er selbst ihn erhalten hat (Deckungszuflussprinzip).[9] Das gilt nach Abs. 1 S. 3 auch dann, wenn der Nutzer kein Konto bei dem Zahlungsdienstleister unterhält oder die Kontoverbindung gekündigt worden ist.[10] Drohen Gegenrechte, wie zB ein Erstattungsanspruch des anderen Zahlungsdienstleisters aus § 675x im Lastschriftverfahren, kann der Zahlungsdienstleister die Gutschrift unter Vorbehalt erteilen.[11] Der Überweisungsempfänger kann zugreifen, wenn ihm die zugrundeliegenden Kontodaten vorbehaltlos zugänglichgemacht werden (autorisierte Abrufpräsenz).[12]

6 Der **Zahlungsdienstleister des Empfängers** hat grundsätzlich kein Zurückweisungsrecht und muss daher, wenn die Voraussetzungen vorliegen, gutschreiben und damit verfügbarmachen.[13] Sicherungsrechte der Bank, die den tatsächlichen Zugriff verhindern, wie zB Pfandrechte, das Recht auf Storno- und Berichtigungsbuchung sowie vertraglich vereinbarte Zurückbehaltungsrechte oder auch ein bestehender Soll-Saldo, stehen nicht entgegen;[14] der Anspruch auf Gutschrift und „Verfügbarmachen" ist jedoch weder abtretbar noch selbständig pfändbar.[15] Die Valutierung hat nach Abs. 1 S. 2 **tagggleich** zu erfolgen[16] (Unverzüglichkeitsprinzip; jedoch ist es denkbar, dass „Cut-Off"-Zeiten nach

---

[2] Gesetzesbegründung BT-Drs. 16/11643, 112. Zentraler Normzweck, der das „Deckungszufluss- und Deckungsabflussprinzip" sicherstellen soll.

[3] S. Art. 87 Abs. 2 ZDRL. Zur zeitlichen Komponente in diesem Fall Staudinger/*Omlor*, 2012, § 675t Rn. 3.

[4] MüKoBGB/*Jungmann* § 675t Rn. 2.

[5] MüKoBGB/*Jungmann* § 675t Rn. 7.

[6] Gesetzesbegründung BT-Drs. 16/11643, 112. Zur Diskussion, ob entgegen dem klaren Wortlaut insbesondere von § 675e aus allgemeinen Prinzipien die Abdingbarkeit im Bereich B2B, bei Transaktionen mit der öffentlichen Hand oder auch hinsichtlich bestimmter Zahlungsvorgänge hergestellt werden kann: MüKoBGB/*Jungmann* § 675t Rn. 11 ff. (ablehnend).

[7] So auch BeckOK BGB/*Schmalenbach* § 675t Rn. 14; Palandt/*Sprau* § 675t Rn. 1; aA *Grundmann* WM 2009, 1109 (1116).

[8] Hierbei entsteht der Anspruch auf Zurverfügungstellung erst, wenn der Zahlungsdienstleister selbst Deckung erhält, wobei Bedingungen eingetreten sein müssen (zB bei einer Zahlung unter Vorbehalt), s. Staudinger/*Omlor*, 2012, § 675t Rn. 6.

[9] Langenbucher/Bliesener/Spindler/*Langenbucher* § 675t Rn. 6 unter Verweis auf die Gesetzesbegründung BT-Drs. 16/11643, 112 und die Gegenauffassung, die davon ausgeht, dass es nicht nur um das „Weiterreichen" des Erhaltenen geht, sondern um das abstrakte Schuldversprechen als Anspruch aus der Gutschrift selbst. Es handelt sich insofern um den Anspruch aus § 667, der durch die Regelung in § 675t nur konkretisiert wird – zutreffend Staub/*Grundmann* Zahlungsgeschäft Rn. 398.

[10] Zu letzterem Fall LG Stuttgart Urt. v. 3.3.2016 – 12 O 353/15, BeckRS 2016, 13328, in den Entscheidungsgründen unter 1.

[11] Palandt/*Sprau* § 675t Rn. 4.

[12] Langenbucher/Bliesener/Spindler/*Langenbucher* § 675t Rn. 6 mwN (insbesondere BGH-Rspr.).

[13] MüKoBGB/*Jungmann* § 675t Rn. 33.

[14] Langenbucher/Bliesener/Spindler/*Langenbucher* § 675t Rn. 6 mwN.

[15] MüKoBGB/*Jungmann* § 675t Rn. 31 unter Hinweis auf die „Hilfspfändung".

[16] Staub/*Grundmann* Zahlungsgeschäft Rn. 399.

§ 675n zu beachten sind[17]). Zu beachten ist, dass bei gekündigtem Kontovertrag Abs. 1 S. 3 gilt und die Bank unabhängig davon schadenersatzpflichtig sein kann, wenn sie die Kontonummer zu früh neu vergibt und dadurch ein Schaden entsteht.[18]

III. Bare Zahlungseingänge (Abs. 2)

Auch bei baren Zahlungseingängen, und zwar unabhängig davon, ob der Nutzer ein Konto bei dem **7** empfangenden Zahlungsdienstnutzer unterhält, gilt die Pflicht des Abs. 1, den Zahlungsbetrag unverzüglich verfügbar zu machen. Das umfasst auch hier den Anspruch auf Gutschrift und bei Personen, die nicht über ein Konto verfügen, auch den Anspruch auf Auszahlung aus der Gutschrift.[19] Bei Verbrauchern gilt die Frist des Abs. 1 S. 2 (taggleich), bei Nutzern, die keine Verbraucher (§ 13) sind, reicht der darauffolgende Tag. Der Anspruch muss vom Begünstigten selbständig geltend gemacht werden (Holschuld). Es besteht kein Anspruch auf die Annahme von Bareinzahlungen, Zahlungskonten können ausschließlich für den unbaren Zahlungsverkehr vorgehalten werden.[20]

IV. Kontobelastungen (Abs. 3)

Die Vorschrift dient – spiegelbildlich zum Deckungszuflussprinzip[21] – der Sicherstellung des **8** Deckungsabflussprinzips. Die Kontobelastung – Wertstellung[22] – darf jedoch nicht stattfinden, bevor der tatsächliche Mittelabfluss stattgefunden hat,[23] wodurch zwar grundsätzlich das Deckungsabflussprinzip gewahrt wird, aber auch in Fällen, in denen Verfügungen an einem Tag, der nicht Geschäftstag des Zahlungsdienstleisters ist, vorgenommen werden, keine Rückvalutierung mehr möglich ist.[24] Die Fallkonstellationen werden aber mit einer vollständigen Automatisierung (→ § 675n Rn. 6 zur Definition des Geschäftstages) seltener werden.

V. Kartengebundene Zahlungsvorgänge (Abs. 4)

Bei kartengebundenen Zahlungsvorgängen (Pull-Zahlungen) räumt Abs. 4 in der Form der Umset- **9** zung von Art. 75 Abs. 1 ZDRL dem Zahlungsdienstleister des Zahlers das Recht ein, einen verfügbaren Geldbetrag zu sperren, wenn der Zahlungsvorgang vom oder über den Zahlungsempfänger ausgelöst worden ist und der Zahler „der genauen Höhe" des zu sperrenden Geldbetrags zugestimmt hat. Hierdurch wird sichergestellt, dass nicht bereits die generalisierte Zustimmung des Zahlers ausreicht, sondern dieser den genauen Betrag kennen muss.[25] Sperrungen zugunsten der Bank aus anderen Rechtsgründen, wie zB (AGB-) Pfandrechte, Aufrechnungs- und Zurückbehaltungsrechte, bleiben erhalten und werden durch die Sperre aus dem kartengebundenen Zahlungsvorgang nicht berührt.[26] Die Freigabe muss der Zahlungsdienstleister unverzüglich (§ 121) erklären, wenn ihm der genaue Zahlungsbetrag mitgeteilt worden ist oder der Zahlungsbetrag zugegangen ist, sodass der Zahler wieder über den nicht benötigten Teil des gesperrten Betrages verfügen kann.[27]

Drittemittenten von Zahlungskarten können zwar nach Art. 65 Abs. 1 ZDRL von dem konto- **10** führenden Zahlungsdienstleister eine Deckungsbestätigung anfordern, jedoch ist der Aussteller der Deckungsbestätigung nach Art. 65 Abs. 4 ZDRL nicht befugt, seinerseits den bestätigten Geldbetrag zu sperren.[28] Hieraus wird sich die Praxis ergeben, dass Deckungsbestätigungen nur unter Vorbehalt erteilt werden.

VI. Räumlicher Anwendungsbereich (Abs. 5)

Durch die ZDRL wurde Abs. 5 angefügt, der die Anwendung auf Fremdwährungstransaktionen **11** (EWR, in Vorgriff auf den EWR-acquis) regelt und den Parteien erlaubt, für solche Transaktionen eine abweichende Wertstellung (Abs. 1 S. 3) festzulegen. Darüber hinaus werden die Regelungen

---

[17] MüKoBGB/*Jungmann* § 675t Rn. 24 f.

[18] S. LG Kleve Urt. v. 2.12.2014 – 4 O 351/13, BeckRS 2015, 07331 mwN (in den Entscheidungsgründen unter II.).

[19] MüKoBGB/*Jungmann* § 675t Rn. 22, 47.

[20] Bereits die Gesetzesbegründung zur Umsetzung der ZDRL 2007 – BT-Drs. 16/11643, 112.

[21] Hierzu BeckOK BGB/*Schmalenbach* § 675t Rn. 3.

[22] Wertstellung oder *Valutierung* (= Zeitpunkt, der für die zinswirksame Erfassung der Gutschrift zugrunde gelegt wird).

[23] Palandt/*Sprau* § 675t Rn. 10. S. auch Staudinger/*Omlor*, 2012, § 675t Rn. 6.

[24] MüKoBGB/*Jungmann* § 675t Rn. 53 („Wertstellungsdatum und Buchungstag müssen nicht zusammenfallen").

[25] Gesetzesbegründung BT-Drs. 18/11495, 167.

[26] Gesetzesbegründung BT-Drs. 18/11495, 167.

[27] Gesetzesbegründung BT-Drs. 18/11495, 168.

[28] Gesetzesbegründung BT-Drs. 18/11495, 168.

betreffend die Bareinzahlungen (Abs. 2) für Nicht-Euro-Zahlungsvorgänge für unanwendbar erklärt. Hierdurch wird der Tatsache Rechnung getragen, dass solche Zahlungen mit einem erhöhten Aufwand verbunden sein können.

§ 675u Haftung des Zahlungsdienstleisters für nicht autorisierte Zahlungsvorgänge

[1]Im Fall eines nicht autorisierten Zahlungsvorgangs hat der Zahlungsdienstleister des Zahlers gegen diesen keinen Anspruch auf Erstattung seiner Aufwendungen. [2]Er ist verpflichtet, dem Zahler den Zahlungsbetrag unverzüglich zu erstatten und, sofern der Betrag einem Zahlungskonto belastet worden ist, dieses Zahlungskonto wieder auf den Stand zu bringen, auf dem es sich ohne die Belastung durch den nicht autorisierten Zahlungsvorgang befunden hätte. [3]Diese Verpflichtung ist unverzüglich, spätestens jedoch bis zum Ende des Geschäftstags zu erfüllen, der auf den Tag folgt, an welchem dem Zahlungsdienstleister angezeigt wurde, dass der Zahlungsvorgang nicht autorisiert ist, oder er auf andere Weise davon Kenntnis erhalten hat. [4]Hat der Zahlungsdienstleister einer zuständigen Behörde berechtigte Gründe für den Verdacht, dass ein betrügerisches Verhalten des Zahlers vorliegt, schriftlich mitgeteilt, hat der Zahlungsdienstleister seine Verpflichtung aus Satz 2 unverzüglich zu prüfen und zu erfüllen, wenn sich der Betrugsverdacht nicht bestätigt. [5]Wurde der Zahlungsvorgang über einen Zahlungsauslösedienstleister ausgelöst, so treffen die Pflichten aus den Sätzen 2 bis 4 den kontoführenden Zahlungsdienstleister.

I. Allgemeines

1   Die Vorschrift beruht auf Art. 60 Abs. 1 ZDRL 2007 und wurde durch Art. 73 Abs. 1 und 2 UAbs. 1 ZDRL in den Sätzen 2–4 ergänzt. Es wird die grundsätzliche Haftung des Zahlungsdienstleisters des Zahlers für eine nicht autorisierte Zahlung geregelt. Die Vorschrift stellt einerseits klar, dass ein Aufwendungsersatzanspruch in einem solchen Fall nicht besteht (Satz 1) und andererseits, dass unberechtigt durchgeführte Belastungsbuchungen durch eine Stornobuchung unverzüglich zu korrigieren sind (Satz 2). Hierdurch wird das Rechtsverhältnis zwischen Zahler und Zahlungsdienstleister geregelt; der Drittschutz des Zahlungsempfängers richtet sich nach Bereicherungsrecht.[1] Flankiert werden diese Regelungen durch Informations- und Prüfungspflichten (Satz 3) sowie eine Zurechnung des Zahlungsauslösedienstleisters (Satz 4). Die Vorschrift konkretisiert den allgemeinen auftrags- und damit zahlungsverkehrsrechtlichen Grundsatz, dass ohne Auftrag kein Aufwendungsersatz verlangt werden kann (§§ 675c, 675, 670) und hat insoweit klarstellende Funktion.[2]

2   Die Vorschrift dient damit den **Interessen des Zahlers** und gilt für alle Zahlungsvorgänge, die nicht autorisiert sind,[3] sie ist zusammen mit § 675j zu lesen, der die Autorisierung an sich regelt und wirkt sich unmittelbar nur auf das Deckungsverhältnis zwischen Zahlungsdienstleister und Zahler aus.[4] Die Regelung ist wegen der beabsichtigten Vollharmonisierung des Zahlungsdiensterechts abschließend.[5]

3   Zu Lasten des Zahlers enthält die Vorschrift im Wesentlichen *zwingendes* **Recht** (gem. § 675e Abs. 2 S. 2 für inländische Fremdwährungszahlungen und bei Einbindung von Drittstaatendienstleistern abdingbar[6]). Zu Gunsten des Zahlers abdingbar in den Grenzen der §§ 307 ff. Sind Kleinbetragsinstrumente betroffen, ist Abs. 1 zu Lasten des Nutzers im Rahmen von § 675i Abs. 2 Nr. 3 abdingbar.[7]

---

[1] Zur Anwendung der Regeln über die Stellvertretung im Rahmen des Empfängerschutzes und als Voraussetzung des Bereicherungsanspruchs im Valutaverhältnis *Wilhelm* BKR 2017, 8 (12).

[2] MüKoBGB/*Zetzsche* § 675u Rn. 4; Langenbucher/Bliesener/Spindler/*Langenbucher* § 675u Rn. 5.

[3] Palandt/*Sprau* § 675u Rn. 2 und Gesetzesbegründung BT-Drs. 18/11495, 168 f. zu den durch die Umsetzung der ZDRL eingefügten Abs. 3 und 4. Spätestens mit Umsetzung der ZDRL ist auch die aA obsolet geworden, die vertreten hatte, dass sich die Norm nicht auf elektronische- und insbesondere nicht auf kartengebundene Zahlungsvorgänge beziehe (so noch Staudinger/*Omlor,* 2012, § 675u Rn. 3).

[4] MüKoBGB/*Zetzsche* § 675u Rn. 7 und auch zu der Frage, ob sich ggf. mittelbare (bereicherungsrechtliche) Auswirkungen auf das Valutaverhältnis ergeben.

[5] BeckOK BGB/*Schmalenbach* § 675u Rn. 7 unter Verweis auf § 676z S. 1. Ob bereicherungsrechtliche Ansprüche des Zahlers bei widerrufswidrigen Zahlungen durch die Umsetzung der Zahlungsdiensterichtlinien (Vollharmonisierung) gesperrt sind, ist umstritten. Hierzu näher zB *Rademacher* NJW 2011, 2169 (2171 ff.) unter Verweis auch auf die Rspr. vor Geltung der ZDRL 2007. In der Rechtspraxis wird die Bedeutung dieser Fälle sinken, weil jedenfalls unter den §§ 675n und 675p keine Pflicht besteht, den Widerruf der Weisung nach eingetretener Unwiderruflichkeit zu beachten. Außerdem sind mit der fortschreitenden Evolution der Zahlungsdienste (E-Geld, Instant Payments, verkürzte Ausführungsfristen) die Weisungen regelmäßig mit Eingang unwiderruflich.

[6] Palandt/*Sprau* § 675u Rn. 2.

[7] Palandt/*Sprau* § 675u Rn. 2.

II. Fehlende Autorisierung

Die Haftung des Zahlungsdienstleisters setzt voraus, dass die Autorisierung des Zahlungsauftrags **4** fehlt. Das ist der Fall, wenn der Nutzer keine Zustimmung (Einwilligung oder Genehmigung) iSd § 675j Abs. 1 S. 1, 2 zum Zahlungsvorgang erteilt hat, unabhängig davon, ob gar keine oder eine unwirksame Zustimmung vorliegt.[8] Beispiele sind gefälschte oder von einem vollmachtlosen Vertreter abgegebene Überweisungsaufträge, fehlerhaft ausgeführte Überweisungen (Zuviel- oder Doppelüberweisung), trotz Widerrufs oder Kündigung des Auftrags bei Pull-Zahlungen ausgeführte Zahlungen oder entgegen dem Willen des Nutzers durchgeführte kartengebundene Zahlungsvorgänge.[9] Nicht hingegen bei Mängeln, die sich nur auf das Deckungsverhältnis auswirken, wie zB gekündigter oder unwirksamer Rahmenvertrag, es sei denn die Mängel erfassen zugleich die Autorisierung (Doppelmangel), was aber im Einzelfall zu prüfen und zu beweisen ist.[10]

Ist Genehmigung vereinbart, treten die Rechtsfolgen erst ein, wenn feststeht, dass die Genehmigung **5** nicht mehr erteilt wird.[11] Unabhängig davon handelt sich immer um einen Mangel der Anweisung im bereicherungsrechtlichen Sinne, der strikt von eventuellen Mängeln im Valutaverhältnis zu trennen ist.[12]

III. Erstattungsanspruch des Zahlers

Der Zahler hat nach Abs. 1 S. 2, 3 zunächst einen Erstattungsanspruch gegen den Zahlungsdienst- **6** leister. Zu differenzieren ist danach, ob der Zahler über ein Konto beim Zahlungsdienstleister verfügt (dann: **Storno- oder Erstattungsbuchung**[13]) oder ob keine Kontoverbindung besteht (dann: **Auszahlung**). Die Stornierung nach S. 2 Hs. 2 stellt den Regelfall dar und umfasst neben der Buchung an sich auch noch die Korrektur der Wertstellung, die sogenannte **Valutakorrektur,** die sicherstellt, dass die Buchung zinsneutral erfolgt.[14] Der Anspruch des Zahlers ist unverzüglich, aber spätestens am Ende des folgenden Geschäftstages zu erfüllen, wobei die durch Art. 73 Abs. 1 ZDRL eingeführte Maximalfrist (Satz 3) nicht gilt, wenn berechtigte Gründe für das Vorliegen einer betrügerischen Absicht vorliegen (Satz 2). Dem Zahlungsdienstleister wird dann die Möglichkeit gegeben, den Vorgang zur Anzeige zu bringen und zu prüfen (Satz 4) und nach Prüfung seine ggf. bestehende Pflicht zur Erstattung nach Abs. 1 zu erfüllen.[15]

Die Ansprüche des Nutzers nach Abs. 1 Satz 2, 3 sind **abschließend** und sperren im Deckungs- **7** verhältnis ua bereicherungsrechtliche Ansprüche.[16] In der Praxis – und auch bei der Einbindung weiterer Zahlungsdienstleister (zB E-Geld-Anbieter) – richtet sich die Auslösung der Erstattungsbuchungen, die sich über die gesamte Zahlungskette erstreckt, nach den Bedingungen des Zahlungsdienstleisters bei dem die erste fehlgeschlagene Autorisierung stattgefunden hat.[17] Der Anspruch ist **ausgeschlossen,** wenn der Nutzer den Zahlungsdienstleister nicht unverzüglich nach Feststellung unterrichtet (§ 676b Abs. 1) oder wenn mehr als 13 Monate seit dem Tag der Belastung vergangen sind, vorausgesetzt, der Zahlungsdienstleister selbst hat seine Informationspflichten nach Art. 248 §§ 7, 10, 14 EGBGB erfüllt (§ 676b Abs. 2).

IV. Einbeziehung von Zahlungsauslösedienstleistern

Satz 5, der Art. 73 Abs. 2 UAbs. 1 ZDRL umsetzt, regelt den Fall, dass ein nicht autorisierter **8** Zahlungsauftrag durch einen Zahlungsauslösedienstleister ausgelöst wird. In diesem Fall bleibt der kontoführende Zahlungsdienstleister zur Erstattung des Betrages verpflichtet, obwohl der nicht auto-

---

[8] MüKoBGB/*Zetzsche* § 675u Rn. 10. Entsprechend beziehen sich die Klauselwerke ebenfalls nur auf das Fehlen der Autorisierung an sich, ohne aber weitere Merkmale vorauszusetzen – beispielhaft Nr. 1.3 Abs. 2, 3.1.3.1 der Überweisungsbedingungen der Deutschen Bank (Stand: 10/2018), → Anh. § 676c Rn. 1.

[9] MüKoBGB/*Zetzsche* § 675u Rn. 12 ff.

[10] MüKoBGB/*Zetzsche* § 675u Rn. 13 f.

[11] Palandt/*Sprau* § 675u Rn. 2.

[12] Langenbucher/Bliesener/Spindler/*Langenbucher* § 675u Rn. 13.

[13] Staub/*Grundmann* Zahlungsgeschäft Rn. 408: kein Wahlrecht des Zahlungsdienstnutzers etwa, wenn dieser wegen eines negativen Kontostands Bargeld bevorzugt.

[14] MüKoBGB/*Zetzsche* § 675u Rn. 21 mwN.

[15] Der Zahlungsdienstleister ist gleichwohl nicht verpflichtet, den Vorgang bei der Behörde zu melden; es treffen ihn auch keine weiteren Sanktionen. Lediglich der Erstattungsanspruch gegenüber dem Nutzer ist dann erst am zweiten Geschäftstag fällig – siehe Gesetzesbegründung BT-Drs. 18/11495, 169. Die Klauselwerke knüpfen unabhängig davon jedoch an die Erstattung der Anzeige an, s. insofern Nr. 3.1.3.1 Satz 4 der Überweisungsbedingungen der Deutschen Bank (Stand: 10/2018), → Anh. § 676c Rn. 1. Auch wenn nach dem Zahlungsdiensterecht keine Verpflichtung zur Anzeige besteht, wird diese regelmäßig als Nebenpflicht zum Rahmenvertrag bestehen, jedenfalls wenn Wiederholungsgefahr besteht.

[16] Palandt/*Sprau* § 675u Rn. 4 unter Verweis auf § 675z S. 1. Staub/*Grundmann* Zahlungsgeschäft Rn. 409.

[17] Hierzu die Nutzungsbedingungen PayPal unter www.paypal.com (Stand: 19.12.2019) unter der Überschrift „Rückzahlungen und Rückbuchungen".

risierte Zahlungsvorgang nicht im Verantwortungsbereich des Zahlungsdienstleisters liegt (s. insofern zur Einbindung von E-Geld-Anbietern, → § 675j Rn. 16 ff.). Die Vorschrift bezweckt einen „hohen Verbraucherschutz" und dient dem Schutz des Zahlers, der darin begründet liegt, dass der Nutzer häufig weder erkennen noch nachweisen kann, in wessen Verantwortungsbereich die Ursache für die Buchung gesetzt wurde.[18]

9   Dem Zahlungsdienstleister steht, wenn er den Betrag erstattet, ein **Schadenersatzanspruch** gegen den Zahlungsauslösedienstleister zu (Art. 73 Abs. 2 UAbs. 2 S. 1 ZDRL, umgesetzt in § 676a Abs. 1), der nach Art. 5 Abs. 2, 4 ZDRL über eine Berufshaftpflichtversicherung mit dem Umfang von mindestens 50.000 EUR abzusichern ist.[19] Der Zahler selbst hat wegen der infolge der Vollharmonisierung bezweckten Sperrwirkung weiterer Ansprüche keinen eigenen Bereicherungs- oder Schadenersatzanspruch gegen den Zahlungsauslösedienstleister.[20]

V. Auswirkungen auf den Bereicherungsausgleich

10   Der Bereicherungsausgleich erfasst den Zahlungsauslösedienstleister grundsätzlich nicht (→ Rn. 8). Auch der Zahler hat keine bereicherungsrechtlichen Ansprüche gegen den kontoführenden Zahlungsdienstleister, weil dieser im **Deckungsverhältnis** nichts erhalten hat (→ Rn. 6 f.).

11   Für das **Valutaverhältnis** (gegenüber dem Empfänger der Zahlung) sind Bereicherungsfälle nach der geänderten Rechtsprechung des BGH aus der Perspektive des autorisierenden Zahlers[21] und nicht mehr unter Verkehrsschutzgesichtspunkten aus der Perspektive des meist gutgläubigen Empfängers zu betrachten.[22] Deshalb steht nunmehr dem Zahlungsdienstleister im Falle einer nicht autorisierten Zahlung regelmäßig ein Bereicherungsanspruch aus § 812 Abs. 1 S. 1 Alt. 2 **(Nichtleistungskondiktion)** gegen den Zahlungsempfänger zu, weil dem Zahler mangels Autorisierung (bzw. Veranlassung) der Zahlung diese wegen des Schutzes der §§ 675c ff. und insbesondere des § 675j nicht als Leistung zugerechnet werden kann.[23] Weil der Zahler nach den Wertungen der ZDRL 2007 von Ansprüchen infolge fehlender Autorisierung freigehalten werden soll, kommt es insofern auch nicht mehr darauf an, ob der Zahlungsempfänger Kenntnis von der fehlenden Autorisierung gehabt hat; Verkehrsschutzaspekte, die im Rahmen der üblichen **Rechtsscheinsgrundsätze** zur Anwendung gebracht worden waren, treten hinter die gesetzliche Wertung der ZDRL 2007 und der §§ 675c ff. zurück.[24]

12   Bis zur ZDRL 2007 und deren Umsetzung in den §§ 675c ff. hat die Rechtsprechung dem Zahler eine Leistung zugerechnet, die ihm gegenüber mangels Autorisierung gar nicht erbracht worden ist. Es ist insofern nur folgerichtig, bei der klaren Schutzrichtung der ZDRL 2007 und vor allem von § 675j Abs. 1 von dieser Sichtweise Abstand zu nehmen. Ob das auch für die übrigen Fälle gilt, die Gegenstand der älteren BGH-Rechtsprechung waren, wird sich zeigen. Jedenfalls sprechen gute Argumente dafür, auch im Falle eines gekündigten Dauerauftrags,[25] der Ausführung eines Überweisungsauftrags trotz Widerrufs[26] und bei der Zuvielüberweisung[27] die **Grundsätze der Nichtleistungskondiktion** anzuwenden, weil auch in diesen Fällen keine bewusste und zweckgerichtete Vermögensmehrung und damit keine Leistung stattgefunden hat.[28] Das gilt freilich nicht in den außerhalb von § 675u angesiedelten Fällen, wie zB bei der bürgerlich-rechtlichen Anweisung oder dem Scheckinkasso.[29]

---

[18] Gesetzesbegründung BT-Drs. 18/11495, 169 f. Die Klauselwerke greifen diese Risikoverteilung auf – s. nur Nr. 3.1.3.1 der Überweisungsbedingungen der Deutschen Bank (Stand: 10/2018), → Anh. § 676c Rn. 2: „Wurde die Überweisung über einen Zahlungsauslösedienstleister ausgelöst, so treffen die Pflichten aus den Sätzen 2 bis 4 die Bank."

[19] Deckungssumme gem. Final Draft Guideline der EBA/CP/2016/12 zu Art. 5 Abs. 4 ZDRL.

[20] Nach der Gesetzesbegründung BT-Drs. 18/11495, 169 f. bezieht sich die Formulierung „darüber hinausgehende finanzielle Entschädigung" in Art. 73 Abs. 3 ZDRL nicht auf Ansprühe des Zahlers gegen den Zahlungsauslösedienstleister infolge fehlender Autorisierung der Zahlung.

[21] BGH Urt. v. 16.6.2015 – XI ZR 243/13, NJW 2015, 3093.

[22] Vor der Umsetzung der ZDRL 2007; Zur Entwicklung und den Folgen der Rechtsprechungsänderung *Kropf* WM 2016, 67 und insbes. 71 f. zur Rückabwicklung. Krit. *Müller/Plettenberg* WM 2016, 809.

[23] BGH Urt. v. 16.6.2015 – XI ZR 243/13, NJW 2015, 3093 (3095). Auch die hM im Schrifttum, vgl. insoweit nur BeckOK BGB/*Schmalenbach* § 675u Rn. 8 mwN (auch zur Historie der Kontroverse, auf die es unter Geltung der Zahlungsdiensterichtlinien und der vorliegenden höchstrichterlichen Rechtsprechung nicht mehr ankommt). IErg auch Erman/*Graf v. Westphalen* § 675u Rn. 12.

[24] BGH Urt. v. 16.6.2015 – XI ZR 243/13, NJW 2015, 3093 (3095). *Dieckmann* BKR 2018, 276 (283) geht insbesondere für Instant Payments von der *Erfüllung* (§ 362 Abs. 1) im *Zwei*personenverhältnis unter Einschaltung von Erfüllungsgehilfen im Übrigen (§ 278 Abs. 1) aus (→ § 675j Rn. 19), sodass nach seiner Ansicht ein Rechtsschein auch gar nicht gesetzt werden kann, selbst wenn man mit der älteren BGH-Rechtsprechung und der Mindermeinung in der Literatur jedenfalls grundsätzlich von einer möglichen Leistung im *Drei*- oder Mehrpersonenverhältnis ausgeht.

[25] BGH Urt. v. 19.1.1984 – VII ZR 110/83, NJW 1984, 1348.

[26] BGH Urt. v. 9.5.1983 – II ZR 241/82, NJW 1983, 2501.

[27] BGH Urt. v. 25.9.1986 – VII ZR 349/85, NJW 1987, 185; sowie BGH Urt. v. 29.4.2008 – XI ZR 371/07, NJW 2008, 2331.

[28] Langenbucher/Bliesener/Spindler/*Langenbucher* § 675u Rn. 24. Auch *Schmieder* in Schimansky/Bunte/Lwowski BankR-HdB § 50 Rn. 17.

[29] MüKoBGB/*Zetzsche* § 675u Rn. 37.

Die **Gegenauffassung,** die sich von der Rechtsprechungsänderung unbeeindruckt zeigt, geht auch 13
im Anwendungsbereich der ZDRL 2007 und des § 675u S. 1 davon aus, dass aus der Sicht des
Empfängers – nach dem objektiven Empfängerhorizont – eine Leistung des vermeintlichen Zahlers
vorliegt, die diesen in der Regel im Valutaverhältnis von einer Verbindlichkeit befreie, die dann
wiederum Grund für einen Bereicherungsanspruch des Zahlungsdienstleisters gegenüber dem Zahler
gebe; es wäre dann entlang der Leistungskette zu kondizieren, eine Durchgriffskondiktion wäre
hierdurch gesperrt.[30] Diese Auffassung folgt der traditionellen bereicherungsrechtlichen Dogmatik,
berücksichtigt aber nicht ausreichend den Telos des § 675u S. 1, der auf den Wertungen des Art. 60
ZDRL 2007 beruht und im Rahmen der ZDRL wiederum gesetzgeberisch bestätigt worden ist (so,
Heraushalten des Zahlers aus der Abwicklung nicht autorisierter Zahlungen).

Geschützt wird das Interesse des gutgläubigen Empfängers im harmonisierten Zahlungsdiensterecht 14
allerdings durch einen **verschuldensabhängigen Schadenersatzanspruch** (§ 280 Abs. 1), der aber
voraussetzt, dass der Zahler beim Zahlungsempfänger schuldhaft den Eindruck erweckt hat, er könne
die Zahlung behalten;[31] insofern werden auf dieser Ebene Verkehrsschutzgesichtspunkte immer noch
berücksichtigt, wobei die Anforderungen an die Haftung höher sind (Verschulden).

An den von der Rspr. entwickelten bereicherungsrechtlichen Grundsätzen ändert sich nichts, wenn 15
man die Einbeziehung eines **Zahlungsauslösedienstleisters** betrachtet. Hierdurch verbleibt es gegenüber dem Zahler beim Telos des § 675u S. 1. Er wird aus der Rückabwicklung eines nicht
autorisierten Zahlungsvorgangs herausgehalten. Der Schadenersatzanspruch des kontoführenden Zahlungsdienstleisters gegen den Zahlungsauslösedienstleister aus § 676a Abs. 1, der sogar gem. Art. 5
Abs. 4 ZDRL über eine Berufshaftpflichtversicherung abgesichert ist, sperrt in den Fällen des Verschuldens des Intermediärs (Zahlungsauslösedienstleister oder der sonstige Dritter) bereicherungsrechtliche Ansprüche des Zahlungsdienstleisters. Kann ein Verschulden des Intermediärs nicht nachgewiesen werden (zu den Anforderungen des § 676a Abs. 2 und 3 → § 676a Rn. 6 f.), verbleibt es bei
dem Anspruch des Zahlungsdienstleisters gegen den Empfänger aus § 812 Abs. 1 S. 1 Alt. 2 (Nichtleistungskondiktion) und, wenn ein Verschulden vorliegt, einem Schadenersatzanspruch des Empfängers gegen den vermeintlichen Zahler aus § 280 Abs. 1, der nicht von den Sonderregelungen des
§ 676a erfasst wird.

§ 675v Haftung des Zahlers bei missbräuchlicher Nutzung eines Zahlungsinstruments

(1) **Beruhen nicht autorisierte Zahlungsvorgänge auf der Nutzung eines verloren gegangenen, gestohlenen oder sonst abhandengekommenen Zahlungsinstruments oder auf der
sonstigen missbräuchlichen Verwendung eines Zahlungsinstruments, so kann der Zahlungsdienstleister des Zahlers von diesem den Ersatz des hierdurch entstandenen Schadens bis zu
einem Betrag von 50 Euro verlangen.**

(2) **Der Zahler haftet nicht nach Absatz 1, wenn**

1. **es ihm nicht möglich gewesen ist, den Verlust, den Diebstahl, das Abhandenkommen
oder eine sonstige missbräuchliche Verwendung des Zahlungsinstruments vor dem nicht
autorisierten Zahlungsvorgang zu bemerken, oder**
2. **der Verlust des Zahlungsinstruments durch einen Angestellten, einen Agenten, eine
Zweigniederlassung eines Zahlungsdienstleisters oder eine sonstige Stelle, an die Tätigkeiten des Zahlungsdienstleisters ausgelagert wurden, verursacht worden ist.**

(3) **Abweichend von den Absätzen 1 und 2 ist der Zahler seinem Zahlungsdienstleister
zum Ersatz des gesamten Schadens verpflichtet, der infolge eines nicht autorisierten Zahlungsvorgangs entstanden ist, wenn der Zahler**

1. **in betrügerischer Absicht gehandelt hat oder**
2. **den Schaden herbeigeführt hat durch vorsätzliche oder grob fahrlässige Verletzung**
   a) **einer oder mehrer Pflichten gemäß § 675l Absatz 1 oder**
   b) **einer oder mehrerer vereinbarter Bedingungen für die Ausgabe und Nutzung des
   Zahlungsinstruments.**

(4) [1] **Abweichend von den Absätzen 1 und 3 ist der Zahler seinem Zahlungsdienstleister
nicht zum Schadensersatz verpflichtet, wenn**

1. **der Zahlungsdienstleister des Zahlers eine starke Kundenauthentifizierung im Sinne des
§ 1 Absatz 24 des Zahlungsdiensteaufsichtsgesetzes nicht verlangt oder**
2. **der Zahlungsempfänger oder sein Zahlungsdienstleister eine starke Kundenauthentifizierung im Sinne des § 1 Absatz 24 des Zahlungsdiensteaufsichtsgesetzes nicht akzeptiert.**

[2] **Satz 1 gilt nicht, wenn der Zahler in betrügerischer Absicht gehandelt hat.** [3] **Im Fall von
Satz 1 Nummer 2 ist derjenige, der eine starke Kundenauthentifizierung nicht akzeptiert,**

---

[30] Nachw. bei MüKoBGB/*Zetzsche* § 675u Rn. 30 ff. (Fn. 50).
[31] Überzeugend Langenbucher/Bliesener/Spindler/*Langenbucher* § 675u Rn. 23.

verpflichtet, dem Zahlungsdienstleister des Zahlers den daraus entstehenden Schaden zu ersetzen.

(5) ¹Abweichend von den Absätzen 1 und 3 ist der Zahler nicht zum Ersatz von Schäden verpflichtet, die aus der Nutzung eines nach der Anzeige gemäß § 675l Absatz 1 Satz 2 verwendeten Zahlungsinstruments entstanden sind. ²Der Zahler ist auch nicht zum Ersatz von Schäden im Sinne des Absatzes 1 verpflichtet, wenn der Zahlungsdienstleister seiner Pflicht gemäß § 675m Abs. 1 Nr. 3 nicht nachgekommen ist. ³Die Sätze 1 und 2 sind nicht anzuwenden, wenn der Zahler in betrügerischer Absicht gehandelt hat.

Übersicht

I. Allgemeines

1   Die Vorschrift beruht auf Art. 61 ZDRL 2007 und wurde durch Art. 74 ZDRL in den Abs. 1–4 geändert. Der auch schon nach der ZDRL 2007 bestehende Schutz des Zahlers wird insbesondere durch die **Haftungshöchstgrenze von 50 EUR** erheblich erweitert (Abs. 1); auch wird der Zahler aus der Haftung genommen, wenn er nicht in der Lage war, den Verlust des Zahlungsinstruments zu bemerken (Abs. 2). Insofern wird die grundsätzlich beibehaltene, verschuldensabhängige Haftung des Zahlers erheblich eingeschränkt,¹ es sei denn, er handelt selbst betrügerisch, vorsätzlich oder grob fahrlässig (Abs. 3), wobei die Auslegung der Begriffe nach nationalstaatlichen Regeln unverändert bleibt.²

2   Die Haftung des Zahlers ist aber **grundsätzlich ausgeschlossen,** wenn die beteiligten Zahlungsdienstleister (des Zahlers und des Empfängers) eine starke Kundenauthentifizieren nicht anbieten oder nicht akzeptieren (Abs. 4). Die Vorschrift ist zwingendes Recht, zu Lasten des Zahlers kann nicht abgewichen werden, es sei denn, er ist kein Verbraucher (§ 675e Abs. 4), zu seinen Gunsten im Rahmen der §§ 307 ff.³ Sind Kleinbetragsinstrumente betroffen, ist Abs. 1 zu Lasten des Nutzers im Rahmen von § 675i Abs. 2 Nr. 2 und Nr. 3 abdingbar.⁴

II. Verschuldensunabhängige Haftung des Zahlers (Abs. 1)

3   **1. Art und Umfang der Haftung.** Es handelt sich um einen Fall der verschuldensunabhängigen Gefährdungshaftung.⁵ Abs. 1 Alt. 1 knüpft an den Begriff des **Zahlungsinstruments** an, weil nur ein verkörpertes „Instrument" abhandenkommen kann.⁶ Deshalb werden die Zahlungsarten, die auf einem „Verfahren" beruhen, von Abs. 1 Alt. 2 erfasst; personalisierte Sicherheitsmerkmale iSd § 675l und die Medien, auf denen solche Merkmale gespeichert sind (Brief, TAN-Generator usw.), werden im Rahmen des Abs. 1 Alt. 2 erfasst – durch die Umsetzung der ZDRL sind beide Tatbestände in Abs. 1 zusammengeführt worden;⁷ auf dem Missbrauch dieser Merkmale im Rahmen des personalisierten Verfahrens – Kundenkennung, PIN, TAN – wird in den meisten Fällen die **„sonstige missbräuchli-**

---

¹ Insofern ist die Neuregelung kundenfreundlicher und dient dem übergeordneten Zweck der ZDRL, den Zahler zu schützen. AA (mit dem Versuch, die alte Rechtslage im Wesentlichen durch Auslegung des Gesetzestexts im Hinblick auf eine Anbindung an die „abstrakte Verhinderungsmöglichkeit" wiederherzustellen) *Hoffmann* VuR 2016, 243 (244 f.); zur Rechtslage unter der ZDRL 2007 *Piekenbrock* WM 2015, 797 (804). Die dort geäußerte Ansicht, dem Zahlungsdienstleister stünden über die Ansprüche nach § 675v weitere Ansprüche gegen den Kunden aus den allgemeinen Regeln zu, lässt sich mit der Umsetzung der ZDRL jedenfalls für den relevanten Zeitraum (Erhalt des Zahlungsinstruments bis zum Eingang der Sperranzeige) nicht aufrechterhalten.

² Gesetzesbegründung BT-Drs. 18/11495, 172.

³ Palandt/*Sprau* § 675v Rn. 2 zur Vorschrift vor Umsetzung der ZDRL.

⁴ Palandt/*Sprau* § 675v Rn. 2.

⁵ Staudinger/*Omlor*, 2012, § 675v Rn. 6.

⁶ Langenbucher/Bliesener/Spindler/*Langenbucher* § 675v Rn. 5.

⁷ Gesetzesbegründung BT-Drs. 18/11495, 171.

che Verwendung" beruhen.[8], welche den Verlust der Sachherrschaft am Zahlungsinstrument nicht zwingend voraussetzt.[9] Missbrauch liegt jedoch noch nicht vor, wenn personalisierte Sicherheitsmerkmale von Dritten genutzt werden, da jedenfalls in der freiwilligen Herausgabe gleichzeitig konkludent die Erteilung einer Vollmacht zu sehen sein wird.[10] Vielmehr wird man von missbräuchlicher Verwendung immer ausgehen müssen, wenn sie gegen den Willen des Zahlers erfolgt. Das wird vor allem dann der Fall sein, wenn der Zahlungsdiensterahmenvertrag die jeweilige Form der Verwendung nicht zulässt (→ § 675l Rn. 14).

Von Abs. 1 erfasst sind auch die Fälle des **Online-Bankings**,[11] die auf dem Verlust der personalisierten Sicherheitsmerkmale beruhen,[12] aber auch Angriffe auf die Computersoftware, wie Phishing, Pharming usw.[13] Über die Grundsätze des Anscheinsbeweises zu einem grob fahrlässigen Verhalten und damit zur Anwendung des Abs. 3 zu gelangen, ist spätestens seit der Umsetzung der ZDRL, die erklärtermaßen den Verbraucherschutz verstärken will, ausgeschlossen.[14] Auch das Erstellen einer „Duplette" fällt unter Abs. 1, sofern die personalisierten Sicherheitsmerkmale zur Verwendung gefälscht wurden.[15]   **4**

Das Haftungskonzept betrifft den Zeitraum zwischen Erhalt des Zahlungsinstruments und der Sperranzeige des Kunden.[16]   **5**

2. Voraussetzungen der Haftung. Das Zahlungsinstrument muss **verlorengegangen, gestohlen**   **6** oder **sonst abhandengekommen** sein. „**Verlorengegangen**" bedeutet, dass der Berechtigte die tatsächliche Sachherrschaft verloren hat, gleich aus welchem Grund,[17] wobei nicht gleichzeitig der (generalisierte) Besitzwille untergehen muss. „**Gestohlen**" bedeutet, dass der Gewahrsam des Berechtigten gebrochen und gleichzeitig neuer Gewahrsam begründet worden ist (objektiver Tatbestand des § 242 StGB), sich also unabhängig vom Besitzwillen ein Wechsel des Besitzers vollzieht.[18] Die Unterschlagung durch den unmittelbaren Besitzer, also zB durch die mit dem Berechtigten in häuslicher Gemeinschaft lebenden Person, fällt tatbestandlich nicht unter die ersten beiden Alternativen, sondern ist ein Fall der dritten Alternative „sonst abhandengekommen",[19] unabhängig davon, ob der Berechtigte noch einen generalisierten Besitzwillen hat oder nicht. Mit der dritten Alternative wollte der Gesetzgeber vor allem sicherstellen, dass nicht nur Fälle des Diebstahls, sondern auch solche des vorangegangenen Raubes erfasst werden.[20]

Der Begriff des „**sonstigen Abhandenkommens**" ist als Auffangtatbestand im Übrigen weit   **7** auszulegen, weil es dem Willen des Gesetzgebers entspricht, den Zahler weitgehend zu schützen.[21] Um den Anforderungen an seine Darlegungslast gerecht zu werden, muss der Zahler einen Geschehensablauf schlüssig vortragen, der nach der Lebenserfahrung mit hinreichender Wahrscheinlichkeit den Schluss auf den Verlust des Zahlungsinstruments zulässt.[22] Hierbei genügt, dass sich hinreichend deutlich das äußere Bild des Verlusts ergibt und kein erheblicher Grund zum Misstrauen besteht.[23] Zu beachten sind in diesem Zusammenhang die Pflichten des Zahlungsdienstleisters nach § 675w S. 1–3 (→ § 675w Rn. 3 ff.).

---

[8] Langenbucher/Bliesener/Spindler/*Langenbucher* § 675v Rn. 6 zur alten Rechtslage unter Verweis auf das Ausspähen von TAN und PIN durch Trojaner oder andere Schadsoftware, das nicht in den Schutzbereich des Abs. 1 Alt. 1 fällt.

[9] *Hofmann* BKR 2018, 62 (64).

[10] Langenbucher/Bliesener/Spindler/*Langenbucher* § 675v Rn. 8.

[11] Wobei zu berücksichtigen ist, dass nicht automatisch eine grob fahrlässige Pflichtverletzung des Nutzers vorliegt (Abs. 3 Nr. 2), wenn der Einsatz des Zahlungsinstruments korrekt vom Zahlungsdienstleister aufgezeichnet worden ist und die Prüfung der Authentifizierung beanstandungsfrei geblieben ist. Der BGH Urt. v. 26.1.2016 – XI ZR 91/14, BKR 2016, 433 lehnt den Anscheinsbeweis insofern ausdrücklich ab. Zum Haftungsmaßstab → Rn. 11 f.

[12] AA Staudinger/*Omlor*, 2012, § 675v Rn. 8 der stets nur auf „gegenständliche Zahlungsauthentifizierungsinstrumente" (Diktion der ZDRL 2007) abstellt und nur das jeweilige Speichermedium betrachtet. Diese Sichtweise verkennt, dass § 675v eine Haftungsprivilegierung des Zahlers für alle Zahlungsdienste darstellt und der Richtliniengeber insoweit gerade nicht zwischen den verschiedenen Zahlungsdiensten unterscheidet.

[13] MüKoBGB/*Zetzsche* § 675v Rn. 53 f. und → § 675l Rn. 7; speziell zum Pharming s. auch *Zahrte* MMR 2013, 207.

[14] S. zur Problematik unter der ZDRL 2007 *Schulte am Hülse/Klabunde* MMR 2010, 84 (87 f.).

[15] AA *Hofmann* BKR 2014, 105 mwN.

[16] Staub/*Grundmann* Zahlungsgeschäft Rn. 427.

[17] MüKoBGB/*Zetzsche* § 675v Rn. 18.

[18] MüKoBGB/*Zetzsche* § 675v Rn. 18.

[19] MüKoBGB/*Zetzsche* § 675v Rn. 19 ordnet diesen Fall entweder dem Diebstahl oder dem Auffangtatbestand des „sonstigen Abhandenkommens" zu.

[20] S. zur Entstehungsgeschichte Staudinger/*Omlor*, 2012, § 675v Rn. 10.

[21] MüKoBGB/*Zetzsche* § 675v Rn. 20 unter Verweis auf die Gegenauffassung und den Zweck bereits der ZDRL 2007, den Zahler zu motivieren, die Anzeige nach § 675l möglichst schnell zu erstatten und damit das Risiko zu begrenzen. Mit der Umsetzung der ZDRL ist der Schutz des Zahlers unabhängig davon noch einmal verstärkt worden.

[22] Staub/*Grundmann* Zahlungsgeschäft Rn. 429 unter Verweis auf OLG Hamm Urt. v. 17.3.1997 – 31 U 72/96, WM 1997, 1203 (1205).

[23] Staub/*Grundmann* Zahlungsgeschäft Rn. 429 unter Verweis auf die instanzgerichtliche Rspr.

8   **3. Kausalität.** Der Zahlungsvorgang darf **nicht autorisiert** worden sein. Hier gelten die im Rahmen des § 675j Abs. 1 entwickelten Grundsätze (→ § 675j Rn. 3 ff.). Er muss ferner im Sinne einer echten Kausalität **auf dem Abhandenkommen** oder der missbräuchlichen Verwendung **beruhen** und insofern entweder durch Einsatz des abhandengekommenen Zahlungsinstruments oder durch seine missbräuchliche Verwendung ausgelöst worden sein, etwa bei der Verwendung von personalisierten Sicherheitsmerkmalen im Rahmen eines kartengebundenen Zahlungsvorgangs (zB beim Abheben von Bargeld an einem Geldautomaten mittels der Giro- oder Debitkarte). Die missbräuchliche Verwendung im Rahmen der Online-Überweisung reicht insofern nicht aus, weil sie kein verkörpertes Zahlungsinstrument voraussetzt.[24]

III. Verschuldensabhängige Haftung des Zahlers (Abs. 3)

9   **1. Anspruchsinhalt.** Der Zahler haftet verschuldensabhängig auf den gesamten Schaden des Zahlungsdienstleisters, der durch einen nicht autorisierten Zahlungsvorgang entstanden ist, ohne dass die Privilegierung des Abs. 1 greift, wenn er in betrügerischer Absicht (Abs. 3 Nr. 1) gehandelt hat oder seine Pflichten aus § 675l (Abs. 3 Nr. 2 lit. a) bzw. dem Zahlungsdiensterahmenvertrag (Abs. 3 Nr. 2 lit. b) vorsätzlich oder grob fahrlässig verletzt hat.

10   **2. Voraussetzungen.** „**Betrügerische Absicht**" setzt voraus, dass der Zahler selbst täuscht, um bei dem Zahlungsdienstleister den Irrtum eines autorisierten Zahlungsvorgangs hervorzurufen.[25] Die Vermögensverfügung, die der Zahler beabsichtigt, liegt in der Ausführung dieses Zahlungsvorgangs und der Vermögensvorteil bei dem Empfänger der Überweisung,[26] wobei es nicht darauf ankommt, ob es sich dabei um den Zahler selbst handelt.

11   **3. Haftungsmaßstab. Pflichten aus § 675l verletzt der Zahler grob fahrlässig,** wenn die erforderliche Sorgfalt in besonders schwerem Maße verletzt wird, dh schon einfachste, ganz naheliegende Überlegungen nicht angestellt werden und das nicht beachtet wird, was im gegebenen Fall jedem einleuchten muss.[27]

12   Auf den Zahlungsverkehr übertragen bedeutet das, dass vor allem die Zahlungskarte getrennt von der PIN aufzuwahren ist[28] und sämtliche Unterlagen, die für eine Online-Überweisung erforderlich sind, ebenfalls getrennt aufzuwahren sind und nicht offen in der Wohnung liegen dürfen.[29] Seine Pflichten aus dem Zahlungsdiensterahmenvertrag, die sich auf das Zahlungsinstrument oder die personalisierten Sicherheitsmerkmale beziehen, verletzt der Zahler insbesondere, wenn er die im Rahmenvertrag oder in den AGB vereinbarten Geheimhaltungsobliegenheiten, sofern diese zumutbar sind, missachtet.[30]

13   Am **Geldautomaten** liegt ein grob fahrlässiges Verhalten, zB durch das Ermöglichen des Ausspähens, nur ausnahmsweise vor, etwa wenn der Zahler besondere Sorglosigkeit an den Tag legt[31] und nicht, wenn der Zahler übersieht, dass der Geldautomat die Karte nicht mehr ausgibt[32] oder wenn er die Karte im Geldautomaten zurücklässt, weil er ausnahmsweise nicht durch einen Warnton hierzu aufgefordert worden ist.

14   Beim **Online Banking** gelten ebenfalls die allgemeinen Regeln, jedoch ergeben sich die typischen Pflichtverletzungen aus den Besonderheiten dieses Zahlungsverfahrens.[33] Beispiele finden sich in den AGB und umfassen das Ausspähen von PIN und TAN durch Schadprogramme, gegen die der Nutzer keine Vorkehrungen getroffen hat, oder die Nutzung einer veralteten Infrastruktur (inklusive unverschlüsseltem WLAN),[34] jeweils unter Hinzutreten weiterer Umstände, die den Vorwurf der groben Fahrlässigkeit begründen sollen. Darüber hinaus ergeben sich je nach Art der Zahlungsdienstleistung weitere spezifische Anforderungen, die häufig aber nur recht generisch in den jeweiligen AGB beschrieben werden und sich vor allem auf besonders eklatante Verstöße, wie zB das Notieren von PIN und TAN auf einem Blatt Papier, beziehen.[35]

---

[24] Wohl aA MüKoBGB/*Zetzsche* § 675v Rn. 29.

[25] Langenbucher/Bliesener/Spindler/*Langenbucher* § 675v Rn. 14.

[26] Langenbucher/Bliesener/Spindler/*Langenbucher* § 675v Rn. 14.

[27] Insofern gelten die allgemeinen Grundsätze – s. nur Palandt/*Grüneberg* § 277 Rn. 4.

[28] Zu diesem Fall BGH Urt. v. 17.10.2000 – XI ZR 42/00, NJW 2001, 286 auf das die Gesetzesbegründung zur Umsetzung der ZDRL 2007 BT-Drs. 16/11643, 114 verweist.

[29] Langenbucher/Bliesener/Spindler/*Langenbucher* § 675v Rn. 16.

[30] Diese ergeben sich zB für die Debitkarte aus den Nr. 6.2 und 6.3 der Debitkarten-Bedingungen der Deutschen Bank (Stand: 10.9.2019), → Anh. § 676c Rn. 5.

[31] MüKoBGB/*Zetzsche* § 675v Rn. 52.

[32] MüKoBGB/*Zetzsche* § 675v Rn. 52.

[33] Die Sorgfalspflichten ergeben sich vor allem aus den Regelungen der Nr. 7 der Online-Bedingungen der Deutschen Bank (Stand: 11.9.2019), wobei die Anforderungen im Online-Banking wegen der Komplexität des Zugangs und der verwendeten technischen Infrastruktur deutlich ausdifferenzierter vereinbart als zum Beispiel im Überweisungsverkehr.

[34] Langenbucher/Bliesener/Spindler/*Herresthal* § 675v Rn. 21 ff. und die Kommentierung zu § 675l.

[35] Näher Langenbucher/Bliesener/Spindler/*Herresthal* § 675v Rn. 49 ff. und insbes. Rn. 52 a. S. auch im Detail Nr. 7 der Online-Bedingungen der Deutschen Bank (Stand: 11.9.2019), → Anh. § 676c Rn. 5.

4. Beweisfragen. Im Rahmen der **Beweisführung** kam es vor der Umsetzung der ZDRL regel- 15 mäßig auf die Frage an, ob das Funktionieren der technischen Vorrichtungen des Zahlungsdienstleisters, also insbesondere von Geldautomaten, Online-Banking-Software usw., bereits den Anscheinsbeweis begründen konnte, dass der Zahler in betrügerischer Absicht gehandelt hat oder seine Pflichten grob fahrlässig verletzt hat.[36]

Diese Problematik ist durch die ZDRL und die ergänzte Beweisregel des § 675w (vor allem Satz 4) 16 deutlich entschärft worden: Es sind jetzt vom Zahlungsdienstleister **unterstützende Beweise** vorzulegen, sodass Aufzeichnung und Authentifizierung alleine nicht mehr ausreichen, um eine Haftung des Zahlers zu begründen. Die Erschütterung des Anscheinsbeweises ist dem Zahler nämlich regelmäßig vor Umsetzung der ZDRL unmöglich gewesen, weil er keinen Einblick in das Abwicklungssystem des Zahlungsdienstleisters hatte. Insofern wird es mit der Umsetzung der ZDRL in der Praxis in den streitigen Fällen nicht mehr um den Anscheinsbeweis, sondern um die **Würdigung des Vollbeweises** auf der Grundlage der vom Zahlungsdienstleister vorgelegten Dokumentation und der Umstände des potenziellen Missbrauchs gehen (zur Reichweite des Anscheinsbeweises und zur Entwicklung der Rspr. → § 675w Rn. 8).

IV. Haftungsausschluss bei Nichtbemerken des Abhandenkommens (Abs. 2)

Musste der Zahler nicht bemerken, dass entweder das Zahlungsinstrument oder die personalisierten 17 Sicherheitsmerkmale vor der Auslösung des Zahlungsvorgangs abhandengekommen sind, haftet er nicht einmal auf den Höchstbetrag des Abs. 1 (50 EUR) (Abs. 2 Nr. 1); durch die Umsetzung von Art. 74 Abs. 1 UAbs. 2a ZDRL wird damit auch für die Haftung nach Abs. 1, die technisch eine verschuldensunabhängige Haftung ist, ein Element des Verschuldens „durch die Hintertür" eingeführt.[37] Die Haftungsprivilegierung gilt auch, wenn das Abhandenkommen in die Sphäre des Zahlungsdienstleisters fällt (Abs. 2 Nr. 2).

Nichtbemerken musste der Zahler das Abhandenkommen, wenn er bei Anwendung der im 18 Verkehr erforderlichen Sorgfalt (§ 276 Abs. 2) keine Anhaltspunkte bemerkt hätte. Die Ausfüllung des Fahrlässigkeitsbegriffes in der Richtlinie bestimmt sich nach nationalem Recht; insofern ist der übliche objektiv-abstrakte Verschuldensmaßstab anzuwenden.[38] Ein Beispiel wäre der Diebstahl der Geldbörse, in der sich das Zahlungsinstrument befunden hat, und die Auslösung des nicht autorisierten Zahlungsvorgangs noch bevor der Karteninhaber nach dem üblichen Gang der Dinge seine Zahlungskarte oder Geldbörse (wenn man davon ausgeht, dass bereits das Öffnen der Geldbörse einen Überblick über den Inhalt zulässt) wieder zur Hand nimmt.

Es reicht jedenfalls nicht aus, dass der Zahler grundsätzlich die Möglichkeit hat, zu jeder Zeit seine 19 Geldbörse zu überprüfen, auch wenn er das zB im Hinblick auf seine Wohnung bei Abwesenheit nicht getan hat.[39] Das gilt auch, wenn Zahlungskarte und/oder personalisierte Sicherheitsmerkmale bei einem Wohnungseinbruch entwendet werden und der Karteninhaber verreist ist (jedenfalls bis zu dem Zeitpunkt, in dem er seine Wohnung auf das noch vorhandene Inventar überprüfen kann). Nicht aber, wenn der Diebstahl der Handtasche, des Aktenkoffers oÄ bemerkt wird, aber erst einige Stunden später überprüft wird, ob sich ggf. Zahlungskarten und/oder persönliche Sicherheitsmerkmale darin befunden haben. Es besteht insofern bei Vorliegen von Anhaltspunkten eine Pflicht, zur unverzüglichen Prüfung der Umstände, die dem Zahler auch als Nachforschungspflicht in AGB auferlegt werden kann.[40]

In die **Sphäre des Zahlungsdienstleisters** fällt der Verlust, wenn er von seinen Erfüllungs- 20 gehilfen, die ihm insofern zugerechnet werden, verursacht worden ist; das gilt auch für technische Einrichtungen (§ 278) und externe Dienstleister, auf die Aufgaben ausgelagert worden sind. Es gilt der Grundsatz, dass alle Drittparteien, die an der Ausführung eines Zahlungsvorgangs beteiligt sind, aber nicht vom Zahler kontrolliert werden können, dem Zahlungsdienstleister zugerechnet werden. Hierzu gehört zB auch der Betreiber eines Geldautomatensystems[41] oder eines Settlement- und Clearingsystems (SEPA, TIPS usw), mithin jedes System, das durch den Abschluss von Systemverträgen in die Abwicklung eingebunden ist.[42] Diese Haftungsprivilegierung ist gleichwohl vom

---

[36] Hierzu ua BGH Urt. v. 26.1.2016 – XI ZR 91/14, BKR 2016, 433 im Hinblick auf Online-Banking einerseits und OLG Dresden Urt. v. 6.2.2014 – 8 U 1218/13, NJW-RR 2014, 824 im Hinblick auf Bargeldabhebung am Geldautomaten andererseits; jeweils zur Regelung nach der ZDRL 2007.

[37] Gesetzesbegründung BT-Drs. 18/11495, 171.

[38] Gesetzesbegründung BT-Drs. 18/11495, 171.

[39] So aber wohl *Hoffmann* VuR 2016, 243 (244 f.) unter Bezugnahme auf den Maßstab des Art. 74 Abs. 1 lit. a ZDRL und der Erläuterung in Erwägungsgrund 71 ZDRL, der aber überspannt würde, wenn man höhere Anforderungen an den von der Richtlinie geforderten Maßstab anlegen würde, als in der Gesetzesbegründung erläutert (objektiv-abstrakter Verschuldensmaßstab).

[40] *Hofmann* BKR 2018, 62 (64) mwN.

[41] *Hoffmann* VuR 2016, 243 (246) mit weiteren Beispielen. Siehe auch Staudinger/*Omlor*, 2012, § 675v Rn. 29 unter dem Gesichtspunkt des Mitverschuldens, wenn der Zahlungsdienstleister technische Anforderungen nicht erfüllt.

[42] *Hoffmann* VuR 2016, 243 (246).

Haftungsausschluss nach Abs. 5 abzugrenzen, der eingreift, wenn der Zahlungsdienstleister *konkrete* Pflichten verletzt hat.

V. Haftungsausschluss bei Nichtverwenden der starken Authentifizierung (Abs. 4)

21   Durch die Regelung in Abs. 4 wurde Art. 74 Abs. 2 S. 2 ZDRL dergestalt umgesetzt, dass die Haftung des Zahlers nach Abs. 1 gegenüber seinem Zahlungsdienstleister ausgeschlossen ist, wenn dieser keine starke Kundenauthentifizierung verwendet (zum Begriff → § 675m Rn. 7) (Abs. 4 S. 1 Nr. 1). In Abs. 4 wird die nach Art. 97 ZDRL aufsichtsrechtlich vorgeschriebene starke Authentifizierung zu einer „haftungsrechtlichen Obliegenheit" des Zahlungsdienstleisters für elektronische Fernzahlungsvorgänge genauso, wie für „analoge" Zahlungsvorgänge, die von der aufsichtsrechtlichen Pflicht bisher nicht erfasst sind.[43] Es handelt sich hierbei dogmatisch um einen verschuldensunabhängigen Ausschluss der Haftung.

22   Der von der ZDRL vorgeschriebene **Regressanspruch des Zahlers** gegen den Zahlungsempfänger oder dessen Zahlungsdienstleister wird dadurch umgesetzt, dass einerseits der Zahler seinem Zahlungsdienstleister gegenüber nicht haftet, wenn der Empfänger keine starke Kundenauthentifizierung verwendet (Abs. 4 S. 1 Nr. 2), der durch die Haftungsbefreiung belastete Zahlungsdienstleister des Zahlers aber einen Regressanspruch gegen den Zahlungsempfänger bzw. dessen Zahlungsdienstleister hat (Abs. 4 S. 2).[44] Der Konstruktion nach ist der Regressanspruch ein verschuldensunabhängiger Schadensersatzanspruch und dient dazu, die Nutzung der starken Kundenauthentifizierung durchzusetzen, die in § 1 Abs. 24 ZAG legaldefiniert ist. Hierdurch soll ein hoher Sicherheitsstandard und damit Anwenderschutz gewährleistet werden.[45]

23   Ob die Haftung des Zahlungsdienstleisters ausgeschlossen ist, wenn er zwar eine starke Authentifizierung verlangt oder akzeptiert, aber diese nicht überprüft, richtet sich mangels Regelung durch die ZDRL nicht nach Abs. 4,[46] sondern nach den allgemeinen Regeln (der Zahler kann dem Zahlungsdienstleister einen eigenen, allerdings verschuldensabhängigen, Schadensersatzanspruch aus § 280 Abs. 1 entgegensetzen). Art. 74 Abs. 2 ZDRL wollte insofern keine Prüfungspflichten statuieren, sondern durch die zivilrechtliche Haftungsverteilung nebst Begründung einer „haftungsrechtlichen Obliegenheit" nur sicherstellen, dass die starke Authentifizierung eingesetzt wird.[47] Die Regelung unterstellt zu Gunsten des Zahlungsdienstleisters zunächst eine korrekte technische Abwicklung der Zahlungsvorgänge.

VI. Haftungsausschluss bei Verschulden des Zahlungsdienstleisters (Abs. 5)

24   Wie schon bisher haftet der Zahler nicht, wenn er seine Anzeigeobliegenheit (§ 675l S. 2) erfüllt hat oder der Zahlungsdienstleister seine Pflicht zur Bereitstellung des Meldesystems (§ 675m Abs. 1 Nr. 3) verletzt hat. Der Zahler trägt die **Beweislast** für die Anzeige,[48] der Zahlungsdienstleister dafür, dass ein funktionsfähiges Meldesystem im Zeitpunkt der Anzeige existiert hat. Kausalität setzt Abs. 5 insofern nicht voraus, es kommt nicht darauf an, dass die Pflichtverletzung des Zahlungsdienstleisters für das Unterbleiben der Anzeige kausal war.[49] Handelt der Zahler in betrügerischer Absicht, haftet er nach Abs. 3, unabhängig davon, ob er seiner Anzeigeobliegenheit nachkommen ist oder der Zahlungsdienstleister seinerseits Pflichten verletzt hat (Abs. 5 S. 3).

§ 675w Nachweis der Authentifizierung

¹Ist die Autorisierung eines ausgeführten Zahlungsvorgangs streitig, hat der Zahlungsdienstleister nachzuweisen, dass eine Authentifizierung erfolgt ist und der Zahlungsvorgang ordnungsgemäß aufgezeichnet, verbucht sowie nicht durch eine Störung beeinträchtigt wurde. ²Eine Authentifizierung ist erfolgt, wenn der Zahlungsdienstleister die Nutzung eines bestimmten Zahlungsinstruments, einschließlich seiner personalisierten Sicherheitsmerkmale, mit Hilfe eines Verfahrens überprüft hat. ³Wurde der Zahlungsvorgang mittels eines Zahlungsinstruments ausgelöst, reicht die Aufzeichnung der Nutzung des Zahlungsinstruments einschließlich der Authentifizierung durch den Zahlungsdienstleister und gege-

---

[43] *Hoffmann* VuR 2016, 243 (248) mit Kritik am Begriff der starken Authentifizierung wie er von der ZDRL verwendet wird.

[44] Näher zur Umsetzungssystematik Gesetzesbegründung BT-Drs. 18/11495, 172. Die Klauselwerke regeln für das Rechtsverhältnis Zahler zu seinem Zahlungsdienstleister den Haftungsausschluss zB in Nr. 11 Abs. 4 der Online-Bedingungen (Stand: 11.9.2019), → Anh. § 676c Rn. 5, für den Fall, dass der Zahlungsdienstleister eine starke Authentifizierung nicht verlangt, obwohl er dazu nach § 68 Abs. 4 ZAG verpflichtet ist.

[45] S. auch *Omlor* JuS 2017, 626 (628).

[46] So aber *Hoffmann* VuR 2016, 243 (250).

[47] In diese Richtung (wohl) auch *Spindler/Zahrte* BKR 2014, 266 (271).

[48] Palandt/*Sprau* § 675v Rn. 7.

[49] MüKoBGB/*Zetzsche* § 675v Rn. 70.

benenfalls einen Zahlungsauslösedienstleister allein nicht notwendigerweise aus, um nachzuweisen, dass der Zahler

1. den Zahlungsvorgang autorisiert,
2. in betrügerischer Absicht gehandelt,
3. eine oder mehrere Pflichten gemäß § 675l Absatz 1 verletzt oder
4. vorsätzlich oder grob fahrlässig gegen eine oder mehrere Bedingungen für die

Ausgabe und Nutzung des Zahlungsinstruments verstoßen hat. [4]Der Zahlungsdienstleister muss unterstützende Beweismittel vorlegen, um Betrug, Vorsatz oder grobe Fahrlässigkeit des Zahlungsdienstnutzers nachzuweisen.

I. Allgemeines

Die Vorschrift beruht auf Art. 59 ZDRL 2007 und wurde durch Art. 72 Abs. 2 ZDRL in den **1** Sätzen 2 und 4 (am Ende) geändert, um die Norm auf Situationen zu erstrecken, in denen Zahlungsauslösedienstleister die Nutzung des Zahlungsinstruments überprüfen (Satz 2). Darüber hinaus soll es nicht ohne Ansehung des jeweiligen Einzelfalles ausreichen, dass der Zahlungsdienstleister sich zum Nachweis der Authentifizierung auf die Aufzeichnung und störungsfreie Abwicklung beruft; deshalb verlangt der neue Satz 4 zusätzliche die Vorlage von weiteren Beweismitteln, um den Zahlungsdienstnutzer in die Lage zu versetzen, die Rechtslage zu prüfen und seiner (ggf. sekundären) Darlegungsund Beweislast nachzukommen (Satz 4). Satz 1 enthält die Mindestvoraussetzungen für den Nachweis der Autorisierung[1] und erstreckt sich auf alle Formen der Autorisierung mittels eines Zahlungsinstruments, nicht aber darüber hinaus.[2]

Es handelt sich bei § 675w um eine **Beweisnorm,** die Mindestanforderungen an die Beweisfüh- **2** rung des Zahlungsdienstleisters und des Zahlungsauslösedienstleisters stellt.[3] Die Vorschrift ist zwingendes Recht, zu Lasten des Zahlers kann nicht abgewichen werden, es sei denn, er ist kein Verbraucher (§ 675e Abs. 4), zu seinen Gunsten im Rahmen der §§ 307 ff.[4] Sind Kleinbetragsinstrumente betroffen, ist Abs. 1 zu Lasten des Nutzers im Rahmen von § 675i Abs. 2 Nr. 3 abdingbar.[5]

II. Störungsfreier Ablauf und Authentifizierung

Durch den Nachweis der störungsfreien Authentifizierung und Aufzeichnung des Zahlungsvorgangs **3** werden notwendige, aber praktisch nicht ausreichende Bedingungen für die Beweisführung von Zahlungsdienstleister und Zahlungsauslösedienstleister gestellt.[6] Zusätzlich muss der Zahlungsdienstleister oder der Zahlungsauslösedienstleister nach Satz 4 unterstützende Beweismittel vorlegen, um dem Zahlungsdienstnutzer Betrug, Vorsatz oder grobe Fahrlässigkeit nachzuweisen. Solche zusätzlichen Beweismittel betreffen weder die Aufzeichnung des störungsfreien Ablaufs des Zahlungsvorgangs noch die Authentifizierung an sich. Vielmehr muss der Zahlungsdienstleister oder der Zahlungsauslösedienstleister Beweismittel für das konkrete Verhalten des Zahlungsdienstleisters vorlegen. Um was es sich hierbei handelt, erwähnt der Gesetzgeber nicht ausdrücklich.[7]

Die Pflicht zur Vorlage von weiteren Beweismitteln bestand jedenfalls auch ohne die Ergänzung in **4** Satz 4 schon dadurch, dass die Anforderungen des Satzes 1 nicht abschließend formuliert worden waren[8]; sie werden zudem durch das Verbot der alleinigen Würdigung dieser Indizien (Satz 3) flankiert. Es handelt sich um den Mindestumfang der Beweisführungslast.[9]

Authentifizierung meint die Überprüfung des Zahlungsinstruments und der dazugehörigen per- **5** sonalisierten Sicherheitsmerkmale.[10] Die Authentifizierung wird Gegenstand eines technischen Überprüfungsverfahrens.[11]

Störungsfrei ist der Ablauf, wenn er bei funktionierenden und dem Stand der Technik entspre- **6** chenden IT-Systemen unauffällig verläuft.[12] Es reicht insofern nicht aus, dass der Prozess unabhängig von der Erfüllung der technischen Anforderungen unauffällig verläuft, etwa, weil die Schwelle zur

---

[1] Staudinger/*Omlor,* 2012, § 675w Rn. 1.

[2] Staudinger/*Omlor,* 2012, § 675w Rn. 1 unter Verweis auf die aA.

[3] Palandt/*Sprau* § 675w Rn. 1 zum Zahlungsdienstleister.

[4] Palandt/*Sprau* § 675w Rn. 1.

[5] Palandt/*Sprau* § 675w Rn. 1.

[6] Langenbucher/Bliesener/Spindler/*Langenbucher* § 675w Rn. 3.

[7] S. insofern Gesetzesbegründung BT-Drs. 18/11495, 173.

[8] MüKoBGB/*Zetzsche* § 675w Rn. 1 f.

[9] Staudinger/*Omlor,* 2012, § 675w Rn. 3.

[10] Langenbucher/Bliesener/Spindler/*Langenbucher* § 675w Rn. 4. Näher MüKoBGB/*Zetzsche* § 675w Rn. 8 ff. und nunmehr durch Art. 4 Nr. 29 ZDRL definiert als „Verfahren, mit dessen Hilfe der Dienstleister die Identität eines Nutzers oder die berechtigte Verwendung eines bestimmten Zahlungsinstruments, einschließlich der Verwendung der personalisierten Sicherheitsmerkmale des Nutzers, überprüfen kann."

[11] Staudinger/*Omlor,* 2012, § 675w Rn. 4.

[12] Langenbucher/Bliesener/Spindler/*Langenbucher* § 675w Rn. 5 zur technischen Unauffälligkeit des Vorgangs.

Auffälligkeit besonders hoch angesetzt ist. Bei der Beweiswürdigung sind gerade die technischen Rahmenbedingungen in diesem Sinne zu berücksichtigen.[13] Die Vorschrift stellt mittlerweile auf die automatisierte Abwicklung von Zahlungsvorgängen ab, sodass beleggebundene Zahlungsvorgänge ohne Nutzung eines Zahlungsinstruments nicht notwendigerweise von der Beweisregel des § 675w erfasst werden, wobei aber nach der Rechtsprechung des EuGH in Sachen T-Mobile Austria (→ § 675j Rn. 23) keine hohen Anforderungen an das Vorliegen eines Zahlungsinstruments zu stellen sind.[14] Liegt ein Zahlungsinstrument letztlich nicht vor, gelten die nationalstaatlichen Beweisregeln, die auf unionsrechtswidrige Ergebnisse hin zu überprüfen sind.[15] Hieraus ergibt sich nicht notwendigerweise ein anderes Ergebnis: § 675w entspricht im Wesentlichen den allgemeinen Beweisregeln[16].

III. Reichweite der Beweisregel

7   Nach Satz 3 wird, auch wenn der Zahlungsdienstleister oder der Zahlungsauslösedienstleister durch entsprechende Aufzeichnungen nachweist, dass der Einsatz eines Zahlungsinstruments im Rahmen eines unauffälligen Vorgangs authentifiziert worden ist, nicht unwiderleglich vermutet, dass der Zahlungsdienstnutzer in betrügerischer Absicht, vorsätzlich oder grob fahrlässig gehandelt hat. Hierdurch – und durch die unterstützend vorzulegenden Beweismittel (Satz 4) – wird sichergestellt, dass der Zahlungsdienstnutzer sich entlasten kann.[17]

8   Ob sich hieraus auch ergibt, dass die Erfüllung der Anforderungen des Satzes 1 durch den Zahlungsdienstleister einen **Anscheinsbeweis** zu seinen Gunsten begründen und die daraus folgende Verteilung der Darlegungs- und Beweislast nach Satz 3 zulässig ist („reichen notwendigerweise aus"), ist zweifelhaft.[18] Die Kontroverse um die Frage, ob ein Anscheinsbeweis im Rahmen von Satz 3 zulässig ist, darf gleichwohl nicht überwertet werden, weil der BGH zwar davon ausgeht, dass die Grundsätze des Anscheinsbeweises weiterhin gelten, jedoch bei der Anwendung den speziellen Gegebenheiten des Zahlungsdiensterechts Rechnung trägt und eine konkrete Einzelfallprüfung vornimmt,[19] die mit den erweiterten Pflichten des Zahlungsdienstleisters nach Satz 4 (Vorlage unterstützender Beweismittel) prozessual auch in der instanzgerichtlichen Rechtsprechung in den Vordergrund rücken wird. Diese pragmatische, an der Rechtswirklichkeit orientierte Sichtweise wird im Schrifttum überwiegend vertreten, wobei die Anforderungen an die Wahrscheinlichkeit einer grob fahrlässigen Pflichtverletzung des Zahlungsdienstnutzers hoch sein müssen.[20] Der Anscheinsbeweis kann im Prozess auch durch **Parteivernehmung** erschüttert werden.[21]

9   Auch schon bisher musste der Zahlungsdienstleister, wenn der Zahlungsdienstnutzer den Anscheinsbeweis erschüttern wollte, im Rahmen seiner **sekundären Darlegungslast** detaillierte Aussagen zu den verwendeten Systemen treffen.[22] Der Zahlungsdienstleister konnte und kann sich auch insofern

---

[13] BGH Urt. v. 26.1.2016 – XI ZR 91/14, NJW 2016, 2024 (2027 f.).

[14] S. auch *Piekenbrock* WM 2015, 797 (800).

[15] *Piekenbrock* WM 2015, 797 (800).

[16] S. Staudinger/*Omlor*, 2012, § 675w Rn. 3.

[17] S. auch Staudinger/*Omlor*, 2012, § 675w Rn. 6 zu den allgemeinen Grenzen der Beweiswirkung.

[18] So die Rechtsprechung zur technisch unauffälligen Abwicklung insbesondere von Kartenzahlungen durch Authentifizierung vor der Umsetzung der ZDRL 2007 (vor allem BGH Urt. v. 5.4.2004 – XI ZR 210/03, NJW 2004, 3623), die von der Gesetzesbegründung (BT-Drs. 16/11643, 114) ausdrücklich für weiter anwendbar gehalten und vom BGH Urt. v. 26.1.2016 – XI ZR 91/14, NJW 2016, 2024 grundsätzlich mit dem Argument bestätigt worden ist, § 675w S. 3 enthalte kein Verbot des Anscheinsbeweises, weil dieser weder eine zwingende Beweisregel, noch eine Beweisvermutung oder eine Beweislastumkehr zu Lasten einer Partei sei und die in Satz 3 umgesetzte Kompromissformel der ZDRL 2007 ausdrücklich die Anwendung des nationalen Prozessrechts offenlasse (Erwägungsgrund 33 ZDRL).

[19] BGH Urt. v. 26.1.2016 – XI ZR 91/14, NJW 2016, 2024 (2027). Zu den vermeintlichen Absichten des Gesetzgebers bei der Umsetzung der ZDRL 2007 *Hofmann* BKR 2014, 105 (112). IErg auch *Nobbe* WM 2011, 961 (968), der den Anscheinsbeweis nur als einen zu berücksichtigenden Faktor im Rahmen der Beweiswürdigung betrachtet. Die instanzgerichtliche Rspr. geht im Anschluss an die neueste BGH-Rspr. davon aus, dass § 675w S. 3 der Anwendung des Anscheinsbeweises „nicht entgegenstehe", aber besondere Anforderungen an dessen Ausgestaltung stelle. Insofern sei ein „allgemein praktisch nicht zu überwindendes und im konkreten Einzelfall ordnungsgemäß angewendetes und fehlerfrei funktionierendes Sicherheitssystem" Voraussetzung für die Grundsätze des Anscheinsbeweises (AG Freudenstadt Urt. v. 29.6.2016 – 5 C 374/13, WM 2017, 471 [473]). So auch *Grüneberg* WM 2017, 61 (62) mit dem Hinweis auf die Sichtweise des XI. Zivilsenats, dass gegenwärtige Authentifizierung noch als unüberwindbar angesehen werden, wenn sie von einer Kompromittierung der eingesetzten Geräte nicht berührt werden, ein Zugriff Unberechtigter Dritter ausgeschlossen ist, eine dynamische TAN verwendet wird, die an den konkreten Zahlungsvorgang gebunden ist und dem Zahler die Möglichkeit zur Überprüfung und Freigabe des Zahlungsauftrags gegeben wird.

[20] Näher Staudinger/*Omlor*, 2012, § 675w Rn. 8; s. auch Erman/*Graf von Westphalen* § 675w Rn. 12, ebenfalls unter Verweis auf die Umstände des Einzelfalles und mwN aus dem älteren Schrifttum, sowie differenzierend (Neuregelung geht weiter) *Hofmann* BKR 2018, 62 (69). AA wohl nur noch *Franck*/*Massari* WM 2009, 1117 (1126); *Scheibengruber* BKR 2010, 15 (21) (zum alten Recht).

[21] Erman/*Graf von Westphalen* § 675w Rn. 17.

[22] *Grüneberg* WM 2017, 61 (63), der Zahler soll in die Lage versetzt werden, den Beweis für die Sicherheitsmängel antreten zu können.

nicht auf sein Geheimhaltungsinteresse hinsichtlich der technischen Grundlagen seines Abwicklungssystems berufen, das ggf. über den Ausschluss der Öffentlichkeit und Verschwiegenheitsverpflichtungen im Rahmen des Verfahrens (§§ 172 Nr. 2, 174 Nr. 3 GVG) geschützt werden kann.[23]

Beim **Karteneinsatz** reichen insofern pauschale Äußerungen, zB zur allgemeinen Errechenbarkeit **10** der PIN, nicht aus.[24] Der Anscheinsbeweis kommt nur in Betracht, wenn die Karte mit der zugewiesenen PIN ordnungsgemäß verwendet wird (also auch nicht bei Fälschung der Unterschrift); für den Zugang von Karte und PIN trägt jedoch ebenso der Zahlungsdienstleister die Beweislast wie für die Tatsache, dass die Karte mit zugewiesener PIN verwendet worden ist.[25]

Im **Online-Banking** werden die Grundsätze des Anscheinsbeweises vom BGH vordergründig **11** wiederum zur Anwendung gebracht, aber durch sehr hohe Anforderungen und unter Verweis auf die Möglichkeit des Zahlungsdienstnutzers, außerhalb des Sicherheitssystems des Zahlungsdienstleisters liegende Umstände vorbringen zu können, praktisch ausgeschlossen.[26] Jedenfalls wird der Zahlungsdienstnutzer durch die weitere Pflicht des Zahlungsdienstleisters, unterstützende Beweismittel zu liefern (Satz 4), für diejenigen Fälle in eine deutlich bessere Lage versetzt, in denen er seiner (primären) Darlegungslast nicht nachkommen kann, weil er, insbesondere auch bei der Einbindung eines Zahlungsauslösedienstleisters, keinen Überblick über die tatsächlichen Abläufe des Zahlvorgangs hat. Durch die Umsetzung der ZDRL wird insofern unter Berücksichtigung der neuesten Rechtsprechung ein **fortentwickeltes System von Darlegungs- und Beweislast** geschaffen, das deutlich von der Rechtslage vor der ZDRL abweicht, aber sowohl dem Telos der Richtlinie und damit der Norm als auch den Interessen der Zahlungsdienstnutzer gerecht und weiter durch die Rechtsprechung ausdifferenziert werden wird.[27]

§ 675x Erstattungsanspruch bei einem vom oder über den Zahlungsempfänger ausgelösten autorisierten Zahlungsvorgang

(1) [1]**Der Zahler hat gegen seinen Zahlungsdienstleister einen Anspruch auf Erstattung eines belasteten Zahlungsbetrags, der zu einem autorisierten, vom oder über den Zahlungsempfänger ausgelösten Zahlungsvorgang beruht, wenn**

1. bei der Autorisierung der genaue Betrag nicht angegeben wurde und

2. der Zahlungsbetrag den Betrag übersteigt, den der Zahler entsprechend seinem bisherigen Ausgabeverhalten, den Bedingungen des Zahlungsdiensterahmenvertrags und den jeweiligen Umständen des Einzelfalls hätte erwarten können; mit einem etwaigen Währungsumtausch zusammenhängende Gründe bleiben außer Betracht, wenn der zwischen den Parteien vereinbarte Referenzwechselkurs zugrunde gelegt wurde.

[2]**Ist der Zahlungsbetrag einem Zahlungskonto belastet worden, so ist die Gutschrift des Zahlungsbetrags auf diesem Zahlungskonto so vorzunehmen, dass das Wertstellungsdatum spätestens der Geschäftstag der Belastung ist.** [3]**Auf Verlangen seines Zahlungsdienstleisters hat der Zahler nachzuweisen, dass die Voraussetzungen des Satzes 1 Nummer 1 und 2 erfüllt sind.**

(2) **Unbeschadet des Absatzes 3 hat der Zahler bei SEPA-Basislastschriften und SEPA-Firmenlastschriften ohne Angabe von Gründen auch dann einen Anspruch auf Erstattung gegen seinen Zahlungsdienstleister, wenn die Voraussetzungen für eine Erstattung nach Absatz 1 nicht erfüllt sind.**

(3) **Der Zahler kann mit seinem Zahlungsdienstleister vereinbaren, dass er keinen Anspruch auf Erstattung hat, wenn er seine Zustimmung zur Ausführung des Zahlungsvorgangs direkt seinem Zahlungsdienstleister erteilt hat und er, sofern vereinbart, über den anstehenden Zahlungsvorgang mindestens vier Wochen vor dem Fälligkeitstermin vom Zahlungsdienstleister oder vom Zahlungsempfänger unterrichtet wurde.**

---

[23] *Grüneberg* WM 2017, 61 (63).

[24] MüKoBGB/*Zetzsche* § 675w Rn. 32.

[25] MüKoBGB/*Zetzsche* § 675w Rn. 35.

[26] BGH Urt. v. 26.1.2016 – XI ZR 91/14, NJW 2016, 2024 (2027 f.). So im Anschluss auch AG Freudenstadt Urt. v. 29.6.2016 – 5 C 374/13, WM 2017, 471 (473) („Voraussetzung für die Anwendung des Anscheinsbeweises"). Zustimmend unter Verweis auf die Einzelfallbetrachtung Staudinger/*Omlor*, 2012, § 675w Rn. 8; *Hofmann* BKR 2018, 62 (69); krit. insbesondere mit Blick auf das Online-Banking Erman/*Graf von Westphalen* § 675w Rn. 20: „kein Erfahrungssatz, der auf ein typisches Fehlverhalten des Nutzers hinweist".

[27] *Linardatos* NJW 2017, 2145 (2149 f.) geht davon aus, der Gesetzgeber habe die Richtlinienvorgaben „unreflektiert übernommen" und eine Rechtslage geändert, die gar nicht bestanden habe. Aus dem vermeintlichen Motivirrtum des Gesetzgebers folgert er die Möglichkeit, die Norm entsprechend (einschränkend) auszulegen. Hiergegen spricht allerdings der klare Wortlaut des Art. 72 Abs. 2 ZDRL, sodass die richtlinienkonforme Auslegung jede Möglichkeit der einschränkenden Auslegung infolge eines vermeintlichen Motivirrtums des deutschen Gesetzgebers ausschließt.

(4) **Ein Anspruch des Zahlers auf Erstattung ist ausgeschlossen, wenn er ihn nicht innerhalb von acht Wochen ab dem Zeitpunkt der Belastung des betreffenden Zahlungsbetrags gegenüber seinem Zahlungsdienstleister geltend macht.**

(5) ¹**Der Zahlungsdienstleister ist verpflichtet, innerhalb von zehn Geschäftstagen nach Zugang eines Erstattungsverlangens entweder den vollständigen Betrag des Zahlungsvorgangs zu erstatten oder dem Zahler die Gründe für die Ablehnung der Erstattung mitzuteilen.** ²**Im Fall der Ablehnung hat der Zahlungsdienstleister auf die Beschwerdemöglichkeiten gemäß den §§ 60 bis 62 des Zahlungsdiensteaufsichtsgesetzes und auf die Möglichkeit, eine Schlichtungsstelle gemäß § 14 des Unterlassungsklagengesetzes anzurufen, hinzuweisen.** ³**Das Recht des Zahlungsdienstleisters, eine innerhalb der Frist nach Absatz 4 geltend gemachte Erstattung abzulehnen, erstreckt sich nicht auf den Fall nach Absatz 2.**

(6) **Wenn ein Fall des § 675d Absatz 6 Satz 1 Nummer 1 Buchstabe b vorliegt,**

1. **ist § 675x Absatz 1 auf die innerhalb des Europäischen Wirtschaftsraums getätigten Bestandteile des Zahlungsvorgangs nicht anzuwenden und**
2. **kann von § 675x Absatz 2 bis 5 für die innerhalb des Europäischen Wirtschaftsraums getätigten Bestandteile des Zahlungsvorgangs abgewichen werden.**

I. Allgemeines

1　　Die Vorschrift beruht auf Art. 62 und 63 ZDRL 2007 und wurde durch Art. 76 ZDRL in den Abs. 1, 2, 5 (redaktionell) und 6 überarbeitet, um den Inhalt und die Wertstellung des Erstattungsanspruchs bei vorher autorisierten Pull-Zahlungen und bei der Verwendung von SEPA-Lastschriften sowie die Beschwerdemöglichkeiten des Zahlungsdienstnutzers den Richtlinienvorgaben anzupassen.[1] Die Vorschrift weist dem Zahlungsdienstnutzer für die Pull-Zahlung (Kreditkartenzahlung) (Abs. 1) und die SEPA-Lastschrift (Abs. 2) einen **Erstattungsanspruch als korrektiv** zu, weil der Zahler durch die vorherige Autorisierung des Zahlungsvorgangs den exakten Zahlungszeitpunkt und auch häufig den genauen Zahlungsbetrag nicht kennt. Der Zahler wird mithin davor geschützt, dass der Zahlungsbetrag denjenigen Betrag übersteigt, der „vernünftigerweise zu erwarten gewesen wäre"[2] und erstreckt sich insofern nur auf nicht konkretisierte Zahlungsbeträge[3]. Der Erstattungsanspruch ist ein eigenständiger schuldrechtlicher Anspruch des Zahlers gegen seinen Zahlungsdienstleister[4]. Durch die Bestimmungen in den Abs. 3–6 wird dieser Anspruch zugunsten des Zahlungsdienstleisters bestimmten Abläufen und Fristen unterworfen, deren Nichteinhaltung seine Geltendmachung ausschließt. Insgesamt bezieht sich § 675x nur auf das Deckungsverhältnis zwischen dem Zahler und seinem Zahlungsdienstleister und regelt nicht die Ansprüche im Valutaverhältnis.[5]

2　　Die Vorschrift ist gegenüber Verbrauchern grundsätzlich **zwingend,**[6] wobei die Parteien nach Abs. 3 einen gewissen Gestaltungsspielraum haben, der aber nur für Fälle eröffnet ist, die den Verbraucher keinem besonderen Risiko aussetzen (4-Wochen-Frist). Zu Lasten des unternehmerischen Zahlers kann grundsätzlich abgewichen werden (§ 675e Abs. 4), zu Gunsten jedes Zahlers im Rahmen der §§ 307 ff.[7] Sonderregeln gelten mit der Umsetzung der ZDRL nach Abs. 6 für One-leg-Transaktionen. Abs. 1 ist in diesen Fällen unanwendbar. In den Fällen des Abs. 2 sind die Regelungen der Abs. 2–5 abdingbar.

II. Pull-Zahlungen

3　　Der Anwendungsbereich der Vorschrift ist auf Pull-Zahlungen beschränkt (Abs. 1),[8] die jedoch nicht nur vom Zahler autorisiert worden sein müssen, sondern in die der Zahler auch eingewilligt haben muss.[9] Es handelt sich hierbei regelmäßig um Kartenzahlungen unter Nutzung von personalisierten Sicherheitsmerkmalen (PIN, TAN), die Vorschrift ist jedoch auch offen für andere Pull-Zahlungen.[10] Voraussetzung für den Erstattungsanspruch ist eine pauschale Autorisierung (Blankettautorisierung[11]), die bei Auslösen des Zahlungsvorgangs die Verpflichtung des Zahlers aus dem Valutaverhältnis abdecken soll.

---

[1] Gesetzesbegründung BT-Drs. 18/11495, 174 f.

[2] Erwägungsgrund 36 ZDRL 2007.

[3] Erman/*Graf von Westphalen* § 675x Rn. 1.

[4] Staudinger/*Omlor*, 2012, § 675x Rn. 4 unter Verweis auf die Gesetzesbegründung zur Umsetzung der ZDRL 2007. Anders für die SEPA-Lastschrift, → Rn. 8.

[5] Staub/*Grundmann* Zahlungsgeschäft Rn. 461.

[6] Staudinger/*Omlor*, 2012, § 675x Rn. 2; MüKoBGB/*Zetzsche* § 675x Rn. 11. AA noch zur ZDRL 2007 Erman/*Graf von Westphalen* § 675x Rn. 13.

[7] Palandt/*Sprau* § 675x Rn. 8.

[8] Gesetzesbegründung BT-Drs. 16/11643, 115 und die Nachw. bei MüKoBGB/*Zetzsche* § 675x Rn. 6.

[9] MüKoBGB/*Zetzsche* § 675x Rn. 7. Genehmigung reicht insoweit nicht aus, dann ist der Zahler auf § 675u verwiesen.

[10] MüKoBGB/*Zetzsche* § 675x Rn. 10 unter Verweis auf Abs. 3.

[11] Zur Anwendbarkeit der Vorschrift beim Blankettmissbrauch Erman/*Graf von Westphalen* § 675x Rn. 4.

Typischer Anwendungsfall ist die **Autorisierung im Hotel** beim Einchecken oder bei einem **4** Mietwagenanbieter bei der Übernahme des Mietwagens;[12] die Vorschrift soll den Zahler in diesem Zusammenhang vor der unkontrollierten Kumulation der Ausgaben im Valutaverhältnis schützen.[13] Die Benennung einer Obergrenze durch den Zahlungsempfänger oder den Zahler selbst schließt die Anwendung des § 675x nicht aus, weil die Ausgaben im Valutaverhältnis auch dann unkontrolliert kumulieren (und sich die Tendenz entwickeln würde, überzogen hohe Obergrenzen festzulegen). Auch der **Blankettmissbrauch** fällt unter § 675x und nicht unter § 675u, obwohl es regelmäßig um (streitige) Einwendungen aus dem Valutaverhältnis gehen wird, die eigentlich vom Schutzzweck der Norm nicht erfasst sind, aber doch auf diesen durchschlagen.[14]

Der Erstattungsanspruch wird dadurch ausgelöst – Abs. 1 S. 1 Nr. 2 – dass der **Zahlungsbetrag 5 den nach den Umständen zu erwartenden Betrag** (bisheriges Ausgabeverhalten, Rahmenvertrag, Umstände der konkreten Belastung) **übersteigt**. Bei den relevanten Kriterien handelt es sich um **unbestimmte Rechtsbegriffe**, die vom Richtliniengeber nicht besonders glücklich vorgegeben worden sind.[15] Jedenfalls wird für das deutsche Recht zumindest auf objektive Kriterien abzustellen sein, wie das tatsächliche Ausgabeverhalten des Zahlers, und es wird nach den allgemeinen Regeln (§§ 133, 157) wiederum unter Berücksichtigung des objektiven Empfängerhorizonts zu ermitteln sein, welche Regelungen die Parteien im Rahmenvertrag treffen wollten (zB Nutzungsbeschränkungen im Deckungsverhältnis).

Die **„jeweiligen Umstände des Einzelfalles"** hingegen unterfallen in eine objektive (üblicher **6** Gang der Dinge) und eine subjektive Komponente (Erwartungshaltung des Zahlers). Nicht erwarten wird der Zahler zB die Belastung mit einer Hotel-Zahlung, wenn vom zugrundeliegenden Zimmerpreis abgewichen wird, oder Extras abgerechnet werden, die in der Zimmer-Rate enthalten sind. Er wird auch regelmäßig nicht erwarten, dass bei einer Mietwagenbuchung im Schadensfall der möglicherweise im Valutaverhältnis geschuldete Schadenersatz (zB Selbstbehalt) direkt belastet und eingezogen wird. Das gilt schon alleine deshalb, weil dieser Betrag, wenn das Kfz nicht kaskoversichert ist, seine Leistungsfähigkeit deutlich überschreiten kann. Außer Betracht bleiben grundsätzlich nach Abs. 1 S. 2 Nr. 2 Hs. 2 Umstände, die sich aus der Währungsumrechnung ergeben.[16] Die objektiven und subjektiven Elemente sind stets Teil des „normativen Erwartungshorizonts".[17] Es kommt nicht alleine darauf an, was der Zahler tatsächlich erwartet, sondern was er erwarten darf[18], insofern muss die Erwartungshaltung des Zahlers ebenso ermittelt werden wie der übliche Gang der Dinge.

Für die **Darlegungslast** und die nachfolgende **Beweislast** des Zahlers heißt das, dass er neben **7** seiner Erwartungshaltung diejenigen Umstände darlegen muss, die bei einer unmittelbaren Autorisierung dazu geführt hätten, dass er sie auf der Basis objektiver Umstände verweigert hätte.[19]

III. SEPA-Lastschrift

Neben den Pull-Zahlungen findet die Vorschrift auf SEPA-Lastschriften Anwendung (Abs. 2), bei **8** denen grundsätzlich dieselbe Problematik auftreten kann, wie bei anderen Pull-Zahlungen auch. Jedoch können Zahler und Zahlungsdienstleister nach Abs. 3 vereinbaren, dass dem Zahler der Anspruch unter bestimmten Voraussetzungen nicht zustehen soll. Das ist für die SEPA-Basislastschrift und die SEPA-Firmenlastschrift in den Klauselwerken geschehen.[20] Unabhängig davon werden nach Abs. 2 die SEPA-Basislastschrift und auch die SEPA-Firmenlastschrift erfasst, für die eine Vereinbarung nach Abs. 3 fehlt.

Zu beachten ist, dass neben § 675x, der Fälle der Erstattung (des **Refunds**) regelt, auch ein **9** Widerruf (**Refusal** – § 675p) erklärt werden kann, dessen Rechtsfolgen sich dann als „nicht autorisierter Zahlungsvorgang" nach § 675u richten. Ein Widerruf kommt nicht nur in Fällen des Missbrauchs in Betracht, sondern auch, wenn der Zahler, nachdem ihm die Lastschrift vorgelegt worden ist, Einwendungen aus dem Valutaverhältnis anbringen will. Auf die Gründe, die für den Erstattungsanspruch als Folge einer autorisierten Zahlung zugrunde liegen, kommt es nach dem Wortlaut des Abs. 2 ausdrücklich nicht an, es sollte ein weiterer „bedingungsloser" Rückgabegrund geschaffen werden.

---

[12] Gesetzesbegründung BT-Drs. 16/11643, 115 zu den Motiven des Richtliniengebers.
[13] MüKoBGB/*Zetzsche* § 675x Rn. 14.
[14] S. auch MüKoBGB/*Zetzsche* § 675x Rn. 15 mwN zum Streitstand und dem Verweis auf die nach dieser Auffassung mögliche Anspruchskonkurrenz zwischen § 675u und § 675x. AA Erman/*Graf von Westphalen* § 675x Rn. 4.
[15] Zur Kritik s. MüKoBGB/*Zetzsche* § 675x Rn. 16 f. mwN.
[16] Näher Staub/*Grundmann* Zahlungsgeschäft Rn. 464.
[17] Staudinger/*Omlor*, 2012, § 675x Rn. 6.
[18] Staudinger/*Omlor*, 2012, § 675x Rn. 6.
[19] Erman/*Graf von Westphalen* § 675x Rn. 9.
[20] S. hierzu die Nr. 2 der Basis- und SEPA-Firmenlastschrift-Bedingungen der Deutschen Bank (Stand: 03/2019), → Anh. § 676c Rn. 2 und → Anh. § 676c Rn. 3.

IV. Erstattungsverfahren

10   Zunächst hat der Zahler für den Erstattungsanspruch nach Abs. 1 *nachzuweisen,* dass die Umstände nach Abs. 1 S. 1 Nr. 1 und 2 vorliegen. Das verschärft die Rechtslage, die bis zur Umsetzung der ZDRL bestanden hatte.[21] Bis zu diesem Zeitpunkt war es ausreichend, dass der Zahler die Gründe *darlegt.* Nachweisen bedeutet *beweisen.*[22] Insofern muss der Zahler nicht nur beweisen, dass der genaue Betrag nicht angegeben worden ist, sondern auch die durch unbestimmte Rechtsbegriffe konkretisierten Umstände des Zahlvorgangs, wie zum Beispiel sein Ausgabenverhalten, die Regelungen im Rahmenvertrag und seine Erwartungshaltung zum Endbetrag, die sich wiederum aus den objektiven und subjektiven Umständen sowie der Vereinbarungen im Valutaverhältnis ergeben. Legt der Zahler die Beweise vor, ist der Zahlungsdienstleister verpflichtet, den Vorgang innerhalb von 10 Tagen nach Zugang abzuwickeln (Abs. 5 S. 1).

11   Die **Beweispflicht gilt nicht** für den Erstattungsanspruch nach Abs. 2 (SEPA-Lastschrift). Im Fall der Ablehnung muss der Zahlungsdienstleister den Zahler auf die Beschwerdemöglichkeiten nach §§ 60–62 ZAG und auf § 14 UKlaG hinweisen (Abs. 5 S. 2). Der Erstattungsanspruch richtet sich auf den vollständigen Zahlungsbetrag, nicht bloß auf den überschießenden Teil.[23] Die Erstattungsbuchung hat nach Abs. 1 S. 2, der ebenfalls durch die Umsetzung der ZDRL eingefügt worden ist, *zinsneutral und rückwirkend* zu erfolgen, jedenfalls, wenn es um die Erstattung auf dem Konto des Zahlers bei dem kontoführenden Zahlungsdienstleister geht.[24]

V. Haftungsausschluss

12   Der Erstattungsanspruch ist ausgeschlossen, wenn er nicht innerhalb von acht Wochen ab dem Zeitpunkt der Belastung geltend gemacht wird (Abs. 4). Es kommt weder auf den Zeitpunkt der Valuta an, noch darauf, wann der Zahler die Belastungsbuchung tatsächlich zur Kenntnis genommen hat, vorausgesetzt, der Zahlungsdienstleister ist seinen Pflichten gem. Art. 248 § 7 EGBGB (Zurverfügungstellung des Kontoauszugs) nachgekommen.[25] Für die Fristberechnung gelten die allgemeinen Regeln, mithin die §§ 187 Abs. 1, 188 Abs. 2 S. 1 und für das Fristende § 193.[26]

§ 675y Haftung der Zahlungsdienstleister bei nicht erfolgter, fehlerhafter oder verspäteter Ausführung eines Zahlungsauftrags; Nachforschungspflicht

(1) [1] **Wird ein Zahlungsvorgang vom Zahler ausgelöst, kann dieser von seinem Zahlungsdienstleister im Fall einer nicht erfolgten oder fehlerhaften Ausführung des Zahlungsauftrags die unverzügliche und ungekürzte Erstattung des Zahlungsbetrags verlangen.** [2] **Wurde der Betrag einem Zahlungskonto des Zahlers belastet, ist dieses Zahlungskonto wieder auf den Stand zu bringen, auf dem es sich ohne den fehlerhaft ausgeführten Zahlungsvorgang befunden hätte.** [3] **Wird ein Zahlungsvorgang vom Zahler über einen Zahlungsauslösedienstleister ausgelöst, so treffen die Pflichten aus den Sätzen 1 und 2 den kontoführenden Zahlungsdienstleister.** [4] **Soweit vom Zahlungsbetrag entgegen § 675q Abs. 1 Entgelte abgezogen wurden, hat der Zahlungsdienstleister des Zahlers den abgezogenen Betrag dem Zahlungsempfänger unverzüglich zu übermitteln.** [5] **Weist der Zahlungsdienstleister des Zahlers nach, dass der Zahlungsbetrag ungekürzt beim Zahlungsdienstleister des Zahlungsempfängers eingegangen ist, entfällt die Haftung nach diesem Absatz.**

(2) [1] **Wird ein Zahlungsvorgang vom oder über den Zahlungsempfänger ausgelöst, kann dieser im Fall einer nicht erfolgten oder fehlerhaften Ausführung des Zahlungsauftrags verlangen, dass sein Zahlungsdienstleister diesen Zahlungsauftrag unverzüglich, gegebenenfalls erneut, an den Zahlungsdienstleister des Zahlers übermittelt.** [2] **Weist der Zahlungsdienstleister des Zahlungsempfängers nach, dass er die ihm bei der Ausführung des Zahlungsvorgangs obliegenden Pflichten erfüllt hat, hat der Zahlungsdienstleister des Zahlers dem Zahler gegebenenfalls unverzüglich den ungekürzten Zahlungsbetrag entsprechend Absatz 1 Satz 1 und 2 zu erstatten.** [3] **Soweit vom Zahlungsbetrag entgegen § 675q Abs. 1 und 2 Entgelte abgezogen wurden, hat der Zahlungsdienstleister des Zahlungsempfängers den abgezogenen Betrag dem Zahlungsempfänger unverzüglich verfügbar zu machen.**

(3) [1] **Wird ein Zahlungsvorgang vom Zahler ausgelöst, kann dieser im Fall einer verspäteten Ausführung des Zahlungsauftrags verlangen, dass sein Zahlungsdienstleister gegen den Zahlungsdienstleister des Zahlungsempfängers den Anspruch nach Satz 2 geltend macht.**

---

[21] Gesetzesbegründung BT-Drs. 18/11495, 175 unter Verweis auf die Anforderungen des Art. 76 Abs. 1 UAbs. 2 ZDRL.

[22] Gesetzesbegründung BT-Drs. 18/11495, 175.

[23] MüKoBGB/ *Zetzsche* § 675x Rn. 31.

[24] Gesetzesbegründung BT-Drs. 18/11495, 175.

[25] MüKoBGB/ *Zetzsche* § 675x Rn. 34.

[26] Palandt/ *Sprau* § 675x Rn. 6.

² Der Zahlungsdienstleister des Zahlers kann vom Zahlungsdienstleister des Zahlungsempfängers verlangen, die Gutschrift des Zahlungsbetrags auf dem Zahlungskonto des Zahlungsempfängers so vorzunehmen, als sei der Zahlungsvorgang ordnungsgemäß ausgeführt worden. ³ Wird ein Zahlungsvorgang vom Zahler über einen Zahlungsauslösedienstleister ausgelöst, so trifft die Pflicht aus Satz 1 den kontoführenden Zahlungsdienstleister. ⁴ Weist der Zahlungsdienstleister des Zahlers nach, dass der Zahlungsbetrag rechtzeitig beim Zahlungsdienstleister des Zahlungsempfängers eingegangen ist, entfällt die Haftung nach diesem Absatz.

(4) ¹ Wird ein Zahlungsvorgang vom oder über den Zahlungsempfänger ausgelöst, kann dieser im Fall einer verspäteten Übermittlung des Zahlungsauftrags verlangen, dass sein Zahlungsdienstleister die Gutschrift des Zahlungsbetrags auf dem Zahlungskonto des Zahlungsempfängers so vornimmt, als sei der Zahlungsvorgang ordnungsgemäß ausgeführt worden. ² Weist der Zahlungsdienstleister des Zahlungsempfängers nach, dass er den Zahlungsauftrag rechtzeitig an den Zahlungsdienstleister des Zahlers übermittelt hat, ist der Zahlungsdienstleister des Zahlers verpflichtet, dem Zahler gegebenenfalls unverzüglich den ungekürzten Zahlungsbetrag nach Absatz 1 Satz 1 und 2 zu erstatten. ³ Dies gilt nicht, wenn der Zahlungsdienstleister des Zahlers nachweist, dass der Zahlungsbetrag lediglich verspätet beim Zahlungsdienstleister des Zahlungsempfängers eingegangen ist. ⁴ In diesem Fall ist der Zahlungsdienstleister des Zahlungsempfängers verpflichtet, den Zahlungsbetrag entsprechend Satz 1 auf dem Zahlungskonto des Zahlungsempfängers gutzuschreiben.

(5) ¹ Ansprüche des Zahlungsdienstnutzers gegen seinen Zahlungsdienstleister nach Absatz 1 Satz 1 und 2 sowie Absatz 2 Satz 2 bestehen nicht, soweit der Zahlungsauftrag in Übereinstimmung mit der vom Zahlungsdienstnutzer angegebenen fehlerhaften Kundenkennung ausgeführt wurde. ² In diesem Fall kann der Zahler von seinem Zahlungsdienstleister jedoch verlangen, dass dieser sich im Rahmen seiner Möglichkeiten darum bemüht, den Zahlungsbetrag wiederzuerlangen. ³ Der Zahlungsdienstleister des Zahlungsempfängers ist verpflichtet, dem Zahlungsdienstleister des Zahlers alle für die Wiedererlangung des Zahlungsbetrags erforderlichen Informationen mitzuteilen. ⁴ Ist die Wiedererlangung des Zahlungsbetrags nach den Sätzen 2 und 3 nicht möglich, so ist der Zahlungsdienstleister des Zahlers verpflichtet, dem Zahler auf schriftlichen Antrag alle verfügbaren Informationen mitzuteilen, damit der Zahler einen Anspruch auf Erstattung des Zahlungsbetrags geltend machen kann. ⁵ Der Zahlungsdienstleister kann mit dem Zahlungsdienstnutzer im Zahlungsdiensterahmenvertrag ein Entgelt für Tätigkeiten nach den Sätzen 2 bis 4 vereinbaren.

(6) Ein Zahlungsdienstnutzer kann von seinem Zahlungsdienstleister über die Ansprüche nach den Absätzen 1 und 2 hinaus die Erstattung der Entgelte und Zinsen verlangen, die der Zahlungsdienstleister ihm im Zusammenhang mit der nicht erfolgten oder fehlerhaften Ausführung des Zahlungsvorgangs in Rechnung gestellt oder mit denen er dessen Zahlungskonto belastet hat.

(7) Wurde ein Zahlungsauftrag nicht oder fehlerhaft ausgeführt, hat der Zahlungsdienstleister desjenigen Zahlungsdienstnutzers, der einen Zahlungsvorgang ausgelöst hat oder über den ein Zahlungsvorgang ausgelöst wurde, auf Verlangen seines Zahlungsdienstnutzers den Zahlungsvorgang nachzuvollziehen und seinen Zahlungsdienstnutzer über das Ergebnis zu unterrichten.

(8) Wenn ein Fall des § 675d Absatz 6 Satz 1 Nummer 1 Buchstabe b vorliegt, ist § 675y Absatz 1 bis 4 auf die innerhalb des Europäischen Wirtschaftsraums getätigten Bestandteile des Zahlungsvorgangs nicht anzuwenden.

I. Allgemeines

Es handelt sich um die zentrale Vorschrift des Leistungsstörungsrechts. § 675y erfasst abschließend **1** (§ 675z S. 1)[1] alle Fälle der gestörten Ausführung eines Zahlungsvorgangs und enthält fünf verschuldensunabhängige Rechtsbehelfe,[2] die sich teilweise auf Push- und teilweise auf Pull-Zahlungen beziehen: den **Erstattungsanspruch** (Abs. 1 S. 1, Abs. 2 S. 1, Abs. 3 S. 1, Abs. 4 S. 2), den **Nachzahlungsanspruch** (Abs. 1 S. 4, Abs. 2 S. 3), den **Wiederbeschaffungsanspruch** (Abs. 5 S. 2) und den **Nachverfolgungs- und Auskunftsanspruch** (Abs. 7). Das Regelungssystem ist im Hinblick auf das Deckungsverhältnis abschließend, regelt aber nicht die Rückwirkungen auf das Valutaverhältnis.[3]

Die **Beweismittel** werden in § 676 bestimmt und der Ausgleich zwischen den Zahlungsdienst- **2** leistern richtet sich nach § 676a; die Vorschriften sind mit § 675y und der Sperrklausel des § 675z zusammen zu lesen. § 675y selbst beruht auf Art. 75, 67 Abs. 3 und 74 Abs. 2 ZDRL 2007 und wurde

---

¹ Staudinger/*Omlor*, 2012, § 675y Rn. 1; MüKoBGB/*Zetzsche* § 675y Rn. 6 unter Verweis auf die Öffnungsklausel des § 675z S. 2–5, bei Schäden, die nicht von § 675y erfasst werden (zB Folgeschäden), verschuldensabhängige Schadenersatzansprüche über § 280 Abs. 1 eröffnet.
² Zur Einordnung MüKoBGB/*Zetzsche* § 675x Rn. 3.
³ Staub/*Grundmann* Zahlungsgeschäft Rn. 488, der „das System des Zahlungsdiensterechts mit seiner Risikoverteilung nach Sphären" fortdenkt.

im Wesentlichen durch Art. 89 und 90 ZDRL neu gefasst, um neben der nicht erfolgten oder fehlerhaften Ausführung auch den verspätet ausgeführten Zahlungsauftrag als eigenständigen Fall einer Leistungsstörung für Push- und für Pull-Zahlungen zu erfassen (Abs. 3 und 4).[4]

3   Darüber hinaus wird der **Zahlungsauslösedienstleister** in Umsetzung von Art. 90 Abs. 1 UAbs. 1 ZDRL wiederum dem kontoführenden Zahlungsdienstleister zugerechnet (Abs. 1 S. 2). Schließlich regelt der in Abs. 5 (vormals Abs. 3) neu eingefügte Satz 3 in Umsetzung von Art. 88 Abs. 3 ZDRL dass der Zahlungsdienstleister des Zahlers diesem die für die Anspruchsverfolgung relevanten Informationen mitteilen muss. Sonderregeln gelten mit der Umsetzung der ZDRL nach Abs. 8 für One-leg-Transaktionen, auf die in Umsetzung von Art. 2 Abs. 4 ZDRL (räumlicher Anwendungsbereich) wegen der unterschiedlichen Usancen Haftungsregeln nicht anwendbar sind.[5] Abdingbar gegenüber Verbrauchern nach § 675e Abs. 2 S. 1.[6] Zu Lasten des unternehmerischen Zahlers kann grundsätzlich abgewichen werden (§ 675e Abs. 4), zu Gunsten jedes Zahlers im Rahmen der §§ 307 ff.[7]

II. Erstattungsanspruch

4   Der Erstattungsanspruch knüpft an die verschiedenen Formen der Leistungsstörung an. **Nichtausführung** bedeutet gar keine Ausführung, unabhängig vom Grund (Versuch scheitert, Überweisung verlorengegangen).[8] Eine **fehlerhafte Ausführung** liegt vor, wenn ein anderer Betrag übermittelt wird oder die Zahlung dem falschen Empfänger erfolgt,[9] auch bei Verlust des gesamten Zahlungsbetrages,[10] nicht jedoch bei einer Kürzung, dann findet Abs. 6 als Spezialvorschrift Anwendung.[11] Eine **verspätete Ausführung** ist fehlerhafte Ausführung[12] und liegt vor, wenn die Ausführungsfristen nach § 675s nicht eingehalten werden.[13] Das gilt dogmatisch auch nach der Umsetzung der ZDRL, weil die Gesetzesbegründung die verspätete Ausführung nur einer eigenen Kategorie zuweist, ohne aber eine Aussage über die dogmatische Einordnung zu treffen.[14] Die dogmatische Einordnung lässt freilich die angeordnete Rechtsfolge unberührt.

5   Der Erstattungsanspruch bei der **Push-Zahlung** (Abs. 1 S. 1 und bei verspäteten Push-Zahlungen Abs. 3 S. 1, 2) – Hauptanwendungsfall ist die **Überweisung** – ist entweder auf die Berichtigungsbuchung bzw. die Übermittlung des Betrages gerichtet (Abs. 1) oder auf Herbeiführung der Berichtigungsbuchung über den Zahlungsdienstleister des Empfängers „als sei der Zahlungsvorgang ordnungsgemäß ausgeführt worden" (Abs. 3 S. 1, 2). Die Berichtigungs- bzw. Stornobuchungen sind mit derselben Valuta wie die Belastungsbuchungen durchzuführen.[15] Wird für die Push-Zahlung ein **Zahlungsauslösedienstleister** eingebunden, wird dieser stets dem kontoführenden Zahlungsdienstleister des Zahlers zugerechnet, der wie für eine eigene Pflichtverletzung haftet (Abs. 1 S. 3, Abs. 3 S. 3). Grundsätzlich muss die Pflichtverletzung zwischen dem Zugang des Zahlungsauftrags beim Zahlungsdienstleister des Zahlers und dem Eingang des Zahlungsbetrags beim Zahlungsdienstleister des Empfängers erfolgen.[16]

6   Bei **Pull-Zahlungen** (Abs. 2 S. 2 und bei verspäteten Pull-Zahlungen Abs. 4 S. 2) ist der Erstattungsanspruch entweder auf erneute Übermittlung (Abs. 2 S. 2) oder – wenn der Zahlungsdienstleister des Empfängers seine Pflichten erfüllt hat – auf Erstattung (Abs. 2 S. 3 iVm Abs. 1 S. 1, 2) gegen den eigenen Zahlungsdienstleister gerichtet oder auf Herbeiführung der Buchung auf dem Konto des Empfängers als ob der Zahlungsauftrag pünktlich ausgeführt worden ist (Abs. 3 S. 1, 2), wobei diese Haftung entfällt, wenn der Zahlungsdienstleister des Zahlers nachweisen kann, dass er den Zahlungsauftrag rechtzeitig an den Zahlungsdienstleister des Empfängers übermittelt hat (Abs. 3 S. 4). In zeitlicher Hinsicht geht es bei den Pull-Zahlungen, anders als bei den Push-Zahlungen, um den Zeitraum zwischen der Autorisierung der Zahlung durch den Zahler und dem Eingang der Zahlung beim Zahlungsdienstleister des Empfängers.

7   Die **Berichtigungsansprüche** des Zahlers bei **verspäteten Push- und Pull-Zahlungen** (Abs. 3 S. 1 und 4 S. 1) sind technisch **Teil des jeweiligen Erstattungsanspruchs** und sind darauf gerichtet, dass der beauftragte Zahlungsdienstleister (der vom Zahler beauftragte kontoführende Zahlungsdienstleister bei der verspäteten Push-Zahlung und der vom Zahlungsempfänger beauftragte Zahlungsdienst-

---

[4] Gesetzesbegründung BT-Drs. 18/11495, 176 f.
[5] Gesetzesbegründung BT-Drs. 18/11495, 181.
[6] Staudinger/*Omlor*, 2012, § 675y Rn. 2
[7] Palandt/*Sprau* § 675y Rn. 1.
[8] Langenbucher/Bliesener/Spindler/*Langenbucher* § 675y Rn. 5.
[9] Langenbucher/Bliesener/Spindler/*Langenbucher* § 675y Rn. 6.
[10] Hierzu Staudinger/*Omlor*, 2012, § 675y Rn. 3.
[11] Wohl aA als Vorauflage: MüKoBGB/*Zetzsche* § 675y Rn. 5 („… denen ein Zahlungsauftrag zugrunde liegt").
[12] Staudinger/*Omlor*, 2012, § 675y Rn. 4. Differenzierend Erman/*Graf von Westphalen* § 675y Rn. 13 ff.
[13] Langenbucher/Bliesener/Spindler/*Langenbucher* § 675y Rn. 7; Staudinger/*Omlor*, 2012, § 675y Rn. 4 mit dem Hinweis darauf, dass der Anspruch infolge Verzögerung trotz der beabsichtigten Vollharmonisierung ausgeschlossen sein kann, wenn er rechtsmissbräuchlich geltend gemacht wird.
[14] Gesetzesbegründung BT-Drs. 18/11495, 177.
[15] MüKoBGB/*Zetzsche* § 675y Rn. 16.
[16] Staudinger/*Omlor*, 2012, § 675y Rn. 7.

leister des Zahlungsempfängers bei der verspäteten Pull-Zahlung) dafür sorgen, dass die Buchung auf denjenigen Stand gebracht wird, der bestehen würde, wenn die Ausführung des Zahlungsauftrags nicht verspätet gewesen wäre und damit der Erstattungserfolg herbeigeführt wird. Durch die Umsetzung des Art. 89 ZDRL, der insoweit von Art. 75 ZDRL 2007 abweicht, wurde klargestellt, dass die verspätete Ausführung technisch keinen Fall der fehlerhaften Ausführung,[17] sondern eine eigenständige Kategorie darstellt.[18]

Neben dem Anspruch auf rückwirkende Wertstellung auf dem Konto des Zahlers oder des Emp- **8** fängers (entweder durch den Zahlungsdienstleister des Zahlers bei Push-Zahlungen oder durch denjenigen des Empfängers bei Pull-Zahlungen) steht dem Zahler ein **verschuldensabhängiger Schadenersatzanspruch** (§ 280 Abs. 1) gegen den jeweiligen Zahlungsdienstleister zu, wenn der Zahlungsempfänger ihn im Valutaverhältnis auf Schadenersatz in Anspruch nimmt, weil sein Konto bis zur rückwirkenden Wertstellung keine Deckung aufgewiesen hat und er wiederum Dritten gegenüber haftet (zB nach §§ 286 Abs. 1, 288 Abs. 1 S. 1, 280 Abs. 1).[19] Tritt doch noch Erfüllung im Valutaverhältnis ein, kann der Zahlungsdienstleister dem Nutzer einen Bereicherungsanspruch (aus § 812 Abs. 1 S. 1 Alt. 1) entgegenhalten.[20]

Das Haftungsverhältnis ist wegen der jeweiligen Besonderheiten des Zahlungsverfahrens in den **9** AGB zusätzlich und teilweise recht umfangreich geregelt.[21] Neben der Wiedergabe des Gesetzeswortlauts sind in den AGB Haftungsbeschränkungen enthalten,[22] die sich wegen des zwingenden Charakters von § 675y im B2C-Bereich auf den Schadenersatzanspruch nach § 280 Abs. 1 beziehen und bei Bearbeitungsfehlern sicherstellen sollen, dass nur Schäden ersetzt werden, die sich unmittelbar aus der Fehlbuchung ergeben.[23] Grundsätzlich kann der Zahlungsdienstleister dem Nutzer – wenn die Voraussetzungen vorliegen – Mitverschulden (§ 254) entgegenhalten.[24]

III. Nachzahlungsanspruch

In den Fällen einer Verkürzung des Zahlungsbetrages, und zwar sowohl bei Push- als auch bei **10** Pull-Zahlungen, steht dem Zahlungsempfänger ein Anspruch auf Nachzahlung gegen den jeweiligen Zahlungsdienstleister zu. Abs. 1 S. 4 regelt das für die **Push-** (gegen den Zahlungsdienstleister des Zahlers) und Abs. 2 S. 3 für die **Pull-Zahlung** (gegen den Zahlungsdienstleister des Empfängers). Dieser Anspruch setzt voraus, dass entgegen § 675q Abs. 1 (Abs. 1 S. 4 für die Push-Zahlung) bzw. entgegen § 675q Abs. 1 und 2 (Abs. 2 S. 3 für die Pull-Zahlung) Abzüge vorgenommen worden sind.

Für die **Push-Zahlung** schließt das neben dem Zahlungsdienstleister des Zahlers auch Intermediäre **11** mit ein (§ 675q Abs. 1). Für die Pull-Zahlung besteht die Besonderheit, dass gegebenenfalls mit dem Zahlungsempfänger vereinbarte Entgelte berücksichtigt werden (§ 675q Abs. 2). Der Nachzahlungsanspruch erstreckt sich zudem nach Abs. 6 auf **Zinsen und Entgelte,** die im Rahmen des nicht oder fehlerhaft ausgeführten Zahlungsauftrags einbehalten worden sind.[25] Dem Wortlaut nach erstreckt sich Abs. 6 nicht auf die Fälle verspäteter Ausführung; insofern bleibt es bei dem jeweiligen Anspruch aus Abs. 3 S. 1 (Push-Zahlung) und Abs. 4 S. 1 (Pull-Zahlung), der jeweils durch die rückwirkende, vollständige Wertstellung (dh ohne Abzug) den Fall des Abs. 6 für die verspätete Ausführung ebenfalls abdeckt.

IV. Wiederbeschaffungsanspruch

Der Anspruch auf Wiederbeschaffung des Zahlungsbetrages (Abs. 5 S. 2) greift ein, wenn der auf **12** der Basis der Kundenkennung korrekt ausgeführte Zahlungsauftrag wegen eines Erklärungsirrtums des

---

[17] Zur Einordnung vor Umsetzung der ZDRL vgl. nur Langenbucher/Bliesener/Spindler/*Langenbucher* § 675y Rn. 7 mwN; Staudinger/*Omlor,* 2012, § 675y Rn. 4 und differenzierend Erman/Graf von Westphalen § 675y Rn. 13 ff.

[18] Gesetzesbegründung BT-Drs. 18/11495, 177.

[19] Gesetzesbegründung BT-Drs. 18/11495, 177 unter Verweis auf den insoweit nur rudimentären Charakter der umgesetzten Norm (Art. 89 ZDRL) und den damit statthaften Rückgriff auf nationales Recht. *Hadding* WM 2014, 2065 (2068) vertritt insofern einen verschuldensunabhängigen Schadenersatzanspruch. Dagegen unter Verweis auf den Ausnahmecharakter des § 280 und mögliche Wertungswidersprüche im Hinblick auf einen Anspruch wegen fehlerhafte Ausführung *Einsele* WM 2015, 1125 (1128).

[20] BeckOK BGB/*Schmalenbach* § 675y Rn. 8 unter Verweis auf § 675z (s. dort).

[21] S. beispielhaft Nr. 2.3.1 bis 2.3.3 (Inlandszahlungen) und Nr. 3.1.3.1 bis 3.1.3.4 (Auslandszahlungen) der Überweisungsbedingungen der Deutschen Bank (Stand: 10/2018), → Anh. § 676c Rn. 1.

[22] S. zB Nr. 2.3.3 Abs. 2 sowie Nr. 3.1.3.3 Abs. 2 der Überweisungsbedingungen der Deutschen Bank (Stand: 10/2018), → Anh. § 676c Rn. 1. S. auch Kommentierung zu § 675z.

[23] S. insofern auch die Nutzungsbedingungen PayPal unter www.paypal.com (Stand 19.12.2019) unter der Überschrift „Freistellung und Beschränkung der Haftung".

[24] Zutreffend BeckOK BGB/*Schmalenbach* § 675y Rn. 4; aA MüKoBGB/*Zetsche* § 675y Rn. 24.

[25] Staudinger/*Omlor,* 2012, § 675y Rn. 12; Erman/*Graf von Westphalen* § 675y Rn. 32; BeckOK BGB/*Schmalenbach* § 675y Rn. 22; zu den Auswirkungen auf das Valutaverhältnis s. auch Langenbucher/Bliesener/Spindler/*Langenbucher* § 675y Rn. 17.

Zahlers zu einer Zahlung an den falschen Empfänger führt;[26] insofern ergänzt Abs. 5 S. 2 den § 675r Abs. 1 S. 1 und 2, der nur an die Verwendung der Kundenkennung anknüpft und keine Prüfungspflichten für den Zahlungsdienstleister statuiert.[27] Der Zahler kann in einem solchen Fall von seinem Zahlungsdienstleister verlangen, dass dieser sich **im Rahmen seiner Möglichkeiten** um die Wiedererlangung des Zahlungsbetrages bemüht (Abs. 5 S. 2). „Im Rahmen seiner Möglichkeiten bemühen" bedeutet, dass er **keinen Erfolg** schuldet, sondern nur eine ernsthafte Anstrengung, er schuldet nur dasjenige, was ihm vernünftigerweise zugemutet werden kann.[28] Vor Umsetzung der ZDRL ist wegen der ansonsten aussichtslosen Situation des Zahlers vertreten worden, der Zahlungsdienstleister müsse „sämtliche geeigneten Mittel, die ihm zur Verfügung stehen" nutzen; es bestünde eine Rückholpflicht, wenn der Zahlungsauftrag noch in der Zahlungskette unterwegs sei, die nach Gutschrift in eine Mitwirkungspflicht umschlage, wobei freilich nicht recht klar wird, was damit im Einzelnen gemeint ist.[29]

13   Mit der Umsetzung von Art. 88 Abs. 3 ZDRL insbesondere in Abs. 5 S. 3 wird nun der Zahlungsdienstleister des Zahlungsempfängers in die Wiederbeschaffung miteinbezogen. Dieser muss dem Zahlungsdienstleister des Zahlers (wie der Zahlungsdienstleister des Zahlers im Falle der fehlgeschlagenen Wiederbeschaffung nach Satz 4) **alle relevanten Informationen** herausgeben. Das bedeutet, dass die Mitwirkungspflichten vom Zahlungsdienstleister des Zahlers teilweise auf den Zahlungsdienstleister des Empfängers verlagert werden, wobei man davon ausgehen muss, dass beide Zahlungsdienstleister nunmehr über die Informationsherausgabe hinaus dem Zahler eine zielgerichtete Zusammenarbeit bei der Wiederbeschaffung des Zahlbetrages schulden. Insofern wird der Zahlungsdienstleister des Empfängers, der diesem gegenüber aufgrund des Rahmenvertrages zur Interessenwahrung verpflichtet ist, zur Unterstützung des Anspruchstellers herangezogen.[30]

14   Die **Pflichten des Zahlungsdienstleisters des Empfängers sind umfassend:** sie erstrecken sich zunächst auf die Rückleitung ohne Offenlegung der Identität des Kunden und erst danach auf Maßnahmen, die eine Offenlegung der Identität erfordern,[31] ggf. auch unter Aufforderung des Kunden, an der Rückleitung mitzuwirken, zB durch Zurückweisung der Gutschrift.[32] Wenn die Wiederbeschaffung fehlschlägt, ist der Zahlungsdienstleister des Zahlers verpflichtet, ihm auf einen schriftlichen Antrag hin alle relevanten Informationen herauszugeben (Abs. 5 S. 4). Für die Tätigkeiten nach Abs. 5 S. 2–4 darf im jeweiligen Zahlungsdiensterahmenvertrag ein Entgelt vereinbart werden, das mit der Umsetzung von Art. 88 Abs. 4 ZDRL nicht mehr erfolgsabhängig ausgestaltet sein muss.[33]

V. Nachverfolgungs- und Auskunftsanspruch

15   Der Nachverfolgungs- und Auskunftsanspruch bezieht sich auf Push- oder Pull-Zahlungen und richtet sich jeweils gegen den Zahlungsdienstleister des Zahlers und denjenigen des Empfängers, je nach dem, über welchen Zahlungsdienstleister der Zahlungsvorgang ausgelöst worden ist. Er beinhaltet grundsätzlich, dass der Zahlungsdienstleister des Zahlers (Abs. 7 Alt. 1, Push-Zahlung) und derjenige des Empfängers (Abs. 7 Alt. 2, Pull-Zahlung) im Falle eines nicht oder fehlerhaft ausgeführten Zahlungsvorgangs (nicht bei verspäteter Ausführung) den Zahlungsvorgang nachvollziehen und dem Zahler die Einzelheiten mitteilen muss, um ihn in die Lage zu versetzen, seinen Anspruch gegen den Zahlungsempfänger durchzusetzen. Die Nachforschungs- und Informationsverschaffungspflicht unterstützt zudem den Anspruch auf Wiederbeschaffung[34] und ist dogmatisch als besondere Ausprägung des allgemeinen Auskunftsanspruchs aus Treu und Glauben einzuordnen.[35]

---

[26] Langenbucher/Bliesener/Spindler/*Langenbucher* § 675y Rn. 19 für die Überweisung.

[27] S. zum Normzweck auch MüKoBGB/*Zetzsche* § 675y Rn. 62.

[28] Langenbucher/Bliesener/Spindler/*Langenbucher* § 675y Rn. 19 unter Verweis auf die relativ hohen Anforderungen an die Unzumutbarkeit. S. auch Erman/*Graf von Westphalen* § 675y Rn. 36 zur Umsetzung der ZDRL 2007.

[29] Zutreffend MüKoBGB/*Zetzsche* § 675y Rn. 62.

[30] *Hoffmann* WM 2016, 1110 (1114), der diese Pflicht kritisch betrachtet und dogmatisch als „Fall der Dritthaftung nach den Grundsätzen der CIS" einordnet. Insofern weise das Interbankenverhältnis keine eigenständige Schutzwirkung zugunsten des Zahlers auf. Das Argument überzeugt freilich auch außerhalb des Gesetzeswortlauts nicht: Das Interbankenverhältnis schützt alle Beteiligten des Zahlungsvorgangs. Der Zahler ist jedenfalls leistungsnah (er kommt nicht nur „zufällig" mit den Leistungspflichten in Berührung) und seine Einbeziehung entspricht auch den Interessen der Beteiligten („Gleichlauf"; es geht um die Sicherstellung einer vertragsgemäßen Abwicklung im Interesse der Integrität des Zahlungsverkehrs). S. zu den Kriterien iE Staudinger/*Klumpp*, 2015, § 328 Rn. 111, 117 mit weiteren Beispielen aus anderen Bereichen.

[31] *Hoffmann* WM 2016, 1110 (1117).

[32] *Hoffmann* WM 2016, 1110 (1116 f.) – Offenlegung der Kundenidentität als „ultima ratio".

[33] Gesetzesbegründung BT-Drs. 18/11495, 181. S. zur Umsetzung beispielsweise Nr. 2.6.5 Abs. 1 der Bedingungen SEPA-Basislastschrift der Deutschen Bank (Stand: 03/2019), → Anh. § 676c Rn. 2, die insofern wiederum auf das „Preis- und Leistungsverzeichnis" verweist.

[34] Zu Sinn und Zweck MüKoBGB/*Zetzsche* § 675y Rn. 72.

[35] Staudinger/*Omlor*, 2012, § 675y Rn. 21.

VI. Beweislast

Die **Beweislast** für die vertragsgemäße Bewirkung des Leistungserfolges trägt der Zahlungsdienst- 16
leister.[36]

§ 675z Sonstige Ansprüche bei nicht erfolgter, fehlerhafter oder verspäteter Ausführung eines Zahlungsauftrags oder bei einem nicht autorisierten Zahlungsvorgang

[1]**Die §§ 675u und 675y sind hinsichtlich der dort geregelten Ansprüche eines Zahlungs-dienstnutzers abschließend.** [2]**Die Haftung eines Zahlungsdienstleisters gegenüber seinem Zahlungsdienstnutzer für einen wegen nicht erfolgter, fehlerhafter oder verspäteter Ausführung eines Zahlungsauftrags entstandenen Schaden, der nicht bereits von § 675y erfasst ist, kann auf 12 500 Euro begrenzt werden; dies gilt nicht für Vorsatz und grobe Fahrlässigkeit, den Zinsschaden und für Gefahren, die der Zahlungsdienstleister besonders übernommen hat.** [3]**Zahlungsdienstleister haben hierbei ein Verschulden, das einer zwischengeschalteten Stelle zur Last fällt, wie eigenes Verschulden zu vertreten, es sei denn, dass die wesentliche Ursache bei einer zwischengeschalteten Stelle liegt, die der Zahlungsdienstnutzer vorgegeben hat.** [4]**In den Fällen von Satz 3 zweiter Halbsatz haftet die von dem Zahlungsdienst-nutzer vorgegebene zwischengeschaltete Stelle anstelle des Zahlungsdienstleisters des Zah-lungsdienstnutzers.** [5]**§ 675y Absatz 5 Satz 1 ist auf die Haftung eines Zahlungsdienstleisters nach den Sätzen 2 bis 4 entsprechend anzuwenden.** [6]**Wenn ein Fall des § 675d Absatz 6 Satz 1 Nummer 1 Buchstabe b vorliegt, ist § 675z Satz 3 auf die innerhalb des Europäischen Wirtschaftsraums getätigten Bestandteile des Zahlungsvorgangs nicht anzuwenden.**

I. Allgemeines

Es handelt sich bei der Vorschrift um eine zusätzliche Anspruchsgrundlage für diejenigen Fälle, die 1
nicht bereits unter §§ 675u und 675y fallen. Nach Satz 1 sind die §§ 675u und 675y *leges speciales* zu
§ 675z.[1] § 675z beruht auf Art. 60 Abs. 2, 76 und 86 Abs. 1 ZDRL 2007 und wurde im Wesentlichen
durch die Umsetzung des Ratio der Art. 73 Abs. 3 und 91 ZDRL 2007(weitere Ansprüche sind im
nationalen Recht möglich)[2] und der Erstreckung auf die verspätete Ausführung in Art. 89 Abs. 1 und
2 ZDRL geändert (autorisierte Zahlungsvorgängen fallen weiterhin nicht in den Anwendungsbereich
der Norm).[3] Sonderregeln gelten mit der Umsetzung der ZDRL nach Satz 5 für One-leg-Transaktionen, Satz 3 (Nichtzurechnung einer vom Zahler vorgegebenen, zwischengestalteten Stelle) ist in
diesen Fällen unanwendbar (und damit sind vertragliche Regelungen zulässig). Zu Lasten des unternehmerischen Zahlers kann grundsätzlich abgewichen werden (§ 675e Abs. 4), zu Gunsten jedes
Zahlers im Rahmen der §§ 307 ff.[4]

II. Haftungsbegrenzung (Satz 2)

Es handelt sich bei Satz 2 nicht um eine eigenständige Anspruchsgrundlage, vielmehr wird die 2
Haftung aus Ansprüchen des Deckungsverhältnisses (Rahmenvertrag und ggf. Einzelweisung) begrenzt,
wenn keine Haftung nach § 675y besteht[5] und keine ausdrückliche, höhere Haftungsübernahme
vereinbart worden ist.[6]

Die Möglichkeit, die **Haftung durch Vereinbarung in AGB (Zahlungsdiensterahmenvertrag)** 3
auf 12.500 EUR zu reduzieren,[7] trägt der Tatsache Rechnung, dass Zahlungsdienstleister ansonsten
einer Vielzahl von potenziellen Ansprüchen ausgesetzt wäre, die erhebliche Größenordnungen erreichen können und in keinem Verhältnis zu den verdienten Gebühren des Zahlungsdienstleisters stehen;
zu denken ist nur an Ansprüche infolge entgangenen Gewinns.[8] Zudem können unbegrenzte potenzielle Ansprüche durch das Risikomanagement eines Instituts (nach § 25a KWG iVm der MaRisk) nur
unzureichend erfasst werden und stellen daher zusätzlich ein Risiko für die Stabilität des Instituts und
damit des Finanzsektors dar. Zu beachten ist, dass die Haftungsbegrenzung nur für Ansprüche ver-

---

[36] BeckOK BGB/*Schmalenbach* § 675y Rn. 10; aA Palandt/*Sprau* § 675y Rn. 5 unter Verweis auf die Beweislastregel des § 676, die aber insoweit nicht abschließend ist.
[1] Palandt/*Sprau* § 675z Rn. 2; Langenbucher/Bliesener/Spindler/*Langenbucher* § 675z Rn. 3.
[2] Hierzu Gesetzesbegründung BT-Drs. 18/11495, 182.
[3] Zur Rechtslage vor der Umsetzung der ZDRL MüKoBGB/*Zetzsche* § 675z Rn. 2.
[4] Palandt/*Sprau* § 675z Rn. 1.
[5] MüKoBGB/*Zetzsche* § 675z Rn. 12.
[6] BeckOK BGB/*Schmalenbach* § 675z Rn. 5.
[7] → § 675y Rn. 1 ff.
[8] MüKoBGB/*Zetzsche* § 675z Rn. 15.

einbart werden kann, die in den Bereich des § 675z fallen, nicht für solche nach §§ 675u und 675y;[9] in diesen Fällen hat der Schutz des Zahlers Vorrang.

4   Schließlich wird durch Satz 2 die Möglichkeit der Parteien begrenzt, weitergehende Haftungsbeschränkungen für Ansprüche des Zahlers gegen den Zahlungsdienstleister zu vereinbaren.[10] **Ausgeschlossen ist die Haftungsbegrenzung für Fälle vorsätzlichen oder grob fahrlässigen Handelns,** und zwar unabhängig davon, ob es eigenes Verhalten oder dasjenige des zwischengeschalteten Zahlungsdienstleisters ist, das nach Satz 3 zugerechnet wird.[11] Eine Haftungsbegrenzung ist nach S. 2 Hs. 2 auch unzulässig für den Zinsschaden des Zahlers und für dasjenige Risiko, das der Zahlungsdienstleister ausdrücklich übernommen hat[12]. Unter Zinsschaden ist vor allem der Verzugsschaden des Zahlungsempfängers nach §§ 286 Abs. 1, 288 Abs. 1–3 zu verstehen, nicht aber nach § 288 Abs. 4, zum Beispiel auf den entgangenen Gewinn.[13] Folgeschäden werden weder von § 675y noch von § 675z erfasst.[14] Die Übernahme eines spezifischen Risikos im Zusammenhang mit einem Zahlungsvorgang erfordert eine Vereinbarung zwischen Zahler und Zahlungsdienstleister im Rahmenvertrag (Inhaltskontrolle nach §§ 307 ff.) oder eine darüberhinausgehende (individualvertragliche) Vereinbarung, die aber nicht selbständiges Garantieversprechen sein muss.[15] Konkludente Vereinbarungen, zB im Rahmen der Ausführung eines „dringlichen" Zahlungsauftrags, werden mangels Rechtsbindungswillens des Zahlungsdienstleisters regelmäßig nicht vorliegen.[16] In Betracht kommen unabhängig davon Ansprüche aus den §§ 823 ff., die durch § 675z nicht grundsätzlich gesperrt werden[17]; sofern Haftungsbegrenzungen für weitergehende Schadenersatzansprüche formularmäßig vereinbart werden, unterliegen diese der üblichen Inhaltskontrolle nach den §§ 307 ff.

III. Verschuldenszurechnung (Satz 3)

5   Dem Zahlungsdienstleister wird das Verschulden der zwischengeschalteten Stelle zugerechnet, es sei denn, der Zahlungsdienstnutzer selbst hat die Stelle vorgegeben, dann haftet der Zahlungsdienstnutzer. Das wird grundsätzlich der Fall sein, wenn sich Käufer und Verkäufer auf die Nutzung eines E-Geld-Anbieters einigen, der im Interesse beider Parteien zusätzliche Dienstleistungen anbietet (zB PayPal). Es ist dann nicht ersichtlich, warum der Zahlungsdienstleister des Zahlers (Zahlungsquelle) oder des Empfängers für das Verschulden des E-Geld-Anbieters einstehen sollten. Satz 3 beruht nämlich auf dem Grundsatz, dass zwischengeschaltete Stellen jeweils Erfüllungsgehilfen (§ 278) derjenigen Partei sind, die sie einschalten und in deren Pflichtenkreis die Pflichtverletzung fällt.[18]

6   § 664 Abs. 1 S. 2, der die Haftung im Auftragsrecht auf die Auswahlentscheidung begrenzt, ist im Rahmen von § 675z **unanwendbar.**[19] Die zwischengeschaltete Stelle muss einen überwiegenden, kausalen Beitrag geleistet und damit einen wesentlichen Beitrag zur Leistungsstörung geleistet haben.[20]

7   **Im Geschäftsverkehr** – und nur dort ist eine abweichende Regelung in den Grenzen des § 307 BGB zulässig (→ Rn. 1) – weichen die jeweiligen AGB vollständig von Satz 3 ab und begrenzen zudem die Haftung bei weitergeleiteten Aufträgen auf den Zahlbetrag.[21]

IV. Anspruch des Zahlungsdienstnutzers gegen die zwischengeschaltete Stelle (Satz 4)

8   Nach Satz 4 steht dem Nutzer ein direkter Anspruch gegen die zwischengeschaltete Stelle zu, wenn der Haftungsausschluss für seinen Zahlungsdienstleister (S. 3 Hs. 2) greift, obwohl ansonsten ein Anspruch gegen den Zahlungsdienstleister bestünde. Entscheidend ist, dass der Anspruch nur durch die Haftungsbegrenzung entfiele.[22] Der Anspruch folgt aus einem gesetzlichen Schuldverhältnis, nämlich

---

[9] Langenbucher/Bliesener/Spindler/*Langenbucher* § 675z Rn. 5. S. differenzierend Erman/*Graf von Westphalen* § 675z Rn. 7, der abweichende Vereinbarungen bei Ansprüchen aus § 675u grundsätzlich für möglich hält, aber im Rahmen der Klauselkontrolle § 307 Abs. 2 Nr. 1 von einer weitgehenden Unzulässigkeit ausgeht.

[10] Zu den möglichen Vereinbarungen in AGB und deren Grenzen: MüKoBGB/*Zetzsche* § 675z Rn. 13 f.

[11] MüKoBGB/*Zetzsche* § 675z Rn. 14.

[12] Erman/*Graf von Westphalen* § 675z Rn. 8 (Zinsschaden bereits von § 675y erfasst).

[13] MüKoBGB/*Zetzsche* § 675z Rn. 15.

[14] Staudinger/*Omlor*, 2012, § 675z Rn. 7.

[15] MüKoBGB/*Zetzsche* § 675z Rn. 13.

[16] Palandt/*Sprau* § 675z Rn. 4.

[17] BeckOK BGB/*Schmalenbach* § 675z Rn. 3.

[18] Langenbucher/Bliesener/Spindler/*Langenbucher* § 675z Rn. 6. AA MüKoBGB/*Zetzsche* § 675z Rn. 18, eigenständige Regelung, § 278 wird verdrängt, mit der Folge, dass die Erfüllungsgehilfeneigenschaft nicht separat zu prüfen ist.

[19] Langenbucher/Bliesener/Spindler/*Langenbucher* § 675z Rn. 6.

[20] MüKoBGB/*Zetzsche* § 675z Rn. 19.

[21] S. insofern Nr. 2.3.4 der Überweisungsbedingungen der Deutschen Bank (Stand: 10/2018), → Anh. § 676c Rn. 1. Bedenken an der AGB-rechtlichen Zulässigkeit: MüKoBGB/*Zetzsche* § 675z Rn. 20.

[22] MüKoBGB/*Zetzsche* § 675z Rn. 18.

demjenigen, das durch Satz 3 begründet wird.[23] Geht man von einem gesetzlich begründeten Schuldverhältnis aus, das weitergehende Ansprüche nicht *per se* sperrt, kommen grundsätzlich über §§ 675u, 675v und § 675z hinausgehende Ansprüche aus anderen Haftungsverhältnissen in Betracht, wie zB bei der Vereinbarung weitergehender Pflichten im Geschäftsverkehr.[24]

V. Haftungsausschluss (Satz 5)

Ausgeschlossen ist die Haftung nach Satz 5, wenn der Zahlungsauftrag anhand einer vom Nutzer fehlerhaft verwendeten Kundenkennung ausgeführt worden ist. Das ist ein Anwendungsfall von § 675r Abs. 1, mit der Folge, dass es sich um einen ordnungsgemäß ausgeführten Zahlungsauftrag handelt (§ 675r Abs. 1 S. 2)[25] und keine Haftung des Zahlungsdienstleisters begründet wird.

§ 676 Nachweis der Ausführung von Zahlungsvorgängen

Ist zwischen dem Zahlungsdienstnutzer und seinem Zahlungsdienstleister streitig, ob der Zahlungsvorgang ordnungsgemäß ausgeführt wurde, muss der Zahlungsdienstleister nachweisen, dass der Zahlungsvorgang ordnungsgemäß aufgezeichnet und verbucht sowie nicht durch eine Störung beeinträchtigt wurde.

I. Allgemeines

Es handelt sich bei der Vorschrift um eine allgemeine Beweisregel, die von den spezielleren §§ 675r **1** und 675w in deren Anwendungsbereich verdrängt wird.[1] Sie formuliert die Mindestanforderungen an den Nachweis der ordnungsgemäßen Ausführung eines Zahlungsvorgangs[2] und beruht auf Art. 59 Abs. 1 ZDRL 2007 (soweit nicht durch § 675w umgesetzt) und wurde durch die Umsetzung der ZDRL nicht geändert. Zu Lasten des unternehmerischen Zahlers kann grundsätzlich abgewichen werden (§ 675e Abs. 4), zu Gunsten jedes Zahlers im Rahmen der §§ 307 ff.[3]

II. Inhalt der Beweisregel

Der Zahlungsdienstleister muss nachweisen, dass der Zahlungsvorgang ordnungsgemäß aufgezeich- **2** net und verbucht sowie nicht durch eine Störung beeinträchtigt wurde. Es handelt sich hierbei um eine Nachweisfiktion.[4] Das entspricht § 675w S. 1. Die Merkmale „ordnungsgemäß aufgezeichnet und verbucht" bereiten insoweit keine Schwierigkeiten und erklären sich aus dem Wortsinn heraus. Liegen die Protokolle zur Aufzeichnung und Buchung nicht vor, gilt der Beweis als nicht geführt.[5] **Störungsfrei** ist der Ablauf, wenn er bei funktionierenden und dem Stand der Technik entsprechenden IT-Systemen unauffällig verläuft.[6] Es reicht insofern nicht aus, dass er unabhängig von der Erfüllung der technischen Anforderungen unauffällig verläuft, etwa, weil die Schwelle zur Auffälligkeit besonders hoch angesetzt ist. Bei der Beweiswürdigung sind gerade die technischen Rahmenbedingungen in diesem Sinne zu berücksichtigen[7] (→ § 675w Rn. 6).

III. Reichweite der Beweisregel

Die Beweislast richtet sich zwar nach den allgemeinen Regeln, jedoch ist der Beweis des ordnungs- **3** gemäß durchgeführten Zahlungsvorgangs nicht erbracht, wenn die Voraussetzungen des § 676 nicht erfüllt sind.[8] § 676 regelt die Mindestanforderungen an die Beweisführung.[9] Erfüllt der Zahlungsdienstleister die Voraussetzungen des § 676, heißt das nicht automatisch, dass er den Entlastungsbeweis

---

[23] Zutreffend MüKoBGB/*Zetzsche* § 675z Rn. 22, 27 unter Verweis auf die aA, die den Anspruch aus dem Girovertrag zwischen dem Zahlungsdienstleister des Zahlers und der zwischengeschalteten Stelle herleiten (Vertrag zugunsten Dritter, Vertrag mit Schutzwirkung zugunsten Dritter) oder von den Grundsätzen der Drittschadensliquidation ausgehen oder einen Vertrag sui generis mit der entsprechenden Haftungsfolge annehmen. Unabhängig von der dogmatischen Herleitung führen die Auffassungen zum selben Ergebnis, wenn man jeweils den Sinn und Zweck der Richtlinie mitberücksichtigt.

[24] MüKoBGB/*Zetzsche* § 675z Rn. 28 f.; Langenbucher/Bliesener/Spindler/*Langenbucher* § 675z Rn. 7 unter Verweis auf den Meinungsstand vor Umsetzung der ZDRL 2007.

[25] Erman/*Graf von Westphalen* § 675z Rn. 11.

[1] Palandt/*Sprau* § 676 Rn. 1.

[2] Staudinger/*Omlor*, 2012, § 676 Rn. 1.

[3] Palandt/*Sprau* § 676 Rn. 1.

[4] Staudinger/*Omlor*, 2012, § 676 Rn. 3.

[5] Palandt/*Sprau* § 676 Rn. 2.

[6] Langenbucher/Bliesener/Spindler/*Langenbucher* § 675w Rn. 5 zur technischen Unauffälligkeit des Vorgangs.

[7] BGH Urt. v. 26.1.2016 – XI ZR 91/14, NJW 2016, 2024 (2027 f.).

[8] Staudinger/*Omlor*, 2012, § 676 Rn. 1; Palandt/*Sprau* § 676 Rn. 2.

[9] Staudinger/*Omlor*, 2012, § 676 Rn. 1; BeckOK BGB/*Schmalenbach* § 676 Rn. 2.

des § 675y Abs. 1 S. 5 führen kann, insbesondere, wenn man davon ausgeht, dass § 675y Abs. 1 S. 5 faktisch eine Beweislastumkehr zu Lasten des Zahlungsdienstleisters enthält.[10] Es handelt sich jedoch nicht um eine unwiderlegliche Vermutung[11].

IV. Nachweispflicht

4   Durch Art. 72 Abs. 1 ZDRL wird die Nachweispflicht des Zahlungsauslösedienstleisters geregelt, dieser muss „nachweisen, dass der Zahlungsvorgang – innerhalb seines Zuständigkeitsbereichs – authentifiziert, ordnungsgemäß aufgezeichnet und nicht durch eine technische Panne oder einen anderen Mangel im Zusammenhang mit dem von ihm verantworteten Zahlungsdienst beeinträchtigt wurde." Insofern weicht die Definition der Pflichten bei der Ausführung eines Zahlungsauftrags etwas von derjenigen im unverändert gebliebenen § 676 ab. Die Gesetzesbegründung nimmt hierauf an anderer Stelle Bezug, sieht aber weder im Rahmen von § 676 noch im Rahmen von § 676a Umsetzungsbedarf.[12] Der Wortlaut der Richtlinie wird jedoch zusätzlich für die Auslegung des Gesetzestextes bei der Lösung von Fällen herangezogen werden müssen, die nicht unmittelbar den Zahlungsauslösedienstleister betreffen.

§ 676a Ausgleichsanspruch

(1) **Liegt die Ursache für die Haftung eines Zahlungsdienstleisters gemäß den §§ 675u, 675y und 675z im Verantwortungsbereich eines anderen Zahlungsdienstleisters, eines Zahlungsauslösedienstleisters oder einer zwischengeschalteten Stelle, so kann der Zahlungsdienstleister von dem anderen Zahlungsdienstleister, dem Zahlungsauslösedienstleister oder der zwischengeschalteten Stelle den Ersatz des Schadens verlangen, der ihm aus der Erfüllung der Ansprüche eines Zahlungsdienstnutzers gemäß den §§ 675u, 675y und 675z entsteht.**

(2) **Ist zwischen dem kontoführenden Zahlungsdienstleister des Zahlers und einem Zahlungsauslösedienstleister streitig, ob ein ausgeführter Zahlungsvorgang autorisiert wurde, muss der Zahlungsauslösedienstleister nachweisen, dass in seinem Verantwortungsbereich eine Authentifizierung erfolgt ist und der Zahlungsvorgang ordnungsgemäß aufgezeichnet sowie nicht durch eine Störung beeinträchtigt wurde.**

(3) **Ist zwischen dem kontoführenden Zahlungsdienstleister des Zahlers und einem Zahlungsauslösedienstleister streitig, ob ein Zahlungsvorgang ordnungsgemäß ausgeführt wurde, muss der Zahlungsauslösedienstleister nachweisen, dass**

1. **der Zahlungsauftrag dem kontoführenden Zahlungsdienstleister gemäß § 675n zugegangen ist und**
2. **der Zahlungsvorgang im Verantwortungsbereich des Zahlungsauslösedienstleisters ordnungsgemäß aufgezeichnet sowie nicht durch eine Störung beeinträchtigt wurde.**

I. Allgemeines

1   § 676a regelt das Interbankenverhältnis sowie die Rechtsbeziehung zwischen Zahlungsdienstnutzer und Zahlungsauslösedienstleister und beruht in Bezug auf die Interbankenregeln auf Art. 77 ZDRL 2007. Die Norm ist durch die Umsetzung von Art. 92 Abs. 1, 73 Abs. 2 UAbs. S. 1, 90 Abs. 2 ZDRL ergänzt worden. Der ursprüngliche Wortlaut der Norm ist im neuen Wortlaut mit einigen Änderungen aufgegangen (Abs. 1)[1] und um weitere Beweisregeln (Abs. 2, 3) ergänzt worden.

2   Die Regelungen der Vorschrift, die das Interbankenverhältnis betreffen (Abs. 1–3), sind in den Grenzen des § 307 abdingbar, weil sie grundsätzlich nicht von § 675e Abs. 1 erfasst werden.[2] Zu Lasten des unternehmerischen Zahlers kann von den übrigen Bestimmungen auch abgewichen werden (§ 675e Abs. 4), zu Gunsten jedes Zahlers im Rahmen der §§ 307 ff.

II. Ausgleichsanspruch im Interbankenverhältnis (Abs. 1)

3   Das Interbankenverhältnis ist an anderer Stelle der §§ 675c ff. nicht geregelt. Nach Abs. 1 steht dem Zahlungsdienstleister, der einer Haftung nach §§ 675u, 675y oder § 675z ausgesetzt ist, für deren Ursache ein anderer Zahlungsdienstleister oder eine zwischengeschaltete Stelle verantwortlich ist, ein verschuldensunabhängiger Schadenersatzanspruch gegen den Ver-

---

[10] MüKoBGB/*Zetzsche* § 676 Rn. 8.
[11] Erman/*Graf von Westphalen* § 676 Rn. 5.
[12] Gesetzesbegründung BT-Drs. 18/11495, 184 (zweiter Absatz).
[1] Gesetzesbegründung BT-Drs. 18/11495, 183.
[2] BeckOK BGB/*Schmalenbach* § 676a Rn. 8 („weder abschließend noch zwingend"); Palandt/*Sprau* § 676a Rn. 1 am Ende.

ursacher zu. Die Aufnahme des Zahlungsauslösedienstleisters ist nur folgerichtig, weil der Zahlungsdienstleister des Zahlers diesem gem. § 675f Abs. 3 die Zwischenschaltung gestatten muss und ansonsten nach den §§ 675c ff. nicht über einen eigenen Regressanspruch gegenüber dem Zahlungsauslösedienstleister verfügen würde.[3]

Der Anspruch setzt voraus, dass der Anspruchsgegner die **Ursache für den Anspruch des Zahlers** 4 nach §§ 675u, 675y oder 675 gesetzt hat. Hierunter ist nicht zu verstehen, dass ein alleiniges oder überwiegendes Verschulden vorliegt.[4] Vielmehr muss der kausale Beitrag zur mangelhaften Ausführung im Macht- und Einflussbereich und damit in der Sphäre des Anspruchsgegners liegen.[5] Hieraus folgt jedoch nicht, dass die Grundsätze des Mitverschuldens (§ 254) dergestalt herangezogen werden könnten, dass es zu einer Haftungsteilung kommt, wenn nicht ein Anspruchsgegner die Ursache alleine gesetzt hat.[6] Dagegen spricht vor allem der Wortlaut der Norm. Dadurch, dass Abs. 1 die Haftung an einer Ursache aus dem Verantwortungsbereich festmacht, bezieht sich der Wortlaut gerade nicht auf mehrere, nebeneinander bestehende Verantwortungsbereiche mehrerer Zahlungsdienstleister, sondern nur auf denjenigen, in dem die Ursache gesetzt und damit erstmalig aufgetreten ist. Deshalb sind mehrere verantwortliche Zahlungsdienstleister auch Gesamtschuldner (§ 421).[7]

Die Haftung von **Zahlungsauslösedienstleistern** und **E-Geld-Anbietern** (sofern sie im Rahmen 5 des fehlgeschlagenen Zahlungsvorgangs als Zahlungsdienstleister tätig waren) richtet sich nach den allgemeinen Grundsätzen. Insofern muss jeder Zahlungsdienstleister, der in den Zahlungsvorgang eingebunden war, darlegen können, dass die Ursache für den Schadenersatzanspruch in seinem Einflussbereich nicht gesetzt worden ist. In den AGB werden regelmäßig Freistellungsansprüche gegen den Kunden vorgesehen, wenn der zwischengeschaltete Zahlungsdienstleister im Rahmen einer Kettenabwicklung in Regress genommen wird und der Kunde dafür verantwortlich ist.[8]

III. Beweisregeln (insbesondere Abs. 2, 3)

Die Beweisregeln der Abs. 2 und 3 sind im Rahmen der Umsetzung der ZDRL für den Zahlungs- 6 auslösedienstleister neu gefasst worden. Ansonsten bleibt es dabei, dass das Erstinstitut in Erfahrung bringen muss, wer den Fehler verursacht hat. Insofern trägt der Anspruchsteller grundsätzlich die Beweislast, § 676 findet keine Anwendung.[9]

Ist ein **Zahlungsauslösedienstleister** zwischengeschaltet und nimmt der Zahlungsdienstleister 7 diesen für einen nicht autorisierten Zahlungsvorgang (Abs. 2) oder für einen nicht ordnungsgemäß ausgeführten Zahlungsvorgang (Abs. 3) in Anspruch, ist der Zahlungsauslösedienstleister zunächst beweispflichtig, kann aber den **Entlastungsbeweis** führen. Nach Abs. 2 muss er beweisen, dass in seinem Verantwortungsbereich eine Authentifizierung erfolgt ist und der Zahlungsvorgang ordnungsgemäß aufgezeichnet sowie nicht durch eine Störung beeinträchtigt wurde. Nach Abs. 3 muss er beweisen, dass der Zahlungsauftrag dem kontoführenden Zahlungsdienstleister gemäß § 675n zugegangen ist (Abs. 3 Nr. 1) und dass der Zahlungsvorgang im Verantwortungsbereich des Zahlungsauslösedienstleisters ordnungsgemäß aufgezeichnet sowie nicht durch eine Störung beeinträchtigt wurde (Abs. 3 Nr. 2).

Die Begriffe „Authentifizierung", „ordnungsgemäße Aufzeichnung" und „Störung" entsprechen 8 den in §§ 675w und 676 verwendeten Begriffen.[10]

§ 676b Anzeige nicht autorisierter oder fehlerhaft ausgeführter Zahlungsvorgänge

(1) **Der Zahlungsdienstnutzer hat seinen Zahlungsdienstleister unverzüglich nach Feststellung eines nicht autorisierten oder fehlerhaft ausgeführten Zahlungsvorgangs zu unterrichten.**

(2) [1]**Ansprüche und Einwendungen des Zahlungsdienstnutzers gegen den Zahlungsdienstleister nach diesem Unterkapitel sind ausgeschlossen, wenn dieser seinen Zahlungsdienstleister nicht spätestens 13 Monate nach dem Tag der Belastung mit einem nicht autorisierten oder fehlerhaft ausgeführten Zahlungsvorgang hiervon unterrichtet hat.** [2]**Der Lauf der**

---

[3] Gesetzesbegründung BT-Drs. 18/11495, 183.
[4] Unklar insofern Langenbucher/Bliesener/Spindler/*Langenbucher* § 676a Rn. 7.
[5] MüKoBGB/*Zetzsche* § 676a Rn. 8 („Zuordnung von Risikosphären").
[6] So aber BeckOK BGB/*Schmalenbach* § 676a Rn. 3 und 4 unter Verweis auf das „Sphärenkonzept"
[7] MüKoBGB/*Zetzsche* § 676a Rn. 17 mwN.
[8] S. auch die Nutzungsbedingungen PayPal unter www.paypal.com (Stand: 19.12.2019) unter der Überschrift „Freistellung und Begrenzung der Haftung", die Regelungen enthalten, welche alle denkbaren Ansprüche erfassen, die gegen PayPal geltend gemacht werden könnten. Die AGB-rechtliche Zulässigkeit solcher Freistellungsklauseln im B2C-Bereich ist für den Fall anerkannt, dass den Kunden ein echtes Verschulden trifft (§ 276).
[9] MüKoBGB/*Zetzsche* § 676a Rn. 22.
[10] Gesetzesbegründung BT-Drs. 18/11495, 184.

Frist beginnt nur, wenn der Zahlungsdienstleister den Zahlungsdienstnutzer über die den Zahlungsvorgang betreffenden Angaben gemäß Artikel 248 §§ 7, 10 oder § 14 des Einführungsgesetzes zum Bürgerlichen Gesetzbuche unterrichtet hat; anderenfalls ist für den Fristbeginn der Tag der Unterrichtung maßgeblich.

(3) **Für andere als die in § 675z Satz 1 genannten Ansprüche des Zahlungsdienstnutzers gegen seinen Zahlungsdienstleister wegen eines nicht autorisierten oder fehlerhaft ausgeführten Zahlungsvorgangs gilt Absatz 2 mit der Maßgabe, dass der Zahlungsdienstnutzer diese Ansprüche auch nach Ablauf der Frist geltend machen kann, wenn er ohne Verschulden an der Einhaltung der Frist verhindert war.**

(4) ¹**Wurde der Zahlungsvorgang über einen Zahlungsauslösedienstleister ausgelöst, sind Ansprüche und Einwendungen des Zahlungsdienstnutzers gegen seinen kontoführenden Zahlungsdienstleister ausgeschlossen, wenn der Zahlungsdienstnutzer den kontoführenden Zahlungsdienstleister nicht spätestens 13 Monate nach dem Tag der Belastung mit einem nicht autorisierten oder fehlerhaften Zahlungsvorgang hiervon unterrichtet hat.** ²**Der Lauf der Frist beginnt nur, wenn der kontoführende Zahlungsdienstleister den Zahlungsdienstnutzer über die den Zahlungsvorgang betreffenden Angaben gemäß Artikel 248 §§ 7, 10 oder § 14 des Einführungsgesetzes zum Bürgerlichen Gesetzbuche unterrichtet hat; anderenfalls ist für den Fristbeginn der Tag der Unterrichtung durch den kontoführenden Zahlungsdienstleister maßgeblich.**

(5) **Für andere als die in § 675z Satz 1 genannten Ansprüche des Zahlungsdienstnutzers gegen seinen kontoführenden Zahlungsdienstleister oder gegen den Zahlungsauslösedienstleister wegen eines nicht autorisierten oder fehlerhaft ausgeführten Zahlungsvorgangs gilt Absatz 4 mit der Maßgabe, dass**

1. **die Anzeige an den kontoführenden Zahlungsdienstleister auch zur Erhaltung von Ansprüchen und Einwendungen des Zahlungsdienstnutzers gegen den Zahlungsauslösedienstleister genügt und**

2. **der Zahlungsdienstnutzer seine Ansprüche gegen den kontoführenden Zahlungsdienstleister oder gegen den Zahlungsauslösedienstleister auch nach Ablauf der Frist geltend machen kann, wenn er ohne Verschulden an der Einhaltung der Frist verhindert war.**

I. Allgemeines

1   § 676b regelt die Anzeigepflicht des Zahlungsdienstnutzers wegen nicht autorisierter oder fehlerhaft ausgeführter Zahlungsvorgänge. Die Vorschrift beruht auf Art. 58 ZDRL 2007 und ist im Rahmen der Umsetzung von Art. 71 Abs. 1 und 2 ZDRL um die Abs. 4 und 5 ergänzt worden, welche die Präklusion von Ansprüchen regeln, wenn ein Zahlungsauslösedienstleister in den Zahlungsvorgang eingebunden war. Zu Lasten des Zahlers kann im gewerblichen Rechtsverkehr von den Bestimmungen der Abs. 1–5 abgewichen werden (§ 675e Abs. 4), ansonsten nur bei Drittstaaten- und Drittwährungssachverhalten;[1] zu Gunsten jedes Zahlers im Rahmen der §§ 307 ff.[2]

II. Unterrichtungspflicht (Abs. 1, 2, 3)

2   Der Zahlungsdienstnutzer muss seinen Zahlungsdienstleister **unverzüglich** (§ 121) nach Kenntniserlangung über nicht autorisierte oder fehlerhaft ausgeführte Zahlungsvorgänge unterrichten (Abs. 1). Es handelt sich hierbei um eine **Obliegenheit** des Nutzers,[3] die bei Nichtbeachtung zum Rechtsverlust führt.[4] Nach Abs. 2 sind die Rechte des Zahlungsdienstnutzers ausgeschlossen, wenn er seinen Zahlungsdienstleister nicht innerhalb von 13 Monaten nach dem Tag der Belastung mit dem nicht autorisierten oder fehlerhaft ausgeführten Zahlungsvorgang unterrichtet (Abs. 2). Beginnt die Frist des Abs. 1 erst mit positiver Kenntnis des Zahlungsdienstnutzers – grob fahrlässige Unkenntnis genügt nicht – zu laufen,[5] kommt es darauf für die Ausschlussfrist des Abs. 2 nicht an.[6] Die Frist des Abs. 2 beginnt mit dem Tag der Belastung, wenn der Zahlungsdienstleister seinen Informationspflichten nach Art. 248 §§ 7, 10, 14 EGBGB nachkommt (Abs. 2 S. 2). Sie endet gem. §§ 188 Abs. 2, 3, 193.

---

[1] BeckOK BGB/*Schmalenbach* § 676b Rn. 11.
[2] Palandt/*Sprau* § 676b Rn. 1.
[3] AA („Pflicht") BeckOK BGB/*Schmalenbach* § 676b Rn. 2.
[4] Palandt/*Sprau* § 676b Rn. 2; MüKoBGB/*Zetzsche* § 676b Rn. 13, 19 unter Verweis auf die aA, die vertritt, dass dem Zahlungsdienstnutzer unabhängig vom Wortlaut („unverzüglich" in Abs. 1 und „spätestens" in Abs. 2) immer eine Maximalfrist von 13 Monaten zusteht. Zu beachten ist jedoch der 8-Wochen-Zeiraum des § 675x Abs. 4 für die autorisierte Zahlung, der in jedem Fall gilt und auch nicht zu Lasten des Verbrauchers durch AGB abdingbar ist (→ Rn. 1).
[5] BeckOK BGB/*Schmalenbach* § 675b Rn. 4; MüKoBGB/*Zetzsche* § 676b Rn. 14.
[6] MüKoBGB/*Zetzsche* § 676b Rn. 19.

Erfasst von der **Präklusionswirkung** sind alle Ansprüche und Einwendungen des Zahlungsdienst- 3
nutzers aus §§ 675u–675z.[7] Nicht erfasst werden Ansprüche des Zahlungsdienstnutzers gegen den
Zahlungsdienstleister aus anderen Rechtsgründen, insbesondere solche, denen kein nicht autorisierter
oder fehlerhafter Zahlungsvorgang zugrunde liegt.[8] Insofern ist aber die 8-Wochen-Frist des § 675x
Abs. 4 zu beachten. Ob im Hinblick auf die Frist des Abs. 2 in den AGB sog. Genehmigungsfiktionen
vereinbart werden dürfen, die vor der ZDRL 2007 als Beweislastumkehr von der höchstrichterlichen
Rechtsprechung anerkannt waren, ist streitig. Es wird zu Recht vorgebracht, dass durch die ZDRL
2007 und ihr Ziel, Vollharmonisierung und damit – auch unter Verbraucherschutzgesichtspunkten –
eine möglichst umfassende Regelung zu erreichen, andere Regelungen, insbesondere in AGB, ausgeschlossen seien.[9] Nach Abs. 3 erstreckt sich die Präklusion des Abs. 2 nur dann auf weitere, über
§ 675z S. 1 bzw. § 675u und § 675y hinausgehende Ansprüche, wie Verzugsschäden oder entgangenen
Gewinn (Folgeschäden), wenn ein Verschulden des Zahlungsdienstnutzers vorliegt, dh wenn er seine
Obliegenheit zur Unterrichtung schuldhaft verletzt hat (§ 276).

III. Unterrichtungspflicht bei Einbindung eines Zahlungsauslösedienstleisters (Abs. 4, 5)

Der Zahlungsdienstnutzer muss, wenn ein Zahlungsauslösedienstleister eingeschaltet war, Ansprüche 4
gegen seinen Zahlungsdienstleister ebenfalls innerhalb von 13 Monaten ab Buchung des nicht autorisierten oder fehlerhaften Zahlungsvorgangs geltend machen (Abs. 4). Macht der Zahlungsdienstleister
wiederum über § 675z S. 1 bzw. § 675u und § 675y hinausgehende Ansprüche, wie Verzugsschäden
oder entgangenen Gewinn (Folgeschäden) geltend, ist die Einhaltung der Frist des Abs. 4 gegenüber dem
kontoführenden Zahlungsdienstleister ausreichend, um dessen Ansprüche gegen den Zahlungsauslösedienstleister zu sichern (Abs. 5 Nr. 1). Trifft den Zahlungsdienstnutzer kein Verschulden an der Verletzung seiner Obliegenheit (§ 276), kann er auch noch nach der Frist des Abs. 4 Ansprüche gegen seinen
Zahlungsdienstleister oder gegen den Zahlungsauslösedienstleister geltend machen (Abs. 5 Nr. 2).

§ 676c Haftungsausschluss

**Ansprüche nach diesem Kapitel sind ausgeschlossen, wenn die einen Anspruch begrün-
denden Umstände**
1. **auf einem ungewöhnlichen und unvorhersehbaren Ereignis beruhen, auf das diejenige
   Partei, die sich auf dieses Ereignis beruft, keinen Einfluss hat, und dessen Folgen trotz
   Anwendung der gebotenen Sorgfalt nicht hätten vermieden werden können, oder**
2. **vom Zahlungsdienstleister auf Grund einer gesetzlichen Verpflichtung herbeigeführt
   wurden.**

I. Allgemeines

§ 676c regelt den Haftungsausschluss für Fälle höherer Gewalt (Nr. 1) oder einer weitergehenden 1
gesetzlichen Verpflichtung des Zahlungsdienstleisters (Nr. 2). Die Vorschrift beruht auf Art. 78 ZDRL
2007 und ist im Rahmen der Umsetzung der ZDRL unverändert geblieben. Sie betrifft alle Ansprüche, die sich aus den §§ 675j–676a ergeben; Ansprüche, die darüber hinausgehen, etwa aus § 280,
weil die §§ 675j–676a nicht abschließend sind, bleiben grundsätzlich erhalten.[1] Zu Lasten des Zahlers
kann im gewerblichen Rechtsverkehr abgewichen werden (§ 675e Abs. 4), zu Gunsten jedes Zahlers
im Rahmen der §§ 307 ff.[2]

II. Unvermeidbares Ereignis (Nr. 1)

Ein unvermeidbares Ereignis ist nach der Gesetzesbegründung nicht notwendigerweise in jeder 2
Rechtsordnung mit „höherer Gewalt" gleichzusetzen.[3] Im deutschen Recht ist dennoch auf diese
Grundsätze zurückzugreifen, die im Rahmen von § 206 entwickelt worden sind. Hiernach handelt es
sich um höhere Gewalt, wenn die Verhinderung auf Ereignissen beruht, die auch durch die äußerste,
billigerweise zu erwartende Sorgfalt nicht vorausgesehen und verhütet werden können.[4] Ob für das

---

[7] Zum Umfang BeckOK BGB/*Schmalenbach* § 676b Rn. 8.
[8] MüKoBGB/*Zetzsche* § 676b Rn. 24.
[9] Abl. insofern MüKoBGB/*Zetzsche* § 676b Rn. 26 und bereits Gesetzesbegründung BT-Drs. 16/11643, 119. AA
Staudinger/*Omlor*, 2012, § 676b Rn. 2.
[1] BeckOK BGB/*Schmalenbach* § 675c Rn. 2; Langenbucher/Bliesener/Spindler/*Langenbucher* § 676a Rn. 7.
[2] Palandt/*Sprau* § 676c Rn. 3.
[3] Gesetzesbegründung BT-Drs. 16/11643, 119 unter Verweis darauf, dass unterschiedliche Auslegungen des
Begriffs „höhere Gewalt" vorliegen.
[4] Palandt/*Ellenberger* § 206 Rn. 4 unter Verweis auf die stRspr des BGH.

Zahlungsdiensterecht die „äußerste" Sorgfalt als Maßstab gilt, ist zweifelhaft, weil in diesem Fall außerhalb von schwersten systemischen Krisen § 676c Abs. 1 leerlaufen würde. In Betracht kommen aber zum Beispiel schwere Störungen des Betriebs des Zahlungsdienstleisters wie Hacker-Angriffe auf das IT-System, die auch mit Schutzmaßnahmen, die dem Stand der Technik entsprechen, nicht verhindert werden konnten. Nicht ausreichend sind jedoch große Pannen des IT-Systems, weil dieses Risiko dem Zahlungsdienstleister zivil- und aufsichtsrechtlich zugewiesen ist.[5] Die AGB enthalten zudem eine ganze Reihe von Ereignissen, die im Einzelfall „höhere Gewalt" darstellen können.[6]

III. Gesetzliche Verpflichtung (Nr. 2)

3   Die Anwendung der Nr. 2 ist grundsätzlich auf den Zahlungsdienstleister beschränkt.[7] Es handelt sich um Fälle, in denen Zahlungs- und Transaktionsverbote entweder im europäischen oder im nationalen Recht umgesetzt werden. Auf den Zweck der Verbote, wie etwa Terrorismusbekämpfung oÄ, kommt es nicht an. Ob behördliche Anordnungen den gesetzlichen Verboten gleichzustellen sind, hängt vom Einzelfall ab.[8] Ein Zahlungsverbot der BaFin (Moratorium), das den Kundenzahlungsverkehr beeinträchtigt, könnte wohl einem gesetzlichen Verbot gleichgestellt werden, auch wenn es nur vorübergehend wirkt.

IV. Beweislast

4   Diejenige Person, die sich auf die Umstände beruft, die zum Haftungsausschluss führen.[9]

Anhang

Klauselwerke

Bedingungen für den Überweisungsverkehr (10/2018) – ohne Fußnoten

1   **1 Allgemein**

1.1 Wesentliche Merkmale der Überweisung einschließlich des Dauerauftrags

Der Kunde kann die Bank beauftragen, durch eine Überweisung Geldbeträge bargeldlos zugunsten eines Zahlungsempfängers an den Zahlungsdienstleister des Zahlungsempfängers zu übermitteln. Der Kunde kann die Bank auch beauftragen, jeweils zu einem bestimmten wiederkehrenden Termin einen gleichbleibenden Geldbetrag an das gleiche Konto des Zahlungsempfängers zu überweisen (Dauerauftrag).

1.2 Kundenkennungen

Für das Verfahren hat der Kunde folgende Kundenkennung des Zahlungsempfängers zu verwenden: …

1.3 Erteilung des Überweisungsauftrags und Autorisierung

(1) Der Kunde erteilt der Bank einen Überweisungsauftrag mittels eines von der Bank zugelassenen Formulars oder in der mit der Bank anderweitig vereinbarten Art und Weise (zum Beispiel per Online-Banking) mit den erforderlichen Angaben gemäß Nummer 2.1 beziehungsweise Nummern 3.1.1 und 3.2.1. Der Kunde hat auf Leserlichkeit, Vollständigkeit und Richtigkeit der Angaben zu achten. Unleserliche, unvollständige oder fehlerhafte Angaben können zu Verzögerungen und zu Fehlleitungen von Überweisungen führen; daraus können Schäden für den Kunden entstehen. Bei unleserlichen, unvollständigen oder fehlerhaften Angaben kann die Bank die Ausführung ablehnen (siehe auch Nummer 1.7). Hält der Kunde bei der Ausführung der Überweisung besondere Eile für nötig, hat er dies der Bank gesondert mitzuteilen. Bei formularmäßig erteilten Überweisungen muss dies außerhalb des Formulars erfolgen, falls das Formular selbst keine entsprechende Angabe vorsieht.

(2) Der Kunde autorisiert den Überweisungsauftrag durch Unterschrift oder in der anderweitig mit der Bank vereinbarten Art und Weise (zum Beispiel per Online-Banking-PIN/TAN). In dieser Autorisierung ist zugleich die ausdrückliche Zustimmung enthalten, dass die Bank die für die Ausführung der Überweisung notwendigen personenbezogenen Daten des Kunden abruft (aus ihrem Datenbestand), verarbeitet, übermittelt und speichert.

(3) Auf Verlangen des Kunden teilt die Bank vor Ausführung eines einzelnen Überweisungsauftrags die maximale Ausführungsfrist für diesen Zahlungsvorgang sowie die in Rechnung zu stellenden Entgelte und gegebenenfalls deren Aufschlüsselung mit.

(4) Der Kunde ist berechtigt, für die Erteilung des Überweisungsauftrags an die Bank auch einen Zahlungsauslösedienst gemäß § 1 Absatz 33 Zahlungsdiensteaufsichtsgesetz zu nutzen, es sei denn, das Zahlungskonto des Kunden ist für ihn nicht online zugänglich.

---

[5] MüKoBGB/*Zetzsche* § 676c Rn. 6 und 7 ff. mit weiteren Beispielen, wobei die Insolvenz eines Intermediärs nach der Umsetzung der ZDRL wohl kein Fall der höheren Gewalt ist, weil das Risiko stets einem Zahlungsdienstleister (oder dem Zahler, wenn dieser zB einen Zahlungsauslösedienstleister einbindet) ausdrücklich zugewiesen ist.

[6] In Nr. 3 Abs. 3 der AGB Banken heißt es: „Die Bank haftet nicht für Schäden, die durch höhere Gewalt, Aufruhr, Kriegs- und Naturereignisse oder durch sonstige von ihr nicht zu vertretende Vorkommnisse (zum Beispiel Streik, Aussperrung, Verkehrsstörung, Verfügungen von hoher Hand im In- oder Ausland) eintreten".

[7] MüKoBGB/*Zetzsche* § 676c Rn. 10.

[8] MüKoBGB/*Zetzsche* § 676c Rn. 6.

[9] BeckOK BGB/*Schmalenbach* § 676c Rn. 6; MüKoBGB/*Zetzsche* § 676c Rn. 11.

1.4 Zugang des Überweisungsauftrags bei der Bank

(1) Der Überweisungsauftrag wird wirksam, wenn er der Bank zugeht. Das gilt auch, wenn der Überweisungs-auftrag über einen Zahlungsauslösedienstleister erteilt wird. Der Zugang erfolgt durch den Eingang des Auftrags in den dafür vorgesehenen Empfangsvorrichtungen der Bank (zum Beispiel mit Abgabe in den Geschäftsräumen oder Eingang auf dem Online-Banking-Server der Bank).

(2) Fällt der Zeitpunkt des Eingangs des Überweisungsauftrags nach Absatz 1 Satz 3 nicht auf einen Geschäfts-tag der Bank gemäß „Preis- und Leistungsverzeichnis", so gilt der Überweisungsauftrag erst am darauf folgen-den Geschäftstag als zugegangen.

(3) Geht der Überweisungsauftrag nach dem an der Empfangsvorrichtung der Bank oder im „Preis- und Leistungsverzeichnis" angegebenen Annahmezeitpunkt ein, so gilt der Überweisungsauftrag im Hinblick auf die Bestimmung der Ausführungsfrist (siehe Nummer 2.2.2) erst als am darauf folgenden Geschäftstag zugegan-gen.

1.5 Widerruf des Überweisungsauftrags

(1) Bis zum Zugang des Überweisungsauftrags bei der Bank (siehe Nummer 1.4 Absätze 1 und 2) kann der Kunde diesen durch Erklärung gegenüber der Bank widerrufen. Nach dem Zugang des Überweisungsauftrags ist vorbehaltlich der Absätze 2 und 3 ein Widerruf nicht mehr möglich. Nutzt der Kunde für die Erteilung seines Überweisungsauftrags einen Zahlungsauslösedienstleister, so kann er den Überweisungsauftrag abweichend von Satz 1 nicht mehr gegenüber der Bank widerrufen, nachdem er dem Zahlungsauslösedienstleister die Zustimmung zur Auslösung der Überweisung erteilt hat.

(2) Haben Bank und Kunde einen bestimmten Termin für die Ausführung der Überweisung vereinbart (siehe Nummer 2.2.2 Absatz 2), kann der Kunde die Überweisung beziehungsweise den Dauerauftrag (siehe Num-mer 1.1) bis zum Ende des vor dem vereinbarten Tag liegenden Geschäftstags der Bank widerrufen. Die Geschäftstage der Bank ergeben sich aus dem „Preis- und Leistungsverzeichnis". Nach dem rechtzeitigen Zugang des Widerrufs eines Dauerauftrags bei der Bank werden keine weiteren Überweisungen mehr aufgrund des bisherigen Dauerauftrags ausgeführt.

(3) Nach den in Absätzen 1 und 2 genannten Zeitpunkten kann der Überweisungsauftrag nur widerrufen werden, wenn Kunde und Bank dies vereinbart haben. Die Vereinbarung wird wirksam, wenn es der Bank gelingt, die Ausführung zu verhindern oder den Überweisungsbetrag zurückzuerlangen. Nutzt der Kunde für die Erteilung seines Überweisungsauftrags einen Zahlungsauslösedienstleister, bedarf es ergänzend der Zustimmung des Zahlungsauslösedienstleisters und des Zahlungsempfängers. Für die Bearbeitung eines solchen Widerrufs des Kunden berechnet die Bank das im „Preis- und Leistungsverzeichnis" ausgewiesene Entgelt.

1.6 Ausführung des Überweisungsauftrags

(1) Die Bank führt den Überweisungsauftrag des Kunden aus, wenn die zur Ausführung erforderlichen Angaben (siehe Nummern 2.1, 3.1.1 und 3.2.1) in der vereinbarten Art und Weise (siehe Nummer 1.3 Absatz 1) vorliegen, dieser vom Kunden autorisiert ist (siehe Nummer 1.3 Absatz 2) und ein zur Ausführung der Überweisung ausreichendes Guthaben in der Auftragswährung vorhanden oder ein ausreichender Kredit (z. B. eingeräumte Kontoüberziehung) eingeräumt ist (Ausführungsbedingungen).

(2) Die Bank und die weiteren an der Ausführung der Überweisung beteiligten Zahlungsdienstleister sind berechtigt, die Überweisung ausschließlich anhand der vom Kunden angegebenen Kundenkennung des Zah-lungsempfängers (siehe Nummer 1.2) auszuführen.

(3) Die Bank unterrichtet den Kunden mindestens einmal monatlich über die Ausführung von Überweisungen auf dem für Kontoinformationen vereinbarten Weg. Mit Kunden, die keine Verbraucher sind, können die Art und Weise sowie die zeitliche Folge der Unterrichtung gesondert vereinbart werden.

1.7 Ablehnung der Ausführung

(1) Sind die Ausführungsbedingungen (siehe Nummer 1.6 Absatz 1) nicht erfüllt, kann die Bank die Ausführung des Überweisungsauftrags ablehnen. Hierüber wird die Bank den Kunden unverzüglich, auf jeden Fall aber innerhalb der in Nummer 2.2.1 beziehungsweise Nummern 3.1.2 und 3.2.2 vereinbarten Frist unterrichten. Dies kann auch auf dem für Kontoinformationen vereinbarten Weg geschehen. Dabei wird die Bank, soweit möglich, die Gründe der Ablehnung sowie die Möglichkeiten angeben, wie Fehler, die zur Ablehnung geführt haben, berichtigt werden können.

(2) Ist eine vom Kunden angegebene Kundenkennung für die Bank erkennbar keinem Zahlungsempfänger, keinem Zahlungskonto oder keinem Zahlungsdienstleister des Zahlungsempfängers zuzuordnen, wird die Bank dem Kunden hierüber unverzüglich eine Information zur Verfügung stellen und ihm gegebenenfalls den Über-weisungsbetrag wieder herausgeben.

(3) Für die berechtigte Ablehnung der Ausführung eines autorisierten Überweisungsauftrags berechnet die Bank das im „Preis- und Leistungsverzeichnis" ausgewiesene Entgelt.

Die für die Ausführung der Überweisung erforderlichen Angaben bestimmen sich nach Nummern 2.1, 3.1.1 und 3.2.1.

1.8 Übermittlung der Überweisungsdaten

Im Rahmen der Ausführung der Überweisung übermittelt die Bank die in der Überweisung enthaltenen Daten (Überweisungsdaten) unmittelbar oder unter Beteiligung zwischengeschalteter Stellen an den Zahlungsdienst-leister des Zahlungsempfängers. Der Zahlungsdienstleister des Zahlungsempfängers kann dem Zahlungsemp-fänger die Überweisungsdaten, zu denen auch die IBAN des Zahlers gehört, ganz oder teilweise zur Verfügung stellen.

Bei grenzüberschreitenden Überweisungen und bei Eilüberweisungen im Inland können die Überweisungsdaten auch über das Nachrichtenübermittlungssystem Society for Worldwide Interbank Financial Telecommunication (SWIFT) mit Sitz in Belgien an den Zahlungsdienstleister des Zahlungsempfängers weitergeleitet werden. Aus Gründen der Systemsicherheit speichert SWIFT die Überweisungsdaten vorübergehend in seinen Rechenzen-tren in der Europäischen Union, in der Schweiz und in den USA.

1.9 Anzeige nicht autorisierter oder fehlerhaft ausgeführter Überweisungen

Der Kunde hat die Bank unverzüglich nach Feststellung eines nicht autorisierten oder fehlerhaft ausgeführten Überweisungsauftrags hierüber zu unterrichten. Dies gilt auch im Fall der Beteiligung eines Zahlungsauslösedienstleisters.

1.10 Entgelte und deren Änderung

1.10.1 Entgelte für Verbraucher

Die Entgelte im Überweisungsverkehr ergeben sich aus dem „Preis- und Leistungsverzeichnis".

Änderungen der Entgelte im Überweisungsverkehr werden dem Kunden spätestens zwei Monate vor dem Zeitpunkt ihres Wirksamwerdens in Textform angeboten. Hat der Kunde mit der Bank im Rahmen der Geschäftsbeziehung einen elektronischen Kommunikationsweg vereinbart, können die Änderungen auch auf diesem Wege angeboten werden. Der Kunde kann den Änderungen vor dem vorgeschlagenen Zeitpunkt ihres Inkrafttretens entweder zustimmen oder sie ablehnen. Die Zustimmung des Kunden gilt als erteilt, wenn er seine Ablehnung nicht vor dem vorgeschlagenen Zeitpunkt des Wirksamwerdens der Änderungen angezeigt hat. Auf diese Genehmigungswirkung wird ihn die Bank in ihrem Angebot besonders hinweisen.

Werden dem Kunden Änderungen der Entgelte angeboten, kann er diese Geschäftsbeziehung vor dem vorgeschlagenen Zeitpunkt des Wirksamwerdens der Änderungen auch fristlos und kostenfrei kündigen. Auf dieses Kündigungsrecht wird ihn die Bank in ihrem Angebot besonders hinweisen. Die Änderung von Entgelten für den Zahlungsdiensterahmenvertrag (Girovertrag) richtet sich nach Nummer 12 Absatz 5 der AGB Banken.

1.10.2 Entgelte für Kunden, die keine Verbraucher sind

Bei Entgelten und deren Änderung für Überweisungen von Kunden, die keine Verbraucher sind, verbleibt es bei den Regelungen in Nummer 12 Absätze 2 bis 6 AGB-Banken.

1.11 Wechselkurs

Erteilt der Kunde einen Überweisungsauftrag in einer anderen Währung als der Kontowährung, wird das Konto gleichwohl in der Kontowährung belastet. Die Bestimmung des Wechselkurses bei solchen Überweisungen ergibt sich aus der Umrechnungsregelung im „Preis- und Leistungsverzeichnis".

Eine Änderung des in der Umrechnungsregelung genannten Referenzwechselkurses wird unmittelbar und ohne vorherige Benachrichtigung des Kunden wirksam. Der Referenzwechselkurs wird von der Bank zugänglich gemacht oder stammt aus einer öffentlich zugänglichen Quelle.

1.12 Meldepflichten nach Außenwirtschaftsrecht

Der Kunde hat die Meldepflichten nach dem Außenwirtschaftsrecht zu beachten.

2 Überweisungen innerhalb Deutschlands und in andere Staaten des Europäischen Wirtschaftsraums (EWR) in Euro oder in anderen EWR-Währungen

2.1 Erforderliche Angaben

Der Kunde muss im Überweisungsauftrag folgende Angaben machen:
– Name des Zahlungsempfängers,
– Kundenkennung des Zahlungsempfängers (siehe Nummer 1.2), ist bei

Überweisungen in anderen EWR-Währungen als Euro der BIC unbekannt, sind stattdessen der vollständige Name und die Adresse des Zahlungsdienstleisters des Zahlungsempfängers anzugeben,
– Währung (gegebenenfalls in Kurzform gemäß Anlage 1),
– Betrag,
– Name des Kunden und
– IBAN des Kunden.

2.2 Maximale Ausführungsfrist

2.2.1 Fristlänge

Die Bank ist verpflichtet sicherzustellen, dass der Überweisungsbetrag spätestens innerhalb der im „Preis- und Leistungsverzeichnis" angegebenen Ausführungsfrist beim Zahlungsdienstleister des Zahlungsempfängers eingeht.

2.2.2 Beginn der Ausführungsfrist

(1) Die Ausführungsfrist beginnt mit dem Zeitpunkt des Zugangs des Überweisungsauftrags des Kunden bei der Bank (siehe Nummer 1.4).

(2) Vereinbaren die Bank und der Kunde, dass die Ausführung der Überweisung an einem bestimmten Tag oder am Ende eines bestimmten Zeitraums oder an dem Tag, an dem der Kunde der Bank den zur Ausführung erforderlichen Geldbetrag in der Auftragswährung zur Verfügung gestellt hat, beginnen soll, so ist der im Auftrag angegebene oder anderweitig vereinbarte Termin für den Beginn der Ausführungsfrist maßgeblich. Fällt der vereinbarte Termin nicht auf einen Geschäftstag der Bank, so beginnt die Ausführungsfrist am darauf folgenden Geschäftstag. Die Geschäftstage der Bank ergeben sich aus dem „Preis- und Leistungsverzeichnis".

(3) Bei Überweisungsaufträgen in einer vom Konto des Kunden abweichenden Währung beginnt die Ausführungsfrist erst an dem Tag, an dem der Überweisungsbetrag in der Auftragswährung vorliegt.

2.3 Erstattungs-, Berichtigungs- und Schadensersatzansprüche des Kunden

2.3.1 Erstattung bei einer nicht autorisierten Überweisung

Im Falle einer nicht autorisierten Überweisung (siehe Nummer 1.3 Absatz 2) hat die Bank gegen den Kunden keinen Anspruch auf Erstattung ihrer Aufwendungen. Sie ist verpflichtet, dem Kunden den Überweisungsbetrag zu erstatten und, sofern der Betrag einem Konto des Kunden belastet worden ist, dieses Konto wieder auf den Stand zu bringen, auf dem es sich ohne die Belastung mit der nicht autorisierten Überweisung befunden hätte.

Diese Verpflichtung ist spätestens bis zum Ende des Geschäftstags gemäß „Preis- und Leistungsverzeichnis" zu erfüllen, der auf den Tag folgt, an welchem der Bank angezeigt wurde, dass die Überweisung nicht autorisiert ist, oder die Bank auf andere Weise davon Kenntnis erhalten hat. Hat die Bank einer zuständigen Behörde berechtigte Gründe für den Verdacht, dass ein betrügerisches Verhalten des Kunden vorliegt, schriftlich mitgeteilt, hat die Bank ihre Verpflichtung aus Satz 2 unverzüglich zu prüfen und zu erfüllen, wenn sich der Betrugsverdacht nicht bestätigt. Wurde die Überweisung über einen Zahlungsauslösedienstleister ausgelöst, so treffen die Pflichten aus den Sätzen 2 bis 4 die Bank.

2.3.2 Ansprüche bei nicht erfolgter oder fehlerhafter oder verspäteter Ausführung einer autorisierten Überweisung

(1) Im Falle einer nicht erfolgten oder fehlerhaften Ausführung einer autorisierten Überweisung kann der Kunde von der Bank die unverzügliche und ungekürzte Erstattung des Überweisungsbetrages insoweit verlangen, als die Zahlung nicht erfolgte oder fehlerhaft war. Wurde der Betrag dem Konto des Kunden belastet, bringt die Bank dieses wieder auf den Stand, auf dem es sich ohne den nicht erfolgten oder fehlerhaft ausgeführten Zahlungsvorgang befunden hätte. Wird eine Überweisung vom Kunden über einen Zahlungsauslösedienstleister ausgelöst, so treffen die Pflichten aus den Sätzen 1 und 2 die Bank. Soweit vom Überweisungsbetrag von der Bank oder zwischengeschalteten Stellen Entgelte abgezogen worden sein sollten, übermittelt die Bank zugunsten des Zahlungsempfängers unverzüglich den abgezogenen Betrag.

(2) Der Kunde kann über den Absatz 1 hinaus von der Bank die Erstattung derjenigen Entgelte und Zinsen insoweit verlangen, als ihm diese im Zusammenhang mit der nicht erfolgten oder fehlerhaften Ausführung der Überweisung in Rechnung gestellt oder seinem Konto belastet wurden.

(3) Im Falle einer verspäteten Ausführung einer autorisierten Überweisung kann der Kunde von der Bank fordern, dass die Bank vom Zahlungsdienstleister des Zahlungsempfängers verlangt, die Gutschrift des Zahlungsbetrags auf dem Zahlungskonto des Zahlungsempfängers so vorzunehmen, als sei die Überweisung ordnungsgemäß ausgeführt worden. Die Pflicht aus Satz 1 gilt auch, wenn die Überweisung vom Kunden über einen Zahlungsauslösedienstleister ausgelöst wird. Weist die Bank nach, dass der Zahlungsbetrag rechtzeitig beim Zahlungsdienstleister des Zahlungsempfängers eingegangen ist, entfällt diese Pflicht. Die Pflicht nach Satz 1 gilt nicht, wenn der Kunde kein Verbraucher ist.

(4) Wurde eine Überweisung nicht oder fehlerhaft ausgeführt, wird die Bank auf Verlangen des Kunden den Zahlungsvorgang nachvollziehen und den Kunden über das Ergebnis unterrichten.

2.3.3 Schadensersatz wegen Pflichtverletzung

(1) Bei nicht erfolgter oder fehlerhafter oder verspäteter Ausführung einer autorisierten Überweisung oder bei einer nicht autorisierten Überweisung kann der Kunde von der Bank einen Schaden, der nicht bereits von Nummern 2.3.1 und 2.3.2 erfasst ist, ersetzt verlangen. Dies gilt nicht, wenn die Bank die Pflichtverletzung nicht zu vertreten hat. Die Bank hat hierbei ein Verschulden, das einer zwischengeschalteten Stelle zur Last fällt, wie eigenes Verschulden zu vertreten, es sei denn, dass die wesentliche Ursache bei einer zwischengeschalteten Stelle liegt, die der Kunde vorgegeben hat. Hat der Kunde durch ein schuldhaftes Verhalten zu der Entstehung eines Schadens beigetragen, bestimmt sich nach den Grundsätzen des Mitverschuldens, in welchem Umfang Bank und Kunde den Schaden zu tragen haben.

(2) Die Haftung nach Absatz 1 ist auf 12.500 Euro begrenzt. Diese betragsmäßige Haftungsgrenze gilt nicht

- für nicht autorisierte Überweisungen,
- bei Vorsatz oder grober Fahrlässigkeit der Bank,
- für Gefahren, die die Bank besonders übernommen hat, und
- für den Zinsschaden, wenn der Kunde Verbraucher ist.

2.3.4 Ansprüche von Kunden, die keine Verbraucher sind

Abweichend von den Ansprüchen in Nummer 2.3.2 und in Nummer 2.3.3 haben Kunden, die keine Verbraucher sind, bei einer nicht erfolgten, fehlerhaft oder verspätet ausgeführten autorisierten Überweisung oder bei einer nicht autorisierten Überweisung neben etwaigen Herausgabeansprüchen nach § 667 BGB und §§ 812 ff. BGB lediglich Schadensersatzansprüche nach Maßgabe folgender Regelungen:

- Die Bank haftet für eigenes Verschulden. Hat der Kunde ein schuldhaftes Verhalten zu der Entstehung eines Schadens beigetragen, bestimmt sich nach den Grundsätzen des Mitverschuldens, in welchem Umfang Bank und Kunde den Schaden zu tragen haben.
- Für das Verschulden der von der Bank zwischengeschalteten Stellen haftet die Bank nicht. In diesen Fällen beschränkt sich die Haftung der Bank auf die sorgfältige Auswahl und Unterweisung der ersten zwischengeschalteten Stelle (weitergeleiteter Auftrag).
- Ein Schadensersatzspruch des Kunden ist der Höhe nach auf den Überweisungsbetrag zuzüglich der von der Bank in Rechnung gestellten Entgelte und Zinsen begrenzt. Soweit es sich hierbei um die Geltendmachung von Folgeschäden handelt, ist der Anspruch auf höchstens 12.500 Euro je Überweisung begrenzt. Diese Haftungsbeschränkungen gelten nicht für Vorsatz oder grobe Fahrlässigkeit der Bank und für Gefahren, die die Bank besonders übernommen hat, sowie für nicht autorisierte Überweisungen.

2.3.5 Haftungs- und Einwendungsausschluss

(1) Eine Haftung der Bank nach Nummern 2.3.2 bis 2.3.4 ist in folgenden Fällen ausgeschlossen:

- Die Bank weist gegenüber dem Kunden nach, dass der Überweisungsbetrag rechtzeitig und ungekürzt beim Zahlungsdienstleister des Zahlungsempfängers eingegangen ist.
- Die Überweisung wurde in Übereinstimmung mit der vom Kunden angegebenen fehlerhaften Kundenkennung des Zahlungsempfängers (siehe Nummer 1.2) ausgeführt. In diesem Fall kann der Kunde von der Bank jedoch verlangen, dass sie sich im Rahmen ihrer Möglichkeiten darum bemüht, den Zahlungsbetrag wiederzuerlangen. Ist die Wiedererlangung des Überweisungsbetrags nicht möglich, so ist die Bank verpflichtet, dem Kunden auf schriftlichen Antrag alle verfügbaren Informationen mitzuteilen, damit der Kunde gegen den tatsächlichen Empfänger der Überweisung einen Anspruch auf Erstattung des Überweisungsbetrags geltend machen kann. Für die Tätigkeiten der Bank nach den Sätzen 2 und 3 dieses Unterpunkts berechnet die Bank das im „Preis- und Leistungsverzeichnis" ausgewiesene Entgelt.

(2) Ansprüche des Kunden nach Nummern 2.3.1 bis 2.3.4 und Einwendungen des Kunden gegen die Bank aufgrund nicht oder fehlerhaft ausgeführter Überweisungen oder aufgrund nicht autorisierter Überweisungen sind ausgeschlossen, wenn der Kunde die Bank nicht spätestens 13 Monate nach dem Tag der Belastung mit einer nicht autorisierten oder fehlerhaft ausgeführten Überweisung hiervon unterrichtet hat. Der Lauf der Frist beginnt nur, wenn die Bank den Kunden über die Belastungsbuchung der Überweisung entsprechend dem für Kontoinformationen vereinbarten Weg spätestens innerhalb eines Monats nach der Belastungsbuchung unterrichtet hat; anderenfalls ist für den Fristbeginn der Tag der Unterrichtung maßgeblich. Schadensersatzansprüche nach Nummer 2.3.3 kann der Kunde auch nach Ablauf der Frist in Satz 1 geltend machen, wenn er ohne Verschulden an der Einhaltung dieser Frist verhindert war. Die Sätze 1 bis 3 gelten auch dann, wenn der Kunde die Überweisung über einen Zahlungsauslösedienstleister auslöst.

(3) Ansprüche des Kunden sind ausgeschlossen, wenn die einen Anspruch begründenden Umstände

– auf einem ungewöhnlichen und unvorhersehbaren Ereignis beruhen, auf das die Bank keinen Einfluss hat und dessen Folgen trotz Anwendung der gebotenen Sorgfalt nicht hätten vermieden werden können, oder
– von der Bank aufgrund einer gesetzlichen Verpflichtung herbeigeführt wurden.

3. Überweisungen innerhalb Deutschlands und in andere Staaten des Europäischen Wirtschaftsraums (EWR)[2] in Währungen eines Staates außerhalb des EWR (Drittstaatenwährung)[5] sowie Überweisungen in Staaten außerhalb des EWR (Drittstaaten)[6]

3.1 Überweisungen innerhalb Deutschlands und in andere Staaten des Europäischen Wirtschaftsraums (EWR) in Währungen eines Staates außerhalb des EWR (Drittstaatenwährung)

3.1.1 Erforderliche Angaben

Der Kunde muss für die Ausführung der Überweisung folgende Angaben machen:

– Name des Zahlungsempfängers,
– Kundenkennung des Zahlungsempfängers (siehe Nummer 1.2); ist bei grenzüberschreitenden Überweisungen der BIC unbekannt, sind stattdessen der vollständige Name und die Adresse des Zahlungsdienstleisters des Zahlungsempfängers anzugeben,
– Zielland (gegebenenfalls in Kurzform gemäß Anlage 1),
– Währung (gegebenenfalls in Kurzform gemäß Anlage 1),
– Betrag,
– Name des Kunden,
– Kontonummer und Bankleitzahl oder IBAN des Kunden.

3.1.2 Ausführungsfrist

Die Überweisungen werden baldmöglichst bewirkt.

3.1.3 Erstattungs-, Berichtigungs- und Schadensersatzansprüche des Kunden

3.1.3.1 Erstattung bei einer nicht autorisierten Überweisung

Im Falle einer nicht autorisierten Überweisung (siehe Nummer 1.3 Absatz 2) hat die Bank gegen den Kunden keinen Anspruch auf Erstattung ihrer Aufwendungen. Sie ist verpflichtet, dem Kunden den Zahlungsbetrag zu erstatten und, sofern der Betrag einem Konto des Kunden belastet worden ist, dieses Konto wieder auf den Stand zu bringen, auf dem es sich ohne die Belastung durch die nicht autorisierte Überweisung befunden hätte. Diese Verpflichtung ist spätestens bis zum Ende des Geschäftstags gemäß „Preis- und Leistungsverzeichnis" zu erfüllen, der auf den Tag folgt, an welchem der Bank angezeigt wurde, dass die Überweisung nicht autorisiert ist, oder die Bank auf andere Weise davon Kenntnis erhalten hat. Hat die Bank einer zuständigen Behörde berechtigte Gründe für den Verdacht, dass ein betrügerisches Verhalten des Kunden vorliegt, schriftlich mitgeteilt, hat die Bank ihre Verpflichtung aus Satz 2 unverzüglich zu prüfen und zu erfüllen, wenn sich der Betrugsverdacht nicht bestätigt. Wurde die Überweisung über einen Zahlungsauslösedienstleister ausgelöst, so treffen die Pflichten aus den Sätzen 2 bis 4 die Bank.

3.1.3.2 Ansprüche bei nicht erfolgter, fehlerhafter oder verspäteter Ausführung einer autorisierten Überweisung

(1) Im Falle einer nicht erfolgten oder fehlerhaften Ausführung einer autorisierten Überweisung kann der Kunde von der Bank die unverzügliche und ungekürzte Erstattung des Überweisungsbetrags insoweit verlangen, als die Zahlung nicht erfolgt oder fehlerhaft war. Wurde der Betrag dem Konto des Kunden belastet, bringt die Bank dieses wieder auf den Stand, auf dem es sich ohne den nicht erfolgten oder fehlerhaft ausgeführten Zahlungsvorgang befunden hätte. Wird eine Überweisung vom Kunden über einen Zahlungsauslösedienstleister ausgelöst, so treffen die Pflichten aus den Sätzen 1 und 2 die Bank. Soweit vom Überweisungsbetrag von der Bank oder zwischengeschalteten Stellen Entgelte abgezogen worden sein sollten, übermittelt die Bank zugunsten des Zahlungsempfängers unverzüglich den abgezogenen Betrag.

(2) Der Kunde kann über den Absatz 1 hinaus von der Bank die Erstattung derjenigen Entgelte und Zinsen insoweit verlangen, als ihm diese im Zusammenhang mit der nicht erfolgten oder fehlerhaften Ausführung der Überweisung in Rechnung gestellt oder auf seinem Konto belastet wurden.

(3) Im Falle einer verspäteten Ausführung einer autorisierten Überweisung kann der Kunde von der Bank fordern, dass die Bank vom Zahlungsdienstleister des Zahlungsempfängers verlangt, die Gutschrift des Zahlungsbetrags auf dem Zahlungskonto des Zahlungsempfängers so vorzunehmen, als sei die Überweisung ordnungsgemäß ausgeführt worden. Die Pflicht aus Satz 1 gilt auch, wenn die Überweisung vom Kunden über einen Zahlungsauslösedienstleister ausgelöst wird. Weist die Bank nach, dass der Zahlungsbetrag rechtzeitig beim Zahlungsdienstleister des Zahlungsempfängers eingegangen ist, entfällt diese Pflicht. Die Pflicht nach Satz 1 gilt nicht, wenn der Kunde kein Verbraucher ist.

(4) Wurde eine Überweisung nicht oder fehlerhaft ausgeführt, wird die Bank auf Verlangen des Kunden den Zahlungsvorgang nachvollziehen und den Kunden über das Ergebnis unterrichten.

3.1.3.3 Schadensersatz wegen Pflichtverletzung

(1) Bei nicht erfolgter, fehlerhafter oder verspäteter Ausführung einer autorisierten Überweisung oder bei einer nicht autorisierten Überweisung kann der Kunde von der Bank einen Schaden, der nicht bereits von Nummern 3.1.3.1 und 3.1.3.2 erfasst ist, ersetzt verlangen. Dies gilt nicht, wenn die Bank die Pflichtverletzung nicht zu vertreten hat. Die Bank hat hierbei ein Verschulden, das einer zwischengeschalteten Stelle zur Last fällt, wie eigenes Verschulden zu vertreten, es sei denn, dass die wesentliche Ursache bei einer zwischengeschalteten Stelle liegt, die der Kunde vorgegeben hat. Hat der Kunde durch ein schuldhaftes Verhalten zu der Entstehung eines Schadens beigetragen, bestimmt sich nach den Grundsätzen des Mitverschuldens, in welchem Umfang Bank und Kunde den Schaden zu tragen haben.

(2) Die Haftung nach Absatz 1 ist auf 12.500 Euro begrenzt. Diese betragsmäßige Haftungsgrenze gilt nicht
– für nicht autorisierte Überweisungen,
– bei Vorsatz oder grober Fahrlässigkeit der Bank,
– für Gefahren, die die Bank besonders übernommen hat, und
– für den Zinsschaden, wenn der Kunde Verbraucher ist.

3.1.3.4 Sonderregelung für die außerhalb des EWR getätigten Bestandteile der Überweisung

Für die außerhalb des EWR getätigten Bestandteile der Überweisung bestehen abweichend von den Ansprüchen in den Nummern 3.1.3.2 und 3.1.3.3 bei einer nicht erfolgten, fehlerhaft oder verspätet ausgeführten autorisierten Überweisung neben etwaigen Herausgabeansprüchen nach § 667 BGB und §§ 812 ff. BGB lediglich Schadensersatzansprüche nach Maßgabe folgender Regelungen:
– Die Bank haftet für eigenes Verschulden. Hat der Kunde durch ein schuldhaftes Verhalten zu der Entstehung eines Schadens beigetragen, bestimmt sich nach den Grundsätzen des Mitverschuldens, in welchem Umfang Bank und Kunde den Schaden zu tragen haben.
– Für das Verschulden der von der Bank zwischengeschalteten Stellen haftet die Bank nicht. In diesen Fällen beschränkt sich die Haftung der Bank auf die sorgfältige Auswahl und Unterweisung der ersten zwischengeschalteten Stelle (weitergeleiteter Auftrag).
– Die Haftung der Bank ist auf höchstens 12.500 Euro je Überweisung begrenzt. Diese Haftungsbeschränkung gilt nicht für Vorsatz oder grobe Fahrlässigkeit der Bank und für Gefahren, die die Bank besonders übernommen hat.

3.1.3.5 Ansprüche von Kunden, die keine Verbraucher sind

Abweichend von den Ansprüchen in den Nummern 3.1.3.2 und 3.1.3.3 haben Kunden, die keine Verbraucher sind, bei einer nicht erfolgten, fehlerhaft oder verspätet ausgeführten autorisierten Überweisung oder bei einer nicht autorisierten Überweisung neben etwaigen Herausgabeansprüchen nach § 667 BGB und §§ 812 ff. BGB lediglich Schadensersatzansprüche nach Maßgabe folgender Regelungen:
– Die Bank haftet für eigenes Verschulden. Hat der Kunde durch ein schuldhaftes Verhalten zu der Entstehung eines Schadens beigetragen, bestimmt sich nach den Grundsätzen des Mitverschuldens, in welchem Umfang Bank und Kunde den Schaden zu tragen haben.
– Für das Verschulden der von der Bank zwischengeschalteten Stellen haftet die Bank nicht. In diesen Fällen beschränkt sich die Haftung der Bank auf die sorgfältige Auswahl und Unterweisung der ersten zwischengeschalteten Stelle (weitergeleiteter Auftrag).
– Ein Schadensersatzanspruch des Kunden ist der Höhe nach auf den Überweisungsbetrag zuzüglich der von der Bank in Rechnung gestellten Entgelte und Zinsen begrenzt. Soweit es sich hierbei um die Geltendmachung von Folgeschäden handelt, ist der Anspruch auf höchstens 12.500 Euro je Überweisung begrenzt. Diese Haftungsbeschränkungen gelten nicht für Vorsatz oder grobe Fahrlässigkeit der Bank und für Gefahren, die die Bank besonders übernommen hat, sowie für nicht autorisierte Überweisungen.

3.1.3.6 Haftungs- und Einwendungsausschluss

(1) Eine Haftung der Bank nach Nummern 3.1.3.2 bis 3.1.3.5 ist in folgenden Fällen ausgeschlossen:
– Die Bank weist gegenüber dem Kunden nach, dass der Überweisungsbetrag ordnungsgemäß beim Zahlungsdienstleister des Zahlungsempfängers eingegangen ist.
– Die Überweisung wurde in Übereinstimmung mit der vom Kunden angegebenen fehlerhaften Kundenkennung des Zahlungsempfängers (siehe Nummer 1.2) ausgeführt. In diesem Fall kann der Kunde von der Bank jedoch verlangen, dass sie sich im Rahmen ihrer Möglichkeiten darum bemüht, den Zahlungsbetrag wiederzuerlangen. Ist die Wiedererlangung des Überweisungsbetrags nach Satz 2 nicht möglich, so ist die Bank verpflichtet, dem Kunden auf schriftlichen Antrag alle verfügbaren Informationen mitzuteilen, damit der Kunde gegen den tatsächlichen Empfänger der Überweisung einen Anspruch auf Erstattung des Überweisungsbetrags geltend machen kann. Für die Tätigkeiten nach den Sätzen 2 bis 3 dieses Unterpunkts berechnet die Bank das im „Preis- und Leistungsverzeichnis" ausgewiesene Entgelt.

(2) Ansprüche des Kunden nach Nummern 3.1.3.1 bis 3.1.3.5 und Einwendungen des Kunden gegen die Bank aufgrund nicht oder fehlerhaft ausgeführter Überweisungen oder aufgrund nicht autorisierter Überweisungen sind ausgeschlossen, wenn der Kunde die Bank nicht spätestens 13 Monate nach dem Tag der Belastung mit einer nicht autorisierten oder fehlerhaft ausgeführten Überweisung hiervon unterrichtet hat. Der Lauf der Frist beginnt nur, wenn die Bank den Kunden über die Belastungsbuchung der Überweisung entsprechend dem für Kontoinformationen vereinbarten Weg spätestens einen Monat nach der Belastungsbuchung unterrichtet hat; anderenfalls ist für den Fristbeginn der Tag der Unterrichtung maßgeblich. Schadensersatzansprüche nach Nummer 3.1.3.3 kann der Kunde auch nach Ablauf der Frist in Satz 1 geltend machen, wenn er ohne Verschulden an der Einhaltung dieser Frist verhindert war. Die Sätze 1 bis 3 gelten auch dann, wenn der Kunde die Überweisung über einen Zahlungsauslösedienstleister auslöst.

(3) Ansprüche des Kunden sind ausgeschlossen, wenn die einen Anspruch begründenden Umstände
– auf einem ungewöhnlichen und unvorhersehbaren Ereignis beruhen, auf das die Bank keinen Einfluss hat und dessen Folgen trotz Anwendung der gebotenen Sorgfalt nicht hätten vermieden werden können, oder
– von der Bank aufgrund einer gesetzlichen Verpflichtung herbeigeführt wurden.

3.2 Überweisungen in Staaten außerhalb des EWR (Drittstaaten)

3.2.1 Erforderliche Angaben

Der Kunde muss für die Ausführung der Überweisung folgende Angaben machen:

- Name des Zahlungsempfängers,
- Kundenkennung des Zahlungsempfängers (siehe Nummer 1.2; ist bei grenzüberschreitenden Überweisungen der BIC unbekannt, ist stattdessen der vollständige Name und die Adresse des Zahlungsdienstleisters des Zahlungsempfängers anzugeben),
- Zielland (gegebenenfalls in Kurzform gemäß Anlage 1),
- Währung (gegebenenfalls in Kurzform gemäß Anlage 1),
- Betrag,
- Name des Kunden,
- Kontonummer oder IBAN des Kunden.

3.2.2 Ausführungsfrist

Die Überweisungen werden baldmöglichst bewirkt.

3.2.3 Erstattungs- und Schadensersatzansprüche des Kunden 3.2.3.1 Erstattung bei einer nicht autorisierten Überweisung

(1) Im Falle einer nicht autorisierten Überweisung (siehe Nummer 1.3 Absatz 2) hat die Bank gegen den Kunden keinen Anspruch auf Erstattung ihrer Aufwendungen. Sie ist verpflichtet, dem Kunden den Zahlungsbetrag zu erstatten und, sofern der Betrag einem Konto des Kunden belastet worden ist, dieses Konto wieder auf den Stand zu bringen, auf dem es sich ohne die Belastung durch die nicht autorisierte Überweisung befunden hätte. Diese Verpflichtung ist spätestens bis zum Ende des Geschäftstags gemäß „Preis und Leistungsverzeichnis" zu erfüllen, der auf den Tag folgt, an welchem der Bank angezeigt wurde, dass die Überweisung nicht autorisiert ist, oder die Bank auf andere Weise davon Kenntnis erhalten hat. Hat die Bank einer zuständigen Behörde berechtigte Gründe für den Verdacht, dass ein betrügerisches Verhalten des Kunden vorliegt, schriftlich mitgeteilt, hat die Bank ihre Verpflichtung aus Satz 2 unverzüglich zu prüfen und zu erfüllen, wenn sich der Betrugsverdacht nicht bestätigt. Wurde die Überweisung über einen Zahlungsauslösedienstleister ausgelöst, so treffen die Pflichten aus den Sätzen 2 bis 4 die Bank.

(2) Bei sonstigen Schäden, die aus einer nicht autorisierten Überweisung resultieren, haftet die Bank für eigenes Verschulden. Hat der Kunde durch ein schuldhaftes Verhalten zu der Entstehung eines Schadens beigetragen, bestimmt sich nach den Grundsätzen des Mitverschuldens, in welchem Umfang Bank und Kunde den Schaden zu tragen haben.

3.2.3.2 Haftung bei nicht erfolgter, fehlerhafter oder verspäteter Ausführung einer autorisierten Überweisung

Bei einer nicht erfolgten, fehlerhaft oder verspätet ausgeführten autorisierten Überweisung hat der Kunde neben etwaigen Herausgabeansprüchen nach § 667 BGB und §§ 812 ff. BGB Schadensersatzansprüche nach Maßgabe folgender Regelungen:

- Die Bank haftet für eigenes Verschulden. Hat der Kunde durch ein schuldhaftes Verhalten zu der Entstehung eines Schadens beigetragen, bestimmt sich nach den Grundsätzen des Mitverschuldens, in welchem Umfang Bank und Kunde den Schaden zu tragen haben.
- Für das Verschulden zwischengeschalteter Stellen haftet die Bank nicht. In diesen Fällen beschränkt sich die Haftung der Bank auf die sorgfältige Auswahl und Unterweisung der ersten zwischengeschalteten Stelle (weitergeleiteter Auftrag).
- Die Haftung der Bank ist auf höchstens 12.500 Euro je Überweisung begrenzt. Diese Haftungsbeschränkung gilt nicht für Vorsatz oder grobe Fahrlässigkeit der Bank und für Gefahren, die die Bank besonders übernommen hat.

3.2.3.3 Haftungs- und Einwendungsausschluss

(1) Eine Haftung der Bank nach Nummer 3.2.3.2 ist in folgenden Fällen ausgeschlossen:

- Die Bank weist gegenüber dem Kunden nach, dass der Überweisungsbetrag ordnungsgemäß beim Zahlungsdienstleister des Zahlungsempfängers eingegangen ist.
- Die Überweisung wurde in Übereinstimmung mit der vom Kunden angegebenen fehlerhaften Kundenkennung des Zahlungsempfängers (siehe Nummer 1.2) ausgeführt. In diesem Fall kann der Kunde von der Bank jedoch verlangen, dass sie sich im Rahmen ihrer Möglichkeiten darum bemüht, den Zahlungsbetrag wiederzuerlangen. Für die Tätigkeiten der Bank nach Satz 2 dieses Unterpunktes berechnet die Bank das im „Preis- und Leistungsverzeichnis" ausgewiesene Entgelt.

(2) Ansprüche des Kunden nach Nummern 3.2.3.1 und 3.2.3.2 und Einwendungen des Kunden gegen die Bank aufgrund nicht oder fehlerhaft ausgeführter Überweisungen oder aufgrund nicht autorisierter Überweisungen sind ausgeschlossen, wenn der Kunde die Bank nicht spätestens 13 Monate nach dem Tag der Belastung mit einer nicht autorisierten oder fehlerhaft ausgeführten Überweisung hiervon unterrichtet hat. Der Lauf der Frist beginnt nur, wenn die Bank den Kunden über die Belastungsbuchung der Überweisung entsprechend dem für Kontoinformationen vereinbarten Weg spätestens innerhalb eines Monats nach der Belastungsbuchung unterrichtet hat; anderenfalls ist für den Fristbeginn der Tag der Unterrichtung maßgeblich. Schadensersatzansprüche kann der Kunde auch nach Ablauf der Frist in Satz 1 geltend machen, wenn er ohne Verschulden an der Einhaltung dieser Frist verhindert war. Die Sätze 1 bis 3 gelten auch dann, wenn der Kunde die Überweisung über einen Zahlungsauslösedienstleister auslöst.

(3) Ansprüche des Kunden sind ausgeschlossen, wenn die einen Anspruch begründenden Umstände

- auf einem ungewöhnlichen und unvorhersehbaren Ereignis beruhen, auf das die Bank keinen Einfluss hat und dessen Folgen trotz Anwendung der gebotenen Sorgfalt nicht hätten vermieden werden können, oder
- von der Bank aufgrund einer gesetzlichen Verpflichtung herbeigeführt wurden.

Bedingungen für Zahlungen mittels Lastschrift im SEPA-Basislastschriftverfahren (03/2019) – ohne Fußnoten

1 Allgemein

1.1 Begriffsbestimmung

Eine Lastschrift ist ein vom Zahlungsempfänger ausgelöster Zahlungsvorgang zulasten des Kontos des Kunden, bei dem die Höhe des jeweiligen Zahlungsbetrags vom Zahlungsempfänger angegeben wird.

1.2 Entgelte und deren Änderung

1.2.1 Entgelte für Verbraucher

Die Entgelte im Lastschriftverkehr ergeben sich aus dem „Preis- und Leistungsverzeichnis".

Änderungen der Entgelte im Lastschriftverkehr werden dem Kunden spätestens zwei Monate vor dem Zeitpunkt ihres Wirksamwerdens in Textform angeboten. Hat der Kunde mit der Bank im Rahmen der Geschäftsbeziehung einen elektronischen Kommunikationsweg vereinbart, können die Änderungen auch auf diesem Wege angeboten werden. Der Kunde kann den Änderungen vor dem vorgeschlagenen Zeitpunkt ihres Inkrafttretens entweder zustimmen oder sie ablehnen.

Die Zustimmung des Kunden gilt als erteilt, wenn er seine Ablehnung nicht vor dem vorgeschlagenen Zeitpunkt des Wirksamwerdens der Änderungen angezeigt hat. Auf diese Genehmigungswirkung wird ihn die Bank in ihrem Angebot besonders hinweisen. Werden dem Kunden Änderungen der Entgelte angeboten, kann er diese Geschäftsbeziehung vor dem vorgeschlagenen Zeitpunkt des Wirksamwerdens der Änderungen auch fristlos und kostenfrei kündigen. Auf dieses Kündigungsrecht wird ihn die Bank in ihrem Angebot besonders hinweisen.

Die Änderung von Entgelten für den Zahlungsdiensterahmenvertrag (Girovertrag) richtet sich nach Nummer 12 Absatz 5 AGB Banken.

1.2.2 Entgelte für Kunden, die keine Verbraucher sind

Für Entgelte und deren Änderung für Zahlungen von Kunden, die keine Verbraucher sind, verbleibt es bei den Regelungen in Nummer 12 Absätze 2 bis 6 AGB-Banken.

2 SEPA-Basislastschrift

2.1 Allgemein

2.1.1 Wesentliche Merkmale des SEPA-Basislastschriftverfahrens

Mit dem SEPA-Basislastschriftverfahren kann der Kunde über die Bank an den Zahlungsempfänger Zahlungen in Euro innerhalb des Gebiets des einheitlichen Euro-Zahlungsverkehrsraums („Single Euro Payments Area", SEPA) bewirken. Zur SEPA gehören die im Anhang genannten Staaten und Gebiete.

Für die Ausführung von Zahlungen mittels SEPA-Basislastschriften muss

– der Zahlungsempfänger und dessen Zahlungsdienstleister das SEPA-Basislastschriftverfahren nutzen und
– der Kunde vor dem Zahlungsvorgang dem Zahlungsempfänger das SEPA-Lastschriftmandat erteilen.

Der Zahlungsempfänger löst den jeweiligen Zahlungsvorgang aus, indem er über seinen Zahlungsdienstleister der Bank die Lastschriften vorlegt. Der Kunde kann bei einer autorisierten Zahlung aufgrund einer SEPA-Basislastschrift binnen einer Frist von acht Wochen ab dem Zeitpunkt der Belastungsbuchung auf seinem Konto von der Bank die Erstattung des belasteten Lastschriftbetrags verlangen.

2.1.2 Kundenkennungen

Für das Verfahren hat der Kunde die ihm mitgeteilte IBAN und bei grenzüberschreitenden Zahlungen (außerhalb des Europäischen Wirtschaftsraums, (EWR) zusätzlich den BIC der Bank als seine Kundenkennung gegenüber dem Zahlungsempfänger zu verwenden, da die Bank berechtigt ist, die Zahlung aufgrund der SEPA-Basislastschrift ausschließlich auf Grundlage der ihr übermittelten Kundenkennung auszuführen. Die Bank und die weiteren beteiligten Stellen führen die Zahlung an den Zahlungsempfänger anhand der im Lastschriftdatensatz vom Zahlungsempfänger als dessen Kundenkennung angegebenen IBAN und bei grenzüberschreitenden Zahlungen außerhalb des EWR zusätzlich des angegebenen BIC aus.

2.1.3 Übermittlung von Lastschriftdaten

Bei SEPA-Basislastschriften können die Lastschriftdaten auch über das Nachrichtenübermittlungssystem der Society for Worldwide Interbank Financial Telecommunication (SWIFT) mit Sitz in Belgien und Rechenzentren in der Europäischen Union, in der Schweiz und in den USA weitergeleitet werden.

2.2 SEPA-Lastschriftmandat

2.2.1 Erteilung des SEPA-Lastschriftmandats

(SEPA Direct Debit Mandate)

Der Kunde erteilt dem Zahlungsempfänger das SEPA-Lastschriftmandat. Damit autorisiert er gegenüber seiner Bank die Einlösung von SEPA-Basislastschriften des Zahlungsempfängers. Das Mandat ist schriftlich oder in der mit seiner Bank vereinbarten Art und Weise zu erteilen. In dieser Autorisierung ist zugleich die ausdrückliche Zustimmung enthalten, dass die am Lastschrifteinzug beteiligten Zahlungsdienstleister und etwaige zwischengeschaltete Stellen die für die Ausführung der Lastschrift notwendigen personenbezogenen Daten des Kunden abrufen, verarbeiten, übermitteln und speichern.

In dem SEPA-Lastschriftmandat müssen die folgenden Erklärungen des Kunden enthalten sein:

– Ermächtigung des Zahlungsempfängers, Zahlungen vom Konto des Kunden mittels SEPA-Basislastschrift einzuziehen, und
– Weisung an die Bank, die vom Zahlungsempfänger auf sein Konto gezogenen SEPA-Basislastschriften einzulösen.

Das SEPA-Lastschriftmandat muss folgende Autorisierungsdaten enthalten:

– Bezeichnung des Zahlungsempfängers,

– eine Gläubigeridentifikationsnummer,
– Kennzeichnung einmalige Zahlung (Lastschrift) oder wiederkehrende Zahlung (Lastschrift),
– Name des Kunden (sofern verfügbar),
– Bezeichnung der Bank des Kunden und
– Kundenkennung (siehe Nummer 2.1.2).

Über die Autorisierungsdaten hinaus kann das Lastschriftmandat zusätzliche Angaben enthalten.

2.2.2 Einzugsermächtigung als SEPA-Lastschriftmandat

Hat der Kunde dem Zahlungsempfänger eine Einzugsermächtigung erteilt, mit der er den Zahlungsempfänger ermächtigt, Zahlungen von seinem Konto mittels Lastschrift einzuziehen, weist er zugleich damit die Bank an, die vom Zahlungsempfänger auf sein Konto gezogenen Lastschriften einzulösen. Mit der Einzugsermächtigung autorisiert der Kunde gegenüber seiner Bank die Einlösung von Lastschriften des Zahlungsempfängers. Diese Einzugsermächtigung gilt als SEPA-Lastschriftmandat. Sätze 1 bis 3 gelten auch für vom Kunden vor dem Inkrafttreten dieser Bedingungen erteilte Einzugsermächtigungen.

Die Einzugsermächtigung muss folgende Autorisierungsdaten enthalten:
– Bezeichnung des Zahlungsempfängers,
– Name des Kunden,
– Kundenkennung nach Nummer 2.1.2 oder Kontonummer und Bankleitzahl des Kunden.

Über die Autorisierungsdaten hinaus kann die Einzugsermächtigung zusätzliche Angaben enthalten.

2.2.3 Widerruf des SEPA-Lastschriftmandats

Das SEPA-Lastschriftmandat kann vom Kunden durch Erklärung gegenüber dem Zahlungsempfänger oder seiner Bank – möglichst schriftlich – mit der Folge widerrufen werden, dass nachfolgende Zahlungsvorgänge nicht mehr autorisiert sind.

Erfolgt der Widerruf gegenüber der Bank, wird dieser ab dem auf den Eingang des Widerrufs folgenden Geschäftstag gemäß „Preis- und Leistungsverzeichnis" wirksam. Zusätzlich sollte dieser auch gegenüber dem Zahlungsempfänger erklärt werden, damit dieser keine weiteren Lastschriften einzieht.

2.2.4 Begrenzung und Nichtzulassung von SEPA-Basislastschriften

Der Kunde kann der Bank gesondert die Weisung erteilen, Zahlungen aus SEPA-Basislastschriften zu begrenzen oder nicht zuzulassen. Diese Weisung muss der Bank bis spätestens zum Ende des Geschäftstages gemäß „Preis- und Leistungsverzeichnis" vor dem im Datensatz der Lastschrift angegebenen Fälligkeitstag zugehen. Diese Weisung sollte möglichst schriftlich und möglichst gegenüber der kontoführenden Stelle der Bank erfolgen. Zusätzlich sollte diese auch gegenüber dem Zahlungsempfänger erklärt werden.

2.3 Einzug der SEPA-Basislastschrift auf Grundlage des SEPA-Lastschriftmandats durch den Zahlungsempfänger

(1) Das vom Kunden erteilte SEPA-Lastschriftmandat verbleibt beim Zahlungsempfänger. Dieser übernimmt die Autorisierungsdaten und setzt etwaige zusätzliche Angaben in den Datensatz zur Einziehung von SEPA-Basislastschriften. Der jeweilige Lastschriftbetrag wird vom Zahlungsempfänger angegeben.

(2) Der Zahlungsempfänger übermittelt elektronisch den Datensatz

zur Einziehung der SEPA-Basislastschrift unter Einschaltung seines Zahlungsdienstleisters an die Bank als Zahlstelle. Dieser Datensatz verkörpert auch die Weisung des Kunden an die Bank zur Einlösung der jeweiligen SEPA-Basislastschrift (siehe Nummer 2.2.1 Sätze 2 und 4 beziehungsweise Nummer 2.2.2 Satz 2). Für den Zugang dieser Weisung verzichtet die Bank auf die für die Erteilung des SEPA-Lastschriftmandats vereinbarte Form (siehe Nummer 2.2.1 Satz 3).

2.4 Zahlungsvorgang aufgrund der SEPA-Basislastschrift

2.4.1 Belastung des Kontos des Kunden mit dem Lastschriftbetrag

(1) Eingehende SEPA-Basislastschriften des Zahlungsempfängers werden am im Datensatz angegebenen Fälligkeitstag mit dem vom Zahlungsempfänger angegebenen Lastschriftbetrag dem Konto des Kunden belastet. Fällt der Fälligkeitstag nicht auf einen im „Preis- und Leistungsverzeichnis" ausgewiesenen Geschäftstag der Bank, erfolgt die Kontobelastung am nächsten Geschäftstag.

(2) Eine Kontobelastung erfolgt nicht oder wird spätestens am zweiten Bankarbeitstag nach ihrer Vornahme rückgängig gemacht (siehe Nummer 2.4.2), wenn
– der Bank ein Widerruf des SEPA-Lastschriftmandats gemäß Nummer 2.2.3 zugegangen ist,
– der Kunde über kein für die Einlösung der Lastschrift ausreichendes Guthaben auf seinem Konto oder über keine ausreichende eingeräumte Kontoüberziehung verfügt (fehlende Kontodeckung); Teileinlösungen nimmt die Bank nicht vor,
– die im Lastschriftdatensatz angegebene IBAN des Zahlungspflichtigen keinem Konto des Kunden bei der Bank zuzuordnen ist, oder
– die Lastschrift nicht von der Bank verarbeitbar ist, da im Lastschriftdatensatz eine Gläubigeridentifikationsnummer fehlt oder für die Bank erkennbar fehlerhaft ist, eine Mandatsreferenz fehlt, ein Ausstellungsdatum des Mandats fehlt oder kein Fälligkeitstag angegeben ist.

(3) Darüber hinaus erfolgt eine Kontobelastung nicht oder wird spätestens am zweiten Bankarbeitstag nach ihrer Vornahme rückgängig gemacht (siehe Nummer 2.4.2), wenn dieser SEPA-Basislastschrift eine gesonderte Weisung des Kunden nach Nummer 2.2.4 entgegensteht.

2.4.2 Einlösung von SEPA-Basislastschriften

SEPA-Basislastschriften sind eingelöst, wenn die Belastungsbuchung auf dem Konto des Kunden nicht spätestens am zweiten Bankarbeitstag nach ihrer Vornahme rückgängig gemacht wird.

2.4.3 Unterrichtung über die Nichtausführung oder Rückgängigmachung der Belastungsbuchung oder Ablehnung der Einlösung

Über die Nichtausführung oder Rückgängigmachung der Belastungsbuchung (siehe Nummer 2.4.1 Absatz 2) oder die Ablehnung der Einlösung einer SEPA-Basislastschrift (siehe Nummer 2.4.2) wird die Bank den Kunden unverzüglich, spätestens bis zu der gemäß Nummer 2.4.4 vereinbarten Frist unterrichten. Dies kann auch auf dem für Kontoinformationen vereinbarten Weg geschehen. Dabei wird die Bank, soweit möglich, die Gründe sowie die Möglichkeiten angeben, wie Fehler, die zur Nichtausführung, Rückgängigmachung oder Ablehnung geführt haben, berichtigt werden können.

Für die berechtigte Ablehnung der Einlösung einer autorisierten SEPA-Basislastschrift wegen fehlender Kontodeckung (siehe Nummer 2.4.1 Absatz 2 zweiter Spiegelstrich) berechnet die Bank das im „Preis- und Leistungsverzeichnis" ausgewiesene Entgelt.

2.4.4 Ausführung der Zahlung

(1) Die Bank ist verpflichtet sicherzustellen, dass der von ihr dem Konto des Kunden aufgrund der SEPA-Basislastschrift des Zahlungsempfängers belastete Lastschriftbetrag spätestens innerhalb der im „Preis- und Leistungsverzeichnis" angegebenen Ausführungsfrist beim Zahlungsdienstleister des Zahlungsempfängers eingeht.

(2) Die Ausführungsfrist beginnt an dem im Lastschriftdatensatz angegebenen Fälligkeitstag. Fällt dieser Tag nicht auf einen Geschäftstag gemäß „Preis- und Leistungsverzeichnis" der Bank, so beginnt die Ausführungsfrist am darauf folgenden Geschäftstag.

(3) Die Bank unterrichtet den Kunden über die Ausführung der Zahlung auf dem für Kontoinformationen vereinbarten Weg und in der vereinbarten Häufigkeit.

2.5 Erstattungsanspruch des Kunden bei einer autorisierten Zahlung

(1) Der Kunde kann bei einer autorisierten Zahlung aufgrund einer SEPA-Basislastschrift binnen einer Frist von acht Wochen ab dem Zeitpunkt der Belastungsbuchung auf seinem Konto von der Bank ohne Angabe von Gründen die Erstattung des belasteten Lastschriftbetrags verlangen. Dabei bringt sie das Konto wieder auf den Stand, auf dem es sich ohne die Belastung durch die Zahlung befunden hätte. Etwaige Zahlungsansprüche des Zahlungsempfängers gegen den Kunden bleiben hiervon unberührt.

(2) Der Erstattungsanspruch nach Absatz 1 ist ausgeschlossen, sobald der jeweilige Betrag der Lastschriftbelastungsbuchung durch eine ausdrückliche Genehmigung des Kunden unmittelbar gegenüber der Bank autorisiert worden ist.

(3) Erstattungsansprüche des Kunden bei einer nicht erfolgten oder fehlerhaft ausgeführten autorisierten Zahlung richten sich nach Nummer 2.6.2.

2.6 Erstattungs-, Berichtigungs- und Schadensersatzansprüche des Kunden

2.6.1 Erstattung bei einer nicht autorisierten Zahlung

Im Falle einer vom Kunden nicht autorisierten Zahlung hat die Bank gegen den Kunden keinen Anspruch auf Erstattung ihrer Aufwendungen. Sie ist verpflichtet, dem Kunden den von seinem Konto abgebuchten Lastschriftbetrag unverzüglich zu erstatten. Dabei bringt sie das Konto wieder auf den Stand, auf dem es sich ohne die Belastung durch die nicht autorisierte Zahlung befunden hätte. Diese Verpflichtung ist spätestens bis zum Ende des Geschäftstags gemäß „Preis- und Leistungsverzeichnis" zu erfüllen, der auf den Tag folgt, an welchem der Bank angezeigt wurde, dass die Zahlung nicht autorisiert ist, oder die Bank auf andere Weise davon Kenntnis erhalten hat. Hat die Bank einer zuständigen Behörde berechtigte Gründe für den Verdacht, dass ein betrügerisches Verhalten des Kunden vorliegt, schriftlich mitgeteilt, hat die Bank ihre Verpflichtung aus Satz 2 unverzüglich zu prüfen und zu erfüllen, wenn sich der Betrugsverdacht nicht bestätigt.

2.6.2 Ansprüche bei nicht erfolgter, fehlerhafter oder verspäteter Ausführung von autorisierten Zahlungen

(1) Im Falle einer nicht erfolgten oder fehlerhaften Ausführung einer autorisierten Zahlung kann der Kunde von der Bank die unverzügliche und ungekürzte Erstattung des Lastschriftbetrags insoweit verlangen, als die Zahlung nicht erfolgte oder fehlerhaft war. Die Bank bringt dann das Konto wieder auf den Stand, auf dem es sich ohne den fehlerhaft ausgeführten Zahlungsvorgang befunden hätte.

(2) Der Kunde kann über den Anspruch nach Absatz 1 hinaus von der Bank die Erstattung derjenigen Entgelte und Zinsen verlangen, die die Bank ihm im Zusammenhang mit der nicht erfolgten oder fehlerhaften Ausführung der Zahlung in Rechnung gestellt oder mit denen sie das Konto des Kunden belastet hat.

(3) Geht der Lastschriftbetrag beim Zahlungsdienstleister des Zahlungsempfängers erst nach Ablauf der Ausführungsfrist in Nummer 2.4.4 Absatz 2 ein (Verspätung), kann der Zahlungsempfänger von seinem Zahlungsdienstleister verlangen, dass dieser die Gutschrift des Lastschriftbetrags auf dem Konto des Zahlungsempfängers so vornimmt, als sei die Zahlung ordnungsgemäß ausgeführt worden.

(4) Wurde ein Zahlungsvorgang nicht oder fehlerhaft ausgeführt, wird die Bank auf Verlangen des Kunden den Zahlungsvorgang nachvollziehen und den Kunden über das Ergebnis unterrichten.

2.6.3 Schadensersatz wegen Pflichtverletzung

(1) Bei nicht erfolgter, fehlerhafter oder verspäteter Ausführung einer autorisierten Zahlung oder bei einer nicht autorisierten Zahlung kann der Kunde von der Bank einen Schaden, der nicht bereits von Nummern 2.6.1 und 2.6.2 erfasst ist, ersetzt verlangen. Dies gilt nicht, wenn die Bank die Pflichtverletzung nicht zu vertreten hat. Die Bank hat hierbei ein Verschulden, das einer von ihr zwischengeschalteten Stelle zur Last fällt, wie eigenes Verschulden zu vertreten. Hat der Kunde durch ein schuldhaftes Verhalten zu der Entstehung eines Schadens beigetragen, bestimmt sich nach den Grundsätzen des Mitverschuldens, in welchem Umfang Bank und Kunde den Schaden zu tragen haben.

(2) Die Haftung nach Absatz 1 ist auf 12.500 Euro begrenzt. Diese betragsmäßige Haftungsgrenze gilt nicht
– für nicht autorisierte Zahlungen,
– bei Vorsatz oder grober Fahrlässigkeit der Bank,
– für Gefahren, die die Bank besonders übernommen hat, und
– für den dem Kunden entstandenen Zinsschaden, wenn der Kunde Verbraucher ist.

2.6.4 Ansprüche von Kunden, die keine Verbraucher sind

Abweichend von den Ansprüchen in Nummer 2.6.2 und 2.6.3 haben Kunden, die keine Verbraucher sind, bei einer nicht erfolgten, fehlerhaft oder verspätet ausgeführten autorisierten Zahlung oder bei einer nicht autorisierten Zahlung neben etwaigen Herausgabeansprüchen nach § 667 BGB und §§ 812 ff. BGB lediglich Schadensersatzansprüche nach Maßgabe folgender Regelungen:

– Die Bank haftet für eigenes Verschulden. Hat der Kunde durch ein schuldhaftes Verhalten zu der Entstehung eines Schadens beigetragen, bestimmt sich nach den Grundsätzen des Mitverschuldens, in welchem Umfang Bank und Kunde den Schaden zu tragen haben.
– Für das Verschulden der von der Bank zwischengeschalteten Stellen haftet die Bank nicht. In diesen Fällen beschränkt sich die Haftung der Bank auf die sorgfältige Auswahl und Unterweisung der ersten zwischengeschalteten Stelle.
– Ein Schadensersatzanspruch des Kunden ist der Höhe nach auf den Lastschriftbetrag zuzüglich der von der Bank in Rechnung gestellten Entgelte und Zinsen begrenzt. Soweit es sich hierbei um die Geltendmachung von Folgeschäden handelt, ist der Anspruch auf höchstens 12.500 Euro je Zahlung begrenzt.

Diese Haftungsbeschränkungen gelten nicht für Vorsatz oder grobe Fahrlässigkeit der Bank und für Gefahren, die die Bank besonders übernommen hat, sowie für nicht autorisierte Zahlungen.

2.6.5 Haftungs- und Einwendungsausschluss

(1) Eine Haftung der Bank nach Nummern 2.6.2 bis 2.6.4 ist in folgenden Fällen ausgeschlossen:

– Die Bank weist gegenüber dem Kunden nach, dass der Zahlungsbetrag rechtzeitig und ungekürzt beim Zahlungsdienstleister des Zahlungsempfängers eingegangen ist, oder
– Die Zahlung wurde in Übereinstimmung mit der vom Zahlungsempfänger angegebenen fehlerhaften Kundenkennung des Zahlungsempfängers ausgeführt. In diesem Fall kann der Kunde von der Bank jedoch verlangen, dass sie sich im Rahmen ihrer Möglichkeiten darum bemüht, den Zahlungsbetrag wiederzuerlangen. Ist die Wiedererlangung des Zahlungsbetrags nach Satz 2 dieses Unterpunkts nicht möglich, so ist die Bank verpflichtet, dem Kunden auf schriftlichen Antrag alle verfügbaren Informationen mitzuteilen, damit der Kunde einen Anspruch auf Erstattung des Zahlungsbetrags geltend machen kann. Für die Tätigkeiten nach den Sätzen 2 und 3 dieses Unterpunkts berechnet die Bank das im „Preis- und Leistungsverzeichnis" ausgewiesene Entgelt.

(2) Ansprüche des Kunden nach Nummern 2.6.1 bis 2.6.4 und Einwendungen des Kunden gegen die Bank aufgrund nicht oder fehlerhaft ausgeführter Zahlungen oder aufgrund nicht autorisierter Zahlungen sind ausgeschlossen, wenn der Kunde die Bank nicht spätestens 13 Monate nach dem Tag der Belastung mit einer nicht autorisierten oder fehlerhaft ausgeführten Zahlung hiervon unterrichtet hat. Der Lauf der Frist beginnt nur, wenn die Bank den Kunden über die Belastungsbuchung der Zahlung entsprechend dem für Kontoinformationen vereinbarten Weg spätestens innerhalb eines Monats nach der Belastungsbuchung unterrichtet hat; anderenfalls ist für den Fristbeginn der Tag der Unterrichtung maßgeblich. Schadensersatzansprüche nach Nummer 2.6.3 kann der Kunde auch nach Ablauf der Frist in Satz 1 geltend machen, wenn er ohne Verschulden an der Einhaltung dieser Frist verhindert war.

(3) Ansprüche des Kunden sind ausgeschlossen, wenn die einen Anspruch begründenden Umstände

– auf einem ungewöhnlichen und unvorhersehbaren Ereignis beruhen, auf das die Bank keinen Einfluss hat und dessen Folgen trotz Anwendung der gebotenen Sorgfalt nicht hätten vermieden werden können, oder
– von der Bank aufgrund einer gesetzlichen Verpflichtung herbeigeführt wurden.

Anhang: Liste der zu SEPA gehörigen Staaten und Gebiete

Staaten des Europäischen Wirtschaftsraums (EWR)

Mitgliedstaaten der Europäischen Union: Belgien, Bulgarien, Dänemark, Deutschland, Estland, Finnland, Frankreich (einschließlich Französisch-Guayana, Guadeloupe, Martinique, Mayotte, Réunion), Griechenland, Irland, Italien, Kroatien, Lettland, Litauen, Luxemburg, Malta, Niederlande, Österreich, Polen, Portugal, Rumänien, Schweden, Slowakei, Slowenien, Spanien, Tschechische Republik, Ungarn, Vereinigtes Königreich von Großbritannien und Nordirland, Zypern

Weitere Staaten: Island, Liechtenstein, Norwegen.

Sonstige Staaten und Gebiete

Andorra, Guernsey, Isle of Man, Jersey, Monaco, Saint-Pierre und Miquelon, San Marino, Schweiz, Vatikanstadt.

Bedingungen für Zahlungen mittels Lastschrift im SEPA-Firmenlastschriftverfahren (03/2019) – ohne Fußnoten

3

1 Allgemein

1.1 Begriffsbestimmung

Eine Lastschrift ist ein vom Zahlungsempfänger ausgelöster Zahlungsvorgang zulasten des Kontos des Kunden, bei dem die Höhe des jeweiligen Zahlungsbetrags vom Zahlungsempfänger angegeben wird.

1.2 Entgelte

Bei Entgelten und deren Änderung sind die Regelungen in Nummer 12 Absätze 2 bis 6 AGB-Banken maßgeblich.

2 SEPA-Firmenlastschrift

2.1 Allgemein

2.1.1 Wesentliche Merkmale des SEPA-Firmenlastschriftverfahrens

Das SEPA-Firmenlastschriftverfahren kann nur von Kunden genutzt werden, die keine Verbraucher sind.

Mit dem SEPA-Firmenlastschriftverfahren kann der Kunde über die Bank an einen Zahlungsempfänger Zahlungen in Euro innerhalb des Gebiets des einheitlichen Euro-Zahlungsverkehrsraums ("Single Euro Payments Area", SEPA) bewirken. Zur SEPA gehören die im Anhang genannten Staaten und Gebiete. Für die Ausführung von Zahlungen mittels SEPA-Firmenlastschrift muss

– der Zahlungsempfänger und dessen Zahlungsdienstleister das SEPA-Firmenlastschriftverfahren nutzen,
– der Kunde vor dem Zahlungsvorgang dem Zahlungsempfänger das SEPA-Firmenlastschrift-Mandat erteilen und
– der Kunde der Bank die Erteilung des SEPA-Firmenlastschrift-Mandats bestätigen.

Der Zahlungsempfänger löst den jeweiligen Zahlungsvorgang aus, indem er über seinen Zahlungsdienstleister der Bank die Lastschriften vorlegt. Der Kunde kann bei einer autorisierten Zahlung aufgrund einer SEPA-Firmenlastschrift von der Bank keine Erstattung des seinem Konto belasteten Lastschriftbetrages verlangen.

2.1.2 Kundenkennungen

Für das Verfahren hat der Kunde die ihm mitgeteilte IBAN und bei grenzüberschreitenden Zahlungen außerhalb des Europäischen Wirtschaftsraums (EWR) zusätzlich den BIC der Bank als seine Kundenkennung gegenüber dem Zahlungsempfänger zu verwenden, da die Bank berechtigt ist, die Zahlung aufgrund der SEPA-Firmenlastschrift ausschließlich auf Grundlage der ihr übermittelten Kundenkennung auszuführen. Die Bank und die weiteren beteiligten Stellen führen die Zahlung an den Zahlungsempfänger anhand der im Lastschriftdatensatz vom Zahlungsempfänger als dessen Kundenkennung angegebenen IBAN und bei grenzüberschreitenden Zahlungen außerhalb des EWR zusätzlich angegebenen BIC aus.

2.1.3 Übermittlung von Lastschriftdaten

Bei SEPA-Firmenlastschriften können die Lastschriftdaten auch über das Nachrichtenübermittlungssystem der Society for Worldwide Interbank Financial Telecommunication (SWIFT) mit Sitz in Belgien und Rechenzentren in der Europäischen Union, in der Schweiz und in den USA weitergeleitet werden.

2.2 SEPA-Firmenlastschrift-Mandat

2.2.1 Erteilung des SEPA-Firmenlastschrift-Mandats

(SEPA Business-to-Business Direct Debit Mandate)

Der Kunde erteilt dem Zahlungsempfänger ein SEPA-Firmenlastschrift-Mandat. Damit autorisiert er gegenüber seiner Bank die Einlösung von SEPA-Firmenlastschriften des Zahlungsempfängers. Das Mandat ist schriftlich oder in der mit seiner Bank vereinbarten Art und Weise zu erteilen. In dieser Autorisierung ist zugleich die ausdrückliche Zustimmung enthalten, dass die an Lastschrifteinzug beteiligten Zahlungsdienstleister und etwaige zwischengeschaltete Stellen die für die Ausführung der Lastschrift notwendigen personenbezogenen Daten des Kunden abrufen, verarbeiten, übermitteln und speichern.

In dem SEPA-Firmenlastschrift-Mandat müssen die folgenden Erklärungen des Kunden enthalten sein:

– Ermächtigung des Zahlungsempfängers, Zahlungen vom Konto des Kunden mittels SEPA-Firmenlastschrift einzuziehen, und
– Weisung an die Bank, die vom Zahlungsempfänger auf sein Konto gezogenen SEPA-Firmenlastschriften einzulösen.

Das SEPA-Firmenlastschrift-Mandat muss folgende Angaben (Autorisierungsdaten) enthalten:

– Bezeichnung des Zahlungsempfängers,
– eine Gläubigeridentifikationsnummer,
– Kennzeichnung einmalige Zahlung oder wiederkehrende Zahlungen,
– Name des Kunden,
– Bezeichnung der Bank des Kunden und
– seine Kundenkennung (siehe Nummer 2.1.2).

Über die Autorisierungsdaten hinaus kann das Lastschriftmandat zusätzliche Angaben enthalten.

2.2.2 Bestätigung der Erteilung eines SEPA-Firmenlastschrift-Mandats

Der Kunde hat seiner Bank die Autorisierung nach Nummer 2.2.1 unverzüglich zu bestätigen, indem er der Bank folgende Daten aus dem vom Zahlungsempfänger erteilten SEPA-Firmenlastschrift-Mandat übermittelt:

– Bezeichnung des Zahlungsempfängers,
– Gläubigeridentifikationsnummer des Zahlungsempfängers,
– Mandatsreferenz,
– Kennzeichnung einmalige Zahlung oder wiederkehrende Zahlungen und
– Datum der Unterschrift auf dem Mandat.

Hierzu kann der Kunde der Bank auch eine Kopie des SEPA-Firmenlastschrift-Mandats übermitteln.

Über Änderungen oder die Aufhebung des SEPA-Firmenlastschrift-Mandats gegenüber dem Zahlungsempfänger hat der Kunde die Bank unverzüglich, möglichst schriftlich, zu informieren.

2.2.3 Widerruf des SEPA-Firmenlastschrift-Mandats

Das SEPA-Firmenlastschrift-Mandat kann vom Kunden durch Erklärung gegenüber seiner Bank widerrufen werden. Der Widerruf wird ab dem auf den Eingang des Widerrufs folgenden Geschäftstag gemäß "Preis- und Leistungsverzeichnis" wirksam. Der Widerruf sollte möglichst schriftlich und möglichst gegenüber der kontoführenden Stelle der Bank erfolgen. Zusätzlich sollte dieser auch gegenüber dem Zahlungsempfänger erklärt werden. Der Widerruf des SEPA-Firmenlastschrift-Mandats erfasst bereits dem Konto des Kunden belastete SEPA-Firmenlastschriften nicht. Für diese gilt Nummer 2.2.4 Absätze 2 und 3.

2.2.4 Zurückweisung einzelner SEPA-Firmenlastschriften

(1) Der Kunde kann der Bank gesondert die Weisung erteilen, Zahlungen aus bestimmten SEPA-Firmenlastschriften des Zahlungsempfängers nicht zu bewirken. Diese Weisung muss der Bank bis spätestens zum Ende des Geschäftstages gemäß "Preis- und Leistungsverzeichnis" vor dem im Datensatz der Lastschrift angegebenen Fälligkeitstag zugehen. Diese Weisung sollte möglichst schriftlich und möglichst gegenüber der konto-

führenden Stelle der Bank erfolgen. Zusätzlich sollte diese auch gegenüber dem Zahlungsempfänger erklärt werden.

(2) Am Tag der Belastungsbuchung der SEPA-Firmenlastschrift kann diese nur noch zurückgewiesen werden, wenn Kunde und Bank dies vereinbart haben. Die Vereinbarung wird wirksam, wenn es der Bank gelingt, den Lastschriftbetrag endgültig zurückzuerlangen. Für die Bearbeitung eines solchen Widerrufs des Kunden berechnet die Bank das im „Preis- und Leistungsverzeichnis" ausgewiesene Entgelt.

(3) Nach dem Tag der Belastungsbuchung der SEPA-Firmenlastschrift kann der Kunde diese nicht mehr zurückweisen.

2.3 Einzug der SEPA-Firmenlastschrift auf Grundlage des SEPA-Firmenlastschrift-Mandats durch den Zahlungsempfänger

(1) Das vom Kunden erteilte SEPA-Firmenlastschrift-Mandat verbleibt beim Zahlungsempfänger. Dieser übernimmt die Autorisierungsdaten und etwaige zusätzliche Angaben in den Datensatz zur Einziehung von SEPA-Firmenlastschriften. Der jeweilige Lastschriftbetrag wird vom Zahlungsempfänger angegeben.

(2) Der Zahlungsempfänger übermittelt elektronisch den Datensatz zur Einziehung der SEPA-Firmenlastschrift unter Einschaltung seines Zahlungsdienstleisters an die Bank als Zahlstelle. Dieser Datensatz verkörpert auch die im SEPA-Firmenlastschrift-Mandat enthaltene Weisung des Kunden an die Bank zur Einlösung der jeweiligen SEPA-Firmenlastschrift (siehe Nummer 2.2.1 Sätze 2 und 5). Für den Zugang dieser Weisung verzichtet die Bank auf die für die Erteilung des SEPA-Firmenlastschrift-Mandats vereinbarte Form (siehe Nummer 2.2.1 Satz 3).

2.4 Zahlungsvorgang aufgrund der SEPA-Firmenlastschrift
2.4.1 Belastung des Kontos des Kunden mit dem Lastschriftbetrag

(1) Eingehende SEPA-Firmenlastschriften des Zahlungsempfängers werden am im Datensatz angegebenen Fälligkeitstag mit dem vom Zahlungsempfänger angegebenen Lastschriftbetrag dem Konto des Kunden belastet. Fällt der Fälligkeitstag nicht auf einen im „Preis- und Leistungsverzeichnis" ausgewiesenen Geschäftstag der Bank, erfolgt die Kontobelastung am nächsten Geschäftstag.

(2) Eine Kontobelastung erfolgt nicht oder wird spätestens am dritten Bankarbeitstag nach ihrer Vornahme rückgängig gemacht, wenn

– der Bank keine Bestätigung des Kunden gemäß Nummer 2.2.2 vorliegt,
– der Bank ein Widerruf des Firmenlastschrift-Mandats gemäß Nummer 2.2.3 zugegangen ist,
– der Bank eine Zurückweisung der Lastschrift des Kunden gemäß Nummer 2.2.4 zugegangen ist,
– der Kunde über kein für die Einlösung der Lastschrift ausreichendes Guthaben auf seinem Konto oder über keinen ausreichenden Kredit verfügt (fehlende Kontodeckung); Teileinlösungen nimmt die Bank nicht vor,
– die im Lastschriftdatensatz angegebene IBAN des Zahlungspflichtigen keinem Konto des Kunden bei der Bank zuzuordnen ist, oder
– die Lastschrift nicht von der Bank verarbeitbar ist, da im Lastschriftdatensatz eine Gläubigeridentifikationsnummer fehlt oder für die Bank erkennbar fehlerhaft ist, weil eine Mandatsreferenz fehlt, ein Ausstellungsdatum des Mandats fehlt oder kein Fälligkeitstag angegeben ist.

2.4.2 Einlösung von SEPA-Firmenlastschriften

SEPA-Firmenlastschriften sind eingelöst, wenn die Belastungsbuchung auf dem Konto des Kunden nicht spätestens am dritten Bankarbeitstag nach ihrer Vornahme rückgängig gemacht wird.

2.4.3 Unterrichtung über die Nichtausführung oder Rückgängigmachung der Belastungsbuchung oder Ablehnung der Einlösung

Über die Nichtausführung oder Rückgängigmachung der Belastungsbuchung (siehe Nummer 2.4.1 Absatz 2) oder die Ablehnung der Einlösung einer SEPA-Firmenlastschrift (siehe Nummer 2.4.2) wird die Bank den Kunden unverzüglich, spätestens bis zu der gemäß Nummer 2.4.4 vereinbarten Frist unterrichten. Dies kann auch auf dem für Kontoinformationen vereinbarten Weg geschehen. Dabei wird die Bank, soweit möglich, die Gründe sowie die Möglichkeiten angeben, wie Fehler, die zur Nichtausführung, Rückgängigmachung oder Ablehnung geführt haben, berichtigt werden können. Für die berechtigte Ablehnung der Einlösung einer autorisierten SEPA-Firmenlastschrift wegen fehlender Kontodeckung (siehe Nummer 2.4.1 Absatz 2 vierter Spiegelstrich) berechnet die Bank das im „Preis- und Leistungsverzeichnis" ausgewiesene Entgelt.

2.4.4 Ausführung der Zahlung

(1) Die Bank ist verpflichtet sicherzustellen, dass der von ihm dem Konto des Kunden aufgrund der SEPA-Firmenlastschrift des Zahlungsempfängers belastete Lastschriftbetrag spätestens innerhalb der im „Preis- und Leistungsverzeichnis" angegebenen Ausführungsfrist beim Zahlungsdienstleister des Zahlungsempfängers eingeht.

(2) Die Ausführungsfrist beginnt an dem im Lastschriftdatensatz angegebenen Fälligkeitstag. Fällt dieser Tag nicht auf einen Geschäftstag gemäß „Preis- und Leistungsverzeichnis" der Bank, so beginnt die Ausführungsfrist am darauf folgenden Geschäftstag.

(3) Die Bank unterrichtet den Kunden über die Ausführung der Zahlung auf dem für Kontoinformationen vereinbarten Weg und in der vereinbarten Häufigkeit.

2.5 Ausschluss des Erstattungsanspruchs bei einer autorisierten Zahlung

Der Kunde kann bei einer autorisierten Zahlung aufgrund einer SEPA-Firmenlastschrift von der Bank keine Erstattung des seinem Konto belasteten Lastschriftbetrages verlangen; Ansprüche aus § 675x BGB sind ausgeschlossen.

Erstattungsansprüche des Kunden bei einer nicht erfolgten oder fehlerhaft ausgeführten autorisierten Zahlung richten sich nach Nummer 2.6.2.

2.6 Erstattungs- und Schadensersatzansprüche des Kunden

2.6.1 Erstattung bei einer nicht autorisierten Zahlung

Im Falle einer vom Kunden nicht autorisierten Zahlung hat die Bank gegen den Kunden keinen Anspruch auf Erstattung ihrer Aufwendungen. Sie ist verpflichtet, dem Kunden den von seinem Konto abgebuchten Lastschriftbetrag zu erstatten. Dabei bringt sie das Konto wieder auf den Stand, auf dem es sich ohne die Belastung durch die nicht autorisierte Zahlung befunden hätte. Diese Verpflichtung ist spätestens bis zum Ende des Geschäftstags gemäß „Preis- und Leistungsverzeichnis" zu erfüllen, der auf den Tag folgt, an welchem der Bank angezeigt wurde, dass die Zahlung nicht autorisiert ist, oder die Bank auf andere Weise davon Kenntnis erhalten hat. Hat die Bank einer zuständigen Behörde berechtigte Gründe für den Verdacht, dass ein betrügerisches Verhalten des Kunden vorliegt, schriftlich mitgeteilt, hat die Bank ihre Verpflichtung aus Satz 2 unverzüglich zu prüfen und zu erfüllen, wenn sich der Betrugsverdacht nicht bestätigt.

2.6.2 Schadensersatz wegen Pflichtverletzung

Bei einer nicht erfolgten autorisierten Zahlung, einer fehlerhaft oder verspätet ausgeführten autorisierten Zahlung oder einer nicht autorisierten Zahlung kann der Kunde von der Bank, neben etwaigen Herausgabeansprüchen nach § 667 und §§ 812 ff. BGB, den Ersatz eines hierdurch entstandenen Schadens nach Maßgabe folgender Regelungen verlangen:

– Die Bank haftet für eigenes Verschulden. Hat der Kunde durch ein schuldhaftes Verhalten zu der Entstehung eines Schadens beigetragen, bestimmt sich nach den Grundsätzen des Mitverschuldens, in welchem Umfang Bank und Kunde den Schaden zu tragen haben.
– Für das Verschulden der von der Bank zwischengeschalteten Stellen haftet die Bank nicht. In diesen Fällen beschränkt sich die Haftung der Bank auf die sorgfältige Auswahl und Unterweisung der ersten zwischengeschalteten Stelle.
– Die Haftung der Bank für Schäden ist der Höhe nach auf den Lastschriftbetrag zuzüglich der von der Bank in Rechnung gestellten Entgelte und Zinsen begrenzt. Soweit es sich hierbei um Folgeschäden handelt, ist die Haftung zusätzlich auf höchstens 12.500 Euro je Zahlung begrenzt. Diese Haftungsbeschränkungen gelten nicht für Vorsatz oder grobe Fahrlässigkeit der Bank und für Gefahren, die die Bank besonders übernommen hat, sowie für nicht autorisierte Zahlungen.

Ansprüche aus § 675y BGB sind ausgeschlossen.

2.6.3 Haftungs- und Einwendungsausschluss

(1) Eine Haftung der Bank nach Nummer 2.6.2. ist in folgenden Fällen ausgeschlossen:

– Die Bank weist gegenüber dem Kunden nach, dass der Zahlungsbetrag rechtzeitig und ungekürzt beim Zahlungsdienstleister des Zahlungsempfängers eingegangen ist.
– Die Zahlung wurde in Übereinstimmung mit der vom Zahlungsempfänger angegebenen fehlerhaften Kundenkennung des Zahlungsempfängers ausgeführt. In diesem Fall kann der Kunde von der Bank jedoch verlangen, dass sie sich im Rahmen ihrer Möglichkeiten darum bemüht, den Zahlungsbetrag wiederzuerlangen. Ist die Wiedererlangung des Zahlungsbetrags nach Satz 2 dieses Unterpunkts nicht möglich, so ist die Bank verpflichtet, dem Kunden auf schriftlichen Antrag alle verfügbaren Informationen mitzuteilen, damit der Kunde einen Anspruch auf Erstattung des Zahlungsbetrags geltend machen kann. Für die Tätigkeiten nach den Sätzen 2 und 3 dieses Unterpunkts berechnet die Bank das im „Preis- und Leistungsverzeichnis" ausgewiesene Entgelt.

(2) Ansprüche des Kunden nach Nummern 2.6.1 und 2.6.2 und Einwendungen des Kunden gegen die Bank aufgrund nicht oder fehlerhaft ausgeführter Zahlungen oder aufgrund nicht autorisierter Zahlungen sind ausgeschlossen, wenn der Kunde die Bank nicht spätestens 13 Monate nach dem Tag der Belastung mit einer nicht autorisierten oder fehlerhaft ausgeführten Zahlung hiervon unterrichtet hat. Der Lauf der Frist beginnt nur, wenn die Bank den Kunden über die Belastungsbuchung der Zahlung entsprechend dem für Kontoinformationen vereinbarten Weg spätestens innerhalb eines Monats nach der Belastungsbuchung unterrichtet hat; anderenfalls ist für den Fristbeginn der Tag der Unterrichtung maßgeblich. Schadensersatzansprüche aus einer verschuldensabhängigen Haftung der Bank nach Nummer 2.6.2 kann der Kunde auch nach Ablauf der Frist in Satz 1 geltend machen, wenn er ohne Verschulden an der Einhaltung dieser Frist verhindert war.

(3) Ansprüche des Kunden sind ausgeschlossen, wenn die einen Anspruch begründenden Umstände

– auf einem ungewöhnlichen und unvorhersehbaren Ereignis beruhen, auf das die Bank keinen Einfluss hat und dessen Folgen trotz Anwendung der gebotenen Sorgfalt nicht hätten vermieden werden können, oder
– von der Bank aufgrund einer gesetzlichen Verpflichtung herbeigeführt wurden.

Anhang: Liste der zur SEPA gehörigen Staaten und Gebiete

Staaten des Europäischen Wirtschaftsraums (EWR)

Mitgliedstaaten der Europäischen Union: Belgien, Bulgarien, Dänemark, Deutschland, Estland, Finnland, Frankreich (einschließlich Französisch-Guayana, Guadeloupe, Martinique, Mayotte, Réunion), Griechenland, Irland, Italien, Kroatien, Lettland, Litauen, Luxemburg, Malta, Niederlande, Österreich, Polen, Portugal, Rumänien, Schweden, Slowakei, Slowenien, Spanien, Tschechische Republik, Ungarn, Vereinigtes Königreich von Großbritannien und Nordirland, Zypern

Weitere Staaten: Island, Liechtenstein, Norwegen

Sonstige Staaten und Gebiete:

Andorra, Guernsey, Isle of Man, Jersey, Monaco, Saint-Pierre und Miquelon, San Marino, Schweiz, Vatikanstadt.

Bedingungen für die Debitkarten (10.9.2019) – ohne Fußnoten

4

A Garantierte Zahlungsformen sowie weitere Servicefunktionen

I Geltungsbereich

Der Debitkarteninhaber kann die Debitkarte, soweit diese entsprechend ausgestattet ist, für folgende Zahlungsdienste nutzen:

1 In Verbindung mit der persönlichen Geheimzahl (PIN) in deutschen Debitkartensystemen:

a) Zur Bargeldauszahlung an Geldautomaten im Rahmen des deutschen Geldautomatensystems, die mit dem girocard-Logo gekennzeichnet sind.
b) Zur bargeldlosen Zahlung bei Handels- und Dienstleistungsunternehmen an Kassenterminals im Rahmen des deutschen girocard-Systems, die mit dem girocard-Logo gekennzeichnet sind.
c) Zum Aufladen der Debitkarte als GeldKarte an Geldautomaten und besonderen Ladeterminals, die mit dem GeldKarte-Logo gekennzeichnet sind. Diese Funktion steht nur noch bis zum 31.12.2021 und nur für Karten zur Verfügung, die vor dem 17.9.2018 ausgegeben worden sind.
d) Zur Auftragserteilung und zum Abruf kundenbezogener Informationen an den Bankingterminals der Bank.

2 In Verbindung mit der persönlichen Geheimzahl (PIN) in fremden Debitkartensystemen:

a) Zur Bargeldauszahlung an Geldautomaten im Rahmen eines fremden Geldautomatensystems, soweit die Debitkarte entsprechend ausgestattet ist.
b) Zur bargeldlosen Zahlung bei Handels- und Dienstleistungsunternehmen an Kassenterminals im Rahmen eines fremden Systems, soweit die Debitkarte entsprechend ausgestattet ist.

Die Akzeptanz der Debitkarte im Rahmen eines fremden Systems erfolgt unter dem für das fremde System geltenden Akzeptanzlogo.

3 Ohne Einsatz der persönlichen Geheimzahl (PIN):

a) Zum kontaktlosen Einsatz bei Handels- und Dienstleistungsunternehmen an Kassenterminals im Rahmen des deutschen girocard-Systems, die mit dem girocard-Logo gekennzeichnet sind, soweit an den Kassenterminals für den jeweiligen kontaktlosen Einsatz für Kleinbeträge nicht die Eingabe einer PIN verlangt wird.
b) Zum kontaktlosen Einsatz bei Handels- und Dienstleistungsunternehmen an Kassenterminals im Rahmen von fremden Debitkartensystemen, soweit an den Kassenterminals für den jeweiligen kontaktlosen Einsatz für Kleinbeträge nicht die Eingabe einer PIN verlangt wird. Die Akzeptanz der Debitkarte im Rahmen eines fremden Systems erfolgt unter dem für das fremde System geltenden Akzeptanzlogo.
c) Zum Abruf insbesondere von Kontoauszügen an Bankingterminals der Bank.
d) Zur Bargeldeinzahlung an bankeigenen Geldautomaten mit Einzahlfunktion innerhalb eines von der Bank vorgegebenen Rahmens.
e) Als GeldKarte zum bargeldlosen Bezahlen an Kassenterminals des Handels- und Dienstleistungsbereiches im Inland, die mit dem GeldKarte-Logo gekennzeichnet sind (GeldKarte-Terminals). Diese Funktion steht nur noch bis zum 31.12.2021 und nur für Karten zur Verfügung, die vor dem 17.9.2018 ausgegeben worden sind.
f) Außerhalb der Erbringung von Zahlungsdiensten und ohne dass mit der Funktion eine Garantie der Bank verbunden ist als Speichermedium für Zusatzanwendungen
  – der Bank nach Maßgabe der mit der Bank vereinbarten Regeln (bankspezifische Zusatzanwendung) oder
  – eines Handels- und Dienstleistungsunternehmens nach Maßgabe des vom Debitkarteninhaber mit diesem abgeschlossenen Vertrages (unternehmensspezifische Zusatzanwendung).

II Allgemeine Regeln

1 Debitkarteninhaber und Vollmacht

Die Debitkarte gilt für das auf ihr angegebene Konto. Sie kann nur auf den Namen des Kontoinhabers oder einer Person ausgestellt werden, der der Kontoinhaber Kontovollmacht erteilt hat. Wenn der Kontoinhaber die Kontovollmacht widerruft, ist er dafür verantwortlich, dass die an den Bevollmächtigten ausgegebene Debitkarte an die Bank zurückgegeben wird. Die Bank wird die Debitkarte nach Widerruf der Vollmacht für die Nutzung an Geldautomaten und Kassenterminals, für die Aufladung der GeldKarte sowie für die Nutzung an Bankingterminals der Deutschen Bank elektronisch sperren. Eine Sperrung einer unternehmensspezifischen Zusatzanwendung kommt nur gegenüber dem Unternehmen in Betracht, das die Zusatzanwendung in den Chip der Debitkarte eingespeichert hat, und ist nur dann möglich, wenn das Unternehmen die Möglichkeit zur Sperrung seiner Zusatzanwendung vorsieht. Die Sperrung einer bankspezifischen Zusatzanwendung der Bank kommt nur gegenüber der Bank in Betracht und richtet sich nach dem mit der Bank abgeschlossenen Vertrag. Solange die Rückgabe der Debitkarte nicht erfolgt ist, besteht die Möglichkeit, dass sie weiterhin zum Verbrauch der noch in der GeldKarte gespeicherten Beträge verwendet wird. Auch eine Nutzung der auf der Debitkarte gespeicherten Zusatzanwendungen ist weiterhin möglich.

2 Finanzielle Nutzungsgrenze

Der Debitkarteninhaber darf Debitkartenverfügungen mit seiner Debitkarte nur im Rahmen des Kontoguthabens oder eines vorher für das Konto eingeräumten Kredits (z. B. eingeräumte Kontoüberziehung) vornehmen. Auch wenn der Debitkarteninhaber diese Nutzungsgrenze bei seinen Debitkartenverfügungen nicht einhält, ist die Bank berechtigt, den Ersatz der Aufwendungen zu verlangen, die aus der Nutzung der Debitkarte entstehen. Die Buchung solcher Debitkartenverfügungen auf dem Konto führt zu einer geduldeten Kontoüberziehung.

3 Umrechnung von Fremdwährungsbeträgen

Nutzt der Debitkarteninhaber die Debitkarte für Debitkartenverfügungen, die nicht auf Euro lauten, wird das Konto gleichwohl in Euro belastet. Die Bestimmung des Kurses bei Fremdwährungsgeschäften ergibt sich aus dem bei der Bank einsehbaren und erhältlichen „Preis- und Leistungsverzeichnis". Eine Änderung des in der Umrechnungsregelung ggf. genannten Referenzwechselkurses wird unmittelbar und ohne vorherige Benachrichtigung des Kunden wirksam.

4 Rückgabe der Debitkarte

Die Debitkarte bleibt im Eigentum der Bank. Sie ist nicht übertragbar. Die Debitkarte ist nur für den auf der Debitkarte angegebenen Zeitraum gültig. Mit Aushändigung der neuen, spätestens aber nach Ablauf der Gültigkeit der Debitkarte ist die Bank berechtigt, die alte Debitkarte zurückzuverlangen. Endet die Berechtigung, die Debitkarte zu nutzen, vorher (z. B. durch Kündigung der Kontoverbindung oder des Debitkartenvertrages), so hat der Debitkarteninhaber die Debitkarte unverzüglich an die Bank zurückzugeben. Ein zum Zeitpunkt der Rückgabe noch in der GeldKarte gespeicherter Betrag wird dem Debitkarteninhaber erstattet. Auf der Debitkarte befindliche unternehmensspezifische Zusatzanwendungen hat der Debitkarteninhaber bei dem Unternehmen, das die Zusatzanwendung auf die Debitkarte aufgebracht hat, unverzüglich entfernen zu lassen. Die Möglichkeit zur weiteren Nutzung einer bankspezifischen Zusatzanwendung richtet sich nach den für diese Zusatzanwendung geltenden Regeln.

5 Sperre und Einziehung der Debitkarte

(1) Die Bank darf die Debitkarte sperren und den Einzug der Debitkarte (z. B. an Geldautomaten) veranlassen,

– wenn sie berechtigt ist, den Debitkartenvertrag aus wichtigem Grund zu kündigen,
– wenn sachliche Gründe im Zusammenhang mit der Sicherheit der Debitkarte dies rechtfertigen oder
– wenn der Verdacht einer nicht autorisierten oder einer betrügerischen Verwendung der Debitkarte besteht.

Darüber wird die Bank den Kontoinhaber unter Angabe der hierfür maßgeblichen Gründe möglichst vor, spätestens jedoch unverzüglich nach der Sperre unterrichten. Die Bank wird die Debitkarte entsperren oder diese durch eine neue Debitkarte ersetzen, wenn die Gründe für die Sperre nicht mehr gegeben sind. Auch hierüber unterrichtet sie den Kontoinhaber unverzüglich.

(2) Zum Zeitpunkt der Einziehung noch in der GeldKarte gespeicherte Beträge werden dem Kontoinhaber erstattet.

(3) Hat der Debitkarteninhaber auf einer eingezogenen Debitkarte eine Zusatzanwendung gespeichert, so hat der Einzug der Debitkarte zur Folge, dass er die Zusatzanwendung nicht mehr nutzen kann. Zum Zeitpunkt der Einziehung in der Debitkarte gespeicherte unternehmensspezifische Zusatzanwendungen kann der Debitkarteninhaber vom debitkartenausgebenden Institut herausverlangen, nachdem dieses die Debitkarte von der Stelle, die die Debitkarte eingezogen hat, zur Verfügung gestellt bekommen hat. Die Bank ist berechtigt, das Herausgabeverlangen in Bezug auf die unternehmensspezifischen Zusatzanwendungen dadurch zu erfüllen, dass sie dem Debitkarteninhaber die um die Zahlungsverkehrsfunktionen bereinigte Debitkarte aushändigt. Die Möglichkeit zur weiteren Nutzung einer bankspezifischen Zusatzanwendung richtet sich nach den für jene Zusatzanwendung geltenden Regeln.

6 Sorgfalts- und Mitwirkungspflichten des Debitkarteninhabers
6.1 Unterschrift

Sofern die Debitkarte ein Unterschriftsfeld vorsieht, hat der Debitkarteninhaber die Debitkarte nach Erhalt unverzüglich auf dem Unterschriftsfeld zu unterschreiben.

6.2 Sorgfältige Aufbewahrung der Debitkarte

Die Debitkarte ist mit besonderer Sorgfalt aufzubewahren, um zu verhindern, dass sie abhandenkommt oder missbräuchlich verwendet wird. Sie darf insbesondere nicht unbeaufsichtigt im Kraftfahrzeug aufbewahrt werden, da sie (z. B. im Rahmen des girocard-Systems) missbräuchlich eingesetzt werden kann. Darüber hinaus kann jeder, der im Besitz der Debitkarte ist, den in der GeldKarte gespeicherten Betrag verbrauchen sowie Kleinbetrags-Transaktionen an Kassenterminals ohne PIN bis zur Sperre tätigen.

6.3 Geheimhaltung der persönlichen Geheimzahl (PIN)

Der Debitkarteninhaber hat dafür Sorge zu tragen, dass keine andere Person Kenntnis von der persönlichen Geheimzahl (PIN) erlangt. Die PIN darf insbesondere nicht auf der Debitkarte vermerkt oder in anderer Weise zusammen mit dieser aufbewahrt werden. Denn jede Person, die die PIN kennt und in den Besitz der Debitkarte kommt, hat die Möglichkeit, zulasten des auf der Debitkarte angegebenen Kontos Debitkartenverfügungen zu tätigen.

6.4 Unterrichtungs- und Anzeigepflichten

(1) Stellt der Debitkarteninhaber den Verlust oder Diebstahl seiner Debitkarte, die missbräuchliche Verwendung oder eine sonstige nicht autorisierte Nutzung von Debitkarte oder PIN fest, so ist die Bank, und zwar möglichst die kontoführende Stelle, unverzüglich zu benachrichtigen (Sperranzeige). Die Sperranzeige kann der Debitkarteninhaber auch jederzeit gegenüber dem Zentralen Sperrannahmedienst abgeben. In diesem Fall ist eine Debitkartensperre nur möglich, wenn der Name der Bank und die IBAN angegeben werden. Der Zentrale Sperrannahmedienst sperrt alle für das betreffende Konto ausgegebenen Debitkarten für die weitere Nutzung an Geldautomaten und Kassenterminals. Von einer solchen Sperre bleiben Verfügungen über ein auf der GeldKarte gespeichertes Guthaben sowie Zusatzanwendungen gem. Abschnitt I Nr. 3d) unberührt. Zur Beschränkung der Sperre auf die abhandengekommene Debitkarte muss sich der Debitkarteninhaber mit seiner Bank, möglichst mit der kontoführenden Stelle, in Verbindung setzen. Die Kontaktdaten, unter denen eine Sperranzeige abgegeben werden kann, werden dem Debitkarteninhaber gesondert mitgeteilt. Der Debitkarteninhaber hat jeden Diebstahl oder Missbrauch unverzüglich bei der Polizei anzuzeigen.

(2) Hat der Debitkarteninhaber den Verdacht, dass eine andere Person unberechtigt in den Besitz seiner Debitkarte gelangt ist, eine missbräuchliche Verwendung oder eine sonstige nicht autorisierte Nutzung von Debitkarte vorliegt, muss er ebenfalls unverzüglich eine Sperranzeige abgeben.

(3) Für den Ersatz einer verlorenen, gestohlenen, missbräuchlich verwendeten oder sonst nicht autorisiert genutzten Debitkarte berechnet die Bank dem Kontoinhaber das im „Preis- und Leistungsverzeichnis" der Bank ausgewiesene Entgelt, das allenfalls die ausschließlich und unmittelbar mit dem Ersatz verbundenen Kosten abdeckt. Satz 1 gilt nicht, wenn die Bank die Umstände, die zur Ausgabe der Ersatzdebitkarte geführt haben, zu vertreten hat oder diese ihr zuzurechnen sind.

(4) Befindet sich auf der Debitkarte für das Online-Banking ein TAN-Generator oder eine Signaturfunktion, so hat die Sperre der Debitkarte auch eine Sperrung des Online-Banking-Zugangs zur Folge.

(5) Eine Sperrung einer unternehmensspezifischen Zusatzanwendung kommt nur gegenüber dem Unternehmen in Betracht, das die Zusatzanwendung in den Chip der Debitkarte eingespeichert hat, und ist nur dann möglich, wenn das Unternehmen die Möglichkeit zur Sperrung seiner Zusatzanwendung vorsieht. Die Sperrung einer bankgenerierten Zusatzanwendung kommt nur gegenüber der Bank in Betracht und richtet sich nach dem mit der Bank abgeschlossenen Vertrag.

(6) Der Kontoinhaber hat die Bank unverzüglich nach Feststellung einer nicht autorisierten oder fehlerhaft ausgeführten Debitkartenverfügung hierüber zu unterrichten.

7 Autorisierung von Debitkartenzahlungen durch den Debitkarteninhaber

Mit dem Einsatz der Debitkarte erteilt der Debitkarteninhaber die Zustimmung (Autorisierung) zur Ausführung der Debitkartenzahlung. Soweit dafür zusätzlich eine PIN erforderlich ist, wird die Zustimmung erst mit deren Einsatz erteilt. Nach Erteilung der Zustimmung kann der Debitkarteninhaber die Debitkartenzahlung nicht mehr widerrufen. In dieser Autorisierung ist zugleich die ausdrückliche Zustimmung enthalten, dass die Bank die für die Ausführung der Debitkartenzahlung notwendigen personenbezogenen Daten des Debitkarteninhabers verarbeitet, übermittelt und speichert.

8 Sperrung eines verfügbaren Geldbetrags

Die Bank ist berechtigt, auf dem Konto des Kontoinhabers einen im Rahmen der finanziellen Nutzungsgrenze gemäß Nummer II.2 verfügbaren Geldbetrag zu sperren, wenn

– der Zahlungsvorgang vom oder über den Zahlungsempfänger ausgelöst worden ist und,
– der Debitkarteninhaber auch der genauen Höhe des zu sperrenden Geldbetrags zugestimmt hat.

Den gesperrten Geldbetrag gibt die Bank unbeschadet sonstiger gesetzlicher oder vertraglicher Rechte unverzüglich frei, nachdem ihr der genaue Zahlungsbetrag mitgeteilt worden oder der Zahlungsauftrag zugegangen ist.

9 Ablehnung von Debitkartenzahlungen durch die Bank

Die Bank ist berechtigt, die Debitkartenzahlung abzulehnen, wenn

– der Debitkarteninhaber die Debitkartenzahlung nicht gemäß Nummer II.7 autorisiert hat,
– der für die Debitkartenzahlung geltende Verfügungsrahmen oder die finanzielle Nutzungsgrenze nicht eingehalten ist oder
– die Debitkarte gesperrt ist.

Hierüber wird der Debitkarteninhaber über das Terminal, an dem die Debitkarte eingesetzt wird, unterrichtet.

10 Ausführungsfrist

Der Zahlungsvorgang wird vom Zahlungsempfänger ausgelöst. Nach Zugang des Zahlungsauftrags bei der Bank ist diese verpflichtet sicherzustellen, dass der Debitkartenzahlungsbetrag spätestens an dem im „Preis- und Leistungsverzeichnis" angegebenen Zeitpunkt beim Zahlungsdienstleister des Zahlungsempfängers eingeht.

11 Entgelte und Auslagen und deren Änderung

(1) Die vom Kontoinhaber gegenüber der Bank geschuldeten Entgelte und Auslagen ergeben sich aus dem „Preis- und Leistungsverzeichnis" der Bank.

(2) Änderungen der Entgelte werden dem Kontoinhaber spätestens zwei Monate vor dem Zeitpunkt ihres Wirksamwerdens in Textform angeboten. Hat der Kontoinhaber mit der Bank im Rahmen der Geschäftsbeziehung einen elektronischen Kommunikationsweg vereinbart (z. B. das Online-Banking), können die Änderungen auch auf diesem Wege angeboten werden. Der Kontoinhaber kann den Änderungen vor dem vorgeschlagenen Zeitpunkt ihres Wirksamwerdens entweder zustimmen oder sie ablehnen. Die Zustimmung des Kontoinhabers gilt als erteilt, wenn er seine Ablehnung nicht vor dem vorgeschlagenen Zeitpunkt des Wirksamwerdens der Änderungen angezeigt hat. Auf diese Genehmigungswirkung wird ihn die Bank in ihrem Angebot besonders hinweisen. Die Änderung von Entgelten für den Zahlungsdiensterahmenvertrag (Girovertrag) richtet sich nach Nummer 12 Absatz 5 der AGB Banken.

(3) Werden dem Kontoinhaber Änderungen der Entgelte angeboten, kann er diese Geschäftsbeziehung vor dem vorgeschlagenen Zeitpunkt des Wirksamwerdens der Änderungen auch fristlos und kostenfrei kündigen. Auf dieses Kündigungsrecht wird ihn die Bank in ihrem Angebot besonders hinweisen.

(4) Bei Entgelten und deren Änderung für Zahlungen von Kontoinhabern, die nicht Verbraucher sind, bleibt es bei den Regelungen in Nummer 12 Absätze 2 bis 6 AGB Banken.

12 Information des Kontoinhabers über den Debitkartenzahlungsvorgang

Die Bank unterrichtet den Kontoinhaber mindestens einmal monatlich über die mit der Debitkarte getätigten Zahlungsvorgänge auf dem für Kontoinformationen vereinbarten Weg. Mit Kontoinhabern, die nicht Verbraucher sind, werden die Art und Weise sowie die zeitliche Folge der Unterrichtung gesondert vereinbart. Über die mit der GeldKarte getätigten einzelnen Bezahlvorgänge und den Zahlungsempfänger unterrichtet die Bank den Kontoinhaber nicht. Die mit der GeldKarte getätigten Bezahlvorgänge kann der Debitkarteninhaber mit Hilfe eines Chipkartenlesers nachvollziehen.

13 Erstattungs-, Berichtigungs- und Schadensersatzansprüche des Kontoinhabers

13.1 Erstattung bei nicht autorisierter Debitkartenverfügung

Im Falle einer nicht autorisierten Debitkartenverfügung in Form der

– Bargeldauszahlung an einem Geldautomaten,
– Verwendung der Debitkarte an Kassenterminals von Handels- und Dienstleistungsunternehmen oder
– Aufladung der GeldKarte

hat die Bank gegen den Kontoinhaber keinen Anspruch auf Erstattung ihrer Aufwendungen. Die Bank ist verpflichtet, dem Kontoinhaber den Betrag ungekürzt zu erstatten. Wurde der Betrag seinem Konto belastet, bringt die Bank dieses wieder auf den Stand, auf dem es sich ohne die nicht autorisierte Debitkartenverfügung befunden hätte. Diese Verpflichtung ist spätestens bis zum Ende des Geschäftstags gemäß „Preis- und Leistungsverzeichnis" zu erfüllen, der auf den Tag folgt, an welchem der Bank angezeigt wurde, dass die Debitkartenzahlung nicht autorisiert ist, oder die Bank auf andere Weise davon Kenntnis erhalten hat. Hat die Bank einer zuständigen Behörde berechtigte Gründe für den Verdacht, dass ein betrügerisches Verhalten des Debitkarteninhabers vorliegt, schriftlich mitgeteilt, hat die Bank ihre Verpflichtung aus Satz 2 unverzüglich zu prüfen und zu erfüllen, wenn sich der Betrugsverdacht nicht bestätigt.

13.2 Ansprüche bei nicht erfolgter, fehlerhafter oder verspäteter Ausführung einer autorisierten Debitkartenverfügung

(1) Im Falle einer nicht erfolgten oder fehlerhaften Ausführung einer autorisierten Debitkartenverfügung in Form der

– Bargeldauszahlung an einem Geldautomaten,
– Verwendung der Debitkarte an Kassenterminals von Handels- und Dienstleistungsunternehmen oder
– Aufladung der GeldKarte

kann der Kontoinhaber von der Bank die unverzügliche und ungekürzte Erstattung des Verfügungsbetrages insoweit verlangen, als die Debitkartenverfügung nicht erfolgte oder fehlerhaft war. Wurde der Betrag seinem Konto belastet, bringt die Bank dieses wieder auf den Stand, auf dem es sich ohne die nicht erfolgte oder fehlerhafte Debitkartenverfügung befunden hätte.

(2) Der Kontoinhaber kann über den Absatz 1 hinaus von der Bank die Erstattung der Entgelte und Zinsen insoweit verlangen, als ihm diese im Zusammenhang mit der nicht erfolgten oder fehlerhaften Ausführung der autorisierten Debitkartenverfügung in Rechnung gestellt oder seinem Konto belastet wurden.

(3) Geht der Zahlungsbetrag beim Zahlungsdienstleister des Zahlungsempfängers erst nach Ablauf der Ausführungsfrist in Nummer II.10 ein (Verspätung), kann der Zahlungsempfänger von seinem Zahlungsdienstleister verlangen, dass dieser die Gutschrift des Zahlungsbetrags auf dem Konto des Zahlungsempfängers so vornimmt, als sei die Debitkartenzahlung ordnungsgemäß ausgeführt worden.

(4) Wurde eine autorisierte Debitkartenverfügung nicht oder fehlerhaft ausgeführt, wird die Bank die Debitkartenverfügung auf Verlangen des Debitkarteninhabers nachvollziehen und ihn über das Ergebnis unterrichten.

13.3 Schadensersatzansprüche wegen Pflichtverletzung

Im Falle einer nicht autorisierten Debitkartenverfügung oder im Falle einer nicht erfolgten, fehlerhaften oder verspäteten Ausführung einer autorisierten Debitkartenverfügung kann der Kontoinhaber von der Bank einen Schaden, der nicht bereits von Nummer 13.1 oder 13.2 erfasst ist, ersetzt verlangen. Dies gilt nicht, wenn die Bank die Pflichtverletzung nicht zu vertreten hat. Die Bank hat hierbei ein Verschulden, das einer zwischengeschalteten Stelle zur Last fällt, wie eigenes Verschulden zu vertreten, es sei denn, dass die wesentliche Ursache bei einer zwischengeschalteten Stelle liegt, die der Debitkarteninhaber vorgegeben hat. Handelt es sich bei dem Kontoinhaber nicht um einen Verbraucher oder erfolgt der Einsatz der Debitkarte in einem Land außerhalb Deutschlands und des Europäischen Wirtschaftsraums (EWR), beschränkt sich die Haftung der Bank für das Verschulden einer an der Abwicklung des Zahlungsvorgangs beteiligten Stelle auf die sorgfältige Auswahl und Unterweisung einer solchen Stelle. Hat der Debitkarteninhaber durch ein schuldhaftes Verhalten zur Entstehung des Schadens beigetragen, bestimmt sich nach den Grundsätzen des Mitverschuldens, in welchem Umfang Bank und Kontoinhaber den Schaden zu tragen haben. Die Haftung nach diesem Absatz ist auf 12.500 Euro je Debitkartenverfügung begrenzt.

Diese betragsmäßige Haftungsbeschränkung gilt nicht

– für nicht autorisierte Debitkartenverfügungen,
– bei Vorsatz oder grober Fahrlässigkeit der Bank,
– für Gefahren, die die Bank besonders übernommen hat, und
– für den dem Kontoinhaber entstandenen Zinsschaden, soweit der Kontoinhaber Verbraucher ist.

13.4 Haftungs- und Einwendungsausschluss

(1) Ansprüche gegen die Bank nach Nummer 13.1 bis 13.3 sind ausgeschlossen, wenn der Kontoinhaber die Bank nicht spätestens 13 Monate nach dem Tag der Belastung mit der Debitkartenverfügung darüber unterrichtet hat, dass es sich um eine nicht autorisierte, nicht erfolgte oder fehlerhafte Debitkartenverfügung handelt. Der Lauf der 13-monatigen Frist beginnt nur, wenn die Bank den Kontoinhaber über die aus der Debitkartenverfügung resultierende Belastungsbuchung entsprechend dem für Kontoinformationen vereinbarten Weg spätestens innerhalb eines Monats nach der Belastungsbuchung unterrichtet hat; anderenfalls ist für den Fristbeginn der Tag der Unterrichtung maßgeblich. Haftungsansprüche nach Nummer 13.3 kann der Kontoinhaber auch nach Ablauf der Frist in Satz 1 geltend machen, wenn er ohne Verschulden an der Einhaltung dieser Frist verhindert war.

(2) Ansprüche des Kontoinhabers gegen die Bank sind ausgeschlossen, wenn die einen Anspruch begründenden Umstände

– auf einem ungewöhnlichen und unvorhersehbaren Ereignis beruhen, auf das die Bank keinen Einfluss hat und dessen Folgen trotz Anwendung der gebotenen Sorgfalt von ihr nicht hätten vermieden werden können, oder
– von der Bank aufgrund einer gesetzlichen Verpflichtung herbeigeführt wurden.

14 Haftung des Kontoinhabers für nicht autorisierte Debitkartenverfügungen
14.1 Haftung des Kontoinhabers bis zur Sperranzeige

(1) Verliert der Debitkarteninhaber seine Debitkarte oder PIN, werden sie ihm gestohlen, kommen sie sonst abhanden oder werden diese sonst missbräuchlich verwendet und kommt es dadurch zu einer von ihm nicht autorisierten Debitkartenverfügung in Form der

– Bargeldauszahlung an einem Geldautomaten,
– Verwendung der Debitkarte an Kassenterminals von Handels- und Dienstleistungsunternehmen oder
– Aufladung der GeldKarte,

so haftet der Kontoinhaber für Schäden, die bis zum Zeitpunkt der Sperranzeige verursacht werden, in Höhe von maximal 50 Euro, ohne dass es darauf ankommt, ob den Debitkarteninhaber an dem Verlust, Diebstahl, sonstigen Abhandenkommen oder sonstigen Missbrauch ein Verschulden trifft.

(2) Der Kontoinhaber haftet nicht nach Absatz 1, wenn

– es dem Debitkarteninhaber nicht möglich gewesen ist, den Verlust, den Diebstahl, das Abhandenkommen oder eine sonstige missbräuchliche Verwendung der Debitkarte vor der nicht autorisierten Debitkartenverfügung zu bemerken, oder
– der Verlust der Debitkarte durch einen Angestellten, einen Agenten, eine Zweigniederlassung der Bank oder eine sonstige Stelle, an die Tätigkeiten der Bank ausgelagert wurden, verursacht worden ist.

(3) Handelt es sich bei dem Kontoinhaber nicht um einen Verbraucher oder erfolgt der Einsatz der Debitkarte in einem Land außerhalb Deutschlands und des Europäischen Wirtschaftsraums (EWR), trägt der Kontoinhaber den aufgrund einer nicht autorisierten Debitkartenverfügung entstehenden Schaden nach Absatz 1 und 2 auch über einen Betrag von maximal 50 Euro hinaus, wenn der Debitkarteninhaber die ihm nach diesen Bedingungen obliegenden Pflichten fahrlässig verletzt hat. Hat die Bank durch eine Verletzung ihrer Pflichten zur Entstehung des Schadens beigetragen, haftet die Bank für den entstandenen Schaden im Umfang des von ihr zu vertretenden Mitverschuldens.

(4) Kommt es vor der Sperranzeige zu einer nicht autorisierten Debitkartenverfügung und hat der Debitkarteninhaber in betrügerischer Absicht gehandelt oder seine Sorgfaltspflichten nach diesen Bedingungen vorsätzlich oder grob fahrlässig verletzt, trägt der Kontoinhaber den hierdurch entstandenen Schaden in vollem Umfang. Grobe Fahrlässigkeit des Debitkarteninhabers kann insbesondere dann vorliegen, wenn

– er den Verlust oder den Diebstahl der Debitkarte und/oder der PIN oder die missbräuchliche Debitkartenverfügung der Bank oder dem Zentralen Sperrannahmedienst schuldhaft nicht unverzüglich mitgeteilt hat, nachdem er hiervon Kenntnis erlangt hat,
– er die persönliche Geheimzahl auf der physischen Debitkarte vermerkt oder zusammen mit der physischen Debitkarte verwahrt hat (z. B. im Originalbrief, in dem sie dem Debitkarteninhaber mitgeteilt worden war),
– er die persönliche Geheimzahl einer anderen Person mitgeteilt hat und der Missbrauch dadurch verursacht wurde.

(5) Die Haftung für Schäden, die innerhalb des Zeitraums, für den der Verfügungsrahmen gilt, verursacht werden, beschränkt sich jeweils auf den für die Debitkarte geltenden Verfügungsrahmen.

(6) Abweichend von den Absätzen 1 und 3 ist der Kontoinhaber nicht zum Schadensersatz verpflichtet, wenn die Bank vom Karteninhaber eine starke Kundenauthentifizierung im Sinne des § 1 Absatz 24 Zahlungsdiensteaufsichtsgesetz (ZAG) nicht verlangt hat (z. B. bei Kleinbetragszahlungen gemäß Nummer A. I.3 dieser Bedingungen) oder der Zahlungsempfänger oder sein Zahlungsdienstleister diese nicht akzeptiert hat, obwohl die Bank zur starken Kundenauthentifizierung nach § 55 ZAG verpflichtet war. Eine starke Kundenauthentifizierung erfordert insbesondere die Verwendung von zwei voneinander unabhängigen Authentifizierungselementen aus den Kategorien Wissen (das ist die PIN), Besitz (das ist die Karte) oder Inhärenz (etwas, das der Karteninhaber ist, zum Beispiel Fingerabdruck).

(7) Der Kontoinhaber ist nicht zum Ersatz des Schadens nach den Absätzen 1, 3 und 4 verpflichtet, wenn der Debitkarteninhaber die Sperranzeige nicht abgeben konnte, weil die Bank nicht die Möglichkeit zur Entgegennahme der Sperranzeige sichergestellt hatte.

(8) Die Absätze 2, 5 bis 7 finden keine Anwendung, wenn der Debitkarteninhaber in betrügerischer Absicht gehandelt hat.

14.2 Haftung des Kontoinhabers ab Sperranzeige

Sobald der Bank oder dem Zentralen Sperrannahmedienst der Verlust oder Diebstahl der Debitkarte, die missbräuchliche Verwendung oder eine sonstige nicht autorisierte Nutzung von Debitkarte oder PIN angezeigt wurde übernimmt die Bank alle danach durch Debitkartenverfügungen in Form der

– Bargeldauszahlung an einem Geldautomaten,
– Verwendung der Debitkarte an Kassenterminals von Handels- und Dienstleistungsunternehmen und
– Aufladung der GeldKarte

entstehenden Schäden. Handelt der Debitkarteninhaber in betrügerischer Absicht, trägt der Kontoinhaber auch die nach der Sperranzeige entstehenden Schäden.

14.3 Haftung des Kontoinhabers für den in der GeldKarte gespeicherten Betrag

Eine Sperrung der GeldKarte für das Bezahlen an Kassenterminals ist nicht möglich. Bei Verlust, Diebstahl sowie im Falle der missbräuchlichen Verwendung oder einer sonstige nicht autorisierten Nutzung der GeldKarte zum Bezahlen an Kassenterminals erstattet die Bank den in der GeldKarte gespeicherten Betrag nicht, denn jeder, der im Besitz der Debitkarte ist, kann den in der GeldKarte gespeicherten Betrag ohne Einsatz der PIN verbrauchen.

III Besondere Regeln für einzelne Nutzungsarten

1 Geldautomaten-Service und Einsatz an Kassenterminals von Handels- und Dienstleistungsunternehmen
1.1 Verfügungsrahmen der Debitkarte

Debitkartenverfügungen an Geldautomaten, Kassenterminals und die Aufladung der Geld-Karte sind für den Debitkarteninhaber nur im Rahmen des für die Debitkarte geltenden Verfügungsrahmens möglich. Bei jeder Nutzung der Debitkarte an Geldautomaten und Kassenterminals wird geprüft, ob der Verfügungsrahmen der Debitkarte durch vorangegangene Debitkartenverfügungen bereits ausgeschöpft ist. Debitkartenverfügungen, mit denen der Verfügungsrahmen der Debitkarte überschritten würde, werden unabhängig vom aktuellen Kontostand und von einem etwa vorher für das Konto eingeräumten Kredit (z. B. eingeräumte Kontoüberziehung) abgewiesen. Der Debitkarteninhaber darf den Verfügungsrahmen der Debitkarte nur im Rahmen des Kontoguthabens oder eines vorher für das Konto eingeräumten Kredit (z. B. eingeräumte Kontoüberziehung) in Anspruch nehmen. Der Kontoinhaber kann mit der kontoführenden Stelle eine Änderung des Verfügungsrahmens der Debitkarte für alle zu seinem Konto ausgegebenen Debitkarte vereinbaren. Ein Bevollmächtigter, der eine Debitkarte erhalten hat, kann nur eine Herabsetzung für diese Debitkarte vereinbaren.

1.2 Fehleingabe der Geheimzahl

Die Debitkarte kann an Geldautomaten sowie an Kassenterminals, an denen im Zusammenhang mit der Verwendung der Debitkarte die PIN eingegeben werden muss, nicht mehr eingesetzt werden, wenn die persönliche Geheimzahl dreimal hintereinander falsch eingegeben wurde. Der Debitkarteninhaber sollte sich in diesem Fall mit seiner Bank, möglichst mit der kontoführenden Stelle, in Verbindung setzen.

1.3 Zahlungsverpflichtung der Bank; Reklamationen

Die Bank hat sich gegenüber den Betreibern von Geldautomaten und Kassenterminals vertraglich verpflichtet, die Beträge, über die unter Verwendung der Debitkarte ausgegebenen Debitkarteninhaber ausgegebenen Debitkarteninhaber ausgegeben wurde, an die Betreiber zu vergüten. Einwendungen und sonstige Beanstandungen des Debitkarteninhabers aus dem Vertragsverhältnis zu dem Unternehmen, bei dem bargeldlos an einem Kassenterminal bezahlt worden ist, sind unmittelbar gegenüber diesem Unternehmen geltend zu machen.

2 GeldKarte

2.1 Servicebeschreibung

Die mit einem Chip ausgestattete Debitkarte kann auch als GeldKarte eingesetzt werden. Der Debitkarteninhaber kann an GeldKarte-Terminals des Handels- und Dienstleistungsbereiches bargeldlos bezahlen.

2.2 Aufladen und Entladen der GeldKarte

Der Debitkarteninhaber kann seine GeldKarte an den mit dem GeldKarte-Logo gekennzeichneten Ladeterminals innerhalb der ihm von seiner Bank eingeräumten Verfügungsrahmen (Abschnitt III Nr. 1.1) zulasten des auf der Debitkarte angegebenen Kontos bis zu einem Betrag von maximal 200 Euro aufladen. Vor dem Aufladevorgang muss er seine persönliche Geheimzahl (PIN) eingeben. Der Debitkarteninhaber kann seine GeldKarte auch gegen Bargeld sowie im Zusammenwirken mit einer anderen Debitkarte zulasten des Kontos, über das die Umsätze mit dieser Debitkarte abgerechnet werden, aufladen. Aufgeladene Beträge, über die der Debitkarteninhaber nicht mehr mittels GeldKarte verfügen möchte, können nur bei der debitkartenausgebende Bank entladen werden. Die Entladung von Teilbeträgen ist nicht möglich. Bei einer Funktionsunfähigkeit der GeldKarte erstattet die debitkartenausgebende Bank dem Debitkarteninhaber den nicht verbrauchten Betrag. Benutzt der Debitkarteninhaber seine Debitkarte, um seine GeldKarte oder die GeldKarte eines anderen aufzuladen, so ist die persönliche Geheimzahl (PIN) am Ladeterminal einzugeben. Die Auflademöglichkeit besteht nicht mehr, wenn die PIN dreimal hintereinander falsch eingegeben wurde. Der Debitkarteninhaber sollte sich in diesem Fall mit seiner Bank, möglichst mit der kontoführenden Stelle, in Verbindung setzen.

2.3 Sofortige Kontobelastung des Ladebetrages

Benutzt der Debitkarteninhaber seine Debitkarte, um seine GeldKarte oder die GeldKarte eines anderen aufzuladen, so wird der Ladebetrag dem Konto, das auf der Debitkarte angegeben ist, belastet.

2.4 Zahlungsvorgang mittels GeldKarte

Beim Bezahlen mit der GeldKarte ist die PIN nicht einzugeben. Bei jedem Bezahlvorgang vermindert sich der in der GeldKarte gespeicherte Betrag um den verfügten Betrag.

B Von der Bank angebotene andere Service-Leistungen

1 Besondere Bedingungen

Für weitere von der Bank für die Debitkarte bereitgestellte Service-Leistungen gelten besondere Bedingungen, die vor Inanspruchnahme mit dem Kontoinhaber vereinbart werden.

2 Vereinbarung über die Nutzungsarten

Die Bank vereinbart mit dem Kontoinhaber, welche Dienstleistungen er mit der Debitkarte in Anspruch nehmen kann.

C Zusatzanwendungen

1 Speicherung von Zusatzanwendungen auf der Debitkarte

(1) Der Debitkarteninhaber hat die Möglichkeit, den auf der Debitkarte befindlichen Chip als Speichermedium für eine bankgenerierte Zusatzanwendung (z. B. in Form eines Jugendschutzmerkmals) oder als Speichermedium für eine unternehmensgenerierte Zusatzanwendung (z. B. in Form eines elektronischen Fahrscheins) zu benutzen.

(2) Die Nutzung einer bankgenerierten Zusatzanwendung richtet sich nach dem Rechtsverhältnis des Debitkarteninhabers zur Bank. Eine unternehmensgenerierte Zusatzanwendung kann der Debitkarteninhaber nach Maßgabe des mit dem Unternehmen geschlossenen Vertrages nutzen. Es obliegt der Entscheidung des Debitkarteninhabers, ob er seine Debitkarte zur Speicherung unternehmensgenerierter Zusatzanwendungen nutzen möchte. Die Speicherung einer unternehmensgenerierten Zusatzanwendung auf der Debitkarte erfolgt am Terminal des Unternehmens nach Absprache zwischen dem Debitkarteninhaber und dem Unternehmen. Kreditinstitute nehmen vom Inhalt der am Unternehmensterminal kommunizierten Daten keine Kenntnis.

2 Verantwortlichkeit des Unternehmens für den Inhalt einer unternehmensgenerierten Zusatzanwendung

Die debitkartenausgebende Bank stellt mit dem Chip auf der Debitkarte lediglich die technische Plattform zur Verfügung, die es dem Debitkarteninhaber ermöglicht, in der Debitkarte unternehmensgenerierte Zusatzanwendungen zu speichern. Eine Leistung, die das Unternehmen über die unternehmensgenerierte Zusatzanwendung gegenüber dem Debitkarteninhaber erbringt, richtet sich ausschließlich nach dem Inhalt des Vertragsverhältnisses zwischen dem Debitkarteninhaber und dem Unternehmen.

3 Reklamationsbearbeitung in Bezug auf Zusatzanwendungen

(1) Einwendungen, die den Inhalt einer unternehmensspezifischen Zusatzanwendung betreffen, hat der Debitkarteninhaber ausschließlich gegenüber dem Unternehmen geltend zu machen, das die Zusatzanwendung in die Debitkarte eingespeichert hat. Das Unternehmen bearbeitet derartige Einwendungen auf Basis der bei ihm gespeicherten Daten. Der Debitkarteninhaber darf die Debitkarte zum Zwecke der Reklamationsbearbeitung nicht dem Unternehmen aushändigen.

(2) Einwendungen, die den Inhalt einer bankspezifischen Zusatzanwendung betreffen, hat der Debitkarteninhaber ausschließlich gegenüber der Bank geltend zu machen.

4 Keine Angabe der von der Bank an den Kunden ausgegebenen PIN bei unternehmensgenerierten Zusatzanwendungen

Bei der Speicherung, inhaltlichen Änderung oder Nutzung einer unternehmensgenerierten Zusatzanwendung auf der Debitkarte wird die von der debitkartenausgebende Bank an den Debitkarteninhaber ausgegebene PIN nicht eingegeben. Sofern das Unternehmen, das eine unternehmensgenerierte Zusatzanwendung in die Debitkarte eingespeichert hat, dem Debitkarteninhaber die Möglichkeit eröffnet, den Zugriff auf diese Zusatzanwendung mit einem separaten, von ihm wählbaren Legitimationsmedium abzusichern, so darf der Debitkarteninhaber zur Absicherung der unternehmensgenerierten Zusatzanwendung nicht die PIN verwenden, die ihm von der debitkartenausgebende Bank für die Nutzung der Zahlungsverkehrsanwendungen zur Verfügung gestellt worden ist.

5 Sperrmöglichkeit von Zusatzanwendungen

Die Sperrung einer unternehmensspezifischen Zusatzanwendung kommt nur gegenüber dem Unternehmen in Betracht, das die Zusatzanwendung in den Chip der Debitkarte eingespeichert hat, und ist nur dann möglich, wenn das Unternehmen die Möglichkeit zur Sperrung seiner Zusatzanwendung vorsieht. Die Sperrung von bankspezifischen Zusatzanwendungen kommt nur gegenüber der Bank in Betracht und richtet sich nach den mit der Bank vereinbarten Regeln.

Bedingungen für die Kreditkarten (10.9.2019) – ohne Fußnoten

5

I. Zahlungsverkehrsbezogene Anwendungen

1 Verwendungsmöglichkeiten

(1) Die von der Bank ausgegebene Mastercard und VISA-Karte (nachfolgend „Kreditkarte") kann der Kreditkarteninhaber im Inland und als weitere Dienstleistung auch im Ausland im Rahmen des Mastercard- bzw. VISA-Verbundes einsetzen

– zum Bezahlen bei Vertragsunternehmen im stationären und Online-Handel und
– darüber hinaus als weitere Dienstleistung zur Bargeldauszahlung an Geldautomaten sowie an Kassen von Kreditinstituten, dort zusätzlich gegen Vorlage eines Ausweispapiers (Bargeldservice).

(2) Die Vertragsunternehmen sowie die Kreditinstitute und Geldautomaten im Rahmen des Bargeldservice (Bargeldauszahlung) sind an den Akzeptanzsymbolen zu erkennen, die auf der Kreditkarte zu sehen sind. Soweit mit der Kreditkarte zusätzliche Leistungen (z. B. Versicherungen) verbunden sind, richtet sich dies nach den insoweit geltenden besonderen Regeln.

(3) Sofern die Kreditkarte als BusinessCard ausgegeben wurde, darf diese ausschließlich für geschäftliche Zwecke verwendet werden.

2 Persönliche Geheimzahl (PIN)

(1) Für die Nutzung von Geldautomaten und an Kassenterminals wird dem Kreditkarteninhaber eine persönliche Geheimzahl (PIN = Persönliche Identifizierungsnummer) für seine Kreditkarte zur Verfügung gestellt.

(2) Die Kreditkarte kann an Geldautomaten sowie an Kassenterminals, an denen im Zusammenhang mit der Verwendung der Kreditkarte die PIN eingegeben werden muss, nicht mehr eingesetzt werden, wenn die PIN dreimal hintereinander falsch eingegeben wurde. Der Kreditkarteninhaber sollte sich in diesem Fall mit seiner Bank, möglichst mit der kontoführenden Stelle, in Verbindung setzen.

3 Autorisierung von Kreditkartenzahlungen durch den Kreditkarteninhaber

(1) Bei Nutzung der Kreditkarte ist

– entweder ein Beleg zu unterschreiben, auf den das Vertragsunternehmen die Kreditkartendaten übertragen hat,
– an Geldautomaten und Kassenterminals die PIN einzugeben,
– oder bei online oder telefonischen Bestellungen die Kreditkartennummer, das Verfalldatum und ggf. die Kreditkartenprüfziffer anzugeben.

Beim Karteneinsatz an Kassenterminals kann von der Eingabe der PIN zur Bezahlung von Verkehrsnutzungsentgelten oder Parkgebühren an unbeaufsichtigten Kassenterminals abgesehen werden.

Beim kontaktlosen Bezahlen an Kassenterminals ist die Kreditkarte mit Kontaktlosfunktion an ein Kreditkartenlesegerät zu halten. Für Kleinbeträge ist unter Umständen die Eingabe einer PIN oder das Unterschreiben eines Belegs nicht erforderlich.

Bei Online-Bezahlvorgängen erfolgt die Authentifizierung des Karteninhabers, indem er auf Anforderung die gesondert vereinbarten Authentifizierungselemente einsetzt. Authentifizierungselemente sind

– Wissenselemente (etwas, das der Karteninhaber weiß, z. B. Online-Passwort),
– Besitzelemente (etwas, das der Karteninhaber besitzt, z. B. mobiles Endgerät zur Erzeugung oder Empfang von einmal verwendbaren Transaktionsnummern (TAN) als Besitznachweis) oder
– Seinselemente (etwas, das der Karteninhaber ist, z. B. Fingerabdruck).

(2) Mit dem Einsatz der Kreditkarte erteilt der Kreditkarteninhaber die Zustimmung (Autorisierung) zur Ausführung der Kreditkartenzahlung. Soweit dafür zusätzlich eine PIN, die Unterschrift oder ein sonstiges Authentifizierungselement gefordert wird, wird die Zustimmung erst mit deren Einsatz erteilt. Nach der Erteilung der Zustimmung kann der Kreditkarteninhaber die Kreditkartenzahlung nicht mehr widerrufen. In dieser Autorisierung ist zugleich die ausdrückliche Zustimmung enthalten, dass die Bank die für die Ausführung der Kreditkartenzahlung notwendigen personenbezogenen Daten des Kreditkarteninhabers verarbeitet, übermittelt und speichert.

4 Sperrung eines verfügbaren Geldbetrags

Die Bank ist berechtigt, auf dem Konto des Kreditkarteninhabers einen im Rahmen der finanziellen Nutzungsgrenze (vgl. I.7) verfügbaren Geldbetrag zu sperren, wenn

– der Kreditkartenzahlungsvorgang vom Zahlungsempfänger ausgelöst worden ist und – der Kreditkarteninhaber auch der genauen Höhe des zu sperrenden Geldbetrags zugestimmt hat.

Den gesperrten Geldbetrag gibt die Bank unbeschadet sonstiger gesetzlicher oder vertraglicher Rechte unverzüglich frei, nachdem ihr der genaue Zahlungsbetrag mitgeteilt worden oder der Zahlungsauftrag zugegangen ist.

5 Ablehnung von Kreditkartenzahlungen durch die Bank

Die Bank ist berechtigt, die Kreditkartenzahlung abzulehnen, wenn

– sich der Kreditkarteninhaber nicht mit seiner PIN oder einem sonstigen Authentifizierungselement legitimiert,
– der für die Kreditkartenzahlung geltende Verfügungsrahmen der Kreditkarte oder die finanzielle Nutzungsgrenze nicht eingehalten ist oder
– die Kreditkarte gesperrt ist.

Über die Zahlungsablehnung wird der Kreditkarteninhaber über das Terminal, an dem die Kreditkarte eingesetzt wird, oder beim Bezahlvorgang im Online-Handel unterrichtet.

6 Ausführungsfrist

Der Kreditkartenzahlungsvorgang wird vom Zahlungsempfänger ausgelöst. Nach Zugang des Zahlungsauftrags bei der Bank ist diese verpflichtet sicherzustellen, dass der Kreditkartenzahlungsbetrag spätestens zu dem im „Preis- und Leistungsverzeichnis" angegebenen Zeitpunkt beim Zahlungsdienstleister des Zahlungsempfängers eingeht.

7 Finanzielle Nutzungsgrenze

Der Kreditkarteninhaber darf die Kreditkarte nur innerhalb des Verfügungsrahmens der Kreditkarte und nur in der Weise nutzen, dass ein Ausgleich der Kreditkartenumsätze bei Fälligkeit gewährleistet ist. Der Kreditkarteninhaber kann mit der Bank grundsätzlich eine Änderung seines Verfügungsrahmens der Kreditkarte vereinbaren. Auch wenn der Kreditkarteninhaber die finanzielle Nutzungsgrenze nicht einhält, ist die Bank berechtigt, den Ersatz der Aufwendungen zu verlangen, die aus der Nutzung der Kreditkarte entstehen. Die Genehmigung einzelner Kreditkartenumsätze führt weder zur Einräumung eines Kredites (z. B. eingeräumte Kontoüberziehung) noch zur Erhöhung eines zuvor eingeräumten Kredites (z. B. eingeräumte Kontoüberziehung), sondern erfolgt in der Erwartung, dass ein Ausgleich der Kreditkartenumsätze bei Fälligkeit gewährleistet ist. Übersteigt die Buchung von Kreditkartenumsätzen das vorhandene Kontoguthaben oder einen vorher für das Konto eingeräumten Kredit (z. B. eingeräumte Kontoüberziehung), so führt die Buchung lediglich zu einer geduldeten Kontoüberziehung.

8 Sorgfalts- und Mitwirkungspflichten des Kreditkarteninhabers

8.1 Unterschrift

Der Kreditkarteninhaber hat die Kreditkarte nach Erhalt unverzüglich auf dem Unterschriftsfeld zu unterschreiben.

8.2 Sorgfältige Aufbewahrung der Kreditkarte

Die Kreditkarte ist mit besonderer Sorgfalt aufzubewahren, um zu verhindern, dass sie abhandenkommt oder missbräuchlich verwendet wird. Sie darf insbesondere nicht unbeaufsichtigt im Kraftfahrzeug aufbewahrt werden. Denn jede Person, die im Besitz der Kreditkarte ist, hat die Möglichkeit, mit ihr missbräuchliche Kreditkartenverfügungen zu tätigen.

8.3 Geheimhaltung der persönlichen Geheimzahl (PIN)

Der Kreditkarteninhaber hat auch dafür Sorge zu tragen, dass keine andere Person Kenntnis von seiner PIN erlangt. Die PIN darf insbesondere nicht auf der Kreditkarte vermerkt oder in anderer Weise zusammen mit dieser aufbewahrt werden. Jede Person, die die PIN kennt und in den Besitz der Kreditkarte kommt bzw. die Kreditkartennummer kennt, hat die Möglichkeit, missbräuchliche Kreditkartenverfügungen zu tätigen (z. B. Bargeldauszahlung an Geldautomaten).

8.4 Schutz der Authentifizierungselemente für Online-Bezahlvorgänge

Der Karteninhaber hat alle zumutbaren Vorkehrungen zu treffen, um seine mit der Bank vereinbarten Authentifizierungselemente für Online-Bezahlvorgänge (siehe Nummer 3 (1) letzter Unterabsatz dieser Bedingungen) vor unbefugtem Zugriff zu schützen. Ansonsten besteht die Gefahr, dass die Authentifizierungselemente für Online-Bezahlvorgänge missbräuchlich verwendet oder in sonstiger Weise nicht autorisiert genutzt werden.

Zum Schutz der einzelnen Authentifizierungselemente für Online-Bezahlvorgänge hat der Karteninhaber vor allem Folgendes zu beachten:

(a) Wissenselemente, wie z. B. das Online-Passwort, sind geheim zu halten; sie dürfen insbesondere
 – nicht mündlich (z. B. telefonisch oder persönlich) mitgeteilt werden,
 – nicht außerhalb von Online-Bezahlvorgängen in Textform (z. B. per E-Mail oder Messenger-Dienst) weitergegeben werden,
 – nicht ungesichert elektronisch gespeichert (z. B. Speicherung des Online-Passworts im Klartext im mobilen Endgerät) werden und
 – nicht auf einem Gerät notiert oder als Abschrift zusammen mit einem Gerät aufbewahrt werden, das als Besitzelement (z. B. mobiles Endgerät) oder zur Prüfung des Seinselemente (z. B. mobiles Endgerät mit Anwendung für Kreditkartenzahlung und Fingerabdrucksensor) dient.
(b) Besitzelemente, wie z. B. ein mobiles Endgerät, sind vor Missbrauch zu schützen, insbesondere
 – ist sicherzustellen, dass unberechtigte Personen auf das mobile Endgerät des Karteninhabers (z. B. Mobiltelefon) nicht zugreifen können,
 – ist dafür Sorge zu tragen, dass andere Personen die auf dem mobilen Endgerät (z. B. Mobiltelefon) befindliche Anwendung für Kreditkartenzahlungen (z. B. Karten-App, Authentifizierungs-App) nicht nutzen können,
 – ist die Anwendung für Online-Bezahlvorgänge (z. B. Karten-App, Authentifizierungs-App) auf dem mobilen Endgerät des Teilnehmers zu deaktivieren, bevor der Teilnehmer den Besitz an diesem mobilen Endgerät aufgibt (z. B. durch Verkauf oder Entsorgung des Mobiltelefons) und
 – dürfen die Nachweise des Besitzelements (z. B. TAN) nicht außerhalb der Online-Bezahlvorgänge mündlich (z. B. per Telefon) oder in Textform (z. B. per E-Mail, Messenger-Dienst) weitergegeben werden.

(c) Seinselemente, wie z. B. Fingerabdruck des Karteninhabers, dürfen auf einem mobilen Endgerät des Karteninhabers für Online-Bezahlvorgänge nur dann als Authentifizierungselement verwendet werden, wenn auf dem mobilen Endgerät keine Seinselemente anderer Personen gespeichert sind. Sind auf dem mobilen Endgerät, das für das Online-Bezahlvorgänge genutzt wird, Seinselemente anderer Personen gespeichert, ist für Online-Bezahlvorgänge das von der Bank ausgegebene Wissenselement (z. B. Online-Passwort) zu nutzen und nicht das auf dem mobilen Endgerät gespeicherte Seinselement.

8.5 Kontrollpflichten bei Online-Bezahlvorgängen

Sollten bei Online-Bezahlvorgängen an den Karteninhaber Angaben zum Zahlungsvorgang (z. B. der Name des Vertragsunternehmens und der Verfügungsbetrag) mitgeteilt werden, sind diese Daten vom Karteninhaber auf Richtigkeit zu prüfen.

8.6 Unterrichtungs- und Anzeigepflichten des Kreditkarteninhabers

(1) Stellt der Kreditkarteninhaber den Verlust oder Diebstahl seiner Kreditkarte oder die missbräuchliche Verwendung oder eine sonstige nicht autorisierte Nutzung von Kreditkarte, PIN oder für Online-Bezahlvorgänge vereinbarter Authentifizierungselemente fest, so ist die Bank, und zwar möglichst die kontoführende Stelle, oder eine Repräsentanz des Mastercard- bzw. VISA-Verbundes unverzüglich zu unterrichten, um die Kreditkarte sperren zu lassen. Die Kontaktdaten, unter denen eine Sperranzeige abgegeben werden kann, werden dem Kreditkarteninhaber gesondert mitgeteilt. Der Kreditkarteninhaber hat einen Diebstahl oder Missbrauch auch unverzüglich bei der Polizei anzuzeigen.

(2) Hat der Kreditkarteninhaber den Verdacht, dass eine andere Person unberechtigt in den Besitz seiner Kreditkarte und ggf. PIN gelangt ist, eine missbräuchliche Verwendung oder eine sonstige nicht autorisierte Nutzung von Kreditkarte, PIN oder für Online-Bezahlvorgänge vereinbarter Authentifizierungselemente vorliegt, muss er ebenfalls unverzüglich eine Sperranzeige abgeben. Für den Ersatz einer verlorenen, gestohlenen, missbräuchlich verwendeten oder sonst nicht autorisiert genutzten Kreditkarte berechnet die Bank dem Kreditkarteninhaber das im „Preis- und Leistungsverzeichnis" der Bank ausgewiesene Entgelt, das allenfalls die ausschließlich und unmittelbar mit dem Ersatz verbundenen Kosten abdeckt. Der vorhergehende Satz gilt nicht, wenn die Bank die Umstände, die zur Ausgabe der Ersatzkreditkarte geführt haben, zu vertreten hat oder diese ihr zuzurechnen sind.

(3) Der Kreditkarteninhaber hat die Bank unverzüglich nach Feststellung einer nicht autorisierten oder einer fehlerhaft ausgeführten Kreditkartenverfügung hierüber zu unterrichten.

9 Zahlungsverpflichtung des Kreditkarteninhabers

Die Bank ist gegenüber den Vertragsunternehmen sowie den Kreditinstituten, die die Kreditkarte zur Bargeldauszahlung an Schaltern oder Geldautomaten akzeptieren, verpflichtet, die vom Kreditkarteninhaber mit der Kreditkarte getätigten Umsätze zu begleichen. Die Bank unterrichtet den Kreditkarteninhaber mindestens einmal monatlich auf dem mit ihm vereinbarten Weg über alle im Zusammenhang mit der Begleichung der Kreditkartenumsätze entstehenden Aufwendungen. Dies kann dadurch geschehen, dass die Bank nach vorheriger Vereinbarung mit dem Kreditkarteninhaber ihm diese gesammelte Abrechnung zum elektronischen Abruf bereitstellt. Mit Kreditkarteninhabern, die nicht Verbraucher sind, werden die Art und Weise sowie die zeitliche Folge der Unterrichtung gesondert vereinbart. Der Abrechnungsbetrag ist mit Erteilung der Abrechnung gegenüber dem Kreditkarteninhaber fällig und wird dem vereinbarten Abrechnungskonto belastet. Die Bank behält sich vor, Bargeldverfügungen einschließlich dabei anfallender Aufwendungen als sofort fällig dem vereinbarten Abrechnungskonto unmittelbar zu belasten. Einwendungen und sonstige Beanstandungen des Kreditkarteninhabers aus seinem Vertragsverhältnis zu dem Vertragsunternehmen, bei dem die Kreditkarte eingesetzt wurde, sind unmittelbar gegenüber dem Vertragsunternehmen geltend zu machen.

10 Fremdwährungsumrechnung

Nutzt der Kreditkarteninhaber die Kreditkarte für Kreditkartenverfügungen[1] die nicht auf Euro lauten, wird das Konto gleichwohl in Euro belastet. Die Bestimmung des Kurses bei Fremdwährungsgeschäften ergibt sich aus dem „Preis- und Leistungsverzeichnis". Eine Änderung des in der Umrechnungsregelung ggf. genannten Referenzwechselkurses wird unmittelbar und ohne vorherige Benachrichtigung des Kreditkarteninhabers wirksam.

11 Entgelte und Auslagen

(1) Die vom Kreditkarteninhaber gegenüber der Bank geschuldeten Entgelte und Auslagen ergeben sich aus dem „Preis- und Leistungsverzeichnis" der Bank.

(2) Änderungen der Entgelte werden dem Kreditkarteninhaber spätestens zwei Monate vor dem Zeitpunkt ihres Wirksamwerdens in Textform angeboten. Hat der Kreditkarteninhaber mit der Bank im Rahmen der Geschäftsbeziehung einen elektronischen Kommunikationsweg vereinbart (z. B. das Online-Banking), können die Änderungen auch auf diesem Wege angeboten werden. Der Kreditkarteninhaber kann den Änderungen vor dem vorgeschlagenen Zeitpunkt ihres Wirksamwerdens entweder zustimmen oder sie ablehnen. Die Zustimmung des Kreditkarteninhabers gilt als erteilt, wenn er seine Ablehnung nicht vor dem vorgeschlagenen Zeitpunkt des Wirksamwerdens der Änderungen angezeigt hat. Auf diese Genehmigungswirkung wird ihn die Bank in ihrem Angebot besonders hinweisen.

(3) Werden dem Kreditkarteninhaber Änderungen der Entgelte angeboten, kann er diese Geschäftsbeziehung vor dem vorgeschlagenen Zeitpunkt des Wirksamwerdens der Änderungen auch fristlos und kostenfrei kündigen. Auf dieses Kündigungsrecht wird die Bank den Kreditkarteninhaber in ihrem Angebot besonders hinweisen.

(4) Bei Entgelten und deren Änderung für Zahlungen von Kreditkarteninhabern, die nicht Verbraucher sind, bleibt es bei den Regelungen in Nr. 12 Abs. 2 bis 6 AGB-Banken.

12 Erstattungs-, Berichtigungs- und Schadensersatzansprüche des Kreditkarteninhabers

12.1 Erstattung bei nicht autorisierter Kreditkartenverfügung

Im Falle einer nicht autorisierten Kreditkartenverfügung in Form

– der Bargeldauszahlung oder

– der Verwendung der Kreditkarte zur Bezahlung bei einem Vertragsunternehmen hat die Bank gegen den Kreditkarteninhaber keinen Anspruch auf Erstattung ihrer Aufwendungen. Die Bank ist verpflichtet, dem Kreditkarteninhaber den Betrag ungekürzt zu erstatten. Wurde der Betrag einem Konto belastet, bringt die Bank dieses wieder auf den Stand, auf dem es sich ohne die nicht autorisierte Kreditkartenverfügung befunden hätte. Diese Verpflichtung ist spätestens bis zum Ende des Geschäftstages gemäß „Preis- und Leistungsverzeichnis" zu erfüllen, der auf den Tag folgt, an welchem der Bank angezeigt wurde, dass die Kreditkartenzahlung nicht autorisiert ist, oder die Bank auf andere Weise davon Kenntnis erhalten hat. Hat die Bank einer zuständigen Behörde berechtigte Gründe für den Verdacht, dass ein betrügerisches Verhalten des Kreditkarteninhabers vorliegt, schriftlich mitgeteilt, hat die Bank ihre Verpflichtung aus Satz 2 unverzüglich zu prüfen und zu erfüllen, wenn sich der Betrugsverdacht nicht bestätigt.

12.2 Ansprüche bei nicht erfolgter, fehlerhafter oder verspäteter Ausführung einer autorisierten Kreditkartenverfügung

(1) Im Falle einer nicht erfolgten oder fehlerhaften Ausführung einer autorisierten Kreditkartenverfügung in Form
– der Bargeldauszahlung oder
– der Verwendung der Kreditkarte zur Bezahlung bei einem Vertragsunternehmen

kann der Kreditkarteninhaber von der Bank die unverzügliche und ungekürzte Erstattung des Verfügungsbetrages insoweit verlangen, als die Kreditkartenverfügung nicht erfolgte oder fehlerhaft war. Wurde der Betrag einem Konto belastet, bringt die Bank dieses wieder auf den Stand, auf dem es sich ohne die nicht erfolgte oder fehlerhafte Kreditkartenverfügung befunden hätte.

(2) Der Kreditkarteninhaber kann über den Absatz 1 hinaus von der Bank die Erstattung der Entgelte und Zinsen insoweit verlangen, als ihm diese im Zusammenhang mit der nicht erfolgten oder fehlerhaften Ausführung der autorisierten Kreditkartenverfügung in Rechnung gestellt oder seinem Konto belastet wurden.

(3) Geht der Betrag der Kreditkartenzahlung beim Zahlungsdienstleister des Zahlungsempfängers erst nach Ablauf der Ausführungsfrist in Nummer I.6 ein (Verspätung), kann der Zahlungsempfänger von seinem Zahlungsdienstleister verlangen, dass dieser die Gutschrift des Betrags der Kreditkartenzahlung auf dem Konto des Zahlungsempfängers so vornimmt, als sei die Kreditkartenzahlung ordnungsgemäß ausgeführt worden. Die Pflicht nach Satz 1 gilt nicht, wenn der Kreditkarteninhaber kein Verbraucher ist.

(4) Wurde eine autorisierte Kreditkartenverfügung nicht oder fehlerhaft ausgeführt, wird die Bank die Kreditkartenverfügung auf Verlangen des Kreditkarteninhabers nachvollziehen und ihn über das Ergebnis unterrichten.

12.3 Schadensersatzansprüche des Kreditkarteninhabers aufgrund einer nicht autorisierten oder einer nicht erfolgten oder fehlerhaften Ausführung einer autorisierten Kreditkartenverfügung

Im Falle einer nicht autorisierten Kreditkartenverfügung oder im Falle einer nicht erfolgten, fehlerhaften oder verspäteten Ausführung einer autorisierten Kreditkartenverfügung kann der Kreditkarteninhaber von der Bank einen Schaden, der nicht bereits von Nummer 12.1 und 12.2 erfasst ist, ersetzt verlangen. Dies gilt nicht, wenn die Bank die Pflichtverletzung nicht zu vertreten hat. Die Bank hat hierbei ein Verschulden, das einer zwischengeschalteten Stelle zur Last fällt, wie eigenes Verschulden zu vertreten, es sei denn, dass die wesentliche Ursache bei einer zwischengeschalteten Stelle liegt, die der Kreditkarteninhaber vorgegeben hat. Handelt es sich bei dem Kreditkarteninhaber nicht um einen Verbraucher oder erfolgt der Einsatz der Kreditkarte in einem Land außerhalb Deutschlands und des Europäischen Wirtschaftsraums (EWR), beschränkt sich die Haftung der Bank für das Verschulden einer an der Abwicklung des Kreditkartenzahlungsvorgangs beteiligten Stelle auf die sorgfältige Auswahl und Unterweisung einer solchen Stelle. Hat der Kreditkarteninhaber durch ein schuldhaftes Verhalten zur Entstehung des Schadens beigetragen, bestimmt sich nach den Grundsätzen des Mitverschuldens, in welchem Umfang Bank und Kreditkarteninhaber den Schaden zu tragen haben. Die Haftung nach diesem Absatz ist auf 12.500 Euro je Kreditkartenverfügung begrenzt. Diese betragsmäßige Haftungsbeschränkung gilt nicht

– für vom Kreditkarteninhaber nicht autorisierte Kreditkartenverfügungen,
– bei Vorsatz oder grober Fahrlässigkeit der Bank,
– für Gefahren, die die Bank besonders übernommen hat, und
– für den dem Kreditkarteninhaber entstandenen Zinsschaden, soweit der Kreditkarteninhaber Verbraucher ist.

12.4 Frist für die Geltendmachung von Ansprüchen nach Nummer 12.1 bis 12.3

Ansprüche gegen die Bank nach Nummer 12.1 bis 12.3 sind ausgeschlossen, wenn der Kreditkarteninhaber die Bank nicht unverzüglich, spätestens jedoch 13 Monate nach dem Tag der Belastung mit der Kreditkartenverfügung darüber unterrichtet, dass es sich um eine nicht autorisierte, nicht erfolgte oder fehlerhafte Kreditkartenverfügung handelt. Der Lauf der 13-monatigen Frist beginnt nur, wenn die Bank den Kreditkarteninhaber über die aus der Kreditkartenverfügung resultierende Belastungsbuchung entsprechend dem für Umsatzinformationen vereinbarten Weg spätestens innerhalb eines Monats nach der Belastungsbuchung unterrichtet hat. Anderenfalls ist für den Fristbeginn der Tag der Unterrichtung maßgeblich. Haftungsansprüche nach Nummer 12.3 kann der Kreditkarteninhaber auch nach Ablauf der Frist in Satz 1 geltend machen, wenn er ohne Verschulden an der Einhaltung dieser Frist verhindert war.

12.5 Erstattungsanspruch bei einer autorisierten Kreditkartenverfügung[1] ohne genaue Betragsangabe und Frist für die Geltendmachung des Anspruchs

(1) Der Kreditkarteninhaber kann von der Bank die unverzügliche und ungekürzte Erstattung des Betrages der Kreditkartenverfügung verlangen, wenn er eine Kreditkartenverfügung bei einem Vertragsunternehmen in der Weise autorisiert hat, dass

– bei der Autorisierung der genaue Betrag nicht angegeben wurde und
– der Kreditkartenzahlungsvorgang den Betrag übersteigt, den der Kreditkarteninhaber entsprechend seinem bisherigen Ausgabeverhalten, dem Inhalt des Kreditkartenvertrages und den jeweiligen Umständen des Einzelfalles hätte erwarten können. Mit einem etwaigen Währungsumtausch zusammenhängende Gründe bleiben außer Betracht, wenn der vereinbarte Wechselkurs zugrunde gelegt wurde.

(2) Der Kreditkarteninhaber ist verpflichtet, gegenüber der Bank die Sachumstände darzulegen, aus denen er seinen Erstattungsanspruch herleitet.

(3) Der Anspruch auf Erstattung ist ausgeschlossen, wenn er nicht innerhalb von acht Wochen nach dem Zeitpunkt der Belastung des Kreditkartenumsatzes auf dem Abrechnungskonto gegenüber der Bank geltend gemacht wird.

12.6 Haftungs- und Einwendungsausschluss

Ansprüche des Kreditkarteninhabers gegen die Bank nach Nummer 12.1 bis 12.5 sind ausgeschlossen, wenn die einen Anspruch begründenden Umstände

– auf einem ungewöhnlichen und unvorhersehbaren Ereignis beruhen, auf das die Bank keinen Einfluss hat und dessen Folgen trotz Anwendung der gebotenen Sorgfalt von ihr nicht hätten vermieden werden können, oder
– von der Bank aufgrund einer gesetzlichen Verpflichtung herbeigeführt wurden.

13 Haftung des Kreditkarteninhabers für von ihm nicht autorisierte Kreditkartenverfügungen

13.1 Haftung des Kreditkarteninhabers bis zur Sperranzeige

(1) Verliert der Kreditkarteninhaber seine Kreditkarte oder PIN, werden sie ihm gestohlen, kommen sie ihm sonst abhanden, werden die Kreditkarte oder die für Online-Bezahlvorgänge vereinbarten Authentifizierungselemente sonst missbräuchlich verwendet und kommt es dadurch zu einer nicht autorisierten Kreditkartenverfügung in Form

– der Bargeldauszahlung oder
– der Verwendung der Kreditkarte zur Bezahlung bei einem Vertragsunternehmen,

so haftet der Kreditkarteninhaber für Schäden, die bis zum Zeitpunkt der Sperranzeige verursacht werden, gemäß Absatz 3 nur, wenn er seine Pflichten vorsätzlich oder grob fahrlässig verletzt hat.

(2) Das Gleiche gilt, wenn es vor der Sperranzeige zu einer nicht autorisierten Kreditkartenverfügung kommt, ohne dass ein Verlust, Diebstahl, ein sonstiges Abhandenkommen oder ein sonstiger Missbrauch der Kreditkarte und/oder PIN vorliegt.

(3) Der Kreditkarteninhaber haftet nicht nach Absatz 1 und 2, wenn

– es ihm nicht möglich gewesen ist, den Verlust, Diebstahl, das Abhandenkommen oder eine sonstige missbräuchliche Verwendung der Kreditkarte oder der für Online-Bezahlvorgänge vereinbarten Authentifizierungselemente
– der Verlust der Kreditkarte durch einen Angestellten, einen Agenten, eine Zweigniederlassung der Bank oder eine sonstige Stelle, an die Tätigkeiten der Bank ausgelagert wurden, verursacht worden ist.

(4) Kommt es vor der Sperranzeige zu einer nicht autorisierten Kreditkartenverfügung und hat der Kreditkarteninhaber in betrügerischer Absicht gehandelt oder seine Sorgfaltspflichten nach diesen Bedingungen vorsätzlich oder grob fahrlässig verletzt, trägt der Kreditkarteninhaber den hierdurch entstandenen Schaden in vollem Umfang. Grobe Fahrlässigkeit des Kreditkarteninhabers kann insbesondere dann vorliegen, wenn

– er den Verlust oder den Diebstahl der Kreditkarte und/oder der PIN oder die missbräuchliche Kreditkartenverfügung der Bank oder der Repräsentanz des Mastercard- bzw. VISA-Verbundes schuldhaft nicht unverzüglich mitgeteilt hat, nachdem er hiervon Kenntnis erlangt hat,
– er die PIN oder das vereinbarte Wissenselement für Online-Bezahlvorgänge (z. B. Online-Passwort) der Kreditkarte vermerkt hat oder zusammen mit der Kreditkarte verwahrt war (z. B. im Originalbrief, in dem sie dem Kreditkarteninhaber mitgeteilt wurde) oder
– er die PIN oder das vereinbarte Wissenselement für Online-Bezahlvorgänge (z. B. Online-Passwort) einer anderen Person mitgeteilt hat und der Missbrauch dadurch verursacht wurde.

(5) Die Haftung für Schäden, die innerhalb des Zeitraums, für den der Verfügungsrahmen gilt, verursacht werden, beschränkt sich jeweils auf den für die Kreditkarte geltenden Verfügungsrahmen.

(6) Der Kreditkarteninhaber ist nicht zum Ersatz der Schäden nach den Absätzen 1, 4 und 5 verpflichtet, wenn der Kreditkarteninhaber die Sperranzeige nicht abgeben konnte, weil die Bank nicht die Möglichkeit zur Entgegennahme der Sperranzeige sichergestellt hatte.

(7) Abweichend von den Absätzen 1, 2 und 4 ist der Karteninhaber nicht zum Schadensersatz verpflichtet, wenn die Bank vom Karteninhaber eine starke Kundenauthentifizierung im Sinne des § 1 Absatz 24 Zahlungsdiensteaufsichtsgesetz (ZAG) nicht verlangt hat oder der Zahlungsempfänger oder sein Zahlungsdienstleister diese nicht akzeptiert hat, obwohl die Bank zur starken Kundenauthentifizierung nach § 55 ZAG verpflichtet war. Eine starke Kundenauthentifizierung erfordert die Verwendung von zwei voneinander unabhängigen Authentifizierungselementen aus den Kategorien Wissen (etwas, das der Kreditkarteninhaber weiß, z. B. PIN), Besitz (etwas, das der Kreditkarteninhaber besitzt, z. B. Kreditkarte oder mobiles Endgerät) oder Seinselemente (etwas, das der Kreditkarteninhaber ist, z. B. Fingerabdruck).

(8) Die Absätze 3, 5 bis 7 finden keine Anwendung, wenn der Kreditkarteninhaber in betrügerischer Absicht gehandelt hat.

13.2 Haftung des Kreditkarteninhabers ab Sperranzeige

Sobald der Verlust oder Diebstahl der Kreditkarte, die missbräuchliche Verwendung oder eine sonstige nicht autorisierte Nutzung von Kreditkarte, PIN oder für Online-Bezahlvorgänge vereinbarter Authentifizierungselemente gegenüber der Bank oder einer Repräsentanz des Mastercard- oder VISA-Verbundes angezeigt wurde, übernimmt die Bank alle danach durch Verfügungen in Form

– der Bargeldauszahlung oder
– der Verwendung der Kreditkarte zur Bezahlung bei einem Vertragsunternehmen

entstehenden Schäden. Handelt der Kreditkarteninhaber in betrügerischer Absicht, trägt der Kreditkarteninhaber auch die nach der Sperranzeige entstehenden Schäden.

14 Gesamtschuldnerische Haftung mehrerer Antragsteller

(1) Für die Verbindlichkeiten aus einer gemeinsam beantragten Kreditkarte haften die Antragsteller als Gesamtschuldner, d. h. die Bank kann von jedem Antragsteller die Erfüllung sämtlicher Ansprüche fordern. Jeder Antragsteller kann das Vertragsverhältnis nur mit Wirkung für alle Antragsteller durch Kündigung beenden. Jeder Antragsteller hat dafür Sorge zu tragen, dass die ausgegebene Kreditkarte mit Wirksamwerden der Kündigung

unverzüglich an die Bank zurückgegeben wird. Die Aufwendungen, die aus der weiteren Nutzung der gekündigten Kreditkarte bis zu ihrer Rückgabe an die Bank entstehen, haben die Antragsteller ebenfalls gesamtschuldnerisch zu tragen. Unabhängig davon wird die Bank zumutbare Maßnahmen ergreifen, um Kreditkartenverfügungen mit der gekündigten Kreditkarte nach Erklärung der Kündigung zu unterbinden.

(2) Abweichend von vorstehendem Absatz 1 haftet im Falle einer Business-Card (Kreditkarte) der Inhaber einer BusinessCard (Kreditkarte) nur für seine eigenen mit der BusinessCard (Kreditkarte) getätigten Umsätze gesamtschuldnerisch.

15 Eigentum und Gültigkeit der Kreditkarte

(1) Die Kreditkarte bleibt im Eigentum der Bank. Sie ist nicht übertragbar. Die Kreditkarte ist nur für den auf der Kreditkarte angegebenen Zeitraum gültig.

(2) Mit der Aushändigung einer neuen, spätestens aber nach Ablauf der Gültigkeit der Kreditkarte ist die Bank berechtigt, die alte Kreditkarte zurückzuverlangen. Endet die Berechtigung, die Kreditkarte zu nutzen, vorher (z. B. durch die Kündigung des Kreditkartenvertrages), so hat der Kreditkarteninhaber die Kreditkarte unverzüglich an die Bank zurückzugeben. Auf der Kreditkarte befindliche unternehmensgenerierte Zusatzanwendungen hat der Kreditkarteninhaber bei dem Unternehmen, das die Zusatzanwendung auf die Kreditkarte aufgebracht hat, unverzüglich entfernen zu lassen. Die Möglichkeit zur weiteren Nutzung einer bankgenerierten Zusatzanwendung richtet sich nach dem Vertragsverhältnis zwischen dem Kreditkarteninhaber und der Bank.

(3) Die Bank behält sich das Recht vor, auch während der Laufzeit einer Kreditkarte diese gegen eine neue auszutauschen; Kosten entstehen dem Kreditkarteninhaber dadurch nicht.

16 Kündigung des Kreditkarteninhabers

Der Kreditkarteninhaber kann den Kreditkartenvertrag jederzeit ohne Einhaltung einer Kündigungsfrist kündigen.

17 Kündigungsrecht der Bank

(1) Die Bank kann den Kreditkartenvertrag unter Einhaltung einer angemessenen, mindestens zweimonatigen Kündigungsfrist kündigen. Die Bank wird den Kreditkartenvertrag mit einer längeren Kündigungsfrist kündigen, wenn dies unter Berücksichtigung der berechtigten Belange des Kreditkarteninhabers geboten ist.

(2) Die Bank kann den Kreditkartenvertrag fristlos kündigen, wenn ein wichtiger Grund vorliegt, durch den die Fortsetzung dieses Vertrages auch unter angemessener Berücksichtigung der berechtigten Belange des Kreditkarteninhabers für die Bank unzumutbar ist.

(3) Ein solcher Grund liegt insbesondere vor, wenn der Kreditkarteninhaber unrichtige Angaben über seine Vermögenslage gemacht hat und die Bank hierauf die Entscheidung über den Abschluss des Kreditkartenvertrages gestützt hat oder wenn eine wesentliche Verschlechterung seiner Vermögenslage eintritt oder einzutreten droht und dadurch die Erfüllung der Verbindlichkeiten aus dem Kreditkartenvertrag gegenüber der Bank gefährdet ist.

18 Folgen der Kündigung

(1) Mit Wirksamwerden der Kündigung darf die Kreditkarte nicht mehr benutzt werden. Sie ist unverzüglich und unaufgefordert an die Bank zurückzugeben.

(2) Auf der Kreditkarte befindliche unternehmensgenerierte Zusatzanwendungen hat der Kreditkarteninhaber bei dem Unternehmen, das die Zusatzanwendung auf die Kreditkarte aufgebracht hat, unverzüglich entfernen zu lassen. Die Möglichkeit zur weiteren Nutzung einer bankgenerierten Zusatzanwendung richtet sich nach den für diese Zusatzanwendung geltenden Regeln.

19 Einziehung und Sperre der Kreditkarte

(1) Die Bank darf die Kreditkarte sperren und den Einzug der Kreditkarte (z. B. an Geldautomaten) veranlassen,

– wenn sie berechtigt ist, den Kreditkartenvertrag aus wichtigem Grund zu kündigen,
– wenn sachliche Gründe im Zusammenhang mit der Sicherheit der Kreditkarte dies rechtfertigen oder
– wenn der Verdacht einer nicht autorisierten oder betrügerischen Verwendung der Kreditkarte besteht.

II. Änderungen der Geschäftsbedingungen

Änderungen dieser Geschäftsbedingungen werden dem Kreditkarteninhaber spätestens zwei Monate vor dem vorgeschlagenen Zeitpunkt ihres Wirksamwerdens in Textform angeboten. Hat der Kreditkarteninhaber mit der Bank im Rahmen seiner Geschäftsbeziehung einen elektronischen Kommunikationsweg vereinbart (z. B. das Online-Banking), können die Änderungen auch auf diesem Weg angeboten werden. Der Kunde kann den Änderungen vor dem vorgeschlagenen Zeitpunkt ihres Wirksamwerdens entweder zustimmen oder sie ablehnen. Die Zustimmung des Kreditkarteninhabers gilt als erteilt, wenn er seine Ablehnung nicht vor dem vorgeschlagenen Zeitpunkt des Wirksamwerdens der Änderungen angezeigt hat. Auf diese Genehmigung wird ihn die Bank in ihrem Angebot besonders hinweisen.

Werden dem Kreditkarteninhaber Änderungen dieser Bedingungen angeboten, kann er diese Geschäftsbeziehung vor dem vorgesehenen Zeitpunkt des Wirksamwerdens der Änderungen auch fristlos und kostenfrei kündigen.

Auf dieses Kündigungsrecht wird ihn die Bank in ihrem Angebot besonders hinweisen.

III. Versicherungsbedingungen

Für eine Kreditkarte mit Versicherungsschutz gelten die zur jeweiligen Kreditkarte gehörenden Versicherungsbedingungen, Erläuterungen und Hinweise, die der Kreditkarteninhaber in Form der Versicherungsbestätigung gesondert erhält. Die Versicherungsleistungen werden bei Besitz von zwei oder mehr von der Bank ausgegebenen Kreditkarten nicht je Kreditkarte, sondern je Kreditkarteninhaber erbracht.

6   Bedingungen für den Zugang zur Bank über elektronische Medien (11.9.2019) – ohne Fußnoten

1. Leistungsangebot

(1) Der Kunde und dessen Bevollmächtigte können Bankgeschäfte mittels elektronischer Zugangsmedien, im Einzelnen Online-Banking und Telefon-Banking (jeweils einzeln „Online-Banking" bzw. „Telefon-Banking" sowie gemeinsam „Zugangsmedien" bzw. „elektronische Medien"), in dem von der Bank angebotenen Umfang abwickeln. Zudem können sie Informationen der Bank mittels Online- und Telefon-Banking abrufen. Im Rahmen des Online-Bankings sind sie gemäß § 675f Absatz 3 BGB zusätzlich berechtigt, Zahlungsauslösedienste gemäß § 1 Absätze 33 und 34 Zahlungsdiensteaufsichtsgesetz (ZAG) zu nutzen. Darüber hinaus können sie von ihnen sorgfältig ausgewählte sonstige Drittdienste nutzen.

(2) Kunde und Bevollmächtigte werden im Folgenden einheitlich als „Teilnehmer" bezeichnet. Konto und Depot werden im Folgenden einheitlich als „Konto" bezeichnet.

(3) Für die Nutzung der Zugangsmedien gelten die mit der Bank gesondert vereinbarten Verfügungslimite.

2. Voraussetzungen zur Nutzung der elektronischen Medien

(1) Der Teilnehmer kann Bankgeschäfte über elektronische Medien abwickeln, wenn die Bank ihn authentifiziert hat.

(2) Authentifizierung ist das mit der Bank gesondert vereinbarte Verfahren, mit dessen Hilfe die Bank die Identität des Teilnehmers oder die berechtigte Verwendung eines bestimmten Zahlungsinstruments, einschließlich der Verwendung des personalisierten Sicherheitsmerkmals des Teilnehmers überprüfen kann. Mit den hierfür vereinbarten Authentifizierungselementen kann der Teilnehmer sich gegenüber der Bank als berechtigter Teilnehmer ausweisen, auf Informationen zugreifen (siehe Nummer 3 dieser Bedingungen) sowie Aufträge erteilen (siehe Nummer 4 dieser Bedingungen).

(3) Authentifizierungselemente sind

– Wissenselemente, also etwas, das nur der Teilnehmer weiß (z. B. die persönliche Identifikationsnummer [PIN] oder das persönliche Passwort),
– Besitzelemente, also etwas, was nur der Teilnehmer besitzt (z. B. Gerät zur Erzeugung oder Empfang von einmal verwendbaren Transaktionsnummern [TAN], die girocard mit TAN-Generator oder das mobile Endgerät), oder
– Seinselemente, also etwas, das der Teilnehmer ist (Inhärenz, z. B. Fingerabdruck als biometrisches Merkmal des Teilnehmers).

(4) Die Authentifizierung des Teilnehmers erfolgt, indem der Teilnehmer gemäß der Anforderung das Wissenselement, den Nachweis des Besitzelements und/oder den Nachweis des Seinselements an die Bank übermittelt.

(5) Je nach Authentifizierungsverfahren und -instrument benötigt der Teilnehmer hierfür gegebenenfalls geeignete Hard- und Software. Über das Angebot der bankeigenen Anwendungen hinaus bleibt der Teilnehmer selbst für die Beschaffung, Installation und Pflege dieser Hard- und Software verantwortlich.

(6) Bei einer Nutzung von Hard- bzw. Software von Drittanbietern durch den Teilnehmer übernimmt die Bank keine eigene Gewährleistung oder sonstige Verantwortung für eine andauernde Eignung oder Verfügbarkeit im Zusammenhang mit einem Authentifizierungsverfahren.

3. Zugang über elektronische Medien

(1) Der Teilnehmer erhält Zugang zu Online- und Telefon-Banking der Bank, wenn

– dieser die Kontonummer oder seinen individuellen Benutzernamen angibt und
– er sich unter Verwendung des oder der von der Bank angeforderten Authentifizierungselemente(s) ausweist und
– keine Sperre des Zugangs (siehe Nummer 8.1 und 9 dieser Bedingungen) vorliegt.

Nach Gewährung des Zugangs zum Online- und Telefon-Banking kann auf Informationen zugegriffen oder können nach Nummer 4 dieser Bedingungen Aufträge erteilt werden.

(2) Für den Zugriff auf sensible Zahlungsdaten im Sinne des § 1 Absatz 26 Satz 1 ZAG (z. B. zum Zweck der Änderung der Anschrift des Kunden) fordert die Bank den Teilnehmer auf, sich unter Verwendung eines weiteren Authentifizierungselementes auszuweisen, wenn beim Zugang zum Online-Banking nur ein Authentifizierungselement angefordert wurde. Der Name des Kontoinhabers und die Kontonummer sind für den vom Teilnehmer genutzten Zahlungsauslösedienst und Kontoinformationsdienst keine sensiblen Daten (§ 1 Absatz 26 Satz 2 ZAG).

4. Aufträge
4.1 Auftragserteilung

(1) Der Teilnehmer muss einem Auftrag (z. B. Überweisung) zu dessen Wirksamkeit zustimmen (Autorisierung). Auf Anforderung hat er hierzu Authentifizierungselemente (z. B. Eingabe einer TAN oder Übertragung einer elektronischen Signatur als Nachweis des Besitzelements) zu verwenden. Die Bank bestätigt mittels Online-Banking den Eingang des Auftrags.

(2) Der Teilnehmer kann Telefon-Banking-Aufträge nur nach erfolgreicher Autorisierung mit von der Bank bereitgestelltem Personalisiertem Sicherheitsmerkmal erteilen. Die Bank bestätigt den Eingang des Auftrags auf dem vom Teilnehmer für den Auftrag gewählten Zugangsweg. Die zwischen der Bank und dem Kontoinhaber übermittelte Telefonkommunikation wird zu Beweiszwecken automatisch aufgezeichnet und gespeichert.

4.2 Widerruf von Aufträgen

Die Widerrufbarkeit eines Auftrags richtet sich nach den für die jeweilige Auftragsart geltenden Sonderbedingungen (z. B. Bedingungen für den Überweisungsverkehr). Der Widerruf von Aufträgen kann nur außerhalb des Online- und Telefon-Banking erfolgen, es sei denn, die Bank sieht eine Widerrufmöglichkeit im Online- und Telefon-Banking ausdrücklich vor.

5. Bearbeitung von Aufträgen durch die Bank

(1) Die Bearbeitung der Aufträge erfolgt an den für die Abwicklung der jeweiligen Auftragsart (z. B. Überweisung) auf der Online- und Telefon-Banking-Seite der Bank oder im „Preis- und Leistungsverzeichnis" bekannt gegebenen Geschäftstagen im Rahmen des ordnungsgemäßen Arbeitsablaufs. Geht der Auftrag nach dem auf der Online-Banking-Seite der Bank angegebenen oder im „Preis- und Leistungsverzeichnis" bestimmten Zeitpunkt (Annahmefrist) ein oder fällt der Zeitpunkt des Eingangs nicht auf einen Geschäftstag gemäß dem „Preis- und Leistungsverzeichnis" der Bank, so gilt der Auftrag als am darauf folgenden Geschäftstag zugegangen. Die Bearbeitung beginnt erst an diesem Tag.

(2) Die Bank wird den Auftrag ausführen, wenn folgende Ausführungsbedingungen vorliegen:
– Der Teilnehmer hat den Auftrag autorisiert (vgl. Nummer 4.1 dieser Bedingungen).
– Die Berechtigung des Teilnehmers für die jeweilige Auftragsart (z. B. Wertpapierorder) liegt vor.
– Das Online-Banking-Datenformat ist eingehalten.
– Das gesondert vereinbarte Online-Banking-Verfügungslimit ist nicht überschritten.
– Im Telefon-Banking wird die Bank Verfügungen über das Konto, die eine Zahlung an einen Dritten (abweichende Kontonummer) enthalten, bis zu einem Betrag von insgesamt unter 50.000 EUR pro Tag ausführen, sofern nicht ein anderer Verfügungshöchstbetrag mit dem Teilnehmer vereinbart ist. Für Überträge (Überweisungen) innerhalb der gleichen Kundennummer oder An- und Verkäufe von Wertpapieren gilt diese Betragsgrenze nicht.
– Die weiteren Ausführungsbedingungen nach den für die jeweilige Auftragsart maßgeblichen Sonderbedingungen (z. B. ausreichende Kontodeckung gemäß den Bedingungen für den Überweisungsverkehr) liegen vor.

Liegen die Ausführungsbedingungen nach Satz 1 vor, führt die Bank die Aufträge nach Maßgabe der Bestimmungen der für die jeweilige Auftragsart geltenden Sonderbedingungen (z. B. Bedingungen für den Überweisungsverkehr, Bedingungen für Wertpapiergeschäfte) aus.

(3) Liegen die Ausführungsbedingungen nach Absatz 2 Satz 1 nicht vor, wird die Bank den Auftrag nicht ausführen und den Teilnehmer über die Nichtausführung und soweit möglich über deren Gründe und die Möglichkeiten, mit denen Fehler, die zur Ablehnung geführt haben, berichtigt werden können, mittels Online- bzw. Telefon-Banking oder postalisch informieren.

6. Information des Kunden über Online- und Telefon-Bankingverfügungen

Die Bank unterrichtet den Kunden mindestens einmal monatlich über die mittels Online- und Telefon-Banking getätigten Verfügungen auf dem für Kontoinformationen vereinbarten Weg.

7. Sorgfaltspflichten des Teilnehmers

7.1 Schutz der Authentifizierungsinstrumente

(1) Der Teilnehmer hat alle zumutbaren Vorkehrungen zu treffen, um seine Authentifizierungselemente (siehe Nummer 2 dieser Bedingungen) vor unbefugtem Zugriff zu schützen. Ansonsten besteht die Gefahr, dass das Online- und Telefon-Banking missbräuchlich verwendet oder in sonstiger Weise nicht autorisiert genutzt wird (vergleiche Nummer 3 und 4 dieser Bedingungen).

(2) Zum Schutz der einzelnen Authentifizierungselemente hat der Teilnehmer vor allem Folgendes zu beachten:
a) Wissenselemente, wie z. B. die PIN, sind geheim zu halten. Sie dürfen insbesondere
– nicht außerhalb des Online-Banking mündlich (z. B. per Telefon) oder in Textform (z. B. per E-Mail, Messenger-Dienst) weitergegeben werden.
– nicht ungesichert außerhalb des zugelassenen Authentifizierungsverfahrens elektronisch gespeichert werden (z. B. PIN im Klartext im Computer oder im mobilen Endgerät) und
– nicht auf einem Gerät notiert sein oder als Abschrift zusammen mit einem Gerät, das als Besitzelement (z. B. mobiles Endgerät, Signaturkarte) oder zur Prüfung des Seinselements (z. B. mobiles Endgerät mit Anwendung für das Online-Banking und Fingerabdrucksensor) dient, aufbewahrt werden.
b) Besitzelemente, wie z. B. ein mobiles Endgerät, sind vor Missbrauch zu schützen, insbesondere
– ist die Signaturkarte vor dem unbefugten Zugriff anderer Personen sicher zu verwahren.
– ist sicherzustellen, dass unberechtigte Personen auf das mobile Endgerät des Teilnehmers (z. B. Mobiltelefon) nicht zugreifen können.
– ist dafür Sorge zu tragen, dass andere Personen die auf dem mobilen Endgerät (z. B. Mobiltelefon) befindliche Anwendung für das Online Banking (z. B. Online-Banking-App, Authentifizierungs-App) nicht nutzen können.
– ist die Anwendung für das Online-Banking (z. B. Online-Banking-App, Authentifizierungs-App) auf dem mobilen Endgerät des Teilnehmers zu deaktivieren, bevor der Teilnehmer den Besitz an diesem mobilen Endgerät aufgibt (z. B. durch Verkauf des Mobiltelefons).
– dürfen die Nachweise des Besitzelements (z. B. TAN) nicht außerhalb des Online-Banking mündlich (z. B. per Telefon) oder in Textform (z. B. per E-Mail, Messenger-Dienst) weitergegeben werden und
– muss der Teilnehmer, wenn er von der Bank einen Code zur Aktivierung des Besitzelements (z. B. Mobiltelefon mit Anwendung für das Online-Banking) erhalten hat, diesen vor dem unbefugten Zugriff anderer Personen sicher verwahren; ansonsten besteht die Gefahr, dass andere Personen ein Gerät als Besitzelement für das Online-Banking des Teilnehmers aktivieren.
c) Seinselemente, wie z. B. Fingerabdruck des Teilnehmers, dürfen auf einem mobilen Endgerät des Teilnehmers für das Online-Banking nur dann als Authentifizierungselement verwendet werden, wenn auf dem mobilen Endgerät keine Seinselemente anderer Personen gespeichert sind. Sind auf dem mobilen Endgerät, das für das Online-Banking genutzt wird, Seinselemente anderer Personen gespeichert, ist für das Online-Banking das von der Bank ausgegebene Wissenselement (z. B. PIN) zu nutzen und nicht das auf dem mobilen Endgerät gespeicherte Seinselement.

(3) Beim mobileTAN-Verfahren darf das mobile Gerät, mit dem die TAN empfangen werden (z. B. Mobiltelefon), nicht gleichzeitig für das Online-Banking genutzt werden.

(4) Die für das mobileTAN-Verfahren hinterlegte Telefonnummer ist zu löschen oder zu ändern, wenn der Teilnehmer diese Telefonnummer für das Online-Banking nicht mehr nutzt.

(5) Ungeachtet der Schutzpflichten nach den Absätzen 1 bis 4 darf der Teilnehmer seine Authentifizierungselemente gegenüber einem von ihm ausgewählten Zahlungsauslösedienst und Kontoinformationsdienst (siehe Nummer 1 Absatz 1 Satz 3 dieser Bedingungen) verwenden. Möchte der Teilnehmer einen sonstigen Drittdienst nutzen (siehe Nummer 1 Absatz 1 Satz 4 dieser Bedingungen), hat er diesen mit der im Verkehr erforderlichen Sorgfalt auszuwählen.

(6) Der Aufforderung per elektronischer Nachricht (z. B. E-Mail), eine damit übersandte Verknüpfung zum (vermeintlichen) Online-Banking der Bank anzuwählen und darüber persönliche Zugangsdaten einzugeben, darf nicht gefolgt werden.

(7) Anfragen außerhalb der bankseitig zur Verfügung gestellten originären Zugangswege, in denen nach vertraulichen Daten wie PIN, Geheimzahl oder Passwort/TAN gefragt wird, dürfen nicht beantwortet werden. Die Nutzung von Zahlungsauslösediensten bzw. Kontoinformationsdiensten bleibt hiervon unberührt.

(8) Der Teilnehmer hat vor seinem jeweiligen Zugang zum Online-Banking sicherzustellen, dass auf dem verwendeten System handelsübliche Sicherheitsvorkehrungen (wie Anti-Viren-Programm und Firewall) installiert sind und diese ebenso wie die verwendete System- und Anwendungssoftware regelmäßig aktualisiert werden. Beispiele handelsüblicher Sicherheitsvorkehrungen kann der Teilnehmer den Internetseiten der Bank entnehmen.

(9) Die Softwareanwendungen der Bank sind ausschließlich direkt von der Bank oder von einem von der Bank benannten Anbieter zu beziehen.

7.2 Sicherheitshinweise der Bank

Der Teilnehmer muss die Sicherheitshinweise auf der Internetseite der Bank zum Online-Banking, insbesondere die Maßnahmen zum Schutz der eingesetzten Hard- und Software (Kundensystem), beachten.

Darüber hinaus hat der Kunde in eigener Verantwortung etwaige Sicherheitshinweise der Anbieter der eingesetzten Kundensysteme zu beachten (z. B. Sicherheitsupdates von Systemsoftware mobiler Endgeräte).

7.3 Prüfung durch Abgleich der Auftragsdaten mit von der Bank angezeigten Daten

Die Bank zeigt dem Teilnehmer die von ihr empfangenen Daten (z. B. Betrag, Kontonummer des Zahlungsempfängers, Wertpapierkennnummer) über das gesondert vereinbarte Gerät des Teilnehmers an (z. B. mittels mobilem Endgerät oder Lesegerät). Der Teilnehmer ist verpflichtet, vor der Autorisierung (z. B. Eingabe der TAN) die Übereinstimmung der angezeigten Daten mit den für den Auftrag vorgesehenen Daten zu prüfen. Stimmen die angezeigten Daten nicht überein, ist der Vorgang abzubrechen und die Bank unverzüglich zu informieren.

8. Anzeige- und Unterrichtungspflichten

8.1 Sperranzeige

(1) Stellt der Teilnehmer
– den Verlust oder den Diebstahl eines Besitzelements zur Authentifizierung (z. B. mobiles Endgerät, Signaturkarte) oder
– die missbräuchliche Verwendung oder die sonstige nicht autorisierte Nutzung seines Authentifizierungsinstruments
fest, muss der Teilnehmer die Bank hierüber unverzüglich unterrichten (Sperranzeige). Der Teilnehmer kann der Bank eine Sperranzeige jederzeit auch über die gesondert mitgeteilten Kommunikationskanäle abgeben.

(2) Der Teilnehmer hat jeden Diebstahl oder Missbrauch eines Authentifizierungselements unverzüglich bei der Polizei zur Anzeige zu bringen.

(3) Hat der Teilnehmer den Verdacht einer nicht autorisierten oder betrügerischen Verwendung eines seiner Authentifizierungselemente, muss er ebenfalls eine Sperranzeige abgeben.

8.2 Unterrichtung über nicht autorisierte oder fehlerhaft ausgeführte Aufträge

Der Kunde hat die Bank unverzüglich nach Feststellung eines nicht autorisierten oder fehlerhaft ausgeführten Auftrags hierüber zu unterrichten.

9. Nutzungssperre

9.1 Sperre auf Veranlassung des Teilnehmers

Die Bank sperrt auf Veranlassung des Teilnehmers, insbesondere im Fall der Sperranzeige nach Nummer 8.1 dieser Bedingungen,
– den vom Teilnehmer bezeichneten Banking-Zugang für ihn oder alle Teilnehmer oder
– seine Authentifizierungselemente zur Nutzung des Online-Banking.

9.2 Sperre auf Veranlassung der Bank

(1) Die Bank darf den Online- und Telefon-Banking-Zugang für einen Teilnehmer sperren oder ein Authentifizierungsinstrument nicht mehr zulassen, wenn
– sie berechtigt ist, den Online- und Telefon-Banking-Vertrag aus wichtigem Grund zu kündigen,
– sachliche Gründe im Zusammenhang mit der Sicherheit seiner Authentifizierungselemente dies rechtfertigen,
– der Verdacht einer nicht autorisierten oder einer betrügerischen Verwendung eines Authentifizierungselements besteht oder
– ein genutzter Zugangsweg bzw. ein im Zusammenhang mit einem Authentifizierungsverfahren zugelassenes Gerät von der Bank als unsicher eingestuft wird. Als Zugangsweg gelten auch Softwareanwendungen der Bank in allen zur Verfügung stehenden Versionen.

(2) Die Bank wird den Kunden unter Angabe der hierfür maßgeblichen Gründe möglichst vor, spätestens jedoch unverzüglich nach der Sperre, telefonisch oder online unterrichten. Die Angabe von Gründen darf unterbleiben, soweit die Bank hierdurch gegen gesetzliche Verpflichtungen verstoßen würde.

9.3 Aufhebung der Sperre

Die Bank wird eine Sperre aufheben oder die betroffenen Authentifizierungselemente austauschen, wenn die Gründe für die Sperre nicht mehr gegeben sind. Hierüber unterrichtet sie den Kunden unverzüglich. Der Teilnehmer kann eine von ihm veranlasste Sperrung nur postalisch oder mit telefonisch legitimiertem Auftrag aufheben lassen.

9.4 Automatische Sperre eines chipbasierten Besitzelements

(1) Eine Chipkarte mit Signaturfunktion sperrt sich selbst, wenn dreimal in Folge der Nutzungscode für die elektronische Signatur falsch eingegeben wird.

(2) Wird die Geheimzahl zur WebSign-Chipkarte bzw. zur personalisierten Electronic-Banking-Karte dreimal hintereinander (Karten ab Bestelldatum 09/2012) bzw. achtmal hintereinander (Karten vor Bestelldatum 09/2012) falsch eingegeben, wird die Karte automatisch gesperrt.

(3) Ein TAN-Generator als Bestandteil einer Chipkarte, der die Eingabe eines eigenen Nutzungscodes erfordert, sperrt sich selbst, wenn der Code dreimal in Folge falsch eingegeben wird.

(4) Die in den Absätzen 1, 2 und 3 genannten Besitzelemente können dann nicht mehr für das Online-Banking genutzt werden. Der Teilnehmer kann sich mit der Bank in Verbindung setzen, um die Nutzungsmöglichkeiten des Online-Banking wiederherzustellen.

9.5. Zugangssperre für Zahlungsauslösedienst und Kontoinformationsdienst

Die Bank kann Kontoinformationsdienstleistern oder Zahlungsauslösedienstleistern den Zugang zu einem Zahlungskonto des Kunden verweigern, wenn objektive und gebührend nachgewiesene Gründe im Zusammenhang mit einem nicht autorisierten oder betrügerischen Zugang des Kontoinformationsdienstleisters oder des Zahlungsauslösedienstleisters zum Zahlungskonto, einschließlich der nicht autorisierten oder betrügerischen Auslösung eines Zahlungsvorgangs, es rechtfertigen. Die Bank wird den Kunden über eine solche Zugangsverweigerung auf dem vereinbarten Weg unterrichten. Die Unterrichtung erfolgt möglichst vor, spätestens jedoch unverzüglich nach der Verweigerung des Zugangs. Die Angabe von Gründen darf unterbleiben, soweit die Bank hierdurch gegen gesetzliche Verpflichtungen verstoßen würde. Sobald die Gründe für die Verweigerung des Zugangs nicht mehr bestehen, hebt die Bank die Zugangssperre auf. Hierüber unterrichtet sie den Kunden unverzüglich.

10. Vereinbarung eines elektronischen Kommunikationswegs

(1) Der Kunde und die Bank vereinbaren, dass die Bank mit dem Nutzer elektronisch kommunizieren kann, d. h. per E-Mail über die durch den Nutzer angegebene E-Mail-Adresse.

(2) Der Kunde ist damit einverstanden, entsprechende Mitteilungen unverschlüsselt per E-Mail zu erhalten. Insbesondere ist die Bank berechtigt, dem Kunden Änderungen ihrer Allgemeinen Geschäftsbedingungen und der besonderen Bedingungen für einzelne Geschäftsbeziehungen auf diesem Weg zu übermitteln. Personenbezogene Daten werden auf diesem Weg nicht übertragen.

11. Haftung

11.1 Haftung der Bank bei Ausführung eines nicht autorisierten Auftrags[1] und eines nicht, fehlerhaft oder verspätet ausgeführten Auftrags

Die Haftung der Bank bei einer nicht autorisierten Online- und Telefon-Banking-Verfügung und einer nicht, fehlerhaft oder verspätet ausgeführten Online-/Telefon-Banking-Verfügung richtet sich nach den für die jeweilige Auftragsart vereinbarten Sonderbedingungen (z. B. Bedingungen für den Überweisungsverkehr, Bedingungen für Wertpapiergeschäfte).

11.2. Haftung des Kunden bei missbräuchlicher Nutzung seiner Authentifizierungselemente

11.2.1. Haftung des Kunden für nicht autorisierte Zahlungsvorgänge[1] vor der Sperranzeige

(1) Beruhen nicht autorisierte Zahlungsvorgänge vor der Sperranzeige auf der Nutzung eines verlorengegangenen, gestohlenen oder sonst abhandengekommenen Authentifizierungselements oder auf der sonstigen missbräuchlichen Verwendung eines Authentifizierungselements, haftet der Kunde für den der Bank hierdurch entstehenden Schaden bis zu einem Betrag von 50 Euro, ohne dass es darauf ankommt, ob den Teilnehmer ein Verschulden trifft.

(2) Der Kunde ist nicht zum Ersatz des Schadens nach Absatz 1 verpflichtet, wenn

– es ihm nicht möglich gewesen ist, den Verlust, den Diebstahl, das Abhandenkommen oder eine sonstige missbräuchliche Verwendung des Authentifizierungselements vor dem nicht autorisierten Zahlungsvorgang zu bemerken, oder

– der Verlust des Authentifizierungselements durch einen Angestellten, einen Agenten, eine Zweigniederlassung eines Zahlungsdienstleisters oder eine sonstige Stelle, an die Tätigkeiten des Zahlungsdienstleisters ausgelagert wurden, verursacht worden ist.

(3) Kommt es vor der Sperranzeige zu nicht autorisierten Zahlungsvorgängen und hat der Teilnehmer in betrügerischer Absicht gehandelt oder seine Anzeige- und Sorgfaltspflichten nach diesen Bedingungen vorsätzlich oder grob fahrlässig verletzt, trägt der Kunde abweichend von den Absätzen 1 und 2 den hierdurch entstandenen Schaden in vollem Umfang. Grobe Fahrlässigkeit des Teilnehmers kann insbesondere vorliegen, wenn er eine seiner Sorgfaltspflichten nach

– Nummer 7.1 Absatz 2
– Nummer 7.1 Absatz 3
– Nummer 7.3 oder
– Nummer 8.1 Absatz 1

dieser Bedingungen verletzt hat.

(4) Abweichend von den Absätzen 1 und 3 ist der Kunde nicht zum Schadensersatz verpflichtet, wenn die Bank vom Teilnehmer eine starke Kundenauthentifizierung nach § 1 Absatz 24 Zahlungsdiensteaufsichtsgesetz nicht verlangt hat. Eine starke Kundenauthentifizierung erfordert insbesondere die Verwendung von zwei voneinander unabhängigen Authentifizierungselementen aus den Kategorien Wissen, Besitz oder Inhärenz (siehe Nr. 2 Absatz 3 dieser Bedingungen).

(5) Die Haftung für Schäden, die innerhalb des Zeitraums, für den der Verfügungsrahmen gilt, verursacht werden, beschränkt sich jeweils auf den vereinbarten Verfügungsrahmen.

(6) Der Kunde ist nicht zum Ersatz des Schadens nach Absatz 1 und 3 verpflichtet, wenn der Teilnehmer die Sperranzeige nach Nummer 8.1 dieser Bedingungen nicht abgeben konnte, weil die Bank nicht die Möglichkeit zur Entgegennahme der Sperranzeige sichergestellt hatte.

(7) Die Absätze 2 und 4 bis 6 finden keine Anwendung, wenn der Teilnehmer in betrügerischer Absicht gehandelt hat.

(8) Ist der Kunde kein Verbraucher, gilt ergänzend Folgendes:
– Der Kunde haftet für Schäden aufgrund von nicht autorisierten Zahlungsvorgängen über die Haftungsgrenze von 50 EUR nach Absatz 1 und 3 hinaus, wenn der Teilnehmer fahrlässig oder vorsätzlich gegen seine Anzeige- und Sorgfaltspflichten nach diesen Bedingungen verstoßen hat.
– Die Haftungsbeschränkung in Absatz 2, 1. Punkt findet keine Anwendung.

11.2.2. Haftung bei nicht autorisierten Verfügungen außerhalb von Zahlungsdiensten (z. B. Wertpapiertransaktionen) vor der Sperranzeige

Beruhen nicht autorisierte Verfügungen außerhalb von Zahlungsdiensten (z. B. Wertpapiertransaktionen) vor der Sperranzeige auf der Nutzung eines verlorengegangenen oder gestohlenen Authentifizierungselements oder auf der sonstigen missbräuchlichen Nutzung des Authentifizierungselements und ist der Bank hierdurch ein Schaden entstanden, haften der Kunde und die Bank nach den gesetzlichen Grundsätzen des Mitverschuldens.

11.2.3 Haftung der Bank ab der Sperranzeige

Sobald die Bank eine Sperranzeige eines Teilnehmers erhalten hat, übernimmt sie alle danach durch nicht autorisierte Online-/Telefon-Banking-Verfügungen entstehenden Schäden. Dies gilt nicht, wenn der Teilnehmer in betrügerischer Absicht gehandelt hat.

11.2.4 Haftungsausschluss

Haftungsansprüche sind ausgeschlossen, wenn die einen Anspruch begründenden Umstände auf einem ungewöhnlichen und unvorhersehbaren Ereignis beruhen, auf das diejenige Partei, die sich auf dieses Ereignis beruft, keinen Einfluss hat und dessen Folgen trotz Anwendung der gebotenen Sorgfalt von ihr nicht hätten vermieden werden können.

1. Wechselrecht

Schrifttum: *Alisch,* Der Refinanzierungswechsel – Das Problem der Erfüllung, JURA 1986, 300; *Bülow,* WechselG, ScheckG, AGB, 5. Aufl. 2013; *Bülow,* Wechselbereicherung und Gesamtschuld, WM 1990, 2101; *Canaris,* Die Bedeutung allgemeiner Auslegungs- und Rechtsfortbildungskriterien im Wechselrecht, JZ 1987, 543; *Derleder/Knops/Bamberger,* Deutsches und europäisches Bank- und Kapitalmarktrecht, Bd. 1, 3. Aufl. 2017; *Emmerich,* Rechtslage bei Forfaitierung eines Wechsels, JuS 1994, 982; *Gursky,* Wertpapierrecht, 3. Aufl. 2007; *Harbeke,* Das Wechselabkommen der kreditwirtschaftlichen Spitzenverbände, WM 1990, 1696; *Hartenfels,* Euro – Bankrechtliche Aspekte am Morgen der Währungsunion, WM-Sonderbeilage 1/1999; *Hollinger,* Die Besonderheiten der Zwangsvollstreckung in Wertpapier, MDR 2019, 520; *Joost,* Wechselauslegung und Wechselstrenge – Zum Einwendungsausschluss gegenüber dem ersten Wechselnehmer, WM 1977, 1394; *Meyer-Cording/Drygala,* Wertpapierrecht, 3. Aufl. 1995; *G. Müller,* Auswirkungen des Verbraucherkreditgesetzes auf das Wechsel- und Scheckrecht, WM 1991, 1781; *M. Müller,* Das Wertpapier – Ein unbekanntes Wesen?, JA 2017, 321, 401; *Nobbe,* Die Rechtsprechung des BGH zu Kartenzahlungen und die neuere Rechtsprechung des BGH zum Wechsel- und Scheckrecht, WM-Sonderbeilage 2/2012; *Nobbe,* Die neuere Rechtsprechung des Bundesgerichtshofes zum Wechsel- und Scheckrecht, WM-Sonderbeilage 5/2000 und WM-Sonderbeilage 10/1991; *Petersen,* Die Umdeutung eines Wechsels in ein abstraktes Schuldanerkenntnis, JURA 2001, 596; *Rehbein,* Die Einführung des Euro aus der Sicht bankgeschäftlicher Unternehmenspraxis, WM 1998, 997; *Reinicke/Tiedke,* Wechselrechtliche Rückgriffsansprüche des Garantieindossanten, WM 1998, 2173; *Richardi,* Wertpapierrecht, 1987; *Schaaff,* Unterbricht eine Wechselklage die Verjährung der Forderung aus dem Grundgeschäft?, NJW 1986, 1029; *Steckler/Künzl,* Zum Verhältnis von allgemeinem Urkundenprozess zum Wechsel- und Scheckverfahren, WM 1984, 861; *Stöcker/Heidinger,* Zum Wesen des „Begebungsvertrages" im Wechselrecht, NJW 1992, 880; *Thamm,* Rechtsprobleme beim Scheck/Wechsel-Verfahen, ZIP 1984, 922.

Eine **Übersicht aller Fundstellen** wertpapierrechtlicher Entscheidungen des BGH mit Parallelzitaten enthalten Baumbach/Hefermehl/*Casper* S. 849 ff.; *Bülow* Anh. Fundstellenverzeichnis S. 751 ff.

I. Begriff und Rechtsgrundlagen

1 Der Wechsel ist ein **Wertpapier,** das den Anforderungen der Art. 1, 2 WG genügt. Er ist *abstrakt,* dh vom zugrunde liegenden Kausalgeschäft losgelöst,[1] und enthält die unbedingte Anweisung, eine bestimmte Geldsumme zu zahlen. Der Wechsel ist ein *geborenes Orderpapier* (Art. 11 Abs. 1 WG) und wird durch Blankoindossament zum faktischen Inhaberpapier (Art. 14 Abs. 2 Nr. 3 WG). Gesetzlicher Regelfall ist der **gezogene Wechsel** (Tratte), Art. 1–74 WG: „Gegen diesen Wechsel – erste Ausfertigung – zahlen Sie am … an …". Er entspricht in seiner Grundstruktur der bürgerlich-rechtlichen bzw. kaufmännischen Anweisung (§§ 783 ff. BGB, §§ 363 ff. HGB).[2] Die nachfolgenden Ausführungen beziehen sich idR auf den gezogenen Wechsel. Beim **Sola- oder Eigenwechsel** verspricht der Aussteller selbst die Zahlung, er übernimmt gewissermaßen auch die Funktion des (nicht vorhandenen)

---

[1] *Peters* in Schimansky/Bunte/Lwowski BankR-HdB § 64 Rn. 1; *Richardi,* Wertpapierrecht, 1987, 47.
[2] *Meyer-Cording/Drygala,* Wertpapierrecht, 3. Aufl. 1995, B. IV.

Akzeptanten: „Gegen diesen Wechsel zahle ich am … an …" Der Solawechsel ist geregelt in den Art. 75 ff. WG, die in Art. 77 WG auf einen Großteil der allgemeinen Vorschriften verweisen.[3] Geprägt wird der Wechsel vom Prinzip der **Wechselstrenge.** Danach sind für seine Entstehung sowie Vorlegung und Protest eine Reihe von Förmlichkeiten genauestens einzuhalten.[4] Ferner bedeutet Wechselstrenge für die Auslegung von Wechselerklärungen, dass ihr objektiver, verkehrstypischer Gehalt anhand der Urkunde zu ermitteln ist.[5] Umstände außerhalb der Urkunde dürfen nur herangezogen werden, wenn sie einem am Begebungsvertrag nicht beteiligten Dritten mutmaßlich bekannt sind oder von ihm ohne Schwierigkeiten erkannt werden können (stRspr).[6]

Gesetzliche Grundlage des Wechselrechts ist das auf den drei Abkommen der *Genfer Wechselrechts-* **2** *konferenz* von 1930[7] basierende WG vom 21.6.1933,[8] in Kraft getreten am 1.4.1934. Das Einführungsgesetz zum Wechselgesetz[9] wurde im April 2006 aufgehoben.[10] Zum **internationalen Wechselrecht** s. Art. 91 ff. WG[11] und Art. 1 Abs. 2 lit. d Rom I-VO sowie *Welter* in Schimansky/Bunte/Lwowski BankR-HdB § 66. Einschlägig für den *Wechselprozess* und den *Wechselmahnbescheid* sind die §§ 602 ff., 703a ZPO. Eine Wechselsteuer gibt es in Deutschland seit dem 1.1.1992 nicht mehr. Der Wechsel ist zum Umlauf bestimmt und hat primär **Kreditfunktion.** Beim *Waren- oder Handelswechsel* liegen ihm Umsatzgeschäfte zugrunde; beim grundsätzlich zulässigen[12] *Kredit- oder Finanzwechsel* nicht. Sicherungszwecken dienen *Kautions-* oder *Depotwechsel*. Die **Bedeutung des Wechselrechts** geht stetig zurück; das Wechselgeschäft in Deutschland hat nur noch geringe Relevanz. Dies wird auch an den kaum noch vorkommenden BGH-Entscheidungen hierzu sichtbar.[13] Ein Grund hierfür war erstens die Abschaffung des Rediskontgeschäfts der Deutschen Bundesbank mit Einführung des Euros.[14] Hierdurch ist das Wechselgeschäft für die Geschäftsbanken weniger interessant geworden. Zweitens werden im Wirtschaftsleben immer weniger durch Wechsel verbriefte Kredite vergeben. Und drittens werden die beleghaften, traditionellen Zahlungsinstrumente durch den beleglosen, bargeldlosen Zahlungsverkehr verdrängt. Lediglich im Außenhandel spielt der Wechsel noch eine wichtige Rolle als Finanzierungs- und Sicherungsinstrument.[15] Zahlungsvorgänge mittels Wechseln sind **keine Zahlungsdienste** (§ 2 Abs. 1 Nr. 6 lit. b ZAG).[16]

Ein ausdrückliches Wechselverbot enthält § 496 Abs. 3 S. 1 BGB. Nach dieser Vorschrift darf der **2a** Darlehensnehmer nicht verpflichtet werden, für Ansprüche des Darlehensgebers aus dem Verbraucherdarlehensvertrag eine Wechselverbindlichkeit einzugehen. Der Verbraucher soll dadurch vor dem Verlust von Einwendungen und einer zweifachen Inanspruchnahme geschützt werden, die bei der Übertragung eines Wechsels vorkommen können[17] (→ Rn. 26 ff.). Dieses Verbot basiert nicht auf Vorgaben der Verbraucherkredit-RL,[18] sondern stellt eine autonome deutsche Regelung dar.[19] Es hat allerdings in der Praxis keine Relevanz, weil mit der gesunkenen Bedeutung des Wechsels an Verbraucher keine Wechsel mehr ausstellen.[20] Dies ist in anderen Ländern anders. So hat der EuGH eine polnische Vorschrift grundsätzlich gebilligt, nach der ein Darlehensnehmer verpflichtet werden kann, zur Sicherung seiner Verbindlichkeiten aus einem Verbraucherdarlehensvertrag einen Blanko-Eigenwechsel auszustellen.[21]

---

[3] Vgl. hierzu insgesamt Baumbach/Hefermehl/*Casper* WG Art. 75.

[4] *Gursky,* Wertpapierrecht, 3. Aufl. 2007, 33 f.; *Richardi,* Wertpapierrecht, 1987, 101 f.

[5] Baumbach/Hefermehl/*Casper* WG Einl. Rn. 14, 63; hierzu krit. *Joost* WM 1977, 1394 ff.

[6] BGH Urt. v. 30.11.1993 – XI ZR 8/93, BGHZ 124, 263 = NJW 1994, 447 (448) = WM 1994, 56; OLG Saarbrücken Urt. v. 15.1.1997 – 1 U 760/96–125, WM 1998, 38 (39); *Bülow* WG Einf. Rn. 5.

[7] *Bülow* WG Einf. Rn. 11; abgedr. in Baumbach/Hefermehl/*Casper* WG Anh. Nr. II. 4–6.

[8] RGBl. 1933 I 399, zuletzt geändert durch Art. 201 VO v. 31.8.2015, BGBl. 2015 I 1474.

[9] Vom 21.6.1933, RGBl. 1933 I 409.

[10] Art. 157 des Gesetzes v. 19.4.2006, BGBl. 2006 I 866.

[11] ZB bestimmt sich nach Art. 93 WG die Wirkung von Akzept und Eigenwechsel nach dem Recht des Zahlungsorts, KG Urt. v. 2.2.2006 – 2 U 101/10, WM 2006, 1218 (1219).

[12] BGH Urt. v. 17.12.1979 – II ZR 129/79, NJW 1980, 931 = WM 1980, 126; BGH Urt. v. 10.11.1986 – II ZR 48/86, NJW-RR 1987, 878 = WM 1987, 677 (678); *Fischer* in Derleder/Knops/Bamberger BankR/KapMarktR § 49 Rn. 6.

[13] So schon *Nobbe* WM-Sonderbeilage 5/2000, 5.

[14] S. dazu → 3. Aufl. 2015, BankR Rn. II 483 und → 1- Aufl. 2001, BankR Rn. II 199.

[15] ZB bei Forfaitierungsgeschäften (→ E Rn. 41 ff.) oder Dokumenteninkasso und Dokumentenakkreditiven (→ Rn. 116 ff.).

[16] Casper/Terlau/*Casper* ZAG § 2 Rn. 37.

[17] MüKoBGB/*Schürnbrand/Weber* BGB § 496 Rn. 2.

[18] Richtlinie 2008/48/EG des Europäischen Parlaments und des Rates vom 23.4.2008 über Verbraucherkreditverträge, ABl. 2008 L 133/66.

[19] MüKoBGB/*Schürnbrand/Weber* BGB § 496 Rn. 3, *Bülow*/Artz BGB § 496 Rn. 18; *Klesen* IWRZ 2020, 14 (16).

[20] *Bülow*/Artz BGB § 496 Rn. 20.

[21] EuGH Urt. v. 7.11.2019 – C-419/18, ECLI:EU:C:2019:930, BeckRS 2019, 26945 = IWRZ 2020, 14 (mAnm *Klesen*) = EuZW 2020, 207 = WM 2020, 2239 = NJW 2020, 675 – Profi Credit Polska.

II. Formvorschriften

3   Die **notwendigen Bestandteile** des gezogenen Wechsels enthält Art. 1 WG. Hierzu zählt die Wechselklausel im Text der Urkunde, nicht nur in der Überschrift.[22] Da die Geldsumme bestimmt sein muss, sind Zinsklauseln grundsätzlich unzulässig (Art. 5 Abs. 1 S. 2 WG). Die vier möglichen Verfallzeiten ergeben sich aus Art. 33 Abs. 1 WG; in der Praxis überwiegt der an einem bestimmten Tag zahlbare *Tagwechsel*. Ein unmögliches Verfalldatum führt zur Nichtigkeit des Wechsels (Art. 33 Abs. 2 WG); beispielsweise wenn das Verfalldatum vor dem Ausstellungstag liegt (str.).[23] Der Wechsel muss die Unterschrift des Ausstellers enthalten und angeben, an wen oder wessen Order gezahlt werden soll (Remittent, Wechselnehmer); es können auch mehrere Aussteller und Wechselnehmer sein.[24] Fehlt die Angabe eines Wechselnehmers, so kann der Wechsel als Wechsel an eigene Order (Art. 3 Abs. 1 WG) ausgelegt werden, wenn der Aussteller erkennbar als erster, also als Wechselnehmer, indossiert hat.[25] **Weitere Bestandteile** der Wechselurkunde können ua sein: Haftungsausschlüsse (Art. 9 Abs. 2, 15 WG), Indossamente (Art. 11 WG), Protesterlass (Art. 46 WG), usw.[26] Sehr häufig sind *Zahlstellenvermerke* (Art. 4, 27 WG) durch die der Wechsel idR bei einer Bank zahlbar gestellt wird.

4   Das **Fehlen** eines notwendigen Wechselbestandteils führt zur **Nichtigkeit**[27] des Wechsels (Art. 2 Abs. 1 WG), sofern nicht ausnahmsweise eine Ergänzung nach Art. 2 Abs. 2–4 WG erfolgt. Bei sorgfältiger Ausfüllung des in der Praxis in Deutschland fast ausschließlich vorkommenden Wechselformulars DIN 5004 (Einheitswechsel) lassen sich solche Fehler vermeiden. Die Möglichkeit der **Umdeutung** (§ 140 BGB) eines fehlgeschlagen gezogenen Wechsels in eine Anweisung nach § 783 BGB oder § 363 Abs. 1 HGB (→ HGB § 363 Rn. 7 ff.) wird zu Recht bejaht.[28] Ein fehlgeschlagenes Akzept sowie der nichtige Eigenwechsel können in ein abstraktes Schuldversprechen nach § 780 BGB[29] oder in einen kaufmännischen Verpflichtungsschein nach § 363 Abs. 1 HGB (→ HGB § 363 Rn. 10) umgedeutet werden. Erforderlich ist jedoch, dass die objektiven und subjektiven Voraussetzungen des § 140 BGB erfüllt sind. Ein akzeptierter, aber vom Aussteller nur auf der Rückseite unterschriebener Wechsel ist nichtig, kann aber ebenfalls in ein abstraktes Schuldanerkenntnis umgedeutet werden.[30]

5   Der **Blankowechsel** ist eine bei Begebung bewusst unvollständige Wechselurkunde, zu deren Vervollständigung der Geber den Nehmer unwiderruflich ermächtigt.[31] Es handelt sich keineswegs um einen fehlgeschlagenen Wechsel; vielmehr wird das Blankett durch Ausfüllung rückwirkend auf den Zeitpunkt der ersten Begebung zum Vollwechsel.[32] Der Blankowechsel ist übertragbar; bei wechselgeschäftlicher Übertragung ist gutgläubiger Erwerb des Papiers nebst Ausfüllungsermächtigung möglich. Entscheidender Zeitpunkt für die Gutgläubigkeit ist der Erwerb, nicht die spätere Ausfüllung.[33] Die Einwendung der abredewidrigen Ausfüllung kann der Blankettgeber dem gutgläubigen Wechselinhaber gem. Art. 10 WG nicht entgegensetzen. Zur **Einführung des Euro** → 3. Aufl. 2015, BankR Rn. II 448.

---

[22] BGH Urt. v. 21.9.1993 – XI ZR 206/92, NJW 1993, 3135 (3136) = WM 1993, 1955; *Fischer* in Derleder/Knops/Bamberger BankR/KapMarktR § 49 Rn. 9.

[23] BGH Urt. v. 20.10.1969 – II ZR 162/659, BGHZ 53, 11 (13) = NJW 1970, 324 mAnm *Klunzinger* NJW 1970, 659; Baumbach/Hefermehl/*Casper* WG Art. 1 Rn. 14, 18; aA *Bülow* WG Art. 1 Rn. 37.

[24] BGH Urt. v. 4.6.1991 – XI ZR 252/90, NJW 1991, 2770 = WM 1991, 1459 (1460); *Bülow* WG Art. 1 Rn. 42, 30, 18.

[25] OLG München Urt. v. 7.2.1996 – 7 U 5772/95, WM 1997, 2248 (2249) = BB 1996, 977; Baumbach/Hefermehl/*Casper* WG Art. 1 Rn. 16; *Bülow* WG Art. 1 Rn. 32; *Fischer* in Derleder/Knops/Bamberger BankR/KapMarktR § 49 Rn. 11.

[26] Zu weiteren Bestandteilen s. *Bülow* WG Art. 1 Rn. 45 ff.; *Peters* in Schimansky/Bunte/Lwowski BankR-HdB § 64 Rn. 13 ff.

[27] *Bülow* WG Art. 2 Rn. 1; *Richardi*, Wertpapierrecht, 1987, 122.

[28] BGH Urt. v. 20.10.1969 – II ZR 162/659, BGHZ 53, 11 (13) = NJW 1970, 324 mAnm *Klunzinger* NJW 1970, 659; Baumbach/Hefermehl/*Casper* WG Art. 2 Rn. 11; *Bülow* WG Art. 2 Rn. 7; *Gursky*, Wertpapierrecht, 3. Aufl. 2007, 55 f.

[29] BGH Urt. v. 1.10.1987 – III ZR 134/86, NJW 1988, 1468 f. = WM 1987, 1416; BGH Urt. v. 21.9.1993 – XI ZR 206/92, NJW 1993, 3135 (3136) = WM 1993, 1955; BGH Urt. v. 30.11.1993 – XI ZR 8/93, BGHZ 124, 263 = NJW 1994, 447 (448 f.) = WM 1994, 56; OLG Saarbrücken Urt. v. 15.1.1997 – 1 U 760/96–125, WM 1998, 38 (40); *Bülow* WG Art. 2 Rn. 9, WG Art. 76 Rn. 1; Palandt/*Ellenberger* BGB § 140 Rn. 12; *Fischer* in Derleder/Knops/Bamberger BankR/KapMarktR § 49 Rn. 13; ebenso OLG Zweibrücken Urt. v. 18.11.1997 – 5 U 6/97, BB 1998, 181 (182) für eine Erklärung auf der Rückseite eines Wechsels.

[30] OLG München Urt. v. 2.5.2012 – 7 U 4830/11, BeckRS 2012, 11343.

[31] BGH Urt. v. 24.3.1992 – XI ZR 142/91, NJW 1992, 1893 = WM 1992, 907; *Fischer* in Derleder/Knops/Bamberger BankR/KapMarktR § 49 Rn. 17.

[32] Baumbach/Hefermehl/*Casper* WG Art. 10 Rn. 13; *Gursky*, Wertpapierrecht, 3. Aufl. 2007, 56.

[33] Baumbach/Hefermehl/*Casper* WG Art. 10 Rn. 24; *Bülow* WG Art. 10 Rn. 23; *Fischer* in Derleder/Knops/Bamberger BankR/KapMarktR § 49 Rn. 17.

III. Entstehung der Wechselverbindlichkeit

1. Wechselfähigkeit. Hierunter versteht man die „Fähigkeit einer Person, eine Wechselverbindlich- 6
keit einzugehen", Art. 91 Abs. 1 WG. **Wechselrechtsfähig** sind natürliche und juristische Personen,
Vorgesellschaften juristischer Personen[34] sowie diejenigen Gesellschaften, für die § 124 HGB gilt,
ferner auch der nichtrechtsfähige Verein (hM).[35] Nach der Scheckrechtsfähigkeit[36] hat der BGH auch
die Wechselrechtsfähigkeit und damit die Rechts- und Parteifähigkeit der nach außen in Erscheinung
tretenden GbR bejaht.[37] Für **Wechselgeschäftsfähigkeit** gelten die allgemeinen Regeln. Beschränkt
Geschäftsfähige benötigen zur Eingehung einer Wechselverbindlichkeit die Zustimmung des gesetzlichen Vertreters sowie eine Genehmigung des Familiengerichts (§§ 106 ff., 1643 Abs. 1, 1822 Nr. 9
BGB).[38]

2. Ausstellung. Während die Ausstellung eines Schecks durch den Schuldner der Kausalforderung 7
erfolgt, ist Aussteller oder Initiator des Wechsels idR deren Gläubiger. Nach Art. 9, 47, 49 WG **haftet
der Aussteller allen Nachmännern** für Annahme und Zahlung. Die Haftung für die Annahme kann
ausgeschlossen werden (Art. 9 Abs. 2 WG). Erforderlich ist die Unterschrift des Ausstellers unterhalb
des Wechseltexts (Art. 1 Nr. 8 WG, § 126 Abs. 1 BGB, § 440 Abs. 2 ZPO).[39] **Stellvertretung** bei
der Zeichnung eines Wechsels ist möglich. Es gelten hierfür die allgemeinen Regeln; Duldungs- oder
Anscheinsvollmacht genügen.[40] Das Fehlen der Vertretungsmacht führt nicht zur Unwirksamkeit des
Wechsels (Art. 7, 8 WG), gibt dem angeblich vertretenen Wechselschuldner aber eine nicht ausschließbare Gültigkeitseinwendung (→ Rn. 30). Der vollmachtlose Vertreter haftet wechselmäßig voll (Art. 8
WG) und ist beweispflichtig dafür, dass er doch bevollmächtigt war, den Wechsel für den Vertretenen
zu zeichnen.[41] Nach überwM soll der vollmachtlose Vertreter neben Art. 8 WG auch bürgerlich-
rechtlich nach § 179 BGB haften.[42] Art. 8 WG ist jedoch *lex specialis* und verdrängt § 179 BGB.[43] Da
die wechselrechtliche Haftung strenger ist, besteht auch kein Bedürfnis für Anspruchskonkurrenz. Eine
Genehmigung durch den Vertretenen ist zulässig. Bei Überschreitung vorhandener Vertretungsmacht
(Art. 8 S. 2 WG) haftet der Vertreter nach richtiger Ansicht für den Gesamtbetrag[44] (str.), und nicht
lediglich beschränkt auf den vollmachtlosen Teilbetrag.[45] Der Vertretene haftet aber gleichzeitig soweit
die Vertretungsmacht tatsächlich reichte.[46]

Die **Fälschung** eines Wechselbestandteils berührt die Wirksamkeit des Wechsels ebensowenig wie 8
das Fehlen der Vertretungsmacht (Art. 7, 8, 69 WG). Sie begründet aber gleichfalls eine nicht ausschließbare Gültigkeitseinwendung (→ Rn. 30). Beweispflichtig ist der Wechselinhaber, der die Echtheit des Wechsels behauptet.[47] Analog Art. 8 WG haftet der Fälscher wechselmäßig (überwM).[48]
Daneben bestehen gegebenenfalls Schadensersatzansprüche aus § 823 Abs. 2 BGB und § 826 BGB.
Bei **Verfälschung** eines Wechselbestandteils haftet jeder Wechselschuldner grundsätzlich nur nach
dem von ihm gezeichneten Text (Art. 69 WG). Hat ein Wechselbeteiligter die spätere Verfälschung
aber zurechenbar erleichtert, so haftet er hierfür nach Rechtsscheinsprinzipien (str., → Rn. 30).

---

[34] Baumbach/Hefermehl/*Casper* WG Einl. Rn. 21; *Bülow* WG Art. 7 Rn. 9; *Nobbe* in Schimansky/Bunte/
Lwowski BankR-HdB § 60 Rn. 80 (zum Scheck); Hüffer/Koch/*Koch* AktG § 41 Rn. 10.

[35] Baumbach/Hefermehl/*Casper* WG Einl. Rn. 20; Palandt/*Ellenberger* BGB § 54 Rn. 9; *Bülow* WG Art. 7 Rn. 6;
Fischer in Derleder/Knops/Bamberger BankR/KapMarktR § 49 Rn. 14; *Nobbe* in Schimansky/Bunte/Lwowski
BankR-HdB § 60 Rn. 80 (zum Scheck).

[36] BGH Urt. v. 15.7.1997 – XI ZR 154/96, BGHZ 136, 254 = NJW 1997, 2754 (2755) = WM 1997, 1666 = BB
1997, 1861 = JA 1998, 179 mAnm *Baumbach.*

[37] BGH Urt. v. 29.1.2001 – II ZR 331/00, BGHZ 146, 341 = AG 2001, 308 (312) = NJW 2001, 1056;
Baumbach/Hefermehl/*Casper* WG Einl. Rn. 19; *Bülow* WG Art. 7 Rn. 17; *Fischer* in Derleder/Knops/Bamberger
BankR/KapMarktR § 49 Rn. 14; *Nobbe* in Schimansky/Bunte/Lwowski BankR-HdB § 60 Rn. 80 (zum Scheck).

[38] Baumbach/Hefermehl/*Casper* WG Einl. Rn. 22; *Nobbe* in Schimansky/Bunte/Lwowski BankR-HdB § 60
Rn. 81 (zum Scheck); *Fischer* in Derleder/Knops/Bamberger BankR/KapMarktR § 49 Rn. 14.

[39] Baumbach/Hefermehl/*Casper* WG Art. 8 Rn. 10; *Bülow* WG Art. 8 Rn. 16; *Meyer-Cording/Drygala,* Wertpapierrecht, 3. Aufl. 1995, B. VII.3.

[39] BGH Urt. v. 20.11.1990 – XI ZR 107/89, BGHZ 113, 48 = NJW 1991, 487 (zum Überweisungsformular);
Peters in Schimansky/Bunte/Lwowski BankR-HdB § 64 Rn. 12.

[40] OLG München Urt. v. 9.10.1996 – 7 U 3625/96, WM 1997, 2249 (2250) = BB 1997, 649; Baumbach/
Hefermehl/*Casper* WG Art. 17 Rn. 39.

[41] BGH Urt. v. 27.10.1986 – II ZR 103/86, BGHZ 99, 50 = NJW 1987, 649 = WM 1987, 8 f.; dazu *Canaris* JZ
1987, 543.

[42] BGH Urt. v. 27.10.1986 – II ZR 103/86, BGHZ 99, 50 = NJW 1987, 649 = WM 1987, 8 (9); Baumbach/
Hefermehl/*Casper* WG Art. 8 Rn. 12; *Bülow* WG Art. 8 Rn. 13.

[43] *Meyer-Cording/Drygala,* Wertpapierrecht, 3. Aufl. 1995, B. VII.3; *Richardi,* Wertpapierrecht, 1987, 128.

[44] Baumbach/Hefermehl/*Casper* WG Art. 8 Rn. 10; *Bülow* WG Art. 8 Rn. 16; *Meyer-Cording/Drygala,* Wertpapierrecht, 3. Aufl. 1995, B. VII.3.

[45] So *Gursky,* Wertpapierrecht, 3. Aufl. 2007, 44.

[46] Baumbach/Hefermehl/*Casper* WG Art. 8 Rn. 10; *Meyer-Cording/Drygala,* Wertpapierrecht, 3. Aufl. 1995,
B. VII.3.

[47] BGH Urt. v. 7.11.2000 – XI ZR 44/00, NJW 2001, 517 = WM 2001, 76 = ZIP 2001, 64.

[48] Baumbach/Hefermehl/*Casper* WG Art. 7 Rn. 2, Art. 8 Rn. 9; *Gursky,* Wertpapierrecht, 3. Aufl. 2007, 45;
Meyer-Cording/Drygala, Wertpapierrecht, 3. Aufl. 1995, B. VII.4.

9   **3. Begebungsvertrag.** Die Entstehung der Wechselverbindlichkeit eines jeden Wechselbeteiligten (Aussteller, Akzeptant, Indossant) erfordert neben dem **Skripturakt** einen **Begebungsvertrag** und – idR im Begebungsvertrag enthalten – die **Übereignung** des Papiers einschließlich seiner Übergabe oder eines Übergabesurrogats (heute hM).[49] Das Fehlen des Begebungsvertrags gibt dem Wechselschuldner eine Gültigkeitseinwendung, da seine Wechselverpflichtung nicht wirksam entstanden ist (→ Rn. 30). Zum Begebungsvertrag hinzu tritt die **Wechselabrede,** die auch im Kausalgeschäft enthalten sein kann. Danach wird der Wechsel im Zweifel erfüllungshalber begeben (§ 364 Abs. 2 BGB, hM).[50] Der Wechselinhaber ist damit verpflichtet, seine Befriedigung zunächst aus dem Wechsel zu suchen.[51] Er hat alles für die Einziehung der Wechselsumme Erforderliche zu tun; bei Versäumung der Vorlegung oder der Protesterhebung macht er sich durch Verletzung der vertraglichen Wechselabrede im Falle eines Schadens schadensersatzpflichtig.[52] Die Kausalforderung gilt bis zur Wechselvorlegung als gestundet.[53] Der Schuldner der Kausalforderung kann deshalb eine vorzeitige Inanspruchnahme mit dem Einwand der Wechselhingabe verhindern.[54] Erst wenn die Befriedigung aus dem Wechsel scheitert, kann der Gläubiger der Kausalforderung auf sie zurückgreifen. Um eine doppelte Inanspruchnahme zu verhindern, ist der Schuldner jedoch nur Zug um Zug gegen Wechselrückgabe zur Leistung verpflichtet. Diese Einrede der Wechselrückgabe wird allerdings dann hinfällig, wenn alle wechselrechtlichen Ansprüche verjährt sind und damit eine doppelte Inanspruchnahme des Schuldners nicht mehr möglich ist.[55]

IV. Annahme

10   Der Bezogene ist wertpapierrechtlich nicht zur Annahme des Wechsels verpflichtet. Erst durch sie, dh Skripturakt und Begebungsvertrag, wird er zum Akzeptanten und damit **Hauptschuldner** des Wechsels (Art. 28 WG).[56] Die Präjudizierung des Wechsels, dh die Versäumung von Vorlage oder Protest, kann ihm nicht zugute kommen (Art. 53 Abs. 1 WG) während alle übrigen Wechselschuldner hierdurch frei werden. Auch mehrere Annehmer sind möglich.[57] Sofern nicht Vorlegungsge- oder -verbote eingreifen, kann der Wechsel dem Bezogenen bis zum Verfall jederzeit zur Annahme vorgelegt werden (Art. 21 WG); bei vollständiger oder teilweiser Verweigerung der Annahme ist Protest zu erheben (Art. 43 Abs. 2 Nr. 1 WG). In der Praxis holt allerdings der Aussteller üblicherweise das Akzept vor Weitergabe des Wechsels ein.[58] Die **Annahmeerklärung** des Bezogenen, der durch sie zum Akzeptanten wird, erfolgt durch eigenhändige Unterschrift (§ 126 Abs. 1 BGB) mit oder ohne Zusätze wie „angenommen" etc. Üblich ist die Annahme quer auf dem linken Rand der Vorderseite des Wechselformulars (Art. 25 Abs. 1 S. 3 WG). Die Annahme muss unbedingt sein (Art. 26 Abs. 1 WG). Hinweise in der Annahmeerklärung oder im Text der Wechselurkunde auf das jeweilige Grundgeschäft sind daher schädlich, wenn sie eine Abhängigkeit der wechselmäßigen Verpflichtung von der Erfüllung des Grundgeschäfts zum Ausdruck bringen wollen. Das Akzept ist dann im Zweifel unwirksam.[59] Lediglich Hinweise auf bereits erfolgte Leistungen, etwa „für gelieferte Ware laut Rechnung" (sog. Deckungs- oder Valutaklauseln), sind unschädlich.[60] Eine fehlende Datierung macht die Annahme nicht unwirksam. Beim Nachsichtwechsel ist in diesem Fall jedoch Protest zu erheben (Art. 25

---

[49] Baumbach/Hefermehl/*Casper* WG Einl. Rn. 27 f., WG Art. 15 Rn. 2, WG Art. 28 Rn. 1; *Meyer-Cording/Drygala,* Wertpapierrecht, 3. Aufl. 1995, A. IX.2; *Peters* in Schimansky/Bunte/Lwowski BankR-HdB § 64 Rn. 23, 29, 31; *Fischer* in Derleder/Knops/Bamberger BankR/KapMarktR § 49 Rn. 16; dort jeweils auch zum Theorienstreit, wann eine Wechselverbindlichkeit entsteht. Für eine differenziertere Terminologie *Stöcker/Heidinger* NJW 1992, 880.

[50] BGH Urt. v. 21.6.2007 – IX ZR 231/04, NJW-RR 2007, 1419 (1421) = NZI 2007, 517; BGH Urt. v. 20.10.1975 – II ZR 55/74, WM 1975, 1255 (1256); Baumbach/Hefermehl/*Casper* WG Einl. Rn. 41; *Peters* in Schimansky/Bunte/Lwowski BankR-HdB § 64 Rn. 32, 38; *Richardi,* Wertpapierrecht, 1987, 40.

[51] BGH Urt. v. 30.10.1985 – VIII ZR 251/84, BGHZ 96, 182 = NJW 1986, 424 = WM 1986, 20 (22).

[52] Vgl. *Peters* in Schimansky/Bunte/Lwowski BankR-HdB § 64 Rn. 32.

[53] BGH Urt. v. 7.11.2000 – XI ZR 44/00, NJW 2001, 517 = WM 2001, 76 = ZIP 2001, 64 (65); BGH Urt. v. 30.10.1985 – VIII ZR 251/84, BGHZ 96, 182 = NJW 1986, 424 = WM 1986, 20 (22); Baumbach/Hefermehl/*Casper* WG Einl. Rn. 43; *Gursky,* Wertpapierrecht, 3. Aufl. 2007, 38; *Meyer-Cording/Drygala,* Wertpapierrecht, 3. Aufl. 1995, B. V.3.; zur gleichen Problematik beim Scheck → Rn. 60.

[54] *Peters* in Schimansky/Bunte/Lwowski BankR-HdB § 64 Rn. 32.

[55] BGH Urt. v. 7.11.2000 – XI ZR 44/00, NJW 2001, 517 = WM 2001, 76 = ZIP 2001, 64 (65); *Peters* in Schimansky/Bunte/Lwowski BankR-HdB § 64 Rn. 32.

[56] *Bülow* WG Art. 28 Rn. 1; *Peters* in Schimansky/Bunte/Lwowski BankR-HdB § 64 Rn. 29; *Fischer* in Derleder/Knops/Bamberger BankR/KapMarktR § 49 Rn. 18.

[57] *Peters* in Schimansky/Bunte/Lwowski BankR-HdB § 64 Rn. 8.

[58] Ähnl. *Fischer* in Derleder/Knops/Bamberger BankR/KapMarktR § 49 Rn. 18.

[59] BGH Urt. v. 30.11.1993 – XI ZR 8/93, BGHZ 124, 263 = NJW 1994, 447 (448) = WM 1994, 56; OLG Hamm Urt. v. 26.6.1990 – 7 U 16/90, WM 1992, 642 (645) (zu Wechsel und Scheck); OLG Saarbrücken Urt. v. 15.1.1997 – 1 U 760/96–125 = WM 1998, 38 (40); Baumbach/Hefermehl/*Casper* WG Art. 1 Rn. 8, WG Art. 26 Rn. 1.

[60] BGH Urt. v. 30.11.1993 – XI ZR 8/93, BGHZ 124, 263 = NJW 1994, 447 (448) = WM 1994, 56; dazu Baumbach/Hefermehl/*Casper* WG Art. 1 Rn. 8.

Abs. 2 WG). Die Annahme des Wechsels kann in der Insolvenz des Akzeptanten unter den Voraussetzungen der §§ 130, 131 InsO angefochten werden, weil der Wechsel die Schuld verstärkt.[61] Zur Insolvenzanfechtung der Zahlung des Wechsels durch den Akzeptanten → Rn. 17.

V. Übertragung

1. Abtretung. Der in der Praxis seltene **Rektawechsel,** der die Worte „nicht an Order" oder   **11** einen ähnlichen Vermerk enthält, kann nur durch Abtretung nach § 398 BGB übertragen werden (Art. 11 Abs. 2 WG). Alle anderen Wechsel können *auch* durch Abtretung übertragen werden;[62] es ist jedoch nicht üblich. Nach richtiger hM ist für die Wirksamkeit der Abtretung aus Gründen der Rechtssicherheit die Übergabe des Wechsels bzw. ein Übergabesurrogat erforderlich.[63] Ansonsten besteht wegen Art. 16 Abs. 2 WG die Gefahr eines weiteren Erwerbs der Wechselforderung. Das Eigentum am Papier soll dagegen bereits nach § 952 Abs. 2 BGB übergehen.[64] Das Indossament des mangels Zahlung oder mangels rechtzeitigen Protests notleidenden Wechsels (Nachindossament) gilt als Abtretung (Art. 20 Abs. 1 S. 2 WG); eine Übergabe ist hier für die Wirksamkeit der Abtretung ausnahmsweise nicht erforderlich.[65] Bei der Wechselübertragung durch Abtretung gelten die Art. 16, 17 WG und Art. 40 Abs. 3 WG nicht. Für die Übertragung einer Inhaberschuldverschreibung durch Abtretung hat der BGH auf das Erfordernis der Übergabe des Papiers verzichtet;[66] diese Rspr. lässt sich aber wegen der wertpapierrechtlichen Unterschiede nicht auf den Wechsel übertragen.

2. Indossament. Orderwechsel werden idR durch Indossament übertragen (Art. 11 Abs. 1 WG).   **12** Nach hM sind neben diesem **Skripturakt** ein **Begebungsvertrag** und – idR im Begebungsvertrag enthalten – die **Übereignung** des Papiers einschließlich seiner Übergabe oder eines Übergabesurrogats notwendig.[67] Das Indossament erfolgt regelmäßig auf der Wechselrückseite (Art. 13 WG) und muss unbedingt sein (Art. 12 Abs. 1 WG). Beim zulässigen Rückindossament erfolgt die Indossierung an einen bereits Wechselverpflichteten (Art. 11 Abs. 3 WG). Das Indossament an den Bezogenen nach Akzept führt nur zum Ruhen der Wechselverbindlichkeit, da der Akzeptant bis zum Verfall den Wechsel weitergeben kann. Ist der Akzeptant bei Verfall Wechselinhaber, so erlischt die Schuld durch Konfusion.[68] Durch Vollindossament nebst Begebungsvertrag werden alle Rechte aus dem Wechsel übertragen (Art. 14 Abs. 1 WG, **Transportfunktion**). Gleichzeitig wird hierdurch die wechselmäßige Haftung des Indossanten gegenüber allen Nachmännern begründet (Art. 15, 47 Abs. 1, 49 WG, **Garantiefunktion**). Löst der Indossant im Wege des Rückgriffs den notleidenden Wechsel ein, so erwirbt er nach Art. 47 Abs. 3 WG durch Legalzession[69] erneut alle Wechselrechte. Da der Rückerwerb eines Wechsels ein Verkehrsgeschäft ist (→ Rn. 28), rückt der Wechselschuldner, der den Wechsel einlöst und zurückerhält, wieder in seine alte Position im Wechselverband ein.[70] Der Einlöser muss sich daher die Einwendungen entgegenhalten lassen, die bereits früher gegen ihn bestanden.[71] Auch der **Garantieindossant** (→ Rn. 14), der im Wege des Rückgriffs den Wechsel einlöst, hat seinerseits das Rückgriffsrecht gegen seine Vormänner (str.).[72] Dies folgt aus dem Wortlaut des Art. 47 Abs. 3 WG und der wirtschaftlichen Funktion des Garantieindossaments. Der Garantieindossant ist

---

[61] BGH Urt. v. 21.6.2007 – IX ZR 231/04, NJW-RR 2007, 1419 (1420).

[62] BGH Urt. v. 11.4.1988 – II ZR 272/87, BGHZ 104, 145 = NJW 1988, 1979 (1980) = WM 1988, 816; *Bülow* WG Art. 11 Rn. 5.

[63] BGH Urt. v. 14.5.2009 – IX ZR 63/08, NJW 2009, 2600 Rn. 32 (zum Scheck) = WM 2009, 1202; BGH Urt. v. 11.4.1988 – II ZR 272/87, BGHZ 104, 145 = NJW 1988, 1979 (1980) = WM 1988, 816; Baumbach/Hefermehl/*Casper* WG Art. 11 Rn. 5; *Gursky,* Wertpapierrecht, 3. Aufl. 2007, 63; *Fischer* in Derleder/Knops/Bamberger BankR/KapMarktR § 49 Rn. 23; aA *Bülow* WG Art. 11 Rn. 6.

[64] Baumbach/Hefermehl/*Casper* WG Art. 11 Rn. 4; *Bülow* WG Art. 11 Rn. 6; Palandt/*Herrler* BGB § 952 Rn. 2.

[65] BGH Urt. v. 11.4.1988 – II ZR 272/87, BGHZ 104, 145 = NJW 1988, 1979 (1980) = WM 1988, 816.

[66] BGH Urt. v. 14.5.2013 – IX ZR 160/12, NZG 2013, 903 Rn. 20 = BKR 2013, 334.

[67] *Peters* in Schimansky/Bunte/Lwowski BankR-HdB § 64 Rn. 24; Baumbach/Hefermehl/*Casper* WG Art. 11 Rn. 1; *Meyer-Cording/Drygala,* Wertpapierrecht, 3. Aufl. 1995, B. XII.1.; *Fischer* in Derleder/Knops/Bamberger BankR/KapMarktR § 49 Rn. 24 f.; aA *Bülow* WG Art. 11 Rn. 2.

[68] Baumbach/Hefermehl/*Casper* WG Art. 11 Rn. 9; *Bülow* WG Art. 11 Rn. 9.

[69] *Bülow* WG Art. 47 Rn. 11.

[70] BGH Urt. v. 4.2.2003 – XI ZR 117/02, ZIP 2003, 717 (718) = WM 2003, 724 = BKR 2003, 391 = BB 2003, 871. Vgl. dazu ausf. Baumbach/Hefermehl/*Casper* WG Art. 14 Rn. 6, WG Art. 15 Rn. 8, WG Art. 17 Rn. 26; *Bülow* WG Art. 47 Rn. 11 f.

[71] BGH Urt. v. 4.2.2003 – XI ZR 117/02, ZIP 2003, 717 (718) = WM 2003, 724 = BKR 2003, 391 = BB 2003, 871; Baumbach/Hefermehl/*Casper* WG Art. 17 Rn. 26; *Bülow* WG Art. 47 Rn. 12.

[72] So Baumbach/Hefermehl/*Casper* WG Art. 15 Rn. 9; *Reinicke/Tiedke* WM 1998, 2173 (2175); aA BGH Urt. v. 10.4.1954 – II ZR 314/53, BGHZ 13, 87 = NJW 1954, 1196 (1197); *Bülow* WG Art. 15 Rn. 11 ff.; *Fischer* in Derleder/Knops/Bamberger BankR/KapMarktR § 49 Rn. 40; angeblich offen gelassen in BGH Urt. v. 4.2.2003 – XI ZR 117/02, ZIP 2003, 717 (718) = WM 2003, 724 = BKR 2003, 391 = BB 2003, 871 und BGH Urt. v. 21.4.1998 – XI ZR 239/97, WM 1998, 1277 (1278) = NJW 1998, 1124 = DB 1998, 1859 = BB 1998, 1388; dazu mit berechtigter Kritik *Reinicke/Tiedke* WM 1998, 2173.

nämlich durch Art. 15 WG *Wechselverpflichteter.* Er will den Wechsel umlauffähiger machen, aber keineswegs seine Vormänner aus ihren Wechselverbindlichkeiten entlassen. Liegt dem Garantieindossament allerdings eine Haftungsvereinbarung zugrunde, so kann diese persönliche Einrede den Rückgriff des Garantieindossanten ausschließen.[73]

13   Das Indossament hat ferner **Legitimationsfunktion,** wenn der Inhaber sein Recht durch eine ununterbrochene Indossamentenkette nachweisen kann (Art. 16 Abs. 1 WG). Es handelt sich um eine widerlegbare Vermutung der materiellen Berechtigung des Wechselinhabers.[74] Die Beweislast für die Nichtberechtigung trägt der Wechselschuldner.[75] Die Kette muss äußerlich in Ordnung sein; ausgestrichene Indossamente gelten als nicht geschrieben (Art. 16 Abs. 1 S. 2 WG), dh sie dürfen innerhalb einer weiterführenden Indossamentenkette nicht berücksichtigt werden. Der Inhalt des ausgestrichenen Indossaments darf aber für die Auslegung der verbleibenden Indossamente herangezogen werden.[76] Ein nicht wechselmäßiger Erwerb, zB durch Abtretung oder Erbfolge, beseitigt die förmliche Legitimation, da die Kette unterbrochen wird.[77] Ob der zwar sachlich berechtigte, aber nicht förmlich legitimierte Wechselinhaber, zB der Wechselerbe, Protest erheben darf, ist daher streitig.[78] Die Frage ist allerdings zu bejahen, wenn er sich als Berechtigter ausweisen kann, zB durch Erbschein.[79] Der Wechselschuldner kann an den förmlich Legitimierten bei Verfall grundsätzlich befreiend leisten (Art. 40 Abs. 3 WG). Die Anforderungen des Art. 16 Abs. 1 WG gelten nur für den umlaufenden Wechsel, nicht beim Rücklauf nach Protesterhebung.[80]

14   Von großer praktischer Bedeutung ist das **Blankoindossament** (Art. 13 Abs. 2 WG). Es macht den Wechsel faktisch zum Inhaberpapier, da die weitere Übertragung durch bloßen Begebungsvertrag und – idR im Begebungsvertrag enthalten – Übereignung des Papiers einschließlich seiner Übergabe oder eines Übergabesurrogats möglich wird (Art. 14 Abs. 2 Nr. 3 WG). Der Blankoindossatar und seine Nachmänner bleiben anonym, haften nicht wechselmäßig[81] und sind gleichwohl förmlich legitimiert (Art. 15, 16 Abs. 1 S. 1 WG). **Inhaltlich beschränkte Indossamente** übertragen nicht alle Rechte aus dem Wechsel. Hierzu gehören das *Vollmachtsindossament* (Art. 18 WG), das *Pfandindossament* (Art. 19 WG), das *Nachindossament* (Art. 20 WG), sowie *Ermächtigungs-* und *Treuhandindossamente.*[82] Ein **Garantieindossament,** idR durch eine Bank per Blankounterschrift und durchaus außerhalb der Indossamentenkette, soll den Wechsel nicht übertragen, sondern lediglich die Haftung des Indossanten begründen und den Wechsel dadurch verstärken.[83] Trotzdem stehen dem Garantieindossanten die Rückgriffsrechte gegen seine Vormänner zu (str., → Rn. 12).

15   **3. Gutgläubiger Erwerb.** Anknüpfend an Art. 16 Abs. 1 WG gestattet Art. 16 Abs. 2 WG den gutgläubigen Erwerb des irgendwie abhanden gekommenen Wechsels vom zwar **förmlich, aber nicht sachlich Berechtigten.** Voraussetzung ist, dass der Erwerber weder bösgläubig war noch grob fahrlässig gehandelt hat und der Erwerb wechselmäßig[84] erfolgte. Damit die Umlauffähigkeit des Wechsels gesteigert wird, werden die Begriffe „irgendwie abhanden gekommen" weit gefasst. Sie bedeuten, dass der Wechsel ohne wirksamen Begebungsvertrag zum Inhaber gelangte.[85] Durch Gutgläubigkeit des Erwerbers können daher zB fehlendes Eigentum, fehlende Verfügungsmacht und fehlende Vertretungsmacht des Veräußerers überwunden werden. Gleiches gilt für fehlende Geschäftsfähigkeit des Veräußerers; allerdings begründet sein Indossament für ihn keine Haftung. Der gute Glaube des Erwerbers an das Fehlen insolvenzrechtlicher Beschränkungen des Veräußerers wird

---

[73] BGH Urt. v. 4.2.2003 – XI ZR 117/02, ZIP 2003, 717 (718) = WM 2003, 724 = BKR 2003, 391 = BB 2003, 871.

[74] Baumbach/Hefermehl/*Casper* WG Art. 16 Rn. 2; *Peters* in Schimansky/Bunte/Lwowski BankR-HdB § 64 Rn. 25; *Fischer* in Derleder/Knops/Bamberger BankR/KapMarktR § 49 Rn. 25.

[75] BGH Urt. v. 17.9.1984 – II ZR 23/84, NJW 1985, 196 = WM 1984, 1391; BGH Urt. v. 24.2.1986 – II ZR 144/85, NJW-RR 1986, 980 = WM 1986, 610 (611).

[76] BGH Urt. v. 30.6.1999 – XI ZR 304/98, WM 1999, 1561 (1563) = ZIP 1999, 1516 = EWiR 16 WG 1/2000, 145 *(Klanten).*

[77] Baumbach/Hefermehl/*Casper* WG Art. 16 Rn. 11.

[78] Wohl abl. BGH Urt. v. 4.6.1991 – XI ZR 252/90, NJW 1991, 2770 = WM 1991, 1459 (1460) und OLG Hamm Urt. v. 1.9.1987 – 7 U 94/87, WM 1987, 1486 (1487).

[79] Baumbach/Hefermehl/*Casper* WG Art. 16 Rn. 20; *Bülow* WG Art. 16 Rn. 15; *Meyer-Cording/Drygala,* Wertpapierrecht, 3. Aufl. 1995, B. XII.3.

[80] BGH Urt. v. 30.6.1999 – XI ZR 304/98, WM 1999, 1561 (1563) = ZIP 1999, 1516 = EWiR 16 WG 1/2000, 145 *(Klanten);* Baumbach/Hefermehl/*Casper* WG Art. 16 Rn. 12.

[81] *Fischer* in Derleder/Knops/Bamberger BankR/KapMarktR § 49 Rn. 26; *Richardi,* Wertpapierrecht, 1987, 147.

[82] Baumbach/Hefermehl/*Casper* WG Art. 18 Rn. 8 ff.; *Peters* in Schimansky/Bunte/Lwowski BankR-HdB § 64 Rn. 26. Zum verdeckten Vollmachtsindossament BGH Urt. v. 30.6.1999 – XI ZR 304/98, WM 1999, 1561 (1563) = ZIP 1999, 1516 = EWiR 16 WG 1/2000, 145 *(Klanten).*

[83] BGH Urt. v. 4.2.2003 – XI ZR 117/02, ZIP 2003, 717 = WM 2003, 724 = BKR 2003, 391 = BB 2003, 871; Baumbach/Hefermehl/*Casper* WG Art. 15 Rn. 5; *Bülow* WG Art. 15 Rn. 7 ff.; *Fischer* in Derleder/Knops/Bamberger BankR/KapMarktR § 49 Rn. 26.

[84] *Richardi,* Wertpapierrecht, 1987, 162.

[85] *Bülow* WG Art. 16 Rn. 20; *Nobbe* WM-Sonderbeilage 5/2000, 6; Baumbach/Hefermehl/*Casper* WG Art. 16 Rn. 14.

dagegen nicht geschützt.[86] Ob Art. 16 Abs. 2 WG auch den guten Glauben an die Identität des Veräußerers mit dem förmlich Legitimierten schützt, ist umstritten.[87]

Beim Wechselerwerb handelt **grob fahrlässig,** wer die im Verkehr erforderliche Sorgfalt in **16** ungewöhnlich hohem Maße verletzt, dh ganz nahe liegende Überlegungen nicht anstellt oder beiseite schiebt und unbeachtet lässt, was sich jedem aufgedrängt hätte.[88] Umgekehrt muss der Erwerber einem deutlichen Verdacht nachgehen oder den Wechselerwerb unterlassen. Wurde der Wechsel unter den Voraussetzungen des Art. 16 Abs. 2 WG übertragen, so erwirbt der Gutgläubige das Vollrecht. Sein Nachmann erwirbt daher nicht mehr nach Art. 16 Abs. 2 WG, sondern vom sachlich Berechtigten.[89]

VI. Erfüllung

Der Akzeptant hat gegen Aushändigung des quittierten Wechsels bei **Verfall,** dh Fälligkeit, dem **17** Wechselinhaber die Wechselsumme zu zahlen (Art. 39 Abs. 1 WG). Die möglichen Verfallzeiten enthält Art. 33 Abs. 1 WG; üblich ist der an einem bestimmten Tag zahlbare *Tagwechsel.* Eine Stundung kann auf dem Wechsel vermerkt werden; idR wird hierfür allerdings ein neuer, ein sog Prolongationswechsel ausgestellt.[90] Die Vorlegung hat am Zahlungstag oder an einem der beiden folgenden Werktage zu erfolgen (Art. 38 Abs. 1 WG). Die Wechselschuld ist Holschuld, da der Wechselschuldner idR nicht weiß, wer Wechselinhaber ist.[91] In Abweichung von Art. 87 Abs. 1 WG wird der Wechsel üblicherweise durch Zahlstellenvermerk bei einer Bank zahlbar gestellt.[92] Dies ist Voraussetzung für das Wechselinkasso der Kreditinstitute (→ Rn. 20). Bei erfolgloser Vorlegung tritt **Verzug** der Wechselschuld ein, nicht jedoch automatisch auch Verzug der Kausalforderung. Für sie sind die Voraussetzungen des Verzugs separat zu prüfen, ggf. ist daher eine Mahnung notwendig.[93] Die Bezahlung eines Wechsels durch den späteren Insolvenzschuldner als Akzeptant kann eine nach § 130 InsO anfechtbare Rechtshandlung darstellen. Es handelt sich um eine kongruente Deckung, weil der Insolvenzschuldner mit der Zahlung seine bestehende Wechselverpflichtung als Akzeptant erfüllt.[94] Maßgeblicher Zeitpunkt für die Anfechtung ist nach § 140 InsO der Zeitpunkt der Erfüllung der Wechselschuld.[95] Die Anfechtung ist ausgeschlossen, wenn der Empfänger bei einer Verweigerung der Annahme der Zahlung den Wechselanspruch gegen andere Wechselverpflichtete verloren hätte (§ 137 InsO).

Die Zahlung des Akzeptanten führt zum **Erlöschen aller Wechselforderungen,** dh der Forde- **18** rung des Inhabers gegen den Akzeptanten sowie der Rückgriffsansprüche des Inhabers gegen alle anderen Wechselverpflichteten.[96] Durch Zahlung eines Rückgriffsschuldners erlischt dagegen nur dessen Wechselschuld und die seiner Nachmänner. Der Zahlung stehen Erfüllungssurrogate, zB Aufrechnung, Hinterlegung oder Erlass, gleich.[97] Die Aufrechnung einer Wechselforderung wird idR auch nicht durch die Verschiedenheit der Leistungsorte ausgeschlossen (§ 391 BGB).[98] Mit Zahlung geht das Eigentum am Wechsel analog § 952 Abs. 2 BGB auf den Wechselschuldner über, auch wenn er den Wechsel nicht erhalten haben sollte.[99] Die Erfüllung der Wechselschuld durch den Akzeptanten führt wegen § 364 Abs. 2 BGB (→ Rn. 9) ferner zum **Erlöschen aller Kausalforderungen.**[100] Einzelne Kausalforderungen können bereits früher erlöschen, wenn ein Wechselinhaber

[86] Hierzu und zum Vorstehenden Baumbach/Hefermehl/*Casper* WG Art. 16 Rn. 16 f.; *Bülow* WG Art. 16 Rn. 24; *Meyer-Cording/Drygala,* Wertpapierrecht, 3. Aufl. 1995, B. XII.4.

[87] Zust. Baumbach/Hefermehl/*Casper* WG Art. 16 Rn. 16; aA *Meyer-Cording/Drygala,* Wertpapierrecht, 3. Aufl. 1995, B. XII.4.

[88] BGH Urt. v. 8.10.1991 – XI ZR 238/90, NJW 1992, 316 = WM 1991, 1946 (1948); Baumbach/Hefermehl/*Casper* WG Art. 16 Rn. 15.

[89] Baumbach/Hefermehl/*Casper* WG Art. 16 Rn. 17 aE.

[90] Hierzu OLG Saarbrücken Urt. v. 31.1.1996 – 1 U 642/95–105 = WM 1996, 812; *Bülow* WG Art. 33 Rn. 4 f.

[91] BGH Urt. v. 30.10.1985 – VIII ZR 251/84, BGHZ 96, 182 = NJW 1986, 424 = WM 1986, 20 (22); Baumbach/Hefermehl/*Casper* WG Art. 38 Rn. 1; *Richardi,* Wertpapierrecht, 1987, 121.

[92] Baumbach/Hefermehl/*Casper* WG Art. 38 Rn. 5; *Peters* in Schimansky/Bunte/Lwowski BankR-HdB § 64 Rn. 16.

[93] BGH Urt. v. 30.10.1985 – VIII ZR 251/84, BGHZ 96, 182 = NJW 1986, 424 = WM 1986, 20 (22).

[94] BGH Urt. v. 2.2.2006 – IX ZR 67/02, NJW 2006, 1800 (1803).

[95] BGH Urt. v. 21.6.2007 – IX ZR 231/04, NJW-RR 2007, 1419 (1421) = NZI 2007, 517; *Fischer* in Derleder/Knops/Bamberger BankR/KapMarktR § 49 Rn. 35.

[96] OLG Hamm Urt. v. 14.1.1994 – 7 U 34/93, WM 1994, 1972 (1973 f.); *Bülow* WG Art. 28 Rn. 6; *Gursky,* Wertpapierrecht, 2. Aufl. 2007, 81; *Meyer-Cording/Drygala,* Wertpapierrecht, 3. Aufl. 1995, B. XV.3.

[97] OLG Hamm Urt. v. 14.1.1994 – 7 U 34/93, WM 1994, 1972 (1974); *Bülow* WG Art. 28 Rn. 6; *Richardi,* Wertpapierrecht, 1987, 173.

[98] KG Urt. v. 6.3.2003 – 2 U 198/01, BKR 2003, 997 (998) = WM 2003, 2093 = ZIP 2003, 1538.

[99] Baumbach/Hefermehl/*Casper* WG Art. 39 Rn. 9, WG Art. 50 Rn. 6; *Bülow* WG Art. 39 Rn. 2; *Richardi,* Wertpapierrecht, 1987, 172.

[100] BGH Urt. v. 30.10.1985 – VIII ZR 251/84, BGHZ 96, 182 = NJW 1986, 424 = WM 1986, 20 (23); Baumbach/Hefermehl/*Casper* WG Einl. Rn. 44; *Peters* in Schimansky/Bunte/Lwowski BankR-HdB § 64 Rn. 38; *Fischer* in Derleder/Knops/Bamberger BankR/KapMarktR § 49 Rn. 33.

für die Übertragung des Papiers einen Gegenwert erhält, den er sowohl wechsel- als auch zivilrechtlich endgültig behalten darf,[101] etwa beim regresslosen Verkauf des Wechsels (Forfaitinggeschäft, → E Rn. 41).

19 Der Bezogene wird grundsätzlich nur bei Zahlung an den sachlich, dh tatsächlich Berechtigten frei. Bei **Zahlung an einen Nichtberechtigten** *vor Verfall* wird der Bezogene nach Art. 40 Abs. 2 WG daher selbst bei Gutgläubigkeit entsprechend § 362 Abs. 1 BGB nicht frei.[102] Die Zahlung eines Wechselschuldners an einen förmlich legitimierten Nichtberechtigten *bei Verfall* ist dagegen befreiend, sofern dem Schuldner nicht Arglist oder grobe Fahrlässigkeit vorzuwerfen ist (Art. 40 Abs. 3 WG). Die Vorschrift entspricht Art. 16 Abs. 2 WG und überwindet zugunsten desjenigen, der gutgläubig an einen förmlich Legitimierten zahlt, die gleichen Defizite wie dort[103] (→ Rn. 15). Arglist und grobe Fahrlässigkeit des Zahlenden liegen jedoch nur vor, wenn sie sich sowohl auf die Nichtberechtigung wie auch auf deren **liquide Beweisbarkeit** beziehen.[104] Der Wechselschuldner soll nur dann Protest und Wechselprozess hinnehmen müssen, wenn er die sachliche Nichtberechtigung einfach und überzeugend beweisen kann. Kann er dies nicht, wird er nach Art. 40 Abs. 3 WG selbst bei positiver Kenntnis der sachlichen Nichtberechtigung des förmlich legitimierten Zahlungsempfängers frei.[105]

VII. Wechselinkasso

20 Üblicherweise beauftragt der Wechselinhaber mit der **Einziehung des Wechsels,** dem sog. *Inkasso,* seine Bank. Diese sorgt, idR unter Einschaltung weiterer Zwischenbanken, für die physische Vorlage des Papiers und die Verbuchung des Wechselbetrags. Das Wechselinkasso ähnelt praktisch und rechtlich dem *Scheckinkasso* (→ Rn. 87 ff.); es ist allerdings weniger automatisiert. Das Wechselinkasso ist kein Wechselverkauf und daher von der Wechseldiskontierung (→ Rn. 35 ff.) zu unterscheiden (Nr. 23 Abs. 1 AGB-Sparkassen, → A Rn. 80).[106] Gleichwohl ist das Wechselinkasso ebenfalls ein Bankgeschäft nach § 1 Abs. 1 S. 2 Nr. 9 KWG.

21 Zum **Inkassovertrag** vgl. die Ausführungen zum Scheckinkasso → Rn. 88 f. Der Inhaber überträgt der beauftragten ersten Inkassobank den Wechsel zum Zwecke des Inkassos üblicherweise durch **Vollindossament,** häufig in der Form eines Blankoindossaments. Hierzu verpflichtet Abschnitt II Nr. 1 Abs. 1 *Abkommen über den Einzug von Wechseln und die Rückgabe nicht eingelöster und zurückgerufener Wechsel* (Wechselabkommen).[107] Im Innenverhältnis ist die Bank allerdings nur berechtigt, die Wechselrechte zwar im eigenen Namen, aber für Rechnung des Indossanten geltend zu machen.[108] Sie ist aus dem Inkassovertrag verpflichtet, den Wechsel rechtzeitig vorzulegen und ggf. Protest zu erheben. Der im Inland zahlbare Wechsel soll deshalb beim Eingang bei der Inkassobank noch mindestens zwölf Tage laufen.[109] Die **Gutschrift** des Wechselbetrags minus Provision und Kosten erfolgt idR bei Einlösung; eine Vorbehaltsgutschrift ist selten und kann bei Nichteinlösung storniert werden (Nr. 9 Abs. 1 AGB-Banken, → A Rn. 79; Nr. 9 Abs. 1, Nr. 23 Abs. 2 AGB-Sparkassen, → A Rn. 80).[110] Die erste Inkassobank erwirbt ferner **Sicherungseigentum** am Wechsel bei gleichzeitiger Sicherungsabtretung der zugrunde liegenden Forderung (Nr. 15 AGB-Banken, Nr. 25 Abs. 1 AGB-Sparkassen).[111] Beide Sicherungen sind jedoch im Falle der Insolvenz des Wechseleinreichers nach § 131 InsO anfechtbar, vgl. zur gleichen Problematik beim Scheck → Rn. 92. Zum Sicherungsumfang vgl. die unterschiedlichen Formulierungen in Nr. 15 Abs. 4 AGB-Banken und Nr. 25 Abs. 1 AGB-Sparkassen. Ein gleichzeitiges Pfandrecht nach Nr. 14 AGB-Banken, Nr. 21 AGB-Sparkassen neben dem Sicherungseigen-

---

[101] BGH Urt. v. 20.10.1975 – II ZR 55/74, WM 1975, 1255 (1256); Baumbach/Hefermehl/*Casper* WG Einl. Rn. 45; *Peters* in Schimansky/Bunte/Lwowski BankR-HdB § 64 Rn. 32.

[102] Baumbach/Hefermehl/*Casper* WG Art. 40 Rn. 2; *Bülow* WG Art. 40 Rn. 2.

[103] Vgl. Baumbach/Hefermehl/*Casper* WG Art. 40 Rn. 8; *Meyer-Cording/Drygala,* Wertpapierrecht, 3. Aufl. 1995, B. XV.4.

[104] *Fischer* in Derleder/Knops/Bamberger BankR/KapMarktR § 49 Rn. 34; *Gursky,* Wertpapierrecht, 3. Aufl. 2007, 81.

[105] Baumbach/Hefermehl/*Casper* WG Art. 40 Rn. 7; *Peters* in Schimansky/Bunte/Lwowski BankR-HdB § 64 Rn. 41.

[106] Baumbach/Hefermehl/*Casper* WG Art. 11 Rn. 11.

[107] In Kraft seit dem 1.10.1987 und verschiedentlich geändert. Die aktuelle Fassung des Wechselabkommens datiert vom Dezember 2014 und ist am 1.2.2016 in Kraft getreten; abgedr. in BankR-HdB Anh. 3 zu §§ 64, 65.

[108] OLG Düsseldorf Urt. v. 8.11.1991 – 17 U 111/88, WM 1992, 181 (183); *Bülow* WG Art. 11 Rn. 16; *Fischer* in Derleder/Knops/Bamberger BankR/KapMarktR § 49 Rn. 42.

[109] Baumbach/Hefermehl/*Casper* WG Art. 11 Rn. 12; *Peters* in Schimansky/Bunte/Lwowski BankR-HdB § 64 Rn. 49.

[110] Baumbach/Hefermehl/*Casper* WG Art. 11 Rn. 13 f.; *Bülow* WG Art. 11 Rn. 18; *Peters* in Schimansky/Bunte/Lwowski BankR-HdB § 64 Rn. 49.

[111] BGH Urt. v. 1.7.1985 – II ZR 155/84, BGHZ 95, 149 = NJW 1985, 2649 = WM 1985, 1057 (1058); Baumbach/Hefermehl/*Casper* WG Art. 11 Rn. 14; *Peters* in Schimansky/Bunte/Lwowski BankR-HdB § 64 Rn. 49; *Bunte* in Schimansky/Bunte/Lwowski BankR-HdB § 20 Rn. 17, 25; *Nobbe* WM-Sonderbeilage 10/1991, 6.

tum besteht dagegen nicht, weil ein Pfandrecht an eigenen beweglichen Sachen oder Forderungen nach § 1256 BGB ausgeschlossen ist.[112] Zusätzlich zu den generellen AGB können zwischen Wechseleinreicher und Einreicherbank *Bedingungen für den Wechselverkehr*[113] vereinbart werden. Für die tatsächliche Vorlegung des Wechsels und die Verbuchung des Wechselbetrags bedienen sich die Banken idR eigener oder fremder Netze. Für verbandsgebundene Kreditinstitute gilt für den Einzug und die Rückgabe nicht eingelöster inländischer Wechsel das erwähnte **Wechselabkommen.**[114] Das früher praktizierte Wechselinkasso durch den Abrechnungsverkehr der Deutschen Bundesbank[115] hat keine Bedeutung mehr.[116] Die VO über Abrechnungsstellen im Wechsel- und Scheckverkehr ist am 13.10.2005 außer Kraft getreten.[117]

VIII. Rückgriff

1. Haftungsstruktur. Hauptschuldner der Wechselschuld ist der Akzeptant (Art. 28 WG).[118] **22** Wird der Wechsel notleidend, kann der Wechselinhaber sich außer an ihn aber auch an den Aussteller, die Indossanten und andere Wechselverpflichtete halten (Art. 43 WG, *Erst- oder Inhaberrückgriff*). Ein derart in Anspruch genommener Wechselschuldner kann wiederum bei seinen Vormännern *Einlösungsrückgriff* oder *Remboursregress* nehmen (Art. 47 Abs. 3, 49 WG). Die **Haftungshierarchie** beim Wechsel lautet daher: Akzeptant, Aussteller und Indossanten in chronologischer Reihenfolge. Die Wechselbürgschaft (Art. 30 ff. WG) hat nur geringe Bedeutung (→ Rn. 42).

2. Erstrückgriff. Die unterschiedlichen **materiellen Voraussetzungen** des Erstrückgriffs sind in **23** Art. 43 WG genannt; man spricht vom *notleidenden Wechsel*. Häufigster Fall ist die vollständige oder teilweise Nichtzahlung durch den Akzeptanten bei Verfall des Wechsels (Art. 43 Abs. 1 WG). Die **formellen Voraussetzungen** des Erstrückgriffs sind in Art. 44 ff., 79 ff. WG geregelt. Zu ihnen gehört die Protesterhebung, dh die Feststellung der Zahlungsverweigerung durch eine öffentliche Urkunde (Art. 44 Abs. 1 WG). Ferner muss der Protest innerhalb der kurzen Vorlegungsfrist des Art. 38 Abs. 1 WG erhoben werden, an einem der beiden auf den Zahlungstag folgenden Werktage (Art. 44 Abs. 3 WG). Die Erhebung des Protests kann vom Aussteller durch entsprechenden Vermerk („ohne Kosten", „ohne Protest") erlassen werden (Art. 46 WG). Alle Rückgriffsschuldner haften dem Wechselinhaber als Gesamtschuldner (Art. 47 Abs. 1 WG). Der Umfang ihrer Haftung bestimmt sich nach Art. 48 WG. Hat der Wechselinhaber die fristgerechte Vorlegung oder den rechtzeitigen oder den förmlich korrekten Protest versäumt, ist der Wechsel **präjudiziert.** Dem Inhaber haftet dann nur noch der Akzeptant; seine wechselrechtlichen Ansprüche gegen die Rückgriffsschuldner hat der Wechselinhaber verloren (Art. 53 Abs. 1, 28 Abs. 2 WG).[119] Die Forfaitierung eines Wechsels enthält einen schuldrechtlichen Regressverzicht der ankaufenden Forfaitbank. Dies führt zu einer persönlichen Einwendung des Rückgriffsschuldners und damit für die Bank zum Ausschluss des Rückgriffs.[120]

3. Einlösungsrückgriff. Wer im Erstrückgriff die Wechselschuld gezahlt hat, hat seinerseits gegen **24** seine Vormänner den *Einlösungsrückgriff* (Art. 47 Abs. 3 WG). Dessen Umfang bestimmt sich nach Art. 49 WG. Umstritten ist, ob der in Anspruch genommene Garantieindossant zum Rückgriff berechtigt ist. Dies hängt davon ab, ob beim rücklaufenden Wechsel der Rückerwerber in seine alte Rechtsposition zurückkehrt oder die Wechselrechte neu erwirbt. Da der Garantieindossant wechselmäßig haftet, muss ihm auch das daran geknüpfte Rückgriffsrecht zustehen (→ Rn. 12).

4. Wechselprozess. Um dem Wechselinhaber einen raschen Vollstreckungstitel zu verschaffen, **25** können **Ansprüche aus Wechseln** nicht nur im ordentlichen Verfahren oder im gewöhnlichen Urkundenprozess,[121] sondern auch im Wechselprozess gerichtlich geltend gemacht werden (§§ 602– 605, 592 ff. ZPO). Dieses Privileg genießen jedoch nur *wechselrechtliche* Ansprüche wie etwa diejenigen aus Art. 8, 9, 15, 28, 32, 47, 48, 49, 58, 78 WG, nicht jedoch Ansprüche aus Art. 16 Abs. 2, 45 Abs. 6, 50 Abs. 1 und 55 Abs. 4 WG[122] oder solche aus dem Grundgeschäft. Auch der Bereicherungsanspruch

---

[112] *Bülow* 3. Teil AGB I Nr. 25 Rn. 1, S. 600.

[113] Ein Beispiel ist abgedr. in BankR-HdB Anh. 2 zu §§ 64, 65.

[114] Vgl. Fn. 116; hierzu Baumbach/Hefermehl/*Casper* WG Art. 11 Rn. 15 ff.; *Bülow* WG Art. 11 Rn. 21; *Harbeke* WM 1990, 1696.

[115] Es war geregelt im ehemaligen Abschn. VI. (Auftragspapiere – Inland) der Allgemeinen Geschäftsbedingungen der Deutschen Bundesbank, abgedr. in Baumbach/Hefermehl/*Casper* Bankbedingungen Nr. 14.

[116] *Bülow* WG Art. 38 Rn. 9; Baumbach/Hefermehl/*Casper* WG Art. 38 Rn. 5.

[117] § 3 VO über Abrechnungsstellen im Scheckverkehr v. 5.10.2005, BGBl. 2005 I 2926.

[118] *Richardi*, Wertpapierrecht, 1987, 177; *Fischer* in Derleder/Knops/Bamberger BankR/KapMarktR § 49 Rn. 18.

[119] Baumbach/Hefermehl/*Casper* WG Art. 53 Rn. 4, 6; *Bülow* WG Art. 53 Rn. 1; *Peters* in Schimansky/Bunte/Lwowski BankR-HdB § 64 Rn. 45; *Gursky*, Wertpapierrecht, 3. Aufl. 2007, 80.

[120] BGH Urt. v. 21.6.1994 – XI ZR 183/93, BGHZ 126, 261 = NJW 1994, 2483 = WM 1994, 1370 (1371); *Bülow* WG Art. 9 Rn. 13, WG Art. 17 Rn. 103; → E Rn. 49.

[121] BeckOK ZPO/*Kratz* ZPO Einl. § 602; Baumbach/Hefermehl/*Casper* WG Einl. Rn. 96.

[122] *Peters* in Schimansky/Bunte/Lwowski BankR-HdB § 64 Rn. 46.

aus Art. 89 kann grundsätzlich im Wechselprozess verfolgt werden, wenn die Bereicherung durch Urkunden bewiesen werden kann (str.).[123] Die Vereinbarung einer Schiedsklausel schließt zwar das gerichtliche Nachverfahren aus, idR aber nicht den Wechselprozess, da der Wechselgläubiger trotz Schiedsabrede auf diesen prozessualen Vorteil nicht verzichten wollte.[124] Für Klagen eines Arbeitnehmers gegen seinen Arbeitgeber aus einem zwecks Bezahlung von Arbeitslohn begebenen Wechsel sind die Arbeitsgerichte ausschließlich zuständig.[125] Widerspricht der Beklagte dem geltend gemachten Anspruch, so ergeht ein **Vorbehaltsurteil,** an das sich das **Nachverfahren** anschließt (§§ 599 f. ZPO). Ein Widerspruch ohne Begründung ist zulässig und führt nicht zur Präklusion unterlassener Verteidigungsmittel durch das Vorbehaltsurteil im Nachverfahren.[126] Die gleichzeitige Geltendmachung eines wechselrechtlichen Anspruchs im Wechselprozess und im gewöhnlichen Urkundenprozess oder im ordentlichen Verfahren ist unzulässig. Für die Abstandnahme vom Wechselprozess, dh den Übergang ins ordentliche Verfahren, gilt § 596 ZPO. Der Übergang vom Wechselzum gewöhnlichen Urkundenprozess ist auch in der Berufungsinstanz ohne Einwilligung des Beklagten möglich.[127] Das Wechselmahnverfahren regelt § 703a ZPO.

IX. Einwendungsausschluss

26   **1. Vorbemerkung.** Die Frage, welche Einwendungen der Wechselschuldner dem Wechselinhaber entgegensetzen kann, hat große praktische Bedeutung. Der Begriff Einwendungen bezeichnet im Wertpapierrecht *alle Verteidigungsmittel.*[128] Ausgangspunkt ist dabei, dass ein Wechselschuldner sämtliche Einwendungen erheben kann, die in seiner **unmittelbaren Beziehung zum Wechselgläubiger** wurzeln, wenn beide also durch ein Begebungsvertrag miteinander verbunden sind.[129] Die Einwendungslehre, zu der Art. 17 WG nur einen Teil beiträgt und die heute in ihren Grundzügen nicht mehr streitig ist, betrifft daher die Frage, welche Einwendungen durch eine Funktion des Wechsels entsprechende Übertragung, also ein sogenanntes *Verkehrsgeschäft,* verloren gehen. Aber selbst wirksame, dh nicht präkludierte, Einwendungen verhindern nicht den Protest und häufig auch nicht die Niederlage im Wechselprozess. Oft wird der Wechselschuldner deshalb das Nachverfahren abwarten müssen, um sich mit seinen Einwendungen durchzusetzen.

27   **a) Fehlende materielle Berechtigung.** Wechselrechte stehen nur dem *sachlich* Berechtigten zu. Die Nichtberechtigung des Wechselinhabers kann der Schuldner daher stets geltend machen;[130] er hat dafür aber ggf. die Vermutung des Art. 16 Abs. 1 WG zu widerlegen.[131]

28   **b) Fehlendes Verkehrsgeschäft.** Der Ausschluss von Einwendungen soll die Umlauffähigkeit des Wechsels stärken. Wird der Wechsel daher **nicht wechselmäßig übertragen,** kann der Wechselschuldner dem Wechselinhaber alle Einwendungen entgegenhalten, die er gegenüber dessen Vormann besaß.[132] Hierunter fallen wegen § 404 BGB die Übertragung der Wechselrechte durch *Abtretung,*[133] durch Nachindossament (Art. 20 Abs. 1 S. 2 WG), durch *Gesamtrechtsnachfolge* wie Erbschaft oder Umwandlungstatbestände,[134] durch *Inkassoindossament,*[135] durch *Vollmachtsindossament* (Art. 18 Abs. 2 WG) und durch den Rückgriff (Art. 47 Abs. 3 WG).[136] Beim *Treuhandindossament* ist danach zu

[123] So BGH Urt. v. 1.10.1991 – XI ZR 29/91, BGHZ 115, 247 = NJW 1992, 118 = WM 1991, 1910 (1912) (Scheckbereicherungsanspruch im Scheckprozess bejaht) und Baumbach/Hefermehl/*Casper* WG Art. 89 Rn. 19; aA *Bülow* WG Art. 89 Rn. 14.

[124] BGH Urt. v. 28.10.1993 – III ZR 175/92, NJW 1994, 136 = WM 1993, 2227 (2228 f.).

[125] BAG Beschl. v. 7.11.1996 – 5 AZB 19/96, NJW 1997, 758 (759); Baumbach/Hefermehl/*Casper* WG Einl. Rn. 95.

[126] BGH Urt. v. 1.10.1987 – III ZR 134/86, NJW 1988, 1468 = WM 1987, 1416; BGH Urt. v. 13.2.1989 – II ZR 110/88, WM 1989, 868 (870 f.) = NJW-RR 1989, 902; BGH Urt. v. 24.11.1992 – XI ZR 86/92, NJW 1993, 668 = WM 1993, 99; BeckOK ZPO/*Kratz* ZPO § 598 Rn. 7; *Fischer* in Derleder/Knops/Bamberger BankR/ KapMarktR § 49 Rn. 47.

[127] BGH Urt. v. 21.9.1993 – XI ZR 206/92, NJW 1993, 3135 f. = WM 1993, 1955; vgl. auch OLG München Urt. v. 2.5.2012 – 7 U 4830/11, BeckRS 2012, 11343; Baumbach/Hefermehl/*Casper* WG Einl. Rn. 96; aA *Steckler/ Künzl* WM 1984, 861 (862).

[128] *Peters* in Schimansky/Bunte/Lwowski BankR-HdB § 64 Rn. 33; *Fischer* in Derleder/Knops/Bamberger BankR/KapMarktR § 49 Rn. 28; *Gursky,* Wertpapierrecht, 3. Aufl. 2007, 74.

[129] BGH Urt. v. 30.1.1986 – II ZR 257/85, WM 1986, 415 (417) = NJW 1986, 1872; Baumbach/Hefermehl/ *Casper* WG Art. 17 Rn. 16; *Bülow* WG Art. 17 Rn. 1.

[130] Baumbach/Hefermehl/*Casper* WG Art. 17 Rn. 3; *Richardi,* Wertpapierrecht, 1987, 202.

[131] *Gursky,* Wertpapierrecht, 3. Aufl. 2007, 74.

[132] BGH Urt. v. 23.5.1989 – XI ZR 82/88, NJW-RR 1989, 1207 = WM 1989, 1009 (1010) (zum Scheck); BGH Urt. v. 21.4.1998 – XI ZR 239/97, WM 1998, 1277 (1278) = NJW 1998, 1124 = DB 1998, 1859 = BB 1998, 1388.

[133] BGH Urt. v. 16.12.1985 – II ZR 104/85, NJW-RR 1986, 670 = WM 1986, 449; Baumbach/Hefermehl/ *Casper* WG Art. 17 Rn. 18; *Bülow* WG Art. 17 Rn. 9.

[134] Baumbach/Hefermehl/*Casper* WG Art. 17 Rn. 17; *Bülow* WG Art. 17 Rn. 10.

[135] OLG Koblenz Urt. v. 6.9.1991 – 2 U 1408/88, WM 1992, 520 (521); *Bülow* WG Art. 18 Rn. 8 f.

[136] BGH Urt. v. 4.2.2003 – XI ZR 117/02, ZIP 2003, 717 (718) = WM 2003, 724 = BKR 2003, 391 = BB 2003, 871.

unterscheiden, ob der Treuhänder Sicherungsrechte hat. In Höhe der zu sichernden Forderung gilt die Übertragung als wechselmäßig; Einwendungen des Wechselschuldners gegen den Sicherungsgeber werden gegenüber dem Sicherungsnehmer nach allgemeinen Regeln ausgeschlossen. Übersteigt die Wechselschuld das Sicherungsinteresse oder fehlt es daran ganz, so muss sich der Sicherungsnehmer die Einwendungen gegen seinen Vormann dagegen gefallen lassen.[137] Als nicht wechselmäßig gilt auch diejenige Übertragung, bei der Wechselinhaber und Vormann eine *wirtschaftliche oder personelle Einheit* bilden. Dies wird bejaht beim finanzierten Kauf für einen vom Verkäufer an eigene Order ausgestellten und an die Finanzierungsbank indossierten Wechsel, der vom Käufer akzeptiert worden war,[138] sowie bei Übertragungen zwischen juristischen Personen und ihren Alleingesellschaftern bzw. innerhalb verbundener Unternehmen.[139] An einem wechselmäßigen Verkehrsgeschäft fehlt es auch, wenn Indossant und Indossatar vor oder bei der Indossierung die sofortige Rückindossierung des Wechsels vereinbaren und diese erfolgt.[140] Die Übertragung eines Wechsels im Zusammenhang mit echtem Factoring der Grundforderung gilt als wechselmäßiges Verkehrsgeschäft, da die Übertragung dem Umlauf des Wechsels dient.[141]

2. Urkundliche Einwendungen. Urkundliche Einwendungen sind solche, die dem Wechsel selbst   29
zu entnehmen sind. Sie kann der Wechselschuldner **immer und gegenüber jedem Inhaber** erheben, da Erwerber solcher Wechsel nicht schutzwürdig sind.[142] Hierzu zählen ua Haftungsausschlüsse (Art. 9 Abs. 2, 15 WG), Formmängel (Art. 1 WG), Präjudizierung (Art. 53 WG), Verjährung (Art. 70 WG), auf dem Wechsel vermerkte Stundung, Erfüllung, Teilzahlung (Art. 39 Abs. 3 WG), Vorlegungsge- oder -verbote (Art. 22 WG) und Vollmachtsindossamente (Art. 18 WG).[143]

3. Gültigkeitseinwendungen. a) Nicht ausschließbare Gültigkeitseinwendungen. Als Gültig-   30
keitseinwendungen bezeichnet man Einwendungen, die die Wirksamkeit der Wechselerklärungen oder des Begebungsvertrags angreifen. Sie berühren damit die Gültigkeit der Wechselverpflichtung. Die Zulässigkeit dieser Einwendungen beurteilt sich nach Rechtsscheinsgrundsätzen. Bei Fälschung (→ Rn. 8), Vertretung ohne Vertretungsmacht (→ Rn. 7), *vis absoluta* und fehlender oder beschränkter Geschäftsfähigkeit (→ Rn. 6) hat der Wechselschuldner den Rechtsschein eines umlauffähigen Wechsels nicht zurechenbar gesetzt. Diese Gültigkeitseinwendungen werden daher durch redlichen Erwerb nicht ausgeschlossen und können jedem Wechselinhaber entgegengesetzt werden.[144] Der Wechselschuldner, der die spätere Verfälschung des Wechsels zurechenbar erleichtert, etwa durch verkehrswidriges Ausfüllen wie das Offenlassen der Buchstabenzeile, haftet aber trotz Art. 69 WG für diesen Rechtsschein (str.).[145]

b) Ausschließbare Gültigkeitseinwendungen. Für andere Gültigkeitseinwendungen gilt, dass   31
der Wechselschuldner für den von ihm **zurechenbar gesetzten Rechtsschein** eines umlauffähigen Wechsels haftet. Diese Einwendungen gehen daher gegenüber dem redlichen Erwerber, der auf den Rechtsschein vertraut, verloren. Man spricht von ausschließbaren oder präklusionsfähigen Gültig- keitseinwendungen. Maßstab für die Redlichkeit des Erwerbers sind Art. 10 WG und Art. 16 Abs. 2 WG.[146] Zu dieser Art von Gültigkeitseinwendungen zählen ua das Abhandenkommen der Wechselurkunde, die Anfechtung der Wechselerklärung,[147] die Sittenwidrigkeit des Begebungsver-

---

[137] OLG Koblenz Urt. v. 6.9.1991 – 2 U 1408/88, WM 1992, 520 (521); Baumbach/Hefermehl/*Casper* WG Art. 17 Rn. 23; *Bülow* WG Art. 17 Rn. 11.

[138] BGH Urt. v. 23.6.1986 – II ZR 302/85, WM 1986, 1179 = NJW 1986, 3197 (3199); Baumbach/Hefermehl/ *Casper* WG Art. 17 Rn. 24, 98; vgl. auch *Müller* WM 1991, 1781 (1789).

[139] BGH Urt. v. 23.5.1989 – XI ZR 82/88, NJW-RR 1989, 1207 = WM 1989, 1009 (1010) (zum Scheck); BGH Urt. v. 21.4.1998 – XI ZR 239/97, WM 1998, 1277 (1278) = NJW 1998, 1124 = DB 1998, 1859 = BB 1998, 1388; Baumbach/Hefermehl/*Casper* WG Art. 17 Rn. 25; *Bülow* WG Art. 17 Rn. 11; *Meyer-Cording/Drygala,* Wertpapier- recht, 3. Aufl. 1995, B.XIII.1.

[140] BGH Urt. v. 21.4.1998 – XI ZR 239/97, WM 1998, 1277 (1278) = NJW 1998, 1124 = DB 1998, 1859 = BB 1998, 1388.

[141] BGH Beschl. v. 12.10.1993 – XI ZR 21/93, NJW-RR 1994, 113 = WM 1993, 2120 (2121).

[142] Baumbach/Hefermehl/*Casper* WG Art. 17 Rn. 6, 28; *Bülow* WG Art. 17 Rn. 6, 13; *Peters* in Schimansky/ Bunte/Lwowski BankR-HdB § 64 Rn. 34; *Richardi,* Wertpapierrecht, 1987, 205; *Gursky,* Wertpapierrecht, 3. Aufl. 2007, 75 f.; *Fischer* in Derleder/Knops/Bamberger BankR/KapMarktR § 49 Rn. 29.

[143] Insgesamt hierzu Baumbach/Hefermehl/*Casper* WG Art. 17 Rn. 29; *Bülow* WG Art. 17 Rn. 13 ff.

[144] BGH Urt. v. 24.9.1991 – XI ZR 245/90, NJW 1992, 117 = WM 1991, 1909 (fehlende Vertretungsmacht bei Scheckausstellung); insgesamt hierzu Baumbach/Hefermehl/*Casper* WG Art. 17 Rn. 35 ff.; *Bülow* WG Art. 17 Rn. 29 ff.; *Meyer-Cording/Drygala,* Wertpapierrecht, 3. Aufl. 1995, B.XIII.5; *Fischer* in Derleder/Knops/Bamberger BankR/KapMarktR § 49 Rn. 29; *Peters* in Schimansky/Bunte/Lwowski BankR-HdB § 64 Rn. 37; *Gursky,* Wert- papierrecht, 3. Aufl. 2007, 76.

[145] So die überwM, vgl. Baumbach/Hefermehl/*Casper* WG Art. 69 Rn. 13 ff., 17; *Gursky,* Wertpapierrecht, 3. Aufl. 2007, 46, 76; *Meyer-Cording/Drygala,* Wertpapierrecht, 3. Aufl. 1995, B.XIII.5.; aA BGH Urt. v. 26.5.1986 – II ZR 260/85, NJW 1986, 2834 = WM 1986, 902 (903 f.); dazu *Canaris* JZ 1987, 543; aA auch *Bülow* WG Art. 69 Rn. 21.

[146] Baumbach/Hefermehl/*Casper* WG Art. 17 Rn. 10; *Gursky,* Wertpapierrecht, 3. Aufl. 2007, 77.

[147] BGH Urt. v. 23.5.1989 – XI ZR 82/88, NJW-RR 1989, 1207 = WM 1989, 1009 (1010 f.) (zum Scheck); *Fischer* in Derleder/Knops/Bamberger BankR/KapMarktR § 49 Rn. 29.

trags,[148] die bereits erfolgte Erfüllung der Wechselschuld[149] sowie die Wechselbegebung zur Begleichung einer Naturalobligation, etwa Spiel, Wette, Heiratsvermittlung (§§ 656 Abs. 2, 762 Abs. 2 BGB).[150] Der Erwerber des Wechsels muss diese Einwendungen nur dann gegen sich gelten lassen, wenn ihm entweder grobe Fahrlässigkeit oder gar Bösgläubigkeit vorzuwerfen ist. Die Nichtigkeit des Grundgeschäfts stellt dagegen, sofern sie nicht auch zur Nichtigkeit des Begebungsvertrags führt, lediglich eine persönliche Einwendung dar (→ Rn. 32). Bei **Wechselreiterei** sowie bei einer Wechselbegebung zur Deckung von Spielschulden sind Grundgeschäft und Begebungsvertrag nichtig (§ 138 BGB).[151] Unter Wechselreiterei versteht man das gegenseitige planmäßige Akzeptieren von Wechseln zur Geldbeschaffung. Bei Fälligkeit des ersten Wechsels wird ein zweiter akzeptiert und mit dessen Diskonterlös der Erste bezahlt. So „reitet" der zweite Wechsel auf dem ersten. Die Diskontierung eines Akzeptantenwechsels (→ Rn. 40) ist idR wirksam, ebenso wie die Begebung lediglich zu Kreditzwecken geschaffener Wechsel, die nicht mit einem Waren- oder Dienstleistungsgeschäft in Zusammenhang stehen.[152]

32   **4. Persönliche Einwendungen.** Hierunter versteht man Einwendungen, die aus dem **Grundgeschäft oder besonderen Nebenvereinbarungen** zwischen dem Wechselschuldner und einem anderen Wechselbeteiligten stammen. Es sind die schwächsten Einwendungen, da sie gegenüber einem Dritten nach Art. 17 WG nur Bestand haben, wenn dieser beim *Erwerb des Wechsels bewusst zum Nachteil des Schuldners gehandelt hat.* Zu den persönlichen Einwendungen zählen alle Verteidigungsmittel, die nicht urkundliche Einwendungen oder Gültigkeitseinwendungen darstellen. **Beispiele:**[153] Fehlen oder Nichtigkeit des Grundgeschäfts und die daraus resultierende Bereicherungseinrede der §§ 812, 821 BGB,[154] wobei der Wechselschuldner die Beweislast hierfür trägt;[155] nicht auf dem Wechsel vermerkte Stundung;[156] Wechselhingabe nur zur Sicherheit (Depot- oder Kautionswechsel);[157] Rücktritt vom Grundgeschäft (§ 346 BGB);[158] Wechselverbot und Herausgabeanspruch beim Verbraucherdarlehensvertrag nach § 496 Abs. 3 BGB,[159] wobei das Wechselverbot nicht nur die Zeichnung des Verbrauchers als Aussteller oder Akzeptant, sondern auch als Wechselbürge umfasst;[160] Einrede des nicht erfüllten Grundgeschäfts sowie Zurückbehaltungsrechte (§§ 320, 273 BGB); schuldrechtlich vereinbarter Regressverzicht (zB Forfaiting);[161] Rechtsmissbräuchlichkeit der Wechselverwertung.[162] Zu den persönlichen Einwendungen zählt auch die Vereinbarung zwischen Aussteller und Garantieindossant, dass in ihrem Verhältnis zueinander der Garantieindossant das Wechselrisiko trage.[163] Die Einwendung, der Wechsel sei aus Gefälligkeit gezeichnet worden, kann gegenüber einem Dritten dagegen nicht erhoben werden.[164] Persönliche Einwendungen können einem Dritten gegenüber nur erhoben werden, wenn er im Zeitpunkt des Wechselerwerbs **bewusst zum Nachteil des Wechselschuldners** gehandelt hat. Hierfür genügt bedingter Vorsatz, der sich aus der Kenntnis der den

---

[148] BGH Urt. v. 23.5.1989 – XI ZR 82/88, NJW-RR 1989, 1207 = WM 1989, 1009 (1010) (zum Scheck); *Gursky,* Wertpapierrecht, 3. Aufl. 2007, 77.

[149] Baumbach/Hefermehl/*Casper* WG Art. 17 Rn. 60; aA (für persönliche Einwendung nach Art. 17 WG) OLG Düsseldorf Urt. v. 8.11.1991 – 17 U 111/88, WM 1992, 181 (183).

[150] Insgesamt zum Vorstehenden Baumbach/Hefermehl/*Casper* WG Art. 17 Rn. 48; *Bülow* WG Art. 17 Rn. 39 ff.; *Gursky,* Wertpapierrecht, 3. Aufl. 2007, 76 ff.

[151] BGH Urt. v. 8.10.1991 – XI ZR 238/90, NJW 1992, 316 = WM 1991, 1946 (1947 f.); BGH Urt. v. 9.2.1993 – XI ZR 84/92, BGHZ 121, 279 = NJW 1993, 1068 = WM 1993, 499 (500) (zur Scheckreiterei); Baumbach/Hefermehl/*Casper* WG Art. 17 Rn. 44, 46.

[152] BGH Urt. v. 10.11.1986 – II ZR 48/86, NJW-RR 1987, 878 = WM 1987, 677 (678); *Gursky,* Wertpapierrecht, 3. Aufl. 2007, 35 f.

[153] Insgesamt hierzu Baumbach/Hefermehl/*Casper* WG Art. 17 Rn. 69 ff.; *Bülow* WG Art. 17 Rn. 58 ff.; *Gursky,* Wertpapierrecht, 3. Aufl. 2007, 76.

[154] BGH Urt. v. 8.10.1991 – XI ZR 238/90, NJW 1992, 316 = WM 1991, 1946 (1947); BGH Urt. v. 5.10.1993 – XI ZR 200/92, NJW 1994, 187 = WM 1993, 2119 (2120) = RIW 1994, 419; OLG Saarbrücken Urt. v. 2.7.1997 – 1 U 847/96–139 = WM 1998, 833 (837); Baumbach/Hefermehl/*Casper* WG Art. 17 Rn. 73.

[155] BGH Urt. v. 9.3.1994 – VIII ZR 165/93, BGHZ 125, 251 (255) = NJW 1994, 1353 = WM 1994, 901.

[156] *Bülow* WG Art. 17 Rn. 85 f.

[157] OLG Düsseldorf Urt. v. 8.11.1991 – 17 U 111/88, WM 1992, 181 (183); Baumbach/Hefermehl/*Casper* WG Art. 17 Rn. 101, 103.

[158] *Bülow* WG Art. 17 Rn. 66.

[159] Dazu *Bülow* WG Art. 17 Rn. 105 ff.; Baumbach/Hefermehl/*Casper* WG Art. 17 Rn. 95, 98; *Nobbe* in Schimansky/Bunte/Lwowski BankR-HdB § 62 Rn. 113, 117 (zum Scheck); *Peters* in Schimansky/Bunte/Lwowski BankR-HdB § 81 Rn. 409 ff.; *Müller* WM 1991, 1781 (1786).

[160] OLG München Urt. v. 9.9.2003 – 23 U 1945/03, ZIP 2004, 991.

[161] BGH Urt. v. 21.6.1994 – XI ZR 183/93, BGHZ 126, 261 = NJW 1994, 2483 = WM 1994, 1370 (1371); *Bülow* WG Art. 9 Rn. 13, WG Art. 17 Rn. 103; → Rn. 23 aE.

[162] So Baumbach/Hefermehl/*Casper* WG Art. 17 Rn. 76; *Bülow* WG Art. 17 Rn. 104.

[163] BGH Urt. v. 4.2.2003 – XI ZR 117/02, ZIP 2003, 717 (718) = WM 2003, 724 = BKR 2003, 391 = BB 2003, 871.

[164] OLG Frankfurt a. M. Urt. v. 4.11.1992 – 19 U 33/92, WM 1993, 1710 (1713); *Bülow* WG Art. 17 Rn. 81; *Gursky,* Wertpapierrecht, 3. Aufl. 2007, 78.

Einwendungen zugrundeliegenden Tatsachen ergeben kann.[165] Bloße Kenntnis von der Existenz der Einwendung ohne diesen Schädigungsvorsatz oder grob fahrlässige Unkenntnis des Erwerbers genügen nicht, um nach Art. 17 WG den Einwendungsausschluss zu verhindern. Die Beweislast für den Vorsatz trägt der Wechselschuldner.[166]

X. Verjährung und Bereicherung

Wechselrechtliche Ansprüche gegen den Akzeptanten verjähren in drei Jahren vom Verfalltage, **33** Ansprüche des Wechselinhabers gegen Indossanten und Aussteller verjähren in einem Jahr ab Protesterhebung und Rückgriffsanspruch nach Art. 49 WG in sechs Monaten (Art. 70 WG). Neben den Art. 70, 71 WG gelten für Verjährungsfragen subsidiär die §§ 194 ff. BGB.[167] Die Verjährung nicht wechselrechtlicher Ansprüche bestimmt sich dagegen ausschließlich nach den dafür jeweils einschlägigen Normen. Die Verjährung führt nicht zum Erlöschen des Wechselanspruchs (§ 214 BGB), sondern nur zu einer urkundlichen Einwendung (→ Rn. 29). Allerdings soll die Wechselklage auch die Verjährung des Anspruchs aus dem Grundgeschäft hemmen.[168]

Die Folgen von Verjährung und Präjudizierung werden abgemildert durch Art. 89 WG: Danach hat **34** der im Zeitpunkt des Rechtsverlusts sachlich berechtigte Wechselinhaber einen **wechselrechtlichen Bereicherungsanspruch** gegen Aussteller oder Akzeptanten, sofern *sie sich mit dessen Schaden bereichern würden*. Der **Schaden** des Wechselinhabers wird dabei rein wechselrechtlich bestimmt, dh ohne Berücksichtigung seines Grundgeschäfts, und liegt im Verlust der Wechselrechte (abstrakte Schadenstheorie, hM).[169] Für die **Bereicherung** von Aussteller und Akzeptant ist dagegen zu prüfen, wer nach den zugrundeliegenden Kausalverhältnissen den Wechsel letztendlich hätte zahlen müssen (hM).[170] Beim Akzept wird dies idR der Akzeptant sein, im Übrigen und beim Gefälligkeitsakzept der Aussteller. § 818 Abs. 3 BGB findet keine Anwendung, da Art. 89 WG die wechselrechtliche Bereicherung eigenständig und abschließend regelt.[171]

XI. Wechseldiskontgeschäft

1. Überblick. § 1 Abs. 1 S. 2 Nr. 3 KWG bezeichnet als Diskontgeschäft den **Ankauf von** **35** **Wechseln** und Schecks. Beim Wechseldiskontgeschäft erwirbt das diskontgebende Kreditinstitut vom diskontnehmenden Bankkunden den Wechsel vor Fälligkeit gegen Zahlung des Diskonterlöses, dh der Wechselsumme abzüglich der Diskontspesen.[172] Als Diskontspesen bezeichnet man den vereinbarten Diskont oder Zwischenzins plus Provisionen und Gebühren.[173] Der Diskont liegt idR 2–5 %[174] über dem Basiszinssatz (§ 247 BGB), der an die Stelle des früheren Diskontsatzes der Deutschen Bundesbank getreten ist,[175] oder einem anderen Referenzzinssatz (zB Euribor). Das Kreditinstitut kann den angekauften Wechsel bis zur Fälligkeit halten und selbst einziehen oder ihn an ein anderes Kreditinstitut veräußern (Privatdiskont). Die Möglichkeit der Rediskontierung an die Deutsche Bundesbank besteht seit der Einführung des Euros nicht mehr.[176] Seit dem Wegfall dieser attraktiven Refinanzierungsmöglichkeit ist die Bedeutung des Wechseldiskontgeschäfts zurückgegangen.[177] Wirtschaftlich soll es sich beim Diskontgeschäft um ein **Kreditgeschäft** handeln,[178] da der Inhaber den Wechsel vor Fälligkeit zu Geld macht; deshalb findet man auch häufig die Bezeichnung als *Diskont-* oder *Wechselkredit.*

---

[165] OLG Düsseldorf Urt. v. 8.11.1991 – 17 U 111/88, WM 1992, 181 (184); Baumbach/Hefermehl/*Casper* WG Art. 17 Rn. 116; *Fischer* in Derleder/Knops/Bamberger BankR/KapMarktR § 49 Rn. 30.

[166] BGH Urt. v. 16.12.1985 – II ZR 104/85, NJW-RR 1986, 670 = WM 1986, 449; Baumbach/Hefermehl/*Casper* WG Art. 17 Rn. 117.

[167] Baumbach/Hefermehl/*Casper* WG Art. 70 Rn. 1.

[168] OLG Köln Urt. v. 11.1.2001 – 12 U 90/00, ZIP 2001, 563; Baumbach/Hefermehl/*Casper* WG Art. 70 Rn. 2; *Fischer* in Derleder/Knops/Bamberger BankR/KapMarktR § 49 Rn. 27; *Bülow* WG Art. 71 Rn. 1.

[169] Baumbach/Hefermehl/*Casper* WG Art. 89 Rn. 5; *Bülow* WG Art. 89 Rn. 5; *Gursky*, Wertpapierrecht, 3. Aufl. 2007, 93; *Richardi*, Wertpapierrecht, 1987, 209.

[170] Baumbach/Hefermehl/*Casper* WG Art. 89 Rn. 8; *Bülow* WM 1990, 2101 (2102); *Meyer-Cording/Drygala*, Wertpapierrecht, 3. Aufl. 1995, B. XIX.3.

[171] BGH Urt. v. 17.10.1951 – II ZR 105/50, BGHZ 3, 238 = NJW 1952, 21 (22) (zum Scheck); aA Baumbach/Hefermehl/*Casper* WG Art. 89 Rn. 16; *Bülow* Art. 89 Rn. 13; *Richardi*, Wertpapierrecht, 1987, 210.

[172] Baumbach/Hefermehl/*Casper* WG Art. 11 Rn. 27. Diskontbeträge von Wechseln gehören nach § 20 Abs. 1 Nr. 8 EStG zu den Einkünften aus Kapitalvermögen.

[173] *Peters* in Schimansky/Bunte/Lwowski BankR-HdB § 65 Rn. 5.

[174] Baumbach/Hefermehl/*Casper* WG Art. 11 Rn. 30.

[175] Dazu *Hakenberg* BB 1998, 1491.

[176] *Peters* in Schimansky/Bunte/Lwowski BankR-HdB § 65 Rn. 15; *Fischer* in Derleder/Knops/Bamberger BankR/KapMarktR § 49 Rn. 48.

[177] Baumbach/Hefermehl/*Casper* WG Art. 11 Rn. 30; *Fischer* in Derleder/Knops/Bamberger BankR/KapMarktR § 49 Rn. 49.

[178] Baumbach/Hefermehl/*Casper* WG Art. 11 Rn. 27.

36   **2. Vertragliche Strukturen.** Das Diskontgeschäft ist üblicherweise in ein bestehendes Bankverhältnis eingebettet. Es gelten daher auch hierfür grundsätzlich die AGB der Kreditinstitute. Daneben werden manchmal separate *Bedingungen für den Wechselverkehr*[179] oder *für das Diskontgeschäft mit Wechseln* vereinbart. Häufig werden durch eine **Rahmenvereinbarung**, auch *Diskontkrediteröffnungsvertrag* genannt, die Parameter des Diskontgeschäfts festgelegt, insbes. die Höhe der Kreditlinie sowie der Prozentsatz des Zwischenzinses.[180] Aus einer solchen Rahmenvereinbarung kann, sofern dies nicht ausdrücklich vereinbart wurde, kein Anspruch auf Diskontierung eines bestimmten Wechsels abgeleitet werden, da sich die Bank idR die Prüfung jedes einzelnen Wechsels vorbehalten will.[181] Hierfür ist im Einzelfall der Abschluss eines **Diskontvertrags** erforderlich. Dessen Rechtsnatur ist umstritten. Nach überwM handelt es sich richtigerweise um einen **Kaufvertrag**,[182] da sowohl die Parteien als auch § 1 Abs. 1 S. 2 Nr. 3 KWG hiervon erkennbar ausgehen. § 19 Abs. 1 Nr. 1 BBankG aF, der die Basis des Diskontgeschäfts der Deutschen Bundesbank bildete, sprach ebenfalls davon, dass die Bank „Wechsel und Schecks kaufen und verkaufen" durfte. Nach aA liegt ein Darlehensvertrag vor.[183] Folgt man der Klassifizierung als Kaufvertrag, so handelt es sich um einen Rechtskauf. Der Wechselverkäufer haftet für den rechtlichen Bestand der Forderung nach §§ 453 Abs. 1, 433 Abs. 1, 435 BGB und für Sachmängel am Papier nach §§ 453 Abs. 3, 433 Abs. 1, 434 BGB.[184]

37   **3. Abschluss des Diskontvertrags.** Das **Angebot** zum Abschluss eines Diskontvertrags erfolgt idR durch Einreichung des mit einem Vollindossament versehenen Wechsels zum Diskont.[185] Vor Annahme des Angebots wird das Kreditinstitut die Gültigkeit des Wechsels, die Verfügbarkeit der Kreditlinie sowie die Bonität des Akzeptanten überprüfen.[186] Die widerspruchslose Hereinnahme eines zum Diskont angebotenen Wechsels ist daher noch keine konkludente Annahme.[187] Handelte es sich früher um einen nicht rediskontierbaren Finanzwechsel, so hatte der Bankkunde hierüber aufzuklären.[188] Wegen der Prüfung des Wechsels ist das Angebot auf die hierfür notwendige Zeit, idR wenige Tage, befristet (§ 147 Abs. 2 BGB).[189] Die **Annahme** des Angebots erfolgt häufig konkludent durch Zurverfügungstellung des Diskonterlöses und die Zusendung der Diskontabrechnung. § 151 S. 1 BGB gilt nicht.[190] Bei **Ablehnung** des Diskontvertrags erwirbt die Bank trotz des auf sie lautenden Vollindossaments kein Eigentum am Wechsel. Das Angebot des Wechselverkäufers zum Abschluss eines Diskontvertrags enthält zwar gleichzeitig ein Angebot zum Abschluss eines Begebungsvertrags, dieses steht jedoch unter der aufschiebenden Bedingung des Abschlusses des Diskontvertrags.[191] Die Bank erwirbt damit auch kein Sicherungseigentum oder Pfandrecht am Wechsel und ist verpflichtet, ihn zurückzugeben.[192] Die Parteien können aber, auch konkludent, vereinbaren, dass ein abgelehnter Wechsel zur Sicherung eines Kundendebets bei der Bank verbleiben soll.[193]

---

[179] Ein Beispiel ist abgedruckt in BankR-HdB Anh. 2 zu §§ 64, 65.

[180] Baumbach/Hopt/*Hopt* Bankgeschäfte Rn. J/2; *Peters* in Schimansky/Bunte/Lwowski BankR-HdB § 65 Rn. 4; *Fischer* in Derleder/Knops/Bamberger BankR/KapMarktR § 49 Rn. 51.

[181] Baumbach/Hefermehl/*Casper* WG Art. 11 Rn. 32; *Bülow* WG Art. 11 Rn. 30; *Peters* in Schimansky/Bunte/Lwowski BankR-HdB § 65 Rn. 4.

[182] BGH Urt. v. 29.11.1971 – V ZR 136/69, WM 1972, 72 (74); BGH Urt. v. 13.4.1972 – II ZR 107/70, BGHZ 59, 197 = NJW 1972, 1084 = WM 1972, 582; OLG München Urt. v. 11.3.1991 – 26 U 4765/90, WM 1992, 1732 (1735); Baumbach/*Hefermehl*, 22. Aufl. 2000, WG Anh. Art. 11 Rn. 15; Baumbach/Hopt/*Hopt* Bankgeschäfte Rn. J/2; *Peters* in Schimansky/Bunte/Lwowski BankR-HdB § 65 Rn. 3; Staudinger/*Mülbert*, 2011, BGB § 488 Rn. 643; *Richardi*, Wertpapierrecht, 1987, 103.

[183] Baumbach/Hefermehl/*Casper* WG Art. 11 Rn. 31; *Bülow* WG Art. 11 Rn. 25; *Fischer* in Derleder/Knops/Bamberger BankR/KapMarktR § 49 Rn. 53; *Canaris* BankvertragsR Rn. 1532.

[184] BGH Urt. v. 26.9.2018 – VIII ZR 187/17, NJW 2019, 145 (148); *Bülow* WG Art. 11 Rn. 26; Staudinger/*Mülbert*, 2011, BGB § 488 Rn. 643.

[185] *Bülow* WG Art. 11 Rn. 30; *Peters* in Schimansky/Bunte/Lwowski BankR-HdB § 65 Rn. 5.

[186] Baumbach/Hefermehl/*Casper* WG Art. 11 Rn. 32; *Bülow* WG Art. 11 Rn. 30; *Peters* in Schimansky/Bunte/Lwowski BankR-HdB § 65 Rn. 5.

[187] BGH Urt. v. 17.9.1984 – II ZR 23/84, NJW 1985, 196 = WM 1984, 1391 (1392); Baumbach/Hefermehl/*Casper* WG Art. 11 Rn. 32; *Bülow* WG Art. 11 Rn. 30; *Fischer* in Derleder/Knops/Bamberger BankR/KapMarktR § 49 Rn. 51.

[188] BGH Urt. v. 17.12.1979 – II ZR 129/79, NJW 1980, 931 = WM 1980, 126; *Bülow* WG Art. 11 Rn. 37.

[189] BGH Urt. v. 17.9.1984 – II ZR 23/84, NJW 1985, 196 = WM 1984, 1391 (1392); Baumbach/Hefermehl/*Casper* WG Art. 11 Rn. 32; *Peters* in Schimansky/Bunte/Lwowski BankR-HdB § 65 Rn. 5.

[190] *Peters* in Schimansky/Bunte/Lwowski BankR-HdB § 65 Rn. 5.

[191] BGH Urt. v. 17.9.1984 – II ZR 23/84, NJW 1985, 196 = WM 1984, 1391 f.; BGH Urt. v. 24.2.1986 – II ZR 144/85, NJW-RR 1986, 980 = WM 1986, 610 (611); Baumbach/Hefermehl/*Casper* WG Art. 11 Rn. 33; *Bülow* WG Art. 11 Rn. 31; *Peters* in Schimansky/Bunte/Lwowski BankR-HdB § 65 Rn. 5, 8; iErg ebenso Nr. 15 Abs. 1 S. 2 AGB-Banken.

[192] BGH Urt. v. 17.9.1984 – II ZR 23/84, NJW 1985, 196 = WM 1984, 1391 (1392); BGH Urt. v. 14.3.1985 – III ZR 186/83, NJW 1985, 1954 = WM 1985, 688 (689); BGH Urt. v. 24.2.1986 – II ZR 144/85, NJW-RR 1986, 980 = WM 1986, 610 (611); Baumbach/Hefermehl/*Casper* WG Art. 11 Rn. 33; *Bülow* WG Art. 11 Rn. 31.

[193] BGH Urt. v. 24.2.1986 – II ZR 144/85, NJW-RR 1986, 980 = WM 1986, 610 (611); so auch Nr. 15 Abs. 1 S. 2 AGB-Banken.

4. Rechtsfolgen des Diskontvertrags. Der Diskontnehmer hat Anspruch auf den **Diskonterlös** 38 **zur freien Verfügung;** wegen des Kreditzwecks soll eine Verrechnung mit einem Debet unzulässig sein.[194] Dies ist bei Klassifizierung des Diskontvertrags als Darlehen konsequent, bei Bejahung eines Kaufvertrags dagegen zweifelhaft. Die Zurverfügungstellung des Diskonterlöses erfolgt idR durch Gutschrift; Barauszahlung ist ebenfalls möglich. Die diskontgebende Bank hat Anspruch auf die vereinbarten **Diskontspesen;** das Eigentum am Wechsel erwirbt sie mit Abschluss des Diskontvertrags (→ Rn. 37 und Nr. 15 Abs. 1 S. 2 AGB-Banken). Ferner erwirbt die Bank die dem Wechsel zugrundeliegende Forderung des Wechselverkäufers (Nr. 15 Abs. 2 AGB-Banken, Nr. 21 Abs. 1 S. 4 AGB-Sparkassen).[195] Sie ist nicht verpflichtet, den Diskontnehmer über die Vermögensverhältnisse anderer Wechselbeteiligter aufzuklären;[196] allerdings hat sie gegenüber dem Diskontnehmer die Pflicht, vom Akzeptanten bestellte Sicherheiten mit der Sorgfalt eines ordentlichen Kaufmanns zu behandeln und zu verwerten.[197] Ferner muss sie den Wechsel rechtzeitig vorlegen und notfalls Protest erheben.[198]

Wird der Wechsel nicht eingelöst, stehen der diskontgebenden Bank grundsätzlich die **wechsel-** 39 **rechtlichen Rückgriffsrechte** zu.[199] Zusätzlich wird durch Einbeziehung von *Bedingungen für den Wechselverkehr* oder *für das Diskontgeschäft mit Wechseln* oder durch einen Vermerk auf den Wechseleinreichungsformularen ein **Rückbelastungsrecht** vereinbart, wie es Nr. 15 Abs. 1 S. 2 Hs. 2 AGB-Banken voraussetzt.[200] IdR kann danach dem Diskontnehmer der Wechsel zurückbelastet werden, wenn seine Einlösung (1) vor Verfall gefährdet ist oder (2) bei Verfall nicht erfolgt.[201] Bejaht man den Diskontvertrag als Kaufvertrag, handelt es sich beim Rückbelastungsrecht um ein vertraglich vereinbartes Rücktrittsrecht (§§ 346 ff. BGB);[202] beim Darlehensvertrag folgt das Rückbelastungsrecht bereits aus § 488 BGB und der Kündigung des Darlehens.[203] Wenn die Bank es schuldhaft unterlässt, Protest zu erheben und dem Diskontnehmer dadurch ein Schaden entsteht, ist sie ihm nach § 280 BGB zum Schadensersatz verpflichtet. Dies kann auch zum Ausschluss des Rückbelastungsrechts nach § 323 Abs. 6 BGB führen.[204] Bei Rückbelastung behält die Bank Sicherungseigentum am Wechsel (Nr. 15 Abs. 1 S. 2 Hs. 2 AGB-Banken); fehlt ein Sicherungsinteresse, so hat sie den Wechsel zurückzugeben[205] (Nr. 15 Abs. 4 S. 2 AGB-Banken). Ob ein Recht des Diskontnehmers besteht, den Wechsel vor Verfall zurückzufordern (Rückruf), ist umstritten.[206] Da der Diskontvertrag nach hier vertretener Auffassung ein Kaufvertrag ist, bedarf der Rückruf einer ausdrücklichen vertraglichen Vereinbarung. Bis zur Einführung des Euro konnten Kreditinstitute Wechsel zur **Refinanzierung bei der Deutschen Bundesbank** einsetzen. Diesen sogenannten *Rediskont* gibt es nicht mehr. Zu Einzelheiten siehe die Vorauflagen.[207]

XII. Sonstige Wechselformen und Wechselkredite

1. Akzeptantenwechsel. Normalerweise gibt der Gläubiger der Grundforderung den vom Schuld- 40 ner akzeptierten Wechsel zum Diskont. Beim Akzeptanten- oder umgedrehten Wechsel ist **Diskont-**

---

[194] BGH Urt. v. 17.9.1984 – II ZR 23/84, NJW 1985, 196 = WM 1984, 1391 (1392); *Bülow* WG Art. 11 Rn. 34; *Canaris* BankvertragsR Rn. 1539, 1548; *Peters* in Schimansky/Bunte/Lwowski BankR-HdB § 65 Rn. 7; *Fischer* in Derleder/Knops/Bamberger BankR/KapMarktR § 49 Rn. 55.

[195] BGH Urt. v. 30.10.1985 – VIII ZR 251/84, BGHZ 96, 182 = NJW 1986, 424 = WM 1986, 20 (23); Baumbach/Hefermehl/*Casper* WG Art. 11 Rn. 32.

[196] BGH Urt. v. 8.3.1982 – II ZR 60/81, NJW 1982, 1520 = WM 1982, 480 (481); BGH Urt. v. 14.11.1983 – II ZR 39/83, NJW 1984, 728 = WM 1983, 1406 = DB 1984, 399; BGH Urt. v. 10.11.1986 – II ZR 48/86, NJW-RR 1987, 878 = WM 1987, 677 (678 f.); Baumbach/Hefermehl/*Casper* WG Art. 11 Rn. 36; *Bülow* WG Art. 11 Rn. 35.

[197] BGH Urt. v. 29.11.1971 – V ZR 136/69, WM 1972, 72 (74).

[198] OLG Stuttgart Urt. v. 29.9.1993 – 9 U 111/93, WM 1994, 423 (424).

[199] *Fischer* in Derleder/Knops/Bamberger BankR/KapMarktR § 49 Rn. 57.

[200] *Peters* in Schimansky/Bunte/Lwowski BankR-HdB § 65 Rn. 9; *Fischer* in Derleder/Knops/Bamberger BankR/KapMarktR § 49 Rn. 57.

[201] *Peters* in Schimansky/Bunte/Lwowski BankR-HdB § 65 Rn. 9; zur Wirksamkeit des Rückbelastungsrechts von Nr. 42 AGB-Banken aF vgl. OLG München Urt. v. 11.3.1991 – 26 U 4765/90, WM 1992, 1732; zu Nr. 47 AGB-Sparkassen aF vgl. OLG Stuttgart Urt. v. 29.9.1993 – 9 U 111/93, WM 1994, 423 ff.; zu Nr. 49 AGB-Sparkassen idF v. 1977 vgl. BGH Urt. v. 10.11.1986 – II ZR 48/86, NJW-RR 1987, 878 = WM 1987, 677 (678).

[202] BGH Urt. v. 13.4.1972 – II ZR 107/70, BGHZ 59, 197 = NJW 1972, 1084 = WM 1972, 582; OLG München Urt. v. 11.3.1991 – 26 U 4765/90, WM 1992, 1732 (1735); OLG Stuttgart Urt. v. 29.9.1993 – 9 U 111/93, WM 1994, 423 (424); Baumbach/Hefermehl/*Casper* WG Art. 11 Rn. 38; *Bülow* WG Art. 11 Rn. 39.

[203] *Bülow* WG Art. 11 Rn. 39; Baumbach/Hefermehl/*Casper* WG Art. 11 Rn. 38.

[204] So für die Rechtslage vor Aufhebung des § 351 BGB aF durch die Schuldrechtsreform BGH Urt. v. 13.4.1972 – II ZR 107/70, BGHZ 59, 197 = NJW 1972, 1084 = WM 1972, 582 (583); BGH Urt. v. 10.11.1986 – II ZR 48/86, NJW-RR 1987, 878 = WM 1987, 677 (678); Baumbach/Hefermehl/*Casper* WG Art. 11 Rn. 38; *Fischer* in Derleder/Knops/Bamberger BankR/KapMarktR § 49 Rn. 58; vgl. auch *Bülow* WG Art. 11 Rn. 38.

[205] OLG Koblenz Urt. v. 6.9.1991 – 2 U 1408/88, WM 1992, 520 (521); Baumbach/Hefermehl/*Casper* WG Art. 11 Rn. 41.

[206] MwN *Bülow* WG Art. 11 Rn. 34; *Peters* in Schimansky/Bunte/Lwowski BankR-HdB § 65 Rn. 10.

[207] → 3. Aufl. 2015, BankR Rn. II 483 und → 1. Aufl. 2001, BankR Rn. II 199 sowie *Peters* in Schimansky/Bunte/Lwowski BankR-HdB § 65 Rn. 15; Baumbach/*Hefermehl*, 21. Aufl. 1999, WG Art. 11 Rn. 14; *Richardi*, Wertpapierrecht, 1987, 104.

nehmer dagegen der Akzeptant, der mit dem Diskonterlös die Grundforderung bezahlt; geschieht dies per Scheck, spricht man auch vom **Wechsel-Scheck-Verfahren.**[208] Aussteller des Wechsels ist der Gläubiger der Grundforderung; durch seine Rückgriffshaftung verhilft er seinem Schuldner zu einem Kredit und sich zu rascher Zahlung. Der Akzeptantenwechsel ist grundsätzlich nicht sittenwidrig, sondern wirksam;[209] die Bank kann bei ihrer Entscheidung, ob sie den Wechsel diskontieren will, ohne weiteres in Rechnung stellen, dass ihr auch der Aussteller haftet.[210] Die Grundforderung des Ausstellers sowie die für sie bestellten Sicherheiten, etwa ein Eigentumsvorbehalt, erlöschen trotz bereits erfolgter Zahlung aber erst, wenn der Aussteller aus dem Wechsel nicht mehr haften kann (str.).[211]

41   **2. Akzept- und Rembourskredit.** Beim **Akzeptkredit** akzeptiert die Bank einen auf sie gezogenen Wechsel. Damit gewährt sie ihrem Bankkunden/Wechselaussteller gegen eine Akzeptprovision durch ihre Bonität die Möglichkeit, sich im Wege des Diskonts Kreditmittel zu verschaffen.[212] Der Akzeptkredit ist damit ein Haftungskredit. Die **Rechtsnatur** des Akzeptkreditvertrags ist umstritten; erfolgt die Wechseldiskontierung bei einer anderen Bank, handelt es sich um Geschäftsbesorgung (§ 675 Abs. 1 BGB); wendet die Akzeptbank eigene Mittel auf und diskontiert den Wechsel selbst (Eigendiskont), liegt ein Darlehen (§ 488 BGB) vor.[213] Der Kreditnehmer ist verpflichtet, die Akzeptprovision zu zahlen und für rechtzeitige Deckung vor Verfall zu sorgen.[214] Beim **Rembourskredit**[215] handelt es sich um einen *Akzeptkredit im Außenhandel.* Der Importeur verschafft dem Exporteur das Akzept einer bestimmten Bank gegen Dokumente. Der Exporteur finanziert sich durch Diskontierung des Wechsels; der kreditnehmende Importeur hat bis zur Fälligkeit des Wechsels Zeit, für Deckung zu sorgen. Der Rembourskredit ist idR, aber nicht zwingend, mit einem Akkreditiv gekoppelt; in diesem Fall überlagern die Regeln zum Akkreditiv (→ Rn. 139 ff.) diejenigen des Akzeptkredits. Auch eine Verbindung mit Dokumenteninkasso (→ Rn. 116 ff.) ist möglich.

42   **3. Avalkredit.** Als Avalkredit bezeichnet man die Übernahme einer Bürgschaft oder Garantie der Bank für Verbindlichkeiten ihres Kunden.[216] Die wechselrechtliche Erscheinungsform des Avalkredits, der ebenfalls Haftungskredit ist, ist die Wechselbürgschaft (Art. 30–32 WG). Ihre praktische Bedeutung ist gering, da sie eher geeignet ist, Zweifel an der Bonität der Wechselschuldner zu wecken als die Umlauffähigkeit des Wechsels zu stärken. Diesem Zweck dient ein Garantieindossament der Bank heute besser (→ Rn. 14). Die Wechselbürgschaft ist nicht akzessorisch, sondern abstrakt; die Vorschriften der §§ 765 ff. BGB gelten nicht.[217]

2. Scheckrecht

Schrifttum: *Aden,* Die Haftung der einlösenden Bank bei abhandengekommenen Schecks, NJW 1994, 413; *Ahlers,* Die neuen Bedingungen für ec-Karten, WM 1995, 601; *Ahlers,* Art. 32 ScheckG – nach dem Scheckurteil des BGH nur noch Makulatur, NJW 1990, 1149; *Binder,* Abhanden gekommene Order- und Verrechnungsschecks: Haftungsprobleme im Konfliktbereich zwischen rechtlicher Umlauffähigkeit und gewandelter wirtschaftlicher Realität, WM 2004, 449; *Bülow,* WechselG, ScheckG, AGB, 5. Aufl. 2013; *Bülow,* Scheckrechtliche Anweisung und Überweisungsvertrag, WM 2000, 58; *Bülow,* Scheckprüfungspflicht der Kreditinstitute im Umbruch, WM 1997, 10;

---

[208] BGH Urt. v. 26.2.1986 – VIII ZR 28/85, BGHZ 97, 197 = NJW 1986, 1677 = WM 1986, 547; Baumbach/Hefermehl/*Casper* WG Einl. Rn. 75; *Peters* in Schimansky/Bunte/Lwowski BankR-HdB § 65 Rn. 13; *Richardi,* Wertpapierrecht, 1987, 105; *Gursky,* Wertpapierrecht, 3. Aufl. 2007, 35.

[209] BGH Urt. v. 14.11.1983 – II ZR 39/83, NJW 1984, 728 = WM 1983, 1406 = DB 1984, 399; BGH Urt. v. 26.2.1986 – VIII ZR 28/85, BGHZ 97, 197 = NJW 1986, 1677 = WM 1986, 547 f.; OLG Frankfurt a. M. Urt. v. 4.11.1992 – 19 U 33/92, WM 1993, 1710 (1712); OLG Karlsruhe Urt. v. 30.12.1994 – 13 U 291/93, WM 1996, 1294; OLG Hamm Urt. v. 9.12.1994 – 7 U 97/94, WM 1995, 1618 (1619); OLG Frankfurt a. M. Urt. v. 24.4.1995 – 4 U 36/94, WM 1995, 1497 (1498); OLG München Urt. v. 9.10.1996 – 7 U 3625/96, WM 1997, 2249 (2250 f.) = BB 1997, 649; *Peters* in Schimansky/Bunte/Lwowski BankR-HdB § 65 Rn. 13; Baumbach/Hefermehl/*Casper* Art. 17 Rn. 56; *Bülow* WG Art. 17 Rn. 47.

[210] BGH Urt. v. 14.11.1983 – II ZR 39/83, NJW 1984, 728 = WM 1983, 1406 = DB 1984, 399; OLG Karlsruhe Urt. v. 30.12.1994 – 13 U 291/93, WM 1996, 1294.

[211] Ebenso und mwN Baumbach/Hefermehl/*Casper* WG Art. 17 Rn. 59; *Canaris* BankvertragsR Rn. 1592; aA BGH Urt. v. 26.2.1986 – VIII ZR 28/85, BGHZ 97, 197 = NJW 1986, 1677 = WM 1986, 547 (548); *Bülow* WG Art. 17 Rn. 68; Palandt/*Grüneberg* BGB § 364 Rn. 9.

[212] Baumbach/Hopt/*Hopt* Bankgeschäfte Rn. G/25; *Pamp* in Schimansky/Bunte/Lwowski BankR-HdB § 75 Rn. 41; *Peters* in Schimansky/Bunte/Lwowski BankR-HdB § 65 Rn. 16.

[213] MwN Baumbach/Hefermehl/*Casper* WG Einl. Rn. 83; Baumbach/Hopt/*Hopt* Bankgeschäfte Rn. G/25; *Pamp* in Schimansky/Bunte/Lwowski BankR-HdB § 75 Rn. 42 f.; *Peters* in Schimansky/Bunte/Lwowski BankR-HdB § 65 Rn. 17 f.; *Fischer* in Derleder/Knops/Bamberger BankR/KapMarktR § 49 Rn. 60.

[214] *Peters* in Schimansky/Bunte/Lwowski BankR-HdB § 65 Rn. 20.

[215] Insgesamt hierzu Baumbach/Hefermehl/*Casper* WG Einl. Rn. 84; Baumbach/Hopt/*Hopt* Bankgeschäfte Rn. G/26; *Peters* in Schimansky/Bunte/Lwowski BankR-HdB § 65 Rn. 21 ff.; *Welter* in Schimansky/Bunte/Lwowski BankR-HdB § 66 Rn. 23.

[216] Baumbach/Hopt/*Hopt* Bankgeschäfte Rn. G/27; *Pamp* in Schimansky/Bunte/Lwowski BankR-HdB § 75 Rn. 38; *Lwowski/Tetzlaff* WM 2000, 761.

[217] Baumbach/Hefermehl/*Casper* WG Art. 30 Rn. 1; *Peters* in Schimansky/Bunte/Lwowski BankR-HdB § 65 Rn. 29.

Bülow, Sphärentheorie im Scheckvertragsrecht, WM 1996, 8; *Bittner,* Haftungsrechtliche Grundlagen und versicherungsrechtliche Folgen der neuen Sonderbedingungen für den Scheckverkehr, VersR 1996, 805; *Bittner,* Postscheck und Privatrecht, ZIP 1992, 1612; *Bittner,* Haftung der bezogenen Bank bei Barauszahlung eines Verrechnungsschecks, WM 1990, 1815; *Casper,* Der Bankier in Art. 54 SchG – ein überholtes Relikt aus einer anderen Zeit?, ZBB 2017, 170; *Casper/Terlau,* Zahlungsdiensteaufsichtsgesetz, 2014; *Fandrich/Karper,* Münchener Anwaltshandbuch Bank- und Kapitalmarktrecht, 2. Aufl. 2018; *Frings,* Annahme des Erlaßangebotes durch Scheckeinlösung, BB 1996, 809; *Gößmann,* Recht des Zahlungsverkehrs, 3. Aufl. 1997; *Gößmann,* Aspekte der ec-Karten-Nutzung, WM 1998, 1264; *Gößmann/van Look,* Die Banküberweisung nach dem Überweisungsgesetz, WM-Sonderbeilag 1/2000; *Gursky,* Wertpapierrecht, 3. Aufl. 2007; *Hadding/Häuser,* Reichweite der Einlösungsgarantie und Rechtsmißbrauch beim ec-Scheck, WM 1993, 1357; *Haertlein,* Der Schaden nach dem Einzug abhanden gekommener Schecks und seine gerichtliche Geltendmachung, ZBB 2001, 7; *Haertlein,* Der abhanden gekommene Inhaberscheck, 1999; *Haertlein,* Der Rückzahlungsanspruch der Inkassobank nach Verfügungen über vorläufige Scheckgutschriften, ZBB 1996, 368; *Häuser,* Scheckeinlösungszusage, FS Schimansky, 1999, 183; *Häuser,* Scheckinkasso und Weisung des Einreichers zur Gutschrift des Erlöses auf das Konto eines Dritten, WM 1990, 1184; *Hartenfels,* Euro – Bankrechtliche Aspekte am Morgen der Währungsunion, WM-Sonderbeilage 1/1999; *Joost,* Der bestätigte Bundesbankscheck und der Nachweis seiner Vorlegung, ZHR 150 (1986), 635; *Joost,* Die Verteilung des Risikos von Scheckfälschungen, ZHR 153 (1989), 237; *Joost,* Neue Euroscheckbedingungen zum Risiko des Scheckmißbrauchs, DB 1989, 1657; *Klanten,* Zahlung mit Euro, NJW 1998, 3152; *Köndgen,* Das neue Recht des Zahlungsverkehrs, JuS 2011, 481; *Köndgen,* Die Entwicklung des privaten Bankrechts in den Jahren 1999–2003, NJW 2004, 1288; *Köndgen,* Die Entwicklung des privaten Bankrechts in den Jahren 1990/91, NJW 1992, 2263; *Koller,* Die Verteilung des Scheckfälschungsrisikos zwischen Kunde und Bank, NJW 1981, 2433; *Kreissl,* Zur Haftung des Schecknehmers für den Verlust des Schecks nach Übergabe, WM 1996, 1074; *Lange,* Erlaß- bzw. Vergleichsfalle, WM 1999, 1301; *Meyer-Cording/Drygala,* Wertpapierrecht, 3. Aufl. 1995; *G. Müller,* Auswirkungen des Verbraucherkreditgesetzes auf das Wechsel- und Scheckrecht, WM 1991, 1781; *M. Müller,* Das Wertpapier – Ein unbekanntes Wesen?, JA 2017, 321 und 401; *Müller-Christmann,* Neuere Rechtsprechung zum Scheckrecht, WM 1998, 577; *Nobbe,* Die Rechtsprechung des BGH zu Kartenzahlungen und die neuere Rechtsprechung des BGH zum Wechsel- und Scheckrecht, WM-Sonderbeilage 2/2012; *Nobbe,* Die neuere Rechtsprechung des Bundesgerichtshofs zum Wechsel- und Scheckrecht, WM-Sonderbeilage 5/2000; *Nobbe,* Bankrecht – Aktuelle höchst- und obergerichtliche Rechtsprechung, 1999; *Nobbe,* Neue höchstrichterliche Rechtsprechung zum Bankrecht, 6. Aufl. 1995; *Obermüller,* Insolvenzrecht in der Bankpraxis, 9. Aufl. 2016; *Peters,* Einwendungen aus dem Grundverhältnis gegenüber dem Anspruch aus dem Scheck, ZIP 1997, 1581; *Rademacher,* § 675u BGB: Einschränkung des Verkehrsschutzes im Überweisungsrecht?, NJW 2011, 2169; *Rehbein,* Die Einführung des Euro aus der Sicht bankgeschäftlicher Unternehmenspraxis, WM 1998, 997; *Reiser,* Das beleglose Scheckeinzugsverfahren im deutschen Kreditgewerbe, WM 1986, 409; *Schlie,* Belegloses Scheckeinzugsverfahren und Scheckprozeß, WM 1990, 617; *Schnauder,* Das Belastungsrecht des Bezogenen bei Einlösung abhanden gekommener Inhaberschecks, WM 2000, 549; *Schnauder,* Rechtsfragen nach Abhandenkommen eines Schecks, WM 1998, 1901; *Schnauder,* Zur Rückabwicklung einer fehlgeschlagenen Scheckzahlung, WM 1996, 1069; *Schultz,* Risiken der Einreichung US-amerikanischer Schecks, WM 1998, 583; *Thamm,* Rechtsprobleme beim Scheck/Wechselverfahren, ZIP 1984, 922; *Wand,* Die neuen Bedingungen der privaten Banken für ec-Karten und den Scheckverkehr, ZIP 1996, 214; *Weber,* Recht des Zahlungsverkehrs, 4. Aufl. 2004 (bis zur 3. Aufl. *Gößmann*).

Eine **Übersicht aller Fundstellen** wertpapierrechtlicher Entscheidungen des BGH mit Parallelzitaten enthalten Baumbach/Hefermehl/*Casper* 849 ff.; *Bülow* Anh. Fundstellenverzeichnis 751 ff.

I. Begriff und Rechtsgrundlagen

Der Scheck ist nach Art. 1 ScheckG die **Anweisung des Ausstellers an eine Bank,** dem **43** Berechtigten auf Sicht eine bestimmte Geldsumme zu zahlen. Es handelt sich um ein Wertpapier.[218] Im Unterschied zum Wechsel ist es dem Bezogenen jedoch untersagt, den Scheck anzunehmen (Art. 4 ScheckG, Akzeptverbot). Der Berechtigte hat deshalb grundsätzlich keinen Zahlungsanspruch gegen die bezogene Bank. Zu Ausnahmen → Rn. 64, 67 und zum ehemaligen Euroscheck → Rn. 111. Wertpapierrechtlich verbrieft der Scheck allein die aufschiebend bedingte Rückgriffsforderung des Berechtigten nach Art. 40 ScheckG gegen Aussteller, Indossanten und andere Scheckverpflichtete (Art. 12, 18, 20, 27 ScheckG).[219]

Rechtsgrundlage des Scheckrechts ist das ScheckG vom 14.8.1933,[220] in Kraft getreten – allerdings **44** ohne Art. 37 und 38 ScheckG – am 1.4.1934.[221] Das Einführungsgesetz zum Scheckgesetz[222] wurde im April 2006 aufgehoben.[223] Das ScheckG entspricht überwiegend dem *Genfer Abkommen über das Einheitliche Scheckgesetz* vom 19.3.1931[224] und ist im Inland allein maßgeblich.[225] Bedeutung für das

---

[218] *Canaris* BankvertragsR Rn. 675; *Schwintowski* in Derleder/Knops/Bamberger BankR/KapMarktR § 48 Rn. 1.

[219] *Nobbe* in Schimansky/Bunte/Lwowski BankR-HdB § 60 Rn. 13; etwas anders Baumbach/Hefermehl/*Casper* ScheckG Einl. Rn. 10.

[220] RGBl. I 597; BGBl. III 4132-1; zuletzt geändert durch Art. 200 der VO v. 31.8.2015, BGBl. 2015 I 1474.

[221] VO v. 28.11.1933, RGBl. I 1019.

[222] Vom 14.8.1933, RGBl. I 605.

[223] Art. 155 des Gesetzes v. 19.4.2006, BGBl. 2006 I 866.

[224] RGBl. II 537, abgedr. in Baumbach/Hefermehl/*Casper* ScheckG Anh. I.1; zum Geltungsbereich Baumbach/Hefermehl/*Casper* ScheckG Anh. I.4.

[225] BGH Urt. v. 1.10.1991 – XI ZR 29/91, BGHZ 115, 247 = NJW 1992, 118 = WM 1991, 1910 (1911); zum internationalen Scheckprivatrecht s. Art. 60 ff. ScheckG; zu den Risiken bei der Einreichung US-amerikanischer Schecks s. *Schultz* WM 1998, 583.

Scheckrecht hat darüber hinaus das WG, teils auf Grund spezieller Verweisungen, zB in Art. 55 Abs. 3 ScheckG, teils aufgrund der Ähnlichkeit vieler Vorschriften beider Gesetze. Die nachstehend verwendete **Terminologie** folgt den Begriffen des ScheckG: *Aussteller,* manchmal auch Kontoinhaber, Bank- oder Scheckkunde, bezeichnet den Scheckbeteiligten nach Art. 1 Nr. 6 ScheckG; *Bezogener* oder *bezogene Bank* bezeichnet denjenigen, der zahlen soll (Art. 1 Nr. 3 ScheckG). *Inhaber* ist jeder Scheckinhaber (Art. 19, 34 ScheckG), Scheck*nehmer* dagegen nur der erste. Wie bei der Anweisung (§§ 783 ff. BGB) bezeichnet man als *Deckungsverhältnis* die kausale Rechtsbeziehung zwischen der bezogenen Bank und dem Aussteller, als *Valutaverhältnis* diejenige zwischen dem Aussteller und dem Schecknehmer.[226] Zahlungsvorgänge mittels Scheck sind **keine Zahlungsdienste** (§ 2 Abs. 1 Nr. 6b ZAG).[227]

II. Scheckarten, Scheckaufkommen und Unterschiede zum Wechsel

45   Der Scheck dient dem standardisierten **bargeldlosen Zahlungsverkehr** und ist umlauffähig. Nach Art. 5 ScheckG gibt es Inhaber-, Order- oder Rektaschecks. In der Praxis überwiegen Inhaberschecks in Form der *Überbringerschecks* (Art. 5 Abs. 2 ScheckG); Orderschecks kommen weniger häufig, Rektaschecks fast nicht vor.[228] Der Scheck hat durch die anderen bargeldlosen bzw. elektronischen Zahlungsmittel und die Abschaffung des Euroschecks (→ Rn. 111) an Bedeutung verloren. Das Scheckvolumen geht stetig zurück. Im Jahre 2001 gab es ca. 300 Mio. Scheckzahlungen durch Nichtbanken im Werte von ca. 900 Mrd. EUR, 2010 waren es 48 Mio. im Werte von 260 Mrd. EUR und im Jahre 2013 gab es 31 Mio. Scheckzahlungen im Wert von 200 Mrd. EUR. Im Jahre 2017 erfolgten noch 12,8 Mio. Schecktransaktionen im Gesamtwert von knapp 110 Mrd. EUR.[229] Das ist nicht viel und ergibt für 2017 einen durchschnittlichen Scheckbetrag von über 8.000 EUR. Mithin dürfte es sich überwiegend um Großbetragsschecks, die wohl von Unternehmen ausgestellt wurden, handeln.[230] Zur früher häufig vorgekommenen Benutzung eigener Schecks zur Bargeldabhebung s. *Nobbe* in Schimansky/Bunte/Lwowski BankR-HdB § 60 Rn. 21. Anders als im Wechsel soll der Scheck **keine Kreditfunktion** erhalten. Dies gewährleisten (1) das Akzeptverbot (Art. 4 ScheckG), (2) die kurze Vorlegungsfrist von acht Tagen für im Inland ausgestellte und zahlbare Schecks (Art. 29 Abs. 1 ScheckG) und (3) die Möglichkeit, auch vordatierte Schecks jederzeit vorlegen zu können (Art. 28 Abs. 2 ScheckG). Die Vordatierung schützt daher den Aussteller nicht vor sofortiger Inanspruchnahme. Beim Verbraucherdarlehensvertrag gilt ein zusätzliches (eingeschränktes) Scheckverbot. Danach darf der Darlehensgeber vom Darlehensnehmer keinen Scheck *zur Sicherung seiner Ansprüche* aus dem Verbraucherdarlehensvertrag entgegennehmen (§ 496 Abs. 3 S. 2 BGB).[231] Er kann seine Darlehenspflichten aber mit Scheck erfüllen. Zum ähnlichen Wechselverbot beim Verbraucherdarlehensvertrag → Rn. 2a.

III. Form und Scheckfähigkeit

46   Die Entstehung der Scheckverpflichtungen setzt grundsätzlich[232] zwei Tatbestände voraus: (1) Die formwirksame Ausstellung des Papiers und (2) sein zurechenbares Inverkehrbringen, idR durch Begebungsvertrag zwischen Aussteller und Schecknehmer.[233] Hierzu gehört auch die idR im Begebungsvertrag enthaltene Übereignung des Schecks einschließlich seiner Übergabe oder eines Übergabesurrogats. Fehlt es am Begebungsvertrag, so kann die Scheckverpflichtung nach Rechtsscheinsgrundsätzen im Falle eines gutgläubigen Erwerbs entstehen (→ Rn. 74). Die **formellen Anforderungen,** auch als Scheckstrenge bezeichnet, sind in Art. 1 enthalten. Dem entsprechen die in der Praxis allein vorkommenden Scheckvordrucke der Banken, deren Verwendung in Nr. 1 der *Bedingungen für den Scheckverkehr* sowohl der Banken als auch der Sparkassen (abgedr. → Rn. 114 f.) vorgeschrieben ist. Wird ein Scheckvordruck nicht ordnungsgemäß ausgefüllt, ist der Scheck nach Art. 2 Abs. 1 ScheckG nichtig. Lediglich das Fehlen von Zahlungs- und Ausstellungsort kann ersetzt werden (Art. 2 Abs. 2–4

[226] Baumbach/Hefermehl/*Casper* ScheckG Einl. Rn. 10; *Nobbe* in Schimansky/Bunte/Lwowski BankR-HdB § 60 Rn. 14.

[227] Casper/Terlau/*Casper* ZAG § 2 Rn. 37; *Schwintowski* in Derleder/Knops/Bamberger BankR/KapMarktR § 48 Rn. 15.

[228] *Nobbe* in Schimansky/Bunte/Lwowski BankR-HdB § 60 Rn. 12, 74.

[229] *Deutsche Bundesbank,* Statistiken über den Zahlungsverkehr in Deutschland 2001–2005, Tab. 6, 7 (2006); *Deutsche Bundesbank,* Zahlungsverkehrs- und Wertpapierabwicklungsstatistiken in Deutschland 2007–2010, Tab. 7 (2011); *Deutsche Bundesbank,* Zahlungsverkehrs- und Wertpapierabwicklungsstatistiken 2009–2013, Tab. 6, 7 (2014); *Deutsche Bundesbank,* Zahlungsverkehrs- und Wertpapierabwicklungsstatistiken in Deutschland 2013–2017 (2018), Tab. 6a, 7a.

[230] *Schwintowski* in Derleder/Knops/Bamberger BankR/KapMarktR § 48 Rn. 8.

[231] *Bülow* ScheckG Art. 22 Rn. 21; Palandt/*Weidenkaff* BGB § 496 Rn. 4. Zum früheren § 10 Abs. 2 S. 2 VerbrKrG s. Baumbach/*Hefermehl,* 22. Aufl. 2000, ScheckG Einl. Rn. 28a ff.; *Müller* WM 1991, 1781 (1783 ff.).

[232] Zum Theorienstreit *Nobbe* in Schimansky/Bunte/Lwowski BankR-HdB § 62 Rn. 21 ff.

[233] OLG Düsseldorf Urt. v. 26.3.1998 – 6 U 75/97, WM 1998, 2098 (2099); *Bülow* ScheckG Einf. Rn. 6; *Richardi,* Wertpapierrecht, 1987, 223.

ScheckG). Eine ungebräuchliche Abkürzung stellt keine Angabe eines Ausstellungsortes dar.[234] Vom formnichtigen, weil unvollständig ausgefüllten Scheck ist der **Blankoscheck** zu unterscheiden. Dieser wird bewusst unvollständig begeben und soll vom dazu ermächtigten Nehmer vervollständigt werden. Hier haftet der Aussteller dem Inhaber grundsätzlich für abredewidriges Ausfüllen (Art. 13 ScheckG). Eine mangels Angabe des Tags der Ausstellung nach Art. 1 Nr. 5, 2 Abs. 1 ScheckG formunwirksame Scheckanweisung kann unter den Voraussetzungen des § 140 BGB in eine Ermächtigung des Scheck-ausstellers an die bezogene Bank umgedeutet werden, für ihn und auf seine Rechnung an den Scheck-begünstigten zu zahlen.[235] Vgl. iÜ zur **Umdeutung** eines formnichtigen Schecks: Baumbach/Hefer-mehl/*Casper* ScheckG Art. 2 Rn. 5 f.; Palandt/*Ellenberger* BGB § 140 Rn. 12.

Nach Art. 3 S. 1 ScheckG darf ein Scheck nur auf einen Bankier, dh auf eine Bank entsprechend **47** der Definition in Art. 54 ScheckG, gezogen werden.[236] Man bezeichnet die Fähigkeit, Scheckbezoge-ner sein zu können, als **passive Scheckfähigkeit**. Ferner soll nach dieser Vorschrift der Aussteller bei der bezogenen Bank am Tag der Vorlegung des Schecks, nicht im Augenblick der Ausstellung, ein Guthaben besitzen. Dieses Erfordernis hat keine eigenständige Bedeutung, denn auch bei fehlender Deckung ist der nicht eingelöste Scheck gültig und führt zum Rückgriff.[237] Die **aktive Scheckfähig-keit** betrifft die Frage, wer einen Scheck ausstellen kann. Sie ist im ScheckG nicht geregelt; es gelten die allgemeinen Bestimmungen über Rechts- und Geschäftsfähigkeit. Die nach außen in Erscheinung tretende BGB-Gesellschaft, deren Rechts- und Parteifähigkeit mittlerweile anerkannt ist,[238] ist aktiv scheckfähig.[239] Dies hatte der BGH schon 1997 entschieden.[240] Gleiches gilt für den nicht rechts-fähigen Verein und die Vorgesellschaft juristischer Personen.[241] Bei Teilnahme **beschränkt Geschäfts-fähiger** am Scheckverkehr (§ 106 BGB), die seit der Abschaffung des Euroschecks (→ Rn. 111) wohl kaum mehr vorkommt, ist für jede Scheckbegebung die Genehmigung des Familiengerichts neben der Zustimmung des gesetzlichen Vertreters erforderlich (§§ 1643 Abs. 1, 1822 Nr. 9 BGB). Das gilt entgegen dem Wortlaut des § 1822 Nr. 9 BGB, aber entsprechend seinem Schutzzweck, auch für Inhaberschecks.[242] Bei Zustimmung des gesetzlichen Vertreters, aber dem Fehlen der familiengericht-lichen Genehmigung, soll nach überwM nur der Begebungsvertrag unwirksam sein, nicht aber die in der Scheckausstellung liegende Anweisung an die bezogene Bank. Ihr stünde dann bei Einlösung gleichwohl ein Erstattungsanspruch aus § 670 BGB zu.[243] Dies führt jedoch zu einer Reduzierung des Minderjährigenschutzes. Richtigerweise ist daher auch die in der Scheckausstellung liegende Anwei-sung an die bezogene Bank unwirksam.[244] Bei Einlösung verbleibt ihr daher nur der Bereicherungs-anspruch in den Grenzen des § 818 Abs. 3 BGB. Die Bundesanstalt für Finanzdienstleistungsaufsicht empfiehlt den Kreditinstituten, Minderjährigen grundsätzlich keine Scheckformulare auszuhändi-gen.[245] Zur **Einführung des Euro** → 3. Aufl. 2015, BankR Rn. II 492.

IV. Rechtsbeziehungen zwischen den Beteiligten

Als Zahlungsanweisung enthält der Scheck eine **Doppelermächtigung** iSv § 783 BGB.[246] Der **48** Aussteller ermächtigt zum einen seine Bank, aus seinem Guthaben an den Scheckinhaber zu zahlen, zum anderen den Inhaber, die Leistung für sich in Empfang zu nehmen.

1. Aussteller – bezogene Bank. a) Vertragsstrukturen. Voraussetzung für die Ausstellung eines **49** Schecks und seine Bezahlung durch die bezogene Bank ist ein **Scheckvertrag** (Art. 3 ScheckG) zwischen ihr und dem Aussteller. Denn weder der *Zahlungsdiensterahmenvertrag* des § 675f Abs. 2 BGB

---

[234] OLG Hamm Urt. v. 12.6.2012 – I-7 U 3/12, NJW 2013, 395; *Schwintowski* in Derleder/Knops/Bamberger BankR/KapMarktR § 48 Rn. 12.

[235] BGH Urt. v. 20.3.2001 – XI ZR 157/00, NJW 2001, 1855 = ZIP 2001, 781 = DB 2001, 1248 = WM 2001, 954.

[236] Krit. zur Definition des Bankiers *Casper* ZBB 2017, 170.

[237] Baumbach/Hefermehl/*Casper* ScheckG Art. 3 Rn. 2.

[238] BGH Urt. v. 29.1.2001 – II ZR 331/00, BGHZ 146, 341 = AG 2001, 308 (312) = NJW 2001, 1056.

[239] *Schwintowski* in Derleder/Knops/Bamberger BankR/KapMarktR § 48 Rn. 24 ff.

[240] BGH Urt. v. 15.7.1997 – XI ZR 154/96, NJW 1997, 2754 (2755) = WM 1997, 1666 (1667).

[241] *Nobbe* in Schimansky/Bunte/Lwowski BankR-HdB § 60 Rn. 80. Zur gleichen Rechtslage beim Wechsel → Rn. 6.

[242] Baumbach/Hefermehl/*Casper* ScheckG Einl. Rn. 20; *Nobbe* in Schimansky/Bunte/Lwowski BankR-HdB § 60 Rn. 81; *Vortmann* WM 1994, 965 (967).

[243] *Bülow* ScheckG Art. 3 Rn. 31; *Canaris* BankvertragsR Rn. 709; *Nobbe* in Schimansky/Bunte/Lwowski BankR-HdB § 60 Rn. 83.

[244] Ebenso Baumbach/*Hefermehl*, 22. Aufl. 2000, ScheckG Einl. Rn. 12; so wohl auch *Vortmann* WM 1994, 965 (968).

[245] Abschn. II 2b) aa) der „Verlautbarung zum Thema Bankgeschäfte mit Minderjährigen" der Bundesanstalt für Finanzdienstleistungsaufsicht (damals Bundesaufsichtsamt für das Kreditwesen) v. 22.3.1995, https://www.bafin.de/SharedDocs/Veroeffentlichungen/DE/Anschreiben/sc_980322_minder_ba.html (27.3.2020); abgedr. in ZIP 1995, 691 (693 f.).

[246] *Canaris* BankvertragsR Rn. 686; *Nobbe* in Schimansky/Bunte/Lwowski BankR-HdB § 60 Rn. 10; Palandt/*Sprau* BGB § 783 Rn. 13, 3.

noch der *Girovertrag* oder ein *allgemeiner Bankvertrag*[247] gewähren dem Zahlungsdienstnutzer oder dem Bankkunden dieses Recht. Damit der Aussteller über sein Guthaben mittels Scheck verfügen kann, ist vielmehr die in Art. 3 ScheckG verlangte ausdrückliche oder stillschweigende Vereinbarung erforderlich, die als Scheckvertrag bezeichnet wird. Hierdurch verpflichtet sich die Bank, die von ihrem Kunden auf den zugelassenen Vordrucken (Nr. 1 Scheckbedingungen-Banken und Scheckbedingungen-Sparkassen) ausgestellten Schecks bei entsprechender Deckung (Guthaben oder Kreditrahmen) einzulösen. In der Regel kommt der Scheckvertrag durch Aushändigung der jeweiligen Scheckformulare zustande, kann aber auch konkludent geschlossen werden.[248]

50   IdR ist der Scheckvertrag eingebettet in einen *Girovertrag*,[249] der früher in § 676f BGB aF geregelt war. Seit der Einführung des Zahlungsdiensterahmenvertrags durch Umsetzung der Richtlinie 2007/64/EG des Europäischen Parlaments und des Rates vom 13.11.2007 über Zahlungsdienste im Binnenmarkt[250] (ZDRL I) regelt dieser Rahmenvertrag die Ausführung von Zahlungsvorgängen und die Führung des Zahlungskontos.[251] Der Girovertrag ist damit auch ein Zahlungsdiensterahmenvertrag,[252] aber er ist etwas mehr als das.[253] ZB kann er eine eingeräumte oder geduldete Überziehungsmöglichkeit oder, nach entsprechender Vereinbarung, Scheckausstellung und Scheckinkasso[254] beinhalten. Es ist daher richtig, mit der hM weiterhin von einem Girovertrag zu sprechen. Letztendlich kann die Frage nach dem genauen Verhältnis vom Zahlungsdiensterahmenvertrag zum Girovertrag hier offen bleiben. Die Beantwortung dieser Frage spielt für die Beurteilung des Scheckvertrags, der immer eine gesonderte Vereinbarung nach Art. 3 ScheckG voraussetzt, keine Rolle.

51   Beim Scheckvertrag handelt es sich um einen **Dienstvertrag mit Geschäftsbesorgungscharakter** (§§ 675, 611 BGB),[255] str. Nach aA liegt ein Werkvertrag[256] oder auch eine Mischung zwischen beiden Vertragstypen[257] vor. Große praktische Bedeutung hat die Frage nicht. Die Klassifizierung als entgeltlicher Geschäftsbesorgungsvertrag führt zur Anwendung des Auftragsrechts und hier insbesondere der §§ 667, 670 BGB. Fraglich ist an dieser Stelle, ob auch die §§ 675c–676c BGB auf den Scheckvertrag Anwendung finden können. Ausgangspunkt ist die Tatsache, dass die §§ 675c–676c BGB ausschließlich auf Zahlungsdienste Anwendung finden. Zahlungsvorgänge, denen ein Scheck zugrunde liegt, der auf den Zahlungsdienstleister gezogen ist und die Bereitstellung von Geldern an einen Zahlungsempfänger vorsieht, gelten nach § 2 Abs. 1 Nr. 6a ZAG jedoch nicht als Zahlungsdienste.[258] Damit verbietet sich eine unmittelbare Heranziehung dieser Vorschriften. Für eine analoge Auslegung einzelner Regelungen wird idR die gesetzgeberische Lücke fehlen, denn das über § 675 BGB anwendbare Auftragsrecht in Verbindung mit den Bestimmungen des Dienst- oder Werkvertrags hat den Scheckvertrag bisher umfassend geregelt. Denkbar ist ausnahmsweise eine Ausstrahlungswirkung,[259] wenn es etwa um technische Detailfragen geht. Soweit allgemeine Fragen des Scheckrechts betroffen sind, etwa der Bereicherungsausgleich (→ Rn. 106), sollte nur ausnahmsweise und restriktiv auf die §§ 675c–676c BGB zurückgegriffen werden.[260]

52   Löst die Bank den Scheck ein, steht ihr daher ein Aufwendungsersatzanspruch gegen den Aussteller zu (§ 670 BGB).[261] Bei vorhandener Deckung muss, bei fehlender kann das bezogene Kreditinstitut den Scheck einlösen (Nr. 4 Scheckbedingungen-Banken und Scheckbedingungen-Sparkassen). Löst

[247] → A Rn. 7 ff.; ferner Baumbach/Hopt/*Hopt* Bankgeschäfte Rn. A/6; Langenbucher/Bliesener/Spindler/*Müller-Christmann* Kontoführung Rn. 2 ff.; *Hopt/Roth* in Schimansky/Bunte/Lwowski BankR-HdB § 1 Rn. 16 ff.

[248] BGH Urt. v. 19.4.1994 – XI ZR 18/93, NJW 1994, 2082 (2083) = WM 1994, 1204.

[249] Baumbach/Hopt/*Hopt* Bankgeschäfte Rn. E/1; *Nobbe* in Schimansky/Bunte/Lwowski BankR-HdB § 60 Rn. 28; Baumbach/Hefermehl/*Casper* ScheckG Art. 3 Rn. 4; *Canaris* BankvertragsR Rn. 684.

[250] ABl. 2007 L 319/1. Die ZDRL I wurde durch die Richtlinie (EU) 2015/2366 v. 25.11.2015 über Zahlungsdienste im Binnenmarkt (ABl. 2015 L 337/35, ZDRL II) aufgehoben, deren Umsetzung im Jahre 2017 erfolgte, MüKoHGB/*Häuser* Überweisungsverkehr Rn. 8 ff.

[251] Hieran hat die Umsetzung der ZDRL II nichts geändert.

[252] BGH Urt. v. 21.2.2019 – IX ZR 246/17, NJW 2019, 1451 Rn. 11; Langenbucher/Bliesener/Spindler/*Müller-Christmann* Kontoführung Rn. 151; Langenbucher/Bliesener/Spindler/*Herresthal* Zahlungsdienstevertrag § 675f Rn. 9; *Köndgen* JuS 2011, 481 (485); *Grundmann* → 3. Aufl. 2015, BankR I 212.

[253] *Schmieder* in Schimansky/Bunte/Lwowski BankR-HdB § 47 Rn. 1a f.; Baumbach/Hopt/*Hopt* Bankgeschäfte Rn. C/25; MüKoHGB/*Herresthal* Zahlungsverkehr Rn. A 169; MüKoBGB/*Casper* BGB § 675f Rn. 36; *Hopt/Roth* in Schimansky/Bunte/Lwowski BankR-HdB § 1 Rn. 15; Palandt/*Sprau* BGB § 675f Rn. 7.

[254] MüKoHGB/*Herresthal* Zahlungsverkehr Rn. A 169.

[255] So Baumbach/Hopt/*Hopt* Bankgeschäfte Rn. E/1.

[256] Baumbach/Hefermehl/*Casper* ScheckG Art. 3 Rn. 4; *Bülow* ScheckG Art. 3 Rn. 3; *Canaris* BankvertragsR Rn. 682; MüKoHGB/*Häuser* Zahlungsverkehr Rn. D 29.

[257] *Nobbe* in Schimansky/Bunte/Lwowski BankR-HdB § 60 Rn. 30; *Schwintowski* in Derleder/Knops/Bamberger BankR/KapMarktR § 48 Rn. 14; *Weber,* Recht des Zahlungsverkehrs, 4. Aufl. 2004, 210.

[258] Casper/Terlau/*Casper* ZAG § 2 Rn. 37; MüKoHGB/*Häuser* Zahlungsverkehr Rn. D 9; Baumbach/Hopt/*Hopt* Bankgeschäfte Rn. C/7; MüKoBGB/*Casper* BGB § 675c Rn. 20.

[259] So MüKoBGB/*Casper* BGB § 675f Rn. 36.

[260] Ähnl. Langenbucher/Bliesener/Spindler/*Müller-Christmann* Kontoführung Rn. 155; *Schmieder* in Schimansky/Bunte/Lwowski BankR-HdB § 47 Rn. 1b; Palandt/*Sprau* BGB § 675f Rn. 10.

[261] Baumbach/Hopt/*Hopt* Bankgeschäfte Rn. E/1; *Nobbe* in Schimansky/Bunte/Lwowski BankR-HdB § 60 Rn. 211; Baumbach/Hefermehl/*Casper* ScheckG Art. 3 Rn. 7; *Canaris* BankvertragsR Rn. 696; für analoge Anwen-

die Bank einen ungedeckten Scheck ein, so gewährt sie dem Aussteller, der dies konkludent beantragt hat, einen Überziehungskredit (vgl. §§ 504 f. BGB).[262] Neben den Aufwendungsersatzanspruch tritt in diesem Fall der Rückzahlungsanspruch.

Durch den Girovertrag kann der Aussteller über sein Guthaben oder einen Kreditrahmen durch **53** Überweisung und Barabhebung verfügen, auf Grund des Scheckvertrags auch per Scheck. Die in der Scheckausstellung liegende Anweisung ist daher auch eine Anweisung im Giroverhältnis, den Scheck zu Lasten des Girokontos/Zahlungskontos des Ausstellers einzulösen.[263] Am Charakter der Scheck-ausstellung als einer Anweisung im Giroverhältnis hat weder das am 14.8.1999 in Kraft getretene Überweisungsgesetz noch die Umsetzung der Zahlungsdienste-Richtlinie etwas geändert. Durch Scheckvertrag und -ausstellung entstehen grundsätzlich keine vertraglichen Beziehungen zwischen der bezogenen Bank und dem Scheckinhaber.[264] Der Scheckvertrag ist weder ein Vertrag zugunsten Dritter[265] noch gewährt die Scheckausstellung dem Inhaber einen Zahlungsanspruch gegen die bezogene Bank (→ Rn. 43). Vor Nichteinlösung mangels Deckung soll die bezogene Bank den Aussteller, sofern dies möglich und zumutbar ist, benachrichtigen.[266] Dies folgt aus §§ 675, 666 BGB und der Pflicht der bezogenen Bank, die Interessen des Ausstellers zu wahren. Diesem soll durch die Benachrichtigung Gelegenheit gegeben werden, die Nichteinlösung des Schecks abzuwenden. Die früher in Nr. 4 S. 4 Scheckbedingungen-Banken aF und Scheckbedingungen-Sparkassen aF enthaltene Benachrichtigung gleichzeitig mit der Nichteinlösung war daher problematisch[267] und ist mittlerweile gestrichen worden. Ferner ist die bezogene Bank gem. §§ 675, 666 BGB verpflichtet, dem Konto-inhaber auf Verlangen Auskunft darüber zu erteilen, ob und von wem auf sein Konto gezogene Schecks zur Einlösung eingereicht worden sind.[268]

b) AGB. Für die Rechtsbeziehungen zwischen Aussteller und bezogener Bank gelten die **Bedin- 54 gungen für den Scheckverkehr** der Banken (Scheckbedingungen-Banken, → Rn. 114) und Spar-kassen (Scheckbedingungen-Sparkassen, → Rn. 115), sowie der Postbanken.[269] Es handelt sich um allgemeine Geschäftsbedingungen iSv § 305 Abs. 1 S. 1 BGB. Scheckbedingungen-Banken und Scheckbedingungen-Sparkassen sind ähnlich und erfassen sowohl Inhaber- als auch Orderschecks, vgl. Nr. 6 Scheckbedingungen-Banken, Nr. 7 Scheckbedingungen-Sparkassen. Sie sind als Sonderbedin-gungen eingebettet in die AGB des jeweiligen Kreditinstituts (vgl. Nr. 1 Abs. 1 S. 2 AGB-Banken [Stand Juli 2018], Nr. 1 Abs. 2 S. 2 AGB-Sparkassen [Stand November 2018]).

c) Schecksperre. aa) Zulässigkeit. Als Schecksperre oder Widerruf bezeichnet man die Erklärung **55** des Ausstellers an die bezogene Bank, einen bestimmten Scheck nicht einzulösen. Es handelt sich um den scheckvertraglichen Widerruf der Anweisung. Schecksperren kommen in der Praxis häufig vor. Nach dem Wortlaut des Art. 32 Abs. 1 ScheckG scheint der Widerruf eines Schecks **vor Ablauf der Vorlegungsfrist** unwirksam zu sein. Diese Vorschrift ist jedoch dispositiv.[270] Da alle beteiligten Verkehrskreise die Schecksperre kennen, mit ihr rechnen und sie praktizieren, wird zu Recht eine entsprechende vertragliche Verpflichtung kraft Verkehrssitte (§ 157 BGB) bzw. Handelsbrauch (§ 346) angenommen (hM).[271] Jeder Scheckvertrag enthält deshalb die vertragliche Pflicht der Bank, Scheck-sperren des Ausstellers schon vor Ablauf der Vorlegungsfrist zu beachten. Nr. 5 Scheckbedingungen-Banken und Scheckbedingungen-Sparkassen tragen dem Rechnung. Dagegen konnte der Euroscheck

---

dung des § 787 Abs. 1 BGB statt § 670 BGB: Baumbach/*Hefermehl,* 22. Aufl. 2000, ScheckG Art. 3 Rn. 5; MüKoHGB/*Häuser* Zahlungsverkehr Rn. D 63.

[262] *Canaris* BankvertragsR Rn. 697; *Nobbe* in Schimansky/Bunte/Lwowski BankR-HdB § 60 Rn. 56, 212; *Schwintowski* in Derleder/Knops/Bamberger BankR/KapMarktR § 48 Rn. 17. Zu den hierfür zulässigen Zinsen: Nr. 4 S. 3 Scheckbedingungen-Banken und Scheckbedingungen-Sparkassen; BGH Urt. v. 14.4.1992 – XI ZR 196/91, BGHZ 118, 126 = NJW 1992, 1751.

[263] BGH Urt. v. 7.5.1979 – II ZR 210/78, BGHZ 74, 352 = NJW 1979, 2143 = WM 1979, 996 (997).

[264] Baumbach/Hefermehl/*Casper* ScheckG Art. 3 Rn. 6.

[265] BGH Urt. v. 17.10.1951 – II ZR 105/50, BGHZ 3, 238 = NJW 1952, 21 (22); BGH Urt. v. 26.11.1973 – II ZR 117/72, NJW 1974, 456 (457) = WM 1974, 155; *Nobbe* in Schimansky/Bunte/Lwowski BankR-HdB § 60 Rn. 31; *Canaris* BankvertragsR Rn. 727; MüKoHGB/*Häuser* Zahlungsverkehr Rn. D 21.

[266] *Bülow* AGB 2. Abschn. ScheckB Nr. 4 Rn. 3; *Canaris* BankvertragsR Rn. 690; *Nobbe* in Schimansky/Bunte/Lwowski BankR-HdB § 60 Rn. 91 ff.; Baumbach/Hopt/*Hopt* Bankgeschäfte Rn. E/1; *Schwintowski* in Derleder/Knops/Bamberger BankR/KapMarktR § 48 Rn. 17.

[267] *Nobbe* in Schimansky/Bunte/Lwowski BankR-HdB § 60 Rn. 93.

[268] BGH Beschl. v. 22.4.1997 – XI ZR 10/97, WM 1997, 1202 (1203).

[269] Abgedr. in *Bülow* AGB 2. Abschn.

[270] BGH Urt. v. 13.6.1988 – II ZR 324/87, BGHZ 104, 374 = NJW 1988, 3149 (3151) = WM 1988, 1325 (1327); Baumbach/Hefermehl/*Casper* ScheckG Art. 32 Rn. 2; Baumbach/Hopt/*Hopt* Bankgeschäfte Rn. E/4; *Canaris* BankvertragsR Rn. 702.

[271] BGH Urt. v. 13.6.1988 – II ZR 324/87, BGHZ 104, 374 = NJW 1988, 3149 (3151) = WM 1988, 1325 (1327); Baumbach/*Hefermehl,* 22. Aufl. 2000, ScheckG Art. 32 Rn. 3; Baumbach/Hopt/*Hopt* Bankgeschäfte Rn. E/4; *Schwintowski* in Derleder/Knops/Bamberger BankR/KapMarktR § 48 Rn. 97 ff.; *Canaris* BankvertragsR Rn. 703; *Gößmann,* Recht des Zahlungsverkehrs, 3. Aufl. 1997, Rn. 296; aA *Ahlers* NJW 1990, 1149 (1150); zweifelnd Baumbach/Hefermehl/*Casper* ScheckG Art. 32 Rn. 3 f.

während der Garantiefrist in Höhe des Garantiebetrags nicht gesperrt werden (→ Rn. 111). **Nach Ablauf der Vorlegungsfrist** ist eine Schecksperre schon nach Art. 32 Abs. 1 ScheckG wirksam und von der bezogenen Bank bereits *de lege* zu beachten. Sie ist nach Fristablauf auch keineswegs überflüssig, da gem. Art. 32 Abs. 2 ScheckG der verfristete Scheck von der Bank eingelöst werden darf und in der Praxis auch regelmäßig eingelöst wird.

56   bb) Rechtsfolgen beachteter Schecksperre. Die Schecksperre **verbietet** es der Bank, den Scheck einzulösen.[272] Ferner ist sie verpflichtet, den Widerruf Anfragenden mitzuteilen.[273] Wird der rechtzeitig vorgelegte Scheck auf Grund der Schecksperre nicht eingelöst, so kann der Inhaber unter den Voraussetzungen des Art. 40 ScheckG Rückgriff gegen den Aussteller und etwaige andere Scheckverpflichtete nehmen.

57   cc) Modalitäten der Schecksperre. Nach Nr. 5 Scheckbedingungen-Banken und Scheckbedingungen-Sparkassen muss der Widerruf der kontoführenden Stelle so rechtzeitig zugehen, dass seine Berücksichtigung im ordnungsgemäßen Geschäftsgang möglich ist. Die **Rechtzeitigkeit** des Widerrufs hängt deshalb von der Frage ab, wann der Scheck endgültig eingelöst ist bzw. die bezogene Bank seine Einlösung nicht mehr verhindern oder rückgängig machen kann (→ Rn. 100 ff.). Die Schecksperre ist **formfrei,** insbesondere telefonisch oder per E-Mail möglich. Sie ist der kontoführenden Stelle des bezogenen Instituts mitzuteilen. Verzögerungen durch die Benachrichtigung einer anderen als der kontoführenden Stelle gehen zu Lasten des Ausstellers. **Widerrufsberechtigt** ist der verfügungsberechtigte Kontoinhaber. Bei Stellvertretung gelten die allgemeinen Vertretungsregeln. Es ist deshalb nicht erforderlich, dass der die Schecksperre Erklärende den fraglichen Scheck tatsächlich selbst ausgestellt hat. Nach § 665 S. 1 BGB kann die Bank auch einem Dritten gegenüber zusichern, den Scheck nicht einzulösen, wenn sie von Umständen erfährt, bei deren Kenntnis der Aussteller den Scheck widerrufen hätte.[274]

58   dd) Rechtsfolgen nicht beachteter Schecksperre. Löst die Bank trotz rechtzeitiger Schecksperre den Scheck ein, steht ihr **kein Aufwendungsersatzanspruch** nach § 670 BGB zu.[275] Wurde das Ausstellerkonto bereits mit dem Scheckbetrag belastet, so ist die Bank zur Rückbuchung mit gleicher Wertstellung verpflichtet. Einen weitergehenden Schaden des Ausstellers hat sie über § 280 Abs. 1 BGB zu ersetzen.[276] Der Bank steht aber grundsätzlich ein **Bereicherungsanspruch** gegen den Aussteller zu, nicht jedoch gegen den Empfänger der Zahlung (hM).[277] Dies entspricht den bereicherungsrechtlichen Prinzipien, die jahrelang für alle fehlerhaften Anweisungsfälle galten. Danach hat der bereicherungsrechtliche Ausgleich innerhalb der Leistungsverhältnisse zu erfolgen.[278] Der BGH hat jedoch nunmehr entschieden, dass § 675u S. 1 BGB eine Kondiktionensperre enthält. Bei einem nicht autorisierten Zahlungsvorgang hat der Zahlungsdienstleister damit keinen Bereicherungsanspruch mehr gegen den Zahler. Der Bereicherungsausgleich muss nunmehr per Nichtleistungskondiktion im Zuwendungsverhältnis zwischen Zahlungsdienstleister und Zahlungsempfänger erfolgen, nicht mehr im Deckungsverhältnis.[279] Die hM scheint dieser Abkehr von den bisherigen Prinzipien des bereicherungsrechtlichen Ausgleichs im Rahmen von § 675u S. 1 BGB für nicht autorisierte Zahlungsvorgänge zuzustimmen.[280]

---

[272] Baumbach/Hopt/*Hopt* Bankgeschäfte Rn. E/4.

[273] OLG Frankfurt a. M. Urt. v. 26.1.2007 – 24 U 49/06, BKR 2007, 386 (387); *Nobbe* in Schimansky/Bunte/Lwowski BankR-HdB § 60 Rn. 144; MüKoHGB/*Häuser* Zahlungsverkehr Rn. D 94.

[274] BGH Urt. v. 25.6.1984 – II ZR 209/83, WM 1984, 1073, Baumbach/Hefermehl/*Casper* ScheckG Art. 32 Rn. 7.

[275] BGH Urt. v. 13.6.1988 – II ZR 324/87, BGHZ 104, 374 = NJW 1988, 3149 (3151) = WM 1988, 1325 (1327); Baumbach/Hefermehl/*Casper* ScheckG Art. 32 Rn. 9; Baumbach/Hopt/*Hopt* Bankgeschäfte Rn. E/4; *Bülow* ScheckG Art. 32 Rn. 1; MüKoHGB/*Häuser* Zahlungsverkehr Rn. D 216; *Canaris* BankvertragsR Rn. 705.

[276] *Nobbe* in Schimansky/Bunte/Lwowski BankR-HdB § 60 Rn. 145; Baumbach/Hefermehl/*Casper* ScheckG Art. 32 Rn. 9.

[277] BGH Urt. v. 29.4.2008 – XI ZR 371/07, NJW 2008, 2331 Rn. 22 (zur versehentlichen Zuvielüberweisung); BGH Urt. v. 18.10.1973 – VII ZR 8/73, BGHZ 61, 289 = NJW 1974, 39 = WM 1973, 1374 (1375); BGH Urt. v. 19.1.1984 – VII ZR 110/83, BGHZ 89, 376 = NJW 1984, 1348 = WM 1984, 423 f. (zum widerrufenen Dauerauftrag); OLG Köln Urt. v. 7.3.2001 – 13 U 149/00, WM 2003, 17 (19); Baumbach/Hefermehl/*Casper* ScheckG Art. 32 Rn. 10; Baumbach/Hopt/*Hopt* Bankgeschäfte Rn. E/5; *Canaris* BankvertragsR Rn. 705, 739; *Nobbe* in Schimansky/Bunte/Lwowski BankR-HdB § 60 Rn. 229, 234; MüKoHGB/*Häuser* Zahlungsverkehr Rn. D 216.

[278] S. die Darstellung der Rechtslage in → BGB § 675u Rn. 10 ff. sowie in BGH Urt. v. 16.6.2015 – XI ZR 243/13, NJW 2015, 3093; ferner in MüKoBGB/*Zetzsche* BGB § 675u Rn. 25 ff.

[279] BGH Urt. v. 16.6.2015 – XI ZR 243/13, NJW 2015, 3093 Rn. 22 ff. mAnm *Kiehnle* = BKR 2015, 471 = WM 2015, 1631.

[280] Baumbach/Hopt/*Hopt* Bankgeschäfte Rn. C/99; *Schmieder* in Schimansky/Bunte/Lwowski BankR-HdB § 50 Rn. 23 f.; MüKoBGB/*Zetzsche* BGB § 675u Rn. 36; Langenbucher/Bliesener/Spindler/*Langenbucher* Überweisung § 675u Rn. 23; Palandt/*Sprau* BGB § 675u Rn. 3; Palandt/*Sprau* BGB § 812 Rn. 107; aA *Nobbe* in Schimansky/Bunte/Lwowski BankR-HdB § 60 Rn. 234; Staub/*Grundmann* Bankvertragsrecht 3. Teil Rn. 419 ff.; *Rademacher* NJW 2011, 2169 (2170 ff.).

Es stellt sich daher die Frage, ob die Interpretation des § 675u S. 1 BGB durch den BGH ins **59** Scheckrecht übernommen werden muss. Dies ist abzulehnen. Die §§ 675c–676c BGB erfassen nur Zahlungsdienste. Da Scheckzahlungen nach § 2 Abs. 1 Nr. 6a ZAG nicht als Zahlungsdienste gelten (→ Rn. 44), kann § 675u S. 1 BGB im Scheckrecht keine unmittelbare Anwendung finden. Eine Regelungslücke, die eine Analogie rechtfertigen könnte, liegt ebenfalls nicht vor, denn der Bereicherungsausgleich bei einer nicht beachteten Schecksperre ist lückenlos geregelt und hat bislang problemlos funktioniert. Es bleibt daher nur die Frage, ob man aus Gründen der „Einheitlichkeit" eine eventuelle Ausstrahlungswirkung[281] des § 675u S. 1 BGB bejahen sollte. Aber Einheitlichkeit ist kein Wert an sich. Nur deshalb es bei der bewährten Regelung abzuweichen ist nicht genug. Daher sollte es bei der bisherigen Handhabung des Bereicherungsausgleichs bleiben.[282] Folglich steht der Bank weiterhin ein Bereicherungsanspruch gegen den Aussteller zu. Dies ist auch eine gerechtere Lösung als die des § 675u S. 1 BGB, weil die Zahlung der Schecksumme an den Scheckinhaber aus seiner Sicht, jedenfalls solange er von dem Widerruf nichts weiß, eine Leistung des Ausstellers darstellt. Die Bank muss deshalb ihren Anspruch an den Aussteller richten, sofern die unberechtigte Scheckzahlung den Aussteller tatsächlich bereichert hat. In Frage kommt auch eine Abtretung der Ausstelleransprüche aus dem Valutaverhältnis an die Bank. Anders ist es, wenn der Scheckinhaber den Widerruf kennt; mangels Schutzwürdigkeit richtet sich der Bereicherungsanspruch der Bank in diesem Fall unmittelbar gegen ihn.[283]

2. Aussteller – Schecknehmer. a) Das Grundgeschäft. Die Beziehung zwischen dem Scheck- **60** aussteller und dem Schecknehmer (erster Scheckinhaber) hat drei Aspekte: Das Grundgeschäft *(Valutaverhältnis),* den Begebungsvertrag und die aus dem Scheck fließenden wertpapierrechtlichen Konsequenzen. Das Grundgeschäft enthält die *causa* für die Hingabe des Schecks und ist grundsätzlich losgelöst von den scheckrechtlichen Verpflichtungen. Es enthält in aller Regel eine vertragliche oder gesetzliche Zahlungspflicht des Ausstellers. Teil des Grundgeschäfts ist auch die sog. **Scheckabrede** oder Scheckzahlungsabrede, dh die vertragliche Vereinbarung, per Scheck zu zahlen oder zahlen zu können.[284] Diese Zahlung erfolgt im Zweifel nicht an Erfüllungs statt, sondern **erfüllungshalber** (§ 364 Abs. 2 BGB), (stRspr, hM).[285] Das galt auch beim Euroscheck, selbst wenn hier die Zahlung im Rahmen der Garantie gesichert war (str.).[286] Der Schecknehmer verpflichtet sich per Scheckabrede, zuerst Befriedigung aus dem Scheck zu suchen und alles zu tun, damit der Scheck ordnungsgemäß vorgelegt wird.[287] Bis zum üblichen Zeitpunkt der endgültigen Einlösung des Schecks gilt die Forderung aus dem Grundgeschäft als gestundet (str.).[288] Im Gegenzug ist der Scheckaussteller verpflichtet, alles zu unterlassen, was die Einlösung des Schecks verhindert.[289] Die unberechtigte Sperrung des Schecks ist damit eine ggf. nach § 280 Abs. 1 BGB schadensersatzpflichtige Verletzung der Scheckabrede. Gleichzeitig ist der Schecknehmer verpflichtet, den erhaltenen Scheck sorgfältig zu behandeln und für seine Einlösung zu sorgen. Wird der Scheck in der Sphäre des Schecknehmers veruntreut, kann er dem Aussteller bei Verletzung seiner Obhutspflichten gem. §§ 280, 278 BGB schadensersatzpflichtig sein. Diesen Schadensersatzanspruch kann der Aussteller der Kausalforderung uU in voller Höhe entgegenstellen.[290]

---

[281] So MüKoBGB/*Casper* BGB § 675f Rn. 36.

[282] So auch MüKoBGB/*Zetzsche* BGB § 675u Rn. 37; *Nobbe* in Schimansky/Bunte/Lwowski BankR-HdB § 60 Rn. 234 ff.; Baumbach/Hopt/*Hopt* Bankgeschäfte Rn. E/5; *Rademacher* NJW 2011, 2169 (2172); Palandt/*Sprau* BGB § 812 Rn. 109.

[283] BGH Urt. v. 19.1.1984 – VII ZR 110/83, BGHZ 89, 376 = NJW 1984, 1348 = WM 1984, 423 (424) (zum widerrufenen Dauerauftrag); OLG Köln Urt. v. 16.9.1982 – 7 U 8/82, WM 1983, 190 (191); Baumbach/Hefermehl/*Casper* ScheckG Art. 32 Rn. 11; Baumbach/Hopt/*Hopt* Bankgeschäfte Rn. E/5; *Nobbe* in Schimansky/Bunte/Lwowski BankR-HdB § 60 Rn. 238 f.; aA *Canaris* BankvertragsR Rn. 739.

[284] Dazu *Schnauder* WM 1998, 1901; *Nobbe* in Schimansky/Bunte/Lwowski BankR-HdB § 60 Rn. 253 ff.

[285] BGH Urt. v. 11.10.1995 – VIII ZR 325/94, BGHZ 131, 66 = NJW 1995, 3386 (3388); Baumbach/Hefermehl/*Casper* ScheckG Einl. Rn. 35; *Canaris* BankvertragsR Rn. 769; Palandt/*Grüneberg* BGB § 364 Rn. 5, 9; *Gursky*, Wertpapierrecht, 3. Aufl. 2007, 98; *Schwintowski* in Derleder/Knops/Bamberger BankR/KapMarktR § 48 Rn. 181.

[286] *Nobbe* in Schimansky/Bunte/Lwowski BankR-HdB, 3. Aufl. 2007, § 60 Rn. 253; aA *Gößmann*, Recht des Zahlungsverkehrs, 3. Aufl. 1997, Rn. 211.

[287] BGH Urt. v. 30.10.1985 – VIII ZR 251/84, BGHZ 96, 182 = NJW 1986, 424 = WM 1986, 20 (22) (zum Wechsel); Baumbach/Hefermehl/*Casper* ScheckG Einl. Rn. 36; *Nobbe* in Schimansky/Bunte/Lwowski BankR-HdB § 60 Rn. 267.

[288] BGH Urt. v. 30.10.1985 – VIII ZR 251/84, BGHZ 96, 182 = NJW 1986, 424 = WM 1986, 20 (22) (zum Wechsel); BGH Urt. v. 11.12.1991 – VIII ZR 31/91, BGHZ 116, 278 = WM 1992, 233 (234); Baumbach/Hefermehl/*Casper* ScheckG Einl. Rn. 36; *Köndgen* NJW 2004, 1288 (1296); *Schnauder* WM 1998, 1901. Für von der Stundung zu unterscheidende Hemmung der Durchsetzbarkeit bzw. eine Einrede eigener Art: *Canaris* BankvertragsR Rn. 769; *Nobbe* in Schimansky/Bunte/Lwowski BankR-HdB § 60 Rn. 272; MüKoHGB/*Häuser* Zahlungsverkehr Rn. D 398.

[289] BGH Urt. v. 19.10.1987 – II ZR 9/87, BGHZ 102, 68 = NJW 1988, 700 (701) = WM 1988, 8; *Nobbe* in Schimansky/Bunte/Lwowski BankR-HdB § 60 Rn. 278; Baumbach/*Hefermehl*, 22. Aufl. 2000, ScheckG Einl. Rn. 25; *Canaris* BankvertragsR Rn. 768.

[290] BGH Urt. v. 29.3.2007 – III ZR 68/06, WM 2007, 1171 (1172 f.) = NJW-RR 2007, 1118 = ZIP 2007, 904 = DB 2007, 1192.

61   Das **Erlöschen** der Forderung aus dem Grundgeschäft setzt die *endgültige Einlösung* des Schecks zugunsten des Scheckberechtigten voraus.[291] Zu diesem Zeitpunkt → Rn. 100 ff. Das Erlöschen der Grundforderung kann ausnahmsweise auch schon vorher eintreten, wenn nämlich dem Schecknehmer für die Weitergabe des Schecks ein Gegenwert zufließt, den er sowohl nach Vertrags- wie Scheckrecht endgültig behalten darf.[292] Durch Zahlung an einen Nichtberechtigten oder einen gutgläubigen Erwerber erlischt die Grundforderung nicht, ihr steht aber die dauerhafte Einrede der Scheckhingabe entgegen (str.).[293] Fehlt das Grundgeschäft oder ist es unwirksam, so kann der Aussteller die Herausgabe des Schecks vom ersten Nehmer nach § 812 Abs. 1 S. 1 BGB im Wege der Leistungskondiktion verlangen.[294] **Einwendungen** aus dem Grundgeschäft kann der Aussteller dem Schecknehmer uneingeschränkt entgegenhalten.[295] Dies ist zwar nicht schwer mit dem Wortlaut des Art. 22 ScheckG zu vereinbaren, entspricht aber dem Grundsatz, dass der Schecknehmer nicht mehr Rechte haben kann, als ihm nach der Scheckabrede zustehen. Anderenfalls wäre der Aussteller zu einer sofort wieder kondizierbaren Leistung verpflichtet. Einem späteren Scheckinhaber können Einwendungen aus dem Grundgeschäft dagegen nur in den engen Grenzen des Art. 22 ScheckG entgegengesetzt werden; → Rn. 104 f. sowie zur gleichen Rechtslage beim Wechsel → Rn. 26 ff. Für die **Rechtzeitigkeit der Leistungshandlung** bei Zahlung mittels Scheck kann es nach bisheriger höchstrichterlicher Rspr. gem. §§ 270 Abs. 1, Abs. 4, 269 Abs. 1 BGB auf die Begebung durch den Aussteller/Schuldner an, etwa wenn er den Scheck an den Gläubiger übergab oder dieser in dessen Briefkasten gelangte. Wenn zB am 5.5.40.000 EUR fällig waren, dann war die Leistung rechtzeitig, wenn der Schuldner am selben Tag den Scheck im Briefkasten des Gläubigers deponierte. Dies galt allerdings nur dann, wenn die in dem Scheck verkörperte Leistung des Schuldners dem Gläubiger später auch tatsächlich zufloss.[296] Diese Rspr. des BGH kann nach dem Urteil in der Rechtssache *01051 Telecom GmbH/Deutsche Telekom AG* des EuGH vom 3.4.2008[297] kaum Bestand haben. Auf Vorlage des *OLG Köln* entschied der EuGH, dass bei Zahlung per Banküberweisung Verzugszinsen fällig sind, wenn der geschuldete Betrag dem Gläubiger nicht rechtzeitig gut geschrieben wird. Die in Deutschland bis dato ausreichende rechtzeitige Veranlassung der Überweisung genüge den Anforderungen des Art. 3 Abs. 1 lit. c ii *Richtlinie 2000/35/EG zur Bekämpfung von Zahlungsverzug im Geschäftsverkehr* nicht.[298] Die Leistungshandlung ist daher nur dann rechtzeitig, wenn die **Gutschrift auf dem Konto des Gläubigers rechtzeitig erfolgt.**[299] Für die Zahlung mittels Schecks kann daher, sofern die Parteien keine andere Vereinbarung treffen, nichts anderes gelten. Schon nach bisheriger Rspr. ist bei schenkweiser Zuwendung eines Schecks die versprochene Leistung erst dann iSv § 518 Abs. 2 BGB bewirkt, wenn der Scheck von der bezogenen Bank endgültig eingelöst wird.[300] Bei einer **Skontoabrede,** etwa „zahlbar innerhalb von 40 Tagen mit 3 % Skonto", genügte bisher gleichermaßen die rechtzeitige Absendung des Schecks zur Wahrung der Skontofrist.[301] Ob dies Bestand haben kann, hängt vom konkreten Inhalt der Skontoabrede ab, ist aber wegen der zitierten EuGH-Entscheidung sehr zweifelhaft. Des Öfteren übersendet ein Schuldner seinem Gläubiger einen Scheck über einen Teilbetrag der geschuldeten Summe mit der Anmerkung, die Einziehung des Schecks stelle die Annahme eines Erlass- oder

---

[291] BGH Urt. v. 29.3.2007 – III ZR 68/06, WM 2007, 1171 (1172) = NJW-RR 2007, 1118 = ZIP 2007, 904 = DB 2007, 1192; BGH Beschl. v. 16.4.1996 – XI ZR 222/95, NJW 1996, 1961 = WM 1996, 1037; BGH Urt. v. 11.10.1995 – VIII ZR 325/94, BGHZ 131, 66 = NJW 1995, 3386 (3388); *Nobbe* in Schimansky/Bunte/Lwowski BankR-HdB § 60 Rn. 283; *Canaris* BankvertragsR Rn. 771; Palandt/*Grüneberg* BGB § 364 Rn. 9; *Schnauder* WM 1998, 1901 (1903). Nach BFH Urt. v. 20.3.2001 – IX R 97/97, NJW 2001, 2280 = WM 2001, 1720 = DB 2001, 1286 und BFH Urt. v. 30.10.1980 – IV R 97/78, WM 1981, 594, soll der Scheckbetrag schon mit Hingabe des Schecks zugeflossen sein iSv § 11 Abs. 1 S. 1 EStG, nicht erst mit Einlösung. Im Vergleich dazu tritt Erfüllung des Kaufpreisanspruchs bei Zahlung mittels PayPal ein, wenn der Kaufpreis dem PayPal-Konto des Verkäufers von PayPal vorbehaltlos gutgeschrieben wird, BGH Urt. v. 22.11.2017 – VIII ZR 83/16, BKR 2018, 123 Rn. 19.

[292] *Nobbe* in Schimansky/Bunte/Lwowski BankR-HdB § 60 Rn. 291.

[293] So BGH Urt. v. 29.3.2007 – III ZR 68/06, WM 2007, 1171 (1172) = NJW-RR 2007, 1118 = ZIP 2007, 904 = DB 2007, 1192; BGH Beschl. v. 16.4.1996 – XI ZR 222/95, NJW 1996, 1961 = WM 1996, 1037; BGH Urt. v. 12.7.2000 – VIII ZR 99/99, NJW 2000, 3344 (3345); aA *Schnauder* WM 1998, 1901 (1902); zum Meinungsstand *Nobbe* in Schimansky/Bunte/Lwowski BankR-HdB § 60 Rn. 285 f.; ferner *Kreissl* WM 1996, 1074 ff.

[294] Baumbach/Hefermehl/*Casper* ScheckG Einl. Rn. 33; *Nobbe* in Schimansky/Bunte/Lwowski BankR-HdB § 60 Rn. 262, 302.

[295] BGH Urt. v. 8.11.1982 – II ZR 44/82, BGHZ 85, 346 = NJW 1983, 1059 = WM 1983, 301 (302); *Nobbe* in Schimansky/Bunte/Lwowski BankR-HdB § 60 Rn. 279; Baumbach/Hefermehl/*Casper* ScheckG Einl. Rn. 34; Baumbach/Hefermehl/*Casper* WG Art. 17 Rn. 16 (zum Wechsel).

[296] BGH Urt. v. 7.3.2002 – IX ZR 293/00, WM 2002, 999 (1000) = BKR 2002, 419 = ZIP 2002, 840 = DB 2002, 1655; krit. *Köndgen* NJW 2004, 1288 (1296).

[297] EuGH (1. Kammer) C-306/06, NJW 2008, 1935 = WM 2008, 678.

[298] Richtlinie 2000/35/EG des Europäischen Parlaments und des Rates vom 29.6.2000, ABl. 2000 L 200, 35.

[299] So auch OLG Jena Urt. v. 11.5.2011 – 2 U 1000/10, NJOZ 2012, 481 (482); Palandt/*Grüneberg* BGB § 270 Rn. 5 f.; *Nobbe* in Schimansky/Bunte/Lwowski BankR-HdB § 60 Rn. 298; *Bülow* ScheckG Einf. Rn. 7 (für Geschäftsverkehr); aA MüKoBGB/*Krüger* BGB § 270 Rn. 16 ff.

[300] OLG Hamm Urt. v. 20.9.2001 – 10 U 27/01, BKR 2002, 333 (334).

[301] BGH Urt. v. 11.2.1998 – VIII ZR 287/97, NJW 1998, 1302 = WM 1998, 658 = BB 1998, 2547 = DB 1998, 980.

Vergleichsangebots nach § 151 BGB dar. Bei dieser sog. **Erlassfalle** kommt es durch die Einlösung des Schecks nur dann zu einer Abfindungsvereinbarung, wenn keine anderen Umstände gegen einen Annahmewillen des Gläubigers sprechen. Dies ist aus der Sicht eines unbeteiligten Dritten zu beurteilen.[302] Ein gleichzeitiges Schreiben des Gläubigers, er betrachte den Scheck als Teilleistung und bestehe auf der Restzahlung, verhindert daher idR den Abschluss einer Abfindungsvereinbarung.[303] Gleiches gilt bei einem krassen, indiskutablen Missverhältnis zwischen Abfindungsangebot und offener Schuld.[304]

b) Der Begebungsvertrag. Die Entstehung der Scheckverbindlichkeiten setzt einen wirksamen, **62** vom Grundgeschäft abstrakten[305] Begebungsvertrag zwischen Aussteller und Schecknehmer voraus.[306] Die Ausfüllung des Scheckformulars, der sog. *Skripturakt*, genügt dafür allein nicht. Erforderlich ist zusätzlich, dass der Aussteller den Scheck **willentlich durch Übereignung in den Verkehr bringt**. Dies geschieht durch den Begebungsvertrag, der üblicherweise zusammen mit der Scheckabrede geschlossen wird. Die Übersendung eines Schecks kann ein schlüssiges Angebot auf Abschluss eines Begebungsvertrags darstellen.[307] IdR ist Teil des Begebungsvertrags auch die erforderliche Übereignung des Schecks einschließlich seiner Übergabe bzw. eines Übergabesurrogats. Hierdurch entsteht die aufschiebend bedingte Rückgriffshaftung des Ausstellers (Art. 12, 40 ff. ScheckG). Werden Aussteller oder Schecknehmer bei der Begebung vertreten, gelten die allgemeinen Vertretungsregeln.[308] Beim **Blankoscheck** enthält der Begebungsvertrag zusätzlich die Ermächtigung des Blankettausstellers an den Schecknehmer, den Scheck abredegemäß auszufüllen.[309] Die Gefahr des Missbrauchs trägt der Aussteller (Art. 13 ScheckG). Gelangt der Scheck ohne wirksamen Begebungsvertrag, quasi ohne Willen des Ausstellers, in den Verkehr, so ist er abhanden gekommen iSv Art. 21 ScheckG. Auf diesen Mangel kann sich der Aussteller gegenüber einem gutgläubigen rechtsgeschäftlichen Scheckerwerber nicht berufen;[310] zu den Einzelheiten → Rn. 74, 105.

3. Scheckinhaber – bezogene Bank. a) Akzeptverbot. Grundsätzlich bestehen zwischen dem **63** Scheckinhaber und der bezogenen Bank keine Rechtsbeziehungen. Weil die Annahme des Schecks untersagt ist (Art. 4 ScheckG), hat der Inhaber keinen scheckrechtlichen Zahlungsanspruch gegen den Bezogenen.[311]

b) Bestätigter Bundesbankscheck. Eine Ausnahme vom Akzeptverbot enthält § 23 BBankG. **64** Nach dieser Vorschrift darf die Deutsche Bundesbank Schecks, *die auf sie gezogen sind,* bestätigen. Sie haftet aus dem Bestätigungsvermerk jedem Inhaber, dem Aussteller und eventuellen Indossanten scheckrechtlich. Umstritten ist, ob diese Haftung der Deutschen Bundesbank eher akzeptähnlich[312] oder eher rückgriffsähnlich[313] ausgestaltet ist.

§ 23 BBankG lautet:

(1) ¹ Die Deutsche Bundesbank darf Schecks, die auf sie gezogen sind, nur nach Deckung bestätigen. ² Aus dem Bestätigungsvermerk wird sie dem Inhaber zur Einlösung verpflichtet; für die Einlösung haftet sie auch dem Aussteller und den Indossanten.

(2) Die Einlösung des bestätigten Schecks darf auch dann nicht verweigert werden, wenn inzwischen über das Vermögen des Ausstellers das Insolvenzverfahren eröffnet worden ist.

---

[302] BGH Urt. v. 10.5.2001 – XII ZR 60/99, NJW 2001, 2324 = ZIP 2001, 1329 (1330) = WM 2001, 1526 = DB 2001, 1985; dazu *Kleinschmidt* NJW 2002, 346.

[303] BGH Urt. v. 28.3.1990 – VIII ZR 258/89, BGHZ 111, 97 = NJW 1990, 1655 = BB 1990, 955; *Frings* BB 1996, 809; *Eckardt* BB 1996, 1945; *Lange* WM 1999, 1301.

[304] BGH Urt. v. 10.5.2001 – XII ZR 60/99, NJW 2001, 2324 = ZIP 2001, 1329 (1331) = WM 2001, 1526 = DB 2001, 1985; OLG Karlsruhe Urt. v. 12.6.1998 – 9 U 127/97, WM 1999, 490 (491); OLG Karlsruhe Urt. v. 16.9.1999 – 8 U 224/98, ZIP 2000, 534; OLG Dresden Urt. v. 14.10.1998 – 8 U 2209/98, WM 1999, 488; MüKoHGB/ *Häuser* Zahlungsverkehr Rn. D 413; Palandt/*Ellenberger* BGB § 151 Rn. 2a.

[305] BGH Urt. v. 3.10.1989 – XI ZR 154/88, NJW 1990, 384 (385) = WM 1989, 1673.

[306] Baumbach/Hefermehl/*Casper* ScheckG Einl. Rn. 25; *Richardi,* Wertpapierrecht, 1987, 223.

[307] BGH Urt. v. 29.3.2007 – III ZR 68/06, WM 2007, 1171 (1172) = NJW-RR 2007, 1118 = ZIP 2007, 904 = DB 2007, 1192.

[308] Hierzu *Nobbe* in Schimansky/Bunte/Lwowski BankR-HdB § 60 Rn. 85 ff., § 62 Rn. 57 ff.

[309] BGH Urt. v. 26.9.1995 – XI ZR 159/94, NJW 1995, 3315 (3316) = WM 1995, 1950; BGH Urt. v. 24.3.1992 – XI ZR 142/91, NJW 1992, 1893 = WM 1992, 907 (zum Wechsel); *Nobbe* in Schimansky/Bunte/Lwowski BankR-HdB § 62 Rn. 45 ff.; Baumbach/Hefermehl/*Casper* ScheckG Art. 2 Rn. 1.

[310] *Nobbe* in Schimansky/Bunte/Lwowski BankR-HdB § 60 Rn. 35 ff.

[311] BGH Urt. v. 26.11.1973 – II ZR 117/72, NJW 1974, 456 (457) = WM 1974, 155; BGH Urt. v. 29.9.1986 – II ZR 283/85, NJW 1987, 317 (319) = WM 1986, 1409; Baumbach/Hefermehl/*Casper* ScheckG Art. 3 Rn. 6; *Schwintowski* in Derleder/Knops/Bamberger BankR/KapMarktR § 48 Rn. 18; *Canaris* BankvertragsR Rn. 727; *Gursky,* Wertpapierrecht, 3. Aufl. 2007, 98.

[312] So *Bülow* ScheckG Art. 4 Rn. 13; *Gößmann,* Recht des Zahlungsverkehrs, 3. Aufl. 1997, Rn. 259; *Joost* ZHR 150 (1986), 635 (647 f.); Baumbach/Hefermehl/*Casper* ScheckG Art. 4 Rn. 14.

[313] BGH Urt. v. 23.9.1985 – II ZR 172/84, BGHZ 96, 9 (11) = NJW 1986, 249 = WM 1985, 1391 (1392); Baumbach/*Hefermehl,* 22. Aufl. 2000, ScheckG Art. 4 Rn. 11; *Nobbe* in Schimansky/Bunte/Lwowski BankR-HdB § 61 Rn. 184.

(3) ¹ Die Verpflichtung aus der Bestätigung erlischt, wenn der Scheck nicht binnen acht Tagen nach der Ausstellung zur Zahlung vorgelegt wird. ² Für den Nachweis der Vorlegung gilt Artikel 40 des Scheckgesetzes.

(4) Der Anspruch aus der Bestätigung verjährt in zwei Jahren vom Ablauf der Vorlegungsfrist an.

(5) Auf die gerichtliche Geltendmachung von Ansprüchen auf Grund der Bestätigung sind die für Wechselsachen geltenden Zuständigkeits- und Verfahrensvorschriften entsprechend anzuwenden.

Zum Verfahren vgl. die Allgemeinen Geschäftsbedingungen der Deutschen Bundesbank,[314] Abschn. II. F. 1–3 für die Bestätigung von durch Einlagenkreditinstitute ausgestellte Schecks, Abschn. IV. E. 23–25 für Schecks sonstiger Kontoinhaber. Wird der Scheck nicht binnen acht Tagen nach der Ausstellung vorgelegt, erlischt die Haftung; der Scheck wird dann wie ein nicht bestätigter behandelt, Abschn. II. F. 3 (1) und Abschn. IV. E. 25 (1). Die Bestätigung gibt dem Scheck faktisch Bargeldqualität.[315]

65   **c) Scheckauskunft.** In der Praxis gibt es häufig Anfragen an die bezogene Bank, ob ein bestimmter Scheck eingelöst werde. Da ein Kreditinstitut Auskünfte grundsätzlich nur eigenen Kunden oder anderen Instituten erteilt (Nr. 2 Abs. 4 AGB-Banken, Nr. 3 Abs. 2 AGB-Sparkassen), werden solche Auskünfte oft über die Bank des Scheckinhabers angefragt. In der Regel wird die bezogene Bank durch ihre Auskunft **nicht verpflichtet,** den Scheck einzulösen. Man spricht in diesem Fall von einer *(banküblichen) Scheckbestätigung.* Anders ist es, wenn die Antwort der bezogenen Bank eine *Scheckeinlösungszusage* darstellt.

66   **aa) Scheckbestätigung.** Die Mitteilung der bezogenen Bank, der Scheck *sei gedeckt* oder *gehe in Ordnung,* stellt eine Scheckbestätigung dar und begründet keine eigenständige Einlösungspflicht. Sie bedeutet lediglich, dass der Scheck eingelöst würde, wenn er im Moment der Auskunftserteilung vorläge.[316] Dabei ist es egal, ob die Bestätigung mit oder ohne den Zusatz *unter banküblichem Vorbehalt* gemacht wird. Fehlt später die Deckung oder erfolgt später ein Widerruf, so ist die Bank zur Einlösung nicht verpflichtet.[317] Die Auskunft der bezogenen Bank muss aber richtig und vollständig sein. Die befragte Bank hat deshalb nicht nur den gegenwärtigen Kontostand des Ausstellers zu berücksichtigen, sondern auch alle verfügbaren geschäftlichen Unterlagen, insbesondere Schecks, Wechsel und Überweisungen, die sich im Geschäftsgang befinden und noch nicht auf dem Ausstellerkonto gebucht sind.[318] Dem anfragenden Scheckinhaber muss auch mitgeteilt werden, ob das Guthaben des Ausstellerkontos nur auf einem unter Vorbehalt gutgeschriebenen Scheck beruht.[319] Eine schuldhaft falsche Auskunft verpflichtet die befragte Bank uU zum **Schadensersatz.**[320] Haftungsgrundlage ist entweder die laufende Geschäftsverbindung zwischen dem Anfragenden und der ersatzpflichtigen Bank oder, bei Scheckanfragen zwischen Banken, ein selbstständiger Auskunftsvertrag.[321] Das OLG Frankfurt a. M. sieht in dem Auskunftsvertrag zwischen der anfragenden Inkassobank und der bezogenen Bank einen Vertrag mit Schutzwirkung zugunsten Dritter. Daraus kann dem Scheckeinreicher bei schuldhaft falscher Auskunft ein Schadensersatzanspruch gegen die bezogene Bank zustehen.[322] Schadensersatzpflichtig ist auch die mit der Anfrage beauftragte Bank, wenn sie die erhaltene Auskunft nicht vollständig an den Scheckinhaber weitergibt.[323] Ist die Scheckbestätigung im Zeitpunkt ihrer Erteilung richtig, brauchen spätere Gründe, die zur Nichteinlösung des Schecks führen, dem Anfragenden

---

[314] IdF v. 1.1.2020; URL https://www.bundesbank.de/de/bundesbank/organisation/agb-und-regelungen/agb-und-regelungen-604028 (27.3.2020).

[315] BGH Urt. v. 23.9.1985 – II ZR 172/84, BGHZ 96, 9 (11) = NJW 1986, 249 = WM 1985, 1391 (1392); *Bülow* ScheckG Art. 4 Rn. 13; *Nobbe* in Schimansky/Bunte/Lwowski BankR-HdB § 61 Rn. 179.

[316] BGH Urt. v. 20.3.1978 – II ZR 159/76, WM 1978, 873 (874); BGH Urt. v. 24.3.1980 – II ZR 188/79, BGHZ 77, 50 = NJW 1980, 1956 = WM 1980, 586; BGH Urt. v. 20.2.1990 – XI ZR 47/89, BGHZ 110, 263 = NJW 1990, 1482 = WM 1990, 494 (495); Baumbach/Hefermehl/*Casper* ScheckG Art. 4 Rn. 3; Baumbach/Hopt/ *Hopt* Bankgeschäfte Rn. E./8; *Bülow* ScheckG Art. 4 Rn. 2; *Gößmann,* Recht des Zahlungsverkehrs, 3. Aufl. 1997, Rn. 250.

[317] *Nobbe* in Schimansky/Bunte/Lwowski BankR-HdB § 61 Rn. 203.

[318] BGH Urt. v. 10.5.1994 – XI ZR 115/93, NJW 1994, 2541 = WM 1994, 1466 (1467); OLG Frankfurt a. M. Urt. v. 26.1.2007 – 24 U 49/06, BKR 2007, 386 (387); Baumbach/Hopt/*Hopt* Bankgeschäfte Rn. E./8; *Nobbe* in Schimansky/Bunte/Lwowski BankR-HdB § 61 Rn. 209. Krit. dazu *Gößmann,* Recht des Zahlungsverkehrs, 3. Aufl. 1997, Rn. 252.

[319] BGH Urt. v. 10.5.1994 – XI ZR 115/93, NJW 1994, 2541 = WM 1994, 1466 (1467), dessen späterer Widerruf zur Nichteinlösung des angefragten Schecks geführt hatte; ebenso *Nobbe* in Schimansky/Bunte/Lwowski BankR-HdB § 61 Rn. 210.

[320] BGH Urt. v. 20.2.1990 – XI ZR 47/89, BGHZ 110, 263 = NJW 1990, 1482 = WM 1990, 494 (495); OLG Frankfurt a. M. Urt. v. 26.1.2007 – 24 U 49/06, BKR 2007, 386 (387); OLG Karlsruhe Urt. v. 21.10.2008 – 17 U 212/07, BeckRS 2008, 23370; Baumbach/Hefermehl/*Casper* ScheckG Art. 4 Rn. 8; Baumbach/Hopt/*Hopt* Bankgeschäfte Rn. E./8; MüKoHGB/*Häuser* Zahlungsverkehr Rn. D 191.

[321] Baumbach/Hefermehl/*Casper* ScheckG Art. 4 Rn. 8; *Nobbe* in Schimansky/Bunte/Lwowski BankR-HdB § 61 Rn. 206.

[322] OLG Frankfurt a. M. Urt. v. 26.1.2007 – 24 U 49/06, BKR 2007, 386 (387); zust. *Nobbe* in Schimansky/Bunte/Lwowski BankR-HdB § 61 Rn. 208.

[323] BGH Urt. v. 10.5.1994 – XI ZR 115/93, NJW 1994, 2541 = WM 1994, 1466 (1467).

grundsätzlich nicht mitgeteilt zu werden.[324] Der geschädigte Auskunftsempfänger hat grundsätzlich zu beweisen, dass die schuldhaft falsche Scheckbestätigung für seinen Schaden ursächlich war. Eine **Kausalitätsvermutung** zu seinen Gunsten besteht nur bei aufklärungsrichtigem Verhalten und setzt daher voraus, dass es nur eine bestimmte Reaktionsmöglichkeit auf die richtige Auskunft gegeben hätte.[325] Diese Rspr. hat der BGH für Kapitalanlagefälle aufgegeben und geht nunmehr von einer Beweislastumkehr zu Gunsten des Anfragenden aus, ohne dass es für ihn nur eine Handlungsmöglichkeit gegeben haben muss.[326] Dies könnte auch für die unrichtige Scheckbestätigung von Bedeutung werden.

bb) **Scheckeinlösungszusage.** Art. 4 ScheckG verbietet es zwar der bezogenen Bank, den Scheck   67
anzunehmen, nicht jedoch, die Zahlung vertraglich, dh losgelöst vom Scheck, zu garantieren.[327] Die Antwort der bezogenen Bank auf eine Scheckanfrage kann daher, wenn die Auslegung dies ergibt, eine **Einlösungsgarantie** enthalten. Eine solche Scheckeinlösungszusage ist an **zwei Voraussetzungen** geknüpft: (1) Die Erklärung der bezogenen Bank muss ihrem Wortlaut nach eine selbstständige Einstandspflicht beinhalten, und (2) der Anfragende muss eine Einlösungsgarantie erkennbar verlangt haben.[328] Der Anfragende muss deshalb deutlich machen, dass er von der bezogenen Bank mehr will als die übliche Scheckbestätigung;[329] im Zweifel ist deshalb keine Scheckeinlösungszusage anzunehmen.[330] Die ohne den banküblichen Vorbehalt gemachte Erklärung, der Scheck *werde eingelöst,* ist deshalb nur dann eine Garantiezusage, wenn der Anfragende dies erkennbar verlangt hat.[331] Die Antwort der Bank, *sie garantiere die Honorierung (Einlösung),* wurde als Einlösungszusage gewertet.[332] Die Erklärungen, der Scheck *gehe in Ordnung, sei gedeckt* oder werde *unter dem üblichen Bankvorbehalt eingelöst,* sind dagegen einfache Scheckbestätigungen, die dem Anfragenden keinen Zahlungsanspruch geben, hM[333] (→ Rn. 66). Eine Scheckeinlösungszusage nimmt der bezogenen Bank den Einwand, der Scheck sei zwischenzeitlich gesperrt worden oder es fehle an der Deckung.[334] Da die Einlösungszusage einen wirksamen Scheck impliziert, kann die bezogene Bank Förmlichkeiten und Echtheit der Unterschrift weiterhin rügen,[335] nach aA[336] nur bei einem entsprechenden, zumindest banküblichen Vorbehalt. Die Einlösungszusage kann von der bezogenen Bank auch an bestimmte Bedingungen, zB Warenlieferung, Erfüllung des Grundgeschäfts usw, geknüpft werden.[337] Die Einlösungsgarantie bindet die bezogene Bank nur eine begrenzte Zeit, allerdings über die scheckgesetzlichen Vorlegungsfristen hinaus.[338] Es genügt, dass der Garantiebegünstigte alsbald nach der Einlösungszusage im ordentlichen Geschäftsgang den Scheck zum Inkasso gibt.[339]

---

[324] BGH Urt. v. 25.6.1973 – II ZR 26/72, BGHZ 61, 176 = NJW 1973, 1923 (1924), allerdings wurde hier die Pflicht, dem Anfragenden nachträglich eingetretene Einlösungshindernisse mitzuteilen, ausnahmsweise über Treu und Glauben bejaht; ebenso *Gößmann,* Recht des Zahlungsverkehrs, 3. Aufl. 1997, Rn. 253; *Nobbe* in Schimansky/Bunte/Lwowski BankR-HdB § 61 Rn. 213.

[325] BGH Urt. v. 10.5.1994 – XI ZR 115/93, NJW 1994, 2541 = WM 1994, 1466 (1467 f.).

[326] BGH Urt. v. 8.5.2012 – XI ZR 262/10, NJW 2012, 2427 = BKR 2012, 368; *Nobbe* in Schimansky/Bunte/Lwowski BankR-HdB § 61 Rn. 217; MüKoHGB/*Häuser* Zahlungsverkehr Rn. D 192.

[327] BGH Urt. v. 6.3.1975 – II ZR 165/73, BGHZ 64, 79 = NJW 1975, 1168 = WM 1975, 646; *Nobbe* in Schimansky/Bunte/Lwowski BankR-HdB § 61 Rn. 186; *Häuser* FS Schimansky, 1999, 183 (190 ff.).

[328] BGH Urt. v. 20.2.1990 – XI ZR 47/89, BGHZ 110, 263 = NJW 1990, 1482 = WM 1990, 494 (495), krit. dazu *Köndgen* NJW 1992, 2263 (2271); ferner Baumbach/Hefermehl/*Casper* ScheckG Art. 4 Rn. 4; Baumbach/Hopt/*Hopt* Bankgeschäfte Rn. E/8; MüKoHGB/*Häuser* Zahlungsverkehr Rn. D 198.

[329] BGH Urt. v. 29.3.1994 – XI ZR 131/93, NJW-RR 1994, 821 = WM 1994, 884 (885); *Nobbe,* Neue höchstrichterliche Rechtsprechung zum Bankrecht, 6. Aufl. 1995, Rn. 485 ff.

[330] BGH Urt. v. 20.2.1990 – XI ZR 47/89, BGHZ 110, 263 = NJW 1990, 1482 = WM 1990, 494; *Nobbe* in Schimansky/Bunte/Lwowski BankR-HdB § 61 Rn. 188.

[331] Bejaht in BGH Urt. v. 24.3.1980 – II ZR 188/79, BGHZ 77, 50 = NJW 1980, 1956 = WM 1980, 586; krit. dazu *Nobbe* in Schimansky/Bunte/Lwowski BankR-HdB § 61 Rn. 190.

[332] BGH Urt. v. 20.3.1978 – II ZR 159/76, WM 1978, 873 (874).

[333] Baumbach/Hopt/*Hopt* Bankgeschäfte Rn. E/8; *Nobbe* in Schimansky/Bunte/Lwowski BankR-HdB § 61 Rn. 189 ff.

[334] BGH Urt. v. 29.3.1982 – II ZR 39/81, WM 1982, 924 (925); Baumbach/Hefermehl/*Casper* ScheckG Art. 4 Rn. 2; *Gößmann,* Recht des Zahlungsverkehrs, 3. Aufl. 1997, Rn. 256.

[335] BGH Urt. v. 3.10.1989 – XI ZR 154/88, NJW 1990, 384 (385) = WM 1989, 1673; BGH Urt. v. 30.3.1993 – XI ZR 192/92, BGHZ 122, 156 = NJW 1993, 1861 = WM 1993, 939 (zur Eurocheck-Garantie); *Nobbe* in Schimansky/Bunte/Lwowski BankR-HdB § 61 Rn. 201.

[336] Baumbach/*Hefermehl,* 22. Aufl. 2000, ScheckG Art. 4 Rn. 5a; *Gößmann,* Recht des Zahlungsverkehrs, 3. Aufl. 1997, Rn. 256; so wohl auch BGH Urt. v. 24.3.1980 – II ZR 188/79, BGHZ 77, 50 = NJW 1980, 1956 = WM 1980, 586.

[337] BGH Urt. v. 29.3.1982 – II ZR 39/81, WM 1982, 924 (926); Baumbach/Hefermehl/*Casper* ScheckG Art. 4 Rn. 4; Baumbach/Hopt/*Hopt* Bankgeschäfte Rn. E/8.

[338] BGH Urt. v. 24.3.1980 – II ZR 188/79, BGHZ 77, 50 = NJW 1980, 1956 = WM 1980, 586 (587); BGH Urt. v. 29.3.1982 – II ZR 39/81, WM 1982, 924 (925); Baumbach/Hefermehl/*Casper* ScheckG Art. 4 Rn. 6; *Nobbe* in Schimansky/Bunte/Lwowski BankR-HdB § 61 Rn. 198.

[339] BGH Urt. v. 29.3.1982 – II ZR 39/81, WM 1982, 924 (925); MüKoHGB/*Häuser* Zahlungsverkehr Rn. D 203.

V. Übertragung des Schecks

68   Die Übertragung des Schecks ist geregelt im 2. Abschnitt des ScheckG (Art. 14–24 ScheckG). Ihre Modalitäten hängen von der **Scheckart** (Art. 5 ScheckG) ab: *Orderschecks* werden durch Indossament (Art. 14 Abs. 1 ScheckG), *Inhaberschecks* durch Einigung und Übergabe nach §§ 929 ff. BGB und *Rektaschecks* durch Abtretung nach §§ 398 ff., 952 BGB übertragen.[340] Die Praxis kennt fast nur Inhaberschecks; deren Übertragung ist allerdings in den Art. 14 ff. ScheckG nur bruchstückhaft geregelt, da diese Vorschriften vorrangig den Orderscheck betreffen. Neben diesen scheckrechtlichen Übertragungsformen kann die Scheckforderung aus Inhaber- und Orderschecks auch durch **bloße Abtretung** nach §§ 398 ff., 952 BGB übergehen. Zur Wirksamkeit der Abtretung ist nach hM die Übergabe des Papiers oder ein Übergabesurrogat erforderlich.[341] Für die Abtretung von Inhaberschuldverschreibungen und ihren Zinsscheinen hat der BGH dieses Erfordernis allerdings aufgegeben.[342] Große Bedeutung hat diese Übertragungsform nicht. Das Indossament nach Protest oder Fristablauf (Nachindossament) hat nur die Wirkungen einer gewöhnlichen Abtretung (Art. 24 ScheckG). Vgl. hierzu beim Wechsel → Rn. 11.

69   **1. Übertragung von Inhaberschecks. a) Einigung und Übergabe.** Die Übertragung von Inhaberschecks erfolgt üblicherweise nach §§ 929 ff. BGB durch Einigung und Übergabe oder Übergabesurrogat.[343] Der Begebungsvertrag[344] enthält, wie bei der ersten Begebung zwischen Aussteller und Schecknehmer, schuld- und sachenrechtliche Komponenten. Schuldrechtlicher Natur ist die Vereinbarung, den Scheck zu einem bestimmten Zweck zu übertragen, zB zum Inkasso oder zur Tilgung einer Verbindlichkeit. Sachenrechtlicher Natur ist die Einigung nach §§ 929 ff. BGB. In der Regel wird der Begebungsvertrag konkludent geschlossen. Fehlt es am wirksamen Begebungsvertrag, kommt *gutgläubiger Erwerb* in Betracht (→ Rn. 73).

70   **b) Wirkungen der Übertragung.** Durch die Übertragung gehen **alle Rechte** aus dem Scheck auf den neuen Inhaber über, nicht jedoch die Forderung aus dem Kausalgeschäft. Hierfür ist eine separate Abtretung erforderlich.[345] Die Übertragung des Inhaberschecks begründet für den Veräußerer keine scheckrechtliche Haftung, da er auf dem Papier nicht in Erscheinung tritt. Zum Indossament auf einem Inhaberscheck → Rn. 71. **Förmlich legitimiert** ist beim Inhaberscheck der jeweilige Inhaber.[346] Der bloße Besitz führt nämlich nach § 1006 Abs. 1 BGB zur Vermutung der Berechtigung;[347] die Bank kann deshalb an den Inhaber grundsätzlich befreiend leisten.[348] Art. 19 ScheckG betrifft nur den Orderscheck.

71   **c) Indossament und Inhaberscheck.** Ein den Art. 15, 16 ScheckG genügendes Indossament auf einem Inhaberscheck macht diesen weder zum Orderscheck, noch führt es zur Übertragung des Papiers, kann aber **Beweis** für eine stattgefundene Übertragung sein. Ein solches Indossament kommt häufig bei Einziehung bzw. Einlösung des Schecks vor, da die Bank vom Einreicher idR verlangt, den Scheck auf der Rückseite zu unterschreiben.[349] Wird der Scheck direkt bei der kontoführenden Stelle der bezogenen Bank zur Einlösung eingereicht, gilt die Unterschrift als **Quittung** iSv Art. 34 Abs. 1 ScheckG.[350] Wird der Scheck zur *Einziehung* bei einer anderen Bank eingereicht, handelt es sich bei der Unterschrift um ein **Inkassoindossament** in Form eines Blankoindossaments.[351] Der Einreicher/Indossant haftet der Inkassobank dann aus dem Indossament scheckrechtlich nach Art. 18, 20 ScheckG, wenn die Inkassobank Sicherungseigentum oder ein Pfandrecht am Papier erworben hat.[352] Zu Sicherungseigentum und Pfandrecht der Inkassobank → Rn. 91.

---

[340] Baumbach/Hefermehl/*Casper* ScheckG Einl. Rn. 27.
[341] BGH Urt. v. 14.5.2009 – IX ZR 63/08, NJW 2009, 2600 Rn. 32 = WM 2009, 1202; *Nobbe* in Schimansky/Bunte/Lwowski BankR-HdB § 62 Rn. 13 f.
[342] BGH Urt. v. 14.5.2013 – XI ZR 160/12, NZG 2013, 903 Rn. 20 = BKR 2013, 334.
[343] Baumbach/Hefermehl/*Casper* ScheckG Art. 14 Rn. 5; *Gursky,* Wertpapierrecht, 3. Aufl. 2007, 101.
[344] Dazu *Nobbe* in Schimansky/Bunte/Lwowski BankR-HdB § 62 Rn. 10 f., 72.
[345] *Nobbe* in Schimansky/Bunte/Lwowski BankR-HdB § 62 Rn. 15; Eine Abtretung der Forderung aus dem Kausalgeschäft enthalten Nr. 15 Abs. 2 AGB-Banken und Nr. 25 Abs. 1 AGB-Sparkassen.
[346] BGH Urt. v. 26.9.1989 – XI ZR 178/88, BGHZ 108, 353 = NJW 1990, 242 (243) = WM 1989, 1756 = RIW 1989, 991; OLG Düsseldorf Urt. v. 26.3.1998 – 6 U 75/97, WM 1998, 2098 (2099); Baumbach/Hefermehl/*Casper* ScheckG Art. 19 Rn. 1, ScheckG Art. 20 Rn. 1; *Müller-Christmann* WM 1998, 577 (580).
[347] *Nobbe* in Schimansky/Bunte/Lwowski BankR-HdB § 60 Rn. 163, § 62 Rn. 1 f.
[348] *Bülow* ScheckG Art. 34 Rn. 1.
[349] *Nobbe* in Schimansky/Bunte/Lwowski BankR-HdB § 61 Rn. 26, § 62 Rn. 12; MüKoHGB/*Häuser* Zahlungsverkehr Rn. D 390.
[350] Baumbach/Hefermehl/*Casper* ScheckG Art. 34 Rn. 1, ScheckG Art. 20 Rn. 3; MüKoHGB/*Häuser* Zahlungsverkehr Rn. D 390; ähnl. *Bülow* ScheckG Art. 34 Rn. 2, ScheckG Art. 20 Rn. 4.
[351] Baumbach/Hefermehl/*Casper* ScheckG Art. 20 Rn. 3.
[352] *Nobbe* in Schimansky/Bunte/Lwowski BankR-HdB § 61 Rn. 26; MüKoHGB/*Häuser* Zahlungsverkehr Rn. D 390.

2. Übertragung von Orderschecks. Orderschecks werden durch Einigung, Übergabe oder Über-　**72**
gabesurrogat und **Indossament** übertragen. Der Wortlaut des Art. 14 ScheckG ist insofern nicht
vollständig; trotzdem spricht man zu Recht von der **Transportfunktion** des Indossaments. Ein wirksames Indossament erfordert die eigenhändige vollständige Unterschrift des Indossanten; ein Hand-
zeichen genügt nicht.[353] Der Indossant haftet nach Art. 18 ScheckG für die Zahlung, sofern das
Indossament keinen entgegenstehenden Vermerk enthält **(Garantiefunktion).** Der Inhaber des
Schecks gilt als Berechtigter, wenn er sich durch eine ununterbrochene Indossamentenkette,[354] beginnend mit dem ersten Schecknehmer,[355] ausweisen kann (**Legitimationsfunktion,** Art. 19 ScheckG).
Dies hat die bezogene Bank bei Einlösung eines Orderschecks zu prüfen (Art. 35 ScheckG), nicht
dagegen die Echtheit der Unterschriften der Indossanten.[356]

VI. Gutgläubiger Erwerb abhanden gekommener Schecks

1. Abhandenkommen. Ein Scheck ist iSv Art. 21 ScheckG *irgendwie abhanden gekommen,* wenn　**73**
er **ohne wirksamen Begebungsvertrag** den Besitzer wechselt.[357] Hierzu gehören zB die Veräußerung durch einen Vertreter ohne Vertretungsmacht oder einen Geschäftsunfähigen[358] und der
Verlust des Schecks auf dem Postweg,[359] aber auch jedes andere Fehlen eines wirksamen Begebungsvertrags.[360] In der Praxis am häufigsten sind Diebstahl und Unterschlagung.[361] Ein vom Berechtigten
abredewidrig verwandter Scheck ist grundsätzlich nicht abhanden gekommen,[362] es sei denn, der
Verwendungszweck hatte ausnahmsweise die Qualität einer aufschiebenden Bedingung des Begebungsvertrags.[363]

2. Gutgläubigkeit. a) Grundzüge. Art. 21 ScheckG ermöglicht den gutgläubigen Eigentums-　**74**
erwerb in sehr viel größerem Umfang als § 932 BGB. Über Art. 21 ScheckG sind zB fehlende
Geschäftsfähigkeit heilbar (str.),[364] sowie die anderen in → Rn. 73 aufgezählten Umstände.[365] Voraussetzung ist allerdings die **förmliche Legitimation** sowohl des nichtberechtigten Veräußerers als auch
des neuen Inhabers durch den Besitz des Schecks beim Inhaberscheck oder den Besitz mit ununter-
brochener Indossamentenkette beim Orderscheck (Art. 21, 19 ScheckG). Diese förmliche Legitimation stellt eine widerlegbare Vermutung dafür dar, dass der Inhaber auch materiell, dh sachlich berechtigt
ist.[366] Fehlt es an der förmlichen Legitimation, so kann ein gutgläubiger Erwerb nicht stattfinden.
Ferner muss der Erwerb durch ein **Verkehrsgeschäft** erfolgen,[367] da nur eine der Funktion des
Schecks entsprechende Übertragung den Schutz des Art. 21 ScheckG verdient. Zum Verkehrsgeschäft,
zu dem auch die Einreichung zum Inkasso gehört, vgl. die Ausführungen zum Wechsel, → Rn. 28.
Ein derart förmlich legitimierter Inhaber hat den Scheck gutgläubig erworben, wenn ihm weder
Bösgläubigkeit noch grobe Fahrlässigkeit vorgeworfen werden kann. **Grobe Fahrlässigkeit** liegt vor,
wenn der Erwerber die im Scheckverkehr erforderliche Sorgfalt in ungewöhnlich hohem Maße und

---

[353] OLG München Urt. v. 18.6.1997 – 7 U 1943/97, ZIP 1997, 1878 (1879).
[354] BGH Urt. v. 26.9.1989 – XI ZR 178/88, BGHZ 108, 353 = NJW 1990, 242 (243) = WM 1989, 1756 =
RIW 1989, 991.
[355] BGH Urt. v. 18.1.1988 – II ZR 304/86, NJW-RR 1988, 814 = WM 1988, 1433 (1435); BGH Urt. v.
4.6.1991 – XI ZR 252/90, NJW 1991, 2770 = WM 1991, 1459 (1460) (zum Wechsel); *Nobbe* in Schimansky/
Bunte/Lwowski BankR-HdB § 60 Rn. 164.
[356] BGH Beschl. v. 31.10.1995 – XI ZR 69/95, NJW 1996, 195 (196) = WM 1995, 2136; *Nobbe* in Schimansky/
Bunte/Lwowski BankR-HdB § 61 Rn. 317.
[357] BGH Urt. v. 26.9.1995 – XI ZR 159/94, NJW 1995, 3315 = WM 1995, 1950; OLG Hamm Urt. v.
16.12.1997 – 7 U 66/97, WM 1998, 759 (761); Baumbach/Hefermehl/*Casper* ScheckG Art. 21 Rn. 3; *Nobbe* WM-
Sonderbeilage 5/2000, 17 f.; *Schwintowski* in Derleder/Knops/Bamberger BankR/KapMarktR § 48 Rn. 74.
[358] OLG Hamm Urt. v. 16.12.1997 – 7 U 66/97, WM 1998, 759 (761); Baumbach/Hefermehl/*Casper* ScheckG
Art. 21 Rn. 3; *Bülow* ScheckG Art. 21 Rn. 5.
[359] KG Urt. v. 23.11.1994 – 24 U 1428/94, WM 1995, 241 (242); Baumbach/Hefermehl/*Casper* ScheckG Art. 21
Rn. 3.
[360] Ausf. dazu *Nobbe* in Schimansky/Bunte/Lwowski BankR-HdB § 61 Rn. 220–231.
[361] *Schnauder* WM 1998, 1901 (1906).
[362] *Nobbe* in Schimansky/Bunte/Lwowski BankR-HdB § 61 Rn. 230; *Bülow* ScheckG Art. 21 Rn. 5; implizit
auch BGH Urt. v. 26.9.1989 – XI ZR 178/88, BGHZ 108, 353 = NJW 1990, 242 (243) = WM 1989, 1756 = RIW
1989, 991.
[363] OLG Koblenz Urt. v. 14.10.1983 – 2 U 61/83, WM 1984, 467 (468); Nobbe in Schimansky/Bunte/Lwowski
BankR-HdB § 61 Rn. 230; Baumbach/Hefermehl/*Casper* ScheckG Art. 21 Rn. 3.
[364] Baumbach/Hefermehl/*Casper* ScheckG Art. 21 Rn. 5; *Bülow* ScheckG Art. 21 Rn. 5; aA *Nobbe* in Schiman-
sky/Bunte/Lwowski BankR-HdB § 62 Rn. 18; MüKoHGB/*Häuser* Zahlungsverkehr Rn. D 225.
[365] Vgl. *Bülow* WG Art. 16 Rn. 23 ff.; *Nobbe* in Schimansky/Bunte/Lwowski BankR-HdB § 62 Rn. 18 f.
[366] BGH Urt. v. 26.9.1989 – XI ZR 178/88, BGHZ 108, 353 = NJW 1990, 242 (243) = WM 1989, 1756 =
RIW 1989, 991.
[367] BGH Urt. v. 23.5.1989 – XI ZR 82/88, NJW-RR 1989, 1207 = WM 1989, 1009 (1010) (zur gleichen
Problematik beim Einwendungsausschluss des Art. 22 ScheckG); *Nobbe* in Schimansky/Bunte/Lwowski BankR-HdB
§ 62 Rn. 17, 20.

subjektiv schlechthin unentschuldbar verletzt.[368] Da der Scheckverkehr immer noch ein Massenverkehr ist und der Veräußerer legitimiert sein muss, trifft den Erwerber grundsätzlich keine Prüfungspflicht. Diese Pflicht entsteht erst, wenn besondere Umstände in ihrer Gesamtschau den Verdacht einer fehlenden Scheckberechtigung des förmlich legitimierten Scheckinhabers nahe legen.[369] Die Frage nach dem Ob und Wie solcher Prüfungspflichten stellt sich in der Praxis vor allem für die Inkassobank bei der Einreichung von Schecks zum Inkasso (→ Rn. 87), aber in ähnlicher Weise auch für die bezogene Bank bei Vorlage zur Einlösung (→ Rn. 101).

75 **b) Prüfungspflichten der Inkassobank.** Lassen Verdachtsmomente[370] Zweifel an einer Berechtigung des Scheckeinreichers aufkommen, muss die Bank Nachforschungen anstellen. Diese dürfen sich zunächst auf das eigene Umfeld des Kreditinstituts beschränken, können aber auch Nachfragen bei Einreicher, Aussteller, bezogener Bank und Begünstigtem erfordern.[371] Rückfragen beim nicht berechtigten Scheckeinreicher können die Einreicherbank nicht entlasten.[372] Die Inkassobank hat die bezogene Bank von Verdachtsmomenten zu unterrichten; ein Unterlassen macht die Inkassobank grundsätzlich schadensersatzpflichtig.[373] Wegen des immer noch großen Scheckaufkommens[374] muss die von der Bank geforderte Sorgfalt aber praktikabel bleiben.[375]

76 **aa) Disparität.** Ist der Einreicher mit dem im Scheck genannten Begünstigten (Schecknehmer) **nicht identisch**, soll der Scheck aber dem Konto des Einreichers gutgeschrieben werden, spricht man von *Disparität*.[376] Dieser Umstand allein hat nach früherer stRspr noch **keine Prüfungspflicht** der Bank ausgelöst, da die Weitergabe eines Schecks weder im kaufmännischen noch im privaten Verkehr ungewöhnlich gewesen sein soll und damit keinen Verdachtsmoment für das Abhandenkommen des Schecks darstellte.[377] So war zB die Einziehung eines aus kaufmännischem Geschäftsverkehr stammenden disparischen Schecks auf einem privaten Girokonto nicht ungewöhnlich.[378] Diese Auffassung hat der BGH[379] nach Kritik von *Aden*[380] **in Frage gestellt**, da die Weitergabe von Schecks im Geschäftsverkehr in der Tat selten geworden ist. In diesem Fall, so der BGH, müsste die Verfügungsberechtigung des Einreichers durch Rückfrage beim Scheckbegünstigten oder beim Scheckaussteller intensiver als bisher geprüft werden, um den Vorwurf einer grob fahrlässigen Hereinnahme eines *Inhaberverrechnungsschecks* zu vermeiden. Diese Rechtsauffassung hat der BGH auf blanko indossierte disparische *Orderverrechnungsschecks* ausgedehnt,[381] er hat allerdings in allen Entscheidungen bis heute die Frage offen

---

[368] BGH Urt. v. 16.3.1993 – XI ZR 103/92, NJW 1993, 1583 (1584) = WM 1993, 736 (737); BGH Urt. v. 19.1.1993 – XI ZR 76/92, NJW 1993, 1066 (1067) = WM 1993, 541 (543); OLG Saarbrücken Urt. v. 4.12.1996 – 1 U 328/96-55 = WM 1997, 1327 (1328); Baumbach/Hefermehl/*Casper* ScheckG Art. 21 Rn. 5, 9; *Nobbe* WM-Sonderbeilage 5/2000, 18.

[369] BGH Urt. v. 30.9.2003 – XI ZR 232/02, WM 2003, 2286 (2287) = ZIP 2003, 2196; BGH Urt. v. 26.9.1989 – XI ZR 178/88, BGHZ 108, 353 = NJW 1990, 242 (243) = WM 1989, 1756 = RIW 1989, 991; BGH Urt. v. 16.3.1993 – XI ZR 103/92, NJW 1993, 1583 (1584) = WM 1993, 736; BGH Urt. v. 19.1.1993 – XI ZR 76/92, NJW 1993, 1066 (1067) = WM 1993, 541; OLG Karlsruhe Urt. v. 22.12.2005 – 9 U 84/05, BKR 2006, 260 (262) = ZIP 2006, 1576; OLG München Urt. v. 1.10.1997 – 7 U 3043/97, WM 1998, 2101 = BB 1998, 605; OLG München Urt. v. 17.12.1997 – 3 U 4563/96, WM 1998, 1813 (1815); Baumbach/Hefermehl/*Casper* ScheckG Art. 21 Rn. 5; *Nobbe* in Schimansky/Bunte/Lwowski BankR-HdB § 61 Rn. 283; *Bülow* ScheckG Art. 21 Rn. 24; MüKoHGB/*Häuser* Zahlungsverkehr Rn. D 443; *Schwintowski* in Derleder/Knops/Bamberger BankR/KapMarktR § 48 Rn. 76.

[370] Ausf. dazu *Nobbe* in Schimansky/Bunte/Lwowski BankR-HdB § 61 Rn. 269 ff.; *Bülow* ScheckG Art. 21 Rn. 26 ff.; MüKoHGB/*Häuser* Zahlungsverkehr Rn. D 453 ff.; Palandt/*Herrler* BGB § 990 Rn. 10 ff.

[371] BGH Urt. v. 19.1.1993 – XI ZR 76/92, NJW 1993, 1066 (1068) = WM 1993, 541; OLG Karlsruhe Urt. v. 3.4.2007 – 17 U 292/05, ZIP 2007, 857 (858); *Nobbe* in Schimansky/Bunte/Lwowski BankR-HdB § 61 Rn. 285 ff.; MüKoHGB/*Häuser* Zahlungsverkehr Rn. D 453; teilw. krit. dazu *Gößmann*, Recht des Zahlungsverkehrs, 3. Aufl. 1997, Rn. 309.

[372] OLG München Urt. v. 17.12.1997 – 3 U 4563/96, WM 1998, 1813 (1815).

[373] OLG Karlsruhe Urt. v. 2.11.1999 – 3 U 28/99, WM 2000, 953 (954 f.).

[374] → Rn. 45.

[375] Baumbach/Hopt/*Hopt* Bankgeschäfte Rn. E/2; *Nobbe* in Schimansky/Bunte/Lwowski BankR-HdB § 60 Rn. 116; aA MüKoHGB/*Häuser* Zahlungsverkehr Rn. D 444.

[376] *Schwintowski* in Derleder/Knops/Bamberger BankR/KapMarktR § 48 Rn. 80, 89; *Nobbe* in Schimansky/Bunte/Lwowski BankR-HdB § 61 Rn. 271.

[377] So noch BGH Urt. v. 16.3.1993 – XI ZR 103/92, NJW 1993, 1583 (1584) = WM 1993, 736; BGH Urt. v. 19.1.1993 – XI ZR 76/92, NJW 1993, 1066 (1067) = WM 1993, 541; OLG München Urt. v. 1.10.1997 – 7 U 3043/97, WM 1998, 2101 = BB 1998, 605; *Schwintowski* in Derleder/Knops/Bamberger BankR/KapMarktR § 48 Rn. 89.

[378] BGH Urt. v. 12.1.1987 – II ZR 187/86, NJW 1987, 1264 (1265) = WM 1987, 337; BGH Urt. v. 9.5.1989 – XI ZR 115/88, NJW 1989, 3012 f. = WM 1989, 944; BGH Urt. v. 29.9.1992 – XI ZR 265/91, NJW 1992, 3235 (3236) = WM 1992, 1849; Baumbach/*Hefermehl*, 22. Aufl. 2000, ScheckG Art. 21 Rn. 15a.

[379] BGH Urt. v. 12.12.1995 – XI ZR 58/95, NJW 1996, 657 = WM 1996, 248; dazu *Müller-Christmann* WM 1998, 577 (579 ff.).

[380] *Aden* NJW 1994, 413 (416).

[381] BGH Urt. v. 15.2.2000 – XI ZR 186/99, NJW 2000, 2585 (2586) = WM 2000, 812 = ZIP 2000, 693 = BB 2000, 1056 = DB 2000, 1224; OLG Dresden Urt. v. 12.10.1998 – 2 U 2197/98, WM 1999, 1660.

gelassen, ob die **Weitergabe von Schecks im kaufmännischen Geschäftsverkehr** tatsächlich unüblich geworden ist.[382] Nach Ansicht des *OLG Frankfurt* auf der Grundlage eines von ihm eingeholten Gutachtens des Deutschen Industrie- und Handelstages (jetzt: Deutscher Industrie- und Handelskammertag) gibt es einen Jahrzehnte alten Handelsbrauch, dass Inhaberschecks im Geschäftsverkehr zahlungshalber *nicht* weitergegeben werden.[383] So entschieden auch das OLG Dresden[384] und das OLG Karlsruhe.[385]

Daraus folgert *Nobbe*,[386] dass Banken bei der Hereinnahme eines jeden *Inhaberverrechnungsschecks* der   77
Frage nachgehen müssen, ob er aus kaufmännischem Verkehr stamme und disparisch sei. Sei dies der Fall, müssten die Kreditinstitute zur Vermeidung grober Fahrlässigkeit die materielle Berechtigung des Scheckeinreichers prüfen. Gleiches müsse für *Orderverrechnungsschecks* gelten, nicht jedoch für aus privatem Verkehr stammende Schecks. Darüber, ob auch solche Schecks nicht mehr weiter gegeben werden, lägen keine gesicherten Erkenntnisse vor.[387] Richtig ist, dass die Weitergabe von Schecks sowohl im kaufmännischen wie im privaten Verkehr **sehr selten** ist. Gleichwohl sollte Disparität allein keinen automatischen Anfangsverdacht darstellen (str.).[388] Der Scheckverkehr ist mit einem Volumen von etwa 110 Mrd. EUR bei 12,8 Mio. Schecktransaktionen im Jahre 2017 immer noch ein **Massenverkehr,** dessen Prüfungspflichten praktikabel bleiben müssen (→ Rn. 45). Wie *Bülow*[389] darlegt, ist die Prüfung, ob ein Scheck aus kaufmännischem Verkehr stammt und disparisch ist, im beleglosen Scheckeinzugsverfahren (BSE-Verfahren), → Rn. 95, nur schwer möglich. Darüber hinaus würde die gesetzlich verankerte Legitimation des förmlich berechtigten Inhabers ausgehöhlt; sie gäbe es nur noch beim nicht disparischen Scheck.

Etwas anderes galt – wie der BGH bereits 1997 festgestellt hat[390] – für Schecks, die im damaligen   78
GSE-Verfahren mit gesonderter Vorlage der Originale (→ Rn. 97) eingezogen wurden. Dies geschah 1997 ab einem Scheckbetrag von 5.000 DM. Heute werden Schecks ab 6.000 EUR im ISE-Verfahren eingezogen (→ Rn. 97). Dass bei höheren Scheckbeträgen die Gefahr des Abhandenkommens wächst und die Kreditwirtschaft für solche Schecks ein Inkassoverfahren praktiziert, in dem Unregelmäßigkeiten leichter entdeckt werden können, rechtfertigt **höhere Prüfungspflichten.** Es erscheint daher sinnvoll, diese von Inkassoverfahren vorgegebene und vom BGH anerkannte Betragsgrenze als Ausgangspunkt für höhere Prüfungspflichten heranzuziehen. Dass diese Grenze regelmäßig erhöht wird, entspricht den wirtschaftlichen Gegebenheiten. Es ist daher mit *Bülow*[391] festzuhalten, dass erst ab einem Scheckbetrag von über 6.000 EUR – egal, ob der Scheck aus kaufmännischem oder privatem Verkehr stammt – die Inkassobank prüfen muss, ob der Scheck disparisch ist. Ist dies der Fall, muss die Bank der materiellen Berechtigung des Einreichers nachgehen. Unterlässt sie eins von beiden, handelt sie grob fahrlässig iSv Art. 21 ScheckG. Für einen Kaufmann gelten bei der Hereinnahme eines disparischen Schecks grundsätzlich die gleichen Pflichten wie für eine Bank.[392] Für eine deutsche Zwischenbank, die von einer ausländischen Bank im Scheckinkassoverfahren (→ Rn. 87) mit der Weiterleitung des Schecks an die bezogene deutsche Bank beauftragt ist, gelten diese Pflichten dagegen nicht.[393]

bb) Sonstige Verdachtsmomente. Für Schecks, die im BSE-Verfahren eingezogen werden, sollte   79
daher **keine automatische Pflicht zur Prüfung auf Disparität** bestehen (str.). Diese Pflicht entsteht

[382] BGH Urt. v. 18.7.2000 – XI ZR 263/99, WM 2000, 1744 (1745) = ZIP 2000, 1926; BGH Urt. v. 15.2.2000 – XI ZR 186/99, NJW 2000, 2585 (2586) = WM 2000, 812 = ZIP 2000, 693 = BB 2000, 1056 = DB 2000, 1224; BGH Urt. v. 12.12.1995 – XI ZR 58/95, NJW 1996, 657 = WM 1996, 248.

[383] OLG Frankfurt a. M. Urt. v. 26.6.2002 – 23 U 155/00, NJW-RR 2002, 1574 (1575); OLG Frankfurt a. M. Urt. v. 2.6.1999 – 23 U 43/94, EWiR § 990 BGB 1/99, 837, mkritAnm *Haertlein*.

[384] OLG Dresden Urt. v. 12.10.1998 – 2 U 2197/98, WM 1999, 1660 f.; dazu auch MüKoHGB/*Häuser* Zahlungsverkehr Rn. D 459.

[385] OLG Karlsruhe Urt. v. 3.4.2007 – 17 U 292/05, ZIP 2007, 857 (858).

[386] *Nobbe* in Schimansky/Bunte/Lwowski BankR-HdB § 61 Rn. 276 f., 279; *Nobbe* WM-Sonderbeilage 5/2000, 20 f.; so schon *Aden* NJW 1994, 413 (415).

[387] *Nobbe* in Schimansky/Bunte/Lwowski BankR-HdB § 61 Rn. 282.

[388] So OLG München Urt. v. 1.10.1997 – 7 U 3043/97, WM 1998, 2101 = BB 1998, 605; LG Frankfurt a. M. Urt. v. 2.7.1998 – 2/24 S 317/97, WM 1998, 2102; LG Leipzig Urt. v. 29.6.1998 – 03 HK O 6569/97, WM 1998, 2104; *Bülow* ScheckG Art. 21 Rn. 28 ff.; *Bülow* WM 1999, 10 (12); *Gößmann*, Recht des Zahlungsverkehrs, 3. Aufl. 1997, Rn. 305; zurückhaltend Baumbach/Hefermehl/*Casper* ScheckG Art. 21 Rn. 31 f.; MüKoHGB/*Häuser* Zahlungsverkehr Rn. D 459; aA *Aden* NJW 1994, 413 (415 f.); *Nobbe* in Schimansky/Bunte/Lwowski BankR-HdB § 61 Rn. 279; wohl auch OLG Karlsruhe Urt. v. 3.4.2007 – 17 U 292/05, ZIP 2007, 857 (858).

[389] *Bülow* ScheckG Art. 21 Rn. 28.

[390] BGH Urt. v. 15.4.1997 – XI ZR 105/96, NJW 1997, 1917 = WM 1997, 1092 (1094); BGH Urt. v. 4.11.1997 – XI ZR 270/96, WM 1997, 2395 (2396); *Nobbe* WM-Sonderbeilage 5/2000, 19.

[391] *Bülow* ScheckG Art. 21 Rn. 30; ebenso OLG Karlsruhe Urt. v. 22.12.2005 – 9 U 84/05, BKR 2006, 260 (262) = ZIP 2006, 1576 und Baumbach/Hefermehl/*Casper* ScheckG Art. 21 Rn. 32. Abl. zur Differenzierung nach Scheckbeträgen *Binder* WM 2004, 449 (456); *Nobbe* in Schimansky/Bunte/Lwowski BankR-HdB § 61 Rn. 279.

[392] BGH Urt. v. 18.7.2000 – XI ZR 263/99, WM 2000, 1744 (1745) = ZIP 2000, 1926.

[393] BGH Urt. v. 17.7.2001 – XI ZR 362/00, NJW 2001, 2970 = WM 2001, 1666 = ZIP 2001, 1529 = BKR 2001, 53.

erst, wenn weitere Verdachtsmomente hinzutreten. ZB ist Disparität problematisch, wenn der Scheck-begünstigte eine **Behörde** ist, die Schecks üblicherweise nicht weitergibt, zB Finanzamt, oder die AOK[394] oder der Einreicher minderjährig ist.[395] Die Einreichung von disparischen Inhaberverrech-nungsschecks aus kaufmännischem Verkehr, die vom Arbeitgeber des Einreichers für Dritte ausgestellt oder aber an ihn adressiert sind, durch einen **Arbeitnehmer** zur Einziehung über ein privates Giro-konto ist ein ganz ungewöhnlicher, Verdacht erregender Vorgang.[396] Bei Verrechnungsschecks, deren Barauszahlung gefordert wird, ist die Berechtigung des Einreichers nachzuprüfen. Das Verlangen nach Gutschrift auf einem gleichzeitig eröffneten Privatkonto ist ebenfalls ein Verdachtsmoment; ob die Bank grob fahrlässig handelt, hängt von den weiteren Umständen ab.[397] Auch eine zeitnahe Bar-abhebung kann verdächtig sein;[398] ebenso wie eine Einreichung an einem entfernten Ort zwei Tage nach Ausstellung, wenn in dieser kurzen Zeit zusätzlich noch Begebungen stattgefunden haben.[399]

80 **cc) Wissenszurechnung.** Abzustellen ist nicht nur auf das **Wissen** der mit der Scheckbearbeitung konkret beschäftigten Mitarbeiter, sondern auf die in allen befassten Abteilungen existierenden Kennt-nisse (§ 166 Abs. 1 BGB analog).[400] Auch das Wissen von Mitarbeitern anderer Filialen kann dabei ausnahmsweise erheblich sein.[401] Bei früher im GSE-Verfahren eingezogenen Schecks über damals 5.000 DM (jetzt ISE-Verfahren und 6.000 EUR) hat die Bank gesteigerte Sorgfaltspflichten und muss alle Informationsquellen ausschöpfen.[402] Entscheidend für Gutgläubigkeit und Prüfungspflichten ist der **Zeitpunkt des Besitzerwerbs** (Art. 21 ScheckG, § 990 Abs. 1 BGB).[403] Ein Fehlverhalten der Bank vor Erwerb des Schecks, etwa bei früheren Scheckhereinnahmen, hat grundsätzlich keine eigenständige Bedeutung.[404] Grobe Sorgfaltspflichtverletzungen bei Kontoeröffnung oder Organisationsmängel kön-nen allerdings fortwirken und später Bösgläubigkeit mitbegründen.[405]

81 **3. Rechtsfolgen.** Hat der neue Inhaber das Eigentum am Scheck nicht erworben, so ist er Nicht-berechtigter und nach § 985 BGB dem Eigentümer – dem wahren Scheckberechtigten – zur **Heraus-gabe des Schecks** verpflichtet.[406] Dies ist der Fall, wenn ein abhanden gekommener Scheck zum Inkasso eingereicht wird und die Einreicherbank wegen Verletzung ihrer Sorgfaltspflichten daran nicht gutgläubig Eigentum erwirbt. Ist der Einreicherbank die Herausgabe des Schecks nicht mehr möglich, was nach Einlösung durch die bezogene Bank idR der Fall ist,[407] so ist der Nichtberechtigte, dh die Einreicherbank, dem wahren Scheckberechtigten zum **Schadensersatz** nach §§ 990 Abs. 1, 989 BGB verpflichtet (stRspr, hM).[408] Dieser Schadensersatzanspruch aus Eigentümer-Besitzer-Verhältnis hat in der Praxis größere Bedeutung als der primäre Herausgabeanspruch des § 985 BGB. Die damit ver-

---

[394] BGH Urt. v. 21.1.1980 – II ZR 111/79, NJW 1980, 2353 = WM 1980, 891 (892); *Bülow* WM 1997, 10 (11); Baumbach/Hefermehl/*Casper* ScheckG Art. 21 Rn. 35.
[395] OLG Celle Urt. v. 5.7.1995 – 3 U 226/94, NJW-RR 1996, 169 = WM 1995, 1912 (1913); *Nobbe* in Schimansky/Bunte/Lwowski BankR-HdB § 61 Rn. 299; *Schwintowski* in Derleder/Knops/Bamberger BankR/Kap-MarktR § 48 Rn. 80.
[396] BGH Urt. v. 15.4.1997 – XI ZR 105/96, NJW 1997, 1917 = WM 1997, 1092 (1094); BGH Urt. v. 4.11.1997 – XI ZR 270/96, WM 1997, 2395; OLG Karlsruhe Urt. v. 3.4.2007 – 17 U 292/05, ZIP 2007, 857 (858); *Nobbe* in Schimansky/Bunte/Lwowski BankR-HdB § 61 Rn. 295.
[397] OLG Düsseldorf Urt. v. 4.11.1994 – 17 U 57/94, WM 1995, 524 (525); implizit auch BGH Urt. v. 16.6.1998 – XI ZR 254/97, BGHZ 139, 108 = NJW 1998, 2898 = WM 1998, 1622 = BB 1998, 1815.
[398] OLG Karlsruhe Urt. v. 2.11.1999 – 3 U 28/99, WM 2000, 953 (954).
[399] OLG Düsseldorf Urt. v. 25.4.2002 – 6 U 111/01, WM 2003, 1167 (1168).
[400] BGH Urt. v. 19.1.1993 – XI ZR 76/92, NJW 1993, 1066 (1067) = WM 1993, 541; BGH Urt. v. 15.4.1997 – XI ZR 105/96, NJW 1997, 1917 = WM 1997, 1092 (1093); BGH Urt. v. 4.11.1997 – XI ZR 270/96, WM 1997, 2395 (2396); OLG Frankfurt a. M. Urt. v. 26.1.2007 – 24 U 49/06, BKR 2007, 386 (387) (zur Kenntnis der Bank von einer Schecksperre); OLG Karlsruhe Urt. v. 22.12.2005 – 9 U 84/05, BKR 2006, 260 (262) = ZIP 2006, 1576; *Nobbe* in Schimansky/Bunte/Lwowski BankR-HdB § 61 Rn. 249; Baumbach/Hefermehl/*Casper* ScheckG Art. 21 Rn. 25; *Gößmann,* Recht des Zahlungsverkehrs, 3. Aufl. 1997, Rn. 302 ff.; MüKoHGB/*Häuser* Zahlungsverkehr Rn. D 447, D 450; *Schwintowski* in Derleder/Knops/Bamberger BankR/KapMarktR § 48 Rn. 70.
[401] So – allerdings beim fremdfinanzierten Immobilienerwerb – BGH Urt. v. 18.1.2005 – XI ZR 201/03, NJW-RR 2005, 634 = WM 2005, 375 (377) = ZIP 2005, 481 = EWiR § 276 BGB 2/05, 459 (*Kulke*).
[402] BGH Urt. v. 15.4.1997 – XI ZR 105/96, NJW 1997, 1917 = WM 1997, 1092 (1094); BGH Urt. v. 4.11.1997 – XI ZR 270/96, WM 1997, 2395 (2396); krit. *Gößmann,* Recht des Zahlungsverkehrs, 3. Aufl. 1997, Rn. 309.
[403] BGH Urt. v. 19.1.1993 – XI ZR 76/92, NJW 1993, 1066 (1067) = WM 1993, 541 (543); *Nobbe* in Schiman-sky/Bunte/Lwowski BankR-HdB § 61 Rn. 244.
[404] BGH Urt. v. 15.4.1997 – XI ZR 105/96, NJW 1997, 1917 = WM 1997, 1092 (1094); *Gößmann,* Recht des Zahlungsverkehrs, 3. Aufl. 1997, Rn. 301; *Nobbe* in Schimansky/Bunte/Lwowski BankR-HdB § 61 Rn. 256.
[405] BGH Urt. v. 29.9.1992 – XI ZR 265/91, NJW 1992, 3235 (3236) = WM 1992, 1849; *Nobbe* in Schimansky/Bunte/Lwowski BankR-HdB § 61 Rn. 246, 255; MüKoHGB/*Häuser* Zahlungsverkehr Rn. D 447 f.; einschränkend *Canaris* BankvertragsR Rn. 800.
[406] *Nobbe* in Schimansky/Bunte/Lwowski BankR-HdB § 61 Rn. 232; Baumbach/Hefermehl/*Casper* ScheckG Art. 21 Rn. 8.
[407] *Haertlein* ZBB 2001, 7 (8).
[408] BGH Urt. v. 19.1.1993 – XI ZR 76/92, NJW 1993, 1066 = WM 1993, 541; BGH Beschl. v. 31.10.1995 – XI ZR 69/95, NJW 1996, 195 = WM 1995, 2136; BGH Urt. v. 15.4.1997 – XI ZR 105/96, NJW 1997, 1917 = WM 1997, 1092 (1094); *Nobbe* in Schimansky/Bunte/Lwowski BankR-HdB § 61 Rn. 232, 235; Baumbach/Hefermehl/

knüpften Fragen können sich an **jeder Stelle des Scheckkreislaufs** stellen, vor allem aber beim Scheckinkasso.

Mitverschulden des Scheckberechtigten, etwa durch mangelhafte Kontrolle der mit der Bearbei-   82 tung von Kundenschecks betrauten Mitarbeiter, führt über § 254 BGB zur Kürzung oder gar zum Verlust des Schadensersatzanspruchs.[409] Dies ist wegen fehlender Kausalität des Mitverschuldens aber nicht der Fall, wenn die Schecks auch bei ausreichender Kontrolle entwendet worden wären.[410] Die Versendung eines Inhaberverrechnungsschecks selbst über einen sehr hohen Betrag durch einfachen Brief per Post soll nicht unüblich sein und kein Mitverschulden des Ausstellers darstellen,[411] anders die Versendung eines Schecks im Fensterumschlag, wenn der Scheck im Adressfeld selbst sichtbar ist.[412] An einem ersatzpflichtigen **Schaden** fehlt es, wenn der Scheckberechtigte noch eine durchsetzbare Forderung aus dem der Scheckbegebung zugrundeliegenden Kausalverhältnis hat.[413] Ist der vom Nichtberechtigten eingereichte Scheck bereits eingelöst, erlischt die Forderung aus dem Kausalverhältnis nicht. Dem Aussteller steht jedoch gegen eine erneute Inanspruchnahme dauerhaft die Einrede der Scheckhingabe zu (str.).[414] **Weitere Schadensersatzansprüche** aus §§ 992, 823 Abs. 1 bzw. Abs. 2 BGB oder § 826 BGB sind ebenfalls denkbar, da das Abhandenkommen häufig auf Diebstahl und Unterschlagung beruht.[415]

VII. Sorgfalts- und Prüfungspflichten der bezogenen Bank

1. Berechtigung des Scheckeinreichers. Die bezogene Bank ist gegenüber dem Aussteller ver-   83 pflichtet, die **förmliche Berechtigung** des Einreichers sorgfältig zu prüfen. Dies folgt für den Orderscheck bereits aus Art. 35 ScheckG, für den Inhaberscheck aus dem Scheckvertrag.[416] Die **materielle Berechtigung** hat die bezogene Bank nur zu prüfen, wenn besondere Umstände vorliegen, die den Verdacht begründen, der Scheckeinreicher sei nicht sachlich berechtigt (stRspr).[417] Nur wenn die bezogene Bank **grob fahrlässig** handelt (Nr. 3 Abs. 2 Scheckbedingungen-Banken und Scheckbedingungen-Sparkassen), darf sie das Konto des Ausstellers nicht belasten und trägt selbst das Risiko der Zahlung.[418] Wurde der Scheck von einem Vertreter des Ausstellers gezeichnet, so hat die bezogene Bank zu prüfen, ob die Ausstellung des Schecks von der ihr bekannten Scheckzeichnungsvollmacht gedeckt ist.[419] Ob der Vertreter seine Vertretungsmacht missbraucht, hat die bezogene Bank dagegen nur bei massiven, evidenten Verdachtsmomenten zu kontrollieren, uU auch an Hand der auf dem Scheck befindlichen Kontonummer.[420] Bei Barauszahlung eines Verrechnungsschecks haftet die bezogene Bank nach Art. 39 Abs. 4 ScheckG.

Casper ScheckG Art. 21 Rn. 8, 10; *Bülow* ScheckG Art. 21 Rn. 6; *Müller-Christmann* WM 1998, 577 (580); hierzu ausf. auch *Haertlein* ZBB 2001, 7 (8 ff.); *Schnauder* WM 1998, 1901 ff.

[409] BGH Urt. v. 29.3.2007 – III ZR 68/06, WM 2007, 1171 (1172 f.) = NJW-RR 2007, 1118 = ZIP 2007, 904 = DB 2007, 1192; BGH Urt. v. 29.9.1992 – XI ZR 265/91, NJW 1992, 3235 (3236 f.) = WM 1992, 1849; BGH Urt. v. 19.1.1993 – XI ZR 76/92, NJW 1993, 1066 (1068) = WM 1993, 541; OLG München Urt. v. 17.12.1997 – 3 U 4563/96, WM 1998, 1813 (1819); Baumbach/Hefermehl/*Casper* ScheckG Art. 21 Rn. 18 f.; Baumbach/Hopt/ *Hopt* Bankgeschäfte Rn. E/3; *Nobbe* WM-Sonderbeilage 5/2000, 21 f.; *Schwintowski* in Derleder/Knops/Bamberger BankR/KapMarktR § 48 Rn. 32.

[410] BGH Urt. v. 30.9.2003 – XI ZR 232/02, WM 2003, 2286 (2288) = ZIP 2003, 2196; OLG Karlsruhe Urt. v. 3.4.2007 – 17 U 292/05, ZIP 2007, 857 (858).

[411] BGH Urt. v. 16.6.1998 – XI ZR 254/97, BGHZ 139, 108 = NJW 1998, 2898 = WM 1998, 1622 = BB 1998, 1815; LG Ulm Urt. v. 12.11.1997 – 1 S 207/97, NJW 1998, 2910; ebenso *Müller-Christmann* WM 1998, 577 (581); ebenso bei Versendung eines Orderschecks LG Frankfurt a. M. Urt. v. 10.10.1997 – 3/11 O 77/97, WM 1998, 596.

[412] OLG Karlsruhe Urt. v. 22.12.2005 – 9 U 84/05, BKR 2006, 260 (262) = ZIP 2006, 1576; OLG Frankfurt a. M. Urt. v. 3.2.1999 – 19 U 190/98, WM 1999, 1318 (1319); *Schwintowski* in Derleder/Knops/Bamberger BankR/KapMarktR § 48 Rn. 95.

[413] BGH Urt. v. 26.9.1989 – XI ZR 178/88, BGHZ 108, 353 = NJW 1990, 242 (244) = WM 1989, 1756 = RIW 1989, 991; Baumbach/Hefermehl/*Casper* ScheckG Art. 21 Rn. 11; ausf. zur Schadensproblematik *Canaris* BankvertragsR Rn. 792 ff. und *Haertlein* ZBB 2001, 7 ff.

[414] BGH Beschl. v. 16.4.1996 – XI ZR 222/95, NJW 1996, 1961 = WM 1996, 1037; Baumbach/Hefermehl/ *Casper* ScheckG Art. 21 Rn. 11 f.; *Nobbe* in Schimansky/Bunte/Lwowski BankR-HdB § 60 Rn. 289; *Canaris* BankvertragsR Rn. 792, 775, 770; aA Baumbach/*Hefermehl*, 22. Aufl. 2000, ScheckG Art. 21 Rn. 6a; dazu auch *Haertlein* ZBB 2001, 7 (10 ff.).

[415] BGH Urt. v. 26.9.1989 – XI ZR 178/88, BGHZ 108, 353 = NJW 1990, 242 (244) = WM 1989, 1756 = RIW 1989, 991; *Schnauder* WM 1998, 1901 (1907).

[416] Baumbach/Hefermehl/*Casper* ScheckG Art. 35 Rn. 3.

[417] BGH Urt. v. 19.1.1993 – XI ZR 76/92, NJW 1993, 1066 (1067 f.) = WM 1993, 541; BGH Urt. v. 16.3.1993 – XI ZR 103/92, NJW 1993, 1583 (1584) = WM 1993, 736; *Bülow* ScheckG Art. 35 Rn. 9; *Nobbe* in Schimansky/Bunte/Lwowski BankR-HdB § 61 Rn. 283, § 60 Rn. 174.

[418] BGH Beschl. v. 31.10.1995 – XI ZR 69/95, NJW 1996, 195 = WM 1995, 2136; Baumbach/Hefermehl/ *Casper* ScheckG Art. 35 Rn. 3; *Bülow* ScheckG Art. 39 Rn. 9, ABG 2. Abschn. Nr. 3 ScheckB Rn. 16; *Nobbe* in Schimansky/Bunte/Lwowski BankR-HdB § 60 Rn. 174.

[419] BGH Urt. v. 15.2.1982 – II ZR 53/81, NJW 1982, 1513 = WM 1982, 425 (427); Baumbach/Hefermehl/ *Casper* ScheckG Art. 35 Rn. 3; *Nobbe* in Schimansky/Bunte/Lwowski BankR-HdB § 60 Rn. 86.

[420] BGH Urt. v. 19.4.1994 – XI ZR 18/93, NJW 1994, 2082 (2083) = WM 1994, 1204.

84 **2. Scheckfälschung. a) Gesetzliche Ausgangslage.** Wird die Fälschung oder Verfälschung eines Schecks erst nach endgültiger Einlösung entdeckt, kann die bezogene Bank den Scheckbetrag beim Einreicher kondizieren (Nichtleistungskondiktion, § 812 Abs. 1 S. 1 Alt. 2 BGB).[421] Da dieser Anspruch in der Praxis selten realisierbar ist, streiten sich idR die bezogene Bank und der *angeblicher Aussteller* (Scheckkunde, Kontoinhaber) darum, wer das wirtschaftliche Risiko der Fälschung zu tragen habe. Ausgangspunkt hierbei ist die **dispositive gesetzliche Regelung des BGB:** Bei einer Scheckfälschung fehlt es an einer wirksamen Willenserklärung des Kontoinhabers und damit sowohl an einer wirksamen Scheckanweisung als auch an einer wirksamen Anweisung im Giroverhältnis. Ohne sie darf die bezogene Bank das Konto des Scheckkunden nicht belasten. Ihr steht gegen den Kontoinhaber bei Einlösung eines gefälschten Schecks deshalb grundsätzlich weder ein Aufwendungsersatzanspruch nach §§ 675, 670 BGB noch ein Bereicherungsanspruch nach § 812 Abs. 1 S. 1 BGB zu.[422] Ein Rückgriff auf § 675u BGB scheidet an dieser Stelle aus, da die §§ 675c–676c BGB nach hier vertretener Auffassung im Scheckrecht nur ausnahmsweise und restriktiv Anwendung finden sollten (→ Rn. 51, 59). Im Übrigen würde die Anwendung des § 675u BGB hier zu keinem anderen Ergebnis führen als die beschriebene dispositive gesetzliche Regelung. Danach liegt das Fälschungsrisiko bei Schecks ohne Rücksicht auf ein eigenes Verschulden bei der bezogenen Bank.[423] Die Verteilung des Fälschungsrisikos nach Sphären – etwa der bezogenen Bank oder des Ausstellers (Sphärentheorie) wird vom BGH abgelehnt.[424] Verletzt allerdings der Kontoinhaber die ihm aus dem **Scheckvertrag obliegenden Sorgfaltspflichten** (→ Rn. 86) schuldhaft und begünstigt er damit die Fälschung, so ist er der Bank zum Schadensersatz nach § 280 Abs. 1 BGB verpflichtet.[425] Dieser Schadensersatzanspruch kann dazu führen, dass die Bank den ausgezahlten Scheckbetrag ganz oder teilweise von ihrem Scheckkunden erstattet bekommt.

85 **b) Die verschiedenen Fallgruppen.** Vor dem Hintergrund der dispositiven gesetzlichen Verteilung des Fälschungsrisikos lassen sich vier Fallgruppen bilden.

1. Fallgruppe: Die Scheckfälschung wurde durch eine von der bezogenen Bank zu beweisende schuldhafte Pflichtverletzung des Bankkunden verursacht; ein Fehlverhalten der Bank liegt nicht vor: Zwar ist die Bank nicht zur Belastung des Ausstellerkontos befugt, jedoch ist der Bankkunde ihr nach § 280 Abs. 1 BGB zum Schadensersatz verpflichtet.[426] Er trägt das Risiko der Fälschung (Nr. 3 Abs. 1 S. 2 Scheckbedingungen-Banken und Scheckbedingungen-Sparkassen).

2. Fallgruppe: Sowohl Bank als auch Bankkunde haben ihre Sorgfaltspflichten schuldhaft verletzt: Die Schadensersatzpflicht des Bankkunden wird nach Tatbeiträgen gem. § 254 BGB gekürzt.[427] Es kommt zu einer Verteilung des Risikos entsprechend der Mitverursachung (vgl. ebenfalls Nr. 3 Abs. 1 S. 2 Scheckbedingungen-Banken und Scheckbedingungen-Sparkassen).

3. Fallgruppe: Allein die Bank, nicht aber der Bankkunde, hat durch schuldhafte Sorgfaltspflichtverletzung zur Einlösung des gefälschten Schecks beigetragen: Hier trägt die Bank das alleinige Risiko, da ihr weder ein Aufwendungsersatzanspruch nach §§ 675, 670 BGB noch ein Schadensersatzanspruch aus § 280 Abs. 1 BGB gegen den Bankkunden zusteht.[428] Der Bank verbleibt allerdings der Bereiche-

---

[421] BGH Urt. v. 2.6.2015 – XI ZR 327/14, NJW 2015, 2725 = WM 2015, 1458 (Auszahlung nach Widerruf der Kontovollmacht); BGH Urt. v. 3.2.2004 – XI ZR 125/03, BGHZ 158, 1 = NJW 2004, 1315 (Einlösung eines Schecks, der von einem Mitarbeiter ausgestellt worden war, dessen Kontovollmacht von einem geschäftsunfähigen Vertreter stammte); OLG Naumburg Urt. v. 28.5.1997 – 5 U 46/96, WM 1998, 593 (595 f.); Baumbach/Hefermehl/*Casper* ScheckG Art. 3 Rn. 17; MüKoHGB/*Häuser* Zahlungsverkehr Rn. D 213; *Nobbe* in Schimansky/Bunte/Lwowski BankR-HdB § 60 Rn. 223.

[422] BGH Urt. v. 19.6.2001 – VI ZR 232/00, NJW 2001, 2629 (2630) = WM 2001, 1460 = ZIP 2001, 1357; BGH Urt. v. 18.3.1997 – XI ZR 117/96, BGHZ 135, 116 = NJW 1997, 1700 = WM 1997, 910 (911); BGH Urt. v. 13.5.1997 – XI ZR 84/96, NJW 1997, 2236 = WM 1997, 1250 f.; Baumbach/Hefermehl/*Casper* ScheckG Art. 3 Rn. 16; *Bülow* ScheckG Art. 3 Rn. 17; MüKoHGB/*Häuser* Zahlungsverkehr Rn. D 147, D 213; *Nobbe* in Schimansky/Bunte/Lwowski BankR-HdB § 60 Rn. 101, 213, 223; *Schwintowski* in Derleder/Knops/Bamberger BankR/KapMarktR § 48 Rn. 35, 37.

[423] BGH Urt. v. 19.6.2001 – VI ZR 232/00, NJW 2001, 2629 (2630) = WM 2001, 1460 = ZIP 2001, 1357; BGH Urt. v. 18.3.1997 – XI ZR 117/96, BGHZ 135, 116 = NJW 1997, 1700 = WM 1997, 910 (911); Baumbach/Hefermehl/*Casper* ScheckG Art. 3 Rn. 16; MüKoHGB/*Häuser* Zahlungsverkehr Rn. D 147.

[424] BGH Urt. v. 18.3.1997 – XI ZR 117/96, BGHZ 135, 116 = NJW 1997, 1700 = WM 1997, 910 (911); zust. *Nobbe* in Schimansky/Bunte/Lwowski BankR-HdB § 60 Rn. 101 f.; Baumbach/Hefermehl/*Casper* ScheckG Art. 3 Rn. 16; *Bülow* WM 1996, 8.

[425] BGH Urt. v. 18.3.1997 – XI ZR 117/96, BGHZ 135, 116 = NJW 1997, 1700 = WM 1997, 910 (911); BGH Urt. v. 13.5.1997 – XI ZR 84/96, NJW 1997, 2236 = WM 1997, 1250 (1251) (damals noch pVV); Baumbach/Hefermehl/*Casper* ScheckG Art. 3 Rn. 18; *Nobbe* in Schimansky/Bunte/Lwowski BankR-HdB § 60 Rn. 103, 105; MüKoHGB/*Häuser* Zahlungsverkehr Rn. D 151.

[426] *Nobbe* in Schimansky/Bunte/Lwowski BankR-HdB § 60 Rn. 103, 105; Baumbach/Hefermehl/*Casper* ScheckG Art. 3 Rn. 18; *Joost* ZHR 153 (1989), 237 (252).

[427] BGH Urt. v. 13.5.1997 – XI ZR 84/96, NJW 1997, 2236 = WM 1997, 1250 (1251); Baumbach/Hefermehl/*Casper* ScheckG Art. 3 Rn. 18; *Nobbe* in Schimansky/Bunte/Lwowski BankR-HdB § 60 Rn. 105, 115; *Bülow* AGB 2. Abschn. Nr. 3 Rn. 6; MüKoHGB/*Häuser* Zahlungsverkehr Rn. D 156.

[428] Vgl. BGH Urt. v. 18.3.1997 – XI ZR 117/96, BGHZ 135, 116 = NJW 1997, 1700 = WM 1997, 910 (911); iE glA, allerdings über pVV: BGH Urt. v. 21.5.1984 – II ZR 170/83, BGHZ 91, 229 (231) = NJW 1984, 2530 =

rungsanspruch gegen den Scheckeinreicher nach § 812 Abs. 1 S. 1 Alt. 2 BGB.[429] Nr. 3 Abs. 1 S. 2 Scheckbedingungen-Banken und Scheckbedingungen-Sparkassen entsprechen der gesetzlichen Regelung zu den Fallgruppen 1 bis 3 und sind daher AGB-rechtlich unbedenklich.[430]

4. Fallgruppe: Weder bezogene Bank noch der Bankkunde haben die Einlösung des ge- bzw. verfälschten Schecks vertretbar mitverursacht, sog. *Zufallsschäden:* Die Abwälzung dieses Risikos durch die Bank in Nr. 11 Scheckbedingungen aF v. 1977/89[431] auf den Aussteller/Kontoinhaber war, auch im kaufmännischen Verkehr, unwirksam, damals § 9 Abs. 2 Nr. 1 AGBG,[432] heute § 307 Abs. 2 Nr. 1 BGB. Zufallsschäden trägt damit die Bank; ihr steht kein Aufwendungsersatzanspruch zu.[433] Dem entsprechen jetzt Nr. 3 Scheckbedingungen-Banken und Scheckbedingungen-Sparkassen, die jedoch idF v. 1995 einen Abs. 3 enthielten, der eine Abwälzung des Fälschungsrisikos bei Zufallsschäden auf kaufmännische Kunden, juristische Personen des öffentlichen Rechts sowie öffentlich rechtliche Sondervermögen vorsah. Diese Klausel war mit BGH Urt. v. 18.3.1997[434] nicht vereinbar[435] und wurde von den Kreditinstituten ersatzlos gestrichen.

c) Sorgfaltspflichten. Die **bezogene Bank** ist auf Grund des Scheckvertrags verpflichtet, den ihr **86** vorgelegten Scheck sorgfältig auf seine Echtheit hin zu überprüfen. Da es sich um einen Massenverkehr handelt, genügt es, wenn der Scheck seinem äußeren Gesamteindruck nach echt erscheint.[436] Die Prüfungspflicht ist vertragswesentlich und kann durch AGB nicht eingeschränkt werden.[437] Die Bank hat zu kontrollieren, ob die Unterschrift echt ist oder der Inhalt der Urkunde verändert wurde.[438] Die Unterschrift ist grundsätzlich an Hand der hinterlegten Originalprobe zu prüfen; eine qualitativ gleichwertige EDV-gestützte Abbildung genügt auch,[439] eine Unterschriftsabgleichung durch telefonische Rückfrage bei der kontoführenden Stelle (Plausibilitätsprüfung) genügt nicht.[440] Die Bareinlösung eines Schecks durch eine andere als die kontoführende Zweigstelle ist, wenn dadurch eine Unterschriftsprüfung erschwert wird, daher problematisch.[441] Weitere Verdachtsmomente können sein: Änderungen durch Rasuren,[442] Streichungen, Überklebungen,[443] ungewöhnlich viele oder hohe Schecks, die vom bisherigen Kundenverhalten abweichen sowie die Mitteilung des Kontoinhabers, ihm seien Scheckvordrucke abhanden gekommen. Einzelheiten bei Baumbach/Hopt/*Hopt* Bankgeschäfte Rn. E/2, *Nobbe* in Schimansky/Bunte/Lwowski BankR-HdB § 60 Rn. 124 ff. Alle Verdachtsmomente sind zusammen zu würdigen; eine Pflichtverletzung ist per Gesamtschau zu prüfen. Beim *beleglosen Scheckinkasso* (→ Rn. 95 ff.) verzichten die Banken auf eine Unterschriftsprüfung und nehmen das Risiko der Scheckfälschung bewusst in Kauf.[444] Der **Kontoinhaber** seinerseits ist verpflichtet, die Scheckvordrucke sorgfältig zu verwahren, einen Verlust unverzüglich anzuzeigen und sie vollständig auszufüllen (Nr. 2 Abs. 1 und 2 Scheckbedingungen-Banken und Scheckbedingungen-Sparkassen). Er darf sie keiner als unzuverlässig bekannten Person aushändigen und muss innerbetrieb-

---

WM 1984, 1173; BGH Urt. v. 9.12.1985 – II ZR 185/85, NJW 1986, 988 = WM 1986, 123; Baumbach/Hefermehl/*Casper* ScheckG Art. 3 Rn. 23; *Nobbe* in Schimansky/Bunte/Lwowski BankR-HdB § 60 Rn. 101, 103.

[429] Nachweise → Rn. 84; ferner beim Lastschriftverfahren BGH Urt. v. 11.4.2006 – XI ZR 220/05, BB 2006, 1412 (1413) = DB 2006, 1265 = MDR 2006, 1178.

[430] *Nobbe* in Schimansky/Bunte/Lwowski BankR-HdB § 60 Rn. 134; MüKoHGB/*Häuser*, 3. Aufl. 2014, Zahlungsverkehr Rn. D 130.

[431] Abgedr. in: Baumbach/*Hefermehl*, 19. Aufl. 1995, Bankbedingungen Nr. 2, S. 690 ff.; BankR-HdB, 1. Aufl. 1997, Anh. 1 zu §§ 60–63.

[432] BGH Urt. v. 18.3.1997 – XI ZR 117/96, BGHZ 135, 116 = NJW 1997, 1700 = WM 1997, 910 (912) – dort auch zum damaligen Meinungsstand; BGH Urt. v. 13.5.1997 – XI ZR 84/96, NJW 1997, 2236 = WM 1997, 1250 (1251); MüKoHGB/*Häuser*, 3. Aufl. 2014, Zahlungsverkehr, 3. Aufl. 2014, Rn. D 133.

[433] *Nobbe* in Schimansky/Bunte/Lwowski BankR-HdB § 60 Rn. 101.

[434] BGH Urt. v. 18.3.1997 – XI ZR 117/96, BGHZ 135, 116 = NJW 1997, 1700 = WM 1997, 910.

[435] *Nobbe* in Schimansky/Bunte/Lwowski BankR-HdB § 60 Rn. 134; Baumbach/*Hefermehl*, 22. Aufl. 2000, ScheckG Art. 3 Rn. 21.

[436] BGH Urt. v. 9.12.1985 – II ZR 185/85, NJW 1986, 988 = WM 1986, 123; *Bülow* ScheckG Art. 3 Rn. 26.

[437] BGH Urt. v. 21.5.1984 – II ZR 170/83, BGHZ 91, 229 (230) = NJW 1984, 2530 = WM 1984, 1173; Baumbach/Hopt/*Hopt* Bankgeschäfte Rn. E/2; *Bülow* ScheckG Art. 3 Rn. 24.

[438] Baumbach/Hefermehl/*Casper* ScheckG Art. 3 Rn. 22; MüKoHGB/*Häuser* Zahlungsverkehr Rn. D 157, D 159.

[439] OLG Karlsruhe Urt. v. 2.11.1999 – 3 U 28/99, WM 2000, 953 (955); *Nobbe* in Schimansky/Bunte/Lwowski BankR-HdB § 60 Rn. 117.

[440] Vgl. BGH Urt. v. 21.5.1984 – II ZR 170/83, BGHZ 91, 229 (232) = NJW 1984, 2530 = WM 1984, 1173; OLG Celle Urt. v. 21.10.1992 – 3 U 280/91, WM 1993, 101 (102); MüKoHGB/*Häuser* Zahlungsverkehr Rn. D 159.

[441] BGH Urt. v. 21.5.1984 – II ZR 170/83, BGHZ 91, 229 (232) = NJW 1984, 2530 = WM 1984, 1173; OLG Celle Urt. v. 21.10.1992 – 3 U 280/91, WM 1993, 101 (102); Baumbach/Hefermehl/*Casper* ScheckG Art. 3 Rn. 26; *Gößmann*, Recht des Zahlungsverkehrs, 3. Aufl. 1997, Rn. 319.

[442] BGH Urt. v. 13.5.1997 – XI ZR 84/96, NJW 1997, 2236 = WM 1997, 1250 (1251).

[443] OLG München Urt. v. 17.12.1997 – 3 U 4563/96, WM 1998, 1813 (1815).

[444] *Nobbe* in Schimansky/Bunte/Lwowski BankR-HdB § 60 Rn. 120, § 61 Rn. 40; MüKoHGB/*Häuser* Zahlungsverkehr Rn. D 174.

lich den Scheckverkehr hinreichend kontrollieren.[445] Einzelheiten bei Baumbach/Hopt/*Hopt* Bankgeschäfte Rn. E/3; *Nobbe* in Schimansky/Bunte/Lwowski BankR-HdB § 60 Rn. 103 ff.

VIII. Scheckinkasso

87   **1. Grundstruktur.** Mit *Scheckinkasso* oder *Scheckeinzugsgeschäft* bezeichnet man das **Verfahren** von der Einreichung des Schecks **zur Einziehung** bis zu seiner endgültigen Einlösung oder Nichteinlösung. Typischerweise sind an diesem Verfahren neben der Einreicherbank (auch erste Inkassobank genannt) weitere Banken beteiligt. Um das immer noch große Scheckvolumen[446] innerhalb der kurzen Vorlegungsfristen rechtzeitig zu bewältigen, stehen dem Kreditgewerbe verschiedene Inkassoverfahren zur Verfügung. Wird der Scheck der bezogenen Bank allerdings *selbst* vorgelegt, so handelt es sich nicht um ein Inkasso, sondern um einen Auftrag zur **Einlösung,**[447] teilweise auch *innerbetriebliches Inkasso* genannt. Erfolgt dabei die Einlösung durch eine *nicht kontoführende* Stelle der bezogenen Bank, entspricht der Ablauf des Verfahrens gleichwohl dem des außerbetrieblichen Scheckinkassos; es gelten für dieses sogenannte Filialinkasso grundsätzlich dessen Regeln. Lediglich im Falle der Vorlegung des Schecks unmittelbar bei der *kontoführenden Filiale* erübrigt sich die Einschaltung anderer Stellen. Beim **beleghaften Scheckinkasso,** dass früher die Regel war und heute nur noch in besonderen Ausnahmefällen vorkommt, veranlasst die Einreicherbank die tatsächliche Vorlage des Schecks bei der kontoführenden Stelle der bezogenen Bank. Gleichzeitig wird der Scheckbetrag über die eingeschalteten Zwischenbanken solange verbucht, bis die kontoführende Stelle der bezogenen Bank belastet ist. Beim **beleglosen Scheckinkasso** (→ Rn. 95 ff.) wird dagegen auf die physische Vorlage des Schecks verzichtet. Heutzutage erfolgt das Scheckinkasso fast ausschließlich beleglos. Dabei prüft die erste Inkassostelle die formelle Ordnungsmäßigkeit des eingereichten Schecks und leitet die Scheckdaten auf Datenträgern an die kontoführende Stelle der bezogenen Bank. Gleichzeitig erfolgt die Verbuchung der Scheckbeträge. Das Scheckinkasso ist ein Bankgeschäft nach § 1 Abs. 1 S. 2 Nr. 9 KWG. Eine **Diskontierung** des Schecks ist wegen der kurzen Vorlegungsfristen in der Praxis unüblich.[448]

88   **2. Inkassovertrag. a) Rechtsnatur.** Üblicherweise wird der Scheckinhaber den Scheck bei der Bank zum Inkasso einreichen, bei der er ein Girokonto besitzt. In diesem Fall ist die Einreichung des Schecks zum Inkasso eine **einseitige Weisung** iSd § 665 S. 1 BGB im Rahmen des bestehenden Girovertrags oder einer Zusatzvereinbarung zum Zahlungsdiensterahmenvertrag (§ 675f Abs. 2 BGB).[449] Besteht kein solcher Vertrag zwischen Scheckeinreicher und Einreicherbank, so kommt ein selbstständiger Inkassovertrag als **Geschäftsbesorgungsvertrag**[450] mit dienstvertraglichem Charakter[451] zustande. Zwischen Einreicher und Einreicherbank sind die allgemeinen Geschäftsbedingungen des Kreditinstituts maßgeblich. Der Inkassovertrag ist kein Vertrag mit Schutzwirkung zugunsten des Scheckausstellers oder anderer Dritter.[452] Der Scheckeinreicher haftet dem Scheckaussteller für ein Verschulden der von ihm eingeschalteten Inkassobank nicht nach § 278 BGB, da die Bank nicht seine Erfüllungsgehilfin ist.[453]

89   **b) Rechte und Pflichten der Einreicherbank.** Der Inkassoauftrag stellt eine auf § 185 BGB fußende Einziehungsermächtigung, auch Legitimationszession genannt, dar.[454] Die Einreicherbank ist verpflichtet, den Scheck auf dem schnellsten und sichersten Weg weiterzuleiten.[455] Bei Verletzung ihrer Sorgfaltspflichten haftet die Einreicherbank dem Kunden aus § 280 Abs. 1 BGB auf **Schadens-**

---

[445] BGH Urt. v. 15.2.1982 – II ZR 53/81, NJW 1982, 1513 = WM 1982, 425 (427); BGH Urt. v. 13.5.1997 – XI ZR 84/96, NJW 1997, 2236 = WM 1997, 1250 (1251 f.); OLG Karlsruhe Urt. v. 2.11.1999 – 3 U 28/99, WM 2000, 953 (955).

[446] → Rn. 45.

[447] Baumbach/Hefermehl/*Casper* ScheckG Art. 28 Rn. 5.

[448] *Nobbe* in Schimansky/Bunte/Lwowski BankR-HdB § 61 Rn. 1, 102.

[449] BGH Urt. v. 9.4.2002 – XI ZR 245/01, NJW 2002, 1950 (1951) = WM 2002, 1006 = BKR 2002, 692 = BB 2002, 1065 = ZIP 2002, 884, Vorinstanz OLG Frankfurt a. M. Urt. v. 31.5.2001 – 1 U 37/00, WM 2002, 852 = ZIP 2002, 257; BGH Urt. v. 30.4.1992 – IX ZR 176/91, BGHZ 118, 171 = NJW 1992, 1960 (1961) = WM 1992, 1083 (1085); Palandt/*Sprau* BGB § 675 Rn. 12; Palandt/*Sprau* BGB § 675f Rn. 7; *Schwintowski* in Derleder/Knops/Bamberger BankR/KapMarktR § 48 Rn. 151.

[450] BGH Urt. v. 9.4.2002 – XI ZR 245/01, NJW 2002, 1950 (1951) = WM 2002, 1006 = BKR 2002, 692 = BB 2002, 1065 = ZIP 2002, 884; BGH Urt. v. 30.4.1992 – IX ZR 176/91, BGHZ 118, 171 = NJW 1992, 1960 (1961) = WM 1992, 1083.

[451] *Nobbe* in Schimansky/Bunte/Lwowski BankR-HdB § 61 Rn. 4; Baumbach/Hopt/*Hopt* Bankgeschäfte Rn. E/6; MüKoHGB/*Häuser* Zahlungsverkehr Rn. D 299; *Schwintowski* in Derleder/Knops/Bamberger BankR/KapMarktR § 48 Rn. 151.

[452] OLG Frankfurt a. M. Urt. v. 20.9.1996 – 24 U 301/94, WM 1997, 24 (26); *Nobbe* in Schimansky/Bunte/Lwowski BankR-HdB § 61 Rn. 4.

[453] *Nobbe* in Schimansky/Bunte/Lwowski BankR-HdB § 60 Rn. 271.

[454] *Nobbe* in Schimansky/Bunte/Lwowski BankR-HdB § 61 Rn. 10.

[455] BGH Urt. v. 21.12.1987 – II ZR 177/87, NJW-RR 1988, 559 = WM 1988, 246 (247); Baumbach/Hopt/*Hopt* Bankgeschäfte Rn. E/6; MüKoHGB/*Häuser* Zahlungsverkehr Rn. D 301.

ersatz,[456] zB bei schuldhafter Nichtvorlage des Schecks bei der bezogenen Bank.[457] Nach Ansicht des OLG Schleswig hat die Inkassobank den Scheckeinreicher auch darauf hinzuweisen, dass wegen der anstehenden Ostertage eine fristgerechte Vorlage des Schecks im banküblichen Einzugsverfahren unwahrscheinlich und daher eine persönliche Vorlage per Kurier notwendig ist.[458] Allerdings hat der Kunde das Vorliegen eines Schadens zu beweisen, also darzulegen, dass bei rechtzeitiger Vorlegung eine Einlösung des Schecks erfolgt wäre.[459] Zur **Einschaltung weiterer Inkassobanken** ist die Einreicherbank berechtigt;[460] sie erfolgt im eigenen Namen der Einreicherbank. Diese haftet ihrem Kunden hierbei nur für sorgfältige Auswahl und Unterweisung der Zwischenbank;[461] vgl. Nr. 3 Abs. 2 AGB-Banken und Nr. 19 Abs. 2 AGB-Sparkassen. Da die eingeschaltete Zwischenbank nur Substitutin und nicht Erfüllungsgehilfin der Einreicherbank ist, haftet die Einreicherbank dem Scheckeinreicher nicht für deren Fehlverhalten nach § 278 BGB (hM).[462] Dafür ist die Zwischenbank jedoch der Einreicherbank aus § 280 Abs. 1 BGB verantwortlich. Diesen Schadensersatzanspruch muss die Einreicherbank gegebenenfalls an den Einreicher nach den Grundsätzen der Drittschadensliquidation abtreten.[463] Das Rechtsverhältnis zwischen Einreicherbank und der von ihr eingeschalteten weiteren Inkassobank stellt auch keinen Vertrag mit Schutzwirkung für Dritte dar.[464] Unter Aufgabe seiner früheren Rspr.[465] hat der BGH festgestellt, dass das Giroverhältnis zwischen beteiligten Banken im Scheckverkehr keine Schutzwirkung für Dritte entfaltet.[466] Dem Scheckeinreicher, dem durch das zurechenbare Verhalten einer Zwischenbank beim Scheckinkasso ein Schaden entstanden ist, bleibt somit nur der etwas beschwerlichere Weg der Drittschadensliquidation übrig. Ob diese für den Bankkunden nachteiligere Haftungsregelung des Interbankenverhältnisses im Lichte von § 675z S. 3 BGB neu justiert werden muss, bleibt abzuwarten.[467] Danach haben Zahlungsdienstleister ein Verschulden, das einer zwischengeschalteten Stelle zur Last fällt, grundsätzlich wie eigenes Verschulden zu vertreten. Nach der hier vertretenen Auffassung sollten die §§ 675c–676c BGB, weil Zahlungsvorgänge mit Schecks nicht als Zahlungsdienste gelten, im Scheckinkasso nur sehr restriktiv angewendet werden. Auf der anderen Seite ist die Lösung des § 675z S. 3 BGB dogmatisch und praktisch vorzugswürdig gegenüber der Drittschadensliquidation.

c) Gutschrift, Wertstellung und Stornierung. Die Gutschrift des Scheckbetrags auf dem Konto **90** des Einreichers durch die Einreicherbank erfolgt idR sofort, aber unter dem **Vorbehalt der Einlösung** (Nr. 9 Abs. 1 S. 1 AGB-Banken und AGB-Sparkassen).[468] Über den Betrag kann der Einreicher normalerweise gleich verfügen.[469] Es handelt sich um einen Vorschuss, da die Gutschrift unter der auflösenden Bedingung der Nichteinlösung des Schecks steht (str.).[470] Die **Wertstellung** der Gutschrift des Scheckbetrags drei Bankarbeitstage nach dem Buchungstag bei auf andere Kreditinstitute gezogenen Euro-Schecks und fünf Bankarbeitstage bei Währungsschecks verstieß nicht gegen § 307

---

[456] BGH Urt. v. 21.12.1987 – II ZR 177/87, NJW-RR 1988, 559 = WM 1988, 246 (247); *Bülow* ScheckG Art. 28 Rn. 12; *Gößmann,* Recht des Zahlungsverkehrs, 3. Aufl. 1997, Rn. 230.

[457] BGH Urt. v. 8.12.1980 – II ZR 39/80, NJW 1981, 1101 = WM 1981, 119 = ZIP 1981, 149.

[458] OLG Schleswig Urt. v. 31.5.2007 – 5 U 116/06, WM 2007, 1410 (1411) = BKR 2007, 431.

[459] BGH Urt. v. 8.12.1980 – II ZR 39/80, NJW 1981, 1101 = WM 1981, 119 = ZIP 1981, 149; Baumbach/Hefermehl/*Casper* ScheckG Art. 28 Rn. 18; Baumbach/Hopt/*Hopt* Bankgeschäfte Rn. E/6; *Bülow* ScheckG Art. 28 Rn. 12.

[460] *Nobbe* in Schimansky/Bunte/Lwowski BankR-HdB § 61 Rn. 39.

[461] Baumbach/Hefermehl/*Casper* ScheckG Art. 28 Rn. 18; *Nobbe* in Schimansky/Bunte/Lwowski BankR-HdB § 61 Rn. 44; *Gößmann,* Recht des Zahlungsverkehrs, 3. Aufl. 1997, Rn. 230.

[462] BGH Urt. v. 19.3.1991 – XI ZR 102/90, NJW 1991, 2210 (2211) = WM 1991, 797 (zur fehlgeleiteten Auslandsüberweisung); Baumbach/Hefermehl/*Casper* ScheckG Art. 28 Rn. 19; *Nobbe* in Schimansky/Bunte/Lwowski BankR-HdB § 61 Rn. 44; *Bülow* ScheckG Art. 28 Rn. 13; *Canaris* BankvertragsR Rn. 742.

[463] BGH Urt. v. 6.5.2008 – XI ZR 56/07, NJW 2008, 2245 Rn. 35 = WM 2008, 1252; *Nobbe* in Schimansky/Bunte/Lwowski BankR-HdB § 61 Rn. 113, 176; *Schwintowski* in Derleder/Knops/Bamberger BankR/KapMarktR § 48 Rn. 165; MüKoHGB/*Häuser* Zahlungsverkehr Rn. D 366.

[464] BGH Urt. v. 6.5.2008 – XI ZR 56/07, NJW 2008, 2245 Rn. 26 = WM 2008, 1252.

[465] BGH Urt. v. 21.12.1987 – II ZR 177/87, NJW-RR 1988, 559 = WM 1988, 246 (247); so auch OLG Frankfurt a. M. Urt. v. 26.1.2007 – 24 U 49/06, BKR 2007, 386 (387); OLG Karlsruhe Urt. v. 2.11.1999 – 3 U 28/99, WM 2000, 953 (954); Baumbach/Hefermehl/*Casper* ScheckG Art. 28 Rn. 23.

[466] Zust. MüKoHGB/*Häuser* Zahlungsverkehr Rn. D 365; *Schwintowski* in Derleder/Knops/Bamberger BankR/KapMarktR § 48 Rn. 165; *Nobbe* in Schimansky/Bunte/Lwowski BankR-HdB § 61 Rn. 174.

[467] Abl. *Nobbe* in Schimansky/Bunte/Lwowski BankR-HdB § 61 Rn. 44.

[468] *Nobbe* in Schimansky/Bunte/Lwowski BankR-HdB § 60 Rn. 194 f., dort auch zur vorbehaltslosen Einlösung, Rn. 198, ferner § 61 Rn. 48; *Bülow* ScheckG Art. 28 Rn. 7.

[469] Baumbach/Hefermehl/*Casper* ScheckG Art. 28 Rn. 21; *Nobbe* in Schimansky/Bunte/Lwowski BankR-HdB § 61 Rn. 50.

[470] BGH Urt. v. 29.9.1986 – II ZR 283/85, NJW 1987, 317 (319) = WM 1986, 1409; *Gößmann,* Recht des Zahlungsverkehrs, 3. Aufl. 1997, Rn. 232; *Nobbe* in Schimansky/Bunte/Lwowski BankR-HdB § 60 Rn. 199, § 61 Rn. 51; Baumbach/Hefermehl/*Casper* ScheckG Art. 28 Rn. 21. Für aufschiebende Bedingung BGH Urt. v. 30.4.1992 – IX ZR 176/91, BGHZ 118, 171 = NJW 1992, 1960 (1961) = WM 1992, 1083; Baumbach/*Hefermehl,* 22. Aufl. 2000, ScheckG Art. 28 Anh. Rn. 11; *Bülow* ScheckG Art. 28 Rn. 8; *Canaris* BankvertragsR Rn. 744; MüKoHGB/*Häuser* Zahlungsverkehr Rn. D 311 f.

BGB.[471] Es ist allerdings fraglich, ob dies mit § 675t BGB vereinbar ist, auch wenn Scheckzahlungen keine Zahlungsdienste sind.[472] Die Gutschrift stellt ein abstraktes Schuldversprechen bzw. -anerkenntnis dar.[473] Kommt es nicht zur Einlösung des Schecks durch die bezogene Bank, macht die Einreicherbank die vorläufige Gutschrift nach Nr. 9 Abs. 1 S. 4, 5 AGB-Banken bzw. Nr. 9 Abs. 1 S. 3, 23 Abs. 2 AGB-Sparkassen rückgängig (Stornierung). Der Vorbehalt entfällt und die Gutschrift wird vorbehaltlos, wenn der Scheck endgültig eingelöst ist[474] (→ Rn. 100 ff.). Damit erlischt auch das Stornierungsrecht. Eine Rückforderung des endgültig gutgeschriebenen Scheckbetrags vom Einreicher, etwa bei nachträglich festgestellter Fälschung eines Indossaments, ist danach nur noch über § 812 Abs. 1 S. 1 BGB möglich.[475]

91   **d) Sicherungseigentum und Pfandrecht.** Scheitert die Einlösung des Schecks, hat die Einreicherbank einen **vertraglichen Rückzahlungsanspruch** aus Giro- bzw. Inkassovertrag, den sie durch Stornierung der Gutschrift zu verwirklichen versucht. Darüber hinaus erwirbt die Inkassobank an den ihr zum Inkasso eingereichten Scheck **Sicherungseigentum** (Nr. 15 Abs. 1 S. 1 AGB-Banken, Nr. 25 Abs. 1 S. 1 AGB-Sparkassen).[476] Die grundsätzliche Wirksamkeit des Sicherungseigentums der Bank ist unstreitig;[477] es ist aber in der Insolvenz des Scheckeinreichers nicht immer insolvenzfest.[478] Das Sicherungseigentum entsteht im Augenblick der Übertragung des Schecks an die Inkassobank;[479] unter den Voraussetzungen des Art. 21 ScheckG bei Gutgläubigkeit der Bank auch im Falle des Erwerbs vom nicht berechtigten Einreicher.[480] Das Sicherungseigentum sichert alle Ansprüche der Bank gegen den Einreicher, die bei Einreichung des Schecks aus Kontokorrentkonten bestehen oder infolge der Rückbelastung des Scheckbetrags entstehen (Nr. 15 Abs. 4 S. 1 AGB-Banken); etwas enger ist der Sicherungszweck formuliert in Nr. 25 Abs. 1 S. 1 AGB-Sparkassen. Verbleibt nach Rückbelastung des vorläufig gutgeschriebenen Scheckbetrags wegen Nichteinlösung auf dem Einreicherkonto ein Schuldensaldo, kann die Einreicherbank deshalb aus eigenem Recht gegen die Scheckverpflichteten nach Art. 40 ff. ScheckG im Wege des Rückgriffs mangels Zahlung vorgehen.[481] Soweit das Sicherungsinteresse der Bank reicht, also bis zur Höhe eines Schuldensaldos, kann der Rückgriffsschuldner der Bank Einwendungen nicht entgegensetzen, die ihm gegenüber dem Einreicher zustehen, sofern die Bank nicht bewusst zu seinem Nachteil gehandelt hat (Art. 22 ScheckG).[482] Solche Einwendungen greifen gegenüber der Bank nur insoweit, als der Rückgriffsbetrag das Sicherungsinteresse übersteigt.[483] Fehlt es an zu sichernden Forderungen, so erwirbt die Bank zumindest ein **Pfandrecht** am eingereichten Scheck (Nr. 14 Abs. 1 S. 1 AGB-Banken, Nr. 21 Abs. 1 S. 1, 2 AGB-Sparkassen).[484] Mit dem Erwerb des Sicherungseigentums werden auch die zugrunde liegenden Forderungen zur Sicherheit an die Bank abgetreten (Nr. 15 Abs. 2 AGB-Banken, Nr. 25 Abs. 1 S. 2 AGB-Sparkassen).

92   In der **Insolvenz** des Scheckeinreichers ist diese Sicherungsabtretung der dem Scheck zu Grunde liegenden Forderung idR als **inkongruente Deckung** nach § 131 InsO anfechtbar.[485] Eine pauschale Einigung per AGB, sämtliche Forderungen, die künftig zum Einzug eingereichter Schecks zu Grunde liegen, abzutreten, kann nach Ansicht des BGH im Voraus keine kongruente Sicherheit begründen.

[471] BGH Urt. v. 6.5.1997 – XI ZR 208/96, BGHZ 135, 316 = NJW 1997, 2042 = WM 1997, 1192 (1193 f.); schon damals krit. *Schimansky* in Schimansky/Bunte/Lwowski BankR-HdB, 3. Aufl. 2007, § 47 Rn. 65.

[472] Zweifelnd *Schimansky* in Schimansky/Bunte/Lwowski BankR-HdB § 47 Rn. 65.

[473] BGH Urt. v. 9.5.2000 – XI ZR 220/99, NJW-RR 2001, 127 = ZIP 2000, 1291 (1293) = WM 2000, 1539 = BB 2000, 2542 = DB 2000, 2517; *Nobbe* in Schimansky/Bunte/Lwowski BankR-HdB § 61 Rn. 46.

[474] *Nobbe* in Schimansky/Bunte/Lwowski BankR-HdB § 61 Rn. 49; *Bülow* ScheckG Art. 28 Rn. 7.

[475] BGH Urt. v. 9.5.2000 – XI ZR 220/99, NJW-RR 2001, 127 = ZIP 2000, 1291 (1292) = WM 2000, 1539 = BB 2000, 2542 = DB 2000, 2517; OLG Celle Urt. v. 14.3.2001 – 3 U 138/00, WM 2001, 1296 = RIW 2001, 614. Vgl. auch → Rn. 106.

[476] BGH Urt. v. 19.10.1987 – II ZR 9/87, BGHZ 102, 68 = NJW 1988, 700 (701) = WM 1988, 8; OLG München Urt. v. 18.6.1997 – 7 U 1943/97, ZIP 1997, 1878 (1879); *Bülow* AGB 1. Abschn. AGB-Sparkassen Nr. 25 Rn. 1 ff.; *Nobbe* in Schimansky/Bunte/Lwowski BankR-HdB § 61 Rn. 14, 17.

[477] BGH Urt. v. 8.3.2007 – IX ZR 127/05, NJW 2007, 2324 = BB 2007, 1072 = DB 2007, 1188 = BKR 2007, 291; BGH Urt. v. 14.11.1989 – XI ZR 97/88, NJW-RR 1990, 366 = WM 1990, 6 (7); hierzu *Häuser* WM 1990, 1184; BGH Urt. v. 30.4.1992 – IX ZR 176/91, BGHZ 118, 171 = NJW 1992, 1960 (1961) = WM 1992, 1083; Baumbach/Hefermehl/*Casper* ScheckG Art. 23 Rn. 2, ScheckG Art. 28 Rn. 39; Baumbach/Hopt/*Hopt* AGB-Banken Nr. 15 Rn. 1.

[478] *Nobbe* in Schimansky/Bunte/Lwowski BankR-HdB § 61 Rn. 85 ff.

[479] BGH Urt. v. 8.3.2007 – IX ZR 127/05, NJW 2007, 2324 = BB 2007, 1072 = DB 2007, 1188 = BKR 2007, 291; BGH Urt. v. 1.7.1985 – II ZR 155/84, BGHZ 95, 149 = NJW 1985, 2649 = WM 1985, 1057 (1058); BGH Urt. v. 30.4.1992 – IX ZR 176/91, BGHZ 118, 171 = NJW 1992, 1960 (1961) = WM 1992, 1083.

[480] Baumbach/Hefermehl/*Casper* ScheckG Art. 23 Rn. 4; MüKoHGB/*Häuser* Zahlungsverkehr Rn. D 380.

[481] OLG München Urt. v. 18.6.1997 – 7 U 1943/97, ZIP 1997, 1878 (1879).

[482] Baumbach/Hefermehl/*Casper* ScheckG Art. 23 Rn. 6; MüKoHGB/*Häuser* Zahlungsverkehr Rn. D 382.

[483] Baumbach/Hefermehl/*Casper* ScheckG Art. 23 Rn. 7.

[484] BGH Urt. v. 14.11.1989 – XI ZR 97/88, NJW-RR 1990, 366 = WM 1990, 6 (7); BGH Urt. v. 30.4.1992 – IX ZR 176/91, BGHZ 118, 171 = NJW 1992, 1960 (1961) = WM 1992, 1083; *Nobbe* in Schimansky/Bunte/Lwowski BankR-HdB § 61 Rn. 15, 20.

[485] BGH Urt. v. 14.5.2009 – IX ZR 63/08, BGHZ 181, 132 = NJW 2009, 2600 (2601); BGH Urt. v. 8.3.2007 – IX ZR 127/05, NJW 2007, 2324 (2325) = BB 2007, 1072 = DB 2007, 1188 = BKR 2007, 291.

Gleiches muss für die Sicherungsabtretung nach Nr. 25 Abs. 2 AGB-Sparkassen gelten. Sofern die zeitlichen Voraussetzungen des § 131 Abs. 1 InsO vorliegen, kann die Sicherungsabtretung vom Insolvenzverwalter daher angefochten werden. Ebenso hat der BGH für das Pfandrecht entschieden.[486] Vor dem Hintergrund kann für das Sicherungseigentum am eingereichten Scheck im Konkurs des Scheckeinreichers nichts anderes gelten.[487]

e) Gebühren. Bei der Einziehung eines Schecks kann die Einreicherbank vom Scheckeinreicher für **93** ihre Dienstleistungen ein Entgelt verlangen.[488] Darüber hinaus kann nach Abschn. V Nr. 5 Abs. 2 Scheckabkommen[489] das bezogene Kreditinstitut seine Aufwendungen für die Rückrechnung nicht eingelöster Schecks von der Einreicherbank verlangen. Diese hat ihrerseits gegen ihren Kunden einen Anspruch auf Ersatz dieser Beträge. Dabei handelt es sich um einen Aufwendungsersatzanspruch nach §§ 670, 675 BGB iRd Giro- bzw. Inkassovertrages und nicht um ein Entgelt für erbrachte Dienstleistungen.[490] Entsprechende Klauseln in den Preisverzeichnissen der Kreditinstitute sind daher gem. § 307 Abs. 3 S. 1 BGB einer Inhaltskontrolle entzogen.[491]

3. Inkassoverfahren. Zur Durchführung des Scheckinkassos gilt für die eingeschalteten Inkasso- **94** banken das von den fünf Spitzenverbänden der Kreditwirtschaft und der Deutschen Bundesbank geschlossene **Abkommen über den Einzug von Schecks** (Scheckabkommen). Das erste Scheckabkommen ist im September 1998 in Kraft getreten.[492] Es wurde durch ein am 3.9.2007 in Kraft getretenes Scheckabkommen ersetzt,[493] dessen aktuelle Fassung vom 12.12.2014 datiert und am 21.11.2016 in Kraft getreten ist.[494] Die letzte Änderung war unter anderem notwendig geworden, weil die Deutsche Bundesbank das Dateiformat für die Datenfernübertragung im Elektronischen Massenzahlungsverkehr (EMZ) geändert hatte. Neben dem Scheckabkommen sind bei Beteiligung der Deutschen Bundesbank am Scheckinkasso deren AGB einschlägig, insbesondere Abschn. III. B. (Abwicklung von Zahlungen über den Scheckabwicklungsdienst des EMZ).

a) Belegloser Scheckeinzug – BSE-Verfahren. Um das große Scheckaufkommen besser bewälti- **95** gen zu können, hatten die Spitzenverbände des Kreditgewerbes im Jahre 1985 mit dem – ungeschickt abgekürzten – BSE-Abkommen[495] die Grundlagen für den beleglosen Scheckeinzug geschaffen. Das BSE-Verfahren ist nunmehr in Abschn. II Scheckabkommen (→ Rn. 94) enthalten. Danach müssen auf Euro lautende Schecks, die auf Kreditinstitute im Inland gezogen sind und auf **Beträge unter 6.000 EUR**[496] ausgestellt sind, beleglos ohne Vorlage des Schecks eingezogen werden, Abschn. II Nr. 1 Scheckabkommen. Anders als vor Inkrafttreten des Scheckabkommens besteht seit 1998 damit die grundsätzliche Pflicht zum beleglosen Scheckeinzug. Dabei wird auf die **physische Vorlage des Schecks verzichtet.**[497] Der beleglose Scheckeinzug wird überwiegend von den **in Gironetzen verbundenen Kreditinstituten** in eigener Regie ohne Mitwirkung der Deutschen Bundesbank durchgeführt. Aber auch die Bundesbank bietet ihren Kontoinhabern im Rahmen des Scheckabwicklungsdienstes ihres *Elektronischen Massenzahlungsverkehrs* (EMZ), der zur Abwicklung nicht eilbedürftiger Massenzahlungen dient, dieses Inkassoverfahren an.[498]

---

[486] BGH Urt. v. 7.3.2002 – IX ZR 223/01, NJW 2002, 1722 (1723).

[487] S. zur Insolvenz des Scheckeinreichers auch *Obermüller*, Insolvenzrecht in der Bankpraxis, 9. Aufl. 2016, Rn. 3.383 ff.; MüKoHGB/*Häuser* Zahlungsverkehr Rn. D 335 ff.

[488] *Nobbe* in Schimansky/Bunte/Lwowski BankR-HdB § 61 Rn. 29.

[489] Dazu → Rn. 94 nachfolgend.

[490] BGH Urt. v. 9.4.2002 – XI ZR 245/01, NJW 2002, 1950 (1951) = WM 2002, 1006 = BKR 2002, 692 = BB 2002, 1065 = ZIP 2002, 884.

[491] BGH Urt. v. 9.4.2002 – XI ZR 245/01, NJW 2002, 1950 (1951) = WM 2002, 1006 = BKR 2002, 692 = BB 2002, 1065 = ZIP 2002, 884; *Nobbe* in Schimansky/Bunte/Lwowski BankR-HdB § 61 Rn. 29; *Köndgen* NJW 2004, 1288 (1293).

[492] Abgedr. in BankR-HdB, 2. Aufl. 2001, Anh. 8 zu §§ 60–63. Es ersetzte folgende früheren Vereinbarungen, die gleichzeitig außer Kraft getreten sind: Das Abkommen zur Vereinfachung des Einzugs von Orderschecks; das Abkommen über die Rückgabe nicht eingelöster Schecks und die Behandlung von Ersatzstücken verloren gegangener Schecks im Scheckeinzugsverfahren; das Abkommen über das beleglose Scheckeinzugsverfahren (BSE-Abkommen) und das Abkommen über den beleglosen Einzug von Scheckgegenwerten ab 5.000 DM (Großbetrag-Schecks) und die gesonderte Vorlage der Originalschecks ohne Verrechnung (GSE-Abkommen) (alle Abkommen abgedr. in BankR-HdB, 1. Aufl. 1997, Anh. 7–10 zu §§ 60–63).

[493] Abgedr. in Baumbach/Hefermehl/*Casper* Bankbedingungen IV.13, S. 773; *Bülow* Anh. 6; MüKoHGB/*Häuser*, 3. Aufl. 2014, Zahlungsverkehr Anl. 3 zu D.

[494] Soweit erkennbar ist das Scheckabkommen nirgendwo abgedruckt, ist aber in „beck-online" abrufbar.

[495] *Reiser* WM 1986, 409 ff.

[496] Diese Betragsgrenze wird regelmäßig angehoben. Sie betrug 1998 5.000 DM und 2002 3.000 EUR.

[497] Baumbach/Hefermehl/*Casper* ScheckG Art. 28 Rn. 17, 20; *Nobbe* in Schimansky/Bunte/Lwowski BankR-HdB § 61 Rn. 116, 118; MüKoHGB/*Häuser* Zahlungsverkehr Rn. D 294.

[498] S. dazu Abschn. III. B. der Allgemeinen Geschäftsbedingungen der Deutschen Bundesbank, → Rn. 64; Baumbach/Hefermehl/*Casper* ScheckG Art. 28 Rn. 10; *Nobbe* in Schimansky/Bunte/Lwowski BankR-HdB § 61 Rn. 117.

96   Die erste Inkassostelle prüft den Scheck auf seine formelle Ordnungsmäßigkeit iSv Art. 1 und 2 ScheckG, Abschn. II Nr. 2 Abs. 1 Scheckabkommen. Sie oder ein von ihr beauftragtes Kreditinstitut erfasst die **Scheckdaten auf Datenträgern** entsprechend der Anlage 1 des Scheckabkommens sowie der *Vereinbarung über den beleglosen Datenaustausch in der zwischenbetrieblichen Abwicklung des Inlandszahlungsverkehrs* (Clearing-Abkommen) und übermittelt die umgewandelten Scheckdaten (BSE-Clearingdatensatz) an die kontoführende Stelle der bezogenen Bank. Die Originalschecks oder davon erstellte Kopien der Vorder- und Rückseite werden von der ersten Inkassostelle oder einer Schecklagerstelle entsprechend den handels- und steuerrechtlichen Vorschriften aufbewahrt, die Originalschecks in jedem Fall ahrem mindestens zwei Monate, Abschn. II Nr. 3 Abs. 4 Scheckabkommen.[499] Die erste Inkassostelle ist ermächtigt, den **Scheckgegenwert** von dem bezogenen Kreditinstitut einzuziehen. Dies erfolgt idR über die jeweiligen Verrechnungsnetze. Die disponierende, dh kontoführende Stelle der bezogenen Bank prüft nach Erhalt der Scheckdaten die Deckung und eine evtl. Sperre[500] und belastet ggf. danach das Konto des Ausstellers. Wird der Scheck nicht eingelöst, so hat die kontoführende Stelle des bezogenen Kreditinstituts der ersten Inkassostelle den **Rückrechnung** aus dem BSE-Verfahren spätestens an dem auf den Eingangstag der Scheckdaten folgenden Bankarbeitstag zuzuleiten, Abschn. V Nr. 1 Abs. 1 lit. a Scheckabkommen. Eingangstag ist der auf den Tag der Übergabe der Scheckdaten an die bezogene Bank folgende Bankarbeitstag. Die erste Inkassostelle vermerkt im Auftrag der bezogenen Bank die Nichteinlösung auf dem Originalscheck oder seiner Kopie, Abschn. V Nr. 3 Abs. 2 Scheckabkommen: „Vom bezogenen Kreditinstitut am … nicht bezahlt." Da der Originalscheck dem bezogenen Kreditinstitut nicht physisch vorgelegen hat, genügt dieser Vermerk den Anforderungen des Art. 40 Nr. 2 ScheckG nicht. Dies führt für die Scheckeinreicher zum **Verlust seiner Regressansprüche** gegen Aussteller und Indossanten nach Art. 40 f. ScheckG (hM),[501] schließt einen Scheckprozess aus und macht die Inkassobank grundsätzlich schadensersatzpflichtig.[502] Davon gehen auch die beteiligten Kreditinstitute aus. Sie weisen den Einreicher bei Rückgabe eines im BSE-Verfahren nicht eingelösten Schecks nämlich darauf hin, dass er sich zur Regulierung ihm eventuell entstandener Schäden mit dem Kreditinstitut in Verbindung setzen soll.[503] Darüber hinaus verzichten die am BSE-Verfahren beteiligten Banken auch auf eine Echtheitsprüfung des Schecks durch die bezogene Bank, da die Prüfung der formellen Ordnungsmäßigkeit lediglich von der ersten Inkassostelle vorgenommen wird (Abschn. II Nr. 2 Abs. 1 Scheckabkommen). Die bezogene Bank löst den Scheck nämlich entgegen Art. 29 ScheckG ein, ohne dass dieser vorgelegt worden ist. Aus Praktikabilitätsgründen nimmt die Kreditwirtschaft diesen Verstoß gegen das Scheckrecht bewusst in Kauf. Er macht die bezogene Bank gegenüber dem Aussteller ggf. schadensersatzpflichtig, zB wenn ein gefälschter Scheck eingelöst wird.[504] Dieses Verfahren scheint trotz seiner rechtlichen Risiken in der Praxis zu funktionieren; zumindest sind keine Gerichtsentscheidungen hierzu bekannt.

97   **b) Imagegestützter Scheckeinzug – ISE-Verfahren.** Seit **September 2007** ist der imagegestützte Scheckeinzug (ISE) an die Stelle des GSE-Verfahrens getreten.[505] Schecks mit Beträgen ab 6.000 EUR sowie nicht BSE-fähige Papiere, Abschn. III Nr. 1 Scheckabkommen, müssen durch Vorlage des **elektronischen Bildes des Schecks** und des dazugehörenden Scheckdatensatzes (ISE-Clearingdatensatz) über die Deutsche Bundesbank als Abrechnungsstelle eingezogen werden. Im Ergebnis wird damit das gesamte Scheckinkasso in Deutschland grundsätzlich beleglos und ohne Vorlage des Originals durchgeführt. Dazu wurde am 5.10.2005 eine neue **Verordnung über Abrechnungsstellen im Scheckverkehr** (AbrStV)[506] erlassen. Danach ist die Deutsche Bundesbank alleinige Abrechnungsstelle iSd Art. 31 Abs. 1 ScheckG.[507] Schecks können bei ihr eingeliefert werden, wenn der Einlieferer sowie der Bezogene oder der Dritte, bei dem der Scheck zahlbar gestellt worden ist, am Abrechnungsverkehr der Deutschen Bundesbank teilnehmen oder durch einen Teilnehmer vertreten werden (§ 2 Abs. 1 AbrStV). Die Einlieferung im Wege der elektronischen Datenfernübertragung setzt voraus, dass der Abrechnungsstelle nach ihren Vorgaben ein elektronisches Bild des Schecks, das die Urkunde vollständig abbildet, übermittelt wird (§ 2 Abs. 2 AbrStV).

[499] *Nobbe* in Schimansky/Bunte/Lwowski BankR-HdB § 61 Rn. 123; Baumbach/Hefermehl/*Casper* ScheckG Art. 28 Rn. 11.

[500] *Nobbe* in Schimansky/Bunte/Lwowski BankR-HdB § 61 Rn. 125.

[501] So *Nobbe* in Schimansky/Bunte/Lwowski BankR-HdB § 60 Rn. 25, 125; § 61 Rn. 40, 118, § 62 Rn. 101; Baumbach/Hefermehl/*Casper* ScheckG Art. 28 Rn. 20; *Gößmann,* Recht des Zahlungsverkehrs, 3. Aufl. 1997, Rn. 347; *Schlie* WM 1990, 617 (618); aA *Canaris* BankvertragsR Rn. 743a; *Schwintowski* in Derleder/Knops/Bamberger BankR/KapMarktR § 48 Rn. 161.

[502] *Nobbe* in Schimansky/Bunte/Lwowski BankR-HdB § 61 Rn. 40; Baumbach/Hefermehl/*Casper* ScheckG Art. 28 Rn. 20; MüKoHGB/*Häuser* Zahlungsverkehr Rn. D 324 ff.; *Schlie* WM 1990, 617 (619 ff.).

[503] Anlage 7 des Scheckabkommens „Informationen für Scheckeinreicher bei nicht eingelöstem BSE-Scheck"; dazu Baumbach/Hefermehl/*Casper* ScheckG Art. 28 Rn. 20.

[504] *Bülow* ScheckG Art. 28 Rn. 19.

[505] Dazu → 3. Aufl. 2015, BankR Rn. II 538; ferner Baumbach/Hefermehl/*Casper* ScheckG Art. 28 Rn. 12, 20a.

[506] BGBl. 2005 I 2926, in Kraft getreten am 13.10.2005. Gleichzeitig wurde die AbrStV von 1953, die auch für den Wechselverkehr galt, aufgehoben; *Nobbe* in Schimansky/Bunte/Lwowski BankR-HdB § 61 Rn. 132.

[507] Einzelheiten regelt Abschn. III. B. Nr. 9 ff. der AGB der Deutschen Bundesbank.

Die erste Inkassostelle prüft den vom Scheckinhaber eingereichten Scheck auf seine formelle **98** Ordnungsmäßigkeit (Abschn. III Nr. 2 Abs. 1 Scheckabkommen). Sie oder ein von ihr beauftragtes Kreditinstitut erstellt den ISE-Clearingdatensatz sowie den Scheckbilddatensatz durch Einscannen von Vorder- und Rückseite des Schecks im JPEG-Format.[508] Dieses Scheckbild muss die **Urkunde vollständig abbilden**[509] (Abschn. III Nr. 1 Scheckabkommen), dh alle Scheckbestandteile nach Art. 1 und 2 ScheckG deutlich erfassen und eine Echtheitsprüfung der Unterschriften ermöglichen. Die **Deutsche Bundesbank,** die dabei als Abrechnungsstelle nach Art. 31 Abs. 1 ScheckG fungiert, stellt Scheckbild und ISE-Clearingdatensatz per ExtraNet der **disponierenden Stelle des bezogenen Kreditinstituts** zur Verfügung, während die erste Inkassostelle den Scheckgegenwert beleglos einzieht (Abschn. III Nr. 4 Scheckabkommen). Das bezogene Kreditinstitut prüft nun, ob der Scheck eingelöst werden kann.[510] Dabei berücksichtigt es nicht nur Guthaben und eventuelle Sperrung, sondern kann anhand des elektronischen Bildes auch Förmlichkeiten und Unterschriften kontrollieren. Im Falle der **Nichteinlösung** des Schecks durch das bezogene Kreditinstitut muss die erste Inkassostelle per Eilnachricht hiervon in Kenntnis gesetzt werden (Abschn. V Nr. 2 Abs. 1 Scheckabkommen). Der bereits eingezogene Scheckgegenwert ist vom bezogenen Kreditinstitut spätestens an dem auf den Tag der Vorlage des Scheckbildes bei der Deutschen Bundesbank folgenden Bankarbeitstag an die erste Inkassostelle zurückzurechnen (Abschn. V Nr. 1 Abs. 1 lit. b Scheckabkommen). Die Deutsche Bundesbank als Abrechnungsstelle erstellt eine **Nichteinlösungserklärung nach Art. 40 Nr. 3 ScheckG,**[511] sofern die Erklärungsfrist des Art. 41 ScheckG noch nicht abgelaufen ist. Diese kann der von der ersten Inkassostelle zu benachrichtigende Scheckeinreicher zur Durchsetzung seiner Ansprüche anfordern.[512] Zusätzlich vermerkt die erste Inkassostelle auf dem Scheckoriginal den Vermerk: „Vom bezogenen Kreditinstitut am … nicht bezahlt" (Abschn. V Nr. 4 Abs. 5 Scheckabkommen). Originalschecks sind mindestens drei Kalenderjahre von der ersten Inkassostelle aufzubewahren (Abschn. III Nr. 3 Abs. 4 Scheckabkommen).

Für die rechtliche Beurteilung des ISE-Verfahrens ist entscheidend, ob die Zuspielung eines elektro- **99** nischen Scheckbildes an die als Abrechnungsstelle fungierende Deutsche Bundesbank eine **Einlieferung iSv Art. 31 Abs. 1 ScheckG** darstellt. Dann ersetzt sie Frist wahrend die Vorlage beim Bezogenen. Durch die rechtzeitige Nichteinlösungserklärung nach Art. 40 Nr. 3 ScheckG, die nicht auf dem Originalscheck erfolgen muss, behält der Scheckeinreicher, anders als im BSE-Verfahren (→ Rn. 95 f.), seine wertpapierrechtlichen Rückgriffsrechte und kann den Scheckprozess beschreiten.[513] Allerdings geht Art. 31 ScheckG davon aus, dass mit Einlieferung in eine Abrechnungsstelle die Übergabe des Originalschecks gemeint ist. Beim Inkrafttreten des ScheckG bzw. des ihm zugrundeliegenden Genfer Abkommens gab es keine elektronischen Datensätze, an die der historische Gesetzgeber gedacht haben könnte. Art. 31 Abs. 2 ScheckG erlaubt jedoch dem Bundesministerium der Justiz, die **Voraussetzungen der Einlieferung** zu bestimmen. Dies ist durch § 2 Abs. 2 AbrStV geschehen: „Die Einlieferung von Schecks im Wege der elektronischen Datenfernübertragung setzt voraus, dass der Abrechnungsstelle nach ihren Vorgaben ein elektronisches Bild des Schecks, das die Urkunde vollständig abbildet, übermittelt wird." Der Verordnungsgeber hat damit einmal die elektronische Einlieferung der physischen gleich gestellt und zum anderen die Festlegung der technischen Anforderungen der Deutschen Bundesbank überlassen. Da Art. 31 Abs. 1 ScheckG diesen Weg vorzeichnet, ist hieran **rechtlich nichts auszusetzen.**[514] In der Praxis wird viel davon abhängen, ob die technische Qualität des Scheckbildes so gut ist, dass Fälschungen etc von der disponierenden Stelle des bezogenen Kreditinstituts erkannt werden können.[515] Anderenfalls kann die Kontrolle des gescannten Scheckbildes die Banken nicht von ihrer Prüfungspflicht entbinden. Eine Schadensersatzpflicht wäre die Folge.[516]

4. Zeitpunkt der endgültigen Einlösung. Der Zeitpunkt, zu dem ein Scheck als endgültig **100** eingelöst gilt, hat unter anderem **zweifache Bedeutung:** Zum einen kann die Einreicherbank bis zu diesem Zeitpunkt die Vorbehaltsgutschrift *stornieren,* danach aber nicht mehr. Zum anderen kann bis zu diesem Zeitpunkt eine *Schecksperre* beachtet werden. Der Zeitpunkt der endgültigen Einlösung spielt deshalb eine Rolle für die Frage, wie lange eine bei der kontoführenden Stelle der bezogenen Bank eingegangene Schecksperre (→ Rn. 55) rechtzeitig ist. Nr. 9 Abs. 2 AGB-Banken und AGB-Sparkassen enthalten hierzu übereinstimmende Regelungen. Darüber hinaus tritt mit der endgültigen Ein-

---

[508] Anlage 4 Scheckabkommen.

[509] Baumbach/Hefermehl/*Casper* ScheckG Art. 28 Rn. 12; s. dazu auch *Nobbe* in Schimansky/Bunte/Lwowski BankR-HdB § 61 Rn. 134.

[510] Baumbach/Hefermehl/*Casper* ScheckG Art. 28 Rn. 12.

[511] S. hierzu die Vorlage in Anlage 8 Scheckabkommen.

[512] Muster enthalten die Anlagen 9 und 10 Scheckabkommen.

[513] *Nobbe* in Schimansky/Bunte/Lwowski BankR-HdB § 61 Rn. 136; Baumbach/Hefermehl/*Casper* ScheckG Art. 28 Rn. 20a.

[514] Zust. *Nobbe* in Schimansky/Bunte/Lwowski BankR-HdB § 61 Rn. 133, 136; abl. MüKoHGB/*Häuser* Zahlungsverkehr Rn. D 259.

[515] Zweifelnd Baumbach/Hefermehl/*Casper* ScheckG Art. 28 Rn. 12.

[516] Zum ehemaligen beleghaften Abrechnungsverkehr der Deutschen Bundesbank, der im Jahre 2000 eingestellt wurde, → 3. Aufl. 2015, BankR Rn. II 542.

lösung des Schecks die Erfüllung der Forderung aus dem Grundgeschäft (Valutaverhältnis) ein (Rn. 61).

101 Wird der Scheck durch die bezogene Bank **bar ausgezahlt,** ist er unstreitig mit Zahlung an den Scheckeinreicher endgültig eingelöst (Nr. 9 Abs. 2 S. 2 AGB-Banken und Nr. 9 Abs. 2 S. 5 AGB-Sparkassen).[517] Gibt die bezogene Bank eine **Bezahltmeldung** ab, ist der Scheck mit *Absendung* dieser Erklärung endgültig eingelöst (Nr. 9 Abs. 2 S. 3 AGB-Banken und Nr. 9 Abs. 2 S. 2 AGB-Sparkassen).[518] Zur streitigen Rechtsnatur einer Bezahltmeldung: *Canaris* BankvertragsR Rn. 733. Wird der Scheck der **kontoführenden Stelle der bezogenen Bank** zur Gutschrift eingereicht, ist er endgültig eingelöst, wenn die Belastung des Ausstellerkontos wirksam wird. Da die Nr. 9 Abs. 2 S. 1 AGB-Banken und AGB-Sparkassen nach Nr. 9 Abs. 1 S. 1 AGB-Banken und Nr. 9 Abs. 1 S. 2 AGB-Sparkassen auch beim innerbetrieblichen Inkasso gelten,[519] kann die Belastungsbuchung bis zum Ablauf des zweiten Bankarbeitstags nach ihrer Vornahme rückgängig gemacht werden. Mit Ablauf dieser Frist ist der Scheck endgültig eingelöst.[520] Wird der Scheck einer **nicht kontoführenden Stelle der bezogenen Bank** zur Gutschrift eingereicht, ist er ebenfalls erst mit Ablauf der in Nr. 9 Abs. 2 S. 1 AGB-Banken und AGB-Sparkassen genannten Frist endgültig eingelöst.[521] Wird der Scheck einer **anderen als der bezogenen Bank** zur Einziehung eingereicht, spricht man vom *überbetrieblichen Inkasso.* Hier ist zu unterscheiden, ob der Scheck über die Abrechnungsstelle der Deutschen Bundesbank (ISE-Verfahren, → Rn. 97) eingezogen wird. In diesem Fall gilt er nach Nr. 9 Abs. 2 S. 4 AGB-Banken und Nr. 9 Abs. 2 S. 4 AGB-Sparkassen als endgültig eingelöst, wenn er nach den Geschäftsbedingungen der Deutschen Bundesbank nicht mehr zurückgegeben werden kann. Findet das überbetriebliche Inkasso ohne die Deutsche Bundesbank statt, bleibt es bei der allgemeinen Regelung der Nr. 9 Abs. 2 S. 1 AGB-Banken und AGB-Sparkassen.[522] Diese Regelungen haben banktechnische Gründe und sind für die betroffenen Bankkunden nicht nachteilig. AGB-rechtliche Bedenken bestehen daher nicht.

102 Solange die kontoführende Stelle ihre Belastungsbuchung rückgängig machen kann, ist eine **Schecksperre** möglich. Rechtzeitig iSv Nr. 5 Scheckbedingungen-Banken und Scheckbedingungen-Sparkassen ist eine Sperre des Schecks deshalb dann, wenn im Rahmen des ordnungsgemäßen Geschäftsgangs die Belastungsbuchung noch vor Ablauf des zweiten Bankarbeitstags nach ihrer Vornahme rückgängig gemacht werden kann. Eine Sperre zu Beginn des zweiten Bankarbeitstages ist daher grundsätzlich noch rechtzeitig.

IX. Rückgriff[523]

103 Wird der Scheck nicht eingelöst, so kann der Scheckinhaber unter **zwei Voraussetzungen** gem. Art. 40 ff. ScheckG gegen die Indossanten, den Aussteller und die anderen Scheckverpflichteten Rückgriff nehmen:

(1) Rechtzeitige Vorlegung des Schecks innerhalb der Fristen des Art. 29 ScheckG und

(2) fristgerechte, förmliche Feststellung der Zahlungsverweigerung nach Art. 40 Nr. 1–3, 41 ScheckG.

Die Vorlegung iSd Vorschrift erfordert grundsätzlich die physische Präsentation des Schecks bei der kontoführenden Stelle des bezogenen Kreditinstituts.[524] Die förmliche Feststellung der Zahlungsverweigerung geschieht bei der heute kaum mehr vorkommenden physischen Vorlage des Schecks durch einen Nichtbezahlvermerk der bezogenen Bank nach Art. 40 Nr. 2 ScheckG, beim BSE-Verfahren durch die erste Inkassostelle (→ Rn. 96) und beim ISE-Verfahren durch die Deutsche Bundesbank als Abrechnungsstelle (→ Rn. 98). Der Nichtbezahlt-Vermerk einer anderen als der bezogenen Bank oder der Deutschen Bundesbank als Abrechnungsstelle ist nicht ausrei-

---

[517] BGH Urt. v. 29.9.1986 – II ZR 283/85, NJW 1987, 317 (319) = WM 1986, 1409; Baumbach/Hefermehl/*Casper* ScheckG Art. 28 Rn. 6; *Gößmann,* Recht des Zahlungsverkehrs, 3. Aufl. 1997, Rn. 226; MüKoHGB/*Häuser* Zahlungsverkehr Rn. D 120.

[518] BGH Urt. v. 6.5.1997 – XI ZR 135/96, BGHZ 135, 307 = NJW 1997, 2112 (2113) = WM 1997, 1194; Baumbach/Hefermehl/*Casper* ScheckG Art. 28 Rn. 28; *Gößmann,* Recht des Zahlungsverkehrs, 3. Aufl. 1997, Rn. 227; *Nobbe* in Schimansky/Bunte/Lwowski BankR-HdB § 60 Rn. 206.

[519] LG Bremen Urt. v. 22.9.1989 – 15 O 75/89, WM 1990, 542; Baumbach/Hefermehl/*Casper* ScheckG Art. 28 Rn. 7; *Gößmann,* Recht des Zahlungsverkehrs, 3. Aufl. 1997, Rn. 223; *Nobbe* in Schimansky/Bunte/Lwowski BankR-HdB § 60 Rn. 196, 201.

[520] *Nobbe* in Schimansky/Bunte/Lwowski BankR-HdB § 60 Rn. 200 ff., 208; Baumbach/Hefermehl/*Casper* ScheckG Art. 28 Rn. 7; *Canaris* BankvertragsR Rn. 745; MüKoHGB/*Häuser* Zahlungsverkehr Rn. 122.

[521] BGH Urt. v. 13.6.1988 – II ZR 324/87, BGHZ 104, 374 = NJW 1988, 3149 (3151) = WM 1988, 1325 (1326 f.); Baumbach/Hefermehl/*Casper* ScheckG Art. 28 Rn. 8; *Gößmann,* Recht des Zahlungsverkehrs, 3. Aufl. 1997, Rn. 222; MüKoHGB/*Häuser* Zahlungsverkehr Rn. D 126.

[522] BGH Urt. v. 6.5.1997 – XI ZR 208/96, BGHZ 135, 316 = NJW 1997, 2042 = WM 1997, 1192 (1193 f.); BGH Urt. v. 6.5.1997 – XI ZR 135/96, BGHZ 135, 307 = NJW 1997, 2112 = WM 1997, 1194; *Nobbe* in Schimansky/Bunte/Lwowski BankR-HdB § 60 Rn. 201.

[523] Ausf. hierzu *Nobbe* in Schimansky/Bunte/Lwowski BankR-HdB § 62 Rn. 82 ff.

[524] *Nobbe* in Schimansky/Bunte/Lwowski BankR-HdB § 62 Rn. 85; *Gößmann,* Recht des Zahlungsverkehrs, 3. Aufl. 1997, Rn. 289.

chend.[525] Die förmliche Feststellung der Zahlungsverweigerung ist nicht nur Beweismittel, sondern sachliche Voraussetzung des Rückgriffsanspruchs (stRspr).[526] Fehlt es an den Voraussetzungen der Art. 40, 41 ScheckG, so **entfällt jeder Rückgriff.**[527] Dem Scheckinhaber verbleiben dann nur noch Ansprüche aus Scheckbereicherung (Art. 58 ScheckG) oder aus dem Grundgeschäft.[528] Dies ist beim beleglosen Scheckeinzug im BSE-Verfahren der Fall, da der Nichtbezahltvermerk nicht von der bezogenen Bank, sondern von der ersten Inkassostelle stammt (→ Rn. 96). Beim ISE-Verfahren ist es anders (→ Rn. 99). **Rückgriffsberechtigt** ist der legitimierte Inhaber (Art. 40 ScheckG), dh idR der Scheckeinreicher, nachdem ihm der nicht eingelöste Scheck zurückgegeben wurde. Rückgriffsbefugt ist aber auch die Einreicherbank, und zwar entweder für ihren Auftraggeber oder, wenn sie Sicherungseigentümerin des Schecks geworden ist (→ Rn. 91), aus eigenem Recht.[529] Von den in Art. 40 ScheckG genannten **Rückgriffsschuldnern** wird üblicherweise der Aussteller in Anspruch genommen. Die Höhe des Rückgriffs richtet sich nach Art. 45 ScheckG; der Anspruch verjährt in sechs Monaten (Art. 52 Abs. 1 ScheckG).

X. Einwendungen

Nach Art. 22 ScheckG kann der Rückgriffsschuldner, anders als bei § 404 BGB, dem Scheck- **104** inhaber persönliche Einwendungen aus seiner Rechtsbeziehung zu einem früheren Inhaber nur entgegenhalten, wenn der Scheckinhaber beim Erwerb des Papiers das Bestehen der Einwendungen kannte und bewusst zum Nachteil des Schuldners gehandelt hat.[530] **Persönliche Einwendungen** sind solche, die aus dem Grundgeschäft oder besonderen Nebenvereinbarungen der Scheckbeteiligten stammen, zB Stundung, Bereicherung, die Einrede des nicht erfüllten Vertrags gem. § 320 BGB,[531] das Zurückbehaltungsrecht nach § 273 BGB oder das Scheckverbot des § 496 Abs. 3 S. 2 BGB.[532] Art. 22 ScheckG gilt auch für Inhaberschecks.[533] Des Weiteren muss zwischen Rückgriffsschuldner und Scheckinhaber ein zusätzlicher scheckmäßiger[534] Übertragungsakt (*Verkehrsgeschäft*, vgl. hierzu beim Wechsel → Rn. 28) stattgefunden haben, da Art. 22 ScheckG nur persönliche Einwendungen aus der Rechtsbeziehung zu einem früheren Inhaber ausschließt, wenn eine der Funktion des Schecks entsprechende Weitergabe stattgefunden hat. Einwendungen aus seinem *unmittelbaren* Verhältnis zum Scheckgläubiger können vom Scheckschuldner diesem gegenüber grundsätzlich immer erhoben werden (hM).[535] Die Frage des Ausschlusses oder Nichtausschlusses von Einwendungen stellt sich daher nur, wenn der Scheck vom ersten Nehmer verkehrsmäßig übertragen wurde. In der Praxis werden Schecks allerdings kaum übertragen, sondern sofort zum Inkasso gegeben. Betreibt die Inkassobank den Rückgriff und handelt sie als Einzugsermächtigte, muss sie sich die gegenüber dem Einreicher zulässigen Einwendungen gefallen lassen; hat sie Sicherungseigentum am Scheck erworben, gilt Art. 22 ScheckG ihr gegenüber ebenfalls mit der Folge, dass die persönlichen Einwendungen idR ausgeschlossen sind.[536]

Art. 22 ScheckG entspricht Art. 17 WG; die zum Wechsel entwickelte Einwendungslehre gilt **105** deshalb auch im Scheckrecht[537] (daher hierzu → Rn. 26 ff.). Danach sind **Einwendungen nicht ausgeschlossen,** die sich aus der Scheckurkunde ergeben, zB ein Verstoß gegen Art. 1, 2 ScheckG oder die Präjudizierung des Schecks. Solche **urkundlichen Einwendungen** können vom Rück-

---

[525] OLG Koblenz Beschl. v. 17.12.2012 – 2 W 655/12, BeckRS 2013, 00049 = WM 2013, 507.

[526] BGH Urt. v. 22.11.1994 – XI ZR 163/93, NJW-RR 1995, 240 = WM 1995, 49 (50); BGH Urt. v. 1.10.1991 – XI ZR 29/91, BGHZ 115, 247 = NJW 1992, 118 = WM 1991, 1910 (1912); OLG Düsseldorf Urt. v. 26.3.1998 – 6 U 75/97, WM 1998, 2098; Baumbach/Hefermehl/*Casper* ScheckG Art. 40 Rn. 1, 4.

[527] BGH Urt. v. 7.3.1989 – XI ZR 146/88, BGHZ 107, 111 = NJW 1989, 1675 = WM 1989, 594 (595); BGH Urt. v. 22.11.1994 – XI ZR 163/93, NJW-RR 1995, 240 = WM 1995, 49 f.; OLG Koblenz Beschl. v. 17.12.2012 – 2 W 655/12, BeckRS 2013, 00049 = WM 2013, 507; OLG Düsseldorf Urt. v. 26.3.1998 – 6 U 75/97, WM 1998, 2098; Baumbach/Hefermehl/*Casper* ScheckG Art. 40 Rn. 1; MüKoHGB/*Häuser* Zahlungsverkehr Rn. D 256.

[528] BGH Urt. v. 1.10.1991 – XI ZR 29/91, BGHZ 115, 247 = NJW 1992, 118 = WM 1991, 1910 (1912); *Nobbe* in Schimansky/Bunte/Lwowski BankR-HdB § 62 Rn. 91.

[529] Baumbach/Hefermehl/*Casper* ScheckG Art. 28 Rn. 38 ff.; *Nobbe* in Schimansky/Bunte/Lwowski BankR-HdB § 61 Rn. 10, 12, 56.

[530] BGH Urt. v. 19.10.1987 – II ZR 9/87, BGHZ 102, 68 = NJW 1988, 700 (701) = WM 1988, 8; Baumbach/Hefermehl/*Casper* ScheckG Art. 22 Rn. 1.

[531] BGH Urt. v. 8.11.1982 – II ZR 44/82, BGHZ 85, 346 = NJW 1983, 1059 = WM 1983, 301.

[532] *Nobbe* in Schimansky/Bunte/Lwowski BankR-HdB § 62 Rn. 109 ff., 113; zum früheren § 10 Abs. 2 S. 2 VerbrKrG: Baumbach/*Hefermehl*, 22. Aufl. 2000, ScheckG Art. 22 Rn. 5; *Müller* WM 1991, 1781 (1786).

[533] Baumbach/Hefermehl/*Casper* ScheckG Art. 22 Rn. 1.

[534] BGH Urt. v. 23.5.1989 – XI ZR 82/88, NJW-RR 1989, 1207 = WM 1989, 1009 (1010).

[535] BGH Urt. v. 8.11.1982 – II ZR 44/82, BGHZ 85, 346 = NJW 1983, 1059 = WM 1983, 301 (302); BGH Urt. v. 30.1.1986 – II ZR 257/85, NJW 1986, 1872 = WM 1986, 415 (417); OLG München Urt. v. 21.3.2012 – 3 U 3933/11, BeckRS 2012, 06769; OLG Köln Urt. v. 31.5.1996 – 19 U 243/95, WM 1997, 2030 (2031); Baumbach/Hefermehl/*Casper* WG Art. 17 Rn. 69; *Bülow* WG Art. 58 Rn. 12; *Nobbe* in Schimansky/Bunte/Lwowski BankR-HdB § 62 Rn. 105.

[536] *Canaris* BankvertragsR Rn. 752; *Nobbe* in Schimansky/Bunte/Lwowski BankR-HdB § 62 Rn. 122 ff.

[537] Baumbach/Hefermehl/*Casper* ScheckG Art. 22 Rn. 1.

griffsschuldner gegenüber jedem Inhaber geltend gemacht werden.[538] **Gültigkeitseinwendungen,** dh solche, die nicht aus der Urkunde ersichtlich sind, aber die Wirksamkeit der Scheckerklärungen oder des Begebungsvertrags betreffen, können vom Rückgriffsschuldner uneingeschränkt gegenüber einem Scheckinhaber erhoben werden, wenn sie aus der unmittelbaren Rechtsbeziehung zu ihm stammen. Gegenüber einem Zweit- oder Dritterwerber bestimmt sich die Durchsetzbarkeit der Gültigkeitseinwendungen nach den Grundsätzen der *Rechtsscheinshaftung.* So kann der Fälschungseinwand gegenüber jedem, auch dem gutgläubigen Inhaber erhoben werden, vgl. hierzu auch die Wertung in Art. 51 ScheckG; ebenso der Einwand des Mangels der Geschäftsfähigkeit oder der fehlenden Vertretungsmacht des Ausstellers, da es in diesen Fällen an einem dem Aussteller zurechenbaren Rechtsschein fehlt.[539] Andere Gültigkeitseinwendungen gehen gegenüber dem gutgläubigen Zweit- oder Dritterwerber verloren (vgl. dazu beim Wechsel → Rn. 31). Maßstab für die Gutgläubigkeit des Erwerbers bei Gültigkeitseinwendungen ist nicht Art. 22 ScheckG, sondern Art. 13, 21 ScheckG.[540] Die Unwirksamkeit des Begebungsvertrags wegen *Scheckreiterei* kann der Aussteller einem Dritten in Ausnahme zu dieser Regel allerdings nur bei Bösgläubigkeit des Dritten entgegensetzen. Als Scheckreiterei bezeichnet man das gegenseitige planmäßige Austauschen von Schecks zur Kreditbeschaffung, vgl. zur Wechselreiterei → Rn. 31. Grob fahrlässige Unkenntnis des Scheckerwerbers von der Scheckreiterei soll den sittenwidrig handelnden Aussteller noch nicht entlasten.[541]

XI. Ausgleichsmechanismen

106   Wird ein Scheck nicht, zu Unrecht oder an einen Nichtberechtigten ausbezahlt, stellt sich die Frage, wer das damit verbundene wirtschaftliche Risiko zu tragen hat.[542] Dem interessengerechten Ausgleich dienen die an das Scheckrecht geknüpften **Schadensersatzansprüche,** deren Voraussetzung idR eine Sorgfaltspflichtverletzung ist (→ Rn. 75, 83, 86). Ferner können zwischen den Beteiligten **Bereicherungsansprüche** nach §§ 812 ff. BGB vorliegen. Ihr Ausgleich folgte den Regeln zur fehlerhaften Überweisung.[543] Danach vollzog sich die Rückabwicklung innerhalb der jeweiligen Leistungsbeziehungen.[544] Für die Überweisung hat der BGH[545] diese Prinzipien wegen § 675u BGB und der angeblich daraus folgenden Kondiktionensperre aufgegeben. Diese neue Rspr. ist jedoch auf den Bereicherungsausgleich im Scheckrecht nicht anzuwenden (→ Rn. 58 f.). Es bleibt deshalb bei dem Grundsatz, dass der Bereicherungsausgleich innerhalb der jeweiligen Leistungsverhältnisse zu erfolgen hat.[546] Fehler im Deckungsverhältnis sind daher zwischen Aussteller und bezogener Bank, Fehler im Valutaverhältnis zwischen Aussteller und Schecknehmer auszugleichen. Ferner hat die bezogene Bank nach Auszahlung des Scheckbetrags einen Bereicherungsanspruch wegen Nichtleistungskondiktion gegen den Zahlungsempfänger, wenn es an einer wirksamen Scheckausstellung fehlt.[547] Auf die Kenntnis des Zahlungsempfängers kommt es dabei nicht an.[548] So kann die bezogene Bank den Betrag eines gefälschten Schecks vom Einreicher kondizieren, wenn sie im Verhältnis zum Kontoinhaber das Fälschungsrisiko trägt[549] (→ Rn. 85), oder wenn der Angestellte keine wirksame Vollmacht zur Scheckausstellung hatte.[550] Nicht erloschene **Ansprüche aus dem Kausalgeschäft** können ebenfalls

[538] Baumbach/Hefermehl/*Casper* WG Art. 17 Rn. 4, 28.

[539] BGH Urt. v. 24.9.1991 – XI ZR 245/90, NJW 1992, 117 = WM 1991, 1909 (zur fehlenden Vertretungsmacht); OLG Hamm Urt. v. 12.6.2012 – I-7 U 3/12, NJW 2013, 395; *Nobbe* in Schimansky/Bunte/Lwowski BankR-HdB § 62 Rn. 36.

[540] BGH Urt. v. 9.2.1993 – XI ZR 84/92, BGHZ 121, 279 = NJW 1993, 1068 (1069) = WM 1993, 499 (500 f.); *Nobbe* in Schimansky/Bunte/Lwowski BankR-HdB § 62 Rn. 41.

[541] BGH Urt. v. 9.2.1993 – XI ZR 84/92, BGHZ 121, 279 = NJW 1993, 1068 (1069) = WM 1993, 499.

[542] Hierzu auch *Schnauder* WM 1998, 1901 ff.

[543] BGH Urt. v. 19.1.1984 – VII ZR 110/83, BGHZ 89, 376 = NJW 1984, 1348 = WM 1984, 423 (424); Baumbach/Hopt/*Hopt* Bankgeschäfte Rn. E/5; *Nobbe* in Schimansky/Bunte/Lwowski BankR-HdB § 60 Rn. 216.

[544] BGH Urt. v. 5.12.2006 – XI ZR 21/06, WM 2007, 348 (349) = BB 2007, 405 = DB 2007, 515 (zur Überweisung; BGH Urt. v. 11.4.2006 – XI ZR 220/05, BB 2006, 1412 (1413) = DB 2006, 1265 = MDR 2006, 1178 (zum Lastschriftverfahren).

[545] BGH Urt. v. 16.6.2015 – XI ZR 243/13, NJW 2015, 3093 Rn. 22 ff. mAnm *Kiehnle* = BKR 2015, 471 = WM 2015, 1631.

[546] MüKoBGB/*Zetzsche* BGB § 675u Rn. 37; *Nobbe* in Schimansky/Bunte/Lwowski BankR-HdB § 60 Rn. 234 ff.; Baumbach/Hopt/*Hopt* Bankgeschäfte Rn. E/5; *Rademacher* NJW 2011, 2169 (2172).

[547] So beim Lastschriftverfahren BGH Urt. v. 11.4.2006 – XI ZR 220/05, BB 2006, 1412 (1413) = DB 2006, 1265 = MDR 2006, 1178.

[548] BGH Urt. v. 3.2.2004 – XI ZR 125/03, NJW 2004, 1315 (1316) = WM 2004, 671 = ZIP 2004, 659 = BKR 2004, 202 = BB 2004, 683; BGH Urt. v. 20.3.2001 – XI ZR 157/00, NJW 2001, 1855 (1856) = ZIP 2001, 781 = DB 2001, 1248 = WM 2001, 954.

[549] BGH Urt. v. 9.5.2000 – XI ZR 220/99, NJW-RR 2001, 127 = ZIP 2000, 1291 (1293) = WM 2000, 1539 = BB 2000, 2542 = DB 2000, 2517.

[550] BGH Urt. v. 3.2.2004 – XI ZR 125/03, NJW 2004, 1315 (1316) = WM 2004, 671 = ZIP 2004, 659 = BKR 2004, 202 = BB 2004, 683; BGH Urt. v. 20.3.2001 – XI ZR 157/00, NJW 2001, 1855 = ZIP 2001, 781 = DB 2001, 1248 = WM 2001, 954.

grundsätzlich geltend gemacht werden.[551] Zur Vermeidung einer doppelten Inanspruchnahme ist der Aussteller jedoch nur Zug um Zug gegen Rückgabe des unversehrten, insbesondere unbezahlten Schecks verpflichtet.[552] Ferner kann dem Scheckinhaber der **Scheckbereicherungsanspruch** des Art. 58 ScheckG gegen den Aussteller zustehen, wenn die Rückgriffsverbindlichkeit durch Unterlassung rechtzeitiger Vorlegung oder Verjährung erloschen ist. Art. 58 ScheckG stellt einen eigenen, nicht an die Besonderheiten der §§ 812 ff. BGB geknüpften Anspruch dar.[553] Insbesondere § 818 Abs. 3 BGB findet keine Anwendung. Der Scheckbereicherungsanspruch kann auch im Scheckprozess geltend gemacht werden (str.).[554]

XII. Verfahrensfragen

1. Scheckprozess, Scheckmahnbescheid. Ansprüche aus dem Scheck können auch im Scheckprozess, einer Unterart des Urkundenprozesses, gerichtlich geltend gemacht werden (**§§ 605a, 602– 605, 592 ff. ZPO**). Der Scheckprozess entspricht dem Wechselprozess, hat aber in der Praxis wenig Bedeutung. Art. 7 Nr. 1 Brüssel Ia-VO begründet für Klagen aus einem Scheck, der zur Begleichung einer Kaufpreisschuld hingegeben wurde, keinen Gerichtsstand am Erfüllungsort der Kaufpreisforderung. Der Erfüllungsort der Scheckverpflichtung ist vielmehr separat zu ermitteln.[555] Möglich ist auch ein Scheckmahnverfahren (**§ 703a ZPO**); rechtzeitiger Widerspruch gegen den Scheckmahnbescheid führt dann zum Scheckprozess (§ 703a Abs. 2 Nr. 1 ZPO). 　107

2. Aufgebotsverfahren. Ein **abhanden gekommener oder vernichteter Scheck** kann im Aufgebotsverfahren nach §§ 433 ff., 466–484 FamFG (früher: §§ 1003–1024, 946 ff. ZPO) durch Ausschließungsbeschluss für kraftlos erklärt werden (Art. 59 Abs. 1 ScheckG). Derjenige, der den Beschluss erwirkt hat, gilt danach als berechtigt und kann die Rechte aus dem Scheck geltend machen (§ 479 Abs. 1 FamFG). Der für kraftlos erklärte Scheck legitimiert nicht mehr.[556] Gehen Schecks beim Inkasso verloren, gilt für die beteiligten Banken Abschn. VI Scheckabkommen (→ Rn. 94). 　108

3. Insolvenz. Die Eröffnung des Insolvenzverfahrens über das Vermögen des **Ausstellers** beendet sofort den Scheckvertrag mit der bezogenen Bank (§§ 116, 115 InsO).[557] Die im Scheck enthaltene Anweisung, das Konto des Ausstellers zu belasten, erlischt allerdings nicht, denn der einmal ausgestellte Scheck ist unabhängig von dem zugrundeliegenden Scheckvertrag (hM).[558] Gleichwohl darf die bezogene Bank einen vor Eröffnung des Insolvenzverfahrens ausgestellten Scheck nicht einlösen. Geschieht dies dennoch in Kenntnis der Eröffnung, so hat die bezogene Bank grundsätzlich keinen Aufwendungsersatzanspruch gegen den Aussteller, wohl aber einen Bereicherungsanspruch gegen den Scheckeinreicher.[559] Löst die Bank in Unkenntnis der Eröffnung des Insolvenzverfahrens über das Vermögen des Ausstellers den Scheck ein, so wird sie nach § 82 InsO frei, wenn das Konto ein ausreichendes Guthaben aufwies.[560] Befand sich das Ausstellerkonto im Debet, verbleibt der einlösenden Bank ein Aufwendungsersatzanspruch als Insolvenzgläubigerin (§ 115 Abs. 3 InsO);[561] der Bereicherungsanspruch gegen den Scheckeinreicher steht in diesem Fall der Masse zu.[562] Bei Bezahlung 　109

---

[551] *Nobbe* in Schimansky/Bunte/Lwowski BankR-HdB § 60 Rn. 273.

[552] BGH Beschl. v. 16.4.1996 – XI ZR 222/95, NJW 1996, 1961 = WM 1996, 1037; *Nobbe* in Schimansky/Bunte/Lwowski BankR-HdB § 60 Rn. 274.

[553] BGH Urt. v. 17.10.1951 – II ZR 105/50, BGHZ 3, 238 = NJW 1952, 21 (22); Einzelheiten bei Baumbach/Hefermehl/*Casper* ScheckG Art. 58 Rn. 1; *Nobbe* in Schimansky/Bunte/Lwowski BankR-HdB § 62 Rn. 144.

[554] OLG Düsseldorf Urt. v. 26.3.1998 – 6 U 75/97, WM 1998, 2098 (2099); *Nobbe* in Schimansky/Bunte/Lwowski BankR-HdB § 62 Rn. 156; aA *Bülow* ScheckG Art. 58 Rn. 7.

[555] BGH Urt. v. 16.12.2003 – XI ZR 474/02, BGHZ 157, 224 = NJW-RR 2004, 791 = WM 2004, 376 (378 f.) = BKR 2004, 162 = ZIP 2004, 428 = BB 2004, 459 (noch zu Art. 5 Nr. 1 EuGVO).

[556] Einzelheiten bei Baumbach/Hefermehl/*Casper* ScheckG Art. 59 Rn. 1 iVm WG Art. 90 Rn. 4; *Nobbe* in Schimansky/Bunte/Lwowski BankR-HdB § 62 Rn. 5.

[557] BGH Urt. v. 21.2.2019 – IX ZR 246/17, NJW 2019, 1451 Rn. 11 (zum Girovertrag); BGH Urt. v. 5.3.2015 – XI ZR 164/14, NJW-RR 2015, 677 Rn. 9 (zum Girovertrag); BGH Urt. v. 13.11.1990 – XI ZR 217/89, NJW 1991, 1286 (1287) = WM 1991, 60 (zum Giro- und Kontokorrentvertrag); BGH Beschl. v. 21.3.1995 – XI ZR 189/ 94, NJW 1995, 1483 = WM 1995, 745 (zum Girovertrag); Baumbach/Hefermehl/*Casper* ScheckG Art. 3 Rn. 13; *Nobbe* in Schimansky/Bunte/Lwowski BankR-HdB § 60 Rn. 44, 319; MüKoHGB/*Häuser* Zahlungsverkehr Rn. D 103; *Bülow* ScheckG Art. 3 Rn. 37; *Obermüller,* Insolvenzrecht in der Bankpraxis, 9. Aufl. 2016, Rn. 3.367.

[558] Baumbach/Hefermehl/*Casper* ScheckG Art. 3 Rn. 13; *Nobbe* in Schimansky/Bunte/Lwowski BankR-HdB § 60 Rn. 44, 320; MüKoHGB/*Häuser* Zahlungsverkehr Rn. D 104; *Obermüller,* Insolvenzrecht in der Bankpraxis, 9. Aufl. 2016, Rn. 3.367; aA *Canaris* BankvertragsR Rn. 818.

[559] Baumbach/Hefermehl/*Casper* ScheckG Art. 4 Rn. 14; *Canaris* BankvertragsR Rn. 736; *Obermüller,* Insolvenzrecht in der Bankpraxis, 9. Aufl. 2016, Rn. 3.370 f.

[560] *Nobbe* in Schimansky/Bunte/Lwowski BankR-HdB § 60 Rn. 88; MüKoHGB/*Häuser* Zahlungsverkehr Rn. D 104; Baumbach/Hefermehl/*Casper* ScheckG Art. 3 Rn. 13.

[561] *Nobbe* in Schimansky/Bunte/Lwowski BankR-HdB § 60 Rn. 189; MüKoHGB/*Häuser* Zahlungsverkehr Rn. D 104.

[562] Baumbach/Hefermehl/*Casper* ScheckG Art. 3 Rn. 14; *Bülow* ScheckG Art. 39 Rn. 37.

einer Schuld mit eigenem Scheck durch den späteren Insolvenzschuldner liegt eine kongruente Deckung vor, da Scheckzahlungen im Geschäftsverkehr üblich sind. Die Scheckhingabe ist daher nur nach § 130 InsO anfechtbar. Maßgeblicher Zeitpunkt ist die Scheckeinlösung durch die bezogene Bank.[563]

110   Bei **Insolvenz des Scheckinhabers** gehört der Scheck zur Insolvenzmasse (§ 35 InsO).[564] Eine Verfügung hierüber ist nach §§ 80, 81 InsO unwirksam,[565] deshalb kann bei Veräußerung des Schecks trotz Art. 21 ScheckG hieran Eigentum auch nicht gutgläubig erworben werden.[566] Bei Einlösung des Schecks wird der Aussteller nur frei gem. § 82 InsO, dh bei Leistung an den Insolvenzschuldner statt zur Masse nur, wenn der Aussteller zurzeit der Scheckeinlösung die Eröffnung des Verfahrens nicht kannte.[567] Ein Inkassoauftrag erlischt nach § 115 Abs. 1 InsO; da bei Verzögerung des Inkassos aber der Verlust des Rückgriffs droht, ist das Inkassoverfahren grundsätzlich fortzuführen (§ 115 Abs. 2 S. 1 InsO iVm § 672 S. 2 BGB).[568] Bei Insolvenz des Scheckeinreichers ist zu berücksichtigen, dass Sicherungseigentum am Scheck sowie Sicherungsabtretung der dem Scheck zu Grunde liegenden Forderung per AGB nur zu inkongruenten Sicherungen führen, die nach § 131 InsO anfechtbar sind (→ Rn. 91). Die Einziehung von Kundenschecks durch den GmbH-Geschäftsführer auf ein debitorisches Konto der insolvenzreifen Gesellschaft ist eine zum Schadensersatz führende Zahlung iSv § 64 GmbHG.[569]

XIII. Besondere Scheckarten

111   **1. Der ehemalige Euroscheck.** Euroschecks garantierten bis Ende 2001 dem Schecknehmer die Einlösung bis zum Höchstbetrag von 200 EUR oder 400 DM durch die bezogene Bank und haben damit zu einem immensen Aufschwung des Scheckaufkommens geführt. Zum Ende des Jahres 2001 ist die Zahlungsgarantie und damit der Euroscheck weggefallen. Grund für die **Abschaffung** waren die betriebswirtschaftlich hohen Kosten seiner Abwicklung und die gestiegene Akzeptanz der für die Kreditinstitute kostengünstigeren sonstigen bargeldlosen bzw. elektronischen Zahlungsmittel. S. ausführlich hierzu *Hakenberg* → 1. Aufl. 2001, BankR Rn. II 260 ff.

112   **2. Verrechnungsschecks.** Jeder Aussteller oder Inhaber kann durch einen quer über die Vorderseite des Scheckvordrucks gesetzten Vermerk „nur zur Verrechnung" oder ähnlich bestimmen, dass die bezogene Bank den Scheck **nur durch Gutschrift,** nicht Barzahlung, einlösen darf (Art. 39 ScheckG). Dies soll die Zahlung an Nichtberechtigte erschweren bzw. ihre spätere Auffindung erleichtern. Bei Verstoß gegen das Barzahlungsverbot haftet die bezogene Bank einerseits aus § 280 Abs. 1 S. 1 BGB wegen Pflichtverletzung dem Aussteller, andererseits nach Art. 39 Abs. 4 ScheckG verschuldensunabhängig ihm und dem Berechtigten.[570] Bei Gutschrift auf ein zeitnah errichtetes Konto verstößt die bezogene Bank nicht gegen Art. 39 ScheckG,[571] haftet aber bei Verletzung ihrer Sorgfaltspflichten über §§ 990 Abs. 1, 989 BGB, Art. 21 ScheckG.[572] Das Barzahlungsverbot richtet sich nur an die bezogene, nicht an die mit dem Inkasso beauftragte Einreicherbank.[573] Da Art. 37 und 38 ScheckG mit ihren Regelungen zum **gekreuzten Scheck** nie in Kraft getreten sind, werden im Inland ausgestellte gekreuzte Schecks wie Verrechnungsschecks behandelt.[574] Für im Ausland ausgestellte gekreuzte Schecks gilt nach Art. 38a ScheckG das Gleiche.[575]

113   **3. Sonstige Scheckarten.** Zum **Reisescheck** s. *Nobbe* in Schimansky/Bunte/Lwowski BankR-HdB § 63 Rn. 4 ff.; Baumbach/Hopt/*Hopt* Bankgeschäfte Rn. E/9 ff.; *Canaris* BankvertragsR Rn. 858 ff. Der **Postscheck** ist seit der Privatisierung der Post ein gewöhnlicher Scheck, der dem ScheckG unterliegt.[576]

---

[563] BGH Urt. v. 21.6.2007 – IX ZR 231/04, NJW-RR 2007, 1419 (1421) = NZI 2007, 517; *Nobbe* in Schimansky/Bunte/Lwowski BankR-HdB § 60 Rn. 310.

[564] *Canaris* BankvertragsR Rn. 821; Baumbach/Hefermehl/*Casper* ScheckG Art. 21 Rn. 52.

[565] *Nobbe* in Schimansky/Bunte/Lwowski BankR-HdB § 61 Rn. 98.

[566] Baumbach/Hefermehl/*Casper* ScheckG Art. 21 Rn. 52; *Canaris* BankvertragsR Rn. 822.

[567] BGH Urt. v. 16.7.2009 – IX ZR 118/08, BGHZ 182, 85 = JuS 2009, 1149 = NZI 2009, 680.

[568] *Canaris* BankvertragsR Rn. 824; *Obermüller,* Insolvenzrecht in der Bankpraxis, 9. Aufl. 2016, Rn. 3.409.

[569] BGH Urt. v. 11.9.2000 – II ZR 370/99, ZIP 2000, 1896 = BB 2000, 2274; BGH Urt. v. 29.11.1999 – II ZR 273/98, BGHZ 143, 184 = NJW 2000, 668 = BB 2000, 267 = ZIP 2000, 184; *Obermüller,* Insolvenzrecht in der Bankpraxis, 9. Aufl. 2016, Rn. 3.389.

[570] *Canaris* BankvertragsR Rn. 790; *Bülow* ScheckG Art. 39 Rn. 11; *Bülow* WM 1990, 1815; *Nobbe* in Schimansky/Bunte/Lwowski BankR-HdB § 60 Rn. 159 f.; Baumbach/Hefermehl/*Casper* ScheckG Art. 39 Rn. 8.

[571] *Nobbe* in Schimansky/Bunte/Lwowski BankR-HdB § 60 Rn. 154.

[572] OLG Düsseldorf Urt. v. 4.11.1994 – 17 U 57/94, WM 1995, 524 f.

[573] Baumbach/Hefermehl/*Casper* ScheckG Art. 39 Rn. 12; *Nobbe* in Schimansky/Bunte/Lwowski BankR-HdB § 60 Rn. 150.

[574] Baumbach/Hefermehl/*Casper* ScheckG Art. 37 Rn. 1; *Bülow* ScheckG Art. 37, 38 Rn. 1.

[575] Art. 38a ScheckG ersetzt den früheren Art. 3 des 2006 aufgehobenen EGScheckG, → Rn. 44.

[576] *Nobbe* in Schimansky/Bunte/Lwowski BankR-HdB § 60 Rn. 8; *Bülow* ZIP 1992, 1612 (1613).

XIV. Anhang: Text der AGB

1. Bedingungen für den Scheckverkehr der Banken.[577] Fassung: Oktober 2000

1. Scheckvordrucke. Die Bank gibt an den Kunden Scheckvordrucke zur Teilnahme am Scheckverkehr aus. Für den Scheckverkehr dürfen nur die vom bezogenen Institut zugelassenen Scheckvordrucke verwendet werden.

2. Sorgfaltspflichten. Scheckvordrucke und Schecks sind mit besonderer Sorgfalt aufzubewahren. Das Abhandenkommen von Scheckvordrucken und Schecks ist der Bank, möglichst der kontoführenden Stelle, unverzüglich mitzuteilen.

Die Scheckvordrucke sind deutlich lesbar auszufüllen. Der Scheckbetrag ist in Ziffern und in Buchstaben unter Angabe der Währung so einzusetzen, dass nichts hinzugeschrieben werden kann. Hat sich der Kunde beim Ausstellen eines Schecks verschrieben oder ist der Scheck auf andere Weise unbrauchbar geworden, so ist er zu vernichten.

Bei Beendigung des Scheckvertrages sind nicht benutzte Vordrucke unverzüglich entweder an die Bank zurückzugeben oder entwertet zurückzusenden.

3. Haftung von Kunde und Bank. Die Bank haftet für die Erfüllung ihrer Verpflichtungen aus dem Scheckvertrag. Hat der Kunde durch ein schuldhaftes Verhalten, insbesondere durch eine Verletzung seiner Sorgfaltspflichten, zur Entstehung eines Schadens beigetragen, bestimmt sich nach den Grundsätzen des Mitverschuldens, in welchem Umfang Bank und Kunde den Schaden zu tragen haben.

Löst die Bank Schecks ein, die dem Kunden nach der Ausstellung abhanden gekommen sind, so kann sie das Konto des Kunden nur belasten, wenn sie bei der Einlösung nicht grob fahrlässig gehandelt hat.

4. Verhalten der Bank bei mangelnder Kontodeckung. Die Bank ist berechtigt, Schecks auch bei mangelndem Guthaben oder über einen zuvor für das Konto eingeräumten Kredit hinaus einzulösen. Die Buchung solcher Verfügungen auf dem Konto führt zu einer geduldeten Kontoüberziehung. Die Bank ist berechtigt, in diesem Fall den höheren Zinssatz für geduldete Kontoüberziehungen zu verlangen.

5. Scheckwiderruf. Der Scheck kann widerrufen werden, solange er von der Bank nicht eingelöst ist. Der Widerruf kann nur beachtet werden, wenn er der Bank so rechtzeitig zugeht, dass seine Berücksichtigung im Rahmen des ordnungsgemäßen Arbeitsablaufes möglich ist.

6. Zusätzliche Regelungen für Orderschecks. Der Aussteller von Orderschecks steht allen Kreditinstituten, die am Einzug der von ihm begebenen Orderschecks beteiligt sind, für deren Bezahlung ein. Jedes dieser Kreditinstitute kann gegen Vorlage der innerhalb der Vorlegungsfrist vorgelegten und nicht bezahlten Schecks Zahlung vom Aussteller verlangen. Die vorstehenden Bestimmungen gelten auch für nach Beendigung des Scheckvertrages ausgestellte Orderschecks.

2. Bedingungen für den Scheckverkehr der Sparkassen.[578] Fassung: Juli 2018

1. Verwendung zugelassener Scheckvordrucke.

(1) Für die Ausstellung von Schecks sind nur die vom bezogenen Institut zugelassenen Scheckvordrucke zu verwenden; andernfalls besteht keine Einlösungspflicht. Überbringerschecks dürfen nur auf Vordrucken für Überbringerschecks, Orderschecks nur auf Vordrucken für Orderschecks ausgestellt werden.

(2) Verwendet der Kunde eigene Scheckvordrucke, gelten ebenfalls diese Bedingungen. Der Empfänger von Scheckvordrucken hat diese bei Empfang auf Vollständigkeit zu prüfen.

2. Sorgfaltspflichten bei Verwahrung und Verwendung von Scheckvordrucken und Schecks. (1) Scheckvordrucke und ausgefüllte Schecks sind mit besonderer Sorgfalt aufzubewahren. Das Abhandenkommen von Scheckvordrucken und Schecks ist der Sparkasse, möglichst der kontoführenden Stelle, unverzüglich mitzuteilen.

(2) Die Scheckvordrucke sind deutlich lesbar auszufüllen sowie sorgfältig zu behandeln (zB nicht knicken, lochen, beschmutzen). Änderungen und Streichungen des vorgedruckten Textes dürfen nicht vorgenommen werden. Der Scheckbetrag ist in Ziffern und in Buchstaben unter Angabe der Währung so einzusetzen, dass nichts hinzugeschrieben werden kann. Hat sich der Kunde beim Ausstellen eines Schecks verschrieben oder ist der Scheck auf andere Weise unbrauchbar geworden, so ist er zu vernichten.

3. Haftungsverteilung.

(1) Die Sparkasse haftet für die Erfüllung ihrer Verpflichtungen aus dem Scheckvertrag. Hat der Kunde durch ein schuldhaftes Verhalten, insbesondere durch eine Verletzung seiner Sorgfaltspflichten, zur Entstehung eines Schadens beigetragen, bestimmt sich nach den Grundsätzen des Mitverschuldens, in welchem Umfang Sparkasse und Kunde den Schaden zu tragen haben.

(2) Löst die Sparkasse Schecks ein, die dem Kunden nach der Ausstellung abhanden gekommen sind, so kann sie das Konto des Kunden nur belasten, wenn sie bei der Einlösung nicht grob fahrlässig gehandelt hat.

4. Einlösung trotz mangelnden Guthabens. Die Sparkasse ist berechtigt, Schecks auch bei mangelndem Guthaben oder über einen zuvor für das Konto eingeräumten Kredit hinaus einzulösen. Die Buchung solcher Verfügungen auf dem Konto führt zu einer geduldeten Kontoüberziehung. Die Sparkasse ist berechtigt, in diesem Fall den höheren Zinssatz für geduldete Kontoüberziehungen zu verlangen.

5. Beachtung von Schecksperren. Der Widerruf eines ausgestellten Schecks kann nur beachtet werden, wenn er der kontoführenden Stelle so rechtzeitig zugeht, dass seine Berücksichtigung im Rahmen des ordnungsgemäßen Geschäftsablaufs möglich ist. Nach Ablauf der Vorlegungsfrist hat das bezogene Institut eine Schecksperre nur für 6 Monate, gerechnet vom Eingang des Widerrufs, zu beachten; später vorgelegte Schecks kann das bezogene Institut einlösen, sofern der Aussteller die Sperre nicht in Textform um weitere 6 Monate verlängert.

---

[577] Hrsg. v. Bundesverband deutscher Banken eV.
[578] Hrsg. v. Deutschen Sparkassen- und Giroverband eV.

6. Behandlung von Fremdwährungsschecks. Die Bestimmung des Umrechnungskurses bei Fremdwährungs-geschäften ergibt sich aus dem „Preis- und Leistungsverzeichnis".

7. Zusätzliche Regelungen für Orderschecks. Der Aussteller von Orderschecks steht allen Kreditinstituten, die am Einzug der von ihm begebenen Orderschecks beteiligt sind, für deren Bezahlung ein. Jedes dieser Kredit-institute kann gegen Vorlage der innerhalb der Vorlegungsfrist vorgelegten und nicht bezahlten Schecks Zahlung vom Aussteller verlangen. Die vorstehenden Bestimmungen gelten auch für nach Beendigung des Scheckver-trages ausgestellte Orderschecks.

3. Dokumenteninkasso und Dokumentenakkreditiv

Schrifttum: *Altmann,* Zahlungssicherung im Außenhandel, 2007; *Baker/Dolan,* Users' Handbook for Documenta-ry Credits under UCP 600, ICC-Publikation Nr. 694, 2008; *v. Bar,* Kollisionsrechtliche Aspekte der Vereinbarung und Inanspruchnahme von Dokumentenakkreditiven, ZHR 152 (1988), 38; *Beckmann,* Einstweiliger Rechtsschutz des Käufers beim Akkreditiv, DB 1988, 1737; *Bergami,* Will the UCP 600 Provide Solutions to Letter of Credit Transactions?, 3 Int. Review of Business Research Papers 2007, 41; *v. Bernstorff,* Aktuelle Entwicklung der Export-finanzierung, RIW 2018, 634; *v. Bernstorff,* Bank Payment Obligation – Eine Alternative zum dokumentären Zahlungsverkehr?, RIW 2014, 34; *v. Bernstorff,* „Dokumente gegen unwiderruflichen Zahlungsauftrag" als Zahlungs-form im Außenhandel, RIW 1985, 14; *v. Bernstorff,* Vorläufiger Rechtsschutz im Dokumentengeschäft nach deut-schem und angloamerikanischem Recht, RIW 1986, 332; *Blesch/Lange,* Bankgeschäfte mit Auslandsbezug, 2007; *Byrne/Taylor,* ICC Guide to the eUCP, ICC-Publikation Nr. 639, 2002; *Collyer,* A Look back at the UCP Revision, Annual Survey of Letter of Credit Law & Practice 2007, 46; *Debattista,* The New UCP 600 – Changes to the Seller's Shipping Documents under Letters of Credit, Journal of Business Law 2007, 329; *Derleder/Knops/Bamberger,* Deut-sches und Europäisches Bank- und Kapitalmarktrecht, Bd. 2, 3. Aufl. 2017; *Eberth,* Rechtsfragen der Zahlung unter Vorbehalt im Akkreditiv-Geschäft, WM 1983, 1302; *Eschmann,* Die Auslegungsfähigkeit eines Standby Letter of Credit, RIW 1996, 913; *Fehr,* Rechtsverhältnisse innerhalb Euler-Hermes gedeckter Exportfinanzierungen (Bestel-lerkredit), RIW 2004, 440; *Gildeggen/Willburger,* Internationale Handelsgeschäfte, 5. Aufl. 2018; *Graffe/Weichbrodt/Xueref,* Dokumenten-Akkreditive – ICC-Richtlinien 1993, ICC-Publikation Nr. 500/1, 1993; *Haas,* Probleme der „International Standby Practices ISP 98" im Zusammenhang mit deutschem Recht, ZBB 1999, 301; *Hakenberg,* Die kaufmännischen Orderpapiere, NWB 11/1999, 1011; *Hoffmann,* Einheitliche Richtlinien für Inkassi (ERI) – Revision 1995, ICC-Publikation Nr. 522/1, 1995; *Holzwarth,* Einheitliche Richtlinien und Gebräuche für Doku-menten-Akkreditive, IHR 2007, 136; *ICC,* Commentary on the UCP 600 – Article-by-Article Analysis by the UCP 600 Drafting Group, ICC-Publikation Nr. 680, 2007; *Jeffery,* The New UCP 600, 23 Banking & Finance Law Review (BFLR) 2007, 189; *Katz,* Insights into UCP 600 – Collected Articles from DCI 2003 – 2008, ICC-Publikation Nr. 682, 2008; *I. Koller,* Die Dokumentenstrenge im Licht von Treu und Glauben beim Dokumenten-akkreditiv, WM 1990, 293; *T. Koller,* Ist die Pflicht des Verkäufers zur fristgerechten Andienung korrekter Dokumente beim Akkreditivgeschäft eine wesentliche Vertragspflicht gemäß Art. 25 CISG?, IHR 2016, 89; *Langenbucher/Bliesener/Spindler,* Bankrechts-Kommentar, 2. Aufl. 2016; *Lenz,* Akkreditive und weitere Zahlungssicherungen im Außenhandel, EuZW 1991, 297; *Marxen,* Abstrakte Garantie und Dokumentenakkreditiv in Südafrika, IHR 2015, 137; *Menkhaus,* Sicherungsrechte der kreditgebenden Einreicherbank am Inkassoerlös im Konkurs des Dokumenten-einreichers beim Dokumenteninkasso, ZIP 1985, 1309; *Meynell,* Commentary on eUCP Version 2.0, eURC Version 1.0 – Article-by-Article Analysis, ICC-Publikation Nr. 639, 2019; *Mutter/Stehle,* Exportfinanzierung in Gefahr – der drohende Verlust von Akkreditiven bei der Verschmelzung, ZIP 2002, 1829; *Nielsen,* ICC Uniform Customs and Practice for Documentary Credits, ICC-Publ. Nr. 600 ED, TranspR 2008, 269; *Nielsen,* Die Stellung des Käufers aufgrund der Andienung von Dokumenten „zu getreuen Händen", ZIP 1983, 535; *Nielsen,* Die Rechte am Inkasso-erlös bei der Bevorschussung von Exportinkassi, ZIP 1985, 777; *Nielsen,* Das Risiko der Wiedererlangung der Akkreditivsumme bei fehlerhafter Auszahlung durch akkreditivbestätigende (Zweit)Bank, WM 1985, 149; *Nielsen,* Die Aufnahmefähigkeit von Transportdokumenten im Akkreditivgeschäft, WM-Sonderbeilage 3/1993; *Nielsen,* Richtlinien für Dokumenten-Akkreditive, 3. Aufl. 2008; *Nielsen,* Die Revision der Einheitlichen Richtlinien und Gebräuche für Dokumenten-Akkreditive (ERA 500) zum 1. Januar 1994, WM-Sonderbeilage 2/1994; *Nielsen,* Internationale Bankgarantie, Akkreditiv und anglo-amerikanisches Standby nach Inkrafttreten der ISP 98, WM 1999, 2005, 2049; *Obermüller,* Insolvenzrecht in der Bankpraxis, 9. Aufl. 2016; *Plagemann,* Rechtsprobleme bei der Arrestierung des Auszahlungsanspruches aus einem deferred payment-Akkreditiv, RIW 1987, 27; *Plett/Welling,* Überblick über die Abwicklung des Dokumenten-Akkreditivs und die Rechtsstellung der beteiligten Parteien, DB 1987, 925; *Rieder/Schütze/Weipert,* Münchener Vertragshandbuch, Bd. 2 Wirtschaftsrecht I, 7. Aufl. 2015; *Saive/Stabel,* Die neuen el.ERA 2.0, RIW 2019, 642; *Schefold,* Zum IPR des Dokumenten-Akkreditivs, IPrax 1990, 20; *Scheuermann/Göttsche,* Möglichkeiten der Insolvenzanfechtung bei der Forfaitierung von Nachsichtakkreditiven, RIW 2005, 894; *Schütze,* Kollisionsrechtliche Probleme des Dokumentenakkreditivs, WM 1982, 226; *Schütze,* Rechts-fragen der Avisierung von Dokumentenakkreditiven, DB 1987, 2189; *Schütze,* Rechtsfragen zur Zahlstelle bei Akkreditivgeschäften, RIW 1988, 343; *Schütze/Vorpeil,* Das Dokumentenakkreditiv im Internationalen Handelsver-kehr, 7. Aufl. 2016; *Stötter,* Zur Abfassung der Akkreditivklausel im Kaufvertrag, RIW 1981, 86; *Taylor,* The Complete UCP – Uniform Customs and Practice for Documentary Credits – Texts, Rules and History 1920–2007, ICC-Publikation Nr. 683, 2008; *Ulph,* The UCP600: Documentary Credits in the Twenty-first Century, Journal of Business Law (JBL) 2007, 355; *Vorpeil,* Digitalisierung der Außenhandelsfinanzierung – Neue ICC-Richtlinien zur elektronischen Vorlage von Dokumenten bei Akkreditiven und Inkassi, WM 2019, 1968 und WM 2019, 1521; *Vorpeil,* Die Dokumentenstrenge beim L/C im Wandel der Praxis – Auf dem Weg zur „Substantial Compliance"?, WM 2018, 751; *Vorpeil,* Vorfinanzierung von Exportgeschäften – Exportsicherungsverträge in der Praxis, IWB 14/2017, 531; *Vorpeil,* Zahlungssicherungsinstrumente im Exportgeschäft – Grundlage des internationalen Handels, IWB 7/2015, 245; *Vorpeil,* Neue ICC-Regelwerke für Bank Payment Obligations und Akkreditive – Praxisgerechte Grundlagen für Sicherungsinstrumente, IWB 11/2013, 384; *Vorpeil,* ICC Einheitliche Richtlinien und Gebräuche für Dokumentenakkreditive – Revision 2007, IWB 11/2007, 621; *Vorpeil*, Grundlagen des Dokumentenakkreditivs, NWB 35/2004, 2739; *Vorpeil*, ICC Rules for Documentary Instruments Dispute Resolution Expertise (DOCDEX), RIW 2003, 370; *Vorpeil*, Einheitliche Richtlinien und Gebräuche für Dokumenten-Akkreditive – Revision 1993, IWB Fach 10, Gr. 8, 147, 1993; *Vorpeil*, Prüfungszeitraum beim Dokumentenakkreditiv („reasonable time"), RIW 1993, 12; *Vorpeil*, Prüfungspflicht der Bestätigungsbank beim Dokumentenakkreditiv nach US-amerikanischem Recht, RIW 1994, 210; *Vorpeil*, Einheitliche Richtlinien der ICC für Inkassi, Revision 1995, IWB Fach 10, Gr. 8, 175, 1995; *Wälzholz*, Zur Anwendbarkeit des AGBG auf die Einheitlichen Richtlinien der ICC, WM 1994, 1457; *v. Westphalen*, Einheitliche Richtlinien und Gebräuche für Dokumenten-Akkreditive und Einheitliche Bedingungen für Inkassi – Der Zugriff des AGB-Rechts auf internationale Regelwerke, IWRZ 2019, 251; *v. Westphalen*, Die Einheitlichen Richtlinien und Gebräuche für Dokumenten-Akkreditive (1974) und die Einheitlichen Richtlinien für Inkassi im Licht des AGB-Gesetzes, WM 1980, 178; *v. Westphalen*, Rechtsprobleme der Exportfinanzierung, 3. Aufl. 1987; *v. Westphalen*, AGB-rechtliche Erwägungen zu den neuen Einheitlichen Richtlinien und Gebräuchen für Dokumenten-Akkreditive – Revision 1993, RIW 1994, 453; *Zahn/Ehrlich/Haas*, Zahlung und Zahlungssicherung im Außenhandel, 8. Aufl. 2010.

I. Dokumenteninkasso

1. Grundlagen. a) Definition, Beteiligte, Ablauf. Das Dokumenteninkasso stellt eine Form **116** der **bargeldlosen Zahlungsabwicklung** im Außenhandel dar. Es muss zwischen Exporteur und Importeur vereinbart werden und führt dann unter Mitwirkung von Banken zur Zahlung des Kaufpreises **Zug um Zug** gegen Aushändigung der Warendokumente (Handelspapiere).[579] Entsprechend definiert Art. 2 lit. d ERI 522 das dokumentäre Inkasso als Inkasso von „Zahlungspapieren, die von Handelspapieren begleitet sind". Die vertragliche Vereinbarung erfolgt fast ausschließlich durch sog. *Kassa-Klauseln* wie „Dokumente gegen Kasse" bzw. „documents against payment" (D/P-Geschäft).[580] Statt Zahlung wird häufig auch die Akzeptierung eines Wechsels oder die Ausstellung eines Solawechsels durch den Importeur vereinbart („Dokumente gegen Akzept" bzw. „documents against acceptance" (D/A-Geschäft));[581] auch ein unwiderruflicher, bestätigter Zahlungsauftrag soll vorkommen.[582] Zu den **Warendokumenten** beim Dokumenteninkasso gehören üblicherweise Transportpapiere[583] (→ HGB § 363 Rn. 11 ff.), Rechnungen, Versicherungspolicen, Verpackungslisten, Ursprungszeugnisse, Qualitätszeugnisse, Zahlungsquittungen und ggf. vom Importeur zu akzeptierende Wechsel;[584] vgl. auch die Definition der „Dokumente" in Art. 2 lit. b ERI 522. Im Unterschied dazu bezeichnet man als **einfaches Inkasso** (engl. *clean collection*) das Inkasso von Zahlungspapieren, die nicht von Handelspapieren begleitet sind (Art. 2 lit. c ERI 522). Hierbei werden Forderungen eingezogen, ohne dass gleichzeitig Warendokumente vorgelegt werden.[585]

Beteiligte und Ablauf eines Dokumenteninkassos stellen sich wie folgt dar: **Exporteur** (auch **117** Verkäufer, Lieferant, Gläubiger, Einreicher, nach Art. 3 ERI 522: *Auftraggeber*, engl. *principal*) und **Importeur** (auch Käufer, Besteller, Schuldner, nach Art. 3 ERI 522: *Bezogener*, engl. *drawee*) vereinbaren die Zahlungsabwicklung per Dokumenteninkasso (→ Rn. 135). Nach Versendung der Ware beauftragt der Exporteur die **Einreicherbank** (Art. 3 ERI 522, engl. *remitting bank*) mit dem Einzug unter Beifügung der vertraglich geschuldeten Dokumente. Diese schaltet eine **Inkassobank** (Art. 3 ERI 522, engl. *collecting bank*) ein und beauftragt sie mit deren Weiterleitung; diese Inkassobank kann wiederum eine weitere einschalten usw. Die tatsächlich vorlegende Inkassobank im Lande des Importeurs wird als **vorlegende Bank** (Art. 3 ERI 522, engl. *presenting bank*) bezeichnet. Sie benachrichtigt fristgerecht den Importeur und händigt ihm die Dokumente Zug um Zug gegen den vereinbarten Gegenwert aus. Der Importeur verschafft sich mit den Dokumenten die Ware und untersucht sie; der Gegenwert durchläuft währenddessen in umgekehrter Richtung die Bankenkette zum Exporteur. Dementsprechend definiert Art. 3 lit. a ERI 522 *Inkassobank* als jede am Inkasso beteiligte Bank mit Ausnahme der Einreicherbank; *vorlegende Bank* ist diejenige Inkassobank, die dem Importeur die Dokumente präsentiert und *Banken* iSd ERI 522 bezeichnet alle zusammen. Diese Begriffe werden auch nachfolgend verwandt.

Im **Unterschied zum Dokumentenakkreditiv** ist es beim Dokumenteninkasso der Exporteur, **118** der die Einreicherbank einschaltet, sodass sie mit ihm vertraglich verbunden ist.[586] Ferner fehlt es beim Dokumenteninkasso am abstrakten Schuldversprechen einer Bank. Zahlungspflichtig ist lediglich der

---

[579] Langenbucher/Bliesener/Spindler/*Segna* Dokumentäre Zahlungen Rn. 61; *Fischer* in Schimansky/Bunte/Lwowski BankR-HdB § 119 Rn. 1 ff.; Heymann/*Horn* HGB Anh. § 372 Rn. VI/2.

[580] *Freitag* in Derleder/Knops/Bamberger BankR/KapMarktR § 75 Rn. 60; *Zahn/Ehrlich/Haas*, Zahlung und Zahlungssicherung im Außenhandel, 8. Aufl. 2010, Rn.3/1; → Rn. 135.

[581] Baumbach/Hopt/*Hopt* Bankgeschäfte Rn. M/5.

[582] *v. Bernstorff* RIW 1985, 14 (15); *Canaris* BankvertragsR Rn. 1100; Heymann/*Horn* HGB Anh. § 372 Rn. VI/2.

[583] *Hakenberg* NWB 11/1999, 1011 ff.

[584] GK-HGB/*Gesmann-Nuissl*, 7. Aufl. 2007, HGB Nach § 406 Rn. 215.

[585] Baumbach/Hopt/*Hopt* Bankgeschäfte Rn. M/5.

[586] *v. Westphalen*, Rechtsprobleme der Exportfinanzierung, 3. Aufl. 1987, 203 f.

Importeur; eine bankmäßige Sicherung des Zahlungsanspruchs ist nicht gegeben.[587] Da der Importeur vor Zahlung die Dokumente selbst einsehen kann (→ Rn. 137), findet auch der Grundsatz der Dokumentenstrenge (→ Rn. 161) keine Anwendung.

119 **b) Wirtschaftliche Aspekte.** Das Dokumenteninkasso ist ein Massengeschäft von großer Bedeutung.[588] Es **schützt den Exporteur** vor dem Verlust der Ware ohne Gegenleistung, da die Dokumente nur Zug um Zug ausgehändigt werden dürfen. Es schützt ihn dagegen nicht vor Insolvenz oder Zahlungsunwilligkeit des Importeurs. Kann oder will dieser die Dokumente nicht aufnehmen, bleiben dem Exporteur hinsichtlich der Waren nur Rücksendung, Einlagerung, Notverkauf usw. Auch gegen Länderrisiken ist der Exporteur nicht gesichert; ferner kann es passieren, dass beim D/A-Geschäft (→ Rn. 116) der Wechsel bei Fälligkeit platzt. Das Dokumenteninkasso verlangt deshalb ein gewisses Vertrauensverhältnis zwischen den Parteien des Exportvertrags,[589] anderenfalls wäre ein Akkreditivgeschäft ratsamer. Die unzulässige Praxis mancher vorlegenden Banken, die Dokumente zwecks Prüfung dem Importeur *zu treuen Händen* zu überlassen, birgt ebenfalls ein gewisses Risiko für den Exporteur (→ Rn. Rn. 131). Umgekehrt hat das Dokumenteninkasso **den Vorteil für den Importeur,** dass er bei Zahlung oder Wechselhingabe die Dokumente mit Sicherheit erhält. Nachteilig ist, dass er die Ware vor Aufnahme der Dokumente nicht untersuchen darf (→ Rn. 136); gegen Mängel kann er sich allenfalls durch Qualitäts- und Ursprungszeugnisse schützen. Auch vor Fälschung oder Verfälschung der angedienten Dokumente ist er nicht gefeit; die diesbezügliche Prüfungspflicht der Banken ist gering (→ Rn. 127).

120 Beim Dokumenteninkasso wird das Exportgeschäft von der Einreicherbank, die meistens die Hausbank des Exporteurs ist, regelmäßig bevorschusst. Das Inkassogeschäft ist dann mit einem **Kreditgeschäft,** typischerweise in Form eines Kontokorrents, verbunden.[590] In Höhe ihrer Forderungen erwirbt die Einreicherbank an den Inkassodokumenten und ggf. der Forderung aus dem Exportgeschäft nicht nur treuhänderisches Eigentum, sondern **Sicherungseigentum** (→ Rn. 128).

121 **2. Einheitliche Richtlinien für Inkassi. a) ERI 522.** Die ICC (International Chamber of Commerce, deutsch: *Internationale Handelskammer*)[591] veröffentlicht seit 1956 allgemein anerkannte Regelungen für das internationale Inkasso. Seit dem 1.1.1996 gelten die *Einheitlichen Richtlinien für Inkassi/Revision 1995,* **ICC-Publikation Nr. 522**[592] (abgekürzt ERI 522; engl.: *Uniform Rules for Collections,* URC 522). Sie ersetzten die seit dem 1.1.1979 geltende Fassung aus dem Jahre 1978[593] und berücksichtigen neben damals neueren Entwicklungen des nationalen und internationalen Rechts den Einsatz damals moderner technischer Hilfsmittel, vor allem der Telekommunikation, aber noch nicht des elektronischen Datenaustausches. Darüber hinaus hatte die Revision von 1995 Text- und Sprachgebrauch der ERI an die ERA 500 angepasst, an deren Stelle mittlerweile allerdings die ERA 600 getreten sind (→ Rn. 143). Einschneidende materielle Änderungen gegenüber der Revision 1978 hatte es nicht gegeben.[594] Eine Revision der ERI 522 ist wünschenswert, schon um sie an die (auch nicht mehr ganz neuen) Akkreditiv-Richtlinien anzupassen; gegenwärtig ist eine solche Revision jedoch nicht geplant. Stattdessen gelten für die elektronische Abwicklung von Dokumenteninkassi seit dem 1.7.2019 zusätzlich zu den ERI 522 die **eURC Version 1.0** (*Supplement for Electronic Presentation (Version 1.0)*).[595] Sie ergänzen die ERI 522, um die Vorlage elektronischer Dokumente allein oder zusammen mit Papierdokumenten zu ermöglichen. Insofern ist die Notwendigkeit, die ERI 522 zu reformieren, geringer geworden. Mit der Zurverfügungstellung eines „Anhang" beschreitet die ICC dabei den Weg der Dokumentenakkreditive. Seit 2002 gibt es eUCP für die elektronische Dokumentenvorlage, die mittlerweile in der dritten Fassung vorliegen (→ Rn. 174 ff.). Ob sich die eURC 1.0 in der Praxis bewähren, bleibt abzuwarten.

---

[587] MüKoHGB/*Nielsen,* 3. Aufl. 2014, ZahlungsV Rn. I 10; Langenbucher/Bliesener/Spindler/*Segna* Dokumentäre Zahlungen Rn. 63.

[588] GK-HGB/*Gesmann-Nuissl,* 7. Aufl. 2007, HGB Nach § 406 Rn. 215; krit. Staub/*Grundmann* BankvertragsR 3. Teil Rn. 555.

[589] *Fischer* in Schimansky/Bunte/Lwowski BankR-HdB § 119 Rn. 3.

[590] Vgl. BGH Urt. v. 23.3.1964 – VIII ZR 287/62, BGHZ 41, 215 (221) = NJW 1964, 1365 = WM 1964, 507; BGH Urt. v. 21.9.1970 – II ZR 1/69, WM 1970, 1363; OLG Hamburg Urt. v. 27.10.1969 – 8 U 63/69, MDR 1970, 335; Heymann/*Horn* HGB Anh. § 372 Rn. VI/5; *Menkhaus* ZIP 1985, 1309 (1311); *v. Westphalen,* Rechtsprobleme der Exportfinanzierung, 3. Aufl. 1987, 206.

[591] In Deutschland https://www.iccgermany.de; in Paris https://www.iccwbo.org (jeweils 2.4.2020).

[592] Abgedruckt → Rn. 184; ferner abgedruckt WM 1996, 229; Baumbach/Hefermehl/*Casper* Bankbedingungen und Bankabkommen (15); Baumbach/Hopt/*Hopt* Bankgeschäfte ERI; MüKoHGB, 3. Aufl. 2014 ZahlungsV Anl. zu I.

[593] ICC-Publikation Nr. 322; abgedruckt in Baumbach/Hopt/*Hopt,* 29. Aufl. 1995, Bankgeschäfte ERI.

[594] *Nielsen* in Schimansky/Bunte/Lwowski BankR-HdB, 4. Aufl. 2007, § 119 Rn. 2.

[595] Abgedruckt → Rn. 185, ferner bei ICC, https://cdn.iccwbo.org/content/uploads/sites/3/2019/06/icc-uniform-rules-for-collections-v1-0.pdf (8.4.2020) und Baumbach/Hopt/*Hopt* Bankgeschäfte (12a) eURC. Eine offizielle deutsche Übersetzung gibt es nicht. S. insgesamt dazu *Meynell,* Commentary on eUCP Version 2.0, eURC Version 1.0 – Article-by-Article Analysis, ICC-Publikation Nr. 639, 2019; *Vorpeil* WM 2019, 1469 und WM 2019, 1521.

b) Rechtsnatur und Anwendung. Nach in Deutschland hM enthalten die ERI 522, ebenso wie **122** ihre Vorgänger, zum Teil kodifizierten Handelsbrauch.[596] Dies würde bedeuten, dass sie insofern auch ohne vertragliche Vereinbarung zur Anwendung kämen. Es ist jedoch ebenfalls hM, dass die ERI auch Regelungen enthalten, die als **AGB** angesehen werden müssen.[597] Da die Abgrenzung zwischen Handelsbrauch und AGB im Einzelfall schwierig ist, bedeutet dies für die Praxis, dass die Geltung der ERI insgesamt **im Inkassovertrag vereinbart** werden muss, hM.[598] Davon geht Art. 1 lit. a ERI 522 ebenfalls aus. Es bedeutet ferner, dass die ERI einschließlich ihrer zahlreichen Freizeichnungsklauseln der AGB-Kontrolle unterliegen.[599]

Die ERI regeln das **Inkasso durch Banken**, Art. 2 lit. a ERI 522. Ihre Vereinbarung erfolgt **123** deshalb im Inkassovertrag und auf deren Initiative; eine entsprechende Bezugnahme im Exportvertrag ist nicht erforderlich. Nach Nr. 1 Abs. 1 AGB-Banken[600] und Nr. 1 Abs. 2 AGB-Sparkassen[601] handelt es sich bei ihnen um **Sonderbedingungen,** die nicht mehr automatisch mitvereinbart sind, sondern eine separate Vereinbarung mit dem Bankkunden voraussetzen.[602] Dies geschieht in der Praxis durch Bezugnahme in den **Inkassoformularen.**[603] Da die ERI 522 von den Bankenverbänden der wichtigsten Industrienationen akzeptiert sind,[604] werden fast alle Dokumenteninkassi nach ihren Regeln abgewickelt. Selbst wenn sie im Einzelfall nicht gelten oder ihre Geltung unklar ist, ist es ratsam, ihren Vorschriften zu folgen. Zum einen kann es sich bei der jeweiligen Vorschrift um Handelsbrauch handeln, zum anderen ist das Risiko pflichtwidrig zu handeln minimiert, wenn man sich an die ERI in ihrer jeweils gültigen Fassung hält – solange keine anders lautenden Weisungen existieren. **Zwingendes Recht** sowie anders lautende **Parteivereinbarungen** und Weisungen gehen den ERI 522 vor (Art. 1 lit. a ERI 522); örtliche Handelsbräuche werden dagegen verdrängt.[605] Subsidiär können die Regeln des Akkreditivgeschäfts sowie des Scheck- und Wechselinkassos Anwendung finden, sofern deren Besonderheiten dies nicht ausschließen.[606] Seit der Revision von 1978 unterscheiden die ERI zwischen dem **einfachen Inkasso** (clean collection) von *Zahlungspapieren* (financial documents, früher: einfache Rimessen) sowie dem **dokumentären Inkasso** (documentary collection) von *Handelspapieren* (commercial documents, früher: dokumentäre Rimessen), Art. 2 lit. c, d ERI 522. In der Praxis überwiegt das dokumentäre Inkasso; hierauf vor allem beziehen sich diese Ausführungen. Für die **außergerichtliche Streitbeilegung** beim grenzüberschreitenden Inkasso bietet die ICC mit ihren *Rules for Documentary Instruments Dispute Resolution Expertise* (DOCDEX) ein besonderes Verfahren. Dabei wird bei Differenzen über die Auslegung der ERI 522 innerhalb eines überschaubaren Zeitrahmens, idR zwei bis drei Monate, eine gutachtliche Stellungnahme erstellt.[607]

3. Rechtsbeziehung Exporteur – Einreicherbank. a) Der Inkassovertrag. Der Inkassovertrag **124** zwischen Exporteur und Einreicherbank ist, wie beim Scheck- und Wechselinkasso, ein **Geschäftsbesorgungsvertrag mit dienstvertraglichem Charakter** (§§ 675, 611 BGB), hM,[608] aA (Nähe

---

[596] *Nielsen* in Schimansky/Bunte/Lwowski BankR-HdB, 3. Aufl. 2007, § 119 Rn. 4 („überwiegend kaufmännische Usance"); *Canaris* BankvertragsR Rn. 1089; Langenbucher/Bliesener/Spindler/*Segna* Dokumentäre Zahlungen Rn. 64. Die Ansicht des OLG Hamburg Urt. v. 27.10.1969 – 8 U 63/69, MDR 1970, 335, es handele sich insgesamt um Handelsbrauch, hat sich nicht durchgesetzt; so aber auch *Wälzholz* WM 1994, 1457 (1458); *Zahn/Ehrlich/Haas* Rn. 1/22.

[597] Baumbach/Hopt/*Hopt* Bankgeschäfte ERI Einl. Rn. 2; *Canaris* BankvertragsR Rn. 1089; Heymann/*Horn* HGB Anh. § 372 Rn. VI/6; Langenbucher/Bliesener/Spindler/*Segna* Dokumentäre Zahlungen Rn. 64; *Fischer* in Schimansky/Bunte/Lwowski BankR-HdB § 119 Rn. 6; Schlegelberger/*Hefermehl* HGB Anh. § 365 Rn. 265; *v. Westphalen*, Rechtsprobleme der Exportfinanzierung, 3. Aufl. 1987, 207; skeptisch MüKoHGB/*Nielsen*, 3. Aufl. 2014, ZahlungsV Rn. I 4; MüKoHGB/*Wedemann* ZahlungsV Rn. I 4; Staub/*Grundmann* BankvertragsR 3. Teil Rn. 561 ff.

[598] *Fischer* in Schimansky/Bunte/Lwowski BankR-HdB § 119 Rn. 7; *Freitag* in Derleder/Knops/Bamberger BankR/KapMarktR § 75 Rn. 13; Heymann/*Horn* HGB Anh. § 372 Rn. VI/6; iE ebenso MüKoHGB/*Nielsen*, 3. Aufl. 2014, ZahlungsV Rn. I 5; Langenbucher/Bliesener/Spindler/*Segna* Dokumentäre Zahlungen Rn. 64.

[599] *Fischer* in Schimansky/Bunte/Lwowski BankR-HdB § 119 Rn. 7; dagegen *Wälzholz* WM 1994, 1457 (1462); *Zahn/Ehrlich/Haas* Rn. 1/23.

[600] Abgedr. → Rn. A 79.

[601] Abgedr. → Rn. A 80.

[602] So aber früher Nr. 28 Abs. 1 S. 2 AGB-Banken idF von 1988; Baumbach/Hopt/*Hopt* Bankgeschäfte AGB-Banken Nr. 1 Rn. 6.

[603] Heymann/*Horn* HGB Anh. § 372 Rn. VI/6.

[604] *Nielsen* in Schimansky/Bunte/Lwowski BankR-HdB, 3. Aufl. 2007, § 119 Rn. 3; *Wälzholz* WM 1994, 1457 f.; Länderliste in Baumbach/Hefermehl/*Casper* Bankbedingungen und Bankabkommen (15) aE.

[605] *Nielsen* in Schimansky/Bunte/Lwowski BankR-HdB, 3. Aufl. 2007, § 119 Rn. 37.

[606] Baumbach/Hopt/*Hopt* Bankgeschäfte Rn. M/1.

[607] Dazu *Vorpeil* RIW 2003, 370.

[608] OLG Frankfurt a. M. Urt. v. 4.11.2000 – 5 U 211/98, WM 2000, 1636 (1637) = RIW 2001, 377; *Fischer* in Schimansky/Bunte/Lwowski BankR-HdB § 119 Rn. 14; Baumbach/Hopt/*Hopt* Bankgeschäfte Rn. M/1; *Canaris* BankvertragsR Rn. 1090; GK-HGB/*Gessmann-Nuissl*, 7. Aufl. 2007, HGB Nach § 406 Rn. 217; Heymann/*Horn*

zur Diskontierung) möglicherweise BGH.[609] Die Bank ist lediglich verpflichtet, den Auftrag auszuführen, übernimmt aber keinerlei Gewähr für seine erfolgreiche Durchführung. Es handelt sich
daher nicht um einen Wertpapierübertragungsvertrag iSv § 675b BGB. Der Inkassovertrag ist
üblicherweise eingebettet in eine bestehende Bankbeziehung, kann aber auch selbstständiger Natur
sein. Er kommt durch die Einreichung der Dokumente nebst dem Inkassoauftrag – auf den entsprechenden Formularen[610] – sowie die Annahme dieses Angebots durch die Einreicherbank zustande. Will die Bank das Inkasso nicht bearbeiten, so hat sie den Einreicher unverzüglich zu
benachrichtigen (Art. 1 lit. c ERI 522).

125   Nach Art. 4 lit. a i ERI 522 müssen die zum Inkasso eingereichten Dokumente von einem Inkassoauftrag (früher Rimessenbrief) begleitet sein, der **vollständige und genaue Weisungen** enthält.
Art. 4 lit. b ERI 522 führt dementsprechend detailliert alle Einzelheiten und Informationen auf, die
der Inkassoauftrag enthalten sollte. Damit soll das in der Praxis größte Problem des Dokumenteninkassos – unklare Weisungen, Rückfragen, Verzögerungen – reduziert werden.[611] Der **Inkassovertrag
endet** idR durch Ausführung, kann aber auch jederzeit gekündigt werden.[612] Den Anspruch auf
Herausgabe des Inkassoerlöses erlangt der Exporteur, sobald die Einreicherbank hierfür buchmäßige
Deckung erhalten hat.[613] Zur Insolvenz des Exporteurs s. *Obermüller.*[614]

126   **b) Vertragliche Pflichten. Hauptpflicht der Einreicherbank** ist es, den Inkassoauftrag durchzuführen: Sie muss die eingereichten Dokumente, idR unter Einschaltung weiterer Inkassobanken,
rechtzeitig vorlegen lassen, den Gegenwert entgegennehmen und ihn unverzüglich an den Exporteur abliefern (§§ 675, 667 BGB, Art. 16 lit. a ERI 522).[615] Umgekehrt ist der **Exporteur verpflichtet,** die Dokumente rechtzeitig und vollständig einzureichen,[616] vollständige und genaue
Weisungen zu erteilen (Art. 4 ERI 522) und Gebühren, Auslagen und Aufwendungen zu zahlen.[617]
Bei Durchführung des Inkassoauftrags unterliegen alle Banken dem Grundsatz der **formalen
Auftragsstrenge**[618] (Art. 4 lit. a i S. 2 ERI 522). Weil die Banken das Exportgeschäft und dessen
Gepflogenheiten nicht kennen, müssen sie sich innerhalb des erteilten Auftrags halten. Bei Unklarheiten, fehlenden Weisungen oder Unmöglichkeit besteht eine Rückfragepflicht, § 665 S. 1 BGB
ist unanwendbar.[619] Lediglich bei konkreter Gefahr für die Interessen des Exporteurs ist das
Abweichen von Weisungen ohne vorherige Rückfrage statthaft.[620] Gleichwohl soll sich der Exporteur auf eine Missachtung seiner Weisungen nicht berufen dürfen, wenn seine Interessen nicht
beeinträchtigt wurden.[621]

127   Die Einreicherbank hat gegenüber dem Exporteur **keine allgemeine Aufklärungs- oder Beratungspflicht,** weder hinsichtlich der Bonität des Importeurs noch der Zweckmäßigkeit des Inkassos
oder anderer Punkte.[622] Lediglich bei Kenntnis konkreter Gefahren muss sie warnen und aufklä-

---

HGB Anh. § 372 Rn. VI/8; *Menkhaus* ZIP 1985, 1309 (1310); MüKoHGB/*Wedemann* ZahlungsV Rn. I 28; Langen-
bucher/Bliesener/Spindler/*Segna* Dokumentäre Zahlungen Rn. 66; *Freitag* in Derleder/Knops/Bamberger BankR/
KapMarktR § 75 Rn. 61; *Zahn/Ehrlich/Haas* Rn. 3/9; *v. Westphalen,* Rechtsprobleme der Exportfinanzierung,
3. Aufl. 1987, 208; zum Scheckinkasso → Rn. 88.

[609] BGH Urt. v. 21.9.1970 – II ZR 1/69, WM 1970, 1363 (1364); dazu *Canaris* BankvertragsR Rn. 1090 Fn. 300;
Nielsen ZIP 1983, 535 (536); *Nielsen* ZIP 1985, 777 (778 f.); offen gelassen in BGH Urt. v. 1.7.1985 – II ZR 155/84,
BGHZ 95, 149 = WM 1985, 1057 (1058) = NJW 1985, 2649 = ZIP 1985, 1126 (1128) = RIW 1985, 896.

[610] Muster in BankR-HdB, 2. Aufl. 2001, §§ 119–121 Anh. 1; *Hopt* in Hopt VertrFormB IV. M.

[611] *Hoffmann,* Einheitliche Richtlinien für Inkassi (ERI) – Revision 1995, ICC-Publikation Nr. 522/1, 1995,
Art. 4, 11.

[612] Baumbach/Hopt/*Hopt* Bankgeschäfte Rn. M/3; GK-HGB/*Gesmann-Nuissl,* 7. Aufl. 2007, HGB Nach § 406
Rn. 220.

[613] BGH Urt. v. 1.7.1985 – II ZR 155/84, BGHZ 95, 149 = WM 1985, 1057 (1058); MüKoHGB/*Wedemann*
ZahlungsV Rn. I 50 f.

[614] *Obermüller,* Insolvenzrecht in der Bankpraxis, 9. Aufl. 2016, Rn. 4.130 ff.

[615] BGH Urt. v. 14.11.1957 – II ZR 223/56, WM 1958, 222 (224); BGH Urt. v. 1.7.1985 – II ZR 155/84,
BGHZ 95, 149 = WM 1985, 1057 (1058); GK-HGB/*Gesmann-Nuissl,* 7. Aufl. 2007, HGB Nach § 406 Rn. 218;
Heymann/*Horn* HGB Anh. § 372 Rn. VI/8; Langenbucher/Bliesener/Spindler/*Segna* Dokumentäre Zahlungen
Rn. 66; *v. Westphalen,* Rechtsprobleme der Exportfinanzierung, 3. Aufl. 1987, 209.

[616] BGH Urt. v. 14.11.1957 – II ZR 223/56, WM 1958, 222 (224).

[617] GK-HGB/*Gesmann-Nuissl,* 7. Aufl. 2007, HGB Nach § 406 Rn. 219; Langenbucher/Bliesener/Spindler/
Segna Dokumentäre Zahlungen Rn. 69.

[618] BGH Urt. v. 10.12.1970 – II ZR 132/68, WM 1971, 158 (159 f.); BGH Urt. v. 4.2.1980 – II ZR 119/79,
NJW 1980, 2130 (2131) = WM 1980, 587 = BB 1980, 1178 (zum Wechselinkasso); Baumbach/Hopt/*Hopt* Bankgeschäfte Rn. M/3; *Canaris* BankvertragsR Rn. 1090; MüKoHGB/*Nielsen,* 3. Aufl. 2014, ZahlungsV Rn. I 25;
Langenbucher/Bliesener/Spindler/*Segna* Dokumentäre Zahlungen Rn. 65; *Zahn/Ehrlich/Haas* Rn. 3/11; *v. Westphalen,* Rechtsprobleme der Exportfinanzierung, 3. Aufl. 1987, 209.

[619] *Fischer* in Schimansky/Bunte/Lwowski BankR-HdB § 119 Rn. 15.

[620] Langenbucher/Bliesener/Spindler/*Segna* Dokumentäre Zahlungen Rn. 66.

[621] *Canaris* BankvertragsR Rn. 1090; Langenbucher/Bliesener/Spindler/*Segna* Dokumentäre Zahlungen Rn. 66.

[622] BGH Urt. v. 14.11.1957 – II ZR 223/56, WM 1958, 222 (224); BGH Urt. v. 20.10.1960 – II ZR 141/59,
WM 1960, 1321 (1322) = NJW 1961, 169 = BB 1960, 1305; GK-HGB/*Gesmann-Nuissl,* 7. Aufl. 2007, HGB Nach
§ 406 Rn. 218; Langenbucher/Bliesener/Spindler/*Segna* Dokumentäre Zahlungen Rn. 67.

ren.[623] Nach Art. 12 lit. a ERI 522 müssen Banken prüfen, „ob die erhaltenen Dokumente den im Inkassoauftrag aufgelisteten Dokumenten zu entsprechen scheinen". Hinter dieser vagen Formulierung verbirgt sich die Pflicht, Vollständigkeit und Identität der Papiere zu untersuchen.[624] Sind nicht alle oder andere als die aufgelisteten Dokumente eingereicht, so muss eine Benachrichtigung erfolgen. Die **Prüfung der Echtheit** der Dokumente und Unterschriften ist, wie beim Akkreditivgeschäft, keine Kardinalpflicht iSv § 307 Abs. 2 Nr. 2 BGB; eine Freizeichnung für leichte Fahrlässigkeit ist zulässig.[625] Die Banken müssen die Echtheit daher nur bei einem konkreten Verdacht überprüfen, überwM.[626] Scheitert das Inkasso, sind die Inkassobanken zur Benachrichtigung verpflichtet (Art. 26 lit. c ERI 522). Einreicher-, Inkasso- oder vorlegende Bank sind dagegen nicht verpflichtet, die Ware einzulagern, zurückzusenden oder sonstige Sicherungsmaßnahmen zu treffen (Art. 10 lit. b ERI 522).[627] Eine derartige Pflicht besteht auch bei entsprechender Weisung nicht, str.,[628] eventuell jedoch in extremen Ausnahmesituationen.[629] Muss oder hat eine Bank Sicherungsmaßnahmen getroffen, kann sie sich bei grober Fahrlässigkeit nicht auf die Haftungsfreizeichnung des Art. 10 lit. c ERI 522 berufen, § 307 BGB, str.[630]

c) Rechtsstellung der Einreicherbank. Die Einreicherbank wickelt das Inkasso idR *im eigenen* 128 *Namen* ab. Ihre Rechtsstellung dabei ist weder in den ERI 522 noch in den üblichen Inkassoformularen geregelt; nach hM erwirbt sie an den eingereichten Dokumenten idR, dh sofern nichts anderes vereinbart wurde, **treuhänderisches Volleigentum,** bei Sicherungsinteresse **Sicherungseigentum.**[631] Dies lässt sich zwar nicht direkt auf Nr. 15 AGB-Banken oder Nr. 25 AGB-Sparkassen stützen, dürfte aber dem Willen der Beteiligten, zumindest dem der Einreicherbank, entsprechen. Indossable Papiere werden daher bei Einreichung ohne Einschränkung, idR blanko, indossiert.[632] Die Exportforderung wird gleichzeitig nach Nr. 15 Abs. 2 AGB-Banken und Nr. 25 Abs. 2 AGB-Sparkassen an die Einreicherbank abgetreten.[633] Diese **stille Zession** scheitert aber, wenn die Exportforderung ausländischem Recht unterliegt und danach zu ihrer Wirksamkeit eine Anzeige an den Importeur/Schuldner erforderlich ist (→ Rn. 138). Zur Stellung der Einreicherbank bei Insolvenz des Exporteurs vgl. *Fischer* in Schimansky/Bunte/Lwowski BankR-HdB § 119 Rn. 43.[634]

4. Einschaltung weiterer Banken. a) Rechtsverhältnis Einreicherbank – Inkassobank. Die 129 Einschaltung weiterer Banken, von Art. 3 lit. a iii ERI 522 *Inkassobanken* genannt, ist notwendig, da

---

[623] BGH Urt. v. 20.10.1960 – II ZR 141/59, WM 1960, 1321 (1322); *Fischer* in Schimansky/Bunte/Lwowski BankR-HdB § 119 Rn. 19; Heymann/*Horn* HGB Anh. § 372 Rn. VI/9; Langenbucher/Bliesener/Spindler/*Segna* Dokumentäre Zahlungen Rn. 67; Zahn/Ehrlich/Haas Rn. 3/12.

[624] Heymann/*Horn* HGB Anh. § 372 Rn. VI/9.

[625] BGH Urt. v. 26.9.1989 – XI ZR 159/88, BGHZ 108, 348 = WM 1989, 1713 (1714 f.) = NJW 1990, 255 = BB 1989, 2282.

[626] *Fischer* in Schimansky/Bunte/Lwowski BankR-HdB § 119 Rn. 18; Heymann/*Horn* HGB Anh. § 372 Rn. VI/9; Langenbucher/Bliesener/Spindler/*Segna* Dokumentäre Zahlungen Rn. 67; iE auch *Canaris* BankvertragsR Rn. 1090.

[627] *Fischer* in Schimansky/Bunte/Lwowski BankR-HdB § 119 Rn. 40; Zahn/Ehrlich/Haas Rn. 3/38 ff.; GK-HGB/*Gesmann-Nuissl*, 7. Aufl. 2007, HGB Nach § 406 Rn. 218; Heymann/*Horn* HGB Anh. § 372 Rn. VI/11; MüKoHGB/*Wedemann* ZahlungsV Rn. I 45; Schlegelberger/*Hefermehl* HGB Anh. § 365 Rn. 268.

[628] So *Fischer* in Schimansky/Bunte/Lwowski BankR-HdB § 119 Rn. 40; aA BGH Urt. v. 5.2.1962 – II ZR 141/60, BGHZ 36, 329 (330, 340) = NJW 1962, 861 = MDR 1962, 373 (ohne ERI); *v. Westphalen,* Rechtsprobleme der Exportfinanzierung, 3. Aufl. 1987, 210.

[629] Heymann/*Horn* HGB Anh. § 372 Rn. VI/11 unter Berufung auf BGH Urt. v. 5.2.1962 – II ZR 141/60, BGHZ 36, 329 = NJW 1962, 861 = MDR 1962, 373; *Fischer* in Schimansky/Bunte/Lwowski BankR-HdB § 119 Rn. 41.

[630] So auch *v. Westphalen,* Rechtsprobleme der Exportfinanzierung, 3. Aufl. 1987, 210; aA *Fischer* in Schimansky/Bunte/Lwowski BankR-HdB § 119 Rn. 40.

[631] BGH Urt. v. 1.7.1985 – II ZR 155/84, BGHZ 95, 149 = WM 1985, 1057 (1058) = NJW 1985, 2649 = ZIP 1985, 1126 = RIW 1985, 896; LG Hamburg Urt. v. 19.10.2000 – 409 O 83/00, WM 2001, 1247 (1249) für einen im Ausland erteilten Inkassoauftrag; *Nielsen* in Schimansky/Bunte/Lwowski BankR-HdB, 3. Aufl. 2007, § 119 Rn. 33; *Nielsen* ZIP 1985, 777 (779 f.); Baumbach/Hopt/*Hopt* Bankgeschäfte Rn. M/3; *Canaris* BankvertragsR Rn. 1092; Heymann/*Horn* HGB Anh. § 372 Rn. VI/13; Langenbucher/Bliesener/Spindler/*Segna* Dokumentäre Zahlungen Rn. 68; MüKoHGB/*Wedemann* ZahlungsV Rn. I 47 f.; für Pfandrecht *Fischer* in Schimansky/Bunte/Lwowski BankR-HdB § 119 Rn. 44.

[632] Langenbucher/Bliesener/Spindler/*Segna* Dokumentäre Zahlungen Rn. 68.

[633] BGH Urt. v. 1.7.1985 – II ZR 155/84, BGHZ 95, 149 = WM 1985, 1057 (1058) = NJW 1985, 2649 = ZIP 1985, 1126 = RIW 1985, 896 (zu Nr. 44 AGB-Banken idF v. 1.4.1977); LG Hamburg Urt. v. 19.10.2000 – 409 O 83/00, WM 2001, 1247 (1249); Heymann/*Horn* HGB Anh. § 372 Rn. VI/14; MüKoHGB/*Nielsen*, 3. Aufl. 2014, ZahlungsV Rn. I 43.

[634] Ferner BGH Urt. v. 1.7.1985 – II ZR 155/84, BGHZ 95, 149 = WM 1985, 1057 = NJW 1985, 2649 = ZIP 1985, 1126 = RIW 1985, 896; dazu *Menkhaus* ZIP 1985, 1309 ff. S. auch *Obermüller* Rn. 4.135 ff.; *Nielsen* in Schimansky/Bunte/Lwowski BankR-HdB, 3. Aufl. 2007, § 119 Rn. 49 ff.; Heymann/*Horn* HGB Anh. § 372 Rn. VI/15 f.; *Nielsen* ZIP 1985, 777 ff.

die Vorlage der Dokumente in einem anderen Land erfolgt. Sie ist deshalb immer zulässig.[635] Aus Zeit- und Kostengründen wird idR nur eine Inkassobank eingeschaltet, die die Dokumente vorlegt. Die Einreicherbank ist verpflichtet, den Inkassoauftrag entweder an die ihr vom Exporteur benannte oder an eine von ihr sorgfältig ausgesuchte Inkassobank weiterzuleiten (Art. 5 lit. d ERI 522). Häufig wird hierfür die Hausbank des Importeurs gewählt. Die Einreicherbank schließt dabei mit der Inkassobank **im eigenen Namen selbstständige Geschäftsbesorgungsverträge** nach §§ 675, 611 BGB.[636] Hieraus hat sie gegen die Inkassobank einen vertraglichen Anspruch auf den Inkassoerlös.[637] Bei mehreren Inkassobanken entsteht so eine Kette hintereinander geschalteter Geschäftsbesorgungsverträge. Die Inkassobank wird idR auch im eigenem Namen tätig, erwirbt allerdings – wenn deutsches Recht diese Frage beurteilt – von der Einreicherbank kein treuhänderisches Volleigentum, sondern lediglich eine **Einziehungsermächtigung nach § 185 BGB,** auch Ermächtigungstreuhand genannt.[638]

130   **b) Pflichten der Inkassobank.** Sie entsprechen denjenigen der Einreicherbank,[639] dh die Inkassobank ist verpflichtet, den Auftrag gegen Provision sorgfältig und weisungsgemäß auszuführen. Für Prüfung der Dokumente, Weisungsgebundenheit, Weiterleitung etc gelten deshalb die Anmerkungen unter → Rn. 126 f. entsprechend. Für diejenige Inkassobank, die dem Importeur die Dokumente andient, gelten zusätzlich die Pflichten der vorlegenden Bank.

131   **c) Pflichten der vorlegenden Bank.** Inkassodokumente müssen unverändert weitergeleitet und vorgelegt werden. Grundsätzlich ist lediglich die Anbringung erforderlicher Indossamente zulässig (Art. 5 lit. c ERI 522). Die Vorlegung hat unverzüglich (Art. 6 ERI 522) in den Geschäftsräumen der vorlegenden Bank zu erfolgen.[640] Durch das Dokumenteninkasso entstehen zwischen der vorlegenden Bank und dem Importeur keine vertraglichen Beziehungen.[641] Ein Inkassovertrag besteht nur zwischen der vorlegenden Bank und der sie beauftragenden (Einreicher)Bank. Ist die vorlegende Bank die Hausbank des Importeurs – was häufig der Fall ist – so können vertragliche Ansprüche zwischen ihnen beiden lediglich aus dieser allgemeinen Bankbeziehung fließen. Die **Aushändigung** darf **nur Zug um Zug** gegen die vereinbarte Gegenleistung erfolgen. Daher ist die nicht unübliche Praxis, die Dokumente dem Importeur zwecks Überprüfung „zu treuen Händen" zu überlassen, unzulässig.[642] Das volle Risiko hieraus für Verlust oder missbräuchliche Verwendung der Dokumente trägt die vorlegende Bank.[643] Zu **Zinsen, Gebühren, Auslagen und Aufwendungen** s. Art. 20, 21 ERI 522. Jede Inkassobank ist verpflichtet, ihren Vormann unverzüglich vom Ausgang des Inkassos zu benachrichtigen (Art. 26 ERI 522). Beim D/P-Geschäft muss der geschuldete Geldbetrag frei transferierbar sein (Art. 17 f. ERI 522).[644] Besonderheiten durch die **Einführung des Euro** ergaben sich nicht,[645] zum Dokumentenakkreditiv und Euro → Rn. 159.

---

[635] Vgl. Art. 5 lit. d ERI 522; Nr. 3 Abs. 2 AGB-Banken; Nr. 19 Abs. 2 AGB-Sparkassen; Langenbucher/ Bliesener/Spindler/*Segna* Dokumentäre Zahlungen Rn. 70.

[636] OLG Schleswig Urt. v. 21.3.2002 – 5 U 156/01, WM 2003, 20 (21); OLG Frankfurt a. M. Urt. v. 4.11.2000 – 5 U 211/98, WM 2000, 1636 (1637)- = RIW 2001, 377; *Fischer* in Schimansky/Bunte/Lwowski BankR-HdB § 119 Rn. 21; *Zahn/Ehrlich/Haas* Rn. 3/13; GK-HGB/*Gesmann-Nuissl,* 7. Aufl. 2007, HGB Nach § 406 Rn. 221; Heymann/*Horn* HGB Anh. § 372 Rn. VI/17; *Menkhaus* ZIP 1985, 1309 (1310); MüKoHGB/*Nielsen* ZahlungsV Rn. I 31; Langenbucher/Bliesener/Spindler/*Segna* Dokumentäre Zahlungen Rn. 70.

[637] *Zahn/Ehrlich/Haas* Rn. 3/42; *v. Westphalen,* Rechtsprobleme der Exportfinanzierung, 3. Aufl. 1987, 214.

[638] BGH Urt. v. 5.2.1962 – II ZR 141/60, BGHZ 36, 329 (335 ff.) = NJW 1962, 861; LG Hamburg Urt. v. 19.10.2000 – 409 O 83/00, WM 2001, 1247 (1249); *Nielsen* in Schimansky/Bunte/Lwowski BankR-HdB, 3. Aufl. 2007, § 119 Rn. 35; Baumbach/Hopt/*Hopt* Bankgeschäfte Rn. M/3; *Canaris* BankvertragsR Rn. 1096; Heymann/ *Horn* HGB Anh. § 372 Rn. VI/19; Langenbucher/Bliesener/Spindler/*Segna* Dokumentäre Zahlungen Rn. 70.

[639] Langenbucher/Bliesener/Spindler/*Segna* Dokumentäre Zahlungen Rn. 70; *Fischer* in Schimansky/Bunte/ Lwowski BankR-HdB § 119 Rn. 21; MüKoHGB/*Nielsen*, 1. Aufl. 2001, ZahlungsV Rn. I 41.

[640] *Fischer* in Schimansky/Bunte/Lwowski BankR-HdB § 119 Rn. 31, 32.

[641] *Fischer* in Schimansky/Bunte/Lwowski BankR-HdB § 119 Rn. 10, 29; Baumbach/Hopt/*Hopt* Bankgeschäfte Rn. M/4; OLG Schleswig Urt. v. 21.3.2002 – 5 U 156/01, WM 2003, 20 (21).

[642] Baumbach/Hopt/*Hopt* Bankgeschäfte Rn. M/3; *Fischer* in Schimansky/Bunte/Lwowski BankR-HdB § 119 Rn. 33; Heymann/*Horn* HGB Anh. § 372 Rn. VI/17; Langenbucher/Bliesener/Spindler/*Segna* Dokumentäre Zahlungen Rn. 73; *v. Westphalen,* Rechtsprobleme der Exportfinanzierung, 3. Aufl. 1987, 206, 216. Zur Bedeutung der Klausel „zu (ge)treuen Händen": OLG Hamburg Urt. v. 22.9.1982 – 5 U 141/81, ZIP 1983, 153 (154) (Geschäftsbedingungen des Warenvereins der Hamburger Börse); dazu *Nielsen* ZIP 1983, 535; Baumbach/Hopt/*Hopt* HGB § 346 Rn. 40.

[643] *Fischer* in Schimansky/Bunte/Lwowski BankR-HdB § 119 Rn. 33; *Nielsen* ZIP 1983, 535 (536); *v. Westphalen,* Rechtsprobleme der Exportfinanzierung, 3. Aufl. 1987, 216.

[644] Dazu *Fischer* in Schimansky/Bunte/Lwowski BankR-HdB § 119 Rn. 34; Langenbucher/Bliesener/Spindler/ *Segna* Dokumentäre Zahlungen Rn. 73.

[645] Nach Nr. 2.3 der Entscheidung der *ICC Commission on Banking Technique and Practice* vom 6.4.1998 konnte in der Übergangszeit die Zahlung eines Geldbetrags, der in der Währung eines Euro-Landes denominiert war, in Euro erfolgen. („The impact of the European single currency (euro) on monetary obligations related to transactions involving ICC Rules", https://iccwbo.org/publication/the-impact-of-the-european-single-currency-euro-on-monetary-obligations-related-to-transactions-involving-icc-rules/ (2.4.2020), abgedruckt auch bei *Taylor,* The Complete

Ist Gegenstand des Inkassos die **Einholung eines Wechselakzepts** des Importeurs (oder eines   **132**
Solawechsels), so erfolgt die Aushändigung der Inkassodokumente nach Art. 7 lit. b ERI 522 gleichwohl grundsätzlich erst bei Zahlung der Wechselsumme.[646] Falls dies nicht den Vereinbarungen von
Exporteur und Importeur entspricht, muss der Inkassoauftrag die Weisung enthalten, die Dokumente
bereits gegen das Akzept auszuhändigen (Art. 7 lit. b ERI 522).[647] Nach Art. 22 ERI 522 soll die
vorlegende Bank nur darauf achten müssen, dass die Form der Akzeptierung des Wechsels „vollständig
und richtig erscheint"; für die Echtheit von Unterschriften oder die Zeichnungsberechtigung soll sie
nicht verantwortlich sein. Es ist jedoch überwM, dass nach deutschem Recht die vorlegende Bank bei
einem konkreten Verdacht auch die Echtheit des Akzepts überprüfen muss.[648] Damit sind Art. 22 ERI
522 und Art. 23 ERI 522 für Solawechsel nach § 307 BGB unwirksam.[649] Zur **Protesterhebung** bei
Nichtzahlung oder Nichtakzeptierung sollen die Inkassobanken nach Art. 24 ERI 522 nur im Falle
entsprechender Weisung verpflichtet sein. Dies ist im Hinblick auf § 307 Abs. 2 Nr. 2 BGB bedenklich, da ohne Protest der Regressverlust droht und der Zweck des Inkassovertrags nicht erreicht werden
kann.[650] Wohl auch deshalb wird in der Praxis auch ohne Weisung häufig Protest erhoben.[651]

d) Verhältnis Exporteur – Inkassobank. Einreicherbank und Inkassobanken handeln bei der   **133**
Weitergabe des Inkassoauftrags **im eigenen Namen** (→ Rn. 129). Der Exporteur steht daher in keiner
vertraglichen Beziehung zu irgendeiner Inkassobank.[652] Der Anspruch auf Herausgabe des Inkassoerlöses steht nicht ihm zu, sondern derjenigen Bank, die den Inkassoauftrag erteilt und weitergeleitet
hat (Art. 16 lit. a ERI 522). Dementsprechend kann der Exporteur gegenüber den Inkassobanken auch
keine Weisungen erteilen oder widerrufen (Art. 4 lit. a iii ERI 522).[653] Selbst dem Notvertreter, den
der Exporteur als Notadresse im Falle der Nichtzahlung oder Nichtakzeptierung angegeben hat, steht
grundsätzlich kein Weisungsrecht zu (Art. 25 ERI 522); auch im Notfall müssen Weisungen die
Bankenkette durchlaufen. Dies war früher ein Problem, weil Benachrichtigungen unter Umständen
Tage dauerten. In Zeiten weltweiter sekundenschneller Internetkommunikation hat sich dieses Problem entschärft. Zwischen den am Inkasso beteiligten Banken und dem Importeur bestehen, jedenfalls
im Hinblick auf das Dokumenteninkasso, ebenfalls keine vertraglichen Beziehungen.[654] Wenn die
vorlegende Bank die Hausbank des Importeurs ist, können sich gleichwohl Interessenskonflikte
ergeben, zB wenn sie ihn berät, ob er die Dokumente aufnehmen soll oder nicht.

e) Haftung der Einreicherbank. Misslingt das Inkasso, so stehen dem Exporteur vertragliche   **134**
Schadensersatzansprüche wegen fehlerhafter Vertragsausführung nur gegen die Einreicherbank zu,
mangels vertraglicher Beziehungen jedoch nicht gegen eine Inkassobank.[655] Deren Einschaltung ist
nach hM **Substitution** (Unterauftrag, weitergeleiteter Auftrag), str., iSv § 664 Abs. 1 S. 2 BGB.[656]

UCP – Uniform Customs and Practice for Documentary Credits – Texts, Rules and History 1920–2007, ICC-
Publikation Nr. 683, 2008, 188; hierzu auch *Hartenfels* WM-Sonderbeilage 1/1999, 41; vgl. auch *Hambloch-Gesinn/
Gruner* ZBB 1999, 49 (56). Bedeutung hatte diese Auslegungsregelung vor allem für Rechtsordnungen außerhalb der
EU.

[646] MüKoHGB/*Wedemann* ZahlungsV Rn. I 39; Langenbucher/Bliesener/Spindler/*Segna* Dokumentäre Zahlungen Rn. 73.

[647] *Fischer* in Schimansky/Bunte/Lwowski BankR-HdB § 119 Rn. 35; Langenbucher/Bliesener/Spindler/*Segna*
Dokumentäre Zahlungen Rn. 73.

[648] *Fischer* in Schimansky/Bunte/Lwowski BankR-HdB § 119 Rn. 36; *Canaris* BankvertragsR Rn. 1090; Hey-
mann/*Horn* HGB Anh. § 372 Rn. VI/9; *v. Westphalen,* Rechtsprobleme der Exportfinanzierung, 3. Aufl. 1987, 210.

[649] So auch Heymann/*Horn* HGB Anh. § 372 Rn. VI/9; *v. Westphalen,* Rechtsprobleme der Exportfinanzierung,
3. Aufl. 1987, 210; aA, aber iErg ebenso *Canaris* BankvertragsR Rn. 1090; aA auch Baumbach/Hopt/*Hopt* Bankgeschäfte ERI Art. 22 Rn. 1.

[650] Baumbach/Hopt/*Hopt* Bankgeschäfte ERI Art. 22 Rn. 1; *Fischer* in Schimansky/Bunte/Lwowski BankR-
HdB § 119 Rn. 37; *Canaris* BankvertragsR Rn. 1091; *v. Westphalen,* Rechtsprobleme der Exportfinanzierung,
3. Aufl. 1987, 211.

[651] *Nielsen* in Schimansky/Bunte/Lwowski BankR-HdB, 3. Aufl. 2007, § 119 Rn. 39; *Fischer* in Schimansky/
Bunte/Lwowski BankR-HdB § 119 Rn. 21.

[652] OLG Hamburg Urt. v. 27.10.1969 – 8 U 63/69, MDR 1970, 335; *Fischer* in Schimansky/Bunte/Lwowski
BankR-HdB § 119 Rn. 21; Baumbach/Hopt/*Hopt* Bankgeschäfte Rn. M/2; Langenbucher/Bliesener/Spindler/
Segna Dokumentäre Zahlungen Rn. 70; GK-HGB/*Gesmann-Nuissl,* 7. Aufl. 2007, HGB Nach § 406 Rn. 222;
Schlegelberger/*Hefermehl* HGB Anh. § 365 Rn. 270; gleichwohl für Schutzpflichten *Canaris* BankvertragsR
Rn. 1097.

[653] *Fischer* in Schimansky/Bunte/Lwowski BankR-HdB § 119 Rn. 21; Langenbucher/Bliesener/Spindler/*Segna*
Dokumentäre Zahlungen Rn. 70.

[654] OLG Schleswig Urt. v. 21.3.2002 – 5 U 156/01, WM 2003, 20 (21); *Fischer* in Schimansky/Bunte/Lwowski
BankR-HdB § 119 Rn. 10, 29; Baumbach/Hopt/*Hopt* Bankgeschäfte Rn. M/4; GK-HGB/*Gesmann-Nuissl,* 7. Aufl.
2007, HGB Nach § 406 Rn. 224; *v. Westphalen,* Rechtsprobleme der Exportfinanzierung, 3. Aufl. 1987, 216.

[655] *Fischer* in Schimansky/Bunte/Lwowski BankR-HdB § 119 Rn. 23; aA *Canaris* BankvertragsR Rn. 1097.

[656] OLG Frankfurt a. M. Urt. v. 4.11.2000 – 5 U 211/98, WM 2000, 1636 (1638) (anders die Vorinstanz LG
Frankfurt a. M. Urt. v. 21.10.1998 – 3–13 O 54/98, EWiR Art. 14a ERI 1/99, 67, mablAnm *Nielsen*); LG
Hamburg Urt. v. 19.10.2000 – 409 O 83/00, WM 2001, 1247 (1249); Baumbach/Hopt/*Hopt* Bankgeschäfte Rn.
M/3; *Fischer* in Schimansky/Bunte/Lwowski BankR-HdB § 119 Rn. 22; *Canaris* BankvertragsR Rn. 1095; GK-

Dass § 675 BGB nicht auf § 664 BGB verweist, ist ohne Bedeutung, denn die Weiterleitung des Inkassoauftrags ist notwendig und durch Nr. 3 Abs. 2 AGB-Banken und Nr. 19 Abs. 2 AGB-Sparkassen ausdrücklich, im Übrigen konkludent vereinbart. Die Einreicherbank hat das Verschulden einer von ihr beauftragten Inkassobank daher nicht nach § 278 BGB zu vertreten. Sie haftet dem Exporteur lediglich für eigenes Auswahlverschulden und fehlerhafte Unterweisung (§ 664 Abs. 1 S. 2 BGB, Nr. 3 Abs. 2 AGB-Banken, Nr. 19 Abs. 2 AGB-Sparkassen). Die Einreicherbank haftet aus dem gleichen Grund auch nicht für das Verschulden eines von ihr eingeschalteten Kurierdienstes, dem die vorzulegenden Dokumente abhanden kommen.[657] Soweit die Haftung für eigenes Auswahlverschulden und fehlerhafte Unterweisung durch die pauschale Freizeichnung des Art. 11 lit. a ERI 522 ausgeschlossen werden soll, ist die Vorschrift unwirksam, § 307 BGB, str.[658] Gleiches gilt für Art. 11 lit. b ERI 522.[659] Keine Bedenken bestehen gegen die Haftungsausschlüsse des Art. 11 lit. c ERI 522 (Auslandsrisiko)[660] und Art. 15 ERI 522 (höhere Gewalt). Nach §§ 675, 667 BGB ist die Einreicherbank verpflichtet, dem Exporteur ihre eigenen Schadensersatzansprüche abzutreten, str.[661] Die **Neuregelungen** von Überweisungsvertrag und Girovertrag im Jahre 1999 hatten auch die Haftung im Interbankenverhältnis modifiziert. Nach § 676c Abs. 1 S. 3 BGB aF (Überweisungsvertrag) und § 676g Abs. 4 S. 3 BGB aF (Girovertrag) hatten die beauftragten Kreditinstitute ein Verschulden zwischengeschalteter Kreditinstitute *wie eigenes Verschulden* zu vertreten. Eine entsprechende Regelung enthält heute § 675z S. 3 BGB für die Haftung des Zahlungsdienstleisters. Vor diesem Hintergrund bleibt abzuwarten, ob die Substitutionslösung auf Dauer Bestand haben wird.[662]

135   **5. Rechtsverhältnis Exporteur – Importeur.** Im sog. *Valutaverhältnis* zwischen Exporteur und Importeur liegt idR ein **internationaler Kaufvertrag** vor. Die Zahlungsabwicklung per Dokumenteninkasso muss hierin vereinbart werden. Typischerweise geschieht dies durch die Verwendung von **Handelsklauseln,** hier: *Kassaklauseln,* wie: Dokumente gegen Kasse, *documents against payment,* D/C, D/P, Kasse gegen Verladedokumente, Kasse gegen Duplikatfrachtbrief, Kasse gegen Rechnung, netto Kasse gegen Dokumente bei erster Präsentation, Dokumente gegen Akzept, *documents against acceptance,* D/A.[663] Auch eine nachträgliche Vereinbarung, etwa wenn die für das vorgesehene Akkreditiv erforderlichen Dokumente nicht beigebracht werden können und das Geschäft als Inkasso beendet werden soll, ist möglich.[664] Welche Dokumente vorzulegen sind, muss entweder vertraglich vereinbart werden oder kann sich aus den Umständen, insbesondere der Art der Versendung, ergeben.[665] Gleiches gilt für die Anforderungen an die vereinbarten Dokumente und ihren Inhalt.[666]

136   Kassaklauseln haben, da sie **Handelsbrauch nach § 346** darstellen, einen standardisierten Inhalt: Sie enthalten eine Fälligkeitsregelung und verpflichten den Importeur damit, die angedienten ordnungsgemäßen Dokumente aufzunehmen und **Zug um Zug** ohne Rücksicht auf die Beschaffenheit der Ware den Kaufpreis zu zahlen.[667] Dies gilt unabhängig davon, ob der Exportvertrag nationalem

---

HGB/*Gesmann-Nuissl,* 7. Aufl. 2007, HGB Nach § 406 Rn. 223; Langenbucher/Bliesener/Spindler/*Segna* Dokumentäre Zahlungen Rn. 71; MüKoHGB/*Nielsen,* 3. Aufl. 2014, ZahlungsV Rn. I 28; *Freitag* in Derleder/Knops/Bamberger BankR/KapMarktR § 75 Rn. 61; *Zahn/Ehrlich/Haas* Rn. 3/13 f.; *v. Westphalen* WM 1980, 178 (190); aA (für § 278 BGB) Heymann/*Horn* HGB Anh. § 372 Rn. VI/18; Schlegelberger/*Hefermehl* HGB Anh. § 365 Rn. 270.

[657] OLG Frankfurt a. M. Urt. v. 4.11.2000 – 5 U 211/98, WM 2000, 1636 (1638).

[658] *Fischer* in Schimansky/Bunte/Lwowski BankR-HdB § 119 Rn. 24; *Zahn/Ehrlich/Haas* Rn. 3/14; *Canaris* BankvertragsR Rn. 1095; Heymann/*Horn* HGB Anh. § 372 Rn. VI/18; *v. Westphalen,* Rechtsprobleme der Exportfinanzierung, 3. Aufl. 1987, 215; *v. Westphalen* WM 1980, 178 (190); aA Langenbucher/Bliesener/Spindler/*Segna* Dokumentäre Zahlungen Rn. 71; Baumbach/Hopt/*Hopt* Bankgeschäfte ERI Art. 11 Rn. 1; Baumbach/Hopt/*Hopt* Bankgeschäfte Rn. M/3.

[659] *Fischer* in Schimansky/Bunte/Lwowski BankR-HdB § 119 Rn. 24; Langenbucher/Bliesener/Spindler/*Segna* Dokumentäre Zahlungen Rn. 71.

[660] *Fischer* in Schimansky/Bunte/Lwowski BankR-HdB § 119 Rn. 25.

[661] OLG Frankfurt a. M. Urt. v. 4.11.2000 – 5 U 211/98, WM 2000, 1636 (1639) = RIW 2001, 377; Palandt/*Sprau* BGB § 664 Rn. 4; Langenbucher/Bliesener/Spindler/*Segna* Dokumentäre Zahlungen Rn. 71; für Drittschadensliquidation oder (Dritt)Schutzpflichten Baumbach/Hopt/*Hopt* Bankgeschäfte Rn. M/2, K/2 und wohl auch *Canaris* BankvertragsR Rn. 1097; dazu auch *Fischer* in Schimansky/Bunte/Lwowski BankR-HdB § 119 Rn. 23.

[662] Ablehnend Langenbucher/Bliesener/Spindler/*Segna* Dokumentäre Zahlungen Rn. 71.

[663] Hierzu BGH Urt. v. 23.3.1964 – VIII ZR 287/62, BGHZ 41, 215 = NJW 1964, 1365 = WM 1964, 507 (Kasse gegen Dokumente bei Ankunft des Dampfers); Baumbach/Hopt/*Hopt* Bankgeschäfte Rn. M/5; *Fischer* in Schimansky/Bunte/Lwowski BankR-HdB § 119 Rn. 12; GK-HGB/*Gesmann-Nuissl,* 7. Aufl. 2007, HGB Nach § 406 Rn. 225; Langenbucher/Bliesener/Spindler/*Segna* Dokumentäre Zahlungen Rn. 61; *Freitag* in Derleder/Knops/Bamberger BankR/KapMarktR § 75 Rn. 60.

[664] Baumbach/Hopt/*Hopt* Bankgeschäfte Rn. M/1, K/14.

[665] *v. Westphalen,* Rechtsprobleme der Exportfinanzierung, 3. Aufl. 1987, 204.

[666] *Nielsen* in Schimansky/Bunte/Lwowski BankR-HdB, 3. Aufl. 2007, § 119 Rn. 13.

[667] BGH Urt. v. 22.1.1957 – VIII ZR 72/56, BGHZ 23, 131 (135) = WM 1957, 318 (netto Kasse gegen Rechnung und Verladepapiere); BGH Urt. v. 19.9.1984 – VIII ZR 108/83, NJW 1985, 550 = WM 1984, 1572 (1573); BGH Urt. v. 21.1.1987 – VIII ZR 26/86, NJW 1987, 2435 (2436) = WM 1987, 503 (cash against documents); *Fischer* in Schimansky/Bunte/Lwowski BankR-HdB § 119 Rn. 13.

Recht oder CISG/UN-Kaufrecht[668] untersteht. Der Importeur ist **nicht berechtigt,** die Ware **vorher zu untersuchen,**[669] eventuelle Mängel kann er nur nachträglich geltend machen. Verwehrt sind ihm ferner Einwendungen wegen vertragswidriger Beschaffenheit der Ware,[670] Aufrechnung[671] sowie Zurückbehaltungs- und Leistungsverweigerungsrechte.[672] Der Importeur wird durch die Vereinbarung eines Dokumenteninkassos also vorleistungspflichtig,[673] allerdings muss der Exporteur vorab die Ware versandt und dadurch die anzudienenden Dokumente beschafft haben. Die Rechtsposition des Importeurs lässt sich auf die prägnante Formel bringen: „Erst zahlen, dann untersuchen, eventuell rügen und arbitrieren".[674] Mit Präsentation der vertragskonformen Dokumente wird die Exportforderung fällig und beginnt deren Verjährung.[675] Gleichzeitig beginnen die Fristen von § 438 BGB oder § 377 HGB zu laufen.[676] Mit Nichtaufnahme der angedienten ordnungsgemäßen Dokumente gerät der Importeur in Schuldner- und Annahmeverzug.[677]

Die dem Importeur angedienten **Dokumente müssen vertragskonform** sein, anderenfalls ist er   **137** zur Aufnahme nicht verpflichtet.[678] Beim Dokumenteninkasso werden hieran jedoch geringere Anforderungen als beim Akkreditivgeschäft gestellt, da das *Prinzip der Dokumentenstrenge* keine Anwendung findet.[679] Anders als beim Akkreditiv entscheidet beim Dokumenteninkasso nämlich der Importeur selbst über die Aufnahme der Dokumente.[680] Formale Abweichungen kann er, anders als eine branchenfremde Bank, idR richtig einordnen. Der Importeur ist daher solange noch zur Aufnahme der Dokumente verpflichtet, wie sich aus ihnen zumindest erkennen lässt, dass vertragsgemäß geliefert wurde.[681] Einschränkende Mängelvermerke dürfen die Dokumente nicht aufweisen. Die Nichtaufnahme vertragskonformer Dokumente ist nur in Ausnahmefällen zulässig, dh wenn das Insistieren auf Dokumentenaufnahme und Bezahlung durch den vorleistungsberechtigten Exporteur **rechtsmissbräuchlich** wäre.[682] Der bloße Verdacht, die Ware sei mangelhaft, weil vorangegangene Lieferungen es waren, reicht dafür jedoch nicht aus.[683] Zum vorläufigen Rechtsschutz des Importeurs nach Dokumentenaufnahme vgl. *v. Bernstorff* RIW 1986, 332 (335).

6. IPR. Die vorstehenden Ausführungen basieren auf deutschem Recht. Dessen Anwendung ist   **138** beim Dokumenteninkasso wegen seines internationalen Charakters idR nicht für alle Rechtsbeziehungen gegeben. Das anwendbare Recht ist daher vorab zu bestimmen. Unproblematisch ist hierbei der **Inkassovertrag.** Da sich der Exporteur zum Einzug fast immer an eine Bank in seinem Land wenden wird, fehlt hier der ausländische Bezug; es gilt das gemeinsame nationale Recht; vgl. dazu auch Nr. 6

---

[668] Zu Kassaklauseln und CISG/UN-Kaufrecht Schlechtriem/Schwenzer/*Mohs* CISG Art. 58 Rn. 15; *Nielsen* in Schimansky/Bunte/Lwowski BankR-HdB, 3. Aufl. 2007, § 119 Rn. 15.

[669] BGH Urt. v. 23.3.1964 – VIII ZR 287/62, BGHZ 41, 215 (220 f.) = NJW 1964, 1365 = WM 1964, 507, das zweite Berufungsurteil in dieser Sache ging erneut zum BGH: Urt. v. 4.10.1967 – VIII ZR 78/65, WM 1967, 1215; BGH Urt. v. 21.1.1987 – VIII ZR 26/86, NJW 1987, 2435 (2436) = WM 1987, 503; BGH Urt. v. 20.4.1988 – VIII ZR 1/87, NJW 1988, 2608 (2609) (sofortige netto Kasse gegen Rechnung); OLG Hamburg Urt. v. 27.10.1969 – 8 U 63/69, MDR 1970, 335 (Kasse gegen Dokumente); *Fischer* in Schimansky/Bunte/Lwowski BankR-HdB § 119 Rn. 13.

[670] BGH Urt. v. 21.1.1987 – VIII ZR 26/86, NJW 1987, 2435 (2436) = WM 1987, 503.

[671] BGH Urt. v. 22.1.1957 – VIII ZR 72/56, BGHZ 23, 131 (135) = WM 1957, 318; BGH Urt. v. 7.3.1985 – I ZR 182/82, BGHZ 94, 71 (76) = WM 1985, 1366; BGH Urt. v. 19.9.1984 – VIII ZR 108/83, NJW 1985, 550 = WM 1984, 1572 (1573); *Fischer* in Schimansky/Bunte/Lwowski BankR-HdB § 119 Rn. 13.

[672] *Fischer* in Schimansky/Bunte/Lwowski BankR-HdB § 119 Rn. 13; Baumbach/Hopt/*Hopt* Bankgeschäfte Rn. M/5; Baumbach/Hopt/*Hopt* HGB § 346 Rn. 40 „Kasse, Kasse gegen Dokumente"; Baumbach/Hopt/*Hopt* HGB § 377 Rn. 22; *Canaris* BankvertragsR Rn. 1100; Schlegelberger/*Hefermehl* HGB Anh. § 365 Rn. 272; *v. Westphalen,* Rechtsprobleme der Exportfinanzierung, 3. Aufl. 1987, 205, 218.

[673] BGH Urt. v. 17.2.1971 – VIII ZR 4/70, BGHZ 55, 340 = WM 1971, 385 (386) = BB 1971, 371; BGH Urt. v. 20.4.1988 – VIII ZR 1/87, NJW 1988, 2608 (2609); Baumbach/Hopt/*Hopt* HGB § 346 Rn. 40 „Kasse, Kasse gegen Dokumente"; Langenbucher/Bliesener/Spindler/*Segna* Dokumentäre Zahlungen Rn. 61.

[674] *Liesecke* WM-Sonderbeilage 3/1978, 12.

[675] BGH Urt. v. 17.2.1971 – VIII ZR 4/70, BGHZ 55, 340 = WM 1971, 385 (386); *v. Westphalen,* Rechtsprobleme der Exportfinanzierung, 3. Aufl. 1987, 218.

[676] BGH Urt. v. 20.4.1988 – VIII ZR 1/87, NJW 1988, 2608 (2609). Dazu krit. *Tiedtke* NJW 1988, 2578.

[677] BGH Urt. v. 21.1.1987 – VIII ZR 26/86, NJW 1987, 2435 (2436) = WM 1987, 503; nur zum Annahmeverzug: BGH Urt. v. 4.10.1967 – VIII ZR 78/65, WM 1967, 1215 (1216 f.).

[678] BGH Urt. v. 15.1.1964 – VIII ZR 112/62, WM 1964, 476; *Nielsen* in Schimansky/Bunte/Lwowski BankR-HdB, 3. Aufl. 2007, § 119 Rn. 13.

[679] BGH Urt. v. 15.1.1964 – VIII ZR 112/62, WM 1964, 476.

[680] *Freitag* in Derleder/Knops/Bamberger BankR/KapMarktR § 75 Rn. 65.

[681] BGH Urt. v. 15.1.1964 – VIII ZR 112/62, WM 1964, 476; *v. Westphalen,* Rechtsprobleme der Exportfinanzierung, 3. Aufl. 1987, 218. Zur Frage, wann fehlerhafte Dokumente eine wesentliche Vertragsverletzung nach Art. 25 CISG/UN-Kaufrecht darstellen BGH Urt. v. 3.4.1996 – VIII ZR 51/95, WM 1996, 1594 (1597); dazu *Nielsen* in Schimansky/Bunte/Lwowski BankR-HdB, 3. Aufl. 2007, § 119 Rn. 15 f.

[682] BGH Urt. v. 23.3.1964 – VIII ZR 287/62, BGHZ 41, 215 (221 f.) = NJW 1964, 1365 = WM 1964, 507; BGH Urt. v. 21.1.1987 – VIII ZR 26/86, NJW 1987, 2435 (2436) = WM 1987, 503; BGH Urt. v. 20.4.1988 – VIII ZR 1/87, NJW 1988, 2608 (2609); *Nielsen* in Schimansky/Bunte/Lwowski BankR-HdB, 3. Aufl. 2007, § 119 Rn. 17; Baumbach/Hopt/*Hopt* HGB § 346 Rn. 40 „Kasse, Kasse gegen Dokumente".

[683] BGH Urt. v. 20.4.1988 – VIII ZR 1/87, NJW 1988, 2608 (2609 f.).

Abs. 1 AGB-Banken/AGB-Sparkassen. In Zweifelsfällen kommt nach Art. 4 Abs. 1 lit. b Rom I-VO das Recht am Sitz der beauftragten Bankniederlassung zur Anwendung, da sie der Dienstleister ist.[684] Der **Exportvertrag,** der idR internationaler Kauf ist, unterliegt nach Art. 4 Abs. 1 lit. a Rom I-VO dem Recht des Staates, in dem der Verkäufer seinen gewöhnlichen Aufenthalt hat. Dies gilt jedoch nur, wenn keine Rechtswahl getroffen wurde und CISG/UN-Kaufrecht unanwendbar ist. Für die Abtretung der Exportforderung gilt Art. 14 Rom I-VO. Danach folgt das **Abtretungsstatut** dem Vertragsstatut nicht automatisch.[685] Allerdings regelt nach Art. 14 Abs. 2 Rom I-VO das Recht, dem die Exportforderung unterliegt, unstreitig die Frage, ob die Abtretung zu ihrer Wirksamkeit dem Importeur angezeigt werden muss.[686] Dies ist in vielen Staaten der Fall. Da die Abtretung der Exportforderung an die Einreicherbank nach Nr. 15 Abs. 2 AGB-Banken bzw. Nr. 25 Abs. 2 AGB-Sparkassen eine stille Zession ist, besteht ein gewisses Risiko, dass die Abtretung ins Leere geht, wenn die Exportforderung nicht deutschem Recht untersteht. Für das Rechtsverhältnis **zwischen den beteiligten Banken** gibt es idR eine Rechtswahl, meist in AGB-Form. In Ermangelung einer solchen kommt nach Art. 4 Abs. 1 lit. b Rom I-VO das Recht der beauftragten Bank zum Zuge.[687]

II. Dokumentenakkreditiv

139   **1. Grundlagen. a) Definition, Beteiligte, Ablauf.** Als Dokumentenakkreditiv bezeichnet man ein **abstraktes Zahlungsversprechen** – iSv § 780 BGB, wenn deutsches Recht anwendbar ist –, das eine Bank auf Veranlassung des Auftraggebers (Importeur) dem Begünstigten (Exporteur) gegenüber abgibt. Darin verpflichtet sie sich, bei fristgerechter Vorlage bestimmter Dokumente zu zahlen oder eine andere finanzielle Leistung zu erbringen.[688] Wie das Dokumenteninkasso stellt das Akkreditiv eine Form der **bargeldlosen Zahlungsabwicklung** im Außenhandel dar. Der begünstigte Exporteur ist hierbei allerdings stärker geschützt, da er idR die Ware erst nach Akkreditiveröffnung versendet. Gegenstand des Akkreditivs können neben Waren auch Dienstleistungen und Leistungen sein.[689] Die Zahlungsabwicklung durch Akkreditiv bedarf der Vereinbarung zwischen Begünstigtem und Auftraggeber im Exportvertrag, sog. *Akkreditivklausel* (→ Rn. 172) und führt Zug um Zug[690] gegen Aushändigung der akkreditivkonformen Dokumente zur Zahlung des Akkreditivbetrags an den Begünstigten oder dessen Order. Neben dieser Sichtzahlung kann die Akkreditivleistung (Art. 2, 7 ERA 600) auch darin bestehen, eine Verpflichtung zur hinausgeschobenen Zahlung zu übernehmen oder einen vom Begünstigten gezogenen Wechsel zu akzeptieren und bei Fälligkeit zu bezahlen (Akzeptierungsakkreditiv) oder vom Begünstigten gezogene Wechsel anzukaufen. Bei diesem sog. Negoziierungsakkreditiv erwirbt die Bank die vorgelegten Wechsel idR ohne Rückgriff auf den Aussteller oder gutgläubige Vormänner, Art. 2 ERA 600 (Negoziierung), Art. 7 lit. a v ERA 600;[691] vgl. hierzu auch das Positionspapier Nr. 2 der *ICC Banking Commission*.[692] Es besteht insofern Ähnlichkeit mit dem Forfaitinggeschäft (→ E Rn. 41). Zu den beim Akkreditivgeschäft üblichen Dokumenten vgl. Art. 18–28 ERA 600 und → Rn. 160.

140   **Beteiligte und Ablauf**[693] **eines Akkreditivgeschäfts** stellen sich wie folgt dar: **Begünstigter** (Art. 2 ERA 600, engl. *beneficiary,* auch: Exporteur, Akkreditierter) und **Auftraggeber** (Art. 2 ERA 600, engl. *applicant,* auch: Importeur, (Bank)Kunde, Akkreditivauftraggeber) vereinbaren die Zahlungsabwicklung per Akkreditiv. Dementsprechend beauftragt der Auftraggeber die **Akkreditivbank**

---

[684] Langenbucher/Bliesener/Spindler/*Segna* Dokumentäre Zahlungen Rn. 77; *Freitag* in Derleder/Knops/Bamberger BankR/KapMarktR § 75 Rn. 63; *Freitag* in Reithmann/Martiny IntVertragsR Rn. 6.616; zum alten Recht Heymann/*Horn* HGB Anh. § 372 Rn. VI/7.

[685] S. zum neueren Verständnis von Art. 14 Rom I-VO die Ausführungen zur Forfaitierung, → E Rn. 59; dazu auch Palandt//*Thorn* Rom I-VO Art. 14 Rn. 3; Langenbucher/Bliesener/Spindler/*Segna* Dokumentäre Zahlungen Rn. 78.

[686] So auch Palandt/*Thorn* Rom I-VO Art. 14 Rn. 5; Langenbucher/Bliesener/Spindler/*Segna* Dokumentäre Zahlungen Rn. 78; nach altem Recht BGH Urt. v. 1.7.1985 – II ZR 155/84, BGHZ 95, 149 = WM 1985, 1057 (1058) = NJW 1985, 2649 = ZIP 1985, 1126 = WM 1985, 896; Heymann/*Horn* HGB Anh. § 372 Rn. VI/7; *Menkhaus* ZIP 1985, 1309 (1312); *v. Westphalen,* Rechtsprobleme der Exportfinanzierung, 3. Aufl. 1987, 220.

[687] *Fischer* in Schimansky/Bunte/Lwowski BankR-HdB § 119 Rn. 27; Langenbucher/Bliesener/Spindler/*Segna* Dokumentäre Zahlungen Rn. 77; *Freitag* in Reithmann/Martiny IntVertragsR Rn. 6.616.

[688] BGH Urt. v. 26.9.1989 – XI ZR 159/88, BGHZ 108, 348 = WM 1989, 1713 (1714) = NJW 1990, 255 = BB 1989, 2282 (zu ERA Revision 1983); BGH Urt. v. 5.3.1992 – IX ZR 117/91, WM 1992, 927 (928). Zur Definition des Akkreditivs vgl. auch Art. 2 ERA 600; Baumbach/Hopt/*Hopt* Bankgeschäfte Rn. K/1; *Altmann,* Zahlungssicherung im Außenhandel, 2007, 2 f.; GK-HGB/*Gesmann-Nuissl,* 7. Aufl. 2007, HGB Nach § 406 Rn. 227.

[689] Art. 5 ERA 600: *Goods, services or performances.*

[690] *Freitag* in Derleder/Knops/Bamberger BankR/KapMarktR § 75 Rn. 15; Langenbucher/Bliesener/Spindler/*Segna* Dokumentäre Zahlungen Rn. 3; Staub/*Grundmann* BankvertragsR 3. Teil Rn. 559.

[691] Zum Negoziierungsakkreditiv s. *Jäger/Haas* in Schimansky/Bunte/Lwowski BankR-HdB § 120 Rn. 38 ff., 152.

[692] Abgedr. bei *Schütze,* Dokumentenakkreditiv, 5. Aufl. 1999, Anh. II. und *Taylor,* The Complete UCP – Uniform Customs and Practice for Documentary Credits – Texts, Rules and History 1920–2007, ICC-Publikation Nr. 683, 2008, 183.

[693] Hierzu *Altmann,* Zahlungssicherung im Außenhandel, 2007, 6 ff.; *Plett/Welling* DB 1987, 925.

(Art. 2 ERA 600: eröffnende Bank, engl. *issuing bank,* auch: (erst)beauftragte Bank), gegenüber dem Begünstigten das Akkreditiv zu eröffnen. IdR bedient sich die Akkreditivbank hierzu einer **Zweitbank** (Korrespondenzbank). Deren Aufgabe kann es sein, (i) die Akkreditiveröffnung dem Begünstigten lediglich mitzuteilen (Art. 9 ERA 600: avisierende Bank, engl. *advising bank,* auch: Avisbank), (ii) darüber hinaus als Zahlstelle zu fungieren (Art. 2 ERA 600: benannte Bank, engl. *nominated bank*) oder (iii) ein selbstständiges zweites Schuldversprechen in Form einer Bestätigung abzugeben (Art. 2, 8 ERA 600: bestätigende Bank, engl. *confirming bank*). Nach Mitteilung der Akkreditiveröffnung versendet der Begünstigte die Exportware und sorgt für fristgerechte Vorlage der vertraglich vereinbarten Dokumente. Nach Prüfung, ob die vorgelegten Papiere akkreditivkonform sind, dh den Akkreditivbedingungen (engl. *terms and conditions of the credit*) entsprechen, erhält der Begünstigte die Akkreditivleistung durch die Zweitbank – als Zahlstelle oder ggf. bestätigende Bank – oder die Akkreditivbank. Gleichzeitig gelangen die Dokumente über die Bankenkette zum Auftraggeber, der sich nach ihrem Erhalt die Ware verschafft und sie untersucht. Der Begriff **Akkreditiv** (engl.: *credit*) iSv Art. 2 ERA 600 bezeichnet „jede wie auch immer benannte oder bezeichnete Vereinbarung, die unwiderruflich ist und dadurch eine feststehende Verpflichtung der eröffnenden Bank begründet, eine konforme Dokumentenvorlage zu honorieren". Hierzu gehören sowohl das Dokumentenakkreditiv (engl.: *documentary credit*) als auch der **Standby Letter of Credit,**[694] eine im US-amerikanischen Recht wurzelnde Besonderheit, die einer Garantie auf erstes Anfordern bei gleichzeitiger Vorlage von Dokumenten ähnelt.[695] Vgl. hierzu die am 1.1.1999 in Kraft getretenen International Standby Practices (ISP98, ICC-Publikation Nr. 590). Eine Revision der ISP98 ist angeblich geplant – allerdings schon seit vielen Jahren.

Im **Unterschied zum Dokumenteninkasso** beauftragt beim Akkreditivgeschäft der Importeur **141** die Bank und initiiert damit die Akkreditiveröffnung. Diese begründet zusätzlich zur Zahlungspflicht des Auftraggebers aus dem Exportgeschäft einen separaten Anspruch des Begünstigten gegen Akkreditiv- und ggf. bestätigende Bank. Es handelt sich idR um eine Leistung erfüllungshalber. Dadurch erhält der begünstigte Exporteur mehr Sicherheit als beim Dokumenteninkasso.[696] Da die Entscheidung über die Aufnahme der Dokumente von den beteiligten Banken und nicht vom Auftraggeber getroffen wird, gilt für das Akkreditivgeschäft der Grundsatz der Dokumentenstrenge (→ Rn. 161). **Bank Payment Obligations** ähneln Dokumentenakkreditiven, da sie ebenfalls eine abstrakte Zahlungspflicht der Bank des Käufers enthalten, allerdings gegenüber einer Bank des Verkäufers, nicht gegenüber diesem. Ferner findet keine Dokumentenvorlage statt. Der Zahlungsanspruch entsteht vielmehr, wenn die Beteiligten das Vorliegen bestimmter Umstände einvernehmlich durch Datenabgleich bestätigen.[697]

b) Wirtschaftliche Aspekte. Das Akkreditivgeschäft hat große praktische Bedeutung,[698] allerdings **142** nicht das Volumen des Dokumenteninkassos. Es bewahrt den **begünstigten Exporteur** wie das Dokumenteninkasso vor dem Verlust der Ware ohne die vereinbarte Akkreditivleistung, da die Dokumente nur Zug um Zug aufgenommen werden dürfen. Ferner ist der Begünstigte vor Insolvenz und Zahlungsunwilligkeit des Auftraggebers durch die selbstständige Zahlungsverpflichtung der Akkreditivbank geschützt.[699] Aus diesem Grund wird der Begünstigte die Ware erst nach dem Eröffnungsavis versenden. Da sich die Akkreditivbank regelmäßig im Land des Auftraggebers befindet, ist der Begünstigte vor Länderrisiken nur geschützt, wenn das Akkreditiv von einer Zweitbank in einem anderen Land, üblicherweise in seinem eigenen, bestätigt wird. Für den **Auftraggeber** bietet die Zahlungsabwicklung per Akkreditiv gegenüber dem Dokumenteninkasso dagegen keine zusätzlichen Vorteile. Insbesondere kann auch hierbei die Ware erst nach Bezahlung bzw. Wechselakzept oder -negoziierung untersucht werden. Lediglich beim **Akkreditiv mit hinausgeschobener Zahlung** (Art. 7 lit. a iii, 8 lit. a i, 2 (Honorieren) ERA 600, *deferred payment credit*) ist eine Untersuchung vor Akkreditivleistung möglich, ohne dass dies jedoch zu Einwendungen führen darf (→ Rn. 172). Darüber hinaus sind die Kosten des Akkreditivs höher als beim Dokumenteninkasso.[700] Erfolgt die Akkreditivleistung ohne Vorschuss oder vorherige Deckung durch den Auftraggeber, liegt ein **Kredit der**

[694] *Altmann,* Zahlungssicherung im Außenhandel, 2007, 23. Allerdings sind nicht alle Vorschriften der ERA 600 auf Standby Letters of Credit anwendbar, vgl. Art. 1 ERA 600; *Jäger/Haas* in Schimansky/Bunte/Lwowski BankR-HdB § 120 Rn. 25.

[695] Dazu OLG Frankfurt a. M. Urt. v. 18.3.1997 – 5 U 229/95, ZIP 1997, 1782 (1783) = RIW 1998, 477; *Jäger/Haas* in Schimansky/Bunte/Lwowski BankR-HdB § 120 Rn. 5, 24 ff.; *Zahn/Ehrlich/Haas* Rn. 8/5 ff.; *Nielsen* WM 1999, 2005 (2049); *Eschmann* RIW 1996, 913; *Haas* ZBB 1999, 301; *Heymann/Horn* HGB Anh. § 372 Rn. VI/87 ff. Während die Definition des Akkreditivs in Art. 2 ERA 500 den Standby Letter of Credit noch ausdrücklich erwähnte, verzichtet Art. 2 ERA 600 hierauf. Die neue, weite Definition sowie die Erwähnung in Art. 1 ERA 600 (Anwendbarkeit) machen dies überflüssig.

[696] Staub/*Grundmann* BankvertragsR 3. Teil Rn. 560.

[697] *v. Bernstorff* RIW 2014, 34 (35); *Vorpeil* IWB 7/2015, 245 (250 f.).

[698] *v. Bernstorff* RIW 2014, 34; nach MüKoBGB/*Habersack* HGB § 783 Rn. 39 ist die Bedeutung rückläufig; auch Staub/*Grundmann* BankvertragsR 3. Teil Rn. 555 sieht sie kritisch.

[699] *Canaris* BankvertragsR Rn. 917; Schlegelberger/*Hefermehl* HGB Anh. § 365 Rn. 143.

[700] Zu den Kosten s. *Altmann,* Zahlungssicherung im Außenhandel, 2007, 25 ff.

Akkreditivbank vor. In diesem Fall dienen die aufgenommenen Dokumente als Sicherheit.[701] Zum **Rembourskredit** vgl. beim Wechselrecht → Rn. 41.

143 **2. Einheitliche Richtlinien und Gebräuche für Dokumentenakkreditive. a) ERA 600 und eUCP Version 2.0.** Die ICC[702] veröffentlicht seit 1933[703] allgemein anerkannte Regeln für das internationale Akkreditivgeschäft. Seit dem 1.7.2007[704] gelten die **Einheitlichen Richtlinien und Gebräuche für Dokumenten-Akkreditive/Revision 2007,** veröffentlicht als ICC-Publikation Nr. 600 ED[705] (abgekürzt ERA 600, engl.: *Uniform Customs and Practice for Documentary Credits* [UCP 600]). Sie lösten die seit dem 1.1.1994 angewandten ERA 500 (Revision 1993, ICC-Publikation Nr. 500) ab.[706] **Inhaltlich** befassen sich die ERA 600 vor allem mit den Pflichten der beteiligten Banken. Dabei steht das Bemühen im Vordergrund, ihren Ermessensspielraum zu reduzieren und dafür ihre Haftung einzuschränken. Großen Raum nehmen auch die Vorschriften zu den einzelnen Dokumenten ein (Art. 18–28 ERA 600, → Rn. 160). Die **wichtigsten Änderungen** der ERA 600 gegenüber der Vorgängerfassung betreffen folgende Punkte:

– Art. 2 und 3 ERA 600 erhielten einen umfangreichen Definitions- und Auslegungskatalog,
– widerrufliche Akkreditive wurden abgeschafft (→ Rn. 156),
– die Höchstfrist zur Prüfung von Dokumenten ist von sieben auf fünf Bankarbeitstage herab gesetzt (→ Rn. 165),
– die Vorschriften zur Dokumentenprüfung (Art. 14–16 ERA 600) wurden neu strukturiert und
– die Gesamtzahl der Artikel wurde von 49 auf 39 reduziert.[707]

Durch die Anwendbarkeit der ERA 600 seit dem 1.7.2007 ergaben sich folgende **Übergangsregeln:**[708] Seit diesem Stichtag sollten nur noch Akkreditive unter den ERA 600 eröffnet werden. Vorher nach ERA 500 eröffnete Akkreditive wurden weiter nach diesen Regeln abgewickelt. Änderungen solcher Akkreditive nach dem 1.7.2007 sollten angeben, ob die Änderungen der neuen oder der alten Fassung unterlagen. Im Zweifel fielen die Änderungen unter die für die Akkreditiveröffnung einschlägigen Regeln, also die ERA 500.

144 Für die elektronische Abwicklung von Akkreditiven im Rahmen der ERA 600 gelten seit dem 1.7.2019 zusätzlich zu den ERA 600 die **eUCP Version 2.0** *(Uniform Customs and Practice for Documentary Credits for Electronic Presentation (eUCP) Version 2.0).* Sie ergänzen die ERA 600, um die Vorlage elektronischer Dokumente allein oder zusammen mit Papierdokumenten zu ermöglichen (→ Rn. 174 ff.). Es handelt sich nach den eUCP 1.0 und 1.1 um die dritte Fassung.[709] Für Streitigkeiten bietet die ICC ferner ein **Schiedsverfahren** an, das *Documentary Credit Dispute Resolution Procedure* (DOCDEX). Es kann, ähnlich wie beim Dokumenteninkasso (→ Rn. 123), bei Streitigkeiten über die Auslegung der ERA Anwendung finden.[710] Im Akkreditivgeschäft sind ferner wichtig die *Einheitlichen Richtlinien für Rembourse zwischen Banken unter Dokumenten-Akkreditiven* (ERR 725) (engl.: *Uniform Rules for Bank-to-Bank Reimbursements under Documentary Credits* [URR 725])[711] und der *Standard internationaler Bankpraxis für die Dokumentenprüfung unter den ERA 600* (engl.: *International Standard*

---

[701] Heymann/*Horn* HGB Anh. § 372 Rn. VI/22; *v. Westphalen,* Rechtsprobleme der Exportfinanzierung, 3. Aufl. 1987, 225.

[702] Zur Webseite → Rn. 121

[703] S. zu allen früheren Versionen der ERA *Taylor,* The Complete UCP – Uniform Customs and Practice for Documentary Credits – Texts, Rules and History 1920–2007, ICC-Publikation Nr. 683, 2008.

[704] *ICC,* Commentary on UCP 600 – Article-by-Article Analysis by the UCP 600 Drafting Group, ICC-Publikation Nr. 680, 2007, 7.

[705] Abgedr. → Rn. 186 sowie in MüKoHGB, 3. Aufl. 2014, ZahlungsV Anlage zu H; Baumbach/Hopt/*Hopt* Bankgeschäfte ERA und *Schütze/Vorpeil* Dokumentenakkreditiv Anh. I. Zur Entstehungsgeschichte s. *Holzwarth* IHR 2007, 136 f.; *Collyer* in ICC-Publikation Nr. 600 (Einführung in ERA 600), 11 ff.

[706] Zu den ERA 500 ausführlich → 1. Aufl. 2001, C. II.; ebenso abgedr. bei Baumbach/Hopt/*Hopt,* 30. Aufl. 2000, ERA; zur Neufassung 1993 auch *Jäger/Haas* in Schimansky/Bunte/Lwowski BankR-HdB § 120 Rn. 13 f.; *Nielsen* WM-Sonderbeilage 2/1994; *Nielsen,* Neue Richtlinien für Dokumenten-Akkreditive (1994). Erläuterungen und Formulare zu Akkreditiven unter ERA 500 fanden sich in den ICC-Publikationen Nr. 511, 515, 516.

[707] Zu den Änderungen s. *Holzwarth* IHR 2007, 136; *Jeffery* 23 BFLR 2007, 189.

[708] Dazu *Holzwarth* IHR 2007, 136 (148).

[709] Abgedruckt → Rn. 187; ferner Baumbach/Hopt/*Hopt* Bankgeschäfte (11a) eUCP sowie ICC, https://cdn.iccwbo.org/content/uploads/sites/3/2019/06/icc-uniform-customs-practice-credits-v2-0.pdf (7.4.2020). Die erste Fassung der eUCP (Version 1.0) galt seit dem 1.4.2002. Sie ist gemeinsam mit einer deutschen Übersetzung (Anhang zu den ERA 500 für die Vorlage elektronischer Dokumente (el.ERA) – Version 1.0) in der ICC-Publikation Nr. 500/3 ED (2002) veröffentlicht worden. Die zweite Fassung der eUCP (Version 1.1) war seit dem 1.7.2007 in Kraft und ist abgedruckt am Ende der ICC-Publikation Nr. 600 ED (ERA 600), ferner in MüKoHGB, 3. Aufl. 2014, ZahlungsV Anlage zu H, *Schütze/Vorpeil* Dokumentenakkreditiv Anh. I, 397 und *Taylor,* The Complete UCP – Uniform Customs and Practice for Documentary Credits – Texts, Rules and History 1920–2007, ICC-Publikation Nr. 683, 2008, 238. Eine offizielle deutsche Übersetzung gab es nur für die erste Fassung, eUCP 1.1 und eUCP 2.0 liegen nur auf Englisch vor. S. hierzu insgesamt *Vorpeil* WM 2019, 1469 und WM 2019, 1521.

[710] Dazu *Schütze/Vorpeil* Dokumentenakkreditiv Rn. 785 ff.

[711] ICC-Publikation Nr. 725 ED, idF v. 1.10.2008; abgedr. bei *Schütze/Vorpeil* Dokumentenakkreditiv Anh. III.

Banking Practice for the Examination of Documents under UCP 600 [ISBP]) von 2013.[712] Beide Regelungswerke wurden für die ERA 600 geändert.

b) Rechtsnatur, Anwendung, Auslegung. Die Rechtsnatur der ERA ist ähnlich str. wie diejeni- **145**
ge der ERI (→ Rn. 122). Dahinter stehen die Fragen, ob die ERA auch ohne vertragliche Vereinbarung Geltung beanspruchen können und ob sie einer AGB-Kontrolle unterliegen. Auf Grund ihrer
weltweiten Verbreitung und Anerkennung[713] sollen sie einmal in ihrer Gesamtheit Handelsbrauch,[714]
einmal ein Normgefüge eigener Art[715] darstellen. Auch die Meinung, es handele sich insgesamt um
AGB, wird vertreten.[716] Die überwM sieht in ihnen richtigerweise eine **Mischung aus Handelsbrauch und AGB,**[717] da zumindest den großzügigen Freizeichnungen die Zustimmung aller Verkehrskreise fehlt.

Da die Abgrenzung zwischen Handelsbrauch und AGB im Einzelfall schwierig ist, bedeutet dies für **146**
die Praxis, dass die Geltung der ERA im Einzelfall **vertraglich vereinbart werden muss,** hM.[718]
Hiervon geht auch Art. 1 ERA 600 aus, wo es heißt, dass die Regeln der ERA 600 gelten, „wenn der
Wortlaut des Akkreditivs ausdrücklich besagt, dass es diesen Regeln unterliegt." Da die ERA Akkreditive als Verpflichtung *einer Bank* definieren (Art. 2 ERA 600),[719] erfolgt ihre Vereinbarung im
jeweiligen Rechtsverhältnis zwischen Auftraggeber – Akkreditivbank (Akkreditivvertrag, Deckungsverhältnis[720]), Akkreditivbank – Zweitbank, Akkreditivbank – Begünstigter (Zuwendungsverhältnis)
und Zweitbank – Begünstigter. Eine Vereinbarung ihrer Geltung im Verhältnis Auftraggeber – Begünstigter (Exportgeschäft, Valutaverhältnis) ist nicht erforderlich, wird aber teilweise empfohlen.[721] Nach
Nr. 1 Abs. 1 AGB-Banken und Nr. 1 Abs. 2 AGB-Sparkassen[722] handelt es sich um **Sonderbedingungen,** die zwischen der Bank und ihrem Kunden separat vereinbart werden müssen; eine automatische Einbeziehung erfolgt in den AGB-Banken nicht mehr,[723] ebenso wenig wie in den AGB-
Sparkassen, deren Nr. 16 aF (Akkreditiv und Kreditbrief) gestrichen wurde. In der Praxis erfolgt die
Einbeziehung daher ausnahmslos durch Bezugnahme in den gebräuchlichen Formularen.[724] Die Auffassung der überwM zur Rechtsnatur der ERA bedeutet ferner, dass sie grundsätzlich der **AGB-
Kontrolle** unterliegen.[725] Dabei ist zu berücksichtigen, dass es sich um kollektiv ausgehandelte, von
den beteiligten Verkehrskreisen als ausgewogen angesehene Vertragsbedingungen handelt. Bei der

---

[712] ICC-Publikation Nr. 745 ED; abgedr. bei *Schütze/Vorpeil* Dokumentenakkreditiv Anh. II; die Vorgängerver-
sion von 2007 ist ICC-Publikation Nr. 681 E.

[713] Eine Liste der Länder, in denen die ERA 500 Anwendung fanden, enthält *Schütze*, Dokumentenakkreditiv,
5. Aufl. 1999, Anh. IV. Für die ERA 600 gilt nichts anderes.

[714] So anfänglich BGH Urt. v. 14.2.1958 – VIII ZR 313/56, WM 1958, 456 (459); für Gewohnheitsrecht OLG
Frankfurt a. M. Urt. v. 2.10.1996 – 21 U 224/95, WM 1997, 609 (610) (zu ERA 500, Vorinstanz in WM 1996, 153);
für AGB aber BGH Urt. v. 19.11.1959 – VII ZR 209/58, WM 1960, 38 (40); offen gelassen in BGH Beschl. v.
4.10.1984 – III ZR 102/83, WM 1984, 1443 (zu ERA Revision 1974); für Handelsbrauch auch *Holzwarth* IHR
2007, 136 (150); *Zahn/Ehrlich/Haas* Rn. 1/17 und *Wälzholz* WM 1994, 1457 (1458). Zum Meinungsstand *Jäger/
Haas* in Schimansky/Bunte/Lwowski BankR-HdB § 120 Rn. 16 ff.

[715] *Schütze/Vorpeil* Dokumentenakkreditiv Rn. 33 ff.; so wohl auch Staub/*Grundmann* BankvertragsR 3. Teil
Rn. 561 ff.

[716] BGH Urt. v. 19.11.1959 – VII ZR 209/58, WM 1960, 38 (40); so iE *Canaris* BankvertragsR Rn. 927;
Schlegelberger/*Hefermehl* HGB Anh. § 365 Rn. 148; *v. Westphalen,* Rechtsprobleme der Exportfinanzierung, 3. Aufl.
1987, 228; *v. Westphalen* RIW 1994, 453 (454); *Schmidt* in Wolf/Lindacher/Pfeiffer, Akkreditivbedingungen Rn. A
123.

[717] OLG München Urt. v. 3.7.1996 – 7 U 2192/96, RIW 1996, 1036 (1037) = WM 1996, 2335 (zu ERA
Revision 1983); Baumbach/Hopt/*Hopt* Bankgeschäfte ERA Einl. Rn. 5 f.; Heymann/*Horn* HGB Anh. § 372
Rn. VI/24 f.; MüKoHGB/*Nielsen,* 3. Aufl. 2014, ZahlungsV Rn. H 40 f.; Langenbucher/Bliesener/Spindler/*Segna*
Dokumentäre Zahlungen Rn. 12 f.; *Jäger/Haas* in Schimansky/Bunte/Lwowski BankR-HdB § 120 Rn. 20; Mü-
KoBGB/*Habersack* BGB § 783 Rn. 43; MüKo/*Wedemann* ZahlungsV Rn. H 67.

[718] Baumbach/Hopt/*Hopt* Bankgeschäfte ERA Einl. Rn. 6; *Canaris* BankvertragsR Rn. 928; Heymann/*Horn*
HGB Anh. § 372 Rn. VI/24; MVHdB II WirtschaftsR I/*Schütze* V. 10 Anm. 12; Schlegelberger/*Hefermehl* HGB
Anh. § 365 Rn. 149; *Freitag* in Derleder/Knops/Bamberger BankR/KapMarktR § 75 Rn. 13; *Vorpeil* IWB Fach 10,
Gr. 8, 147 (149); *v. Westphalen,* Rechtsprobleme der Exportfinanzierung, 3. Aufl. 1987, 228 f.; ähnl. *Schütze/Vorpeil*
Dokumentenakkreditiv Rn. 49; aA MüKoHGB/*Nielsen,* 3. Aufl. 2014, ZahlungsV Rn. H 43; *Zahn/Ehrlich/Haas*
Rn. 1/18.

[719] Krit. dazu *Jeffery* 23 BFLR 2007, 189 (190), der zu Recht anmerkt, dass auch Finanzinstitute und Unternehmen
Akkreditive eröffnen.

[720] Zu den Parteien von Deckungs- und Valutaverhältnis auch MüKoBGB/*Habersack* BGB § 783 Rn. 40.

[721] *Wälzholz* WM 1994, 1457 (1460).

[722] Beide abgedr. → A Rn. 79 f.

[723] Baumbach/Hopt/*Hopt* Bankgeschäfte AGB-Banken Nr. 1 Rn. 6; so aber noch Nr. 28 Abs. 1 S. 2 AGB-
Banken idF von 1988.

[724] Langenbucher/Bliesener/Spindler/*Segna* Dokumentäre Zahlungen Rn. 15; Muster bei *Hopt* in Hopt VertrFormB VI. K.; MVHdB II WirtschaftsR I/*Schütze* V. 10; ICC-Publikation Nr. 516 (für ERA 500, abgedruckt in
Schütze, Dokumentenakkreditiv, 6. Aufl. 2008, Anh. III); *Altmann,* Zahlungssicherung im Außenhandel, 2007, 135 ff.

[725] *Canaris* BankvertragsR Rn. 929; Heymann/*Horn* HGB Anh. § 372 Rn. VI/24; *v. Westphalen,* Rechtsprobleme
der Exportfinanzierung, 3. Aufl. 1987, 230; *Schmidt* in Wolf/Lindacher/Pfeiffer, Akkreditivbedingungen Rn. A 125;
einschränkend *Jäger/Haas* in Schimansky/Bunte/Lwowski BankR-HdB § 120 Rn. 20; dagegen Staub/*Grundmann*

Beurteilung einzelner Klauseln ist daher auch die Gesamtbilanz zu berücksichtigen, dh Nachteile einzelner Klauseln können durch die Gesamtschau kompensiert werden.[726] Einzelheiten, etwa die Zulässigkeit geltungserhaltender Reduktion, sind str.[727]

147   **Zwingendes Recht und Parteivereinbarungen,** wozu auch Weisungen gehören, gehen den ERA vor, so auch Art. 1 ERA 600.[728] Das Anweisungsrecht der §§ 783 ff. BGB kann subsidiär und analog zur Anwendung kommen, da das Akkreditiv in seiner Grundstruktur der Anweisung ähnelt. So sind die §§ 784 Abs. 1 Hs. 2, 788 und 790 BGB anwendbar; die Einzelheiten sind str.[729] Bei der **Auslegung** der ERA ist ihr internationaler Charakter zu berücksichtigen; da sie unterschiedliches nationales Recht überwinden sollen, muss bei ihrer Auslegung der Grundsatz international einheitlicher Handhabung berücksichtigt werden, str.[730] Um die einheitliche Anwendung der ERA 600 zu fördern, gibt die ICC-Bankenkommission (engl.: *ICC Banking Commission*) regelmäßig zu aktuellen Fragen Gutachten heraus, die als *Opinions of the ICC Banking Commission* publiziert werden.[731] Ihr Ziel ist es, für Anwendungs- und Auslegungsfragen der ERA 600 Lösungen vorzuschlagen, die in allen Rechtsordnungen praktizierbar sind. Dadurch soll die Gefahr verringert werden, dass sich die ERA 600 durch unterschiedliche Entscheidungen nationaler Gerichte unterschiedlich entwickeln – ein bekanntes Problem des Einheitsrechts.

148   **3. Rechtsverhältnis Auftraggeber – Akkreditivbank: Der Akkreditivvertrag. a) Zustandekommen, Rechtsnatur, Beendigung.** Der Akkreditivvertrag kommt durch die Annahme des **Akkreditivauftrags** des Auftraggebers durch die Akkreditivbank zustande. Die Annahme der Bank kann konkludent oder gem. § 362 erfolgen;[732] eine Ablehnung der Ausführung ist dem Auftraggeber unverzüglich mitzuteilen.[733] Es ist str., ob der Akkreditivauftrag formlos erteilt werden kann,[734] in der Praxis werden hierzu jedoch ausnahmslos Formulare benutzt.[735] Der Akkreditivauftrag muss vollständig und genau sein, andererseits soll aber das Akkreditiv nicht zu weitgehende Einzelheiten enthalten, so explizit früher Art. 5 lit. a ERA 500 und in abgeschwächter Form jetzt Art. 4 lit. b ERA 600. Dadurch hat sich an dem Prinzip jedoch nichts geändert,[736] denn die Revision der ERA sollte zu etwas mehr Flexibilität bei der Dokumentenaufnahme führen und dadurch die hohe Zahl von nicht konformen Dokumentenvorlagen reduzieren.[737] Das setzt aber voraus, dass im Akkreditiv keine exzessiven Details enthalten sind. Zum Inhalt eines Akkreditivauftrags *Jäger/Haas* in Schimansky/Bunte/Lwowski BankR-HdB § 120 Rn. 89 ff.[738] Der Akkreditivvertrag ist ein **Geschäftsbesorgungsvertrag mit werkvertraglichem Charakter** (§§ 675, 631 BGB), hM,[739] da die Akkreditivbank mehr als eine bloße Tätigkeit schuldet, nämlich Zahlung, hinausgeschobene Zahlung oder Akzept.[740] **Der Akkreditivvertrag endet** typischerweise durch Erfüllung. Er ist frei widerruflich (§§ 675, 649 S. 1 BGB)

BankvertragsR 3. Teil Rn. 563 f., 636; *Schütze/Vorpeil* Dokumentenakkreditiv Rn. 37; *Wälzholz* WM 1994, 1457 (1459).

[726] Langenbucher/Bliesener/Spindler/*Segna* Dokumentäre Zahlungen Rn. 14; *Kessler* in Blesch/Lange, Bankgeschäfte mit Auslandsbezug, 2007, Rn. 667; Palandt/*Grüneberg* BGB § 307 Rn. 15.

[727] Für geltungserhaltende Reduktion *Canaris* BankvertragsR Rn. 929; Heymann/*Horn* HGB Anh. § 372 Rn. VI/24; Langenbucher/Bliesener/Spindler/*Segna* Dokumentäre Zahlungen Rn. 14; aA Baumbach/Hopt/*Hopt* Bankgeschäfte ERA Einl. Rn. 7; *v. Westphalen,* Rechtsprobleme der Exportfinanzierung, 3. Aufl. 1987, 253.

[728] OLG München Urt. v. 3.7.1996 – 7 U 2192/96, RIW 1996, 1036 (1037) = WM 1996, 2335.

[729] *Canaris* BankvertragsR Rn. 920 f.; Heymann/*Horn* HGB Anh. § 372 Rn. VI/23.

[730] *Schütze/Vorpeil* Dokumentenakkreditiv Rn. 33, 38; ähnl. *Jäger/Haas* in Schimansky/Bunte/Lwowski BankR-HdB § 120 Rn. 21; aA *Canaris* BankvertragsR Rn. 930; *v. Westphalen,* Rechtsprobleme der Exportfinanzierung, 3. Aufl. 1987, 229 f.

[731] Vgl. die Aufzählung bei *Schütze/Vorpeil* Dokumentenakkreditiv Rn. 39; s. auch *Jäger/Haas* in Schimansky/Bunte/Lwowski BankR-HdB § 120 Rn. 21.

[732] BGH Urt. v. 17.10.1983 – II ZR 146/82, WM 1983, 1385 (1386); Langenbucher/Bliesener/Spindler/*Segna* Dokumentäre Zahlungen Rn. 18; Heymann/*Horn* HGB Anh. § 372 Rn. VI/30.

[733] Baumbach/Hopt/*Hopt* Bankgeschäfte Rn. K/3.

[734] So GK-HGB/*Gesmann-Nuissl,* 7. Aufl. 2007, HGB Nach § 406 Rn. 231; Baumbach/Hopt/*Hopt* Bankgeschäfte Rn. K/3; MVHdB II WirtschaftsR I/*Schütze* V. 12 Anm. 2; *Zahn/Ehrlich/Haas* Rn. 2/39; aA Langenbucher/Bliesener/Spindler/*Segna* Dokumentäre Zahlungen Rn. 16, der von einem Schriftformzwang kraft Handelsbrauch ausgeht.

[735] Langenbucher/Bliesener/Spindler/*Segna* Dokumentäre Zahlungen Rn. 16; MüKoBGB/*Habersack* BGB § 783 Rn. 45.

[736] *ICC,* Commentary on the UCP 600 – Article-by-Article Analysis by the UCP 600 Drafting Group, ICC-Publikation Nr. 680, 2007, 29.

[737] *Holzwarth* IHR 2007, 136 (137 f.); *Jeffery* 23 BFLR 2007, 189 (199).

[738] Muster in MVHdB II WirtschaftsR I/*Schütze* V. 12; *Joos* in Hopt VertrFormB IV. K. 1.

[739] BGH Urt. v. 23.6.1998 – XI ZR 294/97, WM 1998, 1769 (1770) = BB 1998, 1760 (1. Instanz LG Hamburg Urt. v. 18.11.1996 – 415 O 106/96, WM 1997, 258); *Jäger/Haas* in Schimansky/Bunte/Lwowski BankR-HdB § 120 Rn. 83; Baumbach/Hopt/*Hopt* Bankgeschäfte K/3; *Canaris* BankvertragsR Rn. 923, 939; *Schütze/Vorpeil* Dokumentenakkreditiv Rn. 137 f.; Langenbucher/Bliesener/Spindler/*Segna* Dokumentäre Zahlungen Rn. 19; MVHdB II WirtschaftsR I/*Schütze* V. 12 Anm. 3; MüKoBGB/*Habersack* BGB § 783 Rn. 45; *Zahn/Ehrlich/Haas* Rn. 2/36.

[740] Art. 2 (Honorieren) ERA 600. Die Akkreditivleistung „Negoziierung" erfolgt immer durch eine andere Bank (benannte Bank).

solange gegenüber dem Begünstigten keine selbstständige Verpflichtung begründet wurde (§ 790 BGB analog).[741] Gleiches gilt für Weisungsänderungen des Auftraggebers; zur Ausnahme bei Rechtsmissbrauch → Rn. 168; zur Insolvenz von Auftraggeber oder Akkreditivbank *Jäger/Haas* in Schimansky/Bunte/Lwowski BankR-HdB § 120 Rn. 487 ff.[742]

b) Vertragsinhalt. Der Akkreditivvertrag **verpflichtet die Akkreditivbank,** das Akkreditiv zu **149** den vorgegebenen Bedingungen fristgerecht durch Mitteilung an den Begünstigten zu eröffnen.[743] Bei rechtzeitiger Einreichung akkreditivkonformer Dokumente, die ERA 600 sprechen in Art. 2 ERA 600 von *konformer Dokumentenvorlage,* und nach deren sorgfältiger Prüfung hat sie die vereinbarte Akkreditivleistung (Zahlung, hinausgeschobene Zahlung, Akzept) zu erbringen und die aufgenommenen Dokumente an den Auftraggeber herauszugeben.[744] Im Gegenzug ist der **Auftraggeber verpflichtet,** Provision (§§ 675, 631 Abs. 1, 632 Abs. 1 BGB) und Aufwendungsersatz (§§ 675, 670 BGB) zu leisten.[745] Der Aufwendungsersatz, zu dem vor allem der Akkreditivbetrag zählt, ist vom Auftraggeber vorschussweise zu zahlen (§ 669 BGB), anderenfalls liegt ein Kredit vor.[746] Zum Aufwendungsersatz gehören auch Prozesskosten, die die Akkreditivbank zur Abwehr einer unberechtigten Inanspruchnahme aus dem Akkreditiv berechtigterweise aufwendet.[747] Wird die Bestätigung des Akkreditivs durch eine Zweitbank verlangt, ist eine Bestätigungsprovision zu zahlen. Provisions- und Aufwendungsersatzanspruch setzen voraus, dass die Akkreditivbank **weisungsgemäß handelt.** Ein Weisungsverstoß führt grundsätzlich zum Deckungsverlust (§ 670 BGB) und ggf. zu Schadensersatz aus § 280 Abs. 1 BGB[748] (→ Rn. 150 aE).

Ebenso wie beim Dokumenteninkasso gilt im Akkreditivgeschäft der Grundsatz der **formalen** **150** **Auftragsstrenge**[749]. Banken haben die ihnen erteilten Aufträge genauestens zu befolgen, müssen das Akkreditiv in der vorgeschriebenen Frist und Form eröffnen und dürfen nur akkreditivkonforme Dokumente aufnehmen.[750] Der Grund für den eingeschränkten Ermessensspielraum liegt darin, dass den beteiligten Banken das zugrundeliegende Exportgeschäft und dessen Gebräuchlichkeiten unbekannt sind. Nach Art. 5 ERA 600 befassen sich die Banken mit Dokumenten und nicht mit den zugrunde liegenden Waren, Dienstleistungen oder Leistungen.[751] Sie können daher idR nicht beurteilen, ob eine Abweichung vom Auftrag schädlich oder unschädlich ist. Dem entspricht auch der Grundsatz der Dokumentenstrenge (→ Rn. 161). Nach hM ist ein **Abweichen** von Weisungen und Akkreditivbedingungen aber zulässig, wenn Akkreditiv- oder Zweitbank ohne Heranziehung von Fachleuten zweifelsfrei beurteilen können, dass die Abweichung für den Auftraggeber unerheblich und unschädlich ist.[752] Im Übrigen ist ein Abgehen von Weisungen und Akkreditivbedingungen nur bei konkreter Gefahr für den Auftraggeber zulässig (§§ 670, 665 S. 2 BGB),[753] etwa bei Vermögensverfall des Begünstigten. Der Auftraggeber hat keinen Anspruch auf Schadensersatz, wenn die Abweichung

---

[741] Heymann/*Horn* HGB Anh. § 372 Rn. VI/31; Baumbach/Hopt/*Hopt* Bankgeschäfte Rn. K/9.

[742] Ferner *Obermüller,* Insolvenzrecht in der Bankpraxis, 9. Aufl. 2016, Rn. 4.14 ff.; *Schütze/Vorpeil* Dokumentenakkreditiv Rn. 783 f.

[743] *Schütze/Vorpeil* Dokumentenakkreditiv Rn. 144.

[744] Langenbucher/Bliesener/Spindler/*Segna* Dokumentäre Zahlungen Rn. 20; Baumbach/Hopt/*Hopt* Bankgeschäfte Rn. K/3.

[745] Zu den Kosten eines Akkreditivs s. *Altmann,* Zahlungssicherung im Außenhandel, 2007, 25 f.; MVHdB II WirtschaftsR I/*Schütze* V. 12 Anm. 5 f.; *Jäger/Haas* in Schimansky/Bunte/Lwowski BankR-HdB § 120 Rn. 87 f.

[746] GK-HGB/*Gesmann-Nuissl,* 7. Aufl. 2007, HGB Nach § 406 Rn. 229; Heymann/*Horn* HGB Anh. § 372 Rn. VI/22; MüKoHGB/*Nielsen,* 3. Aufl. 2014, ZahlungsV Rn. H 59; *Schütze/Vorpeil* Dokumentenakkreditiv Rn. 160; aA MüKoHGB/*Wedemann* ZahlungsV Rn. H 88.

[747] BGH Urt. v. 23.6.1998 – XI ZR 294/97, WM 1998, 1769 (1770).

[748] Baumbach/Hopt/*Hopt* Bankgeschäfte Rn. K/4; Heymann/*Horn* HGB Anh. § 372 Rn. VI/31.

[749] *Schütze/Vorpeil* Dokumentenakkreditiv Rn. 139; Langenbucher/Bliesener/Spindler/*Segna* Dokumentäre Zahlungen Rn. 19; Staub/*Grundmann* BankvertragsR 3. Teil Rn. 583; *Zahn/Ehrlich/Haas* Rn. 2/388.

[750] BGH Urt. v. 2.7.1984 – II ZR 160/83, RIW 1984, 914 = WM 1984, 1214 = NJW 1985, 550 = DB 1984, 2400 (zu ERA Revision 1974, Vorinstanz OLG Hamburg Urt. v. 24.5.1983 – 12 U 144/82, RIW 1984, 392), dazu *Nielsen* WM 1985, 149; BGH Urt. v. 27.6.1988 – II ZR 283/87, NJW 1989, 159 (160) = WM 1988, 1298 = RIW 1988, 814 = ZIP 1988, 1102 = DB 1988, 2195; OLG München Urt. v. 13.12.1996 – 23 U 4026/96, WM 1998, 554 (555) = BB 1998, 125 = RIW 1998, 237; Baumbach/Hopt/*Hopt* Bankgeschäfte Rn. K/3 f.; *Altmann,* Zahlungssicherung im Außenhandel, 2007, 63.

[751] Ähnl. Art. 4 ERA 600, der die Trennung von Akkreditiv und Grundgeschäft betont, *Graffe/Weichbrodt/Xueref,* Dokumenten-Akkreditive – ICC-Richtlinien 1993, ICC-Publikation Nr. 500/1, 1993, 19.

[752] BGH Beschl. v. 4.10.1984 – III ZR 102/83, WM 1984, 1443 (1444); BGH Urt. v. 2.7.1984 – II ZR 160/83, RIW 1984, 914 = WM 1984, 1214 = NJW 1985, 550 = DB 1984, 2400; OLG München Urt. v. 3.7.1996 – 7 U 2192/96, RIW 1996, 1036 (1038) = WM 1996, 2335; OLG München Urt. v. 13.12.1996 – 23 U 4026/96, WM 1998, 554 (555) = BB 1998, 125 = RIW 1998, 237; *Canaris* BankvertragsR Rn. 945; aA *Jäger/Haas* in Schimansky/Bunte/Lwowski BankR-HdB § 120 Rn. 83.

[753] Langenbucher/Bliesener/Spindler/*Segna* Dokumentäre Zahlungen Rn. 19; GK-HGB/*Gesmann-Nuissl,* 7. Aufl. 2007, HGB Nach § 406 Rn. 234; *v. Westphalen,* Rechtsprobleme der Exportfinanzierung, 3. Aufl. 1987, 238 f.; *Schütze/Vorpeil* Dokumentenakkreditiv Rn. 139; aA MüKoHGB/*Nielsen,* 3. Aufl. 2014, ZahlungsV Rn. H 45.

für ihn ohne Nachteile geblieben ist. Dies folgt aus § 242 BGB,[754] beispielsweise wenn der Auftraggeber gleichwohl die Ware mangel- und beanstandungsfrei erhalten hat.[755]

151   **c) Sorgfaltspflichten und Freizeichnungen.** Die Akkreditivbank ist verpflichtet, den erteilten Auftrag **sorgfältig und gewissenhaft auszuführen.** Dabei hat sie die Interessen des Auftraggebers zu wahren. Eine allgemeine Aufklärungs- oder Beratungspflicht, sei es hinsichtlich der Zweckmäßigkeit des Dokumentenakkreditivs, der Akkreditivbedingungen oder der Bonität des Begünstigten, obliegt ihr allerdings nicht.[756] Lediglich bei konkreter Gefahr für den Auftraggeber muss sie warnen und aufklären.[757] Dies wäre der Fall, wenn die Akkreditivbank von der Insolvenz des Begünstigten Kenntnis hätte.[758] Zur Prüfungspflicht der Dokumente und zum Fälschungsrisiko → Rn. 163 f.

152   Die ERA enthalten zahlreiche **Freizeichnungen,** die nach überwM der AGB-Kontrolle unterliegen (→ Rn. 146). Nach Art. 35 ERA 600 übernehmen Banken keine Haftung für **Übermittlungsfehler, -verzögerungen und falsche Übersetzungen.** Im Gegensatz zu den ehemaligen Formulierungen in Art. 16 ERA 500 steht die Freizeichnung für Übermittlungsfehler und -verzögerungen heute unter dem Vorbehalt, dass die Übermittlung „gemäß den im Akkreditiv gestellten Anforderungen" erfolgt.[759] Damit ist den gegen Art. 16 ERA 500 erhobenen Bedenken zT Rechnung getragen,[760] denn der Haftungsausschluss bezieht sich nicht mehr auf Fehler und Verzögerungen, die auf der Missachtung von Weisungen und Akkreditivbedingungen beruhen. Hierfür haften die Betroffenen nach allgemeinen Grundsätzen. Aber auch im Übrigen haften Akkreditiv- und Zweitbank schon für leichte Fahrlässigkeit, da die Pflicht, die Akkreditiveröffnung fristgerecht mitzuteilen, vertragswesentlich ist. Art. 35 ERA 600 verstößt insofern, wie Art. 16 ERA 500, gegen § 307 Abs. 1 BGB.[761] Nach *Horn* soll die Bank auch für unverschuldete Fehler und Verzögerungen, die in ihrer Betriebssphäre wurzeln, haften.[762] Die Freizeichnung des Art. 36 ERA 600 für Störung der Geschäftstätigkeit durch **höhere Gewalt,** der jetzt auch Terrorakte aufführt, ist dagegen nicht zu beanstanden.[763] Die Überwälzung der Risiken aus **ausländischen Gesetzen und Gebräuchen** in Art. 37 lit. d ERA 600 ist dagegen nur insoweit wirksam, als die Bank selbst kein Verschulden trifft.[764] Zu weiteren Haftungsausschlüssen → Rn. 155 und 163 f.

153   **4. Einschaltung einer Zweitbank. a) Rechtsverhältnis Akkreditivbank – Zweitbank.** Die Einschaltung einer Zweitbank im Land des Begünstigten ist regelmäßig erforderlich.[765] Häufig wird auch eine dritte Bank hinzugezogen, entweder als bestätigende oder als zweite avisierende Bank.[766] Nach Art. 3 ERA 600 gelten Filialen einer Bank in anderen Ländern als andere Banken; die ausländische Filiale der Akkreditivbank ist daher, trotz der möglichen rechtlichen Einheit, Zweitbank.[767] Will die Zweitbank den erteilten Auftrag nicht ausführen, ist sie zur unverzüglichen Benachrichtigung der Akkreditivbank verpflichtet, vgl. für die Avisbank Art. 9 lit. e ERA 600. Die **Aufgabe der Zweitbank** kann sich auf die bloße Mitteilung der Akkreditiveröffnung an den Begünstigten beschränken

[754] BGH Urt. v. 27.6.1988 – II ZR 283/87, NJW 1989, 159 (160) = WM 1988, 1298 = RIW 1988, 814 = ZIP 1988, 1102 = DB 1988, 2195; Baumbach/Hopt/*Hopt* Bankgeschäfte Rn. K/4; GK-HGB/*Gesmann-Nuissl*, 7. Aufl. 2007, HGB Nach § 406 Rn. 234; Heymann/*Horn* HGB Anh. § 372 Rn. VI/33; so auch Staub/*Grundmann* BankvertragsR 3. Teil Rn. 617.

[755] OLG München Urt. v. 13.12.1996 – 23 U 4026/96, WM 1998, 554 (555) = BB 1998, 125 = RIW 1998, 237.

[756] *Jäger/Haas* in Schimansky/Bunte/Lwowski BankR-HdB § 120 Rn. 85; Langenbucher/Bliesener/Spindler/*Segna* Dokumentäre Zahlungen Rn. 17; *Schütze/Vorpeil* Dokumentenakkreditiv Rn. 146; *Zahn/Ehrlich/Haas* Rn. 2/41. Staub/*Grundmann* BankvertragsR 3. Teil Rn. 585 bejaht dagegen eine Pflicht der Akkreditivbank, den Auftraggeber über die Gefahren aufzuklären, die sich aus der Anwendung unterschiedlichen Rechts ergeben können.

[757] *Canaris* BankvertragsR Rn. 966a; Heymann/*Horn* HGB Anh. § 372 Rn. VI/34; vgl. hierzu auch beim Dokumenteninkasso → Rn. 127.

[758] Langenbucher/Bliesener/Spindler/*Segna* Dokumentäre Zahlungen Rn. 17.

[759] S. zu diesen Änderungen *ICC,* Commentary on the UCP 600 – Article-by-Article Analysis by the UCP 600 Drafting Group, ICC-Publikation Nr. 680, 2007, 147; *Holzwarth* IHR 2007, 136 (147).

[760] → 1. Aufl. 2001, BankR II Rn. 468 und *Canaris* BankvertragsR Rn. 941.

[761] *Schmidt* in Wolf/Lindacher/Pfeiffer, Akkreditivbedingungen Rn. A 128; aA Staub/*Grundmann* BankvertragsR 3. Teil Rn. 638.

[762] Heymann/*Horn* HGB Anh. § 372 Rn. VI/37.

[763] *Jäger/Haas* in Schimansky/Bunte/Lwowski BankR-HdB § 120 Rn. 225; Heymann/*Horn* HGB Anh. § 372 Rn. VI/35; Staub/*Grundmann* BankvertragsR 3. Teil Rn. 638; *Schmidt* in Wolf/Lindacher/Pfeiffer, Akkreditivbedingungen Rn. A 129.

[764] So iE Baumbach/Hopt/*Hopt* Bankgeschäfte ERA Art. 37 Rn. 2; *Schmidt* in Wolf/Lindacher/Pfeiffer, Akkreditivbedingungen Rn. A 130–140; aA *Jäger/Haas* in Schimansky/Bunte/Lwowski BankR-HdB § 120 Rn. 440.

[765] *Jäger/Haas* in Schimansky/Bunte/Lwowski BankR-HdB § 120 Rn. 31; Langenbucher/Bliesener/Spindler/*Segna* Dokumentäre Zahlungen Rn. 24.

[766] Dem trägt Art. 9 lit. c ERA 600 nunmehr Rechnung; *Jeffery* 23 BFLR 2007, 189 (196); *ICC,* Commentary on the UCP 600 – Article-by-Article Analysis by the UCP 600 Drafting Group, ICC-Publikation Nr. 680, 2007, 46: „Sub-article (c) introduces the concept of a second advising bank".

[767] *Graffe/Weichbrodt/Xueref,* Dokumenten-Akkreditive – ICC-Richtlinien 1993, ICC-Publikation Nr. 500/1, 1993, Art. 2, S. 17.

(Avisbank, Art. 9 ERA 600).[768] IdR fungiert die Zweitbank aber auch als Zahlstelle. Sie hat in diesem Fall neben dem Avis die Aufgabe, nach sorgfältiger Prüfung der Dokumente die Akkreditivleistung zu erbringen, ohne allerdings eine eigene Verpflichtung hierzu gegenüber dem Begünstigten einzugehen (Art. 9 lit. a, 12 lit. a ERA 600).[769] Eine solche Verpflichtung entsteht erst, wenn die Zweitbank auf Grund der Ermächtigung oder des Auftrags der Akkreditivbank das Akkreditiv bestätigt (Art. 8 ERA 600, → Rn. 169), oder die Honorierung anderweitig ausdrücklich übernimmt (Art. 12 lit. a ERA 600), etwa indem sie dem Begünstigten mitteilt, sie werde die Zahlung vornehmen.[770] Im Verhältnis der Zweitbank zur Akkreditivbank liegt – wenn deutsches Recht darüber entscheidet – ein **Geschäftsbesorgungsvertrag** (§ 675 BGB) vor. Bei Bestätigung durch die Zweitbank handelt es sich um einen darin eingebetteten Werkvertrag (§§ 675, 631 BGB)[771] im Übrigen um einen Dienstvertrag (§§ 675, 611 BGB), str.[772]

Die **Pflichten der Zweitbank** entsprechen denjenigen der Akkreditivbank. Sie ist vor allem **154** verpflichtet, den erteilten Auftrag sorgfältig auszuführen.[773] Sofern sie nicht lediglich die Funktion einer avisierenden Bank hat, muss sie die aufzunehmenden Dokumente genauestens prüfen[774] (Art. 14 lit. a ERA 600). Die Zweitbank hat Anspruch auf **Provision** (§§ 675, 631 bzw. § 611 BGB).[775] Zahlt sie den Akkreditivbetrag auftragsgemäß aus, steht ihr ein vorzuschießender **Aufwendungsersatzanspruch** zu (§§ 675, 670, 669 BGB; Rembours, dazu Art. 13 ERA 600).[776] Vgl. hierzu *ICC Uniform Rules for Bank-to-Bank Reimbursements under Documentary Credits* (URR 725, ICC-Publikation Nr. 725).[777] Nimmt die Zweitbank nicht akkreditivkonforme Dokumente auf, verliert sie ihren Deckungsanspruch.[778] Die Zurückweisung solcher Dokumente durch die Akkreditivbank, die ihrerseits neben der Zweitbank zur Prüfung verpflichtet ist, hat aber unverzüglich zu erfolgen. Gegenüber der Zweitbank muss die Akkreditivbank nicht akkreditivkonforme Dokumente spätestens **fünf Bankarbeitstage** nach Erhalt rügen (Art. 16 lit. d ERA 600).[779] Anderenfalls gelten die Dokumente als akkreditivkonform (Art. 16 lit. f ERA 600).

b) Verhältnis Auftraggeber – Zweitbank. Die Beauftragung der Zweitbank durch die Akkredi- **155** tivbank erfolgt im eigenen Namen; es bestehen daher **keine vertraglichen Beziehungen** zwischen dem Auftraggeber und der Zweitbank.[780] Eventuelle Schadensersatzansprüche gegen die Zweitbank stehen nur der Akkreditivbank zu. Diese können an den Auftraggeber abgetreten oder im Wege der Drittschadensliquidation verfolgt werden.[781] Die Einschaltung der Zweitbank ist, unabhängig von ihrer Funktion, idR **Substitution** (Unterauftrag, weitergeleiteter Auftrag) iSv § 664 Abs. 1 S. 2 BGB, str.[782]

---

[768] Zu dieser rein technischen Hilfsfunktion Langenbucher/Bliesener/Spindler/*Segna* Dokumentäre Zahlungen Rn. 25; *Schütze* DB 1987, 2189.

[769] Baumbach/Hopt/*Hopt* Bankgeschäfte Rn. K/2; Langenbucher/Bliesener/Spindler/*Segna* Dokumentäre Zahlungen Rn. 26.

[770] *ICC,* Commentary on the UCP 600 – Article-by-Article Analysis by the UCP 600 Drafting Group, ICC-Publikation Nr. 680, 2007, 53.

[771] *Jäger/Haas* in Schimansky/Bunte/Lwowski BankR-HdB § 120 Rn. 161.

[772] So auch GK-HGB/*Gesmann-Nuissl,* 7. Aufl. 2007, HGB Nach § 406 Rn. 243; einheitlich für §§ 675, 631 BGB Langenbucher/Bliesener/Spindler/*Segna* Dokumentäre Zahlungen Rn. 30; *Jäger/Haas* in Schimansky/Bunte/Lwowski BankR-HdB § 120 Rn. 61; Baumbach/Hopt/*Hopt* Bankgeschäfte Rn. K/2; Heymann/*Horn* HGB Anh. § 372 Rn. VI/44; *Schütze/Vorpeil* Dokumentenakkreditiv Rn. 378, 397.

[773] Staub/*Grundmann* BankvertragsR 3. Teil Rn. 598, 601.

[774] Baumbach/Hopt/*Hopt* Bankgeschäfte Rn. K/2; Langenbucher/Bliesener/Spindler/*Segna* Dokumentäre Zahlungen Rn. 26; *Canaris* BankvertragsR Rn. 973.

[775] *Schütze/Vorpeil* Dokumentenakkreditiv Rn. 380, 399.

[776] Baumbach/Hopt/*Hopt* Bankgeschäfte Rn. K/2; *Canaris* BankvertragsR Rn. 972; *v. Westphalen,* Rechtsprobleme der Exportfinanzierung, 3. Aufl. 1987, 251.

[777] → Rn. 144; URR 525, ICC-Publikation Nr. 525, galt für die ERA 500.

[778] Langenbucher/Bliesener/Spindler/*Segna* Dokumentäre Zahlungen Rn. 30; Heymann/*Horn* HGB Anh. § 372 Rn. VI/47; *Jäger/Haas* in Schimansky/Bunte/Lwowski BankR-HdB § 120 Rn. 143.

[779] Die Herabsetzung dieses Zeitraums von sieben auf maximal fünf Bankarbeitstage (ähnl. Art. 14 lit. b ERA 600) war eine der wichtigsten Änderungen der Revision von 2007, vgl. *ICC,* Commentary on the UCP 600 – Article-by-Article Analysis by the UCP 600 Drafting Group, ICC-Publikation Nr. 680, 2007, 74; *Altmann,* Zahlungssicherung im Außenhandel, 2007, 29; *Jeffery* 23 BFLR 2007, 189 (199 f.). Zur Rechtslage vor 2007 s. BGH Urt. v. 2.7.1984 – II ZR 160/83, RIW 1984, 914 (915) = WM 1984, 1214 = NJW 1985, 550 = DB 1984, 2400; Heymann/*Horn* HGB Anh. § 372 Rn. VI/47.

[780] OLG Frankfurt a. M. Urt. v. 6.10.1987 – 5 U 247/86, WM 1988, 214 = RIW 1988, 905 (906); MüKoHGB/*Wedemann* ZahlungsV Rn. H 110; Langenbucher/Bliesener/Spindler/*Segna* Dokumentäre Zahlungen Rn. 32; Baumbach/Hopt/*Hopt* Bankgeschäfte Rn. K/2; *Jäger/Haas* in Schimansky/Bunte/Lwowski BankR-HdB § 120 Rn. 421; *Schütze/Vorpeil* Dokumentenakkreditiv Rn. 377. Zur gleichen Situation beim Dokumenteninkasso → Rn. 133.

[781] Langenbucher/Bliesener/Spindler/*Segna* Dokumentäre Zahlungen Rn. 32; GK-HGB/*Gesmann-Nuissl,* 7. Aufl. 2007, HGB Nach § 406 Rn. 246; für Drittschutzpflichten der Zweitbank gegenüber dem Auftraggeber Baumbach/Hopt/*Hopt* Bankgeschäfte Rn. K/2.

[782] *Jäger/Haas* in Schimansky/Bunte/Lwowski BankR-HdB § 120 Rn. 424 ff.; Langenbucher/Bliesener/Spindler/*Segna* Dokumentäre Zahlungen Rn. 33 f.; *Zahn/Ehrlich/Haas* Rn. 2/178; *v. Westphalen* RIW 1994, 453 (456).

Die Akkreditivbank haftet deshalb für das Verhalten der Zweitbank nicht nach § 278 BGB, so aber die überwM.[783] Erfüllungsgehilfenschaft scheidet deshalb aus, weil beim Dokumentenakkreditiv die Einschaltung einer Zweitbank grundsätzlich erforderlich ist und der Akkreditivauftrag die Akkreditivbank hierzu ermächtigt. Die Ermächtigung erfolgt zumindest konkludent; im Hinblick auf Nr. 3 Abs. 2 AGB-Banken, Nr. 19 Abs. 2 AGB-Sparkassen ausdrücklich. § 278 BGB kann man nur bejahen, wenn man es als eigene Aufgabe der Akkreditivbank ansieht, im Ausland die Funktionen der Zweitbank zu übernehmen. Davon gehen die Beteiligten des Akkreditivgeschäfts in der Praxis aber regelmäßig nicht aus. Im Übrigen ist es wenig einleuchtend, die Einschaltung der Zweitbank beim Dokumentenakkreditiv anders zu beurteilen als beim Dokumenteninkasso,[784] hierzu und zu Änderungen des Interbankenverhältnisses → Rn. 134. Bejaht man Substitution, **haftet die Akkreditivbank** dem Auftraggeber lediglich für eigenes Auswahlverschulden[785] und fehlerhafte Unterweisung (§ 664 Abs. 1 S. 2 BGB, Nr. 3 Abs. 2 AGB-Banken, Nr. 19 Abs. 2 AGB-Sparkassen). Da diese Haftung durch Art. 37 lit. a und b ERA 600 ausgeschlossen werden soll,[786] sind diese Vorschriften insoweit unwirksam (§§ 309 Nr. 7 lit. b, 307 Abs. 1 BGB).[787] Bejaht man § 278 BGB, ist der Haftungsausschluss in Art. 37 lit. a und b ERA 600 insgesamt unwirksam.[788] Problematisch ist auch Art. 37 lit. d ERA 600, nach dem der Auftraggeber alle Risiken aus ausländischen Gesetzen und Gebräuchen tragen soll.

156   **5. Der Akkreditivanspruch. a) Rechtsverhältnis Begünstigter – Akkreditivbank. aa) Rechtsnatur, Begründung, Inhalt.** Die Mitteilung des Akkreditivs[789] (Eröffnung, Avis) begründet für den Begünstigten einen selbstständigen, vom Grundgeschäft (zB Exportvertrag) unabhängigen Anspruch (Art. 4 ERA 600).[790] Die Mitteilung erfolgt idR durch die Zweitbank; der Anspruch richtet sich gegen die Akkreditivbank. Zur Bestätigung durch die Zweitbank → Rn. 169. Vor Eröffnung bestehen keine vertraglichen Beziehungen zwischen dem Begünstigten und der Akkreditivbank, der Akkreditivvertrag ist kein Vertrag zugunsten Dritter.[791] Die Mitteilung kann nach § 350 formlos erfolgen,[792] in der Praxis ist das jedoch unüblich (vgl. Art. 11 lit. a ERA 600). Nach hM handelt es sich, wenn man diese Frage beurteilt, beim Akkreditiv um ein **abstraktes Schuldversprechen iSv § 780 BGB.**[793] Die erforderliche Annahme des Begünstigten erfolgt idR konkludent und gem. § 151 BGB.[794] Akkreditive sind grundsätzlich **unwiderruflich,** auch ohne dass sie dies ausdrücklich sagen müssen. Art. 2 ERA 600 definiert sie nämlich als „… jede … Vereinbarung, die *unwiderruflich* ist …"[795] Dementsprechend können im Rahmen der ERA 600 keine widerruflichen Akkreditive eröffnet werden; zT soll das gleichwohl unter dem Gesichtspunkt der Vertragsfreiheit

[783] OLG Frankfurt a. M. Urt. v. 6.10.1987 – 5 U 247/86, WM 1988, 214 = RIW 1988, 905 (906); Heymann/*Horn* HGB Anh. § 372 Rn. VI/49; Schlegelberger/*Hefermehl* HGB Anh. § 365 Rn. 195; *Schütze/Vorpeil* Dokumentenakkreditiv Rn. 374 f.; *Schütze* RIW 1988, 343 (344); differenziert, je nach Funktion der Zweitbank, *Canaris* BankvertragsR Rn. 974; Baumbach/Hopt/*Hopt* Bankgeschäfte K/2, K/3; *Kessler* in Blesch/Lange, Bankgeschäfte mit Auslandsbezug, 2007, Rn. 704.

[784] *Jäger/Haas* in Schimansky/Bunte/Lwowski BankR-HdB § 120 Rn. 426.

[785] *Schütze/Vorpeil* Dokumentenakkreditiv Rn. 395; Staub/*Grundmann* BankvertragsR 3. Teil Rn. 639; *Zahn/Ehrlich/Haas* Rn. 2/178.

[786] *ICC*, Commentary on the UCP 600 – Article-by-Article Analysis by the UCP 600 Drafting Group, ICC-Publikation Nr. 680, 2007, 155 f.

[787] *Jäger/Haas* in Schimansky/Bunte/Lwowski BankR-HdB § 120 Rn. 423.

[788] GK-HGB/*Gesmann-Nuissl*, 7. Aufl. 2007, HGB Nach § 406 Rn. 247; *v. Westphalen* RIW 1994, 453 (456 f.); einschränkend Baumbach/Hopt/*Hopt* Bankgeschäfte ERA Art. 37 Rn. 1; Heymann/*Horn* HGB Anh. § 372 Rn. VI/50; dazu auch *Nielsen* WM-Sonderbeilage 2/1994, 13 und Langenbucher/Bliesener/Spindler/*Segna* Dokumentäre Zahlungen Rn. 32 f.

[789] Ein Muster eines Dokumentenakkreditivs findet sich im MVHdB II WirtschaftsR I/*Schütze* V. 10.

[790] Staub/*Grundmann* BankvertragsR 3. Teil Rn. 572, 588 bezeichnet diese Abstraktion als Kernprinzip des Dokumentenakkreditivs und (wohl weltweiten) Handelsbrauch.

[791] Langenbucher/Bliesener/Spindler/*Segna* Dokumentäre Zahlungen Rn. 23; Baumbach/Hopt/*Hopt* Bankgeschäfte Rn. K/10.

[792] Baumbach/Hopt/*Hopt* Bankgeschäfte Rn. K/11; so für die Bestätigung OLG Frankfurt a. M. Urt. v. 19.12.1994 – 4 U 29/94, WM 1996, 58 (59) (zu ERA Revision 1983, Vorinstanz in WM 1994, 944); differenziert Langenbucher/Bliesener/Spindler/*Segna* Dokumentäre Zahlungen Rn. 23.

[793] BGH Urt. v. 21.3.1973 – VIII ZR 228/71, BGHZ 60, 262 (264) = NJW 1973, 899; BGH Urt. v. 5.3.1992 – IX ZR 117/91, WM 1992, 927 (928); BGH Urt. v. 16.4.1996 – XI ZR 138/95, NJW 1996, 1812 (1813) = WM 1996, 995 = BB 1996, 1186 = RIW 1996, 606 (zu ERA Revision 1983); Baumbach/Hopt/*Hopt* Bankgeschäfte Rn. K/1, K/2, K/11; Langenbucher/Bliesener/Spindler/*Segna* Dokumentäre Zahlungen Rn. 4; *Freitag* in Derleder/Knops/Bamberger BankR/KapMarktR § 75 Rn. 28; *Schütze/Vorpeil* Dokumentenakkreditiv Rn. 79; *Canaris* BankvertragsR Rn. 984; MVHdB II WirtschaftsR I/*Schütze* V. 10 Anm. 5; MüKoBGB/*Habersack* BGB § 783 Rn. 48; Staub/*Grundmann* BankvertragsR 3. Teil Rn. 588; *Zahn/Ehrlich/Haas* Rn. 2/150; aA (für Forderungsgarantie) Heymann/*Horn* HGB Anh. § 372 Rn. VI/51; für ein Leistungsinstrument „sui generis" *Jäger/Haas* in Schimansky/Bunte/Lwowski BankR-HdB § 120 Rn. 74.

[794] *Jäger/Haas* in Schimansky/Bunte/Lwowski BankR-HdB § 120 Rn. 130 f.; *Canaris* BankvertragsR Rn. 983; MüKoHGB/*Wedemann* ZahlungsV Rn. H 92; MüKoBGB/*Habersack* BGB § 783 Rn. 48.

[795] Ähnl. Art. 7 lit. b ERA 600.

möglich sein.[796] Dies war unter der Geltung der ERA 500 anders.[797] Da widerrufliche Akkreditive in der Praxis fast nicht vorkamen, hat man sie bei der Revision 2007 gestrichen.[798] Wer heute ein widerrufliches Akkreditiv eröffnen will, sollte richtigerweise hierfür die Geltung der alten ERA 500 wählen. Ein Akkreditiv kann nur mit Zustimmung aller Beteiligten geändert werden (Art. 10 lit. a ERA 600), vgl. dazu auch das Positionspapier Nr. 1 der *ICC Banking Commission*.[799] Nicht dokumentäre Bedingungen, dh solche, für deren Erfüllungsnachweis das Akkreditiv keine Dokumente vorsieht, darf das Akkreditiv nicht enthalten. Damit soll die Verknüpfung des Akkreditivs mit dem Grundgeschäft verhindert werden; solche Bedingungen gelten als nicht geschrieben (Art. 14 lit. h ERA 600). Vgl. hierzu auch das Positionspapier Nr. 3 der *ICC Banking Commission*.[800]

Der Akkreditivanspruch des Begünstigten ist **bedingt und befristet.** Er steht unter der aufschie- **157** benden Bedingung der **Vorlage akkreditivkonformer Dokumente** und wird grundsätzlich erst in diesem Augenblick fällig.[801] Art. 2 ERA 600 spricht von *konformer Dokumentenvorlage* und definiert sie als Vorlage in Übereinstimmung mit den Akkreditiv-Bedingungen, den ERA 600 und dem *Standard internationaler Bankpraxis* (→ Rn. 144). Dabei gilt eine Bank, die die erforderlichen Dokumente in Händen hält, als zum Empfang der Akkreditivleistung berechtigt.[802] Die Vorlage hat spätestens am **Verfalltag,** den jedes Akkreditiv enthalten muss, zu erfolgen Art. 6 lit. d i ERA 600). Ohne Verfalldatum ist das Akkreditiv nichtig.[803] Erfolgt die Vorlage verspätet (engl.: *stale documents*), ist der Akkreditivanspruch verfristet.[804] Die Vorlagefrist kann sich noch dadurch verkürzen, aber nicht verlängern, dass jedes Akkreditiv, das ein Transportdokument verlangt, eine Frist nach dem Verladedatum vorschreiben kann, innerhalb derer die Vorlage zu erfolgen hat. Auf jeden Fall muss eine Dokumentenvorlage, die Original-Transportdokumente einschließt, spätestens 21 Kalendertage nach der Verladung erfolgen (Art. 14 lit. c ERA 600). Damit sollen Verzögerungen zu Lasten des Auftraggebers vermieden werden.[805]

Die **Akkreditivleistung** erfolgt Zug um Zug[806] gegen Übergabe der Dokumente und kann **158** bestehen in einer Zahlung, der Übernahme einer Verpflichtung zur hinausgeschobenen Zahlung, einem Wechselakzept oder einer Negoziierung[807] (Art. 2 ERA 600 [Honorieren, Negoziieren], Art. 8 lit. a ERA 600; → Rn. 139). Bei **Sichtzahlung** erfolgt die Leistung bei Vorlage und nach Prüfung der akkreditivkonformen Dokumente (Art. 7 lit. a i ERA 600). Das Akkreditiv kann auch **hinausgeschobene Zahlung** vorsehen (engl.: *deferred payment*); sie erfolgt dann nach der Dokumentenaufnahme an dem im Akkreditiv bestimmten Fälligkeitstermin (Art. 2 lit. b ERA 600 [Honorieren]). Für den Begünstigten besteht in diesem Fall das praktische Risiko, dass der Auftraggeber die Ware vorher untersucht und bei eventuellen Mängeln versucht, die Zahlung ganz oder teilweise zu verhindern. Dies ist jedoch grundsätzlich unzulässig (vgl. → Rn. 172). Auch eine **Teilinanspruchnahme** des Akkredi-

---

[796] Baumbach/Hopt/*Hopt* Bankgeschäfte Rn. K/12; *Jeffery* 23 BFLR 2007, 189 (193); Langenbucher/Bliesener/Spindler/*Segna* Dokumentäre Zahlungen Rn. 6; *Schütze/Vorpeil* Dokumentenakkreditiv Rn. 84; MVHdB II WirtschaftsR I/*Schütze* V. 10 Anm. 4; *Zahn/Ehrlich/Haas* Rn. 2/15.

[797] Ein widerrufliches Akkreditiv konnte bis zur Akkreditivleistung, bei hinausgeschobener Zahlung bis zur Dokumentenaufnahme (Baumbach/Hopt/*Hopt*, 32. Aufl. 2006, Bankgeschäfte, Rn. K/12), geändert oder annulliert werden, Art. 8 ERA 500. Fehlte im Akkreditiv eine entsprechende Bestimmung, galt es als unwiderruflich, Art. 6 lit. c ERA 500.

[798] *Altmann*, Zahlungssicherung im Außenhandel, 2007, 16; *Freitag* in Derleder/Knops/Bamberger BankR/KapMarktR § 75 Rn. 29; *Holzwarth* IHR 2007, 136 (148); *ICC*, Commentary on the UCP 600 – Article-by-Article Analysis by the UCP 600 Drafting Group, ICC-Publikation Nr. 680, 2007, 16.

[799] Abgedr. bei *Schütze*, Dokumentenakkreditiv, 5. Aufl. 1999, Anh. II.; *Taylor*, The Complete UCP – Uniform Customs and Practice for Documentary Credits – Texts, Rules and History 1920–2007, ICC-Publikation Nr. 683, 2008, 182.

[800] Ebenda; *Taylor*, The Complete UCP – Uniform Customs and Practice for Documentary Credits – Texts, Rules and History 1920–2007, ICC-Publikation Nr. 683, 2008, 184; ferner *Jäger/Haas* in Schimansky/Bunte/Lwowski BankR-HdB § 120 Rn. 214 f.

[801] Baumbach/Hopt/*Hopt* Bankgeschäfte Rn. K/14; Langenbucher/Bliesener/Spindler/*Segna* Dokumentäre Zahlungen Rn. 35; Staub/*Grundmann* BankvertragsR 3. Teil Rn. 569, 588.

[802] BGH Urt. v. 27.6.1988 – II ZR 283/87, NJW 1989, 159 (161) = WM 1988, 1298 = RIW 1988, 814 = ZIP 1988, 1102 = DB 1988, 2195; OLG Karlsruhe Urt. v. 11.4.1997 – 15 U 109/96, RIW 1997, 781 (782) (zu ERA 500); OLG Frankfurt a. M. Urt. v. 19.12.1994 – 4 U 29/94, WM 1996, 58 (59); *Schütze/Vorpeil* Dokumentenakkreditiv Rn. 491.

[803] Baumbach/Hopt/*Hopt* Bankgeschäfte K/13; Baumbach/Hopt/*Hopt* Bankgeschäfte ERA Art. 6 Rn. 4; GK-HGB/*Gesmann-Nuissl*, 7. Aufl. 2007, HGB Nach § 406 Rn. 252; MVHdB II WirtschaftsR I/*Schütze* V. 10 Anm. 8; *Jäger/Haas* in Schimansky/Bunte/Lwowski BankR-HdB § 120 Rn. 219; ähnlich *Zahn/Ehrlich/Haas* Rn. 2/70.

[804] *Freitag* in Derleder/Knops/Bamberger BankR/KapMarktR § 75 Rn. 32; *Jäger/Haas* in Schimansky/Bunte/Lwowski BankR-HdB § 120 Rn. 219; ähnlich *Zahn/Ehrlich/Haas* Rn. 2/70.

[805] *Jäger/Haas* in Schimansky/Bunte/Lwowski BankR-HdB § 120 Rn. 230 f.

[806] BGH Urt. v. 15.3.2004 – II ZR 247/01, WM 2004, 1138 (1139) = DB 2004, 1258 = ZIP 2004, 1047; zur 1. Instanz vgl. LG Hamburg Urt. v. 13.12.2000 – 441 O 105/00, WM 2001, 1250; Langenbucher/Bliesener/Spindler/*Segna* Dokumentäre Zahlungen Rn. 3; *Schütze/Vorpeil* Dokumentenakkreditiv Rn. 641; Staub/*Grundmann* BankvertragsR 3. Teil Rn. 559.

[807] MVHdB II WirtschaftsR I/*Schütze* V. 10 Anm. 9; *Jäger/Haas* in Schimansky/Bunte/Lwowski BankR-HdB § 120 Rn. 32.

tivs ist möglich (Art. 31 lit. a ERA 600). Daran ist zu denken, wenn nur Teile der Ware geliefert werden oder nur für Teile akkreditivkonforme Dokumente vorgelegt werden können. Die Entscheidung über eine Teilinanspruchnahme trifft der Begünstigte.[808]

159 Im Hinblick auf die **Einführung des Euro** ergaben sich für das Akkreditivgeschäft – wie beim Dokumenteninkasso (→ Rn. 131) – keine Besonderheiten. Insbesondere blieb es selbstverständlich beim Prinzip der Vertragskontinuität.[809]

160 **bb) Akkreditivkonforme Dokumente. (1) Arten von Dokumenten.** Der Akkreditivanspruch steht unter der aufschiebenden Bedingung der Vorlage akkreditivkonformer Dokumente oder, mit den Worten von Art. 2 ERA 600, der *konformen Dokumentenvorlage.* Welche Dokumente vorzulegen sind, müssen Begünstigter und Auftraggeber vereinbaren;[810] teilweise kann es sich auch aus den verwandten Handelsklauseln ergeben (zB cif: mit Versicherungspolice, Incoterms 2020, → HGB § 346 Rn. 389 ff.). Die erforderlichen Dokumente müssen im Akkreditivauftrag und im Akkreditiv genau bezeichnet sein.[811] Die ERA enthalten zu den akkreditivfähigen Dokumenten zahlreiche Regelungen. Sie betreffen **Handelsrechnungen**/*commercial invoices* (Art. 18 ERA 600), **Transportdokumente**[812] (Art. 19–27 ERA 600, multimodales Transportdokument/*multimodal transport document,* Konnossement/*bill of lading,* nichtbegebbarer Seefrachtbrief/*non-negotiable sea waybill,* Charterpartie-Konnossement/*charter party bill of lading,* Lufttransportdokument/*air transport document,* Dokumente des Straßen-, Eisenbahn- oder Binnenschiffstransports/*road, rail or inland waterway transport documents,* Kurierempfangsbestätigung, Posteinlieferungs-/Postempfangsschein oder Postversandnachweis/*courier receipt, post receipt or certificate of posting*), **Versicherungsdokumente**/*insurance documents* (Art. 28 ERA 600) und **sonstige Dokumente** (Art. 14 lit. f ERA 600, etwa Lieferschein, Ursprungszeugnis, Qualitätsbescheinigung, Analysezertifikat). Transportdokumente müssen *rein* sein (engl. *clean transport documents*), dh sie dürfen keine Mängelvermerke tragen (Art. 27 ERA 600).[813] Zur Vorlage von **Dokumenten in elektronischer Form** → Rn. 174 ff.

161 **(2) Grundsatz der Dokumentenstrenge.** Im Anschluss an den Grundsatz der formalen Auftragsstrenge (→ Rn. 150) dürfen Akkreditiv- und Zweitbank nur solche Dokumente aufnehmen, die den **Akkreditivbedingungen aufs Genaueste entsprechen** („strict compliance").[814] Bei Vorlage anderer, etwa nur ähnlicher Dokumente, darf die Akkreditivleistung nicht erbracht werden,[815] anderenfalls

---

[808] OLG Düsseldorf Urt. v. 11.7.2003 – 16 U 129/02, ZIP 2003, 1785 (1787) mzustAnm *Nielsen* EWiR Art. 40 ERA 500 1/04, 181.

[809] In der Übergangszeit konnte bei Zahlung per Gutschrift auf einem Konto wahlweise in Euro oder DM geleistet werden, Art. 7, 8 VO (EG) Nr. 974/98 des Rates vom 3. Mai 1998 über die Einführung des Euro (ABl. 1998 L 139, 1, vgl. dazu *Hakenberg* BB 1998, 1491). Bei Beteiligung von Rechtsordnungen außerhalb der EU sollten die Grundsätze des internationalen Währungsrechts (lex monetae) zum selben Resultat kommen. Vorsichtshalber hatte die *ICC Commission on Banking Technique and Practice* in einer Entscheidung vom 6.4.1998 („The impact of the European single currency (euro) on monetary obligations related to transactions involving ICC Rules", https://iccwbo.org/publication/the-impact-of-the-european-single-currency-euro-on-monetary-obligations-related-to-transactions-involving-icc-rules/ (3.4.2020), abgedruckt auch bei *Taylor,* The Complete UCP – Uniform Customs and Practice for Documentary Credits – Texts, Rules and History 1920–2007, ICC-Publikation Nr. 683, 2008, 188; hierzu auch *Hartenfels* WM-Sonderbeilage 1/1999, 41; *Hambloch-Gesinn/Gruner* ZBB 1999, 49 (56)) zur Auslegung der *ICC Rules* festgehalten: „The Introduction of the European single currency (euro), shall not have the effect of altering, discharging or excusing performance under any instrument subject to ICC Rules". Insbesondere durfte der Grundsatz der Dokumentenstrenge (→ Rn. 161) nicht dazu führen, die Aufnahme von Dokumenten abzulehnen, weil in ihnen Euro statt DM oder umgekehrt aufgeführt war. Deshalb durften Dokumente, in denen einmal DM, einmal Euro genannt war, auch nicht als untereinander widersprüchlich abgelehnt werden.

[810] *Schütze/Vorpeil* Dokumentenakkreditiv Rn. 226; MVHdB II WirtschaftsR I/*Schütze* V. 10 Anm. 7; *Zahn/Ehrlich/Haas* Rn. 2/24 ff.

[811] *Jäger/Haas* in Schimansky/Bunte/Lwowski BankR-HdB § 120 Rn. 99.

[812] Hierzu ausf. *Jäger/Haas* in Schimansky/Bunte/Lwowski BankR-HdB § 120 Rn. 99 ff., 260 ff.; *Nielsen* WM-Sonderbeilage 3/1993; zu Klarstellungen Positionspapier Nr. 4 der ICC Banking Commission, abgedr. bei *Schütze,* Dokumentenakkreditiv, 5. Aufl. 1999, Anh. II. und *Taylor,* The Complete UCP – Uniform Customs and Practice for Documentary Credits – Texts, Rules and History 1920–2007, ICC-Publikation Nr. 683, 2008, 185. Zu den die Transportdokumente betreffenden Änderungen durch Einführung der ERA 600 s. *Holzwarth* IHR 2007, 136 (144 ff.); *Jeffery* 23 BFLR 2007, 189 (205 ff.).

[813] *Schütze/Vorpeil* Dokumentenakkreditiv Rn. 293.

[814] MVHdB II WirtschaftsR I/*Schütze* V. 10 Anm. 7; Baumbach/Hopt/*Hopt* Bankgeschäfte Rn. K/6; *Jäger/Haas* in Schimansky/Bunte/Lwowski BankR-HdB § 120 Rn. 200; Langenbucher/Bliesener/Spindler/*Segna* Dokumentäre Zahlungen Rn. 36; Staub/*Grundmann* BankvertragsR 3. Teil Rn. 583, 612; *Vorpeil* WM 2018, 751; MüKoBGB/*Habersack* BGB § 783 Rn. 47; *Zahn/Ehrlich/Haas* Rn. 2/248.

[815] BGH Urt. v. 2.7.1984 – II ZR 160/83, RIW 1984, 914 = WM 1984, 1214 = NJW 1985, 550 = DB 1984, 2400; BGH Beschl. v. 4.10.1984 – III ZR 102/83, WM 1984, 1443 f.; OLG München Urt. v. 3.7.1996 – 7 U 2192/96, RIW 1996, 1036 (1037) = WM 1996, 2335; *Canaris* BankvertragsR Rn. 942 f.; MüKoHGB/*Nielsen,* 3. Aufl. 2014, ZahlungsV Rn. H 104; Langenbucher/Bliesener/Spindler/*Segna* Dokumentäre Zahlungen Rn. 36; *Freitag* in Derleder/Knops/Bamberger BankR/KapMarktR § 75 Rn. 34; *Schütze/Vorpeil* Dokumentenakkreditiv Rn. 507 ff., 541; *v. Westphalen,* Rechtsprobleme der Exportfinanzierung, 3. Aufl. 1987, 239; allgemein zur Dokumentenstrenge *I. Koller* WM 1990, 293.

drohen Deckungsverlust und Schadensersatz.[816] Die Revision 2007 versucht, die in der Praxis sehr hohe Zahl von Beanstandungen bei der Dokumentenvorlage durch Vereinfachungen und Klarstellungen der entsprechenden Artikel der ERA 600 zu reduzieren.[817] Maßstab für die Feststellung, ob vorgelegte Dokumente akkreditivkonform sind, ist der *Standard internationaler Bankpraxis,* auf den Art. 2 ERA 600 (konforme Dokumentenvorlage) ausdrücklich verweist. Hierzu hat die ICC einen Leitfaden[818] verfasst (→ Rn. 144). Mit diesem Maßstab sollen vor allem Ortsusancen ausgeschlossen werden.[819] So genügte ein „certificate of inspection", weil das geforderte „good control certificate" einer öffentlichen Stelle im Exportstaat unüblich war.[820] Entscheidend ist, ob die aufnehmende Bank ohne Hinzuziehung externen Sachverstands erkennen kann, dass die Abweichung für den Auftraggeber unerheblich und unschädlich ist.[821] Der Grundsatz der Dokumentenstrenge verbietet es nicht, unklare Bestimmungen des Akkreditivs auch unter Berücksichtigung des Grundgeschäfts **auszulegen,** sofern für das Auslegungsergebnis Anhaltspunkte im Text der Urkunde vorliegen und sich die Auslegung nicht nur auf Umstände außerhalb der Urkunde stützt.[822] Im Übrigen enthalten Art. 3 ERA 600 (Auslegungen) und Art. 14 ERA 600 (Grundsatz der Dokumentenprüfung) zahlreiche Hinweise darauf, wie bei häufig vorkommenden Auslegungsfragen zu verfahren ist. So bedeutet etwa der Begriff „erste Hälfte" eines Monats den „1. bis 15. einschließlich". Ferner kann in anderen Dokumenten als der Handelsrechnung die Warenbeschreibung allgemein gehalten sein, sofern sie nicht in Widerspruch zum Akkreditiv steht (Art. 14 lit. e ERA 600).

(3) Beispiele nicht akkreditivkonformer Dokumente. Grundsätzlich sind Speditionspapiere als **162** Transportpapiere nicht aufnahmefähig, da der Spediteur keine Transportverpflichtung übernimmt.[823] Eine Spediteurübernahmebescheinigung statt des geforderten Konnossements genügt daher nicht. Abweichungen in den Zahlenangaben eines Werksattests sind schädlich, selbst wenn sie für einen Fachmann unerheblich sind,[824] ebenso unklare fremdsprachige Ausdrücke („new" statt „new condition") und Abweichungen, die höhere Kosten bedeuten („ex warehouse Bilbao" statt „fas Bilbao").[825] Schädlich war früher auch die Angabe von Wareneigenschaften in Anführungszeichen oder Klammern statt ohne,[826] dies erscheint aber heute überholt, sowie das Zertifikat des Verkäufers statt eines unabhängigen Qualitätszeugnisses.[827] Eine Freizeichnungsklausel im Warenkontrollzeugnis kann ebenfalls schädlich sein.[828] Bei Traditionspapieren sind grundsätzlich alle Ausfertigungen, dh der volle Satz, aufzunehmen.[829] Ferner muss die Aufnahme von Dokumenten abgelehnt werden, wenn sie sich untereinander widersprechen (Art. 14 lit. d ERA 600), wenn Transportdokumente nicht rein sind (→ Rn. 160) oder wenn als Empfänger der Ware die Akkreditivbank statt des Auftraggebers benannt ist.[830] Auch die fehlende Eintragung des Frachtführers im Frachtbrief ist schädlich.[831] Die Beschreibung der Ware in der Handelsrechnung muss mit der im Akkreditiv übereinstimmen (Art. 14 lit. e ERA 600).[832] Unschädlich

---

[816] *Vorpeil* WM 2018, 751 (755); Staub/*Grundmann* BankvertragsR 3. Teil Rn. 617; Heymann/*Horn* HGB Anh. § 372 Rn. VI/31, 33.

[817] *Holzwarth* IHR 2007, 136 (137 f.).

[818] *Jäger/Haas* in Schimansky/Bunte/Lwowski BankR-HdB § 120 Rn. 208.

[819] *Nielsen* WM-Sonderbeilage 2/1994, 11.

[820] BGH Urt. v. 30.10.1958 – II ZR 161/57, WM 1958, 1542 (1543).

[821] BGH Beschl. v. 4.10.1984 – III ZR 102/83, WM 1984, 1443 (1444); BGH Urt. v. 2.7.1984 – II ZR 160/83, RIW 1984, 914 = WM 1984, 1214 = NJW 1985, 550 = DB 1984, 2400; OLG München Urt. v. 3.7.1996 – 7 U 2192/96, RIW 1996, 1036 (1038) = WM 1996, 2335; OLG München Urt. v. 13.12.1996 – 23 U 4026/96, WM 1998, 554 (555); *Canaris* BankvertragsR Rn. 945; aA *Jäger/Haas* in Schimansky/Bunte/Lwowski BankR-HdB § 120 Rn. 83, 204.

[822] BGH Urt. v. 26.4.1994 – XI ZR 114/93, NJW 1994, 2018 (2019) = WM 1994, 1063 = BB 1994, 1162 = ZIP 1994, 857 (auch zum Standby Letter of Credit); hierzu *Eschmann* RIW 1996, 913; OLG Frankfurt a. M. Urt. v. 22.9.1987 – 5 U 60/86, RIW 1988, 133 (135) = WM 1988, 254 = NJW-RR 1988, 682 = IPRax 1990, 43; so für den Standby Letter of Credit OLG Frankfurt a. M. Urt. v. 18.3.1997 – 5 U 229/95, ZIP 1997, 1782 (1783) = RIW 1998, 477; *Vorpeil* WM 2018, 751 (761 f.); MüKoBGB/*Habersack* BGB § 783 Rn. 47; *Zahn/Ehrlich/Haas* Rn. 2/262; skeptisch Langenbucher/Bliesener/Spindler/*Segna* Dokumentäre Zahlungen Rn. 37. Zur Auslegung eines *Bindestrichs* nach englischem und italienischem Recht BGH Beschl. v. 4.10.1984 – III ZR 102/83, WM 1984, 1443 (1444).

[823] Art. 30 ERA 500 ist, weil es sich um eine Selbstverständlichkeit handelt, entfallen. Vgl. stattdessen Art. 14 lit. l ERA 600; *Jäger/Haas* in Schimansky/Bunte/Lwowski BankR-HdB § 120 Rn. 276; Baumbach/Hopt/*Hopt* Bankgeschäfte ERA Art. 19 Rn. 1.

[824] BGH Urt. v. 9.1.1958 – II ZR 146/56, WM 1958, 291 (292).

[825] BGH Urt. v. 2.7.1984 – II ZR 160/83, RIW 1984, 914 = WM 1984, 1214 = NJW 1985, 550 = DB 1984, 2400.

[826] BGH Urt. v. 24.3.1958 – II ZR 51/57, WM 1958, 587 (588); Baumbach/Hopt/*Hopt* Bankgeschäfte Rn. K/6.

[827] GK-HGB/*Gesmann-Nuissl,* 7. Aufl. 2007, HGB Nach § 406 Rn. 238.

[828] Heymann/*Horn* HGB Anh. § 372 Rn. VI/40.

[829] BGH Urt. v. 2.4.1958 – VIII ZR 313/56, WM 1958, 456 (459).

[830] OLG München Urt. v. 13.12.1996 – 23 U 4026/96, WM 1998, 554 (555) = BB 1998, 125 = RIW 1998, 237; Baumbach/Hopt/*Hopt* Bankgeschäfte Rn. K/6.

[831] OLG Frankfurt a. M. Urt. v. 19.12.1994 – 4 U 29/94, WM 1996, 58 (59).

[832] BGH Urt. v. 9.2.1987 – II ZR 249/86, WM 1987, 612 (613) (zu Art. 32 lit. c ERA Revision 1974).

ist die Klausel, der Schiffsführer könne die Ware an einem anderen Ort entladen, falls eine Löschung im Bestimmungshafen unmöglich sei.[833]

163   **(4) Prüfungspflicht, Fälschungsrisiko.** Sowohl Akkreditiv- als auch Zweitbank und eine eventuell bestätigende Bank müssen alle im Akkreditiv vorgeschriebenen Dokumente „prüfen, um allein auf Grund der Dokumente zu entscheiden, ob die Dokumente ihrer äußeren Aufmachung nach eine konforme Dokumentenvorlage zu bilden scheinen" (Art. 14 lit. a ERA 600).[834] Der bekannte Satz des Art. 13 lit. a ERA 500, die Banken müssten die Dokumente „mit angemessener Sorgfalt" *(reasonable care)* prüfen, ist entfallen,[835] gilt als juristische Selbstverständlichkeit, die sich auch aus § 347 HGB und § 276 BGB ableiten lässt, jedoch weiter.[836] Entscheidend für die Prüfung ist daher die äußere Aufmachung der Dokumente und nicht die von ihnen repräsentierten Tatsachen.[837] Was dies im Einzelnen bedeutet, hat die ICC in einem Leitfaden für die internationale Abwicklung des Akkreditivgeschäftes verfasst. Diese **International Standard Banking Practice** *for the Examination of Documents under UCP 600 (2013)*[838] versuchen, einen international gleichen Standard für die Dokumentenprüfung zu schaffen. Die Prüfungspflicht erstreckt sich auf die **äußerliche Ordnungsgemäßheit und Vollständigkeit** sowie auf das Fehlen von Widersprüchen untereinander.[839] Die Angaben in den Dokumenten müssen nicht identisch sein, dürfen aber nicht in Widerspruch zueinander stehen. Damit soll die Zurückweisung wegen unwichtiger Kleinigkeiten eingeschränkt werden.[840] Die Prüfungspflicht ist formalisiert; sie betrifft weder die Ware (Art. 5 ERA 600) noch das Grundgeschäft (Exportvertrag, Art. 4 ERA 600), noch die inhaltliche Richtigkeit der Dokumente oder die Zweckmäßigkeit des Akkreditivgeschäfts.[841] Nicht ordnungsgemäße Dokumente muss die Bank zurückweisen; sie darf in diesem Fall die Akkreditivleistung nicht erbringen (Art. 16 lit. a ERA 600).[842] Sie kann sich allerdings auch – wie in der Praxis häufig – an den Auftraggeber wenden, ob er auf die Geltendmachung der Unstimmigkeiten verzichte (Art. 16 lit. b ERA 600).[843] Für viel Verwirrung sorgen oft unterschiedliche Adressenangaben in den Dokumenten. Art. 14 lit. j ERA 600 stellt nun klar, dass die Adressen des Auftraggebers und des Begünstigten in einem Dokument nicht mit den im Akkreditiv genannten Adressen identisch sein müssen, solange sie in *demselben Land* sind. Art. 34 ERA 600 enthält einen weitreichenden **Haftungsausschluss** bei Verletzung der Prüfungspflicht. Es ist jedoch hM, dass die Prüfungspflicht im vorgenannten Sinn eine **Kardinalpflicht** darstellt[844] und daher freizeichnungsfest ist (§ 307 Abs. 2 Nr. 2 BGB). Akkreditiv- und Zweitbank haften daher auch für **leichte Fahrlässigkeit**.[845] Art. 34 ERA 600 ist insoweit unwirksam.

164   Gefälschte Dokumente dürfen die Banken nicht aufnehmen; sie tragen daher grundsätzlich das **Fälschungsrisiko**. Die Freizeichnung hiervon in Art. 34 ERA 600 für Vorsatz und grobe Fahrlässig-

---

[833] Caspiana-Klausel, OLG Frankfurt a. M. Urt. v. 4.4.1978 – 5 U 106/77, WM 1978, 886 (887); Schlegelberger/*Hefermehl* HGB Anh. § 365 Rn. 170.

[834] Die im Zweifel maßgebliche englische Fassung spricht von „…appear on their face to constitute a complying presentation"; Staub/*Grundmann* BankvertragsR 3. Teil Rn. 612.

[835] *Freitag* in Derleder/Knops/Bamberger BankR/KapMarktR § 75 Rn. 31.

[836] *Holzwarth* IHR 2007, 136 (142); Langenbucher/Bliesener/Spindler/*Segna* Dokumentäre Zahlungen Rn. 36; Baumbach/Hopt/*Hopt* Bankgeschäfte Rn. K/6.

[837] *Freitag* in Derleder/Knops/Bamberger BankR/KapMarktR § 75 Rn. 33; s. dazu auch *Jäger/Haas* in Schimansky/Bunte/Lwowski BankR-HdB § 120 Rn. 201 ff.

[838] Abgekürzt ISBP, ICC-Publikation Nr. 745 ED, abgedr. bei *Schütze/Vorpeil* Dokumentenakkreditiv Anh. II; vorherige Version ICC-Publikation Nr. 681 E; für ERA 500 in ICC-Publikation Nr. 645.

[839] BGH Urt. v. 15.3.2004 – II ZR 247/01, WM 2004, 1138 (1140) = DB 2004, 1258 = ZIP 2004, 1047; BGH Beschluss v. 4.10.1984 – III ZR 102/83, WM 1984, 1443; Baumbach/Hopt/*Hopt* Bankgeschäfte ERA Art. 14 Rn. 1; *Freitag* in Derleder/Knops/Bamberger BankR/KapMarktR § 75 Rn. 17, 33 ff.

[840] *Jäger/Haas* in Schimansky/Bunte/Lwowski BankR-HdB § 120 Rn. 202; Langenbucher/Bliesener/Spindler/*Segna* Dokumentäre Zahlungen Rn. 36.

[841] *Canaris* BankvertragsR Rn. 957–959; Heymann/*Horn* HGB Anh. § 372 Rn. VI/39.

[842] BGH Urt. v. 15.3.2004 – II ZR 247/01, WM 2004, 1138 (1140) = DB 2004, 1258 = ZIP 2004, 1047.

[843] *Jäger/Haas* in Schimansky/Bunte/Lwowski BankR-HdB § 120 Rn. 382; Baumbach/Hopt/*Hopt* Bankgeschäfte Rn. K/6.

[844] BGH Urt. v. 26.9.1989 – XI ZR 159/88, BGHZ 108, 348 = WM 1989, 1713 (1714) = NJW 1990, 255 = BB 1989, 2282; Baumbach/Hopt/*Hopt* Bankgeschäfte Rn. K/6; Baumbach/Hopt/*Hopt* Bankgeschäfte ERA Art. 14 Rn. 1; Langenbucher/Bliesener/Spindler/*Segna* Dokumentäre Zahlungen Rn. 36; *Schmidt* in Wolf/Lindacher/Pfeiffer, Akkreditivbedingungen A 127; Heymann/*Horn* HGB Anh. § 372 Rn. VI/38; MüKoBGB/*Habersack* BGB § 783 Rn. 42; MüKoHGB/*Wedemann* ZahlungsV Rn. H 86.

[845] BGH Urt. v. 26.9.1989 – XI ZR 159/88, BGHZ 108, 348 = WM 1989, 1713 (1714) = NJW 1990, 255 = BB 1989, 2282 (zu ERA Revision 1983); Baumbach/Hopt/*Hopt* Bankgeschäfte Rn. K/6; Baumbach/Hopt/*Hopt* Bankgeschäfte ERA Art. 14 Rn. 1; Langenbucher/Bliesener/Spindler/*Segna* Dokumentäre Zahlungen Rn. 36; Heymann/*Horn* HGB Anh. § 372 Rn. VI/38; einschränkend MüKoHGB/*Nielsen*, 3. Aufl. 2014, ZahlungsV Rn. H. 57 f.; *Jäger/Haas* in Schimansky/Bunte/Lwowski BankR-HdB § 120 Rn. 211; iErg ebenso *Schütze/Vorpeil* Dokumentenakkreditiv Rn. 510; *Schmidt* in Wolf/Lindacher/Pfeiffer, Akkreditivbedingungen Rn. A 127; *Zahn/Ehrlich/Haas* Rn. 2/253.

keit ist daher unwirksam.[846] Nach BGH Urt. v. 26.9.1989 ist der Haftungsausschluss für leichte Fahrlässigkeit dagegen zulässig.[847] Das Risiko einer von den Banken nicht oder nur leicht fahrlässig verschuldeten Aufnahme gefälschter Dokumente trägt damit der Auftraggeber. Ein Verfrachter, der in betrügerischer Absicht ein Konnossement mit einem „shipped on board"-Vermerk ausstellt, obwohl sich die Ware noch auf dem Landweg zum Schiff befindet, haftet der Akkreditivbank aus § 826 BGB auf Schadensersatz, wenn die zu Unrecht ausgezahlte Akkreditivsumme vom Importeur nicht mehr zu erhalten ist.[848]

Die Dokumentenprüfung hatte nach Art. 13 lit. b ERA 500 innerhalb einer angemessenen Frist, **165** spätestens bis zum Ende des siebten Bankarbeitstages nach Erhalt der Dokumente, zu erfolgen. Nunmehr haben die beteiligten Banken **maximal fünf Bankarbeitstage** nach diesem Tag um zu entscheiden, ob eine Dokumentenvorlage konform ist (Art. 14 lit. b ERA 600). Innerhalb dieser Frist muss auch die Mitteilung einer eventuellen Zurückweisung der Dokumente erfolgen (Art. 16 lit. c, d ERA 600). Da nunmehr in Art. 14 lit. b ERA 600 die Worte „angemessene Frist" fehlen, ist fraglich, ob es sich bei den fünf Bankarbeitstagen um eine Höchstfrist, die nur in Ausnahmefällen ausgeschöpft werden darf, handelt oder nicht. Die Frist wäre dann in aller Regel kürzer und läge üblicherweise bei 2 –4 Tagen. So war die Rechtslage im Rahmen von Art. 13 lit. b ERA 500.[849] Davon muss man weiterhin ausgehen.[850] Anderenfalls hätte die nominelle Verkürzung der Frist von sieben auf fünf Bankarbeitstage tatsächlich zu einer Verlängerung der Akkreditivbearbeitungszeit geführt, weil jeder sie nunmehr voll ausschöpfen könnte.[851] Allerdings scheint die Entstehungsgeschichte der ERA 600 darauf hinzudeuten, dass man die Frist insgesamt verkürzen, dafür aber immer vollständig zur Verfügung stellen wollte.[852] Dies ist jedoch abzulehnen.[853] Wird die Frist versäumt, gelten die vorgelegten Dokumente als akkreditivkonform und müssen honoriert werden (Art. 16 lit. f ERA 600).[854]

cc) Einwendungsausschluss. Das Akkreditiv und seine Bestätigung (→ Rn. 169) sind vom **166** Grundgeschäft (Exportvertrag) losgelöst, Art. 4 ERA 600. Diese **Abstraktion** ist unstr. Handelsbrauch;[855] ihr entspricht – oder folgt – die Einordnung des Akkreditivs nach deutschem Recht als abstraktes Schuldversprechen iSv § 780 BGB (→ Rn. 156). Die Akkreditivverpflichteten (Akkreditivbank, bestätigende Bank) können dem Begünstigten daher grundsätzlich keine Einwendungen entgegensetzen.[856] Dies gilt sowohl für Mängel des Deckungsverhältnisses (Auftraggeber – Akkreditivbank), des Valutaverhältnisses (Grundgeschäft, Exportvertrag)[857] als auch für Doppelmängel. Ein **Bereicherungsausgleich** hat jeweils dort zu erfolgen.[858]

---

[846] IErg ebenso, aber mit anderer Begründung *Canaris* BankvertragsR Rn. 965; Langenbucher/Bliesener/Spindler/*Segna* Dokumentäre Zahlungen Rn. 40; ferner GK-HGB/*Gesmann-Nuissl,* 7. Aufl. 2007, HGB Nach § 406 Rn. 240; Heymann/*Horn* HGB Anh. § 372 Rn. VI/43.

[847] BGH Urt. v. 26.9.1989 – XI ZR 159/88, BGHZ 108, 348 = WM 1989, 1713 (1715) = NJW 1990, 255 = BB 1989, 2282; zust. *Jäger/Haas* in Schimansky/Bunte/Lwowski BankR-HdB § 120 Rn. 212; Baumbach/Hopt/*Hopt* Bankgeschäfte Rn. K/6, K/8; *Schütze/Vorpeil* Dokumentenakkreditiv Rn. 526; MüKoBGB/*Habersack* BGB § 783 Rn. 42; Staub/*Grundmann* BankvertragsR 3. Teil Rn. 637; MüKoHGB/*Nielsen,* 3. Aufl. 2014, ZahlungsV Rn. H 57a.

[848] BGH Urt. v. 15.3.2004 – II ZR 247/01, WM 2004, 1138 (1140) = DB 2004, 1258 = ZIP 2004, 1047.

[849] *Nielsen* in Schimansky/Bunte/Lwowski BankR-HdB, 3. Aufl. 2007, § 120 Rn. 192; Heymann/*Horn* HGB Anh. § 372 Rn. VI/42; hierzu auch *Vorpeil* RIW 1993, 12.

[850] *Schütze/Vorpeil* Dokumentenakkreditiv Rn. 559; *Jäger/Haas* in Schimansky/Bunte/Lwowski BankR-HdB § 120 Rn. 216; Baumbach/Hopt/*Hopt* Bankgeschäfte ERA Art. 14 Rn. 2; *Freitag* in Derleder/Knops/Bamberger BankR/KapMarktR § 75 Rn. 39; *Zahn/Ehrlich/Haas* Rn. 2/373; aA Langenbucher/Bliesener/Spindler/*Segna* Dokumentäre Zahlungen Rn. 41; Staub/*Grundmann* BankvertragsR 3. Teil Rn. 614.

[851] So auch *Holzwarth* IHR 2007, 136 (143); zweifelnd *Jeffery* 23 BFLR 2007, 189 (200).

[852] *ICC,* Commentary on the UCP 600 – Article-by-Article Analysis by the UCP 600 Drafting Group, ICC-Publikation Nr. 680, 2007, 62 f.

[853] So wohl auch *Kessler* in Blesch/Lange, Bankgeschäfte mit Auslandsbezug, 2007, Rn. 675.

[854] Langenbucher/Bliesener/Spindler/*Segna* Dokumentäre Zahlungen Rn. 41.

[855] Staub/*Grundmann* BankvertragsR 3. Teil Rn. 572.

[856] OLG Köln Urt. v. 20.6.2018 – 13 U 291/15, WM 2018, 1742 (1743) (1. Instanz LG Köln Urt. v. 26.11.2015 – 30 O 298/14, NJOZ 2016, 303); Staub/*Grundmann* BankvertragsR 3. Teil Rn. 623; *Canaris* BankvertragsR Rn. 1004; GK-HGB/*Gesmann-Nuissl,* 7. Aufl. 2007, HGB Nach § 406 Rn. 254; Heymann/*Horn* HGB Anh. § 372 Rn. VI/64; Palandt/*Sprau* BGB § 783 Rn. 17; Langenbucher/Bliesener/Spindler/*Segna* Dokumentäre Zahlungen Rn. 44.

[857] BGH Urt. v. 16.3.1987 – II ZR 127/86, BGHZ 101, 84 = NJW 1987, 2578 (2579) = RIW 1987, 705 = ZIP 1987, 1038 = WM 1987, 977 (zu ERA Revision 1974); BGH Urt. v. 27.6.1988 – II ZR 283/87, NJW 1989, 159 (160) = WM 1988, 1298 = RIW 1988, 814 = ZIP 1988, 1102 = DB 1988, 2195; BGH Urt. v. 26.4.1994 – XI ZR 114/93, NJW 1994, 2018 (2019) = WM 1994, 1063 = BB 1994, 1162 = ZIP 1994, 857; BGH Urt. v. 16.4.1996 – XI ZR 138/95, NJW 1996, 1812 (1813) = WM 1996, 995 = BB 1996, 1186 = RIW 1996, 606; OLG München Urt. v. 3.7.1996 – 7 U 2192/96, RIW 1996, 1036 (1038) = WM 1996, 2335; Langenbucher/Bliesener/Spindler/*Segna* Dokumentäre Zahlungen Rn. 45 f.

[858] Baumbach/Hopt/*Hopt* Bankgeschäfte Rn. K/17–19, K/22; Langenbucher/Bliesener/Spindler/*Segna* Dokumentäre Zahlungen Rn. 46.

167   Analog § 784 Abs. 1 Hs. 2 BGB[859] können dem Begünstigten allerdings Einwendungen entgegengesetzt werden, die die **Gültigkeit des Akkreditivs** betreffen,[860] zB § 123 BGB iVm §§ 142, 134,
138, 177 BGB.[861] Ferner können **aus dem Akkreditiv ersichtliche Einwendungen** erhoben
werden, etwa Verfristung wegen verspäteter Vorlage und nicht akkreditivkonforme Dokumente. Da
die Akkreditivklausel eine Barzahlungsabrede enthält, ist auch eine **Aufrechnung** grundsätzlich
ausgeschlossen.[862] Sie ist nur ausnahmsweise zulässig gegen Ansprüche aus eigenem, nicht abgetretenem Recht[863] der Akkreditiv- oder bestätigenden Bank, wenn diese Ansprüche in enger wirtschaftlicher Beziehung zum Akkreditiv stehen, etwa aus der Vorfinanzierung des Exportgeschäfts
stammen.[864] Entscheidend ist, dass die Finanzierungsfunktion des Akkreditivs trotz Aufrechnung
erhalten bleibt.

168   Ausnahmsweise zulässig ist auch der Einwand des **Rechtsmissbrauchs.** Nach dem Grundgedanken
der §§ 242, 826 BGB ist die Nichtaufnahme akkreditivkonformer Dokumente zulässig, wenn das
Bestehen des Begünstigten auf Akkreditivleistung gegen Treu und Glauben verstößt.[865] Dies ist der
Fall, wenn der **Anspruch des Begünstigten aus dem Exportgeschäft nicht mehr besteht** und
sein Nichtbestehen leicht beweisbar ist.[866] Hierzu zählen die rechtskräftige Abweisung durch Urteil,
anderweitige Erfüllung des Anspruchs oder Nichtigkeit, zB nach § 134 BGB bei Waffenhandel,
Drogengeschäften und Embargoverstößen; nicht jedoch im Fall von Markenpiraterie.[867] Entscheidungen im Wege des einstweiligen Rechtsschutzes können Rechtsmissbrauch nicht liquide beweisen, da
sie vorläufiger Natur sind und lediglich Glaubhaftmachung erfordern.[868] **Mangelhafte Ware** berechtigt erst dann zum Einwand des Rechtsmissbrauchs, wenn sie offensichtlich völlig untauglich ist.[869]
Mängel unterhalb dieser Schwelle oder ein bloßer Verdacht genügen nicht. Die Rechtslage entspricht
derjenigen beim Dokumenteninkasso (→ Rn. 136). Zu gerichtlichen Eilmaßnahmen des Auftraggebers, um die rechtsmissbräuchliche Akkreditivleistung zu verhindern, vgl. *Jäger/Haas* in Schimansky/
Bunte/Lwowski BankR-HdB § 120 Rn. 469 ff.[870]

169   **b) Rechtsverhältnis Begünstigter – bestätigende Bank.** Die Bestätigung eines Akkreditivs
begründet für den Begünstigten zusätzlich zur Verpflichtung der Akkreditivbank eine **zweite, feststehende Verpflichtung der bestätigenden Bank** (Art. 8 lit. a ERA 600). Es handelt sich ebenfalls
um ein abstraktes Schuldversprechen iSv § 780 BGB; Akkreditiv- und bestätigende Bank haften
gesamtschuldnerisch (§ 421 BGB).[871] Ob die Erklärung der Zweitbank Bestätigung oder bloßes Avis

[859] BGH Urt. v. 16.4.1996 – XI ZR 138/95, NJW 1996, 1812 (1813) = WM 1996, 995 = BB 1996, 1186 =
RIW 1996, 606; Baumbach/Hopt/*Hopt* Bankgeschäfte Rn. K/16; Staub/*Grundmann* BankvertragsR 3. Teil Rn. 621
will die Einwendungslehre aus der ERA ableiten.

[860] *Freitag* in Derleder/Knops/Bamberger BankR/KapMarktR § 75 Rn. 42.

[861] Abl. Staub/*Grundmann* BankvertragsR 3. Teil Rn. 623.

[862] BGH Urt. v. 21.3.1973 – VIII ZR 228/71, BGHZ 60, 262 (264) = NJW 1973, 899; OLG Köln Urt. v.
25.5.1994 – 2 U 143/93, WM 1994, 1877 (1878); Palandt/*Sprau* BGB § 783 Rn. 15; Baumbach/Hopt/*Hopt*
Bankgeschäfte Rn. K/20; MüKoBGB/*Habersack* BGB § 783 Rn. 44; aA Langenbucher/Bliesener/Spindler/*Segna*
Dokumentäre Zahlungen Rn. 51.

[863] AA Staub/*Grundmann* BankvertragsR 3. Teil Rn. 622.

[864] BGH Urt. v. 18.9.1958 – VII ZR 170/57, BGHZ 28, 129 (130 f.) = WM 1959, 25; *Freitag* in Derleder/
Knops/Bamberger BankR/KapMarktR § 75 Rn. 42; *Zahn/Ehrlich/Haas* Rn. 2/391.

[865] *Canaris* BankvertragsR Rn. 1015; Heymann/*Horn* HGB § 372 Rn. VI/97; Langenbucher/Bliesener/Spind-
ler/*Segna* Dokumentäre Zahlungen Rn. 47. Zum Einwand des Rechtsmissbrauchs beim Standby Letter of Credit
OLG Frankfurt a. M. Urt. v. 18.3.1997 – 5 U 229/95, ZIP 1997, 1782 (1783) = RIW 1998, 477.

[866] BGH Urt. v. 16.4.1996 – XI ZR 138/95, NJW 1996, 1812 (1813) = WM 1996, 995 = BB 1996, 1186 =
RIW 1996, 606; OLG Köln Urt. v. 20.6.2018 – 13 U 291/15, WM 2018, 1742 (1743); OLG Frankfurt a. M. Urt. v.
2.10.1996 – 21 U 224/95, WM 1997, 609 (610); *Jäger/Haas* in Schimansky/Bunte/Lwowski BankR-HdB § 120
Rn. 462; MVHdB II WirtschaftsR I/*Schütze* V. 10 Anm. 6; Baumbach/Hopt/*Hopt* Bankgeschäfte Rn. K/20;
Langenbucher/Bliesener/Spindler/*Segna* Dokumentäre Zahlungen Rn. 48; *Freitag* in Derleder/Knops/Bamberger
BankR/KapMarktR § 75 Rn. 44; *Schütze/Vorpeil* Dokumentenakkreditiv Rn. 587; MüKoBGB/*Habersack* BGB
§ 783 Rn. 50; Staub/*Grundmann* BankvertragsR 3. Teil Rn. 575, 586, 625 begründet dies mit dem *ordre public*.

[867] BGH Urt. v. 16.4.1996 – XI ZR 138/95, NJW 1996, 1812 (1813) = WM 1996, 995 = BB 1996, 1186 =
RIW 1996, 606; krit. dazu *Nielsen* in Schimansky/Bunte/Lwowski BankR-HdB, 3. Aufl. 2007, § 120 Rn. 437;
Staub/*Grundmann* BankvertragsR 3. Teil Rn. 625 ff.

[868] So OLG Karlsruhe Urt. v. 11.4.1997 – 15 U 109/96, RIW 1997, 781 (783 f.); *Canaris* BankvertragsR
Rn. 1018; aA OLG Frankfurt a. M. Urt. v. 2.10.1996 – 21 U 224/95, WM 1997, 609 (610).

[869] BGH Urt. v. 16.3.1987 – II ZR 127/86, BGHZ 101, 84 = NJW 1987, 2578 (2579) = RIW 1987, 705 = ZIP
1987, 1038 = WM 1987, 977; BGH Urt. v. 27.6.1988 – II ZR 283/87, NJW 1989, 159 (160) = WM 1988, 1298 =
RIW 1988, 814 = ZIP 1988, 1102 = DB 1988, 2195; OLG Karlsruhe Urt. v. 11.4.1997 – 15 U 109/96, RIW 1997,
781 (783); MüKoBGB/*Habersack* BGB § 783 Rn. 50; *Jäger/Haas* in Schimansky/Bunte/Lwowski BankR-HdB § 120
Rn. 465 f. lassen den Einwand nur bei der Lieferung eines *aliuds* zu.

[870] Ferner Baumbach/Hopt/*Hopt* Bankgeschäfte Rn. K/21, K/28; Langenbucher/Bliesener/Spindler/*Segna* Dokumentäre Zahlungen Rn. 52; *Beckmann* DB 1988, 1737; v. *Bernstorff* RIW 1986, 332 (334).

[871] OLG Frankfurt a. M. Urt. v. 19.12.1994 – 4 U 29/94, WM 1996, 58 (59); *Jäger/Haas* in Schimansky/Bunte/
Lwowski BankR-HdB § 120 Rn. 153; Baumbach/Hopt/*Hopt* Bankgeschäfte Rn. K/11; Langenbucher/Bliesener/
Spindler/*Segna* Dokumentäre Zahlungen Rn. 28; MüKoBGB/*Habersack* BGB § 783 Rn. 48; Staub/*Grundmann*
BankvertragsR 3. Teil Rn. 588; *Zahn/Ehrlich/Haas* Rn. 2/187.

ist, muss durch Auslegung ermittelt werden.[872] Formulierungen wie *wir bestätigen, confirm, confirmed* begründen eine selbstständige Verpflichtung der Zweitbank. Abzugrenzen ist die Bestätigung ferner von sog. **Ankaufs- oder Schutzzusagen** (stille Bestätigung oder *silent confirmation*). Hierbei handelt es sich um Absicherungen des Begünstigten, die außerhalb der ERA und des eigentlichen Akkreditivgeschäfts liegen.[873] Die Bestätigung bedarf nach § 350 nicht der Schriftform; ihre Annahme kann konkludent und gem. § 151 BGB erfolgen.[874]

c) Übertragung des Akkreditivs.[875] Akkreditive sind grundsätzlich nicht übertragbar. Allerdings   **170** kann ein von der Akkreditivbank **ausdrücklich für übertragbar erklärtes** Akkreditiv im Auftrag des Begünstigten ganz oder teilweise auf einen oder mehrere Zweitbegünstigte übertragen werden (Art. 38 lit. b ERA 600). Gleichwohl ist keine Bank verpflichtet, das Akkreditiv auch tatsächlich zu übertragen (Art. 38 lit. a ERA 600).[876] Grundsätzlich ist nur *eine* Übertragung möglich.[877] Die Übertragung erfolgt durch die übertragende Bank (Art. 38 lit. b ERA 600) zu Originalbedingungen (Art. 38 lit. g ERA 600). Davon ausgenommen sind der Akkreditivbetrag, der Preis pro Einheit, das Verfalldatum, die Vorlagefrist und das letzte Verladedatum, die allesamt geändert werden können. Durch die Übertragung tritt der Zweitbegünstigte an die Stelle des (Erst)Begünstigten und erwirbt einen selbstständigen Anspruch nach § 780 BGB gegen die Akkreditivbank.[878] Die Dokumente müssen vom Zweitbegünstigten der übertragenden Bank vorgelegt werden (Art. 38 lit. k ERA 600). Ist das Akkreditiv unübertragbar, kommt ggf. ein Gegenakkreditiv *(back to back credit)* als Finanzierungsmöglichkeit in Betracht.[879]

Von der Übertragung des Akkreditivs ist die jederzeit mögliche[880] **Abtretung des Zahlungs-**   **171** **anspruchs aus dem Akkreditiv** nach §§ 398 ff. BGB zu unterscheiden (Art. 39 ERA 600).[881] Hier muss allerdings der Begünstigte weiterhin alle Akkreditivbedingungen erfüllen, insbesondere die Dokumente vorlegen. Die Akkreditivbank kann nach § 404 BGB dem Abtretungsempfänger die gegen den Begünstigten zulässigen Einwendungen entgegensetzen.[882] Abtretung an die Akkreditivbank führt zum Erlöschen durch Konfusion.[883] Unterliegt die Zession ausländischem Recht, kann eine stille Abtretung unwirksam sein (→ Rn. 182).

6. Rechtsverhältnis Auftraggeber – Begünstigter. Im Valutaverhältnis (Grundgeschäft, Export-   **172** vertrag) liegt regelmäßig ein internationaler Kauf- oder Werkvertrag bzw. ein ähnliches Vertragsverhältnis vor. Die Vereinbarung des Akkreditivgeschäfts hat auf dieser Ebene zu erfolgen, etwa durch **Akkreditivklauseln** wie „Kasse gegen Akkreditiv" oder „Zahlung durch Akkreditiv".[884] Der Auftraggeber wird dadurch vorleistungspflichtig; er muss für rechtzeitige Akkreditiveröffnung sorgen, bevor der Begünstigte die Ware versendet.[885] Die Akkreditivstellung ist eine **Hauptpflicht** mit den Kon-

---

[872] Baumbach/Hopt/*Hopt* Bankgeschäfte Rn. K/11; Langenbucher/Bliesener/Spindler/*Segna* Dokumentäre Zahlungen Rn. 27.

[873] Dazu *Nielsen* in Schimansky/Bunte/Lwowski BankR-HdB, 1. Aufl. 1997, § 120 Rn. 318 f.; Baumbach/Hopt/*Hopt* Bankgeschäfte Rn. K/2a.

[874] OLG Frankfurt a. M. Urt. v. 19.12.1994 – 4 U 29/94, WM 1996, 58 (59); Langenbucher/Bliesener/Spindler/*Segna* Dokumentäre Zahlungen Rn. 27.

[875] Zum Schicksal von Akkreditiven bei Verschmelzungen s. *Kessler* in Blesch/Lange, Bankgeschäfte mit Auslandsbezug, 2007, Rn. 763 ff. und *Mutter/Stehle* ZIP 2002, 1829.

[876] *ICC*, Commentary on the UCP 600 – Article-by-Article Analysis by the UCP 600 Drafting Group, ICC-Publikation Nr. 680, 2007, 159; *Jeffery* 23 BFLR 2007, 189 (208).

[877] *Altmann*, Zahlungssicherung im Außenhandel, 2007, 19; Art. 48 lit. g ERA 500.

[878] BGH Urt. v. 16.4.1996 – XI ZR 138/95, NJW 1996, 1812 (1813) = WM 1996, 995 = BB 1996, 1186 = RIW 1996, 606; *Canaris* BankvertragsR Rn. 1036; Langenbucher/Bliesener/Spindler/*Segna* Dokumentäre Zahlungen Rn. 9; *Jäger/Haas* in Schimansky/Bunte/Lwowski BankR-HdB § 120 Rn. 191; *Schütze/Vorpeil* Dokumentenakkreditiv Rn. 466; *Freitag* in Derleder/Knops/Bamberger BankR/KapMarktR § 75 Rn. 53; MVHdB II WirtschaftsR I/*Schütze* V. 10 Anm. 10.

[879] Baumbach/Hopt/*Hopt* Bankgeschäfte Rn. K/24.

[880] *Fehr* RIW 2004, 440 (441); Baumbach/Hopt/*Hopt* Bankgeschäfte Rn. K/23.

[881] *Canaris* BankvertragsR Rn. 1031; *Freitag* in Derleder/Knops/Bamberger BankR/KapMarktR § 75 Rn. 54; Langenbucher/Bliesener/Spindler/*Segna* Dokumentäre Zahlungen Rn. 9; *Jäger/Haas* in Schimansky/Bunte/Lwowski BankR-HdB § 120 Rn. 196.

[882] OLG Frankfurt a. M. Urt. v. 2.10.1996 – 21 U 224/95, WM 1997, 609 (610); OLG Karlsruhe Urt. v. 11.4.1997 – 15 U 109/96, RIW 1997, 781 (783); *Canaris* BankvertragsR Rn. 1032; zur Abtretung bei Euler-Hermes gedeckten Exportfinanzierungen s. *Fehr* RIW 2004, 440.

[883] OLG Frankfurt a. M. Urt. v. 12.11.1991 – 5 U 207/90, WM 1992, 569 (571); Palandt/*Sprau* BGB § 783 Rn. 17.

[884] Langenbucher/Bliesener/Spindler/*Segna* Dokumentäre Zahlungen Rn. 1; *Jäger/Haas* in Schimansky/Bunte/Lwowski BankR-HdB § 120 Rn. 29; MüKoBGB/*Habersack* BGB § 783 Rn. 42; GK-HGB/*Gesmann-Nuissl*, 7. Aufl. 2007, HGB Nach § 406 Rn. 259; vgl. auch *Schütze/Vorpeil* Dokumentenakkreditiv Rn. 73 und *Stötter* RIW 1981, 86.

[885] BGH Urt. v. 23.11.1964 – VIII ZR 117/63, WM 1965, 102 (103); Baumbach/Hopt/*Hopt* Bankgeschäfte Rn. K/25; Staub/*Grundmann* BankvertragsR 3. Teil Rn. 576.

sequenzen der §§ 281, 320 ff. BGB.[886] Da sie üblicherweise bis zu einem festgelegten Termin zu erfolgen hat, kann auch ein Fixgeschäft vorliegen (§ 376).[887] Eine **Untersuchung der Ware** durch den Auftraggeber vor Akkreditivleistung ist grundsätzlich ausgeschlossen. Die in der Akkreditivklausel enthaltene Barzahlungsabrede sowie der Sicherungszweck des Akkreditivgeschäfts stehen dem entgegenstehen;[888] die Rechtslage entspricht derjenigen beim Dokumenteninkasso (→ Rn. 136). Lediglich beim Akkreditiv mit hinausgeschobener Zahlung (→ Rn. 158) ist eine vorherige Untersuchung möglich, doch dürfen Mängeleinreden auch in diesem Fall grundsätzlich nicht erhoben werden;[889] zur Ausnahme beim Rechtsmissbrauch → Rn. 168. Vor mangelhafter Ware kann sich der Auftraggeber durch Qualitätszeugnisse zu schützen versuchen, anderenfalls muss er nach Zahlung rügen und prozessieren/arbitrieren. Solange die Akkreditivbank noch keine Verpflichtung gegenüber dem Begünstigten eingegangen ist, haftet der Auftraggeber für sie als seine **Erfüllungsgehilfin bei der Akkreditivstellung** nach § 278 BGB.[890] Ob der Exportvertrag geändert wird, wenn das Akkreditiv abweichende Bedingungen enthält und der Begünstigte versucht, ihnen zu entsprechen, ist str.[891]

173   Der Begünstigte ist verpflichtet, für die rechtzeitige **Vorlage akkreditivkonformer Dokumente** zu sorgen. Hierbei handelt es sich ebenfalls um eine Hauptpflicht.[892] Da die Akkreditivstellung **erfüllungshalber** erfolgt (§§ 788, 364 Abs. 2 BGB),[893] muss der Begünstigte zuerst versuchen, Leistung aus dem Akkreditiv zu erlangen. Scheitert dies endgültig, kann er auf seine Exportforderung zurückgreifen. Auf Grund der Akkreditivklausel wird die Exportforderung erst mit Vorlage akkreditivkonformer Dokumente fällig;[894] es gelten, auch für Verjährung, die Anmerkungen zum Dokumenteninkasso → Rn. 136.

174   **7. eUCP zu den ERA 600 für die Vorlage elektronischer Dokumente. a) Entstehung.** Ende des Jahres 2001 hat die ICC nach Vorarbeiten einer Arbeitsgruppe der Bankenkommission (ICC Commission on Banking Technique and Practice) den „Anhang zu den ERA 500 für die Vorlage elektronischer Dokumente – Version 1.0 (el.ERA)" verabschiedet (*Supplement to the Uniform Customs and Practice for Documentary Credits for Electronic Presentation (eUCP Version 1.0))*.[895] Dieser Anhang fand seit dem 1.4.2002[896] Anwendung. Da die el.ERA in der Praxis wenig Beachtung fanden,[897] wurden sie 2007 nicht in die damals neuen ERA 600 integriert. Stattdessen wurde die Version 1.0 partiell geändert und als Version 1.1 veröffentlicht. Seit dem 1.7.2019 ist die dritte Fassung der eUCP in Kraft, die nicht mehr „Anhang" *(Supplement)*, sondern **Uniform Customs and Practice for Documentary Credits for Electronic Presentation (eUCP) Version 2.0** heißt.[898] Eine offizielle deutsche Übersetzung, wie es sie noch für die erste Version gab, ist nicht veröffentlicht worden. Die eUCP regeln die Vorlage von elektronischen Dokumenten allein oder in Verbindung mit Papierdokumenten im Rahmen eines Akkreditivs (Art. e1 lit. a eUCP 2.0). Sie stellen damit den ersten Regelungsschritt der ICC dar auf dem Weg zum **elektronischen, papierlosen Akkreditiv.** Um Verwechselungen der Artikel der eUCP 2.0 mit denen der ERA 600 zu vermeiden, werden die Artikel der eUCP mit einem kleinen „e" zitiert, zB Art. e1.

175   **b) Rechtsnatur und Anwendung.** Die eUCP sind nach deutschem Recht **Allgemeine Geschäftsbedingungen.** Anders als bei den ERA 600 (dazu → Rn. 145 f.) lässt sich bei ihnen kaum

---

[886] So zu §§ 325, 326 BGB aF: BGH Urt. v. 14.2.1958 – VIII ZR 313/56, WM 1958, 456 (458); OLG Koblenz Urt. v. 7.7.1989 – 2 U 1176/85, RIW 1989, 815 (816); *Canaris* BankvertragsR Rn. 1050; Heymann/*Horn* HGB Anh. § 372 Rn. VI/91; Baumbach/Hopt/*Hopt* Bankgeschäfte Rn. K/25.

[887] BGH Urt. v. 14.2.1958 – VIII ZR 313/56, WM 1958, 456 (458); Baumbach/Hopt/*Hopt* Bankgeschäfte Rn. K/25; *Jäger/Haas* in Schimansky/Bunte/Lwowski BankR-HdB § 120 Rn. 29; Schlegelberger/*Hefermehl* HGB Anh. § 365 Rn. 245; → HGB § 376 Rn. 15.

[888] Baumbach/Hopt/*Hopt* Bankgeschäfte Rn. K/25; *Canaris* BankvertragsR Rn. 1049; Heymann/*Horn* HGB Anh. § 372 Rn. VI/90.

[889] BGH Urt. v. 16.3.1987 – II ZR 127/86, BGHZ 101, 84 = NJW 1987, 2578 (2579) = RIW 1987, 705 = ZIP 1987, 1038 = WM 1987, 977; OLG Karlsruhe Urt. v. 11.4.1997 – 15 U 109/96, RIW 1997, 781 (783); Heymann/*Horn* HGB Anh. § 372 Rn. VI/57; vgl. hierzu auch *Plagemann* RIW 1987, 27.

[890] *Canaris* BankvertragsR Rn. 1053; Palandt/*Sprau* BGB § 783 Rn. 16; Baumbach/Hopt/*Hopt* Bankgeschäfte Rn. K/25.

[891] So wohl *Canaris* BankvertragsR Rn. 1048; abl. OLG München Urt. v. 11.10.1995 – 7 U 4265/95, RIW 1996, 512. Dazu auch Art. 10 lit. c ERA 600.

[892] OLG Koblenz Urt. v. 7.7.1989 – 2 U 1176/85, RIW 1989, 815 (816); Baumbach/Hopt/*Hopt* Bankgeschäfte Rn. K/25; zur Rechtslage iRv Art. 25 CISG vgl. *T. Koller* IHR 2016, 89.

[893] BGH Urt. v. 26.4.1956 – II ZR 262/54, WM 1956, 753 (755); BGH Urt. v. 16.1.1981 – I ZR 84/78, NJW 1981, 1905 = RIW 1981, 413 (414); *Jäger/Haas* in Schimansky/Bunte/Lwowski BankR-HdB § 120 Rn. 29; Baumbach/Hopt/*Hopt* Bankgeschäfte Rn. K/26; GK-HGB/*Gesmann-Nuissl*, 7. Aufl. 2007, HGB Nach § 406 Rn. 262; Palandt/*Grüneberg* BGB § 364 Rn. 6; MüKoBGB/*Habersack* BGB § 783 Rn. 44; Langenbucher/Bliesener/Spindler/*Segna* Dokumentäre Zahlungen Rn. 4; *Zahn/Ehrlich/Haas* Rn. 2/23.

[894] Baumbach/Hopt/*Hopt* Bankgeschäfte Rn. K/25; Staub/*Grundmann* BankvertragsR 3. Teil Rn. 577.

[895] ICC-Publikation Nr. 500/3.

[896] *Byrne/Taylor*, ICC Guide to the eUCP, ICC-Publikation Nr. 639, 2002, 11.

[897] *Altmann*, Zahlungssicherung im Außenhandel, 2007, 30; *Schütze/Vorpeil* Dokumentenakkreditiv Rn. 14.

[898] Abgedruckt → Rn. 187.

behaupten, sie stellten zumindest teilweise Handelsbrauch dar, weil die Vorlage elektronischer Dokumente bei der Akkreditivabwicklung eine recht junge Erscheinung ist. Man wird die eUCP daher im Augenblick höchstens als den möglichen Beginn der Entstehung eventueller Handelsbräuche ansehen können. Sie unterliegen daher nach deutschem Recht – wie im Ergebnis auch die ERA 600 – der AGB-Kontrolle nach §§ 305 ff. BGB[899] und bedürfen zu ihrer Anwendung der **vertraglichen Einbeziehung.** Diese erfolgt im Akkreditiv. Dem entspricht auch Art. e1 lit. b eUCP 2.0, nach dem die eUCP 2.0 nur gelten, wenn das Akkreditiv ausweist, dass es ihnen unterliegt.[900] Erforderlich ist ferner, dass im Akkreditiv die Vorlage von elektronischen Dokumenten ausdrücklich oder konkludent dem **Begünstigten gestattet ist.** Ohne diese Erlaubnis müssen ausschließlich Papierdokumente nach ERA 600 vorgelegt werden. In diesem Fall finden nach Art. e2 lit. c eUCP 2.0 nur die ERA 600 Anwendung.

c) Verhältnis zu den ERA 600. Die eUCP stellen eine **Ergänzung**[901] der ERA 600 dar. Ein   **176** Akkreditiv, das den eUCP unterworfen ist (ein sog. eUCP-Akkreditiv, vgl. Art. e2 lit. a eUCP 2.0), unterliegt nach dieser Vorschrift daher auch dann den ERA 600, wenn diese nicht ausdrücklich einbezogen wurden. Die Anwendung der eUCP 2.0 ohne ERA 600 macht nämlich wenig Sinn, weil die eUCP 2.0 lediglich die **Vorlegung von elektronischen Dokumenten** (engl.: *presentation of electronic records*) regeln.[902] Sie stellen damit kein in sich geschlossenes Regelungssystem dar und benötigen weiterhin die Vorschriften der ERA 600.[903] Die Anwendung der eUCP 2.0 führt daher idR nur zu einer anderen Auslegung der einschlägigen ERA 600-Bestimmungen. Lediglich bei einer echten **Kollision** haben die Vorschriften der eUCP Vorrang (Art. e2 lit. b eUCP 2.0).

d) Vorlage elektronischer Dokumente. Die eUCP 2.0 betreffen fast nur die *Vorlage von elektro-*   **177** *nischen Dokumenten* unter einem eUCP-Akkreditiv. Die elektronische Eröffnung eines Akkreditivs sowie andere Akkreditiv-Mitteilungen (etwa Avisierung oder Bestätigung) in elektronischer Form sind bereits nach ERA 600 – sofern nationales Recht dem nicht entgegensteht – möglich.[904] Dabei spielt es keine Rolle, ob das Akkreditiv die Vorlage aller Dokumente in elektronischer Form gestattet oder ob es auch Papierdokumente verlangt. Lediglich in dem Fall, dass ausschließlich Papierdokumente vorgelegt werden, gelten allein die ERA 600, Art. e2 lit. c eUCP 2.0. Als **elektronisches Dokument** *(electronic record)* bezeichnen die **Definitionen** des Art. e3 lit. b iii eUCP 2.0 Daten,

- die elektronisch geschaffen, übermittelt oder gespeichert werden,
- deren Versender, Quelle, Vollständigkeit und Echtheit authentifiziert werden können, und
- die auf Übereinstimmung mit den Bedingungen eines eUCP-Akkreditivs überprüft werden können.

Diese Definitionen erinnern stark an die elektronische Form des § 126a BGB.

Die eUCP 2.0 sind **Format neutral.**[905] Das heißt, sie schreiben nicht vor, in welchem **Dateifor-**   **178** **mat,** mit welcher **Software** oder auf welchen **elektronischen Informationssystemen** das elektronische Dokument, zB ein eingescanntes Transportpapier, vorgelegt werden muss. Dieses Format sollte jedoch unbedingt im eUCP-Akkreditiv bezeichnet werden (Art. e5 eUCP 2.0). Unterbleibt dies nämlich, so kann der Begünstigte die Dokumente **in jedem beliebigen Format liefern.**[906] Das Risiko, ein elektronisches Dokument nicht öffnen zu können, liegt dann bei der Akkreditivbank bzw. der bestätigenden Bank, die das Dokument allein aus diesem Grund nicht zurückweisen können (Art. e7 lit. c eUCP 2.0).[907] Entsprechend Art. 6 lit. a ERA 600 muss nach e6 lit. a i eUCP 2.0 ebenfalls angegeben werden, an welchem **Ort** die elektronischen Dokumente vorzulegen sind. Dabei muss es sich um eine elektronische Adresse, also etwa eine E-Mail- oder Web-Adresse, handeln (Art. e3 lit. a iii eUCP 2.0). Gleichzeitig muss das Akkreditiv auch eine traditionelle Adresse *(physical location)* der Akkreditivbank enthalten (Art. e1 lit. d eUCP 2.0).[908]

---

[899] *Saive/Stabel* RIW 2019, 642 (647).

[900] *Meynell,* Commentary on eUCP Version 2.0, eURC Version 1.0 – Article-by-Article Analysis, ICC-Publikation Nr. 639, 2019, 20.

[901] Staub/*Grundmann* BankvertragsR 3. Teil Rn. 620. Vgl. Art. e1 lit. a eUCP: „The eUCP supplements the Uniform Customs and Practice for Documentary Credits …"

[902] *Byrne/Taylor,* ICC Guide to the eUCP, ICC-Publikation Nr. 639, 2002, 37.

[903] *Meynell,* Commentary on eUCP Version 2.0, eURC Version 1.0 – Article-by-Article Analysis, ICC-Publikation Nr. 639, 2019, 19 f.

[904] ICC-Publikation Nr. 500/3, 7.

[905] *Meynell,* Commentary on eUCP Version 2.0, eURC Version 1.0 – Article-by-Article Analysis, ICC-Publikation Nr. 639, 2019, 44; *Saive/Stabel* RIW 2019, 642 (644 f.).

[906] *Meynell,* Commentary on eUCP Version 2.0, eURC Version 1.0 – Article-by-Article Analysis, ICC-Publikation Nr. 639, 2019, 44.

[907] *Meynell,* Commentary on eUCP Version 2.0, eURC Version 1.0 – Article-by-Article Analysis, ICC-Publikation Nr. 639, 2019, 54; *Byrne/Taylor,* ICC Guide to the eUCP, ICC-Publikation Nr. 639, 2002, 80.

[908] *Saive/Stabel* RIW 2019, 642 (643); *Meynell,* Commentary on eUCP Version 2.0, eURC Version 1.0 – Article-by-Article Analysis, ICC-Publikation Nr. 639, 2019, 21.

179   Einen großen Unterschied zur Vorlage von Papierdokumenten stellt die **Vollständigkeitsbenach-richtigung** nach Art. e6 lit. c eUCP 2.0 dar. Papierdokumente müssen zwar nicht komplett in einem Paket vorgelegt werden, in der Praxis ist dies jedoch die Regel. Da elektronische Dokumente häufig nicht alle auf einmal geschickt werden und dies auch nicht müssen (Art. e6 lit. b eUCP 2.0),[909] hat der Begünstigte die Bank, der die Dokumente eingereicht werden, zu benachrichtigen, wenn die Vorlage vollständig ist. Die **Sanktion** ist drastisch: Ohne diese Benachrichtigung gilt die Vorlage als nicht erfolgt und es droht die Verfristung des Akkreditivanspruchs (→ Rn. 157). Mit dieser Benachrichtigung beginnt die Prüfungsfrist des Art. 14b ERA 600 (Art. e7 lit. a i eUCP 2.0).

180   **e) Prüfungspflicht und Haftungsausschluss.** Art. 14a ERA 600 enthält die Prüfungspflicht der Banken für alle im Akkreditiv vorgeschriebenen Dokumente (→ Rn. 163) und gilt damit gleicherma-ßen für die Prüfung der elektronischen Dokumente eines eUCP-Akkreditivs. Auch elektronische Dokumente müssen daher nur daraufhin überprüft werden, ob sie ihrem **äußeren Aufmachung nach den Akkreditivbedingungen zu entsprechen scheinen.** Die Definition des Begriffs *„appear on their face"* in Art. e3 lit. a i eUCP 2.0 macht dabei deutlich, dass sich diese Prüfung nur auf die elektronisch übermittelten Daten erstreckt und nicht auf die durch diese Daten dargestellten Tatsachen.[910] Art. e13 eUCP 2.0 enthält hierzu und in Ergänzung zu Art. 34 ERA 600 einen **Haftungsausschluss.** Danach übernehmen die Banken keine Haftung für die Identität von Absender, Datenquelle oder Vollständig-keit und Unverändertheit eines elektronischen Dokuments. Diese Freizeichnung begegnet den glei-chen **Bedenken** wie jene des Art. 34 ERA 600. Sowohl die Prüfung papierener als auch elektronischer Dokumente ist eine **Kardinalpflicht** und damit freizeichnungsfest.[911] Lediglich beim Fälschungsrisiko ist ein Ausschluss der Haftung für leichte Fahrlässigkeit – wenn man dem BGH[912] folgt – zulässig. Vgl. hierzu insgesamt → Rn. 163.

181   **8. IPR.** Die bisherigen Ausführungen basieren auf deutschem Recht. Wegen des internationalen Charakters des Akkreditivgeschäfts wird deutsches Recht idR nur für einzelne Rechtsverhältnisse zwischen den Akkreditivbeteiligten zum Tragen kommen. Es ist daher vorab immer das jeweils anwendbare Recht zu bestimmen. Interessanterweise sollen die Beteiligten eines Akkreditivs selten eine Rechtswahl treffen.[913] Auch die ERA enthalten eine solche nicht. Im **Valutaverhältnis** gilt grundsätzlich das von den Parteien gewählte Recht nach Art. 3 Abs. 1 Rom I-VO. Fehlt eine Rechts-wahl und greift auch das CISG/UN-Kaufrecht nicht, unterliegt der Exportvertrag dem Recht des Staates, in dem der Exporteur seinen Sitz hat. Dabei spielt es keine Rolle, ob es sich um einen Kaufvertrag (Art. 4 Abs. 1 lit. a Rom I-VO) oder einen Dienstleistungsvertrag (Art. 4 Abs. 1 lit. b Rom I-VO) handelt oder ob man bei einem anderen Vertragstyp auf die charakteristische Leistung (Art. 4 Abs. 2 Rom I-VO) abstellt. Es gelten insofern die allgemeinen Regeln zum Vertragsstatut.[914] Vom IPR-Standpunkt aus unproblematisch ist die Rechtsbeziehung **Auftraggeber – Akkreditiv-bank.** Hier liegt typischerweise ein nationaler Sachverhalt ohne Auslandsbezug vor, wenn der Auftrag-geber sich als Akkreditivbank eine Bank seines Landes wählt.[915] Dies ist aus praktischen Gründen die Regel, es gilt dann das gemeinsame nationale Recht. Bei Einschaltung eines deutschen Kreditinstituts ist die Wahl deutschen Rechts in Nr. 6 Abs. 1 AGB-Banken und AGB-Sparkassen zu beachten[916] Anderenfalls findet das Sitzrecht der Akkreditivbank nach Art. 4 Abs. 1 lit. b Rom I-VO Anwen-dung.[917]

182   Der Akkreditivanspruch, dh das **Rechtsverhältnis Begünstigter – Akkreditivbank,** unterliegt ebenfalls zuerst dem von den Parteien gewählten Recht (Art. 3 Abs. 1 Rom I-VO). Wurde das anwendbare Recht nicht vereinbart, gilt das Sitzrecht der Akkreditivbank.[918] Dies ergibt sich aus Art. 4 Abs. 2 Rom I-VO, der auf die charakteristische Leistung abstellt. Diese erbringt in Form des abstrakten

---

[909] *Saive/Stabel* RIW 2019, 642 (645).

[910] *Saive/Stabel* RIW 2019, 642 (644); *Meynell,* Commentary on eUCP Version 2.0, eURC Version 1.0 – Article-by-Article Analysis, ICC-Publikation Nr. 639, 2019, 26; *Byrne/Taylor,* ICC Guide to the eUCP, ICC-Publikation Nr. 639, 2002, 47.

[911] *Saive/Stabel* RIW 2019, 642 (648).

[912] BGH Urt. v. 26.9.1989 – XI ZR 159/88, BGHZ 108, 348 = WM 1989, 1713 (1715) = NJW 1990, 255 = BB 1989, 2282.

[913] So *Kessler* in Blesch/Lange, Bankgeschäfte mit Auslandsbezug, 2007, Rn. 716.

[914] Dazu Palandt/*Thorn* Rom I-VO Art. 4 Rn. 4 ff.; noch zu Art. 28 EGBGB aF: OLG Köln Urt. v. 25.5.1994 – 2 U 143/93, WM 1994, 1877 (1878); *v. Bar* ZHR 152 (1988), 38 (55); Heymann/*Horn* HGB Anh. § 372 Rn. VI/29.

[915] *Jäger/Haas* in Schimansky/Bunte/Lwowski BankR-HdB § 120 Rn. 439; Langenbucher/Bliesener/Spindler/*Segna* Dokumentäre Zahlungen Rn. 56; so auch zum alten Recht *v. Westphalen,* Rechtsprobleme der Exportfinanzie-rung, 3. Aufl. 1987, 298; iE auch *Schütze/Vorpeil* Dokumentenakkreditiv Rn. 671; MVHdB II WirtschaftsR I/*Schütze* V. 10 Anm. 13.

[916] MVHdB II WirtschaftsR I/*Schütze* V. 10 Anm. 13; Staub/*Grundmann* BankvertragsR 3. Teil Rn. 584.

[917] Langenbucher/Bliesener/Spindler/*Segna* Dokumentäre Zahlungen Rn. 56; noch zum alten Recht *v. Bar* ZHR 152 (1988), 38 (53); *Nielsen* in Schimansky/Bunte/Lwowski BankR-HdB, 3. Aufl. 2007, § 120 Rn. 420.

[918] *Schütze/Vorpeil* Dokumentenakkreditiv Rn. 673 mwN; *Freitag* in Derleder/Knops/Bamberger BankR-/Kap-MarktR § 75 Rn. 30; *Freitag* in Reithmann/Martiny IntVertragsR Rn. 6.609.

Schuldversprechens die Akkreditivbank. Zum gleichen Ergebnis kommt man, wenn man den Akkreditivanspruch als Dienstleistungsvertrag unter Art. 4 Abs. 1 lit. b Rom I-VO subsumiert.[919] Teilweise wird jedoch vertreten, dass die Einschaltung einer Zweitbank dazu führe, das Rechtsverhältnis Begünstigter – Akkreditivbank dem Recht der Zweitbank zu unterstellen, jedenfalls wenn sie Zahlstelle ist oder das Akkreditiv bestätigt.[920] In der Praxis wird diese Frage dadurch entschärft, dass die ERA bereits weitgehend für einheitliche Regeln sorgen. Gleichwohl ist die zitierte Auffassung abzulehnen. Einmal erbringt auch bei Einschaltung einer Zweitbank weiterhin die Akkreditivbank die charakteristische Leistung, da die Rolle der Zweitbank immer nur eine helfende oder verstärkende ist. Zum anderen widerspricht es auch dem Prinzip der Fairness, das Verhältnis Akkreditivbank – Begünstigter mehr oder minder ausnahmslos dem Recht des Begünstigten zu unterstellen. Dies wäre aber die Folge, da in der Praxis regelmäßig eine Zweitbank als Zahlstelle – und zwar fast immer im Land des Begünstigten – eingeschaltet wird. Nach der hier vertretenen Auffassung unterliegt der Akkreditivanspruch in Ermangelung einer Rechtswahl daher immer dem Recht der Akkreditivbank, egal ob und in welcher Funktion eine Zweitbank eingeschaltet wird.[921] Da sich die Abtretung der Akkreditivforderung gem. Art. 14 Rom I-VO nach dem Forderungsstatut richtet, entscheidet das Recht der Akkreditivbank im Zweifel auch über die Zulässigkeit einer stillen Zession.[922]

Das Rechtsverhältnis **Akkreditivbank – Zweitbank** unterliegt, sofern keine Rechtswahl getroffen **183** wurde, dem Niederlassungsrecht der Zweitbank (Art. 4 Abs. 1 lit. b Rom I-VO). Im Verhältnis beider Banken zueinander liegt nämlich ein Geschäftsbesorgungs-, und damit ein Dienstleistungsvertrag, vor.[923] Im **Verhältnis Zweitbank – Begünstigter** erfolgt die Anknüpfung nach der hier vertretenen Auffassung an das Niederlassungsrecht der Zweitbank. Bei einer Bestätigung des Akkreditivs ergibt sich dies aus Art. 4 Abs. 2 Rom I-VO: Das abstrakte Schuldversprechen iSv § 780 BGB ist im Verhältnis zum Begünstigten die charakteristische Leistung.[924] Damit unterliegen Akkreditivanspruch und Bestätigung uU unterschiedlichen Rechtsordnungen. Dies ist sinnvoll, da Akkreditivbestätigungen auch deshalb eingeholt werden, um einen von der Rechts- und Währungsordnung der Akkreditivbank abgekoppelten Anspruch zu haben. Ist die Zweitbank nur Zahlstelle oder Avisbank, bestehen keine vertraglichen Beziehungen zum Begünstigten.[925] Eventuelle Rechtsfragen, die weder zum Akkreditivanspruch gehören noch unter die ERA fallen, beurteilen sich gleichwohl nach dem Niederlassungsrecht der Zweitbank.[926]

III. Anhang: Einheitliche Richtlinien

1. ICC – Einheitliche Richtlinien für Inkassi – ERI 522.[927] Die Einheitlichen Richtlinien für **184** Inkassi (ERI) wurden erstmals 1956 durch die ICC veröffentlicht. Überarbeitete Fassungen sind 1968 und 1979 in Kraft getreten.

Die vorliegende Revision wurde als ICC-Publikation Nr. 522 veröffentlicht. **Die ERI 522 finden Anwendung ab 1.1.1996.**

---

[919] Langenbucher/Bliesener/Spindler/*Segna* Dokumentäre Zahlungen Rn. 57; Palandt/*Thorn* Rom I-VO Art. 4 Rn. 13; *Jäger/Haas* in Schimansky/Bunte/Lwowski BankR-HdB § 120 Rn. 443.

[920] OLG Frankfurt a. M. Urt. v. 22.9.1987 – 5 U 60/86, RIW 1988, 133 (135) = WM 1988, 254 = NJW-RR 1988, 682 = IPRax 1990, 43; dazu *Schefold* IPRax 1990, 20; OLG Köln Urt. v. 25.5.1994 – 2 U 143/93, WM 1994, 1877 (1878); zum Meinungsstand *Jäger/Haas* in Schimansky/Bunte/Lwowski BankR-HdB § 120 Rn. 446 ff.; *Schütze/Vorpeil* Dokumentenakkreditiv Rn. 675 ff.

[921] So auch *Jäger/Haas* in Schimansky/Bunte/Lwowski BankR-HdB § 120 Rn. 447 f.; Langenbucher/Bliesener/Spindler/*Segna* Dokumentäre Zahlungen Rn. 59; *Schütze/Vorpeil* Dokumentenakkreditiv Rn. 680; *Schütze* RIW 1988, 343 (345); *Schütze* WM 1982, 226 (228); *Kessler* in Blesch/Lange, Bankgeschäfte mit Auslandsbezug, 2007, Rn. 737.

[922] So zu Art. 33 EGBGB aF OLG Karlsruhe Urt. v. 11.4.1997 – 15 U 109/96, RIW 1997, 781 (782).

[923] *Jäger/Haas* in Schimansky/Bunte/Lwowski BankR-HdB § 120 Rn. 442; *Freitag* in Reithmann/Martiny IntVertragsR Rn. 6.611; Langenbucher/Bliesener/Spindler/*Segna* Dokumentäre Zahlungen Rn. 58. Zum alten Recht OLG Frankfurt a. M. Urt. v. 6.10.1987 – 5 U 247/86, WM 1988, 214 = RIW 1988, 905 (906 f.); Heymann/*Horn* HGB Anh. § 372 Rn. VI/29; aA *v. Bar* ZHR 152 (1988), 38 (53); *v. Westphalen*, Rechtsprobleme der Exportfinanzierung, 3. Aufl. 1987, 299.

[924] Langenbucher/Bliesener/Spindler/*Segna* Dokumentäre Zahlungen Rn. 58; *Jäger/Haas* in Schimansky/Bunte/Lwowski BankR-HdB § 120 Rn. 450; *Schütze/Vorpeil* Dokumentenakkreditiv Rn. 685; zum alten Recht *v. Bar* ZHR 152 (1988), 38 (53); *Schütze* WM 1982, 228; *v. Westphalen*, Rechtsprobleme der Exportfinanzierung, 3. Aufl. 1987, 301.

[925] *Schütze* RIW 1988, 343 (345).

[926] *Nielsen* IPRax 1982, 91 (93); *Schütze/Vorpeil* Dokumentenakkreditiv Rn. 686. Zum Gerichtsstand s. *Kessler* in Blesch/Lange, Bankgeschäfte mit Auslandsbezug, 2007, Rn. 746 ff.

[927] Abdruck mit Genehmigung der Internationalen Handelskammer. Veröffentlicht durch ICC Deutschland eV, Wilhelmstr. 43, 10117 Berlin (https://www.iccgermany.de). Copyright © 1995: International Chamber of Commerce (ICC). Alle Rechte vorbehalten. Jegliche Vervielfältigung auf welche Art auch immer – sei es auf graphischem, elektronischem oder mechanischem Weg, einschließlich aller Arten von Fotokopien und aller anderen Erfassungsarten – ist ohne schriftliche Genehmigung der Internationalen Handelskammer untersagt.

Die in englischer Sprache gehaltene Version der Einheitlichen Richtlinien für Inkassi gilt als offizieller Text der Regeln. Die Überschriften der Artikel dienen lediglich der Referenz. Sollte die vorliegende Übersetzung mit der englischen Fassung im Widerspruch stehen, so hat letztere Fassung Vorrang.

Inhalt

A. Allgemeine Regeln und Begriffsbestimmungen

Art. 1. Anwendbarkeit der ERI 522

a Die Einheitlichen Richtlinien für Inkassi, Revision 1995, ICC-Publikation 522, gelten für alle Inkassi wie in Artikel 2 definiert, soweit sie in den Text eines „Inkassoauftrags" gemäß Artikel 4 einbezogen sind und sind für alle Beteiligten bindend, sofern nicht ausdrücklich anderweitige Vereinbarungen getroffen worden sind oder nicht nationale, staatliche oder örtliche Gesetze und/oder Verordnungen entgegenstehen, von denen nicht abgewichen werden darf.

b Banken sind nicht verpflichtet, ein Inkasso oder irgendeine Inkassoweisung oder spätere sich darauf beziehende Weisungen zu bearbeiten.

c Wenn eine Bank sich aus irgendeinem Grund entschließt, ein erhaltenes Inkasso oder sich darauf beziehende Weisungen nicht zu bearbeiten, muss sie unverzüglich denjenigen Beteiligten, von dem sie das Inkasso oder die Weisungen erhalten hat, durch Telekommunikation oder, wenn dies nicht möglich ist, auf anderem schnellen Wege davon unterrichten.

Art. 2. Definition des Inkassos

Im Sinne dieser Richtlinien bedeuten:

a „Inkasso" die Bearbeitung von nachstehend unter Artikel 2 (b) definierten Dokumenten durch Banken in Übereinstimmung mit erhaltenen Weisungen, um:

  i. Zahlung und/oder Akzeptierung zu erhalten
  oder

  ii. Dokumente gegen Zahlung und/oder Akzeptierung auszuhändigen
  oder

  iii. Dokumente unter anderen Bedingungen auszuhändigen.

b „Dokumente" Zahlungspapiere und/oder Handelspapiere:

  i. „Zahlungspapiere" Wechsel, Solawechsel, Schecks oder andere ähnliche zum Erlangen von Zahlungen dienende Dokumente;

  ii. „Handelspapiere" Rechnungen, Transportdokumente, Dispositions- oder andere ähnliche Dokumente sowie irgendwelche andere Dokumente, die keine Zahlungspapiere darstellen.

c „Einfaches Inkasso" das Inkasso von Zahlungspapieren, die nicht von Handelspapieren begleitet sind.

d „Dokumentäres Inkasso" das Inkasso von:

  i. Zahlungspapieren, die von Handelspapieren begleitet sind;

  ii. Handelspapieren, die nicht von Zahlungspapieren begleitet sind.

Art. 3. Beteiligte an einem Inkasso

a Im Sinne dieser Richtlinien sind die „Beteiligten":

  i. der „Auftraggeber", das ist derjenige, der eine Bank mit der Bearbeitung eines Inkassos betraut;

ii. die „Einreicherbank", das ist die vom Auftraggeber mit der Bearbeitung des Inkassos betraute Bank;
iii. die „Inkassobank", das ist jede mit der Durchführung des Inkassos befaßte Bank mit Ausnahme der Einreicherbank;
iv. die „vorlegende Bank", das ist diejenige Inkassobank, die gegenüber dem Bezogenen die Vorlegung vornimmt.
b Der „Bezogene" ist derjenige, demgegenüber in Übereinstimmung mit dem Inkassoauftrag die Vorlegung zu erfolgen hat.

B. Form und Gliederung von Inkassi

Art. 4. Inkassoauftrag

a i. Alle zum Inkasso übersandten Dokumente müssen von einem Inkassoauftrag begleitet sein, der angibt, daß das Inkasso den ERI 522 unterliegt und in dem vollständige und genaue Weisungen erteilt werden. Banken sind nur berechtigt, gemäß den in einem solchen Inkassoauftrag erteilten Weisungen sowie in Überein-stimmung mit diesen Richtlinien zu verfahren.
ii. Banken werden Dokumente nicht auf darin enthaltene Weisungen prüfen.
iii. Sofern im Inkassoauftrag nicht anderweitig ermächtigt, werden Banken Weisungen von einem anderen Beteiligten/einer anderen Bank als dem Beteiligten/der Bank, von welchem/welcher sie das Inkasso erhal-ten haben, keine Beachtung schenken.
b Ein Inkassoauftrag sollte die folgenden Informationen, soweit anwendbar, enthalten:
i. Einzelheiten über die Bank, von der das Inkasso zuging einschließlich des vollständigen Namens, Post-anschrift, SWIFT Adresse, Telex-, Telefon-, Telefax-Nummern und Referenz.
ii. Einzelheiten über den Auftraggeber einschließlich des vollständigen Namens, Postanschrift und gegebe-nenfalls Telex-, Telefon-, Telefax-Nummern.
iii. Einzelheiten über den Bezogenen einschließlich des vollständigen Namens, Postanschrift oder der Domi-zilstelle, bei der die Vorlegung zu erfolgen hat und gegebenenfalls Telex-, Telefon-, Telefax-Nummern.
iv. Einzelheiten über die etwaige vorlegende Bank einschließlich des vollständigen Namens, Postanschrift und gegebenenfalls Telex-, Telefon-, Telefax-Nummern.
v. Einzuziehende(r) Beträge (Betrag) und Währung(en).
vi. Auflistung der beigefügten Dokumente und Angabe der Anzahl jedes einzelnen Dokuments.
vii.
a. Bedingungen, unter denen Zahlung und/oder Akzeptierung zu erhalten ist.
b. Bedingungen für die Aushändigung von Dokumenten gegen:
1. Zahlung und/oder Akzeptierung
2. andere Bedingungen.
Der Beteiligte, der den Inkassoauftrag erstellt, ist verantwortlich dafür, daß die Bedingungen für die Aushändigung von Dokumenten klar und eindeutig angegeben sind, anderenfalls übernehmen Banken für daraus resultierende Folgen keine Verantwortung.
viii. Einzuziehende Gebühren mit der Angabe, ob oder ob nicht auf sie verzichtet werden kann.
ix. Falls zutreffend, einzuziehende Zinsen mit der Angabe, ob oder ob nicht auf sie verzichtet werden kann, einschließlich:
a. Zinssatz
b. Berechnungszeitraum
c. Art der anzuwendenden Zinsberechnung (z. B. das Jahr zu 360 oder 365 Tagen).
x. Art der Zahlung und Form des Zahlungsavises.
xi. Weisungen für den Fall von Nichtzahlung, Nichtakzeptierung und/oder Nichterfüllung anderer Weisungen.
c i. Inkassoweisungen sollen die vollständige Anschrift des Bezogenen enthalten oder die Domizilstelle, bei der die Vorlage zu erfolgen hat. Wenn die Anschrift unvollständig oder unrichtig ist, kann die Inkassobank ohne eigene Haftung und Verantwortlichkeit versuchen, die richtige Anschrift festzustellen.
ii. Die Inkassobank ist nicht haftbar oder verantwortlich für Verzögerungen aufgrund unvollständiger/unrichti-ger Adresse.

C. Form der Vorlegung

Art. 5. Vorlegung

a Im Sinne dieser Richtlinien bedeutet Vorlegung das Verfahren, mit dem die vorlegende Bank die Dokumente dem Bezogenen weisungsgemäß verfügbar macht.
b Der Inkassoauftrag sollte die genaue Frist angeben, innerhalb derer der Bezogene Maßnahmen zu ergreifen hat.
Ausdrücke wie „erster", „prompt", „unverzüglich" und ähnliche sollten nicht im Zusammenhang mit der Vor-legung oder in bezug auf eine Frist verwendet werden, innerhalb der die Dokumente aufzunehmen sind oder der Bezogene anderweitige Maßnahmen zu ergreifen hat. Wenn solche Ausdrücke verwendet werden, werden die Banken sie nicht beachten.
c Dokumente müssen dem Bezogenen in der Form vorgelegt werden, in der sie empfangen worden sind. Banken sind jedoch berechtigt, etwa notwendige Stempelmarken anzubringen, und zwar, sofern keine ande-ren Weisungen erteilt worden sind, auf Kosten des Beteiligten, von dem ihnen das Inkasso zugegangen ist, und etwa erforderliche Indossamente vorzunehmen oder irgendwelche Stempel oder andere Erkennungs-zeichen oder -symbole anzubringen, die für den Inkassovorgang üblich oder erforderlich sind.
d Um die Weisungen des Auftraggebers anzuführen, betraut die Einreicherbank als Inkassobank die vom Auftraggeber benannte Bank. Mangels einer solchen Benennung wird die Einreicherbank eine Bank nach eigener Wahl oder Wahl einer anderen Bank im Lande der Zahlung oder Akzeptierung oder in dem Land, in dem andere Bedingungen zu erfüllen sind, betrauen.
e Dokumente und Inkassoauftrag können von der Einreicherbank direkt oder über eine zwischengeschaltete andere Bank der Inkassobank übersandt werden.
f Falls die Einreicherbank keine spezielle vorlegende Bank benennt, kann sich die Inkassobank einer vorlegen-den Bank nach eigener Wahl bedienen.

Art. 6. Sicht/Akzeptierung

Bei Sicht zahlbare Dokumente muß die vorlegende Bank unverzüglich zur Zahlung vorlegen.

Nicht bei Sicht zahlbare Dokumente muß die vorlegende Bank im Falle verlangter Akzeptierung unverzüglich zur Akzeptierung und im Falle verlangter Zahlung nicht später als am betreffenden Fälligkeitsdatum zur Zahlung vorlegen.

Art. 7. Freigabe von Handelspapieren

Dokumente gegen Akzept (D/A) und Dokumente gegen Zahlung (D/P)

a Inkassi sollten keine erst später fälligen Wechsel mit Weisungen enthalten, daß die Handelspapiere gegen Zahlung auszuhändigen sind.

b Wenn ein Inkasso einen erst später fälligen Wechsel enthält, sollte im Inkassoauftrag bestimmt werden, ob die Handelspapiere dem Bezogenen gegen Akzeptierung (D/A) oder gegen Zahlung (D/P) freizugeben sind.
Fehlt eine solche Bestimmung, werden Handelspapiere nur gegen Zahlung freigegeben und die Inkassobank ist nicht verantwortlich für jegliche Folgen irgendwelcher Verzögerungen in der Aushändigung der Dokumente.

c Wenn ein Inkasso einen erst später fälligen Wechsel enthält und der Inkassoauftrag angibt, daß Handelspapiere gegen Zahlung freizugeben sind, werden die Dokumente nur gegen entsprechende Zahlung freigegeben und die Inkassobank ist nicht verantwortlich für jegliche Folgen irgendwelcher Verzögerungen in der Aushändigung der Dokumente.

Art. 8. Erstellung von Dokumenten

Hat die Inkassobank oder der Bezogene gemäß Weisung der Einreicherbank Dokumente zu erstellen (Wechsel, Solawechsel, Trust Receipts, Verpflichtungsschreiben oder andere Dokumente), die nicht dem Inkasso beigefügt waren, müssen Form und Wortlaut derartiger Dokumente von der Einreicherbank vorgeschrieben werden; anderenfalls ist die Inkassobank für Form und Wortlaut solcher von ihr und/oder dem Bezogenen gelieferten Dokumente nicht haftbar oder verantwortlich.

D. Haftung und Verantwortlichkeit

Art. 9. Treu und Glauben und angemessene Sorgfalt

Banken handeln nach Treu und Glauben und mit angemessener Sorgfalt.

Art. 10. Dokumente und Waren/Dienstleistungen/Leistungen

a Waren sollten nicht direkt an die Adresse einer Bank oder zur Verfügung oder an die Order einer Bank versandt werden, ohne daß diese Bank zuvor zugestimmt hat.
Wenn der Bank dennoch ohne ihre vorherige Zustimmung Waren direkt an ihre Adresse oder zu ihrer Verfügung oder an ihre Order zwecks Freigabe an einen Bezogenen gegen Zahlung, Akzeptierung oder unter anderen Bedingungen zugesandt werden, ist diese Bank nicht zur Entgegennahme der Waren verpflichtet, für welche Gefahr und Verantwortlichkeit beim Absender verbleiben.

b Banken sind nicht verpflichtet, irgendwelche Maßnahmen hinsichtlich der Waren zu ergreifen, auf die sich das dokumentäre Inkasso bezieht, einschließlich ihrer Einlagerung und Versicherung, selbst wenn spezielle Weisungen, dies zu tun, erteilt wurden. Banken werden derartige Maßnahmen nur ergreifen, wenn und in dem Ausmaß, in dem sie dazu im Einzelfall bereit sind. Ungeachtet der Bestimmungen des Artikels 1 (c) findet diese Regelung auch bei Fehlen einer diesbezüglichen Benachrichtigung durch die Inkassobank Anwendung.

c Falls Banken dennoch, ob beauftragt oder nicht, Maßnahmen zum Schutze der Waren ergreifen, übernehmen sie keine Haftung oder Verantwortlichkeit für Schicksal und/oder Zustand der Waren und/oder irgendwelche Handlungen und/oder Unterlassungen Dritter, die mit der Verwahrung und/oder dem Schutz der Waren betraut wurden. Die Inkassobank muß jedoch diejenige Bank, von der ihr der Inkassoauftrag zuging, unverzüglich über alle ergriffenen Maßnahmen benachrichtigen.

d Alle Gebühren und/oder Auslagen, die den Banken im Zusammenhang mit irgendeiner Maßnahme zum Schutze der Ware entstanden sind, gehen zu Lasten des Beteiligten, von dem sie das Inkasso erhalten haben.

e i. Wenn die Waren, ungeachtet der Bestimmungen des Artikels 10 (a), zur Verfügung der Inkassobank oder an deren Order gesandt werden und der Bezogene das Inkasso durch Zahlung, Akzeptierung oder andere Bedingungen honoriert hat und die Inkassobank die Freigabe der Ware veranlaßt, gilt die Inkassobank als von der Einreicherbank hierzu ermächtigt.
ii. Wenn eine Inkassobank auf Weisungen der Einreicherbank oder nach den vorstehenden Bedingungen von Artikel 10 (e) i die Freigabe der Waren veranlaßt, muß die Einreicherbank diese Inkassobank für alle entstandenen Schäden und Auslagen entschädigen.

Art. 11. Haftungsausschluß für Handlungen einer beauftragten Partei

a Bedienen sich Banken einer oder mehrerer anderer Banken, um die Weisungen des Auftraggebers auszuführen, tun sie dies für Rechnung und Gefahr dieses Auftraggebers.

b Die Banken übernehmen keine Haftung oder Verantwortung, wenn die von ihnen übermittelten Weisungen nicht ausgeführt werden sollten, auch wenn sie selbst die Auswahl dieser anderen Bank(en) getroffen haben.

c Ein Beteiligter, der einen anderen Beteiligten beauftragt, Leistungen zu erbringen, muß alle Verpflichtungen und Verantwortlichkeiten übernehmen, die auf ausländischen Gesetzen und Gebräuchen beruhen, und er muß den beauftragten Beteiligten für alle hieraus resultierenden Folgen schadlos halten.

Art. 12. Haftungsausschluß für erhaltene Dokumente

a Die Banken müssen prüfen, ob die erhaltenen Dokumente den im Inkassoauftrag aufgelisteten Dokumenten zu entsprechen scheinen und vom Fehlen irgendwelcher Dokumente, oder, wenn andere als die aufgelisteten festgestellt wurden, denjenigen Beteiligten, von dem ihnen der Inkassoauftrag zuging, unverzüglich durch Telekommunikation oder, wenn dies nicht möglich ist, auf anderem schnellen Wege benachrichtigen.
Banken haben in dieser Hinsicht keine weitere Verpflichtung.

b Wenn die Dokumente nicht aufgelistet zu sein scheinen, kann die Einreicherbank nicht Art und Anzahl der von der Inkassobank erhaltenen Dokumente bestreiten.

c Unter Berücksichtigung der Artikel 5 (c) und 12 (a) und 12 (b) werden Banken Dokumente wie erhalten, ohne weitere Prüfung vorlegen.

Art. 13. Haftungsausschluß für Wirksamkeit von Dokumenten

Die Banken übernehmen keine Haftung oder Verantwortung für Form, Vollständigkeit, Genauigkeit, Echtheit, Verfälschung oder Rechtswirksamkeit von Dokumenten oder für die allgemeinen und/oder besonderen Bedingungen, die in den Dokumenten angegeben oder denselben hinzugefügt sind. Sie übernehmen auch keine Haftung oder Verantwortung für Bezeichnung, Menge, Gewicht, Qualität, Beschaffenheit, Verpackung, Lieferung, Wert oder Vorhandensein der durch Dokumente ausgewiesenen Waren, oder für Treu und Glauben oder Handlungen und/oder Unterlassungen sowie für Zahlungsfähigkeit, Leistungsvermögen oder Ruf der Absender, Frachtführer, Spediteure, Empfänger oder Versicherer der Waren oder irgendwelcher anderer Personen.

Art. 14. Haftungsausschluß für Verzögerungen, Verlust bei Übermittlung und Übersetzung

a Die Banken übernehmen keine Haftung oder Verantwortung für die Folgen von Verzögerungen und/oder Verlusten bei Übermittlung von Nachrichten, Briefen oder Dokumenten, sowie für Verzögerung, Verstümmelung oder sonstige Irrtümer, die aus der Übermittlung einer Telekommunikation resultieren oder für Irrtümer bei der Übersetzung und/oder Auslegung von technischen Ausdrücken.

b Banken sind nicht haftbar oder verantwortlich für Verzögerungen, die aus der Notwendigkeit der Klärung erhaltener Weisungen resultieren.

Art. 15. Höhere Gewalt

Die Banken übernehmen keine Haftung oder Verantwortung für die Folgen der Unterbrechung ihrer Geschäftstätigkeit durch Fälle höherer Gewalt, Unruhen, Aufruhr, Aufstand, Kriege oder irgendwelche anderen Ursachen, die außerhalb ihrer Kontrolle liegen, sowie durch Streiks oder Aussperrungen.

E. Zahlung

Art. 16. Unverzügliche Zahlung

a Eingezogene Beträge (gegebenenfalls abzüglich Gebühren und/oder Aufwendungen und/oder Auslagen) müssen in Übereinstimmung mit dem Inkassoauftrag unverzüglich dem Beteiligten zur Verfügung gestellt werden, von dem der Inkassoauftrag zuging.

b Ungeachtet der Bestimmungen des Artikels 1 (c) wird die Inkassobank, sofern sie keiner anderweitigen Vereinbarung zugestimmt hat, Zahlung des eingezogenen Betrages nur zugunsten der Einreicherbank vornehmen.

Art. 17. Zahlung in inländischer Währung

Dokumente, die in der Währung des Zahlungslandes (inländische Währung) zahlbar sind, darf die vorlegende Bank, sofern im Inkassoauftrag keine anderen Weisungen erteilt worden sind, dem Bezogenen nur dann gegen Zahlung in inländischer Währung freigeben, wenn diese Währung gemäß der im Inkassoauftrag vorgeschriebenen Art sofort verfügbar ist.

Art. 18. Zahlung in ausländischer Währung

Dokumente, die in einer anderen Währung als der des Zahlungslandes (ausländische Währung) zahlbar sind, darf die vorlegende Bank, sofern im Inkassoauftrag keine anderen Weisungen erteilt worden sind, dem Bezogenen nur dann gegen Zahlung in der betreffenden ausländischen Währung freigeben, wenn diese ausländische Währung gemäß der im Inkassoauftrag erteilten Weisungen sofort verfügbar ist.

Art. 19. Teilzahlungen

a Bei einfachen Inkassi können Teilzahlungen angenommen werden, wenn und soweit Teilzahlungen nach dem am Zahlungsort geltenden Recht gestattet sind. Die Zahlungspapiere werden dem Bezogenen erst nach Erhalt der vollen Zahlung freigegeben.

b Bei dokumentären Inkassi werden Teilzahlungen nur angenommen, wenn der Inkassoauftrag eine ausdrückliche Ermächtigung hierzu enthält. Jedoch wird die vorlegende Bank, sofern keine anderen Weisungen erteilt worden sind, die Dokumente dem Bezogenen erst nach Erhalt der vollen Zahlung freigeben, und die vorlegende Bank ist nicht verantwortlich für Folgen von Verzögerungen in der Aushändigung von Dokumenten.

c In allen Fällen werden Teilzahlungen nur entsprechend den jeweils anwendbaren Bestimmungen der Artikel 17 oder 18 angenommen.

Angenommene Teilzahlungen werden gemäß den Bestimmungen des Artikels 16 behandelt.

F. Zinsen, Gebühren und Auslagen

Art. 20. Zinsen

a Wenn der Inkassoauftrag angibt, daß Zinsen einzuziehen sind und der Bezogene deren Bezahlung verweigert, kann die vorlegende Bank das (die) Dokument(e) je nach Lage des Falles gegen Zahlung oder Akzeptierung oder unter anderen Bedingungen ohne Einzug solcher Zinsen aushändigen, sofern nicht Artikel 20 (c) Anwendung findet.

b In Fällen, in denen solche Zinsen eingezogen werden sollen, muß der Inkassoauftrag den Zinssatz, den Berechnungszeitraum und die Art der Zinsberechnung angeben.

c In Fällen, in denen der Inkassoauftrag ausdrücklich vorschreibt, daß auf die Zinsen nicht verzichtet werden darf und der Bezogene sich weigert, solche Zinsen zu zahlen, wird die vorlegende Bank die Dokumente nicht aushändigen und keine Verantwortung für Folgen von Verzögerungen in der Aushändigung der Dokumente tragen. Wenn die Zahlung von Zinsen verweigert wurde, muß die vorlegende Bank unverzüglich die Bank, von der der Inkassoauftrag zuging, durch Telekommunikation oder, wenn dies nicht möglich ist, auf anderem schnellen Wege unterrichtet.

Art. 21. Gebühren und Auslagen

a Wenn der Inkassoauftrag angibt, daß Inkassogebühren und/oder Auslagen zu Lasten des Bezogenen gehen und der Bezogene deren Zahlung verweigert, kann die vorlegende Bank das (die) Dokument(e) je nach Lage des Falles gegen Zahlung oder Akzeptierung oder unter anderen Bedingungen ohne Einzug der Inkassogebühren und/oder Auslagen aushändigen, sofern nicht Artikel 21 (b) Anwendung findet.

Wird so auf Inkassogebühren und/oder Auslagen verzichtet, gehen diese zu Lasten des Beteiligten, von dem das Inkasso zuging und dürfen vom Erlös abgezogen werden.

b In Fällen, in denen der Inkassoauftrag ausdrücklich vorschreibt, daß auf die Gebühren und/oder Auslagen nicht verzichtet werden darf und der Bezogene sich weigert, solche Gebühren und/oder Auslagen zu zahlen, wird die vorlegende Bank die Dokumente nicht aushändigen und keine Verantwortung für Folgen von Verzögerungen in der Aushändigung der Dokumente tragen. Wenn die Zahlung von Gebühren und/oder Auslagen verweigert worden ist, muß die vorlegende Bank unverzüglich die Bank, von der der Inkassoauftrag zuging, durch Telekommunikation oder, wenn dies nicht möglich ist, auf anderem schnellen Wege unterrichten.

c Sind gemäß den ausdrücklichen Bedingungen des Inkassoauftrags oder nach diesen Richtlinien Aufwendungen und/oder Auslagen und/oder Inkassogebühren vom Auftraggeber zu tragen, ist (sind) die Inkassobank(en) berechtigt, sich für ihre Aufwendungen, Auslagen und Gebühren sofort bei der Bank zu erholen, von der der (ihnen) der Inkassoauftrag zuging; die Einreicherbank ist berechtigt, sich für solche von ihr geleisteten Zahlungen sowie für eigene Aufwendungen, Auslagen und Gebühren unabhängig vom Ergebnis des Inkassos sofort beim Auftraggeber zu erholen.

d Banken behalten sich das Recht vor, von dem Beteiligten, von dem ihnen der Inkassoauftrag zuging, Zahlung von Gebühren und/oder Auslagen im voraus zu verlangen, um Kosten abzudecken, die im Zusammenhang mit der Ausführung von Weisungen entstehen; sie behalten sich das Recht vor, solche Weisungen bis zum Erhalt dieser Zahlung nicht auszuführen.

G. Andere Regeln

Art. 22. Akzeptierung

Die vorlegende Bank ist dafür verantwortlich, darauf zu achten, daß die Form der Akzeptierung eines Wechsels vollständig und richtig erscheint, jedoch ist sie für die Echtheit von Unterschriften oder für die Zeichnungsberechtigung irgendeines Unterzeichners des Akzeptes nicht verantwortlich.

Art. 23. Solawechsel und andere Dokumente

Die vorlegende Bank ist für die Echtheit von Unterschriften oder für die Zeichnungsberechtigung irgendeines Unterzeichners eines Solawechsels, einer Quittung oder anderer Dokumente nicht verantwortlich.

Art. 24. Protest

Der Inkassoauftrag sollte spezielle Weisungen hinsichtlich des Protestes (oder eines entsprechenden rechtlichen Verfahrens) im Falle der Nichtzahlung oder Nichtakzeptierung enthalten.

Bei Fehlen solcher speziellen Weisungen sind die mit dem Inkasso befaßten Banken nicht verpflichtet, die Dokumente wegen Nichtzahlung oder Nichtakzeptierung protestieren (oder einem entsprechenden rechtlichen Verfahren unterwerfen) zu lassen.

Alle Gebühren und/oder Auslagen, die den Banken im Zusammenhang mit einem solchen Protest oder entsprechenden rechtlichen Verfahren entstehen, gehen zu Lasten des Beteiligten, von dem ihnen der Inkassoauftrag zuging.

Art. 25. Notadresse

Wenn der Auftraggeber einen Vertreter bestellt, der als Notadresse bei Nichtzahlung und/oder Nichtakzeptierung tätig werden soll, dann sollte der Inkassoauftrag die Befugnisse einer solchen Notadresse klar und vollständig angeben. Bei Fehlen einer solchen Angabe nehmen die Banken keinerlei Weisungen der Notadresse entgegen.

Art. 26. Benachrichtigungen

Inkassobanken sind gehalten, Benachrichtigungen nach folgenden Regeln vorzunehmen:

a Form der Benachrichtigung
Sämtliche Meldungen oder Nachrichten seitens der Inkassobank an diejenige Bank, von der ihr der Inkassoauftrag zuging, müssen geeignete Einzelheiten enthalten, und zwar in jedem Fall auch die Referenznummer des Inkassoauftrags der letzteren Bank.

b Art der Benachrichtigung
Die Einreicherbank ist verantwortlich dafür, daß der Inkassobank Weisungen übe die Art der Übermittlung der in den Absätzen (c) i, (c) ii und (c) iii dieses Artikels beschriebenen Benachrichtigungen erteilt werden. Bei Fehlen solcher Weisungen wird die Inkassobank die Benachrichtigung nach eigener Wahl auf Kosten der Bank, von der ihr der Inkassoauftrag zuging, vornehmen.

c i. Bezahltmeldung
Die Inkassobank muß derjenigen Bank, von der ihr der Inkassoauftrag zuging, unverzüglich eine Bezahltmeldung zusenden mit detaillierter Angabe des eingezogenen Betrags oder der eingezogenen Beträge, der gegebenenfalls abgezogenen Gebühren und/oder Aufwendungen und/oder Auslagen sowie der Art der Verfügbarstellung des Erlöses.

ii. Akzeptmeldung
Die Inkassobank muß derjenigen Bank, von der ihr der Inkassoauftrag zuging, unverzüglich eine Akzeptmeldung zusenden.

iii. Meldung über Nichtzahlung und/oder Nichtakzeptierung
Die vorlegende Bank sollte versuchen, die Gründe einer solchen Nichtzahlung und/oder Nichtakzeptierung festzustellen, und diejenige Bank unverzüglich entsprechend benachrichtigen, von der ihr der Inkassoauftrag zuging.
Die vorlegende Bank muß derjenigen Bank, von der ihr der Inkassoauftrag zuging, unverzüglich eine Meldung über Nichtzahlung und/oder Nichtakzeptierung zusenden.
Bei Erhalt einer solchen Benachrichtigung muß die Einreicherbank geeignete Weisungen hinsichtlich der weiteren Behandlung der Dokumente erteilen. Falls die vorlegende Bank solche Weisungen nicht innerhalb von 60 Tagen nach ihrer Meldung über Nichtzahlung und/oder Nichtakzeptierung erhält, können die Dokumente ohne eine weitere Verantwortlichkeit seitens der vorlegenden Bank derjenigen Bank zurückgesandt werden, von der ihr der Inkassoauftrag zuging.

2. Supplement for Electronic Presentation (eURC) Version 1.0

Article e1 Application of the eURC

a) A collection instruction should only indicate that it is subject to the Uniform Rules for Collections (URC 522) Supplement for Electronic Presentation („eURC") where a prior arrangement exists between the remitting bank and the collecting or presenting bank, for the presentation of electronic records alone or in combination with paper documents.
b) Such prior arrangement should specify:
   i. the format in which each electronic record will be issued and presented; and
   ii. the place for presentation, to the collecting or presenting bank.

Article e2 Scope of the eURC

a) The eURC supplements the Uniform Rules for Collections (1995 Revision, ICC Publication No. 522) („URC") in order to accommodate presentation of electronic records alone or in combination with paper documents.
b) The eURC shall apply where a collection instruction indicates that it is subject to the eURC („eURC collection instruction").
c) This version is Version 1.0. An eURC collection instruction must indicate the applicable version of the eURC. If not indicated, it is subject to the version in effect on the date the eURC collection instruction is issued or, if made subject to the eURC by an amendment, the date of that amendment.

Article e3 Relationship of the eURC to the URC

a) An eURC collection instruction is also subject to the URC without express incorporation of the URC.
b) Where the eURC applies, its provisions shall prevail to the extent that they would produce a result different from the application of the URC.
c) Where an eURC collection instruction is issued but the presentation consists of only paper documents, the URC alone shall apply.

Article e4 Definitions

a) Where the following terms are used in the URC, for the purpose of applying the URC to an electronic record presented under an eURC collection instruction, the term:
   i. „advices" includes electronic records originating from a data processing system;
   ii. „collection instruction" shall include an instruction originating from a data processing system;
   iii. „document" shall include an electronic record;
   iv. „place for presentation" of an electronic record means an electronic address of a data processing system;
   v. „sign" and the like shall include an electronic signature;
   vi. „superimposed" means data content whose supplementary character is apparent in an electronic record.
b) The following terms used in the eURC shall have the following meaning:
   i. „data corruption" means any distortion or loss of data that renders the electronic record, as it was presented, unreadable in whole or in part;
   ii. „data processing system" means a computerised or an electronic or any other automated means used to process and manipulate data, initiate an action or respond to data messages or performances in whole or in part;
   iii. „electronic record" means data created, generated, sent, communicated, received or stored by electronic means including, where appropriate, all information logically associated with or otherwise linked together so as to become part of the record, whether generated contemporaneously or not, that is:
      a. capable of being authenticated as to the apparent identity of a sender and the apparent source of the data contained in it, and as to whether it has remained complete and unaltered, and
      b. capable of being viewed to ensure that it represents the type and/or description of the electronic record listed on the eURC collection instruction;
   iii. „electronic signature" means a data process attached to or logically associated with an electronic record and executed or adopted by a person in order to identify that person and to indicate that person's authentication of the electronic record;
   iv. „format" means the data organisation in which the electronic record is expressed or to which it refers;
   v. „paper document" means a document in a paper form;
   vi. „presenter" means the principal or a party that makes a presentation on behalf of the principal;
   vii. „received" means when an electronic record enters a data processing system, at the agreed place for presentation, in a format capable of being accepted by that system. Any acknowledgement of receipt

generated by that system is not to be construed that the electronic record has been authenticated and/ or viewed under the eURC collection instruction;

viii. „re-present" means to substitute or replace an electronic record already presented.

Article e5 Electronic Records and Paper Documents v. Goods, Services or Performance

Banks do not deal with the goods, services or performance to which an electronic record or paper document may relate.

Article e6 Format

a) An eURC collection instruction must indicate the format of each electronic record.

b) i. The format of each electronic record must be as previously arranged between the remitting bank and the collecting or presenting bank, as required by sub-article e1 (b).

ii. An electronic record received in a format that has not previously been agreed may be treated as not received, and the collecting or presenting bank must inform the remitting bank accordingly.

Article e7 Presentation

a) When electronic records alone are presented under an eURC collection instruction, these must be accessible to a collecting or presenting bank at the time the collecting or presenting bank receives the eURC collection instruction.

b) When electronic records, in combination with paper documents, are presented by the remitting bank under an eURC collection instruction, all the electronic records referred to in the eURC collection instruction must be accessible to the collecting or presenting bank at the time the collecting or presenting bank receives the eURC collection instruction enclosing the paper documents.

An electronic record that cannot be authenticated is deemed not to have been presented.

d) i. The remitting bank is responsible for ensuring that each presentation of an electronic record, and any presentation of paper documents, identifies the eURC collection instruction under which presentation is being made. For electronic records this may be by specific reference thereto in the electronic record itself, or in metadata attached or superimposed thereto, or by identification in the eURC collection instruction itself.

ii. Any electronic record or paper document not so identified may be treated as not received.

Article e8 Advice of Non-Payment or Non-Acceptance

If a collecting or presenting bank receives an eURC collection instruction and issues an advice of non- payment and/or non-acceptance to the bank from which it received the collection instruction and does not receive instructions from such bank for the disposition of the electronic records within 60 calendar days from the date the advice of non-payment and/or non- acceptance is given, the collecting or presenting bank may dispose of the electronic records in any manner deemed appropriate without any responsibility.

Article e9 Determination of a Due Date

When settlement under an eURC collection instruction is due a number of days after the date of shipment or dispatch of the goods, or a number of days after any other date appearing in an electronic record, an eURC collection instruction must indicate the due date.

Article e10 Release of Electronic Records

a) An eURC collection instruction must indicate the manner in which electronic records may be accessed by the drawee.

b) When electronic records are presented in combination with paper documents, and one of those paper documents is a bill of exchange that is to be accepted by the drawee, the electronic records and paper documents are to be released against acceptance of the bill of exchange (D/A) and the eURC collection instruction must indicate the manner in which those electronic records may be accessed by the drawee.

Article e11 Data Corruption of an Electronic Record

a) If an electronic record that has been received by a bank appears to have been corrupted, the remitting bank may inform the presenter, or the collecting or presenting bank may inform the remitting bank, and may request it to re-present the electronic record.

b) If a collecting or presenting bank makes such a request and the presenter or remitting bank does not re-present the electronic record within 30 calendar days, the collecting or presenting bank may treat the electronic record as not presented and may dispose of the electronic records in any manner deemed appropriate without any responsibility.

Article e12 Additional Disclaimer of Liability for Presentation of Electronic Records under eURC

a) By satisfying itself as to the apparent authenticity of an electronic record, a bank assumes no liability for the identity of the sender, source of the information, or its complete and unaltered character other than that which is apparent in the electronic record received by the use of a data processing system for the receipt, authentication, and identification of electronic records.

b) A bank assumes no liability or responsibility for the consequences arising out of the unavailability of a data processing system other than its own.

Article e13 Force Majeure

A bank assumes no liability or responsibility for the consequences arising out of the interruption of its business, including but not limited to its inability to access a data processing system, or a failure of equipment, software or communications network, caused by Acts of God, riots, civil commotions, insurrections, wars, acts of terrorism, cyberattacks, or by any strikes or lockouts or any other causes, including failure of equipment, software or communications networks, beyond its control.

3. ICC – Einheitliche Richtlinien und Gebräuche für Dokumenten-Akkreditive – 186 ERA 600.[928] Die Einheitlichen Richtlinien und Gebräuche für Dokumenten-Akkreditive (ERA) wurden erstmals 1933 durch die ICC veröffentlicht. Überarbeitete Fassungen wurden 1951, 1962, 1974, 1983 und 1993 herausgegeben.

Die vorliegende Revision wurde im November 2006 vom ICC Executive Board angenommen und erstmalig im Dezember 2006 als ICC-Publikation Nr. 600 veröffentlicht. **Die ERA 600 finden Anwendung ab 1.7.2007.**

Die in englischer Sprache gehaltene Version der Einheitlichen Richtlinien und Gebräuche für Dokumenten-Akkreditive gilt als offizieller Text der Regeln. Die Überschriften der Artikel dienen lediglich der Referenz. Sollte die vorliegende Übersetzung mit der englischen Fassung im Widerspruch stehen, so hat letztere Fassung Vorrang.

Inhalt

Art. 1. Anwendbarkeit der ERA

Die Einheitlichen Richtlinien und Gebräuche für Dokumenten-Akkreditive, Revision 2007, ICC-Publikation Nr. 600 („ERA"), sind Regeln, die für jedes Dokumenten-Akkreditiv („Akkreditiv") gelten (einschließlich, soweit anwendbar, für jeden Standby Letter of Credit), wenn der Wortlaut des Akkreditivs ausdrücklich besagt, dass es diesen Regeln unterliegt. Sie sind für alle Beteiligten bindend, soweit sie im Akkreditiv nicht ausdrücklich geändert oder ausgeschlossen sind.

Art. 2. Definitionen

Im Sinne dieser Regeln bedeutet:

avisierende Bank die Bank, die das Akkreditiv im Auftrag der eröffnenden Bank avisiert;

Auftraggeber die Partei, in deren Auftrag das Akkreditiv eröffnet wurde;

Bankarbeitstag ein Tag, an dem eine Bank an dem Ort, an dem eine Handlung unter diesen Regeln auszuführen ist, üblicherweise geöffnet ist;

Begünstigter die Partei, zu deren Gunsten das Akkreditiv eröffnet ist;

konforme Dokumentenvorlage eine Dokumentenvorlage in Übereinstimmung mit den Akkreditiv-Bedingungen, den anwendbaren Bestimmungen dieser Regeln und dem Standard internationaler Bankpraxis;

Bestätigung eine feststehende Verpflichtung der bestätigenden Bank, zusätzlich zu derjenigen der eröffnenden Bank, eine konforme Dokumentenvorlage zu honorieren oder negoziieren;

bestätigende Bank die Bank, die einem Akkreditiv aufgrund Ermächtigung oder im Auftrag der eröffnenden Bank ihre Bestätigung hinzufügt;

Akkreditiv jede wie auch immer benannte oder bezeichnete Vereinbarung, die unwiderruflich ist und dadurch eine feststehende Verpflichtung der eröffnenden Bank begründet, eine konforme Dokumentenvorlage zu honorieren;

Honorieren

a bei Sicht zu zahlen, wenn das Akkreditiv durch Sichtzahlung benutzbar ist,

b eine Verpflichtung zur hinausgeschobenen Zahlung zu übernehmen und bei Fälligkeit zu zahlen, wenn das Akkreditiv durch hinausgeschobene Zahlung benutzbar ist,

c einen vom Begünstigten gezogenen Wechsel („Tratte") zu akzeptieren und diesen bei Fälligkeit zu zahlen, wenn das Akkreditiv durch Akzeptleistung benutzbar ist;

eröffnende Bank die Bank, die ein Akkreditiv im Auftrag des Auftraggebers oder in eigenem Interesse eröffnet;

Negoziierung der Ankauf von Tratten (die auf eine andere Bank als die benannte Bank gezogen sind) und/oder von Dokumenten aus einer konformen Dokumentenvorlage durch die benannte Bank unter Vorleistung oder Übernahme einer Verpflichtung zur Vorleistung von Geldmitteln an den Begünstigten vor oder an dem Bankarbeitstag, an dem der Rembours an die benannte Bank fällig ist;

benannte Bank die Bank, bei der das Akkreditiv benutzbar gestellt ist, oder im Fall eines Akkreditivs, das bei jeder Bank benutzbar gestellt ist, jede Bank.

Dokumentenvorlage entweder die Vorlage der Dokumente unter einem Akkreditiv bei der eröffnenden Bank oder der benannten Bank oder die vorgelegten Dokumente selbst;

Einreicher ein Begünstigter, eine Bank oder ein Dritter, der eine Dokumentenvorlage tätigt.

Art. 3. Auslegungen

Im Sinne dieser Regeln gilt:

Wo immer anwendbar, schließen Worte im Singular den Plural ein, und Worte im Plural schließen den Singular ein.

Ein Akkreditiv ist selbst dann unwiderruflich, wenn es keine dementsprechende Angabe enthält.

Ein Dokument kann handschriftlich, durch Faksimile-Unterschrift, perforierte Unterschrift, Stempel, Symbol oder durch irgendeine andere mechanische oder elektronische Authentisierungsmethode unterzeichnet sein.

Eine Bedingung, wonach ein Dokument legalisiert, mit einem Sichtvermerk versehen, beglaubigt sein muss oder ähnliches, gilt als erfüllt durch irgendeine Unterschrift, ein Zeichen, einen Stempel oder Aufkleber auf dem Dokument, wodurch diese Bedingung erfüllt zu sein scheint.

Filialen einer Bank in unterschiedlichen Ländern gelten als separate Banken.

Begriffe wie „erstklassig", „gut bekannt", „qualifiziert", „unabhängig", „offiziell", „kompetent" oder „örtlich", die zur Beschreibung eines Ausstellers eines Dokuments verwendet werden, lassen jeden Aussteller mit Ausnahme des Begünstigten für die Ausstellung dieses Dokuments zu.

Worte wie „prompt", „unverzüglich" oder „baldmöglichst" werden nicht beachtet, soweit nicht gefordert ist, dass sie in einem Dokument zu verwenden sind.

Der Begriff „am oder um den" oder ähnliche Begriffe werden als eine Bestimmung ausgelegt, wonach ein Ereignis innerhalb eines Zeitraums von fünf Kalendertagen vor bis fünf Kalendertagen nach dem angegebenen Datum eintreten muss, wobei der erste und letzte Tag eingeschlossen sind.

Die Worte „bis", „bis zum", „ab" und „zwischen" schließen, wenn sie zur Bestimmung einer Verladefrist verwendet werden, das angegebene Datum oder die angegebenen Daten ein, und die Worte „vor" und „nach" schließen das angegebene Datum aus.

Die Worte „ab" und „nach" schließen, wenn sie zur Bestimmung eines Fälligkeitsdatums verwendet werden, das angegebene Datum aus.

Die Begriffe „erste Hälfte" und „zweite Hälfte" eines Monats bedeuten „1. bis 15. einschließlich" bzw. „16. bis letzter Tag des Monats einschließlich".

Die Begriffe „Anfang", „Mitte" oder „Ende" eines Monats bedeuten „1. bis 10. einschließlich", „11. bis 20. einschließlich" bzw. „21. bis letzter Tag des Monats einschließlich".

Art. 4. Akkreditive im Verhältnis zu Verträgen

a Ein Akkreditiv ist seiner Natur nach ein von dem Kauf- oder anderen Vertrag, auf dem es möglicherweise beruht, getrenntes Geschäft. Banken haben in keiner Hinsicht etwas mit einem solchen Vertrag zu tun und sind durch ihn auch nicht gebunden, selbst wenn im Akkreditiv irgendein Bezug darauf enthalten ist. Folglich ist die Verpflichtung einer Bank zu honorieren, negoziieren oder irgendeine andere Verpflichtung unter dem Akkreditiv zu erfüllen, nicht abhängig von Ansprüchen oder Einreden des Auftraggebers, die sich aus seinen Beziehungen zur eröffnenden Bank oder zum Begünstigten ergeben.

Ein Begünstigter kann sich keinesfalls auf die vertraglichen Beziehungen berufen, die zwischen den Banken oder zwischen dem Auftraggeber und der eröffnenden Bank bestehen.

b Eine eröffnende Bank sollte jedem Versuch des Auftraggebers, Kopien des zugrunde liegenden Vertrags, Proforma-Rechnung und Ähnliches als integralen Bestandteil des Akkreditivs aufzunehmen, entgegentreten.

Art. 5. Dokumente im Verhältnis zu Waren, Dienstleistungen oder Leistungen

Banken befassen sich mit Dokumenten und nicht mit Waren, Dienstleistungen oder Leistungen, auf die sich die Dokumente möglicherweise beziehen.

Art. 6. Benutzbarkeit, Verfalldatum und Ort für die Dokumentenvorlage

a Ein Akkreditiv muss die Bank angeben, bei der es benutzbar ist, oder, ob es bei jeder Bank benutzbar ist. Ein bei einer benannten Bank benutzbares Akkreditiv ist auch bei der eröffnenden Bank benutzbar.

b Ein Akkreditiv muss angeben, ob es durch Sichtzahlung, hinausgeschobene Zahlung, Akzeptleistung oder Negoziierung benutzbar ist.

c Ein Akkreditiv darf nicht durch eine Tratte gezogen auf den Auftraggeber benutzbar gestellt sein.

d i. Ein Akkreditiv muss ein Verfalldatum für die Dokumentenvorlage angeben. Ein für die Honorierung oder Negoziierung angegebenes Verfalldatum gilt als Verfalldatum für die Dokumentenvorlage.

ii. Der Ort der Bank, bei der das Akkreditiv benutzbar ist, ist der Ort für die Dokumentenvorlage. Der Ort für die Dokumentenvorlage unter einem bei jeder Bank benutzbaren Akkreditiv ist der Ort jeder Bank. Ein Ort für die Dokumentenvorlage, der vom Ort der eröffnenden Bank abweicht, gilt zusätzlich zum Ort der eröffnenden Bank.

e Vorbehaltlich der Bestimmung von Artikel 29 (a) muss eine Dokumentenvorlage durch oder für den Begünstigten am oder vor dem Verfalldatum erfolgen.

Art. 7. Verpflichtung der eröffnenden Bank

a Werden die vorgeschriebenen Dokumente der benannten Bank oder der eröffnenden Bank vorgelegt und stellen eine konforme Dokumentenvorlage dar, muss die eröffnende Bank honorieren, wenn das Akkreditiv benutzbar ist durch:

i. Sichtzahlung, hinausgeschobene Zahlung oder Akzeptleistung bei der eröffnenden Bank;

ii. Sichtzahlung bei einer benannten Bank und diese benannte Bank nicht zahlt;

iii. hinausgeschobene Zahlung bei einer benannten Bank und diese benannte Bank keine Verpflichtung zur hinausgeschobenen Zahlung übernimmt oder, falls sie eine Verpflichtung zur hinausgeschobenen Zahlung übernommen hat, bei Fälligkeit nicht zahlt;

iv. Akzeptleistung bei der benannten Bank und diese benannte Bank eine auf sie gezogene Tratte nicht akzeptiert oder, nachdem sie die Tratte akzeptiert hat, bei Fälligkeit nicht zahlt;

v. Negoziierung bei einer benannten Bank und diese benannte Bank nicht negoziiert.

b Eine eröffnende Bank ist ab dem Zeitpunkt der Eröffnung des Akkreditivs unwiderruflich zur Honorierung verpflichtet.

c Eine eröffnende Bank verpflichtet sich, die benannte Bank, die eine konforme Dokumentenvorlage honoriert oder negoziiert und die Dokumente an die eröffnende Bank versandt hat, zu remboursieren. Rembours in Höhe des Betrags der konformen Dokumentenvorlage unter einem Akkreditiv, das durch Akzeptleistung oder hinausgeschobene Zahlung benutzbar ist, ist bei Fälligkeit zu leisten, unabhängig davon, ob die benannte Bank vor Fälligkeit gezahlt oder angekauft hat. Die Verpflichtung der eröffnenden Bank, die benannte Bank zu remboursieren, ist unabhängig von der Verpflichtung der eröffnenden Bank gegenüber dem Begünstigten.

Art. 8. Verpflichtung der bestätigenden Bank

a Werden die vorgeschriebenen Dokumente der bestätigenden Bank oder einer anderen benannten Bank vorgelegt und stellen eine konforme Dokumentenvorlage dar, muss die bestätigende Bank:

i. honorieren, wenn das Akkreditiv benutzbar ist durch:

a) Sichtzahlung, hinausgeschobene Zahlung oder Akzeptleistung bei der bestätigenden Bank;

b) Sichtzahlung bei einer anderen benannten Bank und diese benannte Bank nicht zahlt;

c) hinausgeschobene Zahlung bei einer anderen benannten Bank und diese benannte Bank keine Verpflichtung zur hinausgeschobenen Zahlung übernimmt oder, falls sie eine Verpflichtung zur hinausgeschobenen Zahlung übernommen hat, bei Fälligkeit nicht zahlt;

d) Akzeptleistung bei einer anderen benannten Bank und diese benannte Bank eine auf sie gezogene Tratte nicht akzeptiert oder, nachdem sie die Tratte akzeptiert hat, bei Fälligkeit nicht zahlt;

e) Negoziierung bei einer anderen benannten Bank und diese benannte Bank nicht negoziiert.

ii. ohne Regress negoziieren, wenn das Akkreditiv durch Negoziierung bei der bestätigenden Bank benutzbar ist.

b Eine bestätigende Bank ist ab dem Zeitpunkt der Hinzufügung ihrer Bestätigung zu dem Akkreditiv unwiderruflich zur Honorierung oder Negoziierung verpflichtet.

c Eine bestätigende Bank verpflichtet sich, eine andere benannte Bank, die eine konforme Dokumentenvorlage honoriert oder negoziiert und die Dokumente an die bestätigende Bank versandt hat, zu remboursieren. Rembours in Höhe des Betrags der konformen Dokumentenvorlage unter einem Akkreditiv, das durch Akzeptleistung oder hinausgeschobene Zahlung benutzbar ist, ist bei Fälligkeit zu leisten, unabhängig davon, ob die benannte Bank diesen Betrag vor Fälligkeit gezahlt oder angekauft hat. Die Verpflichtung einer bestätigenden Bank, eine andere benannte Bank zu remboursieren, ist unabhängig von der Verpflichtung der bestätigenden Bank gegenüber dem Begünstigten.

d Wenn eine Bank von der eröffnenden Bank ermächtigt oder beauftragt ist, ein Akkreditiv zu bestätigen, hierzu aber nicht bereit ist, muss sie die eröffnende Bank unverzüglich davon unterrichten und kann das Akkreditiv ohne Bestätigung avisieren.

Art. 9. Avisierung von Akkreditiven und Änderungen

a Ein Akkreditiv und jegliche Änderung kann dem Begünstigten durch eine avisierende Bank avisiert werden. Eine avisierende Bank, die nicht bestätigende Bank ist, avisiert das Akkreditiv und jegliche Änderungen, ohne irgendeine Verpflichtung zu honorieren oder zu negoziieren.

b Durch die Avisierung des Akkreditivs oder der Änderung gibt die avisierende Bank zu erkennen, dass sie sich der augenscheinlichen Echtheit des Akkreditivs oder der Änderung vergewissert hat und dass das Avis die Bedingungen des ihr zugegangenen Akkreditivs oder der ihr zugegangenen Änderung genau wieder gibt.

c Eine avisierende Bank kann sich einer anderen Bank („zweite avisierende Bank") zur Avisierung des Akkreditivs und jeglicher Änderung an den Begünstigten bedienen. Durch die Avisierung des Akkreditivs oder der Änderung gibt die zweite avisierende Bank zu erkennen, dass sie sich der augenscheinlichen Echtheit des bei ihr eingegangenen Avises vergewissert hat und dass ihr Avis die Bedingungen des ihr zugegangenen Akkreditivs oder der ihr zugegangenen Änderungen genau wieder gibt.

d Eine Bank, die sich der Dienste einer avisierenden oder zweiten avisierenden Bank zur Avisierung eines Akkreditivs bedient, muss dieselbe Bank zur Avisierung von jeder Änderung dazu benutzen.

e Wenn sich eine Bank, die mit der Avisierung eines Akkreditivs oder einer Änderung beauftragt ist, entschließt, dies nicht zu tun, muss sie darüber unverzüglich die Bank unterrichten, von der sie das Akkreditiv, die Änderung oder das Avis erhalten hat.

f Wenn eine Bank mit der Avisierung eines Akkreditivs oder einer Änderung beauftragt ist, sich jedoch nicht der augenscheinlichen Echtheit des Akkreditivs, der Änderung oder des Avises vergewissern kann, muss sie unverzüglich die Bank, von der sie den Auftrag erhalten zu haben scheint, davon unterrichten. Wenn die avisierende oder zweite avisierende Bank sich dennoch zur Avisierung des Akkreditivs oder der Änderung entschließt, muss sie den Begünstigten oder die zweite avisierende Bank davon unterrichten, dass sie sich nicht der augenscheinlichen Echtheit des Akkreditivs oder der Änderung oder des Avises vergewissern konnte.

Art. 10. Änderungen

a Soweit Artikel 38 nichts anderes vorsieht, kann ein Akkreditiv ohne die Zustimmung der eröffnenden Bank, der möglicherweise vorhandenen bestätigenden Bank und des Begünstigten weder geändert noch annulliert werden.

b Eine eröffnende Bank ist ab dem Zeitpunkt der Erstellung einer Änderung unwiderruflich an die Änderung gebunden. Eine bestätigende Bank kann ihre Bestätigung auf eine Änderung erstrecken und ist ab dem Zeitpunkt ihrer Avisierung der Änderung unwiderruflich verpflichtet. Eine bestätigende Bank kann jedoch dem Begünstigten eine Änderung auch avisieren, ohne ihre Bestätigung darauf zu erstrecken, und muss dann die eröffnende Bank unverzüglich und den Begünstigten in ihrer Avisierung unterrichten.

c Die Bedingungen des ursprünglichen Akkreditivs (oder eines Akkreditivs mit zuvor angenommenen Änderungen) bleiben für den Begünstigten in Kraft, bis der Begünstigte seine Annahme der Änderung der Bank mitteilt, ihm die Änderung avisiert hat. Der Begünstigte sollte mitteilen, ob er eine Änderung annimmt oder ablehnt. Wenn der Begünstigte diese Mitteilung unterlässt, gilt die Dokumentenvorlage, die dem Akkreditiv und jeglicher noch nicht angenommener Änderung entspricht, als Mitteilung der Annahme der Änderung durch den Begünstigten. Ab diesem Zeitpunkt ist das Akkreditiv geändert.

d Eine Bank, die eine Änderung avisiert, sollte die Bank, von der sie die Änderung erhalten hat, von jeglicher Mitteilung über die Annahme oder Ablehnung informieren.

e Eine teilweise Annahme einer Änderung ist nicht erlaubt und gilt als Mitteilung über die Ablehnung der Änderung.

f Eine Bestimmung in einer Änderung des Inhalts, dass die Änderung wirksam werden soll, sofern der Begünstigte sie nicht binnen einer bestimmten Frist ablehnt, wird nicht beachtet.

Art. 11. Akkreditive und Änderungen per Telekommunikation und Voravis

a Eine authentisierte Telekommunikation eines Akkreditivs oder einer Änderung gilt als das operative Akkreditiv oder als die operative Änderungsmitteilung; eine darauf folgende briefliche Bestätigung wird nicht beachtet. Wenn eine Telekommunikation den Hinweis „vollständige Einzelheiten folgen" (oder Worte ähnlicher Bedeutung) enthält oder angibt, dass die briefliche Bestätigung das operative Akkreditiv oder die operative Änderungsmitteilung sein soll, dann wird die Telekommunikation nicht als das operative Akkreditiv oder die operative Änderungsmitteilung angesehen. Die eröffnende Bank muss dann unverzüglich das operative Akkreditiv oder die operative Änderungsmitteilung erstellen mit Bedingungen, die der Telekommunikation nicht widersprechen.

b Eine Voranzeige („Voravis") über die Eröffnung oder Änderung eines Akkreditivs soll nur versendet werden, wenn die eröffnende Bank bereit ist, das operative Akkreditiv oder die operative Änderungsmitteilung zu erstellen. Die eröffnende Bank, die ein Voravis versendet, ist unwiderruflich verpflichtet, das operative Akkreditiv oder die operative Änderungsmitteilung unverzüglich, mit Bedingungen, die dem Voravis nicht widersprechen, zu erstellen.

Art. 12. Nominierung

a Sofern die benannte Bank nicht die bestätigende Bank ist, begründet die Ermächtigung zu honorieren oder zu negoziieren, keine Verpflichtung der benannten Bank zur Honorierung oder Negoziierung, es sei denn, die benannte Bank hat diese ausdrücklich übernommen und dies dem Begünstigten mitgeteilt.

b Durch die Benennung einer Bank zur Akzeptierung einer Tratte oder zur Übernahme einer Verpflichtung zur hinausgeschobenen Zahlung ermächtigt die eröffnende Bank diese benannte Bank, ihr Akzept oder ihre eingegangene Verpflichtung zur hinausgeschobenen Zahlung im Voraus zu zahlen oder anzukaufen.

c Erhalt oder Prüfung und Weiterleitung von Dokumenten durch eine benannte Bank, die keine bestätigende Bank ist, verpflichtet die benannte Bank nicht zur Honorierung oder Negoziierung, stellt aber auch keine Honorierung oder Negoziierung dar.

Art. 13. Bank-zu-Bank Remboursvereinbarungen

a Wenn ein Akkreditiv bestimmt, dass Rembours seitens der nominierten Bank („Rembours beanspruchende Bank") durch Anforderung bei einer anderen Partei („Remboursbank") erlangt werden soll, muss das Akkreditiv angeben, ob der Rembours den ICC-Regeln für Bank-zu-Bank Remboursе unterliegen soll, die zum Zeitpunkt der Eröffnung des Akkreditivs in Kraft sind.

b Wenn ein Akkreditiv nicht angibt, dass der Rembours den ICC-Regeln für Bank-zu-Bank Remboursе unterliegt, gilt Folgendes:

   i. Eine eröffnende Bank muss der Remboursbank eine Remboursermächtigung erteilen, die mit der Benutzbarkeit des Akkreditivs in Einklang steht. Die Remboursermächtigung sollte kein Verfalldatum tragen.

   ii. Von einer Rembours beanspruchenden Bank soll nicht verlangt werden, der Remboursbank eine Bestätigung über die Erfüllung der Akkreditiv-Bedingungen zu übermitteln.

   iii. Eine eröffnende Bank haftet für jeglichen Zinsverlust sowie jegliche Auslagen, wenn der Rembours von der Remboursbank nicht auf erstes Anfordern gemäß den Akkreditiv-Bedingungen geleistet wird.

   iv. Die Spesen der Remboursbank gehen zu Lasten der eröffnenden Bank. Wenn jedoch die Spesen zu Lasten des Begünstigten gehen, liegt es in der Verantwortung der eröffnenden Bank, einen entsprechenden Hinweis in das Akkreditiv und die Remboursermächtigung aufzunehmen. Wenn die Spesen der Remboursbank zu Lasten des Begünstigten gehen, müssen sie bei Leistung des Remboursеs von dem an die Rembours beanspruchende Bank zu zahlenden Betrag abgezogen werden. Wenn kein Rembours geleistet wird, bleibt die eröffnende Bank für die Spesen der Remboursbank haftbar.

c Eine eröffnende Bank wird von ihren Verpflichtungen zur Remboursleistung nicht befreit, wenn die Remboursbank nicht auf erstes Anfordern Rembours leistet.

Art. 14. Grundsatz der Dokumentenprüfung

a Eine benannte Bank, die gemäß ihrer Benennung handelt, eine möglicherweise vorhandene bestätigende Bank und die eröffnende Bank müssen die Dokumentenvorlage prüfen, um allein aufgrund der Dokumente zu entscheiden, ob die Dokumente ihrer äußeren Aufmachung nach eine konforme Dokumentenvorlage zu bilden scheinen.

b Eine benannte Bank, die gemäß ihrer Benennung handelt, eine möglicherweise vorhandene bestätigende Bank und die eröffnende Bank haben jeweils maximal fünf Bankarbeitstage nach dem Tag der Dokumentenvorlage um zu entscheiden, ob eine Dokumentenvorlage konform ist. Dieser Zeitraum wird nicht verkürzt oder anderweitig beeinflusst von einem Verfalldatum oder letzten Tag für die Dokumentenvorlage an oder nach dem Tag der tatsächlichen Dokumentenvorlage.

c Eine Dokumentenvorlage, die ein oder mehrere Original-Transportdokumente gemäß Artikeln 19, 20, 21, 22, 23, 24 oder 25 mit einschließt, muss von dem oder für den Begünstigten nicht später als 21 Kalendertage nach dem gemäß diesen Regeln bestimmten Verladedatum, aber in jedem Fall nicht später als an dem Verfalldatum des Akkreditivs vorgelegt werden.

d Angaben in einem Dokument, im Zusammenhang mit dem Akkreditiv, dem Dokument selbst und dem Standard internationaler Bankpraxis gelesen, müssen nicht identisch sein mit Angaben in diesem Dokument, irgendeinem anderen vorgeschriebenen Dokument oder dem Akkreditiv, dürfen damit aber auch nicht im Widerspruch stehen.

e In anderen Dokumenten als der Handelsrechnung kann die Beschreibung der Waren, Dienstleistungen oder Leistungen, soweit angegeben, in allgemeinen Begriffen gehalten sein, die nicht im Widerspruch zu ihrer Beschreibung im Akkreditiv stehen.

f Wenn ein Akkreditiv die Vorlage eines anderen Dokuments als ein Transportdokument, Versicherungsdokument oder eine Handelsrechnung verlangt, ohne den Aussteller des Dokuments oder dessen Inhaltsmerkmale zu bestimmen, nehmen Banken das Dokument so an, wie es vorgelegt wird, wenn sein Inhalt die Funktion des verlangten Dokuments zu erfüllen scheint und im übrigen Artikel 14 (d) entspricht.

g Ein vorgelegtes Dokument, das in dem Akkreditiv nicht verlangt ist, wird nicht beachtet und kann dem Einreicher zurückgegeben werden.

h Wenn ein Akkreditiv eine Bedingung enthält, ohne das zum Erfüllungsnachweis vorzulegende Dokument anzugeben, betrachten die Banken eine solche Bedingung als nicht angegeben und werden sie nicht beachten.

i Ein Dokument kann vor dem Ausstellungsdatum des Akkreditivs datiert sein, darf aber nicht später datiert sein als das Datum der Dokumentenvorlage.

j Wenn die Adressen des Begünstigten und des Auftraggebers in einem vorgeschriebenen Dokument enthalten sind, müssen sie nicht den Adressen entsprechen, die im Akkreditiv und in einem anderen vorgeschriebenen Dokument angegeben sind, müssen aber in demselben Land angesiedelt sein wie die entsprechenden im Akkreditiv erwähnten Adressen. Kontaktdaten (Telefax, Telefon, E-Mail und Ähnliches), die als Teil der Adresse des Begünstigten und Auftraggebers genannt sind, werden nicht beachtet. Ist jedoch die Adresse bzw. Kontaktdaten des Auftraggebers in einem Transportdokument gemäß Artikel 19, 20, 21, 22, 23, 24 oder 25 als Teil der Empfänger- oder „Notify-Address"-Angaben anzugeben, müssen sie den Akkreditiv-Bedingungen entsprechen.

k Der Ablader oder Absender der Waren in einem Dokument muss nicht der Akkreditiv-Begünstigte sein.

l Ein Transportdokument kann von jeder anderen Person als dem Frachtführer, Eigentümer, Master oder Charterer ausgestellt sein, vorausgesetzt, das Transportdokument erfüllt die Anforderungen der Artikel 19, 20, 21, 22, 23 oder 24 dieser Regeln.

Art. 15. Konforme Dokumentenvorlage

a Wenn eine eröffnende Bank entscheidet, dass eine Dokumentenvorlage konform ist, muss sie honorieren.

b Wenn eine bestätigende Bank entscheidet, dass eine Dokumentenvorlage konform ist, muss sie honorieren oder negoziieren und die Dokumente an die eröffnende Bank senden.

c Wenn eine benannte Bank entscheidet, dass eine Dokumentenvorlage konform ist, und honoriert oder negoziiert, muss sie die Dokumente an die bestätigende Bank oder die eröffnende Bank senden.

Art. 16. Unstimmige Dokumente, Verzicht auf Geltendmachung der Unstimmigkeiten und Benachrichtigung

a Wenn eine benannte Bank, die gemäß ihrer Benennung handelt, eine möglicherweise vorhandene bestätigende Bank oder die eröffnende Bank entscheidet, dass eine Dokumentenvorlage nicht konform ist, kann sie ablehnen zu honorieren oder zu negoziieren.

b Wenn eine eröffnende Bank entscheidet, dass eine Dokumentenvorlage nicht konform ist, kann sie sich in eigenem Ermessen zwecks Verzichts auf Geltendmachung der Unstimmigkeiten („Verzicht") an den Auftraggeber wenden. Dadurch verlängert sich jedoch nicht der in Artikel 14 (b) erwähnte Zeitraum.

c Wenn eine benannte Bank, die gemäß ihrer Benennung handelt, eine möglicherweise vorhandene bestätigende Bank oder die eröffnende Bank sich entscheidet, abzulehnen zu honorieren oder zu negoziieren, muss sie dem Einreicher eine einzige dementsprechende Mitteilung senden.

Diese Mitteilung muss angeben,

  i. dass die Bank sich weigert zu honorieren oder zu negoziieren; und

  ii. jede Unstimmigkeit, wegen der sich die Bank weigert zu honorieren oder zu negoziieren; und

  iii. a) dass die Bank die Dokumente bis zum Erhalt weiterer Anweisungen vom Einreicher bei sich hält; oder

      b) dass die eröffnende Bank die Dokumente hält, bis sie einen Verzicht von dem Auftraggeber erhält und diesen annimmt oder vor ihrer Verzichtsannahme weitere Instruktionen von dem Einreicher erhält; oder

      c) dass die Bank die Dokumente zurücksendet; oder

      d) dass die Bank in Überstimmung mit vorher von dem Einreicher erhaltenen Weisungen handelt.

d Die in Artikel 16 (c) verlangte Mitteilung muss durch Telekommunikation oder, wenn dies nicht möglich ist, auf anderem schnellen Weg nicht später als am Ende des fünften Bankarbeitstags nach dem Tag der Dokumentenvorlage erfolgen.

e Eine benannte Bank, die gemäß ihrer Benennung handelt, eine möglicherweise vorhandene bestätigende Bank oder die eröffnende Bank kann, nachdem sie die Mitteilung gemäß Artikel 16 (c) (iii) a) oder b) gemacht hat, die Dokumente jederzeit dem Einreicher zurückgeben.

f Wenn eine eröffnende Bank oder eine bestätigende Bank nicht gemäß den Bestimmungen dieses Artikels handelt, kann sie nicht geltend machen, dass die Dokumente nicht konform vorliegen.

g Wenn eine eröffnende Bank sich weigert zu honorieren oder eine bestätigende Bank sich weigert zu honorieren oder zu negoziieren und eine dementsprechende Mitteilung gemäß diesem Artikel gemacht hat, dann ist sie berechtigt, Rückzahlung jedes geleisteten Rembourses zuzüglich Zinsen zu verlangen.

Art. 17. Originale und Kopien von Dokumenten

a Es ist mindestens ein Original von jedem im Akkreditiv vorgeschriebenen Dokument vorzulegen.

b Eine Bank behandelt jedes Dokument als Original, das Originalunterschriften, Zeichen, Stempel oder Aufkleber des Ausstellers des Dokuments zu tragen scheint, es sei denn, das Dokument weist aus, kein Original zu sein.

c Soweit sich aus einem Dokument nichts anderes ergibt, akzeptiert eine Bank auch ein Dokument als Original, wenn es

  i. vom Aussteller handschriftlich oder eigenhändig mit der Maschine geschrieben, perforiert oder gestempelt zu sein scheint; oder

  ii. auf dem Originalbriefpapier des Ausstellers erstellt zu sein scheint; oder

  iii. angibt, dass es ein Original ist, es sei denn, diese Angabe scheint sich nicht auf das vorgelegte Dokument zu beziehen.

d Wenn ein Akkreditiv die Vorlage von Kopien von Dokumenten verlangt, ist die Vorlage entweder von Originalen oder von Kopien zulässig.

e Wenn ein Akkreditiv die Vorlage von mehrfachen Exemplaren von Dokumenten durch Begriffe wie „doppelt", „zweifach" oder „zwei Exemplare" verlangt, gilt dies als erfüllt, wenn mindestens ein Original und in verbleibender Anzahl Kopien vorgelegt werden, es sei denn, das Dokument gibt selbst etwas anderes an.

Art. 18. Handelsrechnung

a Eine Handelsrechnung:

  i. muss dem Anschein nach vom Begünstigten ausgestellt sein (vorbehaltlich der Bestimmungen des Artikels 38);

  ii. muss auf den Namen des Auftraggebers lauten (vorbehaltlich der Bestimmungen des Artikels 38 (g));

  iii. muss in der Währung des Akkreditivs aufgemacht sein; und

  iv. braucht nicht unterzeichnet zu sein.

b Eine benannte Bank, die gemäß ihrer Benennung handelt, eine möglicherweise vorhandene bestätigende Bank oder die eröffnende Bank kann eine Handelsrechnung akzeptieren, die auf einen die Akkreditivsumme übersteigenden Betrag lautet, und ihre Entscheidung bindet alle Beteiligten, vorausgesetzt, die in Frage stehende Bank hat nicht für einen höheren Betrag honoriert oder negoziiert, als im Akkreditiv erlaubt ist.

c Die Beschreibung der Waren, Dienstleistungen oder Leistungen in der Handelsrechnung muss mit der Beschreibung im Akkreditiv übereinstimmen.

Art. 19. Transportdokument über mindestens zwei verschiedene Beförderungsarten

a Ein wie auch immer benanntes Transportdokument über mindestens zwei verschiedene Beförderungsarten (Dokument für multimodalen oder kombinierten Transport) muss dem Anschein nach:

  i. den Namen des Frachtführers angeben und unterzeichnet sein vom

    • Frachtführer oder einem namentlich genannten Agenten für den Frachtführer, oder

    • Master oder einem namentlich genannten Agenten für den Master.

    Jede Unterschrift des Frachtführers, Master oder Agenten muss als diejenige des Frachtführers, Master oder Agenten gekennzeichnet sein.

    Jede Unterschrift eines Agenten muss angeben, ob der Agent für den Frachtführer oder für den Master gezeichnet hat.

  ii. ausweisen, dass die Ware an dem im Akkreditiv vorgeschriebenen Ort versandt, übernommen oder an Bord verladen worden ist, und zwar durch:

    • vorgedruckten Wortlaut, oder

    • Stempel oder Vermerk, der das Datum angibt, an dem die Ware versandt, übernommen oder an Bord verladen worden ist.

Das Ausstellungsdatum des Transportdokuments gilt als das Datum der Versendung, Übernahme oder Verladung an Bord und als das Verladedatum. Wenn jedoch das Transportdokument durch Stempel oder Vermerk ein Datum der Versendung, Übernahme oder Verladung an Bord angibt, gilt dieses Datum als das Verladedatum.

   iii. den Versand-, Übernahme- oder Verladeort und einen endgültigen Bestimmungsort gemäß dem Akkreditiv ausweisen, unabhängig davon, ob:

     a) das Transportdokument zusätzlich einen anderen Versand-, Übernahme- oder Verladeort oder endgültigen Bestimmungsort ausweist oder

     b) das Transportdokument den Hinweis „intended" oder einen ähnlichen Vorbehalt in Bezug auf das Schiff, den Verlade- oder Löschungshafen enthält.

   iv. das einzige Original des Transportdokuments oder, wenn es in mehr als einem Original ausgestellt ist, der im Transportdokument angegebene volle Satz sein.

   v. die Beförderungsbedingungen enthalten oder auf eine andere Quelle verweisen, die diese Beförderungsbedingungen enthält (Kurzform- oder Blanko-Rückseite-Transportdokument); der Inhalt der Beförderungsbedingungen wird nicht geprüft.

   vi. keinen Hinweis enthalten, dass es einer Charterpartie unterliegt.

b Umladung im Sinne dieses Artikels bedeutet Ausladen aus einem Beförderungsmittel und Wiederverladen auf ein anderes Beförderungsmittel (derselben Beförderungsart oder einer anderen Beförderungsart) während des Transports vom Versand-, Übernahme- oder Verladeort zum endgültigen Bestimmungsort, wie sie im Akkreditiv vorgeschrieben sind.

c i. Ein Transportdokument darf vorsehen, dass Umladung der Ware stattfinden wird oder kann, vorausgesetzt, dass der gesamte Transport durch ein und dasselbe Transportdokument gedeckt ist.

   ii. Ein Transportdokument, das vorsieht, dass Umladung stattfinden wird oder kann, ist aufnahmefähig, selbst wenn das Akkreditiv Umladung verbietet.

Art. 20. Konnossement

a Ein wie auch immer benanntes Konnossement muss dem Anschein nach:

   i. den Namen des Frachtführers ausweisen und unterzeichnet sein vom

     • Frachtführer oder einem namentlich genannten Agenten für den Frachtführer, oder

     • Master oder einem namentlich genannten Agenten für den Master.

   Jede Unterschrift des Frachtführers, Master oder Agenten muss als diejenige des Frachtführers, Master oder Agenten gekennzeichnet sein.

   Jede Unterschrift eines Agenten muss angeben, ob der Agent für den Frachtführer oder für den Master gezeichnet hat.

   ii. ausweisen, dass die Ware an dem im Akkreditiv vorgeschriebenen Ort an Bord eines namentlich genannten Schiffes verschifft worden ist, und zwar durch:

     • vorgedruckten Wortlaut, oder

     • einen An-Bord-Vermerk, der das Datum angibt, an dem die Ware an Bord verladen worden ist.

   Das Ausstellungsdatum des Konnossements gilt als das Verladedatum, es sei denn, das Konnossement enthält einen An-Bord-Vermerk, der das Verladedatum angibt, wodurch das im An-Bord-Vermerk angegebene Datum als das Verladedatum gilt.

   Weist das Konnossement den Hinweis „intended vessel" oder eine ähnliche Einschränkung in Bezug auf den Namen des Schiffes aus, ist ein An-Bord-Vermerk, der das Verladedatum und den Namen des tatsächlich benutzten Schiffes ausweist, erforderlich.

   iii. den Transport vom Verladehafen zum Löschungshafen, wie sie im Akkreditiv vorgeschrieben sind, ausweisen.

   Wenn das Konnossement nicht den Verladehafen ausweist, der im Akkreditiv als Verladehafen vorgeschrieben ist oder wenn es den Hinweis „intended" oder eine ähnliche Einschränkung in Bezug auf den Verladehafen enthält, ist ein An-Bord-Vermerk erforderlich, der den Verladehafen, wie er im Akkreditiv vorgeschrieben ist und den Verladedatum und den Namen des Schiffes angibt. Diese Bestimmung gilt auch, wenn die Verladung an Bord oder die Verschiffung auf einem namentlich genannten Schiff durch einen auf dem Konnossement vorgedruckten Wortlaut ausgewiesen ist.

   iv. das einzige Original des Transportdokuments oder, wenn es in mehr als einem Original ausgestellt ist, der im Transportdokument angegebene volle Satz sein.

   v. die Beförderungsbedingungen enthalten oder auf eine andere Quelle verweisen, die diese Beförderungsbedingungen enthält (Kurzform- oder Blanko-Rückseite-Transportdokument); der Inhalt der Beförderungsbedingungen wird nicht geprüft.

   vi. keinen Hinweis enthalten, dass es einer Charterpartie unterliegt.

b Umladung im Sinne dieses Artikels bedeutet Ausladen aus einem Schiff und Wiederverladen auf ein anderes Schiff während des Transports vom Verladehafen zum Bestimmungshafen, wie sie im Akkreditiv vorgeschrieben sind.

c i. Ein Konnossement darf vorsehen, dass Umladung der Ware stattfinden wird oder kann, vorausgesetzt, dass der gesamte Transport durch ein und dasselbe Konnossement gedeckt ist.

   ii. Wenn gemäß Angabe im Konnossement die Ware im Container, Anhänger oder „LASH"-Leichter verladen ist, ist ein Konnossement, das ausweist, dass Umladung der Ware stattfinden kann oder wird, aufnahmefähig, selbst wenn das Akkreditiv Umladung verbietet.

d Klauseln in einem Konnossement, mit denen sich der Frachtführer das Recht zur Umladung vorbehält, werden nicht beachtet.

Art. 21. Nichtbegebbarer Seefrachtbrief

a Ein wie auch immer benannter Nichtbegebbarer Seefrachtbrief muss dem Anschein nach:

   i. den Namen des Frachtführers ausweisen und unterzeichnet sein vom

     • Frachtführer oder einem namentlich genannten Agenten für den Frachtführer, oder

     • Master oder einem namentlich genannten Agenten für den Master.

   Jede Unterschrift des Frachtführers, Master oder Agenten muss als diejenige des Frachtführers, Master oder Agenten gekennzeichnet sein.

Jede Unterschrift eines Agenten muss angeben, ob der Agent für den Frachtführer oder für den Master gezeichnet hat.

ii. ausweisen, dass die Ware an dem im Akkreditiv vorgeschriebenen Ort an Bord eines namentlich genannten Schiffes verschifft worden ist, und zwar durch
  • vorgedruckten Wortlaut, oder
  • einen An-Bord-Vermerk, der das Datum angibt, an dem die Ware an Bord verladen worden ist.
  Das Ausstellungsdatum des Nichtbegebbaren Seefrachtbriefs gilt als das Verladedatum, es sei denn, der Nichtbegebbare Seefrachtbrief enthält einen An-Bord-Vermerk, der das Verladedatum angibt, wodurch das im An-Bord-Vermerk angegebene Datum als das Verladedatum gilt.
  Weist der Nichtbegebbare Seefrachtbrief den Vermerk „intended vessel" oder eine ähnliche Einschränkung in Bezug auf den Namen des Schiffes aus, ist ein An-Bord-Vermerk, der das Verladedatum und den Namen des tatsächlich benutzten Schiffes ausweist, erforderlich.

iii. den Transport vom Verladehafen zum Löschungshafen, wie sie im Akkreditiv vorgeschrieben sind, ausweisen.
  Wenn der Nichtbegebbare Seefrachtbrief nicht den Verladehafen ausweist, der im Akkreditiv als Verladehafen vorgeschrieben ist, oder wenn er den Hinweis „intended" oder eine ähnliche Einschränkung in Bezug auf den Verladehafen enthält, ist ein An-Bord-Vermerk erforderlich, der den Verladehafen, wie er im Akkreditiv vorgeschrieben ist, das Verladedatum und den Namen des Schiffes angibt. Diese Bestimmung gilt auch, wenn die Verladung an Bord oder die Verschiffung auf einem namentlich genannten Schiff durch einen auf dem Konnossement vorgedruckten Wortlaut ausgewiesen ist.

iv. das einzige Original des Transportdokuments oder, wenn es in mehr als einem Original ausgestellt ist, der im Transportdokument angegebene volle Satz sein.

v. die Beförderungsbedingungen enthalten oder auf eine andere Quelle verweisen, die diese Beförderungsbedingungen enthält (Kurzform- oder Blanko-Rückseite-Transportdokument). Der Inhalt der Beförderungsbedingungen wird nicht geprüft.

vi. keinen Hinweis enthalten, dass es einer Charterpartie unterliegt.

b Umladung im Sinne dieses Artikels bedeutet Ausladen aus einem Schiff und Wiederverladen auf ein anderes Schiff während des Transports vom Verladehafen zum Bestimmungshafen, wie sie im Akkreditiv vorgeschrieben sind.

c i. Ein Nichtbegebbarer Seefrachtbrief darf vorsehen, dass Umladung der Ware stattfinden wird oder kann, vorausgesetzt, dass der gesamte Transport durch ein und denselben Nichtbegebbaren Seefrachtbrief gedeckt ist.

ii. Wenn gemäß Angabe im Nichtbegebbaren Seefrachtbrief die Ware im Container, Anhänger oder „LASH"-Leichter verladen ist, ist ein Nichtbegebbarer Seefrachtbrief, der ausweist, dass Umladung der Ware stattfinden kann oder wird, aufnahmefähig, selbst wenn das Akkreditiv Umladung verbietet.

d Klauseln im Nichtbegebbaren Seefrachtbrief, mit der sich der Frachtführer das Recht zur Umladung vorbehält, werden nicht beachtet.

Art. 22. Charterpartie-Konnossement

a Ein wie auch immer benanntes Konnossement, das einen Hinweis enthält, dass es einer Charterpartie unterliegt (Charterpartie-Konnossement), muss dem Anschein nach:

i. unterzeichnet sein vom:
  • Master oder einem namentlich genannten Agenten für den Master, oder
  • Schiffseigner oder einem namentlich genannten Agenten für den Schiffseigner, oder
  • Charterer oder einem namentlich genannten Agenten für den Charterer.
  Jede Unterschrift des Master, Eigentümers, Charterer oder Agenten muss als diejenige des Master, Eigentümers, Charterer oder Agenten gekennzeichnet sein.
  Jede Unterschrift des Agenten muss angeben, ob der Agent für den Master, Eigentümer oder Charterer gezeichnet hat.
  Ein Agent, der für einen Eigentümer oder Charterer zeichnet, muss den Namen des Eigentümers oder Charterer angeben.

ii. ausweisen, dass die Ware an dem im Akkreditiv vorgeschriebenen Ort an Bord eines namentlich genannten Schiffes verschifft worden ist, und zwar durch:
  • vorgedruckten Wortlaut, oder
  • einen An-Bord-Vermerk, der das Datum angibt, an dem die Ware an Bord verladen worden ist.
  Das Ausstellungsdatum des Charterpartie-Konnossements gilt als das Verladedatum, es sei denn, das Charterpartie-Konnossement enthält einen An-Bord-Vermerk, der das Verladedatum angibt, wodurch das im An-Bord-Vermerk angegebene Datum als das Verladedatum gilt.

iii. den Transport vom Verladehafen zum Löschungshafen, wie sie im Akkreditiv vorgeschrieben sind, ausweisen; der Löschungshafen kann auch in der Form mehrerer Häfen oder einer geografischen Region ausgewiesen sein, wie sie im Akkreditiv vorgeschrieben sind.

iv. das einzige Original des Transportdokuments oder, wenn es in mehr als einem Original ausgestellt ist, der im Transportdokument angegebene volle Satz sein.

b Banken prüfen Charterpartie-Verträge nicht, selbst wenn sie nach den Akkreditiv-Bedingungen vorzulegen sind.

Art. 23. Lufttransportdokument

a Ein wie auch immer benanntes Lufttransportdokument muss dem Anschein nach:

i. den Namen des Frachtführers angeben und unterzeichnet sein vom:
  • Frachtführer, oder
  • einem namentlich genannten Agenten für den Frachtführer.
  Jede Unterschrift des Frachtführers oder Agenten muss als diejenige des Frachtführers oder Agenten gekennzeichnet sein.
  Jede Unterschrift eines Agenten muss angeben, dass der Agent für den Frachtführer gezeichnet hat.

ii. ausweisen, dass die Ware zur Beförderung angenommen worden ist.

iii. das Ausstellungsdatum ausweisen. Dieses Datum gilt als das Verladedatum, es sei denn, das Lufttransportdokument enthält einen speziellen, das tatsächliche Verladedatum ausweisenden Vermerk, wodurch

das in diesem Vermerk ausgewiesene Datum als das Verladedatum gilt.
Sonstige Angaben, die auf dem Lufttransportdokument zu Flugnummer und Flugdatum erscheinen, werden für die Bestimmung des Verladedatums nicht beachtet.
iv. den im Akkreditiv vorgeschriebenen Abflughafen und Bestimmungsflughafen ausweisen;
v. das für den Absender oder Ablader bestimmte Original sein, selbst wenn das Akkreditiv einen vollen Satz Originale vorschreibt.
vi. Beförderungsbedingungen enthalten oder auf eine andere Quelle verweisen, die diese Beförderungsbedingungen enthält. Der Inhalt der Beförderungsbedingungen wird nicht geprüft.
b Umladung im Sinne dieses Artikels bedeutet Ausladen aus einem Flugzeug und Wiederverladen auf ein anderes Flugzeug während des Transports vom Abflughafen zum Bestimmungsflughafen, wie sie im Akkreditiv vorgeschrieben sind.
c i. Ein Lufttransportdokument darf vorsehen, dass Umladung der Ware stattfinden wird oder kann, vorausgesetzt, dass der gesamte Transport durch ein und dasselbe Lufttransportdokument gedeckt ist.
ii. Ein Lufttransportdokument, das ausweist, dass Umladung der Ware stattfinden kann oder wird, ist aufnahmefähig, selbst wenn das Akkreditiv Umladung verbietet.

Art. 24. Dokumente des Straßen-, Eisenbahn- oder Binnenschiffstransports

a Ein wie auch immer benanntes Straßen-, Eisenbahn- oder Binnenschiffs-Transportdokument muss dem Anschein nach:
i. den Namen des Frachtführers ausweisen und:
• vom Frachtführer oder einem namentlich genannten Agenten für den Frachtführer unterzeichnet sein, oder
• den Empfang der Ware durch Unterschrift, Stempel oder Vermerk des Frachtführers oder eines namentlich genannten Agenten für den Frachtführer ausweisen.
Jede(r) Unterschrift, Stempel oder Vermerk über den Empfang der Ware durch den Frachtführer oder Agenten muss als die-/derjenige des Frachtführers oder Agenten gekennzeichnet sein.
Jede(r) Unterschrift, Stempel oder Vermerk über den Empfang der Ware durch den Agenten muss angeben, dass der Agent für den Frachtführer gezeichnet oder gehandelt hat.
Wenn ein Eisenbahn-Transportdokument den Frachtführer nicht identifiziert, ist jede(r) Unterschrift oder Stempel der Eisenbahngesellschaft als Nachweis dafür, dass das Dokument vom Frachtführer gezeichnet ist, akzeptabel.
ii. das Verladedatum oder das Datum ausweisen, an dem die Ware zur Verladung, Versendung oder Beförderung an dem im Akkreditiv vorgeschriebenen Ort in Empfang genommen worden ist. Sofern das Transportdokument nicht einen datierten Empfangsstempel oder eine Angabe des Empfangsdatums oder des Verladedatums enthält, gilt das Ausstellungsdatum des Transportdokuments als Verladedatum.
iii. den Verladeort und den Bestimmungsort, wie sie im Akkreditiv vorgeschrieben sind, ausweisen.
b i. Ein Straßen-Transportdokument muss dem Anschein nach das für den Absender oder Ablader bestimmte Original sein oder darf keinen Hinweis darauf enthalten, für wen das Dokument erstellt wurde.
ii. Ein Eisenbahn-Transportdokument, das als „Duplikat" gekennzeichnet ist, ist als Original aufnahmefähig.
iii. Ein Eisenbahn- oder Binnenschiffs-Transportdokument wird als ein Original akzeptiert, unabhängig davon, ob es als Original gekennzeichnet ist.
c Mangels Angabe der Zahl der ausgestellten Originale in dem Transportdokument gilt die Zahl der vorgelegten Dokumente als voller Satz.
d Umladung im Sinne dieses Artikels bedeutet Ausladen aus einem Beförderungsmittel und Wiederverladen auf ein anderes Beförderungsmittel innerhalb derselben Transportart im Verlauf des Transports vom Ort der Verladung, Versendung oder Beförderung zum Bestimmungsort, wie sie im Akkreditiv vorgeschrieben sind.
e i. Ein Dokument des Straßen-, Eisenbahn- oder Binnenschiffstransports darf ausweisen, dass Umladung der Ware stattfinden kann oder wird, vorausgesetzt, dass der gesamte Transport durch ein und dasselbe Transportdokument gedeckt ist.
ii. Ein Dokument des Straßen-, Eisenbahn- oder Binnenschiffstransports, das ausweist, dass Umladung stattfindet, ist aufnahmefähig, selbst wenn das Akkreditiv Umladung verbietet.

Art. 25. Kurierempfangsbestätigung, Posteinlieferungs-/Postempfangsschein oder Postversandnachweis

a Eine wie auch immer benannte Kurierempfangsbestätigung, die den Empfang der Ware zum Transport ausweist, muss dem Anschein nach:
i. den Namen des Kurierdienstes ausweisen und durch einen namentlich genannten Kurierdienst an dem Ort, von dem das Akkreditiv den Versand der Ware vorschreibt, gestempelt oder unterzeichnet sein; und
ii. ein Abhol- oder Empfangsdatum oder einen entsprechenden Wortlaut ausweisen. Dieses Datum gilt als Verladedatum.
b Eine Bedingung, wonach die Spesen des Kuriers bezahlt oder vorausbezahlt sein müssen, kann durch ein von einem Kurierdienst ausgestelltes Transportdokument erfüllt werden, das ausweist, dass Kurierspesen zu Lasten eines anderen Beteiligten als des Empfängers gehen.
c Ein Posteinlieferungs-/Postempfangsschein oder Postversandnachweis, der, wie auch immer benannt, den Empfang der Ware für den Transport ausweist, muss dem Anschein nach an dem Ort, von dem das Akkreditiv den Versand der Ware vorschreibt, gestempelt oder unterzeichnet und datiert sein. Dieses Datum gilt als Verladedatum.

Art. 26. „An Deck", „Shipper's Load and Count", „Said by Shipper to Contain" und zusätzliche Kosten zur Fracht

a Ein Transportdokument darf nicht ausweisen, dass die Ware an Deck verladen ist oder wird. Eine Klausel in einem Transportdokument, wonach die Ware an Deck verladen werden kann, ist annehmbar.
b Ein Transportdokument mit einer Klausel wie „Shipper's Load and Count" bzw. „Said by Shipper to Contain" ist annehmbar.
c Ein Transportdokument darf durch Stempel oder auf andere Weise auf zusätzlich zur Fracht anfallende Kosten hinweisen.

Art. 27 Reine Transportdokumente

Banken nehmen nur reine Transportdokumente an. Ein reines Transportdokument enthält keine Klauseln oder Vermerke, die ausdrücklich auf einen mangelhaften Zustand der Ware oder deren Verpackung hinweisen. Das Wort „clean" muss nicht auf dem Transportdokument erscheinen, selbst wenn das Akkreditiv eine Bedingung enthält, nach der ein Transportdokument „clean on board" sein soll.

Art. 28 Versicherungsdokument und -deckung

a Ein Versicherungsdokument wie eine Versicherungspolice, ein Versicherungszertifikat oder eine „declaration" unter einem Open Cover („laufende Police") muss dem Anschein nach von einer Versicherungsgesellschaft, einem Versicherer („underwriter") oder deren Agenten oder deren Bevollmächtigten ausgestellt sein.
Jede Unterschrift eines Agenten oder Bevollmächtigten muss ausweisen, ob der Agent oder Bevollmächtigte für eine Versicherungsgesellschaft oder einen Versicherer gezeichnet hat.
b Wenn das Versicherungsdokument ausweist, dass es in mehr als einem Original ausgestellt ist, müssen alle Originale vorgelegt werden.
c Deckungsbestätigungen („cover notes") werden nicht angenommen.
d Eine Versicherungspolice ist anstelle eines Versicherungszertifikats oder einer „declaration" unter einer laufenden Police annehmbar.
e Das Versicherungsdokument darf nicht nach dem Verladedatum datiert sein, es sei denn, aus dem Versicherungsdokument geht hervor, dass die Deckung ab einem Datum, das nicht nach dem Verladedatum liegt, wirksam wird.
f i. Das Versicherungsdokument muss den Betrag der Versicherungsdeckung ausweisen und in derselben Währung wie das Akkreditiv ausgestellt sein.
   ii. Verlangt ein Akkreditiv, dass die Versicherungsdeckung auf einen Prozentsatz des Werts der Waren, des Rechnungswerts oder eines ähnlichen Werts lauten muss, gilt dies als Anforderung eines Mindestbetrags der erforderlichen Versicherungsdeckung.
   Wenn im Akkreditiv keine Angabe zur Höhe der erforderlichen Versicherungsdeckung enthalten ist, muss der Betrag der Versicherungsdeckung mindestens 110 % des CIF- oder CIP-Werts der Ware sein.
   Wenn der CIF- oder CIP-Wert aufgrund der Dokumente nicht bestimmt werden kann, muss der Betrag der Versicherungsdeckung auf der Basis des Betrags berechnet werden, für den Honorierung oder Negoziierung verlangt wird, oder des Bruttowerts der Ware gemäß Handelsrechnung, je nachdem, welcher Betrag höher ist.
   iii. Das Versicherungsdokument muss ausweisen, dass die Risiken mindestens zwischen dem im Akkreditiv vorgeschriebenen Übernahme- oder Verladeort und dem im Akkreditiv vorgeschriebenen Auslieferungs- oder endgültigen Bestimmungsort gedeckt sind.
g Das Akkreditiv sollte vorschreiben, welche Art von Versicherung verlangt wird und, gegebenenfalls, welche zusätzlichen Risiken zu decken sind. Ein Versicherungsdokument wird ungeachtet der Risiken, die nicht gedeckt sind, angenommen, wenn im Akkreditiv ungenaue Begriffe wie „übliche Risiken" oder „handelsübliche Risiken" verwendet werden.
h Wenn ein Akkreditiv „Versicherung gegen alle Risiken" vorschreibt und ein Versicherungsdokument mit einem Vermerk oder einer Klausel über „alle Risiken" vorgelegt wird, wird das Versicherungsdokument unabhängig davon, ob es mit der Überschrift „alle Risiken" versehen ist oder nicht, ohne Rücksicht darauf angenommen, ob irgendwelche Risiken ausdrücklich ausgeschlossen sind.
i Ein Versicherungsdokument darf einen Hinweis auf jegliche Ausschlussklauseln enthalten.
j Ein Versicherungsdokument darf ausweisen, dass die Deckung einer Franchise oder einer Abzugsfranchise unterworfen ist.

Art. 29. Verlängerung des Verfalldatums oder des letzten Tags der Dokumentenvorlage

a Wenn das Verfalldatum des Akkreditivs oder der letzte Tag der Dokumentenvorlagefrist auf einen Tag fällt, an dem die Bank, der die Dokumente vorzulegen sind, aus anderen als den unter Artikel 36 genannten Gründen geschlossen ist, wird das vor geschriebene Verfalldatum oder der letzte Tag der Dokumentenvorlage auf den nächstfolgenden Bankarbeitstag hinausgeschoben.
b Wenn eine Dokumentenvorlage an dem nächstfolgenden Bankarbeitstag erfolgt, muss die benannte Bank der eröffnenden oder bestätigenden Bank eine Erklärung in ihrem Dokumentenversandschreiben abgeben, dass die Dokumentenvorlage innerhalb der gemäß Artikel 29 (a) hinausgeschobenen Fristen erfolgt ist.
c Das letzte Verladedatum wird durch Artikel 29 (a) nicht hinausgeschoben.

Art. 30. Toleranz bzgl. Akkreditivbetrag, Menge und Preis pro Einheit

a Die Worte „etwa" oder „ungefähr" im Zusammenhang mit dem Akkreditivbetrag oder der im Akkreditiv angegebenen Menge oder dem im Akkreditiv angegebenen Preis pro Einheit sind dahingehend auszulegen, dass eine Toleranz von bis zu 10 % nach oben oder bis zu 10 % nach unten von dem Betrag, der Menge oder dem Preis pro Einheit, auf die sie sich beziehen, statthaft ist.
b Eine Toleranz in der Warenmenge von bis zu 5 % nach oben oder bis zu 5 % nach unten ist statthaft, vorausgesetzt, dass das Akkreditiv die Menge nicht in einer bestimmten Anzahl von Verpackungseinheiten oder Stücken vorschreibt und dass der Gesamt betrag der Inanspruchnahmen den Akkreditivbetrag nicht überschreitet.
c Selbst wenn Teilverladungen nicht erlaubt sind, ist eine Toleranz um bis zu 5 % weniger als der Akkreditivbetrag zulässig, vorausgesetzt, dass bei einer im Akkreditiv gegebenenfalls vorgeschriebenen Warenmenge diese in vollem Umfang geliefert und bei einem im Akkreditiv gegebenenfalls vorgeschriebenen Preis pro Einheit dieser Preis nicht unterschritten wird oder dass Artikel 30 (b) nicht anwendbar ist. Diese Toleranz ist nicht anwendbar, wenn im Akkreditiv eine besondere Toleranz ausgewiesen ist oder die Begriffe gemäß Artikel 30 (a) verwendet werden.

Art. 31. Teilinanspruchnahmen oder Teilverladungen

a Teilinanspruchnahmen oder Teilverladungen sind zulässig.
b Eine Dokumentenvorlage, die aus mehr als einem Satz von Transportdokumenten besteht, die Verladungsbeginn auf demselben Beförderungsmittel und für dieselbe Reise ausweisen, vorausgesetzt sie geben dassel-

be Ziel an, wird nicht als eine Teilverladung abdeckend angesehen, selbst wenn die Transportdokumente unterschiedliche Verladedaten oder unterschiedliche Verladehäfen, Übernahme- oder Versandorte ausweisen. Besteht die Dokumentenvorlage aus mehr als einem Satz von Transportdokumenten, gilt das letzte Verladedatum, wie es sich aus einem der Sätze von Transportdokumenten ergibt, als das Verladedatum.

Eine Dokumentenvorlage, die aus einem oder mehreren Sätzen von Transportdokumenten besteht und Verladung auf mehr als einem Beförderungsmittel innerhalb derselben Beförderungsart aus weist, wird als eine Teilverladung abdeckend angesehen, selbst wenn die Beförderungsmittel an demselben Tag zu demselben Ziel abgehen.

c Eine Dokumentenvorlage bestehend aus mehr als einer Kurierempfangsbestätigung, Posteinlieferungs-/Postempfangsschein oder Postversandnachweis wird nicht als eine Teilverladung angesehen, wenn die Kurierempfangsbestätigungen, Posteinlieferungs-, Postempfangsscheine oder Postversandnachweise am Anschein nach von demselben Kurier oder Postdienst an demselben Ort und Datum für dasselbe Ziel abgestempelt oder unterzeichnet sind.

Art. 32. Inanspruchnahme oder Verladung in Raten

Ist im Akkreditiv Inanspruchnahme oder Verladung in Raten innerhalb bestimmter Zeiträume vorgeschrieben und ist irgendeine Rate nicht innerhalb des für sie vorgeschriebenen Zeitraums in Anspruch genommen oder verladen worden, kann das Akkreditiv für diese betreffende und jede weitere Rate nicht mehr benutzt werden.

Art. 33. Vorlegungszeiten

Banken sind nicht verpflichtet, Dokumente außerhalb ihrer Öffnungszeiten entgegenzunehmen.

Art. 34. Haftungsausschluss für Wirksamkeit von Dokumenten

Banken übernehmen keine Haftung oder Verantwortung für Form, Vollständigkeit, Genauigkeit, Echtheit, Verfälschung oder Rechtswirksamkeit irgendeines Dokuments oder für die allgemeinen oder besonderen Bedingungen, die in irgendeinem Dokument angegeben oder demselben hinzugefügt sind; Banken übernehmen auch keine Haftung oder Verantwortung für Bezeichnung, Menge, Gewicht, Qualität, Beschaffenheit, Verpackung, Lieferung, Wert oder Vorhandensein der durch irgendein Dokument repräsentierten Waren, Dienstleistungen oder anderen Leistungen oder für Treu und Glauben oder Handlungen oder Unterlassungen sowie für Zahlungsfähigkeit, Leistungsvermögen oder Ruf von Absender, Frachtführer, Spediteur, Empfänger oder Versicherer der Waren oder irgendeiner anderen Person.

Art. 35. Haftungsausschluss für Nachrichtenübermittlung und Übersetzung

Banken übernehmen keine Haftung oder Verantwortung für die Folgen von Verzögerungen, Verlusten, Verstümmelungen oder sonstigen Irrtümern bei der Übermittlung von Nachrichten oder Versand von Briefen oder Dokumenten, wenn diese Nachrichten, Briefe oder Dokumente gemäß den im Akkreditiv gestellten Anforderungen übermittelt oder abgesandt werden oder wenn die Bank, mangels entsprechender Weisungen im Akkreditiv, selbst die Initiative bei der Auswahl des Beförderungsdienstes ergriffen hat.

Wenn eine benannte Bank entscheidet, dass eine Dokumentenvorlage konform ist und die Dokumente an die eröffnende oder bestätigende Bank versendet, unabhängig davon, ob die benannte Bank honoriert oder negoziiert hat, muss die eröffnende oder bestätigende Bank honorieren oder negoziieren oder diese benannte Bank remboursieren, selbst dann, wenn die Dokumente auf dem Weg von der benannten Bank zur eröffnenden Bank oder bestätigenden Bank oder zwischen der bestätigenden und der eröffnenden Bank verloren gegangen sind.

Banken übernehmen keine Haftung oder Verantwortung für Irrtümer bei der Übersetzung oder Auslegung von technischen Begriffen und können Akkreditiv-Bedingungen unübersetzt weiterleiten.

Art. 36 Höhere Gewalt

Banken übernehmen keine Haftung oder Verantwortung für die Folgen der Unterbrechung ihrer Geschäftstätigkeit durch Fälle höherer Gewalt, Unruhen, Aufruhr, Aufstände, Kriege, Terrorakte oder durch irgendwelche Streiks oder Aussperrungen oder irgendwelche anderen Ursachen außerhalb ihrer Kontrolle.

Banken werden nach Wiederaufnahme ihrer Geschäftstätigkeit unter einem Akkreditiv, das während einer solchen Unterbrechung ihrer Geschäftstätigkeit verfallen ist, nicht honorieren oder negoziieren.

Art. 37. Haftungsausschluss für Handlungen einer beauftragten Partei

a Bedient sich eine Bank einer anderen Bank, um die Weisungen des Auftraggebers auszuführen, tut sie dies für Rechnung und Gefahr des Auftraggebers.

b Eine eröffnende oder avisierende Bank übernimmt keine Haftung oder Verantwortung, wenn die von ihr einer anderen Bank übermittelten Weisungen nicht ausgeführt werden, selbst wenn sie die Initiative bei der Auswahl dieser Bank ergriffen hat.

c Eine Bank, die eine andere Bank beauftragt, Leistungen zu erbringen, haftet für alle Provisionen/Kommissionen, Gebühren, Kosten oder Auslagen („Spesen"), die dieser Bank im Zusammenhang mit ihren Weisungen entstanden sind.

Wenn ein Akkreditiv vorschreibt, dass die Spesen für Rechnung des Begünstigten gehen und die Spesen nicht eingezogen oder von Erlösen abgezogen werden können, bleibt die eröffnende Bank für die Zahlung der Spesen haftbar.

Ein Akkreditiv oder dessen Änderung sollte nicht vorschreiben, dass die Avisierung an den Begünstigten davon abhängig ist, dass die avisierende Bank oder zweite avisierende Bank ihre Spesen erhält.

d Der Auftraggeber muss alle Verpflichtungen und Verantwortlichkeiten übernehmen, die auf ausländischen Gesetzen und Gebräuchen beruhen, und muss die Banken für alle hieraus resultierenden Folgen schadlos halten.

Art. 38. Übertragbare Akkreditive

a Keine Bank ist verpflichtet, ein Akkreditiv zu übertragen außer in dem Umfang und in der Art, wie ausdrücklich von der Bank zugestimmt.

b Im Sinne dieses Artikels bedeutet:

übertragbares Akkreditiv ein Akkreditiv, das ausdrücklich als „übertragbar" bezeichnet ist. Ein übertragbares Akkreditiv kann im Auftrag des Begünstigten („Erstbegünstigter") ganz oder teilweise für einen anderen Begünstigten („Zweitbegünstigter") benutzbar gestellt werden;

übertragende Bank eine benannte Bank, die das Akkreditiv überträgt, oder, bei einem bei jeder Bank benutzbaren Akkreditiv, eine Bank, die von der eröffnenden Bank ausdrücklich zur Übertragung ermächtigt ist und das Akkreditiv überträgt. Eine eröffnende Bank kann eine übertragende Bank sein;

übertragenes Akkreditiv ein Akkreditiv, das durch die übertragende Bank für einen Zweitbegünstigten benutzbar gemacht worden ist.

c Soweit zum Zeitpunkt der Übertragung nichts anderes vereinbart ist, gehen alle Spesen (wie Provisionen/ Kommissionen, Gebühren, Kosten oder Auslagen), die durch die Übertragung anfallen, zu Lasten des Erstbegünstigten.

d Ein Akkreditiv kann in Teilen an mehr als einen Zweitbegünstigten übertragen werden, vorausgesetzt, dass Teilinanspruchnahmen oder Teilverladungen zulässig sind.

Ein übertragenes Akkreditiv kann im Auftrag des Zweitbegünstigten nicht an einen nachfolgenden Begünstigten übertragen werden. Der Erstbegünstigte gilt nicht als nachfolgender Begünstigter.

e Jeder Übertragungsauftrag muss angeben, ob und unter welchen Bedingungen Änderungen dem Zweitbegünstigten avisiert werden können. Das übertragene Akkreditiv muss diese Bedingungen klar ausweisen.

f Wird ein Akkreditiv an mehr als einen Zweitbegünstigten übertragen, macht die Ablehnung einer Änderung durch einen oder mehrere Zweitbegünstigte die Annahme durch andere Zweitbegünstigte nicht unwirksam, denen gegenüber das übertragene Akkreditiv entsprechend geändert ist. Für jeden Zweitbegünstigten, der die Änderung abgelehnt hat, bleibt das übertragene Akkreditiv unverändert.

g Das übertragene Akkreditiv muss die Bedingungen des Akkreditivs, einschließlich einer möglicherweise vorhandenen Bestätigung, genau widerspiegeln. Davon ausgenommen sind:

- Akkreditivbetrag,
- jeden im Akkreditiv angegebenen Preis pro Einheit,
- Verfalldatum,
- Dokumentenvorlagefrist, oder
- letztes Verladedatum oder angegebene Verladefrist,

die einzeln oder insgesamt ermäßigt oder verkürzt werden können.

Der Prozentsatz, auf den die Versicherungsdeckung lauten muss, kann erhöht werden, um den im Akkreditiv oder in diesen Artikeln vorgeschriebenen Deckungsbetrag zu erreichen.

Der Name des Erstbegünstigten kann an die Stelle des Namens des Auftraggebers des Akkreditivs gesetzt werden.

Wenn im Akkreditiv ausdrücklich verlangt wird, dass der Name des Auftraggebers in irgendeinem anderen Dokument als der Rechnung erscheint, muss sich diese Bedingung im übertragenen Akkreditiv widerspiegeln.

h Der Erstbegünstigte hat das Recht, seine eigene Rechnung und, gegebenenfalls, Tratte an die Stelle derjenigen des Zweitbegünstigten zu setzen und zwar in einem Betrag, der den im Akkreditiv angegebenen Betrag nicht übersteigt; und aufgrund eines solchen Austauschs kann der Erstbegünstigte unter dem Akkreditiv den Differenzbetrag in Anspruch nehmen, der gegebenenfalls zwischen seiner Rechnung und der des Zweitbegünstigten besteht.

i Wenn der Erstbegünstigte seine eigene Rechnung und, gegebenenfalls, Tratte vorzulegen hat, aber der ersten Aufforderung hierzu nicht nachkommt oder wenn die vom Erstbegünstigten vorgelegte Rechnung Unstimmigkeiten herbeiführt, welche die Dokumentenvorlage des Zweitbegünstigten nicht aufwies und die der Erstbegünstigte nicht auf erste Aufforderung korrigiert, dann hat die übertragende Bank das Recht, der eröffnenden Bank die Dokumente, die sie vom Zweitbegünstigten erhalten hat, zu präsentieren, ohne weitere Verantwortlichkeit gegenüber dem Erstbegünstigten.

j Der Erstbegünstigte kann in seinem Übertragungsauftrag verlangen, dass die Honorierung oder Negoziierung gegenüber dem Zweitbegünstigten an dem Ort, an den das Akkreditiv übertragen worden ist, vorgenommen wird, und zwar bis zum Verfalldatum des Akkreditivs einschließlich. Dies gilt unbeschadet des Rechts des Erstbegünstigten gemäß Artikel 38 (h).

k Die Dokumentenvorlage durch oder für den Zweitbegünstigten muss an die übertragende Bank erfolgen.

Art. 39. Abtretung von Akkreditiverlösen

Die Tatsache, dass ein Akkreditiv nicht als übertragbar bezeichnet ist, berührt nicht die Rechte des Begünstigten, seinen unter einem solchen Akkreditiv bestehenden oder künftig entstehenden Anspruch auf den Erlös gemäß den Bestimmungen des anzuwendenden Rechts abzutreten. Dieser Artikel bezieht sich nur auf die Abtretung des Akkreditiverlöses und nicht auf die Abtretung des Rechts auf Inanspruchnahme des Akkreditivs.

4. Uniform Customs and Practice for Documentary Credits for Electronic Presentation (eUCP) Version 2.0

187

Inhalt

ARTICLE e10 Date of Issuance
ARTICLE e11 Transport
ARTICLE e12 Data Corruption of an Electronic Record
ARTICLE e13 Additional Disclaimer of Liability for Presentation of Electronic Records under eUCP
ARTICLE e14 Force Majeure

ARTICLE e1 Scope of the Uniform Customs and Practice for Documentary Credits (UCP 600) Supplement for Electronic Presentations („eUCP")

a. The eUCP supplements the Uniform Customs and Practice for Documentary Credits (2007 Revision, ICC Publication No. 600) („UCP") in order to accommodate presentation of electronic records alone or in combination with paper documents.

b. The eUCP shall apply where the credit indicates that it is subject to the eUCP („eUCP credit").

c. This version is Version 2.0. An eUCP credit must indicate the applicable version of the eUCP. If not indicated, it is subject to the latest version in effect on the date the eUCP credit is issued or, if made subject to the eUCP by an amendment accepted by the beneficiary, the date of that amendment.

d. An eUCP credit must indicate the physical location of the issuing bank.
In addition, it must also indicate the physical location of any nominated bank and, if different to the nominated bank, the physical location of the confirming bank, if any, when such location is known to the issuing bank at the time of issuance. If the physical location of any nominated bank and/or confirming bank is not indicated in the credit, such bank must indicate its physical location to the beneficiary no later than the time of advising or confirming the credit or, in the case of a credit available with any bank, and where another bank willing to act on the nomination to honour or negotiate is not the advising or confirming bank, at the time of agreeing to act on its nomination.

ARTICLE e2 Relationship of the eUCP to the UCP

a. An eUCP credit is also subject to the UCP without express incorporation of the UCP.

b. Where the eUCP applies, its provisions shall prevail to the extent that they would produce a result different from the application of the UCP.

c. If an eUCP credit allows the beneficiary to choose between presentation of paper documents or electronic records and it chooses to present only paper documents, the UCP alone shall apply to that presentation. If only paper documents are permitted under an eUCP credit, the UCP alone shall apply.

ARTICLE e3 Definitions

a. Where the following terms are used in the UCP, for the purpose of applying the UCP to an electronic record presented under an eUCP credit, the term:
  i. Appear on their face and the like shall apply to examination of the data content of an electronic record.
  ii. Document shall include an electronic record.
  iii. Place for presentation of an electronic record means an electronic address of a data processing system.
  iv. Presenter means the beneficiary, or any party acting on behalf of the beneficiary who makes a presentation to a nominated bank, confirming bank, if any, or to the issuing bank directly.
  v. Sign and the like shall include an electronic signature.
  vi. Superimposed, notation or **stamped** means data content whose supplementary character is apparent in an electronic record.

b. The following terms used in the eUCP shall have the following meaning:
  i. Data corruption means any distortion or loss of data that renders the electronic record, as it was presented, unreadable in whole or in part.
  ii. Data processing system means a computerised or an electronic or any other automated means used to process and manipulate data, initiate an action or respond to data messages or performances in whole or in part.
  iii. Electronic record means data created, generated, sent, communicated, receivedorstoredbyelectronicmeans, including, where appropriate, all information logically associated with or otherwise linked together so as to become part of the record, whether generated contemporaneously or not, that is:
    • capable of being authenticated as to the apparent identity of a sender and the apparent source of the data contained in it, and as to whether it has remained complete and unaltered, and
    • capable of being examined for compliance with the terms and conditions of the eUCP credit.
  iv. Electronic signature means a data process attached to or logically associated with an electronic record and executed or adopted by a person in order to identify that person and to indicate that person's authentication of the electronic record.
  v. Format means the data organisation in which the electronic record is expressed or to which it refers.
  vi. Paper document means a document in a paper form.
  vii. Received means when an electronic record enters a data processing system, at the place for presentation indicated in the eUCP credit, in a format capable of being accepted by that system. Any acknowledgement of receipt generated by that system does not imply that the electronic record has been viewed, examined, accepted or refused under an eUCP credit.
  viii. Re-present or **re-presented** means to substitute or replace an electronic record already presented.

ARTICLE e4 Electronic Records and Paper Documents v. Goods, Services or Performance

Banks do not deal with the goods, services or performance to which an electronic record or paper document may relate.

ARTICLE e5 Format

An eUCP credit must indicate the format of each electronic record. If the format of an electronic record is not indicated, it may be presented in any format.

ARTICLE e6 Presentation

a. **i.** An eUCP credit must indicate a place for presentation of electronic records.

   ii. An eUCP credit requiring or allowing presentation of both electronic records and paper documents must, in addition to the place for presentation of the electronic records, also indicate a place for presentation of the paper documents.

b. Electronic records may be presented separately and need not be presented at the same time.

c. **i.** When one or more electronic records are presented alone or in combination with paper documents, the presenter is responsible for providing a notice of completeness to the nominated bank, confirming bank, if any, or to the issuing bank, where a presentation is made directly. The receipt of the notice of completeness will act as notification that the presentation is complete and that the period for examination of the presentation is to commence.

   ii. The notice of completeness may be given as an electronic record or paper document and must identify the eUCP credit to which it relates.

   iii. Presentation is deemed not to have been made if the notice of completeness is not received.

   iv. When a nominated bank, whether acting on its nomination or not, forwards or makes available electronic records to a confirming bank or issuing bank, a notice of completeness need not be sent.

d. **i.** Each presentation of an electronic record under an eUCP credit must identify the eUCP credit under which it is presented. This may be by specific reference thereto in the electronic record itself, or in metadata attached or superimposed thereto, or by identification in the covering letter or schedule that accompanies the presentation.

   ii. Any presentation of an electronic record not so identified may be treated as not received.

e. **i.** If the bank to which presentation is to be made is open but its system is unable to receive a transmitted electronic record on the stipulated expiry date and/or the last day for presentation, as the case may be, the bank will be deemed to be closed and thet expiry date and/or last day for presentation shall be extended to the next banking day on which such bank is able to receive an electronic record.

   ii. In this event, the nominated bank must provide the confirming bank or issuing bank, if any, with a statement on its covering schedule that the presentation of electronic records was made within the time limits extended in accordance with sub-article e6 (e) (i).

   iii. If the only electronic record remaining to be presented is the notice of completeness, it may be given by telecommunication or by paper document and will be deemed timely, provided that it is sent before the bank is able to receive an electronic record

f. An electronic record that cannot be authenticated is deemed not to have been presented.

ARTICLE e7 Examination

a. **i.** The period for the examination of documents commences on the banking day following the day on which the notice of completeness is received by the nominated bank, confirming bank, if any, or by the issuing bank, where a presentation is made directly.

   ii. If the time for presentation of documents or the notice of completeness is extended, as provided in sub-article e6 (e) (i), the time for the examination of documents commences on the next banking day following the day on which the bank to which presentation is to be made is able to receive the notice of completeness, at the place for presentation.

b. **i.** If an electronic record contains a hyperlink to an external system or apresentation indicates that the electronic record may be examined by reference to an external system, the electronic record at the hyperlink or the external system shall be deemed to constitute an integral part of the electronic record to be examined.

   ii. The failure of the external system to provide access to the required electronic record at the time of examination shall constitute a discrepancy, except as provided in sub-article e7 (d) (ii).

c. The inability of a nominated bank acting on its nomination, a confirming bank, if any, or the issuing bank, to examine an electronic record in a format required by an eUCP credit or, if no format is required, to examine it in the format presented is not a basis for refusal.

d. **i.** The forwarding of electronic records by a nominated bank, whether or not it is acting on its nomination to honour or negotiate, signifies that it has satisfied itself as to the apparent authenticity of the electronic records.

   ii. In the event that a nominated bank determines that a presentation is complying and forwards or makes available those electronic records to the confirming bank or issuing bank, whether or not the nominated bank has honoured or negotiated, an issuing bank or confirming bank must honour or negotiate, or reimburse that nominated bank, even when a specified hyperlink or external system does not allow the issuing bank or confirming bank to examine one or more electronic records that have been made available between the nominated bank and the issuing bank or confirming bank, or between the confirming bank and the issuing bank.

ARTICLE e8 Notice of Refusal

If a nominated bank acting on its nomination, a confirming bank, if any, or the issuing bank, provides a notice of refusal of a presentation which includes electronic records and does not receive instructions from the party to which notice of refusal is given for the disposition of the electronic records within 30 calendar days from the date the notice of refusal is given, the bank shall return any paper documents not previously returned to that party, but may dispose of the electronic records in any manner deemed appropriate without any responsibility.

ARTICLE e9 Originals and Copies

Any requirement for presentation of one or more originals or copies of an electronic record is satisfied by the presentation of one electronic record.

ARTICLE e10 Date of Issuance

An electronic record must provide evidence of its date of issuance.

ARTICLE e11 Transport

If an electronic record evidencing transport does not indicate a date of shipment or dispatch or taking in charge or a date the goods were accepted for carriage, the date of issuance of the electronic record will be deemed to be the date of shipment or dispatch or taking in charge or the date the goods were accepted for carriage. However, if the electronic record bears a notation that evidences the date of shipment or dispatch or taking in charge or the date the goods were accepted for carriage, the date of the notation will be deemed to be the date of shipment or dispatch or taking in charge or the date the goods were accepted for carriage. Such a notation showing additional data content need not be separately signed or otherwise authenticated.

ARTICLE e9 Originals and Copies

ARTICLE e10 Date of Issuance

ARTICLE e11 Transport

ARTICLE e12 Data Corruption of an Electronic Record

ARTICLE e12 Data Corruption of an Electronic Record

a. If an electronic record that has been received by a nominated bank acting on its nomination or not, confirming bank, if any, or the issuing bank, appears to have been affected by a data corruption, the bank may inform the presenter and may request it to be re-presented.

b. If a bank makes such a request:
  i. the time for examination is suspended and resumes when the electronic record is re-presented; and
  ii. if the nominated bank is not a confirming bank, it must provide any confirming bank and the issuing bank with notice of the request for the electronic record to be re-presented and inform it of the suspension; but
  iii. if the same electronic record is not re-presented within 30 calendar days, or on or before the expiry date and/or last day for presentation, whichever occurs first, the bank may treat the electronic record as not presented.

ARTICLE e13 Additional Disclaimer of Liability for Presentation of Electronic Records under eUCP

a. By satisfying itself as to the apparent authenticity of an electronic record, a bank assumes no liability for the identity of the sender, source of the information, or its complete and unaltered character other than that which is apparent in the electronic record received by the use of a data processing system for the receipt, authentication, and identification of electronic records.

b. A bank assumes no liability or responsibility for the consequences arising out of the unavailability of a data processing system other than its own.

ARTICLE e14 Force Majeure

A bank assumes no liability or responsibility for the consequences arising out of the interruption of its business, including but not limited to its inability to access a data processing system, or a failure of equipment, software or communications network, caused by Acts of God, riots, civil commotions, insurrections, wars, acts of terrorism, cyberattacks, or by any strikes or lockouts or any other causes, including failure of equipment, software or communications networks, beyond its control.

C. Bank- und Börsenrecht III: Das Einlagengeschäft

Schrifttum: *Arendts/Teuber,* Uralt-Sparbücher – Verjährung von Auszahlungsansprüchen und Beweiswert, MDR 2001, 546; *Baumbach/Hefermehl/Casper,* Wechselgesetz, Scheckgesetz und Recht der kartengestützten Zahlungen, 23. Aufl. 2008; *Baumbach/Hopt,* Handelsgesetzbuch, 38. Aufl. 2018, Bankgeschäfte Rn. B/1–B/6; *Boos/Fischer/ Schulte-Mattler,* Kreditwesengesetz, 5. Aufl. 2016; *Brocker/Langner,* Negativzinsen als kontrollfreie Preishauptabrede im Passivgeschäft, WM 2017, 1917; *Bunte,* AGB-Banken und Sonderbedingungen, 5. Aufl. 2017; *Canaris,* 10. Abschnitt: Das Einlagengeschäft, Rn. 1163 ff., 4. Aufl. 2005; *Claussen,* Bank- und Börsenrecht, 5. Aufl. 2014, § 2 III 1; *Demgensky/Erm,* Der Begriff der Einlagen nach der 6. KWG-Novelle, WM 2001, 1445; *Dunz,* Legitimationswirkung des Sparbuchs, JuS 1962, 139; *Schürmann/Langner* in Schimansky/Bunte/Lwowski, Bankrechts-Handbuch, 5. Aufl. 2017, 14. Kapitel, § 69–71, Einlagengeschäft; *Hopt/Mülbert,* Kreditrecht, Vorbem. vor § 607 BGB, 1989; *Peterek* in Kümpel/Wittig Bank- und Kapitalmarktrecht, 4. Aufl. 2011, 2. Hauptteil, 8. Teil Einlagen- und Spargeschäft; *Krautschneider,* Die Legitimationswirkung des Sparbuchs, 1969; *Lange,* Neue Bedingungen für den Sparverkehr, BB 1993, 1677; *Servatius* in Langenbucher/Bliesener/Spindler, Bankrechtskommentar, 35. Kapitel, 2. Aufl. 2016; *Liesecke,* Das Bankguthaben in Gesetz und Rechtsprechung, WM 1975, 214; *Nobbe,* Bankrecht, Aktuelle höchst- und obergerichtliche Rechtsprechung, 1999, Rn. 429 ff.; *Nuissl,* Bankgeschäftsrecht, 1997, Rn. 46, 47; *Oechsler,* Die Entwicklung des privaten Bankrechts im Jahre 2005, NJW 2006, 1399; *Omlor,* Negativzinsen im Einlagengeschäft, BKR 2018, 109; *Pflug,* Zur Legitimationswirkung von Sparbüchern, ZHR 140 (1976), 175; *Reischauer/Kleinhans,* Kreditwesengesetz (KWG), Stand: Juli 2017; *Schraepler,* Bankrisiko bei Auszahlung ohne Sparbuch, NJW 1973, 1864; *Schütz,* Die Rechtsnatur von Bank- und Sparkassenguthaben, JZ 1964, 91; *Schwennicke/ Auerbach,* Kreditwesengesetz, 3. Aufl. 2016; *Schwintowski,* Bankrecht, 5. Aufl. 2018; *Soergel/Welter,* 13. Aufl. 2011, § 808 Rn. 5 ff.; *Vogel,* Negativzinsen im Einlagengeschäft der Kreditinstitute, BKR 2018, 45; *Wagner,* Zur rechtlichen Wirksamkeit von Negativzinsen, BKR 2017, 315; *Welter,* Aktuelle Rechtsfragen zum Sparbuch, WM 1987, 1117.

I. Begriff des Einlagengeschäfts

Das Einlagengeschäft stand bei der Betrachtung der Bankgeschäfte lange Zeit im Vordergrund, weil **1** es sich um den Bereich handelt, in dem der intensivste Kontakt mit dem breiten Publikum stattfand, zudem bildete es auf Grund der Zinsmarge gegenüber dem Kreditgeschäft eine wesentliche Ertragsquelle der Kreditinstitute.[1] Im Niedrigzinsumfeld lassen diese Effekte nach und die Banken müssen neue Geschäftsmodelle entwickeln, um der Kompression der Marge entgegenzuwirken. Es findet notgedrungen eine Verlagerung hin zum Wertpapiergeschäft statt. Der rechtliche Einlagenbegriff hat vor allem Bedeutung für die Anwendung des Kreditwesengesetzes. Das Einlagengeschäft ist gem. § 1 Abs. 1 S. 2 Nr. 1 iVm § 32 Abs. 1 S. 1 KWG grundsätzlich erlaubnispflichtig. Erlaubnisfrei dürfen die in § 2 Abs. 1 KWG Genannten das Einlagengeschäft als Hilfsgeschäft betreiben.

In § 1 Abs. 1 S. 2 Nr. 1 KWG ist das Einlagengeschäft legaldefiniert als Annahme fremder Gelder **2** „als Einlagen" oder anderer unbedingt rückzahlbarer Gelder des Publikums, sofern der Rückzahlungsanspruch nicht in Inhaber- oder Orderschuldverschreibungen verbrieft wird, ohne Rücksicht darauf, ob Zinsen vergütet werden. Eine Definition der Einlage findet sich weder an dieser noch an anderer Stelle im Gesetz. Erkennbar ist, dass nicht jede geschäftsmäßige Annahme fremder Gelder erfasst wird, sondern dass diese **„als Einlagen"** erfolgen muss.

Die **Rspr.** hat sich um eine funktionale Begriffsbestimmung bemüht, wonach das Einlagengeschäft **3** voraussetzt, dass fremde Gelder zwecks Finanzierung des Aktivgeschäfts, dh mit der Absicht entgegengenommen werden, durch eine positive Differenz zwischen den für die Einlage zu zahlenden Zinsen und den Zinseinnahmen aus dem Aktivgeschäft Gewinn zu erzielen.[2] Seit dem 1.1.1998 ist der Begriff des Einlagengeschäfts dadurch erweitert worden, dass neben die Annahme fremder Gelder als Einlagen der Auffangtatbestand der **Annahme anderer rückzahlbarer Gelder des Publikums** getreten ist. Da es insoweit auf den Zweck der Mittelüberlassung nicht ankommt, ist der funktionale Ansatz der Rspr. in Frage gestellt worden.[3] In der Praxis zieht die Rspr. zur Bestimmung des Anwendungsbereichs Indizien wie die Entgegennahme von Geldern von einer Vielzahl von Geldgebern auf Grund typisier-

---

[1] Zu wirtschaftlichen Bedeutung des Einlagengeschäfts für die Kreditinstitute in der Vergangenheit s. Langenbucher/Bliesener/Spindler/*Servatius* 35. Kap. Rn. 2 mit den entsprechenden Zahlen.

[2] BVerwG Urt. v. 27.3.1984 – 1 C 125/80, NJW 1985, 929 (930); BGH Urt. v. 9.3.1995 – III ZR 55/94, BGHZ 129, 90 (92 ff.) = NJW 1995, 1494 (1495); VG Berlin Urt. v. 22.2.1999 – 25 A 276/95, NJW-RR 2000, 642 (643); Reischauer/Kleinhans/*Brogl* KWG § 1 Anm. 42. Das Bundesaufsichtsamt für das Kreditwesen (nunmehr BaFin) hat den Tatbestand des Einlagengeschäfts dann als verwirklicht angesehen, wenn jemand von mehreren Geldgebern, die keine Kreditinstitute iSd § 1 Abs. 1 S. 2 KWG sind, fremde Gelder aufgrund typisierter Verträge als Darlehen (§ 488 BGB) oder zu unregelmäßiger Verwahrung (§ 700 BGB) ohne Bestellung banküblicher Sicherheiten und ohne schriftliche Vereinbarung im Einzelfall laufend annimmt (BAK-Schreiben vom 24.4.1968, vgl. *Hopt/Mülbert* BGB Vor § 607 Rn. 19; *Schürmann/Langner* in Schimansky/Bunte/Lwowski BankR-HdB § 69 Rn. 4.

[3] *Schelm* in Kümpel/Wittig BankR/KapMarktR Rn. 2.27; Boos/Fischer/Schulte-Mattler/*Schäfer* KWG § 1 Rn. 38, 42; *Schürmann/Langner* in Schimansky/Bunte/Lwowski BankR-HdB § 69 Rn. 6.

ter Verträge als Darlehen oder in ähnlicher Weise, das Fehlen einer banküblichen Besicherung und die Absicht der Mittelverwendung für eigene Zwecke heran, betont jedoch, dass die Frage, ob ein Unternehmen fremde Gelder als Einlagen annimmt und dadurch Bankgeschäfte betreibt, letztlich einer Wertung aller Umstände des einzelnen Falles unter Berücksichtigung der bankwirtschaftlichen Verkehrsauffassung vorbehalten sei.[4]

4   Nicht zu den Einlagen im vorgenannten Sinn zählen Einlagen von stillen Gesellschaftern, partiarische Darlehen und Genussrechte[5], Gesellschafterdarlehen, die mit einem qualifizierten Rangrücktritt ausgestattet sind[6], die Ausgabe von Namens-Gewinnschuldverschreibungen einer Aktiengesellschaft an ihre Betriebsangehörigen,[7] treuhänderische Verwaltung und Anlage fremder Gelder,[8] auch im Rahmen eines Bauherrenmodells.[9] Als Einlagen werden indessen Gelder angesehen, die zur Weiterleitung entgegengenommen, aber nicht unverzüglich weitergeleitet werden,[10] sowie Vorschüsse des Käufers auf zukünftige Käufe und Vereinbarungsdarlehen im Rahmen von Kaufverträgen[11].

5   Keine Einlagen sind die sog. **Nostro-Verpflichtungen** oder **aufgenommenen Gelder,** das sind die Darlehen, die ein Kreditinstitut bei anderen Kreditinstituten aufnimmt. Das Einlagengeschäft ist auf die Hereinnahme von Geldern derjenigen Kunden beschränkt, die keine Kreditinstitute sind.[12]

6   Die Ausgabe von Namensschuldverschreibungen an Betriebsangehörige dürfte weiterhin kein Einlagengeschäft sein, weil die Hingabe des Geldes nur einem begrenzten Personenkreis und nicht dem „Publikum" möglich ist.[13] Nicht zum Publikum gehören auch verbundene Unternehmen.[14]

7   Betreibt jemand das Einlagengeschäft **verbotswidrig** ohne aufsichtsbehördliche Erlaubnis, dann ist das Geschäft nicht insgesamt nichtig, weil dieses Ergebnis mit Sinn und Zweck der Norm nicht zu vereinbaren wäre.[15] Der Schutzweck des § 32 KWG gebietet insofern auch, dass der Einleger nicht auf einen Bereicherungsanspruch verwiesen werden kann, in dessen Rahmen er den Zinsanspruch verlöre.[16] Nichtig ist insofern auch eine Vereinbarung, wonach die Einlage für eine bestimmte Zeitdauer zu überlassen ist; die Einlage kann daher sofort zurückgefordert werden.[17]

8   Verstößt ein Kreditinstitut gegen ein aufsichtsbehördliches Verbot, Einlagen entgegenzunehmen, das wegen drohenden wirtschaftlichen Zusammenbruchs verhängt worden ist (§ 46 KWG), ist umstritten, ob das Geschäft entsprechend § 134 BGB als nichtig anzusehen ist. Insoweit sprechen die überwiegenden Gründe ebenfalls dafür, es bei der zivilrechtlichen Wirksamkeit zu belassen.[18]

---

[4] BGH Urt. v. 19.3.2013 – VI ZR 56/12, VersR 2013, 741 (742); Urt. v. 29.3.2001 – IX ZR 445/98, NJW-RR 2001, 1639 (1640); Urt. v. 9.3.1995 – III ZR 55/94, BGHZ 129, 90 (92 ff.) = NJW 1995, 1494 (1495); Urt. v. 13.4.1994 – II ZR 16/93, BGHZ 125, 366 (380 f.) = NJW 1994, 1801 (1805); BVerwG Urt. v. 27.3.1984 – 1 C 125/80, NJW 1985, 929 (930). S. insoweit auch *Schürmann/Langner* in Schimansky/Bunte/Lwowski BankR-HdB § 69 Rn. 5. Zu den Anforderungen der BaFin vgl. BaFin-Merkblatt „Hinweise zum Tatbestand des Einlagengeschäfts" v. 11.3.2014, abrufbar unter www.bafin.de („BaFin Merkblatt Einlagengeschäft").

[5] BGH Urt. 15.3.1984 – III ZR 15/83, NJW 1984, 2691 f. Das gilt jedoch nur für typisch gesellschaftsrechtliche Einlagen, die nicht rückzahlbares Eigenkapital darstellen. Werden stille Beteiligungen, partiarische Darlehen oder Genussscheine so ausgestaltet, dass die Verlustteilnahme abbedungen ist, dann handelt es sich um rückzahlbare Gelder und damit um erlaubnispflichtige Einlagengeschäfte, *Schürmann/Langner* in Schimansky/Bunte/Lwowski BankR-HdB § 69 Rn. 6b; Langenbucher/Bliesener/Spindler/*Servatius* 35. Kap. Rn. 13.

[6] Näher Langenbucher/Bliesener/Spindler/*Servatius* 35. Kap. Rn. 12.

[7] BVerwG Urt. v. 27.3.1984 – 1 C 125/80, NJW 1985, 929 (930); *Schwintowski* in Schwintowski BankR § 5 Rn. 3.

[8] OVG Berlin Beschl. v. 23.11.1983 – OVG 1 S 14/83, WM 1984, 865 (866 f.); *Schürmann/Langner* in Schimansky/Bunte/Lwowski BankR-HdB § 69 Rn. 8.

[9] VG Berlin Urt. v. 4.7.1985 – VG 14 A 268.84, WM 1986, 879 (881 ff.).

[10] *Schürmann/Langner* in Schimansky/Bunte/Lwowski BankR-HdB § 69 Rn. 7 unter Zitierung der betreffenden BAK-Schreiben.

[11] Hierzu (und zu weiteren Fallgestaltungen BaFin-Merkblatt Einlagengeschäft Ziffer 4 aE.

[12] *Schürmann/Langner* in Schimansky/Bunte/Lwowski BankR-HdB § 69 Rn. 8; Langenbucher/Bliesener/Spindler/*Servatius* 35. Kap. Rn. 14.. Keine Geltung für institutionelle Anleger, auch nicht für Kapitalanlagegesellschaften, Versicherungsunternehmen und Unternehmensbeteiligungsgesellschaften: Schwennicke/Auerbach/*Schwennicke* KWG § 1 Rn. 28 unter Bezugnahme auf das BaFin-Merkblatt Einlagengeschäft.

[13] Schwennicke/Auerbach/*Schwennicke* KWG § 1 Rn. 22; *Schwintowski* in Schwintowski BankR § 5 Rn. 3; vgl. aber Boos/Fischer/Schulte-Mattler/*Schäfer* KWG § 1 Rn. 43.

[14] Boos/Fischer/Mattler/*Schäfer* KWG § 1 Rn. 42; Baumbach/Hopt/*Hopt* Rn. B/1.

[15] VGH Kassel Urt. v. 20.5.2009 – 6 A 1040/08, WM 2009, 1889 (1893 f.); *Canaris* BankvertragsR Rn. 1174; Hopt/Mülbert BGB § 607 Rn. 225; *Schürmann/Langner* in Schimansky/Bunte/Lwowski BankR-HdB § 69 Rn. 9; aA OLG Stuttgart Urt. v. 1.4.1980 – 6 U 184/79, NJW 1980, 1798 (1800).

[16] Langenbucher/Bliesener/Spindler/*Servatius* 35. Kap. Rn. 19.

[17] *Canaris* BankvertragsR Rn. 1174; *Schürmann/Langner* in Schimansky/Bunte/Lwowski BankR-HdB § 69 Rn. 9.

[18] BGH Urt. v. 5.10.1989 – III ZR 34/88, NJW 1990, 1356; *Schürmann/Langner* in Schimansky/Bunte/Lwowski BankR-HdB § 69 Rn. 13; Boos/Fischer/Schulte-Mattler/*Lindemann* KWG § 46 Rn. 62; aA *Canaris* BankvertragsR Rn. 1176a; Hopt/Mülbert BGB § 607 Rn. 60.

II. Einlagenarten

Die Einlagen werden in der Praxis unterschieden in **Sichteinlagen, Termineinlagen** und **Spar-** **9** **einlagen.** Je nachdem, welche Einlagenart vorliegt, ergeben sich unterschiedliche rechtliche Einordnungen und Folgen.

1. Sichteinlagen. Sichteinlagen sind täglich fällige Gelder auf Giro- oder laufenden Konten. **10**

Auch wenn sie verzinslich sind, stellen sie rechtlich kein Darlehen (§ 488 BGB), sondern eine **11** **unregelmäßige Verwahrung** iSd § 700 BGB dar.[19] Beiden Vertragstypen ist gemeinsam, dass Geld übergeben wird und der Empfänger verpflichtet ist, dieses zurückzuerstatten. Im Gegensatz zum Darlehen wird das Geld jedoch im überwiegenden Interesse des Hinterlegers überlassen.[20] Während beim Darlehen, wenn eine Zeit für die Rückzahlung nicht bestimmt ist, für die Fälligkeit der Rückerstattung eine Kündigung erforderlich ist (§ 488 Abs. 3 S. 1 BGB), sind bei der unregelmäßigen Verwahrung, ungeachtet der Anwendbarkeit der Darlehensvorschriften im Übrigen, für Zeit und Ort der Rückgabe im Zweifel die Vorschriften des Verwahrungsvertrags anwendbar (§ 700 Abs. 1 S. 3 BGB). Danach kann der Hinterleger, auch wenn für die Aufbewahrung eine Zeit bestimmt ist, die hinterlegte Sache jederzeit zurückfordern (§ 695 BGB).

Anwendbar ist auch § 697 BGB über den Ort der Rückgabe. Danach hat die Rückgabe der **12** hinterlegten Sache an dem Ort zu erfolgen, an welchem die Sache aufzubewahren war; der Verwahrer ist nicht verpflichtet, die Sache dem Hinterleger zu bringen. Diese Bestimmung geht § 270 BGB vor, wonach der Schuldner Geld im Zweifel auf seine Gefahr und seine Kosten dem Gläubiger an dessen Wohnsitz zu übermitteln hat.[21] Rückzahlungsansprüche bei Sichteinlagen sind daher **Holschulden,** sodass der Kunde sich bei einer Rückzahlung in die Schalterhalle der kontoführenden Bank begeben[22] oder aber sein Recht auf dem vereinbarten Kommunikationsweg (also ggf. per E-Mail oder anderweitig „online") geltend machen muss. Weil die Sichteinlage regelmäßig in den Zahlungsdiensterahmenvertrag eingebunden ist, richten sich die Rechte und Pflichten der Parteien nach den §§ 675c ff. BGB und den Klauselwerken der Kreditwirtschaft.[23] Insbesondere § 675f Abs. 2 BGB enthält Regelungen hierzu und bestimmt, dass der Zahlungsdienstleister für den Zahlungsdienstnutzer (Kunden) ein Zahlungskonto führt und über dieses Konto Zahlungsvorgänge abwickelt, die regelmäßig die Hereinnahme von Sichteinlagen beinhalten. Durch die Überlagerung mit dem Zahlungsdiensterecht und dessen Unterscheidung zwischen Zahlungsverkehrsgeschäft und Einlagengeschäft (§ 2 Abs. 2 ZAG) tritt die Verwahrung hinter das Zahlungsverkehrsgeschäft zurück und der Vorgang wird nach den §§ 675c ff. BGB behandelt.[24]

Das Rückforderungsrecht ist gem. § 315 BGB nach billigem Ermessen auszuüben.[25] Nur bei sehr **13** hohen Beträgen kann der Einleger deshalb ausnahmsweise gehalten sein, seine Abhebung vorher der Bank anzukündigen, damit sie die erforderlichen Zahlungsmittel herbeischaffen kann.[26] Weil eine Sichteinlage und nicht ein Festgeld geschuldet ist, sind niedrige Anforderungen an die Rücksichtnahme durch den Einleger zu stellen. Im Übrigen ist das Institut aufsichtsrechtlich gehalten, in einem bestimmten Rahmen Mittel vorzuhalten (Mindestreservepflicht).[27]

Wird das Konto, wie regelmäßig, im **Kontokorrent** geführt, dann ändert dies nichts daran, dass die **14** Sichteinlage (Tagesguthaben) jederzeit zurückgefordert werden kann.[28] Befindet sich die Einlage auf einem Girokonto, dann treten zusätzliche Vereinbarungen, etwa ein Zahlungsdiensterahmenvertrag (§ 675f Abs. 2 BGB) hinzu.[29] Ob die Einlage zurückzuzahlen ist, ist jedoch insoweit allein der zugrunde liegenden Abrede zu entnehmen, sodass die Anspruchsgrundlage des § 695 BGB iVm § 700 Abs. 1 S. 3 BGB maßgeblich ist.

---

[19] BGH Urt. v. 8.7.1982 – I ZR 148/80, BGHZ 84, 371 (373) = NJW 1982, 2193 (2194); Urt. v. 30.11.1993 – XI ZR 80/93, BGHZ 124, 254 (257 f.) = NJW 1994, 318 f.; *Schürmann/Langner* in Schimansky/Bunte/Lwowski BankR-HdB § 70 Rn. 3; *Peterek* in Kümpel/Wittig BankR/KapMarktR Rn. 8.11, 8.22; *Nuissl*, Bankgeschäftsrecht, 1997, Rn. 47.

[20] Palandt/*Sprau* BGB § 700 Rn. 1. AA MüKoBGB/*Henssler* BGB § 700 Rn. 3: entscheidend ist das Interesse des Hinterlegers an sicherer Verwahrung des Geldes bei jederzeitiger Verfügbarkeit mit regelmäßig niedrigerer Verzinsung.

[21] Palandt/*Sprau* BGB § 700 Rn. 1.

[22] *Schürmann/Langner* in Schimansky/Bunte/Lwowski BankR-HdB § 70 Rn. 3; *Peterek* in Kümpel/Wittig BankR/KapMarktR Rn. 8.24.

[23] S. hierzu iE den Abschnitt BankR II → B. Rn. 1 ff.

[24] *Schürmann/Langner* in Schimansky/Bunte/Lwowski BankR-HdB § 70 Rn. 4.

[25] MüKoBGB/*Krüger* BGB § 271 Rn. 10; *Schürmann/Langner* in Schimansky/Bunte/Lwowski BankR-HdB § 70 Rn. 2a.

[26] *Schürmann/Langner* in Schimansky/Bunte/Lwowski BankR-HdB § 70 Rn. 2a; *Peterek* in Kümpel/Wittig BankR/KapMarktR Rn. 8.23.

[27] Näher *Schürmann/Langner* in Schimansky/Bunte/Lwowski BankR-HdB § 70 Rn. 2a.

[28] BGH Urt. 8.7.1982 – I ZR 148/80, BGHZ 84, 371 (373) = NJW 1982, 2193 (2194); *Schürmann/Langner* in Schimansky/Bunte/Lwowski BankR-HdB § 70 Rn. 28.

[29] Vgl. Palandt/*Sprau* BGB § 675f Rn. 11 und ausführlich Abschnitt Bankrecht II → B. Rn. 1 ff.

15   Die **Bank** kann die Rücknahme der Sichteinlage nicht jederzeit verlangen. § 696 S. 1 BGB ist durch Nr. 19 Abs. 1 S. 3 AGB-Banken abbedungen, wonach für die Kündigung von laufenden Konten und Depots die Kündigungsfrist mindestens zwei Monate beträgt.

16   **2. Termineinlagen.** Bei den Termineinlagen sind **Festgelder** und **Kündigungsgelder** zu unterscheiden. **Festgelder** haben eine bestimmte Laufzeit, nach deren Ablauf sie fällig werden. Häufig wird vereinbart, dass sich die Einlage nach Fristablauf um eine bestimmte Zeit verlängert, wenn kein Auszahlungsverlangen erfolgt (Prolongation). Vor Ablauf der Festlegungsfrist kann die Auszahlung nicht verlangt werden, was die Bank regelmäßig durch höhere Zinsen honoriert, wobei die fortdauernde Niedrigzinspolitik der Zentralbanken die Verzinsung des Festgeldes derjenigen der Sichteinlage weiter annähert.

17   **Kündigungsgelder** werden auf unbestimmte Zeit hereingenommen; sie werden zur Rückzahlung fällig, wenn der Einleger, regelmäßig unter Einhaltung einer Frist, beispielsweise eines Monats (sog. Monatsgeld), kündigt.[30] In der Praxis ergeben sich kaum Anwendungsfälle.

18   Termineinlagen sind als **Darlehen** einzuordnen,[31] weil Laufzeit- und Zinsvereinbarung deutlich werden lassen, dass das Interesse der Bank an der Geldanlage in den Vordergrund tritt. Die Abgrenzungskriterien zwischen unregelmäßiger Verwahrung und Darlehen sind im Einzelnen streitig,[32] was aber nur von geringer praktischer Relevanz ist, weil § 700 Abs. 1 S. 2 BGB auf die §§ 488 ff. BGB verweist.

18a   Grundsätzlich sind Sicht-, Termin- und auch Spareinlagen, gleich welcher (rechtlichen) Konstruktion im Einzelfall, **verzinslich,** das folgt aus dem gesetzlichen Leitbild des Darlehensrechts (§ 488 Abs. 1 S. 2 BGB).[33] Hieran ändert auch die Niedrigzinspolitik der Zentralbanken nichts. Selbst wenn Banken ihrerseits für Einlagen bei der Europäischen Zentralbank (EZB) Strafzinsen entrichten müssen („negativer Einlagezins"), dürfen sie diese Strafzinsen unabhängig von der Art der Einlage nicht einseitig per AGB in der Form sog. *nachträglicher*[34] Zinsanpassungsklauseln an ihre Kunden weitergeben, weil sie mit der Bestimmung eines negativen Zinssatzes die Grenzen ihres Leistungsbestimmungsrechts (§ 315 BGB) überschreiten. Dies ist freilich streitig und wird höchstrichterlich geklärt werden müssen[35]. Grundsätzlich besteht aber kein Bedürfnis, den Bankensektor insoweit zu schützen, denn die Niedrig- und Strafzinspolitik der EZB soll die Banken zur Kreditvergabe an Unternehmen und damit zur Unterstützung der Konjunktur motivieren, nicht zum Parken der Kundeneinlagen bei der EZB. Individualvertraglich können Klauseln auch nach Vertragsschluss geändert werden. In denjenigen Fällen, in denen sich Bank und Kunde auf Augenhöhe begegnen (unternehmerischer Rechtsverkehr), sind **abweichende, einseitige Regelungen (Zinsanpassungsklauseln)** nach Vertragsschluss als Folge der Privatautonomie zulässig, wenn sich Anhaltspunkte ergeben, dass die Vertragsgestaltung vom gesetzestypischen Darlehensvertrag abweicht.[36] Zu beachten ist im unternehmerischen Rechtsverkehr dennoch § 307 Abs. 1, 2 BGB, und zwar im Hinblick auf die Ausgestaltung der jeweiligen Zinsklausel im Einzelfall.

19   **3. Spareinlagen.** Die Spareinlage war früher durch die zwingenden Vorschriften der durch die 4. KWG-Novelle 1993 aufgehobenen §§ 21, 22 KWG gesetzlich reglementiert. Seit dieser Deregulierung steht den Kreditinstituten die Möglichkeit offen, die Bedingungen für eine „Spareinlage" durch Vereinbarung mit dem Kunden frei zu bestimmen. Ein besonderer Schutz des Begriffs der Spareinlage besteht nicht.[37] Obgleich die Rendite hinter anderen konkurrierenden Anlageformen zurücksteht, ist die Spareinlage immer noch von großer Bedeutung. Die früher bestehende Privilegierung gegenüber Sichteinlagen hinsichtlich der Mindestreserveanforderungen der Banken besteht allerdings nicht mehr.

---

[30] *Peterek* in Kümpel/Wittig BankR/KapMarktR Rn. 8.43.

[31] *Schürmann/Langner* in Schimansky/Bunte/Lwowski BankR-HdB § 70 Rn. 7; Palandt/*Sprau* BGB § 700 Rn. 1; *Peterek* in Kümpel/Wittig BankR/KapMarktR Rn. 8.37; *Nuissl,* Bankgeschäftsrecht, 1997, Rn. 47.

[32] Staudinger/*Marburger,* 2015, BGB § 808 Rn. 42 mwN.

[33] Langenbucher/Bliesener/Spindler/*Servatius* 35. Kap. Rn. 218. Das Leitbild gilt gleichwohl auch für die Sichteinlage, die unechte Verwahrung ist. Der Verweis auf das Darlehensrecht in § 700 BGB ist insofern dem Wortlaut entsprechend („so finden die Vorschriften über den Darlehensvertrag Anwendung") zu verstehen, er nimmt das Leitbild des Darlehens, das in § 488 Abs. 1 S. 2 BGB zum Ausdruck kommt, gerade nicht aus. AA *Schürmann/Langner* in Schimansky/Bunte/Lwowski BankR-HdB § 70 Rn. 25c mit der Konsequenz, dass Negativzinsen bei der Sichteinlage beliebig vereinbart werden könnten.

[34] Es handelt sich um Klauseln, die in bestehende Vertragsbeziehungen durch Änderung der AGB eingeführt werden. Hierzu nunmehr auch die instanzgerichtliche Rspr.: LG Tübingen BKR 2018, 128; s. auch *Brocker/Langner* WM 2017, 1917; *Omlor* BKR 2018, 109 und *Wagner* BKR 2017, 315.

[35] Zum Streitstand *Schürmann/Langner* in Schimansky/Bunte/Lwowski BankR-HdB § 70 Rn. 25b. Unterschiede sind mit *Vogel* BKR 2018, 45 (51) zu machen für verschiedene Klauseltypen, wie zB Zinsgleitklauseln, die sich auf einen Basiswert beziehen, und Zinsanpassungsklauseln, die einen „absoluten" Zinssatz ändern.

[36] *Omlor* BKR 2018, 109 (111) unter Verweis auf die Vertragsauslegung nach den §§ 133, 157 BGB.

[37] *Schürmann/Langner* in Schimansky/Bunte/Lwowski BankR-HdB § 70 Rn. 10. Die Bedingungen für den Sparverkehr sind bei *Schürmann/Langner* in Schimansky/Bunte/Lwowski BankR-HdB § 71 abgedruckt und erläutert.

Eine Beschreibung der Spareinlage ist noch in § 21 Abs. 4 der Verordnung über die Rechnungs-   **20**
legung der Kreditinstitute und Finanzdienstleistungsinstitute (Kreditinstituts-Rechnungslegungsverord-
nung – RechKredV)[38] enthalten. Danach muss es sich um **unbefristet** hereingenommene Gelder
handeln, die vier Erfordernissen genügen müssen: Zum einen muss die Einlage durch Ausfertigung
einer **Urkunde** als Spareinlage gekennzeichnet sein (Nr. 1). Dem entspricht insbesondere das **Sparbuch** in seiner herkömmlichen Form, jedoch sind auch andere Formen möglich, beispielsweise die
Ausgabe von Loseblatt-Sparbüchern, einer Spar Card in Verbindung mit dem aktuellen Kontoauszug.
Spareinlagen dürfen nicht für den **Zahlungsverkehr** bestimmt sein (Nr. 2) und sind einem **bestimmten Einlegerkreis** verschlossen, nämlich Kapitalgesellschaften, Genossenschaften, wirtschaftlichen
Vereinen, Personenhandelsgesellschaften oder vergleichbaren ausländischen Rechtsformen, ausgenommen Unternehmen, die gemeinnützigen, mildtätigen oder kirchlichen Zwecken oder bei Geldern, die
als Sicherheiten gem. § 551 BGB oder § 14 Abs. 4 HeimG dienen (Nr. 3). Schließlich muss eine
Kündigungsfrist von mindestens drei Monaten vereinbart sein (Nr. 4); eine Vereinbarung, die es dem
Kunden gestattet, innerhalb eines Kalendermonats bis zu 2.000 EUR je Sparkonto ohne Kündigung
abzuheben, ist zulässig (Satz 2).

Der der Spareinlage zugrundeliegende Vertrag ist **Darlehensvertrag** iSd § 488 BGB.[39]   **21**

Die **Rechtsnatur des Sparbuchs** hängt von den vereinbarten Bedingungen ab. Ist die Bank nicht   **22**
verpflichtet, nur gegen Aushändigung des Sparbuchs zu leisten, sofern ihr nicht die fehlende
Berechtigung des Vorlegers bekannt oder infolge grober Fahrlässigkeit unbekannt geblieben ist, dann
handelt es sich um ein **einfaches Legitimationspapier** oder nur um eine bloße **Beweisurkunde**
über Ein- und Auszahlungen.[40] Nr. 1 Abs. 3 der Bedingungen für den Sparverkehr, wonach das
Sparbuch bei Auszahlungen vorzulegen ist, und Nr. 1 Abs. 4, wonach die Bank befugt ist, an den
Vorleger des Sparbuchs fällige Zahlungen zu leisten, entsprechen dem Regelfall, dass der Inhaber des
Sparbuchs als legitimiert gilt, die Leistung zu empfangen, ohne dass er sie deshalb bereits beanspruchen könnte. Ein solches Sparbuch unterfällt § 808 BGB, wonach der Schuldner durch die Leistung
an den Inhaber der Urkunde befreit wird, wenn eine Urkunde, in welcher der Gläubiger benannt ist,
mit der Bestimmung ausgegeben wird, dass die in der Urkunde versprochene Leistung an jeden
Inhaber bewirkt werden kann, gleichwohl der Inhaber nicht berechtigt ist, die Leistung zu fordern.
Es handelt sich beim Sparbuch somit um ein **Legitimationspapier**. Mit den echten Inhaberpapieren
hat es gemeinsam, dass der Schuldner durch die Leistung an den Inhaber frei wird **(Liberationswirkung),** es unterscheidet sich von ihnen aber dadurch, dass der Inhaber die Leistung nicht
verlangen kann, weshalb es – nicht besonders glücklich – auch als „hinkendes" Inhaberpapier
bezeichnet wird.[41]

Umstritten ist, ob das Sparbuch ein **Wertpapier** und damit ein sog. „qualifiziertes" Legitimati-   **23**
onspapier iSd § 808 BGB oder lediglich ein **einfaches Legitimationspapier** ist. Während in der
Rechtsprechung[42] und von einem Teil des Schrifttums[43] die Wertpapiereigenschaft bejaht und das
Sparbuch als qualifiziertes Legitimationspapier angesehen wird, ist der Wertpapiercharakter von anderer
Seite in Zweifel gezogen worden.[44] Sieht man das Kennzeichen des Wertpapiers darin, dass ohne
Vorlage des Papiers keine Leistung verlangt werden kann und bei Verlust ein Aufgebotsverfahren
erforderlich ist, dann ist auf Grund der Sonderbedingungen der Sparkassen für den Sparverkehr[45] die
Wertpapiereigenschaft zu bejahen, weil diese in Nr. 2.2 bestimmen, dass die Rückzahlung von Spar-
einlagen nur gegen Vorlage des Sparbuchs verlangt und bei Verlust die Durchführung eines Aufgebots-
verfahrens gefordert werden kann (Nr. 6.2). Eine abweichende Praxis, wonach vielfach auch ohne
Vorlage des Sparbuchs Auszahlungen vorgenommen werden, ist rechtlich irrelevant, solange die
Bedingungen nicht geändert werden.[46] Die Bedingungen der Banken für den Sparverkehr sind nicht
ganz so eindeutig formuliert. Die Klausel: „Bei Auszahlungen ist das Sparbuch vorzulegen" (Nr. 1
Abs. 3) spricht aber auch hier für die Qualifikation des Sparbuchs als Wertpapier.

Die **Liberationswirkung** tritt nur ein, wenn die Bank **gutgläubig** ist. Das ist dann der Fall, wenn   **24**
sie nicht in Kenntnis oder grob fahrlässiger Unkenntnis der mangelnden Berechtigung des Inhabers
leistet. Grob fahrlässige Unkenntnis ist in Analogie zu Art. 40 Abs. 3 WG der Kenntnis gleichzustellen,

---

[38] V. 10.2.1992, BGBl. 1992 I 203 idF der Bekanntmachung v. 11.12.1998, BGBl. I 3658, zuletzt geändert durch
Gesetz v. 17.7.2015 (BGBl. I 1245, 1264).
[39] HM RG Urt. v. 8.4.1910 – VII. 318/09, RGZ 73, 220 (221); BGH Urt. v. 22.10.1964 – VII ZR 206/62,
BGHZ 42, 302 (305) = NJW 1965, 247 (248); Urt. v. 24.4.1975 – III ZR 147/72, BGHZ 64, 278 (284) = NJW
1975, 1507 (1509); *Canaris* BankvertragsR Rn. 1164 f.; MüKoBGB/*Habersack* BGB § 808 Rn. 22; Staudinger/
Marburger, 2015, BGB § 808 Rn. 42; *Schünemann/Langner* in Schimansky/Bunte/Lwowski BankR-HdB § 70
Rn. 19; aA (unregelmäßige Verwahrung) *Schütz* JZ 1964, 91 f.
[40] Baumbach/Hefermehl/*Casper* WPR Rn. 87.
[41] BGH Urt. v. 20.11.1958 – VII ZR 4/58, BGHZ 28, 368 (370) = NJW 1959, 622.
[42] BGH Urt. v. 24.4.1975 – III ZR 147/72, BGHZ 64, 278 (287) = NJW 1975, 1507 (1510).
[43] Staudinger/*Marburger*, 2015, BGB Vor §§ 793 ff. Rn. 11, § 808 Rn. 1.
[44] *Kümpel* WM-Sonderbeilage 6/1983, 11; *Kümpel* WM 1984, 802 (803 f.); *Schraepler* NJW 1973, 1864 ff.
[45] Abgedr. *Schürmann/Langner* in Schimansky/Bunte/Lwowski BankR-HdB Anh. § 71.
[46] Baumbach/Hefermehl/*Casper* WPR Rn. 87.

weil es keinen Grund gibt, den Schuldner eines qualifizierten Legitimationspapiers stärker zu schützen als den Schuldner eines Wechsels.[47]

25   Der Gutglaubensschutz bezieht sich auf Mängel der **Rechtsinhaberschaft,** der **Verfügungsmacht** und der **Vertretungsmacht** des Inhabers.[48] Strittig ist, ob er sich auch auf Leistung an einen nicht oder nicht voll **Geschäftsfähigen** erstreckt. Nach herrschender Ansicht ist dies zu bejahen, da ähnlich wie bei § 793 BGB der Schutz im Massenverkehr insoweit vorrangig sei.[49]

26   Die Legitimationswirkung bezieht sich lediglich auf die Empfangnahme der versprochenen Leistung und alle Willenserklärungen, deren Abgabe im Zusammenhang damit notwendig sind, etwa die Kündigung des Guthabens unter Vorlegung des Buchs, sie berechtigt jedoch nicht zur **Abgabe anderer Willenserklärungen,** etwa zu Änderungen des Sparvertrags.[50] Das ergibt sich bereits aus dem Wortlaut des § 808 BGB, wonach die befreiende Wirkung nur hinsichtlich der „versprochenen Leistung" eintritt, also derjenigen Leistung, die den bei Begründung des Leistungsversprechens getroffenen Vereinbarungen unter Beachtung aller verbindlichen gesetzlichen Regelungen entspricht.[51] Für eine Rechtsanalogie zu anderen Regelungsbereichen ist kein Raum.[52] Zu den einzuhaltenden Bestimmungen, die der Legitimationswirkung nicht unterfallen, gehören etwa ein Sperrvermerk,[53] aber auch die Auszahlung unter Missachtung der vereinbarten Kündigungsfristen.[54] Ob die schuldbefreiende Wirkung für den gesamten Auszahlungsbetrag entfällt oder jedenfalls für den zugelassenen Sockelbetrag eintritt, ist streitig,[55] jedoch verdient die letztgenannte Auffassung den Vorzug, weil insoweit keine Zuwiderhandlung vorliegt. Bei einer den Sockelbetrag übersteigenden vorzeitigen Auszahlung wird allerdings besonderer Anlass zu der Prüfung bestehen, ob der Bank hinsichtlich der Auszahlung des Sockelbetrags grobe Fahrlässigkeit zur Last fällt, welche die schuldbefreiende Wirkung der Leistung an den Nichtberechtigten im Ergebnis ebenfalls ausschließt.[56] Die Aufhebung des § 22 KWG hat die Grundlage des Meinungsstreits nicht beseitigt, da er für vertraglich vereinbarte Kündigungsfristen seine Bedeutung behalten hat.[57]

27   Zahlt die Bank die Spareinlage an den Berechtigten ausnahmsweise **vorzeitig zurück,** dann kann sie ein **Vorfälligkeitsentgelt** verlangen, sofern dies vereinbart ist. Eine entsprechende Regelung ist in Nr. 2 Abs. 4 der „Bedingungen für Sparkonten" der Banken und in Nr. 4 der „Bedingungen für den Sparverkehr" der Sparkassen getroffen.[58]

28   **Gläubiger der Guthabenforderung** ist derjenige, der nach dem erkennbaren Willen des die Kontoeröffnung beantragenden Kunden Gläubiger der Bank werden sollte.[59] Wird das Sparbuch nicht auf den Namen des Einzahlenden, sondern auf den eines Dritten angelegt, dann ist dies lediglich ein

---

[47] OLG Düsseldorf Urt. v. 27.11.1986 – 6 U 49/86, NJW 1987, 654 (655); Staudinger/*Marburger,* 2015, BGB § 808 Rn. 24; MüKoBGB/*Habersack* BGB § 808 Rn. 15, 29; *Peterek* in Kümpel/Wittig BankR/KapMarktR Rn. 8.91; *Hopt/Mülbert* BGB Vor §§ 607 ff. Rn. 96; *Canaris* BankvertragsR Rn. 1185; *Schürmann/Langner* in Schimansky/Bunte/Lwowski BankR-HdB § 71 Rn. 47; iErg auch Baumbach/*Hefermehl* WPR Rn. 83 über unzulässige Rechtsausübung nach § 242 BGB; offengelassen in BGH Urt. v. 20.11.1958 – VII ZR 4/58, BGHZ 28, 368 (370) = NJW 1959, 622.

[48] Staudinger/*Marburger,* 2015, BGB § 808 Rn. 26; *Schürmann/Langner* in Schimansky/Bunte/Lwowski BankR-HdB § 71 Rn. 48.

[49] OLG Düsseldorf Urt. v. 14.12.1970 – 6 U 20/70, WM 1971, 231 f.; MüKoBGB/*Habersack* BGB § 808 Rn. 16, § 793 Rn. 37; *Schürmann/Langner* in Schimansky/Bunte/Lwowski BankR-HdB § 71 Rn. 50; Baumbach/Hopt/ *Hopt* Rn. B/4; Palandt/*Sprau* BGB § 808 Rn. 4; aA Staudinger/*Marburger,* 2015, BGB § 793 Rn. 29, § 808 Rn. 26; *Canaris* BankvertragsR Rn. 1186.

[50] HA; BGH Urt. v. 20.11.1958 – VII ZR 4/58, BGHZ 28, 368 (373) = NJW 1959, 622 (623); Urt. v. 24.4.1975 – III ZR 147/72, BGHZ 64, 278 (287 f.) = NJW 1975, 1507 (1510); BayObLG Urt. v. 16.11.1967 – RReg. 1a Z 108/67, NJW 1968, 600 (601); *Schürmann/Langner* in Schimansky/Bunte/Lwowski BankR-HdB § 71 Rn. 51; *Peterek* in Kümpel/Wittig BankR/KapMarktR Rn. 8.89; aA *Canaris* BankvertragsR Rn. 1187; Staudinger/*Marburger,* 2015, BGB § 808 Rn. 27.

[51] BGH Urt. v. 20.3.1986 – III ZR 236/84, NJW 1986, 2104 (2105 f.).

[52] Für eine Rechtsanalogie zu den §§ 407 Abs. 1, 408 Abs. 1, 574, 893, 1141 Abs. 1 S. 2, 2367 BGB: *Canaris* BankvertragsR Rn. 1187; Staudinger/*Marburger,* 2015, BGB § 808 Rn. 27; dagegen *Pflug* ZHR 140 (1976), 175 (187 ff.).

[53] BGH Urt. v. 21.6.1976 – III ZR 99/74, NJW 1976, 2211 (2212); bejahend in diesem Fall auch Staudinger/ *Marburger,* 2015, BGB § 808 Rn. 28.

[54] So insbes. die Rspr. BGH Urt. v. 24.4.1975 – III ZR 147/72, BGHZ 64, 278 (287) = NJW 1975, 1507 (1510); BGH Urt. v. 30.10.1990 – XI ZR 352/89, NJW 1991, 420 (421); *Schürmann/Langner* in Schimansky/Bunte/ Lwowski BankR-HdB § 71 Rn. 52; *Hopt/Mülbert* BGB Vor §§ 607 ff. Rn. 97; *Pflug* ZHR 140 (1976), 175 ff.; str., aA ua *Canaris* BankvertragsR Rn. 1187; Staudinger/*Marburger,* 2015, BGB § 808 Rn. 51.

[55] Für Ersteres: OLG Hamm Urt. v. 18.11.1960 – 8 U 138/60, NJW 1961, 1311 (1312); LG Hamburg Urt. v. 17.2.1983 – 2 S 17/82, NJW 1983, 1860 f.; für Letzteres: BayObLG Urt. v. 16.11.1967 – RReg. 1a Z 108/67, NJW 1968, 600 (602 f.); VGH Kassel Urt. v. 17.7.1990 – 11 UE 1487/89, NJW 1991, 510 (511); *Hopt/Mülbert* BGB Vor §§ 607 ff. Rn. 98; *Schürmann/Langner* in Schimansky/Bunte/Lwowski BankR-HdB § 71 Rn. 54.

[56] *Canaris* BankvertragsR Rn. 1187; Staudinger/*Marburger,* 2015, BGB § 808 Rn. 51.

[57] *Schürmann/Langner* in Schimansky/Bunte/Lwowski BankR-HdB § 71 Rn. 52.

[58] Zu weiteren Fragen der vorzeitigen Rückzahlung *Schürmann/Langner* in Schimansky/Bunte/Lwowski BankR-HdB § 71 Rn. 70 ff.

[59] BGH Urt. v. 25.4.2005 – II ZR 103/03, NJW 2005, 2222; Urt. v. 2.2.1994 – IV ZR 51/93, NJW 1994, 931 mAnm *Harder* WuB I C 2. – 1.94; stRspr; Staudinger/*Marburger,* 2015, BGB § 808 Rn. 44; *Schürmann/Langner* in

Indiz dafür, dass der Einzahler das Guthaben dem Benannten zuwenden wollte (§ 328 BGB).[60] Ebenso wenig ist ausschlaggebend, von wem das eingezahlte Geld herrührt.[61] Maßgebend sind vielmehr alle Umstände des Einzelfalls, wobei auch dem Besitz am Sparbuch entscheidende indizielle Bedeutung zukommen kann.[62] Beim Auseinanderfallen von Besitz am Sparbuch und Kontobezeichnung wird im Zweifel dem Besitz die größere Bedeutung zukommen,[63] da der Errichtende mit dem Besitz am Sparbuch zum Ausdruck bringt, dass er sich die Verfügungsmöglichkeit gem. § 808 BGB vorbehalten wollte. Das gilt allerdings nur dann, wenn derjenige, der das Konto eröffnet hat, im Besitz des Sparbuchs ist.[64]

Bleibt derjenige, der ein Sparbuch auf fremden Namen angelegt hat, Gläubiger der Forderung, kann   **29** eine **Zuwendung des Sparbuchs auf den Todesfall** gewollt sein. Eine derartige Gestaltung ist nach §§ 328, 331 BGB ohne Einhaltung der Vorschriften für letztwillige Verfügungen zulässig.[65] Voraussetzung ist, dass sich aus dem Vertrag des Sparers mit der Sparkasse ergibt, dass der Sparer dem Dritten das Guthaben auf den Todesfall zuwenden will. An den Vertragswillen der Bank sind zwar keine strengen Anforderungen zu stellen,[66] der Zuwendungswillen muss ihr aber jedenfalls erkennbar sein.[67] Dies ist der Fall, wenn die Bank angewiesen worden ist, nach dem Tode das Guthaben dem Dritten auszuzahlen.[68] Gegen Bereicherungsansprüche der Erben ist der Dritte geschützt, wenn im Verhältnis zwischen ihm und dem Erblasser ein wirksames Kausalverhältnis vorliegt. Ist dies, wie regelmäßig, eine Schenkung, wird ein etwaiger Formmangel gem. § 518 Abs. 2 BGB durch den Forderungserwerb von selbst geheilt.[69] Legt ein naher Angehöriger ein Sparbuch auf den Namen eines Kindes an, ohne das Sparbuch aus der Hand zu geben, dann ist aus diesem Verhalten typischerweise zu schließen, dass sich der Zuwendende die Verfügung über das Sparguthaben bis zu seinem Tode vorbehalten will.[70]

Die **Übertragung der Sparbuchguthabenforderung** erfolgt durch **Abtretungsvertrag** gem.   **30** § 398 BGB. Die Übergabe des Buchs ist dazu nicht erforderlich.[71] Das Eigentum am Sparbuch geht nach § 952 BGB kraft Gesetzes auf den Erwerber über.[72] In der Übergabe der Urkunde ist jedoch regelmäßig ein Indiz für eine konkludente Abtretung zu erblicken.[73]

Die **Eigentumsvermutung des § 1006 BGB** gilt für das Sparbuch nicht.[74] Grundlage der Vermutung des § 1006 BGB ist, dass Eigentum und Besitz an einer beweglichen Sache regelmäßig   **31** zusammentreffen. Sie ist beim Sparbuch nicht begründet, weil es nicht nach § 929 BGB übereignet wird, sondern das Eigentum nach § 952 BGB der Sparguthabenforderung folgt.

Bestreitet die Bank, dass der Anspruchsteller Gläubiger der Guthabenforderung ist, dann trägt dieser   **32** die **Beweislast** für seine Berechtigung. Eine Vermutung dafür wird nicht schon durch den Besitz am Sparbuch geschaffen. Ist das Sparbuch jedoch auf den Namen des Besitzers ausgestellt, kehrt sich die Beweislast um; die Bank muss in diesem Fall beweisen, dass der Besitzer nicht materiell berechtigt ist.[75]

Schimansky/Bunte/Lwowski BankR-HdB § 71 Rn. 6; *Nobbe,* Bankrecht – Aktuelle höchst- und obergerichtliche Rechtsprechung, 1999, Rn. 429.

[60] BGH Urt. v. 25.6.1956 – II ZR 270/54, BGHZ 21, 148 (150) = NJW 1956, 1593; BGH Urt. v. 20.11.1958 – VII ZR 4/58, BGHZ 28, 368 (370) = NJW 1959, 622; BGH Urt. v. 9.11.1966 – VIII ZR 73/64, BGHZ 46, 198 (199) = NJW 1967, 101; stRspr; *Hopt/Mülbert* BGB Vor §§ 607 ff. Rn. 44; Staudinger/*Marburger,* 2015, BGB § 808 Rn. 45.

[61] BGH Urt. v. 25.6.1956 – II ZR 270/54, BGHZ 21, 148 (150) = NJW 1956, 1593; *Hopt/Mülbert* BGB Vor §§ 607 ff. Rn. 44; Staudinger/*Marburger,* 2015, BGB § 808 Rn. 45.

[62] BGH Urt. v. 18.1.2005 – X ZR 264/02, NJW 2005, 980; Staudinger/*Marburger,* 2015, BGB § 808 Rn. 45.

[63] *Hopt/Mülbert* BGB Vor §§ 607 ff. Rn. 53; Staudinger/*Marburger,* 2015, BGB § 808 Rn. 45.

[64] Anders, wenn der im Konto Bezeichnete das Konto in Gegenwart des Dritten eröffnet und der einzahlende Dritte das Sparbuch danach an sich nimmt und verwahrt: BGH Urt. v. 25.4.2005 – II ZR 103/03, NJW 2005, 2222 f. Kritisch wegen der Nichtannahme einer Abtretung im entschiedenen Fall zu Recht: *Gehrlein* WuB C 2.–2.05; *Oechsler* NJW 2006, 1399 (1404).

[65] StRspr BGH Urt. v. 9.11.1966 – VIII ZR 73/64, BGHZ 46, 198 (199) = NJW 1967, 101; BGH Urt. v. 12.5.1993 – IV ZR 227/92, NJW 1993, 2171 f.

[66] BGH Urt. v. 9.11.1966 – VIII ZR 73/64, BGHZ 46, 198 (199) = NJW 1967, 101; BGH Urt. v. 19.10.1983 – IVa ZR 71/82, NJW 1984, 480 (481).

[67] BGH Urt. v. 12.5.1993 – IV ZR 227/92, NJW 1993, 2171.

[68] BGH Urt. v. 19.10.1983 – IVa ZR 71/82, NJW 1984, 480 (481); Staudinger/*Marburger,* 2015, BGB § 808 Rn. 46.

[69] BGH Urt. v. 19.10.1983 – IVa ZR 71/82, NJW 1984, 480 (481); *Hopt/Mülbert* BGB Vor §§ 607 ff. Rn. 137.

[70] BGH Urt. v. 9.11.1966 – VIII ZR 73/64, BGHZ 46, 198 (199) = NJW 1967, 101; Urt. v. 18.1.2005 – X ZR 264/02, NJW 2005, 980.

[71] Staudinger/*Marburger,* 2015, BGB § 808 Rn. 47; Baumbach/*Hefermehl/Casper* WPR Rn. 89.

[72] RG Urt. v. 30.11.1937 – II 71/37, RGZ 156, 328 (334).

[73] Staudinger/*Marburger,* 2015, BGB § 808 Rn. 47; *Schürmann/Langner* in Schimansky/Bunte/Lwowski BankR-HdB § 71 Rn. 17; Baumbach/Hefermehl/*Casper* WPR Rn. 89; *Hopt/Mülbert* BGB Vor §§ 607 ff. Rn. 106.

[74] BGH Urt. v. 8.5.1972 – VIII ZR 259/68, WM 1972, 701; BGH Urt. v. 25.9.1972 – VIII ZR 81/71, NJW 1972, 2268 (2269); Staudinger/*Marburger,* 2015, BGB § 808 Rn. 47; *Hopt/Mülbert* BGB Vor §§ 607 ff. Rn. 54; Baumbach/Hefermehl/*Casper* WPR Rn. 89.

[75] Staudinger/*Marburger,* 2015, BGB § 808 Rn. 53; abweichend MüKoBGB/*Habersack* BGB § 808 Rn. 38, der nur von einer Prima-facie-Wirkung ausgeht.

Gehen Besitz und Bezeichnung des Kontoinhabers auseinander, ist der Besitz nur ein Indiz im Rahmen der Beweiswürdigung. Die Beweislast für die Entstehung des Guthabens trägt ebenfalls der Gläubiger, hingegen hat das Kreditinstitut die Auszahlung zu beweisen.[76] Dabei kann ihnen der Beweiswert eines unterzeichneten Ein- oder Auszahlungsvermerks gem. § 416 ZPO zugute kommen. Allerdings erstreckt sich die Beweisregel des § 416 ZPO nicht auf den materiellen Inhalt der beurkundeten Erklärungen. Die Frage, ob die Ein- oder Auszahlung tatsächlich erfolgt ist, unterliegt vielmehr der freien richterlichen Beweiswürdigung.[77] Nicht unterzeichnete Sparkontenblätter unterliegen ebenfalls der freien Beweiswürdigung nach § 286 ZPO.[78] Eintragungen in derartigen Kontenblättern sind jedoch als tatsächliches Geständnis zu würdigen,[79] sodass die Bank die Unrichtigkeit der Eintragung zu beweisen hat,[80] was ihr mit Hilfe interner Unterlagen nur schwer gelingen wird,[81] ohne dass dies aber von vornherein ausgeschlossen wäre.[82] Insbesondere bei den sog „vergessenen" Sparbüchern[83] hat die Rspr. den Beweiswert von Sparbüchern auf Grund einer Würdigung der Umstände im Einzelfall als entkräftet angesehen.[84] Ein langer Zeitraum seit der letzten Eintragung im Sparbuch rechtfertigt noch keine Beweislastumkehr zugunsten des Kreditinstituts. Es gibt keinen Erfahrungssatz des Inhalts, dass ein Sparkonto aufgelöst sei oder kein Guthaben mehr aufweise, wenn der Inhaber über Jahrzehnte keine Eintragungen vornehmen lässt.[85] Der Ablauf der handelsrechtlichen Aufbewahrungsfrist rechtfertigt für sich genommen ebenfalls keine Umkehr der Beweislast.[86]

33   Die **Verjährung** des Anspruchs auf Auszahlung des Sparguthabens richtet sich nach § 195 BGB. Die Verjährungsfrist beträgt drei Jahre, beginnend mit dem Schluss des Jahres, in dem der Anspruch entstanden ist und in dem der Gläubiger von den den Anspruch begründenden Umständen und der Person des Schuldners Kenntnis erlangt oder ohne grobe Fahrlässigkeit erlangen müsste (§ 199 Abs. 1 BGB). Der Anspruch entsteht erst mit Wirksamwerden der Kündigung.[87] Das Kreditinstitut, kann daher, wenn nicht gekündigt wurde und eine Rückzahlung nicht beweisbar ist, die Leistung grundsätzlich auch dann nicht verweigern, wenn ein „Uralt-Sparbuch" vorgelegt wird.[88] Auch Verwirkung hilft in diesen Fällen nicht.[89] Im Sparguthaben enthaltene Zinsen unterliegen grundsätzlich derselben Verjährung wie das übrige angesparte Kapital, da die Zinsen zum Ende des Kalenderjahrs gutgeschrieben und dadurch der Spareinlage zugerechnet werden mit der Folge, dass sie der für diese geltenden Kündigungsregelung unterfallen.[90]

34   Die **Verpfändung** der Sparguthabenforderung geschieht nach den Regeln über die Forderungsverpfändung durch Verpfändungsvertrag (§ 1274 BGB) und Anzeige der Verpfändung an die Bank (§ 1280 BGB).[91] Die „Verpfändung" des Sparbuchs als solches ist nicht möglich, sie kann jedoch in die vertragliche Begründung eines Zurückbehaltungsrechts umgedeutet werden.[92] Regelmäßig wird das AGB-Pfandrecht der Banken einem vertraglich bestellten Pfandrecht an der Guthabenforderung vorgehen,[93]

---

[76] BGH Urt. v. 4.6.2002 – XI ZR 361/01, BGHZ 151, 47 ff. = NJW 2002, 2707 f.

[77] BGH Urt. v. 4.6.2002 – XI ZR 361/01, BGHZ 151, 47 ff. = NJW 2002, 2707 f.

[78] OLG Hamm Urt. v. 4.2.1987 – 11 U 108/86, NJW 1987, 964 (965); Staudinger/*Marburger,* 2015, BGB § 808 Rn. 53; *Schürmann/Langner* in Schimansky/Bunte/Lwowski BankR-HdB § 71 Rn. 32.

[79] OLG Frankfurt a. M. Urt. v. 22.12.1988 – 1 U 216/87, NJW-RR 1989, 1517 f., Revision nicht angenommen durch Beschluss des BGH v. 21.9.1989 – III ZR 55/89, BeckRS 1989, 31069294; *Schürmann* in Schimansky/Bunte/ Lwowski BankR-HdB § 71 Rn. 33.

[80] Vgl. BGH Urt. v. 10.1.1984 – VI ZR 64/82, NJW 1984, 799 f.

[81] Vgl. OLG Köln Teilurt. v. 20.4.2000 – 1 U 107/99, MDR 2000, 961; *Schürmann/Langner* in Schimansky/ Bunte/Lwowski BankR-HdB § 71 Rn. 33.

[82] Staudinger/*Marburger,* 2015, BGB § 808 Rn. 53.

[83] *Welter* WM 1987, 1117 (1122).

[84] OLG Köln Urt. v. 9.7.2003 – 13 U 133/02, WM 2004, 1475; OLG Hamburg Urt. v. 31.5.1989 – 5 U 74/89, WM 1989, 1681 (1682 f.); *Schürmann/Langner* in Schimansky/Bunte/Lwowski BankR-HdB § 71 Rn. 35; *Arendts/ Teuber* MDR 2001, 546 (550).

[85] BGH Urt. v. 4.6.2002 – XI ZR 361/01, BGHZ 151, 47 ff. = NJW 2002, 2707 f.

[86] BGH Urt. v. 4.6.2002 – XI ZR 361/01, BGHZ 151, 47 ff. = NJW 2002, 2707 f.; OLG Frankfurt a. M. Urt. v. 20.8.1997 – 23 U 166/96, NJW 1998, 997 (998 f.).

[87] Palandt/*Ellenberger* BGB § 199 Rn. 4; *Schürmann/Langner* in Schimansky/Bunte/Lwowski BankR-HdB § 70 Rn. 30.

[88] Palandt/*Ellenberger* BGB § 199 Rn. 4. BGH Urt. v. 4.6.2002 – XI ZR 361/01, BGHZ 151, 47 ff. = NJW 2002, 2707 f. zur früheren Fassung des § 199 BGB. Auch wegen des nicht dem Kündigungserfordernis unterliegenden Sockelbetrags ist kein abweichendes Ergebnis gerechtfertigt, *Schürmann/Langner* in Schimansky/Bunte/Lwowski BankR-HdB § 70 Rn. 30.

[89] BGH Urt. v. 4.6.2002 – XI ZR 361/01, BGHZ 151, 47 ff. = NJW 2002, 2707 f. u. weitere Nachweise bei *Schürmann/Langner* in Schimansky/Bunte/Lwowski BankR-HdB § 70 Rn. 30.

[90] BGH Urt. v. 4.6.2002 – XI ZR 361/01, BGHZ 151, 47 ff. = NJW 2002, 2707 f.; OLG Frankfurt a. M. Urt. v. 20.8.1997 – 23 U 166/96, NJW 1998, 997 (999); *Welter* WM 1987, 1117 (1122).

[91] RG Urt. v. 3.4.1908 – VII. 249/07, RGZ 68, 277 (281 f.); Staudinger/*Marburger,* 2015, BGB § 808 Rn. 40, 48; Hopt/*Mülbert* BGB Vor §§ 607 ff. Rn. 108.

[92] *Canaris* BankvertragsR Rn. 183; Staudinger/*Marburger,* 2015, BGB § 808 Rn. 48; Hopt/*Mülbert* BGB Vor §§ 607 Rn. 108.

[93] Vgl. Hopt/*Mülbert* BGB Vor §§ 607 ff. Rn. 109.

jedoch kann darin, dass die Bank das Sparbuch mit dem Stempel „Mietkautionskonto" versieht, ein Verzicht der Bank auf ihr vorrangiges Pfandrecht zu erblicken sein.[94]

Die **Zwangsvollstreckung** in die Spareinlage richtet sich nach den Regeln über die Forderungs-   35 pfändung. § 831 ZPO ist nicht einschlägig. Das Sparbuch ist gem. § 836 Abs. 3 ZPO vom Schuldner herauszugeben.

4. Einlagensicherung. Mit der durch die Insolvenz der US-Investmentbank Lehman Brothers im   36 Zuge der Finanzkrise ab 2008 in das öffentliche Bewusstsein vorgedrungene Erkenntnis, dass Banken in Schieflage geraten können, wurde der Ruf nach einer einheitlichen europäischen Einlagensicherung laut, welche die nationalen Einlagensicherungen ergänzen, aber nicht vollständig ersetzen sollte.[95] Mit der Umsetzung der Einlagensicherungsrichtlinie 2014[96] wurden das EinSiG und das AnlEntG erlassen. Die Kreditinstitute sind insofern verpflichtet (§ 1 EinSiG, § 2 AnlEntG), Entschädigungseinrichtungen anzugehören und über diese Einrichtungen Anleger im Entschädigungsfall zu entschädigen. Inhalt und Umfang des Anspruchs, der nur Primäransprüche umfasst und der Höhe nach begrenzt ist (idR max. 100.000 EUR), richten sich nach § 5, 8 EinSiG und § 3 Abs. 1 AnlEntG[97]. Im Bereich der privaten Banken wird die Aufgabe der Einlagensicherung von der Entschädigungseinrichtung deutscher Banken GmbH (EdB) als durch Rechtsverordnung nach § 7 Abs. 1 S. 1 AnlEntG beliehenem Privatrechtssubjekt wahrgenommen. Im öffentlich-rechtlichen Bereich wird die Aufgabe von der Entschädigungseinrichtung des Bundesverbandes Öffentlicher Banken Deutschlands GmbH (EdÖ) wahrgenommen, die ebenfalls gem. § 7 Abs. 1 S. 1 AnlEntG durch Rechtsverordnung Beliehene ist. Andere Institute (Wertpapierdienstleister) sind gem. § 6 Abs. 1 S. 2 Nr. 3 AnlEntG der Entschädigungseinrichtung der Wertpapierhandelsunternehmen bei der Kreditanstalt für Wiederaufbau (EdW) zugewiesen. Flankiert wird die Einlagensicherung durch das System der Institutssicherung im Sparkassen- und im genossenschaftlichen Sektor.[98]

Zusätzlich zu den gesetzlich vorgeschriebenen Sicherungseinrichtungen unterhalten die privaten   37 Banken den Einlagensicherungsfonds deutscher Banken (ESF) als unselbständiges Sondervermögen des Bundesverbandes deutscher Banken (BdB). Er dient der Vertrauensförderung und geht, was die Einstandssumme beträgt, zum Teil deutlich über die gesetzlichen Sicherungseinrichtungen hinaus, wobei zu bemerken ist, dass bereits die Insolvenz eines kleineren Instituts mit einer Vielzahl anspruchsberechtigter Gläubiger den ESF zu überfordern droht.[99] Für den Fall einer systemischen oder sektorenübergreifenden Krise sind insofern flankierende, vertrauensbildende staatliche Maßnahmen regelmäßig erforderlich, um den sog. „Bank Run" und damit den Kollaps des Bankensystems zu verhindern.[100]

---

[94] *Schürmann/Langner* in Schimansky/Bunte/Lwowski BankR-HdB § 71 Rn. 20.

[95] Zur Historie Langenbucher/Bliesener/Spindler/*Servatius* 35. Kap. Rn. 331 ff.

[96] Richtlinie 2014/49/EU des Europäischen Parlaments und des Rates vom 16.4.2015 über Einlagensicherungssysteme (ABl. 2014 L 173/149).

[97] Näher Langenbucher/Bliesener/Spindler/*Servatius* 35. Kap. Rn. 360.

[98] Näher Langenbucher/Bliesener/Spindler/*Servatius* 35. Kap. Rn. 373 ff. Es handelt sich um den Sparkassenstützungsfonds einerseits und um den Garantieverbund des Bundesverbandes deutscher Volks- und Raiffeisenbanken (BVR) andererseits.

[99] In diesem Fall müssen die Mitglieder nachschießen oder der ESF muss versuchen, sich über den Kapitalmarkt zu refinanzieren. Im Falle des deutschen Ablegers der US-Bank Lehman Brothers, der Lehman Brothers Bankhaus AG, ging es um Gesamtforderungen in Höhe von 14,1 Mrd. EUR und erstattete Kundenforderungen in Höhe von 6 Mrd. EUR, die zu einem Nachschuss der Mitglieder führten.

[100] Zur „Garantie"-Erklärung Merkel/Steinbrück vom 5.10.2008 s. Langenbucher/Bliesener/Spindler/*Servatius* 35. Kap. Rn. 335, wobei solche Erklärungen nur eine Wirkung entfalten, wenn sie für einklagbar gehalten werden (woran durchaus Zweifel bestehen).

D. Bank- und Börsenrecht IV: Das Kreditgeschäft und die Kreditsicherung

1. Das Kreditgeschäft

Schrifttum: *Ady/Paetz,* Die Umsetzung der Verbraucherkreditrichtlinie in deutsches Recht und besondere verbraucherpolitische Aspekte, WM 2009, 1061; *Allstadt,* Datensicherheit, Digitalisierung, Vorfälligkeitsentschädigung und Immobilienkredite – Bericht zum Bankrechtstag 2018 der bankrechtlichen Vereinigung e. V. am 29.6.2018 in Wien, BKR 2018, 326; *Alscher/Kolbecher,* Ist Deutschlands Mittelstand bereit für FinTech und Online-Kredite?, ZBB 2018, 43; *Arlt,* Nachhaltigkeitsdarlehen nach den Sustainability Linked Loan Principles, BKR 2019, 477; *Bartlitz,* Die Sanktionierung von Verstößen gegen die Erläuterungs- und Bonitätsprüfungspflicht im Verbraucherkreditrecht, WM 2016, 344; Baumbach/Hopt/*Hopt,* Handelsgesetzbuch, 39. Aufl. 2020; *Becher/Lauterbach,* Darlehenskündigung nach § 490 Abs. 2 BGB wegen günstigerer Zinskonditionen?, WM 2004, 1163; *Becher,* Zur wirtschaftlichen Einheit zwischen Realkreditvertrag und finanziertem Grundstückskaufvertrag, ZBB 2018, 43; *Berger* in Münchener Kommentar zum Bürgerlichen Gesetzbuch, 7. Aufl. 2016; *Binder/Ettensberger,* „Automatischer" Negativzins bei darlehensvertraglichen Zinsänderungsklauseln im Niedrigzinsumfeld? – Vertragsauslegung und Lösungsansätze –, WM 2015, 2069; *Bitter,* Neues zur Pfändbarkeit des Dispositionskredits, WM 2004, 1109; *Bodendiek,* Verbraucherschutz – Die neue Musterwiderrufsbelehrung, MDR 2003, 1; *Borges,* Verbraucherschutz beim Internet-Shopping, ZIP 1999, 130; *Brandts,* Das Recht zur vorzeitigen Darlehenskündigung gemäß § 609a BGB unter besonderer Berücksichtigung des auslandsbezogenen Kreditgeschäfts, 1996; *Bruchner,* Bankenhaftung bei fremdfinanziertem Immobilienerwerb, WM 1999, 825; *Brandts,* Der Immobiliarkredit im Sinne von § 3 Abs. 2 Nr. 2 VerbrKrG, FS Schimansky, 1999, 263 ff.; *Brandts,* AGB-rechtliche Zulässigkeit von Zinsanpassungsklauseln, BKR 2001, 16; *Bruchner/Metz,* Variable Zinsklauseln, 2001; *Bruchner/Ott/Wagner-Wieduwilt,* Verbraucherkreditgesetz, 2. Aufl. 1994; *Buck-Heeb,* Aufklärungs- und Beratungspflichten bei Kreditverträgen – Verschärfung durch die EuGH-Rechtsprechung und die Wohnimmobilienkredit-Richtlinie, BKR 2015, 177; *Buck-Heeb,* Rechtsfolgen fehlender oder fehlerhafter Kreditwürdigkeitsprüfung – Das neue Verbraucherkreditrecht nach Umsetzung der Wohnimmobilienkreditrichtlionie, NJW 2016, 2065; *Buck-Heeb,* Kreditvergabe nach dem Finanzaufsichtsrechtergänzungsgesetz, WM 2017, 1329; *Buck-Heeb/Lang,* Kreditwürdigkeitsprüfung, Exploration und Beratung bei Immobiliar-Verbraucherdarlehen nach der Umsetzung der Wohnimmobilienkreditlihnie, ZBB 2016, 320; *Buck-Heeb/Siedler,* Kreditwürdigkeitsprüfung nach der Immobiliar_kreditwürdigkeiitsprüfungsleitlinien-Verordnung (ImmoKWPLV), BKR 2018, 269; *Büher/Köndgen/Schmidt,* Schutz und Diskriminierung durch § 609a BGB, ZBB 1990, 49; *Bülow,* Sittenwidriger Konsumentenkredit im Verzug, NJW 1992, 2049; *Bülow,* Rechtsnachfolge bei Verbraucherkreditverträgen, ZIP 1997, 400; *Bülow,* Sittenwidriger Konsumentenkredit, 3. Aufl. 1997, *Bülow,* Beweislastfragen im Verbraucherkreditrecht, NJW 1998, 3454; *Bülow,* Widerruf und Anwendung der Vorschriften über den Rücktritt, WM 2000, 2361; *Bülow,* Verbraucherkreditrecht im BGB, NJW 2002, 1145; *Bülow,* Rechtsfrage des Immobiliar-Verbraucherkreditvertrags im neuen Recht, WM 2015, 1309; *Bülow/Artz,* Unentgeltliche Kreditverträge – eine neues Paradigma im deutschen Verbraucherprivatrecht, ZIP 2016, 1204; *Bülow/Artz,* Verbraucherkreditrecht, 10. Aufl. 2019; *Bunte,* AGB-Banken und Sonderbedingungen, 5. Aufl. 2019; *Bunte,* Rückabwicklung sittenwidriger Ratenkreditverträge, NJW 1983, 2674; *Bütter/Tonner,* Übertragung von Darlehensforderungen und Bankgeheimnis, ZBB 2005, 165; *Canaris,* Der Zinsbegriff und seine rechtliche Bedeutung, NJW 1978, 1891; *Canaris,* Die Vorfälligkeitsentschädigung zwischen Privatautonomie und richterlicher Regulierung – zugleich ein Beitrag zum Verhältnis von Abschlußzwang und Inhaltsfreiheit, FS Zöllner, 1999, 1055; *Casper/Möllers,* Zulässigkeit von Bearbeitungsentgelten bei gewerblichen Darlehensverträgen, WM 2015, 1689; *Coester,* Verbraucherschutz bei drittfinanzierten Geschäften (§ 9 VerbrKrG), JURA 1992, 617; *Danwerth,* Der gesetzliche Zins als Geschenk des Himmels – Die Sanktionswirkung des § 494 Abs. 2 S. 2 BGB in der Niedrigzinsphase –, WM 2015, 1604; *Derleder/Knops/Bamberger,* Handbuch zum deutschen und europäischen Bankrecht, 2017; *Derleder/Metz,* Die Nebenentgelte der Banken, ZIP 1996, 573, 621; *Derleder/Pallas,* Vertragsschluss und AGB-Einbeziehung im kreditwirtschaftlichen Distanzgeschäft, ZIP 1999, 1285; *Derleder,* Schadensersatzansprüche der Banken bei Nichtabnahme der Darlehensvaluta, JZ 1989, 165; *Derleder,* Wirksamkeitsanforderungen an die vertragliche Mitverpflichtung von Ehegatten und anderen Familienangehörigen für Ratenkredite nach dem Verbraucherkreditgesetz, NJW 1993, 2401; *Dörrie,* Der Verbraucherdarlehensvertrag im Fernabsatz, ZBB 2005, 121; *Feldhusen,* Bearbeitungsgebühren bei Förderdarlehen, WM 2015, 1397; *Feldhusen,* „Erhebliche Zweifel" bei der Kreditwürdigkeitsprüfung, BKR 2016, 441; *Feldhusen,* Vorzeitige Vertragsbeendigung nach Anschlussfinanzierung bei Verbraucherimmobiliardarlehen, ZIP 2016, 850; *Feldhusen,* Die Verjährung von Rückforderungsansprüchen bei überzahlter Vorfälligkeitsentschädigung, NJW 2016, 2145; *Feldhusen,* Die geduldete Kontoüberziehung als Verbraucherdarlehensvertrag: Zustandekommen und Rechtsfolgen, ZBB 2017, 41; *Feldhusen,* Kündigungsjoker bei Immobiliar-Verbraucherdarlehen? NJW 2017, 1905; *Felke,* Die Pfändung der „offenen Kreditlinie" im System der Zwangsvollstreckung, WM 2002, 1632; *Fischer/Machunsky,* Haustürwiderrufsgesetz, 2. Aufl. 1995; *Franke* in v. Weber/Piekenbrock/Siegmann, Bankrecht und Bankpraxis (BuB), Stand 6/13, Rn. 3/370-3/692; *Franz,* Der Einwendungsdurchgriff gem. § 9 Abs. 3 Verbraucherkreditgesetz, 1996; *Freitag,* Die Beendigung des Darlehensvertrages nach dem Schuldrechtsmodernisierungsgesetz, WM 2001, 2370; *Freitag,* Vorzeitige Rückzahlung und Vorfälligkeitsentschädigung nach der Reform der Verbraucherkreditrichtlinie, ZIP 2008, 1102; *Freitag/Allstadt,* Der Immobilienverzehrkreditvertrag – Anmerkungen zur Neufassung des § 491 BGB im Zuge des Finanzaufsichtsrechtergänzungsgesetzes, WM 2017, 1877; *Früh/Mülbert/Seyfried/Kümpel,* Bank- und Kapitalumsatzrecht, 5. Aufl. 2019; *Früh/Müller-Arends* in v. Weber/Piekenbrock/Siegmann, Bankrecht und Bankpraxis (BuB), Stand 9/07 – 7/12, Rn. 3/1-3/368i; *Fuchs,* Zur Disponibilität gesetzlicher Widerrufsrechte im Privatrecht – unter besonderer Berücksichtigung der Widerrufsrechte nach §§ 7 VerbrKrG, 168 S. 2 und 130 Abs. 1 S. 2 BGB, AcP 196 (1996), 313; *Ganter,* Aktuelle Probleme des Kreditsicherungsrechts, WM 2006, 1081; *Ganter,* Die Vorfälligkeitsentschödigung –

ein zivilrechtliches Chamäleon?, WM 2016, 1813; *Gaul*, Die Zwangsvollstreckung in den Geldkredit, KTS 89, 3; *Gernhuber*, Verbraucherschutz durch Rechte zum Widerruf von Willenserklärungen, WM 1998, 1797; *Gößmann/ Wagner-Wieduwilt/Weber*, Allgemeine Geschäftsbedingungen der Banken, 1993; *Godefroid*, Verbraucherkreditverträge, 3. Aufl. 2008; *Gottschalk/Spiegel*, Keine vorzeitige Lösung von Zinsswap-Verträgen nach § 489 BGB, WM 2017, 2179; *Grüneberg*, Leitlinien der Rechtsprechung des BGH zur Widerrufsbelehrung bei Verbraucherdarlehensverträgen, BKR 2019, 1; *Habersack*, Verbundene Geschäfte bei der Finanzierung von Immobilienanlagen, in v. Hadding/ Nobbe, Bankrecht, 2000, 235; *Habersack*, Widerruf notariell beurkundeter Willenserklärungen?, ZIP 2001, 353; *Habersack*, Zinsänderungsklauseln im Lichte des AGBG und VerbrKrG, WM 2001, 753; *Habersack*, Verbraucherkredit- und Haustürgeschäfte nach der Schuldrechtsmodernisierung, BKR 2001, 72; *Hadding*, Zur Rückabwicklung nach einem verbraucherschützenden Widerruf der Vertragserklärung, FS Brandner, 1996, 207; *Habersack*, Einwendungs- durchgriff bei Zahlung mittels Universalkreditkarte?, in v. hadding/Nobbe, Bankrecht, 2000, 51; *Hadding/Hopt/ Schimansky*, Neues Schuldrecht und Bankgeschäfte – Wissenszurechnung bei Kreditinstituten, 2003; *Häuser/Welter*, Neues Recht der Darlehenskündigung, NJW 1987, 17; *Halstenberg*, Die Rechtsprechung des Bundesgerichtshofs zur sittenwidrigen finanziellen Überforderung Mithaftender, FS Schimansky, 1999, 315; *Harnos*, Der Darlehensvertrag mit wechselkursbasiertem Zinssatz zwischen Finanzierungsberatung und Störung der Geschäftsgrundlage, BKR 2018, 99; *Hartenfels*, Euro-Bankrechtliche Aspekte am Morgen der Währungsunion, WM-Sonderbeilage 1/1999; *Heermann*, Verbundene Geschäfte im Sinne des § 9 Abs. 1 VerbrKrG, AcP 200 (2000), 1; *Heinlein*, Die Verwendung der sog. „Parallelschuld" im Bereich des Kreditsicherungsrechts, BKR 2018, 184; *Herresthal*, Die Kündigung von Forward- Darlehen gem. § 489 Abs. 1 Nr. 2 BGB, ZIP 2017, 1541; *v. Heymann*, Neuregelung des Kündigungsrechts nach § 247 BGB, BB 1987, 415; *v. Heymann/Merz*, Bankenhaftung bei Immobilienanlagen, 18. Aufl. 2010; *Hofmann/ Walter*, Die Veräußerung notleidender Kredite – aktives Risikomanagement der Bank im Spannungsverhältnis zwischen Bankgeheimnis und Datenschutz, WM 2004, 1566; *Hopt*, Rechtspflichten der Kreditinstitute zur Kredit- versorgung, Kreditbelassung und Sanierung von Unternehmen, ZHR 143 (1979), 139; *Hopt/Mülbert*, Kreditrecht, 1989; *Hopt/Mülbert*, Die Darlehenskündigung nach § 609a BGB – Eine Bilanz der ersten drei Jahre –, WM- Sonderbeilage 3/1990; *Horn*, Der Wuchereinwand bei gewerblichen Darlehen und im internationalen Finanzmarkt, BKR 2006, 1; *Horn/Balzer*, Zur Anwendbarkeit des Verbraucherkreditgesetzes auf Kreditvollmachten im Rahmen des Anlageschutzes, WM 2000, 333; *Huber*, Die aktuellen Entscheidungen des Bundesgerichtshofs zur Vorfälligkeits- entschädigung – Eine kritische Stellungnahme, WM 2017, 605; *Josenhans/Danzmann/Lübbehüsen*, Kautelarjuristische Gestaltungsoptionen bei Gebührenvereinbarungen für Konsortialkreditfinanzierungen – Implikationen der BGH- Rechtsprechung zu AGB-Bearbeitungsentgelten, BKR 2018, 142; *Josten*, Kreditvertragsrecht, 2012; *Joswig*, Fremd- bestimmung, strukturelle Unterlegenheit und Ausgleich gestörter Vertragsparität – eine Terminologie für das Zivil- recht?, FS Schimansky, 1999, 335; *Jungmann*, Auswirkungen der neuen Basler Eigenkapitalvereinbarung („Basel II") auf die Vertragsgestaltung festverzinslicher Kredite, WM 2001, 1401; *Kaserer*, Das BGH-Urteil vom 7. November 2000 und die Verwendung einer geeigneten Zinsstrukturkurve bei der Berechnung der Vorfälligkeitsentschädigung, WM 2017, 213; *Kießling/Becker*, Die Teilkündigung von Dauerschuldnissen, WM 2002, 578; *Kindler*, Die neuere höchstrichterliche Rechtsprechung zum Ersatz entgangener Anlagezinsen im Verzug, WM 1997, 2017; *Kindler*, Durchgriffsfragen der Bankenhaftung beim fehlerhaften finanzierten Gesellschaftsbeitritt, ZGR 2006, 167; *v. Klit- zing/Seiffert*, Der neue Beratungsprozess für Immobiliar-Verbraucherdarlehen – Neue (Un)klarheiten aus Brüssel und Berlin, WM 2016, 774; *Klose*, Dispositionskredit – Zulässigkeit der Pfändung des Darlehensanspruchs, MDR 2002, 186; *Knops*, Die formularmäßige Verpfändung von banküblichen Sicherheiten für Drittverbindlichkeiten in der Klauselkontrolle, BKR 2019, 529; *Köndgen*, Die Entwicklung des Bankkreditrechts in den Jahren 1995–1999, NJW 2000, 468; *König*, Neue Anforderungen an die zivilrechtlichen Kreditwürdigkeitsprüfungspflichten, WM 2017, 269; *Kollhosser/Schweitzer*, Das neue gesetzliche Kündigungsrecht bei Darlehen, JA 1987, 345; *Kraatz/Klevenhagen*, Die Umsetzung der Wohnimmobilienkreditrichtlinie – ein Überblick, BKR 2017, 45; *Krämer*, Der Verzicht auf das verbraucherschützende Widerrufsrecht und die Rückbeziehung der vertraglichen Pflichten, ZIP 1997, 93; *Krepold/ Kropf*, Vorfälligkeitsentschädigung als Grundlage des deutschen Pfandbriefsystems, WM 2015, 1; *Krepold*, Bearbei- tungsentgelt – Aufrechnung eines verjährten Rückforderungsanspruchs mit dem Darlehensrückzahlungsanspruch einer Bank, BKR 2019, 417; *Kropf*, Der Auszahlungsabschlag bei Förderkrediten, BKR 2015, 60; *Krüger*, Neue Beratungspflichten bei Verbraucherdarlehen – ein Paradigmenwechsel? BKR 2016, 397; *Krüger/Bütter*, Verzugsscha- denberechnung bei Not leidenden Krediten nach der Schuldrechtsreform, WM 2002, 2094; *Längsfeld/Meyer-Löwy/ Nardi*, Neue Anforderungen an Überbrückungskredite? – Anmerkung zu KG WM 2016, 1073 –, WM 2016, 1269; *Lang/Beyer*, Vorzeitige Ablösung von Festzinsdarlehen und Vorfälligkeitsentschädigung, WM 1998, 897; *Lang/Rösler*, Schadensersatz nach fehlerhafter Widerrufsbelehrung?, WM 2006, 513; *Langenbucher/Bliesener/Spindler*, Bankrechts- Kommentar, 2. Aufl. 2016, *Langenbucher*, Vereinbarungen über den Zinssatz, BKR 2005, 134; *von der Linden*, AGB- rechtliches Transparenzgebot bei Zinsanpassungsklauseln – Probleme der Bankvertragsgestaltung nach Basel II, WM 2008, 195; *Lischek*, Risikoadjustierte Zinsänderungsklauseln in AGB, 2005; *Lwowski/Bitter*, Grenzen der Pfändbarkeit von Girokonten, WM-Festgabe Hellner, 1994, 57; *Lwowski/Peters/Münscher*, Verbraucherdarlehensrecht, 3. Aufl. 2008; *Lwowski/Weber*, Pfändung von Ansprüchen auf *Kreditgewährung*, ZIP 1980, 609; *Madaus*, Mithaftung für die Darlehensrückzahlung – Schuldbeitritt oder Vertragspartnerschaft?, WM 2003, 1705; *Martis*, Verbraucherschutz, 1998; *Martis*, Die Anwendbarkeit des Verbraucherkreditgesetzes, MDR 1998, 1189; *Martis*, Aktuelle Entwicklungen im Recht der Haustürwiderrufsgeschäfte, MDR 1999, 198; *Masuch*, Neufassung des Musters für Widerrufsbelehrungen, BB 2005, 344; *Meinhof*, Neuerungen im modernisierten Verbrauchervertragsrecht durch das OLG-Vertretungsände- rungsgesetz, NJW 2002, 2273; *Meents*, Verbraucherschutz bei Rechtsgeschäften im Internet, 1998; *Metz*, Verbrau- cherkreditgesetz, 1999; *Metz*, Variable Zinsklauseln – Marktbedingte Unbestimmtheit versus kundenschützende Präzision, in v. Hadding/Nobbe, Bankrecht, 2000, 183; *Metz*, Variable Zinsvereinbarungen bei Krediten und Geld- einlagen, BKR 2001, 21; *Metz*, Erläuterungspflichten bei Verbraucherkrediten, NJW 2012, 1990; *Mülbert*, Bonitäts- gestufte Zinsabreden in Festzinskrediten als eine Antwort auf Basel II, WM 2004, 1205; *Mülbert*, Die Auswirkungen der Schuldrechtsmodernisierung im Recht des „bürgerlichen" Darlehensvertrags, WM 2002, 465; *Mülbert*, Das verzinsliche Darlehen, AcP 192 (1992), 447; *Mülbert*, Der (zukünftige) Gesellschafter – stets ein Verbraucher?, FS Hadding, 2004, 575; *Mülbert/Grimm*, Der Kontokorrentkredit als Gelddarlehen – rechtsdogmatische Ver- einfachungen und praktische Konsequenzen – WM 2015, 2217; *Mülbert/Zahn*, Neuerungen im Recht der Darle- henskündigung anlässlich der Umsetzung der Verbraucherkreditrichtlinie 2008/48/EG, FS Maier-Reimer, 2010, 457;

Müller, Kein Einwendungsdruchgriff bei zinsloser und gebührenfreier Finanzierung? – Zugleich Besprechung von BGH, Urteil vom 30.9.2014 = WM 2014, 2091 –, WM 2015, 697; *Müller,* Zur Versagung der „Vorfälligkeitsentschädigung" bei fristloser Kündigung des Kreditvertrages wegen Zahlungsverzugs – Eine kritische Anmerkung zur Entscheidung des XI. Zivilsenats vom 19.1.2016 = WM 2016, 687 –, WM 2016, 2201; *Münstermann/Hannes,* Verbraucherkreditgesetz, 1991; *Nobbe,* Kommentar zum Kreditrecht, 3. Aufl. 2018; *Nobbe,* Bankrecht, Aktuelle höchst- und obergerichtliche Rechtsprechung, 1999, Kreditgeschäfte, Rn. 459–746; *Nobbe,* Rechtsprechung des Bundesgerichtshofs zu fehlgeschlagenen Immobilienfinanzierungen, WM-Sonderbeilage 1/2007; *Nobbe/Kirchhof,* Bürgschaften und Mithaftungsübernahmen finanziell überforderter Personen, BKR 2001, 5; *Nordholtz,* Widerrufsbelehrung bei verbundenen Verträgen und Wertersatzpflicht des Verbrauchers, NJW 2017, 2497; *Omlor,* Die Wohnimmobilienkreditrichtlinie und ihre Umsetzung in Deutschlandf, ZIP 2017, 112; *Omlor,* Verbraucherschutz bei Fremdwährungskrediten – Zugleich Besprechung von EuGH, Urt. v. 20.9.2017 – C-186/16 (Andriciuc/Banca Românească), BKR 2018, 195; *Omlor,* Leitlinien für die Kreditwürdigkeitsprüfung bei Immobiliar-Verbraucherdarlehen, NJW 2018, 2445; *Paparseniou,* Der Schutz des Fremdwährungsdarlehensnehmers nach der Rechtsprechung des Europäischen Gerichtshofs: Ausweg oder Zirkelschluss? WM 2018, 1730; *Peters,* Kreditvollmacht und Verbraucherkreditgesetz, FS Schimansky, 1999, 477; *Peters,* Formbedürfigkeit der Vollmachten für die Aufnahme von Verbrauchercherkrediten, WM 2000, 554; *Peters,* Verbraucherdarlehensrecht und Leasing, WM 2016, 630; *Pfeiffer/Dauck,* BGH-Rechtsprechung zum Verbraucherkreditgesetz, NJW 1997, 30; *Piekenbrock,* Die Rechtsprechung des BGH zu Bearbeitungsentgelten für Darlehensverträge – Rück- und Ausblick, ZBB 2015, 13; *Piekenbrock,* Die Kontrolle von Entgeltklauseln in Darlehensverträgen – eine Fortsetzungsgeschichte, ZBB 2017, 325; *Polke,* Die darlehensvertragliche Umsetzung der Eigenkapitalgrundsätze nach Basel II, 2005, *Regenfus,* Die Kündigung des Kredits wegen Verschlechterung der Vermögensverhältnisse – Voraussetzungen, Erkenntnisdefizite und Risiken für den Darlehensgeber, ZBB 2015, 383; *Reifner,* Handbuch des Kreditrechts, 1991; *Reifner,* Das Zinseszinsverbot im Verbraucherkredit, NJW 1992, 337; *Reifner,* Rechtliche Grundlagen der Vorfälligkeitsentschädigung beim Hypothekenkredit, NJW 1995, 86; *Reifner,* Wucherprüfung nach Abschaffung der Schwerpunktzinsstatistik und ihre Ersetzung durch durch die EWU-Statistik im Jahre 2005, VuR 2005, 370; *Reinicke/Tiedtke,* Zweifelsfragen bei der Anwendung des Verbraucherkreditgesetzes, ZIP 1992, 217; *Rinze/Heda,* Non-Performing Loan und Verbriefungs-Transaktionen: Bankgeheimnis, Datenschutz, § 203 StGB und Abtretung, WM 2004, 1557; *Rösler,* Formbedürftigkeit der Vollmacht, NJW 1999, 1150; *Rösler,* Vorfälligkeitsentgelt, Vorfälligkeitsentschädigung und Nichtabnahmeentschädigung, in v. Hadding/Nobbe, Bankrecht, 2000, 165; *Rösler,* Forward-Darlehen und Darlehen mit Zins-Cap, WM 2000, 1930; *Rösler/Lang,* Zinsklauseln im Kredit- und Spargeschäft der Kreditinstitute: Probleme mit Transparenz, billigem Ermessen und Basel II, ZIP 2006, 214; *Rösler/Sauer,* Zinsänderungsklauseln im Kreditgeschäft, FS Nobbe, 2009, 437; *Rösler/Werner,* Erhebliche Neuerungen im zivilen Bankrecht: Umsetzung von Verbraucherkredit- und Zahlungsdiensterichtlinie, BKR 2009, 1; *Rösler/Wimmer,* Zahlungsverpflichtungen und Zahlungsströme bei vorzeitiger Beendigung von Darlehensverträgen, WM 2000, 165; *Rösler/Wimmer/Lang,* Vorzeitige Beendigung von Darlehensverträgen, 2003; *Roth,* Heilung und Wirksamwerden von mit formnichtiger Vollmacht geschlossenen Verbraucherdarlehensverträgen, WM 2003, 2356; *Rott,* Mitverantwortung des Kreditgebers bei der Kreditaufnahme – Warum eigentlich nicht? BKR 2003, 851; *Rott,* Die neue Verbraucherkredit-Richtlinie 2008/48/EG und ihre Auswirkungen auf das deutsche Recht, WM 2008, 1104; *Rott,* Die neue Immobiliarkredit-Richtlinie 2014/17/EU und ihre Auswirkung auf das deutsche Recht, BKR 2015, 8; *v. Rottenburg,* Die Reform des gesetzlichen Kündigungsrechts für Darlehen, WM 1987, 1; *Ruland,* Darlehensumfinanzierung als verbundenes Geschäft i. S. v. § 358 Abs. 3 BGB, BKR 2017, 140; *Samhat,* Erstreckung von Kreditsicherheiten auf verlängerte Kredite mithilfe der Prolongationsklauael, WM 2016, 962; *Schebesta,* Zinsklauseln im Spiegel der aktuellen Rechtsprechung, BKR 2005, 217; *Schertler/Hubensack/Pfingsten,* Bank Lindes of Credit für Small Business Clients: Cash Substitution and Funding Source, ZBB 2015, 84; *Schild von Spannenberg,* Laufzeitunabhängige „Individualbeiträge" bei Verbraucherdarlehen – Zugleich Besprechung des Urteils des OLG Düsseldorf vom 28.4.2016 (WM 2017, 664), WM 2017, 1443; *Schimansky,* Zinsanpassungsklauseln in AGB, WM 2001, 1169; *Schimansky,* Aktuelle Rechtsprechung des BGH zur krassen finanziellen Überforderung von Mithaftenden bei der Kreditgewährung, WM 2002, 2437; *Schimansky,* Zinsanpassung im Aktivgeschäft, WM 2003, 1449; *Schimansky/Bunte/Lwowski,* Bankrechts-Handbuch, 5. Aufl. 2017; *Schmelz,* Der Verbraucherkredit, 1989; *Schmid-Burgk,* Kündigung von Darlehensverträgen bei Verstoß gegen eine Loan-to-Value-Klausel insbesondere am Beispiel der Schiffsfinanzierung; WM 2015, 57; *K. Schmidt,* Darlehn, Darlehnsversprechen und Darlehnskrediteröffnung im Konkurs, JZ 1976, 756; *Schoen,* Der Krediteröffnungsvertrag als schuldrechtliche Rahmenverpflichtung, 1965; *Schönfelder,* Realkreditverträge und das Haustürwiderrufsgesetz, WM 1999, 1495; *Scholl,* Studienfinanzierung durch Bildungsfonds – Darlehen oder Innengesellschaft?, BKR 2019, 76; *Schramm/Pamp,* Der Ausschluß des Widerrufsrechts bei Realkreditverträgen im Spannungsverhältnis zum Haustürwiderrufs- und Verbraucherkreditgesetz, FS Schimansky, 1999, 545; *Schürnbrand* in Münchener Kommentar zum Bürgerlichen Gesetzbuch, 7. Aufl. 2018, §§ 491 –505; *Schürnbrand,* Die Neuregelung des Verbraucherdarlehensrechts, ZBB 2008, 383; *Schürnbrand,* Das neue Recht der Verbraucherkredite und der verbundenen Geschäfte, in Habersack/Mülbert/Nobbe/Wittig, Die Umsetzung der Zahlungsdiensterichtlinie, Finanzmarktkrise und Verbraucherkreditrichtlinie, Bankrechtstag 2009, 2010, 173; *Schürnbrand,* „Nullprozent"-Finanzierungen als Herausforderung für das Verbraucherkreditrecht, ZIP 2015, 249; *Schürnbrand,* Verbraucherschutz bei unentgeltlichen Finanzierungen, WM 2016, 1105; *Schultheiß,* Anschlussfinanzierungen und Umschuldungen in der Kreditwürdigkeitsprüfung, ZBB 2018, 107; *Schultheiß,* Verbraucherdarlehensverträge im Anwendungsbereich der Finanzdienstleistungs-Fernabsatz-RL, BKR 2019, 173; *Schultz,* Der Warenkredit im Insolvenzanfechtungsprozess, ZIP 2018, 1527; *Schwintowski,* Bankrecht, 5. Aufl. 2018, Kapital 14, 15; *Schwintowski/Schantz,* Grenzen der Abtretbarkeit grundpfandrechtlich gesicherter Darlehensforderungen, NJW 2008, 472; *Seibert,* Handbuch zum Gesetz über Verbraucherkredite, 1991; *Söbbing/Bodungen,* Negative Zinsen bei Darlehensverträgen?, ZBB 2016, 39; *Stauder,* Der bankgeschäftliche Krediteröffnungsvertrag, 1968; *Steinmetz,* Sittenwidrige Ratenkreditverträge in der Rechtspraxis, 1985; *Stupp/Mucke,* Die Auswirkung kreativer „Zins"-Vereinbarungen auf die ordentlichen Kündigungsmöglichkeiten des Darlehensnehmers, BKR 2005, 20; *Szagunn/Haug/Ergenzinger,* Gesetz über das Kreditwesen, 6. Aufl. 1997; *Tonner,* Probleme des novellierten Widerrufsrechts bei Verbraucherverträgen: Nachbelehrung, verbundene Geschäfte, Übergangsvorschriften, BKR 2002, 856; *Thume/Edelmann,* Keine Pflicht zur systemwidrigen richtlinienkonformen Rechtsfortbildung, BKR 2005, 477; *Vollkommer,* Zum Rückforderungsdurchgriff bei „verbundenen Geschäften", FS Merz, 1992, 595; *G. Vollkommer,* Zwangsvollstreckungsunterwerfung des Verbrauchers bei Immobiliardarlehensverträgen?, NJW 2004, 818; *Vollmer*, Zur Anwendung des Verbraucherkreditgesetzes auf die Vertragsübernahme, WM 1999, 209; *Wagner*, Zur Pfändbarkeit nicht zweckgebundener Kontokorrentkreditforderungen, JZ 1985, 718; *Wagner*, Pfändung der Deckungsgrundlage – ungeklärte Fragen bei der Zwangsvollstreckung in Girokonten, ZIP 1985, 849; *Wagner*, Neue Argumente zur Pfändbarkeit des Kontokorrentkredits, WM 1998, 1657; *Wand*, Musterdarlehensvertrag für gewerbliche Kreditvergaben, WM 2005, 1932 (Teil I), WM 2005, 1969 (Teil II); *Weber*, Das Vorfälligkeitsentgelt bei vorzeitiger Rückzahlung eines Hypothekardarlehens, NJW 1995, 2951; *Wehrt*, Die Rückabwicklung des widerrufenen Immobiliardarlehens, WM 2016, 389; *Wehrt*, Das Gesetz zur Umsetzung der Wohnimmobilienkreditrichtlinie – Was ändert sich bei der Vorfälligkeitsentschädigung?, BKR 2018, 221; *Weiß/v. Jeinsen*, Die zulässige Laufzeit von Überbrückungskrediten, ZIP 2016, 2251; *Weiß/Reps*, Zinsbegrenzungsvereinbarungen und -prämien in AGB – Zugleich Besprechung LG Frankfurt a. M. vom 16.9.2015 (2–19 O 41/15) –, WM 2016, 1865; *Welter/Lang*, Handbuch der Informationspflichten im Bankverkehr, 2005; *Wendehorst*, Das neue Gesetz über Fernabsatzverträge und andere Fragen des Verbraucherrechts, DStR 2000, 1311; *Wentz*, Bericht über den Bankrechtstag am 29.6.2018 in Wien, WM 2018, 1385; *Wenzel*, Vorfälligkeitsausgleich bei Nichtabnahme oder vorzeitiger Beendigung langfristiger Hypothekarkredite, ZfIR 2001, 93; *v. Westphalen/Emmerich/v. Rottenburg*, Verbraucherkreditgesetz, 2. Aufl. 1996; *Wiechers*, Die Rechtsprechung des Bundesgerichtshofs zum Verbraucherkreditgesetz, WM 2000, 1078; *Wiehe/Kleißendorf*, Das ordentliche Kündigungsrecht des Darlehensnehmers nach § 489 BGB in der Vertragsgestaltung, BKR 2016, 234; *v. Wilmowsky*, Darlehensnehmer in Insolvenz, WM 2008, 1189 (Teil I), WM 2008, 1237 (Teil II); *Wimmer*, Die neue Preisangabenverordnung, WM 2001, 447; *Wimmer/Rösler*, Zinsanpassungsklauseln: Praxisfragen zur BGH-Rechtsprechung, WM 2011, 1788; *Wimmer/Rösler*, Vorfälligkeitsentschädigung – Kehraus?, WM 2016, 1821; *Wimmer/Stöckl-Pukall*, Die Preisangabenverordnung der Banken, 1998; *Wittig*, Bankaufsichtsrechtliche Grundlagen des (internen) Ratings und seine Transformation in das Darlehensverhältnis mit Unternehmen, ZHR 169 (2005), 212; *Wittig/Wittig*, Das neue Darlehensrecht im Überblick, WM 2002, 145; *Woesch/Dietrich*, Mustervertrag für Schuldscheindarlehen nach LMA-Standard, BKR 2019, 399; *Wolf/Großerichter*, Ergebnis als Methode in der Bankenhaftung?, WM 2004, 1993.

§ 488 BGB Vertragstypische Pflichten beim Darlehensvertrag

(1) [1] Durch den Darlehensvertrag wird der Darlehensgeber verpflichtet, dem Darlehensnehmer einen Geldbetrag in der vereinbarten Höhe zur Verfügung zu stellen. [2] Der Darlehensnehmer ist verpflichtet, einen geschuldeten Zins zu zahlen und bei Fälligkeit das zur Verfügung gestellte Darlehen zurückzuzahlen.

(2) Die vereinbarten Zinsen sind, soweit nicht ein anderes bestimmt ist, nach dem Ablauf je eines Jahres und, wenn das Darlehen vor dem Ablauf eines Jahres zurückzuzahlen ist, bei der Rückzahlung zu entrichten.

(3) [1] Ist für die Rückzahlung des Darlehens eine Zeit nicht bestimmt, so hängt die Fälligkeit davon ab, dass der Darlehensgeber oder der Darlehensnehmer kündigt. [2] Die Kündigungsfrist beträgt drei Monate. [3] Sind Zinsen nicht geschuldet, so ist der Darlehensnehmer auch ohne Kündigung zur Rückzahlung berechtigt.

§ 489 BGB Ordentliches Kündigungsrecht des Darlehensnehmers

(1) Der Darlehensnehmer kann einen Drlehensvertrag mit gebundenem Sollzinssatz ganz oder teilweise kündigen,

1. wenn die Sollzinsbindung vor der für die Rückzahlung bestimmten Zeit endet und keine neue Vereinbarung über den Sollzinssatz getroffen ist, unter Einhaltung einer Kündigungsfrist von einem Monat frühestens für den Ablauf des Tages, an dem die Sollzinsbindung endet; ist eine Anpassung des Sollzinssatzes in bestimmten Zeiträumen bis zu einem Jahr vereinbart, so kann der Darlehensnehmer jeweils nur für den Ablauf des Tages, an dem die Sollzinsbindung endet, kündigen;
2. in jedem Fall nach Ablauf von zehn Jahren nach dem vollständigen Empfang unter Einhaltung einer Kündigungsfrist von sechs Monaten; wird nach dem Empfang des Darlehens eine neue Vereinbarung über die Zeit der Rückzahlung oder den Sollzinssatz getroffen, so tritt der Zeitpunkt dieser Vereinbarung an die Stelle des Zeitpunkts des Empfangs.

(2) Der Darlehensnehmer kann einen Darlehensvertrag mit veränderlichem Zinssatz jederzeit unter Einhaltung einer Kündigungsfrist von drei Monaten kündigen.

(3) Eine Kündigung des Darlehensnehmers gilt als nicht erfolgt, wenn er den geschuldeten Betrag nicht binnen zwei Wochen nach Wirksamwerden der Kündigung zurückzahlt.

(4) [1] Das Kündigungsrecht des Darlehensnehmers nach den Absätzen 1 und 2 kann nicht durch den Vertrag ausgeschlossen oder erschwert werden. [2] Dies gilt nicht bei Darlehen an den Bund, ein Sondervermögen des Bundes, ein Land, eine Gemeinde, einen Gemeindeverband, die Europäischen Gemeinschaften oder ausländische Gebietskörperschaften.

(5) [1] Sollzinssatz ist der gebundene oder veränderliche periodische Prozentsatz, der pro Jahr auf das in Anspruch genommene Darlehen angewendet wird. [2] Der Sollzinssatz ist gebunden, wenn für die gesamte Vertragslaufzeit ein Sollzinssatz oder mehrere Sollzinssätze vereinbart sind, die als feststehende Prozentzahl ausgedrückt werden. [3] Ist für die gesamte Vertragslaufzeit keine Sollzinsbindung vereinbart, gilt der Sollzinssatz nur für diejenigen Zeiträume als gebunden, für die er durch eine feste Prozentzahl bestimmt ist.

§ 490 BGB Außerordentliches Kündigungsrecht

(1) Wenn in den Vermögensverhältnissen des Darlehensnehmers oder in der Werthaltigkeit einer für das Darlehen gestellten Sicherheit eine wesentliche Verschlechterung eintritt oder einzutreten droht, durch die die Rückzahlung des Darlehens, auch unter Verwertung der Sicherheit, gefährdet wird, kann der Darlehensgeber den Darlehensvertrag vor Auszahlung des Darlehens im Zweifel stets, nach Auszahlung nur in der Regel fristlos kündigen.

(2) [1] Der Darlehensnehmer kann einen Darlehensvertrag, bei dem der Sollzinssatz gebunden und das Darlehen durch ein Grund- oder Schiffspfandrecht gesichert ist, unter Einhaltung der Fristen des § 488 Abs. 3 Satz 2 vorzeitig kündigen, wenn seine berechtigten Interessen dies gebieten und seit dem vollständigen Empfang des Darlehens sechs Monate abgelaufen sind. [2] Ein solches Interesse liegt insbesondere vor, wenn der Darlehensnehmer ein Bedürfnis nach einer anderweitigen Verwertung der zur Sicherung des Darlehens beliehenen Sache

hat. [3] Der Darlehensnehmer hat dem Darlehensgeber denjenigen Schaden zu ersetzen, der diesem aus der vorzeitigen Kündigung entsteht (Vorfälligkeitsentschädigung).

(3) Die Vorschriften der §§ 313 und 314 bleiben unberührt.

I. Allgemeines

Kredit ist ein grundlegender und unentbehrlicher Faktor modernen Wirtschaftslebens. Zugleich ist **1** er eine der Wurzeln des Bankgeschäfts, deren Stellenwert in der verkürzten Bezeichnung der Banken als „Kreditinstituten" zum Ausdruck kommt.[1] Der zentralen Bedeutung des Kredits für die Wirtschaft entspricht die Breite der tatsächlichen und rechtlichen Facetten der Geschäftsfelder, die in den wenigen Vorschriften des Darlehensrechts in den §§ 488–490 BGB nur unvollständig geregelt sind. Kreditrecht ist heutzutage im wesentlichen **Bankkreditrecht,** das sich als eigenständiges Rechtsgebiet herausgebildet hat[2] und durch die Bedingungswerke der Praxis und die Rspr. gestaltet worden ist und weiterhin geformt wird. Daneben haben Bereiche des Kreditrechts eine besondere gesetzliche Regelung erfahren. So hat sich der Gesetzgeber speziell des Schutzes der Verbraucher angenommen und diesen Ausschnitt gesondert geregelt (§§ 491–515 BGB).

Der **Begriff des Kredits** ist schillernd. Er taucht sowohl in der Betriebswirtschaftslehre als auch in **2** verschiedenen rechtlichen Zusammenhängen auf. Während „creditum" als Darlehen zu übersetzen wäre, hat der abgeleitete Begriff des Kredits weitere Bedeutungen in sich aufgenommen. An Versuchen, einen einheitlichen Rechtsbegriff des Kredits zu bestimmen, hat es nicht gefehlt, ohne dass sich ein befriedigendes Resultat eingestellt hätte.[3] Man ist sich daher heute im Wesentlichen darüber einig, dass es einen solchen nicht gibt.[4] Wird der wirtschaftlich ausgerichtete Begriff des Kredits gebraucht, dann muss die Rechtsnatur des zu Grunde liegenden Kreditgeschäfts im Einzelfall bestimmt werden.[5] Überlegungen im Zusammenhang mit der Schuldrechtsmodernisierung, den Oberbegriff des „Kreditvertrags" in das BGB einzuführen, wurden im Gesetzgebungsverfahren zu Recht fallengelassen.

Wesentliches Merkmal eines Kredits ist die **zeitweilige Überlassung von Kaufkraft**[6] durch den **3** Kreditgeber an ein anderes Rechtssubjekt, den Kreditnehmer. Dass dies regelmäßig im Vertrauen darauf geschieht, dass der Kreditnehmer auch leistungsfähig und -willig ist,[7] hat demgegenüber nur typologische Bedeutung, denn ein Kredit wäre auch dann zu bejahen, wenn dieses Element einmal fehlen sollte.

Die Kredite werden herkömmlicherweise unterteilt in **Zahlungskredite** und **Haftungskredite,**[8] **4** eine Unterscheidung, die auch in § 1 Abs. 1 S. 2 Nr. 2 KWG zum Ausdruck kommt. Beim **Zahlungskredit** überlässt der Kreditgeber dem Kreditnehmer effektiv ein Wirtschaftsgut zu zeitweiliger Nutzung, entweder dadurch, dass er es ihm neu zur Verfügung stellt oder dass er es von ihm nicht zurückfordert (Stundung, Vorleistung).[9] Letzteres ist typisch für die Kreditgewährung durch den Warenlieferanten. Zahlungskredite sind beispielsweise der Kontokorrentkredit, der Lombardkredit oder der Verbraucherkredit. Beim **Haftungskredit** überlässt der Kreditgeber dem Kreditnehmer Kaufkraft in der Weise, dass er ihm seinen eigenen „Kredit" zur Verfügung stellt („Kreditleihe"), indem er durch Mitübernahme einer Haftung dessen Kreditbasis erweitert.[10] Zu den Haftungskrediten zählen zB die Akzept-, Aval- oder Akkreditivkredite.

Daneben sind weitere Einteilungen der Kredite gebräuchlich und bedeutsam. Nach dem Kredit- **5** geber wird unterschieden zwischen **Bank- und Lieferantenkredit** sowie zwischen **Einzel- und Konsortialkredit,** nach dem Kreditnehmer zwischen **gewerblichem und Verbraucherkredit,** nach dem Kreditzweck zwischen **zweckgebundenem und freiem oder Allzweckkredit** (Betriebsmittelkredit),[11] nach der Kreditdauer zwischen **kurzfristigem, mittelfristigem und langfristigem Kredit,**[12] nach der Sicherheit zwischen **Personal- und Realkredit** und in Bezug auf die Gegenleistung zwischen **verzinslichem und unverzinslichem Kredit.**

---

[1] Vgl. auch § 1 Abs. 1 KWG.

[2] Hopt/Mülbert Vorwort.

[3] Vgl. dazu *Sambat* in Schwintowski BankR § 14 Rn. 1, 2.

[4] *Canaris* BankvertragsR Rn. 1198; *Pamp* in Schimansky/Bunte/Lwowski BankR-HdB § 75 Rn. 7.

[5] *Canaris* BankvertragsR Rn. 1199; MüKoBGB/*Berger* BGB Vor § 488 Rn. 38.

[6] *Canaris* BankvertragsR Rn. 1195; MüKoBGB/*Berger* BGB Vor § 488 Rn. 38; *Pamp* in Schimansky/Bunte/ Lwowski BankR-HdB § 75 Rn. 1.

[7] *Pamp* in Schimansky/Bunte/Lwowski BankR-HdB § 75 Rn. 1.

[8] *Rossbach* in Kümpel/Wittig BankR/KapMarktR Rn. 11.7; *Pamp* in Schimansky/Bunte/Lwowski BankR-HdB § 75 Rn. 3, 4.

[9] *Pamp* in Schimansky/Bunte/Lwowski BankR-HdB § 75 Rn. 3.

[10] MüKoBGB/*Berger* BGB Vor § 488 Rn. 38, 41; *Rossbach* in Kümpel/Wittig BankR/KapMarktR Rn. 11.7; *Pamp* in Schimansky/Bunte/Lwowski BankR-HdB § 75 Rn. 4; *Sambat* in Schwintowski BankR § 14 Rn. 3.

[11] *Pamp* in Schimansky/Bunte/Lwowski BankR-HdB § 75 Rn. 5.

[12] Unter einem kurzfristigen Kredit wird in der Regel ein solcher mit einer Laufzeit oder einer Kündigungsfrist von bis zu sechs Monaten verstanden, unter einem langfristigen Kredit ein solcher mit einer Laufzeit von mindestens vier Jahren, vgl. auch *Pamp* in Schimansky/Bunte/Lwowski BankR-HdB § 75 Rn. 6.

6   Ein weiter Kreditbegriff liegt § 19 KWG zugrunde, der sich auch nicht mit dem des Kreditgeschäfts nach der Legaldefinition der Bankgeschäfte in § 1 Abs. 1 S. 2 KWG deckt. Dieser erweiterte Kreditbegriff hat aufsichtsbehördliche Funktion[13] und ist hier nicht maßgebend.

7   Da das Kreditgeschäft ein erhebliches Risikopotential sowohl für die einzelne Bank als auch für das Bankwesen insgesamt in sich birgt, haben sich die im Basler „Ausschuss für Bankenaufsicht" bei der Bank für Internationalen Zahlungsausgleich (BIZ) vertretenen nationalen Bankaufsichtsbehörden darauf verständigt, das Risikomanagement vor allem im Bereich des Kreditgeschäfts zu verbessern. Der mit dem Namen **Basel II** schlagwortartig bezeichnete Prozess mündete 2001 in die „Neue Basler Eigenkapitalvereinbarung". Bereits in Vorwirkung der verschärften Standards hatte die Bundesanstalt für Finanzdienstleistungsaufsicht (BaFin) gem. § 25a KWG mit Rundscheiben vom 20.12.2002 die **Mindestanforderungen an das Kreditgeschäft (MaK)** festgelegt. Die hierzu im Jahr 2006 erlassenen Richtlinien[14] wurden durch eine Änderung des Kreditwesengesetzes umgesetzt.[15] Die geänderten Vorschriften legen ein verstärktes Gewicht darauf, die Bonität des Kreditnehmers im Blick zu behalten und im Falle einer Verschlechterung der Bonität das Kreditengagement mit zusätzlichem Eigenkapital zu hinterlegen. Aus diesem Grund muss sich die Bank auch während der Laufzeit des Kreditvertrages über die Bonität des Kreditnehmers kundig machen. Bei der Risikobewertung wurden Risikoklassifizierungsverfahren **(Rating)** installiert, die sich nach Wahl der Bank auf externe Ratingagenturen oder interne Ratinggrundsätze beziehen können. Eine verschlechterte Bonität muss sich auch bei laufendem Vertrag in einer Zinsanpassung widerspiegeln. Die neuen Grundsätze haben erhebliche Auswirkungen auf die Kreditvergabepraxis der Banken und wirken sich auch auf die Ausgestaltung der mit den Kreditnehmern geschlossenen Verträge aus, was wiederum das Verhalten der betroffenen Kreditnehmer beeinflusst, wobei insbesondere bei kleineren und mittleren Unternehmen Anpassungsbedarf besteht.[16] In Reaktion auf die weltweite Finanz- und Wirtschaftskrise 2007/2008 wurden bei der BIZ neue Eigenkapitalregeln ausgearbeitet, die als **Basel III** bezeichnet werden. Nachdem das Rahmenwerk international durch die GZO-Staaten gebilligt worden war, wurde von der Europäischen Union die „Capital Regiments Directive CRD III" erlassen, die 2010 umgesetzt wurde. Darüber hinaus wurden eine unmittelbar geltende EU-Verordnung[17] und eine Richtlinie[18] geschaffen, die durch Gesetz vom 3.9.2013 umgesetzt wurde.[19] Diese Regelungen sind zum 1.1.2014 in Kraft getreten und für die Eigenmittelanforderungen der Banken maßgeblich. Zwischen verschärften Eigenkapitalanforderungen und Kredit kann sich eine Rückwirkung dergestalt ergeben, dass die Banken zur Erfüllung der Kapitalanforderungen ihre Aktiva stark zurückführen und dies eine „Kreditklemme" nach sich zieht, die sich insbesondere auf kleine und mittlere Unternehmen (KMV) auswirken würde.[20]

II. Krediteröffnungsvertrag

8   Der **Krediteröffnungsvertrag** hat sich außerhalb gesetzlicher Vertragstypen aus der Praxis heraus entwickelt. Solange der Darlehensvertrag – heute überholt – in Anlehnung an das römische Recht von Gesetzes wegen als Realvertrag konzipiert war, diente der Krediteröffnungsvertrag als Darlehensvorvertrag.[21] Mit der (modernen) Konstruktion des Darlehensvertrags als Konsensualvertrag ist für die Abgrenzung beider Vertragstypen nicht mehr das Zeitmoment vor und nach Auszahlung der Darlehensvaluta entscheidend, sondern die Frage, ob der Kreditnehmer – so bei entgeltlichen Darlehen mangels abweichender Vereinbarung – zur Abnahme des Darlehens verpflichtet ist (dann Darlehensvertrag) oder der Kreditnehmer mit dem Abruf des Darlehens ein ihm eingeräumte Gestaltungsrecht ausübt (dann Krediteröffnungsvertrag).[22]

---

[13] Vgl. *Pamp* in Schimansky/Bunte/Lwowski BankR-HdB § 75 Rn. 7.

[14] RL 2006/48/EG vom 14.6.2006 über die Aufnahme und Ausübung der Tätigkeit der Kreditinstitute, ABl. 2006 L 177, 1; RL 2006/49/EG vom 14.6.2006 über die angemessene Eigenkapitalausstattung von Wertpapierfirmen und Kreditinstituten, ABl. 2006 L 177, 201.

[15] Gesetz zur Umsetzung der neu gefassten Bankenrichtlinie und der neu gefassten Kapitaladäquanzrichtlinie v. 17.11.2006, BGBl. 2006 I 2606.

[16] Dazu näher MüKoBGB/*Berger* BGB Vor § 488 Rn. 40.

[17] Verordnung (EU) Nr. 575/2013 des Europäischen Parlaments und des Rates vom 26.6.2013 über Aufsichtsanforderungen an Kreditinstituten und Wertpapierfirmen und zur Änderung der Verordnung (EU) Nr. 646/2012, ABl. 2013 L 176, 1.

[18] Richtlinie 2013/36 EU des Europäischen Parlaments und des Rates vom 26.6.2013 über den Zugang zur Tätigkeit von Kreditinstituten und die Beaufsichtigung von Kreditinstituten und Wertpapierfirmen, zur Änderung der Richtlinie 2002/87/EG und zur Aufhebung der Richtlinien 2006/48/EG und 2006/49/EG, ABl. 2013 L 176, 338.

[19] Gesetz zur Umsetzung der Richtlinie 2013/36/EU über den Zugang zur Tätigkeit von Kreditinstituten und die Beaufsichtigung von Kreditinstituten und Wertpapierfirmen und zur Anpassung des Aufsichtsrechts an die Verordnung (EU) Nr. 575/2013 über Aufsichtsanforderungen an Kreditinstitute und Wertpapierfirmen (CRD IV – Umsetzungsgesetz (BGBl. 2013 I 3395).

[20] MüKoBGB/*Berger* BGB Vor § 488 Rn. 40.

[21] Staudinger/*Mülbert*, 2015, BGB § 488 Rn. 410.

[22] Staudinger/*Mülbert*, 2015, BGB § 488 Rn. 413.

Der Krediteröffnungsvertrag ist demgemäß ein Vertrag, in dem sich der Kreditgeber verpflichtet, **9** dem Kreditnehmer zu bestimmten Bedingungen **auf Abruf** Kredit zu gewähren,[23] der Kreditnehmer jedoch regelmäßig nicht verpflichtet ist, den Kredit effektiv in Anspruch zu nehmen. Die Verpflichtung der Bank kann sich auf einen vereinbarten Betrag oder bis zu einer vereinbarten Grenze (**Kreditrahmen**) beziehen, wobei auch eine erneute Kreditvergabe nach zwischenzeitlich erfolgter Tilgung vorkommt (**revolvierender Kredit**),[24] die jedoch, sofern es sich nicht um einen über das Girokonto abrufbaren Kontokorrentkredit handelt, besonderer Vereinbarung bedarf.[25] Sollte der Kreditnehmer ausnahmsweise zu einer Inanspruchnahme verpflichtet sein, ohne dass der Vertrag weitere Abrufmöglichkeiten vorsieht, kann von einem Krediteröffnungsvertrag nicht mehr gesprochen werden.[26]

Der Krediteröffnungsvertrag ist nach heutiger Auffassung ein **Grund- bzw. Rahmenvertrag,** kein **10** Vorvertrag.[27] Ein Vorvertrag ist eine schuldrechtliche Vereinbarung, durch die für beide Teile oder auch nur für einen von ihnen die Verpflichtung begründet wird, einen anderen schuldrechtlichen Vertrag, den Hauptvertrag, zu schließen.[28] Demgegenüber geht beim Krediteröffnungsvertrag der Parteiwille in der Regel dahin, dass die Bank durch seinen Abschluss bereits eine unmittelbare Leistungsverpflichtung eingeht. Durch den „Abruf", ein **Gestaltungsrecht,** das dem Kreditnehmer im Krediteröffnungsvertrag eingeräumt wird, wird der Kreditvertrag selbst geschlossen.[29] Dieser stellt damit die causa der Kreditgewährung dar.[30] Auch dann, wenn dem Kreditnehmer ein derartiges Gestaltungsrecht nicht eingeräumt worden sein sollte, was je nach Fallgestaltung durchaus möglich ist, ist ein Grund- oder Rahmenvertrag anzunehmen, weil der Krediteröffnungsvertrag von den nachfolgenden Kreditgewährungen nicht unmittelbar betroffen wird, während ein Vorvertrag mit dem Abschluss des Hauptvertrages seine Erledigung findet.[31] Dies hat seinen Grund darin, dass im Krediteröffnungsvertrag vorab allgemeine Regelungen getroffen zu werden pflegen, die für spätere Einzelgeschäfte maßgeblich bleiben.

Der Krediteröffnungsvertrag ist ein **Dauerschuldverhältnis,**[32] da das Schuldverhältnis – auch bei **11** nur einem Einzelgeschäft – nicht nur auf einen einmaligen Leistungsaustausch gerichtet ist. Seinem Inhalt nach bezieht er sich keineswegs nur auf den Geldkredit, wenn dies auch der praktisch häufigste Fall ist. Mit einem Krediteröffnungsvertrag können zahlreiche unterschiedliche Kreditarten, wie zB Aval-, Akzept- und Diskontkredite, zugesagt werden, die ihren jeweils eigenen Regeln unterliegen.[33] Entsprechend sind die §§ 488 ff. BGB nicht exklusiv auf den Krediteröffnungsvertrag anwendbar, vielmehr richtet sich die rechtliche Ausgestaltung im Einzelnen nach dem Inhalt des jeweiligen Vertrages. Ob der Krediteröffnungsvertrag als ein **Vertrag sui generis**[34] zu begreifen ist, hat letztlich keine praktische Bedeutung.

Der Krediteröffnungsvertrag ist **Konsensualvertrag,**[35] er kommt also durch übereinstimmende **12** Willenserklärungen zustande. Rechtliche Besonderheiten gegenüber dem **Zustandekommen** eines Darlehensvertrags ergeben sich nicht, sodass auf die dortigen Ausführungen verwiesen werden kann. Insbesondere kann auch ein Krediteröffnungsvertrag **stillschweigend** geschlossen werden,[36] jedoch müssen dafür überzeugende Anhaltspunkte festgestellt werden. Handelt es sich um einen auf einen **Verbraucherkredit** gerichteten Vertrag, dann ist es geboten, den gesetzlichen Schutz auf den Krediteröffnungsvertrag zu erstrecken, sodass Schriftform (§ 492 BGB) einzuhalten ist.[37] Üblicherweise erfolgt der Vertragsschluss durch ein **Krediteröffnungsschreiben** der Bank, das vom Kreditnehmer

---

[23] BGH Urt. v. 22.1.2004 – IX ZR 39/03, NJW 2004, 1444 (1445).

[24] MüKoBGB/*Berger* BGB Vor § 488 Rn. 55.

[25] MüKoBGB/*Berger* BGB Vor § 488 Rn. 55.

[26] Vgl. *Canaris* BankvertragsR Rn. 1231. Gegen die Rechtsfigur des Krediteröffnungsvertrags als solchen und für eine bloße Nebenabrede zu einem Darlehensvertrag *Nagel* → 2. Aufl. 2003, BankR Rn. 11.

[27] Baumbach/Hopt/*Hopt* Bankgeschäfte Rn. G/2; *Canaris* BankvertragsR Rn. 1203; MüKoBGB/*Berger* BGB Vor § 488 Rn. 57; Staudinger/*Freitag*, 2015, BGB § 488 Rn. 41; MüKoBGB/*Schürnbrand* BGB § 491 Rn. 38; *Rossbach* in Kümpel/Wittig BankR/KapMarktR Rn. 11.10; *Pamp* in Schimansky/Bunte/Lwowski BankR-HdB § 77 Rn. 1, 12, 13; vgl. BGH Urt. v. 4.2.1982 – IX ZR 96/80, BGHZ 83, 76 (81) = NJW 1982, 1810 (1811).

[28] BGH Urt. v. 17.12.1987 – VII ZR 307/86, BGHZ 102, 384 (388) = NJW 1988, 1261.

[29] *Canaris* BankvertragsR Rn. 1204; *Pamp* in Schimansky/Bunte/Lwowski BankR-HdB § 77 Rn. 15; MüKoBGB/*Berger* BGB Vor § 488 Rn. 59, vertritt die Ansicht, der Abruf diene nicht der Neubegründung eines Gelddarlehensvertrages, sondern lediglich der Durchführung und Ausfüllung des Krediteröffnungsvertrages als ergänzungsbedürftigem Rahmenvertrag („Einheitstheorie").

[30] *Canaris* BankvertragsR Rn. 1201 ff.; *Pamp* in Schimansky/Bunte/Lwowski BankR-HdB § 77 Rn. 13.

[31] *Pamp* in Schimansky/Bunte/Lwowski BankR-HdB § 77 Rn. 13.

[32] BGH Urt. v. 4.2.1982 – IX ZR 96/80, BGHZ 83, 76 (81) = NJW 1982, 1810 (1811); BGH Urt. v. 10.11.1977 – III ZR 39/76, NJW 1978, 947 (948); *Canaris* BankvertragsR Rn. 1202; Staudinger/*Freitag*, 2015, BGB § 488 Rn. 41; MüKoBGB/*Berger* BGB Vor § 488 Rn. 57, 62; *Pamp* in Schimansky/Bunte/Lwowski BankR-HdB § 77 Rn. 14.

[33] MüKoBGB/*Berger* BGB Vor § 488 Rn. 57; *Pamp* in Schimansky/Bunte/Lwowski BankR-HdB § 77 Rn. 14.

[34] Vgl. MüKoBGB/*Berger* BGB Vor § 488 Rn. 59: „Rahmendarlehensvertrag eigener Art".

[35] MüKoBGB/*Berger* BGB Vor § 488 Rn. 57; *Pamp* in Schimansky/Bunte/Lwowski BankR-HdB § 77 Rn. 12.

[36] *Canaris* BankvertragsR Rn. 1208; *Pamp* in Schimansky/Bunte/Lwowski BankR-HdB § 77 Rn. 18.

[37] MüKoBGB/*Schürnbrand* BGB § 491 Rn. 39.

gegengezeichnet oder in anderer Weise angenommen wird, sodass im Zweifel nicht anzunehmen ist, dass sich die Bank bereits vor diesen Akten verpflichten wollte. Entscheidend sind jedoch stets die Umstände des Einzelfalls. Nicht selten kommt es bei komplexen Projekten zu intensiven Kreditverhandlungen, in deren Verlauf bereits umfangreiche Vorklärungen, insbesondere auch über eine Kreditlinie und zu stellende Sicherheiten, erzielt werden, verbunden mit der der Bank bekannten Notwendigkeit für den Kreditnehmer, zu einem bestimmten Zeitpunkt eine Entscheidung über die Realisierung eines vielleicht schon mit einigem Aufwand eingeleiteten Projekts treffen zu müssen. Die Bank, die sich in solchen Situationen unklar verhalten und den Eindruck erweckt hat, dass Einvernehmen hergestellt sei, kann sich nicht darauf verlassen, dass die Rspr. den stillschweigenden Abschluss eines Krediteröffnungsvertrags verneinen wird. Das Fehlen einer ausdrücklich festgelegten Kreditlinie steht dem Abschluss eines Krediteröffnungsvertrags nicht notwendig entgegen, weil sich die Größenordnung des Kredits hinreichend genau auch aus anderen Umständen ergeben kann.[38]

13   Ist ein Krediteröffnungsvertrag nicht geschlossen, dann hat der Kreditsuchende, selbst dann, wenn er erhebliches Vertrauen investiert hat, keinen Anspruch auf Abschluss eines derartigen Vertrages. Ein **Kontrahierungszwang** besteht nicht, wenn nicht ausnahmsweise § 20 Abs. 1, 2 GWB, § 826 BGB eingreifen.[39] Die Bank kann sich jedoch einem **Schadensersatzanspruch** aus **Verschulden bei Vertragsverhandlungen** (§ 311 Abs. 2 Nr. 1 BGB) aussetzen, so wenn sie den Vertragsschluss zu Unrecht als sicher hingestellt oder über wesentliche Umstände nicht aufgeklärt hat.[40] Aus einer Verletzung folgt indessen kein Erfüllungsanspruch, sondern regelmäßig lediglich ein Anspruch auf Ersatz des Vertrauensschadens, der allerdings dem Erfüllungsinteresse gleichkommen kann, zB wenn der Kreditsuchende infolge des Verhaltens der Bank ein anderweitiges Kreditangebot nicht wahrgenommen hat.

14   Die **Abgrenzung** zwischen einem Krediteröffnungsvertrag und dem **eigentlichen Kreditvertrag** ist nicht immer leicht zu treffen. Abgrenzungskriterium ist, ob es im Belieben des Kreditsuchenden steht, den Kredit in Anspruch zu nehmen, was jedoch nicht klar zu erkennen sein kann, wenn auch die Möglichkeit in Betracht kommt, dass der Kreditnehmer lediglich den Zeitpunkt der Inanspruchnahme frei bestimmen können soll. In solchen Fällen muss für die Ermittlung des Parteiwillens auf weitere Gesichtspunkte abgestellt werden. Beispielsweise spricht die Vereinbarung einer Nichtabnahmeentschädigung für ein Darlehen.[41]

15   Für das Verhältnis zwischen dem Krediteröffnungsvertrag und den einzelnen Kreditgeschäften gilt der **Trennungsgrundsatz,** dh dass die Schicksale des Krediteröffnungsvertrags und der Einzelverträge grundsätzlich unabhängig voneinander sind.[42] Leistungsstörungen und Beendigung des einen Vertrages müssen daher nicht auf den anderen durchschlagen. So kann durchaus ein Interesse daran bestehen, den Krediteröffnungsvertrag zu beenden und damit die Möglichkeit der Inanspruchnahme weiterer Kredits auszuschließen, bereits getätigte Kreditgeschäfte aber vertragsgemäß abzuwickeln.

16   Zum vereinbarten Inhalt eines auf Darlehensgewährung gerichteten Krediteröffnungsvertrags gehört es im Allgemeinen auch, dass sich die Bank eine Vergütung dafür versprechen lässt, dass sie die Darlehensvaluta auf Abruf bereithält **(Bereitstellungsprovision, Bereitstellungszinsen).** Auf die Einzelheiten ist an anderer Stelle einzugehen. Daneben ist im Krediteröffnungsvertrag üblicherweise die eigentliche **Kreditvergütung** (zB Darlehenszinsen, Akzept-, Avalprovision) geregelt. Ruft der Kunde den Kredit ab, kann diese Vergütung allerdings nicht beansprucht werden. Sofern vereinbart, kann stattdessen, was aber eher für den Abschluss eines Darlehensvertrags sprechen kann, eine **Nichtabnahmeentschädigung** zu zahlen sein.

17   Stehen sich der Anspruch des Kreditnehmers auf Kreditgewährung und der Anspruch der Bank auf Vergütung für die Bereitstellung des Kredits gegenüber, handelt es sich bei dem Krediteröffnungsvertrag um einen **entgeltlichen gegenseitigen Vertrag.**[43]

18   Die **Beendigung** des Krediteröffnungsvertrags erfolgt durch Ablauf der vereinbarten Laufzeit oder durch **Kündigung.** Sind Parteiabreden nicht getroffen, ergibt sich ein Recht zur **ordentlichen Kündigung** der Bank aus einer entsprechenden Anwendung darlehensvertraglicher Vorschriften, wobei der „vollständige Empfang" iSd § 489 Abs. 1 Nr. 2 BGB nicht erst dann gegeben ist, wenn die Kreditlinie vollständig ausgeschöpft ist.[44] Der Kunde, der zum Abruf nicht verpflichtet ist, kann jederzeit kündigen.

---

[38] Hopt/Mülbert, 12. Aufl. 1989, BGB Vor §§ 607 ff. Rn. 249.

[39] Pamp in Schimansky/Bunte/Lwowski BankR-HdB § 77 Rn. 23. Anders kann es liegen, wenn die Bank im Widerspruch zu ihrer sonstigen Vertragspraxis einem Kunden willkürlich einen standardisierten (Klein-) Kredit verweigert. Vgl. Hopt ZHR 143 (1979), 139 (159 f.).

[40] Vgl. dazu MüKoBGB/Berger BGB Vor § 488 Rn. 55; Pamp in Schimansky/Bunte/Lwowski BankR-HdB § 77 Rn. 22.

[41] Pamp in Schimansky/Bunte/Lwowski BankR-HdB § 77 Rn. 3, 21.

[42] Canaris BankvertragsR Rn. 1201 f., 1237; Hopt ZHR 143 (1979), 139 (160); Staudinger/Freitag, 2015, § 488 Rn. 43; MüKoBGB/Westermann, 3. Aufl. 1997, BGB Vor § 607 Rn. 16; Pamp in Schimansky/Bunte/Lwowski BankR-HdB § 77 Rn. 15. Abw. im Sinne der Einheitstheorie MüKoBGB/Berger BGB Vor § 488 Rn. 58 f.; Stauder, Der bankgeschäftliche Krediteröffnungsvertrag, 1968, 83 ff.

[43] K. Schmidt JZ 1976, 756 (762).

[44] Staudinger/Mülbert, 2015, BGB § 488 Rn. 435.

Von praktischer Bedeutung sind die in **Nr. 18, 19 AGB–Banken** (Stand: 13.1.2018) enthaltenen Kündigungsregelungen. Nach Nr. 18 Abs. 1 AGB–Banken kann der Kunde die gesamte Geschäftsverbindung oder die einzelne Geschäftsbeziehung, für die weder eine Laufzeit noch eine abweichende Kündigungsregelung vereinbart ist, jederzeit ohne Einhaltung einer Kündigungsfrist kündigen. Die Bank kann gemäß Nr. 19 Abs. 2 S. 1 und 2 AGB–Banken (vorbehaltlich von nach dem BGB für Verbraucherdarlehensverträge geltenden Sonderregelungen, vgl. § 19 Abs. 2 S. 3 AGB–Banken) Kredite und Kreditzusagen, für die weder eine Laufzeit noch eine abweichende Kündigungsregelung vereinbart ist, unter derselben Voraussetzung kündigen, jedoch ist sie verpflichtet, bei der Ausübung dieses Kündigungsrechts auf die berechtigten Belange des Kunden Rücksicht zu nehmen. Diese Einschränkung verbietet der Bank die Kündigung, solange der Kunde erkennbar noch ein berechtigtes Interesse am Abruf des Kredits hat, wenn das Kündigungsrecht nicht ohnehin stillschweigend ausgeschlossen ist. Die **außerordentliche Kündigung** aus wichtigem Grund ist zulässig, wenn sie vereinbart ist (vgl. auch Nr. 18 Abs. 2 und Nr. 19 Abs. 3 AGB–Banken), und im Übrigen nach den allgemeinen Grundsätzen die Kündigung eines Dauerschuldverhältnisses aus wichtigem Grund (§ 314 BGB).[45] Infolge des Trennungsgrundsatzes gibt es auch bei einer Kündigung des Krediteröffnungsvertrags aus wichtigem Grund keinen Automatismus in der Weise, dass damit sämtliche Einzelkredite beendet sind.[46]

Der Bank steht entsprechend § 490 Abs. 1 BGB ein außerordentliches Kündigungsrecht zu, wenn **19** in den Vermögensverhältnissen des anderen Teils oder in der Werthaltigkeit einer zu stellenden Sicherheit eine wesentliche Verschlechterung eintritt oder einzutreten droht, durch die die Rückerstattung des Darlehens, auch unter Verwertung der Sicherheit, gefährdet würde.[47]

Der Anspruch auf Gewährung des Kredits kann **abgetreten** werden, wenn dies nicht verein- **20** barungsgemäß ausgeschlossen ist (§ 399 Alt. 2 BGB).[48] Eine Inhaltsveränderung der Leistung iSd § 399 Alt. 1 BGB liegt darin nicht. Der Zedent bleibt weiterhin Schuldner der Bank und ihr zur Rückzahlung verpflichtet, sodass deren Interessen nicht in relevanter Weise berührt sind. Das **Abrufrecht** geht nicht entsprechend § 401 Abs. 1 BGB kraft Gesetzes auf den Zessionar über.[49] Auch eine selbstständige Übertragbarkeit des Ausübungsrechts ist ausgeschlossen, da es personengebunden in der Hand des Kreditnehmers bleiben muss.[50]

Die **Verpfändung** des Anspruchs auf Kreditgewährung ist zulässig.[51] **21**

Die Verwertung und die **Zwangsvollstreckung** in den Anspruch auf Kreditgewährung durch **22** **Pfändung** scheitert im Ergebnis daran, dass das Recht auf Abruf nicht übertragbar ist (§ 851 Abs. 1 ZPO), dieses Recht also beim Kreditnehmer verbleibt, und es auch nicht als unselbstständiges Nebenrecht iSd § 401 BGB von der Pfändung miterfasst wird.[52] Solange der Schuldner keine Verfügung über den ihm eingeräumten Kredit vornimmt, hat die Pfändung für den Gläubiger keinen realisierbaren Wert. Unterlässt der Schuldner den Abruf, steht dem Gläubiger ein wirtschaftlich verwertbares Recht nicht zur Verfügung. Mit der wirksamen Kündigung des Krediteröffnungsvertrags oder der Eröffnung des Insolvenzverfahrens entfällt das Abrufrecht endgültig.[53] Diese vom BGH gebilligte Lösung ist vorzugswürdig, weil sie dem Gläubiger das Zugriffsrecht erhält, wenn der Schuldner von seinem Abrufrecht Gebrauch macht.

III. Darlehensvertrag

1. Allgemeines. Der Darlehensvertrag ist ein schuldrechtlicher Vertrag, durch den der Darlehens- **23** geber verpflichtet wird, dem Darlehensnehmer einen Geldbetrag in der vereinbarten Höhe zur Verfügung zu stellen, und der Darlehensnehmer verpflichtet ist, einen geschuldeten Zins zu zahlen und bei Fälligkeit das zur Verfügung gestellte Darlehen zurückzuerstatten (§ 488 Abs. 1 BGB). Seit dem Schuldrechtsmodernisierungsgesetz[54] ist Darlehensvertrag somit nur noch der Gelddarlehensvertrag,

---

[45] MüKoBGB/*Berger* BGB Vor § 488 Rn. 62.

[46] *Pamp* in Schimansky/Bunte/Lwowski BankR-HdB § 77 Rn. 15, 37.

[47] *Pamp* in Schimansky/Bunte/Lwowski BankR-HdB § 77 Rn. 29.

[48] BGH Urt. v. 29.3.2001 – IX ZR 34/00, BGHZ 147, 193 (195) = NJW 2001, 1937 (1938); Urt. v. 22.1.2004 – IX ZR 39/03, NJW 2004, 1444 (1445); *Canaris* BankvertragsR Rn. 1222; *Pamp* in Schimansky/Bunte/Lwowski BankR-HdB § 77 Rn. 16; aA MüKoBGB/*Berger* BGB Vor § 488 Rn. 63.

[49] *Pamp* in Schimansky/Bunte/Lwowski BankR-HdB § 77 Rn. 16; aA *Canaris* BankvertragsR Rn. 1224.

[50] MüKoBGB/*Berger* BGB Vor § 488 Rn. 63; *Pamp* in Schimansky/Bunte/Lwowski BankR-HdB § 77 Rn. 16; aA wohl *Canaris* BankvertragsR Rn. 1224.

[51] BGH Urt. v. 29.3.2001 – IX ZR 34/00, BGHZ 147, 193 (195) = NJW 2001, 1937 (1938); Urt. v. 22.1.2004 – IX ZR 39/03, NJW 2004, 1444 (1445); MüKoBGB/*Westermann*, 3. Aufl. 1997, BGB Vor § 607 Rn. 25; *Pamp* in Schimansky/Bunte/Lwowski BankR-HdB § 77 Rn. 17; aA Soergel/*Häuser*, 12. Aufl. 1998, BGB Vor § 607 Rn. 50; *Bitter* WM 2004, 1109 (1116).

[52] Staudinger/*Freitag*, 2015, BGB § 488 Rn. 452; MüKoBGB/*Berger* BGB Vor § 488 Rn. 63; *Felke* WM 2002, 1632 (1636).

[53] BGH Urt. v. 22.1.2004 – IX ZR 39/03, NJW 2004, 1444 (1445).

[54] Gesetz zur Modernisierung des Schuldrechts vom 26.11.2001, BGBl. I 3138.

womit der Gesetzgeber der überragenden praktischen Bedeutung des Gelddarlehens Rechnung getragen hat. Die Grundform des Sachdarlehens, von der sich das Gelddarlehen emanzipiert hat, ist weiterhin in den §§ 607–609 BGB zu finden, während das Gelddarlehen in den §§ 488 ff. BGB systematisch alles andere als ideal zwischen Teilzeit-Wohnrechteverträge und Schenkung platziert worden ist.[55] Da Geld auch körperlich in Scheinen und Münzen darlehensweise überlassen werden kann, war es erforderlich, in § 607 Abs. 2 BGB ausdrücklich zu bestimmen, dass die Vorschriften über das Sachdarlehen auf die Überlassung von Geld keine Anwendung finden.

24   Im Bankkreditrecht ist allein das **Gelddarlehen** von Bedeutung. Es ist die Grundform effektiver Kreditgewährung (Zahlungskredit im Gegensatz zum Haftungskredit).[56] Das gesetzliche Merkmal, dass ein Geldbetrag „zur Verfügung zu stellen" ist, soll die Verschaffung von Buchgeld einschließen,[57] die heutzutage den Regelfall darstellt. Nur ausnahmsweise wird die Darlehensvaluta körperlich überlassen, ansonsten ganz überwiegend von einem Konto auf ein anderes überwiesen, sodass dem Darlehensnehmer ein Forderungsrecht gegen eine Bank verschafft wird. Das Gelddarlehen ist damit weitgehend „entmaterialisiert".[58] Wird die Darlehensvaluta körperlich überlassen, dann meint „zur Verfügung stellen" nach wie vor die Überlassung zu Eigentum. Sie verweist auf die wichtigste Funktion des Darlehens, nämlich die Verschaffung der Möglichkeit für den Darlehensnehmer, über die Darlehensvaluta rechtlich verfügen und sie nutzen zu können. Auch bei Buchgeld ist es wesentlich, dass der Darlehensnehmer darüber verfügen und er es sich vergleichbar einem Eigentümer wirtschaftlich zunutze machen kann, sonst liegt kein Darlehen vor.

25   Weiteres unentbehrliches Merkmal eines Darlehens ist die Überlassung zur Nutzung nur auf Zeit, dh die Begründung einer **Rückerstattungspflicht** des Darlehensnehmers,[59] was im Gesetz jetzt ausdrücklich zum Ausdruck kommt. Der Inhalt der Rückerstattungspflicht kann durch Vereinbarung modifiziert werden; es muss deshalb nicht notwendig Geld zurückzuerstatten sein, sondern es könnte beispielsweise eine Rückerstattung in Aktien vereinbart werden.

26   Obgleich das Gesetz nunmehr ausdrücklich bestimmt, dass der Darlehensnehmer verpflichtet ist, „einen geschuldeten Zins zu zahlen", ist die **Entgeltlichkeit** kein notwendiges Begriffsmerkmal des Darlehens. Ein unentgeltliches Darlehen stellt zwar im Wirtschaftsleben einen absoluten Ausnahmefall dar, und das Gesetz geht auch vom verzinslichen Darlehen als Regelfall aus. Gleichwohl ist es möglich und kommt auch vor, dass ein Darlehen unentgeltlich gewährt wird **(Gefälligkeitsdarlehen).** Das unentgeltliche Darlehen ist ein zweiseitiger Vertrag, der beide Teile zu einer Leistung verpflichtet, nämlich den Darlehensgeber, dem Darlehensnehmer die Darlehensvaluta zu übergeben und zu belassen, und den Darlehensnehmer, das Empfangene zurückzugewähren; es ist jedoch kein **gegenseitiger Vertrag,** weil die Pflicht zur Rückerstattung nicht die Gegenleistung für den Empfang des Darlehens darstellt.[60] Anders liegt es beim entgeltlichen (verzinslichen) Darlehen, bei dem die Kapitalüberlassung auf Zeit und die Verzinsung im Gegenseitigkeitsverhältnis stehen,[61] sodass insoweit grundsätzlich die §§ 320 ff. BGB anwendbar sind.[62]

27   Der Darlehensvertrag ist ein **Dauerschuldverhältnis,**[63] da ihn eine dauernde Pflichtenbindung über seine Laufzeit kennzeichnet und er sich nicht nur in einem einmaligen Leistungsaustausch erschöpft.

28   **2. Anbahnung des Vertrages.** Schon vor dem Abschluss eines Darlehensvertrages können Pflichten der Parteien erwachsen, deren Verletzung schadensersatzpflichtig machen kann. Als von besonderer praktischer Bedeutung erweisen sich dabei Aufklärungs- und Beratungspflichten der Bank.

29   Dabei gilt es, den Darlehensvertrag und die im Zuge seiner Anbahnung bestehenden Pflichten von sonstigen Verträgen zwischen der Bank und ihrem Kunden zu unterscheiden, die nur teilweise im Zusammenhang mit dem Zustandekommen eines Darlehensvertrags stehen. Zwischen der Bank und ihrem Kunden kommt unabhängig von der Frage, ob der Kunde eine Kapitalanlage mittels eines Darlehens oder aus eigenen Mitteln finanzieren will, unabhängig von einer Darlehensgewährung konkludent ein **(Kapital-)Anlageberatungsvertrag** zu Stande, wenn – gleichgültig, ob auf Initiative des Kunden oder der Bank – im Zusammenhang mit einer **Anlageentscheidung** tatsächlich eine Beratung

[55] Krit. dazu *Mülbert* WM 2002, 465 (466); *Nagel* → 2. Aufl. 2003, BankR Rn. 4.
[56] Staudinger/*Mülbert,* 2015, BGB § 488 Rn. 1 f.
[57] BT-Drs. 14/6040, 253.
[58] *Mülbert* WM 2002, 465 (468); MüKoBGB/*Berger* BGB § 488 Rn. 26.
[59] BGH Urt. v. 13.7.1957 – IV ZR 93/57, BGHZ 25, 174 (177 f.) = NJW 1957, 1515 (1516); MüKoBGB/*Berger* BGB § 488 Rn. 43.
[60] MüKoBGB/*Berger* BGB Vor § 488 Rn. 10; MüKoBGB/*Berger* BGB § 488 Rn. 43; *Soergel/Häuser,* 12. Aufl. 1998, BGB Vor § 607 Rn. 10.
[61] MüKoBGB/*Berger* BGB Vor § 488 Rn. 10.
[62] MüKoBGB/*Berger* BGB Vor § 488 Rn. 10; teilweise abw. Staudinger/*Freitag,* 2015, BGB § 488 Rn. 160 ff., 237.
[63] BGH Urt. v. 19.9.1985 – III ZR 213/83, NJW 1986, 46 (48); Urt. v. 5.3.1981 – III ZR 115/80, NJW 1981, 1666 (1667); Urt. v. 16.12.1968 – III ZR 151/66, WM 1969, 335 (336); MüKoBGB/*Berger* BGB Vor § 488 Rn. 12.

stattfindet.[64] Das in dem Verlangen nach Beratung oder der Aufnahme der Beratung liegende Angebot auf Abschluss eines Beratungsvertrages wird durch die Aufnahme des Beratungsgesprächs stillschweigend angenommen.[65] Gibt die Bank auf Befragen bloß eine Auskunft, dann kann darin – im Bereich der Anlageberatung eher die Ausnahme als die Regel – der stillschweigende Abschluss eines **Auskunfts-vertrags** liegen, wenn die Auskunft für den Empfänger erkennbar von erheblicher Bedeutung ist und er sie zur Grundlage wesentlicher Entschlüsse machen will; das gilt insbesondere in den Fällen, in denen der Auskunftgeber für die Erteilung der Auskunft besonders sachkundig oder ein eigenes wirtschaftliches Interesse bei ihm im Spiel ist.[66] In beiden Fällen gilt, dass die Informationen bei Meidung einer Haftung richtig, vollständig und auch unmissverständlich gegeben werden müssen.[67]

Der (Kapital-) Anlageberatungsvertrag ist vom **Finanzierungsberatungsvertrag** zu unterscheiden,   **30** der nicht die Beratung über eine Anlageentscheidung, sondern die Beratung über die Verschaffung von Finanzierungsmitteln zum Gegenstand hat. Der Finanzierungsberatungsvertrag kann ebenfalls stillschweigend zustande kommen. Bei einem Finanzierungsberatungsvertrag trifft den Darlehensgeber gegenüber dem Darlehensnehmer die Verpflichtung, über die spezifischen Nachteile und Risiken und die vertragsspezifischen Besonderheiten der empfohlenen **Finanzierungsform** aufzuklären. Inhalt und Umfang der Beratungspflichten hängen dabei von den Umständen des Einzelfalls ab. Grundsätze zu den Pflichten einer anlageberatend tätigen Bank, wie etwa die Pflicht zur Aufklärung über von ihr vereinnahmte Rückvergütungen, sind auf eine Finanzierungsberatung durch eine Bank nicht übertragbar.[68]

Verlangt der Kunde bei Vorverhandlungen vor Abschluss eines Darlehensvertrages keine Beratung,   **31** stellt er keine Fragen und wird die Bank auch nicht von sich aus beratend tätig, gilt grundsätzlich, dass die Bank keine **vorvertraglichen Aufklärungspflichten** treffen. Insbesondere ist sie grundsätzlich – zu Ausnahmen siehe sogleich – nicht verpflichtet zu ermitteln, ob die Darlehensaufnahme für den Kunden wirtschaftlich vernünftig ist oder ob der Kunde genügenden finanziellen Rückhalt aufweist. Die Bank ist grundsätzlich nicht verpflichtet, den Darlehensnehmer über die Risiken der von ihm beabsichtigten Verwendung des Darlehens aufzuklären.[69] Es fällt in die Eigenverantwortung des Kunden, seine wirtschaftliche Leistungsfähigkeit und die Risiken der Darlehensaufnahme abzuschätzen.[70] Das ist auch nicht schon dann anders, wenn die Bank im Eigen- oder Drittinteresse die Kreditwürdigkeit oder Wirtschaftlichkeit prüft, etwa gem. § 18 KWG oder auf Grund bankinterner Kreditvergaberichtlinien.[71] Eine allgemein geltende Regel, dass „das Kreditinstitut auch bei der Darlehensvergabe als professioneller Besorger von Vermögensangelegenheiten … angegangen wird und nicht die Augen davor verschließen darf, wenn der Kunde in sein Verderben läuft",[72] gibt es nicht.

Der Grundsatz wird jedoch durch gewichtige **Ausnahmen** durchbrochen, die ihn in der Praxis   **32** erheblich relativieren: Eine Aufklärungspflicht über Risiken einer Finanzierung kann sich aus den besonderen Umständen des Falles ergeben, vor allem dann, wenn die Bank zu Lasten des Darlehensnehmers ihre **Rolle als Kreditgeberin überschreitet,** insbesondere wenn sie selbst als Partei des finanzierten Geschäfts auftritt, wenn sie einen zu den allgemeinen wirtschaftlichen Risiken hinzutretenden **besonderen Gefährdungstatbestand** für den Kunden schafft oder dessen Entstehen begünstigt, wenn sie sich in einem **schwerwiegenden Interessenkonflikt** zu Lasten des Darlehensnehmers

---

[64] BGH Urt. v. 24.9.2002 – XI ZR 345/01, NJW 2002, 3695 (3697); Urt. v. 13.1.2004 – XI ZR 355/02, NJW 2004, 1868 (1869); Urt. v. 28.4.2015 – XI ZR 378/13, BGHZ 205, 117 Rn. 23 = NJW 2015, 2248; Urt. v. 22.3.2016 – XI ZR 425/14, NJW 2016, 2949 Rn. 21.

[65] Vgl. BGH Urt. v. 6.7.1993 – XI ZR 12/93, BGHZ 123, 126 (128) = NJW 1993, 2433.

[66] BGH Urt. v. 29.10.1952 – II ZR 283/51, BGHZ 7, 371 (374 ff.) = NJW 1953, 60; Urt. v. 22.3.1979 – VII ZR 259/77, BGHZ 74, 103 (106 ff.) = NJW 1979, 1449; Urt. v. 4.3.1987 – IVa ZR 122/85, BGHZ 100, 117 (118 f.) = NJW 1987, 1815 (1816); Urt. v. 17.10.1989 – XI ZR 39/89, NJW 1990, 513; Urt. v. 13.2.1992 – III ZR 28/90, NJW 1992, 2080 (2082); Urt. v. 21.5.1996 – XI ZR 199/95, BGHZ 133, 36 (42) = NJW 1996, 2734 (2736); Urt. v. 3.12.1996 – XI ZR 255/95, NJW 1997, 730 (731); Urt. v. 5.12.2000 – XI ZR 340/99, NJW-RR 2001, 768 (769); MüKoBGB/*Berger* BGB Vor § 488 Rn. 72.

[67] *Siol* in Schimansky/Bunte/Lwowski BankR-HdB § 44 Rn. 9.

[68] BGH Urt. v. 19.12.2017 – XI ZR 152/17, NJW 2018, 848 Rn. 31 ff.

[69] BGH Urt. v. 31.3.1992 – XI ZR 70/91, NJW-RR 1992, 879 (880); Urt. v. 28.4.1992 – XI ZR 165/91, NJW 1992, 2146 (2147); Urt. v. 27.6.2000 – XI ZR 210/99, NJW-RR 2000, 1576 (1577); MüKoBGB/*Berger* BGB Vor § 488 Rn. 70; Palandt/*Grüneberg* BGB § 280 Rn. 58.

[70] BGH Urt. v. 28.11.1995 – XI ZR 37/95, NJW 1996, 663 (664); Urt. v. 7.4.1992 – XI ZR 200/91, WM 1992, 977; Urt. v. 31.3.1992 – XI ZR 70/91, NJW-RR 1992, 879 (880); Urt. v. 4.12.1990 – XI ZR 340/89, NJW 1991, 832 (834); Beschl. v. 23.11.1989 – III ZR 40/89, NJW-RR 1990, 246 (247); *Siol* in Schimansky/Bunte/Lwowski BankR-HdB § 44 Rn. 12 ff.; *Häuser* in Schimansky/Bunte/Lwowski BankR-HdB § 83 Rn. 24, 25; MüKoBGB/*Berger* BGB Vor § 488 Rn. 70; Palandt/*Grüneberg* BGB § 280 Rn. 58.

[71] BGH Urt. v. 3.6.2008 – XI ZR 131/07, NJW 2008, 2572 (2575); Urt. v. 16.5.2006 – XI ZR 6/04, BGHZ 168, 1 (21) = NJW 2006, 2099 (2104); OLG Dresden Urt. v. 6.6.2001 – 8 U 2694/00, WM 2003, 1802; *Siol* in Schimansky/Bunte/Lwowski BankR-HdB § 44 Rn. 15; MüKoBGB/*Berger* BGB Vor § 488 Rn. 70; *Lang* in Welter/Lang, Handbuch der Informationspflichten im Bankverkehr, 2005, Rn. 11.24; Palandt/*Grüneberg* BGB § 280 Rn. 56.

[72] *Köndgen* NJW 2000, 468 (469); *Lang* in Welter/Lang, Handbuch der Informationspflichten im Bankverkehr, 2005, Rn. 11.2.

befindet oder wenn sie in bezug auf die speziellen Risiken des Vorhabens einen konkreten **Wissensvorsprung** vor dem Darlehensnehmer hat.[73] Diese von der Rspr. im Zusammenhang mit Bauherren- und Erwerbermodellen entwickelten Grundsätze haben für alle Kreditgeschäfte Geltung.

33   Eine Bank überschreitet ihre **Rolle als Kreditgeberin** nicht nur, wenn sie sich offensiv in die Planung eines Projekts einschaltet, sondern bereits dann, wenn sie den **zurechenbaren Anschein einer weitgehenden Zusammenarbeit** erweckt hat. Die Haftung der Bank aus Verschulden bei Vertragsverhandlungen (§ 311 Abs. 2 BGB) ist in diesen Fällen deshalb begründet, weil sie einen Vertrauenstatbestand, dass sie Funktionen von Veräußerer oder Vertreiber übernommen hat, geschaffen hat, sodass konsequenterweise von ihr zu verlangen ist, dass sie auch den im jeweiligen Funktionsbereich geltenden Prüfungs- und Aufklärungspflichten genügen muss.[74] Eine Überschreitung der Kreditgeberrolle liegt vor, wenn die Bank im Zusammenhang mit der Planung, der Durchführung oder dem Vertrieb eines Objekts gleichsam als Partei des zu finanzierenden Geschäfts in nach außen erkennbarer Weise Funktionen oder Aufgaben des Veräußerers oder Vertreibers übernommen und damit einen zusätzlichen auf die übernommenen Funktionen bezogenen Vertrauenstatbestand geschaffen hat.[75] Demgegenüber ist es unschädlich, wenn die Bank **in lediglich internen Verhandlungen** auf die Konzeption eines Kapitalanlagemodells Einfluss nimmt, um ihr Kreditengagement zu sichern, weil dieses Verhalten mit der typischen Rolle eines Kreditgebers im Einklang steht.[76] Selbst wenn die Einflussnahme den banküblichen Rahmen, und sei es auch deutlich, überschritten hat, die Bank aber nicht nach außen in Erscheinung getreten ist, lässt sich eine Haftung für erwecktes Vertrauen unter diesem Aspekt nicht begründen.[77] Eine Haftung auf Grund anderer Gesichtspunkte, etwa auf Grund konkreten Wissensvorsprungs oder Interessenkollision, wird dadurch aber nicht ausgeschlossen. Die Ausnahmetatbestände stehen selbstständig nebeneinander und können sich auch überschneiden.[78]

34   Eine Aufklärungspflicht der Bank auf Grund der Schaffung oder Begünstigung eines **besonderen Gefährdungstatbestands** ist in der Rspr. dann bejaht worden, wenn die Bank ein Projekt mit ungenügender Absicherung risikoreich vorfinanziert hat[79] oder wenn sie ein insolvenzreifes Projekt unter Abtretung der Ansprüche des Verkäufers gegen die Bauherren sicherstellen will, sodass dem Verkäufer keinerlei Mittel zur Verfügung bleiben.[80]

35   Ein (schwerwiegender) **Interessenkonflikt** tritt typischerweise dann auf, wenn die Bank sowohl das Anlageprojekt als auch den Anleger finanziert und die Kreditgewährung an den Anleger dazu dienen soll, ihr Projektengagement zurückzuführen. Liegt ein solcher Konflikt vor, dann muss die Bank den Kreditinteressenten über die konfliktbegründenden Umstände in Kenntnis setzen.[81] Der Widerstreit, in den die Bank dadurch gerät, dass sie durch eine derartige Aufklärung ihren eigenen Interessen schadet, kann nicht zu Lasten des Anlegers gelöst werden. Nicht jeder Interessenkonflikt begründet aber eine Aufklärungspflicht, denn er muss „schwerwiegend" sein. Wegen der Unschärfe dieses Begriffs ist der Bank jedoch zu empfehlen, eher zuviel als zuwenig aufzuklären und sich von Interessenkonflikten nach Möglichkeit freizuhalten. Nicht ausreichend für die Annahme eines schwerwiegenden Interessenkonfliktes ist der bloße Umstand, dass die Bank beide Partner des Geschäfts finanziert (Doppelfinanzierung), darüber muss sie nicht informieren.[82]

36   Auch über eine **„versteckte Innenprovision"** muss eine Bank grundsätzlich nicht aufklären.[83] Eine Aufklärungspflicht kommt nur ausnahmsweise in Betracht, wenn die Innenprovision zu einer so wesentlichen Verschiebung der Relation zwischen Kaufpreis und Verkehrswert beiträgt, dass die Bank von einer sittenwidrigen Übervorteilung des Käufers durch den Verkäufer ausgehen muss.[84]

---

[73] BGH Urt. v. 31.3.1992 – XI ZR 70/91, NJW-RR 1992, 879 (880); Urt. v. 11.2.1999 – IX ZR 352/97, NJW 1999, 2032; Urt. v. 9.11.2004 – XI ZR 315/03, WM 2005, 72 (76); Urt. v. 16.5.2006 – XI ZR 6/04, BGHZ 168, 1 (21) = NJW 2006, 2099 (2104); Urt. v. 20.3.2007 – XI ZR 414/04, WM 2007, 876 (877).

[74] BGH Urt. v. 31.3.1992 – XI ZR 70/91, NJW-RR 1992, 879 (882 f.).

[75] BGH Urt. v. 18.3.2003 – XI ZR 188/02, NJW 2003, 2088 (2090).

[76] BGH Urt. v. 31.3.1992 – XI ZR 70/91, NJW-RR 1992, 879 (882).

[77] *Siol* in Schimansky/Bunte/Lwowski BankR-HdB § 44 Rn. 36.

[78] MüKoBGB/*Berger* BGB Vor § 488 Rn. 73.

[79] BGH Urt. v. 17.12.1991 – XI ZR 8/91, NJW-RR 1992, 373 (374).

[80] BGH Urt. v. 28.4.1992 – XI ZR 165/91, NJW 1992, 2146 (2147).

[81] BGH Beschl. v. 5.4.2011 – XI ZR 365/09, WM 2011, 876 (877); Urt. v. 21.9.2010 – XI ZR 232/09, WM 2010, 2069 (2070); Urt. v. 17.12.1991 – XI ZR 8/91, NJW-RR 1992, 373 (374); *Siol* in Schimansky/Bunte/Lwowski BankR-HdB § 44 Rn. 42 f.

[82] BGH Urt. v. 21.1.1988 – III ZR 179/86, NJW 1988, 1583 (1584); Urt. v. 18.3.2003 – XI ZR 188/02, NJW 2003, 2088 (2090); Urt. v. 26.10.2004 – XI ZR 255/03, BGHZ 161, 15 = NJW 2005, 664 (665); *Siol* in Schimansky/Bunte/Lwowski BankR-HdB § 44 Rn. 41; Palandt/*Grüneberg* BGB § 280 Rn. 61; aA *Köndgen* NJW 2000, 469 (471).

[83] BGH Urt. v. 18.4.2000 – XI ZR 193/99, NJW 2000, 2352 (2353); Urt. v. 12.11.2002 – XI ZR 3/01, NJW 2003, 424 (425); Urt. v. 23.3.2004 – XI ZR 194/02, NJW 2004, 2378 (2380); Urt. v. 26.10.2004 – XI ZR 255/03, BGHZ 161, 15 = NJW 2005, 664 (665); MüKoBGB/*Berger* BGB Vor § 488 Rn. 73; *Siol* in Schimansky/Bunte/Lwowski BankR-HdB § 44 Rn. 39; Palandt/*Grüneberg* BGB § 280 Rn. 60.

[84] BGH Urt. v. 12.11.2002 – XI ZR 3/01, NJW 2003, 424 (425); Urt. v. 23.3.2004 – XI ZR 194/02, NJW 2004, 2378 (2380).

Von besonderer praktischer Bedeutung ist die Pflicht der Bank, den Darlehensnehmer bei einem 37 konkreten **Wissensvorsprung** über spezielle Risiken aufzuklären. Ein Wissensvorsprung liegt zweifellos vor, wenn die Bank über Insiderwissen verfügt, zu dem der Darlehensnehmer keinen Zugang hat. Es muss sich um vorhandenes, von ihr als wesentlich erkanntes Wissen handeln; die Bank ist nicht verpflichtet, sich einen Wissensvorsprung erst zu verschaffen.[85] Der Kenntnis gleichzustellen ist es, wenn die Bank sich einer sich aufdrängenden Erkenntnis verschließt.[86] Die innerhalb der arbeitsteiligen Organisation der Bank vorhandenen **Kenntnisse ihrer Mitarbeiter** sind ihr grundsätzlich zuzurechnen, weil derjenige, der mit einer solchen Organisation kontrahiert, nicht schlechter gestellt werden darf, als wenn er mit einer natürlichen Person abgeschlossen hätte.[87] Unerheblich ist, ob der Kenntnisträger ausgeschieden, versetzt oder sonst abwesend ist, weil die Bank dafür sorgen muss, dass relevantes Wissen dokumentiert und weitergegeben wird. Geschieht dies nicht, dann muss sich die Bank aus Gründen des Verkehrsschutzes grundsätzlich so behandeln lassen, als habe sie von der Information Kenntnis.[88] Wissen ihres nicht an der Kreditvergabe beteiligten Personals ist ihr jedenfalls dann zurechenbar, wenn ein Informationsaustausch möglich und naheliegend war.[89] Darüber hinausgehend wird man es einer Organisation, die aus der Arbeitsteilung Vorteile zieht, generell nicht gestatten können, sich gegenüber einem Kunden auf eine dadurch herbeigeführte Unwissenheit zu berufen.[90] Eine Ausnahme muss allerdings dann eingreifen, wenn die Bank zu Errichtung von Informationsbarrieren zwischen verschiedenen Bereichen gesetzlich oder im überwiegenden Kundeninteresse gehalten ist.

Der Begriff des Wissensvorsprungs deckt auch einen solchen ab, der dadurch entstanden ist, dass es 38 der Kunde unterlassen hat, sich kundig zu machen. Je nachdem, wie an dieser Nahtstelle die Akzente gesetzt werden, wird der Eigenverantwortung des Kunden unterschiedliches Gewicht verliehen. Nach der Rspr. des BGH kann die Bank davon ausgehen, dass der Kunde über die allgemeinen und typischen Risiken einer Anlage informiert ist, sofern ihr keine gegenteiligen Anhaltspunkte vorliegen.[91] Insbesondere bei **auf Steuerersparnis zielenden Bauherren- oder Ersterwerbermodellen** wird ein besonders strenger Maßstab an die Schutzbedürftigkeit der Kunden angelegt, von denen ausgegangen werden könne, dass sie entweder selbst über die notwendigen Kenntnisse und Erfahrungen verfügten oder sich der Hilfe von Fachleuten bedienten.[92] Eine Aufklärungspflicht besteht aber jedenfalls in krassen Fällen, zB wenn die Bank positiv weiß oder sie sich grob fahrlässig der Erkenntnis verschließt, dass der Darlehensnehmer sein Geld verlieren wird, etwa weil die Zahlungsunfähigkeit der Geschäftspartner bevorsteht, oder wenn der Kunde über bedeutsame Umstände getäuscht[93] oder sittenwidrig übervorteilt wurde.[94] Ein Konflikt zwischen der Aufklärungspflicht und dem Bankgeheimnis ist durch Güterabwägung zu lösen,[95] die in solchen Fällen einer Aufklärung nicht entgegensteht. Ein konkreter Wissensvorsprung der Bank ist ein solcher, den der Darlehensnehmer auch unter Hilfestellung von sich aus nicht schließen könnte. Zu unterscheiden im Hinblick auf die Aufklärungspflicht sind die dem Darlehen selbst innewohnenden, sich nicht allein auf den Verwendungszweck des Darlehens beziehenden Risiken, für die eine Aufklärungspflicht der Bank, etwa über eine zweckmäßigere Finanzierung, in Betracht kommt, wobei auch die Geschäftsunerfahrenheit des Kunden bedeutsam sein kann.[96] Ein darüber hinausgehendes **Prinzip verantwortungsvoller Kreditvergabe,** wie sie im Richtlinienentwurf der Europäischen Kommission über Verbraucherkreditverträge favorisiert worden war, hat sich

---

[85] BGH Beschl. v. 28.1.1992 – XI ZR 301/90, WM 1992, 602 (603); Urt. v. 31.3.1992 – XI ZR 70/91, NJW-RR 1992, 879 (880); Urt. v. 5.5.1992 – XI ZR 242/91, NJW 1992, 2560 (2562); Urt. v. 27.1.2004 – XI ZR 37/03, NJW 2004, 1376 (1378).

[86] BGH Urt. v. 29.4.2008 – XI ZR 221/07, ZIP 2008, 1421 (1422); MüKoBGB/*Berger* BGB Vor § 488 Rn. 73; *Ellenberger* in Nobbe, Kommentar zum Kreditrecht, 3. Aufl. 2018, BGB Vor § 488 Rn. 24; vgl. OLG Hamm Urt. v. 21.11.1996 – 5 U 54/96, WM 1998, 1230 (1234).

[87] BGH Urt. v. 15.4.1997 – XI ZR 105/96, BGHZ 135, 202 (205) = NJW 1997, 1917 f.; MüKoBGB/*Berger* BGB Vor § 488 Rn. 79.

[88] BGH Urt. v. 15.4.1997 – XI ZR 105/96, BGHZ 135, 202 (205) = NJW 1997, 1917 f.; Urt. v. 13.1.2015 – XI ZR 179/13, BeckRS 2015, 2840 Rn. 27.

[89] BGH Urt. v. 1.6.1989 – III ZR 261/87, NJW 1989, 2879 (2880); MüKoBGB/*Berger* BGB Vor § 488 Rn. 79.

[90] MüKoBGB/*Berger* BGB Vor § 488 Rn. 79; *Nobbe* in Hadding/Hopt/Schimansky, Neues Schuldrecht und Bankgeschäfte – Wissenszurechnung bei Kreditinstituten, 2003, 131, 134.

[91] Vgl. BGH Urt. v. 21.1.1988 – III ZR 179/86, NJW 1988, 1583 (1584).

[92] BGH Urt. v. 18.4.2000 – XI ZR 193/99, NJW 2000, 2352 (2353); Urt. v. 24.4.1990 – XI ZR 236/89, NJW-RR 1990, 876 (877); MüKoBGB/*Berger* BGB Vor § 488 Rn. 70; *Siol* in Schimansky/Bunte/Lwowski BankR-HdB § 44 Rn. 45.

[93] BGH Urt. v. 20.3.2007 – XI ZR 414/04, WM 2007, 876 (880); Urt. v. 17.10.2006 – XI ZR 205/05, WM 2007, 114 (115); Urt. v. 23.3.2004 – XI ZR 194/02, WM 2004, 1221 (1225); Urt. v. 28.4.1992 – XI ZR 165/91, NJW 1992, 2146 (2147); Urt. v. 1.6.1989 – III ZR 277/87, NJW 1989, 2881 (2882); *Siol* in Schimansky/Bunte/Lwowski BankR-HdB § 44 Rn. 31.

[94] BGH Urt. v. 2.12.2003 – XI ZR 53/02, NJW-RR 2004, 632; Urt. v. 18.4.2000 – XI ZR 193/99, NJW 2000, 2352 (2353); *Siol* in Schimansky/Bunte/Lwowski BankR-HdB § 44 Rn. 27.

[95] BGH Urt. v. 27.11.1990 – XI ZR 308/89, NJW 1991, 693 (694).

[96] OLG Köln Urt. v. 20.6.2000 – 22 U 215/99, WM 2000, 2139 (2141); *Lang* in Welter/Lang, Handbuch der Informationspflichten im Bankverkehr, 2005, Rn. 11.14 ff.

nicht durchgesetzt.[97] Eine Erweiterung des Schutzes des Anlegers nimmt der BGH[98] in Fällen, die dem konkreten Wissensvorsprung zugerechnet werden, dann vor, wenn die Bank mit dem Verkäufer oder Vertreiber eines finanzierten Objekts **„institutionalisiert zusammenarbeitet"**, worunter eine ständige Geschäftsbeziehung zu verstehen ist. Praktisch bedeutsam wird diese Fallgruppe insbesondere in den Fällen sog. **„Schrottimmobilien"**. Behauptet der Anleger, durch Verkäufer oder Vertreiber arglistig über das Anlageobjekt getäuscht worden zu sein, dann wird die Kenntnis der Bank von dieser Täuschung und damit ihr konkreter Wissensvorsprung nach dieser Rspr. bei Vorliegen einer institutionalisierten Zusammenarbeit **widerleglich vermutet**.

39   Bietet die Bank eine bestimmte Art der Finanzierung an, die für den Kunden Nachteile hat, ohne dass er sie ohne weiteres durchschauen könnte, kann die Bank gehalten sein, den Kunden aufzuklären, sodass er verantwortlich selbst darüber entscheiden kann, ob die angebotene Vertragsgestaltung seinen wirtschaftlichen Verhältnissen und Bedürfnissen entspricht.[99] Eine solche Aufklärungspflicht wird im Hinblick auf alle **schwer durchschaubaren (intransparenten) Finanzkonstruktionen** gefordert.[100] In der Rspr. sind solche Fälle angenommen worden, wenn einem nicht besonders geschäftserfahrenen und rechtskundigen Kreditbewerber ein Kreditvertrag mit Kapitallebensversicherung angeboten wurde, obgleich ein Versicherungsbedürfnis nicht bestand,[101] oder wenn die Bank mit nicht transparenten neuen Kreditformen auf den Markt kam, die zu Unrecht den Anschein eines vorteilhaften Angebots erweckten („Idealkredit", „Dispo-Vario-Kredit" uÄ).[102] Eine Aufklärungspflicht kann auch in Betracht kommen, wenn die Bank eine Umschuldung zu ihren Gunsten herbeiführen will, deren Nachteile dem Kunden nicht durchschaubar sind.[103]

40   Eine wichtige Ergänzung der oben genannten Grundsätze hat das Gesetz zur Umsetzung der Wohnimmobilienkreditrichtlinie und zur Änderung handelsrechtlicher Vorschriften vom 11.3.2016 (BGBl. I 396) gebracht, mittels dessen sowohl ein neuer **§ 504a BGB** zu **Beratungspflichten** bei Inanspruchnahme der **Überziehungsmöglichkeit** als auch Vorschriften zur **Kreditwürdigkeitsprüfung bei Verbraucherdarlehensverträgen (§§ 505a ff. BGB)** in das BGB eingefügt worden sind. Im ersten Fall muss der Darlehensgeber dem Darlehensnehmer nach Maßgabe der dort näher genannten Kautelen ein Beratungsangebot unterbreiten, um kostengünstige Alternativen zur Inanspruchnahme der Überziehungsmöglichkeit und Konsequenzen einer weiteren Überziehung des laufenden Kontos aufzuzeigen. Im zweiten Fall soll mittels der – unionsrechtlich vorgegebenen – Pflicht zur Kreditwürdigkeitsprüfung nicht nur die Kreditwirtschaft vor der Übernahme potentiell gefährlicher systemischer Risiken, sondern auch der Darlehensnehmer vor einer Überforderung bewahrt werden. Für Fälle der Anschlussfinanzierung bei Immobiliar-Verbraucherdarlehensverträgen hat der Gesetzgeber § 505a BGB mit dem Gesetz zur Umsetzung der zweiten Zahlungsdiensterichtlinie vom 17.7.2017 (BGBl. I 2446) um einen neuen Abs. 3 ergänzt. Im Übrigen hat er auf Kritik an der Neuregelung, sie verschließe jungen Familien oder älteren Menschen den Zugang zu Krediten zum Zwecke der Finanzierung einer Immobilie, durch das Finanzaufsichtsrechteergänzungsgesetz vom 6.6.2017 (BGBl. I 1495) dergestalt reagiert, dass er § 505b Abs. 2 S. 3 BGB um eine Ausnahme von der Regel ergänzt hat, dass sich die Kreditwürdigkeitsprüfung nicht hauptsächlich auf die Werthaltigkeit oder Wertsteigerung der Immobilie stützen darf. Diese Regel gilt dann nicht, wenn der Darlehensbetrag dem Bau oder der Renovierung einer Wohnimmobilie dient.

41   **3. Zustandekommen des Darlehensvertrages.** Der Darlehensvertrag kommt als **Konsensualvertrag** nach allgemeinen Regeln durch übereinstimmende Willenserklärungen der Vertragsparteien zustande. Das ist durch die Schuldrechtsreform klargestellt worden, sodass sich der alte Theorienstreit darüber, ob das Darlehen Real- oder Konsensualvertrag ist, erledigt hat und nur noch eine historische Remineszenz darstellt. Zu Problemen kann es bei der **Annahmefrist** kommen, wenn das Angebot vom Darlehensnehmer ausgeht und sich die Bank zu lange Zeit bei der Prüfung lässt, ob sie das Angebot annehmen will. Denn nach § 147 Abs. 2 BGB kann der einem Abwesenden gemachte Antrag nur bis zu dem Zeitpunkt angenommen werden, in welchem der Antragende den Eingang der Antwort unter regelmäßigen Umständen erwarten darf; anschließend erlischt das Angebot (§ 146 BGB). Der Antragende kann sich zwar an eine bestimmte Frist binden (§ 148 BGB), beruht diese

[97] Vgl. MüKoBGB/*Schürnbrand* BGB Vor § 491 Rn. 23.

[98] BGH Urt. v. 16.5.2006 – XI ZR 6/04, BGHZ 168, 1 (22 ff.) = WM 2006, 1194 (1200 f.); Urt. v. 17.10.2006 – XI ZR 205/05, WM 2007, 114 (115); Urt. v. 20.3.2007 – XI ZR 414/04, WM 2007, 876 (882); Urt. v. 21.9.2010 – XI ZR 232/09, WM 2010, 2069 (2070); Staudinger/*Freitag*, 2015, BGB § 488 Rn. 232; MüKoBGB/*Berger* BGB Vor § 488 Rn. 73; *Siol* in Schimansky/Bunte/Lwowski BankR-HdB § 44 Rn. 31.

[99] MüKoBGB/*Berger* BGB Vor § 488 Rn. 75.

[100] *Siol* in Schimansky/Bunte/Lwowski BankR-HdB § 44 Rn. 49 ff.

[101] BGH Urt. v. 9.3.1989 – III ZR 269/87, NJW 1989, 1667 (1668); Urt. v. 3.4.1990 – XI ZR 261/89, BGHZ 111, 117 (119 f.) = NJW 1990, 1844 (1845 f.).

[102] BGH Urt. v. 4.12.1990 – XI ZR 340/89, NJW 1991, 832 (834); MüKoBGB/*Berger* BGB Vor § 488 Rn. 75; *Siol* in Schimansky/Bunte/Lwowski BankR-HdB § 44 Rn. 52.

[103] MüKoBGB/*Berger* BGB Vor § 488 Rn. 76; *Siol* in Schimansky/Bunte/Lwowski BankR-HdB § 44 Rn. 54 ff.

jedoch auf AGB der Gegenseite, dann ist die Angemessenheit der Frist am Maßstab der §§ 308 Nr. 1, 307 Abs. 1 BGB überprüfbar. Eine Annahmefrist von sechs Wochen für einen Darlehensantrag bei einer Hypothekenbank ist nach § 308 Nr. 1 BGB zu lang,[104] eine solche von einem Monat ist als gerade noch hinnehmbar beurteilt worden.[105] Ob sie in zulässiger Weise dadurch erstreckt werden kann, dass sie sich um zwei Wochen nach Eingang der letzten Unterlage für die Risikoprüfung verlängert, ist fraglich.[106]

Eine verspätete Annahme der Bank gilt gem. § 150 Abs. 1 BGB als **neuer Antrag,** der nach Treu **42** und Glauben bereits dann stillschweigend angenommen ist, wenn der Darlehensnehmer schweigt, obwohl eine alsbaldige Ablehnung zu erwarten gewesen wäre.[107]

Ihrem **Inhalt** nach muss die Einigung die notwendigen Merkmale eines Darlehensvertrags umfassen, **43** nämlich auf zeitweilige Überlassung eines Geldbetrags durch den Darlehensgeber und die Rückerstattungspflicht durch den Darlehensnehmer. Die Höhe der Darlehenssumme muss noch nicht festgelegt, aber bestimmbar sein.[108] Ist die Zeit der Rückzahlung in das Belieben des Darlehensnehmers gestellt, dann wird dadurch die Einordnung als Darlehen noch nicht aufgehoben.[109]

Eine besondere **Form** ist für den Darlehensvertrag grundsätzlich nicht vorgeschrieben.[110] Jedoch **44** gelten beim Verbraucherkredit abweichende Regelungen (§ 492 Abs. 1, § 507 BGB). Formbedürftigkeit des Darlehens kann dadurch begründet werden, dass die Form auf Grund einer Sonderregelung zu wahren ist, zB bei einem untrennbaren Zusammenhang mit einem formbedürftigen Geschäft, etwa einem Grundstücksgeschäft (§ 311b BGB). Ein im Rahmen einer Immobilienfinanzierung gegebenes Darlehen ist mangels eines solchen Zusammenhangs in der Regel nicht formbedürftig, sondern ausnahmsweise nur dann, wenn der Darlehensvertrag mit dem Grundstücksgeschäft eine **rechtliche Einheit** in dem Sinne bildet, dass das eine Geschäft mit dem anderen „stehen und fallen" soll.[111] Ein solcher Einheitswille kann einen Formzwang unter besonderen Umständen sogar dann begründen, wenn der Darlehensgeber eine am Grundstückskaufvertrag nicht beteiligte dritte Person ist,[112] jedoch wird es bei einer finanzierenden Bank regelmäßig an dem Erfordernis fehlen, dass sie einen Einheitswillen ihres Partners anerkennt oder zumindest hinnimmt.[113] Formbedürftigkeit gem. § 311b BGB ist gegeben, wenn das Darlehen Teil der Gegenleistung beim Grundstücksgeschäft ist.[114]

Im Geschäftsverkehr mit Banken werden über Darlehen regelmäßig schriftliche Festlegungen **45** getroffen. Wird ein Vertragsentwurf überreicht, ist daraus zu folgern, dass der Abschluss des Vertrages in schriftlicher Form verabredet sein soll. Es greift dann die Auslegungsregel des § 154 Abs. 2 BGB ein, nach der im Zweifel anzunehmen ist, dass die Beurkundung konstitutive Wirkung hat.[115] Ist eine schriftliche Vertragsurkunde (noch) nicht überreicht, dann ist, sofern es sich um wichtige und langfristige Bindungen handelt, vor allem auch im Verkehr mit Banken zu **vermuten, dass Schriftform eingehalten** werden soll.[116] Die vorhergehende Einigkeit bei einer Besprechung bedeutet noch keine Abstandnahme von der gerade bei Bankgeschäften üblichen konstitutiven Beurkundung.[117] Durch die Vermutung wird indessen der Nachweis nicht ausgeschlossen, dass die Beurkundung lediglich zu **Beweiszwecken** erfolgen sollte.[118] Fehlt es an einer wichtigen und langfristigen Bindung, dann kann ein Formerfordernis für Darlehensverträge mit Banken auch kraft Verkehrssitte in Betracht kommen.[119] Ein entsprechender Handelsbrauch hat sich allerdings nicht herausgebildet.

---

[104] BGH Urt. v. 6.3.1986 – III ZR 234/84, NJW 1986, 1807 (1808).

[105] BGH Urt. v. 24.3.1988 – III ZR 21/87, NJW 1988, 2106 (2107); Urt. v. 7.11.2000 – XI ZR 27/00, NJW 2001, 509; MüKoBGB/*Berger* BGB § 488 Rn. 5: idR vier Wochen.

[106] Befürwortend *Pamp* in Schimansky/Bunte/Lwowski BankR-HdB § 76 Rn. 19; als gegen § 10 Nr. 1 AGBG verstoßend beanstandet von OLG Naumburg Urt. v. 19.8.1997 – 11 U 31/96, MDR 1998, 854.

[107] BGH Urt. v. 6.3.1986 – III ZR 234/84, NJW 1986, 1807 (1809); Palandt/*Ellenberger* BGB § 150 Rn. 3. Vgl. aber auch BGH Urt. v. 1.6.1994 – XII ZR 227/92, NJW 1994, 1163 (1165): Es dürfen keine Umstände vorliegen, die die Möglichkeit einer Änderung der sachlichen Entscheidung nahelegen.

[108] MüKoBGB/*Berger* BGB § 488 Rn. 8, 32; Palandt/*Weidenkaff* BGB § 488 Rn. 4; *Pamp* in Schimansky/Bunte/Lwowski BankR-HdB § 76 Rn. 13.

[109] MüKoBGB/*Berger* BGB § 488 Rn. 8; *Pamp* in Schimansky/Bunte/Lwowski BankR-HdB § 76 Rn. 1; Soergel/*Häuser*, 12. Aufl. 1998, BGB § 607 Rn. 16.

[110] BGH Urt. v. 30.5.1968 – III ZR 120/67, WM 1968, 1100 (1101); MüKoBGB/*Berger* BGB § 488 Rn. 6.

[111] BGH Urt. v. 7.2.1986 – V ZR 176/84, NJW 1986, 1983 (1984); MüKoBGB/*Berger* BGB § 488 Rn. 6; Baumbach/Hopt/*Hopt* Bankgeschäfte Rn. G/6.

[112] Palandt/*Grüneberg* BGB § 311b Rn. 34.

[113] Staudinger/*Freitag*, 2015, BGB § 488 Rn. 103.

[114] BGH Urt. v. 12.4.1984 – III ZR 221/83, DNotZ 1985, 279.

[115] BGH Urt. v. 14.3.1991 – I ZR 201/89, NJW-RR 1991, 1053 (1054).

[116] RG Urt. v. 25.10.1921 – II 142/21, RGZ 103, 73 (75); BGH Urt. v. 16.6.1981 – V ZR 114/80, WM 1982, 443 (444); BGH Urt. v. 10.11.1989 – V ZR 201/88, BGHZ 109, 197 (200) = NJW 1990, 576; MüKoBGB/*Berger* BGB § 488 Rn. 6.

[117] BGH Urt. v. 16.6.1981 – V ZR 114/80, WM 1982, 443 (444).

[118] BGH Urt. v. 12.11.1992 – IX ZR 237/91, NJW-RR 1993, 235 (236).

[119] Vgl. *Canaris* BankvertragsR Rn. 1208; zweifelnd *Baterau* WuB I E 1.–11.94.

46   Von der rechtsgeschäftlich einzuhaltenden Form sind die bankaufsichtsrechtlich zu beachtenden **Dokumentationspflichten** zu unterscheiden. Nach dem Kreditwesengesetz trifft die Kreditinstitute die gesetzliche Verpflichtung, „eine vollständige Dokumentation der Geschäftstätigkeit, die eine lückenlose Überwachung" durch die Bundesanstalt für Finanzdienstleistungsaufsicht (BaFin) gewährleistet, vorzunehmen (§ 25a Abs. 1 S. 6 Nr. 2 KWG). Diese Vorgaben hatte die BaFin in einem Rundschreiben vom 20.12.2002 über die „Mindestanforderungen an das Kreditgeschäft der Kreditinstitute" (MaK) konkretisiert, nach denen das Kreditinstitut unter Berücksichtigung der Gegebenheiten der einzelnen Geschäftsart „standardisierte Kreditvorlagen zu verwenden hat" (Abschn. 3.6 MaK) und für die einzelnen Kreditverträge „rechtlich geprüfte Standardtexte zu verwenden" hat (Abschn. 6.5 MaK). Derzeit ist das Rundschreiben 09/2017 (BA) – Mindestanforderungen an das Risikomanagement – MaRisk – vom 27.10.2017 maßgebend.[120] Alle diese Vorgaben sind aber lediglich von aufsichtsrechtlicher Bedeutung und wirken sich nicht unmittelbar auf den geschlossenen Darlehensvertrag aus. Vom Bundesverband deutscher Banken eV war seinerzeit ein **Musterdarlehensvertrag** für gewerbliche Kreditvergaben entwickelt worden, der als Vorlage für eine derartige Standardisierung dienen sollte.[121]

47   Der hohe Schriftlichkeitsgrad im Bankkreditgeschäft ist dadurch gelockert, dass es den Parteien freisteht, die **Schriftform** jederzeit, auch stillschweigend, **abzubedingen,** insbesondere dadurch, dass sie den nicht formgerechten Vertrag **einvernehmlich durchführen.**[122]

48   In der Praxis kommt es immer wieder vor, dass eine Bank, die ein schriftliches Angebot zum Abschluss eines Darlehensvertrags unterbreitet hatte, dessen formgerechte Annahme aber unterblieben ist, die Darlehensvaluta auszahlt. In diesen Fällen ist in der Auszahlung in der Regel das Angebot zum Abschluss eines Darlehensvertrages unter Aufhebung der Schriftform zu erblicken, das der Darlehensnehmer durch Vereinnahmung der Darlehensvaluta zu den sonstigen Bedingungen des Angebots konkludent annimmt.[123]

49   Das Beispiel zeigt, dass ein Darlehensvertrag selbst im Bankgeschäft durch **konkludente Erklärungen** geschlossen werden kann. Auch durch die geduldete Überziehung wird konkludent ein Verbraucherdarlehensvertrag abgeschlossen (§ 505 Abs. 2 und 4 BGB).[124]

50   Bei **Immobiliar-Verbraucherdarlehensverträgen,** bei denen nach Maßgabe eines Ausnahmetatbestands des § 495 Abs. 2 BGB kein Widerrufsrecht besteht, ist dem Darlehensnehmer nach § 495 Abs. 3 BGB eine **Bedenkzeit** von mindestens sieben Tagen einzuräumen. Sie beginnt gem. § 495 Abs. 3 S. 3 BGB mit der Aushändigung des Vertragsangebots an den Darlehensnehmer und berechnet sich nach den allgemeinen Regeln der §§ 186 ff. BGB. Da es sich um eine Annahmefrist iSd § 148 BGB handelt, erlischt das Vertragsangebot nach Ablauf der Bedenkzeit.[125]

51   **4. Mehrheit von Personen auf Darlehensnehmerseite.** Mehrere Personen als Darlehensnehmer haften als Gesamtschuldner (§§ 421, 427 BGB) auf Zinszahlung und Rückerstattung des Darlehens. Willenserklärungen müssen, wenn kein Fall der Stellvertretung vorliegt, grundsätzlich von jedem Darlehensnehmer abgegeben werden oder ihm zugehen.[126] Von der Rechtsstellung als Mitdarlehensnehmer abzugrenzen ist die bloße **Mithaftung,** wie sie durch einen **Schuldbeitritt** zu Sicherungszwecken begründet wird. Welche Rechtsform gegeben ist, ist durch Auslegung nach §§ 133, 157 BGB zu ermitteln, wobei vom Wortlaut auszugehen, jedoch unter Berücksichtigung der Interessenlage zum wirklichen Parteiwillen bei Vertragsschluss vorzudringen ist. Die kreditgebende Bank hat es nicht in der Hand, durch eine im Darlehensvertrag gewählte Formulierung wie „Mitdarlehensnehmer", „Mitantragsteller" oder „Mitschuldner" einen Mithaftenden zu einem gleichberechtigten Mitdarlehensnehmer zu machen und damit Schutzvorschriften zu unterlaufen, die Mithaftenden zugutekommen sollen. Maßgebend ist, ob die betreffende Person als gleichberechtigte Vertragspartnerin einen Anspruch auf Auszahlung der Darlehensvaluta haben und zur Rückzahlung des Darlehens verpflichtet sein sollte oder ob sie aus dem Darlehensvertrag keine Rechte haben, sondern nur zu Sicherungszwecken in Höhe des offenen Darlehensbetrags haften sollte.[127] Bei starker Verhandlungsposition der kreditgebenden Bank und der Verwendung von Vertragsformularen ist dem Wortlaut ein weniger starkes Gewicht als, sonst beizumessen und eine Auslegung auch gegen den Wortlaut möglich. Ungeachtet der Vertragsbezeichnung ist als echter Mitdarlehensnehmer in aller Regel nur derjenige anzusehen, der für den Darlehensgeber erkennbar ein eigenes sachliches und/oder persönliches Interes-

---

[120] Veröffentlicht auf der Internetseite der BaFin unter http://www.bafin.de.

[121] Dazu *Wand* WM 2005, 1932 ff. und 1969 ff. mit Abdruck des Mustervertrags WM 2005, 1942 ff.

[122] Vgl. BGH Urt. v. 27.1.1997 – II ZR 213/95, NJW-RR 1997, 669 (670).

[123] MüKoBGB/*Berger* BGB § 488 Rn. 6.

[124] BGH Urt. v. 25.10.2016 – XI ZR 9/15, BGHZ 212, 329 Rn. 26 = NJW 2017, 1018; Urt. v. 25.10.2016 – XI ZR 387/15, WM 2017, 84 Rn. 23.

[125] Palandt/*Weidenkaff* BGB § 495 Rn. 8.

[126] MüKoBGB/*Berger* BGB § 488 Rn. 13.

[127] BGH Urt. v. 4.12.2001 – XI ZR 56/01, NJW 2002, 744; Urt. v. 28.5.2002 – XI ZR 205/01, NJW 2002, 2705 f.; Urt. 23.3.2004 – XI ZR 114/03, NJW-RR 2004, 924 = WM 2004, 1083 (1084); Urt. v. 25.1.2005 – XI ZR 325/03, NJW 2005, 973 (974); MüKoBGB/*Berger* BGB § 488 Rn. 139, 140.

se an der Kreditaufnahme hat sowie als im Wesentlichen gleichberechtigter Partner über die Auszahlung bzw. Verwendung des Darlehens mitentscheiden darf.[128]

5. Wirksamkeit. Die Wirksamkeit des Darlehensvertrags richtet sich nach den allgemeinen Vorschriften, sodass hier nur auf für den Darlehensvertrag bedeutsame und typische Fallgestaltungen näher einzugehen ist. **52**

a) Scheingeschäft. Ein nichtiges Scheingeschäft (§ 117 Abs. 1 BGB) liegt vor, wenn die Parteien **53** einverständlich nur den äußeren Schein des Abschlusses eines Rechtsgeschäfts hervorrufen, dagegen die mit dem betreffenden Rechtsgeschäft verbundenen Rechtsfolgen nicht eintreten lassen wollen.[129] Dafür reicht es nicht aus, dass zur Umgehung von – insbesondere steuerlichen – Vorschriften auf eine an sich nicht sachgerechte Vertragsgestaltung ausgewichen wird, wenn deren Wirksamkeit gerade das Nichteingreifen eines Verbots oder eines Steuertatbestands zur Folge haben soll. Eine bestimmte vertragliche Regelung kann nicht gleichzeitig als steuerrechtlich gewollt und zivilrechtlich nicht gewollt angesehen werden.[130] Scheitert ein derartiges Geschäft nicht an § 117 BGB, dann kann es nach §§ 134, 138 BGB gleichwohl nichtig sein. Auch **Strohmanngeschäfte** sind regelmäßig ernstlich gewollt und deshalb keine Scheingeschäfte.[131] Ein nichtiges Scheingeschäft und kein wirksames Strohmanngeschäft liegt aber bei einem Darlehensvertrag vor, wenn der im Vertrag als Darlehensnehmer Bezeichnete nach dem übereinstimmenden Willen der Vertragspartner tatsächlich nicht haften soll, was der Fall sein kann, wenn ihm erklärt wurde, er solle lediglich pro forma als Darlehensnehmer auftreten und er gehe kein Risiko ein, weil er aus dem Darlehen nicht in Anspruch genommen werde.[132] Ein Scheingeschäft ist auch dann schlüssig vorgetragen, wenn eine Bank erklärt haben soll, die Darlehensnehmer müssten das Darlehen nicht persönlich zurückzahlen, die Unterschrift geschehe nur pro forma, um das Kreditengagement bankintern bei der Revision besser darstellen zu können.[133] Darlegungs- und beweispflichtig für das Vorliegen eines Scheingeschäfts ist die Partei, die sich darauf beruft.[134]

b) Gesetzliches Verbot. Der Darlehensvertrag ist nichtig, wenn er gegen ein **gesetzliches Verbot** **54** verstößt, sofern sich nicht aus dem Gesetz ein anderes ergibt (§ 134 BGB). Ob verbotswidrige Rechtsgeschäfte nach § 134 BGB nichtig sind, ist aus dem Sinn und Zweck der jeweiligen Verbotsvorschrift zu beantworten, wobei entscheidend ist, ob das Gesetz sich nicht nur gegen den Abschluss des Rechtsgeschäfts wendet, sondern auch gegen seine privatrechtliche Wirksamkeit und damit gegen seinen wirtschaftlichen Erfolg. Selbst die Tatsache, dass eine Handlung unter Strafe gestellt oder als Ordnungswidrigkeit mit Buße bedroht ist, bewirkt nicht unabweislich die Nichtigkeit des zivilrechtlichen Geschäfts, vor allem dann nicht, wenn das Verbot nur eine der vertragschließenden Parteien betrifft; im Allgemeinen ist ein solcher Vertrag vielmehr wirksam. Das Geschäft ist hingegen regelmäßig nichtig, wenn sich das Verbot gegen beide Vertragspartner richtet. Eine für alle Beteiligten geltende Straf- oder Bußgeldandrohung gibt einen gewichtigen Hinweis darauf, dass die Rechtsordnung einem das Verbot missachtenden Vertrag die Wirksamkeit versagen will.[135] Das Verbot muss nicht durch eine bestimmte gesetzliche Vorschrift ausdrücklich angeordnet sein, sondern es genügt, dass es in ihm zum Ausdruck gekommen oder enthalten ist.[136]

Gesetz iSd § 134 BGB ist **jede Rechtsnorm** (Art. 2 EGBGB). Darunter fallen Gesetze im **55** formellen Sinn einschließlich der Staatsverträge, Rechtsverordnungen, autonomen Satzungen, Tarifverträge und Gewohnheitsrecht.[137] Auf ein **ausländisches Verbotsgesetz** ist § 134 BGB nicht anwendbar, jedoch kann es sich mittelbar bei der Bejahung einer Sittenwidrigkeit gem. § 138 Abs. 1 BGB auswirken.[138] **Völkerrechtliche Normen** begründen nur dann ein Verbotsgesetz, wenn sie in innerstaatliches Recht transformiert sind.[139] Völkerrechtliche Abkommen, die ausschließlich Rechte und Pflichten zwischen Staaten, nicht in bezug auf Privatpersonen begründen, enthalten ebenfalls kein

---

[128] BGH Urt. v. 25.1.2005 – XI ZR 325/03, NJW 2005, 973 (974). Dafür, auf einen eigenen unmittelbaren tasächlichen wirtschaftlichen Vorteil im Leistungsaustausch abzustellen: *Madaus* WM 2003, 1705 (1709).

[129] BGH Urt. v. 25.10.1961 – V ZR 103/60, BGHZ 36, 84 (87 f.) = NJW 1962, 295 (297); Urt. v. 24.1.1980 – III ZR 169/78, NJW 1980, 1572 (1573).

[130] BGH Urt. v. 5.7.1993 – II ZR 114/92, NJW 1993, 2609 (2610); MüKoBGB/*Berger* BGB § 488 Rn. 88.

[131] BGH Urt. v. 24.1.1980 – III ZR 169/78, NJW 1980, 1572 (1573); MüKoBGB/*Berger* BGB § 488 Rn. 89.

[132] BGH Urt. v. 29.10.1996 – XI ZR 319/95, NJW-RR 1997, 238.

[133] BGH Urt. v. 6.7.1993 – XI ZR 201/92, NJW 1993, 2435 f. Zu den Besonderheiten bei kollusivem Zusammenwirken des Darlehensnehmers mit einem Vertreter des Darlehensgebers zu dessen Nachteil: BGH Versäumnisurt. v. 1.6.1999 – XI ZR 201/98, NJW 1999, 2882 f.

[134] BGH Urt. v. 24.1.1980 – III ZR 169/78, NJW 1980, 1572 (1573); Urt. v. 8.6.1988 – VIII ZR 135/87, NJW 1988, 2597 (2599); Urt. v. 31.1.1991 – VII ZR 375/89, NJW 1991, 1617 (1618).

[135] BGH Urt. v. 19.9.1985 – III ZR 55/84, NJW 1986, 1104.

[136] BGH Urt. v. 19.12.1968 – VII ZR 83, VII ZR 84/66, BGHZ 51, 255 (262) = NJW 1969, 750 (751); Palandt/ *Ellenberger* BGB § 134 Rn. 2.

[137] Palandt/*Sprau* BGB Einl. Rn. 19 ff., EGBGB Art. 2 Rn. 1.

[138] BGH Urt. 22.6.1972 – II ZR 113/70, BGHZ 59, 82 (85) = NJW 1972, 1575 (1576).

[139] Palandt/*Ellenberger* BGB § 134 Rn. 3.

Verbotsgesetz iSd § 134 BGB.[140] Gesetzliche Verbote können sich jedoch aus dem **Recht der Europäischen Union** ergeben (primäres Gemeinschaftsrecht und Verordnungen).[141]

56 Die Nichtigkeit wirkt grundsätzlich für und gegen alle, bedarf keiner Geltendmachung und ist im gerichtlichen Verfahren von Amts wegen zu beachten.[142]

57 **aa) Kreditwesengesetz.** Das **Kreditwesengesetz** enthält eine Reihe von Verbotsvorschriften, die nicht zur Nichtigkeit führen. Die ohne schriftliche Erlaubnis des Bundesaufsichtsamts betriebenen Bankgeschäfte (§ 32 Abs. 1 S. 1 KWG) sind trotz strafrechtlicher Sanktionierung (§ 54 Abs. 1 Nr. 2 KWG) nicht nach § 134 BGB nichtig, da sich das strafbewehrte Verbot nur gegen das Bankgeschäfte betreibende Unternehmen richtet.[143] Die Verletzung der Pflichten bei der Gewährung von Großkrediten nach § 13 KWG in Verbindung mit der Großkredit- und Millionenkreditverordnung begründet ebenfalls keine Nichtigkeit; das gilt auch für sonstige Vorschriften, die Großkredite beschränken.[144] Nichts anderes gilt bezüglich der Verletzung von Bestimmungen bei Millionenkrediten (§ 14 KWG)[145] und Organkrediten (§ 15 KWG).[146] Bei letzteren ist die Valuta jedoch ohne Rücksicht auf entgegenstehende Vereinbarungen sofort zurückzuzahlen (§ 15 Abs. 5 KWG). Die Missachtung des Gebots, sich die wirtschaftlichen Verhältnisse von Kreditnehmern gem. § 18 KWG offenlegen zu lassen, berührt die Wirksamkeit des Kreditvertrags nicht.[147] Darlehen, die gewährt werden, obwohl das Bundesaufsichtsamt die Gewährung von Krediten verboten hat (§ 45 Abs. 1 S. 1 Nr. 2, § 46 Abs. 1 S. 2 Nr. 2 KWG), sind nach § 134 BGB ebenfalls wirksam.[148] Ein Verstoß gegen das strafbewehrte Verbot, ein Kreditgeschäft zu betreiben, wenn es durch Vereinbarung der geschäftliche Gepflogenheit ausgeschlossen oder erheblich erschwert ist, über den Kreditbetrag durch Barabhebung zu verfügen (§ 3 Nr. 3, § 54 Abs. 1 Nr. 1 KWG), führt nicht zur Gesamtnichtigkeit, hat aber die Unwirksamkeit der den Kunden benachteiligenden Abrede zur Folge.[149]

58 **bb) Pfandbrief-/Bausparkassengesetz.** Die Überschreitung der Beleihungsgrenze nach §§ 14, 16 **PfandBG** begründet keine Nichtigkeit nach § 134 BGB.[150] Nichts anderes gilt, wenn ein Bausparvertrag nicht für Zwecke des Wohnungsbaus verwendet wurde (Verstoß gegen **§ 4 BSpKG**) und für eine Kreditvergabe unter zweckwidriger Verwendung von Bausparmitteln entgegen §§ 4, 6 BSpKG.[151]

59 **cc) Investmentgesetz, Kapitalanlagegesetzbuch.** Das in § 31 Abs. 4 des früheren **Investmentgesetzes** (InvG)[152] an Kapitalanlagegesellschaften gerichtete Verbot, keine Gelddarlehen für Rechnung der Anleger zu gewähren, war Verbotsgesetz iSd § 134 BGB,[153] nicht jedoch die Überschreitung der erlaubten Kreditaufnahme durch die Kapitalverwaltungsgesellschaft gem. § 199 **Kapitalanlagegesetzbuch** (KAGB).[154]

---

[140] Vgl. BGH Urt. v. 29.9.1977 – III ZR 164/75, BGHZ 69, 295 (296 f.) = NJW 1977, 2356.

[141] Palandt/*Ellenberger* BGB § 134 Rn. 3.

[142] BGH Beschl. v. 18.5.1989 – V ZB 4/89, NJW 1989, 2059.

[143] BGH Urt. v. 14.7.1966 – III ZR 240/64, WM 1966, 1101 (1102); Urt. v. 13.7.1978 – II ZR 178/76, WM 1978, 1268 (1269); *Canaris* BankvertragsR Rn. 1286; *Pamp* in Schimansky/Bunte/Lwowski BankR-HdB § 76 Rn. 76; MüKoBGB/*Berger* BGB § 488 Rn. 96; *Früh/Müller-Arends* in Hellner/Steuer BuB Rn. 3/54; Boos/Fischer/Schulte-Mattler/*Fischer* KWG § 32 Rn. 27; aA OLG Stuttgart Urt. v. 1.4.1980 – 6 U 184/79, NJW 1980, 1798 (1800).

[144] Vgl. BGH Urt. v. 22.5.1978 – III ZR 128/76, WM 1978, 785 (787); MüKoBGB/*Berger* BGB § 488 Rn. 96.

[145] OLG Düsseldorf Urt. v. 30.6.1983 – 6 U 120/81, WM 1983, 874 (882); MüKoBGB/*Berger* BGB § 488 Rn. 96; *Pamp* in Schimansky/Bunte/Lwowski BankR-HdB § 76 Rn. 77; *Früh/Müller-Arends* in Hellner/Steuer BuB Rn. 3/54.

[146] *Canaris* BankvertragsR Rn. 1289; MüKoBGB/*Berger* BGB § 488 Rn. 96; *Pamp* in Schimansky/Bunte/Lwowski BankR-HdB § 76 Rn. 77; *Früh/Müller-Arends* in Hellner/Steuer BuB Rn. 3/54; abw. *Lünternbusch,* Die privatrechtlichen Auswirkungen des Gesetzes über das Kreditwesen auf Einlagen- und Kreditgeschäfte, 1968, 296 ff.

[147] LG Essen Urt. v. 27.6.1996 – 6 O 458/94, WM 1997, 814 (816); MüKoBGB/*Berger* BGB § 488 Rn. 96; *Früh/Müller-Arends* in Hellner/Steuer BuB Rn. 3/54; Palandt/*Ellenberger* BGB § 134 Rn. 20.

[148] BGH Urt. v. 5.10.1989 – III ZR 34/88, NJW 1990, 1356 f.; *Pamp* in Schimansky/Bunte/Lwowski BankR-HdB § 76 Rn. 77; MüKoBGB/*Berger* BGB § 488 Rn. 96; *Früh/Müller-Arends* in Hellner/Steuer BuB Rn. 3/54; Palandt/*Ellenberger* BGB § 134 Rn. 20; Boos/Fischer/Schulte-Mattler/*Lindemann* KWG § 46 Rn. 62.

[149] OLG Stuttgart Urt. v. 1.4.1980 – 6 U 184/79, NJW 1980, 1798 (1800); für Gesamtnichtigkeit: *Canaris* BankvertragsR Rn. 1287, 1176; MüKoBGB/*Berger* BGB § 488 Rn. 96; Palandt/*Ellenberger* BGB § 134 Rn. 20; Boos/Fischer/Schulte-Mattler/*Schäfer* KWG § 3 Rn. 28; gegen Nichtigkeit *Szagunn/Haug/Ergenzinger,* Gesetz über das Kreditwesen, 6. Aufl. 1997, KWG § 3 Rn. 9; *Früh/Müller-Arends* in Hellner/Steuer BuB Rn. 3/54; *offengelassen* von BGH Urt. v. 9.3.1995 – III ZR 55/94, BGHZ 129, 90 (92) = NJW 1995, 1494.

[150] BGH Beschl. v. 12.6.1980 – III ZR 86/79, WM 1980, 862 (863); MüKoBGB/*Berger* BGB § 488 Rn. 92; *Früh/Müller-Arends* in Hellner/Steuer BuB Rn. 3/55.

[151] BGH Beschl. v. 26.1.1989 – III ZR 39/88, WM 1989, 706 (707); MüKoBGB/*Berger* BGB § 488 Rn. 92.

[152] Vom 15.12.2003, BGBl. I 2676; aufgehoben durch Art. 2a des Gesetzes zur Umsetzung der Richtlinie 2011/61/EU über die Verwalter alternativer Investmentfonds (AIFM-Umsetzungsgesetz – AIFM-UmsG) vom 4.7.2013, BGBl. I 1981.

[153] MüKoBGB/*Berger* BGB § 488 Rn. 92.

[154] Art. 1 des AIFM-UmsG vom 4.7.2013, BGBl. I 1981; vgl. MüKoBGB/*Berger* BGB § 488 Rn. 92 zu § 53 InvG.

dd) Preisbestimmungen. Verstöße gegen **Preisbestimmungen** führen nicht zur Nichtigkeit, **60** sondern es gilt der Grundsatz, dass das Geschäft mit dem zulässigen Preis aufrechterhalten bleibt.[155] Derartige Preisvorschriften haben derzeit für das Kreditrecht keine praktische Bedeutung. Bei Verstößen gegen **Preisauszeichnungsvorschriften** ist das Geschäft nicht nach § 134 BGB nichtig, insbesondere also nicht bei vorschriftswidriger Angabe des effektiven Jahreszinses (§ 6 Abs. 1 PAngV).[156]

ee) Fremdwährung. Die Eingehung einer Darlehensschuld in **fremder Währung** bedarf keiner **61** Genehmigung mehr, da das früher in § 3 WährungsG enthaltene Genehmigungserfordernis seit 1.1.1999 aufgehoben ist.[157] Soweit nach früherem Rechtszustand eine Genehmigung erforderlich war, war das Geschäft nicht von vornherein nichtig, sondern schwebend unwirksam; Nichtigkeit trat ein, wenn die Genehmigung versagt oder endgültig nicht eingeholt wurde.[158] In diesem Fall war zu prüfen, ob eine Regelungslücke entstanden war, die im Wege der ergänzenden Vertragsauslegung geschlossen werden konnte, ggf. in der Weise, dass der Fremdwährungsbetrag in inländischer Währung zu zahlen war.[159] Für einen nicht auf die Währung des Mitgliedstaats der Europäischen Union, in dem der Darlehensnehmer bei Vertragsschluss seinen Wohnsitz hat (Landeswährung des Darlehensnehmers), geschlossenen Immobiliar-Verbraucherdarlehensvertrag **(Immobiliar-Verbraucherdarlehensvertrag in Fremdwährung)** kann der Darlehensnehmer die Umwandlung des Darlehens in die Landeswährung des Darlehensnehmers verlangen, § 503 Abs. 1 S. 1 BGB. Das Nähere regelt § 503 BGB. § 494 Abs. 6 S. 3 BGB knüpft – dazu näher unten – bei Immobiliar-Verbraucherdarlehensverträgen in Fremdwährung an das Fehlen der Angaben zum Umwandlungsrecht die Folge, dass das Umwandlungsrecht jederzeit ausgeübt werden kann.[160]

ff) Ausländische Devisenbestimmungen. Verstöße gegen **ausländische Devisenbestimmun-** **62** **gen** fallen nicht unter § 134 BGB.[161] Im Einzelfall kann das Rechtsgeschäft gem. Art. VIII Bretton-Woods-Abkommen vom 1./22.7.1944 über den Internationalen Währungsfonds[162] unklagbar sein.[163]

gg) Rechtsdienstleistung. Im Falle, dass die Bank bei Kreditgewährung eine rechtliche Dienst- **63** leistung anbietet, ist zu prüfen, ob eine Nichtigkeit nach dem **Rechtsdienstleistungsgesetz (RDG)** anzunehmen ist. Nach § 3 RDG, der Verbotsgesetz iSd § 134 BGB ist,[164] ist für die selbstständige Erbringung außergerichtlicher Rechtsdienstleistungen das Vorliegen einer Erlaubnis erforderlich. Die nach dem früheren Rechtsberatungsgesetz gefundene rechtliche Beurteilung muss daraufhin überprüft werden, ob sie nach dem Rechtsdienstleistungsgesetz noch aufrechterhalten werden kann, was aber weitgehend der Fall ist. In der Rspr. zum Rechtsberatungsgesetz wurde ein Kreditvertrag, mit dem eine Bank die Finanzierung eines Unfallschadens gegen Abtretung der Schadensersatzansprüche aus einem Verkehrsunfall übernimmt, wegen Verstoßes gegen dieses Gesetz als gem. § 134 BGB nichtig beurteilt, weil die Finanzierung wirtschaftliches Teilstück eines Verfahrens zur Entlastung von der gesamten, auch rechtlichen Schadensabwicklung ist.[165] Auch wenn die Bank die Forderungen ohne Abtretung einzieht, ändert sich an der Nichtigkeitsfolge nichts,[166] ebensowenig lässt sie sich vermeiden, wenn die Bank dem Unfallgeschädigten die Auswahl unter mehreren Rechtsanwälten lässt.[167] Es ist nicht entscheidend auf die äußere Gestaltung der Rechtsbeziehungen der Beteiligten, sondern auch auf die Umstände abzustellen, unter denen die Geschäftsbeziehung begründet worden ist.[168] Das **Unfallhilfesystem** wurde als gegen den Schutzzweck des § 1 RBerG verstoßend und deshalb als insgesamt nichtig angesehen. Eine Kreditgewährung an den Unfallhelfer zu kurzfristiger Vorfinanzierung ist demgegenüber nicht beanstandet worden.[169] Verstieß ein Kreditvermittler gegen Art. 1 § 1 RBerG,

---

[155] BGH Urt. v. 5.12.1968 – VII ZR 92/66, BGHZ 51, 174 (181) = NJW 1969, 425 (427); Urt. v. 23.6.1989 – V ZR 289/87, NJW 1989, 2470 (2471).

[156] BGH Urt. v. 16.11.1978 – III ZR 47/77, NJW 1979, 540 (541); Urt. v. 10.7.1980 – III ZR 177/78, NJW 1980, 2301 (2302); *Pamp* in Schimansky/Bunte/Lwowski BankR-HdB § 76 Rn. 63; MüKoBGB/*Berger* BGB § 488 Rn. 92; aA *Canaris* BankvertragsR Rn. 1303.

[157] Durch Art. 9 § 1 des Gesetzes zur Einführung des Euro (Euro-Einführungsgesetz – EuroEG) v. 9.6.1998 (BGBl. I 1242); Palandt/*Grüneberg* BGB § 245 Rn. 17.

[158] BGH Urt. v. 13.7.1987 – II ZR 280/86, BGHZ 101, 296 (303) = NJW 1987, 3181 (3183).

[159] BGH Urt. v. 27.6.1996 – VII ZR 151/93, NJW 1996, 3001 (3002).

[160] BGBl. 1952 II 637.

[161] Zu den unionsrechtlichen Vorgaben bei Fremdwährungskrediten vgl. auch EuGH Urt. v. 30.4.2014 – C-26/13, NJW 2014, 2335; Urt. v. 20.9.2017 – C-186/16, BKR 2018, 201.

[162] BGBl. 1952 II 637.

[163] Vgl. BGH Urt. v. 8.11.1993 – II ZR 216/92, NJW 1994, 390; Urt. v. 22.2.1994 – XI ZR 16/93, NJW 1994, 1868.

[164] MüKoBGB/*Berger* BGB § 488 Rn. 93.

[165] BGH Urt. v. 9.10.1975 – III ZR 31/73, NJW 1977, 38; *Pamp* in Schimansky/Bunte/Lwowski BankR-HdB § 76 Rn. 67; dagegen *Canaris* BankvertragsR Rn. 1290.

[166] BGH Urt. 21.10.1976 – III ZR 75/75, NJW 1977, 431.

[167] BGH Urt. v. 29.6.1978 – III ZR 174/76, NJW 1978, 2100 (Ls.).

[168] BGH Urt. v. 26.4.1994 – VI ZR 305/93, NJW-RR 1984, 1081 (1083).

[169] OLG München Urt. v. 23.9.1976 – 24 U 785/76, VersR 1977, 234.

dann hatte das grundsätzlich nicht die Nichtigkeit des von ihm vermittelten Darlehensvertrags zur Folge.[170] Diese rechtlichen Beurteilungen gelten nach dem Rechtsdienstleistungsgesetz mit der Maßgabe fort, dass die Einziehung einer an einen Mietwagenunternehmer abgetretenen Schadensersatzforderung des Geschädigten auf Erstattung der Mietwagenkosten grundsätzlich erlaubt ist, wenn allein die Höhe der Mietwagenkosten streitig ist.[171]

64   Eine früher nicht geahnte Breitenwirkung hatte das Rechtberatungsgesetz bei der **Rechtsberatung durch Treuhänder** bei sog. **Steuersparmodellen** erhalten, bei denen es üblich geworden war, dass die Erwerber von einem Treuhänder im Verhältnis zu Inititatoren, Bauträgern und sonstigen Dienstleistern vollständig von Aufgaben entlastet wurden. Eine derartige „Vollbetreuung" hat der BGH zu Recht als gegen § 134 BGB, § 1 RBerG verstoßend angesehen, weil dabei eine umfassende Rechtsbetreuung zu erbringen ist.[172] Nichtig ist nicht nur der Geschäftsbesorgungsvertrag mit dem Treuhänder, sondern auch die ihm erteilte **Vollmacht**,[173] was mit Rücksicht auf den Schutzzweck des Rechtsberatungsgesetzes ungeachtet ihrer Abstraktheit geboten ist. Von der Nichtigkeitsfolge ist auch die Prozessvollmacht nicht ausgenommen, sodass auch kein wirksamer Titel durch Unterwerfung unter die Zwangsvollstreckung geschaffen werden kann.[174] Die Nichtigkeit auf Grund des § 134 BGB, § 1 RBerG griff zwar nicht auf die vom Treuhänder geschlossenen Darlehensverträge über.[175] Diese sind aber gem. § 177 Abs. 1 BGB unwirksam, da sie von einem Vertreter ohne Vertretungsmacht geschlossen wurden. Die §§ 171, 172 BGB und die Grundsätze über die Duldungs- und Anscheinsvollmacht sind allerdings anwendbar,[176] sodass insbesondere bei Altfällen eine Vertragsrettung möglich ist. Die an die Vorlage der Vollmachtsurkunde anknüpfende Rechtsscheinhaftung aus §§ 171 Abs. 1, 172 Abs. 1 BGB setzt allerdings voraus, dass dem Vertragspartner bei Abschluss des Darlehensvertrags die Vollmacht im Original oder bei notarieller Beurkundung in Ausfertigung vorgelegt worden ist.[177]

65   Nachdem das Rechtsberatungsrecht mit Inkrafttreten des **Rechtsdienstleistungsgesetzes** (v. 12.12.2007, BGBl. I 2840) am 1.7.2008 reformiert worden ist, ist eine Neubewertung vorzunehmen, die an der Erlaubnisbedürftigkeit der Tätigkeit des Treuhänders und der Nichtigkeitsfolge allerdings nichts Grundsätzliches ändert (vgl. § 2 Abs. 1 RDG). Mit Rücksicht auf die Gesetzgebungsgeschichte wird vertreten, dass die Erteilung von Vollmachten zum Abschluss bereits ausgehandelter und/oder inhaltlich im Wesentlichen feststehender Verträge nicht in den Anwendungsbereich des Rechtsdienstleistungsgesetzes fällt, weil der Bevollmächtigte lediglich „technisch" von der Vollmacht Gebrauch macht.[178] Dem ist entgegenzuhalten, dass eine derartige Einschränkung im Gesetz nicht zum Ausdruck gekommen ist, sodass der mit dem Gesetz bezweckte Schutz dafür streitet, dass die bisherige Beurteilung fortbesteht.[179]

66   **hh) Reisegewerbe.** Das früher uneingeschränkt geltende Verbot, im **Reisegewerbe** Darlehensverträge abzuschließen und zu vermitteln (**§ 56 GewO**), das mit der Nichtigkeitsfolge des § 134 BGB bewehrt war,[180] ist durch das Verbraucherkreditgesetz erheblich eingeschränkt worden. Mit Wirkung vom 1.1.1991 verbietet § 56 Abs. 1 Nr. 6 GewO neben der Vermittlung von Rückkaufgeschäften nur noch die für den Darlehensnehmer entgeltliche Vermittlung von Darlehensgeschäften. Nichtigkeit wurde im Hinblick auf das Widerrufsrecht des § 7 VerbrKrG (nunmehr: § 495 BGB) im Übrigen als nicht mehr erforderlich angesehen. Frühere Kasuistik ist nur für Altfälle von Belang. Für diese bestand das Sonderproblem, dass mit dem am 1.5.1986 in Kraft getretenen Gesetz über den Widerruf von

---

[170] BGH Urt. v. 17.3.1998 – XI ZR 58/97, NJW 1998, 1955.

[171] BGH Urt. v. 31.1.2012 – VI ZR 143/11, BGHZ 192, 270 Rn. 15 = NJW 2012, 1005; vgl. zu Sachverständigenkosten außerdem BGH Urt. v. 24.10.2017 – VI ZR 504/16, NJW 2018, 455 Rn. 15 ff.; zum Darlehensrecht Staudinger/*Freitag*, 2015, BGB § 488 Rn. 128; MüKoBGB/*Berger* BGB § 488 Rn. 93; aA *Kleine/Cosack*, RDG, 2. Aufl. 2008, RDG Anh. §§ 1–5 Rn. 181.

[172] BGH Urt. v. 28.9.2000 – IX ZR 279/99, BGHZ 145, 265 (274) = NJW 2001, 70 (71); Urt. v. 18.9.2001 – XI ZR 321/00, NJW 2001, 3774 (3775); Urt. v. 11.10.2001 – III ZR 182/00, NJW 2002, 66 (67); Urt. v. 14.5.2002 – XI ZR 155/01, NJW 2002, 2325 (2326); Urt. v. 16.12.2002 – II ZR 109/01, BGHZ 153, 214 = NJW 2003, 1252 (1253); Urt. v. 22.10.2003 – IV ZR 398/02, NJW 2004, 59 (60).

[173] BGH Urt. v. 11.10.2001 – III ZR 182/00, NJW 2002, 66 (67); Urt. v. 22.10.2003 – IV ZR 398/02, NJW 2004, 59 (60); Urt. v. 14.10.2003 – XI ZR 134/02, NJW 2004, 154 (157); Urt. v. 2.12.2003 – XI ZR 421/02, NJW 2004, 839 (840); Urt. v. 14.6.2004 – II ZR 393/02, BGHZ 159, 294 = NJW 2004, 2736 (2737); Urt. v. 11.1.2005 – XI ZR 272/03, NJW 2005, 1190; Urt. v. 17.6.2005 – V ZR 78/04, NJW 2005, 2983.

[174] BGH Urt. v. 22.10.2003 – IV ZR 398/02, NJW 2004, 59 (60).

[175] BGH Urt. v. 18.9.2001 – XI ZR 321/00, NJW 2001, 3774 (3775); Urt. v. 3.6.2003 – XI ZR 289/02, NJW-RR 2003, 1203; Urt. v. 10.3.2004 – IV ZR 143/03, NJW-RR 2004, 1275 (1276); Urt. v. 23.3.2004 – XI ZR 194/02, NJW 2004, 2378 (2379); offengelassen von BGH Urt. v. 14.6.2004 – II ZR 393/02, BGHZ 159, 294 = NJW 2004, 2736 (2737).

[176] BGH Urt. v. 14.5.2002 – XI ZR 155/01, NJW 2002, 2325 (2326); Urt. v. 23.3.2004 – XI ZR 194/02, NJW 2004, 2378 (2379).

[177] BGH Urt. v. 14.5.2002 – XI ZR 155/01, NJW 2002, 2325 (2326); Urt. v. 11.1.2005 – XI ZR 272/03, NJW 2005, 1190.

[178] Staudinger/*Freitag*, 2015, BGB § 488 Rn. 110, 111.

[179] So zu Recht MüKoBGB/*Berger* BGB § 488 Rn. 95.

[180] Nachw. bei Hopt/Mülbert, 12. Aufl. 1989, BGB § 607 Rn. 226.

Haustürgeschäften und ähnlichen Geschäften ein Widerrufsrecht eingeführt war und sich die Frage stellte, ob die Nichtigkeitsfolge des § 134 BGB iVm § 56 Abs. 1 Nr. 6 GewO daneben noch gerechtfertigt war. Diese Frage ist vom BGH dahin entschieden worden, dass Darlehensverträge, die der Kunde nach § 1 HWiG (jetzt zu außerhalb von Geschäftsräumen geschlossenen Verträgen: §§ 312b, 356 BGB) widerrufen kann, nicht wegen Verstoßes gegen § 56 Abs. 1 Nr. 6 GewO aF nichtig sind.[181] Nach geltendem Recht ist nur noch die entgeltliche Vermittlung von Darlehensgeschäften vom Verbotstatbestand des § 56 Abs. 1 Nr. 6 GewO erfasst, nicht hingegen der Abschluss des Darlehensvertrags.[182]

c) Sittenwidrigkeit. Darlehen können nach § 138 BGB sittenwidrig und nichtig sein. Wegen der   **67** Bedeutung dieses Tatbestands ist dem sittenwidrigen Kredit ein eigener Abschnitt gewidmet.

d) Anfechtbarkeit. Der Darlehensvertrag ist uneingeschränkt nach den allgemeinen Bestimmungen   **68** der §§ 123, 119 BGB anfechtbar, auch wenn der zur Anfechtung berechtigende Grund zugleich eine außerordentliche Kündigung rechtfertigt. Die erfolgreiche Anfechtung bewirkt, dass das Rechtsgeschäft als von Anfang an nichtig anzusehen ist (§ 142 Abs. 1 BGB). Eine Anfechtung wegen **arglistiger Täuschung** nach § 123 BGB kommt insbesondere dann in Betracht, wenn der Darlehensnehmer über seine Kreditwürdigkeit oder über Kreditsicherheiten täuscht.[183] Wer eine zukünftig fällig werdende Verbindlichkeit übernimmt, muss drohende Leistungsunfähigkeit offenbaren.[184] Dem Darlehensnehmer kann ein Anfechtungsrecht zur Seite stehen, wenn die Bank durch Verschweigen offenbarungspflichtiger Tatsachen eine Täuschung begeht.[185] Bei einem drittfinanzierten Geschäft, bei dem der Geschäftspartner täuscht, stellt sich die Frage, ob er als **Dritter** iSd § 123 Abs. 2 BGB anzusehen ist. Die Rspr. sieht einen am Zustandekommen eines Vertrags Beteiligten bereits dann nicht als Dritten an, wenn sein Verhalten dem Erklärungsempfänger wegen der engen Beziehungen beider oder auf Grund sonstiger besonderer Umstände billigerweise zugerechnet werden muss.[186] Darunter fällt auch eine Person, die wegen der engen Beziehungen zum Erklärungsempfänger als dessen Vertrauensperson erscheint.[187] Der Verkäufer, der als Vertrauensperson des Darlehensgebers auftritt, ist also nicht Dritter in diesem Sinne. Dieselben Gesichtspunkte sind beim **Kreditvermittler** heranzuziehen. Übernimmt ein Vermittler, gleichgültig ob selbstständig oder nicht, mit Wissen und Wollen einer der späteren Vertragsparteien Aufgaben, die typischerweise ihr obliegen, so wird er in ihrem Pflichtenkreis tätig und ist zugleich als ihre Hilfsperson zu betrachten.[188]

Die praktische Bedeutung des Anfechtungsrechts ist weitgehend geschwunden, da die arglistige   **69** Täuschung zugleich aus **culpa in contrahendo** schadensersatzpflichtig macht, dieser Anspruch nach den Voraussetzungen für den Anfechtenden günstiger ist und er ihm auch das Recht gibt, Befreiung von der Verbindlichkeit zu verlangen. Die Erstreckung der Beschränkungen des § 124 BGB auf den Anspruch aus culpa in contrahendo ist nicht gerechtfertigt.[189]

Ein Irrtum über die Kreditwürdigkeit oder die Vermögensverhältnisse des Kreditnehmers kann die   **70** Anfechtung wegen **Irrtums über eine verkehrswesentliche Eigenschaft** des Darlehensnehmers gem. § 119 Abs. 2 BGB begründen.[190]

e) Widerrufbarkeit der auf Abschluss des Verbraucherdarlehensvertrags gerichteten Wil-   71 lenserklärung des Verbrauchers. Das Widerrufsrecht ist eine Erscheinungsform des Verbraucherschutzes, die ein Vorbild in dem am 1.1.1991 außer Kraft getretenen Gesetz betreffend die Abzahlungsgeschäfte (§ 1b Abs. 1 AbzG) hatte[191] und sodann in weitere verbraucherschützende Nebengesetze Eingang fand. Durch die Richtlinie über Haustürgeschäfte[192] wurde das Widerrufsrecht europarechtlich eingeführt und in weiteren Richtlinien aufgegriffen,[193] die in nationales Recht

---

[181] BGH Urt. v. 16.1.1996 – XI ZR 116/95, BGHZ 131, 385 (388 ff.) = NJW 1996, 926 (928). Anders verhält es sich bei im Reisegewerbe verbotenen entgeltlichen Darlehensvermittlungsverträgen, BGH Urt. v. 2.2.1999 – XI ZR 74/98, NJW 1999, 1636 (1637).

[182] MüKoBGB/*Berger* BGB § 488 Rn. 97.

[183] RGZ 66, 385 (389); MüKoBGB/*Berger* BGB § 488 Rn. 90.

[184] Palandt/*Ellenberger* BGB § 123 Rn. 5b; vgl. BGH Urt. v. 21.6.1974 – V ZR 15/73, NJW 1974, 1505 (1506).

[185] Vgl. BGH Urt. v. 17.1.1985 – III ZR 135/83, NJW 1985, 1020 (1022) (insoweit in BGHZ 93, 264 nicht abgedruckt).

[186] BGH Urt. v. 1.6.1989 – III ZR 261/87, NJW 1989, 2879 (2880).

[187] BGH Urt. v. 8.12.1989 – V ZR 259/87, NJW 1990, 1661 (1662).

[188] BGH Urt. v. 14.11.2000 – XI ZR 336/99, NJW 2001, 358; Urt. v. 8.2.1979 – III ZR 2/77, NJW 1979, 1593 (1594).

[189] StRspr; BGH Urt. v. 24.10.1996 – IX ZR 4/96, NJW 1997, 254.

[190] MüKoBGB/*Berger* BGB § 488 Rn. 90; *Früh/Müller-Arends* in Hellner/Steuer BuB Rn. 3/66b; Palandt/*Ellenberger* BGB § 119 Rn. 26.

[191] Aufgehoben durch Art. 10 Abs. 1 S. 2 VerbrKrG.

[192] Richtlinie 85/577/EWG des Rates betreffend den Verbraucherschutz im Falle von außerhalb von Geschäftsräumen geschlossenen Verträgen vom 20.12.1985 (ABl. 1985 L 372, 31).

[193] Richtlinie 94/47/EG des Europäischen Parlaments und des Rates zum Schutz der Erwerber im Hinblick auf bestimmte Aspekte von Verträgen über den Erwerb von Teilnutzungsrechten an Immobilien vom 26.10.1994 (ABl. 1994 L 280, 82); Richtlinie 97/7/EG des Europäischen Parlaments und des Rates über den Verbraucherschutz bei Vertragsabschlüssen im Fernabsatz vom 20.5.1997 (ABl. 1997 L 144, 19), geändert durch Art. 15 Nr. 1 der

umgesetzt wurden. Im Ergebnis hatte sich ein ungeordnetes Nebeneinander von Widerrufsrechten mit zum Teil unterschiedlichen Voraussetzungen und Folgen herausgebildet, ein unbefriedigender Zustand, den der Gesetzgeber in mehreren Schritten einer vorläufigen Ordnung zugeführt hat. Durch das Gesetz über Fernabsatzverträge[194] wurde mit Inkrafttreten am 30.6.2000 eine allgemeine Regelung über das Widerrufsrecht in Verbraucherverträgen in das BGB eingefügt (§§ 361a, 361b BGB aF). Das Schuldrechtsmodernisierungsgesetz hat an deren Stelle die §§ 355–359 BGB gesetzt, die durch das OLG-Vertretungsänderungsgesetz vom 23.7.2002 erneut geändert wurden.[195] Für das Verbraucherdarlehensrecht bedeutsam waren dann vor allem das Gesetz zur Umsetzung der Verbraucherkreditrichtlinie, des zivilrechtlichen Teils der Zahlungsdiensterichtlinie sowie zur Neuordnung der Vorschriften über das Widerrufs- und Rückgaberecht vom 29.7.2009 (BGBl. 2009 I 2355) und das Gesetz zur Einführung einer Musterwiderrufsinformation für Verbraucherdarlehensverträge, zur Änderung der Vorschriften über das Widerrufsrecht bei Verbraucherdarlehensverträgen und zur Änderung des Darlehensvermittlungsrechts vom 24.7.2010 (BGBl. 2010 I 977). Weitere Änderungen brachte das Gesetz zur Umsetzung der Verbraucherrechterichtlinie und zur Änderung des Gesetzes zur Regelung der Wohnungsvermittlung vom 20.9.2013 – VerbRR-UG – (BGBl. I 3642), nach Maßgabe der Übergangsvorschrift in Art. 229 § 32 EGBGB in Kraft seit 13.6.2014, und das Gesetz zur Umsetzung der Wohnimmobilienkreditrichtlinie und zur Änderung handelsrechtlicher Vorschriften vom 11.3.2016 (BGBl. I 396) mit der Übergangsvorschrift in Art. 229 § 38 EGBGB. Bereits mit der Neufassung im BGB war die Konstruktion schwebender Unwirksamkeit aufgegeben worden. Gemäß § 355 Abs. 1 S. 1 BGB ist der Verbraucher, dem durch Gesetz ein Widerrufsrecht nach dieser Vorschrift eingeräumt wird, an seine auf den Abschluss des Vertrags gerichtete Willenserklärung „nicht mehr gebunden", wenn er sie fristgerecht widerrufen hat. Der widerrufbare Vertrag ist also wirksam. Das Widerrufsrecht ist ein **Gestaltungsrecht,** das allerdings seit dem 13.6.2014 eigenen Regeln bei den Rechtsfolgen folgt und nicht mehr als besonderes **Rücktrittsrecht** ausgestaltet ist.

72 Folge des bis zum Widerruf wirksamen Rechtsgeschäfts ist, dass beide Parteien einen **Erfüllungsanspruch** haben,[196] dessen Nichterfüllung einen Anspruch auf Schadensersatz statt der Leistung (§§ 280, 281 BGB) auslösen kann.

73 Der Widerruf ist eine **empfangsbedürftige Willenserklärung,** die erst mit Zugang wirksam wird (§ 130 Abs. 1 S. 1 BGB).[197] Sie bedarf bei ab dem 13.6.2014 abgeschlossenen Verträgen keiner Form, wenngleich wegen der Nachweismöglichkeit Textform empfehlenswert ist. Bei vor dem 13.6.2014 abgeschlossenen Verträgen ist **Textform** erforderlich (§ 355 Abs. 1 S. 2 BGB aF), soweit nicht eine Sache zurückgesandt wird. Textform erfordert, dass die Erklärung in einer Urkunde oder auf andere zur dauerhaften Wiedergabe in Schriftzeichen geeignete Weise abgegeben, die Person des Erklärenden genannt und der Abschluss der Erklärung durch Nachbildung der Namensunterschrift oder anders erkennbar gemacht werden (§ 126b BGB). Sie muss nicht in Papierform erfolgen, sondern kann auch auf einem anderen Datenträger gespeichert sein (CD-ROM, USB-Stick), jedoch ist die Erklärung erst dann zugegangen, wenn der Empfänger über eine entsprechende Abspielmöglichkeit verfügt. Es ist das Risiko des Verbrauchers, sich darüber zu vergewissern.[198] Textform kann auch durch E-Mail[199] oder Computerfax[200] gewahrt werden. Genügend ist auch die zu gerichtlichem Protokoll genommene mündliche Erklärung[201] und diejenige in einem an das Gericht gerichteten Schriftsatz, der dem Kreditgeber als Prozesspartei übermittelt wird.[202] Der Abschluss der Erklärung in Textform kann auf andere Weise, etwa durch eine Datierung oder eine Grußformel, erkennbar gemacht werden, wenn eine abschließende Namensunterschrift unterblieben ist.[203]

Richtlinie 2005/29/EG vom 11.5.2005 (ABl. 2005 L 149, 22); Richtlinie 2002/65/EG des Europäischen Parlaments und des Rates über den Fernabsatz von Finanzdienstleistungen an Verbraucher und zur Änderung der Richtlinie 90/619/EWG des Rates und der Richtlinien 97/7/EG und 98/27/EG vom 23.9.2002 (ABl. 2002 L 271, 16); Richtlinie 2011/83/EU des Europäischen Parlaments und des Rates über die Rechte der Verbraucher, zur Abänderung der Richtlinie 93/13/EWG des Rates und der Richtlinie 1999/44/EG des Europäischen Parlaments und des Rates sowie zur Aufhebung der Richtlinie 85/577/EWG des Rates und der Richtlinie 97/7/EG des Europäischen Parlaments und des Rates vom 25.10.2011 (ABl. 2011 L 304, 64).

[194] Gesetz über Fernabsatzverträge und andere Fragen des Verbraucherrechts sowie zur Umstellung von Vorschriften auf Euro vom 27.6.2000 (BGBl. I 897).

[195] Gesetz zur Änderung des Rechts der Vertretung durch Rechtsanwälte vor den Oberlandesgerichten vom 23.7.2002 (BGBl. I 2850).

[196] Palandt/*Grüneberg* BGB § 355 Rn. 4; § 355 BGB nF Rn. 3. Die Abkehr vom Modell der „schwebenden Unwirksamkeit" war gesetzgeberisch davon motiviert, dem Verbraucher Erfüllungsansprüche schon vor Ablauf der Widerrufsfrist zu verschaffen (BR-Drs. 25/00, 111 ff.).

[197] Palandt/*Grüneberg* BGB § 355 Rn. 10; § 355 BGB nF Rn. 8; Bülow/Artz BGB § 495 Rn. 53.

[198] Bülow/Artz, 7. Aufl. 2011, BGB § 495 Rn. 79.

[199] LG Kleve Urt. v. 22.11.2002 – 5 S 90/02, NJW-RR 2003, 196; Palandt/*Ellenberger* BGB § 126b Rn. 3; Bülow/Artz, 7. Aufl. 2011, BGB § 495 Rn. 78.

[200] Palandt/*Ellenberger* BGB § 126b Rn. 3.

[201] Vgl. BGH Urt. v. 24.4.1985 – VIII ZR 73/84, BGHZ 94, 226 (230) = NJW 1985, 1544 (1546).

[202] Vgl. BGH Urt. v. 10.7.1996 – VIII ZR 213/95, NJW 1996, 2865 (2866).

[203] MüKoBGB/*Einsele* BGB § 126b Rn. 6; Palandt/*Ellenberger* BGB § 126b Rn. 5.

Die Erklärung des Widerrufs kann ausdrücklich oder konkludent erfolgen (vgl. § 355 Abs. 1 S. 3 **74** BGB). Das Wort Widerruf muss nicht benutzt werden, sondern es genügt jede Erklärung, die nach allgemeinen Auslegungsgrundsätzen dem Vertragspartner hinreichende Klarheit darüber verschafft, dass sich der Kunde von seiner Willenserklärung lösen möchte.[204] Dass der Entschluss des Verbrauchers aus der Erklärung eindeutig hervorgehen muss (§ 355 Abs. 1 S. 3 BGB), besagt nichts anderes. Eine **Begründung** ist nicht erforderlich (§ 355 Abs. 1 S. 4 BGB). Schließen mehrere Verbraucher als Darlehensnehmer einen Verbraucherdarlehensvertrag, steht jedem von ihnen ein gesondertes und von dem des Mitdarlehensnehmers unabhängiges Widerrufsrecht zu.[205]

Die **Widerrufsfrist** beträgt nunmehr einheitlich 14 Tage und beginnt mit Vertragsschluss, soweit **75** nichts anderes bestimmt ist (§ 355 Abs. 2 BGB). Letzteres ist weitgehend der Fall, zumal für weite Bereiche die Frist erst zu laufen beginnt, wenn der Verbraucher über sein Widerrufsrecht ordnungsgemäß unterrichtet worden ist (für außerhalb von Geschäftsräumen geschlossene Verträge und Fernabsatzverträge: § 356 Abs. 3 BGB; für Teilzeit-Wohnrechteverträge und ähnliche Verträge: § 356a BGB, für Verbraucherdarlehensverträge, nämlich Allgemein-Verbraucherdarlehensverträge und Immobiliar-Verbraucherdarlehensverträge: § 356b BGB; für Ratenlieferungsverträge: § 356c BGB, für unentgeltliche Darlehensverträge und unentgeltliche Finanzierungshilfen: § 356d BGB). Die Anforderungen an die Belehrung waren in § 360 BGB aF zusammengefasst, der für bis 12.6.2014 geschlossene Verträge weiterhin gilt. Für die Widerrufsbelehrung bei im Fernabsatz geschlossenen Darlehensverträgen galt seit dem 8.12.2004 und für die Widerrufsinformation bei Verbraucherdarlehensverträgen galt seit dem 11.6.2010 aufgrund unionsrechtlicher Vorgaben das Gebot einer klaren und verständlichen Gestaltung und Formulierung,[206] das sich sachlich vom Deutlichkeitsgebot indessen nicht unterscheidet.[207] Auf Grund der Änderung durch das VerbRR-UG ist § 360 BGB aF entfallen. Nunmehr ist jeweils den einzelnen Verweisungen nachzugehen. Für den Verbraucherdarlehensvertrag verweist § 356b BGB auf § 492 Abs. 2 BGB, der wiederum auf die nach Art. 247 §§ 6–13 EGBGB vorgeschriebenen Angaben verweist. Gemäß Art. 247 § 6 Abs. 2 S. 1 EGBGB müssen bei bestehendem Widerrufsrecht im Vertrag ua „Angaben zur Frist mit anderen Umständen für die Erklärung des Widerrufs" enthalten sein. Entsprechend dem Schutzzweck müssen klar und verständlich Angaben zur Widerrufsfrist, dh zu Beginn, Dauer und Fristwahrung, und andere Umstände für die Erklärung, nämlich Adressat mit Namen und Anschrift, Form und Entbehrlichkeit einer Begründung, genannt sein.[208] Da Verbraucherdarlehensverträge schriftlich abzuschließen sind (§ 492 Abs. 1 BGB), muss auch die Widerrufsinformation diesem Formerfordernis genügen. Das EGBGB hält in Anlage 7 ein Muster für eine Widerrufsinformation für Allgemein-Verbraucherdarlehensverträge, in Anlage 8 ein Muster für eine Widerrufsinformation für Immobiliar-Verbraucherdarlehensverträge und in Anlage 9 ein Muster für die Widerrufsbelehrung bei unentgeltlichen Darlehensverträgen zwischen einem Unternehmer als Darlehensgeber und einem Verbraucher als Darlehensnehmer bereit.[209]

Von zentraler praktischer Bedeutung ist die **Belehrung** bzw. **Information des Verbrauchers über** **76** **sein Widerrufsrecht.** Weil die in den vergangenen knapp zwanzig Jahren zahlreichen Änderungen des Verbraucherwiderrufsrechts nach den Übergangsvorschriften des EGBGB grundsätzlich – von einzelnen Ausnahmen abgesehen – nur in die Zukunft wirkten, spielen gerade im Bereich der Verbraucherdarlehensverträge gegenwärtig noch eine Vielzahl längst außer Kraft getretener Regelungen eine Rolle. Der Rechtsanwender kann sich deshalb häufig die Mühe nicht ersparen, das **intertemporal maßgebliche Recht** zu ermitteln, das vor allem über Altauflagen der einschlägigen Kommentierungen erschlossen werden muss. Für das Verbraucherdarlehensrecht finden sich die maßgeblichen Übergangsvorschriften vor allem in Art. 229 §§ 5, 9, 11, 22, 32 und 38 EGBGB.

Nach dem **bis zum 10.6.2010** geltenden Recht unterlag die **Widerrufsbelehrung** auch bei **77** Verbraucherdarlehensverträgen dem **Deutlichkeitsgebot** des § 355 BGB in der bis dahin geltenden Fassung. Auf der Grundlage dieser Regelung hat die höchstrichterliche Rspr. vor allem Widerrufsbelehrungen als undeutlich beanstandet, die unzureichende Angaben zum Fristbeginn[210] oder zur Länge der Widerrufsfrist enthielten.[211] Bei der Frage, inwieweit sich der Darlehensgeber auf die

---

[204] BGH Urt. v. 21.10.1992 – VIII ZR 143/91, NJW 1993, 128 (129); Urt. v. 25.4.1996 – X ZR 139/94, NJW 1996, 1964 (1965); Urt. v. 31.1.2005 – II ZR 200/03, NJW-RR 2005, 1073 (1075); Palandt/*Grüneberg* BGB § 355 Rn. 6; § 355 nF Rn. 5; Bülow/Artz BGB § 495 Rn. 54.

[205] BGH Urt. v. 11.10.2016 – XI ZR 482/15, BGHZ 212, 207 Rn. 15 = NJW 2017, 243.

[206] Vgl. BGH Urt. v. 23.2.2016 – XI ZR 101/15, BGHZ 209, 86 Rn. 24 ff. = NJW 2016, 1881.

[207] BGH Urt. v. 3.7.2018 – XI ZR 520/16, NJW-RR 2018, 1316 Rn. 18.

[208] Palandt/*Weidenhaff* EGBGB Art. 247 § 6 Rn. 3.

[209] Zur Bedeutung des Musters zuletzt BGH Beschl. v. 31.3.2020 – XI ZR 198/19 Rn. 10 ff.

[210] BGH Urt. v. 12.7.2016 – XI ZR 564/15, BGHZ 211, 123 Rn. 18: „frühestens" = NJW 2016, 3512; Urt. v. 11.10.2016 – XI ZR 482/15, BGHZ 212, 207 Rn. 23: „frühestens" = NJW 2017, 243; Urt. v. 22.11.2016 – XI ZR 381/16, NJW-RR 2017, 886 Rn. 13: „der schriftliche Vertragsantrag" statt „Ihr Vertragsantrag/der Vertragsantrag des Verbrauchers".

[211] BGH Urt. v. 12.7.2016 – XI ZR 564/15, BGHZ 211, 123 Rn. 19: Fußnote „Bitte Frist im Einzelfall prüfen" = NJW 2016, 3512; vgl. aber auch – ohne Beanstandung insoweit – BGH Urt. v. 14.3.2017 – XI ZR 442/16, NJW-RR 2017, 812 Rn. 23: Fußnote zur Frist bei Nachbelehrung.

Gesetzlichkeitsfiktion des Musters für die Widerrufsbelehrung berufen könne, hat der BGH an § 14 Abs. 3 BGB-InfoV in der bis zum 10.6.2010 geltenden Fassung angeknüpft.[212]

78   Für das **ab dem 11.6.2010** geltende Recht hat der BGH zum Verbraucherdarlehensrecht hervorgehoben, eine nicht auf den Musterschutz rekurrierende **Widerrufsinformation** müsse **klar und verständlich** sein.[213] Der BGH hat als klar und verständlich den Verweis auf allgemein zugängliche gesetzliche Vorschriften,[214] die beispielhafte Benennung von Pflichtangaben[215] und die Berechnung des pro Tag zu zahlenden Zinses auf der Grundlage der deutschen kaufmännischen Methode[216] anerkannt.

79   Die höchstrichterliche Rspr. zur Deutlichkeit von Widerrufsbelehrungen bzw. zur Klarheit und Verständlichkeit von Widerrufsinformationen speist sich wesentlich aus dem Gedanken, dass sowohl die standardmäßig verwandte **Widerrufsbelehrung** als auch die in das Darlehensvertragsformular intergrierte **Widerrufsinformation Allgemeine Geschäftebdingungen** sind. Deshalb sind sie ohne Bindung an das Parteivorbringen vom Revisionsgericht selbst objektiv auszulegen.[217] Deshalb spielt auch die Kausalität des Belehrungsfehlers oder Informationsdefizits im konkreten Einzelfall keine den Darlehensgeber entlastende Rolle.[218] Zugleich folgt aus der Anordnung des Gesetzgebers, den Verbraucher als Darlehensnehmer über das Widerrufsrecht in **Textform** zu unterrichten, dass – diskutiert zum Stichwort **Präsenzgeschäft** – ein Belehrungsfehler nicht durch das nicht in der Widerrufsbelehrung selbst in Textform dokumentierte gemeinsame anderweitige Verständnis der Parteien ausgeräumt werden kann.[219]

80   Der Darlehensgeber kann der Ausübung des Widerrufsrechts Einwendungen entgegensetzen. Von besonderer praktischer Bedeutung ist der Einwand, das Widerrufsrecht sei verwirkt.[220] Ob die Voraussetzungen der **Verwirkung** vorliegen, hat zuvörderst der dazu berufene Tatrichter zu prüfen. Das Ergebnis seiner Entscheidung unterliegt im Revisionsverfahren nur einer eingeschränkten Überprüfung. Weil der Darlehensgeber zwar die Möglichkeit, aber nicht die Pflicht zur Erteilung einer Nachbelehrung hat und nach einer (vorzeitigen oder regulären) Beendigung des Darlehensvertrags eine Nachbelehrung ihr Ziel nicht mehr erreichen kann, wird der Tatrichter bei beendeten Verbraucherdarlehensverträgen eher zur Verwirkung gelangen als bei laufenden Verbraucherdarlehensverträgen.

81   Die Rechtsfolgen des Widerrufs richten sich in den in der Praxis immer noch bedeutsamen Altfällen, auf die das bis zum 12.6.2014 geltende Recht anzuwenden ist, gem. der in § 357 Abs. 1 S. 1 BGB aF enthaltenen Verweisung nach Rücktrittsrecht.[221] Inzwischen sind die Rechtsfolgen des Widerrufs von Verträgen über Finanzdienstleistungen besonders und abschließend in § 357a BGB geregelt.

82   Die **Beweislast** für Zugang und Absendung des Widerrufs trägt der Verbraucher. Der Unternehmer hat die Tatsachen zu beweisen, aus denen sich die Nichteinhaltung der Widerrufsfrist herleiten soll, insbesondere die Mitteilung der Belehrung und die für die Ordnungsmäßigkeit ihres Inhalts relevanten Tatsachen.[222] In den die Wirksamkeit und die Folgen des Widerrufs betreffenden Rechtsstreitigkeiten gilt der Grundsatz, dass **in einem Prozess Klarheit** geschaffen werden soll. Deshalb behandelt der BGH Klagen auf **Feststellung,** dass sich der Darlehensvertrag in ein **Rückgewährschuldverhältnis umgewandelt** habe, als **unzulässig,** sofern nicht feststeht, dass zwischen den Parteien kein Streit über die Rechtsfolgen des Widerrufs herrscht.[223] Insbesondere hilft über die Unzulässigkeit der Feststellungsklage nicht das Argument hinweg, da es sich bei einer der Prozessparteien – regelmäßig der Beklagten – um eine Bank handele, könne erwartet werden, dass sie sich auch ohne die Aussicht auf eine zwangsweise Durchsetzung einem gerichtlichen Urteil beugen werde. Die Anwendung dieses Grundsatzes setzte voraus, dass schon das Feststellungsurteil Klarheit über die aus dem Rückgewährschuldverhältnis resultierenden Pflichten der Bank schaffte. Das ist, wenn nicht nur über das Ob, sondern auch über die Folgen der fortbestehenden Widerruflichkeit Streit besteht, nicht der Fall. **Zulässig** ist dagegen regelmäßig die Klage des widerrufenden Darlehensnehmers auf **negative Fest-**

---

[212] BGH Urt. v. 12.7.2016 – XI ZR 564/15, BGHZ 211, 123 Rn. 22 = NJW 2016, 3512.
[213] BGH Urt. v. 23.2.2016 – XI ZR 101/15, BGHZ 209, 86 Rn. 24 ff. = NJW 2016, 1881.
[214] BGH Urt. v. 22.11.2016 – XI ZR 434/15, BGHZ 213, 52 Rn. 18 ff. = NJW 2017, 1306.
[215] BGH Urt. v. 22.11.2016 – XI ZR 434/15, BGHZ 213, 52 Rn. 21 f. = NJW 2017, 1306; dazu jetzt aber auch BGH Beschl. v. 31.3.2020 – XI ZR 198/19; Beschl. v. 31.3.2020 – XI ZR 581/18.
[216] BGH Urt. v. 4.7.2017 – XI ZR 741/16, NJW-RR 2017, 23.
[217] BGH Urt. v. 20.6.2017 – XI ZR 72/16, NJW-RR 2017, 1197 Rn. 28.
[218] BGH Urt. v. 21.2.2017 – XI ZR 381/16, NJW-RR 2017, 886 Rn. 18.
[219] BGH Urt. v. 21.2.2017 – XI ZR 381/16, NJW-RR 2017, 886 Rn. 16 f.; Urt. v. 21.11.2017 – XI ZR 106/16, NJW-RR 2018, 303 Rn. 14.
[220] BGH Urt. v. 12.7.2016 – XI ZR 501/15, BGHZ 211, 105 Rn. 38 ff. = NJW 2016, 3518; Urt. v. 12.7.2016 – XI ZR 564/15, BGHZ 211, 123 Rn. 33 ff. = NJW 2016, 3512; Beschl. v. 23.1.2018 – XI ZR 298/17, NJW 2018, 1390 Rn. 8 ff.
[221] BGH Beschl. v. 12.1.2016 – XI ZR 366/15, NJW 2016, 2428 Rn. 6 ff.; Beschl. v. 12.9.2017 – XI ZR 365/16, WM 2017, 2146 Rn. 9 ff.
[222] Palandt/*Grüneberg* BGB § 355 Rn. 23.
[223] BGH Urt. v. 24.1.2017 – XI ZR 183/15, NJW-RR 2017, 815 Rn. 11 ff.; Urt. v. 21.2.2017 – XI ZR 467/15, NJW 2017, 1823 Rn. 11 ff.; Urt. v. 16.5.2017 – XI ZR 586/15, NJW 2017, 2340 Rn. 9 ff.

stellung, ab dem Zugang der Widerrufserklärung nicht mehr zur Leistung des Vertragszinses und der vertragsgemäßen Tilgung nach § **488 BGB** verpflichtet zu sein.[224] Außerdem kann der Darlehensnehmer auf – vollstreckungstauglich in ihrer Form genau zu bezeichnende – **Freigabe** einer etwa gewährten Sicherheit **nach Zahlung** des bei einem noch laufenden Darlehensvertrag zu seinen Lasten vorhandenen Rückgewährsaldos klagen.[225]

f) Unverbindlichkeit. Beim **Spiel** (§ 762 BGB) ist ein Darlehen einer dritten, am Spiel nicht **83** beteiligten Person im Allgemeinen verbindlich, jedoch kann Nichtigkeit nach § 138 BGB bei Vorliegen besonderer Umstände zu bejahen sein.[226] Das ist stets dann der Fall, wenn der Darlehensgeber von eigennützigen Beweggründen geleitet wurde, wenn er das Darlehen aus eigenem Gewinnstreben gewährte und es sich für den Darlehensnehmer um bedeutende Summen handelt.[227] Das für ein verbotenes Spiel zweckbestimmte Darlehen ist nichtig.[228]

6. Ansprüche des Darlehensnehmers. a) „Zur-Verfügung-Stellen" der Darlehensvaluta. 84 Der Darlehensnehmer hat einen vertraglichen Anspruch auf das „Zur-Verfügung-Stellen" der Darlehensvaluta. Der wirksame Empfang des Darlehens stellt die Erfüllung des Auszahlungsanspruchs dar und bildet zugleich eine tatbestandliche Voraussetzung für das Entstehen des Rückerstattungsanspruchs (§ 488 Abs. 1 S. 2 BGB). Zur Verfügung gestellt ist das Darlehen, wenn der Darlehensgegenstand aus dem Vermögen des Darlehensgebers ausgeschieden und dem Vermögen des Darlehensnehmers in der vereinbarten Form endgültig zugeführt wurde.[229] Die Beweislast dafür hat der Darlehensgeber auch dann, wenn der Darlehensnehmer in notarieller Urkunde den Empfang bestätigt und er sich der Zwangsvollstreckung unterworfen hat.[230]

Üblicherweise wird dem Darlehensnehmer Buchgeld durch **Überweisung auf ein Konto** ver- **85** schafft. Der Fall, dass die Valuta dem Darlehensnehmer in natura übergeben wird, kommt im Bankkreditgeschäft praktisch nicht vor und ist nach der Neufassung des Gesetzes auch nicht mehr typbildend.

Die Verschaffung von Buchgeld ist schon von Gesetzes wegen Erfüllung iSv § 362 Abs. 1 BGB. Der **86** Zwischenschritt über eine ausdrückliche oder stillschweigende Einigung der Parteien darüber, die Gutschrift auf einem Bankkonto als Darlehensauszahlung zu behandeln,[231] ist entbehrlich geworden.[232] Im Allgemeinen wird aber vereinbart, auf welches Konto gezahlt werden soll, sodass sich sachlich wenig ändert. Fehlt eine solche – ausdrückliche oder stillschweigende – Vereinbarung, dann ist der Auszahlungsanspruch erfüllt, wenn die Valuta auf irgendeinem Konto des Darlehensnehmers so zur Verfügung gestellt wird, dass er darüber uneingeschränkt verfügen kann.[233]

Die Gutschrift der Darlehensvaluta auf einem **Konto pro Diverse** (CpD-Konto) ist für sich noch **87** keine Erfüllung.[234] Der Darlehensnehmer, der kein Konto bei der kreditgebenden Bank unterhält, erwirbt mit der Buchung auf dem CpD-Konto keinen Anspruch gegen die Bank, denn Buchungen auf diesem Konto haben im Allgemeinen nur vorläufigen und bankinternen Charakter. Anders kann es sich verhalten, wenn sich Bank und Darlehensnehmer im Einzelfall darüber einigen, dass dem Empfänger ein Anspruch auf den gutgeschriebenen Betrag zustehen soll.[235] Die Überweisung der Darlehensvaluta auf ein anderes, **nicht für den Zahlungsverkehr bestimmtes Konto** (zB Spar- oder Festgeldkonto) bewirkt keine Erfüllung, sofern keine entsprechende Vereinbarung getroffen wurde, weil solche Konten für den Darlehensgeber erkennbar Beschränkungen zu unterliegen pflegen, die einer uneingeschränkten Verfügbarkeit entgegenstehen. Der Erfüllung steht es aber nicht entgegen, wenn der Auszahlungsanspruch gepfändet ist,[236] weil dies zum Risikobereich des Darlehensnehmers gehört.

Anerkannt ist, dass bei der Auszahlung der Darlehensvaluta ein **Dritter** eingeschaltet sein kann. Der **88** Empfänger der Darlehensvaluta muss nicht der Darlehensnehmer persönlich sein, sondern es genügt,

---

[224] BGH Urt. v. 16.5.2017 – XI ZR 586/15, NJW 2017, 2340 Rn. 14 ff.

[225] BGH Urt. v. 20.2.2018 – XI ZR 127/16, Rn. 29; Urt. v. 24.4.2018 – XI ZR 207/17, WM 2018, 1501 Rn. 9 f.; Beschl. v. 17.1.2017 – XI ZR 170/16, BKR 2017, 152 Rn. 7.

[226] Palandt/*Ellenberger* BGB § 138 Rn. 87; Palandt/*Sprau* BGB § 762 Rn. 8.

[227] BGH Urt. v. 8.10.1991 – XI ZR 238/90, NJW 1992, 316; MüKoBGB/*Berger* § 488 Rn. 105; *Pamp* in Schimansky/Bunte/Lwowski BankR-HdB § 82 Rn. 135.

[228] Palandt/*Ellenberger* § 134 Rn. 17; Palandt/*Sprau* BGB § 762 Rn. 8.

[229] BGH Urt. v. 5.5.1986 – III ZR 240/84, NJW 1986, 2947; MüKoBGB/*Berger* BGB § 488 Rn. 27.

[230] BGH Urt. v. 3.4.2001 – XI ZR 120/00, BGHZ 147, 203 = NJW 2001, 2096 ff.; Baumbach/Hopt/*Hopt* Bankgeschäfte Rn. G/3.

[231] BGH Urt. v. 20.12.1955 – I ZR 171/53, WM 1956, 217 (218); Urt. v. 2.10.1953 – V ZR 81/52, WM 1957, 635 (637); Urt. v. 9.7.1987 – III ZR 229/85, NJW 1987, 3123; *Canaris* BankvertragsR Rn. 1319, 1957.

[232] MüKoBGB/*Berger* BGB § 488 Rn. 29.

[233] MüKoBGB/*Berger* BGB § 488 Rn. 29; Baumbach/Hopt/*Hopt* Bankgeschäfte Rn. G/3.

[234] MüKoBGB/*Berger* BGB § 488 Rn. 29; *Pamp* in Schimansky/Bunte/Lwowski BankR-HdB § 76 Rn. 142; Baumbach/Hopt/*Hopt* Bankgeschäfte Rn. G/3.

[235] BGH Urt. v. 30.6.1986 – III ZR 70/85, NJW 1987, 55 ff.; MüKoBGB/*Berger* BGB § 488 Rn. 29; *Pamp* in Schimansky/Bunte/Lwowski BankR-HdB § 76 Rn. 143.

[236] BGH Urt. v. 9.7.1987 – III ZR 229/85, NJW 1987, 3123; MüKoBGB/*Berger* BGB § 488 Rn. 29.

dass ein vom Darlehensnehmer bezeichneter Dritter den Darlehensbetrag empfangen hat.[237] Eine Erfüllung bei Auszahlung an einen Dritten erfordert jedoch zweierlei: Zum einen muss eine solche Auszahlung zwischen den Parteien des Darlehensvertrags vereinbart werden und zum anderen muss der Dritte den Betrag mindestens im überwiegenden Interesse des Darlehensnehmers erhalten haben.[238] Nicht ausreichend ist es daher, wenn der Dritte als Beauftragter der Bank in deren Sicherungsinteresse tätig werden soll. Insbesondere genügt nicht die vereinbarungsgemäße Hinterlegung der Darlehensvaluta auf einem **Notaranderkonto** mit dem Treuhandauftrag, über das Geld erst nach Zustimmung des Darlehensgebers zu verfügen.[239] Auch dann, wenn der Darlehensgeber dem Notar den Auftrag erteilt hat, die Darlehensvaluta nach Vorliegen bestimmter Voraussetzungen auszuzahlen, geschieht dies noch im überwiegenden Sicherungsinteresse der Bank, sodass keine Darlehensgewährung vorliegt.[240] Die Parteien können individuell vereinbaren, dass bereits die Überweisung auf das Notaranderkonto als Erfüllung gelten soll, was auch stillschweigend erfolgen kann.[241] Dafür reicht die Abrede über die Verzinsung des auf das Notaranderkonto gezahlten Betrags aber nicht aus.[242] Durch Allgemeine Geschäftsbedingungen kann eine solche Abrede nicht wirksam getroffen werden, da sie gegen § 307 Abs. 2 Nr. 1 BGB verstößt.[243] Ist mit der Auszahlung der Darlehensvaluta an einen Dritten eine **Schuld des Darlehensnehmers erfüllt** worden, dann ist ihm das Darlehen in jedem Fall in einer für den Darlehensempfang ausreichenden Weise zugeflossen.[244]

89   Eine Hingabe des Darlehens im Wege einer Aufrechnung des Darlehensgebers gegen den Auszahlungsanspruch **(Aufrechnungsvalutierung)** wäre zwar rechtlich möglich, jedoch ist regelmäßig stillschweigend vereinbart, dass eine solche Aufrechnungsmöglichkeit ausgeschlossen sein soll.[245] Die Parteien können zwar etwas anderes verabreden, was aber eindeutig zum Ausdruck kommen muss.[246] Eine AGB-Klausel reicht dafür nicht aus.[247] Auch die Einstellung in ein debitorisch geführtes Kontokorrent kann nach dem Zweck des Darlehens ausgeschlossen sein.[248] Dem Zweck des Darlehens widerspricht es im Allgemeinen auch, dass die Bank ein **Pfandrecht** am Auszahlungsanspruch erwirbt (vgl. Nr. 14 AGB-Banken).[249] Denn der Kredit soll die Liquidität des Kreditnehmers erhöhen, womit es unvereinbar wäre, wenn die zur Verfügung gestellten Mittel sofort wieder zur Abdeckung anderweitiger Ansprüche der Bank gegen den Kunden abgeschöpft würden.[250]

90   **b) Belassen des Darlehens.** Der Darlehensnehmer hat einen Anspruch darauf, dass ihm das Darlehen während der Laufzeit des Darlehensvertrags belassen wird, er im Gebrauch des überlassenen Kapitals also nicht gestört wird.[251]

91   **c) Schutzpflichten.** Dem Darlehensvertrag sind im Allgemeinen keine weiteren Schutzpflichten des Darlehensgebers zugunsten des Darlehensnehmers zu entnehmen. Über die aus der Vertragsanbahnung oder dem allgemeinen Bankvertrag herzuleitenden Warn- und Aufklärungspflichten hinaus treffen den Darlehensgeber, ist der Vertrag erst einmal geschlossen, gegenüber dem Darlehensnehmer grundsätzlich keine Überprüfungs- und Informationspflichten. Solche können gleichwohl im Einzelfall entstehen, wenn der Darlehensgeber weiß, dass die Fortsetzung der Auszahlung der Darlehensvaluta an einen Dritten den Darlehensnehmer schädigt, weil dem Darlehensnehmer durchgreifende Einwendungen gegenüber dem Dritten zustehen.[252] Eine Bank darf ihrem Kreditnehmer auch nicht ohne Hinweis

---

[237] BGH Urt. v. 5.5.1986 – III ZR 240/84, NJW 1986, 2947.

[238] BGH Urt. v. 5.5.1986 – III ZR 240/84, NJW 1986, 2947.

[239] BGH Urt. v. 21.2.1985 – III ZR 207/83, NJW 1985, 1831; *Pamp* in Schimansky/Bunte/Lwowski BankR-HdB § 76 Rn. 144.

[240] BGH Urt. v. 5.5.1986 – III ZR 240/84, NJW 1986, 2947.

[241] BGH Urt. v. 12.12.1990 – IV ZR 213/89, NJW 1991, 1055 (1057).

[242] BGH Urt. v. 5.5.1986 – III ZR 240/84, NJW 1986, 2947 (2948).

[243] BGH Urt. v. 14.7.1998 – XI ZR 272/97, WM 1998, 1869 (1870) = MDR 1998, 1301 mAnm *v. Westphalen* = WuB I E 1 – 8.98 *(Bülow)*; MüKoBGB/*Berger* BGB § 488 Rn. 35; Baumbach/Hopt/*Hopt* Bankgeschäfte Rn. G/3.

[244] BGH Urt. v. 17.1.1985 – III ZR 135/83, NJW 1985, 1020 (1022).

[245] BGH Urt. v. 24.2.1978 – V ZR 182/75, BGHZ 71, 19 (20 f.) = NJW 1978, 883 (884).

[246] BGH Urt. v. 24.2.1978 – V ZR 182/75, BGHZ 71, 19 (20 f.) = NJW 1978, 883 (884); MüKoBGB/*Berger* BGB § 488 Rn. 37. Vgl. Urt. v. 4.4.2000 – XI ZR 200/99, NJW 2000, 2816. Die Verrechnung setzt vorraus, daß die einbezogenen Forderungen bestehen; anderenfalls ist das Darlehen nicht empfangen, BGH Urt. v. 19.5.2000 – V ZR 322/98, NJW 2000, 3065 (3067).

[247] MüKoBGB/*Berger* BGB § 488 Rn. 37.

[248] BGH Urt. v. 18.3.1974 – II ZR 68/72, NJW 1974, 1082 f.; MüKoBGB/*Berger* BGB § 488 Rn. 37; *Häuser* in Schimansky/Bunte/Lwowski BankR-HdB § 83 Rn. 81.

[249] Baumbach/Hopt/*Hopt* Bankgeschäfte Rn. G/3 und Nr. 14 AGB-Banken Rn. 11; eingehend zum Meinungsstand Staudinger/*Mülbert*, 2015, BGB § 488 Rn. 455 ff.; aA BGH Urt. v. 20.12.1955 – I ZR 171/53, WM 1956, 217 (218).

[250] BGH Urt. v. 29.3.2001 – IX ZR 34/00, BGHZ 147, 193 = NJW 2001, 1937 (1939); MüKoBGB/*Berger* BGB § 488 Rn. 37.

[251] MüKoBGB/*Berger* BGB Vor § 488 Rn. 10, § 488 Rn. 31.

[252] BGH Urt. v. 28.5.1984 – III ZR 63/83, NJW 1984, 2816 (2817).

auf die gravierenden Folgen zu einer Verschlechterung seiner Rechtsposition raten, wenn diese Risiko-verlagerung ihren eigenen Interessen dienlich ist.[253]

7. Ansprüche des Darlehensgebers. a) Rückerstattungsanspruch. Den Darlehensnehmer trifft   92
die Pflicht, das zur Verfügung gestellte Darlehen bei Fälligkeit zurückzuerstatten (§ 488 Abs. 1 S. 2
BGB). Dieser **Rückerstattungsanspruch** ist eine nichtsynallagmatische Hauptpflicht im Vertragsver-hältnis[254] und ist dem Darlehensvertrag wesentlich. Er entsteht als gesetzliche Folge der vereinbarten
und durchgeführten Überlassung des Darlehens und wird fällig, wenn der Darlehensvertrag verein-barungsgemäß endet oder wirksam gekündigt wird (§§ 488 Abs. 3 S. 1, 489, 490 BGB).

Anders als im gesetzlichen Normalfall, in dem der Darlehensnehmer die ihm zur Verfügung gestellte   93
Darlehensvaluta insgesamt in einer Summe zurückzuerstatten hat, werden in der Praxis abweichende
Vereinbarungen getroffen. Häufig wird eine ratenweise Tilgung vereinbart, die in Form des **Annuitä-tendarlehens** aus gleichbleibenden Raten besteht, die aus einem Tilgungs- und Zinsanteil zusammen-gesetzt sind. Bei fortschreitender Tilgung verringert sich der Zinsanteil fortwährend, sodass es zu einer
progressiven Tilgung kommt. Bei einer vorzeitigen Rückerstattung des Darlehens können dem
Darlehensnehmer insoweit Ansprüche auf Auskehrung eines Zinsvoraus erwachsen. Der BGH hat die
Auffassung vertreten, dass die gegenseitigen „Ansprüche" der Parteien auf Rückerstattung des Darle-hens und Erstattung des Zinsvoraus bloße Rechnungsposten im Rahmen der Abrechnung seien, sodass
dem Darlehensgeber von vornherein nur ein Anspruch auf Rückerstattung des Betrages zusteht, der
sich nach Abzug einer nicht verbrauchten Zinsvorauszahlung vom Darlehensbetrag ergibt.[255] Damit
werden jedenfalls für den Bürgen klare Verhältnisse geschaffen.

b) Zinsen. Wichtigster Anspruch des Darlehensgebers neben dem Rückerstattungsanspruch ist   94
der auf **Zinsen** und sonstige Gegenleistungen für die Kapitalüberlassung. Er steht mit der Pflicht
des Darlehensnehmers zur Überlassung der Darlehensvaluta im Gegenseitigkeitsverhältnis.[256] Wegen
der Einzelheiten wird auf den besonderen Abschnitt über Zins und sonstige Vergütungen ver-wiesen.

c) Abnahme. Ob eine Pflicht zur Abnahme des Darlehens besteht, ist den Vereinbarungen der   95
Parteien zu entnehmen. Ist nichts Ausdrückliches vereinbart, muss auf die Umstände des Einzelfalls,
insbesondere die Interessen des Darlehensgebers an der tatsächlichen Inanspruchnahme, abgestellt
werden. Bei einer Grundstücksbeleihung durch eine Hypothekenbank ist davon in der Regel schon
auf Grund des Anlagezwecks auszugehen.[257] Allgemein wird angenommen, dass die vereinbarte
Abnahmepflicht zumindest bei einer Bank, die sich zu refinanzieren pflegt, eine im Synallagma
stehende Hauptpflicht ist.[258] Keine Abnahmepflicht begründet der Krediteröffnungsvertrag mit Abruf-recht für den Kreditnehmer. Die wirtschaftlichen Interessen des Kreditgebers werden dabei in der
Regel durch eine Verpflichtung zur Zahlung von Bereitstellungszinsen gewahrt.[259]

d) Zweckbindung. Ist das Darlehen mit einer Zweckbindung versehen, dann hat der Darlehens-   96
geber Anspruch auf deren Einhaltung.[260]

e) Sicherheiten. Ein allgemeiner Anspruch auf Bestellung von **Sicherheiten** steht dem Darlehens-   97
geber nicht zu, dazu bedarf es vielmehr einer Vereinbarung,[261] die beim Bankkredit aber regelmäßig
getroffen wird. Sind keine konkreten Sicherheiten verabredet worden, dann folgt ein Anspruch auf
Bestellung von Sicherheiten aus **Nr. 13 AGB-Banken,** wonach die Bank für alle Ansprüche aus der
bankmäßigen Geschäftsverbindung die Bestellung bankmäßiger Sicherheiten verlangen darf. Einen
Anspruch auf die Bestellung einer bestimmten Sicherheit gibt diese Bestimmung nicht, vielmehr hat
der Kunde die freie Wahl zwischen mehreren geeigneten Sicherungsmitteln.[262] Lehnt der Kunde die
Stellung einer bestimmten von der Bank verlangten Sicherheit ab, ohne aber anderweitige Vorschläge
zu unterbreiten, dann ist dies als Verweigerung jeglicher Sicherheitenbestellung anzusehen.[263] Ein

[253] BGH Urt. v. 30.5.1995 – XI ZR 180/94, NJW 1995, 2218.
[254] MüKoBGB/*Berger* BGB Vor § 488 Rn. 10, § 488 Rn. 43; Palandt/*Weidenkaff* BGB Vor § 488 Rn. 2.
[255] BGH Urt. v. 17.5.1994 – IX ZR 232/93, NJW 1994, 1790; krit. *Häuser* WuB I F 1a. Bürgschaft 9.94.
[256] MüKoBGB/*Berger* BGB § 488 Rn. 55, 156.
[257] BGH Urt. v. 12.3.1991 – XI ZR 190/90, NJW 1991, 1817 (1818); MüKoBGB/*Berger* BGB § 488 Rn. 67;
Bruchner in Schimansky/Bunte/Lwowski BankR-HdB § 80 Rn. 1.
[258] BGH Urt. v. 7.11.2000 – XI ZR 27/00, NJW 2000, 509; Urt. v. 30.11.1989 – III ZR 197/88, NJW-RR
1990, 432 (433); Urt. v. 12.3.1991 – XI ZR 190/90, NJW 1991, 1817 (1818); MüKoBGB/*Berger* BGB § 488
Rn. 68; *Bruchner/Krepold* in Schimansky/Bunte/Lwowski BankR-HdB § 80 Rn. 1; aA Staudinger/*Freitag,* 2015,
BGB § 488 Rn. 218, 219.
[259] MüKoBGB/*Berger* BGB § 488 Rn. 67.
[260] Staudinger/*Freitag,* 2015, BGB § 488 Rn. 220; MüKoBGB/*Berger* BGB § 488 Rn. 85.
[261] MüKoBGB/*Berger* BGB § 488 Rn. 56.
[262] BGH Urt. v. 15.11.1960 – V ZR 35/59, BGHZ 33, 389 (394) = NJW 1961, 408 (409); Urt. v. 18.12.1980 –
III ZR 157/78, NJW 1981, 1363; *Bunte* in Schimansky/Bunte/Lwowski BankR-HdB § 18 Rn. 14.
[263] BGH Urt. v. 18.12.1980 – III ZR 157/78, NJW 1981, 1363.

besonderer Anlass für das Verlangen nach Sicherheit ist nicht erforderlich,[264] insbesondere keine Verschlechterung der Verhältnisse zum Nachteil der Bank.[265] Individualabreden, die auch stillschweigend getroffen werden können, gehen jedoch vor, zB wenn erkennbar als abschließend zu verstehende Sicherheiten vereinbart werden.[266] Allein die Tatsache, dass eine Abrede über die Gestellung einer Sicherheit nicht konkret verabredet wurde, schließt eine Berufung auf Nr. 13 AGB-Banken aber ebensowenig aus wie der Umstand, dass die Bank für einige Zeit von ihrem Recht auf Sicherheitenbestellung keinen Gebrauch macht. Letzteres begründet keinen Vertrauenstatbestand, dass sich die Bank auch zukünftig gleichförmig verhalten werde.[267] Nr. 13 Abs. 2 AGB-Banken gibt der Bank unter bestimmten Voraussetzungen ein **Recht auf Nachsicherung** auch dann, wenn sie ganz oder teilweise davon abgesehen hatte, die Bestellung oder Verstärkung von Sicherheiten zu verlangen, es sei denn, dass ausdrücklich vereinbart war, dass der Kunde keine Sicherheit zu bestellen hatte (sog. Blankokredit) oder er ausschließlich im Einzelnen benannte Sicherheiten zu stellen hatte (Nr. 13 Abs. 2 S. 4 AGB-Banken). Die Ausschließlichkeit im Einzelnen benannter Sicherheiten muss ausdrücklich vereinbart sein, sodass danach eine konkludente Vereinbarung nicht genügt. Eine stillschweigend getroffene Individualabrede geht der Klausel jedoch vor. Allein daraus, dass bestimmte Sicherheiten vereinbart sind, kann sie aber noch nicht entnommen werden.[268] Anders als beim originären Sicherungsanspruch bedarf der Nachsicherungsanspruch eines Anlasses in einer **erhöhten Risikobewertung,** für die Nr. 13 Abs. 2 S. 3 AGB-Banken nicht abschließende Beispiele bringt.[269] Eine *wesentliche* nachteilige Veränderung der wirtschaftlichen Verhältnisse des Kunden oder der Bewertung von Sicherheiten wird nicht vorausgesetzt.[270] Besonderheiten gelten für den Verbraucherkredit: Nr. 13 Abs. 2 S. 5 AGB-Banken greift § 494 Abs. 6 S. 2, 3 BGB auf, wonach Sicherheiten bei fehlenden Angaben im Kreditvertrag nicht gefordert werden können, sofern der Nettodarlehensbetrag 75.000 EUR nicht übersteigt. Diese gesetzliche Regelung gilt selbstverständlich auch für den originären Besicherungsanspruch gem. Nr. 13 Abs. 1 AGB-Banken, für den die Klarstellung nicht aufgenommen worden ist. Der Anspruch der Bank auf Bestellung oder Verstärkung von Sicherheiten unterliegt der Grenze der **Übersicherung,** die sich aus Nr. 16 Abs. 1 AGB-Banken ergibt. Bei der **Bewertung** der Sicherheiten ist das Ermessen der Bank gegenüber dem Vertragspartner dadurch gebunden, dass sie nicht ohne Weiteres von ihrer eigenen bisherigen Beleihungspraxis und der anderer Kreditinstitute abweichen darf.[271]

98   **f) Informationspflichten.** Informationspflichten treffen den Darlehensnehmer grundsätzlich nur, wenn diese vereinbart sind.[272] Dies geschieht jedoch häufig, insbesondere bei bedeutsamen Kreditengagements, bei denen die Bank sonst auch ihren gesetzlichen Verpflichtungen nach § 18 KWG nicht nachkommen könnte, und kann bis zur Vereinbarung eines ausgefeilten Berichtswesens reichen.[273] Fehlt eine Vereinbarung, dann stehen nur die allgemeinen Grundsätze zur Verfügung, dass nach Treu und Glauben (§ 242 BGB) eine Auskunftspflicht zu bejahen ist, wenn die zwischen den Parteien bestehenden Rechtsbeziehungen es mit sich bringen, dass der Berechtigte in entschuldbarer Weise über Bestehen oder Umfang seines Rechts im Ungewissen ist und der Verpflichtete die zur Beseitigung der Ungewissheit erforderliche Auskunft unschwer geben kann,[274] oder dass derjenige, der fremde Angelegenheiten besorgt, rechenschaftspflichtig ist.[275] Diese Voraussetzungen sind bei einem Darlehen allerdings nicht ohne weiteres erfüllt.

99   **8. Leistungsstörungen. a) Ansprüche des Darlehensnehmers.** Ansprüche des Darlehensnehmers wegen einer Leistungsstörung betreffen vor allem den Fall, dass der Darlehensgeber die Darlehensvaluta nicht in der vereinbarten Weise hingibt, etwa weil er sich zu Unrecht zur Zurückhaltung für berechtigt hält. Schäden, die aus einer verzögerten Auszahlung entstehen, sind unter den Voraussetzungen von **§ 280 Abs. 1 und 2 BGB, § 286 Abs. 1 BGB** zu ersetzen. Beim entgeltlichen Darlehen als gegenseitigem Vertrag stehen dem Darlehensnehmer die Rechte aus **§§ 323, 324 BGB** zu, dh er kann der Bank zur Bewirkung der Auszahlung eine angemessene Frist zur Leistung setzen,

---

[264] BGH Urt. v. 18.12.1980 – III ZR 157/78, NJW 1981, 1363 (1364); Baumbach/Hopt/*Hopt* AGB-Banken Nr. 13 Rn. 4; *Bunte* in Schimansky/Bunte/Lwowski BankR-HdB § 18 Rn. 10.

[265] BGH Urt. v. 18.12.1980 – III ZR 157/78, NJW 1981, 1363 (1364); Baumbach/Hopt/*Hopt* AGB-Banken Nr. 13 Rn. 4; aA *Grunewald* ZIP 1981, 586.

[266] Staudinger/*Freitag,* 2015, BGB § 488 Rn. 215.

[267] BGH Beschl. v. 24.10.1986 – III ZR 7/85, WM 1986, 61 (62); *Früh/Müller-Arends* in Hellner/Steuer BuB Rn. 3/83b.

[268] BGH Urt. v. 18.12.1980 – III ZR 157/78, NJW 1981, 1363; MüKoBGB/*Berger* BGB § 488 Rn. 62; *Bunte* in Schimansky/Bunte/Lwowski BankR-HdB § 18 Rn. 27.

[269] Baumbach/Hopt//*Hopt* AGB-Banken Nr. 13 Rn. 7; *Bunte* in Schimansky/Bunte/Lwowski BankR-HdB § 18 Rn. 19.

[270] Baumbach/Hopt/*Hopt* AGB-Banken Nr. 13 Rn. 7; *Bunte* in Schimansky/Bunte/Lwowski BankR-HdB § 18 Rn. 19.

[271] Vgl. BGH Urt. v. 13.3.1990 – XI ZR 235/89, NJW 1990, 2676 (2677).

[272] Hopt/Mülbert, 12. Aufl. 1989, BGB § 607 Rn. 389.

[273] *Früh/Müller-Arends* in Hellner/Steuer BuB Rn. 3/84b.

[274] BGH Urt. v. 17.5.1994 – X ZR 82/92, NJW 1995, 386 (387); stRspr; Palandt/*Grüneberg* BGB § 260 Rn. 4 ff.

[275] BGH Urt. v. 9.7.1959 – II ZR 252/58, NJW 1959, 1963; stRspr; Palandt/*Grüneberg* BGB § 259 Rn. 5.

nach deren Ablauf er vom Vertrag **zurücktreten** kann.[276] Regelmäßig nach Fristsetzung kann er **Schadensersatz** statt der Leistung verlangen (§ 280 Abs. 1 und 3 BGB, § 281 BGB). Zu einer nur **teilweisen Auszahlung** der Darlehensvaluta ist der Darlehensgeber nicht berechtigt, sofern nicht eine ratenweise Auszahlung vereinbart ist. Die Rechte des Darlehensnehmers bestimmen sich in diesem Fall nach § 323 Abs. 5 S. 1 BGB bzw. § 281 Abs. 1 S. 2 BGB. Danach kann er den gesamten Vertrag liquidieren, wenn die teilweise Erfüllung für ihn kein Interesse hat.

b) Ansprüche des Darlehensgebers. Bei den Ansprüchen des Darlehensgebers wird eine Zäsur **100** durch die Hingabe der Darlehensvaluta bewirkt. Vor diesem Zeitpunkt kann ein **Rücktrittsrecht** nach den allgemeinen Bestimmungen der §§ 323, 324 BGB gegeben sein, danach besteht an dessen Stelle nur noch das **Kündigungsrecht aus wichtigem Grund.**[277] Gerät der Darlehensnehmer in **Verzug,** dann kann der Darlehensgeber den Verzögerungsschaden aus § 280 Abs. 1 und 2 BGB, § 286 Abs. 1 BGB ersetzt verlangen, oder er kann wegen Verletzung von Leistungs- oder Verhaltenspflichten sonst Anspruch auf Schadensersatz (§§ 280, 281 BGB) haben. Kündigt der Darlehensgeber den Darlehensvertrag aus wichtigem Grund und hat der Darlehensnehmer dazu schuldhaft Anlass gegeben, dann stellt dies eine **positive Vertragsverletzung** (§ 280 Abs. 1 BGB, § 241 Abs. 2 BGB) dar.[278] Nach allgemeinen Grundsätzen berechtigt diese den Darlehensgeber dazu, Schadensersatz zu fordern, jedoch begrenzt auf den Zeitraum bis zum nächsten ordentlichen Kündigungstermin.[279] Der Darlehensgeber kann mit dieser Beschränkung daher auch nach einer Kündigung aus wichtigem Grund den Vertragszins im Wege des Schadensersatzes beanspruchen.[280]

Die wichtigsten Fälle von durch den Darlehensnehmer verursachten Leistungsstörungen bilden die **101** vertragswidrige **Nichtabnahme** des Darlehens und der **Verzug mit Zinszahlungen.** In diesem Zusammenhang ergeben sich weitergehende Fragen zur **Nichtabnahmeentschädigung** und zu den **Verzugsfolgen.**

aa) Nichtabnahmeentschädigung. Wenn der Darlehensnehmer die Darlehensvaluta nicht ab- **102** nimmt, obwohl er vertraglich dazu verpflichtet ist, dann begeht er eine Vertragsverletzung, die dem Darlehensgeber das Recht gibt, Schadensersatz statt der Leistung (§ 280 Abs. 1 und 3 BGB, § 281 BGB) zu fordern.[281] Der Anspruch setzt grundsätzlich die Bestimmung einer angemessenen Frist voraus (§ 281 Abs. 1 S. 1 BGB), die jedoch im Falle einer ernsthaften und endgültigen Erfüllungsverweigerung entbehrlich ist (§ 281 Abs. 2 BGB). Eine solche Erfüllungsverweigerung kann auch dadurch verwirklicht sein, dass der Darlehensnehmer vor Ausreichung der Darlehensvaluta eine unberechtigte außerordentliche Kündigung des Vertrages ausgesprochen hat.[282] Der Ersatzanspruch, der als Nichtabnahmeentschädigung bezeichnet wird, pflegt in Bankkreditverträgen, die eine Abnahmepflicht vorsehen, insbesondere beim Realkredit der Hypothekenbanken, ausdrücklich ausbedungen zu werden, und wird üblicherweise mit einer Schadenspauschalierung verbunden. In der Praxis werden auch andere Bezeichnungen, wie „Abstandsprovision",[283] verwendet.

Die Nichtabnahmeentschädigung ist in jedem Fall auf den **Zeitraum der rechtlich geschützten** **103** **Zinserwartung** begrenzt.[284] Darunter ist der Zeitraum zu verstehen, für den der Darlehensgeber auf Grund der vertraglichen und gesetzlichen Regelungen auf die Fortsetzung des Vertrages vertrauen durfte.[285] Er endet in dem Zeitpunkt, zu dem der Darlehensnehmer berechtigt ist, den Darlehensvertrag durch Ausübung eines gesetzlichen oder vertraglichen Kündigungsrechts zu beenden. Entsprechendes gilt für Sondertilgungsrechte, deren frühestmöglicher Zeitpunkt anzusetzen ist.[286] Ob der Darlehensnehmer tatsächlich gekündigt hätte, ist unerheblich; es kommt allein auf die gegebenen rechtlichen Möglichkeiten an.

Eine Bank kann ihren Schaden auf verschiedene Weise berechnen, wobei ihr drei Varianten zur **104** Verfügung stehen. Dabei hat es sich inzwischen eingebürgert, zwischen der **Aktiv-Aktiv-Berech-**

---

[276] BGH Urt. v. 12.12.2000 – XI ZR 72/00, NJW 2001, 1344; Palandt/*Grüneberg* BGB § 323 Rn. 4.

[277] MüKoBGB/*Berger* BGB § 490 Rn. 47; Palandt/*Grüneberg* BGB § 323 Rn. 4; Palandt/*Weidenkaff* BGB § 488 Rn. 21.

[278] MüKoBGB/*Berger* BGB § 490 Rn. 63; Palandt/*Grüneberg* BGB § 280 Rn. 26.

[279] Palandt/*Grüneberg* BGB § 280 Rn. 32.

[280] BGH Urt. v. 28.4.1988 – III ZR 57/87, BGHZ 104, 337 (342 f.) = NJW 1988, 1967 (1969); Urt. v. 28.4.1988 – III ZR 120/87, NJW 1988, 1971.

[281] MüKoBGB/*Berger* BGB § 488 Rn. 69; aA (modifizierter Vertragszinsanspruch) Staudinger/*Freitag*, 2015, BGB § 488 Rn. 246.

[282] MüKoBGB/*Berger* BGB § 488 Rn. 69.

[283] OLG Köln Urt. v. 30.6.2004 – 13 U 238/03, OLGR 2004, 349.

[284] BGH Urt. v. 28.4.1988 – III ZR 57/87, BGHZ 104, 337 (343) = NJW 1988, 1967 (1970); Urt. v. 1.7.1997 – XI ZR 267/96, BGHZ 136, 161 (170) = NJW 1997, 2875 (2877); Urt. v. 7.11.2000 – XI ZR 27/00, BGHZ 146, 5 (12) = NJW 2001, 509 (510); MüKoBGB/*Berger* BGB § 488 Rn. 69, 70.

[285] *Rösler/Wimmer/Lang,* Vorzeitige Beendigung von Darlehensverträgen, 2003, Rn. D 13; MüKoBGB/*Berger* BGB § 488 Rn. 70.

[286] *Rösler/Wimmer/Lang,* Vorzeitige Beendigung von Darlehensverträgen, 2003, Rn. D 17; MüKoBGB/*Berger* BGB § 488 Rn. 70.

nungsmethode und der **Aktiv-Passiv-Methode** zu unterscheiden. Innerhalb der Aktiv-Aktiv-Methode wird wiederum zwischen zwei Berechnungsweisen differenziert.

105   Innerhalb der sog. Aktiv-Aktiv-Methode kann die Bank in jedem Fall – auch wenn sie sich noch nicht refinanziert hat – als ihr entgangenen Gewinn gem. § 252 BGB den Nettozinsgewinn fordern[287] (sog. **Zinsmargenschaden**).[288] Dieser berechnet sich auf der Grundlage der Differenz zwischen den vereinbarten Darlehenszinsen und den Refinanzierungskosten der Bank (Zinsspanne oder -marge). Diese Differenz ist noch um einen Betrag für die **Verwaltungskosten** während der Darlehenslaufzeit und eine **Risikoprämie** zu vermindern, die in den Darlehenszinsen enthalten sind, sofern die Bank nicht laufzeitabhängige Sondergebühren für diese Positionen ausgeworfen hat. Um die darauf entfallenden Zinsanteile ist die Bruttozinsspanne zur Errechnung des Nettozinsgewinns daher zu bereinigen.[289] Die exakte Ermittlung der für die Berechnung des Reingewinns maßgeblichen Größen (Refinanzierungskosten, Verwaltungskosten, Risikoprämie) würde auf erhebliche Schwierigkeiten stoßen und zudem die Offenlegung betriebsinterner Daten erfordern. Darüber soll § 252 BGB hinweghelfen, der es erlaubt, auf eine genaue Aufklärung zu verzichten, soweit sich die Ersatzforderung der Bank auf den bei Banken gleichen Typs **üblichen Durchschnittsgewinn** beschränkt. Auszugehen ist dabei von der zur Zeit des Vertragsabschlusses bei Banken gleichen Typs erzielten Netto-Gewinnspanne pro Jahr.[290] Freilich kann auch diese wiederum nur exakt ermittelt werden, wenn bei einer zumindest repräsentativen Auswahl von Banken unter Offenlegung betriebsinterner Daten die Netto-Gewinnspannen ermittelt und daraus ein Durchschnitt nach noch festzulegenden Maßstäben gebildet wird, ein Verfahren, das sich letztlich als noch aufwendiger erweisen würde als die Ermittlung der Spanne bei der betroffenen Bank. Darüber hinaus bleibt es dem Darlehensnehmer unbenommen, darzulegen und unter Beweis zu stellen, dass die Bank in seinem Falle mit einem geringeren Nettogewinn kalkuliert hat.[291] Die effektive Durchsetzung dieses Rechts wäre ebenfalls unverhältnismäßig aufwändig. Der Darlehensnehmer, der insoweit keinen Einblick hat, hat im Prozess nur die Möglichkeit, (bestimmte) Behauptungen aufzustellen, die die Bank substanziiert, dh unter Offenlegung ihrer betriebsinternen Daten, bestreiten müsste, was durch ein Wirtschaftsprüfergutachten überprüfbar wäre. Die Praxis behilft sich gem. § 252 BGB, § 287 ZPO damit, gewisse vorsichtig geschätzte Gewinnspannen anzuerkennen, die bei Hypothekarkrediten jedenfalls bei 0,5% p. a. liegen.[292] Bei Krediten von Geschäftsbanken sind die Zinsmargen keinesfalls niedriger.[293] Dem entfallenden Darlehensrisiko ist durch einen prozentualen Abschlag Rechnung zu tragen, der nach den Risiken des konkreten Vertrages geschätzt werden muss.[294] Die zu schätzenden Kosten der ersparten Verwaltungsaufwendungen sind nicht prozentual, sondern als absolute Beträge anzugeben, weil der Verwaltungsaufwand von der Höhe der Darlehenssumme im Wesentlichen unabhängig ist.[295] Auf der Grundlage der Netto-Zinsspanne pro Jahr ist der Gesamtgewinn für die Zeit der rechtlich geschützten Zinserwartung zu berechnen, die bis zum Zeitpunkt des nächstzulässigen Kündigungstermins reicht,[296] und sodann eine **Abzinsung** vorzunehmen, wenn die Zinsen vereinbarungsgemäß erst nacheinander im Laufe der Vertragszeit fällig geworden wären, während die Nichtabnahmeentschädigung sogleich geltend gemacht werden kann.[297] Bei der Abzinsung ist der **aktive Wiederanlagezins** zu Grunde zu legen,[298] das ist die Rendite bei einer laufzeitkongruenten Wiederanlage in Hypothekenpfandbriefen. Dieser ist zwar für die Aktiv-Passiv-Methode als maßgeblich herangezogen worden, er ist wegen seiner moderaten Höhe bei der Verwendung als Abzinsungssatz im Rahmen der Aktiv-Aktiv-Methode für den Kunden aber nicht nachteilig und kann deshalb dort ebenfalls verwendet werden.[299]

106   Hat sich die Bank nach Erteilung der bindenden Darlehenszusage bereits endgültig refinanziert, was bei Hypothekenbanken regelmäßig der Fall ist, dann kann ihr ein zusätzlicher Schaden dadurch

---

[287] BGH Urt. v. 12.3.1991 – XI ZR 190/90, NJW 1991, 1817 (1818).

[288] *Derleder* JZ 1989, 165 (173); *Bruchner/Krepold* in Schimansky/Bunte/Lwowski BankR-HdB § 80 Rn. 10.

[289] BGH Urt. v. 12.3.1991 – XI ZR 190/90, NJW 1991, 1817 (1818).

[290] BGH Urt. v. 12.3.1991 – XI ZR 190/90, NJW 1991, 1817 (1818).

[291] BGH Urt. v. 12.3.1991 – XI ZR 190/90, NJW 1991, 1817 (1818).

[292] Nach *Krepold* in Schimansky/Bunte/Lwowski BankR-HdB § 79 Rn. 107 handelt es sich um eine nicht weiter begründungsbedürftige Untergrenze. Nach *Weber* NJW 1995, 2951 (2953 f.) sind 0,85% p. a. gerechtfertigt.

[293] Vgl. *Krepold* in Schimansky/Bunte/Lwowski BankR-HdB § 79 Rn. 108. OLG Hamm Urt. v. 3.11.1997 – 31 U 95/97, WM 1998, 1811 (1812), lässt einen Abzug von 0,2% für Verwaltung und Risiko unbeanstandet.

[294] BGH Urt. v. 7.11.2000 – XI ZR 27/00, BGHZ 146, 5 (12) = NJW 2001, 509 (510), der darauf hinweist, dass in der Instanzrechtsprechung Abschläge von 0,05% und 0,06% bzw. von 0,014% gemacht worden seien.

[295] BGH Urt. v. 7.11.2000 – XI ZR 27/00, BGHZ 146, 5 (12) = NJW 2001, 509 (510). Bei einem individuellen Millionenkredit sachverständig mit 200 DM p. a. ermittelt, im Massengeschäft wesentlich niedriger (20–40 DM p. a.), OLG Köln Urt. v. 30.6.2004 – 13 U 238/03, OLGR 2004, 349.

[296] BGH Urt. v. 13.3.1990 – XI ZR 235/89, NJW 1990, 2676 (2677).

[297] BGH Urt. v. 12.3.1991 – XI ZR 190/90, NJW 1991, 1817 (1818); Urt. v. 7.11.2000 – XI ZR 27/00, BGHZ 146, 5 (12) = NJW 2001, 509 (510).

[298] Vgl. BGH Urt. v. 7.11.2000– XI ZR 27/00, BGHZ 146, 5 (12) = NJW 2001, 509 (510); *Rösler/Wimmer/Lang*, Vorzeitige Beendigung von Darlehensverträgen, 2003, Rn. D 62; MüKoBGB/*Berger* BGB § 488 Rn. 72.

[299] *Rösler/Wimmer/Lang*, Vorzeitige Beendigung von Darlehensverträgen, 2003, Rn. D 62.

entstehen, dass das Zinsniveau im Zeitpunkt der Nichtabnahme gesunken ist. Wäre das Zinsniveau gleichgeblieben, hätte sie den refinanzierten Betrag, den sie sich zur Erfüllung der Darlehenszusage beschafft hatte, jedenfalls zum Refinanzierungszinssatz wieder anlegen können, sodass sich ihr Schaden auf den Zinsmargenschaden beschränkt hätte. Ist die Wiederanlage nur zu einem ungünstigeren Zinssatz möglich, dann entsteht der Bank ein weiterer (Wiederanlage-)Schaden, der **Zinsverschlechterungsschaden** (oder Kapitalmarktschaden).[300] In diesem Fall kann die Bank ihren Schaden von vornherein aus der Differenz der vereinbarten Darlehenszinsen zum Wiederanlagezins berechnen.[301] Die Differenz ist wiederum um ersparte Risikokosten, die mit 0,05–0,06 % geschätzt werden können, und um ersparte Verwaltungskosten zu kürzen, die mit einem Festbetrag anzusetzen sind. Das Ergebnis ist sodann auf den Zeitpunkt der Leistung der Nichtabnahmeentschädigung abzuzinsen, wobei der aktive Wiederanlagezins zu Grunde zu legen ist.[302] Die durch die Berechnung der Nichtabnahmeentschädigung entstandenen Kosten kann die Bank als weitere Schadensposition geltend machen.[303] Ist der Wiederanlagezinssatz weder gleichgeblieben noch gesunken, sondern gestiegen, sodass die Bank das Darlehen zu einem den Vertragszins übersteigenden Zinssatz wieder anlegen kann, dann muss sich die Bank diesen Vorteil auf den Ersatzanspruch anrechnen lassen.[304]

Nach der sog. **Aktiv-Passiv-Berechnungsmethode** wird der Bank die Möglichkeit eröffnet, ihren **107** Schaden auf der Grundlage einer *fiktiven* Wiederanlage zu berechnen. Die Methode hilft über die Schwierigkeit hinweg, dass die Zuordnung einer bestimmten Refinanzierungsmaßnahme zu einem konkreten Kreditgeschäft in der Praxis vielfach nicht möglich ist. Der Schaden wird dabei aus der Differenz zwischen den Zinsen, die der Darlehensnehmer bei Abnahme des Darlehens tatsächlich gezahlt hätte, und der Rendite ermittelt, die sich aus einer laufzeitkongruenten Wiederanlage der freigewordenen Beträge in sicheren Kapitalmarkttiteln ergibt. Als sichere Kapitalmarkttitel sind Hypothekenpfandbriefe heranzuziehen, wobei die Rendite der Kapitalmarktstatistik der Deutschen Bundesbank entnommen werden kann. Ob sich der Darlehensgeber tatsächlich schon refinanziert hatte, ist unerheblich. Die Abzüge in Bezug auf das Darlehensrisiko und auf ersparte Verwaltungsaufwendungen sind ebenso vorzunehmen wie die Abzinsung mit dem aktiven Wiederanlagezins. Der nach der Aktiv-Passiv-Methode ermittelte Schaden umfasst sowohl den Zinsmargen- als auch den Zinsverschlechterungsschaden.[305]

Bei einem **Annuitätendarlehen** muss der fortlaufenden Rückführung des zu verzinsenden Kapitals **108** dadurch Rechnung getragen werden, dass bei der Berechnung der Zinsen die **Cash-Flow-Methode** zu Grunde zu legen ist.[306] Beim Wiederanlagezins führt die Möglichkeit der Wiederanlage bei jeder Tilgungsrate dazu, dass nicht über den gesamten Zeitraum eine einheitliche Wiederanlage in Hypothenpfandbriefen mit einem einheitlichen Zins angesetzt werden kann, sondern unter Umständen auf eine Wiederanlage in Monats- oder Tagesgeldern zurückgegriffen werden muss.[307] Auch die Abzinsung muss den Besonderheiten des Annuitätendarlehens Rechnung tragen. Abzuzinsen ist mit der **realen Zinsstrukturkurve.**[308] In der Praxis werden für die Berechnung Programme verwendet, was von der höchstrichterlichen Rspr. gebilligt wird, wenn die Grundlagen der angewendeten Computerprogramme so deutlich gemacht worden sind, dass eine Überprüfung möglich ist.[309]

Nimmt der Darlehensnehmer das Darlehen nicht ab, bietet er jedoch einen **Ersatzkreditnehmer 109** an, der zum Eintritt in das Kreditverhältnis bereit ist, dann erhebt sich die Frage, ob der Bank ein **Mitverschulden** bei der Schadensabwendung oder -minderung (§ 254 Abs. 2 S. 1 BGB iVm § 254

---

[300] *Bruchner/Krepold* in Schimansky/Bunte/Lwowski BankR-HdB § 80 Rn. 10; MüKoBGB/*Berger* BGB § 488 Rn. 71.

[301] BGH Urt. v. 12.3.1991 – XI ZR 190/90, NJW 1991, 1817 (1818).

[302] BGH Urt. v. 1.7.1997 – XI ZR 267/96, BGHZ 136, 161 (170) = NJW 1997, 2875 (2877); Urt. v. 7.11.2000 – XI ZR 27/00, BGHZ 146, 5 (12) = NJW 2001, 509 (510); Urt. v. 20.2.2018 – XI ZR 445/17, NJW 2018, 1812 Rn. 30. Vgl. ferner *Rösler/Wimmer* WM 2000, 165 ff.

[303] BGH Urt. v. 7.11.2000 – XI ZR 27/00, BGHZ 146, 5 (12) = NJW 2001, 509 (512).

[304] BGH Urt. v. 8.10.1996 – XI ZR 283/95, BGHZ 133, 355 (361) = NJW 1996, 3337 f. betr. Disagio; Urt. v. 2.3.1999 – XI ZR 81/98, NJW-RR 1999, 842 (843) betr. Vorfälligkeitsentschädigung; *Rösler/Wimmer/Lang*, Vorzeitige Beendigung von Darlehensverträgen, 2003, Rn. 69, 70; MüKoBGB/*Berger* BGB § 488 Rn. 71.

[305] BGH Urt. v. 7.11.2000 – XI ZR 27/00, BGHZ 146, 5 (12) = NJW 2001, 509 (510); MüKoBGB/*Berger* BGB § 488 Rn. 73; Palandt/*Weidenkaff* BGB § 488 Rn. 16. Der Pfandbrief-Index PEX des Verbands deutscher Hypothekenbanken und des Bundesverbands öffentlicher Banken Deutschlands ist als Berechnungsgrundlage nicht geeignet: BGH Urt. v. 30.11.2004 – XI ZR 285/03, BGHZ 161, 196 = NJW 2005, 751.

[306] BGH Urt. v. 7.11.2000 – XI ZR 27/00, BGHZ 146, 5 (12) = NJW 2001, 509 (510); *Rösler/Wimmer/Lang*, Vorzeitige Beendigung von Darlehensverträgen, 2003, Rn. D 59 f.; MüKoBGB/*Berger* BGB § 488 Rn. 74. Zur Berechnung s. *Krepold* in Schimansky/Bunte/Lwowski BankR-HdB § 79 Rn. 85; *Bruchner/Krepold* in Schimansky/Bunte/Lwowski BankR-HdB § 80 Rn. 11.

[307] BGH Urt. v. 7.11.2000 – XI ZR 27/00, BGHZ 146, 5 (12) = NJW 2001, 509 (510); MüKoBGB/*Berger* BGB § 488 Rn. 74.

[308] BGH Urt. v. 7.11.2000 – XI ZR 27/00, BGHZ 146, 5 (12) = NJW 2001, 509 (510); *Rösler/Wimmer/Lang*, Vorzeitige Beendigung von Darlehensverträgen, 2003, Rn. 62; MüKoBGB/*Berger* BGB § 488 Rn. 74.

[309] BGH Urt. v. 7.11.2000 – XI ZR 27/00, BGHZ 146, 5 (12) = NJW 2001, 509 (510); MüKoBGB/*Berger* BGB § 488 Rn. 77.

Abs. 1 BGB) zur Last gelegt werden kann, wenn sie darauf nicht eingeht. Das lässt sich jedenfalls nicht grundsätzlich verneinen, vielmehr kommt es auf die Umstände des Einzelfalls an.[310] Dabei fällt zum einen ins Gewicht, ob der Darlehensnehmer ein berechtigtes Interesse daran geltend machen kann, sich vom Vertrag zu lösen, und ob und ggf. welches Interesse des Darlehensgebers, an dem Vertrag festzuhalten, dagegensteht. Für den Darlehensgeber ist der Wechsel des Vertragspartners dann unzumutbar, wenn in der Person des Ersatzkreditnehmers entgegenstehende Gründe vorhanden sind oder wenn der Darlehensgeber zu überobligationsmäßigen Anstrengungen genötigt wäre oder wenn es um eine unternehmerische Entscheidung geht, die dieser im eigenen Interesse oder auf eigenes Risiko getroffen hat. In der Prozesssituation trifft den Darlehensnehmer die Darlegungs- und Beweislast dafür, dass es dem Darlehensgeber zumutbar ist, einen Ersatzkreditnehmer zu akzeptieren. Allerdings muss der Darlehensgeber die Gründe für seine Ablehnung konkret vortragen, wenn ein Ersatzkreditnehmer präsentiert worden ist, der bereit und in der Lage ist, zu den ursprünglichen Bedingungen in den Vertrag einzutreten.[311] Zur ordnungsgemäßen Benennung gehört, dass der Darlehensnehmer konkrete Angaben zur wirtschaftlichen Situation des Ersatzkreditnehmers macht. Es genügt nicht, einen Namen zu nennen, sondern Darlehensnehmer und Ersatzkreditnehmer müssen sich aktiv um den Eintritt bemühen und auf berechtigte Fragen ohne Verzögerung und vollständig antworten; der Darlehensgeber muss dem Ersatzkreditnehmer nicht nachlaufen. Auf der anderen Seite darf der Darlehensgeber keine unbilligen Hürden, etwa durch das Verlangen nach überzogenen Übernahmegebühren, vor einem Eintritt errichten.

110   In aller Regel wird bei vereinbarter Abnahmepflicht eine **pauschalierte Nichtabnahmeentschädigung** vereinbart. Ist diese Vereinbarung – wie so gut wie ausnahmslos – in **Allgemeinen Geschäftsbedingungen** getroffen, dann findet eine Überprüfung am Maßstab der §§ 305 ff. BGB statt. Derartige Klauseln sind üblich und grundsätzlich nicht überraschend (§ 305c Abs. 1 BGB).[312] Einschlägig ist § 309 Nr. 5 BGB, dessen Anforderungen im Verkehr mit Unternehmern (§ 310 Abs. 1 BGB) gem. § 307 Abs. 1, 2 BGB grundsätzlich ebenfalls einzuhalten sind.[313] Eine Pauschalierung, die zu einer Bereicherung des AGB-Verwenders führt, weil sie sich nicht am gewöhnlichen Lauf der Dinge orientiert, widerspricht den wesentlichen Grundgedanken des Schadensersatzrechts (§ 252 BGB) und benachteiligt den Vertragspartner entgegen den Geboten von Treu und Glauben unangemessen (§ 307 Abs. 1 BGB); sie ist deshalb in sachlicher Übereinstimmung mit § 309 Nr. 5 lit. a BGB auch unter Kaufleuten unwirksam.[314] Bei der Bemessung des nach dem gewöhnlichen Lauf der Dinge zu erwartenden Schadens wird sich die Bank an ihrem Zinsmargenschaden zu orientieren haben; zwar kann sie daneben auch einen Zinsverschlechterungsschaden ersetzt verlangen, jedoch fällt dieser keineswegs üblicherweise an.[315] Eine Klausel, die als Pauschalentschädigung einen von der Laufzeit des Einzelvertrags unabhängigen Prozentsatz des Darlehensbetrages vorsieht, hält einer Überprüfung nicht stand, weil der Umfang des Schadensersatzanspruchs vom Zeitpunkt der rechtlich geschützten Zinserwartung bis zum nächstmöglichen Kündigungszeitpunkt abhängig ist.[316] Soweit die höchstrichterliche Rspr. im Einzelfall früher großzügiger gewesen ist, ist dies überholt. Die Formularpraxis trägt dem dadurch Rechnung, dass sie die Pauschale zeitabhängig bemisst.[317] Darüber hinaus verfällt die Pauschalierung auch dann der Unwirksamkeit, wenn sie die für eine korrekte Schadensbestimmung erforderliche Abzinsung der für künftige Zeiträume anfallenden Entschädigungsbeträge mit dem aktiven Wiederanlagezins nicht vorsieht.[318] Ein fester Abzinsungssatz darf dabei nicht angesetzt werden, weil dieser marktbedingt veränderlich ist.[319] Nach § 309 Nr. 5 lit. b BGB muss dem anderen Vertragsteil ausdrücklich der Nachweis gestattet werden, dass ein Schaden überhaupt nicht entstanden oder wesentlich niedriger ist als die Pauschale. Im Verkehr zwischen Unternehmern ist es für die Wirksamkeit der Pauschalierungsklausel indessen nicht erforderlich, dass sie einen Hinweis auf die Möglichkeit für den

---

[310] Vgl. *Bruchner/Krepold* in Schimansky/Bunte/Lwowski BankR-HdB § 80 Rn. 7.

[311] BGH Urt. v. 30.11.1989 – III ZR 197/88, NJW-RR 1990, 432 (433 f.); MüKoBGB/*Berger* BGB § 488 Rn. 79.

[312] BGH Urt. v. 4.11.1997 – XI ZR 261/96, NJW 1998, 683, zugleich für einen anders liegenden Sonderfall (Eindruck eines rechtlich und wirtschaftlich einheitlichen Geschäfts bei konzernmäßig verbundenen Banken). Für eine im Einzelfall überraschende Klausel ebenfalls: OLG Schleswig Urt. v. 29.1.2004 – 5 U 106/03, WM 2004, 1477; MüKoBGB/*Berger* BGB § 488 Rn. 80.

[313] Palandt/*Grüneberg* BGB § 309 Rn. 32.

[314] BGH Urt. v. 11.11.1997 – XI ZR 13/97, NJW 1998, 592 (593); Urt. v. 2.3.1999 – XI ZR 81/98, NJW-RR 1999, 842 (843); MüKoBGB/*Berger* BGB § 488 Rn. 81; UBH/*Fuchs* BGB § 309 Nr. 5 Rn. 20.

[315] Vgl. BGH Urt. v. 11.11.1997 – XI ZR 13/97, NJW 1998, 592 (593); MüKoBGB/*Berger* BGB § 488 Rn. 71, 81.

[316] Vgl. BGH Urt. v. 11.11.1997 – XI ZR 13/97, NJW 1998, 592 (593).

[317] „0,5 v. H. jährlich des nicht zur Auszahlung gelangten Darlehensbetrages für die Zeit, während der das Darlehen nach den Vereinbarungen unkündbar gewesen wäre" (*Bruchner* in Schimansky/Bunte/Lwowski BankR-HdB, 3. Aufl. 2007, § 80 Rn. 14); vgl. auch *Köndgen* NJW 1994, 1508 (1513). Die Höhe von 0,5 % jährlich wird gebilligt von OLG Naumburg Urt. v. 9.10.2003 – 2 U 13/03, WM 2004, 782 (783).

[318] BGH Urt. v. 11.11.1997 – XI ZR 13/97, NJW 1998, 592 (593); Urt. v. 2.3.1999 – XI ZR 81/98, NJW-RR 1999, 842 (843).

[319] MüKoBGB/*Berger* BGB § 488 Rn. 81; *Wenzel* ZflR 2001, 93 (97).

Klauselgegner enthält, einen tatsächlich geringeren Schaden nachzuweisen; es genügt insoweit wie bisher, wenn die Klausel nach ihrem Wortlaut und erkennbaren Sinn diese Möglichkeit belässt.[320]

bb) Verzugsfolgen. Bei den **Verzugsfolgen** ist zu unterscheiden zwischen den Ansprüchen auf **111** Ersatz des **Verzugsschadens** nach §§ 280 Abs. 2, 286 Abs. 1 BGB und den auf **Verzugszinsen** im eigentlichen Sinne (§ 288 Abs. 1 BGB).

Gerät der Darlehensnehmer mit der Rückerstattung des Darlehens oder Rückzahlung vereinbarter **112** Raten in Verzug, dann stellt sich die Frage, in welcher Weise die Bank ihren **Verzugsschaden** berechnen kann, wenn sie ihn nicht konkret berechnet, was ihr stets eröffnet, aber selten praktikabel ist. Das Interesse der Bank geht dahin, im Verzugsfalle mindestens den **Vertragszins,** wenn nicht sogar einen höheren Zins, berechnen zu können. Dieses Interesse kann sie verwirklichen, indem sie – in den Grenzen des § 138 BGB – eine entsprechende **individuelle Vereinbarung** für die Zeit nach Verzugseintritt schließt.[321] In der Regel ist die Bank jedoch auf die Verwendung von **Allgemeinen Geschäftsbedingungen** angewiesen, in denen eine solche Regelung nicht wirksam getroffen werden kann. Nach der Rspr. des BGH verstößt es gegen die § 307 Abs. 1 S. 1 und § 309 Nr. 5 lit. a BGB, wenn der Kreditnehmer vom Kreditgeber auf Grund einer vorformulierten Bestimmung verpflichtet wird, den für die Zeit der berechtigten Kapitalnutzung vereinbarten Zinssatz unverändert weiterzuzahlen.[322] Auch auf gesetzliche Ansprüche lässt sich ein derartiger Anspruch nicht stützen.[323] Eine Formularklausel, die ohne Rücksicht auf die Marktbedingungen einen erhöhten Zins für die Dauer des Verzuges vorsähe, wäre ebenfalls mit AGB-Recht nicht vereinbar,[324] erst recht, wenn bei Verzug mit einer Rate auch noch eine Verzinsung der gesamten noch nicht fälligen Kapitalrestschuld für die Dauer des Verzugs verbunden werden soll.[325] Jede Klausel, mit der sich die Bank eine Möglichkeit verschaffen will, über den Ersatz des Schadens nach §§ 286 ff., 252 BGB, § 287 ZPO hinauszugehen, verfällt wegen Verstoßes gegen § 307 Abs. 1 S. 1 BGB, § 309 Nr. 5 und 6 BGB der Unwirksamkeit.[326]

Eine Bank kann als Verzugsschaden den Betrag verlangen, den sie erhalten hätte, wenn sie das **113** geschuldete Geld bei rechtzeitiger Rückzahlung anderweit angelegt hätte **(Anlageschaden).** Die Möglichkeit hierzu braucht die Bank nicht konkret zu beweisen, sondern sie kann ihren Schaden **abstrakt** nach dem regelmäßigen Verlauf im Handelsverkehr berechnen. Es ist davon auszugehen, dass eine Kreditbank einen ihr vorenthaltenen Geldbetrag im Rahmen ihres Geschäftsbetriebs durch Abschluss neuer Kreditverträge mit anderen Kreditnehmern zu den in fraglichen Zeitraum banküblichen Zinssätzen gewinnbringend genutzt hätte. Betreibt die Bank Kreditgeschäfte verschiedener Art, für die unterschiedliche Sollzinssätze üblich sind, darf sie ihren Schaden aber nur nach einem **Durchschnittssatz** berechnen, der sich **nach ihrer speziellen Geschäftsstruktur,** nach dem Anteil der verschiedenen Kreditarten an ihrem gesamten Aktivkreditgeschäftsvolumen richtet.[327] Dazu muss sie vollständig darlegen, welche Kreditarten ihr Aktivgeschäft während des Verzugs umfasste und welchen Anteil die einzelnen Arten am Gesamtvolumen hatten. Die marktüblichen Sollzinsen können, soweit sie dort aufgeführt sind, der Zinsstatistik der Deutschen Bundesbank entnommen werden. Wenn eine Bank im wesentlichen Spezialkredite gewährt, die sich in die Statistik nicht einordnen lassen, dann können diese – möglicherweise besonders niedrig verzinslichen – Kredite nicht unberücksichtigt bleiben, sondern es muss der marktangemessene Zinssatz für sie auf andere Weise ermittelt werden.[328] In der Praxis ist die Umsetzung dieser Anforderungen mit erheblichen Erschwernissen verbunden,[329] denen die Bank allerdings zu ihren Lasten dadurch auszuweichen suchen kann, dass sie als Schadensersatz nur den marktüblichen Zinssatz derjenigen Anlageart zugrunde legt, die den geringsten Zinsertrag erbringt.[330]

---

[320] Palandt/*Grüneberg* BGB § 309 Rn. 32; vgl. BGH Urt. v. 12.1.1994 – VIII ZR 165/92, NJW 1994, 1060 (1068) (in BGHZ 124, 351 nicht abgedruckt); Urt. v. 21.12.1995 – VII ZR 286/94, BGHZ 131, 356 (361) = NJW 1996, 1209 (1210).

[321] BGH Urt. v. 28.4.1988 – III ZR 57/87, BGHZ 104, 337 (339) = NJW 1988, 1967 (1968); MüKoBGB/*Berger* BGB § 488 Rn. 210.

[322] BGH Urt. v. 28.4.1988 – III ZR 57/87, BGHZ 104, 337 (339) = NJW 1988, 1967 (1968); MüKoBGB/*Berger* BGB § 488 Rn. 210.

[323] BGH Urt. v. 28.4.1988 – III ZR 57/87, BGHZ 104, 337 (339) = NJW 1988, 1967 (1968). Zwar hätte es nach Wortlaut und Entstehungsgeschichte nahegelegen, § 288 Abs. 3 BGB in dem Sinne zu verstehen, dass die Vertragszinsen fortzuentrichten sind. Demgegenüber stellt der BGH entscheidend auf gewandelte tatsächliche Verhältnisse ab, Urt. v. 8.10.1991 – XI ZR 259/90, BGHZ 115, 268 (269) = NJW 1992, 109.

[324] BGH Urt. v. 13.3.1990 – XI ZR 252/89, BGHZ 110, 336 (341) = NJW 1990, 1595 (1596); MüKoBGB/*Berger* BGB § 488 Rn. 210.

[325] BGH Urt. v. 7.7.1988 – III ZR 111/87, NJW-RR 1989, 41 (43).

[326] BGH Urt. v. 16.2.1989 – IX ZR 256/87, NJW-RR 1989, 752 (753); Urt. v. 1.6.1989 – III ZR 219/87, NJW-RR 1989, 947 (950).

[327] BGH Urt. v. 28.4.1988 – III ZR 57/87, BGHZ 104, 337 (339) = NJW 1988, 1967 (1968); Urt. v. 8.10.1991 – XI ZR 259/90, BGHZ 115, 268 (269) = NJW 1992, 109; Urt. v. 4.11.1997 – XI ZR 181/96, NJW 1998, 601 (602); MüKoBGB/*Berger* BGB § 488 Rn. 211.

[328] BGH Urt. v. 8.10.1991 – XI ZR 259/90, BGHZ 115, 268 (269) = NJW 1992, 109.

[329] MüKoBGB/*Berger* BGB § 488 Rn. 213.

[330] BGH Urt. v. 8.10.1991 – XI ZR 259/90, BGHZ 115, 268 (269) = NJW 1992, 109.

114 Nachdem durch § 288 BGB[331] die Möglichkeit geschaffen wurde, den Verzugszins als unwiderlegbaren objektiven Mindestschaden in Abhängigkeit vom **Basiszinssatz** (§ 247 BGB) mit fünf Prozentpunkten über diesem (§ 288 Abs. 1 S. 2 BGB) in Ansatz zu bringen, spielen die Schwierigkeiten bei der Schadensberechnung nur noch in den verhältnismäßig wenigen Fällen eine Rolle, in denen die Bank den Ersatz eines höheren Schadens durchsetzen möchte. Der Pauschalzinssatz des § 288 BGB gilt für alle Geschäfte, auch für Hypothekarkredite.[332] Der Verzugszinssatz für **Immobiliar-Verbraucherdarlehensverträge** ist allerdings auf zweieinhalb Prozentpunkte über dem Basiszinssatz abgesenkt (§ 497 Abs. 4 S. 1 BGB). Bei Verbraucherdarlehensverträgen kann der Darlehensnehmer im Einzelfall auch einen niedrigeren Schaden nachweisen (§ 497 Abs. 1 S. 2 BGB). Der höhere Zinssatz von neun Prozentpunkten über dem Basiszinssatz bei Entgeltforderungen, an denen ein Verbraucher nicht beteiligt ist (§ 288 Abs. 2 BGB), ist im Darlehensrecht ohne Bedeutung, weil mit Ausnahme der Zinsen, auf die § 288 BGB wegen § 289 S. 1 BGB nicht anwendbar ist, keine Entgeltforderungen vorkommen.[333]

115 Unerheblich ist, ob in der rückständigen Rate, wie häufig, Vertragszinsen mit enthalten sind; der Verzögerungsschaden entsteht aus dem **gesamten Rückstand** aus Kapital und Zinsen.[334] Im Anwendungsbereich des Verbraucherdarlehensrechts ist hierzu eine spezielle Regelung getroffen (§ 497 BGB).

116 Der Darlehensnehmer kann **mit dem Ausgleich des Verzögerungsschadens wiederum in Verzug** geraten. Da es insoweit um den Verzug mit einer anderen Forderung, nämlich dem Verzugsschadensersatzanspruch, geht, müssen die Voraussetzungen des Verzugs aber selbstständig hergestellt sein,[335] was sich nach § 286 BGB beurteilt. Weil der Verzug erst mit Fälligkeit eintreten kann, kann weder eine vorherige Zahlungsaufforderung „auf Vorrat" wirksam erfolgen noch kann sich der Schuldner durch die Weigerung, die Hauptschuld auszugleichen, automatisch für die Zukunft selbst in Verzug setzen. Die verzugbegründende Handlung kann sich stets nur auf den bis dahin fälligen Teil des Verzugsschadensersatzanspruchs beziehen.[336] § 286 Abs. 3 BGB betrifft nur Entgeltforderungen, das sind solche, die auf Zahlung eines Entgelts für die Lieferung von Gütern oder die Erbringung von Dienstleistungen gerichtet sind.[337] Der Zugang einer Rechnung oder gleichwertigen Zahlungsaufforderung kann den Verzugstatbestand bei einem Verzugsschadensersatzanspruch daher nicht in Gang setzen, weil es sich nicht um ein „Entgelt" in diesem Sinne handelt. Auf das Erfordernis einer speziellen **Mahnung** (§ 286 Abs. 1 BGB) kann daher regelmäßig nicht verzichtet werden.[338]

117 Mit dem **Zinseszinsverbot** (§ 289 S. 1 BGB) hat dies nichts zu tun, weil es nur verbietet, *Verzugszinsen* auf Zinsen zu berechnen. Bei dem Schadensersatz wegen Verzuges gem. § 280 Abs. 2 BGB, § 286 Abs. 1 BGB handelt es sich indessen nicht um gesetzliche Verzugszinsen (§ 288 Abs. 1 BGB), die von § 289 S. 1 BGB, wie sich aus § 289 S. 2 und § 497 Abs. 2 S. 2 BGB ergibt, allein gemeint sind.[339] Aus Gründen größerer Klarheit sollte es vermieden werden, Verzögerungsschadensersatz als „Verzugszins" zu bezeichnen, jedoch hält sich die Praxis häufig nicht daran. Eine Sonderregelung trifft § 497 Abs. 2 S. 2 BGB, der den Schadensersatz auf eine Verzinsung in Höhe des gesetzlichen Zinssatzes (§ 246 BGB: 4%) begrenzt.[340]

118 **Verzugszinsen** im Sinne des Gesetzes sind solche iSd § 288 Abs. 1 S. 1 BGB. Danach ist eine Geldschuld während des Verzugs für das Jahr mit fünf Prozentpunkten über dem Basiszinssatz (§ 247 BGB) zu verzinsen (B + 5) bzw. bei Rechtsgeschäften, an denen ein Verbraucher nicht beteiligt ist, für Entgeltforderungen mit neun Prozentpunkte über dem Basiszinssatz (B + 9). Weder auf solche noch auf sonstige Zinsen sind Verzugszinsen zu entrichten (§ 289 S. 1 BGB), jedoch kann Verzugsschadensersatz auch auf die Verzugszinsen verlangt werden (§ 289 S. 2 BGB).[341] Die abstrakte Schadensberechnung ist dabei zulässig, denn es ist davon auszugehen, dass ein Kreditinstitut gezahlte Verzugszinsen ebenfalls zum Abschluss neuer Kreditverträge mit anderen Kreditnehmern genutzt hätte.[342]

---

[331] Durch die Neufassung des Gesetzes zur Beschleunigung fälliger Zahlungen v. 30.3.2000 (BGBl. I 330) zum 1.5.2000, nochmals geändert durch das am 1.1.2002 in Kraft getretene Schuldrechtsmodernisierungsgesetz. Zur früheren Rechtslage → 3. Aufl. 2015, BankR IV Rn. 108, 108a; MüKoBGB/*Berger* BGB § 488 Rn. 213f.

[332] MüKoBGB/*Berger* BGB § 488 Rn. 214.

[333] Palandt/*Grüneberg* BGB § 288 Rn. 8; *Krüger/Bütter* WM 2002, 2094 (2099).

[334] StRspr; BGH Urt. v. 28.4.1988 – III ZR 57/87, BGHZ 104, 337 (339) = NJW 1988, 1967 (1969); Urt. v. 13.3.1990 – XI ZR 252/89, BGHZ 110, 336 (341) = NJW 1990, 1595 (1596).

[335] MüKoBGB/*Berger* BGB § 488 Rn. 215; Bülow/Artz BGB § 497 Rn. 44. Nach BGH Urt. v. 5.10.1993 – XI ZR 180/92, NJW 1993, 3318 (3319) werden an den Inhalt einer solchen Mahnung „strenge Maßstäbe" angelegt. Das ist in dieser Allgemeinheit abzulehnen. Für eine unwirksame Mahnung bei besonderer Sachlage: BGH Urt. v. 13.11.1990 – XI ZR 217/89, NJW 1991, 1286 (1288).

[336] MüKoBGB/*Berger* BGB § 488 Rn. 215.

[337] Palandt/*Grüneberg* BGB § 286 Rn. 27.

[338] MüKoBGB/*Berger* BGB § 488 Rn. 215; Bülow/Artz BGB § 497 Rn. 44; *Krüger/Bütter* WM 2002, 2094 (2099).

[339] BGH Urt. v. 9.2.1993 – XI ZR 88/92, NJW 1993, 1260f.; MüKoBGB/*Berger* BGB § 488 Rn. 215, 217.

[340] Bülow/Artz BGB § 497 Rn. 43.

[341] Staudinger/*Löwisch/Feldmann*, 2014, BGB § 289 Rn. 1, 15; Erman/*Hager* BGB § 289 Rn. 4; Palandt/*Grüneberg* BGB § 289 Rn. 2; aA *Reifner* NJW 1992, 337.

[342] BGH Urt. v. 9.2.1993 – XI ZR 88/92, NJW 1993, 1260f.

Für den Verzugsfall kann grundsätzlich eine andere Höhe des Verzugszinssatzes **vereinbart** wer- **119** den.[343] In AGB ist eine solche Vereinbarung jedoch nur unter den Voraussetzungen des § 309 Nr. 5 BGB wirksam.[344]

9. Beendigung des Darlehensvertrages. a) Arten der Beendigung. Der Darlehensvertrag **120** kann, neben vereinbartem Zeitablauf und Aufhebungsvereinbarung (§ 311 Abs. 1 BGB), auf verschiedene Weise ein – vorzeitiges – Ende finden. Bereits angesprochen wurde die Ausübung der Rechte aus §§ 323, 324 BGB infolge von Leistungsstörungen im Wege des **Rücktritts**. Im Ergebnis gibt auch ein **Schadensersatzanspruch** das Recht, von den vertraglichen Bindungen vorzeitig loszukommen, sei es, dass der Vertrag liquidiert wird (§ 281 BGB), sei es, dass der Schaden darin besteht, infolge einer Pflichtverletzung die Vertragsbindung eingegangen zu sein, sodass sich die Ersatzpflicht auf Befreiung von derselben richtet. Von größter Bedeutung unter den Beendigungstatbeständen ist schließlich das Recht zur – ordentlichen und außerordentlichen – **Kündigung,** das sowohl dem Darlehensgeber als auch dem Darlehensnehmer gegeben, aber teilweise unterschiedlich ausgestaltet ist.

b) Ordentliche Kündigung des Darlehensvertrags. aa) Durch den Darlehensgeber. Die **121** **ordentliche Kündigung durch den Darlehensgeber** ist gesetzlich in § 488 Abs. 3 BGB geregelt, der die Fälligkeit der Rückerstattung eines Darlehens davon abhängig macht, dass der Darlehensgeber (oder der Darlehensnehmer) kündigt, wenn für die Rückerstattung eine Zeit nicht bestimmt ist. Die wirksame Ausübung des Kündigungsrechts ist nicht nur eine Voraussetzung zur Fälligstellung des bereits mit Vertragsschluss betagt entstandenen Rückerstattungsanspruchs, sondern sie gestaltet das Darlehensverhältnis als solches um, das durch die Kündigung beendet wird und in das Abwicklungsstadium eintritt.[345]

Die **Kündigung** ist eine einseitige, empfangsbedürftige Willenserklärung mit dem Inhalt, dass das **122** Darlehensverhältnis beendet sein soll,[346] und bedarf keiner besonderen Form. Das Wort Kündigung muss nicht verwendet werden, und auch ein Vergreifen im Ausdruck schadet nicht, wenn der gewollte Inhalt nur hinreichend klar zum Ausdruck kommt. Eine Kündigung kann auch darin zu sehen sein, dass Rückzahlung verlangt oder Aufrechnung erklärt oder eine Zwangsvollstreckungsmaßnahme eingeleitet wird.[347] Als Gestaltungserklärung ist die Kündigung unwiderruflich und **bedingungs- feindlich,** eine bedingte Kündigung ist unwirksam.[348] Ob eine **Teilkündigung** im Darlehensverhältnis zulässig ist, richtet sich nach den Umständen des Einzelfalles.[349] Jedenfalls die teilweise Rückführung einer Kreditlinie beim Kontokorrentkredit ist stets zulässig.[350]

Die Kündigung setzt das neuem Recht nicht mehr generell voraus, dass das Darlehen hingegeben **123** worden ist,[351] sie kann vielmehr grundsätzlich bereits **vor Valutierung** erklärt werden (vgl. § 490 Abs. 1 BGB),[352] wenn das Gesetz nichts Abweichendes bestimmt (wie in § 489 BGB, → Rn. 142).

Der mit **mehreren Darlehensnehmern** geschlossene Darlehensvertrag kann nur einheitlich ge- **124** genüber allen Darlehensnehmern gekündigt werden; die nicht allen Darlehensnehmern gegenüber erklärte Kündigung ist unwirksam.[353]

Nach dem Gesetz beträgt die **Kündigungsfrist** einheitlich drei Monate (§ 488 Abs. 3 S. 2 BGB). **125** Die früher verkürzte Frist bei Kleindarlehen ist entfallen. Ob es ohne weiteres möglich ist, bei Kleindarlehen im Wege der Auslegung zu einer jederzeitigen Kündigung zu gelangen,[354] ist zu bezweifeln. Die Regelungen zur Kündigung sind abdingbar;[355] die Parteien können die Kündigungsfrist entfallen lassen, sie verkürzen oder verlängern. Unwirksam ist jedoch ein dauernder Ausschluss des Kündigungsrechts (§ 138 BGB).[356] Für den Verbraucherdarlehensvertrag gelten abweichende Regelungen (§§ 499, 500 BGB).

---

[343] Baumbach/*Hopt*/*Hopt* HGB § 352 Rn. 6.

[344] BGH Urt. v. 25.11.1982 – III ZR 92/81, NJW 1983, 1542.

[345] MüKoBGB/*Berger* BGB § 488 Rn. 221.

[346] Soergel/*Häuser* BGB § 609 Rn. 21.

[347] Soergel/*Häuser* BGB § 609 Rn. 21; MüKoBGB/*Berger* BGB § 488 Rn. 230; Palandt/*Weidenkaff* BGB § 488 Rn. 23.

[348] Soergel/*Häuser* BGB § 609 Rn. 22; Palandt/*Weidenkaff* BGB § 488 Rn. 23.

[349] Vgl. BGH Urt. v. 4.5.1999 – XI ZR 137/98, NJW 1999, 2269 f. Für generelle Zulässigkeit der Teilkündigung beim beiderseits kündbaren Kredit: MüKoBGB/*Berger* BGB § 488 Rn. 232; Palandt/*Weidenkaff* BGB § 488 Rn. 23. Noch weitergehend für Zulässigkeit von Teilkündigungen: *Kießling*/*Becker* WM 2002, 578 ff.

[350] BGH Urt. v. 4.5.1999 – XI ZR 137/98, NJW 1999, 2269 f.

[351] So BGH Urt. v. 24.2.1983 – III ZR 123/82, NJW 1983, 1543, und weiterhin Bamberger/*Roth*/*Rohe* BGB § 488 Rn. 41.

[352] MüKoBGB/*Berger* BGB § 488 Rn. 233, 234; Palandt/*Weidenkaff* BGB § 488 Rn. 23; *Mülbert* AcP 192 (1992), 447 (464, 505); *Mülbert* WM 2002, 465 (469).

[353] BGH Urt. v. 9.7.2002 – XI ZR 323/01, NJW 2002, 2866 (2867); MüKoBGB/*Berger* BGB § 488 Rn. 232.

[354] Dies annehmend MüKoBGB/*Berger* BGB § 488 Rn. 235; Palandt/*Weidenkaff* BGB § 488 Rn. 24.

[355] MüKoBGB/*Berger* BGB § 488 Rn. 240.

[356] BGH Urt. v. 10.1.1980 – III ZR 108/78, WM 1980, 380 (381); Soergel/*Häuser* BGB § 609 Rn. 23; MüKoBGB/*Berger* BGB § 488 Rn. 240 (Nichtigkeit nach § 134 BGB wegen Verstoßes gegen § 489 Abs. 4 BGB).

126   Eine **mit unrichtiger Frist ausgesprochene Kündigung** wirkt für den nächstzulässigen Zeit-punkt[357] jedenfalls dann, wenn der Wille des Kündigenden erkennbar geworden ist, auf jeden Fall und nicht nur für den bestimmten Zeitpunkt zu kündigen.[358]

127   Eine abweichende vertragliche Regelung enthält **Nr. 19 Abs. 2 AGB-Banken,** der bestimmt, dass die Bank Kredite oder Kreditzusagen, für die weder eine Laufzeit noch eine abweichende Kündigungs-regelung vereinbart ist, jederzeit ohne Einhaltung einer Kündigungsfrist kündigen kann, die Bank jedoch verspricht, bei der Ausübung dieses Kündigungsrechts auf die berechtigten Belange des Kunden Rücksicht zu nehmen. Außerdem ist ausdrücklich geregelt, dass die Bank insoweit, als das BGB Sonderregelungen für die Kündigung eines Verbraucherdarlehensvertrags vorsieht, nur nach Maßgabe dieser Regelungen kündigen darf.

128   Das (auf Verbraucherdarlehensverträge nicht anwendbare) **freie Kündigungsrecht** der Bank weicht zwar von § 488 Abs. 3 BGB ab, stößt aber auf keine durchgreifenden Bedenken unter dem Gesichts-punkt des § 307 Abs. 2 Nr. 1 und 2 BGB. Diese sind bereits unter der Geltung der früheren Fassung der AGB-Banken (Nr. 17 aF) nicht für durchschlagend erachtet worden, weil das Rücksichtnahme-gebot und das Verbot der Kündigung zur Unzeit eine unbillige Benachteiligung verhinderten.[359] Gegen die Neufassung können keine weitergehenden Bedenken vorgebracht werden, da Nr. 19 Abs. 6 AGB-Banken mit der Verpflichtung der Bank, für die Rückzahlung eine angemessene Frist ein-zuräumen, einbezogen werden muss und die Regelung insgesamt eher moderater erscheint.[360]

129   Das jederzeitige Kündigungsrecht gem. Nr. 19 Abs. 2 AGB-Banken bezieht sich von vornherein nicht auf **befristete** Kredite oder Kreditzusagen. Dazu gehören keineswegs nur solche, bei denen eine Laufzeit- oder Kündigungsvereinbarung ausdrücklich getroffen ist, vielmehr kann sie auch **stillschwei-gend** getroffen sein, wenn dem Darlehen ein **längerfristiger Zweck** zugrunde gelegt wurde,[361] was bei Existenzgründungsdarlehen, Projektfinanzierungen und Sanierungskrediten in Frage kommt.[362] Bei einem Sanierungskredit ist die ordentliche Kündigung durch den von den Vertragspartnern ver-einbarten Sanierungszweck zumindest konkludent ausgeschlossen.[363]

130   Anerkannt ist, dass das Kündigungsrecht nach Nr. 19 Abs. 2 AGB-Banken immanenten **Schranken** unterliegt. Die Kündigung darf nicht **zur Unzeit** erfolgen (in Anknüpfung an den Rechtsgedanken in §§ 627 Abs. 2, 671 Abs. 2, 675 Abs. 1 Hs. 2, 723 Abs. 2 BGB).[364] Beispielsweise kündigt eine Bank zur Unzeit, wenn sie über ausreichende Sicherheiten verfügt und dem Kunden aus der Kündigung gerade zu dieser Zeit ein Schaden droht,[365] oder wenn sie so kündigt, dass der Kreditnehmer keine Möglichkeit hat, sich anderweit um Kredit zu bemühen.[366] Die Schranke der Kündigung zur Unzeit lässt nach überwiegender Auffassung die Wirksamkeit der unzeitig erklärten Kündigung und die damit herbeigeführte Beendigung des Kreditverhältnisses unberührt; bei Verletzung des Gebots hat der Kreditnehmer lediglich den Anspruch auf Ersatz des aus der unzeitig ausgesprochenen Kündigung entstehenden Schadens,[367] vorausgesetzt, dass die Kündigung zur Unzeit vorwerfbar, also schuldhaft, erfolgt ist.[368] Das Gebot der Rücksichtnahme ist eine Ausprägung des Grundsatzes von **Treu und Glauben,** der den Darlehensgläubiger verpflichtet, auf die ihm erkennbaren Interessen seines Schuld-

---

[357] Vgl. RG Urt. v. 12.3.1908 – 468/07 VI, JW 1908, 270; MüKoBGB/*Berger* BGB § 488 Rn. 235; Soergel/ *Häuser* BGB § 609 Rn. 24; Palandt/*Weidenkaff* BGB § 488 Rn. 23.

[358] Vgl. OLG Frankfurt a. M. Beschl. v. 23.1.1990 – 5 U 61/89, NJW-RR 1990, 337.

[359] BGH Beschl. v. 30.5.1985 – III ZR 112/84, WM 1985, 1136 (1137); Beschl. v. 26.9.1985 – III ZR 229/84, WM 1985, 1437; *Canaris* BankvertragsR Rn. 1239.

[360] BGH Urt. v. 15.1.2013 – XI ZR 22/12, WM 2013, 316 (317); *Pamp* in Wolf/Lindacher/Pfeiffer Klauseln B 88; *Gößmann* in Hellner/Steuer BuB Rn. 1/559; *Bunte* in Schimansky/Bunte/Lwowski BankR-HdB § 24 Rn. 16; MüKoBGB/*Berger* BGB § 488 Rn. 240, der sich für eine Beachtung der Leitbildfunktion der Drei-Monats-Frist ausspricht.

[361] MüKoBGB/*Berger* BGB § 488 Rn. 240; *Canaris* BankvertragsR Rn. 1238; aA *Bunte* in Schimansky/Bunte/ Lwowski BankR-HdB § 24 Rn. 13: nur erhöhte Rücksichtnahmepflicht.

[362] *Gößmann* in Hellner/Steuer BuB Rn. 1/571 (der jedoch hohe Anforderungen an einen stillschweigenden Kündigungsausschluss stellen will).

[363] BGH Urt. v. 6.7.2004 – XI ZR 254/02, NJW 2004, 3779 (3780); MüKoBGB/*Berger* BGB § 488 Rn. 240.

[364] BGH Urt. v. 28.6.1977 – III ZR 13/75, WM 1977, 834 (835); Beschl. v. 30.5.1985 – III ZR 112/84, WM 1985, 1136; Beschl. v. 26.9.1985 – III ZR 229/84, WM 1985, 1437; MüKoBGB/*Berger* BGB § 488 Rn. 238; Soergel/*Häuser* BGB § 609 Rn. 29; *Canaris* BankvertragsR Rn. 1262; *Bunte* in Schimansky/Bunte/Lwowski BankR-HdB § 24 Rn. 17; *Gößmann* in Hellner/Steuer BuB Rn. 1/561, 562.

[365] Vgl. LG Rottweil Urt. v. 16.11.1987 – 1 S 35/87, WM 1988, 1745 (1746); *Bunte* in Schimansky/Bunte/ Lwowski BankR-HdB § 24 Rn. 17; *Gößmann* in Hellner/Steuer BuB Rn. 1/562.

[366] Soergel/*Häuser* BGB § 609 Rn. 29.

[367] Soergel/*Häuser* BGB § 609 Rn. 29; *Canaris* BankvertragsR Rn. 1263; aA *Gößmann* in Hellner/Steuer BuB Rn. 1/564: die Kündigung ist wirksam, setze aber eine den Umständen des Einzelfalls angemessene Frist in Lauf, *van Venrooy* JZ 1981, 53 ff.: die Kündigung zur Unzeit sei nichtig, und MüKoBGB/*Berger* BGB § 488 Rn. 238: das Kündigungsrecht des Darlehensgebers werde vorübergehend hinausgeschoben.

[368] Als gesetzlich geregelter Fall der positiven Forderungsverletzung; *Früh/Müller-Arends* in Hellner/Steuer BuB Rn. 3/147. Für ein Verschuldenserfordernis im Rahmen des § 723 Abs. 2 BGB: MüKoBGB/*Schäfer* BGB § 723 Rn. 55; Erman/*Westermann* BGB § 723 Rn. 20; Soergel/*Hadding/Kießling* BGB § 723 Rn. 52; Bamberger/Roth/ *Schöne* BGB § 723 Rn. 28; vgl. aber Erman/*Berger* BGB § 671 Rn. 4: auf Verschulden komme es nicht an.

ners hinlänglich Rücksicht zu nehmen. Der BGH hat daraus entnommen, dass der Schuldner eines langfristigen Darlehens erwarten dürfe, dass der Gläubiger ein ihm eingeräumtes ordentliches Kündigungsrecht **nicht ohne ernstlichen Anlass** ausübt.[369] Das Gebot der Rücksichtnahme erfordert vom Kreditgeber, eine **Abwägung der Interessen** unter Einschluss der ihm im Zeitpunkt der Kündigung erkennbaren Interessen des Kreditnehmers vorzunehmen, wobei sich die Dispositionsfreiheit der Bank und ihr berechtigtes Sicherungsinteresse auf der einen Seite und das Ausmaß der dem Kunden drohenden, aber eventuell vermeidbaren Nachteile auf der anderen Seite gegenüberstehen.[370] Es kann aber niemals dazu führen, dass die Bank an der Ausübung ihres Kündigungsrechts dauernd gehindert wird; dem Darlehensnehmer ist nur Gelegenheit zu geben, die Folgen einer Kreditkündigung abzuwenden oder zu mildern. Dazu kann es erforderlich sein, dass die Bank ihre Absicht, den Kredit zu kündigen, zuvor **ankündigt,** um dem Kreditnehmer entsprechende Dispositionen zu ermöglichen.[371] Muss der Darlehensnehmer mit der Kündigung rechnen, weil er zB sein Konto erheblich überzieht, dann liegt keine unzeitige Kündigung vor.[372]

Eine Kündigung ist **treuwidrig** und damit unwirksam, wenn sich die Bank in der Weise **widersprüchlich** verhält, dass sie entgegen einem von ihr geschaffenen **Vertrauenstatbestand** kündigt. So darf sie nicht überraschend kündigen, wenn sie mehrere Monate lang erhebliche Überziehungen geduldet hatte.[373] Ein solches bisheriges Entgegenkommen erfordert, dass die Bank den Vertrauenstatbestand durch eine **Vorausankündigung** (Abmahnung) zuvor beseitigt.[374]   **131**

Dem ordentlichen Kündigungsrecht werden durch das **Verbot des Rechtsmissbrauchs** (§ 242 BGB) allgemein Grenzen gesetzt. Die rechtsmissbräuchliche Kündigung ist unwirksam.[375] Der Einwand des Rechtsmissbrauchs ist begründet sein, wenn der Vorteil, den die Kündigung mit sich für den Kündigenden bringt, in ein unerträgliches **Missverhältnis** zu den Nachteilen gerät, die der Kreditnehmer aus der Beendigung des Darlehensverhältnisses entstehen.[376] Ein derartiger Einwand muss jedoch auf Ausnahmefälle beschränkt bleiben.[377] Als weitere Fallgruppe werden solche der **zweckwidrigen Ausübung** genannt, in denen die Kündigung lediglich dazu dient, den Gekündigten zu einem Verhalten zu zwingen, auf das der Kündigende keinen Anspruch hat.[378]   **132**

bb) Durch den Darlehensnehmer. Für die **ordentliche Kündigung des Darlehensnehmers** ist zu unterscheiden zwischen Krediten, für die eine Laufzeit (ausdrücklich oder stillschweigend) bestimmt ist, und solchen, bei denen dies nicht der Fall ist. Für Darlehen, bei denen eine Zeit für die Rückerstattung nicht bestimmt ist, ist die gesetzliche Regelung des § 488 Abs. 3 BGB einschlägig. Sie wird abbedungen durch Nr. 18 Abs. 1 AGB-Banken, derzufolge der Kunde auch eine einzelne Geschäftsbeziehung wie den Kreditvertrag, für die weder ein Laufzeit noch eine abweichende Kündigungsregelung vereinbart ist, jederzeit ohne Einhaltung einer Kündigungsfrist kündigen kann.   **133**

Für Darlehen, bei denen **für einen bestimmten Zeitraum ein fester Zinssatz vereinbart** ist, sowie für **Darlehen mit veränderlichem Zinssatz** gelten für den Darlehensnehmer erleichterte Kündigungsvoraussetzungen, von denen grundsätzlich nicht zu seinem Nachteil abgewichen werden darf **(§ 489 BGB).**[379] Die Regelung des § 489 BGB hat in der letzten Zeit bei der Frage eine erhebliche Rolle gespielt, ob **Bausparkassen** einen Bausparvertrag in der Ansparphase nach § 489 Abs. 1 BGB nach Ablauf von zehn Jahren nach Zuteilungsreife kündigen können.[380] Die Regelung stellt eine im Wesentlichen unveränderte Übernahme des früheren § 609a BGB dar,[381] die durch das Gesetz zur Umsetzung der Verbraucherkreditrichtlinie, des zivilrechtlichen Teils der Zahlungsdiensterichtlinie sowie zur Neuordnung der Vorschriften über das Widerrufs- und Rückgaberecht vom 29.7.2009[382] geringfügig modifiziert worden ist.   **134**

---

[369] BGH Urt. v. 6.3.1986 – III ZR 245/84, NJW 1986, 1928 (1930).

[370] *Bunte* in Schimansky/Bunte/Lwowski BankR-HdB § 24 Rn. 25.

[371] MüKoBGB/*Berger* BGB § 488 Rn. 238.

[372] OLG Schleswig Beschl. v. 3.5.2010 – 5 U 29/10, WM 2011, 460 (461); MüKoBGB/*Berger* BGB § 488 Rn. 238.

[373] OLG Hamm Urt. v. 21.6.1985 – 11 U 111/84, WM 1985, 1411 (1413); MüKoBGB/*Berger* BGB § 488 Rn. 237; *Bunte* in Schimansky/Bunte/Lwowski BankR-HdB § 24 Rn. 21; *Gößmann* in Hellner/Steuer BuB Rn. 1/567.

[374] Soergel/*Häuser* BGB § 609 Rn. 34; *Bunte* in Schimansky/Bunte/Lwowski BankR-HdB § 24 Rn. 21; *Gößmann* in Hellner/Steuer BuB Rn. 1/567.

[375] Soergel/*Häuser* BGB § 609 Rn. 31; *Bunte* in Schimansky/Bunte/Lwowski BankR-HdB § 24 Rn. 24; *Gößmann* in Hellner/Steuer BuB Rn. 1/568, 569.

[376] Vgl. BGH Urt. v. 19.10.1987 – II ZR 9/87, NJW 1988, 700 (703); MüKoBGB/*Berger* BGB § 488 Rn. 236; *Gößmann* in Hellner/Steuer BuB Rn. 1/568.

[377] MüKoBGB/*Berger* BGB § 488 Rn. 237.

[378] *Bunte* in Schimansky/Bunte/Lwowski BankR-HdB § 24 Rn. 20.

[379] MüKoBGB/*Berger* BGB § 489 Rn. 19. Ausnahmen gelten für Darlehen an bestimmte öffentliche Darlehensnehmer, § 489 Abs. 4 S. 2 BGB.

[380] BGH Urt. v. 21.2.2017 – XI ZR 185/16, BGHZ 214, 94 Rn. 34 ff. = NJW 2017, 1378.

[381] § 609a BGB aF war am 1.1.1987 an die Stelle des früheren § 247 BGB getreten.

[382] BGBl. 2009 I 2355, in Kraft seit 11.6.2010.

135   Die Bestimmung des § 489 BGB dient dem **Zweck,** den Darlehensnehmer in die Lage zu versetzen, mit Hilfe des Kündigungsrechts marktgerechte Zinskonditionen zu vereinbaren,[383] neben anderen, insbesondere wettbewerbspolitischen Zielen, bezweckt sie den **Schuldnerschutz.**[384] Daneben bezwecken die Regelungen teilweise, die innere Vertragsgerechtigkeit über die gesamte Vertragslaufzeit auszutarieren.[385]

136   Die Kündigungsrechte des § 489 BGB schließen andere gesetzliche oder vertragliche Kündigungsrechte nicht aus.[386]

137   § 489 BGB gilt für (verzinsliche) **Gelddarlehen,** wobei der Darlehensbegriff derjenige des § 488 BGB ist.[387] Auf den §§ 793 ff. BGB unterfallende **Inhaberschuldverschreibungen und Order-schuldverschreibungen** ist die Bestimmung nicht anwendbar.[388] In § 247 Abs. 2 S. 1 BGB aF war insoweit eine Ausnahmeregelung enthalten, die der Gesetzgeber bei der Einführung des § 609a BGB aF für entbehrlich gehalten hat. Die Richtigkeit dieser Überlegung wird aber in Zweifel gezogen.[389]

138   Das Gesetz unterscheidet zwischen Darlehen mit gebundenem Sollzinssatz (§ 489 Abs. 1 BGB) und Darlehen mit veränderlichem (variablem) Zins (§ 489 Abs. 2 BGB). Der Begriff des gebundenen Sollzinssatzes ist in § 489 Abs. 5 BGB gesetzlich definiert als derjenige Prozentsatz, der pro Jahr auf das in Anspruch genommene Darlehen angewendet wird, wenn für die gesamte Vertragslaufzeit ein Sollzinssatz oder mehrere Sollzinssätze vereinbart sind, die als feststehende Prozentzahl ausgedrückt werden. Es handelt sich dabei um die Übernahme einer Begrifflichkeit der Verbraucherkredit-RL,[390] die den früher als festverzinsliches Darlehen bezeichneten Sachverhalt erfasst. Bei den Darlehen mit gebundenem Sollzinssatz werden wiederum zwei Tatbestände geregelt (§ 489 Abs. 1 Nr. 1 und 2 BGB). Ihnen ist gemeinsam, dass der Schuldner das Darlehen, und zwar auch teilweise, bei Vorliegen bestimmter Voraussetzungen ungeachtet einer abweichend vereinbarten Laufzeitbindung vorzeitig kündigen kann. Das Kündigungsrecht besteht nur dann, wie teilweise ausdrücklich bestimmt („nach dem vollständigen Empfang", § 489 Abs. 1 Nr. 2 BGB) und im Übrigen aus dem Zusammenhang zu entnehmen ist,[391] wenn das Darlehen valutiert ist. Für ein Darlehen mit gebundenem Sollzinssatz genügt es, dass der Zinssatz nur für einen Teil der vereinbarten Laufzeit des Vertrages festgeschrieben ist.[392] Es liegt aber nicht schon dann vor, wenn feste Bereitstellungszinsen vereinbart worden sind[393] oder lediglich die Zinsober- und/oder -untergrenzen festgelegt worden sind (Zinskorridore).[394] Auch die bloße Bestimmbarkeit der Zinssatzhöhe reicht nicht aus.[395] Demgegenüber ist die Vereinbarung eines **Staffelzinses** als gebundener Sollzinssatz einzuordnen, wenn für die jeweiligen Zeitabschnitte der Sollzinssatz jeweils gebunden ist.[396] Ein fester Zinssatz ist auch dann zu bejahen, wenn er sich aus einem für den bestimmten Zeitraum vereinbarten **Referenzzinssatz** zuzüglich der vereinbarten Marge zusammensetzt.[397] Wird eine bonitätsgestufte Zinsvereinbarung in der Weise getroffen, dass der Darlehensvertrag die Höhe des zu einem bestimmten Zeitpunkt zu zahlenden Zinses mit der jeweiligen Bonitätsstufe verknüpft **(bonitätsgestufte Zinsabrede mit periodisiertem Margengitterzinssatz),** dann liegt wie auch bei anderen risikoadjustierten Zinsänderungsklauseln ein Festzinsvertrag nicht mehr vor, sodass § 489 Abs. 2 BGB eingreift.[398] Ist ein anfänglicher gebundener Sollzinssatz mit einer verbindlichen **Neuverhandlungsklausel** vereinbart, dann handelt es sich in Wahrheit um eine

---

[383] Palandt/*Weidenkaff* BGB § 489 Rn. 1; *Bruchner/Krepold* in Schimansky/Bunte/Lwowski BankR-HdB § 79 Rn. 15.

[384] Staudinger/*Mülbert,* 2015, BGB § 489 Rn. 6; MüKoBGB/*Berger* BGB § 489 Rn. 2; Palandt/*Weidenkaff* BGB § 489 Rn. 1; enger Soergel/*Häuser* BGB § 609a Rn. 5: Verbraucherschutz.

[385] MüKoBGB/*Berger* BGB § 489 Rn. 2; Palandt/*Weidenkaff* BGB § 489 Rn. 1.

[386] Palandt/*Weidenkaff* BGB § 489 Rn. 1.

[387] Staudinger/*Mülbert,* 2015, BGB § 489 Rn. 13; MüKoBGB/*Berger* BGB § 489 Rn. 4; *Bruchner/Krepold* in Schimansky/Bunte/Lwowski BankR-HdB § 79 Rn. 17.

[388] Staudinger/*Mülbert,* 2015, BGB § 489 Rn. 15; MüKoBGB/*Berger* BGB § 489 Rn. 4, 19; *Früh/Müller-Arends* in Hellner/Steuer BuB Rn. 3/154a; *Brandts,* Das Recht zur vorzeitigen Darlehenskündigung gemäß § 609a BGB unter besonderer Berücksichtigung des auslandsbezogenen Kreditgeschäfts, 1996, 16; *v. Rottenburg* WM 1987, 1 (6); *v. Heymann* BB 1987, 415 (421).

[389] Vgl. dazu Soergel/*Häuser* BGB § 609a Rn. 17; *Hopt/Mülbert* WM-Sonderbeilage 3/1990, 5 mwN.

[390] Art. 3 lit. j Verbraucherkredit-RL (ABl. 2008 L 133, 73).

[391] MüKoBGB/*Berger* BGB § 489 Rn. 7.

[392] MüKoBGB/*Berger* BGB § 489 Rn. 6.

[393] Staudinger/*Mülbert,* 2015, BGB § 489 Rn. 17.

[394] MüKoBGB/*Berger* BGB § 489 Rn. 6; *Rösler/Wimmer/Lang,* Vorzeitige Beendigung von Darlehensverträgen, 2003, Rn. B 54.

[395] Staudinger/*Mülbert,* 2015, BGB § 489 Rn. 23; MüKoBGB/*Berger* BGB § 489 Rn. 7.

[396] Staudinger/*Mülbert,* 2015, BGB § 489 Rn. 23; MüKoBGB/*Berger* BGB § 489 Rn. 6.

[397] MüKoBGB/*Berger* BGB § 489 Rn. 6; aA „aus Gründen der Rechtsklarheit" Bamberger/Roth/*Rohe* BGB § 489 Rn. 16 bei einer Verweisung auf den Basiszinssatz des § 247 BGB.

[398] MüKoBGB/*Berger* BGB § 488 Rn. 154, § 489 Rn. 6; Bamberger/Roth/*Rohe* BGB § 489 Rn. 16; *Rösler/Sauer* FS Nobbe, 2009, 437 (447); *Rösler/Lang* ZIP 2006, 214 (219); *Langenbucher* BKR 2005, 134 (141); aA Staudinger/*Mülbert,* 2015, BGB § 489 Rn. 26, 55; *Rossbach* in Kümpel/Wittig BankR/KapMarktR Rn. 11.139.

§ 489 Abs. 2 BGB unterliegende Flexibilisierung des Zinssatzes.[399] Die Kündigungstatbestände des § 489 Abs. 1 BGB sind nebeneinander anwendbar.[400]

Die Bestimmung des § 489 Abs. 1 Nr. 1 BGB regelt die Fälle, in denen der **Ablauf einer Sollzins-** **139** **bindungsfrist** vor der Gesamtlaufzeit des Darlehens vereinbart ist, wie sie insbesondere bei langfristigen Immobilienkrediten mit nur anfänglich fester Zinsbindung vorkommen. Dem Schuldner wird in einem solchen Fall grundsätzlich das Recht gegeben, das Darlehen mit einer Frist von einem Monat frühestens „für den Ablauf des Tages, an dem die Sollzinsbindung endet", zu kündigen, dh dass das Darlehen für die Dauer der Sollzinsbindung unkündbar ist. Das Kündigungsrecht besteht nicht (mehr), wenn eine neue Vereinbarung über den Zinssatz getroffen ist. Das ist unproblematisch, wenn eine solche Vereinbarung individuell geschlossen wird. Nach verbreiteter Ansicht sollen dafür aber auch in Allgemeinen Geschäftsbedingungen enthaltene **Konditionenanpassungsklauseln** ausreichen,[401] wobei sich diese Meinung darauf stützt, dass in der Begründung des Gesetzesentwurfs die Auffassung verlautbart wurde, dass in den Allgemeinen Geschäftsbedingungen der Kreditinstitute Vorkehrungen für eine zeitliche Eingrenzung des Kündigungsrechts getroffen werden dürften.[402] Mit dem Schutzzweck des Gesetzes lässt sich diese Auffassung indessen nicht vereinbaren, weil nur eine Vereinbarung das Kündigungsrecht ausschließen soll, nicht aber ein einseitiges Bestimmungsrecht.[403] Nach hM muss der Darlehensnehmer bei der Konditionenanpassung jedenfalls auf das Recht des Widerspruchs binnen angemessener Frist hingewiesen werden.[404] Ein Zeitraum von vier Wochen wird dabei für ausreichend gehalten.[405]

Eine Sonderregelung ist für das Kündigungsrecht bei **periodischer Zinsanpassung** getroffen. Ist **140** eine Anpassung des Zinssatzes in bestimmten Zeiträumen bis zu einem Jahr vereinbart, dann kann der Schuldner jeweils nur für den Ablauf des Tages, an dem die Zinsbindung endet, kündigen (§ 489 Abs. 1 Nr. 1 Hs. 2 BGB). Gemeint sind damit Darlehen, bei denen die Zinsanpassung bereits **im Voraus** vereinbart wurde, und zwar nicht notwendig mit festen Zinssätzen, sondern in der Praxis vor allem unter Bezugnahme auf bestimmte Referenzzinssätze (zB EURIBOR oder LIBOR). Die Regelung ist auf die sogenannten „Roll-over-Kredite" zugeschnitten. Das Kündigungsrecht besteht mit einer Frist von einem Monat jeweils nur zum Ende des jeweiligen Anpassungszeitraums. Übersteigen die Zeiträume der Anpassung ein Jahr, kann die Ausnahme nicht eingreifen, und es gilt die allgemeine Regelung des § 489 Abs. 1 Nr. 1 Hs. 1 BGB.[406]

Sowohl für die allgemeine Regelung des § 489 Abs. 1 Nr. 1 Hs. 1 BGB als auch für die Ausnahme **141** nach § 489 Abs. 1 Nr. 1 Hs. 2 BGB gilt eine Kündigungsfrist von einem Monat. Für den Zeitpunkt der Beendigung ergeben sich jedoch Unterschiede. Im ersten Fall kann der Dalehensnehmer „frühestens" für den Ablauf des Tages kündigen, an dem die Zinsbindung endet. Das bedeutet, dass er auch für einen späteren Zeitpunkt kündigen kann.[407] In dem anderen Fall kann der Darlehensnehmer nur für den Ablauf des Tages, an dem die Zinsbindung endet, kündigen.

In jedem Fall besteht bei festverzinslichen Darlehen ein Kündigungsrecht **nach Ablauf von zehn** **142** **Jahren** nach dem vollständigen Empfang des Darlehens unter Einhaltung einer Kündigungsfrist von sechs Monaten (§ 489 Abs. 1 Nr. 2 BGB). Bei **Bausparverträgen,** die die Bausparkasse in der Ansparphase kündigen will, entspricht dem regelmäßig der Zeitpunkt der erstmaligen Zuteilungsreife unter Einhaltung der sechsmonatigen Kündigungsfrist.[408] Bei einer Vereinbarung über die Anpassung der Konditionen nach dem Empfang des Darlehens wird die Zehn-Jahres-Frist neu in Gang gesetzt. Bei sog. **Forward-Darlehen** wird die Darlehensvaluta erst nach Ablauf einer Vorlaufzeit, die mehrere Jahre betragen kann, ausgezahlt. Nach dem eindeutigen Wortlaut des Gesetzes beginnt die Zehnjahresfrist des § 489 Abs. 1 Nr. 2 BGB erst mit dem vollständigen Empfang der Darlehensvaluta. Der Vertragsschluss ist danach nicht maßgeblich.[409] Der Gesetzgeber ist dabei ersichtlich davon ausgegangen, dass die Zeiträume zwischen Vertragsschluss und Valutierung ein gewisses Ausmaß nicht überschreiten werden und dies hingenommen werden kann. Die ohnehin lange Bindungsfrist darf durch die Verabredung langfristiger Forward-Darlehen aber nicht grenzenlos

[399] MüKoBGB/*Berger* BGB § 489 Rn. 7.

[400] MüKoBGB/*Berger* BGB § 489 Rn. 7.

[401] MüKoBGB/*Westermann,* 3. Aufl. 1997, BGB § 609a Rn. 18; *v. Heymann* BB 1987, 415 (418); *Kollhosser/ Schweitzer* JA 1987, 345; *v. Rottenburg* WM 1987, 1 (3); *Bühler/Köngden/Schmidt* ZBB 1990, 49 (52); *Werner* ZBB 1990, 236 (242); aA *Hopt/Mülbert* WM-Sonderbeilage 3/1990, 6.

[402] BT-Drs. 10/4741, 21.

[403] Zutr. Staudinger/*Mülbert,* 2015, BGB § 489 Rn. 34; MüKoBGB/*Berger* BGB § 489 Rn. 8.

[404] Soergel/*Häuser* BGB § 609a Rn. 10; *Bruchner* in Schimansky/Bunte/Lwowski BankR-HdB § 78 Rn. 59, *Bruchner/Krepold* in Schimansky/Bunte/Lwowski BankR-HdB § 79 Rn. 22.

[405] *Kollhosser/Schweitzer* JA 1987, 345 (347); *Bruchner/Krepold* in Schimansky/Bunte/Lwowski BankR-HdB § 79 Rn. 22.

[406] MüKoBGB/*Berger* BGB § 489 Rn. 9.

[407] MüKoBGB/*Berger* BGB § 489 Rn. 10.

[408] BGH Urt. v. 21.2.2017 – XI ZR 185/16, BGHZ 214, 94 Rn. 76 ff. = NJW 2017, 1378.

[409] Staudinger/*Mülbert,* 2015, BGB § 489 Rn. 47; *Bruchner/Krepold* in Schimansky/Bunte/Lwowski BankR-HdB § 79 Rn. 27.

verlängert werden.[410] Dies würde zum Gesetzeszweck in Widerspruch treten. Eine Forward-Zeit von mehr als fünf Jahren, ohne dass eine Anrechnung des überschießenden Zeitraums auf die Zehnjahresfrist stattfindet, dürfte nicht mehr tolerabel sein[411] Bedenklich wäre es auch, wenn ein Darlehensvertrag mit zehnjähriger Zinsfestschreibung mit einem Forward-Darlehen mit zehnjährigem Vorlauf gekoppelt würde, weil dann entgegen der gesetzlichen Zielsetzung eine Bindung von zwanzig Jahren geschaffen würde. In diesem Fall ist eine Kündigung des Forward-Darlehens nach Ablauf von zehn Jahren nach Empfang des ersten Darlehens einzuräumen.[412]

143   **Darlehen mit veränderlichem Zinssatz** kann der Schulder jederzeit unter Einhaltung einer Kündigungsfrist von drei Monaten kündigen (§ 489 Abs. 2 BGB). Veränderlich ist ein Zinssatz, wenn bei dem betreffenden Darlehen jederzeit eine Änderung des Zinssatzes eintreten kann.[413] Erfasst werden Gleitklauseln, etwa auf Grund einer Zinsanpassungsklausel oder in Folge einer Bindung an einen Referenzzinssatz. Wie sich aus der Abgrenzung zu § 489 Abs. 1 Nr. 1 BGB ergibt, fallen darunter nicht solche Verträge, bei denen zumindest für einen Teil der Laufzeit ein fester Sollzinssatz vereinbart worden ist.[414] Bei Verweisung auf den Basiszinssatz ist die Voraussetzung nicht erfüllt, weil dieser für mindestens sechs Monate festliegt (§ 247 BGB).[415] Anders als bei § 489 Abs. 1 BGB ist bei derartigen Darlehen kein Recht zur Teilkündigung eingeräumt, was aber durch Vereinbarung der Parteien begründet werden könnte.[416]

144   Nach § 489 Abs. 3 BGB[417] gilt eine Kündigung des Schuldners nach § 489 Abs. 1 und 2 BGB **als nicht erfolgt,** wenn er den geschuldeten Betrag nicht binnen zweier Wochen nach Wirksamwerden der Kündigung **zurückzahlt.** Durch die Vorschrift wird verhindert, dass der Darlehensnehmer das Darlehen kündigt, aber nicht zurückzahlt, und er danach möglicherweise einen geringeren Zinssatz als den vereinbarten zahlen muss. Sie gilt für alle Fälle der ordentlichen Kündigung des Darlehensnehmers, also auch für die des § 500 BGB,[418] nicht aber für die außerordentliche Kündigung. Die Wirkungen der Kündigung, die bis zum fruchtlosen Ablauf der Frist schwebend wirksam ist, fallen nach fristgerechter Rückzahlung mit Wirkung ex tunc weg.[419] Der Darlehensvertrag mit der vereinbarten Zinspflicht besteht dann unverändert fort.[420] Fristbeginn ist das Wirsamwerden der Kündigung durch Zugang der Kündigungserklärung beim Darlehensgeber.[421] Für die Wahrung der Frist reicht die rechtzeitige Absendung des Geldes aus.[422] Die **Beweislast** für die fristgerechte Rückzahlung der Valuta nach § 489 Abs. 3 BGB liegt beim Darlehensnehmer.[423]

145   Das Kündigungsrecht des Darlehensnehmers nach § 489 Abs. 1 und 2 BGB ist – mit Ausnahme für die in § 489 Abs. 4 S. 2 BGB aufgeführten öffentlichen Institutionen – **unabdingbar.** Es kann nicht durch Vertrag ausgeschlossen oder erschwert werden (§ 489 Abs. 4 S. 1 BGB). Entgegenstehende Vereinbarungen sind nichtig, lassen jedoch den Darlehensvertrag als solchen in seiner Wirksamkeit unangetastet.[424] Das gesetzliche Verbot ergreift auch nachträglich vereinbarte Beschränkungen, weil der Darlehensnehmer dann nicht weniger schutzwürdig ist[425] Es beschränkt sich auf das Verhältnis der Vertragspartner, sodass Vereinbarungen des Darlehensnehmers mit **Dritten,** das Kündigungsrecht nicht auszuüben, vom Verbot grundsätzlich nicht erfasst werden.[426] Jedoch kann ein Umgehungstatbestand zu bejahen sein, etwa wenn der Dritte im Lager des Darlehensgebers steht.[427] Unter die verbotenen Erschwernisse fallen alle den Darlehensnehmer benachteiligenden Regelungen, die es ihm erschweren, sein Kündigungsrecht wahrzunehmen. Dazu gehören Verschärfungen des Kündigungsrechts, wie etwa

---

[410] *Rösler/Wimmer/Lang,* Vorzeitige Beendigung von Darlehensverträgen, 2003, Rn. B 69 ff.; *Rösler* WM 2000, 1530.

[411] *Bruchner/Krepold* in Schimansky/Bunte/Lwowski BankR-HdB § 79 Rn. 30; *Rösler/Wimmer/Lang,* Vorzeitige Beendigung von Darlehensverträgen, 2003, Rn. B 69 ff.; *Rösler* WM 2000, 1530.

[412] Staudinger/*Mülbert,* 2015, BGB § 489 Rn. 48.

[413] MüKoBGB/*Berger* BGB § 489 Rn. 15; *Bruchner/Krepold* in Schimansky/Bunte/Lwowski BankR-HdB § 79 Rn. 54, Palandt/*Weidenkaff* BGB § 489 Rn. 10.

[414] MüKoBGB/*Berger* BGB § 489 Rn. 15.

[415] MüKoBGB/*Berger* BGB § 489 Rn. 15; NK-BGB/*Reiff* BGB § 489 Rn. 19.

[416] MüKoBGB/*Berger* BGB § 489 Rn. 14.

[417] Eingefügt als § 609a Abs. 3 BGB mit Wirkung vom 1.1.1993 durch Art. 2 des Gesetzes über Verbraucherkredite vom 17.12.1990 (BGBl. I 2840).

[418] Staudinger/*Mülbert,* 2015, BGB § 489 Rn. 5, 61; MüKoBGB/*Berger* BGB § 489 Rn. 16; Palandt/*Weidenkaff* BGB § 489 Rn. 12.

[419] Staudinger/*Mülbert,* 2015, BGB § 489 Rn. 65; MüKoBGB/*Berger* BGB § 489 Rn. 16.

[420] MüKoBGB/*Berger,* 2015, BGB § 489 Rn. 16; Palandt/*Weidenkaff* BGB § 489 Rn. 12.

[421] Staudinger/*Mülbert,* 2015, BGB § 489 Rn. 64; MüKoBGB/*Berger* BGB § 489 Rn. 16.

[422] Staudinger/*Mülbert,* 2015, BGB § 489 Rn. 64; MüKoBGB/*Berger* BGB § 489 Rn. 16.

[423] MüKoBGB/*Berger* BGB § 489 Rn. 25.

[424] Staudinger/*Mülbert,* 2015, BGB § 489 Rn. 67; MüKoBGB/*Berger* BGB § 489 Rn. 19.

[425] AA Staudinger/*Mülbert,* 2015, BGB § 489 Rn. 72 mit nicht überzeugendem Erst-Recht-Schluss aus § 489 Abs. 1 Nr. 2 Hs. 2 BGB.

[426] OLG Karlsruhe Urt. v. 3.6.2008 – 17 U 223/07, WM 2008, 1551 f.; Staudinger/*Mülbert,* 2015, BGB § 489 Rn. 68; MüKoBGB/*Berger* BGB § 489 Rn. 19; Palandt/*Weidenkaff* BGB § 489 Rn. 13.

[427] OLG Karlsruhe Urt. v. 3.6.2008 – 17 U 223/07, WM 2008, 1551 f.; Staudinger/*Mülbert,* 2015, BGB § 489 Rn. 68; MüKoBGB/*Berger* BGB § 489 Rn. 19.

eine strengere Form, die Verlängerung von Kündigungsfristen oder die Bindung an zusätzliche Voraussetzungen, aber auch die Vereinbarung von strengeren Rechtsfolgen der Kündigung. Selbstverständlich ist weder eine Vertragsstrafe für den Fall der Kündigung noch der Ausschluss von Zinszurückzahlungen für diesen Fall zulässig.[428] Der Darlehensgeber darf sich auch nicht eine Vorfälligkeitsentschädigung für den Fall vorzeitiger Kündigung versprechen lassen.[429] Beim Disagio liegt eine Erschwerung vor, wenn der Zinsanteil nicht zurückgezahlt werden soll.[430] Bei **Zins- und Währungssicherungsgeschäften** (zB beim Zinsswap) in Bezug auf einen Darlehensvertrag besteht zwar ein wirtschaftlicher Zusammenhang, sodass die Entstehung von Kosten bei vorzeitiger Beendigung des Sicherungsvertrags als Erschwernis der Kündigung des Darlehensvertrages gewertet werden könnte. Es besteht jedoch Einigkeit, dass zwischen Darlehens- und Sicherungsvertrag im Allgemeinen zu trennen ist, sodass ein rechtlich beachtlicher Zusammenhang nicht anzunehmen ist.[431] Das ist insoweit zutreffend, als die Vertragspartner des Darlehens- und des Sicherungsvertrags nicht identisch sein müssen, was häufig auch nicht der Fall ist.[432] Das Ergebnis davon abhängig zu machen, ob Darlehens- und Sicherungsgeber zufällig identisch sind, erscheint auf Grund der Struktur des Geschäfts wenig überzeugend. In Ausnahmefällen mögen die Voraussetzungen zu bejahen sein, wenn bei identischen Vertragspartnern Swap und Darlehen über den gleichen Nominalbetrag und die gleiche Laufzeit verfügen und in engem zeitlichen Zusammenhang geschlossen werden, sodass eine einheitliche Betrachtung Platz greift.[433] Durch die Vereinbarung **ausländischen Rechts** kann die Geltung der Kündigungsrechte des § 489 BGB abbedungen werden.[434] Darin liegt keine Erschwernis, weil § 489 BGB gar nicht erst anwendbar ist. Eine Anwendung über Art. 9 Rom I-VO scheidet aus, um eine international zwingende Norm handelt es sich nicht.[435] Allerdings muss eine Auslandsberührung gegeben sein. Bei reinen Binnensachverhalten setzen sich § 489 Abs. 1, 2 BGB, die zwingendes deutsches Sachrecht darstellen, nach Art. 3 Abs. 3 Rom I-VO dennoch durch.[436] Die Ausnahmen des § 489 Abs. 4 S. 2 BGB für gewisse öffentliche Institutionen sind abschließend formuliert, eine GmbH in gemeindlicher Trägerschaft gehört nicht dazu,[437] auch nicht Körperschaften und Anstalten öffentlichen Rechts.[438]

c) Außerordentliche Kündigung des Darlehensvertrags. Dem Darlehensgeber und dem Darle- **146** hensnehmer stehen je ein besonderes außerordentliches gesetzliches Kündigungsrecht zu, dem Darlehensgeber nach § 490 Abs. 1 BGB und dem Darlehensnehmer nach § 490 Abs. 2 BGB. Wie jedes Dauerschuldverhältnis kann der Darlehensvertrag außerdem von beiden Vertragsparteien **aus wichtigem Grund** ohne Einhaltung einer Kündigungsfrist gekündigt werden (§§ 314, 490 Abs. 3 BGB).[439] § 490 Abs. 1 und 2 BGB sind für den von ihnen geregelten Bereich Spezialvorschriften, neben denen das allgemeine Recht zur Kündigung aus wichtigem Grund anwendbar ist.[440] Ein wichtiger Grund liegt vor, wenn dem kündigenden Vertragsteil unter Berücksichtigung aller Umstände des Einzelfalls und unter Abwägung der beiderseitigen Interessen die Fortsetzung des Vertragsverhältnisses bis zur vereinbarten Beendigung oder bis zum Ablauf einer Kündigungsfrist nicht zugemutet werden kann (§ 314 Abs. 1 S. 2 BGB). Ein **Verschulden** des Kündigungsgegners muss **nicht vorliegen,**[441] jedoch ist fehlendes Verschulden ein Umstand, der im Rahmen der Gesamtwürdigung ebenso zu berück-

---

[428] Staudinger/*Mülbert,* 2015, BGB § 489 Rn. 71; MüKoBGB/*Berger* BGB § 489 Rn. 20; Palandt/*Weidenkaff* BGB § 489 Rn. 13; *Bruchner/Krepold* in Schimansky/Bunte/Lwowski BankR-HdB § 79 Rn. 56.

[429] Staudinger/*Mülbert,* 2015, BGB § 489 Rn. 71; MüKoBGB/*Berger* BGB § 489 Rn. 13; Palandt/*Weidenkaff* BGB § 489 Rn. 13; *Bruchner/Krepold* in Schimansky/Bunte/Lwowski BankR-HdB § 79 Rn. 56.

[430] Staudinger/*Mülbert,* 2015, BGB § 489 Rn. 71; MüKoBGB/*Berger* BGB § 489 Rn. 20; Palandt/*Weidenkaff* BGB § 489 Rn. 13; *Bruchner/Krepold* in Schimansky/Bunte/Lwowski BankR-HdB § 79 Rn. 57.

[431] MüKoBGB/*Berger* BGB § 489 Rn. 20; *Bruchner/Krepold* in Schimansky/Bunte/Lwowski BankR-HdB § 79 Rn. 58; vgl. *Stupp/Mucke* BKR 2005, 20 (26).

[432] *Bruchner/Krepold* in Schimansky/Bunte/Lwowski BankR-HdB § 79 Rn. 58.

[433] *Stupp/Mucke* BKR 2005, 20 (26).

[434] Staudinger/*Mülbert,* 2015, BGB § 489 Rn. 76; MüKoBGB/*Berger* BGB Vor § 488 Rn. 90; MüKoBGB/*Berger* BGB Rn. 21; Palandt/*Weidenkaff* BGB § 489 Rn. 13; *Bruchner/Krepold* in Schimansky/Bunte/Lwowski BankR-HdB Rn. 59.

[435] Staudinger/*Mülbert,* 2015, BGB § 489 Rn. 76; MüKoBGB/*Berger* BGB Vor § 488 Rn. 90.

[436] Staudinger/*Mülbert,* 2015, BGB § 489 Rn. 77; MüKoBGB/*Berger* BGB Vor § 488 Rn. 90; MüKoBGB/*Berger* BGB Rn. 21; Soergel/*Häuser* BGB § 609a Rn. 21; Palandt/*Weidenkaff* BGB § 489 Rn. 13; *Stupp/Mucke* BKR 2005, 20 (26).

[437] OLG Karlsruhe Urt. v. 3.6.2008 – 17 U 223/07, WM 2008, 1551 f.; Staudinger/*Mülbert,* 2015, BGB § 489 Rn. 74; Palandt/*Weidenkaff* BGB § 489 Rn. 13; *Bruchner/Krepold* in Schimansky/Bunte/Lwowski BankR-HdB § 79 Rn. 59.

[438] Staudinger/*Mülbert,* 2015, BGB § 489 Rn. 74; Palandt/*Weidenkaff* BGB § 489 Rn. 13; *Bruchner/Krepold* in Schimansky/Bunte/Lwowski BankR-HdB § 79 Rn. 59.

[439] BGH Urt. v. 5.3.1981 – III ZR 115/80, NJW 1981, 1666 (1667); Soergel/*Häuser* BGB § 609 Rn. 40; MüKoBGB/*Berger* BGB § 490 Rn. 46.

[440] Staudinger/*Mülbert,* 2015, BGB § 490 Rn. 122; MüKoBGB/*Berger* BGB § 490 Rn. 46; Palandt/*Weidenkaff* BGB § 490 Rn. 1; *Mülbert* WM 2002, 465 (473); *Freitag* WM 2001, 2370 (2377); *Wittig/Wittig* WM 2002, 145 (149).

[441] MüKoBGB/*Berger* BGB § 490 Rn. 48.

sichtigen ist wie die Schwere des Verschuldensgrades. Ein Grund zur außerordentlichen Kreditkündigung besteht nicht, wenn die Umstände, die zur Kündigung herangezogen werden, dem Kreditgeber bereits im Zeitpunkt der Kreditgewährung bekannt waren.[442] Das Recht zur fristlosen Kündigung ist **nicht abdingbar.**[443] Es muss **innerhalb angemessener Frist** ausgeübt werden, die mit Kenntnis des Kündigungsberechtigten von den die Kündigung rechtfertigenden Gründen beginnt (§ 314 Abs. 3 BGB). § 626 Abs. 2 S. 3 BGB ist nicht entsprechend anwendbar.[444] Ist die Kündigung bereits erklärt, dann ist es ohne weiteres zulässig, zuvor bestehende Gründe **nachzuschieben.**[445] Auch nach der Kündigung entstandene Gründe können herangezogen werden, wenn der Kündigende sich zur Rechtfertigung der Kündigung erkennbar auch darauf berufen möchte und wenn schutzwürdige Interessen des Vertragspartners nicht entgegenstehen.[446]

147   **aa) Durch den Darlehensgeber.** Das besondere außerordentliche Kündigungsrecht des **Darlehensgebers** nach § 490 Abs. 1 BGB ist ihm bei **Gefährdung des Rückerstattungsanspruchs** gegeben. Der betreffende Sachverhalt war nach altem Recht teilweise in § 610 BGB aF enthalten, der ein einseitiges Widerrufsrecht des Darlehensgebers vor Hingabe der Darlehensvaluta gewährte. Die Neufassung hat den Tatbestand umgestaltet und erweitert und zugleich gesetzlich bestimmt, dass es sich um ein Kündigungsrecht aus wichtigem Grund handelt. Die Streitfrage, ob § 610 BGB aF eine Ausprägung der clausula rebus sic stantibus darstellte,[447] ist damit obsolet.[448]

148   Voraussetzung ist eine eingetretene oder drohende wesentliche Verschlechterung in den Vermögensverhältnissen des Darlehensnehmers oder in der Werthaltigkeit einer für das Darlehen gestellten Sicherheit, durch die die Rückerstattung des Darlehens, auch unter Verwertung der Sicherheit, gefährdet wird. Die **Vermögensverhältnisse** umfassen die gesamte wirtschaftliche und finanzielle Situation des Darlehensnehmers.[449] Sie **verschlechtern** sich, wenn sich auf Grund eines Vergleichs der Vermögenslage bei Vertragsschluss mit der bei Kündigung eine Verschlechterung ergibt.[450] Es reicht aus, dass die Verschlechterung, ohne dass es auf ein Verschulden des Darlehensnehmers ankommt,[451] objektiv vorliegt oder dass sie einzutreten droht, dh mit einiger Wahrscheinlichkeit zu befürchten ist.[452] Dabei ist auf objektiv belastbare Indizien abzustellen, zB die Einleitung von Vollstreckungsmaßnahmen oder die Ladung zur Abgabe der eidesstattlichen Versicherung (§ 807 ZPO). „Durch" die Vermögensverschlechterung muss im Sinne eines Kausalitätserfordernisses die Rückerstattung des Darlehens gefährdet werden.[453] Es fehlt, wenn die Vermögenslage schon vor Vertragsschluss so schlecht war, dass die Rückzahlung gefährdet war,[454] oder wenn die Vermögenslage als solche schlecht ist, aber noch genügend Sicherheiten gestellt werden können. In die Vermögenslage bei Vertragsschluss ist das zugesagte Darlehen einzustellen, sodass ein Kündigungsgrund vorliegen kann, wenn seit Ausreichung eines Sanierungsdarlehens eine wesentliche Verschlechterung in den Vermögensverhältnissen des Darlehensnehmers eingetreten ist, die die Sanierung als nicht mehr aussichtsreich erscheinen lässt.[455]

149   Das Gesetz unterscheidet zwischen einer Kündigung **vor Auszahlung** und **nach Auszahlung** des Darlehens. Vor der Auszahlung ist das Kündigungsrecht ausnahmslos („im Zweifel stets") gegeben, weil es dem Darlehensgeber nicht zugemutet werden soll, ein Darlehen, dessen Rückzahlung gefährdet ist, noch auszureichen. Nach der Auszahlung besteht das Kündigungsrecht nur „in der Regel", wobei dem Gesetzgeber Fälle vorschweben, in denen es dem Darlehensgeber zuzumuten ist, das Darlehen noch beim Darlehensnehmer zu belassen. Bei dieser Alternative ist daher eine Gesamtabwägung aller Umstände vorzunehmen, die im Einzelfall zu einer Verneinung des Kündigungsrechts führen kann.[456]

150   Die Vorschrift des § 490 Abs. 1 BGB ist dispositiv.[457]

151   Bei der außerordentlichen Kündigung des Darlehensgebers nach **§ 314 BGB** stehen Zahlungsverweigerung oder Zahlungsverzug des Darlehensnehmers im Vordergrund. Eine dem § 543 Abs. 2 S. 1

---

[442] BGH Urt. v. 7.5.2002 – XI ZR 236/01, NJW-RR 2002, 1273.

[443] Palandt/*Grüneberg* BGB § 314 Rn. 3 („in seinem Kern zwingendes Recht").

[444] BGH Urt. v. 25.11.2010 – Xa ZR 48/09, NJW 2011, 1438 (1440); Urt. v. 26.9.1996 – I ZR 194/95, BGHZ 133, 331 (335) = NJW 1997, 1706 (1708); Soergel/*Häuser* BGB § 609 Rn. 40; Palandt/*Grüneberg* BGB § 314 Rn. 10.

[445] BGH Urt. v. 6.3.1986 – III ZR 245/84, NJW 1986, 1928 ff.; Beschl. v. 26.9.1985 – III ZR 213/84, WM 1985, 1493; Soergel/*Häuser* BGB § 609 Rn. 41; Palandt/*Grüneberg* BGB § 314 Rn. 10.

[446] BGH Urt. v. 1.10.1987 – III ZR 175/86, NJW-RR 1988, 763 (765); Soergel/*Häuser* BGB § 609 Rn. 41.

[447] Hopt/*Mülbert*, 12. Aufl. 1989, BGB § 610 Rn. 2 ff.

[448] Weiterhin für einen Sonderfall der clausula rebus sic stantibus eintretend MüKoBGB/*Berger* BGB § 490 Rn. 1.

[449] MüKoBGB/*Berger* BBG § 490 Rn. 4, 5; vgl. OLG Frankfurt a. M. Urt. v. 10.1.2003 – 10 U 122/02, BKR 2003, 870 (871).

[450] Palandt/*Weidenkaff* BGB § 490 Rn. 3.

[451] MüKoBGB/*Berger* BGB § 490 Rn. 5.

[452] Palandt/*Weidenkaff* BGB § 490 Rn. 3.

[453] MüKoBGB/*Berger* BGB § 490 Rn. 8; Palandt/*Weidenkaff* BGB § 490 Rn. 3.

[454] MüKoBGB/*Berger* BGB § 490 Rn. 2.

[455] BGH Urt. v. 14.9.2004 – XI ZR 184/03, NJW 2004, 3782 (3783).

[456] MüKoBGB/*Berger* BGB § 490 Rn. 18.

[457] MüKoBGB/*Berger* BGB § 490 Rn. 22; Palandt/*Weidenkaff* BGB § 490 Rn. 1.

Nr. 3 BGB entsprechende Vorschrift enthält das Darlehensrecht nicht. Eine derartige Regelung kann jedoch – auch stillschweigend – vereinbart werden.[458] Im Allgemeinen ist es für den wichtigen Grund erforderlich und ausreichend, dass ein Verzug mit mindestens zwei vollen aufeinanderfolgenden Raten vorliegt.[459] Bei einem gewerblichen Millionenkredit kann auch ein teilweiser Rückstand bei einer einzelnen hohen Rate die außerordentliche Kündigung rechtfertigen.[460] Als wichtiger Grund ist die lang andauernde Kreditüberziehung ungeachtet wiederholter Abmahnung angesehen worden,[461] ferner Nichterfüllung des Verlangens, erheblich überzogene Konten zurückzuführen.[462] Daneben ist ein wichtiger Grund bei Vorliegen einer konkreten Vermögensgefährdung bejaht worden, etwa bei drohender Insolvenzgefahr,[463] bevorstehender Offenbarungsversicherung[464] und Wegfall von Sicherheiten,[465] oder wenn der Darlehensnehmer unrichtige Angaben über seine Vermögenslage gemacht hat, die für die Entscheidung über die Kreditvergabe von Bedeutung waren.[466] Ein wichtiger Grund kann auch in nachhaltiger Missachtung von Nebenpflichten zu finden sein,[467] unter Umständen auch bei einer Zerstörung des Vertrauensverhältnisses infolge nachhaltiger beleidigender Äußerungen.[468] Eine **Abmahnung** ist bei Verletzung einer Vertragspflicht gem. § 314 Abs. 2 S. 1 BGB erforderlich. Entbehrlich ist sie dort, wo sie zwecklos wäre, weil sich der Darlehensnehmer endgültig festgelegt hat oder er nicht in der Lage ist, die Störung zu beseitigen, und in den Fällen, in denen die Vertrauensgrundlage irreparabel zerstört ist (§ 314 Abs. 2 S. 2 iVm § 323 Abs. 2 BGB).[469] Wird trotz entbehrlicher Abmahnung abgemahnt, dann muss sich der Abmahnende daran festhalten lassen.

Nach **Nr. 19 Abs. 3 AGB-Banken** steht der Bank das Recht zur fristlosen Kündigung zu, wenn **152** ein wichtiger Grund vorliegt, der der Bank die Fortsetzung auch unter Berücksichtigung der berechtigten Belange des Kunden unzumutbar werden lässt. Die Regelung stellt lediglich eine Ausprägung der allgemeinen Grundsätze über die fristlose Kündigung dar, wie sie in der Rspr. entwickelt worden sind. Das zeigen auch die in der Klausel ausdrücklich aufgeführten Beispiele, die keinen Anspruch auf Vollständigkeit erheben. Danach liegt ein wichtiger Grund insbesondere vor, wenn der Kunde unrichtige Angaben über seine Vermögensverhältnisse gemacht hat, die für die Entscheidung der Bank über eine Kreditgewährung von erheblicher Bedeutung waren, oder wenn eine wesentliche Verschlechterung seiner Vermögensverhältnisse oder der Werthaltigkeit einer Sicherheit eintritt oder einzutreten droht und dadurch die Rückzahlung des Darlehens oder die Erfüllung einer sonstigen Verbindlichkeit gegenüber der Bank – auch unter Verwertung einer hierfür bestehenden Sicherheit – gefährdet ist;[470] die Bank darf ferner fristlos kündigen, wenn der Kunde seiner Verpflichtung zur Bestellung oder Verstärkung von Sicherheiten nach Nr. 13 Abs. 2 AGB-Banken oder auf Grund einer sonstigen Vereinbarung nicht innerhalb der von der Bank gesetzten angemessenen Frist nachkommt.[471]

Es bestehen grundsätzlich keine Bedenken dagegen, Kündigungsgründe zu **vereinbaren**, die das **153** Recht zur fristlosen Kündigung gegenüber dem kraft Gesetzes bestehenden Recht zur fristlosen Kündigung erweitern, also Tatbestände zum wichtigen Kündigungsgrund zu erheben, die ohne diese Vereinbarung eine fristlose Kündigung nicht rechtfertigen könnten.[472] Geschieht dies, wie meistens, in Allgemeinen Geschäftsbedingungen, muss eine solche Klausel allerdings den Anforderungen der AGB-Kontrolle standhalten. Nicht beanstandet wurden Klauseln, nach denen der Hypothekengläubiger das Darlehen gegenüber dem Grundstückseigentümer fristlos kündigen kann, wenn dieser das Grundstück veräußert,[473] und der Darlehensgeber zur fristlosen Kündigung berechtigt ist, wenn der Darlehensnehmer beharrlich die Vorlage von aussagekräftigen Unterlagen zur Beurteilung seiner Vermögensverhältnisse unterlässt.[474]

bb) Durch den Darlehensnehmer. Dem **Darlehensnehmer** steht in § 490 Abs. 2 BGB ein **154** besonderes Kündigungsrecht zur Verfügung, das dem Konflikt zwischen dem Vertragserhaltungsinte-

---

[458] Soergel/*Häuser* BGB § 609 Rn. 43.
[459] BGH Urt. v. 19.9.1985 – III ZR 213/83, BGHZ 95, 362 (374) = NJW 1986, 46 (48); vgl. ferner Urt. v. 1.10.1987 – III ZR 175/86, NJW-RR 1988, 763 (765); MüKoBGB/*Berger* BGB § 490 Rn. 49.
[460] BGH Urt. v. 2.3.1999 – XI ZR 81/98, NJW-RR 1999, 842; MüKoBGB/*Berger* BGB § 490 Rn. 49.
[461] BGH Urt. v. 10.11.1977 – III ZR 39/76, WM 1978, 234 (237); Beschl. v. 28.2.1985 – III ZR 223/83, WM 1985, 769.
[462] BGH Urt. v. 14.6.1994 – XI ZR 210/93, NJW 1994, 2754.
[463] BGH Urt. v. 21.9.1989 – III ZR 287/88, NJW-RR 1990, 110 (111).
[464] BGH Beschl. v. 26.5.1988 – III ZR 115/87, NJW-RR 1988, 1449.
[465] Vgl. Staudinger/*Mülbert*, 2015, BGB § 490 Rn. 11 ff.
[466] BGH Beschl. v. 26.9.1985 – III ZR 229/84, WM 1985, 1437; MüKoBGB/*Berger* BGB § 490 Rn. 52; *Bruchner/Krepold* in Schimansky/Bunte/Lwowski BankR-HdB § 79 Rn. 213.
[467] Staudinger/*Mülbert*, 2015, BGB § 490 Rn. 139.
[468] *Bruchner/Krepold* in Schimansky/Bunte/Lwowski BankR-HdB § 79 Rn. 208.
[469] Palandt/*Grüneberg* BGB § 314 Rn. 8; MüKoBGB/*Berger* BGB § 490 Rn. 53.
[470] BGH Urt. v. 20.5.2003 – XI ZR 50/02, NJW 2003, 2674 (2675) = MDR 2003, 1123 mAnm *Krüger*.
[471] Vgl. dazu MüKoBGB/*Berger* BGB § 490 Rn. 50; *Bunte* in Schimansky/Bunte/Lwowski BankR-HdB § 24 Rn. 30 ff.; *Gößmann* in Hellner/Steuer BuB Rn. 1/594 ff.
[472] Soergel/*Häuser* BGB § 609 Rn. 45.
[473] BGH Beschl. v. 27.2.1980 – V ZB 19/79, BGHZ 76, 371 (372 ff.) = NJW 1980, 1625 (1626).
[474] BGH Urt. v. 1.3.1994 – XI ZR 83/93, NJW 1994, 2154 (2155).

resse der Bank bei **grundpfandrechtlich gesicherten Festzinskrediten** und dem berechtigten Interesse des Darlehensnehmers an einer gesicherten Lösungsmöglichkeit Rechnung trägt. In diesem Bereich hatte die Rspr. dogmatisch neue Wege beschritten,[475] die durch § 490 Abs. 2 BGB gesetzlich abgesichert worden sind.

155   Voraussetzung des außerordentlichen Kündigungsrechts ist ein Darlehensvertrag, bei dem der Sollzinssatz gebunden und das Darlehen durch ein Grund- oder Schiffspfandrecht gesichert ist. Die Laufzeit des Darlehens muss mit der **Länge der Zinsbindungsfrist** nicht übereinstimmen.[476]

156   Die Kündigung erfordert, dass die **berechtigten Interessen** des Darlehensnehmers sie **gebieten.** Das ist der Fall, wenn die wirtschaftliche Handlungsfreiheit des Darlehensnehmers ohne die vorzeitige Lösungsmöglichkeit unzumutbar beeinträchtigt würde, dem Darlehensgeber aber eine Rücksichtnahme auf den Darlehensnehmer durch vorzeitige Vertragsbeendigung angesonnen werden kann, weil es nur um finanzielle Interessen geht, die ausgeglichen werden. Ein berechtigtes Interesse liegt insbesondere vor, wenn der Darlehensnehmer ein Bedürfnis nach einer anderweitigen Verwertung der zur Sicherung des Darlehens beliehenen Sache hat (§ 490 Abs. 2 S. 2 BGB). Beispielsfälle sind die Notwendigkeit des Verkaufs aus privaten Gründen (Ehescheidung, Umzug, Krankheit, Arbeitslosigkeit, Überschuldung), aber auch der Fall einer günstigen Verkaufsgelegenheit für das beliehene Objekt,[477] ferner die Einbringung des Objekts als Sicherheit für einen sonst nicht erhältlichen Kredit.[478] Hingegen reicht das bloße Interesse, sich wegen günstigerer Zinskonditionen umschulden zu wollen, nicht aus.[479]

157   Das Kündigungsrecht des § 490 BGB ist kein fristloses, sondern nur ein **vorzeitiges,** bei dem die **Fristen** des § 488 Abs. 3 S. 2 BGB einzuhalten sind, dh dass die Kündigungsfrist drei Monate beträgt, aber erst beginnen kann, wenn das Darlehen seit sechs Monaten vollständig ausgezahlt worden ist.

158   Die Kündigung ist, wenn die Voraussetzungen vorliegen, ohne weiteres wirksam,[480] sodass der Darlehensvertrag beendet und der Rückerstattungsanspruch fällig wird. Zugleich entsteht der Anspruch auf **Vorfälligkeitsentschädigung** (§ 490 Abs. 2 S. 3 BGB), mit dem der Darlehensgeber ein Zurückbehaltungsrecht (§ 273 BGB) gegenüber dem Anspruch auf Freigabe der Sicherheit ausüben kann.[481] Für Verbraucherdarlehensverträge enthält § 502 BGB bedeutsame Zusatzregelungen. Erzielen die Parteien kein Einvernehmen über die Höhe der Vorfälligkeitsentschädigung, dann wird der Darlehensnehmer in der Praxis die Forderung der Bank zunächst unter Vorbehalt ausgleichen, um die Sicherheit freizubekommen, und wegen des strittigen Betrages einen Rückforderungsprozess führen.

159   Die **Höhe der Vorfälligkeitsentschädigung** ist, da das Gesetz einen Schadensersatzanspruch gewährt, nach Grundsätzen zu bemessen, die auch bei der Nichtabnahmeentschädigung gelten, sodass zunächst auf die dortigen Ausführungen verwiesen werden kann. Dem Darlehensnehmer steht bei einer außerordentlichen Kündigung des Darlehensvertrags aufgrund Zahlungsverzugs des Darlehensnehmers, der nicht Verbraucher ist, gem. § 280 Abs. 1 und 3 BGB, § 281 BGB als **Schadensersatz statt der Leistung** ein Anspruch auf Vorfälligkeitsentschädigung zu, deren Höhe er auf den Zeitpunkt des Wirksamwerdens der Kündigung berechnen kann.[482] Allerdings darf die Geltendmachung des **Verzögerungsschadens** und das Verlangen nach Schadensersatz statt der Leistung nicht in unzulässiger Weise vermischt werden. Denn der Anspruch auf Schadensersatz statt der Leistung steht wahlweise neben dem Anspruch auf Ersatz des Verzögerungsschadens nach § 280 Abs. 1 und 2, § 286 BGB; beide Ansprüche dürfen nicht kumuliert werden, Für Verbraucherdarlehensverträge ist – dazu schon oben und im Einzelnen weiter unten – § 502 BGB zu beachten.

160   Greift das außerordentliche Kündigungsrecht des § 490 Abs. 2 BGB nicht durch, dann bleibt der Darlehensnehmer an den Vertrag gebunden. Eine vorzeitige Beendigung kann er dann nur über eine Aufhebungsvereinbarung erreichen, bei der die Höhe eines **Vorfälligkeitsentgelts** in den Grenzen des § 138 Abs. 1 BGB freier Vereinbarung unterliegt.[483]

161   Das Recht zur fristlosen Kündigung aus wichtigem Grund gem. § 314 BGB steht auch dem **Darlehensnehmer** zu. Dies wiederholt **Nr. 18 Abs. 2 AGB-Banken,**[484] wonach dann, wenn für eine Geschäftsbeziehung eine Laufzeit oder eine von dem Grundsatz jederzeitiger Kündbarkeit (Nr. 18 Abs. 1 AGB-Banken) abweichende Kündigungsregelung vereinbart ist, eine fristlose Kündigung nur ausgesprochen werden kann, wenn hierfür ein wichtiger Grund vorliegt, der es dem Kunden, auch

[475] BGH Urt. v. 1.7.1997 – XI ZR 267/96, BGHZ 136, 161 (164 ff.) = NJW 1997, 2875 ff.; Urt. v. 1.7.1997 – XI ZR 197/96, NJW 1997, 2878 f. Dazu *Köndgen* NJW 2000, 468 (480 f.).

[476] MüKoBGB/*Berger* BGB § 490 Rn. 24.

[477] BGH Urt. v. 1.7.1997 – XI ZR 267/96, BGHZ 136, 161 (167) = NJW 1997, 2875; *Rösler/Wimmer/Lang,* Vorzeitige Beendigung von Darlehensverträgen, 2003, Rn. B 80; MüKoBGB/*Berger* BGB § 490 Rn. 26.

[478] BGH Urt. v. 1.7.1997 – XI ZR 267/96, BGHZ 136, 161 (167) = NJW 1997, 2875 (2879).

[479] MüKoBGB/*Berger* BGB § 490 Rn. 26; *Rösler/Wimmer/Lang,* Vorzeitige Beendigung von Darlehensverträgen, 2003, Rn. B 83; *Becher/Lauterbach* WM 2004, 1163 (1168).

[480] MüKoBGB/*Berger* BGB § 490 Rn. 31; Palandt/*Weidenkaff* BGB § 490 Rn. 7; *Freitag* WM 2001, 2370.

[481] MüKoBGB/*Berger* BGB § 490 Rn. 32.

[482] BGH Urt. v. 20.2.2018 – XI ZR 445/17, NJW 2018, 1812 Rn. 31.

[483] MüKoBGB/*Berger* BGB § 490 Rn. 40.

[484] Baumbach/Hopt/*Hopt* AGB-Banken Nr. 18 Rn. 2.

unter angemessener Berücksichtigung der berechtigten Belange der Bank, unzumutbar werden lässt, die Geschäftsbeziehung fortzusetzen. Die Regelung ist von geringer praktischer Relevanz.[485]

10. Abtretbarkeit. Die darlehensvertraglichen Ansprüche sind grundsätzlich abtretbar.[486] Etwas **162** anderes gilt dann, wenn die Abtretung durch Vereinbarung mit dem Schuldner ausgeschlossen ist – dabei ist die Einschränkung des § 354a HGB zu beachten – oder wenn die Leistung an einen anderen als den ursprünglichen Gläubiger nicht ohne Veränderung ihres Inhalts erfolgen kann (§ 399 BGB). Letzteres kann bei einer vereinbarten **Zweckbindung** des Darlehens eintreten oder bei einem personengebundenen Rückzahlungsanspruch.[487] Das **Bankgeheimnis** steht der Abtretung der Darlehensforderung nicht entgegen.[488] Da es nicht durch § 203 StGB geschützt ist, ist ein gesetzliches Abtretungsverbot nicht begründet, und es fehlt auch an einem stillschweigend vereinbartem Abtretungsausschluss, unabhängig davon, ob das Bankgeheimnis als vertraglich begründet angesehen wird.[489] Auch die Bestimmungen des Datenschutzes geben für ein Abtretungsverbot nichts her.[490]

Pfändung des Anspruchs auf Kreditgewährung. Im Unterschied zum Darlehensvertrag, der **163** dem Darlehensnehmer einen Anspruch auf Überlassung eines konkreten Betrages gibt, der nach zutreffender Ansicht wie jede andere Geldforderung auch pfändbar ist,[491] gewinnt die Pfändbarkeit beim **Krediteröffnungsvertrag** eine andere Qualität. Der Krediteröffnungsvertrag gibt dem Kreditnehmer zwar einen Anspruch auf Abruf der Darlehensvaluta, das **Abrufrecht** ist jedoch nach ganz hM nicht pfändbar, da es sich um ein **höchstpersönliches Recht** handelt.[492] Die Zwangsvollstreckung in eine bestehende Kreditlinie ist also nicht in der Weise möglich, dass der Gläubiger den Schuldner zur Kreditaufnahme zwingen könnte. Eine Pfändbarkeit des Anspruchs als zukünftige Geldforderung, deren Realisierbarkeit vom Abruf des Kunden abhängt, ist jedoch zu bejahen.[493] Entscheidet sich der Kreditnehmer zum Abruf, dann entsteht ein konkreter Auszahlungsanspruch, der ohne weiteres der Pfändung ausgesetzt ist.

IV. Zins und sonstige Vergütungen

1. Zins. a) Zinsbegriff. Zins im Rechtssinne ist die **nach der Laufzeit bemessene,** gewinn- und **164** umsatzunabhängige Vergütung für den Gebrauch eines auf Zeit überlassenen Kapitals.[494] Die fortlaufende Entrichtung der Zinsen ist zwar typisch, aber kein notwendiges Merkmal des **Zinsbegriffs.** Die Vergütung kann sogleich für die gesamte Nutzungsdauer in einer Summe berechnet, insbesondere bei Auszahlung vorweg einbehalten und vom Kapital abgezogen werden,[495] wennzugleich die Laufzeit-

---

[485] *Bunte* in Schimansky/Bunte/Lwowski BankR-HdB § 23 Rn. 13.

[486] MüKoBGB/*Berger* BGB § 488 Rn. 146; vgl. BGH Urt. v. 12.11.1981 – III ZR 2/80, BGHZ 82, 182 (184 f.) = NJW 1982, 431 (432).

[487] OLG Köln Urt. v. 28.4.1999 – 13 U 199/98, NJW 2000, 295; MüKoBGB/*Berger* BGB § 488 Rn. 10, 146; Palandt/*Grüneberg* BGB § 399 Rn. 5. Eine Inhaltsänderung nehmen *Schwintowski/Schantz* NJW 2008, 472 (473) bei einer Abtretung an Nichbanken an mit der Begründung an, dass diese nicht die aufsichtsrechtlich gewährleistete Solidität aufweisen.

[488] BGH Urt. v. 27.2.2007 – XI ZR 195/05, BGHZ 171, 180 = NJW 2007, 2106; Palandt/*Ellenberger* BGB § 134 Rn. 22a; *Nobbe* WM 2005, 1537; *Ganter* WM 2006, 1081 (1090 f.); aA OLG Frankfurt a. M. Urt. v. 25.5.2004 – 8 U 84/04, NJW 2004, 3266 f.; *Schwintowski/Schantz* NJW 2008, 472 (474).

[489] Da das Bankgeheimnis regelmäßig über die AGB-Banken (Nr. 2 Abs. 1) vereinbart wird, hilft es nicht weiter, das Bankgeheimnis als nicht auf einem Vertrag beruhend zu qualifizieren und damit § 399 Alt. 2 BGB auszuschalten zu wollen. So aber *Nobbe* WM 2005, 1537 (1539); *Ganter* WM 2006, 1081 (1090). Für ein Abtretungsverbot im Wege ergänzender Vertragsauslegung *Schwintowski/Schantz* NJW 2008, 572 (574).

[490] BGH Urt. v. 27.2.2007 – XI ZR 195/05, BGHZ 171, 180 = NJW 2007, 2106. Auch verfassungsrechtlich bestehen keine Bedenken BVerfG Beschl. v. 11.7.2007 (1. Kammer des Ersten Senats) – 1 BvR 1025/07, WM 2007, 1694.

[491] *Bitter* in Schimansky/Bunte/Lwowski BankR-HdB § 33 Rn. 75.

[492] BGH Urt. v. 22.1.2004 – IX ZR 39/03, NJW 2004, 1444 (1445); OLG Schleswig Beschl. v. 18.6.1991 – 16 W 7/91, NJW 1992, 579 (580); LG Dortmund Beschl. v. 1.8.1985 – 9 T 341/85, NJW 1986, 997; LG Lübeck Beschl. v. 24.8.1984 – 7 T 690/84, NJW 1986, 1115; MüKoBGB/*Berger* BGB § 488 Rn. 147; Palandt/*Weidenkaff* BGB § 488 Rn. 19; *Bitter* in Schimansky/Bunte/Lwowski BankR-HdB § 33 Rn. 78; *Stauder,* Der bankgeschäftliche Krediteröffnungsvertrag, 1968, 130; *Lwowski/Weber* ZIP 1980, 609 (611); *Lwowski/Bitter,* Grenzen der Pfändbarkeit von Girokonten, WM–Festgabe Hellner, 1994,67 f.; *Gaul* KTS 89, 3 (17 ff.); *Wagner* WM 1998, 1657 (1659 f.).

[493] BGH Urt. v. 22.1.2004 – IX ZR 39/03, NJW 2004, 1444 (1445); *Wagner* WM 1998, 1657 ff. mwN. Vgl. bereits *Wagner* JZ 1985, 718 ff. und ZIP 1985, 849 ff. Die Gegenansicht nimmt eine Pfändbarkeit erst nach Abruf an LG Lübeck Beschl. v. 24.8.1984 – 7 T 690/84, NJW 1986, 1115.

[494] BGH Urt. v. 9.11.1978 – III ZR 21/77, NJW 1979, 805 (806); Urt. v. 16.11.1978 – III ZR 47/77, NJW 1979, 540 (541); Urt. v. 12.3.1981 – III ZR 92/79, BGHZ 80, 153 (166) = NJW 1981, 1206 (1208); Urt. v. 24.1.1992 – V ZR 267/90, NJW-RR 1992, 591 (592); Staudinger/*Freitag,* 2015, BGB § 488 Rn. 180; MüKoBGB/*Berger* BGB § 488 Rn. 154; Palandt/*Grüneberg* BGB § 246 Rn. 2; *Canaris* NJW 1978, 1891 (1892); den Akzent vom Kapitalgebrauch des Schuldners auf die Kapitalentbehrung des Gläubigers verlagernd BGH Urt. v. 8.11.1984 – III ZR 132/83, NJW 1985, 730 (731); Staudinger/*Omlor,* 2016, BGB § 246 Rn. 23; *Mülbert* AcP 192 (1992), 447 (495 ff.).

[495] MüKoBGB/*Berger* BGB § 488 Rn. 154; *Bruchner/Krepold* in Schimansky/Bunte/Lwowski BankR-HdB § 78 Rn. 1; Palandt/*Grüneberg* BGB § 246 Rn. 2; *Canaris* NJW 1978, 1891.

abhängigkeit erhalten bleibt, Zinsen müssen auch nicht in Bruchteilen oder einem Bruchteil des Kapitals ausgedrückt werden, ein fester Betrag genügt ebenso.[496] Schließlich ist auch ein im Voraus bestimmter Zinssatz nicht nötig; es reicht aus, dass er von einer wechselnden Größe, wie zum Beispiel einem Referenzzinssatz, abhängig ist.[497] Welche Bezeichnung die Parteien gewählt haben, ist unmaßgeblich; es entscheidet allein, ob die vereinbarte Vergütung ihrer wirtschaftlichen Funktion nach dem Zinsbegriff unterfällt.[498] Bezeichnungen wie „Kreditgebühren" oder ähnliche Schöpfungen sind daher nichts anderes als Zinsen.[499] Ein **Disagio** stellt nach der Rspr. des BGH einen Ausgleich für einen niedrigeren Nominalzinssatz dar, der bei einer vorzeitigen Vertragsbeendigung anteilig zu erstatten ist; auch mit diesem Begriff ist ein Entgelt iSd § 488 Abs. 1 S. 2 BGB umschrieben.[500] Keine Zinsen sind Vergütungen für Leistungen, die nicht laufzeitabhängig sind, wie **Bearbeitungs-, Antrags- und Vermittlungsentgelte.**[501] Da gewinn- und umsatzabhängige Vergütungen dem Zinsbegriff nicht unterfallen, sind auch Gewinnbeteiligungen und Dividenden keine Zinsen im Rechtssinne. Gewinnabhängigkeit und Zins sind miteinander unvereinbar.[502] Auch Renten sind keine Zinsen, weil die Rentenschuld nicht neben einer Kapitalschuld entsteht.[503] Verzugszinsen sind der Sache nach Schadensersatz.

165   **b) Zinsschuld.** Die **Zinsschuld** ist eine **Nebenschuld,** die, wenn sie entstanden ist, selbstständig neben der Hauptschuld steht. Ihre Selbstständigkeit zeigt sich darin, dass sie isoliert abgetreten, eingeklagt, verpfändet und gepfändet werden kann.[504] Sie ist jedoch hinsichtlich ihrer Entstehung **von der Hauptschuld abhängig.**[505] Das bedeutet, dass die Zinsschuld nicht entsteht, wenn und solange die Hauptschuld nicht besteht. Erlischt der Hauptanspruch, dann endet auch die Zinspflicht.[506] Die Parteien können allerdings **abweichende Abreden** treffen, insbesondere vereinbaren, dass die Zinszahlungspflicht schon **vor der Überlassung des Kapitals** einsetzen soll,[507] eine Gestaltung, die häufig anzutreffen ist. Dabei sind zu unterscheiden die Vergütung für die bloße Bereitstellung des Kapitals und die Vergütung für die Zeit zwischen Auszahlung und Darlehensempfang, etwa zwischen der Überweisung auf ein Notaranderkonto im Interesse des Darlehensgebers und der Weiterleitung an den Endempfänger nach Erfüllung der Auszahlungsvoraussetzungen. Die für die Bereitstellung vereinbarten **„Bereitstellungszinsen"** sind keine Zinsen im Rechtssinne.[508] Sie werden weiter unten behandelt. Auch die Vorverlegung der Zinspflicht auf einen **Zeitpunkt vor Auszahlung** betrifft keine Zinsen im Rechtssinn, wenn man auf den Gesichtspunkt des Kapitalgebrauchs und nicht den der Kapitalentbehrung abstellt.[509] Ihre Vereinbarung ist im Rahmen der Privatautonomie ohne weiteres – auch stillschweigend – zulässig.[510] In **Allgemeinen Geschäftsbedingungen** kann dies jedoch nicht in der

---

[496] Staudinger/*Omlor*, 2016, BGB § 246 Rn. 23; MüKoBGB/*Berger* BGB § 488 Rn. 155; Palandt/*Grüneberg* BGB § 246 Rn. 2; *Bruchner/Krepold* in Schimansky/Bunte/Lwowski BankR-HdB § 78 Rn. 1; aA BGB-RGRK/*Alff* BGB § 246 Rn. 1; MüKoBGB/*Grundmann* BGB § 246 Rn. 4. Die Definition des Sollzinssatzes in § 489 Abs. 5 S. 1 BGB ist auf einen prozentualen Anteil verkürzt.

[497] BGH Urt. v. 20.3.1953 – V ZR 123/54, LM Nr. 1 zu § 247 BGB; MüKoBGB/*Berger* BGB § 488 Rn. 154; Palandt/*Grüneberg* BGB § 246 Rn. 2; *Bruchner/Krepold* in Schimansky/Bunte/Lwowski BankR-HdB § 78 Rn. 1; *Canaris* NJW 1978, 1891.

[498] MüKoBGB/*Berger* BGB § 488 Rn. 154, 162; *Bruchner/Krepold* in Schimansky/Bunte/Lwowski BankR-HdB § 78 Rn. 1.

[499] BGH Urt. v. 5.6.2018 – XI ZR 790/16, BKR 2018, 333 Rn. 43.

[500] BGH Urt. v. 16.11.1978 – III ZR 47/77, NJW 1979, 540 (541); Urt. v. 25.10.1979 – III ZR 182/77, NJW 1980, 445 (446); Staudinger/*Omlor*, 2016, BGB § 246 Rn. 34 f.; Palandt/*Grüneberg* BGB § 246 Rn. 3; *Bruchner/Krepold* in Schimansky/Bunte/Lwowski BankR-HdB § 78 Rn. 1.

[501] BGH Urt. v. 13.5.2014 – XI ZR 405/12, BGHZ 201, 168 Rn. 32 ff. = NJW 2014, 2420.

[502] Staudinger/*Omlor*, 2016, BGB § 246 Rn. 39; Palandt/*Grüneberg* BGB § 246 Rn. 6; *Canaris* NJW 1978, 1891 (1892).

[503] Vgl. BGH Urt. v. 24.5.1976 – III ZR 63/74, WM 1976, 974 (975); Palandt/*Grüneberg* BGB § 246 Rn. 6.

[504] Staudinger/*Omlor*, 2016, BGB § 246 Rn. 29; MüKoBGB/*Berger* BGB § 488 Rn. 165; Palandt/*Grüneberg* BGB § 246 Rn. 7.

[505] BGH Urt. v. 24.2.1983 – III ZR 123/82, NJW 1983, 1543; Staudinger/*Omlor*, 2016, BGB § 246 Rn. 26; Palandt/*Grüneberg* BGB § 246 Rn. 7; gegen den Grundsatz der Akzessorietät beim Darlehen: MüKoBGB/*Berger* BGB § 488 Rn. 164 f.; Palandt/*Weidenkaff* BGB § 488 Rn. 14; *Mülbert* AcP 192 (1992), 447 (499); *Mülbert* WM 2002, 465 (470); *Früh/Müller-Arends* in Hellner/Steuer BuB Rn. 3/106.

[506] Staudinger/*Omlor*, 2016, BGB § 246 Rn. 28; Palandt/*Grüneberg* BGB § 246 Rn. 7; *Bruchner/Krepold* in Schimansky/Bunte/Lwowski BankR-HdB § 78 Rn. 5.

[507] BGH Urt. v. 8.11.1984 – III ZR 132/83, NJW 1985, 730 (731); MüKoBGB/*Berger* BGB § 488 Rn. 194.

[508] MüKoBGB/*Berger* BGB § 488 Rn. 195, 219; Palandt/*Grüneberg* BGB § 246 Rn. 6.

[509] BGH Urt. v. 9.11.1978 – III ZR 21/77, NJW 1979, 805 (806); Urt. v. 16.11.1978 – III ZR 47/77, NJW 1979, 540 (541); Urt. v. 12.3.1981 – III ZR 92/79, BGHZ 80, 153 (166) = NJW 1981, 1206 (1208); Urt. v. 24.1.1992 – V ZR 267/90, NJW-RR 1992, 591 (592); Staudinger/*Freitag*, 2015, BGB § 488 Rn. 180; MüKoBGB/*Berger* BGB § 488 Rn. 154; Palandt/*Grüneberg* BGB § 246 Rn. 6; *Canaris* NJW 1978, 1891 (1892); den Akzent vom Kapitalgebrauch des Schuldners auf die Kapitalentbehrung des Gläubigers verlagernd BGH Urt. v. 8.11.1984 – III ZR 132/83, NJW 1985, 730 (731); *Mülbert* AcP 192 (1992), 447 (495 ff.).

[510] BGH Urt. v. 8.11.1984 – III ZR 132/83, NJW 1985, 730 (731); Staudinger/*Omlor*, 2016, BGB § 246 Rn. 27, 32; MüKoBGB/*Berger* BGB § 488 Rn. 196; *Bruchner/Krepold* in Schimansky/Bunte/Lwowski BankR-HdB § 78 Rn. 8.

Weise erfolgen, dass die Überweisung auf Notaranderkonto im Interesse des Darlehensgebers als Darlehensempfang gelten soll und damit das Risiko auf den Darlehensnehmer verlagert wird, weil eine solche Regelung gegen § 307 BGB verstößt.[511] Eine AGB-Regelung, die isoliert den Zinszeitpunkt auf die Auszahlung vorverlegt, ist jedoch grundsätzlich nicht zu beanstanden, da der Kreditgeber mit der Auszahlung die Möglichkeit eigener Kapitalnutzung einbüßt.[512] Zwar ist sie der Inhaltskontrolle zu unterstellen, da eine Vereinbarung, die eine Abweichung von der gesetzlich sonst geltenden Zinsberechnung vornimmt, als **kontrollfähige Nebenabrede** anzusehen ist.[513] Der Grundsatz, dass der vereinbarte Zinssatz regelmäßig von der tatsächlich bestehenden Kapitalschuld berechnet wird, gehört jedoch nicht zu den wesentlichen Grundgedanken der gesetzlichen Regelung, die nach § 307 Abs. 2 Nr. 1 BGB nicht abbedungen werden dürften.[514] Wie jede vom Normalfall abweichende Zinsgestaltung muss sie jedoch der anderen Vertragspartei klar und durchschaubar vor Augen geführt werden, da sie ansonsten wegen Verstoßes gegen das **Transparenzgebot** (§ 307 Abs. 1 S. 2 BGB) unwirksam sein kann.[515] Entsprechendes gilt für die Vereinbarung der **Weiterverzinsung bereits getilgter Schuldbeträge** insbesondere auf Grund von **Tilgungsverrechnungsklauseln**.[516] Eine derartige Weiterverzinsung bereits getilgter Beträge widerspricht den Erwartungen des Durchschnittskunden in so hohem Maße, dass der Klauselverwender sie unmissverständlich deutlich zu machen hat. An der erforderlichen Transparenz fehlt es bei einer solchen Klausel, wenn es Aufgabe des Kunden bleibt zu erkennen, dass bereits getilgte Schuldbeträge weiter zu verzinsen sind.[517] Ist die Tilgungsverrechnungsklausel unwirksam, dann hat die Neuberechnung in der Weise zu erfolgen, dass die in den Raten enthaltenen Tilgungsanteile taggenau zu berücksichtigen sind.[518]

Die Pflicht zur Entrichtung der Vertragszinsen **endet** regelmäßig **mit der Laufzeit des Darlehens** **166** **und der Fälligkeit des Darlehensrückzahlungsanspruchs**,[519] und zwar auch dann, wenn einzelne Raten zur Rückzahlung fällig sind. Nach diesem Zeitpunkt muss der Darlehensgeber einen Anspruch auf Ersatz seines Verzugsschadens verfolgen.[520] Ein Sonderproblem ergibt sich daraus, dass die Bank nach Nr. 19 Abs. 6 AGB-Banken dem Kunden zugesagt hat, ihm für die Rückzahlung eines ohne Kündigungsfrist gekündigten Kredits eine angemessene Schonfrist einzuräumen. Da der Vertragszins nicht mehr verlangt werden kann und Verzug uU noch nicht vorliegt, wird vertreten, dass im Wege der ergänzenden Vertragsauslegung bzw. auf Grund stillschweigender Vereinbarung der Vertragszins weitergelten soll.[521] Das ist jedoch zu bezweifeln.[522] Bei einer fristlosen Kündigung aus wichtigem Grund wird der Zinsanspruch in der Regel auf einen Schadensersatzanspruch und im Übrigen auf ungerechtfertigte Bereicherung gestützt werden müssen.

---

[511] BGH Urt. v. 14.7.1998 – XI ZR 272/97, NJW 1988, 3200.

[512] *Bruchner/Krepold* in Schimansky/Bunte/Lwowski BankR-HdB § 78 Rn. 8.

[513] BGH Urt. v. 24.11.1988 – III ZR 188/87, BGHZ 106, 42 (45) = NJW 1989, 222 (223); → A. Rn. 73.

[514] BGH Urt. v. 24.11.1988 – III ZR 188/87, BGHZ 106, 42 (45) = NJW 1989, 222 (223); Urt. v. 15.10.1991 – XI ZR 192/90, BGHZ 116, 1 (2) = NJW 1992, 179; MüKoBGB/*Berger* BGB § 488 Rn. 199. Das Urteil des BGH v. 29.3.1994 – XI ZR 69/93, NJW 1994, 1532 ff. betreffend eine Zinsvorverlegung im Kreditkartengeschäft beruht auf der Überlegung, dass der Aufwendungsersatzanspruch, der rückwirkend verzinst werden sollte, noch nicht fällig war; eine Neubestimmung hinsichtlich ausgezahlter Darlehen wird dadurch nicht erforderlich.

[515] Vgl. dazu BGH Urt. v. 24.11.1988 – III ZR 188/87, BGHZ 106, 42 (45) = NJW 1989, 222 (224); Urt. v. 15.10.1991 – XI ZR 192/90, BGHZ 116, 1 (2) = NJW 1992, 179; → A. Rn. 70.

[516] BGH Urt. v. 24.11.1988 – III ZR 188/87, BGHZ 106, 42 (45) = NJW 1989, 222 (223); Urt. v. 10.7.1990 – XI ZR 275/89, BGHZ 112, 115 (117) = NJW 1990, 2383 f.; Urt. v. 15.10.1991 – XI ZR 192/90, BGHZ 116, 1 (2) = NJW 1992, 179; Urt. v. 30.4.1991 – XI ZR 223/90, NJW 1991, 1889; Urt. v. 11.2.1992 – XI ZR 151/91, NJW 1992, 1097 ff.; Urt. v. 10.12.1991 – XI ZR 19/91, NJW 1992, 1108 f.; Urt. v. 23.5.1995 – XI ZR 129/94, NJW 1995, 2286 f.; Urt. v. 9.2.1997 – XI ZR 149/96, NJW 1997, 1068 f.

[517] BGH Urt. v. 9.2.1997 – XI ZR 149/96, NJW 1997, 1068; Beispiel einer dem Transparenzgebot genügenden Klausel BGH Urt. v. 9.7.1991 – XI ZR 72/90, NJW 1991, 2559 (2561).

[518] MüKoBGB/*Berger* BGB § 488 Rn. 201; Palandt/*Grüneberg* BGB § 307 Rn. 95; vgl. BGH Urt. v. 23.5.1995 – XI ZR 129/94, NJW 1995, 2286; *Pamp* in Schimansky/Bunte/Lwowski BankR-HdB § 82 Rn. 38 und *Seckelmann* BB 1996, 965 ff.

[519] BGH Urt. v. 28.4.1988 – III ZR 57/87, BGHZ 104, 337 = NJW 1988, 1967 (1968); MüKoBGB/*Berger* BGB § 488 Rn. 196; Palandt/*Weidenkaff* BGB § 488 Rn. 14; *Bruchner/Krepold* in Schimansky/Bunte/Lwowski BankR-HdB § 78 Rn. 10; aA *Früh/Müller-Arends* in Hellner/Steuer BuB Rn. 3/107.

[520] MüKoBGB/*Berger* BGB § 488 Rn. 196. Ob der Darlehensgeber einen Anspruch auf den üblichen Marktzins aus ungerechtfertigter Bereicherung wegen rechtsgrundloser Vorenthaltung des Darlehenskapitals gem. §§ 812, 818 BGB haben kann, ist vom BGH offengelassen worden, BGH Urt. v. 28.4.1988 – III ZR 57/87, BGHZ 104, 337 (343 f.) = NJW 1988, 1967; vgl. dazu *Bruchner/Krepold* in Schimansky/Bunte/Lwowski BankR-HdB § 80 Rn. 62 ff.

[521] Für Herleitung aus einer ergänzenden Auslegung des Kreditvertrags MüKoBGB/*Berger* BGB § 488 Rn. 209; für stillschweigende Auslegung „im Wege der ergänzenden Vertragsauslegung" *Bruchner/Krepold* in Schimansky/Bunte/Lwowski BankR-HdB § 78 Rn. 11, § 79 Rn. 238; vgl. ferner Staudinger/*Freitag*, 2015, BGB § 488 Rn. 249.

[522] *Bunte* in Schimansky/Bunte/Lwowski BankR-HdB § 24 Rn. 53.

167   **c) Höhe/Zinsanpassungsklauseln.** Die **Höhe** des Zinssatzes unterliegt der **freien Vereinbarung** der Parteien[523] im Rahmen der Gesetze, insbesondere unter Beachtung des § **138 BGB**.[524] Die Vereinbarung der Zinshöhe untersteht mit dieser Maßgabe keiner gerichtlichen Kontrolle, insbesondere auch nicht nach AGB-Recht.[525] Ist keine Vereinbarung getroffen, dann besteht bei Handelsgeschäften gem. § 353 S. 1, § 354 Abs. 2 HGB gleichwohl eine Verzinsungspflicht von Gesetzes wegen. Auch außerhalb der Handelsgeschäfte wird auf Grund der Umstände vielfach eine stillschweigend vereinbarte Zinspflicht anzunehmen sein. Ist Verzinslichkeit vereinbart, aber über die Höhe nichts bestimmt, dann ist, wenn nicht im Wege der Auslegung der marktübliche Zins als geschuldet anzusehen ist, der gesetzliche Zinssatz (§ 246 BGB, § 352 Abs. 1 S. 2 HGB) maßgebend.[526]

168   Die **AGB-Banken** unterscheiden in Nr. 12 zwischen Zinsen und Entgelten im Geschäft mit Verbrauchern und Zinsen und Entgelten im Geschäft mit Kunden, die keine Verbraucher sind.

169   Die **Anpassung der Zinskonditionen** in Allgemeinen Geschäftsbedingungen ist an § 307 BGB zu messen. Zinsanpassungsklauseln stellen einen Unterfall der Preisanpassungsklauseln dar und unterliegen deren Regeln.[527] Das hat der BGH mit einer Grundsatzentscheidung vom 21.4.2009 klargestellt.[528] Ältere, teilweise abweichende Rspr.[529] ist überholt. Im Einzelnen bedeutet das Folgendes: Preisanpassungsklauseln in AGB sind nicht schon als solche zu beanstanden. Sie werden vielmehr als geeignetes Instrument zur Bewahrung des Gleichgewichts von Preis und Leistung bei langfristigen Verträgen ausdrücklich anerkannt.[530] Das gilt auch für das als berechtigt anerkannte Interesse von Kreditinstituten, ihre Kreditzinssätze den veränderlichen Gegebenheiten des Kapitalmarkts bei bestehenden Verträgen anzupassen.[531] Um wirksam zu sein, müssen Zinsanpassungsklauseln jedoch bestimmten Anforderungen entsprechen. Seit jeher wird gefordert, dass die Klausel nicht einseitig nur der Bank die Befugnis geben darf, die Zinsen zu erhöhen, sondern sie muss spiegelbildlich eine Verpflichtung vorsehen, Kostenminderungen an den Kunden weiterzugeben[532] (Prinzip der **Anpassungssymmetrie**).[533] Eine derartige Verpflichtung muss sich auch deutlich aus der Klausel ergeben, ohne der Bank ein Ermessen einzuräumen.[534] Die Klausel darf es auch nicht ermöglichen, dass der Verwender nicht nur Kostensteigerungen auf den Kunden abwälzt, sondern den Preis über diese Begrenzung hinaus so anhebt, dass sie über die Gewinnschmälerung hinaus einen zusätzlichen Gewinn erzielt.[535] Die Anpassung muss unter Beachtung des **Äquivalenzprinzips** geschehen: sie muss das bei Vertragsschluss ursprünglich bestehende Verhältnis des Vertragszinses zum Anknüpfungszinssatz bewahren.[536] Die Zinsanpassungsklausel muss insbesondere dem **Transparenzgebot** genügen, dh dass die Parameter der Zinsanpassung weitestmöglich in der Klausel zu präzisieren sind, damit der Kreditnehmer vorhersehen und nachvollziehen kann, ob die Zinsanpassung zu Recht erfolgt ist.[537] Folglich muss sich aus der Klausel möglichst konkret ergeben, welche Parameter in sachlicher (zB Bindung an einen Referenzzinssatz) und zeitlicher (zB Dauer der Zinsperiode) Hinsicht die Anpassung bestimmen sollen. Die Schwierigkeiten liegen weniger in den abstrakten Anforderungen als in der konkreten Fassung. Insbesondere die Wahl der richtigen Bezugsgröße erweist sich als von entscheidender Bedeutung.[538] Als

---

[523] MüKoBGB/*Berger* BGB § 488 Rn. 168.

[524] BGH Urt. v. 25.10.2016 – XI ZR 9/15, BGHZ 212, 329 Rn. 34 = NJW 2017, 1018.

[525] BGH Urt. v. 24.11.1988 – III ZR 188/87, BGHZ 106, 42 (45) = NJW 1989, 222 (223).

[526] Staudinger/*Omlor*, 2016, BGB § 246 Rn. 18, 49.

[527] Zu den allgemeinen Anforderungen an Preiserhöhungsklauseln vgl. BGH Urt. v. 15.7.2009 – VIII ZR 225/07, NJW 2009, 2662 (Erdgas); Urt. v. 15.7.2009 – VIII ZR 56/08, NJW 2009, 2667 (Erdgas); Urt. v. 29.4.2008 – KZR 2/07, BGHZ 176, 244 = NJW 2008, 2172 (Erdgassondervertrag); Urt. v. 15.11.2007 – III ZR 247/06, NJW 2008, 360 (Pay-TV); Urt. v. 11.10.2007 – III ZR 63/07, WM 2007, 2202 (Internetzugang); Urt. v. 13.12.2006 – VIII ZR 25/06, NJW 2007, 1054 (Flüssiggas II); Urt. v. 21.9.2005 – VIII ZR 38/05, NJW-RR 2005, 1717 (Flüssiggas I); Urt. v. 26.5.1986 – VIII ZR 218/85, NJW 1986, 3134 (3135); Urt. v. 11.6.1980 – VIII ZR 174/79, NJW 1980, 2518 f.; dazu auch *v. Westphalen* MDR 2008, 424 ff.

[528] BGH Urt. v. 21.4.2009 – XI ZR 78/08, BGHZ 180, 257 = NJW 2009, 2051.

[529] So etwa BGH Urt. 6.3.1986 – III ZR 195/84, BGHZ 97, 212 = NJW 1986, 1803; Urt. v. 14.4.1992 – XI ZR 196/91, BGHZ 118, 126 (130) = NJW 1992, 1751.

[530] BGH Urt. v. 21.4.2009 – XI ZR 78/08, BGHZ 180, 257 = NJW 2009, 2051.

[531] BGH Urt. v. 21.4.2009 – XI ZR 78/08, BGHZ 180, 257 = NJW 2009, 2051.

[532] BGH Urt. v. 21.4.2009– XI ZR 78/08, BGHZ 180, 257 = NJW 2009, 2051; Urt. v. 29.4.2008 – KZR 2/07, BGHZ 176, 244 = NJW 2008, 2172; Urt. v. 6.3.1986 – III ZR 195/84, BGHZ 97, 212 = NJW 1986, 1803.

[533] MüKoBGB/*Berger* BGB § 488 Rn. 175.

[534] BGH Urt. v. 21.4.2009 – XI ZR 78/08, BGHZ 180, 257 = NJW 2009, 2051; MüKoBGB/*Berger* BGB § 488 Rn. 175.

[535] BGH Urt. v. 21.4.2009 – XI ZR 78/08, BGHZ 180, 257 = NJW 2009, 2051; MüKoBGB/Berger BGB § 488 Rn. 175.

[536] MüKoBGB/*Berger* BGB § 488 Rn. 176.

[537] MüKoBGB/*Berger* BGB § 488 Rn. 177; Palandt/*Grüneberg* BGB § 309 Rn. 10. Vgl. ferner BGH Urt. v. 19.10.1999 – XI ZR 8/99, NJW 2000, 651 (652) (obiter dictum) und Urt. v. 21.4.2009 – XI ZR 78/08, BGHZ 180, 257 = NJW 2009, 2051 (letztlich offengelassen). Jedoch bestehen keine Zweifel daran, dass der BGH den eingeschlagenen Weg im Hinblick auf die Transparenzanforderungen nicht verlassen wird.

[538] Zu den dazu gemachten Vorschlägen vgl. *Habersack* WM 2001, 753; *Schimansky* WM 2001, 1169 und WM 2003, 1449; *Langenbucher* BKR 2005, 134; *Schebesta* BKR 2005, 217.

geeignet bieten sich der EURIBOR[539] oder der EONIA[540] an, die als Referenzzinssätze für variabel verzinste Kredite verwendet werden, da er die Schwankung der Refinanzierungskonditionen am ehesten abbildet. Genauigkeit lässt sich nicht erzielen, sodass ein Näherungswert zu akzeptieren ist, wie er zB im EURIBOR für Dreimonatsgelder zu finden ist.[541] Zusätzliche Schwierigkeiten erwachsen daraus, dass nach „Basel II" **„risikoadjustierte Zinsanpassungsklauseln"**[542] im Hinblick auf eine verschlechterte Bonität des Darlehensnehmers die Aufgabe stellen, diese transparent zu machen.[543] Da die Anpassungsverfahren auch finanzmathematisch komplex sind,[544] würden die Grenzen sinnvoller Darstellung überschritten, wenn das Offenlegungsgebot auf die Spitze getrieben würde. Das Transparenzgebot ist in diesem Bereich erfüllt, wenn die maßgeblichen Faktoren der Zinsanpassung und ihr Stellenwert benannt worden sind.[545] Die Frage, ab welcher Abweichung des Zinsniveaus eine Anpassung gerechtfertigt oder erforderlich ist, ist dahin zu beantworten, dass in Anlehnung an die Mindestzinsschritte der EZB in der Regel ein **Schwellenwert** von 0,25 Prozentpunkten zu Grunde zu legen ist.[546] Ist die Zinsanpassungsklausel unwirksam, dann fällt sie insgesamt weg.[547] Die Wirksamkeit kann auch nicht dadurch hergestellt werden, dass dem Darlehensnehmer ein Kündigungsrecht oder ein gerichtliches Überprüfungsrecht eingeräumt wird.[548] Missverständlich ist es, wenn teilweise angenommen wird, die Vereinbarung des variablen Zinssatzes als solche bleibe bestehen.[549] Die Unwirksamkeit der Zinsanpassungsklausel hinterlässt jedoch eine Lücke, die ausnahmsweise im Wege der **ergänzenden Vertragsauslegung** geschlossen werden kann.[550] Durch ein einseitiges Leistungsbestimmungsrecht nach §§ 315 Abs. 1, 316 BGB kann der Lückenschluss zwar nicht erfolgen.[551] Vielmehr muss das Gericht die interessengerechten Parameter für die ergänzende Vertragsauslegung bestimmen. Wichtigster Parameter ist dabei der Referenzzinssatz, bei dem es sich um einen solchen handeln muss, der von unabhängigen Stellen nach einem genau festgelegten Verfahren ermittelt wird und der die Bank nicht einseitig begünstigt. Unter den Bezugsgrößen des Kapitalmarkts ist diejenige heranzuziehen, die dem konkreten Geschäft möglichst nahekommt.[552] Außerdem ist eine interessengerechte Anpassungsschwelle zu bestimmen, was dazu führen kann, jede Veränderung des Referenzzinssatzes nachzuvollziehen. Außerdem muss in Beachtung des Äquivalenzprinzips das relative Verhältnis des vereinbarten Zinses zum Referenzzins gewahrt bleiben.[553] Ist die Klausel wirksam, hält sich die Bank aber nicht an die einzuhaltenden Grundsätze, dann ist die Bestimmung zunächst wirksam, endgültig dann, wenn der Darlehensnehmer kein Klagerecht (§ 315 Abs. 3 BGB) mehr hat.[554] Kommt es zum Streit über die Billigkeit der Leistungsbestimmung gemäß § 315 BGB, dann trägt die Bank die **Darlegungs- und Beweislast** dafür, dass die Bestimmung der

---

[539] „European Interbank Offered Rate". Täglich bekannt gegebener Zinssatz für ein- bis dreiwöchige und Ein- bis Zwölfmonatsgelder im Interbankenmarkt der Europäischen Wirtschafts- und Währungsunion. Die ungewichteten Durchschnittszinssätze für die jeweiligen Perioden werden in den Monatsberichten der Deutschen Bundesbank abgedruckt. Vgl. dazu *Bruchner/Krepold* in Schimansky/Bunte/Lwowski BankR-HdB § 78 Rn. 26. Für dessen Heranziehung MüKoBGB/*Berger* BGB § 488 Rn. 180; Bank-RHdB/*Bruchner* § 78 Rn. 63i; aA (auch auf das Aktivgeschäft abstellend) *Schimansky* WM 2001, 1169 (1174); *Schimansky* WM 2003, 1449 (1451 f.).

[540] „Euro Overnight Index Average", der an jedem Target-Arbeitstag ermittelt wird und dessen jeweiliger Monatsdurchschnittszinssatz in den Monatsberichten der Deutschen Bundesbank veröffentlicht wird. Vgl. dazu *Bruchner/Krepold* in Schimansky/Bunte/Lwowski BankR-HdB § 78 Rn. 27. Für den EONIA MüKoBGB/*Berger* BGB § 488 Rn. 178; *Lange* in Nobbe, Kommentar zum Kreditrecht, 3. Aufl. 2018, BGB § 488 Rn. 38.

[541] MüKoBGB/*Berger* BGB § 488 Rn. 180.

[542] *Lischek,* Risikoadjustierte Zinsänderungsklauseln in AGB, 2004.

[543] Vgl. dazu MüKoBGB/*Berger* BGB § 488 Rn. 179.

[544] *Polke,* Die darlehensvertragliche Umsetzung der Eigenkapitalgrundsätze nach Basel II, 2005, 174 ff.

[545] MüKoBGB/*Berger* BGB § 488 Rn. 179; *Lischek,* Risikoadjustierte Zinsänderungsklauseln in AGB, 2004, 290 f. *Lange* in Nobbe, Kommentar zum Kreditrecht, 3. Aufl. 2018, BGB § 488 Rn. 49 meint, eine Offenlegung der Ratingermittlung im Detail erscheine deswegen als entbehrlich, weil die Ratingmodelle durch die Bafin genehmigt und überwacht würden.

[546] MüKoBGB/*Berger* BGB § 488 Rn. 178; *Lange* in Nobbe, Kommentar zum Kreditrecht, 3. Aufl. 2018, BGB § 488 Rn. 45; *Bruchner/Krepold* in Schimansky/Bunte/Lwowski BankR-HdB § 78 Rn. 83 (zwischen 0,25 und 0,5 Prozentpunkten).

[547] BGH Urt. v. 17.2.2004 – XI ZR 140/03, NJW 2004, 1588 (1590); Urt. v. 13.4.2010 – XI ZR 197/09, NJW 2010, 1742 (1743); MüKoBGB/*Berger* BGB § 488 Rn. 182; Palandt/*Grüneberg* BGB § 309 Rn. 10; *Schimansky* WM 2001, 1169 (1175); aA *Habersack* WM 2001, 753.

[548] MüKoBGB/*Berger* BGB § 488 Rn. 181.

[549] So BGH Urt. v. 21.12.2010 –XI ZR 52/08, NJW-RR 2011, 625 (626), und im Anschluss daran MüKoBGB/*Berger* BGB § 488 Rn. 182.

[550] BGH Urt. v. 13.4.2010 – XI ZR 197/09, NJW 2010, 1742 (1743); Urt. v. 21.12.2010 – XI ZR 52/08, NJW-RR 2011, 625 (626); MüKoBGB/*Berger* BGB § 488 Rn. 182; Palandt/*Grüneberg* BGB § 309 Rn. 10.

[551] BGH Urt. v. 13.4.2010 – XI ZR 197/09, NJW 2010, 1742 (1743); Urt. v. 21.12.2010 – XI ZR 52/08, NJW-RR 2011, 625 (626); Palandt/*Grüneberg* BGB § 309 Rn. 10.

[552] BGH Urt. v. 13.4.2010 – XI ZR 197/09, NJW 2010, 1742 (1743); Urt. v. 21.12.2010 – XI ZR 52/08, NJW-RR 2011, 625 (626); MüKoBGB/*Berger* BGB § 488 Rn. 182.

[553] BGH Urt. v. 13.4.2010 – XI ZR 197/09, NJW 2010, 1742 (1743); Urt. v. 21.12.2010 – XI ZR 52/08, NJW-RR 2011, 625 (626).

[554] MüKoBGB/*Berger* BGB § 488 Rn. 183.

Zinssätze der Billigkeit entspricht.[555] Die Bank muss sich dabei grundsätzlich im Rahmen der Zinssätze für Kredite dieser Art und Größenordnung halten, wie sie sich aus den in den Monatsberichten der Deutschen Bundesbank veröffentlichten Statistiken ergeben;[556] besonders ungünstige Refinanzierungskonditionen, die aus diesem Rahmen herausfallen, darf sie ebensowenig weitergeben wie andere innerbetriebliche Gegebenheiten oder Risikozuschläge.[557] Alle **kapitalmarktfremden Faktoren** haben auszuscheiden. Auch dann, wenn sich der Kapitalmarktzins erhöht hat, kann eine entsprechende Erhöhung ganz oder teilweise unbillig sein, wenn die Bank es versäumt hat, frühere Senkungen des Zinsniveaus an den Kunden weiterzugeben, wozu sie, wenn sie eine Zinsanpassungsklausel vereinbart hat, als verpflichtet anzusehen ist.[558] Das ursprünglich vereinbarte Grundgefüge des Kredites kann im Wege der Billigkeitskontrolle allerdings nicht korrigiert werden; ist anfänglich ein hoher Zinssatz vereinbart worden, dann bleibt dieser Ausgangspunkt für spätere Anpassungen.[559] Das gilt auch dann, wenn der Ausgangszins nicht individuell ausgehandelt wurde, sondern den allgemein festgelegten Kreditkonditionen der Bank entsprach, da er auch dann einer Vereinbarung und nicht einseitiger Bestimmung gem. § 315 BGB entspringt.[560] Verfügt die Bank über ein Recht zur Kündigung des Darlehens, kann sie über eine **Änderungskündigung** versuchen, die abweichenden Konditionen zu vereinbaren, die mit einer unwirksamen Zinsanpassungsklausel nicht zu erreichen waren. Dagegen sind grundsätzliche Bedenken nicht zu erheben.[561] Der Grundsatz der Vertragsfreiheit garantiert, Rechtsverhältnisse innerhalb der gesetzlichen und vertraglichen Schranken auch wieder beenden zu können, ohne dass ein rechtfertigender Grund vorgewiesen werden muss.[562] Nur in Ausnahmefällen kann ihm dieses Recht nach Treu und Glauben versagt sein. Die Ausübung des bloßen wirksam vereinbarten Zinsanpassungsrechts allein gibt dem Darlehensnehmer im Allgemeinen noch kein Recht zur Kündigung, sofern nicht gesetzliche Tatbestände eingreifen oder Abweichendes vereinbart ist.

170 Die **AGB-Banken** haben darauf verzichtet, eine Zinsanpassungsklausel aufzunehmen. Nr. 12 Abs. 4 S. 1 AGB-Banken verweist lediglich auf die Maßgeblichkeit der jeweiligen Kreditvereinbarung mit dem Kunden. Nach Nr. 12 Abs. 4 S. 2 AGB-Banken wird die Bank dem Kunden Änderungen der Zinsen mitteilen, womit eine **vertragliche Mitteilungspflicht** begründet wird.[563] Die Mitteilung ist eine solche nach § 315 Abs. 2 BGB, wonach die Bestimmung der Leistung durch Erklärung gegenüber dem anderen Teile erfolgt. Es handelt sich um eine einseitige, empfangsbedürftige Willenserklärung, deren **Zugang Wirksamkeitsvoraussetzung** für die Änderung ist.[564] Eine bankinterne Festsetzung ist unmaßgeblich und kann auch nicht formularmäßig verbindlich gemacht werden.[565] Die Leistungsänderung wirkt **nur für die Zukunft,** dh ab Zugang der Änderungsmitteilung.[566] Eine Mitteilung mit dem nächsten Kontoauszug genügt insoweit nicht. Es muss sich um eine bestimmte, hinreichend klare und besondere Mitteilung handeln. Unzulänglich ist es, wenn sich der Kunde die Erhöhung aus den Posten herausrechnen müsste.[567] Eine bestimmte **Form der Mitteilung** ist nicht vorgeschrieben, sodass es ausreicht, die Mitteilung in einen Kontoauszug aufzunehmen.[568] Es muss sich aber um eine **individuelle Mitteilung** handeln.[569] Generelle Bekanntmachungen durch Aushang in den Geschäftsräumen oder gar Presseverlautbarungen scheiden aus. Erhöht die Bank die Zinsen, dann räumt Nr. 12 Abs. 4 AGB-Banken dem Kunden, sofern nichts anderes vereinbart ist, das Recht ein, die davon betroffene Kreditvereinbarung innerhalb von sechs Wochen nach Bekanntgabe der Ände-

[555] BGH Urt. v. 6.3.1986 – III ZR 195/84, BGHZ 97, 212 (223), = NJW 1986, 1803; MüKoBGB/*Berger* BGB § 488 Rn. 184.

[556] BGH Urt. v. 6.3.1986 – III ZR 195/84, BGHZ 97, 212 (222 f.) = NJW 1986, 1803.

[557] BGH Urt. v. 6.3.1986 – III ZR 195/84, BGHZ 97, 212 (222) = NJW 1986, 1803.

[558] BGH Urt. v. 6.3.1986 – III ZR 195/84, BGHZ 97, 212 (222) = NJW 1986, 1803; Urt. v. 4.12.1990 – XI ZR 340/89, NJW 1991, 832 (833).

[559] BGH Urt. v. 12.10.1993 – XI ZR 11/93, NJW 1993, 3257 (3258).

[560] BGH Urt. v. 4.12.1990 – XI ZR 340/89, NJW 1991, 832 (833).

[561] BGH Urt. v. 28.6.1977 – III ZR 13/75, WM 1977, 834; Staudinger/*Mülbert*, 2015, BGB § 488 Rn. 315; aA MüKoBGB/*Berger* BGB § 488 Rn. 189 (Änderungskündigung komme nur unter strengen Voraussetzungen in Betracht).

[562] *Pamp* in Wolf/Lindacher/Pfeiffer BGB Anh. § 310 B 88.

[563] *Bunte* in Schimansky/Bunte/Lwowski BankR-HdB § 17 Rn. 55.

[564] *Bunte* in Schimansky/Bunte/Lwowski BankR-HdB § 17 Rn. 55; Palandt/*Grüneberg* BGB § 315 Rn. 11.

[565] OLG Saarbrücken Urt. v. 22.12.1987 – 7 U 42/86, NJW 1988, 3210 (3211); Palandt/*Grüneberg* BGB § 315 Rn. 11; aA OLG Düsseldorf Urt. v. 17.10.2003 – 16 U 197/02, NJW 2004, 1532.

[566] *Bunte* in Schimansky/Bunte/Lwowski BankR-HdB § 17 Rn. 55, Palandt/*Grüneberg* BGB § 315 Rn. 11 (wenn es nicht um die Bestimmung der ursprünglichen Leistung geht). Der BGH hat die Frage, ob ein Leistungsbestimmungsrecht stets nur mit Wirkung für die Zukunft vorgenommen werden kann, zwar offengelassen, Urt. v. 19.6.1974 – VIII ZR 49/73, NJW 1974, 1464 (1465); Urt. v. 12.10.1977 – VIII ZR 84/76, NJW 1978, 154, aber ausgeführt, daß schon aus Gründen der Rechtssicherheit vieles dafür spreche, dass eine rückwirkende Veränderung des Leistungsinhalts durch eine Erklärung nach § 315 BGB nicht möglich sei (Urt. v. 19.6.1974).

[567] OLG Saarbrücken Urt. v. 22.12.1987 – 7 U 42/86, NJW 1988, 3210 (3211).

[568] *Bunte* in Schimansky/Bunte/Lwowski BankR-HdB § 17 Rn. 56; *Sonnenhohl* in Hellner/Steuer BuB Rn. 1/342.

[569] *Bunte* in Schimansky/Bunte/Lwowski BankR-HdB § 17 Rn. 57.

rung mit sofortiger Wirkung zu **kündigen.** Kündigt der Kunde, dann werden die erhöhten Zinsen für die gekündigte Kreditvereinbarung nicht zugrunde gelegt (Nr. 12 Abs. 4 S. 4 AGB-Banken). Anders als § 489 Abs. 3 BGB trifft die Bestimmung keine Vorsorge dagegen, dass der Schuldner kündigt, das Darlehen dann aber nicht zurückzahlt und sich auf diese Weise einen Zinsvorteil verschafft.[570] Gemäß Nr. 12 Abs. 4 S. 5 AGB-Banken räumt die Bank dem Kunden zur Abwicklung eine angemessene Frist ein.

d) Fälligkeit. Für die **Fälligkeit** der Zinsen bestimmt § 488 Abs. 2 BGB, dass sie nach dem Ablauf **171** je eines Jahres und, wenn das Darlehen vor dem Ablauf eines Jahres zurückzuerstatten ist, bei der Rückerstattung zu entrichten sind. Das Gesetz weist freilich bereits selbst darauf hin, dass dies nur bei Fehlen einer **abweichenden Vereinbarung** gilt. Eine solche wird indessen beim Bankdarlehen in aller Regel getroffen, ohne dass dagegen grundsätzlich Bedenken zu erheben wären. Die nachschüssige Zinsberechnung am Jahresende gehört nicht zum wesentlichen Inhalt der gesetzlichen Regelung des Darlehens; es können – auch in AGB – ohne Weiteres kürzere Zinsfälligkeitstermine vereinbart werden, sofern die Regelung transparent ist.[571] Weil der Kunde mit einer solchen Abweichung rechnet, sind die Anforderungen, die an die Durchschaubarkeit der Regelung anzulegen sind, deutlich weniger streng gehalten als bei Tilgungsverrechnungsklauseln.[572] Unbeanstandet geblieben ist auch, dass der Kunde bei quartalsweiser Annuität die Zinsen **vorfällig** am 15. und nicht erst am Ende des letzten Quartalsmonats zu entrichten hatte.[573]

2. Disagio. Das **Disagio** (zuweilen auch Damnum genannt) ist eine Einmalvergütung in Höhe der **172** Differenz zwischen dem Rückzahlungs- und dem niedrigeren Auszahlungsbetrag in Form eines Abschlags auf den Darlehensbetrag bei Auszahlung.[574] Nach neuerer Rspr. des BGH, die auf eine wesentliche Funktionsänderung des Disagios reagiert hat, ist das Disagio **als laufzeitabhängiger Ausgleich** für einen vertraglich vereinbarten niedrigeren Nominalzinssatz anzusehen.[575] Es kann deshalb bei vorzeitiger Beendigung des Darlehensvertrages auch ohne besondere Vereinbarung vom Darlehensnehmer anteilig **zurückverlangt** werden.

Die Verpflichtung des Darlehensnehmers zur **Disagiozahlung** wird **bei Kreditauszahlung sofort 173 in vollem Umfang fällig** und in diesem Zeitpunkt zugleich im Wege der Verrechnung voll erfüllt. Auf Grund der Verrechnung mit dem Disagio steht dem Darlehensgeber trotz geringerer Auszahlung ein Rückzahlungsanspruch in voller Höhe des Darlehensbetrages zu. Spätere Teilzahlungen des Darlehensnehmers werden auf diesen Anspruch geleistet und enthalten keine anteiligen Zahlungen auf das Disagio. Der Anspruch des Darlehensnehmers auf anteilige Rückgewähr entsteht folglich im Zeitpunkt der Vertragsbeendigung in vollem Umfang.[576] Der Anteil der Erstattung bei einem Annuitätendarlehen kann in der Weise ermittelt werden, dass der bis zur vorzeitigen Beendigung angefallene Teil der geschuldeten Zinsen zum Gesamtbetrag an (geschuldeten und ersparten) Zinsen ins Verhältnis gesetzt und ein gleich hoher Anteil des Disagios zurückerstattet wird.[577] Die Rückerstattungspflicht betrifft diejenigen Fälle der vorzeitigen Darlehensbeendigung, in denen der Darlehensnehmer von einem Kündigungsrecht etwa gem. § 489 BGB Gebrauch macht, der Darlehensgeber vorzeitig ordentlich kündigt oder beide Parteien das Vertragsverhältnis übereinstimmend vorzeitig beenden. Die Annahme, der Darlehensnehmer wolle der kreditgebenden Bank einen Rückzahlungsanspruch **erlassen,** liegt im Allgemeinen fern.[578]

Wird der Darlehensvertrag mit fester Laufzeit durch fristlose Kündigung der kreditgebenden Bank **174 aus wichtigem Grund vorzeitig aufgelöst,** weil der Darlehensnehmer schuldhaft seinen Verpflichtungen nicht nachgekommen ist, so steht der Bank aus positiver Vertragsverletzung ein Anspruch auf Ersatz des Schadens zu, den sie durch die vorzeitige Beendigung des Darlehens erleidet. Da sich das Disagio ohne die fristlose Kündigung vollständig verbraucht hätte, muss es als Teil der rechtlich

---

[570] Dass § 489 Abs. 3 BGB dennoch anzuwenden ist (so *Bunte* in Schimansky/Bunte/Lwowski BankR-HdB § 17 Rn. 60; *Sonnenhohl* in Hellner/Steuer BuB Rn. 1/347), versteht sich nicht von selbst, da die Bestimmung nicht zwingend ist.

[571] BGH Urt. v. 5.10.1993 – XI ZR 35/93, NJW 1993, 3261 f.; *Bruchner/Krepold* in Schimansky/Bunte/Lwowski BankR-HdB § 78 Rn. 14.

[572] BGH Urt. v. 5.10.1993 – XI ZR 35/93, NJW 1993, 3261.

[573] BGH Urt. v. 5.10.1993 – XI ZR 35/93, NJW 1993, 3261; *BruchnerKrepold* in Schimansky/Bunte/Lwowski BankR-HdB § 78 Rn. 14.

[574] Staudinger/*Mülbert,* 2015, BGB § 488 Rn. 211.

[575] BGH Urt. v. 29.5.1990 – XI ZR 231/89, BGHZ 111, 287 (289 ff.) = NJW 1990, 2250 ff.; Urt. v. 12.10.1993 – XI ZR 11/93, NJW 1993, 3257 (3258); Urt. v. 16.11.1993 – XI ZR 70/93, NJW 1994, 379 f.; Urt. v. 8.10.1996 – XI ZR 283/95, BGHZ 133, 355 ff. = NJW 1996, 3337 f.; Urt. v. 27.1.1998 – XI ZR 158/97, NJW 1998, 1062 f.; Urt. v. 4.4.2000 – XI ZR 200/99, NJW 2000, 2816 f.; Urt. v. 5.6.2018 – XI ZR 790/16, BKR 2018, 333 Rn. 43.

[576] BGH Urt. v. 27.1.1998 – XI ZR 158/97, NJW 1998, 1062 (1063). Die Verzinsung des als Disagio einbehaltenen Betrages verstößt nicht gegen das Zinseszinsverbot des § 248 Abs. 1 BGB: BGH Urt. v. 9.11.1999 – XI ZR 311/98, NJW 2000, 352.

[577] BGH Urt. v. 27.1.1998 – XI ZR 158/97, NJW 1998, 1062 (1063); MüKoBGB/*Berger* BGB § 488 Rn. 205.

[578] BGH Urt. v. 29.5.1990 – XI ZR 231/89, BGHZ 111, 287 (294) = NJW 1990, 2250; Urt. v. 12.10.1993 – XI ZR 11/93, NJW 1993, 3257 (3258); MüKoBGB/*Berger* BGB § 488 Rn. 205.

geschützten Zinserwartung grundsätzlich **in vollem Umfang der Bank verbleiben.** Nach der Rspr. ist jedoch der Vorteil anzurechnen, den die Bank davon hat, dass sie das vorzeitig zurückgezahlte Darlehen wegen eines gestiegenen Zinsniveaus zu einem den effektiven Vertragszins übersteigenden Zinssatz wieder anlegen kann.[579]

175   Wird das Darlehensverhältnis einseitig beendet, dann tritt anstelle der beiderseitigen Leistungspflichten ein Abrechnungsverhältnis, innerhalb dessen das unverbrauchte Disagio nur noch einen **unselbstständigen Rechnungsposten** bildet, sodass nur der Überschuss herauszugeben ist.[580]

176   **3. Vorfälligkeitsentgelt.** Beim **Vorfälligkeitsentgelt** handelt es sich um eine vertragliche Entschädigung, die dafür gewährt wird, dass der Kreditgeber bereit ist, dem Kreditnehmer ein Kündigungsrecht einzuräumen oder in eine vorzeitige Auflösung eines (noch) nicht kündbaren Kreditverhältnisses einzuwilligen. Das Vorfälligkeitsentgelt ist zu unterscheiden von der **(echten) Vorfälligkeitsentschädigung** auf Grund berechtigter vorzeitiger Kündigung aus wichtigem Grund, bei der es sich, ebenso wie bei der Nichtabnahmeentschädigung, um Schadensersatz handelt. Das Vorfälligkeitsentgelt soll den Nachteil ausgleichen, der dem Kreditgeber dadurch entsteht, dass der Darlehensvertrag vorzeitig aufgelöst wird. Dieser kann sich in erhöhtem Abwicklungsaufwand und entgangenem Gewinn äußern. Das Vorfälligkeitsentgelt kann bereits im Kreditvertrag – individuell oder formularmäßig – geregelt sein oder aus Anlass einer Auflösungsvereinbarung ad hoc vereinbart werden. Steht dem Darlehensnehmer ein **Recht auf vorzeitige Beendigung** des Darlehensvertrages zu, dann handelt es sich bei einem formularmäßigen Vorfälligkeitsentgelt zwar nicht um Schadensersatz im eigentlichen Sinne, es dient jedoch – ähnlich wie Schadensersatz – dem Ausgleich der Nachteile, die die kreditgebende Bank durch die vorzeitige Rückzahlung der Darlehensvaluta erleidet. Ein pauschaliertes Vorfälligkeitsentgelt, das zu einer Bereicherung des AGB-Verwenders führt, weil es sich daran nicht orientiert, benachteiligt den Vertragspartner entgegen den Geboten von Treu und Glauben unangemessen (§ 307 Abs. 2 Nr. 1 BGB) und ist auch unter Kaufleuten unwirksam.[581]

177   **4. Bereitstellungszinsen.** Bei **Bereitstellungszinsen** handelt es sich um eine Vergütung, die sich ein Kreditgeber dafür versprechen lässt, dass er die Darlehensvaluta vor Auszahlung für den Kreditnehmer bereithält. Entgegen der Bezeichnung sind Bereitstellungszinsen keine Zinsen im Rechtssinne, weil es vor Auszahlung an einer Kapitalschuld fehlt.[582] Die Vereinbarung von Bereitstellungszinsen findet ihre Rechtfertigung darin, dass sich der Kreditgeber refinanzieren muss und eine kurzfristige Anlage nur zu einem geringeren Zins möglich sein wird. Eine Höhe von 3 % jährlich (0,25 % p. M.) wird als unbedenklich angesehen.[583]

178   **5. Effektivzins.** Der **Effektivzins** (besser: Effektivzinssatz[584]) ist eine Rechengröße, die nach bestimmten normierten Vorgaben ermittelt wird, um eine bessere Vergleichbarkeit der Belastung auch bei nicht ohne weiteres durchschaubaren Konditionen zu ermöglichen. Er kommt im Preisordnungsrecht, bei der Kontrolle im Rahmen des § 138 BGB und bei der vorzeitigen Rückabwicklung des Vertrages vor. Je nach den unterschiedlichen Vorgaben hat er funktionsbedingt einen anderen Inhalt.

179   Im **Preisordnungsrecht** soll die Angabe des Effektivzinses zur Markttransparenz beitragen. Er soll als abstrakte Vergleichszahl dem Kunden einen Konditionenvergleich am Markt ermöglichen und so seine Kreditentscheidung erleichtern.[585] Nach **§ 6 Abs. 1 S. 1 PAngV** in der seit dem 21.3.2016 geltenden Fassung hat derjenige, der Verbrauchern gewerbs- oder geschäftsmäßig oder regelmäßig in sonstiger Weise den Abschluss von Verbraucherdarlehensverträgen im Sinne des § 491 BGB anbietet, als Preis die nach § 6 Abs. 2–6 und 8 PAngV berechneten Gesamtkosten des Verbrauchersdarlehens für den Verbraucher, ausgedrückt als jährlicher Prozentsatz des Nettodarlehensbetrags, soweit zutreffend, einschließlich der Kosten gem. § 6 Abs. 3 S. 2 Nr. 1 PAngV anzugeben und als effektiven Jahreszins zu bezeichnen. Der anzugebende effektive Jahreszins gem. § 6 Abs. 1 PAngV ist mit der in der Anlage zur Preisangabeverordnung zugrunde gelegten Vorgehensweise zu berechnen.

---

[579] BGH Urt. v. 8.10.1996 – XI ZR 283/95, BGHZ 133, 355 (359) = NJW 1996, 3337; Urt. v. 2.3.1999 – XI ZR 81/98, NJW-RR 1999, 842 (843).

[580] BGH Urt. v. 17.5.1994 – IX ZR 232/93, NJW 1994, 1790; Urt. v. 8.10.1996 – XI ZR 283/95, BGHZ 133, 355 (360) = NJW 1996, 3337.

[581] BGH Urt. v. 11.11.1997 – XI ZR 13/97, NJW 1998, 592 (593).

[582] Staudinger/*Omlor*, 2016, BGB § 246 Rn. 33; MüKoBGB/*Berger* BGB § 488 Rn. 195, 219; Palandt/*Grüneberg* BGB § 246 Rn. 6; *Bruchner/Krepold* in Schimansky/Bunte/Lwowski BankR-HdB § 78 Rn. 125; aA Mülbert AcP 192, 507.

[583] MüKoBGB/*Berger* BGB § 488 Rn. 219; *Bruchner/Krepold* in Schimansky/Bunte/Lwowski BankR-HdB § 78 Rn. 125; vgl. BGH Urt. v. 6.3.1986 – III ZR 234/84, NJW 1807, 1809; Urt. v. 8.2.1994 – XI ZR 77/93, NJW 1994, 1275 f.

[584] Hopt/Mülbert, 12. Aufl. 1989, BGB § 608 Rn. 14.

[585] *Bruchner/Krepold* in Schimansky/Bunte/Lwowski BankR-HdB § 78 Rn. 28.

Bei der Bewertung der Zinshöhe im Rahmen des § 138 BGB ist auf einen marktüblichen Ver- **180** gleichszinssatz abzustellen, der bis 2003 aus dem aus den Zinsmeldungen der meldepflichtigen Kreditinstitute gebildeten Schwerpunktzins der Deutschen Bundesbank abgeleitet wurde.[586]

Bei **vorzeitiger Kreditabwicklung** ist es Aufgabe des Effektivzinses, einen für die gesamte **181** Laufzeit geltenden einheitlichen Zinssatz zu entwickeln, der es gestattet, den Zinsanteil zu ermitteln, der dem Gläubiger für die Teillaufzeit zusteht. Berücksichtigungsfähig sind in diesem Zusammenhang nur Zinsen im Rechtssinne, da Nebenkosten bei vorzeitiger Kreditbeendigung grundsätzlich dem Kreditgeber verbleiben.[587] Die Berechnung sollte wegen der Ungenauigkeit anderer Methoden nach der Renten- oder Annuitätenmethode oder der AIBD- oder EG-Methode vorgenommen werden,[588] die freilich einigen mathematischen Aufwand und die Zuhilfenahme eines Rechners erfordern.

V. Sittenwidriger Kredit

Die Sittenwidrigkeit eines Kredites richtet sich nach § 138 BGB, zwischen dessen beiden Absätzen **182** kein Ausschließlichkeitsverhältnis besteht. Der Wuchertatbestand des § 138 Abs. 2 BGB, der wegen der verhältnismäßig strengen Anforderungen selten nachweisbar ist, stellt keine Spezialnorm zur Generalklausel des § 138 Abs. 1 BGB dar, sondern nur eine Ausformung derselben. In der Praxis wird er weitgehend durch § 138 Abs. 1 BGB verdrängt, in dessen Konkretisierung die Rspr. den Tatbestand des **wucherähnlichen Geschäfts** herausgebildet hat.[589] Aus § 138 Abs. 2 BGB lässt sich allerdings die Grundentscheidung des Gesetzes entnehmen, das bloße Missverhältnis von Leistung und Gegenleistung für das Verdikt der Sittenwidrigkeit nicht genügen zu lassen.[590] Der Tatbestand der *laesio enormis* ist vom BGB gerade nicht übernommen worden.[591]

Ein Darlehensvertrag ist nach § 138 Abs. 1 BGB nichtig, wenn er nach seinem aus der Zusammen- **183** fassung von Inhalt, Beweggrund und Zweck zu entnehmenden Gesamtcharakter mit den guten Sitten nicht zu vereinbaren ist; erforderlich ist eine **Gesamtwürdigung** der Umstände des Einzelfalles.[592] Ungeachtet der stets erforderlichen Einzelfallprüfung ist die Rspr. jedoch bemüht gewesen, Fallgruppen für häufig vorkommende Missstände zu bilden und damit die Rechtssicherheit zu stärken. Auf Grund verfassungsgerichtlicher Rspr. zur Überforderungsproblematik sind sie um eine weitere ausdifferenzierte Fallgruppe erweitert worden.

§ 138 BGB verwirklicht teilweise Verbraucherschutz, was die Frage des Verhältnisses zum **Ver-** **184** **braucherdarlehensvertragsrecht** (§§ 491 ff. BGB) aufwirft. Dieses nimmt sich der Problematik wucherischer oder übermäßig belastender Kreditverträge indessen nicht an und lässt die Sittenwidrigkeitsprüfung unberührt.[593]

Maßgeblicher **Zeitpunkt** für die Beurteilung der Sittenwidrigkeit ist der des Vertragsschlusses.[594] **185** Tritt anschließend ein Wertewandel ein, der nachträglich die Sittenwidrigkeit des Rechtsgeschäfts begründete, wird das Rechtsgeschäft zwar nicht nichtig, jedoch kann einem Erfüllungsverlangen des Gläubigers der Einwand der unzulässigen Rechtsausübung entgegengehalten werden.[595]

1. Wucherähnliches Kreditgeschäft. Der Tatbestand des wucherähnlichen Rechtsgeschäfts setzt **186** sich aus objektiven und subjektiven Voraussetzungen zusammen. Während hinsichtlich der subjektiven Merkmale Unterschiede zwischen gewerblichen und Privatkrediten bestehen, sind die objektiven Merkmale für alle Kreditarten im Grundsatz gleich.[596]

a) Objektive Voraussetzungen. Zentrales objektives Kriterium ist ein **auffälliges Missverhältnis** **187** **zwischen Leistung und Gegenleistung,** das vorrangig anhand eines Zinsvergleichs zwischen effektivem Vertragszins und marktüblichem Effektivzins festzustellen ist.[597] Gegenstand des Vergleichs sind,

---

[586] Der dazu in Bezug zu setzende Effektivzinssatz dürfte auf der Gurndlage der 360-Tage-Methode zu bilden gewesen sein.

[587] Staudinger/*Blaschczok,* 1997, BGB § 246 Rn. 43.

[588] Zu den Einzelheiten Staudinger/*Blaschczok,* 1997, BGB § 246 Rn. 311 ff.

[589] BGH Urt. v. 9.11.1978 – III ZR 21/77, NJW 1979, 805; Urt. v. 19.2.1991 – XI ZR 319/89, NJW 1991, 1810.

[590] *Pamp* in Schimansky/Bunte/Lwowski BankR-HdB § 82 Rn. 11.

[591] Staudinger/*Blaschczok,* 1997, BGB § 246 Rn. 104.

[592] BGH Urt. v. 28.2.1989 – IX ZR 130/88, BGHZ 107, 92 (97) = NJW 1989, 1276 (1277); Urt. v. 15.3.1990 – III ZR 248/88, NJW-RR 1990, 750; Urt. v. 16.1.1992 – IX ZR 113/91, NJW 1992, 896 (898); stRspr.

[593] *Bülow,* Konsumentenkredit, 3. Aufl. 1997, Rn. 5 ff.

[594] BGH Urt. v. 11.12.1990 – XI ZR 69/90, NJW 1991, 834 (835).

[595] BGH Urt. v. 30.6.1983 – III ZR 114/82, NJW 1983, 2692 f.; Palandt/*Ellenberger* BGB § 138 Rn. 10.

[596] BGH Beschl. v. 13.7.1989 – III ZR 201/88, NJW-RR 1989, 1068; Urt. v. 19.2.1991 – XI ZR 319/89, NJW 1991, 433.

[597] BGH Urt. v. 8.7.1982 – III ZR 35/81, NJW 1982, 2436; Urt. v. 12.2.1987 – III ZR 251/85, NJW-RR 1987, 679 (680); Urt. v. 13.3.1990 – XI ZR 252/89, BGHZ 110, 336 (338) = NJW 1990, 1595 f.; *Pamp* in Schimansky/Bunte/Lwowski BankR-HdB § 82 Rn. 13.

seiner Funktion entsprechend, die **Kreditkosten,** sodass es für diese Prüfung unerheblich ist, ob es sich bei den belastenden Faktoren um Zinsen im Rechtssinne handelt oder nicht.[598]

188   **aa) Effektiver Vertragszins.** Bei der Ermittlung des **effektiven Vertragszinses** im dargelegten Sinne sind somit nicht nur die Kreditkosten mit Zinscharakter, wie die **nominellen Zinsen** oder „Kreditgebühren", sondern auch sonstige Kostenbestandteile miteinzubeziehen. Nach dem Vorhergesagten zählt auch ein **Disagio** (Damnum) zu den zu berücksichtigenden Kosten.[599] **Kreditvermittlungskosten** (Maklerprovision) werden beim Konsumentenratenkredit in der Regel in voller Höhe in die Belastungsbilanz einbezogen, weil die Einschaltung eines Vermittlers in diesem Bereich im Allgemeinen im weit überwiegenden Interesse der Teilzahlungsbank liegt, die sich damit eigenen Aufwand für die Kundenwerbung erspart.[600] Es kann jedoch Ausnahmen geben, in denen die Tätigkeit des Kreditvermittlers überwiegend im Interesse des Kreditnehmers liegt.[601] Zu denken ist etwa daran, dass ein Vermittler sich bei mehreren Kreditinstituten ernsthaft um eine Kreditgewährung bemüht, das Kreditinstitut über eine eigene Absatzorganisation verfügt und mit dem Vermittler nicht dauernd zusammenarbeitet.[602] In einem solchen Fall wären die Vermittlungskosten nicht als Teil der Kreditkosten einzuberechnen.[603] Auf andere Kredite als Konsumentenratenkredite, insbesondere auf gewerbliche Kredite, lassen sich diese Grundsätze nicht ohne weiteres übertragen, insbesondere wenn die Bank ein dichtes Zweigstellennetz unterhält. Wenn sich eine Bank jedoch gezielt eines Kreditvermittlers bedient, dann muss sie sich uU auch dann eine Zurechnung gefallen lassen.[604] Ob und wie die Kosten einer der beiden Parteien zugute kommenden **Restschuldversicherung** einzubeziehen sind, wird nicht einheitlich beurteilt.[605] Die Rspr. hat sich dazu entschlossen, die Versicherungskosten (Prämien und anteilige Kredit- und Bearbeitungsgebühren) zu neutralisieren, sie also weder bei der Berechnung des Vertragszinses noch des Marktzinses zu berücksichtigen.[606] Bei aus dem Rahmen fallenden Kredit- und Bearbeitungsentgelten für die Restschuldversicherung muss allerdings eine Korrektur vorgenommen werden.[607] Zwingend vorgeschriebene **Restschuldversicherungskosten** sind für den im Rahmen der Sittenwidrigkeitsprüfung anzustellenden Effektivzinssatzvergleich herauszunehmen.

189   **Nicht** in die Kreditkosten einzurechnen sind **Bereitstellungszinsen,**[608] da sie keine Gegenleistung für die Kapitalnutzung darstellen, und sonstige „kreditferne Leistungen" wie Kosten einer Sicherheitenbestellung oder Kontoführungskosten.[609]

190   Für die **Berechnung** des effektiven Vertragszinses ist die Verwendung finanzmathematisch exakter Methoden, wie sie im Preisordnungsrecht vorgeschrieben und für die Abrechnung vorzeitig beendeter Kredite erforderlich sind, nicht zwingend geboten. Es genügen Annäherungsmethoden, die für die Vergleichbarkeit hinreichend genaue Werte liefern. Bei einer Laufzeit bis zu 48 Monaten kann auch die sog. **Uniformmethode** verwendet werden.[610] Bei längeren Laufzeiten ist hingegen die **Annuitätenmethode** einzusetzen,[611] für deren Berechnung mit Billigung des BGH das Tabellenwerk von *Sievi/Gillardon/Sievi*[612] herangezogen werden kann.[613] Da es im vorliegenden Zusammen-

---

[598] BGH Urt. v. 12.3.1981 – III ZR 92/79, BGHZ 80, 153 (1166) = NJW 1981, 1206 (1208); MüKoBGB/*Berger* BGB § 488 Rn. 107.

[599] MüKoBGB/*Berger* BGB § 488 Rn. 107; *Bülow,* Konsumentenkredit, 3. Aufl. 1997, Rn. 72; *Pamp* in Schimansky/Bunte/Lwowski BankR–HdB § 82 Rn. 17.

[600] BGH Urt. v. 2.10.1986 – III ZR 163/85, NJW 1987, 181 f.; Urt. v. 13.10.1988 – III ZR 139/87, NJW-RR 1989, 303; Urt. v. 19.2.1991 – XI ZR 319/89, NJW 1991, 1810; *Bülow,* Konsumentenkredit, 3. Aufl. 1997, Rn. 68; *Pamp* in Schimansky/Bunte/Lwowski BankR–HdB § 82 Rn. 18.

[601] BGH Urt. v. 2.10.1986 – III ZR 163/85, NJW 1987, 181; Urt. v. 13.10.1988 – III ZR 139/87, NJW-RR 1989, 303; MüKoBGB/*Berger* BGB § 488 Rn. 107.

[602] Vgl. Staudinger/*Blaschczok,* 1997, BGB § 246 Rn. 114.

[603] *Bülow,* Konsumentenkredit, 3. Aufl. 1997, Rn. 69.

[604] BGH Urt. v. 19.2.1991 – XI ZR 319/89, NJW 1991, 1810.

[605] Staudinger/*Blaschczok,* 1997, BGB § 246 Rn. 115 ff. mwN.

[606] BGH Urt. v. 15.1.1987 – III ZR 217/85, BGHZ 99, 333 (336) = NJW 1987, 944 (945); Urt. v. 24.3.1988 – III ZR 24/87, NJW 1988, 1661 (1662); Urt. v. 6.10.1988 – III ZR 94/87, NJW 1989, 584; Urt. v. 30.5.1990 – IV ZR 22/89, NJW 1990, 2807; MüKoBGB/*Berger* BGB § 488 Rn. 107; *Bülow,* Konsumentenkredit, 3. Aufl. 1997, Rn. 82.

[607] BGH Urt. v. 3.12.1987 – III ZR 105/86, NJW-RR 1988, 363 (365).

[608] *Bülow,* Konsumentenkredit, 3. Aufl. 1997, Rn. 61; *Pamp* in Schimansky/Bunte/Lwowski BankR–HdB § 82 Rn. 22.

[609] *Bülow,* Konsumentenkredit, 3. Aufl. 1997, Rn. 61; *Pamp* in Schimansky/Bunte/Lwowski BankR–HdB § 82 Rn. 22.

[610] BGH Urt. v. 13.7.1989 – III ZR 78/88, NJW-RR 1989, 1321; Urt. v. 30.5.1990 – IV ZR 22/89, NJW 1990, 2807; Urt. v. 11.1.1995 – VIII ZR 82/94, BGHZ 128, 255 (265 f.) = NJW 1995, 1019 (1022). Zur Berechnung: *Bülow,* Konsumentenkredit, 3. Aufl. 1997, Rn. 52–56; MüKoBGB/*Berger* BGB § 488 Rn. 109; Staudinger/*Omlor,* 2016, BGB § 246 Rn. 46 unter Verweis auf Staudinger/*Blaschczok,* 1997, BGB § 246 Rn. 267 ff.

[611] BGH Urt. v. 5.3.1987 – III ZR 43/86, NJW 1987, 2220 (2221); Urt. v. 5.11.1987 – III ZR 98/86, NJW 1988, 818; Urt. v. 24.3.1988 – III ZR 24/87, NJW 1988, 1661 (1662); Urt. v. 30.5.1990 – IV ZR 22/89, NJW 1990, 2807; *Bülow,* Konsumentenkredit, 3. Aufl. 1997, Rn. 51.

[612] Effektivzinssätze für Ratenkredite, 4. Aufl. 1988.

[613] BGH Urt. v. 24.3.1988 – III ZR 24/87, NJW 1988, 1661 (1662). Zur Berechnung *Bülow,* Konsumentenkredit, 3. Aufl. 1997, Rn. 57–59.

hang nur auf Näherungswerte ankommt, war es unschädlich, dass dieses Werk der Ermittlung des Effektivzinssatzes gem. § 4 PAngV aF diente und deshalb auf der sog. 360-Tage-Methode basierte.[614] Für die finanzmathematisch exakte Berechnung des Effektivzinssatzes bedarf es eines Rechners. Wird ein solcher eingesetzt, muss die Rechenmethode so genau angegeben werden, dass eine Überprüfung möglich ist.[615]

bb) Effektiver Marktzins. Als Vergleichsgröße für die Belastung des Kreditnehmers dient der **191 effektive Marktzins.** Dieser wurde bis zur Umstellung auf die EWU-Zinsstatistik im Jahr 2003 auf der Grundlage des in den Monatsberichten der Deutschen Bundesbank ausgewiesenen **Schwerpunktzinses** praktisch ermittelt, der in den marktüblichen effektiven Jahreszins umgerechnet werden musste.[616] Der Schwerpunktzins wurde aus den Zinssätzen der Universal- und Teilzahlungsbanken für Ratenkredite einer bestimmten Höhe und Laufzeit (24 bis 48 Monate) gebildet. Die Maßgeblichkeit eines Sondermarkts für Teilzahlungsbanken ist vom BGH zu Recht abgelehnt worden.[617] Für umfangreichere Kredite und solche mit längerer Laufzeit war der Schwerpunktzins als einziger relevanter Vergleichsmaßstab ebenfalls heranzuziehen.[618] Bei Ratenkrediten war zu dem in der Statistik angegebenen Monatszinssatz, der die Bearbeitungsgebühren nicht enthielt, eine einmalige **Bearbeitungsgebühr** hinzuzurechnen (in Höhe von 2,5 % der Darlehenssumme bei ab April 1982 abgeschlossenen Darlehensverträgen), um Vergleichbarkeit herzustellen.[619]

Im September 2003 trat an die Stelle des Schwerpunktzinses der Deutschen Bundesbank die **EWU-** **192 Zinsstatistik.** Sie wurde seitdem zweimal überarbeitet. Im Juni 2010 wurde sie um neue Meldepositionen ergänzt, das Stichprobenverfahren weiterentwickelt und der Kreis der Meldepflichtigen aktualisiert.[620] Im Jahr 2014 wurden die Erhebungsmerkmale erweitert, die Methoden zur Datenqualitätssicherung ausgebaut und die Datenaggregation im Euroraum weiter harmonisiert.

cc) Auffälliges Missverhältnis. Für die Beurteilung, ob sich bei der Gegenüberstellung von **193** effektivem Vertragszins und Marktzins ein **auffälliges Missverhältnis** ergibt, ist sowohl die relative als auch die absolute Überschreitung bestimmter Werte beachtlich.

Eine **relative Überschreitung** des Marktzinses um 100 %[621] begründet regelmäßig ein auffälliges **194** Missverhältnis, wobei es sich aber nicht um eine starre Grenze, sondern nur um den maßgeblichen Richtpunkt für die Beurteilung des auffälligen Missverhältnisses handelt.[622] Eine Anwendung des § 138 Abs. 1 BGB kommt auch dann in Betracht, wenn die relative Zinsdifferenz zwischen 90 % und 100 % liegt und den Kreditnehmer unbillig belastende sonstige Umstände hinzukommen.[623] Je weiter sich der Zinssatz von der 100 %-Grenze entfernt, desto belastender müssen die sonstigen Umstände sein.[624] Bei einem relativen Zinsunterschied von weniger als 90 % ist ein auffälliges Missverhältnis hingegen zu verneinen.[625] Auf der anderen Seite besteht ein Wertungsspielraum auch nach oben, sodass eine Überschreitung von 100 % auf Grund besonderer Umstände zu tolerieren sein kann. So kann bei einem in einer Niedrigzinsphase gewährten langfristigen Kredit eine relative Überschreitung des Vergleichszinses um bis zu 110 % noch hinnehmbar sein.[626]

Ein auffälliges Missverhältnis kann auch bei einer **absoluten Überschreitung** des Marktzinses um **195** 12 Prozentpunkte gegeben sein.[627] Diese Grenze wird ausschlaggebend, wenn in einer Hochzinsphase

---

[614] Staudinger/*Blaschczok*, 1997, BGB § 246 Rn. 309.

[615] Vgl. BGH Urt. v. 7.11.2000 – XI ZR 27/00, NJW 2001, 509 (512); *Pamp* in Schimansky/Bunte/Lwowski BankR-HdB § 82 Rn. 28.

[616] Zur Berechnung *Bülow,* Konsumentenkredit, 3. Aufl. 1997, Rn. 30 f.

[617] BGH Urt. v. 17.4.1980 – III ZR 96/78, NJW 1980, 2076 (2077); Urt. v. 12.3.1981 – III ZR 92/79, BGHZ 80, 153 (162 f.) = NJW 1981, 1206 (1208); Urt. v. 2.12.1982 – III ZR 90/81, NJW 1983, 1420 (1421); Urt. v. 10.7.1986 – III ZR 47/85, NJW 1986, 2568; Urt. v. 11.12.1990 – XI ZR 69/90, NJW 1991, 834 (835).

[618] BGH Urt. v. 11.12.1990 – XI ZR 69/90, NJW 1991, 834 (835).

[619] BGH Urt. v. 2.11.1989 – III ZR 144/88, NJW-RR 1990, 179; Urt. v. 13.3.1990 – XI ZR 254/89, NJW 1990, 1599 (1601); Urt. v. 30.5.1990 – IV ZR 22/89, NJW 1990, 2807; Urt. v. 11.1.1995 – VIII ZR 82/94, BGHZ 128, 255 (264 f.) = NJW 1995, 1019 (1022); *Bülow,* Konsumentenkredit, 3. Aufl. 1997, Rn. 63 f..

[620] Vgl. Monatsbericht Juli 2017 der Deutschen Bundesbank, 98.

[621] Vgl. zur Maßgröße von 90 % bei Grundstückskaufverträgen allerdings auch BGH Urt. v. 22.2.2019 – V ZR 244/17, NJW 2019, 3638 Rn. 38 mwN.

[622] BGH Urt. v. 5.11.1987 – III ZR 98/86, NJW 1988, 818; Urt. v. 24.3.1988 – III ZR 24/87, NJW 1988, 1661 (1662); Urt. v. 24.3.1988 – III ZR 30/87, BGHZ 104, 102 (105) = NJW 1988, 1659 (1660).

[623] BGH Urt. v. 24.3.1988 – III ZR 24/87, NJW 1988, 1661 (1662); Urt. v. 24.3.1988 – III ZR 30/87, BGHZ 104, 102 (105) = NJW 1988, 1659 (1660); Urt. v. 11.12.1990 – IX ZR 69/90, NJW 1991, 834 (835); MüKoBGB/ *Berger* BGB § 488 Rn. 114; Palandt/*Ellenberger* BGB § 138 Rn. 28.

[624] MüKoBGB/*Berger* BGB § 488 Rn. 114; *Pamp* in Schimansky/Bunte/Lwowski BankR-HdB § 82 Rn. 30.

[625] BGH Urt. v. 24.3.1988 – III ZR 24/87, NJW 1988, 1661 (1662); Urt. v. 24.3.1988 – III ZR 30/87, BGHZ 104, 102 (105) = NJW 1988, 1659 (1660); Urt. v. 1.12.1988 – III ZR 175/87, NJW 1989, 829; Palandt/*Ellenberger* BGB § 138 Rn. 29.

[626] BGH Urt. v. 11.12.1990 – IX ZR 69/90, NJW 1991, 834 (835); MüKoBGB/*Berger* BGB § 488 Rn. 114; *Bülow,* Konsumentenkredit, 3. Aufl. 1997, Rn. 37.

[627] BGH Urt. v. 13.3.1990 – XI ZR 252/89, BGHZ 110, 336 (338) = NJW 1990, 1595 (1596); MüKoBGB/ *Berger* BGB § 488 Rn. 113; Palandt/*Ellenberger* BGB § 138 Rn. 27.

die relative Zinsdifferenz so absinkt, dass sie ihre Aussagekraft einbüßt.[628] Außerhalb solcher Besonderheiten bleibt die relative Zinsdifferenz mit einer Überschreitung des Marktzinses um rund 100 % aber das maßgebliche Kriterium.[629] Offen ist, ob in einer extremen Niedrigzinsphase allein auf eine absolute Überschreitung des Marktzinses abgestellt werden muss, weil die Aussagekraft einer relativen Überschreitung von rund 100 % für eine übermäßige Belastung unter derartigen Umständen schwindet.[630] Bei einem Marktzins von 7–9 % ist eine solche absolute Grenze aber jedenfalls noch nicht einzuziehen.[631]

196   **dd) Belastende Bedingungen.** Da für die Prüfung der Sittenwidrigkeit stets eine Gesamtwürdigung aller Umstände des Einzelfalls anzustellen ist, verbietet sich jeder Schematismus dahin, ein festgestelltes auffälliges Missverhältnis mit Sittenwidrigkeit gleichzusetzen. Zu berücksichtigen sind auch weitere ent- und belastende Faktoren, wobei bei den Letzteren **belastende Vertragsbedingungen** von besonderer Bedeutung sind. Zwar können sie, wenn sie nicht zu einer Knebelung des Vertragspartners führen, für sich allein die Sittenwidrigkeit nicht begründen. Es besteht aber eine Wechselwirkung insofern, als die belastenden Bedingungen um so einschneidender sein müssen, je mehr sich das relative Überschreitung der unteren Marge von 90 % nähert, um Sittenwidrigkeit bejahen zu können.[632] Unerheblich ist in diesem Zusammenhang, dass belastende Klauseln nach §§ 307–309 BGB unwirksam sind und aus ihnen keine Rechte hergeleitet werden können; entscheidend ist allein, dass die Existenz solcher Klauseln eine faktische Handhabe bietet, den Kreditnehmer zu benachteiligen.[633]

197   Angesichts der mannigfaltigen Gestaltungsmöglichkeiten und des Erfindungsreichtums der Klauselverwender ist es unmöglich, eine erschöpfende Aufzählung relevanter belastender Bedingungen zu geben. Als nachteilig sind beispielsweise gewertet worden:[634] **Ablösegebühren (Vorfälligkeitsentschädigung)**, soweit durch sie das Kündigungsrecht des Darlehensnehmers gemäß § 489 BGB ungerechtfertigt erschwert wird, Vereinbarung einer **„Ballonrate", Kosten- und Gebührenklauseln,** die ohne Rücksicht auf tatsächlich entstandene Kosten Ansprüche begründen sollen, unangemessene **Tilgungsanrechnungen,** belastende **Verzugsfolgenregelungen, unangemessene Sanktionen,** Ausschluss einer **Disagioerstattung** bei vorzeitiger Vertragsauflösung, Begründung eines Anspruchs auf **Fortzahlung des Vertragszinses** nach Vertragsende, fehlende Angabe des vorgeschriebenen **Effektivzinssatzes** und mangelnde **Transparenz** der Regelung.[635] Grundsätzlich kann jede belastende und nach §§ 307–309 BGB unwirksame oder sonst gesetzlich zu beanstandende Klausel in die Gesamtbewertung eingeführt und zu einem Baustein des Sittenwidrigkeitsurteils werden.

198   **b) Subjektive Voraussetzungen.** In **subjektiver Hinsicht** erfordert der Tatbestand des sittenwidrigen wucherähnlichen Kreditgeschäfts eine „verwerfliche Gesinnung" des Kreditgebers in dem Sinne, dass er die schwächere Lage des anderen Teils entweder bewusst zu seinem Vorteil ausnutzt oder er sich leichtfertig der Erkenntnis verschließt, dass sich der Kreditnehmer nur wegen seiner schwächeren Lage auf die drückenden Bedingungen einlässt.[636]

199   **aa) Privatkonsument.** Handelt es sich bei dem Kreditnehmer um einen **Privatkonsumenten,** der einen Teilzahlungskredit aufnimmt und sich dabei Bedingungen unterwirft, die den objektiven Tatbestand des § 138 Abs. 1 BGB erfüllen, dann ist die verwerfliche Gesinnung zu **vermuten.**[637] Es ist dann Sache des Kreditgebers, darzulegen und gegebenenfalls zu beweisen, dass der Kreditnehmer sich auf den ihn objektiv übermäßig belastenden Vertrag nicht nur wegen seiner wirtschaftlich schwächeren Lage, Rechtsunkundigkeit oder mangelnder Geschäftsgewandtheit eingelassen hat oder dass er, der Kreditgeber, dies jedenfalls nicht erkannt oder ohne Leichtfertigkeit verkannt hat. Die Anforderungen an diesen Nachweis sind hoch: weder gehobene Allgemeinbildung, kaufmännische Berufspraxis noch solide Einkommensverhältnisse des Kreditnehmers reichen für sich aus, die Vermutung zu widerlegen.[638]

---

[628] *Bülow,* Konsumentenkredit, 3. Aufl. 1997, Rn. 39.

[629] *Pamp* in Schimansky/Bunte/Lwowski BankR-HdB § 82 Rn. 29.

[630] *Bülow,* Konsumentenkredit, 3. Aufl. 1997, Rn. 36.

[631] Vgl. *Bülow,* Konsumentenkredit, 3. Aufl. 1997, Rn. 36.

[632] MüKoBGB/*Berger* BGB § 488 Rn. 114; *Pamp* in Schimansky/Bunte/Lwowski BankR-HdB § 82 Rn. 30.

[633] BGH Urt. v. 10.7.1986 – III ZR 133/85, BGHZ 98, 174 (177 f.) = NJW 1986, 2564 (2565); Urt. v. 4.12.1990 – XI ZR 340/89, NJW 1991, 832 (833); Urt. v. 14.10.2003 – XI ZR 121/02, BGHZ 156, 302 = NJW 2004, 161 (163).

[634] Vgl. die Nachweise bei *Bülow,* Konsumentenkredit, 3. Aufl. 1997, Rn. 119 ff.

[635] MüKoBGB/*Berger* BGB § 488 Rn. 114.

[636] BGH Urt. v. 11.1.1995 – VIII ZR 82/94, BGHZ 128, 255 (257 f.) = NJW 1995, 1019 (1020); stRspr.

[637] BGH Urt. v. 10.7.1986 – III ZR 133/85, BGHZ 98, 174 (178) = NJW 1986, 2564 (2565); Urt. v. 24.3.1988 – III ZR 30/87, BGHZ 104, 102 (107) = NJW 1988, 1659 (1661); vgl. auch BGH Urt. v. 11.1.1995 – VIII ZR 82/94, BGHZ 128, 255 (267) = NJW 1995, 1019; MüKoBGB/*Berger* BGB § 488 Rn. 115.

[638] *Pamp* in Schimansky/Bunte/Lwowski BankR-HdB § 82 Rn. 60.

bb) Vollkaufmann. Handelte es sich nach früherem Recht bei dem Kreditnehmer um einen **200** **Vollkaufmann** (im Gegensatz zu einem Minderkaufmann), dann legte die Rspr. für den Geschäftskredit gerade die gegenläufige (widerlegliche) Vermutung zugrunde, dass die persönlichen Voraussetzungen der Sittenwidrigkeit beim Kreditgeber nicht vorlagen.[639] Diese Vermutung ist auf dem Hintergrund der geänderten Rechtslage fortzuschreiben. Das Handelsrechtsreformgesetz[640] hat die Rechtsfigur des Minderkaufmanns (§ 4 HGB aF) zwar beseitigt, jedoch besteht die bisherige Unterscheidung zwischen Voll- und Minderkaufleuten in der Sache fort, da ein Unternehmen, das nach Art oder Umfang einen in kaufmännischer Weise eingerichteten Geschäftsbetrieb nicht erfordert, als nichtkaufmännisch angesehen wird (§ 1 Abs. 2 HGB). Soweit nach § 1 Abs. 2 HGB nunmehr ein (vollkaufmännisches) Handelsgewerbe bei jedem Gewerbebetrieb vermutet wird, kommt die Vermutung dem Kreditgeber im vorliegenden Zusammenhang zugute. Einem Kleingewerbetreibenden, dessen Unternehmen nach Art und Umfang einen in kaufmännischer Weise eingerichteten Geschäftsbetrieb nicht erfordert, ist es zuzumuten, den Nachweis dafür zu erbringen, da es sich um Umstände handelt, die sich ohnehin weitgehend in seiner Sphäre abspielen. Dieser Nachweis steht auch demjenigen Kleingewerbetreibenden offen, der von der Möglichkeit Gebrauch gemacht hat, sich im Handelsregister eintragen zu lassen, und kraft dessen gem. § 2 HGB als Kaufmann gilt.

cc) Gewerbliche Kredite. In dem **übrigen Bereich des gewerblichen Kredits,** also bei der **201** Kreditvergabe an Gewerbetreibende, deren Unternehmen nach Art und Umfang einen in kaufmännischer Weise eingerichteten Geschäftsbetrieb nicht erfordert und die dies im Streitfall nachzuweisen vermögen, gilt die Beweisregel, dass derjenige, der sich auf die Nichtigkeit des Geschäfts beruft, die subjektiven Voraussetzungen der Sittenwidrigkeit darlegen und gegebenenfalls beweisen muss.[641] Es bedarf der Darlegung und Prüfung im Einzelfall, ob der Darlehensnehmer sich auf die ihn unbillig benachteiligenden Vertragsbedingungen nur auf Grund seiner wirtschaftlichen Schwäche und mangelnden Geschäftsgewandtheit eingelassen hat und ob seine Unterlegenheit von der kreditgewährenden Bank bewusst zu ihrem Vorteil ausgenutzt oder zumindest leichtfertig verkannt worden ist.[642] Gleiches gilt dann, wenn der Kreditnehmer eine **selbstständige freiberufliche Tätigkeit** ausübt, die als solche gegen eine wirtschaftliche Schwäche und/oder Geschäftsunerfahrenheit des Kreditnehmers spricht.[643]

Bei einem nicht nur auffälligen, sondern **besonders groben Missverhältnis zwischen Leistung 202 und Gegenleistung** kann eine tatsächliche Vermutung für die Annahme sprechen, dass der Darlehensgeber eine ihm bekannte Notlage des Darlehensnehmers in verwerflicher Weise ausgenutzt hat.[644] Von einem besonders groben Missverhältnis kann bei einer relativen Marktzinsüberschreitung von etwa 200 % ausgegangen werden.[645] Ungeachtet dessen ist aber jedes auffällige Missverhältnis ein Indiz dafür, dass die subjektiven Merkmale der Sittenwidrigkeit vorliegen, weil nach der Lebenserfahrung außergewöhnliche Zugeständnisse nicht ohne besondere, den Benachteiligten in seiner Entschließungsfreiheit hemmende Umstände gemacht zu werden pflegen und der Begünstigte diese Erfahrung teilt.[646]

c) Umschuldung. Bei der häufig vorkommenden **Umschuldung** von Krediten sind Besonderhei- **203** ten zu beachten.

aa) Extern. Wird die Umschuldung **extern** durchgeführt, dann ist der neue Kreditvertrag selbst- **204** ständig auf eine etwaige Sittenwidrigkeit zu überprüfen. Als ein belastender Umstand, der entscheidend zum Verdikt der Sittenwidrigkeit beitragen kann, ist dabei zu berücksichtigen, wenn eine Bank ihr Anliegen, durch Umschuldung alleinige Gläubigerin ihres Kreditnehmers zu werden, ohne Rücksicht auf dessen wirtschaftliche Belange durchzusetzen sucht, was dann der Fall ist, wenn sie das neue Darlehen zu Bedingungen anbietet, die so deutlich hinter den Konditionen der abzulösenden Vorkredite zurückbleiben, dass die Ablösung wirtschaftlich unvertretbar erscheint, insbesondere dann, wenn der Kunde über die Nachteile der Umschuldung im Unklaren gelassen wird.[647] Lässt sich Sittenwidrigkeit nicht bejahen, kann gleichwohl ein Schadensersatzanspruch wegen unterbliebener

---

[639] BGH Urt. v. 2.12.1982 – II ZR 90/81, NJW 1983, 1420 (1421 f.); vgl. BGH Urt. v. 11.1.1995 – VIII ZR 82/94, BGHZ 128, 255 (257 f.) = NJW 1995, 1019 (1020).

[640] Gesetz zur Neuregelung des Kaufmanns- und Firmenrechts und zur Änderung anderer handels- und gesellschaftsrechtlicher Vorschriften (Handelsrechtsreformgesetz – HRefG) vom 22.6.1998 (BGBl. I 1474).

[641] Vgl. MüKoBGB/*Berger* BGB § 488 Rn. 116; *Pamp* in Schimansky/Bunte/Lwowski BankR-HdB § 82 Rn. 61.

[642] BGH Urt. v. 19.2.1991 – XI ZR 319/89, NJW 1991, 1810 (1811); *Pamp* in Schimansky/Bunte/Lwowski BankR-HdB § 82 Rn. 61.

[643] Vgl. BGH Urt. v. 11.1.1995 – VIII ZR 82/94, BGHZ 128, 255 (257 f.) = NJW 1995, 1019 (1020) für einen Leasingvertrag; MüKoBGB/*Berger* BGB § 488 Rn. 116 (auch für einen Landwirt); Palandt/*Ellenberger* BGB § 138 Rn. 30.

[644] Vgl. BGH Urt. v. 19.6.1990 – XI ZR 280/89, NJW-RR 1990, 1199; MüKoBGB/*Berger* BGB § 488 Rn. 116.

[645] Vgl. BGH Urt. v. 19.6.1990 – XI ZR 280/89, NJW-RR 1990, 1199; MüKoBGB/*Berger* BGB § 488 Rn. 119.

[646] Vgl. BGH Urt. v. 18.1.1991 – V ZR 171/89, NJW-RR 1991, 589.

[647] BGH Urt. v. 5.10.1987 – III ZR 98/86, NJW 1988, 818 f.; Urt. v. 24.3.1988 – III ZR 30/87, BGHZ 104, 102 (106 f.) = NJW 1988, 1659 f.; *Bülow*, Konsumentenkredit, 3. Aufl. 1997, Rn. 166; *Pamp* in Schimansky/Bunte/Lwowski BankR-HdB § 82 Rn. 70.

Aufklärung über die Nachteile der Umschuldung aus culpa in contrahendo (§ 311 Abs. 2 BGB) gegeben sein, der auf den Ersatz der Mehrkosten der Umschuldung gerichtet ist.[648] Ist einer der abgelösten Kredite sittenwidrig oder sind es mehrere von ihnen, dann wird dadurch der neue Kredit nicht automatisch mit dem Makel der Sittenwidrigkeit infiziert. Sittenwidrigkeit des Umschuldungskredits kann aber dann zu bejahen sein, wenn der neue Kreditgeber die Sittenwidrigkeit des abzulösenden Kredits positiv kennt, insbesondere wenn er kollusiv mit dem Vorkreditgeber zusammenwirkt, oder wenn er bei eindeutiger Rechtslage und klarer Erkennbarkeit der Sittenwidrigkeit die Augen vor dieser Erkenntnis verschließt. Bloßes Kennenmüssen reicht ansonsten nicht aus; die umschuldende Bank muss nicht das Risiko tragen, dass ihr bei der Prüfung der Vorkredite Fehler hinsichtlich deren Wirksamkeit unterlaufen.[649]

205   **bb) Kettenkreditvertrag.** Bei **interner Umschuldung („Kettenkreditvertrag")** sind bei isolierter Betrachtung verschiedene Konstellationen denkbar: Es kann jeweils nur der Vor- oder Folgekredit sittenwidrig oder beide Verträge können sittenwidrig oder wirksam sein. Ist der Vorkredit nicht zu beanstanden, ist jedoch der Folgekredit, mit dem der Vorkredit abgelöst wurde, sittenwidrig, dann sind die Forderungen des Kreditgebers aus dem Vorkredit durch Erfüllung erloschen. Der sittenwidrige Folgekredit ist nach allgemeinen Grundsätzen abzuwickeln.[650] Ist nur der Vorkredit sittenwidrig, der Folgekredit bei isolierter Betrachtung hingegen nicht, dann führt die Sittenwidrigkeit des Vorkredits nicht allein zu der des Folgekredits.[651] Der Folgevertrag ist jedoch sittenwidrig, wenn der Kreditgeber die Nichtigkeit des Erstvertrags positiv gekannt und mit dem neuen Kreditvertrag das Ziel verfolgt hat, sich den unberechtigten Gewinn aus dem Erstvertrag zu sichern.[652] Der BGH hat diese Konsequenz auch in den Fällen für denkbar gehalten, in denen der Umstand, dass der Vertrag teilweise auch der Ablösung eines sittenwidrigen älteren Vertrags dient, im Rahmen der Gesamtwürdigung den Ausschlag gibt.[653] Die Rspr. berücksichtigt die Nichtigkeit eines Erstkredits bei der internen Umschuldung ansonsten in der Weise, dass der Inhalt des zweiten Vertrags der Rechtslage, die sich aus der Nichtigkeit des ersten ergibt, nach den Grundsätzen über das **Fehlen der Geschäftsgrundlage** gem. § 313 BGB **angepasst** wird, womit vermieden wird, dass der Kreditgeber den Vorteil behält, der ihm im Widerspruch zur wahren Rechtslage aus der Ablösung zugeflossen ist. Dem Kreditgeber stehen danach Ansprüche aus dem zweiten Vertrag nur in dem Umfang zu, in dem die Parteien solche Ansprüche billigerweise auch dann begründet hätten, wenn sie die Nichtigkeit des Erstvertrags und deren Auswirkungen auf ihre Rechtsbeziehungen gekannt hätten.[654] Die Anpassung hat in der Weise zu erfolgen, dass nur der Kreditbedarf zugrunde gelegt wird, der sich ergibt, wenn die Nichtigkeit des Erstvertrags berücksichtigt wird. Auf diesen Betrag sind die vertraglich vereinbarten Zinsen des wirksamen Folgevertrags anzuwenden, sodass sich die angepassten Raten ergeben.[655] Sind Erst- und Folgevertrag sittenwidrig, ist jeder Vertrag nach allgemeinen Grundsätzen für sich rückabzuwickeln,[656] sind sie isoliert wirksam, ist auch aus einer Gesamtbetrachtung keine Sittenwidrigkeit herzuleiten.[657]

206   **d) Kontokorrentähnliche Kredite.** Eine besondere Erscheinung sind die **kontokorrentähnlichen Kredite,** die unter den Bezeichnungen „Idealkredit" oder „Dispo-Vario-Kredit" am Markt angeboten werden. Beim sog. **Idealkredit** wird der in festen monatlichen Raten zurückzuzahlende Kreditbetrag in ein Kontokorrent mit veränderlichem Zinssatz eingestellt. Der „Idealkredit" ist mit einem Ratenkredit vergleichbar. § 138 Abs. 1 BGB ist anzuwenden, wenn der Ausgangszinssatz in einem auffälligen Missverhältnis zum Vergleichszinssatz steht, zu dem der Kreditnehmer zur Zeit des Vertragsabschlusses einen normalen Ratenkredit bei anderen Banken hätte erhalten können, und wenn eine Gesamtwürdigung aller sonstigen Vertragsumstände nach den für den Konsumentenkredit entwickelten Grundsätzen die Sittenwidrigkeit des Vertrages ergibt. Dabei fällt neben dem Zinsvergleich und AGB-Klauseln, die den Kreditnehmer unbillig belasten, erheblich ins Gewicht, dass der typische Konsumentenkreditnehmer die belastenden Besonderheiten der ihm als „Idealkredit" angebotenen

---

[648] BGH Urt. v. 11.12.1990 – XI ZR 24/90, NJW-RR 1991, 501 (502 f.); MüKoBGB/*Berger* BGB § 488 Rn. 121; *Bülow,* Konsumentenkredit, 3. Aufl. 1997, Rn. 172; *Pamp* in Schimansky/Bunte/Lwowski BankR-HdB § 82 Rn. 71.

[649] BGH Urt. v. 20.2.1990 – XI ZR 195/88, NJW 1990, 1597 (1598 f.); *Bülow,* Konsumentenkredit, 3. Aufl. 1997, Rn. 171.

[650] *Bülow,* Konsumentenkredit, 3. Aufl. 1997, Rn. 179; *Pamp* in Schimansky/Bunte/Lwowski BankR-HdB § 82 Rn. 64.

[651] MüKoBGB/*Berger* BGB § 488 Rn. 119.

[652] BGH Urt. v. 15.1.1987 – III ZR 217/85, BGHZ 99, 333 (337) = NJW 1987, 944 (945); MüKoBGB/*Berger* BGB § 488 Rn. 119.

[653] BGH Urt. v. 15.1.1987 – III ZR 217/85, BGHZ 99, 333 (337) = NJW 1987, 944 (945).

[654] BGH Urt. v. 15.1.1987 – III ZR 217/85, BGHZ 99, 333 (337) = NJW 1987, 944 (945); MüKoBGB/*Berger* BGB § 488 Rn. 120; *Bülow,* Konsumentenkredit, 3. Aufl. 1997, Rn. 187 ff.

[655] Berechnungsbeispiel bei *Bülow,* Konsumentenkredit, 3. Aufl. 1997, Rn. 196 ff.

[656] *Pamp* in Schimansky/Bunte/Lwowski BankR-HdB § 82 Rn. 64.

[657] *Bülow,* Konsumentenkredit, 3. Aufl. 1997, Rn. 176; aA im Einzelfall OLG Stuttgart Urt. v. 12.1.1988 – 6 U 89/87, NJW-RR 1988, 427.

neuen Kreditform nur schwer erkennen und bewerten kann.[658] Der sog. **Dispo-Vario-Kredit** zeichnet sich durch einen kontokorrentmäßigen Kreditrahmen aus, den der Kreditnehmer nach seiner Wahl bei vereinbarten monatlichen (Mindest)Rückzahlungsraten ausschöpfen kann. Auch er ist einem Ratenkredit vergleichbar, sodass eine entsprechende Sittenwidrigkeitsprüfung nach § 138 Abs. 1 BGB anzustellen ist.[659] Nichts anderes gilt für den sog. **Scheckrahmenkredit,**[660] dessen Ausgestaltung sich von der des Dispo-Vario-Kredits nicht wesentlich unterscheidet.

e) Mit Lebensversicherung verbundene Kredite. Besonderheiten weisen die mit einer **Lebens-** **207** **versicherung** verbundenen Kredite auf. Sie sind dadurch gekennzeichnet, dass ein Versicherer als Dritter hinzutritt, mit dem der Darlehensnehmer eine Kapitallebensversicherung abschließt und den Anspruch auf Auszahlung der Versicherungssumme an die Bank abtritt, mit dem das Darlehen getilgt werden soll. Der Kreditnehmer zahlt an die Bank nur Zinsen und Nebenkosten, keine Tilgungsraten, stattdessen Versicherungsprämien an den Versicherer. In der Rspr. ist geklärt, dass die Belastungen aus einer Vertragskombination von Festkredit und Kapitallebensversicherung mit denjenigen eines markt-üblichen Ratenkredits grundsätzlich **vergleichbar** sind, sofern es sich um einen Verbraucherkredit handelt, Kreditvertrag und Lebensversicherung gleichzeitig abgeschlossen werden und eine wirtschaft-liche Einheit bilden, die Laufzeiten von Kredit und Lebensversicherung zumindest annähernd über-einstimmen und der zuvor tilgungsfreie Festkredit aus der Versicherungssumme getilgt wird.[661] Bei der vergleichenden Gegenüberstellung der Effektivzinssätze ist zu beachten, dass die Versicherungsprämien **Risiko- und Sparanteile** enthalten und die ersteren zu neutralisieren sind. Dies kann in der Weise geschehen, dass zum Marktzins die Kosten für eine angemessene Restschuldversicherung addiert werden. Belastungsmindernd ist eine **Gewinnbeteiligung** zu berücksichtigen; ob dies auch für **Steuervergünstigungen** gilt, ist noch nicht abschließend geklärt. Die Berechnung des effektiven Vertragszinses bereitet beträchtliche Schwierigkeiten und lässt die Hinzuziehung eines Sachverstän-digen naheliegend erscheinen. Von besonderem Gewicht bei der Gesamtwürdigung ist die fehlende Durchschaubarkeit der Vor- und Nachteile der Vertragsgestaltung für den durchschnittlichen Darle-hensnehmer.[662] Den Kreditgeber trifft aus diesem Grund regelmäßig die Pflicht, den Kreditnehmer bei Vertragsschluss über die spezifischen Nachteile und Risiken der Kombination von Festkredit und Kapitallebensversicherung **aufzuklären,** bei deren Verletzung der Kreditnehmer aus Verschulden bei Vertragsschluss im Wege des Schadensersatzes die Differenz zwischen tatsächlich aufgewendeten Kosten und denjenigen Kreditkosten verlangen kann, die ihm bei Abschluss eines Ratenkreditvertrages mit Restschuldversicherung zu marktüblichen Bedingungen entstanden wären.[663]

2. Finanzielle Überforderung. Nach der Rspr. des BVerfG[664] haben die Zivilgerichte bei der **208** Auslegung und Anwendung des § 138 Abs. 1 BGB darauf zu achten, dass Verträge nicht als Mittel der Fremdbestimmung dienen. Ist der Inhalt eines Vertrages für eine Seite ungewöhnlich belastend und als Interessenausgleich offensichtlich unangemessen, so ist zu klären, ob die Regelung eine Folge **struktu-rell ungleicher Verhandlungsstärke** ist, und gegebenenfalls im Rahmen der Generalklauseln des Zivilrechts, die die Grundentscheidungen der Verfassung mediatisieren, korrigierend einzugreifen. Wie diese aus der Gewährleistung der Privatautonomie (Art. 2 Abs. 1 GG) und dem Sozialstaatsprinzip (Art. 20 Abs. 1 GG, Art. 28 Abs. 1 GG) herzuleitende Korrektur zivilrechtlich im Einzelnen zu verwirklichen ist, bleibt der Rspr. der zuständigen Fachgerichte überlassen.[665]

Die Entscheidungen des BVerfG betrafen Fälle der Bürgschaftsübernahme von jüngeren nahe- **209** stehenden Personen, deren eigenes wirtschaftliches Interesse an der sie völlig überfordernden Ver-pflichtung nicht bestand oder jedenfalls nicht geklärt war. Auf die Verpflichtung des **Darlehens-empfängers** wird diese Rspr. allenfalls in Ausnahmefällen Einfluss haben, weil von einem offensicht-lich unangemessenen Interessenausgleich nicht gesprochen werden kann, wenn der Darlehensnehmer, der das Darlehen empfangen und für selbstbestimmte Zwecke verwendet hat, vertraglich zur Rück-zahlung verpflichtet ist, auch wenn er dazu auf Lebenszeit nicht imstande sein sollte. Wer aus eigenem Entschluss zur Finanzierung eigener Bedürfnisse oder Vorhaben einen Bankkredit zu marktgerechten Bedingungen aufnimmt, handelt selbst dann, wenn er dabei bewusst Rückzahlungs- und Zinsver-

---

[658] BGH Urt. v. 4.12.1990 – XI ZR 340/89, NJW 1991, 832 (833).

[659] LG Dortmund Urt. v. 10.9.1987 – 17 S 95/87, NJW 1988, 269 f.; *Bülow,* Konsumentenkredit, 3. Aufl. 1997, Rn. 46; *Pamp* in Schimansky/Bunte/Lwowski BankR-HdB § 82 Rn. 77.

[660] LG Bremen Urt. v. 9.11.1988 – 7 S 391/88, NJW-RR 1989, 171 ff.; *Bülow,* Konsumentenkredit, 3. Aufl. 1997, Rn. 46; *Pamp* in Schimansky/Bunte/Lwowski BankR-HdB § 82 Rn. 77.

[661] BGH Urt. v. 3.4.1990 – XI ZR 261/89, BGHZ 111, 117 (120 f.) = NJW 1990, 1844 (1845).

[662] BGH Urt. v. 3.4.1990 – XI ZR 261/89, BGHZ 111, 117 (120 f.) = NJW 1990, 1844 (1845); vgl. ferner *Bülow,* Konsumentenkredit, 3. Aufl. 1997, Rn. 88 ff.; *Pamp* in Schimansky/Bunte/Lwowski BankR-HdB § 82 Rn. 80 ff.

[663] BGH Urt. v. 9.3.1989 – III ZR 269/87, NJW 1989, 1667 ff.; Urt. v. 3.4.1990 – XI ZR 261/89, BGHZ 111, 117 (120 f.) = NJW 1990, 1844 (1845).

[664] BVerfG Beschl. v. 19.10.1993 – 1 BvR 567, 1044/89, BVerfGE 89, 214 = NJW 1994, 36; Beschl. v. 5.8.1994 – 1 BvR 1402/89, NJW 1994, 2749 (2750); Beschl. v. 6.12.2005 – 1 BvR 1905/02, BVerfGE 115, 51 = WM 2006, 23.

[665] Vgl. *Joswig* FS Schimansky, 1999, 335 ff.

pflichtungen übernimmt, die seine Leistungsfähigkeit überschreiten, im Rahmen seiner Vertragsfreiheit, und kann keine Entlastung wegen Sittenverstoßes erwarten.[666] Bei Verbraucherdarlehensverträgen ist in diesem Kontext allerdings – von der Frage der Sittenwidrigkeit gelöst – an die §§ 505a ff. BGB zu denken.

210   Eine wiederum nach § 138 BGB relevante, dem Bürgen vergleichbare Lage kann sich jedoch bei der Übernahme der **Mithaftung** für Ansprüche aus einem Darlehen ergeben. Insoweit ist eine Abgrenzung zwischen echten Mitdarlehensnehmern und bloßen Mithaftenden vorzunehmen, für die nicht der formale Aspekt entscheidend ist, ob eine Mithaftung ausdrücklich zu Sicherungszwecken übernommen wurde oder ob der Vertrag von Anfang an als **Mitdarlehensübernahme** ausgestaltet worden ist. Von echten Mitdarlehensnehmern, bei denen eine Sittenwidrigkeit des Darlehensvertrages auch bei krasser finanzieller Überforderung grundsätzlich nicht in Betracht kommt, ist in aller Regel nur bei Personen auszugehen, die für den Darlehensgeber erkennbar ein eigenes sachliches und/oder persönliches Interesse an der Kreditgewährung haben, sich als Gesamtschuldner verpflichten und als im Wesentlichen gleichberechtigte Partner über die Auszahlung bzw. Verwendung des Darlehensvaluta mitentscheiden.[667] **Mithaftender** ist demgegenüber eine Person, die im Wege des Schuldbeitritts die Mitverpflichtung zur Rückerstattung des Darlehens und der Zahlung der Zinsen übernimmt, ohne die genannten Voraussetzungen aufzuweisen.[668]

211   Nach der stRspr des BGH hängt die Anwendung des § 138 Abs. 1 BGB auf von Kreditinstituten mit privaten Sicherungsgebern geschlossene Bürgschafts- oder Mithaftungsverträge regelmäßig entscheidend vom Grad des Missverhältnisses zwischen dem Verpflichtungsumfang und der finanziellen Leistungsfähigkeit des dem Hauptschulddner **persönlich nahestehenden Bürgen oder Mitverpflichteten** ab. Zwar reicht selbst der Umstand, dass der Betroffene voraussichtlich nicht einmal die von den Darlehensvertragsparteien festgelegte Zinslast aus dem pfändbaren Teil seines laufenden Einkommens und/oder Vermögens bei Eintritt des Sicherungsfalls dauerhaft tragen kann, regelmäßig nicht aus, um das Unwerturteil der Sittenwidrigkeit zu begründen. In einem solchen Fall **krasser finanzieller Überforderung** ist aber nach der allgemeinen Lebenserfahrung ohne Hinzutreten weiterer Umstände widerleglich zu vermuten, dass er die ruinöse Bürgschaft oder Mithaftung allein aus emotionaler Verbundenheit mit dem Hauptschuldner übernommen und der Kreditgeber dies in sittlich anstößiger Weise ausgenutzt hat.[669] Persönlich nahestehend sind Ehe- oder Lebenspartner, enge Verwandte oder auch ein Freund.[670] Das Interesse des Gläubigers, sich vor Vermögensverschiebungen bei nahestehenden Personen zu schützen, ändert an der Sittenwidrigkeit der krass überfordernden Bürgschaft oder Mithaft nichts.[671] Die Möglichkeit, **Restschuldbefreiung** nach §§ 286 ff. InsO erlangen zu können, schließt die Anwendung des § 138 Abs. 1 BGB auf ruinöse Bürgschaften oder Schuldbeitritte finanzschwacher nahestehender Personen nicht aus.[672]

212   Die krasse finanzielle Überforderung ist auf Grund einer **Prognose** zu ermitteln, die sich auf den Zeitpunkt der Inanspruchnahme bezieht. Hat der Bürge oder Mitverpflichtete im Zeitpunkt des Vertragsschlusses keine Mittel, kann eine regelmäßige Erwerbsquelle zu der Annahme führen, dass er im Zeitpunkt der Inanspruchnahme in der Lage sein wird, die eingegangene Verbindlichkeit aus eigenen Mitteln zumindest zu einem erheblichen Teil zu erfüllen.[673] Dass das Einkommen beider Partner zusammen voraussichtlich ausreicht, die Zins- und Tilgungslasten zu tragen, ist unerheblich; es kommt nur auf die finanzielle Überforderung der betreffenden Person an.[674]

213   Auf der anderen Seite sind nur aus Sicherungsgründen mitverpflichtete nahestehende Personen bei der Beurteilung der Sittenwidrigkeit nach § 138 Abs. 1 BGB wie echte Mitdarlehensnehmer zu behandeln, wenn sie ein mit dem Hauptschuldner gemeinsames Interesse an der Kreditgewährung haben oder ihnen aus der Verwendung der Darlehensvaluta unmittelbar ins Gewicht fallende geldwerte Vorteile erwuchsen. Von dem Erwerb nur mittelbarer geldwerter Vorteile aus einem vom Hauptschuldner aufgenommenen Betriebsmittelkredit geht eine solche Wirkung nicht aus.[675] Die bloße

[666] BGH Urt. v. 26.4.1994 – XI ZR 184/95, NJW 1994, 1726 (1727); MüKoBGB/*Berger* BGB § 488 Rn. 101, 139.

[667] So die Rspr. verwendete Formel BGH Urt. v. 14.11.2000 – XI ZR 248/99, NJW 2001, 815 (816); BGH Urt. v. 25.1.2005 – XI ZR 325/03, NJW 2005, 973 (974); MüKoBGB/*Berger* BGB § 488 Rn. 139; *Nobbe*, Bankrecht, Aktuelle höchst- und obergerichtliche Rechtsprechung, 1999, Rn. 1328. → Rn. 50.

[668] MüKoBGB/*Berger* BGB § 488 Rn. 139.

[669] Zuletzt BGH Urt. v. 14.10.2003 – XI ZR 121/03, BGHZ 156, 302 = NJW 2004, 161 (162); Urt. v. 25.1.2005 – XI ZR 28/04, NJW 2005, 971 (972). MüKoBGB/*Berger* BGB § 488 Rn. 142; Palandt/*Ellenberger* BGB § 138 Rn. 38b.

[670] BGH Urt. v. 14.10.2003 – XI ZR 121/03, BGHZ 156, 302 = NJW 2004, 161 (162).

[671] BGH Urt. v. 14.5.2002 – XI ZR 50/01, BGHZ 151, 34 (40) = NJW 2002, 2228 (2229 f.); Urt. v. 28.5.2002 – XI ZR 199/01, NJW 2002, 2634 (2636).

[672] BGH Urt. 16.6.2009 – XI ZR 539/07, NJW 2009, 2671 (2673 f.).

[673] BGH Urt. v. 8.11.2001 – IX ZR 46/99, NJW-RR 2002, 1130 (1132) (selbstständiger Zahnarzt); Palandt/*Ellenberger* BGB § 138 Rn. 38b.

[674] BGH Urt. v. 27.1.2000 – IX ZR 198/98, NJW 2000, 1182 (1183); Urt. v. 14.11.2000 – XI ZR 248/99, BGHZ 146, 37 = NJW 2001, 815 (816); Palandt/*Ellenberger* BGB § 138 Rn. 38b.

[675] BGH Urt. v. 25.1.2005 – XI ZR 28/04, NJW 2005, 971 (973).

Unterhaltsbedürftigkeit eines Angehörigen reicht erst recht nicht aus, ein relevantes Interesse an der Kreditgewährung anzuerkennen.[676] Die Anwendung des § 138 Abs. 1 BGB ist in diesen Fällen dann geboten, wenn der Vertrag für eine Seite ungewöhnlich belastend und als Interressenausgleich offensichtlich unangemessen ist und wenn der Mithaftende kein vernünftiges wirtschaftliches Interesse an der Übernahme der ihn völlig überfordernden Mithaft hat und auch der Kreditgeber kein rechtfertigendes Interesse an der Verpflichtung haben kann, weil wegen zutage liegender Überforderung kein nennenswerter Beitrag zu erwarten ist.[677]

Bei der Beurteilung der finanziellen Überforderung sind **anderweitige Sicherheiten** des Kredit- **214** gebers grundsätzlich nur dann zu berücksichtigen, wenn sie das Haftungsrisiko des Mitverpflichteten in rechtlich gesicherter Weise auf ein vertretbares Maß beschränken.[678] Für die **subjektive Seite** der Sittenwidrigkeit reicht es aus, dass der Kreditgeber die Tatsachen kennt, aus denen sich die Sittenwidrigkeit ergibt, oder er sich deren Kenntnis bewusst verschließt.[679] Das wird bei einer Bank, die eine Mithaftung von Angehörigen oder nahestehenden Personen fordert, in aller Regel anzunehmen sein. Nach banküblichen Gepflogenheiten überprüfen Kreditinstitute die geforderten Sicherheiten vor deren Hereinnahme mit kaufmännischer Sorgfalt auf ihre Werthaltigkeit. Sieht eine Bank davon ab, die Betroffenen nach ihren derzeitigen und zukünftigen finanziellen Möglichkeiten zu befragen, so ist im Zweifel davon auszugehen, dass sie die objektiven Tatsachen und Verhältnisse, die die krasse finanzielle Überforderung begründen, schon bei Vertragsschluss kannte oder sich ihnen bewusst verschlossen hat.

Bei **Arbeitnehmern** besteht zwar in aller Regel kein von Emotionen geprägtes Näheverhältnis. **215** Übernimmt der Arbeitnehmer aber eine ihn krass überfordernde Mithaft oder Bürgschaft ohne eine Gewinnbeteiligung oder sonstige Gegenleistung und befindet sich der Arbeitgeber in einer wirtschaftlichen Notlage, dann besteht jedenfalls in Zeiten hoher Arbeitslosigkeit eine tatsächliche, widerlegliche Vermutung dafür, dass die Übernahme allein aus Angst um den Arbeitsplatz erfolgt ist und die Bank sich diese Umstände in subjektiv verwerflicher Weise zunutze gemacht hat. Kann die Bank diese (zweifache) Vermutung nicht widerlegen, ist die Arbeitnehmerbürgschaft sittenwidrig.[680] Anders liegt es, wenn der ersichtlich finanziell krass überforderte Bürge oder Mitverpflichtete auf Grund konkreter und rechtlich hinreichend gesicherter Vereinbarungen mit dem Kreditnehmer an dem finanzierten Objekt in einem nennenswerten Umfang beteiligt werden soll. Da der Betroffene dabei freiwillig das unternehmerische Risiko eingehen will, ist es der kreditgebenden Bank grundsätzlich gestattet, ihn ohne Rücksicht auf eine geringe finanzielle Leistungsfähigkeit in die darlehensvertragliche Haftung einzubinden.[681]

Auf Bürgen und Mitverpflichtete, die als **Gesellschafter** für Schulden der Gesellschaft einstehen, **216** finden die Grundsätze über die Sittenwidrigkeit bei krasser finanzieller Überforderung grundsätzlich keine Anwendung. Das gilt auch dann, wenn es sich um einen mit der Geschäftsführung nicht betrauten Minderheitsgesellschafter handelt. Allenfalls bei einer Bagatell- oder Splitterbeteiligung kann eine Ausnahme eingreifen,[682] ebenso wenn der Gesellschafter diese Stellung nur als **Strohmann** für eine dahinterstehende nahestehende Person übernommen hat und dies für das Kreditinstitut klar ersichtlich ist.[683]

Eine finanziell belastende Übernahme einer Mitverpflichtung oder Bürgschaft kann auch auf Grund **217** besonderer erschwerender, dem Kreditinstitut zurechenbarer Umstände sittenwidrig sein, etwa wenn das Kreditinstitut die **geschäftliche Unerfahrenheit** ausnutzt oder die Willensbildung und Entschließungsfreiheit durch **Irreführung,** Schaffung einer **seelischen Zwangslage** oder die Ausübung **unzulässigen Drucks** beeinträchtigt hat. Insbesondere kann in einer **Verharmlosung der Rechtsfolgen** eine Irreführung liegen und zugleich ein besonderer Umstand, der die Sittenwidrigkeit (mit) begründen kann.[684]

Hinsichtlich der **Darlegungs- und Beweislast** bei sittenwidriger finanzieller Überforderung eines **218** Mithaftenden gilt, dass den Tatbestand der finanziellen Überforderung der Mitschuldner, der sich

[676] BGH Urt. v. 14.11.2000 – XI ZR 248/99, BGHZ 146, 37 = NJW 2001, 815 (817).

[677] Vgl. BGH Urt. v. 26.4.1994 – XI ZR 184/95, NJW 1994, 1726 (1727). Zum Stand der Rspr. *Halsenberg* FS Schimansky, 1999, 315 ff.

[678] BGH Urt. v. 14.11.2000 – XI ZR 248/99, BGHZ 146, 37 = NJW 2001, 815 (816); MüKoBGB/*Berger* BGB § 488 Rn. 141.

[679] BGH Urt. v. 14.11.2000 – XI ZR 248/99, BGHZ 146, 37 = NJW 2001, 815 (816 f.); für das Ausreichen grob fahrlässiger Unkenntnis vgl. BGH Urt. v. 6.12.1989 – VIII ZR 310/88, NJW 1990, 567 (568); Palandt/*Ellenberger* BGB § 138 Rn. 8. Noch weitergehend Staudinger/*Blaschczok,* 1997, BGB § 246 Rn. 107, der die bloße Erkennbarkeit genügen lassen will.

[680] Vg. BGH Urt. v. 14.10.2003 – XI ZR 121/03, BGHZ 156, 302 = NJW 2004, 161 (162); Palandt/*Ellenberger* BGB § 138 Rn. 38g; vgl. aber auch BGH Urt. v. 11.9.2018 – XI ZR 380/16, NJW 2018, 3637 Rn. 18 ff.

[681] BGH Urt. v. 25.1.2005 – XI ZR 28/04, NJW 2005, 971 (973).

[682] BGH Urt. v. 10.12.2002 – XI ZR 82/02, NJW 2003, 967 (968).

[683] BGH Urt. v. 18.12.1997 – IX ZR 271/96, BGHZ 137, 329 (336 f.) = NJW 1998, 597 (599); Urt. v. 15.1.2002 – XI ZR 98/01, NJW 2002, 956; Urt. v. 28.5.2002 – XI ZR 199/01, NJW 2002, 2634 (2635); MüKoBGB/*Berger* BGB § 488 Rn. 144.

[684] BGH Urt. v. 28.5.2002 – XI ZR 199/01, NJW 2002, 2634 (2635 f.); *Nobbe/Kirchhof* BKR 2001, 5 (15); MüKoBGB/*Berger* BGB § 488 Rn. 143.

darauf beruft, darzulegen und zu beweisen hat.[685] Ist streitig, ob der Angehörige Mithaftender oder Mitdarlehensnehmer ist, trägt der Darlehensgeber die Beweislast, jedoch kann nach den Grundsätzen der sekundären Darlegungslast insoweit eine Erleichterung eintreten. So hat der dem Wortlaut nach Mithaftende darzulegen, dass der Kredit ihm von Anfang an weder ganz noch teilweise zugute kommen sollte.[686] Steht die krasse finanzielle Überforderung fest, besteht eine tatsächliche Vermutung dafür, dass sich der **Angehörige** als Mitschuldner bei der Übernahme der Haftung nicht von einer realistischen Einschätzung des wirtschaftlichen Risikos, sondern von einer emotionalen Bindung an den Angehörigen hat leiten lassen,[687] und dass die Bank dies in sittenwidriger Weise ausgenutzt hat.[688] Die Bank muss diese Vermutung widerlegen.[689] Sie muss darlegen und beweisen, dass ihre Interessenlage die Mitverpflichtung sachlich rechtfertigt. Zu den Voraussetzungen einer widerleglichen Vermutung bei der Übernahme einer krass überfordernden **Arbeitnehmerbürgschaft** für einen in Not befindlichen Arbeitgeber in Zeiten hoher Arbeitslosigkeit vgl. die obigen Ausführungen.

219   **3. Knebelung.** Die Sittenwidrigkeit des Darlehensvertrages kann auch dadurch begründet sein, dass der Darlehensnehmer einer zu missbilligenden **Knebelung** ausgesetzt wird. Eine sittenwidrige Knebelung liegt vor, wenn die wirtschaftliche Entfaltung einer Vertragspartei in einem Maße beschnitten wird, dass diese ihre Selbstständigkeit und wirtschaftliche Entschließungsfreiheit ganz oder in einem wesentlichen Teil einbüßt.[690] Da drückende Vertragsbedingungen im Wesentlichen von der Fallgruppe des wucherähnlichen Kreditgeschäfts aufgefangen werden, bleiben insoweit Tatbestände übrig, die davon nicht erfasst sind. Eine knebelnde **Sicherungsabrede** kann auf die Wirksamkeit des Darlehensvertrages durchschlagen.[691]

220   **4. Sittenwidriger Verwendungszweck.** Schließlich kann die Sittenwidrigkeit des Darlehensvertrags aus einem sittenwidrigen Verwendungszweck folgen, sei es, dass das Darlehen für gesetzwidrige, sei es, dass es für ethisch missbilligte Zwecke gewährt wird. So sind etwa Darlehen, die der verbotenen Ausbeutung von Prostituierten nach § 180a StGB dienen, als sittenwidrig beurteilt worden.[692] Sittenwidrig ist ferner ein Darlehen, das zur Bestechung hingegeben wird.[693] In Betracht kommen insoweit auch Darlehen für Geschäfte, mit denen gegen ausländische Embargo-, Ausfuhr-, Zoll- oder Devisenvorschriften verstoßen wird.[694] Sittenwidrig ist ferner ein Darlehen, das zu Spielzwecken gewährt wird, wenn der Darlehensgeber von eigennützigen Beweggründen geleitet wird, er es aus eigenem Gewinnstreben gewährt und es sich für den Darlehensnehmer um bedeutende Summen handelt. Das gilt auch beim Spiel in einer konzessionierten Spielbank.[695]

221   Zu beachten ist, dass bei einem sittenwidrigen Verhalten gegenüber der Allgemeinheit oder gegenüber Dritten § 138 BGB nur eingreift, wenn alle Beteiligten auch subjektiv sittenwidrig handeln.[696]

222   **5. Rechtsfolgen.** Die Rechtsfolgen eines wegen Sittenwidrigkeit nichtigen Darlehensvertrags richten sich nach Bereicherungsrecht (§§ 812 ff. BGB).

223   Hat die **Bank** die Darlehensvaluta ausgezahlt, dann hat sie gegen den Darlehensnehmer einen **Anspruch auf Rückgewähr des Nettokreditbetrages**.[697] Handelt es sich um Gesamtschuldner, so ist nur derjenige der Gesamtschuldner zur Rückzahlung verpflichtet, dem das Kapital zugeflossen ist oder der daran eine eigene Berechtigung erworben hat; der andere ist nicht bereichert.[698] Der Darlehensnehmer ist auch dann nicht bereichert, wenn das Darlehen teilweise an einen Kreditvermittler zur Begleichung von Vermittlungsgebühren geflossen und der Vermittlungsvertrag ebenfalls nichtig war.[699]

224   Der Darlehensnehmer kann sich auf den **Wegfall der Bereicherung** (§ 818 Abs. 3 BGB) nicht berufen. Selbst wenn er den Mangel des Rechtsgrundes beim Darlehensempfang nicht kennt, so weiß er doch, dass er das Darlehenskapital auf Dauer nicht behalten darf. Das reicht für die Anwendung des

---

[685] BGH Urt. v. 24.11.1992 – XI ZR 98/92, BGHZ 120, 272 (275 f.) = NJW 1995, 322 (323); MüKoBGB/*Berger* BGB § 488 Rn. 142.

[686] BGH Urt. v. 16.12.2008 – XI ZR 454/07, WM 2009, 645 (647), Palandt/*Ellenberger* BGB § 138 Rn. 38a.

[687] BGH Urt. v. 14.11.2000 – XI ZR 248/99, BGHZ 146, 37 = NJW 2001, 815 (817).

[688] BGH Urt. v. 14.11.2000 – XI ZR 248/99, BGHZ 146, 37 = NJW 2001, 815 (817).

[689] Vgl. BGH Urt. v. 14.11.2000 – XI ZR 248/99, BGHZ 146, 37 = NJW 2001, 815 (817).

[690] BGH Urt. v. 7.1.1993 – IX ZR 199/91, NJW 1993, 1587 (1588); MüKoBGB/*Berger* BGB § 488 Rn. 122.

[691] MüKoBGB/*Berger* BGB § 488 Rn. 122; *Pamp* in Schimansky/Bunte/Lwowski BankR-HdB § 82 Rn. 143.

[692] BGH Urt. v. 15.3.1990 – III ZR 248/88, NJW-RR 1990, 750 f.

[693] MüKoBGB/*Berger* BGB § 488 Rn. 104.

[694] *Pamp* in Schimansky/Bunte/Lwowski BankR-HdB § 82 Rn. 134.

[695] BGH Urt. 8.10.1991 – XI ZR 238/90, NJW 1992, 316; MüKoBGB/*Berger* BGB § 488 Rn. 105; *Pamp* in Schimansky/Bunte/Lwowski BankR-HdB § 82 Rn. 135.

[696] BGH Urt. v. 6.12.1989 – VIII ZR 310/88, NJW 1990, 567 (568); Urt. v. 23.2.2005 – VIII ZR 129/04, NJW 2005, 1490 (1491); Palandt/*Ellenberger* BGB § 138 Rn. 8.

[697] BGH Urt. v. 2.12.1982 – III ZR 90/81, NJW 1983, 1420 (1422); Urt. v. 17.1.1995 – XI ZR 225/93, NJW 1995, 1152 f.; MüKoBGB/*Berger* BGB § 488 Rn. 125.

[698] BGH Urt. v. 8.7.1982 – III ZR 60/81, NJW 1982, 2433 (2436); MüKoBGB/*Berger* BGB § 488 Rn. 127.

[699] BGH Urt. v. 19.2.1991 – XI ZR 319/89, NJW 1991, 1810 (1811); MüKoBGB/*Berger* BGB § 488 Rn. 125.

§ 819 BGB aus, der dem bösgläubigen Empfänger einer rechtsgrundlos erhaltenen Leistung nicht gestattet, sich darauf zu berufen, nicht mehr bereichert zu sein.[700] Dem **Geschäftsunfähigen** fehlt hingegen die Bösgläubigkeit, sodass er sich auf den Wegfall der Bereicherung berufen kann und ihn die verschärfte Haftung nicht trifft.[701]

Die Vorschrift des **§ 817 S. 2 BGB,** die bestimmt, dass die Rückforderung der Leistung aus-   **225** geschlossen ist, wenn dem Leistenden ein Sittenverstoß zur Last fällt, falls nicht die Leistung in der Eingehung einer Verbindlichkeit bestand, stellt eine restriktiv zu handhabende Ausnahmevorschrift dar, die in verschiedener Hinsicht Einschränkungen und Korrekturen unterliegt. In **subjektiver Hinsicht** setzt ihre Anwendung voraus, dass der Leistende entweder **bewusst** gegen das gesetzliche Verbot verstoßen oder er sich zumindest **leichtfertig** der Einsicht in den Gesetzesverstoß hat,[702] weil nur ein derartiges Verschulden es überhaupt rechtfertigen kann, den Rechtsschutz zu verweigern. Bei einem wucherähnlichen Rechtsgeschäft ist diese Voraussetzung auf seiten der Bank zwar regelmäßig erfüllt. Das Darlehenskapital darf der Darlehensnehmer gleichwohl auch dann nicht behalten, weil eine „Leistung" iSd § 817 S. 2 BGB nur vorliegt, wenn die Zuwendung nach dem nichtigen Vertragsverhältnis **endgültig** in das Vermögen des Empfängers übergehen sollen.[703] Das ist beim Darlehen nicht der Fall, weil das Darlehenskapital von vorherein nur zu zeitlich begrenzter Nutzung überlassen wird. § 817 S. 2 BGB wirkt sich deshalb nur dahin aus, dass der Darlehensgeber dem Darlehensnehmer das Kapital für die (rechtsunwirksam) vereinbarte Zeit überlassen muss, ohne dass er von jenem gem. § 818 BGB eine **Verzinsung** als Wertersatz für die Kapitalnutzung fordern könnte.[704] Anderenfalls liefe der Wucherer kein Risiko, weil ihm sonst auf jeden Fall der übliche Zinssatz zugebilligt werden müsste.[705] Zinsen kann der Darlehensgeber jeweils erst nach Fälligkeit der einzelnen Bereicherungsraten verlangen, und zwar in Höhe von 4% gem. §§ 819 Abs. 1, 818 Abs. 4, 291, 288 Abs. 1 S. 2 BGB oder auch darüber hinausgehend als Verzugsschaden (§§ 280 Abs. 2, 286, 288 BGB), wofür aber grundsätzlich eine Inverzugsetzung nach Fälligkeit (vgl. § 286 Abs. 1, 2 BGB) erforderlich sein wird.[706] Ausgeschlossen kann die Rückforderung des Darlehenskapitals ausnahmsweise dann sein, wenn die Förderung des von der Rechtsordnung missbilligten Zwecks von vornherein mit einem dem Darlehensgeber bekannten Risiko verbunden war, dieses sich verwirklicht und für den Darlehensnehmer zum Verlust des Kapitals geführt hat.[707] Das wird angenommen, wenn der Spieler das zu Spielzwecken hingegebene Darlehen verspielt hat.

War in dem (nichtigen) Vertrag eine **Vorfälligkeitsklausel** enthalten, deren Voraussetzungen durch   **226** Nichtzahlung der Bereicherungsraten erfüllt werden, dann ist der Darlehensnehmer zur sofortigen Rückführung des gesamten Darlehenskapitals verpflichtet, sofern jene Klausel ansonsten keinen Bedenken begegnet, denn die Rückzahlungsmodalitäten sollen sich gegenüber dem nichtigen Vertrag nur nicht verschlechtern.[708] Eine solche Klausel kann jedoch im bereicherungsrechtlichen Rückabwicklungsverhältnis dann nicht berücksichtigt werden, wenn sie isoliert unwirksam wäre oder als drückende Bedingung zum Unwerturteil der Sittenwidrigkeit beigetragen hat.[709] Der Darlehensgeber kann jedoch, wenn der Darlehensnehmer mit den Bereicherungsraten in Verzug gerät, die Pflicht zur sofortigen Rückzahlung des gesamten restlichen Darlehenskapitals durch den Ausspruch einer **außerordentlichen Kündigung** herbeiführen, weil sich der Darlehensnehmer auch bei wirksamem Vertrag in keiner vorteilhafteren Lage befunden hätte.[710]

Hat der Darlehensgeber eine **Restschuldversicherungsprämie** auf eine für den Darlehensnehmer   **227** abgeschlossene Versicherung an den Versicherer abgeführt, dann hat der Darlehensnehmer durch

---

[700] BGH Urt. v. 25.3.1982 – VII ZR 60/81, BGHZ 83, 293 (295) = NJW 1985, 1585 (1586 f.); Urt. v. 12.11.1984 – II ZR 96/84, NJW 1985, 1828 (1829); Urt. v. 17.1.1995 – XI ZR 225/93, NJW 1995, 1152 (1153); MüKoBGB/*Berger* BGB § 488 Rn. 127.

[701] KG Urt. v. 13.3.1998 – 17 U 9667/97, NJW 1998, 2911; MüKoBGB/*Berger* BGB § 488 Rn. 127; Palandt/ *Sprau* BGB § 819 Rn. 4.

[702] BGH Urt. v. 2.12.1982 – III ZR 90/81, NJW 1983, 1420 (1423); Urt. v. 15.6.1989 – III ZR 9/88, NJW 1989, 3217 (3218); Urt. v. 15.6.1993 – XI ZR 172/92, NJW 1993, 2108; Urt. v. 23.2.2005 – VIII ZR 129/04, NJW 2005, 1490 (1491).

[703] BGH Urt. v. 23.10.1958 – VII ZR 169/57, BGHZ 28, 255 (257) = NJW 1959, 143 (144); Urt. v. 29.11.1993 – II ZR 107/92, NJW-RR 1994, 291 (293).

[704] BGH Urt. v. 2.12.1982 – III ZR 90/81, NJW 1983, 1420 (1423); Urt. v. 15.6.1989 – III ZR 9/88, NJW 1989, 3217 (3218); Urt. v. 15.6.1993 – XI ZR 172/92, NJW 1993, 2108; MüKoBGB/*Berger* BGB § 488 Rn. 126; *Pamp* in Schimansky/Bunte/Lwowski BankR-HdB § 82 Rn. 147; für Zubilligung eines marktüblichen Zinses *Bunte* NJW 1983, 2674 (2676).

[705] BGH Urt. v. 2.12.1982 – III ZR 90/81, NJW 1983, 1420 (1423).

[706] BGH Urt. v. 15.6.1989 – III ZR 9/88, NJW 1989, 3217 (3218); *Pamp* in Schimansky/Bunte/Lwowski BankR-HdB § 82 Rn. 152.

[707] BGH Urt. v. 17.1.1995 – XI ZR 225/93, NJW 1995, 1152 (1153); MüKoBGB/*Berger* BGB § 488 Rn. 126; *Pamp* in Schimansky/Bunte/Lwowski BankR-HdB § 82 Rn. 148.

[708] BGH Urt. v. 29.6.1979 – III ZR 156/77, NJW 1979, 2089 (2091).

[709] *Pamp* in Schimansky/Bunte/Lwowski BankR-HdB § 82 Rn. 153.

[710] OLG Düsseldorf Urt. v. 11.4.1989 – 24 U 287/88, NJW-RR 1989, 1390 f.; *Bülow*, Konsumentenkredit, 3. Aufl. 1997, Rn. 333.

Leistung des Darlehensgebers Versicherungsschutz und damit einen rechtlichen Vorteil erlangt, wenn die Versicherung, wovon mangels abweichender Umstände im Allgemeinen auszugehen ist, auch bereicherungsrechtliche Ansprüche des Darlehensgebers umfasst. Den Wert dieses Vermögensvorteils muss der Darlehensnehmer gem. §§ 812 Abs. 1, 818 Abs. 2 BGB ersetzen, jedoch nur im Umfang der Hälfte einer angemessenen Prämie, weil die Versicherung auch einen etwa gleichgewichtigen Wert für den Darlehensgeber als zusätzliche Sicherung besitzt.[711] Ersatz von **Kreditvermittlungskosten** steht dem Darlehensgeber nicht zu.[712]

228 Der **Darlehensnehmer** kann vom Darlehensgeber sämtliche Leistungen aus ungerechtfertigter Bereicherung herausverlangen, die über das Nettodarlehenskapital und die hälftigen angemessenen Kreditversicherungsprämien hinausgehen.[713] Dazu zählen gezahlte **Zinsen**,[714] ein **Disagio**,[715] **Bearbeitungsentgelte**,[716] **Vermittlungsentgelte**,[717] überhaupt alle sonstigen **Kosten,** sowie eine **Restschuldversicherungsprämie,** soweit sie die hälftige angemessene Prämie übersteigt.[718] Der Darlehensnehmer kann alle rechtsgrundlos geleisteten Zahlungen sofort verlangen.[719] Die Verpflichtung zur Herausgabe erstreckt sich ferner auf die gezogenen **Nutzungen** (§ 818 Abs. 1 und 2 BGB). Bei einem gegen eine Bank gerichteten Bereicherungsanspruch auf Zahlung einer Geldsumme ist zu vermuten, dass mit dem Geld ein wirtschaftlicher Vorteil gezogen wurde.[720] Unter den Voraussetzungen der §§ 292, 818 Abs. 4, 819 BGB besteht ferner ein Anspruch auf Nutzungen, die schuldhaft nicht gezogen wurden. Der Höhe nach wird er bei einer Bank mangels anderer Angaben auf 5 % über dem Basiszinssatz zu bemessen sein.[721]

229 Stehen sich Bereicherungsansprüche des Darlehensgebers auf das Kapital und des Darlehensnehmers auf Rückzahlung von Zinsen und Kosten gegenüber, dann tritt **keine automatische Verrechnung** ein. Die Saldotheorie ist nicht anwendbar, weil dadurch dem Darlehensnehmer das Recht genommen würde, das Kapital nur in der vereinbarten zeitlichen Abfolge zurückzuzahlen.[722] Die Parteien können allerdings wechselseitig **aufrechnen,** wobei die Aufrechnung auch konkludent, etwa durch Vornahme einer Verrechnung, erklärt werden kann. Mit einem noch nicht fälligen Anspruch auf Kapitalrückzahlung ist dem Darlehensgeber die Aufrechnungsmöglichkeit allerdings nicht eröffnet; derartige Ansprüche muss er bei Fälligkeit gesondert geltend machen.[723] Hingegen kann der Darlehensnehmer mit seinen Ansprüchen seinerseits gegen den nicht fälligen, aber erfüllbaren Anspruch des Darlehensgebers aufrechnen, und zwar unter den Voraussetzungen des § 215 BGB auch, wenn sein Anspruch zwischenzeitlich verjährt ist.[724]

230 Hat der Darlehensgeber einen **rechtskräftigen Titel** über einen sittenwidrigen Darlehensanspruch erlangt, dann kann dagegen im Interesse der **Rechtssicherheit** grundsätzlich nicht mehr erfolgreich vorgegangen werden.[725] Das gilt auch bei Versäumnisurteilen, bei denen eine Schlüssigkeitsprüfung stattfindet.[726] Eine Überwindung der Rechtskraft ist bei Urteilen im Klageverfahren nur unter besonderen Umständen möglich, etwa wenn ein Rechtsmittelverzicht mit anstößigen Mitteln bewirkt worden ist.[727] Ein Eingreifen ist zulässig, wenn der Gläubiger die Rechtskraft des Titels durch eine rechts- oder sittenwidrige Handlung im Bewusstsein seiner Unrichtigkeit erwirkt hat, oder allenfalls in

[711] BGH Urt. v. 2.12.1982 – II ZR 90/81, NJW 1983, 1420 (1422); Urt. v. 30.6.1983 – III ZR 114/82, NJW 1983, 2692 (2693 f.); *Pamp* in Schimansky/Bunte/Lwowski BankR-HdB § 82 Rn. 150.

[712] BGH Urt. v. 30.6.1983 – III ZR 114/82, NJW 1983, 2692 (2693); Urt. v. 13.3.1990 – XI ZR 252/89, BGHZ 110, 336 (342) = NJW 1990, 1595 (1597); *Pamp* in Schimansky/Bunte/Lwowski BankR-HdB § 82 Rn. 150; *Bülow,* Konsumentenkredit, 3. Aufl. 1997, Rn. 333a.

[713] MüKoBGB/*Berger* BGB § 488 Rn. 128; *Pamp* in Schimansky/Bunte/Lwowski BankR-HdB § 82 Rn. 155.

[714] BGH Urt. v. 30.6.1983 – III ZR 114/82, NJW 1983, 2692 (2693).

[715] *Pamp* in Schimansky/Bunte/Lwowski BankR-HdB § 82 Rn. 155.

[716] BGH Urt. v. 30.6.1983 – III ZR 114/82, NJW 1983, 2692 (2693); MüKoBGB/*Berger* BGB § 488 Rn. 128; *Pamp* in Schimansky/Bunte/Lwowski BankR-HdB § 82 Rn. 155.

[717] BGH Urt. v. 19.2.1991 – XI ZR 319/89, NJW 1991, 1810 (1811); MüKoBGB/*Berger* BGB § 488 Rn. 128; *Pamp* in Schimansky/Bunte/Lwowski BankR-HdB § 82 Rn. 155.

[718] MüKoBGB/*Berger* BGB § 488 Rn. 128; *Pamp* in Schimansky/Bunte/Lwowski BankR-HdB § 82 Rn. 155 *Bülow,* Konsumentenkredit, 3. Aufl. 1997, Rn. 339.

[719] Vgl. BGH Urt. v. 15.1.1987 – III ZR 217/85, BGHZ 99, 333 (338) = NJW 1987, 944 (945); *Bülow,* Konsumentenkredit, 3. Aufl. 1997, Rn. 339.

[720] MüKoBGB/*Berger* BGB § 488 Rn. 128; *Pamp* in Schimansky/Bunte/Lwowski BankR-HdB § 82 Rn. 156; *Bülow,* Konsumentenkredit, 3. Aufl. 1997, Rn. 346.

[721] Vgl. BGH Urt. v. 12.5.1998 – XI ZR 79/97, NJW 1998, 2529 (2530 f.); vgl. aber auch BGH Urt. v. 12.7.2016 – XI ZR 564/15, BGHZ 211, 123 Rn. 58 = NJW 2016, 3512.

[722] MüKoBGB/*Berger* BGB § 488 Rn. 129; *Bülow,* Konsumentenkredit, 3. Aufl. 1997, Rn. 342; vgl. BGH Urt. v. 2.10.1986 – III ZR 163/85, NJW 1987, 181 (182).

[723] MüKoBGB/*Berger* BGB § 488 Rn. 129.

[724] BGH Urt. v. 2.10.1986 – III ZR 163/85, NJW 1987, 181 (182); *Bülow,* Konsumentenkredit, 3. Aufl. 1997, Rn. 343.

[725] *Bülow,* Konsumentenkredit, 3. Aufl. 1997, Rn. 388.

[726] Vgl. BGH Urt. v. 1.2.1994 – XI ZR 105/93, NJW 1994, 1056, 1057; *Bülow,* Konsumentenkredit, 3. Aufl. 1997, Rn. 390.

[727] BGH Urt. v. 1.2.1994 – XI ZR 105/93, NJW 1994, 1056, 1057.

solchen **Extremfällen,** in denen die Ausnutzung des auf Grund der Sittenwidrigkeit unrichtigen Urteils in nicht mehr erträglicher Weise gegen das Rechtsgefühl verstoßen würde.[728] Stellt das BVerfG fest, dass die Auslegung einer Norm früher nicht verfassungskonform erfolgte oder zivilrechtliche Generalklauseln und unbestimmmte Rechtsbegriffe nicht grundrechtskonform typisiert worden sind, wie bei den Maßstäben zur finanziellen Überforderung mithaftender nahestehender Angehöriger, dann bleiben nach früherem Rechtsverständnis ergangene rechtskräftige Entscheidungen zwar als solche bestehen, jedoch kann ihre Vollstreckbarkeit in entsprechender Anwendung der § 79 BVerfGG, § 767 ZPO durch Vollstreckungsabwehrklage beseitigt werden.[729]

Bei im Mahnverfahren ergangenen rechtskräftigen **Vollstreckungsbescheiden** sind für eine Rechts- **231** kraftdurchbrechung mit Hilfe des § 826 BGB weniger hohe Hürden zu überwinden, was auf die Besonderheiten dieser Verfahrensart zurückzuführen ist, in der eine Schlüssigkeitsprüfung grundsätzlich nicht stattfindet und der Gläubiger mit seinen Angaben den Titel allein bestimmt.[730] Besondere Umstände, die die Sittenwidrigkeit der Vollstreckung begründen können, können darin liegen, dass der Gläubiger einen Vollstreckungsbescheid über einen Anspruch aus einem sittenwidrigen Ratenkredit erwirkt hat, obwohl er nach dem damaligen Stand der Rspr. zur Sittenwidrigkeit von Ratenkrediten hätte erkennen können, dass der aus dem Kreditvertrag hergeleitete Anspruch bei Geltendmachung im Wege der Klage bereits an der gerichtlichen Schlüssigkeitsprüfung hätte scheitern müssen. Das gilt auch in Bezug auf die Grundsätze über die Sittenwidrigkeit der Mithaft nahestehender Personen.[731] Nicht ausreichend ist es, wenn der Gläubiger die Kenntnis der materiellen Unrichtigkeit erst nachträglich im Prozess erwirbt.[732] Mangels Schutzbedürftigkeit ist ein Anspruch aus § 826 BGB auch dann ausgeschlossen, wenn der Darlehensnehmer bereits im Mahnverfahren **anwaltlich vertreten** war.[733]

Im **Mahnverfahren** ist bereits eine Kontrolle eingerichtet, die vor dem Erlass unrichtiger Vollstre- **232** ckungsbescheide schützen soll. Gemäß § 688 Abs. 2 Nr. 1 ZPO findet das Mahnverfahren für Ansprüche eines Unternehmers aus einem Verbraucherdarlehensvertrag (§§ 491–508 BGB) nicht statt, wenn der gem. § 492 Abs. 2 BGB anzugebende effektive Jahreszins den bei Vertragsschluss geltenden Basiszinssatz nach § 247 BGB um mehr als zwölf Prozentpunkte übersteigt. Der Mahnantrag muss bei derartigen Ansprüchen Angaben über das Datum des Vertragsschlusses und den gem. § 492 Abs. 2 BGB anzugebenden effektiven Jahreszins enthalten (§ 690 Abs. 1 Nr. 3 ZPO). Der Antrag auf Erlass des Mahnbescheids, der diesen Vorschriften nicht entspricht, ist zurückzuweisen (§ 691 Abs. 1 S. 1 Nr. 1 ZPO).

Zu beachten ist, dass der Anspruch die Vollstreckung aus dem unrichtigen Titel **nur in dem** **233** **Umfang** ausschließt, in dem ihm auf Grund der Sittenwidrigkeit die materielle Grundlage fehlt; in Höhe des auch bei Sittenwidrigkeit zurückzuzahlenden Darlehenskapitals bleibt die rechtskräftige Entscheidung vollstreckbar.[734]

VI. Besondere Kreditformen

1. Kontokorrentkredit. Der Kontokorrentkredit ist eine der am häufigsten vorkommenden For- **234** men des Zahlungskredits, der seine Verbreitung dem Bedürfnis verdankt, einen bestimmten Kreditrahmen immer wieder flexibel ausschöpfen und nach Belieben zurückführen zu können. Er passt sich der jeweiligen Finanzlage des Kreditnehmers geschmeidig an und eignet sich vor allem für den Zahlungsverkehr, da kurzfristig auftretende Divergenzen zwischen eigenen Zahlungsverpflichtungen und Außenständen überbrückt werden können, ohne Darlehen mit festen Laufzeiten aufnehmen zu müssen.[735] Aus diesem Grunde ist der Kontokorrentkredit sowohl beim gewerblichen Kredit (Betriebsmittelkredit) als auch im Privatkundengeschäft (Dispositionskredit) häufig anzutreffen.

Kennzeichnend für den Kontokorrentkredit ist, dass der Kredit über ein **im Kontokorrent geführ-** **235** **tes Konto** abgewickelt wird. Es finden daher sowohl die allgemeinen Vorschriften über das Konto (Geschäftsbesorgungsvertrag, §§ 675, 675c Abs. 1, 611 BGB, bzw. Zahlungsdiensterahmenvertrag, § 675f Abs. 2 BGB) als auch die besonderen Vorschriften über das Kontokorrent (§§ 355 ff. HGB) neben den Bestimmungen über den Kredit (§§ 488 ff. BGB) Anwendung.[736]

---

[728] BGH Urt. v. 24.9.1987 – III ZR 187/86, BGHZ 101, 380 (386) = NJW 1987, 3256 (3258); MüKoBGB/ *Berger* BGB § 488 Rn. 134; *Bülow,* Konsumentenkredit, 3. Aufl. 1997, Rn. 385. Eine Überschreitung des Marktzinses um 200 % reicht dafür jedenfalls nicht, vgl. MüKoBGB/*Berger* BGB § 488 Rn. 134; *Bülow,* Konsumentenkredit, 3. Aufl. 1997, Rn. 386; *Pamp* in Schimansky/Bunte/Lwowski BankR-HdB § 82 Rn. 166.

[729] BVerfG Beschl. v. 6.12.2005 – 1 BvR 1905/02, BVerfGE 155, 51 = WM 2006, 23 unter Aufhebung des BGH-Urteils v. 11.7.2002 – IX ZR 326/99, BGHZ 151, 316 = NJW 2002, 2941 (2943).

[730] BGH Urt. v. 24.9.1987 – III ZR 187/86, BGHZ 101, 380 (386) = NJW 1987, 3256 (3258).

[731] MüKoBGB/*Berger* BGB § 488 Rn. 135.

[732] BGH Urt. v. 4.5.1993 – XI ZR 9/93, NJW-RR 1993, 1013 (1014).

[733] BGH Urt. v. 24.9.1987 – III ZR 264/86, NJW 1987, 3259 (3260); *Pamp* in Schimansky/Bunte/Lwowski BankR-HdB § 82 Rn. 176.

[734] BGH Urt. v. 15.12.1988 – III ZR 195/87, NJW-RR 1989, 622 ff.; Urt. v. 1.2.1994 – XI ZR 105/93, NJW 1994, 1056, 1057; *Pamp* in Schimansky/Bunte/Lwowski BankR-HdB § 82 Rn. 177.

[735] *Canaris* BankvertragsR Rn. 1348.

[736] MüKoBGB/*Berger* BGB Vor § 488 Rn. 52; Baumbach/Hopt/*Hopt* Bankgeschäfte Rn. G 20; *Canaris* BankvertragsR Rn. 1353; *Früh/Müller-Arends* in Hellner/Steuer BuB Rn. 3/194.

236   Üblicherweise wird dem Kunden auf dem Konto ein bestimmter **Kreditrahmen** zur Verfügung gestellt, der beliebig häufig in Anspruch genommen werden kann **(revolvierender Kredit).** Da keine Pflicht zur Inanspruchnahme besteht, handelt es sich um einen **Krediteröffnungsvertrag.**[737] Praktisch wird der Kontokorrentkredit buchungsmäßig nahezu ausschließlich in der Weise durchgeführt, dass die Bank einen Rahmen angibt, bis zu dem das Konto ins Debet gehen darf **(Einkontenmethode).** Stattdessen kann auch die Kreditsumme auf dem Kontokorrentkonto gutgeschrieben und diese auf einem besonderen Darlehenssonderkonto belastet werden **(Zweikontenmethode),**[738] ohne dass sich die rechtliche Beurteilung als Krediteröffnungsvertrag dadurch veränderte.

237   Von der Inanspruchnahme eines Kontokorrentkredits ist die **Überziehung** einer Kontokorrentkreditlinie zu unterscheiden.[739] Zur begrifflichen Unschärfe trägt bei, dass auch die Inanspruchnahme eines Dispositionskredits durch den Kunden als „Überziehung" bezeichnet zu werden pflegt. Für Dispositionskredite auf einem laufenden Konto eines Verbrauchers sind in § 504 BGB iVm Art. 247 § 16 EGBGB erleichternde Voraussetzungen insbesondere hinsichtlich der Schriftform und der erforderlichen Angaben geschaffen. Für geduldete Überziehungen trifft § 505 Abs. 2 BGB iVm Art. 247 § 17 EGBGB eine Sonderregelung.

238   Bei Dispositionskrediten für Privatkunden tritt die Besonderheit auf, dass die Bank von sich aus, etwa durch Ausdruck auf dem Kontoauszug, einseitig eine Kreditlinie anbietet. Ein Krediteröffnungsvertrag kommt in diesem Fall erst dadurch zustande, dass der Kunde das Angebot durch Inanspruchnahme des Kredits stillschweigend annimmt.[740]

239   Die **geduldete Überziehung** ohne vorheriges Einverständnis kann sich rechtlich unterschiedlich darstellen. Toleriert die Bank eine Kreditausweitung durch Ausführung von Aufträgen, kommt **konkludent** ein **Darlehensvertrag** zustande.

240   Die **Auszahlung** des Kredits liegt in der Inanspruchnahme auf dem laufenden Konto.[741] Dadurch, dass die Bank buchungstechnisch die seltene Zweikontenmethode anwendet, wird dieser Zeitpunkt nicht vorverlegt.[742]

241   Eine **Bereitstellungsprovision** wird üblicherweise nicht berechnet, jedoch ist eine derartige Vereinbarung möglich und kommt, etwa bei langfristigen Stand-by-Linien, auch vor.[743]

242   Der Kontokorrentkredit ist, wenn keine besonderen Abreden über eine Laufzeit, wie in der Regel beim Betriebsmittelkredit, getroffen sind, sondern er, wie beim Dispositionskredit, auf unbestimmte Zeit eingeräumt ist, von der Bank jederzeit ohne Einhaltung einer Kündigungsfrist **kündbar** (Nr. 19 Abs. 2 AGB-Banken). Zwischen Krediteröffnungsvertrag, Zahlungsdiensterahmenvertrag und Kontokorrentabrede besteht keine unlösbare Verknüpfung, sodass damit nicht zwangsläufig auch die anderen Verhältnisse enden.[744] Im Einzelfall kann jedoch auch Abweichendes gewollt sein. Für eine einheitliche Kündigung kann es sprechen, wenn das Kontokorrentkonto speziell für den Kontokorrentkredit eingerichtet worden ist.[745] Die kündigende Bank will sich in aller Regel aber die Möglichkeit erhalten, die Rückzahlung des Kredits und die Zinsen im Kontokorrentverhältnis abzuwickeln.

243   Hinsichtlich der **Auswirkungen der Kontokorrentabrede** wird auf die Kommentierung zu §§ 355 ff. verwiesen.

244   **2. Lombardkredit.** Beim Lombardkredit handelt es sich um ein Gelddarlehen, das durch Verpfändung beweglicher Sachen oder Rechte oder durch deren Sicherungsübereignung/-zession gesichert ist.[746] Früher wurde beim Lombardkredit ausschließlich auf das Sicherungsmittel der Verpfändung abgestellt, das aber in der Praxis zunehmend gegenüber sicherheitshalber erfolgten Vollrechtsübertragungen (Sicherungsübereignung, Sicherungszession) an Bedeutung verloren hat, sodass eine diese einbeziehende Begriffsbestimmung geboten erscheint (Lombardgeschäft „im weiteren Sinne").[747] Ein engeres Verständnis lag der am 29.4.2002 außer Kraft getretenen Fassung des § 19 Abs. 1 Nr. 3 BBankG zugrunde, der Lombardkredite als „verzinsliche Darlehen gegen Pfänder" definierte.

---

[737] Baumbach/Hopt/*Hopt* Bankgeschäfte Rn. G/20; *Canaris* BankvertragsR Rn. 1350 („Unterfall"); MüKoBGB/ *Berger* BGB Vor § 488 Rn. 52; *Pamp* in Schimansky/Bunte/Lwowski BankR-HdB § 75 Rn. 10; modifizierend *Früh/Müller-Arends* in Hellner/Steuer BuB Rn. 3/193 (nur an den Krediteröffnungsvertrag angelehnt); anders: OLG Düsseldorf Urt. v. 19.2.1986 – 17 U 132/84, WM 1987, 341 (342) (Darlehen).

[738] *Canaris* BankvertragsR Rn. 1348; *Früh/Müller-Arends* in Hellner/Steuer BuB Rn. 3/192.

[739] Vgl. *Pamp* in Schimansky/Bunte/Lwowski BankR-HdB § 75 Rn. 25 ff.

[740] *Früh/Müller-Arends* in Hellner/Steuer BuB Rn. 3/195; vgl. *Pamp* in Schimansky/Bunte/Lwowski BankR-HdB § 75 Rn. 27; abweichend MüKoBGB/*Berger* BGB Vor § 488 Rn. 52: kein Krediteröffnungsvertrag, sondern sogleich typischer Gelddarlehensvertrag.

[741] *Früh/Müller-Arends* in Hellner/Steuer BuB Rn. 3/199.

[742] *Canaris* BankvertragsR Rn. 1319, 1357; aA *Früh/Müller-Arends* in Hellner/Steuer BuB Rn. 3/199.

[743] *Früh/Müller-Arends* in Hellner/Steuer BuB Rn. 3/201.

[744] BGH Beschl. v. 18.12.1986 – III ZR 56/86, WM 1987, 342 (343).

[745] Vgl. *Früh/Müller-Arends* in Hellner/Steuer BuB Rn. 3/207.

[746] Baumbach/Hopt/*Hopt* Bankgeschäfte Rn. G/21.

[747] *Früh/Müller-Arends* in Hellner/Steuer BuB Rn. 3/234.

Der Lombardkredit ist ein **Realkredit,** jedoch unter Ausschluss des Immobiliarkredits. Er kommt in **245**
der Form vor, dass der Kredit dem Kreditnehmer in einer Summe zur Verfügung gestellt und (in einer
Summe oder Teilbeträgen) zurückzuzahlen ist (**„echter Lombardkredit"),** wird jedoch wegen
größerer Flexibilität heute ganz überwiegend in Form eines Kontokorrentkredits gewährt (**„unechter
Lombardkredit").**[748]

Nach der Art des Sicherungsguts hat der **Effektenlombard** Bedeutung als Kreditgrundlage im **246**
Verhältnis des Kunden zur Bank und der Banken untereinander. Früher bildete er auch ein Mittel der
Refinanzierung der Kreditinstitute bei der Deutschen Bundesbank (vgl. § 19 Abs. 1 Nr. 3 BBankG
aF). Diese hatten die Möglichkeit, sich zur Überbrückung vorübergehender Liquiditätsengpässe zu
einem von der Bundesbank festgesetzten Zinssatz (**Lombardsatz,** vgl. § 15 BBankG aF) Kredit durch
Verpfändung bestimmter lombardfähiger Wertpapiere und Schuldbuchforderungen zu verschaffen. Mit
dem Übergang der währungspolitischen Befugnisse der Deutschen Bundesbank auf die Europäische
Zentralbank (EZB) am 1.1.1999 ist der Lombardsatz entfallen. Die Europäische Zentralbank bedient
sich des geldmarktpolitischen Instruments des Lombardkredits nicht mehr, sodass sich diese Kreditform
nunmehr auf den privatrechtlichen Bereich beschränkt.[749] Gemäß Art. 1 § 3 Abs. 2 Nr. 1 Euro-
Einführungsgesetz ist die Bundesregierung ermächtigt, durch Rechtsverordnung mit Zustimmung des
Bundesrates den Lombardsatz als Bezugsgröße durch dasjenige Steuerungsmittel der Europäischen
Zentralbank zu ersetzen, das dem Lombardsatz in seiner Funktion am ehesten entspricht. Das ist durch
die am 1.1.1999 in Kraft getretene Lombardsatz-Überleitungs-Verordnung (LombardV) v. 18.12.1998
(BGBl. I 3819) geschehen, die bestimmte, dass an die Stelle des Lombardsatzes, soweit er als Bezugs-
größe für Zinsen und andere Leistungen verwendet wird, der Zinssatz der Spitzenrefinanzierungs-
fazilität der Europäischen Zentralbank (SRF-Satz) tritt, und im Jahr 2002 selbst außer Kraft trat.
Maßgeblich ist seitdem (ohne inhaltliche Änderung) § 2 Abs. 1 Nr. 4 DÜGAufhG.

In der Praxis kommt der Lombardkredit im Wesentlichen als **kurzfristiger Kredit** vor, der in der **247**
Regel nicht prolongiert wird.[750]

Die **Höhe des Kredits** steht in Abhängigkeit vom Wert des Sicherungsguts und liegt abzüglich **248**
einer Sicherheitsmarge unter diesem. Die Marge ergibt sich vielfach aus bankinternen Beleihungs-
grundsätzen. Der Krediteröffnungsvertrag enthält daher häufig bereits Angaben über die aktuellen
Beleihungsgrenzen.[751] Fällt der Kurs verpfändeter Wertpapiere, kann die Bank bei Unterschreiten der
Beleihungsgrenze den Effektenbestand verwerten (Effektenkreditexekution). Die darin liegenden
Gefahren[752] lassen die Wirksamkeit des Geschäfts jedoch unberührt.[753]

3. Verbraucherkredit. a) Allgemeines. Durch das Gesetz zur Modernisierung des Schuldrechts **249**
ist das Verbraucherkreditrecht zum 1.1.2002 in das BGB eingefügt worden. Der Verbraucherkredit war
zuvor Gegenstand eines Sondergesetzes außerhalb des BGB, des Verbraucherkreditgesetzes,[754] dessen
Entstehen wesentlich durch die Rechtsentwicklung auf europäischer Ebene beeinflusst wurde. Grundlage hierfür war die Richtlinie des Rates zur Angleichung der Rechts- und Verwaltungsvorschriften
der Mitgliedstaaten über den Verbraucherkredit (Verbraucherkredit-RL),[755] die durch die Änderungsrichtlinie zur Verbraucherkreditrichtlinie[756] ergänzt wurde. Weitere Änderungen sind im Zuge der
Umsetzung der Richtlinie 97/7/EG des Europäischen Parlaments und des Rates vom 20.5.1997 über
den Verbraucherschutz bei Vertragsabschlüssen im Fernabsatz (ABl. 1997 L 144, 19) eingefügt worden.
Nach jahrelangen Vorbereitungen[757] ist im April 2008 eine neue Verbraucherkredit-RL (Richtlinie

---

[748] *Canaris* BankvertragsR Rn. 1360; *Früh/Müller-Arends* in Hellner/Steuer BuB Rn. 3/231.

[749] *Erne* in Claussen BankR § 5 Rn. 52.

[750] *Pamp* in Schimansky/Bunte/Lwowski BankR-HdB § 75 Rn. 33.

[751] *Früh/Müller-Arends* in Hellner/Steuer BuB Rn. 3/232.

[752] Vgl. *Canaris* BankvertragsR Rn. 1364; *Erne* in Claussen BankR § 5 Rn. 52.

[753] Vgl. *Früh/Müller-Arends* in Hellner/Steuer BuB Rn. 3/237.

[754] Art. 1 des Gesetzes über Verbraucherkredite, zur Änderung der Zivilprozeßordnung und anderer Gesetze vom
17.12.1990 (BGBl. I 2840), zuletzt geändert durch Gesetz vom 20.12.1996 (BGBl. I 2154). Für Verträge, die ab dem
1.10.2000 abgeschlossen werden, ist das Gesetz mit den an diesem Tag in Kraft getretenen Änderungen gemäß Art. 6
Abs. 1 des Gesetzes über Fernabsatzverträge und andere Fragen des Verbraucherrechts sowie zur Umstellung von
Vorschriften auf Euro v. 27.6.2000 (BGBl. I 897) anzuwenden. Bekanntmachung der Neufassung in BGBl. 2000 I
940.

[755] Richtlinie 87/102/EWG vom 22.12.1986, ABl. 1987 L 42, 48, abgedruckt bei Bülow/Artz, 6. Aufl. 2006,
Anhang Nr. 9 und Staudinger/*Kessal-Wulf* Textanhang II.

[756] Richtlinie 90/88/EWG des Rates vom 22.2.1990 zur Änderung der Richtlinie 87/102/EWG zur Angleichung
der Rechts- und Verwaltungsvorschriften der Mitgliedstaaten über den Verbraucherkredit, ABl. 1990 L 61, 14,
abgedruckt bei Bülow/Artz, 6. Aufl. 2006, Anhang Nr. 10 und Staudinger/*Kessal-Wulf* Textanhang III. Weitere
Änderungsrichtlinien zu Fragen des effektiven Jahreszinses: Richtlinie 90/88/EWG des Rates vom 22.2.1990 zur
Änderung der Richtlinie 87/102/EWG zur Angleichung der Rechts- und Verwaltunsvorschriften der Mitgliedstaaten
über den Verbraucherkredit, ABl. 1990 L 61, 14, abgedruckt bei Staudinger/*Kessal-Wulf* Textanhang III, und Richt-
linie 98/7/EG des Europäischen Parlaments und des Rates vom 16.2.1998 zur Änderung der Richtlinie 87/102/
EWG zur Angleichung der Rechts- und Verwaltungsvorschriften der Mitgliedstaaten über den Verbraucherkredit,
ABl. 1998 L 101, 17, abgedruckt bei Staudinger/*Kessal-Wulf* Textanhang IV.

[757] Vgl. dazu MüKoBGB/*Schürnbrand* BGB Vor § 491 Rn. 18.

2008/48/EG) zustande gekommen,[758] die die alte Richtlinie 87/102/EWG abgelöst hat. Die Umsetzung in das deutsche Recht erfolgte mit Wirkung zum 11.6.2010 durch das Gesetz zur Umsetzung der Verbraucherkreditrichtlinie, des zivilrechtlichen Teils der Zahlungsdiensterichtlinie sowie zur Neuordnung der Vorschriften über das Widerrufs- und Rückgaberecht vom 29.7.2009 (BGBl. I 2355).[759] Diese Vorgaben brachten eine nahezu vollständige Harmonisierung des Rechtszustands.[760] Das umgesetzte nationale Recht ist in Zweifelsfragen daraufhin zu überprüfen, ob eine **richtlinienkonforme Auslegung** in Betracht kommt.[761] Weitere wesentliche Änderungen brachten zum einen das Gesetz zur Umsetzung der Verbraucherrechterichtlinie und zur Änderung des Gesetzes zur Regelung der Wohnungsvermittlung vom 20.9.2013 (BGBl. I 3642), das – soweit hier von Interesse – die Rechtslage mit Wirkung ab dem 13.6.2014 veränderte, und das Gesetz zur Umsetzung der Wohnimmobilienkreditrichtlinie und zur Änderung handelsrechtlicher Vorschriften vom 11.3.2016 (BGBl. I 396), das im Wesentlichen seit dem 21.3.2016 maßgebliche Änderungen zeigte.

250 Das Verbraucherkreditgesetz hatte den Regelungsgegenstand des früheren **Abzahlungsgesetzes,** das mit Wirkung zum 1.1.1991 aufgehoben wurde, in sich aufgenommen. Die bisherige Rechtslage sollte sich dadurch nicht zum Nachteil des Verbrauchers verschlechtern.[762] Das Abzahlungsgesetz galt für vor dem 1.1.1991 geschlossene Verträge **(Altverträge)** mit Ausnahme der Gerichtsstandsregeln der §§ 6a, 6b AbzG fort.[763]

251 Durch das Gesetz zur Modernisierung des Schuldrechts wurde das Verbraucherkreditrecht nicht nur in das BGB inkorporiert, sondern auch neu geordnet: Der einheitliche Begriff des „Kreditvertrages", der den Darlehensvertrag, den Zahlungsaufschub und die sonstige Finanzierungshilfe einschloss, wurde aufgegeben und der Darlehensvertrag als **Verbraucherdarlehensvertrag** zum allgemeinen Darlehensvertrag gezogen (Untertitel 1, §§ 488–498 BGB), während im Untertitel 2 („Finanzierungshilfen zwischen einem Unternehmer und einem Verbraucher", §§ 499–504 BGB) der Zahlungsaufschub und die sonstige Finanzierungshilfe sowie Finanzierungsleasing und Teilzahlungsgeschäfte geregelt wurden, woran sich noch der Untertitel 3 über Ratenlieferungsverträge zwischen einem Unternehmer und einem Verbraucher anschloss (§ 505 BGB). Ungeachtet dieser Umstellungen waren inhaltliche Änderungen der Rechtslage vom Gesetzgeber nicht beabsichtigt. Es besteht auch kein Grund, den eingeführten allgemeinen Begriff des Verbraucherkredits wegen der geänderten gesetzlichen Terminologie zu meiden.[764]

252 Das Gesetz zur Umsetzung der Verbraucherkreditrichtlinie, des zivilrechtlichen Teils der Zahlungsdiensterichtlinie sowie zur Neuordnung der Vorschriften über das Widerrufs- und Rückgaberecht führte zu weiteren Umstellungen und Änderungen. Die Systematik blieb zwar insoweit erhalten, als sich die „Besonderen Vorschriften für Verbraucherdarlehensverträge" (§§ 491–505 BGB) an das allgemeine Darlehensrecht anschlossen, die beide in einem „Untertitel 1. Darlehensvertrag" zusammengefasst waren, gefolgt von dem „Untertitel 2. Finanzierungshilfen zwischen einem Unternehmer und einem Verbraucher" (§§ 506–509 BGB) sowie dem „Untertitel 3. Ratenlieferungsverträge zwischen einem Unternehmer und einem Verbraucher" (§ 510 BGB). Abgeschlossen wurde der Titel durch einen „Untertitel 4. Unabdingbarkeit, Anwendung auf Existenzgründer" (§§ 511, 512 BGB), der Regelungen enthielt, die auf die §§ 491 ff. BGB anwendbar waren. Innerhalb der besonderen Vorschriften über den Verbraucherdarlehensvertrag wurden, von einer Änderung der Paragraphenfolge abgesehen, einige Neuerungen vorgenommen. So wurden die Regelungen über Immobiliarkredite in § 503 BGB konzentriert. Vor allem führte der Ansatz, die Stellung des Verbrauchers durch **umfangreiche Informationspflichten** zu stärken, dazu, im Interesse der Übersichtlichkeit der BGB-Regelung die Einzelheiten der vorvertraglichen Informationen in Art. 247 §§ 1–17 EGBGB auszulagern. Das zwischenzeitlich erreichte Ziel, die Vorschriften über den Verbraucherdarlehensvertrag im BGB zu bündeln, wurde damit wieder aufgegeben.[765]

253 Weitere erhebliche Eingriffe in den Normenbestand brachte das Gesetz zur Umsetzung der Verbraucherrechterichtlinie und zur Änderung des Gesetzes zur Regelung der Wohnungsvermittlung. Gegenwärtig maßgeblich ist die Gesetzeslage nach dem Inkrafttreten des Gesetzes zur Umsetzung der Wohnimmobilienkreditrichtlinie und zur Änderung handelsrechtlicher Vorschriften. Während die All-

[758] Richtlinie 2008/48/EG des Europäischen Parlaments und des Rates vom 23.4.2008 über Verbraucherkreditverträge und zur Aufhebung der Richtlinie 87/102/EWG des Rates, ABl. 2008 L 133, 66 (Berichtigungen ABl. 2009 L 207, 144 und ABl. 2010 L 199, 40), abgedruckt bei Staudinger/*Kessal-Wulf* Textanhang V.

[759] Vgl. dazu die Übersichten von *Rott* WM 2008, 1104; *Ady/Paetz* WM 2009, 1061; *Rösler/Werner* BKR 2009, 1; *Schürnbrand* ZBB 2008, 383.

[760] Bülow/Artz Einf. Rn. 32.

[761] Staudinger/*Kessal-Wulf*, 2012, BGB Einl. §§ 491 ff. Rn. 44 ff.; Bülow/Artz Einf. Rn. 27. Vgl. dazu aber auch BGH Urt. v. 3.7.2018 – XI ZR 702/16, NJW-RR 2018, 1204 Rn. 11 ff.; Urt. v. 15.10.2019 – XI ZR 799/17, NJW 2020, 148 Rn. 19 ff.; Beschl. v. 31.3.2020 – XI ZR 198/19, juris Rn. 10 ff.

[762] Vgl. BGH Urt. v. 14.12.1994 – VIII ZR 46/94, BGHZ 128, 156 (160 f.) = NJW 1995, 722 (723); Urt. v. 21.4.1998 – IX ZR 258/97, NJW 1998, 1939 (1940).

[763] Art. 9 Abs. 1 des Gesetzes über Verbraucherkredite vom 17.12.1990, BGBl. I 2840.

[764] Staudinger/*Kessal-Wulf*, 2012, BGB Einl. §§ 491 ff. Rn. 23, § 491 Rn. 1.

[765] Krit. Staudinger/*Kessal-Wulf*, 2012, BGB Einl. §§ 491 ff. Rn. 25.

gemeinen Vorschriften (§§ 488–490 BGB) seit dem Jahr 2010 unverändert fortbestehen, erfuhren die Vorschriften über Verbraucherdarlehensverträge (vorläufig letztmals) nochmals erhebliche Veränderungen. Nunmehr unterscheidet der Gesetzgeber bei Verbraucherdarlehensverträgen zwischen **Allgemein-Verbraucherdarlehensverträgen** (§ 492 Abs. 2 S. 1 BGB) und **Immobiliar-Verbraucherdarlehensverträgen** (§ 492 Abs. 3 S. 1 BGB). § 491a BGB befasst sich mit den vorvertraglichen Informationspflichten bei Verbraucherdarlehensverträgen, kommt aber wiederum nicht ohne einen Verweis auf das EGBGB aus. §§ 492a f. BGB beschäftigen sich mit unzulässigen und zulässigen Kopplungsgeschäften. Eine erhebliche Neuerung besteht in der Einführung einer Pflicht zur **Kreditwürdigkeitsprüfung** bei Verbraucherdarlehensverträgen (§§ 505a ff. BGB), die – insofern potentiell für die Zulässigkeit einer gesonderten Bepreisung relevant – nach der Vorstellung des europäischen Gesetzgebers jedenfalls auch dem Schutz der Kreditwirtschaft vor der Übernahme systemgefährdender Kreditrisiken dient. Flankiert werden diese Regelungen durch die §§ 18, 18a KWG. Gestützt auf die Ermächtigungsgrundlagen des § 505e BGB und des § 18a Abs. 10a KWG regelt die **Immobiliar-Kreditwürdigkeitsprüfungsleitlinien-Verordnung** vom 24.4.2018 (BGBl. I 529) die näheren Einzelheiten. Sie enthält Bestimmungen zu den Grundlagen der Kreditwürdigkeitsprüfung (§ 2 ImmoKWPLV), zur Erstellung der Prognose, ob der Darlehensnehmer seinen Verpflichtungen vertragsgemäß nachkommen wird (§ 3 ImmoKWPLV), zu den bei der Kreditwürdigkeitsprüfung zu berücksichtigenden Faktoren (§ 4 ImmoKWPLV), zu Bau- und Renovierungsdarlehen (§ 5 ImmoKWPLV), zu Abschnittsfinanzierungen mit einem neuen Darlehensgeber (§ 6 ImmoKWPLV) und zu einer neuen Kreditwürdigkeitsprüfung bei deutlicher Erhöhung des Nettodarlehensbetrages (§ 7 ImmoKWPLV). Mit den Folgen eines Verstoßes gegen die Pflicht zur Kreditwürdigkeitsprüfung befasst sich § 505d BGB. Weitere Untertitel haben Finanzierungshilfen zwischen einem Unternehmer und einem Verbraucher, Ratenlieferungsverträge zwischen einem Unternehmer und einem Verbraucher, Beratungsleistungen bei Immobiliar-Verbraucherdarlehensverträgen und unentgeltliche Darlehensverträge und unentgeltliche Finanzierungshilfen zwischen einem Unternehmer und einem Verbraucher zum Gegenstand.

Das Verbraucherdarlehensrecht regelt die den Verbraucherkredit betreffenden Fragen nicht abschlie- **254** ßend. Insbesondere wird die Prüfung der **Sittenwidrigkeit** des Vertrages (§ 138 BGB), der erhebliche verbraucherschützende Funktion zukommt (iE → Rn. 186 ff.), durch die speziellen Vorschriften der §§ 491 ff. BGB nicht eingeschränkt.[766]

b) Persönlicher Anwendungsbereich. Die Vorschriften über den Verbraucherdarlehensvertrag **255** gelten für Darlehensverträge zwischen einem Unternehmer als Darlehensgeber und einem Verbraucher als Darlehensnehmer. Damit verweist das Gesetz wegen des persönlichen Anwendungsbereichs auf die an anderer Stelle definierten Begriffe des Unternehmers (§ 14 BGB) und des Verbrauchers (§ 13 BGB). **Unternehmer** ist eine natürliche oder juristische Person oder eine rechtsfähige Personengesellschaft, die bei Abschluss eines Rechtsgeschäfts in Ausübung ihrer gewerblichen oder selbstständigen beruflichen Tätigkeit handelt (§ 14 Abs. 1 BGB), wobei das Gesetz eine „rechtsfähige Personengesellschaft" definiert als eine solche, „die mit der Fähigkeit ausgestattet ist, Rechte zu erwerben und Verbindlichkeiten einzugehen" (§ 14 Abs. 2 BGB). Dazu sind auch die unternehmerisch tätigen (Außen-)Gesellschaften bürgerlichen Rechts zu zählen.[767] Gewerbliche Tätigkeit ist eine planmäßige und auf Dauer angelegte wirtschaftlich selbstständige Tätigkeit unter Teilnahme am Wettbewerb.[768] Auf das Merkmal der Gewinnerzielungsabsicht kommt es insoweit nicht an.[769] Das Merkmal der selbstständigen beruflichen Tätigkeit zielt auf die Angehörigen der freien Berufe ab, die nach überkommener Auffassung kein Gewerbe betreiben. Anders als früher ist Selbstständigkeit jetzt Kriterium für die Anwendung des Gesetzes. Nicht erforderlich ist, dass die Darlehensgewährung den Gegenstand des Gewerbes oder Berufes darstellt. Es reicht aus, dass der Unternehmer bei Abschluss des Darlehensvertrages in Ausübung seiner gewerblichen oder selbstständigen beruflichen Tätigkeit handelt, wobei auch eine einmalige Darlehensvergabe gelegentlich der gewerblichen Tätigkeit ausreicht.[770] Auch die als **Körperschaften und Anstalten des öffentlichen Rechts** organisierten Darlehensgeber unterfallen grundsätzlich dem Anwendungsbereich des Gesetzes.[771] Erfolgt die Darlehensgewährung nicht in

---

[766] Bülow/Artz Einf. Rn. 52.

[767] Staudinger/*Kessal-Wulf*, 2012, BGB § 491 Rn. 5; *Münscher* in Schimansky/Bunte/Lwowski BankR-HdB § 81 Rn. 6; Langenbucher/Bliesener/Spindler/*Roth* BGB § 491 Rn. 10.

[768] BGH Urt. v. 23.10.2001 – XI ZR 63/01, BGHZ 149, 80 = NJW 2002, 368 (369); Urt. v. 24.6.2003 – XI ZR 100/02, BGHZ 155, 240 = NJW 2003, 2742 (2743); Staudinger/*Kessal-Wulf*, 2012, BGB § 491 Rn. 7; MüKoBGB/*Schürnbrand* BGB § 491 Rn. 6; Bülow/Artz BGB § 491 Rn. 61.

[769] BGH Urt. v. 24.6.2003 – XI ZR 100/02, BGHZ 155, 240 = NJW 2003, 2742 (2743); Staudinger/*Kessal-Wulf*, 2012, BGB § 491 Rn. 7; MüKoBGB/*Schürnbrand* BGB § 491 Rn. 12; Palandt/*Ellenberger* BGB § 14 Rn. 2; *Münscher* in Schimansky/Bunte/Lwowski BankR-HdB § 81 Rn. 6; Godefroid Verbraucherkredit Teil 2 Rn. 30.

[770] BGH Urt. v. 9.12.2008 – XI ZR 513/07, BGHZ 179, 126 = WM 2009, 262; Staudinger/*Kessal-Wulf*, 2012, BGB § 491 Rn. 4; MüKoBGB/*Schürnbrand* BGB § 491 Rn. 7; Bülow/Artz BGB § 491 Rn. 61.

[771] MüKoBGB/*Schürnbrand* BGB § 491 Rn. 8; Bülow/Artz BGB § 491 Rn. 61; *Münscher* in Schimansky/Bunte/Lwowski BankR-HdB § 81 Rn. 6; Godefroid Verbraucherkredit Teil 2 Rn. 32; *Lwowski/Peters/Münscher*, Verbraucherdarlehensrecht, 3. Aufl. 2008, Rn. 8.

privatrechtlicher, sondern in öffentlich-rechtlicher Form, etwa durch öffentlich-rechtlichen Vertrag, ist das Verbraucherkreditrecht nicht unmittelbar anwendbar, jedoch verweist § 62 S. 2 VwVfG für den öffentlich-rechtlichen Vertrag auf die Vorschriften des BGB, zu denen auch das Verbraucherkreditrecht gehört.[772] Der daraus folgenden Konsequenzen ist sich der Gesetzgeber offenbar nicht bewusst gewesen. Eine Anwendung der verbraucherkreditrechtlichen Bestimmungen scheidet jedenfalls aus, soweit die öffentliche Hand nicht gewerblich handelt.[773]

256   **Verbraucher** kann nur eine **natürliche Person** sein, womit alle **juristischen Personen** als Darlehensnehmer aus dem Anwendungsbereich des Gesetzes herausgenommen sind. Entsprechendes gilt für die **Vorgesellschaft,** da sie als juristische Person in Gründung, die weitgehend schon deren Regelungen unterliegt, des Schutzes des Verbraucherdarlehensrechts nicht bedarf.[774] Auch mehrere natürliche Personen als Kreditnehmer können Verbraucher sein, selbst in ihrer Verbundenheit als **BGB-Gesellschaft**[775] oder **nichtrechtsfähigem Verein.**[776] Personenhandelsgesellschaften **(OHG, KG)** kommen als Normadressaten schon deshalb nicht in Betracht, weil ihre Kreditaufnahme regelmäßig gewerblich bedingt ist.[777] Entsprechendes gilt für die **Partnerschaftsgesellschaft**[778] und die Europäische Wirtschaftliche Interessenvereinigung **(EWIV).**[779]

257   Für den Begriff des Verbrauchers in § 13 BGB kommt es ferner darauf an, welche **Zweckbestimmung** das konkrete Darlehensgeschäft hat. Das Rechtsgeschäft muss zu einem Zweck abgeschlossen werden, der überwiegend weder der gewerblichen noch der selbstständigen beruflichen Tätigkeit der natürlichen Person zugeordnet werden kann. Abzugrenzen ist der **private Bereich,** vor allem der Konsumentenkredit, wobei es entscheidend auf den durch Auslegung zu ermittelnden Inhalt des Rechtsgeschäfts ankommt,[780] der aus den Umständen geschlossen werden kann.[781] Maßgebend ist die objektiv zu bestimmende Zweckrichtung des Verhaltens.[782] Unerheblich ist, ob der Betreffende über geschäftliche Erfahrrung verfügt und überhaupt schutzbedürftig ist; es kommt vielmehr ausschließlich darauf an, ob das Verhalten der Sache nach dem privaten oder dem gewerblich-beruflichen Bereich zuzuordnen ist.[783] Der Darlehenszweck ist dem nichtprivaten Bereich zuzurechnen, wenn mit ihm Verbindlichkeiten aus einer solchen Tätigkeit beglichen oder Gegenstände oder Rechte erworben werden, die bei einer solchen Tätigkeit eingesetzt werden sollen. Maßgebend ist dabei auf den Zeitpunkt des Vertragsschlusses abzustellen.[784] Auf eine spätere Zweckänderung kommt es nicht an.[785] Ist ein privater Zweck vereinbart, verwendet der Kreditnehmer den Kredit oder den damit angeschafften Gegenstand dann aber gewerblich, so bleibt das Verbraucherdarlehensrecht anwendbar.[786] Etwas anderes gilt dann, wenn dem Darlehensgeber der Nachweis gelingt, dass sich der Darlehensnehmer

---

[772] Staudinger/*Kessal-Wulf,* 2012, BGB § 491 Rn. 13; abl. *Münscher* in Schimansky/Bunte/Lwowski BankR-HdB § 81 Rn. 6; *Godefroid* Verbraucherkredit Teil 2 Rn. 34; *Lwowski/Peters/Münscher,* Verbraucherdarlehensrecht, 3. Aufl. 2008, Rn. 8; offen Bülow/Artz BGB § 491 Rn. 64, die auf fehlende Gewerblichkeit abstellen.

[773] Bülow/Artz BGB § 491 Rn. 64.; aA Staudinger/*Kessal-Wulf,* 2012, BGB § 491 Rn. 15; *v. Westphalen/Emmerich/v. Rottenburg,* Verbraucherkreditgesetz, 2. Aufl. 1996, VerbrKrG § 1 Rn. 7.

[774] Staudinger/*Kessal-Wulf,* 2012, BGB § 491 Rn. 29; *Münscher* in Schimansky/Bunte/Lwowski BankR-HdB § 81 Rn. 15; *Godefroid* Verbraucherkredit Teil 2 Rn. 54; abw. *Franke* in Hellner/Steuer BuB Rn. 3/388 für die Vor-GmbH, nicht aber für die Vorgründungsgesellschaft; aA auch MüKoBGB/*Schürnbrand* BGB § 491 Rn. 15 für den Fall, dass die Darlehensaufnahme der Existenzgründung der dahinterstehenden Gesellschafter dient.

[775] BGH Urt. v. 23.10.2001 – XI ZR 63/01, BGHZ 149, 80 = NJW 2002, 368 (369); MüKoBGB/*Schürnbrand* BGB § 491 Rn. 16; Palandt/*Weidenkaff* BGB § 491 Rn. 5; Bülow/Artz BGB § 491 Rn. 32 ff.; *Münscher* in Schimansky/Bunte/Lwowski BankR-HdB § 81 Rn. 13; *Merz* in Kümpel/Wittig BankR/KapMarktR Rn. 10.14 Fn. 2; *Franke* in Hellner/Steuer BuB Rn. 3/388; abw. Staudinger/*Kessal-Wulf,* 2012, BGB § 491 Rn. 26 f.

[776] Bülow/Artz BGB § 491 Rn. 40; *Münscher* in Schimansky/Bunte/Lwowski BankR-HdB § 81 Rn. 139; *Franke* in Hellner/Steuer BuB Rn. 3/384; aA Staudinger/*Kessal-Wulf,* 2012, BGB § 491 Rn. 28.

[777] Staudinger/*Kessal-Wulf,* 2012, BGB § 491 Rn. 28; MüKoBGB/*Schürnbrand* BGB § 491 Rn. 15; Bülow/Artz BGB § 491 Rn. 32 f.; *Münscher* in Schimansky/Bunte/Lwowski BankR-HdB § 81 Rn. 14; *Franke* in Hellner/Steuer BuB Rn. 3/385; *Godefroid* Verbraucherkredit Teil 2 Rn. 47.

[778] Palandt/*Ellenberger* BGB § 14 Rn. 3; *Franke* in Hellner/Steuer BuB Rn. 3/386; *Godefroid* Verbraucherkredit Teil 2 Rn. 49.

[779] Palandt//*Ellenberger* BGB § 14 Rn. 3; *Godefroid* Verbraucherkredit Teil 2 Rn. 48.

[780] OLG Celle Urt. v. 4.4.2007 – 7 U 193/06, OLGR 2008, 475; Palandt/*Weidenkaff* BGB § 491 Rn. 5; *Godefroid* Verbraucherkredit Teil 2 Rn. 59.

[781] Palandt/*Ellenberger* BGB § 14 Rn. 4.

[782] BGH Urt. v. 15.11.2007 – III ZR 295/06, NJW 2008, 435 (436); MüKoBGB/*Micklitz* BGB § 13 Rn. 33 ff.; Bülow/Artz BGB § 491 Rn. 44.

[783] BGH Urt. v. 15.11.2007 – III ZR 295/06, NJW 2008, 435 (436) (Beschl. v. 24.2.2005 – III ZR 36/04, NJW 2005, 1273 (1274)).

[784] BGH Urt. v. 23.10.2001 – XI ZR 63/01, BGHZ 149, 80 = NJW 2002, 368 (369); Staudinger/*Kessal-Wulf,* 2012, BGB § 491 Rn. 32; MüKoBGB/*Micklitz* BGB § 13 Rn. 32; Bülow/Artz BGB § 491 Rn. 64; Palandt/*Ellenberger* BGB § 13 Rn. 4 (Beurteilung *ex ante*); *Godefroid* Verbraucherkredit Teil 2 Rn. 59.

[785] Staudinger/*Kessal-Wulf,* 2012, BGB § 491 Rn. 43; MüKoBGB/*Micklitz* BGB § 13 Rn. 32; *Münscher* in Schimansky/Bunte/Lwowski BankR-HdB § 81 Rn. 16; *Godefroid* Verbraucherkredit Teil 2 Rn. 60.

[786] Vgl. OLG Düsseldorf Urt. v. 24.4.1997 – 10 U 123/95, WM 1997, 1719 mit insoweit zust. Anm. *v. Westphalen* EWiR § 535 BGB 1/98, 107 f.; Staudinger/*Kessal-Wulf,* 2012, BGB § 491 Rn. 43; MüKoBGB/*Micklitz* BGB § 13 Rn. 32; Bülow/Artz BGB § 491 Rn. 44; *Godefroid* Verbraucherkredit Teil 2 Rn. 60.

seine Stellung als Verbraucher wahrheitswidrig erschlichen hat.[787] Handelt es sich nach dem Inhalt des Vertrages um einen gewerblichen Kredit, verwendet ihn der Kreditnehmer aber zu privaten Zwecken, dann greift das Gesetz nicht ein, es sei denn, es läge eine Umgehung vor.[788] Derjenige, der wahrheitwidrig als Unternehmer auftritt (sog. Scheinunternehmer), verliert den Schutz des § 13 BGB.[789] Bei den sog. **Mischfällen** mit nur teilweise privater Zweckbestimmung gibt der überwiegende Zweck den Ausschlag,[790] soweit er sicher festgestellt werden kann. Bleiben Zweifel an der Zweckbestimmung, dann trifft nach der Änderung durch das Schuldrechtsmodernisierungsgesetz den Darlehensnehmer die **Beweislast** für das Eingreifen des verbraucherrechtlichen Schutzes.[791] Eine **formularmäßige Bestätigung**, dass der Vertragspartner des Unternehmers ebenfalls Unternehmer sei, ist wegen Verstoßes gegen § 309 Nr. 12 BGB unwirksam.[792] Dem Darlehensgeber kommt jedoch gegebenenfalls die **Vermutung des § 344 Abs. 1 HGB** zugute.[793] Die **private Vermögensverwaltung** ist grundsätzlich nicht gewerblich, auch wenn sie einen erheblichen Umfang angenommen hat, sofern der Umfang der betriebenen Geschäfte keinen planmäßigen Geschäftsbetrieb, wie etwa die Unterhaltung eines Büros oder einer Organisation, erfordert.[794] Beim **Erwerb von Gesellschafterstellungen** ist entscheidend, ob der Kreditnehmer unternehmerisch tätig wird oder er sich nur kapitalmäßig beteiligen will.[795] Das Halten eines GmbH-Geschäftsanteils als solches ist keine gewerbliche Tätigkeit, sondern Vermögensverwaltung.[796] **GmbH-Geschäftsführer** oder sonstige Organe von juristischen Personen sind Verbraucher, auch wenn sie zugleich Gesellschafter sind,[797] ebenso wie **Scheinselbstständige**.[798]

Während der allgemeine Verbraucherbegriff des § 13 BGB den **Existenzgründer** ausschließt,[799] **258** ordnet § 513 BGB ausdrücklich die Geltung der Vorschriften über den Verbraucherdarlehensvertrag auch für natürliche Personen an, die sich ein Darlehen für die Aufnahme einer gewerblichen oder selbstständigen beruflichen Tätigkeit gewähren lassen, es sei denn, der Nettodarlehensbetrag übersteige 75.000 EUR. Der Existenzgründer ist funktionell Unternehmer, er wird lediglich für die §§ 491–511 BGB einem Verbraucher gleichgestellt. Entscheidend dafür, ob das Darlehen zur Aufnahme einer

---

[787] Staudinger/*Kessal-Wulf*, 2012, BGB § 491 Rn. 43.

[788] Staudinger/*Kessal-Wulf*, 2012, BGB § 491 Rn. 43; Bülow/Artz BGB § 491 Rn. 45.

[789] BGH Urt. v. 22.12.2004 – VIII ZR 91/04, NJW 2005, 1045; Palandt/*Ellenberger* BGB § 13 Rn. 4; diff. Bülow/Artz BGB § 491 Rn. 45: kein Verlust der Verbrauchereigenschaft bei einer Person, die nicht potentiell Unternehmer sein kann (Schüler, Student).

[790] Das ist im Gesetz jetzt ausdrücklich geregelt (eingefügt mit Wirkung zum 13.6.2014 durch Art. 1 Nr. 2 des Gesetzes zur Umsetzung der Verbraucherrechterichtlinie und zur Änderung des Gesetzes zur Regelung der Wohnungsvermittlung v. 20.9.2013 – VerbRRL-UG –, BGBl. I 3642), war aber auch schon vorher geltende Rechtslage: OLG Celle Urt. v. 4.4.2007 – 7 U 193/06, OLGR 2008, 475; Urt. v. 11.8.2004 – 7 U 17/04, NJW—RR 2004, 1645, 1646, NJW-RR 2004, 1645 (1646); LG Essen Urt. v. 27.6.1996 – 6 O 458/94, WM 1997, 814 (816); Staudinger/*Kessal-Wulf*, 2012, BGB § 491 Rn. 34; *Münscher* in Schimansky/Bunte/Lwowski BankR-HdB § 81 Rn. 18: dort, wo eindeutig das Schwergewicht liegt; MüKoBGB/*Schürnbrand* BGB § 491 Rn. 21; *v. Westphalen/ Emmerich/v. Rottenburg*, Verbraucherkreditgesetz, 2. Aufl. 1996, VerbrKrG § 1 Rn. 49; Palandt/*Weidenkaff* BGB § 491 Rn. 7; Palandt/*Ellenberger* BGB § 13 Rn. 4; *Franke* in Hellner/Steuer BuB Rn. 3/403; *Martis* MDR 1998, 1189 (1190); aA Godefroid Verbraucherkredit Teil 2 Rn. 74 (stets unternehmerisch). Vgl. EuGH Urt. v. 20.1.2005 – C-464/01, Slg. 2005, I-439 = NJW 2005, 653 (private Tätigkeit, wenn der beruflich-gewerbliche Zweck nicht nebensächlich ist, betreffend Art. 13 EuGVÜ).

[791] OLG Celle Urt. v. 11.8.2004 – 7 U 17/04, NJW-RR 2004, 1645, 1646, NJW-RR 2004, 1645 (1646); OLG Düsseldorf Urt. v. 2.4.2004 – 14 U 213/03, ZGS 2004, 271 (273); s. auch BGH Urt. v. 11.7.2007 – VIII ZR 110/06, NJW 2007, 2619 (2621) (für das Eingreifen der Verbraucherschutzvorschriften der §§ 474 ff. BGB); Staudinger/ *Kessal-Wulf*, 2012, BGB § 491 Rn. 42; MüKoBGB/*Micklitz* BGB § 13 Rn. 62; MüKoBGB/*Schürnbrand* BGB § 491 Rn. 26; Erman/*Saenger* BGB § 13 Rn. 20, § 491 Rn. 27; Palandt/*Ellenberger* BGB § 13 Rn. 4; Palandt/*Weidenkaff* BGB § 491 Rn. 1; Godefroid Verbraucherkredit Teil 2 Rn. 78. Die Gegenansicht schreibt zu Unrecht die frühere Rechtslage fort (*Münscher* in Schimansky/Bunte/Lwowski BankR-HdB § 81 Rn. 17).

[792] Palandt/*Ellenberger* BGB § 13 Rn. 4; *v. Westphalen/Emmerich/v. Rottenburg*, Verbraucherkreditgesetz, 2. Aufl. 1996, VerbrKrG § 1 Rn. 41; *Münscher* in Schimansky/Bunte/Lwowski BankR-HdB § 81 Rn. 17.

[793] MüKoBGB/*Schürnbrand* BGB § 491 Rn. 11, 81; Bülow/Artz BGB § 491 Rn. 65; *Münscher* in Schimansky/ Bunte/Lwowski BankR-HdB § 81 Rn. 18; abw. *Pfeiffer* NJW 1999, 169 (173).

[794] BGH Urt. v. 23.10.2001 – XI ZR 63/01, BGHZ 149, 80 = NJW 2002, 368 (369); Staudinger/*Kessal-Wulf*, 2012, BGB § 491 Rn. 38; MüKoBGB/*Micklitz* BGB § 13 Rn. 45; *Münscher* in Schimansky/Bunte/Lwowski BankR-HdB § 81 Rn. 16; Bülow/Artz BGB § 491 Rn. 50, 66; Godefroid Verbraucherkredit Teil 2 Rn. 67.

[795] Bülow/Artz BGB Rn. 51; *v. Wesphalen/Emmerich/v. Rottenburg* VerbrKrG § 1 Rn. 15; *Mülbert* FS Hadding, 2014, 575 (582 ff.); ohne eigene Stellungnahme Staudinger/*Kessal-Wulf*, 2012, BGB § 491 Rn. 39 ff.

[796] BGH Urt. v. 5.6.1996 – VIII ZR 151/95, BGHZ 133, 71 (78) = NJW 1996, 2156 (2158) betreffend eine Mehrheitsgesellschafterin; Urt. v. 27.6.2000 – XI ZR 322/98, NJW 2000, 3496 (3497).

[797] BGH Urt. v. 28.6.2000 – VIII ZR 240/99, BGHZ 144, 370 = NJW 2000, 3133 (3135 f.); Urt. v. 8.11.2005 – XI ZR 34/05, NJW 2006, 431; stRspr, Staudinger/*Kessal-Wulf*, 2012, BGB § 491 Rn. 37; Palandt/*Ellenberger* BGB § 13 Rn. 3; str.; abweichend MüKoBGB/*Schürnbrand* BGB § 491 Rn. 24; Bülow/Artz BGB § 491 Rn. 54; *Mülbert* FS Hadding, 2014, 575 (580 f.).

[798] Staudinger/*Kessal-Wulf*, 2012, BGB § 491 Rn. 37; Bülow/Artz BGB § 491 Rn. 56.

[799] BGH Urt. v. 15.11.2007 – III ZR 295/06, NJW 2008. 435, 436; Beschl. v. 24.2.2005 – III ZB 36/04, NJW 2005, 1273 (1274 f.); Palandt/*Ellenberger* BGB § 13 Rn. 3; anders für Rechtsgeschäfte, die die Entscheidung zur Existenzgründung erst noch vorbereiten BGH Urt. v. 15.11.2007.

gewerblichen oder selbstständigen beruflichen Tätigkeit gewährt wurde, ist der **Zeitpunkt des Vertragsschlusses**.[800] Die Privilegierung des Existenzgründers endet, wenn die Aufnahme der gewerblich-selbstständigen Tätigkeit abgeschlossen ist. Der **Zeitpunkt, in dem die Existenzgründungsphase endet und ab dem die Ausübung** des Gewerbes oder der selbstständigen beruflichen Tätigkeit **beginnt,** ist im Gesetz nicht beschrieben. Eine solche Ausübung liegt jedenfalls vor, wenn die Vorbereitungsphase (Einrichtung des Geschäftslokals, Eröffnungswerbung) verlassen und die geplante Geschäftstätigkeit begonnen wird (Eröffnung des Geschäfts oder der Praxis und Beginn des Angebots gewerblicher oder selbstständiger beruflicher Leistungen am Markt).[801] Für diesen Zeitpunkt spricht auch die verhältnismäßig einfache Erkennbarkeit. Geschäftserfahrenheit wird sich bis dahin zwar noch nicht gebildet haben können, jedoch erhält der Existenzgründer jedenfalls in der besonders gefährlichen Anlaufphase Schutz. Auf seine persönliche Schutzwürdigkeit kommt es aber nicht an;[802] der Schutz des Verbraucherdarlehensrechts wird auch einem geschäftsgewandten Existenzgründer zuteil. Existenzgründer ist auch derjenige, der eine gleichartige Tätigkeit bereits ausgeübt, sie jedoch wieder aufgegeben hat, nach einiger Zeit eine Tätigkeit in der gleichen Branche aber wieder aufnimmt **(erneute Existenzgründung),**[803] sowie derjenige der neben einer bestehenden selbstständigen Tätigkeit eine neue Existenz lässt **(weitere Existenzgründung),** soweit diese mit der bereits ausgeübten Tätigkeit nicht in Zusammenhang steht und davon klar abgegrenzt ist.[804] Unzutreffend erscheint es, in diesen Fällen auf fehlende Schutzbedürftigkeit abstellen zu wollen,[805] weil das Gesetz einen Ansatz verfolgt, bei dem es auf eine konkrete Schutzbedürftigkeit nicht ankommt. Die **Beweislast,** dass das Darlehen der Aufnahme gewerblicher oder selbstständiger beruflicher Tätigkeit dient, trifft mit Rücksicht auf die Änderungen durch das Schuldrechtsmodernisierungsgesetz den Darlehensnehmer, der Darlehensgeber muss hingegen im Streitfall beweisen, dass das Nettodarlehen 75.000 EUR überstieg.[806]

259   Die Schutzvorschriften des Verbraucherdarlehensrechts gelten entsprechend auch für den **Schuldbeitritt,** denn der einem Darlehensvertrag Beitretende wird in demselben Umfang wie der Darlehensnehmer verpflichtet und ist daher mindestens so schutzwürdig wie jener. Die entsprechende Anwendung setzt nicht voraus, dass neben dem Beitretenden auch der Darlehensnehmer Verbraucher ist.[807] Entscheidend ist, dass der Beitretende im Zeitpunkt seiner Beitrittserklärung Verbraucher ist.[808] Der Schutz des Verbraucherdarlehensrechts kommt demgemäß auch dem Geschäftsführer oder Gesellschafter einer GmbH zugute, der der Darlehensschuld der GmbH beitritt, und zwar auch dann, wenn die neu gegründete Gesellschaft das Darlehen zur Anschubfinanzierung aufgenommen hat.[809]

260   Auf die **Bürgschaft** ist das Verbraucherdarlehensrecht indessen nicht entsprechend anzuwenden.[810] Zwar wird insbesondere der selbstschuldnerische Bürge hinsichtlich seiner Belastung einen Unterschied im Vergleich zu einem Schuldbeitritt erkennen, und oftmals wird es vom Zufall abhängen, ob der Dritte bürgt oder der Schuld beitritt. Eine Analogie geht jedoch fehl, weil es an einer Regelungs-

---

[800] BGH Urt. v. 14.12.1994 – VIII ZR 46/94, BGHZ 128, 156 (160 f.) = NJW 1995, 722 (723), einen Franchisenehmer betreffend, jedoch verallgemeinerungsfähig; für Beginn der selbstständigen Tätigkeit bzw. der Vorbereitungshandlungen Palandt/*Weidenkaff* BGB § 512 Rn. 6.

[801] Bülow/Artz BGB § 513 Rn. 8; *Merz* in Kümpel/Wittig BankR/KapMarktR Rn. 10.17; Godefroid Verbraucherkredit Teil 2 Rn. 85; offengelassen von BGH Urt. v. 13.3.2002 – VIII ZR 292/00, NJW 2002, 2030 (2031).

[802] MüKoBGB/*Schürnbrand* BGB § 512 Rn. 4.

[803] BGH Urt. v. 5.11.1997 – VIII ZR 351/96, NJW 1998, 540 (541); OLG Celle Urt. v. 4.1.1995 – 2 U 262/93, NJW-RR 1996, 119 f.; OLG Köln Urt. v. 5.12.1994 – 12 U 68/94, NJW-RR 1995, 816; Bülow/Artz BGB § 513 Rn. 7.

[804] BGH Urt. v. 14.12.1994 – VIII ZR 46/94, BGHZ 128, 156 (160 f.) = NJW 1995, 722 (723); Urt. v. 5.11.1997 – VIII ZR 351/96, NJW 1998, 540 (541); Urt. v. 3.11.1999 – VIII ZR 35/99, NJW-RR 2000, 719; Urt. v. 22.12.1999 – VIII ZR 124/99, NJW-RR 2000, 1221 (1222); Bülow/Artz BGB § 513 Rn. 7.

[805] So aber OLG Nürnberg Urt. v. 17.1.1995 – 11 U 2737/94, WM 1995, 481 (482).

[806] Bülow/Artz BGB § 513 Rn. 9, 19; Godefroid Verbraucherkredit Teil 2 Rn. 97; *Habersack* BKR 2001, 72 (73); *Wittig/Wittig* WM 2002, 145 (151); *Bülow* NJW 2002, 1145 (1147).

[807] BGH Urt. v. 5.6.1996 – VIII ZR 151/95, BGHZ 133, 71 = NJW 1996, 2156; Urt. v. 10.7.1996 – VIII ZR 213/95, BGHZ 133, 220 = NJW 1996, 2865; Urt. v. 12.11.1996 – XI ZR 202/95, BGHZ 134, 94 (97) = NJW 1997, 654; Urt. v. 28.1.1997 – XI ZR 251/95, NJW 1997, 1442 (1443); Urt. v. 25.2.1997 – XI ZR 49/96, NJW 1997, 1443 (1444); Urt. v. 21.4.1998 – IX ZR 258/97, NJW 1998, 1939 (1940); Urt. v. 27.6.2000 – XI ZR 322/98, NJW 2000, 3496 (3497); Urt. v. 8.11.2005 – XI ZR 34/05, NJW 2006, 431 (432); Urt. v. 24.7.2007 – XI ZR 208/06, NJW-RR 2007, 1672 (1674); Urt. v. 9.12.2008 – XI ZR 513/07, WM 2009, 262 (264); Urt. v. 25.10.2011 – XI ZR 331/10, NJW-RR 2012, 166 (167); stRspr; Staudinger/*Kessal-Wulf*, 2012, BGB § 491 Rn. 21; Bülow/Artz BGB § 491 Rn. 118; Palandt/*Weidenkaff* BGB § 491 Rn. 10.

[808] BGH Urt. v. 25.10.2011 – XI ZR 331/10, NJW-RR 2012, 166 (167); Urt. v. 24.7.2007 – XI ZR 208/06, NJW-RR 2007, 1672 (1674); Palandt/*Weidenkaff* BGB § 491 Rn. 10.

[809] BGH Urt. v. 24.7.2007 – XI ZR 208/06, NJW-RR 2007, 1672 (1674); Palandt/*Weidenkaff* BGB § 491 Rn. 10; aA Bülow/Artz BGB § 491 Rn. 122a.

[810] Dafür LG Neubrandenburg Urt. v. 9.10.1996 – 6 O 152/96, NJW 1997, 2826; LG Köln Urt. v. 2.10.1997 – 22 O 184/97, ZIP 1997, 2007; LG Köln Urt. v. 13.11.1997 – 22 O 67/97, WM 1998, 172; LG Magdeburg Urt. v. 22.12.1998 – 10 O 899/97, NJW 1999, 3496; MüKoBGB/*Schürnbrand* BGB § 491 Rn. 57; Bülow/Artz BGB § 491 Rn. 54; *v. Westphalen/Emmerich/v. Rottenburg,* Verbraucherkreditgesetz, 2. Aufl. 1996, VerbrKrG § 1 Rn. 81.

lücke fehlt, da der Gesetzgeber davon ausgegangen ist, dass Bürgschaften nicht erfasst werden.[811] Die unterschiedliche rechtliche Behandlung ist auch sachlich gerechtfertigt (Art. 3 GG), weil die Bürgschaft im Gegensatz zum Schuldbeitritt eine Haftung für fremde Schuld mit eigenständigen Schutzvorkehrungen darstellt. Dementsprechend lehnen die obergerichtliche Rspr.[812] und die hM im Schrifttum eine entsprechende Anwendung des Verbraucherdarlehensrechts auf die Bürgschaft ab.[813] Auch der Europäische Gerichtshof hat entschieden, dass ein Bürgschaftsvertrag, der zur Sicherung der Rückzahlung eines Kredits geschlossen wird, auch dann nicht in den Geltungsbereich der Richtlinie 87/102/EWG über den Verbraucherkredit fällt, wenn weder der Bürge noch der Kreditnehmer im Rahmen ihrer Erwerbstätigkeit gehandelt haben.[814]

261   Auf die Bestellung eines **Grundpfandrechts** des der Schuld Beitretenden zur Sicherung des Kredits ist – insoweit nur noch für (Ur-)Altfälle von Bedeutung – das Verbraucherkreditgesetz nicht anwendbar.[815]

262   Besondere Probleme ergeben sich aus der Auswechslung des Vertragspartners im Wege der **Schuldübernahme** und **Vertragsübernahme.** Auf Seiten des Darlehensnehmers kann entweder der Fall eintreten, dass ein bisher nicht vom Verbraucherdarlehensrecht erfasstes Geschäft von einem Verbraucher übernommen wird, oder der umgekehrte Fall, dass ein darunter fallender Vertrag von einem Nichtverbraucher übernommen wird. Der BGH hat mit der Begründung, dass der Rechtsnachfolger auf Grund der Vertragsübernahme nur die Rechtsstellung erlange, die der ausscheidende Vertragspartner innegehabt habe, entschieden, dass ein in Anbetracht der Schutzbedürftigkeit des ausscheidenden Teils (nach altem Recht: wegen der fortbestehenden Widerruflichkeit damals noch) schwebend unwirksamer Vertrag nicht dadurch wirksam werde, dass ein Vertragspartner eintrete, der selbst nicht schutzwürdig sei.[816] Er hat ferner die Anwendbarkeit des Verbraucherkreditgesetzes auf eine Vertragsübernahme im Wege dreiseitiger Vereinbarung bejaht.[817] Für den Fall der Vertragsübernahme durch zweiseitigen Vertrag zwischen der ausscheidenden und eintretenden Partei unter Zustimmung des verbleibenden Teils ist die Frage offengeblieben. Da ein Vertrag in diesem Fall nur zwischen den Schuldnern geschlossen wird, auf den das Verbraucherdarlehensrecht nicht anwendbar ist, wäre sein Schutz leicht zu umgehen. Deshalb wird seine Anwendbarkeit, teils aus dem Gesichtspunkt der Umgehung (§ 512 S. 2 BGB),[818] teils weitergehend,[819] im Schrifttum befürwortet.

263   Bei der Mitverpflichtung von **Ehegatten** (§ 1357 BGB) und **Lebenspartnern** (§ 8 Abs. 2 LPartG) bei **Geschäften zur Deckung des Lebensbedarfs** – soweit es sich bei dem Verbraucherdarlehen überhaupt um ein solches handelt – treten diese zwar durch einen gesetzlich angeordneten Schuldbeitritt gesamtschuldnerisch in die Haftung. Anders als bei einem vertraglichen Schuldbeitritt sind die verbraucherdarlehensrechtlichen Formerfordernisse dem hinzutretenden Schuldner gegenüber aber nicht zu wahren.[820] Die Situation ist der bei der Stellvertretung (§§ 164 ff. BGB) zu vergleichen. Der mitverpflichtete Ehegatte (Lebenspartner) hat am Schutz des Gesetzes insoweit teil, als er ein in der Person des anderen Ehegatten (Lebenspartners) begründetes Widerrufsrecht gemäß § 495 BGB mit Wirkung für beide auszuüben berechtigt ist (§ 1357 Abs. 1 S. 2 BGB).[821]

264   **c) Sachlicher Anwendungsbereich.** Der Anwendungsbereich des Verbraucherdarlehensrechts deckt sich mit dem des Darlehensvertrages (§ 488 BGB), jedoch muss das Merkmal der **Entgeltlichkeit** vorhanden sein. Entgeltlichkeit wird durch jede Gegenleistung begründet, auch wenn sie geringfügig ist.[822] Es muss sich dabei nicht um Zinsen handeln, sondern es reicht jede andere wie auch immer

---

[811] Vgl. BT-Drs. 11/5462: „Keine Finanzierungshilfe im Sinne des Entwurfs ist hingegen die Bankbürgschaft (sog. Avalkredit), da hier in Form einer Eventualverbindlichkeit lediglich eine Garantie für die Zahlungsfähigkeit des Avalnehmers übernommen wird". Ferner: Protokoll des Rechtsausschusses, 11. Wahlperiode, Nr. 86, 2 ff.

[812] BGH Urt. v. 21.4.1998 – IX ZR 258/97, BGHZ 138, 321 = NJW 1998, 1939 ff.; OLG Frankfurt a. M. Urt. v. 20.12.2006 – 9 U 18/06, OLGR 2007, 805; OLG Rostock Urt. v. 11.12.1997 – 1 U 140/96, WM 1998, 446 (447); OLG Hamm Urt. v. 12.11.1997 – 31 U 50/97, WM 1998, 171 f.; OLG Düsseldorf Urt. v. 18.8.1997 – 15 W 60/97, WM 1998, 169 f.; OLG Stuttgart Urt. v. 22.7.1997 – 6 U 31/97, NJW 1997, 3450 f.

[813] Staudinger/*Kessal-Wulf*, 2012, BGB § 491 Rn. 23; MüKoBGB/*Schürnbrand* BGB § 491 Rn. 58; Palandt/*Weidenkaff* BGB § 491 Rn. 11; *Münscher* in Schimansky/Bunte/Lwowski BankR-HdB § 81 Rn. 22; *Franke* in Hellner/Steuer BuB Rn. 3/401.

[814] EuGH Urt. v. 23.3.2000 – C-208/98, NJW 2000, 1323 f.

[815] BGH Urt. v. 28.1.1997 – XI ZR 251/95, NJW 1997, 1442; Godefroid Verbraucherkredit Teil 2 Rn. 124; aA Staudinger/*Kessal-Wulf*, 2012, BGB § 491 Rn. 21; Bülow/Artz BGB § 491 Rn. 122.

[816] BGH Urt. v. 10.5.1995 – VIII ZR 264/94, BGHZ 129, 371 (375 f.) = NJW 1995, 2290 (2291); vgl. ferner Urt. v. 17.4.1996 – VIII ZR 44/95, NJW 1996, 2094 (2095); Staudinger/*Kessal/Wulf*, 2012, BGB § 495 Rn. 16, 17.

[817] BGH Urt. v. 26.5.1999 – VIII ZR 141/98, BGHZ 142, 23 (30 f.) = NJW 1999, 2664 (2666); Staudinger/*Kessal-Wulf*, 2012, BGB § 491 Rn. 22. Abl. *Vollmer* WM 1999, 209 ff.

[818] Bülow/Artz BGB § 491 Rn. 78, 80. Vgl. OLG Düsseldorf Urt. v. 20.12.1999 – 24 U 186/98, NJW-RR 2001, 641 f.

[819] Staudinger/*Kessal-Wulf*, 2012, BGB § 491 Rn. 22.

[820] Staudinger/*Kessal-Wulf*, 2012, BGB § 491 Rn. 31; MüKoBGB/*Schürnbrand* BGB § 491 Rn. 61.

[821] Staudinger/*Kessal-Wulf*, 2012, BGB § 491 Rn. 31; MüKoBGB/*Schürnbrand* BGB § 491 Rn. 61.

[822] OLG Köln Urt. v. 16.3.1994 – 26 U 30/93, ZIP 1994, 776 f.; MüKoBGB/*Schürnbrand* BGB § 491 Rn. 36 f.; Palandt/*Weidenkaff* BGB § 491 Rn. 3. Anders bei einem Kleinstbetrag LG Karlsruhe Urt. v. 14.7.1998 – 11 O 12/98, NJW-RR 2000, 1442 (1443).

bezeichnete Gegenleistung aus, die für die Kapitalnutzung aufzubringen ist.[823] Gesetzliche Fälligkeits- und Verzugszinsen zählen dazu aber nicht.[824] Die **Beweislast** dafür, dass Entgeltlichkeit vorliegt, trifft den Verbraucher, der sich auf die ihm günstigen Bestimmungen des Gesetzes beruft.[825] Ihm wird allerdings regelmäßig eine (tatsächliche) Vermutung für Entgeltlichkeit zugute kommen.[826] Erfasst sind sämtliche herkömmlichen **Gelddarlehensformen,** einschließlich des Krediteröffnungsvertrags,[827] des Vorvertrags[828] und des Vereinbarungsdarlehens,[829] nicht aber das Sachdarlehen[830] und **Haftungskredite,**[831] auch nicht die **Forfaitierung**[832] und das **Factoring.**[833] Für **unentgeltliche Darlehensverträge** gilt **§ 514 BGB.**

265   Das Gesetz führt für Allgemein-Verbraucherdarlehensverträge in § 491 Abs. 2 S. 2 BGB eine Reihe von Tatbeständen an, in denen es trotz ungeachtet des Vorliegens der Voraussetzungen des § 491 Abs. 2 S. 1 BGB nicht um Allgemein-Verbraucherdarlehensverträge handelt. Es geht dabei um Bagatellsachverhalte und sonstige Fälle mangelnder Schutzbedürftigkeit des Verbrauchers. Ausgenommen sind zum einen Verbraucherdarlehensverträge, bei denen das auszuzahlende Darlehen (Nettodarlehensbetrag) die **Bagatellgrenze** von 200 EUR nicht erreicht (§ 491 Abs. 2 S. 2 Nr. 1 BGB). Würde ein einheitlicher Kredit in mehrere Kredite aufgeteilt, die je für sich unterhalb der Bagatellgrenze blieben, dann läge eine Umgehung iSv § 512 S. 2 BGB vor.[834] Eine Vollausnahme besteht ferner für Darlehen, bei denen sich die Haftung des Darlehensnehmers auf eine dem Darlehensgeber zum **Pfand** übergebene Sache beschränkt (§ 491 Abs. 2 S. 2 Nr. 2 BGB). Die Ausnahme zielt auf die Geschäfte der Pfandverleiher ab, bei denen der Gesetzgeber davon ausgegangen ist, dass ein ausreichender Schutz der Verpfänder durch die Verordnung über den Geschäftsbetrieb der gewerblichen Pfandleiher[835] (PfandlV) sichergestellt ist. Voraussetzung ist, dass ein Faustpfand iSv §§ 1204 ff. BGB begründet wird und die Haftung des Darlehensnehmers auf die verpfändete Sache beschränkt ist.[836] Ein Übergabeersatz dürfte nach Sinn und Zweck der Vorschrift ausreichen.[837] Als weiterer Bagatellfall sind in § 491 Abs. 2 S. 2 Nr. 3 BGB **kurzfristige Darlehen** ausgenommen, die binnen drei Monaten zurückzuzahlen sind und bei denen nur geringe Kosten vereinbart sind. Bei der Schaffung der Ausnahme war in erster Linie an Zahlungskarten (Kreditkarten) gedacht. Eine Vollausnahme besteht ferner für **Arbeitgeberdarlehen,** die von Arbeitgebern mit ihren Arbeitnehmern zu einem niedrigeren als dem marktüblichen effektiven Jahreszins (§ 6 PreisangabenV) abgeschlossen werden und anderen Personen nicht angeboten werden (§ 491 Abs. 2 S. 2 Nr. 4 BGB),[838] und für Darlehen, die nur mit einem begrenzten Personenkreis auf Grund von Rechtsvorschriften in öffentlichem Interesse abgeschlossen werden, wenn im Vertrag für den Darlehensnehmer günstigere als marktübliche Bedingungen und höchstens der marktübliche Sollzinssatz (§ 489 Abs. 5 BGB) vereinbart sind (§ 491 Abs. 2 S. 2 Nr. 5 BGB). Erfasst werden davon **Förderdar-**

[823] MüKoBGB/*Schürnbrand* BGB § 491 Rn. 37; Bülow/Artz BGB § 491 Rn. 97; Palandt/*Weidenkaff* BGB § 491 Rn. 3; Godefroid Verbraucherkredit Teil 2 Rn. 4.

[824] BGH Urt. v. 16.10.2007 – XI ZR 132/06, NJW 2009, 1070 (1071); Palandt/*Weidenkaff* BGB § 491 Rn. 3.

[825] Bülow/Artz BGB § 506 Rn. 31; Godefroid Verbraucherkredit Teil 2 Rn. 4; aA Soergel/*Häuser* VerbrKrG § 1 Rn. 40: der Kreditgeber müsse beweisen, dass der Kredit unentgelich sei; so auch LG Hamburg Urt. v. 30.9.1993 – 321 O 174/92, NJW-RR 1994, 246 (247).

[826] Vgl. OLG Stuttgart Beschl. v. 17.1.1994 –6 W 50/93, NJW-RR 1994, 436; abw. Bülow/Artz BGB § 506 Rn. 31.

[827] Staudinger/*Kessal-Wulf*, 2012, BGB § 491 Rn. 56; MüKoBGB/*Schürnbrand* BGB § 491 Rn. 38, 39; Bülow/Artz BGB § 491 Rn. 104; Godefroid Verbraucherkredit Teil 2 Rn. 11 ff.

[828] Staudinger/*Kessal-Wulf*, 2012, BGB § 491 Rn. 46; aA Soergel/*Häuser* VerbrKrG § 1 Rn. 37.

[829] Staudinger/*Kessal-Wulf*, 2012, BGB § 491 Rn. 51; MüKoBGB/*Schürnbrand* BGB § 491 Rn. 40, 41; *v. Westphalen/Emmerich/v. Rottenburg,* Verbraucherkreditgesetz, 2. Aufl. 1996, VerbrKrG § 1 Rn. 91.

[830] MüKoBGB/*Schürnbrand* BGB § 491 Rn. 43, jedoch die Möglichkeit analoger Anwendung befürwortend, wenn das Sachdarlehen vom Anwendungsbereich der Verbraucherkreditrichtlinie erfasst würde wie etwa beim Wertpapierdarlehen; auch dagegen Bülow/Artz BGB § 491 Rn. 105; aA Staudinger/*Kessal-Wulf*, 2012, BGB § 491 Rn. 50: Redaktionsversehen des Gesetzgebers.

[831] OLG Köln Urt. v. 23.11.1998 – 16 U 24/98, WM 1999, 726 (727 f.); Staudinger/*Kessal-Wulf*, 2012, BGB § 506 Rn. 29; *Franke* in Hellner/Steuer BuB Rn. 3/389.

[832] Staudinger/*Kessal-Wulf*, 2012, BGB § 506 Rn. 29; *Franke* in Hellner/Steuer BuB Rn. 3/396; Bülow/Artz BGB § 491 Rn. 101; abw. *v. Westphalen/Emmerich/v. Rottenburg,* Verbraucherkreditgesetz, 2. Aufl. 1996, VerbrKrG § 1 Rn. 118.

[833] Staudinger/*Kessal-Wulf*, 2012, BGB § 506 Rn. 29; *Franke* in Hellner/Steuer BuB Rn. 3/396; abw. Bülow/Artz BGB § 491 Rn. 101 (betr. das unechte Factoring) und *v. Westphalen/Emmerich/v. Rottenburg,* Verbraucherkreditgesetz, 2. Aufl. 1996, § 1 Rn. 113.

[834] Staudinger/*Kessal-Wulf*, 2012, BGB § 491 Rn. 70; Palandt/*Weidenkaff* BGB § 491 Rn. 13; *Jungmann* in Schimansky/Bunte/Lwowski BankR-HdB § 81 Rn. 26; *Bülow/Artz BGB* § 491 Rn. 159; Godefroid Verbraucherkredit Teil 2 Rn. 101.

[835] V. 1.2.1961 idF der Bekanntmachung vom 1.6.1976 (BGBl. I S. 1334).

[836] Staudinger/*Kessal-Wulf*, 2012, BGB § 491 Rn. 77; MüKoBGB/*Schürnbrand* § 491 Rn. 66; Palandt/*Weidenkaff* § 491 Rn. 14.

[837] Staudinger/*Kessal-Wulf*, 2012, BGB § 491 Rn. 77.

[838] Vgl. dazu Staudinger/*Kessal-Wulf*, 2012, BGB § 491 Rn. 84 ff.; MüKoBGB/*Schürnbrand* § 491 Rn. 68 ff.; *Jungmann* in Schimansky/Bunte/Lwowski BankR-HdB § 81 Rn. 45 ff., Bülow/Artz BGB § 491 Rn. 168 ff.; *Gößmann* in Hellner/Steuer in Hellner/Steuer BuB Rn. 3/371 ff.; Godefroid Verbraucherkredit Teil 2 Rn. 104 ff.

lehen, die auf Rechtsvorschriften des öffentlichen Rechts beruhen, aber gegebenenfalls über private Kreditinstitute im Darlehenswege ausgereicht werden.[839] Privilegiert ist auch ein Kredit, der durch eine zwischengeschaltete Hausbank vergeben wird (durchgeleiteter Kredit).[840] Darauf, ob der unmittelbar mit einer öffentlich-rechtlichen Anstalt geschlossene Darlehensvertrag ohnehin aus dem persönlichen Anwendungsbereich des Verbraucherdarlehensrechts herausfällt und § 491 Abs. 2 S. 2 Nr. 5 BGB insoweit nur klarstellende Funktion hat,[841] kommt es letztlich nicht an. Der in einem einstufigen Verfahren kraft Verwaltungsakts gewährte Investitionszuschuss unterfällt nicht dem Verbraucherdarlehensrecht.[842] Schließlich stellt § 491 Abs. 2 S. 2 Nr. 6 BGB klar, dass Immobiliar-Verbraucherdarlehensverträge iSd § 491 Abs. 3 BGB nicht zugleich Allgemein-Verbraucherdarlehensverträge sind,

Das Gesetz enthält in § 491 Abs. 4 BGB darüber hinaus noch eine **Teilausnahme** für **Prozess-** 266 **vergleiche.** Erfasst werden Darlehensverträge, die in ein nach den Vorschriften der Zivilprozessordnung errichtetes Protokoll (§§ 159 ff. ZPO) aufgenommen oder durch einen gerichtlichen Beschluss über das Zustandekommen und den Inhalt eines zwischen den Parteien geschlossenen Vergleichs festgestellt sind (§ 278 Abs. 6 ZPO). Auf andere Vergleiche, wie den Anwaltsvergleich (§§ 796a–796c ZPO), den Schiedsvergleich (§ 794 Abs. 1 Nr. 4 lit. a ZPO),[843] den notariell beurkundeten oder gar den privatschriftlichen Vergleich findet die Bestimmung keine Anwendung. Erforderlich ist, dass im Protokoll oder feststellenden Beschluss der Sollzinssatz, die bei Abschluss des Vertrages in Rechnung gestellten Kosten des Darlehens und die Voraussetzungen aufgenommen worden sind, unter denen der Sollzinssatz oder die Kosten angepasst werden können. Kosten sind allein die des Darlehens, nicht diejenigen, die lediglich aus Anlass des Abschlusses anfallen, wie Gerichts- und Anwaltskosten.[844] Ob die Kosten einer Restschuldversicherung als Kosten des Darlehens zu betrachten sind, ist streitig.[845] Es dürfte indessen in Anbetracht des Gesetzeszwecks nicht möglich sein, die Kosten einer obligatorischen Restschuldversicherung auszuklammern. Sind alle Voraussetzungen der Teilausnahme erfüllt, dann sind § 358 Abs. 2 und 4 BGB sowie die §§ 491a– 495 BGB und §§ 505a–505e BGB nicht anzuwenden, dh von den Vorschriften über die Form, den Inhalt, die Informationsrechte, das Widerrufsrecht und die Kreditwürdigkeitsprüfung wird dispensiert. Fehlen die Voraussetzungen ganz oder teilweise, dann unterfällt der Darlehensvertrag den allgemeinen Vorschriften ohne diese Ausnahmen.[846] Die frühere Privilegierung der **notariellen Beurkundung** ist entfallen. Zulässig ist lediglich noch, das Widerrufsrecht auszuschalten, wenn der Vertrag notariell beurkundet wird und der Notar bestätigt, dass die Rechte des Dalehensnehmers aus den §§ 491a und 492 BGB gewahrt sind (§ 495 Abs. 2 Nr. 2 BGB). Für Darlehensverträge, die der Finanzierung des Erwerbs von Finanzinstrumenten dienen, ist die nach früherem Recht eingeräumte partielle Befreiung in § 492 Abs. 3 Nr. 2 BGB aF von §§ 358 Abs. 5, 359 Abs. 2 BGB (§ 359a Abs. 3 BGB aF) abgelöst worden. Die Vorschrift bezweckte zu verhindern, dass der Verbraucher das Risiko von Kursschwankungen durch den Widerruf des Darlehensvertrags auf den Darlehensgeber abwälzen kann. Eine weitere partielle Ausnahme betrifft **Existenzgründungsdarlehen,** die nur dann dem Schutz des Verbraucherdarlehensrechts unterstellt sind, wenn der Nettodarlehensbetrag 75.000 EUR übersteigt (§ 513 BGB). Die Frage, ob das auch gilt, wenn mehrere, eine wirtschaftliche Einheit bildende Darlehensverträge mit einem Darlehensgeber zwar einzeln, aber in ihrer Gesamtheit die Grenze überschreiten,[847] ist zu verneinen,[848] denn es ist nicht

---

[839] Vgl. BGH Beschl. v. 4.6.2019 – XI ZR 77/18, WM 2019, 1342 f.; auch Staudinger/*Kessal-Wulf*, 2012, BGB § 491 Rn. 79 ff.; MüKoBGB/*Schürnbrand* BGB § 491 Rn. 71 f.; Bülow/Artz BGB § 491 Rn. 176 ff.; *Franke* in Hellner/Steuer BuB Rn. 3/411a ff.

[840] Staudinger/*Kessal-Wulf*, 2012, BGB § 491 Rn. MüKoBGB/*Schürnbrand* BGB § 491 Rn. 71; Bülow/Artz BGB § 491 Rn. 176; Palandt/*Weidenkaff* BGB § 491 Rn. 17; *Jungmann* in Schimansky/Bunte/Lwowski BankR-HdB § 81 Rn. 52.

[841] Bülow/Artz BGB § 491 Rn. 178; aA Staudinger/*Kessal-Wulf*, 2012, BGB § 491 Rn. 85.

[842] BGH Urt. v. 16.10.2007 – XI ZR 132/06, BGHZ 174, 39 (44) = NJW 2008, 1070 (1071); Staudinger/*Kessal-Wulf*, 2012, BGB § 491 Rn. 13.

[843] Wegen der fehlendeen Mitwirkung von Amtspersonen, Staudinger/*Kessal-Wulf*, 2012, BGB § 491 Rn. 89; aA MüKoBGB/*Schhürnbrand* BGB § 491 Rn. 77; Bülow/Artz BGB § 491 Rn. 183.

[844] Staudinger/*Kessal-Wulf*, 2012, BGB § 491 Rn. 92; MüKoBGB/*Schürnbrand* BGB § 491 Rn. 79; Palandt/*Weidenkaff* BGB § 491 Rn. 18; Bülow/Artz BGB § 491 Rn. 186.

[845] Bejahend MüKoBGB/*Schürnbrand* BGB § 491 Rn. 79; verneinend Staudinger/*Kessal-Wulf*, 2012, BGB § 491 Rn. 92.

[846] MüKoBGB/*Schürnbrand* BGB § 491 Rn. 80.

[847] So Bülow/Artz BGB § 513 Rn. 15; *Lwowski/Peters/Münscher*, Verbraucherdarlehensrecht, 3. Aufl. 2008, Rn. 80; *Bruchner/Ott/Wagner-Wieduwilt*, Verbraucherkreditgesetz, 2. Aufl. 1994, VerbrKrG § 3 Rn. 18; Godefroid Verbraucherkredit Teil 2 Rn. 93.

[848] Abl. OLG Brandenburg Urt. v. 31.8.2005 – 3 U 17/05, NJW 2006, 159 f., und Urt. v. 5.5.1999 – 13 U 135/98, WM 1999, 2208 (2212); Staudinger/*Kessal-Wulf*, 2012, BGB § 512 Rn. 4; Palandt/*Weidenkaff* BGB § 512 Rn. 5. Unrichtig v. *Westphalen/Emmerich/v. Rottenburg*, Verbraucherkreditgesetz, 2. Aufl. 1996, VerbrKrG § 3 Rn. 27 ff., die einen „Einheitlichkeitswillen" entscheidend sein lassen und sogar Verträge bei verschiedenen Banken zusammenziehen wollen. Für eine Zusammenrechung bei konzernverbundenen Darlehensgebern auch Godefroid Verbraucherkredit Teil 2 Rn. 94.

einzusehen, weshalb der Darlehensgeber dem Verbraucher durch Aufteilung des Gesamtbetrages nicht freiwillig den Schutz des Gesetzes verschaffen können soll.[849]

267   **d) Vorvertragliche Informationspflichten.** Das Gesetz zur Umsetzung der Verbraucherkredit-richtlinie, des zivilrechtlichen Teils der Zahlungsdiensterichtlinie sowie zur Neuordnung der Vor-schriften über das Widerrufsrecht und die ihm zugrundeliegenden unionsrechtlichen Vorschriften haben ein Hauptgewicht auf den Ausbau vorvertraglicher Informationspflichten gelegt. Ziel war es, den Darlehensnehmer zu befähigen, die Angebote vor Abschluss zu prüfen und zu vergleichen, um eine möglichst tragfähige Grundlage für seine Entscheidung zu erhalten.[850] Die vorvertraglichen Informationspflichten fügen sich ein in ein weitergespanntes System von Informationspflichten bei Vertragsschluss (Pflichtangaben, Widerrufsinformation, § 492 Abs. 2 BGB) und während des Vertrags-verhältnisses (Unterrichtungspflicht gem. § 493 Abs. 1 und 2 BGB). Unterschiede bestehen auf der Rechtsfolgenseite. Während das Gesetz in § 494 BGB ausdrücklich Sanktionen für die Nichteinhal-tung von Informationspflichten bei Vertragsschluss anordnet, ist dies bei der Verletzung vorvertrag-licher Sanktionspflichten nicht der Fall. Das bedeutet aber nicht, dass sie folgenlos wären. Denn die vorvertraglichen Informationspflichten sind als **Rechtspflichten** ausgestaltet, deren Verletzung Scha-densersatzansprüche aus §§ 311 Abs. 2, 280 Abs. 1 BGB begründen kann.[851] Den Darlehensnehmer trifft allerdings die Darlegungs- und Beweislast bezüglich der Kausalität zwischen Pflichtverletzung und Schaden.[852] Kommt es nicht zum Vertragsschluss, dann muss er folglich beweisen, dass er bei zutreffen-der Information ein günstigeres Angebot beim Darlehensgeber abgeschlossen hätte.[853] Wurde der Vertrag geschlossen und waren auch die Angaben bei Vertragsschluss fehlerhaft, sind in erster Linie die Sanktionen des § 494 BGB einschlägig, ohne aber grundsätzlich andere Rechtsfolgen als spezieller zu verdrängen.[854] Das wäre nur dann der Fall, wenn die gesetzlich angeordneten Rechtsfolgen in einen Wertungswiderstreit zu den schadensersatzrechtlichen Rechtsfolgen geraten würden.[855] Der Verbrau-cher ist nicht gehindert darzulegen und zu beweisen, dass er bei zutreffender Information den ihm ungünstigen Vertrag nicht geschlossen oder zu günstigeren Bedingungen abgeschlossen hätte. Die Vermutung aufklärungsrichtigen Verhaltens kommt ihm grundsätzlich zugute.[856] Die verletzte Infor-mationspflicht muss aber geeignet sein, eine solche Vermutung zu rechtfertigen. Insoweit nicht aus-sagekräftige Informationspflichten tragen sie nicht.[857]

268   **Adressat** der vorvertraglichen Informationspflichten ist nach dem Gesetz der Darlehensnehmer, das ist die Partei des abzuschließenden Verbraucherdarlehensvertrages. Bei mehreren Darlehensnehmern sind die Pflichten jedem gegenüber zu erfüllen. Bei einer **Vertragsübernahme** ist die vorvertragliche Informationspflicht gem. § 491a BGB auch dem Übernehmer gegenüber einzuhalten, sofern er Ver-braucher ist.[858] Anders liegt es bei einem **Schuldbeitritt** zu einer bereits bestehenden Schuld, weil die Interessenlage dies nicht rechtfertigt. Das Ziel, zwischen Angeboten mehrerer Darlehensgeber ver-gleichen zu können, kann dann nicht mehr erreicht werden.[859]

269   Wegen **Form** und **Inhalt** der vorvertraglichen Informationen verweist § 491a Abs. 1 BGB auf Art. 247 EGBGB. Auf diese Weise hat der Gesetzgeber die durch die Richtlinie 2008/48/EG vorgege-benen technischen Einzelheiten in ein Nebengesetz verlagert, was einerseits das BGB entschlackt, andererseits zu einer Zersplitterung zusammengehöriger Vorschriften führt. Gemäß Art. 247 § 1 Abs. 2 EGBGB muss die Unterrichtung rechtzeitig vor Abschluss des Verbraucherdarlehensvertrages in **Textform** (§ 126b BGB) erfolgen und bei einem **Allgemein-Verbraucherdarlehensvertrag** gem. Art. 247 § 2 EGBGB die sich aus Art. 247 §§ 3–5 und 8–13 EGBGB ergebenden Einzelheiten enthalten. Ob die Unterrichtung „rechtzeitig" erfolgt, ist an dem Ziel zu bemessen, dem Ver-braucher ausreichend Zeit zur Prüfung und zum Vergleich verschiedener Angebote zu verschaffen. Dabei kann auf die Umstände des Einzelfalls abgestellt werden.[860] Eine starre Mindestbedenkfrist besteht nicht.[861] Der Darlehensgeber muss nach Art. 247 § 2 EGBGB bei seiner Unterrichtung zwingend ein in Anlage 4 vorgegebenes **Muster** verwenden („Europäische Standardinformationen für

---

[849] Eine Ausnahme will Staudinger/*Kessal-Wulf,* 2012, BGB § 512 Rn. 4 für den Fall machen, dass der Existenz-gründer sich unter Vorspiegelung falscher Tatsachen die Einzelkredite mit dem Ziel erschlichen hat, unter der Obergrenze zu bleiben, was der Kreditgeber nachzuweisen habe.

[850] Vgl. Erwägungsgrund 19 RL 2008/48/EG; Begründung RegE zu § 491a BGB, BT-Drs. 16/11643, 78 f., 197.

[851] Staudinger/*Kessal-Wulf,* 2012, BGB § 491a Rn. 2, 29; MüKoBGB/*Schürnbrand* BGB § 491a Rn. 6 f.; Palandt/*Weidenkaff* BGB § 491a Rn. 5; Bülow/*Artz* BGB § 491a Rn. 41 f.

[852] MüKoBGB/*Schürnbrand* BGB § 491a Rn. 8; Bülow/Artz BGB § 491a Rn. 41 f.

[853] Staudinger/*Kessal-Wulf,* 2012, BGB § 491a Rn. 31.

[854] MüKoBGB /*Schürnbrand* BGB § 491a Rn. 6 f.; aA Staudinger/*Kessal-Wulf,* 2012, BGB § 491a Rn. 29.

[855] Palandt/*Grüneberg* EGBGB Einf. Art. 238 Rn. 2, 11.

[856] Staudinger/*Kessal-Wulf,* 2012, BGB § 491 Rn. 30; Palandt/*Grüneberg* EGBGB Einf. Art. 238 Rn. 10; aA MüKoBGB/*Schürnbrand* BGB § 491a Rn. 8.

[857] Palandt/*Grüneberg* EGBGB Einf. Art. 238 Rn. 10.

[858] Staudinger/*Kessal-Wulf,* 2012, BGB § 491a Rn. 4.

[859] Staudinger/*Kessal-Wulf,* 2012, BGB § 491a Rn. 5.

[860] Staudinger/*Kessal-Wulf,* 2012, BGB § 491a Rn. 9.

[861] MüKoBGB/*Schürnbrand* BGB § 491a Rn. 11.

Verbraucherkredite").[862] Die Verwendung des Musters hat zur Folge, dass die Verpflichtung zur Unterrichtung nach § 491a Abs. 1 BGB als erfüllt gilt, sofern das ordnungsgemäß ausgefüllte Muster in Textform übermittelt worden ist (Art. 247 § 2 Abs. 4 S. 1 EGBGB). **Zusätzliche Angaben** sind nicht von vornherein schädlich, sie müssen aber räumlich getrennt von den vorgeschriebenen Angaben erfolgen und für den Verbraucher als solche zweifelsfrei deutlich werden (Art. 247 § 4 Abs. 2 EGBGB). Wählt der Darlehensnehmer für die Vertragsanbahnung Kommunikationsmittel, die die Übermittlung der vorgeschriebenen Informationen in der Art. 247 §§ 1, 2 EGBGB vorgesehenen Form nicht gestatten, dann ist die vollständige Unterrichtung nach Art. 247 § 1 EGBGB unverzüglich, dh ohne schuldhaftes Zögern (§ 121 BGB), nachzuholen (Art. 247 § 5 EGBGB). Bei einem **Immobiliar-Verbraucherdarlehensvertrag** ergeben sich die Anforderungen an die vorvertraglichen Informationspflichten aus § 491a Abs. 4 BGB.

Der Darlehensnehmer hat gem. § 491a Abs. 2 BGB gegen den Darlehensgeber einen durchsetz- **270** baren Anspruch darauf, einen **Entwurf des Verbraucherdarlehensvertrages** zu erhalten. Der Anspruch besteht dann nicht oder entfällt, wenn und solange der Darlehensgeber zum Abschluss nicht bereit ist. Das wird er ausdrücklich zu erklären haben, sofern er in eine Vertragsanbahnung eingetreten ist. Hat der Darlehensgeber seine Abschlussbereitschaft dem Darlehensnehmer gegenüber von dem Ergebnis einer Bonitätsprüfung abhängig gemacht, dann fehlt solange die Abschlussbereitschaft.[863] Die Überlassung des Entwurfs entbindet nicht von der Erfüllung der vorvertraglichen Informationspflichten.[864] Die Erstellung und Übermittlung hat kostenfrei zu geschehen.[865]

Den Darlehensgeber treffen nach § 491a Abs. 3 BGB zusätzliche **Erläuterungspflichten.** Das **271** Gesetz bestimmt, dass der Darlehensgeber verpflichtet ist, dem Darlehensnehmer vor Abschluss des Verbraucherdarlehensvertrags angemessene Erläuterungen zu geben, damit der Darlehensnehmer in die Lage versetzt wird, zu beurteilen, ob der Vertrag dem von ihm verfolgten Zweck und seinen Vermögensverhältnissen gerecht wird. Dazu sind gegebenenfalls die vorvertraglichen Informationen gem. § 491a Abs. 1 BGB, die Hauptmerkmale der vom Darlehensgeber angebotenen Verträge sowie ihre vertragstypischen Auswirkungen auf den Darlehensnehmer einschließlich der Folgen bei Zahlungsverzug zu erläutern. Ohne Besonderheiten kann die Erläuterung standardisiert vorgenommen werden.[866] Verletzt der Darlehensgeber indessen seine Erläuterungspflicht, dann kann er sich gem. §§ 311 Abs. 2, 280 Abs. 1 BGB schadensersatzpflichtig machen.[867]

e) Schriftform. Die einzuhaltende Schriftform in Verbindung mit den durch Mindestangaben zu **272** erfüllenden Informationspflichten stellt einen Schwerpunkt des durch das gesetzliche Regelung angestrebten Verbraucherschutzes dar. In § 492 Abs. 1 BGB ist die Schriftform geregelt, während in § 492 Abs. 2 BGB iVm Art. 247 §§ 6–13 EGBGB die erforderlichen Mindestangaben aufgelistet sind. Welche Folgen sich aus der Nichteinhaltung ergeben, ist in § 494 BGB bestimmt.

Gemäß § 492 Abs. 1 S. 1 BGB bedarf der Verbraucherdarlehensvertrag, soweit nicht eine strengere **273** Form vorgeschrieben ist, der **schriftlichen Form.** Der damit grundsätzlich anwendbare § 126 BGB wird jedoch durch § 492 Abs. 1 S. 2 und 3 BGB modifiziert. Während § 126 Abs. 2 S. 1 BGB bei einem Vertrag grundsätzlich die handschriftliche Unterzeichnung beider Vertragspartner auf derselben Urkunde verlangt, ist nach § 492 Abs. 1 S. 2 BGB der Form genügt, wenn Antrag und Annahme durch die Vertragsparteien jeweils getrennt schriftlich erklärt werden. Die Erklärung des Darlehensgebers bedarf keiner Unterzeichnung, wenn sie mit Hilfe einer automatischen Einrichtung erstellt wird (§ 492 Abs. 1 S. 3 BGB). Allerdings ist zu beachten, dass damit nicht auf eine schriftlich verkörperte Erklärung des Kreditgebers überhaupt verzichtet worden ist. Eine schlüssige Annahme durch Auszahlung des Kredits reicht dafür aus.[868] Auf seiten des Verbrauchers ist die eigenhändige Unterschrift, die den gesamten Vertragstext abdeckt, unverzichtbar. Eine **Blankounterschrift** des Verbrauchers widerspricht dem Schutzzweck des Gesetzes und genügt zur Formeinhaltung nicht.[869]

Die gesamte formbedürftige Erklärung muss in einer **einzigen Urkunde** enthalten sein. Besteht sie **274** aus mehreren Blättern, müssen diese, wenn sie nicht in fester Form körperlich miteinander verbunden

[862] Abgedruckt bei Palandt/*Weidenkaff* unter Anl. 3 zu EGBGB 247 § 2 und bei Staudinger/*Kessal-Wulf* Textanhang VI.

[863] MüKoBGB/*Schürnbrand* BGB § 491a Rn. 53; Palandt/*Weidenkaff* BGB § 491a Rn. 3.

[864] Staudinger/*Kessal-Wulf,* 2012, BGB § 491a Rn. 26; MüKoBGB/*Schürnbrand* BGB § 491a Rn. 52; Bülow/Artz BGB § 491a Rn. 27.

[865] Staudinger/*Kessal-Wulf,* 2012, BGB § 491a Rn. 26; MüKoBGB/*Schürnbrand* BGB § 491a Rn. 52; Bülow/Artz BGB § 491a Rn. 27.

[866] Staudinger/*Kessal-Wulf,* 2012, BGB § 491a Rn. 27.

[867] Palandt/*Weidenkaff* BGB § 491a Rn. 5.

[868] BGH Urt. v. 18.12.2007 – XI ZR 324/06, NJW-RR 2008, 1436 (1439) zu § 4 Abs. 1 S. 2 VerbrKrG; Staudinger/*Kessal-Wulf,* 2012, BGB § 492 Rn. 8; *v. Westphalen/Emmerich/v. Rottenburg,* Verbraucherkreditgesetz, 2. Aufl. 1996, VerbrKrG § 4 Rn. 4.

[869] BGH Urt. v. 29.2.1996 – IX ZR 153/95, BGHZ 132, 119 (126) =NJW 1996, 1467 ff.; Urt. v. 19.5.2005 – III ZR 240/04, NJW-RR 2005, 1141 (1142); Urt. v. 25.4.2006 – XI ZR 106/05, BGHZ 167, 239 = NJW 2006, 1955 (1956); Staudinger/*Kessal-Wulf,* 2012, BGB § 492 Rn. 10; MüKoBGB/*Schürnbrand* BGB § 492 Rn. 8; Palandt/*Weidenkaff* BGB § 492 Rn. 2; Bülow/Artz BGB § 492 Rn. 21, 33.

sind, jedenfalls in anderer Weise in ihrer Zusammengehörigkeit eindeutig erkennbar sein.[870] Insoweit findet die sog. **Auflockerungsrechtsprechung** des BGH Anwendung. Danach ist eine körperliche Verbindung der einzelnen Blätter einer Urkunde nicht erforderlich, sofern sich deren Einheit aus der fortlaufenden Paginierung, fortlaufender Nummerierung der einzelnen Bestimmungen, einheitlicher graphischer Gestaltung, inhaltlichem Zusammenhang des Textes oder vergleichbaren Merkmalen zweifelsfrei ergibt.[871] Sollen aus Anlass des Verbraucherdarlehensvertrages **Allgemeine Geschäftsbedingungen** vereinbart werden, müssen diese ebenfalls in die schriftliche Erklärung integriert werden.[872] Sind die AGB-Banken bei früherer Gelegenheit, etwa bei einer Kontoeröffnung, bereits wirksam als Rahmenvereinbarung einbezogen worden, dann erscheint eine erneute förmliche Einbeziehung zwar grundsätzlich entbehrlich.[873] Kritisch sind aber Bestimmungen, die nicht nur das Grund- oder Rahmenverhältnis der Geschäftsbeziehung betreffen, sondern für den Kredit Spezifisches regeln, da der auf vollständige Information zielende Schutzzweck des Gesetzes auf diesem Wege umgangen werden könnte.[874] Soweit Pflichtangaben mittels AGB erteilt werden sollen, die im Vertrag gemacht werden müssen, muss hinreichend deutlich auf eine Anlage zum Vertragsformular Bezug genommen werden.[875]

275   Von der Förmlichkeit der Erklärung ist der ihres **Zugangs** zu unterscheiden. Grundsätzlich müssen die Erklärungen formgerecht zugehen, dh von seiten des Verbrauchers das eigenhändig unterzeichnete Original der Urkunde. **Textform** ist nicht zugelassen.[876] Nicht ausreichend ist die Übermittlung einer **Fernkopie** (Telefax).[877] Über Bildschirmtext und Internet kann ein Verbraucherkredit erst recht nicht wirksam geschlossen werden.[878] Der Abschluss des Verbraucherdarlehensvertrags in **elektronischer Form** (§ 126a BGB) ist allerdings zulässig.[879] Voraussetzung ist, dass das elektronische Dokument mit einer qualifizierten elektronischen Signatur nach dem Signaturgesetz versehen ist. Ein Verzicht auf das Zugangserfordernis (§ 151 S. 1 BGB) ist möglich.[880]

276   Nach § 492 Abs. 4 BGB gelten grundsätzlich auch für die **Vollmacht,** die ein Darlehensnehmer zum Abschluss eines Verbraucherdarlehensvertrages erteilt, abweichend von § 167 Abs. 2 BGB die Formerfordernisse des § 492 Abs. 1 und 2 BGB.[881] Durch die Einfügung dieser Vorschrift hat der Gesetzgeber eine heftige Kontroverse entschieden und einer anderslautenden früheren Rspr. des BGH die Grundlage entzogen.[882]

277   Wird eine § 492 BGB unterliegende Vereinbarung **geändert,** ist grundsätzlich auch für die Änderungsvereinbarung die Form einzuhalten, sofern darin die Einräumung eines **neuen Kapitalnutzungsrechts** zu erblicken ist,[883] nicht aber bei vereinbarten Konditionenanpassungen. Bei **sonstigen Änderungen** ist der Grundsatz der Urkundeneinheit gelockert: bei einer bloßen Laufzeitverlängerung oder Stundung reicht es aus, auf den ursprünglichen Vertrag Bezug zu nehmen.[884]

278   Die **Pflichtangaben,** die die vom Darlehensnehmer zu unterzeichnende Vertragserklärung angeben muss, sind in Art. 247 §§ 6–13 EGBGB, auf die § 492 Abs. 2 BGB verweist, **enumerativ aufgezählt,** wobei die Angabe des **Gesamtbetrags** und des **effektiven Jahreszinses,** der dem Verbraucher einen Vergleich mit den Kosten anderer Kredite ermöglichen soll, von besonderer Bedeutung ist. Der Gesamtbetrag ist die Summe aus Nettodarlehensbetrag und Gesamtkosten (Art. 247 § 3 Abs. 2 S. 1 EGBGB). Die Berechnung der Gesamtkosten und des effektiven Jahreszinses richtet sich nach § 6 PAngV (Art. 247 § 3 Abs. 2 S. 3 EGBGB).

---

[870] So schon BGH Urt. v. 24.9.1997 – XII ZR 234/95, NJW 1998, 58 ff. (61) (für Mietvertrag).

[871] BGH Urt. v. 17.9.2019 – XI ZR 662/18, WM 2019, 2307 Rn. 19.

[872] Vg. BGH Urt. v. 4.7.2017 – XI ZR 741/16, NJW-RR 2017, 1077 Rn. 28; Staudinger/*Kessal-Wulf,* 2012, BGB § 492 Rn. 14; MüKoBGB/*Schürnbrand* BGB § 492 Rn. 19; Bülow/Artz BGB § 492 Rn. 38.

[873] Staudinger/*Kessal-Wulf,* 2012, BGB § 492 Rn. 14.

[874] Staudinger/*Kessal-Wulf,* 2012, BGB § 492 Rn. 14. Für eine vollständige Einbeziehung: MüKoBGB/*Schürnbrand* BGB § 492 Rn. 19; Bülow/Artz BGB § 492 Rn. 38.

[875] BGH Urt. v. 17.9.2019 – XI ZR 662/18, WM 2019, 2307 Rn. 15 ff.

[876] Staudinger/*Kessal-Wulf,* 2012, BGB § 492 Rn. 7; Palandt/*Weidenkaff* BGB § 492 Rn. 2.

[877] BGH Urt. v. 30.7.1997 – VIII ZR 244/96, NJW 1997, 3169 f.; Urt. v. 6.12.2005 – XI ZR 139/05, BGHZ 165, 213 (216) = NJW 2006, 681 (682); Staudinger/*Kessal-Wulf,* 2012, BGB § 492 Rn. 9; MüKoBGB/*Schürnbrand* BGB § 492 Rn. 8; Bülow/Artz BGB § 492 Rn. 43; Palandt/*Weidenkaff* BGB § 492 Rn. 2.

[878] Staudinger/*Kessal-Wulf,* 2012, BGB § 492 Rn. 9; *v. Westphalen/Emmerich/v. Rottenburg,* Verbraucherkreditgesetz, 2. Aufl. 1996, VerbrKrG § 4 Rn. 29.

[879] Staudinger/*Kessal-Wulf,* 2012, BGB § 492 Rn. 7; MüKoBGB/*Schürnbrand* BGB § 492 Rn. 9; Palandt/*Weidenkaff* BGB § 492 Rn. 2; Bülow/Artz BGB § 492 Rn. 45.

[880] BGH Urt. v. 6.12.2005 – XI ZR 139/05, BGHZ 165, 213 (217) = NJW 2006, 681 (682); Urt. v. 27.4.2004 – XI ZR 49/03, NJW-RR 2004, 1683; Staudinger/*Kessal-Wulf,* 2012, BGB § 492 Rn. 8; MüKoBGB/*Schürnbrand* BGB § 492 Rn. 21; Palandt/*Weidenkaff* BGB § 492 Rn. 2; *v. Westphalen/Emmerich/v. Rottenburg,* Verbraucherkreditgesetz, 2. Aufl. 1996, VerbrKrG § 4 Rn. 4, 30 ff.

[881] BGH Urt. v. 9.1.2018 – XI ZR 17/15, BGHZ 217, 178 Rn. 45 = NJW-RR 2018, 747.

[882] → 1. Aufl. 2001 BankR Rn. IV 259.

[883] BGH Urt. v. 7.10.1997 – XI ZR 233/96, NJW 1998, 602 (603); Beschl. v. 6.12.1994 – XI ZR 99/94, NJW 1995, 527; Staudinger/*Kessal-Wulf,* 2012, BGB § 492 Rn. 23; MüKoBGB/*Schürnbrand* BGB § 492 Rn. 11.

[884] Staudinger/*Kessal-Wulf,* 2012, BGB § 492 Rn. 24; MüKoBGB/*Schürnbrand* BGB § 492 Rn. 12; Bülow/Artz BGB § 492 Rn. 39.

Bei den zu bestellenden **Sicherheiten** (Art. 247 § 7 Nr. 2 EGBGB) reicht es nicht aus, auf das **279** Pfandrecht gem. Nr. 14 AGB-Banken Bezug zu nehmen, die Sicherheiten sind vielmehr **konkret zu bezeichnen.** Wird dem Verbraucher nicht mitgeteilt, welche Sicherheiten er zu bestellen hat, kann auch auf ein allgemeines Nachsicherungsrecht (Nr. 13 Abs. 2 AGB-Banken) nicht zurückgegriffen werden.[885] Dieser Gesetzeslage ist in Nr. 13 Abs. 2 S. 5 AGB-Banken Rechnung getragen worden. Waren vor Abschluss des Verbraucherdarlehensvertrages bereits Sicherheiten bestellt, dann soll nach verbreiteter Ansicht ein „pauschaler Hinweis" ausreichen, dass diese für die Verbindlichkeit aus dem Kreditvertrag fortbestehen sollen.[886] Aus dem Gesetz ergibt sich eine solche Einschränkung indessen nicht.[887]

Sind Sicherheiten nicht oder nicht in der erforderlichen konkreten Form angegeben, was dem **280** vollständigen Fehlen der Angabe insoweit gleichsteht, dann wird die Wirksamkeit des Verbraucherdarlehensvertrags dadurch nicht berührt, da § 494 Abs. 1 BGB nicht auf Art. 247 § 7 EGBGB verweist. Fehlen Angaben zu den Sicherheiten, dann können sie nicht gefordert werden (§ 494 Abs. 6 S. 2 BGB), insoweit tritt Teilnichtigkeit für die betreffende Sicherheitsabrede ein.[888] Das gilt aber bei Allgemein-Verbraucherdarlehensverträgen dann nicht, wenn der Nettodarlehensbetrag 75.000 EUR übersteigt (§ 494 Abs. 6 S. 2 Hs. 2 BGB), sodass das Gesetz dem Verbraucher seinen Schutz gerade dann teilweise entzieht, wenn es um hohe Volumina jenseits der **Obergrenze** geht.[889] Die Bestimmung des § 139 BGB tritt zurück, sodass der Verbraucher Ansprüche aus dem Darlehensvertrag ohne die nichtige Sicherheitenbestellung hat.[890] Auch die Heilung eines formnichtigen Verbraucherdarlehensvertrags verhilft der nichtigen Sicherungsabrede nicht zur Wirksamkeit.[891]

Die **Folgen der Nichteinhaltung der Form** sind in § 494 BGB geregelt. Danach sind der **281** Verbraucherdarlehensvertrag und die auf Abschluss eines solchen Vertrags vom Verbraucher erteilte Vollmacht **nichtig,** wenn die Schriftform insgesamt nicht eingehalten ist oder wenn eine der in Art. 247 §§ 6 und 10–13 EGBGB für den Verbraucherdarlehensvertrag vorgeschriebenen Angaben fehlt. Die in Art. 247 §§ 7, 8 EGBGB enthaltenen Angaben, die sich ua mit Notarkosten, Sicherheiten, Versicherungen und der Berechnung der Vorfälligkeitsentschädigung befassen, sind ausgenommen und führen die Nichtigkeitsfolge nicht herbei. Die einschneidende Nichtigkeitsfolge tritt nur ein, wenn eine der genannten Pflichtangaben **vollständig fehlt;** bei lediglich ungenügenden oder fehlerhaften Angaben ist das nicht der Fall,[892] selbst dann nicht, wenn es sich um grobe Unrichtigkeiten ohne Informationsgehalt handelt.[893] Insoweit sind jedoch die in § 494 Abs. 3 und 4 BGB enthaltenen Sonderregelungen zu beachten: Ist der **effektive Jahreszins** zu niedrig angegeben, dann vermindert sich der dem Verbraucherdarlehensvertrag zugrunde gelegte Sollzinssatz um den Prozentsatz, um den der effektive Jahreszins zu niedrig angegeben worden ist (§ 494 Abs. 3 BGB). Nicht angegebene Kosten werden vom Darlehensnehmer nicht geschuldet (§ 494 Abs. 4 S. 1 BGB). Ist im Vertrag nicht angegeben, unter welchen Voraussetzungen Kosten oder Zinsen angepasst werden können, dann entfällt die Möglichkeit, diese zum Nachteil des Darlehensnehmers anzupassen (§ 494 Abs. 4 S. 2 BGB). Die schuldhaft falsche Angabe kann ferner einen **Schadensersatzanspruch** wegen einer Pflichtverletzung aus dem zustande gekommen Vertrag (§ 280 Abs. 1 BGB) begründen oder aus Verschulden bei Vertragsverhandlungen (§ 311 Abs. 2 BGB)[894] und bei arglistiger Täuschung ein Anfechtungsrecht aus den Voraussetzungen des § 123 BGB. Der Verbraucher hat auch dann einen Schadensersatzanspruch aus Verschulden bei Vertragsverhandlungen gegen den Darlehensgeber, wenn dieser die Vertragsnichtigkeit durch eine fehlende Angabe verschuldet hat.[895]

Die Nichtigkeitsfolge des § 494 Abs. 1 BGB ergreift den **gesamten Vertrag;** die Bestimmung des **282** § 139 BGB ist insoweit unanwendbar.[896]

---

[885] Staudinger/*Kessal-Wulf,* 2012, BGB § 492 Rn. 72; MüKoBGB/*Schürnbrand* BGB § 492 Rn. 31; Bülow/Artz BGB § 492 Rn. 141 f.

[886] Staudinger/*Kessal-Wulf,* 2012, BGB § 492 Rn. 73; MüKoBGB/*Schürnbrand* BGB § 492 Rn. 31; noch weitergehend *Münstermann/Hannes,* Verbraucherkreditgesetz, 1991, VerbrKrG § 4 Rn. 229, die jeglichen Hinweis in diesem Fall für entbehrlich halten.

[887] Ohne Hinweis auf die Pauschalität Bülow/Artz BGB § 492 Rn. 141 f.

[888] Staudinger/*Kessal-Wulf,* 2012, BGB § 494 Rn. 8; Bülow/Artz BGB § 494 Rn. 24.

[889] Krit. zu diesem Wertungswiderspruch Bülow/Artz BGB § 494 Rn. 78.

[890] Staudinger/*Kessal-Wulf,* 2012, BGB § 494 Rn. 8.

[891] Staudinger/*Kessal-Wulf,* 2012, BGB § 494 Rn. 8; BülowArtz § 494 Rn. 77.

[892] BGH Urt. v. 14.10.2003 – XI ZR 134/02, NJW 2004, 154 (155); Urt. v. 2.12.2003 – XI ZR 53/02, NJW-RR 2004, 632 = WM 2004, 172; Urt. v. 9.5.2006 – XI ZR 119/05, NJW-RR 2006, 1419 (1421); Staudinger/*Kessal-Wulf,* 2012, BGB § 494 Rn. 9; MüKoBGB/*Schürnbrand* BGB § 494 Rn. 12; Palandt/*Weidenkaff* BGB § 494 Rn. 13; Bülow/Artz BGB § 494 Rn. 44.

[893] Bülow/Artz BGB § 494 Rn. 45; dahin tendierend auch Staudinger/*Kessal-Wulf,* 2012, BGB § 494 Rn. 9; aA MüKoBGB/*Schürnbrand* BGB § 494 Rn. 12.

[894] Staudinger/*Kessal-Wulf,* 2012, BGB § 494 Rn. 9; Bülow/Artz BGB § 494 Rn. 49; Palandt/*Weidenkaff* BGB § 494 Rn. 13.

[895] Bülow/Artz BGB § 494 Rn. 49; vgl. Palandt/*Grüneberg* BGB § 311 Rn. 38.

[896] LG Hamburg Urt. v. 30.9.1993 – 321 O 174/92, NJW-RR 1994, 246 (247 f.); Staudinger/*Kessal-Wulf,* 2012, BGB § 494 Rn. 4; MüKoBGB/*Schürnbrand* BGB § 494 Rn. 15; Palandt/*Weidenkaff* BGB § 494 Rn. 2; Bülow/Artz BGB § 494 Rn. 23.

283   Auf die Nichtigkeit kann sich auch **der Kreditgeber berufen,** es sei denn, die Berufung auf die Form wäre ausnahmsweise **rechtsmissbräuchlich** (§ 242 BGB). Dazu reicht es aber nicht aus, dass die Nichtigkeit im Interesse des Verbrauchers Gesetz geworden ist.[897] Die Nichtigkeitsfolge ist gesetzestechnisch eindeutig; sonst hätte der Gesetzgeber eine andere Regelung treffen müssen.

284   Den Vertragsparteien bleibt es unbenommen, das nichtige Rechtsgeschäft zu **bestätigen** (§ 141 BGB); dabei sind die Formerfordernisse des Gesetzes allerdings wiederum zu wahren.[898]

285   Ungeachtet eines Formmangels nach § 494 Abs. 1 BGB wird der Verbraucherdarlehensvertrag gültig, soweit der Darlehensnehmer das Darlehen empfängt oder in Anspruch nimmt (§ 494 Abs. 2 S. 1 BGB). Eine derartige **Heilung** ergreift sämtliche Nichtigkeitsgründe gem. § 494 Abs. 1 BGB, aber auch nur diese.[899] Ein sittenwidriger (§ 138 BGB) Kreditvertrag bleibt also nichtig. Wird das Darlehen nur **teilweise** empfangen oder in Anspruch genommen, dann tritt die Heilung auch nur in diesem Umfang ein ("soweit"),[900] vorausgesetzt, dass der Vertrag überhaupt teilbar ist.

286   Die **Heilungsmöglichkeit** des § 494 Abs. 2 S. 1 BGB ist auch dann eröffnet, wenn die auf Abschluss des Verbraucherdarlehensvertrags gerichtete **Vollmacht** formunwirksam erteilt wurde.[901] Denn es gibt keinen Grund, dem Verbraucher in den Fällen, in denen die Formvorschriften auch oder nur bei der Erteilung der Vollmacht missachtet wurden, die Heilungsmöglichkeiten des § 494 Abs. 2 S. 1 BGB mit den ihm günstigeren Modifikationen des § 494 Abs. 2 S. 2, Abs. 3–6 BGB zu versagen und ihn ausschließlich auf die Möglichkeit zu verweisen, den Vertrag unter Inkaufnahme des vorgesehenen Vertragsinhalts zu genehmigen, um nicht nach Bereicherungsrecht die Darlehensvaluta sofort zurückzahlen zu müssen.[902]

287   Liegen gleichzeitig die Voraussetzungen eines **Widerrufsrechts** nach § 495 BGB vor, dann bleibt dieses von der Heilung der Formnichtigkeit unberührt.[903] Die **Widerrufsfrist** kommt frühestens dann in Lauf, wenn die Heilung eingetreten ist, die mit Wirkung ex nunc erfolgt.[904]

288   Zum **Empfang** des Darlehens gehört zweierlei: dass der Darlehensgeber den Darlehensgegenstand aus seinem Vermögen ausscheidet und dem Vermögen des Darlehensnehmers endgültig zuführt (Leistungshandlung) und dass dies in der vereinbarten Form geschieht.[905] Da es infolge der Formnichtigkeit an einer wirksamen Vereinbarung fehlt, muss man für § 494 Abs. 2 S. 1 BGB entweder die tatsächliche Einigung gemäß dem nichtigen Vertrag ausreichen lassen oder eine erneute Einverständniserklärung des Verbrauchers verlangen. Für Letzteres spricht, dass es der Kreditgeber sonst in der Hand hätte, durch Überweisung auf ein Konto oder Zahlung an einen Dritten gemäß dem Ursprungsvertrag auch gegen den Willen des Verbrauchers die Nichtigkeit zu heilen,[906] selbst wenn dieser einen abweichenden Willen noch nicht bilden und artikulieren konnte. In der Rspr. hat sich indessen die Auffassung durchgesetzt, dass eine Heilung auch dann eintritt, wenn der Darlehensgeber die Darlehensvaluta weisungsgemäß an einen Dritten ausgezahlt hat, etwa an eine Fondsgesellschaft im verbundenen Geschäft. Die Schutzfunktion der Formnichtigkeit des § 494 Abs. 1 BGB wird damit auf eine Fortgeltung des Vertrages zu günstigeren Konditionen beschränkt. Die abweichende Auffassung des II. Zivilsenats[907] wurde aufgegeben.[908] Die **Inanspruchnahme** des Darlehens, die stets willensgetragen sein muss, ist kein bloßer Unterfall des Darlehensempfangs, weil die Alternative bereits dann erfüllt ist, wenn der Verbraucher einen Kredit abruft, ohne ihn bereits empfangen zu haben. Nicht erforderlich ist ein **Bestätigungswille** in dem Sinne, dass der Verbraucher von der Nichtigkeit des Vertrages Kenntnis gehabt haben muss.

---

[897] v. Westphalen/Emmerich/v. Rottenburg, Verbraucherkreditgesetz, 2. Aufl. 1996, VerbrKrG § 6 Rn. 14; Soergel/Häuser VerbrKrG § 6 Rn. 6; Peters in Schimansky/Bunte/Lwowski BankR-HdB § 81 Rn. 237; Münstermann/Hannes, Verbraucherkreditgesetz, 1991, VerbrKrG § 6 Rn. 288; aA Staudinger/Kessal-Wulf, 2012, BGB § 494 Rn. 11; MüKoBGB/Schürnbrand BGB § 492 Rn. 23, § 494 Rn. 14; Bülow/Artz BGB § 494 Rn. 33; Bamberger/Roth/Möller BGB § 494 Rn. 5; Langenbucher/Bliesener/Spindler/Roth 15. Kapitel § 494 Rn. 5.

[898] Staudinger/Kessal-Wulf, 2012, BGB § 494 Rn. 13.

[899] Staudinger/Kessal-Wulf, 2012, BGB § 494 Rn. 14; Bamberger/Roth/Möller BGB § 494 Rn. 9; Bülow/Artz BGB § 494 Rn. 41; v. Westphalen/Emmerich/v. Rottenburg, Verbraucherkreditgesetz, 2. Aufl. 1996, VerbrKrG § 6 Rn. 7.

[900] Staudinger/Kessal-Wulf, 2012, BGB § 494 Rn. 22; MüKoBGB/Schürnbrand BGB § 494 Rn. 18; Bülow/Artz BGB § 494 Rn. 60; v. Westphalen/Emmerich/v. Rottenburg, Verbraucherkreditgesetz, 2. Aufl. 1996, VerbrKrG § 6 Rn. 17.

[901] BGH Urt. v. 9.1.2018 – XI ZR 17/15, BGHZ 217, 178 Rn. 53 ff. = NJW-RR 2018, 747.

[902] BGH Urt. v. 9.1.2018 – XI ZR 17/15, BGHZ 2017, 178 Rn. 54 = NJW-RR 2018, 747.

[903] Staudinger/Kessal-Wulf, 2012, BGB § 494 Rn. 19; Bamberger/Roth/Möller BGB § 494 Rn. 10; Bülow/Artz BGB § 494 Rn. 31; v. Westphalen/Emmerich/v. Rottenburg, Verbraucherkreditgesetz, 2. Aufl. 1996, VerbrKrG § 6 Rn. 4.

[904] Staudinger/Kessal-Wulf, 2012, BGB § 494 Rn. 14; Bülow/Artz BGB § 494 Rn. 50.

[905] BGH Urt. v. 25.4.2006 – XI ZR 193/04, BGHZ 167, 252 = NJW 2006, 1788 (1791).

[906] Bülow/Artz BGB § 494 Rn. 29.

[907] BGH Urt. v. 21.3.2005 – II ZR 411/02, NJW-RR 2005, 986; Urt. v. 14.6.2004 – II ZR 393/02, BGHZ 159, 294 = NJW 2004, 2736 (2739).

[908] BGH Urt. v. 25.4.2006 – XI ZR 193/04, BGHZ 167, 252 = NJW 2006, 1788 (1791); Urt. v. 25.4.2006 – XI ZR 29/05, BGHZ 167, 223 = NJW 2006, 1952 (1955); Urt. v. 25.4.2006 – XI ZR 106/05, BGHZ 167, 239 = NJW 2006, 1955 (1956). Ebenso Staudinger/Kessal-Wulf, 2012, BGB § 494 Rn. 20; MüKoBGB/Schürnbrand BGB § 494 Rn. 21.

Ein nichtiger **Schuldbeitritt** wird nicht schon dadurch geheilt, dass der Darlehensnehmer das **289** Darlehen empfängt oder in Anspruch nimmt.[909] In Einzelfällen kann die Berufung auf Formnichtigkeit aber wegen unzulässiger Rechtsausübung unbeachtlich sein, etwa wenn eine Partei sich unter Berufung auf den Formmangel ihrer vertraglichen Verpflichtung entziehen will, obwohl sie längere Zeit aus dem nichtigen Vertrag geldwerte Vorteile in beträchtlichem Umfang gezogen hat.[910] Bei einer **Vertragsübernahme** tritt hingegen die Heilungswirkung auch gegenüber dem Übernehmer ein.[911]

Folge der Heilung ist nicht, dass der nichtige Vertrag in unveränderter Gestalt wieder gültig wird. **290** Das **abgestufte Sanktionensystem** des § 494 BGB führt vielmehr zu kraft Gesetzes eintretenden Inhaltsänderungen: Fehlen die in § 494 Abs. 2 S. 2 BGB genannten Angaben zum Sollzinssatz, zum effektiven Jahreszins und zum Gesamtbetrag, dann ermäßigt sich der dem Verbraucherdarlehensvertrag zugrunde gelegte Sollzinssatz auf den gesetzlichen Zinssatz. Von dieser Ermäßigung wird auch ein verrechnetes Disagio mit laufzeitabhängigem Charakter erfasst, das folglich herauszugeben ist.[912] Nicht angegebene Kosten werden vom Verbraucher nicht geschuldet (§ 494 Abs. 4 S. 1 BGB). Ist nicht angegeben, unter welchen Voraussetzungen preisbestimmende Faktoren geändert werden können, dann entfällt die Möglichkeit, diese zum Nachteil des Verbrauchers zu ändern (§ 494 Abs. 4 S. 2 BGB). Vereinbarte Teilzahlungen sind unter Berücksichtigung der verminderten Zinsen oder Kosten neu zu berechnen (§ 494 Abs. 5 BGB). Fehlen im Vertrag Angaben zur Laufzeit und zum Kündigungsrecht, dann ist der Darlehensnehmer jederzeit zur Kündigung berechtigt (§ 494 Abs. 6 S. 1 BGB). Sicherheiten können nicht gefordert werden, wenn die Angaben dazu fehlen, es sei denn, der Nettodarlehensbetrag übersteige bei einem **Allgemein-Verbraucherdarlehensvertrag** 75.000 EUR (§ 494 Abs. 6 S. 2 Hs. 2 BGB). Fehlen bei einem **Immobiliar-Verbraucherdarlehen in Fremdwährung** Angaben zum Umwandlungsrecht, kann das Umwandlungsrecht jederzeit ausgeübt werden (§ 494 Abs. 6 S. 3 BGB). Andere fehlende Angaben haben insoweit keine nachteiligen Auswirkungen. Eine besondere Sanktion, die nicht nur im Falle der Heilung, sondern allgemein gilt, enthält § 494 Abs. 3 BGB: Ist der **effektive Jahreszins zu niedrig** angegeben worden, dann vermindert sich der dem Verbraucherdarlehensvertrag zugrunde gelegte Zinssatz um den Prozentsatz, um den der effektive Jahreszins zu niedrig angegeben ist.

Abgesehen von den gesetzlichen Inhaltsänderungen tritt der Verbraucherdarlehensvertrag in der **291** Form in **Wirksamkeit,** die er im Zeitpunkt der Heilung hatte. Haben sich die Parteien nach Abschluss des formunwirksamen Verbraucherdarlehensvertrags (formunwirksam) über Änderungen verständigt, dann wird der Vertrag einschließlich dieser Änderungen gültig. Die Heilung überwindet alle Fehler, die aus § 494 Abs. 1 BGB herrühren.[913] Wirksamkeitshindernisse anderer Art (zB wegen Dissens, Sittenwidrigkeit) bleiben unberührt.

§ 494 Abs. 7 BGB gibt dem Darlehensnehmer einen Anspruch auf Überlassung einer **Vertrags 292 abschrift,** die diejenigen Änderungen berücksichtigt, die sich aus § 494 Abs. 2–6 BGB ergeben. Sie ist für den Darlehensnehmer kostenlos.[914]

f) Widerrufsrecht. Dem Darlehensnehmer steht ein **Widerrufsrecht** nach § 355 BGB zu (§ 495 **293** Abs. 1 BGB), dh er ist an seine auf den Abschluss des Darlehensvertrages gerichtete Willenserklärung nicht mehr gebunden, wenn er sie fristgerecht widerrufen hat. **Kein Widerrufsrecht** besteht in den Fällen des § 495 Abs. 2 BGB. Bei **Immobiliar-Verbraucherdarlehensverträgen,** die unter § 495 Abs. 2 BGB fallen, ist dem Verbraucher allerdings nach den Maßgaben des § 495 Abs. 3 BGB eine **Bedenkzeit** von zumindest sieben Tagen einzuräumen.

Gegenüber der allgemeinen Vorschrift des § 355 BGB ordnet das Gesetz für Verbraucherdarlehens **294** verträge in § 356b BGB Modifikationen an. In dieser Norm sind die früher in den §§ 355 Abs. 3 S. 2, 495 Abs. 2 Nr. 2 lit. b, 492 Abs. 6 S. 4 und 494 Abs. 7 S. 2 BGB aF enthaltenen Regelungen durch das Gesetz zur Umsetzung der Verbraucherrechterichtlinie und zur Änderung des Gesetzes zur Regelung der Wohnungsvermittlung vom 20.9.2013 (BGBl. I 3642) mit Wirkung zum 13.6.2014 zusammengefasst worden, ohne dass damit inhaltliche Änderungen eingetreten sind. Mit dem Gesetz zur Umsetzung der Wohnimmobilienkreditrichtlinie und zur Änderung handelsrechtlicher Vorschriften vom 11.3.2016 wurde in § 356b Abs. 2 und 3 BGB die Unterscheidung zwischen **Allgemein-Verbraucherdarlehensverträgen** und **Immobiliar-Verbraucherdarlehensverträgen** nachvollzogen. Nach § 356b Abs. 1 BGB beginnt die Widerrufsfrist nicht, bevor der Darlehensgeber dem

[909] BGH Urt. v. 12.11.1996 – XI ZR 202/95, NJW 1997, 654 (655); Urt. v. 30.7.1997 – VIII ZR 244/96, NJW 1997, 3169 (3170); MüKoBGB/*Schürnbrand* BGB § 494 Rn. 20; Bamberger/Roth/*Möller* BGB § 494 Rn. 8; aA Staudinger/*Kessal-Wulf,* 2012, BGB § 494 Rn. 16.

[910] BGH Urt. v. 8.11.2005 – XI ZR 34/05, NJW 2006, 431 (434); Staudinger/*Kessal-Wulf,* 2012, BGB § 494 Rn. 16; Palandt/*Weidenkaff* BGB § 494 Rn. 3.

[911] Staudinger/*Kessal-Wulf,* 2012, BGB § 494 Rn. 17; MüKoBGB/*Schürnbrand* BGB § 494 Rn. 20; Bamberger/ Roth/*Möller* BGB § 494 Rn. 8; abw. Bülow/Artz BGB § 494 Rn. 12 (Heilungswirkung beschränkt auf einen Verbraucher als Übernehmer).

[912] BGH Urt. v. 4.4.2000 – XI ZR 200/99, NJW 2000, 2816.

[913] Staudinger/*Kessal-Wulf,* 2012, BGB § 494 Rn. 14.

[914] Palandt/*Weidenkaff* BGB § 494 Rn. 12.

Darlehensnehmer eine für diesen bestimmte Vertragsurkunde, den schriftlichen Antrag des Darlehensnehmers oder eine Abschrift der Vertragsurkunde oder seines Antrags zur Verfügung gestellt hat. Enthält bei einem Allgemein-Verbraucherdarlehensvertrag die dem Darlehensnehmer nach § 356b Abs. 1 BGB zur Verfügung gestellte Urkunde die Pflichtangaben nach § 492 Abs. 2 BGB nicht, beginnt die Widerrufsfrist nach § 356b Abs. 2 S. 1 BGB erst mit der Nachholung der Angaben gemäß § 492 Abs. 6 BGB. Enthält bei einem Immobiliar-Verbraucherdarlehensvertrag die dem Darlehensnehmer nach § 356b Abs. 1 BGB zur Verfügung gestellte Urkunde die Pflichtangaben zum Widerrufsrecht nach § 492 Abs. 2 BGB in Verbindung mit Art. 247 § 6 Abs. 2 EGBGB nicht, beginnt die Widerrufsfrist nach § 356b Abs. 2 S. 2 BGB erst mit Nachholung dieser Angaben nach § 492 Abs. 6 BGB. In allen Fällen beträgt die Widerrufsfrist (entsprechend der Nachbelehrungsfrist nach altem Recht) einen Monat, § 356 Abs. 2 S. 3 BGB. Für Immobiliar-Verbraucherdarlehensverträge gilt weiter, dass das Widerrufsrecht spätestens zwölf Monate und 14 Tage nach dem Vertragsschluss oder nach dem in § 356b Abs. 1 BGB genannten Zeitpunkt erlischt, wenn dieser nach dem Vertragsschluss liegt. Außerdem beginnt nach § 356b Abs. 3 BGB das Widerrufsrecht im Falle des § 494 Abs. 7 BGB bei einem Allgemein-Verbraucherdarlehensvertrag gem. § 356b Abs. 3 BGB erst, wenn der Darlehensnehmer die dort bezeichnete Abschrift des Darlehensvertrags erhalten hat.

295   Die Rechtsfolgen des Widerrufs ergeben sich für Verträge über Finanzdienstleistungen nunmehr im Einzelnen aus § 357a BGB. Danach sind gem. § 357a Abs. 1 BGB die empfangenen Leistungen spätestens nach 30 Tagen zurückzugewähren. Im Falle des Widerrufs von Verbraucherdarlehensverträgen trifft § 357a Abs. 3 BGB weitere Regelungen. Insbesondere ist dort bestimmt, dass der Darlehensnehmer für den Zeitraum zwischen der Auszahlung und der Rückzahlung des Darlehens den vereinbarten Sollzins zu entrichten hat. Bei einem Immobiliar-Verbraucherdarlehensvertrag steht dem Verbraucher allerdings der Nachweis offen, dass der Wert des Gebrauchsvorteils niedriger war als der vereinbarte Sollzins. In diesem Fall ist nur der niedrigere Wert geschuldet (§ 357a Abs. 3 S. 2 und 3 BGB).

296   Im Übrigen wird wegen weiterer Einzelheiten des Widerrufsrechts – insbesondere zur Rechtslage nach dem praktisch weiterhin bedeutsamen alten Recht – auf die Ausführungen weiter oben Bezug genommen.

297   **g) Verbundene Verträge.** Die Regelung über „verbundene Verträge" (§ 358 BGB) befasst sich im Wesentlichen mit der Erscheinung, dass nicht der Erbringer einer Sach- oder Dienstleistung im Zwei-Personen-Verhältnis dem Verbraucher Kredit gewährt, wie dies beim klassischen Abzahlungsgeschäft der Fall ist, sondern ein Dritter als Finanzier hinzutritt. Diese **Aufspaltung der Rechtsverhältnisse** auf Warenlieferungs- und Dienstleistungsgeschäft einerseits und Kreditvertrag andererseits, die den Verbraucher mit zwei Vertragspartnern konfrontiert, ist für den Verbraucher typischerweise nachteilig. § 358 BGB schafft in Verbindung mit § 359 BGB Vorkehrungen dagegen, dass die Rechte des Verbrauchers durch eine solche Konstruktion geschmälert werden, und kam damit der Vorgabe des Art. 11 Verbraucherkredit-RL sowie der anderen Verbraucherschutzrichtlinien nach. Allerdings setzt die Bestimmung ein Drei-Personen-Verhältnis nicht zwingend voraus; sie schützt auch bei der Vertragsaufspaltung im Zwei-Personen-Verhältnis, wie sich aus § 358 Abs. 3 S. 2 BGB ergibt.[915]

298   Das Gesetz verwirklicht den Schutz in zweierlei Weise: Es ordnet zum einen an, dass sich bei einem verbundenen Vertrag die Wirkungen des Rechts zum Widerruf des einen Vertrages auf den anderen erstrecken (**Widerrufserstreckung,** § 358 Abs. 1 und 2 BGB), und es entlastet den Verbraucher von dem Risiko der Leistungsunfähigkeit des Lieferanten oder Dienstleistenden dadurch, dass es einen **Einwendungsdurchgriff** gegen den Darlehensgeber zubilligt (§ 359 BGB).

299   Die gesetzliche Regelung erfasst nur einen **Ausschnitt** der mit den drittfinanzierten Geschäften verbundenen Fragen. Nicht geregelt sind beispielsweise die Wirkungen der **Nichtigkeit** des Darlehensvertrags auf das finanzierte Geschäft.

300   Der zentrale **Begriff der verbundenen Verträge** wird in § 358 Abs. 3 S. 1 BGB beschrieben. Danach sind ein Vertrag über die Lieferung einer Ware oder die Erbringung einer anderen Leistung und ein Darlehensvertrag gem. § 358 Abs. 1 und 2 BGB verbunden, wenn das Darlehen ganz oder teilweise der Finanzierung des anderen Vertrags dient und beide Verträge eine wirtschaftliche Einheit bilden. Der Begriff setzt sich also zusammen aus dem Finanzierungszweck und der wirtschaftlichen Einheit.[916]

301   Der **Finanzierungszweck** ist den Vertragserklärungen und den erkennbaren Umständen des Geschäfts zu entnehmen.[917] Eine Zweckvereinbarung oder gar deren Sicherung durch eine Zweckbindung muss nicht vorliegen,[918] sofern beide Verträge in zeitlichem Zusammenhang abgeschlossen

---

[915] Zutr. Staudinger/*Kessal-Wulf,* 2012, BGB § 358 Rn. 23; Palandt/*Grüneberg* BGB § 358 Rn. 1; *Münscher* in Schimansky/Bunte/Lwowski BankR-HdB § 81 Rn. 422; aA *Vortmann* NJW 1992, 1865 (1866).

[916] Palandt/*Grüneberg* BGB § 358 Rn. 10; *v. Westphalen/Emmerich/v. Rottenburg,* Verbraucherkreditgesetz, 2. Aufl. 1996, VerbrKrG § 9 Rn. 34, 35. Nach *Coester* JURA 1992, 617 (619), soll dem Merkmal nur unselbstständige Bedeutung im Rahmen der wirtschaftlichen Einheit zukommen.

[917] *Franke* in Hellner/Steuer BuB Rn. 3/540a.

[918] MüKoBGB/*Habersack* BGB § 358 Rn. 31; OLG Düsseldorf Urt. v. 29.4.1997 – 24 U 141/96, NJW 1997, 2056 (2057); abw. *Münscher* in Schimansky/Bunte/Lwowski BankR-HdB § 81 Rn. 398 (Bindung des Verbrauchers an den Verwendungszweck).

werden. Der – konkrete – Zweck muss in Anbetracht der gravierenden Rechtsfolgen Darlehensgeber und Unternehmer aber **bekannt** gewesen sein.[919] Dem ist der Fall gleichzustellen, dass sie sich einer Kenntnis bewusst verschließen. Mit diesem Merkmal werden diejenigen Fälle ausgegrenzt, in denen sich der Verbraucher Kredit „auf eigene Faust"[920] verschafft und der Darlehensgeber von einer Zweckbindung nichts weiß. Die Zweckbindung kann auch erst **nachträglich** hergestellt werden, wenn der Abschlusstatbestand der beiden Verträge zeitlich auseinanderfällt,[921] wofür dann aber eine Zweckvereinbarung unter den Beteiligten erforderlich ist.[922] Denn Darlehensgeber und Unternehmer können nicht schon dadurch in die durch § 358 BGB begründete Pflichtenlage hineinwachsen, dass sie von einer nachträglichen Zweckbestimmung Kenntnis erlangen. Ein verbundenes Geschäft liegt ohne weiteres vor, wenn der Darlehensvertrag erst nach dem Leistungsvertrag geschlossen wird, in letzterem aber bereits die Finanzierung des Kaufpreises vereinbart war.[923] Auf der anderen Seite können die Parteien die Zweckbindung nachträglich wieder beseitigen, wenn sie unter Aufhebung der Finanzierungsabrede auf ein Bargeschäft übergehen,[924] wodurch das Gesetz unanwendbar wird.[925]

„Schlüsselbegriff" des verbundenen Geschäfts ist die **wirtschaftliche Einheit,** der sich wegen seiner 302 Unbestimmtheit aber nicht durch wenige eindeutige Merkmale klar fassen lässt. Das Gesetz bringt als Beispiele, dass eine wirtschaftliche Einheit insbesondere dann anzunehmen sei, wenn der Unternehmer selbst die Gegenleistung des Verbrauchers finanziert oder wenn sich der Darlehensgeber im Falle der Finanzierung durch einen Dritten bei der Vorbereitung oder dem Abschluss des Verbraucherdarlehensvertrags der Mitwirkung des Unternehmers bedient (§ 358 Abs. 3 S. 2 BGB). Liegen diese Merkmale vor, dann wird die wirtschaftliche Einheit **unwiderleglich vermutet**[926] Den – nicht abschließenden – „Regelbeispielen" lässt sich entnehmen, dass es auf eine Verbindung zwischen Kreditgeber und Unternehmer im Sinne eines arbeitsteiligen Zusammenwirkens ankommt. Diese Verbindung tritt in der Regel durch äußerliche Anzeichen in Erscheinung, die im Einzelfall daraufhin gewürdigt werden müssen, ob eine wirtschaftliche Einheit im Sinne des Gesetzes zu bejahen ist. Maßgebend ist letztlich in wertender Betrachtung das **Gesamtbild des Vertrages.**[927] Die in der Rspr. zum Abzahlungsgesetz entwickelte Formel, dass zwischen beiden Verträgen eine Einheit dergestalt bestehen müsse, dass sie sich wechselseitig bedingten oder der eine seinen Sinn erst durch den anderen erhalte,[928] musste ebenfalls erst noch durch die Feststellung objektiver **Verbindungselemente** konkretisiert werden.[929] Diese Verbindungselemente lassen sich nicht wie notwendige Tatbestandselemente abschließend umschreiben, sondern können im Einzelfall verschieden sein.[930] Während die Rspr. zum Abzahlungsgesetz zusätzlich noch das subjektive Element herangezogen hatte, dass die Verbindung der Elemente beim Darlehensnehmer den Eindruck erwecke, Verkäufer und Darlehensgeber stünden ihm gemeinsam als Vertragspartner gegenüber,[931] kommt es nach § 358 BGB nur noch auf das **objektive** Vorliegen der Verbindungselemente an.[932] Der Verbraucher wird also auch dann geschützt, wenn eine wirtschaftliche Einheit vorliegt, die der Verbraucher bei Vertragsschluss nicht erkennt oder erkennen kann, dh wenn Unternehmer und Darlehensgeber entsprechende Absprachen getroffen haben. Indizien für eine wirtschaftliche Einheit sind der zeit- und ortsgleiche Abschluss der Verträge, gegenseitige Bezugnahmen,

---

[919] Soergel/*Häuser* VerbrKrG § 9 Rn. 15; *Münscher* in Schimansky/Bunte/Lwowski BankR-HdB § 81 Rn. 396. Dass allein der objektive Einsatz der Kreditvaluta zum Zwecke der Finanzierung eines Leistungsgeschäfts gemeint sei, erscheint zu weit gehend (so aber Staudinger/*Kessal-Wulf*, 2012, BGB § 358 Rn. 24).

[920] BGH Urt. v. 12.12.1984 – VIII ZR 179/83, WM 1985, 358 (359); *Münscher* in Schimansky/Bunte/Lwowski BankR-HdB § 81 Rn. 393, 401.

[921] Staudinger/*Kessal-Wulf*, 2012, BGB § 358 Rn. 26; Bülow/Artz BGB § 495 Rn. 258.

[922] Nach MüKoBGB/*Habersack* BGB § 358 Rn. 34 muss der Unternehmer damit einverstanden sein, dass sein Anspruch gegen den Verbraucher durch einen Anspruch gegen den Darlehensnehmer ersetzt wird.

[923] BGH Urt. v. 11.10.1995 – VIII ZR 325/94, BGHZ 131, 66 (70) = NJW 1995, 3386 (3387).

[924] Staudinger/*Kessal-Wulf*, 2012, BGB § 358 Rn. 26; Bülow/Artz BGB § 495 Rn. 258; vgl. BGH Urt. v. 12.12.1984 – VIII ZR 179/83, WM 1985, 358 (359) gem. dem AbzG.

[925] Bülow/Artz BGB § 495 Rn. 258.

[926] BGH Urt. v. 21.7.2003 – II ZR 387/02, BGHZ 156, 46 = NJW 2003, 2821 (2822); Urt. v. 23.9.2003 – XI ZR 135/02, NJW 2003, 3703 (3704); Urt. V. 25.4.2006 – XI ZR 193/04, NJW 2006, 1788 (1789); Staudinger/*Kessal-Wulf*, 2012, BGB § 358 Rn. 27; Palandt/*Grüneberg* BGB § 358 Rn. 11; Bülow/Artz BGB § 495 Rn. 275.

[927] Bülow/Artz BGB § 495 Rn. 274.

[928] BGH Urt. v. 20.2.1967 – III ZR 260/64, BGHZ 47, 253 (255) = NJW 1967, 1036; Urt. v. 15.5.1990 – XI ZR 205/88, NJW-RR 1990, 1072 (1073). So jetzt wieder Urt. v. 18.12.2007 – XI ZR 324/06, NJW-RR 2008, 1436 (1437); Urt. v. 15.12.2009 –XI ZR 45/09, NJW 2010, 531 (533). Zu Recht krit. gegenüber dieser Definition *Münscher* in Schimansky/Bunte/Lwowski BankR-HdB § 81 Rn. 401.

[929] BGH Urt. v. 15.5.1990 – XI ZR 205/88, NJW-RR 1990, 1072 (1073) mwN.

[930] BGH Urt. v. 15.12.2009 – XI ZR 45/09, NJW 2010, 531 (533); Urt. v. 18.12.2007 – XI ZR 324/06, NJW-RR 2008, 1436 (1437); Urt. v. 15.5.1990 – XI ZR 205/88, NJW-RR 1990, 1072 (1073); Urt. v. 25.3.1982 – III ZR 198/80, BGHZ 83, 301 (304) = NJW 1982, 1694 (1695).

[931] BGH Urt. v. 15.5.1990 – XI ZR 205/88, NJW-RR 1990, 1072 (1073) mwN.

[932] Staudinger/*Kessal-Wulf*, 2012, BGB § 358 Rn. 27; Soergel/*Häuser* VerbrKrG § 9 Rn. 27; MüKoBGB/*Habersack* BGB § 358 Rn. 24, 37; *Coester* JURA 1992, 617 (618 f.); *Reinicke/Tiedtke* ZIP 1992, 217 (222); *Münscher* in Schimansky/Bunte/Lwowski BankR-HdB § 81 Rn. 412. Die abzahlungsrechtliche Sichtweise unverändert übernehmend: OLG Köln Urt. v. 5.12.1994 – 12 U 75/94, NJW-RR 1995, 1008.

die Auszahlung des Darlehensbetrages direkt an den Unternehmer und die Sicherungsübereignung der zu erwerbenden Sache an den Darlehensgeber im Darlehensvertrag.[933] **Nicht** ausreichend ist, dass dem Verkäufer ein Kreditbedürfnis des Käufers allgemein bekannt ist.[934] Zur Konkretisierung kann an die zum Abzahlungsgesetz ergangene Rspr. angeknüpft werden. Von praktischer Bedeutung sind die Fälle, in denen der Vermittler oder Vertreiber einer Anlage im Zusammenhang mit der **Anlageentscheidung** ohne eigene Initiative des Darlehensnehmers einen Darlehensantrag vorlegt, der auf einer Finanzierungszusage gegenüber dem Initiator/Vertreiber oder jedenfalls auf ihrem planmäßigen und arbeitsteiligen Zusammenwirken beruht. In diesen Fällen ist wirtschaftliche Einheit gegeben.[935] Die unwiderlegliche Vermutung der wirtschaftlichen Einheit setzt nach Auffassung des BGH die zeitgleiche Vorlage des Kreditantrags mit den Anlageunterlagen voraus.[936] Eine wirtschaftliche Verknüpfung von beiden Verträgen kann sich dann aber aus Indizien herleiten lassen. Dazu gehören die Zweckbindung des Darlehens zur Finanzierung eines bestimmten Geschäfts, der zeitgleiche Abschluss beider Verträge, das Verwenden einheitlicher Formulare mit konkreten wechselseitigen Hinweisen auf den jeweils anderen Vertrag, die Einschaltung derselben Vertriebsorganisation durch Kreditgeber und Verkäufer und das Abhängigmachen des Wirksamwerdens des Erwerbsvertrags vom Zustandekommen des Finanzierungsvertrags mit einer vom Unternehmer vorgegebenen Bank.[937] Die Vermutung des § 358 Abs. 3 S. 2 BGB setzt weiterhin positive Kenntnis des Darlehensgebers vom Zusammenwirken des für sie tätigen Vermittlers mit dem Unternehmer voraus, was der BGH aus dem Merkmal herleitet, dass sich der Darlehensgeber des Unternehmers „bedient" haben muss.[938] Ist auf Grund von Indizien eine wirtschaftliche Einheit anzunehmen, die einen gemeinsamen Vertrieb einschließt, dann schadet die Einschaltung eines selbstständigen Finanzierungsvermittlers oder Untervermittlers nicht.[939]

303   Hat der Verbraucher seine auf den Abschluss eines Vertrages über die Lieferung einer Ware oder die Erbringung einer anderen Leistung durch einen Unternehmer gerichtete Willenserklärung wirksam widerrufen, so ist er auch an seine auf den Abschluss eines mit diesem Vertrag verbundenen Darlehensvertrags gerichtete Willenserklärung nicht mehr gebunden (**Widerruf des Liefervertrags,** § 358 Abs. 1 BGB). Hat der Verbraucher seine auf den Abschluss eines Verbraucherdarlehensvertrags gerichtete Willenserklärung wirksam widerrufen, so ist er auch an seine auf den Abschluss eines mit diesem Verbraucherdarlehensvertrag verbundenen Vertrags über die Lieferung einer Ware oder die Erbringung einer anderen Leistung gerichtete Willenserklärung nicht mehr gebunden (**Widerruf des Darlehensvertrags,** § 358 Abs. 2 BGB). Die Widerrufswirkung des einen Vertrags wird also in vollem Umfang auf das verbundene Geschäft erstreckt (**Widerrufsdurchgriff**). Die Verbraucherkredit-RL erfasst den Fall des § 358 Abs. 1 BGB, soweit der Widerruf auf Gemeinschaftsrecht beruht (Art. 15 Abs. 1 Verbraucherkredit-RL), nicht aber den Fall des § 358 Abs. 2 BGB, der innerstaatlichem Recht entspringt.[940] Die Möglichkeit, „isoliert" zu widerrufen, hat der Verbraucher nicht. Will er allein an einem Vertrag festhalten, muss er sich auf einen neuen Abschluss verständigen.[941]

304   Hat der Verbraucher **mehrere Widerrufsmöglichkeiten,** was etwa der Fall sein kann, wenn sowohl der Verbraucherdarlehensvertrag widerrufbar ist als auch ein verbundener Kaufvertrag im Fernabsatz, stellt sich ein Konkurrenzproblem, das in § 358 Abs. 2 S. 2 BGB aF dahin geregelt war, dass das Widerrufsrecht beim verbundenen Vertrag Vorrang hatte; das Recht, den Verbraucherdarlehensvertrag nach § 495 Abs. 1 BGB zu widerrufen, war ausgeschlossen. Daraus ergab sich eine Reihe von Fragestellungen.[942] Durch Gesetz v. 24.7.2010[943] ist § 358 Abs. 2 S. 2 und 3 mit

---

[933] Soergel/*Häuser* VerbrKrG § 9 Rn. 25; abw. Staudinger/*Kessal-Wulf,* 2012, BGB § 358 Rn. 32 und *Münscher* in Schimansky/Bunte/Lwowski BankR-HdB § 81 Rn. 408, die eine Sicherungsübereignung der Kaufsache an den Kreditgeber für nicht ausschlaggebend halten. Zu den Fallgruppen und Indizien iE Staudinger/*Kessal-Wulf,* 2012, BGB § 358 Rn. 30 ff.; Bülow/Artz BGB § 495 Rn. 279 ff.

[934] BGH Urt. v. 12.12.1984 – VIII ZR 179/83, WM 1985, 358 (359).

[935] BGH Urt. v. 21.7.2003 – II ZR 387/02, BGHZ 156, 46 (51) = NJW 2003, 2821 (2822); Urt. v. 23.9.2003 – XI ZR 135/02, NJW 2003, 3703 (3704); Urt. v. 25.4.2006 – XI ZR 193/04, BGHZ 167, 252 (257) = NJW 2006, 1788 (1789); Urt. v. 19.6.2007 – XI ZR 142/05, NJW 2007, 3200 (3201); Urt. v. 18.12.2007 – XI ZR 324/06, NJW-RR 2008, 1436; 1437.

[936] BGH Urt. v. 18.12.2007 – XI ZR 324/06, NJW-RR 2008, 1436; 1437.

[937] BGH Urt. v. 18.12.2007 – XI ZR 324/06, NJW-RR 2008, 1436; 1437.

[938] BGH Urt. v. 18.12.2007 – XI ZR 324/06, NJW-RR 2008, 1436; 1437; Staudinger/*Kessal-Wulf,* 2012, BGB § 358 Rn. 28; Palandt/*Grüneberg* BGB § 358 Rn. 12.

[939] BGH Urt. v. 28.6.2004 – II ZR 373/00, NJW 2004, 3332 (3333); Urt. v. 31.1.2005 – II ZR 200/03, NJW-RR 2005, 1073 (1074); Staudinger/*Kessal-Wulf,* 2012, BGB § 358 Rn. 30; Palandt/*Grüneberg* BGB § 358 Rn. 12.

[940] Erwägungsgrund 37 RL 2008/48/EG.

[941] Staudinger/*Kessal-Wulf,* 2012, BGB § 358 Rn. 55; MüKoBGB/*Habersack* BGB § 358 Rn. 22; jetzt auch Bülow/Artz BGB § 495 Rn. 349; aA Palandt/*Grüneberg* BGB § 358 Rn. 8 und Erman/*Saenger* BGB § 358 Rn. 21 (der Gesetzgeber habe mit der Neuregelung die Möglichkeit des isolierten Widerrufs des Darlehensvertrags eröffnet).

[942] → 3. Aufl. 2015, BankR IV Rn. 322.

[943] Gesetz zur Einführung einer Musterwiderrufsinformation für Verbraucherdarlehensverträge, zur Änderung der Vorschriften über das Widerrufsrecht bei Verbraucherdarlehensverträgen und zur Änderung des Darlehensvermittlungsrechts v. 24.7.2010, BGBl. I 977.

Wirkung vom 30.7.2010 aufgehoben worden. Das bedeutet, dass der Verbraucher nunmehr die Wahl hat, welchen der Verträge er widerrufen will. An den jeweils anderen Vertrag ist er dann gem. § 358 Abs. 1 und 2 BGB nicht mehr gebunden.[944] **Widerrufsempfänger** ist derjenige Vertragspartner, dessen Vertrag widerrufen werden soll. Widerruft der Verbraucher den Darlehensvertrag gegenüber dem Partner des finanzierten Vertrags, kann das als Widerruf des verbundenen Vertrags verstanden werden.[945] Ist der Verbraucher zutreffend belehrt, widerruft er aber dennoch gegenüber dem Falschen, dann ist der Widerruf unwirksam.[946] Unternehmer/Darlehensgeber sind indessen nach Treu und Glauben als verpflichtet anzusehen, einen falsch adressierten Widerruf an den richtigen Adressaten weiterzuleiten.[947] Gibt der Darlehensgeber in der Belehrung den Unternehmer des Leistungsvertrags als Adressaten an, dann kann auch diesem gegenüber wirksam widerrufen werden.[948]

Die **Belehrungspflichten** treffen diejenige Vertragspartei, die den widerruflichen Vertrag mit dem **305** Verbraucher abgeschlossen hat.[949] Zusätzlich zu den allgemeinen Anforderungen musste bei verbundenen Verträgen früher eine **qualifizierte Belehrung** nach § 358 Abs. 5 BGB aF erfolgen. Diese Rechtslage gilt für bis zum 13.6.2014 geschlossene Verträge fort. Nachdem das Gesetz zur Umsetzung der Verbraucherrechtrichtlinie und zur Änderung des Gesetzes zur Regelung der Wohnungsvermittlung vom 20.9.2013 (BGBl. I 3642), in Kraft seit 13.6.2014, § 358 Abs. 5 BGB aufgehoben hat, ergibt sich eine qualifizierte Belehrung für den Verbraucherdarlehensvertrag noch aus Art. 247 § 12 Abs. 1 S. 2 Nr. 2 lit. b EGBGB.

Besonders geregelt ist der finanzierte Erwerb eines Grundstücks oder grundstücksgleichen Rechts. **306** Durch das OLG-Vertretungsänderungsgesetz (OLGVertrÄndG)[950] wurde § 358 Abs. 3 S. 3 BGB eingefügt, der bestimmt, dass bei einem finanzierten Erwerb eines Grundstücks oder grundstücksgleichen Rechts eine wirtschaftliche Einheit nur anzunehmen ist, wenn der Darlehensgeber selbst das Grundstück oder das grundstücksgleiche Recht verschafft oder wenn er über die Zurverfügungstellung von Darlehen hinaus den Erwerb des Grundstücks oder grundstücksgleichen Rechts durch Zusammenwirken mit dem Unternehmer fördert, indem er sich dessen Veräußerungsinteressen ganz oder teilweise zu Eigen macht, bei der Planung, Werbung oder Durchführung des Projekts Funktionen des Veräußerers übernimmt oder den Veräußerer einseitig begünstigt. Die Regelung steht im Zusammenhang damit, dass durch das OLGVertrÄndG in Reaktion auf die Heininger-Entscheidung des EuGH alle Immobiliardarlehensverträge in Folge des Wegfalls der Bereichsausnahme des § 491 Abs. 3 Nr. 1 BGB aF (früher: § 3 Abs. 2 Nr. 2 VerbrKrG) nach § 495 BGB widerruflich ausgestaltet wurden.[951] § 358 Abs. 3 S. 3 BGB verdrängt als **spezielle Norm** („nur") § 358 Abs. 3 S. 1 und 2 BGB[952] und schränkt die Annahme verbundener Verträge ein, was mit der Verbraucherkredit-RL in Einklang steht, weil sie Immobilienkredite nicht regelt (Art. 2 Abs. 2 lit. a, b Verbraucherkredit-RL). Da bei der Immobilienfinanzierung in der Regel ein Zusammenwirken von Darlehensgeber und Veräußerer erforderlich ist, hätten die Vorschriften über verbundene Verträge anderenfalls einen Anwendungsbereich gefunden, dessen Weite nicht gerechtfertigt erschien.[953] Der **sachliche Anwendungsbereich** erstreckt sich auf Grundstücke und grundstücksgleiche Rechte, dh auf das Miteigentum, das Wohnungseigentum (§ 4 Abs. 3 WEG), das Erbbaurecht (§ 11 ErbbRVO) und das Teilzeit-Wohnrecht.[954] Eine Beschränkung auf Immobiliar-Verbraucherdarlehensverträge ist dem Gesetz auch nicht zu entnehmen. Die Vorschrift ist beim Beitritt zu einer Gesellschaft oder einem Immobilienfonds, in deren Vermögen sich Immobilien befinden, nicht anwendbar.[955] Die **wirtschaftliche Einheit** setzt eine Förderung voraus, die über die Zurverfügungstellung des Darlehens und der Mitwirkung an den dabei üblichen Handlungen hinausgeht.[956] Die **Beweislast** für die Tatsachen, die die Annahme verbundener Verträge begründen, trägt der Verbraucher. Der Darle-

---

[944] MüKoBGB/*Habersack* BGB § 358 Rn. 20.

[945] Staudinger/*Kessal-Wulf*, 2012, BGB § 358 Rn. 57; MüKoBGB/*Habersack* BGB § 358 Rn. 65.

[946] MüKoBGB/*Habersack* BGB § 358 Rn. 67.

[947] Staudinger/*Kessal-Wulf*, 2012, BGB § 358 Rn. 57; MüKoBGB/*Habersack* BGB § 358 Rn. 67.

[948] Staudinger/*Kessal-Wulf*, 2012, BGB § 358 Rn. 57; Soergel/*Häuser* VerbrKrG § 9 Rn. 58; *Coester* JURA 1992, 617 (620).

[949] Staudinger/*Kessal-Wulf*, 2012, BGB § 358 Rn. 58.

[950] Gesetz zur Änderung des Rechts der Vertretung durch Rechtsanwälte vor den Oberlandesgerichten vom 23.7.2002, BGBl. I 2850.

[951] Zu den Einzelheiten der Regelung s. *Becher* BKR 2002, 931.

[952] Palandt/*Grüneberg* BGB § 358 Rn. 13.

[953] *Meinhof* NJW 2002, 2273 (2274).

[954] Staudinger/*Kessal-Wulf*, 2012, BGB § 358 Rn. 51.

[955] BGH Urt. v. 10.3.2009 – XI ZR 33/08, BGHZ 180, 123 (132) = NJW 2009, 3572; Urt. v. 21.3.2005 – II ZR 411/02, NJW-RR 2005, 986; Staudinger/*Kessal-Wulf*, 2012, BGB § 358 Rn. 51; MüKoBGB/*Habersack* BGB § 358 Rn. 51; Palandt/*Grüneberg* BGB § 358 Rn. 14; aA wohl Urt. v. 12.11.2002 – XI ZR 47/01, BGHZ 152, 331 (337) = NJW 2003, 422 (423).

[956] Staudinger/*Kessal-Wulf*, 2012, BGB § 358 Rn. 52, 53; Palandt/*Grüneberg* BGB § 358 Rn. 16; Bülow/Artz BGB § 495 Rn. 299.

hensgeber muss aber den bezweckten Erwerb eines Grundstücks oder grundstücksgleichen Rechts beweisen.[957]

307 § 360 Abs. 1 und 2 BGB ordnet eine **Erweiterung** von Vorschriften über verbundene Geschäfte auf bestimmte Sachverhalte an, die die Voraussetzungen über ein verbundenes Geschäft nicht erfüllen (**„zusammenhängende Verträge"**). Die Bestimmung ist subsidiär und deshalb nur dann anwendbar, wenn ein verbundenes Geschäft nicht vorliegt.[958] § 360 Abs. 2 S. 2 BGB befasst sich damit, dass die **Ware oder Leistung** des Unternehmers aus dem widerrufenen Vertrag **„genau angegeben"** ist. Die genaue Angabe bezieht sich nur auf die Leistung, nicht auf den Vertragspartner.[959] Der Anwendungsbereich der Vorschrift ist begrenzt, weil bei einer derartigen Angabe überwiegend verbundene Geschäfte vorliegen werden. Es gibt aber eher seltene Ausnahmen, etwa wenn ein konkreter Unternehmer bei Abschluss des Darlehensvertrags noch nicht bekannt ist.[960] In diesem Fall wird die Widerrufbarkeit auf den Verbraucherdarlehensvertrag erstreckt und die Rückabwicklungsvorschriften greifen ein. Der Einwendungsdurchgriff (§ 359 BGB) ist nicht erwähnt und sollte nach Auffassung des Gesetzgebers auch nicht anwendbar sein.[961] Das erscheint aber mit Rücksicht auf den in Art. 15 Abs. 2 Verbraucherkredit-RL vorgesehenen Einwendungsdurchgriff als nicht zutreffend.[962] Der in dieser Vorschrift verwendete Begriff des „verbundenen Kreditvertrags" erstreckt sich nach Art. 3 lit. n ii Verbraucherkredit-RL eben auch auf den Fall, dass „im Kreditvertrag ausdrücklich die spezifischen Waren oder die Erbringung einer spezifischen Dienstleistung angegeben sind". Weiterhin liegt ein „zusammenhängender Vertrag" vor, wenn er einen Bezug zu dem widerrufenen Vertrag aufweist und eine Leistung betrifft, die von dem Unternehmer des widerrufenen Vertrags oder einem Dritten auf der Grundlage einer Vereinbarung zwischen dem Dritten und dem Unternehmer des widerrufenen Vertrags erbracht wird (§ 360 Abs. 2 S. 1 BGB). Die Bestimmung übernimmt die in Art. 2 Nr. 15 Verbraucherrechte-RL für den „akzessorischen Vertrag" gegebene Begrifflichkeit und geht über die des Art. 3 lit. n für den „verbundenen Kreditvertrag" hinaus. Soweit Art. 14 Abs. 4 Verbraucherkredit-RL für Nebenleistungen[963] eine erweiterte Widerrufswirkung vorsah (früher geregelt in § 359a Abs. 2 BGB), ist dies in § 360 Abs. 2 S. 1 BGB überführt worden.

308 Die **Rückabwicklung** nach wirksamem Widerruf bei verbundenen Verträgen richtet sich für den widerrufenen Vertrag unmittelbar nach §§ 355 Abs. 3, 357–357b BGB und für den verbundenen Vertrag gem. § 358 Abs. 4 S. 1 BGB entsprechend dieser Bestimmung. Für den Fall, dass das **Darlehen** dem Unternehmer bei Wirksamwerden des Widerrufs **bereits zugeflossen** ist, trifft § 358 Abs. 4 S. 5 BGB eine Sonderregelung. **Vor Auszahlung des Darlehens** findet eine Rückabwicklung nur im Verhältnis zu den jeweiligen Vertragsparteien gem. §§ 355 ff. BGB statt.[964] Ist das Darlehen an den Verbraucher geflossen, hat er es aber noch nicht an den Unternehmer weitergeleitet, dann ist das Darlehen zwischen Darlehensgeber und Verbraucher nach diesen Maßstäben abzuwickeln.[965] Ist dem Unternehmer das Darlehen bei Wirksamwerden des Widerrufs **bereits zugeflossen,** sei es unmittelbar durch den Darlehensgeber, sei es nach Weiterleitung über den Verbraucher, tritt der Darlehensgeber **kraft gesetzlicher Rechtsnachfolge** in die Rechte und Pflichten des Unternehmers aus dem verbundenen Vertrag ein (§ 358 Abs. 4 S. 5 BGB). Die Abwicklung nicht nur des Darlehensvertrags, sondern auch des verbundenen Vertrags findet ab diesem Zeitpunkt **ausschließlich** zwischen dem Darlehensgeber und dem Verbraucher statt.[966] Der Eintritt des Darlehensgebers bezieht sich aber lediglich auf die Rechte und Pflichten, die sich aus dem Widerruf ergeben. Die Rechtsbeziehungen zwischen Unternehmer und Verbraucher im Übrigen bleiben unberührt.[967] Zugeflossen ist das Darlehen, wenn es ausbezahlt, gutgeschrieben oder verrechnet worden ist, bei Hingabe eines Schecks erst, wenn er eingelöst worden ist; das Darlehen muss dem Verkäufer „bereits" bei Zugang (nicht Absendung) des Widerrufs zugeflossen sein.[968] Nachteilig an dieser Regelung ist für den Verbraucher, dass er im Fall unmittelbarer Auszahlung nicht aus eigener Kenntnis weiß, ob und wann das Darlehen vom

---

[957] Staudinger/*Kessal-Wulf,* 2012, BGB § 358 Rn. 54; Bülow/Artz BGB § 495 Rn. 305 f.; für eine Umkehr der Beweislast, wenn der Verbraucher Tatsachen dargelegt hat, die den Rückschluss auf ein verbundenes Geschäft nahelegen Erman/*Saenger* BGB § 358 Rn. 31.

[958] MüKoBGB/*Habersack* BGB § 359a Rn. 4.

[959] Staudinger/*Kessal-Wulf,* 2012, BGB § 359a Rn. 2.

[960] Staudinger/*Kessal-Wulf,* 2012, BGB § 359a Rn. 2; Palandt/*Grüneberg* BGB aF § 359a Rn. 2.

[961] BT-Drs. 16/11643, 73.

[962] MüKoBGB/*Habersack* BGB § 359a Rn. 11; Palandt/*Grüneberg* BGB aF § 359a Rn. 3.

[963] Eine derartige Leistung kann beispielsweise eine Restschuldversicherung sein Staudinger/*Kessal-Wulf,* 2012, BGB § 359a Rn. 4; MüKoBGB/*Habersack* BGB aF § 359a Rn. 14; Palandt/*Grüneberg* BGB aF § 359a Rn. 4.

[964] Vgl. BGH Urt. v. 11.10.1995 – VIII ZR 325/94, BGHZ 131, 66 = NJW 1995, 3386 (3388).

[965] Staudinger/*Kessal-Wulf,* 2012, BGB § 358 Rn. 66.

[966] BGH Urt. v. 10.3.2009 – XI ZR 33/08, BGHZ 180, 123 (132 f.) = NJW 2009, 3572 (3574); Urt. v. 11.10.1995 – VIII ZR 325/94, BGHZ 131, 66 = NJW 1995, 3386 (3388); Staudinger/*Kessal-Wulf,* 2012, BGB § 358 Rn. 67; MüKoBGB/*Habersack* BGB § 358 Rn. 80; Palandt/*Grüneberg* BGB aF § 358 Rn. 21; abw. Bülow/Artz BGB § 495 Rn. 382: gesetzlicher Schuldbeitritt mit Wahlrecht des Verbrauchers.

[967] Staudinger/*Kessal-Wulf,* 2012, BGB § 358 Rn. 67; abw. Bülow/Artz BGB § 495 Rn. 385.

[968] BGH Urt. v. 11.10.1995 – VIII ZR 325/94, BGHZ 131, 66 = NJW 1995, 3386 (3388); MüKoBGB/*Habersack* BGB § 358 Rn. 83.

Darlehensgeber an den Unternehmer geflossen ist. Diese Kenntnis muss er sich mittels eines Auskunftsanspruchs zu verschaffen suchen.[969]

Obwohl die Rückabwicklung danach auf das Verhältnis Darlehensgeber-Verbraucher konzentriert **309**
ist, steht dem Darlehensgeber **kein Anspruch auf Rückerstattung des Darlehens** gegen den
Verbraucher zu, dh der an den Unternehmer des verbundenen Vertrags geflossene Darlehensbetrag
bleibt bei der Rückabwicklung zwischen Darlehensgeber und Verbraucher zum Vorteil des Verbrauchers unberücksichtigt. Dies folgt aus dem Schutzzweck des Gesetzes, der gefährdet wäre, wenn der
Widerrufende das dem Unternehmer des verbundenen Vertrags zugeflossene Darlehen zurückerstatten
müsste und seinerseits auf einen gegen den Unternehmer des verbundenen Vertrags gerichteten
Anspruch angewiesen wäre, also das Risiko seiner Durchsetzung tragen müsste.[970] Der Darlehensnehmer muss stattdessen den vom Unternehmer geleisteten Gegenstand an den Darlehensgeber zu-
rückgewähren.[971] Ansprüche, die dem Darlehensnehmer aus der Rückabwicklung gegen den Unternehmer zustehen, muss er an den Darlehensgeber abtreten.[972]

Der **Ausgleich zwischen Darlehensgeber und Unternehmer** ist im Gesetz nicht geregelt und **310**
im Einzelnen umstritten. Ein sachgerechter Ausgleich ist entweder aus der zwischen ihnen getroffenen
Rahmenvereinbarung,[973] mit Hilfe des Bereicherungsrechts[974] oder der Bestimmungen über die Geschäftsführung ohne Auftrag zu suchen.[975] Verschiedentlich wird auch eine entsprechende Anwendung
des § 358 Abs. 4 S. 3 BGB befürwortet,[976] die allerdings mangels einer planwidrigen Regelungslücke
nicht in Betracht kommt. Wenn der Anspruch des Darlehensnehmers gegen den Unternehmer auf
Rückgewähr der aus dem Darlehen finanzierten Leistung und der Anspruch des Darlehensgebers
gegen den Darlehensnehmer auf Rückgewähr der Darlehensvaluta auf der Grundlage des § 358 Abs. 4
S. 5 BGB miteinander verrechnet werden und es an einer Vereinbarung zwischen dem Darlehensgeber
und dem Unternehmer fehlt, erfolgt der Rückgriff des Darlehensgebers gegenüber dem Unternehmer,
der wegen dieser Verrechnung in sonstiger Weise auf Kosten des Darlehensgebers etwas – nämlich die
Befreiung von seiner Verbindlichkeit gegenüber dem Darlehensnehmer – erlangt hat, nach § 812
Abs. 1 S. 1 Fall 2 BGB.[977]

Der **Einwendungsdurchgriff** des § 359 BGB verschafft dem Verbraucher gegenüber dem Darle- **311**
hensgeber eine Stellung, als hätte er es nur mit einem Vertragspartner zu tun: sämtliche Leistungsverweigerungsrechte, seien sie vorübergehend oder endgültig, die dem Verbraucher gegenüber dem
Unternehmer des verbundenen Vertrags zustehen, führen dazu, dass er auch die Rückzahlung des
Kredits verweigern darf. Lediglich dann, wenn der Verbraucher beim Kauf- oder Werkvertrag **Nacherfüllung** (§§ 437 Nr. 1, 634 Nr. 1 BGB) verlangen kann, wird ihm im Sinne einer eingeschränkten
Subsidiarität zugemutet, während des Zeitraums bis zum Fehlschlagen der Nacherfüllung das Darlehen
weiter zu bedienen (§ 359 Abs. 1 S. 3 BGB).[978] Der Einwendungsdurchgriff findet auch dann nicht
statt, wenn die Einwendungen auf einer **nachträglich** zwischen Unternehmer und Verbraucher **vereinbarten Vertragsänderung** beruhen (§ 359 Abs. 1 S. 2 BGB) oder eine **Bagatellgrenze von
weniger als 200 Euro** nicht überschritten ist (§ 359 Abs. 2 BGB). **Gestaltungsrechte**, die zu einem
Einwendungsdurchgriff führen, muss der Verbraucher grundsätzlich gegen den Unternehmer richten.[979]
Beim finanzierten **Beitritt zu einem geschlossenen Immobilienfonds** reicht es nach der Rspr.
des BGH allerdings aus, wenn der Anleger (nur) dem Darlehensgeber mitteilt, dass er durch Täuschung zum
Erwerb der Beteiligung veranlasst worden sei, und die Übernahme seines Gesellschaftsanteils anbietet.[980]

---

[969] BGH Urt. v. 11.10.1995 – VIII ZR 325/94, BGHZ 131, 66 = NJW 1995, 3386 (3388); Staudinger/*Kessal-
Wulf*, 2012, BGB § 358 Rn. 67; MüKoBGB/*Habersack* BGB § 358 Rn. 83; Erman/*Saenger* BGB § 358 Rn. 27; krit.
Bülow/Artz BGB § 495 Rn. 383.

[970] BGH Urt. v. 17.9.1996 – XI ZR 164/94, NJW 1996, 3414 (3415); Staudinger/*Kessal-Wulf*, 2012, BGB § 358
Rn. 67; MüKoBGB/*Habersack* BGB § 358 Rn. 84.

[971] Staudinger/*Kessal-Wulf*, 2012, BGB § 358 Rn. 67; MüKoBGB/*Habersack* BGB § 358 Rn. 84; Palandt/*Grüneberg* BGB aF § 358 Rn. 21.

[972] Palandt/*Grüneberg* BGB aF § 358 Rn. 21.

[973] BGH Urt. v. 25.5.1993 – XI ZR 140/92, NJW 1993, 1912 (1914).

[974] BGH Urt. v. 26.3.2019 – XI ZR 228/17, NJW 2019, 2780 Rn. 22 ff.

[975] Bülow/Artz BGB § 358 Rn. 387 ff. (Durchgriffskondiktion); Staudinger/*Kessal-Wulf*, 2012, BGB § 358
Rn. 71 (Drittleistungskondiktion). Für einen bereicherungsrechtlichen Durchgriff BGH Urt. v. 6.12.1980 – III ZR
46/78, NJW 1980, 938 (940) zu § 6 AbzG.

[976] So MüKoBGB/*Habersack* BGB § 358 Rn. 89; *Dauner-Lieb* WM-Sonderbeilage 6/1991, 21; *Coester* JURA
1992, 617 (622).

[977] BGH Urt. v. 26.3.2019 – XI ZR 228/17, NJW 2019, 2780 Rn. 22 ff.

[978] Vgl. dazu Bülow/Artz BGB § 495 Rn. 468 ff.

[979] Staudinger/*Kessal-Wulf*, 2012, BGB § 359 Rn. 15; MüKoBGB/*Habersack* BGB § 359 Rn. 38; aA im Bereich
kreditfinanzierter Fondsbeteiligungen BGH Urt. v. 21.7.2003 – II ZR 387/02, BGHZ 156, 46 = NJW 2003, 2821
(2823); Urt. 14.6.2004 – II ZR 395/01, BGHZ 159, 280 (293) = NJW 2004, 2731 (2734); Urt. v. 14.6.2004 – II
ZR 392/01, BGHZ 159, 294 (312) = NJW 2004, 2736; Palandt/*Grüneberg* BGB § 359 Rn. 3; allgemein *Kindler*
ZGR 2006, 167 (180).

[980] BGH Urt. v. 21.7.2003 – II ZR 387/02, BGHZ 156, 46 = NJW 2003, 2821 (2823); Urt. v. 14.6.2004 – II ZR
393/02, BGHZ 159, 294 = NJW 2004, 2736 (2740); dazu Bülow/Artz BGB § 495 Rn. 415.

Das ist im Ergebnis zutreffend, wenn der Vertragspartner des Anlegers diesen im Wege des Schadensersatzes ohne Rücksicht auf die Grundsätze über die fehlerhafte Gesellschaft so zu stellen hat, als hätte er den Gesellschaftsvertrag nicht abgeschlossen und die Einlage nicht geleistet,[981] weil dazu keine Kündigung der Gesellschaft als gestaltender Erklärung erforderlich ist. Eine allgemeine Aufgabe des Trennungspinzips kann darin aber nicht erblickt werden; sie wäre auch nicht gerechtfertigt.[982]

312   Wie eine **Rückabwicklung** durchzuführen ist, wenn sie nicht in Folge eines Widerrufs, sondern wegen Nichtigkeit eines Vertrages oder wegen Leistungsstörungen beim finanzierten Vertrag erforderlich ist, ist in den §§ 358, 359 BGB nicht geregelt. Die damit einhergehenden Fragen sind sehr **umstritten**.[983] Sie sind nach allgemeinen Grundsätzen des bürgerlichen Rechts zu lösen, die gegebenenfalls durch den Schutzzweck des Verbraucherdarlehensrechts ergänzt werden müssen.

313   Bei **Mängeln der vom Unternehmer geschuldeten Leistung** ist es ausgeschlossen, dass der Verbraucher den Darlehensgeber auf Erfüllung des finanzierten Geschäfts in Anspruch nehmen kann.[984] Einem solchen „**Forderungsdurchgriff**" (Erfüllungsdurchgriff) steht die Trennung der beiden Verträge entgegen.

314   Der Verbraucher kann seine an den Unternehmer des verbundenen Vertrages geleistete **Anzahlung** auch nur von diesem zurückverlangen.[985]

315   Umstritten ist, ob und inwieweit der Verbraucher seine an den Darlehensgeber geleisteten Raten von diesem zurückverlangen kann, wenn von ihm Einwendungen hätten erhoben werden können (sog. „**Rückforderungsdurchgriff**"). Diese Möglichkeit ist vor allem dann von Bedeutung, wenn der Unternehmer insolvent geworden ist.

316   Ist das finanzierte Geschäft von Anfang an **nichtig** oder steht ihm **von Beginn an eine Einrede** entgegen, dann kann ein Anspruch gegen den Darlehensgeber auf § 813 BGB gestützt werden.[986]

317   Problematisch sind die Fälle, in denen eine Einwendung beim finanzierten Geschäft erst nachträglich entsteht, etwa im Falle des Rücktritts, weil § 813 BGB insoweit nicht unmittelbar eingreift. Teilweise wird diesbezüglich dennoch eine Anwendbarkeit des § 813 BGB bejaht,[987] teilweise wurde auf einen Wegfall der Geschäftsgrundlage abgestellt,[988] was nach der Kodifizierung des § 313 BGB aber keine gangbare Lösung mehr darstellt.[989] Der BGH (II. Zivilsenat) hatte sich bei der Entscheidung von Fällen, die sich mit dem **finanzierten Gesellschaftsbeitritt** befassten, für eine analoge Anwendung des § 358 Abs. 4 S. 5 BGB ausgesprochen.[990] Vertreten ließe sich auch, ein Rückforderungsdurchgriff gegen den Darlehensgeber bestehe in diesem Fall nicht.[991] Dafür ließe sich anführen, dass eine Rückabwicklung sich im Verhältnis der jeweiligen Vertragsparteien zu vollziehen hat, also zwischen Verbraucher und Unternehmer einerseits und Darlehensgeber und Unternehmer andererseits.[992] Zu beachten sind allerdings die bei getäuschten Anlegern in Frage kommenden Schadensersatzansprüche.[993]

318   **h) Einwendungsverzicht.** Durch § 496 Abs. 1 BGB wird der Verbraucher gegen einen Einwendungsverzicht geschützt. Betroffen sind Fälle einer Forderungsabtretung durch den Kreditgeber, bei denen der Verbraucher durch individuelle Vereinbarung auf seine Rechte aus §§ 404, 406 BGB, die grundsätzlich disponibel sind, verzichtet. Nach § 496 Abs. 1 BGB ist eine solche Vereinbarung unwirksam. Die Vorschrift ist entsprechend auf § 407 Abs. 1 BGB[994] sowie auf den Fall anzuwenden,

---

[981] BGH Urt. v. 25.4.2006 – XI ZR 106/05, BGHZ 167, 239 (251) = NJW 2006, 1955 (1957); BGH Urt. v. 21.3.2005 – II ZR 310/03, NJW 2005, 1784 (1786 f.).

[982] Staudinger/*Kessal-Wulf*, 2012, BGB § 359 Rn. 15.

[983] Vgl. Staudinger/*Kessal-Wulf*, 2012, BGB § 359 Rn. 24 ff.; MüKoBGB/*Habersack* BGB § 359 Rn. 55 ff.; Erman/*Saenger* BGB § 359 Rn. 3 ff.; Bülow/Artz BGB § 495 Rn. 398 ff.; *Franz*, Der Einwendungsdurchgriff gemäß § 9 Abs. 3 Verbraucherkreditgesetz.

[984] Staudinger/*Kessal-Wulf*, 2012, BGB § 359 Rn. 2.

[985] Staudinger/*Kessal-Wulf*, 2012, BGB § 359 Rn. 25; Soergel/*Häuser* VerbrKrG § 9 Rn. 112; MüKoBGB/*Habersack* BGB § 359 Rn. 58; Palandt/*Grüneberg* BGB § 359 Rn. 5a, 7; aA Bülow/Artz BGB § 495 Rn. 398.

[986] BGH Urt. v. 4.12.2007 – XI ZR 227/06, BGHZ 174, 334 (341 f.) = NJW 2008, 845, 846; MüKoBGB/*Habersack* BGB § 359 Rn. 66; Palandt/*Grüneberg* BGB § 359 Rn. 7; Bülow/Artz BGB § 495 Rn. 402.

[987] *Bülow* VerbrKrG § 9 Rn. 115; *v. Westphalen/Emmerich/v. Rottenburg*, Verbraucherkreditgesetz, 2. Aufl. 1996, VerbrKrG § 9 Rn. 184; im Ergebnis für einen Einwendungsdurchgriff auch LG Braunschweig Urt. v. 16.6.1994 – 7 S 7/94, NJW 1994, 2701.

[988] *Bruchner/Ott/Wagner-Wieduwilt*, Verbraucherkreditgesetz, 2. Aufl. 1994, VerbrKrG § 9 Rn. 128 ff.; *Vollkommer* FS Merz, 1992, 595 tritt noch weiter gehend dafür ein, dem Verbraucher im Falle des endgültigen Scheiterns des finanzierten Geschäfts stets einen Anspruch auf Rückzahlung der Raten gegen den Kreditgeber zu geben.

[989] Erman/*Saenger* BGB § 359 Rn. 5.

[990] BGH Urt. v. 21.7.2003 – II ZR 387/02, BGHZ 156, 46 = NJW 2003, 2821 (2823); Urt. v. 14.6.2004 – II ZR 395/01, BGHZ 159, 280 (293) = NJW 2004, 2731 (2734); Urt. v. 31.1.2005 – II ZR 200/03, NJW-RR 2005, 1073 (1074); ebenso Erman/*Saenger* BGB § 359 Rn. 11.

[991] Soergel/*Häuser* VerbrKrG § 9 Rn. 113 ff.; MüKoBGB/*Habersack* BGB § 359 Rn. 75; *Coester* JURA 1992, 617 (624).

[992] Staudinger/*Kessal-Wulf*, 2012, BGB § 359 Rn. 32 ff.

[993] BGH Urt. v. 10.11.2009 – XI ZR 252/08, BGHZ 183, 112 (129 f.) = NJW 2010, 596 (601).

[994] Staudinger/*Kessal-Wulf*, 2012, BGB § 496 Rn. 10; MüKoBGB/*Schürnbrand* BGB § 496 Rn. 8; Bamberger/Roth/*Möller* BGB § 496 Rn. 2; AnwK-BGB/*Reiff* BGB § 496 Rn. 2.

dass ein Bürge für die Hauptschuld des Verbrauchers auf seine Einreden aus §§ 768 Abs. 1, 770 BGB verzichtet, weil dieser Ausschluss über den internen Regress im Verhältnis des Bürgen zum Verbraucher letztlich diesen trifft.[995]

Fraglich ist, ob § 496 Abs. 1 BGB entsprechend auf alle Vereinbarungen zu erstrecken ist, die die **319** Rechte aus §§ 404, 406 BGB zwar nicht als solche ausschließen, sie aber in ihrer Durchsetzung **erschweren,** etwa durch Abgabe von Schuldversprechen oder Schuldanerkenntnis oder Unterwerfung unter die sofortige Zwangsvollstreckung.[996] Dagegen wird zu Recht vorgebracht, dass sich die Vorschrift nur mit Erschwerungen im Verhältnis zu Dritten befasst, sodass eine Analogie im Verhältnis des Darlehensnehmers zum Darlehensgeber aus § 496 Abs. 3 BGB hergeleitet werden müsste, die aber zu verneinen ist.[997]

i) Wechsel- und Scheckverbot. Mit dem Wechsel- und Scheckverbot des § 496 Abs. 3 BGB wird **320** untersagt, den Verbraucher zu verpflichten, für die Ansprüche des Kreditgebers aus dem Kreditvertrag eine Wechselverbindlichkeit einzugehen; der Darlehensgeber darf vom Darlehensnehmer zur Sicherung seiner Ansprüche aus dem Verbraucherdarlehensvertrag auch einen Scheck nicht entgegennehmen. Bei einem Verstoß bleibt der Begebungsvertrag allerdings wirksam, sodass die verbotswidrigen Wechsel- und Scheckansprüche rechtsverbindlich sind.[998] Die Missachtung des Wechsel- und Scheckverbots kann dem Darlehensgeber als persönliche Einwendung entgegengehalten werden, während sie gegenüber Dritten versagt (Art. 17 WG). Das Wechselverbot greift nach dem Zweck der Regelung auch dann ein, wenn der Verbraucher von sich aus freiwillig die Begebung eines Wechsels anbietet.[999] § 496 Abs. 3 BGB ist nicht entsprechend auf Schuldanerkenntnisse und Schuldversprechen iSd §§ 780, 781 BGB anzuwenden.[1000] Abgesehen davon, dass es an einer planwidrigen Regelungslücke als Voraussetzung einer Analogie fehlt, weil der Gesetzgeber (vollstreckbare) abstrakte Schuldanerkenntnisse nicht einbeziehen wollte,[1001] wären damit auch Saldoanerkenntnisse im Kontokorrent nicht zulässig,[1002] obgleich das Gesetz das Kontokorrent in § 505 Abs. 1 BGB selbst als gegeben zugrunde legt.

j) Vertragsbegleitende Informationen. In § 493 BGB hat der Gesetzgeber Unterrichtungspflich- **321** ten während eines laufenden Vertragsverhältnisses zusammengefasst. Abs. 1 und 2 sind für einen wirksamen Verbraucherdarlehensvertrag bestimmt, wobei Abs. 1 für den Fall gilt, dass der Sollzins gebunden ist, aber vor der für die Rückzahlung bestimmten Frist endet (sog. unechte Abschnittsfinanzierung).[1003] Der Darlehensgeber muss den Darlehensnehmer alsdann auf einem dauerhaften Datenträger (§ 492 Abs. 5 BGB) spätestens drei Monate vor Ende der Sollzinsbindung darüber unterrichten, ob er zu einer neuen Sollzinsbindungsabrede bereit ist und, falls ja, den im Zeitpunkt der Unterrichtung angebotenen Sollzinssatz. Es handelt sich dabei um eine bloße Unterrichtung, nicht um ein Vertragsangebot. Der Darlehensnehmer kann deshalb grundsätzlich nicht verlangen, dass der ihm genannte Sollzinssatz dann so auch vereinbart wird.[1004] § 493 Abs. 2 BGB regelt den Fall, dass das Vertragsverhältnis als Ganzes an sein Ende gelangt. Hier muss der Darlehensgeber spätestens drei Monate vor Beendigung auf einem dauerhaften Datenträger erklären, ob er zur Fortführung des Darlehensverhältnisses bereit ist. Ist dies der Fall, muss er die Pflichtangaben des § 491a Abs. 1 BGB machen, was darin begründet ist, dass die Fortführung wie ein Neuabschluss anzusehen ist. § 493 Abs. 3 BGB behandelt den Verbraucherkreditvertrag mit veränderlichem Zinssatz. Soll eine Anpassung des Sollzinssatzes vorgenommen werden, dann muss der Darlehensgeber eine Unterrichtung gem. Art. 247 § 15 EGBGB vornehmen. Die Unterlassung ist dadurch sanktioniert, dass die Anpassung erst nach einer solchen Unterrichtung wirksam wird. Davon kann durch eine Vereinbarung abgewichen werden (näher § 493 Abs. 3 S. 2 BGB, Art. 247 § 15 Abs. 2 und 3 EGBGB). § 493Abs. 4 BGB betrifft

---

[995] Staudinger/*Kessal-Wulf*, 2012, BGB § 496 Rn. 5, 11; MüKoBGB/*Schürnbrand* BGB § 496 Rn. 11; Bülow/ Artz BGB § 496 Rn. 8; *v. Westphalen/Emmerich/v. Rottenburg,* Verbraucherkreditgesetz, 2. Aufl. 1996, VerbrKrG § 10 Rn. 12.

[996] Dafür Staudinger/*Kessal-Wulf,* 2012, BGB § 496 Rn. 8; aA Bülow/Artz BGB § 496 Rn. 10.

[997] MüKoBGB/*Schürnbrand* BGB § 496 Rn. 9. Der BGH hat eine entsprechende Anwendung von § 496 Abs. 1 BGB nicht angesprochen, aber im Ergebnis abgelehnt, BGH Urt. v. 15.3.2005 – XI ZR 135/04, NJW 2005, 1576 (1578); Urt. v. 16.5.2006 – XI ZR 6/04, BGHZ 168, 1 = NJW 2006, 2099 (2100).

[998] Staudinger/*Kessal-Wulf,* 2012, BGB § 496 Rn. 17; MüKoBGB/*Schürnbrand* BGB § 496 Rn. 20; Bülow/Artz BGB § 496 Rn. 25.

[999] Staudinger/*Kessal-Wulf,* 2012, BGB § 496 Rn. 27; MüKoBGB/*Schürnbrand* BGB § 496 Rn. 21; *Peters* in Schimansky/Bunte/Lwowski BankR-HdB § 81 Rn. 376; aA Bülow/Artz BGB § 496 Rn. 21 (für den Fall, dass der Verbraucher ein Wahlrecht hat, auch auf andere Weise zu leisten); *Münstermann/Hannes,* Verbraucherkreditgesetz, 1991, Rn. 571.

[1000] BGH Urt. v. 15.3.2005 – XI ZR 135/04, NJW 2005, 1576 (1578); Urt. v. 16.5.2006 – XI ZR 6/04, BGHZ 168, 1 = NJW 2006, 2099 (2100); Palandt/*Weidenkaff* BGB § 496 Rn. 1; aA Staudinger/*Kessal-Wulf,* 2012, BGB § 496 Rn. 30; Bamberger/Roth/*Möller* BGB § 496 Rn. 3; AnwK-BGB/*Reiff* BGB § 496 Rn. 4; *Münstermann/ Hannes,* Verbraucherkreditgesetz, 1991, Rn. 570; *G. Vollkommer* NJW 2004, 818 ff.

[1001] Vgl. BGH Urt. v. 15.3.2005 – XI ZR 135/04, NJW 2005, 1576 (1578).

[1002] Konsequent Staudinger/*Kessal-Wulf,* 2012, BGB § 496 Rn. 30.

[1003] Staudinger/*Kessal-Wulf,* 2012, BGB § 491 Rn. 55.

[1004] Staudinger/*Kessal-Wulf,* 2012, BGB § 493 Rn. 2; Palandt/*Weidenkaff* BGB § 493 Rn. 2.

Informationen bei einem Immobiliar-Verbraucherdarlehensvertrag in Fremdwährung. Nach § 493 Abs. 5 BGB ist der Darlehensgeber verpflichtet, dem Darlehensnehmer, der bei einem Immobiliar-Verbraucherdarlehensvertrag die vorzeitige Rückzahlung des Darlehens beabsichtigt, unverzüglich die für die Prüfung dieser Möglichkeit erforderlichen Informationen auf einem dauerhaften Datenträger zu übermitteln. Werden die Forderungen aus dem Darlehensvertrag im Wege der offenen Zession abgetreten, dann treffen den neuen Gläubiger die vertragsbegleitenden Unterrichtungspflichten gleichermaßen (§ 493 Abs. 6 BGB).

322   **k) Verzug.** Für den Fall des Verzuges des Darlehensnehmers mit Zahlungen, die er nach dem Kreditvertrag schuldet, sind in § 497 BGB verschiedene Vorkehrungen vorgesehen, die dazu beitragen sollen, einer vom Verbraucher nicht mehr zu bewältigende Spirale der Verschuldung entgegenzuwirken („moderner Schuldturm"). Auf **Immobiliar-Verbraucherdarlehensverträge** ist die Regelung nicht oder nur modifiziert anwendbar (§ 497 Abs. 4 BGB). Die Fassung des Gesetzes zwingt nicht dazu, den Normbereich auf wirksame Verbraucherdarlehensverträge zu verengen.[1005] Jedenfalls eine entsprechende Erweiterung auf unwirksame Verträge ist aber geboten.[1006] § 497 Abs. 1 BGB begrenzt die Höhe des Verzugsschadens unter Bezugnahme auf § 288 Abs. 1 BGB auf 5 Prozentpunkte über dem Basiszinssatz (Formel: „B + 5") des geschuldeten Betrages, sofern nicht im Einzelfall der Darlehensgeber einen höheren Schaden oder der Darlehensnehmer einen niedrigeren Schaden nachweist (§ 497 Abs. 1 S. 2 BGB). Bei Immobiliar-Verbraucherdarlehensverträgen beträgt der Verzugszinssatz gem. § 497 Abs. 4 S. 1 BGB nur zweieinhalb Prozentpunkte über dem Basiszinssatz („B + 2,5"). Der abstrakte Verzugsschaden ist damit nach oben hin abschließend geregelt; einen höheren Schaden kann der Kreditgeber nur noch in konkreter Berechnung verlangen. Auch der Verbraucher kann den abstrakten Schaden nur durch den Nachweis eines konkret niedrigeren Schadens zu Fall bringen.[1007] **Geschuldeter Betrag** sind Kapital, Zinsen und Kosten zuzüglich Schadensersatz- und Bereicherungsansprüchen auf Grund des Vertrages.[1008] Der gesamte rückständige Betrag kann somit einheitlich verzinst werden, ohne dass Zinsanteile herausgerechnet werden müssten. Ausgenommen hiervon sind jedoch die nach Verzugseintritt anfallenden Zinsen. Der Verzugsschaden (Verzugszinsen) fällt unter § 497 Abs. 2 BGB und ist gesondert zu behandeln.[1009]

323   Die **nach Verzug anfallenden Zinsen** sind auf einem gesonderten Konto zu verbuchen und dürfen nicht in ein Kontokorrent mit dem geschuldeten Betrag oder anderen Forderungen des Darlehensgebers eingestellt werden. Der Verzugsschadensersatz (§ 289 S. 2 BGB) bei diesen Zinsen (→ Rn. 118) wird gesetzlich auf die Höhe des gesetzlichen Zinssatzes (gem. § 246 BGB: 4 %) begrenzt (§ 497 Abs. 2 S. 2 BGB).

324   Von erheblicher Bedeutung ist die von § 497 Abs. 3 BGB vorgenommene Veränderung der **Tilgungsreihenfolge** des § 367 Abs. 1 BGB. Da nach § 367 Abs. 1 BGB Zahlungen zuerst auf die Zinsen und zuletzt auf die Hauptforderung anzurechnen sind, hatten Schuldner, die nicht mehr als die Zinsen bezahlen konnten, niemals die Chance, die Hauptforderung zurückzuführen. Dies ändert § 497 Abs. 3 S. 1 BGB, der die Zinsen an die letzte Stelle nach der Hauptforderung rückt. Ihre Wirksamkeit erhält die Regelung im Zusammenwirken mit § 497 Abs. 2 BGB, der durch die Begrenzung der Zinshöhe verhindert, dass stattdessen die Zinsen ungebremst auflaufen. Kosten werden stets erstrangig getilgt.

325   Nach § 497 Abs. 3 S. 2 BGB darf der Darlehensgeber abweichend von § 266 BGB **Teilzahlungen** des Verbrauchers nicht zurückweisen. Damit soll eine möglichst rasche Rückführung der Schuld ermöglicht werden.

326   Um zu vermeiden, dass es infolge der verzögerten Tilgung von Zinsen dazu kommt, dass sich der Darlehensnehmer schon nach verhältnismäßig kurzer Zeit veranlasst sieht, verjährungshemmende Maßnahmen zu ergreifen, bestimmt § 497 Abs. 3 S. 3 BGB, dass die **Verjährung** der Ansprüche auf Darlehensrückzahlung und Zinsen vom Eintritt des Verzuges nach § 497 Abs. 1 BGB bis zu ihrer Feststellung in einem in § 197 Abs. 1 Nr. 3–5 BGB bezeichneten Art gehemmt ist, jedoch nicht länger als zehn Jahre von ihrer Entstehung an. Für die Verjährung titulierter Zinsen ist § 197 Abs. 2 BGB, der deren Verjährung auf die Regelverjährung verkürzt, ausgeschlossen (§ 497 Abs. 3 S. 4 BGB).

327   Alle in § 497 Abs. 3 S. 1–4 BGB gewährten Erleichterungen sollen jedoch dann nicht eingreifen, soweit Zahlungen auf **Vollstreckungstitel** geleistet werden, deren **Hauptforderung auf Zinsen** lautet (§ 497 Abs. 3 S. 5 BGB). Das Verständnis dieser Vorschrift bereitet einige Schwierigkeiten. Ihr Anwendungsbereich ist eröffnet, wenn ein **isolierter Zinstitel** vorliegt, mit dem kein Teil der Haupt-

---

[1005] Lediglich den Abschlusstatbestand eines Verbraucherdarlehensvertrages verlangend: Staudinger/*Kessal-Wulf*, 2012, BGB § 497 Rn. 23.

[1006] OLG Dresden Urt. v. 27.8.1998 – 7 U 1648/98, WM 1999, 852 (853 f.); MüKoBGB/*Schürnbrand* BGB § 497 Rn. 6; Bülow/Artz BGB § 497 Rn. 18; *v. Westphalen/Emmerich/v. Rottenburg*, Verbraucherkreditgesetz, 2. Aufl. 1996, VerbrKrG § 11 Rn. 23, 34; *Bülow* NJW 1992, 2049.

[1007] Staudinger/*Kessal-Wulf*, 2012, BGB § 497 Rn. 17.

[1008] Staudinger/*Kessal-Wulf*, 2012, BGB § 497 Rn. 23, 24; MüKoBGB/*Schürnbrand* BGB § 497 Rn. 10; Bamberger/Roth/*Möller* BGB § 497 Rn. 3; Bülow/Artz BGB § 497 Rn. 31.

[1009] Staudinger/*Kessal-Wulf*, 2012, BGB § 497 Rn. 24; Bülow/Artz BGB § 497 Rn. 31.

forderung geltend gemacht wird. Zinsen als Hauptforderung können nach dem gebotenen prozessualen Verständnis auch dann tituliert sein, wenn daneben ein Teil der Hauptforderung tituliert worden ist. In diesem Fall gilt die Dispensation von § 497 Abs. 3 S. 1–4 BGB nur für die isoliert geltend gemachten Zinsen.[1010] Soweit in einem gemischten Titel Zinsen als Nebenforderung tituliert sind, ist § 497 Abs. 3 S. 5 BGB nicht anwendbar. Soweit die Bestimmung eingreift, könnte sie zu dem Missverständnis verleiten, dass sich das materielle Recht gegenüber dem zu vollstreckenden Titel unmittelbar durchsetzt. Ein so weitgehendes Ziel verfolgte der Gesetzgeber jedoch nicht.[1011] Der Grundsatz, dass dann, wenn ein Titel vorliegt, dieser allein maßgebend ist, auch wenn er zu einer anderen Tilgungreihenfolge als in § 497 Abs. 3 S. 1 BGB führt, ist nicht außer Kraft gesetzt worden. In dieser Klarstellung erschöpft sich bei Lichte besehen die Bedeutung der Vorschrift.[1012] Das materielle Ziel kann nur im Erkenntnisverfahren umgesetzt werden.[1013] In welcher Weise dies geschehen könnte, ist nicht abschließend geklärt.[1014] Überwiegend wird angenommen, der Darlehensgeber müsse im Erkenntnisverfahren im Rahmen einer Schlüssigkeitsprüfung ausnahmsweise darlegen (und dies gegebenenfalls auch beweisen), dass die nach § 497 Abs. 3 S. 1 BGB vorrangig zu berücksichtigenden Schuldpositionen, soweit fällig, vollständig erfüllt seien.[1015] Erst wenn das geschehen ist, können die Zinsen tituliert werden.

l) Teilzahlungsdarlehen. Teilzahlungsdarlehen können nach § 498 Abs. 1 BGB nur unter besonderen Voraussetzungen wegen Zahlungsverzugs des Verbrauchers gekündigt werden. Erforderlich ist zum einen gemäß § 498 Abs. 1 Nr. 1 BGB, dass der Verbraucher mit mindestens zwei aufeinanderfolgenden Teilzahlungen ganz oder teilweise und mit mindestens 10 % des Nennbetrages des Darlehens in Verzug ist (bzw. mit 5 % bei einer Laufzeit des Kreditvertrages über drei Jahre). Zusätzlich muss der Darlehensgeber dem Verbraucher erfolglos eine zweiwöchige Frist zur Zahlung des rückständigen Betrages mit der Erklärung gesetzt haben, dass er bei Nichtzahlung innerhalb der Frist die gesamte Restschuld verlange (§ 498 Abs. 1 Nr. 2 BGB). Sind an einem Teilzahlungsdarlehen mehrere Darlehnsnehmer beteiligt, von denen nicht alle Verbraucher sind, dann ist bei Nichterfüllung der Kündigungsvoraussetzungen des § 498 Abs. 1 S. 1 BGB gegenüber dem Verbraucher die Kündigung insgesamt unwirksam.[1016] Das Recht zur Kündigung des Kreditvertrags aus einem anderen wichtigen Grund wird durch die Bestimmung nicht eingeschränkt.[1017] Bei einem **Immobiliar-Verbraucherdarlehensvertrag** muss der Darlehensnehmer gemäß § 498 Abs. 2 BGB abweichend von § 498 Abs. 1 BGB mit mindestens 2,5 % des Nennbetrags des Darlehens in Verzug sein. **328**

Erfüllt der Verbraucher kraft ausdrücklicher Tilgungsbestimmung nur jede zweite Rate, sodass die Voraussetzung nicht eintritt, dass er mit mindestens zwei aufeinanderfolgenden Teilzahlungen in Verzug gerät (sog. **„Springen"**), dann ist dem Kreditgeber jedenfalls ein außerordentliches Kündigungsrecht wegen missbräuchlichen Verhaltens zuzubilligen, um diesem Zustand ein Ende setzen zu können.[1018] Davon abgesehen dürfte in der Teilzahlungsabrede eine Verrechnungsabrede über die Zahlung auf die jeweils noch offene älteste Schuld gesehen werden können.[1019] **329**

Der Darlehensgeber soll dem Darlehensnehmer spätestens mit der Fristsetzung ein Gespräch über die Möglichkeiten einer einverständlichen Regelung anbieten (§ 498 Abs. 1 S. 2 BGB). Eine Voraussetzung für die Wirksamkeit der Kündigung bildet das **Gesprächsangebot** nicht,[1020] jedoch kann die Missachtung der Bestimmung einen Schadensersatzanspruch nach sich ziehen.[1021] **330**

Nach wirksamer Kündigung tritt kraft Gesetzes eine Kostenermäßigung ein. Gemäß § 501 BGB vermindern sich die Gesamtkosten (§ 6 PAngV) um die Zinsen und sonstigen laufzeitabhängigen Kosten, die bei gestaffelter Berechnung auf die Zeit nach der Fälligkeit entfallen. Nicht zu erstatten sind laufzeitunabhängige Kosten wie eine einmalige Bearbeitungsgebühr. Bedeutung hat diese Be- **331**

[1010] AA Palandt/*Weidenkaff* BGB § 497 Rn. 10 (Titel, deren Haupforderung ausschließlich auf Zinsen lautet).

[1011] Zu den gesetzgeberischen Intentionen Staudinger/*Kessal-Wulf*, 2012, BGB § 497 Rn. 37.

[1012] MüKoBGB/*Schürnbrand* BGB § 497 Rn. 37.

[1013] Staudinger/*Kessal-Wulf*, 2012, BGB § 497 Rn. 37, 38.

[1014] Vgl. dazu Staudinger/*Kessal-Wulf*, 2012, BGB § 497 Rn. 37 ff.; MüKoBGB/*Schürnbrand* BGB § 497 Rn. 36 ff.; Bülow/Artz BGB § 497 Rn. 63 ff.

[1015] Staudinger/*Kessal-Wulf*, 2012, BGB § 497 Rn. 38 ff.; MüKoBGB/*Schürnbrand* BGB § 497 Rn. 42.

[1016] BGH Urt. v. 28.6.2000 – VIII ZR 240/99, NJW 2000, 3133 (3135 f.).

[1017] Staudinger/*Kessal-Wulf*, 2012, BGB § 498 Rn. 6.

[1018] Zutr. *v. Westphalen/Emmerich/v. Rottenburg*, Verbraucherkreditgesetz, 2. Aufl. 1996, VerbrKrG § 12 Rn. 35; wegen anderer Begründungswege: vgl. Staudinger/*Kessal-Wulf*, 2012, BGB § 498 Rn. 11; aA Bülow/Artz BGB § 498 Rn. 15, der dieses Vorgehen für zulässig hält und keinen Kündigungsgrund sieht. MüKoBGB/*Schürnbrand* BGB § 498 Rn. 12 verweist auf die Möglichkeit, eine abweichende Anrechnungsreihenfolge – auch formularmäßig – zu vereinbaren.

[1019] Palandt/*Weidenkaff* BGB § 498 Rn. 3; AnwK-BGB/*Reiff* § 498 Rn. 3; Godefroid Verbraucherkredit Teil 2 Rn. 817.

[1020] BGH Urt. v. 14.2.2001 – VIII ZR 277/99, BGHZ 147, 7 (13) = NJW 2001, 1349 (1350); Staudinger/*Kessal-Wulf*, 2012, BGB § 498 Rn. 9; MüKoBGB/*Schürnbrand* BGB § 498 Rn. 20.

[1021] Staudinger/*Kessal-Wulf*, 2012, BGB § 498 Rn. 9; MüKoBGB/*Schürnbrand* BGB § 498 Rn. 20; Bülow/Artz BGB § 498 Rn. 36.

stimmung in erster Linie für Ratenkredite, bei denen Entstehung und Fälligkeit der Zinsen auseinanderfallen.

332 **m) Kündigungs- und Leistungsverweigerungsrechte.** Mit diesem Regelungsgegenstand befassen sich die §§ 499 und 500 BGB, wobei § 499 BGB vom Darlehensgeber und § 500 BGB vom Darlehensnehmer auszuübende Rechte betreffen. Der **Darlehensgeber** darf in einem **Allgemein-Verbraucherdarlehensvertrag** nicht wirksam vereinbaren, dass er ein Kündigungsrecht hat, wenn eine bestimmte Vertragslaufzeit vereinbart wurde, oder dass die Kündigungsfrist zwei Monate unterschreitet (§ 499 Abs. 1 BGB). Zwischen ordentlicher und außerordentlicher Kündigung unterscheidet die Vorschrift nicht. Das außerordentliche gesetzliche Kündigungsrecht gem. §§ 490 Abs. 1, 314 BGB wird jedoch nicht berührt. Weiterreichende vertragliche außerordentliche Kündigungsgründe sind unwirksam (§ 512 BGB).[1022] § 499 Abs. 2 S. 1 BGB gewährt für Allgemein-Verbraucherdarlehensverträge dem Darlehensgeber bei entsprechender Vereinbarung das Recht, die **Auszahlung** eines Darlehens, bei dem eine Frist für die Rückzahlung nicht vorgesehen ist, aus einem **sachlichen Grund zu verweigern.** Unter einem „sachlichen Grund" ist ein sachlich gerechtfertigter Grund zu verstehen (vgl. Art. 13 Abs. 2 Verbraucherkredit-RL).[1023] Über die beabsichtigte Ausübung ist der Darlehensnehmer grundsätzlich unter Mitteilung der Gründe zu unterrichten (§ 499 Abs. 2 S. 2 und 3 BGB). Gründe, die bereits bei Vertragsschluss bekannt waren, rechtfertigen kein Verweigerungsrecht.[1024] Die Voraussetzung der vertraglichen Vereinbarung führt zu dem Verständnis, dass die sachlichen Gründe konkret vereinbart worden sein müssen. Es genügt nicht, pauschal zu vereinbaren, dass der Darlehensnehmer aus sachlichen Gründen die Auszahlung verweigern dürfe.[1025] Dazu hätte es des zusätzlichen Erfordernisses einer Vereinbarung sicherlich nicht bedurft, weil diese nahezu funktionslos ist. Eine derartige pauschale Übernahme in Allgemeine Geschäftsbedingungen dürfte allerdings nicht schon gegen das Transparenzgebot verstoßen, weil das Aufgreifen unbestimmter Rechtsbegriffe aus der Gesetzessprache insoweit als unschädlich betrachtet wird.[1026] Weitergehende gesetzlich begründete Einwendungen des Darlehensnehmers bleiben unberührt, jedoch ist die Unsicherheiteneinrede (§ 321 BGB) ausgeschlossen, weil die Verbraucherkredit-RL hier eine abschließende Regelung getroffen hat.[1027]

333 Der **Darlehensnehmer** kann einen **Allgemein-Verbraucherdarlehensvertrag,** bei dem eine Zeit für die Rückzahlung nicht bestimmt ist, ganz oder teilweise ohne Einhaltung einer Frist kündigen (§ 500 Abs. 1 S. 1 BGB). Bei derartigen unbefristeten Verträgen kann allerdings – auch in AGB – eine abweichende Kündigungsfrist vereinbart werden. Sie darf aber einen Monat nicht überschreiten, sonst ist sie unwirksam (§ 500 Abs. 1 S. 2 BGB).[1028]

334 **n) Vorzeitige Erfüllung.** Der Darlehensnehmer kann seine Verbindlichkeiten aus einem Verbraucherdarlehensvertrag grundsätzlich jederzeit ganz oder teilweise vorzeitig erfüllen (§ 500 Abs. 2 S. 1 BGB). Bei einem Immobiliar-Verbraucherdarlehensvertrag, für den ein gebundener Sollzins vereinbart wurde, gilt allerdings nach § 500 Abs. 2 S. 2 BGB, dass der Darlehensnehmer seine Verbindlichkeit im Zeitraum der Sollzinsbindung nur dann ganz oder teilweise vorzeitig erfüllen kann, wenn hierfür ein berechtigtes Interesse des Darlehensnehmers besteht. Das Recht nach § 500 Abs. 2 S. 1 BGB besteht auch dann, wenn der Vertrag eine bestimmte Laufzeit hat. Auf dieses Recht muss der Verbraucher gem. § 492 Abs. 1 und 2 BGB, Art. 247 § 6 Nr. 1, § 3 Abs. 1 Nr. 14 EGBGB hingewiesen worden sein.

335 Bei vorzeitiger Erfüllung tritt eine **Kostenermäßigung** nach § 501 BGB ein. Den dem Darlehensgeber durch die vorzeitige Rückzahlung entstehenden Nachteil gleicht das Gesetz über § 502 BGB aus. Schuldet der Darlehensnehmer im Zeitpunkt der Rückzahlung Zinsen zu einem bei Vertragsschluss vereinbarten gebundenen Sollzinssatz, dann kann der Darlehensgeber im Falle vorzeitiger Rückzahlung eine angemessene **Vorfälligkeitsentschädigung** „für den unmittelbar mit der vorzeitigen Rückzahlung zusammenhängenden Schaden" verlangen (§ 502 Abs. 1 S. 1 BGB). Bei Allgemein-Verbraucherdarlehensverträgen gilt dies aber nur, wenn der gebundene Sollzinssatz bei Vertragsschluss vereinbart wurde (§ 502 Abs. 1 S. 2 BGB). Das Gesetz stellt auf einen bei „Vertragsschluss" vereinbarten gebundenen Sollzinssatz ab. Eine Zinsbindung könnte zwar auch erst nachträglich im Wege der Konditionenanpassung vereinbart werden. Die Voraussetzungen des § 502 BGB werden dabei aber nicht eingehalten.[1029] Es muss vielmehr ein neuer Vertrag abgeschlossen werden. Der

---

[1022] Palandt/*Weidenkaff* BGB § 499 Rn. 2.

[1023] Bamberger/Roth/*Möller* BGB § 499 Rn. 4; Palandt/*Weidenkaff* BGB § 499 Rn. 3.

[1024] Staudinger/*Kessal-Wulf,* 2012, BGB § 499 Rn. 2.

[1025] So aber Staudinger/*Kessal-Wulf,* 2012, BGB § 499 Rn. 2; MüKoBGB/*Schürnbrand* BGB § 499 Rn. 9; Bülow/Artz BGB § 499 Rn. 11.

[1026] MüKoBGB/*Schürnbrand* BGB § 499 Rn. 9; Palandt/*Weidenkaff* BGB § 499 Rn. 3; *Mülbert/Zahn* FS Maier-Reimer, 2010, 457 (470 f.).

[1027] MüKoBGB/*Schürnbrand* BGB § 499 Rn. 12.

[1028] MüKoBGB/*Schürnbrand* BGB § 500 Rn. 4.

[1029] MüKoBGB/*Schürnbrand* BGB § 502 Rn. 4; MüKoBGB/*Berger* BGB § 490 Rn. 34; Erman/*Saenger* BGB § 502 Rn. 3; Palandt/*Weidenkaff* BGB § 502 Rn. 3; Bülow/Artz BGB § 502 Rn. 8; Nobbe/*Müller-Christmann* BGB § 502 Rn. 8; Langenbucher/Bliesener/Spindler/*Roth* 15. Kapitel § 502 Rn. 3.

Anspruch auf Vorfälligkeitsentschädigung ist gänzlich **ausgeschlossen,** wenn die Rückzahlung aus den Mitteln einer Versicherung bewirkt wird, die auf Grund einer entsprechenden Verpflichtung im Darlehensvertrag abgeschlossen wurde, um die Rückzahlung zu sichern (§ 502 Abs. 2 Nr. 1 BGB), oder die Angaben über die Laufzeit des Vertrags, das Kündigungsrecht des Darlehensnehmers oder die Berechnung der Vorfälligkeitsentschädigung unzureichend sind (§ 502 Abs. 2 Nr. 2 BGB). Für den ersten Fall fällt es schwer, einen Anwendungsbereich zu bestimmen. Der Gesetzgeber dachte an Restschuldversicherungen, die bei vorzeitiger Rückzahlung aber keinen Versicherungsschutz bieten.[1030] In Betracht käme allenfalls eine Lebensversicherung mit Tilgungsersatzfunktion.[1031] Mit der letzteren Alternative wird die Verletzung der eingangs genannten Hinweispflicht sanktioniert. Die Höhe der Vorfälligkeitsentschädigung ist bei Allgemein-Verbraucherdarlehensverträgen in zweierlei Hinsicht nach oben „gedeckelt" **(Kappungsgrenzen):** Zum einen darf sie 1 Prozent des vorzeitig zurückgezahlten Betrags nicht übersteigen (bzw. 0,5 %, wenn der Zeitraum zwischen der vorzeitigen und der vereinbarten Rückzahlung ein Jahr nicht übersteigt) (§ 502 Abs. 3 Nr. 1 BGB). Zum anderen darf der Betrag der Sollzinsen nicht überschritten werden, den der Darlehensnehmer in dem Zeitraum zwischen der vorzeitigen und der vereinbarten Rückzahlung entrichtet hätte (§ 502 Abs. 3 Nr. 2 BGB).

Dass das Gesetz von einem **„Schaden"** des Darlehensgebers spricht, ist nach der Terminologie des   **336** deutschen Rechts fragwürdig, weil sich der Darlehensnehmer rechtmäßig verhält. Der Sache nach erhält der Darlehensgeber eine Entschädigung dafür, dass er seine Zinserwartung im Interesse des Verbrauchers opfern muss.[1032] Die Kontroverse über die dogmatisch richtige Einordnung ist jedoch sachlich unergiebig, weil es ohne Weiteres möglich ist, den Entschädigungsanspruch wie einen Schadensersatzanspruch auszugestalten.[1033] Wegen der **Bemessung des Anspruchs** bezieht sich § 502 BGB, der sich an die insoweit vage gehaltenen Richtlinie anlehnt (Art. 16 Verbraucherkredit-RL), auf eine „angemessene Entschädigung". Es steht aber im Grundsatz nichts im Wege, hier die Berechnungsweisen einzubringen, die zur vorzeitigen Rückführung grundpfandrechtlich gesicherter Kredite entwickelt worden sind (§ 490 Abs. 2 BGB).[1034] Nach Art. 16 Abs. 4 lit. b Verbraucherkredit-RL können die Mitgliedstaaten vorsehen, dass der Kreditgeber ausnahmsweise eine höhere Entschädigung verlangen kann, wenn er nachweist, dass der aus der vorzeitigen Rückzahlung entstandene Verlust den nach Art. 16 Abs. 2 Verbraucherkredit-RL bestimmten Betrag übersteigt. Dass in Art. 16 Abs. 2 Verbraucherkredit-RL nur der Ersatz von „Kosten" vorgesehen ist, steht dem nicht entgegen. Allerdings hat der Gesetzgeber die ihm eingeräumte Option nicht vollständig genutzt, weil er die Kappungsgrenze des § 502 Abs. 3 Nr. 1 BGB, die Bestandteil des Art. 16 Abs. 2 Verbraucherkredit-RL ist, beibehalten hat.[1035] Die Richtlinie hat überdies in Art. 16 Abs. 4 lit. b Verbraucherkredit-RL den Verlust dahin beschrieben, dass er in der Differenz zwischen den ursprünglich vereinbarten Zinsen und dem Zinssatz besteht, zu dem der Kreditgeber den vorzeitig zurückgezahlten Betrag auf dem Markt zum Zeitpunkt der vorzeitigen Rückzahlung als Kredit ausreichen kann, und zwar unter Berücksichtigung der Auswirkung der vorzeitigen Rückzahlung auf die Verwaltungskosten. Das Gesetz fordert darüber hinaus – insoweit Art. 16 Abs. 2 Verbraucherkredit-RL folgend – einen mit der vorzeitigen Rückzahlung unmittelbar zusammenhängenden Schaden. Damit ist ein Erfordernis eines **engen Kausalzusammenhangs** aufgestellt, das für die wohl weitere überwiegend angewandten Entschädigungsberechnung aber keine Auswirkungen zeitigt.[1036] Im Übrigen hat der BGH zur Vorfälligkeitsentschädigung in den vergangenen Jahren grundlegende Urteile gefällt, die im Einzelnen zu beachten sind.[1037]

o) Immobiliar-Verbraucherdarlehensverträge. Die Regelungen zu Immobiliar-Darlehensver-   **337** trägen – jetzt: Immobiliar-Verbraucherdarlehensverträge als eine Untergruppe der Verbraucherdarlehensverträge – haben in den vergangenen Jahren wiederholt den Standort im BGB gewechselt, was zur Übersichtlichkeit der Regelungsmaterie nicht beigetragen hat. Eine Definition des Immobiliar-Verbraucherdarlehensvertrags findet sich jetzt in § 491 Abs. 3 BGB. Es handelt sich um entgeltliche Darlehensverträge zwischen einem Unternehmer als Darlehensgeber und einem Verbraucher als Darlehensnehmer, die entweder durch ein Grundpfandrecht oder eine Reallast besichert sind (§ 491 Abs. 3 S. 1 Nr. 1 BGB) oder für den Erwerb oder die Erhaltung des Eigentumsrechts an Grund-

---

[1030] So zu Recht Staudinger/*Kessal-Wulf,* 2012, BGB § 502 Rn. 3; Bülow/Artz BGB § 502 Rn. 19; abw. Palandt/*Weidenkaff* BGB § 502 Rn. 4 (Restschuldversicherung gemeint).
[1031] Staudinger/*Kessal-Wulf,* 2012, BGB § 502 Rn. 3; MüKoBGB/*Schürnbrand* BGB § 502 Rn. 12.
[1032] Staudinger/*Kessal-Wulf,* 2012, BGB § 502 Rn. 1; Bülow/Artz BGB § 502 Rn. 5; abw. für Schadensersatzanspruch MüKoBGB/*Schürnbrand* BGB § 502 Rn. 5; Palandt/*Weidenkaff* BGB § 502 Rn. 3.
[1033] MüKoBGB/*Berger* BGB § 490 Rn. 34; *Nobbe/Müller-Christmann* BGB § 502 Rn. 4.
[1034] MüKoBGB/*Schürnbrand* BGB § 502 Rn. 8.
[1035] Zu den sich daraus ergebenden Bedenken MüKoBGB/*Schürnbrand* BGB § 502 Rn. 6.
[1036] MüKoBGB/*Schürnbrand* BGB § 502 Rn. 7; Palandt/*Weidenkaff* BGB § 502 Rn. 3; Bülow/Artz BGB § 502 Rn. 15.
[1037] BGH Urt. v. 19.1.2016 – XI ZR 103/15, BGHZ 208, 278 = NJW 2016, 1379; Urt. v. 20.2.2018 – XI ZR 445/17, NJW 2018, 782.

stücken, an bestehenden oder zu errichtenden Gebäuden oder für den Erwerb oder die Erhaltung von grundstücksgleichen Rechten bestimmt sind (§ 491 Abs. 3 S. 1 Nr. 2 BGB). § 491 Abs. 3 S. 2 und 4 BGB nimmt ua „**Immobilienverzehrkreditverträge**" – insoweit aufgrund Finanzaufsichtsrechtergänzungsgesetz vom 6.6.2017 (BGBl. I 1495) – von der Definition des Immobiliar-Verbraucherdarlehensvertrags aus. § 491 Abs. 3 S. 3 BGB regelt für die dort genannten Immobiliar-Verbraucherdarlehensverträge eine eingeschränkte Anwendung der sonst geltenden Vorschriften. Sonst gilt: Grundsätzlich finden auf Immobiliar-Verbraucherdarlehensverträge die §§ 491 ff. BGB Anwendung. Allerdings hält das BGB eine Reihe von Sonderregeln bereit, die im jeweiligen Kontext in den obigen Ausführungen genannt sind.

338   **Grundpfandrechte** sind Grundschuld, Hypothek und Rentenschuld.[1038] Es genügt, dass überhaupt eine Sicherung durch ein solches Recht vorgenommen wird; volle Werthaltigkeit wird nicht gefordert.[1039] Allenfalls dann, wenn die Absicherung durch ein Grundpfandrecht gegenüber sonstigen Sicherheiten wertmäßig nicht ins Gewicht fällt, kann eine Umgehung (§ 512 S. 2 BGB) in Betracht kommen.[1040] Das Grundpfandrecht muss nicht eigens bestellt werden, vielmehr reicht auch die Übernahme eines bestehenden Grundpfandrechts aus.[1041]

339   **p) Eingeräumte Überziehungsmöglichkeit.** Die eingeräumte Überziehungsmöglichkeit ist ein Unterfall des Überziehungskredits, der früher in § 493 BGB zusammengefasst war und jetzt auf die §§ 504 und 505 BGB aufgeteilt ist. Während § 504 BGB den „eingeräumten Überziehungskredit" regelt, ordnet § 505 BGB die „geduldete Überziehung". Die Regelungsbereiche unterscheiden sich dadurch, dass der Darlehensnehmer des eingeräumten Überziehungskredits von vornherein Kredit auf vertraglicher Grundlage in Anspruch nimmt, während die geduldete Überziehung auf der Grundlage eines später konkludent geschlossenen Verbraucherdarlehensvertrags vorgenommen wird.[1042]

340   § 504 BGB beschreibt den eingeräumten Überziehungskredit in der Weise, dass ein Verbraucherdarlehen dergestalt gewährt wird, dass der Darlehensgeber dem Darlehensnehmer in einem Vertragsverhältnis über ein laufendes Konto das Recht einräumt, sein Konto in bestimmter Höhe zu überziehen (Überziehungsmöglichkeit). Erforderlich ist zum einen ein **laufendes Konto,** sodass als Darlehensgeber praktisch nur Kreditinstitute in Betracht kommen, auch wenn dies im Gesetz jetzt nicht mehr besonders ausgesprochen wird. Darüber hinaus muss eine **Überziehungsmöglichkeit vereinbart** worden sein und die Überziehungsmöglichkeit muss in einem ganz **bestimmten Betrag**[1043] ausgedrückt sein. Häufig wird das Kreditinstitut die Überziehungsmöglichkeit ungefragt zur Verfügung stellen, worin ein Angebot liegt, das der Darlehensnehmer stillschweigend annehmen kann. Darin allein, dass er die Kontobeziehung nach Zugang des Darlehensangebots fortsetzt, wird eine stillschweigende Annahme des Angebots aber noch nicht erblickt werden können, jedoch liegt sie in der erstmaligen Inanspruchnahme der Überziehungsmöglichkeit.

341   Das Gesetz unterscheidet im Hinblick auf die angeordneten Rechtsfolgen zwei Untertatbestände, die sich den Abs. 1 und 2 entnehmen lassen. § 504 Abs. 1 enthält den allgemeinen **Grundtatbestand** der eingeräumten Überziehung. Insoweit gewährt das Gesetz Erleichterungen für den Darlehensgeber und legt ihm erweiterte Informationspflichten auf. Der Darlehensgeber muss den Darlehensnehmer in regelmäßigen Zeitabständen über die Angaben unterrichten, die sich aus Art. 247 § 16 EGBGB ergeben, das sind die Unterrichtung über den genauen Zeitraum, auf den sie sich bezieht, Datum und Höhe der ausbezahlten Beträge, Saldo und Datum der vorangegangenen Unterrichtung, den neuen Saldo, Datum und Höhe der Rückzahlungen des Darlehensnehmers, den angewendeten Sollzinssatz, die erhobenen Kosten und den gegebenenfalls zurückzuzahlenden Mindestbetrag. Alle diese Angaben können in einen Kontoauszug aufgenommen werden. Ein Anspruch auf Vorfälligkeitsentschädigung besteht nicht (§ 504 Abs. 1 S. 2 BGB). Entgegen § 499 Abs. 1 BGB kann der Darlehensgeber sich ein Kündigungsrecht ohne Mindestfrist einräumen lassen (§ 504 Abs. 1 S. 4 BGB). Der **qualifizierte Tatbestand** des § 504 Abs. 2 BGB liegt bei einem Allgemein-Verbraucherdarlehensvertrag vor, wenn in einer Überziehungsmöglichkeit vereinbart ist, dass nach der Auszahlung die Laufzeit höchstens drei Monate beträgt oder der Darlehensgeber kündigen kann, ohne eine Frist einzuhalten. In diesem Fall sind die §§ 491a Abs. 3, 495, 499 Abs. 2 und 500 Abs. 1 S. 2 BGB nicht anzuwenden. Ein Widerrufsrecht (§ 495 BGB) besteht daher nicht.

342   Seit dem Jahr 2016 besteht bei der Inanspruchnahme der Überziehungsmöglichkeit eine **Beratungspflicht** auf der Grundlage des § 504a BGB. Der Darlehensgeber hat dem Darlehensnehmer

---

[1038] Palandt/ *Weidenkaff* BGB § 503 Rn. 2.

[1039] BGH Urt. v. 6.11.2007 – XI ZR 322/03, NJW 2008, 644 (645); Urt. v. 18.3.2003 – XI ZR 422/01, NJW 2003, 2093; stRspr; Palandt/ *Weidenkaff* BGB § 503 Rn. 2.

[1040] BGH Urt. v. 6.11.2007 – XI ZR 322/03, NJW 2008, 644 (645); Urt. v. 18.3.2003 – XI ZR 422/01, NJW 2003, 2093; Beschl. v. 5.2.2002 – XI ZR 327/01, NJW 2002, 3103 (3104); MüKoBGB/ *Schürnbrand* BGB § 503 Rn. 8.

[1041] BGH Urt. v. 25.4.2006 – XI ZR 29/05, NJW 2006, 1952 (1953).

[1042] BGH Urt. v. 25.10.2016 – XI ZR 9/15, BGHZ 212, 329 Rn. 28 = NJW 2017, 1018.

[1043] Palandt/ *Weidenkaff* BGB § 504 Rn. 2.

eine in § 504a Abs. 2 BGB häher beschriebene Beratung anzubieten, wenn der Darlehensnehmer die ihm eingeräumte Überziehungsmöglichkeit ununterbrochen über einen Zeitraum von sechs Monaten und durchschnittlich in Höhe eines Betrages in Anspruch genommen hat, der 75 % des vereinbarten Höchstbetrags übersteigt. Die Beratung hat in Form eines persönlichen Gesprächs – auch unter Verwendung von Fernkommunikationsmitteln – zu erfolgen (§ 504a Abs. 2 S. 2 und 3 BGB). Gegenstand der Beratung ist es, dem Darlehensnehmer Informationen über möglichst kostengünstige Alternativen zu einer Inanspruchnahme der Überziehungsmöglichkeit und zu möglichen Konsequenzen einer weiteren Überziehung des Kontos zukommen zu lassen (§ 504a Abs. 2 S. 1 BGB). Gegebenenfalls hat der Darlehensgeber auf geeignete Beratungseinrichtungen hinzuweisen. Das Beratungsangebot muss unter bestimmten Voraussetzungen wiederholt werden (§ 504a Abs. 3 BGB).

q) Geduldete Überziehung. Die geduldete Überziehung (§ 505 BGB) ist dadurch gekennzeich- 343
net, dass die vertraglich eingeräumte Kreditlinie ad hoc überschritten wird, weil das Kreditinstitut den Rahmen überschreitende Verfügungen ausführt, ohne dazu verpflichtet gewesen zu sein. In diesem Fall erfolgt die weitere Darlehensgewährung indessen nicht ohne vertragliche Grundlage. Vielmehr kommt auch insoweit **konkludent** ein **Verbraucherdarlehensvertrag** zustande.[1044] Das Gesetz senkt die Anforderungen noch weiter herab. Vereinbart der Darlehensgeber mit einem Verbraucher bei einem Vertrag über ein laufendes Konto ohne eingeräumte Überziehungsmöglichkeit ein Entgelt für den Fall, dass er die Überziehung des Kontos duldet, dann müssen in diesem Vertrag die Angaben nach Art. 247 § 17 EGBGB enthalten sein. Von besonderer Bedeutung ist in diesem Zusammenhang § 505 Abs. 2 S. 2 BGB: Kommt es im Fall des § 505 Abs. 1 BGB zu einer ununterbrochenen Überziehung von mehr als drei Monaten und übersteigt der durchschnittliche Überziehungsbetrag die Hälfte des durchschnittlichen monatlichen Geldeingangs innerhalb der letzten drei Monate auf diesem Konto, trifft den Darlehensgeber nach §§ 505 Abs. 2 S. 2, 504a BGB wiederum eine **Beratungspflicht** im Verhältnis zum Darlehensnehmer. Hält der Darlehensgeber sich nicht an die Vorgaben des § 505 Abs. 1 und 2 BGB, dann ist dies wirksam dadurch sanktioniert, dass er Kosten und Zinsen nicht verlangen kann (§ 505 Abs. 3 BGB). Die §§ 491a–496 und §§ 499–502 BGB sind auf Allgemein-Verbraucherdarlehensverträge, die unter den in § 505 Abs. 1 BGB genannten Voraussetzungen zustande kommen, nicht anzuwenden (§ 505 Abs. 4 BGB).

**r) Unentgeltliche Darlehensverträge und unentgeltliche Finanzierungshilfen zwischen ei- 344
nem Unternehmer und einem Verbraucher.** Seit dem Jahr 2016 enthält das BGB schließlich eine Regelung zu unentgeltlichen Darlehensverträgen in § 514 BGB, die unter anderem Fälle der „0 %-Finanzierung" betrifft. Nach einer Entscheidung des BGH zum alten Recht setzte der Einwendungsdurchgriff gem. §§ 358, 359 BGB in der bis zum 3.8.2011 geltenden Fassung einen entgeltlichen Darlehensvertrag voraus.[1045] Außerdem lag ein entgeltlicher Darlehensvertrag nicht deswegen vor, weil der Darlehensgeber das zinslos gewährte Darlehen aufgrund einer Vereinbarung mit dem Unternehmer nur teilweise an den Unternehmer auszahlte. § 514 Abs. 1 BGB regelt die Anwendung bestimmter Vorschriften des Verbraucherdarlehensrechts auf unentgeltliche Darlehensverträge. Außerdem gewährt § 514 Abs. 2 BGB (mit bestimmten, dort näher ausgeführten Ausnahmen) dem Darlehensnehmer ein Widerrufsrecht.

2. Kreditsicherung

a) Garantie auf erstes Anfordern

Schrifttum: *Canaris,* Die Bedeutung des „materiellen" Garantiefalles für den Rückforderungsanspruch, ZIP 1998, 493; *Edelmann,* Blockierung der Inanspruchnahme einer direkten Auslandsgarantie, DB 1998, 2453; *Graf v. Westphalen/Zöchling-Jud,* Die Bankgarantie im internationalen Handelsverkehr, 4. Aufl. 2014; *Graf v. Westphalen,* Unwirksamkeit der Bürgschaft auf erstes Anfordern – Wirksamkeit der Bankgarantie?, ZIP 2004, 1433; *Graf v. Westphalen,* Ist der rechtliche Schicksal der „auf erste Anforderung" zahlbar gestellten Bankgarantie besiegelt?, BB 2003, 116; *Gröschler,* Einwendungsausschluss bei der Garantie auf erstes Anfordern und der einfachen Garantie, JZ 1999, 822; *Hahn,* Zum Rückzahlungsanspruch bei der Garantie auf erstes Anfordern, NJW 1999, 2793; *Hahn,* Rechtsmissbrauch bei der Rückgarantie auf erstes Anfordern, NJW 2001, 2449; *Horn,* Der Rückforderungsanspruch des Garanten nach ungerechtfertigter Inanspruchnahme, FS Brandner, 1996, 623; *Horn,* Bürgschaften und Garantien, 8. Aufl. 2001; *Klaas,* Formelle Dokumentenstrenge im Recht der Bankgarantie, ZIP 1997, 1098; *Kleiner,* Bankgarantie, 4. Aufl. 1990; *Kröll,* Rechtsfragen elektronischer Bankgarantien, WM 2001, 1553; *Kupisch,* Die Bankgarantie auf erstes Anfordern im Dickicht des modernen Bereicherungsrechts – zum ungerechtfertigten Vorteil des Garantienehmers?, WM 1999, 2381; *Lienesch,* Internationale Bankgarantien und die UN-Konvention über unabhängige Garantien und Stand-byLetters of Credit, 1999; *Mettke/Schulz,* Die Garantie auf erstes Anfordern als Sicherungsinstrument im Kreditgeschäft, WM 2014, 54; *Oepen,* Auf erstes Anfordern versprochene Bürgschaften und Garantien, NJW 2009,

---

[1044] BGH Urt. v. 25.10.2016 – XI ZR 9/15, BGHZ 212, 329 Rn. 28 = NJW 2017, 1018.
[1045] BGH Urt. v. 30.9.2014 – XI ZR 168/13, BGHZ 202, 302 = NJW 2014, 3719.

1110 = NJOZ 2009, 756; *Omlor*, Die Forderungsgarantie und das Europäische Verbraucherrecht, WM 2009, 54; *Schnauder*, Einstweiliger Rechtsschutz bei ungerechtfertigter Inanspruchnahme einer Bankgarantie auf erstes Anfordern, OLG Report Düsseldorf 2000, K 25; *Schnauder*, Zahlungsversprechen auf erste Anforderung im System des Schuldrechts, WM 2000, 2073; *Schröder*, Regress und Rückabwicklung bei der Bankgarantie auf erstes Anfordern. Die Rückforderung unbegründeter Garantiezahlungen unter besonderer Berücksichtigung des fiduziarischen Sicherungscharakters der Forderungsgarantie, 2003.

I. Begriff und Abgrenzung

345   Eine „Garantie" ist ein Vertrag, durch den sich der Garant gegenüber dem Garantienehmer verpflichtet, für den **Eintritt eines bestimmten Erfolges** einzustehen oder den Begünstigten schadlos zu halten, wenn sich ein zukünftiges Risiko verwirklicht hat. künftigen Schadens. Die Verpflichtung zur Schadloshaltung muss sich nicht auf einen von einem Dritten geschuldeten Erfolg beziehen, der Schuldner kann auch für seine eigenen Leistungen durch zusätzliche Vereinbarung die Gewähr übernehmen, wenn der gewährleistete Erfolg weiter geht als die bloße Vertragsmäßigkeit der Leistungen.[1046]

346   **1. Einfache Garantie.** Bei der *einfachen Garantie* (selbstständiger Garantievertrag) hat der Gläubiger den tatsächlichen Eintritt des vertraglichen Risikos als Tatbestandsvoraussetzung des Garantieanspruchs geltend zu machen. Im Bankengeschäft und insbesondere im internationalen Handel hat sich die Erfüllung dieser Voraussetzung als unzweckmäßig erwiesen, dem Sicherungsbedürfnis des Begünstigten zu genügen. In der Praxis hat sich im Bankengeschäft deshalb die *Garantie auf erstes Anfordern* durchgesetzt, die dem Begünstigten einen Zahlungsanspruch bereits dann vermittelt, wenn er behauptet, der Garantiefall sei eingetreten. Es kommt für diesen Zahlungsanspruch nicht darauf an, dass der **materielle Garantiefall** eingetreten ist, dh das abzudeckende Risiko sich verwirklicht hat und dem Gläubiger ein Schaden entstanden ist, sondern es wird allein auf den **formellen Garantiefall** abgestellt, nämlich darauf, dass die formalen Voraussetzungen der Zahlungsanforderung, die in der Garantieerklärung selbst genannt sind, erfüllt sind.[1047] Wesentliches Merkmal der Garantie auf erstes Anfordern ist, dass sie **nur solchen Bestimmungen oder Bedingungen** unterliegt, die die **Verpflichtungserklärung selbst nennt**, und dass sie als Bedingung nur auf solche ungewissen Ereignisse abstellen darf, die – wie die Vorlage von Dokumenten oder die Abgabe von schriftlichen Erklärungen – innerhalb der **Einflussmöglichkeit des Begünstigten** liegen.

347   **2. Auf erstes Anfordern gestellte Garantie.** Im bankgeschäftlichen Verkehr und im internationalen Handel läuft es dem Sicherungsinteresse des Begünstigten zuwider, wenn er nachweisen muss, dass das sich vertragliche Risiko verwirklicht hat. Auf diesen Märkten hat sich in der Praxis deshalb die Garantie auf erstes Anfordern durchgesetzt. Die Garantie auf erstes Anfordern hat abgesehen von dem Zweck, dem Gläubiger möglichst problemlos zu seinem (berechtigten) Anspruch zu verhelfen, auch den Sinn, im Streitfall die **Prozesslage umzukehren** und rechtliche und tatsächliche Streitfragen, deren Beantwortung sich nicht von selbst ergibt, nach vollzogener Zahlung in einen eventuellen Rückforderungsprozess zwischen Garantieauftraggeber und Begünstigtem zu verlagern.[1048] Die Beschleunigungswirkung kommt dem Gläubiger auch im **Insolvenzverfahren** zu Gute. Widerspricht der Insolvenzverwalter dem angemeldeten Anspruch aus einem Zahlungsversprechen auf erstes Anfordern, so ist im Rechtsstreit nach § 179 Abs. 1 InsO den hiergegen erhobenen materiellrechtlichen Einwendungen und Einreden des Insolvenzverwalters nicht nachzugehen. Dem Gläubiger steht mithin ein vereinfachtes Verfahren zur Erlangung des Tabelleneintrags zu; der Insolvenzverwalter trägt die Beitreibungslast für den Rückforderungsprozess.[1049]

348   **3. Abgrenzung zu verwandten Rechtsinstituten.** Die Garantie ist ein **nicht akzessorisches** Sicherungsmittel, mithin abstrahiert vom Bestand des Grundgeschäfts und setzt keine Hauptforderung voraus. Im Unterschied zur Bürgschaft soll der Gläubiger die Leistung selbst dann erhalten, wenn der Verbindlichkeit des Hauptschuldners nicht entstanden oder später weggefallen ist.[1050] Die Vorschriften des Bürgschaftsrechts nach den §§ 765 ff. BGB sind grundsätzlich nicht analog auf die Garantie auf erstes Anfordern anzuwenden.[1051] Eine auf erstes Anfordern gestellte Garantie knüpft nur an formalisierte Zahlungsvoraussetzungen an und blendet insoweit das materielle Recht aus. Einwendungen aus dem Valuta- und Deckungsverhältnis infizieren sie im Grundsatz nicht. Bei einer Bürgschaft kann sich dies nach §§ 767, 768 BGB anders darstellen. Bestehen Zweifel, ob eine Bürgschaft oder eine Garantie (auf erstes Anfordern) vereinbart wurde, ist auszulegen, ob die Parteien ein **von Einwendungen aus**

[1046] BGH Urt. v. 10.2.1999 – VIII ZR 70/98, WM 1999, 779 (780 f.).

[1047] Vgl. zur Abgrenzung einer Garantie auf erstes Anfordern von einem selbstständigen Garantievertrag BGH Urt. v. 10.9.2002 – XI ZR 305/01, WM 2002, 2192; *Horn* FS Brandner, 1996, 623 (626 f.).

[1048] Wörtliches Zitat aus BGH Urt. v. 12.3.1984 – II ZR 198/82, BGHZ 90, 287 (294) = NJW 1984, 2030; BGH Urt. v. 20.9.2011 – XI ZR 17/11, NJW-RR 2012, 178.

[1049] BGH Urt. v. 29.5.2008 – IX ZR 45/07, WM 2008, 1456.

[1050] StRspr des BGH, vgl. Urt. v. 13.6.1996 – IX ZR 172/95, NJW 1996, 2569 (2570) mwN.

[1051] *v. Westphalen/Zöchling-Jud* Bankgarantie Kap. B Rn. 26 ff.

dem Hauptschuldverhältnis unabhängiges Zahlungsversprechen wollten. Der Bezeichnung des Sicherungsmittels als „Garantie" liefert ein gewichtiges Indiz.[1052] Im Außenhandel weist die Formulierung „Zahlung auf erstes Anfordern" auf eine Garantie hin.[1053]

Ungeachtet der oft genannten „Abstraktheit" der Garantie begründet diese kein abstraktes Schuldversprechen iSv § 780 BGB. Denn der Garant haftet nicht schlechthin, sondern **subsidiär**, nämlich wenn sich das vertraglich vorgesehene Risiko verwirklicht. Eine Garantie auf erstes Anfordern ist ein Sicherungsmittel und unterscheidet sich dadurch vom **Akkreditiv**. Dieses ist ein Zahlungsinstrument im Außenhandel, bei dem gegen Vorlage vereinbarter Dokumente zu zahlen ist.[1054] Einer Garantie nahe steht der **Standby Letter of Credit**, der dem amerikanischen Recht entstammt. § 7.1016 der Auslegungsverordnung der amerikanischen Behörde zur Währungsüberwachung *(Office of the Comptroller of the Currency)* beschreibt den zulässigen Inhalt solcher Dokumente. Die von der Bank versprochene Summe muss beitragsmäßig begrenzt sein, darf kein unabsehbares Risiko absichern und muss zeitlich beschränkt sein oder der Bank ein Kündigungsrecht einräumen.[1055] Die inländische Praxis hat solche *Letter* als Sicherungsmittel in Form einer Zahlungsgarantie eingestuft.[1056]

II. Das Rechtsverhältnis zwischen Garant und Gläubiger der Garantie auf erstes Anfordern

1. Garantievertrag. Verpflichteter eines selbstständigen Garantieversprechens auf erstes Anfordern **350** kann im Rahmen der Vertragsfreiheit **jedermann** sein.[1057] Da der selbstständige Garantievertrag nicht gesetzlich geregelt ist, unterliegt er auch **keinem Formzwang**.[1058] Im kaufmännischen Verkehr ist die schriftliche Abfassung der Garantie auf erstes Anfordern handelsüblich (§ 346 HGB). Anderenfalls ließe sich der formale Garantiefall kaum darlegen.[1059] Nicht zuletzt gebietet es auch eine sorgfältige *Compliance,* dass eine verpflichtete Bank eine derart weitreichende Haftung dokumentiert. Vorvertragliche Auskunfts- und Beratungspflichten richten sich nach dem Kenntnisstand der Beteiligten und insbesondere danach, ob der künftige Garant über Erfahrung im Bankgeschäft verfügt oder wegen seiner gewerblichen oder beruflichen Tätigkeit mit der Garantie auf erstes Anfordern vertraut ist.[1060] Unterlässt der Garantiebegünstigte die nach diesen Maßstäben geschuldete umfassende Aufklärung über die Rechtsfolgen einer Garantie auf erstes Anfordern, haftet der Erklärende nur aus einer einfachen Garantie.[1061]

a) Individualvertragliche Vereinbarung. Wie jede sonstige Vereinbarung kommt die Garantie **351** auf erstes Anfordern durch einen Antrag und eine Annahme zustande. Übersendet die garantierende Bank dem Begünstigten die Garantieurkunde, sei es postalisch, per Telefax oder SWIFT, liegt hierin ein Antrag auf Abschluss des Garantievertrages. Der Begünstigte nimmt diesen Antrag durch schlüssiges Verhalten an, wobei der Zugang der Annahmeerklärung nach § 151 S. 1 BGB entbehrlich ist. Im internationalen Handel fingiert man den Zugang der Garantieurkunde als Annahmeerklärung, sofern

---

[1052] BGH Urt. v. 26.10.2005 – VIII ZR 48/05, BGHZ 165, 12 Rn. 26 = NJW 2006, 996; Staudinger/*Horn,* 2012, Vor §§ 765–778 Rn. 234.

[1053] OLG Hamburg Urt. v. 7.7.1977 – 6 U 172/76, WM 1978, 260 (zu einer Zahlungsverpflichtung nach englischem Recht); LG Frankfurt a. M. Urt. v. 16.10.1962 – 3/4 O 155/61, NJW 1963, 450 (451 – Verpflichtung, auf erste schriftliche Nachricht Zahlung zu leisten in englischer Sprache); MüKoHGB/*Samhat* J Rn. 43; Staudinger/*Horn,* 2012, BGB Vor §§ 765–778 Rn. 235; *Fischer* in Schimansky/Bunte/Lwowski BankR-HdB § 121 Rn. 14.

[1054] MüKoHGB/*Samhat* J Rn. 46.

[1055] Federal Register Vol. 61 No. 28 of Friday, February 9, 1996 p. 4865 (Independent undertakings to pay against documents). Text abrufbar unter: https://www.govinfo.gov/content/pkg/FR-1996-02-09/pdf/96-2903.pdf.

[1056] BGH Urt. v. 26.4.1994 – XI ZR 114/93, NJW 1994, 2018 (2019); OLG Frankfurt a. M. Urt. v. 18.3.1997 – 5 U 229/95, BeckRS 1997, 5434 = ZIP 1997, 1782; *Fischer* in Schimansky/Bunte/Lwowski BankR-HdB § 121 Rn. 271.

[1057] BGH Urt. v. 23.1.1997 – IX ZR 297/95, NJW 1997, 1435 (1437); vgl. zur gleichgelagerten Bürgschaft auf erstes Anfordern BGH Urt. v. 2.4.1997 – IX ZR 79/97, NJW 1998, 2280.

[1058] BGH Urt. v. 8.3.1967 – VIII ZR 285/64, NJW 1967, 1020 (1021); MüKoBGB/*Habersack* Vor § 765 Rn. 19; Staudinger/*Horn,* 2012, BGB Vor §§ 765–778 Rn. 214, 240; *v. Westphalen/Zöchling-Jud* Bankgarantie Kap. C I Rn. 6; *Weth* AcP 189 (1989), 303 (308); AA *Larenz/Canaris* BT II § 64 III 3b) (S. 77), der § 766 BGB analog anwenden möchte. BeckOGK/*Madaus* BGB § 765 Rn. 508 stellt darauf ab, ob der wirtschaftliche Zweck dem der Garantie entspricht. Bei einer Bankgarantie sind beide Argumentationen wegen § 350 HGB obsolet. Vgl. zu den Möglichkeiten elektronischer Kommunikationsmittel bei Stellung oder Ziehung der Garantie *Kröll* WM 2001, 1553 ff.

[1059] *v. Westphalen/Zöchling-Jud* Bankgarantie Kap. C I Rn. 6; Staudinger/*Horn,* 2012, BGB Vor §§ 765–778 Rn. 252.

[1060] Zu den allgemeinen Maßstäben einer solchen Aufklärungspflicht s. MüKoBGB/*Bachmann* BGB § 241 Rn. 134–137.

[1061] BGH Urt. v. 2.4.1998 – IX ZR 79/97, NJW 1998, 2280; Urt. v. 25.2.1999 – IX ZR 24/98, WM 1999, 895 (899) jew. für eine Bürgschaft auf erstes Anfordern. Für die individualvertraglich vereinbarte Garantie auf erstes Anfordern werden diese Maßstäbe ebenso gelten, was implizit anspricht: BGH Urt. v. 10.2.2002 – XI ZR 305/01, NJW 2002, 3627 (3628) = WM 2002, 2192 = ZIP 2002, 2034.

der Empfänger nicht unverzüglich widersprochen hat.[1062] Beruft sich der Empfänger darauf, er habe dem Entwurf nicht zugestimmt oder widersprochen, richtet sich das anwendbare Recht nach dem Vertragsstatut. Art. 10 Abs. 2 Rom I-VO gewährt dieser Partei allerdings das Recht, sich auf das Recht des gewöhnlichen Aufenthalts zu berufen. Hieraus kann sich im Einzelfall ein Widerspruchsrecht des Begünstigten innerhalb einer angemessenen Frist ableiten. Keinen Antrag stellt ein Voravis einer Bank dar, in der die Stellung einer Bankgarantie angekündigt wird. Versteht der Empfänger das Voravis als Antrag, indem es etwa alle Bedingungen der späteren Garantie aufzählt, kommt bereits durch die Übermittlung des Voravis ein Garantievertrag zustande. Übersendet die Bank später eine Garantieurkunde, kann sie diese nach § 812 Abs. 2 BGB herausverlangen.[1063]

352   **b) Formularklauseln – §§ 305c, 307 BGB.** Formularmäßig vereinbarte Garantien „auf erstes Anfordern" sind gegenüber Personen, die weder im Bankgeschäft erfahren sind, noch aufgrund ihrer gewerblichen oder beruflichen Tätigkeit mit dem Rechtsinstitut der Garantie auf erstes Anfordern vertraut sind, regelmäßig überraschend iSv § 305c BGB und werden deshalb kein Vertragsbestandteil. Der von dem BGH hervorgehobene „regelmäßige" Überraschungseffekt wird untermauert, wenn die Garantie auf erstes Anfordern **branchenunüblich** ist und/oder ohne Hervorhebung erst im hinteren Teil eines längeren Vertragstextes erwähnt ist.[1064] Daneben stellt eine formularmäßig vereinbarte Garantie auf erstes Anfordern eine unangemessene Benachteiligung des nicht kaufmännischen Garanten gem. § 307 Abs. 1 S. 1 BGB dar. Der BGH verweist dazu auf die Begründung, die für formularmäßig vereinbarte Bürgschaften auf erstes Anfordern gelten. Unangemessen benachteiligt die Klausel „auf erstes Anfordern" den Garanten deshalb, da er das Missbrauchsrisiko und das Insolvenzrisiko des Gläubigers zu tragen hat und zusätzlich mit seinen Einwendungen weitgehend ausgeschlossen ist. Die nur durch den Rechtsmissbrauchseinwand begrenzte Vorleistungspflicht des Garanten dehnt das Sicherungsinteresse des Begünstigten **unangemessen aus.** Statt der Garantieverpflichtung auf erstes Anfordern besteht in diesem Fall zwischen den Parteien ein selbstständiger Garantievertrag.[1065]

353   Noch nicht abschließend geklärt ist, ob diese Maßstäbe auch im internationalen Geschäftsverkehr gelten, wenn formularmäßig die Stellung einer Garantie gegenüber Banken oder Kaufleuten vereinbart wird. Der Bundesgerichtshof hat erkannt, dass Garantien auf erstes Anfordern im bankgeschäftlichen Verkehr und im internationalen Handel verwendet werden, hat sich aber nicht dazu verhalten, ob deswegen der überraschende oder unangemessene Charakter ausscheidet.[1066] Die instanzgerichtliche Rechtsprechung hält formularmäßig vereinbarte Garantien auf erstes Anfordern für zulässig und jedenfalls nicht für überraschend.[1067] Teile des Schrifttums lehnen eine Inhaltskontrolle von Formularklauseln generell ab. Da der Garantie auf erstes Anfordern wegen der abstrakten Natur und des Einwendungsausschlusses ein das Missbrauchsrisiko immanent sei, sei § 307 Abs. 1 BGB im kaufmännischen Verkehr nicht anzuwenden oder zumindest gem. § 307 Abs. 3 BGB eine Inhaltskontrolle ausscheiden.[1068] Ergänzend stützt man sich auf § 310 Abs. 1 S. 2 Hs. 2 BGB und geht davon aus, dass eine formularmäßig gestellte Garantie auf erstes Anfordern den im „Handelsverkehr geltenden Gewohnheiten und Gebräuche" entspreche.[1069] Hierfür spricht einiges, wenn auch die empirische Untermauerung noch aussteht.

354   Die Internationale Handelskammer Paris hat **Einheitliche Richtlinien für auf Anfordern zahlbare Garantien** (Uniform Rules for Demand Guarantees – URDG 758) aufgestellt, deren revidierte Fassung am 1.7.2010 in Kraft getreten ist.[1070] Deren Geltung müssen die Parteien vereinbaren. Als

---

[1062] *Hadding/Häuser/Welter,* Bürgschaft und Garantie, 1983, 687; *Käser* RabelsZ 35 (1971), 601 (623 f.); *Lienesch,* Internationale Bankgarantien, 1999, 71 f.; *v. Westphalen/Zöchling-Jud* Bankgarantie Kap. C I Rn. 8.

[1063] Nach *v. Westphalen/Zöchling-Jud* Bankgarantie Kap. C I Rn. 5 soll die Bank berechtigt sein, eine der beiden Urkunden zurückzuverlangen. Indes fehlt es nur bei der zweiten Garantieurkunde an einem Rechtsgrund, sodass nur diese herausverlangt werden kann.

[1064] BGH Urt. v. 10.9.2002 – XI ZR 305/01, NJW 2002, 3627 (3628) = WM 2002, 2192 zu einer Garantie auf erstes Anfordern, die der Geschäftsführer der Factoringgeberin (GmbH) dem Factornehmer nach dessen Vorgaben klauselmäßig erteilt hat; BGH Urt. v. 18.4.2002 – VII ZR 192/01, BGHZ 150, 299 = NJW 2002, 2388; Urt. v. 14.7.2002 – VII ZR 502/99, BGHZ 151, 299 = NJW 2002, 3098; MüKoHGB/*Samhat* J Rn. 171; *Nobbe* in Schimansky/Bunte/Lwowski BankR-HdB § 92 Rn. 46.

[1065] BGH Urt. v. 10.9.2002 – XI ZR 305/01, NJW 2002, 3627 (3628 sub. III) = WM 2002, 2192; *Nobbe* in Schimansky/Bunte/Lwowski BankR-HdB § 92 Rn. 46.

[1066] BGH Urt. v. 10.9.2002 – XI ZR 305/01, NJW 2002, 3627 = ZIP 2002, 2034. Eine individualvertragliche Vereinbarung einer Garantie auf erstes Anfordern ist im internationalen Geschäftsverkehr möglich: BGH Urt. v. 23.1.1997 – IX ZR 297/95, NJW 1997, 1435.

[1067] OLG Stuttgart Urt. v. 1.12.2010 – 9 U 89/10, BeckRS 2011, 2432 = WM 2011, 691; OLG Frankfurt a. M. Beschl. v. 23.4.2004 – 21 W 46/03, WM 2004, 2389; zust. *Oepen* NJW 2009, 1110 (1114); *Schulz/Mettke* WM 2014, 54 (60 f.); *Fischer* in Schimansky/Bunte/Lwowski BankR-HdB § 121 Rn. 75.

[1068] MüKoHGB/*Samhat* J Rn. 173; *Nielsen* ZBB 2004, 491; *Oepen* NJW 2009, 1110; *Fischer* in Schimansky/Bunte/Lwowski BankR-HdB § 121 Rn. 75; *v. Westphalen* BB 2003, 116 ff.; *v. Westphalen* ZIP 2004, 1433 ff.; *v. Westphalen/Zöchling-Jud* Bankgarantie Kap. B Rn. 102.

[1069] MüKoHGB/*Samhat* J Rn. 173; *Fischer* in Schimansky/Bunte/Lwowski BankR-HdB § 121 Rn. 75; dagegen *Oepen* NJW 2009, 1110 (1114).

[1070] Der Originaltext kann derzeit (Januar 2020) nur kostenpflichtig bezogen werden.

Allgemeine Geschäftsbedingungen unterliegen sie den §§ 305 ff. BGB und namentlich einer Inhaltskontrolle nach §§ 307 ff. BGB.[1071] Aus diesem Grund hält sich die praktische Beliebtheit der URDG 758 in Grenzen, woran auch die Anpreisungen der Internationalen Handelskammer nichts ändern. Eine **internationale Garantie** kann der **UN-Konvention über unabhängige Garantien** vom 11.12.1995 (Geltung seit 1.1.2000) unterfallen, wenn der Geschäftssitz des Garanten in einem Vertragsstaat liegt oder die Regeln des internationalen Privatrechts zur Anwendung des Rechts eines Vertragsstaats führen.[1072]

2. Voraussetzungen der Inanspruchnahme. Die (vorläufige) Zahlungspflicht des Garanten wird **355** durch die **Zahlungsanforderung** ausgelöst, die in der Verpflichtungserklärung als Voraussetzung der Zahlung genannt und für jeden ersichtlich ist. Die Anforderungen an die Erklärung, der Garantiefall sei eingetreten, sind **streng formalisiert**. Der Berechtigte muss das erklären, was als Voraussetzung der Zahlung auf erstes Anfordern vertraglich niedergelegt ist.[1073] Unterlässt er dies in der vereinbarten Frist, verfällt die Garantie. Der Garantievertrag ist einer **Auslegung** zugänglich. Dem Grundsatz der Garantiestrenge widerspricht allerdings eine Auslegung für die sich im Text des Garantievertrages keine Anhaltspunkte finden und die sich auf Umstände außerhalb der Urkunde stützen müsste.[1074] Sinn und Zweck der Garantiebestimmungen sind gegebenenfalls auch unter Berücksichtigung des Grundgeschäfts zu ermitteln, soweit es in der Urkunde Erwähnung gefunden hat.[1075]

a) Keine Schlüssigkeit des Zahlungsverlangens. Aus den formalisierten Anspruchsvoraussetzun-**356** gen leitet die Rechtsprechung des *Bundesgerichtshofs* eine **verminderte Darlegungslast** des Berechtigten ab. Er muss **nicht schlüssig** begründen, dass der Garantiefall eingetreten ist.[1076] Dem haben Teile des Schrifttums widersprochen und verlangen, dass der Begünstigte den materiellen Garantiefall behaupten müsse, um einer missbräuchlichen Inanspruchnahme entgegen zu wirken.[1077] Indes überzeugt dies nicht. Die Garantie und die Bürgschaft auf erstes Anfordern haben die Funktion des früher üblichen Bardepots übernommen und sollen dem Gläubiger sofort liquide Mittel zuführen, wenn er den Sicherungsfall für eingetreten hält. Dieser Zweck wird nach der Auffassung des Bundesgerichtshofs verfehlt, wenn über die Frage, ob der Gläubiger seinen Anspruch schlüssig begründet hat, Streit entstehen und der Gläubiger erst nach dessen rechtskräftiger Abschluss Zahlung erwarten könne.[1078]

Eine schlüssige Anforderung ist eine **garantiekonforme Erklärung**, die erkennen lässt, dass sich **357** das Zahlungsbegehren an die gesicherte Forderung anknüpft.[1079] Die Darlegungs- und Substantiierungslast ist allerdings der Parteivereinbarung zugänglich. Die Parteien des Garantievertrages können deswegen Abweichendes vereinbaren. Der Begünstigte darf die Garantie nur teilweise in Anspruch nehmen.[1080] Beziffert der Berechtigte seinen Garantieanspruch nicht, so ist im Zweifel die gesamte Summe geschuldet. Sieht der Garantievertrag **Zusatzerklärungen** vor, sind diese Wirksamkeitsvoraussetzungen der Inanspruchnahme.[1081] Eine solche zusätzliche Erklärung des Begünstigten ist auch bei dem in der US-amerikanischen Praxis verbreiteten – der Bankgarantie gleichzustellenden – **stand-by letter of credit** üblich und ersetzt die beim Akkreditiv (letter of credit) vorzulegenden Dokumente.[1082]

[1071] *v. Westphalen/Zöchling-Jud* Bankgarantie Kap H Rn. 13.

[1072] United Nations Convention on independent Guarantees and Stand-by Letters of Credit. Dazu: *Buch,* UN-Konvention über unabhängige Garantien und Stand-by Letters of Credit: eine rechtsvergleichende Untersuchung des neuen UN-Bankgarantierechts unter besonderer Berücksichtigung des deutschen und US-amerikanischen Rechts, 2000; *Lienesch,* Internationale Bankgarantien, 1999; *Horn* RIW 1997, 717 ff.

[1073] BGH Urt. v. 20.9.2011 – XI ZR 17/11, NJW-RR 2012, 178; Urt. v. 10.10.2000 – XI ZR 344/99, BGHZ 145, 286, = NJW 2001, 282; Urt. v. 23.1.1997 – IX ZR 297/95, NJW 1997, 1435; Urt. v. 12.3.1996 – XI ZR 108/95, NJW 1996, 1673.

[1074] BGH Urt. v. 12.3.1984 – II ZR 198/82, BGHZ 90, 287 (291) = NJW 1984, 2030.

[1075] BGH Urt. v. 26.4.1994 – XI ZR 114/93, NJW 1994, 2018 (2019).

[1076] OLG Frankfurt a. M. Urt. v. 8.2.2000 – 5 U 152/98, WM 2001, 1108 (1110); *Berger* DZWir 1993, 1 (8); *Kröll* ZBB 2016, 271 (272 f.); Langenbucher/Bliesener/Spindler/*Hoffmann* Rn. 29 Rn. D15; MüKoHGB/*Samhat* J Rn. 116; *v. Westphalen/Zöchling-Jud* Bankgarantie Kap. C Rn. 161 ff.; *Nobbe* in Schimansky/Bunte/Lwowski BankR-HdB § 92 Rn. 55; iErg Staudinger/*Horn,* 2012, BGB Vor §§ 765–778 Rn. 254.

[1077] Baumbach/Hopt/*Hopt* Bankgeschäfte Rn. L/8 (dort als „überwiegende Lehre" gekennzeichnet); *Klaas* ZIP 1997, 1098 (1099 f.); *Rüßmann/Britz* WM 1995, 1825 (1826 f.).

[1078] BGH Urt. v. 28.10.1993 – IX ZR 141/93, NJW 1994, 380 (381); vgl. auch *v. Westphalen/Zöchling-Jud,* Bankgarantie Kap. C Rn. 178; *Zahn/Eberding/Ehrlich,* Zahlung und Zahlungssicherung im Außenhandel, 6. Aufl. 1986, Rn. 9/20.

[1079] MüKoBGB/*Habersack* BGB Vor§ 765 Rn. 27; Staudinger/*Horn,* 2012, BGB Vor §§ 765–778 Rn. 254.

[1080] BGH Urt. v. 24.11.1998 – XI ZR 327/97, WM 1999, 72 (73); *v. Westphalen/Zöchling-Jud* Bankgarantie Kap. C Rn. 140.

[1081] BGH Urt. v. 23.1.1996 – XI ZR 105/95, NJW 1996, 1053; *Nielsen* EWiR BGB § 133 1/96, 341; vgl. auch OLG Frankfurt a. M. Urt. v. 20.12.2012 – 3 U 33/11, BeckRS 2013, 01306 zur Auslegung von Zusatzerklärungen.

[1082] Vertiefend dazu *Horn/Wymeersch* in Horn, The Law of International Trade Finance, 1989, 455.
Die UN-Konvention über unabhängige Garantien bezieht sich auf Bankgarantie und stand-by letter of credit gleichermaßen.

358   **b) Grundsatz der Garantie- und Dokumentenstrenge.** Die Zahlungsaufforderung des Garantiebegünstigten oder Zessionars ist bei der Garantie auf erstes Anfordern streng formalisiert. Der Begünstigte muss die Erklärung deshalb so abgeben, wie sie in der Garantieurkunde festgelegt ist – Grundsatz der Dokumentenstrenge. Dieser Grundsatz findet seinen Ursprung in dem beim Dokumenten-Akkreditiv entwickelten Prüfung, ob die vorgelegten Dokumente mit den Akkreditivbedingungen übereinstimmen. Es genügt deswegen, wenn der Begünstigte in seiner Zahlungsaufforderung die Garantievoraussetzungen bestätigt, ohne sie dabei im Wortlaut zu wiederholen.[1083] Der Begünstigte einer Garantie auf erstes Anfordern hat im Rahmen der formellen Dokumentenstrenge dasjenige eindeutig erkennbar zu erklären, was als Voraussetzung der Zahlungspflicht in den Urkunden niedergelegt ist. Eine *wörtliche Übereinstimmung* ist nur dann erforderlich, wenn dies ausdrücklich vereinbart ist.[1084] Der Garantienehmer muss die **vorgeschriebene Form,** den **vorgesehenen Übermittlungsweg** und die **vereinbarte Formulierung** einhalten.

359   Für die vereinbarte Form gilt § 127 BGB, bei kollisionsrechtlichen Sachverhalten richtet sich das einschlägige Recht gem. Art. 3, 4 Rom I-VO nach dem Vertragsstatut.[1085] Art. 2, 15 UDRG 758 verlangen für die Inanspruchnahme („Anforderung") eine Schriftform. Eine schriftliche Inanspruchnahme setzt die Unterschrift des Begünstigten voraus. Genügt nach § 127 Abs. 2 S. 1 BGB die **fernschriftliche Inanspruchnahme** dem vereinbarten Schriftformerfordernis, befreit dies nur von der handschriftlichen Unterzeichnung, allerdings muss hier der Urheber der fernschriftlichen Erklärung erkennbar zu erklären sein.[1086] Eine formularmäßig vereinbarte Schriftform verstößt weder gegen § 309 Nr. 13 lit. b, c BGB noch gegen § 310 BGB. Der Geschäftsverkehr zwischen Unternehmen liegt außerhalb des Schutzzwecks des § 309 Nr. 13 BGB, sodass dessen Indizwirkung entfällt.[1087]

360   Die vorzulegenden Dokumente sind in der **Garantieklausel** genau aufzuführen und nach **Aufmachung, Aussteller und Inhalt** so zu umschreiben, dass der Garant bei Inanspruchnahme allein auf der Grundlage der Garantieklausel sowie der sonstigen Garantiebedingungen die Ordnungsgemäßheit der Dokumente abschließend formal überprüfen kann.[1088] Sieht der Garantievertrag über die Zahlungsaufforderung hinaus die **Einreichung von Unterlagen** vor, so müssen diese bei Inanspruchnahme der Garantie vorgelegt werden. Geschieht dies nicht fristgerecht, liegt keine wirksame Inanspruchnahme vor und der Garant ist zur Zahlung auf Grund der Garantie nicht verpflichtet.[1089] Dieser Grundsatz ist strikt zu handhaben. Verlangt der Garantievertrag die **Vorlage einer schriftlichen Bestätigung des** Garantieauftraggebers über ihm erbrachte Leistungen, braucht der Garant ohne Vorlage dieser Urkunde selbst dann nicht zu leisten, wenn der Auftraggeber als GmbH inzwischen wegen Vermögenslosigkeit im Handelsregister gelöscht worden ist.[1090] Vorzulegende Unterlagen können beispielsweise sein: eine schriftliche Bestätigung des Hauptschuldners über die Abnahme im Falle einer garantierten Werklohnforderung,[1091] ein gerichtliches Protokoll über bestimmte Besitzverhältnisse[1092] oder auch die Vorlage eines Schiedsurteils zwischen den Parteien des Hauptschuldverhältnisses. In jedem Fall müssen die Dokumente im Original vorgelegt werden, um das Fälschungsrisiko zu minimieren.[1093]

361   Werden bereits angeforderte Garantiebeträge **angemahnt,** liegt keine erneute formgerechte Inanspruchnahme der Garantie vor, wenn die Garantieurkunde eine Erklärung über die Nichterfüllung der Verpflichtung des Käufers vorschreibt und die Mahnung eine solche nicht enthält.[1094] Auch die in einem **extend-or-pay**-Verlangen liegende Zahlungsaufforderung muss den im Garantieversprechen vorgesehenen Anforderungen entsprechen, andernfalls ist die Aufforderung unwirksam.[1095] Bei einem derartigen Verlangen ist die Bank als Garant dazu verpflichtet, den Auftraggeber hierüber zu informieren und dessen Weisung abzuwarten. Unterbleibt dessen Weisung, so ist die Bank verpflichtet, auf das extend-or pay Verlangen zu zahlen, wenn der formale Garantiefall eingetreten ist und die Dokumentenstrenge gewahrt ist.[1096]

[1083] BGH Urt. v. 10.10.2000 – XR ZR 344/99, BGHZ 145, 286.

[1084] BGH Urt. v. 10.10.2000 – XR ZR 344/99, WM 2000, 2334; Urt. v. 23.1.1997 – IX ZR 297/95, NJW 1997, 1435; OLG Frankfurt a. M. Urt. v. 8.2.2001 – 5 U 152/98, zur Inanspruchnahme in der richtigen Garantiesprache; Staudinger/*Horn*, 2012, BGB Vor §§ 765–778 Rn. 253; *v. Westphalen/Zöchling-Jud* Bankgarantie Kap. C Rn. 161.

[1085] *v. Westphalen/Zöchling-Jud* Bankgarantie Kap. C Rn. 126.

[1086] BGH Urt. v. 24.11.1998 – XI ZR 327/97, WM 1999, 72 (73), vgl. dort auch zur Heilung der nicht formgerechten Inanspruchnahme; *v. Westphalen/Zöchling-Jud* Bankgarantie Kap. C Rn. 124.

[1087] So allgemein BeckOK BGB/*Becker* BGB § 309 Nr. 13 Rn. 15; MüKoBGB/*Wurmnest* BGB § 309 Nr. 13 Rn. 11; MüKoHGB/*Samhat* J Rn. 112.

[1088] BGH Urt. v. 9.3.1995 – IX ZR 134/94, WM 1995, 833.

[1089] BGH Urt. v. 12.3.1996 – XI ZR 108/95, NJW 1996, 1673.

[1090] BGH Urt. v. 26.4.2001 – IX ZR 317/98, NZI 2001, 649 zur Bürgschaft auf erstes Anfordern.

[1091] Vgl. BGH Urt. v. 12.3.1996 – XI ZR 108/95, NJW 1996, 1673.

[1092] Vgl. BGH Urt. v. 12.3.1984 – II ZR 198/82, BGHZ 90, 287 = NJW 1984, 2030.

[1093] *v. Westphalen/Zöchling-Jud* Bankgarantie Kap. C Rn. 131.

[1094] BGH Urt. v. 24.11.1998 – XI ZR 327/97, WM 1999, 72.

[1095] BGH Urt. v. 23.1.1996 – XI ZR 105/95, NJW 1996, 1052.

[1096] *v. Westphalen/Zöchling-Jud* Bankgarantie Kap. C Rn. 164 f.

c) Person des Erklärenden – Abtretung. Grundsätzlich hat **der Garantiebegünstigte** zu erklä-   362
ren, er nehme die Garantie in Anspruch. Die Erklärung etwa einer Konzernschwestergesellschaft
genügt nicht.[1097] Ist eine juristische Person aus der Garantie begünstigt, muss in organschaftlicher
Vertreter die Inanspruchnahme erklärt haben. Die verpflichtete Bank hat dies im Einzelfall zu prüfen,
indem sie etwa die Register einsieht. Eine Vertretung bei der Inanspruchnahme ist statthaft, wobei es
sich allerdings empfiehlt, in den Garantiebedingungen zu beschreiben, wie die Vertretungsmacht
nachgewiesen werden kann.

Die herrschende Ansicht gestattet es den Parteien zu vereinbaren, ob der Berechtigte die Garan-   363
tieforderung abtreten darf. Diese Forderung unterliegt keinem Abtretungsverbot nach § 399 BGB.[1098]
Das **Übereinkommen der Vereinten Nationen** über unabhängige Garantien und Stand-by Letters
of Credit vom 11.12.1995 lässt eine **Abtretung** des Zahlungsanspruchs aus der Garantie nur zu, wenn
der Garant **ausdrücklich einwilligt,** wobei sich Art und Umfang der Abtretung allein nach den
Bestimmungen des Garanten richten, Art. 9. Dogmatisch ist zwischen dem Zahlungsanspruch aus der
Garantie und dem Recht zu unterscheiden, den Garanten auf erstes Anfordern in Anspruch zu
nehmen. Nach der Ansicht des BGH können die Parteien vereinbaren, dass das Recht auf Inanspruchnahme isoliert abtretbar ist. Deswegen stellen sich Auslegungsprobleme, ob bei der Abtretung einer
Garantieforderung zugleich das Recht auf Inanspruchnahme zediert wurde. Die Rechtsprechung
ermittelt im Wege der Auslegung, ob der Zedent oder der Zessionar den Garanten zur Zahlung
auffordern kann.[1099] Allerdings betrachtet es der BGH als Ausnahmefall, dass dem Zessionar nur das
Anforderungsrecht übertragen wurde, da dies mit einem erheblichen Vertrauensvorschuss in die
Seriosität des Zessionars verbunden sei.[1100]

Das Anforderungsrecht steht bei einer Zession damit dem Empfänger der Garantieforderung zu.   364
Teile des Schrifttums lehnen eine selbständige Abtretbarkeit des Anforderungsrechts ab. Stattdessen
ordnet man das Recht zur Inanspruchnahme auf erstes Anfordern als Nebenrecht *analog* § 401 Abs. 1
BGB ein, wenn der Zedent seine Rechte und Pflichten aus der Sicherungsabrede dem Zessionar
überträgt.[1101] Dass missliche Auseinanderfallen von Anforderungsrecht und Inhaberschaft des Garantie-
anspruches ließe sich dadurch vermeiden. Die Praxis behilft sich, indem der Zessionar aus Vorsichtsgründen dem Garanten die Anforderung des ursprünglich Begünstigten vorlegt.

d) Effektivklauseln. Unter der Sammelbezeichnung „**Effektivklauseln**" versteht man **Klauseln,**   365
die die Zahlungsverpflichtung auf erstes Anfordern mit dem **materiellen Garantiefall** verknüpfen.
Derartige Klauseln schränken zusätzlich zum Grundsatz der Dokumentenstrenge die Zahlungsverpflichtung auf erstes Anfordern ein. Auch eine mit einer Effektivklausel versehene Garantie ist
abstrakt. Allerdings kann im Einzelfall die Effektivklausel derart formuliert sein, dass die Garantie
ihren Charakter auf erstes Anfordern verliert. Macht der Sicherungsvertrag die Zahlung von der
vertragsgemäßen, mängelfreien Erfüllung des Hauptleistungsvertrages abhängig, kann der **Widerspruch** zwischen den charakteristischen Merkmalen der Garantie auf erstes Anfordern und der
Effektivklausel so unüberwindlich sein, dass keine Garantie, sondern ein **Vertrag eigener Art**
anzunehmen ist.[1102]

Eine **materielle Bedingung** kollidiert mit dem Wesen der Garantie auf erstes Anfordern, weil sie   366
der Garantie gerade diejenige leichte Durchsetzbarkeit nimmt, die sie üblicherweise bezweckt. Der
Bundesgerichtshof hat deshalb zu einer Bürgschaft auf erstes Anfordern für eine „fällige" Werklohnforderung erkannt, dass der Gläubiger die Fälligkeit seiner Forderung nur behaupten und die Bank
lediglich die Schlüssigkeit der vertragsgemäßen Anforderung prüfen müsse.[1103] In weiteren *obergerichtlichen Entscheidungen* wird die Formulierung, die Bürgschaft auf erstes Anfordern diene der Sicherung
„berechtigter Ansprüche", nicht als materielle Voraussetzung für den Eintrittsfall gewertet, sondern
angesichts des formalen Charakters dieser Sicherheit als bloße Konkretisierung der gesicherten Hauptforderung.[1104] Der Zusatz „sofern der Auftragnehmer seine vertraglichen Verpflichtungen nicht erfüllt"
habe nach den Gepflogenheiten im internationalen Handels- und Wirtschaftsverkehr nicht die Bedeutung, dass der Gläubiger den Nachweis für die Nichterfüllung durch den Dritten führen müsse, es

---

[1097] OLG Düsseldorf Urt. v. 23.2.1996 – 22 U 147/95, NJW-RR 1997, 1410.
[1098] MüKoHGB/*Samhat* J Rn. 156; Staudinger/*Horn,* 2012, BGB Vor §§ 765–778 Rn. 243.
[1099] Vgl. dazu BGH Urt. v. 12.3.1984 – II ZR 198/82, BGHZ 90, 287 (291) = NJW 1984, 2030 sowie Urt. v.
24.11.1998 – XI ZR 327/97, WM 1999, 72 (73).
[1100] So BGH Urt. v. 25.9.1996 – VIII ZR 76/95, NJW 1997, 461 (464) im Falle einer ausdrücklich eingeräumten
Erklärungsbefugnis des Zessionars. *Mülbert* ZIP 1985, 1101 (1105); *Rüssmann/Britz* WM 1995, 1825 (1830 f.);
Staudinger/*Horn,* 2012, BGB Vor §§ 765–778 Rn. 243. Offen gelassen von BGH Urt. v. 12.3.1984 – II ZR 198/82,
BGHZ 90, 287 (291) und Urt. v. 24.11.1998 – XI ZR 370/97, BGHZ 140, 49 (52). In der letztgenannten
Entscheidung scheint der BGH ohne nähere Begründung davon auszugehen, dass der Zedent nach wie vor Inhaber
des Anforderungsrechts ist.
[1101] MüKoBGB/*Habersack* BGB Vor § 765 Rn. 22; *Schlechtriem* FS Stoll, 2001, 361 (369); *Schürnbrand* AcP 204
(2004), 171 (195 ff.); Staudinger/*Busche,* 2017, BGB § 401 Rn. 41.
[1102] Vgl. BGH Urt. v. 3.5.1994 – XI ZR 223/93, NJW-RR 1994, 1008.
[1103] BGH Urt. v. 17.10.1996 – IX ZR 325/95, NJW 1997, 255.
[1104] OLG Köln Urt. v. 24.10.1997 – 19 U 38/97, WM 1998, 1443.

reiche eine Beschreibung der Nichterfüllung mit wenigen Worten.[1105] Im Einklang mit der Praxis sollte es daher ausreichen, wenn der Begünstigte nachvollziehbar bestätigt, dass die in der Effektivklausel genannte materielle Voraussetzung erfüllt ist.[1106] Bürdet hingegen eine Effektivklausel dem Begünstigten eine umfassende Nachweispflicht auf, dürfte es sich um keine Garantie auf erstes Anfordern handeln.[1107]

367   Der **internationale Wirtschaftsverkehr** akzeptiert nur **formalisierte Voraussetzungen** bei der Geltendmachung der Garantie, nämlich Erklärungen und Dokumente (vgl. etwa Art. 20 der Einheitlichen Richtlinien für auf Anfordern zahlbare Garantien[1108] oder die Bestimmungen zur Unabhängigkeit der Verpflichtung und zur Förmlichkeit der Zahlungsanforderung in der UN-Konvention über unabhängige Garantien 1995, Art. 3 und 15[1109]). Diesem Verständnis genügt eine Garantie auf erstes Anfordern nicht, wenn sie die Inanspruchnahme vom Nachweis eines Umstandes des materiellen Garantiefalles abhängig macht, ohne dafür bestimmte Dokumente vorzuschreiben.[1110] In der internationalen Handelspraxis wird eine solche Effektivklausel – wenn sie nicht ausdrücklich solche Nachweise vorsieht – dahin ausgelegt, dass der Garant nur eine entsprechende Erklärung des Begünstigten, **nicht** aber den vollen **Nachweis des materiellen Garantiefalles** verlangen kann.[1111]

368   **e) Fristeinhaltung, Fristverlängerung.** Garantien auf erstes Anfordern sehen regelmäßig eine Befristung der Inanspruchnahme oder einen anderen Grund des Verfalls vor. Fordert der begünstigte Gläubiger den Garanten nicht innerhalb der Frist wirksam zur Zahlung auf, verfällt die Garantie. Die Fristbestimmung richtet sich nach den §§ 187 ff. BGB. Die Auslegungsvorschrift des **§ 193 BGB** (an die Stelle eines Wochenend- oder Feiertages als Fristende tritt der nächste Werktag) sollte auch auf Bankgarantien Anwendung finden, was der Bundesgerichtshof bislang offen gelassen hat.[1112]

369   Eine Nachfrist darf die garantierende Bank nicht einräumen. Im Verhältnis zu ihrem Auftraggeber folgt dies aus dem **Grundsatze der Auftragsstrenge.** Sieht der Garantievertrag die Möglichkeit einer Nachfrist nicht vor, ist die Bank nicht berechtigt, dem Gläubiger eine Verlängerung der Frist zu gewähren.[1113] Im Innenverhältnis zum Auftraggeber ist die Bank vielmehr verpflichtet, dessen Einwilligung in die Nachfristgewährung einzuholen. Eine unberechtigt gewährte Verlängerung ist eine Pflichtverletzung des Garantievertrages, zieht deswegen Schadensersatzansprüche nach § 280 BGB nach sich und begründet keinen Erstattungsanspruch des Garanten gegenüber dem Auftraggeber nach § 675 BGB. Im Einzelfall kann es dem Garanten nach § 242 BGB verwehrt sein, sich auf den Ablauf der Frist zu berufen. Der BGH hat dies bei einer befristeten Ausfallverhütungsgarantie angenommen, wenn im Einzelfall der Garantiefall innerhalb der Frist gar nicht eintreten kann.[1114]

370   **Schweigt** der Garant auf den innerhalb der Verfallfrist geäußerten **Verlängerungswunsch,** handelt der Gläubiger auf eigene Gefahr, wenn er nicht rechtzeitig aus der Garantie vorgeht. Auch das Schweigen des Garantieverpflichteten auf eine **extend-or-pay-Aufforderung** führt nicht zu einer Verlängerung der Garantiefrist.[1115] Insbesondere macht sich der Garant durch sein Schweigen keiner Pflichtverletzung schuldig, weil der Gläubiger das Risiko des Garantieverfalls nur durch eine ausdrückliche Fristverlängerung abwenden und das Schweigen der Bank nicht als hinreichendes Einverständnis mit einer Abänderung des Garantievertrages auffassen kann; auch dies folgt aus den Grundsätzen der Garantiestrenge. Erklärt der Garant, seinen Auftraggeber von dem Verlängerungsbegehren informieren und auf die Angelegenheit zurückkommen zu wollen, liegt darin nicht die stillschweigende Fristverlängerung bis zu einer negativen Entscheidung des Auftraggebers, weil der Gläubiger nicht davon ausgehen kann, der Garant wolle auf eigenes Risiko handeln.[1116]

371   **f) Hinweispflicht des Garanten.** Der Garant hat dem Auftraggeber mitzuteilen, dass er aus der Garantie in Anspruch genommen wurde. Ist die Inanspruchnahme fehlerhaft, hat die Bank dies dem

---

[1105] OLG München Urt. v. 23.7.1997 – 7 U 2697/97, WM 1998, 342 (345).

[1106] BeckOGK/*Madaus* BGB § 765 Rn. 559; *Horn* NJW 1980, 2153 (2156); MüKoHGB/*Samhat* J Rn. 125; Staudinger/*Horn,* 2012, BGB Vor §§ 765–778 Rn. 257. AA MüKoBGB/*Habersack* BGB Vor § 765 Rn. 32; *v. Westphalen/Zöchling-Jud* Bankgarantie B Rn. 123.

[1107] Zutr. Staudinger/*Horn,* 2012, BGB Vor §§ 765–778 Rn. 258.

[1108] ERAG 1991, ICC Pub No. 458.

[1109] UN Convention on Independent Guarantees and Stand-by Letters of Credit, vgl. insbesondere die der Veröffentlichung des englischen Textes beigefügte Explanatory Note by the UNCITRAL, Secretariat No. 15, S. 17, 18, nach der sich die Rolle des Garanten auf die Prüfung der vorgeschriebenen Erklärungen und Dokumente beschränken und „one of paymaster rather than investigator" sein soll.

[1110] *Horn* NJW 1980, 2153 (2156).

[1111] *Horn* NJW 1980, 2153 (2156).

[1112] BGH Urt. v. 23.1.1996 – XI ZR 105/95, NJW 1996, 1052 (1053). Das Schrifttum hält diese Normen für anwendbar: MüKoHGB/*Samhat* J Rn. 102; *v. Westphalen/Zöchling-Jud* Bankgarantie Kap C Rn. 38.

[1113] BGH Urt. v, 12.3.1996 – XI ZR 108/95, NJW 1996, 1673; *v. Westphalen/Zöchling-Jud* Bankgarantie Kap C Rn. 139.

[1114] BGH Urt. v. 10.12.1998 – IX ZR 262/97, NJW 1999, 711 (712).

[1115] BGH Urt. v. 23.1.1996 – XI ZR 105/95, NJW 1996, 1052 (1053); MüKoHGB/*Samhat* J Rn. 193; *Fischer* in Schimansky/Bunte/Lwowski BankR-HdB Rn. 138.

[1116] BGH Urt. v. 23.1.1996 – XI ZR 105/95, NJW 1996, 1052 f.

Begünstigten mitzuteilen, muss aber die Mängel nicht detailliert darlegen. Sie hat auch nicht eine Nebenpflicht gegenüber dem Garanten, den Begünstigten derart frühzeitig auf einen Mangel hinzuweisen, sodass dieser ihn rechtzeitig beseitigen kann.[1117] Dies sehen vereinzelte Stimmen anders und stützen sich dabei auf Art. 14d (i), (ii) der **Einheitlichen Richtlinien und Gebräuche für Dokumenten-Akkreditive** (ERA).[1118] Eine solch weit reichende Hinweispflicht der Bank würde dieser abverlangen, entgegen ihren eigenen und den Interessen ihres Auftraggebers dem Begünstigten die Hand zu führen, damit er in den Genuss der Zahlung auf die Garantie kommt.[1119] Ausnahmsweise kann aus § 242 BGB eine frühzeitige Hinweispflicht folgen, wenn der Gläubiger seine Zahlungsaufforderung und Dokumentenvorlage ersichtlich für ausreichend hält und nach **Treu und Glauben** eine Aufklärung über Unstimmigkeiten erwarten darf. Der *Bundesgerichtshof* verneint eine solche Mitteilungspflicht für den Fall, dass der begünstigte Gläubiger sein Zahlungsverlangen ohne eine vertraglich vorgesehene Zusatzerklärung gestellt hat und (nachträglich) ersichtlich ist, dass ihm diese Unvollständigkeit bekannt war.[1120]

3. Einwendungen. Aus der Relativität der Schuldverhältnisse folgt, dass Einreden dem Schuldverhältnis zwischen den Parteien entspringen müssen. *Exceptiones ex iure tertii* sind unzulässig. Gegenüber der Zahlungsaufforderung kann der Garant daher keine Einwendungen aus dem Deckungsverhältnis zwischen ihm und dem Auftraggeber (Hauptschuldner) erheben. Der Garant kann etwa nicht geltend machen, er habe den Geschäftsbesorgungsvertrag mit dem Hauptschuldner gekündigt oder sei **un**wirksam beauftragt worden. Ebenso sind dem Garanten Einwendungen aus dem Valutaverhältnis zwischen begünstigtem Gläubiger und Hauptschuldner (Garantieauftraggeber) verwehrt.[1121] Eine Ausnahme hiervon kommt nur in Missbrauchsfällen (→ Rn. 376 ff.) in Betracht. **372**

a) Einwendungen aus dem Rechtsverhältnis des Garanten zum Begünstigten. *Analog* § 784 Abs. 1 BGB kann der Garant der Inanspruchnahme **Gültigkeitseinwendungen** sowie Einwendungen **aus dem Inhalt des Garantieversprechens selbst** entgegenhalten. Er kann gegenüber der Inanspruchnahme einwenden, dass der Begünstigte die formalen Voraussetzungen nicht garantiekonform erfüllt habe oder dass sich aus dem Zahlungsbegehren keine Verknüpfung der Garantie mit der gesicherten Forderung (oder dem sonstigen Risiko) ergebe.[1122] Entgegenhalten kann der Garant auch den Fristablauf der Garantie oder dass sich seine Verbindlichkeit reduziert habe.[1123] Die Gültigkeitseinwendungen des Garanten müssen weder **offensichtlich noch liquide beweisbar** sein. Anderenfalls könnte der Garant sich beispielsweise nicht gegen die Inanspruchnahme aus einem gut gefälschten Garantievertrag wehren. Einwendungen aus dem Inhalt des Garantievertrages können sich auch aus dessen Auslegung nach Sinn und Zweck – gegebenenfalls unter Berücksichtigung des Grundgeschäfts, soweit es in der Urkunde Erwähnung gefunden hat – ergeben.[1124] **373**

Der Zweck der Garantie auf erstes Anfordern **beschränkt** die **Aufrechnungsmöglichkeit** des Garanten mit **eigenen Gegenforderungen** gegenüber dem Berechtigten. Nur mit liquiden und eigenen Ansprüchen kann der Garant aufrechnen. Ausgeschlossen ist eine Aufrechnung mit Ansprüchen, die sich der Garant aus der Garantie zugrundeliegenden Valutaverhältnis vom Hauptschuldner hat abtreten lassen. Schließlich wird bei einer Garantie, die ausländischem Recht unterliegt, zu prüfen sein, ob die Bestimmungen des fremden Garantierechts gegen den **ordre public** (Art. 6 EGBGB) verstoßen. Bedenken können sich vor allem ergeben, wenn unerfahrene Privatpersonen ohne hinreichende Aufklärung eine Garantieverpflichtung eingegangen sind.[1125] **374**

b) Einwendungen aus dem Deckungsverhältnis. Der Garant ist nach Sinn und Zweck des Garantiegeschäfts mit Einwendungen aus seinem Verhältnis zum Hauptschuldner gegenüber dem Begünstigten ausgeschlossen. Er kann also nicht geltend machen, er habe den Geschäftsbesorgungsvertrag mit dem Hauptschuldner gekündigt oder sei nicht wirksam beauftragt worden. Hat der Auftraggeber den Garanten im Wege der **einstweiligen Verfügung** darauf in Anspruch genommen, die Auszahlung an den Begünstigten zu unterlassen, begründet dies keinen Ausschluss der Zahlungs- **375**

[1117] *Klaas* ZIP 1997, 1098 (1100 f.); *Lienesch,* Internationale Bankgarantien, 1999, 129 f.; MüKoHGB/*Samhat* J Rn. 120; *Fischer* in Schimansky/Bunte/Lwowski BankR-HdB § 120 Rn. 146.

[1118] OLG Karlsruhe Urt. v. 21.7.1992 – 18a U 39/92, WM 1992, 2095; ähnl. MüKoBGB/*Habersack* BGB Vor § 765 Rn. 30.

[1119] MüKoHGB/*Samhat* J Rn. 120; *Fischer* in Schimansky/Bunte/Lwowski BankR-HdB § 120 Rn. 146.

[1120] BGH Urt. v. 23.1.1996 – XI ZR 105/95, NJW 1996, 1052 (1053).

[1121] BGH Urt. v. 10.11.1998 – XI ZR 370/97, BGHZ 140, 49 (51); Urt. v. 12.3.1984 – II ZR 198/82, BGHZ 90, 287 (292); Urt. v. 16.12.1960 – III ZR 137/59, WM 1961, 204 (207); LG Frankfurt a. M. Urt. v. 6.11.2003 – 3-6 O 4/03, BKR 2004, 25; *Bydlinski* AcP 190 (1990), 165 (173 ff.); MüKoHGB/*Samhat* J Rn. 133; *Fischer* in Schimansky/Bunte/Lwowski BankR-HdB § 121 Rn. 160 f. Teilw. anders *Gröschler* JZ 1999, 822 f., wonach auf die Sicherungsabrede abzustellen sei. Ob dies wirklich zu anderen Ergebnissen als die hM führt, sei hier dahin gestellt.

[1122] Vgl. OLG Saarbrücken Urt. v. 6.7.2001 – 1 U 55/99, WM 2001, 2055.

[1123] MüKoHGB/*Samhat* J Rn. 127.

[1124] Dazu BGH Urt. v. 26.4.1994 – XI ZR 114/93, NJW 1994, 2018 (2019) betr. einen Stand-by Letter of Credit.

[1125] Vgl. BGH Urt. v. 13.5.1997 – IX ZR 292/96, WM 1997, 1245 (1247).

pflicht des Garanten, § 275 Abs. 1 BGB. Denn die einstweilige Verfügung spricht allenfalls ein relatives Verfügungsverbot nach §§ 135, 136 BGB aus.[1126]

376   **c) Einwendungen aus dem Valutaverhältnis. aa) Einwendungsdurchgriff beim Rechtsmissbrauch.** Der Verpflichtete aus einer Garantie auf erstes Anfordern muss auf das garantiekonforme Verlangen des Begünstigten die Garantiesumme zahlen. Einwendungen aus dem Valutaverhältnis, etwa der Einwand, die Hauptschuld sei nicht entstanden oder erloschen sind ausgeschlossen.[1127] Dieser **Einwendungsausschluss** unterliegt aber den Maßstäben von Treu und Glauben. Ist insbesondere **offensichtlich** oder **liquide beweisbar,** dass trotz Vorliegens der formellen Voraussetzungen (formeller Garantiefall) der Garantiefall im Valutaverhältnis (materieller Garantiefall) nicht eingetreten ist, so scheitert der Zahlungsanspruch aus der Garantie am **Einwand des Rechtsmissbrauchs.**[1128] Der Rechtsmissbrauch rechtfertigt hier einen Einwendungsdurchgriff.[1129] Offensichtlich ist der Rechtsmissbrauch, wenn die missbräuchliche Ausnutzung einer formalen Rechtsstellung für jedermann klar erkennbar ist, wenn er sich dem Garanten auch bei überschlägiger Prüfung aufdrängen muss.[1130] Alle Streitfragen tatsächlicher und rechtlicher Art, deren Beantwortung sich nicht von selbst ergibt, sind in einem Rückforderungsprozess auszutragen.[1131]

377   Der offensichtliche Rechtsmissbrauch muss liquide beweisbar sein, ein Begriff, der der ZPO fremd ist.[1132] Man wird darunter vorlegbare Beweismittel verstehen können, bei denen keine Beweiswürdigung notwendig ist. Deswegen wird es sich meist um Urkunden handeln,[1133] neutrale Sachverständigengutachten[1134] oder auch schriftliche Erklärungen der Beteiligten, wenn diese plausibel und eindeutig sind.[1135] Hingegen sind weder der Zeugenbeweis noch eine eidesstattliche Versicherung ein liquides Beweismittel.[1136] Erwirkt der Garantieauftraggeber gegen den Begünstigten eine einstweilige Verfügung, in der die Inanspruchnahme aus der Zahlungsgarantie verboten wird, stellt der ohne Anhörung des Antragsgegners und ohne Begründung ergangene Beschluss (§§ 921 Abs. 1, 936 ZPO) kein liquides Beweismittel für einen Rechtsmissbrauch dar.[1137] Auch ein Verfügungsurteil sollte kein liquides Beweismittel darstellen. Derzeit offen ist, ob die Vorlage des Beschlusses oder Verfügungsurteils einschließlich der hierfür vorgelegten Unterlagen ein liquides Beweismittel ist.[1138] Man wird dies bejahen können, wenn die dem Verfügungsantrag beigelegten Unterlagen keinen Auslegungsspielraum eröffnen und deswegen auf den ersten Blick die einstweilige Verfügung rechtfertigen.

378   **bb) Einzelne Missbrauchsfälle.** Eine präzise Kodifizierung des Missbrauchstatbestands enthält Art. 19 der **UN-Konvention über unabhängige Garantien 1995.** Danach ist der Garant berechtigt die Zahlung zu verweigern, wenn die Zahlungsanforderung nach dem Typ und Zweck der Garantieverpflichtung keine vernünftige Grundlage hat. Die Konvention nennt dazu fünf Einzelfälle (Art. 19 Abs. 2):

(a) Das Ereignis oder Risiko, gegen das die Garantie Sicherheit bieten soll, ist unzweifelhaft nicht eingetreten.

(b) Die zugrundeliegende Verpflichtung des Garantiebestellers wurde von einem Gericht oder Schiedsgericht für unwirksam erklärt. Dabei darf es sich nicht um einen von der Garantie gerade abzusichernden Fall handeln.

[1126] OLG Düsseldorf Urt. v. 4.10.2012 – I-6 U 268/11, GWR 2012, 515.

[1127] Allg. Auffassung, BGH Urt. v. 10.11.1998 – XI ZR 370/97, NJW 1999, 570 mwN; Urt. v. 12.3.1984 – II ZR 198/82, BGHZ 90, 287 (292) = NJW 1984, 2030; *Bydlinski* AcP 190 (1990), 165 (173 ff.); einschr. *Gröschler* JZ 1999, 822 f.

[1128] BGH Urt. v. 12.3.1984 – II ZR 198/82, BGHZ 90, 287 (292) = NJW 1984, 2030; Urt. v. 29.9.1986 – II ZR 220/85, WM 1986, 1429; Urt. v. 28.10.1993 – IX ZR 141/93, NJW 1994, 380 f.; Urt. v. 10.10.2000 – XI ZR 344/ 99.

[1129] *Larenz/Canaris* BT II § 64 III 5b (S. 80); MüKoHGB/*Samhat* J Rn. 135.

[1130] BGH Urt. v. 28.10.1993 – IX ZR 141/93, NJW 1994, 380 (381); Urt. v. 21.4.1988 – IX ZR 113/87, NJW 1988, 2610; Urt. v. 10.10.2000 – XI ZR 344/99, NJW 2001, 282 (284); OLG München Urt. v. 27.5.2017 – 7 U 1934/12, BeckRS 2015, 10339.

[1131] BGH Urt. v. 28.10.1993 – IX ZR 141/93, NJW 1994, 380 (381).

[1132] Unter anderem aus diesem Grund kritisieren einige Stimmen im Schrifttum diese Voraussetzung: *Kopp* WM 2010, 640 (643); *Mülbert* ZIP 1985, 1101 (1108).

[1133] *Kröll* ZBB 2016, 271 (273); MüKoHGB/*Samhat* J Rn. 141; *Nielsen* ZIP 1982, 253 (260); Staudinger/*Horn,* 2012, BGB Vor §§ 765–778 Rn. 350; *v. Westphalen/Zöchling-Jud* Bankgarantie Kap. C Rn. 200. Auf Urkunden beschränkt den Beweis: OLG Köln Urt. v. 7.8.1986 – 7 U 146/86, WM 1988, 22.

[1134] Staudinger/*Horn,* 2012, BGB Vor §§ 765–778 Rn. 350. Ablehnend für Parteigutachten: MüKoHGB/*Samhat* J Rn. 142; *Fischer* in Schimansky/Bunte/Lwowski BankR-HdB § 121 Rn. 188.

[1135] Staudinger/*Horn,* 2012, BGB Vor §§ 765–778 Rn. 350.

[1136] *v. Westphalen/Zöchling-Jud* Bankgarantie Kap. C. Rn. 203.

[1137] BGH Urt. v. 10.10.2000 – IX ZR 344/99, BGHZ 145, 286, 291 ff. = ZIP 2000, 2156 (2159); MüKoHGB/ *Samhat* J Rn. 143; *Fischer* in Schimansky/Bunte/Lwowski BankR-HdB § 121 Rn. 190; Staudinger/*Horn,* 2012, BGB Vor §§ 765–778 Rn. 350; *v. Westphalen/Zöchling-Jud* Bankgarantie Kap. C Rn. 204. AA *Hahn* NJW 2001, 2449 (2450); *Kröll* ZBB 2016, 271 (278).

[1138] Hierzu MüKoHGB/*Samhat* J Rn. 144; *Fischer* in Schimansky/Bunte/Lwowski BankR-HdB § 121 Rn. 190.

(c) Die Verpflichtung, die abgesichert werden sollte, ist unzweifelhaft zur Zufriedenheit des Begünstigten erfüllt worden.

(d) Die Erfüllung der gesicherten Verpflichtung wurde eindeutig durch vorsätzliches Fehlverhalten des Begünstigten verhindert.

(e) Im Fall einer Rückgarantie hat der Begünstigte seinerseits Zahlung auf die Garantie grundlos und bösgläubig geleistet.

Die *höchstrichterliche Rechtsprechung* zur missbräuchlichen Inanspruchnahme entspricht diesem Maß- **379** stab. So reicht etwa die **fehlende Schlüssigkeit** des Anspruchs des Gläubigers schon deshalb nicht für die Annahme einer rechtsmissbräuchlichen Inanspruchnahme aus, weil der garantiebegünstigte Gläubiger diese gegenüber der garantierenden Bank nicht darlegen muss.[1139] Steht fest, dass dem Gläubiger überhaupt ein Zahlungsanspruch gegen den Hauptschuldner aus dem Valutaverhältnis zusteht, so vermögen weder **Unsicherheiten hinsichtlich der Höhe** des Anspruchs noch **Zweifel an dessen Fälligkeit** den Missbrauchseinwand zu begründen.[1140] Eine formale Rechtsstellung wird nicht ausgenutzt, wenn der Begünstigte aus einer Garantie vorgeht, die eine sog. **Put- und Call Optionsvereinbarung** sichern soll. Die Garantie sichert in diesem Fall den Mindestkaufpreis und verfällt erst, wenn das Optionsrecht ausgeübt wird.[1141] Einen Fall der rechtsmissbräuchlichen Inanspruchnahme hat der Bundesgerichtshof im Fall eines garantierten Pachtzinses angenommen, wenn das verpachtete Grundstück verstaatlicht wird, der Pächter die Räumung des Grundstücks wie vertraglich vorgesehen durch Gerichtsprotokoll nachweist und der Verpächter die garantierende Bank trotz Kenntnis der Enteignung aus der Garantie in Anspruch nimmt.[1142] Wird der Garantiebegünstigte Rechtsnachfolger des Schuldners/Garantieauftraggebers (Konfusion), kann sich die Inanspruchnahme des Garanten als rechtsmissbräuchlich erweisen.[1143]

Geht die gegebene Garantie auf erstes Anfordern **über die Sicherungsabsprachen** zwischen **380** Gläubiger und Hauptschuldner **hinaus,** war etwa nur eine Bürgschaft oder eine selbstständige Garantie als Sicherheit vereinbart, stellt sich die Frage, kann der Garant einwenden kann, für die Garantie auf erstes Anfordern gebe es keine Rechtsgrundlage oder der Gläubiger gehe rechtsmissbräuchlich aus ihr vor. Vorausgesetzt wird dabei, dass dies liquide beweisbar ist.. Kannte die Bank die Sicherungsabrede oder hat sie sie bewusst nicht zur Kenntnis genommen, handelt sie indes widersprüchlich, wenn sie die Inanspruchnahme im Erstprozess mit der Begründung verweigert, die Sicherheit ginge über die Sicherungsabsprache hinaus. Denn in diesem Fall durfte der Gläubiger bei Hereinnahme der Sicherheit annehmen, es komme der Bank bei Vertragsschluss auf die Übereinstimmung mit der zugrunde liegenden Sicherungsabsprache nicht an.[1144] Der Rechtsmissbrauchseinwand sollte auch zugelassen werden, wenn die Garantie auf erstes Anforderung im kaufmännischen Verkehr formularmäßig vereinbart wurde und ausnahmsweise unwirksam ist.

4. Rückzahlungsansprüche des Garanten gegen den Gläubiger. a) Rechtsgrund und Kau-salverhältnisse. **381**

Die bereicherungsrechtliche Rückabwicklung vollzieht sich in dem jeweiligen fehlerhaften Kausalverhältnis. Bereicherungsansprüche entstehen damit im Valutaverhältnis zwischen Hauptschuldner (Garantieauftraggeber) und dem Gläubiger (Garantienehmer) einerseits sowie zwischen diesem und dem Garanten andererseits.[1145] Der Garant leistet, um seine eigene Verpflichtung gegenüber dem Berechtigten aus dem Garantievertrag zu erfüllen.[1146] Umstritten ist allerdings, wie der Rechtsgrund in diesem Verhältnis zu bestimmen. Eine Minderheit im Schrifttum stellt hier auf den materiellen Garantiefall aus dem Valutaverhältnis ab.[1147] Dies überzeugt schon deswegen nicht, da der Garant dem Auftraggeber keine Einwendungen aus dem Valutaverhältnis entgegnen kann.[1148] Spiegelbildlich müssen dem Gläubiger Einreden oder Aufrechnungsmöglichkeiten in der Insolvenz des Garantieauftraggebers erhalten werden, schließlich könnte er diese gegenüber dem außenstehenden Garanten nicht geltend machen.[1149] Da sich der Rechtsgrund der Garantie auf erstes Anfordern im formellen

---

[1139] BGH Urt. v. 28.10.1993 – IX ZR 141/93, NJW 1994, 380 (381).

[1140] BGH Urt. v. 28.10.1993 – IX ZR 141/93, NJW 1994, 380 (381).

[1141] LG Frankfurt a. M. Urt. v. 6.11.2003, 3 – 6 O 4/03, BKR 2004, 25 (26).

[1142] BGH Urt. v. 12.3.1994 – II ZR 198/82, BGHZ 90, 287 = NJW 1984, 2030.

[1143] OLG München Urt. v. 13.3.2013 – 7 U 313/12, BeckRS 2013, 5128.

[1144] BGH Urt. v. 10.2.2000 – IX ZR 397/98, NJW 2000, 1563; OLG Hamm Urt. v. 27.10.2006 – 12 U 76/06, WM 2007, 550, jew. zur Bürgschaft auf erstes Anfordern.

[1145] BGH Urt. v. 10.11.1998 – XI ZR 370/97, BGHZ 140, 4952; vgl. auch BGH Urt. v. 25.9.1996 – VIII ZR 76/95, NJW 1997, 461 (463); Baumbach/Hopt/*Hopt* Bankgeschäfte Rn. L/15; *Heermann* ZBB 1998, 239 (243); *Larenz/Canaris* BT II § 70 IV 4 (S. 234, 235); *Mülbert*, Mißbrauch von Bankgarantien und einstweiliger Rechtsschutz, 1985, 38; MüKoBGB/*Habersack* BGB Vor § 765 Rn. 28; *Wilhelm* NJW 1999, 3519 (3526). AA *Gröschler* JZ 1999, 822 (826 f.); *Hahn* NJW 1999, 2793 (2794).

[1146] BGH Urt. v. 10.11.1998 – XI ZR 370/97, BGHZ 140, 49 (51 f.); *Canaris* ZIP 1998, 493 (496); Staudinger/*Horn*, 2012, BGB Vor §§ 765–778 Rn. 350.

[1147] Aus neuerer Zeit: *Gröschler* JZ 1999, 822 (826); *Weth* AcP 189 (1989), 303 (316 f.).

[1148] So zutr. BGH Urt. v. 10.11.1998 – XI ZR 370/97, BGHZ 140, 49 (52); ebenso *Canaris* ZiP 1998, 493 (496) („,simple Zusammenhänge"); Staudinger/*Horn*, 2012, Vor §§ 765–778 Rn. 386.

[1149] *Canaris* ZIP 1998, 493 (497 f.).

Garantiefall erschöpft, kann die Bank die angeforderte Summe nicht nach § 812 Abs. 1 S. 2 Var. 2 BGB vom Begünstigten herausverlangen, wenn der Garantieauftraggeber nachträglich die im Valutaverhältnis geschuldete Leistung erbringt. Ihr steht nach wie vor der Aufwendungsersatzanspruch gegen den Auftraggeber zu, der seinerseits im Valutaverhältnis von dem Begünstigten die gezahlte Summe zurückverlangen kann.[1150]

382   **b) Fehlen des Garantiefalles.** Ist der **formelle Garantiefall** nicht eingetreten, steht dem Garanten ein bereicherungsrechtlicher Rückzahlungsanspruch aus § 812 Abs. 1 S. 1 Var. 1 BGB zu. Dieser Anspruch besteht unabhängig davon, ob der materielle Garantiefall eingetreten ist. Anders als im Fall der Anweisung begründet es keine causa im Verhältnis zwischen Garant und Begünstigtem, dass diesem der Betrag im Verhältnis zum Garantieauftraggeber zusteht.[1151] Umgekehrt scheidet bei einer Garantie auf erstes Anfordern der Kondiktionsausschluss nach § 814 BGB aus. Hat die Bank Zweifel am Eintritt des materiellen Garantiefalles, ist sie gleichwohl zur Auszahlung verpflichtet, sofern keine missbräuchliche Inanspruchnahme offensichtlich und liquide beweisbar ist.[1152] Da der materielle Garantiefall keinen Rechtsgrund für die Auszahlung bildet (→ Rn. 381), begründet dessen Fehlen keinen Bereicherungsanspruch des Garanten. Vielmehr kann er vom dem Auftraggeber den Ersatz seiner Aufwendungen verlangen (→ Rn. 381), während dieser beim Begünstigen Rückgriff nehmen muss.

383   **c) Missbräuchliche Inanspruchnahme des Garanten.** Hat der Gläubiger den Garanten *rechtsmissbräuchlich* zur Zahlung aufgefordert, steht dem Garanten ein Bereicherungsanspruch gegen den Gläubiger zu. Umstritten ist allerdings die bereicherungsrechtliche Rechtsgrundlage. Der Garant hat nach der hM einen Anspruch aus **§§ 812 Abs. 1 S. 1, 813 BGB,** weil er zum Zwecke der Erfüllung einer Verbindlichkeit geleistet hat, die dauernd einredebehaftet war.[1153]Eine Gegenansicht betont, dass bei einer missbräuchlichen Inanspruchnahme überhaupt kein Auszahlungsanspruch bestehe und die Anspruchsgrundlage einzig § 812 Abs. 1 S. 1 Var. 1 BGB sei.[1154] Im Ergebnis mag dies offen bleiben. Der Bereicherungsanspruch ist nach § 814 BGB ausgeschlossen, wenn die Bank positiv die Tatsachen kennt, aus denen sich der Missbrauch ableitet und zutreffend rechtlich subsumiert hat.[1155] Bloße Verdachtsmomente und damit Zweifel oder Irrtümer stehen der Kondiktion nicht entgegen.[1156]

384   **d) Vertraglicher Rückforderungsanspruch des Garanten.** Die Parteien des Garantievertrages können vereinbaren, dass die Zahlung des Garanten unter einer auflösenden **Bedingung** steht, etwa der einer späteren Erfüllung der Ansprüche des Gläubigers aus dem Hauptschuldverhältnis, der Befriedigung durch andere Sicherheit oder des sonstigen Wegfalls des abgesicherten Risikos.[1157] Die Annahme einer solchen (stillschweigenden) Bedingung kann nahe liegen, wenn durch die Garantie eine **Verpflichtung zur Schadloshaltung** übernommen wird und aus dieser rechtlichen Eigenart ein vertraglicher Rückforderungsanspruch folgt, wenn der garantierte Erfolg nach Zahlung der Garantiesumme noch eintritt.

385   Ein vertraglicher Anspruch steht dem Garanten ferner im Falle der missbräuchlichen Inanspruchnahme zu, wenn er durch seine Zahlung an den Gläubiger eigene Sorgfaltspflichten aus dem Geschäftsbesorgungsvertrag mit dem Garantieauftraggeber verletzt hat und dieser den Ersatz des Aufwands nach § 670 BGB ablehnen darf. Der **rechtsmissbräuchlich** die Garantie verfolgende Gläubiger kann dem Garanten nach § 280 BGB zum Schadensersatz verpflichtet sein.[1158] Anders als bei der einfachen Garantie, deren tatbestandliche Voraussetzung die Verwirklichung des vertraglich vereinbarten Risikos ist, folgt aus dem bloßen **Fehlen des materiellen Garantiefalles** nicht, dass der Garant seine Leistung zurückfordern darf.[1159]

386   **e) Deliktische Ansprüche.** Bei einer rechtsmissbräuchlichen Inanspruchnahme können Ansprüche aus § 826 BGB entstehen. Der Garant kann gegen den Begünstigten nach dieser Norm vorgehen, wobei sein Schaden in der gezahlten Garantiesumme besteht. Der Schaden entfällt, wenn er von dem Auftraggeber den Aufwendungsersatz erlangt hat.[1160] In diesem Fall kann dem Garantieauftraggeber seinerseits ein Anspruch aus § 826 BGB gegen den Begünstigten zustehen.

[1150] MüKoHGB/*Samhat* J Rn. 195; Staudinger/*Horn*, 2012, BGB Vor §§ 765–778 Rn. 195.

[1151] Zutr. *Horn* FS Brandner, 1996, 623 (628); vgl. auch *Einsele* JZ 1999, 966 f.

[1152] Staudinger/*Horn*, 2012, BGB Vor §§ 765–778 Rn. 382.

[1153] BGH Urt. v. 25.9.1996 – VIII ZR 76/95, NJW 1997, 461 (463); *Fischer* in Schimansky/Bunte/Lwowski BankR-HdB § 121 Rn. 247; Staudinger/*Horn*, 2012, BGB Vor §§ 765–778.

[1154] *Canaris* ZIP 1998, 493 (496); MüKoHGB/*Samhat* J Rn. 189.

[1155] § 814 BGB verlangt insoweit eine qualifizierte Kenntnis: Staudinger/*Lorenz*, 2007, BGB § 814 Rn. 4.

[1156] MüKoHGB/*Samhat* J Rn. 191; *v. Westphalen/Zöchling-Jud* Bankgarantie Kap. C Rn. 283.

[1157] Vgl. etwa BGH Urt. v. 16.12.1960 – II ZR 137/59, WM 1961, 204 (206 f.); Urt. v. 23.2.1984 – III ZR 2067/82, WM 1984, 633; zur Zulässigkeit einer Ausfallgarantie auf erstes Anfordern vgl. *Horn* FS Brandner, 1996, 623 (634).

[1158] Dazu *Schröder,* Regress und Rückabwicklung bei der Bankgarantie auf erstes Anfordern, 2003, 149.

[1159] BGH Urt. v. 10.11.1998 – XI ZR 370/97, NJW 1999, 570; *Canaris* ZIP 1998, 493 (500 f.).

[1160] Staudinger/*Horn*, 2012, BGB Vor §§ 765–778 Rn. 391.

III. Das Rechtsverhältnis zwischen Garantieauftraggeber und Garant

1. Weisungsrecht des Auftraggebers. Das Rechtsverhältnis zwischen dem Garanten und dem **387** Auftraggeber ist ein Geschäftsbesorgungsvertrag. Der Garant ist dem auftraggebenden Hauptschuldner aus dem Geschäftsbesorgungsvertrag verpflichtet, mit dem begünstigten Gläubiger einen Garantievertrag zu schließen und bei Eintritt des Garantiefalles zu zahlen. Der Auftraggeber ist zur Vergütung dieser Leistung (Avalprovision) und zum Ersatz aller Aufwendungen des Garanten, insbesondere des Garantiebetrages, verpflichtet, §§ 675, 670 BGB.

Der Garant ist bei der Abfassung und Behandlung des Garantievertrages **strikt weisungsgebunden.** **388** Er darf die Garantie nur zu den Bedingungen eröffnen, zeitlich verlängern und erfüllen, die ihm sein Auftraggeber vorgibt (Grundsatz der formalen Auftragsstrenge). Will die Bank entgegen dem Auftrag des Hauptschuldners, eine Garantie zu leisten, eine solche auf erstes Anfordern herausgeben, muss die Bank nicht nur seine Zustimmung einholen, sondern ihn auch über die für ihn damit verbundenen rechtlichen Nachteile belehren. Erfüllt sie diese Verpflichtung nicht, kann der Auftraggeber sich gegenüber dem Aufwendungsersatzanspruch mit allen Einwendungen verteidigen, die ihm gegen die Hauptforderung zustehen, es sei denn, er hat der Erteilung der Garantie auf erstes Anfordern in Kenntnis der für ihn damit verbundenen Rechtsfolgen zugestimmt.[1161]

Die Weisungsunterworfenheit des Garanten findet dort ihre Grenze, wo **eigene Interessen und** **389** **Rechtspositionen** der garantierenden Bank betroffen werden. Da die Bank gegenüber dem Gläubiger verpflichtet ist auf erstes Anfordern – und mithin ohne Prüfung des materiellen Garantiefalls – zu zahlen und sie dieser Verpflichtung auch mit Blick auf ihr geschäftliches Ansehen wird nachkommen wollen, ist die Weisung des Auftraggebers, gegen die Inanspruchnahme Einwendungen aus dem Valutaverhältnis vorzubringen, vertragswidrig und unverbindlich. Der Auftraggeber kann ausnahmsweise verlangen, dass der Garant die **Zahlung unterlässt,** wenn er ihm Mittel an die Hand gibt, eine offensichtlich rechtsmissbräuchliche Zahlungsaufforderung des Gläubigers liquide zu beweisen. Diese Unterlassungsverpflichtung leitet sich aus den Rücksichtnahme- und Loyalitätspflichten des Garanten gegenüber seinem Auftraggeber her (§ 241 Abs. 2 BGB).[1162]

2. Prüfungspflicht des Garanten. Der Garant ist gehalten, die Inanspruchnahme **unverzüglich** **390** dem Auftraggeber **anzuzeigen,** damit dieser rechtzeitig Einwendungen – etwa gegen die Ordnungsmäßigkeit der vorgelegten Dokumente oder die Einhaltung der Garantiefrist – vorbringen und dem Garanten Weisung geben kann.[1163] Er hat vor der Zahlung zu prüfen, ob der **formelle Garantiefall** eingetreten ist und ob die **ernst zu nehmende Gefahr** besteht, dass sich das Verlangen des Gläubigers als **rechtsmissbräuchlich** erweist. Er darf nicht sehenden Auges oder leichtfertig an einer Schädigung seines Auftraggebers durch den Gläubiger mitwirken. Allerdings ist diese Prüfungspflicht nicht zu überspannen, nachzuforschen hat die Bank nicht. Nach der zutreffenden hM ist die Bank aus dem Geschäftsbesorgungsvertrag aus § 241 Abs. 2 BGB verpflichtet, die Auszahlung zu verweigern, wenn sich der Rechtsmissbrauch geradezu aufdrängt.[1164] Die Rechtswirksamkeit des Valutaverhältnisses hat der Garant nicht zu prüfen.

3. Erstattungsanspruch des Garanten. Der Garantieauftraggeber ist dazu verpflichtet, dem Ga- **391** ranten eine Avalprovision zu zahlen, wenn der Auftrag durchgeführt wurde, mithin die Garantiesumme an den Begünstigten ausgekehrt wurde. Dem Garanten steht gegen seinen Auftraggeber ein **Aufwendungsersatzanspruch** nach §§ 675, 670 BGB zu, wenn er nach dem ihm erteilten Auftrag Zahlung leisten durfte. Liegen die Voraussetzungen des formellen Garantiefalles vor oder hat der Auftraggeber gegenüber dem Garanten auf deren strikte Einhaltung verzichtet und ist auch nicht offensichtlich, dass der materielle Garantiefall nicht eingetreten ist, so darf der Garant die Zahlung an den Begünstigten **„den Umständen nach für erforderlich"** halten (§ 670 BGB). Der Aufwendungsersatzanspruch umfasst auch die Kosten für eine etwaige Rechtsverteidigung gegen die Inanspruchnahme.[1165] Allerdings hat der Garant entgegen den §§ 675, 669 BGB keinen Anspruch auf Zahlung eines Vorschusses, sofern dies nicht individualvertraglich oder formularmäßig vereinbart ist.[1166]

[1161] BGH Urt. v. 10.2.2000 – IX ZR 397/98, NJW 2000, 1563.

[1162] Vgl. OLG Celle Urt. v. 18.3.2009 – 3 U 167/08, WM 2009, 1408; Staudinger/*Horn,* 2012, BGB Vor §§ 765–778 Rn. 365 f.; aA OLG Stuttgart Urt. v. 14.11.2012 – 9 U 134/12, ZIP 2012, 2388.

[1163] BGH Urt. v. 19.9.1985 – IX ZR 16/85, BGHZ 95, 375 (388 f.) = ZIP 1985, 1380 (zur Bürgschaft auf erstes Anfordern; OLG Stuttgart Urt. v. 14.11.2012 – U 134/12, BeckRS 2012, 24192;Staudinger/*Horn,* 2012, BGB Vor §§ 765–778 Rn. 364.

[1164] OLG Celle Urt. v. 18.3.2009 – 3 U 167/08, WM 2009, 1408 (1410); OLG Saarbrücken Urt. v. 23.1.1981 – 4 U 99/80, WM 1981, 275 (277); MüKoHGB/*Samhat* J Rn. 66; Staudinger/*Horn,* 2012, BGB Vor §§ 765–778 Rn. 365 f. AA OLG Stuttgart Urt. v. 14.11.2012 – 9 U 134/12, NJW-RR 2013, 376.

[1165] MüKoHGB/*Samhat* J Rn. 75.

[1166] MüKoHGB/*Samhat* J Rn. 82; *Fischer* in Schimansky/Bunte/Lwowski BankR-HdB § 121 Rn. 100. Nur die individualvertragliche Vereinbarung eines Vorschusses lassen zu: *v. Westphalen/Zöchling-Jud* Bankgarantie Kap. G Rn. 75.

392   Nach Umstritten ist, ob der Erstattungsanspruch des Garanten einen Forderungsübergang analog § 774 BGB nach sich zieht. Die wohl herrschende Meinung lehnt dies mit der Erwägung ab, dass Vorschriften des Bürgschaftsrechts auf die Garantie grundsätzlich unanwendbar seien.[1167] Der Garant kann danach aus seinem Vertrag mit dem Gläubiger von diesem die Übertragung des Zahlungsanspruchs gegen den Auftraggeber und Hauptschuldner beanspruchen. Mit beachtlichen Argumenten will eine starke Gegenansicht zusätzlich § 774 BGB analog anwenden.[1168] Praktisch relevant wird diese Streitfrage, wenn ein vom Hauptschuldner verschiedener „Vierter" der Garantieauftraggeber ist oder wenn Sicherheiten bestellt wurden, deren Übergang sich aus §§ 412, 401 BGB ergäbe. Gegen die analoge Anwendung des § 774 BGB spricht nicht, dass die Bürgschaft im Gegensatz zur Garantie eine akzessorische und subsidiäre Haftung begründet.[1169] Die Vorschrift des § 774 BGB beruht gerade nicht auf diesen Grundsätzen.[1170] Das Reichsgericht lehnte eine analoge Anwendung des § 774 BGB offenbar mit der Erwägung ab, dass der zahlende Garant einem zahlenden Dritten iSd § 267 BGB gleich zu stellen sei, für den das Gesetz gerade keinen Forderungsübergang vorsehe.[1171] Indes ist diese Parallele eine vermeintliche, da der Garant auf eine eigene und nicht auf eine fremde Schuld zahlt.[1172] Entscheidend für die Analogie zu § 774 BGB spricht schließlich, dass der Gläubiger wegen seiner Forderung keine doppelte Befriedigung erlangen darf. Zahlt der Garant, so kann nach der hM der Hauptschuldner dem Zahlungsbegehren des Gläubigers die Arglisteinrede entgegenhalten.[1173] Gegenüber dieser gekünstelten Begründung ist es systematisch überzeugender und folgerichtiger, § 774 BGB analog anzuwenden.[1174]

393   **4. Präventive Abwehr des Erstattungsanspruchs.** Muss der Auftraggeber befürchten, dass der Garant sich über seinen Widerspruch hinwegsetzt und dem Gläubiger auf die Garantie leistet, stellt sich die Frage, ob er die Auszahlung der Garantiesumme und damit seinen späteren Erstattungsanspruch im präventiv abwehren kann. Die **UN-Konvention** über unabhängige Garantien sieht einen vorläufigen Rechtsschutz des Auftraggebers vor, wenn der Auftraggeber darlegt, dass der Garant **mit hoher Wahrscheinlichkeit** berechtigt ist, die Zahlung zurückzuhalten, weil ein Dokument nicht echt oder die Zahlungsanforderung nicht ordnungsgemäß ist oder die Inanspruchnahme jeder Grundlage entbehrt (Missbrauch). Der Auftraggeber muss dabei dem Gericht **sofort verfügbare stichhaltige Beweise** vorlegen (Art. 20 UN-Konvention über unabhängige Garantien). Die inländische Rechtslage ist umstritten.

394   **a) Verfügungsanspruch.** Das Interesse des Auftraggebers daran, die Auszahlung der Garantiesumme zu verhindern, ergibt sich daraus, einen langwierigen und risikobehafteten Rückforderungsprozess zu vermeiden, wenn der materielle Garantiefall nicht eingetreten ist. Der **Verfügungsanspruch** für eine einstweilige Verfügung, die darauf gerichtet ist, dass die Bank die Auszahlung an den Begünstigten unterlässt, hängt davon ab, ob man eine Pflicht der Bank annimmt, unter bestimmten Voraussetzungen die Auszahlung der Garantiesumme zu verweigern. Fehlt es an dem formellen Garantiefall, wird man dies annehmen können. Aber auch bei einer offensichtlichen und liquide beweisbaren missbräuchlichen Inanspruchnahme besteht richtigerweise eine Pflicht der Bank, die Auszahlung zu verweigern und damit ein Verfügungsanspruch.[1175] In der obergerichtlichen Rechtsprechung wird allerdings teilweise die Auffassung vertreten, dass kein Verfügungsanspruch bestehe, da der Auftraggeber in diesem Fall keinem Aufwendungsersatzanspruch ausgesetzt sei.[1176] Dies ist eine lebensfremde Argumentation, die zudem verkennt, dass sich die Verpflichtung, die Auszahlung bei missbräuchlicher Inanspruchnahme zu unterlassen, aus den Rücksichtnahme- und Loyalitätspflichten (§ 241 Abs. 2 BGB) des

---

[1167] RG Urt. v. 26.6.1919 – IV 503/04, RGZ 60, 369 (371); RG SeuffA 79, Nr. 21 S. 38; OLG Koblenz Urt. v. 21.2.2005 – 12 U 1347/03, NJW-RR 2005, 1491; BeckOGK/*Madaus* BGB § 765 Rn. 547; *Finger* BB 1969, 206 (208); *Horn* FS Brandner, 1996, 629; MüKoBGB/*Habersack* BGB Vor § 765 Rn. 19; Staudinger/*Horn,* 2012, BGB Vor §§ 765–778 Rn. 214, 245 ff.

[1168] *Auhagen,* Die Garantie einer Bank, auf „erstes Anfordern" zu zahlen, 1966, 76; *v. Caemmerer* FS Riese, 1964, 295 (306); *Castellivi* WM 1995, 868; *Liesecke* WM 1968, 22 (28); MüKoHGB/*Samhat* J Rn. 77; *Pleyer* WM-Sonderbeilage 2/1973, 21.

[1169] RG Urt. v. 26.6.1919 – IV 503/04, RGZ 60, 369 (371)Staudinger/*Horn,* 2012, BGB Vor §§ 765 Rn. 245.

[1170] *Castellivi* WM 1995, 868 (869 f.); MüKoHGB/*Samhat* J Rn. 77.

[1171] RG Urt. v. 26.6.1919 – IV 503/04, RGZ 60, 369 (371).

[1172] *Castellivi* WM 1995, 868 (869); MüKoHGB/*Samhat* J Rn. 77.

[1173] *Horn* FS Brandner, 1996, 629 (630).

[1174] *Castellivi* WM 1995, 868 (871 f.); MüKoHGB/*Samhat* J Rn. 77.

[1175] Vgl. OLG Frankfurt a. M. Urt. v. 3.3.1983 – 10 U 244/182, WM 1983, 575; OLG Köln Urt. v. 7.8.1986 – 7 U 146/80, WM 1988, 21; OLG Saarbrücken Urt. v. 23.1.1981 – 4 U 99/80, WM 1981, 275; *Heinsius* FS Werner, 1984, 229 ff.; *Horn* NJW 1980, 2153 (2158); *Hein,* Der Zahlungsanspruch des Begünstigten einer Bankgarantie „auf erstes Anfordern", 1982, 150 ff., 156 f.; MüKoHGB/*Samhat* J Rn. 84 f; *Mülbert,* Mißbrauch von Bankgarantien und einstweiliger Rechtsschutz, 1985, 109 ff.; Staudinger/*Horn,* 2012, BGB Vor §§ 765–778 Rn. 369; *v. Westphalen/ Zöchling-Jud* Bankgarantie Kap. E Rn. 8 ff.

[1176] OLG Stuttgart Urt. v. 14.11.2012 – 9 U 134/12, ZIP 2012, 2388; vgl. auch OLG Düsseldorf Urt. v. 14.4.1999 – 15 U 176/98, ZIP 1999, 1518 (betr. Bürgschaft auf erstes Anfordern); *Fischer* in Schimansky/Bunte/Lwowski BankR-HdB § 121 Rn. 228.

Geschäftsbesorgungsvertrags ergibt.[1177] Wenig überzeugend schließlich ist es, wenn einige Instanzgerichte eine einstweilige Verfügung ablehnen, da sie in ein fremdes Rechtsverhältnis eingreifen würde.[1178] Gerade dies kennzeichnet den Einwendungsdurchgriff kraft Rechtsmissbrauchs.

b) Verfügungsgrund. Einzelne Oberlandesgerichte verneinen einen Verfügungsgrund, weil die **395** Auszahlung noch zu keinem Schaden beim Auftraggeber führe, sondern erst die Belastungsbuchung durch die Garantiebank, der sich der Auftraggeber widersetzen könne.[1179] Dies greift zu kurz. Bereits die Gefahr eines Rechtsstreits über den Aufwendungsersatzanspruch der Bank rechtfertigt einen **Verfügungsgrund,** zumal bereits die Auszahlung als solche dem Garantieauftraggeber die Liquidität entzieht.[1180] Es spielt auch keine Rolle für den Verfügungsgrund, dass bei einer missbräuchlichen Inanspruchnahme kein Aufwendungsersatz entsteht. Gerade das Prozessrisiko hierüber soll die einstweilige Verfügung vermeiden.[1181]

IV. Das Rechtsverhältnis zwischen Garantieauftraggeber und Begünstigtem

1. Garantiebeschaffungsklausel. Der Abschluss einer Garantie auf erstes Anfordern wird durch **396** eine Vereinbarung zwischen dem Begünstigten und dem Garantieauftraggeber veranlasst. Letzterer hat dafür zu sorgen, dass für den Berechtigten eine Garantie gestellt wird (Garantiebeschaffungsklausel). Es handelt sich dabei um eine Vorleistungspflicht des Garantieauftraggebers gegenüber dem (künftigen) Begünstigten.[1182] Qualitativ ist diese Pflicht als Hauptleistungspflicht einzustufen.[1183] Aus diesem Grunde **wird meist** gem. § 139 BGB der gesamte Vertrag zwischen den Parteien nichtig **sein,** wenn die Garantiebeschaffungsklausel unwirksam ist.[1184] **Die Verpflichtung, eine Garantie zu stellen, begründet kein Fixgeschäft, sodass der Garantieauftraggeber in Verzug gerät, wenn er nicht rechtzeitig die Garantie der Bank beschafft.**[1185]

2. Vertraglicher und bereicherungsrechtlicher Ausgleich. Für das Valutaverhältnis sind allein **397** die vertraglichen Vereinbarungen der Parteien dieses Rechtsverhältnisses maßgeblich. Auch wenn der Gläubiger nach dem Garantievertrag den Garanten in Anspruch nehmen kann, entscheidet sich auf Grund des durch die Garantie zu sichernden Vertrages im Hauptschuldverhältnis, ob er die Garantiesumme behalten darf. Ergibt dessen Auslegung eine zusätzliche Voraussetzung für die Inanspruchnahme, etwa einen Vertragsverstoß des Hauptschuldners, so handelt der Gläubiger vertragswidrig, wenn er die Garantie geltend macht, bevor diese Voraussetzung vorliegt. Er schuldet dem Garantieauftraggeber Schadensersatz aus schuldhafter **Pflichtverletzung** (§ 280 Abs. 1 BGB), wenn er aus der Garantie unter Verletzung seiner Prüfungspflichten aus dem Sicherungsvertrag vorzeitig vorgeht und auf Grund der dargestellten formalen Voraussetzungen Zahlung des Garanten erlangt.[1186] In Betracht kommen auch **deliktische Ansprüche** aus Betrug oder aus § 826 BGB.

Hat der Gläubiger den Garanten materiell zu Unrecht in Anspruch genommen und der Auftrag- **398** geber dem Garanten dessen **Aufwendungen erstattet,** so steht dem Auftraggeber **aus der Sicherungsabrede** mit dem Gläubiger ein eigener Rückforderungsanspruch zu.[1187] Es handelt sich dabei nicht um einen Bereicherungs- oder Schadensersatzanspruch, sondern um einen Primäranspruch aus der gem. §§ 133, 157 BGB auszulegenden Sicherungsabrede. Deswegen kann gegenüber diesem Anspruch nicht der Entreicherungseinwand (§ 818 Abs. 3 BGB) erhoben werden.

Ist der der materielle Garantiefall eingetreten, fehlt nach der Ansicht des BGH im Verhältnis **399** zwischen Garantieauftraggeber und Garantienehmer ein Rechtsgrund für die Zahlung des Garanten.

[1177] Zutr. Staudinger/*Horn,* 2012, BGB Vor §§ 765–778 Rn. 366; ebenso MüKoHGB/*Samhat* J Rn. 85.

[1178] OLG Frankfurt a. M. Urt. v. 27.4.1987 – 4 W 17/87, NJW-RR 1987, 1264; OLG Stuttgart Urt. v. 11.2.1981 – 4 U 142/80, ZIP 1981, 497.

[1179] OLG Stuttgart Urt. v. 14.11.2012 – 9 U 134/12, ZIP 2012, 2388; OLG Köln Urt. v. 15.3.1991 – 20 U 10/91, WM 1991, 1751 f.; OLG Frankfurt a. M. Beschl. v. 27.4.1987 – 4 W 17/87, WM 1988, 1480. Das Hanseatische Oberlandesgericht Hamburg (Beschl. v. 30.5.2012 – 13 W 23/12, ZInsO 2012, 1132) verneint einen Verfügungsgrund, wenn die Garantie nicht offensichtlich rechtsmissbräuchlich geltend gemacht werde. Es entspreche dem Regelfall der Abwicklung einer Garantie auf erstes Anfordern, dass der Auftraggeber die Berechtigung des Erstattungsanspruchs der Bank gerichtlich prüfen lassen und das Risiko des Regresses gegenüber dem Begünstigten tragen müsse.

[1180] Zutr. Staudinger/*Horn,* 2012, BGB Vor §§ 765–778 Rn. 366, 375; MüKoHGB/*Samhat* J Rn. 85; *v. Westphalen/Zöchling-Jud* Bankgarantie Kap. E Rn. 26.

[1181] Staudinger/*Horn,* 2012, BGB Vor §§ 765–778 Rn. 375.

[1182] MüKoHGB/*Samhat* J Rn. 174.

[1183] MüKoHGB/*Samhat* J Rn. 174; *v. Westphalen/Zöchling-Jud* Bankgarantie Kap. G Rn. 124; *Fischer* in Schimansky/Bunte/Lwowski BankR-HdB § 121 Rn. 77.

[1184] OLG Stuttgart Urt. v. 11.6.1981 – 10 U 202/80, WM 1981, 1265 (1267); MüKoHGB/*Samhat* J Rn. 174; *Pleyer* WM-Sonderbeilage 2/1973, 22 f.; differenzierend *v. Westphalen/Zöchling-Jud* Bankgarantie Kap. G Rn. 129 f.

[1185] *v. Westphalen/Zöchling-Jud* Bankgarantie Kap. G Rn. 127.

[1186] BGH Urt. v. 25.9.1996 – VIII ZR 76/95, NJW 1997, 461 (462); MüKoHGB/*Samhat* J Rn. 176.

[1187] BGH Urt. v. 24.9.1998 – IX ZR 371/97, WM 1998, 2363 zum gleichgelagerten Fall der Bürgschaft auf erstes Anfordern.

Der Garantieauftraggeber hat danach einen **Bereicherungsanspruch** gegen den Begünstigten aus einer Leistungskondiktion (§ 812 Abs. 1 S. 1 Var. 2 BGB).[1188] In der vertragswidrigen und materiell ungerechtfertigten Inanspruchnahme des Garanten liegt ein Eingriff auf Kosten des Auftraggebers, der im Deckungsverhältnis gegenüber dem Garanten für die Garantiesumme aufkommen muss. Der Bereicherungsanspruch besteht auch, wenn der durch die Garantie gesicherten Forderung dauernd die Einrede aus § 320 BGB entgegensteht, weil der Gläubiger die ihm obliegende Leistung nicht zu erbringen vermag.

400   **3. Präventiver Rechtsschutz.** Droht eine unberechtigte Inanspruchnahme aus der Garantie, kann der Auftraggeber dem Garantiebegünstigten im Wege der **einstweiligen Verfügung** verbieten, gegenüber dem Garanten die Forderung geltend zu machen.[1189] Der Verfügungsanspruch ergibt sich aus dem Vertrag im Valutaverhältnis, die Garantie nur zu ziehen, wenn sich das gesicherte Risiko tatsächlich verwirklicht. Sichert die Garantie einen unwirksamen Vertrag, tritt der Anspruch auf Unterlassung ihrer Inanspruchnahme neben den primären Bereicherungsanspruch des Auftraggebers.[1190] Eine einstweilige Verfügung ist unbegründet, wenn der Begünstigte die Garantie bereits in Anspruch genommen und die Garantiesumme erhalten hat (§ 275 Abs. 1 BGB).[1191] Ein Verfügungsgrund kann in der schwierigen Rechtsverfolgung oder auch in der Befürchtung liegen, der Begünstigte werde sich einem Rückgriff betrügerisch entziehen, was durch sein rechtsmissbräuchliches Zahlungsverlangen indiziert sein kann. Die einstweilige Verfügung, die Garantie nicht in Anspruch zu nehmen, wirkt nur zwischen Auftraggeber und dem Begünstigten. Der Garant ist nicht berechtigt, allein aufgrund dieser (vorläufigen) gerichtlichen Anordnung die Auszahlung an den Begünstigten zu verweigern.[1192]

401   Umstritten ist, ob der Garantieauftraggeber einen dinglichen Arrest in den Garantieanspruch erwirken kann. Dies wird teilweise bejaht, sodass kraft der Arrestpfändung des Garantieanspruchs der Garantieauftraggeber als Gläubiger des Pfandes die Hinterlegung der Forderungssumme (Garantiesumme) verlangen könnte.[1193] Indes ist hierfür kein Arrestgrund ersichtlich. Das Verbot, die Garantiesumme in Anspruch zu nehmen, ist keine Geldforderung iSd § 916 Abs. 1 ZPO. Ein Schadensersatzanspruch gegen den Begünstigten als arrestierbarer Anspruch entstünde außerdem erst, wenn die Bank bereits ausgezahlt hat.[1194]

402   **4. Rückgriff im Falle der Abtretung der Garantieforderung.** Die Abtretung des Zahlungsanspruchs aus der Garantie wird als zulässig angesehen, wenn die Parteien des Garantievertrags nichts anderes vereinbart haben.[1195] Diese Auffassung widerspricht den in Art. 9 **UN-Konvention über unabhängige Garantien** niedergelegten internationalen Gepflogenheiten, nach denen der Garantiebegünstigte den Zahlungsanspruch **nur bei ausdrücklicher Einwilligung des Garanten** abtreten darf und sich Art und Umfang der Abtretung allein nach den Bestimmungen des Garanten richten.

403   Die isolierte Abtretung der Garantieforderung ohne solche Bestimmungen wirft das Problem auf, dass der Zessionar gegenüber dem Hauptschuldner nicht ohne weiteres gehalten ist, die diesen schützenden **Abreden des Sicherungsvertrages** zu beachten. Denn die Abtretung einer Sicherheit enthält nicht ohne weiteres die stillschweigende Vereinbarung einer Übernahme der Verbindlichkeiten des Zedenten aus dem Sicherungsvertrag.[1196] Lässt sich nicht feststellen, dass der Zessionar im Wege des Schuldbeitritts auch die vertragliche Bindung des Zedenten aus dem Valutaverhältnis übernommen hat, die Garantieforderung nur im Falle des materiellen Garantiefalls geltend zu machen, so kann sich der Garantieauftraggeber nur an den **Zedenten** halten. Dieser hat gegen die Verpflichtung verstoßen, die ihm durch das Valutaverhältnis auferlegten Bedingungen weiterzugeben, und schuldet dem Garantieauftraggeber deshalb Schadensersatz. Der Zessionar der „bloßen" Garantieforderung unterliegt hingegen keinen vertraglichen Ansprüchen gegenüber dem Garantieauftraggeber und schuldet diesem nur im Falle deliktischen Handelns Schadensersatz.

[1188] Zur Annahme eines Anspruchs aus Leistungskondiktion, falls der Zahlung des Garanten doppelte Tilgungsbestimmung zukommt, *Einsele* JZ 1999, 466 f.

[1189] BGH Urt. v. 11.12.1986 – IX ZR 165/85, WM 1987, 367 (369); OLG Frankfurt a. M. Urt. v. 12.2.1974 – 5 W 4/74, WM 1974, 956; OLG Stuttgart Beschl. v. 10.10.1997 – 13 W 55/97, MDR 1997, 435. Zum Regelungsinhalt der einstweiligen Verfügung vgl. *Schnauder* OLG Report Düsseldorf 2000, K 25 f.; *v. Caemmerer* FS Riese, 1964, 295 (304); MüKoHGB/*Samhat* J Rn. 178.

[1190] BGH Urt. v. 12.3.1984 – II ZR 10/83, WM 1984, 1245 betr. eine Garantie für unwirksame Warentermingeschäfte; vgl. *Mülbert* ZIP 1985, 1101 f.

[1191] OLG Stuttgart Urt. v. 20.1.2015 – 10 U 102/14, NJW-RR 2015, 1184 Rn. 24; MüKoHGB/*Samhat* J Rn. 178; Staudinger/*Horn,* 2012, BGB Vor §§ 765–778 Rn. 356.

[1192] BGH Urt. v. 10.10.2000 – XI ZR 344/99, NJW 2001, 282.

[1193] *Aden* RIW 1981, 439 (441 f.); Staudinger/*Horn,* 2012, BGB Vor §§ 765–778 Rn. 352 ff.; → 3. Aufl. 2015, Rn. IV 455.

[1194] MüKoHGB/*Samhat* J Rn. 181; *Pleyer* WM-Sonderbeilage 2/1973, 24 f.; *Fischer* in Schimansky/Bunte/Lwowski BankR-HdB § 121 Rn. 218. *Mülbert,* Missbrauch von Bankgarantien und einstweiliger Rechtsschutz, 1985, lehnt das Rechtsschutzbedürfnis für einen Arrest ab, 186 ff.

[1195] BGH Urt. v. 10.11.1998 – XI ZR 370/97, NJW 1999, 5 f.; OLG Frankfurt a. M. Urt. v. 24.11.1997 – 18 U 75/95, ZIP 1998, 148.

[1196] BGH Urt. v. 25.9.1996 – VIII ZR 76/95, NJW 1997, 461 (463).

Schuldner eines **Bereicherungsanspruchs** ist ebenfalls grundsätzlich der Zedent und nicht der **404** Zessionar.[1197] Denn aus der Sicht des empfangenden Zessionars stellt sich die Zahlung des Garanten als Leistung des Zedenten dar, sodass in diesem Verhältnis ein Rechtsgrund vorliegt. Der Bundesgerichtshof erwägt eine Ausnahme von diesem Grundsatz, wenn die **Initiative zur Geltendmachung der Garantieforderung** allein von dem Zessionar ausgeht, dieser auch die Befugnis dazu in der Garantiezusage erhalten hat und sich die Leistung des Garanten deshalb ihm und nicht nur dem ursprünglich Begünstigten zurechnen lässt.[1198]

V. Besonderheiten bei Einschaltung einer weiteren Bank

Im EU-Bereich wird gelegentlich eine zweite Bank **(Avisbank)** im Land des Sicherungsnehmers **405** eingeschaltet, um **Erklärungen** des Garantieberechtigten **entgegenzunehmen** und die Zahlung der garantierenden Erstbank weiterzuleiten. Welche Bank dafür zuständig ist, Erklärungen des Garantieberechtigten entgegenzunehmen, hängt ansonsten von den Vereinbarungen der Parteien ab. Grundsätzlich wird dies die garantierende Bank sein.[1199] Die Avisbank übernimmt davon abgesehen keine eigene Verpflichtung.

Davon zu unterscheiden ist die **indirekte Garantie,** die von zahlreichen Handelspartnern außerhalb **406** der EU verlangt wird. Die erstbeauftragte deutsche Bank beauftragt in diesem Model eine Bank im Land des Sicherungsnehmers mit der **Stellung der Garantie** und sichert sie (häufig) durch eine Rückgarantie.[1200] Der Geschäftsbesorgungsvertrag der Banken unterliegt regelmäßig dem Recht der garantierenden Zweitbank, sei es kraft ausdrücklicher oder konkludenter Rechtswahl oder bei objektiver Anknüpfung, weil die im Ausland niedergelassene Garantiebank die charakteristische Leistung erbringt (Art. 4 Abs. 2 Rom I-VO).[1201] Im Falle der Rückgarantie der Erstbank wird die letztgenannte Anknüpfung nicht in Betracht kommen und ggf. an eine gespaltene Rechtsanwendung zu denken sein.[1202]

Der Garantieauftraggeber steht in **keinen vertraglichen Beziehungen** zu der Zweitbank. Er hat **407** Ansprüche und Pflichten aus dem Geschäftsbesorgungsvertrag mit der Erstbank, wobei hier der Grundsatz der formalen Auftragsstrenge gilt. Die Erstbank schuldet der in Anspruch genommenen Zweitbank die Erstattung des Garantiebetrages gem. §§ 675, 670 BGB bzw. Erfüllung der Rückgarantie. Der auf erstes Anfordern zu begleichende Anspruch aus der Rückgarantie ist davon unabhängig, ob die Zweitbank an den Berechtigten leisten durfte oder die Zahlung für erforderlich hielt.[1203] Ein rechtsmissbräuchliches Handeln der Zweitbank kommt nur in Ausnahmefällen in Betracht. Objektiv ist hier ein doppelter Rechtsmissbrauch erforderlich. Es muss offensichtlich oder liquide beweisbar sein, dass der Zweitbank kein Aufwendungsersatzanspruch gem. § 670 BGB gegen die Erstbank zusteht, weil die Inanspruchnahme der Zweitbank durch den Letztbegünstigten rechtsmissbräuchlich war.

Subjektiv ist die Anforderung der Rückgarantie missbräuchlich, wenn die Zweitbank wider besseres **408** Wissen die Inanspruchnahme ihrer Garantie zugelassen hat.[1204] Auch hier stellt sich das Problem der **Abwehr rechtsmissbräuchlicher Inanspruchnahme.** Der Garantieauftraggeber kann die **Zweitbank** auf Unterlassung einer sittenwidrigen Vermögensschädigung (§ 826 BGB) – auch im Wege einer einstweiligen Verfügung – in Anspruch nehmen. Ein Verfügungsanspruch aus Vertrag ist nur denkbar, wenn sich dem Geschäftsbesorgungsvertrag zwischen den Banken eine Schutzpflicht der Zweitbank zugunsten des Garantieauftraggebers entnehmen lässt.[1205]

Wird die Erstbank zu Unrecht von der Zweitbank belangt und darf sie – nach unverzüglicher **409** Unterrichtung ihres Auftraggebers von der Zahlungsaufforderung – die Auszahlung den Umständen nach für erforderlich halten, hat sie nach Leistung den Regressanspruch aus §§ 675, 670 BGB. Der Garantieauftraggeber kann einen Anspruch gegen die Erstbank unter dem Gesichtspunkt des **Auswahlverschuldens** haben (§§ 675, 664 Abs. 1 S. 2 BGB).[1206] Auch ist die Erstbank aus dem Geschäftsbesorgungsvertrag verpflichtet, auf eine Kongruenz der zwischen Auftraggeber und Begünstigtem vereinbarten Garantie mit dem Garantietext, wie ihn die Zweitbank vorsieht, hinzuwirken. Eine vertragliche Haftung der Erstbank gegenüber ihrem Kunden für schuldhaftes Handeln der Zweit-

---

[1197] Vgl. zum Kondiktionsanspruch des Versicherers gegen den Versicherungsnehmer nach Leistung des Versicherers an den Zessionar BGH Urt. v. 2.11.1988 – IV b ZR 102/87, BGHZ 105, 365 (368) = NJW 1989, 900; Urt. v. 10.3.1993 – XII ZR 253/91, BGHZ 122, 46 (50) = NJW 1997, 461.
[1198] BGH Urt. v. 25.9.1996 – VIII ZR 76/95, BGHZ 122, 46 (50) = NJW 1997, 461 (464).
[1199] MüKoHGB/*Samhat* J Rn. 233.
[1200] BGH Urt. v. 10.10.2000 – XI ZR 344/99, BGHZ 145, 286 (291).
[1201] MüKoHGB/*Samhat* J Rn. 224; *v. Westphalen/Zöchling-Jud* Bankgarantie Kap. F Rn. 32.
[1202] Staudinger/*Horn*, 2012, BGB Vor §§ 765–778 Rn. 327.
[1203] BGH Urt. v. 10.10.2000 – XI ZR 344/99, BGHZ 145, 286 (292) = NJW 2001, 282.
[1204] BGH Urt. v. 10.10.2000 – XI ZR 344/99, BGHZ 145, 286 (292 f.) = NJW 2001, 282; BGH Urt. v. 24.11.1983 – IX ZR 2/83, WM 1984, 44 (45), für die Rückbürgschaft; *Fischer* in Schimansky/Bunte/Lwowski BankR-HdB § 121 Rn. 198.
[1205] Staudinger/*Horn*, 2012, BGB Vor §§ 765–778 Rn. 370.
[1206] MüKoHGB/*Samhat* J Rn. 218.

bank kommt nicht in Betracht, weil die garantierende Zweitbank keine Aufgabe der Erstbank erfüllt (§ 278 BGB) und die Übernahme einer Garantie durch die Zweitbank keine Verbindlichkeit der Erstbank gegenüber dem Auftraggeber ist.[1207] Vielmehr stellt die Zweitbank in eigener Verantwortung dem Begünstigten eine (Direkt-)Garantie.

b) Bürgschaft

Schrifttum: 1. Allgemeines: *Banzhaf/Buchinger*, Offene Fragen bei der Freigabe von Gewährleistungsbürgschaften, NZBau 2010, 539; *Becker-Eberhard*, Die Forderungsgebundenheit der Sicherungsrechte, 1993; *Bülow*, Bankbürgschaft und Rechtsscheinzurechnung, ZiP 1996, 1694; *P. Bydlinski*, Die Bürgschaft im österreichischen und deutschen Handels-, Gesellschafts- und Wertpapierrecht, 1991; *P. Bydlinski*, Verjährung und Abtretbarkeit von Bürgschaftsansprüchen, ZIP 1989, 953; *P. Bydlinski*, Moderne Kreditsicherheiten und zwingendes Recht, AcP 190 (1990), 165; *P. Bydlinski*, Die aktuelle höchstgerichtliche Judikatur zum Bürgschaftsrecht in der Kritik, WM 1992, 1301; *P. Bydlinski*, Die Kündigung der Bürgschaft, FS Schimansky, 1999, 299; *Chelidonis*, Die erkennbar untaugliche Bürgschaft, 1999; *Dähn*, Die Wirksamkeit von Globalbürgschaften von Gesellschaftern und Geschäftsführern für Verbindlichkeiten der Gesellschaft, ZBB 2000, 61; *Derleder*, Die unbegrenzte Kreditbürgschaft, NJW 1986, 97; *Derleder/Beining*, Die betragsmäßigen Grenzen der Kreditbürgschaft, ZBB 2001, 1; *Ehricke*, Bürgschaften von Geschäftsführern und Gesellschaftern einer GmbH für die Verbindlichkeiten ihrer Gesellschaft, WM 2000, 2177; *Ensenbach/Jotzo*, Zur Bürgenhaftung in der Insolvenz des Hauptschuldners, KTS 2010, 463; *Fielenbach*, Zur Haftung des Bürgen für Bereicherungsverbindlichkeiten, WM 2011, 2345; *Fischer*, Aktuelle Rechtsprechung zur Bürgschaft und zum Schuldbeitritt, WM 1998, 1705; WM 2001, 1049, 1093; *Fischer*, Bürgschaft und Verbraucherkreditgesetz, ZiP 2000, 828; *Fischer*, Reichweite der Bürgschaften nach der Makler- und Bauträgerverordnung, WM 2003, 1; *Fischer/Ganter/Kirchof*, Schutz des Bürgen, FS 50 Jahre BGH, 2000, 33; *Förster*, Problematische Bürgschaftsverpflichtungen in Allgemeinen Geschäftsbedingungen, WM 2010, 1677; *Ganter*, Aktuelle Probleme des Kreditsicherungsrechts, WM 2006, 1081; *Geißler*, Der Wegfall der Geschäftsgrundlage im Rahmen des Bürgschaftsvertrages, NJW 1988, 3184; *Grunewald*, Bürgschaft und Schuldbeitritt von Geschäftsführern und Gesellschaftern, FS Kraft, 1998, 127; *Habersack*, Die Akzessorietät – Strukturprinzip der europäischen Zivilrechte und eines künftigen europäischen Grundpfandrechts, JZ 1997, 857; *Habersack*, Regress bei akzessorischer Haftung – Gemeinsamkeiten zwischen Bürgschafts- und Gesellschaftsrecht, AcP 198 (1998), 152; *Henssler*, Risiko als Vertragsgegenstand, 1994; *Horn*, Globalbürgschaft und Bestimmtheitsgrundsatz, FS Merz 1992, 217; *Horn*, Bürgschaften und Garantien, 8. Aufl. 2001; *Keim*, Das Ende der Blankobürgschaft?, NJW 1996, 2774; *Knütel*, Zur Frage der sog. Diligenzpflicht des Gläubigers gegenüber dem Bürgen, FS Flume 1978, Bd. I, 559; *Koziol*, Die Rückabwicklung rechtsgrundloser Zahlungen eines Bürgen, ZBB 1989, 16; *Kreft*, Die Rechtsprechung des Bundesgerichtshofs zur Bürgschaft, WM-Sonderbeilage Nr. 5 zu Heft 35/1997; *Graf Lambsdorff/Skora*, Handbuch des Bürgschaftsrechts, 1994; *Klose*, Die Bürgschaft bei Wegfall des Hauptschuldners, WM 2009, 309; *Leitmeier*, Rechtsgründe der Bürgschaft, NZBau 2009, 676; *Lettl*, Akzessorietät contra Sicherungszweck – Rechtsfragen bei der Gestaltung von Bürgschaftsverträgen, WM 2000, 1316; *Lorenz*, Innenverhältnis und Leistungsbeziehungen bei der Bürgschaft, JuS 1999, 1145; *Mayen*, Anwendbarkeit des Haustürwiderrufsgesetzes und des Verbraucherkreditgesetzes auf Bürgschaften, FS Schimansky, 1999, 415; *Medicus*, Entwicklungen im Bürgschaftsrecht – Gefahren für die Bürgschaft als Mittel der Kreditsicherung?, JuS 1999, 833; *Reinicke/Tiedtke*, Bürgschaftsrecht, 2. Aufl. 2000; *Reinicke/Tiedtke*, Bürgschaft und Wegfall der Geschäftsgrundlage, NJW 1995, 1449; *Reinicke/Tiedtke*, Schutz des Bürgen durch das Haustürwiderrufsgesetz, ZIP 1998, 893; *Rüßmann*, Formzwang und Übereilungsschutz in Interzessionsfällen, FS Heinrichs, 1998, 452; *C. Schmidt*, Die sogenannte Akzessorietät der Bürgschaft, 2001.

2. Sittenwidrige Bürgschaften: *Bartels*, Eingriffe in die Vertragsbeteiligung durch Auslegung, Typenlehre und Umgehungsverbot, WM 2002, 1905; *Ch. Becker*, Ausbau der Rechtsprechung zur überfordernden Mitverpflichtung, DZWir 1995, 237; *Canaris*, Wandlungen des Schuldvertragsrechts – Tendenzen zu seiner „Materialisierung", AcP 200 (2000), 273; *Derleder*, Rechtliche Grenzen der Verschuldung junger Erwachsener, FS Bärmann und Weitnauer, 1990, 121; *G. Fischer*, Sittenwidrigkeit der Mithaftung bei Bürgschaften wegen finanzieller Überforderung, in Hadding/Nobbe, RWS-Forum 17, 2000, 91; *Frey*, Die Haftung mittelloser Bürgen zwischen Verfassungs- und Vertragsrecht, WM 1996, 1612; *Gernhuber*, Ruinöse Bürgschaften als Folge familiärer Verbundenheit, JZ 1995, 1086; *Habersack/Giglio*, Sittenwidrigkeit der Bürgschaft wegen krasser finanzieller Überforderung des Bürgen? – Eine rechtsvergleichende und europarechtliche Skizze, WM 2001, 1000; *Halstenberg*, Die Rechtsprechung des Bundesgerichtshofs zur sittenwidrigen finanziellen Überforderung Mithaftender, FS Schimansky, 1999, 315; *Homann/Maas*, Sittenwidrige Nahbereichsbürgschaften und Restschuldbefreiung, JuS 2011, 774; *Kohte*, Vertragsfreiheit und gestörte Vertragsparität, ZBB 1994, 172; *Medicus*, Entwicklungen im Bürgschaftsrecht – Gefahren für die Bürgschaft als Mittel der Kreditsicherung?, JuS 1999, 833; *A. Maier*, Die Bedeutung des Vertragswortlauts für die Übertragbarkeit der Rechtsprechung zu sittenwidrigen Angehörigenbürgschaften bei krasser finanzieller Überforderung auf Fälle vertraglicher Mitverpflichtung, WM 2009, 1971; *H.-F. Müller*, Der „nahe" Angehörige in der Bürgschaftsrechtsprechung des BGH, DZWir 1998, 447; *H.-F. Müller*, Restschuldbefreiung und materielles Recht, KTS 2000, 57; *Nitze/Grädler*, Die Sittenwidrigkeit von Angehörigenbürgschaften trotz Restschuldbefreiung, VuR 2012, 91; *Nobbe/Kirchhof*, Bürgschaften und Mithaftungsübernahme finanziell überforderter Personen, BKR 2001, 5; *Odersky*, Ruinöse Bürgschaften – Rechtsethik und Zivilrecht, ZGR 1998, 169; *Reinicke/Tiedtke*, Zur Sittenwidrigkeit hoher Verpflichtungen vermögens- und einkommensloser Bürgen, ZiP 1989, 613; *Schanbacher*, Bürgschaft und Erbschaft – zur Sittenwidrigkeit von Bürgschaften finanziell überforderter Personen, WM 2001, 74; *Schapp*, Privatautonomie und Verfassungsrecht, ZBB 1999, 30; *Schimansky*, Aktuelle Rechtsprechung des BGH zur krassen finanziellen Überforderung von Mithaftenden bei der Kreditgewährung, WM 2002, 2437; *Schnabl*, Kehrtwende der Rechtsprechung zu sittenwidrigen Bürgschaftsverträgen?, WM 2006, 706; *Unger*, Die Sittenwidrigkeitsrechtsprechung bei „Angehörigenbürgschaften", BKR 2005, 432; *H. P. Westermann*, Die Bedeutung der Privatautonomie im Recht des Konsumentenkredits, FS

[1207] *Bark* ZIP 1982, 405 (414); MüKoHGB/*Samhat* J Rn. 219; *Fischer* in Schimansky/Bunte/Lwowski BankR-HdB § 121 Rn. 167; teilw. aA Staudinger/*Horn*, 2012, BGB Vor §§ 765–778 Rn. 299.

Lange, 1992, 995; *Zöllner,* Regelungsspielräume im Schuldvertragsrecht, AcP 196 (1996), 1; *Zöllner,* Die Bürgschaft des Nichtunternehmers, WM 2001, 1.

3. Einreden: *Duckstein/Pfeiffer,* Die Einrede der Vorausklage (§ 771 BGB), JR 2010, 231; *Einsiedler,* Die Verjährungseinrede des Bürgen, MDR 2010, 603; *Harrer,* Die Einreden des Bürgen, FS H. Honsell, 2002, 515; *Geißler,* Der Befreiungsanspruch des Bürgen und seine vollstreckungsrechtliche Durchsetzung, JuS 1988, 452; *Kiehnle,* Gibt ein Aufrechnungsrecht des Hauptschuldners dem Bürgen eine Einrede gegen den nicht aufrechnungsberechtigten Gläubiger?, AcP 208 (2008), 635; *Lieb,* Verjährung im Bürgschafts- und Gesellschaftsrecht, FS Lüderitz, 2000, 455; *Reichelt/Matthes,* Vertragserfüllungsbürgschaften unter Verzicht auf die Einrede nach § 768 BGB, ZfIR 2009, 407; *Siegmann/Polt,* Verjährungshemmung bei bürgschaftsgesicherten Darlehensforderungen, WM 2004, 766; *Schlößer,* Die Hemmung der Verjährung des Bürgschaftsanspruchs nach neuem Schuldrecht, NJW 2006, 645; *Schlüter,* Die Einrede der Aufrechenbarkeit des OHG-Gesellschafters und des Bürgen, FS H. Westermann, 1974, 509; *Thiele/Bütter,* Bürgschaft – Wirksamkeit des Aufrechnungsausschlusses in AGB bei vom Hauptschuldner vermittelter Bürgschaftsübernahme, MDR 2003, 1025; *Tiedtke,* Aus dem Hauptschuldverhältnis abgeleitete und eigene Einreden des Bürgen, JZ 2006, 940; *Tiedtke/Holthusen,* Auswirkungen eines Anerkenntnisses des Hauptschuld durch den Hauptschuldner auf die Haftung des Bürgen, WM 2007, 93; *Wiese,* Der Schutz des Bürgen durch die Einrede der Aufrechenbarkeit – am Beispiel von Aufrechnungsverboten gem. § 394 BGB, JR 2006, 397; *Zimmermann,* Die Einrede der Aufrechenbarkeit nach § 770 Abs. 2 BGB, JR 1979, 495.

4. Forderungsübergang gem. § 774 BGB: *Bayer,* Der Ausgleich zwischen Höchstbetragsbürgen, ZiP 1990, 1523; *Dieckmann,* Der Derivativregress der Bürgen gegen den Hauptschuldner im englischen und deutschen Recht, 2003; *Finger,* Die Konkurrenz der Rückgriffsansprüche von Pfandschuldner und Bürge, BB 1974, 1416; *Glöckner,* Ausgleich zwischen mehreren Bürgen bei unterschiedlichen Haftungsbeschränkungen, ZiP 1999, 821; *Habersack,* Der Regress bei akzessorischer Haftung – Gemeinsamkeiten zwischen Bürgschafts- und Gesellschaftsrecht, AcP 198 (1998), 152; *Horn,* Haftung und interner Ausgleich bei Mitbürgen und Nebenbürgen, DZWir 1997, 265; *Reinicke/Tiedtke,* Rückgriffsansprüche des Bürgen bei Zahlung als Sicherheit, JZ 1990, 327; *Reinicke/Tiedtke,* Der Übergang der verbürgten Forderung auf den Bürgen als Nachteil für den Gläubiger, DB 1990, 1953; *Schanbacher,* Der Ausgleich zwischen dinglichem Sicherer und persönlichem Sicherer, AcP 191 (1991), 87; *Schlechtriem,* Ausgleich zwischen mehreren Sicherern fremder Schuld, FS v. Caemmerer, 1978, 1013; *Schmitz,* Der Ausgleich zwischen Bürgschaft und Schuldbeitritt, FS Merz, 1992, 553; *Tiedtke,* Ausgleichsansprüche zwischen dem Eigentümer des mit einer Grundschuld belasteten Grundstücks und dem Bürgen, BB 1984, 19; *Tiedtke,* Gesamtschuldklausel und Sicherungsklausel im Bürgschaftsrecht, JZ 1987, 491; *Tiedtke,* Ausgleichsansprüche zwischen dem Bürgen und dem Besteller einer Grundschuld, WM 1990, 1270; *Tiedtke,* Ausgleichsansprüche des Bürgen gegen andere Sicherungsgeber, DNotZ 1993, 291; *Zeising,* Cessio legis und Gläubigerschutz bei Regress des Bürgen, WM 2010, 2204.

5. Sonderformen: *Bydlinski,* Personaler numerus clausus bei der Bürgschaft auf erstes Anfordern?, WM 1991, 257; *Bydlinski,* Die Bürgschaft auf erstes Anfordern: Darlegungs- und Beweislast bei Rückforderung durch den Bürgen, WM 1990, 1401; *Dieckmann,* Zur rechtlichen Qualifizierung der sog. Bürgschaft auf erstes Anfordern, DZWir 2003, 177; *Eleftheriadis,* Die Bürgschaft auf erstes Anfordern, 2001; *Gerth,* Zum Erfordernis der Fälligkeit der Hauptschuld bei der Zeitbürgschaft, (§ 777 BGB), WM 1988, 317; *Heinsius,* Bürgschaft auf erstes Anfordern, FS Merz 1992, 177; *Kopp,* Offensichtlichkeit des Rechtsmissbrauchs und „liquide Beweisbarkeit" bei der Bürgschaft auf erstes Anfordern, WM 2010, 640; *Kupisch,* Bona fides und Bürgschaft auf erstes Anfordern, WM 2002, 1626; *Michalski,* Bürgschaft auf erstes Anfordern, ZBB 1994, 289; *Michalski,* Ausdrückliche und konkludente Bürgschaften auf erstes Anfordern, ZBB 1996, 224; *Oepen,* Auf erstes Anfordern versprochene Bürgschaften und Garantien, NJW 2009, 1110; *J. Schmidt,* Die Effektivklausel in der Bürgschaft auf erstes Anfordern, WM 1999, 308; *Stötter/Stötter,* Das Bürgenrisiko bei zeitlicher Begrenzung der Kreditbürgschaft, DB 1988, 899; *Tiedtke,* Der Regressanspruch des Nachbürgen, WM 1976, 124; *Zöllner,* Die Bürgschaft des Nichtunternehmers, WM 2000, 1.

I. Begriff und Kennzeichen der Bürgschaft

1. Eigenschaften der Bürgschaft. Die Bürgschaft ist ein einseitig verpflichtender Vertrag, durch **410** den sich der Bürge gegenüber dem Gläubiger eines Dritten (Hauptschuldner) verpflichtet, für die Erfüllung der Verbindlichkeit des Hauptschuldners einzustehen (§ 765 Abs. 1 BGB). Sie begründet eine persönliche Verpflichtung des Bürgen, dem Gläubiger im Bürgschaftsfall mit seinem gesamten Vermögen zu haften (Personalsicherheit bzw. Interzession). Die Verbindlichkeit des Bürgen ist **akzessorisch** und **subsidiär** zur Hauptschuld. Der Akzessorietätsgrundsatz dient dem Schutz des Bürgen. Die Bürgschaft ist in ihrer Entstehung, ihrem Inhalt, ihrem Fortbestand sowie in ihrer Durchsetzbarkeit von dem Bestand der Hauptforderung abhängig. Entstehungshindernisse, inhaltliche Mängel oder Beschränkungen der Hauptschuld schlagen auf die Verpflichtung des Bürgen durch. Hauptschuldner und Bürgen sind damit keine Gesamtschuldner. Die Subsidiarität der Bürgschaft drückt sich in dem Leistungsverweigerungsrecht aus § 770 BGB und der Einrede der Vorausklage (§ 771 BGB) aus. Allerdings ist diese Einrede ausgeschlossen, wenn die Bürgschaftsverpflichtung für den Bürgen ein Handelsgeschäft ist (§§ 349 S. 1, 343, 344 Abs. 1 HGB).

2. Abgrenzung zu verwandten Rechtsinstituten. a) Schuldbeitritt. Durch den **Schuldbei-** **411** **tritt** wird keine akzessorische, sondern eine **gesamtschuldnerische** Verpflichtung begründet, die sich eigenständig zur gleichrangigen Hauptschuld entwickeln kann. Nur in seiner Entstehung ist der Schuldbeitritt vom Bestand der zu sichernden Forderung abhängig. Die Abgrenzung zwischen Bürgschaft und Schuldbeitritt stellt sich unter dem Gesichtspunkt der **Formbedürftigkeit** mit besonderer Schärfe, wenn es sich um die Interzession eines **Verbrauchers** handelt. Dessen *Beitritt* zu einem

Kreditvertrag ist analog § 492 BGB formbedürftig.[1208] Nach § 494 Abs. 1 BGB ist der Vertrag nicht nur bei Missachtung der Schriftform nichtig, sondern auch, wenn die Pflichtangaben nach § 492 Abs. 1 S. 5 Nr. 1–6 BGB fehlen.

412   Die Rspr. nimmt einen Schuldbeitritt an, wenn der Beitretende ein **eigenes sachliches Interesse** an den Leistungen aus dem Hauptvertrag hat, und wertet die Verpflichtung im Zweifel als – formbedürftige – Bürgschaft.[1209] Hat beispielsweise ein Bauherr ungeachtet der Einschaltung eines Bauträgers einem Handwerker die Bezahlung seiner Arbeiten zugesagt, spricht es entscheidend für einen Schuldbeitritt, dass der Bauträger seine **Zahlungen bereits eingestellt** hat und daher nach dem Kenntnisstand der Parteien die Subsidiarität der Bürgenhaftung voraussichtlich nicht zum Tragen kommt.[1210] Die für den Schuldbeitritt kennzeichnende „Anlehnung" an die Hauptforderung kann auch durch die Bezeichnung als „gesamtschuldnerische Mithaftung" zum Ausdruck kommen, während die Formulierung, eine Verpflichtung werde selbstschuldnerisch übernommen, auf eine Bürgschaft hindeutet.[1211]

413   **b) Abgrenzung zur Garantie.** Der einseitig verpflichtende Garantievertrag soll den Gläubiger im Garantiefall schadlos stellen (→ Rn. 346 ff.). Im Gegensatz zu dem Anspruch des Bürgschaftsgläubigers aus der Bürgschaft ist der Anspruch des Garantienehmers aus dem Garantievertrag von dem Bestand einer Hauptschuld unabhängig und damit **nicht akzessorisch.**[1212] Der Inhalt der Schadlosgarantie bestimmt sich nach den Grundsätzen des Schadensersatzrechts (§§ 249 ff. BGB).[1213] Der Garant übernimmt das vertraglich bestimmte Risiko schlechthin, ohne Rücksicht auf ein Verschulden oder eine etwaige Unmöglichkeit. Er haftet **nicht subsidiär**, sondern gegenüber dem zu sichernden Forderung selbständig und kann im Gegensatz zum Bürgen **keine Einwendungen und Einreden aus dem Hauptschuldverhältnis** herleiten.[1214] Verpflichtet sich der Erklärende „auf erstes Anfordern" zu zahlen, und zeichnet er eine Urkunde, in der die Begriffe „Bürgschaft" „und „Bürge" wiederholt vorkommen und in der er die Übernahme einer „selbstschuldnerischen Bürgschaft" als Sicherheit erklärt, wurde ein Bürgschaftsvertrag geschlossen. Die Verpflichtung, „auf erstes Anfordern" zu zahlen, hebt die Abhängigkeit zwischen Hauptschuld und Bürgschaftsverpflichtung nicht auf.[1215]

414   **3. Umdeutungsmöglichkeit.** Eine Vereinbarung kann nicht zugleich Bürgschaft und Garantieversprechen bzw. Schuldbeitritt sein.[1216] Die weiter gehenden Rechtsfolgen des Schuldbeitritts und der Garantie stehen ebenso wie der Schutzzweck des Formerfordernisses (§ 766 S. 1 BGB) der Umdeutung nach § 140 BGB einer formunwirksamen Bürgschaft in die genannten Personensicherheiten entgegen. Umgekehrt ist ein nichtiger Schuldbeitritt in eine selbstschuldnerische Bürgschaft umzudeuten, wenn die Parteien dies gewollt hätten, vorausgesetzt sie hätten die Nichtigkeit der Mithaftungserklärung gekannt. Im Zweifel ist davon auszugehen, wenn die Bürgschaft denselben wirtschaftlichen Erfolg erreicht.[1217] Umstritten ist, ob eine formnichtige Bürgschaft in einen **Kreditauftrag** nach § 778 **BGB umgedeutet** werden kann. Bedeutsam ist deswegen, weil Kreditauftrag gem. § 778 BGB nicht dem Formerfordernis des § 766 S. 1 BGB unterliegt; der Auftraggeber haftet zwar wie ein Bürge, ist aber keiner im Rechtssinn. § 766 BGB ist auch nicht analog anwendbar, weil die Vorschrift auf den Vertragstyp abstellt und nicht auf ein vergleichbares Schutzbedürfnis im Einzelfall.[1218] Eine verbreitete Ansicht will eine formnichtige Bürgschaft in einen Kreditauftrag umdeuten, wenn der Schuldner sein eigenes Interesse an der Kreditgewährung sowie seine Bereitschaft, das Risiko dafür zu tragen, dem Gläubiger hinreichend klar zum Ausdruck gebracht hat.[1219] Eine derartige Umdeutung widerspricht jedoch der Warnfunktion des § 766 BGB. Wenn diese Vorschrift sogar vor belastenden Erweiterungen einer Bürgschaft schützt, greift der Schutzzweck der Norm auch, wenn überhaupt eine Belastung in Frage steht.[1220]

[1208] BGH Urt. v. 5.6.1996 – VIII ZR 151/95, BGHZ 133, 71 = WM 1996, 1258 und Urt. v. 10.7.1996 – VIII ZR 213/95, BGHZ 133, 220 = WM 1996, 1781; BGH Urt. v. 28.1.1997 – XI ZR 251/95, WM 1997, 663; BGH Urt. v. 12.11.1996 – XI ZR 202/95, NJW 1997, 654; Urt. v. 29.1.1997 – XI ZR 251/95, ZIP 1997, 643; Urt. v. 30.7.1997 – VIII ZR 244/96, WM 1997, 2000.

[1209] RGZ 64, 318 (320) (Erwerber eines Betriebes verpflichtet sich für betriebsbezogene Schuld des Veräußerers); BGH Urt. v. 19.9.1985 – VII ZR 338/84, NJW 1986, 580 (Interesse des Geschäftsführers einer zahlungsunfähigen GmbH, durch einen Schuldbeitritt die Insolvenz abzuwenden).

[1210] OLG Hamm Urt. v. 10.2.1993 – 12 U 167/92, NJW 1993, 2625.

[1211] OLG Brandenburg, zit. nach *Pape* NJW 1996, 887 (888).

[1212] BGH Urt. v. 22.4.1985 – II ZR 180/84, BGHZ 94, 167 (170) = NJW 1985, 1829; Urt. v. 13.6.1996 – IX ZR 172/95, NJW 1996, 2569.

[1213] BGH Urt. v. 16.12.1960 – II ZR 137/59, WM 1961, 204.

[1214] BGH Urt. v. 25.9.1996 – VIII ZR 172/95, WM 1997, 36; Urt. v. 23.1.1997 – IX ZR 297/95, WM 1997, 656; Staudinger/*Horn,* 2013, BGB Vor §§ 765–778 Rn. 204.

[1215] BGH Urt. v. 21.4.1988 – IX ZR 113/87, WM 1988, 934.

[1216] RGZ 72, 138 (140).

[1217] BGH Urt. v. 16.10.2007 – XI ZR 132/06, BGHZ 174, 39 Rn. 27 = NJW 2008, 1070 (1072) = WM 2007, 2370; Beschl. v. 17.9.2008 – III ZB 19/08, WM 2008, 2153.

[1218] BGH Urt. v. 19.1.1972 – VIII ZR 111/70, NJW 1972, 576.

[1219] Staudinger/*Horn,* 2013, BGB § 778 Rn. 6; *Schütz* WM 1963, 1051; *Zeiss* WM 1963, 906.

[1220] MüKoBGB/*Habersack* BGB § 778 Rn. 8.

II. Rechtsverhältnis zwischen Bürge und Gläubiger

1. Zustandekommen des Bürgschaftsvertrages. a) Inhalt der Bürgschaftserklärung. Eine **415** Bürgschaftserklärung gem. § 765 BGB muss den *Verbürgungswillen* ausdrücken und die Person des *Gläubigers* und des *Hauptschuldners* sowie die fremde *Schuld,* für die gebürgt werden soll, in einer wenigstens individuell bestimmbaren Weise bezeichnen.[1221] Unerheblich ist, ob die Parteien ausdrücklich ihre Vereinbarung als Bürgschaft bezeichnen. Erst nachdem eine gegebenenfalls nötige Auslegung den Inhalt der Vertrag ermittelt hat, ist in einem zweiten Schritt zu prüfen, ob die Erteilung der ausgelegten Bürgschaftserklärung dem Schriftformerfordernis nach § 766 S. 1, § 126 BGB entspricht.[1222]

aa) Auslegung. Die Auslegung der Bürgschaftserklärung richtet sich nach §§ 133, 157 BGB. Es **416** kommt darauf an, wie **der Gläubiger** sie nach Treu und Glauben und nach der Verkehrssitte verstehen muss.[1223] Dabei können auch außerhalb der Urkunde liegende Umstände herangezogen werden, wenn sich aus dem Inhalt der Urkunde zureichende Anhaltspunkte dafür ergeben, dass die Parteien diese Umstände zugrunde legen wollten.[1224] Einen Grundsatz, nach dem nur das der Auslegung zugänglich ist, was von der **Schriftform** des § 766 BGB umfasst wird, gibt es nicht.

Der übereinstimmende Wille der Parteien ist für den Inhalt der Bürgschaftsvereinbarung auch **417** maßgeblich, wenn er in den Erklärungen keinen oder nur einen unvollkommenen Niederschlag gefunden hat.[1225] So hat der BGH eine Bürgschaft, in der der Hauptschuldner missverständlich bezeichnet war, für wirksam gehalten, weil sich der tatsächlich gemeinte Hauptschuldner durch Auslegung ermitteln ließ und echte Zweifel der Parteien über dessen Person nicht bestanden.[1226] Haben die Parteien eine Werklohnforderung des Gläubigers sichern wollen, dafür aber ein für Vertragserfüllungs- und Gewährleistungsbürgschaften vorgesehenes Formular verwendet, kann der gewollte Inhalt des Bürgschaftsvertrages ohne weiteres ermittelt und bewiesen werden, wenn die Urkunde die Personen des Bürgen, des Gläubigers und des Hauptschuldners sowie eine dem vereinbarten Werklohn entsprechende Haftungssumme nennt.[1227]

Lässt sich der Bürgschaftsurkunde die Hauptschuld nicht hinreichend entnehmen, weil beispiels- **418** weise die Vertragsnummern und die Daten der Vertragsabschlüsse der Leasingverträge nicht eingetragen sind, darf in **ergänzender Vertragsauslegung** auf den Vertrag zwischen Hauptschuldner und Leasinggesellschaft zurückgegriffen werden, wenn kein vernünftiger Zweifel daran besteht, welche Leasingverträge die Bürgschaft absichern sollte.[1228] Problematisch erscheint in diesem Zusammenhang die Frage, ob die Vereinbarung der Parteien einen – wenn auch unvollkommenen – **Ausdruck in der Bürgschaftsurkunde** gefunden haben. Die lapidare Formulierung, der Bürge übernehme „eine Ausfallbürgschaft über 100.000 EUR" genügt den Anforderungen an eine schriftliche Erklärung nicht, wenn sich die Vertragsparteien einig waren, dass der Bürge eine Rückbürgschaft für den Gläubiger, der sich für die Kreditverbindlichkeit des Vaters des Erklärenden verbürgt hatte, übernehmen sollte.[1229]

Bisweilen kann zweifelhaft sein, ob der Bürge für die Schuld einer juristischen Person oder des **419** Organs haftet: Der Geschäftsführer einer GmbH war zugleich Inhaber eines Handelsunternehmens, das eine der GmbH ähnliche Firma führte, die gleichen Geschäfte betrieb und unter derselben Anschrift zu erreichen war. Empfänger der Bürgschaftserklärung der Bank war eine Gemeinde, die die GmbH mit der Durchführung von Kanalisationsarbeiten beauftragt hatte. Da es in der Bürgschaftserklärung hieß, die Bank übernehme die Bürgschaft dafür, dass der Auftragnehmer seine Verpflichtungen aus dem Vertrag erfülle, und Auftragnehmer die GmbH war, vertrat die Gemeinde die Auffassung, die Bank habe sich für die Verpflichtungen dieser Gesellschaft aus dem Auftrag verbürgt. Die Bank ging hingegen davon aus, die Gläubigerin habe den Auftrag dem Geschäftsführer als Inhaber der Einzelfirma erteilt zumal in der Bürgschaftsurkunde war die Firma des Auftragnehmers ohne GmbH-Zusatz genannt wurde. Die Bank hatte deshalb und mit Blick darauf, dass das Schreiben der Gläubigerin, das die Erteilung des Auftrags zum Inhalt hatte, an die Firma ohne GmbH-Zusatz gerichtet war, lediglich

---

[1221] BGH Urt. v. 30.3.1995 – IX ZR 98/94, NJW 1995, 1866; Urt. v. 5.1.1995 – IX ZR 101/94, NJW 1995, 959.

[1222] BGH Urt. v. 5.1.1995 – XI ZR 101/94, NJW 1995, 959; Urt. v. 17.2.2000 – IX ZR 32/99, NJW 2000, 1569.

[1223] BGH Urt. v. 12.3.1992 – IX ZR 141/91, WM 1992, 854; Urt. v. 2.3.2000 – IX ZR 328/98, NJW 2000, 1566; Staudinger/*Horn,* 2013, BGB § 765 Rn. 20.

[1224] BGH Urt. v. 12.3.1980 – VIII ZR 57/79, BGHZ 76, 187 = NJW 1980, 1459; BGH. v. 3.12.1992 – IX ZR 29/92, NJW 1993, 724 = WM 1993, 240 (240); BGH Urt. v. 17.2.2000 – IX ZR 32/99, NJW 2000, 1569 = WM 2000, 886 (887); BGH Urt. v. 1.7.2003 – XI ZR 363/02, NJOZ 2003, 2997 (2998).

[1225] BGH Urt. v. 30.1.1997 – IX ZR 133/96, WM 1997, 625.

[1226] BGH Urt. v. 5.1.1995 – XI ZR 101/94, NJW 1995, 959.

[1227] BGH Urt. v. 2.4.1998 – IX ZR 79/97, NJW 1998, 2280.

[1228] BGH Urt. v. 30.3.1995 – IX ZR 98/94, NJW 1995, 1866; Urt. v. 17.2.2000 – IX ZR 32/99, NJW 2000, 1569.

[1229] BGH Urt. v. 2.2.1989 – IX ZR 99/88, WM 1989, 559 = ZIP 1989, 434; krit. dazu *Tiedtke* ZIP 1990, 413 (414).

die Bonität des Geschäftsführers und nicht die der GmbH geprüft. Der BGH gab der Gläubigerin Recht, weil der Bürgschaftstext auf den tatsächlichen Auftragnehmer als Hauptschuldner abstelle; für die Auslegung sei der objektive Erklärungswert aus der Sicht des Gläubigers maßgeblich.[1230]

420   Das **nachträgliche** Verhalten der Vertragsparteien des Bürgschaftsvertrages kann den bei Vertragsschluss ausgedrückten objektiven Inhalt der wechselseitigen Erklärungen nicht mehr beeinflussen. Es kann aber für die Auslegung bedeutsam sein, weil es Anhaltspunkte für den tatsächlichen Vertragswillen enthalten kann: Ist zwischen den Parteien streitig, ob eine Bürgschaft nicht nur eine gegenwärtige, sondern auch künftige Forderungen umfasst, kann deren nachvertragliche Korrespondenz für die Auslegung verwertet werden.[1231]

421   **bb) Bestimmtheitsgrundsatz.** Die Bürgschaft wird nach §§ 765, 767 BGB für die bestehende oder künftige Hauptverbindlichkeit eines Dritten erteilt. Der wirksame Abschluss eines Bürgschaftsvertrages setzt neben dem Verbürgungswillen (→ Rn. 415) voraus, dass die gesicherte Forderung, die Person des Schuldners und die Person des Gläubigers bestimmt sind. Es genügt allerdings, wenn die beschriebenen Umstände **bestimmbar** sind.

422   **(1) Bestimmte Verbindlichkeit.** Die gesicherte Schuld ist hinreichend bestimmt, wenn das künftig erst abzuschließende Rechtsgeschäft oder zu begründende Rechtsverhältnis seiner allgemeinen Art nach im Voraus bestimmt ist. Es genügt, wenn die Urkunde, auf die verwiesen wird, erst noch ausgestellt werden soll, sofern die materielle Identität der verbürgten und der später entstandenen Schuld feststeht. So kann etwa die Gesamtheit der in einem anderen Vertrag übernommenen vertraglichen Verpflichtungen wirksam verbürgt werden.[1232] Eine Globalbürgschaft genügt nach der neueren Rspr. dem Bestimmtheitsgrundsatz. Hier stellen sich allerdings Fragen der Inhaltskontrolle (→ Rn. 466 ff.).

423   **(2) Bestimmtheit des Gläubigers.** Der Gläubiger des Anspruchs aus dem Bürgschaftsvertrag muss nicht individuell bezeichnet werden.[1233] So kann der Bürge eine Bürgschaftserklärung gegenüber einem unbekannten Gläubiger einer bestimmten Forderung abgeben. Durch dessen Annahme kommt der Bürgschaftsvertrag zustande.[1234] Es reicht aus, dass sich aus dem objektiven Erklärungswert des Bürgschaftsvertrages bzw. der Haftungszusage die Umstände, durch deren Eintritt die gesicherte Forderung entstehen soll, näher bezeichnet werden und der Bürge zum Ausdruck bringt, er wolle sich demjenigen verbürgen, der durch den Eintritt dieser Umstände Gläubiger werde. So ist die Übernahme einer Bürgschaft „gegenüber jedem Bauherrn" einer bestimmten Bauherrengemeinschaft zulässig und betrifft auch künftig beitretende Bauherrn.[1235] Beabsichtigt die Bank, die Geschäftsverbindung im Wege der Einzelrechtsnachfolge vertraglich an ein anderes Kreditinstitut unter Abtretung ihrer Ansprüche aus dem Kreditverhältnis zu übergeben, kann der Bürge seine Erklärung an den künftigen Rechtsnachfolger richten und dieser sie nach erfolgter Zession annehmen.[1236]

424   Bei der Bürgschaft müssen der Bürgschaftsgläubiger und der Gläubiger der gesicherten Forderung ein und dieselbe Person sein (Grundsatz der Gläubigeridentität).[1237] Der Bürgschaftsvertrag kann allerdings auch als **Vertrag zugunsten Dritter** gem. § 328 Abs. 1 BGB geschlossen werden.[1238] Die Auslegung als Bürgschaft zugunsten eines Dritten kommt in Betracht, wenn der Zweck der Bürgschaftserklärung dies nahe legt. Ob eine **Erklärung** des Bürgen **gegenüber dem Hauptschuldner** bereits als Verbürgung zugunsten des Gläubigers angesehen werden kann oder ob sie als Einwilligung, sich im Rahmen eines Auftrags oder einer Geschäftsbesorgung zum Abschluss eines (noch abzuschließenden) Bürgschaftsvertrages zu verpflichten, zu werten ist, hat die Auslegung zu ergeben.

425   Ist der Empfänger des Bürgschaftsversprechens nicht der Gläubiger der Hauptforderung, so verlangt der Grundsatz der Gläubigeridentität, dass der Bürgschaftsvertrag zugunsten des Gläubigers abgeschlossen wird.[1239] Die Person des Gläubigers muss demgemäß bestimmt oder bestimmbar sein. Die Vereinbarung eines derartigen Forderungsrechts eines Dritten muss aus dem Inhalt der Bürgschaftsurkunde hinreichend erkennbar hervorgehen, wobei sonstige vorliegende Urkunden und unstreitige Tatsachen

---

[1230] BGH Urt. v. 18.2.1993 – IX ZR 108/92, WM 1993, 1141 = ZIP 1993, 749 = EWiR 1993, 665 *(Tiedtke)*.

[1231] BGH Urt. v. 16.10.1997 – IX ZR 164/96, WM 1997, 2305 (2306).

[1232] BGH Urt. v. 14.11.1991 – IX ZR 20/91, WM 1992, 177.

[1233] BGH Urt. v. 14.11.1991 – IX ZR 20/91, NJW 1992, 1448 (1449).

[1234] RGZ 76, 195 (200 f.); MüKoBGB/*Habersack* BGB § 765 Rn. 12.

[1235] BGH Urt. v. 14.11.1991 – IX ZR 20/91, NJW 1992, 1448 (1449).

[1236] BGH Urt. v. 14.12.1995 – IX ZR 57/95, NJW 1996, 717.

[1237] BGH Urt. v. 19.9.1991 – IX ZR 296/90, BGHZ 115, 177 = WM 1991, 1869; BGH Urt. v. 20.10.1988 – IX ZR 47/87, WM 1988, 1883; BGH Urt. v. 12.7.2001 – IX ZR 358/00, WM 2001, 1772 (1773).

[1238] BGH Urt. v. 4.4.2003 – IX ZR 287/99, WM 2003, 969 (971) = BKR 2003, 745; BGH Urt. v. 12.7.2001 – IX ZR 358/00, WM 2001, 1772 (1773) = NJW 2001, 3327; BGH Urt. v. 20.10.1988 – IX ZR 47/87, WM 1988, 1883 = NJW-RR 1989, 315; BGH Urt. v. 19.9.1991 – IX ZR 296/90, BGHZ 115, 177 = WM 1991, 1869; BGH Urt. v. 3.5.1984 – IX ZR 37/83, WM 1984, 768 (769); BGH Urt. v. 11.5.1966 – VIII ZR 102/65, WM 1966, 859 (861).

[1239] BGH Urt. v. 3.4.2003 – IX ZR 287/99, WM 2003, 969 (971) = BKR 2003, 745.

ergänzend berücksichtigt werden können. Der Gläubiger hat im Streitfall darzulegen und zu beweisen, dass der geltend gemachte Anspruch durch die Bürgschaftsurkunde gesichert ist.[1240]

(3) Bestimmtheit des Hauptschuldners. Die Bürgschaft wird nach §§ 765, 767 BGB für die **426** Hauptverbindlichkeit eines bestimmten Dritten erteilt. Stirbt dieser, so ergibt sich aus § 768 Abs. 1 S. 2 BGB, dass die Bürgenhaftung fortbesteht. Den Erhalt der Bürgschaft wird man in entsprechender Anwendung dieser Vorschrift für jeden Fall der **Gesamtrechtsnachfolge** anzunehmen haben. So sichert die für eine Kommanditgesellschaft erteilte Bürgschaft die Hauptforderung auch dann, wenn mit Ausscheiden des vorletzten Gesellschafters das Vermögen der Gesellschaft dem verbleibenden Gesellschafter zuwächst (§§ 161 Abs. 2, 142 HGB).[1241] Ist **Vermögenslosigkeit** die Ursache der Auflösung des Hauptschuldners, bleibt die Bürgschaft in ihrem bisherigen Umfang bestehen, weil sie den Gläubiger gerade in diesem Fall schützen soll.[1242]

Eine **Auswechslung** des Schuldners durch **befreiende Schuldübernahme** bringt die Bürgschaft **427** gem. § 418 Abs. 1 S. 1 und 3 BGB zum Erlöschen, wenn nicht der Bürge in die Schuldübernahme einwilligt (zur Form: → Rn. 435). Den Wegfall der Bürgschaft wird man auch in anderen Fällen des Schuldnerwechsels annehmen müssen, weil die Person des Hauptschuldners – seine Zahlungsfähigkeit und -bereitschaft – für den Bürgen von besonderem Interesse ist. Auch im Falle einer Vertragsübernahme gilt § 418 BGB deshalb entsprechend.

b) Form. Der Bürgschaftsvertrag ist nur gültig, wenn der Bürge seine Bürgschaftserklärung **schrift- 428 lich erteilt**, § 766 S. 1 BGB. In elektronischer Form (§ 126a BGB) kann ein Bürgschaftsversprechen gem. § 766 S. 2 BGB nicht erteilt werden. § 766 BGB ist zwingendes Recht und kann daher weder formularvertraglich noch durch eine Individualvereinbarung ausgeschlossen werden. Ist die Bürgschaft für den Bürgen ein Handelsgeschäft (§§ 343, 344 Abs. 1 HGB), so ist § 766 BGB gem. § 350 HGB unanwendbar. Wird die Bürgschaftsschuld durch den Bürgen oder einen Dritten getilgt, so wird der Formmangel mit **ex nunc** Wirkung gem. § 766 S. 3 BGB **geheilt.**

aa) Zweck. Die Bestimmung des § 766 BGB soll den nichtkaufmännischen Bürgen vor der mit **429** seiner Erklärung verbundenen risikoreichen streng einseitigen Haftung warnen. Ausschließliche Aufgabe des Formerfordernisses ist damit eine **Warnfunktion,** hingegen kein Übereilungsschutz oder eine Dokumentationsfunktion. § 766 BGB bezweckt damit allein den **Schutz des Bürgen.**[1243] Die Formenstrenge des Bürgschaftsrechts soll sicherstellen, dass die Urkunde das übernommene Risiko hinreichend eingrenzt und dem Bürgen so bei Abgabe der Erklärung vor Augen führt, worauf er sich einlässt.

bb) Umfang. Die Schriftform ist nur gewahrt, wenn die Urkunde die wesentlichen Mindest- **430** bestandteile einer Bürgschaftserklärung enthält. Dies sind (1) der Wille, für fremde Schuld einzustehen, (2) die Bezeichnung des Gläubigers, (3) die Bezeichnung des Hauptschuldners und (4) die Angabe der verbürgten Forderung.[1244]

(1) Belastende Abreden. Der Schutzzweck des § 766 BGB verlangt, dass **alle** den Bürgen **belas- 431 tenden Abreden** der Schriftform unterliegen. Erfasst sind nicht nur belastende Abreden beim Abschluss des Bürgschaftsvertrages sondern oder auch später getroffene Vereinbarungen, die die Haftung des Bürgen gegenüber der Bürgschaftsurkunde in Verbindung mit den gesetzlichen Vorschriften erweitern.[1245] Formbedürftig ist deswegen die Erstreckung der Bürgschaft auf weitere Forderungen,[1246] die Verlängerung des Zeitraums einer Zeitbürgschaft,[1247] der Verzicht auf eine zunächst vereinbarte Befristung oder Bedingung,[1248] der Verzicht auf die Einrede der Vorausklage iSd § 773 Abs. 1 Nr. 1 BGB[1249] oder die Einschränkung der cessio legis in § 774 BGB.[1250] Dabei müssen jedenfalls **Abänderungen,** die einer Neuverbürgung gleichkommen – wie etwa die spätere Erweiterung des

[1240] BGH Urt. v. 12.7.2001 – IX ZR 358/00, 1772, 1772 = NJW 2001, 3327.
[1241] BGH Urt. v. 6.5.1993 – IX ZR 73/92, NJW 1993, 1917 (1918).
[1242] BGH Urt. v. 6.5.1993 – IX ZR 73/92, NJW 1993, 1917 (1918); BGH Urt. v. 25.11.1981 – VIII ZR 299/80, BGHZ 82, 323 (326 f.).
[1243] BGH Urt. v. 28.1.1993 – IX ZR 259/91, BGHZ 121, 224 (229) = NJW 1993, 1126; Urt. v. 29.2.1996 – IX ZR 153/95, BGHZ 132, 119 (122, 125) = NJW 1996, 1467; MüKoBGB/*Habersack* BGB § 766 Rn. 1; Staudinger/*Horn,* 2013, BGB § 766 Rn. 1.
[1244] BGH Urt. v. 12.3.1980 – VIII ZR 57/79, BGHZ 76, 187 (189); BGH Urt. v. 3.12.1992 – IX ZR 29/92, NJW 1993, 724 (725); BGH Urt. v. 30.3.1995, IX ZR 98/94, NJW 1995, 1886 f.; BGH Urt. v. 16.12.1999 – IX ZR 36/98, NJW 2000, 1179 (1180); BGH Urt. v. 27.5.2003 – IX ZR 283/99, NJW-RR 2004, 337 = WM 2003, 1563; OLG Düsseldorf v. 31.7.2003 – I-6 U 54/03, ZIP 2003, 1696 = DNotZ 2004, 313.
[1245] BGH Urt. v. 30.1.1997 – IX ZR 133/96, ZIP 1997, 536 (538); MüKoBGB/*Habersack* BGB § 766 Rn. 13.
[1246] BGH Urt. v. 28.11.1957 – VI ZR 42/57, BGHZ 26, 142 (149 f.) = NJW 1958, 217.
[1247] BGH Urt. v. 30.1.1997 – IX ZR 133/96, WM 1997, 625.
[1248] BGH Urt. v. 30.1.1997 – IX ZR 133/96, WM 1997, 625 (626 f.).
[1249] BGH Urt. v. 25.9.1968 – VIII ZR 164/66, NJW 1968, 2332.
[1250] Zutr. MüKoBGB/*Habersack* BGB § 766 Rn. 13.

Sicherungszwecks – neben der neuen Abrede den **Mindestinhalt einer Bürgschaftserklärung** enthalten.[1251] Bestehende Zweifel können hier im Wege der Auslegung behoben werden.

432 Übernimmt ein Dritter die durch die Bürgschaft gesicherte Hauptschuld, so ist zu unterscheiden: Zum Schutz des Sicherungsgebers erlöschen nach § 418 Abs. 1 S. 1 BGB die für die Forderung bestellten Bürgschaften. Willigt der Bürge in die Übernahme der Hauptschuld ein und verzichtet er dadurch auf seinen Schutz, besteht die Bürgschaft gem. § 418 Abs. 1 S. 3 BGB fort. Umstritten ist, ob diese Einwilligung der Schriftform des § 766 S. 1 BGB bedarf. Nach den in → Rn. 435 geschilderten Grundsätzen wird man dies zu bejahen haben, da die Bürgenhaftung für einen neuen Schuldner qualitativ mit dem Abschluss eines neuen Bürgschaftsvertrags vereinbar ist. Der Grundsatz, dass Zustimmungen formfrei sind (§ 182 Abs. 2 BGB) wird durch die speziellere Aussage des § 766 S. 1 BGB verdrängt.[1252]

433 Die **Formnichtigkeit einer den Bürgen belastenden Abrede** erfasst nach der Vermutungsregel des **§ 139 BGB** den ganzen Vertrag. Durch eine **salvatorische Klausel** kann diese Vermutung in ihr Gegenteil verkehrt werden. Der Bürge muss dann die Umstände darlegen und beweisen, die die Nichtigkeit des gesamten Vertrages begründen. Mit dem Schutzzweck des § 766 BGB ist dies vereinbar, da die Vorschrift die Vertragsfreiheit insoweit nicht einschränken will. Haben die Parteien formgerecht eine Bürgschaft vereinbart, dabei verabredet, dass der Vertrag auch bei Unwirksamkeit einzelner Bestimmungen durchgeführt werden soll, und einigen sie sich später formlos über bestimmte dem Bürgen ungünstige Verwertungsregeln, kann es durchaus dem vernünftigen Interesse beider Parteien entsprechen, den gesamten Vertrag nicht an der Unwirksamkeit der späteren Einzelregelung scheitern zu lassen.[1253] Der Bürge, der sich auf die Formunwirksamkeit der Bürgschaft wegen der Nichtigkeit einer ihm ungünstigen Nebenabrede beruft, übt im Einzelfall seine Rechte unzulässig aus. Eine Partei kann sich nach **Treu und Glauben** nicht unter Berufung auf § 139 BGB von ihren Vertragspflichten befreien, wenn lediglich eine einzelne abtrennbare Regelung unwirksam ist, die ausschließlich den Vertragspartner begünstigt, und dieser trotz des Fortfalls jener Regelung am Vertrag festhalten will.[1254]

434 **(2) Haftungseinschränkungen.** Nach dem Schutzzweck des § 766 S. 1 BGB sind solche **Abreden formfrei,** die die **Haftung** des Bürgen **einschränken.**[1255] Dies gilt unabhängig davon, ob sie bei Abschluss des Bürgschaftsvertrages oder danach getroffen wurden. Formfrei ist deswegen die Begrenzung der Haftung auf einen Höchstbetrag,[1256] die Umwandlung der Bürgschaft in eine Ausfallbürgschaft[1257] oder die Vereinbarung, dass der Gläubiger sich zunächst an andere Sicherheiten halten müsse.[1258] Eine formfreie Haftungseinschränkung ist auch eine Bedingung oder Befristung des Bürgschaftsvertrages.[1259]

435 **cc) Reichweite der Formvorschrift.** Das Schrifterfordernis gilt für das **Bürgschaftsversprechen** sowie für die **Verpflichtung** des Bürgen **zur Abgabe eines solchen Versprechens,**[1260] die **Bevollmächtigung** zu dieser Abgabe, die **Genehmigung** gem. § 177 BGB sowie die Ermächtigung zur Vervollständigung einer **Blanketturkunde** (→ Rn. 443). Umstritten ist, ob auch die Verpflichtung gegenüber dem Hauptschuldner, sich für diesen zu verbürgen, der Form des § 766 BGB bedarf. Die herrschende Ansicht lehnt dies mit der formalen Erwägung ab, dass § 766 BGB nicht das Rechtsverhältnis zwischen dem Bürgen und dem Hauptschuldner erfasse.[1261] Mit der Warnfunktion dieser Vorschrift ist das allerdings kaum vereinbar.[1262] Wenn bereits der Bürgschaftsvorvertrag formbedürftig ist, so muss es auch eine vergleichbare Abrede im Verhältnis des künftigen Bürgen und des Haupt-

---

[1251] BGH Urt. v. 30.1.1997 – IX ZR 133/96, WM 1997, 625; MüKoBGB/*Habersack* BGB § 766 Rn. 13 aE; Staudinger/*Horn,* 2013, BGB § 766 Rn. 12.

[1252] OLG Hamm Urt. v. 30.8.1989 – 31 U 39/89, WM 1990, 1152 (1155); MüKoBGB/*Habersack* BGB § 766 Rn. 13; RGRK-BGB/*Mormann* BGB § 766 Rn. 1. AA: RGZ 70, 411 (415 f.); Staudinger/*Horn,* 2013, BGB § 766 Rn. 11. Nicht ganz eindeutig BGH Urt. v. 25.2.1994 – V ZR 63/93, BGHZ 125, 218 (222 ff.).

[1253] BGH Urt. v. 30.1.1997 – IX ZR 133/96, WM 1997, 625 (627).

[1254] BGH Urt. v. 7.1.1993 – IX ZR 199/91, NJW 1993, 1587 (1589); Urt. v. 30.1.1997 – IX ZR 133/96, WM 1997, 625 (627).

[1255] BGH Urt. v. 17.3.1994 – IX ZR 102/93, NJW 1994, 1656 (1647); BGH Urt. v. 15.5.1986 – IX ZR 95/85, NJW 1986, 3131 (3132); MüKoBGB/*Habersack* BGB § 766 Rn. 14 mwN; Staudinger/*Horn,* 2013, BGB § 766 Rn. 10; *Tiedtke* ZIP 1995, 521 (525).

[1256] Grdl. RGZ 95, 9 (12); BGH Urt. v. 27.1.1983 – IX ZR 95/81, WM 1983, 267 (268).

[1257] BGH Urt. v. 15.5.1986 – IX ZR 95/85, NJW 1986, 3131 (3132 f.).

[1258] BGH WM 1955, 375 (376).

[1259] RGZ 81, 414 (417); MüKoBGB/*Habersack* BGB § 765 Rn. 46, § 766 Rn. 14 mwN.

[1260] ZB in Form eines Bürgschaftsvorvertrages, vgl. dazu BGH Urt. v. 5.1.1966 – VIII ZR 6/64, WM 1966, 139; MüKoBGB/*Habersack* BGB § 766 Rn. 1; *Reinicke/Tiedtke* BürgschaftsR Rn. 47; Staudinger/*Horn,* 2013, BGB § 766 Rn. 2.

[1261] RGZ 59, 10 (14); OLG Köln Urt. v. 30.11.1994 – 2 U 151/92, WM 1995, 1224; Staudinger/*Horn,* 2013, BGB § 766 Rn. 3.

[1262] Die Formbedürftigkeit einer Verpflichtung aus dem Verhältnis zwischen dem künftigen Bürgen und dem Hauptschuldner bejahen deswegen zu Recht: *Bydlinski,* Die Bürgschaft im österreichischen und deutschen Handels-,

schuldners sein. Die Person des Berechtigten bietet kein überzeugendes Differenzierungskriterium, da in beiden Konstellationen Schadensersatzansprüche gegenüber dem designierten Bürgen entstehen können, wenn er den Abschluss eines Bürgschaftsvertrages pflichtwidrig verweigert. Die **Willenserklärung des Gläubigers** ist dagegen selbst dann nicht formgebunden, wenn der Bürgschaftsvertrag ausnahmsweise zweiseitig verpflichtenden Charakter hat.

Es ist nicht erforderlich, dass der Wortlaut der Urkunde die notwendigen Bestandteile einer Bürg-	**436** schaftserklärung stets eindeutig und zweifelsfrei wiedergibt. Für den durch **Auslegung** ermittelten Willen, der sich auch durch außerhalb der Urkunde liegende Umstände ergeben kann, muss nur ein „zureichender Anhaltspunkt in der Urkunde bestehen, der Inhalt der Bürgschaftsverpflichtung also dort irgendwie seinen Ausdruck gefunden" haben.[1263] Fehlt es an einer entsprechenden **Andeutung,** so ist das Rechtsgeschäft nichtig. Dies ist der Fall, wenn der Bürgschaftsurkunde fehlende Angaben ausschließlich anhand von Umständen ermittelt werden können, die außerhalb der Urkunde liegen. Denn bei formbedürftigen Willenserklärungen entscheidet nicht mehr der irgendwie geäußerte Parteiwille, sondern nur der in der vorgeschriebenen Form erklärte.

Eine Ausnahme gilt, wenn die Parteien den Vertragsgegenstand versehentlich falsch bezeichnen,	**437** übereinstimmend sich aber etwas anderes vorgestellt und gewollt haben (falsa demonstratio). Im Fall der **unbewussten Falschbezeichnung** gilt das Gewollte, wenn nur das objektiv Erklärte dem Formerfordernis genügt.[1264] Bezieht sich hingegen die schriftliche Bürgschaftserklärung auf die Forderung aus einem **Scheingeschäft** (§ 117 Abs. 1 BGB) und sind sich Gläubiger und Bürge einig, dass die Forderung aus dem verdeckten Rechtsgeschäft (§ 117 Abs. 2 BGB) gesichert werden soll, ist die gesetzliche Form nicht gewahrt, weil die zu verbürgende Forderung keinen Eingang in die Bürgschaftsurkunde gefunden hat.[1265]

dd) Äußere Anforderungen. Die durch §§ 766, 126 Abs. 1 BGB vorgeschriebene **Schriftform**	**438** ist nur gewahrt, wenn die Urkunde von dem Aussteller eigenhändig durch Namensunterschrift oder mittels notariell beglaubigten Handzeichens unterzeichnet wird. Auch für die Bürgschaft gilt, dass die Unterschrift den Urkundentext räumlich abschließen muss.[1266] Zeichnet der Bürge am untersten rechten Rand der Vorderseite das Formular und schließt die Unterschrift den individuellen Inhalt der Urkunde räumlich ab, schadet es dann nicht, dass die Worte „selbstschuldnerische Bürgschaft" unmittelbar unter statt über der für die Unterschrift vorgedruckten Linie stehen, wenn diese Worte höchstens bis zu drei Millimeter von der Linie entfernt, bei der Unterschriftsleistung auf denselben Blick zu erkennen sind und jedes Missbrauchsrisiko ausgeschaltet ist.[1267]

Soll der Bürgschaftsvertrag durch **Briefwechsel** zustande kommen, kommt es darauf an, ob die	**439** Unterschrift des Bürgen die Verpflichtungserklärung deckt. Dies kann der Fall sein, wenn der Bürge ein an ihn gerichtetes Schreiben des Gläubigers, das die Mindestangaben einer Bürgschaft enthält, unterzeichnet.[1268] Ergibt sich hingegen der Verbürgungswille allein aus dem Schreiben des Gläubigers und antwortet der Bürge in einem eigenen Schreiben bejahend, ist dem Formerfordernis nicht genügt.

§ 766 BGB schließt nicht die Möglichkeit aus, dass der **Hauptschuldner** seine Erklärung als	**440** Schuldner und als **Bevollmächtigter** des Bürgen mit einer einzigen Unterschrift zeichnet[1269] oder dass sich der Bürge in einer **einzigen Urkunde** gegenüber mehreren Gläubigern jeweils für verschiedene zukünftige Verbindlichkeiten verbürgt.[1270] Dem Bürgen erschließt sich die Tragweite seiner möglichen Verpflichtungen dadurch, dass er sie – wenn auch nur aufgrund der allgemeinen Bestimmungsmerkmale – vollständig schriftlich niederlegt. § 766 BGB setzt nicht voraus, dass der Bürge für jede gesonderte Verbindlichkeit oder für jeden Gläubiger eine selbständige Urkunde ausstellt. Hat er die Bürgschaft nur wirksam erteilt, kann die Berechtigung der Gläubiger ggf. durch bestimmungsgemäß erteilte Abschriften der Bürgschaftsurkunde nachgewiesen werden.[1271]

ee) Schriftliche Erteilung der Bürgschaftserklärung. Die **schriftliche Erteilung der Bürg-**	**441** **schaftserklärung** erfordert nicht nur die Unterzeichnung des sie enthaltenden Schriftstücks. Der Begriff des Erteilens verlangt vielmehr eine Entäußerung gegenüber dem Gläubiger, indem die

---

Gesellschafts- und Wertpapierrecht, 1991, 9; *Lorenz* JuS 1999, 1145 (1148); MüKoBGB/*Habersack* BGB § 765 Rn. 7; *Reinicke/Tiedtke* BürgschaftsR Rn. 62.

[1263] BGH Urt. v. 17.12.1987 – IX ZR 263/86, WM 1988, 212; BGH Urt. v. 30.3.1995 – IX ZR 98/94, NJW 1995, 1886 (1887).

[1264] BGH Urt. v. 2.2.1989 – IX ZR 99/88, WM 1989, 559; BGH Urt. v. 30.3.1995 – IX ZR 98/94, NJW 1995, 1886 (1887).

[1265] BGH Urt. v. 24.1.1980 – III ZR 169/78, NJW 1980, 1572; vgl. auch zum Scheinschuldner BGH Urt. v. 17.1.1991 – IX ZR 170/90, WM 1991, 536; krit. *Bydlinski* WM 1992, 1301 (1303 f.).

[1266] BGH Urt. v. 20.11.1990 – XI ZR 107/89, BGHZ 113, 48 = NJW 1991, 487; BGH Urt. v. 13.10.1994 – IX ZR 25/94, WM 1994, 2233 = ZIP 1994, 1860 (1862); Staudinger/*Horn,* 2013, BGB § 766 Rn. 28.

[1267] BGH Urt. v. 13.10.1994 – IX ZR 25/94, WM 1994, 2233 = ZIP 1994, 1860.

[1268] BGH Urt. v. 29.5.1984 – IX ZR 57/83, WM 1984, 924 f.

[1269] RG WarnR 1927 Nr. 42 S. 65.

[1270] BGH Urt. v. 14.11.1991 – IX ZR 20/91, NJW 1992, 1448 (1449).

[1271] BGH Urt. v. 14.11.1991 – IX ZR 20/91, NJW 1992, 1448 (1449).

schriftliche Erklärung diesem – und sei es nur vorübergehend[1272] – zur Verfügung gestellt wird.[1273] Die Übermittlung der **Telekopie** einer Bürgschaftserklärung ist nicht deren schriftliche Erteilung, weil die Unterschrift nur vom Original übernommen wird und dieses beim Absender bleibt. Die von der Rspr. entwickelten Grundsätze, dass Rechtsmittel- und Rechtsmittelbegründungsfristen durch fernmeldetechnisch übertragene Schriftsätze (unter anderem Telekopien[1274]) gewahrt werden können, finden auf die Bürgschaft keine Anwendung. Die prozessrechtliche Rspr. hat zum Ziel, den Rechtsuchenden die volle Ausnutzung der genannten Fristen bei Nutzung der modernen Nachrichtenübermittlung zu ermöglichen. Dieser Gesichtspunkt tritt zurück, wenn es um den Schutz des nichtkaufmännischen Bürgen vor einer übereilt abgegebenen Haftungserklärung geht.[1275]

442   Entgegen der – missverständlichen – früheren höchstrichterlichen Rspr.[1276] kann eine wirksame Bürgschaftserteilung nicht darin liegen, dass der Bürge dem Gläubiger anstelle der Urschrift eine **Abschrift** der schriftlichen Bürgschaftserklärung überlässt. Vielmehr muss (neben der aus Beweisgründen übermittelten Abschrift) der Bürge sich der Urschrift zugunsten des Gläubigers entäußern, beispielsweise indem er sie einem Notar übergibt in der erkennbaren Absicht, sich damit der Verfügung darüber zu begeben und sie dem Gläubiger zukommen zu lassen.[1277] Entsprechend kann der Bürge eine formbedürftige Änderung der Bürgschaft nicht durch eine **gefaxte Erklärung** herbeiführen.[1278]

443   **ff) Blankett- oder Blankobürgschaft.** Der Bundesgerichtshof hat mit Urteil vom 29.2.1996[1279] die bisherige höchstrichterliche Rspr. zur **Blankett- oder Blankobürgschaft** und zur Stellvertretung bei der Erteilung einer Bürgschaftserklärung grundlegend geändert. Während zuvor die Bürgschaft der Schriftform genügte, wenn der Bürge die Unterschrift leistete und die Urkunde anschließend mit seinem Willen von einem hierzu ermächtigten Dritten – der auch der Gläubiger sein konnte – um die erforderlichen Angaben ergänzt wurde, ist eine solche Bürgschaft nunmehr **nichtig.** Denn die Schriftform kann den Bürgen nur dann hinreichend warnen, wenn die Urkunde außer dem Willen, für fremde Schuld einzustehen, auch die Bezeichnung des Gläubigers, des Hauptschuldners und der verbürgten Forderung enthält. Die Urkunde soll das übernommene Risiko eingrenzen und es damit dem Bürgen bei Abgabe seiner Erklärung „schwarz auf weiß" vor Augen führen. Davon kann keine Rede sein, wenn sich aus dem Schriftstück nur der Verbürgungswille ergibt und ein Dritter die Urkunde aufgrund mündlicher Ermächtigung ergänzt. Durch diese Rspr. wird einem späteren Streit darüber, ob die nachträgliche Ergänzung dem übereinstimmenden Parteiwillen entspricht, vorgebeugt. Der Bürge muss nicht für eine Verbindlichkeit haften, die ihm nicht schriftlich vor Augen geführt wurde und deren Nichtbestehen er nur schwer zu beweisen vermag.

444   Der Bürge, der eine von ihm unterschriebene Blankeurkunde einem anderen ohne formgerechte Ermächtigung überlässt, hat zwar eine nach § 125 BGB nichtige Erklärung abgegeben, er muss aber in entsprechender Anwendung von § 172 Abs. 2 BGB den Inhalt unabhängig davon, ob der vervollständigte Text seinem Willen entspricht oder nicht, einem gutgläubigen Dritten gegenüber als seine Erklärung gegen sich gelten lassen. Diese vom Bundesgerichtshof erkannte **Rechtsscheinhaftung** setzt allerdings voraus, dass die Urkunde dem äußeren Anschein nach den Anforderungen des § 766 BGB entspricht und der schutzwürdige Dritte ihr nicht ansehen kann, dass sie durch eine nicht wirksam ermächtigte andere Person ergänzt wurde.[1280] Ob diese Zurechnung mit der Warnfunktion des § 766 BGB vereinbar ist und ob eine unwirksame Urkunde überhaupt Anknüpfungspunkt für einen zurechenbaren Rechtsschein sein kann, wird in der Lit. zu Recht bezweifelt.[1281]

445   Schwerwiegender noch erscheinen die Bedenken gegen die Rechtsfolge der Formnichtigkeit der Bürgschaftserklärung nach § 125 BGB. Es spricht vieles dafür, lediglich die nicht formgerecht erteilte Vollmacht bzw. mündlich erteilte Ausfüllungsermächtigung für nichtig zu erachten. Die Bürgschaftserklärung ist dann als ein von einem Vertreter ohne Vertretungsmacht abgegebenes Angebot zu behandeln, sodass der Bürgschaftsvertrag gem. § 177 Abs. 1 BGB schwebend unwirksam ist.[1282] Der Bürge hätte dann die Möglichkeit, seine Haftungserklärung gem. § 184 Abs. 1 BGB durch Genehmigung mit rückwirkender Kraft zu heilen – eine praxisgerechte Lösung, weil der Gläubiger dem Bürgen die Bürgschaftsurkunde vielfach ausgefüllt zurückreicht oder zumindest vorlegt und sich auf diese Weise von Vorhandensein und Umfang des Verbürgungswillens zu überzeugen sucht. Da die Bürgen-

---

[1272] BGH Urt. v. 3.3.1976 – VIII ZR 209/74, WM 1976, 422 (423); Urt. v. 30.11.1977 – VIII ZR 69/76, WM 1978, 266 (267).

[1273] BGH Urt. v. 28.1.1993 – IX ZR 259/91, BGHZ 121, 224 (228 f.).

[1274] BGH Beschl. v. 11.10.1989 – IV a ZB 7/89, WM 1989, 1820.

[1275] BGH Urt. v. 28.1.1993 – IX ZR 259/91, BGHZ 121, 224 (230).

[1276] RGZ 126, 121; BGH Urt. v. 28.11.1956 – V ZR 77/55, WM 1957, 130.

[1277] BGH Urt. v. 28.1.1993 – IX ZR 259/91, BGHZ 121, 224 (231 f.).

[1278] BGH Urt. v. 30.1.1997 – IX ZR 133/96, WM 1997, 625.

[1279] BGH Urt. v. 29.2.1996 – IX ZR 153/95, BGHZ 132, 119 = NJW 1996, 1467, bestätigt durch Urt. v. 20.3.1997 – IX ZR 83/96, WM 1997, 909; BGH Urt. v. 27.5.2003 – IX ZR 283/99, NJW-RR 2004, 337 f.; dazu *Kiethe* MDR 2003, 1325; Anm. *Leiß* MittBayNot 2005, 199.

[1280] BGH Urt. v. 29.2.1996 – IX ZR 153/95, BGHZ 132, 119 = NJW 1996, 1467.

[1281] Vgl. *Bülow* ZIP 1996, 1694 (1695); *Keim* NJW 1996, 2774 (2776).

[1282] *Keim* NJW 1996, 2774 (2776); Staudinger/*Horn*, 2013, BGB § 766 Rn. 45.

erklärung in diesem Fall bereits schriftlich vorliegt, bedarf die Genehmigung nach § 184 Abs. 1 BGB ihrerseits nicht der Form. Der Bundesgerichtshof hat die Frage nach der Rechtswirksamkeit einer solchen Genehmigung bislang offen gelassen.[1283]

Grundsätzlich streitet auch im Falle der Blankounterschrift gem. § 440 Abs. 2 ZPO die Vermutung **446** dafür, dass der über der Unterschrift des Bürgen stehende Urkundentext echt ist, also vom Bürgen stammt oder mit seinem Willen dort steht. Der Rechtsschein, der diese Vermutung zugunsten des Gläubigers begründet, entfällt indes, wenn feststeht, dass die Bürgschaftsurkunde nach der Unterschrift ergänzt worden ist.[1284]

Rückwirkung. Die neue höchstrichterliche **Rspr. zur Blankettbürgschaft** gilt – ungeachtet der **447** jahrzehntelang anders lautenden richterlichen Erkenntnisse – auch für noch *nicht abgeschlossene* Rechtsbeziehungen, die unter der Geltung der bisherigen Rspr. begründet worden waren. Nur wenn bei Anwendung der neuen Grundsätze die auf die Fortgeltung der bisherigen Rechtslage vertrauende Partei unbillige, ihr nicht zumutbare Härten erleiden würde, müsste ihr Vertrauen nach § 242 BGB geschützt werden.[1285]

gg) Stellvertretung. Grundsätzlich kann sich der Bürge durchaus eines **Vertreters** bedienen **448** (§ 167 Abs. 2 BGB). Doch muss nach der (→ Rn. 435 f.) dargestellten) neueren Rspr. des Bundesgerichtshofs die **Vollmacht** zur Abgabe der Bürgschaftserklärung oder die Erteilung der Befugnis zur Ergänzung des Blanketts **schriftlich** erteilt werden, damit der Schutzzweck des § 766 BGB gewahrt wird. Dabei sind die Anforderungen unter einschränkender Auslegung des § 167 Abs. 2 BGB der Formvorschrift des § 766 S. 1 BGB zu entnehmen. Das Schrifttum ist dieser Rechtsauffassung weitgehend gefolgt.[1286]

hh) Rechtsfolgen des Formmangels. Eine nicht formgerecht erteilte Bürgschaft ist gem. § 125 **449** S. 1 BGB **nichtig.** Der Bürge kann nach § 766 S. 2 BGB den Formmangel dadurch heilen, dass er die Bürgschaftsschuld erfüllt (§§ 267, 362 ff. BGB). Ist der Bürgschaftsvertrag vollständig abgewickelt, kann der Bürge aufgrund dieser **Heilung** beispielsweise nicht geltend machen, er habe auf die Blankobürgschaft ohne Rechtsgrund geleistet und deshalb einen Rückforderungsanspruch.[1287]

Die Berufung des Bürgen auf die Formunwirksamkeit seiner Erklärung kann ausnahmsweise wegen **450** **unzulässiger Rechtsausübung** unbeachtlich sein, wenn es nach den Beziehungen der Parteien und nach den gesamten Umständen mit Treu und Glauben unvereinbar wäre, vertragliche Ansprüche an einem formellen Mangel scheitern zu lassen. Ein solcher Ausnahmefall kann vorliegen, wenn eine Partei, die längere Zeit aus dem nichtigen Vertrag Vorteile gezogen hat, sich unter Berufung auf den Formmangel ihrer Verpflichtung entziehen will. Dabei kommt auch ein mittelbarer Vorteil, den ein Gesellschafter durch Leistung des Gläubigers an die (Hauptschuldner-)Gesellschaft erlangt, als Anknüpfungspunkt für treuwidriges Verhalten in Betracht. Voraussetzung ist jedoch, dass der Bürge durch sein Handeln ein berechtigtes Vertrauen des Gläubigers auf die Wirksamkeit des Vertrages begründet und jener im Hinblick darauf seine Leistungen erbracht hat.[1288] Weitere Fallgruppen der nach Treu und Glauben unzulässigen Erfüllungsverweigerung sind die vorsätzliche Täuschung des Gläubigers über die Formbedürftigkeit,[1289] die Fälle einer Existenzgefährdung des Gläubigers und die Fälle einer besonders schweren Treuepflichtverletzung des Bürgen.[1290] Hat der Bürge den Gläubiger durch betrügerische Machenschaften über die Formunwirksamkeit der Bürgschaft getäuscht und dadurch zu Leistungen an den Hauptschuldner veranlasst, kann der Bürge auch durch § 826 BGB gehindert sein, die Formungültigkeit mit Erfolg geltend zu machen.[1291]

Ein **Vergleich** über eine **für wirksam gehaltene** Bürgschaft kann unwirksam sein (§ 779 Abs. 1 **451** BGB), wenn die Beurteilung der Formwirksamkeit nicht lediglich von der Beantwortung einer Rechtsfrage abhängt. Die umfassende Wertung, die die Auslegung der Bürgschaft und die Feststellung einer unzulässigen Rechtsausübung im Einzelfall erfordern, bezieht tatsächliche Umstände mit ein,

---

[1283] BGH Urt. v. 16.12.1999 – IX ZR 36/98, WM 2000, 514 (516) = ZIP 2000, 451; eine Heilung der Bürgschaft lehnen ab OLG Köln Urt. v. 16.12.1997 – 19 U 100/96, ZIP 1998, 150; *Fischer* JuS 1998, 205; *Bayer* EWiR 1998, 399; MüKoBGB/*Habersack* § 766 Rn. 22.

[1284] BGH Urt. v. 16.12.1999 – IX ZR 36/98, WM 2000, 514, 516 = ZIP 2000, 451.

[1285] BGH Urt. v. 29.2.1996 – IX ZR 153/95, BGHZ 132, 119.

[1286] Staudinger/*Schilken*, 2019, BGB § 167 Rn. 20; *Flume* BGB AT II § 52, 2b (S. 865); *Bülow* ZIP 1996, 1694; *Hadding* EWiR 1996, 785; *Keim* NJW 1996, 2774; *Medicus* WuB I F 1 a. – 11.96; *Tiedtke* WiB 1996, 811; *v. Westphalen* LM BGB § 765 Nr. 107; aA *Larenz/Wolf* § 47 Rn. 22, die nur für die unwiderrufliche oder die unter Befreiung von § 181 BGB erteilte Vollmacht die Formvorschrift gelten lassen wollen, weil bei diesen Vollmachten der Vertragsschluss gleichsam vorweggenommen werde.

[1287] Das übersieht *Fischer* bei seinen Erwägungen, der Bürge sei nach § 242 BGB mit einem Rückforderungsanspruch ausgeschlossen, WM 1998, 1749 (1759).

[1288] BGH Urt. v. 28.11.1957 – VII ZR 42/57, BGHZ 26, 142 (151); BGH Urt. v. 28.1.1993 – IX ZR 259/91, BGHZ 121, 224 (233 f.); Urt. v. 29.2.1996 – IX ZR 153/95, BGHZ 132, 119 (129).

[1289] BGH Urt. v. 27.5.1957 – VII ZR 223/56, WM 1957, 883 (885).

[1290] BGH Urt. v. 20.9.1984 – III ZR 47/83, BGHZ 92, 164 (172) mwN.

[1291] BGH Urt. v. 28.1.1993 – IX ZR 259/91, BGHZ 121, 224 (234 f.).

sodass ihr von den Parteien angenommenes Ergebnis nicht als Beantwortung einer Rechtsfrage erscheint, sondern als Zugrundelegung eines Sachverhalts.[1292]

452   **c) Annahme der Bürgschaftserklärung.** Der Bürgschaftsvertrag kommt erst zustande, wenn der Gläubiger die Erklärung des Bürgen – formlos – annimmt. Sein Annahmewille kommt bei einer unter Anwesenden übergebenen Bürgschaft hinreichend dadurch zum Ausdruck, dass er sie entgegennimmt.[1293] Wird die Bürgschaftsurkunde dem abwesenden Gläubiger zugeschickt, reicht es als Betätigung des Annahmewillens regelmäßig aus, dass der Gläubiger, der zuvor eine Bürgschaft *verlangt* hatte, die Urkunde behalten hat. Dies lässt nach der Lebenserfahrung darauf schließen, dass er mit der ihm zugegangenen Bürgschaftserklärung einverstanden ist.[1294] Verlangt der Gläubiger, dass sich der Bürge für die Verbindlichkeiten aus zwei Verträgen verbürge, trägt ihm der Bürge aber nur die Haftung für die Verbindlichkeiten aus einem der beiden Verträge an, kann auch bei einem Irrtum des Gläubigers über die Reichweite der Bürgenhaftung ein Bürgschaftsvertrag mit dem von dem Bürgen angetragenen eingeschränkten Inhalt zustande gekommen sein. Dass die Annahme des Gläubigers das Angebot des Bürgen übersteigt, kann im Einzelfall dahin zu verstehen sein, dass der Antrag angenommen und ein neues, die Erweiterung enthaltendes Angebot abgegeben wird, das vom Bürgen gesondert angenommen werden muss.[1295]

453   **d) Widerruf der Bürgschaftserklärung. aa) Anwendbarkeit des Widerrufsrechts aus § 312 BGB.** Die Frage, ob das Widerrufsrecht nach § 312 BGB auch den Abschluss eines Bürgschaftsvertrages erfasst, hat eine wechselhafte Judikatur hinter sich. Der *Europäische Gerichtshof* hat auf Vorlage des BGH durch Urteil vom 17.3.1998 entschieden, dass ein **Bürgschaftsvertrag** dem Geltungsbereich der **Richtlinie 85/577/EWG vom 20.12.1985 betreffend den Verbraucherschutz grundsätzlich unterliegt,** weil die Gewährung eines Kredits eine Dienstleistung darstellt und der Bürgschaftsvertrag akzessorisch ist.[1296] In diesem Zusammenhang soll unschädlich sein, dass die durch die Bürgschaft ermöglichte Dienstleistung – der Kreditvertrag – nicht dem Bürgen, sondern dem Hauptschuldner zugute kommt.[1297] Dem Wortlaut von Art. 1 Haustürgeschäfte-RL und dem akzessorischen Charakter der Bürgschaft entnimmt der EuGH jedoch, dass unter die Richtlinie nur eine **Bürgschaft für eine Verbindlichkeit** fallen könne, die ein **Verbraucher im Rahmen eines Haustürgeschäfts** gegenüber einem Gewerbetreibenden als Gegenleistung für Waren oder Dienstleistung eingegangen sei. Da die Richtlinie außerdem nur die Verbraucher schützen solle, könne sie nur einen Bürgen erfassen, der sich gem. Art. 2 erster Gedankenstrich Haustürgeschäfte-RL zu einem Zweck verpflichtet habe, der nicht seiner beruflichen oder gewerblichen Tätigkeit zugerechnet werden könne.[1298] Der IX. Zivilsenat des BGH ist dem zunächst mit zwei Einschränkungen gefolgt: Bei einer Bürgschaft, die einen gewerblichen Kredit absichere, komme kein Widerrufsrecht des Bürgen in Betracht. Außerdem müsse sich nicht nur der Bürgschaftsvertrag, sondern auch die gesicherte Hauptverbindlichkeit auf einem Verbraucher- und Haustürgeschäft beruhen.[1299]

454   Das Schrifttum hat die in der Entscheidung des BGH (und des EuGH) getroffenen Restriktionen massiv kritisiert.[1300] Unter dem Eindruck dieser Kritik hat der XI. Zivilsenat des BGH die bisherige Rspr. aufgegeben:[1301] Der Schutzzweck des § 312 Abs. 1 S. 1 Nr. 1 BGB gebiete es, nur darauf abzustellen, ob der **Bürgschaftsvertrag** ein **Haustürgeschäft** ist. Die Gefahr, in einer sog. Haustürsituation zu einem unüberlegten Geschäftsabschluss veranlasst zu werden, verwirklicht sich unabhängig davon, ob die Hauptschuld ein gewerblicher Kredit oder ein Verbraucherdarlehen ist und ob der Hauptschuldner selbst durch ein Haustürgeschäft zum Abschluss dieser Geschäfte veranlasst wurde. Das ist folgerichtig: Dem Bürgen stehen neben den Einwendungen und Einreden des Hauptschuldners **unmittelbar Einwendungen und Einreden aus dem Bürgschaftsvertrag** gegen den Gläubiger zu. Deswegen ist der persönliche Anwendungsbereich des § 312 BGB nicht mit dem Akzessorietätsprinzip zu verknüpfen.[1302]

[1292] BGH Urt. v. 31.1.1997 – IX ZR 133/96, WM 1997, 625 (626).

[1293] BGH Urt. v. 31.5.1978 – VIII ZR 109/77, WM 1978, 1065 (1066).

[1294] BGH Urt. v. 6.5.1997 – IX ZR 136/96, WM 1997, 1242.

[1295] Ebenso *Kreft* WM-Sonderbeilage 5/1997 unter Verweis auf BGH Urt. v. 30.3.1995 – IX ZR 98/94, WM 1995, 900 (dort wurde ein Fall der falsa demonstratio angenommen).

[1296] EuGH Urt. v. 17.3.1998 – C-45/96, NJW 1998, 1295 Rn. 17 ff. – Dietzinger.

[1297] EuGH Urt. v. 17.3.1998 – C-45/96, NJW 1998, 1295 Rn. 19 – Dietzinger.

[1298] EuGH Urt. v. 17.3.1998 – C-45/96, NJW 1998, 1295 Rn. 22 – Dietzinger.

[1299] BGH Urt. v. 14.5.1998 – IX ZR 56/95, BGHZ 139, 21 (24 f.) = NJW 1998, 2356.

[1300] *Auer* ZBB 1999, 161 (168); *Canaris* AcP 200 (2000), 273 (353 f.); *Drexl* JZ 1998, 1046 (1055 f.); *Horn* ZIP 2001, 93 (94); *Kulke* JR 1999, 485 (491 f.); *Lorenz* NJW 1998, 2937 (2939); *Medicus* JuS 1999, 833 (836 f.); *Pfeiffer* ZIP 1998, 1129 (1137); *Reinicke/Tiedtke* ZIP 1998, 893 (894 f.); *Riehm* JuS 2000, 138 (143); *Tiedtke* NJW 2001, 1015 (1027); *Treber* WM 1998, 1908 (1918 f.).

[1301] BGH Urt. v. 10.1.2006 – XI ZR 169/05, BGHZ 165, 363 (367 f.); zust. BeckOK BGB/*Rohe* BGB § 765 Rn. 24 f.; *Madaus* BKR 2008, 54 (55); MüKoBGB/*Habersack* BGB Vor § 765 Rn. 9; Staudinger/*Horn*, 2013, BGB Vor §§ 765–778 Rn. 81.

[1302] Ebenso *Canaris* AcP 200 (2000), 273 (353); *Drexl* JZ 1998, 2937 (2938 f.); *Treber* WM 1998, 1908 (1915 f.).

bb) Einzelne Voraussetzungen des Widerrufsrechts aus § 312 Abs. 1 BGB. Das Widerrufs- **455** recht aus § 312 Abs. 1 S. 1 Nr. 1 BGB ist nur anwendbar, wenn der Bürge ein Verbraucher (§ 13 BGB) und der Gläubiger ein Unternehmer (§ 14 BGB) ist. Der Gläubiger oder dessen Verhandlungs- gehilfe muss den Bürgen in einer Haustürsituation zum Vertragsabschluss bestimmt haben. Es reicht nicht aus, dass etwa der Ehemann mit der bürgenden Ehefrau in der ehelichen Wohnung über das Bürgschaftsverlangen des Gläubigers spricht, sie zur Unterzeichnung der vorbereiteten Erklärung bewegt und die Urkunde an den Gläubiger zurückgibt: Der **Ehemann** ist im Verhältnis zu seiner Ehefrau **nicht Verhandlungsgehilfe des Gläubigers.**[1303] Die Vorschrift des § 312 BGB schützt den Erklärenden nicht vor dem psychologischen Druck oder die Überredungskünste seines Ehepartners oder Angehörigen.[1304] Anders steht es, wenn jemand, der allgemein werbend für die Bank tätig ist, seinen Angehörigen in dessen Wohnung mit dem Vorschlag eines Geschäfts mit der Bank über- rascht.[1305] Lässt der Gläubiger die vorbereitete Bürgschaftserklärung abholen, kommt es darauf an, ob der Bürge erst bei Besuch des Mitarbeiters oder bereits vorher von dem Hauptschuldner zur Unter- zeichnung der Urkunde bestimmt wird. Hat er sie bereits unterschrieben, ist § 312 Abs. 1 S. 1 Nr. 1 BGB noch anwendbar, wenn der Mitarbeiter den Bürgen jedenfalls dazu gebracht hat, dem Gläubiger die unterzeichnete Bürgschaftsurkunde zurückzugeben.

cc) Widerruf der Bürgschaft nach §§ 495 Abs. 1, 355 BGB. Noch nicht abschließend geklärt **456** ist, ob das Widerrufsrecht aus §§ 495 Abs. 1, 355 BGB auf einen Bürgschaftsvertrag anwendbar ist. Der **EuGH** hat dies in seiner Entscheidung vom 23.2.2000 grundsätzlich abgelehnt. Ein Bürgschafts- vertrag unterfalle auch dann nicht der **Richtlinie des Rates über Verbraucherkredite vom 22.12.1986 (87/102/EWG),** wenn weder der Bürge noch der Kreditnehmer im Rahmen ihrer Erwerbstätigkeit gehandelt haben.[1306] Der Gerichtshof stützte dies auf den Wortlaut der Richtlinie und erkannte, dass der Bürgschaftsvertrag kein Kreditvertrag im Sinne dieser Bestimmung sei. Die Richt- linie sei auch nicht aufgrund ihrer Zielsetzung auf Bürgen entsprechend anzuwenden. Sie verfolge praktisch ausschließlich das Ziel, den Hauptschuldner über den Umfang seiner Verpflichtung zu unter- richten und enthalte kaum Bestimmungen, die den Bürgen sinnvoll schützen könnten; dieser wolle vor allem über die Zahlungsfähigkeit des Kreditnehmers informiert sein.

Bereits zuvor hat der **BGH** in seinem Urteil vom 21.4.1998 es abgelehnt, das Widerrufsrecht aus **457** dem Verbraucherdarlehensrecht auf eine Bürgschaft analog anzuwenden.[1307] Der IX. Zivilsenat vermag der Verbraucherkredit-RL keinen Anhaltspunkt dafür zu entnehmen, dass sie Verbraucher, die eine Bürgschaft erteilen, umfassend in ihren Schutz einbeziehen soll. Denn die RL beziehe sich nach ihrem Wortlaut und erklärten Zweck nur auf Kreditverträge, **nicht auf Bürgschaften.** Allerdings werden dadurch der Schuldbeitritt zu einem Kreditvertrag und die Bürgschaft ungleich behandelt. Nach der gefestigten Rspr. unterliegt der Schuldbeitritt zu einem Verbraucherdarlehen der Form der §§ 492, 494 BGB, wobei dem Beitretenden analog § 495 BGB ein Widerrufsrecht zusteht.[1308] Ältere instanz- gerichtliche Entscheidungen[1309] und Stimmen im Schrifttum[1310] wollen deswegen das Verbraucherdar- lehensrecht unmittelbar oder analog auf Bürgschaften anwenden. Der BGH hat dieser Wertung eine Absage erteilt, und hält Bürgschaften und den Schuldbeitritt für unvergleichbar, da der Beitretende die volle vertragliche Mitverpflichtung eingehe und deshalb ebenso schutzwürdig erscheine wie der Kreditnehmer.[1311] Allein der Umstand, dass die Bürgschaft im Wesentlichen demselben Zweck wie die gesamtschuldnerische Mitverpflichtung diene, könne jedoch nicht dazu führen, auf die Bürgschaft die Bestimmungen der §§ 492 ff BGB ebenfalls entsprechend anzuwenden. Die Rechtsstellung des Bürgen, der eine an die Hauptschuld angelehnte akzessorische Haftung im Eventualfall übernehme, sei von der des Kreditnehmers weiter entfernt als die des Mitschuldners. Der Bürge sei durch die **Form- vorschrift des § 766 BGB** sowie die **Einreden,** die er unabhängig vom Hauptschuldner geltend machen könne (§§ 768, 770, 771, 776 BGB), bereits **hinreichend geschützt.** Die ungleiche Behand- lung von Mitschuldnererklärungen und Bürgschaften begründe auch keinen sachfremden Wertungs- widerspruch, weil der Bürge weder einer Verschärfung der Schriftform durch § 494 BGB noch der Möglichkeit des Widerrufs in gleicher Weise wie der Mitschuldner bedürfe.[1312]

[1303] BGH Urt. v. 9.3.1993 – XI ZR 179/92, WM 1993, 683.

[1304] Vgl. zur Unterzeichnung einer Sicherungszweckerklärung auf Veranlassung des Sohnes in der Wohnung der Mutter BGH Urt. v. 4.10.1995 – XI ZR 215/94, BGHZ 131, 55 = WM 1995, 2133.

[1305] BGH Urt. v. 17.9.1996 – XI ZR 164/95, BGHZ 133, 254.

[1306] EuGH Urt. v. 23.3.2000 – C-208/98, WM 2000, 713.

[1307] BGH Urt. v. 21.4.1998 – IX ZR 258/97, NJW 1998, 1939 – Baukran.

[1308] BGH Urt. v. 5.6.1996 – VIII ZR 151/95, BGHZ 133, 71 = NJW 1996, 2156.

[1309] LG Köln Urt. v. 13.11.1997 – 22 O 67/97, WM 1998, 172 f.; LG Neubrandenburg Urt. v. 9.10.1996 – 6 O 152/96, NJW 1997, 2826 f.

[1310] *Artz* ViR 1997, 227 (229); *Bülow* NJW 1996, 2889 (2892); *Bülow* ZIP 1999, 1613; *v. Westphalen* DB 1998, 295 (297); *Sölter* NJW 1998, 2192 (2193 f.); *Zöllner* WM 2000, 1 (3); *Hagena,* Drittschutz im Verbraucherkreditrecht, 1996, 207, 221.

[1311] BGH Urt. v. 21.4.1998 – IX ZR 258/97, BGHZ 138, 321; *Madaus* BKR 2008, 54 (56).

[1312] Krit. zu dieser Einschätzung *Sölter* NJW 1998, 2192 ff.; zust. *Pfeiffer* ZIP 1998, 1129 (1131 ff.).

458   Der BGH hat seine Rspr. ausdrücklich nur darauf bezogen, dass die Bürgschaft einen Geschäftskredit sichert. Für die Sicherung von Verbraucherkrediten ist die Frage damit noch unentschieden. Unabhängig davon lässt die Entscheidung des BGH jedoch Wertungsspielräume offen. Da Art. 15 Verbraucherkredit-RL die Mitgliedstaaten nicht daran hindert, weitergehende Schutzvorschriften beizubehalten oder einzuführen, ist eine Analogie zu den §§ 492 ff. BGB im Einzelfall durchaus richtlinienkonform.[1313] Die dafür entscheidenden Wertungen hat der BGH implizit genannt. Wenn sich die Stellung eines Bürgen der eines Schuldbeitretenden annähert, sollte man die §§ 492 ff. BGB analog anwenden, da in diesem Fall die Kreditsicherungen vergleichbar sind. Eine Analogie kommt insbesondere dann in Betracht, wenn die Einrede der Vorausklage wirksam ausgeschlossen oder abbedungen ist (§§ 771, 773 BGB) und zugleich die Einrede aus § 770 BGB.

459   **2. Voraussetzungen des Anspruchs aus dem Bürgschaftsvertrag. a) Akzessorietät in der Entstehung.** Die Verpflichtung des Bürgen setzt eine wirksame, abzusichernde Hauptschuld voraus. Ist diese nicht entstanden, so die Verpflichtung des Bürgen zwar wirksam aber gegenstandslos.[1314] Diese **Entstehungsakzessorietät** dient dem Schutz des Bürgen. Sie ist gleichzeitig ein wesentliches Kennzeichen der Bürgschaft und damit klauselfest.[1315] Vereinbaren die Parteien ein von dem Bestand der Hauptforderung unabhängiges Zahlungsversprechen, wird es sich regelmäßig um eine Garantie handeln (→ Rn. 348). Aufgeweicht wird das Akzessorietätserfordernis in § 765 Abs. 2 BGB, wonach der Bürge auch für eine künftige oder bedingte Forderung einstehen kann. Ist die zu sichernde Forderung **auflösend bedingt**, ist die Bürgschaft mit dem Bedingungseintritt gegenstandslos. Bei einer **aufschiebend bedingten** Forderung entsteht die Haftung mit Bedingungseintritt. Eine künftige Forderung kann nur Gegenstand eines Bürgschaftsversprechens sein, wenn sie wenigstens bestimmbar ist (→ Rn. 422).

460   **aa) Treuwidriges Bürgenverhalten.** Eine Bürgschaftsverpflichtung besteht auch dann nicht, wenn der Bürge die **Entstehung** der Hauptforderung **treuwidrig** verhindert. Übernimmt etwa der Bürge gegenüber dem Verkäufer eines GmbH-Anteils die Bürgschaft für die Kaufpreisforderung aus dem noch genehmigungsbedürftigen Verkauf, bleibt die Genehmigung aber aus, weil der Bürge an ihrer Erlangung nicht hinreichend mitwirkt, und kann sie auch nicht nach § 162 BGB zwischen den Parteien des Kaufvertrags fingiert werden, so entsteht die Bürgschaftsverpflichtung mangels Hauptforderung nicht.[1316] Von dem Grundsatz der Akzessorietät kann auch bei einem treuwidrigen Verhalten des Bürgen, das die Entstehung der Hauptforderung vereitelt, nicht abgegangen werden. Der Gläubiger käme sonst über die Bürgschaft in den Genuss der vertraglichen Leistung, wäre aber wegen Unwirksamkeit des Hauptvertrages nicht verpflichtet, dem Hauptschuldner die Gegenleistung zu erbringen.

461   **bb) Sicherung von Sekundäransprüchen.** Ist die gesicherte Forderung **nicht entstanden** und tritt an ihre Stelle ein **Bereicherungs- oder Schadensersatzanspruch,** ist umstritten, ob diese Sekundäransprüche durch die Bürgschaft gesichert sind. Der BGH betont, dass es sich dabei um eine Auslegungsfrage handelt und eröffnet damit die Möglichkeit, dass sich eine Bürgschaft auch auf Sekundäransprüche erstrecken kann.[1317] Es ist dabei denkbar, das nachträgliche Verhalten der Gläubigers und Hauptschuldners als Bestätigung zu verstehen, die gem. § 141 Abs. 2 BGB Rückwirkung entfaltet. Die umstrittene Frage stellt sich daher nur, wenn die Parteien das Rechtsgeschäft nicht bestätigen. Ist das Wirksamkeitshindernis dem Bereich des Hauptschuldners zuzuordnen, zB bei Anfechtung des Kredits durch den arglistig getäuschten Gläubiger oder der Geschäftsunfähigkeit des Hauptschuldners, soll nach einer verbreiteten Ansicht auch der Bereicherungsanspruch des Gläubigers von der Bürgschaft umfasst sein.[1318] Der BGH hat in einer Entscheidung danach differenziert, ob der Bürge aus Gefälligkeit, als Freund oder naher Angehöriger des Hauptschuldners gehandelt oder ob er als Kaufmann die Mithaft für einen Kredit übernommen habe: Verfolge der Bürge in der letztgenannten Weise **eigene wirtschaftliche Interessen,** so liege die Auslegung sehr nahe, dass sich seine Verpflichtung auch auf die dem Kreditgeber bei Nichtigkeit des Darlehensvertrages zustehenden Bereicherungsansprüche erstrecken solle.[1319] Abgesehen davon soll ein Bereicherungs-, sonstiger Rückabwicklungs- oder Schadensersatzanspruch stets durch die Bürgschaft gesichert sein, wenn diese wirtschaftlich dem Anspruch auf Darlehensrückzahlung gleichkommen.[1320]

[1313] *Canaris* AcP 200 (2000), 273 (354, 356).

[1314] BGH Urt. v. 9.7.1998 – IX ZR 272/96, BGHZ 139, 214 (217); BGH Urt. v. 8.3.2001 – IX ZR 236/00, BGHZ 147, 99 (101 f.); MüKoBGB/*Habersack* BGB § 765 Rn. 62 mwN zur bisweilen schwankenden dogmatischen Einordnung in Fn. 268.

[1315] BGH Urt. v. 19.9.1985 – III ZR 214/83, BGHZ 95, 350 (356 f.); MüKoBGB/*Habersack* BGB § 765 Rn. 61, 34.

[1316] BGH Urt. v. 25.9.1996 – VIII ZR 172/95, WM 1997, 36.

[1317] BGH Urt. v. 4.11.1999 – IX ZR 32/98, WM 2000, 21 (23); zust. Larenz/Canaris SchuldR BT II § 60 III 1c; MüKoBGB/*Habersack* BGB § 765 Rn. 62.

[1318] OLG Köln MDR 1976, 398; RG HRR 1930 Nr. 211; MüKoBGB/*Habersack* BGB § 765 Rn. 62.

[1319] BGH Urt. v. 12.2.1987 – III ZR 178/85, ZIP 1987, 697.

[1320] So wohl BGH Urt. v. 15.3.2001 – IX ZR 273/98, BGH NJW 2001, 1859 (1860); Urt. v. 24.3.2010 – VIII ZR 122/08, NJW-RR 2010, 143 Rn. 9; *Bydlinski* WM 1992, 1301 (1307); *Koziol* ZBB 1989, 16 (23); Larenz/

Indes sprechen schwer wiegende Gründe dagegen, eine Bürgschaft auch auf Sekundäransprüche zu **462** erstrecken.[1321] Die durch den BGH betonte Auslegung des Parteiwillens nimmt spekulative Züge an: So ist es eine Behauptung, aber keine Begründung, dass ein Bereicherungsanspruch auch gesichert sei, wenn der nichtigkeitsbegründende Mangel in der Sphäre des Hauptschuldners liegt. Ebenso wenig ist plausibel, warum bei einem eigenen wirtschaftlichen Interesse des Bürgen der Bereicherungsanspruch gesichert sein soll. Auf die wirtschaftliche Vergleichbarkeit von vertraglichem und gesetzlichem Rückgewähranspruch schließlich kann es nicht ankommen, sondern allenfalls auf die rechtliche Vergleichbarkeit. Rechtlich vergleichbar sind vertragliche und gesetzliche Rückgewähransprüche allerdings nicht wie bereits § 818 Abs. 3 BGB zeigt. Angesichts dessen, dass Novationen oder Kreditverlängerungen iRd § 767 BGB streng behandelt werden, ist es widersprüchlich, bei der Entstehungsakzessorietät großzügiger zu entscheiden und qualitativ abweichende Sekundäransprüche dem Haftungsrahmen der Bürgschaft zuzuordnen.

Hat der Gläubiger **formularmäßig** die Haftung des Bürgen auf Ansprüche „im Zusammenhang **463** mit diesem Vertrage, etwa aus Rücktritt, Wandlung, Anfechtung, Bereicherung oder sonstigen Gründen" erstreckt, soll nach einer älteren Entscheidung die entsprechende Haftung des Bürgen unabhängig von seinem wirtschaftlichen Interesse weder überraschend iSv § 305c Abs. 1 BGB noch unangemessen iSv § 307 BGB sein.[1322] Nach der hier vertretenen Ansicht ist dem nicht zuzustimmen, da dies mit den Grundsätzen der Entstehungsakzessorietät nicht in Einklang zu bringen ist.

cc) Durchsetzbarkeit der Hauptforderung. Die Hauptforderung muss **durchsetzbar** sein. Auch **464** insoweit ist allerdings der Sicherungszweck der Bürgschaft entscheidend. So kann sich der Bürge nicht auf den **kapitalersetzenden Charakter** der Hauptverbindlichkeit berufen, wenn er weiß, dass der Darlehensgeber Gesellschafter der darlehensnehmenden GmbH ist und dass diese sich in einer finanziellen Krise befindet.[1323] Davon abgesehen gestattet es die Vertragsfreiheit, eine Bürgschaft auch zur Sicherung solcher Ansprüche zu vereinbaren, die der Gläubiger gegen den Hauptschuldner aus Rechtsgründen nicht durchsetzen kann. Allerdings betrachtet der BGH derartige Vereinbarungen als einen seltenen Ausnahmefall, sodass sie die Voraussetzungen hinreichend deutlich bezeichnen müssen, unter denen der Gläubiger einer nicht durchsetzbaren Hauptforderung den Bürgen in Anspruch nehmen kann.[1324]

b) Akzessorietät im Haftungsumfang (§ 767 BGB). Nach § 767 Abs. 1 S. 1 BGB ist für die **465** Verpflichtung des Bürgen der jeweilige Bestand der Hauptschuld maßgebend. § 767 BGB verknüpft die Akzessorietät der Bürgschaft mit dem Umfang der Hauptforderung.[1325] Der Gläubiger kann von dem Bürgen nur das verlangen, was er vom Hauptschuldner zu bekommen hätte. Folglich muss der Bürge nicht mehr leisten als der Hauptschuldner.[1326] Dadurch schützt die Norm den Bürgen und ist deswegen **zwingendes Recht.** Wie auch sonst, so gilt diese Ausprägung des Akzessorietätsgrundsatzes nur vorbehaltlich des Sicherungszwecks. Dies eröffnet die (ergänzende) **Auslegung** des Bürgschaftsvertrages dergestalt, ob der Bürge das **Risiko** einer (willkürlich herbeigeführten oder sich von Rechts wegen ergebenden) Forderungsauswechslung zu tragen hat.

aa) Bestand der Hauptforderung (§ 767 Abs. 1 S. 1 BGB). Die Bürgschaft geht unter, wenn die **466** Hauptschuld erlischt. Ursache dafür können die Erfüllung und ihre Surrogate sein sowie der Erlass oder ein negatives Schuldanerkenntnis. Auch durch eine Novation erlischt die Bürgschaft. Allerdings gilt dies nicht, wenn es sich dabei um eine kontokorrentgebundene Forderung handelt (§ 356 HGB).[1327] Beseitigen der Gläubiger und der Hauptschuldner die Hauptverbindlichkeit durch einen Vergleich oder Aufhebungsvertrag, so erlischt insoweit die Verpflichtung aus dem Bürgschaftsvertrag.[1328] Erlischt die Hauptschuld teilweise, so vermindert sich auch der Haftungsbetrag der Bürgschaft.[1329] Nach Auffassung

---

Canaris SchuldR BT II § 60 III 1c; MüKoBGB/*Habersack* BGB § 765 Rn. 62; Staudinger/*Horn,* 2013, BGB § 765 Rn. 80 ff., 82 f. mwN.

[1321] *Lindacher* NJW 1985, 498 (499); *Tiedtke* ZIP 1990, 413 (414); *Tiedtke* JZ 1987, 853 (856); *Reinicke/Tiedtke* BürgschaftsR Rn. 5 ff.; s. auch *Füller,* Eigenständiges Sachenrecht?, 2006, 118 ff.

[1322] BGH Urt. v. 21.11.1991 – IX ZR 60/91, NJW 1992, 1234 (1235 f.).

[1323] BGH Urt. v. 15.2.1996 – IX ZR 245/94, WM 1996, 538.

[1324] BGH Urt. v. 10.2.2002 – IX ZR 397/98, BGHZ 143, 381 (385); BGH Urt. v. 21.1.1993 – VII ZR 221/91, BGHZ 121, 173 (177 f.); BGH Urt. v. 15.2.1996 – IX ZR 245/94, WM 1996, 588 (590); BGH Urt. v. 1.10.2002 – IX ZR 443/00, WM 2002, 2278 (2280); dazu *Tiedtke* EWir 2003, 111.

[1325] S. nur MüKoBGB/*Habersack* BGB § 767 Rn. 1.

[1326] BGH Urt. v. 9.7.1998 – IX ZR 272/96, BGHZ 139, 214 (217); BGH Urt. v. 10.2.2002 – IX ZR 397/98, BGHZ 143, 381 (384 f.); BGH Urt. v. 1.10.2002 – IX ZR 443/00, NJW 2003, 59 (60) = WM 2002, 2278.

[1327] BGH Urt. v. 1.10.2002 – IX ZR 443/00, NJW 2003, 59; BGH Urt. v. 30.9.1999 – IX ZR 287-98, NJW 1999, 3708 (3709); MüKoBGB/*Habersack* BGB § 765 Rn. 3.

[1328] BGH Urt. v. 1.10.2002 – IX ZR 443/00, NJW 2003, 59 (60) = WM 2002, 2278; s. auch BGHZ 6, 385 (393).

[1329] BGH Urt. v. 4.11.1999 – IX ZR 320/98, NJW 2000, 511; BGH Urt. v. 6.5.1999 – IX ZR 430/97, NJW 1999, 2113.

des BGH umfasst die Bürgschaft für eine Darlehensforderung regelmäßig die **Vertragszinsen,** weil der Bürge mit deren Anfall rechnen muss.[1330]

467   Besonderheiten gelten, wenn der Hauptschuldner als natürliche Person stirbt. Der Tod des Hauptschuldners hat keinen Einfluss auf die Verbindlichkeit des Bürgen (§ 768 BGB). Ist der Gläubiger zugleich Erbe des Hauptschuldners, erlischt die Hauptforderung durch Konfusion und damit auch die Bürgschaft. Dies gilt nicht, wenn das Erbrecht das Vermögen des Erben und den Nachlass als gesonderte Vermögensmassen behandelt (§§ 1976, 1991 Abs. 2, 2143, 2175, 2377 BGB). Beerbt umgekehrt der Bürge den Hauptschuldner, so ist der Erbe sowohl aus der Bürgschaft als auch aus der kraft Gesetzes übergegangenen Hauptschuld verpflichtet. Eine sog. Unechte Konfusion besteht in dem Fall, wenn der Schuldner der Erbe des Bürgen ist. Verbindlichkeiten und Sicherheiten für die Bürgschaft bestehen hier fort.[1331]

468   Ist der Hauptschuldner eine Personengesellschaft oder juristische Person und erlischt dessen rechtliche Existenz im Wege der Vollbeendigung, so ist zu unterscheiden: Grundsätzlich erlischt in diesem Fall auch die Bürgschaft.[1332] Ist der Hauptschuldner wegen Vermögensverfalls als Rechtssubjekt untergegangen, berührt dies nicht den Bestand der Bürgschaftsschuld. Der Sicherungszweck der Bürgschaft besteht hier gerade darin, den Gläubiger vor diesem Risiko z schützen. Aus diesem Grund beschränken auch Minderungen der Hauptschuld im Insolvenzplan (§ 254 Abs. 2 S. 1 InsO) oder die Restschuldbefreiung (§ 301 Abs. 2 S. 1 InsO) nicht die Haftung des Bürgen.[1333] Der Bürge haftet auch, wenn der Hauptschuldner gem. § 394 FamFG wegen Vermögenslosigkeit gelöscht wurde.[1334]

469   Ist die Hauptforderung **wegen der Insolvenz des Hauptschuldners erloschen** und wählt der Insolvenzverwalter die Erfüllung des Vertrages, so haftet der Bürge für den **neu begründeten Erfüllungsanspruch** nur bei ausdrücklicher entsprechender Abrede bzw. einer ausnahmsweise wirksamen vorformulierten weiten Sicherungszweckerklärung. Die Erstreckung seiner Haftung wird sich regelmäßig nicht aus einer ergänzenden Vertragsauslegung ergeben, weil sie nicht seinen mutmaßlichen Interessen entspricht.

470   **(1) Darlegungslast.** Der Gläubiger hat gegenüber dem Bürgen darzutun, dass die Hauptforderung entstanden und fällig ist, der Bürge hat zu beweisen, dass die Forderung gegen den Hauptschuldner untergegangen ist.[1335] Ist das verbürgte Risiko unklar, trägt der Gläubiger die Beweislast. Er hat wegen § 767 Abs. 1 S. 1 BGB darzutun und zu beweisen, dass die Bürgschaft sich gerade auf die geltend gemachte Hauptschuld erstreckt.[1336] Besteht Streit darüber, ob eine Zahlung auf eine bestimmte Forderung anzurechnen ist, so hat zunächst der Gläubiger darzutun und zu beweisen, dass ihm noch weitere Forderungen zustehen. Danach ist es Sache des Bürgen darzulegen, warum gerade die streitige Forderung getilgt sein soll.[1337] Entgegen früherer Rspr.[1338] gelten diese Darlegungs- und Beweislastregeln auch für den Fall, dass der Bürge sich für eine **Kontokorrentforderung** des Hauptschuldners verbürgt und dieser den Saldo nicht anerkannt hat. In diesem Fall muss der Gläubiger, der den Saldo geltend macht, die Aktivposten begründen und der Bürge die Passivposten.[1339]

471   **(2) Einsichts- und Auskunftsrecht des Bürgen.** Der Bürge, der die Erfüllung der verbürgten Hauptverbindlichkeit beweisen muss, hat gem. § 810 BGB einen **Anspruch auf Einsicht** in die Handelsbücher des Gläubigers.[1340] Ob eine Bank sich formularmäßig davon freizeichnen kann, den **Bürgen vom Stand der Hauptschuld zu unterrichten,** ist streitig. Dies ist abzulehnen. Die Möglichkeit, beim Hauptschuldner den Stand zu erfragen, reicht wohl nicht aus, die Bank als die vorrangige und geeignetere Informationsstelle aus der Pflicht zur Unterrichtung zu entlassen.[1341]

472   **bb) Änderungen der Hauptverbindlichkeit (§ 767 Abs. 1 S. 2 BGB).** Die Bürgschaft erstreckt sich kraft Gesetzes (§ 767 Abs. 1 S. 2 BGB) auf die durch Verschulden oder Verzug des Hauptschuldners geänderte Hauptverbindlichkeit. Der Bürge haftet deshalb dem Gläubiger für Schadens-

---

[1330] BGH Urt. v. 11.6.1980 – VIII ZR 164/79, BGHZ 77, 256. Für das Erfordernis einer ausdrücklichen Einbeziehung der Nebenforderungen in die Zweckerklärung einer fomularmäßig erteilten Bürgschaft spricht sich Habersack aus, MüKoBGB/*Habersack* BGB § 765 Rn. 77.

[1331] RGZ 76, 57 (58); MüKoBGB/*Habersack* BGB § 765 Rn. 49; Staudinger/*Horn,* 2013, BGB § 765 Rn. 224.

[1332] MüKoBGB/*Habersack* BGB § 765 Rn. 51.

[1333] BGH Urt. v. 1.10.2002 – IX ZR 443/00, NJW 2003, 59 (60 f.); *Noack/Bunke* FS Uhlenbruck, 2000, 335 (351 f.); s. auch MüKoBGB/*Habersack* BGB § 767 Rn. 6.

[1334] BGH Urt. v. 25.11.1981 – VIII ZR 299/80, BGHZ 82, 323 (326 f.); BGH Urt. v. 28.1.2003 – XI ZR 243/02, WM 2003, 487 (488).

[1335] BGH Urt. v. 10.12.1987 – IX ZR 269/86, WM 1988, 209; Urt. v. 18.5.1995 – IX ZR 129/94, NJW 1995, 2161.

[1336] BGH Urt. v. 7.3.1996 – IX ZR 43/95, WM 1996, 766.

[1337] BGH Urt. v. 30.3.1993 – XI ZR 95/92, NJW-RR 1993, 1015; Urt. v. 7.12.1995 – IX ZR 110/95, WM 1996, 192.

[1338] BGH Urt. v. 10.12.1987 – IX ZR 269/86, WM 1988, 209.

[1339] BGH Urt. v. 7.12.1995 – IX ZR 110/95, WM 1996, 192.

[1340] BGH Urt. v. 10.12.1987 – IX ZR 269/86, WM 1988, 209.

[1341] Ebenso OLG Düsseldorf v. 15.12.1995 – 17 U 39/95, NJW-RR 1996, 620 f.

ersatzansprüche aus §§ 280 ff. und für die Verzugszinsen aus § 288 BGB, die der Hauptschuldner dem Gläubiger schuldet.[1342] Daneben haftet der Bürge für alle Nebenforderungen, die sich typischerweise aus Leistungsstörungen in dem Schuldverhältnis zwischen dem Hauptschuldner und dem Gläubiger ergeben.[1343] Von der Bürgenhaftung erfasst sind deshalb auch der Verfrühungsschaden und eine Vorfälligkeitsentschädigung iSv. § 490 Abs. 1 S. 2 BGB.[1344] Gleiches gilt für Verfallklauseln und Vertragsstrafen.[1345] Der Bürge, der eine Höchstbetragsbürgschaft erteilt hat, haftet nicht über die vereinbarte Höchstsumme, wenn sich die Hauptverbindlichkeit durch Verschulden oder Verzug des Hauptschuldners erhöht hat.[1346]

cc) Verbot der Fremddisposition (§ 767 Abs. 1 S. 3 BGB). § 767 Abs. 1 S. 3 BGB normiert **473** das Verbot der Fremddisposition. Zwei Ausprägungen kennzeichnet dieses Verbot: Nach dem Zustandekommen des Bürgschaftsvertrages können der Gläubiger und der Hauptschuldner die Haftung des Bürgen nicht erhöhen. Darüber hinaus verbietet die Vorschrift auch, dass der Gläubiger und Hauptschuldner nachträglich das Haftungsrisiko des Bürgen in einer Weise verschärfen, die dieser beim Abschluss des Bürgschaftsvertrages nicht absehen konnte.[1347] Widerspricht eine Abrede dem Verbot des § 767 Abs. 1 S. 3 BGB, ist sie für den Bürgen unverbindlich und dessen Verpflichtung besteht in ihrem ursprünglichen Umfang fort.[1348] Den Haftungsrahmen für die Bürgschaft können deswegen nur der Gläubiger und der Bürge erweitern, wobei diese Neuverbürgung formbedürftig ist (→ Rn. 432). Zulässig ist eine nachträglich zwischen dem Gläubiger und dem Hauptschuldner vereinbarte Änderung, die vom verbürgten Risiko abgedeckt ist. Der Akzessorietätsgrundsatz findet auch im Rahmen des § 767 Abs. 1 S. 3 BGB seine Grenzen in dem Sicherungszweck der Bürgschaft.[1349]

(1) Umschuldungen. An der **Identität** von Hauptschuld und verbürgter Schuld fehlt es, wenn die **474** ursprüngliche Hauptschuld durch eine andere ersetzt wird oder inhaltlich soweit geändert wird, dass dies einer Ersetzung durch eine andere Forderung gleichkommt. Bei einer echten **Umschuldung,** der Ablösung eines Kredits durch einen anderen, entsteht ein neuer Kredit, für den der Bürge der Altforderung nicht mehr haftet. Wegen der einschneidenden Folgen einer Schuldumschaffung werden die Parteien des Darlehensvertrages im Zweifel kein neues Schuldverhältnis begründen, sondern nur den Vertrag verändern wollen.[1350] **Änderungen** von **Vertragsmodalitäten,** wie eine andere Zinshöhe, die zeitweise Aussetzung der Tilgung oder die Umbuchung des Kredits auf neue Konten, lassen nach der höchstrichterlichen Rspr.[1351] den Bestand des gesicherten Schuldverhältnisses unberührt.

Hat der Gläubiger dem Hauptschuldner **weitere Kredite** gewährt, bevor die gesicherte Schuld **475** getilgt ist, handelt es sich um keine Haftungserweiterung zu Lasten des Bürgen. Der Bürge hat darzutun und zu beweisen, dass die Altforderung von der neuen Geschäftsverbindung nicht erfasst wird, sondern in bestimmter Höhe vorhanden und noch zu tilgen ist.[1352]

(2) Kreditprolongation. Bei einer **Kreditprolongation** ist zu unterscheiden: Die Vertragsverlän- **476** gerung über die vorgesehene Zeitspanne lässt den Bürgen darüber im Ungewissen, ob er in Anspruch genommen wird und ob er seine Regressansprüche wahrnehmen kann. Sie ist deshalb für ihn unverbindlich, sodass er insbesondere für die nach dem ursprünglich vereinbarten Schlusstag berechneten Zinsen oder ein später ausgeschöpftes Kreditlimit nicht einstehen muss.[1353] Haben Gläubiger und Hauptschuldner aber von vornherein vorgesehen, dass der zunächst zeitlich beschränkte Kredit in Zukunft mehrfach verlängert werden soll und war dies für den Bürgen aus den Verhandlungen oder

---

[1342] BGH Urt. v. 4.12.1985 – VIII ZR 17/85, NJW 1986, 1429 (für Verzugszinsen). Es kommt nicht darauf an, ob die Bürgschaft durch den Verzug des Hauptschuldners veranlasst war, missverständlich insoweit OLG Rostock Urt. v. 11.12.1997 – 1 U 140/96, WM 1998, 446 (448).

[1343] MüKoBGB/*Habersack* BGB § 767 Rn. 7; s. auch OLG Düsseldorf Urt. v. 13.11.2000 – 9 U 111/00, WM 2001, 2382 (2384 f.).

[1344] BGH Urt. v. 2.2.1989 – IX ZR 182/87, NJW 1989, 1482 (1483); MüKoBGB/*Habersack* BGB § 767 Rn. 7.

[1345] BGH Urt. v. 7.6.1982 – VIII ZR 154/82, NJW 1982, 2305; OLG Düsseldorf Urt. v. 13.11.2000 – 9 U 111/00, WM 2001, 2382 (2385).

[1346] BGH Urt. v. 18.7.2002 – XI ZR 294/00, BGHZ 151, 374 (Ls. 2).

[1347] BGH Urt. v. 18.5.1995 – IX ZR 108/94, BGHZ 130, 19 (27); BGH Urt. v. 15.7.1999 – IX ZR 243/98, BGHZ 142, 213 (219 f.) = NJW 1999, 3195; BGH Urt. v. 6.4.2000 – IX ZR 2/98, WM 2000, 1141 (1143); Urt. v. 3.11.2005 – IX ZR 181/04, BGHZ 165, 28 (34 f.) = WM 2005, 2400.

[1348] BGH Urt. v. 21.5.1980 – VIII ZR 201/79, NJW 1980, 2412 f.; BGH Urt. v. 15.7.1999 – IX ZR 243/98, BGHZ 142, 213 (219); Urt. v. 6.4.2000 – IX Zr 2/98, WM 2000, 1141 (1143); Urt. v. 3.11.2005 – IX ZR 181/94, BGHZ 165, 28 (34 f.); MüKoBGB/*Habersack* BGB § 767 Rn. 11; Staudinger/*Horn,* 2013, BGB § 767 Rn. 40.

[1349] BGH Urt. v. 1.10.2002 – IX ZR 443/00, NJW 2003, 59.

[1350] BGH Urt. v. 30.9.1999 – IX ZR 287/98, NJW 1999, 3708; Urt. v. 6.4.2000 – IX ZR 2/98, WM 2000, 1141 (1142); BGH Urt. v. 8.11.2001 – IX ZR 46/99, ZIP 2002, 167 (169); BGH Urt. v. 1.10.2002 – IX ZR 443/00, NJW 2003, 59.

[1351] BGH Urt. v. 6.4.2000 – IX ZR 2/98, WM 2000, 1141 (1142).

[1352] BGH Urt. v. 5.7.1990 – IX ZR 294/89, WM 1990, 1410.

[1353] BGH Urt. v. 15.7.1999 – IX ZR 243/98, ZIP 1999, 1480 (1482); BGH Urt. v. 8.11.2001 – IX ZR 46/99, ZIP 2002, 167 (169).

den ihm zugänglich gemachten Unterlagen deutlich, erstreckt sich seine Haftung auch auf die in der Form neuer Jahresverträge entstehenden zukünftigen Forderungen.[1354] In diesem Fall ist das Bürgenrisiko eindeutig umrissen, das sich auf zukünftige, aber nach Grund und Umfang bestimmbare Forderungen erstreckt.

477 **dd) Kosten (§ 767 Abs. 2 BGB).** Nach § 767 Abs. 2 BGB haftet der Bürge für die dem Gläubiger von dem Hauptschuldner zu ersetzenden Kosten der Kündigung und der Rechtsverfolgung. Allerdings gilt dies nicht, wenn der derart erweiterte Haftungsbetrag das Limit einer Höchstbetragsbürgschaft überschreitet. Die in § 767 Abs. 2 BGB genannten Kosten sind Nebenforderungen iSd § 4 ZPO. Jedoch müssen die Kosten für die Rechtsverfolgung nach dem Abschluss des Bürgschaftsvertrags angefallen sein.[1355] Da es sich hierbei um einen wesentlichen Grundgedanken des § 767 Abs. 2 BGB handelt, dürfte eine dem widersprechende, vorformulierte Vertragsklausel unwirksam sein. Die Parteien können aber individualvertraglich den Haftungsumfang nach § 767 Abs. 2 BGB erweitern.

478 **ee) Rechtskraftwirkung.** Hat der Gläubiger eine titulierte Hauptforderung gegen den Hauptschuldner, erstreckt sich die **Rechtskraft des stattgebenden Urteils** nicht auf das Rechtsverhältnis des Gläubigers zum Bürgen.[1356] Dies ist deswegen sachgerecht, da die Interessen des Hauptschuldners und des Bürgen oftmals abweichen werden. Hat der aussichtslos überschuldete Hauptschuldner kein Interesse am Ausgang des Rechtsstreits, dürfen den Bürgen die Folgen einer nachlässigen Prozessführung nicht treffen. Hat der Bürge allerdings unter Bezugnahme auf das Urteil gegen den Hauptschuldner seine Haftung erklärt, kann er sich nicht darauf berufen, das Urteil wirke nur inter partes.[1357] Kein Interessenkonflikt zwischen dem Bürgen und dem Hauptschuldner besteht, wenn der Hauptschuldner im Rechtsstreit mit dem Gläubiger obsiegt. Die **Rechtskraft eines dem Gläubiger ungünstigen Urteils** erstreckt sich auf das Verhältnis zwischen Bürge und Gläubiger.[1358]

479 **c) Grundsatz der Gläubigeridentität.** Das Akzessorietätsprinzip verlangt die Identität zwischen dem Gläubiger der Haupt- und der Bürgschaftsforderung. Diesen Grundsatz leitet der BGH aus § 767 Abs. 1 S. 1, 2 BGB ab.[1359] Tritt der Gläubiger die durch eine Bürgschaft gesicherte Hauptforderung ab, so gehen auch die Rechte aus der Bürgschaft gem. § 401 Abs. 1 BGB auf den Zessionar über. Wirtschaftlich lässt sich dieses Ergebnis auch erreichen, indem die eine Forderung zediert wird und zeitgleich oder zuvor eine Bürgschaft zu Gunsten eines Dritten (des Zessionars) vereinbart wird. Hat sich der Bürge allerdings für einen namentlich genannten Hauptschuldner gegenüber dem Zedenten verbürgt, kann diese Erklärung nicht als Bürgschaft zu Gunsten eines Dritten ausgelegt werden. Die Erklärung des Bürgen lässt sich in diesem Fall weder als Vertrag zu Gunsten eines unbekannten Dritten verstehen, noch sind die Regeln über das „Geschäft, für den, den es angeht", anwendbar.[1360] Der Gläubiger muss nicht folglich nicht nur bei der Begründung der Bürgschaft, sondern auch noch bei der Leistung des Bürgen **Rechtsinhaber** der Hauptforderung sein.[1361] Er darf eine Einziehungsermächtigung für die Bürgschaftsforderung erteilen.[1362]

480 Da der Bürgschaftsanspruch in seinem Bestand dauernd von der verbürgten Hauptforderung abhängt, kann der Gläubiger die Bürgschaftsforderung nicht isoliert, sondern **nur gemeinsam** mit der verbürgten Hauptforderung **abtreten.**[1363] Der Übergang der Bürgschaftsforderung gem. § 401 Abs. 1 BGB setzt weiter voraus, dass die Bürgschaft zum Zeitpunkt der Abtretung bestellt ist. Sofern die Bürgschaft erst nach der Abtretung der „Hauptforderung" gestellt wird, entsteht keine Bürgschaftsverpflichtung, da dann der Gläubiger der Hauptforderung und der Bürgschaft auseinander fallen.[1364] Allerdings können Zedent und Zessionar in der Abtretungsabrede wirksam vereinbaren, dass künftig

---

[1354] BGH Urt. v. 15.7.1999 – IX ZR 243/98, BGHZ 142, 213 (219 ff.) = ZIP 1999, 1480 (1482); BGH Urt. v. 8.11.2001 – IX ZR 46/99, ZIP 2002, 167 (169 f.); *Fischer* WM 1998, 1705 (1711); *Fischer* WM 2001, 1049 (1053).

[1355] MüKoBGB/*Habersack* BGB § 767 Rn. 9; Staudinger/*Horn,* 2013, BGB § 767 Rn. 34; s. auch OLG Schleswig v. 5.7.2007 – 5 U 48/07, NZI 2008, 106 (107) = WM 2007, 1972.

[1356] BGH Urt. v. 10.2.1971 – VIII ZR 144/69, WM 1971, 614; BGH Urt. v. 12.3.1980 – VII ZR 115/79, BGHZ 76, 222; BGH Urt. v. 12.2.1987 – III ZR 178/85, NJW 1987, 2076 (2077).

[1357] OLG Koblenz Beschl. v. 2.12.1997 – 5 W 745/97, MDR 1998, 1022.

[1358] BGH Urt. v. 24.11.1969 – VIII ZR 78/68, NJW 1970, 279.

[1359] BGH Urt. v. 19.9.1991 – IX ZR 296/90, BGHZ 115, 177 (182 f.); BGH Urt. v. 3.4.2003 – IX ZR 287/99, NJW 2003, 2231 (2232).

[1360] BGH Urt. v. 3.5.2005 – XI ZR 287/04, BGHZ 163, 59 (62); BGH Urt. v. 15.8.2002 – IX ZR 217/99, WM 2002, 1968 (1969).

[1361] BGH Urt. v. 19.9.1991 – IX ZR 296/90, BGHZ 115, 177.

[1362] BGH Urt. v. 20.10.1988 – IX ZR 47/87, WM 1988, 1883; Urt. v. 27.2.1992 – IX ZR 57/91, WM 1992, 773.

[1363] BGH Urt. v. 20.10.1988 – IX ZR 47/87, WM 1988, 1883; BGH Urt. v. 24.9.1992 – IX ZR 195/91, WM 1992, 1893; BGH Urt. v. 3.4.2003 – IX ZR 287/99, NJW 2003, 2231 (2232); MüKoBGB/*Habersack* BGB § 765 Rn. 52; Staudinger/*Horn,* 2013, BGB § 767 Rn. 31 u. 213; aA *Bydlinski* ZIP 1989, 953 (957 f.); *Tiedtke* ZIP 1995, 521 (526 f.).

[1364] BGH Urt. v. 11.5.1966 – VIII ZR 102/65, WM 1966, 859 (861); BGH Urt. v. 3.4.2003 – IX ZR 287/99, NJW 2003, 2231 (2232); *Lindner-Figura* NJW 2002, 2134; Staudinger/*Horn,* 2013, BGB § 765 Rn. 203.

bestellte Sicherheiten übergehen.[1365] Eine derartige Vereinbarung ersetzt funktional eine Bürgschafts-vereinbarung zwischen dem Zedenten und dem Bürgen zu Gunsten des Zessionars. Tritt der Gläubiger die Hauptforderung ab und schließt er dabei den gesetzlichen Forderungsübergang gem. § 401 Abs. 1 BGB auf den Zessionar aus, so erlischt die Bürgschaft *analog* § 1250 Abs. 2 BGB.[1366] Denkbar ist dies, wenn die Abtretung der Hauptforderung gem. § 399 BGB ausgeschlossen ist. Schließt der Bürge durch **Allgemeine Geschäftsbedingungen** einen Übergang der Rechte aus der Bürgschaft aus, muss eindeutig darauf hingewiesen werden, dass die Bürgschaft nach § 1250 Abs. 2 BGB erlischt. Anderen-falls ist die Klausel wegen Verstoßes gegen das Transparenzgebot gem. § 307 BGB unwirksam.[1367]

Eine isolierte Abtretung der Bürgschaftsforderung ist allerdings möglich, wenn diese ausnahmsweise **481** sich von einem Nebenrecht in einen selbständigen Anspruch umwandelt. Dies ist der Fall, wenn es aufgrund des **Vermögensverfalls** zu einem Untergang des Hauptschuldners und damit zum Erlöschen der Hauptschuld kommt (→ Rn. 469).[1368] Auch das Erfordernis der Gläubigeridentität steht unter dem Vorbehalt des Sicherungszwecks. Bei einer **Prozessbürgschaft** ist nicht die materielle Forderung gesichert, sondern die durch den Titel geschaffenen Vollstreckungsbefugnisse des Titelgläubigers. Der BGH sichert dies zusätzlich dadurch ab, dass der Prozessbürge die Feststellungen des gegen seinen Auftraggeber ergangenen Urteils anerkennt. Anderenfalls müsste der Gläubiger gegenüber dem Pro-zessbürgen den Streit verkünden, was die Prozessbürgschaft als Sicherungsmittel entwerten würde.[1369] Unerheblich ist deshalb, ob der Kläger die materielle Forderung vor Stellung der Prozessbürgschaft abgetreten hat. Tritt der Gläubiger daher die titulierte Forderung ab, kann der Prozessbürge keine Vollstreckungsgegenklage erheben.[1370]

3. Unwirksamkeitsgründe. a) Sittenwidrigkeit. Der Bürgschaftsvertrag ist nach § 138 Abs. 1 **482** BGB nichtig, wenn dessen Gesamtcharakter, bestehend aus dem Inhalt, Zweck und Beweggrund gegen die guten Sitten verstößt. Für das Bürgschaftsrecht hat die Überprüfung des Vertrages auf Sittenwidrigkeit besondere Bedeutung erlangt, seit die Bürgschaft nicht mehr eine typische Sicherheit des Mittelstandes ist und die Kreditinstitute darauf verzichten, nur taugliche Bürgen gem. § 239 Abs. 1 BGB („Ein Bürge ist tauglich, wenn er ein der Höhe der zu leistenden Sicherheit angemessenes Vermögen besitzt und seinen allgemeinen Gerichtsstand im Inland hat.") zu akzeptieren.

Seit der berühmten „Bürgenentscheidung" des Bundesverfassungsgerichts vom 19.10.1993[1371] hat sich **483** die bisherige Einschätzung geändert, wonach Bürgschaften nur ausnahmsweise sittenwidrig sein konn-ten. Aus der in Art. 2 Abs. 1 GG gewährleisteten Privatautonomie und dem Sozialstaatsprinzip leitet das BVerfG die Verpflichtung der Zivilgerichte ab, mit den zivilrechtlichen Generalklauseln der §§ 138, 242 BGB auf „strukturelle Störungen der Vertragsparität" zu reagieren. Damit einher geht die Aufgabe der Zivilgerichte, den Vertrag als Mittel der Privatautonomie zu sichern und damit zu verhindern, dass Verträge in ein einseitiges Konditionendiktat mutieren. Allerdings muss es sich dabei um eine typisier-bare Fallgestaltungen handeln, die durch eine **ungewöhnlich starke Belastung** des Bürgen und einen Vertragsschluss aufgrund **„strukturell ungleicher Verhandlungsstärke"** gekennzeichnet sind.[1372]

Daraus entwickelte sich eine nunmehr umfangreiche Rspr. des BGH, die im Einklang mit den **484** Maßstäben des BVerfG zweistufig prüft, ob eine Bürgschaft sittenwidrig ist. Zum einen muss ein Missverhältnis zwischen dem Verpflichtungsumfang des Bürgen und dessen finanzieller Leistungsfähig-keit bestehen. Der Bürge muss in diesem Sinne „krass überfordert" sein.[1373] Allerdings genügt die krasse finanzielle Überforderung in den Worten des BGH „regelmäßig" nicht, um das Sittenwid-rigkeitsurteil zu begründen. Dieses Urteil muss sich zusätzlich auf ein besonderes Verhalten des Gläubigers stützen. Bei **Bürgschaften zu Gunsten naher Angehöriger** ist nach der allgemeinen Lebenserfahrung widerleglich zu vermuten, dass die ruinöse Bürgschaft (oder Mithaftung) allein aus

---

[1365] BGH Urt. v. 15.8.2002 – IX ZR 217/99, WM 2002, 1968 (1970); BGH Urt. v. 3.4.2003 – IX ZR 287/99, NJW 2003, 2231 (2232); BGH Urt. v. 3.5.2005 – XI ZR 287/04, BGHZ 163, 59 (62 f.) = NJW 2005, 2157 (2158).

[1366] BGH Urt. v. 19.9.1991 – IX ZR 296/90, BGHZ 115, 177 (181 f.); OLG Düsseldorf Urt. v. 13.12.2002 – 16 U 62/02, WM 2003, 1318 (1320 f.); *Becker-Eberhard*, Die Forderungsgebundenheit der Sicherungsrechte, 1993, 329 ff.; MüKoBGB/*Habersack* BGB § 765 Rn. 52; Staudinger/*Horn*, 2013, BGB § 765 Rn. 209; aA *Bydlinski* ZIP 1989, 953 (957 f.); *Tiedtke* ZIP 1995, 521 (526 f.).

[1367] BGH Urt. v. 19.9.1991 – IX ZR 296/90, BGHZ 115, 177.

[1368] BGH Urt. v. 25.11.1981 – VIII ZR 299/80, ZIP 1982, 294.

[1369] BGH Urt. v. 3.5.2005 – XI ZR 287/04, BGHZ 163, 59 (62 f.) = NJW 2005, 2157 = ZIP 2005, 1064.

[1370] BGH Urt. v. 19.10.2000 – IX 255/99, BGHZ 145, 352 (355); daran anknüpfend BGH Urt. v. 3.5.2005 – XI ZR 287/04, BGHZ 163, 59 (65).

[1371] BVerfG Beschl. v. 19.10.1993 – 1 BvR 567 und 1044/89, BVerfGE 89, 214.

[1372] BVerfG Beschl. v. 19.10.1993 – 1 BvR 567 und 1044/89, BVerfGE 89, 214 (232 ff.).

[1373] BGH Urt. 24.2.1994 – IX ZR 93/93, BGHZ 125, 206 (211); BGH Urt. v. 18.9.1997 – IX ZR 283/96, BGHZ 136, 347 (351); BGH Urt. v. 13.11.2001 – XI ZR 82/01, WM 2002, 223 (224); BGH Urt. v. 4.12.2001 – XI ZR 56/01, WM 2002, 223 (224); BGH Urt. v. 14.5.2002 – XI ZR 50/01, BGHZ 151, 34 (37 ff.); BGH Urt. v. 14.5.2002 – XI ZR 81/01, WM 2002, 1350 (1351); BGH Urt. v. 28.5.2002 – XI ZR 199/01, WM 2002, 1647 (1648); BGH Urt. v. 28.5.2002 – XI ZR 205/01, WM 2002, 1649 (1651); BGH Urt. v. 10.12.2002 – XI ZR 82/02, WM 2003, 275 f.; BGH Urt. v. 11.2.2003 – XI ZR 214/01, BKR 2003, 288 f. = ZIP 2003, 796; BGH Urt. 25.4.2006 – XI ZR 330/05.

emotionaler Verbundenheit mit dem Hauptschuldner übernommen wurde und der Kreditgeber dies sittlich anstößig ausgenutzt hat.[1374] Jenseits dieser Fälle ist eine ruinöse Bürgschaft sittenwidrig, wenn besondere, dem Kreditinstitut zurechenbare Umstände hinzutreten. In der Entscheidung vom 15.1.2002 hat der BGH diese Umstände (nicht abschließend) aufgezählt.[1375] Es sind dies: (1) die Ausnutzung der geschäftlichen Unerfahrenheit,[1376] (2) die Beeinträchtigung der Willensbildung und Entschließungsfreiheit durch Irreführung,[1377] (3) die Schaffung einer seelischen Zwangslage[1378] sowie (4) die Ausübung unzulässigen Drucks.[1379] Bei Bürgschaften zu Gunsten naher Angehöriger können diese Gesichtspunkte ergänzend herangezogen werden.

485   Eine **Vielzahl** von **allgemeinen Geschäftsbedingungen** des Gläubigers ist in die nach § 138 BGB erforderliche Gesamtbetrachtung aller Abreden einzubeziehen. Dies gilt auch, wenn diese Bestimmungen kein Vertragsbestandteil gem. § 305c BGB wurden oder gem. §§ 307 ff. BGB unwirksam sind.[1380] Ein Vertrag, der als Ganzes gesehen unvereinbar mit den guten Sitten ist, äußert insgesamt keine Wirkung. Diese Rechtsfolge könnte § 138 BGB nur sehr eingeschränkt entfalten, wenn alle Abreden, die schon aus anderen Gründen nicht wirksam geworden sind, zuvor auszuscheiden wären. Die Beschränkung der Vertragskorrektur auf die Nichtigkeit einzelner Klauseln kommt nicht in Betracht, wenn das Rechtsgeschäft als Ganzes zum Nachteil des Kunden die Grenzen der Vertragsfreiheit nicht beachtet hat. Die Bestimmungen der §§ 305 ff. BGB würden sich sonst – entgegen dem Schutzzweck des Gesetzes – zum Vorteil des Klauselverwenders auswirken.[1381]

486   aa) **Krasse finanzielle Überforderung des Bürgen.** *Krass überfordert* ist der Bürge (oder der Mitverpflichtete), wenn die zu sichernde Verbindlichkeit derart hoch ist, dass der Bürge die festgelegte **Zinslast** aus dem pfändbaren Teil seines Einkommens und Vermögens beim Eintritt des Sicherungsfalls nicht tragen kann. Die prognostizierte Tilgungsunfähigkeit muss dabei dauerhaft sein.[1382] Eine mögliche **Restschuldbefreiung** nach §§ 286 ff InsO schließt das Sittenwidrigkeitsurteil nicht aus.[1383] Der BGH begründet dies mit einem Sanktionsgedanken: Wenn die Restschuldbefreiung das Sittenwidrigkeitsverdikt sperren soll, würde dies ohne Grund solche Kreditinstitute vor der Nichtigkeitssanktion des § 138 BGB bewahren, die eine offensichtliche Willensschwäche einer emotional verbundenen Person zur Durchsetzung ihrer eigenen Interessen ausnutzen. Zudem setzen die §§ 286 ff. InsO begrifflich das Bestehen einer Schuld voraus und stehen schon deswegen in keinem Konkurrenzverhältnis zu § 138 BGB.[1384] Die entgegengesetzten Ansichten aus dem Schrifttum, die eine (diffuse) Ausstrahlungswirkung der §§ 286 ff. InsO auf das materielle Recht annahmen,[1385] haben sich damit erledigt. Es ist daher davon auszugehen, dass die emotionale Verbundenheit zwischen Hauptschuldner und Bürge eine widerlegliche Vermutung für ein anstößiges Ausnutzen des Gläubigers bilde.[1386] Auf eine mögliche Restschuldbefreiung kommt es nicht an.

[1374] BGH Urt. v. 18.9.1997 – IX ZR 283/96, BGHZ 136, 347 (351); BGH Urt. v. 14.11.2000 – XI ZR 248/99, BGHZ 146, 37 (42); BGH Urt. v. 27.1.2000 – IX ZR 198/98, WM 2000, 410 (411); BGH Urt. v. 13.11.2001 – XI ZR 82/01, WM 2002, 125; BGH Urt. v. 4.12.2001 – XI ZR 56/01, WM 2002, 223 (224); BGH Urt. v. 14.5.2002 – XI ZR 50/01, BGHZ 151, 34 (37); BGH Urt. v. 14.5.2002 – XI ZR 81/01, NJW 2002, 2230 (2231); BGH Urt. v. 11.2.2003 – XI ZR 214/01, BKR 2003, 288 f.

[1375] BGH Urt. v. 15.1.2002 – XI ZR 98/01, NJW 2002, 956 = ZIP 2002, 389.

[1376] BGH Urt. v. 16.1.1997 – IX ZR 250/95, WM 1997, 511 (512).

[1377] BGH Urt. v. 18.12.1997 – IX ZR 271/96, WM 1998, 239 (240) insoweit nicht in BGHZ 137, 329 abgedruckt.

[1378] BGH Urt. v. 16.1.1997 – IX ZR 250/95, WM 1997, 511 (512).

[1379] BGH Urt. v. 15.2.1996 – IX ZR 245/94, WM 1996, 588 (592); BGH Urt. v. 18.12.1997 – IX ZR 271/96, WM 1998, 239 (240) insoweit nicht in BGHZ 137, 329 abgedruckt.

[1380] BGH Urt. v. 18.9.1997 – IX ZR 283/96, BGHZ 136, 347 = WM 1997, 2117 (2119 f.); Urt. v. 8.10.1998 – IX ZR 257/97, WM 1998, 2327. Von der älteren Rechtsprechung, wonach wegen § 306 Abs. 1 BGB nur eingeschränkt eine Sittenwidrigkeitskontrolle möglich sei (BGH Urt. v. 18.5.1995 – IX ZR 108/94, BGHZ 130, 19 (37)) hat die neuere Judikatur des BGH Abstand genommen.

[1381] BGH Urt. v. 18.9.1997 – IX ZR 283/96, BGHZ 136, 347.

[1382] BGH Urt. v. 27.1.2000 – IX ZR 198/98, WM 2000, 410 (411); BGH Urt. v. 28.5.2002 – XI ZR 205/01, WM 2002, 1649 (1651); BGH Urt. v. 11.2.2003 – XI ZR 214/01, ZIP 2003, 796 (797); BGH Urt. v. 14.10.2003 – IX ZR 121/02, BGHZ 156, 302 (304); dazu *Pfab* JURA 2005, 737; Urt. v. 16.6.2009 – XI ZR 539/07, WM 2009, 1460 Rn. 18; Urt. v. 24.11.2009 – XI ZR 332/08, BKR 2010, 63 Rn. 11.

[1383] BGH Urt. v. 16.6.2009 – XI ZR 539/07, NJW 2009, 2671 Rn. 31, 32; OLG Brandenburg Urt. v. 23.3.2011 – 4 U 32/10, BeckRS 2011, 6684; OLG Nürnberg Urt. v. 21.9.2010 – 14 U 892/09, WM 2010, 2348 = NJW-RR 2011, 265. Offen noch BGH Urt. v. 14.10.2003 – IX ZR 121/02, BGHZ 156, 302 (304).

[1384] BGH Urt. v. 16.6.2009 – XI ZR 539/07, NJW 2009, 2671 Rn. 31, 32. Aus der Lit. dem folgend s. etwa *Foerste* JZ 1998, 574 (575 f.); *Foerste* JZ 2002, 562 (564); *Habersack/Giglio* WM 2001, 1100 (1103 f.); *H.-F. Müller* KTS 2000, 57 (59); *Zöllner* WM 2001, 1 (5); zusammenfassend *Homann/Maas* JuS 2011, 774 (777 f.).

[1385] *Aden* NJW 1999, 3763 f.; BeckOK BGB/*Rohe* BGB § 765 Rn. 55; *Becker* DZWir 1995, 237 (239); *Gernhuber* JZ 1995, 1086 (1094 f.); *Kapitza* ZGS 2005, 133 (134 f.); *Schlachter* BB 1993, 802 (803); *Unger* BKR 2005, 432 (435 f.).

[1386] BGH Urt. v. 28.5.2002 – XI ZR 205/01, ZIP 2002, 210 (211 f.); Urt. v. 24.11.2009 – XI ZR 332/08, BKR 2010, 63 Rn. 11. Aus dem Schrifttum dem BGH zustimmend *Nobbe/Kirchhof* BKR 2001, 5 (7 f.); *Schapp* ZBB 1999, 30 (40); noch weitergehend *Tiedtke* Anm. JZ 2000, 677.

(1) Prognosezeitpunkt. Entscheidender Zeitpunkt für das Sittenwidrigkeitsurteil ist der Abschluss **487** des Bürgschaftsvertrages.[1387] Gleichwohl stellt der BGH für die Prognose, ob der Bürge leistungsfähig ist, auf den Zeitpunkt der tatsächlichen Inanspruchnahme ab. Es wird vermutet, dass das Einkommen, welches der Bürge **bei Fälligkeit der Bürgschaft** tatsächlich erzielt, im Zweifel von Anfang an voraussehbar war.[1388] Gläubiger wie Bürge können nur geltend machen, die finanziellen Möglichkeiten des Bürgen hätten sich günstiger oder ungünstiger als vorausgesehen entwickelt, wenn die entsprechende Prognose sich auf Parteierklärungen vor Erteilung der Bürgschaft stützen kann oder aber die bei Eintritt des Bürgschaftsfalles gegebenen Umstände deutlich aus dem Rahmen fallen. Einseitige Hilfeleistungen von Angehörigen des Bürgen zeitlich nach dessen Verbürgung beeinflussen nicht die Beurteilung ihrer Sittenwidrigkeit.[1389] Ist die Verbindlichkeit des Bürgen so hoch, dass er sie auch bei günstigster Prognose mit an Sicherheit grenzender Wahrscheinlichkeit nicht mit nennenswerten Beträgen tilgen kann, liegt darin ein Faktor, der die Sittenwidrigkeit begründen kann. Steht bei Vertragsschluss die wirtschaftliche Sinnlosigkeit der Bürgschaft für den Gläubiger fest, so spricht dies dafür, dass leistungsunfähige Bürge sich nur aus Opferbereitschaft für seinen Angehörigen verpflichtet hat.[1390]

(2) Vermögensverhältnisse. Beurteilungsgrundlagen für die Prognose sind die eigenen Ver- **488** mögensverhältnisse des Bürgen und alle erwerbsrelevanten Umstände und Verhältnisse wie Alter, Schul- und Berufsausbildung sowie etwaige familiäre oder vergleichbare Belastungen.[1391] Die Leistungsfähigkeit des Bürgen beurteilt sich nur anhand dessen **eigener Vermögensverhältnisse.** Unerheblich ist die Situation des Hauptschuldners oder die des Ehegatten bzw. Lebenspartner. Eine derartige Gesamtbetrachtung hat der BGH ausdrücklich abgelehnt und seine entgegenstehende ältere Rspr. aufgegeben.[1392] Bietet das Einkommen oder Vermögen des Bürgen dem Gläubiger eine **nennenswerte Haftungsmasse,** stellt sich nicht die Frage nach der Sittenwidrigkeit einer Bürgschaft. Allerdings hat die kreditgebende Bank von sich aus die Einkommens- und Vermögensverhältnisse des Bürgen zu ermitteln. Hat sie ihn nicht zu seiner finanziellen Leistungsfähigkeit befragt, muss sie sich die objektiven Tatsachen als bekannt entgegenhalten lassen.[1393]

Für die Beurteilung, ob der Bürge finanziell überfordert ist, ist der Wert des pfändbaren Vermögens **489** von der Bürgschaftsschuld abzuziehen. Nur wenn der pfändbare Teil des Einkommens die auf den derart reduzierten Schuldbetrag entfallenden Zinsen nicht abdeckt, ist der Bürge finanziell überfordert.[1394] Verfügt der Bürge über kein nennenswertes eigenes Vermögen, bemisst sich seine Leistungsfähigkeit nach dem Betrag, der gem. **§ 850c ZPO** pfändbar ist. Dieser pfändungsfreie Teil des Bürgeneinkommens ist richterlich nicht exakt zu ermitteln, sondern zu schätzen (§ 287 Abs. 2 ZPO).[1395] Da es bei dieser Schätzung nur darum geht, Anhaltspunkte für die Prognose aus der Sicht eines vernünftigen Gläubigers zu gewinnen, können etwaige Ermessensentscheidungen des Vollstreckungsgerichts, etwa die auf Antrag des Gläubigers gem. § 850c Abs. 4 ZPO (Berücksichtigung eigener Einkünfte der Personen, denen der Schuldner aufgrund gesetzlicher Verpflichtung Unterhalt gewährt), außer Betracht bleiben.[1396]

Liegenschaften des Bürgen zählen zum pfändbaren Einkommen. Für die Leistungsfähigkeit des **490** Bürgen kommt es auf den Verkehrswert des Grundstücks an. Valutierende **dingliche Belastungen** des Grundstücks sind dabei **vermögensmindernd** zu berücksichtigen. Dies folgt daraus, dass bei einer Veräußerung des Grundstückes (oder eines Grundstücksanteils) nur der um die Belastung geminderte Erlös zur Verfügung stünde, um die Bürgschaftsschuld zu tilgen.[1397] Im Ergebnis ist daher nur die

---

[1387] BGH Urt. 24.2.1994 – IX ZR 93/93, BGHZ 125, 206 (209); BGH Urt. v. 24.2.1999 – XI ZB 2/98, BGHZ 140, 395 (399).

[1388] BGH Urt. v. 25.4.1996– IX ZR 177/95, BGHZ 132, 328 (336); Urt. v. 24.11.2009 – XI ZR 332/08, BKR 2010, 63 Rn. 18.

[1389] BGH Urt. v. 27.1.2000 – IX ZR 198/98, WM 2000, 410 (412).

[1390] BGH Urt. v. 19.3.1998 – IX ZR 120/97, NJW 1998, 2138 (2140) = WM 1998, 976; Urt. v. 8.10.1998 – IX ZR 257/97, WM 1998, 2327; Urt. v. 25.11.1999 – IX ZR 40/98, WM 2000, 243.

[1391] BGH Urt. v. 14.11.2000 – XI ZR 248/99, BGHZ 146, 37 (43); BGH Urt. v. 26.4.1994 – XI ZR 184/93, WM 1994, 1022 (1024); BGH Urt. v. 13.11.2001 – XI ZR 82/01, WM 2002, 125 (126); BGH Urt. v. 11.2.2003 – XI ZR 214/01, BKR 2003, 289 = ZIP 2003, 796; dazu *Büchler* EWiR 2003, 619.

[1392] BGH Urt. v. 27.1.2000 – IX ZR 198/98, WM 2000, 410 (412); BGH v. 14.5.2002 – XI ZR/50/01, BGHZ 151, 34 (38 ff.); s. auch bereits *Nobbe/Kirchhof* BKR 2001, 1; *Tonner* JuS 2003, 325; *Zwade* GmbHR 2003, 141. Aufgabe von BGH Urt. v. 18.1.1996 – IX ZR 177/95, WM 1996, 519 (521); Urt. v. 25.4.1996 – IX ZR 177/95, BGHZ 132, 328.

[1393] BGH Urt. v. 8.10.1998 – IX ZR 257/97, WM 1998, 2327 (2329).

[1394] BGH Urt. v. 28.5.2002 – XI ZR 199/01, WM 1647, 1648; BGH Urt. v. 17.9.2002 – XI ZR 306/01, ZIP 2002, 2249 (2250 f.); *Nobbe/Kirchhoff* BKR 2002, 5 (10).

[1395] BGH Urt. v. 25.4.1996 – IX ZR 177/95, BGHZ 132, 328 (338).

[1396] So auch OLG Düsseldorf Beschl. v. 24.3.1998 – 17 W 19/98 (nv).

[1397] BGH Urt. v. 14.5.2002 – XI ZR 50/01, BGHZ 151, 34 (37 f.); BGH Urt. v. 28.5.2002 – XI ZR 199/01, NJW 2002, 2634 (2635) = WM 2002, 1647 (1648); Urt. v. 24.11.2009 – XI ZR 332/08, BKR 2010, 63 Rn. 15. Eine „Modellrechnung" findet sich in BGH Urt. v. 17.9.2002 – XI ZR 306/01, ZIP 2002, 2249 (2250 f.): Die Beklagte war hälftig an einem Grundstück mit einem Verkehrswert von (damals) 300.000 DM beteiligt, das mit

Differenz zwischen dem Verkehrswert und dem effektiv verfügbaren Sicherungswert bei der Beurteilung zugrunde zu legen, ob der Bürge leistungsfähig ist. Entscheidender Zeitpunkt ist der des Vertragsabschlusses. Ist das Grundstück wertausschöpfend dinglich belastet, ist dessen Verkehrswert überhaupt nicht zu berücksichtigen.[1398]

491   Hat der Bürge aus einem Auftrags-, Geschäftsbesorgungs- oder Treuhandverhältnis einen Anspruch gegen den Hauptschuldner oder einen Dritten auf Erstattung seiner Aufwendungen (§ 670 BGB), der die Verpflichtung, den Bürgen von Verpflichtungen aus der Bürgschaft freizustellen (§ 257 BGB), umfasst, so bildet dieser **Befreiungsanspruch** einen wesentlichen Vermögensbestandteil des Bürgen.[1399] Von seiner Werthaltigkeit – beurteilt nach den Verhältnissen zum Zeitpunkt des Abschlusses des Bürgschaftsvertrages – hängt es ab, ob ein grobes Missverhältnis zwischen Verpflichtungsumfang und Leistungsfähigkeit des ansonsten unbemittelten Bürgen vorliegt.

492   **(3) Umfang des Haftungsrisikos.** Der **Umfang des Haftungsrisikos des Bürgen** in Relation zu seiner Leistungsfähigkeit bemisst sich nach dem vereinbarten Vertragsinhalt. Hat sich der Gläubiger offen gehalten, die Hauptschuld ohne Zustimmung des Bürgen zu erweitern, muss er sich bei der Beurteilung der dem Bürgen aufgebürdeten Lasten daran festhalten lassen;[1400] die Grundsätze der Anlassrechtsprechung (→ Rn. 493) kommen ihm in diesem Zusammenhang nicht zugute. Ungeachtet des Nominalbetrages der Bürgschaft kann eine krasse Überforderung des Bürgen zu verneinen sein, sobald dieser infolge der **übrigen** dem Gläubiger gewährten **Sicherheiten** davor geschützt ist, dass er bei Fälligkeit der Hauptforderung in einem Maße in Anspruch genommen wird, das völlig außer Verhältnis zu seiner wirtschaftlichen Leistungsfähigkeit steht. Allerdings setzt dies voraus, dass der Kreditgeber den Bürgen erst nach einer ordnungsgemäßen Verwertung der anderen Sicherheiten in Anspruch nehmen kann.[1401] Die unter der Haftungssumme liegende Inanspruchnahme aufgrund dieser Sicherheiten muß sichergestellt sein. Hat aber der Gläubiger die Rechte, die dem Bürgen aus § 776 BGB mit Blick auf die anderweitigen Sicherheiten zustehen, abbedungen oder sich vorbehalten, mit dem Hauptschuldner eine Stundung zu vereinbaren und einen Vergleich zu schließen, ohne dass sich die Forderung aus der Bürgschaft nach §§ 767 Abs. 1, 768 BGB reduzieren soll, kann auch dann keine Risikobegrenzung angenommen werden, wenn diese Klauseln einer richterlichen Überprüfung nicht standhalten oder die Parteien den Vertrag anders praktizieren.[1402]

493   **bb) Emotionale Verbundenheit. (1) Erfasster Personenkreis.** Der Bürge ist in anstößiger Weise in seiner Entscheidungsfreiheit beeinträchtigt, wenn er als junger, geschäftsunerfahrener Erwachsener von seinen **Eltern** gebeten wird, eine Haftung für Verbindlichkeiten aus Rechtsgeschäften zu übernehmen, an denen er selbst kein eigenes rechtliches oder wirtschaftliches Interesse hat.[1403] Veranlassen Eltern ihre Kinder eine Bürgschaft zu leisten, die sie wirtschaftlich aussichtslos überfordert, so gefährden sie nachhaltig deren gesamte eigenständige Lebensgestaltung, die sich häufig erst im Aufbau befindet. Eine solche Inanspruchnahme volljährig gewordener Kinder widerspricht einem Verhalten, wie es **§ 1618a BGB** für die gegenseitige Beziehung von Eltern und Kindern vorschreibt, und ist mit den allgemein anerkannten Anschauungen zur Verantwortung der Eltern ihren erwachsenen Kindern gegenüber grundsätzlich unvereinbar. Die Bank, die sich die Bürgschaft eines Kindes des Hauptschuldners in einem Umfang beibringen lässt, die dessen finanzielle Leistungsfähigkeit bei weitem übersteigt, muss sich die zu missbilligende **Einflussnahme** des Hauptschuldners **zurechnen** lassen, wenn sie ihr bekannt war oder sie sich einer solchen Erkenntnis bewusst verschlossen hat. Weder das Verlangen der Bank noch das der Eltern ist rechtlich zu missbilligen, wenn die Bürgschaft der Höhe nach den persönlichen und wirtschaftlichen Verhältnissen des Bürgen angepasst ist und dieser ein **wirtschaftliches Interesse** an dem Kredit seiner Eltern hat.[1404]

494   Auch bei anderen Personen, die dem Hauptschuldner nahe stehen, können die krasse finanzielle Überforderung durch die Bürgschaft und das **Fehlen eines rechtlich vertretbaren Interesses** des Kreditgebers an der Verpflichtung des Bürgen ein gewichtiges Indiz dafür sein, dass dieser sich

---

valutierenden Grundpfandrechten von 145.000 DM belastet war. Zu berücksichtigen sind (300.000 DM – 145.000 DM): 2 = 77.500 DM.

[1398] BGH Urt. v. 14.5.2002 – XI ZR 50/01, BGHZ 151, 34 (37 f.); BGH Urt. v. 28.5.2002 – XI ZR 199/01, NJW 2002, 2634 (2635) = WM 2002, 1647 (1648); BGH Urt. v. 17.9.2002 – XI ZR 306/01, ZIP 2002, 2249 (2250 f.); *Nobbe/Kirchhof* BKR 2001, 1; *Tonner* JuS 2003, 325; *Zwade* GmbHR 2003, 141. Aufgabe von BGH Urt. v. 7.3.1996 – IX ZR 43/95, WM 1996, 766 (768); BGH Urt. v. 13.11.1997 – IX ZR 289/96, WM 1998, 67 (69) insoweit nicht in BGHZ 137, 153 abgedruckt.

[1399] BGH Urt. v. 18.12.1997 – IX ZR 271/96, BGHZ 137, 329 = NJW 1998, 597 (599) = WM 1998, 239.

[1400] BGH Urt. v. 18.12.1997 – IX ZR 271/96, BGHZ 137, 329 = NJW 1998, 597 (599).

[1401] BGH Urt. v. 14.11.2000 – XI ZR 248/99, BGHZ 146, 37 (44) = NJW 2001, 815; BGH Urt. v. 16.6.2009 – XI ZR 539/07, NJW 2009, 2671 Rn. 21; BGH Urt. v. 15.11.2016 – XI ZR 32/16, NJW-RR 2017, 241 Rn. 23.

[1402] BGH Urt. v. 18.9.1997 – IX ZR 283/96, BGHZ 136, 347 = WM 1997, 2117 (2119); BGH Urt. v. 18.12.1997 – IX ZR 271/96, BGHZ 137, 329 = NJW 1998, 597, 599; Urt. v. 27.1.2000 – IX ZR 198/98, WM 2000, 410 (412).

[1403] BGH Urt. v. 24.2.1994 – IX ZR 93/93, BGHZ 125, 206 (213 f.).

[1404] BGH Urt. v. 17.4.1997 – IX ZR 135/96, NJW-RR 1997, 1199.

entgegen seinen eigenen Interessen nur aus einer – durch die **emotionale Verbundenheit mit dem Hauptschuldner** bedingten – unterlegenen Position heraus auf das Geschäft eingelassen und der Gläubiger dies in verwerflicher Weise ausgenutzt hat.[1405] Eine solche enge **emotionale Bindung** an den Hauptschuldner, die den Bürgen gegenüber dem Gläubiger in eine Position der Unterlegenheit und Schutzbedürftigkeit bringt, kann aus den **verschiedensten persönlichen Verhältnissen** herrühren, also Kinder, Eltern, Ehepartner, Lebensgefährten oder auch Geschwister betreffen.[1406] Entscheidend ist, dass im Einzelfall eine starke Zuneigung und darauf beruhendes persönliches Vertrauen, aber auch die Erkenntnis finanzieller Abhängigkeit vom Hauptschuldner und ein daraus herrührendes Gefühl eigener Unterlegenheit den Bürgen zur Übernahme der Haftung bestimmt haben und diese Umstände **dem Gläubiger erkennbar** waren. Anders als bei Eltern-Kindern, Ehepartnern oder Lebensgefährten wird eine solche enge Verbundenheit zwischen erwachsenen Geschwistern nicht vermutet, sondern ist von dem Bürgen darzustellen.

Die für Verwandten- oder Ehegattenbürgschaften typische Konfliktsituation wird nicht dadurch **495** aufgehoben, dass der Bürge sich für eine Unternehmung – beispielsweise eine **GmbH** – verbürgt, die zu wesentlichen Teilen einer dem Bürgen eng verbundenen Person gehört. Auch die Entscheidung des Bürgen, sich an einer solchen Gesellschaft zu beteiligen, kann auf ausschließlich altruistischen Motiven beruhen, sodass der Bürge in vergleichbarer Weise wie bei einer unmittelbaren Haftung für Verbindlichkeiten des ihm nahestehenden Hauptschuldners schutzbedürftig sein kann.[1407] Kein persönliches Näheverhältnis besteht zwischen dem Arbeitgeber und dem Arbeitnehmer, da hier die gegensätzlichen Interessen der Arbeitsvertragsparteien im Vordergrund stehen. Dies gilt jedenfalls, wenn der Arbeitnehmer bei der Übernahme der Bürgschaft erst seit einem Jahr für den Arbeitgeber tätig war.[1408]

Die Annahme, der Bürge habe die überhöhte Bürgschaft aus emotionaler Verbundenheit mit dem **496** Hauptschuldner übernommen, wird nicht dadurch erschüttert, dass er als Verhandlungsführer für diesen aufgetreten ist. Auch **geschäftsgewandte** Personen können aus emotionaler Verbundenheit zu einem Angehörigen Verbindlichkeiten eingehen, die sie krass überfordern.[1409]

(2) Widerlegung der Sittenwidrigkeitsvermutung. Das Ziel des Bürgschaftsgläubigers, Ver- **497** mögensverschiebungen zwischen dem Bürgen und dem Hauptschuldner vorzubeugen, rechtfertigt kein unbeschränktes Mithaftungsbegehren.[1410] Dies folgt aus der typisierenden Auslegung des Bürgschaftsvertrags einerseits sowie aus dem nachvertraglichen Verhalten des Gläubigers andererseits. Eine als solche formulierte Bürgschaft lässt sich kaum als Schutz vor Vermögensverschiebungen auslegen. Sie verstieße gegen das Verbot der geltungserhaltenden Reduktion. Wenn der Kreditgeber und Bürgschaftsgläubiger später den Schuldner in Anspruch nimmt, spricht dessen Verhalten außerdem gerade gegen eine stillschweigend vereinbarte Haftungsbeschränkung.[1411] Widerlegt ist die Sittenwidrigkeitsvermutung daher nur, wenn der Kreditgeber darlegt und beweist, dass und welchen Umfanges eine Vermögensverschiebung geschehen ist, die zudem im Verhältnis zur Kreditsumme erheblich sein muss.[1412] Allerdings hat der BGH bislang noch nicht geklärt, welche Vermögensverschiebung als erheblich anzusehen ist.

Diese Grundsätze gelten für alle Bürgschaften unabhängig davon, wann sie abgeschlossen wurden. Die **498** frühere Rspr. des 9. Zivilsenats, wonach die beschriebenen Grundsätze nur auf Bürgschaften anwendbar sind, die nach dem 1.1.1999 abgeschlossen wurden, hat der 11. Zivilsenat des BGH mittlerweile aufgegeben. Die neuere Rspr. trägt den Bedenken im Schrifttum[1413] Rechnung. Ein Vertrauen in die ältere Rspr. des 9. Zivilsenats besteht nicht. Unabhängig davon, ob es ein Vertrauen in eine Rspr. geben kann, hatte sich zu dieser Frage bis zur Zuständigkeit des 11. Zivilsenats keine einheitliche Rspr. herausgebildet. Will sich der Kreditgeber gegen Vermögensverschiebungen unter Ehegatten nunmehr absichern, muss der Bürgschaftsvertrag eine inhaltliche Einschränkung enthalten. Denkbar ist hier eine

---

[1405] BGH Urt. v. 11.12.1997 – IX ZR 274/96, NJW 1998, 894.

[1406] BGH Urt. v. 18.12.1997 – IX ZR 271/96, NJW 1998, 597 (598); vgl. dazu *Müller* DZWir 1998, 447.

[1407] BGH Urt. v. 18.12.1997 – IX ZR 271/96, NJW 1998, 597 (599).

[1408] BGH Urt. v. 14.10.2003 – XI ZR 121/02, BGHZ 156, 302 (307); dazu: *Pfab* JURA 2005, 737; *Heidrich* NJ 2004, 104; *Seifert* NJW 2004, 1707.

[1409] BGH Urt. v. 27.1.2000 – IX ZR 198/98, WM 2000, 410 (413); BGH Urt. v. 13.1.2001 – XI ZR 82/01, WM 2002, 125 (127); BGH Urt. v. 14.5.2002 – XI ZR 81/01, NJW 2002, 2230 (2231).

[1410] BGH Urt. v. 5.11.1996 – XI ZR 274/95, BGHZ 134, 42 (49); BGH Urt. v. 11.3.1997 – XI ZR 50/96, BGHZ 135, 66 (69); BGH Urt. v. 29.6.1999 – XI ZR 10/98, WM 1999, 1556 (1558) (Vorlagebeschluss an den großen Senat); BGH Urt. v. 14.5.2002 – XI ZR 81/01, NJW 2002, 2230 (2231); BGH Urt. v. 11.2.2003 – XI ZR 214/01, BKR 2003, 288 (290) = ZIP 2003, 796; BGH Urt. v. 25.4.2006 – XI ZR 330/05.

[1411] BGH Urt. v. 5.1.1995 – IX ZR 85/94, BGHZ 128, 230; Urt. v. 25.4.1996 – IX ZR 177/95, BGHZ 132, 328; BGH Urt. v. 23.1.1997 – IX ZR 55/96, WM 1997, 465 (466); zur Geschwisterbürgschaft BGH Urt. v. 18.12.1997 – IX ZR 271/96, NJW 1998, 597 (600); s. auch BGH Urt. v. 25.11.1999 – IX ZR 40/98, WM 2000, 23.

[1412] BGH Urt. v. 8.10.1998 – IX ZR 257/97, WM 1998, 2327.

[1413] Vgl. etwa *Gernhuber* JZ 1995, 1086 (1087); *Schimansky* WM 1995, 461 (467); *Reinicke/Tiedtke* NJW 1995, 1449 (1452); *Heinrichsmeier*, Die Einbeziehung des Ehegatten in die Haftung für Geldkredite, 1993, 173 ff., 176; MüKoBGB/*Habersack* BGB § 765 Rn. 28.

aufschiebende Bedingung des Bürgschaftsvertrages, wonach die Haftung des Bürgen erst entsteht, wenn der Bürge nachträglich pfändbares Vermögen erwirbt.[1414] Bürge und Gläubiger können auch ein *pactum de non petendo* vereinbaren, indem sie die Haftung des Bürgen auf vorhandenes Vermögen und/oder auf das dem Bürgen vom Hauptschuldner übertragene Vermögen beschränken.[1415] Dies muss jedoch ausdrücklich vereinbart werden, da die geschilderte neuere Rspr. des 11. Zivilsenats eine entsprechende stillschweigende Vereinbarung nicht als typischen Inhalt einer Bürgschaft begreift.[1416]

499   **(3) Insbesondere: Eigenes wirtschaftliches Interesse des Bürgen.** Ein unmittelbares, eigenes wirtschaftliches Interesse des Bürgen an der Kreditgewährung gegenüber dem Hauptschuldner schließt die Sittenwidrigkeit der Bürgschaft aus.[1417] Dies gilt auch, wenn der Bürge finanziell überfordert ist und emotional mit dem Hauptschuldner verbunden ist.[1418] Eine erhebliche Rolle spielt dieser Gesichtspunkt, wenn sich Gesellschafter (oder Geschäftsführer) für eine Schuld der Gesellschaft verbürgen. Die Praxis der Banken, bei der Gewährung von Geschäftskrediten an eine GmbH eine Bürgschaft der Gesellschafter zu verlangen, billigt der BGH. Die kreditgebende Bank hat in diesem Fall ein berechtigtes Interesse an der Haftung der Gesellschafter.

500   Ein wirtschaftliches Eigeninteresse hat etwa der einzige Kommanditist an einem Darlehen gegenüber der KG. Dies gilt auch, wenn der Kommanditist nur die Funktion eines Strohmanns hat.[1419] Für denjenigen, der sich für die Schulden „seiner" Gesellschaft verbürgt, steht das eigene wirtschaftliche Interesse im Vordergrund; er nimmt deshalb in aller Regel kein unzumutbares Risiko auf sich.[1420] Ein wirtschaftliches Eigeninteresse hat auch ein Mönch, der als Armutsgelübde abgelegt hat und Gesellschafter einer gemeinnützigen GmbH ist. Auf eine Gewinnerzielungsabsicht der GmbH kommt es nicht an, sondern es genügt, dass dem Gesellschafter die Aufgabenerfüllung der Gesellschaft wichtig ist.[1421] Ist für das Kreditinstitut **klar ersichtlich,** dass der Gesellschafterbürge finanziell an der Gesellschaft nicht beteiligt ist und die Gesellschafterstellung **nur** aus persönlicher Verbundenheit mit einer die Gesellschaft wirtschaftlich beherrschenden Person übernommen hat, gelten die Grundsätze für die Sittenwidrigkeit von Bürgschaften naher Angehöriger. Dies gilt insbesondere, wenn das Kreditinstitut in die wirtschaftlichen Hintergründe der Gesellschaftsgründung eingeweiht ist. Vor den erkennbaren persönlichen Motiven des Gesellschafterbürgen darf das Kreditinstitut „nicht die Augen verschließen".[1422] Auch bei unbedeutenden Bagatell- und Splitterbeteiligungen kann ausnahmsweise der Schutzgedanke des § 138 BGB erfüllt sein. Dies gilt insbesondere bei ertragsschwachen und über kein nennenswertes Eigenkapital verfügenden Gesellschaften. Eine Beteiligung von 10 % bzw. 25 % ist kein derartiger Bagatellanteil.[1423] Kein wirtschaftliches Eigeninteresse hat der Arbeitgeber einer GmbH, der sich für deren Schuld verbürgt.[1424]

501   **Mittelbare Vorteile** des Bürgen aus der Kreditgewährung, etwa das Bewohnen eines damit finanzierten Hauses, das im Eigentum des Ehepartners bzw. Lebensgefährten steht, die Erwartung erhöhten Unterhalts von Seiten des Hauptschuldners oder die vorläufige Erhaltung des Arbeitsplatzes, reichen nicht aus, ein die Bürgschaft rechtfertigendes Eigeninteresse des finanziell überforderten Angehörigen-Bürgen zu begründen. Anderenfalls würden Ehepartner selbständiger Unternehmer ohne sachlichen Grund benachteiligt wie der BGH betont.[1425] Nur **eigene geldwerte Vorteile** des Bürgen aus dem verbürgten Geschäft selbst stellen einen Umstand dar, der ein Handeln allein aus emotionaler Verbundenheit auszugleichen vermag.[1426]

[1414] *Gernhuber* JZ 1995, 1086 (1087); MüKoBGB/*Habersack* BGB § 765 Rn. 28. Die dagegen gerichteten Einwände in BGHZ 134, 325 (327 ff.) haben sich durch die geänderte Rspr. des 11. Zivilsenats erledigt; aA *Reinicke/Tiedtke* FamRZ 1993, 431.

[1415] So zB *Frey* WM 1996, 1612 (1613); Larenz/Canaris SchuldR BT II § 60 II 3b; MüKoBGB/*Habersack* BGB § 765 Rn. 28.

[1416] Anders aber überholt *Westermann* FS Lange, 1992, 1007, 1010 ff.

[1417] BGH Urt. v. 18.12.1997 – IX ZR 271/95, BGHZ 137, 329 (336 f.); BGH Urt. v. 18.9.2002 – IX ZR 183/00, WM 2001, 2156 (2157); BGH Urt. v. 15.1.2002 – XI ZR 98/01, WM 2002, 436; BGH Urt. v. 17.9.2002 – XI ZR 306/01, ZIP 2002, 2249 (2251); BGH Urt. v. 1.10.2002 – IX ZR 443/00, WM 2002, 2278 (2280).

[1418] S. insbes. BGH Urt. v. 5.1.2002 – XI ZR 98/01, WM 2002, 436; BGH Urt. v. 28.5.2002 – XI ZR 199/01, WM 2002, 1647 (1648); BGH Urt. v. 17.9.2002 – XI ZR 306/01, ZIP 2002, 2249 (2251).

[1419] BGH Urt. v. 18.12.1997 – IX ZR 271/96, NJW 1998, 597; BGH Urt. v. 17.9.2002 – XI ZR 306/01, ZIP 2002, 2249 (2251).

[1420] BGH Urt. v. 11.12.1997 – IX ZR 274/96, NJW 1998, 894; Urt. v. 16.12.1999 – IX ZR 36/98, ZIP 2000, 451 (faktischer Geschäftsführer).

[1421] BGH Urt. 28.2.2002 – IX ZR 153/00, NJW-RR 2002, 1130.

[1422] BGH Urt. v. 18.12.1997 – IX ZR 271/95, BGHZ 137, 329 (337); BGH Urt. v. 18.9.2002 – IX ZR 183/00, WM 2001, 2156 (2157); BGH Urt. v. 28.5.2002 – IX ZR 199/01, WM 2002, 1647 (1649); BGH Urt. v. 19.9.2002 – XI ZR 306/01, ZIP 2002, 2249 (2251 f.).

[1423] BGH Urt. v. 15.1.2002 – IX ZR 98/01, WM 2002, 436. Hingegen ist eine Beteiligung unter 10 % als Bagatellanteil anzusehen OLG Celle v. 1.3.2007 – 3 W 29/07, WM 2007, 928.

[1424] BGH Urt. v. 14.10.2003 – XI ZR 121/03, BGHZ 156, 302 (308) = WM 2003, 382.

[1425] BGH Urt. v. 14.11.2000 – XI ZR 248/99, BGHZ 146, 37 (45 f.) mwN; BGH Urt. v. 11.2.2003 – XI ZR 214/01, BKR 2003, 288 (289 f.).

[1426] BGH Urt. v. 27.1.2000 – IX ZR 198/98, WM 2000, 410 (412).

cc) Beeinträchtigte Entschließungsfreiheit des Bürgen. Die Bürgschaft eines finanziell über- **502**
forderten Bürgen ist sittenwidrig, wenn der Gläubiger die Entschließungsfreiheit des Bürgen beeinträchtigt hat. In seiner Entschließungsfreiheit ist der Bürge beeinträchtigt, wenn der Gläubiger das den
Bürgen treffende Risiko schuldhaft verharmlost oder verschleiert hat.[1427] Allgemeingültige Aussagen
dazu verbieten sich, sondern entscheidend sind jeweils die Gesamtumstände. Auch das wirtschaftliche
Eigeninteresse des Bürgen (→ Rn. 493) schließt die Sittenwidrigkeit nicht aus, wenn der überforderte
Gesellschafterbürge gleichzeitig in seiner Entschließungsfreiheit beeinträchtigt wurde.[1428] Die Willens-
freiheit ist nicht sittenwidrig beeinträchtigt, wenn es sich für die Beteiligten erkennbar, nur um eine
allgemeine Redensart ohne eine inhaltliche Aussage über den Umfang oder die Bedeutung des
Risikos handelt.[1429]

Unzulässig beeinflusst ist hingegen die Entschließungsfreiheit des Bürgen, wenn dieser dem Gläubi- **503**
ger mitteilt, beim Eintritt des Bürgschaftsvertrag zur Zahlung außer Stande zu sein und der Gläubiger
dem Bürgen darauf versichert, dass die Bürgschaft nur **pro forma** benötigt werde.[1430] Eine andere
Betrachtung kann angezeigt sein, wenn die Bank die Unterzeichnung der Bürgschaftserklärung gegenüber einem geschäftserfahrenen Bürgen als **Formalität** hinstellt.[1431] Die Rspr. hat sich hier jedoch zu
keiner einheitlichen Linie durchringen können. Sittenwidrig wird die Geschäftsunerfahrenheit der
bürgenden Ehefrau des Hauptschuldners ausgenutzt, wenn die Bank weiß, dass die Ehefrau mit der
Verbürgung die Erweiterung des Kreditrahmens für den Ehemann erreichen will, und die Bürgschaft
entgegennimmt, ohne der Bürgin zu verdeutlichen, dass damit die Krediterweiterung noch nicht
gesichert ist und lediglich eine – für die Bürgin sehr viel ungünstigere – Duldung von Kontoüberziehungen in Betracht kommt.[1432]

Nach der Rspr. obliegt es dem Gläubiger regelmäßig nicht, dem Bürgen die eigene Einschätzung **504**
des Risikos zu offenbaren oder sich über den Wissensstand des Bürgen zu unterrichten. Nur wenn er
einen ihm **bewussten Informationsvorsprung** besitzt, ist er gehalten, den Bürgen auf besondere
Risiken des Kredits hinzuweisen.[1433] Es böte sich an, hier anzusetzen und die Aufklärungspflichten der
kreditgebenden Bank gegenüber dem Bürgen auszuweiten. Dadurch wäre in vielen Fällen das Ver-
mutungskonstrukt des BGH obsolet, wonach bei emotionaler Verbundenheit ein anstößiges Ausnutzen
des Gläubigers zu vermuten ist.[1434] Da die Rspr. aber derzeit eingeschliffen ist, besteht wenig Aussicht,
dass sich der BGH einem neuen Ansatz verschreiben wird.

dd) Ausnutzung einer Zwangslage. Eine unerträgliche Beeinträchtigung der Entscheidungsfrei- **505**
heit des Bürgen kann anzunehmen sein, wenn der Gläubiger **in rechtlich verwerflicher Weise** für ihn
eine Zwangslage begründet oder eine seelische Zwangslage ausnutzt. Der Gläubiger begründet eine
Zwangslage für den Bürgen, wenn er oder dessen Ehepartner ein Darlehen zusagt und in erheblichem
Umfang auszahlt und sodann entgegen seinen früheren Bekundungen die Bürgschaft unter Hinweis
darauf verlangt, dass ohne die Haftungsübernahme die Zusage des für das wirtschaftliche Überleben des
Hauptschuldners notwendigen Kredits widerrufen werden könne.[1435] Hingegen schafft eine Bank durch
die Auszahlung des Kredits an den Hauptschuldner dann keine anstößige Zwangslage für den Bürgen,
wenn sie bereits vor Abschluss des Kreditvertrages eine Bürgschaft verlangt, diese aus Gründen, die im
Risikobereich des Hauptschuldners liegen, ausbleibt und sie unter Ankündigung einer sonst erfolgenden
Kreditkündigung eine Bürgschaft der Lebensgefährtin des Hauptschuldners beansprucht.[1436] In diesem

---

[1427] BGH Urt. v. 2.11.1992 – XI ZR 98/92, BGHZ 120, 272 (277); BGH Urt. v. 24.2.1994 – IX ZR 93/93,
BGHZ 125, 206 (218); BGH Urt. v. 24.2.1994 – IX ZR 227/93, NJW 1994, 1341 (1343) = WM 1994, 680
(682 ff.); BGH Urt. v. 18.12.1997 – IX ZR 271/95, WM 1998, 239 (240) (insoweit nicht in BGHZ 137, 329
abgedruckt); BGH Urt. v. 6.10.1998 – XI ZR 244/97, NJW 1999, 135 (136) = WM 1998, 2366 (2367); BGH Urt.
v. 8.11.2001 – IX ZR 46/99, WM 2002, 919 (922); BGH Urt. v. 28.2.2002 – IX ZR 153/00, NJW-RR 2002, 1130
= WM 2002, 923 (924); BGH Urt. v. 28.5.2002 – XI ZR 199/01, WM 2002, 1647 (1549); BGH Urt. v. 17.9.2002
– XI ZR 306/01, ZIP 2002, 2249 (2251); BGH Urt. v. 27.5.2003 – IX ZR 283/99, NJW-RR 2004, 337 (338 f.).
[1428] BGH Urt. v. 16.1.1997 – IX ZR 250/95, WM 1997, 511 (513); BGH Urt. v. 28.2.2002 – IX ZR 153/00,
NJW-RR 2002, 923 (924).
[1429] BGH Urt. v. 5.1.1955 – VI ZR 112/54, WM 1955, 375 (376); BGH Urt. v. 24.2.1994 – IX ZR 227/93,
NJW 1994, 1341 (1344); BGH Urt. v. 15.4.1997 – IX ZR 112/96, NJW 1997, 3230 (3231); BGH Urt. v. 27.5.2003
– IX ZR 283/99, NJW-RR 2004, 337 (338 f.).
[1430] BGH Urt. v. 27.5.2003 – IX ZR 283/99, NJW-RR 2004, 337 (338 f.).
[1431] BGH Urt. v. 11.12.1997 – IX ZR 274/96, NJW 1998, 894; vgl. aber zur sittenwidrigen Beeinträchtigung der
Willensfreiheit einer jungen Ehefrau ohne Berufsausbildung und -erfahrung im Falle des Schuldbeitritts, der als „reine
Formsache" dargestellt wurde BGH Urt. v. 6.10.1998 – XI ZR 244/97, WM 1998, 2366.
[1432] BGH Nichtannahmebeschluss v. 28.3.1996 – IX ZR 199/95, mitgeteilt von *Ganter* WM 1996, 1705 (1714).
[1433] BGH Urt. v. 24.2.1994 – IX ZR 93/93, BGHZ 125, 206 (217 f.).
[1434] So der Vorschlag von *Hommelhoff*, Verbraucherschutz im System des deutschen und europäischen Privatrechts,
2001, 24 ff.; *Habersack/Giglio* WM 2001, 1100 (1105 f.); *Lorenz* NJW 1997, 2578 (2679 f.); *Medicus* JuS 1999, 833
(838 f.); MüKoBGB/*Habersack* BGB § 765 Rn. 21; *H.-F. Müller* DZWir 1998, 447 (451 ff.); *Zöllner* WM 2000, 1
(9 f.).
[1435] BGH Urt. v. 2.11.1995 – IX ZR 222/94, WM 1996, 53.
[1436] BGH Urt. v. 23.1.1997 – IX ZR 55/96, WM 1997, 465 (466); vgl. auch OLG München Urt. v. 17.9.1996 –
18 U 2182/96, WM 1997, 216.

Fall hält sich der von der Bank ausgehende Druck im Rahmen der **berechtigten Wahrnehmung eigener Interessen.** Anders als bei der Kindesbürgschaft muss sich der Gläubiger einen unzulässigen **Druck des Ehepartners** auf den Bürgen nur dann zurechnen lassen, wenn ihm dessen Vorgehen bekannt ist.[1437]

506 Einem faktischen Zwang zum Abschluss eines Bürgschaftsvertrages ist auch ein Arbeitnehmer ausgesetzt, der eine ruinöse Bürgschaft für eine Verbindlichkeit seines Arbeitnehmers übernimmt, wenn dies allein aus Angst um den Arbeitsplatz bei der Hauptschuldnerin und um den Verlust seines Arbeitsplatzes geschah. Der BGH stellt hierfür eine Vermutung auf, die er mit der (besonders in den „neuen" Bundesländern) hohen Arbeitslosigkeit begründet und geht davon aus, dass der Gläubiger mit den Arbeitsmarktverhältnissen vertraut ist.[1438] Stellt eine Bank den Mitgesellschafter des Hauptschuldners anlässlich eines Routinebesuchs in ihren Räumlichkeiten ohne Ankündigung vor die Alternative, eine bislang nicht verabredete Bürgschaft zu zeichnen oder die sofortige Kündigung bereits ausgereichter Darlehen zu gewärtigen, liegt eine sittenwidrige **Überrumpelung** des Bürgen vor, wenn er aufgrund dieses Drängens eine ihn aussichtslos überfordernde Haftung übernimmt.[1439]

507 **ee) Vollstreckungsgegenklage des Bürgen.** Der Vollstreckungsschutz in § 79 Abs. 2 S. 3 BVerfGG ist auf verfassungsgerichtliche Entscheidungen *analog* anzuwenden, durch welche die Zivilgerichte dazu angehalten werden, „bei der Auslegung und Anwendung von Generalklauseln des bürgerlichen Rechts die jeweils einschlägigen Grundrechte interpretationsleitend zu berücksichtigen". Allerdings setzt dies voraus, dass das BVerfG „für die Auslegung des bürgerlichen Rechts über den Einzelfall hinausgehende Maßstäbe setzt".[1440] Die Vollstreckung aus einem Vollstreckungsbescheid oder einem Versäumnisurteil, die auf sittenwidriger Bürgschaft beruhen, kann gem. § 826 BGB unzulässig sein, wenn der Gläubiger den Titel erschlichen bzw. in verwerflicher Weise erlangt hat oder die Ausnutzung des Titels in hohem Maße unbillig und geradezu unerträglich erscheint. Letzteres kann der Fall sein, wenn dem Gläubiger die objektive Unrichtigkeit des Vollstreckungsbescheids durch das über die Zwangsvollstreckungsgegenklage entscheidende Gericht vermittelt wird und in dem vorangegangenen Mahnverfahren eine richterliche Kontrolle des offensichtlich anstößigen Bürgschaftsvertrages nicht stattgefunden hat.[1441]

508 **ff) Vollstreckbarerklärung eines ausländischen Urteils über die Bürgenhaftung.** Nach Art. 34 Abs. 2 iVm. Art. 27 Nr. 1 EuGVÜ wird die Entscheidung eines anderen Vertragsstaates unter anderem dann nicht in Deutschland für vollstreckbar erklärt, wenn dies der **inländischen öffentlichen Ordnung** widerspräche. Entscheidend ist – wie auch im Falle des § 328 Abs. 1 Nr. 4 ZPO –, ob gerade die Vollstreckbarerklärung zu einem Ergebnis führt, das offensichtlich gegen wesentliche Grundsätze des deutschen Rechts verstößt; das ist regelmäßig anzunehmen, wenn sie mit Grundrechten unvereinbar ist. Da die Gesetzmäßigkeit der ausländischen Entscheidung nicht zu überprüfen ist, Art. 34 Abs. 3 EuGVÜ, § 723 Abs. 1 ZPO, darf in dem Verfahren über die Vollstreckbarerklärung in Deutschland nicht streng nach dem Maßstab des § 138 Abs. 1 BGB geprüft werden, ob gemäß deutschen Vorstellungen ein Leistungsurteil des vorliegenden Inhalts zu erlassen wäre. Maßstab ist vielmehr, ob gerade die Unterwerfung des Schuldners unter das ausländische Zahlungsgebot seine Handlungsfreiheit in verfassungswidriger Weise einschränkt. Derartiges kann allenfalls **in besonders krassen Fällen** der strukturellen Unterlegenheit in Betracht kommen, wenn der Schuldner nach dem Urteil aller billig und gerecht Denkenden zweifelsfrei zum wehrlosen Objekt der Fremdbestimmung gemacht und hierdurch auf Jahre hinaus auf das wirtschaftliche Existenzminimum der Pfändungsfreigrenzen verwiesen würde.[1442]

509 **b) Anfechtung. aa) Inhaltsirrtum.** Die Bürgschaftserklärung kann nach den §§ 119, 120, 121, 142 BGB wegen Inhalts- oder Erklärungsirrtums angefochten werden mit der Folge der Schadensersatzpflicht gem. § 122 BGB. Wer etwa als der deutschen Sprache nicht mächtiger Ausländer aufgrund einer entsprechenden Mitteilung des Hauptschuldners eine Bürgschaftsurkunde in der Vorstellung zeichnet, er billige damit eine Geldanlage auf einem bei dem Gläubiger errichteten Sparkonto, kann die Bürgschaftserklärung wegen eines **Inhaltsirrtums** nach § 119 Abs. 1 Fall 1 BGB anfechten, auch wenn er die Bürgschaftserklärung ungelesen unterschrieben hat.[1443] Ob diese Fallkonstellation Anlass

---

[1437] BGH Beschl. v. 13.7.1995 – IX ZR 114/94, ZIP 1995, 1888, die dagegen eingelegte Verfassungsbeschwerde wurde nicht angenommen, BVerfG Beschl. v. 17.11.1995 – 1 BvR 1853/95.

[1438] BGH Urt. v. 14.10.2003 – XI ZR 121/02, BGHZ 156, 302 (309), dazu etwa *Pfab* JURA 2005, 737; *Heidrich* NJ 2004, 104; *Seifert* NJW 2004, 1707.

[1439] BGH Urt. v. 16.1.1997 – IX ZR 250/95, WM 1997, 511 (513).

[1440] BVerfG Beschl. v. 6.12.2005 – 1 BvR 1905/02, WM 2006, 23 (26). Dadurch aufgehoben BGH Urt. v. 11.7.2002 – IX ZR 326/99, BGHZ 151, 316.

[1441] Vgl. OLG Nürnberg Beschl. v. 8.3.1999 – 12 W 547/99, ZIP 1999, 918; OLG Köln Urt. v. 24.8.1999 – 15 U 52/99, ZIP 1999, 1707.

[1442] BGH Urt. v. 24.2.1999 – IX ZB 2/98, WM 1999, 681.

[1443] BGH Urt. v. 27.10.1994 – IX ZR 168/93, NJW 1995, 190 f.

gibt, den Banken eine „Verständlichkeitsobliegenheit"[1444] aufzuerlegen, mag fraglich sein; der Gläubiger, der einen der deutschen Sprache nicht mächtigen Ausländer als Bürgen verpflichten will, wird jedenfalls im eigenen Interesse gut beraten sein, den Bürgen durch einen nicht vom Hauptschuldner abhängigen Dolmetscher über die Reichweite seiner Verpflichtung aufzuklären.

bb) Eigenschaftsirrtum. Der Bürge, der sich über die Vermögenslage des Hauptschuldners, die **510** Risiken des verbürgten Kredits oder den Wert der anderen für die Hauptschuld bestellten Sicherheit irrt, ist nicht berechtigt, die Bürgschaftserklärung wegen eines **Eigenschaftsirrtums** gem. § 119 Abs. 2 BGB anzufechten. Denn es ist Inhalt und Zweck des Bürgschaftsvertrags, dass der Bürge das Risiko der Insolvenz des Hauptschuldners und der Unzulänglichkeit der weiteren Sicherheiten trägt.[1445]

cc) Arglistige Täuschung. Täuscht der Gläubiger, sein Vertreter oder sein Verhandlungsgehilfe **511** den Bürgen, so haftet er dem Bürgen aus der Verletzung einer Sorgfaltspflicht und muss ihn von der Verbindlichkeit freistellen (§§ 241 Abs. 1, 278, 280 BGB). Einer Anfechtung des Bürgen bedarf es nicht. Relevant ist dagegen die **Täuschung durch den Hauptschuldner** oder einen anderen Dritten (§ 123 Abs. 2 S. 1 BGB). Nach der höchstrichterlichen Rspr. ist der Hauptschuldner nicht schon deshalb Verhandlungsbeauftragter des Gläubigers, weil dieser ihn zu den Verhandlungen mit dem Bürgen veranlasst und in gleicher Weise wie der Hauptschuldner an der Bürgschaftsübernahme interessiert ist.[1446] Die dem Gläubiger nicht zurechenbare Täuschung berechtigt den Bürgen dann zur Anfechtung, wenn der Gläubiger sie **fahrlässig** nicht gekannt hat (§ 123 Abs. 2 S. 1 BGB). Wenn tatsächliche Anhaltspunkte – etwa aus früherem Verhalten des Hauptschuldners – Anlass zu Zweifeln geben, ob die Bürgschaft einwandfrei zustande gekommen ist, gebietet es die im Verkehr erforderliche Sorgfalt, dass der Gläubiger diesen Zweifeln nachgeht und sich entsprechend erkundigt. Unterlässt er das, beruht seine Unkenntnis auf Fahrlässigkeit.[1447]

dd) Widerrechtliche Drohung. Drohung iSd § 123 BGB ist die Ankündigung eines künftigen **512** Übels, auf dessen Eintritt der Drohende einwirken zu können behauptet und das verwirklicht werden soll, wenn der Bedrohte nicht die von dem Drohenden gewünschte Willenserklärung abgibt.[1448] Es reicht nicht aus, dass der Bürge seine Haftungserklärung unter dem Eindruck einer dem anderen Teil bekannten Zwangslage abgibt.[1449] Die Widerrechtlichkeit einer Drohung kann zu bejahen sein, wenn das eingesetzte Mittel nicht in einem angemessenen Verhältnis zu dem verfolgten Zweck steht. Sie wird aber nicht allein dadurch begründet, dass der drohende Gläubiger keinen Anspruch auf die Übernahme der Bürgschaft hat.[1450] Die Drohung des Gläubigers, er werde dem Schuldner einen zur Rückzahlung **fälligen Kredit entziehen,** wenn nicht dessen Ehefrau eine Bürgschaft für die Kreditprolongation stelle, ist nicht widerrechtlich, wenn der Gläubiger die rechtlichen und wirtschaftlichen Zusammenhänge zutreffend darstellt und nicht zusätzlich auf die Bürgin einwirkt.[1451] Ist der Gläubiger berechtigt, den bereits gewährten Kredit zu kündigen, etwa weil zugesagte Sicherheiten ausbleiben, fehlt es an der Widerrechtlichkeit seiner Drohung gegenüber dem Mitgesellschafter und Angestellten der Hauptschuldnerin, ohne dessen Haftungsübernahme werde er die Kredite kündigen mit der Folge des Zusammenbruchs der Hauptschuldnerin.[1452] Ob eine Bürgschaft, die unter der Drohung eines Straf- oder Konkursantrags betreffend den Hauptschuldner abgegeben wurde, anfechtbar ist, hängt von der Abwägung aller Umstände ab, insbesondere ist die Frage von Belang, ob der Bürge von dem Geschäftsgebaren des Hauptschuldners wirtschaftlich profitiert.[1453]

c) Inhaltskontrolle vorformulierter Vertragsklauseln. Die Inhaltskontrolle nach den §§ 305 ff. **513** BGB ist grundsätzlich eine Klauselkontrolle. Deswegen bleibt der Vertrag im Übrigen wirksam, wenn einzelne Klauseln nicht Vertragsbestandteil geworden sind (§ 306 Abs. 1 BGB). An die Stelle der unwirksamen Klauseln tritt gem. § 306 Abs. 2 BGB das Gesetzesrecht. Allgemeine Geschäftsbedingungen müssen wegen § 766 S. 1 BGB schriftlich abgefasst sein. Davon abgesehen gelten AGB als gestellt, wenn sie Unternehmer gegenüber einem Verbraucher verwendet (§ 310 Abs. 3 Nr. 1 BGB).

[1444] So *Reich* NJW 1995, 1857 (1860) unter Berufung auf die Richtlinie über missbräuchliche Klauseln in Verbraucherverträgen.
[1445] HM, RGZ 134, 126 (129); 158, 166 (170); BGH Urt. v. 7.3.1956 – IV ZR 271/55, WM 1956, 885 (889); BGH Urt. v. 22.10.1987 – IX ZR 267/86, NJW 1988, 3205 (3206); Soergel/*Mühl* BGB § 765 Rn. 22.
[1446] BGH Urt. v. 9.4.1992 – IX ZR 145/91, WM 1992, 1016.
[1447] BGH Urt. v. 9.4.1992 – IX ZR 145/91, WM 1992, 1016.
[1448] BGH Urt. v. 7.6.1988 – IX ZR 245/86, WM 1988, 1156.
[1449] BGH Urt. v. 7.6.1988 – IX ZR 245/86, WM 1988, 1156; vgl. dazu auch BGH Urt. v. 15.2.1996 – IX ZR 245/94, NJW 1996, 1341 betr. die Bürgschaft über 1,59 Mio. DM gegenüber einem finanzstarken Mitgesellschafter zur Rettung einer Gesellschaft, deren Gründer und Geschäftsführer die Bürgen waren.
[1450] BGH Urt. v. 7.6.1988 – IX ZR 245/86, WM 1988, 1156; BGH Urt. v. 18.1.1996 – IX ZR 171/95, WM 1996, 519.
[1451] BGH Urt. v. 18.1.1996 – IX ZR 171/95, WM 1996, 519.
[1452] BGH Urt. v. 16.1.1997 – IX ZR 250/95, WM 1997, 511.
[1453] BGH Urt. v. 23.9.1957 – VII ZR 403/56, BGHZ 25, 217 (220).

Für die Frage, ob eine vorformulierte Vertragsklausel den Vertragspartner des Verwenders beeinträchtigt, kommt es auf den Grundgedanken und die Struktur der vertragswesentlichen Rechte und Pflichten an. Die formularmäßige Einschränkung oder Aufhebung der Entstehungsakzessorietät (→ Rn. 459) ist daher mit § 307 Abs. 2 Nr. 1 BGB unvereinbar.[1454] Zu den Grundgedanken der Akzessorietät im Haftungsumfang → Rn. 465 ff. Daneben kann auch der Typus der Bürgschaft eine Rolle spielen.

514   **aa) Globalbürgschaft.** Eine Globalbürgschaft sichert alle gegenwärtigen und künftigen Verbindlichkeiten (aus einer Geschäftsverbindung) oder die Schuld aus einer Vielzahl von Geschäftsvorfällen, die nur technisch in einem Vertrag zusammengefasst werden (Kontokorrent). Grund und Umfang der Globalbürgschaft sind daher ungewiss und bedeuten schwer überschaubare Haftungsrisiken für den Bürgen. Dem Bestimmtheitsgrundsatz werden solche Bürgschaften gerecht, wie der BGH in seiner grundlegenden Entscheidung vom 18.5.1995 ausgeführt hat: Die Sicherungszweckerklärung, die Bürgschaft werde „zur Sicherung aller bestehenden und künftigen, auch bedingten oder befristeten Forderungen des Kreditinstituts gegen den Hauptschuldner aus ihrer Geschäftsverbindung (insbesondere aus laufender Rechnung, Krediten und Darlehen jeder Art und Wechseln) übernommen" genügt den Anforderungen an die **inhaltliche Bestimmtheit** nach § 765 BGB.[1455] In der Lit. hielt man eine derartige Sicherungszweckerklärung für inhaltlich unbestimmt, da der Bürgenschutz nicht nur die sachliche Begrenzung auf Forderungen aus der Geschäftsverbindung gebiete, sondern auch eine Begrenzung der Höhe nach.[1456] Der BGH hat dies mit der überzeugenden Erwägung abgelehnt, dass eine Begrenzung der Höhe nach mit der Bestimmtheit oder Bestimmbarkeit der Hauptschuld nichts zu tun habe. Werde zB die Bürgschaft „für alle nur irgendwie denkbaren Verbindlichkeiten des Hauptschuldners ohne sachliche Begrenzung" übernommen, so sei klar, welche Hauptschulden darunter fielen – nämlich alle.[1457]

515   Erstreckt allerdings eine vorformulierte Zweckerklärung die Bürgschaftsverpflichtung auf alle bestehenden und künftigen Forderungen des Gläubigers gegen den Hauptschuldner, so muss diese Klausel der AGB-Kontrolle nach den §§ 305 ff. BGB genügen. Der BGH entnimmt § 767 Abs. 1 S. 3 BGB das **Erfordernis einer Begrenzung der Bürgschaft:** „Die Vorschrift bestimmt, dass die Bürgenverpflichtung nicht durch ein Rechtsgeschäft erweitert wird, das der Hauptschuldner nach Übernahme der Bürgschaft vornimmt. Die Regelung ist nicht lediglich dann anzuwenden, wenn eine Begrenzung konkret vereinbart ist. Vielmehr setzt das Gesetz zum Schutz des Bürgen neben der Bestimmtheit der zu sichernden Forderungen eine summenmäßige Begrenzung der Bürgschaft als selbstverständlich voraus. Auf diese Weise soll verhindert werden, dass Hauptschuldner und Gläubiger den Umfang der Bürgschaft eigenmächtig ausweiten. Eine unbegrenzte Ausdehnung der Haftung durch rechtsgeschäftliches Handeln anderer widerspricht dem elementaren Schutz der Privatautonomie des Bürgen. Mit einer derartigen Abweichung vom dispositiven Gesetzesrecht rechnet dieser im Allgemeinen nicht. Da die Bankverbindung eine inhaltlich offene Geschäftsbeziehung darstellt, reicht die sachliche Beschränkung der Bürgenhaftung auf Forderungen aus der bankmäßigen Geschäftsverbindung zum Schutz des Bürgen nicht aus."[1458]

516   **(1) Überraschungsschutz.** Die bei Sicherungsgrundschulden entwickelten Grundsätze zur **Anlassrechtsprechung,**[1459] wonach die formularmäßige Erweiterung der dinglichen Haftung auf alle bestehenden und künftigen Verbindlichkeiten des Dritten **grundsätzlich** insoweit **überraschend** ist, als sie über den Anlass des Sicherungsvertrages hinausgehen, gelten auch für Bürgschaften zur Sicherung von Tilgungs- oder Kontokorrentkrediten.[1460] Ist die **formularmäßige Erweiterung** der Bürgenhaftung überraschend, wird sie gem. § 305c Abs. 1 BGB nicht Vertragsbestandteil. Überraschend ist die formularmäßige Erweiterung, wenn die Bürgschaft aus Anlass einer bestimmten Kreditgewährung übernommen wird. Der Überraschungseffekt liegt in dem Widerspruch zwischen der durch den besonderen Anlass der Bürgschaftsübernahme zutage getretenen Zweckvorstellung des Bürgen und der davon in einem nicht zu erwartenden Ausmaß abweichenden Reichweite der vorformulierten Bürgschaftserklärung.

517   Dieser Gesichtspunkt fixiert zugleich die Grenzen des Überraschungsschutzes: Es kommt zum einen darauf an, dass sich der Bürge überhaupt Vorstellungen über den Anlass seiner Verpflichtung gemacht

---

[1454] BGH Urt. v. 19.9.1985 – III ZR 214/83, BGHZ 95, 350 (356 f.) = NJW 1986, 43; s. auch MüKoBGB/ *Habersack* BGB § 765 Rn. 61 aE.

[1455] BGH Urt. v. 18.5.1995 – IX ZR 108/94, BGHZ 130, 19 (21) = WM 1995, 1397.

[1456] *Horn* FS Merz, 1992, 217 (219 f.); *Tiedtke* ZIP 1994, 1237 (1238).

[1457] BGH Urt. v. 18.5.1995 – IX ZR 108/94, BGHZ 130, 19 (21) = WM 1995, 1397.

[1458] BGH Urt. v. 18.5.1995 – IX ZR 108/94, BGHZ 130, 19 (21) = WM 1995, 1397; s. auch MüKoBGB/ *Habersack* BGB § 765 Rn. 69, 72.

[1459] BGH Urt. v. 29.1.1982 – V ZR 82/81, BGHZ 83, 56 (59 f.); Urt. v. 18.2.1992 – XI ZR 126/91, NJW 1992, 1822; Urt. v. 28.3.1995 – XI ZR 151/94, WM 1995, 790 (791).

[1460] BGH Urt. v. 1.6.1994 – XI ZR 133/93, BGHZ 126, 174 = WM 1994, 1096; Urt. v. 18.5.1995 – IX ZR 108/94, BGHZ 130, 19 (21) = WM 1995, 1397; Urt. v. 18.1.1996 – IX ZR 69/95, BGHZ 132, 6; Urt. v. 13.11.1997 – IX ZR 289/96, NJW 1998, 450.

hat. Andererseits schließt es den überraschenden Charakter einer Klausel auch nicht aus, wenn diese auf einen Höchstbetrag begrenzt ist.[1461] Hat sich der Bürge bei Übernahme der Bürgschaft die Höhe der Hauptschuld **nicht konkret vorgestellt,** auch nicht der Größenordnung nach, kann er sich auf § 305c Abs. 1 BGB nicht berufen. Wer sich blindlings für alle Verbindlichkeiten des Hauptschuldners verbürgen will, kann schwerlich überrascht werden, wenn die Haftung durch eine Nebenabrede auch auf künftige Schulden erstreckt wird.[1462] In diesen Fällen kommt jedoch eine Inhaltskontrolle nach § 307 BGB in Betracht.

Nicht überrascht wird der Bürge, der persönlich und wirtschaftlich so eng mit dem Haupt- **518** schuldner verbunden ist, dass er das Risiko künftiger von der Bürgschaft erfasster Verbindlichkeiten **absehen und vermeiden** kann. Dies ist der Fall bei einem Geschäftsführer, der Allein- oder der Mehrheitsgesellschafter einer aus der gesicherten Hauptschuld verpflichteten GmbH ist.[1463] Ein Minderheitsgesellschafter hingegen kann das Haftungsrisiko nicht steuern, zumal die Kontrolle der Geschäftsführung einen Mehrheitsbeschluss der Gesellschafterversammlung gem. §§ 46 Nr. 6, 47 GmbHG voraussetzt.[1464] Wurde der Bürge bei den Verhandlungen auf die Erweiterung der Haftung **hingewiesen** worden ist oder ist der Sicherungsgeber ein mit Kreditgeschäften vertrautes Unternehmen ist, entfällt das Überraschungselement.[1465] Die **Beweislast** dafür, dass die umfassende Zweckerklärung der Bürgschaft über das Ergebnis seiner Verhandlungen mit dem Gläubiger hinausgehe, trägt der Bürge.[1466]

Wird der Kredit, der den konkreten Anlass für die Verbürgung bildet, in laufender Rechnung (im **519** Kontokorrent) gewährt, sodass erst jeweils die Rechnungsabschlüsse die künftige Höhe der Hauptschuld bestimmen, kommt es darauf an, ob der Kontokorrentkredit – wie in der Bankenpraxis üblich – durch das sog. **Kreditlimit** begrenzt ist. In diesem Fall braucht der Bürge nicht damit zu rechnen, dass er über die im Zeitpunkt der Bürgschaftsübernahme bestehende Kreditlinie hinaus für die Verbindlichkeiten des Hauptschuldners einzustehen hat.

(2) Inhaltskontrolle gem. § 307 BGB. Die klauselmäßige Erstreckung der Bürgschaft auf alle **520** gegenwärtigen und künftigen Forderungen aus der Geschäftsverbindung des Gläubigers mit dem Hauptschuldner oder auch auf „alle Forderungen aus Geschäftskrediten" ohne summenmäßige Beschränkung ist grundsätzlich nach **§ 307 Abs. 1 BGB** unwirksam.[1467] Zwei Gesichtspunkte sind dafür ausschlaggebend: Die Klausel verstößt gegen § 307 Abs. 2 Nr. 1 BGB, weil sie mit dem **gesetzlichen Leitbild** des § 767 Abs. 1 S. 3 BGB unvereinbar ist. Zugleich schränkt sie wesentliche Rechte des Bürgen so ein, sodass die Erreichung des Vertragszwecks gefährdet ist (§ 307 Abs. 2 Nr. 2 BGB). Das durch den BGH betonte Verständnis des § 767 Abs. 1 S. 3 BGB als **Verbot der Fremddisposition** (→ Rn. 473) markiert damit die Grenzen, innerhalb derer eine formularmäßige Globalbürgschaft wirksam ist. Hat sich der Bürge keine Vorstellungen über den Anlass der Bürgschaft gemacht oder ist die Klausel aus sonstigen Gründen für den Bürgen nicht überraschend (→ Rn. 518 f.), soll nach einer im Schrifttum vertretenen Ansicht die Haftung für künftige Verbindlichkeiten nur am Transparenzgebot des § 307 Abs. 1 S. 2 BGB zu messen sein. Dies folge daraus, dass nach § 307 Abs. 3 BGB eine Inhaltskontrolle nach § 307 Abs. 2 BGB ausscheide.[1468] Der BGH ist dem bislang nicht gefolgt, da § 307 Abs. 2 BGB nicht notwendig an Rechtsvorschriften anknüpft, sondern auch an allgemeine Rechtsgrundsätze wie das in § 767 Abs. 1 S. 3 BGB enthaltene Verbot der Fremddisposition.[1469]

Der **Anlass der Verbürgung** ist im Rahmen des § 307 BGB – anders als bei § 305c Abs. 1 BGB – **521** **objektiv** zu bestimmen. Das aktuelle Sicherungsbedürfnis des Gläubigers bildet die Obergrenze der Bürgschaftsverbindlichkeit. Auch dann, wenn die Bürgschaft nicht aus Anlass der Begründung einer bestimmten Verbindlichkeit übernommen wurde, deckt sie nicht Verbindlichkeiten aus Verträgen, die

---

[1461] BGH Urt. v. 7.3.1996 – IX ZR 43/95, NJW 1996, 1470 (1472 f.); offen gelassen in BGH Urt. v. 18.7.2002 – IX ZR 294/00, BGHZ 151, 374. Einen überraschenden Charakter bejahen MüKoBGB/*Habersack* BGB § 765 Rn. 72; Staudinger/*Horn*, 2013, BGB Vor §§ 765 ff. Rn. 72.

[1462] BGH Urt. v. 18.5.1995 – IX ZR 108/94, BGHZ 130, 19 (31 ff.); BGH Urt. v. 18.1.1996 – IX ZR 69/95, NJW 1996, 924; BGH Urt. v. 7.3.1996 – IX ZR 43/95, NJW 1996, 1470; MüKoBGB/*Habersack* BGB § 765 Rn. 72.

[1463] *BGH Urt. v. 28.10.1999 – IX ZR 364/97, BGHZ 143, 95 (100 f.); Urt. v. 16.1.2003 – IX ZR 171/00, BGHZ 153, 293 = JZ 2003, 845 mAnm Habersack.*

[1464] BGH v. 16.1.2003 – IX ZR 171/00, BGHZ 153, 293 (297 f.) = JZ 2003, 845 mAnm *Habersack;* s. auch Urt. v. 16.1.2001 – XI ZR 84/00, NJW 2001, 1416.

[1465] BGH Urt. v. 1.6.1994 – XI ZR 133/93, BGHZ 126, 174 = WM 1994, 1096.

[1466] BGH Urt. v. 16.12.1999 – IX ZR 36/98, WM 2000, 514 (517).

[1467] BGH Urt. v. 18.5.1995 – IX ZR 108/94, BGHZ 130, 19 (21 ff.); Urt. v. 18.1.1996 – IX ZR 69/95, BGHZ 132, 6; Urt. v. 13.11.1997 – IX ZR 289/96, BGHZ 137, 153 = WM 1998, 67; Urt. v. 2.7.1998 – IX ZR 255/97, WM 1998, 1675; BGH Urt. v. 15.7.1999 – IX ZR 243/98, BGHZ 142, 213 (216); BGH Urt. v. 28.10.1999 – IX ZR 364/97, BGHZ 143, 95 (101); BGH Urt. v. 18.7.2002 – IX ZR 294/00, BGHZ 151, 374; Urt. v. 16.1.2003 – IX ZR 171/00, BGHZ 153, 293 (297 f.).

[1468] *Horn,* Bürgschaften und Garantien, 2001, Rn. 337; MüKoBGB/*Habersack* BGB § 765 Rn. 74; *Trapp* ZIP 1997, 1279 (1281).

[1469] BGH Urt. v. 18.5.1995 – IX ZR 108/94, BGHZ 130, 19 (32); BGH Urt. v. 18.1.1996 – IX ZR 69/95, BGHZ 132, 6 (8 f.); MüKoBGB/*Basedow* BGB § 307 Rn. 7; *Nobbe* BKR 2002, 747 (750 f.).

im Zeitpunkt der Verbürgung noch nicht geschlossen waren, oder aus nachträglichen Vertragserweiterungen oder späteren Erhöhungen der Kreditlinie des Kontokorrentkredits.

522 Die formularmäßige Ausdehnung der Bürgschaft ist grundsätzlich auch gegenüber **Kaufleuten** unwirksam. Anders zu beurteilen sind solche Formularerklärungen nur dort, wo Bürgschaften zum typischen Geschäftsbetrieb des Kaufmanns gehören und entsprechende Einstandspflichten im Verhältnis zum Hauptschuldner daher nur entgeltlich übernommen werden (insbesondere im Banken- und Versicherungsgewerbe).[1470]

523 Ebenso wie die Überraschung ist die unbillige Benachteiligung des Bürgen dann zu verneinen, wenn er in der Lage war, eine Erweiterung der Verbindlichkeiten durch den Hauptschuldner zu verhindern.[1471] Die abstrakte **Einflussmöglichkeit** reicht dabei aus;[1472] der Bürge muss nicht konkret an der Ausweitung der Hauptschuld beteiligt sein. Bei einem **Gesellschafter,** der weder die Mehrheit der Kapitalanteile noch Geschäftsführungsbefugnis besitzt, besteht diese Einflussmöglichkeit nur, wenn gesellschaftsvertraglich sichergestellt ist, dass neue Verbindlichkeiten nicht ohne die Zustimmung des Bürgen begründet werden dürfen.[1473] Eine Bürgschaft, in der sich der Geschäftsführer und Mehrheitsgesellschafter für die Verbindlichkeiten der Gesellschaft verbürgt, ist daher wirksam.[1474] Ein Minderheitsgesellschafter hat keine derartige Einflussmöglichkeit, da die Prüfung und Überwachung der Geschäftsführung einen Mehrheitsbeschluss der Gesellschafter voraussetzt (§§ 46 Nr. 6, 47 GmbHG).[1475]

524 § 307 BGB schließt nicht generell aus, dass eine formularmäßig auf alle Forderungen aus einer Geschäftsverbindung bezogene Bürgschaft auch einen **zukünftigen Anspruch** wirksam erfasst. Das berechtigte Interesse des Bürgen, nicht für Forderungen einstehen zu müssen, deren Inhalt und Umfang er bei Erteilung seiner Willenserklärung nicht absehen kann, ist bei zukünftigen Ansprüchen dann gewahrt, wenn der Kreis der Hauptschulden, auf die sich seine **Verpflichtung** bezieht, nach Grund und Umfang **von Anfang an klar und übersichtlich** abgesteckt ist. Der Bürge muss aufgrund der Erklärungen der Bank oder aus eigener Kenntnis wissen, welche nach Gegenstand und Grund individualisierten Forderungen in die Haftung einbezogen werden sollen, damit er genau erkennen kann, welches Risiko er in dieser Hinsicht auf sich nimmt.[1476] Es reicht mithin nicht, wenn die Bank den Bürgen auf künftige Ansprüche gegen den Hauptschuldner bei Hereinnahme der Bürgschaft hinweist. Sie muss ihn vielmehr vollständig und deutlich über Inhalt und Umfang der künftigen Verbindlichkeit, für die er sich verbürgen soll, aufklären.

525 In der Lit.[1477] wird die Auffassung vertreten, durch die Vereinbarung einer **Höchstbetragsbürgschaft** könne den Risiken der Globalbürgschaft hinreichend begegnet werden. Dadurch, dass er einen Höchstbetrag seiner Bürgschaft vereinbare, erreiche der Bürge eine konkrete Risikobegrenzung, wobei er durch die Haftungserweiterungen iSd § 767 Abs. 1 S. 2 und Abs. 2 BGB (rückständige Zinsen, Kosten der Rechtsverfolgung und sonstige durch Leistungsstörungen des Hauptschuldners verursachten Kosten) nicht schlechter gestellt sei als der Bürge einer Einzelschuld. Der BGH lehnt dies ab. Auch bei einer Höchstbetragsbürgschaft ist es unwirksam, die Bürgenhaftung über die Forderungen hinaus auszudehnen, die Anlass der Verbürgung waren.[1478] Die Haftungsbegrenzung auf einen Höchstbetrag schütze den Bürgen nicht ausreichend vor der Gefahr, wegen einer Schuld in Anspruch genommen zu werden, die er nicht kenne. Diese Auffassung verdient den Vorzug. Trotz der Haftungsbegrenzung durch den Höchstbetrag ist das Risiko des Bürgen nicht kalkulierbar. Wenn er für andere als die veranlassten Verbindlichkeiten einzustehen hat, kann er weder deren Tilgungsdauer noch zusätzliche Besicherung, Zweck der künftigen Hauptschuld und – vor allem – das damit verbundene Ausfallrisiko einschätze. Er trägt in ungleich größerem – unangemessenen – Umfang das Risiko der künftigen Bonität des Hauptschuldners. Die Inanspruchnahme wegen einer nicht näher bezeichneten Schuld lässt sich auch nicht damit rechtfertigen, dass der Bürge die bei Übernahme seiner Bürgschaft bestehenden Verbindlichkeiten des Hauptschuldners in Erfahrung bringen kann. Bei Abschluss eines Formularvertrages ist es nicht Sache des Kunden, durch Nachforschung für Klarheit der AGB zu sorgen. Vielmehr ist dies Aufgabe des Verwenders. Die Beschränkung seiner Einstandspflicht auf den Anlasskredit gilt auch für den Fall, dass die **nachträgliche Erweiterung** des Darlehens oder die spätere **Erhöhung der Kreditlinie** des Kontokorrentkredits **über den Höchstbetrag nicht hinausgehen.**[1479]

[1470] BGH Urt. v. 24.9.1989 – IX ZR 425/97, WM 1998, 2186 (2188).

[1471] BGH Urt. v. 28.10.1999 – IX ZR 364/97, WM 2000, 64 (66).

[1472] Ebenso *Ganter* WM 1996, 1705 (1717).

[1473] BGH Urt. v. 15.7.1999 – IX ZR 243/98, ZIP 1999, 1480.

[1474] BGH Urt. v. 15.7.1999 – IX ZR 243/98, BGHZ 142, 213 (215 f.); BGH Urt. v. 28.10.1999 – IX ZR 364/97, BGHZ 143, 95 (100 f.).

[1475] BGH Urt. v. 16.1.2003 – IX ZR 171/00, BGHZ 153, 293 (297 f.).

[1476] BGH Urt. v. 13.6.1996 – IX ZR 229/95, WM 1996, 1391.

[1477] *Horn* FS Merz, 1992, 217, 219 f.; *Reinicke/Tiedtke* DB 1995, 2301 (2307); anders nunmehr *Tiedtke* ZIP 1998, 449.

[1478] BGH Urt. v. 28.10.1999 – IX ZR 364/97, WM 2000, 64 (66).

[1479] BGH Urt. v. 2.7.1998 – IX ZR 255/97, WM 1998, 1675 (1676).

Die Klausel in einem Bürgschaftsformular, die die **Haftung des Bürgen auf alle bestehenden** **526** **Ansprüche** des Gläubigers gegen den Hauptschuldner erstreckt, ohne die verbürgten Forderungen näher zu bezeichnen, benachteiligt den Bürgen unter Verstoß gegen die Gebote von Treu und Glauben (§ 242 BGB) und ist deswegen gem. § 307 Abs. 1 S. 1 BGB unwirksam.[1480] Der Bürge, der eine strenge, einseitige Haftung für fremde Schuld übernimmt, hat ein schutzwürdiges Interesse daran, dass sich aus dem Bürgschaftsformular Gegenstand und Umfang seines Risikos klar und richtig ergeben. Demgegenüber ist das Interesse des Gläubigers nicht schützenswert, die Verpflichtung des Bürgen formularmäßig auf alle bestehenden Ansprüche gegen den Hauptschuldner zu erstrecken, ohne die verbürgten Forderungen in einer für den Bürgen abschätzbaren Weise zu benennen.

(3) Rechtsfolgen. Nur die weite Zweckerklärung, nicht aber die Bürgschaft als solche ist unwirk- **527** sam. Die **Bürgenhaftung beschränkt** sich vielmehr auf die Verbindlichkeiten aus dem **„Anlass-** **kredit".** Einzustehen hat der Bürge danach nur für diejenige(n) Forderung(en), die den Anlass der Bürgschaftsübernahme bilden.[1481] Wegen § 767 Abs. 1 S. 1 BGB hat der Gläubiger darzulegen und zu beweisen, dass die Bürgschaft sich gerade auf die geltend gemachte Hauptschuld erstreckt.[1482] Der Anlass der Verbürgung bestimmt sich objektiv nach dem **aktuellen Sicherungsinteresse** des Gläubigers: Bei einem **unlimitierten Kontokorrentkredit** ist die Bürgenhaftung auf die Höhe des Kredit- saldos am Tag der Bürgschaftserklärung beschränkt. Der BGH begründet dies damit, dass der Bürge zum Ausdruck bringe, für die Verbindlichkeiten aus diesem Vertrag jedenfalls in ihrer aktuellen Höhe einzustehen. Er könne ggf. den Tagessaldo der Hauptforderung beim Gläubiger erfragen und damit rechtzeitig erfahren, auf welchen Betrag sich seine Haftung erstrecken solle.[1483] Haben die Parteien des Kontokorrentvertrages ein **Limit** vereinbart, begrenzt dieses die Höhe der Bürgenhaftung.[1484]

Begründet hat der BGH hat diese Rechtsfolgen zunächst damit, indem er die Zweckklausel für **528** inhaltlich und gegenständlich, – wenn auch nicht sprachlich – teilbar hielt. Aufzuteilen sei die Klausel einerseits in die veranlasste Bürgenhaftung und andererseits in die Verbürgung für alle übrigen Ver- bindlichkeiten. Nur der letzte Teil der Zweckerklärung sei mit § 307 Abs. 2 BGB unvereinbar. Die (dadurch erforderliche) Umformulierung der Klausel hat der BGH für zulässig erachtet, um dem Vertrag einen Leistungsinhalt zu belassen, der den Vorstellungen des Bürgen bei der Abgabe der Bürgenerklärung entspricht.[1485] In späteren Entscheidungen stützt der BGH sein Ergebnis auf die **ergänzende Vertragsauslegung.**[1486] An die Stelle der unwirksamen Klausel trete die Gestaltungs- möglichkeit, die die Parteien bei sachgerechter Abwägung der beiderseitigen Interessen gewählt hätten, wenn ihnen die Unwirksamkeit der Geschäftsbedingung bekannt gewesen wäre. Mit dem „Sinn und Zweck" von § 306 Abs. 1, 2 BGB ist es nach der Ansicht des BGH unvereinbar, die weite Zwe- ckerklärung ersatzlos zu streichen. Nicht anzuerkennen sei ein schutzwürdiges Interesse des Bürgen, wegen einer zu weit gefassten Haftungserklärung ganz von seiner Verpflichtung freigestellt zu werden. Nur der Erhalt des Bürgschaftsvertrages mit dem Inhalt, den die Parteien ihm hypothetisch gegeben hätten, entspreche den berechtigten Interessen beider Teile.[1487]

Das Schrifttum zu diesem Problem ist uneinheitlich.[1488] Die Unstimmigkeiten beruhen auf der **529** Grundfrage, wie die zulässige ergänzende Vertragsauslegung von dem Verbot der geltungserhaltenden Reduktion abzugrenzen ist. Der BGH betont die (umstrittene) Geltung dieses Verbots einerseits und sieht andererseits in seiner Rspr. keinen Widerspruch zu diesem Verbot. Begründet wird dies damit, dass von einer geltungserhaltenden Reduktion nur gesprochen werden könne, wenn die fragliche Klausel sich nicht auf den Bestand des Vertrages auswirke.[1489] Indes dürfte es sich hier die Rspr. zu leicht gemacht haben. So mag man an der „Teilbarkeit" von globalen Zweckerklärungen zweifeln, zumal der BGH selbst betont, dass sich eine Globalbürgschaft auf „alle Forderungen" beziehe

---

[1480] BGH Urt. v. 28.10.1999 – IX ZR 364/97, WM 2000, 64; Urt. v. 2.3.2000 – IX ZR 328/98, NJW 2000, 1566.

[1481] BGH Urt. v. 1.6.1994 – XI ZR 133/93, BGHZ 126, 174; Urt. v. 18.5.1995 – IX ZR 108/94, BGHZ 130, 19; Urt. v. 13.11.1997 – IX ZR 289/96, BGHZ 137, 153 (157); Urt. v. 30.9.1999 – IX ZR 287/98, NJW 1999, 3708 (3709); Urt. v. 28.10.1999 – IX ZR 364/97, BGHZ 143, 95 (100 f.) = WM 2000, 64 (65); Urt. v. 18.7.2002 – IX ZR 294/00, BGHZ 151, 374 (381 f.).

[1482] BGH Urt. v. 2.7.1998 – IX ZR 255/97, WM 1998, 1675 (1676); Urt. v. 28.10.1999 – IX ZR 364/97, BGHZ 143, 95 (100 f.).

[1483] BGH Urt. v. 13.11.1997 – IX ZR 289/96, BGHZ 137, 157 ff. = NJW 1998, 450 (452).

[1484] BGH Urt. v. 18.5.1995 – IX ZR 108/94, BGHZ 130, 19 (34); Urt. v. 13.11.1997 – IX ZR 289/96, BGHZ 137, 153 (158); MüKoBGB/*Habersack* BGB § 765 Rn. 76; *Tiedtke* ZIP 1998, 449 ff.

[1485] BGH Urt. v. 18.5.1995 – IX ZR 108/94, BGHZ 130, 19 (36).

[1486] BGH Urt. v. 13.11.1997 – IX ZR 289/96, BGHZ 137, 153 (157 ff.); der Entscheidung lag eine vorformulierte Bürgschaftserklärung für einen unlimitierten Kontokorrentkredit zu Grunde. S. auch Urt. v. 18.7.2002 – IX ZR 294/00, BGHZ 151, 374 (381 f.).

[1487] BGH Urt. v. 13.11.1997 – IX ZR 289/96, BGHZ 137, 153 (157 ff.).

[1488] Zust. *Keim* DNotZ 1996, 283; MüKoBGB/*Habersack* BGB § 765 Rn. 76; *Reinicke/Tiedtke* DB 1995, 175; *Keim* DNotZ 1996, 283. Krit. *Altvater* WiB 1996, 374; MüKoBGB/*Basedow* BGB § 306 Rn. 25; *Schmidt-Herscheidt* ZIP 1998, 1218.

[1489] BGH Urt. v. 18.5.1995 – IX ZR 108/94, BGHZ 130, 19 (36).

(→ Rn. 514). **Inhaltlich trennbar** ist eine Klausel, wenn sie „einzeln aus sich heraus verständliche Regelungen aufweist", die eine gesonderte Wirksamkeitsprüfung unterzogen werden können.[1490] Ist eine Globalbürgschaft jedoch nicht auf einen Anlass beschränkt, so sie schwerlich in zwei Teile aufgespalten werden, da eine Wirksamkeitsprüfung hier nur einheitlich möglich ist.

530   Immerhin scheint der BGH in neueren Entscheidungen diesen Gesichtspunkt nicht mehr in den Vordergrund zu stellen. Es überzeugt aber wenig, wenn der BGH die ergänzende Vertragsauslegung deswegen für zulässig hält, da es um den „Bestand des Vertrages" gehe. Konsequent weiter gedacht bedeutet diese Rspr., dass vorformulierte Änderungen der essentia negotii kein Wirksamkeitshindernis bilden, da die ergänzende Vertragsauslegung eingreift, während bei Änderungen der accidentalia negotii das Verbot der geltungserhaltenden Reduktion gilt.[1491] Dies ist ein Wertungswiderspruch. Im praktischen Ergebnis entpuppt sich die Rspr. als verdeckte geltungserhaltende Reduktion. Die Interessenabwägung, die der BGH betont, führt außerdem zu einem Nullsummenspiel. Es mag zwar zutreffen, dass der Bürge kein schutzwürdiges Interesse dafür verbuchen kann, gänzlich von der Haftung freigestellt zu werden, andererseits ist auch nicht einzusehen, warum dem Verwender das Risiko abgenommen wird, allgemeine Geschäftsbedingungen wirksam zu formulieren.

531   In Wirklichkeit dürften hinter der Rspr. in erster Linie praktische Erwägungen stecken, die wenig überzeugend als gesetzeskonform dargestellt werden. Erst seit 1995 ist die beschriebene Rspr. etabliert und löst die anders lautende, frühere Praxis ab, nach der die maßgebliche Formularklausel wirksam war. Da die neueren Erkenntnisse auch auf Bürgschaften angewandt werden, die zur Zeit ihrer Erteilung als vollständig wirksam angesehen wurden,[1492] gebietet es die Rechtssicherheit, den Bürgen nicht vollständig aus der Haftung zu entlassen. Allerdings sollte man sich offen dazu bekennen und nicht versuchen, das gewünschte Ergebnis hinter Scheinbegründungen zu verstecken.

532   **bb) Sicherheitsleistung des Bürgen.** Eine andere Frage ist, ob der Bürge formularmäßig dazu angehalten werden kann, dem Gläubiger Sicherheit zu leisten. **Vor Fälligkeit** der Bürgenschuld hat der Gläubiger keinen Anspruch darauf, dass der Bürge ihn dinglich sichert oder sonstige **Sicherheit** leistet; ein solches formularmäßig gestelltes Verlangen ist mit dem Leitbild der Bürgschaft als einer Personalsicherheit nicht vereinbar. Einer Bank steht deshalb zur Sicherung ihrer Ansprüche gegen den Bürgen weder ein Pfandrecht an dessen Sachen und Rechten nach Nr. 19 Abs. 2 AGB-Banken (1988) zu, noch kann sie aus einer Sicherungsabtretung nach Nr. 44 S. 1, 4 AGB-Banken (1988) Rechte gegen ihn herleiten.[1493] Aber auch **ab Fälligkeit** der Bürgenschuld erscheint die vorformulierte Verpflichtung des Bürgen, für die eigene Verbindlichkeit eine Sicherheit zu leisten, als sachfremde Regelung.[1494]

533   **cc) Limitübersteigung bei vorformulierter Höchstbetragsbürgschaft.** Eine **vorformulierte Nebenabrede** im Rahmen einer **Höchstbetragsbürgschaft,** wonach sich die Bürgschaft auch dann auf Zinsen, Provisionen und Kosten (§ 767 Abs. 2 BGB) im Zusammenhang mit der gesicherten Forderung erstreckt, wenn dadurch der vereinbarte Haftungshöchstbetrag überschritten wird, ist nach der neueren Rspr. des BGH unwirksam. Eine derartige Klausel beseitigt den vertragstypischen Schutz einer Höchstbetragsbürgschaft, die Haftung des Bürgen summenmäßig und unabhängig vom Umfang der Hauptschuld zu begrenzen. Sie steht damit im Widerspruch zu § 307 Abs. 1, Abs. 2 Nr. 2 BGB.[1495] Der BGH trägt damit der in der Vergangenheit geäußerten Kritik der Oberlandesgerichte Rechnung, die derartige Klauseln als überraschend (§ 305c Abs. 1 BGB)[1496] oder als unvereinbar mit § 307 BGB ansahen[1497] Allerdings lässt der BGH offen, ob derartige Klauseln überraschend sind, was methodisch und gesetzessystematisch unbefriedigend ist. Die Höchstbetragsbürgschaft weicht nur von der Akzessorietät im Haftungsumfang (§ 767 BGB) ab. Ansprüche des Gläubigers gegen den Bürgen, die auf dessen Verschulden beruhen, können auch geltend gemacht werden, wenn dadurch die Höchstsumme der Bürgschaft überschritten wird.[1498]

[1490] BGH Urt. v. 18.4.1989 – X ZR 31/88, BGHZ 107, 185 (190 f.); s. auch MüKoBGB/*Basedow* BGB § 306 Rn. 18 mwN.

[1491] Ähnl. *Schmitz-Herscheidt* ZIP 1998, 1218.

[1492] BGH Urt. v. 18.1.1996 – IX ZR 69/95, BGHZ 132, 6 (11) = WM 1996, 436.

[1493] BGH Urt. v. 25.9.1990 – XI ZR 142/87, WM 1990, 1910. Die Fassung AGB-Banken 1.1.2000 berücksichtigt diese Rspr. hinsichtlich des Pfandrechts, Nr. 14 Abs. 2. Text: WM 2000, 95.

[1494] Vgl. dazu BGH Urt. v. 11.10.1984 – IX ZR 73/83, BGHZ 92, 295 (300).

[1495] BGH Urt. v. 18.7.2002 – IX ZR 294/00, BGHZ 151, 374 (382 f.) = WM 2002, 1611 = BKR 2002, 811 mAnm *Weiler*. Im konkreten Fall machte allein der eingeklagte Zinsanspruch 80 % (!) des Höchstbetrages aus. Aufgabe von BGH Urt. v. 11.6.1980 – VIII ZR 164/79, BGHZ 77, 256 (258); BGH Urt. v. 26.10.1977 – VIII ZR 197/75, WM 1978, 10 (11); BGH Beschl. v. 6.12.1983 – IX ZR 73/82, WM 1984, 198 (199); BGH Urt. v. 17.3.1994 – IX ZR 174/93, WM 1994, 1064 (1068); BGH Urt. v. 16.2.1989 – IX ZR 256/87, WM 1989, 484.

[1496] OLG Nürnberg Urt. v. 20.6.1990 – 9 U 3650/89, WM 1991, 985 (drucktechnisch nicht hervorgehobene Klausel); OLG Hamm Urt. v. 11.6.1980 – 5 U 45/95, WM 1995, 1852 (drucktechnisch nicht hervorgehobene Klausel); OLG Celle Urt. v. 15.11.1995 – 3 U 252/94, WiB 1996; OLG Stuttgart Urt. v. 24.7.1996 – 9 U 40/96, ZIP 1996, 1508. Auch das Schrifttum stand der Praxis des BGH überwiegend kritisch gegenüber: *Tiedtke* ZIP 1995, 521 (523); *Pape* NJW 1996, 887 (890); MüKoBGB/*Habersack* BGB § 765 Rn. 111; vgl. auch *Horn* FS Merz, 1992, 217, 219.

[1497] OLGe Stuttgart und Celle (vorige Fn.).

[1498] So ausdr. BGH Urt. v. 18.7.2002 – IX ZR 294/00, BGHZ 151, 374 (382 f.).

4. Einwendungen und Einreden des Bürgen. a) Systematischer Überblick. Der Bürge kann 534
die **rechtshindernden Einwendungen** gem. § 765 BGB (bei fehlender Hauptschuld entsteht auch
keine Bürgschaft) und die **rechtsvernichtenden Einwendungen** gem. § 767 BGB geltend machen.
Er kann beispielsweise anführen, die Hauptschuld sei durch Aufrechnung des Hauptschuldners, durch
Erlass des Gläubigers oder durch unzulässige Rechtsausübung erloschen. Ein **Vergleich** zwischen
Gläubiger und Hauptschuldner, nach dem der Schuldner einen Teilbetrag zahlt und der Gläubiger
keine weiteren Ansprüche gegen ihn geltend macht, wirkt auch dann **zugunsten des Bürgen,** wenn
die Parteien des Vergleichs ausdrücklich vorgesehen haben, dass der Gläubiger ihn weiterhin in
Anspruch nehmen darf. Dabei ist unerheblich, ob der Vergleich als **Erlassvertrag** oder als zeitlich
unbefristetes **pactum de non petendo** aufzufassen ist. Im ersten Fall führt er zum Erlöschen der
Hauptforderung und kann nach § 767 BGB eingewandt werden, im zweiten Fall begründet er eine
dauernde Einrede nach § 768 BGB. Die Parteien des Hauptschuldverhältnisses können diese Rechtslage nicht zu Lasten des Bürgen abändern.[1499]

b) Durchsetzung der Forderung (§ 768 BGB). Nach § 768 Abs. 1 S. 1 BGB kann der Bürge 535
die dem Hauptschuldner zustehenden Einreden erheben. Der innere Grund für die Vorschrift rechtfertigt liegt darin, dass der Bürge für eine fremde Verbindlichkeit einsteht. Deswegen erstreckt § 768
BGB den Akzessorietätsgrundsatz auch auf die dem Hauptschuldner zustehenden **Einreden.** Exceptiones ex iure tertii sind deswegen (ausnahmsweise) zulässig.[1500] Die Einreden iSd § 768 Abs. 1 S. 1
BGB kann der Bürge auch dann gegenüber dem Gläubiger erheben, wenn der Hauptschuldner auf sie
verzichtet (§ 768 Abs. 2 BGB). Auch der Verzicht auf **künftige Einreden** fällt unter diese Vor-
schrift.[1501] Ein **Anerkenntnis** des Hauptschuldners ist wie dessen Verzicht zu behandeln. Damit
unterbricht analog § 768 Abs. 2 BGB das Anerkenntnis nicht die Verjährung der Bürgenschuld.[1502]
Dies folgt aus dem Verbot der Fremddisposition, da der Vorschrift zugrunde liegt. Wegen § 212 Abs. 2
Nr. 1 BGB beginnt die Verjährung erneut, wenn der Schuldner gegenüber dem Gläubiger anerkennt.
Dies benachteiligt den Bürgen, sodass es geboten ist, § 768 Abs. 2 BGB auf ein Anerkenntnis des
Hauptschuldners analog anzuwenden.

aa) Erfasste Einreden. Nach Sinn und Zweck des § 768 BGB kann der Bürge sämtliche Ein- 536
wendungen und Einreden des Hauptschuldners erheben, es sei denn der Sicherungszweck der Bürgschaft stehe entgegen.[1503] Diese Einreden können an den Bestand der Hauptforderung anknüpfen, wie
etwa deren ausstehende Fälligkeit,[1504] sei es auch durch eine Stundung,[1505] den Einwand unzulässiger
Rechtsausübung[1506] oder etwa die Einrede des Zurückbehaltungsrechts aus § 273 BGB, § 369
HGB.[1507] Außerdem können sich die Einreden aus **Sicherungsabrede** zwischen dem Gläubiger und
dem Hauptschuldner speisen.[1508] Ist diese unwirksam – praktisch bedeutsam ist hier ein Verstoß gegen
§ 307 BGB –, kann sich der Bürge nach § 768 Abs. 1 S. 1 BGB gegenüber dem Gläubiger darauf
berufen, dass der Stellung einer Bürgschaft die dauerhafte Einrede nach § 821 BGB entgegenstand
oder nach der Übernahme der Bürgschaft ein Anspruch auf deren Rückgewähr nach § 812 Abs. 1 S. 1
BGB zustand.[1509] Leistet der Bürge unter Vorbehalt an den Gläubiger, kann er das Geleistete nach
§ 813 Abs. 1 S. 1 BGB vom Gläubiger zurückverlangen.[1510] Allerdings kann diesem Anspruch § 814

[1499] AA OLG Hamm PKH-Beschl. v. 20.6.1994 – 11 W 80/93, WM 1995, 153, nach dem der Vergleich als
unbefristetes pactum de non petendo nicht die Bürgschaft berühre; krit. dazu *Pape* NJW 1996, 887 (893 f.).
[1500] MüKoBGB/*Habersack* BGB § 768 Rn. 1; Staudinger/*Horn*, 2013, BGB § 768 Rn. 1.
[1501] BGH Urt. v. 18.9.2007 – XI ZR 447/06, WM 2007, 2230 (2231) Staudinger/*Horn*, 2013, BGB § 768 Rn. 3.
[1502] OLG Düsseldorf Urt. v. 5.2.1974 – 4 U 140/73, MDR 1975, 1019; s. auch BGH Urt. v. 18.9.2007 – XI ZR
447/06, WM 2007, 2230 (2231 sub cc); BeckOK BGB/*Rohe* BGB § 768 Rn. 6; MüKoBGB/*Habersack* BGB § 768
Rn. 5; *Tiedtke/Holthusen* WM 2007, 93 (95); aA OLG München WM 2006, 684 (687).
[1503] Vgl. zum Sicherungszweck einer Bürgschaft, die ein Gesellschafterdarlehen oder auch verjährte Ansprüche
decken soll BGH Urt. v. 10.2.2000 – IX ZR 397/98, NJW 2000, 1563 (1565) mwN; BeckOK BGB/*Rohe* BGB
§ 768 Rn. 4.
[1504] MüKoBGB/*Habersack* BGB § 768 Rn. 6.
[1505] BGH Urt. v. 9.10.1978 – VIII ZR 121/77, BGHZ 72, 198 (203) = NJW 1979, 159; Urt. v. 5.4.2001 – IX
ZR 276/98, NJW 2001, 2327 (2329 f.); Staudinger/*Horn*, 2013, BGB § 768 Rn. 10.
[1506] OLG Köln Urt. v. 28.8.1997 – 19 U 100/96, ZIP 1998, 770 = BB 1998, 13 (zu einer Blanko-Bürgschaft),
MüKoBGB/*Habersack* BGB § 768 Rn. 6. Dies gilt auch dann, wenn der Bürge auf eine eigene Einrede verzichtet
hat, Staudinger/*Horn*, 2013, BGB § 768 Rn. 17.
[1507] BGH Urt. v. 11.4.1957 – VII ZR 215/56, BGHZ 27, 97 (99) = NJW 1957, 986.
[1508] BGH Urt. v. 10.2.2000 – IX ZR 397/98, BGHZ 143, 381 = NJW 2000, 1563; Urt. v. 8.3.2001 – IX ZR
236/00, BGHZ 147, 99 (108) = NJW 2001, 1857; Urt. v. 13.11.2003 – VII ZR 57/02, BGHZ 157, 29 (31) = NJW
2004, 443; Urt. v. 12.2.2009 – VII ZR 39/08, BGHZ 179, 374 (377 f.) = NJW 2009, 1664; Urt. v. 24.10.2017 – XI
ZR 362/15, BGHZ 216, 274 Rn. 11 ff. = NJW 2018, 458.
[1509] BGH Urt. v. 8.3.2001 – IX ZR 236/00, BGHZ 147, 99 (105) = NJW 2001, 1857; Urt. v. 24.10.2017 – XI
ZR 362/15, BGHZ 216, 274 Rn. 24 = NJW 2018, 458.
[1510] BGH Urt. v. 24.10.2017 – XI ZR 362/15, BGHZ 216, 274 Rn. 24 = NJW 2018, 458; BeckOK BGB/
Wendehorst BGB § 812 Rn. 220; MüKoBGB/*Habersack* BGB § 768 Rn. 10; Staudinger/*Horn*, 2013, BGB § 768
Rn. 40. AA (Regress des Bürgen beim Hauptschuldner) *Lorenz* JuS 1999, 1145 (1149); MüKoBGB/*Schwab* BGB
§ 812 Rn. 199; Staudinger/*Lorenz*, 2007, BGB § 812 Rn. 47; *Tiedtke* JZ 2006, 940 (942).

BGB entgegenstehen, wenn der Bürge leistet, obwohl er weiß, dass seine Bürgschaft nach der Sicherungsabrede nicht zu stellen war. Leistet der Bürge, obwohl die Hauptforderung verjährt ist, ist nach § 214 Abs. 1 S. 1 BGB ein Bereicherungsanspruch in jedem Fall ausgeschlossen.

537 Die Einrede der **Verjährung der Hauptverbindlichkeit** kann der Bürge noch in seinem Rechtsstreit mit dem Gläubiger erheben, weil die Verjährung des Anspruchs gegen den Hauptschuldner **nicht durch gegen den Bürgen gerichtete Handlungen unterbrochen** wird.[1511] Umgekehrt muss der Bürge gem. §§ 197 Abs. 1 Nr. 3, 201 BGB eine rechtskräftige Verurteilung des Hauptschuldners entgegenhalten lassen. Hat sich der Hauptschuldner erfolglos die Verjährungseinrede in einem Prozess mit dem Gläubiger erhoben, steht die Verjährungseinrede auch nicht dem Bürgen zu.[1512] Verjährt die Hauptforderung erst nach Schluss der letzten mündlichen Verhandlung in der Tatsacheninstanz des Rechtsstreits zwischen Bürge und Gläubiger, kann der Bürge diese Einrede noch mit der Vollstreckungsgegenklage nach § 767 ZPO geltend machen.[1513] Übernimmt der Bürge seine Verpflichtung, nachdem die Hauptschuld verjährt ist, ist die Bürgschaft nach dem Rechtsgedanken des § 214 Abs. 2 BGB wirksam.[1514]

538 Nach der Ansicht des BGH kann sich der Bürge auf die Verjährungseinrede nach § 768 Abs. 1 S. 1 BGB auch dann noch berufen, wenn die Hauptschuldnerin im Handelsregister gelöscht wurde (§ 394 FamFG) oder wegen Vermögenslosigkeit untergegangen ist.[1515] Die Bürgschaftsschuld besteht weiter als selbständige Forderung. Der BGH stellt außerdem darauf ab, dass die Verjährung unabhängig vom Vermögensverfall eintrete. Als Folge dessen verliert der Bürge aber auch sämtliche aus dem Akzessorietätsgrundsatz ableitbare Einreden. Übersehen wird dabei allerdings, dass die Verjährung wegen des Vermögensverfalls und dem Wegfall des Hauptschuldners gerade nicht mehr unterbrochen werden kann.[1516] Maßnahmen, um die Verjährung der „Hauptforderung" zu hemmen oder zu unterbrechen, kann der Gläubiger nur gegenüber dem Bürgen einleiten.[1517]

539 **bb) Abweichende Vereinbarungen – Klauselfestigkeit. Individualvertraglich** kann der Bürge vor Eintritt der Verjährung der Hauptschuld auf die abgeleitete Einrede der Verjährung verzichten (§ 202 BGB).[1518] Bei einem umfassenden individualvertraglichen Verzicht auf die Einreden aus § 768 BGB kann allerdings in Wahrheit eine Garantie gewollt sein. Bedingen die Parteien ganz oder teilweise § 768 BGB ab, ist dabei die Schriftform des § 766 BGB ist einzuhalten.[1519] In **vorformulierten Klauseln** ist ein vollständiger Ausschluss der Einreden des **§ 768 BGB** nach § 307 Abs. 2 Nr. BGB unwirksam, da dies das Akzessorietätsprinzip als Wesensmerkmal der Bürgschaft beseitigt.[1520] Dies sollte auch für einen teilweisen formularmäßigen Ausschluss des § 768 BGB gelten.[1521] Eine Klausel, die etwa das Recht des Bürgen ausschließt, sich auf eine vom Hauptschuldner erklärte **Aufrechnung** zu berufen, ist ebenso unwirksam[1522] wie die **formularmäßige Übernahme** einer **Bürgschaft auf erstes Anfordern,** wenn sie nicht von einer Bank oder Versicherungsgesellschaft zu erklären ist.[1523] Der formularmäßige Ausschluss des § 768 BGB infiziert die restliche Sicherungsabrede, wenn er von ihr nicht teilbar ist. Dies hat der BGH bei einer Gewährleistungsbürgschaft angenommen.[1524] Hingegen soll bei einer Vertragserfüllungsbürgschaft der unwirksame Verzicht von der restlichen

[1511] BGH Urt. v. 10.5.1990 – IX ZR 246/89, NJW 1990, 2754 (2755) = WM 1990, 1642.

[1512] BGH Urt. v. 14.6.2016 – XI ZR 242/15, BGHZ 210, 348 Rn. 14 ff. = BKR 2016, 414; BeckOK BGB/*Rohe* BGB § 768 Rn. 3; *Lange* BKR 2017, 447 (449).

[1513] BGH Urt. v. 9.7.1998 – XI ZR 272/96, BGHZ 139, 214 (220 ff.) = WM 1998, 1766; bestätigt durch BGH Urt. v. 5.11.1998 – IX ZR 48/98, NJW 1999, 278 (279) = WM 1998, 2540; *Lange* BKR 2017, 447 (449); MüKoBGB/*Habersack* BGB § 768 Rn. 5.

[1514] MüKoBGB/*Habersack* BGB § 768 Rn. 5; Staudinger/*Horn,* 2013, BGB § 768 Rn. 13.

[1515] BGH Urt. v. 28.1.2003 – XI ZR 243/02, BGHZ 153, 337 (340 ff.) = NJW 2003, 1250; Urt. v. 28.2.2012 – XI ZR 192/11, NJW 2012, 1645 Rn. 12.

[1516] *Tiedtke* NJW 2005, 2498 (2500); s. auch KG NJW-RR 1999, 1206 (1207 f.).

[1517] BGH Urt. v. 28.2.2012 – XI ZR 192/11, NJW 2012, 1645 Rn. 12.

[1518] MüKoBGB/*Habersack* BGB § 768 Rn. 3; Staudinger/*Horn,* 2013, BGB § 768 Rn. 39.

[1519] BGH Urt. v. 16.6.2009 – XI ZR 145/08, BGHZ 181, 278 Rn. 29 = NJW, 2009, 3422; BGH Urt. v. 30.3.1995 – IX ZR 98/94, BGH NJW 1995, 1886 (1888); BeckOK BGB/*Rohe* BGB § 768 Rn. 30; MüKoBGB/*Habersack* BGB § 768 Rn. 3; Staudinger/*Horn,* 2013, BGB § 768 Rn. 28 ff.

[1520] BGH Urt. v. 19.9.1985 – III ZR 214/83, BGHZ 95, 350 (356 f.) = NJW 1986, 43; Urt. v. 8.3.2001 – IX ZR 236/00, BGHZ 147, 99 (104) = NJW 2001, 1857; Urt. v. 16.6.2009 – XI ZR 145/08, BGHZ 181, 278 Rn. 13 f. = NJW 2009, 3422; Urt. v. 20.3.2012 – XI ZR 234/11, NJW 2012, 1946 Rn. 18; *Förster* WM 2010, 1677 (1680); Staudinger/*Horn,* 2013, BGB § 768 Rn. 31.

[1521] OLG Düsseldorf Urt. v. 17.12.1982 – 16 U 76/82, WM 1984, 1185 (1186); *Förster* WM 2010, 1677 (1680); MüKoBGB/*Habersack* BGB § 768 Rn. 3; *Tiedtke* JZ 2006, 940 (948); *Tiedtke/Holthusen* WM 2007, 93 (98); aA (da nicht ohne Weiteres eine Abweichung von der gesetzlichen Regelung erkennbar sei) BeckOK BGB/*Rohe* BGB § 768 Rn. 35; Staudinger/*Horn,* 2013, BGB § 768 Rn. 32.

[1522] BGH Urt. v. 19.9.1985 – III ZR 214/83, BGHZ 95, 350 (356) = NJW 1986, 43.

[1523] BGH Urt. v. 23.1.1997 – IX ZR 297/95, WM 1997, 656; Urt. v. 2.4.1998 – IX ZR 79/97, WM 1998, 1062 f.

[1524] BGH Urt. v. 16.6.2009 – XI ZR 145/08, BGHZ 181, 278 Rn. 30. = NJW 2009, 3422; zuvor Urt. v. 8.3.2001 – IX ZR 236/00, BGHZ 147, 99 (106) = NJW 2001, 1857.

Sicherungsvereinbarung abtrennbar sein, da im Ergebnis in erster Linie eine wie auch immer geartete Bürgschaft gewollt sei.[1525]

c) Verweigerungsrecht aus § 770 BGB. Übt der Hauptschuldner ein Gestaltungsrecht aus und **540** erlischt deswegen die Hauptforderung, so ist bereits nach den §§ 765, 767 BGB die Bürgschaftsschuld hinfällig. Könnte der Hauptschuldner ein Gestaltungsrecht ausüben, das die Hauptschuld beseitigt, befände sich der Bürge in einem Schwebezustand. Das Gesetz mutet dies dem Bürgen nicht zu und gestattet ihm deswegen, sich auf die Existenz dieser Gestaltungsrechte gegenüber dem Bürgschaftsgläubiger zu berufen (§ 770 Abs. 1 BGB). Zu qualifizieren ist § 770 Abs. 1 BGB als eigene dilatorische Einrede des Bürgen. Die Einrede der Aufrechenbarkeit nach § 770 Abs. 2 BGB gewährt dem Bürgen nur eine schwache Rechtsposition. Diese dilatorische Einrede endet, wenn der Gläubiger die Gegenforderung erfüllt, der Hauptschuldner auf sie verzichtet oder mit ihr gegen eine andere Forderung des Gläubigers aufrechnet.[1526] Wenn sich der Bürge auf die Einreden aus § 770 BGB beruft, ist die Klage des Gläubigers als derzeit unbegründet zurückzuweisen.[1527]

aa) Anfechtbarkeit des Hauptschuldverhältnisses. Der direkte Anwendungsbereich des § 770 **541** Abs. 1 BGB ist schmal. Die Vorschrift setzt ein bestehendes Anfechtungsrecht des Hauptschuldners voraus.[1528] Erfasst ist zunächst die Irrtumsanfechtung des Hauptschuldners gem. § 119 BGB. Da der Hauptschuldner in diesen Fällen unverzüglich anzufechten hat (§ 121 BGB), verbleibt für die Einrede aus § 770 Abs. 1 BGB insoweit nur wenig Spielraum. Wurde der Hauptschuldner durch eine arglistige Täuschung oder eine widerrechtliche Drohung zum Vertragsschluss bestimmt (§ 123 BGB), kann der Bürge innerhalb der Jahresfrist des § 124 BGB die Einrede aus § 770 Abs. 1 BGB erheben. Da in diesen Fällen der Gläubiger regelmäßig eine unerlaubte Handlung gegenüber dem Hauptschuldner begangen hat, kann daher Bürge gem. § 768 Abs. 1 S 1 die Einrede aus unerlaubter Handlung (§ 853 BGB) gegenüber dem Gläubiger erheben. Ein Verzicht des Hauptschuldners auf diese Einrede ist dabei unerheblich (§ 768 Abs. 2 BGB).[1529]

bb) Analoge Anwendung. Stehen dem Hauptschuldner andere **Gestaltungsrechte** zu, durch **542** deren Ausübung er seine Verpflichtung aufzuheben, zu mindern oder auf andere Weise als durch Erfüllung zu tilgen vermag, so darf der Bürge sie nicht statt des Hauptschuldners ausüben. Er hat aber während ihres Bestehens eine **aufschiebende Einrede** analog § 770 Abs. 1 BGB. In Analogie ist § 770 Abs. 1 BGB daher auch auf ein bestehendes Widerrufsrecht des Hauptschuldners (§§ 312, 355 BGB) anwendbar. Auch ein vertraglich vorbehaltenes oder gesetzliches Rücktrittsrecht des Hauptschuldners gewährt dem Bürgen analog § 770 Abs. 1 BGB eine Einrede.[1530] Ein Gestaltungsrecht des Hauptschuldners stellen außerdem die Minderungsrechte gem. §§ 441, 638 BGB dar.[1531] Gemäß § 767 Abs. 1 S. 1 BGB reduziert sich der Bürgschaftsbetrag, wenn der Hauptschuldner die Minderung erklärt.

cc) Einrede aus § 770 Abs. 2 BGB. Gemäß § 770 Abs. 2 BGB kann der Bürge die Befriedigung **543** des Gläubigers verweigern, solange sich der Gläubiger durch eine Aufrechnung gegen eine **fällige** Forderung des Hauptschuldners befriedigen kann. Im Gegensatz zu § 387 BGB muss die Forderung gegen die aufgerechnet wird, fällig sein. Das Gesetz will dem Gläubiger damit kein Zahlungsziel entziehen. Hingegen greift die Einrede aus § 770 Abs. 2 BGB, wenn der Gläubiger die nicht fällige Forderung in einer Klage auf künftige Leistung geltend machen kann.[1532] Die Einrede aus § 770 Abs. 2 BGB kann auch erhoben werden, wenn der **Hauptschuldner** nicht mehr aufrechnen kann,[1533] sei es wegen eines Aufrechnungsverbots, wegen eines Verzichts des Hauptschuldners oder wegen § 767 Abs. 2 ZPO. Der BGH begründet dies zum einen mit dem Wortlaut des § 770 Abs. 2 BGB und dem der Norm zugrundeliegenden Subsidiaritätsgrundsatz. Auf die Aufrechnungsmöglichkeit des Hauptschuldners kann es schon deswegen nicht ankommen, weil § 770 Abs. 2 BGB nur das Verhältnis des Bürgen zum Gläubiger regelt.[1534] Kann der Gläubiger nicht mehr aufrechnen, könnte es jedoch der Schuldner gegenüber der Forderung des Gläubigers, ist § 770 Abs. 2 BGB unanwendbar. Der Bürge kann jedoch *analog* § 770 Abs. 1 die Leistung gegenüber dem Gläubiger

---

[1525] BGH Urt. v. 12.2.2009 – VII ZR 39/08, BGHZ 179, 374 Rn. 21 = NJW 2009, 1664.
[1526] S. dazu BGH Urt. v. 16.1.2003 – IX ZR 171/00, BGHZ 153, 293 (299 f.).
[1527] BGH Urt. v. 16.1.2003 – IX ZR 171/00, BGHZ 153, 293 (299 f.) = NJW 2003, 1521 (1523).
[1528] BGH Urt. v. 19.9.1985 – III ZR 214/83, BGHZ 95, 350 (357) = NJW 1986, 43.
[1529] BGH Urt. v. 19.9.1985 – III ZR 214/83, BGHZ 95, 350 (357) = NJW 1986, 43; MüKoBGB/*Habersack* BGB § 770 Rn. 5; Staudinger/*Horn,* 2013, BGB § 770 Rn. 2.
[1530] MüKoBGB/*Habersack* BGB § 770 Rn. 6; Staudinger/*Horn,* 2013, BGB § 770 Rn. 20, 23.
[1531] MüKoBGB/*Habersack* BGB § 770 Rn. 6.
[1532] BGH Urt. v. 24.10.1962 – V ZR 1/61, BGHZ 38, 122 (129) = NJW 1963, 244. Anderenfalls stünde der Bürge schlechter als bei einer fälligen Hauptforderung, zutr. Staudinger/*Horn,* 2013, BGB § 770 Rn. 5.
[1533] Grdl. BGH Urt. v. 16.1.2003 – IX ZR 171/00, BGHZ 153, 293 (301) = NJW 2003, 1521 = JZ 2003, 845 mAnm *Habersack/Schürmbrand.* Aus der Lit. s. etwa MüKoBGB/*Habersack* BGB § 770 Rn. 3; *Schlüter* FS Westermann, 1974, 509, 517 ff.; Staudinger/*Horn,* 2013, BGB § 770 Rn. 8.
[1534] Zutr. MüKoBGB/*Habersack* BGB § 770 Rn. 8.

verweigern.[1535] Hilfsweise könnte sich der Bürge gem. §§ 768 Abs. 1 S. 1, 273, 320 BGB auf ein Zurückbehaltungsrecht des Schuldners berufen.[1536]

544   **dd) Klauselfestigkeit.** Aus dem Rechtsgedanken des § 309 Nr. 3 BGB folgt, dass das Leistungsverweigerungsrecht des Bürgen aus **§ 770 Abs. 2 BGB** nicht formularmäßig ausgeschlossen werden kann, wenn die Gegenforderung des Hauptschuldners unbestritten oder rechtskräftig festgestellt ist.[1537] Eine Verzichtsklausel ist deswegen nur wirksam, wenn sie eine Ausnahme für die beschriebenen Fälle vorsieht. Ein allgemeiner, vorformulierter Ausschluss der Einrede aus § 770 Abs. 2 BGB benachteiligt den Bürgen wider Treu und Glauben und ist mit den Grundgedanken der gesetzlichen Regelung **unvereinbar** (§ 307 Abs. 2 BGB). Er kann auch nicht im Wege der geltungserhaltenden Reduktion teilweise aufrechterhalten werden.[1538]

545   Im Gegensatz dazu erlaubt die bisherige Rspr. des BGH, dass die Einrede aus des **§ 770 Abs. 1 BGB** formularmäßig abbedungen wird.[1539] Die Einrede habe wegen der kurzen Anfechtungsfrist des § 121 BGB kaum Bedeutung. Im Falle der **arglistigen Täuschung** des Hauptschuldners verbleibe dem Bürgen die Arglisteinrede nach §§ 853, 768 BGB bzw. könne dem Gläubiger unter dem Gesichtspunkt des Rechtsmissbrauchs verwehrt werden, sich gegenüber dem Bürgen auf den Einredeverzicht zu berufen. Vor dem Hintergrund der neueren Rspr. zu § 770 Abs. 2 BGB lässt sich dies nicht mehr aufrechterhalten. Beide Einreden aus § 770 BGB beruhen auf demselben Grundgedanken, indem aus Gestaltungsrechten des Hauptschuldners eine Einrede des Bürgen folgt. Weshalb ein täuschender oder drohender Verwender durch seine vorformulierten Bedingungen dem Bürgen die gesetzlich vorgesehene Einredemöglichkeit soll nehmen können, erschließt sich nicht aus der Argumentation des BGH. Zutreffend wird man daher § 770 Abs. 1 BGB insgesamt als klauselfest ansehen müssen.[1540]

546   **d) Einrede der Vorausklage (§ 771 BGB).** Die Einrede der Vorausklage steht dem Bürgen gem. § 349 S. 1 HGB nicht zu, wenn die Bürgschaft für ihn eine Handelsgeschäft ist (§§ 343, 344 Abs. 1 HGB). Ausgeschlossen ist diese Einrede auch, wenn das Gesetz die Haftung „wie ein Bürge" anordnet (§§ 566 Abs. 2, 1251 Abs. 2 BGB, § 36 Abs. 2 VerlG). Gleiches gilt gem. §§ 232, 239 Abs. 2 BGB, wenn eine Sicherheitsleistung in Bürgschaftsform zu erbringen ist.

547   **aa) Voraussetzungen.** Die Einrede aus § 771 S. 1 BGB setzt einen erfolglosen Vollstreckungsversuch des Gläubigers voraus, der zusätzlich den Anforderungen des § 772 BGB genügen muss. Um sicherzustellen, dass nach der erfolglosen Zwangsvollstreckung beim Hauptschuldner der Anspruch gegen den Bürgen nicht verjährt, bestimmt § 771 S. 2 BGB eine Verjährungshemmung. Die hM nimmt die Norm wörtlich: Danach ist Verjährung erst gehemmt, wenn der Bürge die Einrede erhebt.[1541] Der Bürge (oder dessen im Bürgschaftsrecht kundiger Anwalt) könnten damit auf Zeit spielen und davon absehen die Einrede der Vorausklage geltend zu machen, bis die dreijährige Regelverjährung eingetreten ist. Das müsste wiederum den Gläubiger dazu veranlassen, zunächst den Bürgen in Anspruch zu nehmen, damit dieser die Einrede erhebt und so die Verjährung gehemmt ist. Ansonsten hinge die Durchsetzbarkeit seines Anspruches gegen den Bürgen von der Dauer der Leistungsklage gegen den Schuldner und der erfolglosen Vollstreckung ab. Die wörtliche Auslegung des § 771 S. 2 BGB kehr damit faktisch die subsidiäre Bürgenhaftung in ihr Gegenteil um. Entgegen dem Wortlaut der Norm spricht damit einiges dafür, § 771 S. 2 BGB teleologisch zu erweitern, sodass die Verjährung wie auch sonst gehemmt ist, wenn die Einrede besteht.[1542]

[1535] So RGZ 137, 34 (36); Larenz/Canaris SchuldR BT II § 60 III 3a; MüKoBGB/*Habersack* BGB § 770 Rn. 10; aA (§ 770 Abs. 2 BGB analog) *Medicus* JuS 1971, 497 (501); *Zimmermann* JR 1979, 595 (496 f.). Gänzlich abl. BeckOK BGB/*Rohe* BGB § 770 Rn. 7; Staudinger/*Horn,* 2013, BGB § 770 Rn. 9.

[1536] MüKoBGB/*Habersack* BGB § 770 Rn. 10.

[1537] Grdl. BGH Urt. v. 16.1.2003 – IX ZR 171/00, BGHZ 153, 293 (299) = NJW 2003, 1521 = JZ 2003, 845 mAnm *Habersack/Schürnbrand*. Aufgabe von BGH Urt. v. 19.9.1985 –III ZR 214/83, BGHZ 95, 350 (359 ff.); BGH Urt. v. 7.11.1985 – IX ZR 40/85, WM 1986, 95 (97). Die Rspr. des 8. Zivilsenats stand der formularmäßigen Abdingbarkeit des § 770 Abs. 2 BGB seit jeher kritisch gegenüber: BGH Urt. v. 24.11.1980 – VIII ZR 317/79, NJW 1981, 761 (762).

[1538] BGH Urt. v. 16.1.2003 – IX ZR 171/00, BGHZ 153, 293 (300) = NJW 2003, 1521 = JZ 2003, 845 mAnm *Habersack/Schürnbrand; Fischer* WM 1998, 1705 (1712); *Fischer/Ganter/Kirchhof* FS 50 Jahre BGH, 2000, 33 (46); MüKoBGB/*Habersack* BGB § 770 Rn. 3; Staudinger/*Horn,* 2013, BGB § 770 Rn. 17.

[1539] BGH Urt. v. 19.9.1985 – III ZR 214/83, BGHZ 95, 350 (352); OLG München Urt. v. 19.1.2006 – 19 U 4232/05, BeckRS 2006, 684 (687 f.); BGH Urt. v. 24.10.2017 – XI ZR 600/16, NJW 2018, 857 Rn. 22; BeckOGK/*Madaus* BGB § 770 Rn. 33; *Förster* WM 2010, 1677 (1680); Staudinger/*Horn,* 2013, BGB § 770 Rn. 17.

[1540] BeckOK BGB/*Rohe* BGB § 770 Rn. 4; *Habersack/Schürnbrand* JZ 2003, 848 (849); *Lettl* WM 2000, 1316 (1324); MüKoBGB/*Habersack* BGB § 770 Rn. 3; *Tiedtke* JZ 2006, 940 (948).

[1541] BeckOK BGB/*Rohe* BGB § 771 Rn. 4; *Bolten* ZGS 2006, 140 (146); Erman/*Herrmann* BGB § 771 Rn. 1; Palandt/*Sprau* BGB § 771 Rn. 3; *Schlößer* NJW 2006, 645 f.; Staudinger/*Horn,* 2013, BGB § 771 Rn. 2.

[1542] BeckOGK/*Madaus* BGB § 771 Rn. 15; MüKoBGB/*Habersack* BGB § 771 Rn. 7; *Schmolke* WM 2013, 148 (150 f.).

bb) Ausschluss der Einrede (§ 773 BGB). In vier Fällen ist die Einrede der Vorausklage nach **548** § 773 BGB ausgeschlossen. Die Vorschrift ist abdingbar.[1543] Der in § 773 Abs. 1 Nr. 1 BGB erwähnte Verzicht des Bürgen bedarf zu seiner Wirksamkeit der Schriftform. Eine erschwerte Rechtsverfolgung nach § 773 Abs. 1 Nr. 2 BGB knüpft an eine Geltendmachung iSd § 772 BGB an. Es ist eine Frage des Einzelfalls, ob die Rechtsverfolgung erschwert ist. Man wird dies annehmen können, wenn keine Vermögensgegenstände des Schuldners existieren, aus denen sich der Gläubiger befriedigen könnte und wenn eine öffentliche Zustellung der Klageschrift nach § 185 ZPO an den Hauptschuldner möglich ist.[1544] Verlegt der Hauptschuldner seinen Wohnsitz ins Ausland, ist die Rechtsverfolgung nicht erschwert, wenn internationale Abkommen anwendbar sind (Brüssel I-VO, EuVTO oder das Luganer Abkommen mit der Schweiz).[1545]

Ist das Insolvenzverfahren über das Vermögen des Hauptschuldners eröffnet, schließt § 773 Abs. 1 **549** Nr. 3 BGB die Einrede der Vorausklage aus. Der Eröffnungszeitpunkt richtet sich nach § 27 Abs. 2 Nr. 3, Abs. 3 InsO. Umstritten ist, ob die Einrede wieder auflebt, wenn das Insolvenzverfahren aufgehoben (§ 200 InsO, § 258 Abs. 1 InsO) oder gem. §§ 212, 213 InsO eingestellt wurde.[1546] Dies ist für die Aufhebung des Insolvenzverfahrens zu bejahen, da in diesem Fall der sachliche Grund für die Einrede aus § 773 Abs. 1 Nr. 3 BGB obsolet wird. Für den (seltenen) Fall des § 213 InsO ist dies abzulehnen, da hier die Befriedigung der Gläubiger trotz ihrer Zustimmung nicht notwendig gesichert ist.[1547] Mangelnde Erfolgsaussichten bei der Zwangsvollstreckung in das Vermögen des Hauptschuldners schließen die Einrede der Vorausklage gem. § 773 Abs. 1 Nr. 4 BGB aus. Nach hM ist die Vorschrift nicht einschlägig, wenn der Gläubiger durch die Zwangsvollstreckung nur teilweise befriedigt wird.[1548] Ist über das Vermögen des Hauptschuldners das Insolvenzverfahren eröffnet oder ist die Zwangsvollstreckung in dessen Vermögen voraussichtlich erfolglos, so gestattet § 773 Abs. 2 Hs. 1 BGB dem Bürgen, den Gläubiger darauf zu verweisen, dass er sich aus einem Pfand- oder Zurückbehaltungsrecht an einer beweglichen Sache des Hauptschuldners befriedigt. Diese Vorschrift greift den Rechtsgedanken des § 772 Abs. 2 S. 1 BGB auf. Folglich erklärt § 773 Abs. 2 Hs. 2 BGB auch § 772 Abs. 2 S. 2 BGB für anwendbar. Bei einer Forderungsmehrheit müssen sämtliche Forderungen durch den Wert der Sache gedeckt sein.

cc) Formularmäßiger Verzicht. Der formularmäßige Verzicht auf die Einrede der Vorausklage **550** **(§ 771 BGB),** hält der Inhaltskontrolle nach § 307 BGB stand, da § 773 Abs. 1 Nr. 1 BGB den Einredeverzicht zulässt. Allerdings muss eine derartige Klausel den Bürgen aber klar und unmissverständlich auf die beabsichtigte Rechtslage hinweisen, will sie dem **Transparenzgebot** genügen. Nicht hinreichend deutlich ist die Bezeichnung der Bürgschaft als „selbstschuldnerisch" oder der lapidare Hinweis auf die Abbedingung des § 771 BGB.[1549]

e) Aufgabe einer Sicherheit (§ 776 BGB). Nach **§ 776 BGB** wird der Bürge gegenüber dem **551** Gläubiger insoweit frei, wenn dieser ein Sicherungs- oder Vorzugsrecht aufgibt, aus dem der Bürge hätte Ersatz erlangen können. Die Vorschrift bezweckt, den **Rückgriff** des vom Gläubiger in Anspruch genommenen Bürgen gem. §§ 774 Abs. 1 S. 1, 412, 401 BGB zu **sichern.** Eine Aufgabe von Sicherheiten iSv § 776 BGB kann auch darin liegen, dass die Bank und der Hauptschuldner Sicherheiten, die zunächst nur die verbürgte Hauptschuld absicherten, ohne Zustimmung des Bürgen auf andere Ansprüche der Bank aus der Geschäftsbeziehung zum Hauptschuldner ausdehnen und den Verwertungserlös für diese nicht von der Bürgschaft abgedeckten Ansprüche verwerten.[1550] Die Vorschrift des § 776 BGB ist dispositives Recht,[1551] wobei eine individualvertragliche Abweichung dem Schriftformerfordernis nach § 766 BGB genügen muss.

aa) Voraussetzungen. Die Vorschrift erfasst zunächst akzessorische Sicherheiten des Bürgschafts- **552** gläubigers. Sie wird *analog* auf selbständige Sicherungsrechte wie die Sicherungsgrundschuld, Siche-

[1543] BGH Urt. v. 25.9.1986 – VIII ZR 164/66, NJW 1968, 2332 (für eine Ausfallbürgschaft); Staudinger/*Horn,* 2013, BGB § 771 Rn. 3.

[1544] OLG Düsseldorf Urt. v. 26.5.2011 – 13 U 13/11; NJOZ 2012, 487.

[1545] BeckOGK/*Madaus* BGB § 771 Rn. 9.

[1546] Eine Einstellung nach § 207 InsO kommt hier selbstredend nicht in Betracht, da sich in diesen Fällen gerade das Haftungsrisiko der Bürgschaft realisiert, → Rn. 468 f.

[1547] Eine verbreitete Ansicht lehnt ein Wiederaufleben generell ab: OLG Köln Urt. v. 23.9.1982 – 1 U 13/82, DB 1983, 104 (105) (allerdings zur KO); Staudinger/*Horn,* 2013, BGB § 773 Rn. 7. Generell bejahend: MüKoBGB/*Habersack* BGB § 773 Rn. 8; Soergel/*Gröschler* BGB § 773 Rn. 6;. Differenzierend und ähnlich wie hier: BeckOGK/*Madaus* BGB § 773 Rn. 12; Jauernig/*Stadler* BGB § 773 Rn. 4 wonach es darauf ankommt, ob der Hauptschuldner wieder zu Vermögen gelangt ist.

[1548] RG Urt. v. 30.10.1988 – III 167/88, RGZ 22, 44 (48); BeckOGK/*Madaus* BGB § 773 Rn. 9; MüKoBGB/*Habersack* BGB § 773 Rn. 9; aA Staudinger/*Horn,* 2013, BGB § 773 Rn. 8

[1549] MüKoBGB/*Habersack* BGB § 773 Rn. 3.

[1550] BGH Urt. v. 2.3.2000 – IX ZR 328/98, BGHZ 144, 52 (57) = NJW 2000, 1566 (1569); Urt. v. 6.4.2000 – IX ZR 2/98, WM 2000, 1141; Staudinger/*Horn,* 2013, BGB § 776 Rn. 1.

[1551] BGH Urt. v. 2.3.2000 – IX ZR 328/98, BGHZ 144, 52 (57) = NJW 2000, 1566 (1569); Urt. v. 6.4.2000 – IX ZR 2/98, NJW 2580, 2583.

rungseigentum, Eigentumsvorbehalte oder Sicherungsabtretung angewandt, zu deren Übertragung auf den Bürgen der zahlende Gläubiger analog §§ 774, 412, 401 BGB verpflichtet ist.[1552] Keine Sicherheit im Sinne der Vorschrift sind allerdings Zurückbehaltungsrechte, der Anspruch auf Sicherheitsleistung gem. §§ 648, 648a BGB oder eine Aufrechnungsbefugnis. Die Vorschrift des § 776 BGB begründet richtig betrachtet **Sorgfaltspflichten** des Gläubigers gegenüber dem Bürgen bei dem Erhalt und der Verwertung sonstiger Sicherungsrechte und **keine** bloße **Obliegenheit**.[1553] Umstritten ist, was die **Aufgabe** einer Sicherheit kennzeichnet. Nach herrschender Auffassung setzt das „Aufgeben" einer Sicherheit ein **vorsätzliches Handeln** des Gläubigers voraus.[1554] Allerdings konkretisiert § 776 BGB die ohnehin kraft § 241 Abs. 2 BGB bestehenden Sorgfaltspflichten des Gläubigers gegenüber dem Bürgen, sodass es systematisch folgerichtig ist, den allgemeinen Sorgfaltsmaßstab nach § 276 BGB anzuwenden.[1555] Ob der Gläubiger dem Bürgen bei der **Erhaltung und Verwertung anderer Sicherungs- und Vorzugsrechte** Sorgfalt gem. § 276 BGB schuldet, ist lebhaft umstritten.[1556] Die höchstrichterliche Rspr. entnimmt der Rechtsnatur der Bürgschaft als einseitig verpflichtendem Vertrag, dass der Gläubiger keine vertraglichen Nebenleistungspflichten, wohl aber Schutzpflichten iSv § 241 Abs. 2 BGB gegenüber dem Bürgen habe.[1557] Jenseits einer vorsätzlichen Aufgabe von Sicherungsrechten zu Lasten des Bürgen (§ 776 BGB) schuldet der Gläubiger danach dem Bürgen nicht die optimale Verwahrung oder Verwertung von Sicherungsmitteln.

553   **bb) Freistellung von Mitbürgen und Gesamtschuldnern.** Stellt der Gläubiger einen **Mitbürgen** frei, ist vorrangig zu prüfen, ob der in Anspruch genommene Bürge im Verhältnis zu dem entlassenen Mitbürgen noch einen Ausgleichsanspruch hat. Denn der Wegfall einer Ausgleichspflicht ergibt sich nicht aus § 776 BGB.[1558] Regelmäßig wird die zwischen Gläubiger und Mitbürgen vereinbarte Haftungsfreistellung nur in diesem (Außen-) Verhältnis wirken, nicht aber zugunsten der übrigen Mitbürgen. Damit diese durch die Haftungsfreistellung nicht benachteiligt werden, wird ein Gesamtschuldverhältnis der nichtprivilegierten mit dem privilegierten Mitbürgen fingiert mit der Folge, dass der privilegierte Mitbürge Ausgleich schuldet. Der Gläubiger muss sich nur dann eine **anteilige Kürzung** seines Anspruchs gegen die nichtprivilegierten Bürgen gefallen lassen, wenn sich seine Freistellungsvereinbarung mit dem einen Mitbürgen dahin auslegen lässt, dass sie ein pactum de non petendo zugunsten der übrigen Mitbürgen enthält.[1559] Entlässt der Gläubiger einen **Gesamtschuldner** aus seiner Verbindlichkeit, so ist dieses Rechtsverhältnis nicht in § 776 BGB geregelt, weil der Gesamtschuldner die Stellung des Hauptschuldners innehat. Es wird allerdings im Einzelfall zu prüfen sein, ob der Schuldbeitritt lediglich eine Sicherungsfunktion hat und sich der Bürgschaftsvertrag auf dieses Sicherungsmittel bezieht.[1560]

554   **cc) Klauselfestigkeit.** Ein undifferenzierter, klauselmäßiger Verzicht auf die Schutzvorschrift des § 776 BGB ist mit § 307 Abs. 2 Nr. 1 BGB unvereinbar und daher **unwirksam**.[1561] Der BGH begründet dies damit, dass § 776 BGB im Zusammenhang mit § 774 BGB zu sehen ist. Der Bürge ist nicht der primäre Schuldner des Gläubigers. Um die Folgen der Bürgenhaftung zu mildern, soll der Bürge, der den Gläubiger befriedigt hat, in jeder Hinsicht in dessen Rechtsstellung einrücken. Deswegen verstärkt das Gesetz den Rückgriffsanspruch des Bürgen gegen den Hauptschuldner oder einen Dritten, der die Hauptschuld neben dem Bürgen besichert, durch den Übergang von Sicher-

[1552] AllgM, zB BGH Urt. v. 6.4.2000 – IX ZR 2/98; BGHZ 144, 52 (54) = NJW 2000, 1566 f.; BGH Urt. v. 3.11.2005 – IX ZR 181/04, BGHZ 165, 28 (35) = NJW 2006, 228 = NZI 2006, 32; BGH Urt. v. 4.6.2013 – XI ZR 505/11, BGHZ 197, 335 Rn. 13 = NJW 2013, 2508 (Sicherungsgrund-schuld); Staudinger/*Horn*, 2013, BGB § 776 Rn. 7 ff., 10.

[1553] So *Knütel* FS Flume I, 1978, 559 ff.; MüKoBGB/*Habersack* BGB § 776 Rn. 1 mwN; aA (bloße Obliegenheit des Gläubigers) *Wacke* AcP 170 (1970), 42 (62), Staudinger/*Horn*, 2013, BGB § 776 Rn. 1, 12.

[1554] BGH Urt. v. 17.9.1959 – VII ZR 115/58, WM 1960, 51; Urt. v. 17.12.1959 – VII ZR 194/58, WM 1960, 371; BGH Urt. v. 15.7.1999 – IX ZR 243/98, NJW 1999, 3195; BGH Urt. v. 4.6.2013 – XI ZR 505/11, BGHZ 197, 335 Rn. 14 = NJW 2013, 2508; OLG Bamberg Urt. v. 17.11.2011 – 1 U 88/11, ZIP 2012, 613 (614); OLG Köln Urt. v. 22.5.1990 – 22 U 150/88, NJW 1990, 3214; OLG Schleswig Beschl. v. 2.10.1996 – 5 W 39/96, WM 1997, 413; BeckOK BGB/*Rohe* BGB § 776 Rn. 4; Soergel/*Gröschler* BGB § 776 Rn. 7; RGRK-BGB/*Mormann* BGB § 776 Rn. 1.

[1555] *Henssler,* Risiko als Vertragsgegenstand, 1996, 351 f.; *Knütel* FS Flume I, 1978, 559 (589); MüKoBGB/ *Habersack* BGB § 776 Rn. 8.

[1556] Vgl. *Knütel* FS Flume I, 1978, 559 (587 ff.); *Henssler,* Risiko als Vertragsgegenstand, 1996, 335 ff.; Larenz/ Canaris SchuldR BT II § 60 II 4, III 4; Staudinger/*Horn*, 2013, BGB Vor § 765 Rn. 65.

[1557] BGH Urt. v. 18.1.1996 – IX ZR 171/95, NJW 1996, 1274.

[1558] BGH Urt. v. 11.6.1992 – IX ZR 161/91, WM 1992, 1312.

[1559] Vgl. zum gestörten Gesamtschuldnerausgleich BGH Urt. v. 27.2.1989 – II ZR 182/88, WM 1989, 609.

[1560] So auch MüKoBGB/*Habersack* BGB § 776 Rn. 7.

[1561] BGH Urt. v. 2.3.2000 – IX ZR 328/98, BGHZ 144, 52 (55) = JZ 2001, 1160 mAnm *Vollkommer;* BGH Urt. v. 6.4.2000 – IX ZR 2/98, NJW 2000, 2580 (2583); BGH Urt. v. 25.10.2001 – IX ZR 185/00, ZIP 2001, 2168; BeckOGK/*Madaus* BGB § 776 Rn. 22; *Derleder* NJW 2015, 817 (818 f.); *Fischer* WM 1998, 1705 (1712); *Henssler,* Risiko als Vertragsgegenstand, 1996, 361 f.; MüKoBGB/*Habersack* BGB § 776 Rn. 3. Aufgabe von BGH Urt. v. 24.9.1980 – VIII ZR 291/79, BGHZ 78, 137; Urt. v. 13.12.1990 – IX ZR 79/90, WM 1991, 558.

heiten. Diese Begünstigung des Bürgen würde entwertet, wenn es dem Gläubiger gestattet wäre, zu Lasten des Bürgen einseitig weitere für die Hauptschuld bestellte Sicherungsrechte aufzugeben. Geschieht dies gleichwohl, so wird der Bürge gem. § 776 BGB frei. Ein formularmäßiger Verzicht auf § 776 BGB ist nur zulässig, wenn dies gewichtige Gründe oder ein überwiegendes Interesse des Gläubigers gebieten.[1562] Das **Pfandrecht der Banken** nach Nr. 14 AGB-Banken ist mit § 776 BGB vereinbar. Nach der zugrunde liegenden Sicherungsabrede ist es dem Schuldner gestattet, über die verpfändeten Gegenstände im Rahmen des ordnungsgemäßen Geschäftsverkehrs zu verfügen, solange die Bank nicht ihr Sicherungsrecht geltend macht. Der Hauptschuldner wird folglich nicht übermäßig in seiner Handlungsfreiheit beschränkt.[1563]

Ist der formularmäßige Ausschluss des § 776 BGB unwirksam, so ist der Bürge im Wege der   **555** ergänzenden Auslegung so zu stellen, wie er stünde, wenn der Gläubiger die vom Hauptschuldner für die Hauptforderung gestellten Sicherheiten nicht aufgegeben hätte. Es bleiben daher nur die Sicherheiten bestehen, die zusätzlich die Hauptschuld absicherten. Nicht betroffen sind solche Sicherheiten, die daneben noch andere Ansprüche absichern. Hier musste der Bürge damit rechnen, dass der Verwertungserlös dieser Rechte zur Erfüllung anderer Ansprüche verrechnet wird.[1564]

f) Unzulässige Rechtsausübung und Verwirkung. Der Bürge übernimmt nur das Risiko, dass   **556** der Hauptschuldner seine Verbindlichkeit nicht erfüllt. Führt der Gläubiger selbst den Bürgschaftsfall herbei, ist dieses Risiko nicht mehr von der Bürgschaft abgesichert.[1565] Der Bürgschaftsgläubiger **verwirkt** deswegen seinen Anspruch gegen den Bürgen, wenn er unter Verletzung seiner Vertragspflichten gegenüber dem Hauptschuldner dessen wirtschaftlichen Zusammenbruch schuldhaft verursacht und einen Rückgriff des Bürgen vereitelt.[1566] Stehen dem Gläubiger neben der verbürgten Forderung weitere ungesicherte Ansprüche gegen den Hauptschuldner zu, so handelt er missbräuchlich, wenn er den Hauptschuldner, der die durch Bürgschaft gesicherte Schuld tilgen will, **veranlasst**, eine andere, ungesicherte Verbindlichkeit zu erfüllen.[1567] Trifft der Hauptschuldner keine Tilgungsbestimmung, soll der Gläubiger die gezahlten Beträge indes auf die ungesicherten Forderungen anrechnen dürfen; er nehme dabei lediglich seine berechtigten Belange wahr.[1568] Es stellt sich die Frage, ob diese Rspr. dem Gläubiger die Verschleierung eines kollusiven Zusammenwirkens mit dem Hauptschuldner nicht zu leicht macht. Der Gläubiger verwirkt seinen Anspruch gegen den Bürgen, wenn er den wirtschaftlichen Zusammenbruch des Hauptschuldners dadurch verursacht hat, indem er pflichtwidrig dem Hauptschuldner die Einlösung eines Schecks verweigert, obwohl die einhergehende Kontobelastung sich im Rahmen des vereinbarten Kontokorrentkredits gehalten hätte.[1569]

Dem Gläubiger ist es nicht verwehrt, dem Hauptschuldner **weiteren Kredit** zu gewähren, auch   **557** wenn dadurch die Aussichten auf eine Tilgung der verbürgten Schuld durch den Hauptschuldner vermindert werden.[1570] Sichert die Bürgschaft allerdings Forderungen aus einem **Dauerschuldverhältnis**, ist der Gläubiger im Verhältnis zum Bürgen verpflichtet, gegenüber dem Hauptschuldner diejenigen Maßnahmen zu ergreifen, die er ohne die Bürgschaft zur Wahrung seiner eigenen Interessen unternommen hätte. Unterlässt es der Gläubiger, einen ihm durch die Vertragsverletzung des Hauptschuldners entstehenden Schaden möglichst gering zu halten, indem er etwa von der an sich gebotenen Kündigung des Dauerschuldverhältnisses absieht, so **beschränkt sich die Haftung** des Bürgen auf die bis zur möglichen Kündigung aufgelaufenen Raten.[1571]

5. Beendigung des Bürgschaftsvertrages. a) Kündigung. aa) Kündigungsrechte des Bür-   **558** **gen.** Bei einer unbefristeten Kreditbürgschaft kann der Bürge die Bürgschaft nach Ablauf eines gewissen Zeitraums oder bei Eintritt besonders wichtiger Umstände mit Wirkung für die Zukunft zu

---

[1562] BGH Urt. v. 2.3.2000 – IX ZR 328/98, BGHZ 144, 52 (55 f.).

[1563] BGH Urt. v. 2.3.2000 – IX ZR 328/98, BGHZ 144, 52 (56 f.); BGH ZIP 2001, 2168 (2169); MüKoBGB/ *Habersack* BGB § 776 Rn. 3; näher dazu *Schröter* WM 2000, 16 (18).

[1564] BGH Urt. v. 2.3.2000 – IX ZR 328/98, BGHZ 144, 52 (55 f.); BGH Urt. v. 13.1.2000 – IX ZR 11/90, WM 2000, 408.

[1565] *Henssler*, Risiko als Vertragsgegenstand, 1996, 342 f.; MüKoBGB/*Habersack* BGB § 765 Rn. 85.

[1566] BGH Urt. v. 7.2.1966 – VIII ZR 40/64, WM 1966, 317 (319); BGH Urt. v. 20.3.1968 – VIII ZR 159/65, WM 1968, 874 (875); BGH Beschl. v. 23.2.1984 – III ZR 159/83, WM 1984, 586; BGH Urt. v. 6.7.2004 – XI ZR 254/02, WM 2004, 1676 (1678) = ZIP 2004, 1589 mAnm *Nielsen* EWiR 2004, 1165.

[1567] BGH Urt. v. 7.2.1966 – VIII ZR 40/64, WM 1966, 317 (319).

[1568] BGH Urt. v. 12.12.1985 – IX ZR 47/85, ZIP 1986, 294; vgl. auch BGH Urt. v. 16.2.1989 – IX ZR 256/87, ZIP 1989, 359 zur Verwendung des Erlöses einer neben der Bürgschaft gestellten, diese betragsmäßig übersteigenden Grundschuld.

[1569] BGH Beschl. v. 23.2.1984 – III ZR 159/83, WM 1984, 586; BGH Urt. v. 6.7.2004 – XI ZR 254/02, WM 2004, 1676 (1678) (in dieser Entscheidung folgte die Pflichtverletzung der Sparkasse als Bürgschaftsgläubiger daraus, dass der Kontokorrentkredit ein Sanierungskredit war, bei dem die ordentliche Kündigung zumindest konkludent ausgeschlossen ist).

[1570] BGH Urt. v. 5.12.1962 – VIII ZR 251/61, WM 1963, 24 (26); Urt. v. 10.2.1971 – VIII ZR 144/69, WM 1971, 614 (615).

[1571] BGH Urt. v. 30.3.1995 – IX ZR 98/94, NJW 1995, 1886 (1888).

kündigen (vgl. § 314 Abs. 1 BGB).[1572] Die **ordentliche Kündigung** ist ihm – unabhängig vom Vorliegen eines wichtigen Grundes – nach einer angemessenen Zeit mit einer angemessenen Frist möglich. Die einzuhaltende **Kündigungsfrist** bemisst sich nach den Umständen, insbesondere den Motiven des Bürgen und dem Sicherungsinteresse des Gläubigers. Sie ist ggf. § 488 Abs. 3 S. 2 BGB analog zu entnehmen. Stehen keine berechtigten Interessen des Gläubigers und des Hauptschuldners entgegen, kann ausnahmsweise mit sofortiger Wirkung gekündigt werden.[1573]

559   Der Bürge kann die befristete oder unbefristete Bürgschaft **außerordentlich kündigen,** wenn ein **wichtiger Grund** vorliegt. Einen solchen sieht der BGH bei einer erheblichen Verschlechterung der Vermögenslage des Hauptschuldners. Der Gläubiger wird durch das außerordentliche Kündigungsrecht des Bürgen nicht benachteiligt, weil die Kündigung *ex nunc* wirkt.[1574] Hat sich der Bürge wirksam für alle bestehenden und künftigen Ansprüche gegen den Hauptschuldner verbürgt und sind die Forderungen, die Anlass der Verbürgung waren, weitgehend oder völlig getilgt, kann er die Bürgschaft kündigen, weil er ein berechtigtes Interesse hat, sich vor neuen Verbindlichkeiten des Hauptschuldners zu schützen.[1575] Ein solcher Fall liegt beispielsweise vor, wenn ein Gesellschafter oder Geschäftsführer sich für Gesellschaftsverbindlichkeiten verbürgt hat und später aus der Gesellschaft ausscheidet. Dem Gläubiger ist allerdings eine angemessene Frist einzuräumen, damit er sich auf die Situation einstellen kann.[1576]

560   **bb) Kündigung der Bank.** Kündigt die Bank die **Geschäftsverbindung mit dem Hauptschuldner** oder hebt sie einvernehmlich auf, so ist sie entsprechend § 767 BGB auch im Verhältnis zum Bürgen an diese Entscheidung **gebunden.** Der Bürge darf erwarten, dass er – abgesehen von später entstehenden Nebenforderungen – gem. § 767 BGB auf den Betrag in Anspruch genommen wird, den der Hauptschuldner aufgrund im Zeitpunkt der Aufhebung der Geschäftsverbindung bereits begründeter Verpflichtungen schuldet. Erweitert die Bank nach der Kündigung durch eigene Transaktionen ihre Forderungen gegen den Hauptschuldner, so tut sie das nicht in Abwicklung der alten Geschäftsbeziehung, sondern im Zuge einer neuen Geschäftsverbindung, auf die sich die Bürgschaft nicht erstreckt.[1577] Solche „eigenen Transaktionen" liegen nicht vor, wenn der Bürge selbst nach der Kündigung neue Verbindlichkeiten des Hauptschuldners veranlasst, indem er etwa als Geschäftsführer des Hauptschuldners das gekündigte Kontokorrentkonto weiter überzieht.

561   **b) Wegfall der Geschäftsgrundlage.** Geschäftsgrundlage sind die bei Vertragsschluss bestehenden Vorstellungen beider Partner oder die dem Geschäftsgegner erkennbaren und von ihm nicht beanstandeten Vorstellungen eines Vertragsteils von dem Vorhandensein oder dem künftigen Eintritt bestimmter Umstände, sofern der Geschäftswille der Beteiligten auf diesen Vorstellungen aufbaut.[1578] Bei einer schwerwiegenden Änderung der Geschäftsgrundlage, deren Vorhersehbarkeit zu einem anderen Vertragsinhalt geführt hätte, besteht ein Anspruch auf Vertragsanpassung (§ 313 Abs. 1 BGB). Erst wenn diese Anpassung unmöglich oder unzumutbar ist, besteht nach § 313 Abs. 3 S. 2 BGB ein Kündigungsrecht.

562   Der Bürge übernimmt nach § 765 BGB einseitig und uneingeschränkt das Risiko, dass der Hauptschuldner leistungsfähig und leistungswillig ist. Alle die **Zahlungsfähigkeit des Hauptschuldners betreffenden Umstände** können, weil sie das verbürgte Risiko selbst ausmachen, in der Regel **nicht Geschäftsgrundlage** der Bürgschaft sein,[1579] sondern nur Gegenstand besonderer vertraglicher Absprachen. Hat der Bürge auf die Einrede der Vorausklage verzichtet, gehört auch die **Zahlungsunwilligkeit** des Hauptschuldners zum verbürgten Risiko, sofern sie nicht auf einem arglistigen Zusammenwirken des Gläubigers und des Hauptschuldners beruht.[1580]

563   Umstände, die nicht mit der Zahlungsfähigkeit des Hauptschuldners zusammenhängen, können nur dann Geschäftsgrundlage sein, wenn sie die **gesetzliche Risikoverteilung** nicht zu Lasten des Gläubigers verschieben. Der **Ausfall einzelner gleichrangig oder nachrangig haftender Sicherheiten** ist deshalb nicht Geschäftsgrundlage der Bürgschaft; der Wegfall einer Rückgriffsmöglichkeit nach §§ 774, 426 BGB liegt im Risikobereich des Bürgen. Dem Gläubiger ist es ohne besondere Absprache nicht zuzumuten, mehrere gleichrangige Sicherheiten entweder ganz oder gar nicht gelten

---

[1572] BGH Urt. v. 4.7.1985 – IX ZR 135/84, NJW 1985, 3007 (3008); Urt. v. 17.3.1994 – IX ZR 102/93, WM 1994, 784; Urt. v. 18.5.1995 – IX ZR 108/94, BGHZ 130, 19.

[1573] BGH Urt. v. 4.7.1985 – IX ZR 135/84, NJW 1985, 3007 (3008).

[1574] BGH Urt. v. 21.1.1993 – III ZR 15/92, NJW-RR 1993, 944.

[1575] BGH Urt. v. 17.3.1994 – IX ZR 102/93, WM 1994, 784; vgl. auch Urt. v. 18.5.1995 – IX ZR 108/94, BGHZ 130, 19.

[1576] BGH Urt. v. 10.6.1985 – III ZR 63/84, NJW 1986, 252 f. Vgl. auch BGH Nichtannahmebeschl. v. 17.12.1998 – IX ZR 20/98, ZIP 1999, 877.

[1577] BGH Urt. v. 14.7.1988 – IX ZR 115/87, WM 1988, 1301.

[1578] BGH Urt. v. 18.11.1993 – IX ZR 34/93, WM 1994, 604.

[1579] BGH Urt. v. 28.4.1988 – IX ZR 127/87, BGHZ 104, 240 = WM 1988, 893; Urt. v. 17.3.1994 – IX ZR 174/93, NJW 1994, 2146; MüKoBGB/*Habersack* BGB § 765 Rn. 42.

[1580] BGH Urt. v. 28.4.1988 – IX ZR 127/87, BGHZ 104, 240.

zu lassen. Will der Bürge seine Haftung von anderen Sicherheiten abhängig machen, muss er auf einer ausdrücklichen Regelung bestehen.[1581]

Entsprechendes gilt für den Fall, dass Bürge und Gläubiger **die Eintrittspflicht** eines Trägers der **564** gesetzlichen Insolvenzsicherung **nicht bedacht** haben, sondern davon ausgingen, dass die Verbindlichkeit ausschließlich durch die Bürgschaft gesichert werde. Gehen die Hauptforderung und die Bürgschaft im Insolvenzfall auf den Träger der gesetzlichen Insolvenzsicherung über und kann dieser den Bürgen im Wege der **Legalzession** in Anspruch nehmen kann (§§ 412, 401 BGB), begründet dies weder einen Wegfall der Geschäftsgrundlage noch die Annahme, die Parteien hätten eine Ausfallbürgschaft gewollt.[1582] Die Rechtslage ist im Falle einer **Abtretung** der gesicherten Hauptforderung nicht anders. Verbürgt sich ein Gesellschafter-Geschäftsführer für die Schulden seiner GmbH, so entfällt mit der Aufgabe seiner gesellschaftsrechtlichen Stellung nicht die Geschäftsgrundlage für die Bürgschaft. Der Bürge kann vielmehr durch eine Kündigung klare Rechtsverhältnisse schaffen.[1583]

Die höchstrichterliche Rspr. hat einen Wegfall der Geschäftsgrundlage in Fällen erwogen, in denen **565** eher die stillschweigende Vereinbarung einer **Bedingung** oder einer einvernehmlichen **Einschränkung des Bürgenrisikos** naheliegt, beispielsweise wenn die Bürgschaft Voraussetzung einer Stundung und einer darauf aufbauenden Umschuldung oder Sanierung ist[1584] oder wenn der Gläubiger zusagt, dem Hauptschuldner in bestimmter Weise Kredit zu gewähren.[1585] Haben sich die Parteien des Bürgschaftsvertrages solchermaßen über einen mit der Bürgschaft bezweckten Erfolg geeinigt, liegt die rechtliche Lösung indes nicht in dem Rechtsinstitut des Wegfalls der Geschäftsgrundlage, sondern in den §§ 158 ff. BGB oder ggf. einer condictio ob rem.

Der – soweit ersichtlich – einzige Fall, in dem der BGH – allerdings auch nur vorübergehend – die **566** Lehre vom Wegfall der Geschäftsgrundlage im Bereich der Bürgschaft nicht nur erwogen, sondern angewandt hat, ist der des Risikos der **Vermögensverlagerung** unter Eheleuten und Angehörigen, falls dieses allein das berechtigte Interesse des Gläubigers an der Bürgschaft ausmacht. Da allerdings nach der neueren Rspr. die Gefahr von Vermögensverschiebungen nicht ohne weiteres ein berechtigtes Interesse des Gläubigers an einer Mithaft begründet, dürfte diese Konstellation obsolet sein (→ Rn. 497 f.)

6. Vorvertragliche Hinweis- und Aufklärungspflichten des Gläubigers. a) Grundsätzliches. 567

Kraft der Anbahnung von Vertragsbeziehungen entsteht zwischen dem Gläubiger und dem Bürgen ein Schuldverhältnis, aus dem sich Obhutspflichten der Parteien ableiten (§§ 241 Abs. 2, 311 Abs. 2 BGB). Dem Gläubiger obliegen daher Schutz- und Aufklärungspflichten gegenüber dem Bürgen.[1586] Wegen der Rechtsnatur des sich anbahnenden Bürgschaftsvertrages als eines einseitig den Bürgen verpflichtenden Rechtsverhältnisses ist der Gläubiger gleichwohl *grundsätzlich* nicht gehalten, den Bürgen über den Umfang seines Risikos oder die Vermögensverhältnisse des Hauptschuldners aufzuklären. Vielmehr kann der Gläubiger davon ausgehen, dass der Bürge sich über die für seine Entscheidung maßgeblichen Umstände, insbesondere auch die Wahrscheinlichkeit seiner Inanspruchnahme, ausreichend informiert hat und die Tragweite des von ihm übernommenen Risikos selbst kennt.[1587]

b) Ausnahmen. Ausnahmen von diesem Grundsatz hat der BGH für den Fall anerkannt, dass der 568

Gläubiger durch sein Verhalten und auch für ihn erkennbar einen **Irrtum des Bürgen** über dessen erhöhtes Risiko **veranlasst** hat.[1588] Bezeichnen etwa Mitarbeiter des Gläubigers eine Bürgschaft gegenüber dem Hauptschuldner als eine **reine Formsache** und wirkt sich eine solche Verharmlosung des Bürgschaftsrisikos auf die Entschließung des Bürgen aus, so kann dem Bürgen gegen den Gläubiger ein Schadensersatzanspruch aus Verschulden bei Vertragsschluss zustehen, der auf Befreiung von der Bürgschaftsschuld gerichtet ist und der Klage auf Zahlung aus der Bürgschaft entgegengesetzt werden kann.[1589] Eine solchermaßen geäußerte Beschwichtigung wird allerdings nur bei einem **geschäftsunerfahrenen Bürgen** geeignet sein, sein Risiko falsch einzuschätzen.

[1581] BGH Urt. v. 17.3.1994 – IX ZR 174/93, NJW 1994, 2146, die Rechtslage bei der Aufgabe einer vorrangigen Sicherheit wird ausdrücklich offengelassen; krit. dazu *Reinicke/Tiedtke* NJW 1995, 1449 und *Grunewald* WM 1994, 1064.

[1582] BGH Urt. v. 13.5.1993 – IX ZR 166/92, NJW 1993, 2935.

[1583] BGH Nichtannahmebeschl. v. 17.12.1998 – IX ZR 20/98, ZIP 1999, 877 ff.

[1584] BGH Urt. v. 9.10.1974 – VIII ZR 190/73, WM 1974, 1127; abl. auch in diesem Fall BGH Urt. v. 16.3.1983 – VIII ZR 347/81, NJW 1983, 1850.

[1585] RG JW 1912, 464 f.

[1586] BGH Urt. v. 9.4.1992 – IX ZR 145/91, WM 1992, 1016; Urt. v. 17.3.1994 – IX ZR 174/93, WM 1994, 1064; BGH Urt. v. 8.11.2001 – IX ZR 46/99, ZIP 2002, 167 (171); *Henssler*, Risiko als Vertragsgegenstand, 1996, 335 ff.; MüKoBGB/*Habersack* BGB § 765 Rn. 84; Staudinger/*Horn*, 2013, BGB § 765 Rn. 179 ff.

[1587] BGH Urt. v. 22.10.1987 – IX ZR 168/86, WM 1987, 1481; Urt. v. 18.1.1996 – IX ZR 171/95, WM 1996, 519.

[1588] BGH Urt. v. 22.10.1987 – IX ZR 267/86, WM 1987, 1481; Urt. v. 9.10.1990 – IX ZR 200/89, WM 1990, 1956.

[1589] BGH Urt. v. 27.10.1994 – IX ZR 168/93, WM 1994, 2274.

569   Der Gläubiger ist verpflichtet, einen Bürgen, der ersichtlich die rechtlichen Zusammenhänge verkennt, über die Reichweite der Bürgschaftsverpflichtung aufzuklären. Will der Bürge sein Grundstück dem Zugriff der Gläubiger entziehen und lehnt er deswegen eine Grundschuld ab, bestellt aber deswegen eine Bürgschaft, verkennt er rechtliche Zusammenhänge. Die Bürgschaft ermöglicht im Ergebnis ebenso den Zugriff auf das Grundstück, sodass der Gläubiger, für den die Motivation des Bürgen erkennbar ist, diesen aufklären muss.[1590] Eine Aufklärungspflicht des Gläubigers gegenüber dem Bürgen bejaht der BGH auch in dem Fall, dass der Bürge dem Hauptschuldner einen weiteren Kredit ermöglichen will, die Bürgschaft aber **nur die Umschuldung** eines notleidend gewordenen Darlehens absichert.[1591] Besitzt der Gläubiger einen ihm **bewussten Informationsvorsprung** über **besondere Risiken** der vorgesehenen Finanzierung, so ist er dem Bürgen zum Hinweis verpflichtet.[1592] Einen konkreten Wissensvorsprung über ein spezielles Risiko des zu finanzierenden Vorhabens besitzt das Kreditinstitut zum Beispiel dann, wenn es weiß oder damit rechnet, dass dieses Vorhaben scheitern wird oder dass wesentliche dafür bedeutsame Umstände, insbesondere wertbildende Faktoren, durch Manipulation verschleiert wurden oder dass der Kreditnehmer von den Geschäftspartnern arglistig getäuscht wurde; darauf kann sich auch der Bürge berufen (§ 768 Abs. 1 S. 1 BGB).[1593] Der Gläubiger ist auch dann zur Aufklärung des Bürgen verpflichtet, wenn der Bürge, der dem Hauptschuldner altruistisch helfen will, ersichtlich keine Vorstellungen darüber hat, dass die von ihm abgesicherte Darlehensumschuldung dem Hauptschuldner nur sehr geringe Vorteile bringt. Aufgrund ihres Informationsvorsprungs ist die Bank gehalten, den Bürgen über die für seine Entscheidung maßgeblichen Umstände aufzuklären.[1594]

570   Ein weiterer Ausnahmefall ist gegeben, wenn das Kreditinstitut einen zu den allgemeinen wirtschaftlichen Risiken hinzutretenden **besonderen Gefährdungstatbestand** für den Kunden schafft oder dessen Entstehen begünstigt. Eine solche Gefährdung ist zu bejahen, wenn das Kreditinstitut das eigene wirtschaftliche **Wagnis** auf den Kunden **verlagert** und diesen bewusst mit einem Risiko belastet, das über die mit dem zu finanzierenden Vorhaben normalerweise verbundenen Gefahren hinausgeht.[1595] **Rechtsfolge** einer culpa in contrahendo des Gläubigers ist, dass er den Hauptschuldner bzw. den Bürgen so zu stellen hat, wie sie bei gehöriger Aufklärung stünden. Der Geschädigte hat Anspruch auf **Anpassung des Vertrages.** Er kann Herabsetzung seiner Leistung auf ein angemessenes Maß und Ersatz der Mehraufwendungen verlangen, die er infolge der unterlassenen Aufklärung gemacht hat.[1596]

571   Hat der Gläubiger Anhaltspunkte, dass der Bürge **durch einen Dritten getäuscht** worden ist, muss er nachforschen und den Bürgen aufklären, will er eine Haftung aus c. i. c. vermeiden.[1597] Eine haftungsauslösende Täuschung über das Bürgenrisiko liegt nicht vor, wenn der Hauptschuldner die Bitte um eine Bürgschaft damit begründet, dass der Gläubiger ihm ohne weitere Sicherheiten keine Kredite mehr geben wolle, er die Bürgschaft aber nur kurzfristig benötige, bis ihm aus einer anderen Quelle Gelder zur Verfügung stünden. Der Bürge kann diesen Worten entnehmen, dass er ein Risiko tragen soll, das der Gläubiger als ihm zu hoch nicht tragen will. Auch wenn der Gläubiger erkennt, dass der Bürge aufgrund der Angaben des Hauptschuldners die Aussichten der Umschuldung günstiger einschätzt als er selbst, soll er jedenfalls dann nicht verpflichtet sein, ihm seine **andere Einschätzung** zu erläutern, wenn er die zu positive Beurteilung nicht veranlasst und der Bürge Gelegenheit hat, ihm Fragen zu stellen.[1598]

572   **Bittet der Bürge** den Gläubiger, zur Verbesserung eines Innenausgleichs eine **weitere Bürgschaft** hereinzunehmen, so begründet dies für den Gläubiger, der die weitere Verbürgung **nicht** wenigstens stillschweigend **zugesagt** hat, keine Rechtspflicht gegenüber dem Bürgen, für eine wirksame, einwandfrei beweisbare Verpflichtung des anderen Bürgen einzustehen. Da die Bürgschaft in erster Linie dem Interesse des Gläubigers dient, muss der Bürge ihm deutlich machen, dass er für den Erfolg dieser weiteren Sicherung einstehen soll.[1599]

III. Das Rechtsverhältnis zwischen Bürge und Hauptschuldner

573   **1. Befreiungs- und Sicherungsanspruch des Bürgen.** Vergrößert sich das Bürgschaftsrisiko nach Abschluss des Bürgschaftsvertrages, so kann der Bürge in den in § 775 Abs. 1 BGB genannten Fällen Befreiung vom Hauptschuldner verlangen. Voraussetzung ist, dass der (darlegungspflichtige) Bürge die

---

[1590] BGH Urt. v. 1.7.1999 – IX ZR 161/98, WM 1999, 1614.
[1591] BGH Urt. v. 1.7.1999 – IX ZR 161/98, WM 1999, 1614.
[1592] BGH Urt. v. 24.2.1994 – IX ZR 93/93, BGHZ 125, 206 (218); vgl. auch OLG Hamm Urt. v. 9.11.1998 – 31 U 44/98, ZIP 1999, 745.
[1593] BGH Urt. v. 11.2.1999 – IX ZR 352/97, WM 1999, 678 (679) mwN aus seiner früheren Rspr.
[1594] BGH Urt. v. 1.7.1999 – IX ZR 161/98, WM 1999, 1614 (1616).
[1595] BGH Urt. v. 11.2.1999 – IX ZR 352/97, WM 1999, 678 (679).
[1596] BGH Urt. v. 11.2.1999 – IX ZR 352/97, WM 1999, 678 (681).
[1597] BGH Urt. v. 9.4.1992 – IX ZR 145/91, WM 1992, 1016.
[1598] BGH Urt. v. 22.10.1987 – IX ZR 267/86, WM 1987, 1481.
[1599] BGH Urt. v. 17.3.1994 – IX ZR 174/93, WM 1994, 1064.

Stellung eines **Beauftragten** oder eines **Geschäftsführers ohne Auftrag** hat.[1600] An die Stelle des Vorschussanspruchs (§§ 669, 675 BGB), der dem wirtschaftlichen Zweck der Bürgschaft zuwiderliefe, tritt der Befreiungsanspruch des beauftragten Bürgen, wenn sich die Vermögensverhältnisse des Hauptschuldners wesentlich verschlechtert haben, die Rechtsverfolgung gegen ihn wegen Änderung des Wohnsitzes, der gewerblichen Niederlassung oder des Aufenthaltsortes wesentlich erschwert ist, der Hauptschuldner mit der Erfüllung der Hauptverbindlichkeit im Verzug ist oder der Gläubiger gegen den Bürgen ein vollstreckbares Urteil auf Erfüllung erwirkt hat (§ 775 Abs. 1 Nr. 1–4 BGB). Der Hauptschuldner kann **wählen,** wie er die Befreiung des Bürgen herbeiführt (zB durch Tilgung der Hauptforderung, Austausch der Bürgschaft durch eine andere dem Gläubiger genehme Sicherheit, Zahlung an den Bürgen). Einen Zahlungsanspruch hat der Bürge erst, wenn er nach Befriedigung des Gläubigers Rückgriff nehmen darf. Die praktische Bedeutung des Befreiungsanspruchs ist gering. Der Bürge kann mit dem Freistellungsanspruch gegen einen Zahlungsanspruch **nicht aufrechnen,** weil die beiden Ansprüche nicht gleichartig sind.[1601]

Bürge und Hauptschuldner können daneben **vertraglich** einen Befreiungsanspruch vereinbaren. So **574** kann im Falle der **befristeten Avalbürgschaft** die Bank nach Ablauf der vereinbarten Zeit Befreiung von der Bürgschaft verlangen. Der Bürge, der für unbestimmte Zeit für einen **Kontokorrentkredit** einzustehen versprochen hat, kann unter den gleichen Voraussetzungen Befreiung vom Hauptschuldner verlangen, die ihn zur Kündigung gegenüber dem Gläubiger berechtigen.

Vor Fälligkeit der Hauptforderung kann der Bürge bei Vermögensverschlechterung oder Weg- **575** zug des Hauptschuldners **Sicherheit für den Befreiungsanspruch** verlangen. Die Sicherheitsleistung des Hauptschuldners hindert den Bürgen nicht, bei Fälligkeit den Erstattungsanspruch geltend zu machen.

2. Vertraglicher und gesetzlicher Rückgriff. Das Verhältnis des Bürgen zum Hauptschuldner **576** bestimmt sich vorrangig nach ihren **internen Vereinbarungen,** die beispielsweise einen Verbürgungsauftrag, eine Geschäftsbesorgung, eine Schenkung oder eine Geschäftsführung ohne Auftrag vorsehen können. Hinzu tritt der **gesetzliche Rückgriffsanspruch** des Bürgen, der aus der Bürgschaft in Anspruch genommen worden ist, aus § 774 Abs. 1 BGB. Der gesetzliche Forderungsübergang sichert und verstärkt einen vertraglichen Aufwendungsersatzanspruch des Bürgen,[1602] vermittelt dem Bürgen aber auch unabhängig von einem Auftragsverhältnis eine Rückgriffsmöglichkeit. Beide Forderungen, der vertragliche Ausgleichsanspruch aus dem Innenverhältnis und die auf den Bürgen übergangene Forderung des (befriedigten) Gläubigers gegen den Hauptschuldner, sind zu einem **teilweise einheitlichen Rückgriffsverhältnis** verklammert durch die Vorschrift des § 774 Abs. 1 S. 3 BGB, nach der der Hauptschuldner Einwendungen aus seinem internen Rechtsverhältnis zum Bürgen auch der übergegangenen Forderung entgegenhalten kann. Macht der Bürge, der den Gläubiger befriedigt hat, gegen den Hauptschuldner die auf ihn übergegangene Forderung geltend, ist der Hauptschuldner ihm nur im Rahmen des Innenverhältnisses verpflichtet. Der Schuldner kann deshalb auch gegenüber der übergegangenen Forderung aus dem Hauptschuldverhältnis einwenden, er sei dem Bürgen gegenüber nicht einstandspflichtig, weil der Bürge etwa aus gesellschaftsrechtlichen Gründen vorrangig hafte.[1603] Der Bürge rückt durch die cessio legis in die Position des Gläubigers, kann dessen Rechte aber nur nach Maßgabe der Vereinbarungen des Innenverhältnisses zum Hauptschuldner durchsetzen.

Dieser **Vorrang des Innenverhältnisses** mag verdeutlicht werden bei der **Verzinsung:** Die **577** Hauptforderung geht mit dem Zinsanspruch auf den Bürgen über, sodass dieser mit Wirkung ex nunc den im Hauptschuldverhältnis vereinbarten Zins beanspruchen kann. Hat sich der Bürge im Auftrag des Hauptschuldners verbürgt und dabei keine Zinsabrede mit dem Hauptschuldner getroffen, kann er den übergegangenen Zinsanspruch nicht durchsetzen, sondern muss sich mit der gesetzlichen Verzinsung seiner Aufwendungen nach §§ 670, 256, 246 BGB, § 352 HGB begnügen.[1604]

Der Übergang der Hauptforderung verschafft dem Bürgen eine **klare Anspruchsgrundlage** für **578** den Fall, dass die Innenbeziehungen zum Hauptschuldner unklar sind. Vermag der Hauptschuldner den Bürgschaftsauftrag nicht zu beweisen, steht ihm die Einwendung (§ 774 Abs. 1 S. 3 BGB) nicht zu, sodass er dem Bürgen den Zins schuldet, den er mit dem Gläubiger vereinbart hat.

3. Gesetzlicher Forderungsübergang. a) Voraussetzungen. Der Bürge hat einen *wirksamen* **579** *Bürgschaftsvertrag,* das *Bestehen der gesicherten Forderung* und die *Erfüllung der Bürgschaftsverpflichtung* vorzutragen. Der Hauptschuldner kann dem Rückgriffsanspruch des Bürgen aus übergegangenem Recht die **Einwendungen** entgegensetzen, die zur Zeit des Forderungsübergangs gegen den bisherigen Gläubiger begründet waren (§§ 412, 404 BGB). Auf die Verjährung der Hauptforderung kann sich der Hauptschuldner gegenüber dem auf den Bürgen übergegangenen Anspruch auch dann berufen, wenn

---

[1600] Zum Regress des Bürgen „aus Freundschaft" vgl. BGH Urt. v. 16.3.2000 – IX ZR 10/99, WM 2000, 910 (911).

[1601] BGH Urt. v. 14.1.1999 – IX ZR 208/97, BGHZ 140, 270 (274 f.) = NJW 1999, 1182.

[1602] Staudinger/*Horn,* 2013, BGB § 774 Rn. 2.

[1603] BGH Urt. v. 20.2.1992 – IX ZR 225/91, WM 1992, 908.

[1604] MüKoBGB/*Habersack* BGB § 774 Rn. 18; Staudinger/*Horn,* 2013, BGB § 774 Rn. 4.

die Verjährungsfrist erst nach Leistung des Bürgen abgelaufen ist.[1605] Ist die Bürgschaft unwirksam, leistet der Bürge **ohne Rechtsgrund** und hat einen Bereicherungsanspruch gegen den Gläubiger, er erwirbt aber nicht dessen Forderung gegen den Schuldner.

580   Die Frage, ob der Bürge **auf die Bürgenschuld geleistet** hat und die Forderung des Gläubigers gegen den Hauptschuldner und gegen weitere Sicherungsgeber gem. §§ 774 Abs. 1 und 2, 426 Abs. 1 und 2, 412, 401 BGB auf ihn übergegangen ist, bestimmt sich nicht danach, ob der Gläubiger ihn entsprechend in Anspruch genommen hat.[1606] Kommt in Betracht, dass der Leistende den Gläubiger als Bürge oder als Dritter (§ 267 BGB) befriedigt haben kann, so ist eine Leistung des Bürgen zur Erfüllung seiner eigenen Verbindlichkeit dann anzunehmen, wenn er bei der Leistung eine entsprechende Zweckbestimmung getroffen hat. Fehlt es an einer eindeutigen Zweckbestimmung, ist – wie im Fall des § 812 Abs. 1 S. 1 Fall 1 BGB – darauf abzustellen, als wessen Leistung sich die Zuwendung bei objektiver Betrachtungsweise aus der Sicht des Zuwendungsempfängers darstellt.[1607] Tilgt ein Dritter ohne Veranlassung durch den Bürgen die Hauptforderung nach § 267 BGB, erlischt diese und mit ihr die für sie bestellte Bürgschaft.

581   Vereinbaren Bürge und Gläubiger einen **Vergleich** über die Entlassung aus der Bürgenschuld, so kann die Hauptforderung auf den Bürgen nur übergehen, wenn der Gläubiger auch im Hinblick auf die Hauptforderung befriedigt sein und dem Bürgen dies zugute kommen soll. In diesem Fall ist eine zumindest konkludente Einigung über die Befriedigungswirkung im Sinne des § 774 Abs. 1 S. 1 BGB erforderlich, die beim Vergleich aus einem Gegenopfer des Bürgen geschlossen werden kann.[1608] Entlässt der Gläubiger den Bürgen aus der Bürgenschuld, ohne dass dieser ein Vermögensopfer erbracht hat, erlischt die Bürgenschuld zwar, es kommt aber nicht zu einer cessio legis der Hauptforderung: Es muss dem Gläubiger anheimgestellt sein, trotz des **Erlasses der Bürgenschuld** Inhaber der Hauptforderung zu bleiben.[1609] Anderes gilt nur, wenn der Gläubiger in irgendeiner Form zu erkennen gibt, dass er die Hauptforderung nicht behalten, sondern dem Bürgen zuwenden will. In diesem Fall vollzieht sich der Wechsel regelmäßig schon nach § 398 BGB.[1610]

582   **b) Abweichende Vereinbarungen.** Eine vorformulierte Klausel, wonach bei der Zahlung des Bürgen die Ansprüche des Gläubigers gegen den Hauptschuldner erst dann auf ihn übergehen, wenn der Gläubiger voll befriedigt ist, weicht von **§ 774 Abs. 1 S. 1 BGB** ab und verwehrt dem Bürgen den Regress, solange auch nur irgendeine Forderung des Gläubigers gegen den Hauptschuldner offen steht. Der BGH die Klausel bislang nicht beanstandet, wenn die Bürgschaft sämtliche Forderungen aus der bankmäßigen Geschäftsverbindung mit dem Hauptschuldner sichern sollte.[1611] Nach der neueren Rspr. zur Globalbürgschaft (→ Rn. 514 ff.) kann dies nur für die Forderungen gelten, die den Verbürgungsanlass bilden. Die bisherige Rspr. zum formularmäßigen Ausschluss des § 774 Abs. 1 S. 1 BGB müsste daher überprüft werden. Haftet der Bürge nur für eine einzelne Forderung gegen den Hauptschuldner, erhöht die den Regress erschwerende Klausel sein **Ausfallrisiko** erheblich. Sie ist deswegen unwirksam (§ 307 Abs. 1, Abs. 2 Nr. 1 BGB).[1612] Hat sich der Bürge unter dem Eindruck der Klausel von einem rechtzeitigen Regress abhalten lassen, schuldet der Gläubiger ihm Schadensersatz.

583   Die Formularvereinbarung, dass **Zahlungen des Bürgen** bis zur vollständigen Befriedigung der Bank **als Sicherheitsleistung** gelten, aus der sich die Bank befriedigen darf, steht dem Forderungsübergang solange entgegen, bis sich der Gläubiger aus der Bürgenleistung tatsächlich befriedigt, etwa indem er die Zahlung vorbehaltlos ins Kontokorrent einstellt und anschließend Salden zieht.[1613] Entgegen der (bisherigen) Auffassung des BGH hält auch diese Klausel der Inhaltskontrolle gem. **§ 307 AGBG** nicht stand. Sie benachteiligt den Bürgen unangemessen, weil sie ihm entgegen § 774 Abs. 1 S. 1 BGB hinsichtlich der bereits erbrachten Teilleistung verwehrt, am Insolvenzverfahren über das Vermögen des Schuldners teilzunehmen.[1614]

584   **4. Voraussetzungen des vertraglichen Rückgriffsanspruchs.** Hat sich der Bürge aufgrund eines **Auftrags- oder Geschäftsbesorgungsverhältnisses** für den Hauptschuldner verbürgt, hängt sein

---

[1605] BGH Urt. v. 6.7.2000 – IX ZR 206/99, ZIP 2000, 1576 (1577).
[1606] BGH Urt. v. 14.1.1998 – XII ZR 103/96, WM 1998, 443 (446); MüKoBGB/*Habersack* BGB § 774 Rn. 4; Staudinger/*Horn,* 2013, BGB § 774 Rn. 11.
[1607] BGH Urt. v. 26.9.1985 – IX ZR 180/84, NJW 1986, 251; BGH Urt. v. 14.1.1998 – XII ZR 103/96, WM 1998, 443 (445).
[1608] BGH Urt. v. 21.3.2000 – IX ZR 39/99, WM 2000, 1003 (1004); vgl. auch Staudinger/*Horn,* 2013, BGB § 774 Rn. 8.
[1609] Ebenso MüKoBGB/*Habersack* BGB § 774 Rn. 4.
[1610] BGH Urt. v. 6.11.1989 – II ZR 62/89, NJW 1990, 1301.
[1611] BGH Urt. v. 30.10.1984 – IX ZR 92/83, BGHZ 92, 374 (382) = NJW 1985, 614.
[1612] Ebenso *Fischer* WM 1998, 1705 (1712); Staudinger/*Horn,* 2013, BGB § 774 Rn. 25.
[1613] BGH Urt. v. 6.5.1993 – IX ZR 73/92, WM 1993, 1080. Allerdings findet sich diese Klausel in den meisten Formularverträgen seit 1993 nicht mehr, *Schröter* WM 2000, 16 (17).
[1614] *Becker-Eberhard,* Die Forderungsgebundenheit der Sicherungsrechte, 1993, 703 ff.; *Fischer* WM 1998, 1705 (1713); MüKoBGB/*Habersack* BGB § 774 Rn. 5; Staudinger/*Horn,* 2013, BGB § 774 Rn. 25.

Aufwendungsersatzanspruch nicht davon ab, ob er dem Gläubiger gegenüber zur Zahlung verpflichtet war, sondern davon, **ob er** nach dem ihm erteilten Auftrag **Zahlung leisten dürfte.** Ein Erstattungsanspruch nach §§ 675, 670 BGB scheidet aus, wenn der Bürge durch die Zahlung den ihm erteilten Auftrag überschreitet, weil er zur Leistungsverweigerung verpflichtet ist.[1615] Der Bürge muss deshalb den Hauptschuldner von der Zahlungsaufforderung des Gläubigers **unterrichten** und ihm Gelegenheit geben, Einwendungen gegen die Forderung vorzubringen.[1616] Die Einwendungen und Einreden aus dem Verhältnis des Hauptschuldners zum Gläubiger sind allerdings für das Rechtsverhältnis zum Bürgen nur zur Beantwortung der Frage relevant, ob der Bürge seine Leistung an den Gläubiger den Umständen nach für erforderlich halten darf (§ 670 BGB). Der Hauptschuldner ist nicht berechtigt, dem Ausgleichsanspruch aus dem Innenverhältnis Einwendungen entgegenzuhalten, die ihm im Zeitpunkt des Übergangs der Hauptforderung gegenüber dem Gläubiger zustanden (§§ 412, 404 BGB). Hat der Bürge seiner Sorgfaltspflicht aus § 670 BGB genügt, scheitert sein Ersatzanspruch nicht daran, dass die Hauptforderung zur Zeit seiner Leistung bereits erloschen war und die Bürgschaftsschuld deshalb nicht mehr bestand.[1617]

Die Erstattungsfähigkeit der **Kosten eines Prozesses** des Bürgen mit dem Gläubiger und sonstiger **585** Folgekosten bemisst sich ebenfalls danach, ob der Bürge die Einwendungen gegen seine Inanspruchnahme im Verhältnis zum Hauptschuldner für hinreichend aussichtsreich halten durfte. Der rechtliche Maßstab, den § 670 BGB gibt, ändert sich nicht dadurch, dass der Bürge den Kredit des Hauptschuldners nur sichern, nicht aber erfüllen soll. Auch wenn der Hauptschuldner mit seiner Freistellungsverpflichtung gegenüber dem Bürgen aus § 775 BGB in Verzug sein sollte, sind die Kosten einer **eigenständig getroffenen Prozessentscheidung** des Bürgen nicht ohne Weiteres anzuerkennende Schadensersatzposten.[1618]

IV. Das Rechtsverhältnis des Bürgen zu anderen Sicherungsgebern

1. Ausgleichspflicht unter Mitbürgen. Gemäß § 774 Abs. 2 BGB sind Mitbürgen einander nach **586** Maßgabe des § 426 BGB zum Ausgleich verpflichtet. Die **Ausgleichsquote** bemisst sich nach § 426 Abs. 1 S. 1 BGB nach gleichen Teilen (Kopfteilen), soweit die Mitbürgen nicht anderes bestimmt haben und soweit sich die Mitbürgen in gleicher Höhe verbürgt haben. Hat der Gläubiger nur einen Mitbürgen in Anspruch genommen, so kann dieser wegen der von ihm erbrachten Zahlung grundsätzlich auch dann anteiligen Ausgleich verlangen.[1619]

a) Vereinbarungen der Mitbürgen. Die Mitbürgen können ausdrücklich oder stillschweigend **587** ihre Ausgleichspflicht im Innenverhältnis abweichend von §§ 774 Abs. 2, 426 Abs. 1 S. 1 BGB regeln; eine derartige Vereinbarung kann sich auch aus den **Umständen** ergeben.[1620] Hat sich etwa der Geschäftsführer einer GmbH für sie als Hauptschuldnerin neben ihren Gesellschaftern verbürgt und diente diese Haftung weniger der Sicherstellung des Gläubigers als vielmehr dazu, ihn an das Schicksal der von ihm geleiteten Gesellschaft zu binden, so spricht vieles dafür, dass er gegenüber den übrigen Mitbürgen **freigestellt** sein soll, wenn er als Geschäftsführer der Hauptschuldnerin abberufen wird.[1621] Ein Mitbürge kann gegenüber den anderen Mitbürgen zu umfassender Freistellung verpflichtet sein, weil er als einziger Mitbürge zugleich Gesellschafter des Hauptschuldners ist oder weil er die anderen Mitbürgen mit der Übernahme der Bürgschaften beauftragt hat. Fällt dieser Mitbürge später wegen Vermögenslosigkeit aus, haben die anderen Mitbürgen den Ausfall im Innenverhältnis zu den Anteilen zu tragen, zu denen sie einander verpflichtet sind, im Zweifel also zu gleichen Teilen.[1622]

Haben sich (alle) **Gesellschafter** für ihre Gesellschaft verbürgt, liegt es nahe, eine stillschweigende **588** Ausgleichsvereinbarung nach der gesellschaftsrechtlichen **Gewinn- und Verlustbeteiligung** oder nach den **Gesellschaftsanteilen** anzunehmen.[1623] Es ist indes nicht zwingend, dass ein Gesellschafter,

---

[1615] BGH Urt. v. 17.1.1989 – XI ZR 65/88, WM 1989, 433; vgl. zum Rückgriff des Bürgen, der entgegen dem Auftrag des Hauptschuldners eine Bürgschaft auf erstes Anfordern herausgibt BGH Urt. v. 10.2.2000 – IX ZR 397/98, NJW 2000, 1563.

[1616] So für den Fall der Bürgschaft auf erstes Anfordern ausdrücklich BGH Urt. v. 19.9.1985 – IX ZR 16/85, BGHZ 95, 375 (388 f.).

[1617] Vgl. BGH Urt. v. 14.1.1998 – XII ZR 103/96, WM 1998, 443 (444 f.), wonach der Regressanspruch im Falle der Leistung auf eine unwirksame Bürgschaft aus § 670 BGB hergeleitet werden kann.

[1618] KG Urt. v. 17.5.2013 – 9 U 110/12, NJOZ 2014, 613 = ZIP 2014, 563.

[1619] BGH Urt. v. 13.1.2000 – IX ZR 11/99, WM 2000, 408 (409); MüKoBGB/*Habersack* BGB § 774 Rn. 43; Staudinger/*Horn,* 2013, BGB § 774 Rn. 43.

[1620] BGH Urt. v. 13.1.2000 – IX ZR 11/99, WM 2000, 408 (409); BGH Urt. v. 4.6.1987 – IX ZR 31/86, NJW 1987, 3126 (3129); Staudinger/*Horn,* 2013, BGB § 774 Rn. 51.

[1621] Vgl. dazu BGH Urt. v. 11.6.1992 – IX ZR 161/91, WM 1992, 1312.

[1622] BGH Urt. v. 11.6.1992 – IX ZR 161/91, WM 1992, 1312.

[1623] BGH Urt. v. 19.12.1985 – III ZR 90/84, NJW 1986, 1097; BGH Urt. v. 19.12.1988 – II ZR 101/88, NJW-RR 1989, 685; BGH Urt. v. 24.9.1992 – IX ZR 195/91, WM 1992, 1893 (1894); BGH Urt. v. 27.6.2016 – XI ZR 81/15, BGHZ 212, 126 Rn. 13 = NJW 2017, 557; OLG Köln Urt. v. 26.8.1994 – 19 U 194/93, NJW 1995, 1685; Staudinger/*Horn,* 2013, BGB § 774 Rn. 53.

der die für das Unternehmen benötigten Kredite durch Verbürgung besorgt, damit zugleich seine alleinige Einstandspflicht im Falle der Insolvenz der Hauptschuldnerin erklärt.[1624] Ist der Gesellschafter **intern gehalten,** der Gesellschaft Kredit zu gewähren oder durch Bürgschaft zu verschaffen, ist ggf. die höchstrichterliche Rspr. zu beachten, dass ein GmbH-Gesellschafter für den Ausfall eines Kredits, den er der Gesellschaft gewährt, ohne besondere Vereinbarung bei seinen Mitgesellschaftern nicht Regress nehmen kann.[1625]

589   **b) Ausgleich unter Mitbürgen bei unterschiedlichen Bürgschaftshöhen.** Wie das Ausgleichsverhältnis zwischen den Mitbürgen zu gestalten ist, die sich für die Hauptschuld in unterschiedlicher Höhe verbürgt haben, ist umstritten. Teilweise wird im Anschluss an die Rspr. des Reichsgerichts angenommen, ein Ausgleich nach Köpfen könne nur im Rahmen der jeweiligen gemeinsamen Haftsumme stattfinden, während für den das Gesamtschuldverhältnis überschießenden Betrag der Bürge mit der höchsten Verpflichtung allein haftet **(Stufenmodell).** Ist eine Forderung von 2.400 EUR durch Höchstbetragsbürgschaften von (A) 600, (B) 800 und (C) 1.000 EUR gesichert und wird C in Anspruch genommen, so soll er bei A in Höhe von 200 EUR, bei B in Höhe von 300 EUR Rückgriff nehmen können und selbst noch mit 500 EUR belastet bleiben.[1626] Andere wollen die Aufteilung nach Köpfen lediglich durch die Haftung eines jeden Bürgen auf den jeweiligen Höchstbetrag begrenzen. Verbreitet ist die Auffassung, der Ausgleich bestimme sich nach dem Verhältnis der übernommenen Haftung **(Quotenmodell).**[1627]

590   Der BGH[1628] geht von dem **Ausgangsfall** aus, dass sich die **Summe** der Höchstbeträge, zu denen sich die einzelnen Bürgen verpflichtet haben, **mit der verbürgten Schuld deckt** und der Gläubiger von jedem Bürgen den gesamten Höchstbetrag fordern kann. In diesem Fall stimmen auch im Innenverhältnis die einzelnen Anteile mit den jeweiligen Höchstbeträgen überein. Demgegenüber würde eine Aufteilung nach Kopfteilen den Bürgen im Innenverhältnis über die nach außen hin übernommene Haftung hinaus belasten und kommt deshalb nicht in Betracht. Dies soll auch für die Fälle gelten, dass die **Summe der Höchstbeträge** zur Abdeckung der gesicherten Forderung **nicht ausreicht** oder aber sie überschreitet. Wenn die Haftung der Bürgen nicht auf bestimmte Teilbeträge beschränkt sei, liege eine Gesamtschuld insofern immer vor, als jeder Bürge für jeden Teil der Gesamtforderung hafte; die Begrenzung auf einen Höchstbetrag ändere daran nichts. Der BGH lehnt die oben dargestellte Stufenaufteilung als unangemessen ab. Sie führe dazu, dass bei einem Absinken der Hauptforderung um eine Mark der bis zum Höchstbetrag von 600 EUR haftende Bürge A allein deshalb statt mit seinem Höchstbetrag nur noch mit 200 EUR (Aufteilung der 600 EUR unter die drei Bürgen) hafte. Ebenso könne eine gerechte Lösung nicht in einer Aufteilung nach Kopfteilen unter Berücksichtigung der Höchstbeträge gefunden werden. Denn dann komme ein Absinken der Hauptforderung zunächst allein dem Bürgen mit dem größten Haftungsumfang zugute, während der „kleine" Bürge erst dann entlastet werde, wenn sein eigener Höchstbetrag unterschritten werde.

591   Die **angemessene Lösung** liegt nach der höchstrichterlichen Rspr. darin, die **Aufteilung** in allen Fällen **nach dem Verhältnis der einzelnen Höchstbeträge** vorzunehmen. Die Höchstbeträge der Bürgschaften sind in ein prozentuales Verhältnis zu dem Gesamtbetrag dieser Sicherheiten zu setzen. Hat ein Bürge sich (zulässiger Weise, → Rn. 514) unlimitiert verbürgt, ist seine Haftung mit dem Betrag der Hauptforderung im Bürgschaftsfall anzusetzen. Der Bürge, der den Gläubiger befriedigt hat, kann seine Mitbürgen auf Leistung des ermittelten Prozentsatzes von der Hauptforderung in Anspruch nehmen. Im Rechenbeispiel der Verbürgung von 2400 EUR durch drei Höchstbetragsbürgschaften (A) 600 EUR, (B) 800 EUR und (C) 1000 EUR ist das Verhältnis der Höchstbeträge = 3/12: 4/12: 5/12. Hat C den Gläubiger durch Zahlung des auf ihn entfallenden Höchstbetrages von 1000 EUR befriedigt, so kann er von A (1000 × 3: 12) 250 EUR, von B 333,33 EUR fordern und muss 416,67 EUR selbst tragen.

592   **c) Entlassung eines Mitbürgen aus der Haftung.** Entlässt der Gläubiger einen Mitbürgen aus seiner Bürgschaft, so berührt dies das **interne Verhältnis** unter den Mitbürgen grundsätzlich nicht. Im Zweifel hat der Erlass nur Einzelwirkung.[1629] Die Ausgleichspflicht der Gesamtschuldner entsteht bereits mit der Begründung der Gesamtschuld und nicht erst mit der Leistung des Gesamtschuldners an den Gläubiger. Dieses Ausgleichsverhältnis steht als **selbständiges Schuldverhältnis** neben dem Gesamtschuldverhältnis. Vereinbaren der Gläubiger und ein Mitbürge, dass mit dem vereinbarten Erlass

[1624] BGH Urt. v. 11.12.1997 – IX ZR 274/96, NJW 1998, 894 (895).

[1625] BGH Urt. v. 11.12.1997 – IX ZR 274/96, NJW 1998, 894 (895) unter Verweis auf BGH Urt. v. 19.12.1985 – III ZR 90/84, NJW 1986, 1097.

[1626] RG Urt. v. 27.2.1913 – VI 309/12, RGZ 84, 414; *Bayer* ZIP 1990, 1523 ff.; RGRK-BGB/*Mormann* BGB § 769 Rn. 1; Staudinger/*Horn,* 2013, BGB § 774 Rn. 55.

[1627] *Glöckner* ZIP 1999, 821 (824); MüKoBGB/*Habersack* BGB § 774 Rn. 23; Palandt/*Sprau* BGB § 774 Rn. 14; *Schlechtriem* FS Caemmerer, 1978, 1013 (1040); *Siegmund* MDR 2008, 2349 (2352 f.).

[1628] BGH Urt. v. 11.12.1997 – IX ZR 274/96, BGHZ 137, 292 (294 ff.) = NJW 1998, 894; BGH Urt. v. 9.12.2008 – XI ZR 588/07, NJW 2009, 437 Rn. 15; BGH Urt. v. 27.9.2016 – XI ZR 81/15, BGHZ 212, 126 Rn. 12 = NJW 2017, 557; OLG Frankfurt a. M. Urt. v. 29.1.2015 – 12 U 50/13, ZIP 2015, 921 f.

[1629] BGH Urt. v. 21.3.2000 – IX ZR 39/99, WM 2000, 1003; Urt. v. 13.1.2000 – IX ZR 11/99, WM 2000, 408.

das gesamte Schuldverhältnis aufgehoben werden soll oder dass die übrigen Mitbürgen in Höhe des gegen den entlassenen Mitbürgen bestehenden Ausgleichsanspruchs von ihrer Bürgenverpflichtung befreit werden sollen, bewirkt die Entlassung durch den Gläubiger im Außenverhältnis eine Freistellung im internen Verhältnis der Mitbürgen. Für diese liegt in der **vollständigen oder beschränkten Gesamtwirkung** der Vereinbarung des Gläubigers mit einem Mitbürgen ein Vertrag zugunsten Dritter.[1630] Fehlt eine solche Vereinbarung, so bleibt es bei der internen Ausgleichspflicht des entlassenen Mitbürgen auch dann, wenn er sich unabhängig von den anderen Bürgschaften zur Haftung bereitgefunden hatte. Denn das Ausgleichsverhältnis der Mitbürgen entsteht nach § 769 BGB auch bei getrennter Bürgschaftsübernahme.[1631]

Liegt der Entlassung des Bürgen aus der Haftung ein **Vergleich** zugrunde, ist sie also aufgrund einer 593 Leistung dieses Bürgen erfolgt, wirkt dies wie eine Aufrechnung, die zum Erlöschen des Schuldverhältnisses insgesamt führt (§§ 389, 422 Abs. 1 S. 2 BGB). Der Mitbürge, der sich auf eine solche vergleichsweise Entlassung beruft, hat in diesem Punkt die Beweislast.[1632]

d) Formularmäßiger Verzicht. Im Außenverhältnis richtet sich die Haftung der Mitbürgen nach 594 § 769 BGB. Dass die Gläubigerbank **§ 769 BGB** abbedingt, um sich mit Blick auf die §§ 422–424 BGB Vorteile zu sichern, soll nach einer älteren BGH-Entscheidung zulässig sein, wenn die Klausel nur im Verhältnis Bank-Bürge die Anwendung der §§ 422 ff. BGB ausschließt, den Ausgleich unter mehreren Mitbürgen aber unberührt lässt.[1633] Die Klausel, dass mehrere Bürgen nur dann gem. § 769 BGB als Gesamtschuldner haften, wenn sie sich in **derselben Urkunde** verpflichtet haben, schließt in der Regel den Ausgleich im **Innenverhältnis** der Mitbürgen auch dann nicht aus, wenn diese Voraussetzung nicht erfüllt ist.[1634]

2. Ausgleich zwischen Bürgen und Bestellern dinglicher Sicherheiten. a) Gesetzliche Re- 595 **gelung.** Sichert die Bürgschaft *gleichrangig* mit dinglichen Rechten Dritter die Hauptforderung, stellt sich die Frage nach dem Ausgleich zwischen den Sicherungsgebern, wenn einer der Sicherungsgeber den Hauptschuldner befriedigt. Trifft die Bürgschaft mit **akzessorischen Sicherheiten** zusammen, führt die unbesehene Anwendung des Gesetzes dazu, dass der **zuletzt in Anspruch genommene** die Last trägt. Der Bürge kann gem. §§ 412, 401 BGB vollen Rückgriff auf die dingliche Sicherheit nehmen, der Hypotheken- oder Pfandrechtsbesteller hat indes die gleiche Ausgleichsmöglichkeit gegen den Bürgen aus §§ 1143 Abs. 1, 1225 BGB. Dies würde im Ergebnis zu einem „Wettlauf der Sicherungsgeber" führen. Trifft die Bürgschaft mit nicht akzessorischen Sicherheiten zusammen, wie etwa der Sicherungsübereignung oder der Grundschuld, führt das Gesetz zu nicht minder sinnwidrigen Ergebnissen. Wird der Bürge als erster in Anspruch genommen, gehen nach §§ 774 Abs. 1 S. 1, 412, 401 Abs. 1 BGB die mit der Hauptforderung akzessorisch verbundenen Nebenrechte auf ihn über, nicht aber die Grundschuld als nicht akzessorisches Recht. Hält sich der Gläubiger an den Grundstückseigentümer, erlischt die gesicherte Hauptforderung zunächst nicht, sie geht aber auch nicht auf den Grundschuldbesteller über, weil § 1143 Abs. 1 BGB nicht – auch nicht entsprechend – anwendbar ist. Ohne die Hauptforderung kann der Grundschuldbesteller die Rechte aus der Bürgschaft nicht ohne weiteres erlangen (§ 401 Abs. 1 BGB). Danach träfe im Verhältnis zwischen Bürge und Grundschuldbesteller die Haftung denjenigen, den der Gläubiger **als ersten in Anspruch nimmt.**

b) Richterrechtliche Lösung. Der BGH vermeidet diese von der früheren oder späteren In- 596 anspruchnahme abhängigen Ergebnisse, indem er in richterlicher Rechtsfortbildung auf gleichrangige Sicherungsgeber den hinter § 426 Abs. 1 BGB stehenden Rechtsgedanken einer **anteiligen Haftung** anwendet.[1635] Er kommt auf diese Weise zu einem einheitlichen Ausgleichsprinzip für alle Sicherungsgeber, die **mangels abweichender Vereinbarung auf gleicher Stufe** stehen. Grundschuld und Bürgschaft sowie sonstige Sicherungsrechte (Pfandrecht, Sicherungseigentum) sind gleichstufige Sicherungsmittel. Der Bürgschaft kommt gegenüber anderen Sicherungen keine gesetzliche Vorrangstellung zu, wenn eine solche nicht zwischen den Sicherungsgebern oder – vor Begründung der Sicherheiten – zwischen Sicherungsgeber und Gläubiger vereinbart wird.[1636] Die **Ausgleichsquote** zwischen dem

[1630] BGH Urt. v. 21.3.2000 – IX ZR 39/99, WM 2000, 1003 (1004).
[1631] BGH Urt. v. 11.6.1992 – IX ZR 161/91, WM 1992, 1312.
[1632] BGH Urt. v. 21.3.2000 – IX ZR 39/99, WM 2000, 1003 (1004).
[1633] BGH Urt. v. 14.7.1983 – IX ZR 40/82, BGHZ 88, 185 = NJW 1983, 2442.
[1634] BGH Urt. v. 11.6.1992 – IX ZR 161/91, WM 1992, 1312.
[1635] BGH Urt. v. 29.6.1989 – IX ZR 175/88, BGHZ 108, 179 (183 ff.) = WM 1989, 1205; Urt. v. 20.12.1990 – IX ZR 268/89, WM 1991, 399; BGH Urt. v. 9.12.2008 – XI ZR 588/07, NJW 2009, 437 Rn. 13. Aus der Lit. s. etwa Larenz/Canaris SchuldR BT II § 60 IV 3; MüKoBGB/*Habersack* BGB § 774 Rn. 30; *Schanbacher* AcP 191 (1991), 87; *Schlechtriem* FS v. Caemmerer, 1978, 1013 (1037 f.); Staudinger/*Horn*, 2013, BGB § 774 Rn. 67 f.; *Steinbach/Lang* WM 1987, 1237 (1244).
[1636] BGH Urt. v. 24.9.1992 – IX ZR 195/91, WM 1992, 1893; zur Gleichwertigkeit von Pfandrecht und Sicherungseigentum im Verhältnis zur Bürgschaft vgl. BGH Urt. v. 20.12.1990 – IX ZR 268/89, WM 1991, 399. Damit erteilte der BGH zugleich den Stimmen im Schrifttum eine Absage, die dem Bürgen einen vorrangigen Rückgriff zubilligen wollten, so zB *Tiedtke* DNotZ 1993, 291.

Bürgen und den dinglichen Sicherungsgebern bemisst sich nach den Grundsätzen, die für Mitbürgen gelten. Entsprechend gelten auch die Ausführungen zu einer (stillschweigend) vereinbarten **internen Freistellung** eines Mitbürgen sowie zu den Wirkungen der **Entlassung** eines Sicherungsgebers durch den Gläubiger im Ausgleichsverhältnis des Bürgen zu dinglichen Sicherungsgebern.[1637]

V. Einzelne Sonderformen der Bürgschaft

597   **1. Zeitbürgschaft.** Die in § 777 BGB geregelte Zeitbürgschaft hat für den **Gläubiger** erhebliche **Nachteile,** weil die Bürgschaft zu einem bestimmten Termin **erlischt,** wenn der Gläubiger dem Bürgen nicht zuvor anzeigt, dass er ihn wegen der Hauptverbindlichkeit in Anspruch nehmen will. Eine Stundung geht damit jedoch nicht einher.[1638] Die Vorschrift ist *analog* auf andere Sicherungsgeschäfte anzuwenden, die durch einen Endtermin gekennzeichnet sind. In Betracht kommen hier die Verpfändung und der Schuldbeitritt.[1639]

598   **a) Abgrenzung.** Eine zeitliche Begrenzung der Bürgschaft kann zwei unterschiedliche rechtliche Formen annehmen: Zunächst kann eine zeitliche Schranke als Vereinbarung eines Endtermins gem. § 163 BGB verstanden werden, nach dessen Ablauf die Verpflichtung des Bürgen erlischt. Nur diesen Fall erfasst § 777 BGB.[1640] Zum anderen kann die Zeitbestimmung auch bedeuten, dass der Bürge nur für die innerhalb einer bestimmten Zeit begründeten Verbindlichkeiten – für diese aber unbefristet – einstehen soll.[1641] Welche Art von Bürgschaft gewollt ist, muss die **Auslegung** der Bürgschaftsverpflichtung ergeben.[1642] Wird eine Bürgschaft für eine Forderung übernommen, die im Zeitpunkt der Verbürgung „schon abgeschlossen vorliegt", ist eine zeitliche Begrenzung im Allgemeinen als eine Zeitbürgschaft auszulegen.[1643] Eine Zeitbürgschaft ist für den Gläubiger nur wirtschaftlich sinnvoll, wenn er den Gläubiger innerhalb der Frist in Anspruch nehmen kann. Sichert deswegen eine Bürgschaft künftige Forderungen oder einen Kontokorrentkredit, deutet dies regelmäßig auf eine **gegenständlich beschränkte** Bürgschaft für Verbindlichkeiten hin, die innerhalb einer bestimmten Zeit entstehen.[1644] Die bloße Angabe in der Bürgschaftsurkunde, dass die Bürgschaft bis zu einem bestimmten Datum befristet sei, lässt weder auf eine Zeitbürgschaft noch auf eine gegenständlich beschränkte Bürgschaft schließen. Die Auslegung muss sich deshalb auf andere Kriterien als den Wortlaut stützen. Ergibt sich dagegen ausdrücklich aus Bürgschaftsurkunde, dass die Bürgschaft zu einem bestimmten Zeitpunkt *erlischt,* deutet bereits der Wortlaut auf eine Zeitbürgschaft hin.[1645]

599   Werden die **Erfüllungsansprüche** aus einem Werkvertrag durch eine Zeitbürgschaft gesichert, so ist deren typischer Inhalt, den Gläubiger bei fristgerechter Inanspruchnahme umfassend und bleibend für die während ihrer Geltung fällig gewordenen vertraglichen Ansprüche zu sichern. Vereinbaren die Parteien des Bürgschaftsvertrages, dass die Verpflichtungen des Bürgen mit der Abnahme, spätestens jedoch dann erlöschen, wenn er nicht bis zu einem bestimmten Endtermin in Anspruch genommen worden ist, so entfallen die Rechte des Gläubigers, der die Bürgenleistung fristgemäß und zu Recht angefordert hat, nicht schon dadurch, dass er später das Werk abnimmt. Wollen die Parteien von diesem **im Geschäftsverkehr üblichen Sinn und Zweck der Zeitbürgschaft** abweichen, wo bedarf dies einer ausdrücklichen Vereinbarung.[1646]

600   **b) Voraussetzungen der Inanspruchnahme.** Haftet der Bürge selbstschuldnerisch, ist es ausreichend, wenn der Gläubiger dem Bürgen vor dem Zeitablauf die Inanspruchnahme anzeigt (§ 777 Abs. 1 S. 2 BGB). Die fristgerechte Anzeige des Gläubigers erhält diesem nur dann die Rechte aus der Bürgschaft, wenn die Hauptschuld innerhalb der Bürgschaftszeit **fällig** wird. Dabei reicht aus, dass die Fälligkeit der Hauptschuld mit dem Ende der Bürgschaftszeit zusammenfällt.[1647] Zeigt der Gläubiger dem Bürgen fristgerecht an, er nehme ihn in Anspruch, so sichert er sich damit die bis dahin fällig gewordenen Rechte aus der Bürgschaft.[1648] Bei einer selbstschuldnerischen Bürgschaft beschränkt sich gem. § 777 Abs. 2 Hs. 2 BGB die Verpflichtung des Bürgen auf den Umfang, den die Hauptverbindlichkeit beim Ablauf der für die Bürgschaft bestimmten Zeit hat. Ist die Einrede der Vorausklage

---

[1637] S. dazu BGH Urt. v. 20.12.1990 – IX ZR 268/89, WM 1991, 399.

[1638] BGH Urt. v. 9.1.1980 – VIII ZR 21/79, BGHZ 76, 81 (85); MüKoBGB/*Habersack* BGB § 777 Rn. 1.

[1639] MüKoBGB/*Habersack* BGB § 777 Rn. 3; Staudinger/*Horn,* 2013, BGB § 777 Rn. 23.

[1640] BGH Urt. v. 17.12.1987 – IX ZR 93/87, NJW 1988, 908; MüKoBGB/*Habersack* BGB § 777 Rn. 4; Staudinger/*Horn,* 2013, BGB § 777 Rn. 3 jew. mwN. Teilw. anders allerdings *Stötter/Stötter* DB 1988, 899 f.

[1641] BGH Urt. v. 17.12.1987 – IX ZR 93/87, NJW 1988, 908; BGH Urt. v. 30.1.1997 – IX ZR 133/96, WM 1997, 625; BGH Urt. v. 15.1.2004 – IX ZR 152/00, NJW 2004, 2232 (2233).

[1642] BGH Urt. v. 30.1.1997 – IX ZR 133/96, WM 1997, 625; BGH Urt. v. 15.1.2004 – IX ZR 152/00, NJW 2004, 2232 (2233).

[1643] BGH Urt. v. 6.5.1997 – IX ZR 136/96, WM 1997, 1242 (1243).

[1644] BGH Urt. v. 17.12.1987 – IX ZR 93/87, WM 1988, 210; BGH Urt. v. 15.1.2004 – IX ZR 152/00, NJW 2004, 2232 (2234).

[1645] BGH Urt. v. 17.12.1987 – IX ZR 93/87, WM 1988.

[1646] BGH Urt. v. 24.9.1998 – IX ZR 371/97, NJW 1999, 55 (56) = WM 1998, 2363 (2364).

[1647] BGH Urt. v. 21.3.1989 – IX ZR 82/88, WM 1989, 627.

[1648] BGH Urt. v. 24.9.1998 – IX ZR 371/97, NJW 1999, 55 (56) = WM 1998, 2363 (2364).

nicht ausgeschlossen, muss der Gläubiger unverzüglich (§ 121 BGB) die Vollstreckung gegen den gegen den Hauptschuldner gemäß den Anforderungen des § 772 BGB betreiben. Er hat das Verfahren ohne wesentliche Verzögerung fortzusetzen und kann erst nach der Beendigung des Verfahrens dem Bürgen anzeigen, dass er ihn in Anspruch nimmt. Bei einer rechtzeitigen Anzeige beschränkt sich die Haftung des Bürgen auf den Umfang, den die Verbindlichkeit zum Abschluss des Vollstreckungsverfahrens hatte (§ 777 Abs. 2 Hs. 1 BGB).

c) Abweichende Vereinbarungen. Die Vorschrift des § 777 BGB ist dispositiv. Allerdings müssen **601** den Bürgen belastende, abweichende Vereinbarungen schriftlich (§ 766 BGB) verfasst sein. Der **formularmäßige Verzicht** des Bürgen auf die bei einer Zeitbürgschaft erforderliche **Anzeige,** dass der Gläubiger ihn in Anspruch nehme, ist überraschend gem. § 305c Abs. 1 BGB und wird damit nicht Vertragsbestandteil.[1649] Dies gilt besonders für einen selbstschuldnerischen Kontokorrentbürgen, da eine solche Klausel die Zeitbürgschaft faktisch in ihr Gegenteil verkehrt. Selbst wenn eine solche Klausel im Einzelfall nicht überraschend sein sollte, ist sie gem. § 307 Abs. 1, Abs. 2 Nr. 2 BGB unwirksam, da sie den Vertragszweck der Zeitbürgschaft aufhebt und die zeitlich begrenzte Bürgschaft zu einer zeitlich unbegrenzten macht.[1650]

2. Bürgschaft auf erstes Anfordern. a) Inhalt der Verpflichtung. Ist eine Bürgschaft auf „erstes **602** Anfordern" gestellt, verpflichtet sich der Bürge, dem Gläubiger auf seine Anforderung hin **sofort liquide Mittel** zur Verfügung zu stellen. **Einwendungen aus dem Hauptschuldverhältnis** sind grundsätzlich erst in einem **Rückforderungsprozess** gem. § 812 BGB geltend zu machen.[1651] Wer aufgrund einer Bürgschaft auf erstes Anfordern Zahlung verlangt, braucht nicht einmal schlüssig darzulegen, dass die Hauptforderung besteht, sondern nur vorzutragen, was als Voraussetzung der Zahlung auf erstes Anfordern in der Bürgschaftserklärung niedergelegt ist.[1652] Diese niedrigen Anforderungen an das Vorbringen des Gläubigers erklären sich daraus, dass eine solche Bürgschaft das früher übliche Bardepot ersetzt und der Gläubiger nicht schlechter gestellt sein soll. Dieser Zweck wird nur erreicht, wenn alle Streitfragen, die die Begründetheit der Hauptforderung betreffen, in den Rückforderungsprozess verwiesen werden, sofern nicht ausnahmsweise klar auf der Hand liegt, dass der Gläubiger seine formale Rechtsstellung missbraucht.[1653]

b) Zustandekommen. aa) Individualvertragliche Vereinbarung. Die Bürgschaft auf erstes **603** Anfordern setzt den Bürgen der Gefahr aus, ungerechtfertigt in Anspruch genommen zu werden und einen Rückzahlungsanspruch wegen Insolvenz des Gläubigers oder wegen einer erschwerten Rechtsverfolgung im Ausland nicht durchsetzen zu können. Sie ist außerhalb des internationalen Handels, des Bankengeschäfts, des Baugewerbes und der Konzernfinanzierung **unüblich.** Entgegen seiner früheren Rspr.[1654] gestattet der BGH nunmehr eine individualvertraglich vereinbarte Bürgschaft auf erstes Anfordern.[1655] Ist für den Gläubiger erkennbar, dass der Erklärende mit dem Rechtsinstitut einer Bürgschaft auf erstes Anfordern nicht hinreichend vertraut ist, hat er seinen Vertragspartner umfassend über deren **Rechtsfolgen** zu **belehren;** bei Verletzung dieser Hinweispflicht haftet der Erklärende nur aus einer gewöhnlichen Bürgschaft.[1656]

bb) Formularvertragliche Vereinbarung. Eine **Formularklausel,** die eine Privatperson zu einer **604** Bürgschaft auf erstes Anfordern verpflichtet, ist gem. § 307 Abs. 1 BGB unwirksam.[1657] Typischerweise verpflichtet sich der Hauptschuldner gegenüber dem Gläubiger, eine Bürgschaft auf erstes Anfordern durch einen Dritten zu stellen. Die formularmäßige Verpflichtung, eine Vertragserfüllungsbürgschaft auf erstes Anfordern zu stellen, ist gem. § 307 Abs. BGB unwirksam.[1658] Allerdings folgt aus einer ergänzenden Vertragsauslegung, dass in diesem Falle eine einfache und unbefristete, selbstschuldnerische Bürgschaft zu bestellen ist.[1659] Gegenüber der Inanspruchnahme des Gläubigers auf erstes Anfordern kann der Bürge einwenden, dass die Verpflichtung des Hauptschuldners insoweit unwirksam

---

[1649] BGH Urt. v. 15.1.2004 – IX ZR 152/00, NJW 2004, 2232 (2233 f.).

[1650] Ebenso *Tiedtke* ZIP 1990, 422.

[1651] BGH Urt. v. 8.7.2008 – XI ZR 230/07, WM 2008, 1731; Larenz/Canaris SchuldR BT II § 64 IV 2 (S. 81) stützt den Rückforderungsanspruch auf eine ergänzende Vertragsauslegung (§ 157 BGB).

[1652] BGH Urt. v. 23.1.1997 – IX ZR 297/95, NJW-RR 1997, 1265 = WM 1997, 656 (658); BGH Urt. v. 2.4.1998 – IX ZR 79/97, NJW 1998, 2280 (2281); BGH Urt. v. 3.4.2003 – IX ZR 287/99, WM 2003, 969 (971).

[1653] BGH Urt. v. 14.12.1995 – IX ZR 57/95, WM 1996, 193 (195).

[1654] BGH Urt. v. 5.7.1990 – IX ZR 294/89, WM 1990, 1410.

[1655] BGH Urt. v. 2.4.1998 – IX ZR 79/97, NJW 1998, 2280 (2281); OLG Köln Urt. v. 12.10.1995 – 18 U 47/95, ZIP 1996, 631; OLG München Urt. v. 26.7.1994 – 28 O 469/93, WM 1995, 386.

[1656] BGH Urt. v. 2.4.1998 – IX ZR 79/97, NJW 1998, 2280 (2281); Staudinger/*Horn,* 2013, BGB Vor §§ 765-778 Rn. 27.

[1657] BGH Urt. v. 6.6.1997 – VII ZR 324/95, BGHZ 136, 27 = NJW 1997, 2598; Urt. v. 2.4.1998 – IX ZR 79/97, NJW 1998, 2280; MüKoBGB/*Habersack* BGB § 765 Rn. 100.

[1658] BGH Urt. v. 4.7.2002 – VII ZR 502/99, BGHZ 151, 229; BGH Urt. v. 18.4.2002 – VII ZR 192/01, BGHZ 150, 299; BGH Urt. v. 13.11.2003 – VII ZR 371/01 BGHZ 154, 378 (385 ff.) = BauR 2004, 500.

[1659] BGH Urt. v. 4.7.2002 – VII ZR 502/99, BGHZ 151, 229; BGH Urt. v. 13.11.2003 – VII ZR 371/01, BGHZ 154, 378 (385 ff.) = BauR 2004, 500; MüKoBGB/*Habersack* BGB § 765 Rn. 101.

ist. Allerdings muss dies liquide beweisbar sein.[1660] Der Hauptschuldner kann nicht die Herausgabe der Bürgschaftsurkunde verlangen. Jedoch hat der Gläubiger gegenüber dem Hauptschuldner und Bürgen die schriftliche Erklärung abzugeben, dass die Bürgschaft nicht auf erstes Anfordern, sondern nur als selbstschuldnerische geltend zu machen ist.[1661]

605   **c) Auslösung der Zahlungspflicht.** Der Bürge muss zahlen, sobald der Gläubiger die Zahlung so anfordert, wie es die Bürgschaftserklärung vorschreibt. Die Fälligkeit der Bürgschaftsforderung tritt mit der Fälligkeit der Hauptforderung ein. Sie hängt auch nicht von einer Leistungsaufforderung des Gläubigers ab, da die Forderung aus der Bürgschaft auf erstes Anfordern kein verhaltener Anspruch ist.[1662] Der Gläubiger braucht die **Hauptverbindlichkeit nicht schlüssig** darzulegen.[1663] Er hat nur darzutun, dass er aus der gesicherten Hauptforderung vorgeht. Diese Darlegungslast trägt dem akzessorischen Charakter der Bürgschaft auf erstes Anfordern Rechnung.[1664] Für die Feststellung, welche Forderungen die Bürgschaft auf erstes Anfordern sichert, sind grundsätzlich nur solche Umstände beachtlich, die sich aus der Bürgschaft selbst und den Urkunden ergeben, auf die sie sich bezieht. Unstreitige oder durch Urkunden belegte Tatsachen, die dem Gericht vorliegen, dürfen dabei ergänzend berücksichtigt werden.[1665]

606   **aa) Formelle Dokumentenstrenge.** Der Gläubiger muss – **bei Gefahr eines Anspruchsverlustes** – dasjenige eindeutig erkennbar erklären, was als Voraussetzung der vorläufigen Zahlungspflicht in der Bürgschaftsurkunde niedergelegt ist.[1666] Es gilt der Grundsatz der **formellen Dokumentenstrenge.** Eine wörtliche Übereinstimmung der Anforderung mit der Urkunde ist nur dann erforderlich, wenn dies ausdrücklich vereinbart ist.[1667] Der Grundsatz der Dokumentenstrenge verbietet nicht, auf den Sinn und Zweck der vereinbarten Voraussetzungen für die Inanspruchnahme abzustellen und unklare Bestimmungen auszulegen. Er steht nur einer **Auslegung** entgegen, für die sich im Text der Urkunde keine Anhaltspunkte finden und die sich auf Umstände außerhalb der Urkunde stützen muss.[1668]

607   Die starke Formalisierung der Bürgschaft auf erstes Anfordern bedeutet beispielsweise, dass die Zahlungspflicht nicht umstandslos von der *Abtretung einer Grundschuld* abhängig gemacht werden kann. Vielmehr müssen die Dokumente, die für diese Abtretung erforderlich sind (die schriftliche Abtretungserklärung und der Grundschuldbrief, §§ 1154 Abs. 1, 1192 BGB) in der „Garantieklausel" genau aufgeführt und nach Aufmachung, Aussteller und Inhalt so umschrieben werden, dass der Bürge bei Inanspruchnahme allein auf der Grundlage der Garantieklausel sowie der sonstigen Garantiebedingungen die Ordnungsgemäßheit der Dokumente abschließend formal überprüfen kann.[1669] Haben die Parteien die Abfassung einer solchen Garantieklausel versäumt, kommt eine Zahlungspflicht des Bürgen Zug um Zug gegen Abtretung der Grundschuld in Betracht. Der Gläubiger hat diese Verpflichtung regelmäßig am Ort seiner Niederlassung zu erfüllen.[1670]

608   **bb) Effektivklauseln.** Probleme bereiten in der Praxis Formulierungen, die die Zahlungspflicht des Bürgen nicht nur von der Erfüllung bestimmter formaler Merkmale abhängig machen, sondern den Anspruch **inhaltlich** beschränken.[1671] Der BGH neigt dazu, diese inhaltlichen Beschränkungen im Wege der Auslegung zu verschleifen. **Beschränkungen** des verbürgten Risikos auf einzelne Ansprüche des Hauptschuldverhältnisses sind danach nur beachtlich, wenn sie sich dem Inhalt der Urkunde **hinreichend deutlich** selbst entnehmen lassen. Ergänzend dürfen sonstige unstreitige oder durch

---

[1660] BGH Urt. v. 10.2.2000 – IX ZR 397/98, BGHZ 143, 381 (384); BGH Urt. v. 8.3.2001 – IX ZR 236/00, BGHZ 147, 99; BGH Urt. v. 4.7.2002 – IX ZR 97/99, NJW 2002, 3170 (3171); BGH Urt. v. 5.3.2002 – XI ZR 113/01, ZIP 2002, 658 (659); BGH Urt. v. 8.3.2001 – IX ZR 236/00, NJW 2001, 1857; *Nielsen* ZIP 2001, 836; *Kupisch* WM 2002, 1626 (1630 ff.).

[1661] BGH Urt. v. 10.4.2003 – VII ZR 314/01, BGHZ 154, 378 (385 ff.); BGH Urt. v. 13.11.2003 – VII ZR 371/01, BauR 2004, 500 (501).

[1662] BGH Urt. v. 29.1.2008 – XI ZR 160/07, BGHZ 175, 161 Rn. 18 = NJW 2008, 1729 (1731); Urt. v. 8.7.2008 – XI ZR 230/07, NJW-RR 2009, 378 Rn. 18.

[1663] BGH Urt. v. 28.10.1993 – IX ZR 141/94, NJW 1994, 380 (381); Urt. v. 2.4.1998 – IX ZR 79/97, NJW 1998, 2280.

[1664] BGH Urt. v. 28.10.1993 – IX ZR 141/94, NJW 1994, 380 (381); OLG Düsseldorf Urt. v. 6.3.1998 – 7 U 155/95, OLGR Düsseldorf 1998, 325 (326).

[1665] BGH Urt. v. 25.2.1999 – IX ZR 24/98, NJW 1999, 2361.

[1666] BGH Urt. v. 28.10.1993 – IX ZR 141/93, WM 1994, 106; Urt. v. 23.1.1997 – IX ZR 297/95, WM 1997, 656; vgl. auch zur Formenstrenge OLG München Urt. v. 23.6.1999 – 7 U 6189/98, WM 1999, 2456.

[1667] BGH Urt. v. 23.1.1997– IX ZR 297/95, NJW-RR 1997, 1265 = WM 1997, 656; Staudinger/*Horn,* 2013, BGB Vor §§ 765–778 Rn. 29.

[1668] BGH Urt. v. 26.4.1994 – XI ZR 114/93, WM 1994, 1063; vgl. auch OLG Düsseldorf Urt. v. 28.1.1999 – 5 U 128/98, ZIP 1999, 1521.

[1669] BGH Urt. v. 9.3.1995 – IX ZR 134/94, WM 1995, 833; vgl. auch BGH Urt. v. 12.3.1996 – XI ZR 108/95, WM 1996, 770.

[1670] BGH Urt. v. 9.3.1995 – IX ZR 134/94, WM 1995, 833.

[1671] Vgl. eingehend *J. Schmidt* WM 1999, 308 f.

Urkunden belegte Umstände berücksichtigt werden.[1672] Die Formulierung, die Hauptschuld entstehe, wenn ein Dritter mit *„berechtigten"* Ansprüchen aufrechne, soll wegen des formalen Charakters der Bürgschaft auf erstes Anfordern keine einschränkende Anspruchsvoraussetzung, sondern bloße **Konkretisierung der gesicherten Hauptforderung** sein.[1673] Der Zusatz in einer Vertragserfüllungsbürgschaft „sofern der Auftragnehmer seine vertraglichen Verpflichtungen nicht erfüllt" soll nicht bedeuten, dass der Gläubiger den Nachweis für die Nichterfüllung durch den Dritten führen muss.[1674]

d) Einwendungen aus dem Bürgschaftsverhältnis. In sinngemäßer Anwendung des § 784 **609** Abs. 1 BGB kann der Bürge sich auf **Gültigkeitseinwendungen** berufen und solche Einwendungen geltend machen, die sich aus dem **Inhalt der Bürgenerklärung** selbst ergeben. Er kann etwa die Echtheit der Bürgschaftsurkunde bezweifeln oder einwenden, dass die geltend gemachte Forderung nicht zu den Ansprüchen gehört, die **durch die Bürgschaft** auf erstes Anfordern **gesichert** sind.[1675] Streitigkeiten um Einzelpunkte der Bürgschaftsverpflichtung, etwa die Fragen, ob oder bis wann die Bürgschaft zeitlich begrenzt ist oder ob die Voraussetzungen der Einstandspflicht nachvertraglich entfallen sind, hat die Rspr. grundsätzlich in den Rückforderungsprozess verwiesen.[1676]

e) Einwendungen gegen die gesicherte Hauptforderung. Inhalt der Bürgschaft auf erstes **610** Anfordern ist, dass der Bürge auf Anforderung zahlen muss, ohne geltend machen zu können, die Hauptschuld sei nicht entstanden oder erloschen. Dieser **Einwendungsausschluss** ist nur durch den Einwand des **Rechtsmissbrauchs** beschränkt. Der Gläubiger missbraucht seine formale Rechtsstellung, wenn es „offen auf der Hand liegt", oder zumindest liquide beweisbar ist, dass der materielle Garantiefall nicht eingetreten ist.[1677] Regelmäßig knüpft dieser Einwand an einen fehlenden durchsetzbaren Anspruch des Gläubigers gegen den Hauptschuldner an. Der Rechtsmissbrauch kann außerdem darauf gestützt werden, dass sich der Gläubiger gegenüber dem Hauptschuldner dazu verpflichtet hat von der Bürgschaft keinen Gebrauch zu machen.[1678]

Die neuere Rspr. ist nicht mehr zurückhaltend bei der Frage, ob der Gläubiger den Bürgen **611** missbräuchlich in Anspruch genommen hat. Ist eine Vergütung erst nach der Erteilung einer Schlussrechnung gem. § 10 Nr. 3 VOB/B fällig, so handelt der Gläubiger rechtsmissbräuchlich, wenn er den Bürgen auf erstes Anfordern in Anspruch nimmt, obwohl die Schlussrechnung noch nicht erteilt wurde und demgemäß die gesicherte Forderung noch nicht fällig war.[1679] Wendet der Bürge ein, dass kein Rechtsgrund für die Bürgschaft auf erstes Anfordern bestehe, muss sich dies aus dem unstreitigen Sachverhalt und der Bürgschaftsurkunde ohne weiteres ergeben.[1680] Sofern liquide beweisbar, kann der Bürge auch einwenden, dass nach der Sicherungsabrede nur eine unbefristete, einfache Bürgschaft geschuldet war.[1681] In diesem Fall ist der Bürge im Zweifel aus einer selbstschuldnerischen Bürgschaft verpflichtet. Der Hauptschuldner (aber auch der Bürge) kann dann von dem Gläubiger verlangen, dass er sich ihm und dem Bürgen gegenüber schriftlich dazu verpflichtet, die Bürgschaft nur als selbstschuldnerische geltend zu machen. Die Bürgschaftsurkunde muss der Gläubiger jedoch nicht herausgeben.[1682] Der Bürge kann sich auf die fehlende Prüfbarkeit einer Schlussrechnung nur dann berufen, wenn dies ohne Weiteres feststellbar ist.[1683]

Umstritten und noch nicht abschließend geklärt ist, ob der Bürge einwenden kann, dass die Durch- **612** setzbarkeit eines etwaigen Rückzahlungsanspruches gegen den Gläubiger gefährdet ist. Denkbar ist dies

---

[1672] BGH Urt. v. 14.12.1995 – IX ZR 57/95, WM 1996, 193.

[1673] OLG Köln Urt. v. 24.10.1997 – 19 U 38/97, WM 1998, 1443.

[1674] OLG München Urt. v. 23.7.1997 – 7 U 2697/97, WM 1998, 342.

[1675] BGH Urt. v. 2.4.1998 – IX ZR 79/97, NJW 1998, 2280 (2281); Urt. v. 25.2.1999 – IX ZR 24/98, NJW 1999, 2361; Urt. v. 10.2.2000 – IX ZR 397/98, NJW 2000, 1563.

[1676] BGH Urt. v. 10.2.2000 – IX ZR 397/98, BGHZ 143, 381 (383 f.) = NJW 2000, 1563 (1564); BGH Urt. v. 31.1.1985 – IX ZR 66/84, ZIP 1985, 470 (471); BGH Urt. v. 13.7.1989 – IX ZR 223/88, ZIP 1989, 1108; BGH Urt. v. 14.12.1995 – IX ZR 57/95, WM 1996, 193 (195).

[1677] BGH Urt. v. 14.12.1995 – IX ZR 57/95, WM 1996, 193; vgl. auch BGH Urt. v. 16.4.1996 – XI ZR 138/95, BGHZ 132, 313 = WM 1996, 995; BGH Urt. v. 17.10.1996 – IX ZR 325/95, WM 1996, 2228; BGH Urt. v. 5.3.2002 – XI ZR 113/01, WM 2002, 743 = NJW 2002, 1493; BGH Urt. v. 10.2.2000 – IX ZR 397/98, BGHZ 143, 381 (383); BGH Urt. v. 8.3.2001 – IX ZR 236/00, BGHZ 147, 99 (102); BGH Urt. v. 28.6.2007 – VII ZR 199/06, NJW-RR 2007, 1392 (1393) = WM 2007, 1609.

[1678] BGH Urt. v. 5.3.2002 – XI ZR 113/01, NJW 2002, 1493; BGH Urt. v. 10.2.2000 – IX ZR 397/98, BGHZ 143, 381 (384); BGH Urt. v. 8.3.2001 – IX ZR 236/00, BGHZ 147, 99 (102 f.).

[1679] BGH Urt. v. 12.9.2002 – IX ZR 497/00, WM 2002, 2325 = NJW-RR 2003, 13; teilweise Aufgabe von BGH Urt. v. 28.10.1993 – IX ZR 141/93, WM 1994, 106.

[1680] BGH Urt. v. 10.2.2000 – IX ZR 397/98, BGHZ 143, 381 (384); BGH Urt. v. 8.3.2001 – IX ZR 236/00, BGHZ 147, 99 (102 f.); BGH Urt. v. 4.7.2002 – IX ZR 97/99, BGHZ 151, 236.

[1681] BGH Urt. v. 8.3.2001 – IX ZR 236/00, BGHZ 148, 99 (102); BGH Urt. v. 23.1.2003 – VII ZR 210/01, BGHZ 153, 311 (316 f.) = NJW 2003, 1805; dazu *K. Wolter* BauR 2003, 1274; *Pauly* BauR 2005, 1129; *Minuth* NZBau 2003, 315; *Frerick* ZfBR 2003, 536; *v. Westphalen* ZIP 2004, 1433; BGH Urt. v. 10.4.2003 – VII ZR 314/01, BGHZ 154, 378.

[1682] BGH Urt. v. 10.4.2003 – VII ZR 314/01, BGHZ 154, 378 (Ls. 1).

[1683] BGH Urt. v. 28.6.2007 – VII ZR 199/06, NJW-RR 2007, 1392 (1393).

bei einem drohenden Vermögensverfall des Gläubigers oder dessen Sitzverlegung ins Ausland. Teile des Schrifttums bejahen dies, da anderenfalls die Akzessorietät der Bürgschaft auf erstes Anfordern ausgehöhlt werde und damit der Bürge völlig schutzlos sei.[1684] Der BGH hat dies abgelehnt, da der Bürge auf erstes Anfordern auch die Gefahr übernehme, die Leistung nicht mehr kondizieren zu können. Danach hat der Bürge kein allgemeines Leistungsverweigerungsrecht wegen Vermögensverfalls des Gläubigers.[1685] Eine Ausnahme davon gilt nach der Ansicht des BGH nur, wenn der Gläubiger insolvent wurde und der Insolvenzverwalter die Masseunzulänglichkeit angezeigt hat. Begründet wird dies damit, dass der Gläubiger dann nicht mehr auf Liquidität angewiesen ist, wenn das Insolvenzverfahren mangels Masse nicht eröffnet oder die Massenunzulänglichkeit angezeigt wird.[1686] Es stellt sich allerdings die Frage, ob der BGH dadurch nicht seine eigenen Prämissen verlässt, zumal er betont, dass in den beschriebenen Fällen der Zweck einer Bürgschaft auf erstes Anfordern verfehlt werde, wenn der Bürge ohne Aussicht auf Rückzahlung zu leisten hat.

613   Greift der Einwand des Rechtsmissbrauchs durch, so entscheidet die Interessenlage der Parteien darüber, ob die Bürgschaft auf erstes Anfordern als einfache, selbstschuldnerische Bürgschaft aufrechterhalten werden kann. Dies ist im Zweifel anzunehmen, sofern eine nach § 765 BGB wirksame Verpflichtung zustande gekommen ist.[1687] Über formale Mängel kann sich die Auslegung allerdings nicht hinwegsetzen. Hat der Bürge bestimmte formale Voraussetzungen für die Inanspruchnahme auf erstes Anfordern vereinbart und erfüllt eine einfache Bürgschaft diese Voraussetzungen nicht, scheidet eine derartige Auslegung aus.[1688] Ist die der Bürgschaftserteilung zugrunde liegende Sicherungsabrede unwirksam, kann die Bürgschaft auf erstes Anfordern nicht als eine normale Bürgschaft aufrechterhalten werden, da auch dieser der Einwand aus der Sicherungsabrede entgegengehalten werden könnte.[1689] Nimmt der Bürge bewusst die Sicherungsabrede nicht zur Kenntnis, handelt der Gläubiger nicht rechtsmissbräuchlich, wenn er den Bürgen in Anspruch nimmt.[1690]

614   **f) Rückforderungsprozess. aa) Bereicherungsanspruch des Bürgen gegen den Gläubiger.**
Rechtsgrund für die Zahlungspflicht des Bürgen auf erstes Anfordern ist die Vereinbarung, dass dem Gläubiger zunächst liquide Mittel zur Verfügung zu stellen sind. Allerdings folgt aus dem Akzessorietätsgrundsatz, dass der Rechtsgrund mit dem materiellen Sicherungsfall verknüpft ist. Bei Mängeln im Valutaverhältnis folgt aus dem Umstand, dass der Bürge den Zahlungsanspruch nur *vorläufig* zu bedienen hat, ein **Bereicherungsanspruch** des Bürgen gegenüber dem Gläubiger.[1691] Dies weicht von der Rechtslage bei der Garantie auf erstes Anfordern ab. Gerechtfertigt wird dies durch den Gedanken, bei der Abwicklung die Abhängigkeit der Bürgschaft von der Hauptforderung wieder herzustellen. Der Bürge kann deswegen den Rückforderungsanspruch darauf stützen, dass keine sicherbare Hauptschuld bestand oder diese einredebehaftet ist (§ 768 Abs. 1 BGB).

615   Hat der Bürge eine Bürgschaft auf erstes Anfordern gestellt, obwohl der Hauptschuldner nach der Sicherungsabrede nur eine einfache Bürgschaft beizubringen hatte, so begründet dies keinen Rückzahlungsanspruch des Bürgen. Die Bürgschaft auf erstes Anfordern mag dann in eine einfache selbstschuldnerische Bürgschaft umzudeuten sein, allerdings kann es auch hier nur darauf ankommen, ob der Gläubiger die Bürgschaft nach dem materiellen Recht verwerten darf.[1692] Da die Bürgschaft auf erstes Anfordern ein besonders riskantes Geschäft darstellt und dem Gläubiger vielfältige Möglichkeiten des Missbrauchs eröffnet, unterscheidet sich die **Darlegungs- und Beweislast** im Rückforderungsprozess, auf den der Bürge mit seinen Einwendungen verwiesen ist, nicht von einem gewöhnlichen Bürgschaftsrechtsstreit. Der Gläubiger hat also Entstehen und Fälligkeit der Hauptforderung, der Bürge deren Erlöschen oder sonstige Einwendungen gegen sie zu beweisen.[1693] Allerdings kann der Rückzahlungsanspruch nicht im Urkundenprozess geltend gemacht werden.[1694]

[1684] *Horn* NJW 1980, 2153 (2156); *Lukas,* Die Bürgschaft auf erstes Anfordern, 1998, 82. Ebenso OLG Brandenburg Beschl. v. 27.12.2001 – 11 W 81/01, WM 2002, 2160 (vom BGH [folgende Fn.] allerdings als zu „pauschal" abgetan).

[1685] BGH Urt. v. 4.7.2002 – IX ZR 97/99, BGHZ 151, 236 (241 f.) = NJW 2002, 3170 (3171); dazu *Marx* DZWir 2003, 312. Aus der Lit. s. etwa *Eleftheriadis,* Die Bürgschaft auf erstes Anfordern, 1996, 118 ff.; MüKoBGB/*Habersack* BGB § 765 Rn. 103; *Oettmeier,* Bürgschaften auf erstes Anfordern, 1996, 102.

[1686] BGH Urt. v. 4.7.2002 – IX ZR 97/99, BGHZ 151, 236 (242).

[1687] BGH Urt. v. 25.1.1999 – IX ZR 24/98, NJW 1999, 2361 (2363); BGH Urt. v. 4.7.2002 – IX ZR 97/99, BGHZ 151, 236 (244).

[1688] BGH Urt. v. 20.4.2001 – IX ZR 371/98, NJW 2001, 3616 (3617).

[1689] BGH Urt. v. 8.3.2001 IX ZR 236/00, BGHZ 147, 99 (108).

[1690] OLG Hamm v. 27.10.2006 – 12 U 76/06, WM 2007, 550.

[1691] BGH Urt. v. 10.11.1998 – XI ZR 370/97, BGHZ 140, 49 (52); BGH Urt. v. 24.10.2002 – IX ZR 355/00, BGHZ 152, 246 (250 f.); BGH Urt. v. 23.1.2003 – VII ZR 210/01, BGHZ 153, 311 (318); BGH Urt. v. 28.6.2007 – VII ZR 199/06, NJW-RR 2007, 1392 (1393) = WM 2007, 1609.

[1692] BGH Urt. v. 24.10.2002 – IX ZR 355/00, BGHZ 152, 246 (251) = WM 2002, 2498; BGH Urt. v. 23.1.2003 – VII ZR 210/01, BGHZ 153, 311 (318).

[1693] BGH Urt. v. 11.7.1996 – IX ZR 80/95, WM 1996, 1507 (1509); Urt. v. 23.1.1997 – IX ZR 297/95, WM 1997, 656 (658 f.).

[1694] BGH Urt. v. 12.7.2001 – IX ZR 380/98, BGHZ 148, 283 = NJW 2001, 3549.

bb) Rückforderungsanspruch des Hauptschuldners. Der ungerechtfertigt in Anspruch genom- **616** mene Bürge hat gem. §§ 774 Abs. 1 S. 1, 675, 670 BGB einen Rückgriffsanspruch gegen den Hauptschuldner, gerichtet auf Aufwendungsersatz.[1695] Dieser Rückgriffsanspruch steht dem Bürgen selbst dann zu, wenn er auf die Anforderung des Gläubigers gezahlt hat, obwohl der Gläubiger durch die Anforderungen seine Pflichten aus der Sicherungsabrede gegenüber dem Hauptschuldner verletzt hat.[1696] Hat der Hauptschuldner dem Bürgen seine **Aufwendungen erstattet,** nachdem dieser **materiell zu Unrecht** in Anspruch genommen wurde, so steht dem Hauptschuldner aus der Sicherungsabrede mit dem Gläubiger ein **eigener Rückforderungsanspruch** gegen den Gläubiger zu.[1697] Hat der Gläubiger lediglich die formalen Voraussetzungen bei der Inanspruchnahme des Bürgen missachtet, hat der Hauptschuldner keinen Rückforderungsanspruch. Vielmehr entscheidet für diesen Anspruch allein das Rechtsverhältnis zwischen Hauptschuldner und Gläubiger.[1698]

Aus Inhalt und Zweck der Sicherungsabrede folgt die Verpflichtung des Gläubigers, die Sicherung **617** zurückzugewähren, sobald feststeht, dass der Sicherungsfall nicht mehr eintreten kann. Daraus folgt, dass der Gläubiger, der den Bürgen zu Unrecht in Anspruch genommen hat, dem Hauptschuldner die erhaltene Zahlung erstatten muss, wenn dieser seinerseits den Bürgen befriedigt hat.[1699] Nimmt der Hauptschuldner den Gläubiger in Anspruch, muss dieser darlegen und beweisen, dass die Voraussetzungen für den Sicherungsfall entstanden sind.[1700]

cc) Aufrechnungsverbot im Rückforderungsprozess. Die Sicherungsabrede über die Gewäh- **618** rung einer Bürgschaft auf erstes Anfordern ist im allgemeinen so auszulegen, dass der **Gläubiger** gegenüber dem eigenen Rückforderungsanspruch des Hauptschuldners nicht **mit streitigen Forderungen** aufrechnen darf, die durch die Bürgschaft auf erstes Anfordern nicht gedeckt sind. Könnte der Gläubiger, der sich aus der Bürgschaft zu Unrecht befriedigt hat, dem deshalb begründeten Rückforderungsanspruch des Hauptschuldners solche Forderungen entgegenhalten, die nicht durch die Bürgschaft auf erstes Anfordern gedeckt sind, stände ihm dieses Sicherungsmittel im wirtschaftlichen Ergebnis zur Befriedigung aller Ansprüche gegen den Hauptschuldner zur Verfügung. Diese Wirkung durch einseitige Erklärung herbeizuführen, ist ihm nach Sinn und Zweck der Sicherungsabrede verwehrt.[1701]

Die Berufung auf den Ausschluss der Aufrechnung kann im Einzelfall als **unzulässige Rechtsaus-** **619** **übung** erscheinen, etwa wenn der Hauptschuldner eine weitere vertraglich geschuldete Sicherheit nicht erbracht hat. In diesem Fall wäre es treuwidrig, wenn der Hauptschuldner sich gegenüber der Aufrechnung mit solchen vertragswidrig nicht gesicherten Ansprüchen auf das Aufrechnungsverbot berufen könnte. Der Gläubiger darf mit solchen Gegenforderungen, derentwegen er durch das Fehlen der vereinbarten weiteren Sicherheit benachteiligt ist und die er auch nicht anderweitig sichern kann, auch gegen den Rückforderungsanspruch des Hauptschuldners wegen der zu Unrecht gezogenen Bürgschaft auf erstes Anfordern aufrechnen.[1702]

g) Präventiver Rechtsschutz. Der Hauptschuldner kann den Bürgen im Wege eines **Auszah-** **620** **lungsverbots** einstweilen (§§ 935, 940 ZPO) in Anspruch nehmen, wenn er fürchten muss, nach Zahlung des auf erstes Anfordern verbürgten Betrages wegen des Aufwendungsersatzes belastet zu werden.[1703] Er kann dabei nur die Einwendungen erheben, die der von ihm beauftragte Bürge gegenüber der Zahlungsaufforderung des Gläubigers *zulässigerweise* geltend machen kann. Denn nur soweit der Bürge dem Gläubiger des Bürgschaftsvertrages die Zahlung der Bürgschaftssumme verweigern könnte, ergibt sich – bei zwangsläufig drohender Rückbelastung – aus dem Geschäftsbesorgungsvertrag ein Unterlassungsanspruch des Auftraggebers gegen den Bürgen. Der Hauptschuldner hat demnach darzutun und glaubhaft zu machen, dass der Bürge auf erstes Anfordern mit **hoher Wahrscheinlichkeit** berechtigt ist die Zahlung zu verweigern, weil die **Zahlungsanforderung nicht ordnungsgemäß** oder die vorgelegten **Urkunden nicht echt** sind oder aber die Inanspruchnahme **offensichtlich und liquide beweisbar rechtsmissbräuchlich** ist.[1704]

[1695] BGH Urt. 24.10.2002 – IX ZR 355/00, BGHZ 152, 246 (253); BGH Urt. v. 24.9.1998 – IX ZR 371/97, BGHZ 139, 325 (328).

[1696] BGH Urt. v. 24.10.2002 – IX ZR 355/00, BGHZ 152, 246 (253).

[1697] BGH Urt. v. 24.9.1998 – IX ZR 371/97, BGHZ 139, 325 (328) = WM 1998, 2363; BGH Urt. v. 24.10.2002 – IX ZR 355/00, BGHZ 152, 246 (253).

[1698] BGH Urt. v. 24.10.2002 – IX ZR 355/00, BGHZ 152, 246 (253 f.).

[1699] BGH Urt. v. 24.9.1998 – IX ZR 371/97, BGHZ 139, 325 (328).

[1700] BGH Urt. v. 24.10.2002 – IX ZR 355/00, BGHZ 152, 246 (251).

[1701] BGH Urt. v. 24.9.1998 – IX ZR 371/97, BGHZ 139, 325 (331).

[1702] BGH Urt. v. 24.9.1998 – IX ZR 371/97, BGHZ 139, 325 (331).

[1703] Str., einen Verfügungsgrund bejahen Saarländisches OLG Urt. v. 23.1.1981 – 4 U 99/80, WM 1981, 275; OLG Frankfurt a. M. Urt. v. 3.3.1983 – 10 U 244/82, WM 1983, 575. Einzelne Oberlandesgerichte verweisen darauf, dass der Auftraggeber sich der Belastungsbuchung widersetzen könne, vgl. OLG Köln Urt. v. 15.3.1991 – 20 U 10/91, WM 1991, 1751; OLG Düsseldorf Urt. v. 14.4.1999 – 15 U 176/98, ZIP 1999, 1518.

[1704] OLG Köln Urt. v. 30.10.1997 – 12 U 40/97, WM 1998, 707 (710) lehnt eine Vernehmung von Zeugen zu den tatsächlichen Voraussetzungen des Einwands des Rechtsmissbrauchs ab.

621   **3. Ausfallbürgschaft.** Die Ausfallbürgschaft ist die den Bürgen am wenigsten belastende Verpflichtungsart, sie ist das **Gegenteil der selbstschuldnerischen Bürgschaft.**[1705] Der Ausfallbürge haftet erst dann, wenn der Gläubiger trotz Zwangsvollstreckung beim Hauptschuldner und **nach Erschöpfung aller sonstigen Sicherheiten** einen Ausfall erlitten hat. Die Vereinbarung einer Ausfallbürgschaft **verstärkt** die in § 771 BGB angelegte **Subsidiarität** der Bürgenhaftung. Der Bürge braucht nicht die Einrede der Vorausklage zu erheben, sondern der Gläubiger hat die erfolglose Inanspruchnahme des Hauptschuldners ebenso wie die Erschöpfung der ihm möglichen Befriedigungsmöglichkeiten zur Schlüssigkeit seines Anspruchs darzulegen. Im Falle der Ausfallbürgschaft **entfällt die Haftung** des Bürgen bereits dann, wenn der Gläubiger selbst den Ausfall durch Verletzung von Sorgfaltspflichten verschuldet hat.[1706] Der Gläubiger der Ausfallbürgschaft hat nicht nur den objektiv eingetretenen Verlust nachzuweisen, sondern auch darzulegen und zu beweisen, dass der Ausfall trotz Einhaltung der bei der Verfolgung des verbürgten Anspruchs gebotenen Sorgfalt eingetreten ist oder auch eingetreten wäre, wenn er diese Sorgfalt angewandt hätte.[1707]

622   Die dem Bürgen günstige Begrenzung seiner Haftung auf den endgültigen Ausfall kann sich auch aus einer **stillschweigenden** – formlosen – **Vereinbarung** mit dem Gläubiger ergeben. Der Umstand allein, dass der Gläubiger die Hauptforderung vor der Bürgschaftserteilung hat **versichern** lassen und der Bürge deshalb das Risiko für vollständig abgedeckt hält, reicht für die Annahme einer solchen Vereinbarung indes nicht aus. Weder darf der Bürge ohne weiteres davon ausgehen, seine Haftung beschränke sich auf den durch die Versicherung nicht gedeckten Ausfall, noch kann er darüber hinaus annehmen, der Gläubiger habe dieses Anliegen erkannt und gebilligt.[1708]

623   Aus dem Wesen der Ausfallbürgschaft ergibt sich, dass **vorformulierte Klauseln,** die – etwa durch die Fiktion des Ausfalls nach einem bestimmten Zeitablauf – die Obliegenheit des Gläubigers aufheben, **sich um die Beitreibung der Hauptschuld zu bemühen,** zumindest als überraschend iSd § 305c Abs. 1 BGB anzusehen sind. Scheidet der Überraschungseffekt im Einzelfall aus, so dürften diese Klauseln unwirksam sein, da sie den Vertragszweck gefährden (§ 307 Abs. 1, Abs. 2 Nr. 2 BGB).[1709]

c) Patronatserklärung

Schrifttum: *Ammelung/Sorocean,* Patronatserklärungen zugunsten ausländischer Tochtergesellschaften, RIW 1996, 668; *Bitter,* Insolvenzvorsorge durch Rangrücktritt und Patronatserklärung, ZHR 181 (2017), 428; *Böcker,* Patronatserklärung, Gesellschafterdarlehen, Finanzplankredit – Harmonischer Dreiklang oder schiefer Akkord?, DZWIR 2011, 93; *Böcker,* Primär- oder Sekundäranspruch aus einem Patronatsvertrag?, DZWIR 2017, 220; *La Corte,* Die harte Patronatserklärung, 2005; *G. Fischer,* Harte Patronatserklärung und Insolvenz, FS Lwowski, 2014, 177; *Fleischer,* Gegenwartsprobleme der Patronatserklärung im deutschen und europäischen Privatrecht, WM 1999, 666; *Frank-Fahle,* Rechtliche Verteidigungsmöglichkeiten gegen die Inanspruchnahme aus Patronatserklärungen im internationalen Anlagenbaugeschäft, ZfBR 2018, 107; *Fried,* Die weiche Patronatserklärung, 1998; *Gerth,* Atypische Kreditsicherheiten unter Berücksichtigung der Vorschriften über Rechnungslegung und Berichterstattung, 1980; *Grimm,* Die Patronatserklärung – Kreditsicherung und Insolvenzabwehr, 2019; *Habersack,* Patronatserklärungen ad incertas personas, ZIP 1996, 257; *Harnos,* Harte externe Patronatserklärung in der Insolvenz, ZIP 2017, 1149; *Haußer/Heeg,* Überschuldungsprüfung und Patronatserklärung, ZIP 2010, 1427; *Hölzle/Klopp,* Insolvenzvermeidende Patronatserklärungen, KTS 2016, 335; *J. Horn,* Patronatserklärungen im „common law" und im deutschen Recht, 1999; *Jander/Hess,* Die Behandlung von Patronatserklärungen im deutschen und amerikanischen Recht, RIW 1995, 730; *Kaiser,* Ist eine kündbare Patronatserklärung geeignet, die Überschuldung gemäß § 19 InsO zu beseitigen?, ZIP 2011, 2136; *Keßler,* Interne und externe Patronatserklärungen als Instrumente zur Insolvenzvermeidung, 2015; *Klene,* Gläubigerschutz durch Patronatserklärungen im Konzern, Der Konzern 2017, 389; *Koch,* Die Patronatserklärung, 2005; *Kronner/Seidler,* Patronatserklärung als Instrument der Überschuldungsbeseitigung, BB 2019, 555; *Kübler,* Haftungsumfang bei Kündigung einer Patronatserklärung, insbesondere im Insolvenzfall, FS Graf-Schlicker, 2018, 323; *Leitner,* Die Patronatserklärung, ÖBA 2002, 517; *Maier-Reimer/Etzbach,* Die Patronatserklärung, NJW 2011, 1110; *Michalski,* Die Patronatserklärung, WM 1994, 1229; *Merkel/Richrath* in Schimansky/Bunte/Lwowski, Bankrechtshandbuch, 5. Aufl. 2017, § 98; *Mosch,* Patronatserklärungen deutscher Konzernmuttergesellschaften und ihre Bedeutung für die Rechnungslegung, 1978; *Müller,* Die außerordentliche Kündigung von internen Patronatserklärungen, ÖBA 2017, 541; *Obermüller,* Die Patronatserklärung, ZGR 1975, 1; *Pagels/Lüder,* Prüfungsrelevante Fragen beim Vorliegen von (ausländischen) Patronatserklärungen, WPg 2017, 230; *Pickerill,* Das Ende der Patronatserklärung?, NZG 2018, 609; *Raeschke-Kessler/Christopeit,* Die harte Patronatserklärung als befristetes Sanierungsmittel, NZG 2010, 1361; *Ringsmeier,* Patronatserklärungen als Mittel zur Suspendierung der Insolvenzantragspflicht, FS Wellensiek, 2011, 133; *v. Rosenberg/Kruse,* Patronatserklärungen in der M&A-Praxis und in der Unternehmenskrise, BB 2003, 641; *Rüßmann,* Harte Patronatserklärungen und Liquiditätszusagen, 2006; *Saenger,* Patronatserklärungen – Bindungen und Lösungsmöglichkeiten, FS Eisenhardt, 2007, 489; *Saenger/Merkelbach,* Rechtswirkungen weicher Patronatserklärungen, WM 2007, 2309; *C. Schäfer,* Die harte Patronatserklärung – vergebliches Streben nach Sicherheit?, WM 1999, 153; *Schneider,* Patronatserklärungen gegenüber der Allgemeinheit, ZIP 1989, 619; *K. Schmidt,* Patronatserklärung mit Rangrücktritt: im Krisenstadium unauflösbar?, ZIP 2016 (Beilage zu Heft 22), 66; *J. Schröder,* Die

---

[1705] Vgl. dazu Staudinger/*Horn,* 2013, BGB Vor §§ 765 ff. Rn. 36 sowie § 771 Rn. 11.
[1706] BGH Urt. v. 19.3.1998 – IX ZR 120/97, NJW 1998, 2138 (2141); BGH Urt. v. 2.2.1989 – IX ZR99/88, WM 1989, 559.
[1707] BGH Urt. v. 10.12.1998 – IX ZR 156/98, WM 1999, 173.
[1708] BGH Urt. v. 17.3.1994 – IX ZR 174/93, WM 1994, 1064.
[1709] BGH Urt. v. 19.3.1998 – IX ZR 120/97, NJW 1998, 2138.

„harte" Patronatserklärung, ZGR 1982, 552; *Seiler,* Die Patronatserklärung im internationalen Wirtschaftsverkehr, 1982; *Stecher,* „Harte" Patronatserklärungen – Rechtsdogmatische und praktische Probleme, 1978; *Tetzlaff,* Patronatserklärungen – ein unkalkulierbares Haftungsrisiko für den Patron, ZInsO 2008, 337; *Tetzlaff,* Aufhebung von harten Patronatserklärungen, WM 2011, 1016; *Tetzlaff,* Kurzfristig kündbare Patronatserklärungen – ein untaugliches Sanierungsinstrument, DZWIR 2011, 181; *Thiekötter,* Die Patronatserklärung ad incertas personas, 1999; *Undritz,* Die Patronatserklärung als unentgeltliche Leistung in der Insolvenz des Patrons, FS Kayser, 2019, 977; *B. Wagner,* Haftungsrisiken aus Liquiditätszusagen und Patronatserklärungen in der Unternehmenskrise, 2011; *Wittig,* Moderne Patronatserklärungen, WM 2003, 1981; *Wollmert,* Rangrücktritts- und Patronatsvereinbarungen im Lichte der Jahresabschlussprüfung, FS Wellensiek, 2011, 171; *Wolf,* Die Patronatserklärung, 2005.

I. Begriff und Funktionen der Patronatserklärung

Die Patronatserklärung ist gesetzlich nicht geregelt, sondern ein kautelarjuristisch ausgeformtes **624** Mittel der Kreditsicherung und Unternehmensfinanzierung. Sie erfolgt typischerweise durch einseitig verpflichtende **vertragliche Vereinbarung** zwischen Patron und Protegé (interne PE) oder zwischen Patron und einem oder mehreren Dritten, meist Gläubigern des Protegés (externe PE).[1710] Sie stellt ein im nationalen und internationalen Kreditgeschäft geschätztes Instrument dar, um die Kreditwürdigkeit einer anderen, meist nahestehenden Person zu erhalten oder zu erhöhen, ohne unmittelbar eine Leistung an deren Gläubiger zum Zwecke der Kreditsicherung zu versprechen. Der *Patronatsvertrag* genießt als **atypische Personalsicherheit** vielfach ein höheres Prestige als die Sicherungsmittel Bürgschaft und Garantie, falls er nicht nur einzelne Gläubiger begünstigen, sondern generell die Bonität des patronierten Unternehmens verbessern soll; auch Gläubiger, die keine Ansprüche aus einem Patronatsvertrag haben, können davon profitieren.[1711] Der Begriffsinhalt der Patronatserklärung ist vielgestaltig, die **Terminologie uneinheitlich.**[1712] Im Folgenden wird nach ihrem Verpflichtungsgehalt zwischen *weichen* und *harten,* nach ihrem Adressaten zwischen *internen* und *externen,* nach ihrer Laufzeit zwischen *befristeten* und *unbefristeten* sowie nach ihrem betragsmäßigen Umfang zwischen *begrenzten* und *unbegrenzten* Patronatserklärungen unterschieden. Ihr Rechtsgehalt ist konkret anhand der Sach- und Interessenlage im Einzelfall durch Auslegung (§§ 133, 157 BGB) zu ermitteln. Als rechtsverbindliche **Finanzierungsvereinbarung,** etwa in Gestalt einer (gesellschaftsvertraglichen) **Liquiditätszusage,**[1713] kann sie sowohl (mittelbar) der Kreditsicherung[1714] als auch der Sanierung[1715] und Insolvenzvermeidung[1716] dienen (→ Rn. 639 ff., → Rn. 698 ff.).

1. Patron und Protegé. Im praktischen Anwendungsbereich geht es meist um Patronatserklärun- **625** gen zugunsten konzernangehöriger Unternehmen. Dabei handelt es sich vorwiegend um Erklärungen

---

[1710] Muster und Formulare bei *Kraft/Link* in Hopt Vertrags- und FormB III.K.1. und 2; *Fuhrmann/Wälzholz,* Formularbuch Gesellschaftsrecht, 3. Aufl. 2018, 14.67, 14.68.

[1711] Instruktiv hierzu bereits die BuM-Entscheidung BGH Urt. v. 26.3.1984 – II ZR 171/83, BGHZ 90, 381 = JZ 1984, 1031 mAnm *Schwark* JZ 1984, 1036 = NJW 1984, 1893 mit im Vorfeld der Beton- und Monierbau-Insolvenz gescheiterten Bemühungen um eine Patronatserklärung sowie aus jüngerer Zeit die sogar vom Vorwurf vorsätzlicher Untreue (mit-)entlastende, da unterbilanzvermeidende Patronatserklärung der Berliner Bankgesellschaft AG im Rahmen des sog. Berliner Bankenskandals BGH Urt. v. 28.5.2013 – 5 StR 551/11, NStZ 2013, 715 Rn. 30. Vgl. auch BGH Urt. v. 7.5.2019 – II ZR 5/17, NZG 2019, 1185 Rn. 19: PE als Beitrag (ausgeschiedener Mitgliedsunternehmen) zur Sicherstellung künftiger Versorgungszahlungen eines Unternehmensverbands.

[1712] Vgl. umfassend *Koch,* Die Patronatserklärung, 2005, 13 ff.; im Überblick *Maier-Reimer/Etzbach* NJW 2011, 1110 ff.

[1713] Die Terminologie ist auch insoweit uneinheitlich; sie reicht von der Gleichsetzung mit harten PE bis zur strikten Entgegensetzung, s. dazu *Rüßmann,* Harte Patronatserklärungen und Liquiditätszusagen, 2006, 159 ff., der die wesentlichen Unterschiede in der Aktivlegitimation und im Haftungsumfang sieht, die bei Liquiditätszusagen auch nach Eintritt der Zahlungsunfähigkeit ausschließlich bei der Tochtergesellschaft liege bzw. über die eingegangene Verbindlichkeit erheblich hinausgehen könne (185 f.); diff. *B. Wagner,* Haftungsrisiken aus Liquiditätszusagen und Patronatserklärungen in der Unternehmenskrise, 2011, 95 ff.

[1714] Vgl. für *Geldkredit* zB BGH Urt. v. 30.1.1992 – IX ZR 112/91, BGHZ 117, 127 = NJW 1992, 2093; für *Lieferantenkredit* zB BGH Beschl. v. 12.1.2017 – IX ZR 95/16, NZI 2017, 157. Ausf. *Bülow,* Kreditsicherheiten, 9. Aufl. 2017, Rn. 1620 ff.; *G. Fischer* in Lwowski/Fischer/Gehrlein Kreditsicherung § 9 Rn. 235 ff.; *Grimm,* Die Patronatserklärung – Kreditsicherung und Insolvenzabwehr, 2019, 107 ff.; *Staub/Renner* Bankgeschäfte Rn. 4/951 ff.; *Merkel/Richrath* in Schimansky/Bunte/Lwowski BankR-HdB § 98 Rn. 16, 20 ff.; *Wittig* WM 2003, 1981 ff.

[1715] Vgl. dazu *Haußer/Heeg* ZIP 2010, 1427 ff.; *Raeschke-Kessler/Christopeit* NZG 2010, 1361 ff.; einschränkend *Merkel/Richrath* in Schimansky/Bunte/Lwowski BankR-HdB § 98 Rn. 15, 17 ff.; ausf. *Keßler,* Interne und externe Patronatserklärungen als Instrumente zur Insolvenzvermeidung, 2015, 70 ff.; *Grimm,* Die Patronatserklärung – Kreditsicherung und Insolvenzabwehr, 2019, 243 ff., 256 ff.; *Kronner/Seidler* BB 2019, 555 ff.

[1716] Zu *internen* PE vgl. BGH Urt. v. 20.9.2010 – II ZR 296/08, BGHZ 187, 69 Rn. 3, 18 = NJW 2010, 3442 – STAR 21 mit einer Kombination von Liquiditätszusage und Rangrücktrittserklärung; ausf. *Junggeburth,* Interne harte PE als Mittel der Insolvenzabwehr, 2009; *Hölzle/Klopp* KTS 2016, 335 (351 ff.). Zu *externen* PE dagegen BGH Urt. v. 19.5.2011 – IX ZR 9/10, NZG 2011, 913 = ZIP 2011, 1111. Ausf. *Bitter* ZHR 181 (2017), 428 ff., der ein übergreifendes Konzept der vertraglichen Insolvenzvorsorge aus PE und (qualifiziertem) Rangrücktritt verfolgt; ausf. *Grimm,* Die Patronatserklärung – Kreditsicherung und Insolvenzabwehr, 2019, 190 ff.; im Überblick *K. Schmidt* in K. Schmidt/Uhlenbruck, Die GmbH in Krise, Sanierung und Insolvenz, 5. Aufl. 2016, Rn. 2.250, 5.135.

einer Ober- oder **Muttergesellschaft,** die für Verbindlichkeiten einer Tochter- oder Enkelgesellschaft (Protegé) einzustehen verspricht, indem sie deren finanzielle Ausstattung zusagt oder ein bestimmtes bonitätsrelevantes Verhalten in Aussicht stellt.[1717] Auch als möglicher Bestandteil eines Verlustübernahmevertrags ist sie von diesem selbst ebenso wie von der Konzernhaftung aus Unternehmensverträgen und der Verpflichtung zum Verlustausgleich gemäß oder analog § 302 AktG hinsichtlich Form, Inhalt und Rechtsfolgen strikt zu unterscheiden.[1718] Außerhalb des Konzernbereichs werden Patronatserklärungen etwa von **(Haupt-)Aktionären** einer AG oder KGaA oder von **Gesellschaftern** einer KG oder GmbH für die Gesellschaft abgegeben.[1719] Gelegentlich tritt auch ein anderer **Gläubiger** als Patron auf, der seine Liefer-, Abnahme- oder Beteiligungsabsichten erklärt, um die Geschäfts- und Gewinnaussichten des patronierten Unternehmens zu erhöhen und damit seine Kreditwürdigkeit zu verbessern.[1720] Auch die **öffentliche Hand** bedient sich zuweilen (genehmigungsbedürftiger) harter Patronatserklärungen, etwa als Bonitätsausweis kommunaler Eigenbetriebe.[1721]

626   **2. Erklärungsinhalt.** Der rechtswirksame Inhalt einer Patronatserklärung ist im konkreten Fall **durch Auslegung (§§ 133, 157 BGB) zu ermitteln,** bei vorformulierten Erklärungen in Formularverträgen und AGB nach den Grundsätzen der objektiven Auslegung (§ 307 BGB).[1722] Die Bandbreite möglicher Erklärungen reicht von nur moralisch verpflichtenden Verlautbarungen und Goodwill-Bekundungen (zB „Wir stehen jederzeit hinter unserer Tochter") über rechtlich verpflichtende Auskunfts- und Mitteilungsverträge[1723] bis hin zu schuldvertraglichen Verpflichtungen, das patronierte Unternehmen finanziell auszustatten, sei es gegenständlich begrenzt[1724] oder betragsmäßig limitiert,[1725] bedingt oder befristet (zB bis zur vollständigen Tilgung aktuell fälliger Verbindlichkeiten, insb. einer bestimmten Kreditrückzahlung[1726] oder zur Überwindung vorübergehender Zahlungsschwierigkeiten),[1727] sei es unbegrenzt und unbefristet zur Erhaltung und Stärkung seiner Bonität und Liquidität.[1728] Die übliche Unterscheidung zwischen *weichen* und *harten* Patronatserklärungen[1729] erfolgt meist danach, ob sich der Patron zur finanziellen Ausstattung des Protegés verpflichtet hat.[1730] Äußert der Patron lediglich unverbindliche Absichtserklärungen[1731] oder verspricht er eine bestimmte Geschäftspolitik, Informationen oder Einflussnahmen, so kann dies Schadensersatzansprüche auslösen (→ Rn. 693 ff.), jedoch keine finanzielle Ausstattungsverpflichtung **(weiche Patronatserklärung).** Soll hingegen die

[1717] Vgl. BGH Urt. v. 30.1.1992 – IX ZR 112/91, BGHZ 117, 127 = NJW 1992, 2093 = WM 1992, 501 zu einer PE für ein Enkelunternehmen; BGH Urt. v. 20.9.2010 – II ZR 296/08, BGHZ 187, 69 Rn. 32 = NJW 2010, 3442 – STAR 21 (Cash Pool); BGH Beschl. v. 12.1.2017 – IX ZR 95/16, NZI 2017, 157, jew. zu PE für Tochterunternehmen; im Überblick Emmerich/Habersack/*Emmerich* AktG § 302 Rn. 8 ff.; *Klene* Der Konzern 2017, 389 ff.

[1718] Vgl. BGH Urt. v. 16.6.2015 – II ZR 384/13, BGHZ 206, 74 Rn. 20 = NZG 2015, 912; MüKoAktG/ *Altmeppen* AktG § 291 Rn. 164; MüKoGmbHG/*Liebscher* GmbHG Anh. § 13 Rn. 860 ff.; Henssler/Strohn/*Paschos* AktG § 291 Rn. 40; Emmerich/Habersack/*Emmerich* AktG § 302 Rn. 14. Anders (obiter) BGH Urt. v. 19.5.2011 – IX ZR 9/10, NZG 2011, 913 Rn. 19: konzerninterne PE synonym als Verlustdeckungs- und Verlustübernahmeerklärungen.

[1719] Vgl. BGH Urt. v. 8.5.2006 – II ZR 94/05, NZG 2006, 543 (544) = WM 2006, 1202 (1203) – Boris Becker/ Sportgate – zu einer Verlustdeckungs- und (nicht entscheidungserheblichen) Liquiditätszusage eines Minderheitsaktionärs; BGH Urt. v. 21.11.2019 – IX ZR 223/18, NZI 2020, 114 = WM 2020, 98. Zur unbeschränkten Haftung des herrschenden Kommanditisten s. *Fleischer/Hahn* NZG 2018, 1281 ff.

[1720] Vgl. OLG Düsseldorf Urt. v. 26.1.1989 – 6 U 23/88, NJW-RR 1989, 1116; OLG Frankfurt a. M. Urt. v. 30.10.2012 – 14 U 141/11, GmbHR 2013, 139.

[1721] Vgl. BGH Urt. v. 22.9.2009 – XI ZR 286/08, WM 2009, 2073 = NJW 2010, 144 (Negativattest als Genehmigungsersatz); zum EU-Beihilfenrecht, insbes. Art. 107 f. AEUV s. *Merkel/Richrath* in Schimansky/Bunte/ Lwowski BankR-HdB § 98 Rn. 51 ff.

[1722] Vgl. KG Beschl. v. 30.12.2010 – 20 U 37/09, WM 2011, 1072.

[1723] Vgl. OGH Beschl. v. 18.1.2011 – 4 Ob 151/10z, ÖBA 2011, 337, in casu war ua eine Informationspflicht in Bezug auf Umstände *(circumstances)* der Kreditnehmerin übernommen worden. Zu Mitteilungspflichten hinsichtlich gesellschaftsrechtlicher Beteiligungsverhältnisse, deren Änderung, Aufgabe etc → Rn. 658 ff.

[1724] ZB auf Verpflichtungen aus einem zu sichernden Kredit oder auf Verbindlichkeiten aus einer bestimmten Geschäftsbeziehung, → Rn. 658 ff.

[1725] ZB in den Fällen BGH Urt. v. 8.5.2006 – II ZR 94/05, NZG 2006, 543 = WM 2006, 1202 – Boris Becker/ Sportgate; BGH Urt. v. 20.9.2010 – II ZR 296/08, BGHZ 187, 69 = NJW 2010, 3442 – STAR 21.

[1726] So im Fall BGH Urt. v. 22.9.2009 – XI ZR 286/08, NJW 2010, 144 = WM 2009, 2073.

[1727] So in den Fällen BGH Urt. v. 20.9.2010 – II ZR 296/08, BGHZ 187, 69 = NJW 2010, 3442 – STAR 21; BGH Beschl. v. 12.1.2017 – IX ZR 95/16, NJW-RR 2017, 298 = WM 2017, 326; BGH Urt. v. 21.11.2019 – IX ZR 223/18, NZI 2020, 114 = WM 2020, 98 Rn. 4. Zur Wirkung in der Insolvenz → Rn. 702.

[1728] Instruktiv OGH Beschl. v. 18.1.2011 – 4 Ob 151/10z, ÖBA 2011, 337: Je nach ihrem Inhalt reichen sie von völliger Unverbindlichkeit über Verwendungszusagen bis zum Garantievertrag.

[1729] Seit *Mosch,* Patronatserklärungen deutscher Konzernmuttergesellschaften und ihre Bedeutung für die Rechnungslegung, 1978, 3; ausf. zur Begriffsgeschichte *Koch,* Die Patronatserklärung, 2005, 11 ff., 23 ff.

[1730] Die Trennlinie verläuft nicht einheitlich; zuweilen wird „hart" mit rechtsverbindlich gleichgesetzt, so dass auch Auskunfts- und Informationspflichten darunter fallen, die hier den weichen PE zugeordnet werden. Vgl. instruktiv *Koch,* Die Patronatserklärung, 2005, 23 ff. mN.

[1731] Unverbindliche Äußerungen, die dem Empfänger nicht mehr als ein „warm feeling" verschaffen sollen, so OGH Beschl. v. 18.1.2011 – 4 Ob 151/10z, ÖBA 2011, 337 mit *Käser* RabelsZ 35 (1971), 601 (613).

Kreditwürdigkeit und Zahlungsfähigkeit des patronierten Unternehmens hergestellt, erhalten oder verbessert werden, so geschieht dies durch rechtsverbindliche Ausstattungs- und Einstandspflichten **(harte Patronatserklärung).** [1732] Der Patron schuldet jedoch auch daraus nicht primär den Eintritt eines bestimmten Erfolgs beim Gläubiger, etwa die Befriedigung seiner Ansprüche gegen die Tochtergesellschaft, sondern deren **finanzielle Ausstattung,** dh er muss sie durch interne Mittelzuführung (Ausstattung) in die Lage versetzen, ihre Verbindlichkeiten zu erfüllen (zur Haftung → Rn. 698 ff.).

3. Rechtsnatur. Bei der **harten Patronatserklärung** handelt es sich nach herrschender Auffassung **627** um einen einseitig verpflichtenden Finanzierungs-**Vertrag sui generis,** der den Patron gegenüber dem Adressaten der Erklärung zur Ausstattung des Protegés mit Liquidität verpflichtet, ohne dem hierdurch begünstigten Dritten ein entsprechendes Forderungsrecht auf Leistung an sich zu geben.[1733] Der Patron ist – vorinsolvenzlich – selbst bei einer *(externen) Erklärung im Außenverhältnis* zu einem Gläubiger des patronierten Unternehmens nicht zur (Direkt-)Zahlung an diesen verpflichtet, sondern dazu, das Unternehmen mit den notwendigen Mitteln auszustatten. Der Patron haftet dem Gläubiger jedoch neben dem protegierten „Hauptschuldner" für dieselbe Leistung aufs Ganze aus § 280 Abs. 1 BGB, wenn sich seine Forderung als uneinbringlich erweist.[1734] Deshalb ist der Patron im Hinblick auf eine bestehende Weiterleitungsgefahr (→ Rn. 685) berechtigt, direkt an den begünstigten Gläubiger zu leisten (facultas alternativa), um eine doppelte Inanspruchnahme zu vermeiden.[1735] Auch bei einer *(konzerninternen) Erklärung im Innenverhältnis* zum patronierten Unternehmen – die zuweilen auch als Verlustdeckungszusage oder Verlustübernahmeerklärung bezeichnet wird[1736] – hängt es vom Inhalt der getroffenen Vereinbarung ab, ob die Tochtergesellschaft die zugesagten Mittel darlehensweise erhalten und nachrangig iSd §§ 19 Abs. 2 S. 2, 39 Abs. 2 InsO oder nicht zur Rückzahlung verpflichtet sein soll.[1737] Dies ist ua in der Insolvenz des Protegés von besonderer Bedeutung (→ Rn. 639 ff., → Rn. 698 ff.).

Es handelt sich somit um einen *unechten* **Vertrag zu Gunsten Dritter.** Im Vordergrund der *externen* **628** Vereinbarung steht regelmäßig das Interesse der/des Gläubiger/s an der finanziellen Ausstattung des Hauptschuldners. Da die harte Patronatserklärung wegen ihrer Flexibilität (→ Rn. 634 ff.) gewählt wird, kann kaum angenommen werden, der Patron wolle die Zahl seiner Gläubiger dadurch erhöhen, dass er dem Protegé („Hauptschuldner") ein Forderungsrecht vermittelt.[1738] Ein eigenständiger Anspruch des patronierten Unternehmens entspricht auch nicht dem Sicherungsinteresse des Gläubigers, der sonst in der Insolvenzsituation mit anderen Gläubigern, die auf dieses Recht im Wege der Forderungspfändung Zugriff nehmen könnten, konkurrieren müsste.[1739] Auch bei der *internen* Vereinbarung dominiert das Interesse der Beteiligten an der finanziellen Ausstattung des patronierten Unternehmens, dem jedoch ein Anspruch darauf zustehen muss, wenn seine Zahlungsfähigkeit erhalten und eine insolvenzrechtliche Überschuldung vermieden oder beseitigt werden soll (→ Rn. 639 ff., → Rn. 698 ff.).[1740] Gläubiger des Protegés sind hierdurch unbeschadet eines bestehenden Sicherungsinteresses lediglich indirekt, reflexhaft begünstigt.

[1732] Zur Unterscheidung zwischen Ausstattungs- und Einstandspflicht etwa *Koch,* Die Patronatserklärung, 2005, 92 ff.

[1733] BGH Beschl. v. 12.1.2017 – IX ZR 95/16, NZI 2017, 157 Rn. 6; OLG Celle Urt. v. 18.6.2008 – 9 U 14/08, NZG 2009, 308; OLG Düsseldorf Urt. v. 26.1.1989 – 6 U 23/88, NJW-RR 1989, 1116; *Gerth,* Atypische Kreditsicherheiten unter Berücksichtigung der Vorschriften über Rechnungslegung und Berichterstattung, 1980, 144; *Habersack* ZIP 1996, 257; *Horn,* Patronatserklärungen im „common law" und im deutschen Recht, 1999, 178; *Mosch,* Patronatserklärungen deutscher Konzernmuttergesellschaften und ihre Bedeutung für die Rechnungslegung, 1978, 133; *Stecher,* „Harte" Patronatserklärungen – Rechtsdogmatische und praktische Probleme, 1978, 75 ff.; *Obermüller* WM 1974, 990; *Wittig* in Hellner/Steuer BuB Rn. 4/2873 ff., 2876; abw. *Köhler* WM 1978, 1338 (1346).

[1734] BGH Urt. v. 30.1.1992 – IX ZR 112/91, BGHZ 117, 127 (130) = NJW 1992, 2093; Beschl. v. 12.1.2017 – IX ZR 95/16, NZI 2017, 157 Rn. 6 f.

[1735] Vgl. zur Inanspruchnahme des Patrons nach Insolvenzanfechtung BGH Beschl. v. 12.1.2017 – IX ZR 95/16, NZI 2017, 157 Rn. 7 mAnm *Burmeister/Tasma* NZI 2017, 158; *Ganter* WuB 2017, 308. → Rn. 716.

[1736] Vgl. etwa BGH Urt. v. 8.5.2006 – II ZR 94/05, NZG 2006, 543 = WM 2006, 1202 Rn. 10; MüKoBGB/ *Habersack* BGB Vor § 765 Rn. 49; *K. Schmidt* FS Werner, 1984, 777 ff. Zur notwendigen begrifflichen Unterscheidung von gesellschaftsvertraglichen Vereinbarungen iSd § 302 AktG s. Fn. 3, → Rn. 625, → Rn. 640.

[1737] BGH Urt. v. 20.9.2010 – II ZR 296/08, BGHZ 187, 69 Rn. 32 = NJW 2010, 3442 – STAR 21. Zur Qualifikation als kapitalersetzende Finanzierungshilfe vgl. BAG Urt. v. 29.9.2010 – 3 AZR 427/08, BAGE 135, 344 = NZA 2011, 1416; OLG Celle Urt. v. 18.6.2008 – 9 U 14/08, NZG 2009, 307.

[1738] *Koch,* Die Patronatserklärung, 2005, 132, 133; *Horn,* Patronatserklärungen im „common law" und im deutschen Recht, 1999, 79; *Kohout,* Patronatserklärungen, 1984, 120.

[1739] *Gerth,* Atypische Kreditsicherheiten unter Berücksichtigung der Vorschriften über Rechnungslegung und Berichterstattung, 1980, 144; *Haußer/Heeg* ZIP 2010, 1427 (1431); *Michalski* WM 1994, 1229 (1238); *Mosch,* Patronatserklärungen deutscher Konzernmuttergesellschaften und ihre Bedeutung für die Rechnungslegung, 1978, 203.

[1740] Str., anders *Koch,* Die Patronatserklärung, 2005, 128 ff.,133, der das Ausstattungsinteresse des Protegés stets hintanstellt und ihm daher einen Primärleistungsanspruch versagt. Dagegen wie hier BeckOGK/*Harnos* BGB § 765 Rn. 658 mwN.

629   Die über unverbindliche Absichtserklärungen hinausgehende, rechtsverbindliche **weiche Patronatserklärung** begründet (primär) keine Zahlungs- oder Einstandspflichten, sondern ist je nach Erklärungsinhalt als einseitig zu Auskünften, Mitteilungen oder sonstigem bonitätsförderlichem Verhalten verpflichtender Vertrag eigener Art in der Form des unechten Vertrages zugunsten Dritter zu qualifizieren.[1741] Eine Verletzung daraus resultierender Verhaltens- und Sorgfaltspflichten (zB durch fehlerhafte Auskünfte) kann jedoch (sekundär) ebenfalls zum Schadensersatz nach § 280 Abs. 1 BGB verpflichten. Für vor- und außervertraglich enttäuschtes Vertrauen kommt dagegen nur eine Haftung nach § 311 Abs. 2, 3 BGB in Betracht.[1742]

630   **4. Abgrenzung zu Kreditsicherheiten. a) Schuldbeitritt.** Der Patronatsvertrag kann nicht als Schuldbeitritt aufgefasst werden, obwohl der Patron bei einer harten externen Patronatserklärung dem Gläubiger neben dem Protegé für dieselbe Leistung aufs Ganze haftet.[1743] Denn vor Eintritt des „Sicherungsfalls" (→ Rn. 702 f.) besteht **keine eigene Zahlungsverbindlichkeit** des Patrons gegenüber dem Gläubiger, da er sich lediglich zur finanziellen Ausstattung des Hauptschuldners verpflichtet hat. Dabei kann die **Höhe** der Leistungsverpflichtung des Patrons – mangels betragsmäßiger Beschränkung – die Kreditsumme übersteigen, weil die erforderliche Ausstattung nicht durch die Höhe des Kredits begrenzt ist. Setzt etwa das patronierte Unternehmen die ihm überlassenen Mittel anderweitig als zur Rückführung des in Rede stehenden Kredits ein oder greifen andere Gläubiger darauf zu, verwirklicht sich also das sog. **Weiterleitungsrisiko,** muss der Patron die Ausstattung wiederholen (→ Rn. 685). Während der Schuldbeitritt eine vom Zeitpunkt des Beitritts an eigene unabhängige Verpflichtung begründet, entfällt die Ausstattungsverpflichtung des Patrons, wenn der Hauptschuldner dem Rückzahlungsanspruch des Gläubigers rechtshindernde oder rechtsvernichtende Einwendungen entgegenhalten kann.

631   **b) Kreditauftrag.** Das erkennbare Eigeninteresse einer Muttergesellschaft an der Kreditvergabe zugunsten ihres Tochterunternehmens begründet auch keinen Kreditauftrag iSv § 778 BGB mit der Folge einer Haftung der Mutter als Bürgin. Der Patronatsvertrag, der das **fremde Kreditverhältnis voraussetzt** und fördert, kann nicht als Einigung über ein Auftragsverhältnis zwischen Gläubiger und Patron verstanden werden. Der Muttergesellschaft soll nach der Interessenlage nicht das Recht vermittelt werden, bis zur Kreditvergabe eine Widerrufsmöglichkeit gegenüber dem Gläubiger als Beauftragtem zu haben (§ 671 Abs. 1 BGB); der Gläubiger ist nicht gegenüber dem Patron verpflichtet, der Tochtergesellschaft Kredit zu gewähren.[1744]

632   **c) Garantie.** Aufgrund einer *harten* Patronatserklärung hat der Patron zwar für die Zahlungsfähigkeit des patronierten Unternehmens zu sorgen und einzustehen, er übernimmt aber auch bei *(externer)* Erklärung **keine unmittelbare Leistungsverpflichtung** gegenüber dem Gläubiger und deshalb auch keine Garantie. Anders als diese bezweckt der Patronatsvertrag nicht die Schadloshaltung des Gläubigers „in jedem Fall" eines Ausbleibens der Schuldnerleistung, sondern zielt darauf, das patronierte Unternehmen in die Lage zu versetzen, seine Verpflichtungen zu erfüllen. Die Patronatserklärung schützt den Gläubiger mithin nicht davor, dass der Hauptschuldner die Forderung auf Grund hoheitlicher Maßnahmen oder ähnlicher Risiken nicht erfüllen kann.[1745] Eine **garantieähnliche Wirkung** zeigt die externe harte Patronatserklärung allerdings in der Insolvenz des Protegés (→ Rn. 700 ff.).

633   **d) Bürgschaft.** Auch hier besteht Abgrenzungsbedarf nur für *harte externe* Patronatserklärungen. **Empfänger** der Ausstattungsleistung ist das patronierte Unternehmen, **nicht der Gläubiger.** Deshalb kann auch die *externe* Patronatserklärung nicht als Bürgschaft angesehen werden.[1746] Sie ist (wie die Garantie) grundsätzlich unabhängig vom Entstehen und Fortbestand einer Gläubigerforderung gegen den Protegé (zu einer möglichen Akzessorietät → Rn. 686 f.). Allerdings haftet der Patron einer *externen* Patronatserklärung im Falle der Insolvenz des patronierten Unternehmens („Hauptschuldners") dem Gläubiger für die Uneinbringlichkeit der „gesicherten" Forderung primär aufs Ganze; ihn

---

[1741] Dazu vertiefend bereits *Obermüller* ZGR 1975, 1 (4, 9, 17, 20 f.); *Fleischer* WM 1999, 666 (671); ausf. *Fried,* Die weiche Patronatserklärung, 1998, 104 ff., der zehn Grundtypen herausarbeitet; diff. BeckOGK/*Harnos* BGB § 765 Rn. 669 ff., 678 ff., der eine vertragliche Bindung nur bei zukunftsbezogenen Erklärungen annimmt.

[1742] Ausf. dazu *Fried,* Die weiche Patronatserklärung, 1998, 207 ff.; 230 ff.; BeckOGK/*Harnos* BGB § 765 Rn. 670 ff., 678 ff., der zwischen vergangenheitsbezogenen (Vertrauenshaftung) und zukunftsbezogenen (Vertragshaftung) Erklärungen unterscheidet.

[1743] BGH Beschl. v. 12.1.2017 – IX ZR 95/16, NZI 2017, 157 Rn. 6.

[1744] Vgl. *Stecher,* „Harte" Patronatserklärungen – Rechtsdogmatische und praktische Probleme, 1978, 65; *Michalski* WM 1994, 1229 (1236); *Koch,* Die Patronatserklärung, 2005, 117 f.

[1745] Ausf. zu Begriff und Sicherungskonstruktion der Forderungsgarantie *Bülow,* Recht der Kreditsicherheiten, 9. Aufl. 2017, Rn. 1543 ff.

[1746] AA *Rüßmann,* Harte Patronatserklärungen und Liquiditätszusagen, 2006, 56 ff., 143, 185, der harte PE als Sonderform der Bürgschaft qualifiziert. Vgl. hierzu den instruktiven Hintergrund von BGH Urt. v. 26.3.1984 – II ZR 171/83, BGHZ 90, 381 = NJW 1984, 1893, wo im Vorfeld der BuM-Insolvenz Bemühungen um eine Patronatserklärung gescheitert waren, stattdessen nur eine Ausfallbürgschaft erlangt werden konnte.

E. Wagner

trifft dann eine **bürgschaftsähnliche Einstandspflicht,**[1747] wobei der Gläubiger einen Ausfall des Hauptschuldners weder abwarten muss noch darauf beschränkt ist (→ Rn. 700 f.).[1748] Dies gilt auch nach erfolgreicher Insolvenzanfechtung.[1749]

5. Vorteile und Risiken einer Patronatserklärung. Die Vorteile der Patronatserklärung gegen-   **634** über fest umrissenen, *typischen* Kreditsicherheiten liegen in ihrer **Flexibilität.**[1750] Die Patronatserklärung ist gesetzlich nicht geregelt und erst in jüngster Zeit wiederholt Gegenstand zivilgerichtlicher Entscheidungen geworden; ihre Voraussetzungen, Inhalt und Reichweite wurden maßgeblich im kredit- und insolvenzrechtlichen Schrifttum herausgearbeitet. Ob einer Erklärung des Patrons überhaupt ein Rechtsbindungswille entnommen werden kann, wem sie dienen soll (etwa dem Erklärungsempfänger, der auch eine Behörde sein kann, einem bestimmten Gläubiger, allen gegenwärtigen und/ oder künftigen Gläubigern der Tochtergesellschaft oder dieser selbst), wie die Patronatserklärung zu erfüllen ist und ob ihr insbesondere eine Haftungserklärung entnommen werden kann, verschließt sich einer generellen Beurteilung. Zur Feststellung ihres rechtswirksamen Regelungsgehalts kommt es bei der Patronatserklärung in besonderem Maße auf die konkreten Umstände des Einzelfalles an, mithin auf die jeweilige Sach- und Interessenlage.[1751]

Auf Seiten des Patrons kann ein **Vorteil der weichen Patronatserklärung** darin liegen, dass er kein   **635** Vermögensopfer für den von ihm gewünschten Kredit des patronierten Unternehmens bringen muss. Damit einher geht die Vermeidung der Bilanzvermerkpflicht gem. §§ 251 S. 1, 268 Abs. 7 HGB, solange der Patron keine Haftungsverpflichtung eingeht.[1752] Anders als Bürgschaften oder Garantien sind weiche Patronatserklärungen auch nicht provisionspflichtig, sodass die für ihre ausländische Tochtergesellschaft engagierte Muttergesellschaft nicht fürchten muss, die Finanzverwaltung werde gem. § 1 Abs. 1 Außensteuergesetz Einkünfte aus fiktiven (Bürgschafts-)Provisionen ansetzen und diese über den entsprechend höheren Bilanzgewinn der Körperschaftsteuer unterwerfen.[1753] Bestehen gesellschaftsinterne Genehmigungsvorbehalte für Kreditsicherheiten, muss der Patron sie für weiche Patronatserklärungen nicht beachten. Patronatserklärungen ohne unmittelbar verpflichtenden Charakter bieten sich auch an, um im Auslandsverkehr das Erfordernis einer Devisengenehmigung zu meiden.[1754] **Harte Patronatserklärungen** bieten grundsätzlich den Vorteil, dass sie dem Patron die Wahl lassen, wie er die Ausstattungsverpflichtung gegenüber dem patronierten Unternehmen erfüllt, etwa durch Zuführung von Barmitteln, Darlehensgewährung auch durch Dritte, Erlass eigener Forderungen oder Rangrücktrittsvereinbarung, Stellung von Kreditsicherheiten zur Erhöhung der Liquidität, Belieferung mit Waren. Da Inhalt und Reichweite der harten Patronatserklärung im Einzelfall durch Auslegung zu ermitteln sind und die rechtlichen wie tatsächlichen Voraussetzungen für das Zustandekommen des Patronatsvertrages umstritten sein können, birgt die Geltendmachung einer harten Patronatserklärung erhebliche Prozessrisiken für den Gläubiger.

Auf Seiten des Gläubigers einer Tochtergesellschaft kann auch eine **weiche Patronatserklärung** der   **636** Muttergesellschaft von Interesse sein, wenn es sich um ein bekanntes Unternehmen handelt, dessen Ruf auf dem Spiel steht und bei dem aus Gründen der Reputation zu erwarten steht, dass es für die Rückzahlung des Kredits sorgen wird. Der Verzicht auf eine rechtlich durchsetzbare Kreditsicherheit mag die wettbewerblichen Aussichten einer Bank oder eines anderen Großgläubigers erhöhen, ein lukratives Geschäft mit der Tochtergesellschaft zu schließen.[1755] Hat die aktuelle Finanzausstattung der Tochtergesellschaft eine geringe Aussagekraft, weil die herrschende Gesellschaft sie jederzeit verändern kann, und vermag der Gläubiger nicht, die Muttergesellschaft durch eine Organschaftserklärung[1756] zu binden, so kann er durch eine Patronatserklärung über die Aufrechterhaltung der bestehenden Beteiligungsverhältnisse an dem Tochterunternehmen, eine Mitteilungspflicht hinsichtlich ihrer Veränderung, das Versprechen, die Tochtergesellschaft nicht auszuhöhlen oder auf ihre Leitung dergestalt Einfluss zu nehmen, dass sie ihren Verpflichtungen aus dem Kreditverhältnis nachkommt, immerhin

---

[1747] BGH Beschl. v. 12.1.2017 – IX ZR 95/16, NZI 2017, 157 Rn. 6.

[1748] BGH Urt. v. 30.1.1992 – IX ZR 112/91, BGHZ 117, 127 (133 f.) = NJW 1992, 2093 f.; BGH Urt. v. 8.5.2003 – 334/01, NJW-RR 2003, 1042 = WM 2003, 1178 (1180); *Rümker* EWiR § 765 BGB 2/92, 335 f.; vertiefend *Schäfer* WM 1999, 153 (162 f.), der auf den Sicherungscharakter abstellt.

[1749] BGH Beschl. v. 12.1.2017 – IX ZR 95/16, NZI 2017, 157 Rn. 7.

[1750] Dazu bereits *Obermüller* ZGR 1975, 1 (49).

[1751] Zu möglichen Motiven und ihrer wirtschaftlichen Bedeutung *Grimm*, Die Patronatserklärung – Kreditsicherung und Insolvenzabwehr, 2019, 69 ff.; ausf. bereits *Koch*, Die Patronatserklärung, 2005, 32 ff., 55 ff., der zutr. darauf hinweist, dass Umgehungsmotive steuer-, bilanz-, devisen- oder gesellschaftsrechtlicher Art zunehmend in den Hintergrund treten angesichts spezifischer („arteigener") Vorteile der PE als Finanzierungsinstrument.

[1752] Ebenso Staub/*Renner* Bankgeschäfte Rn. 4/952.

[1753] Dazu eingehend *Ammelung/Sorocean* RIW 1996, 668 (671 f.).

[1754] Vgl. *Michalski* WM 1994, 1229 (1230 ff.).

[1755] *Stecher*, „Harte" Patronatserklärungen – Rechtsdogmatische und praktische Probleme, 1978, 7.

[1756] Organschafts- oder Organschaftsreverse sind Verpflichtungen der Muttergesellschaft, die ihre konzernrechtliche Haftung zugunsten des Kreditgebers der Tochtergesellschaft erweitern und Besicherungslücken der gesetzlichen Verlustausgleichsregelungen schließen sollen, vgl. *Merkel/Richrath* in Schimansky/Bunte/Lwowski BankR-HdB § 98 Rn. 60 ff.

erreichen, dass gläubigerwidrige Regelungen eines Beherrschungs- oder Gewinnabführungsvertrages modifiziert werden.[1757] Dagegen vermittelt die **harte Patronatserklärung** dem Gläubiger jedenfalls im Insolvenzfall einen unmittelbaren (Schadensersatz-)Anspruch gegen den Patron.[1758] Dies gilt **auch nach erfolgreicher Insolvenzanfechtung** geleisteter Zahlungen in der Insolvenz des Protegés, obwohl der Patronatsgeber hinsichtlich der angefochtenen Zahlungen seine Ausstattungspflicht erfüllt hatte.[1759]

637   **Risiken** *für den Gläubiger* liegen bei der *weichen* Patronatserklärung zB darin, dass sein Vertrauen in die Person des Patrons oder dessen Beteiligung und Einflussnahme enttäuscht wird, er aber sekundäre Haftungsansprüche dennoch in tatsächlicher oder rechtlicher Hinsicht nur schwer begründen und durchsetzen kann; auch bei einer *harten* Erklärung trägt er ggf. ein (verglichen mit Bürgschaft und Garantie) erhebliches Prozessrisiko.

638   *Auf Seiten des Patronatsgebers* wird leicht verkannt, dass auch eine *weiche* Patronatserklärung nicht unverbindlich ist und erklärungswidriges Verhalten zu einer Sekundärhaftung führen kann, auch wenn ihre Voraussetzungen im Streitfall schwer nachzuweisen sind. Die *harte* Patronatserklärung ist neben der Ausstattungspflicht des Patrons mit einer Weiterleitungsgefahr verbunden, so dass der Patron zu mehrfacher Ausstattung verpflichtet ist, falls das patronierte Unternehmen die Mittel anderweitig verwendet oder andere Gläubiger erfolgreich auf die Ausstattung zugreifen.[1760] Der Patron kann dem entgegenwirken, indem er seine Einstandspflicht auf bestimmte Verbindlichkeiten oder Geschäftsbeziehungen oder der Höhe nach begrenzt, was wiederum ihren Wert als Finanzierungs- oder Sanierungsinstrument mindert (→ Rn. 639 ff.). Dies gilt auch mit Blick auf das wirtschaftliche Risiko einer erfolgreichen Fortführung des patronierten Unternehmens. Gegenüber vorformulierten Patronatserklärungen wird er im Hinblick auf Art und Umfang einer Verpflichtung besondere Vorsicht walten lassen.[1761]

639   **6. Die Patronatserklärung als ein Instrument der Sanierung und Insolvenzvermeidung.**
Während *weiche* Patronatserklärungen aufgrund ihrer fehlenden oder beschränkten Rechtswirkungen allenfalls mittelbar zu einer Stärkung und Fortführung patronierter Unternehmen beitragen können, kommen *harte* Patronatserklärungen grundsätzlich als Instrument einer Sanierung und Insolvenzvermeidung in Betracht. Hierfür müssen sie – gegebenenfalls zusammen mit weiteren Finanzierungsmaßnahmen – geeignet sein, die Insolvenzgründe der Zahlungsunfähigkeit (§ 17 InsO) und der Überschuldung (§ 19 InsO) auszuschließen. Dabei ist wiederum zwischen internen und externen Patronatserklärungen sowie danach zu unterscheiden, ob sie bereits vor (anfängliche PE) oder erst in einer Krise des Protegés (nachträgliche PE) erteilt und erfüllt werden.

640   **a) Harte *interne* Patronatserklärungen.** Der Schuldner ist zahlungsunfähig, wenn er nicht in der Lage ist, seine fälligen Verbindlichkeiten zu erfüllen (§ 17 Abs. 2 S. 1 InsO).[1762] **Zahlungsunfähigkeit** und nicht nur eine vorübergehende Zahlungsstockung ist idR anzunehmen, wenn der Schuldner die benötigten finanziellen Mittel nicht innerhalb von drei Wochen beschaffen und die Liquiditätslücke auf unter 10 % zurückführen kann.[1763] Die (werthaltige) harte Patronatserklärung eines liquiden und zahlungswilligen Patrons verschafft dem patronierten Unternehmen bei entsprechender (umfassender) Ausgestaltung (→ Rn. 677) einen geldwerten Anspruch (Aktivposten) auf ausreichende, dh eine Zahlungsunfähigkeit verhindernde finanzielle Ausstattung.[1764] Bei bloßer **Zahlungsstockung** begründet dies eine konkrete Aussicht auf kurzfristige Liquiditätszufuhr.[1765] Zur Vermeidung einer *drohenden* wie zur Überwindung einer *bereits eingetretenen* Zahlungsunfähigkeit genügt eine bloße Zahlungszusage nicht; vielmehr ist die Erfüllung des Ausstattungsversprechens, also die reale Zufuhr ausreichender

[1757] Vgl. *Lwowski/Groeschke* WM 1994, 613 (620).

[1758] BGH Urt. v. 30.1.1992 – IX ZR 112/91, BGHZ 117, 127 (132) = WM 1992, 501; BGH Beschl. v. 12.1.2017 – IX ZR 95/16, DStR 2017, 611 = NZI 2017, 157 Rn. 7.

[1759] BGH Beschl. v. 12.1.2017 – IX ZR 95/16, NZI 2017, 157 mAnm *Burmeister/Tasma* ZIP 2017, 337; *H.-F. Müller* EWiR 2017, 209.

[1760] *Obermüller* ZGR 1973, 1 (26); *Reinhard* VersR 1997, 1311 (1317). → Rn. 685.

[1761] Vgl. *Allstadt-Schmitz* → 3. Aufl. 2015, Rn. IV 693 unter Hinweis auf LG München I Urt. v. 2.3.1998 – 11 HKO 20623/97, WM 1998, 1285 f.; aufgehoben durch OLG München v. Urt. v. 21.10.1998 – 7 U 3960/98, WM 1999, 686; mablAnm *Schröter* WuB I F 1c.–1.98.

[1762] Vgl. zu ihrer Darlegung und Feststellung BGH Urt. v. 19.12.2017 – II ZR 88/16, ZInsO 2018, 381 = NJW 2018, 1089 Rn. 10, 32 ff.

[1763] Vgl. BGH Urt. v. 24.5.2005 – IX ZR 123/04, BGHZ 163, 134 (139) = NJW 2005, 3062; Urt. v. 9.10.2012 – II ZR 298/11, BGHZ 195, 42 Rn. 8 = NZG 2012, 1379; vgl. auch BGH Urt. v. 19.12.2017 – II ZR 88/16, ZInsO 2018, 381 = NJW 2018, 1089 Rn. 69 ff. zu § 64 S. 1 GmbHG.

[1764] Vgl. BGH Urt. v. 20.9.2010 – II ZR 296/08, BGHZ 187, 69 Rn. 18 = NJW 2010, 3442 – STAR 21; BGH Beschl. v. 12.1.2017 – IX ZR 95/16, NZI 2017, 157 Rn. 6 mAnm *Burmeister/Tasma* NZI 2017, 158; *G. Fischer* FS Lwowski, 2014, 177 (178 f.); *Merkel/Richrath* in Schimansky/Bunte/Lwowski BankR-HdB § 98 Rn. 19; *K. Schmidt/K. Schmidt* InsO § 17 Rn. 14; Uhlenbruck/*Mock* InsO § 17 Rn. 68; ausf. *Bitter* ZHR 181 (2017), 428 (440 ff.).

[1765] Vgl. BGH Urt. v. 19.12.2017 – II ZR 88/16, ZInsO 2018, 381 = NJW 2018, 1089 Rn. 69 ff. zu § 64 S. 1 GmbHG.

Mittel erforderlich (→ Rn. 705),[1766] die – ggf. gemeinsam mit weiteren Maßnahmen – zu einer allgemeinen Wiederaufnahme fälliger Zahlungen führen muss;[1767] eine bloße Verlustdeckungszusage genügt erst recht nicht.[1768] Dies muss wiederum kurzfristig, dh innerhalb von drei Wochen nach Eintritt der Kenntnis begründenden Umstände (vgl. § 17 Abs. 2 S. 2 InsO) geschehen, soll die Insolvenzantragspflicht vermieden werden (vgl. § 15a InsO).[1769]

Überschuldung liegt vor, wenn das Vermögen des Schuldners die bestehenden Verbindlichkeiten **641** nicht mehr deckt und die Fortführung des Unternehmens nicht überwiegend wahrscheinlich ist (vgl. § 19 Abs. 2 S. 1 InsO). Der BGH hat die grundsätzliche Eignung harter Patronatserklärungen als Instrument zur Vermeidung oder Beseitigung einer insolvenzrechtlichen Überschuldung anerkannt.[1770] Im konkreten Fall müssen sie vollwertig sein und sämtliche Verbindlichkeiten des patronierten Unternehmens abdecken.[1771] Letzteres trifft auf limitierte, sei es betragsmäßig oder gegenständlich auf bestimmte Verbindlichkeiten begrenzte Patronatsvereinbarungen idR nicht zu. Im Hinblick auf einen etwaigen Rückzahlungsanspruch des Patrons (→ Rn. 661) empfiehlt sich hier wie dort, die Liquiditätszusage mit einer vorwirkenden, dh mit einer vorinsolvenzlichen Durchsetzungssperre verbundenen **Rangrücktrittsvereinbarung** iSd §§ 19 Abs. 2 S. 2, 39 Abs. 2 InsO zu kombinieren,[1772] die konkludent (mit-)vereinbart sein kann.[1773]

Sind sich Patron und Protegé darüber einig, dass durch die Patronatserklärung die sonst bestehende **642** Insolvenzantragspflicht (§ 15a InsO) **nur befristet,** etwa für den Zeitraum ausgesetzt werden soll, der für eine Prüfung von Sanierungsmöglichkeiten (durch Gewinnung von Investoren) erforderlich ist, der Patron aber keinesfalls über den Zeitpunkt des Ergebnisses dieser Prüfung (Bestehen oder Nichtbestehen der Sanierungsfähigkeit) hinaus verpflichtet sein soll, so wird eine Überschuldung dem Zweck der Abrede entsprechend nur für die Dauer ihrer „Laufzeit" ausgeschlossen.[1774] Eine – nicht anderweitig gewährleistete – **positive Fortführungsprognose** iSd § 19 Abs. 2 S. 1 InsO scheidet aus, wenn die Liquiditätszusage befristet oder kurzfristig kündbar und deshalb nicht für den gesamten Prognosezeitraum (bis zum Ende des übernächsten Geschäftsjahres) gesichert ist.[1775]

b) Harte _externe_ Patronatserklärungen. Eine harte Patronatserklärung, die nur gegenüber einzel- **643** nen Gläubigern eines verbundenen Unternehmens abgegeben wird, beseitigt _für sich genommen_ nicht die **Zahlungsunfähigkeit** des begünstigten Unternehmens, da sie diesem keinen kurzfristig, dh innerhalb einer Frist von drei Wochen (vgl. § 15a InsO), verwertbaren Anspruch auf Zuführung liquider Mittel gibt (→ Rn. 704).[1776] Sie ist aber als Aktivvermögen des Protegés zu berücksichtigen, wenn sie

---

[1766] Vgl. obiter BGH Urt. v. 19.5.2011 – IX ZR 9/10, NZI 2011, 536 = ZIP 2011, 1111 Rn. 21 mAnm _Ziemons_ GWR 2009, 411 (413).

[1767] Vgl. BGH Urt. v. 19.5.2011 – IX ZR 9/10, NZI 2011, 536 mAnm _Krüger/Pape_ NZI 2011, 617 = ZIP 2011, 1111 Rn. 26; _G. Fischer_ FS Lwowski, 2014, 177 (179 mit Fn. 20): tatsächliche Erfüllung aller fälligen Schuldnerverbindlichkeiten erforderlich; _Merkel/Richrath_ in Schimansky/Bunte/Lwowski BankR-HdB § 98 Rn. 19 mwN; allg. BGH Urt. v. 17.11.2016 – IX ZR 65/15, ZIP 2016, 2423 = NZG 2017, 310 Rn. 25 zu § 133 Abs. 1 InsO.

[1768] Vgl. BGH Urt. v. 19.5.2011 – IX ZR 9/10, NZG 2011, 536 mAnm _Krüger/Pape_ NZI 2011, 617 = ZIP 2011, 1111 Rn. 21; _G. Fischer_ FS Lwowski, 2014, 177 (178); _K. Schmidt/K. Schmidt_ InsO § 17 Rn. 14; anders, wenn die Verlustdeckungspflicht einen Anspruch des Protegés innerhalb der Drei-Wochen-Zeitraums begründet Uhlenbruck/ _Mock_ InsO § 17 Rn. 67. Eingehend zur Eignung isolierter Verlustdeckungszusagen als Insolvenzabwendungsinstrument bereits _K. Schmidt_ FS Werner, 1984, 777 ff.

[1769] Vgl. BGH Urt. v. 24.5.2005 – IX ZR 123/04, BGHZ 163, 134 (140 f.); _Bitter_ ZHR 181 (2017), 428 (472 ff.) mwN.

[1770] Vgl. BGH Urt. v. 20.9.2010 – II ZR 296/08, BGHZ 187, 69 Rn. 18 = NJW 2010, 3442 – STAR 21 mit _Haußer/Heeg_ ZIP 2010, 1427 (1430).

[1771] Vgl. mit Unterschieden im Detail _G. Fischer_ FS Lwowski, 2014, 177 (179); _K. Schmidt/K. Schmidt_ InsO § 19 Rn. 42; Uhlenbruck/ _Mock_ InsO § 19 Rn. 112 f.; _Ringstmeier_ FS Wellensiek, 2011, 133 (137 f.); _B. Wagner_, Haftungsrisiken aus Liquiditätszusagen und Patronatserklärungen in der Unternehmenskrise, 2011, 285 ff.; ausf. _Bitter_ ZHR 181 (2017), 428 (465 ff.); _Hölzle/Klopp_ KTS 2016, 335 (357 ff.); _Pagels/Lüder_ WPg 2017, 230 (232 ff.); _Kronner/ Seidler_ BB 2019, 555 ff., jew. mwN.

[1772] So im Fall BGH Urt. v. 20.9.2010 – II ZR 296/08, BGHZ 187, 69 Rn. 3, 18 = NJW 2010, 3442 – STAR 21 mit einer Kombination von Liquiditätszusage und Rangrücktrittserklärung nebst Erlass sämtlicher Forderungen der Patronin für den Fall der Insolvenzeröffnung; eingehend _Bitter_ ZHR 181 (2017), 428 (437 ff.); _K. Schmidt_ ZIP 2016, Beilage zu Heft 22, 66 ff.; auch bereits _Keßler_, Interne und externe Patronatserklärungen als Instrumente zur Insolvenzvermeidung, 2015, 102 ff.; _Wollmert_ FS Wellensiek, 2011, 171 (176 ff.), jew. mwN. Zu §§ 39 Abs. 1 Nr. 4, 134 Abs. 1 InsO in der Insolvenz des Patrons s. _Undritz_ FS Kayser, 2019, 977 ff.

[1773] _K. Schmidt/K. Schmidt_ InsO § 19 Rn. 42. Vgl. zu den rechtlichen Anforderungen BGH Urt. v. 15.3.2015 – II ZR 133/14, BGHZ 204, 231 = NJW 2015, 1672 = JZ 2015, 638 mAnm _Bork_ = ZIP 2015, 638 mAnm _Bitter/ Heim;_ näher dazu _K. Schmidt_ ZIP 2015, 901 ff.; _K. Schmidt_ ZIP 2016, Beilage zu Heft 22, S. 66 ff.; _Klene_ Der Konzern 2017, 389 (397 ff.); _Bitter_ ZHR 181 (2017), 428 (462 ff.); _Ekkenga_ ZIP 2017, 1493 (1500 ff.).

[1774] Vgl. BGH Urt. v. 20.9.2010 – II ZR 296/08, BGHZ 187, 69 Rn. 18 = NJW 2010, 3442 – STAR 21; dazu _Raeschke-Kessler/Christopeit_ NZG 2010, 1361 ff.; _Bitter_ ZHR 181 (2017), 428 (470 f.); _Ringstmeier_ FS Wellensiek, 2011, 133 (137 ff.), jew. mwN.

[1775] Vgl. zutr. _Ringstmeier_ FS Wellensiek, 2011, 133 (139); _Bitter_ ZHR 181 (2017), 428 (470 f.).

[1776] Vgl. BGH Urt. v. 19.5.2011 – IX ZR 9/10, NZG 2011, 913 = WM 2011, 1085 Rn. 22 mAnm _Krüger/Pape_ NZI 2011, 617; _K. Schmidt/K. Schmidt_ InsO § 17 Rn. 14; Uhlenbruck/ _Mock_ InsO § 17 Rn. 70; _Ringstmeier_ FS

vollwertig ist und eine Befriedigung aller Gläubiger des patronierten Unternehmens ermöglicht.[1777] Eine gegenüber einzelnen Gläubigern erteilte Patronatserklärung genügt dagegen per se meist nicht, sofern die Ausstattungspflicht auf Forderungen aus dieser Geschäftsbeziehung beschränkt, erst recht wenn sie betragsmäßig begrenzt ist;[1778] sie mag diese Gläubiger jedoch faktisch davon abhalten, einen Insolvenzantrag zu stellen. Ist die Zahlungsunfähigkeit *bereits eingetreten,* hilft auch hier wie beim internen Patronat nur eine kurzfristige tatsächliche Zuführung ausreichender Liquidität, ggf. Direktzahlungen an antragsbereite Gläubiger.[1779]

644   Entsprechendes gilt hinsichtlich des Insolvenzgrundes der **Überschuldung** (§ 19 InsO).[1780] Fehlt es an einem aktivierbaren eigenen Anspruch des begünstigten Unternehmens, vermag auch die *harte* externe Patronatserklärung eine bilanzielle Überschuldung der potentiellen Schuldnerin nicht auszuschließen.[1781] Dies kommt vielmehr wie zur Beseitigung einer Zahlungsunfähigkeit erst in Betracht, wenn der Patron seine gegenüber dem Gläubiger eingegangene Verpflichtung zur Liquiditätsausstattung der Tochtergesellschaft tatsächlich erfüllt.[1782] Sie kann aber zu einer positiven Fortführungsprognose iSd § 19 Abs. 2 S. 1 InsO beitragen und so eine insolvenzrechtliche Überschuldung vermeiden.[1783]

II. Vertragsschluss

645   Nach ihrem Empfänger wird zwischen (konzern-)*interner* (→ Rn. 661) und (konzern-)*externer* Patronatserklärung unterschieden, wobei letztere in der Regel gegenüber einem Gläubiger des patronierten Unternehmens erfolgt, aber auch an einen Dritten (→ Rn. 659) oder an die Allgemeinheit gerichtet sein kann (→ Rn. 649 ff.). Bei der *harten* (externen) Patronatserklärung handelt es sich um einen einseitig verpflichtenden unechten Vertrag zugunsten Dritter, der korrespondierender Willenserklärungen des Patrons und des begünstigten Gläubigers bedarf.[1784] Der *weiche* (externe) Patronatsvertrag setzt ebenfalls eine Annahme der Patronatserklärung durch den Gläubiger voraus. Da beide Erklärungen dem Gläubiger nur günstig sind, ist eine ausdrückliche Annahmeerklärung gegenüber dem Patron gem. § 151 S. 1 BGB entbehrlich.[1785]

646   **1. Form.** Die Patronatserklärung bedarf als rechtsverbindliche Erklärung zu ihrer Wirksamkeit zwar grundsätzlich – analog § 766 BGB – der Schriftform.[1786] Im kaufmännischen Rechtsverkehr hat

---

Wellensiek, 2011, 133 (135 f.); *B. Wagner,* Haftungsrisiken aus Liquiditätszusagen und Patronatserklärungen in der Unternehmenskrise, 2011, 283 f.; ausf. *Bitter* ZHR 181 (2017), 428 (470 ff.); *Hölzle/Klopp* KTS 2016, 335 ff.; *Pagels/Lüder* WPg 2017, 230 ff., jew. mwN.

[1777] Ebenso *K. Schmidt* in K. Schmidt/Uhlenbruck, Die GmbH in Krise, Sanierung und Insolvenz, 5. Aufl. 2016, Rn. 5.135; ähnl. *Bitter* ZHR 181 (2017), 428 (472 f.); *G. Fischer* FS Lwowski, 2014, 177 (178); K. Schmidt/*K. Schmidt* InsO § 19 Rn. 42; Uhlenbruck/*Mock* InsO § 19 Rn. 112: tatsächliche Gewährung der benötigten Liquidität vor Eintritt der Zahlungsunfähigkeit erforderlich; *Merkel/Richrath* in Schimansky/Bunte/Lwowski BankR–HdB § 98 Rn. 19 mwN.

[1778] Vgl. zB die Fälle OLG Nürnberg Urt. v. 7.8.2018 – 12 U 266/18, nv, rkr. mit BGH Beschl. v. 8.10.2019 – II ZR 311/18; OLG Düsseldorf Urt. v. 13.7.2017 – I-12 U 66/16, ZInsO 2018, 27, rkr. mit BGH Beschl. v. 11.10.2018 – IX ZR 192/17, nv.

[1779] Vgl. zur unentgeltlichen Besicherung fremder Forderungen BGH Urt. v. 29.10.2015 – IX ZR 123/13, ZIP 2015, 2484 Rn. 11; zur Nachbesicherung entwerteter Realsicherheiten durch eine harte PE für die Schwestergesellschaft s. den Fall OLG Düsseldorf Urt. v. 13.7.2017 – I-12 U 66/16, ZInsO 2018, 27, rkr. mit BGH Beschl. v. 11.10.2018 – IX ZR 192/17, nv; zu §§ 39 Abs. 1 Nr. 4, 134 Abs. 1 InsO in der Insolvenz des Patrons s. *Undritz* FS Kayser, 2019, 977 ff.

[1780] Vgl. BGH Urt. v. 19.5.2011 – IX ZR 9/10, NZG 2011, 913 = WM 2011, 1085 Rn. 22.

[1781] Anders freilich, wenn das begünstigte Unternehmen selbst einen (vertraglichen) Anspruch auf die externe PE hat, vgl. ebenso *K. Schmidt* in K. Schmidt/Uhlenbruck, Die GmbH in Krise, Sanierung und Insolvenz, 5. Aufl. 2016, Rn. 5.135; ausf. *Keßler,* Interne und externe Patronatserklärungen als Instrumente zur Insolvenzvermeidung, 2015, 102 ff.

[1782] BGH Urt. v. 19.5.2011 – IX ZR 9/10, NZG 2011, 913 = WM 2011, 1085 Rn. 22. Anders *Pickerill* NZG 2018, 609 (617 f.), der selbst weiche PE genügen lassen will, wenn sie eine Fortführung überwiegend wahrscheinlich machen.

[1783] Vgl. mit Unterschieden in Detail *G. Fischer* FS Lwowski, 2014, 177 (178); *Haußer/Heeg* ZIP 2010, 1427 (1430 ff.); *K. Schmidt* ZIP-Beilage 2016, 66 (69); K. Schmidt/*K. Schmidt* InsO § 19 Rn. 42; Uhlenbruck/*Mock* InsO § 19 Rn. 115, 222; *Ringstmeier* FS Wellensiek, 2011, 133 (137 ff.); *B. Wagner,* Haftungsrisiken aus Liquiditätszusagen und Patronatserklärungen in der Unternehmenskrise, 2011, 283 f.; ausf. *Bitter* ZHR 181 (2017), 428 (468 ff.); *Hölzle/Klopp* KTS 2016, 335 (357 ff.); *Pagels/Lüder* WPg 2017, 230 (232 ff.); *Pickerill* NZG 2018, 609 (617 f.), der das Verlangen nach harten Patronatserklärungen als „verheerend für die Gesamtwirtschaft" beurteilt.

[1784] *Habersack* ZIP 1996, 257 (258); *Michalski* WM 1974, 1229 (1238); *Stecher,* „Harte" Patronatserklärungen – Rechtsdogmatische und praktische Probleme, 1978, 81.

[1785] KG Urt. v. 18.1.2002 – 14 U 3416/00, WM 2002, 1190 f.; OLG Naumburg Urt. v. 13.1.2000 – 2 U (Hs) 73/98 juris – Rn. 43 = OLGR Naumburg 2000, 407 = BeckRS 2000, 30471155.

[1786] AA *Merkel/Richrath* in Schimansky/Bunte/Lwowski BankR–HdB § 98 Rn. 28: Ausnahmevorschrift; BeckOGK/*Harnos* BGB § 765 Rn. 28: Ausstattungsversprechen begründe keine unmittelbare Leistungspflicht. Sie übersehen die Vergleichbarkeit der Interessenlage im „Sicherungsfall", der dem Gläubiger einen Direktzahlungsanspruch gibt.

dies aber wegen § 350 HGB keine Bedeutung. Einer notariellen Beurkundung gem. § 518 Abs. 1 S. 2 BGB bedarf sie grundsätzlich nicht. Wird sie von einem Gesellschafter zugunsten seiner Gesellschaft abgegeben, erfolgt dies **societatis causa;** es fehlt auch dann an der Unentgeltlichkeit, wenn der Gesellschafter sie der Gesellschaft nicht schuldet. Denn er bezweckt durch die Stärkung der Gesellschaft mittelbar eine Verbesserung der eigenen durch seine Mitgliedschaft vermittelten Vermögenslage[1787] Aber auch die Patronatserklärung eines gesellschaftsfremden Dritten wird regelmäßig aus wirtschaftlichem Eigeninteresse abgegeben, sodass die Unentgeltlichkeit für sie nicht kennzeichnend ist.[1788]

Gleichwohl empfiehlt sich eine schriftliche Niederlegung schon aus Beweisgründen. Eine ausdrückliche Fixierung des Gewollten kann im Streitfall auftretende Auslegungsschwierigkeiten vermeiden. Der kaufmännische Rechtsverkehr pflegt daher Ausstattungsversprechen schriftlich festzuhalten. **647**

Die Feststellung des Abschlusses eines harten Patronatsvertrages kann erhebliche Probleme bereiten, **648** so zB wenn sich der Patron nicht unmittelbar oder über das patronierte Unternehmen als Erklärungsboten an einen bestimmten Gläubiger wendet, sondern seine Erklärung gegenüber der Allgemeinheit abgibt, ferner wenn er sich gegenüber einem Dritten, der nicht Gläubiger ist, als Patron erklärt[1789] oder sich allein an das patronierte Unternehmen richtet (→ Rn. 652).

2. Erklärung gegenüber der Allgemeinheit. Konzernmütter (zB Großbanken) treten gelegent- **649** lich gegenüber der Allgemeinheit – etwa auf Pressekonferenzen oder in Geschäftsberichten – als Patron auf, etwa indem sie **ad incertas personas** erklären:

> *„Die X-Bank trägt für die folgenden Kreditinstitute und ihr nahe stehenden Gesellschaften, abgesehen vom Fall des politischen Risikos, dafür Sorge, dass sie ihre vertraglichen Verbindlichkeiten erfüllen können.“*[1790]

a) Rechtsgeschäftlicher Charakter. Ob einer solchen Erklärung ein **rechtsgeschäftlicher Cha- 650 rakter** zukommt, ist strittig. Für den Fall einer mündlich abgegebenen Erklärung gegenüber Journalisten wird man ohne Hinzutreten besonderer Umstände nicht annehmen können, dass die Muttergesellschaft mit Rechtsbindungswillen handelt.[1791] Bei Erklärungen im Rahmen von **veröffentlichten Geschäftsberichten** soll bei Hinzutreten weiterer Indizien auf einen Verpflichtungswillen der Konzernmutter geschlossen werden können.[1792] Eine vertragliche Bindung des Patrons wird auf der Grundlage seiner Erklärung im Geschäftsbericht angenommen, wenn der **Erklärungsinhalt,** der **Handelsbrauch** in der Unternehmenspraxis und die **besonderen Umstände,** unter denen die Erklärung abgegeben wurde, dafür sprechen.[1793]

Die ausdrückliche Herausnahme politischer Risiken aus der Einstandsverpflichtung sowie die Be- **651** schränkung dieser Verpflichtung auf Ansprüche vertraglicher Natur im Beispielsfall der X-Bank sollen für eine verbindliche Ausstattungsverpflichtung gegenüber den Gläubigern der Tochtergesellschaft sprechen; die Einschränkungen wären überflüssig, wenn die Erklärung lediglich Ausdruck eines Ehrenkodex oder sonst rechtlich unverbindlich wäre.[1794] Für ihren Rechtsbindungswillen spricht, wenn die Muttergesellschaft die Erklärung unter dem Titel **„Haftungsverhältnisse"** bekannt gibt oder unter der Bilanz im Zusammenhang mit der Angabe von Eventualverbindlichkeiten vermerkt, dass im Anhang zur Bilanz eine Patronatserklärung enthalten ist.[1795]

Ob die Erklärung im Geschäftsbericht eine (externe) Patronatserklärung enthält oder ob Wortwahl **652** und Verlautbarung nicht vielmehr die Bekanntgabe einer Ausstattungsverpflichtung der Muttergesell-

---

[1787] Vgl. BGH Urt. v. 8.5.2006 – II ZR 94/05, NZG 2006, 543 = ZIP 2006, 1199 Rn. 11 zur Verlustdeckungs- und Liquiditätszusage eines Minderheitsgesellschafters; *K. Schmidt* FS Werner, 1984, 777 (785); *Wolf* ZIP 2006, 1885 f.; aA *Gerth,* Atypische Kreditsicherheiten unter Berücksichtigung der Vorschriften über Rechnungslegung und Berichterstattung, 1980, 279; *Strnad* NZG 2004, 28 f.

[1788] Dazu vertiefend *Wolf,* Die Patronatserklärung, 2005, 192 f.; *Wolf* ZIP 2006, 1885 ff.

[1789] Vgl. den Sachverhalt von BGH Urt. v. 8.5.2006 – II ZR 94/05, NZG 2006, 543 = WM 2006, 1202 Rn. 1 – Boris Becker/Sportgate.

[1790] Vgl. auch zu ähnlich lautenden Geschäftsberichten *Schneider* ZIP 1989, 619 f.; *Habersack* ZIP 1996, 257 f.; *Pesch* WM 1998, 1609 f.; *Koch,* Die Patronatserklärung, 2005, 533 ff.; *Thiekötter,* Die Patronatserklärung ad incertas personas, 1999, 22 ff., 54 ff., 73 ff.; BeckOGK/*Harnos* BGB § 765 Rn. 619 ff.

[1791] Vgl. zur „Peanuts"-Äußerung des Vorstandssprechers der Deutschen Bank LG Frankfurt a. M. NJW 1995, 2641; OLG Frankfurt a. M. Beschl. v. 27.6.1996 – 10 W 37/95, NJW 1997, 136 f., das eine rechtsverbindliche Zahlungszusage ggü. dem bezeichneten Personenkreis („Handwerker"), dem der Antragsteller nicht angehörte, zu Recht als naheliegend erachtet. Zur Haftung aus geweckten Konzernvertrauen vgl. den Swissair-Entscheid des Schweizerischen Bundesgerichts vom 15.11.1994, BGE 120 II 331 ff.; *Burg/von der Crone* SZW/RSDA 2010, 417 ff.

[1792] *Staudinger/Horn,* 2013, Vor § 765 Rn. 458; *Koch,* Die Patronatserklärung, 2005, 546 f.

[1793] Vgl. mit Unterschieden im Detail *Habersack* ZIP 1996, 257 (259 f.); *Pesch* WM 1998, 1609 (1610); *Schneider* ZIP 1989, 619 (624); *Thiekötter,* Die Patronatserklärung ad incertas personas, 1999, 54 ff., 73 ff.

[1794] *Habersack* ZIP 1996, 257 (259).

[1795] Da Patronatserklärungen gegenüber der Allgemeinheit der Höhe nach regelmäßig nicht bezifferbar sind, genügt ein verbaler Hinweis unter dem Bilanzstrich der Berichterstattungspflicht, vgl. dazu *Ammelung/Sorocean* RIW 1996, 668 (670).

schaft nahelegen, hängt von der **Sach- und Interessenlage im konkreten Fall** ab. *Canaris*[1796] meint zu Recht, dass die Annahme zu weit geht, die Muttergesellschaft wolle sich damit gegenüber einer unbestimmten Vielzahl von Personen im Voraus binden und vertraglich für das Risiko aller zukünftigen, ihr noch unbekannten Kreditgeschäfte ihrer Töchter einstehen. Näher liegt die Bewertung als **Liquiditätszusage gegenüber den genannten Tochterunternehmen.** Diese intern zwischen Mutter und Tochter versprochene Finanzausstattung wirkt sich faktisch zugunsten aller Gläubiger der Tochter aus, ist aber **kein Sicherungsmittel.**[1797] Dazu wird sie erst, wenn die Muttergesellschaft oder in ihrer Vertretung das Tochterunternehmen in Verhandlungen mit dem Gläubiger auf die Ausstattungsverpflichtung hinweist. Die Erklärung im Geschäftsbericht als Patronatserklärung einzuordnen, ohne einen anderen Erklärungsinhalt in Erwägung zu ziehen, übersieht dagegen die internen Bindungen zwischen Mutter- und Tochtergesellschaft. Diese werden nicht dadurch zu einem Drei-Personen-Verhältnis, dass die gesellschaftsinterne Liquiditätszusage an die Öffentlichkeit und damit zur Kenntnis der Gesellschaftsgläubiger gelangt.

653   **b) Annahme.** Ist die zB in einem veröffentlichten Geschäftsbericht enthaltene Erklärung ad incertas personas als Antrag auf Abschluss eines Patronatsvertrages zu werten, so stellt sich die Frage, ob und in welcher Weise eine Annahme erforderlich ist.

654   Vereinzelt wird angenommen, die Muttergesellschaft könne sich auch durch ein **einseitiges Leistungsversprechen** verpflichten, ähnlich einer Auslobung (vgl. § 657 BGB).[1798] Rechtsdogmatisch spricht bereits der gesetzlich normierte Vertragsgrundsatz (§ 311 Abs. 1 BGB) gegen diese Qualifizierung. Außerdem ist ihr entgegenzuhalten, dass sie zu einem überzogenen Gläubigerschutz führt, weil sie auch denjenigen Gläubigern einen Anspruch aus der Patronatserklärung vermittelt, die zum Zeitpunkt der Kreditgewährung von dieser Erklärung nichts wussten.[1799]

655   Nach anderer Auffassung ist die Patronatserklärung im Geschäftsbericht ein **Angebot** der Muttergesellschaft an die patronierten Tochtergesellschaften, einen **Patronatsvertrag zugunsten ihrer Gläubiger** abzuschließen. Die Tochtergesellschaft soll das Angebot konkludent (etwa durch Hinweis der Tochter auf die Patronatserklärung der Mutter in ihrem eigenen Geschäftsbericht oder durch Abwehr einzelner Patronatsverlangen unter Hinweis auf die Erklärung im Geschäftsbericht der Mutter) oder durch widerspruchslose Hinnahme annehmen können, wobei die Muttergesellschaft die Beweislast für das Fehlen einer Vertragsannahme durch die Tochter tragen soll. Der bei Veröffentlichung des Geschäftsberichts bereits engagierte Gläubiger soll gem. § 328 Abs. 1 BGB auch ohne Kenntnis von seiner Begünstigung berechtigt werden, spätere Gläubiger sollen durch einen aufschiebend bedingten Forderungserwerb aus dem Patronatsvertrag zwischen Muttergesellschaft und Tochterunternehmen begünstigt werden.[1800]

656   Dieser Konstruktion kann bereits deshalb nicht zugestimmt werden, weil die Erklärung im Geschäftsbericht („… trägt dafür Sorge, dass sie ihre vertraglichen Verbindlichkeiten erfüllen können") nicht eine Leistung an den Gläubiger als begünstigten Dritten (§ 328 Abs. 1 BGB) vorsieht, sondern eine Verpflichtung, die Tochterunternehmen auszustatten, diese sind Leistungsempfänger. Ein Verzicht nicht nur auf die Erklärung der Annahme des Angebots, sondern auf diese selbst widerspricht dem Gesetz (§ 151 S. 1 BGB).

657   Nach dem in **§ 311 Abs. 1 BGB** verankerten **Vertragsprinzip** reicht die Verlautbarung in einem Geschäftsbericht der Muttergesellschaft nicht aus, um bereits eine vertragliche Verpflichtung gegenüber Gläubigern des Tochterunternehmens zu begründen. Vielmehr bedarf es der Feststellung, dass die Patronatserklärung dem jeweiligen Gläubiger zugegangen ist (§ 130 Abs. 1 S. 1 BGB) und dieser das Angebot angenommen hat, indem er unter Bezugnahme auf das Angebot sein Einverständnis erklärt, sei es gegenüber dem Patron, sei es gegenüber dem patronierten Unternehmen.[1801]

658   Dies setzt voraus, dass der Gläubiger die Patronatserklärung kennt und sich auf sie bei den Verhandlungen mit der Tochtergesellschaft erkennbar bezieht. Die Tochtergesellschaft kann auf Grund der Umstände, unter denen die Patronatserklärung abgegeben wurde, **Empfangsvertreterin** des Patrons sein. Nach Begründung der Forderung gegen die Tochtergesellschaft ist eine Annahme der Patronatserklärung ohne Einwilligung der Muttergesellschaft nicht mehr möglich (§ 150 Abs. 1 BGB).

659   **3. Erklärung gegenüber Dritten, die nicht Gläubiger des patronierten Unternehmens sind.** Ausländische Aufsichtsbehörden verlangen teilweise Patronatserklärungen der Muttergesellschaft zugunsten der von ihr beherrschten Tochtergesellschaft, die der behördlichen Aufsicht unterliegt.[1802] Das Versprechen einer Freistellung des Einlagensicherungsfonds, der einer Bank Hilfe geleistet hat, durch

---

[1796] Larenz/*Canaris* SchuldR BT II § 60, S. 84.
[1797] Vgl. dazu *Wiedemann/Hermanns* ZIP 1994, 997 f.; *Michalski* WM 1994, 1229 (1230).
[1798] *Schneider* ZIP 1989, 619 (624).
[1799] Vgl. dazu die eingehende Kritik von *Habersack* ZIP 1996, 257 (261 f.).
[1800] *Pesch* WM 1998, 1609 (1613 f.).
[1801] Ebenso *Habersack* ZIP 1996, 257 (262 f.); zustimmend *Koch,* Die Patronatserklärung, 2005, 572 f.; s. auch *Thiekötter,* Die Patronatserklärung ad incertas personas, 1999, 82 ff.
[1802] Vgl. dazu die Beispiele von *Wolf,* Die Patronatserklärung, 2005, 49 f.; *Schneider* ZIP 1989, 619 f.

das mehrheitlich an dieser Bank beteiligte oder sonst herrschende Unternehmen wird ebenfalls als Patronatserklärung betrachtet.[1803] Schließlich kommt in Betracht, dass sich die Muttergesellschaft gegenüber einem Unternehmen zur Ausstattung der Tochtergesellschaft verpflichtet, welches seinerseits den Tochtergläubiger finanziert oder beherrscht. In diesen Fällen stellt sich die Frage, ob neben dem Vertragspartner auch einzelne oder alle Gläubiger des Tochterunternehmens aus der Patronatserklärung berechtigt werden. Denn anders als etwa die Bürgschaft fördert die Patronatserklärung die Kreditsituation der Tochtergesellschaft insgesamt, weil sie sich auf deren Ausstattung mit hinreichenden Mitteln für sämtliche Verpflichtungen bezieht.

Im Ergebnis ist eine **Drittbegünstigung** zu verneinen, falls die Parteien sie nicht ausdrücklich **660** vereinbart haben. Denn der Dritte (Gläubiger der Tochtergesellschaft) kann ein eigenständiges Leistungsrecht nur durch einen Vertrag gem. § 328 BGB erlangen. Es wird regelmäßig nicht anzunehmen sein, dass die Parteien **neben der reflexhaften Begünstigung der Tochtergesellschaft** durch die Patronatserklärung auch deren Gläubigern eigenständige Ansprüche auf eine (Ausstattungs-)Leistung des Patrons an die Tochtergesellschaft einräumen wollen. Die Zwecke, die die Vertragspartner des Patrons (Aufsichtsbehörde, Einlagensicherungsfonds, geschäftlich Beteiligte) verfolgen, werden auch ohne diese Ausweitung des Kreises der Anspruchsberechtigten erreicht; letztere liegt offensichtlich nicht im Interesse des Patrons, der zudem den Kreis der Begünstigten nicht zu überblicken vermag.[1804]

4. Erklärung gegenüber dem patronierten Unternehmen. Liquiditätszusagen des Patrons ge- **661** genüber dem Protégé begründen für sich genommen keine Rechte der Gläubiger, sondern eine Einstandspflicht gegenüber dem patronierten Unternehmen; sie können ein **aufschiebend bedingtes Darlehensversprechen** iSv § 488 Abs. 1 BGB darstellen.[1805] Anderes gilt allerdings, wenn die Vertragsparteien vereinbaren, dass kein Regress genommen werden soll und der darlehenstypische Rückzahlungsanspruch ausdrücklich ausgeschlossen wird.[1806] In diesem Fall kann es sich um ein Einlageversprechen handeln. Der Patron soll dann zu einer (vorübergehenden) Überlassung von Kapital – im Falle der allgemeinen Ausstattungsverpflichtung: zur Überlassung von Kredithilfen jeder Art – verpflichtet sein, wenn das patronierte Unternehmen von seinen Gläubigern in Anspruch genommen wird und ihm keine hinreichenden Eigenmittel zur Verfügung stehen.[1807] Gläubiger der patronierten Gesellschaft können diesen Anspruch **pfänden** und sich überweisen lassen, §§ 829, 835 ZPO.[1808] Er dient aber nicht ihrer Sicherung und begünstigt sie deshalb nicht (§ 328 BGB)[1809]. In der Insolvenz des patronierten Unternehmens steht der Ausstattungsanspruch bzw. der Schadensersatzanspruch wegen Verletzung der Ausstattungsverpflichtung dem Insolvenzverwalter zu, nicht den Gläubigern.[1810]

Anderes gilt nur, wenn Patron und Gläubiger über Sicherungen verhandeln und der Patron auf seine **662** Liquiditätszusage hinweist oder dem patronierten Unternehmen erlaubt, gegenüber dem Gläubiger auf die Liquiditätszusage Bezug zu nehmen. In diesen Fällen kommt (schlüssig) ein Patronatsvertrag zwischen Patron und Gläubiger zustande.

III. Vertragsinhalt einer Patronatserklärung

Der Patronatsvertrag kann das Ergebnis individueller Verhandlungen sein, aber auch vorformuliert **663** dem Patron oder dem Gläubiger angetragen werden, wobei die Kriterien der Einbeziehungs- und Inhaltskontrolle zu beachten sind (§§ 305 ff. BGB).[1811] Welchen **Finanzierungs- und Sicherheitswert** die Erklärung hat, bestimmt sich maßgeblich nach den Umständen des Einzelfalles. In der Wirtschaftspraxis haben sich bestimmte **Grundformen** herausgebildet, die einzeln oder kombiniert verwendet werden.[1812]

1. Weiche Patronatserklärungen. Kennzeichnend für weiche Patronatserklärungen ist, dass der **664** Patron weder einen bestimmten Erfolg in Aussicht stellt, noch eine Gewährleistung oder Haftung zusagt. Wesentlich ist, dass der Patron durch seine Erklärung **keine Ausstattungsverpflichtung** übernimmt. Ergibt sich dies nach dem Wortlaut der Vereinbarung oder stellt der Patron (bei zweifel-

---

[1803] *Schneider* ZIP 1989, 619.

[1804] So auch *Schneider* ZIP 1989, 619 (622).

[1805] OLG Frankfurt a. M. Urt. v. 30.10.2012 – 14 U 141/11, GmbHR 2013, 139; vgl. auch OLG Rostock Urt. v. 22.1.2018 – 6 U 10/14, GmbHR 2019, 719 = ZInsO 2019, 1689, rkr. mit BGH Beschl. v. 15.1.2019 – II ZR 72/18, nv (→ Rn. 674); Staub/*Renner* Bankgeschäfte Rn. 4/953 mwN.

[1806] BGH Urt. v. 20.9.2010 – II ZR 296/08, BGHZ 187, 69 Rn. 32 = NJW 2010, 3442 = STAR 21.

[1807] OLG München Urt. v. 22.7.2004 – 19 U 1867/04, ZIP 2004, 2102 f.; *Wiedemann/Hermanns* ZIP 1994, 997 (998 f.). Vgl. zur Reichweite der privatautomen Regelung beim sog. Finanzplankredit BGH Urt. v. 20.9.2010 – II ZR 296/08, BGHZ 187, 69 Rn. 34 = NJW 2010, 3442 – STAR 21.

[1808] Zweifelnd *La Corte,* Die harte Patronatserklärung, 2005, 35 f.

[1809] *Tetzlaff* WM 2011, 1016 (1017).

[1810] OLG München Urt. v. 22.7.2004 – 19 U 1867/04, ZIP 2004, 2102. Ebenso (obiter) BGH Urt. v. 19.5.2011 – IX ZR 9/10, ZIP 2011, 1111 Rn. 19 mwN → Rn. 703.

[1811] KG Beschl. v. 30.12.2010 – 20 U 37/09, WM 2011, 1072 ff. Ausf. *Koch,* Die Patronatserklärung, 2005, 198 ff.; *v. Bernuth* ZIP 1999, 1501; im Überbl. BeckOGK/*Harnos* BGB § 765 Rn. 643 ff.

[1812] Vgl. die Vertragsmuster bei *Kraft/Link* in Hopt Vertrags- und FormB III.K.1. und 2.

haftem Erklärungswert) bei den Vertragsverhandlungen klar, dass er rechtsgeschäftlich nicht haften will, liegt eine weiche Patronatserklärung vor.[1813] Eine Zwischenstellung nehmen Auskunfts- und sonstige Verhaltensverpflichtungen des Patrons ein, die rechtsverbindlich sind und im Verletzungsfall zu Schadensersatzansprüchen führen können und hier ebenfalls zu den weichen Patronatserklärungen gezählt werden.[1814]

665   **a) Auskunft über ein Beteiligungsverhältnis und dessen Beibehaltung.** Dies trifft zB zu, wenn die Muttergesellschaft dem Gläubiger mitteilt, in welchem Verhältnis sie zu dem patronierten Unternehmen („Hauptschuldner") steht,

> *„Die Firma ist eine 100%ige Tochtergesellschaft von uns."*

und sich verpflichtet, das Gesellschaftsverhältnis mit dem Tochterunternehmen während der Laufzeit des Kredits des Gläubigers nicht zu ändern:

> *„Wir beabsichtigen nicht, die Beteiligung an unserer Tochtergesellschaft während der Laufzeit des Kredits wesentlich zu reduzieren oder aufzugeben. Sollte dieser Fall dennoch eintreten, werden wir uns rechtzeitig mit Ihnen in Verbindung setzen, um eine zufriedenstellende Lösung zu finden."*

666   Bei einer solchen Formulierung ist für den Patron ersichtlich, dass der Gläubiger die Beteiligungsverhältnisse zur Grundlage seiner geschäftlichen Dispositionen macht. Dies kann seinen Grund darin haben, dass sich eine Verlustausgleichsverpflichtung des Patrons aus einem Beherrschungs- oder Gewinnabführungsvertrag ergibt (§ 302 AktG). Die Erklärung des Patrons führt deshalb zu einem **Auskunftsvertrag,** der den Patron zur richtigen, vollständigen und gewissenhaften Auskunft verpflichtet.[1815] Steht der Patron beispielsweise bereits bei Abgabe dieser Erklärung in Verhandlungen über einen Verkauf seiner Anteile an dem Hauptschuldner, kann er dem Gläubiger zum Schadensersatz aus positiver Forderungsverletzung verpflichtet sein. Die Verpflichtung zur rechtzeitigen Benachrichtigung des Gläubigers von einer Anteilsänderung stärkt dessen gesetzlichen Schutz aus § 303 AktG.[1816]

667   Der Patron ist zugleich verpflichtet, dem Gläubiger Vorschläge zur Anpassung des Vertrages an die veränderten Verhältnisse zu unterbreiten und ihm gegebenenfalls eine **Sicherheit** anzubieten, die der früheren Situation des Gläubigers gleichwertig ist. Ist die fortwährende Konzernzugehörigkeit eine wesentliche Grundlage des Vertrages des Gläubigers mit der Tochter, so kommt bei einer Veränderung der Beteiligungsverhältnisse ein Recht des Gläubigers auf **außerordentliche Kündigung** des Darlehens- oder sonstigen Vertrages in Betracht.[1817] **Schadensersatzansprüche** des Gläubigers wegen abredewidriger Verfügungen des Patrons oder wegen schuldhaften Scheiterns der nachfolgenden Verhandlungen werden sich in der Praxis kaum durchsetzen lassen, weil die Verschuldensfrage schwierig zu beantworten sein wird und der Gläubiger den Kreis der zumutbaren Lösungen einzuziehen und die Kausalität zwischen der unterlassenen Maßnahme und seinem Ausfall darzutun hat.[1818]

668   **b) Einflussnahme auf die Geschäftsführung (Managementklauseln).** Gelegentlich verspricht die Konzernobergesellschaft, auf die Erfüllung durch die Tochtergesellschaft hinzuwirken:

> *„Wir werden unseren Einfluss bei der Tochtergesellschaft geltend machen, damit diese ihren Verbindlichkeiten aus dem genannten Kredit nachkommt".*[1819]

Dieser einseitig verpflichtende Vertrag sui generis verschafft dem Gläubiger keine Vorzugsstellung gegenüber anderen Gläubigern.[1820] Die Muttergesellschaft ist lediglich verpflichtet, als Aktionärin oder Gesellschafterin die von ihr gewählten Mitglieder des Aufsichtsrats der AG oder GmbH (§ 111 Abs. 1 AktG, § 52 GmbHG) zur **Einhaltung ihrer Überwachungspflichten** bzw. den von ihr bestellten Geschäftsführer zur **ordnungsgemäßen Geschäftsführung** (§ 43 GmbHG) anzuhalten. Sie muss ihre Einflussnahme darauf richten, dass Aufsichtsrat bzw. Geschäftsführung alle Angelegenheiten, die sich auf die Abwicklung des Kreditverhältnisses auswirken können, besonders sorgfältig prüfen.[1821] Im Verhältnis zum Gläubiger sind die Aufsichtsratsmitglieder bzw. der GmbH-Geschäftsführer als Erfüllungsgehilfen der Muttergesellschaft (§ 278 BGB) anzusehen, deren sie sich bedient, um die ordnungs-

---

[1813] Vgl. zu den nachstehend erörterten Klauseln auch *G. Fischer* in Lwowski/Fischer/Gehrlein Kreditsicherung § 9 Rn. 242 ff., 247 ff.; *Merkel/Richrath* in Schimansky/Bunte/Lwowski BankR-HdB § 98 Rn. 42 ff. sowie Beck-OGK/*Harnos* BGB § 765 Rn. 670 ff., 678 ff. mwN.

[1814] Vgl. zu möglichen Formen und Motiven ihrer Verwendung *Grimm,* Die Patronatserklärung – Kreditsicherung und Insolvenzabwehr, 2019, 82 ff.; ausf. bereits *Koch,* Die Patronatserklärung, 2005, 343 ff.

[1815] *Obermüller* ZGR 1975, 1 (6, 12 f.); *Michalski* WM 1994, 1229 (1234).

[1816] Dazu *Lwowski/Groeschke* WM 1994, 613 (620).

[1817] Ebenso *Fleischer* WM 1999, 666 (676).

[1818] Vgl. *Obermüller* ZGR 1975, 1 (14).

[1819] Vgl. OLG Karlsruhe Urt. v. 7.8.1992 – 15 U 123/91, BB 1992, 2097 = WM 1992, 2088.

[1820] *Michalski* WM 1994, 1229 (1234); *Mosch,* Patronatserklärungen deutscher Konzernmuttergesellschaften und ihre Bedeutung für die Rechnungslegung, 1978, 113 f.

[1821] *Obermüller* ZGR 1975, 1 (17 f.).

gemäße Abwicklung des Kreditverhältnisses zu überwachen. Zu konkreten **Einzelweisungen** an die Tochter, die fällige Kreditverpflichtung bei knappen Mitteln zu erfüllen, ist die Muttergesellschaft nicht verpflichtet, weil andere Gläubiger sonst sittenwidrig geschädigt würden.[1822]

Der Gläubiger kann einen Schadensersatz auf schuldhafte Verletzung der Pflicht zur Einflussnahme **669** stützen, wenn das Verhalten des Aufsichtsrats bzw. der Geschäftsleitung der GmbH adäquat kausal für den Ausfall des Gläubigers ist und der Patron sich nicht entlasten kann. War das Tochterunternehmen von vornherein unzulänglich ausgestattet oder entwickelte sich die Wirtschaftslage ungünstig, wird der Gläubiger eine unzulängliche Wahrnehmung der Überwachungspflichten des Aufsichtsrats oder Fehler der Geschäftsführung nicht geltend machen können.

Das Tochterunternehmen ist von der Vereinbarung der Einflussnahme nur reflexhaft betroffen. **670** Weder ist die Tochter durch den Vertrag zwischen Muttergesellschaft und Gläubiger verpflichtet, Einflussnahmen der Mutter zu dulden, noch kann sie sich auf ihn zur Abwehr gläubigerschädlicher Weisungen der Muttergesellschaft berufen. Letzteres ergibt sich daraus, dass die Vertragsparteien erkennbar nur den Gläubiger und nicht die Tochtergesellschaft begünstigen wollen (§ 328 Abs. 2 BGB).

c) Aushöhlungsverzicht. Eine gesellschaftsrechtliche Selbstverständlichkeit bringen auch Formu- **671** lierungen wie die folgende zum Ausdruck:

„Wir werden unsere Tochtergesellschaft nicht in einer Weise aushöhlen, dass sie nicht mehr in der Lage ist, ihren Verpflichtungen nachzukommen".

Diese Patronatserklärung ist auf ein (künftiges) **Unterlassen** gerichtet, nicht auf die Leistung von Zuschüssen. Die Muttergesellschaft hat von Maßnahmen abzusehen, die geeignet sind, die Rückzahlung des in Rede stehenden Kredits zu gefährden. Sie hat sich nicht nur übermäßiger Gewinnentnahmen zu enthalten, sondern von einer Gewinnentnahme überhaupt Abstand zu nehmen, wenn die Tochtergesellschaft dadurch nicht mehr in der Lage ist, ihre Verbindlichkeiten zu erfüllen. Kommt die Tochter auf Grund einer Aushöhlungsmaßnahme der Mutter gegenüber einem *anderen* Gläubiger in Verzug, so ist dies geeignet, auch die planmäßige Rückführung des Kredits des begünstigten Gläubigers zu gefährden, weil etwa durch Zwangsvollstreckungsmaßnahmen des anderen Gläubigers der Geschäftsbetrieb der Tochter beeinträchtigt wird.[1823]

Kommt die Muttergesellschaft ihrer Unterlassungsverpflichtung nicht nach, **haftet** sie dem Gläubi- **672** ger aus § 280 BGB auf Ersatz des adäquat darauf beruhenden Schadens. Dabei ist im Rahmen der hypothetischen Entwicklung bei rechtmäßigem Verhalten danach zu fragen, wie die Tochterunternehmung den nicht ausgeschütteten Gewinn oder andere ihr verbliebene Möglichkeiten eingesetzt und ob sie Gewinn erzielt hätte. Die Muttergesellschaft, die ihrer Tochter hinreichende Mittel belässt, muss nicht für **unvorhergesehene Verschlechterungen** im Geschäftsbetrieb der Tochter haften. Zieht sie hingegen in Kenntnis einer dadurch eintretenden Schädigung des Gläubigers Gewinne der Tochter an sich, kommt auch eine Haftung aus § 826 BGB in Betracht.

Auch dieser Patronatsvertrag begründet keine Rechte der Tochtergesellschaft auf Abwehr von **673** Aushöhlungsmaßnahmen der Muttergesellschaft, weil es den Vertragsparteien darauf ankommt, dem Gläubiger ein ungeschmälertes Zugriffsobjekt zu erhalten, während sie an einer Rechtsverschaffung der kreditnehmenden Tochter nicht interessiert sind.[1824]

d) Aufrechterhaltung der Bonität

„Weiterhin möchten wir bemerken, dass es unser Prinzip ist, die Bonität unserer Tochter aufrechtzuerhal- **674** *ten."*[1825]

„Die PH ist daran interessiert, die PB bestmöglich zu unterstützen, insbesondere soll die Liquidität der PB möglichst ohne Inanspruchnahme von Bankkrediten gestärkt werden".[1826]

Der Wortlaut dieser Patronatserklärungen spricht nicht für die Auslegung, der Patron wolle sich zur finanziellen Unterstützung der Tochtergesellschaft rechtlich verpflichten.[1827] Ein dahingehender Erklärungswille kann sich aber aus den **vorvertraglichen Verhandlungen** der Parteien ergeben. Lehnt die Muttergesellschaft die Stellung einer banktypischen Sicherheit unter Hinweis auf diese Erklärung ab und begründet sie dabei das Vertrauen des Kreditgebers darin, dass sie auch ohne solche Sicherheiten für die ordnungsgemäße Kreditabwicklung sorgen werde („wir stehen ja dahinter"), wird sie **garantieähnlich** zur weiteren **Aufrechterhaltung der Bonität** der Tochter

---

[1822] *Mosch,* Patronatserklärungen deutscher Konzernmuttergesellschaften und ihre Bedeutung für die Rechnungslegung, 1978, 115; diff. *Fleischer* WM 1999, 666 (674), der solche Einzelweisungen für zulässig und geboten hält, die sich nicht als masseverkürzende Rechtshandlungen iSd § 129 InsO darstellen.

[1823] So auch *Obermüller* ZGR 1975, 1 (10).

[1824] *Michalski* WM 1994, 1229 (1234).

[1825] OLG Frankfurt a. M. Urt. v. 19.9.2007 – 4 U 22/07, BeckRS 2007, 15775 = ZIP 2007, 2316.

[1826] Aus der Präambel einer Rahmenvereinbarung im Fall OLG Rostock Urt. v. 22.1.2018 – 6 U 10/14, GmbHR 2019, 719 = ZInsO 2019, 1689, rkr. mit BGH Beschl. v. 15.1.2019 – II ZR 72/18, nv.

[1827] OLG Frankfurt a. M. Urt. v. 19.9.2007 – 4 U 22/07, BeckRS 2007, 15775 = ZIP 2007, 2316.

verpflichtet sein.[1828] Eine finanzielle Ausstattungs- oder Einstandspflicht kann sich bei der zweitgenannten Erklärung aufgrund ihrer Einbettung in eine Rahmenvereinbarung und der daraus resultierenden Möglichkeit der Erklärungsempfängerin (PB), bei ihrer geschäftsführer- und gesellschafteridentischen Schwestergesellschaft (PH) kurzfristig abrufbare Darlehensmittel zu erhalten.[1829]

675 Hat die Muttergesellschaft hingegen vor der Kreditvergabe an die Tochter dem Gläubiger verdeutlicht, dass sie eine rechtsgeschäftliche Haftung vermeiden wolle, so kann ihre Erklärung nur als **Auskunftsvertrag** hinsichtlich ihrer **Geschäftspolitik** verstanden werden.[1830] Ist die Muttergesellschaft an der Bonität ihrer Tochter, also an der Aufrechterhaltung der Kreditwürdigkeit, Zahlungsfähigkeit und Zahlungswilligkeit sowie dem guten Ruf der Tochter nicht mehr interessiert, muss sie dies dem Gläubiger unverzüglich mitteilen. Erfüllt sie diese nachvertragliche Verpflichtung aus dem Patronatsvertrag nicht und verschlechtern sich die Verhältnisse der Tochter, kommt eine Haftung aus § 280 BGB in Betracht. Der Gläubiger wird allerdings Schwierigkeiten haben nachzuweisen, dass sein Schaden auf diesem Unterlassen beruht, etwa weil er in Unkenntnis der veränderten Geschäftspolitik der Muttergesellschaft von einer möglichen außerordentlichen Kündigung des ausgereichten Kredits abgesehen hat.[1831]

e) Rangzusicherung

676 *„Während der Kreditlaufzeit werden wir unsere etwaigen Forderungen an die Tochtergesellschaft als Ihren Forderungen an diese nachgeordnet ansehen."*

Die Muttergesellschaft verpflichtet sich, die in der Insolvenz der Tochtergesellschaft auf sie entfallende **Quote** an den Gläubiger **auszukehren,** wenn der Gläubiger ihr eine gleich hohe Forderung gegen die Tochter abtritt.[1832] Eine Haftungserklärung ist der Aussage nicht zu entnehmen.

677 2. Harte Patronatserklärungen. Verspricht der Patron insbesondere zur Förderung oder Erhaltung der Kreditwürdigkeit eines anderen Unternehmens finanzielle **Maßnahmen** oder **Unterlassungen,** welche dessen Zahlungsfähigkeit sicherstellen soll, so liegt eine harte Patronatsverpflichtung vor. Typische Formulierungen lauten etwa:[1833]

„... übernehmen wir hiermit Ihnen gegenüber unwiderruflich die uneingeschränkte Verpflichtung, auf unsere Tochtergesellschaft ... in der Weise Einfluss zu nehmen und sie finanziell so auszustatten, dass sie stets in der Lage ist, ihren gegenwärtigen und künftigen Verbindlichkeiten Ihnen gegenüber fristgemäß nachzukommen."[1834]

„Ich verpflichte mich hiermit gegenüber der ...AG i. G. ... die Versorgung der Gesellschaft ... mit flüssigen Mitteln sicher zu stellen, sodass die Gesellschaft jederzeit ihren finanziellen Verpflichtungen nachkommen kann."[1835]

„Wir ... [Muttergesellschaft] verpflichten uns hiermit, der ... [Tochtergesellschaft] die notwendigen finanziellen Mittel zur Verfügung zu stellen, dass sie ihrerseits den vertraglichen Verpflichtungen gemäß mit ihrem Haus vereinbarten Zahlungsplan einhalten kann."[1836]

678 a) Rechtsverbindliche Verpflichtung. Selbst wenn nicht ausdrücklich von einer „Verpflichtung" des Patrons die Rede ist, sondern die etwas ungenaue Formulierung: „Wir werden dafür Sorge tragen, dass unsere Tochter ... finanziell ausgestattet wird" verwendet wird, ist dies meist dahin-

---

[1828] *Obermüller* ZGR 1975, 1 (24).

[1829] OLG Rostock Urt. v. 22.1.2018 – 6 U 10/14, ZInsO 2019, 1689 Rn. 126 f. mit BGH Urt. v. 19.5.2011 – IX ZR 9/10, WM 2011, 1085, alternativ zu einer Zahlungszusage eines Gesellschafters, BGH Urt. v. 26.1.2016 – II ZR 394/13, WM 2016, 974.

[1830] Der Court of Appeal spricht in seiner Entscheidung Kleinwort Benson Ltd. v. Malaysia Mining Corp Bhd (1989) 1 All ER 785 von der Verlautbarung einer gegenwärtigen Tatsache (statement of present fact), der kein rechtsgeschäftlicher Bindungswille zukomme. Vgl. auch *Saenger/Merkelbach* WM 2007, 2309 (2311), die ein Schuldverhältnis iSv § 311 Abs. 2 Nr. 3 BGB annehmen wollen.

[1831] Anders *Merkel/Richrath* in Schimansky/Bunte/Lwowski BankR-HdB § 98 Rn. 44 aE: Entlastungsbeweis beim Patron.

[1832] *Mosch,* Patronatserklärungen deutscher Konzernmuttergesellschaften und ihre Bedeutung für die Rechnungslegung, 1978, 128 ff.

[1833] Weitere Beispiele bei BeckOGK/*Harnos* BGB § 765 Rn. 617 ff., 657 ff. Zu den möglichen Formen und Motiven ihrer Verwendung ausf. *Grimm,* Die Patronatserklärung – Kreditsicherung und Insolvenzabwehr, 2019, 107 ff., 190 ff.; *Koch,* Die Patronatserklärung, 2005, 77 ff.

[1834] So im Fall BGH Urt. v. 30.1.1992 – IX ZR 112/91, BGHZ 117, 127 (128) = NJW 1992, 2093; ähnlich BGH Urt. v. 22.9.2009 – XI ZR 286/08, NJW 2010, 144 mit der Wendung „übernehmen wir ... die uneingeschränkte Verpflichtung, dafür Sorge zu tragen, dass unsere Tochtergesellschaft ... in der Weise geleitet und finanziell ausgestattet wird, dass ...", dazu sogleich im Text.

[1835] So die Liquiditätszusage im Fall BGH Urt. v. 8.5.2006 – II ZR 94/05, NZG 2006, 543 Rn. 1 = WM 2006, 1202 – Boris Becker/Sportgate, wo allerdings nur aus der kombinierten Verlustdeckungszusage geklagt wurde. Ähnlich in BGH Urt. v. 21.11.2019 – IX ZR 223/18, NZI 2020, 114 = WM 2020, 98 Rn. 4 mit der Ergänzung: „und der Eintritt der Zahlungsunfähigkeit und/oder Überschuldung vermieden wird."

[1836] So im Fall BGH Beschl. v. 12.1.2017 – IX ZR 95/16, NJW-RR 2017, 298 = NZG 2017, 397 Rn. 1, 7.

gehend auszulegen, dass der Patron eine rechtlich **bindende Verpflichtung** eingeht, das patronierte Unternehmen finanziell auszustatten.[1837] Es handelt sich dabei um einen unechten Vertrag zugunsten des patronierten Unternehmens, das Leistungsempfänger ist, aber regelmäßig keinen Anspruch auf Ausstattung aus dem Patronatsvertrag hat.[1838] Diese Rechtslage ergibt sich aber nur dann eindeutig, wenn es sich um einen **Individualvertrag** handelt. Wird einem potentiellen Sicherungsgeber, der nicht gewillt oder in der Lage ist, eine klassische Sicherheit zu stellen, eine **vorformulierte** Patronatserklärung angetragen, wird zu prüfen sein, ob er deren Bedeutung und Reichweite versteht und ob er durch die Haftung als Patron nicht unangemessen benachteiligt wird (§ 307 Abs. 1 BGB).[1839]

Verpflichtet sich der Patron insbesondere bei Vergabe eines Kredits, den Protegé (Kreditnehmer) so **679** auszustatten, dass er in der Lage ist, *allen* gegenwärtigen und künftigen Verbindlichkeiten gegenüber dem Erklärungsempfänger (Kreditgeber) nachzukommen **(weite Sicherungszweckerklärung),** kann eine unangemessene Benachteiligung iSd § 307 Abs. 1 S. 1, 2 BGB vorliegen. Ähnlich wie im Falle der Bürgschaft wird es darauf ankommen, ob der Patron die Höhe der Verbindlichkeiten des patronierten Unternehmens beeinflussen kann.[1840]

Ebenso wie die klassischen Kreditsicherheiten Bürgschaft und Garantie unterlag die harte Patronats- **680** erklärung den Regelungen über **eigenkapitalersetzende Darlehen.**[1841] Mit der Beseitigung des Eigenkapitalersatzrechts durch das MoMiG sind auch insoweit die Vorschriften der §§ 39 Abs. 1 Nr. 5, 135 InsO zu beachten.[1842]

b) Ausstattung – Bestimmtheit, Klagbarkeit. Umstritten und im konkreten Fall durch Aus- **681** legung zu ermitteln ist, was „**Ausstattung**" bedeutet. Sie umfasst die Herstellung der Liquidität der patronierten Gesellschaft, soweit dies erforderlich ist, um deren fällige Zahlungsverpflichtungen insbesondere aus einem Kreditvertrag zu erfüllen, die ohne das Eingreifen des Patrons nicht erfüllt würden. Die Ausstattungsmöglichkeiten des Patrons können nicht abschließend aufgezählt werden (zB Zufuhr von Geldmitteln insbesondere als Darlehen, Sicherung eines Fremdkredits, Sachmittel, Kapitalerhöhung, Forderungsverzicht),[1843] sodass keine Wahlschuld vorliegt (§ 262 BGB). Daraus wird vereinzelt im Schrifttum[1844] und auch in einer erstinstanzlichen Entscheidung[1845] der Schluss gezogen, die Leistung des Patrons sei nicht **bestimmt,** sodass die Ausstattungsverpflichtung nicht einklagbar (§ 253 Abs. 2 Nr. 2 ZPO) bzw. nicht entstanden sei. Neben der Vielzahl möglicher Ausstattungshandlungen wird geltend gemacht, das Ausmaß der erforderlichen Ausstattung sei für den Patron kaum erkennbar, weil es sich um ein Betriebsinternum des Hauptschuldners handele; dem Patron sei nicht zumutbar, den komplexen Vermögensstatus des Hauptschuldners kontinuierlich zu überprüfen und das Risiko der anderweitigen Verwendung seiner Ausstattungsmittel zugunsten anderer Gläubiger zu tragen.[1846]

Dem ist entgegenzuhalten, dass der Patron nicht eine nach Art und Weise genau umschriebene **682** Leistung schuldet, sondern nur den auf verschiedene Weise zu bewirkenden **Erfolg,** den Haupt-

---

[1837] BGH Urt. v. 30.1.1992 – IX ZR 112/91, BGHZ 117, 91 = WM 1992, 501; BGH Urt. v. 8.5.2003 – IX ZR 334/01, NJW-RR 2003, 1042 f. = WM 2003, 1178; BGH Urt. v. 22.9.2009 – XI ZR 286/08, NJW 2010, 144 Rn. 14; KG Urt. v. 10.1.2002 – 14 U 3416/00, WM 2002, 1190 f.; *Obermüller* ZGR 1975, 1 (25 f.); *Michalski* WM 1994, 1229 (1235 f.); *Jander/Hess* RIW 1995, 730 (732 f.); *Stecher,* „Harte" Patronatserklärungen – Rechtsdogmatische und praktische Probleme, 1978, 63; *Mosch,* Patronatserklärungen deutscher Konzernmuttergesellschaften und ihre Bedeutung für die Rechnungslegung, 1978, 88 ff.; 121 f.; *Merkel/Richrath* in Schimansky/Bunte/Lwowski BankR-HdB § 98 Rn. 9; vgl. auch VG Berlin Urt. v. 18.2.2000 – 94 O 93/99, WM 2000, 1060.

[1838] *Koch,* Die Patronatserklärung, 2005, 131 f.; *Obermüller* ZGR 1975, 1 (26 f.); *Stecher,* „Harte" Patronatserklärungen – Rechtsdogmatische und praktische Probleme, 1978, 75; MüKoBGB/*Habersack* BGB Vor § 765 Rn. 51.

[1839] Vgl. dazu LG München I Urt. v. 2.3.1998 – 11 HKO 20623/97, WM 1998, 1285, aufgehoben durch OLG München Urt. v. 21.10.1998 – 7 U 3960/98, WM 1999, 686. Zur Kontrolle einer vorformulierten Patronatserklärung vgl. *v. Bernuth* ZIP 1999, 1501; *Fleischer* WM 1999, 666 (668 f.); *Schäfer* WM 1999, 153 (159); *Schnellecke,* Wirksamkeit und Inhaltskontrolle harter Patronatserklärungen unter besonderer Berücksichtigung des Rechts der Allgemeinen Geschäftsbedingungen, 2005, 88 ff. (127 ff.).

[1840] Ebenso *Koch,* Die Patronatserklärung, 2005, 216; *Wittig* WM 2003, 1981 (1984); vgl. auch *Merkel/Richrath* in Schimansky/Bunte/Lwowski BankR-HdB § 98 Rn. 29.

[1841] OLG München Urt. v. 22.7.2004 – 19 U 1867/04, ZIP 2004, 2102 (2105). Vgl. zu den Schranken klarstellend BGH Urt. v. 20.9.2010 – II ZR 296/08, BGHZ 187, 69 Rn. 23 ff. = NJW 2010, 3442 – STAR 21.

[1842] Vgl. in anderem Zusammenhang BGH Urt. v. 29.1.2015 – IX ZR 279/15, BGHZ 204, 83 = NJW 2015, 1109 Rn. 38 ff.; BGH Urt. v. 30.4.2015 – IX ZR 196/15, NZG 2015, 924 = WM 2015, 1119 Rn. 5 ff. Zur Direktzahlung des Patrons aber → Rn. 701.

[1843] Ausf. *Koch,* Die Patronatserklärung, 2005, 140 ff. Zur Anfechtung gem. § 134 Abs. 1 InsO in der Insolvenz des Patrons s. *Undritz* FS Kayser, 2019, 977 ff.

[1844] *Köhler* WM 1978, 1338 (1344 f.); Staudinger/*Horn,* 2013, Vor § 765 Rn. 461; *Maier-Reimer/Etzbach* NJW 2011, 1110 (1114).

[1845] LG München I Urt. v. 2.3.1998 – 11 HKO 20623/97, WM 1998, 1285 (1286), zu Recht abl. *Schäfer* WM 1999, 153 ff., aufgehoben durch OLG München Urt. v. 21.10.1998 – 7 U 3960/98, WM 1999, 686; vgl. auch OLG München Urt. v. 22.7.2004 – 19 U 1867/04, ZIP 2004, 2102 f.

[1846] LG München I Urt. v. 2.3.1998 – 11 HKO 20623/97, WM 1998, 1285, zu Recht abl. *Schäfer* WM 1999, 153 ff. (aufgehoben durch OLG München Urt. v. 21.10.1998 – 7 U 3960/98, WM 1999, 686).

schuldner mit einer ausreichenden Finanzausstattung zu versehen.[1847] Welchen Ausstattungsmodus er wählt, berührt das Gläubigerinteresse nicht.[1848] Der geschuldete Erfolg ist hinreichend bestimmt, mag er auch auf verschiedene Weisen herbeizuführen sein. In dieser Hinsicht unterscheidet sich die Patronatserklärung nicht von einem Befreiungsanspruch, der dem Schuldner ebenfalls die Wahl der Erfüllungsmittel lässt. Da es nur einen Erfüllungserfolg gibt, nämlich die alle aktuellen Verpflichtungen abdeckende Liquidität (Ausstattung) des patronierten Unternehmens, erscheint die Ausstattungsverpflichtung auch hinreichend bestimmt.[1849]

683 Die Ausstattungsverpflichtung kann **eingeklagt** werden.[1850] Klageantrag und Urteilstenor können lauten: „Der Beklagte wird verurteilt, die X … [Protegé] finanziell so auszustatten, dass sie ihre Verbindlichkeit gegenüber dem Kläger aus dem Vertrag von … in Höhe von … EUR erfüllen kann" oder „… von ihrer Verbindlichkeit … [konkret zu bezeichnen, ggf. in Höhe von … EUR] freizustellen". Die Vollstreckung des entsprechenden Titels erfolgt nach **§ 887 Abs. 1 ZPO,** etwa indem der vom Prozessgericht ermächtigte Gläubiger dem Hauptschuldner die Verbindlichkeit erlässt und den Patron mit den Kosten in Höhe der erlassenen Forderung belastet.[1851]

684 **c) Umfang, Höhe.** Der Umfang der Ausstattungsverpflichtung richtet sich nach der konkreten Vereinbarung. Ist sie der **Höhe** nach unbegrenzt, deckt die harte Patronatserklärung sämtliche Verbindlichkeiten des Protegés ab; bei gegenständlicher Begrenzung erfasst sie nur die bezeichneten Verbindlichkeiten ggf. aus der Geschäftsbeziehung zum Gläubiger, bei betragsmäßiger Limitierung bestimmte oder alle Verbindlichkeiten des Protegés in bezeichneter Höhe.[1852] Als Sicherungsmittel gegenüber einem Kreditgeber umfasst sie mangels abweichender Regelung sämtliche aus dem Kreditverhältnis herrührenden Forderungen, mithin neben dem Anspruch auf Rückzahlung des Kapitals auch die Zinsen einschließlich Verzugszinsen, Provisionen und Gebühren.[1853] Das Problem, immer so rechtzeitig Finanzmittel zur Verfügung zu stellen, dass zB der Kreditvertrag des begünstigten Gläubigers nicht gefährdet wird, setzt allerdings eine ständige Überprüfung der finanziellen Situation des patronierten Unternehmens voraus. Dieser Schwierigkeit wird auch in anderen Zusammenhängen begegnet, etwa bei der Gewährung von Großkrediten; sie berührt die hinreichende Bestimmtheit der Patronatsverpflichtung nicht.[1854]

685 **d) Weiterleitungsrisiko.** Das bei einer internen Mittelzuführung bestehende **Weiterleitungsrisiko,** dass das patronierte Unternehmen die Mittel anderweitig als zur Befriedigung des begünstigten Gläubigers verwendet oder andere Gläubiger darauf Zugriff nehmen und er auf weitere Ausstattung in Anspruch genommen wird, kann der Patron durch eine **Direktleistung** an die Gläubiger vermeiden (→ Rn. 701, → Rn. 710). Dies entspricht herrschender Auffassung,[1855] wird allerdings unterschiedlich hergeleitet.[1856] Ein Teil des Schrifttums nimmt an, der Patron dürfe als Dritter gem. § 267 Abs. 1 BGB an den Gläubiger leisten, dessen Ablehnungsrecht gem. § 267 Abs. 2 BGB im Zweifel abbedungen sei.[1857] Andere stellen direkt auf Treu und Glauben (§ 242 BGB) ab.[1858] Wieder andere entnehmen dem Patronatsvertrag im Wege der (ergänzenden) Auslegung eine **Ersetzungsbefugnis des Patrons;**[1859] diese Auffassung ist vorzugswürdig, steht doch der Patron nicht als unbeteiligter Dritter dem Gläubiger gegenüber, sondern als Zahlungspflichtiger, wenn das patronierte Unternehmen insolvent

---

[1847] OLG Schleswig Urt. v. 10.4.2019 – 9 U 100/18, BeckRS 2019, 39036 Rn. 43; *Stecher,* „Harte" Patronatserklärungen – Rechtsdogmatische und praktische Probleme, 1978, 94; vgl. dazu ferner *Schäfer* WM 1999, 153 f.; *Fleischer* WM 1999, 666 (670); *Klene* Der Konzern 2017, 389 (390 ff.).

[1848] *Schröder* ZGR 1982, 552 (559).

[1849] Zutr. OLG Schleswig Urt. v. 10.4.2019 – 9 U 100/18, BeckRS 2019, 39036 Rn. 43 – HSV Handball.

[1850] Vgl. im prägnanten Überblick BeckOGK/*Harnos* BGB § 765 Rn. 630 ff.; ausf. *Koch,* Die Patronatserklärung, 2005, 225 ff.

[1851] *Schröder* ZGR 1982, 560, der sich auf einen Vergleich zum Procedere bei Vollstreckung eines Anspruchs auf Befreiung von einer Verbindlichkeit stützt; ihm folgend *Michalski* WM 1994, 1229 (1240); *Rüßmann,* Harte Patronatserklärungen und Liquiditätszusagen, 2006, 126 ff.; *Klene* Der Konzern 2017, 389 (393 f.); aA Staudinger/*Horn,* 2013, Vor § 765 Rn. 461, der die Ausstattungsverpflichtung für prozessual nicht durchsetzbar hält.

[1852] Vgl. OLG Schleswig Urt. v. 10.4.2019 – 9 U 100/18, BeckRS 2019, 39036 Rn. 46, 52. Zur entsprechend begrenzten Eignung als Mittel zur Beseitigung einer Zahlungsunfähigkeit des patronierten Unternehmens → Rn. 639 –644. Zu möglichen Begrenzungen bereits *Koch,* Die Patronatserklärung, 2005, 146 ff.

[1853] *Obermüller* ZGR 1975, 1 (27); *Michalski* WM 1994, 1229 (1239).

[1854] So auch *Koch,* Die Patronatserklärung, 2005, 196; *Schäfer* WM 1999, 153 ff.

[1855] Vgl. BGH Beschl. v. 12.1.2017 – IX ZR 95/16, NZI 2017, 157 Rn. 7; *Wittig* WM 2003, 1981 (1986); MüKoBGB/*Habersack* BGB Vor § 765 Rn. 50 mwN.

[1856] Ausf. *Koch,* Die Patronatserklärung, 2005, 167 ff.

[1857] *Habersack* ZIP 1996, 257 (258); *Mosch,* Patronatserklärungen deutscher Konzernmuttergesellschaften und ihre Bedeutung für die Rechnungslegung, 1978, 136 f.; *Stecher,* „Harte" Patronatserklärungen – Rechtsdogmatische und praktische Probleme, 1978, 119; *Hölzle/Klopp* KTS 2016, 335 (342).

[1858] *Rümker* WM 1974, 990; *Wittig* WM 2003, 1981 ff.

[1859] Larenz/*Canaris* SchuldR BT II § 64 V 1, S. 82 f. (§ 157 BGB); für stillschweigende Vereinbarung: MüKoBGB/*Habersack* BGB Vor § 765 Rn. 50; *H.-F. Müller* EWiR 2917, 209 (210); idR ergänzende Vertragsauslegung *Maier-Reimer/Etzbach* NJW 2011, 1110 (1113); anders (§ 242 BGB) *Harnos* ZIP 2017, 1149 (1152).

wird.[1860] Möglich, aber weniger praktisch kann der Patron das Weiterleitungsrisiko auch dadurch ausschalten, dass er die Mittel dem patronierten Unternehmen **treuhänderisch** zuwendet, zB auf einem (eigenen) Sonderkonto mit entsprechender Zweckbestimmung, und das patronierte Unternehmen zu Verfügungen allein zum Zwecke der bestimmten Kredittilgung ermächtigt.[1861] In die Verfügungsmacht des Insolvenzverwalters des patronierten Unternehmens fällt – allenfalls[1862] – als Vermögenswert die Ermächtigung, Verfügungen über diese Mittel zugunsten eines bestimmten Gläubigers zu treffen.

e) Akzessorietät der Patronatserklärung. Harte Patronatsvereinbarungen sind nach Grund, **686** Höhe und Durchsetzbarkeit prinzipiell (vorbehaltlich abweichender Regelungen) unabhängig von Bestand und Fälligkeit gegenwärtiger und künftiger Verbindlichkeiten des Protegés.[1863] Bei *internen* Patronatserklärungen stellt sich die Frage der Akzessorietät idR nicht, da es primär um die forderungsunabhängige Verschaffung von Liquidität geht. *Externe* Patronatsverträge fungieren dagegen auch als Kreditsicherungsmittel; ggf. kann der Patron gegen eine Inanspruchnahme aus der Patronatserklärung einwenden, die Forderung des Gläubigers sei nicht entstanden, bereits erloschen oder noch nicht fällig.[1864] Denn die Patronatserklärung hat den Charakter einer **Ersatzsicherheit**[1865] oder Hilfsschuld, die Leistung des Patrons soll nicht über den Rahmen der gesicherten Leistungsverpflichtung hinausgehen.[1866] Ebenso wie der Bürge wird er allerdings regelmäßig auch dann zur Ausstattung verpflichtet sein, wenn das Rückzahlungsverlangen des Darlehensgebers sich auf ungerechtfertigte Bereicherung (§ 812 Abs. 1 S. 1 Alt. 1 BGB) stützt.

Dem Einwand fehlender Fälligkeit steht auch die Erklärung nicht entgegen, dass das patronierte **687** Unternehmen *jederzeit* in der Lage sein werde, seine Verpflichtungen aus dem Kreditvertrag zu erfüllen. Solange der Geldmangel nicht dazu führt, dass fällige Forderungen anderer Gläubiger nicht erfüllt werden und diese ein Insolvenzverfahren veranlassen, schadet es nicht, dass die Finanzsituation des Schuldners die Tilgung zu einem Zeitpunkt nicht erlaubt, zu dem der gesicherte Kredit **nicht fällig** ist und auch **nicht gekündigt** werden kann.[1867] In der Insolvenz des patronierten Unternehmens kommt es auf die Akzessorietätsfrage nicht an, da die Verpflichtung des Patrons auch nach Anfechtung geleisteter Zahlungen unabhängig davon fortbesteht bzw. neu entsteht (vgl. § 144 Abs. 1 InsO), ob die Patronatserklärung als akzessorisches oder nichtakzessorisches Sicherungsrecht qualifiziert wird.[1868]

3. Auslegung in Zweifelsfällen. Die hier vorgestellten Grundformen werden in der Praxis **688** zuweilen miteinander kombiniert, gelegentlich auch variiert, indem einzelne Elemente weggelassen oder Bemerkungen hinzugefügt werden, die durch Auslegung zu behebende Zweifel am rechtsgeschäftlichen Bindungswillen des Patronatsgebers und am Verpflichtungsgehalt seiner Erklärung aufkommen lassen.

So erklärte in einem vom OLG Karlsruhe[1869] entschiedenen Fall eine **Mehrheitsgesellschafterin** **689** gegenüber der die Gesellschaft kreditierenden Bank, die Geschäftsleitung genieße ihr volles Vertrauen, sie werde ihren Einfluss als Kapitaleignerin geltend machen, dass die Schuldnerin ihren Verbindlichkeiten gegenüber der Bank in der vereinbarten Weise nachkomme, und sie stehe *„voll und ganz hinter dem Engagement"* der patronierten Gesellschaft. Das OLG Karlsruhe stellte fest, dass die letztgenannte Erklärung lediglich in einem Begleitschreiben zu den von den Parteien ausgehandelten erstgenannten „Loyalitätserklärungen" enthalten war und die Patronin keinen Anlass hatte, sich über die verlangten (weichen) Patronatserklärungen hinaus der Bank zu verpflichten. Diese hatte zu einer Kreditierung ohne Sicherheiten in Form von Bürgschaften, Mithaftungserklärungen oder Grundpfandrechten bereit erklärt und bei den Verhandlungen akzeptiert, dass die Patronin nicht bereit war, eine **bilanzvermerkpflichtige** Verpflichtung einzugehen. Insbesondere dieses Einverständnis wertete das Gericht als maß–

[1860] So bereits *Allstadt-Schmitz* → 3. Aufl. 2015, Rn. IV 733 mwN. Zur Umwandlung des Ausstattungsanspruchs in einen Direktzahlungsanspruch in der Insolvenz der Tochtergesellschaft → Rn. 700.

[1861] Vgl. dazu *Schröder* ZGR 1982, 552 (556); *Koch,* Die Patronatserklärung, 2005, 176 ff., der dies als Sonderform der Ausstattung qualifiziert.

[1862] Dazu *Koch,* Die Patronatserklärung, 2005, 185 ff., 187.

[1863] Staub/*Renner* Bankgeschäfte Rn. 4/955 bezeichnet die generelle Einordnung als akzessorisches Sicherungsmittel zu Recht als irreführend. Zur Irrelevanz der Akzessorietätsfrage in der Insolvenz → Rn. 687, 700.

[1864] OLG München Urt. v. 24.1.2003 – 23 U 4026/02, DB 2003, 711; BeckOGK/*Harnos* BGB § 765 Rn. 648; Staub/*Renner* Bankgeschäfte Rn. 4/955; grundsätzlich zu Einwendungen und Einreden des Patrons: *Koch,* Die Patronatserklärung, 2005, 249 ff.; *Michalski* WM 1994, 1229 (1234); *Obermüller* ZGR 1975, 1 (26); *Larenz/Canaris* SchuldR BT II § 64 V 1b, S. 83. Weitergehend BeckOGK/*Harnos* BGB § 765 Rn. 625; *Schäfer* WM 1999, 153 (154 f.), die eine Entstehungsakzessorietät zwischen der Einstandspflicht des Patrons und der gesicherten Verbindlichkeit annehmen. AA LG München I Urt. v. 2.3.1998 – 11 HKO 20623/97, WM 1998, 1285 (aufgehoben durch OLG München Urt. v. 21.10.1998 – 7 U 3960/98, WM 1999, 686).

[1865] Zutr. *Bülow,* Recht der Kreditsicherheiten, 9. Aufl. 2017, Rn. 1619 ff.

[1866] *Mosch,* Patronatserklärungen deutscher Konzernmuttergesellschaften und ihre Bedeutung für die Rechnungslegung, 1978, 202, 234 f.; *Koch,* Die Patronatserklärung, 2005, 252.

[1867] *Obermüller* ZGR 1975, 1 (27).

[1868] BGH Beschl. v. 12.1.2017 – IX ZR 95/16, NZI 2017, 157 Rn. 10 ff.

[1869] OLG Karlsruhe Urt. v. 7.8.1992 – 15 U 123/91, WM 1992, 2088.

geblichen Umstand dafür, die Erklärung als „weich" einzuordnen und ihr keine Ausstattungsverpflichtung zu entnehmen.

690 Das OLG Düsseldorf[1870] hatte über eine Erklärung zu befinden, durch die der **Hauptlieferant** eines Subunternehmens sich gegenüber dem Generalunternehmer verpflichtete, dem Subunternehmer die notwendigen **Finanzierungsmittel** zur Durchführung seines Vertrages mit dem Generalunternehmer bis zu einer Höhe von 5,3 Mio. DM zur Verfügung zu stellen. Der Subunternehmer erfüllte den Vertrag schlecht und weigerte sich, seinen Gewährleistungspflichten nachzukommen; schließlich fiel er vor vollständiger Vertragserfüllung in Konkurs. Der Generalunternehmer nahm den Lieferanten auf Schadensersatz in Anspruch, weil er seiner Finanzierungsverpflichtung nicht nachgekommen sei. Das OLG stellte fest, der Hauptlieferant habe sich gleich einem Patron verpflichtet, für die Zahlungsfähigkeit des Subunternehmens zu sorgen, durch die Finanzierungszusage habe er aber keine Einstandspflicht für die **Zahlungswilligkeit des Schuldners** übernommen. Der Subunternehmer habe nicht aus mangelnder Zahlungsfähigkeit, sondern aus Leistungsunwilligkeit vertragswidrig gehandelt und schließlich das Unternehmen planmäßig zum Schaden der Gläubiger in den Konkurs geführt. Es sei unschädlich, dass der Lieferant den zugesagten Kredit von 5,3 Mio. DM nicht vollständig gewährt habe, weil er den jeweiligen Finanzierungsbedarf des Subunternehmens im Zusammenhang mit der Vertragserfüllung gedeckt habe und sich jedenfalls nicht feststellen lasse, dass er sich einer Anforderung des patronierten Unternehmens verweigert habe.

691 Die für die harte Patronatserklärung typische Kapitalausstattungsverpflichtung soll nach Auffassung des OLG Brandenburg[1871] fehlen, wenn der Erklärende nur „dafür Sorge trägt, dass die Gesellschaft ihre Zahlungsverpflichtungen gegenüber dem Gläubiger erfüllt". Denn es bleibe offen, ob damit nur gute Absichten ausgedrückt werden sollen, auf die Geschäftsleitung der Gesellschaft einzuwirken, damit diese die Schulden begleiche.

692 Die Erklärung eines Vaters gegenüber dem Gläubiger seines Sohnes, dessen Verbindlichkeit werde in seinem Beisein an einem bestimmten Tage getilgt und er werde bis zu jenem Tage seinem Sohn zu diesem Zweck ein Darlehen gewähren, sieht das Oberlandesgericht Rostock als harte Patronatserklärung an.[1872]

IV. Rechtsfolgen des Patronatsvertrages, Haftung in der Krise und Insolvenz des patronierten Unternehmens

693 **1. Weiche Patronatserklärung.** Kennzeichen einer weichen Patronatserklärung ist, dass der Erklärende weder einen besonderen Erfolg in Aussicht stellt, noch eine Gewährleistung oder Haftung übernimmt. Daher ist das Vertrauen des Gläubigers darauf, der Patron werde *freiwillig* für die Schuld des patronierten Unternehmens aufkommen, grundsätzlich **nicht nach den §§ 280 Abs. 1, 241 Abs. 2, 311 Abs. 2 BGB** geschützt.[1873]

694 Eine Vertrauenshaftung des Patrons **nach § 311 Abs. 3 BGB** kommt aber dann in Betracht, wenn er durch Abgabe einer weichen Patronatserklärung den **unzutreffenden Eindruck** hervorruft, das patronierte Unternehmen sei solvent, und der Gläubiger sich berechtigterweise darauf verlassen hat.[1874] So etwa wenn Mitarbeiter einer GmbH für eine Schwestergesellschaft einen Auftrag erteilen und dabei erklären, sie stünden als Teilhaber „hinter" der Auftraggeberin, sodass der Auftragnehmer auch von deren Solvenz ausgeht, obwohl die Mitteilungen über die Solvenz der Schwestergesellschaft mangels tragfähiger Erkenntnisse vorwerfbar falsch sind und die Beziehung zu der beklagten Konzern-GmbH nicht so gefestigt und deren Einfluss nicht stark genug ist, um tatsächlich von deren Finanzkraft auf die der Auftraggeberin schließen zu können.[1875]

695 Der Patron schuldet Schadensersatz gem. § 280 Abs. 1 BGB, wenn er dem Gläubiger **unzutreffende Auskünfte** erteilt, zB wenn er bereits Verhandlungen über einen Verkauf seiner Beteiligung an dem patronierten Unternehmen führt und gleichwohl ohne Einschränkung angibt, dieses sei seine Tochtergesellschaft. Ob dem Gläubiger aus dem Wechsel des Allein- oder Mehrheitsgesellschafters der Schuldnerin bereits ein Schaden erwächst, ist allerdings fraglich. Erklärt der Patron, es entspreche seinen Prinzipien, die Bonität seiner Tochtergesellschaft aufrechtzuerhalten, obwohl er wegen ungünstiger Rentabilitätserwartungen nicht vorhat, weiter in die Tochter zu investieren, haftet er wegen schuldhaft erteilter Falschauskunft, ggf. sogar wegen Betruges oder sittenwidriger Schädigung des Gläubigers.[1876]

[1870] OLG Düsseldorf Urt. v. 26.1.1989 – 6 U 23/88, NJW-RR 1989, 1116.

[1871] OLG Brandenburg Urt. v. 19.9.2007 – 3 U 129/06, BeckRS 2008, 00837.

[1872] OLG Rostock Urt. v. 16.12.2004 – 1 U 28/04, MDR 2005, 1277.

[1873] OLG Karlsruhe Urt. v. 7.8.1992 – 15 U 123/91, WM 1992, 2088 (2092); *Mosch*, Patronatserklärungen deutscher Konzernmuttergesellschaften und ihre Bedeutung für die Rechnungslegung, 1978, 47 f.

[1874] Vgl. OLG Düsseldorf Urt. v. 14.11.2002 – 12 U 47/02, GmbHR 2003, 178 f.; *Larenz/Canaris* SchuldR BT II § 64 V 2, S. 83 f.; *Merkel/Richrath* in Schimansky/Bunte/Lwowski BankR-HdB § 98 Rn. 41.

[1875] So im Fall OLG Düsseldorf Urt. v. 14.11.2002 – 12 U 47/02, GmbHR 2003, 178 mAnm *Maxem* GmbHR 2003, 179 (181).

[1876] *Obermüller* ZGR 1975, 1 (23 f.).

Aussagen über das Vertrauen des Patrons in die Geschäftsführung des patronierten Unternehmens **696** oder über seine Wahrnehmung von Einfluss und Kontrolle können eine **nachträgliche Berichtigungspflicht** auslösen, wenn er sein Vertrauen in die Geschäftsleitung der Schuldnerin verliert oder seinen Einfluss einschränkt.[1877] Der Gläubiger, der bei rechtzeitiger Benachrichtigung den Kredit gekündigt und von dem Schuldner Rückzahlung erhalten hätte, kann sich wegen Verletzung der Pflichten aus dem Auskunftsvertrag an den Patron halten.[1878]

Im Einzelfall kommt im Zusammenhang mit der Abgabe bzw. Nichteinhaltung einer weichen **697** Patronatserklärung eine **Vertrauenshaftung** des Patrons (**§ 311 Abs. 3 S. 2 BGB**) in Betracht, wenn er Vertrauen im Hinblick auf einen eigenen Einfluss auf die Abwicklung und Finanzierung des Geschäfts in Anspruch nimmt und dadurch den Abschluss des Kreditgeschäfts maßgeblich beeinflusst.[1879] Daneben kann eine deliktische Haftung aus **§ 826 BGB** in Betracht kommen, wenn der Patron im Zusammenhang mit der Patronatserklärung arglistig getäuscht hat.[1880]

2. Harte Patronatserklärung. a) Vor Insolvenz des patronierten Unternehmens. Erfüllt der **698** Schuldner die durch eine *externe* Verpflichtung des Patrons gesicherte Verbindlichkeit nicht, so kann der Gläubiger den Patron ohne weiteres sofort auf Zahlung in Anspruch nehmen.[1881] Ist der Schuldner auf Grund vorübergehender wirtschaftlicher Schwierigkeiten nicht in der Lage, seine Pflichten gegenüber dem Gläubiger zu erfüllen, zB den fälligen Kredit zurückzuzahlen, hat der Patron objektiv seine Pflichten aus dem Patronatsvertrag verletzt.[1882] Der Gläubiger kann ihn, solange die Uneinbringlichkeit der patronierten Forderung feststeht,[1882] auf Ausstattung des Schuldners in Anspruch nehmen (zur gerichtlichen Durchsetzbarkeit der Ansprüche aus einer harten Patronatserklärung → Rn. 683). Der Patron unterliegt insofern einer **Haftungsverschärfung,** als er sich während seiner Ausstattungsverpflichtung über die Liquiditätsverhältnisse des Kreditnehmers zu unterrichten und für die Mitwirkung des Kreditnehmers einzustehen hat.[1883] Darauf, dass der Schuldner die Ausstattung ablehnt, kann er sich nicht berufen.[1884] Hat der Schuldner ihm überlassene Mittel anderweitig verbraucht, trifft den Patron das Risiko dafür, dass er über das erneute Ausstattungsbedürfnis des Kreditnehmers unterrichtet und zu dessen Erfüllung in der Lage ist (→ Rn. 685).

Der Gläubiger kann ihn ferner durch Mahnung in **Verzug** setzen[1885] und sodann Ersatz des (Ver- **699** zugs-)Schadens verlangen (§ 286 Abs. 1 BGB), der ihm dadurch entstanden ist, dass der Patron die gebotene Ausstattung verspätet leistet und der Schuldner zeitweise den Kredit nicht bedient bzw. seine Verbindlichkeiten nicht rechtzeitig erfüllt. Einer Mahnung bedarf es nicht, wenn dem Patron die vom Protegé einzuhaltenden Zahlungsfristen bekannt sind.[1886]

b) Bei Zahlungsunfähigkeit des patronierten Unternehmens. In der Insolvenz des patronierten **700** Unternehmens (Insolvenzschuldners) ist der vertragliche Ausstattungsanspruch bei *interner* Vereinbarung nunmehr vom Insolvenzverwalter geltend zu machen (→ Rn. 703), während er sich bei *externer* Erklärung in einen **Direktzahlungsanspruch** des Gläubigers verwandelt.[1887] Dies wird unterschiedlich begründet. Vor der Schuldrechtsreform (2001) wurde überwiegend angenommen, dem Patronatsgeber sei die Erfüllung seiner Ausstattungspflicht objektiv unmöglich geworden mit der Folge, dass er dem Gläubiger den durch die Nichterfüllung entstehenden Schaden zu ersetzen habe.[1888] Der Patron habe

---

[1877] Str.; ebenso *Gerth,* Atypische Kreditsicherheiten unter Berücksichtigung der Vorschriften über Rechnungslegung und Berichterstattung, 1980, 65 ff.; *Lwowski* in Lwowski/Fischer/Gehrlein Kreditsicherung Rn. 451; *Michalski* WM 1994, 1229; *Obermüller,* Ersatzsicherheiten im Kreditgeschäft, 1987, Rn. 40; aA *Fried,* Die weiche Patronatserklärung, 1998, 125; differenzierend *Horn,* Patronatserklärungen im „common law" und im deutschen Recht, 1999, 121 ff. 158; *Koch,* Die Patronatserklärung, 2005, 418 ff.

[1878] *Merkel/Richrath* in Schimansky/Bunte/Lwowski BankR-HdB § 98 Rn. 43; zurückhaltend Emmerich/Habersack/*Emmerich* AktG § 302 Rn. 15.

[1879] Vgl. dazu OLG Düsseldorf Urt. v. 26.1.1989 – 6 U 23/88, NJW-RR 1989, 1116 (1118); zust. *Fried,* Die weiche Patronatserklärung, 1998, 248 f.

[1880] Staub/*Renner* Bankgeschäfte Rn. 4/952.

[1881] Vgl. obiter BGH Beschl. v. 12.1.2017 – IX ZR 95/16, NJW-RR 2017, 298 = WM 2017, 326 Rn. 6; vgl. *G. Fischer* FS Lwowski, 2014, 177, die von ihm erwähnte Sportgate-Entscheidung BGH Urt. v. 8.5.2006 – II ZR 94/05, WM 2006, 1202 betrifft ebenfalls die Rechtslage nach Insolvenzeröffnung (→ Rn. 700 ff.).

[1882] BGH Beschl. v. 12.1.2017 – IX ZR 95/16, NJW-RR 2017, 298 = WM 2017, 326 Rn. 6; → Rn. 700.

[1883] *Koch,* Die Patronatserklärung, 2005, 274 f., 276.

[1884] OLG Rostock Urt. v. 16.12.2004 – 1 U 28/04, MDR 2005, 1277.

[1885] *Obermüller* ZGR 1975, 1 (28) hält eine Mahnung für entbehrlich, weil sie durch den Patronatsvertrag („jederzeit") abbedungen sei und die Leistung bei bevorstehendem Zusammenbruch der Tochtergesellschaft keinen Aufschub dulde.

[1886] Ausf. auch zur Abgrenzung von Verzug und Unmöglichkeit *Koch,* Die Patronatserklärung, 2005, 268 ff.

[1887] HM, vgl. BGH Urt. v. 19.5.2011 – IX ZR 9/10, NZG 2011, 913 Rn. 20; BGH Beschl. v. 12.1.2017 – IX ZR 95/16, NJW-RR 2017, 298 = NZI 2017, 157 Rn. 7 mAnm *Burmeister/Tasma;* zust. *Ganter* WuB 2017, 308; *H.-F. Müller* EWiR 2017, 209; krit. zur Begründung *Harnos* ZIP 2017, 1149 (1150).

[1888] BGH Urt. v. 30.1.1992 – IX ZR 112/91, BGHZ 117, 127 (132) = NJW 1992, 2093; *Stecher,* „Harte" Patronatserklärungen – Rechtsdogmatische und praktische Probleme, 1978, 163 ff.; *Obermüller* ZGR 1975, 1 (28 f.); *Mosch,* Patronatserklärungen deutscher Konzernmuttergesellschaften und ihre Bedeutung für die Rechnungslegung, 1978, 214, 227; *Rümker* EWiR 1992, 335 f.

eine garantieähnliche Verpflichtung hinsichtlich der Zahlungsfähigkeit des patronierten Unternehmens übernommen; auf ein Verschulden komme es bei Eintritt der Zahlungsunfähigkeit nicht an.[1889] Nach der Schuldrechtsreform kann dagegen nur von einer pflichtwidrigen Nichterfüllung der nach wie vor möglichen Leistung ausgegangen werden (vgl. §§ 280 ff. BGB).

701   Andere gewinnen den Anspruch des Gläubigers auf eine Direktzahlung im Wege einer ergänzenden Auslegung des Patronatsvertrages **(§ 157 BGB)**.[1890] Seit Inkrafttreten des Schuldrechtsmodernisierungsgesetz vom 26.11.2001 entsteht daher im *Sicherungs- oder Patronatsfall* nach herrschender Auffassung ein Anspruch des Gläubigers (Kreditgebers) auf **Schadensersatz statt der Leistung** gem. §§ 280 Abs. 1, Abs. 3, 281 Abs. 1, Abs. 2 BGB, weil der Patron die fällige Ausstattungsleistung nicht oder nicht wie geschuldet erbracht hat, diese aber theoretisch noch erbringen könnte.[1891] Dies gilt **auch nach Insolvenzanfechtung** (§§ 129 ff. InsO), wenn und soweit der Gläubiger die von der Tochtergesellschaft erhaltene Zahlung anfechtungshalber erstatten muss; die erfolgreiche Anfechtung steht der Uneinbringlichkeit der gesicherten Forderung gleich.[1892] Das gilt unabhängig davon, ob die Patronatserklärung als akzessorisches oder als nichtakzessorisches Sicherungsrecht angesehen wird.[1893] Eine **Direktzahlung** des Patrons an den Gläubiger ist dagegen nicht nach §§ 131, 135 Abs. 2 InsO anfechtbar, da der Patron nicht als Dritter leistet und der Protegé keine Leistung erbracht hat.[1894] Sie ist ein probates Mittel, um einer erneuten Inanspruchnahme des Patrons nach erfolgreicher Anfechtung trotz Weiterleitung als auch wegen unterbliebener Weiterleitung (→ Rn. 685) vorzubeugen. Eine sog. **Revocatoria-Klausel,** die dem Gläubiger die Leistung des Patrons auch im Insolvenzfall insbesondere nach erfolgreicher Anfechtung zusichern soll, ist entsprechend anzupassen (etwa in Form einer bedingten Freistellungszusage); in herkömmlicher Fassung[1895] ist sie dagegen praktisch obsolet,[1896] weil sie den Gläubiger vor einer Anfechtung des Insolvenzverwalters seines Schuldners nicht schützt.[1897]

702   Patron und Schuldner *haften* dem Gläubiger gleichrangig nebeneinander aufs Ganze.[1898] Der Gläubiger kann daher vom Patronatsgeber sofort **Schadensersatz in voller Höhe** verlangen, insbesondere den nicht getilgten bzw. anfechtungsbedingt erstatteten Kapitalbetrag, sowie Zinsen und Provisionen. Es genügt jeder Nachweis der Zahlungsunfähigkeit des patronierten Unternehmens;[1899] eine erfolglose Zwangsvollstreckung gegen den Schuldner ist für die Einstandspflicht des Patrons nicht erforderlich.[1900] Denn die Bedeutung der harten Patronatserklärung liegt auch darin, dass keine Verzögerung in der planmäßigen Schuldtilgung, insbesondere Rückführung des Kredits auftreten soll. Der Patron hat den Zustand herzustellen, der bei ordnungsgemäßer Erfüllung seiner Ausstattungspflicht bestünde.[1901] § 249 BGB geht **bei Nichterfüllung** unmittelbar auf Geldersatz, gibt dem Gläubiger also keinen Anspruch auf erneute Abgabe einer Patronatserklärung.[1902] Bei **zeitlicher Befristung** der Patronatserklärung muss der Patron für alle während der Laufzeit entstandenen Verbindlichkeiten des Schuldners auch nachträglich einstehen; bei zeitlich unbefristeten Erklärungen wird der Patron ggf. erst nach ex nunc wirkender Kündigung mit deren Wirksamwerden von der Haftung für alle später begründeten

---

[1889] KG Urt. v. 18.1.2002 – 14 U 3416/00, WM 2002, 1190 f.; anders OLG München Urt. v. 22.7.2004 – 19 U 1867/04, ZIP 2004, 2102, wonach dem Patron eine Entschuldigungsmöglichkeit zustehen soll.

[1890] *Köhler* WM 1978, 1338 (1345 f.); *Schröder* ZGR 1982, 552 (560); *Larenz/Canaris* SchuldR BT II § 64 V 1c; MüKoBGB/*Habersack* BGB Vor § 765 Rn. 52.

[1891] Vgl. BGH Urt. v. 22.9.2009 – XI ZR 286/08, NJW 2010, 144 = WM 2009, 2073 Rn. 13; BGH Beschl. v. 12.1.2017 – IX ZR 95/16, NJW-RR 2017, 298 = NZI 2017, 157 Rn. 7; Staub/*Renner* Bankgeschäfte Rn. 4/954; *Wolf,* Die Patronatserklärung, 2005, 294 f.: aufgrund des eingetretenen Sicherungsfalls sei die Nachfristsetzung entbehrlich; *Koch,* Die Patronatserklärung, 2005, 304 ff.; *Maier-Reimer/Etzbach* NJW 2011, 1110 (1114); *Harnos* ZIP 2017, 1149 (1150).

[1892] BGH Beschl. v. 12.1.2017 – IX ZR 95/16, NJW-RR 2017, 298 = NZI 2017, 157 Rn. 7 mAnm *Burmeister/Tasma;* zust. *Ganter* WuB 2017, 308; *H.-F. Müller* EWiR 2017, 209.

[1893] BGH Beschl. v. 12.1.2017 – IX ZR 95/16, NJW-RR 2017, 298 = NZI 2017, 157 Rn. 10 ff.

[1894] *Ganter* WuB 2017, 308 f. (ergänzend zu BGH Beschl. v. 12.1.2017 – IX ZR 95/16, NZI 2017, 157). Zu § 134 Abs. 1 InsO in der Insolvenz des Patrons *Undritz* FS Kayser, 2019, 977 ff.

[1895] Vgl. BGH Urt. v. 22.9.2009 – XI ZR 286/08, NJW 2010, 144 = WM 2009, 2073: „uneingeschränkte Verpflichtung, (...) und dass Ihnen die an Sie zurückgezahlten (Darlehens-)Beträge endgültig verbleiben"; *Wittig* WM 2003, 1981 (1985); *Koch,* Die Patronatserklärung, 2005, 106 f.

[1896] Vgl. BeckOGK/*Harnos* BGB § 765 Rn. 629: Erforderlichkeit zweifelhaft, der aber in ZIP 2017, 1149 (1151 f.) weiterhin eine kautelarjuristische Risikosteuerung empfiehlt.

[1897] Zur PE als unentgeltlicher Leistung iSd § 134 I InsO in der Insolvenz des Patrons s. *Undritz* FS Kayser, 2019, 977 ff.

[1898] BGH Urt. v. 30.1.1992 – IX ZR 112/91, BGHZ 117, 127 (132) = NJW 1992, 2093; BGH Urt. v. 8.5.2003 – IX ZR 334/01, NJW-RR 2003, 1042 = WM 2003, 1178 (1179 f.); BGH Beschl. v. 12.11.2017 – IX ZR 95/16, NJW-RR 2017, 298 = NZG 2017, 397 Rn. 6. Krit. zur Begründung *Harnos* ZIP 2017, 1149 (1150 unter II 1), der aber übersieht, dass der BGH eine Schadenshaftung behandelt.

[1899] BGH Urt. v. 30.1.1992 – IX ZR 112/91, BGHZ 117, 127 (134) = NJW 1992, 2093 vor 3d mwN.

[1900] BGH Urt. v. 30.1.1992 – IX ZR 112/91, BGHZ 117, 127 (133 f.) = NJW 1992, 2093 unter II 3c.

[1901] Vgl. OLG Schleswig Urt. v. 10.4.2019 – 9 U 100/18, BeckRS 2019, 39036 Rn. 66; *Obermüller* ZGR 1975, 1 (29).

[1902] BGH Urt. v. 8.5.2003 – IX ZR 334/01, NJW-RR 2003, 1042 = WM 2003, 1178 (1179 f.).

(künftigen) Verbindlichkeiten frei.[1903] Im Fall der **Doppelinsolvenz** von Patron und patroniertem Unternehmen braucht sich der Gläubiger bis zu einer vollen Befriedigung seiner Ansprüche eine im Insolvenzverfahren des Schuldners erzielte Quote im Insolvenzverfahren des Patrons nicht anrechnen zu lassen.[1904]

c) Schadensersatzpflicht auch bei interner Patronatserklärung. Eine von der Muttergesell-　**703** schaft gegenüber ihrer Tochtergesellschaft abgegebene (konzerninterne) *harte* Patronatserklärung gibt auch in der Insolvenz der Tochtergesellschaft einen eigenen von dem Insolvenzverwalter geltend zu machenden Ausstattungsanspruch gegen die Muttergesellschaft,[1905] dessen Nichterfüllung zum Schadensersatz aus §§ 280 Abs. 1, 2, 286 BGB verpflichtet.[1906] Dies wurde in der obergerichtlichen Rechtsprechung unterschiedlich beurteilt.[1907] Das *OLG Celle* hatte in einer Entscheidung vom 28.6.2000 angenommen, die Verpflichtung zur Ausstattung, die der Patron dem Unternehmen unmittelbar versprochen habe, entfalle mit Eröffnung des Insolvenzverfahrens über dessen Vermögen. Denn der Zweck des Versprechens, die Lebensfähigkeit der Gesellschaft zu erhalten, könne dann nicht mehr erreicht werden. Demgegenüber hat der *BGH* zutreffend erkannt, dass die Eröffnung des Insolvenzverfahrens über das Vermögen der begünstigten Gesellschaft sich nicht auf den Bestand der Patronatserklärung auswirkt.[1908] Dem ist – mit dem *OLG München*[1909] – zuzustimmen: Die Patronatserklärung muss nach ihrem Sinn und Zweck gerade in der Insolvenz des begünstigten Unternehmens rechtswirksam sein; sie wäre als Sicherheit nicht geeignet und **als Finanzierungsinstrument wertlos,** wenn der Patron trotz Nichterfüllung von seiner Ausstattungsverpflichtung ersatzlos frei würde.[1910] Daher wird der Insolvenzverwalter den Patron idR nach erfolgloser Fristsetzung auf Zahlung in Anspruch nehmen.[1911]

d) Beseitigung von Zahlungsunfähigkeit durch Abgabe einer harten Patronatserklärung.　**704** In anfechtungsrechtlicher Hinsicht (§§ 130 Abs. 1 Nr. 1, 133 InsO) vermag auch die Abgabe einer harten Patronatserklärung für sich genommen weder eine bereits eingetretene Zahlungsunfähigkeit oder Überschuldung des patronierten Unternehmens zu beseitigen noch die Kenntnis von Umständen, die zwingend auf die Zahlungsunfähigkeit des Schuldners schließen lassen.[1912] Hierzu bedarf es vielmehr eines vom Anfechtungsgegner zu beweisenden Wegfalls der kenntnisbegründenden Umstände,[1913] mithin einer effektiven Ausstattung des Protegés. Die **konzernexterne Patronatserklärung** begründet keine eigenen Ansprüche der Tochtergesellschaft.[1914] Deren Zahlungsunfähigkeit oder Überschuldung ist – ggf. im Zusammenspiel mit weiteren Finanzierungsmaßnahmen – erst dann beseitigt, wenn der Patron seine Verpflichtung gegenüber dem Gläubiger tatsächlich erfüllt, sei es durch Direktzahlung (an Erfüllungs Statt) oder durch Liquiditätsausstattung des Protegés[1915] und dieser seine Zahlungen allgemein wiederaufgenommen hat (→ Rn. 639–644). Dabei wird vorauszusetzen sein, dass

---

[1903] BGH Beschl. v. 12.1.2017 – IX ZR 95/16, NJW-RR 2017, 298 = NZI 2017, 157 Rn. 8 f.; krit. *Harnos* ZIP 2017, 1149 (1151): Parteiwille vorrangig; zutr. *Ganter* WuB 2017, 307: der Patron soll sich einer Haftung nicht durch Nichtleistung entziehen können.

[1904] BGH Urt. v. 30.1.1992 – IX ZR 112/91, BGHZ 117, 127 (130) = NJW 1992, 2093 unter II 3; § 43 InsO gilt entsprechend. AA *Maier-Reimer/Etzbach* NJW 2011, 1110 (1114 vor III.). – Zur PE als unentgeltlicher Leistung iSd § 134 Abs. 1 InsO in der Insolvenz des Patrons s. *Undritz* FS Kayser, 2019, 977 ff.

[1905] Vgl. obiter BGH Urt. v. 19.5.2011 – IX ZR 9/10, NZG 2011, 913 Rn. 19; *G. Fischer* FS Lwowski, 2014, 177 (181).

[1906] Vgl. BGH Urt. v. 19.5.2011 – IX ZR 9/10, NZG 2011, 913 Rn. 19; OLG Schleswig Urt. v. 10.4.2019 – 9 U 100/18, BeckRS 2019, 39036 Rn. 45; BeckOGK/*Harnos* BGB § 765 Rn. 660 f.; ausf. bereits *Koch*, Die Patronatserklärung, 2005, 268 ff.

[1907] Bejahend OLG München Urt. v. 22.7.2004 – 19 U 1867/04, ZIP 2004, 2102 ff. Verneinend OLG Celle Urt. v. 28.6.2000 – 9 U 54/00, OLGR Celle 2001, 303; zutreffend dagegen iErg wie hier MüKoBGB/*Habersack* BGB Vor § 765 Rn. 52 Fn. 233.

[1908] BGH Urt. v. 20.9.2010 – II ZR 296/08, BGHZ 187, 69 = NJW 2010, 3442 – STAR 21; obiter BGH Urt. v. 19.5.2011 – IX ZR 9/10, NZG 2011, 913 Rn. 19; vgl. auch BGH Urt. v. 8.5.2006 – II ZR 94/05, ZIP 2006, 1199 f. – Boris Becker/Sportgate.

[1909] OLG München Urt. v. 22.7.2004 – 19 U 1867/04, ZIP 2004, 2102; ebenso OLG Schleswig Urt. v. 10.4.2019 – 9 U 100/18, BeckRS 2019, 39036 Rn. 66.

[1910] Ebenso *Wolf* ZIP 2006, 1885 ff.; *G. Fischer* FS Lwowski, 2014, 177 (180 f.) mwN.

[1911] Ebenso BeckOGK/*Harnos* BGB § 765 Rn. 660 ff. mwN. Vgl. auch OLG Rostock Urt. v. 22.1.2018 – 6 U 10/14, GmbHR 2019, 719 = ZInsO 2019, 1689, rkr. mit BGH Beschl. v. 15.1.2019 – II ZR 72/18, nv (→ Rn. 674); zur Darlegung eines Vermögensschadens OLG Schleswig Urt. v. 10.4.2019 – 9 U 100/18, BeckRS 2019, 39036 Rn. 63 ff.

[1912] BGH Urt. v. 19.5.2011 – IX ZR 9/10, NZI 2011, 536 Rn. 22 = NZG 2011, 913 (915) = WM 2011, 1085 mAnm *Tetzlaff* WuB I F 1c. – 1.11.

[1913] BGH Beschl. v. 17.9.2009 – IX ZR 103/07 Rn. 2; zur Beweislast BGH Urt. v. 27.8.2008 – IX ZR 98/07, NJW 2008, 2190 Rn. 17.

[1914] Ein Anspruch gegen den Patron ist deshalb auch nicht zu aktivieren, vgl. OLG Celle Urt. v. 18.6.2008 – 9 U 14/08, NZG 2009, 308 = ZIP 2008, 2416.

[1915] BGH Urt. v. 19.5.2011 – IX ZR 9/10, NZG 2011, 913 f. = WM 2011, 1085 Rn. 22.

der Patron auf einen Rückgriff verzichtet oder zumindest die Regressforderung bis zur dauerhaften Abwendung der Zahlungsunfähigkeit stundet oder einen Rangrücktritt erklärt.[1916]

705   Die harte **konzerninterne Patronatserklärung** kann sowohl eine Überschuldung als auch die Zahlungsunfähigkeit der Tochtergesellschaft vermeiden, jedenfalls wenn diese auf die Mittel der Muttergesellschaft ungehindert zugreifen kann oder die Muttergesellschaft ihrer Ausstattungspflicht tatsächlich nachkommt (→ Rn. 639–644).[1917] Die Beseitigung einer bereits eingetretenen Zahlungsunfähigkeit setzt zusätzlich voraus, dass der Protegé seine Zahlungen allgemein wieder aufgenommen hat. Ein Gegenanspruch des Patrons ist dabei regelmäßig nicht zu passivieren,[1918] wenn der Patron auf eine Rückzahlungsforderung (insb. aus Darlehen) oder auf eine Regressforderung (für den Fall, dass er in Ausübung seiner Ersetzungsbefugnis direkt an Gläubiger zahlt) verzichtet oder diese bis zur dauerhaften Abwendung der Krise stundet und einen Rangrücktritt erklärt.[1919] Das Verlangen nach harten Patronatserklärungen ermöglicht eine positive Fortführungsprognose, erübrigt unnötige finanzielle Verpflichtungen, ohne unwiderrufliche Bindungen mit verheerenden (gesamt-)wirtschaftlichen Auswirkungen zu begründen.[1920]

706   **3. Bilanzierungspflichten.** Da die Frage, ob und wie eine Patronatserklärung in der Handelsbilanz ausgewiesen ist, für die Auslegung und Bestimmung des Erklärungsinhalts bedeutsam ist, seien die Bilanzierungspflichten von Patron und Protegé kurz angesprochen.[1921]

707   **a) Beim Patron.** Verpflichtungen aus *harten* Patronatserklärungen sind (außerhalb des Bankrechts) erst dann zu passivieren, wenn die **Gefahr einer Inanspruchnahme** ernsthaft droht (vgl. § 249 Abs. 1 S. 1 HGB).[1922] Das ist bei einer *konzerninternen* Patronatserklärung nicht der Fall, wenn das Tochterunternehmen zwar in der Krise ist, aber ein Schwesterunternehmen die erforderliche Liquidität bereitstellt und aufgrund der gesellschaftsrechtlichen Verbundenheit nicht damit zu rechnen ist, dass dieses Ansprüche gegen die Muttergesellschaft geltend machen wird, so insbesondere bei Darlehensforderungen mit eigenkapitalersetzendem Charakter.[1923] Sie sind gem. §§ 251 S. 1, 268 Abs. 7 HGB wie Verbindlichkeiten (ua) aus Bürgschaften und Gewährleistungsverträgen (→ HGB § 251 Rn. 9) sowie Haftungsverhältnisse aus der Bestellung von Sicherheiten für fremde Verbindlichkeiten unter der Bilanz zu vermerken oder im Anhang im Rahmen des Gesamtbetrages der sonstigen Verpflichtungen anzugeben, da diese Angabe für die Beurteilung der Finanzlage des Unternehmens von Bedeutung ist (§ 285 Nr. 3 HGB). Die Berichterstattungspflicht ist am Prinzip der kaufmännischen Vorsicht auszurichten sowie an Sinn und Zweck des Bilanzvermerks, Dritte vor möglichen Risiken zu warnen. Nachdem lange umstritten war, welche Patronatserklärung eine Vermerkpflicht auslöst, hat der Verband der Wirtschaftsprüfer Richtlinien[1924] erlassen, die diese Unsicherheit teilweise beseitigen. Danach besteht im Zweifel, dh bei Unsicherheit über den Verpflichtungsgehalt trotz Ausschöpfung der Auslegungskriterien Entstehung, Wortlaut und Begleitumstände der Erklärung sowie Verständnis und Interessenlage der Parteien, eine Angabepflicht.[1925] Kreditinstitute (§ 1 Abs. 1 KWG) und Finanzdienstleistungsinstitute (§ 1 Abs. 1a KWG), die § 340 Abs. 1 HGB unterliegen, haben Patronatserklärungen in voller Höhe als „Verbindlichkeiten aus Bürgschaften und Gewährleistungsverträgen" zu vermerken (§§ 1, 26 Abs. 2 RechKredV).

708   Ist die (harte) Patronatserklärung **an die Allgemeinheit** (ad incertas personas) gerichtet, scheidet ein Bilanzvermerk gem. §§ 251, 268 Abs. 7 HGB mangels Bezifferbarkeit aus. Stattdessen findet sich in der Praxis ein verbaler Hinweis im Anhang (§ 268 Abs. 7 HGB), in dem die Patronatserklärung wiedergegeben wird, mit der Angabe eines Merkpostens von 1,00 EUR.[1926]

709   Die Grundformen der **weichen Patronatserklärungen,** insbesondere die Verpflichtung zur Beibehaltung des Gesellschaftsverhältnisses oder Unternehmensvertrages und zur Einflussnahme auf die

---

[1916] Vgl. *Krüger/Pape* NZI 2011, 617.

[1917] Obiter BGH Urt. v. 19.5.2011 – IX ZR 9/10, NZG 2011, 913 f. = NZI 2011, 536 Rn. 21 mAnm *Ziemons* GWR 2009, 411 (413); *Blum* NZG 2010, 1331. Zu Recht krit. *G. Fischer* FS Lwowski, 2014, 177 (179), der auch insoweit die sichere Erwartung der zugesagten Mittel innerhalb der Insolvenzantragsfrist (§ 15a InsO) für genügend erachtet.

[1918] *Uhlenbruck/Mock* InsO § 17 Rn. 65 ff., § 19 Rn. 112 ff; *K. Schmidt* ZIP 2013, 485 f.

[1919] Vgl. eingehend *Bitter* ZHR 181 (2017), 428 (468 f., 471 ff.); *G. Fischer* FS Lwowski, 2014, 177 (178); *Keßler,* Interne und externe Patronatserklärungen als Instrumente zur Insolvenzvermeidung, 2015, 102 ff.; *Wollmert* FS Wellensiek, 2011, 171 (176 ff.).

[1920] AA *Pickerill* NZG 2018, 609 (617 f.), → Rn. 644.

[1921] Vgl. vertiefend *Ammelung/Sorocean* RIW 1996, 668 ff.; *Jander/Hess* RIW 1995, 730 ff. jew. mwN; zur Aktivierung im Überschuldungsstatus des patronierten Unternehmens vgl. *Merz/Hübner* DStR 2005, 802; OLG Celle Urt. v. 18.6.2008 – 9 U 14/08, ZIP 2008, 2416; *Bitter* ZHR 181 (2017), 428 (465 ff.) mwN.

[1922] BFH Urt. v. 25.10.2006 – I R 6/05, BStBl. II 2007, 342 = DB 2007, 492.

[1923] BFH Urt. v. 25.10.2006 – I R 6/05, BFHE 215, 242 = juris Rn. 25 f.

[1924] Fachgutachten und Stellungnahme des Instituts der Wirtschaftsprüfer IDW RH HFA 1.013.

[1925] IDW RH HFA 1.013 Rn. 6.

[1926] *Thiekötter,* Die Patronatserklärung ad incertas personas, 1999, 121 ff.; *Habersack* ZIP 1996, 257 (260); Beck-OGK/*Harnos* BGB § 765 Rn. 689 f.

Geschäftsführung des Tochterunternehmens sind **nicht vermerkpflichtig.**[1927] Unabhängig davon ist allerdings die Frage zu beantworten, ob ein Patron, der wegen unrichtiger Auskunftserteilung in Anspruch genommen zu werden droht, Rückstellungen nach § 249 Abs. 1 HGB zu bilden hat; sie ist zu bejahen mit der Bewertungsfolge des § 253 Abs. 1 S. 2 HGB.

b) Beim Protegé. Die vereinbarte Ausstattungspflicht des Patrons ist für sich genommen, dh vor **710** ihrer Erfüllung, in der Handelsbilanz des patronierten Unternehmens nicht zu berücksichtigen, auch nicht als sog. schwebendes Geschäft.[1928] Die Frage, ob es sich um ein Darlehen (Fremdkapital) oder um eine Einlage (Eigenkapital) handelt, stellt sich daher erst mit dem effektiven Zufluss liquider Mittel. Der mit einer (internen) harten Patronatserklärung verfolgte Vertragszweck, das Tochterunternehmen hinreichend finanziell auszustatten und so eine Krise, mithin die materielle Insolvenz abzuwenden, würde indes verfehlt, wenn die Ausstattungsleistung lediglich als Darlehensverbindlichkeit zu verbuchen wäre (→ Rn. 640 ff.); der Kapitalzufluss ist ggf. als Eigenkapital zu passivieren.[1929] Eine bereits als Fremdverbindlichkeit passivierte Darlehensvalutierung ist aus- bzw. entsprechend umzubuchen, wenn mit ihr ein qualifizierter Rangrücktritt iSd § 19 Abs. 2 S. 2 InsO verbunden ist.[1930]

V. Beendigung des Patronatsvertrages

1. Rückführung des gesicherten Kredits. Der Patron kann seine Ausstattungsverpflichtung aus **711** einer exklusiv als Kreditsicherheit vereinbarten (externen) Patronatserklärung beenden, indem er fällige Zahlungen auf die gesicherte Forderung direkt an den Gläubiger des patronierten Unternehmens leistet und damit zugleich sein Weiterleitungsrisiko (→ Rn. 685) beseitigt. Dazu ist er nach herrschender Meinung – ungeachtet der Voraussetzungen gem. § 267 Abs. 1 BGB – nach Sinn und Zweck des Patronatsvertrages[1931] bzw. nach Treu und Glauben[1932] berechtigt. Denn die Patronatserklärung sichert vereinbarungsgemäß nur die Forderungen, für die sie abgegeben wurde. Ohne entsprechende Beschränkung des „Sicherungszwecks", insbesondere wenn das (interne) Patronat eine Überschuldung des Protegés vermeiden oder beseitigen soll, bleibt die Ausstattungsverpflichtung des Patrons trotz Direkterfüllung einzelner Gläubigerforderungen bestehen (→ Rn. 643 f., 700 f.).

2. Aufgabe einer Beteiligung an dem patronierten Unternehmen. Haben die Vertragsparteien **712** die Aufgabe einer gesellschaftsrechtlichen Beteiligung des Patrons an dem patronierten Unternehmen (Kreditnehmer) nicht ausdrücklich ausgeschlossen, wird ein Beteiligungswechsel zulässig sein und auch nicht zur Unmöglichkeit der Erfüllung der Ausstattungsverpflichtung führen.[1933] Es stellt sich aber die Frage, ob im Wege der ergänzenden Vertragsauslegung angenommen werden kann, die Aufgabe der Beteiligung stelle eine stillschweigend vereinbarte **auflösende Bedingung der Ausstattungsverpflichtung** dar (§ 158 Abs. 2 BGB).[1934] Falls eine hierzu erforderliche planwidrige Lücke der vertraglichen Vereinbarungen vorliegt, müsste feststellbar sein, dass der Fortbestand der Ausstattungsverpflichtung trotz wegfallender gesellschafts- oder konzernrechtlicher Einwirkungsmöglichkeiten dem Regelungsplan beider Parteien zuwider liefe. Mit Blick auf das fortbestehende Ausstattungsinteresse des Protegés resp. Sicherungsinteresse des Kreditgebers einerseits und die Möglichkeit des Patrons, ein treuhänderisches Sonderkonto einzurichten, andererseits werden sich diese Feststellungen selten treffen lassen.[1935]

3. Kündigung der harten Patronatserklärung. Haben die Vertragsparteien ausdrücklich oder **713** konkludent ein Kündigungsrecht vereinbart, ist dieses vorrangig zu beachten.[1936] Fehlt es daran, so kommt es darauf an, ob es sich um ein Dauerschuldverhältnis handelt, das (bei Verwendung des Patronats als Sicherungsmittel) einem weiten Sicherungszweck dient (→ Rn. 679).[1937] Hat der Patron seine Erklärung nur zur Sicherung einer **konkret befristeten Verbindlichkeit** abgegeben, kommt

---

[1927] IDW RH HFA 1.013 Rn. 10; *Mosch,* Patronatserklärungen deutscher Konzernmuttergesellschaften und ihre Bedeutung für die Rechnungslegung, 1978, 194 ff.; → HGB § 268 Rn. 22.

[1928] Vgl. *Kronner/Seidler* BB 2019, 555 (558).

[1929] Vgl. *Kronner/Seidler* BB 2019, 555 (558).

[1930] → Rn. 641. Zu den damit verbundenen Fragen der Kapitalerhaltung s. *Ekkenga* ZIP 2017, 1493 ff.; *Bitter* ZIP 2019, 164 ff.

[1931] *Habersack* ZIP 1996, 257 f., *Horn,* Patronatserklärungen im „common law" und im deutschen Recht, 1999, 181; *Kohout,* Patronatserklärungen, 1984, 168.

[1932] *Rümker* WM 1974, 990; *Wittig* WM 2003, 1981 ff.

[1933] *Kohout,* Patronatserklärungen, 1984, 224 ff.; *Mosch,* Patronatserklärungen deutscher Konzernmuttergesellschaften und ihre Bedeutung für die Rechnungslegung, 1978, 254; aA *Gerth,* Atypische Kreditsicherheiten unter Berücksichtigung der Vorschriften über Rechnungslegung und Berichterstattung, 1980, 162 f.

[1934] *Gerth,* Atypische Kreditsicherheiten unter Berücksichtigung der Vorschriften über Rechnungslegung und Berichterstattung, 1980, 162; *Seiler,* Die Patronatserklärung im internationalen Wirtschaftsverkehr, 1982, 41; *Tetzlaff* WM 2011, 1016 (1022).

[1935] *Koch,* Die Patronatserklärung, 2005, 294 f.

[1936] Vgl. BGH Urt. v. 20.9.2010 – II ZR 296/08, BGHZ 187, 69 Rn. 21 = NJW 2010, 3442 – STAR 21; Staudinger/*Horn,* 2013, BGB Vor § 765 Rn. 464; *Kübler* FS Graf-Schlicker, 2018, 323 (329 ff.).

[1937] Bei (internen) Liquiditätszusagen handelt es sich idR um Dauerschuldverhältnisse, → Rn. 713 f.

eine Kündigung grundsätzlich nicht in Betracht; die Parteien können aber ausdrücklich das Gegenteil vereinbaren oder die Einstandspflicht mit Wirkung ex nunc aufheben.[1938] Eine Verschlechterung der Vermögensverhältnisse des Kreditnehmers ermöglicht es dem Patron nicht, sich vom Patronatsvertrag zu lösen, weil er – gleich ob extern oder intern – versprochen hat, dieser Verschlechterung entgegenzuwirken.[1939]

714   **a) Ordentliche Kündigung.** Bei *unbefristeten* Patronatserklärungen können die Parteien des Patronatsvertrags kraft der ihnen zustehenden Privatautonomie ein ex nunc wirkendes (→ Rn. 716) ordentliches Kündigungsrecht des Patrons vereinbaren.[1940] Auch ohne ausdrückliche Vereinbarung kommt ein Kündigungsrecht in Betracht, insbesondere wenn der Patron für sämtliche, auch künftige Verbindlichkeiten des Kreditnehmers einzustehen hat. Ggf. ist er entsprechend § 488 Abs. 3 BGB und in Anlehnung an die höchstrichterliche Rechtsprechung zur Rechtsstellung des Bürgen[1941] berechtigt, den Patronatsvertrag ordentlich zu kündigen. Dieses Recht besteht nach Ablauf einer bestimmten Wartezeit und unter Einhaltung einer hinreichenden Kündigungsfrist, deren Dauer sich nach den Regeln des Bürgschaftsrechts bemessen.[1942]

715   **b) Außerordentliche Kündigung.** Wie bei allen Dauerschuldverhältnissen kann dem Patron ein (außerordentliches) Kündigungsrecht aus wichtigem Grund zustehen **(§ 314 Abs. 1 BGB).** Die Feststellung der Unzumutbarkeit einer Fortsetzung des Vertragsverhältnisses setzt allerdings eine Abwägung der beiderseitigen Interessen voraus (§ 314 Abs. 1 S. 2 BGB). Eine gravierende Vermögensverschlechterung des Kreditnehmers fällt in das vertraglich übernommene Risiko des Patrons und gibt ihm kein Recht zur Kündigung aus wichtigem Grund.[1943] Ein außerordentlicher Kündigungsgrund kann zB darin liegen, dass der Patron seine Gesellschafter- oder Geschäftsführerstellung bei dem Kreditnehmer aufgibt.[1944] Mit dem Wegfall der damit verbundenen Einflussmöglichkeiten erwächst dem Patron das Risiko unkontrollierbarer Fremddisposition. Ebenso wie ein Bürge[1945] kann der Patron sich in diesem Fall durch Kündigung aus wichtigem Grund von seiner Verpflichtung lösen; er muss aber dem Gläubiger eine angemessene Frist einräumen, damit er sich auf die Änderung (der Sicherheitenlage) einstellen kann.

716   **c) Kündigung der internen Patronatserklärung.** Hat die Muttergesellschaft sich gegenüber ihrer Tochtergesellschaft intern und ohne Verlautbarung an Gläubiger zur Ausstattung verpflichtet, kann sich – mangels ausdrücklicher Vereinbarung – aus dem Zweck des Vertrages ergeben, dass ein Kündigungsrecht konkludent vereinbart ist. Der BGH hat dies im STAR 21-Urteil vom 20.9.2010 bejaht.[1946] Im entschiedenen Fall war eine Patronatsvereinbarung nicht als „Überlebensgarantie", sondern nur zum Zweck der Überprüfung von Sanierungsmöglichkeiten (durch Gewinnung externer Investoren) bis zur Feststellung der Sanierungsfähigkeit bzw. Sanierungsunfähigkeit getroffen worden; der Patron sollte sich davon für die Zukunft lösen dürfen, wenn die Überprüfung negativ ausfiele. Auch bei (externer) Vereinbarung mit einzelnen Gläubigern ist ein konkludent vereinbartes Kündigungsrecht möglich. Allerdings wird man hier wie dort strenge Anforderungen an die Darlegung der grundsätzlich vom Patron zu beweisenden tatsächlichen Voraussetzungen für einen dahingehenden übereinstimmenden Willen der Vertragsparteien bei entsprechender Interessenlage verlangen müssen. Dabei ist im Einzelfall

---

[1938] Ebenso G. *Fischer* FS Lwowski, 2014, 177 (181); MüKoBGB/*Habersack* BGB § 765 Rn. 52 mwN. Anders insoweit Staudinger/*Horn*, 2013, BGB Vor § 765 Rn. 464: Kündigung aus wichtigem Grund auch insoweit möglich.

[1939] AA OLG Celle Urt. v. 18.6.2008 – 9 U 14/08, NZG 2009, 308; *Merkel*/*Richrath* in Schimansky/Bunte/Lwowski BankR-HdB § 98 Rn. 36; insoweit auch Staudinger/*Horn*, 2013, BGB Vor § 765 Rn. 464. Wie hier G. *Fischer* FS Lwowski, 2014, 177 (181, 183); BeckOGK/*Harnos* BGB § 765 Rn. 656.1, 664.2 mwN.

[1940] BGH Urt. v. 20.9.2010 – II ZR 296/08, BGHZ 187, 69 Rn. 17 = NZG 2010, 1267 (für interne PE); obiter BGH Beschl. v. 12.1.2017 – IX ZR 95/16, NZI 2017, 157 = ZIP 2017, 337 Rn. 9 (für externe PE).

[1941] BGH Urt. v. 22.5.1986 – IX ZR 108/85, NJW 1986, 2308 f.; Reinicke/*Tiedtke* BürgschaftsR Rn. 130. Vgl. zur Kündbarkeit von Dauerschuldverhältnissen BGH Urt. v. 7.10.2002 – II ZR 74/00, NJW 2003, 61; *Bydlinski* FS Schimansky, 1999, 299 f.

[1942] *Gernhuber*, Das Schuldverhältnis, 1989, § 16 I 3 (S. 382); MüKoBGB/*Habersack* BGB § 765 Rn. 55; OLG München Urt. v. 22.7.2004 – 19 U 1867/04, ZIP 2004, 2102 (2105) hält den Ablauf von einem Jahr für nicht ausreichend; vgl. auch OLG Celle Urt. v. 18.6.2008 – 9 U 14/08, ZIP 2008, 2416 (2417).

[1943] *Obermüller*, Ersatzsicherheiten im Kreditgeschäft, 1987, Rn. 25; *Koch*, Die Patronatserklärung, 2005, 338; *Tetzlaff* WM 2011, 1016 (1022); G. *Fischer* FS Lwowski, 2014, 177 (182); anders insoweit Staudinger/*Horn*, 2013, BGB Vor § 765 Rn. 464; *K. Schmidt* JuS 2011, 262 (263): Insolvenzeröffnung eindeutig wichtiger Grund.

[1944] KG WM 2011, 1072; Staudinger/*Horn*, 2013, BGB Vor § 765 Rn. 464; zu einem Sicherheitenvertrag OLG Nürnberg, Beschl. v. 28.12.2012 – 6 U 2035/10, WM 2013, 979 (981). Mit abw. Begründung (§ 313 BGB) BeckOGK/*Harnos* BGB § 765 Rn. 656.2 mwN. Ausf. dazu *Saenger* FS Eisenhardt, 2007, 489 (498); *Tetzlaff* ZInsO 2008, 337 ff.; *Tetzlaff* WM 2011, 1016 (1023).

[1945] BGH Urt. v. 10.6.1985 – III ZR 63/84, NJW 1986, 252 (253); OLG Düsseldorf Urt. v.24.11.1998 – 24 U 264/97, NJW 1999, 3128 f.

[1946] BGH Urt. v. 20.9.2010 – II ZR 296/08, BGHZ 187, 69 Rn. 19 – STAR 21 = NZG 2010, 1267m zust Anm *Ganter* WuB 2017, 308 f. auch zur Anfechtbarkeit einer Kündigung der Patronatserklärung nach § 135 InsO; zust auch *K. Schmidt* ZIP-Beilage 2016, 66 ff.; krit. *Haußer*/*Heeg* ZIP 2010, 1427 (1432).

zu prüfen, ob eine kurzfristige Kündigungsmöglichkeit der Patronatserklärung noch eine positive Fortführungsprognose für die Tochtergesellschaft zulässt, ohne die eine bestehende Überschuldung nicht beseitigt werden kann (vgl. § 19 Abs. 2 S. 1 InsO).[1947]

d) Wirkung ex nunc. Eine berechtigte Kündigung wirkt jedenfalls nur **ex nunc;** der Patron hat **717** deshalb im Rahmen der übernommenen Ausstattungsverpflichtung (ggf. limitiert) für alle bis zum Wirksamwerden der Kündigung begründeten Verbindlichkeiten des Protegés einzustehen,[1948] auch wenn sie erst nach Kündigung der Patronatserklärung fällig geworden sind.[1949] Entsprechendes gilt bei einer zeitlichen **Befristung** der Patronatserklärung: Der Patron hat für alle während der Laufzeit entstandenen Verbindlichkeiten einzustehen, auch nach Eintritt des Endtermins und ggf. erfolgreicher Anfechtung zwischenzeitlicher Zahlungen des patronierten Unternehmens (Insolvenzschuldners).[1950] Damit bleibt die Funktion der Patronatserklärung als Sanierungsmittel erhalten.[1951]

[1947] Krit. *Tetzlaff* WM 2011, 1016 (1020); *Kaiser* ZIP 2011, 2136; unter Einbeziehung handelsbilanzrechtlicher Aspekte, insbes. der Fortführungsvermutung des § 252 Abs. 1 Nr. 2, eingehend *Pickerill* NZG 2018, 609 ff., der auf eine gängige Praxis der WP hinweist, den Verzicht auf jegliche Kündigungsrechte zu verlangen (618 Fn. 94); bereits *Wollmert* FS Wellensiek, 2011, 171 ff. Zu insolvenzrechtlichen Einschränkungen s auch BeckOGK/*Harnos* BGB § 765 Rn. 667.

[1948] BGH Urt. v. 20.9.2010 – II ZR 296/08, BGHZ 187, 69 Rn. 17 = NZG 2010, 1267; BGH Beschl. v. 12.1.2017 – IX ZR 95/16, NZI 2017, 157 = ZIP 2017, 337 Rn. 9; krit. *Tetzlaff* WM 2011, 1016.

[1949] AA *Allstadt-Schmitz* → 3. Aufl. 2015, Rn. IV 762.

[1950] BGH Beschl. v. 12.1.2017 – IX ZR 95/16, NZI 2017, 157 mAnm *Burmeister/Tasma;* zust. *Ganter* WuB 2017, 306; *H.-F Müller* EWiR 2017, 209 = ZIP 2017, 337 Rn. 9 ff.

[1951] Vgl. *Kübler* FS Graf-Schlicker, 2018, 323 (332 f.), der zutr. annimmt, der Patron hafte mangels abw. Vereinbarung nicht für in der Insolvenz entstandene Massekosten und sonstige Masseverbindlichkeiten (333 ff.).

E. Bank- und Börsenrecht V: Das Finanzierungsgeschäft

1. Factoring

Schrifttum: *Achsnick/Krüger,* Factoring in Krise und Insolvenz, 2. Aufl. 2011; *Bähr,* Die Kollision der Factoring-Globalzession mit dem verlängerten Eigentumsvorbehalt, 1989; *Basedow,* Internationales Factoring zwischen Kollisionsrecht und Unidroit-Konvention, ZEuP 1997, 615; *Bette,* Das Factoringgeschäft in Deutschland, 1999; *Bette,* Das neue Refinanzierungsregister und das Factoring-Geschäft, FLF 2006, 171; *Bette/Wessel,* in Derleder/Knops/Bamberger,* Handbuch zum deutschen und europäischen Bankrecht, 3. Aufl. 2017, § 31; *Blaurock,* Die Factoring-Zession, ZHR 142 (1978), 325; *Brink,* Factoringvertrag, 1998; *Buchmann,* Rechtsfragen des englischen Factoring, 2008; *Diehl-Leistner,* Internationales Factoring, 1992; *Bülow,* Recht der Kreditsicherheiten, 9. Aufl. 2017; *Einsele,* Factoring, Waren- und Geldkredit, 1982; *v. Falkenhayn,* Das Verhältnis von Factor und Debitor (Deutschland u. USA), 1999; *Ferrari,* Der internationale Anwendungsbereich des Ottawa-Übereinkommens von 1988 über Internationales Factoring, RIW 1996, 181; *Glomb,* Finanzierung durch Factoring, 1969; *Glos/Sester,* Aufsichtsrechtliche Erfassung der Leasing- und Factoringunternehmen, WM 2009, 1209; *Hagenmüller/Sommer/Brink,* Factoring-Handbuch, 3. Aufl. 1997; *Hartmann-Wendels,* Regulierung von Leasing- und Factoringunternehmen, ZBB 2010, 96; *Häusler,* Das Unidroit-Übereinkommen über internationales Factoring, 1998; *Hill,* Interessenkollisionen beim Vertrag über echtes und unechtes Factoring, 1994; *Hollweg-Stapenhorst,* Sicherungsabtretung zugunsten des Geldkreditgebers und Factoring nach deutschem und französischem Recht, 1991; *H. Huber,* Globalzession von (bestimmten) Ansprüchen gegen Kostenträger, WM 2012, 635; *Kalavros,* Der Factoringvertrag nach deutschem und nach griechischem Recht, 2012; *Kramer,* Neue Vertragsformen der Wirtschaft, 2. Aufl. 1992; *Krüger,* Handbuch Factoringrecht, 1. Aufl. 2017; *Lunckenbein,* Rechtsprobleme des Factoring-Vertrages, 1983; *Martinek,* Moderne Vertragstypen, Bd. I, 1991, §§ 9–12; *Nicklaus,* Die Kollision von verlängertem Eigentumsvorbehalt und Factoringzession im deutschen und englischen Recht, 1997; *Nörr* in Nörr/Scheyhing/Pöggeler, Sukzessionen, 2. Aufl. 1999, § 13; *Nuzzo,* Das Factoring nach deutschem und italienischem Recht, 1989; *Philipp,* Factoringvertrag, 2006; *Primozic,* Cash-Pooling versus Forderungsverkauf?, NZI 2005, 358; *Oechsler,* Globalzession, Teilabtretung und Rangrücktritt beim gemischten Factoring, BKR 2019, 53; *Rebmann,* Das Unidroit-Übereinkommen über das internationale Factoring, RabelsZ 53 (1989), 599; *Redenius-Hövermann,* Reverse Factoring, JURA 2019, 803; *Rudolf,* Einheitsrecht für internationale Forderungsabtretungen, 2006; *Schwarz,* Factoring, 4. Aufl. 2002; *Schwenke,* Factoring im deutsch-französischen Rechtsverkehr, 2006; *Schütze,* Zession und Einheitsrecht, 2005; *Serick,* Eigentumsvorbehalt und Sicherungsübertragung, Bd. IV (1976), Bd. V (1982), Bd. VI (1986); *Sinz,* Factoring in der Insolvenz, 1997; *Stumpf/Nefiz,* Factoring im Europäischen Wirtschaftsraum, FLF 2019, 17; *Walter,* Kaufrecht, 1987, § 12; *Weller,* Die UNIDROIT-Konvention von Ottawa über Internationales Factoring, RIW 1999, 161; *v. Westphalen,* Factoring, in Vertragsrecht und AGB-Klauselwerke, 2016; *Zaccaria,* Internationales Factoring nach Inkrafttreten der Konvention von Ottawa, IPRax 1995, 279.

I. Allgemeines: Terminologie, Funktionen, Wirtschaftliche Bedeutung

1. Terminologie. Factoring ist der entgeltliche Erwerb kurzfristiger Geldforderungen insbesondere **1** aus Warenlieferungen, Dienst- und Werkleistungen zur Verwertung im eigenen Interesse und für eigene Rechnung. Hierzu überträgt der Anschluss- oder **Factoringkunde** (Gläubiger/Zedent) seine künftigen Zahlungsansprüche gegen seine **Debitoren** (Dritt-Schuldner) an den **Factor** (Zessionar), meist ein Finanzdienstleistungsunternehmen.[1] Die übliche Definition des Factoring als Forderungskauf stellt auf das Kausalgeschäft ab; sie erfasst damit zwar die praktisch wichtigste Erscheinungsform, das sog. echte Factoring, lässt aber das sog. unechte Factoring unberücksichtigt, falls man dieses mit der hM als Kreditgeschäft einordnet (→ Rn. 7 ff.). Das Factoring wird häufig als „wechselloses" Diskontgeschäft bezeichnet. Es ist aber kein Bankgeschäft iSd § 1 Abs. 1 S. 2 KWG,[2] sondern stellt nach

---

[1] Das KWG unterscheidet Finanzdienstleistungsinstitute iSd § 1 Abs. 1a S. 1 KWG und Finanzunternehmen iSd § 1 Abs. 3 S. 1 Nr. 2 KWG (Haupttätigkeit: entgeltlicher Erwerb von Geldforderungen). Es handelt sich praktisch überwiegend um Spezialunternehmen, darunter Tochtergesellschaften von Großbanken und Sparkassenorganisation; vgl. aber auch BGH Urt. v. 23.1.2002 – X ZR 218/99, BGHRp 2002, 861 (Ls.): GbR zur Geltendmachung von Krankentransportkosten; LG Köln Urt. v. 24.4.1990 – 33 S 170/89, NJW 1990, 2944 = WM 1991, 363: zahnärztliche Verrechnungsstelle. – Beachte zur Terminologie: Factoring-Verträge bezeichnen häufig den Factoring-/Anschlusskunden als *Firma* oder *Unternehmen* und dessen Debitoren als *Kunden,* vgl. zB die in Fn. 18 genannten Musterverträge sowie bereits *Serick* Eigentumsvorbehalt § 70 I 2. Abweichend wiederum das UNIDROIT-Übereinkommen (→ Rn. 38): *Lieferant* und *Schuldner.* Beim sog. Reverse-Factoring ist Anschlusskunde der Schuldner → Rn. 6, 12.

[2] Vgl. Boos/Fischer/Schulte-Mattler/*Schäfer* KWG § 1 Rn. 51 entgegen der Einordnung des unechten Factoring als Darlehen iSd § 488 BGB und damit als Kreditgeschäft iSd § 1 Abs. 1 S. 2 Nr. 2 KWG, vgl. BaFin, Merkblatt – Hinweise zum Tatbestand des Factoring, 1/2009, unter V – abrufbar unter www.bafin.de – wo aber bereits zutr. auf Wortlaut und Begründung des Art. 27 JStG 2009 und den Vorrang des § 1 Abs. 1a Nr. 9 KWG als lex specialis für beide Arten des Factoring hingewiesen wird, s. BT-Drs. 16/11055, 103, BT-Drs. 16/11108, 54, 66. Sehr krit. dagegen Langenbucher/Bliesener/Spindler/*Omlor* Rn. 18/23 (eklatanter Wertungswiderspruch), der aber an der unzutreffenden zivilrechtlichen Einordnung des unechten Factoring durch die noch hM festhält, → Rn. 8; ebenso bereits Langenbucher/Bliesener/Spindler/*Sester,* 1. Aufl. 2013. Zur möglichen Qualifizierung als Einlagengeschäft iSd § 1 Abs. 1 S. 2 Nr. 1 KWG s. die Nachw. zu → Rn. 19.

Maßgabe der *Legaldefinition* des § 1 Abs. 1a S. 2 Nr. 9 KWG (laufender Ankauf von Forderungen auf der Grundlage von Rahmenverträgen mit oder ohne Rückgriff), eingeführt durch Art. 27 Jahressteuergesetz 2009 (BGBl. 2008 I 2794), eine **erlaubnispflichtige Finanzdienstleistung** dar (§ 32 Abs. 1 KWG). Factoringinstitute kommen damit in den Genuss des Gewerbesteuerprivilegs nach § 19 GewStDV, unterliegen aber seit dem 25.12.2008 – vorbehaltlich der Ausnahmen gem. § 2 Abs. 7a KWG[3] – der Kontrolle durch die Bundesanstalt für Finanzdienstleistungsaufsicht (BaFin); für sie gelten Anzeigepflichten gem. § 14 KWG (Millionenkredite), Mindestanforderungen betreffend die Organisation des Risikomanagements vom 14.8.2009 (MaRisk, § 25a Abs. 4 KWG) und verschärfte Sorgfaltspflichten zur Vermeidung eines erhöhten Geldwäscherisikos (GwG, § 25f Abs. 4 KWG).[4]

2   **2. Funktionen.** Anhand des Inhalts der vom Factor geschuldeten Leistung unterscheidet man drei Funktionen des Factoring, die je nach Erscheinungsform unterschiedlich kombiniert, aber auch isoliert vereinbart sein können (→ Rn. 7 ff.).[5] Die praktisch vorrangige *Finanzierungsfunktion* besteht darin, dass der Kunde den Gegenwert seiner Geldforderungen aus Lieferungen und Leistungen vom Factor abzüglich Vorfälligkeitszinsen und „Gebühren" bereits erhält (iE → Rn. 17–19), obwohl er seinen Abnehmern (Schuldnern) ein Zahlungsziel von meist 30 bis zu 90 Tagen eingeräumt hat. Hinzu kommt die sog. *Service- oder Dienstleistungsfunktion,* indem der Factor die Debitorenbuchhaltung des Kunden führt, die Forderungen einzieht, erforderlichenfalls anmahnt und gerichtlich durchsetzt. Nicht geschäftstypische weitere Serviceleistungen (zB Statistik und Beratung) können zusätzlich vereinbart sein. Übernimmt der Factor außerdem wie beim *echten* Factoring (→ Rn. 7) das Bonitäts- oder Ausfallrisiko für den Fall der Uneinbringlichkeit der Forderung, insbesondere wegen Zahlungsunfähigkeit des Schuldners, so erfüllt das Factoring auch die sog. *Delkredere- oder Versicherungsfunktion.*

3   **3. Wirtschaftliche Bedeutung.** *Betriebswirtschaftlich* ist das Factoring zunächst eine Form der Absatzfinanzierung. Im Vordergrund steht die Verschaffung von Liquidität (Finanzierungsfunktion) vor allem für kleinere und mittelständische Unternehmen mit geringem Eigenkapital, welche auf den Einsatz ihrer Außenstände zur Re- bzw. Vorfinanzierung[6] angewiesen sind. Außerdem kann die Dienstleistungskomponente (Debitorenmanagement), besonders für Klein- und Mittelbetriebe, eine attraktive Rationalisierungsmöglichkeit im Zuge einer Konzentration auf das Kerngeschäft des Unternehmens darstellen.[7] Als Sanierungsinstrument ist Factoring dagegen nicht geeignet.[8]

4   Die individuell zu ermittelnde **Rentabilität** *für den Kunden* ergibt sich aus einer Kosten-Nutzen-Analyse, welche die jeweiligen Funktionen des Factoring (→ Rn. 2) mit ihren finanziellen und steuerlichen Auswirkungen gesondert ausweist,[9] aber auch zT schwer kalkulierbare Faktoren berück-

---

[3] Dazu Boos/Fischer/Schulte-Mattler/*Schäfer* KWG § 2 Rn. 110.

[4] Vgl. *Hartmann-Wendels* ZBB 2010, 96 ff.; Boos/Fischer/Schulte-Mattler/*Schäfer/Tollmann* KWG § 1 Rn. 168, 181 ff.; *Schnepf/Poppe-Krol* in Krüger FactoringR-HdB § 8; im Überblick BeckOGK/*Wilhelmi* BGB § 453 Rn. 966 ff.; auch zu den Ausnahmen *Martinek/Omlor* in Schimansky/Bunte/Lwowski BankR-HdB § 102 Rn. 84 ff. mwN. Zu den Meldepflichten nach KWG s. *Stettner/Böhm* FLF 2010, 217 ff.; zu ersten Erfahrungen des „KWG light" *Wessel* FLF 2011, 128 ff. Zu den Pflichten des GwG s. *Lingen* in Krüger FactoringR-HdB § 10; *Lamberti/Stumpf* FLF 2010, 18 ff., die darin keine echte Herausforderung für das Factoring erkennen; *Stumpf* FLF 2012, 103 ff.; zur Übertragung dieser Pflichten auf einen Dritten s. *Zapatka/Bahrmann* FLF 2011, 278 ff. Zur Bewältigung der MaRisk s. das Begleitschreiben von BaFin und DBB v. 23.9.2009 – abrufbar unter www.bafin.de; *Böhm* in Krüger FactoringR-HdB § 9; *Sauer* FLF 2010, 21 ff. Zum integrierten Compliance Management s. *Glebovskiy/Hinrichs* FLF 2010, 26 ff.; *Jung* in Krüger FactoringR-HdB § 11. Vgl. auch die aufsichtsrechtlichen Beiträge von *Böhm, Moseschus, Wessel* jew. FS Bette, 2011, 59 ff., 197 ff., 237 ff.

[5] Vgl. ausf. bereits *Martinek,* Moderne Vertragstypen, Bd. I, 1991, § 9 I 1; *Freis-Janik* in Kümpel/Mülbert/Früh/Seyfried BankR/KapMarktR Rn. 6.302, 6.305 ff.; zu gemischten *Oechsler* BKR 2019, 53 ff.; s. ferner die Nachw. zu → Rn. 11 f.

[6] Dementsprechend dominiert in der Praxis das sog. Inhouse-Factoring, → Rn. 11 mN. Für den Kunden geht es dabei um Vorfinanzierung bezüglich seiner weiteren Geschäftstätigkeit (künftigen Außenstände), um Refinanzierung bezüglich der verkauften Geldforderungen, da der Kunde seinem Abnehmer mit einem Zahlungsziel (Waren-)Kredit gewährt, während der Factor die (betagte) Forderung erst „bevorschusst", nachdem der Kunde an seinen Abnehmer geleistet hat. Zum Aspekt der Liquiditätssicherung s. *Stumpf* BB 2012, 1045 ff. – Zur Factoringeignung des Kunden Nachw. in Fn. 13, 15.

[7] Vgl. *Martinek/Omlor* in Schimansky/Bunte/Lwowski BankR-HdB § 102 Rn. 5. Zum Factoring als *Outsourcing*instrument *Ost* in Hagenmüller/Sommer/Brink Factoring-HdB 243 ff.; *Mayer* in Hagenmüller/Sommer/Brink Factoring-HdB 106 f.

[8] Vgl. LG Aachen Urt. v. 23.10.2018 – 12 O 340/17, ZInsO 2019, 1373 zu § 133 InsO; zu den Voraussetzungen eines Sanierungsplans grds. BGH Urt. v. 14.6.2018 – IX ZR 22/15, NZI 2018, 840 = WM 2018, 1703 Rn. 10.

[9] Vgl. die Modellrechnungen, jedoch ohne die nachfolg. im Text genannten Faktoren bei *Schmitt* DB-Beilage 7/1970, 7 f.; *Sinz,* Factoring in der Insolvenz, 1997, Rn. 71 ff., 74; *Mayer* in Hagenmüller/Sommer/Brink Factoring-HdB 103 ff., 110 f.; *Schwarz,* Factoring, 4. Aufl. 2002, 28 f.; *Busch/Tenberge* BB 2015, 2475 ff.; für mittlere Unternehmen *Schmeisser/Thiermeier/Greulich* DStR 2005, 1199 ff. – Zum Risikomanagement *Binder-Degenschild* in Hagenmüller/Sommer/Brink Factoring-HdB 85 ff.; zum Debitorenmanagement *Seraphim* in Hagenmüller/Sommer/Brink Factoring-HdB 117 ff.; zu Buchführung, Bilanzierung und Besteuerung *Borgel* in Hagenmüller/Sommer/Brink Factoring-HdB 147 ff.; *Nemet/Zilch* in Krüger FactoringR-HdB § 12 (Bilanzrecht); *Plähn/Marx* in Krüger FactoringR-HdB § 13 (Steuern); zur bilanziellen Behandlung iÜ Langenbucher/Bliesener/Spindler/*Omlor* Rn. 18/14 f.;

sichtigen sollte, wie zB Geschäftsentwicklung, Umfang und Dauer der Aufgabenentlastung (Personal- und Sachkostenersparnis) sowie die Bonität der Abnehmer, mithin das Potential der vom Factor nicht regresslos angekauften, nur zum Inkasso übernommenen Forderungen. – Dem heute üblichen echten Factoring (→ Rn. 7) werden im Vergleich zum **Zessionskredit** (Darlehen mit Sicherungsabtretung) erhebliche Kosten- und Finanzierungsvorteile für Anschluss-Unternehmen zugeschrieben.[10] Zudem erfährt es eine kollisions- und insolvenzrechtliche Privilegierung durch die Rechtsprechung (→ Rn. 23 ff., → Rn. 30 ff.). Umfang und Kosten der Finanzierung sind jedoch variable Größen.[11] So hat der potentielle Kunde nicht nur auf die Höhe von Sicherungseinbehalt, Vorfälligkeitszinsen und sog. Gebühren zu achten, sondern auch auf Nachfälligkeitszinsen bei Nichtzahlung des Debitors (→ Rn. 18). Die Delkrederehaftung (→ Rn. 7) übernehmen Factoringanbieter grundsätzlich nur bei Debitoren von einwandfreier Bonität oder gegen höhere Abschläge.[12] Andererseits erlaubt das Factoring eine dynamische, der Geschäftsentwicklung angepasste *umsatzkongruente Finanzierung*. Seine Fakturengebundenheit (der Kunde muss an seine Abnehmer idR vollständig geleistet und seine Leistung in Rechnung gestellt haben, bevor der Factor ankauft und bezahlt) verschafft dem Kunden beachtliche Liquiditätsvorteile. – Eine dem Factoring ähnliche Finanzierung durch **Asset-Backed-Securities** (ABS) konzentriert sich wegen ihres aufwändigen kapitalmarktbasierten Refinanzierungskonzepts (Erwerbs- oder Zweckgesellschaft, Wertpapieremission) auf größere Geschäftsvolumina und erfasst typischerweise Darlehens-, Leasing- und Factoringforderungen, aber auch Handelsforderungen (umsatzstarker) größerer und großer Unternehmen.[13]

Die *volkswirtschaftliche* Bedeutung des Factoring nimmt stetig zu. Angeboten wird es in Deutschland 5 derzeit, Ende 2019 (im Vergleich zu 2018/2013) von 187 (186/200) Unternehmen, von denen die 45 (43/23) führenden Gesellschaften einen Gesamtumsatz von 275,6 (241,8/171,29) Mrd. EUR oder 8,0 % (7,1 %/6,26 %) des BIP im Jahr 2019 (2018/2013) erzielten.[14] Genutzt wird es überwiegend von mittelständischen Unternehmen in den Bereichen Handel, Industrie und Dienstleistungen, zunehmend auch im Gesundheitswesen.[15] Eine weiter wachsende Bedeutung dieses Finanzierungsinstruments ist auch angesichts einer unverändert schwachen Eigenkapitalausstattung zahlreicher Unternehmen bei hohem Liquiditätsbedarf sowie einer restriktiveren Kreditvergabe im Zuge einer Neuordnung

---

grundl. *Käufer,* Übertragung finanzieller Vermögenswerte nach HGB und IAS 39: Factoring, Pensionsgeschäfte und Wertpapierleihen im Vergleich, 2009; *Rimmelspacher/Hoffmann/Hesse* WPg 2014, 999 ff. (auch zu ABS); beim Forderungsverkäufer (Anschlusskunden) s. *Rimmelspacher/Meyer/Girlich* WPg 2019, 1147 ff.; ausf. zum Ganzen bereits *Schwarz,* Factoring, 4. Aufl. 2002, 76 ff., 119 ff., 122 ff.

[10] Vgl. die Gegenüberstellung von Factoring, Zessionskredit und Warenkreditversicherung bei *Mayer* in Hagenmüller/Sommer/Brink Factoring-HdB 112 ff. Trotz des geringeren Beleihungswerts (idR bis zu 60 % des Nennbetrags) ermöglicht der Zessionskredit dem Kunden, seine Geschäftstätigkeit vorzufinanzieren und damit Außenstände überhaupt erst zu schaffen. – Zur Kooperation zwischen Hausbank und Factor vgl. *Brink* in Hagenmüller/Sommer/Brink Factoring-HdB 203; *Schwarz,* Factoring, 4. Aufl. 2002, 146 ff.; in anderem Zusammenhang *Bette* FLF 1998, 45 ff. – Zum Verhältnis zwischen Hausbank und Factors. OLG München Urt. v. 11.3.1991 – 26 U 4765/90, NJW-RR 1992, 1136 = WM 1992, 1732. – Zur Einbindung in andere Finanzierungsformen *Nett* in Krüger FactoringR-HdB § 7 insbes. Rn. 55 (LMA-Kredit), Rn. 105 ff. (High Yield-Anleihe).

[11] Liquiditäts- und Kostenvorteile wollen genau berechnet und verglichen sein. Vgl. hierzu den atypischen Fall BGH Urt. v. 26.2.1997 – VIII ZR 128/96, NJW-RR 1997, 1054 = WM 1997, 1291. – Berichten zufolge vermag *Securitization* 30–40 % mehr Finanzmittel im Voraus zu verschaffen als herkömmliches Factoring (*Schwarcz* DB 1997, 1289 [1293 f.]); s. aber Text mit Fn. 11.

[12] Zur Kombination von echtem Factoring (bzgl. „guter" Debitoren) und Inkasso für Rechnung des Kunden (bzgl. „schlechter" Debitoren) → Rn. 9, → Rn. 16 aE.

[13] Akquisitionsziel der ABS-Anbieter sind Transaktionen von mehr als 25 Mio. EUR (*Secker* DB-Beilage 16/1997, 30), während Factoring meist von Unternehmen mit einem Jahresumsatz bis 10 Mio. EUR genutzt und bei durchschnittlichen Rechnungsbeträgen ab 200 EUR in Betracht kommt (*Mayer* in Hagenmüller/Sommer/Brink Factoring-HdB 112 ff.; *Schwarz,* Factoring, 4. Aufl. 2002, 54 f.). Zu Technik, Vor- und Nachteilen der Asset-Securitization ausf. *Kaiser* in Eilers/Rödding/Schmalenbach, Unternehmensfinanzierung, 2. Aufl. 2014, E III Rn. 83 ff.; *Sethe* in Schimansky/Bunte/Lwowski BankR-HdB § 114a Rn. 1, 9 ff., 24 ff., 33 ff. (rechtliche Grundlagen), 59 ff. (Insolvenzrisiken); im prägnanten Überblick BeckOGK/*Wilhelm* BGB § 453 Rn. 1062 ff. – Zu registergebundenen Refinanzierungsmöglichkeiten s. *Bette* FLF 2006, 171 ff.; *Boos/Fischer/Schulte-Mattler/Tollmann* KWG §§ 22a–22o.

[14] Quelle: Deutscher Factoringverband eV (www.factoring.de), Jahresbericht 2019; s. auch BaFin, Jahresbericht 2019, 74 (www.bafin.de).

[15] Vgl. iE DFV, Jahresbericht 2019, 12. Die Mitgliedsgesellschaften des DFV bedienten in 2019 (2018/2013) rund 90.300 (43.800/17.700) Unternehmen mit insg. 8,2 (8,4/5,91) Mio. Debitoren. Zur Einkaufsfinanzierung durch sog. Reverse-Factoring, auf das im Jahr 2019 ein Umsatz von 4,6 Mrd. Euro entfiel, → Rn. 6, 12. – Zur praktischen Bedeutung, insbes. zur Factoringeignung des Kunden, vgl. *Schwarz,* Factoring, 4. Aufl. 2002, 53 ff.; *Schmeisser* DStR 2005, 1199 ff.; *Olbort* in Hagenmüller/Sommer/Brink Factoring-HdB 78 ff. und *Mayer* in Hagenmüller/Sommer/Brink Factoring-HdB 115 f.; für Firmen im Dienstleistungsbereich von Gebäudemanagement bis Personalleasing s. *Ost* in Hagenmüller/Sommer/Brink Factoring-HdB 240 ff.; für Krankenhäuser s. *Jandt/Roßnagel* MedR 2013, 17 ff.; *Loock/Weber* FLF 2008, 235 f.; für Ärzte s. *Cranshaw* SGb 2019, 272 ff.; *Engelmann* GesundhR 2009, 449 ff.; *Francke* FLF 2009, 278 ff.; für Rechtsanwälte s. *Ries/Georg* FLF 2008, 86 ff.; für Online- und Versandhändler (B2C) s. *Zevenhuizen* FLF 2008, 183 ff. Zu Risiken in der Zeitarbeitsbranche s. *Stumpf/Krannich* FLF 2012, 82 ff.; im Gesundheitswesen s. *Stumpf/Oertel* FLF 2013, 259 ff.

des Bankwesens (Stichworte: **Basel II** und **Basel III**) und der Bankenregulierung innerhalb der Europäischen Union (Stichworte: **CRR** und **CRD**) zu erwarten.[16]

II. Rechtliche Gestaltung

6 **1. Rahmenvertrag – Einzelverträge.** Das Factoringgeschäft erfolgt vertragsrechtlich regelmäßig in zwei Stufen.[17] Grundlage einer meist längerfristigen Geschäftsbeziehung zwischen Factor und Kunde ist der „Factoring-Vertrag".[18] Dabei handelt es sich um einen **Rahmenvertrag,** der die beiderseitigen Rechte und Pflichten der Parteien zur Durchführung des Factoring festlegt und eine idR bedingte Vorausabtretung aller oder eines bestimmten Teils der Außenstände (Geldforderungen) des Kunden an den Factor enthält. Er begründet ein typengemischtes Dauerrechtsverhältnis **mit verpflichtenden** (kauf-, kredit-, geschäftsbesorgungsvertraglichen) **und verfügenden Elementen** (Globalzession, Einziehungsermächtigung, Sicherheitenübertragung ua).[19] Der Factoring-Vertrag muss keine – dem verfügungsrechtlichen Bestimmtheitserfordernis genügende – Abgrenzung enthalten,[20] insoweit genügt vielmehr der jeweilige Eintritt (Ankauf) oder Ausfall (Nichtankauf) der Bedingung für den Rechtsübergang. Auf dieser Basis schließen die Parteien **Einzelverträge,** die den Rechtsgrund schaffen für die Übertragung der Kundenforderungen. Mit ihrem Abschluss tritt die Bedingung ein für die Vollwirksamkeit der bereits im Rahmenvertrag antizipierten, durch das Zustandekommen des jeweiligen Kausalvertrags bedingten (Voraus-)Zession. IE → Rn. 13 ff. Beim sog. **Reverse-Factoring** schließt der Factor mit einem Schuldner potentieller Zedenten einen Factoring-Rahmenvertrag, während er die Einzelverträge über Ankauf *und* Abtretung mit dessen Gläubiger (Lieferanten), ggf. aufgrund eines zusätzlichen Rahmenvertrags abschließt.[21]

7 **2. Echtes – Unechtes Factoring.** Das sog. *echte* Factoring (without Recourse), auch Old–Line-oder Standard-Factoring, umfasst ideal-typischerweise alle (→ Rn. 2) genannten Funktionen. Der Factor übernimmt also neben der Finanzierung und Einziehung auch die charakteristische Haftung für die Zahlungsfähigkeit des Debitors, das **Delkredere-Risiko.** Die hM qualifiziert diese heute übliche Gestaltungsform als Rechtskauf (§ 453 Abs. 1 BGB).[22] Auch wenn der Factor die Einziehung der globaliter zedierten und angekauften Forderungen dem Kunden überlässt (wie beim umsatzstarken Inhouse-Factoring, → Rn. 12), ein Rückbelastungsrecht bei Uneinbringlichkeit hat er grundsätzlich nicht (→ Rn. 20). Im Vergleich mit den Parallelen der wechselgebundenen Finanzierung verhält sich also das echte Factoring zum unechten wie die Forfaitierung zum Diskontgeschäft (→ Rn. 41).

8 Das sog. *unechte* Factoring (with Recourse) umfasst demgegenüber funktionell nur die Finanzierung, Verwaltung und Einziehung der Kundenforderungen durch den Factor. Es wird deshalb überwiegend als Kreditgewährung (Darlehen iSd § 488 Abs. 1 BGB) angesehen.[23] Die Rückführung des Kredits soll

---

[16] Vgl. BaFin, Jahresbericht 2017, S. 65 ff.; 2018, S. 66 ff.; 2019, S. 35 (www.bafin.de); ausf. *Fischer/Boegl* in Schimansky/Bunte/Lwowski BankR-HdB § 125 Rn. 56 ff.; im Überblick Boos/Fischer/Schulte-Mattler/*Fischer* KWG Einf. Rn. 99 ff.; *Bette/Wessel* in Derleder/Knops/Bamberger BankR/KapMarktR § 31 Rn. 58. Zu Basel III s. *Becker* et al. DStR 2011, 375 ff.; *Wimmer/Müller* FLF 2011, 263 ff.; ausf. *Haug* in Schimansky/Bunte/Lwowski BankR-HdB § 133a Rn. 10 ff.

[17] Vgl. Langenbucher/Bliesener/Spindler/*Omlor* Rn. 18/26 ff.; BeckOGK/*Wilhelmi* BGB § 453 Rn. 939 ff. Zur möglichen einstufigen Gestaltung s. die Fälle von BGH Urt. v. 21.4.2005 – III ZR 238/03, NJW 2005, 2703 u. BGH Urt. v. 26.2.1997 – VIII ZR 128/96, NJW-RR 1997, 1054 = WM 1997, 1291: echtes Factoring einer Einzelforderung; zur Abgrenzung von bloßer Abtretung an Erfüllungs Statt bei Anmietung eines Unfallersatzwagens s. BGH Urt. v. 12.10.2004 – VI ZR 151/03, BGHZ 160, 377 (382) = NJW 2005, 51 (52); vgl. dazu Staudinger/*Mülbert,* 2015, BGB§ 488 Rn. 708.

[18] Vgl. zB den Mustervertrag (1996) des Deutschen Factoring-Verbandes (im Folgenden: MV-DFV), abgedr. bei Hagenmüller/Sommer/Brink Factoring-HdB 388 ff.; *Brink,* Factoringvertrag, 1998, Rn. 71; *Philipp,* Factoringvertrag, 2006, 38 ff. (Fassung 2002); s. ferner MVHdB III WirtschaftsR II/*Rabstein* II.6; *Scharff* in Hellner/Steuer BuB Rn. 13/55; Hopt/*Scharff,* Vertrags- und Formularbuch, 4. Aufl. 2013, IV.O.1; *v. Westphalen* in v. Westphalen/Thüsing VertragsR/AGB-Klauselwerke Factoringvertrag. – § 9 Abs. 1 MV-DFV sieht eine 2-jährige Mindestlaufzeit vor.

[19] Wegen dieser verfügenden Elemente kommt ein Rückgriff auf die Grundsätze des Krediteröffnungsvertrags (dafür *Freis-Janik* in Kümpel/Mülbert/Früh/Seyfried BankR/KapMarktR Rn. 6.322) ungeachtet der Einordnung der Einzelverträge als Forderungskauf (s. nachf. Fußnote) nur begrenzt in Betracht.

[20] AM AG Reutlingen Urt. v. 30.4.1993 – 4 C 654/92, WM 1994, 1001 mablAnm *Brink* WuB I J 1.–2.94.

[21] Ausf. *Redenius-Hövermann* JURA 2019, 803 ff.; im Überblick *Freis-Janik* in Kümpel/Mülbert/Früh/Seyfried BankR/KapMarktR Rn. 6.321.

[22] HM, BGH in stRspr, s. Urt. v. 19.9.1977 – VIII ZR 169/76, BGHZ 69, 254 (257 f.) = NJW 1977, 2207 = WM 1977, 1198; BGH Urt. v. 7.6.1978 – VIII ZR 80/77, BGHZ 72, 15 (20) = NJW 1978, 1972 – Blaurock = WM 1978, 787; BGH Urt. v. 15.4.1987 – VIII ZR 97/86, BGHZ 100, 353 (358) = NJW 1987, 1878 (1879) = WM 1987, 775 = ZIP 1987, 855 (856); BGH Urt. v. 8.5.2014 – IX ZR 128/12, NJW 2014, 2358 = WM 2014, 1348 Rn. 17; vgl. im Überblick *Freis-Janik* in Kümpel/Mülbert/Früh/Seyfried BankR/KapMarktR Rn. 6.329 ff.; Staudinger/*Busche,* 2017, BGB Einl. §§ 398 ff. Rn. 146 mwN; ausf. *Martinek/Omlor* in Schimansky/Bunte/Lwowski BankR-HdB § 102 Rn. 32 ff. mwN. – AM *Canaris* BankvertragsR Rn. 1655 mwN: Darlehen mit atypischer Rückzahlungsverpflichtung; ebenso *Häsemeyer,* Insolvenzrecht, 4. Aufl. 2007, Rn. 18.48.

[23] Ohne Bezeichnung der Kreditart BGH in stRspr, s. Urt. v. 3.5.1972 – VIII ZR 170/71, BGHZ 58, 364 (366) = NJW 1972, 1715 („Kreditgeschäft"); BGH Urt. v. 14.10.1981 – VIII ZR 149/80, BGHZ 82, 50 (61) = NJW 1982,

idR durch Einziehung der erfüllungshalber abgetretenen Geldforderungen erfolgen, mithin durch Zahlung des jeweiligen Debitors. Ist eine Forderung dagegen uneinbringlich, so muss der Kunde selbst zurückzahlen; er hat hier also nicht nur für die Verität der Forderung einzustehen, sondern auch für die Bonität des Schuldners (→ Rn. 20, auch zum „Rückbelastungsrecht" des Factors). – Die Differenzierung der hM anhand des Bonitätsrisikos und dessen Verwirklichung überzeugt jedoch nicht. Die Übernahme der Ausfallhaftung durch den Verkäufer steht der **Einordnung als Rechtskauf** nicht entgegen (vgl. § 438 BGB aF), so auch beim unechten Factoring.[24] Die für den Ausnahmefall der Uneinbringlichkeit vorgesehene Rückzahlungspflicht des Kunden ist Folge einer Leistungsstörung, die dogmatisch klar getrennt werden muss von der typusbildenden Primärleistungspflicht des Kunden. Diese ist, wie beim echten Factoring, auf Rechtsverschaffung gerichtet und nicht auf Kapitalüberlassung auf Zeit, verbunden mit einer Sicherungszession einer uneinbringlichen Drittforderung.[25] Beim Darlehen wird die Rückzahlung jedoch generell, nicht nur im Fall der erfolglosen Inanspruchnahme eines Debitors geschuldet.[26] Die Bezeichnung als Kredit bedient sich demgegenüber einer auf jede Vorleistung zutreffenden wirtschaftlichen Begriffsbildung. Der Factor prüft auch hier keineswegs nur die Bonität des Kunden, sondern selbstverständlich auch die der Debitoren, gelangt er doch regelmäßig erst bei letzterer zu seiner Entscheidung über Ankauf oder Nichtankauf der Forderungen.[27]

Factoring-Verträge können für beide Geschäftsformen **offen formuliert** sein,[28] sodass die rechtliche **9** Einordnung nur anhand der Abwicklung des konkreten Kausalgeschäfts (Einzelvertrags) erfolgen kann (→ Rn. 20). Daher wird die für das echte Factoring charakteristische Delkrederehaftung des Factors (→ Rn. 8) zuweilen dem Inhalt des einzelnen Kausalgeschäfts (Kaufvertrags) zugeordnet;[29] dagegen spricht indes, dass die Einzelverträge regelmäßig konkludent durch Einreichung und Begleichung der jeweiligen Rechnungen zustande kommen (→ Rn. 17). Eine wegen der Rechtsnachteile des unechten Factoring (→ Rn. 25 f.) unzweckmäßige Kombination von echtem und unechtem Factoring,[30] darf jedoch nicht verwechselt werden mit der gebräuchlichen, auch in den Musterverträgen vorgesehenen Kombination von echtem Factoring und bloßer Einziehung nicht angekaufter Forderungen, die der BGH grundsätzlich nicht beanstandet.[31] Das sog. Silo-Prinzip (→ Rn. 16) ist insoweit neutral.[32] Die gebräuchliche Kombination von echtem Factoring (Ankauf) und bloßer Einziehung nicht angekaufter Forderungen (Geschäftsbesorgung) auf Grund einer ebenfalls bereits im Rahmenvertrag erteilten Einziehungsermächtigung oder Inkassozession soll dem Factor eine umfassende Debitorenverwaltung, insbesondere die (entgeltliche) Einziehung sämtlicher Außenstände des Anschlusskunden ermöglichen und dem Kunden eine separate Forderungsverwaltung ersparen, aber die Rechtsinhaberschaft, zumindest die Risiken und Kosten der Beitreibung nicht angekaufter Forderungen bei diesem belassen (mangels Ankaufs fällt die Bedingung für den Forderungsübergang aus, → Rn. 13).[33] Die unterschiedliche rechtliche Einordnung wird praktisch relevant in Kollisionsfällen (→ Rn. 23 ff.)[34] sowie in Zwangsvollstreckung und Insolvenz (→ Rn. 29, 30 ff.).

Ungeachtet einer vertragstypologischen Differenzierung stellt weder das echte noch das unechte **10** Factoring eine erlaubnispflichtige Rechtsdienstleistung dar; dies galt bereits nach dem RBerG[35] und

---

164; BGH Urt. v. 21.3.2018 – VIII ZR 17/17, NJW 2018, 2254 Rn. 33; hL, etwa Staudinger/*Busche,* 2017, BGB Einl. §§ 398 ff. Rn. 152 ff.; Staudinger/*Beckmann,* 2013, BGB Vor §§ 433 ff. Rn. 259; *Martinek/Omlor* in Schimansky/Bunte/Lwowski BankR-HdB § 102 Rn. 44 ff.; BeckOGK/*Wilhelmi* BGB § 453 Rn. 962, jew. mwN.

[24] Vgl. Baumbach/Hopt/*Hopt* Bankgeschäfte Rn. O/1; *Bette,* Das Factoringgeschäft in Deutschland, 1999, 48 f.; *Blaurock* ZHR 142 (1978), 325 (340 f.); *Einsele,* Factoring, Waren- und Geldkredit, 1982, 75 ff.; *Brink* in Hagenmüller/Sommer/Brink Factoring-HdB 205; *Freis-Janik* in Kümpel/Mülbert/Früh/Seyfried BankR/KapMarktR Rn. 6.333 f.; *Lunckenbein,* Rechtsprobleme des Factoring-Vertrages, 1983, 75 ff.; Staudinger/*Mülbert,* 2015, BGB § 488 Rn. 706 f.; *Scharff* in Hellner/Steuer BuB Rn. 13/29; *Walter,* Kaufrecht, 1987, § 12 II 2.

[25] Entgegen den Gepflogenheiten der Kreditpraxis stellt sich erst im Fall der erfolglosen Inanspruchnahme des Debitors heraus, ob eine Sicherungszession der (Dritt-)Forderung gewollt war.

[26] So aber die Konsequenz der hM, vgl. Röhricht/Graf v. Westphalen/Haas/*Graf v. Westphalen* Rn. 13 mwN.

[27] Eine spätere Solvenzüberwachung ist daher nicht ausschlaggebend; anders insoweit Staudinger/*Busche,* 2017, BGB Einl. §§ 398 ff. Rn. 152; Langenbucher/Bliesener/Spindler/*Omlor* Rn. 18/8 mit *Martinek/Omlor* in Schimansky/Bunte/Lwowski BankR-HdB § 102 Rn. 19. → Rn. 9, → Rn. 16 aE.

[28] Larenz/*Canaris* SchuldR BT II § 65 II 2, *Oechsler* BKR 2019, 53 ff. und *Martinek/Omlor* in Schimansky/Bunte/Lwowski BankR-HdB § 102 Rn. 21 nehmen dies als Regelfall an.

[29] Uhlenbruck/*Sinz* InsO §§ 115, 116 Rn. 40 mwN.

[30] Wie in den Fällen BFH Urt. v. 7.4.1998 – V B 134/97, NV 1998, 1273 f. = BB 1999, 144 f. und OLG Koblenz Urt. v. 11.11.1987 – 3 U 1386/86, NJW-RR 1988, 568 = WM 1988, 45.

[31] So etwa in den Verfahren VIII ZR 388/02, VIII ZR 228/14, IX ZR 102/17, Entscheidungen nv.

[32] AA offenbar *Martinek/Omlor* in Schimansky/Bunte/Lwowski BankR-HdB § 102 Rn. 21; Röhricht/Graf v. Westphalen/Haas/*Graf v. Westphalen* Rn. 13. Auch das unechte Factoring hat nur angekaufte Forderungen zum Gegenstand; zur notwendigen Unterscheidung von der Einziehung nicht angekaufter Forderungen s. nachf. im Text.

[33] Vgl. BGH Urt. v. 21.3.2018 – VIII ZR 17/17, NJW 2018, 2254 = WM 2018, 974 Rn. 44 (zu § 2 Abs. 2 S. 1 RDG): die Einziehung nicht angekaufter Forderungen erfolge aufgrund einer Abtretung erfüllungshalber zur Kreditsicherung und damit als Nebenleistung, nicht im Rahmen eines eigenständigen Factoringgeschäfts (→ Rn. 10).

[34] Dazu nunmehr ausf. *Oechsler* BKR 2019, 53 ff. → Rn. 22 ff.

[35] BGH Urt. v. 27.11.2000 – II ZR 190/99, WM 2001, 310 f.; vgl. zum unechten Factoring BGH Urt. v. 3.5.1972 – VIII ZR 170/71, BGHZ 58, 364 (366) = NJW 1972, 1715; zum echten Factoring BGH Urt. v. 23.1.1980

gilt erst recht nach § 2 Abs. 2 **RDG** seit dem 1.7.2008.[36] Im Rahmen der insoweit gebotenen wirtschaftlichen Betrachtungsweise sieht der BGH den entscheidenden Unterschied des erlaubnisfreien Factoring gegenüber dem erlaubnispflichtigen reinen Inkassogeschäft in der Übernahme des vollen wirtschaftlichen Risikos der Beitreibung eigener Forderungen (beim echten Factoring) bzw. der fehlenden Eigenständigkeit der Forderungseinziehung iSd § 2 Abs. 2 S. 1 RDG (beim unechten Factoring).[37] Der Forderungserlös soll wirtschaftlich gesehen beim echten wie beim unechten Factoring vertragsgemäß dem für eigene Rechnung handelnden Zessionar (Factor) zukommen und nicht dem Zedenten; die Forderungseinziehung ist deshalb als Wahrnehmung eigener Angelegenheiten (beim echten Factoring) bzw. als unselbständiges Nebengeschäft (beim unechten Factoring) anzusehen, was auch bei der Kombination von echtem Factoring und Einziehungsermächtigung zutrifft (→ Rn. 9).

11 **3. Offenes – Verdecktes Factoring und andere Erscheinungsformen.**[38] Das in der Praxis der Absatzfinanzierung dominierende echte Factoring wird idR im sog. offenen Verfahren (Notification- oder Disclosed-Factoring) durchgeführt. Hier wird dem Debitor die Abtretung vom Kunden (Zedenten) ggf. bereits in AGB und durch Rechnungsaufdruck mitgeteilt.[39] Die Abtretungsanzeige unterbleibt bei dem nur für einwandfreie Klienten geeigneten verdeckten oder stillen Factoring (Non-Notification- oder Undisclosed-Factoring); hier trägt der Factor das Weiterleitungsrisiko, nachdem der Schuldner mit befreiender Wirkung (§ 407 BGB) an den Kunden gezahlt hat.[40] Möglich ist auch ein „halboffenes Verfahren", bei dem der Factor als Zahlstelle fungiert.

12 Die Klassifizierung der verschiedenen Erscheinungsformen erfolgt zudem meist nach Art und Umfang der vom Factor geschuldeten Leistung.[41] So fehlt etwa bei dem besonders für Mietforderungen zunehmend genutzten Fälligkeitsfactoring (Maturity-Factoring) die Finanzierungsfunktion.[42] Beim unechten Factoring hingegen übernimmt der Factor zwar die Finanzierung, nicht aber die Delkrederehaftung. Das sog. Eigenservice-Factoring (Bulk- oder Inhouse-Factoring),[43] das im verdeckten Verfahren durchgeführt wird, belässt dem Kunden das Forderungsmanagement, während der Factor beim sog. Basisfactoring[44] gerade umgekehrt nur diese Dienstleistung erbringt. Das im Rahmen der Einkaufsfinanzierung zunehmend gebräuchliche[45] sog. **Reverse-Factoring** mit einem Schuldner

---

– VIII ZR 91/79, BGHZ 76, 119 = NJW 1980, 1394 = WM 1980, 374; BGH Urt. v. 30.10.1990 – IX ZR 239/89, NJW-RR 1991, 763 f. = WM 1991, 554; BGHZ 115, 123 (124) = NJW 1991, 2955.

[36] Gesetz über außergerichtliche Rechtsdienstleistungen vom 12.12.2007 (BGBl. I 2840). Vgl. BT-Drs. 16/3655, 35 ff. (48 f.); *Martinek/Omlor* in Schimansky/Bunte/Lwowski BankR-HdB § 102 Rn. 87 f.; *Brink/Faber* FLF 2015, 201 ff. Grds. BGH Urt. v. 21.3.2018 – VIII ZR 17/17, NJW 2018, 2254 Rn. 20 ff., 36 ff.

[37] BGH Urt. v. 21.3.2018 – VIII ZR 17/17, NJW 2018, 2254 Rn. 26, 36. Grdl. zur Abgrenzung erlaubter von erlaubnispflichtiger Forderungseinziehung BGH Urt. v. 30.10.2012 – XI ZR 324/11, ZIP 2012, 2445; BGH Urt. v. 11.12.2013 – IV ZR 46/13, NJW 2014, 847 = VersR 2014, 183 (Geld zurück!-Auftrag); BGH Urt. v. 21.10.2014 – VI ZR 507/13, WM 2014, 2335 = NJW 2015, 397 f. („Dienstleistungsvereinbarung" mit dem Zusatz „Auszahlung der restlichen 20 % erfolgt nach Zahlungseingang" als erlaubnispflichtige Inkassozession); BGH Urt. v. 11.1.2017 – IV ZR 340/13, NJW-RR 2017, 264 (Geld zurück!-Auftrag an Unternehmen, das geschäftsmäßig die Rückabwicklung von Kapitallebensversicherungen betreibt). – Eine Anzeige nach § 409 BGB überwindet nur (halbzwingende) gesetzliche Verbote, auf deren Einhaltung die Schuldner wirksam verzichten kann, anders wohl OLG Frankfurt a. M. Urt. v. 28.3.2018 – 7 U 155/16, NJW-RR 2018, 1237.

[38] Vgl. *Martinek/Omlor* in Schimansky/Bunte/Lwowski BankR-HdB § 102 Rn. 7 ff., 19 ff.; *Brink* in Hagenmüller/Sommer/Brink Factoring-HdB 15 f., 204 ff. et passim; *Schaer* in Kramer, Neue Vertragsformen der Wirtschaft, 2. Aufl. 1992, 275, 284 f.; *Schwarz*, Factoring, 4. Aufl. 2002, 35 ff.; *Serick* Eigentumsvorbehalt § 52 II 4; *Walter*, Kaufrecht, 1987, § 12 II 3 f. mwN.

[39] Vgl. BGH Urt. v. 23.1.2002 – X ZR 218/99 Rn. 13 ff. mwN. Nach OLG Bremen Urt. v. 23.10.1986 – 2 U 50/86, NJW 1987, 912 = WM 1987, 48 f. (abl. *Lwowski* WuB IV A § 407 BGB 1.87) genügt ein bloßer Hinweis „Wir nehmen am Factoring teil", auch unter Angabe eines bestimmten Kontos, nicht, um dem Debitor „Kenntnis" iSd § 407 BGB zu verschaffen. Vgl. zur Darlegungs- und Beweislast BGH Urt. v. 5.3.1997 – VIII ZR 118/96, BGHZ 135, 39 (43) mAnm *E. Wagner* WuB IV A § 407 BGB 1.97 mwN. Dem trägt die (Kautelar-)Praxis durch eindeutige Klauseln und Vermerke Rechnung, vgl. § 7.1 und 5 MV-DFV (s. Fn. 18).

[40] Vgl. hierzu den Fall BGH Urt. v. 29.5.2000 – II ZR 118/98, BGHZ 144, 336 (337 f.) = NJW 2000, 2577 – Balsam/Procedo.

[41] Bezeichnungen wie Honorar-Factoring (→ Rn. 14 aE) knüpfen dagegen an die Kundenforderung an; sie unterscheiden Kunden- und Debitorengruppen, besagen aber nichts über die Aufgaben des Factors (→ Rn. 2, → Rn. 7). Zu den Besonderheiten des regresslosen Ankaufs von Leasingforderungen s. etwa *Peters* in Hellner/Steuer BuB Rn. 13/112 ff.; *Peters* WM 1993, 1661 (1701 ff.); *Lwowski* ZIP 1983, 900 ff.

[42] Eine Abzinsung (Diskont) findet nicht statt; vgl. zu Diskont- und Fälligkeitsverfahren in der Praxis *Freis-Janik* in Kümpel/Mülbert/Früh/Seyfried BankR/KapMarktR Rn. 6.325.

[43] In der Praxis dominiert diese Form des Factoring bei weitem, vgl. *Hartmann-Wendels* FLF 2013, 230 ff. Im Jahr 2019 entfielen über 66,4 % des Gesamtumsatzes der im Deutschen Factoring-Verband eV organisierten Unternehmen auf das Inhouse-Factoring, im Jahr 2018 waren es noch 75,7 %; dagegen lag der Anteil des Full-Service-Factoring im Jahr 2019 mit steigender Tendenz bei 25,0 %, der des Fälligkeitsfactoring bei 8,6 % ggü. 5,9 % in 2013 (Quelle: www.factoring.de).

[44] Vgl. dazu MüKoBGB/*Roth/Kieninger* BGB § 398 Rn. 165 f.

[45] Nach Angaben des DFV beträgt das Umsatzvolumen 4,6 Mrd. Euro im Jahr 2019.

potentieller Zedenten (Lieferanten) vereinfacht dem Factor die Bonitätsprüfung und verschafft dem Schuldner kalkulierbare Zahlungsmodalitäten (→ Rn. 6). Zu grenzüberschreitenden Formen des Ex- und Importfactoring → Rn. 35.

III. Die materiellen Rechtsverhältnisse der Beteiligten[46]

1. Die dingliche Rechtslage. Der Factoring-Vertrag enthält eine antizipierte **Globalzession,**[47] **13** die typischerweise alle künftigen, dh nach Vertragsschluss entstehenden Geldforderungen des Kunden gegen seine (oder bestimmte) Vertragspartner auf den Factor überträgt.[48] Diese (Voraus-)Abtretung erfolgt idR unter der aufschiebenden Bedingung (§ 158 Abs. 1 BGB)[49] des Ankaufs der jeweiligen Kundenforderung resp. Zahlung des Kaufpreises[50] durch den Factor, was diesen gem. § 161 BGB vor Zwischenverfügungen schützt.[51] Gebräuchlich sind aber auch unbedingte Zessionen, die einen Rückfall oder Verbleib zunächst nicht angekaufter Kundenforderungen beim Zedenten vermeiden und dem Factor einen späteren Ankauf ermöglichen (vgl. zu Limiterhöhungen → Rn. 16). Beim *unechten Factoring* erfolgt die Vorauszession nach hM lediglich erfüllungshalber und zur Sicherung des angeblichen Rückzahlungsanspruchs des Factors aus Darlehen.[52] – Inhaber nicht angekaufter Forderungen bleibt demnach der Kunde, da insoweit die Bedingung für den endgültigen Rechtsübergang ausfällt. Um dem Kunden insoweit eine gesonderte Buchführung zu ersparen, enthalten Factoring-Verträge idR eine **Einziehungsermächtigung,** die den Factor zur Einziehung nicht angekaufter Forderungen im eigenen Namen, aber für Rechnung des Kunden berechtigt. Eine (gesonderte) Inkassozession ist zur gerichtlichen Durchsetzung nicht erforderlich.[53] Häufig finden sich **Kombinationen** von echtem und unechtem Factoring oder von echtem Factoring und Inkassozession, etwa auf Grund von Zusatzvereinbarungen (→ Rn. 16 aE), wobei der Factor die Kundenforderungen global erwirbt, im Falle des Nichtankaufs, aber nur zum Inkasso, dh auf Kosten und Risiko des Kunden übernimmt. Deren Kollisionspotential ist bislang nicht erkannt.[54]

Geldforderungen sind grundsätzlich abtretbar. Bis zum Inkrafttreten des § 354a HGB am 30.7.1994 **14** stellten aber **vertragliche Abtretungsverbote** iSd § 399 Alt. 2 BGB ein effektives Geschäftshindernis für das Factoring dar.[55] Nach § 354a Abs. 1 S. 1 HGB ist die verbotswidrige Abtretung von Geldforderungen aus beiderseitigen Handelsgeschäften oder gegen die öffentliche Hand gleichwohl wirksam.[56] Abs. 1 S. 2 dieser zwingenden Vorschrift ermöglicht es jedoch dem Schuldner (Debitor), über die Grenzen der §§ 406, 407 Abs. 1 BGB hinaus mit Gegenforderungen aufzurechnen bzw. mit befreiender Wirkung an den Zedenten (Kunden) zu leisten (→ Rn. 21). Unberührt bleiben aber kontokorrentbedingte Abtretungsverbote, insoweit sind nur Schlusssaldoforderungen übertragbar,[57]

---

[46] Die folgende Darstellung geht vom heute in Deutschland üblichen echten Factoring (→ Rn. 7) aus; auf Abweichungen beim unechten Factoring wird jeweils hingewiesen.

[47] Zu einem Fall der Mantelzession BGH Urt. v. 10.5.1978 – VIII ZR 166/77, BGHZ 71, 306 = NJW 1978, 1520; s. dazu MüKoBGB/*Roth/Kieninger* BGB § 398 Rn. 167.

[48] Vgl. aber den Fall BGH Urt. v. 26.2.1997 – VIII ZR 128/96, NJW-RR 1997, 1054 = WM 1997, 1291: Ankauf einer Einzelforderung im Wege echten Factorings.

[49] AM *Canaris* BankvertragsR Rn. 1662, 1701 (*auflösende* Bedingung, § 158 Abs. 2 BGB), der jedoch übersieht, dass der Drittschuldner ab Kenntniserlangung, dh praktisch mit der Abtretungsanzeige durch den Kunden (Zedenten), gem. § 409 Abs. 1 BGB mit befreiender Wirkung an den Factor leisten kann, sodass „Zuständigkeitsprobleme zwischen Kenntniserlangung und Bedingungseintritt" praktisch nicht auftreten. Vgl. auch → Rn. 21.

[50] So zB im Fall BGH Urt. v. 7.2.2013 – III ZR 200/11, CR 2013, 160 = NJW 2013, 1092 Rn. 2 betreffend den Ankauf rückbelasteter Forderungen aus sog. Call-by-Call-Abrechnungen im TK-Dienstleistungsgewerbe.

[51] Vgl. dazu *Serick* Eigentumsvorbehalt § 52 II 2a; ausf. *Berger* KTS 1997, 393 ff.

[52] Vgl. BGH Urt. v. 3.5.1972 – VIII ZR 170/71, BGHZ 58, 364 (366 f.) = NJW 1972, 1715; BGH Urt. v. 21.3.2018 – VIII ZR 17/17, NJW 2018, 2254 Rn. 36; *Canaris* BankvertragsR Rn. 1655; *Serick* Eigentumsvorbehalt § 52 II 2d, e. – Zur Sittenwidrigkeit ohne Kollision mit Kreditsicherheiten s. BGH Urt. v. 23.1.2002 – X ZR 218/ 99 Rn. 23.

[53] AM *Schwarz*, Factoring, 4. Aufl. 2002, 88 mit Fn. 2, weil die Voraussetzungen für eine gewillkürte Prozessstandschaft nicht gegeben seien. Das nach hM erforderliche rechtliche Eigeninteresse des Factors folgt indessen aus Zweck und Entgeltlichkeit des Factoringgeschäfts (nach hM genügt bereits ein Provisionsinteresse, s. BGH Urt. v. 3.12.1987 – VIII ZR 58/87, BGHZ 102, 293 (296) = NJW 1988, 1210 f. mAnm *E. Wagner* JZ 1988, 698 f.; vgl. zB *Zöller*/*Vollkommer* ZPO Vor § 50 Rn. 51 f.); schutzwürdige Belange des Debitors, die maßgebend sein sollten, stehen idR nicht entgegen.

[54] So etwa im Fall OLG Stuttgart Urt. v. 3.9.2002 – 6 U 39/02, nv = Vorinstanz zu BGH Beschl. v. 21.10.2003 –VIII ZR 388/02, nv (Revision nicht zugelassen). Zur Kombination von echtem und unechtem Factoring s. *Omlor* aber nunmehr *Oechsler* BKR 2019, 53 ff. zu BGH Urt. v. 21.3.2018 – VIII ZR 17/17, NJW 2018, 2254; → Rn. 9 f.

[55] Zuletzt BGH Urt. v. 30.10.1990 – IX ZR 239/89, NJW-RR 1991, 763 f. = WM 1991, 554. Vgl. dazu *Bruns* WM 2000, 505 ff.; ausf. *E. Wagner*, Vertragliche Abtretungsverbote im System zivilrechtlicher Verfügungshindernisse, 1994, 55 f., 484 ff.; *Nefzger*, Vertragliche Abtretungsverbote 2013, 264 ff.

[56] → HGB § 354a Rn. 11, zum sachlichen Anwendungsbereich → Rn. 6 ff., zur problematischen Beschränkung des persönlichen Anwendungsbereichs → Rn. 9 f.

[57] Vgl. OLG München Urt. v. 11.3.1991 – 26 U 4765/90, NJW-RR 1992, 1136 = WM 1992, 1732 dazu *Gölz* WuB I J 1.–1.93; allgemein BGH Urt. v. 7.2.1979 – VIII ZR 279/77, BGHZ 73, 259 (265) = NJW 1979, 1206 (1207 f.) = WM 1979, 363 (365) mwN.

ferner **gesetzliche Abtretungsverbote,** zB gem. § 134 BGB iVm § 203 StGB beim Erwerb von Honorarforderungen freiberuflich tätiger Kunden, insbesondere von Ärzten,[58] Rechtsanwälten[59] und Steuerberatern[60] ohne Einwilligung der Mandanten, von Provisionsforderungen eines Versicherungsvertreters aus der Vermittlung von Personenversicherungen;[61] gem. § 134 BGB iVm Art. 10 GG, §§ 88, 91 ff. TKG bei der Abtretung von Entgeltforderungen für Telekommunikationsdienstleistungen, sofern die aus Fernmeldegeheimnis und Datenschutz resultierenden Einschränkungen der Befugnis aus § 97 Abs. 1 S. 3 TKG bei richtlinienkonformer Auslegung nicht eingehalten sind.[62] Unberührt bleiben auch die Grundsätze zur Lösung von Kollisionen zwischen Factoring und Waren- oder Geldkredit (→ Rn. 23 ff.).

15   **Sicherheiten** gehen entweder als akzessorische Nebenrechte gem. § 401 BGB mit der jeweiligen Forderung auf den Factor über oder werden auf Grund besonderer Vereinbarungen im Factoring-Vertrag, etwa durch Abtretung der Herausgabeansprüche[63] oder antizipierte Einigung nebst Besitzkonstitut gem. §§ 929, 930 BGB, auf diesen übertragen.[64] Erfasst sind insbesondere Vorbehalts- und Sicherungseigentum, einschließlich der hierauf gerichteten Anwartschaftsrechte, ferner alle Sekundär- und sonstigen Ansprüche aus dem Schuldverhältnis mit dem Debitor,[65] sowie Regress- und Versicherungsansprüche für die abgetretenen Forderungen. – Hiervon zu unterscheiden sind zusätzliche (Personal-)Sicherheiten des Kunden oder Dritter für die Ansprüche des Factors aus dem Factoring-Vertrag, insbesondere zur zusätzlichen Absicherung der Bestandsgarantie (→ Rn. 20). Solche sind angesichts des Sicherungseinbehalts sowie bestehender Rückbelastungs- und Verrechnungsbefugnisse des Factors idR unangemessen iSd § 307 BGB,[66] bei individualvertraglicher Vereinbarung sittenwidrig gem. § 138 Abs. 1 BGB.

16   **2. Die obligatorische Rechtslage.** Im Factoring-Vertrag verpflichtet sich der Kunde, seine Forderungen aus Warenlieferungen oder Dienstleistungen dem Factor zum Kauf anzubieten, der Factor verspricht, die angebotenen Forderungen zu kaufen.[67] Während die **Andienungspflicht** des Kunden idR unbeschränkt ist, dh alle Außenstände erfasst, ist die **Ankaufspflicht** des Factors meist beschränkt durch bestimmte Ankaufsvoraussetzungen (Ankaufsbedingungen), zB die vollständige Leistung des Kunden an den Debitor (um die Einrede des nichterfüllten Vertrages [§ 320 BGB] auszuschließen) und insbesondere die Einhaltung eines Höchstbetrags (Limits). Die **Limitierung** erfolgt nach vorheriger Bonitätsprüfung[68] durch den Factor für jeden Debitor gesondert, zusätzlich auch für alle Debitoren des Kunden (Gesamtlimit). Der Ankauf limitübersteigender Forderungen liegt im Ermessen des Factors. Meist ist ein Nachrücken („Nachkauf") angebotener Forderungen bei entsprechendem Freiwerden des vereinbarten Kontingents vorgesehen (sog. Nachrückverfahren oder **Silo-Prinzip**). Anders als bei einem Kontokorrentkredit (einer Kreditlinie) ist der Kunde zwar zur „Inanspruchnahme", dh zum Verkauf oder Verkaufsangebot, verpflichtet. Er erhält den „Vorschuss" vom Factor aber nur gegen Übertragung seiner Kundenforderung; die „Valutierung" hängt ebenso wie die Vollwirksamkeit der Abtretung vom Ankauf durch den Factor ab. Jede Einschränkung der Ankaufspflicht des Factors birgt

---

[58] Vgl. etwa BGH Urt. v. 10.7.1991 – VIII ZR 296/90, BGHZ 115, 123 (124 ff.) = NJW 1991, 2955; OLG Köln Urt. v. 31.10.1995 – 22 U 268/94, VersR 1997, 623 (624) (Nichtigkeit auch des Rahmenvertrags); s. dazu *Berger* NJW 1995, 1584 ff.; *Bette* FLF 1998, 31 ff.; *Lips/Schönberger* NJW 2007, 1567 ff. zu § 302 Abs. 2 S. 2 SGB V gegen OLG Hamm Urt. v. 17.11.2006 – 19 U 81/06, NJW 2007, 849; s. auch *Hilderink* DuD 2008, 25 ff.; *H. Huber* WM 2012, 635 (640 f.), jüngst *Cranshaw* SGb 2019, 272 ff. zu BSG Urt. v. 27.6.2018 – B 6 KA 38/17 R, SGb 2019, 311, jew. mwN.

[59] BGH Urt. v. 25.3.1993 – IX ZR 192/92, BGHZ 122, 115 (117 ff.) = NJW 1993, 1638; BGH Urt. v. 17.10.1996 – IX ZR 37/96, NJW 1997, 188; BGH Urt. v. 24.4.2008 – IX ZR 53/07, WM 2008, 1229 zu § 49b Abs. 4 S. 2 BRAO; s. dazu Erman/*Westermann* BGB § 399 Rn. 8a mwN – Zur Gesetz- und Sittenwidrigkeit eines von einem Rechtsanwalt gewerbsmäßig betriebenen Forderungskaufs s. OLG Frankfurt a. M. Urt. v. 13.4.2011 – 17 U 250/10, NJW 2011, 3724 = WM 2011, 1192.

[60] AG Dortmund Urt. v. 30.10.2018 – 425 C 9862/17, DStR 2019, 183 f. Rn. 24 ff.: Abtretung mangels zwingend erforderlicher Aufklärung (§ 64 Abs. 2 S. 3 StBerG) unwirksam, wenn Einwilligung gem. § 64 Abs. 2 StBerG in AGB enthalten ist.

[61] BGH Urt. v. 10.2.2010 – VIII ZR 53/09, NJW 2010, 2509 = WM 2010, 669.

[62] Vgl. BGH Urt. v. 7.2.2013 – III ZR 200/11, CR 2013, 160 = NJW 2013, 1092 Rn. 19 ff.

[63] BGH Urt. v. 8.5.2014 – IX ZR 128/12, NJW 2014, 2358 = WM 2014, 1348 (Factoringvertrag mit einem Vorbehaltslieferanten unter Abtretung der Herausgabeansprüche aus Eigentumsvorbehalt gegen die Vorbehaltskäufer, Kfz-Vertragshändler); → Rn. 34.

[64] Vgl. § 10 MV-DFV (s. Fn. 18), s. dazu *Brink* Rn. 163 ff. – Zu möglichen Bedenken hinsichtlich kollidierender Sicherungsinteressen und Entwertung der Delkrederefunktion beim echten Factoring s. Hopt/*Schaff*, Vertrags- und Formularbuch, 4. Aufl. 2013, Anm. 18.

[65] Vgl. für das gesetzliche Rücktrittsrecht des Verkäufers (Vorbehaltslieferanten) gem. §§ 323 ff. BGB: BGH Urt. v. 8.5.2014 – IX ZR 128/12, NJW 2014, 2358 = WM 2014, 1348 Rn. 18.

[66] BGH Urt. v. 10.9.2002 – XI ZR 305/01, NJW 2002, 3627 (Garantie auf erstes Anfordern – für Geschäftsführer der Anschlussfirma auch überraschend iSd § 305c Abs. 1 BGB).

[67] Vgl. auch zum Folgenden §§ 1, 2 MV-DFV (s. Fn. 18), ausf. dazu *Brink,* Factoringvertrag, 1998, Rn. 75 ff., 91 ff.

[68] Näher dazu *Seraphim* in Hagenmüller/Sommer/Brink Factoring-HdB 120 ff.; im Rahmen des allgemeinen Risikomanagements des Factors *Binder-Degenschild* in Hagenmüller/Sommer/Brink Factoring-HdB 85 ff.

für den Kunden eine gewisse Unsicherheit und mindert die Bedeutung des Factoring als umsatz-kongruentes Finanzierungsinstrument. – Bei **Kombination von echtem Factoring und Inkasso-zession** (→ Rn. 9, → Rn. 13) sieht der Factoring-Vertrag einen Geschäftsbesorgungsvertrag als Kausalgeschäft zur treuhänderischen Einziehung durch den Factor im eigenen Namen, aber für Rechnung des Kunden vor, für den Fall, dass ein Ankauf unterbleibt.

Die **Kaufverträge** über die einzelnen Geldforderungen kommen meist konkludent zustande, indem **17** der Kunde Rechnungen oder von seinen Abnehmern erteilte Gutschriften dem Factor einreicht (Antrag) und dieser den Gegenwert unter Abzug der vereinbarten Zinsen und Gebühren dem Abrechnungskonto des Kunden gutschreibt (Annahme iSd § 151 S. 1 BGB),[69] durch Überweisung auf ein Konto bei seiner Hausbank[70] oder durch Übersendung eines Schecks[71] zur Verfügung stellt.[72] Bei limitübersteigenden Anträgen (→ Rn. 16) setzt ein Vertragsschluss entweder die Bindung des Kunden an seine Offerte (§§ 147 Abs. 2, 148 BGB) oder dessen Annahmeerklärung (§ 150 Abs. 1 BGB) voraus.[73]

Der Kunde schuldet aus dem Einzelvertrag vor allem die Forderungsübertragung (§§ 433 Abs. 1, **18** 453 Abs. 1 BGB). Schon der Rahmenvertrag verpflichtet ihn zur Abtretungsanzeige sowie zu umfassender, § 402 BGB übersteigender Information und Mitwirkung, insbesondere bei Leistungsstörungen im Verhältnis zum Debitor; auch insoweit ist freilich § 203 StGB zu beachten, → Rn. 14. – Die **Gegenleistung des Factors** besteht in der Zahlung des Kaufpreises (§ 433 Abs. 2 BGB); die Bemessungsfaktoren und Leistungsmodalitäten sind im Factoring-Vertrag geregelt.[74] Er ist mangels abweichender Vereinbarung zu 80–90 % bei Ankauf fällig, zu 10–20 % (in Höhe des Sicherheitseinbehalts) bei vollständiger Zahlung des Debitors oder Eintritt des Delkrederefalles, 90–120 Tage nach Fälligkeit der angekauften Forderung. Er richtet sich nach dem Bruttobetrag der fakturierten Kundenforderung (also **inkl. MwSt.**), abzüglich Factoring-Entgelt (für Forderungsverwaltung und – beim echten Factoring – Delkredere)[75] und Diskont (Zwischenzins für die „Bevorschussung" der Kundenforderung). Dieser bemisst sich nach dem für Kontokorrentkredite üblichen Sollzinssatz und wird nachträglich für die tatsächliche Laufzeit der angekauften Forderung berechnet, also von der Gutschrift des Factors bis zum Zahlungseingang beim Factor oder bis zum Eintritt der Delkrederehaftung (Nachfälligkeitszinsen).[76] Eine Diskontierung unterbleibt beim Fälligkeitsverfahren (→ Rn. 12).

Zur bank- und buchungstechnischen Abwicklung des Factoring führt der Factor idR drei (Konto- **19** korrent-)Konten für den Kunden: Ein **Abrechnungskonto,** auf dem er den Gegenwert der angekauften Forderungen sukzessive (→ Rn. 18) gutschreibt[77] und Rückbelastungen vornimmt, falls der Debitor (beim echten Factoring: berechtigterweise) nicht zahlt. Im Hinblick auf Finanzierungszweck und Versicherungsfunktion sowie wegen kollidierender Kreditsicherheiten sollten Rückbelastungen nicht zu einer Verrechnung mit Auszahlungsansprüchen des Kunden führen, weil sonst ein über den Sicherungseinbehalt hinausgehender vertragswidriger Sicherungseffekt eintreten könnte (→ Rn. 25, → Rn. 27 aE).[78] Daneben wird ein **Sperrkonto** zur Absicherung der Veritätshaftung eingerichtet, auf dem der Factor einen Betrag von 10–20 % der angekauften Forderungen einbehält, der dem Kunden gutgeschrieben wird, sobald die betreffende Forderung getilgt oder der Delkrederefall festgestellt ist. Praktisch erfolgt freilich ein periodisch wiederkehrender (Salden-)Abgleich durch entsprechende

---

[69] Vgl. § 1 Abs. 4 MV-DFV (s. Fn. 18); so zB in dem Fall BGH Urt. v. 14.10.1981 – VIII ZR 149/80, BGHZ 82, 50, = NJW 1982, 164 = WM 1981, 1350.

[70] So zB in dem Fall BGH Urt. v. 15.4.1987 – VIII ZR 97/86, BGHZ 100, 353 = NJW 1987, 1878 (1879) = WM 1987, 775 = ZIP 1987, 855 (856).

[71] So zB in dem Fall BGH Urt. v. 7.6.1978 – VIII ZR 80/77, BGHZ 72, 15 = NJW 1978, 1972.

[72] Vgl. iE *Brink* in Hagenmüller/Sommer/Brink Factoring-HdB 194 f.; *Brink,* Factoringvertrag, 1998, Rn. 79 ff.

[73] Zu den vertraglichen Gestaltungsmöglichkeiten *Brink,* Factoringvertrag, 1998, Rn. 81 f., 87 ff.; *Schwarz,* Factoring, 4. Aufl. 2002, 89 f. – Zu den Rechtsfolgen von Schweigen und Verzögerungen des Factors s. Röhricht/Graf v. Westphalen/Haas/*Graf v. Westphalen* Rn. 22.

[74] Vgl. § 3 MV-DFV (s. Fn. 18), dazu ausf. *Brink,* Factoringvertrag, 1998, Rn. 103 ff.; MVHdB III WirtschaftsR II/*Rabstein* § 10 mAnm 30; Hopt/*Scharff,* Vertrags- und Formularbuch, 4. Aufl. 2013, Ziff. 4 mAnm 10 f.

[75] Die sog. Factoringgebühr beträgt mit Delkredereprovision idR zwischen 0,5 und 2,5 % vom Umsatz; vgl. *Mayer* in Hagenmüller/Sommer/Brink Factoring-HdB 111 f. – Zur Inanspruchnahme des Factors durch die Finanzbehörden gem. § 13c UStG sowie zur (fehlenden) Erfüllungswirkung bei Hinterlegung des Kaufpreises s. BGH Urt. v. 17.1.2007 – VIII ZR 171/06, BGHZ 170, 311 (316 f.) = NJW 2007, 558 (560); BFH Urt v 16.12.2015 – XI R 28/13, ZInsO 2016, 650 mAnm *Rekers* ZInsO 2016, 681 f., *Janz* DB 2016, 984 f.

[76] Wegen dieser Entgeltstruktur qualifizieren Larenz/*Canaris* SchuldR BT II § 65 II 2 das Factoring als Darlehen. Vgl. dagegen → Rn. 8. – Kein *Vorschuss* ieS, da Kaufpreisschuld des Factors ohne Sicherheitseinbehalt sofort, dh mit Ankauf, fällig wird (§ 3 Abs. 3 MV-DFV). – Zu den Erfordernissen einer Abmahnung gem. § 314 BGB bei einseitiger Zinserhöhung des Factors als Voraussetzung einer Kündigung des Rahmenvertrages aus wichtigem Grund s. BGH Urt. v. 12.10.2011 – VIII ZR 3/11, NJW 2012, 53 f. = WM 2012, 1085.

[77] IdR kein Einlagengeschäft iSd § 1 Abs. 1 S. 2 Nr. 1 KWG, anders, wenn der Kunde Guthaben „stehen lassen" kann; vgl. Boos/Fischer/Schulte-Mattler/*Schäfer* KWG § 1 Rn. 39; BaFin Schr. v. 6.10.2009 u. v. 18.2.2010, Q 31-FR 2120-2007/0001; krit. *Dumoulin* FLF 2011, 125 ff. Das Konto dient dem Zahlungsverkehr (Nr. 9) nur, wenn in banküblicher Weise darüber verfügt werden kann, vgl. Staudinger/*Hopt/Mülbert,* 2015, BGB Vor § 607 Rn. 731.

[78] Vgl. krit. Hopt/*Scharff,* Vertrags- und Formularbuch, 4. Aufl. 2013, Anm. 15; nach BGH Urt. v. 10.9.2002 – XI ZR 305/01, NJW 2002, 3627 (3628) aber unproblematisch (incidenter).

Anpassung des jeweiligen Sperrkontenstandes an die aktuelle Summe der angekauften Forderungen im Wege einer Übertragung des überschießenden respektive fehlenden Gesamtbetrags von dem bzw. auf das Abrechnungskonto. Ein **Treuhandkonto** dient der Abrechnung nicht angekaufter, für den Kunden eingezogener Forderungen.[79]

20   Dem gesetzlichen Leitbild des Rechtskaufs entsprechend (§ 437 BGB aF) haftet beim echten Factoring der Kunde dem Factor nur für den rechtlichen Bestand und die Einredefreiheit der Forderung **(Veritätshaftung),** während der Factor für die Zahlungsfähigkeit des Debitors einzustehen hat **(Bonitätshaftung).** Kautelarjuristische Abgrenzungsbemühungen können hier eine Verschiebung der Haftungsrisiken bewirken, etwa mit der Folge, dass die Delkrederefunktion ausgehöhlt und damit das echte Factoring praktisch zum unechten wird.[80] Dollpunkt ist die grundlose oder mit unhaltbaren Einwendungen begründete **Zahlungsverweigerung** (Zahlungsunwilligkeit) des Schuldners, die prinzipiell dem Bonitätsrisiko des Forderungsinhabers zuzuordnen ist; ihm stehen eventuelle Ansprüche aus Verzug zu. Hier Unsicherheiten und Rechtsstreitigkeiten zu vermeiden, ist auch aus kreditsicherungsrechtlichen Gründen eine vordringliche Aufgabe der Vertragsgestaltung. Danach ist der Factor zur **Rückbelastung** berechtigt, dh zur Sollbuchung und zinswirksamen Verrechnung des Forderungsbetrags auf dem Abrechnungskonto, falls der Debitor trotz Fälligkeit nicht zahlt. Erhebt er Einwendungen, die vom Kunden anerkannt werden, erfolgt die Rückbelastung endgültig, andernfalls vorläufig bis zu deren Klärung. Der zugrundeliegende **Rückzahlungsanspruch** beruht auf einem selbstständigen Garantieversprechen des Kunden[81] oder auf § 346 Abs. 1 BGB.[82] Die gesetzlich geschuldete anfängliche, dh im Zeitpunkt des Kaufs bestehende Einrede- und Einwendungsfreiheit der verkauften Forderung wird zulässigerweise auch für die Zeit nach Vertragsschluss vereinbart (vgl. § 276 Abs. 1 BGB).[83] Daher kommt es auf die mit der Streichung der §§ 437 f. BGB aF durch das SMG aufgeworfene Streitfrage, ob die Veritätshaftung nunmehr verschuldensabhängig sei,[84] praktisch nicht an. – Die Berechtigung einer Zahlungsverweigerung des Schuldners ist notfalls gerichtlich zu klären, wobei Streitverkündung und Nebenintervention zweckmäßige Beteiligungsmöglichkeiten bieten. Aussichtslose Prozesse gegen Debitoren braucht der Factor nicht zu führen, im Rechtsstreit mit dem Kunden trägt er allerdings die **Darlegungs- und Beweislast** für die haftungsbegründenden Tatsachen (den streitigen Rechtsmangel).[85]

21   **3. Die Rechtsstellung des Debitors (Drittschuldners).** Der Debitor muss infolge der Abtretung grundsätzlich an den Factor als neuen Gläubiger zahlen. Einreden und Einwendungen gegen den Zahlungsanspruch sowie Aufrechnungsbefugnisse stehen ihm gem. §§ 404, 406 ff. BGB auch diesem

---

[79] Vgl. zum Ganzen zB § 19 des Formulars bei MVHdB III WirtschaftsR II/*Rabstein; Bette,* Das Factoringgeschäft in Deutschland, 1999, 17 ff.; *Serick* Eigentumsvorbehalt § 52 II 1b; zum Sperrkonto *Brink* in Hagenmüller/Sommer/Brink Factoring-HdB 197; im Zusammenhang mit den Debitorenkonten *Seraphim* in Hagenmüller/Sommer/Brink Factoring-HdB 120 ff.; bei Insolvenz des Factors MüKoInsO/*Ganter* InsO § 47 Rn. 280 ff. – Zu den mit der Abrechnung eines gekündigten Factoringvertrags verbundenen Fragen der materiellen Rechtskraft s. BGH Urt. v. 7.7.1993 – VIII ZR 103/92, BGHZ 123, 137 = NJW 1993, 2684.

[80] Vgl. OLG Koblenz Urt. v. 11.11.1987 – 3 U 1386/86, NJW-RR 1988, 568 = WM 1988, 45 mAnm *Blaurock* WuB I J 1.–1.88 („durchlöchert und ausgehöhlt"); BeckOGK/*Wilhelmi* BGB § 453 Rn. 952 f.; zur Grauzone bereits *Kapp* BB 1987, 1762 und *Hopt/Scharff,* Vertrags- und Formularbuch, 4. Aufl. 2013, Anm. 15 f. – Schon wegen des vorhandenen Sicherungseinbehalts auf dem Sperrkonto bedenklich ist zB die in § 5.3 MV-DFV (s. Fn. 18) vorgesehene vorläufige Rückbelastung bis zur rechtskräftigen Klärung, falls „die Firma die Einreden oder Einwendungen des Debitors nicht an(erkennt) oder... er nach Aufforderung durch den Factor nicht unverzüglich eine Stellungnahme ab(gibt)"; zur kreditsicherungsrechtlichen Verrechnungsproblematik, → Rn. 19. Die dem Kunden eingeräumte Abwendungsbefugnis nach § 5.4 durch Stellung „dem Factor genehme(r) Sicherheiten" bessert angesichts bereits geleisteter Sicherheiten (→ Rn. 15) nichts. Anders offenbar *Canaris* BankvertragsR Rn. 1670 und Staudinger/*Mülbert,* 2015, BGB § 488 Rn. 748 f. Zur AGB-Kontrolle der Nichtübernahme von Ausfall- und Einwendungsrisiko beim Inkasso s. BGH Urt. v. 8.3.2007 – III ZR 128/06, WM 2007, 1035 (1036 f.).

[81] *Bette/Wessel* in Derleder/Knops/Bamberger BankR/KapMarktR § 31 Rn. 33; *Einsele,* Factoring, Waren- und Geldkredit, 1982, 18; zum maßgeblichen Zeitpunkt s. Staudinger/*Mülbert,* 2015, BGB § 488 Rn. 743: Haftung aus § 311a Abs. 2 S. 1 BGB und Garantieversprechen. – Vgl. § 6.1 MV-DFV (s. Fn. 18).

[82] Vgl. *Canaris* BankvertragsR Rn. 1670 f.; *Freis-Janik* in Kümpel/Mülbert/Früh/Seyfried BankR/KapMarktR Rn. 6.330. – § 6.2 MV-DFV (s. Fn. 18), bestimmt ein (vertragliches) Rücktrittsrecht in elektiver Konkurrenz, s. dazu *Brink,* Factoringvertrag, 1998, Rn. 137 ff.

[83] Vgl. § 6.1 MV-DFV (s. Fn. 18): „Die Firma garantiert dem Factor, dass die Forderung einschließlich aller Nebenrechte... besteht, abtretbar und nicht mit Einreden oder Einwendungen behaftet ist. Sie garantiert ferner, dass die Forderung nicht nachträglich in ihrem rechtlichen Bestand verändert wird, insbesondere nicht durch... Auf- und Verrechnung, Anfechtung, Wandlung, Minderung, Rücktritt, Schadensersatz, Nachleistung oder Nachbesserung beeinträchtigt wird." S. dazu *Brink,* Factoringvertrag, 1998, Rn. 133 ff. – Zur Haftung für Schäden durch betrügerisches Verhalten des Dritt-Schuldners (Leasingnehmers) vgl. BGH Urt. v. 10.11.2004 – VIII ZR 186/03, BGHZ 161, 90 = NJW 2005, 359 – FlowTex – mBspr *Hey* JuS 2005, 402 ff.

[84] Vgl. *Brink* WM 2003, 1355 (1358); *Kohl* FLF 2003, 80 f.; ausf. *Martinek/Omlor* in Schimansky/Bunte/Lwowski BankR-HdB § 102 Rn. 32 f.; grds. MüKoBGB/*Westermann* BGB § 453 Rn. 10 ff. mwN.

[85] Vgl. *Brink,* Factoringvertrag, 1998, Rn. 138 f. – Zur Unwirksamkeit gegenteiliger AGB und Substantiierungslast des (sachnäheren) Verkäufers (Kunden) s. BGH Urt. v. 6.11.1991 – VIII ZR 241/90, NJW 1992, 1032 (1034); UBH/*H. Schmidt* Anh. § 310 Rn. 326.

gegenüber zu;[86] anders bei Inanspruchnahme aus einem Wechselakzept (Art. 17 WG).[87] Der Debitor erhält idR mit Rechnungsstellung durch den Kunden Kenntnis von der Factoringzession (→ Rn. 11).[88] Die Kenntnis von der Vorauszession steht der Kenntnis iSd § 406 BGB gleich.[89] Diese Grenze findet jedoch in Fällen des § 354a Abs. 1 HGB keine Anwendung, sodass der Debitor ggf. trotz Kenntnis (mit Wirkung) gegenüber dem Factor aufrechnen kann.[90] **Gewährleistungsrechte** insbesondere wegen mangelhafter Leistung muss der Debitor zwar nach wie vor gegenüber dem Kunden geltend machen, der als sein Partner des forderungsbegründenden Schuldverhältnisses Adressat von Gestaltungsrechten, wie Anfechtung, Kündigung, Rücktritt oder Minderung, bleibt. Die daraus resultierenden Einwendungen kann er jedoch auch dem Zahlungsverlangen des Factors entgegenhalten (§ 404 BGB).[91] – In Fällen rechtsgrundloser Zahlung des Debitors an den Factor ist dieser *bei Unwirksamkeit des Factoringvertrags* dem Kunden zur Herausgabe verpflichtet, im Falle befreiender Leistung (insbesondere gem. § 409 BGB) aus § 816 Abs. 2 BGB, andernfalls aus §§ 812 Abs. 1 S. 1 Alt. 1, 818 Abs. 1 BGB. *Bei Unwirksamkeit des Deckungsverhältnisses* (Kunde/Debitor) erfolgt eine Rückabwicklung („über Eck") im jeweiligen Leistungsverhältnis.[92] – Hat der Debitor sich durch ein **vertragliches Abtretungsverbot iSd § 399 Alt. 2 BGB** vor einem Gläubigerwechsel gesichert, so kann er weiterhin mit befreiender Wirkung an den Kunden (Zedenten) leisten. **§ 354a Abs. 1 S. 2 HGB** erhält dem Debitor eine Erfüllungs- und Aufrechnungsmöglichkeit[93] über die kenntnisbezogenen Grenzen der §§ 406, 407 Abs. 1 BGB hinaus,[94] auf die er aber bei einschränkender Auslegung des § 354a Abs. 1 S. 3 HGB durch nachträgliche, dh nach Abtretung erfolgte Erklärung gegenüber dem Zessionar verzichten kann.[95] Der Kunde ist aber aus dem Factoringvertrag und ggf. aus § 816 Abs. 2 BGB verpflichtet, den Erlös an den Factor weiterzuleiten.[96]

---

[86] Vgl. BGH Urt. v. 29.6.2005 – VIII ZR 299/04, NJW 2005, 2991, 2992 (zu §§ 138, 404 BGB) u. 2995 (zu § 406 BGB); BGH Urt. v. 26.6.2002 – VIII ZR 327/00, NJW 2002, 2865 = WM 2002, 1845; BeckOGK/*Wilhelmi* BGB § 453 Rn. 959; s. auch OLG München Urt. v. 11.3.1991 – 26 U 4765/90, NJW-RR 1992, 1136 = WM 1992, 1732 zur Rückbelastung eines Kontos nach Abtretung der Saldoforderung an den Factor; OLG Stuttgart Urt. v. 12.2.2019 – 10 U 152/18, NZBau 2019, 578 zur fehlenden Schlussrechnungsreife als Anspruchsvoraussetzung. Zur Frage, ob dem Factoring-Vertrag ein stillschweigendes Aufrechnungsverbot für bestimmte Forderungen zu entnehmen ist s. BGH Beschl. v. 24.6.2010 – IX ZR 246/09 Rn. 2. Ausf. zum Schuldnerschutz *Quast*, Rechtskräftiger Titel des Zedenten und Schutz des Schuldners, 2009.

[87] BGH Beschl. v. 12.10.1993 – XI ZR 21/93, WM 1993, 2120 = NJW-RR 1994, 113 = ZIP 1993, 1700 zum *echten* Factoring; muss auch für das *unechte* Factoring gelten, vgl. zutr. *Martinek* WuB I J 1.–1.94.

[88] Vgl. § 8 Abs. 1 MV-DFV (s. Fn. 18), dazu *Brink*, Factoringvertrag, 1998, Rn. 147 ff. Zur Vermutungswirkung des Zugangs einer Abtretungsanzeige BGH Urt. v. 23.1.2002 – X ZR 218/99 Rn. 15 f. mwN. – Eine Schuldnerschutzlücke des § 161 BGB (*Berger* KTS 1997, 393 [395 ff.]) besteht also beim Factoring nicht, faktisch auch deshalb, weil die Kundenforderung idR gestundet ist und der Debitor sie erst erfüllt, wenn die Entscheidung über den Ankauf getroffen, die Schwebelage beendet ist; an der Ausübung von Gestaltungsrechten ist er ohnedies nicht gehindert (s. nachf. im Text).

[89] BGH Urt. v. 26.6.2002 – VIII ZR 327/00, NJW 2002, 2865 = WM 2002, 1845 mAnm *Westermann* EWiR 2002, 897; entgegen OLG Köln Urt. v. 3.11.2000 – 19 U 89/00, WM 2001, 1431 mAnm *E. Wagner* WuB IV A § 406 BGB 1.01. – Eine Aufrechnung des Schuldners in der Schwebezeit (bis zum Ankauf = Bedingungseintritt) halten *Martinek/Omlor* in Schimansky/Bunte/Lwowski BankR-HdB § 102 Rn. 125 mit OLG Celle Urt. v. 7.2.2001 – 11 U 117/01, BeckRS 2002, 30238688 Rn. 9 ff für wirksam; aA *Canaris* BankvertragsR Rn. 1702 mit BGHZ 66, 384 (386 f.) = NJW 1976, 1351.

[90] BGH Urt. v. 26.1.2005 – VIII ZR 275/03, NJW-RR 2005, 624 = WM 2005, 429 (431) mAnm *E. Wagner* WuB IV E. § 354a HGB 1.05; BGH Urt. v. 25.11.2010 – VII ZR 16/10, NJW 2011, 443 = WM 2011, 213 mkritAnm *E. Wagner* WuB I E. 4. Bankbürgschaft/Avalgeschäft 3.11. → HGB § 354a Rn. 14, → HGB § 354a Rn. 17 f.

[91] Ebenso BeckOGK/*Wilhelmi* BGB § 453 Rn. 960.

[92] BGH Urt. v. 19.1.2005 – VIII ZR 173/03, NJW 2005, 1369 (1370) = WM 2005, 759 (760); *Canaris* FS Larenz, 1974, 799 (834 f.); Staudinger/*Lorenz*, 2007, BGB § 812 Rn. 41; BeckOGK/*Wilhelmi* BGB § 453 Rn. 961. – AM (für Direktkondiktion beim Factor) Röhricht/Graf v. Westphalen/Haas/*Graf v. Westphalen* Rn. 67; *Martinek*, Moderne Vertragstypen, Bd. I, 1991, 315 ff. Vgl. ausf. *Martinek/Omlor* in Schimansky/Bunte/Lwowski BankR-HdB § 102 Rn. 127 ff. mwN.

[93] BGH Urt. v. 15.10.2003 – VIII ZR 358/02, BKR 2003, 951 (953) = NJW-RR 2004, 50 (52) = WM 2004, 2338 (2340) mAnm *Mankowski* WuB VI C § 95 InsO 1.04 (Verlustausgleichsfonds und Feuerwehrfonds); BGH Urt. v. 10.12.2009 – IX ZR 1/09, NJW-RR 2010, 558 = WM 2010, 222 = ZIP 2010, 138 mkritAnm *Klein* FLF 2011, 152 ff., die aber die Reichweite der BGH-Rspr. zu § 354a HGB verkennt (BGH Urt. v. 26.1.2005 – VIII ZR 275/03, NJW-RR 2005, 624 = WM 2005, 429 (431); BGH Urt. v. 25.11.2010 – VII ZR 16/10, NJW 2011, 443 = WM 2011, 213), jew. zur Aufrechnung in der Insolvenz des Kunden/Zedenten (→ Rn. 32).

[94] BGH Urt. v. 26.1.2005 – VIII ZR 275/03, NJW-RR 2005, 624 = WM 2005, 429 (431) mAnm *E. Wagner* WuB IV E. § 354a HGB 1.05; BGH Urt. v. 25.11.2010 – VII ZR 16/10, NJW 2011, 443 = WM 2011, 213 mkritAnm *E. Wagner* WuB I E. 4. Bankbürgschaft/Avalgeschäft 3.11. → HGB § 354a Rn. 14, → HGB § 354a Rn. 17 f.

[95] BGH Urt. v. 21.3.2018 – VIII ZR 17/17, NJW 2018, 2254 Rn. 48 ff.

[96] Vgl. § 9 Abs. 1 MV-DFV (s. Fn. 18), dazu *Brink*, Factoringvertrag, 1998, Rn. 158 ff. – Keine Treuepflichten iSd § 266 StGB, s. BGH Urt. 4.11.1988 – 1 StR 480/88, NStZ 1989, 82 = JR 1989, 207 mAnm *Otto* JR 1989, 208 ff.

IV. Kollisionen

22   Kollisionsprobleme treten ausschließlich auf „dinglicher" Ebene auf (→ Rn. 13), praktisch im Streit um die Forderungszuständigkeit insbesondere auf Grund von Bereicherungsklagen. Paradigmatisch ist die mehrfache Abtretung derselben Forderung an verschiedene Kreditgeber (zur Kollision mit Vollstreckungsgläubigern → Rn. 29). Hierfür gilt zwar grundsätzlich das Prioritätsprinzip, demzufolge die ältere Verfügung der jüngeren auch rechtlich vorgeht.[97] Doch haben Rechtsprechung und Lehre im Bereich konkurrierender Kreditsicherheiten eigenständige Lösungsgrundsätze entwickelt.[98]

23   **1. Factoring und verlängerter Eigentumsvorbehalt.** So kommt es beim Zusammentreffen von Factoring und verlängertem Eigentumsvorbehalt zwar in der Begründung, nicht aber im Ergebnis auf die zeitliche Abfolge der Zessionen an.[99] Erkenntnisleitend ist vielmehr, ob die Sicherungsinteressen des Warenkreditgebers hinreichend gewahrt sind.[100] Fehlt seine Zustimmung, ist für die Wirksamkeit der Factoringzession nach hM entscheidend, ob der Kunde (Vorbehaltskäufer) mit dem Factoringerlös seine Warenlieferanten bezahlen kann, und ob deren Befriedigungsaussichten in der Insolvenz des Käufers durch Hinzutreten des Factors verkürzt werden. Die Ansatzpunkte der rechtlichen Beurteilung sind bei zeitlichem Vorrang des verlängerten Eigentumsvorbehalts die Einziehungsermächtigung des Käufers (§ 185 Abs. 1 BGB), bei zeitlichem Vorrang der Factoringzession deren eventuelle Sittenwidrigkeit (§ 138 Abs. 1 BGB).

24   **a) Zeitlicher Vorrang des verlängerten Eigentumsvorbehalts.** Bei zeitlichem Vorrang des verlängerten Eigentumsvorbehalts ist die dem Vorbehaltskäufer erteilte Ermächtigung, die Forderung aus dem Weiterverkauf der Vorbehaltsware einzuziehen, dahin auszulegen, dass er auch berechtigt ist, die Forderung nochmals im Wege des *echten* Factoring abzutreten.[101] Denn der Verkäufer steht auf Grund der Zahlung des Factors im Wesentlichen so, als hätte der Käufer die Forderung selbst eingezogen und der Abnehmer (Debitor) bar bezahlt. Ein Abtretungsverbot (sog. Lieferantenabtretungsverbot)[102] in den AGB des Vorbehaltsverkäufers, das dem Käufer die nochmalige Abtretung der Kundenforderungen zur Kreditsicherung oder im Wege des Factoring verbietet, verstößt idR gegen § 307 BGB (bei individueller Vereinbarung gegen § 138 Abs. 1 BGB) und steht dieser Auslegung nach hM nicht entgegen.[103]

---

[97] Eingehend *Serick* Eigentumsvorbehalt § 49 I; dogmengeschichtlich *Wacke* JA 1981, 94 ff. Krit. *Bähr,* Die Kollision der Factoring-Globalzession mit dem verlängerten Eigentumsvorbehalt, 1989, 219 ff. und bereits *K. Schmidt* DB 1977, 65 (68) und die Teilungslehren, s. etwa *Gernhuber,* Bürgerliches Recht, 3. Aufl. 1991, § 29 IV 1 mwN.

[98] Ausf. *Bülow* Rn. 1648 ff.; *Häsemeyer,* Insolvenzrecht, 4. Aufl. 2007, Rn. 18.51 ff.; *Serick* Eigentumsvorbehalt Bd. IV–VI; im Überblick *Jork* JuS 1994, 1019 ff.; BeckOGK/*Wilhelmi* BGB § 453 Rn. 977 ff.; Staudinger/*Busche,* 2017, BGB Einl. §§ 398 ff. Rn. 169 ff., jew. mwN – Im Konflikt zwischen Waren- und Geldkredit generell für das Prioritätsprinzip *Wolf/Haas* ZHR 154 (1990), 64 ff.; Staudinger/*Wiegand,* 2017, BGB Anh. §§ 929 ff. Rn. 290 f.; s. auch *Baur/Stürner* SachenR § 59 Rn. 59 ff. Krit. *K. Schmidt* DB 1977, 65 (68 ff.); *Bähr,* Die Kollision der Factoring-Globalzession mit dem verlängerten Eigentumsvorbehalt, 1989, 219 ff. Diff. *Eidenmüller/Engert* FS Kollhosser, 2004, 103 ff. mwN. Zur Kollisionsproblematik bei gemischten (echten/unechten) Factoringverträgen *Oechsler* BKR 2019, 53 ff.

[99] Vgl. *Bülow* Rn. 1676 ff.; Erman/*Westermann* BGB § 398 Rn. 23 f. – Das Folgende gilt entspr. für die Kollision von Factoring und verlängerter Sicherungsübereignung (vgl. etwa Soergel/*Henssler* BGB § 929 Rn. 137 ff.; Staudinger/*Wiegand,* 2017, BGB Anh. §§ 929 ff. Rn. 291) sowie von Factoring und erweitertem Eigentumsvorbehalt (aM *Bülow* Rn. 1725), sofern dieser überhaupt wirksam ist, umfassend dazu *Serick* Eigentumsvorbehalt §§ 56–60.

[100] Das verkennt der BGH (BGH Urt. v. 19.9.1977 – VIII ZR 169/76, BGHZ 69, 254 (257 f.) = NJW 1977, 2207 = WM 1977, 1198; BGH Urt. v. 7.6.1978 – VIII ZR 80/77, BGHZ 72, 15 (20) = NJW 1978, 1972 – Blaurock = WM 1978, 787; BGH Urt. v. 15.4.1987 – VIII ZR 97/86, BGHZ 100, 353 (358) = NJW 1987, 1878 (1879) = WM 1987, 775 = ZIP 1987, 855 (856)) keineswegs, wenn er eine Differenzierung zwischen echtem und unechtem Factoring formelhaft mit der typologischen Unterscheidung zwischen Kauf und Darlehen kennzeichnet; der häufige Vorwurf begriffsjuristischer Argumentation geht daher fehl. – Zu Absicherungsmöglichkeiten des Lieferanten in der Insolvenz des Kunden, insbes. durch Vorausabtretung von Forderungen gegen den Factor, s. *Beck* KTS 2008, 121 ff. Zur Rechtslage beim Cash-Pooling s. *Primozic* NZI 2005, 358 (361 f.).

[101] BGH Urt. v. 7.6.1978 – VIII ZR 80/77, BGHZ 72, 15 (20 ff.) = NJW 1978, 1972 – Blaurock = WM 1978, 787 im Anschluss an *Serick* Eigentumsvorbehalt § 52 V 2b; Staudinger/*Beckmann,* 2013, BGB § 449 Rn. 176; krit. („Grenzen zulässiger Auslegung überschritten") *Häsemeyer,* Insolvenzrecht, 4. Aufl. 2007, Rn. 18.49 für „nachgeschaltete" Einziehungsermächtigung. – AA *Messer* NJW 1976, 925 (926 f.); für Gleichbehandlung von Factoring und Zessionskredit *Picker* JuS 1988, 375 (382 f.). Vgl. auch *Bähr,* Die Kollision der Factoring-Globalzession mit dem verlängerten Eigentumsvorbehalt, 1989, 176 ff., iE vermittelnd S. 232 ff.; zur Ausgestaltung der Einziehungsermächtigung s. *Reischauer* FS Bette, 2011, 211 ff.

[102] Das ist entgegen *Walter,* Kaufrecht, 1987, § 12 V 1a bb keine Abrede iSd § 399 Alt. 2 BGB (zwischen Gläubiger und Schuldner), entgegen *Blaurock* JA 1989, 278 vor c und *Häsemeyer,* Insolvenzrecht, 4. Aufl. 2007, Rn. 18.48 auch keine Unterlassungspflicht iSd § 137 S. 2 BGB, sondern (einseitige) Begrenzung der Einziehungs- bzw. Verfügungsermächtigung.

[103] Für das echte Factoring: BGH Urt. v. 7.6.1978 – VIII ZR 80/77, BGHZ 72, 15 (22) = NJW 1978, 1972 – *Blaurock* = WM 1978, 787; obiter BGH Urt. v. 30.10.1990 – IX ZR 239/89, NJW-RR 1991, 763 f. = WM 1991, 554 (556); auch für das unechte *Canaris* BankvertragsR Rn. 1689; Erman/*Westermann* BGB § 398 Rn. 26; *Sinz,* Factoring in der Insolvenz, 1997, Rn. 332 ff. mwN. – AM *Bähr,* Die Kollision der Factoring-Globalzession mit dem verlängerten Eigentumsvorbehalt, 1989, 190 ff.; *Bähr* DB 1982, 163 (165); *Bülow* Rn. 1701 ff.

Demgegenüber soll beim *unechten* Factoring die „vorschussweise" Zahlung des Factors einer Barzah-   25
lung des Debitors nach hM nicht gleichzustellen sein. Denn bei Zahlungsunfähigkeit des Schuldners
darf der Kunde den „Vorschuss" nicht endgültig behalten; vielmehr ist der Factor zur Rückbelastung,
der Kunde zur Rückzahlung verpflichtet. Das unechte Factoring diene deshalb der Aufnahme weiteren
Kredits; die Abtretung erfolge zur Sicherung des Rückzahlungsanspruchs des Factors, was von der
Einziehungsermächtigung des Käufers nicht gedeckt sei.[104] Diese Diskriminierung des unechten
Factoring ist jedoch nicht berechtigt;[105] das zeigt schon die Behandlung des Wechseldiskonts.[106] Das
Weiterleitungsrisiko, das der Vorbehaltslieferant mit der Ermächtigung des Käufers zur Einziehung
übernimmt,[107] ist in beiden Fällen gleich. Auf die Zahlungsunfähigkeit des Debitors kommt es nicht
an, weil eine uneinbringliche Weiterverkaufsforderung auch dem Lieferanten nichts nützt.[108] Bei
Insolvenz des Käufers (Kunden) verliert der Vorbehaltsverkäufer zwar sein sonst (ohne Factoringzession) bestehendes Aus- oder Absonderungsrecht. Das ist jedoch beim echten Factoring nicht anders.
Eine ihm verbleibende Insolvenzforderung und deren Verkürzung setzen wiederum voraus, dass der
Käufer die Zahlung des Factors abredewidrig nicht zur Befriedigung der Lieferanten verwendet.[109] –
Trägt der Factor allerdings hierzu bei, indem er zB einer (Sicherungs-)Abtretung der gegen ihn
gerichteten Zahlungsansprüche des Kunden an dessen Bank zustimmt, so handelt er rechtsmissbräuchlich, wenn er sich auf den Vorrang der Factoringzession beruft.[110] Einer erkennbaren Gefahr zweckwidriger Verwendung seiner Zahlungen muss der Factor entgegenwirken, notfalls durch Einrichtung
eines Lieferanten-Sperrkontos.[111] Im Übrigen sollte der Käufer noch nicht fällige, gleichsam brach
liegende Forderungen (obgleich sicherungshalber abgetreten) zur Verbesserung seiner Liquidität nutzen
können, was idR auch seinen Lieferanten zugute kommt. Das setzt allerdings freie Verfügbarkeit des
Gegenwerts voraus; eine Verrechnung mit Rückzahlungsansprüchen auf dem Abrechnungskonto ver-
trägt sich damit nicht (→ Rn. 19 f.).

b) Zeitlicher Vorrang der Factoring-Globalzession. Bei zeitlichem Vorrang der Factoring-   26
Globalzession wendet die hM die zur Kollision von verlängertem Eigentumsvorbehalt und geldkreditsichernder Globalzession entwickelten Grundsätze entsprechend an. Danach begeht der Kunde beim
unechten Factoring, vom Factor dazu verleitet, einen Vertragsbruch, indem er seine Kundenforderungen
an den Factor zediert, gleichwohl aber branchenüblich Waren unter verlängertem Eigentumsvorbehalt
bezieht, ohne dem Lieferanten die Forderungen aus dem Weiterverkauf vertragsgemäß als Sicherheit
verschaffen zu können.[112] Das hat zur Folge, dass die Globalzession gemäß § 138 Abs. 1 BGB nichtig

---

[104] BGH Urt. v. 14.10.1981 – VIII ZR 149/80, BGHZ 82, 50 (64) = NJW 1982, 164 = WM 1981, 1350; *Serick*
Eigentumsvorbehalt § 70 II 2b, V; Soergel/*Huber* BGB Vor § 433 Rn. 303; *K. Schmidt* HandelsR § 35 III 4c; ausf.
Martinek/Omlor in Schimansky/Bunte/Lwowski BankR-HdB § 102 Rn. 69 ff., 73 ff. mwN Vgl. aber → Rn. 27 aE.
[105] Vgl. mit Unterschieden im Detail zB *Blaurock* NJW 1978, 1974; ZHR 143 (1979), 71; JA 1989, 279 f.; *Canaris*
NJW 1981, 249 (254); *Einsele*, Factoring, Waren- und Geldkredit, 1982, 121 ff.; *Häsemeyer*, Insolvenzrecht, 4. Aufl.
2007, Rn. 18.56; *Reinicke/Tiedtke*, Kaufrecht, 8. Aufl. 2009, Rn. 1400 ff.; Staudinger/*Beckmann*, 2013, BGB § 449
Rn. 177 mwN. – AM *Picker* JuS 1988, 375 (382 f.).
[106] BGH Urt. v. 19.2.1979 – II ZR 186/77, NJW 1979, 1704 (1705) allerdings im Anschluss an BGH Urt. v.
19.9.1977 – VIII ZR 169/76, BGHZ 69, 254 = WM 1977, 2207 = WM 1977, 1198 zum echten Factoring,
während bei unechtem Factoring und Wechseldiskont (vgl. Art. 9, 43 WG) ein Rückgriff bei Insolvenz des
Schuldners möglich ist; vgl. Soergel/*Häuser* BGB Vor § 607 Rn. 27, 34; s. aber auch Erman/*Westermann* BGB § 398
Rn. 22, 26.
[107] Str., ob frei widerruflich und abänderbar, dafür BGH Urt. v. 11.11.1981 – VIII ZR 269/80, BGHZ 82, 283
(290 f.) = NJW 1982, 571 = WM 1982, 37 (Geldkreditgeber); diff. Erman/*Westermann* BGB § 398 Rn. 26 im
Anschluss an *Graf Lambsdorff* BB 1982, 336 (338) und *Roth/Fitz* JuS 1985, 188 (192 f.); s. bereits *Serick* Eigentumsvorbehalt § 52 IV 3c, S. 575 f. (sittenwidrige Knebelung) bei echtem Factoring.
[108] AA *Sinz,* Factoring in der Insolvenz, 1997, Rn. 351 ff.: „Einziehungsermächtigung" unter der auflösenden
Bedingung der Nichtzahlung des Debitors respektive eines Rückgriffs.
[109] Zutr. *Reinicke/Tiedtke*, Kaufrecht, 8. Aufl. 2009, Rn. 1402: der BGH bevorzuge den Verkäufer im Regelfall
wegen eines hypothetischen Sonderfalls (so auch *Canaris* NJW 1981, 249 [254]). Freilich muss der Factor ein zweites
Mal (an den Lieferanten gem. § 816 Abs. 2 BGB) nur dann zahlen, wenn der Debitor an ihn gezahlt hat. Der Factor
trägt also letztlich nur einmal, in Höhe des Rückzahlungsanspruchs, das Insolvenzrisiko seines Kunden. – Dezidiert
für die abweichende hM Soergel/*Huber* BGB Vor § 433 Rn. 303a mwN.
[110] BGH Urt. v. 15.4.1987 – VIII ZR 97/86, BGHZ 100, 353 (360 ff.) = NJW 1987, 1878 (1879) = WM 1987,
775 = ZIP 1987, 855 (856); krit. Erman/*Westermann* BGB § 398 Rn. 24 (faktischer Zwang, der Zustimmung zur
Abtretung zu versagen) im Anschluss an *Kapp* BB 1987, 1762 ff., der von einer „Grauzone" spricht; s. dazu *Hill,*
Interessenkollisionen beim Vertrag über echtes und unechtes Factoring, 1994, 215 ff.; krit. zur Anwendung des § 242
BGB auch *Gernhuber,* Bürgerliches Recht, 3. Aufl. 1991, § 29 IV 2c (Maßstab § 138 BGB; Eingrenzung der
Einziehungsermächtigung).
[111] BGH Urt. v. 19.9.1977 – VIII ZR 169/76, BGHZ 69, 254 (259 f.) = NJW 1977, 2207 = WM 1977, 1198.
Vermeidbar bereits durch Zahlung des Factors an den Vorbehaltsverkäufer, sei es nach Weisung des Kunden/Käufers
oder Abtretung des Erlösanspruchs, vgl. BGH Urt. v. 15.4.1987 – VIII ZR 97/86, BGHZ 100, 353 (361) = NJW
1987, 1878 (1879) = WM 1987, 775 = ZIP 1987, 855 (856). Für Erlöschen der Einziehungsermächtigung in der
Krise des Kunden *Roth/Fitz* JuS 1985, 391 f.
[112] BGH Urt. v. 14.10.1981 – VIII ZR 149/80, BGHZ 82, 50 (64 ff.) = NJW 1982, 164 = WM 1981, 1350;
Serick Eigentumsvorbehalt § 52 IV 5a, § 70 IV–VI, jew. mwN; krit. *Bülow* BB 1982, 9 f. – AM etwa *Blaurock* ZHR

ist, wobei subjektiv eine mutmaßliche Kenntnis bei Branchenüblichkeit des verlängerten Eigentumsvorbehalts genügen soll (sog. **Vertragsbruchstheorie**).[113] – Das *echte* Factoring hält dagegen dieser Sittenwidrigkeitsprüfung, bei der auf den Zeitpunkt der Vorausabtretung (Vornahme des Rechtsgeschäfts, hier des Factoring-Vertrags) abzustellen ist,[114] aus den genannten Gründen nach hM stand (→ Rn. 24 f.).[115] Anders ist zu entscheiden, wenn die Delkrederehaftung des Factors an Voraussetzungen geknüpft wird, die sie einzeln oder insgesamt praktisch ausschließen.[116]

27   Der Vertragsbruchstatbestand lässt sich nach Ansicht des BGH nur durch einen „dinglichen Verzicht" des Factors auf die Kundenforderungen beseitigen, soweit diese zur Sicherung von Warenlieferanten dienen.[117] Eine sog. **deckungsgleiche Verfügung** genügt hierfür nicht.[118] Doch sollte man mit *Canaris* und vielen anderen auch insoweit das unechte Factoring dem echten gleichstellen, sofern die Zahlung des Factors einer Barzahlung des Debitors entspricht (sog. **Barvorschusstheorie,** → Rn. 25). Einen weiterreichenden Schutz erlangt der Verkäufer, wenn diese Zahlung als aufschiebende Bedingung einer (mutmaßlichen) Einwilligung in die Factoringzession angesehen wird.[119] Eine vollständige Abwälzung des Weiterleitungsrisikos auf den Factor wäre indes erst erreicht, wenn die Weitergabe des Erlöses aufschiebende Bedingung oder die Nichtzahlung des Käufers auflösende Bedingung einer Abtretungsermächtigung wäre.[120] – Nichtig ist jedoch eine Factoringzession, die unbedingt, dh „unabhängig von einem späteren Ankauf",[121] erfolgt und so nur der Sicherung des Factors dient, sei es ganz (Inkassozession statt Einziehungsermächtigung, → Rn. 13) oder teilweise, für nicht angekaufte oder ausgeschlossene Forderungen.[122]

28   **2. Factoring und Sicherungsglobalzession an Geldkreditgeber.** Bei der Kollision von Factoring und geldkreditsichernder Globalzession gilt grundsätzlich das Prioritätsprinzip. Die Factoring-Globalzession kommt daher zum Zuge, wenn sie der Globalzession an den Geldkreditgeber zeitlich

---

143 (1979), 71; MüKoBGB/*RothKieninger* BGB § 398 Rn. 174 ff., die aber (Rn. 184) in Fällen wie dem vom BGH aaO entschiedenen (Abtretung auch nicht angekaufter bzw. nicht bevorschusster Forderungen, Abschluss des Factoring-Vertrags in der Krise des Kunden) dem BGH mit Recht zustimmen; ebenso Staudinger/*Busche,* 2017, BGB Einl. §§ 398 ff. Rn. 174 ff., 177 mwN.

[113] BGH Urt. v. 30.4.1959 – VII ZR 19/58, BGHZ 30, 149 (153) = NJW 1959, 1533; BGH Urt. v. 12.11.1970 – VII ZR 34/69, BGHZ 55, 34 (38) = NJW 1971, 372 (373); BGH Urt. v. 9.3.1977 – VIII ZR 178/75, NJW 1977, 2261 f. = WM 1977, 480 mwN. Krit. etwa *Bähr,* Die Kollision des Factoring-Globalzession mit den verlängerten Eigentumsvorbehalt, 1989, 217 f., 245 (Sackgasse, keine Rechtssicherheit). Zum Evidenzmaßstab Langenbucher/Bliesener/Spindler/*Omlor* Rn. 18/52 mwN.

[114] BGH Urt. v. 15.4.1987 – VIII ZR 97/86, BGHZ 100, 353 (358 ff.) = NJW 1987, 1878 (1879) = WM 1987, 775 = ZIP 1987, 855 (856) mwN gegen OLG Karlsruhe Urt. v. 28.1.1986 – 8 U 45/85, WM 1986, 1029 (1032).

[115] BGH Urt. v. 19.9.1977 – VIII ZR 169/76, BGHZ 69, 254 (258) = NJW 1977, 2207 = WM 1977, 1198 mit *Serick* Eigentumsvorbehalt § 52 IV 3c; obiter BGH Urt. v. 23.1.2002 – X ZR 218/99, BGHRp 2002, 861 (Ls.); ausf. *Martinek/Omlor* in Schimansky/Bunte/Lwowski BankR-HdB § 102 Rn. 52 ff.; Staudinger/*Beckmann,* 2013, BGB § 449 Rn. 176 mwN. – AM *Picker* JuS 1988, 375 (382 f.), s. auch *Bähr* NJW 1979, 1281; *Bähr* DB 1981, 1795 (1762) mwN. Diff. im Wege der Inhaltskontrolle *Messer* NJW 1976, 925 (928 f.).

[116] OLG Koblenz Urt. v. 11.11.1987 – 3 U 1386/86, NJW-RR 1988, 568 = WM 1988, 45 mAnm *Blaurock* WuB I J 1.–1.88 („durchlöchert und ausgehöhlt").

[117] BGH Urt. v. 14.10.1981 – VIII ZR 149/80, BGHZ 82, 50 (65 f.) = NJW 1982, 164 = WM 1981, 1350; aA *Glomb,* Finanzierung durch Factoring, 1969, 121 ff. Vgl. dazu Staudinger/*Beckmann,* 2013, BGB § 449 Rn. 177 mwN. – Zu den Möglichkeiten einer sog. Nachrangklausel als aufschiebende Bedingung der Globalzession *Ernst* FS Serick, 1992, 87 ff.

[118] BGH Urt. v. 14.10.1981 – VIII ZR 149/80, BGHZ 82, 50 (65) = NJW 1982, 164 = WM 1981, 1350, anders als OLG Bremen Urt. v. 24.4.1980 – 2 U 90/80, BB 1980, 804 in der Vorinstanz ist der BGH dem von *Bette/Marwede* BB 1979, 121 ff. u. BB 1980, 23 f. aus BGH Urt. v. 19.9.1977 – VIII ZR 169/76, BGHZ 69, 254 = NJW 1977, 2207 = WM 1977, 1198 abgeleiteten Lösungsansatz einer *Ermächtigung zur deckungsgleichen Verfügung* nicht gefolgt; zur Abgrenzung von der von ihm entwickelten *Barvorschusstheorie* s. *Canaris* NJW 1981, 249 (259).

[119] *Bülow* Rn. 1677, 1712. Vgl. ferner die kautelarjuristischen Lösungsansätze zum echten Factoring bei *Bähr,* Die Kollision der Factoring-Globalzession mit dem verlängerten Eigentumsvorbehalt, 1989, 244 f. u. bereits *Bähr* DB 1981, 1761 (1767); *Peters/Wiechmann* ZIP 1982, 1406 ff. (Abtretungsanzeige, Deckung und Fälligstellung der Lieferantenforderung als Konditionen); krit. *Schmitz-Weckauf* NJW 1985, 466 mit Replik *Peters/Wiechmann* NJW 1985, 2932 f. – Voraussetzung bleibt bei zeitlich vorgehender Factoringzession indessen stets das (mangels Einwilligung) herrschende Sittenwidrigkeitsverdikt.

[120] Für die erste Variante wohl *Bähr* NJW 1979, 1281; nur iE für die zweite *Sinz,* Factoring in der Insolvenz, 1997, Rn. 351 ff. – Sehr zweifelhaft ist aber, ob darin noch eine interessengerechte Erweiterung der Einziehungsermächtigung läge (zur prinzipiellen Zulässigkeit BGH Urt. v. 11.11.1981 – VIII ZR 269/80, BGHZ 82, 283 [288] = NJW 1982, 571 = WM 1982, 37); vgl. bereits *Messer* NJW 1976, 925 (928 f.).

[121] BGH Urt. v. 14.10.1981 – VIII ZR 149/80, BGHZ 82, 50 (61) = NJW 1982, 164 = WM 1981, 1350. Vgl. auch *Rimmelspacher,* KreditsicherungsR, 2. Aufl. 1987, Rn. 476; *Martinek/Omlor* in Schimansky/Bunte/Lwowski BankR-HdB § 102 Rn. 63 ff. („Sonderfall").

[122] So in dem Fall BGH Urt. v. 14.10.1981 – VIII ZR 149/80, BGHZ 82, 50 (53 sub § 3), 61 = NJW 1982, 164 (s. Fn. 23); vgl. auch *Serick* Eigentumsvorbehalt § 52 IV 4 (keine generelle Lösung) mit Fn. 168 zur Frage der Teilnichtigkeit gem. § 139 BGB. Nicht angekaufte Forderungen können daher nicht zwecks Einziehung beim Factor „verbleiben", unklar *Lunckenbein,* Rechtsprobleme des Factoring-Vertrages, 1983, 81; eine solche Treuhandzession behandelt auch OLG München Urt. v. 11.3.1991 – 26 U 4765/90, NJW-RR 1992, 1136 = WM 1992, 1732.

vorgeht. Nach hM aber auch im umgekehrten Fall auf Grund einer Einziehungsermächtigung des Darlehensgebers (Sicherungsnehmers) dann, wenn der Darlehensnehmer (Sicherungsgeber/Kunde) vom Factor den „ungeschmälerten Gegenwert" der Forderung, bezogen auf den Zeitpunkt der Abtretung, endgültig erhält.[123] Beim kostengünstigeren *unechten* Factoring müsste dies erst recht gelten.[124] Eine entgegenstehende Bestimmung des Geldkreditgebers ist gem. § 307 BGB (als Individualvereinbarung gem. § 138 Abs. 1 BGB) unwirksam.[125]

V. Zwangsvollstreckung und Insolvenz

1. Zwangsvollstreckung. Pfändungen durch *Gläubiger des Kunden* (Zedenten) kann der Factor als **29** Forderungsinhaber gemäß § 771 ZPO widersprechen, bei unechtem Factoring selbst dann, wenn man mit der hM nur eine Abtretung erfüllungshalber annimmt.[126] Pfänden *Gläubiger des Factors*, so hat der Kunde – auch beim unechten Factoring (mangels fiduziarischer Abtretung) – kein Interventionsrecht mehr, wenn ihm der Gegenwert gutgeschrieben, die Factoringzession also vollwirksam geworden ist. Zu Leistungen des Drittschuldners nach § 354a Abs. 1 S. 2 HGB → HGB § 354a Rn. 23.

2. Insolvenz. a) Insolvenz des Factoringkunden. In der Insolvenz des Kunden (Zedenten) **30** erlischt der Factoring-Vertrag **(Rahmenvertrag)** nach hA gem. §§ 115, 116 S. 1 InsO,[127] sodass Andienungs- und Ankaufspflichten *ex nunc* entfallen; beim *echten* Factoring besteht die **Delkrederehaftung** des Factors für bereits angekaufte Forderungen allerdings fort.[128] Das meist dominierende Finanzierungsinteresse des Kunden, möglicherweise auch das konkrete Verfahrensziel können jedoch für ein Wahlrecht des Verwalters gemäß § 103 InsO sprechen.[129] Allerdings ist der Factor vertraglich zu außerordentlicher Kündigung berechtigt.[130]

Der **einzelne Kaufvertrag** fällt nicht unter § 116 InsO, sondern unter § 103 InsO, falls er noch **31** nicht oder nicht vollständig erfüllt ist. Mit Ankauf bzw. Gutschrift des Gegenwerts vor Verfahrenseröffnung ist die Zession der jeweiligen Kundenforderung endgültig wirksam, der Einzelvertrag seitens des Factors vollständig erfüllt, sodass § 103 InsO insoweit nicht greift.[131] Im Eröffnungsverfahren wird die Forderungsinhaberschaft des Factors nicht berührt; die Anordnung eines Zustimmungsvorbehalts nach § 21 Abs. 2 Nr. 2 InsO steht der Wirksamkeit einer aufschiebend bedingten Abtretung und damit dem Forderungserwerb des Factors nicht entgegen, § 91 InsO greift erst ab Insolvenzeröffnung;[132] angekaufte Forderungen werden von § 21 Abs. 2 Nr. 5 InsO nicht erfasst, gegen den Factor darf kein Verwertungsverbot verhängt werden (BT-Drs. 16/3227, 15 f.). Die Vollwirksamkeit der Zession setzt

---

[123] BGHZ 82, 283 (288 ff.) = NJW 1982, 571 = WM 1982, 37 zum echten Factoring (Vorfälligkeitszinsen unschädlich); strenger noch BGH Urt. v. 19.12.1979 – VIII ZR 71/79, BGHZ 75, 391 (397 f.) = NJW 1980, 772 = WM 1980, 333 (Sicherungswert durch Sicherungseinbehalt, Zinsen und Gebühren substantiell geschmälert). Zweifelnd BeckOGK/*Wilhelmi* BGB § 453 Rn. 1001, weil dem Geldkreditgeber für seine Sicherheit zwar den Gegenwert der Forderung erhalte, aber teilweise mit dem Insolvenzrisiko des Debitors belastet werde.

[124] Zutr. Larenz/Canaris SchuldR BT II § 65 III 4a; *Sinz,* Factoring in der Insolvenz, 1997, Rn. 387 f.; s. bereits *Muscheler* BB 1980, 490 f.; aus den (in Fn. 123) genannten Gründen zweifelnd BeckOGK/*Wilhelmi* BGB § 453 Rn. 1001. Vgl. im Überblick *Haertlein* JA 2001, 808 ff.

[125] Zutr. *Nörr* in Nörr/Scheyhing/Pöggeler, Sukzessionen, 2. Aufl. 1999, § 13 II 3. Vgl. auch → Rn. 25 aE. Anders aber bei Zahlstellenklausel der kreditgebenden Bank Larenz/Canaris SchuldR BT II § 65 III 4b.

[126] Zutr. MüKoZPO/*K. Schmidt* ZPO § 771 Rn. 32; Stein/Jonas/*Münzberg* ZPO § 771 Rn. 20.

[127] OLG Koblenz Urt. v. 26.7.1988 – 3 U 1352/87, WM 1988, 1355 (zu § 23 Abs. 2 KO); *Martinek/Omlor* in Schimansky/Bunte/Lwowski BankR-HdB § 102 Rn. 137; MüKoInsO/*Ganter* InsO § 47 Rn. 262; MüKoInsO/*Ott/Vuia* InsO § 116 Rn. 20; Jaeger/*Jacoby* InsO §§ 115 f. Rn. 106; *Bette* FLF 1997, 133 (134); *Brink* ZIP 1987, 817 (818); *Canaris* BankvertragsR Rn. 1675; wegen der Einordnung als Kauf oder Darlehen skeptisch BeckOGK/*Wilhelmi* BGB § 453 Rn. 1007; ausf. zur Insolvenz des Anschlusskunden *Krüger* in Krüger FactoringR-HdB § 5 Rn. 163 ff.; *Kuder* FS Runkel, 2009, 159 ff.; *Obermüller* Insolvenzrecht in der Bankpraxis Rn. 7.90 ff.; *Sinz,* Factoring in der Insolvenz, 1997, Rn. 160 ff., jew. mwN.

[128] Ebenso Röhricht/Graf v. Westphalen/Haas/*Graf v. Westphalen* Rn. 70; BeckOGK/*Wilhelmi* BGB § 453 Rn. 1007; iErg Uhlenbruck/*Sinz* InsO §§ 115, 116 Rn. 40: Rechtsgrundlage ist der einzelne Kaufvertrag (→ Rn. 20).

[129] Str.; dafür Staudinger/*Mülbert*, 2015, BGB § 488 Rn. 756 f., 760 f.; *Gottwald* in Gottwald InsR-HdB § 43 Rn. 76 mwN; dagegen *Gehrlein* ZInsO 2015, 1645 (1647): § 103 InsO nur in einer Factorinsolvenz auf Einzelgeschäfte anwendbar; die in Fn. 110 Genannten; diff. *Obermüller* Insolvenzrecht in der Bankpraxis Rn. 7.106 ff.; *K. Schmidt/Ringstmeier* InsO § 116 Anm. 22.

[130] Vgl. Röhricht/Graf v. Westphalen/Haas/*Graf v. Westphalen* Rn. 70.

[131] *Gottwald* in Gottwald InsR-HdB § 43 Rn. 76; MüKoInsO/*Ganter* InsO § 47 Rn. 264; MüKoInsO/*Ott/Vuia* InsO § 116 Rn. 15 f. beim unechten bis zur Einziehung beim Debitor; Jaeger/*Jacoby* InsO §§ 115 f. Rn. 107; erst mit Auskehr des Sicherungseinbehalts; *Bette* FLF 1997, 133 (135); Langenbucher/Bliesener/Spindler/*Omlor* Rn. 18/68; Uhlenbruck/*Brinkmann* InsO § 47 Rn. 94; diff. *Canaris* BankvertragsR Rn. 1677; *Sinz,* Kölner Schrift zur InsO, 2. Aufl. 2000, Rn. 77; *Gehrlein* ZInsO 2015, 1645 (1648): beiderseitige Erfüllung erst, wenn auch alle Nebenleistungspflichten erfüllt sind.

[132] Vgl. BGH Urt. v. 10.12.2009 – IX ZR 1/09, NZI 2010, 138 = WM 2010, 222 = ZIP 2010, 138 Rn. 25 ff. mAnm *Krüger/Opp* NZI 2010, 672 ff.; *Mohrbutter* WuB VI A. § 21 InsO 3.10; zur vorläufigen Insolvenzverwaltung auch *Bette* ZInsO 2010, 1628 ff.; *Lüdecke* FS Bette, 2011, 181 ff.

freilich voraus, dass der Kunde seinerseits bei Verfahrenseröffnung bereits an den Debitor geleistet und damit die abgetretene Forderung werthaltig gemacht hat, sodass auch die abgetretene Forderung des Kunden aus dem Vertrag mit dem Debitor nicht gem. § 103 InsO undurchsetzbar ist.[133] Falls der Factor die angekaufte und bezahlte Forderung beim Drittschuldner noch nicht eingezogen hat, hindert dies nicht die Wirksamkeit ihrer Abtretung; § 91 InsO steht auch insoweit nicht entgegen.[134] – Es handelt sich um ein **Bargeschäft** iSd § 142 InsO, soweit der Gegenwert tatsächlich in das Vermögen des Kunden gelangt[135] und die Verrechnungen des Factors die jeweils angekauften Forderungen betreffen; dienen sie dem Ausgleich rückständiger Verbindlichkeiten aus früheren Ankäufen, fehlt es an einem *unmittelbaren* Leistungsaustausch.[136] Eine allein mögliche Vorsatzanfechtung (§ 133 InsO) scheidet idR aus. Dies gilt jedenfalls nach **§ 142 Abs. 1 InsO** für ab dem 5.4.2017 eröffnete Insolvenzverfahren,[137] da es zumindest an einer vom Factor erkannten Unlauterkeit des Kunden (Insolvenzschuldners) fehlen wird, so dass es auf eine Widerlegung der nach § 133 Abs. 1 S. 2, Abs. 3 S. 1 InsO gesetzlich vermuteten erkannten (drohenden) Zahlungsunfähigkeit nur noch in Ausnahmefällen ankommen wird.[138]

32 Der Factor ist bei echtem und unechtem Factoring zur **Aussonderung** (§ 47 InsO) berechtigt, nach hM bei unechtem nur zur Absonderung, sodass der Factor die Einziehung durch den Verwalter nebst Abzug des Kostenbeitrags hinnehmen muss (§§ 51 Nr. 1, 166 Abs. 2, 170 f., 52 S. 2 InsO).[139] Zahlt der Debitor (in Fällen des § 354a Abs. 1 S. 2 HGB berechtigterweise) an den Verwalter, so hat der Factor ein Ersatzaussonderungsrecht (§ 48 InsO), soweit der Erlös noch unterscheidbar vorhanden ist, sonst hilft § 55 Abs. 1 Nr. 3 InsO. Die Herausgabepflicht ist **keine Geldschuld** und daher nicht nach § 288 Abs. 1 BGB zu verzinsen; kommt der Insolvenzverwalter allerdings mit der Erfüllung eines Ersatzaussonderungsanspruchs des Factors in Verzug, sind Ansprüche aus §§ 280 Abs. 1, 286 Abs. 1 BGB als Masseschulden gem. § 55 Abs. 1 Nr. 1 InsO im Insolvenzverfahren (§ 53 InsO) geltend zu machen.[140] Hatte der Debitor schon vor Eröffnung des Verfahrens an den Kunden gezahlt, hat der Factor nur eine Insolvenzforderung aus § 816 Abs. 2 BGB. Diesen Anspruch kann er ebenso wie etwaigen Verzugsschaden nicht isoliert, sondern nur durch Anmeldung zur Tabelle geltend machen.[141] Eine **Aufrechnungsbefugnis** des Debitors bleibt erhalten (§ 94 InsO), wobei die Einschränkungen der §§ 95 Abs. 1, 96, 129 ff. InsO zu beachten sind (→ Rn. 21).[142] Der Insolvenzverwalter kann, indem er sich gem. § 96 Abs. 1 Nr. 3 InsO auf die Unwirksamkeit der Aufrechnung beruft, die ursprünglich durch die Aufrechnung erloschenen Ansprüche des Schuldners für die Insolvenzmasse einklagen und den Aufrechnungseinwand mit der Gegeneinrede der Anfechtbarkeit abwehren.[143]

---

[133] Vgl. BGH Urt. v. 27.5.2003 – IX ZR 51/02, BGHZ 155, 87 (90) = NJW 2003, 2744 (2745); BGH Urt. v. 25.4.2002 – IX ZR 313/99, BGHZ 150, 353 (359) = NJW 2002, 2783 (2784) mN zur früheren Rspr.; Jaeger/*Jacoby* InsO §§ 115 f. Rn. 108 mwN. – Zur Insolvenz des Leasinggebers (Anschlusskunde) s. *Michalski/Ruess* NZI 2000, 250 ff.

[134] Vgl. BGHZ 155, 87 (98 f.) = NJW 2003, 2744 (2745); für Anwendbarkeit des § 103 InsO spricht entgegen *Martinek/Omlor* in Schimansky/Bunte/Lwowski BankR-HdB § 102 Rn. 139 f. (zur älteren Rspr.), dass der Factor nicht besser stehen kann als Zessionare, die die Vorleistung des Zedenten finanziert haben.

[135] Wie hier Staudinger/*Mülbert*, 2015, BGB § 488 Rn. 759; *Obermüller* Insolvenzrecht in der Bankpraxis Rn. 7.78f; Kummer/Schäfer/*Wagner*, Insolvenzanfechtung, 3. Aufl. 2017, Rn. O 161 ff. mwN. Diff. nach dem Marktwert der Forderung *Martinek/Omlor* in Schimansky/Bunte/Lwowski BankR-HdB § 102 Rn. 138. – AA für die Sicherungsglobalzession BGHZ 174, 297 = NJW 2008, 430 Rn. 40 ff.: Anfechtung nach § 130 InsO. Vgl. auch *Jud* BankArchiv 2012, 428 ff.

[136] OLG Düsseldorf Urt. v. 11.4.2019 – 12 U 44/18, NZI 2019, 622 = ZInsO 2019, 1263 Rn. 47, 58.

[137] Ausf. dazu Kummer/Schäfer/*Wagner*, Insolvenzanfechtung, 3. Aufl. 2017, Rn. O 16a, O 16b, O 125 ff.

[138] Anders im (Alt-)Fall OLG Düsseldorf Urt. v. 11.4.2019 – 12 U 44/18, NZI 2019, 622 = ZInsO 2019, 1263 Rn. 58, wo es noch auf die (in casu verneinten) Voraussetzungen einer bargeschäftsähnlichen Lage zum Ausschluss der Vorsatzkenntnis ankam.

[139] Vgl. BGH Urt. v. 10.12.2009 – IX ZR 1/09, NZI 2010, 138 = WM 2010, 222 = ZIP 2010, 138 Rn. 13 (zum echten Factoring); BGH Beschl. v. 20.12.2007 – IX ZR 105/07, BeckRS 2008, 01258 Rn. 10 ff. (zum *unechten* Factoring); *Canaris* BankvertragsR Rn. 1676 f.; *Adolphsen* in Gottwald InsR-HdB § 43 Rn. 100; Uhlenbruck/ *Brinkmann* InsO § 47 Rn. 94; MüKoInsO/*Ganter* InsO § 47 Rn. 265 f. mwN. – AM (für Aussonderung auch beim unechten Factoring) zutr. *Serick* Eigentumsvorbehalt § 70 VIII 2; Uhlenbruck/*Sinz* InsO §§ 115, 116 Rn. 44; *Obermüller* Insolvenzrecht in der Bankpraxis Rn. 7.98; *Sinz*, Kölner Schrift zur InsO, 2. Aufl. 2000, Rn. 78 f. Entgegengesetzt *Häsemeyer*, Insolvenzrecht, 4. Aufl. 2007, Rn. 18.50, der auch beim echten Factoring Sicherungszession, also Absonderung annimmt.

[140] BGH Urt. v. 10.2.2011 – IX ZR 73/10, NJW 2011, 1282 Rn. 27; OLG Nürnberg Urt. v. 12.4.2017 – 12 U 1936/15, 24, nv; rkr. mit BGH Beschl. v. 7.3.2019 – IX ZR 102/17, nv.

[141] OLG Nürnberg Urt. v. 12.4.2017 – 12 U 1936/15, 25 oben, nv; rkr. mit BGH Beschl. v. 7.3.2019 – IX ZR 102/17, nv.

[142] Vgl. BGH Urt. v. 6.10.2010 – VIII ZR 209/07, NJW 2011, 848 (852) zur Unzulässigkeit der Aufrechnung (§ 96 Abs. 1 Nr. 2 InsO) einer im Rahmen des unechten Factoring abgetretenen, nach Verfahrenseröffnung zurückerworbenen Gegenforderung.

[143] OLG Düsseldorf Urt. v. 11.4.2019 – 12 U 44/18, NZI 2019, 622 = ZInsO 2019, 1263 Rn. 35; allg. bereits BGH Urt. v. 28.9.2006 – IX ZR 136/05, BGHZ 169, 158 = NJW 2007, 78 Rn. 16; BGH Urt. v. 14.2.2013 – IX ZR 94/12, NZI 2013, 344 Rn. 8, 17; Uhlenbruck/*Sinz* InsO § 96 Rn. 57 mwN.

b) Insolvenz des Factors. In der seltenen Insolvenz des Factors[144] erlischt der Factoring-Vertrag   33
nicht, § 116 InsO ist hier nicht anwendbar, da der Kunde dem Factor (Insolvenzschuldner) keine
Dienstleistung schuldet. der Verwalter kann gem. § 103 InsO Erfüllung wählen. Der Kunde ist freilich
zur Kündigung aus wichtigem Grund berechtigt. Die Ansprüche des Kunden werden ggf. Masseverbindlichkeiten (§§ 55 Abs. 1 Nr. 2 InsO), andernfalls Insolvenzforderungen. Gemäß § 354a Abs. 1
HGB fallen valutierte Kundenforderungen in die Masse. Zahlt der Drittschuldner an den Zedenten
(§ 816 Abs. 2 BGB), muss der Verwalter den Erlös bei diesem einziehen.

c) Insolvenz des Forderungsschuldners. In der Insolvenz des Debitors ist der Factor bzgl. der   34
angekauften Forderungen einfacher Insolvenzgläubiger; wirksam übertragene Sicherheiten verschaffen
ihm jedoch **Aus- bzw. Absonderungsrechte.** Der vom Lieferanten abgeleitete Eigentumsvorbehalt
berechtigt den Factor beim echten Factoring gem. § 47 InsO zur Aussonderung des Vorbehalts-
eigentums.[145] Beim unechten Factoring hat der Kunde einen durch Rückzahlung des Vorschusses
bedingten Anspruch gegen den Factor auf Rückabtretung der ausgefallenen Forderung, mit welcher er
anteilsmäßige Befriedigung erlangt.

VI. Internationales Factoring

1. Exportfactoring – Importfactoring. Das Factoring findet im grenzüberschreitenden Rechts-   35
verkehr entweder als Korrespondenz-Factoring (sog. Zwei-Factor-System)[146] oder gleichsam „aus
einer Hand" als sog. Direkt-Factoring[147] statt. Bei ersterem verkauft und zediert der Kunde (Exporteur) seine Forderungen gegen ausländische Abnehmer an seinen inländischen (Export-)Factor, der sie
auf einen (Import-)Factor im Staat des Schuldners (Importeurs) weiterüberträgt. Aufgrund besonderer
vertraglicher Bestimmungen[148] übernimmt der Exportfactor die Finanzierung und Ausfallhaftung, der
Importfactor die Forderungsverwaltung nebst Einziehung. Im Verhältnis zueinander decken die Factoringinstitute jeweils das vom anderen übernommene Risiko ab: der Exportfactor sichert den Importfactor gegen Risiken aus der Sphäre des Kunden (Exporteurs), insbesondere gegen das Veritätsrisiko,
während der Importfactor das Risiko der Zahlungsfähigkeit des Debitors (Importeurs) trägt, nicht aber
politische Risiken. Beim Direkt-Factoring entfällt die Einschaltung eines Korrespondenz-Factors. –
Importfactoring bezeichnet spiegelbildlich den Erwerb von Forderungen eines (ausländischen) Exporteurs gegen inländische Abnehmer.[149]

2. Deutsches IPR, Europäisches Kollisionsrecht. Für **Factoring-Verträge, die vor dem**   36
17.12.2009 geschlossen wurden, gilt das deutsche Kollisionsrecht der Art. 27–37 EGBGB, das die
Regeln des Europäischen Vertragsübereinkommens (EVÜ) vom 19.6.1980 (BGBl. II 809 [810]) umge-
setzt hatte. Danach unterliegt das Kausalverhältnis der Abtretungsparteien (Zessionsgrundstatut) dem
Vertragsstatut (Art. 33 Abs. 1 EGBGB), das sich mangels Rechtswahl (Art. 27 EGBGB) nach dem
Recht des Staates bestimmt, zu dem der Vertrag die engste Verbindung aufweist (Art. 28 Abs. 1
EGBGB, Art. 4 EVÜ), beim Factoring-Vertrag also nach dem Recht am Niederlassungsort des
Factors.[150] – Voraussetzungen und Folgen der Abtretung (Zessionsstatut), vor allem im Verhältnis zum
Schuldner (debitor cessus) sowie gegen Dritte (insbesondere Gläubiger des Zedenten), insbesondere
die Frage, ob überhaupt ein Gläubigerwechsel stattgefunden hat, unterliegen dagegen dem Recht der
abgetretenen Forderung (Forderungsstatut, Art. 33 Abs. 2 EGBGB, Art. 12 Abs. 2 EVÜ).[151] Danach

---

[144] Vgl. den Fall BGH Urt. v. 29.5.2000 – II ZR 118/98, BGHZ 144, 336 = NJW 2000, 2577 – Procedo GmbH.
Allg. *Stumpf/Oertel* FLF 2013, 163 ff.; MüKoInsO/*Ganter* § 47 Rn. 274 ff. mwN.

[145] BGH Urt. v. 8.5.2014 – IX ZR 128/12, NJW 2014, 2358 (2359) = WM 2014, 1348 = ZIP 2014, 1345.

[146] Vgl. *Sommer* in Hagenmüller/Sommer/Brink Factoring-HdB 287 ff.; *Bette* WM 1997, 797 ff.; *Scharff* in
Hellner/Steuer BuB Rn. 13/21 ff. (Überblick).

[147] Vgl. *Bolzoni* in Hagenmüller/Sommer/Brink Factoring-HdB 297 ff.; *Schwarz,* Factoring, 4. Aufl. 2002, 139 ff.,
der (S. 142) für das Direkt-Importfactoring die Form des Fälligkeitsfactoring (→ Rn. 12) vorschlägt, um das Kunden-
risiko zu minimieren.

[148] Zum Code of International Factoring Customs (IFC) der Factors Chain International (FCI) s. *Sommer* in
Hagenmüller/Sommer/Brink Factoring-HdB 287 ff. Zur Praxis *Freis-Janik* in Kümpel/Mülbert/Früh/Seyfried
BankR/KapMarktR Rn. 6/309 ff.

[149] Zur internationalen Zuständigkeit deutscher Gerichte gem. Art. 5 Nr. 1a EuGVVO für die Kaufpreisklage
eines deutschen Factoring-Unternehmens gegen ein englisches Unternehmen mit Sitz in London aus einem zwischen
diesem und türkischen Unternehmen (Verkäufern) geschlossenen Kaufvertrag mit FOB-Klausel s. BGH Urt. v.
22.4.2009 – VIII ZR 156/07, NJW 2009, 2606 ff.

[150] Vgl. näher *Diehl-Leistner,* Internationales Factoring, 1992, 80 ff. (wie die Rspr.); MüKoBGB/*Martiny* EGBGB
Art. 28 Rn. 367; MüKoBGB/*Martiny* EGBGB Art. 33 Rn. 10; *Basedow* ZEuP 1997, 615 (619) mwN. – Allg. BGH
Urt. v. 26.7.2004 – VIII ZR 273/03, NJW-RR 2005, 206 = IPRax 2005, 342; MüKoBGB/*Martiny* EGBGB Art. 33
Rn. 9 f.; Staudinger/*Hausmann,* 2002, EGBGB Art. 33 Rn. 8 ff., 31 ff., jew. mwN.

[151] HM; vgl. BGH Urt. v. 8.12.1998 – XI ZR 302/97, NJW 1999, 940 = JZ 1999, 404 mAnm *Kieninger* = IPRax
2000, 128 m. Bspr. *Stadler* zur Sittenwidrigkeit einer Sicherungsglobalzession; MüKoBGB/*Martiny* EGBGB Art. 33
Rn. 12 ff.; *Diehl-Leistner,* Internationales Factoring, 1992, 87 ff., 96 ff. AM *Einsele* ZVglRWiss 90 (1991), 1 (17 ff.);

ist beim grenzüberschreitenden Warenkauf auf die Factoringzession das Recht des Exporteurs anzuwenden, dh für den deutschen Export das deutsche Recht, vorbehaltlich einer Rechtswahl oder vorrangigen internationalen Einheitsrechts.[152] Dagegen richten sich die Rechte eines deutschen Importeurs (Käufer) als Schuldner, insbesondere dessen Aufrechnungsbefugnis gegenüber dem Factor oder dessen Rechtsnachfolger, nach dem Recht der abgetretenen Forderung (Abtretungsstatut).[153]

37   Für **Factoringverträge,** die **nach dem 17.12.2009** geschlossen wurden, gelten die Regeln der Verordnung (EG) Nr. 593/2008 über das auf vertragliche Schuldverhältnisse, die eine Verbindung zum Recht verschiedener Staaten aufweisen, geltende Recht **(Rom I-VO)** vom 17.6.2008.[154] Nach Art. 14 Abs. 1 Rom I-VO ist für das Verhältnis zwischen Zedent und Zessionar aus der Übertragung einer Forderung vorbehaltlich einer Rechtswahl nach Art. 3 Abs. 1 Rom I-VO das Recht, das nach dieser VO auf den Vertrag zwischen Zedent und Zessionar anzuwenden ist (Vertragsstatut), sowohl für das Kausalverhältnis (Kauf) als auch für die dinglichen Wirkungen (Abtretung) maßgeblich.[155] Nach Art. 14 Abs. 2 Rom I-VO bestimmt hingegen das Recht, dem die übertragene Forderung unterliegt (Forderungsstatut), die Übertragbarkeit der Forderung, das Verhältnis zwischen Zessionar und Schuldner (Inhalt, Fälligkeit, Durchsetzbarkeit), die Voraussetzungen, unter denen die Übertragung dem Schuldner entgegengehalten werden kann (etwa Publizitätserfordernisse), und die befreiende Wirkung einer Leistung des Schuldners.[156] Eine gleichwohl bestehende **Regelungslücke** hinsichtlich der Drittwirkungen einer Forderungsübertragung,[157] insbesondere des Zeitpunkts des Rechtsübergangs, und der bei Mehrfachabtretungen (Parallel- und Kettenzession) maßgeblichen Rechtsordnung soll nach einem Vorschlag der Europäischen Kommission[158] durch eine Anknüpfung an den Sitz des Zedenten geschlossen werden.[159] Ein mögliches Anknüpfungschaos bei Doppel- und Mehrfachzessionen spricht indes für das Recht der abgetretenen Forderung auch als Drittwirkungsstatut.[160] – Das für die Rechte und Pflichten der Parteien eines internationalen Warenkaufs maßgebliche Wiener UN-Kaufrecht (CISG) enthält keine Abtretungsregeln.[161]

38   **3. UNIDROIT-Übereinkommen vom 28.5.1988 (FactÜ).** Das UNIDROIT-Übereinkommen vom 28.5.1988 (Ottawa-Konvention)[162] überwindet für das internationale Factoring gravierende **na-**

Stadler IPRax 2000, 104 ff.; Staudinger/*Hausmann,* 2002, EGBGB Art. 33 Rn. 13 ff., 26 ff., 40 ff. Zutr. gegen eine Trennung von Zessionsstatut und Forderungsstatut zB *Basedow* ZEuP 1997, 615 (621) Ferrari IntVertragsR/*Kieninger,* 1. Aufl. 2007, EGBGB Art. 33 Rn. 8, jew. mwN.

[152] Vgl. zum Ganzen *Basedow* ZEuP 1997, 615 (618 ff.); Staudinger/*Hausmann,* 2001, EGBGB Anh. Art. 33 Rn. 4, 8 ff.; zu Reformbestrebungen im Überblick Ferrari IntVertragsR/*Kieninger,* 1. Aufl. 2007, EGBGB Art. 33 Rn. 19 f., jew. mwN.

[153] Im Fall des OLG Oldenburg Urt. v. 28.2.2012 – 13 U 67/10, IHR 2013, 63 ff. Rn. 26 ff. mAnm *Magnus* (Restkaufpreisklage des Warenversicherers einer slowakischen Factoringgesellschaft aus kraft Gesetzes – vergleichbar § 86 Abs. 1 VVG – übergegangenem Recht) nach slowakischem Recht.

[154] ABl. 2008 L 177, 6; konziser Überblick bei Palandt/*Thorn* Rom I-VO Vor Rn. 6.

[155] Für Rechtsordnungen, die eine Unterscheidung zwischen Verpflichtung und Verfügung unterscheiden, wird durch Erwägungsgrund 38 Rom I-VO klargestellt, dass Art. 14 Abs. 1 Rom I-VO auch auf die „dinglichen Aspekte" des Vertrages zwischen den Abtretungsparteien anwendbar ist. Vgl. Ferrari IntVertragsR/*Kieninger* Rom I-VO Art. 14 Rn. 6 ff.

[156] Vgl. zu den damit verbundenen Streitfragen *Einsele* RabelsZ 74 (2010), 91 ff.; *Flessner* IPRax 2009, 35 ff.; *Leible/Müller* IPRax 2012, 491 ff.; *Stumpf/Schulz* FLF 2011, 89 ff. sowie die Kommentare zu Art. 14 Rom I-VO, prägnant Ferrari IntVertragsR/*Kieninger* Rom I-VO Art. 14 Rn. 8 ff. mwN. Zur Reformdiskussion s. *Kieninger* IPRax 2012, 289 ff. (BIICL-Studie), 366 f. (Anm. zu OGH Urt. v. 28.4.2011 – 1 Ob 58/11b, IPRax 2012, 364 – Abtretung im Steuerparadies; *Mankowski* IPRax 2012, 298 ff.; zur Problematik einer parteiautonomen Bestimmung des Verfügungsstatuts bei Prioritätskonflikten *Selke* WM 2012, 1467 ff. mwN.

[157] EuGH Urt. v. 9.10.2019 – C-548/18, NJW 2019, 3368 (3369); dazu *Kieninger* NJW 2019, 3353 ff.; *Mankowski* RIW 2019, 728 f.

[158] Vorschlag v. 12.3.2018 für eine Verordnung des Europäischen Parlaments und des Rates über das auf die Drittwirkung von Forderungsübertragungen anzuwendende Recht, COM (2018) 96 final; dazu *Hübner* ZEuP 2019, 41 ff.; krit. *Einsele* IPRax 2019, 477 ff. mwN

[159] Dies entspricht der von DFV und EUF favorisierten Lösung, vgl. *Bette/Wessel* in Derleder/Knops/Bamberger BankR/KapMarktR § 31 Rn. 17; dafür auch *Kieninger* NJW 2019, 3353 ff. mwN.

[160] Dagegen *Kieninger* NJW 2019, 3353 (3355 f.), weil es die Unternehmensfinanzierung durch Globalzessionen behindere. Factoringverträge sehen indes Gerichtsstands- und Rechtswahlklauseln vor; dazu freilich *Selke* WM 2012, 1467 ff.

[161] Vgl. OLG Hamm NJW-RR 1996, 1271 dazu *Schlechtriem* IPRax 1996, 184 f.; OLG Oldenburg Urt. v. 28.2.2012 – 13 U 67/10, IHR 2013, 63 ff. Rn. 27; Staudinger/*Magnus,* 2012, CISG Art. 4 Rn. 57 mwN.

[162] FactÜ; in Kraft getreten für Deutschland am 1.12.1998, s. Bekanntmachung v. 31.8.1998 (BGBl. II 2375); abgedruckt mit amtl. Übersetzung nebst Denkschrift in BT-Drs. 13/8690, 7 ff., 16 ff. Zustimmungsgesetz v. 25.2.1998 (BGBl. II 172 [173 ff.]). Text abrufbar unter www.unidroit.org. Vgl. im Überblick Ferrari IntVertragsR/*Mankowski* FactÜ Vor Art. 1 Rn. 1 ff. – Zur größeren praktischen Bedeutung der Rom I-VO mangels Ratifizierung des UNIDROIT-Übereinkommens s. *Stumpf/Schulz* FLF 2011, 89 ff.; vgl. OLG Oldenburg Urt. v. 28.2.2012 – 13 U 67/10, IHR 2013, 63 ff. Rn. 27 f. mAnm. *Magnus.*

tionale Unterschiede im Recht der Forderungsabtretung.[163] Es enthält[164] im Wesentlichen folgende **Sachnormen,** wobei es den Factoring-Kunden als „Lieferanten", den Debitor als „Schuldner" bezeichnet: Zulässigkeit der Vorausabtretung wie im deutschen Recht (Art. 5 FactÜ), dh bei Bestimmbarkeit (Abs. 1) und Übergang mit Forderungsentstehung (Abs. 2), allerdings – sehr unpraktisch – nur mit Wirkung „im Verhältnis zwischen den Parteien eines Factoring-Vertrags", sodass es für die absolute Wirksamkeit, insbesondere gegenüber Schuldner und Dritten, weiterhin auf das nationale Recht ankommt.[165] Wirksamkeit der Abtretung trotz vertraglichen Abtretungsverbots (Art. 6 Abs. 1 FactÜ – insoweit wie § 354a S. 1 HGB), auch gegenüber dem Schuldner (Art. 6 Abs. 2 FactÜ), da die Bundesrepublik Deutschland keinen Vorbehalt gem. Art. 18 FactÜ erklärt hat;[166] Unterlassungspflichten und Haftung des Gläubigers („Lieferanten") gegenüber dem Debitor („Schuldner") sollen jedoch unberührt bleiben (Art. 6 Abs. 3 FactÜ). Gültigkeit der Übertragung von Sicherungsrechten (Art. 7 FactÜ) inter partes (s. oben zu Art. 5 FactÜ). Verpflichtung und Berechtigung des gutgläubigen Debitors („Schuldners") zur befreienden Zahlung an den Factor auf Grund schriftlicher Abtretungsanzeige des Kunden („Lieferanten") oder des von ihm ermächtigten Factors (Art. 8 FactÜ); dazu die begrifflichen Klarstellungen (Art. 1 Abs. 4 FactÜ): „schriftlich" umfasst auch jede andere Art der Fernübermittlung, sofern sie „in greifbarer Form wiedergegeben werden kann" (lit. b), Anzeige muss ihren Urheber angeben, aber nicht unterschrieben sein (lit. a), wird wirksam mit Zugang beim Empfänger (lit. c). Erhaltung von Einwendungen und Aufrechnungsbefugnissen des Debitors (Art. 9 FactÜ). Rückforderung von Zahlungen des Debitors an den Factor bei Nicht-, Schlecht- oder Spätererfüllung des Kunden (Art. 10 FactÜ) primär vom Kunden (Abs. 1), wahlweise vom Factor (Abs. 2), falls dieser nicht (lit. a) oder in Kenntnis der Leistungsstörung (lit. b) an den Kunden gezahlt hat. Anwendung der Art. 5–10 FactÜ auf nachfolgende Abtretungen durch den Factor oder einen nachfolgenden Zessionar (Art. 11 FactÜ), falls der Factoring-Vertrag kein Abtretungsverbot enthält (Art. 12 FactÜ).

Das Übereinkommen gilt für die von ihm definierten internationalen Factoring-Verträge und **39** Forderungsabtretungen aus Warenlieferungen und Dienstleistungen (Art. 1 Abs. 1–3 FactÜ).[167] Es ist anwendbar, wenn jeder der Beteiligten seinen Sitz in einem Vertragsstaat hat (Art. 2 Abs. 1 lit. a FactÜ) oder der Factoring-Vertrag und der Warenkaufvertrag (Dienstleistungsvertrag) dem Recht eines Vertragsstaates unterliegen (lit. b), vorausgesetzt, dass in keinem der Verträge die Anwendbarkeit des Übereinkommens zulässigerweise, auch konkludent, als Ganzes ausgeschlossen ist (Art. 3 FactÜ).[168]

4. UN-Konvention vom 12.12.2001 (CARIT, ZessÜ). Die UN-Konvention über Forderungs- **40** abtretungen im internationalen Handel vom 12.12.2001[169] enthält eine über das Factoring-Übereinkommen vom 28.5.1988 (→ Rn. 34) weit hinausgehende einheitliche Regelung des grenzüberschrei-

---

[163] Vgl. zu den nationalen Rechtsordnungen *Hadding/Schneider,* Die Forderungsabtretung, 2. Aufl. 1999; *Grau,* Rechtsgeschäftliche Forderungsabtretungen im internationalen Rechtsverkehr, 2005, 47 ff.; zur Neuregelung in Frankreich durch Art. 1231 al. 4 CC 2016 s. *Kämper,* Forderungsbegriff und Zession, 2019, 179 ff. Zum Factoring s. *Gavalda* et al. in Hagenmüller/Sommer/Brink Factoring-HdB 309 ff. sowie *Hollweg-Stapenhorst,* Sicherungsabtretung zugunsten des Geldkreditgebers und Factoring nach deutschem und französischem Recht, 1991, *Schwenke,* Factoring im deutsch-französischen Rechtsverkehr, 2006 und *Sonnenberger* IPRax 1987, 221 ff. (Frankreich); *Buchmann,* Rechtsfragen des englischen Factoring, 2008; *Diehl-Leistner,* Internationales Factoring, 1992 und *Nicklaus,* Die Kollision von verlängertem Eigentumsvorbehalt und Factoringzession im deutschen und englischen Recht, 1997 (England); *Kalavros,* Der Factoringvertrag nach deutschem und nach griechischem Recht, 2012 (Griechenland); *Inzitari/M. Ferrari* ZEuP 1994, 284 ff. und *Nuzzo,* Das Factoring nach deutschem und italienischem Recht, 1989 (Italien); *König* FS Gerhardt, 2004, 473 ff. und *Riss* BankArch 2006, 425 ff. (Österreich, Konkursanfechtung, Zedentenkonkurs); *Wowerka* WuR-Osteuropa 2003, 229 ff. und IPRax 2008, 459 ff. (Polen); *Mundry* WuR-Osteuropa 2004, 161 ff. (Russland); *Rey* in Kramer, Neue Vertragsformen der Wirtschaft, 2. Aufl. 1992 (Schweiz); *Haraldsen/Samuelsen* FLF 2008, 6 ff. (Skandinavien); *Kohl* FLF 1999, 72 ff. (Tschechische Republik); *Zhu* JournBusLaw 2007, 67 ff. (China); *v. Falkenhayn,* Das Verhältnis von Factor und Debitor (Deutschland u. USA), 1999 und *Schütze,* Zession und Einheitsrecht, 2005, 28 ff. (USA).

[164] In vier Kapiteln: Anwendungsbereich etc (Art. 1–4 FactÜ), Rechte und Pflichten der Parteien (Art. 5–10 FactÜ), Nachfolgende Abtretungen (Art. 11–12 FactÜ), Schlussbestimmungen (Art. 13–23 FactÜ); vgl. im Überblick die Denkschrift in BT-Drs. 13/8690, 17 ff.; iE *Basedow* ZEuP 1997, 615 (625 ff.); *Ferrari* RIW 1996, 181; *Rebmann* RabelsZ 53 (1989), 599; *Zaccaria* IPRax 1995, 279; *Bette* WM 1997, 797 (802 ff.); umfassend *Häusler,* Das Unidroit-Übereinkommen über internationales Factoring, 1998, 99 ff. sowie die Kommentierungen in MüKoHGB und Ferrari IntVertragsR.

[165] Vgl. *Diehl-Leistner,* Internationales Factoring, 1992, 129 (Direkterwerb) einerseits, *Zaccaria* IPRax 1995, 279 (284) (Durchgangserwerb) andererseits; zutr. dazu *Basedow* ZEuP 1997, 615 (631 f.). Vgl. Ferrari IntVertragsR/*Kieninger* FactÜ Art. 5 Rn. 6 ff.

[166] Im Unterschied zu Frankreich und Lettland (s. die Bekanntmachung v. 31.8.1998 (BGBl. II 2375). Vgl. Ferrari IntVertragsR/*Kieninger* FactÜ Art. 6 Rn. 6; → HGB § 354a Rn. 28.

[167] Ausf. MüKoHGB/*Ferrari* FactÜ Art. 1 Rn. 1 ff. und Einl. Rn. 26 ff. zum Verhältnis FactÜ und nationales Recht und IPR; Ferrari IntVertragsR/*Mankowski* FactÜ Art. 1 Rn. 1 ff.

[168] Vgl. im Überblick *Basedow* ZEuP 1997, 615 (628 ff.); Staudinger/*Hausmann,* 2016, Rom I-VO Art. 14 Anh. I Rn. 11 ff.; ausf. MüKoHGB/*Ferrari* FactÜ Art. 2 Rn. 1 ff., Art. 3 Rn. 1 ff.; Ferrari IntVertragsR/*Mankowski* FactÜ Art. 2 Rn. 1 ff., Art. 3 Rn. 1 ff.

[169] Text: www.uncitral.org. Die Konvention ist noch nicht in Kraft getreten. Zum Inhalt → HGB § 354a Rn. 27 mN.

tenden Rechtsverkehrs mit Geldforderungen.[170] Vorbehaltlich zahlreicher Ausnahmen und Beschränkungen (Art. 4 ZessÜ) erfasst sie grundsätzlich alle Abtretungen mit Bezug zur Finanzierung des internationalen Handels, soweit sie nicht spezielleren internationalen Konventionen oder Ausnahmeregelungen der Konventionsstaaten unterfallen (Art. 38, 41 ZessÜ). Das UN-Übereinkommen geht jedoch der Ottawa-Konvention kraft ausdrücklicher Bestimmung vor (Art. 38 Abs. 1 ZessÜ), lässt deren Anwendung aber hinsichtlich der Rechte und Pflichten des Schuldners zu, falls es insoweit nicht anwendbar ist (Art. 38 Abs. 2 ZessÜ mit Art. 1 Abs. 3 ZessÜ). Das Factoring-Übereinkommen wird man daher nicht als lex specialis ansehen können.[171] Vgl. näher → HGB § 354a Rn. 28 f.

2. Das Forfaitinggeschäft

Schrifttum: a) Übersicht: *Martinek/Omlor* in Schimansky/Bunte/Lwowski BankR-HdB Vor § 103.

b) Einzelfragen: *Bannier,* Die schuldrechtlichen und wechselrechtlichen Haftungsprobleme bei der Forfaitierung von Exportforderungen, 2005; *Bernard,* Rechtsfragen des Forfaitierungsgeschäfts, 1991; *v. Bernstorff,* Aktuelle Entwicklung der Exportfinanzierung, RIW 2018, 634; *v. Bernstorff,* Factoring: Risikomanagement im Exportgeschäft – Liquiditätssicherung im internationalen Geschäft mit Hilfe des Factorings, IWRZ 2018, 21 *v. Bernstorff,* Risikomanagement im Exportgeschäft – Forderungssicherung im internationalen Geschäft mit Hilfe der Forfaitierung, IWRZ 2017, 253; *v. Bernstorff,* Neues zur Forfaitierung, AW-Praxis 2013, 253; *v. Bernstorff,* Entwicklungen der Außenhandelsfinanzierung, RIW 1987, 889; *Bischoff/Klasen,* Hermesgedeckte Exportfinanzierung, RIW 2012, 769; *Brink,* Forfaitierung und Factoring im Licht der Schuldrechtsreform, WM 2003, 1355; *Budach,* Finanzdienstleistungsunternehmen im internationalen Forfaitierungsgeschäft, 2006; *Bülow,* Wechselgesetz, Scheckgesetz, 5. Aufl. 2013; *Deuber,* Rechtliche Aspekte der Forfaitierung, 1993; *Derleder/Knops/Bamberger,* Deutsches und europäisches Bank- und Kapitalmarktrecht, Bd. 2, 3. Aufl. 2017; *Emmerich,* Rechtslage bei Forfaitierung eines Wechsels, JuS 1994, 982; *Fehr,* Rechtsverhältnisse innerhalb Euler-Hermes-gedeckter Exportfinanzierung (Bestellerkredit), RIW 2004, 440; *Hakenberg,* Juristische Aspekte der Exportforfaitierung, RIW 1998, 906; *Hey,* Rechtsmängelhaftung beim Verkauf von Leasing-Forderungen im Betrugsfall, JuS 2005, 402; *Kissner,* Die praktische Abwicklung des à forfait-Geschäftes, Die Bank 1981, 56; *Klaiber/Ranjbar,* Die Forderungsabtretung in den MENA-Staaten, RIW 2007, 522; *Langenbucher/Bliesener/Spindler,* Bankrechts-Kommentar, 2. Aufl. 2016; *Nemet/Khrebtishchev,* Forfaitierung von Restwertrisiken unter IFRS, IRZ 2011, 91; *Nielsen* in Bankrecht und Bankpraxis, Bd. 3, Teil 5, Lieferung 1/93, Rn. 5/213; *Nitschke,* Echte oder unechte Forfaitierung unter Vereinbarung einer Kaufpreisüberprüfung nach Ablauf der Zinswaplaufzeit, BB 2010, 1827; *Scheuermann/Göttsche,* Möglichkeiten der Insolvenzanfechtung bei der Forfaitierung von Nachsichtakkreditiven, RIW 2005, 894; *Schmidt,* Das Übereinkommen der Vereinten Nationen über die Abtretung von Forderungen im Internationalen Handel, IPRax 2005, 93; *Uhlenbruck/Sinz,* Die Forfaitierung von Leasingforderungen im Konkurs des Leasinggebers, WM 1989, 1113; *Vorpeil,* Die einheitlichen Richtlinien der ICC/IFA für Forfaitierungen – Forderungsverkauf bei internationalen Handelsgeschäften, IWB 24/2012, 918; *v. Westphalen,* Forfaitierungsverträge unter dem Gesichtswinkel des Schuldrechts-Modernisierungsgesetzes, WM 2001, 1837; *v. Westphalen,* Rechtsprobleme der Exportfinanzierung, 3. Aufl. 1987; *v. Westphalen,* Rechtsprobleme des Factoring und des Forfait von Exportforderungen, RIW 1977, 80.

c) Vertragsmuster: Hopt, Vertrags- und Formularbuch zum Handels-, Gesellschafts-, Bankrecht, 4. Aufl. 2013, Form IV. J.; Rieder/Schütze/Weipert, Münchener Vertragshandbuch, Bd. 2 Wirtschaftsrecht I, 7. Aufl. 2015, VI. 5.; Schütze/Weipert, Münchener Vertragshandbuch, Bd. 2 Wirtschaftsrecht I, 6. Aufl. 2009, II. 5.; Schütze/Weipert/Rieder, Münchener Vertragshandbuch, Bd. 4 Wirtschaftsrecht III, 8. Auf. 2018, VII. 8.

d) Richtlinien: *ICC,* Uniform Rules for Forfaiting, ICC Publikation Nr. 800 (2013).

I. Begriffsbestimmung

41   Die Begriffe *Forfaiting, Forfaitinggeschäft, Forfaitierung* oder einfach *Forfaitgeschäft* leiten sich ab vom Französischen „acheter à forfait", etwa „Kauf in Bausch und Bogen".[172] In Wirtschaftskreisen bedeutet dies so viel wie „ohne Rückgriff, ohne Regress, without recourse". Man bezeichnet deshalb hiermit den **Kauf** später fällig werdender Forderungen **unter Ausschluss des Rückgriffs** auf frühere Forderungsinhaber.[173] Ob diese Begriffsbestimmung bereits die Qualität eines Handelsbrauchs erlangt hat, wurde vom BGH zwar offengelassen, für den Geschäftsverkehr zwischen deutschen Kreditinstituten aber iE implizit bejaht.[174] Der Forderungsverkäufer oder *Forfaitist* haftet dem Forderungskäufer

---

[170] Umfassend zur Abgrenzung von FactÜ und ZessÜ sowie zu den in Teil III Kap. 11 der Principles of European Contract Law (PECL) enthaltenen Zessionsgrundsätzen *Rudolf,* Einheitsrecht für internationale Forderungsabtretungen, 2006.

[171] AA *Bette* in Derleder/Knops/Bamberger BankR/KapMarktR § 29 Rn. 18; Ferrari IntVertragsR/*Mankowski* FactÜ Vor Art. 1 Rn. 2, der aber mit *Rudolf,* Einheitsrecht für internationale Forderungsabtretungen, 2006, 40 ff., eine parallele Auslegung beider Abkommen für attraktiv hält.

[172] Baumbach/Hopt/*Hopt* Bankgeschäfte Rn. J/4; *Peters* in Schimansky/Bunte/Lwowski BankR-HdB § 65 Rn. 30; Staudinger/*Mülbert,* 2015, BGB § 488 Rn. 681.

[173] BGH Urt. v. 21.6.1994 – XI ZR 183/93, BGHZ 126, 261 = NJW 1994, 2483 = WM 1994, 1370 = BB 1994, 1520 = DB 1994, 2075 = ZIP 1994, 1166 (1167) = JuS 1994, 982 mAnm *Emmerich* = WiB 1994, 787 mAnm *Eyles; Bernard,* Rechtsfragen des Forfaitierungsgeschäfts, 1991, 18; *v. Bernstorff* RIW 1987, 889 (891); Palandt/*Weidenkaff* BGB § 453 Rn. 28; Langenbucher/Bliesener/Spindler/*Omlor* Kap. 18 C. Rn. 1; BeckOGK/*Wilhelmi* BGB § 453 Rn. 1031; *v. Westphalen* WM 2001, 1837; *v. Westphalen,* Rechtsprobleme der Exportfinanzierung, 3. Aufl. 1987, 483.

[174] BGH Urt. v. 21.6.1994 – XI ZR 183/93, BGHZ 126, 261 = NJW 1994, 2483 = WM 1994, 1370 = BB 1994, 1520 = DB 1994, 2075 = ZIP 1994, 1166 (1167) = JuS 1994, 982.

oder *Forfaiteur* nur für den rechtlichen Bestand und die Einredefreiheit der Forderung (Veritätshaftung). Das Risiko der Zahlungswilligkeit und -fähigkeit des Schuldners (Bonitätsrisiko) sowie etwaige Länderrisiken trägt der Forderungskäufer.[175]

Das Forfaitinggeschäft dient zur **Finanzierung von Exportgeschäften** (→ Rn. 43 ff.). Darüber **42** hinaus verwendet man den Begriff auch für den regresslosen Verkauf von **Leasingforderungen** zur Finanzierung von Leasinggesellschaften (→ Rn. 63). Als **unechtes Forfaiting** bezeichnet man einen Forderungsankauf, bei dem sich der Erwerber bei Uneinbringlichkeit der Forderung den Rückgriff vorbehält. Diese Form des Forfaiting ähnelt dem unechten Factoring und ist gegenüber dem echten, weil regresslosen Forfaitgeschäft in der Praxis selten.[176] Allerdings wird nicht immer präzise zwischen Forfaiting und Factoring unterschieden.[177]

II. Forfaitierung zur Finanzierung von Exportgeschäften

Hierbei veräußert ein deutscher Exporteur entweder (1.) seine aus grenzüberschreitenden Geschäf- **43** ten stammenden **Buchforderungen** gegen einen ausländischen Importeur *(Forfaitgeschäft in Forderungen)* oder (2.) die hierüber ausgestellten **Wechsel** *(Wechselforfait, Diskont von Wechseln à forfait, Forfaitgeschäft in Wechseln)*. Diese Formen des Forfaiting, häufig auch die klassischen genannt, weisen eine gewisse Nähe zum (1.) echten Exportfactoring (→ Rn. 7 ff., 54) bzw. zum (2.) Wechseldiskont (→ B Rn. 35 ff.) auf.[178] Eine Weiterplatzierung durch den Forfaiteur am europäischen Sekundärmarkt ist nicht unüblich.[179] Die Bedeutung des Forfaitierungsgeschäfts ist groß.

1. Praktische Aspekte.[180] Das Forfaitinggeschäft ist ein **Einzelgeschäft**, das auf einem individuel- **44** len Vertragsabschluss und nicht auf einer längerfristigen Rahmenvereinbarung basiert.[181] Es kann komplex sein und eine nicht unerhebliche Dokumentation benötigen[182] und erfordert häufig auch die Vorabprüfung ausländischer Rechtsfragen. Die wachsende Bedeutung des Forfaitierungsgeschäfts führt auch hier zu Vereinfachungen. Die forfaitierten Forderungen stammen häufig aus Lieferantenkrediten (Exporte unter 10 Mio. EUR), seltener aus Großprojekten, und haben **Laufzeiten** von 6 Monaten bis zu 5, manchmal auch 10 Jahren. Aber auch Forderungen aus Dienstleistungen,[183] über kleinere Beträge oder kürzere Fristen werden zunehmend forfaitiert. Üblich sind Beträge in „bester Währung" gegen „erste Adressen".[184] Die Forderungen sind fast ausnahmslos **gesichert**, idR beim Wechselforfait durch Aval, beim Forfaitgeschäft in Forderungen durch unwiderrufliches Akkreditiv oder Garantie.[185] Zur Forfaitierung von hermesgedeckten Forderungen vgl. die Allgemeinen Bedingungen Ausfuhr-Pauschal-Gewährleistungen (APG) (Juli 2017) sowie die Allgemeinen Bedingungen Ergänzende Bestimmungen für Forderungsabtretungen – AB (FAB) (Juli 2017) auf der Homepage der *Euler Hermes AG* (agaportal.de) und *Martinek/Omlor* in Schimansky/Bunte/Lwowski BankR-HdB § 103 Rn. 6 f. Die *Euler Hermes AG* bearbeitet im Auftrag der Bundesrepublik Deutschland alle Exportkreditgarantien.[186]

Die Forfaitierung führt zur **Refinanzierung des Forfaitisten**; er wandelt eine langfristige Forde- **45** rung in ein Bargeschäft um und verschafft sich dadurch Liquidität. Dies entlastet seine Bilanz und kann zu einer Reduzierung der Gewerbesteuer führen.[187] Gleichzeitig überträgt er das Schuldner-, Länder- und Währungsrisiko auf den Forfaiteur und erspart sich die Kosten des Forderungseinzugs und

---

[175] OLG Hamburg Urt. v. 9.3.1982 – 7 U 50/81, ZIP 1983, 46 (47); *Martinek/Omlor* in Schimansky/Bunte/Lwowski BankR-HdB § 103 Rn. 1; *Welter* in Schimansky/Bunte/Lwowski BankR-HdB § 66 Rn. 24; *v. Bernstorff* IWRZ 2017, 253 (254); *Brink* WM 2003, 1355 (1356); MVHdB II WirtschaftsR I/*Edelmann/Kuch* VI. 5. Anm. 2; MVHdB IV WirtschaftsR III/*Edelmann/Kuch* VII. 8. Anm. 2; Staudinger/*Mülbert*, 2015, BGB § 488 Rn. 682, 688, 690; *v. Westphalen*, Rechtsprobleme der Exportfinanzierung, 3. Aufl. 1987, 486.

[176] *Eyles* WiB 1994, 787 (788); *Martinek/Omlor* in Schimansky/Bunte/Lwowski BankR-HdB § 103 Rn. 1; BeckOGK/*Wilhelmi* BGB § 453 Rn. 1039, 1045. Zum unechten Forfaiting Baumbach/Hopt/*Hopt* Bankgeschäfte Rn. J/4; Staudinger/*Mülbert*, 2015, BGB § 488 Rn. 686.

[177] BeckOGK/*Wilhelmi* BGB § 453 Rn. 1030.

[178] Staudinger/*Mülbert*, 2015, BGB § 488 Rn. 687; Staub/*Renner* Kreditgeschäft Rn. 480.

[179] *Emmerich* JuS 1994, 982; *Martinek/Omlor* in Schimansky/Bunte/Lwowski BankR-HdB § 103 Rn. 13; Staudinger/*Mülbert*, 2015, BGB § 488 Rn. 684; *Vorpeil* IWB 24/2012, 918 (920).

[180] Zum technischen Ablauf des Forfaitinggeschäfts vgl. *Kissner* Die Bank 1981, 56 ff.

[181] Baumbach/Hopt/*Hopt* Bankgeschäfte Rn. J/4; *Emmerich* JuS 1994, 982; Staudinger/*Mülbert*, 2015, BGB § 488 Rn. 682; *v. Bernstorff* RIW 2018, 634 (636); *v. Bernstorff* IWRZ 2017, 253 (254); Langenbucher/Bliesener/Spindler/*Omlor* Kap. 18 C. Rn. 4; BeckOGK/*Wilhelmi* BGB § 453 Rn. 1034; *v. Westphalen* RIW 1977, 80 (81).

[182] Vgl. Staub/*Renner* Kreditgeschäft Rn. 482.

[183] Langenbucher/Bliesener/Spindler/*Omlor* Kap. 18 C. Rn. 2.

[184] *v. Bernstorff* RIW 1987, 889 (891); *Martinek/Omlor* in Schimansky/Bunte/Lwowski BankR-HdB § 103 Rn. 5; *Vorpeil* IWB 24/2012, 918 (919); *v. Westphalen*, Rechtsprobleme der Exportfinanzierung, 3. Aufl. 1987, 485.

[185] Baumbach/Hopt/*Hopt* Bankgeschäfte Rn. J/4; *Joos* in Hopt VertrFormB Form IV.J. 1. Anm. 5; *Brink* WM 2003, 1355 (1356); *v. Westphalen*, Rechtsprobleme der Exportfinanzierung, 3. Aufl. 1987, 485.

[186] Vgl. ferner *Moltrecht/Kolberg/Kuhn*, Garantien und Bürgschaften – Exportkreditgarantien des Bundes und Rechtsverfolgung im Ausland, 2015; *Bischoff/Klasen* RIW 2012, 769 (772); *Fehr* RIW 2004, 440; BeckOGK/*Wilhelmi* BGB § 453 Rn. 1038.

[187] BeckOGK/*Wilhelmi* BGB § 453 Rn. 1030.

etwaiger anderer Kreditversicherungen,[188] auch wenn viele der in Deutschland forfaitierten Forderungen hermesgedeckt sind. Der Forfaitist erhält vom Forfaiteur den **abgezinsten Nettobetrag** der veräußerten Forderung. IdR sind bereits im Diskont Risiko- und Gewinnmargen des Forfaiteurs sowie die Kosten der Forderungseinziehung enthalten.[189] Üblich ist auch eine Bereitstellungskommission. Die meisten Forfaitierungsinstitute benutzen Forfaitierungstabellen, die gestaffelt nach Ländern und Laufzeiten Richtwerte für den Diskont enthalten.[190] Die Forfaitierung war eine teure Finanzierungsform,[191] wird jedoch zunehmend kostenattraktiver gestaltet. Darüber hinaus wenden sich Exporteure häufig frühzeitig an Banken zum Zwecke späterer Forfaitierung und versuchen, die kalkulierten Kosten auf den Importeur abzuwälzen.[192]

46   **2. Wechselforfaitgeschäft.** Beim Wechselforfaitgeschäft veräußert der Forfaitist Handelswechsel, die Kapital und Zinsen der Exportforderung repräsentieren. Häufig handelt es sich um Wechselpakete, etwa mehrere Halbjahreswechsel.[193] Bevorzugt werden vom ausländischen Importeur ausgestellte **Solawechsel** (Eigenwechsel, *promissory note*, Art. 75 WG),[194] da der Forfaitist seine wechselmäßige Haftung durch Indossament mit Angstklausel ausschließen kann (Art. 15 Abs. 1 WG). Darüber hinaus kommen aber auch vom inländischen Exporteur ausgestellte und vom ausländischen Importeur akzeptierte **Tratten** (gezogene Wechsel) in Frage. Bei ihnen ist allerdings die wechselrechtliche Haftung des Ausstellers nach deutschem Recht nicht ausschließbar (Art. 9 Abs. 2 WG, → Rn. 48). Die Forfaitwechsel sind idR durch eine Bank oder eine staatsnahe Institution des Importeurs **avaliert.**[195]

47   Die **Rechtsnatur** des Forfaitingvertrags ist heute nicht mehr str. Es handelt sich nach hM um einen **Kaufvertrag;**[196] aA für Darlehen, allerdings *Canaris.*[197] Die Erfüllung des kausalen Forfaitierungsvertrags erfolgt durch Indossament, Begebungsvertrag und Übereignung des Wechsels gegen Gutschrift des Forfaitbetrags. Die Wechselforfaitierung ist kein *Bankgeschäft*[198] nach § 1 Abs. 1 S. 2 Nr. 3 KWG, str. Ihr fehlt, da der Forfaiteur auf den Rückgriff verzichtet, die Kreditfunktion des Diskontgeschäfts.[199] Sie unterscheidet sich vom Wechseldiskont (→ B Rn. 35) durch den Auslandsbezug, die längeren Laufzeiten der Papiere, den Verzicht der Bank auf den Rückbelastungsanspruch[200] bei Uneinbringlichkeit der Forderung und die **Nichtabtretung der Grundforderung.**[201] Es ist nämlich Ziel der Bank, mögliche Einwendungen des Importeurs aus dem Grundgeschäft auszuschließen.[202] Da nicht alle Rechtsordnungen eine Art. 17 WG entsprechende Vorschrift kennen, verzichtet die Praxis idR auf die Übertragung der den Wechseln zugrundeliegenden Exportforderungen.[203] In Anbetracht von Nr. 15

---

[188] Staudinger/*Mülbert,* 2015, BGB § 488 Rn. 683; *v. Westphalen,* Rechtsprobleme der Exportfinanzierung, 3. Aufl. 1987, 486.

[189] *Martinek/Omlor* in Schimansky/Bunte/Lwowski BankR-HdB § 103 Rn. 11; Staudinger/*Mülbert,* 2015, BGB § 488 Rn. 683.

[190] *Martinek/Omlor* in Schimansky/Bunte/Lwowski BankR-HdB § 103 Rn. 11; Langenbucher/Bliesener/Spindler/*Omlor* Kap. 18 C. Rn. 6.

[191] *Emmerich* JuS 1994, 982; ähnl. *Martinek/Omlor* in Schimansky/Bunte/Lwowski BankR-HdB § 103 Rn. 5; Langenbucher/Bliesener/Spindler/*Omlor* Kap. 18 C. Rn. 3.

[192] *Vorpeil* IWB 24/2012, 918 (919).

[193] *Joos* in Hopt VertrFormB Form IV.J. 1. Anm. 4; *v. Westphalen,* Rechtsprobleme der Exportfinanzierung, 3. Aufl. 1987, 485.

[194] *Kissner* Die Bank 1981, 56 (59); *Martinek/Omlor* in Schimansky/Bunte/Lwowski BankR-HdB § 103 Rn. 22; *Welter* in Schimansky/Bunte/Lwowski BankR-HdB § 66 Rn. 24; Langenbucher/Bliesener/Spindler/*Omlor* Kap. 18 C. Rn. 7; *v. Westphalen,* Rechtsprobleme der Exportfinanzierung, 3. Aufl. 1987, 485.

[195] *Martinek/Omlor* in Schimansky/Bunte/Lwowski BankR-HdB § 103 Rn. 17, 22; *v. Westphalen,* Rechtsprobleme der Exportfinanzierung, 3. Aufl. 1987, 485; *v. Bernstorff* IWRZ 2017, 253 (254); Langenbucher/Bliesener/Spindler/*Omlor* Kap. 18 C. Rn. 10 f.

[196] BGH Urt. v. 21.6.1994 – XI ZR 183/93, BGHZ 126, 261 = NJW 1994, 2483 (2484) = WM 1994, 1370 = BB 1994, 1520 = DB 1994, 2075 = ZIP 1994, 1166 (1167) = JuS 1994, 982 mAnm *Emmerich* = WiB 1994, 787 mAnm *Eyles; Baumbach/Hopt/Hopt* Bankgeschäfte Rn. J/4a; *Bernard,* Rechtsfragen des Forfaitierungsgeschäfts, 1991, 114, 121 ff.; *Martinek/Omlor* in Schimansky/Bunte/Lwowski BankR-HdB § 103 Rn. 14, 16; *Hakenberg* RIW 1998, 906; *Peters* in Schimansky/Bunte/Lwowski BankR-HdB § 65 Rn. 30; Langenbucher/Bliesener/Spindler/*Omlor* Kap. 18 C. Rn. 9; Staub/*Renner* Kreditgeschäft Rn. 481; BeckOGK/*Wilhelmi* BGB § 453 Rn. 1035; MVHdB II WirtschaftsR I/*Edelmann/Kuch* VI. 5. Anm. 5; MVHdB IV WirtschaftsR III/*Edelmann/Kuch* VII. 8. Anm. 5; Staudinger/*Mülbert,* 2015, BGB § 488 Rn. 685; *v. Westphalen,* Rechtsprobleme der Exportfinanzierung, 3. Aufl. 1987, 483, 486.

[197] *Canaris* BankvertragsR Rn. 1584.

[198] Anders noch in den Vorauflagen.

[199] So auch *BaFin,* Merkblatt Diskontgeschäft (6.1.2009), 1; Schwennicke/Auerbach/*Schwennicke* KWG § 1 Rn. 41; aA Staudinger/*Hopt/Mülbert,* 1989, BGB Vor §§ 607 ff. Rn. 698; MVHdB IV WirtschaftsR III/*Edelmann/Kuch* VII. 8. Anm. 3; BeckOGK/*Wilhelmi* BGB § 453 Rn. 1035.

[200] Baumbach/Hopt/*Hopt* Bankgeschäfte Rn. J/4a.

[201] AA *Freitag* in Derleder/Knops/Bamberger BankR/KapMarktR § 75 Rn. 94.

[202] Staub/*Renner* Kreditgeschäft Rn. 483.

[203] *Martinek/Omlor* in Schimansky/Bunte/Lwowski BankR-HdB § 103 Rn. 21; Staudinger/*Mülbert,* 2015, BGB § 488 Rn. 681; *v. Westphalen,* Rechtsprobleme der Exportfinanzierung, 3. Aufl. 1987, 490.

Abs. 2 AGB–Banken[204] und Nr. 21 Abs. 1 S. 4 AGB–Sparkassen,[205] die einem Forfaitingvertrag mit einem deutschen Kreditinstitut regelmäßig zugrunde liegen, sollte ein solcher Verzicht allerdings ausdrücklich vereinbart werden.[206]

Da Quintessenz des Forfaiting der **Regressverzicht** des Forfaiteurs ist, enthalten die Forfaitierungs- **48** verträge üblicherweise entsprechende Formulierungen. Dementsprechend haftet der Forfaitist nur für den rechtlichen Bestand der Wechselforderung im Zeitpunkt des Abschlusses des Forfaitingvertrags,[207] insbesondere für die Formgültigkeit des Papiers, die Echtheit der Unterschriften sowie für das Nichtbestehen von nicht ausschließbaren Einwendungen.[208] Aber allein schon die Verwendung des Begriffs *Forfaitierung* oÄ beim Wechselverkauf gilt als stillschweigend vereinbarter *schuldrechtlicher* Regressverzicht zwischen Forfaitist und Forfaiteur.[209] Die davon zu unterscheidende **wechselrechtliche Haftung** des Forfaitisten kann bei einem *Solawechsel* des Importeurs durch vorheriges Blankoindossament oder durch Indossament mit Angstklausel wirksam gegenüber allen Nachfolgern ausgeschlossen werden (Art. 14 Abs. 2 Nr. 3, 15 Abs. 1 WG).[210] Ist der Forfaitist dagegen selbst *Aussteller des Wechsels*, scheitert ein wechselmäßiger Haftungsausschluss nach deutschem Recht an Art. 9 Abs. 2 WG.[211] Der Regressverzicht reduziert sich dadurch zu einer persönlichen Einwendung nach Art. 17 WG,[212] die der Forfaitist seinem unmittelbaren Vertragspartner allerdings problemlos entgegensetzen kann (→ B Rn. 32).

Schwieriger ist es bei einer **Weitergabe des Forfaitwechsels** durch die ankaufende Bank. Erfolgt **49** eine erneute *Forfaitierung,* so wirkt der in der Zweitforfaitierung enthaltene Regressverzicht auch gegenüber dem Aussteller. Zumindest unter deutschen Banken bedeutet Forfaitierung den Verzicht auf Rückgriff gegenüber *allen früheren* Forderungsinhabern.[213] Der Aussteller ist damit über Art. 17 WG wirksam geschützt. Ob dies auch gilt, wenn die zweite Forfaitierung fremdem Recht untersteht, ist offen. Wird der Wechsel dagegen nicht forfaitiert, sondern *diskontiert,* bleibt dem Aussteller die Einrede des Regressverzichts nur unter den Voraussetzungen des Art. 17 WG erhalten. Hierfür scheint die hM die bloße Mitteilung bzw. Kenntnis von der Forfaitierung genügen zu lassen.[214] Tatsächlich bleiben persönliche Einwendungen nach Art. 17 WG nur bei *Schädigungsabsicht* des Zweiterwerbers erhalten. Der Forfaiteur ist deshalb verpflichtet, bei Diskontierung des Forfaitwechsels einen vertraglichen Regressverzicht zugunsten des Ausstellers zu erwirken. Daraus folgt praktisch, dass ein einmal forfaitierter Wechsel nur weiterforfaitiert werden kann. Auf jeden Fall hat der Aussteller einen Schadensersatzanspruch gegen seinen Forfaiteur, wenn dieser die Wiederbelebung der Ausstellerhaftung zurechenbar verursacht und der Aussteller tatsächlich in Anspruch genommen wird.[215]

3. Forfaitgeschäft in Forderungen. a) Rechtskauf. Gegenstand des Forfaitierungsgeschäfts in **50** Forderungen ist der Verkauf von Forderungen, die nicht wechselmäßig verbrieft sind. Die Forfaitierung solcher Forderungen ist problematischer, weil sie nicht vom Grundgeschäft getrennt sind und daher Einwendungen ausgesetzt sein können.[216] Das Grundgeschäft sollte daher möglichst erfüllt sein, damit Einwendungen weniger wahrscheinlich sind.[217] Eine Sicherung durch Bankgarantie ist üblich, ebenso durch Akkreditive.[218] Bankbürgschaften sind wegen ihrer Akzessorietät als Sicherheit am

---

[204] Abgedruckt → A Rn. 79.

[205] Abgedruckt → A Rn. 80.

[206] Staudinger/*Mülbert,* 2015, BGB § 488 Rn. 689; BeckOGK/*Wilhelmi* BGB § 453 Rn. 1044.

[207] Staudinger/*Mülbert,* 2015, BGB § 488 Rn. 690.

[208] BeckOGK/*Wilhelmi* BGB § 453 Rn. 1045; Staudinger/*Mülbert,* 2015, BGB § 488 Rn. 690; *v. Westphalen,* Rechtsprobleme der Exportfinanzierung, 3. Aufl. 1987, 487 f.

[209] BGH Urt. v. 21.6.1994 – XI ZR 183/93, BGHZ 126, 261 = NJW 1994, 2483 f. = WM 1994, 1370 = BB 1994, 1520 = DB 1994, 2075 = ZIP 1994, 1166 (1167) = JuS 1994, 982 mAnm *Emmerich* = WiB 1994, 787 mAnm *Eyles; Bülow,* Wechselgesetz, Scheckgesetz, 5. Aufl. 2013, WG Art. 9 Rn. 13, WG Art. 17 Rn. 103; Baumbach/Hefermehl/*Casper* WG Art. 9 Rn. 3; BeckOGK/*Wilhelmi* BGB § 453 Rn. 1045.

[210] Langenbucher/Bliesener/Spindler/*Omlor* Kap. 18 C. Rn. 7.

[211] *Emmerich* JuS 1994, 982; *Martinek/Omlor* in Schimansky/Bunte/Lwowski BankR-HdB § 103 Rn. 23; Staudinger/*Mülbert,* 2015, BGB § 488 Rn. 690; *v. Bernstorff* IWRZ 2017, 253 (255); *v. Westphalen,* Rechtsprobleme der Exportfinanzierung, 3. Aufl. 1987, 488; *v. Westphalen* RIW 1977, 80 (83); anders im englischen und US-amerikanischen Recht, dazu *Welter* in Schimansky/Bunte/Lwowski BankR-HdB § 66 Rn. 113.

[212] *Bülow,* Wechselgesetz, Scheckgesetz, 5. Aufl. 2013, WG Art. 9 Rn. 13, WG Art. 17 Rn. 103; BeckOGK/*Wilhelmi* BGB § 453 Rn. 1046; Langenbucher/Bliesener/Spindler/*Omlor* Kap. 18 C. Rn. 7.

[213] BGH Urt. v. 21.6.1994 – XI ZR 183/93, BGHZ 126, 261 = NJW 1994, 2483 (2484) = WM 1994, 1370 = BB 1994, 1520 = DB 1994, 2075 = ZIP 1994, 1166 (1167) = JuS 1994, 982 mAnm *Emmerich* = WiB 1994, 787 mAnm *Eyles;* Baumbach/Hefermehl/*Casper* WG Art. 9 Rn. 3; *Martinek/Omlor* in Schimansky/Bunte/Lwowski BankR-HdB § 103 Rn. 24; *Welter* in Schimansky/Bunte/Lwowski BankR-HdB § 66 Rn. 26.

[214] Baumbach/Hopt/*Hopt* Bankgeschäfte Rn. J/4a; *Canaris* BankvertragsR Rn. 1583; *Martinek/Omlor* in Schimansky/Bunte/Lwowski BankR-HdB § 103 Rn. 24; Staudinger/*Mülbert,* 2015, BGB § 488 Rn. 690.

[215] *Hakenberg* RIW 1998, 906 (908); BeckOGK/*Wilhelmi* BGB § 453 Rn. 1048; iE ebenso Staudinger/*Mülbert,* 2015, BGB § 488 Rn. 691; *v. Westphalen,* Rechtsprobleme der Exportfinanzierung, 3. Aufl. 1987, 489.

[216] Langenbucher/Bliesener/Spindler/*Omlor* Kap. 18 C. Rn. 8.

[217] BeckOGK/*Wilhelmi* BGB § 453 Rn. 1036.

[218] Langenbucher/Bliesener/Spindler/*Omlor* Kap. 18 C. Rn. 10, 12.

Forfaitierungsmarkt kaum akzeptabel, da sie Einwendungen des Schuldners aus dem Grundgeschäft zulassen. Wie beim Wechselforfait handelt es sich um einen Rechtskauf (§§ 433, 453 BGB).[219] Die Erfüllung des Forfaitingvertrags erfolgt durch Abtretung der Forderung gegen Gutschrift.[220] Diese Form der Forfaitierung ist ebenfalls **kein Bankgeschäft** nach § 1 Abs. 1 KWG und stellt mangels Rahmenvertrags (→ Rn. 44) auch **keine Finanzdienstleistung** nach § 1 Abs. 1a S. 2 Nr. 9 KWG dar.[221] Eine unzulässige Rechtsdienstleistung, etwa durch Einziehung der Forderung, ist ebenfalls ausgeschlossen.[222]

51 **b) Haftung.** Im Zentrum des Forfaitierungsvertrages steht der Regressverzicht des Forderungskäufers im Falle der vollständigen oder teilweisen Zahlungsunfähigkeit oder -unwilligkeit des Schuldners: Das Bonitätsrisiko trägt der Forfaiteur. Zum Ausgleich dafür übernimmt der Forderungsverkäufer die Veritätshaftung für den rechtlichen Bestand und die Einredefreiheit der Forderung. **Vor der Schuldrechtsreform,** die am 1.1.2002 in Kraft getreten ist, entsprach dies § 437 BGB aF, nach dem der Verkäufer einer Forderung für den rechtlichen Bestand der Forderung haftete.[223] IVm §§ 440, 320 ff. BGB aF führte dies zur **verschuldensunabhängigen, garantiemäßigen**[224] **Einstandspflicht** des Forfaitisten, falls die verkaufte Forderung nie existierte, wieder erloschen war oder ihre Durchsetzbarkeit an Einreden ganz oder teilweise scheiterte.[225]

52 Diese Rechtslage ist heute anders. Der Verkäufer eines Rechts haftet seit der Schuldrechtsreform zwar weiterhin nur für die Verität der Forderung und nicht für deren Bonität,[226] durch die Gleichsetzung von Sach- und Rechtskauf in § 453 Abs. 1 BGB und den Fortfall von § 437 BGB aF fehlt es jedoch an einer gesetzlich normierten verschuldensunabhängigen Einstandspflicht des Forderungsverkäufers für Bestand und Einredefreiheit der Forderung.[227] Vielmehr haftet der Forderungsverkäufer kraft Gesetzes im Falle der Unmöglichkeit der Forderungsverschaffung nur **verschuldensabhängig** (§§ 275 Abs. 1, Abs. 4, 280 ff., 311a Abs. 2 BGB).[228] Allerdings wird das Verschulden nach § 280 Abs. 1 S. 2 BGB vermutet. Gleiches gilt analog §§ 435, 437 BGB[229] im Falle von Rechtsmängeln der Forderung, zu denen alle Einreden gehören, nicht jedoch die Bonität des Schuldners, wobei Schadensersatz wiederum vermutetes Verschulden voraussetzt (§§ 437 Nr. 3, 280 Abs. 1 S. 2, 281 BGB).[230] Maßgeblicher **Zeitpunkt** ist nach dem Wortlaut des § 433 Abs. 1 S. 2 BGB die Abtretung der Forderung, bei zukünftigen Forderungen deren Entstehung, und nicht mehr der Zeitpunkt des Kaufvertragsabschlusses. Die **Verjährung** des Anspruchs auf Verschaffung der gekauften Forderung unterliegt der dreijährigen regelmäßigen Verjährungsfrist nach §§ 195, 199 BGB. Für Ansprüche aus Rechtsmängeln gilt die zweijährige Verjährungsfrist des § 438 Abs. 1 Nr. 3 BGB.

53 Die **Balance** zwischen verschuldensunabhängiger, garantiemäßiger Veritätshaftung des Forfaitisten auf der einen Seite sowie Bonitätsrisiko und Regressverzicht des Forfaiteurs auf der anderen Seite ist die Quintessenz des Forfaitinggeschäfts. Sie entspricht dem gewachsenen Verständnis der Beteiligten und stellt einen sowohl wirtschaftlich als auch rechtlich vernünftigen Interessensausgleich dar. Vor diesem Hintergrund muss die Veritätshaftung des Forfaitisten im Forfaitingvertrag abweichend von der

[219] OLG Hamburg Urt. v. 9.3.1982 – 7 U 50/81, ZIP 1983, 46 (47); Baumbach/Hopt/*Hopt* Bankgeschäfte Rn. J/4a; *Bernard,* Rechtsfragen des Forfaitierungsgeschäfts, 1991, 95; *Martinek/Omlor* in Schimansky/Bunte/Lwowski BankR-HdB § 103 Rn. 14; BeckOGK/*Wilhelmi* BGB § 453 Rn. 1035; Langenbucher/Bliesener/Spindler/*Omlor* Kap. 18 C. Rn. 14; Staub/*Renner* Kreditgeschäft Rn. 481; MüKoBGB/*Berger* BGB Vor § 488 Rn. 20; MüKoBGB/*Schürnbrand/Weber* BGB § 506 Rn. 35; Palandt/*Weidenkaff* BGB § 453 Rn. 28; *Freitag* in Derleder/Knops/Bamberger BankR/KapMarktR § 75 Rn. 97; MVHdB II WirtschaftsR I/*Schütze* II. 5. Anm. 5; MVHdB IV WirtschaftsR III/*Edelmann/Kuch* VII. 8. Anm. 5; Staudinger/*Mülbert,* 2015, BGB § 488 Rn. 685; *v. Westphalen,* Rechtsprobleme der Exportfinanzierung, 3. Aufl. 1987, 486.
[220] *v. Bernstorff* IWRZ 2017, 253 (254).
[221] Staudinger/*Hopt/Mülbert,* 1989, BGB Vor §§ 607 ff. Rn. 698; Schwennicke/Auerbach/*Schwennicke* KWG § 1 Rn. 142–144; BeckOGK/*Wilhelmi* BGB § 453 Rn. 1035; MVHdB IV WirtschaftsR III/*Edelmann/Kuch* VII. 8. Anm. 3.
[222] BGH Urt. v. 21.3.2018 – VIII ZR 17/17, NJW 2018, 2254 Rn. 21 ff.
[223] *Brink* WM 2003, 1355 (1356); *Martinek/Omlor* in Schimansky/Bunte/Lwowski BankR-HdB § 103 Rn. 14; Staudinger/*Hopt/Mülbert,* 1989, BGB Vor §§ 607 ff. Rn. 701; *v. Westphalen* WM 2001, 1837 (1838 f.).
[224] *Brink* WM 2003, 1355 (1356); *v. Westphalen* WM 2001, 1837 (1838 f.).
[225] *Martinek/Omlor* in Schimansky/Bunte/Lwowski BankR-HdB § 103 Rn. 14, § 102 Rn. 32a; Palandt/*Putzo,* 59. Aufl. 2000, BGB § 437 Rn. 7. Haftungsentscheidender Zeitpunkt war der Abschluss des Forfaitierungsvertrages, nicht die Abtretung der Forderung, Palandt/*Putzo,* 59. Aufl. 2000, BGB § 437 Rn. 8; *v. Westphalen,* Rechtsprobleme der Exportfinanzierung, 3. Aufl. 1987, 486. Die Verjährungsfrist betrug 30 Jahre, § 195 BGB aF, *Brink* WM 2003, 1355 (1360).
[226] BGH Urt. v. 26.9.2018 – VIII ZR 187/17, NJW 2019, 145 Rn. 32 = NZG 2018, 1305 = WM 2018, 2090.
[227] *Brink* WM 2003, 1355 (1357); *v. Westphalen* WM 2001, 1837 (1841 f.). Dazu auch *Martinek/Omlor* in Schimansky/Bunte/Lwowski BankR-HdB § 103 Rn. 14, § 102 Rn. 32a.
[228] *Martinek/Omlor* in Schimansky/Bunte/Lwowski BankR-HdB § 103 Rn. 14; *Freitag* in Derleder/Knops/Bamberger BankR/KapMarktR § 75 Rn. 97.
[229] Palandt/*Weidenkaff* BGB § 453 Rn. 28.
[230] BeckOGK/*Wilhelmi* BGB § 453 Rn. 1039.

gesetzlichen Regelung justiert werden.[231] Es ist daher gängige Vertragspraxis, bei allen Forfaitierungsverträgen die Veritätshaftung verschuldensunabhängig zu gestalten.[232] Dabei sollten auch der Haftungszeitpunkt und die Verjährungsfristen vereinbart werden (§ 202 BGB), da die zwei- und dreijährigen Fristen bei langfristigen Exportverträgen für den Forfaiteur kaum akzeptabel sind.[233] Ob in Ermangelung einer entsprechenden vertraglich vereinbarten Einstandspflicht eine solche verschuldensunabhängige Veritätshaftung des Forfaitisten kraft Handelsbrauchs bejaht werden kann, erscheint zweifelhaft.[234] Allerdings wird teilweise eine stillschweigend vereinbarte Bestandsgarantie beim regresslosen Forderungsverkauf bejaht, die ebenfalls zu einer verschuldensunabhängigen Veritätshaftung des Forfaitisten führen würde.[235] Ob Gerichte dieser Auffassung folgen werden, ist offen. Besser ist es allemal, die Veritätshaftung des Forfaitisten vertraglich ordentlich auszuformulieren. Gleiches gilt für die vom Forfaiteur übernommenen Risiken der Bonität usw.[236]

c) Abgrenzungsfragen. Das Forfaitgeschäft in Forderungen weist folgende **Unterschiede zum** **54** **echten Exportfactoring**[237] auf: Es basiert auf Einzelverträgen, nicht auf einer Rahmenvereinbarung. Deshalb fehlt ihm der für das Factoring typische Dauerschuldcharakter. Ferner sind die Laufzeiten idR länger und die Forderungsbeträge höher. Der Forfaiteur übernimmt auch nicht die beim Factoring üblichen zusätzlichen Dienstleistungen, wie zB Buchhaltung,[238] dafür trägt der Factor nicht die Länder- und Währungsrisiken.[239] Ist die forfaitierte Forderung im Wege des **verlängerten Eigentumsvorbehalts** vorab bereits an den Lieferanten des Forfaitisten abgetreten worden, so bleibt die Forfaitierung gleichwohl wirksam. Es gelten die gleichen Grundsätze wie beim Zusammentreffen von verlängertem Eigentumsvorbehalt und echtem Factoring (→ Rn. 23 ff.). Danach deckt die im verlängerten Eigentumsvorbehalt üblicherweise enthaltene Einziehungsermächtigung auch die Forfaitierung, da sie durch den Regressverzicht des Forfaiteurs zum dauerhaften Verbleib des abgezinsten Forderungsbetrags beim Forfaitisten führt, der damit die Forderungen des Vorbehaltslieferanten erfüllen kann.[240] Dieser hat deshalb in der Insolvenz des Forfaitisten keinen Anspruch aus ungerechtfertigter Bereicherung gegen den Forfaiteur.[241]

4. Vertragspraxis. Forfaitingverträge[242] enthalten eine genaue Beschreibung der **Forderung** bzw. **55** der verkauften **Wechsel** nebst **Sicherheiten** sowie eine Auflistung aller Dokumente, die der Forfaitist beizubringen hat. Üblich ist ferner die Aufzählung aller Umstände, unter denen der Forfaitierungsbetrag rückbelastet werden kann, dh die Ausformulierung des beim Exporteur verbleibenden Veritätsrisikos[243] (→ Rn. 53). Üblich sind auch Steuer- und Abgabenklauseln sowie Zusicherungen des Forfaitisten, das Grundgeschäft sei einredefrei und alle erforderlichen staatlichen Genehmigungen hierfür seien eingeholt.[244] Darüber hinaus enthält der Forfaitingvertrag die Berechnung des auszuzahlenden Betrags nebst Terminen. Ist bereits bei Abschluss des **Grundgeschäfts** eine spätere Forfaitierung geplant, so empfehlen sich Rechtswahl- und Gerichtsstandsklauseln; ferner die Vereinbarung von Solawechseln statt Tratten und ausreichenden nichtakzessorischen Sicherheiten.[245]

---

[231] v. Westphalen WM 2001, 1837 (1841 f.); Brink WM 2003, 1355 (1359); Palandt/Weidenkaff BGB § 453 Rn. 28; Langenbucher/Bliesener/Spindler/Omlor Kap. 18 C. Rn. 9; MVHdB II WirtschaftsR I/Schütze II. 5. Anm. 5; MVHdB II WirtschaftsR I/Edelmann/Kuch VI. 5. Anm. 11 ff.

[232] BeckOGK/Wilhelmi BGB § 453 Rn. 1040; Langenbucher/Bliesener/Spindler/Omlor Kap. 18 C. Rn. 9; Freitag in Derleder/Knops/Bamberger BankR/KapMarktR § 75 Rn. 97; Staub/Renner Kreditgeschäft Rn. 485, spricht von einer vertraglich zu vereinbarenden Garantiehaftung.

[233] Brink WM 2003, 1355 (1361); Martinek/Omlor in Schimansky/Bunte/Lwowski BankR-HdB § 103 Rn. 26a.

[234] Abl. BeckOGK/Wilhelmi BGB § 453 Rn. 1040.

[235] Martinek/Omlor in Schimansky/Bunte/Lwowski BankR-HdB § 102 Rn. 32a.

[236] Martinek/Omlor in Schimansky/Bunte/Lwowski BankR-HdB § 103 Rn. 10.

[237] Vgl. die Definition des echten Factorings in BGH Urt. v. 21.3.2018 – VIII ZR 17/17, NJW 2018, 2254 Rn. 25.

[238] Baumbach/Hopt/Hopt Bankgeschäfte Rn. J/4; Martinek/Omlor in Schimansky/Bunte/Lwowski BankR-HdB § 103 Rn. 5; Staudinger/Mülbert, 2015, BGB § 488 Rn. 682, 692; Langenbucher/Bliesener/Spindler/Omlor Kap. 18 C. Rn. 4; v. Westphalen, Rechtsprobleme der Exportfinanzierung, 3. Aufl. 1987, 484; v. Westphalen RIW 1977, 80 (81).

[239] Martinek/Omlor in Schimansky/Bunte/Lwowski BankR-HdB § 103 Rn. 5; MVHdB II WirtschaftsR I/Edelmann/Kuch VI. 5. Anm. 2; MVHdB IV WirtschaftsR III/Edelmann/Kuch VII. 8. Anm. 2; Freitag in Derleder/Knops/Bamberger BankR/KapMarktR § 75 Rn. 96.

[240] OLG Hamburg Urt. v. 9.3.1982 – 7 U 50/81, ZIP 1983, 46 (47 f.); Baumbach/Hopt/Hopt Bankgeschäfte Rn. J/4; Staudinger/Hopt/Mülbert, 1989, BGB Vor §§ 607 ff. Rn. 702; Staub/Renner Kreditgeschäft Rn. 486, 475 ff.; BeckOGK/Wilhelmi BGB § 453 Rn. 1056. Zum echten Factoring vgl. Martinek/Omlor in Schimansky/Bunte/Lwowski BankR-HdB § 102 Rn. 66 ff.; Palandt/Grüneberg BGB § 398 Rn. 39.

[241] OLG Hamburg Urt. v. 9.3.1982 – 7 U 50/81, ZIP 1983, 46 (47 f.).

[242] Vertragsmuster bei Hopt VertrFormB Form IV. J.; MVHdB II WirtschaftsR I/Edelmann/Kuch VI. 5.; MVHdB IV WirtschaftsR III/Edelmann/Kuch VII. 8., dort auch zur steuerrechtlichen Behandlung.

[243] Langenbucher/Bliesener/Spindler/Omlor Kap. 18 C. Rn. 5.

[244] Vgl. Joos in Hopt VertrFormB Form IV. J. 1. Anm. 9.

[245] v. Westphalen, Rechtsprobleme der Exportfinanzierung, 3. Aufl. 1987, 485.

56 **5. Uniform Rules for Forfaiting (URF 800).** Die *International Chamber of Commerce* (ICC) und die *International Forfaiting Association* (IFA), die mittlerweile *International Trade and Forfaiting Association* (ITFA) heißt, haben einheitliche Richtlinien für die Forfaitierung entwickelt, die am 1.1.2013 in Kraft getreten sind.[246] Diese *Uniform Rules for Forfaiting* (URF 800) liegen gegenwärtig in englischer, französischer und russischer Fassung vor[247] und bestehen aus insgesamt 14 Artikeln.[248] Sie enthalten neben zahlreichen Definitionen (Art. 2 URF 800) einheitliche Regeln für das primäre Forfaitinggeschäft zwischen Exporteur und Bank und das sekundäre im Interbankenhandel. Art. 4 ist die zentrale Vorschrift und normiert die Hauptpflichten der Parteien unter Ausschluss des Rückgriffsrechts *(... the seller sells to buyer and the buyer purchases from the seller the payment claim without recourse.)*. Weiterhin werden unter anderem die notwendigen Dokumente (Art. 2 URF 800 – *required documents*, Art. 7, 10 URF 800) sowie Zahlung (Art. 11 f. URF 800) und Haftung der Parteien (Art. 13 URF 800) geregelt. Diese Haftungsregelung entspricht allerdings nicht der üblichen Veritätshaftung, nach der die Verantwortlichkeit des Forfaitisten auf den Bestand der Forderung im Zeitpunkt des Abschlusses des Forfaitingvertrags beschränkt ist (→ Rn. 48, 51). Art. 13 URF 800 bedarf daher einer vertraglichen Ergänzung.[249] Da es sich bei den URF 800 weder um Normen noch um Handelsbrauch[250] handeln kann, weil sie erst vor kurzem entwickelt wurden,[251] können sie nur gelten, wenn sie von den Parteien des Forfaitingvertrags **ausdrücklich vereinbart** werden.[252] Art. 1 URF 800 bringt dies deutlich zum Ausdruck *(... apply to a forfaiting transaction when the parties expressly indicate that their agreement is subject to these rules.)*. Sie sind daher vorformulierte Vertragsbedingungen und unterliegen grundsätzlich der Inhaltskontrolle.[253] Ziel der URF 800 ist es, ähnlich wie der ERI 522 für das Dokumenteninkasso (→ B Rn. 121 ff.) und der ERA 600 für das Akkreditivgeschäft (→ B Rn. 143 ff.), das Forfaitinggeschäft weltweit zu standardisieren. Sie sind damit ein Zeichen für seine wachsende Bedeutung; ob sie sich allerdings durchsetzen können, muss abgewartet werden.

57 **6. Internationales Privatrecht, völkerrechtliche Übereinkommen.** Forfaitinggeschäfte erfordern, sofern keine Erfahrung mit dem betreffenden Land vorliegt, häufig die Vorabprüfung kollisionsrechtlicher Fragen. Dabei wird der **Forfaitingvertrag**, sofern zwischen einem deutschen Exporteur und einem deutschen Kreditinstitut idR deutschem Recht unterstehen.[254] Dies folgt in Ermangelung einer ausdrücklichen Rechtswahl im Forfaitierungsvertrag schon aus Nr. 6 Abs. 1 AGB-Banken und AGB-Sparkassen.[255] Umstritten ist, welches Recht zur Anwendung kommt, wenn es im Vertrag an einer grundsätzlich möglichen Rechtswahl fehlt. Dies wird man zwar als handwerklichen Fehler einordnen müssen, gleichwohl kann es passieren. Die überwM wendet in diesem Fall das Recht am gewöhnlichen Aufenthalt – iSv Art. 19 Rom I-VO – des Forfaiteurs (Käufer/Bank) an. Zum Teil wird angenommen, der Forfaitierungsvertrag sei ein Dienstleistungsvertrag iSv Art. 4 Abs. 1 lit. b Rom I-VO, auf den deshalb das Recht des Dienstleisters anzuwenden sei.[256] Zum Teil wird auch Art. 4 Abs. 2 Rom I-VO herangezogen und argumentiert, der Forfaiteur erbringe durch seine Dienste die den Forfaitierungsvertrag prägende charakteristische Leistung.[257] Unabhängig von der Rechtsgrundlage geht diese Auffassung davon aus, dass der Forfaiteur dem Forderungsverkäufer eine Dienstleistung erbringe, indem er dessen Exporte finanziere, das Bonitätsrisiko übernehme und die Forderungen einziehe. Besonders

---

[246] Baumbach/Hopt/*Hopt* Bankgeschäfte Rn. J/4; *Vorpeil* IWB 24/2012, 918; *v. Bernstorff* IWRZ 2017, 253 (254); BeckOGK/*Wilhelmi* BGB § 453 Rn. 1042.

[247] ICC Publikation Nr. 800 E, 800 EF und 800 ER.

[248] Im Annex angefügt sind ferner verschiedene Musterverträge.

[249] *Vorpeil* IWB 24/2012, 918 (922).

[250] Zu den Anforderungen an und Voraussetzungen von Handelsbrauch vgl. BHG Urt. v. 4.7.2017 – XI ZR 562/15, NJW 2017, 2986 Rn. 57 = NZG 2017, 1273 und BGH Urt. v. 6.12.2017 – VIII ZR 246/16, NJW 2018, 1957 Rn. 30.

[251] S. zu dieser Problematik bei den ERA 600 → B Rn. 145.

[252] *Vorpeil* IWB 24/2012, 918 (920).

[253] S. zu dieser Problematik bei den ERI 522 → B Rn. 122 und bei den ERA 600 → B Rn. 146.

[254] MVHdB IV WirtschaftsR III/*Edelmann/Kuch* Bd. 4, VII. 8. Anm. 23; *v. Westphalen,* Rechtsprobleme der Exportfinanzierung, 3. Aufl. 1987, 491 f.

[255] MVHdB IV WirtschaftsR III/*Edelmann/Kuch* VII. 8. Anm. 23.

[256] MüKoBGB/*Martiny* Rom I-VO Art. 4 Rn. 106; *Freitag* in Reithmann/Martiny IntVertragsR Rn. 6.621; Staudinger/*Magnus,* 2011, Rom I-VO Art. 4 Rn. 464; BeckOK BGB/*Spickhoff* Rom I-VO Art. 4 Rn. 21; NK-BGB/*Leible* Rom I-VO Art. 4 Rn. 135; Ferrari IntVertragsR/*Ferrari* Rom I-VO Art. 4 Rn. 130; Palandt/*Thorn* Rom I-VO Art. 4 Rn. 13, aber anders in Rauscher/*Thorn,* EuZPR – EuIPR, Bd. 3, 4. Aufl. 2016, Rom I-VO Art. 4 Rn. 47, 86. Zu diesem Ergebnis kommt auch Staudinger/*Mülbert,* 2015, BGB § 488 Rn. 693, allerdings auf der Grundlage von Art. 4 Abs. 1 lit. a Rom I-VO. Dies ist fragwürdig, denn die Vorschrift setzt einen Kaufvertrag über bewegliche Sachen voraus und gilt nicht für den Rechtskauf. Ferner müsste danach das Recht des Verkäufers, also des Forfaitisten, gelten.

[257] *Martinek/Omlor* in Schimansky/Bunte/Lwowski BankR-HdB § 103 Rn. 28; Ferrari IntVertragsR/*Ferrari* Rom I-VO Art. 4 Rn. 130; PWW/*Brödermann/Wegen* Rom I-VO Anh. Art. 4 Rn. 22. So wohl auch MVHdB IV WirtschaftsR III/*Edelmann/Kuch* VII. 8. Anm. 23, die allerdings auf der Grundlage von Art. 4 Abs. 4 Rom I-VO auf der Suche nach der engsten Verbindung auf die charakteristische Leistung abstellen und sie beim Forfaiteur verorten. Zum alten Recht ebenso *Bernard,* Rechtsfragen des Forfaitierungsgeschäfts, 1991, 182.

deutlich wird die Annahme, der Forfaiteur erbringe eine Dienstleistung, bei denjenigen Autoren, die den Forfaitierungsvertrag als Bankgeschäft verstehen und daher, wie bei internationalen Bankgeschäften üblich, das anwendbare Recht an den gewöhnlichen Aufenthalt der Bank knüpfen.[258]

Nach richtiger Auffassung gehört der Forfaitierungsvertrag nicht zu den in Art. 4 Abs. 1 Rom I- **58** VO aufgezählten Typen. In Ermangelung einer Rechtswahl bestimmt daher die **charakteristische Leistung** nach Art. 4 Abs. 2 Rom I-VO das anwendbare Recht. Diese erbringt nicht der Forfaiteur, sondern der **Forderungsverkäufer (Forfaitist),** da die Übertragung von Forderung oder Wechsel dem Vertrag sein Gepräge gibt.[259] Die gegenteilige Ansicht der überwM berücksichtigt zu wenig, dass es sich beim Forfaitierungsvertrag um einen Kaufvertrag handelt, bei dem der Forfaiteur (Käufer) lediglich eine Geldleistung erbringt. Die Geldleistung kann jedoch alleine grundsätzlich nicht die charakteristische Leistung iSv Art. 4 Abs. 2 Rom I-VO darstellen.[260] Sie enthält auch keinerlei Kreditelemente, weil eine Rückzahlung durch den Forfaitisten ausgeschlossen ist. Eine Dienstleistung erbringt der Forfaiteur ebenfalls nicht. Die Einziehung der Forderung erfolgt durch den Forfaiteur im eigenen Namen und auf eigene Rechnung, weil er nun der Forderungsinhaber ist. Auch die Übernahme des Bonitätsrisikos ist keine Dienstleistung des Forderungskäufers, sondern Folge des Kaufvertrags. Dies unterscheidet den Forfaitingvertrag vom Factoring und sollte daher zu einer Anknüpfung der charakteristischen Leistung beim Forfaitisten führen. Folgt man dagegen der hM, so bestimmt die wenig aussagekräftige Geldleistung allein das anwendbare Recht.

Nach Art. 14 Abs. 2 Rom I-VO bestimmt das Recht, dem die Exportforderung unterliegt, ihre **59** Übertragbarkeit. Die hM interpretiert Art. 14 Abs. 2 Rom I-VO heute einschränkender als früher und betrachtet Art. 14. Abs. 1 Rom I-VO als kollisionsrechtliche Grundnorm der Abtretung. Nach dieser Auffassung enthält Art. 14 Abs. 2 Rom I-VO lediglich Ausnahmen, die zum Schutz der Interessen des Schuldners das Abtretungsstatut an das Statut der abgetretenen Forderung knüpfen.[261] Der Satz, das Abtretungsstatut (Zessionsstatut) folge dem Vertragsstatut der Exportforderung (Forderungsstatut), hat damit keine generelle Gültigkeit mehr. Zur Übertragbarkeit, die in Art. 14 Abs. 2 Rom I-VO genannt ist, gehören unstreitig vertragliche und gesetzliche Abtretungsverbote, sofern sie schuldnerschützenden Charakter haben, sowie Publizitätserfordernisse, wie die Benachrichtigung des Schuldners.[262] Ob eine solche Mitteilung erforderlich ist, bestimmt sich somit nach dem Statut der forfaitierten Exportforderung. In Ermangelung einer Rechtswahl unterliegt die Exportforderung, wenn Exporteur ein deutsches Unternehmen ist, deutschem Recht nach Art. 4 Abs. 1 lit. a Rom I-VO. Für die Form der Abtretung gilt Art. 11 Rom I-VO. Beim Wechselforfaitgeschäft ist vorrangig das **internationale Wechselprivatrecht** der Art. 91 ff. WG zu beachten. Danach beurteilen sich Wirksamkeit und Wirkung einer Wechselerklärung grundsätzlich separat (Art. 92, 93 WG).[263] Die mit dem Wechselforfait verbundenen Rechtsfragen können daher unterschiedlichen Rechtsordnungen unterliegen. Auch bei **Sicherheiten** wie Aval oder Garantie ist einzeln zu prüfen, ob und wie sie abgetreten werden können, sowie welche Einreden der Sicherungsgeber dem Forfaiteur entgegenhalten kann.

Die Vereinten Nationen haben am 12.12.2001 das **UNCITRAL-Übereinkommen über die 60 Abtretung von Forderungen im Internationalen Handel** (*United Nations Convention on the Assignment of Receivables in International Trade*) verabschiedet.[264] Das Übereinkommen enthält Einheitsrecht sowie Kollisionsnormen und soll dadurch das Abtretungsrecht vereinheitlichen. Nach Art. 1 (1) a) findet es Anwendung auf (1) die Abtretung internationaler Forderungen sowie (2) die internationale Abtretung sonstiger Forderungen, soweit sich der Abtretende bei Abtretung in einem Vertragsstaat befindet. Abtretungen in Erfüllung von Forfaitierungsverträgen unterliegen daher grundsätzlich dem Anwendungsbereich des Übereinkommens. Im Herbst 2019 war das Übereinkommen von Deutschland nicht unterzeichnet worden und auch noch nicht in Kraft getreten.[265] Wenn dies je der Fall werden sollte, würde es für das Forfaitierungsgeschäft erhebliche Bedeutung erlangen. Dazu → HGB § 354a Rn. 28 und → Rn. 40.

---

[258] So etwa Palandt/*Thorn* Rom I-VO Art. 4 Rn. 13; MüKoBGB/*Martiny* Rom I-VO Art. 4 Rn. 106.

[259] BeckOGK/*Wilhelmi* Rom I-VO Art. 4 Rn. 493; ferner BeckOGK/*Wilhelmi* BGB § 453 Rn. 1058, der allerdings über Art. 4 Abs. 1 lit. a Rom I-VO zu diesem Ergebnis kommt. Zum alten Recht so schon *Hakenberg* RIW 1998, 906 (909); Soergel/*v. Hoffmann*, 12. Aufl. 1996, EGBGB Art. 28 Rn. 331; Palandt/*Heldrich*, 66. Aufl. 2007, EGBGB Art. 28 Rn. 22; *Martinek* in Schimansky/Bunte/Lwowski BankR-HdB, 1. Aufl. 1997, § 103 Rn. 28. So wohl auch Rauscher/*Thorn,* EuIPR – EuIPR, Bd. 3, 4. Aufl. 2016, Rom I-VO Art. 4 Rn. 47, 86, und damit anders als in Palandt/*Thorn* Rom I-VO Art. 4 Rn. 13.

[260] So auch *Martinek/Omlor* in Schimansky/Bunte/Lwowski BankR-HdB § 103 Rn. 28, die aber dennoch die charakteristische Leistung beim Forderungskäufer verorten.

[261] MüKoBGB/*Martiny* Rom I-VO Art. 14 Rn. 24 f.; Palandt/*Thorn* Rom I-VO Art. 14 Rn. 3 f.

[262] Palandt/*Thorn* Rom I-VO Art. 14 Rn. 5; MüKoBGB/*Martiny* Rom I-VO Art. 14 Rn. 28 f., 33; *Martinek/Omlor* in Schimansky/Bunte/Lwowski BankR-HdB § 103 Rn. 28.

[263] *Martinek/Omlor* in Schimansky/Bunte/Lwowski BankR-HdB § 103 Rn. 29.

[264] Englischer Text in ZEuP 2002, 860 und www.uncitral.org. Dazu *Sigman/Garcimartin/Cervantes* ZEuP 2006, 236; *Bazinas* ZEuP 2002, 782; *Schmidt* IPRax 2005, 93; *Danielewsky/Lehmann* WM 2003, 221; *Eidenmüller* AcP 204 (2004), 457.

[265] Es tritt nach seinem Art. 45 in Kraft, wenn es fünf Mitgliedstaaten hat. Bisher sind nur Liberia und die USA dem Abkommen beigetreten.

61   Das **Unidroit-Übereinkommen über das Internationale Factoring** der Konferenz von Ottawa von 28.5.1988 (→ Rn. 38 und → HGB § 354a Rn. 27) kann auf das Forfaitgeschäft in Forderungen Anwendung finden. Es ist für die Bundesrepublik Deutschland am 1.12.1998 in Kraft getreten[266] und enthält eine weite Definition derjenigen Forderungsabtretungen, für die es Anwendung findet. Factoringverträge im Sinne des Übereinkommens sind danach solche, auf Grund derer Forderungen aus grenzüberschreitenden Warenlieferungen oder Dienstleistungen, die Handelsgeschäfte sind, an einen Factor abgetreten werden können oder müssen (Art. 1 Abs. 2a, 3 FactÜ). Erforderlich ist zusätzlich, dass der Factor mindestens zwei von vier Aufgaben (Finanzierung, Buchhaltung, Inkasso oder Delkredere) erbringt und dem Schuldner die Abtretung angezeigt wird.[267] Da ein Forderungsforfaitvertrag zur Abtretung einer grenzüberschreitenden Forderung verpflichtet, der Forfaiteur den Ankauf regresslos bezahlt und die Forderung selbst einzieht, können diese Voraussetzungen im Einzelfall vorliegen.[268] Eine Schuldneranzeige ist beim Forfaitgeschäft ohnehin üblich. Anwendung findet das Abkommen dann, wenn entweder (1.) alle drei Parteien ihre Niederlassungen in Vertragsstaaten haben oder (2.) der Factoring-/Forfaitierungsvertrag und das Exportgeschäft dem Recht eines, aber nicht notwendigerweise desselben, Vertragsstaates unterliegen. Im Herbst 2019 waren dies Belgien, Frankreich, Italien, Lettland, Nigeria, Russland, Ukraine, Ungarn und die Bundesrepublik Deutschland. Dass es mehr werden, kann man bezweifeln. Gleichwohl muss man die Anwendbarkeit des Übereinkommens im Auge behalten.

62   Bei einer eventuellen **Rechtsdurchsetzung im Ausland** am Sitz von Importeur oder Sicherungsgeber beurteilen sich die angesprochenen kollisionsrechtlichen Fragen nicht immer nach der Rom I-VO, sondern vorrangig nach dem IPR des Forums.[269] Dies kann durchaus zu anderen Ergebnissen führen. Der Forfaiteur ist daher gut beraten, sich auch in dieser Hinsicht abzusichern. Dem dienen klare Rechtswahl- und Gerichtsstandsklauseln, die aber bereits im Grundgeschäft enthalten sein müssen.[270] Im Zweifel wird der Forfaiteur dafür Sorge tragen wollen, dass nach allen in Frage kommenden Rechtsordnungen Abtretungen wirksam, Sicherheiten übergegangen und Einreden ausgeschlossen sind.[271]

III. Forfaiting von Leasingforderungen

63   In der Praxis wird auch der regresslose Ankauf von Leasingforderungen als Forfaiting bezeichnet. Dabei erwirbt eine Bank/Forfaiteur vom Leasinggeber/Forfaitist Forderungen aus Leasingverträgen gegen dessen Leasingnehmer.[272] Im **Unterschied zum klassischen Exportforfaiting** handelt es sich bei der Forfaitierung von Leasingforderungen um ein Massengeschäft ohne internationalen Bezug, basierend auf Rahmenvereinbarungen und Globalzessionen.[273] Die abgetretenen Forderungen stammen darüber hinaus aus Dauerschuldverhältnissen, bei denen somit die Möglichkeit späterer Leistungsstörungen noch besteht. Es handelt sich auch hier um einen **Rechtskauf,** dh der Leasinggeber haftet nur für den rechtlichen Bestand und die Einredefreiheit der Forderungen vom Zeitpunkt des Kaufvertrags bis zum Ende des Leasingvertrags.[274] Zum Forfaiting von Leasingforderungen insgesamt → Rn. 79 und *Martinek/Omlor* in Schimansky/Bunte/Lwowski BankR-HdB § 103 Rn. 31 ff.

3. Finanzierungsleasing

Schrifttum: *Arnold,* Gewährleistung beim Finanzierungsleasing nach der Schuldrechtsreform, DStR 2002, 1049; *Beckmann,* Finanzierungsleasing, 3. Aufl. 2006; *Bien,* Die Insolvenzfestigkeit von Leasingverträgen nach § 108 Abs. 1 Satz 2 InsO, ZIP 1998, 1017; *Bollweg/Henrichs,* Das Übereinkommen von Kapstadt: Diplomatische Konferenz

---

[266] Vgl. Bekanntmachung v. 31.8.1998, BGBl. 1998 II 2375. Das Übereinkommen ist abgedr. in BGBl. 1998 II 172 (173 ff.).

[267] *Ferrari* RIW 1996, 181 ff.; *Martinek/Omlor* in Schimansky/Bunte/Lwowski BankR-HdB § 102 Rn. 11; MüKoHGB/*Ferrari* FactÜ Art. 1 Rn. 24 ff.; BeckOGK/*Wilhelmi* BGB § 453 Rn. 1057; *Rebmann* RabelsZ 53 (1989), 599 (605); *Weller* RIW 1999, 161 (162); *Zaccaria* IPRax 1995, 279 ff.

[268] *Hakenberg* RIW 1998, 906 (909 f.); MüKoHGB/*Ferrari* FactÜ Art. 1 Rn. 45; Staudinger/*Mülbert,* 2015, BGB § 488 Rn. 693.

[269] MVHdB II WirtschaftsR I/*Edelmann/Kuch* VI. 5. Anm. 7; *v. Westphalen,* Rechtsprobleme der Exportfinanzierung, 3. Aufl. 1987, 494.

[270] MVHdB II WirtschaftsR I/*Schütze* II. 5. Anm. 4.

[271] Vgl. *v. Westphalen,* Rechtsprobleme der Exportfinanzierung, 3. Aufl. 1987, 494; *v. Westphalen* RIW 1977, 80 (85).

[272] *Lwowski* ZIP 1983, 900 f.; *Martinek/Omlor* in Schimansky/Bunte/Lwowski BankR-HdB § 103 Rn. 31; Staudinger/*Mülbert,* 2015, BGB § 488 Rn. 688.

[273] BeckOGK/*Wilhelmi* BGB § 453 Rn. 1052; Langenbucher/Bliesener/Spindler/*Omlor* Kap. 18 C. Rn. 15.

[274] BGH Urt. v. 10.11.2004 – VIII ZR 186/03, NJW 2005, 359 (361) = WM 2005, 15 (*FlowTex,* zur Rechtslage vor der Schuldrechtsreform, dazu *Hey* JuS 2005, 402); *Martinek/Omlor* in Schimansky/Bunte/Lwowski BankR-HdB § 103 Rn. 33; *Peters* WM 1993, 1661 (1704); Staudinger/*Mülbert,* 2015, BGB § 488 Rn. 688; BeckOGK/*Wilhelmi* BGB § 453 Rn. 1053.

beschließt Übereinkünfte über Sicherungsrechte an Luftfahrtausrüstung, ZLW 2002, 187; *Bollweg/Kreuzer*, Entwürfe einer UNIDROIT/ICAO-Konvention über Internationale Sicherungsrechte an beweglicher Ausrüstung und eines Protokolls über Luftfahrtausrüstung, ZIP 2000, 1361; *Bruns*, Das Wahlrecht des Insolvenzverwalters und vertragliche Lösungsrechte, ZZP 110 (1997), 305; *v. Bodungen/Schott*, Protokoll von Luxemburg stellt Rollmaterialfinanzierung auf neue Grundlage, Eisenbahn-Revue International 2007, 488; *v. Bodungen/Schott*, The Public Service Exemption under the Luxembourg Rail Protocol: a German Perspective, Uniform Law Review 2007, 573; *Canaris*, Grundprobleme des Finanzierungsleasings im Lichte des Verbraucherkreditgesetzes, ZIP 1993, 401; *Canaris*, Interessenlage, Grundprinzipien und Rechtsnatur des Finanzierungsleasings, AcP 190 (1990), 410; *Dageförde*, Internationales Finanzierungsleasing, 1992; *Derlin/Wittkowski*, Neuerungen bei der Gewerbesteuer – Auswirkungen in der Praxis, DB 2008, 835; *Eilers/Rödding/Schmalenbach*, Unternehmensfinanzierung, 2. Aufl. 2014; *Engel*, Leasing in der anwaltlichen Praxis, 1999; *Eckert*, Leasingraten – Masseschuld oder Konkursforderungen, ZIP 1997, 2077; *Ehricke*, Die Zusammenarbeit der Insolvenzverwalter bei grenzüberschreitenden Insolvenzen nach der EuInsVO, WM 2005, 397; *Fahrholz*, Neue Formen der Unternehmensfinanzierung, 1998; *Fittler/Mudersbach*, Leasinghandbuch für die betriebliche Praxis, 8. Aufl. 2012; *Gebler/Müller*, Finanzierungsleasing: Die Auswirkungen der Schuldrechtsreform und neuere Entwicklungen, ZBB 2002, 107; *Gerken*, Tod des Leasingnehmers bei Finanzierungsleasing, DB 1997, 1703; *Girsberger*, Grenzüberschreitendes Finanzierungsleasing, 1997; *Goode*, Convention on International Interests in Mobile Equipment and Protocol Thereto on Matters Specific to Aircraft Equipment, 2002; *Graham-Siegenthaler*, Neuere Entwicklungen im Kreditsicherungsrecht, AJP/PJA 2004, 291; *Greiner*, Das Finanzierungsleasing zwischen Vertrag und Gesetz, WM 2012, 961; *Haag*, Sicherungsrechte an Flugzeugen in der Einzelzwangsvollstreckung und Insolvenz, 2004; *Haarmeyer/Wutzke/Förster*, Insolvenzordnung, 2. Aufl. 2012; *Harriehausen*, Die aktuellen Entwicklungen im Leasingrecht, NJW 2015, 1422, NJW 2016, 1421, NJW 2017, 1443, NJW 2018, 1437, NJW 2019, 1493; *Hess/Weis/Wienberg*, Kommentar zur Insolvenzordnung mit EGInsO, 2. Aufl. 2001; *Johner*, Das Recht der Übertragung von internationalen Sicherungsrechten an Luftfahrzeugausrüstung, 2005; Kölner Schrift zur Insolvenzordnung (hrsg. v. Arbeitskreis für Insolvenz- u. Schiedsgerichtswesen e. V. Köln), 3. Aufl. 2009; *Kreft*, Heidelberger Kommentar zur Insolvenzordnung, 9. Aufl. 2018; *Kronke*, Neues internationales Mobiliarsicherungsrecht erleichtert die Finanzierung von Luft- und Raumfahrzeugen: UNIDROIT-Konvention in Kapstadt verabschiedet, ZLW 2002, 147; *Kübler/Prütting/Bork*, Kommentar zur InsO, Bände I und II, 79. Lfg. Stand März 2019; *Küting/Brakensiek*, Leasing in der nationalen und internationalen Bilanzierung, BB 1998, 1645; *Laudenklos/Sester*, Darlehenskomponenten in der Akquisitionsfinanzierung: Risiken bei Insolvenz des Darlehensgebers, ZIP 2005, 1757; *Leible*, Finanzierungsleasing und „arrendamiento financiero", 1996; *Lüdicke*, Mobilienfonds, 1999; *Lüdicke/Arndt*, Geschlossene Fonds, 6. Aufl. 2013; *Lutter/Scheffler/Schneider*, Handbuch der Konzernfinanzierung, 1998; *Mansel/Pfeiffer/Kronke*, FS Jayme, Band 1, 2004; *Martinek*, Moderne Vertragstypen, Bd. I, 1991; *Martinek/Stoffels/Wimmer-Leonhardt*, Handbuch des Leasingrechts, 2. Aufl. 2008; *Michalski/Schmitt*, Der Kfz-Leasingvertrag, 1995; *Milatz*, Forfaitierung von Andienungsrechten bei Teilamortisations-Mobilien-Leasingverträgen. Zugleich Auseinandersetzung mit dem BMF-Schreiben vom 9.1.1996, DB 1996, 841; *Morfeld*, Beck'sches IFRS-Handbuch, 5. Aufl. 2016; *Müller-Sarnowski*, Der Nennbetrag i. S. v. § 12 Abs. 1 Nr. 1 VerbrKrG bei Pkw-Privatleasingverträgen, BB 1994, 446; *Nägele*, Die vorzeitige Beendigung des Leasing-Kilometervertrages, BB 1996, 1233; *Obermüller/Livonius*, Auswirkungen der Insolvenzreform auf das Leasinggeschäft, DB 1995, 27; *Palandt*, Kommentar zum BGB, 78. Aufl. 2019; *Peters*, Refinanzierung bei Mobilienleasing und Insolvenz des Leasinggebers, ZIP 2000, 1759; *Peters*, Umsetzung der EU Verbraucherkreditlinie und das Leasinggeschäft WM 2011, 865; *Peters/Schmid-Burgk* in Hellner/Steuer, Bankrecht und Bankpraxis (BuB), Bd. 5, 13. Teil Factoring und Leasing, 128. Lfg. Stand Juni 2017; *Peters/Schmid-Burgk*, Das Leasinggeschäft, 4. Aufl. 2017; *Primozic*, Insolvenzfestigkeiten von Leasingverträgen beim „Doppelstock-Modell", NZI 2008, 465; *Säcker/Rixecker/Oetker/Limperg*, Münchener Kommentar zum BGB, Band 4, Leasing (Anhang § 515 BGB), 8. Aufl. 2019; *Saunders/Walter*, Proposed Convention on International Interests in Mobile Equipment and Associated Equipment Protocol: Economic Impact Assessment, Air & Space Law XXIII (1998), 339; *Scharff/Griesbach*, § 21 Abs. 2 Nr. 5 InsO in der Praxis – Nachbesserung unumgänglich, FLF 2008, 122; *Schattenkirchner*, Die Entwicklung des Leasingrechts von Mitte 2009 bis Ende 2011, NJW 2012, 197; *Schimansky/Bunte/Lwowski*, Bankrechtshandbuch, 5. Aufl. 2017; *Schirduan*, Finanzierungsleasing in der Bilanz des Leasinggebers, 1994; *Schmalenbach/Sester*, Fortschreibung der typischen Vertragsstruktur für Leasingaktionen nach der Schuldrechtsreform, WM 2002, 2184; *Schmid-Burgk*, Leasingraten – Masseschulden oder Konkursforderungen?, ZIP 1998, 1022; *Schütze/Weipert*, Münchener Vertragshandbuch, Band 2, Wirtschaftsrecht II, 6. Aufl. 2009; *Seifert*, Refinanzierung von Leasingverträgen nach § 108 InsO, NZM 1998, 217; *Smeets*, Vertragsusancen und Risikokonstellationen beim grenzüberschreitenden Flugzeugleasing, 1996; *Steinmassl/Fuchs/Schönsiegel*, Die umsatzsteuerliche Behandlung von Leasing-Entgeltzahlungen, FLF 2007, 183; *Tacke*, Leasing, 3. Aufl. 1999; *Tesche/Küting*, IFRS 16: Paradigmenwechsel in der Leasing(nehmer)bilanzierung, DStR 2016, 620; *Tiedtke/Möllmann*, Auswirkung der Schuldrechtsreform im Leasingrecht, DB 2004, 583; *Tiedtke/Peterek*, Die Rechtsprechung des BGH zum Leasing seit 2004, DB 2008, 335; *Tönner*, Leasing im Steuerrecht, 6. Aufl. 2014; *Tönner*, Sind anerkannte Bilanzierungsregeln des Finanzierungsleasing gefährdet?, FR 2007, 946; *Vogel*, Zahlungsunfähigkeit und Insolvenz des Leasingnehmers bei Flugzeug- und Mobilienleasing: Auswirkungen auf das Leasingverhältnis und die Finanzierung des Leasinggebers, NZI 2018, 555; *Weber*, Die Entwicklung des Leasingrechts von Mitte 2007 bis Mitte 2009, NJW 2009, 2927; *Weber/Espinola*, The development of a new Convention relating to international interests in mobile equipment, in particular aircraft equipment: a joint ICAO-UNIDROIT project, Uniform Law Review 1999, 463; *Graf v. Westphalen*, Der Leasingvertrag, 7. Aufl. 2015; *Wolf/Eckert/Ball*, Handbuch des gewerblichen Miet-, Pacht- und Leasingrechts, 10. Aufl. 2009; *Zahn*, Der kaufrechtliche Nacherfüllungsanspruch – ein Trojanisches Pferd im Leasingvertrag?, DB 2002, 985; *Zöller/Geimer/Greger*, Zivilprozessordnung, 32. Aufl. 2017.

I. Allgemeines

Finanzierungsleasing stellt einen Ausschnitt aus dem Bereich der Objekt- oder Projektfinanzierung **64** dar, der gegenüber anderen Maßnahmen der Kreditgewähr dadurch gekennzeichnet ist, dass Zins und Tilgung aus einem an die Überlassung des Finanzierungsgegenstandes anknüpfenden, möglichst genau definierten Zahlungsstrom zu erbringen sind. Die besondere rechtliche Aufgabe bei solchen Finanzierungsstrukturen besteht darin, diesen Zahlungsstrom als Grundlage der Krediteinräumung rechtlich zu isolieren und sein Schicksal vorhersehbar zu gestalten. Gelingt dies, so ist es häufig möglich, in volkswirtschaftlich wünschenswerter Weise Kredit zu günstigeren Konditionen einzuräumen, als es bei einer schlichten Darlehensgewährung möglich wäre.[275]

65   **1. Der Begriff des Finanzierungsleasing – Vertragstypen.** Leasing und insbesondere Finanzierungsleasing sind gesetzlich nicht definiert.[276] Sowohl in den USA, der Heimat des Leasing, als auch in Deutschland bezeichnet Leasing keinen einheitlichen Vertragstyp, sondern eine Vielzahl von Vereinbarungen, deren gemeinsames Merkmal lediglich in einer entgeltlichen Rechtseinräumung liegt.[277] Gegenstand der Rechtseinräumung können Mobilien wie Immobilien aber auch immaterielle Wirtschaftsgüter, wie Software[278] oder Know-how sein. Die Bezeichnung als Leasingvertrag hat keinen juristischen Erkenntniswert. Allerdings lassen sich einige grobe Typisierungen vornehmen: Als Leasingvertrag bezeichnet man üblicherweise eine befristete Gebrauchsüberlassung gegen ein Entgelt, das regelmäßig auf eine zeitanteilige Amortisation der Anschaffungskosten (einschließlich Neben- und Finanzierungskosten) des Leasinggebers gerichtet ist.[279] Wird während der festen Laufzeit des Vertrages (meist als unkündbare Grundmietzeit bezeichnet) durch die zu entrichtenden Leasingraten eine vollständige Deckung dieser Kosten erreicht, handelt es sich um einen **Vollamortisationsvertrag** (Full-Payout Lease). Häufig liegt aus betriebswirtschaftlichen, steuerlichen oder bilanziellen Gründen (zur jüngsten Rechtsentwicklung aber → Rn. 72) eine Vollamortisation während der Laufzeit des Leasingvertrages nicht im Interesse der Parteien. In diesem Fall vereinbaren die Parteien einen **Teilamortisationsvertrag** (Non-Full-Payout Lease). Hier decken die während der festen Laufzeit zu entrichtenden Raten nicht die Anschaffungskosten des Leasinggebers ab. Verbleibt das Risiko, dass der Leasinggegenstand am Ende des Leasingvertrages durch Anschlussvermietung oder Verkauf so verwertet werden kann, dass eine Vollamortisation erreicht wird, beim Leasinggeber, so spricht man vom **Operate-Leasing** (vgl. bei → Rn. 86). Wird dieses Restwertrisiko dagegen vom Leasingnehmer übernommen, so liegt – wie beim Vollamortisationsvertrag – ein **Finanzierungsleasingvertrag** vor. Der Operate Lease zeigt damit eine deutliche Nähe zur Miete, bei der Chance und Risiko, dass die Investition erfolgreich ist, vom Vermieter getragen werden; der Finanzierungsleasingvertrag kennzeichnet dagegen seine Kreditfunktion für den Leasingnehmer, da er das Investitionsrisiko übernimmt.[280]

66   Neben der Unterscheidung zwischen Finance und Operating Leases gibt es noch weitere Klassifikationen von Leasingverträgen, die je auf einen besonderen Aspekt des jeweiligen Geschäftes verweisen[281]: Beim **Herstellerleasing** ist der Hersteller oder ein ihm verbundener Dritter Leasinggeber. Das **Full-Service Leasing** wird dadurch gekennzeichnet, dass der Leasinggeber zur Gebrauchsüberlassung noch weitergehende Wartungs- und sonstige Leistungspflichten übernimmt. Bei **sale-and-lease-back-Verträgen** least der Leasingnehmer den von ihm zuvor an den Leasinggeber veräußerten Leasinggegenstand zurück.[282] Diesen ähnlich sind **LiLo- (Lease in-Lease Out) Verträge,**[283] die vorsehen, dass der Leasinggeber das Leasingobjekt zuvor vom Leasingnehmer langfristig anmietet. Letztere gehören oft zu den sog. **Cross Border Leases.** Hier sind Leasinggeber und Leasingnehmer in unterschiedlichen Steuerrechtsordnungen ansässig.[284] Weit verbreitet ist beim praktisch bedeutsamen Leasing von Fahrzeugen[285] der sog. **Kilometer-Vertrag.** Hier ist der Leasingnehmer nur verpflichtet, Leasingraten für die – regelmäßig kürzere als betriebsgewöhnliche gesamte – Nutzungsdauer zu entrichten. Beim Auslaufen des Vertrages werden die gegenüber der ursprünglich vereinbarten Kilo-

---

[275] Ausf. hierzu *Saunders/Walter*, Proposed Convention on International Interests in Mobile Equipment and Associated Equipment Protocol: Economic Impact Assessment, Air & Space Law XXIII (1998), 339, 353 ff.; vgl. auch *Fahrholz*, Neue Formen der Unternehmensfinanzierung, 1998, 6; damit ist allerdings nicht ausgeschlossen, dass Leasingfinanzierungen auch teurer als vergleichbare Darlehensfinanzierungen ausfallen können, vgl. *Martinek* in Martinek/Stoffels/Wimmer-Leonhardt LeasingR-HdB § 3 III.

[276] Allerdings findet sich eine Definition in Art. 1 S. 2 des in Deutschland aber nicht in Kraft getretenen UNIDROIT-Übereinkommens über das Internationale Finanzierungsleasing vom 28.5.1988; hierzu bei → Rn. V 128.

[277] Vgl. *Girsberger*, Grenzüberschreitendes Finanzierungsleasing, 1997, Rn. 7 ff.

[278] Zu urheberrechtlichen Fragen des EDV-Leasing vgl. *Vander* CR 2011, 77 ff.

[279] Vgl. *Canaris* ZIP 1993, 401 f.

[280] Vgl. näher zur Abgrenzung zwischen Finanzierungsleasing und Operate Leasing *Schott/Bartsch* in Eilers/Rödding/Schmalenbach, Unternehmensfinanzierung, 2. Aufl. 2014, Kap. E Rn. 6 ff.

[281] Vgl. hierzu ausf. *Schott/Bartsch* in Eilers/Rödding/Schmalenbach, Unternehmensfinanzierung, 2. Aufl. 2014, Kap. E Rn. 40 ff.

[282] Zu Sonderproblemen hierbei *Berninghaus* in Martinek/Stoffels/Wimmer-Leonhardt LeasingR-HdB §§ 64 f. und *Hansen* in v. Westphalen LeasingV Kap. N Rn. 16 ff.

[283] Hierzu *Biagosch/Weinand-Härer* DB-Beilage 6/1998, 7 ff.

[284] Hierzu *Dageförde*, Internationales Finanzierungsleasing, 1992, 33 ff. sowie *Girsberger*, Grenzüberschreitendes Finanzierungsleasing, 1997, 18 ff.; *Sester* WM 2003, 1833 ff.; *Sester* ZBB 2003, 94 ff.

[285] Vgl. zum Kfz-Leasing *Michalski/Schmitt*, Der Kfz-Leasingvertrag, 1995; *Zahn* in v. Westphalen LeasingV Kap. M Rn. 1 ff.; *Martinek/Wimmer-Leonhardt* in Martinek/Stoffels/Wimmer-Leonhardt LeasingR-HdB §§ 55–57. Zum sog. „Null-Leasing" MüKoBGB/*Koch* Finanzierungsleasing Rn. 15.

meterleistung gefahrenen Mehr- oder Minderkilometer abgerechnet. Keine dieser Bezeichnungen zieht als solche Rechtsfolgen nach sich, doch können sie auf typische Problemstellungen verweisen.

2. Rechtstatsächliches. a) Bedeutung. Leasingfinanzierungen werden in Deutschland seit Anfang 67 der sechziger Jahre des vergangenen Jahrhunderts angeboten.[286] Anfang der siebziger Jahre kam es zu einer deutlichen Ausweitung des Marktes, nachdem insbesondere durch die bei → Rn. 69 erläuterten Leasingerlasse wichtige steuerliche Grundlagen für Leasingfinanzierungen geklärt wurden. Seither hat sich die Bedeutung des Leasing als Finanzierungsform fast kontinuierlich vergrößert.[287] Im Jahr 2019 wurden ca. 2 Mio. Leasingverträge neu abgeschlossen, mit denen Investitionen von fast 75 Mrd. EUR finanziert wurden.[288] Insbesondere für den Mittelstand gehören Leasingverträge zu den wichtigsten Finanzierungsinstrumenten.

b) Formularvertrag/Individualvertrag. Entgegen einer, insbesondere bei den Gerichten, ver- 68 breiteten Vorstellung[289] werden Leasingverträge nicht ausnahmslos als Formularverträge abgeschlossen. Zwar ist die Verwendung von AGB vor allem beim Leasing von Kraftfahrzeugen, Büromaschinen oder ähnlichen Mobilien (sog. „small ticket leasing") sowie beim Immobilienleasing festzustellen. Verträge für Großmobilien, wie etwa Flugzeuge,[290] Druckmaschinen oder Schienenfahrzeuge, werden jedoch überwiegend individualvertraglich ausgehandelt.[291] Dies gilt insbesondere bei grenzüberschreitenden Leasinggeschäften. Die Bedeutung sog. big ticket-Verträge hat in den letzten Jahren in Deutschland zugenommen. Im Jahr 2019 bezog sich 10 % des gesamten Mobilienneugeschäftes auf Produktionsmaschinen und sonstige Großmobilien.[292]

3. Steuerliche und bilanzrechtliche Rahmenbedingungen. a) Steuerliche Rahmenbedin- 69 **gungen.** Die besondere Attraktivität des Finanzierungsleasings hat sich über viele Jahre neben der eigentlichen Finanzierungsfunktion in den ihm innewohnenden steuerlichen Gestaltungsmöglichkeiten gegründet. Ausgangspunkt der meisten Strukturüberlegungen war dabei die Tatsache, dass der Leasingnehmer als Nutzer des Leasinggegenstandes in vielfältiger Hinsicht eine eigentümerähnliche Stellung hat, jedoch das zivilrechtliche Eigentum beim Leasinggeber verbleibt. Das zivilrechtliche Eigentum indiziert das **wirtschaftliche Eigentum.**[293] Damit wird der Leasinggeber **ertragssteuer-lich** als Eigentümer behandelt. Er aktiviert den Leasinggegenstand und hat die Befugnis, Absetzungen für Abnutzungen geltend zu machen. Der Leasingnehmer weist den Leasinggegenstand dagegen nicht in seiner Bilanz aus. Die gezahlten Leasingraten stellen für ihn Aufwendungen dar. Verdrängt der Leasingnehmer den Leasinggeber wirtschaftlich gänzlich aus der Eigentümerposition, so wird der Leasinggegenstand hingegen dem Leasingnehmer zugerechnet. Nach § 39 AO ist das dann der Fall, wenn der Leasingnehmer den Leasinggeber für die gewöhnliche Nutzungsdauer von der Einwirkung auf den Leasinggegenstand ausschließen kann. Dies ist offensichtlich, wenn die unkündbare Grundmietzeit der Lebensdauer des Leasinggegenstandes entspricht; dabei wird die gewöhnliche Nutzungsdauer nicht nach den tatsächlichen Verhältnissen, sondern nach den in den amtlichen AfA-Tabellen niedergelegten Fristen bemessen.[294] Neben der Laufzeit des Leasingvertrages können aber noch mannigfaltige andere Gesichtspunkte die steuerliche Zurechnung beeinflussen, wie etwa die Tatsache, dass der Leasingnehmer vorhersehbar rechtlich oder wirtschaftlich gezwungen ist, nach Ablauf der Vertragsdauer das Leasingobjekt zu erwerben. Dies wird zum Beispiel dann vermutet, wenn der Leasinggegenstand besonders auf die Bedürfnisse des Leasingnehmers zugeschnitten ist (sog. Spezialleasing). Die Praxis orientiert sich für die Zurechnung an den **Leasingerlassen** des Bundesfinanzministers, die den Verwaltungsvollzug des § 39 AO konkretisieren.[295] In grober Vereinfachung lässt sich

---

[286] Vgl. *Leible,* Finanzierungsleasing und „arrendamiento financiero", 1996, 34 ff.; zur jüngeren Entwicklung *Tacke,* Leasing, 3. Aufl. 1999, 2.1.

[287] Zu betriebs- und finanzwirtschaftlichen Argumenten für Leasingfinanzierungen vgl. *Schlede,* Handbuch der Konzernfinanzierung, 1998, Rn. 18.25 ff. sowie *Tacke,* Leasing, 3. Aufl. 1999, 1.3.

[288] *Bundesverband Deutscher Leasing-Unternehmen eV* – Zahlen & Fakten, Leasing in Deutschland, abrufbar unter http:leasingverband.de.

[289] Vgl. etwa *Stoffels* in Martinek/Stoffels/Wimmer-Leonhardt LeasingR-HdB § 8 Rn. 1.

[290] Vgl. grundsätzlich zum Flugzeug- und Schiffsleasing *Schmid-Burgk* in Hellner/Steuer BuB Rn. 13/206 ff., 13/229 ff.

[291] Zu typischen Vertragsklauseln bei Flugzeugleasingverträgen vgl. *Smeets,* Vertragsusancen und Risikokonstellationen beim grenzüberschreitenden Flugzeugleasing, 1996, 151 ff.

[292] *Bundesverband Deutscher Leasing-Unternehmen eV* – Zahlen & Fakten, Leasing in Deutschland, abrufbar unter http:leasingverband.de.

[293] Vgl. § 39 Abs. 1 AO.

[294] *Christen* in Eckstein/Feinen, Leasing-Handbuch für die betriebliche Praxis, 7. Aufl. 2000, 104. Ob die AfA-Tabellen allerdings für sog. Verlustzuweisungsgesellschaften als Leasinggeber gelten, ist nach dem BMF-Schreiben vom 15.6.1999 BStBl. I 1999, 543 zweifelhaft.

[295] Mobilien-Vollamortisation, Schreiben v. 19.4.1971 – IV B 2 – S 2170 – 31/71 – BStBl. I 1971, 264; Immobilien-Vollamortisation, Schreiben v. 21.3.1972 – F/IV B 2 – S 2170 – 11/72 – BStBl. I 1972, 188; Mobilien-Teilamortisation, Schreiben v. 22.12.1975 – IV B 2 – S 2170 – 161/75 – BB 1976, 72; Immobilien-Teilamortisation, Schreiben v. 23.12.1991 – IV B 2 – S 2170 – 115/91 – BStBl. I 1992, 13 (sämtlich auch abgedruckt bei v. Westphalen LeasingV Anh. Leasingerlasse der Finanzverwaltung, 951 ff., *Vosseler* in Fittler/Mudersbach, Leasinghandbuch

deren Philosophie wie folgt festhalten: der Leasinggeber behält dann das wirtschaftliche Eigentum, wenn a) die unkündbare Grundmietzeit nicht mehr als 90 % der betriebsgewöhnlichen Nutzungsdauer überschreitet[296] und b) der Leasinggeber in nennenswertem Umfang entweder an einer positiven Wertentwicklung des Leasingobjektes partizipiert[297] oder eigentümertypische Risiken[298] übernimmt. Die Systematik der Leasingerlasse wurde allerdings durch ersichtlich fiskalisch motivierte Erlasse von Landesämtern für Finanzen durchbrochen,[299] die insbesondere dann, wenn der Leasingnehmer das Restwertrisiko übernimmt, dem Leasinggeber das wirtschaftliche Eigentum entziehen.[300] Die **umsatzsteuerliche Behandlung** folgt regelmäßig[301] der ertragssteuerlichen Zuordnung.[302] Finanzierungsleasingverträge werden überwiegend darauf gerichtet sein, den steuerlichen Vorgaben zu entsprechen; man spricht insoweit von **erlasskonformen Leasingverträgen.**[303] Angesichts der wirtschaftlichen Bedeutung der steuerlichen Qualifikation hat diese erhebliche Rückwirkungen auf die Ausgestaltung der vertraglichen Beziehungen. Sie ermöglicht in vielen Fällen auch eine interessenorientierte Interpretation der Abreden der Parteien.

70   In **gewerbesteuerlicher Hinsicht** sind seit dem 1.1.2009 Finanzierungsleasinggesellschaften von der Hinzurechnung von Schuldzinsen für Gewerbesteuerzwecke gem. § 19 Abs. 4 GewStDV befreit, soweit sie auf Finanzdienstleistungen entfallen.[304] Die vorher bestehende Diskriminierung von Leasingfinanzierungen gegenüber Bankkrediten wurde damit aufgehoben. Die durch die Unternehmenssteuerreform angeordnete Hinzurechnung der Leasingraten bei der Ermittlung des Gewerbeertrages des Leasingnehmers gilt nunmehr folgerichtig fort:[305] Sie erfolgt bei Mobilien in Höhe von 5 % und bei Immobilien (seit 2010) in Höhe von 12,5 % der Leasingraten.

71   Die beschriebenen steuerlichen Vorgaben sind für deutsche Leasinggeber bei nationalen als auch bei Exportleasingverträgen relevant. Bei ausländischen Leasinggebern, etwa in Japan oder den USA, ist dies nicht der Fall. Soweit sie Leasinggegenstände ins Inland verleasen, werden sie bemüht sein, ihrer eigenen Steuerrechtsordnung zu entsprechen. Unterschiedliche steuerliche Zurechnungskriterien können dann zur Aktivierung des Leasinggegenstandes sowohl beim Leasinggeber wie beim Leasingnehmer führen.

72   **b) Bilanzrechtliche Rahmenbedingungen.** Die steuerliche Zuordnung des Leasinggegenstandes ist nach deutschem Bilanzrecht auch für die **handelsrechtliche Rechnungslegung** nach HGB maßgeblich.[306] Ein hiervon abweichendes Regelwerk zur bilanziellen Zuordnung von Leasinggegenständen findet sich ab 1.1.2019 in IFRS 16.[307] Diese Regelungen weichen von den oben beschriebenen Zurechnungskriterien ab. Hiernach sind die Rechte und Verpflichtungen aus jedem Leasing-Verhältnis über ein höherwertiges Wirtschaftsgut zu bilanzieren, also grundsätzlich das Recht auf Nutzung (Right of Use) zu aktivieren und der Barwert der damit verbundenen zukünftigen Zahlungsverpflichtungen

für die betriebliche Praxis, 8. Aufl. 2012, 138 f. und *Tacke,* Leasing, 3. Aufl. 1999, Anh. 1); der Bundesminister der Finanzen hatte im Jahre 1996 eine Revision der bisherigen Erlasse in einem neuen, die bisherigen Schreiben ersetzenden Erlass angekündigt. Vgl. *Engel* DStR 2000, 1478 ff.

[296] Die ua in dem Schreiben v. 19.4.1971 enthaltene Untergrenze von 40 % beruht auf der Annahme, dass bei einer vollständigen Bezahlung der Anschaffungskosten des Leasinggebers innerhalb eines so kurzen Zeitraumes zumindest eine stillschweigende Übereinkunft der Vertragsparteien über den nachfolgenden Erwerb des Leasinggutes vorliegt und sich das Geschäft steuerlich als Abzahlungskauf darstellt; vgl. *Tonner,* Leasing im Steuerrecht, 6. Aufl. 2014, 2. Kap. Rn. 30 ff.

[297] Vgl. etwa Nr. 2b des Schreibens v. 22.12.1975 – IV B 2 – S 2170 – 161/75 – BB 1976, 72, wonach der Leasinggeber bei einem Verkauf des Leasinggegenstandes nach Vertragsende mindestens 25 % eines die Restamortisation übersteigenden Veräußerungserlöses erhalten muss.

[298] ZB das Risiko des zufälligen Untergangs nach Nr. II. 2b dd des Schreibens v. 23.12.1991 – IV B 2 – S 2170 – 115/91 – BStBl. I 1992, 13.

[299] Vgl. etwa OFD Münster v. 23.4.1998 – S 2204 – 8-St 12 – 31, BB 1998, 1042 und OFD Frankfurt v. 20.6.2006 – S 2170 A – 28 – St 219, FR 2006, 793.

[300] Zu Recht krit. *Tonner* FR 2007, 946 ff.

[301] Zu Sonderfällen bei Sale- und Leaseback-Transaktionen vgl. BFH Urt. v. 6.4.2016 – V R 12/15, DStR 2016, 1664 und *Lehr/Schäfer-Elmayer* DStR 2017, 1142 sowie zur Behandlung ausgefallener Leasing- und Schlusszahlungen EuGH Urt. v. 3.7.2019 – C-242/18, DStR 2019, 965.

[302] Nr. 3.5 Abs. 5 S. 2 UStAE; vgl. aber *de Weerth* in Anw. zu EuGH Urt. v. 4.10.2017, DStR 2017, 2218.

[303] Zur Zurechnung für deutsche steuerliche Zwecke bei nicht erlasskonformen Teilamortisationsverträgen vgl. *Schott/Bartsch* in Eilers/Rödding/Schmalenbach, Unternehmensfinanzierung, 2. Aufl. 2014, Kap. E Rn. 50 ff.

[304] Zu Einzelheiten *Wiedner/Krause* BB 2011, 1374 ff.

[305] § 8 Nr. 1 lit. d, e GewStG.

[306] Hierzu *Schirduan,* Finanzierungsleasing in der Bilanz des Leasinggebers, 1994; zur internationalen Rechnungslegung *Mellwig* DB-Beilage 12/1998, 8; rechtsvergleichend *Küting/Brakensiek* BB 1998, 1465.

[307] Zu den bis 31.12.2018 geltenden IAS 17 vgl. BeckIFRS-HdB/*Morfeld* § 22 Rn. 2, 5, 10–14. Ferner MüKoBGB/*Koch* Leasing Rn. 24; *Schott/Bartsch* in Eilers/Rödding/Schmalenbach, Unternehmensfinanzierung, 2. Aufl. 2014, Kap. E Rn. 48 ff., insbes. auch zu den Unterschieden bei der Zurechnung nach den Leasingerlassen und nach IAS/IFRS; zu den weiteren IAS/IFRS-Vorschriften, die für die Leasing-Bilanzierung von Bedeutung sind vgl. *Heyd* in v. Westphalen LeasingV Kap. A Rn. 72 ff. Vgl. zur Geltung von IAS 39 *Henneberger/Wulle* FLF 2007, 270 ff.

zu passivieren.[308] Die in den ersten Jahrzehnten des Leasing prägende Motivation, über Leasingverträge eine off-balance Finanzierung[309] zu erlangen, dürfte damit bei Leasingnehmern, die nach IFRS bilanzieren, weiter zurückgehen.[310]

4. Finanzierungsstrukturen. a) Grundstruktur. Ausgangspunkt der meisten Leasingfinanzierun- **73** gen ist folgendes Grundmuster: Der Leasinggeber erwirbt den Leasinggegenstand auf der Grundlage eines originären Kaufvertrages oder eines Vertrages, mit dem er in einen vom Leasingnehmer bereits abgeschlossenen Kaufvertrag eintritt. Zugleich schließt er einen Finanzierungsleasingvertrag mit dem Leasingnehmer ab. In diesem verpflichtet sich der Leasingnehmer zur Zahlung der Leasingraten und er gewährleistet, dass der Leasinggeber den Restwert erhält, sei es durch Einräumung eines Andienungsrechtes, durch die Garantie, dass bei einem Drittverkauf der Erlös nicht den Restwert unterschreitet (sog. **Restwertgarantie**), oder in anderer Weise. Den Kaufpreis finanziert der Leasinggeber durch den Einsatz von Eigenkapital, vorzugsweise traditionell aber durch den Verkauf der Leasingraten und oft auch des Anspruchs auf Zahlung des Restwertes.[311] Um eine die Kosten der Finanzierung erhöhende gewerbesteuerliche Belastung durch die Hinzurechnung einer Dauerschuld aus der Fremdfinanzierung zu vermeiden,[312] geschah der Verkauf regelmäßig unter Ausschluss der Haftung für die Einbringlichkeit der verkauften Forderungen (sog. **Forfaitierung**).[313] Zunehmend kommt für den Leasinggeber auch eine **Darlehensaufnahme** in Betracht.[314] Will er wirtschaftlich auch in diesem Fall nicht für den Eingang der Leasingraten einstehen, so wird das Darlehen regresslos gestellt: Der Leasinggeber hat für Zins und Tilgung nur insoweit einzustehen, als der Leasingnehmer die geschuldeten Leasingraten erbringt. Die finanzierende Bank lässt sich in diesem Fall die Ansprüche gegen den Leasingnehmer zur Sicherheit abtreten, was sie häufig auch bei der schlichten Darlehensgewähr verlangt. Bei allen Finanzierungsformen strebt die Bank stets eine dingliche Sicherung am Leasinggegenstand für alle Ansprüche gegen Leasinggeber und Leasingnehmer an. Diese kollidiert im Fall der Forfaitierung allerdings mit dem gewerbesteuerlichen Gebot für den Leasinggeber, keine Haftung für die Bonität des Leasingnehmers zu übernehmen. Jenes schließt nach Auffassung des BFH auch eine indirekte Gewährsübernahme durch Sicherheitenbestellung aus.[315]

b) Doppelstockmodell/asset-backed-securities. Das vorgestellte Grundmuster der Refinanzie- **74** rung von Leasingverträgen bedarf in den Fällen einer Modifikation, in denen die Bonität des Leasingnehmers den Anforderungen der finanzierenden Bank nicht genügt, vor allem aber wenn, wie bei vielen small ticket-Verträgen, eine Bonitätsprüfung zu aufwendig wäre. Hier verkauft der Leasinggeber die Leasingobjekte aus einer Vielzahl von Leasinggeschäften an ein mit ihm verbundenes Unternehmen (den Hauptleasinggeber) und least sie zurück. Zusätzlich zediert er zur Sicherheit die Ansprüche aus den mit seinen Kunden abgeschlossenen (Unter-)Leasingverträgen (sog. **Doppelstockmodell**). Der Hauptleasinggeber kann nun seinen Leasinganspruch gegen die Leasinggesellschaft und die ihm eingeräumten Sicherheiten auf die Bank übertragen, die nunmehr entscheidend auf die Bonität der Leasinggesellschaft abstellen kann.[316] Eine weitere Alternative zur Refinanzierung von Massenforderungen bietet die Verbriefung von laufenden Leasingforderungen (teilweise auch der Ansprüche auf den Resterlös) durch **asset-backed-securities**.[317]

c) Leasingfonds. Eine wesentliche Modifikation des bei → Rn. 73 vorgestellten Grundmodells, die **75** weitgehende Folgen für die rechtliche Ausgestaltung haben kann, ergibt sich, wenn die Leasingfinanzierung einen **Barwertvorteil** für den Leasingnehmer generieren soll. Ein Barwertvorteil liegt vor, wenn die unter dem Finanzierungsleasingvertrag vom Leasingnehmer zu leistenden Zahlungen mit einem vergleichbaren Darlehenszins diskontiert einen Betrag ergeben, der unter den Anschaffungskosten des Leasinggebers liegt. Die Leasingfinanzierung hat in diesem Fall nicht nur liquiditätsschonende und bilanzentlastende Wirkungen, sondern bietet einen weitergehenden Finanzierungsvorteil für den Leasingnehmer. Der Barwertvorteil wird dadurch ermöglicht, dass der Leasinggeber sein Kapital zu günstigeren Konditionen als eine darlehensgewährende Bank zur Verfügung stellt. Er wird hierzu

---

[308] Vgl. hierzu ausf. *Tesche/Küting* DStR 2016, 620.

[309] *Nehmet/Hülsen/Adolph* FLF 2009, 204.

[310] Ausf. *Claßen/Schulz* IZR 2009, 313; krit. *Kümpel/Becker* DStR 2010, 456.

[311] Zur steuerlichen Problematik der sog. Restwertforfaitierung *Wagner* in Martinek/Stoffels/Wimmer-Leonhardt LeasingR-HdB § 70 Rn. 14 ff.

[312] § 8 Nr. 1 GewStG; vgl. das Schreiben des Bundesministeriums der Finanzen v. 9.1.1996 – IV B 2 – S 2170 – 135/95, BStBl. I 1996, 9, krit. hierzu *Milatz* DB 1996, 841; vgl. zur Forfaitierung bei Immobilien-Leasingverträgen Sächsisches Finanzministerium, Erlass v. 21.12.1993 – 32 – S 2170 – 2/20 – 0573 II DB 1994, 404. Vgl. ferner *Lüdicke* in Lüdicke/Arndt, Geschlossene Fonds, 6. Aufl. 2013, 101 f.

[313] Vgl. zum Forfaitierungsgeschäft allgemein *Hakenberg* → Rn. 41 ff.

[314] Zu Veränderungen bei den Refinanzierungsformen vgl. *Hartmann-Wendels/Pytlik* FLF 2012, 65 (68 f.).

[315] BFH Urt. v. 5.5.1999 – XI R 6/98, WM 1999, 1763 (1765); vgl. MüKoBGB/*Koch* Leasing Rn. 25.

[316] Hierzu *Berninghaus* in Martinek/Stoffels/Wimmer-Leonhardt LeasingR-HdB § 75 Rn. 1 ff.

[317] Hierzu *Schott/Bartsch* in Eilers/Rödding/Schmalenbach, Unternehmensfinanzierung, 2. Aufl. 2014, Kap. E Rn. 22 sowie zu asset-backed-securities *Kaiser* in Eilers/Rödding/Schmalenbach, Unternehmensfinanzierung, 2. Aufl. 2014, Kap. E Rn. 83 ff.

dann bereit sein, wenn er die mit dem wirtschaftlichen Eigentum verbundene Berechtigung, Abschreibungen steuerlich wirksam geltend zu machen, zur Minderung seiner sonstigen Steuerlast zeitweilig oder dauerhaft[318] einsetzen kann. Diese Fallkonstellation findet sich insbesondere bei sog. **Leasingfonds.**[319] Hier finanziert in einer bis 2005 verbreiteten Konstellation eine gewerblich geprägte Personengesellschaft,[320] meist eine KG, den Erwerb des Leasinggegenstandes überwiegend durch von privaten Investoren zur Verfügung gestelltes Eigenkapital, welches allerdings oft zu einem erheblichen Teil durch Begebung von Inhaber- oder Namensschuldverschreibungen oder Darlehensaufnahme refinanziert wird. Der nicht durch Eigenkapital dargestellte Teil des Kaufpreises wird durch Darlehensaufnahme oder Forfaitierung abgedeckt. Seit 2006 sind insbesondere bei Flugzeugfinanzierungen nicht gewerblich geprägte Leasingfonds hervorgetreten. Ihr Geschäftsmodell ist darauf ausgerichtet, Einkünfte aus Vermietung und Verpachtung zu erzielen. Anders als die klassischen Flugzeugfonds vereinbaren sie keine Finanzierungsleasingverträge, sondern operative Leases; dh das Restwertrisiko liegt beim Leasinggeber. Dieses realisiert sich insbesondere dann, wenn, wie bei zahlreichen A 380 Leasingfonds, der Leasinggeber den Leasinggegenstand am Ende der Grundmietzeit zurückgibt und eine Anschlussverwertung nicht möglich ist.

76   **d) Defeasance und "Flens"-Modell.** Soweit die Bonität des Leasingnehmers bei einer Fondsstruktur den Investoren insbesondere im Hinblick auf die Anteilsfinanzierung ungenügend erscheint, verlangt die Fondsgesellschaft zusätzliche Sicherheiten, etwa in Gestalt einer Garantie oder einer Schuldübernahmeerklärung durch eine Bank. Diese wiederum begehrt meist eine Absicherung durch ein Bardepot. Solche sog. **Defeasance-Strukturen**[321] finden auch dann Anwendung, wenn ein ausländischer Leasingnehmer das mit einer auf Euro lautenden Leasingfinanzierung verbundene Wechselkursrisiko vermeiden will und daher selbst auf die Hinterlegung eines solchen Betrages drängt, der aufgezinst geeignet ist, die zukünftigen in der Inlandswährung fälligen Zahlungen an den Leasinggeber abzudecken. Erfasst die Defeasance sämtliche unter dem Leasingvertrag geschuldeten Zahlungsströme, so reduziert sich die Finanzierung auf die Erlangung des Barwertvorteils.

77   Eine Defeasance-Struktur stellt auch das sog. „Flens"-Modell[322] dar, bei dem Leasinggeber und Leasingnehmer vereinbaren, dass Letzterer die im Leasingvertrag vorgesehenen Zahlungsverpflichtungen (zB Anfangszahlung, Leasingraten, Abschlusszahlung) durch Leistung einer anfänglichen Einmalzahlung an einen Dritten erbringt. Der Dritte verpflichtet sich seinerseits, im Rahmen eines „Verwaltungsvertrages" die Leasingraten sukzessive an den Leasinggeber (oder an den Refinanzierer, dem der Leasinggeber die Forderungen abgetreten hat) zu bezahlen. Dabei ist der Betrag, den der Leasingnehmer an den Dritten zu zahlen hat, niedriger als die Summe der Zahlungsverpflichtungen unter dem Leasingvertrag. Wie bei allen Defeasance-Vereinbarungen liegt dem die Annahme zugrunde, dass der Dritte mit dem anfänglich bezahlten Betrag soviel Rendite erwirtschaften kann, dass die Zahlungsverpflichtungen unter dem Leasingvertrag erfüllt werden können und für den Dritten zusätzlich ein Ertrag verbleibt. Der BGH, der mit diesem Modell in Bezug auf einen Kfz-Leasingvertrag konfrontiert war, hat die Vereinbarung zwischen dem Leasingnehmer und dem Leasinggeber über die Einmalzahlung nach §§ 157, 133 BGB dergestalt ausgelegt, dass es sich um eine Vereinbarung nach § 362 Abs. 2 BGB handelt, bei der der Schuldner mit Erfüllungswirkung an einen Dritten leisten kann. Darüber hinaus hat er klargestellt, dass diese Erfüllungswirkung auch gegenüber demjenigen gilt, bei dem sich der Leasinggeber mit Hilfe von Globalzession der Leasingraten und Sicherungsübereignung des Leasingobjekts refinanziert hat.[323]

78   In der internationalen Vertragspraxis werden die Erfüllungswirkungen meist ausdrücklich als Erfüllungsübernahme, Schuldbeitritt oder privative Schuldübernahme geregelt.

79   **e) Forfaitierung.** Vielfach refinanziert sich der Leasinggeber, indem er seine aus einem Leasingvertrag resultierenden Forderungen à forfait an ein Kreditinstitut verkauft und diesem das Leasingobjekt zur Sicherheit übereignet. Von zentraler Frage ist hierbei, inwieweit das betreffende Kreditinstitut auf den Leasinggeber zugreifen kann, wenn sich die verkauften Forderungen als uneinbringlich erweisen. Hierzu hat der BGH im „Flow Tex"-Fall grundlegend Stellung genommen.[324] Er geht auf der Basis von § 437 Abs. 1 BGB aF zunächst davon aus, dass der Forderungsverkäufer, sofern nichts anderes vereinbart wurde, nur für den rechtlichen Bestand und die Einredefreiheit der verkauften

---

[318] Diese Möglichkeit wurde durch die Steuergesetzgebung (§ 2b EStG aF, § 15b EStG) sowie die Praxis der Steuerbehörden und -gerichte seit 2006 erheblich eingeschränkt.

[319] Hierzu *Lüdicke,* Mobilienfonds, 1999, 4 ff.

[320] § 15 Abs. 3 Nr. 2 EStG.

[321] Hierzu *Fahrholz,* Neue Formen der Unternehmensfinanzierung, 1998, 196 ff.; *Hoffmann* WpG 1995, 721 ff.; Lüdicke/Arndt, Geschlossene Fonds, 4. Aufl. 2007, 188, 217; zur steuerlichen Behandlung bei strukturähnlichen Medienfonds *Theisen/Lins* DStR 2010, 1649.

[322] BGH Urt. v. 26.2.2003 – VIII ZR 270/01, WM 2003, 1089 (1090 f.); vgl. hierzu auch *Stoffels* in Martinek/Stoffels/Wimmer-Leonhardt LeasingR-HdB § 16 Rn. 12.

[323] BGH Urt. v. 26.2.2003 – VIII ZR 270/01, WM 2003, 1089 (1090 f.).

[324] BGH Urt. v. 10.11.2004 – VIII ZR 186/03, WM 2005, 15 (18 f.); vgl. auch BGH Urt. v. 10.11.2004 – VIII ZR 223/03, WM 2005, 23 ff.

Forderung haftet (sog. Bestands- oder Veritätshaftung), die sog. Bonitätshaftung trägt hingegen der Forderungskäufer.[325] Was den Umfang der Veritätshaftung anbelangt, so hat der BGH entschieden, dass diese Haftung den Schaden, der durch betrügerisches Verhalten des Leasingnehmers entsteht, nicht schon deswegen einschließt, weil die Leasinggesellschaft dem Leasingnehmer als dessen Vertragspartner näher steht als das refinanzierende Kreditinstitut. Er vertritt die Ansicht, dass der redliche Vertragspartner des Betrügers dem Betrugsrisiko regelmäßig nicht näher steht als der geschädigte Dritte, der in dessen Gläubigerstellung eingetreten ist.[326] Ferner führt der BGH aus, dass das Fehlen oder der Wegfall der Geschäftsgrundlage des Leasingvertrags (insbesondere wegen Nichtigkeit des mit Betrugsabsicht nur zum Schein abgeschlossenen Kaufvertrags zwischen Lieferant und Leasingnehmer über das Leasingobjekt, in den die Leasinggesellschaft eingetreten ist) die Veritätshaftung jedenfalls dann nicht auslöst, wenn es dem Leasingnehmer nach Treu und Glauben verwehrt ist (dolo agit-Einrede wegen betrügerischen Verhaltens des Leasingnehmers), sich gegenüber der Leasinggesellschaft auf das Fehlen oder den Wegfall der Geschäftsgrundlage zu berufen.[327] Entsprechend beurteilt der BGH die bloße Anfechtbarkeit der Leasingverträge.[328] Auch das Risiko, dass der Leasingnehmer den Leasinggegenstand unterschlägt und der Refinanzier dadurch sein Sicherungseigentum einbüßt, weist der BGH dem Refinanzierer (Forderungskäufer) zu.[329] Anders entscheidet er jedoch dann, wenn es dem Leasinggeber (Forderungsverkäufer) nicht gelungen ist, das Eigentum an dem Leasinggegenstand zu verschaffen. Die Verpflichtung zur Sicherungsübereignung fällt also in den Bereich der Veritätshaftung, die nach § 437 BGB aF iVm §§ 440 Abs. 1 BGB aF zu den Rechten aus §§ 320–327 BGB aF führte.[330] Die Entscheidungslinie des BGH lässt sich problemlos auf das neue Schuldrecht übertragen. Zwar hat der Gesetzgeber die Sonderregelung des § 437 BGB aF aufgegeben und der Gewährleistungsrechte beim Rechtskauf den allgemeinen kaufrechtlichen Gewährleistungsregeln unterstellt (§ 453 BGB iVm §§ 434, 437 BGB), da die Bonität des Schuldners der verkauften Forderung aber nicht zur „gewöhnlichen Beschaffenheit" des Rechts gerechnet werden kann, bleibt es im Kern bei der bisherigen Rechtslage.[331] Nur für den Fall, dass der Verkäufer bezüglich der Leistungsfähigkeit des Schuldners bestimmte Zusagen gemacht hat, kann etwas anderes gelten. Wurden solche Zusagen gemacht, kann eine Garantie iSv § 276 Abs. 1 BGB vorliegen.[332]

5. Abgrenzung. Finanzierungsleasingverträge sehen fast[333] ausnahmslos neben der auf Zeit einge-   **80**
räumten Gebrauchsüberlassung die Möglichkeit eines Eigentumserwerbes durch den Leasingnehmer vor. Sie weisen daher eine große Ähnlichkeit zu **Abzahlungskaufverträgen** auf. Entscheidender Unterschied zwischen den beiden Vertragstypen ist, dass beim Abzahlungskauf von vornherein die Übereignung – unter der aufschiebenden Bedingung vollständiger Kaufpreiszahlung – vereinbart wird, während beim Leasing aus den bei → Rn. 69 genannten Gründen ein Eigentumserwerb lediglich eine mehr oder weniger wahrscheinliche Möglichkeit darstellt.[334] Auch der **Mietkauf** sieht einen fakultativen Eigentumserwerb vor. Hier ist im Rahmen eines Mietvertrages dem Mieter eine Kaufoption zum Festpreis eingeräumt,[335] auf den die gezahlten Mietzinsraten ganz oder teilweise angerechnet werden. Übt der Mieter die Option aus, so unterfällt der Vertrag dem Kaufrecht. Bis zu diesem Zeitpunkt unterliegt er dem Mietrecht.[336] Vom schlichten **Mietvertrag** unterscheiden sich Leasingverträge durch ihre Finanzierungsfunktion für den Leasingnehmer. Eine solche Finanzierungsfunktion haben auch sog. **Betreibermodelle.** Sie finden sich besonders bei der Finanzierung von Infrastrukturanlagen, wie etwa Kraftwerken oder Kläranlagen. Bei ihnen erwirbt der (dem Leasinggeber) entsprechende Betreiber das Finanzierungsgut und verpflichtet sich gegenüber dem Begünstigten (im Rahmen eines Betriebsvertrages) zum Betrieb desselben. Häufig verfügt der Betreiber selbst aber nicht über die erforderlichen Kenntnisse oder das benötigte Personal. Er bedient sich hierzu (über einen Betriebsführungsvertrag) eines Dritten. Ist dieser mit dem Nutzer identisch, so liegen finanzierungstechnisch und steuerlich deutliche Ähnlichkeiten zu einer Leasingstruktur vor. Da Betriebsvertrag und Betriebsführungsvertrag ein unterschiedliches rechtliches Schicksal nehmen können, ist die Abgrenzung zum Leasingvertrag in rechtlicher Hinsicht jedoch eindeutig. Der Betreiber schuldet im Rahmen des Betriebsvertrages nicht Gebrauchsüberlassung, sondern den Betrieb der Anlage.

---

[325] BGH Urt. v. 10.11.2004 – VIII ZR 186/03, WM 2005, 15 (18).
[326] BGH Urt. v. 10.11.2004 – VIII ZR 186/03, WM 2005, 15 (18).
[327] BGH Urt. v. 10.11.2004 – VIII ZR 186/03, WM 2005, 15 (19).
[328] BGH Urt. v. 10.11.2004 – VIII ZR 186/03, WM 2005, 15 (19).
[329] BGH Urt. v. 10.11.2004 – VIII ZR 186/03, WM 2005, 15 (19).
[330] BGH Urt. v. 10.11.2004 – VIII ZR 186/03, WM 2005, 15 (19).
[331] MüKoBGB/*Westermann* BGB § 453 Rn. 11.
[332] MüKoBGB/*Westermann* BGB § 453 Rn. 11.
[333] Anderes gilt für Operate- und Lease-in-Lease-out-Verträge.
[334] Vgl. *Leible*, Finanzierungsleasing und „arrendamiento financiero", 1996, 47.
[335] Steuerlich wird der Vertragsgegenstand daher meist dem Mieter von Vertragsbeginn an mit vor allem umsatzsteuerlichen Folgen zugerechnet; vgl. *Tacke*, Leasing, 3. Aufl. 1999, 1.2.2.
[336] Vgl. hierzu Palandt/*Weidenkaff* BGB Einf. § 535 Rn. 30; *Martinek* in Martinek/Stoffels/Wimmer-Leonhardt LeasingR-HdB § 4 VI.

81   **6. Bankaufsichtsrecht.** Das Finanzierungsleasinggeschäft ist **kein Bankgeschäft** iSd § 1 Abs. 1 S. 2 KWG. Auch wenn bei wirtschaftlicher Betrachtungsweise das Leasinggeschäft ein Kreditgeschäft darstellt, bei dem die Leasinggegenstände als Kreditsicherheit dienen,[337] unterfällt das Leasinggeschäft nicht einer der in § 1 Abs. 1 S. 2 KWG genannten Arten von Bankgeschäften, insbesondere handelt es sich hierbei nicht um ein Gelddarlehen iSd § 1 Abs. 1 S. 2 Nr. 2 KWG.[338] Das Finanzierungsleasing wird als **erlaubnispflichtige Finanzdienstleistung** behandelt, soweit dies außerhalb der Verwaltung eines Investmentvermögens iSd § 1 Abs. 1 KAGB erfolgt (§ 1 Abs. 1a Nr. 10 KWG). Ihm wird die Verwaltung von Leasing-Objektgesellschaften gleichgestellt (vgl. § 2 Abs. 6 S. 1 Nr. 17 KWG). Das Operate-Leasing ist dagegen erlaubnisfrei. Da das KWG keine Abgrenzungskriterien benennt, kommt in der Praxis dem Merkblatt der BaFin vom 19.1.2009[339] eine erhebliche Bedeutung zu. Im Ergebnis entspricht die Zurechnung hiernach oft der Zuordnung, wie sie von der Rspr. zum alten Verbraucher-kreditrecht vorgenommen wurde.[340] Ist die Tätigkeit als Finanzierungsleasing anzusehen, unterfällt das Finanzdienstleistungsunternehmen einer eingeschränkten Aufsicht. Hierzu gehören die Anforderungen an das Risikomanagement. Dagegen ist es nicht in die Solvenz- und Liquiditätsaufsicht einbezogen.[341] Bei grenzüberschreitenden Leasingfinanzierungen, insbesondere bei big ticket-Leasingverträgen, kön-nen sich aus dem Genehmigungserfordernis insbesondere für den Leasingnehmer Risiken ergeben, wenn er im Rahmen von Gewährleistungen gegenüber dem Leasinggeber oder dessen Refinanzierer für die Genehmigungsfreiheit des Geschäftes einzustehen hat.[342]

II. Rechtliche Qualifikation

82   Die Rechtsnatur des Finanzierungsleasingvertrages bestimmt, welche gesetzlichen Regelungen auf ihn anzuwenden sind, welche Vorschriften für eine ergänzende Vertragsauslegung heranzuziehen sind und welche internationalprivatrechtliche Qualifikation er erfahren wird. Weiterhin hat die Bestim-mung der Rechtsnatur des Leasingvertrages Auswirkungen auf das Zwangsvollstreckungs- und das Insolvenzverfahren. Entscheidende Bedeutung entfaltet die rechtliche Qualifikation bei der AGB-rechtlichen Inhaltskontrolle: Nur dann, wenn der Leasingvertrag einem oder mehreren bestimmten Vertragstypen zugeordnet worden ist, ist es möglich, Abweichungen von der gesetzlichen Regel festzustellen.

83   **1. Leasing als atypische Miete.** Über die rechtliche Einordnung des Finanzierungsleasing ist lange gestritten worden.[343] Der BGH hat den Finanzierungsleasingvertrag in stRspr[344] „in erster Linie als Mietvertrag" qualifiziert, auf den lediglich ergänzend andere Regelungen, etwa aus dem Kaufrecht Anwendung finden. Diese Judikatur[345] hat gewichtige Kritik in der Lit. erfahren; insbesondere ist beanstandet worden, dass hierbei die Finanzierungsfunktion zu wenig beachtet werde.[346] Sie ist gleich-wohl so gefestigt, dass mit einer Abkehr vom **mietvertraglichen Leitmodell** nicht zu rechnen ist.[347] In der Lit. wird das Finanzierungsleasing von vielen als **Vertrag sui generis**[348] qualifiziert. Die Auswirkungen des Theorienstreites sind geringer, als es den Anschein hat, da auch viele Anhänger des sui generis-Ansatzes die Entscheidungen des BGH überwiegend im Ergebnis tragen[349] und der BGH in seiner Entscheidungspraxis auch immer wieder auf „leasingvertragstypische" Interessenlagen[350] rekurriert.[351]

---

[337] Vgl. die Gesetzesbegründung zu § 19 Abs. 1 S. 1 Nr. 7 KWG in der Fassung der 3. KWG-Novelle, BT-Drs. 10/1441, 18 (44).

[338] AllgM; vgl. statt aller *Jochum* in Martinek/Stoffels/Wimmer-Leonhardt LeasingR-HdB § 77 Rn. 3 mwN.

[339] *Consbruch/Fischer* KWG B 53.10.; hierzu *Findeisen/Sabel* DB 2009, 801.

[340] Vgl. bei → 86; zu recht krit. *Lüdicke/Kind* DStR 2009, 709.

[341] Vgl. *Glos/Sester* WM 2009, 1209; weitere Einzelheiten bei *Hartmann-Wendels* ZBB 2010, 96.

[342] Vgl. hierzu auch *Schwerdtfeger* BKR 2010, 53.

[343] Zum heutigen Streitstand *Graf v. Westphalen* in v. Westphalen LeasingV Kap. A Rn. 2 ff.; *Peters* in Hellner/Steuer BuB Rn. 13/77 ff. sowie ausf. *Martinek* in Martinek/Stoffels/Wimmer-Leonhardt LeasingR-HdB § 4 Rn. 12 ff.

[344] Vgl. etwa BGH Urt. v. 5.4.1978 – VIII ZR 42/77, BGHZ 71, 189 (193) = NJW 1978, 1383 (1384); Urt. v. 27.2.1985 – VIII ZR 328/83, BGHZ 94, 44 (48) = NJW 1985, 1535 (1536); Urt. v. 30.9.1987 – VIII ZR 226/86, NJW 1988, 198 (199).

[345] Zust. wohl noch hM im Schrifttum, vgl. etwa *Wolf/Eckert/Ball*, Handbuch des gewerblichen Miet-, Pacht- und Leasingrechts, 10. Aufl. 2009, Rn. 1749 ff.

[346] Vgl. etwa *Canaris* AcP 190 (1990), 410 (446 ff.); *Leible*, Finanzierungsleasing und „arrendamiento financiero", 1996, 65 ff.

[347] Vgl. etwa BGH Urt. v. 29.11.1989 – VIII ZR 323/88, BGHZ 109, 250 (255 f.) = NJW 1990, 829, wo der BGH es ausdr. ablehnt, die Finanzierungsfunktion in den Vordergrund zu stellen.

[348] Vgl. dazu MüKoBGB/*Koch* Leasing Rn. 28; zu anderen Einordnungsversuchen *Leible*, Finanzierungsleasing und „arrendamiento financiero", 1996, 82 ff.

[349] Vgl. etwa *Martinek* in Schimansky/Bunte/Lwowski BankR-HdB § 101 Rn. 30; *Martinek* in Martinek/Stoffels/Wimmer-Leonhardt LeasingR-HdB § 4 Rn. 12 ff.

[350] Vgl. etwa BGH Urt. v. 20.9.1989 – VIII ZR 239/88, NJW 1990, 247 (248).

[351] Krit. zur Risikoverteilung nach der Rspr. des BGH aber *Lieb* WM-Sonderbeilage 6/1992.

2. Leasing als Kreditgewähr. Unbeschadet der primär mietvertraglichen Qualifikation werden 84
Finanzierungsleasingverträge für Zwecke des Verbraucherkreditrechts mit Darlehensverträgen gleichgesetzt.[352] Die Rspr. hat Finanzierungsleasingverträge auch als **eigenkapitalersetzende Gesellschafterdarlehen** iSd § 32a GmbHG aF behandelt, sofern der Leasinggeber Gesellschafter des Leasingnehmers oder ein ihm gleichzusetzender Dritter war und die weiteren Voraussetzungen des § 32a
GmbHG aF vorlagen.[353] Die Gleichsetzung von leasingvertraglicher Gebrauchsüberlassung und Darlehensgewähr führt beim Mieterbeteiligungsmodell zu entsprechenden Risiken für Leasinggeber und
finanzierende Institute. Aufgrund des Wegfalls der Regelungen zu den Eigenkapitalersatzleistungen
durch das zum 1.11.2008 in Kraft getretene MoMiG[354] sind die §§ 32a, b GmbHG und die Recht-
sprechungsregeln hierzu nicht mehr anzuwenden. An die Stelle dieser Regelungen sind im Hinblick
auf die Nutzungsüberlassung von Wirtschaftsgütern durch den Gesellschafter an die Gesellschaft nun
die insolvenzrechtlichen Anfechtungsregeln des § 135 Abs. 3 InsO getreten, die das Leasing nicht als
Kreditgewähr behandeln, sondern lediglich ein zeitlich begrenztes Nutzungsrecht zu Gunsten der
Masse begründen können.

III. AGB- und verbraucherkreditrechtliche Regelungen

1. AGB-Recht. Die fast ausnahmslose Anwendung von AGB im sog. small ticket-Leasing hat dazu 85
geführt, dass „Leasingrecht" überwiegend als das Recht der richterlichen **Inhaltskontrolle** von
Leasing-AGB verstanden wird. Die Gerichte haben sich mit fast allen Aspekten der vertraglichen
Beziehungen zwischen den Parteien vor dem Hintergrund der AGB-Normen befasst.[355] Da auch alle
sonst veröffentlichten Entscheidungen zu Leasingverträgen solche mit vorformulierten Vertragsbedingungen betrafen, fehlt den Gerichten ein Referenzmaßstab, um zu beurteilen, welchen Inhalt leasingvertragliche Regelungen gefunden hätten, wenn sie, wie bei sog. big ticket-Leasingverträgen üblich,
nicht vom Leasinggeber vorformuliert, sondern durch gleichstarke, rechtlich beratene Parteien ausgehandelt worden wären. Stattdessen hat die Judikatur, ausgehend von der primär mietvertraglichen
Konzeption des Leasingvertrages und unter Berücksichtigung von Erfahrungen aus dem Recht des
finanzierten Kaufes, ein weitgehend eigenständiges **Richterrecht** geschaffen[356]. Dieses weicht in
Teilen erheblich von denjenigen Vereinbarungen ab, die in Individualverträgen typischerweise ver-
einbart werden. Hier prägt der „triple net lease"-Gedanke die vertragliche Risikoallokation: der
Leasinggeber stellt dem Leasingnehmer eine durch den Leasinggegenstand gesicherte Finanzierung zur
Verfügung. Er erwartet beim Finanzierungsleasing eine Vollamortisation ohne jeden Vorbehalt. Der
Leasingnehmer ist unter allen Umständen zur Zahlung der ungeschmälerten Leasingraten verpflichtet.
Er trägt das Objektrisiko ohne jede Einschränkung.

2. Verbraucherkreditrecht. Bei Leasingverträgen mit Verbrauchern (§ 13 BGB), die auf eine 86
Vollamortisation der Anschaffungskosten gerichtet sind, fand bereits unter Geltung des VerbrKG nach
dem ausdrücklichen Willen des Gesetzgebers das Verbraucherkreditrecht Anwendung.[357] Leasing war
als „sonstige Finanzierungshilfe" iSv § 1 Abs. 2 VerbrKG[358] anzusehen; dies galt nach der nicht
zweifelsfreien Rspr. des BGH auch für **Kilometer-Verträge**[359], obwohl hier die Amortisation regelmäßig nicht über den Leasingvertrag, sondern über eine nach Auslaufen des Vertrages erfolgende
Verwertung durch den Leasinggeber angestrebt wird.[360] Ansonsten sollten nach ganz hM typische
Operate Lease-Verträge nicht dem Verbraucherkreditrecht unterfallen.[361] Ohne eine Abkehr von dieser
Differenzierung[362] wurde diese Rspr. unter der Geltung des Verbraucherdarlehensrechtes im BGB aF
fortgeführt. Seit der Umsetzung der EU-Verbraucherkreditrichtlinie[363] werden Finanzierungsleasingverträge nicht mehr ausdrücklich erfasst, unterfallen jedoch bei Übernahme des Restwertrisikos idR

---

[352] Dazu sogleich bei → Rn. 86.

[353] Vgl. OLG Düsseldorf Urt. v. 12.12.1996 – 10 U 33/95, DB 1997, 521.

[354] Gesetz zur Modernisierung des GmbH-Rechts und zur Bekämpfung von Missbräuchen (MoMiG) v.
23.10.2008, BGBl. 2008 I 2026 ff.

[355] Vgl. die Rspr.-Übersicht bei *Braxmeier* WM 1982, 114; WM 1984, 185; WM-Sonderbeilage 4/1988 und *Treier*
WM-Sonderbeilage 4/1992.

[356] Zu der insbesondere AGB-rechtlichen Beurteilung typischer Fallkonstellationen → Rn. 93 ff.

[357] Statt aller *Büschgen/Berninghaus,* Praxishandbuch Leasing, 1998, § 14 Rn. 2.

[358] § 1 Abs. 2 VerbrKG lautete: „Kreditvertrag ist ein Vertrag, durch den ein Kreditgeber einem Verbraucher einen
entgeltlichen Kredit in Form eines Darlehens, eines Zahlungsaufschubs oder einer sonstigen Finanzierungshilfe
gewährt oder zu gewähren verspricht."

[359] Vgl. bei → Rn. 66. Die maßgebliche Rspr. gründet auf BGH Urt. v. 24.4.1996 – VIII ZR 150/95, NJW 1996,
2033, ferner auf Urt. v. 11.3.1998 – VIII ZR 205/97, NJW 1998, 1637; Urt. v. 1.3.2000 – VIII ZR 177/99, BB
2000, 899; ebenso *Wolf/Eckert/Ball,* Handbuch des gewerblichen Miet-, Pacht- und Leasingrechts, 10. Aufl. 2009,
Rn. 1758.

[360] Krit. auch *Zahn* NJW 2019, 1329 sowie *Zahn* in v. Westphalen LeasingV Kap. M Rn. 5 ff. je mwN zum
Streitstand, und *Peters* WM 2011, 865 (867).

[361] Ihnen fehlt die erforderliche Finanzierungsfunktion, vgl. MüKoBGB/*Schürnbrand* BGB § 506 Rn. 29 mwN.

[362] Vgl. allgemein Palandt/*Weidenkaff* BGB § 506 Rn. 5 sowie *Arnold* DStR 2002, 1049.

[363] ABl. 2008 L 133, 66 ff.

dem Begriff der „sonstigen entgeltlichen Finanzierungshilfen" iSd § 506 Abs. 2 BGB. Da beim Kilometer-Vertrag das Restwertrisiko vom Leasinggeber zu tragen ist – der Leasingnehmer haftet nur für den vertragsgemäßen Zustand des Fahrzeugs –, unterfallen diese Verträge nicht mehr dem Verbraucherkreditrecht.[364] Die Umsetzung der Verbraucherrechterichtlinie am 13.6.2014 hat hieran nichts geändert. Hiernach findet das Verbraucherkreditrecht nur für zur Vollamortisation verpflichtende Finanzierungsleasingverträge Anwendung, allerdings auch nur insoweit, als sie sich als eine **„entgeltliche Finanzierungshilfe"** darstellen. Nach zutreffender Ansicht ist das nicht der Fall, wenn der Leasingnehmer keinen oder gar einen negativen Vertragszins zu leisten hat.[365] Für die dem Verbraucherkreditrecht unterfallenden Verträge sind insbesondere die **vorvertraglichen Informationspflichten** gem. § 491a BGB, die **qualifizierten Formerfordernisse** des § 492 Abs. 1–3 BGB, die Regelungen über **Informationen** während der Vertragsdauer gem. § 493 BGB, die Rechtsfolgen von **Formmängeln** gem. § 494 BGB, die Bestimmungen über das **Widerrufsrecht** (§ 495 Abs. 1 BGB) und über **verbundene Verträge** (§§ 358–360 BGB) sowie die Verbote des § 496 BGB (hinsichtlich Einredeverzicht sowie Scheck- und Wechselhingabe) und die Regelungen über Verzugszinsen, Teilzahlungen und Gesamtfälligstellung (§ 498 BGB) anwendbar.[366] Dies bedeutet im Einzelnen:

87   **a) Form.** Der Finanzierungsleasingvertrag bedarf der **Schriftform** gem. § 492 BGB. Demnach genügen eine Telefaxkopie, eine E-Mail und auch ein qualifiziert signiertes elektronisches Dokument iSv § 126a BGB nicht.[367] Jedoch brauchen Antrag und Annahme nicht auf der gleichen Urkunde enthalten zu sein. Dem Antragsteller steht es frei, – stillschweigend – auf den Zugang der Annahme zu verzichten.[368] Ferner kann der Leasinggeber seine Erklärung automatisiert erstellen.[369] Mehrere Blätter und insbesondere etwaige AGB müssen mit der Urkunde körperlich verbunden oder sonst eindeutig in die jeweilige Vereinbarung einbezogen werden. Inhaltlich muss der Vertrag gem. § 492 Abs. 2 BGB ua den „Anschaffungspreis" (einschließlich Umsatzsteuer) angeben (§ 506 Abs. 4 BGB).[370] Bei einem **Verstoß gegen das Schriftformerfordernis** kann der Mangel nach Maßgabe des § 494 BGB geheilt werden.

88   **b) Widerrufsrecht.** Der Leasingvertrag ist gem. § 495 Abs. 1 iVm § 355 BGB widerrufbar. Die Willenserklärung des Leasingnehmers ist daher bis zum Ablauf der grundsätzlich 14-tägigen Widerrufsfrist zwar gültig, sie kann aber durch den fristgerechten Widerruf unwirksam gemacht werden. Die Frist beginnt im Regelfall mit dem Vertragsabschluss[371], nicht aber vor Unterrichtung gem. Art. 246b § 2 Abs. 1 EGBGB[372] und vor Aushändigung einer Vertragsdokumentation[373], die die Pflichtangaben gem. § 492 Abs. 2 BGB enthält. Zur Wahrung der Widerrufsfrist genügt die rechtzeitige Absendung des Widerrufs; wann dieser zugeht, ist unerheblich.[374] Erlischt das Widerrufsrecht nicht[375] und widerruft der Leasingnehmer wirksam den Vertrag, so sind etwaig empfangene Leistungen grundsätzlich innerhalb von 30 Tagen zurück zu gewähren (§ 357a Abs. 1 BGB). Hat der Leasinggeber den Leasinggegenstand schon zuvor ausgehändigt, steht ihm ein Wertersatzanspruch nur unter den Voraussetzungen des § 357a Abs. 3 BGB zu.

89   **c) Verbundene und zusammenhängende Verträge.** Der Leasingvertrag unterliegt gemäß dem Verweis in § 506 Abs. 1 BGB grundsätzlich auch den Regeln über verbundene Verträge (§§ 358–360 BGB). Zwar bleiben demnach Leasingvertrag und finanziertes Geschäft grundsätzlich rechtlich selbständig **(Trennungsprinzip)**; jedoch kann der Leasingnehmer dem Leasinggeber alle Einwendungen entgegenhalten, die er aus dem verbundenen Geschäft hat **(Einwendungsdurchgriff).** Strittig sind die Voraussetzungen für die Anwendbarkeit des Verweises. Unzweifelhaft gilt er für das Händlerleasing,

---

[364] Neben dem Wortlaut des deutschen Gesetzes spricht hierfür auch der Vollharmonisierungsansatz der RL. IErg so auch *Peters* WM 2011, 865 (867), *Omlor* NJW 2010, 2694 (2695, 2697) und *Strauß* SVR 2011, 2061 (2069); aus der Rspr. OLG Stuttgart Urt. v. 29.10.2019 – 6 U 338/18, BeckRS 2019, 26250 Rn. 21 ff. aA Palandt/*Weidenkaff* BGB § 506 Rn. 5; *Bülow/Artz* BGB § 506 Rn. 75; OLG Düsseldorf Urt. v. 2.10.2019 – I 24 U 15/12, NJW-RR 2013, 1969.

[365] OLG Stuttgart Urt. v. 2.7.2019 – 6 U 232/18, BeckRS 2019, 13291; BeckOGK/*Haerlein* § 509 Rn. 38.

[366] Zu Auswirkungen auf die Praxis von Leasingunternehmen *Francke/Strauß* FLF 2010, 256.

[367] Vgl. BGH Urt. v. 30.7.1997 – VIII ZR 244/96, DB 1997, 2017 (2018) (Telefaxkopie) sowie Palandt/*Weidenkaff* BGB § 492 Rn. 2 (elektronische Form).

[368] OLG Dresden Urt. v. 5.12.2007 – 8 U 1412/07, ZMR 2008, 290. Eine Klausel in den AGB des Leasinggebers, dass sich mehrere Antragsteller (Leasingnehmer) uneingeschränkte Empfangsvollmacht erteilen, ist jedoch wegen unangemessener Benachteiligung gem. § 307 Abs. 1 S. 1 BGB unwirksam.

[369] Nimmt der Leasinggeber einen Antrag des Leasingnehmers erst nach Ablauf der von ihm selbst gesetzten Annahmefrist an, liegt hierin ein neues Angebot, das nach OLG Rostock Urt. v. 5.7.2005 – 3 U 191/04, NJW-RR 2006, 341 der erneuten schriftlichen Annahme bedarf.

[370] Einzelheiten bei MüKoBGB/*Schürnbrand* BGB § 492 Rn. 33 ff.

[371] § 355 Abs. 2 S. 2 BGB.

[372] § 356 Abs. 3 BGB; das Muster der Widerrufsbelehrung in Art. 247 EGBGB Anlage 7 muss gem. Art. 247 § 12 Abs. 1 S. 5 EGBGB angepasst werden. Hierzu *Famcke/Strauß* FLF 2010, 256 (264).

[373] Vgl. § 356b Abs. 1 BGB.

[374] § 355 Abs. 1 S. 5 BGB.

[375] ZB weil eine fehlende Unterscheidung gem. § 492 Abs. 6 BGB nachgeholt wurde, § 356b Abs. 2 BGB.

bei welchem der Leasinggeber zugleich der Lieferant ist.[376] Richtigerweise sind die Regelungen der §§ 358 ff. BGB hingegen unanwendbar, wenn der Leasingnehmer den Lieferanten unabhängig vom Leasingvertrag selbst ausgewählt hat;[377] denn in diesem Fall sind Kaufvertrag und Finanzierungsgeschäft voneinander sachlich losgelöst. Letzteres gilt jedoch dann nicht mehr uneingeschränkt, wenn der Leasinggeber in einen vom Leasingnehmer zunächst selbständig geschlossenen Kaufvertrag im Wege des Schuldbeitritts eintritt und so die für das Leasingdreieck typische Aufspreizung der Vertragsbeziehungen herbeiführt.[378] Für den Regelfall des Finanzierungsleasing ist die Anwendung der §§ 358 ff. BGB aber abzulehnen, da der Leasingnehmer durch die typische Abtretungskonstruktion[379] ausreichend geschützt wird.[380] Demnach bildet die Anwendbarkeit der Regeln über verbundene oder zusammenhängende Geschäfte rechtspraktisch wohl die Ausnahme. Das Eintrittsmodell sollte auch nicht durch die neue Rechtsfigur des zusammenhängenden Vertrages (§ 360 BGB) erfasst werden. Dieser ermöglicht dem Verbraucher bei einem wirksamen Widerruf die Lösung von einem anderen Vertrag, der einen Bezug zum widerrufenen Vertrag aufweist und eine Leistung betrifft, die vom Widerrufsgegner oder einem Dritten auf der Grundlage einer Vereinbarung zwischen Widerrufsgegner und Dritten erbracht wird. Beim Eintrittsmodell wird der ursprüngliche Kaufvertrag jedoch zwischen späterem Leasingnehmer und Dritten abgeschlossen. Ein Schutzbedürfnis besteht – wie beim verbundenen Geschäft – nach vollzogenem Eintritt nicht. Bei einem nicht erfolgten Eintritt – zB weil der Leasingvertrag nicht wirksam zustande kommt – fehlt es an einem Vertragsbündel. Im Übrigen ist nicht einzusehen, warum der Lieferant das Risiko des Fehlschlagens des Refinanzierungsgeschäfts tragen sollte.[381] § 360 Abs. 2 S. 2 BGB zeigt, dass der Gesetzgeber das Interesse des Verbrauchers an einer Lösung vom „anderen", aber isd Abs. 2 S. 1 „zusammenhängenden" Geschäft nur im umgekehrten Fall schützen wollte: wenn der Verbraucher wirksam den Kaufvertrag widerruft, gilt der Verbraucherdarlehensvertrag dann als zusammenhängender Vertrag, wenn er einen ausdrücklichen Bezug zum Kaufvertrag aufweist. Liegt ausnahmsweise ein verbundener oder ein zusammenhängender Vertrag vor, so wird vor allem das **Widerrufsrecht** des Leasingnehmers bedeutsam. Ein solches kann für den Leasingvertrag selbst (§ 358 Abs. 2 BGB) und einmal für das finanzierte Geschäft (§ 358 Abs. 1 BGB), zB einen Fernabsatzvertrag, bestehen. Das Gesetz bestimmt, dass der Widerruf das jeweils verbundene oder zusammenhängende Geschäft mit erfasst. Beide Verträge werden durch nur einen Widerruf unwirksam. Der Leasinggeber läuft damit Gefahr, dass Belehrungsmängel des finanzierten Geschäfts sich auch dann auf den Leasingvertrag auswirken, wenn dieser für sich genommen voll wirksam geworden wäre.

d) Verweigerung der Zahlung. Aus dem durch eine Verbundenheit begründeten Einwendungsdurchgriff resultiert ggf. ein **Leistungsverweigerungsrecht** des Leasingnehmers gegen den Leasinggeber für den Fall, dass der Leasingnehmer gegen den Lieferanten einen kaufrechtlichen Gewährleistungsanspruch geltend machen kann. Als ein solcher kommt zunächst ein Anspruch auf **Nacherfüllung wegen Mangelhaftigkeit** der Sache in Betracht. Probleme ergeben sich hier insbesondere für den Fall, dass eine Nachbesserung der Sache unmöglich (§ 275 Abs. 1 BGB) oder für den Lieferanten unzumutbar (§ 439 Abs. 3 BGB) ist und Nacherfüllung nur durch **Neulieferung (Ersatzlieferung)** erfolgen kann, denn das Mietrecht kennt im Allgemeinen kein Recht des Vermieters zur Ersatzlieferung. Deren Zulässigkeit lässt sich jedoch aus der besonderen Natur des Leasing sowie dem fehlenden Interesse des Leasingnehmers an der Verweigerung einer Ersatzlieferung ableiten.[382] Unproblematisch ist es jedenfalls, die Statthaftigkeit der Ersatzlieferung im Leasingvertrag zu vereinbaren. **90**

Der **Rücktritt** des Leasingnehmers vom Kaufvertrag führt nach Auffassung des BGH wie die Wandlung nach früherer Rechtslage zum **Wegfall der Geschäftsgrundlage**[383] des Leasingvertrags mit der Folge der bereicherungsrechtlichen Rückabwicklung.[384] Der BGH berücksichtigt dabei nicht, dass der Wegfall der Geschäftsgrundlage gem. § 313 Abs. 3 S. 2 BGB nicht ipso iure zu einem Rückabwicklungsverhältnis führt, sondern eine Kündigung voraussetzt.[385] Auf dieses sind auch nicht die Regeln des Bereicherungsrechts,[386] sondern die §§ 346 ff. BGB anwendbar.[387] **91**

---

[376] *Beckmann,* Finanzierungsleasing, 3. Aufl. 2006, § 5 Rn. 10 ff.

[377] OLG Düsseldorf Beschl. v. 2.3.2010 – 24 U 136/09, BeckRS 2010, 22287; Palandt/*Grüneberg* BGB § 358 Rn. 11; *Matuschke-Beckmann* in Martinek/Stoffels/Wimmer-Leonhardt LeasingR-HdB § 52 Rn. 102.

[378] Palandt/*Grüneberg* BGB § 358 Rn. 11; *Peters* WM 2011, 865 (868). *Matuschke-Beckmann* in Martinek/Stoffels/Wimmer-Leonhardt LeasingR-HdB § 52 Rn. 103; *Beckmann,* Finanzierungsleasing, 3. Aufl. 2006, § 5 Rn. 12.

[379] Vgl. dazu → Rn. 103.

[380] So auch BGH Urt. v. 22.1.2014 – VIII ZR 178/13, NJW 2014, 1519.

[381] Vgl. aber OLG Düsseldorf Urt. v. 27.6.2014 – 17 U 187/11, BeckRS 2014, 13141, welches den Leasingvertrag zur Geschäftsgrundlage des Kaufvertrages erhebt. Zu Recht abl. *Harriehausen* NJW 2015, 1422 (1425).

[382] Ebenso *Arnold* DStR 2002, 1049.

[383] Zum Fall, dass der Verkäufer die Berechtigung des Rücktritts bestreitet → Rn. 103.

[384] Vgl. BGH Urt. v. 16.6.2010 – VIII ZR 317/09, NJW 2010, 2798.

[385] Ausf. *Schmalenbach/Sester* WM 2002, 2185 f.; aA *Arnold* DStR 2002, 1053: Kündigung.

[386] So aber OLG Düsseldorf Urt. v. 12.6.2008 – 10 U 156/07, NJOZ 2008, 3407.

[387] Hierfür OLG Frankfurt a. M. Urt. v. 14.1.2009 – 17 U 223/08, NJOZ 2009, 1826. Etwaige aus der Rückabwicklung resultierende Nutzungsentschädigungsansprüche sind umsatzsteuerbar, vgl. Brandenburgisches OLG Urt.

92   e) Eingeschränkte Kündigungsmöglichkeit. Die **Kündigung wegen Zahlungsverzuges** ist beim Verbraucherfinanzierungsleasing nur unter den einschränkenden Voraussetzungen des § 498 BGB möglich.[388] Zunächst erfordert das Gesetz, dass der Leasinggeber dem Leasingnehmer eine zweiwöchige Frist zum Ausgleich seiner Zahlungsrückstände zusammen mit der Erklärung gesetzt hat, dass er bei Nichtzahlung innerhalb der Frist die gesamte Restschuld verlange. Den Zugang der Mahnung hat der Leasinggeber zu beweisen.[389] Nach fruchtlosem Verstreichen der Frist kann der Leasinggeber den Vertrag (mit einer Kündigungserklärung in Textform)[390] nur kündigen, wenn der Leasingnehmer a) mit mindestens zwei aufeinanderfolgenden Teilzahlungen ganz oder teilweise und b) bei einer Vertragslaufzeit bis zu drei Jahren mit 10 % und ansonsten mit mindestens 5 % des „Nennbetrages des Darlehens" in Verzug ist. Sind diese Schwellenwerte einmal erreicht worden, so wird die Kündigung nicht dadurch wieder ausgeschlossen, dass der Leasingnehmer vor Ausspruch der ihm angedrohten Kündigung den rückständigen Betrag durch eine Teilzahlung unter den überschrittenen Schwellenwert zurückführt; erforderlich ist vielmehr eine vollständige Tilgung.[391] Der Begriff des „Nennbetrages" ist gesetzlich allerdings nicht definiert. Sinnvoll ist er nur auf Darlehen anzuwenden. Nach hM ist bei Finanzierungsleasingverträgen für die Berechnung der Rückstandsquote und damit für das Bestehen eines Rechts zur fristlosen Kündigung wegen Zahlungsverzuges die Summe der Brutto-Leasingraten maßgeblich. Weder ein kalkulierter Restwert (bei Bestehen einer Restwertgarantie) noch eine am Vertragsende zu erbringende Sonderleistung sind hinzuzurechnen.[392] Auch eine etwaige anfängliche Mietsonderzahlung ist wohl nicht zu berücksichtigen.[393] Etwas anderes gilt nur, wenn sie wie ein Disagio wirtschaftlich nicht die Kreditsumme verringern, sondern zu einer Verringerung des Zinsfaktors führen soll. In diesem Fall ist die Mietsonderzahlung dem „Nennwert" hinzuzurechnen, zugleich aber der Barwert der zukünftigen Leasingraten mit dem (höheren) Zins zu diskontieren, der Anwendung gefunden hätte, wenn keine Sonderzahlung erfolgt wäre. Im Regelfall sollten beide Alternativen zum gleichen Ergebnis führen.

IV. Typische Fragestellungen

93   1. Zustandekommen des Leasingvertrages. Wirtschaftlich liegt vielen Finanzierungsleasingverträgen folgender Geschehensablauf zugrunde: Der Investitionswillige trifft die Investitionsentscheidung und handelt den Inhalt des Liefervertrages mit dem Lieferanten oder Hersteller aus. Die Entscheidung über die Finanzierung wird parallel, häufig aber nachfolgend getroffen. Ist der Kaufvertrag mit dem Hersteller bereits unbedingt zustande gekommen, so tritt der Leasinggeber an Stelle des oder neben dem Investitionswilligen in den Kaufvertrag ein und erwirbt damit den kaufvertraglichen Eigentumsverschaffungsanspruch. Stimmt der Lieferant einem Vertragseintritt des Leasinggebers nicht zu, kommt eine Leasingfinanzierung erst zustande, wenn der Leasingnehmer nach erfolgter Auslieferung den Leasinggegenstand im Wege des „sale and lease back" an den Leasinggeber veräußert. Sind die Bedingungen des Liefervertrages nur ausgehandelt, dieser aber nicht abgeschlossen, ist es auch möglich, dass der eigentliche Kaufvertrag unmittelbar zwischen Leasinggeber und Lieferant abgeschlossen wird, ohne dass der Leasingnehmer jemals Vertragspartei geworden ist. Diese Variante kommt aber lediglich bei Leasingverträgen über standardisierte Wirtschaftsgüter in Betracht, bei denen die Identität der Vertragsparteien regelmäßig nur eine geringe Bedeutung entfaltet.[394]

94   Im Zusammenhang mit dem Zustandekommen von Leasingverträgen stellt sich vor dem Hintergrund der AGB-Normen gelegentlich die Frage, inwieweit die Vereinbarung einer Frist für die

---

v. 28.11.2007 – 4 U 68/07, BeckRS 2007, 32620; anders bei Schadensersatz nach außerordentlicher Kündigung des Leasingvertrages sowie bei einer sog. Ausgleichszahlung aufgrund einer Vertragsbeendigung (BGH Urt. v. 14.3.2007 – VIII ZR 68/06, NJW-RR 2007, 1066); vgl. allgemein *Steinmassl/Fuchs/Schönsiegel* FLF 2007, 183 zur Umsatzsteuerpflicht der Ansprüche des Leasinggebers bei Vertragsbeendigung.

[388] Dies gilt auch, wenn bei einem Leasingvertrag mit mehreren Leasingnehmern einer von diesen als Verbraucher anzusehen ist. In diesem Fall ist die Kündigung allen Leasingnehmern gegenüber nur unter den Voraussetzungen des § 498 BGB möglich. Vgl. BGH Urt. v. 28.6.2000 – VIII ZR 240/99, NJW 2000, 3133 (zu § 12 VerbrKG).

[389] BGH Urt. v. 24.4.1996 – VIII ZR 150/95, NJW 1996, 2033.

[390] §§ 492 Abs. 5, 126b BGB.

[391] BGH Urt. v. 26.1.2005 – VIII ZR 90/04, WM 2005, 459 ff.

[392] BGH Urt. v. 14.2.2001 – VIII ZR 277/99, BGHZ 147, 7 (16) = NJW 2001, 1349 zu § 12 Abs. 1 Nr. 1 VerbrKG (nunmehr §§ 498 Abs. 1 Nr. 1, 500 BGB); *Woitkewitsch* in v. Westphalen LeasingV Kap. M Rn. 462 ff.; aA *Slama* WM 1991, 569 (573 ff.); MüKoBGB/*Schürnbrand* BGB § 498 Rn. 15. Die Kündigung eines Finanzierungsleasingvertrages wegen Zahlungsverzugs des Verbrauchers ist unwirksam, wenn der Kreditgeber mit der Kündigungsandrohung einen höheren als den vom Verbraucher tatsächlich geschuldeten rückständigen Betrag fordert (BGH Urt. v. 26.1.2005 – VIII ZR 90/04, WM 2005, 459 ff.). Zum Sonderproblem Kilometervertrag vgl. *Müller/Sarnowski* BB 1994, 446 (449) und *Woitkewitsch* in v. Westphalen LeasingV Kap. M Rn. 472.

[393] *Godefroid* BB-Beilage 6/1994, 20; MüKoBGB/*Schürnbrand* BGB § 498 Rn. 15; aA *Woitkewitsch* in v. Westphalen LeasingV Kap. M Rn. 471 mwN, der etwaige Sonder-, Einmal- oder Anzahlungen, die der Leasingnehmer bereits beim Abschluss des Leasingvertrags an den Leasinggeber zu leisten hat, jedoch hinzurechnen will.

[394] Zu den Parteien einer Leasingfinanzierung und ihren Motiven vgl. *Schott/Bartsch* in Eilers/Rödding/Schmalenbach, Unternehmensfinanzierung, 2. Aufl. 2014, Kap. E Rn. 18 ff.

Annahme eines Angebots auf Abschluss eines Leasingvertrages durch den Leasinggeber unter dem Gesichtspunkt des § 307 Abs. 2 Nr. 1 BGB[395] zulässig ist. Hiernach ist gegen die Vereinbarung einer Frist von einem Monat, binnen derer der Leasingnehmer an sein Angebot gebunden ist, grundsätzlich nichts einzuwenden. Entsprechendes sollte auch dann gelten, wenn eine Frist erst mit Vorlage der für die Beurteilung der Bonität des Leasingnehmers erforderlichen Unterlagen beginnt, soweit die Vorlage dieser Unterlagen dem Leasingnehmer zumutbar und möglich ist.[396]

Sofern der Leasinggeber bei Abschluss des Leasingvertrages mit einer Handelsgesellschaft den Ge- **95** schäftsführer in die vertragliche Haftung einbeziehen will, insbesondere durch Vereinbarung einer Schuldmitübernahme, ist § 309 Nr. 11 BGB zu beachten. Die Vorschrift wird vom BGH streng ausgelegt. Die erforderliche gesonderte Erklärung des Geschäftsführers liegt nur vor, wenn der Text der Erklärung sowie die sich darauf beziehende Überschrift deutlich vom Wortlaut des Vertrages abgesetzt sind, sodass dem Vertreter Inhalt und Wirkung seiner eigenen Erklärung deutlich werden.[397]

2. Vertragspflichten. a) Pflichten des Leasinggebers. Ausgehend von den mietrechtlichen Kon- **96** zeptionen sieht die Rspr. die Hauptpflicht des Leasinggebers darin, dem Leasingnehmer den Gebrauch des Leasingsgutes für die Vertragsdauer zu ermöglichen.[398] Die Verpflichtung des Leasinggebers schließt auch ein, ihn in zumutbarer Weise vor Besitzentziehung durch Dritte zu schützen. Erst recht darf das Nutzungsrecht des Leasingnehmers nicht durch Gläubiger des Leasinggebers beeinträchtigt werden. Die Verpflichtung zur **Gebrauchsüberlassung** hindert in dem AGB-Recht unterfallenden Verträgen den Leasinggeber auch daran, durch eine Rücknahme des Leasinggutes den Leasingnehmer zur Erfüllung seiner Zahlungsverpflichtungen anhalten zu wollen. Entzieht der Leasinggeber dem Leasingnehmer den Besitz, so steht dem Leasingnehmer ein Leistungsverweigerungsrecht zu.[399] Auch nach der mietvertraglichen Theorie schließt die Pflicht zur Gebrauchsüberlassung allerdings nicht[400] die Pflicht ein, den Mietgegenstand in einem vertragsgemäßen Zustand zu erhalten. Die Verlagerung des Risikos der Verschlechterung und des zufälligen Untergangs des Leasinggegenstandes auf den Leasingnehmer wird auch unter der Geltung des AGB-Rechts für zulässig erachtet.[401] Neben dieser Übertragung der **Sachgefahr** ist auch die Zuweisung der **Preisgefahr** zum Leasingnehmer nicht nach § 307 Abs. 2 BGB zu beanstanden; er ist auch bei einem von ihm nicht zu vertretenden Untergang oder einer Verschlechterung des Leasinggegenstandes verpflichtet, die geschuldeten Leasingraten zu erbringen.[402] Die Verlagerung von Sach- und Preisgefahr ist jedoch nur angemessen, wenn der Leasinggeber verpflichtet ist, von ihm vereinnahmte Versicherungs- und sonstige Drittleistungen[403] für die Wiederherstellung des Vertragsgegenstandes zu verwenden oder auf eine vom Leasingnehmer in diesem Fall zu erbringende Abschlusszahlung anzurechnen.[404] Weiterhin ist zumindest unter der Geltung des AGB-Rechts dem Leasingnehmer in den Fällen des Verlusts und der erheblichen Beschädigung[405] des Leasingobjektes ein Recht zur Kündigung aus wichtigem Grund[406] oder ein diesem entsprechendes Lösungsrecht einzuräumen.[407] Die Rspr. des BGH hat diese Grundsätze bisher ausdrücklich nur für die Fälle des Kfz-Leasing bejaht. Es besteht allerdings sowohl bei dem miet- als auch bei dem finanzierungsrechtlichen Verständnis des Leasing auch in anderen Fällen kein Anlass, auch sonst die Parteien nach dem Untergang des Leasinggegenstandes am Vertrag festhalten zu wollen: Dem

---

[395] Früher § 9 Abs. 2 Nr. 1 AGBG.

[396] Vgl. MVHdB II WirtschaftsR II/*Stolterfoth* II.1 Anm. 22.

[397] BGH Urt. v. 4.9.2002 – VIII 251/01, DB 2002, 2530 (zu § 11 Nr. 14a AGBG); vgl. auch BGH Urt. v. 10.7.2001 – IX ZR 411/00, BGHZ 148, 302 ff. = WM 2001, 1683.

[398] Vgl. BGH Urt. v. 30.9.1987 – VIII ZR 226/86, NJW 1988, 198 (199).

[399] BGH Urt. v. 30.9.1987 – VIII ZR 226/86, NJW 1988, 198 (199).

[400] Entgegen §§ 535 Abs. 1, 538 BGB.

[401] StRspr, vgl. BGH Urt. v. 16.9.1981 – VIII ZR 265/80, BGHZ 81, 298 = NJW 1982, 105; Urt. v. 20.6.1984 – VIII ZR 131/83, NJW 1985, 129; Urt. v. 23.10.1990 – VI ZR 310/89, WM 1991, 76; dies gilt auch beim Immobilien-Leasing, BGH Urt. v. 26.11.2014 – XII ZR 21/13, BeckRS 2015, 1524; aus der Lit. statt aller *Martinek* in Schimansky/Bunte/Lwowski BankR-HdB § 101 Rn. 63.

[402] Vgl. etwa BGH Urt. v. 16.9.1981 – VIII ZR 265/80, BGHZ 81, 298 = NJW 1982, 105.

[403] Ist der Leasinggeber Eigentümer, aber – wie typischerweise beim Kfz Leasing – nicht Halter eines Fahrzeugs, wird ihm die Betriebsgefahr oder ein Mitverschulden des Leasingnehmers nicht zugerechnet, BGH Urt. v. 10.7.2007 – VI ZR 199/96, NJW 2007, 3120. Dies wird auch in der Rspr der Instanzgerichte als zunehmend problematisch empfunden, vgl. *Harriehausen* NJW 2018, 1437 (1440).

[404] BGH Urt. v. 12.2.1985 – X ZR 3/84, BGHZ 93, 391 (395) = NJW 1985, 1537 (1538); Urt. v. 30.9.1987 – VIII ZR 226/86, NJW 1988, 198 (200); die ausdr. Aufnahme einer solchen Regelung in das Leasing-AGB ist jedoch nicht erforderlich; vgl. BGH Urt. v. 8.10.2003 – VIII ZR 55/03, DB 2004, 67 ff.; zum Kfz-Leasing *Zahn* in v. Westphalen LeasingV Kap. M Rn. 85 ff.

[405] Nach dem Urt. des BGH v. 25.3.1998 – VIII ZR 244/97, NJW 1998, 2284, kann davon ausgegangen werden, dass eine erhebliche Beschädigung dann vorliegt, wenn die Reparaturkosten ca. 60 % des Zeitwertes betragen würden.

[406] StRspr seit BGH Urt. v. 15.10.1986 – VIII ZR 319/85, NJW 1987, 377 (378).

[407] So BGH Urt. v. 15.7.1998 – VIII ZR 348/97, NJW 1998, 3270 (3271); zur Behandlung einer Mietsonderzahlung bei unwirksamer Verlagerung der Preisgefahr vgl. OLG Düsseldorf Urt. v. 16.1.1997 – U 223/95, DB 1997, 1071.

Leasingnehmer fehlt die vertragsgemäße Nutzungsmöglichkeit, dem Leasinggeber die durch den Leasinggegenstand vermittelte Besicherung seines Vollamortisationsanspruches.[408] Entscheidend ist, dass nach beiden Konzeptionen dem Leasinggeber der Anspruch auf Vollamortisation gewährt bleibt.

97   **b) Pflichten des Leasingnehmers.** Der Leasingnehmer schuldet unter dem Leasingvertrag bei entsprechender Vereinbarung die Abnahme des Leasinggegenstandes[409] sowie in jedem Falle die Zahlung der Leasingraten.[410] Dabei ist, in Übereinstimmung mit der Verlagerung des Sachrisikos, dem Leasingnehmer regelmäßig die Preisgefahr auferlegt.[411] Er ist zudem verpflichtet, den Leasinggegenstand zu warten, ihn vertragsgemäß zu behandeln, Schäden zu beseitigen und Einwirkungen Dritter zu verhindern. Entsprechende Regelungen sind nach AGB-Recht zulässig.[412] Dem steht nicht entgegen, dass in manchen Verträgen der Leasingnehmer das Sachrisiko durch eine Haftungsvereinbarung wieder auf den Leasinggeber zurück verlagern kann.[413] Zusätzlich wird der Leasingnehmer im Regelfall verpflichtet, auf seine Kosten eine **Sachversicherung** abzuschließen. *Artz*[414] vertritt insoweit die Auffassung, dass der Leasinggeber verpflichtet sei, dem Leasingnehmer konkret aufzuerlegen, welche Versicherung er abzuschließen habe. Bei nicht hinreichender Bestimmung der Versicherungspflicht sei ein Verstoß gegen das aus § 307 Abs. 1 S. 2 BGB abzuleitende Transparenzgebot festzustellen, sodass die Versicherungsklausel unwirksam sei. Zutreffend ist, dass eine nicht hinreichend konkrete Angabe der zu vereinbarenden Mindestversicherungsbedingungen die Unwirksamkeit der entsprechenden Klausel zur Folge haben kann. Die Wirksamkeit einer Gefahrtragungsregelung ist jedoch hiervon nicht abhängig. Sie wird auch nicht in Zweifel gezogen, wenn der auferlegte Versicherungsschutz nicht alle versicherbaren Risiken umfasst.

98   Der abzuschließende Versicherungsvertrag wird vom Leasingnehmer meist im eigenen Namen abgeschlossen. Zur Sicherung der Ansprüche des Leasinggebers wird der Leasingnehmer regelmäßig verpflichtet, etwaige Ansprüche aus dem Versicherungsvertrag an den Leasinggeber abzutreten[415] und den Versicherer zur Ausstellung eines Sicherungsscheines zugunsten des Leasinggebers zu veranlassen.[416] Ist der Leasinggegenstand potenziell schadenstiftend, so wird dem Leasingnehmer regelmäßig auch der Abschluss von **Haftpflichtversicherungen** auferlegt, und er wird verpflichtet, den Leasinggeber von Haftungsansprüchen Dritter freizuhalten. Dies kann etwa dann ratsam sein, wenn nach einem anwendbaren Deliktsstatut der Leasinggeber allein aufgrund seiner Eigentümerstellung einem durch den Leasinggegenstand Geschädigten haftbar werden kann. Bei grenzüberschreitenden Leasingverträgen wird darüber hinaus dem Leasingnehmer regelmäßig auferlegt, mit Ausnahme der im Niederlassungsstaat des Leasinggebers anfallenden Steuern und Abgaben alle mit dem Leasinggegenstand und -vertrag verbundenen Steuern und Abgaben zu übernehmen, sodass der Leasinggeber und seine Refinanzierer den ihrer Finanzierungszusage zugrunde gelegten Zahlungsstrom ungeschmälert vereinnahmen (sog. **net lease**).

99   **3. Vertragsstörungen.** Das den Finanzierungsleasingvertrag kennzeichnende Dreiecksverhältnis wirft besondere Probleme bei Vertragsstörungen auf.

100   **a) Vorvertragliche Pflichtverletzungen.** Dies gilt zunächst für die Frage, inwieweit der Leasinggeber für vorvertragliche Pflichtverletzungen (etwa durch Verletzung von Aufklärungspflichten) des Lieferanten einzustehen hat. Unabhängig davon, ob dem Leasingnehmer unmittelbare Ansprüche gegenüber dem Lieferanten zustehen,[417] kann er auch einen Anspruch gegenüber dem Leasinggeber haben. Dies setzt zunächst voraus, dass der Leasinggeber entsprechende Schutzpflichten schuldet. Die Gerichte bejahen entsprechende Schutzpflichten des Leasinggebers in sehr weitgehendem Umfang.

---

[408] Vgl. hierzu *Wolf/Eckert/Ball,* Handbuch des gewerblichen Miet-, Pacht- und Leasingrechts, 10. Aufl. 2009, Rn. 1854 ff. und 1979.

[409] Eine vom Leasingnehmer unrichtig abgegebene Übernahmeerklärung stellt nach dem BGH (Urt. v. 20.10.2004 – VIII ZR 36/03, NJW 2005, 357) eine Nebenpflichtverletzung des Leasingnehmers dar, für die dieser auch dann einzustehen hat, wenn dem Lieferanten die Unrichtigkeit der Erklärung bekannt war. Die Abgabe der Übernahmeerklärung falle allein in den Pflichtenkreis des Leasingnehmers, sodass der Lieferant nicht der Erfüllungsgehilfe des Leasinggebers sei; zustimmend *Tiedke/Peterek* DB 2008, 335 (336).

[410] Zu einer nach AGB-Recht zulässigen Erhöhung eines Verwaltungskostenteiles der Leasingrate vgl. OLG Hamm Urt. v. 20.12.1996 – 30 U 106/96, DB 1997, 569.

[411] → Rn. 96.

[412] Vgl. statt aller *Beckmann,* Finanzierungsleasing, 3. Aufl. 2006, § 13 Rn. 21 ff.

[413] Das hierfür zu entrichtende Entgelt stellt keine Versicherungsprämie dar, BFH Urt. v. 8.12.2012 – II R 21/09, BeckRS 2011, 94279.

[414] *Artz* in v. Westphalen LeasingV Kap. J Rn. 10 ff.

[415] Zum Anspruch des Leasinggebers auf Auskehrung einer den Zeitwert übersteigenden Versicherungssumme bei einer überobligatorisch vom Leasingnehmer abgeschlossenen Neuwertversicherung OLG München Urt. v. 29.11.2018 – 32 U 1497/18, BeckRS 2018, 31007; zw. da der Leasingnehmer mit einer Neuwertversicherung typischerweise sein eigenes Wiederbeschaffungsrisiko absichern will und das Vollamortisationsinteresse des Leasinggebers durch den Anspruch auf den Zeitwert idR abgedeckt ist.

[416] Zur Aufklärungspflicht des Versicherers gegenüber dem Leasinggeber bei einer Sicherungsbestätigung vgl. BGH Urt. v. 6.12.2000 – IV ZR 28/00, ZIP 2001, 75.

[417] Hierzu *Wimmer-Leonhardt* in Martinek/Stoffels/Wimmer-Leonhardt LeasingR-HdB § 10 Rn. 41 ff.

Nach der Rspr. des BGH trägt der Leasinggeber die Verantwortung dafür, dass das in den Vorverhandlungen mit dem Lieferanten gefundene Ergebnis sich mit dem Inhalt des tatsächlich abgeschlossenen Leasingvertrages deckt.[418] Das eine Haftung begründende Verschulden liegt meist jedoch nicht beim Leasinggeber selbst. Ein Verschulden des Lieferanten ist ihm zuzurechnen, wenn dieser als **Erfüllungsgehilfe** anzusehen ist. Dies ist wiederum von der Rspr. in einer Vielzahl von Fällen bejaht worden, wenn der Lieferant bei den Vertragsverhandlungen bestimmungsgemäß eine den Leasingvertrag vorbereitende Tätigkeit ausgeübt hat, die dem Leasinggeber eigenes Handeln ersparte und ihm diese Tätigkeit vom Leasinggeber übertragen wurde.[419] Eine entsprechende Erfüllungsgehilfeneigenschaft des Lieferanten ist dann indiziert, wenn eine ständige Geschäftsverbindung oder eine kapitalmäßige Verflechtung zwischen Lieferant und Leasinggeber besteht.[420]

Auch der Leasingnehmer unterliegt vorvertraglichen Schutzpflichten. Er verletzt diese, wenn er dem   **101**
Leasinggeber eine Übernahmebestätigung aushändigt, obwohl der Leasinggegenstand ihm nicht vom Hersteller geliefert wurde.[421] Dem Leasinggeber, der im Vertrauen auf die Richtigkeit der Übernahmebestätigung den Kaufpreis an den Hersteller bezahlt und den Rückzahlungsanspruch nicht durchsetzen kann, steht dann ein Schadensersatzanspruch gegen den Leasingnehmer zu.

b) Lieferverzug und Unmöglichkeit. Liefert der Hersteller nicht fristgemäß, kann der Leasing-   **102**
geber unter dem Leasingvertrag in **Lieferverzug** geraten. Ein solcher Fall liegt dann nicht vor, wenn, wie meist bei individualvertraglich ausgehandelten Leasingverträgen, die Wirksamkeit des Leasingvertrages ausdrücklich aufschiebend durch die Auslieferung des Leasinggegenstandes unter dem Herstellerkaufvertrag bedingt ist. Ist eine entsprechende Vereinbarung nicht wirksam getroffen, so stellt nach der herrschenden Mietrechtstheorie die nicht fristgemäße Gebrauchsüberlassung eine Verletzung einer vertraglichen Hauptpflicht dar[422]. Ein Verschulden des Lieferanten wird dem Leasinggeber zugerechnet; insoweit wird der bei der Auslieferung hinzuzuziehende Lieferant stets als Erfüllungsgehilfe des Leasinggebers behandelt.[423] Der Leasingnehmer kann damit grundsätzlich sowohl nach den allgemeinen schuldrechtlichen Regelungen vom Leasingvertrag zurücktreten und Schadensersatz verlangen (§§ 280 ff., 323 ff., 311a BGB) als auch nach Mietrecht kündigen (§§ 542, 543 BGB).[424] Der Leasinggeber läuft folglich Gefahr, vergebliche Aufwendungen, entgangenen Gewinn sowie Kosten einer Ersatzbeschaffung tragen zu müssen.

c) Sach- und Rechtsmängel. Individualvertraglich vereinbarte und durch AGB geregelte Finan-   **103**
zierungsleasingverträge schließen seit jeher regelmäßig eine Gewährleistung des Leasinggebers für Sach- und Rechtsmängel gem. §§ 536 ff. BGB aus (**Freizeichnung**). Im Gegenzug tritt der Leasinggeber dem Leasingnehmer alle ihm gegenüber dem Lieferanten zustehenden Gewährleistungsansprüche ab (sog. **Abtretungskonstruktion**); gelegentlich – sofern die entsprechenden Ansprüche nicht abtretbar sind – ermächtigt er ihn auch zur Geltendmachung solcher Ansprüche gegenüber dem Lieferanten.[425] Unselbständige Gestaltungsrechte können jedenfalls zusammen mit dem auf Nacherfüllung gerichteten Primäranspruch abgetreten werden.[426] Hierzu rechnet entgegen LG Braunschweig[427] auch das Recht zur Anfechtung wegen arglistiger Täuschung.[428] Die mit der Abtretung einhergehende Freizeichnung ist sowohl mit § 309 Nr. 8 lit. b aa BGB[429] als auch mit § 307 Abs. 2 Nr. 2 BGB[430] vereinbar, wenn die Abtretung der Gewährleistungsansprüche und -rechte uneinge-

---

[418] BGH Urt. v. 3.7.1985 – VIII ZR 102/84, NJW 1985, 2258 (2260 f.); Urt. v. 4.11.1987 – VIII ZR 313/86, WM 1988, 84 (86). Das OLG Koblenz Urt. v. 11.11.1988 – 2 U 4/86, WM 1989, 224 bejaht sogar eine Verpflichtung zur Beratung über die Tauglichkeit des Leasinggegenstandes.

[419] Vgl. etwa BGH Urt. v. 28.9.1989 – VIII ZR 160/87, NJW 1989, 287 (288) mwN; *Assies* in v. Westphalen LeasingV Kap. D Rn. 76 ff. Bei sonstigen Dritten haftet der Leasinggeber aber nur, wenn dessen Verhalten in einem inneren und sachlichen Zusammenhang zu den ihm übertragenen Aufgaben steht, BGH Urt. v. 18.9.2013 – VIII ZR 281/12, DB 2013, 2501 (2502 ff.). Ein Haftungsausschluss für über den vorformulierten Vertragstext hinausgehende Erklärungen des Lieferanten oder eines Dritten kann AGB-rechtlich unwirksam sein; BGH Urt. v. 26.8.2014 – VIII ZR 335/13, BeckRS 2014, 17609.

[420] Vgl. *Leible,* Finanzierungsleasing und „arrendamiento financiero", 1996, 137 m. weit. Beispielen. – Zu den Grenzen der Zurechnung vgl. BGH Urt. v. 30.3.2011 – VIII ZR 94/10, DB 2011, 2374.

[421] BGH Urt. v. 24.3.2010 – VIII ZR 122/08, NJW-RR 2010, 1436.

[422] Bei einem Bundle-Lease-Vertrag über die Überlassung, Anpassung und Implementierung von Software ist nach Auffassung des BGH ein Andienungsrecht des Leasinggebers nach § 307 Abs. 1 BGB für den Fall des Scheiterns des Projekts unwirksam, vgl. BGH Urt. v. 29.10.2008 – VIII ZR 258/01, NJW 2009, 575 (576 ff.).

[423] BGH Urt. v. 30.9.1987 – VIII ZR 226/86, NJW 1988, 198 (199).

[424] Ausf. *Beckmann,* Finanzierungsleasing, 3. Aufl. 2006, § 2 Rn. 40 f.

[425] Eine entsprechende Prozessstandschaft endet nach OLG Saarbrücken Urt. v. 11.9.2014 – 4 U 179/13, NJW-RR 2015, 117 dann, wenn der Leasingvertrag vorzeitig endet.

[426] *Beckmann,* Finanzierungsleasing, 3. Aufl. 2006, § 2 Rn. 110 m. zahlr. Nachw.; *Schmalenbach/Sester* WM 2002, 2184 ff.; ebenso MüKoBGB/*Koch* Leasing Rn. 101.

[427] LG Braunschweig Urt. v. 18.10.2017 – 3 O 3228/16, BeckRS 2017, 128529.

[428] Vgl. dazu BeckOK BGB/*Rohe* BGB § 401 Rn. 9 gegen *Palandt/Grüneberg* BGB § 413 Rn. 7.

[429] Früher § 11 Nr. 10 lit. a AGBG.

[430] Früher § 9 Abs. 2 Nr. 2 AGBG.

schränkt, unbedingt[431] und vorbehaltlos erfolgt.[432] Fehlt es an einer unbedingten und wirksamen Abtretung, so ist die betreffende Klausel nach der Rspr. des BGH unwirksam; sie kann uU aber in eine rechtswirksame Ermächtigung des Leasingnehmers umzudeuten sein, wonach dieser die fraglichen Gewährleistungsansprüche im eigenen Namen geltend machen darf.[433] Im Übrigen hat der Leasingnehmer die mietvertraglichen Gewährleistungsrechte. Auch für den Fall, dass der Leasinggeber als Käufer der Leasingsache mit dem Lieferanten einen Gewährleistungsausschluss vereinbart hat – die Abtretung der Gewährleistungsansprüche also ins Leere geht –, stehen dem Leasingnehmer (mit Verbrauchereigenschaft) solche Ansprüche gegen den Leasinggeber zu.[434] Auch bei einer wirksamen Freizeichnung ist allerdings streitig, ob der Leasingnehmer gegenüber dem Leasinggeber bereits dann die Zahlung der Leasingraten verweigern darf, wenn er (nur) den **Rücktritt vom Liefervertrag erklärt** hat. Mit der überwiegenden Ansicht[435] ist diese Frage zu verneinen. Daher bleibt der Leasingnehmer zahlungsverpflichtet und der Leasinggeber kann den Leasingvertrag bei Zahlungsverzug fristlos kündigen.[436] Mit der Leistungsstörung realisiert sich nämlich dasjenige Risiko, welches der Leasingnehmer mit der Freizeichnung übernommen hat. Der Leasingnehmer muss daher zuwarten, bis Einigkeit mit dem Lieferanten hergestellt ist[437] oder – ggf. rechtskräftig – die Berechtigung des Rücktritts feststeht[438]. Die Rspr. lässt allerdings – insoweit nicht folgerichtig – die bloße Klageerhebung genügen.[439] Danach steht dem Leasingnehmer ein vorübergehendes Leistungsverweigerungsrecht zu.[440] Bei erfolgreichem Rücktritt kann der Leasingnehmer seinerseits den Rücktritt vom Leasingvertrag erklären. Der BGH scheint dagegen nach einem obsiegenden Urteil weder eine Rücktrittserklärung gem. § 437 BGB noch eine Erklärung gem. § 313 Abs. 3 S. 2 BGB zu fordern. Er geht offensichtlich von einem automatischen Wegfall der Geschäftsgrundlage ex tunc aus.[441] Scheitert dagegen die Klage, sind die rückständigen Leasingraten, ggf. mit Verzugszinsen, dem Leasinggeber zu zahlen. Ihre Verjährung ist gem. § 205 gehemmt.[442] Auch im Hinblick auf eine leasingvertragliche Übertragung von **Untersuchungs- und Rügeobliegenheiten** gem. §§ 377 f. HGB auf den Leasingnehmer geht die herrschende Auffassung von einer AGB-rechtlichen Zulässigkeit aus;[443] dies gilt jedenfalls dann, wenn der Leasingnehmer selbst Kaufmann ist.[444] Insoweit nimmt auch die herrschende mietrechtliche Qualifikation des Finanzierungsleasing die tatsächlich begrenzten Einwirkungsmöglichkeiten des Leasinggebers zur Kenntnis und versucht Auseinandersetzungen über Sach- und Rechtsmängel im Verhältnis zwischen Lieferanten und Leasingnehmer zu regeln. Eine Grenze ist bei dem AGB-Recht unterliegenden Verträgen für die herrschende Meinung aber dort erreicht, wo aufgrund der **Insolvenz des Lieferanten** eine Befriedigung der Ansprüche des Leasingnehmers unmöglich wird. Denn das Insolvenzrisiko des Lieferanten soll nach der Rspr. der Leasinggeber tragen.[445] Im Insolvenzfall ist der Leasingnehmer daher dann, wenn er den Gewährleistungsanspruch zur Insolvenztabelle anmeldet[446] und bei Bestreiten Klage gegen den Verwalter erhebt[447], so zu behandeln, als wäre der Rücktritt

---

[431] Eine auflösende Bedingung, die an die Beendigung des Leasingvertrages anknüpft ist allerdings zulässig; OLG Stuttgart Urt. v. 27.11.2018 – 6 U 221/17, BeckRS 2018, 35397 Rn. 24.

[432] Vgl. *Beckmann,* Finanzierungsleasing, 3. Aufl. 2006, § 2 Rn. 115 ff. mit Verweis auf BGH Urt. v. 9.7.2002 – X ZR 70/00, NJW-RR 2003, 51; *Schmalenbach/Sester* WM 2002, 2184 ff.

[433] BGH Urt. v. 9.7.2003 – X ZR 70/00, NJW-RR 2002, 2529 ff.

[434] BGH Urt. v. 21.12.2005 – VIII ZR 85/05, NJW 2006, 1066 ff. Der BGH vertritt in dieser Entscheidung die Auffassung, dass der Gewährleistungsausschluss im Rahmen des Kaufvertrages auch zu Lasten des Leasingnehmers mit Verbrauchereigenschaft wirkt. Er weist insbesondere den Einwand eines Umgehungsgeschäfts iSv § 475 Abs. 1 S. 2 BGB zurück. Vgl. auch *Wolf/Eckert/Ball,* Handbuch des gewerblichen Miet-, Pacht- und Leasingrechts, 10. Aufl. 2009, Rn. 1895 f.

[435] *Arnold* DStR 2002, 1052; *Beckmann,* Finanzierungsleasing, 3. Aufl. 2006, § 5 Rn. 20; *Geber/Müller* ZBB 2002, 114; *Godefroid* BB-Beilage 5/2002, 5; *Tiedke/Möllmann* DB 2004, 583; *Zahn* DB 2002, 986.

[436] Vgl. LG Hamburg Urt. v. 19.2.2018 – 325 O 336/17, BeckRS 2018, 14487.

[437] In diesem Sinne auch *Beckmann,* Finanzierungsleasing, 3. Aufl. 2006, § 5 Rn. 14.

[438] So *Wolf/Eckert/Ball,* Handbuch des gewerblichen Miet-, Pacht- und Leasingrechts, 10. Aufl. 2009, Rn. 1895 f.

[439] BGH Urt. v. 16.6.2010 – VIII ZR 317/09, NJW 2010, 2798 (2800). Zust. *Greiner* NJW 2012, 961 (965 f.).

[440] BGH Urt. v. 19.2.1986 – VIII ZR 91/85, NJW 1986, 1744; das Leistungsverweigerungsrecht schließt aber nicht aus, den Leasingnehmer zur Hinterlegung der Leasingraten als Sicherheit zu verpflichten, vgl. *Harriehausen* NJW 2016, 398.

[441] BGH Urt. v. 16.6.2010 – VIII ZR 317/09, NJW 2010, 2798 (2800). Zu den Folgen eines erfolgreichen Rücktritts im Verhältnis zum Leasinggeber vgl. OLG München Urt. v. 2.5.2018 – 7 U 3715/17, NJOZ 2018, 1616.

[442] BGH Urt. v. 16.9.2015 – VIII ZR 119/14, NJW 2016, 397.

[443] Vgl. etwa OLG Zweibrücken Urt. v. 24.7.2014 – 4 U 112/13, BeckRS 2014, 19909.

[444] Zum Streitstand vgl. *Beckmann,* Finanzierungsleasing, 3. Aufl. 2006, § 4 Rn. 74 ff.

[445] BGH Urt. v. 20.6.1984 – VIII ZR 131/83, NJW 1985, 129; Urt. v. 25.10.1989 – VIII ZR 105/88, NJW 1990, 314; Urt. v. 13.3.1991 – VIII ZR 34/90, NJW 1991, 1746. So auch *Beckmann,* Finanzierungsleasing, 3. Aufl. 2006, § 9 Rn. 56. Die rechtspolitische Wirkung ist allerdings immer dann zweifelhaft, wenn der Leasingnehmer selbst den Lieferanten ausgewählt hat. Krit. auch *Weber* NJW 2009, 2927 (2931).

[446] Vgl. OLG Düsseldorf NJW-RR 2016, 1453.

[447] BGH Urt. v. 13.11.2013 – VIII ZR 257/12, DB 2014, 117. In diesem Fall schuldet der Leasinggeber dem Leasingnehmer die Kosten des Rechtsstreits, wenn er bei erfolgreicher Klage mit seinen Erstattungsansprüchen ausfällt.

wirksam vollzogen (**fingierter Rücktritt**). Die tatsächlichen Möglichkeiten, Leasingfinanzierungen abzuschließen, werden damit in tatsächlicher Hinsicht begrenzt, da Leasinggeber nur bereit sein werden, Leasinggegenstände von Lieferanten guter Bonität zu verleasen. Das verbleibende Restrisiko führt in volkswirtschaftlich unerwünschter Weise zu einer Erhöhung der Leasingraten. Ob einer wirksamen Drittverweisung auch entgegenstehen kann, dass die **Lieferanten-AGB** ihrerseits nicht den Anforderungen des AGB-Rechts genügen, ist umstritten. Nach zutreffender Auffassung steht der Leasingnehmer nach erfolgter Abtretung im Verhältnis zum Lieferanten unter dem Schutz des AGB-Rechts: Bei Unwirksamkeit einer Gewährleistungsbeschränkung stehen ihm im Verhältnis zum Lieferanten die gesetzlichen Rechte zu.[448] Folgt man dieser Auffassung und ist der Leasingnehmer kein Kaufmann, so sind die Lieferanten-AGB anhand der Bestimmungen des AGB-Rechts für Nichtkaufleute unbeschadet der Tatsache zu prüfen, dass der Leasinggeber selbst regelmäßig als Kaufmann anzusehen ist, sofern dem Lieferanten bei Abschluss des Kaufvertrages nur bewusst war, dass der Leasinggeber den Leasinggegenstand an einen Nichtkaufmann verleasen würde. Allerdings hat der BGH im Fall eines Leasingvertrages bzgl. eines gebrauchten Kfz entschieden, dass es dem Lieferanten nicht verwehrt sei, sich gegenüber einem Leasingnehmer mit Verbrauchereigenschaft auf den mit dem Leasinggeber als Käufer der Leasingsache vereinbarten Gewährleistungsabschluss zu berufen. In diesem Fall sei die Freizeichnung des Leasinggebers von seiner mietrechtlichen Gewährleistung bei gleichzeitiger Abtretung seiner Gewährleistungsansprüche gegen den Lieferanten nach § 307 Abs. 1 BGB unwirksam und der Leasingnehmer könne seine mietrechtlichen Gewährleistungsansprüche gegen den Leasinggeber geltend machen.[449] Weiterhin wird die Wirksamkeit des mit der Abtretungslösung einhergehenden Gewährleistungsausschlusses bei **sale-and-lease-back-Verträgen** gelegentlich in Zweifel gezogen, da der Leasinggeber hier regelmäßig keine Ansprüche gegen einen Lieferanten abtreten könne.[450] Dem ist jedoch entgegenzuhalten, dass beim sale and lease back auch bei einer mietvertraglichen Konzeption kein Anlass besteht, dem Leasinggeber Gewährleistungsverpflichtungen aufzuerlegen, die er AGB-rechtlich wirksam auf den Leasingnehmer als Verkäufer abwälzen könnte. Eine Freizeichnung von Gewährleistungsverpflichtungen muss daher insoweit uneingeschränkt möglich sein.[451]

Die Rückabwicklung des durch Wandlung beendeten Leasingvertrages erfolgt seit jeher nach **104** Bereicherungsrecht.[452] Auch für den Rücktritt wird hieran von vielen festgehalten.[453] Nach der gesetzlichen Anordnung finden jedoch die §§ 346 ff. BGB Anwendung. Ein Ersatzanspruch für Aufwendungen des Leasinggebers, insbesondere für Vertrags- und Refinanzierungskosten, besteht insoweit nicht und kann auch nicht durch AGB begründet werden.[454] Dies führt praktisch zu einer Verteuerung von Leasing- gegenüber Kreditfinanzierungen.

d) Beschädigung. Wird der Leasinggegenstand von einem Dritten beschädigt oder entzogen stellen **105** sich aufgrund der Rechtsspaltung zwischen Leasinggeber und Leasingnehmer schwierige materiellrechtliche und – wenn der Leasingnehmer den Schaden zu liquidieren versucht – auch prozessuale Fragen.[455] Unstreitig steht hier dem Leasingnehmer gegen den Dritten ein Schadenersatzanspruch wegen der Störung seines Besitzes und – für den üblichen Fall, dass er dem Leasinggeber vertraglich zum Ersatz verpflichtet ist – ein Ersatz seines Haftungsschadens zu.[456] Unklar ist dagegen, ob und unter welchen Bedingungen er berechtigt ist, den Substanzschaden zu liquidieren. Der BGH lehnt dies jedenfalls in dem Fall ab, in dem der Leasingnehmer den Schaden nicht beseitigt hat und ohne Zustimmung des Eigentümers die fiktiven Herstellungskosten verlangt.[457]

4. Vertragsbeendigung. a) Ordentliche Vertragsbeendigung. Der Finanzierungsleasingvertrag **106** hat nach seinen steuerlichen Vorgaben regelmäßig eine Laufzeit, die oft als „unkündbare Grundmietzeit" bezeichnet wird. Hierbei handelt es sich um den Zeitraum, innerhalb dessen keine der Parteien den Vertrag durch ordentliche Kündigung beenden kann. Meist liegt dieser Zeitraum zwischen 50 %

---

[448] Vgl. *Stoffels* in Martinek/Stoffels/Wimmer-Leonhardt LeasingR-HdB § 9 Rn. 10, 13.

[449] BGH Urt. v. 21.12.2005 – VIII ZR 85/05, NJW 2006, 1066 (1067).

[450] Vgl. *Hansen* in v. Westphalen LeasingV Kap. N Rn. 134 ff.

[451] So auch *Berninghaus* in Martinek/Stoffels/Wimmer-Leonhardt LeasingR-HdB § 64 Rn. 25 ff.

[452] BGH Urt. v. 25.10.1989 – VIII ZR 105/88, NJW 1990, 314; Urt. v. 13.3.1991 – VIII ZR 34/90, NJW 1991, 1746; Urt. v. 10.11.1993 – VIII ZR 119/92, NJW 1994, 576.

[453] Vgl. *Beckmann,* Finanzierungsleasing, 3. Aufl. 2006, § 7 Rn. 31; zu Einzelheiten der Rückabwicklung vgl. MüKoBGB/*Koch* Leasing Rn. 109 ff. In diesem Sinne möglicherweise auch BGH Urt. v. 16.6.2010 – VIII ZR 317/09, NJW 2010, 2789 (2800).

[454] BGH Urt. v. 16.9.1981 – VIII ZR 265/80, NJW 1982, 105; BGH Urt. v. 9.10.1985 – VIII ZR 217/84, NJW 1986, 179. Nach dieser Rspr. dürfte im Gegenzug auch kein Ersatz für ersparte Finanzierungsaufwendungen des Leasingnehmers geltend gemacht werden können. Vgl. ferner *Beckmann,* Finanzierungsleasing, 3. Aufl. 2006, § 7 Rn. 40.

[455] Vgl. Röhricht/Graf v. Westphalen/Haas/*Graf v. Westphalen* Leasing Rn. 130 ff.; *Harriehausen* NJW 2019, 1493 (1496).

[456] BGH Urt. v. 29.1.2019 – VI ZR 481/17, r+s 2019, 228 Rn. 13.

[457] BGH Urt. v. 29.1.2019 – VI ZR 481/17, r+s 2019, 228 Rn. 20 ff. mN zum Meinungsstand; zur besonderen Problematik des § 7 StVG *Harriehausen* NJW 2016, 1421 (1423).

und 90% der betriebsgewöhnlichen Nutzungsdauer des Leasinggegenstandes.[458] Nach dessen Ablauf sind höchst unterschiedliche Regelungen anzufinden. In vielen Fällen endet der Leasingvertrag zu einem vorausbestimmten Zeitpunkt. Dann ist der Leasingnehmer verpflichtet, den Leasinggegenstand in einem vertragsgemäßen Zustand an den Leasinggeber herauszugeben.[459] Umstritten ist, ob im Falle einer **verzögerten Rückgabe** § 546a Abs. 1 BGB Anwendung findet. Die Rspr. des BGH[460] und die hM in der Lit.[461] bejahen dies.[462] Allerdings ist dies auch aus mietrechtlicher Perspektive nicht zwingend, da Nutzwert und Leasingrate nicht notwendigerweise äquivalent sein müssen.[463] Im Zusammenhang mit § 546a Abs. 1 BGB ist zu beachten, dass der BGH die Vorschrift eng auslegt. Eine wesentliche Voraussetzung für die Anwendung dieser Vorschrift sei das Merkmal der Vorenthaltung. Ein solche liege nicht schon dann vor, wenn der Leasingnehmer die Sache nicht zurückgibt, vielmehr müsse das Unterlassen der Herausgabe dem Willen des Leasinggebers widersprechen. Deshalb sei eine Klausel nach § 307 Abs. 1 und Abs. 2 Nr. 1 BGB unwirksam, die unabhängig vom Merkmal der Vorenthaltung vorsieht, dass der Leasingnehmer bei Nicht-Rückgabe für jeden angefangenen Monat die im Leasingvertrag vereinbarte Leasingrate als Nutzungsentschädigung zu bezahlen hat.[464] Fehlt es an einer festen Laufzeit, ist der Vertrag nach Ablauf der Grundmietzeit ordentlich kündbar. Wird der Vertrag von keiner der Parteien gekündigt, so läuft er fort, auch wenn der Leasinggeber seine Vollamortisation erzielt hat.[465]

107   aa) Teilamortisationsverträge. In der Praxis des „small ticket leasing" haben sich bei Teilamortisationsverträgen folgende Modelle von Beendigungsregeln, die sog. **Endschaftsregelungen,** entwickelt:

108   (1) Aufteilung des Mehrerlöses. In diesem Fall endet der Leasingvertrag, ohne dass es einer Kündigung bedarf, zum Ablauf der Grundmietzeit. Der Leasinggeber ist verpflichtet, den Leasinggegenstand alsbald und bestmöglich zu verwerten.[466] Soweit der Verwertungserlös über dem vereinbarten Restwert liegt, wird dieser im Verhältnis 3 : 1 zwischen Leasingnehmer und Leasinggeber aufgeteilt. Unterschreitet der Verwertungserlös den kalkulierten Restwert, ist der Leasingnehmer verpflichtet, die Differenz auszugleichen. Während das finanzierungstechnische Konzept einfach ist, hat die AGB-rechtskonforme Ausgestaltung der Restwertgarantie des Leasingnehmers immer wieder Probleme bereitet.[467] Bei hinreichend deutlicher Gestaltung ist aber auch bei hohen Restwertverpflichtungen die geschuldete Abschlusszahlung des Leasingnehmers nicht überraschend iSv § 305c Abs. 1 BGB[468] und verstößt nicht gegen das Transparenzgebot (§ 307 Abs. 1 S. 2 BGB).[469] Nach der Rspr. des BGH muss die Verpflichtung zum Restwertausgleich den AGB des Leasingvertrags eindeutig zu entnehmen sein.[470] Der schlichte Ausweis eines kalkulierten Restwertes genügt den Anforderungen des § 305c Abs. 2 BGB nicht, insbesondere wenn dieser lediglich im Zusammenhang mit Angaben zur Vertragsdauer wieder aufgegriffen wird. Da es sich bei der Forderung des Leasinggebers um einen Erfüllungsanspruch handelt, verjährt der Anspruch bei Mobilien-Leasingverträgen in der allgemeinen Dreijahresfrist der §§ 195, 199 BGB.[471]

---

[458] Vgl. bei → Rn. 69.

[459] Zur Wirkung eines Rückgabeprotokolls vgl. OLG Celle Urt. v. 16.7.1997 – 2 U 70/96, DB 1997, 2015; zum Leistungsort für die Rückgabe BGH Urt. v. 18.1.2017 – VIII ZR 263/15, NJW 2017, 1301.

[460] BGH Urt. v. 22.3.1989 – VIII ZR 155/88, BGHZ 107, 123 (127) = NJW 1989, 1730 (zu § 537 BGB aF); zuletzt BGH Urt. v. 1.3.2007 – IX ZR 81/05, NJW 2007, 1594 f.

[461] Vgl. etwa *Wolf/Eckert/Ball,* Handbuch des gewerblichen Miet-, Pacht- und Leasingrechts, 10. Aufl. 2009, Rn. 1999; aA *Martinek* in Schimansky/Bunte/Lwowski BankR-HdB § 101 Rn. 120 mwN; nach *Tiedtke/Peterek* DB 2008, 335 (340) mwN ist § 546a BGB auf Leasingverträge generell nicht anwendbar.

[462] Das Verlangen des Leasinggebers nach Zahlung einer Nutzungsentschädigung in Höhe der vereinbarten Leasingrate wegen Vorenthaltung der vom Leasingnehmer vertragswidrig nicht zurückgegebenen Leasingsache kann eine unzulässige Rechtsausübung darstellen. Nach BGH Urt. v. 13.4.2005 – VIII ZR 377/03, NJW-RR 2005, 1081 ff. ist dies aber erst dann der Fall, wenn der Zeitwert des Leasingobjekts alters- oder gebrauchsbedingt so weit abgesunken ist, dass eine Nutzungsentschädigung in Höhe der vereinbarten monatlichen Leasingrate zu dem verbliebenen Verkehrs- oder Gebrauchswert der Leasingsache völlig außer Verhältnis steht.

[463] *Leible,* Finanzierungsleasing und „arrendamiento financiero", 1996, 178 f.

[464] BGH Urt. v. 7.1.2004 – VIII ZR 103/03, NZM 2004, 354 (356).

[465] HA, vgl. BGH Urt. v. 20.9.1989 – VIII ZR 239/88, NJW 1990, 247; ebenso OLG Hamm Urt. v. 11.1.1999 – 13 U 132/98, DB 1999, 892 und OLG Düsseldorf Urt. v. 16.2.2016 – I-24 U 78/15, NJW-RR 2016, 1453; krit. *Leible,* Finanzierungsleasing und „arrendamiento financiero", 1996, 180 mwN zur Gegenansicht.

[466] Zum Verfahren bei Leasingfahrzeugen BGH Beschl. v. 22.7.2014 – VIII ZR 15/14, BeckRS 2015, 01266 Rn. 7 f. An die Stelle der tatsächlichen Verwertung kann eine Ermittlung des Verkehrswertes des Leasinggegenstandes zum Ablauf des Leasingvertrages auf der Grundlage eines Gutachtens treten, s. *Schott/Bartsch* in Eilers/Rödding/Schmalenbach, Unternehmensfinanzierung, 2. Aufl. 2014, Kap. E Rn. 8.

[467] Vgl. *Beckmann,* Finanzierungsleasing, 3. Aufl. 2006, § 8 Rn. 65 mN aus der Rspr.

[468] Früher § 3 AGBG.

[469] Grundlegend BGH Urt. v. 28.5.2014 – VIII ZR 179/13, NJW 2014, 2940.

[470] BGH Urt. v. 9.5.2001 – VIII ZR 208/00, BB 2001, 1378 ff.

[471] Palandt/*Weidenkaff* BGB Einf. § 535 Rn. 75.

(2) Andienungsrecht des Leasinggebers. Auch hier endet der Leasingvertrag automatisch am 109 Ende der Grundmietzeit. Der Leasinggeber hat das Recht, dem Leasingnehmer den Leasinggegenstand zum kalkulierten Restwert anzudienen. Auch bei diesem Modell „garantiert" der Leasingnehmer den Restwert, hat jedoch keine Chance, an einer Wertsteigerung zu partizipieren, wenn der Leasinggeber auf die Andienung verzichtet. Dem Andienungsrecht kann unter Umständen auch eine Kaufoption des Leasingnehmers gegenüberstehen.

(3) Kündbarer Leasingvertrag mit Anrechnung des Veräußerungserlöses. Bei diesem Modell 110 endet der Leasingvertrag nur durch Kündigung, die frühestens nach Ablauf der Grundmietzeit wirksam werden kann. Zum Kündigungstermin ist eine Abschlusszahlung in Höhe der noch nicht amortisierten Kosten des Leasinggebers zu entrichten, auf die 90 % des vom Leasinggeber erzielten Veräußerungs-erlöses angerechnet werden. Ein etwaiger Mehrerlös kommt dem Leasinggeber in vollem Umfang zugute, während der Leasingnehmer am Wertsteigerungspotential des Leasinggegenstandes partizipiert. Der kündbare Teilamortisationsvertrag ist auch deshalb wenig verbreitet, weil es unter der Geltung des AGB-Rechts bisher nicht möglich war, den Vollamortisationsanspruch des Leasinggebers in abstrakter Weise in einer den Anforderungen der Gerichte genügenden Weise klauselmäßig fest-zuhalten.[472] Allerdings bejaht die Rspr. auch bei unwirksamen AGB einen vertragsimmanenten[473] Ausgleichsanspruch, der allerdings jeweils konkret zu berechnen ist.[474] Dabei sind der noch „ausstehen-den" Leasingraten mit dem Refinanzierungszinssatz zu diskontieren. Ersparte Aufwendungen und der Gewinnanteil des Leasinggebers, der auf den Zeitraum nach der Kündigung entfällt, müssen abgezogen werden.[475]

Bei big ticket-Leasingverträgen kommt den Endschaftsregelungen im Hinblick auf die erheblichen 111 Restwerte langlebiger Wirtschaftsgüter eine besondere Bedeutung zu. Hier finden sich Modelle, die Teile der vorgestellten Regelungen miteinander kombinieren. Wichtig ist aus Sicht des Leasinggebers, dass er neben einer vertraglichen Absicherung des Restwertes zur Sicherung des wirtschaftlichen Eigentums stets die Chance behält, noch in einem wirtschaftlich ins Gewicht fallenden Umfang sich an einer etwaigen Wertsteigerung des Leasinggegenstandes zu beteiligen.[476] Soweit ordentliche Kündi-gungsmöglichkeiten vereinbart werden, wird dem Leasinggeber meist eine (seine Nachsteuerrendite sichernde) Abschlusszahlung als Prozentwert der Anschaffungskosten des Leasingobjektes gewährt.

bb) Vollamortisationsverträge. Da beim Vollamortisationsvertrag die Anschaffungskosten des 112 Leasinggebers in voller Höhe über die Grundmietzeit ausgeglichen werden, ist eine Abschlusszahlung des Leasingnehmers nicht erforderlich. Ihm ist regelmäßig das Recht eingeräumt, den Leasinggegen-stand zum Restbuchwert oder einem niedrigeren Marktwert zu erwerben.

cc) Kilometerleasingverträge. Da der Leasingnehmer beim Kilometerleasingvertrag nicht für den 113 Restwert des Leasinggegenstandes einzustehen hat, ist zum Ende der Vertragslaufzeit der Leasinggegen-stand lediglich im Übrigen im vertragsgemäßen Zustand[477] zurückzugeben. Soweit nur die vorgesehe-ne Kilometerleistung verfehlt wurde, werden Mehr- oder Minderkilometer nach Maßgabe der ver-traglichen Festlegungen abgerechnet. Ob es insoweit zulässig ist, Mehrkilometer zu einem höheren Satz abzurechnen als Minderkilometer, wird von *Graf v. Westphalen*[478] unter der Geltung des AGB-Rechts bezweifelt. Seine Auffassung ist zutreffend, wenn die im Vertrag niedergelegte Kilometerleis-tung nach ihrem Wortlaut nicht eine Grenze des zulässigen vertragsgemäßen Gebrauches, sondern wie verbreitet, lediglich eine Berechnungsgrundlage darstellt.

b) Außerordentliche Vertragsbeendigung. aa) Vertragsverstöße und sonstige Kündigungs- 114 **gründe.** Leasing-AGB und Individualverträge sehen meist ausführliche Regeln für eine vorzeitige Vertragsbeendigung vor. Die **Kündigungserklärung** selbst bedarf außerhalb des Verbraucherkredit-rechtes (→ Rn. 92) nur bei einer vertraglichen Vereinbarung einer bestimmten Form[479]. Regelmäßig

---

[472] ZB BGH Urt. v. 22.11.1995 – VIII ZR 57/95, NJW 1996, 455; vgl. ausf. *Artz* in v. Westphalen LeasingV Kap. K Rn. 55 ff.; *Lieb* DB 1986, 2167 ff. und *Berninghaus* in Martinek/Stoffels/Wimmer-Leonhardt LeasingR-HdB § 37 Rn. 7 ff. bemerken zu Recht, dass die Abschlusszahlung wie die Leasingraten Teil der Preisvereinbarung der Parteien ist und damit nach § 307 Abs. 3 S. 1 BGB (früher § 8 AGBG) der Inhaltskontrolle entzogen wird.

[473] BGH Urt. v. 19.3.1986 – VIII ZR 81/85, NJW 1986, 1746.

[474] BGH Urt. v. 16.5.1990 – VIII ZR 108/89, NJW 1990, 2377; zu den erheblichen Anforderungen der Gerichte an die Darlegung der einzelnen Kosten vgl. etwa OLG Koblenz Urt. v. 21.11.1996 – 5 U 1555/95, BB 1997, 1382.

[475] Vgl. iE *Artz* in v. Westphalen LeasingV Kap. J Rn. 70 ff.; *Berninghaus* in Martinek/Stoffels/Wimmer-Leonhardt LeasingR-HdB § 37 Rn. 13 ff.

[476] Vgl. aber bei → Rn. 69.

[477] Entspricht das Fahrzeug nicht dem vertragsgemäßen Erhaltungszustand, unterfällt der Anspruch auf Mindest-wertausgleich als vertraglicher Erfüllungsanspruch der regelmäßigen Verjährung, BGH Urt. v. 14.11.2012 – VIII ZR 22/12, WM 2013, 2235. Diese Auffassung ist abzulehnen. Nicht jede für die Vollamortisation erforderliche Leistung ist als Erfüllungsleistung zu qualifizieren Der Mindestwertausgleich ist funktional Schadensersatz. Dem entspricht, dass die Rspr. ihn einheitlich als nicht umsatzsteuerbare Schadensersatzleistung qualifiziert, BFH Urt. v. 20.3.2013 – XIR 6/11, BB 2013, 2213 mwN.

[478] 5. Aufl. 1998, Rn. 1251 ff.

[479] Vgl. OLG Düsseldorf Beschl. v. 5.12.2018 – I 2–24 U 164/17, BeckRS 2018, 32913.

steht als **Kündigungsgrund** ein **Vertragsverstoß des Leasingnehmers** im Vordergrund. Kündigungsgründe können insbesondere die Nichtzahlung von Leasingraten,[480] die Verletzung anderer Zahlungsverpflichtungen, die Verletzung von Wartungs- und Instandhaltungsverpflichtungen, das Versäumen von Versicherungspflichten sowie der Vermögensverfall des Leasingnehmers sein.[481] Dabei werden die Kündigungsgründe in unterschiedlicher Weise je nach Bedeutung der verletzten Pflicht mit Mahn- und Nachfristen ausgestattet.[482] In Individualverträgen finden sich häufig auch Kündigungsmöglichkeiten des Leasingnehmers. Wichtigster Kündigungsgrund ist hier die **Verletzung des Nutzungsrechtes** des Leasingnehmers durch den Leasinggeber und seine Gläubiger. Daneben steht die praktisch seltene, im Hinblick auf ihre rechtlichen Folgen aber gewichtige **Insolvenz des Leasinggebers.** Neben diesen jeweils eindeutig der Sphäre des Leasingnehmers oder des Leasinggebers zuzurechnenden Beendigungsgründen finden sich bei grenzüberschreitenden Verträgen schließlich noch meist individualvertraglich vereinbarte Kündigungsmöglichkeiten bei Änderungen der ökonomischen Geschäftsgrundlage des Vertrages, so etwa bei Einführung von Quellensteuern oder einer sonstigen **Veränderung der steuerlichen Rahmenbedingungen.** In allen Fällen schuldet der Leasingnehmer eine Abschlusszahlung.[483] Während in den Fällen der außerordentlichen Vertragsbeendigung aufgrund von Umständen, die der Sphäre des Leasingnehmers zuzurechnen sind, der Vollamortisationsanspruch gewahrt bleibt,[484] wird dann, wenn die Kündigungsgründe dem Leasinggeber zugerechnet werden, oft eine Kürzung der Ansprüche des Leasinggebers vereinbart, die dem Leasingnehmer zumindest zeitanteilig einen kalkulierten Barwertvorteil sichert. In den „neutralen" Fällen werden meist differenzierte Regeln vereinbart, die die einzelnen Fallkonstellationen den Sphären der beiden Vertragsparteien zuordnen; oft wird auch ein mittlerer Wert als **Abschlusszahlung** vereinbart. Bei der Gestaltung von AGB zu Zahlungsverpflichtungen bei vorzeitiger Vertragsbeendigung ist zu beachten, dass sie dem Transparenzgebot des § 307 Abs. 1 S. 2 BGB unterliegen[485] und der BGH Klauseln, in denen der Leasinggeber für die Abrechnung bei vorzeitiger Vertragsbeendigung – anders als bei ordnungsgemäßer Vertragsbeendigung – nur 90 % des erzielten Erlöses des Leasinggegenstandes berücksichtigt, nach § 307 Abs. 1 und Abs. 2 Nr. 1 BGB als unwirksam einstuft.[486] Endet der Leasingvertrag durch Kündigung werden dann, wenn nicht der Leasingnehmer den Leasinggegenstand erwirbt, die an ihn abgetretenen Gewährleistungsansprüche an den Leasinggeber zurückabgetreten.[487]

115   Speziell bei **sale-and-lease-back**-Verträgen kommt als Beendigungsmechanismus auch eine Rückkaufvereinbarung zwischen Leasinggeber und Leasingnehmer in Betracht. Entsprechende formularmäßige Klauseln prüft der BGH am Maßstab des § 307 Abs. 1 und Abs. 2 Nr. 1 BGB iVm §§ 456 ff. BGB. Sofern der Leasinggeber seine Belange bereits durch eine weitgehend wertunabhängige Preisbestimmung und eine Standortklausel, die abweichend von § 446 BGB die Gefahr für den Verlust der Sache vor Übergabe dem Leasingnehmer auferlegt, geschützt hat, stellt es eine unangemessene Benachteiligung des Leasingnehmers dar, wenn sich der Leasinggeber auch von der Pflicht zur Besitzverschaffung (und damit der Gefahr des Untergangs der Kaufsache vor Abschluss des Rückkaufvertrages) befreit. Konkret beanstandete der BGH eine Klausel, nach der die Übergabe des Objekts dadurch ersetzt wird, dass der Leasinggeber seine Herausgabeansprüche gegenüber dem Besitzer an den Leasingnehmer abtritt.[488]

116   **bb) Untergang des Leasinggegenstandes.** Einen Anlass zur außerordentlichen Vertragsbeendigung gibt regelmäßig auch der zufällige Untergang des Leasinggegenstandes und ihm gleichgestellte Situationen, die eine vertragsgemäße Nutzung nachhaltig ausschließen, wie ein wirtschaftlicher Totalschaden, Diebstahl, Konfiskation usw (sog. „Verlustfall"). Der Eintritt eines Verlustfalles berechtigt regelmäßig sowohl Leasinggeber wie Leasingnehmer zur außerordentlichen Kündigung des Vertrages; dem entspricht eine an den Eintritt eines Verlustfalles geknüpfte automatische Vertragsbeendigung.[489] Ist der Leasinggegenstand versichert, so steht dem Leasinggeber in der Regel die gesamte Versiche-

---

[480] Nach hM bei AGB nur in den Grenzen des § 543 Abs. 2 S. 1 Nr. 3 BGB, vgl. *Berninghaus* in Martinek/Stoffels/Wimmer-Leonhardt LeasingR-HdB § 38 Rn. 11; *Artz* in v. Westphalen LeasingV Kap. L Rn. 12 ff. Zu Besonderheiten des Verbraucherkreditrechts bei → Rn. 92 und in der Insolvenz bei → Rn. 126.

[481] Zur fristlosen Kündigung wegen vertragswidriger Verfügung über einen anderen Leasinggegenstand vgl. OLG München Urt. v. 9.8.2017 – 7 U 125/17, BeckRS 2017, 120422.

[482] Vgl. BGH Urt. v. 11.2.1981 – VIII ZR 312/79, NJW 1981, 1264.

[483] Sog. Kündigungswert. Nach der jüngeren Rspr. des BGH (Urt. v. 14.3.2007 – VIII ZR 68/06, NJW-RR 2007, 1066) handelt es sich hierbei nicht um eine umsatzsteuerbare Leistung.

[484] Näher zum Anspruch des Leasinggebers auf Schadensersatz wegen Nichterfüllung *Berninghaus* in Martinek/Stoffels/Wimmer-Leonhardt LeasingR-HdB § 39 Rn. 5 ff.; zum Sonderfall Kilometerleasing vgl. *Nägele* BB 1996, 1233.

[485] OLG Düsseldorf Beschl. v. 14.2.2008 – 24 U 172/07, BeckRS 2008, 10564.

[486] BGH Urt. v. 26.6.2002 – VIII ZR 147/01, WM 2002, 1765 ff.

[487] Vgl. hierzu etwa OLG Stuttgart Urt. v. 27.11.2018 – 6 U 221/17, BeckRS 2018, 35397 Rn. 24 ff.

[488] BGH Urt. v. 19.3.2003 – VIII ZR 135/02, WM 2003, 1092 (1093 f.).

[489] Nach Auffassung der Rspr. ist eine solche Lösungsmöglichkeit zudem Voraussetzung für eine wirksame Verlagerung von Sach- und Preisgefahr, → Rn. 96.

rungsleistung zu, auch wenn diese den leasingvertraglich geschuldeten Ablösewert übersteigt.[490] Dies gilt aber nicht bei einer sog. Differenzkaskoklausel, bei der die Versicherung nur das Risiko abdeckt, dass der Leasingnehmer selbst dem Leasinggeber einen höheren Ablösewert als den Wiederbeschaffungswert schuldet.[491]Versichert der Leasingnehmer überobligationsmäßig den Leasinggegenstand auf Neuwertbasis steht ihm der den Zeitwert überschießende Betrag zu. Soweit das OLG München[492] die Auffassung vertritt, aus § 285 Abs. 1 BGB ergebe sich die Berechtigung des Leasinggebers auch auf den Differenzbetrag übersieht es, dass dem Leasinggeber in diesem Falle regelmäßig eine Abschlusszahlung zusteht, die seine Vollamortisation bewirkt und die vertragsgemäße Versicherung auf den Zeitwert nur dessen Sicherung dient. Die überschießende Neuwertversicherung dagegen sichert das Nutzungsinteresse des Leasingnehmers, der nach dem Ende des Leasingvertrages zur Fortsetzung der Nutzung einen Ersatzgegenstand zu erhöhten Kosten erwerben oder leasen muss.

Eine besondere Regelung zu Verlustfällen findet sich in der Vertragspraxis von **Immobilien-Lea-** 117 **singverträgen.** Im Einklang mit dem Immobilien-Teilamortisationserlass[493] übernimmt hier der Leasinggeber regelmäßig das Risiko des zufälligen Unterganges des Leasinggegenstandes. Entsprechende Regelungen finden sich gelegentlich auch beim Verleasen von Großmobilien. Der Leasinggeber beschränkt sich insoweit auf eine Absicherung durch entsprechende Versicherungsleistungen. Fallen diese aus, steht ihm ein Regress gegenüber dem Leasingnehmer nicht zu. Da bei Immobilienfinanzierungen der Leasingnehmer regelmäßig an einer Wiederherstellung des Leasinggegenstandes interessiert ist, finden sich allerdings häufig weitergehende Regelungen, die die Wiederherstellung des Leasinggegenstandes durch die vom Leasinggeber vereinnahmten Versicherungsleistungen ermöglichen.

cc) Tod des Leasingnehmers. Ist der Leasingnehmer eine natürliche Person, so steht seinen Erben 118 das Sonderkündigungsrecht des § 580 BGB zu.[494] Allerdings wird der Ausschluss des Kündigungsrechtes durch AGB allgemein als zulässig angesehen.[495] Fernerhin müssen die Erben bei wirksamer Kündigung dem Leasinggeber den Kündigungsschaden ersetzen.[496] Ein Kündigungsrecht des Leasinggebers besteht regelmäßig nicht. Es kann nach Ansicht des OLG Düsseldorf[497] auch nicht durch eine entsprechende Klausel in den AGB begründet werden.

V. Zwangsvollstreckung und Insolvenz

1. Zwangsvollstreckung gegen den Leasingnehmer. Da der Leasingnehmer regelmäßig unmit- 119 telbarer Besitzer des Leasinggegenstandes ist, sich der Leasinggegenstand damit im Gewahrsam des Schuldners befindet, liegen die Voraussetzungen für eine Pfändung des Leasinggegenstandes gem. § 808 Abs. 1 ZPO beim Leasingnehmer vor.[498] Die Kennzeichnung des Leasinggegenstandes als Eigentum des Leasinggebers oder die Vorlage des Leasingvertrages durch den Leasingnehmer ist kein Hindernis für eine wirksame Pfändung, da dem Gerichtsvollzieher außer der Prüfung des Schuldnergewahrsams keine rechtliche Prüfung der Eigentumsverhältnisse auferlegt ist.[499] Der Leasinggeber ist als Eigentümer jedoch berechtigt, im Wege der **Drittwiderspruchsklage** gem. § 771 Abs. 1 ZPO die Zwangsvollstreckung für unzulässig erklären zu lassen. Dieses Recht steht ihm auch zu, wenn der Leasinggegenstand an ein finanzierendes Kreditinstitut zur Sicherheit übereignet sein sollte. Nach herrschender Auffassung ist hier sowohl der Sicherungsgeber wie auch der Sicherungseigentümer zur Erhebung der Drittwiderspruchsklage berechtigt.[500] Der Leasingnehmer ist auch beim Fehlen einer ausdrücklichen vertraglichen Regelung verpflichtet, den Leasinggeber auf die Pfändungsmaßnahme aufmerksam zu machen.[501] Ist insoweit die Drittwiderspruchsklage erfolgreich, fällt der Leasinggeber aber hinsichtlich der Kosten gegenüber dem Vollstreckungsgläubiger aus, kann der Leasinggeber vom Leasingnehmer Ausgleich nur dann verlangen, wenn dies im Leasingvertrag ausdrücklich vorgesehen ist.[502]

[490] BGH Urt. v. 27.9.2006 – VIII ZR 217/05, NJW 2007, 290; BGH Urt. v. 31.10.2007 – VIII ZR 278/05, NJW 2008, 989 = WM 2008, 368;BGH Urt. v. 21.9.2011 – VIII ZR 84/10, WM 2012, 619 = BeckRS 2011, 24670.

[491] BGH Urt. v. 8.10.2014 – IV ZR 16/13, NJW 2015, 339.

[492] OLG München Urt. v. 29.11.2018 – 32 U 1497/18, BeckRS 2018, 31007.

[493] Immobilien-Teilamortisationserlass v. 23.12.1991 – IV B 2 – S 2170 – 115/91 – BStBl. I 1992, 13.

[494] Zu Recht ablehnend *Gerken* DB 1997, 1703 f.

[495] LG Wuppertal Urt. v. 18.11.1998 – 8 S 88–98, NJW-RR 1999, 493; *Beckmann,* Finanzierungsleasing, 3. Aufl. 2006, § 8 Rn. 117.

[496] *Weber* NJW 2005, 2197.

[497] OLG Düsseldorf Urt. v. 7.6.1990 – 10 U 195/89, NJW-RR 1990, 1469; aA Palandt/*Weidenkaff* BGB § 580 Rn. 6.

[498] Bei Immobilien-Leasingverträgen kommt eine Vollstreckung in den Leasinggegenstand durch Gläubiger des Leasingnehmers nicht in Betracht.

[499] *Koch* in v. Westphalen LeasingV Kap. O Rn. 3 ff.

[500] Vgl. MüKoBGB/*Koch* Leasing Rn. 145.

[501] *Hau* in Martinek/Stoffels/Wimmer-Leonhardt LeasingR-HdB § 48 Rn. 9, 21 mwN; *Koch* in v. Westphalen LeasingV Kap. O Rn. 7 f.

[502] S. dazu *Hau* in Martinek/Stoffels/Wimmer-Leonhardt LeasingR-HdB § 48 Rn. 6, 24.

120   Wenn hiernach den Gläubigern des Leasingnehmers die Zwangsvollstreckung in den Leasinggegenstand grundsätzlich verwehrt ist, so stellt sich die Frage, ob das Nutzungsrecht des Leasingnehmers ein Vermögensrecht darstellt, der Zwangsvollstreckung durch die Gläubiger des Leasingnehmers zugänglich ist. Nach wohl herrschender Auffassung wird das **Nutzungsrecht** als eigenständiger Vermögensgegenstand angesehen, der gem. § 857 ZPO als anderes Vermögensrecht pfändbar ist.[503] Der praktischen Durchsetzung der Pfändung und Überweisung des Nutzungsrechtes steht jedoch regelmäßig entgegen, dass zumeist die Übertragung des Nutzungsrechtes (auch durch AGB wirksam[504]) untersagt ist. Da zudem auch eine Untervermietung regelmäßig an die Zustimmung des Leasinggebers gebunden ist, wird die Pfändbarkeit des Nutzungsrechtes regelmäßig gem. § 857 Abs. 3 ZPO ausgeschlossen.

121   Für die Gläubiger des Leasingnehmers stellt sich bei Leasingverträgen mit einer Kaufoption die Frage, ob das **Optionsrecht** selbst und der aus der Ausübung der Optionen herrührende Anspruch auf Übereignung des Leasinggegenstandes Vollstreckungsgegenstand sein kann. Attraktiv kann ein solches Vorgehen dann sein, wenn der vom Pfändungsgläubiger zu entrichtende Optionspreis niedriger wäre als der Verkehrswert des Leasinggegenstandes. Ist im Leasingvertrag die Übertragbarkeit des Optionsrechts ausdrücklich ausgeschlossen, so scheitert die Pfändung an § 857 Abs. 3 ZPO. Nach zutreffender Auffassung ist das Optionsrecht aber auch beim Fehlen eines ausdrücklichen vertraglichen Verbots analog zu § 473 BGB unübertragbar.[505] Damit bleibt dem Gläubiger des Leasingnehmers bei einem typischen Teilamortisationsvertrag mit Kaufoption lediglich die Möglichkeit, den durch die Ausübung des Optionsrechts bedingten Anspruch auf Übereignung des Leasinggegenstandes gem. §§ 847 ff. ZPO und den anderenfalls etwaig bestehenden Anspruch auf Beteiligung am Restwerterlös[506] gem. §§ 829, 835 ZPO zu pfänden. Die Entscheidung über den Eintritt einer der Alternativen liegt nach wie vor beim Leasingnehmer.

122   **2. Zwangsvollstreckung gegen den Leasinggeber.** Pfändungsversuchen der Gläubiger des Leasinggebers steht regelmäßig entgegen, dass der Leasinggeber zwar Eigentümer, nicht aber unmittelbarer Besitzer des Leasinggegenstandes ist. Nur soweit der Leasingnehmer bereit ist, den Leasinggegenstand herauszugeben, käme eine Pfändung gem. §§ 808, 809 ZPO in Betracht. Zur freiwilligen Herausgabe wird der Leasingnehmer aber nur in seltenen Fällen bereit sein. Erfolgt die Pfändung gegen seinen Willen, so steht ihm die Erinnerung gem. § 766 ZPO als Rechtsbehelf zu.[507] Ist der Leasinggegenstand mit einem Pfand- oder sonstigen Sicherungsrecht belastet, so kann der Sicherungsnehmer die Drittwiderspruchsklage gem. § 771 ZPO erheben. Hiernach ist dem Gläubiger des Leasinggebers im Regelfall der Zugriff auf den Leasinggegenstand verwehrt. Er wird daher versuchen, in den **Rückgabeanspruch** gem. §§ 846, 847 ZPO zu vollstrecken. Für die Dauer des Leasingvertrages kann der Leasingnehmer dem Pfandgläubiger sein Recht zum Besitz gem. §§ 404, 412, 986 BGB analog entgegensetzen.[508] Die während der Laufzeit des Leasingvertrages dem Leasinggeber zustehenden Leasingraten, wie auch der Anspruch auf Zahlung des Kaufpreises aus einer **Kaufoption** können gem. §§ 829, 835 ZPO gepfändet und überwiesen werden. Soweit diese Ansprüche einer refinanzierenden Bank übertragen sind, geht die Zwangsvollstreckung aber auch insoweit ins Leere.

123   **3. Insolvenz.** Die Insolvenzordnung enthält keine ausdrücklichen Regelungen für Leasingverträge. Dies ist wegen der erheblichen gesamtwirtschaftlichen Bedeutung von Leasingverträgen überraschend. Das Regelungsdefizit wirft für die insolvenzrechtliche Behandlung von Leasingverträgen seit jeher eine Reihe von Zweifelsfragen auf. Tatsächlich hat die Insolvenzrechtsreform die Zweifelsfragen noch vervielfältigt.[509] Die Schwierigkeiten sind nur teils und in problematischer Weise durch die nachträglich[510] zur Bewältigung von leasingvertraglichen Problemen eingefügte Vorschrift des § 108 Abs. 1 S. 2 InsO beseitigt worden. Die bestehende Rechtsunsicherheit ist insbesondere für ein Finanzierungsgeschäft, das auf vorhersehbare rechtliche Regelungen im besonderen Maße angewiesen ist, bedauerlich. Unter der Geltung der Konkursordnung hatte der BGH in stRspr Finanzierungsleasingverträge **Miet- und Pachtverhältnissen** auch im insolvenzrechtlichen Sinne weitgehend gleichgestellt.[511] Der Gesetzgeber der Insolvenzordnung hat sich diese Qualifikation zu eigen gemacht, wie sich sowohl aus

---

[503] Vgl. etwa Zöller/*Stöber* ZPO § 857 Rn. 12.

[504] BGH Urt. v. 4.7.1990 – VIII ZR 288/89, NJW 1990, 3016.

[505] *Hau* in Martinek/Stoffels/Wimmer-Leonhardt LeasingR-HdB § 48 Rn. 14 f. mwN; aA *Canaris* BankvertragsR Rn. 1778.

[506] → Rn. 108.

[507] AA *Canaris* BankvertragsR Rn. 1780, der von seiner Position aus folgerichtig dem Leasingnehmer ein durch § 771 Abs. 1 ZPO geschütztes Recht zum Besitz am Leasinggegenstand einräumt; dagegen *Koch* in v. Westphalen LeasingV Kap. O Rn. 67.

[508] *Canaris* BankvertragsR Rn. 1781; *Koch* in v. Westphalen LeasingV Kap. O Rn. 73.

[509] Vgl. *Schmid-Burgk* ZIP 1998, 1022 mwN; *Seifert* NZM 1998, 217; *Obermüller/Livonius* DB 1995, 27; *Eckert* ZIP 1997, 2077; *Zahn* DB 1995, 1597 ff. und *Zahn* DB 1995, 1649 ff.

[510] Durch Art. 2 Gesetz zur Änderung des AGBG und der Insolvenzordnung v. 19.7.1996, BGBl. I 1013.

[511] BGH Urt. v. 5.4.1978 – VIII ZR 42/77, BGHZ 71, 189 (191) = NJW 1978, 1383; BGH Urt. v. 14.12.1989 – IX ZR 283/88, BGHZ 109, 368 (374 f.) = NJW 1990, 1113 (1114).

der Entstehungsgeschichte des Gesetzes[512] als auch aus § 108 Abs. 1 S. 2 InsO ergibt.[513] Im Einklang mit der früheren Rspr. ist davon auszugehen, dass die in einem Leasingvertrag eingeräumte **Kaufoption** allerdings nicht den mietrechtlichen Vorschriften der Insolvenzordnung, sondern den allgemeinen, für Kaufverträge geltenden Bestimmungen unterfällt.[514]

Die Insolvenzordnung sieht in einer Reihe von Fällen unterschiedliche rechtliche Regelungen für **124** **Mobilien und Immobilien** vor.[515] Abweichend von der allgemeinen zivilrechtlichen Begriffsbestimmung sind Immobilien im Sinne der Insolvenzordnung alle Gegenstände, die der Zwangsvollstreckung in das unbewegliche Vermögen unterliegen.[516] Damit wird zunächst klargestellt, dass Mobilien im Sinne der Insolvenzordnung auch Immaterialgüter sein können. Umgekehrt sind in die Luftfahrzeugrolle oder im Schiffsregister eingetragene Luftfahrzeuge und Schiffe stets unbewegliche Gegenstände im Sinne der Insolvenzordnung.[517] Die unterschiedliche Behandlung von beweglichen und unbeweglichen Gegenständen und die durch § 108 Abs. 1 S. 2 InsO vorgenommenen beschränkten Ausnahmen zu dieser Differenzierung erscheinen nicht durch die Natur der Vertragsgegenstände gerechtfertigt. Die rechtlichen Folgen erwecken in vielen Fällen den Eindruck, als seien sie willkürlich.[518]

a) Insolvenz des Leasingnehmers. aa) Mobilien. (1) Rechte des Insolvenzverwalters. In **125** bewusster Abkehr von der früheren Rechtslage[519] unterfallen Leasingverträge über bewegliche Gegenstände dem **Wahlrecht** des Insolvenzverwalters gem. § 103 InsO. Der Insolvenzverwalter kann hiernach entscheiden, ob er den Leasinggegenstand für die Masse nutzen will oder ob er die Ablehnung wählt. Die Ausübung des Erfüllungswahlrechts ist dabei nicht von der Beachtung bestimmter Fristen abhängig. Wählt der Verwalter Erfüllung, so ist er an den Leasingvertrag in vollem Umfang, insbesondere für die volle Vertragslaufzeit, gebunden. Lehnt er die Erfüllung hingegen ab, ist er verpflichtet, die Leasingsache herauszugeben.[520] Das Sonderkündigungsrecht aus § 109 Abs. 1 InsO steht ihm nicht zu.[521] Die Erfüllungswahl führt dazu, dass die Verbindlichkeiten des Insolvenzschuldners aus dem Leasingvertrag gem. § 55 Abs. 1 Nr. 2 Alt. 1 InsO Masseverbindlichkeiten werden. Allerdings wird von einer Mindermeinung unter Hinweis auf die Rspr. des BGH[522] abgeleitet, dass die Leasingraten anders als Mietzinsen nicht als zeitbezogene Entgelte für die Gebrauchsüberlassung, sondern als bloße Finanzierungsleistung zu beurteilen wären. Sie seien deshalb wie Darlehensforderungen nur als Insolvenzforderungen anzusehen.[523] Mit der herrschenden Meinung[524] ist diese Auffassung abzulehnen. Der Mindermeinung steht nicht nur entgegen, dass in vielen Mobilien-Leasingverträgen die Leasingrate dem tatsächlichen Wertverzehr entsprechend bemessen wird,[525] sondern auch, dass der Gesetzgeber – wie aus § 108 Abs. 1 S. 2 InsO ersichtlich – bewusst Leasingverträge den Mietverträgen für die Zwecke der Insolvenz gleichgestellt hat.[526] Wählt der Insolvenzverwalter die Nichterfüllung, so kann der Leasinggeber wegen seines Forderungsausfalls nur eine Insolvenzforderung anmelden. Die zwischen Verfahrenseröffnung und Ausübung des Wahlrechtes aufgelaufenen Mietzinsraten sind gem. § 55 Abs. 1 Nr. 2 Alt. 2 InsO als Masseforderungen zu berichtigen.[527] Etwaige vor Verfahrenseröffnung aufgelaufene Rückstände sind nach der Vorschrift des § 105 Abs. 1 S. 1 InsO bloße Insolvenzforderungen.[528]

(2) Rechte des Leasinggebers. Im Leasingvertrag lässt sich der Leasinggeber regelmäßig das Recht **126** zur außerordentlichen **Kündigung** bei Insolvenz und Vermögensverfall des Leasingnehmers einräu-

---

[512] Vgl. Begründung zu § 126 des Regierungsentwurfes, BR-Drs. 1/92, 148.

[513] Dazu bei → Rn. 130.

[514] Vgl. BGH Urt. v. 14.12.1989 – IX ZR 283/88, BGHZ 109, 368 (374 f.) = NJW 1990, 1113 (1115); MüKoInsO/*Eckert* InsO § 108 Rn. 63; *Tintelnot* in Kübler/Prütting/Bork InsO Vor § 108 Rn. 66; aA aber *Peters* ZIP 2000, 1759 (1766 ff.); vgl. zum Ganzen eingehend *Haag*, Sicherungsrechte an Flugzeugen in der Einzelzwangsvollstreckung und Insolvenz, 2004.

[515] Vgl. etwa §§ 103 und 108 Abs. 1 S. 1 InsO oder §§ 165 und 166 InsO.

[516] § 49 InsO; vgl. auch § 47 KO.

[517] Entsprechendes gilt für ausländische Schiffe und Flugzeuge, die der inländischen Zwangsversteigerung unterliegen können, vgl. § 106 LuftfzRG. Zur Insolvenz des Leasingnehmers eines Luftfahrzeugs *Vogel* NZI 2018, 588.

[518] Krit. auch *Tintelnot* in Kübler/Prütting/Bork InsO § 108 Rn. 2 ff.; aA HK-InsO/*Marotzke* InsO § 108 Rn. 22.

[519] Nach hM fand auf Mobilien-Leasingverträge grundsätzlich § 19 S. 1 KO Anwendung, vgl. statt aller BGH Urt. v. 5.4.1978 – VIII ZR 42/77, BGHZ 71, 189 (191) = NJW 1978, 1383.

[520] BGH Urt. v. 1.3.2007 – IX ZR 81/05, NJW 2007, 1594.

[521] HK-InsO/*Marotzke* InsO § 109 Rn. 3.

[522] BGH Urt. v. 28.3.1990 – VIII ZR 17/89, NJW 1990, 1785 (1788).

[523] Vgl. *Eckert* ZIP 1997, 2077 (2078 ff.).

[524] Vgl. *Schmid-Burgk* ZIP 1998, 1022 ff.; *Obermüller/Livonius* DB 1995, 27 (29); *Tintelnot* in Kübler/Prütting/Bork InsO § 105 Rn. 10; *Zahn* DB 1998, 1701 (1705); jetzt auch *Koch* in v. Westphalen LeasingV Kap. R Rn. 60 ff.

[525] Vgl. *Zahn* DB 1998, 1701 (1705).

[526] So *Tintelnot* in Kübler/Prütting/Bork InsO § 105 Rn. 10.

[527] Vgl. HK-InsO/*Lohmann* InsO § 55 Rn. 23; *Pape/Schaltke* in Kübler/Prütting/Bork InsO § 55 Rn. 145.

[528] Zum Schicksal von Lastschriften für Leasingraten, die vor Verfahrenseröffnung bezahlt worden sind vgl. *Breitfeld* FLF 2009, 267.

men.[529] Allerdings beschränkt § 112 InsO das Recht des Leasinggebers, den Leasingvertrag nach einem Eröffnungsantrag wegen einer Verschlechterung der Vermögensverhältnisse des Schuldners zu kündigen. Auch darf eine Kündigung von diesem Zeitpunkt an nicht mehr darauf gestützt werden, dass der Leasingnehmer mit den Leasingraten vor dem Eröffnungsantrag in Verzug geraten ist. Nur dann, wenn bereits vor Antragstellung eine Kündigung wirksam ausgesprochen worden ist, bleibt ihre Wirkung erhalten.[530] Die Vorschrift des § 112 InsO mutet dem Vermieter (bei monatlich fälligen Mietraten) einen Ausfall der Nutzungsentschädigung für zwei Monate zu. Der so verstandene Regelungsinhalt des § 112 InsO stellt eine zulässige Inhalts- und Schrankenbestimmung des Eigentums bei der Gebrauchsüberlassung an Dritte (Art. 14 Abs. 1 S. 1 GG) dar.[531] § 112 InsO schließt allerdings eine auf andere Vertragsverstöße gestützte Kündigung nicht aus. Dies gilt zunächst für die Verletzung vertraglicher Nebenpflichten vor und nach dem Eröffnungsantrag, wie etwa die Verletzung von Wartungs- und Erhaltungspflichten.[532] Soweit *Tintelnot*[533] erwägt, die Kündigungsbeschränkungen des § 112 InsO auf andere Kündigungsgründe zu erstrecken, deren Voraussetzungen auf die dem Antrag vorausgehende Zahlungsunfähigkeit zurückgehen, ist dem zuzustimmen, sofern es sich hierbei um die insolvenzverfahrensmäßigen Folgen der Zahlungsunfähigkeit wie Insolvenzantragstellung, Verfahrenseröffnung etc handelt. Dagegen stellen Vertragsverstöße, die auf Illiquidität beruhen, wie etwa die Nichtzahlung geschuldeter Versicherungsprämien usw zulässige Kündigungstatbestände dar. Der Gesetzeszweck, die wirtschaftliche Einheit der Insolvenzmasse zu erhalten,[534] rechtfertigt es nicht, das in diesen Fällen meist betroffene Sacherhaltungsinteresse des Leasinggebers zu negieren. Soweit der Insolvenzverwalter den vertragswidrigen Zustand beseitigt, steht dem Leasinggeber nach allgemeinen Grundsätzen ohnehin kein Kündigungsrecht zu. Unstreitig kann der Leasinggeber weiterhin die Kündigung auf einen Verzug mit der Zahlung der Leasingraten nach dem Eröffnungsantrag gründen. Hierbei ist allerdings zu beachten, dass ein Verzug nicht schon in Betracht kommt, wenn die im Leasingvertrag vorgesehenen Zahlungstermine überschritten werden. Ist ein vorläufiger Verwalter mit Verwaltungs- und Verfügungsbefugnis nach § 22 Abs. 1 S. 1 InsO bestellt worden, so sind die Leasingraten nach §§ 25 Abs. 2 S. 2 und 55 Abs. 2 S. 1 InsO grundsätzlich erst als Masseverbindlichkeiten im Verfahren zu berichtigen.[535] Anders ist die Situation bei einem vorläufigen Insolvenzverwalter, auf den die Verfügungsbefugnis über das Vermögen des Schuldners – wie regelmäßig – nicht übergegangen ist; für diesen Fall hat der BGH entschieden, dass § 55 Abs. 2 S. 2 InsO weder unmittelbar noch entsprechend anwendbar ist.[536] Jeder vorläufige Insolvenzverwalter sei im Rahmen seiner Verwaltungstätigkeit im Zweifel befugt, nach dem Eröffnungsantrag fällig werdende Mietraten aus dem Schuldnervermögen wieder zu entrichten, wenn die Nutzungsmöglichkeit für die Masse erhalten bleiben soll.[537] Dies gelte selbst wenn die Zahlungsverpflichtung im Falle eines später eröffneten Insolvenzverfahrens nicht den Charakter einer Masseverbindlichkeit gem. § 55 Abs. 2 InsO erlangt. Die Erhaltung nützlicher Bestandteile des Schuldnervermögens gehöre normalerweise zu jeder vorläufigen Insolvenzverwaltung. Eine spätere Anfechtung in einem eröffneten Insolvenzverfahren braucht der Vertragspartner in diesem Fall gem. § 142 InsO nicht zu befürchten, wenn die Zahlung zeitnah erfolgt.[538] Entscheidet sich der vorläufige Insolvenzverwalter andererseits aus Zweckmäßigkeitserwägungen gegen eine Fortsetzung des Nutzungsvertrages und zahlt er deshalb die geschuldete Miete oder Pacht nicht, so sei der andere Vertragsteil berechtigt, den Vertrag wegen der nach dem Eröffnungsantrag neu eintretenden Zahlungsrückstände gegebenenfalls schon während des Eröffnungsverfahrens nach näherer Maßgabe des § 543 Abs. 2 S. 1 Nr. 3 BGB zu kündigen.[539] Diese Rspr. wird überlagert durch die Regelung des § 21 Abs. 2 Nr. 5 InsO[540]. Danach kann das Insolvenzgericht im Eröffnungsverfahren anordnen, dass ein Gegenstand, an dem ein Aussonderungsrecht besteht, nicht herausverlangt und zur Fortführung eines insolventen Unternehmens eingesetzt werden darf, wenn er für die Fortführung des Unternehmens von erheblicher Bedeutung ist. Ein Ausgleichsanspruch besteht nach dem Gesetzeswortlaut nur im Hinblick auf einen eingetretenen Wertverlust.[541] Die Unbestimmbarkeit des Schicksals des Leasinggegenstandes und des aus ihm fließenden Zahlungsstroms erschwert die Refinanzierung von Leasingtransaktionen. Wird das Verfahren eröffnet, kann der Leasinggeber den endgültigen Insolvenzverwalter auffordern, sich über sein Wahlrecht aus § 103 InsO zu erklären. Nach dem Gesetz hat jener die

---

[529] Vgl. bei → Rn. 114.
[530] Vgl. *Tintelnot* in Kübler/Prütting/Bork InsO § 112 Rn. 3.
[531] BGH Urt. v. 18.7.2002 – IX ZR 195/01, BGHZ 151, 353 (373) = NJW 2002, 3326.
[532] Vgl. *Koch* in v. Westphalen LeasingV Kap. P Rn. 9.
[533] In *Tintelnot* in Kübler/Prütting/Bork InsO § 112 Rn. 14.
[534] BR-Drs. 1/92, 148.
[535] Vgl. zu weiteren Einzelheiten und Zweifelsfragen *Tintelnot* in Kübler/Prütting/Bork InsO § 112 Rn. 11 f.
[536] BGH Urt. v. 18.7.2002 – IX ZR 195/01, BGHZ 151, 353 (372 f.) = NJW 2002, 3326.
[537] BGH Urt. v. 18.7.2002 – IX ZR 195/01, BGHZ 151, 353 (370) = NJW 2002, 3326.
[538] BGH Urt. v. 18.7.2002 – IX ZR 195/01, BGHZ 151, 353 (370) = NJW 2002, 3326.
[539] BGH Urt. v. 18.7.2002 – IX ZR 195/01, BGHZ 151, 353 (371) = NJW 2002, 3326.
[540] Gesetz zur Vereinfachung des Insolvenzrechtes vom 13.4.2007, BGBl. I 509; krit. hierzu mit praktischen Beispielen *Scharff/Griesbach* FLF 2008, 122 ff. mwN.
[541] Zu den sich hier ergebenden Fragen vgl. *Vogel* NZI 2018, 588 (592 f.).

Erklärung ohne schuldhaftes Zögern abzugeben. Allerdings hat die Rspr. dem Verwalter großzügige Einarbeitungsfristen gewährt. Fraglich ist, ob die in den Fällen der Insolvenz des Vorbehaltskäufers durch § 107 Abs. 2 S. 1 InsO dem Verwalter eingeräumte Fristverlängerung im Wege der Analogie auf Leasingfinanzierungen übertragen werden kann.[542] Angesichts der Funktionsähnlichkeit von Leasingfinanzierungen und Abzahlungskaufverträgen für die insolvente Masse scheint dies naheliegend. Andererseits hat der Gesetzgeber § 107 InsO bewusst auf die Fälle des Vorbehaltskäufers beschränkt und nicht allgemein darauf abgestellt, ob der dem Wahlrecht des Verwalters unterfallende Vertragsgegenstand in den Besitz des Insolvenzschuldners geraten ist. Daher dürfte § 107 InsO bei Leasingverträgen, auch insoweit sie eine Kaufoption[543] enthalten, unanwendbar sein.[544]

Da hiernach die Möglichkeiten des Leasinggebers sehr beschränkt sind, sich vom Leasingvertrag zu **127** lösen oder auch nur Klarheit über das zukünftige Schicksal des Vertrages zu gewinnen, stellt sich für ihn die Frage, ob er den Leasingvertrag **auflösend bedingt** durch die Eröffnung eines Insolvenzverfahrens abschließt. Dem scheint zunächst § 119 InsO entgegenzustehen, der Vereinbarungen, durch die im Voraus die Anwendung der §§ 103–118 InsO ausgeschlossen wird, für unwirksam erklärt. Allerdings hat der Rechtsausschuss des Bundestages § 137 Abs. 2 des Regierungsentwurfes der InsO, der eröffnungsbedingte Lösungsklauseln ausdrücklich für unwirksam erklären wollte, im Gesetzgebungsverfahren gestrichen, da hierdurch Sanierungen erleichtert würden und man eine Anpassung an den internationalen Geschäftsverkehr wünschte. Daher wird überwiegend die Zulässigkeit insolvenzbezogener auflösender Bedingungen anerkannt.[545]

Der BGH hat bisher keine Grundsatzentscheidung zu insolvenzrechtlichen Lösungsklauseln getrof- **128** fen; in zwei Fällen hat er jedoch ausdrücklich die Zulässigkeit solcher Klauseln bejaht.[546] Der erste Fall betraf Bauverträge auf VOB-Basis und der zweite Versicherungsverträge im Rahmen des VVG. Insbesondere der zuletzt genannte Fall ist im vorliegenden Zusammenhang von Interesse. In dieser Entscheidung bejahte der BGH die Zulässigkeit der vertraglichen Lösungsklauseln damit, dass es sich hierbei lediglich um eine vertragliche Nachbildung der gesetzlichen Regelung des § 14 Abs. 1 VVG handele. Gemäß dieser Regelung kann der Versicherer für den Fall, dass ein Insolvenzverfahren über das Vermögen des Versicherungsnehmers eröffnet wird, das Versicherungsverhältnis kündigen. Für den Darlehensvertrag stellt § 490 Abs. 1 S. 1 BGB eine Parallelnorm zu § 14 Abs. 1 VVG dar. Danach kann ein Darlehensvertrag gekündigt werden, wenn in den Vermögensverhältnissen des Vertragspartners eine wesentliche Verschlechterung eingetreten ist. Durch die Insolvenzeröffnung manifestiert sich eine solche Verschlechterung. Aus dieser BGH-Rspr. lässt sich daher der Schluss ziehen, dass es den Parteien frei steht, das gesetzliche Kündigungsrecht im Darlehensvertrag vertraglich zu konkretisieren, in dem sie eine vertragliche Lösungsklausel etwa für den Fall der Insolvenzeröffnung vorsehen. Entsprechendes muss für den Finanzierungsleasingvertrag gelten, der als „sonstige Finanzierungshilfe" dem Darlehen gem. § 506 Abs. 2 BGB gleichgestellt ist.[547]

bb) Immobilien. § 108 Abs. 1 S. 1 InsO ordnet als lex specialis zu § 103 InsO die Fortdauer von **129** Immobilien-Leasingverträgen mit Wirkung gegenüber der Insolvenzmasse an.[548] Die InsO räumt dem Verwalter in § 109 ein Sonderkündigungsrecht, bei noch nicht überlassenem Leasinggegenstand ein Rücktrittsrecht, ein. In diesem Fall steht dem Leasinggeber gem. § 109 Abs. 1 S. 3 und Abs. 2 S. 2 InsO Schadensersatz als Insolvenzforderung zu. Dem Leasinggeber steht nach Überlassung des Leasinggegenstandes dagegen kein gesetzliches Kündigungsrecht mehr zu. Nur wenn die Immobilie dem Schuldner noch nicht überlassen war, kann der Leasinggeber gem. § 109 Abs. 2 S. 1 InsO vom Vertrag zurücktreten. Vertragliche Kündigungsrechte bleiben jedoch in den durch § 112 InsO gezogenen Grenzen bestehen.[549] Die nach Eröffnung fällig werdenden Raten sind gem. § 55 Abs. 1 Nr. 2 InsO Masseforderungen.[550]

b) Insolvenz des Leasinggebers. aa) Mobilien. (1) Rechte des Insolvenzverwalters – Wir- 130 kungen für die Refinanzierung. Auch bei der Insolvenz des Leasinggebers findet § 103 InsO

---

[542] Vgl. *Tintelnot* in Kübler/Prütting/Bork InsO § 103 Rn. 71, 263 und InsO § 107 Rn. 19 mwN.

[543] AA insoweit HK-InsO/*Marotzke* InsO § 107 Rn. 37 mwN.

[544] Ebenso *Obermüller/Livonius* DB 1995, 27 (28).

[545] Vgl. *Bruns* ZZP 110 (1997), 305 (318 ff.); für die grundsätzliche Zulässigkeit auch MüKoInsO/*Huber* InsO § 119 Rn. 39 ff.; aA *Haarmeyer/Wutzke/Förster*, Handbuch zur InsO, 3. Aufl. 2001, Rn. 5.187 (anders noch in der 2. Aufl. 1998, Rn. 5.172); *Tintelnot* in Kübler/Prütting/Bork InsO § 119 Rn. 15 ff.; HK-InsO/*Marotzke* InsO § 119 Rn. 3 f.; diff. *Berger* in Kölner Schrift zur InsO, 3. Aufl. 2009, Kap. 12 Rn. 26 ff.

[546] BGH Urt. v. 26.11.2003 – IV ZR 6/03, NZI 2004, 144 ff. (zum Versicherungsvertragsrecht); BGH Urt. v. 26.9.1993 – VII ZR 19/85, NJW 1986, 255 ff. (betraf noch § 17 KO, der Vorgängernorm zu § 103 InsO).

[547] Obwohl der BGH allgemein den Leasingvertrag als atypischen Mietvertrag einstuft, erkennt er gleichwohl die Finanzierungsfunktion an, vgl. BGH Urt. v. 29.11.1989 – VIII ZR 323/88, BGHZ 109, 250 (255 f.) = NJW 1990, 829 ff. und BGH Urt. v. 20.9.1989 – VIII ZR 239/88, NJW 1990, 247 (248).

[548] Dies gilt nach BGH Urt. v. 5.7.2007 – IX ZR 185/06, NJW 2007, 3715 nur dann, wenn die Mietsache im Zeitpunkt der Verfahrenseröffnung übergeben war (mN zur Gegenansicht).

[549] → Rn. 126.

[550] OLG Düsseldorf Beschl. v. 27.4.2010 – I – 24 U 199709, BeckRS 2010, 22289; str. vgl. die Nachw. bei *Tintelnot* in Kübler/Prütting/Bork InsO § 108 Rn. 17; zur Parallelproblematik bei § 105 InsO bei → Rn. 125.

Anwendung. Nachdem der BGH 2002 die Erlöschenstheorie[551] aufgegeben hat, folgt daraus, dass Leasingverträge mit Eröffnung des Insolvenzverfahrens zwar nicht mehr automatisch „erlöschen" und vom Insolvenzverwalter durch Erfüllungswahl neu begründet werden. Gleichwohl bedeutet die Anwendbarkeit des § 103 InsO auf Leasingverträge, dass der Leasingnehmer bei einer Erfüllungsablehnung durch den Insolvenzverwalter den Leasinggegenstand herauszugeben hat.[552] Das leasingvertragliche Nutzungsrecht ist damit in Abkehr von der bisherigen Rechtslage nicht mehr insolvenzfest. Erheblich sind auch die Wirkungen für finanzierende Kreditinstitute. Soweit sie im Wege der Forfaitierung oder der Sicherungszession Leasingforderungen erworben haben, wird die Abtretung von Leasingraten, die nach Verfahrenseröffnung fällig werden, mit der Erfüllungsablehnung rückwirkend unwirksam. Dies gilt selbst dann, wenn die Anschaffung des Leasinggegenstandes vollständig vom Kreditinstitut finanziert wurde und sich die Funktion des Leasinggebers auf das bloße Durchleiten der Finanzierungsvaluta beschränkt. Da aufgrund dieser gesetzgeberischen Entscheidung die Refinanzierungsmöglichkeiten insbesondere für mittelständische Leasinggesellschaften abgeschnitten worden wären, hat der Gesetzgeber[553] § 108 Abs. 1 S. 2 in die Insolvenzordnung eingefügt, der dazu führt, dass der Leasingvertrag ohne Wahlrecht des Insolvenzverwalters fortbesteht, wenn er sich auf Mobilien bezieht, die „einem Dritten, der ihre Anschaffung oder Herstellung finanziert hat, zur Sicherheit übertragen worden" sind.[554] Zweck des Gesetzes ist die Sicherung der Existenz von Leasingunternehmen, die bereits vor Inkrafttreten der Insolvenzordnung sich zunehmend ihrer Refinanzierungsmöglichkeiten beraubt sahen.[555] Die Vorschrift wirft allerdings eine Vielzahl von Fragen auf.[556]

131   Ausgangspunkt der gesetzgeberischen Überlegungen war offensichtlich, dass in den Fällen, in denen ein Dritter die Anschaffung des Leasinggegenstandes finanziert, zu einer unangemessenen Begünstigung der Masse führen würde, wenn dieser die Früchte der Sachnutzung zufließen würden, zumal sie außer der bloßen Gebrauchsduldung keinerlei Leistungen mehr zu erbringen habe. Umgekehrt flösse der Masse bei einer Sicherungsübereignung an die Bank regelmäßig nur der Kostenbeitrag gem. §§ 170 ff. InsO zu.[557] Diese gesetzgeberische Intention ist bei der Auslegung der Vorschrift zu berücksichtigen. Die Formulierung, der Dritte müsse die „Anschaffung oder Herstellung finanziert" haben, sollte hiernach nicht bedeuten, dass nur der **Erstfinancier** geschützt ist; auch eine der Anschaffung oder Herstellung nachfolgende Finanzierung, die den Anforderungen des § 108 Abs. 1 S. 2 InsO genügt, ist zu privilegieren.[558] Problematischer dürfte die Frage zu beurteilen sein, ob die Vorschrift bei einer nur **teilweisen Finanzierung** des Leasinggegenstandes durch den Dritten zur Anwendung kommen kann. Der Wortlaut, der Dritte müsse die „Anschaffung... finanziert haben", scheint das Gegenteil zu indizieren, und das weitere tatbestandliche Erfordernis der Sicherungsübereignung könnte dafür sprechen, dass nur solche Finanzierungen als privilegiert erachtet werden, die aufgrund ihres Umfanges durch eine Sicherungsübereignung besichert werden können. Allerdings ist immer dann, wenn die der Masse verbleibenden Leasingraten marktgerecht sind, den Absichten des Novellierungsgesetzgebers Rechnung getragen. Entsprechend sollte im Interesse der Rechtsklarheit auch in den Fällen der Teilfinanzierung § 103 InsO nicht anwendbar sein. Hierfür spricht zudem, dass die Gesetzesmaterialien[559] auch in denjenigen Fällen die Wirkung des § 108 Abs. 1 S. 2 InsO bejahen, in denen die Masse neben der Gebrauchsüberlassung noch mit **Nebenleistungspflichten** belastet ist. Soweit sie insoweit von einer Aufteilung der abgetretenen Forderungen ausgehen, dürften allerdings erhebliche praktische Schwierigkeiten bestehen, da es meist an einem eindeutigen Zuordnungsmaßstab fehlen dürfte. In der Lit. wird daher teilweise vorgeschlagen, dem Verwalter gegenüber dem Zessionar einen bereicherungsrechtlichen Anspruch auf Ausgleich jeglicher Aufwendungen im Zusammenhang mit dem fortdauernden Vertragsverhältnis zuzubilligen.[560] *Zahn*[561] will dagegen mit guten Gründen dem Verwalter auch in den nach § 108 Abs. 1 S. 2 InsO fortdauernden Leasingverträgen ein auf § 103 InsO gestütztes Leistungsverweigerungsrecht hinsichtlich der Nebenleistungen einräumen. Im Ergebnis müsste dann der Zessionar die von der Masse geschuldeten Nebenleistungen erbringen, wenn er

---

[551] StRspr seit BGH Urt. v. 11.2.1988 – IX ZR 36/87, BGHZ 103, 150 = NJW 1988, 1790; diff. Urt. v. 4.5.1995 – IX ZR 256/93, NJW 1995, 1966.

[552] BGH Urt. v. 25.4.2002 – IX ZR 313/99, ZIP 2002, 1093 ff.; vgl. *Laudenklos/Sester* ZIP 2005, 1757 (1762 und 1764); *Schott/Bartsch* in Eilers/Rödding/Schmalenbach, Unternehmensfinanzierung, 2. Aufl. 2014, Kap. E Rn. 37.

[553] Durch Art. 2 Gesetz zur Änderung des AGBG und der Insolvenzordnung vom 19.7.1996, BGBl. I 1013.

[554] Beim Immobilienleasing, bei dem normalerweise eine Objektgesellschaft Leasinggeber ist, die nur die geleaste Immobilie hält und verleast, ist das Insolvenzrisiko faktisch reduziert, hierzu *Schott/Bartsch* in Eilers/Rödding/Schmalenbach, Unternehmensfinanzierung, 2. Aufl. 2014, Kap. E Rn. 37.

[555] BT-Drs. 13/4699, 5 ff.

[556] Vgl. MüKoInsO/*Eckert* InsO Vor § 108 Rn. 7 ff.; ferner HK-InsO/*Marotzke* InsO § 108 Rn. 24; *Schmid-Burgk/Ditz* ZIP 1996, 1123; *Zahn* DB 1996, 1393 (1396 f.); *Seifert* NZM 1998, 217 (218 ff.); *Peters* ZIP 2000, 1759 (1763 ff.).

[557] Vgl. Bericht des Rechtsausschusses, BT-Drs. 13/4699, 5 ff.

[558] *Seifert* NZM 1998, 217 (219); MüKoInsO/*Eckert* InsO Vor § 108 Rn. 46, der allerdings die Einschränkung macht, dass ein „gewisser zeitlicher und sachlicher Zusammenhang" gegeben sein muss.

[559] BT-Drs. 13/4699, 6.

[560] *Bien* ZIP 1998, 1017 (1021); *Tintelnot* in Kübler/Prütting/Bork InsO § 108 Rn. 25.

[561] *Zahn* DB 1996, 1393 (1397).

nicht den Einzug der an ihn zedierten Forderungen durch ein Leistungsverweigerungsrecht des Leasingnehmers gefährden will. Die Refinanzierungsmöglichkeiten für solche Verträge dürften in jedem Falle hierunter leiden. Unklar ist die Reichweite der Regelung für eine dem Leasingnehmer eingeräumte Kaufoption. Nach früherem Recht war die Kaufoption nicht insolvenzfest. Dass eine Kaufoption, die Teil eines nach Maßgabe des § 108 Abs. 1 S. 2 InsO refinanzierten Leasingvertrages ist, insolvenzfest wird, ist abzulehnen, da § 108 InsO das Schicksal von Dauerschuldverhältnissen und ihrer Refinanzierung regelt, die Kaufoption aber nicht anders als ein schwebender Kaufvertrag behandelt werden kann.[562] Problematisch sind die Wirkungen der Novelle auch bei Finanzierungen im sog. **Doppelstockmodell.**[563] Der Leasinggeber hat in diesen Fällen im Rahmen eines sale-and-lease-back-Vertrages die von ihm vermieteten Leasinggegenstände an eine ihm konzernverbundene Gesellschaft veräußert und diese von ihr zurückgemietet. Wird der Leasinggeber insolvent, so kann sein Verwalter den mit der Gesellschaft abgeschlossenen Leasingvertrag nach § 103 InsO zum Erlöschen bringen, ohne dass dem die Vorschrift des § 108 Abs. 1 S. 2 InsO entgegenstehen würde, da diesen Vertrag der Insolvenzschuldner nicht als Vermieter eingegangen war, sondern als Mieter. Die gesetzgeberische Entscheidung, bestimmte Mobilien-Leasingverträge vom Wahlrecht des § 103 InsO auszunehmen, beschränkt sich auf die Fälle, in denen der Insolvenzschuldner Vermieter ist. Daher besteht nach der Systematik des Gesetzes keine Möglichkeit, dem berechtigten Anliegen, auch Doppelstockmodelle und sonstige Untermietverhältnisse von den Wirkungen des § 103 InsO auszunehmen, Rechnung zu tragen.[564]

Neben der Refinanzierung des Leasingvertrages ist weitere Anwendungsvoraussetzung des § 108 **132** Abs. 1 S. 2 InsO die **Sicherungsübereignung** des Leasingobjektes. Es ist kein Grund ersichtlich, dem **andere dingliche Sicherheiten** nicht gleichzustellen,[565] da in beiden Fällen dem Financier eingeräumte Absonderungsrecht dazu führen würde, dass der Masse nur ein Kostenbeitrag zuflösse[566] Hierauf stellt die Gesetzesbegründung ab.[567] Aus diesem Grunde ist entgegen *Haarmeyer/Wutzke/Förster*[568] auch eine Koinzidenz von Finanzierung und Sicherungsübereignung nicht erforderlich. Nach ihrem Zweck kann die Vorschrift dagegen nicht zur Anwendung kommen, wenn die Leasingraten nicht wirksam an den Financier (zur Sicherheit) abgetreten sind und die durch die Sicherungsübereignung besicherte Forderung nicht wirksam besteht.[569] Sofern nach § 108 Abs. 1 S. 2 InsO die Bestellung einer dinglichen Sicherheit am Leasinggegenstand Voraussetzung für eine insolvenzfeste Forfaitierung ist, stellt sich die Frage, ob, soweit von Relevanz, hiermit stets Dauerschulden für Gewerbesteuerzwecke begründet werden.[570] Dies ist zu verneinen, da § 108 Abs. 1 S. 2 InsO nur eine Sicherungsübereignung verlangt, aber keine Angaben zum Sicherungszweck enthält. Es genügt, wenn die Sicherheit nur für den fortdauernden Bestand der abgetretenen Forderungen bestellt wird, zumal hiermit den gesetzgeberischen Absichten hinreichend Rechnung getragen wird.

(2) Rechte des Leasingnehmers. Der Leasingnehmer befindet sich bei der Leasinggeberinsolvenz **133** in einer besonders unglücklichen Situation. Oft wird er nicht wissen, ob sein Vertrag § 103 oder § 108 Abs. 1 S. 2 InsO unterfällt, da die Regelung keinerlei Publizitätserfordernisse enthält.[571] Nur bei sog. big ticket-Leasingtransaktionen wird ihm die Verhandlungsmacht gegeben sein, das insolvenzgefährdete Nutzungsrecht durch dingliche Sicherheiten am Leasinggegenstand zu besichern. Dass dies zulässig ist, zeigt sich nicht zuletzt durch die Regelung in § 108 Abs. 1 S. 2 InsO selbst.[572] Auch spricht in den Fällen, in denen der Leasingnehmer durch ein Mieterdarlehen die Anschaffung oder Herstellung des Leasinggegenstandes finanziert hat, nichts dagegen, ihn als Dritten iSv § 108 Abs. 1 S. 2 InsO zu behandeln. Ist der Leasingnehmer nicht dinglich gesichert und unterfällt der Vertrag nicht § 108 Abs. 1 S. 2 InsO, so steht dem Leasingnehmer lediglich die Möglichkeit zu, den Verwalter zur Ausübung seines Wahlrechtes aufzufordern und im Falle der Erfüllungsablehnung einen Anspruch wegen Nichterfüllung geltend zu machen. Ob der Leasingnehmer sich bei Leasingverträgen mit Kaufoption auf eine Analogie zu § 107 Abs. 1 InsO stützen und eine vorbehaltskäuferähnliche Vertrags-

---

[562] Zum Streitstand ausf. *Peters* in *Lwowski/Fischer/Langenbucher,* Recht der Kreditsicherung, 9. Aufl. 2011, § 14 Rn. 74 ff.

[563] Hierzu bei → Rn. 74.

[564] AA *Seifert* NZM 1998, 217 (219 f.); *Primozic* NZI 2008, 465 (467 ff.); wie hier *Tintelnot* in Kübler/Prütting/Bork InsO § 108 Rn. 22; vgl. zu Doppelstockfinanzierungen auch MüKoInsO/*Eckert* InsO Vor § 108 Rn. 52.

[565] *Schmid-Burgk/Ditz* ZIP 1996, 1123 (1124); *Peters* ZIP 2000, 1759 (1763); s. auch *Peters* in Hellner/Steuer BuB Rn. 13/111a zu Export-/Auslandsfinanzierungen, wenn das hiervon berührte ausländische Recht eine Sicherungsübereignung nicht kennt; aA HK-InsO/*Marotzke* InsO § 108 Rn. 33 f.

[566] Und auch dieser kommt nur in Betracht, wenn der Leasinggegenstand nicht dauerhaft aus dem Vermögen des Leasinggebers ausgeschieden ist; BGH Urt. v. 11.1.2018 – IX ZR 295/16, NJW 2018, 1471 Rn. 25 ff. Dies ist bei Finanzierungsleasingverträgen jedoch meist der Fall.

[567] Wie aus BT-Drs. 13/4699, 6 ersichtlich.

[568] *Haarmeyer/Wutzke/Förster,* Handbuch zur InsO, 3. Aufl. 2001, Rn. 5, 219.

[569] Vgl. HK-InsO/*Marotzke* InsO § 108 Rn. 35.

[570] Vgl. zur Problemstellung bei → Rn. 73.

[571] Vgl. *Tintelnot* in Kübler/Prütting/Bork InsO § 108 Rn. 4.

[572] Zum vergleichbaren Problem bei § 110 InsO vgl. *Obermüller/Livonius* DB 1995, 27 (32).

erfüllung verlangen kann, ist streitig.[573] Da der Leasingnehmer selbst nach Optionsausübung kein Anwartschaftsrecht am Leasinggegenstand erwirbt, ist für eine Analogie zu § 107 Abs. 1 InsO regelmäßig kein Raum.[574]

134   **bb) Immobilien. (1) Rechte des Insolvenzverwalters – Wirkungen der Refinanzierung.** Gem. § 108 Abs. 1 S. 1 InsO bestehen Immobilien-Leasingverträge auch in der Insolvenz des Leasinggebers fort. Ein Sonderkündigungsrecht ist dem Verwalter nicht eingeräumt. Allerdings kann er den Leasinggegenstand im Wege der Zwangsversteigerung gem. § 165 InsO oder freihändig[575] veräußern. § 111 InsO räumt dem Erwerber ein gesetzliches Kündigungsrecht ein. Da es sich hierbei um eine gem. § 119 InsO zwingende Vorschrift handelt, sind abweichende Kündigungs- und diesen gleichkommende Veräußerungsverbote unwirksam. Dem gekündigten Leasingnehmer steht ein Ersatzanspruch gegen die Masse als Insolvenzforderung zu.[576] Für den finanzierenden Gläubiger ist die Vorschrift des § 110 InsO[577] von entscheidender Bedeutung. Vorausverfügungen über Leasingraten sind hiernach im Wesentlichen nur bis zur Eröffnung des Verfahrens wirksam. Eine Forfaitierung oder Sicherungszession von Leasingraten für spätere Zeiträume ist der Masse gegenüber unwirksam. Insoweit kommt lediglich eine Entschädigung als Insolvenzforderung in Betracht. Damit wird die (nicht durch ein Pfandrecht am Leasinggegenstand gesicherte) Bank, die einen Flugzeugleasingvertrag refinanziert, schlechter behandelt, als ein Kreditinstitut, welches nur Forderungen aus einem Triebwerkleasingvertrag forfaitiert.

135   **(2) Rechte des Leasingnehmers.** Dem Leasingnehmer ist häufig an einer Fortsetzung des Leasingverhältnisses auch mit einem insolventen Leasinggeber gelegen. Allerdings ist trotz der in § 108 Abs. 1 S. 1 InsO angeordneten Fortdauer des Leasingvertrages eine vorzeitige Kündigung zu besorgen, sei es aufgrund einer vom Verwalter oder einem besicherten Gläubiger betriebenen Zwangsversteigerung oder aufgrund eines freihändigen Verkaufes.[578] Insbesondere bei big ticket-Leasingverträgen lassen sich Leasingnehmer für den Fall der Insolvenz des Leasinggebers Kündigungsrechte einräumen, die es ihnen ermöglichen, den Leasingvertrag vorzeitig zu beenden und gegen Leistung einer Abschlusszahlung den Leasinggegenstand zu erwerben.[579] Während dem Kündigungsrecht grundsätzlich keine insolvenzrechtlichen Hindernisse entgegenstehen,[580] unterfällt die insolvenzbedingte Kaufoption dem Wahlrecht des Verwalters gem. § 103 InsO.[581] Die Besicherung eines Schadensersatzanspruchs wegen Nichterfüllung dieser Verpflichtung durch ein idR nachrangiges Sicherungsrecht des Leasingnehmers liegt daher nahe.

VI. Internationales Privatrecht und Rechtsvereinheitlichung

136   **1. Internationales Privatrecht.** Gerade bei sog. big ticket-Leasingfinanzierungen haben grenzüberschreitende Leasingverträge in den letzten Jahren stark an Bedeutung gewonnen. Da diese Verträge meist Rechtswahlklauseln enthalten, stellt sich die Frage des **Vertragsstatuts** bei fehlender Rechtswahl selten.[582] Fehlt es ausnahmsweise an einer Rechtswahl, so ist bei Mobilien-Leasingverträgen die Niederlassung des Leasinggebers,[583] bei Immobilien-Leasingverträgen die Belegenheit des Leasingobjektes maßgeblich.[584] Allerdings können Sonderanknüpfungen bei Verbraucherverträgen iSd Art. 6 Rom I-VO zu beachten sein.[585] Nach hM zum deutschen IPR ist eine Rechtswahl der Parteien zur **sachenrechtlichen Anknüpfung** des Leasinggegenstandes nicht möglich.[586] Der Leasingegenstand unterfällt nach Art. 43 Abs. 1 EGBGB[587] grundsätzlich[588] der lex rei sitae.[589] Die Rechte des Leasinggebers und etwaiger dinglich besicherter Gläubiger beurteilen sich daher in der Praxis meist nach dem

---

[573] Vgl. HK-InsO/*Marotzke* InsO § 107 Rn. 2 mwN.

[574] Vgl. *Hess* in *Hess/Weis/Wienberg*, Kommentar zur Insolvenzordnung mit EGInsO, 2. Aufl. 2001, InsO § 107 Rn. 9, der auf das Erfordernis der aufschiebend bedingten dinglichen Einigung verweist.

[575] Unter Beachtung der Vorschrift des § 160 Abs. 2 Nr. 1 InsO.

[576] *Tintelnot* in Kübler/Prütting/Bork InsO § 111 Rn. 14 mwN.

[577] Die § 21 Abs. 2 und 3 KO nachgebildet ist.

[578] Vgl. bei → Rn. 134.

[579] Vgl. bei → Rn. 114.

[580] § 112 InsO findet nur bei der Insolvenz des Leasingnehmers Anwendung; zur Zulässigkeit von Lösungsklauseln für den Insolvenzfall: MüKoInsO/*Huber* InsO § 119 Rn. 28 ff.

[581] Vgl. zur ähnl. Rechtslage bei der KO BGH Urt. v. 14.12.1989 – IX ZR 283/88, BGHZ 109, 368 (374 f.) = NJW 1990, 1113 (1115).

[582] Art. 4 Abs. 1 lit. b Rom I-VO; vgl. MüKoBGB/*Martiny* Rom I-VO Art. 4 Rn. 52 f.

[583] MüKoBGB/*Koch* Leasing Rn. 156.

[584] Art. 4 Abs. 1 lit. c Rom I-VO.

[585] MüKoBGB/*Martiny* Rom I-VO Art. 4 Rn. 53.

[586] Vgl. etwa *Kropholler* IPR § 54 II.

[587] IdF des Gesetzes zum Internationalen Privatrecht für außervertragliche Schuldverhältnisse und Sachen v. 21.5.1999, BGBl. I 1026.

[588] S. Art. 46 EGBGB nF.

[589] *Dageförde,* Internationales Finanzierungsleasing, 1992, 85 mwN.

Recht am Sitz des Leasingnehmers.[590] Nach dieser Rechtsordnung sind auch etwaige Publizitäts-erfordernisse zu beachten.[591] Insbesondere bei sale-and-lease-back-Verträgen kann es von der deutschen Rechtsordnung abweichende Beurteilungen der Rechtsstellung von Leasinggeber und Leasing-nehmer geben, etwa dann, wenn nach dem Belegenheitsstatut der Eigentumserwerb des Leasinggebers in Zweifel gezogen wird und ihm lediglich die Stellung eines besicherten Gläubigers eingeräumt wird.[592] Eine von der lex rei sitae abweichende Anknüpfung findet sich bei Luft-, Wasser- und Schienenfahrzeugen, die dem Recht des Herkunftsstaates unterliegen.[593] Bei manchen Leasinggegen-ständen, wie Containern und Transportbehältern, die ständig im grenzüberschreitenden Verkehr einge-setzt sind, kann eine Qualifikation praktisch unmöglich werden.

2. UNIDROIT-Übereinkommen von Ottawa. Der zunehmenden Bedeutung des grenzüber- **137** schreitenden Finanzierungsleasing folgend, versucht das **UNIDROIT-Übereinkommen** von Ottawa über das internationale Finanzierungsleasing vom 28.5.1988, Sachnormen für grenzüberschreitende Leasingverträge zu schaffen.[594] Es befasst sich vornehmlich mit den leasingtypischen Problemen im Dreiecksverhältnis, vor allem im Bereich der Leistungsstörungen. Das Abkommen hat, soweit ersicht-lich, in der Vertragspraxis keine besondere Bedeutung entfaltet, da insbesondere bei im grenzüber-schreitenden Verkehr bedeutenden big ticket-Leasingverträgen die Parteien regelmäßig eine von der Konvention abweichende Verteilung der vertraglichen Rechte und Pflichten anstreben. Ob dem von UNIDROIT insbesondere mit Blick auf die Entwicklungs- und Schwellenländer ausgearbeiteten *Model Law on Leasing*[595] größere Bedeutung zukommen wird, bleibt abzuwarten.

3. UNIDROIT-Übereinkommen von Kapstadt. Von erheblicher Bedeutung für big ticket-Lea- **138** singverträge könnte künftig dagegen die UNIDROIT-Konvention über internationale Sicherungs-rechte an mobiler Ausrüstung werden.[596] Die Konvention gliedert sich in eine Basis-Konvention und ergänzende Protokolle, von denen bislang diejenigen über Luftfahrzeugausrüstung, rollendes Eisen-bahnmaterial[597], Weltraumausrüstungsgegenstände, sowie Ausrüstungsgegenstände für Bergbau, Land-wirtschaft und Bauindustrie verabschiedet wurden. Obwohl bereits eine Reihe von Staaten die Konvention und das Luftfahrtprotokoll ratifiziert haben, ist eine Ratifikation in Deutschland nicht abzusehen.

Die Kapstadt-Konvention ermöglicht es den Beteiligten, an hochwertigen Ausrüstungsgegenständen **139** (derzeit bereits möglich für Flugzeugzellen und Triebwerke) ein sog. internationales Sicherungsrecht zu bestellen, das von allen Staaten, die sich der Konvention anschließen, rechtlich zu respektieren und durchzusetzen ist. Das internationale Sicherungsrecht entfaltet seine besonderen Wirkungen durch Eintragung in ein elektronisches Register, das für die Luftfahrtausrüstung in Dublin geführt wird. Für Leasingtransaktionen eröffnet die Kapstadt-Konvention eine Sicherungsmöglichkeit, die es bislang im Rahmen des deutschen Rechts nicht gab: Der Leasinggeber kann seine Rechtsposition unter dem Leasingvertrag durch Eintragung eines internationalen Sicherungsrechts dinglich absichern.

---

[590] Zu steuerlichen Qualifikationskonflikten vgl. *Ackermann* in Martinek/Stoffels/Wimmer-Leonhardt LeasingR-HdB § 87.

[591] Hierzu *Girsberger,* Grenzüberschreitendes Finanzierungsleasing, 1997, 226 ff.

[592] Vgl. *Dageförde,* Internationales Finanzierungsleasing, 1992, 88.

[593] Vgl. Art. 45 EGBGB

[594] Hierzu *Dageförde,* Internationales Finanzierungsleasing, 1992, 97 ff. mit einer Übersetzung des Konventions-textes S. 162 ff.

[595] Förmlich beschlossen am 13.11.2008 in Rom, abrufbar unter www.unidroit.org.

[596] Die Konvention und die Protokolle sind erhältlich auf der Website von Unidroit (www.unidroit.org). Vgl. zu Struktur und Inhalt der Konvention *Schmalenbach/Sester* WM 2005, 301 ff.

[597] Zum Protokoll über rollendes Eisenbahnmaterial vgl. *v. Bodungen/Schott* Eisenbahn-Revue International 2007, 488 ff.; *v. Bodungen/Schott* Uniform Law Review 2007, 573 ff.

Keine Serie des Leasingnehmers.[°°] Nach diese Rechtsordnung wird auch erwogen, Publizitätserfordernisse zu beachten.[°°] Insbesondere bei sale-und lease-back-Verträgen kann es von Bedeutung, Rechtsordnung abweichende Konturen der Rechtsstellung von Leasinggeber und Leasingnehmer geben, etwa dann, wenn nach dem Belegenheitsstatut der Eigentumserwerb des Leasingebers
in Zweifel gezogen wird und ihm lediglich die Stellung eines besicherten Gläubigers zugebilligt
wird.[°°] Trotz vor der los zu- und abwehrende Anknüpfung finden sich bei Luft-, Wasser- und
Schienenfahrzeugen, die den Recht des Herkunftsstaats unterliegen.[°°] Bei anderen Leasinggegen-
ständen, wie Containern und Transportbehältern, die ständig im grenzüberschreitenden Verkehr eines
grenz- und kann eine Qualifikation praktikabel entrophen werden.

2. **UNIDROIT-Übereinkommen von Ottawa.** Der zunämmelden Bedeutung des grenzüber- **137**
schreitenden Finanzierungsleasing trägt folgender von... die das UNIDROIT-Übereinkommen von Ottawa
über das internationale Finanzierungsleasing vom 28.5.1988, Sorheorgen für grenzüberschreitende
Leasingverträge zu schaffen.[°°] Es besser noch Vorstühnllen mit den Leasingspezifischen Problemen der
Drittschuldhaftung vor allem im Bereich der Leasingstörungen. Das Abkommen hat sowie rechtlich-
lich, in der Vertragschaft keine besondere Bedeutung erlüflux, da insbesondere bei nfnstrenzüber-
schreitenden Verträgen Bedeutung beigemelt-Leasingverträgen die Parteien regelmäßig auf der
Konvention abweichende Verträge, die werigelben Rechte und Pflichten ausschben. Ob dem von
UNIDROIT insbesondere mit Blick auf die Einwicklungs- und Schwellenländer angestrebten
Modell eine erhöhte[°°] globale Bedeutung zukommen wird, bleibt abzuwarten.

3. **UNIDROIT-Übereinkommen von Kapstadt.** Von erhöhter Bedeutung für die Herot Lea- **138**
singtätige könnte künftig gegen die UNIDROIT-Konvention über internationale Sicherunga-
rechte an mobilen Ausrüstung werden.[°°] Die Konvention erhält sich an eine Basis-Konvention und
einzeelne Protokolle, von denen bislang diejenigen über Luftschimmungssaung, folgende Eisen-
Bahnmaterial,[°°] Weltraummaterialgegenstände, sowie Ausrüstungsgegenstände für Bergbau, Landwirtschaft und Bauindustrie, verabschiedet wurden. Obwohl bereits eine Reihe von Staaten die
Konvention und das Lufthahnprotokoll ratifiziert haben, ist eine Ratifikation in Deutschland nicht
absehbar.

Die Kapstadt-Konvention enthält gegenüber den bisherigen, orthodoxwertigen Anerkennung gefundenen **139**
ideren bestrebt, möglich für Flugzeugzellen und Triebwerke, ein sog. internationales Sicherungsrecht
zu begründen, das von allen Staaten, die sich der Konvention ansschließen, behaltet zu respektieren und
durchsustizzen. Das internationale Sicherungsrecht erhält... seine besonderen Wirkungen durch
Eintragung in ein elektronisches Register, das für das Luftfahrtprotokoll in Dublin geführt wird. Für
Leasing das dahren erhält die Kapstadt-Konvention eine Sicherungseigene, durch... dem es belang im
Rahmen des deutschen Rechts gibt. Der Leasing geber kann sein Rechtsposition unter dem
Leasingvertrag durch Eintragung grenzüberschritten sichern gegen... erdicksichern.

[°°] Zur gerichten Qualifikationsfähigkeiten s.a. Kuhmann in Abraud/Stoud/Wimm/Leukhud/Leuschn...

[°°] Münch Comm zur Deutschen zu diner Handreichung 1997, 220 ff.

[°°] Vgl. Arndt MünchComm Finanzierungsleasing 1992, 88.

[°°] Näher Martinek Internationales Finanzierungsleasing 1992, 97 ff. mit einer Übersetzung der Konvention
etwa S. 1029.

[°°] Die Konvention und die Protokolle sind abrufbar im der Webseite von Unidroit (www.unidroit.org/) zu
Sproche und die Kubnkouve Vereinsm Schmerst 17. etwa W/17 205-207 C.

[°°] Zum Protokoll über Eisenbahn-E enthaltenes n si a. Pokrmun u. Schmitz... Eisenbahnrecht. Luxembourg 2007.

das is a Mobi Comm MünchComm Luft, Reserve 2007, S. 3 ff.

F. Bank- und Börsenrecht VI: Emissions- und Konsortialgeschäft

Schrifttum: *Assmann,* Zur Haftung von Konsortien für das rechtsgeschäftliche Handeln ihrer Vertreter, ZHR 152 (1988), 371; *Assmann,* Prospekthaftung, 1985; *Assmann/Schneider/Mülbert,* Wertpapierhandelsrecht, 7. Aufl. 2019; *Bosch/Groß,* Emissionsgeschäft, in Hellner/Steuer, Bankrecht und Bankpraxis; *Busch,* Aktien- und börsenrechtliche Aspekte von Force Majeure-Klauseln in Aktienübernahmeverträgen, WM 2001, 1277; *Busch,* Aktuelle Rechtsfragen des Bezugsrechts- und Bezugsrechtsausschlusses beim Greenshoe im Rahmen von Aktienemissionen, AG 2002, 230; *Busch/Groß,* Vorerwerbsrechte der Aktionäre beim Verkauf von Tochtergesellschaften über die Börse, AG 2000, 503; *Canaris,* Bankvertragsrecht, 4. Aufl. 1988; *Ekkenga,* Wertpapier-Bedingungen als Gegenstand richterlicher AGB-Kontrolle, ZHR 160 (1996), 59; *Fleischer,* Marktschutzvereinbarungen beim Börsengang, WM 2002, 2305; *Fleischer,* Statthaftigkeit und Grenzen der Kursstabilisierung, ZIP 2003, 2045; *Gebauer,* Börsenprospekthaftung und Kapital-erhaltungsgrundsatz in der Aktiengesellschaft, 1999; *Gebhardt,* Prime und General Standard: Die Neusegmentierung des Aktienmarkts an der Frankfurter Wertpapierbörse, WM-Sonderbeilage 2/2003; *Groß,* Verdeckte Sacheinlage, Vorfinanzierung und Emissionskonsortium, AG 1993, 108; *Groß,* Der Inhalt des Bezugsrechts nach § 186 AktG, AG 1993, 449; *Groß,* Deutsches Gesellschaftsrecht in Europa, EuZW 1994, 395; *Groß,* Offene Fragen bei der Anwendung des neuen § 186 Abs. 3 S. 4 AktG, DB 1994, 2431; *Groß,* Bookbuilding, ZHR 162 (1998), 318; *Groß,* Die börsengesetzliche Prospekthaftung, AG 1999, 199; *Groß,* Zulassung von Wertpapieren zum amtlichen Handel, FB 1999, 24; *Groß,* Das Ende des sog. „Greenshoe"?, ZIP 2002, 166; *Groß,* Kursstabilisierung – Zur Reichweite der Safe Habour-Regeln der §§ 14 Abs. 2 und 20a Abs. 3 WpHG, GS Bosch, 2005, 49; *Groß,* Die Neuregelung des Anleger-schutzes beim Delisting, AG 2015, 801; *Groß,* Kapitalmarktrecht, 7. Aufl. 2020; *Grundmann,* Konsortien, Gesell-schaftszweck und Gesamthandsvermögen – Typendehnung oder Typenmischung im Gesellschaftsrecht?, FS Boujong, 1996, 159; *Grundmann,* Emissionsgeschäft, in Bankrechts-HdB, 5. Aufl. 2017, Band 2, § 112; *Habersack,* „Holz-müller" und die schönen Töchter – Zur Frage eines Vorerwerbsrechts der Aktionäre beim Verkauf von Tochtergesell-schaften, WM 2001, 545; *Hartwig-Jacob,* Die Vertragsbeziehungen und die Rechte der Anleger bei internationalen Anleiheemissionen, 2001; *Hein,* Rechtliche Fragen des Bookbuildings nach deutschem Recht, WM 1996; 1; *Heinsius,* Bezugsrechtsausschluß bei der Schaffung von Genehmigtem Kapital. Genehmigtes Kapital II, FS Kel-lermann, 1991, 115; *Hoffmann-Becking,* Neue Formen der Aktienemission, FS Lieberknecht, 1997, 25; *Hopt,* Die Verantwortlichkeit der Banken bei Emissionen, 1991; *Hopt,* Emissionsgeschäft und Emissionskonsortium, FS Kel-lermann, 1991, 181; *Hopt,* Emission, Prospekthaftung und Anleihetreuhand im internationalen Recht, FS Lorenz, 1991, 413; *Hopt,* Änderung von Anleihebedingungen, SchuldverschreibungsG, § 796 BGB und AGBG, FS Stein-dorff, 1990, 341; *Hopt,* Änderung von Anleihebedingungen, – Schuldverschreibungsgesetz, § 796 BGB und ABGB – , WM 1990, 1733; *Horn,* Das Recht der internationalen Anleihen, 1972; *Hüffer,* Das Wertpapier-Verkaufsprospektge-setz, 1995; *International Capital Market Association (ICMA),* Members, Recommendations, Standard Documentation (IPMA Handbook), Loseblattsammlung; *Immenga,* Einlagenschutz bei mittelbarem Bezugrecht, FS Beusch, 1993, 413; *Kallrath,* Die Inhaltskontrolle der Wertpapierbedingungen bei Wandel- und Optionsanleihen, Gewinnschuld-verschreibungen und Genußscheinen, 1993; *Kaserer/Kempf,* Das Underpricing-Phänomen am deutschen Kapitalmarkt und seine Ursachen, ZBB 1995, 45; *Kümpel/Mülbert/Früh/Seyfried,* Bank- und Kapitalmarktrecht, 5. Aufl. 2019; *Kümpel/Hammen/Ekkenga,* Kapitalmarktrecht, Loseblattsammlung; *Löffler,* Anleihen, 1987; *Lutter,* Das neue „Gesetz für kleine Aktiengesellschaft und zur Deregulierung des Aktienrechts", AG 1994, 429; *Lutter/Drygala,* Rechtsfragen beim Gang an die Börse, FS Raisch, 1995, 239; *Lutter/Drygala,* Die zweite Chance für Spekulanten? – Zur nach-träglichen Korrektur der Konditionen von Optionsschuldverschreibungen, FS Claussen, 1997, 261; *Marsch-Barner,* Die Erleichterung des Bezugsrechtsausschlusses nach § 186 Abs. 3 S. 4 AktG, AG 1994, 532; *Marsch-Barner/Schäfer,* Handbuch börsennotierte AG, 4. Aufl. 2018; *Masuch,* Anleihebedingungen und AGB-Gesetz, 2001; *Mentz/Fröhling,* Die Formen der rechtsgeschäftlichen Übertragung von Aktien, NZG 2002, 201; *De Meo,* Bankenkonsortien, 1994; *Meyer,* Der „Greenshoe" und das Urteil des Kammergerichts, WM 2002, 1106; *Meyer,* Aspekte einer Reform der Prospekthaftung, WM 2003, 1301 (Teil I), WM 2003, 1349 (Teil II); *Meyer,* Der IDW-Prüfungsstandard für Comfort Letters, WM 2003, 1745; *Meyer,* Neue Entwicklungen bei der Kursstabilisierung, AG 2004, 289; *Müller,* Das Emissionskonsortium im Wettbewerbsrecht, 2008; *Pfüller/Märker,* Rechtliche Rahmenbedingungen bei der Zuteilung von Aktien, Die Bank 1999, 670; *Schäfer,* Vereinbarungen bei Aktienemissionen, ZGR 2008, 455; *Schanz,* Börsen-einführung, Recht und Praxis des Börsengangs, 2. Aufl. 2002; *Schönle,* Bank- und Börsenrecht, 2. Aufl. 1976; *Schippel,* Die Leistung der Bareinlage bei der Erhöhung des Kapitals von Aktiengesellschaften, FS Steindorff, 1990, 249; *Schnorbus,* Die Rechtsstellung der Emissionsbank bei der Aktienemission, AG 2004, 113; *Scholze,* Das Konsortial-geschäft der deutschen Banken, 1973; *Schücking,* Emissionskonsortien, in MHdB GesR Bd. I, 5. Aufl. 2019, § 32; *Schücking,* Das internationale Privatrecht der Bankenkonsortien, WM 1996, 281; *Schwark/Zimmer,* Kapitalmarkt-rechtskommentar, 5. Aufl. 2020; *Schwark,* Börsen und Wertpapierhandelsmärkte in der EG, WM 1997, 293; *Schwin-towski,* Bankrecht, 5. Aufl. 2018; *Singhof,* Die Außenhaftung von Emissionskonsortien für Aktieneinlagen, 1998; *Singhof,* Emissionsgeschäft, in MüKoHGB, Bd. 6, 4. Aufl. 2019; *Technau,* Rechtsfragen bei der Gestaltung von Übernahmeverträgen („Underwriting Agreements") im Zusammenhang mit Aktienemissionen, AG 1998, 445; *Than,* Anleihegläubigerversammlung bei DM-Auslandsanleihen, FS Coing, Bd. 2, 1982, 521; *Timm/Schöne,* Zwingende gesamtschuldnerische Haftung der Mitglieder eines Übernahmekonsortiums?, ZGR 1994, 113; *Veranneman,* Schuld-verschreibungsgesetz, 2010; *Voigt,* Bookbuilding – der andere Weg zum Emissionskurs, Die Bank 1995, 339; *Wans-leben,* Negative schuldrechtliche Verpflichtungen einer Aktiengesellschaft durch ihren Vorstand über Kapitalmaß-nahmen, Der Konzern 2014, 29; *Westermann,* Das Emissionskonsortium als Beispiel der gesellschaftsrechtlichen Typendehnung, AG 1967, 285; *Wiedemann,* Ausgabekurs und Bezugskurs beim mittelbaren Bezugsrecht, WM 1979, 990; *Willamowski,* Bookbuilding, 2000.

I. Grundlagen

1   1. Begriffsbestimmung. a) Emissionsgeschäft. Über die Legaldefinition des § 1 Abs. 1 S. 2 Nr. 10 KWG hinaus umfasst das Emissionsgeschäft im hier verstandenen Sinn als Teil des Effektengeschäfts die Ausgabe- bzw. Übernahme von vertretbaren Wertpapieren des Kapitalmarktes (Effekten)[1] und deren Platzierung bei Anlegern.[2] Diese allgemeine Begriffsbestimmung ist weiter als die Legaldefinition des Emissionsgeschäfts in Nr. 10 des § 1 Abs. 1 S. 2 KWG, die nur „die Übernahme von Finanzinstrumenten für eigenes Risiko zur Platzierung oder die Übernahme gleichwertiger Garantien (Emissionsgeschäft)" enthält (→ Rn. 5).

2   b) Konsortialgeschäft. Konsortialgeschäft ist die Bildung von Partnerschaften zur Durchführung eines die Leistungskraft, Risikobereitschaft oder Fähigkeit eines Unternehmens allein übersteigenden Auftrages. Die Partnerschaften werden im Bereich des Anlagebaus, bei Banken im Bereich der Großfinanzierung, Krisenfinanzierung oder zur Durchführung größerer Emissionen gebildet.[3]

3   c) Emissionskonsortium. Emissionskonsortien sind anders als Kreditkonsortien nicht auf die gemeinsame Gewährung von Darlehen, sondern auf die Übernahme und Platzierung von vertretbaren Wertpapieren des Kapitalmarktes ausgerichtete Arbeitsgemeinschaften von Kreditinstituten bzw. Wertpapierdienstleistungsunternehmen.[4]

4   2. Regulatorische Rahmenbedingungen. Das Emissionsgeschäft wird von einer Reihe aufsichtsrechtlicher und sonstiger öffentlich-rechtlicher Vorschriften geregelt.

5   Seit 1.1.1998 ist der größte Teil des Emissionsgeschäfts als Bankgeschäft iSd § 1 Abs. 1 S. 2 KWG entweder als „Emissionsgeschäft" nach § 1 Abs. 1 S. 2 Nr. 10 KWG oder als „Finanzkommissionsgeschäft" nach § 1 Abs. 1 S. 2 Nr. 4 KWG, oder aber seit dem Finanzmarktrichtlinie-Umsetzungsgesetz[5] als Finanzdienstleistung, nämlich als Platzierungsgeschäft nach § 1 Abs. 1a S. 2 Nr. 1c KWG anzusehen. Dabei ist die Legaldefinition des Emissionsgeschäfts in § 1 Abs. 1 S. 2 Nr. 10 KWG, die auf die Übernahme der Finanzinstrumente auf eigenes Risiko abstellt, jedoch enger als das allgemeine Verständnis vom Emissionsgeschäft. Soweit die Übernahme der Finanzinstrumente nicht auf eigenes Risiko erfolgt, sondern die Wertpapiere nur im Rahmen eines Kommissionsgeschäftes veräußert werden, wird sie nicht von der Legaldefinition des Emissionsgeschäfts in § 1 Abs. 1 S. 2 Nr. 10 KWG erfasst. Sie unterfällt dann aber § 1 Abs. 1 S. 2 Nr. 4 KWG und ist als Finanzkommissionsgeschäft zu qualifizieren. Die Platzierung einer Emission in offener Stellvertretung des Emittenten, also in dessen Namen und auf dessen Rechnung, ist kein Bankgeschäft, sondern Finanzdienstleistung nach § 1 Abs. 1a S. 2 Nr. 1c KWG als Unterfall der Abschlussvermittlung nach § 1 Abs. 1a S. 2 Nr. 2 KWG.[6]

6   Die Qualifizierung des Emissionsgeschäfts als Bankgeschäft bzw. als Finanzdienstleistung führt zu zweierlei, einmal dazu, dass diese Geschäfte nur von Kreditinstituten oder Finanzdienstleistungsinstituten, die eine entsprechende Erlaubnis vorweisen können, betrieben werden dürfen, und zum anderen dazu, dass die beteiligten Konsortialmitglieder und ihre Tätigkeit grundsätzlich der Aufsicht der Aufsichtssäule „Bankenaufsicht" der Bundesanstalt für Finanzdienstleistungsaufsicht (BaFin) unterliegen.

7   Kartellrechtlich sind beim Emissions- und Konsortialgeschäft die beiden unterschiedlichen Bereiche, die der Emission und die der Bildung des Konsortiums zu unterscheiden und jeweils gesondert fusionskontrollrechtlich und wettbewerbsrechtlich zu prüfen. Zur fusionskontrollrechtlichen Prüfung der Emission als solcher gilt: Soweit bei der Emission von Aktien diese durch die jeweilige Banken übernommen werden, ist diese Übernahme unter bestimmten Voraussetzungen wie fehlender Stimmrechtsausübung und Veräußerung innerhalb eines Jahres sowohl von der europäischen Fusionskontroll-VO, dort Art. 3 Abs. 5 lit. a FKVO, als auch von der deutschen Zusammenschlusskontrolle, dort § 37 Abs. 3 GWB, freigestellt.[7] Zur wettbewerbsrechtlichen Prüfung der Emission als solcher gilt: Die Emission als solche ist wettbewerbsrechtlich grundsätzlich nicht problematisch. Zur fusionskontroll-

---

[1] Vgl. zu den Wertpapieren des Kapitalmarktrechts die umfassenden Erläuterungen bei Staub/*Grundmann* Emissionsgeschäft Rn. 8 ff.; *Bosch/Groß* in Hellner/Steuer BuB Emissionsgeschäft Rn. 10/4; MHdB GesR I/*Schücking* § 32 Rn. 6; *Brandt* in KMFS BankR/KapMarktR Rn. 15.25 ff.: dort auch ausf. zu den Fragen fehlender Verbriefung und ausländischer Wertpapiere, Rn. 15.32 ff., zur Umlauffähigkeit von vinkulierten Namensaktien, Rn. 15.35 und zum Erwerbsschutz durch Verbriefung, Rn. 15.36 ff.; *Lange* in Schwintowski BankR § 19 Rn. 5 ff.

[2] *Canaris* BankvertragsR Rn. 2237; *Bosch/Groß* in Hellner/Steuer BuB Emissionsgeschäft Rn. 10/65 f. 10/256 und 10/283; *Schantz* in Schwintowski BankR § 22 Rn. 1; *Schücking* bezeichnet die Platzierung der Wertpapiere einer Emission als den „Schwerpunkt des Emissionsgeschäfts", MHdB GesR I/*Schücking* § 32 Rn. 10; ausf. MüKoHGB/*Singhof* Emissionsgeschäft Rn. 1; Staub/*Grundmann* Emissionsgeschäft Rn. 2.

[3] *Bosch/Groß* in Hellner/Steuer BuB Emissionsgeschäft Rn. 10/26.

[4] *Schantz* in Schwintowski BankR § 22 Rn. 6.

[5] BGBl. 2007 I 1330.

[6] Vgl. hierzu insgesamt nur *Bosch/Groß* in Hellner/Steuer BuB Emissionsgeschäft Rn. 10/6 ff.; *Brandt* in KMFS BankR/KapMarktR Rn. 15.6 ff.; MüKoHGB/*Singhof* Emissionsgeschäft Rn. 1.

[7] Zur europäischen Fusionskontrolle vgl. nur *Müller,* Das Emissionskonsortium im Wettbewerbsrecht, 2008, 71 f., zur deutschen Zusammenschlusskontrolle *Müller,* Das Emissionskonsortium im Wettbewerbsrecht, 2008, 78 f.

rechtlichen Prüfung der Bildung des Konsortiums gilt: Die Bildung des Konsortiums stellt mangels hinreichender Dauerhaftigkeit keinen Zusammenschluss iSd Art. 2 FKVO bzw. des § 36 GWB dar.[8] Zur wettbewerbsrechtlichen Prüfung der Bildung des Konsortiums gilt: Die Zusammenarbeit der Kreditinstitute und die daraus möglicherweise resultierende Wettbewerbsbeschränkung wurde im deutschen Wettbewerbsrecht bis zur 7. Kartellrechtsnovelle von § 29 Abs. 2 S. 2 Hs. 2 GWB erfasst und war damit grundsätzlich ohne Anmeldung und abzuwartende Widerspruchsfrist wirksam. Materiell soll sich durch die Aufhebung des § 29 GWB durch die 7. GWB-Novelle laut Regierungsbegründung hinsichtlich der vor allem relevanten kartellrechtlichen Zulässigkeit herkömmlicher Preisbindungen im Konsortialgeschäft nichts geändert haben.[9] Die Regierungsbegründung verweist insoweit darauf, dass die Streichung dazu führe, dass allein europäisches Recht (Art. 81 EG) gelte, dort aber die Kommission solche Preisbindungen nicht als spürbare Beeinträchtigungen des Wettbewerbs angesehen habe.[10] Dieser Befund wird durch entsprechende Untersuchungen in der Literatur bestätigt, sodass die Bildung eines Konsortiums wettbewerbsrechtlich weder von Art. 81 EG, jetzt Art. 101 AEUV, noch von § 1 GWB erfasst wird.[11]

Neben diesen mehr auf die Akteure und deren Beaufsichtigung abstellenden rechtlichen Regeln ist **8** für die Frage der Anwendung weiterer rechtlicher Rahmenbedingungen die Form der Platzierung der Wertpapiere entscheidend. Werden die Wertpapiere privat platziert, bestehen in Deutschland für die eigentliche Platzierung keine besonderen Vorschriften. Handelt es sich dagegen um eine öffentliche Platzierung,[12] so sind die öffentlich-rechtlichen Vorschriften über den Vertrieb der Wertpapiere zu beachten. Werden die Wertpapiere in der Europäischen Union öffentlich angeboten, so sind die Anbieter gem. Art. 3 Abs. 1 Prospekt-VO – VO (EU) 2017/1129 – verpflichtet, vor dem Angebot einen gebilligten Prospekt zu veröffentlichen, sofern keine der Ausnahmen nach Art. 1 Abs. 3, 4 Prospekt-VO Anwendung finden. Sollen die Wertpapiere zu einem geregelten/regulierten Markt zugelassen werden, bedarf es nach Art. 3 Abs. 3 Prospekt-VO der vorherigen Veröffentlichung eines gebilligten Prospekts (Ausnahmen: Art. 1 Abs. 5 Prospekt-VO), das Börsengesetz und die Börsenzulassungsverordnung wiederum regeln die Zulassung von Wertpapieren zum regulierten Markt und die Börsenordnungen der einzelnen Börsen die Einbeziehung der Wertpapiere in den Freiverkehr (→ BörsG § 32 Rn. 25).

Nach § 2 Abs. 8 Nr. 5 WpHG handelt es sich beim Emissionsgeschäft iSd Definition des Kreditwe- **9** sengesetzes und nach § 2 Abs. 8 Nr. 1 WpHG beim Finanzkommissionsgeschäft auch um eine **Wertpapierdienstleistung** mit der Folge der unmittelbaren Anwendung des Wertpapierhandelsgesetzes, insbesondere der Verhaltensregeln der §§ 82 ff. WpHG, aber auch des Insiderrechts, der Ad-hoc-Publizität und der Mitteilungs- und Veröffentlichungspflichten,[13] wobei die Mitteilungspflichten nach §§ 33 ff. WpHG insbesondere nach §§ 38 und 39 WpHG je nach Ausgestaltung des Übernahmevertrages durchaus komplex sind.[14] Darüber hinaus ist auch das Wertpapiererwerbs- und Übernahmegesetz zu beachten, sodass, sollte ein[15] Konsortialmitglied auch nur kurzfristig im Rahmen der Weiterplatzierung mindestens 30 % der Stimmrechte erwerben, rechtzeitig ein Befreiungsantrag nach § 37 WpÜG gestellt werden muss.[16]

Steuerrechtlich ist zwischen der Emission als solcher und den aus ihr resultierenden Erträgen zu **10** unterscheiden. Die Emission und die Platzierung von Schuldverschreibungen bzw. Aktien unterliegen im Inland keiner Verkehrsteuer. Die Erträge aus der Beteiligung der Konsortialbanken an der Emission sind bei diesen jeweils einzeln zu versteuern. Konsortien als solche sind weder für die Zwecke der Einkommens- noch der Gewerbesteuer steuerpflichtig.[17] Eine Kürzung von Verlustvorträgen des Emittenten nach § 8c KStG sollte bei richtigem Verständnis dieser Regelung durch den kurzfristigen Erwerb von mehr als 25 % des gezeichneten Kapitals durch die Konsortialbanken im Rahmen der Weiterplatzierung nicht erfolgen.[18]

---

[8] Zur europäischen Fusionskontrolle vgl. nur *Müller,* Das Emissionskonsortium im Wettbewerbsrecht, 2008, 66 ff., zur deutschen Zusammenschlusskontrolle *Müller,* Das Emissionskonsortium im Wettbewerbsrecht, 2008, 74 ff.

[9] BT-Drs. 15/3640, 49.

[10] BT-Drs. 15/3640, 49.

[11] Zu Art. 81 EG/Art. 101 AEUV vgl. nur *Müller,* Das Emissionskonsortium im Wettbewerbsrecht, 2008, 82 ff., zu § 1 GWB *Müller,* Das Emissionskonsortium im Wettbewerbsrecht, 2008, 96 ff.

[12] Zur Abgrenzung der Privatplatzierung von dem öffentlichen Angebot vgl. *Groß* WpPG § 2 Rn. 21 ff.

[13] Ausf. *Meyer* in Marsch-Barner/Schäfer AG-HdB § 8 Rn. 57 ff. (Insiderrecht), Rn. 60 (Meldepflichten); MHdB GesR I/*Schücking* § 32 Rn. 116 ff.; *Schäfer* in Schwintowski BankR § 23 Rn. 4, 117; zur Frage der Anwendung des § 82 WpHG im Verhältnis zum Emittenten und zur Aufnahme einer § 82 Abs. 4 WpHG entsprechenden Klausel im Übernahmevertrag vgl. ausf. *Meyer* in Marsch-Barner/Schäfer AG-HdB § 8 Rn. 41; MüKoHGB/*Singhof* Emissionsgeschäft Rn. 28.

[14] Übersicht bei *Meyer* in Marsch-Barner/Schäfer AG-HdB § 8 Rn. 60 ff.

[15] Eine Stimmrechtszurechnung im Konsortium erfolgt idR nicht, vgl. nur *Meyer* in Marsch-Barner/Schäfer AG-HdB § 8 Rn. 61.

[16] Die Befreiung wird nach Erfahrungen des Verfassers idR erteilt, ebenso *Meyer* in Marsch-Barner/Schäfer AG-HdB § 8 Rn. 62.

[17] *Bosch/Groß* in Hellner/Steuer BuB Emissionsgeschäft Rn. 10/238 f.; MHdB GesR I/*Schücking* § 32 Rn. 126 ff.

[18] Vgl. dazu nur *Groß/Klein* AG 2007, 896 ff.

11   **3. Rechtsbeziehungen im Emissionsgeschäft im Überblick.** Das Emissionsgeschäft als Ausgabe bzw. Übernahme von vertretbaren Wertpapieren des Kapitalmarktes und deren Platzierung beim Anleger führt zu vier verschiedenen Rechtsbeziehungen.

12   Zunächst geht es um das Rechtsverhältnis der Konsortialmitglieder zueinander, demzufolge um Fragen des Innenverhältnisses des Konsortiums (→ Rn. 16 ff.).

13   Daneben bestehen Rechtsbeziehungen zwischen den Konsortialmitgliedern einerseits und dem Emittenten andererseits (→ Rn. 31 ff.). Hierbei geht es um die Fragen der Übernahme und Platzierung der Wertpapiere, aber auch um die Regelungen hinsichtlich des Risikos der Transaktion, insbesondere der Prospekthaftung und deren Verteilung im Innenverhältnis zwischen Konsortialbanken einerseits und Emittent andererseits.

14   Eine dritte Gruppe von Rechtsbeziehungen besteht zwischen den Konsortialmitgliedern und den Anlegern (→ Rn. 57 ff.). Hier können sich die rechtlichen Beziehungen sowohl aus dem Platzierungsvorgang als solchem ergeben, wenn einzelne vertragliche Beziehungen zwischen den Konsortialmitgliedern und den Anlegern entstehen. Darüber hinaus können sich rechtliche Beziehungen aus dem gesetzlichen Schuldverhältnis der Prospekthaftung ergeben.

15   Letztendlich tritt der Emittent durch die Platzierung der von ihm emittierten Wertpapiere in eine Rechtsbeziehung zu den Anlegern, die je nach Art der begebenen Wertpapiere unterschiedlich sein und gegebenenfalls auch das gesetzliche Schuldverhältnis der Prospekthaftung umfassen kann (→ Rn. 60 ff.).

II. Rechtsbeziehungen zwischen den Konsortialmitgliedern

16   **1. Rechtsnatur des Konsortialvertrages.** Der Konsortialvertrag regelt die rechtlichen Beziehungen zwischen den Mitgliedern des Konsortiums. Im internationalen Anleihegeschäft wurden hierfür bereits früh Musterverträge entwickelt, insbesondere die der International Capital Market Association (ICMA).[19] Auch für Eigenkapitalemissionen wurde von der ICMA ein Mustervertrag entworfen, allerdings erst viel später als bei Anleiheemissionen, der jedoch weniger breit genutzt wird als im Anleihebereich. Häufig wird bei solchen Emissionen kein gesonderter als Konsortialvertrag bezeichneter Vertrag geschlossen, sondern sämtliche Einzelheiten werden in so genannten Einladungstelex *(Invitation Telex)* geregelt, das an sämtliche Konsortialmitglieder versandt und von diesen – in der Regel zusammen mit einer Vollmacht- unterzeichnet und zurückgesendet wird und damit dann den Konsortialvertrag bildet.[20] Findet auf den Konsortialvertrag deutsches Recht Anwendung,[21] sind Emissionskonsortien nach heute herrschender, allerdings nicht unbestrittener Ansicht in Deutschland als Gesellschaften bürgerlichen Rechts gem. §§ 705 ff. BGB anzusehen.[22] In Anbetracht ihrer regelmäßig wechselnden Zusammensetzung handelt es sich jedoch um Gelegenheitsgesellschaften.[23] Darüber hinaus stellt das Emissionskonsortium keine rechtsfähige Außengesellschaft[24] dar, weil ihm im Gesamthandsvermögen fehlt (→ Rn. 20) und vor allen Dingen weil der Wille, als Konsortium im Außen-

---

[19] Vgl. hierzu *Bosch/Groß* in Hellner/Steuer BuB Emissionsgeschäft Rn. 10/253a bis 253c; MüKoHGB/*Singhof* Emissionsgeschäft Rn. 255; vgl. auch IPMA Handbook.

[20] Ebenso *Meyer* in Marsch-Barner/Schäfer AG-HdB § 8 Rn. 196; *Bosch/Groß* in Hellner/Steuer BuB Emissionsgeschäft Rn. 10/46; MüKoHGB/*Singhof* Emissionsgeschäft Rn. 245 und 257 speziell für Aktienemissionen *Bosch/Groß* in Hellner/Steuer BuB Emissionsgeschäft Rn. 10/321 f., Muster Einladungsschreiben an die Konsortialmitglieder nebst Anlage bzw. Invitation Telex sowie Agreement among Underwriters unter Rn. 333a–333e; *Schäfer* ZGR 2008, 455 (490).

[21] Im Regelfall enthält der Konsortialvertrag eine Rechtswahlklausel ebenso MüKoHGB/*Singhof* Emissionsgeschäft Rn. 259. Eine solche Rechtswahl ist zulässig, da es sich hierbei um internationalem Schuldrecht handelt, nicht dagegen um eine nach internationalem Gesellschaftsrecht – letzteres würde nach deutschem internationalem Gesellschaftsrecht zu einer zwingenden Anwendung des Rechts des Sitzes des Konsortialführers führen. Für Orientierung an internationalem Schuldrecht und damit Zulässigkeit der Rechtswahl, vgl. Staub/*Grundmann* Emissionsgeschäft Rn. 36; *Grundmann* in Schimansky/Bunte/Lwowski BankR-HdB § 112 Rn. 106 mwN ebenso für Innenkonsortien MHdB GesR I/*Schücking* § 32 Rn. 95, zweifelnd für Außenkonsortien Rn. 96, dort sei eine Rechtswahl nur für das Innenverhältnis zu akzeptieren, für das Außenverhältnis sei das Sitzstaatrecht zwingend. Enthält der Konsortialvertrag ausnahmsweise keine Rechtswahlklausel, ist nach den Grundsätzen des internationalen Schuldvertragsrechts das Recht des Sitzes des Konsortialführers maßgeblich, vgl. *Grundmann* in Schimansky/Bunte/Lwowski BankR-HdB § 112 Rn. 107; MHdB GesR I/*Schücking* § 32 Rn. 96; MüKoHGB/*Singhof* Emissionsgeschäft Rn. 259.

[22] BGH Urt. v. 13.4.1992 – II ZR 277/90, BGHZ 118, 83 (99) = NJW 1992, 2222; *Canaris* BankvertragsR Rn. 2248; *Bosch/Groß* in Hellner/Steuer BuB Emissionsgeschäft Rn. 10/32; *Hopt*, Die Verantwortlichkeit der Banken bei Emissionen, 1991, Rn. 49; MüKoBGB/*Schäfer* BGB Vor § 705 Rn. 54 f.; *Schantz* in Schwintowski BankR § 22 Rn. 24; MüKoHGB/*Singhof* Emissionsgeschäft Rn. 247; zu Recht dies in Frage stellend Staub/*Grundmann* Emissionsgeschäft Rn. 35; *Grundmann* FS Boujong, 1996, 159 (173); *Meyer* in Marsch-Barner/Schäfer AG-HdB § 8 Rn. 194.

[23] *Grundmann* in Schimansky/Bunte/Lwowski BankR-HdB § 112 Rn. 84; MHdB GesR I/*Schücking* § 32 Rn. 46 ff.; MüKoHGB/*Singhof* Emissionsgeschäft Rn. 247; *Schäfer* ZGR 2008, 455 (490 f.).

[24] IdS auch *Schäfer* ZGR 2008, 455 (491).

verhältnis rechtsgeschäftlich handeln zu wollen[25] nicht gegeben ist, so wird der Übernahmevertrag nicht vom Konsortium sondern von den einzelnen Konsortialmitgliedern unterzeichnet. Gesellschaftszweck iSd § 705 BGB ist die „Übernahme und Platzierung der Wertpapiere". In der Praxis wird diese rechtliche Einordnung durch ausdrückliche, von den gesetzlichen Bestimmungen zur BGB-Gesellschaft abweichende vertragliche Regelungen außer Kraft gesetzt. Diese Abweichung geht so weit, dass im Standard-Konsortialvertrag der International Capital Market Association (ICMA) ausdrücklich die Qualifizierung des Konsortiums als Gesellschaft vertraglich ausgeschlossen wird.[26] Zu den sich daraus ergebenden Fragen → Rn. 29 f.

2. Arten der Konsortien. Die Struktur des Konsortiums kann sehr unterschiedlich sein. Tritt, was   **17** idR ausgeschlossen ist, das Konsortium als solches nach außen auf und in unmittelbare Rechtsbeziehungen mit dem Emittenten, dann spricht man von einem Außenkonsortium. Tritt dagegen dem Emittenten nur der Lead Manager bzw. eine Gruppe von Underwritern jeweils einzeln (ggf. vertreten durch den Konsortialführer), vertraglich gegenüber, nicht jedoch alle übrigen Konsortialbanken – die sogenannten Sub-Underwriter –, so handelt es sich hinsichtlich der letztgenannten Gruppe um ein Innenkonsortium oder verdecktes/stilles Konsortium.[27] Die Differenzierung zwischen Übernahme-, Platzierungs- oder Begebungs- und Einheitskonsortium (→ Rn. 31) beschreibt hingegen in erster Linie die Verpflichtungen der Konsortialbanken gegenüber den Emittenten und ist für die rechtliche Einordnung des Konsortiums und des Konsortialvertrages nicht von Bedeutung.

3. Inhalt des Konsortialvertrages. a) Geschäftsführung und Vertretung. Der für die BGB-   **18** Gesellschaft in § 709 Abs. 1 BGB niedergelegte Grundsatz der gemeinschaftlichen Geschäftsführungsbefugnis ist rein tatsächlich irrelevant, da ein Großteil der Geschäftsführungsmaßnahmen bereits vor der Konsortialbildung vom Konsortialführer vorgenommen werden[28], widerspricht dem Willen und der Intention der Konsortialmitglieder und ist in der Regel ausdrücklich, zumindest aber konkludent abbedungen.[29] Da der Konsortialvertrag diesbezüglich idR ausführliche Regelungen enthält, ist ein Rückgriff auf § 710 BGB eher fernliegend. Das gilt selbst für außergewöhnliche Geschäftsvorfälle.[30] Grundsätzlich obliegt dem Konsortialführer bzw. der Führungsbank die Alleingeschäftsführungsbefugnis hinsichtlich aller mit der Abwicklung des Geschäfts im Zusammenhang stehender Aufgaben. Hierzu gehören insbesondere die Aushandlung der Verträge mit dem Emittenten, wozu bei Schuldverschreibungen auch die Vereinbarung der Emissionsbedingungen zählt, die Mitwirkung bei der Börseneinführung sowie gegebenenfalls bei der Erstellung des Prospekts und die Vereinbarung der Übernahmequoten der Konsorten.[31] Hinsichtlich der den einzelnen Konsortialbanken zugeteilten Anzahl von Wertpapieren sind diese bei deren Unterbringung allerdings allein vertretungsbefugt.[32] Der Verweis des § 713 BGB auf die §§ 664–670 BGB und damit auf ein Weisungsrecht der Konsortialbanken gegenüber dem Geschäftsführer ist in der Praxis unbedeutend.[33] Diese Bedeutungslosigkeit ergibt sich bereits aus der Chronologie der Ereignisse: Praktisch alle mit der Abwicklung des Geschäfts im Zusammenhang stehenden Aufgaben hat der Konsortialführer bereits vor der Einladung der anderen Konsortialmitglieder abgewickelt, ohne diese auch nur darüber zu informieren. Erst nach Abschluss all dieser Vorbereitungshandlungen werden die übrigen Konsortialmitglieder mit dem Einladungstelex, dem sog Invitation-Telex, eingeladen, wobei ihnen das fertige Emissionskonzept einschließlich der Verträge, Emissionsbedingungen, Prospekt, Platzierungsformen etc vorgestellt wird.[34]

---

[25] Zu den Voraussetzungen einer rechtsfähigen „Außengesellschaft" MüKoBGB/*Schäfer* BGB § 705 Rn. 253 ff.; Palandt/*Sprau* BGB § 705 Rn. 33.

[26] So Klausel 10 des Agreement among Managers (Version A2, Equity-Related Issues), IPMA Handbook, April 2005; vgl. auch *Bosch/Groß* in Hellner/Steuer BuB Emissionsgeschäft Rn. 10/32 ff., Rn. 10/37 sowie *Müller* in KMFS BankR/KapMarktR Rn. 15.122 und Rn. 15.217 zur Anleiheemission, dazu, dass sich das ICMA Vertragsmuster bei Aktienemissionen dagegen nicht durchgesetzt hat *Brandt* in KMFS BankR/KapMarktR Rn. 15.465 ff.

[27] Vgl. auch *Bosch/Groß* in Hellner/Steuer BuB Emissionsgeschäft Rn. 10/40 ff.; *Schantz* in Schwintowski BankR § 22 Rn. 23.

[28] So vollkommen zu Recht MüKoHGB/*Singhof* Emissionsgeschäft Rn. 264.

[29] *Canaris* BankvertragsR Rn. 2310; *De Meo*, Bankenkonsortien, 1994, 70 f.; *Schantz* in Schwintowski BankR § 22 Rn. 49; einschr. *Grundmann* in Schimansky/Bunte/Lwowski BankR-HdB § 112 Rn. 97 f. soweit es um die Vermittlung von Gegenständen der Bruchteilsgemeinschaft gehe, da dort die Konsorten allein verfügungsbefugt seien und dort auch ein Weisungs- und Auskunftsrecht hätten.

[30] Ausf. dazu MüKoHGB/*Singhof* Emissionsgeschäft Rn. 266.

[31] *Bosch/Groß* in Hellner/Steuer BuB Emissionsgeschäft Rn. 10/48.

[32] *De Meo*, Bankenkonsortien, 1994, 71; *Schantz* in Schwintowski BankR § 22 Rn. 49; MHdB GesR I/*Schücking* § 32 Rn. 74; idS auch Staub/*Grundmann* Emissionsgeschäft Rn. 44 ff. Zum Unterschied zwischen „Underwriting-Quote" und der Anzahl der zugeteilten Wertpapiere → Rn. 20.

[33] *Bosch/Groß* in Hellner/Steuer BuB Emissionsgeschäft Rn. 10/48; *Schantz* in Schwintowski BankR § 22 Rn. 49 meint zwar, das Weisungsrecht bestehe, rein faktisch habe es aber keine „übermäßige Bedeutung"; MüKoHGB/*Singhof* Emissionsgeschäft Rn. 266; MHdB GesR I/*Schücking* § 32 Rn. 71 meint, das Weisungsrecht sei sogar durch die gesellschaftsrechtlichen Regeln über die Geschäftsführung verdrängt.

[34] Ebenso *Meyer* in Marsch-Barner/Schäfer AG-HdB § 8 Rn. 194 für den Normalfall.

Dieses Konzept können die Konsortialmitglieder akzeptieren,[35] oder aber sie können ihre Teilnahme an der Transaktion ablehnen. Die Möglichkeit der Einflussnahme oder gar ein Weisungsrecht gegenüber dem Konsortialführer besteht somit auch rein tatsächlich nicht.

19   Die Vertretungsbefugnis des Konsortialführers wird im Regelfall ausdrücklich geregelt und schließt alle mit der Vorbereitung und Abwicklung verbundenen Aufgaben ein. Dies umfasst häufig sogar die Kreditaufnahme für die Konsortialmitglieder sowie die Durchführung von Stabilisierungsmaßnahmen auf Kosten aller Konsortialbanken.[36] Für die Unterzeichnung des Übernahmevertrages wird im Regelfall mit Einladung der Konsortialmitglieder mit dem Einladungstelex eine spezielle Vollmacht erbeten und durch deren Rücksendung an den Konsortialführer eingeholt.[37] Dabei handelt es sich um Vollmachten der einzelnen Konsortialmitglieder, der Übernahmevertrag wird demzufolge dann in Vertretung der einzelnen Konsortialmitglieder, nicht etwa des Konsortiums abgeschlossen.[38] Den Konsortialmitgliedern wird der Übernahmevertrag in diesem Zusammenhang übersandt, sodass sie die Möglichkeit erhalten, dieses wesentliche Vertragswerk vor Vertragsschluss zu prüfen.[39] Selbst wenn eine Regelung im Einzelfall fehlen sollte und die §§ 705 ff. BGB nicht ausdrücklich ausgeschlossen sind, dürfte demnach ein Rückgriff auf § 714 BGB nicht in Frage kommen, da es bei der Unterzeichnung des Übernahmevertrages nicht um die Vertretung des Konsortiums sondern der einzelnen Konsortialmitglieder geht.[40]

20   **b) Eigentumsverhältnisse.** Im Gegensatz zu § 718 Abs. 1 BGB, der vom Gesamthandseigentum der Konsorten ausgeht, wird in deutschen Übernahme- oder Konsortialverträgen ausdrücklich das Gesamthands- oder Bruchteilseigentum ausgeschlossen. Die Emission, also die zu übernehmende und zu platzierenden Wertpapiere, sollen nicht Gesellschaftsvermögen werden, es handelt sich dabei auch nicht um „Beiträge der Gesellschafter" oder „durch die Geschäftsführung für die Gesellschaft erworbene Gegenstände", sondern um von vornherein bei den einzelnen Konsorten in deren Alleineigentum entstehende Wertpapiere. Die Frage, ob § 719 BGB zwingend ist oder abbedungen werden kann,[41] ist deshalb nicht relevant; die Emission ist nicht Gesellschaftsvermögen, damit § 719 BGB nicht anwendbar. Jeder Konsorte hat im Begebungszeitpunkt Anspruch auf Alleineigentum der ihm zugeteilten Wertpapiere und kann über diese allein verfügen.[42] Dabei ist Folgendes zu beachten: Die Anzahl der einem Konsorten zugeteilten Wertpapiere ist nicht unbedingt identisch mit seiner Konsortialquote, dh der sog. „Underwriting"-Quote. Die Underwriting-Quote, welche dem Konsorten im Einladungstelex des Konsortialführers mitgeteilt und von diesem akzeptiert wird, bestimmt den Umfang der Übernahmeverpflichtung des Konsorten, gewährt ihm aber keinen Anspruch auf tatsächliche Zuteilung einer entsprechenden Anzahl von Wertpapieren[43]. Insofern bestimmt und begrenzt[44] die Underwriting-Quote lediglich die Übernahmeverpflichtung, besagt aber nichts über die tatsächlich übernommene Anzahl der Wertpapiere. Maßgeblich für die tatsächlich übernommene und dann zu platzierende Anzahl von Wertpapieren ist die Zuteilungsquote, die durch den Konsortialführer gegebenenfalls nach Rücksprache mit dem Emittenten am Ende der Emission festgelegt wird.[45] Übersteigt die Zuteilung die Underwriting-Quote, wäre der Konsorte grundsätzlich nicht zur Abnahme verpflichtet. Da die Zuteilung jedoch auf der Grundlage der vom Konsorten gemeldeten Nachfrage erfolgt, ist bei einer die Underwriting-Quote übersteigenden Nachfragemeldung durch den Konsorten darin auch konkludent das Einverständnis mit der Erhöhung der Übernahmeverpflichtung zu sehen.[46] Diesen erhöhten Anteil erhält das Konsortialmitglied zum Alleineigentum und auf eigenes Risiko. Dennoch

---

[35] Das Invitation-Telex enthält die Aufforderung zur Abgabe einer entsprechenden Einverständniserklärung, sog. acceptance, MüKoHGB/*Singhof* Emissionsgeschäft Rn. 245.

[36] *Bosch/Groß* in Hellner/Steuer BuB Emissionsgeschäft Rn. 10/49.

[37] *Brandt* in KMFS BankR/KapMarktR Rn. 15.468 dort in Fn. 1 auch mit dem zutreffenden Hinweis, im Hinblick auf § 181 BGB sei eine Unterzeichnung durch jeweils unterschiedliche Personen vorzugswürdig.

[38] MüKoHGB/*Singhof* Emissionsgeschäft Rn. 267.

[39] So jetzt auch MHdB GesR I/*Schücking* § 32 Rn. 74.

[40] So zu Recht MüKoHGB/*Singhof* Emissionsgeschäft Rn. 267; ebenso MHdB GesR I/*Schücking* § 32 Rn. 74.

[41] Dazu und mit anderem Lösungsansatz Staub/*Grundmann* Emissionsgeschäft Rn. 45.

[42] *De Meo*, Bankenkonsortien, 1994, 89; MHdB GesR I/*Schücking* § 32 Rn. 75 ff.; MüKoHGB/*Singhof* Emissionsgeschäft Rn. 261; Staub/*Grundmann* Emissionsgeschäft Rn. 44 ff.; *Schantz* in Schwintowski BankR § 22 Rn. 26.

[43] MüKoHGB/*Singhof* Emissionsgeschäft Rn. 260.

[44] Eine solche Begrenzung der Übernahmeverpflichtung durch die Underwriting-Quote greift im Ergebnis aber nur, soweit nicht im Übernahmevertrag selbst beim Ausfall eines Konsorten eine anteilige Erhöhung der Übernahmeverpflichtung vereinbart wird, vgl. auch → Rn. 43. Dies geschieht zwischenzeitlich regelmäßig. Hierbei wird eine Erhöhung der entsprechenden Übernahmeverpflichtung um bis zu 1/11 der insgesamt zu übernehmenden Aktien vorgesehen, bei einem darüber hinausgehenden Ausfall eines Konsorten enthält der Übernahmevertrag eine Rücktrittsklausel, vgl. Muster bei *Bosch/Groß* in Hellner/Steuer BuB Emissionsgeschäft Rn. 10/324, Ziff. XII. 4, Rn. 10/326, Ziff. XI. 4 und *Groß* in Happ/Groß/Möhrle/Vetter AktienR Bd. II 15.02a), Artikel 11 und Erläuterung dort unter Rn. 24.

[45] Wie hier ausdr. auch *Meyer* in Marsch-Barner/Schäfer AG-HdB § 8 Rn. 197; MüKoHGB/*Singhof* Emissionsgeschäft Rn. 260.

[46] Ebenso *Meyer* in Marsch-Barner/Schäfer AG-HdB § 8 Rn. 125; MüKoHGB/*Singhof* Emissionsgeschäft Rn. 260.

bemisst sich die Übernahmeprovision als Teil der allgemeinen Provision[47] allein nach der ursprünglich festgelegten Underwriting-Quote, während die Anzahl der zugeteilten Wertpapiere für die Berechnung der Verkaufsprovision entscheidend ist und unabhängig von der Underwriting-Quote allein auf der Grundlage der am Ende zugeteilten Wertpapiere errechnet wird.

c) Gewinn- und Verlustbeteiligung, Nachschusspflicht. Jedes einzelne Konsortialmitglied plat- **21** ziert die ihm zugeteilten Wertpapiere auf eigenes Risiko, aber auch zum eigenen Nutzen.[48] Die für eine Gesellschaft bürgerlichen Rechts typische Gewinn- und Verlustbeteiligung ist damit grundsätzlich ausgeschlossen.[49] Eine Ausnahme vom Ausschluss der Gewinn- und Verlustbeteiligung stellt dagegen die Gewinn- oder (idR auf die tatsächlich empfangene Provision beschränkte) Verlustbeteiligung für die möglichen Stabilisierungsmaßnahmen[50] dar. Diese erfolgen gemäß der im Regelfall im Einladungstelex bzw. dem Konsortialvertrag enthaltenen entsprechenden Klausel für Rechnung aller Konsorten; Gewinn bzw. Verlust hieraus wird auf alle Konsortialmitglieder verteilt.[51] Eine weitere Ausnahme ergibt sich in gewisser Weise durch die alle Konsortialmitglieder im Außenverhältnis treffende Prospekthaftung.

Die Übernahmeverträge zwischen Konsortialbanken und dem Emittenten enthalten üblicherweise **22** den Ausschluss der gesamtschuldnerischen Haftung der Konsortialbanken gegenüber dem Emittenten.[52] Auf der anderen Seite ist die wesentliche, von allen Konsortialbanken geschuldete Leistung die Übernahme und Platzierung der gesamten Emission.[53] Soweit der Übernahmevertrag als solcher keine ausdrückliche Regelung für den Ausfall eines Konsorten enthält,[54] besteht somit eine Diskrepanz zwischen dem Ausschluss gesamtschuldnerischer Haftung und der auf die Übernahme seiner Underwriting-Quote beschränkten Verpflichtung des Konsorten einerseits und der Übernahme- und Platzierungsverpflichtung des Konsortiums hinsichtlich der gesamten Emission andererseits. Die herrschende Meinung nimmt hier in dem Ausnahmefall, in dem eine andersartige Regelung im Übernahmevertrag fehlen sollte, § 735 BGB analog an; jeder Konsorte sei somit im Regelfall in Höhe seiner Konsortialquote zur Übernahme der auf den ausgefallenen Konsorten entfallenden Quote verpflichtet.[55]

d) Haftung, insbesondere Prospekthaftung. Alle Konsortialmitglieder inklusive der Konsortial- **23** führer haften bei schuldhafter Verletzung der ihnen obliegenden Verpflichtungen den übrigen Konsortialmitgliedern gegenüber. Verschuldensmaßstab ist § 708 BGB.[56] Da das Gesetz keine Differenzierung zwischen Pflichtverletzungen der einfachen Gesellschafter einer BGB-Gesellschaft und des geschäftsführenden Gesellschafters vorsieht, kommt diese Haftungsbegrenzung auf die „in eigenen Angelegenheiten angewendete Sorgfalt" auch dem Konsortialführer zugute.[57] Außerdem

---

[47] Die Provision, welche der Emittent dem Konsortium zahlt, wird normalerweise in drei Bestandteile aufgeteilt, die Management-Provision, die Übernahmeprovision (sog. Underwriting-Provision) und die Verkaufsprovision (sog. Selling-Provision). Der Konsortialführer erhält in der Regel einen seine Underwriting-Quote übersteigenden Anteil der Management-Provision als sog. Führungsprovision oder Präcipium. Dies ist keine besondere „Gewinnbeteiligung", sondern ein pauschalierter Ersatz für seine besonderen Aufwendungen; vgl. auch *Groß* in Happ/Groß/Möhrle/Vetter AktienR Bd. II 15.02 Rn. 102; *Meyer* in Marsch-Barner/Schäfer AG-HdB § 8 Rn. 102.

[48] *De Meo,* Bankenkonsortien, 1994, 71, 89; *Schantz* in Schwintowski BankR § 22 Rn. 36; MüKoHGB/*Singhof* Emissionsgeschäft Rn. 274.

[49] *De Meo,* Bankenkonsortien, 1994, 71, 89; *Schantz* in Schwintowski BankR § 22 Rn. 36 ff.; *Schäfer* ZGR 2008, 455 (494).

[50] *Bosch/Groß* in Hellner/Steuer BuB Emissionsgeschäft Rn. 10/52; MüKoHGB/*Singhof* Emissionsgeschäft Rn. 274; *Schäfer* ZGR 2008, 455 (494).

[51] Vgl. nur Clause 6 ICMA Standardvertrag (Version A1).

[52] *Groß* AG 1993, 108 (116 ff.); MüKoHGB/*Singhof* Emissionsgeschäft Rn. 177; vgl. insbesondere zum Aktienübernahmevertrag *Bosch/Groß* in Hellner/Steuer BuB Emissionsgeschäft Rn. 10/324, Rn. 10/325 und Rn. 10/326; MüKoHGB/*Singhof* Emissionsgeschäft Rn. 177 ff.; *Schantz* in Schwintowski BankR § 22 Rn. 33.

[53] *Grundmann* in Schimansky/Bunte/Lwowski BankR-HdB § 112 Rn. 70, 91; *Groß* AG 1993, 108 (116 f.); *Schantz* in Schwintowski BankR § 22 Rn. 33.

[54] Dazu → Rn. 43, da der Übernahmevertrag aber idR gerade eine ausdrückliche Regelung enthält, die auch sachgerechter ist, vgl. *Groß* in Happ/Groß/Möhrle/Vetter AktienR Bd. II 15.02 Rn. 24, greift § 735 BGB nicht ein, wie hier *Groß* in Happ/Groß/Möhrle/Vetter AktienR Bd. II 15.02 Rn. 24; *Meyer* in Marsch-Barner/Schäfer AG-HdB § 8 Rn. 136.

[55] Vgl. nur *Schantz* in Schwintowski BankR § 22 Rn. 33 f. mwN; *Singhof,* Die Außenhaftung von Emissionskonsortien für Aktieneinlagen, 1998, 250; aA *De Meo,* Bankenkonsortien, 1994, 57, dies folge aus §§ 713, 670, 257 BGB ebenso MHdB GesR I/*Schücking* § 32 Rn. 66, dagegen *Schantz* in Schwintowski BankR § 22 Rn. 34; *Meyer* in Marsch-Barner/Schäfer AG-HdB § 8 Rn. 136; MüKoHGB/*Singhof* Emissionsgeschäft Rn. 207; wieder aA Staub/*Grundmann* Emissionsgeschäft Rn. 47.

[56] HM *Canaris* BankvertragsR Rn. 2309; MHdB GesR I/*Schücking* § 32 Rn. 67.

[57] HM *Canaris* BankvertragsR Rn. 2309; MHdB GesR I/*Schücking* § 32 Rn. 67; MüKoHGB/*Singhof* Emissionsgeschäft Rn. 270; aA *Schantz* in Schwintowski BankR § 22 Rn. 47, die für den Konsortialführer die eingeschränkte Sorgfaltspflicht des § 708 BGB ablehnen und die Sorgfalt eines ordentlichen Kaufmannes einfordern; dagegen mit überzeugender Begründung zu Recht MHdB GesR I/*Schücking* § 32 Rn. 67 und MüKoHGB/*Singhof* Emissionsgeschäft Rn. 270.

haftet jedes Konsortialmitglied im Außenverhältnis bei Verletzung der ihm jeweils aus den verschiedenen Rechtsverhältnissen, zB Anlageberatung, Kaufvertrag etc obliegenden Verpflichtungen (→ Rn. 57 ff.).

24   Von dieser Haftung für eigenes Verschulden zu unterscheiden ist die mögliche Haftung der Konsortialmitglieder für Pflichtverletzungen anderer Konsortialmitglieder, insbesondere des Konsortialführers und damit die Frage der Verschuldenszurechnung zu Lasten der Gesamthand oder der einzelnen Konsortialmitglieder. Soweit es um vertragliche Ansprüche geht, zB die des Emittenten, kann im Einzelfall eine Zurechnung des Verhaltens des Konsortialführers an die Konsorten nach § 278 BGB erfolgen.[58] Soweit es um gesetzliche Ansprüche, insbesondere um die Prospekthaftung geht, findet mangels Vorliegen eines Schuldverhältnisses zwischen dem Konsortium und den Anlegern § 278 BGB keine Anwendung, sodass ein eventuelles Verschulden des Konsortialführers den übrigen Konsortialmitgliedern nicht zugerechnet wird.[59] Auch eine unmittelbare „Zurechnung" über § 831 BGB erfolgt nicht, da §§ 9 ff. WpPG keine Deliktstatbestände darstellen.[60] Demnach haftet jeder Konsorte im Außenverhältnis aus Prospekthaftung nur für eigenes Verschulden. Dabei sind die unterschiedlichen Sorgfaltspflichten des an der Prospekterstellung beteiligten Konsortialführers einerseits und aller übrigen Konsortialmitglieder andererseits zu berücksichtigen.[61] Eine Haftung des Konsortiums als solchem im Außenverhältnis scheidet jedoch aus, da das Emissionskonsortium auf Grund fehlenden Gesamthandsvermögens (→ Rn. 20) und vor allen Dingen fehlendem Willen, als Konsortium im Außenverhältnis rechtsgeschäftlich handeln zu wollen[62] – der Übernahmevertrag wird nicht vom Konsortium sondern von den einzelnen Konsortialmitgliedern unterzeichnet – nicht als rechtsfähige Außengesellschaft anzusehen ist. Insofern scheidet auch eine Zurechnung eventuellen Verschuldens des Konsortialführers an das Konsortium nach § 31 BGB[63] aus.

25   Von der Frage der Zurechnung des Verhaltens des Konsortialführers an die anderen Konsortialmitglieder bei einer Haftung im Außenverhältnis zu unterscheiden ist die Risikoverteilung im Innenverhältnis des Konsortiums.[64] Sofern hier der Konsortialvertrag keine abweichende Regelung, wie idR zB eine Aufteilung nach Konsortialquoten,[65] enthält, was jedoch idR der Fall ist,[66] können die §§ 426, 254 BGB zu Regressansprüchen einfacher Konsortialmitglieder führen.[67]

---

[58] *De Meo,* Bankenkonsortien, 1994, 306 ff.; ebenso *Schantz* in Schwintowski BankR § 23 Rn. 51 f., der aber zu Recht darauf verweist, dass jeweils anhand der konkreten Vertragspflicht geprüft werden müsse, ob sich das Konsortialmitglied insoweit des Konsortialführers zur Erfüllung der Pflicht bedient.

[59] Vgl. *Groß* WpPG § 9 Rn. 9; *Assmann,* Prospekthaftung, 1985, 391; *Bosch/Groß* in Hellner/Steuer BuB Emissionsgeschäft Rn. 10/145; *Canaris* BankvertragsR Rn. 2287; *Hopt,* Die Verantwortlichkeit der Banken bei Emissionen, 1991, Rn. 54, 116; MüKoHGB/*Singhof* Emissionsgeschäft Rn 273; iErg wohl ebenso *Grundmann* in Schimansky/Bunte/Lwowski BankR-HdB § 112 Rn. 59.

[60] *Bosch/Groß* in Hellner/Steuer BuB Emissionsgeschäft Rn. 10/145; *Hopt,* Die Verantwortlichkeit der Banken bei Emissionen, 1991, Rn. 116; MüKoHGB/*Singhof* Emissionsgeschäft Rn. 273. Zur aus § 831 BGB resultierenden Überwachungspflicht vgl. *Groß* WpPG § 9 Rn. 83.

[61] Vgl. dazu *Groß* WpPG § 9 Rn. 83; zwar ist der Haftungsmaßstab des § 9 WpPG einheitlich und differenziert nicht zwischen Konsortialführer und Konsortialmitgliedern, jedoch sind die Pflichtenstandard und damit auch der Sorgfaltsmaßstab auf Grund der faktischen Situation, dass der Prospekt allein vom Konsortialführer mit betreut wird, nicht dagegen von den Konsortialmitgliedern, unterschiedlich, wie hier auch *Schantz* in Schwintowski BankR § 22 Rn. 102.

[62] Wie hier *Schantz* in Schwintowski BankR § 22 Rn. 51. Zu den Voraussetzungen einer rechtsfähigen „Außengesellschaft" MüKoBGB/*Schäfer* BGB § 705 Rn. 253 ff.; Palandt/*Sprau* BGB § 705 Rn. 33.

[63] Zu der Voraussetzung, dass § 31 BGB eine gewisse Verselbständigung des Gesellschaftsvermögens erfordert, vgl. MüKoBGB/*Schäfer* BGB § 705 Rn. 264; dies ist hier nicht gegeben.

[64] In Deutschland wurde früher im Übernahmevertrag eine gesonderte Börseneinführungsprovision vereinbart, die entsprechend der Underwriting-Quote an die Mitglieder des Börseneinführungskonsortiums als potentielle Adressaten der Prospekthaftung, vgl. *Groß* WpPG § 9 Rn. 33 f., verteilt wurde. Diese betrug bei Anleihen in der Regel 0,5 % bzw. bei Aktien 1 % des Nennwertes/anteiligen Betrages am Grundkapital. Ob darin „eine Vereinbarung dahingehend zu sehen (ist), dass alle Konsortialbanken gemäß ihrer Quote das Risiko (der Prospekthaftung) mittragen und dementsprechend ausgleichspflichtig sind", so *Hopt,* Die Verantwortlichkeit der Banken bei Emissionen, 1991, Rn. 121, erscheint im Hinblick auf die Diskrepanz der Provision zum möglichen Haftungsvolumen zweifelhaft. Unabhängig davon, dass zwischenzeitlich die Vereinbarung einer gesonderten Börseneinführungsprovision nicht mehr üblich ist und damit der Ansatzpunkt für diese Argumentation entfällt, empfiehlt es sich, diese Frage im Konsortialvertrag ausdrücklich zu regeln. Dies ist insbesondere deshalb sinnvoll, weil nach der in Deutschland geltenden Rechtslage die Prospekthaftung grobe Fahrlässigkeit voraussetzt. Deshalb muss die entsprechende Ausgleichsverpflichtung gerade den Fall regeln, in dem die anderen Konsortialbanken für ein grob fahrlässiges Verhalten eines anderen Konsortialmitgliedes einstehen sollen. Der besondere Charakter dieser Regelung spricht dafür, dies ausdrücklich zu regeln. Ebenso MüKoHGB/*Singhof* Emissionsgeschäft Rn. 271, der berichtet, eine Ausnahme von der quotalen Schuldenteilung werde in der Praxis in der weit überwiegenden Anzahl von Fällen nur für vorsätzliches Handeln der Konsortialführe vereinbart.

[65] MüKoHGB/*Singhof* Emissionsgeschäft Rn. 271.

[66] Vgl. nur zB Section 10 des Muster-Konsortialvertrages bei *Bosch/Groß* in Hellner/Steuer BuB Emissionsgeschäft Rn. 10/333e.

[67] *Bosch/Groß* in Hellner/Steuer BuB Emissionsgeschäft Rn. 10/149; MüKoHGB/*Singhof* Emissionsgeschäft Rn. 271 f.; iErg, allerdings mit anderer Begründung und ohne konkrete Rechtsgrundlage, wie hier *Grundmann* in

e) Beendigung des Konsortiums. Das Konsortium endet gem. § 726 BGB mit Zweckerreichung   26
oder wenn es unmöglich geworden ist, den Zweck zu erreichen. Neben dem Hauptzweck, die
übernommenen Wertpapiere zu platzieren, können besondere zusätzliche Ziele vereinbart werden, zB
die Börseneinführung und die Stabilisierung etc, die ggf. die Beendigung des Konsortiums verzögern.
Solange der Konsortialführer etwa noch für Rechnung aller Konsortialmitglieder stabilisieren kann, ist
das Konsortium nicht beendet.[68]

4. Standardisierung der Verträge. Im Emissionsgeschäft haben sich zunehmend Standards ent-   27
wickelt, welche die tägliche Durchführung des Geschäftes erleichtern sollen. Insbesondere im Anleihegeschäft sind die Muster der ICMA sehr weit verbreitet.[69] Bei internationalen Anleihekonsortien
werden nahezu ausschließlich ICMA Konsortialvertragsmuster verwendet, aber auch bei inländischen
Anleihekonsortien werden sie zunehmend vereinbart.[70] Sie werden in der Regel durch Verweis im
Einladungstelex auf das Muster „xy" der ICMA zum Inhalt des Konsortialvertrages.[71]
    Wenn auch im Aktienemissionsgeschäft bislang keine allgemein verwendeten Muster vorliegen und   28
der 2005 von der ICMA vorgeschlagene Standardkonsortialvertrag nicht allgemein verwendet wird, so
haben sich jedoch auch hier gewisse Standards durchgesetzt.[72] Bei nationalen Konsortien werden im
Wesentlichen gleich lautende Einladungsschreiben, Invitation-Telexe[73] verwendet, ohne dass hier
darüber hinaus noch umfangreiche gesonderte Konsortialverträge abgeschlossen werden. Dagegen
werden bei internationalen Emissionen im Regelfall neben dem Invitation-Telex mehr oder weniger
umfangreiche Konsortialverträge verwendet, die sich allerdings je nach Konsortialführer unterscheiden
können.[74]

5. Emissionskonsortium als Typendehnung. Diese im Konsortialgeschäft verwendeten Verträge   29
zur Regelung des Innenverhältnisses im Konsortium weichen, wie oben dargelegt, in nahezu allen
wesentlichen Punkten von der gesetzlichen Regelung einer BGB-Gesellschaft ab.
    So schließt Clause 9 des ICMA-Musters für Anleihen und Clause 10 des ICMA-Musters für Eigen-   30
kapitalemissionen sogar die Anwendung der Regeln des Personengesellschaftsrechts und damit die
§§ 705 ff. BGB gänzlich aus.[75] Selbst wenn ein solcher genereller Ausschluss nicht erfolgt, so werden
die entscheidenden gesetzlichen Regelungen der BGB-Gesellschaft zur Gleichheit der Beiträge der
Gesellschafter (§ 706 Abs. 1 BGB), zur gemeinschaftlichen Geschäftsführung (§ 709 BGB), zur Schaffung von Gesamthandseigentum (§§ 718 f. BGB), sowie zur Gewinn- und Verlustbeteiligung (§ 722
BGB) beim Emissionskonsortium sämtlichst abbedungen. Damit bleibt von der Struktur der GbR nur
die Vereinbarung eines gemeinsamen Zwecks. Zweifelhaft ist, ob in Anbetracht dieser vertraglichen
Regelungen das Emissionskonsortium als solchermaßen vom gesetzlichen Typus der GbR abweichende Gesellschaft noch als Beispiel „gesellschaftsrechtlicher Typendehnung"[76] verstanden werden kann,
oder aber, ob man es als eigenständigen Vertragstyp einordnen muss.[77] Bedeutung erlangt diese Frage
bei den, im Bereich der GbR allerdings nur äußerst wenigen, nicht dispositiven Regelungen der
§§ 705 ff. BGB[78] und bei „Vertragslücken". Letztere lassen sich jedoch auch dann, wenn man bei der
rechtlichen Einordnung als Gesellschaft bürgerlichen Rechts bleibt, mit international üblichen Rege-

---

Schimansky/Bunte/Lwowski BankR-HdB § 112 Rn. 100; diff. nach der Stellung im Konsortium *Hopt*, Die Verantwortlichkeit der Banken bei Emissionen, 1991, Rn. 119 f.
   [68] *Canaris* BankvertragsR Rn. 2323 f.; *De Meo*, Bankenkonsortien, 1994, 124 f.; MHdB GesR I/*Schücking* § 32
Rn. 78; iErg wie hier MüKoHGB/*Singhof* Emissionsgeschäft Rn. 278.
   [69] *International Capital Market Association:* Members Recommendations, Standard Documentation (IPMA Handbook), London. Seit der Verschmelzung der International Primary Market Association (IPMA) und der International
Securities Market Association (ISMA) zur International Capital Market Association (ICMA) heißt die Organisation
zwar ICMA, das Handbuch aber dennoch weiter IPMA Handbook.
   [70] *Bosch/Groß* in Hellner/Steuer BuB Emissionsgeschäft Rn. 10/37; MüKoHGB/*Singhof* Emissionsgeschäft
Rn. 255.
   [71] *Bosch/Groß* in Hellner/Steuer BuB Emissionsgeschäft Rn. 10/35.
   [72] *Bosch/Groß* in Hellner/Steuer BuB Emissionsgeschäft Rn. 10/32; MüKoHGB/*Singhof* Emissionsgeschäft
Rn. 255.
   [73] MüKoHGB/*Singhof* Emissionsgeschäft Rn. 255. Muster bei *Bosch/Groß* in Hellner/Steuer BuB Emissionsgeschäft Rn. 10/333a, 10/333b, 10/333c, 10/333d; *Meyer* in Marsch-Barner/Schäfer AG-HdB § 8 Rn. 196.
   [74] Muster bei *Bosch/Groß* in Hellner/Steuer BuB Emissionsgeschäft Rn. 10/333e.
   [75] So ausdr. *Bosch/Groß* in Hellner/Steuer BuB Emissionsgeschäft Rn. 10/36; gegen eine Abdingbarkeit Mü-
KoHGB/*Singhof* Emissionsgeschäft Rn. 249.
   [76] So der Titel des Aufsatzes von *Westermann* AG 1967, 285.
   [77] Für die Einordnung als Gesellschaft bürgerlichen Rechts MHdB GesR I/*Schücking* § 32 Rn. 40; MüKoHGB/
Singhof Emissionsgeschäft Rn. 248 f.; zweifelnd dagegen *Bosch/Groß* in Hellner/Steuer BuB Emissionsgeschäft
Rn. 10/37; *Meyer* in Marsch-Barner/Schäfer AG-HdB § 8 Rn. 194 plädiert dafür, den Konsortialvertrag bei Aktienemissionen als Kaufvertrag mit Nebenabreden einzuordnen; Staub/*Grundmann* Emissionsgeschäft Rn. 35 für Typenmischung von BGB-Gesellschaft für gemeinsam übernommenes Risiko und Kaufverträge für Quote. Eine rein
schuldrechtliche Einordnung hätte auch hinsichtlich der Rechtswahl Vorteile, vgl. nur MHdB GesR I/*Schücking* § 32
Rn. 96. Gegen die Bedeutung einer typisierenden Einordnung MüKoBGB/*Schäfer* BGB § 705 Rn. 138.
   [78] MüKoBGB/*Schäfer* BGB § 705 Rn. 132 ff.

lungen und damit durch ergänzende Vertragsauslegung füllen, ohne dass auf die §§ 705 ff. BGB zurück gegriffen werden müsste, wenn dies dem Willen der Vertragsparteien entspricht.[79] Davon wird in der Praxis ausgegangen und damit die Anwendung der Regelungen der BGB-Gesellschaft insgesamt, auch im Falle von Vertragslücken, ausgeschlossen.[80]

III. Rechtsbeziehungen zwischen den Konsortialmitgliedern und dem Emittenten

31   **1. Rechtsnatur des Übernahmevertrages.** Der Übernahmevertrag regelt die rechtlichen Beziehungen zwischen dem Emittenten einerseits und den einzelnen Konsorten andererseits. Er wird in der Praxis[81] allein durch den Konsortialführer ausgehandelt und von diesem für sich selbst und aufgrund entsprechender Vollmachten in Vertretung der Konsortialmitglieder[82] abgeschlossen. Vertragspartner sind damit der Emittent einerseits und die einzelnen Konsortialmitglieder (nicht etwa das Konsortium als solches[83]) andererseits. Für die Praxis ist es dabei bedeutungslos, ob man die **Vertretungsmacht** des Konsortialführers bei Abschluss des Übernahmevertrages als eine aus §§ 710, 714 BGB resultierende organschaftliche[84] oder nach §§ 164 ff. BGB gewillkürte Vertretung ansieht, weil kein Konsortialführer vor Akzeptanz der Einladungstelexe oder Abschluss des Konsortialvertrages (→ Rn. 16) und darin enthaltener oder gesondert erteilter Bevollmächtigung den Übernahmevertrag für die anderen Konsorten abschließen würde. Diese Praxis zeigt aber auch, dass § 714 BGB eher nicht anzuwenden und sich die Vollmachts- und damit Vertretungsregelung damit allein aus der jeweiligen Vollmacht des Konsortialmitgliedes an den Konsortialführer ergibt. Den Übernahmevertrag als Vertragstyp gibt es nicht, vielmehr sind für seine rechtliche Qualifizierung entscheidend in erster Linie die jeweiligen Klauseln des Übernahmevertrages, die Gesetzesrecht, soweit dispositiv, verdrängen oder modifizieren, dann die Art der zu der übernehmenden Rechte (→ Rn. 32 ff.) und im Übrigen die Transaktionsstruktur, welche die Aufgaben der Konsortialmitglieder und des Konsortiums insgesamt bestimmt. Generell führen die Transaktionsstruktur und die hauptsächlich übernommenen Aufgaben zu einer gewissen Kategorisierung in Übernahme-, Platzierungs- oder Begebungs- und Einheitskonsortium. Die Rolle der Emissionsbanken kann sich darauf beziehen, im eigenen Namen und für eigene Rechnung vom Emittenten sämtliche Wertpapiere der Emission oder einen Teil davon fest zu erwerben, um sie zu behalten bzw. weiterzuplatzieren. Bei dieser Gestaltung übernimmt das Konsortium das Platzierungsrisiko; diese Festübernahme wird als Übernahmekonsortium bezeichnet.[85] Die Rolle der Emissionsbanken kann sich aber auch auf die reine Absatzvermittlung beschränken, ohne eine Übernahmezusage abzugeben. Diese „best-effort-Platzierung" belässt das Platzierungsrisiko voll beim Emittenten und wird als Platzierungs- oder Begebungskonsortium bezeichnet.[86] Die Kombination, dh die feste Übernahme und die Verpflichtung zur Platzierung wird als Einheitskonsortium bezeichnet und bildet den Regelfall des Emissionskonsortiums in Deutschland.[87] Dabei ist jedoch zu beachten, dass auf Grund der einzelnen Ausgestaltung der Verträge und der zeitlichen Abfolge ihrer Unterzeichnung das Platzierungsrisiko gemindert und ggf. sogar rein faktisch ausgeschlossen werden kann.[88]

32   Diese Kategorisierung erfasst die jeweilige Hauptpflicht im Hinblick auf die zu übernehmenden bzw. zu platzierenden Wertpapiere. Diese Hauptpflicht kann man, wird, wie idR bei deutschen Emittenten bei Aktienemissionen deutsches Recht vereinbart oder ergibt sich die Anwendung deut-

---

[79] MüKoHGB/*Singhof* Emissionsgeschäft Rn. 249; *Grundmann* in Schimansky/Bunte/Lwowski BankR-HdB § 112 Rn. 86 mwN.

[80] S. nur *Müller* in KMFS BankR/KapMarktR Rn. 15.122 und Rn. 15.217 zu Anleihekonsortien, *Brandt* in KMFS BankR/KapMarktR Rn. 15.465 zu Aktienkonsortien. Zweifelnd daran, ob die Vertragsfreiheit dazu führen könne, dass eine private Vereinigung wie die ICMA zum Ersatzgesetzgeber werde und die Möglichkeit, in Ausnahmefällen auf die §§ 705 ff. BGB zurückgreifen zu können, einschränken könne, MHdB GesR I/*Schücking* § 32 Rn. 40 aE; zweifelnd ebenfalls MüKoHGB/*Singhof* Emissionsgeschäft Rn. 249.

[81] Vgl. dazu → Rn. 18; *Meyer* in Marsch-Barner/Schäfer AG-HdB § 8 Rn. 112; sowie jetzt ausdr. wie hier Staub/*Grundmann* Emissionsgeschäft Rn. 24 m. w. umfangr. Nachw.

[82] Vertragsparteien sind damit der Emittent (und ggf. die abgebenden Aktionäre) und die Konsortialmitglieder und nicht etwa das Konsortium, ganz hM vgl. nur *Meyer* in Marsch-Barner/Schäfer AG-HdB § 8 Rn. 112; MüKoHGB/*Singhof* Emissionsgeschäft Rn. 163; jew. m. w. umfangr. Nachw.; *Schäfer* ZGR 2008, 455 (473).

[83] Zur Bedeutung dieser Differenzierung für die Vermeidung gesamtschuldnerischer Haftung → Rn. 43 sowie *Schäfer* ZGR 2008, 455 (493 f.).

[84] *Canaris* BankvertragsR Rn. 2264; *Westermann* AG 1967, 285 (290).

[85] *Canaris* BankvertragsR Rn. 2236, MüKoHGB/*Singhof* Emissionsgeschäft Rn. 14; *Schantz* in Schwintowski BankR § 22 Rn. 10.

[86] *Bosch/Groß* in Hellner/Steuer BuB Emissionsgeschäft Rn. 10/78; MüKoHGB/*Singhof* Emissionsgeschäft Rn. 12.

[87] MüKoHGB/*Singhof* Emissionsgeschäft Rn. 14.

[88] *Bosch/Groß* in Hellner/Steuer BuB Emissionsgeschäft Rn. 10/279 f.; MüKoHGB/*Singhof* Emissionsgeschäft Rn. 17, der jedoch zu Recht darauf hinweist, dass dies aufsichtsrechtlich nichts an der Qualifizierung als Emissionsgeschäft ändere.

schen Rechts aus der IPR-rechtlichen Anknüpfung,[89] in Kategorien deutschen Rechts rechtlich einordnen. Daraus jedoch als *pars pro toto* Schlussfolgerungen für die Rechtsnatur des Übernahmevertrages insgesamt zu ziehen, bedeutet, die Rechtsnatur der anderen im Übernahmevertrag üblicherweise enthaltenen Pflichten, zB hinsichtlich der Beratung bei den Emissionsbedingungen, der Unterstützung bei der Börsenzulassung, bei den Festlegung des Preises und eventueller Kurspflegemaßnahmen, außer Acht zu lassen. Soweit nachfolgend die Rechtsnatur des Übernahmevertrages differenziert nach Forderungsrechten einerseits und Mitgliedschaftsrechten andererseits dargestellt wird, geht es allein um die Qualifikation der Übernahme- und Platzierungsverpflichtung. Die Rechtsnatur der anderen Pflichten (→ Rn. 39 ff.) weicht hiervon ab, sodass insgesamt der Übernahmevertrag sowohl der bei Forderungs- als auch der bei Mitgliedschaftsrechten als gemischter Vertrag[90] anzusehen ist.

a) Rechtsnatur bei Forderungsrechten. Die Übernahme von neu emittierten Forderungsrechten **33** ist im deutschen Recht als Kauf bzw. kaufähnlicher Vertrag zu qualifizieren,[91] wobei jedoch die Bedeutung dieser Qualifizierung dadurch teilweise eingeschränkt wird, dass die wesentlichen Rechte und Pflichten der Vertragsbeteiligten durch spezielle, vom dispositiven Gesetzesrecht abweichende vertragliche Regelungen festgelegt werden.[92]

Soweit es sich um ein reines Begebungs- oder Platzierungskonsortium auf best-effort-Basis handelt, **34** ist der Übernahmevertrag als Kommissionsvertrag zu qualifizieren.[93] Soweit die Platzierung sogar nur im Namen und für Rechnung des Emittenten erfolgt, ist der Übernahmevertrag reine Absatzmittlung und damit wohl Maklervertrag.

b) Rechtsnatur bei Mitgliedschaftsrechten. Für die Qualifizierung der Rechtsnatur des Über- **35** nahmevertrages bei Mitgliedschaftsrechten kommt es entscheidend darauf an, ob es um die Übernahme und Platzierung bereits bestehender Aktien oder um die Übernahme und Platzierung neuer Aktien geht.

Soweit die Aktienemission allein mit bereits bestehenden Aktien durchgeführt werden soll, bestehen **36** in erster Linie rechtliche Beziehungen zwischen den Konsortialmitgliedern und den Altaktionären, von denen diese bereits bestehenden Aktien erworben werden. Soweit sich die Rolle der Bank bei einer Emission mit bereits bestehenden Aktien der Altaktionäre allein darauf beschränkt, in deren Namen und für deren Rechnung die Aktien gegen eine Vermittlungsprovision bei Anlegern unterzubringen, handelt es sich rechtlich um einen Maklervertrag gem. §§ 652 ff. BGB. Soweit die Emission zwar im eigenen Namen der Banken, aber allein für Rechnung der Altaktionäre durchgeführt wird, handelt es sich um ein Kommissionsgeschäft gem. §§ 383 ff. HGB. Wenn die bereits bestehenden Aktien im eigenen Namen und für eigene Rechnung der Banken platziert werden, erfolgt die Übernahme der Aktien durch die einzelnen Konsortialbanken von den Altaktionären durch Rechtskauf.[94]

Soweit die Emission durch Übernahme und Platzierung neuer Aktien erfolgen soll, ist zwischen der **37** aktienrechtlichen Zeichnung nach § 185 AktG einerseits und dem dieser Zeichnung vorausgehenden Übernahmevertrag zu unterscheiden;[95] bei beiden sind Partei nicht das Konsortium sondern jeweils einzeln die Konsortialmitglieder.[96] Der Übernahmevertrag enthält zunächst die Verpflichtung, unter der aufschiebenden Bedingung der Beschlussfassung von Hauptversammlung – ordentliche Kapitalerhöhung – bzw. Vorstand und Aufsichtsrat – genehmigtes Kapital – sowie weiterer Bedingungen[97]

---

[89] Zur Anwendung deutschen Rechts bei Übernahmeverträgen bei Anleihen, idR Rechtswahl, ansonsten Sitz des Konsortialführers, *Hartwig-Jacob,* Die Vertragsbeziehungen und die Rechte der Anleger bei internationalen Anleiheemissionen, 2001, 113 ff.; *Horn,* Das Recht der internationalen Anleihen, 1972, 484; MüKoHGB/*Singhof* Emissionsgeschäft Rn. 209, bei Aktienemissionen *Meyer* in Marsch-Barner/Schäfer AG-HdB § 8 Rn. 177 ff. nach MüKoHGB/*Singhof* Emissionsgeschäft Rn. 209 ebenfalls Sitz des Konsortialführers.

[90] So auch *Meyer* in Marsch-Barner/Schäfer AG-HdB § 8 Rn. 105 für Übernahmeverträge bei Mitgliedschaftsrechten; *Schäfer* ZGR 2008, 455 (472 f.); allgemein für „gemeinschaftlichen Vertrag" bzw. „Vertrag sui generis mit unterschiedlichen vertragstypischen Elementen", MüKoHGB/*Singhof* Emissionsgeschäft Rn. 158.

[91] HM *Hopt,* Die Verantwortlichkeit der Banken bei Emissionen, 1991, Rn. 38; *Horn,* Das Recht der internationalen Anleihen, 1972, 137 ff.; aA Darlehensvertrag, *Canaris* BankvertragsR Rn. 2243; wieder aA eigenständiger Verpflichtungsvertrag, MüKoHGB/*Singhof* Emissionsgeschäft Rn. 159; Vertrag sui generis mit Elementen des Kauf- und Darlehensrechts unter eigenständiger Geschäftsbesorgung, *Schantz* in Schwintowski BankR § 22 Rn. 61.

[92] *Grundmann* in Schimansky/Bunte/Lwowski BankR-HdB § 112 Rn. 69.

[93] *Schantz* in Schwintowski BankR § 22 Rn. 61.

[94] Vgl. zum Ganzen nur *Bosch/Groß* in Hellner/Steuer BuB Emissionsgeschäft Rn. 10/289 f.; *Meyer* in Marsch-Barner/Schäfer AG-HdB § 8 Rn. 104; MüKoHGB/*Singhof* Emissionsgeschäft Rn. 160 zum Rechtskauf *Schäfer* ZGR 2008, 455 (479).

[95] *Canaris* BankvertragsR Rn. 2244; *Bosch/Groß* in Hellner/Steuer BuB Emissionsgeschäft Rn. 10/308a; *Hopt,* Die Verantwortlichkeit der Banken bei Emissionen, 1991, Rn. 37; MHdB GesR I/*Schücking* § 32 Rn. 84; Groß-kommAktG/*Wiedemann* AktG § 186 Rn. 201 ff. einerseits und Rn. 207 ff. andererseits; *Schäfer* ZGR 2008, 455 (475).

[96] So ausdr. auch *Schäfer* ZGR 2008, 455 (473).

[97] *Groß* in Happ/Groß/Möhrle/Vetter AktienR Bd. II 15.02 Rn. 23; *Meyer* in Marsch-Barner/Schäfer AG-HdB § 8 Rn. 108 und – teilweise – 111; speziell zu Force Majeure Klauseln *Busch* WM 2001, 1277.

einen Zeichnungsvertrag zu bestimmten Bedingungen abzuschließen.[98] Die diesbezüglichen Verpflichtungen wird man als Zeichnungsvorvertrag zu qualifizieren haben.[99] Die aus § 185 AktG resultierenden aktienrechtlichen Anforderungen an den Übernahmevertrag als Zeichnungsvorvertrag werden im Einzelnen von den üblichen Mustern des Übernahmevertrages eingehalten.[100] Darüber hinaus enthält der Übernahmevertrag eine ganze Reihe weiterer Verpflichtungen, zB Platzierung, Betreiben des Börsenzulassungsverfahrens etc. Diese weiteren Verpflichtungen führen dazu, den Übernahmevertrag insgesamt bei einer Aktienemission als **entgeltliche Geschäftsbesorgung** nach § 675 BGB, die uU einzelne Elemente des Dienstvertrages nach §§ 611 ff. BGB umfasst,[101] anzusehen.

38   Der vom Zeichnungsvorvertrag als Teil des Übernahmevertrages zu unterscheidende Zeichnungsvertrag stellt die eigentliche Übernahme der neuen Aktien dar und entspricht dem Beitrittsvertrag im Personengesellschaftsrecht. Er ist als korporationsrechtlicher Vertrag auf die Einräumung einer neuen Mitgliedschaft in der Gesellschaft gerichtet.[102] Der Zeichnungsvertrag als solcher wird im Übernahmevertrag nicht speziell geregelt; häufig enthält der Übernahmevertrag als Anlage jedoch das Muster der Zeichnungserklärung, den nach § 185 AktG formgebundenen Zeichnungsschein.[103]

39   **2. Regelungsgegenstände des Übernahmevertrages.** Auch die Übernahmeverträge sind, jedenfalls im Bereich der Übernahme von Anleihen, sehr stark vereinheitlicht worden.[104] Im Aktienemissionsgeschäft ist eine solche Vereinheitlichung im Bereich von Bezugsrechtsemissionen sehr weit fortgeschritten, da dort die wesentlichen Aspekte der Übernahme und Platzierung bereits gesetzlich vorgegeben sind.[105] Beim Börsengang (IPO), bei Aktienumplatzierungen und bei bezugsrechtsfreien Emissionen, insbesondere dann, wenn diese jeweils international durchgeführt werden, sind dagegen teilweise noch erhebliche Unterschiede zwischen den verschiedenen Verträgen festzustellen.[106]

40   Grob zusammengefasst enthalten Übernahmeverträge über Anleihen folgende Regelungen:[107] Zunächst wird die Anleihe als solche beschrieben (Nominalbetrag, Laufzeit, Zinssatz bzw. Methode der Zinsfestsetzung bei variabel verzinslichen Anleihen, Zinszahlungsmodi, Aufteilung der Anleihe in verschiedenen Serien, Tilgungen). Danach erfolgt die Regelung über die Übernahme der Anleihe und die Zahlungsmodi durch das Konsortium. Des Weiteren werden die Zusicherungen und Gewährleistungen des Emittenten geregelt, zB über die Einhaltung von bestimmten Bilanzrelationen. Außerdem werden die Art der Platzierung, die für die Platzierung benötigten Dokumente (uU Wertpapierprospekt), soweit gewünscht die Börseneinführung und die Haftung für fehlerhafte Prospekte geregelt. Darüber hinaus werden der Urkundendruck, die Urkundenhinterlegung, die Aufteilung der externen Kosten und die Provisionen für das Konsortium vereinbart. Letztendlich werden noch die Rücktrittsmöglichkeiten des Konsortiums vom Vertrag festgelegt.

41   Der Übernahmevertrag über neu zu schaffende Aktien[108] enthält darüber hinaus noch besondere Regelungen bezüglich der Einhaltung der Vorschriften über die Beteiligung der Organe der Aktiengesellschaft in den Prozess der Schaffung der neuen Aktien, über die Kapitalaufbringung, über die Bezugsrechtsabwicklung inklusive einer Regelung für die nicht bezogenen Aktien und über die Abwicklung der Eintragung der Durchführung der Kapitalerhöhung im Handelsregister. Je nach Zeitpunkt der Unterzeichnung des Übernahmevertrages sind darüber hinaus noch mehr oder weniger

---

[98] *Canaris* BankvertragsR Rn. 2244; *Hopt*, Die Verantwortlichkeit der Banken bei Emissionen, 1991, Rn. 37.

[99] *Meyer* in Marsch-Barner/Schäfer AG-HdB § 8 Rn. 115.

[100] Näher dazu speziell zum Übernahmevertrag *Groß* in Happ/Groß/Möhrle/Vetter AktienR Bd. II 15.02 Rn. 7 aE; *Meyer* in Marsch-Barner/Schäfer AG-HdB § 8 Rn. 115.

[101] *Canaris* BankvertragsR Rn. 2244; *Groß* AG 1991, 217 (225); *Groß* AG 1993, 108 (115); *Bosch*/*Groß* in Hellner/Steuer BuB Emissionsgeschäft Rn. 10/308e; GroßkommAktG/*Wiedemann* AktG § 186 Rn. 207; *Meyer* in Marsch-Barner/Schäfer AG-HdB § 8 Rn. 104.

[102] Kölner Komm AktG/*Ekkenga* AktG § 185 Rn. 82; GroßkommAktG/*Wiedemann* AktG § 185 Rn. 29; *Bosch*/*Groß* in Hellner/Steuer BuB Emissionsgeschäft Rn. 10/315.

[103] Näher zum Zeichnungsvertrag und seinem Zustandekommen *Groß* in Happ/Groß/Möhrle/Vetter AktienR Bd. II 15.02 Rn. 7.

[104] Vgl. Muster bei *Bosch*/*Groß* in Hellner/Steuer BuB Emissionsgeschäft Rn. 10/241, 10/245 und 10/246.

[105] *Bosch*/*Groß* in Hellner/Steuer BuB Emissionsgeschäft Rn. 10/311, Muster dort Rn. 10/325.

[106] *Bosch*/*Groß* in Hellner/Steuer BuB Emissionsgeschäft Rn. 10/313, die dort unter Rn. 10/324 und Rn. 10/326 abgedruckten Muster sind insofern nur als Richtlinie anzusehen.

[107] Vgl. Muster bei *Bosch*/*Groß* in Hellner/Steuer BuB Emissionsgeschäft Rn. 10/245, 10/253a, 10/253b, 10/253c; vgl. auch die Zusammenstellung bei *Müller* in KMFS BankR/KapMarktR Rn. 15.175 ff.; *Schantz* in Schwintowski BankR § 23 Rn. 58; *Hartwig-Jacob*, Die Vertragsbeziehungen und die Rechte der Anleger bei internationalen Anleiheemissionen, 2001, Rn. 79 ff.

[108] Vgl. Muster bei *Bosch*/*Groß* in Hellner/Steuer BuB Emissionsgeschäft Rn. 10/324, 10/326; *Groß* in Happ/Groß/Möhrle/Vetter AktienR Bd. II 15.02a. Zu weiteren Regelungsgegenständen vgl. *Meyer* in Marsch-Barner/Schäfer AG-HdB § 8 Rn. 162ff.; *Schantz* in Schwintowski BankR § 22 Rn. 60; speziell zu Lock-up-Klauseln *Fleischer* WM 2002, 2305; krit. zu diesbezüglichen Vereinbarungen mit Blick auf das aktienrechtliche Kompetenzgefüge OLG München Urt. v. 14.11.2012 – 7 AktG 2/12, ZIP 2012, 2439; LG München Urt. v. 5.4.2012 – 5 HK O 20488/11, BeckRS 2012, 11175, V.3.; dagegen *Bungert*/*Wansleben* ZIP 2013, 1841; *Wansleben* Der Konzern 2014, 29; zur Kursstabilisierung *Fleischer* ZIP 2003, 2045; *Groß* GS Ulrich Bosch, 2006, 49.

umfangreiche Regelungen über die Preisfindung enthalten.[109] Von diesen Regelungsgegenständen des Übernahmevertrages werden im Folgenden einige exemplarisch besprochen.

a) Pflicht zur Übernahme, Platzierung und Bezahlung. Der Übernahmevertrag verpflichtet **42** die einzelnen Konsortialmitglieder, die Emission zu übernehmen, zu bezahlen und zu platzieren. Die Platzierungsverpflichtung besteht auch dann, wenn sie nicht ausdrücklich im Übernahmevertrag geregelt ist; die Konsortialbanken sind, von Ausnahmefällen abgesehen, nicht etwa berechtigt, die übernommenen Forderungsrechte zu behalten.[110] Der Vertrag zur Übernahme neuer Mitgliedschaftsrechte verpflichtet zum Abschluss des Zeichnungsvertrages und damit zum Abschluss des eigentlichen auf die Übernahme gerichteten Vertrages. Darüber hinaus enthält er die Platzierungsverpflichtung. Die Platzierungsverpflichtung und ihre nähere Ausgestaltung folgen bei Bezugsrechtsemissionen aus dem Übernahmevertrag als echtem Vertrag zugunsten der Altaktionäre.[111][112] Ansonsten ergibt sich die Platzierungsverpflichtung aus der Natur des Geschäfts, sodass die Übernahmeverträge dies nicht ausdrücklich regeln; allenfalls werden die aus den kapitalmarktrechtlichen Regelungen der einzelnen Länder, in denen platziert werden soll, sich ergebenden Platzierungsbeschränkungen geregelt.[113] Der Zeichnungsvertrag als gesonderter Vertrag kommt durch Angebot und Annahme zustande. Das Angebot zum Abschluss des Zeichnungsvertrages ist in den entsprechenden Kapitalerhöhungsbeschlüssen der Hauptversammlung bzw. von Vorstand und Aufsichtsrat und der Zulassung der Konsortialbanken zur Zeichnung zu sehen. Durch Abgabe der formgebundenen, § 185 AktG, Zeichnungserklärung nehmen die Konsortialbanken bzw. nimmt der Konsortialführer (abhängig davon, ob Konsortialbanken einzeln, vertreten durch den Konsortialführer oder nur der Konsortialführer, → Rn. 43) dieses Angebot an.[114] Erst aus dem Zeichnungsvertrag folgt die eigentliche Zahlungsverpflichtung des Zeichners.[115]

Der Übernahmevertrag enthält regelmäßig die Beschränkung der Haftung der Konsortialbanken auf **43** ihre Quote und ausdrücklich den Ausschluss der gesamtschuldnerischen Haftung. Im Hinblick auf die oben dargelegte (→ Rn. 22) Diskrepanz zwischen der Verpflichtung der Konsortialbanken zu Übernahme und Platzierung der gesamten Emission einerseits und der die Übernahme und Platzierung nur der Underwriting-Quote beschränkten Verpflichtung der einzelnen Konsorten andererseits wird der Ausschluss gesamtschuldnerischer Haftung im Übernahmevertrag teilweise dergestalt verdeutlicht, dass auch im Außenverhältnis die Übernahme rein quotal erfolgt.[116] Hierdurch wird die vorgenannte Verpflichtung des Konsortiums zur Übernahme der gesamten Emission eingeschränkt. Der generelle Ausschluss gesamtschuldnerischer Haftung bzw. die vorgenannte spezielle Einschränkung ist bei Forderungsrechten und bei der Platzierung von bereits bestehenden Mitgliedschaftsrechten unproblematisch. Im Bereich der Übernahmen neuer Mitgliedschaftsrechte, sei es im Rahmen von Bezugsrechtsemissionen oder bei bezugsrechtsfreien Emissionen, ist sie dagegen umstritten. Der BGH hat sie in diesem Zusammenhang für unwirksam erklärt.[117] Entscheidend ist, auch nach Ansicht des BGH,[118] der Zeichnungsschein, weil erst dieser die eigentliche Zahlungsverpflichtung begründet.[119] Soweit sich aus dem Zeichnungsschein selbst keine Einschränkung der gesamtschuldnerischen Haftung ergebe, sei diese wirksam. Hier sind – nicht zuletzt als Reaktion auf diese Rechtsprechung des BGH – unterschiedliche Konstellationen denkbar: Unterzeichnet jeder Konsorte jeweils einzeln einen seine Quote betreffenden Zeichnungsschein, dann stellt sich die Frage einer gesamtschuldnerischen Haftung der Konsortialmitglieder nicht. Allerdings ist diese Vorgehensweise eher selten, da unpraktikabel. Zeichnet der Konsortialführer in offener Stellvertretung für die einzelnen Konsortialbanken,[120] sind

---

[109] Vgl. die Zusammenstellung des Inhalts bei *Schäfer* in Schwintowski BankR § 23 Rn. 65.

[110] *Schantz* in Schwintowski BankR § 22 Rn. 69; einschränkend für den Fall der Anleiheemission *Grundmann* in Schimansky/Bunte/Lwowski BankR-HdB § 112 Rn. 71.

[111] Unstr. vgl. nur BGH Urt. v. 22.4.1991 – II ZR 231/90, BGHZ 114, 203, 208; BGH Urt. v. 13.4.1992 – II ZR 277/90, BGHZ 118, 83 (96); BGH Urt. v. 5.4.1993 – II ZR 195/91, BGHZ 122, 180 (186); *Bosch/Groß* in Hellner/Steuer BuB Emissionsgeschäft Rn. 10/311; *Grundmann,* Emissionsgeschäft, in: GK HGB, 5. Aufl. 2017, Rn. 30; MüKoHGB/*Singhof* Emissionsgeschäft Rn. 169.

[112] *Bosch/Groß* in Hellner/Steuer BuB Emissionsgeschäft Rn. 10/311; Staub/*Grundmann* Emissionsgeschäft Rn. 30.

[113] Vgl. *Groß* in Happ/Groß/Möhrle/Vetter AktienR Bd. II 15.02 Rn. 13 ff.; *Meyer* in Marsch-Barner/Schäfer AG-HdB § 8 Rn. 140 ff.

[114] So *Bosch/Groß* in Hellner/Steuer BuB Emissionsgeschäft Rn. 315; *Brandt* in KMFS BankR/KapMarktR Rn. 15.428, aA die hM, welche den Zeichnungsschein als Angebot ansieht, das die AG annehme.

[115] GroßkommAktG/*Wiedemann* AktG § 185 Rn. 34.

[116] Vgl. zu Aktienübernahmen nur Muster bei *Bosch/Groß* in Hellner/Steuer BuB Emissionsgeschäft Rn. 10/325. Zum Hintergrund der entsprechenden Klausel und zur Notwendigkeit bei Aktienemissionen, diese Quotenregelung auch im Zeichnungsschein zum Ausdruck zu bringen, vgl. eingehend *Groß* AG 1993, 108 (116 ff.); *Meyer* in Marsch-Barner/Schäfer AG-HdB § 8 Rn. 116 ff.

[117] BGH Urt. v. 13.4.1992 – II ZR 277/90, BGHZ 118, 83 (99 f.); vgl. zum ganzen eingehend *Groß* AG 1993, 108 (117).

[118] BGH Urt. v. 13.4.1992 – II ZR 277/90, BGHZ 118, 83 (100).

[119] GroßkommAktG/*Wiedemann* § 185 Rn. 34.

[120] Muster eines entsprechenden Zeichnungsscheins bei *Bosch/Groß* in Hellner/Steuer BuB Emissionsgeschäft Rn. 10/328, Rn. 10/329.

Parteien des jeweiligen korporationsrechtlichen Zeichnungsvertrages die einzelnen Konsorten. Die Frage der gesamtschuldnerischen Haftung stellt sich hier ebenfalls nicht.[121] Zeichnet dagegen allein der Konsortialführer, ohne im Zeichnungsschein die einzelnen Konsorten jeweils einzeln zu benennen, dann spricht viel dafür, dass der Übernahmevertrag, die dort genannten Quoten und der Ausschluss der gesamtschuldnerischen Haftung zur Auslegung der Willenserklärung im Zeichnungsschein herangezogen werden muss.[122] Allerdings wird gerade dies vom BGH und einzelnen Stimmen in der Literatur angezweifelt, sodass die Praxis eine der beiden erstgenannten Lösungen anwendet, oder bei kleineren Emissionen allein der Konsortialführer im eigenen Namen – ohne Hinweis auf das Konsortium im Zeichnungsschein – zeichnet. Damit wird dann auch nur er verpflichtet, sodass eine einzelschuldnerische Gesamthaftung an die Stelle einer gesamtschuldnerischen Haftung tritt.[123]

44   Zwischenzeitlich sehen Übernahmeverträge bei Ausfall eines Konsorten bei einer Quote oberhalb von idR 10 % ein besonderes Rücktrittsrecht vor.[124] Auch hierdurch kann im Ergebnis eine mittelbare gesamtschuldnerische Haftung hinsichtlich der Platzierung der gesamten Emission vermieden werden.

45   Enthält der Übernahmevertrag dagegen keine der vorgenannten Regelungen, besteht im Gegenteil eine Verpflichtung zu Übernahme und Platzierung der gesamten Emission, dann soll dies nach wohl hM im Innenverhältnis im Konsortium zur Anwendung des § 735 S. 2 BGB und damit zur quotalen Erhöhung der Verpflichtungen der einzelnen Konsorten (→ Rn. 22) führen.

46   **b) Preisfindung.** Die Ermittlung und Festlegung des marktgerechten Preises der emittierten Wertpapiere ist von zentraler Bedeutung für die Emission.

47   Bei der Emission von Forderungsrechten kann zwischen einem open pricing, bei dem zu Beginn des Angebots nur ein indikativer Preis genannt, und der endgültige Preis erst nach Angebotsbeginn aber vor Valutierung bekanntgemacht wird, und einem fixed pricing, bei dem der Preis bereits bei Beginn des Angebots festgelegt wird, unterschieden werden.[125] Eine Variante des open pricing ist das auch bei Forderungsrechten angewandte Bookbuilding-Verfahren.

48   Entsprechendes gilt bei der Emission von Mitgliedschaftsrechten. Auch hier kann grundsätzlich zwischen dem Festpreisverfahren und einem „Offenpreisverfahren" (Bookbuilding-Verfahren[126] oder Auktionsverfahren[127]) unterschieden werden.

49   Wurden Bezugsrechtsemissionen früher nahezu ausschließlich im Festpreisverfahren durchgeführt, so haben sich die rechtlichen Rahmenbedingungen durch das Transparenz- und Publizitätsgesetz[128] mit seiner Änderung des § 186 Abs. 2 AktG geändert. Durch die Änderung des § 186 Abs. 2 AktG wurde es zulässig, im Bezugsangebot anstelle des Ausgabebetrages (Bezugspreises) nur „die Grundlagen für seine Festlegung" bekannt zu machen. Zwar werden, soweit ersichtlich, Bezugsrechtskapitalerhöhungen mehrheitlich nach wie vor als Festpreisemissionen durchgeführt. Rechtlich zulässig wäre aber auch ein Bookbuilding-Verfahren, bei dem sich ein bestimmter Preis ergibt, zu dem dann das Bezugsangebot durchgeführt wird. Sind dann die bezugsberechtigten Aktionäre nicht bereit, ihr Bezugsrecht zu diesem Preis auszuüben, dann kann die Gesellschaft die nicht bezogenen Aktien an die Bieter im Bookbuilding-Verfahren zu diesem Preis veräußern.[129]

50   Im Festpreisverfahren wird der Ausgabebetrag bzw. Bezugspreis bei Bezugsemissionen von Aktiengesellschaften, deren Aktien bereits börsennotiert sind, derart ermittelt, dass vom aktuellen Börsenkurs der bereits börsennotierten Aktien gleicher Gattung ein gewisser Abschlag vorgenommen wird, der je nach der Aktionärsstruktur und Volatilität der Aktie bzw. des Marktes zwischen 15 % und 25 % beträgt.[130] Soweit für die im Festpreisverfahren zu emittierenden Aktien noch kein Börsenpreis besteht, insbesondere bei IPO, wird der Preis wie folgt ermittelt: Zunächst wird auf Basis einer fundamentalen

---

[121] So ausdr. auch *Meyer* in Marsch-Barner/Schäfer AG-HdB § 8 Rn. 18; *Schantz* in Schwintowski BankR § 22 Rn. 74.

[122] Vgl. zum Ganzen *Groß* AG 1993, 108 (117); *Meyer* in Marsch-Barner/Schäfer AG-HdB § 8 Rn. 118, der zu Recht darauf hinweist, dass eine gesamtschuldnerische Haftung auch nach den Regeln der BGB-Gesellschaft sich nur ergeben könne, wenn der Konsortialführer für das Konsortium zeichne und damit die gezeichneten Aktien Gesellschaftsvermögen würden; das sei aber gerade nicht der Fall.

[123] Vgl. dazu *Groß* in Happ/Groß/Möhrle/Vetter AktienR Bd. II 15.02 Rn. 9 f.; *Meyer* in Marsch-Barner/Schäfer AG-HdB § 8 Rn. 118 f.

[124] Vgl. zu Aktienemissionen Muster bei *Bosch/Groß* in Hellner/Steuer BuB Emissionsgeschäft Rn. 10/324 und 10/326. Zu dieser Klausel vgl. auch *Meyer* in Marsch-Barner/Schäfer AG-HdB § 8 Rn. 136; *Technau* AG 1998, 445 (452).

[125] *Bosch/Groß* in Hellner/Steuer BuB Emissionsgeschäft Rn. 10/92.

[126] Ausf. dazu *Groß* ZHR 162 (1998), 318 (320 ff.); *Bosch/Groß* in Hellner/Steuer BuB Emissionsgeschäft Rn. 10/262a; *Hein* WM 1996, 1; *Willamowski*, Bookbuilding, 2000, 5 ff.

[127] Vgl. dazu nur *Baumeister/Werkmeister* FB 2004, 44; *Oehler* ZfK 2000, 400.

[128] BGBl. 2002 I 2681.

[129] Näher zu den verschiedenen Möglichkeiten auch *Bosch/Groß* in Hellner/Steuer BuB Emissionsgeschäft Rn. 10/270 f.; zu einer besonderen Ausgestaltung eines Bieterwettbewerbs unter Banken vor der Bezugsrechtserhöhung *Meyer* in Marsch-Barner/Schäfer AG-HdB § 8 Rn. 38; MüKoHGB/*Singhof* Emissionsgeschäft Rn. 76.

[130] *Bosch/Groß* in Hellner/Steuer BuB Emissionsgeschäft Rn. 10/260; jetzt ähnl. wie hier für Bezugsrechtsemissionen *Schantz* in Schwintowski BankR § 22 Rn. 67: 5–25 %; MüKoHGB/*Singhof* Emissionsgeschäft Rn. 76: bis zu

Unternehmensanalyse und -bewertung unter gleichzeitiger Berücksichtigung der Börsenbewertung vergleichbarer Unternehmen sowie der allgemeinen Marktverfassung eine Indikation für den Platzierungspreis ermittelt. Der endgültige Platzierungspreis wird dann auf der Grundlage dieser Indikation in Gesprächen zwischen dem Emittenten und dem Konsortialführer festgelegt. Da bei dieser Preisermittlung der Markt, dh die eigentliche Investorennachfrage und deren Bewertung der Aktie, keine Berücksichtigung findet, hat seit etwa 1994 in Deutschland insbesondere bei IPOs und bei Aktienplatzierungen das Bookbuilding-Verfahren das Festpreisverfahren nahezu völlig verdrängt.[131]

Beim Bookbuilding-Verfahren wird der Markt in die Preisfindung sehr früh einbezogen. Vor Ver- **51** öffentlichung des Verkaufsangebotes werden in der sog. Pre-Marketing-Phase gezielt größere institutionelle Anleger angesprochen, damit diese auf der Grundlage von Research-Berichten, der Equity-Story und ihrer eigenen Unternehmensbewertung ihre Preiseinschätzung abgeben. Diese Preiseinschätzung führt zu einer Bandbreite, die in der Regel eine Spanne von 10–20 % um den arithmetischen Mittelwert der Preisangaben der Analysten und der institutionellen Anleger umfasst. Diese Preisspanne wird dann zu Beginn des eigentlichen Bookbuildings, in dem alle Anleger Kaufangebote abgeben können, der Order-Taking-Periode, bekanntgegeben.[132] Die daraufhin von den Anlegern abgegebenen Kaufanträge werden vom Konsortialführer, Bookrunner, gesammelt. Am letzten Tage der Bookbuilding-Periode wird das aus den eingegangenen Kaufanträgen gebildete Buch analysiert. In Abhängigkeit von den einzelnen Qualitätsmerkmalen der Angebote, die zwischen dem Emittenten und dem Bookrunner vereinbart werden, wird bei dieser Analyse aus der Gesamtheit der Kaufangebote und der dabei angegebenen Kaufpreise der eigentliche Platzierungspreis ermittelt und mit dem Emittenten vereinbart.

Eine Variante des Bookbuilding-Verfahrens ist die des sog. De coupled Bookbuilding. Hier werden **51a** quasi Pre-Marketing-Phase und Order-Taking Period zum Teil zusammengefasst, indem der Prospekt ohne Preisspanne veröffentlicht wird, sich erst danach auf der Road Show in den Investorengesprächen eine Preisspanne entwickelt, diese dann per Nachtrag zum Prospekt bekannt gemacht wird und danach in einer recht kurzen Order-Taking Period die Kaufangebote abgegeben werden können.[133]

Im Auktionsverfahren, das in verschiedener Ausgestaltung hauptsächlich bei Umplatzierungen **52** (Block Trades), aber auch als Auktionsverfahren unter Banken im Rahmen des Wettbewerbs um das Mandat bei einer Bezugsrechtskapitalerhöhung und (sehr selten) auch bei Börsengängen praktiziert wurde[134], soll dagegen keine Preisspanne mehr veröffentlicht werden. Vielmehr soll jeder Interessent einen limitierten Kaufauftrag abgeben können. Nach Abschluss der Zeichnungsfrist wird auf der Grundlage der eingegangenen Kaufangebote, angefangen vom höchsten Gebot so lange zugeteilt, bis das Emissionsvolumen verteilt ist. Die Höhe des niedrigsten Angebotes, das bei dieser Zuteilung noch berücksichtigt wird, stellt dann den Emissionspreis dar.[135]

Die Art der Preisfindung wird im eigentlichen Übernahmevertrag, abhängig vom Zeitpunkt seiner **53** Unterzeichnung, mehr oder weniger detailliert geregelt. Wird der Übernahmevertrag erst nach Vereinbarung des Preises abgeschlossen, enthält er keine Regelung zur Preisfindung; diese ist dann in der Mandatsvereinbarung, im sog. Letter of Engagement[136], enthalten. Wird der Übernahmevertrag zB erst am Ende des Bookbuilding abgeschlossen, enthält er nur kursorische Regelungen zur Preisfindung; auch hier ist dann die Mandatsvereinbarung entscheidend. Insbesondere bei Bezugsrechtsemissionen enthält der Übernahmevertrag idR dagegen teilweise detaillierte Regelungen zur Festlegung des Bezugspreises.

c) Prospekterstellung, Prospekthaftung. Die Frage, wer effektiv den Prospekt erstellt, wird je **54** nach den Umständen des Einzelfalles unterschiedlich geregelt. So wird der Prospekt im Regelfall allein vom Emittenten bzw. dessen Beratern erstellt, oder aber der Prospekt wird, eher selten und nur rein technisch, durch den Konsortialführer mitgestaltet. Auch im letztgenannten Fall beruht der Prospekt allein auf den vom Emittenten zur Verfügung gestellten Angaben und Zahlen, da der „Prospekt die erforderlichen Informationen, die für den Anleger wesentlich sind, um sich ein fundiertes Urteil über Folgendes bilden zu können: a) die Vermögenswerte und Verbindlichkeiten, die Gewinne

---

30 % und mehr, wobei *Singhof* auf den TERP (theoretical „ex-rights" price) abstellt, damit der Abschlag vom aktuellen Börsenkurs sogar noch höher ist.

[131] Vgl. bereits die Zahlenangaben bei *Weiser* FB 2006, 385.

[132] Zu den Möglichkeiten, die Preisspanne während des Bookbuildings zu verändern und deren rechtlicher Beurteilung vgl. *Groß* ZHR 162 (1998), 318 (327 f., 332) und ausf. *Bosch/Groß* in Hellner/Steuer BuB Emissionsgeschäft Rn. 10/262a ff.

[133] MüKoHGB/*Singhof* Emissionsgeschäft Rn. 82; *Meyer* in Marsch-Barner/Schäfer AG-HdB § 8 Rn. 34; *Weiser* FB 2006, 385 (386).

[134] Vgl. nur die Angaben bei *Meyer* in Marsch-Barner/Schäfer AG-HdB § 8 Rn. 37 ff.; MüKoHGB/*Singhof* Emissionsgeschäft Rn. 77.

[135] *Schanz,* Börseneinführung, Recht und Praxis des Börsengangs, 2. Aufl. 2002, 315 f.; krit. zum Auktionsverfahren HB vom 8.1.2000: „Auktionsverfahren birgt für den Anleger und Unternehmen Risiken"; *Meyer* in Marsch-Barner/Schäfer AG-HdB § 8 Rn. 29.

[136] Vgl. Muster bei *Bosch/Groß* in Hellner/Steuer BuB Emissionsgeschäft Rn. 10/323.

und Verluste, die Finanzlage und die Aussichten des Emittenten ...; b) die mit den Wertpapieren verbundenen Rechte; und c) die Gründe für die Emission und ihre Auswirkungen auf den Emittenten" enthalten muss (Art. 6 Abs. 1 UAbs. 1 Prospekt VO)."

55   Die Frage der Prospekterstellung ist von der, wer für den Prospekt haftet, zu unterscheiden. Im Außenverhältnis haften gem. § 9 Abs. 1 WpPG die Konsortialbank und der Emittent, ggf. auch die abgebenden Großaktionäre, als Gesamtschuldner.[137] Diese im Interesse des Anlegerschutzes getroffene Haftungsregelung im Außenverhältnis wird durch den Übernahmevertrag im Innenverhältnis zwischen Konsortialbanken und Emittent bzw. Großaktionär modifiziert, um zum einen die wirtschaftliche Interessenlage der Beteiligten und zum anderen den Ursprung der Prospektinformationen zu berücksichtigen.[138] Wirtschaftlich erhalten Emittent bzw. abgebender Großaktionär den Erlös aus der Emission, während die Konsortialbanken nur eine wenige Prozentpunkte umfassende Provision als Ersatz ihrer Aufwendungen und als Entgelt für ihre Dienstleistungen bei der Platzierung der Emission in Rechnung stellen. Der Emittent bzw. der unternehmerisch beteiligte Großaktionär stellt die Prospektinformationen zur Verfügung und weiß selbst bei der besten Prüfung durch den Konsortialführer immer noch mehr über sich selbst (Emittent) bzw. sein Unternehmen (Großaktionär), insbesondere über die Risiken des Geschäftes bzw. der wirtschaftlichen und rechtlichen Geschäftsgrundlagen, als der Konsortialführer. Vor diesem Hintergrund enthalten Übernahmeverträge sowohl bei Schuldverschreibungen als auch bei Aktien neben der allgemeinen Gewährleistung der Richtigkeit und Vollständigkeit des Prospekts mehr oder weniger detaillierte Regelungen über zum einen spezielle Gewährleistungen des Emittenten bzw. Großaktionärs[139] und zum anderen Haftungsfreistellungen bzw. Ausgleichsverpflichtungen bei von Anlegern geltend gemachten Ansprüchen wegen tatsächlicher oder behaupteter Prospekthaftung.[140] Nach deutschem Recht ergibt sich der Freistellungsanspruch auch für nur behauptete Verstöße und nicht nur für tatsächlich begangene bereits aus dem Wesen der Freistellungsverpflichtung.[141] Die Gewährleistungen sind „zur Vermeidung unnötiger kaufrechtsdogmatischer Diskussionen als selbständiges verschuldensunabhängiges Garantieversprechen" ausgestaltet.[142] Sie mit den abgebenden Aktionären ebenfalls als verschuldensunabhängige Garantieversprechen auch hinsichtlich möglicher Rechtsmängel zu vereinbaren, entspricht der Praxis und wird nach der Schuldrechtsmodernisierung auch empfohlen.[143]

56   **d) Börsenzulassung.** Im Zusammenhang mit der Prospekterstellung und der Prospekthaftung sind die Regelungen über die Börseneinführung zu sehen. Die Übernahmeverträge bei Aktien enthalten in der Regel Bestimmungen darüber, dass die deutschen Mitglieder des Konsortiums[144] zusammen mit dem Emittenten die Börseneinführung betreiben (§ 32 Abs. 2 BörsG).[145] In diesem Fall besteht zwischen dem Emittenten und den Konsortialbanken für das Betreiben des Börsenzulassungsverfahrens ein entgeltliches Geschäftsbesorgungsverhältnis nach § 675 BGB. Dabei wird jedoch nicht die tatsächliche Erlangung der Börsenzulassung als Erfolg geschuldet,[146] sondern nur vereinbart, dass die Zulassung gemeinsam mit dem Emittenten beantragt und das entsprechende Verfahren betrieben wird.[147] Da die Zulassung als solche nicht durch die Konsortialmitglieder selbst erfolgen kann, sondern durch die von ihnen unabhängige Geschäftsführung der jeweiligen Börse erklärt wird, würde die Übernahme

---

[137] Vgl. *Groß* WpPG § 9 Rn. 30; krit. zur Haftung der Konsortialbanken unter Verweis darauf, dass diese in anderen Mitgliedstaaten der EU nicht bestehe, MüKoHGB/*Singhof* Emissionsgeschäft Rn. 287.

[138] Vgl. hierzu eingehend *Groß* WpPG § 9 Rn. 17 ff.; MüKoHGB/*Singhof* Emissionsgeschäft Rn. 193; *De Meo*, Bankenkonsortien, 1994, 152; *Bosch/Groß* in Hellner/Steuer BuB Emissionsgeschäft Rn. 293, 309; *Meyer* in Marsch-Barner/Schäfer AG-HdB § 8 Rn. 152; *Schantz* in Schwintowski BankR § 22 Rn. 103 ff.

[139] Vgl. Vertragsmuster bei *Bosch/Groß* in Hellner/Steuer BuB Emissionsgeschäft Rn. 10/324, Artikel 5; zum Sinn und Zweck solcher speziellen Gewährleistungen *Meyer* in Marsch-Barner/Schäfer AG-HdB § 8 Rn. 145; MüKoHGB/*Singhof* Emissionsgeschäft Rn. 183; *Technau* AG 1998, 445 (454).

[140] Ebenso MüKoHGB/*Singhof* Emissionsgeschäft Rn. 193 ff.; *Schantz* in Schwintowski BankR § 22 Rn. 103; *Groß* WpPG § 9 Rn. 17 ff., dort sowie bei *Groß* AG 1999, 199 (207 ff.) auch eingehend dazu, dass die Freistellung im Regelfall keine Einlagenrückgewähr darstellt; ebenso ausf. *Meyer* in Marsch-Barner/Schäfer AG-HdB § 8 Rn. 151 ff.

[141] BGH Urt. v. 15.10.2007 – II ZR 136/06, WM 2007, 2289 (2291); *Meyer* in Marsch-Barner/Schäfer AG-HdB § 8 Rn. 147.

[142] Wie hier und mit einer kurzen Darstellung der „kaufrechtsdogmatischen Diskussionen" *Meyer* in Marsch-Barner/Schäfer AG-HdB § 8 Rn. 149 f.; ebenso MüKoHGB/*Singhof* Emissionsgeschäft Rn. 181: Es handle sich nicht um Gewährleistungen, die sich auf die Wertpapier beziehen.

[143] Begründung dazu *Meyer* in Marsch-Barner/Schäfer AG-HdB § 8 Rn. 159: Schadenersatzanspruch gegen den abgebenden Aktionär setzt voraus, dass dieser den Mangel zu vertreten hat; zwar ist Rechtsmangel ebenfalls ein Mangel und damit die Verletzung der Erfüllungspflicht des Verkäufers, ob dieser jedoch jeden Rechtsmangel zu vertreten hat, sei nicht eindeutig klar.

[144] Vgl. *Groß* WpPG § 9 Rn. 33.

[145] *Schantz* in Schwintowski BankR § 22 Rn. 72 f.

[146] *Bosch/Groß* in Hellner/Steuer BuB Emissionsgeschäft Rn. 10/307b; MüKoHGB/*Singhof* Emissionsgeschäft Rn. 29; *Schantz* in Schwintowski BankR § 22 Rn. 72; aA MHdB BGB/*Schücking* § 32 Rn. 82: Erfolg geschuldet, Vertrag sei insoweit Werkvertrag.

[147] *Bosch/Groß* in Hellner/Steuer BuB Emissionsgeschäft Rn. 10/307; *Schantz* in Schwintowski BankR § 22 Rn. 72.

einer Erfolgshaftung der Verteilung der Risiko- und Einflusssphären und damit den Interessen der Konsortialbanken widersprechen.

IV. Rechtsbeziehungen zwischen den Konsortialmitgliedern und den Anlegern

1. Vertragliche Rechtsbeziehungen. Soweit die von den einzelnen Konsortialmitgliedern über- 57
nommenen Wertpapiere nicht von ihnen, sondern von Drittbanken an Anleger veräußert werden,
entstehen keine unmittelbaren kaufvertraglichen oder sonstigen vorvertraglichen Beziehungen zwischen den einzelnen Anlegern und den Konsortialbanken.[148] Soweit ein Mitglied des Emissionskonsortiums Wertpapiere direkt an Anleger veräußert, kommt ein Kaufvertrag zwischen dem Konsortialmitglied und dem Anleger zustande. Von Bedeutung ist die Unterscheidung zwischen dem Kaufvertrag
einer Drittbank mit einem Anleger einerseits und dem zwischen einem Konsortialmitglied und einem
Anleger andererseits unter Umständen für die Beratungsintensität des Konsortialmitglieds gegenüber
dem Anleger.[149] Bei dem Kaufvertrag handelt es sich um einen Rechtskauf und, soweit es um die
Verpflichtung des Verkäufers zur Übergabe und Übereignung der Urkunde und deren etwaige
Sachmängel geht, um einen Sachkauf. Die §§ 63 ff. WpHG sind zu beachten.[150] Vom Sonderfall der
Bezugsrechtsemission abgesehen,[151] ergibt sich weder aus Vertrag, noch aus einem vorvertraglichen
Schuldverhältnis, noch aus §§ 63 ff. WpHG ein Anspruch der Anleger auf gleichmäßige Behandlung
ihrer Kaufangebote. Das zwischen den einzelnen Konsortialbanken und den interessierten Anleger
bestehende vorvertragliche Schuldverhältnis erfordert allenfalls, dass die Zuteilung nach sachlichen
Kriterien und nicht willkürlich erfolgt.[152]

Der Übernahmevertrag zwischen dem Konsortium und dem Emittenten begründet als solcher im 58
Regelfall keine besonderen Verpflichtungen der Konsortialbanken gegenüber den Anlegern.[153] Das ist
bei der Bezugsrechtsemission anders. Dort stellt der Übernahmevertrag hinsichtlich der Übernahme
der Aktien und der Verpflichtung, diese den Aktionären zum Bezug anzubieten, einen echten Vertrag
zugunsten Dritter dar.[154] In den anderen Fällen ist es zwar denkbar und es wird in der Literatur auch
diskutiert, dass einzelne Verhaltenspflichten mit Schutzwirkung zugunsten Dritter ausgestaltet werden.[155] Jedoch ist im Wesentlichen unstreitig, dass zB die Halteverpflichtungen von Großaktionären
keinen Drittschutz zugunsten der Anleger haben.[156]

2. Gesetzliches Schuldverhältnis: Prospekthaftung. Sofern es zu einer Prospekthaftung kommt, 59
entsteht zwischen den einzelnen prospektverantwortlichen Konsortialmitgliedern und dem jeweiligen
Anleger das gesetzliche Schuldverhältnis der Prospekthaftung. Anspruchsgrundlagen sind § 9 WpPG
bei zum regulierten Markt zugelassenen Wertpapieren und § 10 WpPG bei anderen öffentlich angebotenen Wertpapieren. Prospektverantwortlicher ist nicht etwa das Konsortium als solches, sondern nur
die einzelnen Konsortialbanken, nur diese sind Anbieter (→ Rn. 20 f.), da jeder Konsorte die ihm
zugeteilten Wertpapiere auf eigenes Risiko und zum eigenen Nutzen als deren Alleineigentümer
platziert, bzw. Zulassungsantragsteller nur das einzelne Konsortialmitglied ist, da nur dieses die Voraussetzung eines Zulassungsantragstellers erfüllen kann, nicht etwa das Konsortium als solches.[157]

---

[148] *Hopt* FS Kellermann, 1991, 181 (192). Etwas anderes ergibt sich allenfalls bei Bezugsrechtsemissionen aus dem Vertrag zu Gunsten Dritter zwischen Konsortium und Emittent, → Rn. 42 aE.

[149] *Schantz* in Schwintowski BankR § 22 Rn. 90 mwN.

[150] Vgl. nur *Schäfer* in Schwintowski BankR § 23 Rn. 90.

[151] Hier stellt sich auf Grund des Bezugsrechtsanspruches der Bezugsberechtigten die Frage einer Repartierung nicht; das Bezugsangebot der Banken stellt ein Angebot iSd § 145 BGB dar, das die Bezugsberechtigten annehmen, vgl. nur *Bosch/Groß* in Hellner/Steuer BuB Emissionsgeschäft Rn. 10/265; GroßkommAktG/*Wiedemann* AktG § 186 Rn. 215 ff.

[152] Eingehend hierzu *Groß* ZHR 162 (1998), 318 (330 f.); *Meyer* in Marsch-Barner/Schäfer AG-HdB § 8 Rn. 52 f.; *Hein* WM 1996, 1 (4); iErg ebenso *Pfüller/Märker* Die Bank 1999, 670 ff.; MüKoHGB/*Singhof* Emissions-geschäft Rn. 85 ff. unter Rn. 93 mit dem Verweis, dass die BaFin die Zuteilungsgrundsätze der Börsensachverständi-genkommission von 2000, ZBB 2000, 297, als Konkretisierung des Wohlverhaltenspflichten nach § 31c WpHG aF, jetzt § 69 WpHG, ansehe und sich nähere Einzelheiten aus der Umsetzung von Art. 40 Abs. 4 VO (EU) 2017/565 ergebe.

[153] *Bosch/Groß* in Hellner/Steuer BuB Emissionsgeschäft Rn. 10/320; *Schantz* in Schwintowski BankR § 22 Rn. 93.

[154] BGH Urt. v. 22.4.1991 – II ZR 231/90, BGHZ 114, 203 (208); BGH Urt. v. 13.4.1992 – II ZR 277/90, BGHZ 118, 83 (96); BGH Urt. v. 5.4.1993 – II ZR 195/91, BGHZ 122, 180 (186), unstr. vgl. nur MHdB GesR IV/*Scholz* § 57 Rn. 151, unstr. vgl. nur Hüffer/Koch/*Koch* AktG § 186 Rn. 47.

[155] Vgl. nur *Schantz* in Schwintowski BankR § 22 Rn. 93.

[156] *Meyer* in Marsch-Barner/Schäfer AG-HdB § 8 Rn. 164; *Fleischer* WM 2002, 2305 (2310); krit. aber *Schantz* in Schwintowski BankR § 11 Rn. 72.

[157] Wie hier MüKoHGB/*Singhof* Emissionsgeschäft Rn. 287.

V. Rechtsbeziehungen zwischen Emittent und Anlegern

60   **1. Begebung von Forderungsrechten.** Bei der Begebung von Forderungsrechten wird das Rechtsverhältnis zwischen Emittent und Anlegern nach dem Erwerb der Forderungsrechte durch den Anleger durch die Bedingungen der Forderungsrechte bestimmt. Die Bedingungen regeln im Einzelnen und unter Umständen sehr detailliert die einzelnen Rechte und Pflichten des Emittenten, die je nach Art der Wertpapiere, einfache Schuldverschreibungen hier, Optionsgenussschein mit Pflichtwandelung dort, von ganz unterschiedlicher Natur sein können. Diese Bedingungen sind nach herrschender Meinung als allgemeine Geschäftsbedingungen iSd §§ 305 ff. BGB zu qualifizieren.[158] Der Gesetzgeber des „Gesetz(es) über Schuldverschreibungen aus Gesamtemissionen (Schuldverschreibungsgesetz-SchVG)"[159] hat entgegen vielfach erhobenen Bedenken die ursprünglich im Diskussionsentwurf des Schuldverschreibungsgesetzes enthaltene Regelung, nach der Anleihebedingungen nicht der richterlichen Inhaltskontrolle nach §§ 305–309 BGB unterliegen sollten, nicht in das Gesetz übernommen.[160] Jenseits des Transparenzgebots des § 3 SchVG, das als spezialgesetzliche Regelung dem allgemeinen Transparenzgebot für allgemeine Geschäftsbedingungen in § 307 Abs. 1 S. 2 BGB vorgeht,[161] bleibt es deshalb mit der herrschenden Meinung[162] bei der allgemeinen AGB-rechtlichen Inhaltskontrolle. Im Übrigen wurde durch das Schuldverschreibungsgesetz eine erhebliche Erweiterung der Möglichkeiten zur Änderung der Anleihebedingungen erreicht.[163]

61   **2. Begebung von Mitgliedschaftsrechten.** Bei der Emission von Mitgliedschaftsrechten erwirbt der Anleger mit dem Wertpapier eine Beteiligung an dem emittierenden Unternehmen. Seine Rechtsposition richtet sich somit nach den gesetzlichen Bestimmungen des Aktiengesetzes und den einzelnen korporationsrechtlichen Regelungen in der Satzung des Unternehmens. Bei einer Bezugsrechtsemission besteht zwischen den bezugsberechtigten Aktionären und dem Emittenten bereits das Mitgliedschaftsverhältnis. Dieses und das daraus resultierende Bezugsrecht verpflichtet den Emittenten beim mittelbaren Bezugsrecht zum Abschluss des Übernahmevertrages mit dem Kreditinstitut nur in der Form, dass der Emittent das Kreditinstitut verpflichtet, die Aktien den bezugsberechtigten Aktionären zum Bezug anzubieten.[164]

62   **3. Prospekthaftung.** Da gem. § 8 S. 3 WpPG der Emittent die Prospektverantwortung gem. § 9 WpPG zu übernehmen hat, und er, jedenfalls im Regelfall,[165] als prospektpflichtiger Anbieter iSd § 8 S 2 WpPG auch die Prospekthaftung gem. § 10 WpPG übernimmt, besteht zwischen dem Emittenten und den jeweiligen Anlegern für den Fall, dass es zu einer Prospekthaftung kommt, das daraus resultierende gesetzliche Schuldverhältnis.

---

[158] BGH Urt. v. 28.6.2005 – XI ZR 363/03, NJW 2005, 2917; BGH Urt. v. 5.10.1992 – II ZR 172/91, BGHZ 119, 305 = NJW 1993, 57; ausf. dazu Langenbucher/Bliesener/Spindler/*Bliesener/Schneider* Kap. 17 § 3 Rn. 21 ff.; *Bosch/Groß* in Hellner/Steuer BuB Emissionsgeschäft Rn. 10/159 m. weit. umfangr. Nachw.; ausf. und diff. *Müller* in KMFS BankR/KapMarktR Rn. 15.235 ff.; *Hartwig-Jacob,* Die Vertragsbeziehungen und die Rechte der Anleger bei internationalen Anleiheemissionen, 2001, 204 ff.; *Masuch,* Anleihebedingungen und AGB-Gesetz, 2001, 149 ff.; aA *Kallrath,* Die Inhaltskontrolle der Wertpapierbedingungen von Wandel- und Optionsanleihen, Gewinnschuldverschreibungen und Genußscheinen, 1993, 37 ff.; *Ekkenga* ZHR 160 (1996), 59 ff.

[159] BGBl. 2009 I 2512.

[160] Langenbucher/Bliesener/Spindler/*Bliesener/Schneider* Kap. 17, § 3 Rn. 19; Veranneman/*Oulds* SchVG § 3 Rn. 12.

[161] So Langenbucher/Bliesener/Spindler/*Bliesener/Schneider* Kap. 17, § 3 Rn. 20; Veranneman/*Oulds* SchVG § 3 Rn. 13.

[162] Nachweise → Rn. 60 und bei *Müller* in KMFS BankR/KapMarktR Rn. 15.242 Fn. 6.

[163] S. allgemein zum SchVG Langenbucher/Bliesener/Spindler/*Bliesener/Schneider* Kap. 17.

[164] *Bosch/Groß* in Hellner/Steuer BuB Emissionsgeschäft Rn. 10/311.

[165] Vgl. *Groß* WpPG § 2 Rn. 30.

G. Bank- und Börsenrecht VII:
Finanztermingeschäfte und Derivate

Schrifttum: *Anzinger,* Reichweite des Transparenzgebots für Beteiligungen, WM 2011, 391; *Begner/Neusüß,* Überblick über die MiFID II in Recht der Finanzinstrumente, RdF 2012, 76; *Buck-Heeb/Poelzig,* Die Verhaltenspflichten (§§ 63 ff. WpHG n. F.) nach dem 2. FiMaNoG – Inhalt und Durchsetzung, BKR 2017, 485; *Brellochs,* Die Neuregelung der kapitalmarktrechtlichen Beteiligungspublizität- Anmerkungen aus Sicht der M&A- und Kapitalmarktpraxis, AG 2016, 157; *Cascante/Bingel,* Verbesserte Beteiligungstransparenz (nicht nur) vor Übernahmen, NZG 2011, 1086; *Ehricke,* Finanztermingeschäfte im Insolvenzverfahren, ZIP 2003, 273; *Eilers/Rödding/Schmalenbach,* Unternehmensfinanzierung, 2. Aufl. 2014; *Fuchs,* EMIR – Die neue Marktinfrastruktur für OTC-Derivate, ÖBA 2012, 520; *Funke,* Reaktionen auf die Finanzmarktkrise Teil 2: MiFID und MiFIR machen Frühwarnsystem perfekt!, CCZ 2012, 54; *Ganter,* Die Rechtsprechung des BGH zum Insolvenzrecht im Jahr 2012, NZI 2013, 209; *Gramlich,* Gabler Bank Lexikon, 14. Aufl. 2013; *Grüning/Cieslarczyk,* EMIR – Auswirkungen der Derivateregulierung auf die Energiebranche, RdE 2013, 354; *Gstädtner,* Regulierung der Märkte für OTC-Derivate – ein Überblick über die Regelungen in MiFID II, EMIR und CRD IV, RdF 2012, 145; *Gstädtner/Hartenfels,* Auswirkungen der neuen Regelungen zur Berechnung der Eigenkapitalanforderungen für Derivate im Handelsbuch, RdF 2011, 135; *Heusel,* Der neue § 25a WpHG im System der Beteiligungstransparenz, WM 2012, 291; *Holzer,* Die Insolvenz von Clearingmitgliedern, DB 2013, 443; *Jahn/Schmitt/Geier,* Handbuch Bankensanierung und -abwicklung, 1. Aufl. 2016; *Kraak,* Beteiligungspublizität bei Erwerbs- und Übernahmeangeboten, AG 2017, 677; *Lehmann/Hoffmann,* Bankenrestrukturierung mit Hindernissen: Die Übertragung im Ausland belegener systemrelevanter Funktionen, WM 2013, 1389; *Lehmann/Flöther/Gurlit,* Die Wirksamkeit von Close-out-netting-Klauseln in Finanzderivaten nach § 104 InsO n. F., WM 2017, 597; *Litten/Schwenk,* EMIR – Auswirkungen der OTC-Derivateregulierung auf Unternehmen der Realwirtschaft (Teil I), DB 2013, 857; *Lorenz,* Der Regierungsentwurf eines Gesetzes zur Restrukturierung und geordneten Abwicklung von Kreditinstituten – Überblick und erste Einordnung, NZG 2010, 1046; *Merkner/Sustmann,* Erste „Guidance" der Bafin zu den neuen Meldepflichten nach §§ 25, 25a WpHG, NZG 2012, 241; *Mülbert/Sajnovits,* Das künftige Regime für Leerverkäufe und Credit Default Swaps nach der VO (EU) Nr. 236/2012, ZBB 2012, 266; *Obermüller,* Lösungsklauseln im Bankgeschäft, ZinsO 2013, 476; *Obermüller,* Das Bankenrestrukturierungsgesetz – ein kurzer Überblick über ein langes Gesetz, NZI 2011, 81; *Park,* Kapitalmarktstrafrecht, 5. Aufl. 2020; *Parmentier,* Die Entwicklung des europäischen Kapitalmarktrechts 2012–2013, EuZW 2014, 50; *Raeschke-Kessler/Christopeit,* Zur Unwirksamkeit insolvenzabhängiger Lösungsklauseln, WM 2013, 1592; *Renz/Rippel,* Änderungen der Transparenzvorschriften gem. §§ 21 ff. WpHG (Mitteilungspflichten von Stimmrechten) durch das Gesetz zur Stärkung des Anlegerschutzes und der Verbesserung der Funktionsfähigkeit des Kapitalmarktes, BKR 2011, 235; *Rück/Heusel,* Zu den Grenzen der Beteiligungstransparenz bei Aktienerwerbsmöglichkeiten in Gesellschaftsvereinbarungen, NZG 2016, 897; *Salewski,* MAD II, MiFID II, EMIR und Co. – Die Ausweitung des europäischen Marktmissbrauchsregimes durch die neue Finanzmarktinfrastruktur, GWR 2012, 265; *Samtleben,* Das Börsentermingeschäft ist tot – es lebe das Finanztermingeschäft?, ZBB 2003, 69; *Scholl/Hörauf/Döhl,* Derivateregulierung in EMIR – Umsetzung und Weiterentwicklung in der Praxis, NZG 2019, 276; *Schulte-Mattler/Manns,* CRD-IV-Regulierungspaket zur Stärkung des Widerstandsfähigkeit des Bankensektors, WM 2011, 2069; *Schuster/Ruschkowski,* EMIR – Überblick und ausgewählte Aspekte, ZBB 2014, 123; Die Entwicklung des Kapitalmarktrechts im Jahr 2012, NJW 2013, 275; *Weidemann,* „Hidden Ownership" und §§ 21 ff. WpHG-Status quo?, NZG 2016, 605; *Zerey,* Finanzderivate, 4. Aufl. 2016; *Zimmer,* Schadensersatz im Termingeschäftsrecht – eine anreizökonomische Fehlkonstruktion?, JZ 2003, 22.

I. Begriffsbestimmung

1. Bankwirtschaftliche Begriffsbestimmung. Derivate sind Finanzinstrumente, deren Wert sich 1
überwiegend vom Preis und den Markterwartungen eines zugrundeliegenden Basiswerts (Underlying) ableitet.[1] Wesentliches Begriffsmerkmal von Derivaten sind das zeitliche Auseinanderfallen von Vertragsschluss und Vertragserfüllung. Derivate sind daher regelmäßig Termingeschäfte. Zu unterscheiden sind Termingeschäfte, die für beide Vertragspartner eine unbedingte Erfüllungspflicht statuieren **(unbedingte Termingeschäfte),** und solche, die dem einen Teil das Recht einräumen, das Geschäft auszuüben oder es verfallen zu lassen **(bedingte Termingeschäfte).** Zu den unbedingten Kontraktarten **(Festgeschäfte)** gehören in erster Linie Futures, Forwards und Swaps; zur Kategorie der bedingten Derivatgeschäfte zählen vor allem Optionen und Begrenzungsgeschäfte wie Zinssatz-Caps. Derivate werden sowohl an Börsen als auch außerbörslich (Over-The-Counter, OTC) gehandelt. Derivate, die an Börsen wie der Eurex in Frankfurt gehandelt werden, werden als börsengehandelte Derivate oder Exchange Traded Derivates (ETDs) bezeichnet. ETDs sind im Gegensatz zu OTC-Derivaten standardisiert, um einen Börsenhandel zu ermöglichen. Forwards werden im ETD-Bereich Futures genannt. Die enorme Bedeutung von Derivaten resultiert nicht zuletzt daraus, dass angesichts volatiler Finanzmärkte die Nachfrage nach Instrumenten zur Risikosteuerung (insbesondere zur Steuerung von

---

[1] Vgl. die Definition der Global Derivatives Study Group der Group of Thirty, in Group of Thirty, Practices and Principles, 1993, 2, 28; Nr. 1 der „Verlautbarung über Mindestanforderungen an das Betreiben von Handelsgeschäften der Kreditinstitute" des BaKred vom 23.10.1995; *Gramlich,* Gabler Bank Lexikon, 14. Aufl. 2013, 364 („Derivate").

Marktrisiken wie Währungs- und Zinsrisiken) groß ist.[2] Besonders deutlich zeigt sich die Funktion von Derivaten als Instrumente der Risikosteuerung bei sog. Cash-Settlement-Optionen/Swaps, bei denen keine Realerfüllung vertraglich vorgesehen ist.

2   Von den Finanzderivaten zu unterscheiden sind die **Kreditderivate**[3], insbesondere sog. Credit Default Swaps.[4] Kreditderivate sind Instrumente zur Steuerung des Adressenausfallrisikos (d. i. das Risiko, dass eine Forderung wegen einer Bonitätsschwäche des Schuldners nicht vertragsgemäß bedient wird). Mit Hilfe von Kreditderivaten wird das Kreditausfallrisiko handelbar und lassen sich Eigenmitteleffekte erzielen.

3   **2. Finanztermingeschäfte und Derivate als Rechtsbegriffe.** Durch das am 1.11.2007 in Kraft getretene Finanzmarktrichtlinien-Umsetzungsgesetz (FRUG), mit dem der deutsche Gesetzgeber die „Markets in Financial Instruments Directive" (MiFID) umgesetzt hat, wurde erstmals ein einheitlicher Rechtsbegriff für Derivate im WpHG (§ 2 Abs. 2 WpHG aF) und KWG (§ 1 Abs. 11 S. 3 KWG) geschaffen. Mit der Umsetzung der MiFID II durch ua das 2. Finanzmarktnovellierungsgesetz mit Wirkung zum 3.1.2018 wurde der Begriff Derivat durch den definierten Begriff „Derivative Geschäfte" ersetzt (§ 2 Abs. 3 WpHG nF). Diese Änderung ist rein terminologischer Art.[5] Die Definition erfasst grundsätzlich sowohl börsliche als auch außerbörslich gehandelte Derivate.[6]

4   Finanztermingeschäfte sind nach § 99 S. 2 WpHG als Oberbegriff für derivative Geschäfte und Optionsscheine zu betrachten.

5   Im Rahmen des § 2 Abs. 3 Nr. 1 WpHG nimmt der Gesetzgeber auch eine Legaldefinition des Begriffs „Termingeschäft" vor. Danach sind Termingeschäfte als Kauf, Tausch oder anderweitig ausgestaltete Festgeschäfte oder Optionsgeschäfte, die zeitlich verzögert zu erfüllen sind und deren Wert sich unmittelbar oder mittelbar vom Preis oder Maß eines Basiswertes ableiten lässt. Gesetzlich nicht näher definiert werden die Begriffe Festgeschäft sowie Optionsgeschäft. **Festgeschäfte** sind beiderseits noch nicht erfüllte Geschäfte, die wechselseitig Rechte und Pflichten begründen (zB Terminkauf und Pensionsgeschäft).[7] Unter einem **Optionsgeschäft** ist ein Vertrag zu verstehen, in dem einer Partei das Recht eingeräumt wird, zu oder bis zu einem künftigen Zeitpunkt durch einseitige Willenserklärung ein Geschäft abzuschließen, dessen Konditionen im Vertrag zur Begründung des Optionsrechts festgelegt wurden.[8] Für das Optionsrecht muss der Berechtigte ein Entgelt bezahlen, das typischerweise bei Abschluss des Optionsvertrages fällig ist. Optionsgeschäfte und Festgeschäfte können auch miteinander kombiniert werden.

6   Als Basiswerte kommen ua Wertpapiere, Devisen, Zinssätze, Indices, Derivate, Emissionszertifikate aber auch Waren, Frachtsätze und Klimavariable in Betracht. Bei der letzteren Gruppe von Basiswerten sind hingegen weitere Voraussetzungen wie beispielsweise ein Wertausgleich in Geld (Barausgleich) zu erfüllen, um ein solches Termingeschäft als derivatives Geschäft qualifizieren zu können. Zu den derivativen Geschäften im aufsichtsrechtlichen Sinne zählen auch (i) finanzielle Differenzgeschäfte (§ 2 Abs. 3 Nr. 3 WpHG) sowie (ii) sämtliche Kreditderivate[9] (Total Return Swaps[10], Credit Default Swaps[11] und Credit Linked Notes[12]) (§ 2 Abs. 3 Nr. 4 WpHG).

7   Die Definition von Finanzinstrumenten in § 1 Abs. 11 S. 1 KWG bzw. § 2 Abs. 4 WpHG wird als Folge des geänderten Derivatbegriffs entsprechend erweitert.

II. Aufsichtsrechtliche Behandlung von Derivaten sowie wertpapierhandelsrechtliche Regelungen

8   An geschäftliche Vorgänge im Zusammenhang mit Derivaten knüpfen sich verschiedene aufsichtsrechtliche und wertpapierhandelsrechtliche Folgen an wie ua aufsichtsrechtliche Erlaubnispflichten, Clearing- und Reportingpflichten, Eigenkapitalunterlegungspflichten sowie wertpapierhandelsrechtliche Pflichten wie Informations- und Aufklärungspflichten.

9   **1. Aufsichtsrechtliche Behandlung von Derivaten. a) Aufsichtsrechtliche Regulierung von Derivaten nach KWG und WpHG.** Da Derivate nach § 1 Abs. 11 S. 1 KWG eine Untergruppe der Finanzinstrumente sind, werden sie unter zwei Aspekten von der Definition des Bankgeschäfts

---

[2] *Gramlich,* Gabler Bank Lexikon, 14. Aufl. 2013, 364 („Derivate").
[3] Da im Folgenden Kreditderivate nicht näher behandelt werden, wird verkürzt einheitlich für Finanzderivate der Begriff Derivate verwendet.
[4] Vgl. *Rudolf* in Kümpel/Wittig BankR/KapMarktR 2437 f., Rn. 19.229.
[5] Assmann/Schneider/Mülbert/*Assmann* WpHG § 2 Rn. 45.
[6] Boos/Fischer/Schulte-Mattler/*Schäfer* KWG § 1 Rn. 288.
[7] Boos/Fischer/Schulte-Mattler/*Schäfer* KWG § 1 Rn. 289.
[8] Boos/Fischer/Schulte-Mattler/*Schäfer* KWG § 1 Rn. 290.
[9] Assmann/Schneider/Mülbert/*Assmann* WpHG § 2 Rn. 76f; Boos/Fischer/Schulte-Mattler/*Schäfer* KWG § 1 Rn. 293.
[10] Vgl. die Definition bei Kümpel/Wittig BankR/KapMarktR 2441, Rn. 19.246.
[11] Vgl. die Definition bei Kümpel/Wittig BankR/KapMarktR 2437, Rn. 19.229.
[12] Vgl. die Definition bei Kümpel/Wittig BankR/KapMarktR 2442, Rn. 19.253.

erfasst. Zum einen können Derivate Gegenstand eines Finanzkommissionsgeschäfts sein, denn zu diesem Geschäftstypus zählen gem. § 1 Abs. 1 S. 2 Nr. 4 KWG die Anschaffung und Veräußerung von Finanzinstrumenten im eigenen Namen für fremde Rechnung. Zum anderen können Derivate Gegenstand des Emissionsgeschäfts sein, denn dazu gehört nach § 1 Abs. 1 S. 2 Nr. 10 KWG insbesondere die Übernahme von Finanzinstrumenten für eigenes Risiko zur Platzierung.[13] Die Anschaffung und die Veräußerung von Derivaten sowie deren Übernahme zur Platzierung stellen somit Bankgeschäfte dar.

Da Derivate zu den Finanzinstrumenten gehören, können Tätigkeiten im Zusammenhang mit **10** Derivaten die Eigenschaft eines Unternehmens als Finanzdienstleistungsinstitut iSv § 1 Abs. 1, S. 4 KWG oder § 32 Abs. 1a S. 5 KWG begründen. Folgende Tätigkeiten, die sich auf Derivate beziehen, kommen nach § 1 Abs. 1a S. 2 Nr. 1–4 KWG als Finanzdienstleistungen in Betracht: Anlagevermittlung, Anlageberatung, Betrieb eines multilateralen Handelssystems, Platzierungsgeschäft, Betrieb eines organisierten Handelssystems, Abschlussvermittlung, Finanzportfolioverwaltung sowie Eigenhandel. Nach der gesetzlichen Fiktion des § 1 Abs. 1a S. 3 KWG stellt auch das Eigengeschäft eine Finanzdienstleistung dar, soweit das Eigengeschäft durch ein Unternehmen betrieben wird, das den Handel mit Derivaten, ohne anderweitig bereits Institut zu sein, gewerbsmäßig oder in einem kaufmännischen Umfang betreibt und Mitglied einer Gruppe ist, der ein CRR-Kreditinstitut angehört.

Seit dem 3.1.2018 bedarf das Betreiben von Eigengeschäft als Mitglied oder Teilnehmer eines **11** organisierten Marktes oder eines multilateralen Handelssystems oder mit einem direkten elektronischen Zugang zu einem Handelsplatz oder mit Warenderivaten, Emissionszertifikaten oder Derivaten auf Emissionszertifikaten einer zusätzlichen Erlaubnis der BaFin. § 32 Abs. 1a S. 2 KWG statuiert einen grundsätzlichen Erlaubnisvorbehalt der BaFin und zwar unabhängig davon, ob das Unternehmen daneben erlaubnispflichtiges Bankgeschäft betreibt oder erlaubnispflichtige Finanzdienstleistungen erbringt. Ausnahmeregelungen finden sich in § 32 Abs. 1a S. 3 Nr. 1–3 KWG, wobei zu beachten ist, dass die Ausnahme für Unternehmen, die das Eigengeschäft mit Warenderivaten, Emissionszertifikaten oder Derivaten auf Emissionszertifikate betreiben, abschließend in § 32 Abs. 1a S. 3 Nr. 2 und 3 KWG geregelt ist.[14]

Ferner kann der Handel mit Derivaten für eigene Rechnung dazu führen, dass das betreffende **12** Unternehmen als Finanzunternehmen nach § 1 Abs. 3 Nr. 5 KWG einzuordnen ist. Dies setzt voraus, dass dieser Handel die Haupttätigkeit des Unternehmens darstellt und das Unternehmen weder Institut iSv § 1 Abs. 1 lit. b KWG[15] noch Kapitalverwaltungsgesellschaft iSv § 17 KAGB oder extern verwaltete Investmentgesellschaft iSv § 1 Abs. 13 KAGB ist. Entsprechendes gilt für die Anlageberatung in Bezug auf Derivate (§ 1 Abs. 3 Nr. 6 KWG).

Die Anschaffung und die Veräußerung von derivativen Geschäften (als Teilmenge der Finanzinstru- **13** mente nach § 2 Abs. 4 WpHG) im Wege des Finanzkommissionsgeschäfts, des Eigenhandels, der Abschlussvermittlung und der Anlagevermittlung sind Wertpapierdienstleistungen nach § 2 Abs. 8 WpHG. Entsprechendes gilt für das Market Making, die systematische Internalisierung, den Hochfrequenzhandel, das Emissionsgeschäft, das Platzierungsgeschäft, die Finanzportfolioverwaltung, den Betrieb multilateraler Handelssysteme, den Betrieb organisierter Handelssysteme, die Anlageberatung und das Eigengeschäft, soweit sich diese Geschäfte auch auf Derivate beziehen.

Sofern ein Unternehmen die genannten Wertpapierdienstleistungen allein oder zusammen mit **14** Wertpapiernebendienstleistungen iSv § 2 Abs. 9 WpHG gewerbsmäßig oder in einem Umfang, der einen in kaufmännischer Weise eingerichteten Geschäftsbetrieb erfordert, erbringt, ist es als Wertpapierdienstleistungsunternehmen zu qualifizieren (§ 2 Abs. 10 WpHG).[16]

b) Clearing von OTC-Derivaten und Regelungen für nicht geclearte OTC-Derivate. Auf **15** dem G20-Gipfel in Pittsburgh im September 2009 wurden drei Grundsatzbeschlüsse zur Regulierung des OTC-Derivate-Marktes gefasst:

– standardisierte OTC-Derivate müssen zentral gecleart[17] und an Börsen bzw. elektronischen Handelsplattformen gehandelt werden;

– OTC-Derivate sollen an ein Transaktionsregister gemeldet werden; und

– für nicht geclearte OTC-Derivate soll die Eigenkapitalanforderung erhöht werden.

---

[13] Vgl. Boos/Fischer/Schulte-Mattler/*Schäfer* KWG § 1 Rn. 112.

[14] Vgl. BaFin Merkblatt „Hinweise zu den Tatbeständen des Eigenhandels und des Eigengeschäfts" v. 15.5.2018. Abrufbar unter: https://www.bafin.de/SharedDocs/Veroeffentlichungen/DE/Merkblatt/mb_110322_eigenhandel_eigengeschaeft_neu.html;jsessionid=B2B1CD62A8AE492448DA3DD8855AF8B2.1_cid372?nn=9450978#doc7866844bodyText9

[15] *Balzer/Siller* in Hellner/Steuer BuB Rn. 7/338.

[16] *Balzer/Siller* in Hellner/Steuer BuB Rn. 7/339.

[17] Nach Art. 2 Nr. 3 EMIR ist das Clearing der Prozess der Erstellung von Positionen, darunter die Berechnung von Nettoverbindlichkeiten, und die Gewährleistung, dass zur Absicherung des aus diesen Positionen erwachsenden Risikos Finanzinstrumente, Bargeld oder beides zur Verfügung stehen.

16   In der EU als auch in den USA sind zur Umsetzung dieser Grundsatzbeschlüsse verschiedene Gesetzesregelungen in Kraft getreten. In den USA befinden sich die grundlegenden Regelungen in Teil VII des *Dodd-Frank Wall Street Reform and Consumer Protection Act* vom 21.7.2010. In der EU sind die Regelungen in verschiedenen Richtlinien und Verordnungen aufgenommen. Für das Clearing, Risikomanagement und Reporting von OTC-Derivaten ist die *European Market Infrastructure Regulation (EMIR)* (Verordnung (EU) Nr. 648/2012 über OTC-Derivate, zentrale Gegenparteien und Transaktionsregister) vom 4.7.2012 maßgeblich, welche im Rahmen des EMIR-Regulatory Fitness and Performance Programms *(EMIR-REFIT)* überarbeitet worden ist und durch die Verordnung (EU) Nr. 2019/834 in Bezug auf die Clearingpflicht, die Aussetzung zur Clearingpflicht, die Meldepflichten, die Risikominderungstechniken für nicht durch eine zentrale Gegenpartei geclearte OTC-Derivatekontrakte, die Registrierung und Beaufsichtigung von Transaktionsregistern und die Anforderungen an Transaktionsregister vom 20.5.2019 *(EMIR II)* wichtige Neuerungen erfahren hat. Regelungen für die Eigenkapitalanforderungen finden sich in der *Capital Requirement Regulation (CRR)* und für den Handel mit OTC-Derivaten in der *Markets in Financial Instruments Directive II (MiFID II)*.[18]

17   **aa) Clearing von OTC-Derivaten nach EMIR.** Im August 2012 trat die EMIR in Kraft. Das deutsche EMIR-Ausführungsgesetz, welches im Februar 2013 in Kraft trat, regelt die Folgen von Verstößen gegen die durch EMIR auferlegten Pflichten und bestimmt zuständige Behörden, um die Einhaltung der Vorgaben von EMIR sicherzustellen. Darüber hinaus wurde das Einführungsgesetz zur Insolvenzordnung (EGInsO) durch das EMIR-Ausführungsgesetz um einen neuen Art. 102b EGInsO ergänzt, der die zentrale Gegenpartei vor einer Insolvenz eines Clearingmitglieds schützt. Die Bestimmung stellt sicher, dass von der insolvenzrechtlichen Privilegierung nur solche Maßnahmen (wie Glattstellungen, Übertragungsmaßnahmen, Rückgewähr von Sicherheiten etc) erfasst werden, die von der EMIR vorgesehen sind.[19] Schließlich traten verschiedenste technische Regulierungsstandards und Durchführungsstandards zur EMIR in Kraft, welche von der *European Securities and Markets Authority (ESMA)* als *Technical standards under the Regulation (EU) No 648/2012 on OTC Derivatives, CCPs and Trade Repositories* (Technische Standards) entwickelt wurden.[20] Diese Bestimmungen dienen der erforderlichen inhaltlichen Konkretisierung des neuen Rechtsrahmens der EMIR. Auf dieser Grundlage haben die verschiedenen Pflichten (Clearing, Risikomanagement, Reporting) unter EMIR zu unterschiedlichen Zeitpunkten ihre Geltung entfaltet.

18   Durch EMIR sollen zwei Kernrisiken des OTC-Derivate-Marktes interessengerecht adressiert werden: Kontrahentenrisiko und Intransparenz des Marktes.

19   Bei bilateralen Derivategeschäften ergibt sich das Kontrahentenrisiko daraus, dass entweder keine Sicherheiten gestellt werden oder, sofern Sicherheiten gestellt werden, diese oft nicht täglich an den aktuellen Marktwert aller Derivate unter einem Rahmenvertrag zwischen den Vertragsparteien angepasst werden. Auch wird die Berechnung der erforderlichen Sicherheitsleistung sehr häufig nur auf Basis des Marktwerts aller Derivate unter dem betreffenden Rahmenvertrag berechnet *(Variation Margin)* und nicht auch zusätzlich – wie beispielsweise im börsengehandelten Derivatemarkt – auf Basis des „Übernachtrisikos" *(Initial Margin)*, das eine wahrscheinliche Wertveränderung der Derivate bis zur nächsten Sicherheitenberechnung vorwegnimmt.

20   Die Intransparenz des Marktes folgt aus der Tatsache, dass OTC-Derivate bilateral, außerbörslich gehandelt werden und Meldepflichten zur zentralen Erfassung beispielsweise bei Aufsichtsbehörden nicht bestehen.[21]

21   EMIR hat das Ziel, die zwei Kernrisiken durch Einführung einer Clearingverpflichtung von OTC-Derivaten über zentrale Gegenparteien *(Central Counterparties (CCPs))* und Meldepflichten an Transaktionsregister zu lösen.[22]

22   Clearing von OTC-Derivaten über ein CCP bedeutet, dass ein CCP die Position zwischen zwei sonst bilateral abschließenden Parteien einnimmt. Die maßgeblichen Regelungswerke des jeweiligen CCPs bestimmen die Vertragsverhältnisse der Parteien. Eine der mit dem Clearing verbundene Risikomanagementfunktion ist, dass das CCP eine Besicherung der Derivate-Positionen auf Basis von Variation Margin und Initial Margin verlangt.[23]

23   Das CCP selbst muss den Ausfall eines seiner Clearingmitglieder auffangen können und den Markt entsprechend gegen die Insolvenz eines Clearingmitglieds abschirmen. Dementsprechend bestehen hohe Anforderungen an die finanzielle Ausstattung eines CCPs. Weiter ist ein mehrstufiges Sicherungssystem aufzubauen, das unter anderem einen Ausfallfonds vorsieht.[24]

---

[18] Vgl. dazu *Schuster/Ruschkowski* ZBB 2014, 123 (124).

[19] *Holzer* DB 2013, 443 (445).

[20] *Schuster/Ruschkowski* ZBB 2014, 123 (123), sowie näher hierzu *Litten/Schwenk* DB 2013, 857 (858).

[21] Vgl. *Gstädtner* RdF 2012, 145 (148 ff.); *Fuchs* ÖBA 2012, 520 (521 ff.).

[22] *Grüning/Cieslarczyk* RdE 2013, 354 (354 f.).

[23] Vgl. *Schuster/Ruschkowski* ZBB 2014, 123 (124, 128).

[24] Vgl. *Gstädtner* RdF 2012, 145 (148 ff.); *Fuchs* ÖBA 2012, 520 (521 ff.); *Grüning/Cieslarczyk* RdE 2013, 354 (358).

Die Pflicht zum Clearing von OTC-Derivaten besteht nach EMIR, sofern beide Vertragspartei- **24** en den persönlichen Anwendungsbereich erfüllen und der konkrete Geschäftsabschluss in den sachlichen Anwendungsbereich fällt. Der persönliche Anwendungsbereich verlangt entweder eine „Finanzielle Gegenpartei" *(Finanzielle Gegenpartei)* oder eine „Nichtfinanzielle Gegenpartei" *(Nichtfinanzielle Gegenpartei)*, deren jeweiliges Geschäftsvolumen allerdings gewisse Schwellenwerte hinsichtlich von OTC-Geschäften gem. Art. 11 Delegierte Verordnung (EU) Nr. 149/2013 überschreiten muss (Clearingschwellen). Bei „Nichtfinanziellen Gegenparteien" werden nur die Geschäfte auf die Clearingschwelle angerechnet, die nicht zur Absicherung tatsächlicher Risiken eingegangen werden. Der sachliche Anwendungsbereich setzt voraus, dass für die maßgebliche Derivatekategorie eine Clearingpflicht begründet worden ist. Dies ist in Bezug auf standardisierte OTC-Derivate in verschiedenen Derivatekategorien erfolgt.

Wenn sich Gegenparteien im Rahmen des ihnen unter EMIR II eingeräumten Rechts dazu ent- **25** scheiden, ihre Positionen in OTC-Derivatekontrakten im Hinblick auf die Überschreitung der Clearingschwelle jährlich zu berechnen, sind als Basis die aggregierten durchschnittlichen Monatsendpositionen für die vorausgegangenen zwölf Monate in den jeweiligen Derivateklassen auf Ebene der gesamten Unternehmensgruppe heranzuziehen. Eine Überschreitung der Clearingschwelle bzw. eine Änderung am Status der Gruppe bezüglich der Clearingpflicht ist der BaFin und der ESMA unverzüglich mitzuteilen. Sofern Finanzielle Gegenparteien keine Berechnung durchführen oder nach durchgeführter Berechnung festgestellt wurde, dass die Clearingschwelle überschritten ist, resultiert daraus für alle OTC-Derivateklassen eine Clearingpflicht. Für Nichtfinanzielle Gegenparteien gilt dies nur, wenn sie keine Berechnung durchführen. Bei Berechnung und Überschreitung der Clearingschwelle entsteht eine Clearingpflicht lediglich für die Derivateklasse, in der die Schwelle überschritten wurde, was für viele Unternehmen zu einer operationellen Entlastung und Kostensenkung führen könnte, ohne dass negative Folgen für die Finanzstabilität zu erwarten wären.[25] Anders als Finanzielle Gegenparteien können Nichtfinanzielle Gegenparteien bei der Berechnung solche OTC-Derivate abziehen, die objektiv messbar zur Reduzierung der wirtschaftlichen Risiken ihrer Geschäftstätigkeit dienen. Gemäß Art. 6a EMIR in seiner neuen Fassung kann die ESMA beantragen, dass die EU-Kommission unter gewissen Bedingungen die Clearingpflicht für bestimmte Kategorien von OTC-Derivaten aussetzt.

Die Clearingpflicht kann auf verschiedene Weise erfüllt werden: **26**
– als Clearingmitglied eines CCPs wird das Derivategeschäft direkt über das CCP gecleart;
– als Kunde eines Clearingmitglieds wird das Derivategeschäft indirekt über das CCP gecleart; oder
– als Kunde eines Kunden eines Clearingmitglieds wird das Derivategeschäft über die Kette der anderen Beteiligten ebenfalls indirekt über das CCP gecleart.

Für den Fall des Clearings für Kunden muss gem. Art. 48 EMIR ein vertraglicher Übertragungs- **27** mechanismus zwischen den Parteien vereinbart worden sein, der den Kunden vor dem Ausfall seines Vertragspartners, dh des Clearingmitglieds, dadurch schützt, dass OTC-Geschäfte und Sicherheiten auf ein anderes Clearingmitglied übertragen werden können *(portability)*. Daneben bezweckt Art. 102b EGInsO als *lex specialis* zu § 104 InsO Rechtssicherheit zugunsten der Kunden zu schaffen. Nationales Insolvenzrecht soll insoweit verdrängt werden, wie es den Vorgaben des Art. 48 EMIR entgegensteht.[26]

Durch die Meldepflichten an Transaktionsregister soll es den zuständigen Aufsichtsbehörden ermög- **28** licht werden, jederzeit informierte und angemessene Entscheidungen treffen zu können. Die Meldepflicht folgt aus Art. 9 EMIR. Gemäß EMIR II gilt die Meldepflicht nur noch für solche Derivate, die vor dem 12.2.2014 geschlossen wurden und zu diesem Zeitpunkt noch ausstanden oder ab dem 12.2.2014 geschlossen wurden. Darüber hinaus sind OTC-Geschäfte zwischen Gegenparteien, welche einer Gruppe angehören, dann von der Meldepflicht befreit, wenn mindestens eine der beiden Parteien eine Nichtfinanzielle Gegenpartei ist, sofern beide Parteien in dieselbe Vollkonsolidierung einbezogen sind, geeigneten zentralen Risikoverfahren unterliegen und das Mutterunternehmen keine Finanzielle Gegenpartei ist. Für die Beanspruchung einer solchen Befreiung muss die BaFin benachrichtigt werden. Darüber hinaus gilt ab dem 18.6.2020 nach Art. 9 Abs. 1a EMIR, dass bei Derivaten zwischen einer Finanziellen Gegenpartei und einer Nichtfinanziellen Gegenpartei (die die Clearingschwelle nicht überschreitet) die Finanzielle Gegenpartei die Verantwortung und gesetzliche Haftung für die Meldung und deren Richtigkeit trägt, wobei die Nichtfinanzielle Gegenpartei ihr die notwendigen Daten zur Verfügung stellen muss.

bb) Risikomanagementpflichten für nicht-gecleare OTC-Derivate. Sofern der persönliche, **29** aber nicht der sachliche Anwendungsbereich erfüllt ist, besteht keine Clearingpflicht, aber dafür eine Pflicht, den Marktwert der OTC-Geschäfte täglich zu ermitteln (Art. 11 Abs. 2 EMIR) sowie die Pflicht ein Risikomanagementverfahren zur rechtzeitigen und angemessenen Besicherung der bilateralen Geschäfte vorzuhalten (Art. 11 Abs. 3 EMIR). Die Besicherungspflicht für nicht-gecleare OTC-Derivate wird durch die Delegierte Verordnung (EU) Nr. 2016/2251 der Kommission vom 4.10.2016,

---

[25] *Scholl/Hörauf/Döhl* RdF 2019, 276 (280).
[26] *Fried* in Zerey, Finanzderivate, 4. Aufl. 2016, § 18 Rn. 15 ff.

die auf dem Final Policy Framework der BCBS *(Basel Committee on Banking Supervision)* und der IOSCO *(International Organisation of Securities Commissions)* von September 2013 basiert, konkretisiert.

30   Diese EMIR–Besicherungsanforderungen richten sich an Finanzielle Gegenparteien und Nicht-finanzielle Gegenparteien oberhalb der Clearingschwelle. Es besteht die Pflicht zur Besicherung des jeweiligen Netto-Marktwerts bei täglicher Neubewertung und grundsätzlich auch täglicher Anpassung (Pflicht zur Leistung von Nachschusszahlungen bzw. *Variation Margin)*. Daneben besteht die Pflicht zum Austausch von Ersteinschusszahlungen *(Initial Margin)* zur Absicherung gegen Marktwertschwan-kungen in dem Zeitraum zwischen der letzten erfolgten Bewertung und Leistung von *Variation Margin* und der ggf. erforderlichen Wiedereindeckung nach einem möglichen Ausfall (Pflicht zum Austausch von *Initial Margin)*. Die Verpflichtung *Initial Margin* zu stellen wird schrittweise eingeführt. Auch sind bestimmte Devisentermingeschäfte von der Besicherungspflicht ausgenommen. Von der Besicherungs-pflicht gibt es für „gruppeninterne" Geschäfte gewisse Ausnahmen.

31   Des Weiteren bestehen für alle Marktteilnehmer nach Art. 11 Abs. 1 lit. b EMIR in Verbindung mit Art. 13, 14 und 15 Delegierten Verordnung (EU) Nr. 149/2013 zusätzliche Pflichten hinsichtlich regelmäßig durchzuführender Portfolioabgleiche und Portfoliokomprimierungen. Zudem müssen de-taillierte Verfahren und Prozesse zur Beilegung etwaiger Streitigkeiten vereinbart werden.[27]

32   Daneben besteht für nicht durch ein CCP geclearte OTC-Derivate sowohl für Finanzielle Gegen-parteien als auch für Nichtfinanzielle Gegenparteien die Verpflichtung, angemessene Verfahren vor-zuhalten und Vorkehrungen zu treffen, um das operationelle Risiko und das Gegenparteiausfallrisiko zu ermessen, zu beobachten und zu mindern (Art. 11 Abs. 1 EMIR). Dafür wird unter anderem eine rechtzeitige schriftliche Bestätigung der Bedingungen der OTC-Geschäfte, gegebenenfalls mittels elektronischem Abgleichverfahren (confirmation matching), verlangt.[28]

33   Die Meldepflicht folgt aus Art. 9 EMIR und umfasst unter Beachtung der bereits unter → Rn. 28 dargestellten Ausnahmen im Rahmen einer Befreiung der Meldepflicht jegliche Derivate und damit auch die Derivate, für die keine Clearingverpflichtung besteht.

34   Sofern eine Partei eines nicht-geclearten OTC-Derivats eine Drittstaaten-Partei ist, unterliegt sie nicht den Verpflichtungen nach EMIR. Allerdings erfordern die meisten der Risikomanagement-pflichten nach EMIR, dass beide Parteien des OTC-Derivats dafür zusammenwirken. In diesen Fällen ist es daher erforderlich, dass die Drittstaaten-Partei diese Risikomanagementpflichten vertraglich über-nimmt. Nur so kann sichergestellt werden, dass die Partei im Anwendungsbereich der EMIR sich EMIR-konform verhalten kann.

35   **c) Eigenkapitalunterlegung nach CRR.** Die Eigenkapitalanforderungen richten sich nach der Verordnung (EU) Nr. 575/2013 Capital Requirement Regulation (CRR).

36   Die CRR formuliert für bilateral geclearte OTC-Derivate deutlich erhöhte Eigenkapitalanforde-rungen. Sowohl im Hinblick auf die Berechnung der Marktrisiken als auch im Hinblick auf die Berechnung des Kontrahentenrisikos werden neue Kriterien eingeführt bzw. bestehende Methoden abgeändert.[29]

37   Die erhöhten Eigenkapitalanforderungen sollen einen Anreiz zum Clearing über einen qualifizierten CCP darstellen. Entsprechend der Art. 300 ff. CRR beträgt das Risikogewicht von OTC-Positionen, die über einen qualifizierten CCP gecleart werden, privilegierte 2 % für das Risiko aus den OTC-Geschäften (Trade Exposure).[30] Auch Marktteilnehmer, die über ein Clearingmitglied eines CCPs ihre OTC-Derivate clearen, können diese Privilegierung nutzen, sofern

– die OTC-Positionen und Sicherheitsleistungen auf Ebene des CCPs und des Clearingmitglieds aufgrund separierter Konten insolvenzfest sind,
– im Fall der Insolvenz eines Clearingmitglieds die Positionen auf ein anderes Clearingmitglied ver-traglich übertragen werden können *(portablility);*
– der qualifizierte CCP das Geschäft nicht abgelehnt hat.[31]

38   Neben dem für das Trade Exposure vorzuhaltende Eigenkapital ist auch Eigenkapital zur Unterle-gung der Pflicht, sich als Clearingmitglied am Ausfallfonds (Default Fund) des CCPs zu beteiligen, vorzuhalten.

39   **2. Wertpapierhandelsrechtliche Behandlung von Derivaten. a) Wertpapierhandelsrecht-liche Regulierung von Derivaten nach WpHG.** Die Regelungen zu Finanztermingeschäften sind dadurch gekennzeichnet, dass sie sich auf den Anlegerschutz konzentrieren.[32] Hinsichtlich der

---

[27] Ausführlicher hierzu Assmann/Schneider/Mülbert/*Hartenfels* VO (EU) Nr. 648/2012 Art. 11 Rn. 1 ff.; *Rusch-kowski* in Eilers/Rödding/Schmalenbach, Unternehmensfinanzierung, 2. Aufl. 2014, G. III. OTC-Derivate, Rn. 179.

[28] Vgl. auch *Schuster/Ruschkowski* ZBB 2014, 123 (128).

[29] Vgl. *Schulte-Mattler/Manns* WM 2011, 2069 (2073 f.); *Gstädtner/Hartenfels* RdF 2011, 135 (140 f.).

[30] Hierzu *Köhling* BKR 2013, 491 (495).

[31] Vgl. insgesamt hierzu *Schuster/Ruschkowski* ZBB 2014, 123 (133).

[32] Zur Entwicklung des Anlegerschutzes s. *Samtleben* ZBB 2003, 69 (72); krit. gegenüber der Gesetzesänderung *Zimmer* JZ 2003, 22 ff.

Methodik, mit der dieses Ziel verfolgt wird, vollzog der Gesetzgeber mit dem 4. Finanzmarktförderungsgesetzes (FMFG) vom 1.7.2002 einen Systemwechsel: keine besondere Geschäftsfähigkeit für Derivatehandel, Anlegerschutz durch Informationspflichten. Dieser Systemwechsel wurde auch mit dem Inkrafttreten des Finanzmarktrichtlinien-Umsetzungsgesetz (FRUG) beibehalten. Mit der Umsetzung der MiFID II durch ua das 2. Finanzmarktnovellierungsgesetz mit Wirkung zum 3.1.2018 soll nochmals eine Stärkung des Anlegerschutzes erfolgen, indem die Verhaltens- und Organisationspflichten für Wertpapierdienstleistungsunternehmen ausgeweitet werden.[33]

Durch das Inkrafttreten des FRUG hat der Gesetzgeber die Normen (§§ 37d, 37f WpHG aF) zu **40** spezifischen Informationspflichten für Finanztermingeschäfte (Derivate) gestrichen. Statt dessen gelten die allgemeinen Verhaltens-, Organisations- und Transparenzpflichten (§§ 63 ff. WpHG – in der Fassung des 2. Finanzmarktnovellierungsgesetzes) für Wertpapierdienstleistungen und Wertpapiernebendienstleistungen auch für den Fall, dass sich die betreffenden Dienstleistungen auf Derivate beziehen. Nach dem Konzept der MiFID und MiFID II, die die Interpretation der §§ 63 ff. WpHG bestimmen, beurteilt sich die Intensität der aufgezählten Pflichten zum einen nach den Erfahrungen des Kunden mit (bestimmten) Wertpapiertransaktionen und zum anderen nach dem Risiko, das mit dem Erwerb bestimmter Wertpapiere verbunden ist. Auch ist eine Einordnung der Kunden als geeignete Gegenpartei, als professioneller Kunde oder als Privatkunde vorzunehmen (§ 67 WpHG). In § 63 Abs. 11 Nr. 1 WpHG bringt der Gesetzgeber zum Ausdruck, dass er Geschäfte über Derivate als überdurchschnittlich risikoreiche Transaktionen bewertet. Während er nämlich für Finanzdienstleistungen, die weder im Rahmen der Anlageberatung noch der Finanzportfolioverwaltung erfolgen (§ 2 Abs. 8 WpHG), grundsätzlich eine Ausnahme von der Pflicht über den Kunden Informationen einzuholen (§ 63 Abs. 10 WpHG) zulässt, falls das Geschäft auf Veranlassung des Kunden erfolgt, gilt diese Ausnahme nicht bei einem Wertpapier, in das ein Derivat eingebettet ist (§ 63 Abs. 11 Nr. 1 WpHG). Zu den Informationspflichten gehört auch, dass bei einer Anlageberatung gegenüber Privatkunden ein leicht verständliches Informationsblatt dem Kunden zur Verfügung gestellt wird (§ 64 Abs. 2 WpHG).

b) Meldepflichten nach §§ 33 ff. WpHG. Durch die Umsetzung der europäischen Transparenz- **41** richtlinie-Änderungsrichtlinie Ende 2015[34] sind die Meldepflichten im Rahmen der Beteiligungstransparenz in drei Säulen aufgeteilt worden.[35] Die erste Säule knüpft an das Halten von Stimmrechten an, §§ 33 ff. WpHG (in der Fassung des 2. Finanzmarktnovellierungsgesetzes). Die zweite Säule knüpft an das unmittelbare oder mittelbare Halten von Instrumenten an, die (i) ihrem Inhaber das unbedingte Recht verleihen, mit Stimmrechten verbundenen Aktien zu erwerben bzw. ein Ermessen in Bezug auf das Recht an Erwerb dieser Aktien verleiht oder (ii) sich auf Aktien beziehen und eine vergleichbare wirtschaftliche Wirkung haben wie die oben in (i) genannten Instrumente, unabhängig davon, ob sie einen Anspruch auf physische Lieferung einräumen oder nicht, § 38 WpHG. Der weite Anwendungsbereich dieser Vorschrift umfasst damit sämtliche Instrumente, die einen Erwerb von Aktien mit Stimmrechten faktisch oder wirtschaftlich ermöglichen. Auch ist der Begriff „Instrument" nicht abschließend definiert und auch die indikative Liste über die mitteilungspflichtigen Finanzinstrumente von der European Securities and Market Authority (ESMA) hat keinen Anspruch auf Vollständigkeit. Die dritte Säule ist ein reiner Aggregationsmeldetatbestand (§ 39 WpHG), der berücksichtigungspflichtige Bestände nach §§ 33 ff. WpHG sowie nach § 38 WpHG zusammen betrachtet.[36] Die unterschiedlichen Schwellen für die verschiedenen Säulen sind zu beachten.

In Bezug auf die Meldepflichten im Rahmen der Beteiligungstransparenz sind neben den Regelun- **42** gen des WpHG insbesondere der Emittentenleitfaden der BaFin – Modul B – von Oktober 2018 und die Wertpapierhandelsanzeige- und Insiderverzeichnisverordnung (WpAIV) zu beachten. Die BaFin stellt in ihrem Emittentenleitfaden ihre Auffassung zu den verschiedenen Konstellationen und Fragestellungen im Rahmen der Meldepflichten ausführlich dar.

c) Regelungen zum Handel mit OTC-Derivaten nach MiFID II. Die „Markets in Financial **43** Instruments Directive" (MiFID) unterlag ebenfalls der Überarbeitung und ist am 2.7.2014 mit Wirkung zum 3.1.2018 in Kraft getreten. Das MiFID II – Paket besteht aus einer neuen MiFID-Richtlinie (MiFID II) und einer direkt anwendbaren Verordnung „Markets in Financial Instruments Regulation" (MiFIR). Gemäß der MiFIR, die Regelungen zum Handel mit Derivaten enthält, müssen bestimmte Derivate auf einem geregelten Markt, auf einer Multilateral Trading Facility (MTF), einer Organised Trading Facility (OTF) oder einem vergleichbaren Markt in einem Drittland gehandelt werden (Art. 28 MiFIR).[37] Weitere Voraussetzung für diese Handelspflicht für Derivate ist, dass die Parteien als

---

[33] *Buck-Heeb/Poelzig* BKR 2017, 485 (485); Assmann/Schneider/Mülbert/*Assmann* WpHG § 63 Rn. 1 ff.

[34] *Kraak* AG 2017, 677 (682); *Weidemann* NZG 2016, 605 (606); *Rück/Heusel* NZG 2016, 897 (899); *Brellochs* AG 2016, 157 (158); zur alten Rechtslage s. *Cascante/Bingel* NZG 2011, 1086 (1086); *Renz/Rippel* BKR 2011, 235 (236); *Merkner/Sustmann* NZG 2012, 241, (241); *Heusel* WM 2012, 291 (292); *Anzinger* WM 2011, 391 (391).

[35] *Weidemann* NZG 2016, 605 (606); *Rück/Heusel* NZG 2016, 897 (899).

[36] *Brellochs* AG 2016, 157 (159).

[37] *Weber* NJW 2013, 275 (276); *Begner/Neusüß* RdF 2012, 76 (79); *Salewski* GWR 2012, 265 (266); *Parmentier* EuZW 2014, 50 (52).

Finanzielle Gegenparteien qualifiziert werden oder als Nichtfinanzielle Gegenparteien gewisse weitere Voraussetzungen erfüllen. Die MiFIR verweist dafür auf die EMIR. In Bezug auf die Festlegung der Derivate, die einer Handelspflicht unterliegen sollen, hat die EU-Kommission nach Vorbereitung durch die ESMA das Entscheidungsrecht (Art. 32 MiFIR). Die Festlegung der Handelspflicht für bestimmte Derivate setzt dabei voraus, dass diese Derivate bereits auch der Clearingpflicht nach der EMIR unterliegen, dass sie ausreichend liquide und zum Handel an einem geregelten Markt, einem MTF, einem OTF oder einem vergleichbaren Markt in einen Drittland zugelassen sind.[38]

44   **d) Regelungen zu Leerverkäufen und Verbot von bestimmten Kreditderivaten.** Das Verbot von ungedeckten Leerverkäufen von bestimmten Aktien von Unternehmen aus der Finanzbranche wurde im September 2008 von der BaFin durch eine Allgemeinverfügung erlassen. Dieser Allgemeinverfügung folgten weitere nach bis diese im Juli 2012 durch § 30h WpHG aF und § 30j WpHG aF ersetzt wurden, die ein Verbot von ungedeckten Leerverkäufen in Aktien und öffentlichen Schuldtiteln, die im regulierten Markt in Deutschland zugelassen sind, sowie ein Verbot von ungedeckten Kreditderivaten auf öffentliche Schuldtitel vorsahen. Ein ungedeckter Leerverkauf liegt vor, wenn der Verkäufer nicht am Tag des Verkaufs Eigentümer der verkauften Wertpapiere ist und keinen schuldrechtlichen oder sachenrechtlich unbedingt durchsetzbaren Anspruch auf Übereignung solcher Wertpapiere hat.[39] Daneben bestand seit März 2010 aufgrund einer Allgemeinverfügung der BaFin bzw. seit März 2012 gem. § 30i WpHG aF die Mitteilungspflicht hinsichtlich Netto-Leerverkaufspositionen an Aktien, die im regulierten Markt in Deutschland zugelassen sind. Eine Netto-Leerverkaufsposition ist gegeben, wenn eine Saldierung aller durch ihren Inhaber gehaltenen Finanzinstrumente ergibt, dass sein ökonomisches Gesamtinteresse an den ausgegebenen Aktien des Unternehmens einer Leerverkaufsposition in Aktien entspricht.

45   Um eine in Europa einheitlich geltende Regelung dieser Geschäftsvorgänge zu erreichen, wurde im März 2012 die Verordnung (EU) Nr. 236/2012 über Leerverkäufe und bestimmte Aspekte von CDS erlassen. Die Verordnung trat am 1.11.2012 in Kraft. Damit wurden die § 30h bis § 30j WpHG aF durch entsprechende Regelungen der neuen EU-Verordnung ersetzt. Daneben wurden verschiedene dazugehörige delegierte EU-Verordnungen von der EU-Kommission sowie eine EU-Durchführungsverordnung erlassen.

46   Inhaltlich erweitern die neuen Verbots-Regelungen die alten Regelungen aus dem WpHG auf Aktien, die an einem geregelten Markt oder MTF innerhalb der EU zum Handel zugelassen sind. Hinsichtlich des Leerverkaufsverbots der EU-Verordnung für öffentliche Schuldtitel ist der Anwendungsbereich ebenfalls weiter als in § 30h WpHG aF. Für das Vorliegen eines zulässigen ungedeckten Leerverkaufs genügt es nicht mehr, dass der Verkäufer bis zum Ende des Tags des Verkaufs Eigentümer solcher Papiere ist, sondern der Verkäufer muss genau zum Zeitpunkt des Leerverkaufs diese Position an den Wertpapieren innehaben. Des Weiteren bestehen nunmehr auch Mitteilungspflichten hinsichtlich Netto-Leerverkaufspositionen in öffentliche Schuldtitel als auch hinsichtlich ungedeckter Positionen in CDS auf öffentliche Schuldtitel.[40]

III. Vertragspraxis

47   **1. Einführung.** OTC-Derivate werden in Deutschland in erster Linie von Kreditinstituten, Finanzinstituten, Unternehmen, Gebietskörperschaften oder öffentlich-rechtlichen Sondervermögen gehandelt. Zur Vertragsgestaltung bedienen sich die Parteien dabei für nicht-geclearte OTC-Derivate in der Regel entsprechender Rahmenverträge. Für Geschäftsabschlüsse zwischen zwei in Deutschland ansässigen Vertragsparteien wird zumeist ein deutschem Recht unterliegender Rahmenvertrag verwendet. Grenzüberschreitende Geschäfte richten sich meist nach internationalen Rahmenverträgen, die englischem Recht oder dem Recht des Staates New York unterliegen. Gemeinsames Merkmal aller Rahmenverträge ist die grundsätzliche Gleichbehandlung der Parteien, die davon herrührt, dass OTC-Derivate ursprünglich nur von Parteien mit hoher Bonität, meist international anerkannten Kreditinstituten oder Unternehmen, gehandelt wurden. Wenn die Rahmenverträge im Geschäftsverkehr mit Partnern geringerer Bonität verwendet werden, kann die Stellung von Sicherheiten durch Abschluss der entsprechenden Besicherungsanhänge zum verwendeten Rahmenvertrag vereinbart werden. Aufgrund gewisser Regelungen in der EMIR kann eine Besicherung auch zwingend vorgeschrieben sein. Im Gegensatz zu den nicht-geclearten OTC-Derivaten ist für die geclearten OTC-Derivate vom Bundesverband deutscher Banken die Clearing-Rahmenvereinbarung entwickelt und veröffentlicht worden. Im Zusammenspiel mit dem Regelwerk der von den Parteien festgelegten zentralen Gegenpartei legt die Clearing-Rahmenvereinbarung die Vertragskonditionen zwischen den Parteien fest.

---

[38] *Funke* CCZ 2012, 54, (54 f.); *Begner/Neusüß* RdF 2012, 76 (79).

[39] *Sorgenfrei/Saliger* in Park, Kapitalmarktstrafrecht, 4. Aufl. 2017, Kap. 6.2. Rn. 4; *Mülbert/Sajnovits* ZBB 2012, 266 (269).

[40] *Mülbert/Sajnovits* ZBB 2012, 266 (273 ff.); *Parmentier* EuZW 2014, 50; Assmann/Schneider/Mülbert/*Mülbert/Sajnovits* VO (EU) Nr. 236/2012 Vor Art. 1 VO Rn. 25 ff.

Die Vertragsdokumentation besteht aus dem verwendeten Rahmenvertrag, der durch verschiedene **48**
Wahlmöglichkeiten konkretisiert wird, den Bedingungen der jeweiligen Einzelabschlussbestätigung
(Confirmation) sowie bestimmten Anhängen mit Definitionen bzw. Definitionsbüchern (Definition
Booklets). Alle Einzelabschlüsse bilden untereinander und zusammen mit dem Rahmenvertrag einen
einheitlichen Vertrag.

2. Überblick Rahmenvertragsarten und Inhaltskontrolle. a) Deutscher Rahmenvertrag für **49**
Finanztermingeschäfte. In Deutschland wurde der ursprüngliche Rahmenvertrag für Swapgeschäfte
von 1990 durch den im Jahre 1993 vom Bundesverband deutscher Banken (Bankenverband) veröffent-
lichten Rahmenvertrag für Finanztermingeschäfte ersetzt, der seinerseits 2001 überarbeitet wurde
(DRV 2001). In 2018 wurde eine Neufassung des Rahmenvertrags veröffentlicht (DRV 2018). Der
Rahmenvertrag ermöglicht die Einbeziehung sämtlicher OTC-Derivate. Er enthält neben speziellen
Bestimmungen für Swaps auch besondere Regelungen für Zinsbegrenzungs- und Termingeschäfte
sowie eine nach § 104 InsO erforderliche Gesamtbeendigungsklausel.

Die Modernisierung des DRV im Jahr 2018 wurde durch die Ende 2016 erfolgte Neufassung des **50**
§ 104 InsO veranlasst. Hauptziel war es, den DRV in seinen Kernbestimmungen zum Netting enger an
dem neuen Gesetzeswortlaut auszurichten und dabei auch die nunmehr zulässigen vertraglichen
Gestaltungsmöglichkeiten zu berücksichtigen. Darüber hinaus erfolgten im DRV punktuell weitere
Anpassungen. Neben der Möglichkeit einen DRV 2018 abzuschließen kann auch ein bereits zwischen
zwei Parteien bestehender DRV 2001 durch den Abschluss einer DRV-Änderungsvereinbarung so
angepasst werden, dass damit die in der Neufassung enthaltenen Neuerungen und Anpassungen zur
Anwendung kommen.

Um auch die Durchführung von Einzelabschlüssen zu vereinheitlichen, sind Muster für die im **51**
Rahmenvertrag vorgesehene Bestätigung für verschiedene Arten von OTC-Geschäften erarbeitet
worden: Zinssatzswaps, Währungsswaps, kombinierte Zinssatz- und Währungsswaps, Caps, Floors,
Forward Rate Agreements und Swaptions, verschiedene Rohwarenderivate, verschiedene Wertpapier-
derivate sowie verschiedene Emissionsrechtederivate. In Bezug auf Zinssatzswaps ist in der Bestätigung
zu regeln, ob bei negativen Zinsen in Bezug auf den Referenzzinssatz die Partei, die den Festsatz zahlt,
eine entsprechende zusätzliche Zahlung zu leisten hat.

Der Rahmenvertrag enthält zwar nur für einen Teil der am Markt gehandelten Finanzderivate **52**
spezielle Bestimmungen, er kann aber um zusätzliche Bedingungen für einzelne Geschäftsarten erweitert werden. Die Parteien vereinbaren derartige Bedingungen entweder als Anhang zum Rahmenvertrag oder im Text der Bestätigung des Einzelgeschäfts. Im Markt üblich sind der Anhang für Wert-
papierderivate, der Anhang für Devisengeschäfte und Optionen auf Devisengeschäfte, der Anhang für
Emissionsrechte und auch der Anhang für Rohwarengeschäfte.

Sofern eine Besicherung der OTC-Geschäfte vorgenommen werden soll, vereinbaren die Parteien **53**
regelmäßig die Geltung eines Besicherungsanhangs. Der Besicherungsanhang gibt verschiedene Wahlmöglichkeiten vor, die die Parteien bei Abschluss des Besicherungsanhangs verhandeln müssen. In
Bezug auf die Bar- oder Wertpapiersicherheiten wird allerdings nicht nur ein Sicherungsrecht eingeräumt, sondern das entsprechende Vollrecht wird übertragen. Darüber hinaus liegt ein spezieller
Besicherungsanhang vor, der die gemäß EMIR in gewissen Konstellationen bestehende zwingende
Besicherungspflicht reflektiert (VM-Besicherungsanhang). Darüber hinaus wurde vom Bankenverband
ein Formulierungsvorschlag für eine Vereinbarung veröffentlicht, mit der negative Zinsbeträge im
Besicherungsanhang berücksichtigt werden können.

Darüber hinaus können verschiedene Anhänge zum DRV vereinbart werden, die zB auf Besonder- **54**
heiten in Abhängigkeit von den Vertragsparteien eingehen: der Anhang für Kapitalverwaltungsgesellschaften und die verschiedenen Anhänge für Deckungsgeschäfte im Kontext von Pfandbriefen. Im
Hinblick auf die Verpflichtungen für nicht-geclearte OTC-Derivate unter EMIR ist der EMIR-
Anhang zu beachten. Weitere regulatorische Anhänge sind der FATCA-Anhang, der Section 871(m)-
Anhang und die SAG-Zusatzvereinbarung. Daneben bestehen noch der allgemeine Anhang über die
vorzeitige Erfüllung durch Ausgleichszahlung und die Zusatzvereinbarung zu Zinsberechnungsmetho-
den.

Im Zusammenhang mit dem DRV 2018 ist es in Bezug auf manche Anhänge erforderlich geworden, **55**
diese im Hinblick auf die neuen Regelungen im DRV 2018 entsprechend anzupassen. Die modifizierten Anhänge bestehen jetzt neben den ursprünglichen Anhängen und können zusammen mit dem
DRV 2018 vereinbart und genutzt werden.

Der im Rahmenvertrag vorgesehen automatische Kündigungsgrund der Insolvenz nach Nr. 7 **56**
Abs. 2 des Rahmenvertrages greift, wenn ein Insolvenzverfahren über das Vermögen einer Partei
beantragt wird und diese Partei entweder den Antrag selbst gestellt hat oder zahlungsunfähig oder sonst
in einer Lage ist, die die Eröffnung eines solchen Verfahrens rechtfertigt. Umfasst ist jetzt mit dem
DRV 2018 ausdrücklich auch, dass eine zuständige Behörde den Antrag gestellt hat. Diese Formulierungen zielen auf Vertragsparteien ab, die dem deutschen Insolvenzrecht unterliegen. Für ausländische
Vertragsparteien ist ggf. die insolvenzrechtliche Anknüpfung anzupassen, sodass die vor-insolvenzrecht-
liche Beendigung sichergestellt ist. Der Bankenverband stellt seinen Mitgliedern Rechtsgutachten zu

Fragen des Insolvenznettings zur Verfügung, die auch verschiedene ausländische Vertragsparteien umfasst. Bei deutschen Banken als Vertragspartner ist davon auszugehen, dass vor Insolvenzantragsstellung ein Moratorium gem. § 46 KWG durch die BaFin verhängt wird. Dieses würde keine automatische Beendigung auslösen, es sei denn, die Parteien ändern die Anknüpfung nach Nr. 7 Abs. 2 des Rahmenvertrages entsprechend ab.

57   Die Kündigung des Rahmenvertrages mit allen unter diesem abgeschlossenen Einzelabschlüssen verlangt das Vorliegen eines wichtigen Grundes gem. Nr. 7 Abs. 1 des Rahmenvertrages.

58   Die automatische Beendigung bzw. Kündigung des Rahmenvertrages mit allen unter diesem abgeschlossenen Einzelabschlüssen führt zur Verrechnung aller Positionen und damit zu einer einheitlichen Ausgleichsforderung (Forderung wegen Nichterfüllung). Die im DRV 2018 enthaltenen Kernbestimmungen dazu (siehe Nr. 8 und Nr. 9 des Rahmenvertrages), die das vertragliche Netting zusammen mit Nr. 7 des Rahmenvertrages regeln, wurden im Hinblick auf die Neufassung des § 104 InsO entworfen. Die wichtigsten Neuerungen sind dabei:

– die Berechnungsmethoden für die Ermittlung der Forderung wegen Nichterfüllung ist anders strukturiert und ist § 104 Abs. 2 InsO weitgehend nachgebildet;
– die für die Berechnung maßgeblichen Zeiträume und Fristen und
– die ausführliche Regelung zur Verrechnung der einzelnen Beträge.

59   Eine Kündigung einzelner oder mehrerer Einzelabschlüsse (Teilkündigung) ist nach Nr. 7 Abs. 1 S. 4 des Rahmenvertrages nicht zulässig. Allerdings bestehen aufgrund des § 104 Abs. 3 InsO keine Bedenken gegen die vertragliche Vereinbarung einer Teilkündigung wegen Vertragsverletzungen, die nicht im Zusammenhang mit einer Insolvenz stehen.[41]

60   Gelegentlich verwenden die Parteien, die nur eine bestimmte Art von Geschäften miteinander tätigen wollen (Zinssatz-Caps, Terminsatzgeschäfte oder Optionen auf den DAX), individuelle Rahmenverträge. Diese orientieren sich oft an dem Wortlaut des Rahmenvertrages und übernehmen inhaltlich zusätzliche Klauseln aus ausländischen Rahmenverträgen oder Musterbedingungen.

61   Auch die Bundesländer verwenden Musterverträge für Zinstermingeschäfte, dh Musterverträge für Zinssatzswaps, Zinssatz-Caps und Termingeschäfte. Der Inhalt der Musterverträge orientiert sich weitgehend am DRV. Die Musterverträge sind nicht zweifelsfrei als Rahmenverträge konstruiert. Ihnen fehlt teilweise die nach § 104 InsO erforderliche Gesamtbeendigungsklausel. Die Gemeinden haben bisher keine Musterverträge oder Musterbedingungen erarbeitet, sondern greifen regelmäßig auf den DRV zurück.

62   **b) ISDA Master Agreements.** Der gebräuchlichste internationale Rahmenvertrag ist der ISDA Rahmenvertrag von 2002 (ISDA 2002) sowie der ISDA Rahmenvertrag von 1992 (ISDA Multicurrency Cross Border Master Agreement) (ISDA1992). Der ISDA 1992 hat das Interest Rate and Currency Exchange Agreement von 1987 mit seinen Anhängen abgelöst. Sowohl der ISDA 2002 als auch der ISDA 1992 werden im Markt regelmäßig alternativ nebeneinander verwendet. Die Rahmenverträge wurden von der International Swaps and Derivatives Association (ISDA) entwickelt. Sie bestehen aus dem Vertragstext des Master Agreements (das einen Anhang (ISDA Schedule) mitumfasst) und den Bedingungen der Einzelabschlussbestätigungen (Confirmations) sowie bestimmten Definitionsbüchern (Definition Booklets). In Bezug auf Zinssatzswaps ist in der Confirmation zu regeln, ob bei negativen Zinsen in Bezug auf den Referenzzinssatz die Partei, die den Festsatz zahlt, eine entsprechende zusätzliche Zahlung zu leisten hat. Mangels abweichender Regelung in der Confirmation ist eine solche Zahlung gemäß der maßgeblichen ISDA Definitions zu leisten.

63   Der ISDA Schedule enthält im Gegensatz zu dem deutschen Rahmenvertrag von 2001 oder 2018 eine Vielzahl zum Teil vorformulierter Wahlmöglichkeiten, insbesondere in Bezug auf Kündigungsgründe, über die sich die Parteien einigen müssen. ISDA stellt seinen Mitgliedern Rechtsgutachten zu Fragen des Insolvenznettings (Netting Opinions) zur Verfügung, die auch verschiedene ausländische Vertragsparteien umfasst. Daneben wird aber oftmals auch über die Aufnahme weiterer von der ISDA vorformulierter Zusätze (zB Aufrechnungsklausel, Sicherheitenstellung) verhandelt. Die Confirmation legt die relevanten Eckdaten der einzelnen Transaktion fest. Die Definitionen dienen der Präzisierung der verwendeten, marktüblichen Begriffe und werden in Nr. 1 und Nr. 14 des Vertragstextes in einem grundsätzlichen Definitionskatalog aufgeführt. Weitere Definitionen werden im Anhang aufgelistet sowie durch Verweis auf Definitionsbücher (vgl. zuletzt „2006 ISDA Definitions") in den Rahmenvertrag miteinbezogen. Sofern eine Besicherung der OTC-Geschäfte vorgenommen werden soll (bzw. nach EMIR werden muss), vereinbaren die Parteien regelmäßig die Geltung eines Besicherungsanhangs (Credit Support Annex (CSA) oder Credit Support Deed (CSD)). Der CSA bzw. CSD gibt verschiedene Wahlmöglichkeiten vor, die die Parteien bei Abschluss des CSA bzw. CSD verhandeln müssen. In Bezug auf Bar- oder Wertpapiersicherheiten wird allerdings beim CSA nicht nur ein Sicherungsrecht eingeräumt, sondern das entsprechende Vollrecht wird übertragen. Daneben wurde von ISDA das ISDA 2014 Collateral Agreement Negative Interest Protocol veröffentlich, das bei

---

[41] Zu dem Thema insgesamt s. BankR-HdB/*Jahn/Reiner* § 114 Rn. 61.

Geltung zwischen zwei Parteien Regelungen zur Behandlung von negativen Zinsbeträgen in Bezug auf die gestellten Barsicherheiten beinhaltet.

Die auf einem ISDA Master Agreement gestützte Vertragsbeziehung zwischen zwei Parteien kann **64** durch den jeweiligen Beitritt zu sogenannten Protokollen, die von ISDA veröffentlicht werden, in Bezug auf die in dem jeweiligen Protokoll behandelten Regelungsinhalte abgeändert werden. Im Bereich der Bankensanierung und -abwicklung sind verschiedene Protokolle veröffentlich worden, so wie beispielsweise verschiedene Resolution Stay und Bail-in Protokolle. Durch diese Protokolle kann vertraglich das vereinbart werden, was die entsprechenden Gesetze der Bankensanierung und -abwicklung vorsehen. Dies ist dann empfehlenswert bzw. erforderlich, wenn das gewählte Vertragsrecht oder der Gerichtsstand nicht mit der dem relevanten Gesetz der Bankensanierung und -abwicklung zugrundeliegenden Rechtsordnung übereinstimmt. Im Hinblick auf die Verpflichtungen für nicht-geclearte OTC-Derivate unter EMIR sind die dafür veröffentliche Protokolle zu beachten. Zuletzt kann das ISDA 2018 Benchmarks Supplement Protocol erwähnt werden, das im Hinblick auf die EU Benchmark-Verordnung[42] gewisse Anforderungen im Fall der wesentlichen Veränderung oder Einstellung eines Index aufgreift.

Als maßgebliches Recht kann für den ISDA 2002 und den ISDA 1992 englisches Recht oder das **65** Recht des Staates New York vereinbart werden. Im Zusammenhang mit den Erwägungen hinsichtlich eines Austritts Englands aus der EU (Brexit) wurden von ISDA zwei weitere Master Agreements entwickelt, die in einem Fall französischem Recht und im anderen Fall irischem Recht unterliegen.

c) Vorrang verschiedener gesetzlicher Bestimmungen. Im Januar 2011 ist das Restrukturie- **66** rungsgesetz in Kraft getreten, das ua das Kreditinstitute-Reorganisationsgesetz (KredReorgG) als auch Änderungen zum KWG enthält. Danach eröffnen sich Möglichkeiten eines Sanierungsverfahrens, eines Reorganisationsverfahrens oder einer Übertragungsanordnung im Fall einer Krise bei einer Bank.

Bei einem Reorganisationsverfahrens gem. §§ 7 ff. KredReorgG sind nach § 13 KredReorgG **67** Kündigungsrechte auch bezüglich OTC-Derivatverträge für einen gewissen Zeitraum suspendiert.[43] Sofern der Vertrag – wie ein ISDA Master Agreement – einem ausländischen Recht und Gerichtsstand unterliegt und ein Kündigungsgrund erfüllt sein sollte (ggf. der zu vereinbarende Kündigungsgrund des Beginns eines Reorganisationsverfahrens), ist die Wirksamkeit der Kündigung von der Beachtung des deutschen Restrukturierungsgesetzes durch das zuständige ausländische Gericht abhängig.[44] Ob allerdings im Rahmen der Vollstreckung ein deutsches Gericht ein Urteil, das ohne Berücksichtigung des deutschen Restrukturierungsgesetzes ergangen ist, beachtet, ist fraglich (vgl. Art. 45 Brüssel Ia-VO[45] bzw. §§ 328, 722 ZPO).

Allerdings wurden die §§ 48a–48s KWG bezüglich der Maßnahmen gegenüber Kreditinstituten bei **68** Gefahren für die Stabilität des Finanzsystems bereits wieder durch das BRRD-Umsetzungsgesetz aufgehoben.[46] Das BRRD-Umsetzungsgesetz dient der Umsetzung der BRRD.[47] Ein wesentlicher Bestandteil des BRRD-Umsetzungsgesetzes ist das SAG, welches im Januar 2015 in Kraft getreten ist.[48]

Neben der BRRD hat die EU einen einheitlichen Aufsichtsmechanismus (*Single Supervisory Mecha-* **69** *nism* – SSM) und einen einheitlichen Abwicklungsmechanismus (*Single Resolution Mechanism* – SRM) beschlossen. Die SRM-Verordnung[49] ist die Grundlage für den SRM.[50] Der Ausschuss für eine einheitliche Abwicklung (*Single Resolution Board* – Ausschuss) ist zuständig für das Erstellen von

---

[42] ABl. 2016 L 171, 1 ff. „Verordnung (EU) 2016/1011 des Europäischen Parlaments und des Rates vom 8. Juni 2016 über Indizes, die bei Finanzinstrumenten und Finanzkontrakten als Referenzwert oder zur Messung der Wertentwicklung eines Investmentfonds verwendet werden, und zur Änderung der Richtlinien 2008/48/EG und 2014/17/EU sowie der Verordnung (EU) Nr. 596/2014 (EU Benchmark-Verordnung)".

[43] Boos/Fischer/Schulte-Mattler/*Fridgen* KredReorgG § 13 Rn. 2; RegE BT-Drs. 17/3024, 85; *Obermüller* NZI 2011, 81 (89); *Lorenz* NZG 2010, 1046 (1050).

[44] Vgl. *Obermüller* NZI 2011, 81 (90).

[45] VO (EU) Nr. 1215/2012.

[46] BGBl. 2014 I 2091 ff. „Gesetz zur Umsetzung der Richtlinie 2014/59/EU des Europäischen Parlaments und des Rates vom 15. Mai 2014 zur Festlegung eines Rahmens für die Sanierung und Abwicklung von Kreditinstituten und Wertpapierfirmen und zur Änderung der Richtlinie 82/891/EWG des Rates, der Richtlinien 2001/24/EG, 2002/47/EG, 2005/56/EG, 2007/36/EG, 2011/35/EU, 2012/30/EU und 2013/36/EU sowie der Verordnungen (EU) Nr. 1093/2010 und (EU) Nr. 648/2012 des Europäischen Parlaments und des Rates" (BRRD-Umsetzungsgesetz) vom 10.12.2014.

[47] ABl. 2014 L 173, 190 ff. „Richtlinie 2014/59/EU des Europäischen Parlaments und des Rates vom 15.5.2014 zur Festlegung eines Rahmens für die Sanierung und Abwicklung von Kreditinstituten und Wertpapierfirmen und zur Änderung der Richtlinie 82/891/EWG des Rates, der Richtlinien 2001/24/EG, 2002/47/EG, 2004/25/EG, 2005/56/EG, 2007/36/EG, 2011/35/EU, 2012/30/EU und 2013/36/EU sowie der Verordnungen (EU) Nr. 1093/2010 und (EU) Nr. 648/2012 des Europäischen Parlaments und des Rates" (BRRD).

[48] BGBl. 2014 I 2091 ff. Gesetz zur Sanierung und Abwicklung von Instituten und Finanzgruppen (Sanierungs- und Abwicklungsgesetz – SAG) vom 10.12.2014.

[49] VO (EU) Nr. 806/2016.

[50] S. auch *Geier* in Jahn/Schmitt/Geier, Handbuch Bankensanierung und -abwicklung, 1. Aufl. 2016, Teil B. I. Rn. 24 ff.

Abwicklungskonzepten, die durch entsprechende Maßnahmen der nationalen Abwicklungsbehörden auf Basis der BRRD und im Fall der BaFin auch des SAG umgesetzt werden.

70 Im Anwendungsbereich der SRM-Verordnung befinden sich ua CRR-Kreditinstitute und der Ausschuss für eine einheitliche Abwicklung ist ua dann zuständig, wenn die EZB das CRR-Kreditinstitut direkt beaufsichtigt.

71 Sofern der Ausschuss für eine einheitliche Abwicklung nicht zuständig sein sollte, ist die nationale Abwicklungsbehörde gemäß der SRM-Verordnung für das Erstellen von Abwicklungskonzepten zuständig. Auch in diesem Fall erfolgt die Umsetzung durch entsprechende Maßnahmen der nationalen Abwicklungsbehörden auf Basis der BRRD und im Fall der BaFin auch des SAG.

72 Das SAG findet nur außerhalb des Anwendungsbereichs der SRM-Verordnung direkt Anwendung. Für Gesellschaften, welche in den Anwendungsbereich des SAG fallen und nicht in den Anwendungsbereich der SRM-Verordnung, kann die BaFin als Abwicklungsbehörde bei Vorliegen der Abwicklungsvoraussetzungen der §§ 62 ff. SAG verschiedene Abwicklungsmaßnahmen treffen.

73 Eine solche Abwicklungsmaßnahme kann die Übertragung von Anteilen, Vermögenswerten, Verbindlichkeiten und Rechtsverhältnissen auf ein Brückeninstitut oder auf eine Vermögensverwaltungsgesellschaft oder eine Übertragung im Rahmen einer Unternehmensveräußerung sein.

74 Weiterhin kann die BaFin Zahlungs- und Lieferverpflichtungen (§ 82 SAG) sowie die Durchsetzung von Sicherungsrechten (§ 83 SAG) und von Beendigungsrechten (§ 84 SAG) für eine kurze Periode aussetzen. Dies erstreckt sich auch auf eine im Rahmenvertrag geregelte automatische Beendigung, die ohne Kündigungserklärung zur Beendigung führen würde.

75 Eine weitere mögliche Abwicklungsmaßnahme ist die Umwandlung von berücksichtigungsfähigen Verbindlichkeiten in Instrumente des harten Kernkapitals bzw. die Herabschreibung des Nennwertes solcher Verbindlichkeiten nach § 90 SAG (Instrument der Gläubigerbeteiligung/Bail-In). In diesem Zusammenhang ist zu beachten, dass besicherte Verbindlichkeiten gem. § 91 Abs. 2 Nr. 2 SAG von einem Bail-In ausgenommen sind. Des Weiteren erfordert ein Bail-In von Verbindlichkeiten aus Derivaten die Glattstellung der Derivate, wozu die BaFin nach § 93 Abs. 2 SAG befugt ist. Unterliegen die Derivate einer Saldierungsvereinbarung, so ermittelt die BaFin oder ein unabhängiger Sachverständiger den Nettowert der Verbindlichkeiten gem. § 93 Abs. 3 und Abs. 4 SAG, der nicht identisch mit dem Nettowert sein wird, der sich aus der Anwendung des vertraglichen Close-out Nettings ergeben würde.

76 Auch im Kontext des SAG ist zu beachten, dass, sofern der Vertrag – wie ein ISDA Master Agreement – dem Recht oder dem Gerichtsstand eines Drittstaates aus EU Sicht unterliegt und eine Maßnahme durch die BaFin getroffen wird, die Wirksamkeit der Maßnahme von der Beachtung des SAG durch das zuständige ausländische Gericht abhängig ist.[51] Ob allerdings im Rahmen der Vollstreckung ein deutsches Gericht ein Urteil, das ohne Berücksichtigung des SAG ergangen ist, beachtet, ist fraglich (vgl. Art. 45 Brüssel Ia-VO bzw. §§ 328, 722 ZPO).

77 Zuletzt ist § 46 Abs. 1 KWG bei Gefahr für die Erfüllung von Verpflichtungen eines Instituts gegenüber seinen Gläubigern zu nennen. Die danach möglichen Maßnahmen wie insbesondere ein Moratorium nach § 46 Abs. 1 S. 2 Nr. 4 KWG, also ein vorübergehendes Veräußerungs- und Zahlungsverbot, können durch die BaFin unabhängig von den oben angeführten Maßnahmen nach SAG, SRM oder dem deutschen Restrukturierungsgesetz angeordnet werden.[52] Im Zusammenhang mit Rahmenverträgen wie einem DRV oder einem ISDA kann ein Moratorium ggf. ein Beendigungsgrund darstellen und im Fall der Beendigung ggf. das Close-out Netting verhindern. Der BGH hat das Moratorium als vorübergehendes Leistungshindernis eingestuft und abgelehnt, dass ein Moratorium eine Stundung der Forderungen Dritter bewirkt.[53]

78 **d) Exkurs: Rechtsprechung zur AGB-rechtlichen Klauselkontrolle sowie zur Beratungshaftung.** In den vergangenen Jahren hat sich – ua im Nachgang zur Finanzkrise – auch die Rechtsprechung immer wieder mit Rechtsfragen zum DRV oder auf der Grundlage des DRV abgeschlossenen Geschäfte befasst.

79 Dabei hat einerseits die AGB-rechtliche Klauselkontrolle eine Rolle gespielt. Verschiedene Gerichtsentscheidungen haben herausgestellt, dass die typischerweise in Swapverträgen verwendeten Vertragsklauseln Allgemeine Geschäftsbedingungen darstellen können und die Möglichkeit eines Verstoßes gegen die §§ 305 ff. BGB besteht.[54] In der Rechtsprechung hat auch die Frage einer Verletzung des

---

[51] Vgl. *Obermüller* NZI 2011, 81 (90).

[52] S. auch *Geier* in Jahn/Schmitt/Geier, Handbuch Bankensanierung und -abwicklung, 1. Aufl. 2016, Teil B. I. Rn. 72.

[53] S. auch *Fried* in Zerey, Finanzderivate, 4. Aufl. 2016, § 17 Rn. 68 ff.

[54] OLG Frankfurt a. M. Urt. v. 30.12.2009 – 23 U 175/08, ZIP 2010, 921 (922); vgl. auch OLG München Urt. v. 22.10.2012 – 19 U 672/12, WM 2013, 369 ff.; LG Düsseldorf Urt. v. 28.3.2013 – 8 O 43/12; LG Düsseldorf Urt. v. 28.3.2013 – 8 O 362/11; LG Düsseldorf Urt. v. 6.9.2013 – 8 O 324/11; LG Düsseldorf Urt. v. 6.9.2013 – 8 O 442/11; LG Düsseldorf Urt. v. 6.9.2013 – 8 O 20/12, LG Münster Urt. v. 5.2.2013 – 114 O 106/11; Zweifelnd hingegen OLG Hamm Urt. v. 10.11.2010 – 31 U 121/08, BKR 2011, 68. Gegen das Vorliegen von AGB LG Wuppertal Urt. v. 27.6.2012 – 3 O 67/12, BeckRS 2012, 19967.

Transparenzgebotes durch Berechnungsklauseln in Swapverträgen eine Rolle gespielt.[55] Der BGH hat die Frage in seiner Entscheidung zu einem *CMS Spread Ladder Swap* offen gelassen.[56]

Daneben hat die Rspr. sich in den letzten Jahren immer wieder mit den Aufklärungs- und **80** Beratungspflichten bei Swapgeschäften beschäftigt. Einerseits hatte der BGH in seiner Entscheidung zu einem *CMS Spread Ladder Swap* aus dem Jahr 2011 für die Ausgestaltung einer anlegergerechten Beratung herausgestellt, dass bei komplexen Swapgeschäften die berufliche Qualifikation keinen Schluss auf die Kenntnisse des Anlegers von den spezifischen Gefahren des empfohlenen Swaps zulasse. Ebenso könne aus etwaigen vorhandenen Vorkenntnissen nicht auf die konkrete Risikobereitschaft des Anlegers geschlossen werden.[57] Andererseits hatten die Richter des XI. Zivilsenats betont, dass bei komplexen Anlageprodukten wie einem *CMS Spread Ladder Swap* die beratende Bank gewährleisten müsse, dass der Anleger im Hinblick auf das Risiko des Geschäftes im Wesentlichen den gleichen Kenntnis- und Wissensstand hat wie die beratende Bank.[58] Grundsätzlich sei im Übrigen nicht über die Gewinnmarge der Bank aufzuklären. Bei Vorliegen besonderer Umstände – wie bei dem *CMS Spread Ladder Swap* in Folge der von der Bank abgeschlossenen Hedgegeschäfte – sei aber über den anfänglichen Marktwert des Swapgeschäfts unter dem Gesichtspunkt eines schwerwiegenden Interessenkonflikts aufzuklären.[59] Nach der Entscheidung des BGH war lange Zeit unklar, auf welche Geschäfte die dort entwickelten Aufklärungspflichten Anwendung finden. In seiner Entscheidung aus dem Jahr 2015 sorgte der XI. Zivilsenat dann für Klarheit und entschied, dass in Fällen, in denen zwischen Bank und Kunde zumindest konkludent ein Beratungsvertrag geschlossen wurde und die beratende Bank gleichzeitig auch Vertragspartner des Swapgeschäfts ist, eine Aufklärungspflicht über den anfänglich negativen Marktwert unter dem Gesichtspunkt des schwerwiegenden Interessenskonflikts grundsätzlich bei **allen Swapgeschäften**, unabhängig von deren Struktur bzw. Komplexität, besteht.[60] Die Aufklärungspflicht umfasse auch die Verpflichtung zur Mitteilung der **konkreten Höhe** des anfänglich negativen Marktwerts.[61] Eine solche Aufklärungspflicht bestehe nur dann nicht, wenn das Swapgeschäft der Absicherung gegenläufiger Zins- oder Währungsrisiken aus konnexen Grundgeschäften diene.[62] In seiner Entscheidung aus dem Jahr 2016 konkretisierte der BGH seine Rspr. dahingehend, dass eine solche Absicherung nur dann vorliege, wenn der Kunde mit der beratenden und den Swap-Vertrag abschließenden Bank einen Darlehensvertrag abschließt, der Nominalbetrag und die Laufzeit des Swap-Geschäfts der Summe und Laufzeit des Darlehens entsprechen oder diese jedenfalls nicht übersteigen und die Zahlungspflichten der Bank aus dem Swap-Geschäft exakt den Zahlungspflichten des Kunden aus dem Darlehensvertrag entsprechen.[63] Demgegenüber hat der BGH

---

[55] So hat zB das LG Frankfurt a. M. Urt. v. 10.3.2008 – 2–4 O 388/06, ZIP 2008, 1228 (aufgehoben durch OLG Frankfurt a. M. Urt. v. 29.7.2009 – 23 U 76/08, WM 2009, 1563) einen Verstoß angenommen, wohingegen in der Folge ua das OLG Frankfurt a. M. Urt. v. 29.7.2009 – 23 U 76/08, WM 2009, 1563 und Urt. v. 27.12.2010 – 16 U 96/10, das OLG Hamm Urt. v. 10.11.2010 – 31 U 121/08, BKR 2011, 68 (73) und das OLG Bamberg Urt. v. 11.5.2009 – 4 U 92/08, BKR 2009, 288 ff., das LG Münster Urt. v. 5.2.2013 – 114 O 106/11, BeckRS 2014, 8603 sowie das LG Köln Urt. v. 27.3.2013 – 3 O 459/10, BKR 2013, 521 (523) einen Verstoß verneint haben.

[56] BGH Urt. v. 22.3.2011 – XI ZR 33/10, NJW 2011, 1949 = WM 2011, 682 (684).

[57] BGH Urt. v. 22.3.2011 – XI ZR 33/10, NJW 2011, 1949 = WM 2011, 682.

[58] BGH Urt. v. 22.3.2011 – XI ZR 33/10, NJW 2011, 1949 = WM 2011, 682; in einem Urteil aus dem Jahr 2015 hat der BGH (Urt. v. 20.1.2015 – XI ZR 316/13, NJW 2015, 1095 = ZIP 2015, 572) betont, dass die Erkundigungspflicht der beratenden Bank nach den Vorkenntnissen und der Risikobereitschaft des Kunden dann entfallen kann, wenn die Bank diese Umstände aus einer langjährigen Geschäftsbeziehung mit dem Kunden bzw. aus seinem vorherigen Anlageverhalten kennt. Auch wenn der Kunde selbst mit deutlichen Vorstellungen von dem gewünschten Anlagegeschäft an die Bank herantritt, bedürfe es in der Regel keiner Ermittlung des Wissensstandes des Kunden bzw. keiner Erläuterung aller in Betracht zu ziehenden Anlagemöglichkeiten mehr.

[59] BGH Urt. v. 22.3.2011 – XI ZR 33/10, NJW 2011, 1949 = WM 2011, 682.

[60] BGH Urt. v. 28.4.2015 – XI ZR 378/13, NJW 2015, 2248 = WM 2015, 1273 = ZIP 2015, 1276; bestätigt durch BGH Urt. v. 15.3.2016 – XI ZR 208/15; BGH Urt. v. 22.3.2016 – XI ZR 425/14, NJW 2016, 2949 = ZIP 2016, 961 = WM 2016, 821; BGH Urt. v. 22.3.2016, XI ZR 93/15 = NJW-RR 2016, 1063; BGH Urt. v. 12.7.2016 – XI ZR 150/15, BKR 2016, 482; BGH Urt. v. 26.7.2016 – XI ZR 351/14, XI ZR 352/14, XI ZR 353/14, XI ZR 354/14, XI ZR 356/14; BGH Urt. v. 25.10.2016 – XI ZR 292/14 = GWR 2017, 54; BGH Urt. v. 7.2.2017 – XI ZR 379/14, GWR 2017, 163; BGH Urt. v. 20.2.2018 – XI ZR 65/16, BKR 2018, 338.

[61] BGH Urt. v. 28.4.2015 – XI ZR 378/13, NJW 2015, 2248 = WM 2015, 1273 = ZIP 2015, 1276; bestätigt durch BGH Urt. v. 15.3.2016 – XI ZR 208/15; BGH Urt. v. 22.3.2016 – XI ZR 425/14, NJW 2016, 2949 = ZIP 2016, 961 = WM 2016, 821; BGH Urt. v. 22.3.2016, XI ZR 93/15 = NJW-RR 2016, 1063; BGH Urt. v. 12.7.2016 – XI ZR 150/15, BKR 2016, 482; BGH Urt. v. 26.7.2016 – XI ZR 351/14, XI ZR 352/14, XI ZR 353/14, XI ZR 354/14, XI ZR 356/14; BGH Urt. v. 25.10.2016 – XI ZR 292/14 = GWR 2017, 54; BGH Urt. v. 7.2.2017 – XI ZR 379/14, GWR 2017, 163; BGH Urt. v. 20.2.2018 – XI ZR 65/16, BKR 2018, 338.

[62] BGH Urt. v. 28.4.2015 – XI ZR 378/13 NJW 2015, 2248 = WM 2015, 1273 = ZIP 2015, 1276; bestätigt durch BGH Urt. v. 15.3.2016 – XI ZR 208/15; BGH Urt. v. 22.3.2016 – XI ZR 425/14, NJW 2016, 2949 = ZIP 2016, 961 = WM 2016, 821; BGH Urt. v. 22.3.2016, XI ZR 93/15 = NJW-RR 2016, 1063; BGH Urt. v. 12.7.2016 – XI ZR 150/15, BKR 2016, 482; BGH Urt. v. 26.7.2016 – XI ZR 351/14, XI ZR 352/14, XI ZR 353/14, XI ZR 354/14, XI ZR 356/14; BGH Urt. v. 25.10.2016 – XI ZR 292/14 = GWR 2017, 54; BGH Urt. v. 7.2.2017 – XI ZR 379/14, GWR 2017, 163; BGH Urt. v. 20.2.2018 – XI ZR 65/16, BKR 2018, 338.

[63] BGH Urt. v. 22.3.2016, XI ZR 425/14 = NJW 2016, 2949 = ZIP 2016, 961 = WM 2016, 821; bestätigt durch BGH Urt. v. 12.7.2016 – XI ZR 150/15, BKR 2016, 482; vgl. zur Kritik an dieser Rspr. *Bausch* BKR 2016, 296.

in einer weiteren Entscheidung aus dem Jahr 2015 betont, dass in Fällen, in denen die beratende Bank nicht auch gleichzeitig Vertragspartnerin des Swapgeschäftes ist, mangels Interessenkonflikts eine Aufklärungspflicht über den anfänglich negativen Marktwert nicht existiert.[64] Der XI. Zivilsenat hat in dieser Entscheidung allerdings auch hervorgehoben, dass eine Aufklärungspflicht über den anfänglich negativen Marktwert unter dem Gesichtspunkt der objektgerechten Beratung unabhängig davon, ob die beratende Bank auch Vertragspartnerin des Swapgeschäfts ist, immer dann besteht, wenn die Gewinnchancen des Swapgeschäfts nachhaltig durch übermäßige Kosten- und Gewinnbestandteile beeinträchtigt werden.[65] Seine im Zweipersonen-Verhältnis sehr weitgehende Rechtsprechung zur Haftung von Banken bei Abschluss von Swap-Verträgen schränkt der XI. Zivilsenat mittlerweile dadurch ein, dass er von den Instanzgerichten konkrete Feststellungen zum Abschluss der meist nur konkludent vereinbarten Beratungsverträge zwischen Bank und Kunde für jedes einzelne Swap-Geschäft verlangt und dem Rahmenvertrag keine Beratungspflicht der Bank entnimmt.[66] Zudem lässt der BGH im Rahmen der Kausalität eine Haftung auch dann entfallen, wenn der Kunde – ohne die konkrete Höhe zu kennen – wusste, dass die Bank durch den Abschluss des Swap-Geschäfts eine Marge erhält und deshalb nach den Umständen des Einzelfalls darauf geschlossen werden kann, dass der Kunde das Swap-Geschäft auch in Kenntnis der konkreten Höhe des anfänglich negativen Marktwerts abgeschlossen hätte.[67]

81   Für Verträge mit ausländischem Schuldstatut finden die Regelungen zu Allgemeinen Geschäftsbedingungen iSd §§ 305 ff. BGB nur unter den Voraussetzungen des Art. 46b EGBGB Anwendung. Sofern die Voraussetzungen des Art. 46b EGBGB nicht vorliegen, ist eine Inhaltskontrolle anhand des § 307 BGB nur im Falle der Wahl deutschen Rechts möglich.

82   Rahmenverträge, die New Yorker Recht unterliegen, insbesondere die ISDA Master Agreements, sind ausschließlich anhand des Uniform Commercial Code (UCC) zu überprüfen. Im Falle der Vereinbarung englischen Rechts richtet sich die Inhaltskontrolle nach dem Unfair Contract Terms Act 1977 (UCTA) sowie dem Misrepresentation Act 1967. Die dort gefundenen Ergebnisse können auch für die AGB-rechtliche Prüfung der Unangemessenheit einzelner Bestimmungen wertvolle Indizien liefern bzw. zur Kontrolle getroffener Wertungen herangezogen werden.

IV. Derivate in der Insolvenz (Liquidationsnetting)

83   **1. Einleitung und Finanzleistungen iSv § 104 Abs. 1 InsO.** Die gesetzlichen Rahmenbedingungen für die Behandlung von Derivaten in der Insolvenz ergeben sich seit der Einführung der Insolvenzordnung im Jahre 1994 insbesondere aus § 104 InsO aF. § 104 InsO aF regelte primär das gesetzliche Liquidationsnetting. Indirekt wurden damit allerdings auch vertragliche Nettingvereinbarungen umfasst, sofern die wesentlichen Prinzipien aus § 104 InsO aF Beachtung fanden. Der zulässige Gestaltungsspielraum für das vertragliche Liquidationsnetting war jedoch damit nicht klar festgelegt und ein Spannungsverhältnis zu § 119 InsO bestand. Im Juni 2016 erklärte der BGH[68] vertragliche Liquidationsnetting-Klauseln in Finanztermingeschäften für unwirksam, soweit sie von § 104 Abs. 2 und 3 InsO aF abwichen. Am Tag des Urteils des BGH erließ die BaFin eine Allgemeinverfügung, um Gefahren für die Stabilität des Finanzsystems abzuwenden.[69] Die Allgemeinverfügung besagte, dass vereinbarte Liquidationsnetting-Klauseln vereinbarungsgemäß abzuwickeln seien. Am 29.12.2016 trat dann der geänderte § 104 InsO in Kraft. Am ursprünglichen Regelungskonzept wurde festgehalten, allerdings wurden für die vertraglichen Liquidationsnetting-Klauseln die für sie geltenden Rahmenbedingungen festgeschrieben und Gestaltungsspielräume konkretisiert. Dabei kann festgehalten werden, dass die Neufassung in der Sache keine wesentlichen inhaltlichen Neuerungen oder Änderungen mit sich gebracht haben.[70]

84   Als Finanzleistung nach § 104 Abs. 1 InsO gelten insbesondere (i) die Lieferung von Finanzinstrumenten, (ii) Geldleistungen, die durch eine Währung oder einen Zinssatz bestimmt werden, (iii) Geldleistungen aus derivativen Finanzinstrumenten, (iv) Optionen auf die Lieferung oder Geldleistungen auf Finanzinstrumente und (v) Finanzsicherheiten iSd § 1 Abs. 17 KWG. Finanzinstrumente sind dabei die in Anhang I Abschnitt C der MiFID genannten Instrumente. Darunter fallen übertrag-

---

[64] BGH Urt. v. 20.1.2015 – XI ZR 316/13, NJW 2015, 1095 = ZIP 2015, 572.

[65] BGH Urt. v. 20.1.2015 – XI ZR 316/13, NJW 2015, 1095 = ZIP 2015, 572, bestätigt durch BGH Urt. v. 22.3.2016 – XI ZR 425/14, NJW 2016, 2949 = ZIP 2016, 961 = WM 2016, 821.

[66] BGH Urt. v. 28.4.2015 – XI ZR 378/13, NJW 2015, 2248 = WM 2015, 1273 = ZIP 2015, 1276; bestätigt durch BGH Urt. v. 12.7.2016 – XI ZR 150/15, BKR 2016, 482; BGH Urt. v. 26.7.2016 – XI ZR 351/14, XI ZR 352/14, XI ZR 353/14, XI ZR 354/14, XI ZR 356/14; BGH Urt. v. 7.2.2017 – XI ZR 379/14, GWR 2017, 163; BGH Urt. v. 20.2.2018 – XI ZR 65/16, BKR 2018, 338.

[67] BGH Urt. v. 28.4.2015 – XI ZR 378/13, NJW 2015, 2248 = WM 2015, 1273 = ZIP 2015, 1276; bestätigt durch BGH Urt. v. 22.3.2016 – XI ZR 425/14, NJW 2016, 2949 = ZIP 2016, 961 = WM 2016, 821; BGH Urt. v. 12.7.2016 – XI ZR 150/15, BKR 2016, 482; BGH Urt. v. 26.7.2016 – XI ZR 351/14, XI ZR 352/14, XI ZR 353/14, XI ZR 354/14, XI ZR 356/14.

[68] BGH Urt. v. 9.6.2016 – IX ZR 314/14, WM 2016, 1168 Rn. 56.

[69] S. dazu auch *Lehmann/Flöther/Gurlit* WM 2017, 597 (597).

[70] FK-InsO/*Bornemann* InsO 104 Rn. 4.

bare Wertpapiere, verschiedenste Optionen, Terminkontrakte und Swaps auf verschiedene Basiswerte, Kreditderivate, finanzielle Differenzgeschäfte sowie Emissionszertifikate.

2. Rechtsfolgen der Insolvenz nach § 104 InsO. a) Gesetzliche Grundregel. Die Regelung 85 des § 104 InsO ist anwendbar auf Verträge über Finanzleistungen, die einen Markt- oder Börsenpreis haben.[71] Wann ein Börsenpreis vorliegt, ergibt sich aus der Legaldefinition des § 24 Abs. 1 S. 1 BörsG. Für das Vorliegen eines Marktpreises genügt es, wenn der Preis auf dem Markt oder anhand anderer Kriterien objektiv feststellbar ist, dh es muss sich um „echte" Preise handeln, zu denen eine Ersatzbeschaffung prinzipiell auch möglich wäre.[72] Einen Marktwert gibt es damit insbesondere auch beim OTC-Handel.[73] Ferner muss es sich um ein Termingeschäft handeln, bei dem erst zu einem hinausgeschobenen Zeitpunkt geliefert und bezahlt werden muss. Dabei kommt es für die Anwendbarkeit des § 104 InsO darauf an, dass die bestimmte Zeit oder vereinbarte Frist erst nach dem Zeitpunkt der Verfahrenseröffnung eintritt oder abläuft. Erfasst werden nicht nur börsengängige Finanzinstrumente, sondern auch OTC-Instrumente.

§ 104 InsO ist nicht als *lex specialis* zu § 103 InsO zu sehen, sondern als eine ergänzende Vorschrift 86 mit überwiegend überlappendem Anwendungsbereich. Um von § 104 InsO umfasst zu sein, ist es daher weder erforderlich, dass es sich um einen beidseitig nicht vollständig erfüllten gegenseitigen Vertrag handelt, noch muss es sich überhaupt um einen gegenseitigen Vertrag handeln.[74] In zeitlicher Hinsicht treten die Wirkungen des § 104 InsO mit der Stunde der Eröffnung des Insolvenzverfahrens ein (§ 27 Abs. 2 Nr. 3, Abs. 3 InsO). Dagegen findet die Regelung im Eröffnungsverfahren noch keine Anwendung, und zwar unabhängig davon, ob ein starker (dh mit Bestellung wird dem Schuldner ein allgemeines Verfügungsverbot auferlegt, § 22 Abs. 1 InsO) oder schwacher vorläufiger Insolvenzverwalter eingesetzt wurde.[75]

Die Eröffnung des Insolvenzverfahrens bewirkt zunächst, dass Finanzleistungen, bei denen das 87 insolvente Unternehmen Vertragspartner ist, kraft Gesetzes fällig gestellt und beendet werden (§§ 41 Abs. 1, 104 InsO). Beendigung bedeutet, dass die gegenseitigen Erfüllungsansprüche kraft Gesetzes erlöschen, sodass der Insolvenzverwalter kein Wahlrecht hat, wie es im Normalfall für gegenseitige Verträge (§ 103 InsO) vorgesehen ist.[76] Diese Umwandlung in ein Abrechnungsgeschäft erfolgt definitiv, dh sie hat selbst dann Bestand, wenn der Eröffnungsbeschluss später wieder aufgehoben wird.[77]

Nach welcher Formel die Abrechnung des Geschäfts erfolgt, ist in § 104 Abs. 2 InsO geregelt. 88 Sofern ein Ersatzgeschäft ausgeführt wird, ist der Markt- oder Börsenpreis des Ersatzgeschäfts maßgeblich. Dieses muss unverzüglich, spätestens jedoch am fünften Werktag nach Eröffnung des Verfahrens abgeschlossen sein. Sofern kein Ersatzgeschäft ausgeführt wird, ist entscheidend der Unterschied zwischen dem vereinbarten Preis und dem Markt- oder Börsenpreis für ein Ersatzgeschäft, das am zweiten Werktag nach Eröffnung des Verfahrens hätte abgeschlossen werden können. Sofern das Marktgeschehen den Abschluss eines Ersatzgeschäfts in beiden obigen Varianten nicht zulässt, ist der Markt- und Börsenwert nach Methoden und Verfahren zu bestimmen, die Gewähr für eine angemessene Bewertung des Geschäfts bieten. Im Zuge der Abrechnung entsteht ein unmittelbar fälliger, einseitiger Differenzschadensersatzanspruch wegen Nichterfüllung zugunsten derjenigen Partei, die durch das Geschäft begünstigt ist. Aus der Formulierung „nur als Insolvenzgläubiger" in § 104 Abs. 5 InsO folgt, dass es sich bei dem Schadensersatzanspruch nicht um eine Masseschuld (§ 55 InsO), sondern um eine Insolvenzforderung handelt.[78]

Da § 104 InsO die Basis dafür schafft, dass alle noch nicht erfüllten Ansprüche aus bestehenden 89 Geschäften über Finanzleistungen zwischen zwei Vertragsparteien aufgerechnet werden können, kann der Schadensersatzanspruch mit einem Anspruch des Insolvenzschuldners gegen die nicht insolvente Partei aufgerechnet werden. In diesem Zusammenhang ist darauf hinzuweisen, dass § 104 Abs. 2 InsO eine Aufrechnungslage nur schafft; um diese zu vollziehen, bedarf es einer Erklärung nach § 388 BGB. Diese kann in einer antizipierten Aufrechnungsvereinbarung enthalten sein.[79] Diese Erklärung kann in zulässiger Weise unter die Bedingung der Eröffnung des Insolvenzverfahrens gestellt werden, da es sich insoweit um eine Rechtsbedingung handelt, die nicht im Widerspruch zu § 388 S. 2 BGB steht.

Während § 104 InsO eine Aufrechnungslage schafft, also die Aufrechnung grundsätzlich ermöglicht, 90 richtet sich ihre Zulässigkeit nach den §§ 94 ff. InsO. Die in § 95 Abs. 1 S. 3 InsO und § 96 Abs. 1 InsO geregelten Aufrechnungsverbote stehen aber gemäß § 96 Abs. 2 InsO nicht der Verrechnung von Ansprüchen und Leistungen aus Überweisungs-, Zahlungs- und Übertragungsverträgen entgegen, die

---

[71] MüKoInsO/*Fried* InsO § 104 Rn. 106; ausf. hierzu Uhlenbruck/*Knof* InsO § 104 Rn. 47.
[72] MüKoInsO/*Fried* InsO § 104 Rn. 118.
[73] *Ehricke* ZIP 2003, 273 (275;); Kübler/Prütting/Bork/*v. Wilmowsky* InsO § 104 Rn. 62.
[74] FK-InsO/*Bornemann* InsO 104 Rn. 39.
[75] Eine analoge Anwendung des § 104 InsO auf die Situation, dass ein vorläufiger Insolvenzverwalter bestellt wurde, schlägt insbesondere *Ericke* vor, ZIP 2003, 273 (277 f.).
[76] Uhlenbruck/*Knof* InsO § 104 Rn. 69.
[77] *Ehricke* ZIP 2003, 273 (277).
[78] *Ehricke* ZIP 2003, 273 (277); MüKoInsO/*Fried* InsO § 114 Rn. 266.
[79] *Ehricke* ZIP 2003, 273 (277).

in ein System iSv § 1 Abs. 16 KWG eingebracht wurden, das der Ausführung solcher Verträge dient, sofern die Verrechnung spätestens am Tage der Eröffnung des Insolvenzverfahrens erfolgt.[80] Durch diese Regelung wird bei Verrechnung in Zahlungssystemen gewährleistet, dass auch nach Verfahrenseröffnung bis zum Ende des Tages der Eröffnung die Tilgungswirkung uneingeschränkt eintreten kann. Die Regelung des § 96 Abs. 2 InsO ist insbesondere im Hinblick auf das Aufrechnungsverbot nach § 96 Abs. 1 Nr. 3 InsO bedeutsam. Die Verrechnung in Zahlungssystemen könnte nämlich eine inkongruente Deckung darstellen, die ein Anfechtungsrecht nach § 96 Abs. 1 Nr. 3 InsO begründen würde. Das reibungslose Funktionieren der Abrechnung in Zahlungssystemen wird ferner durch § 147 S. 2 InsO sichergestellt. Darin wird die Anfechtung in Bezug auf jene Rechtshandlungen ausgeschlossen, die den in § 96 Abs. 2 InsO genannten Rechtshandlungen zugrunde liegen.

91 **b) Regelung bei Bestehen eines Rahmenvertrages (Close-Out Netting).** Sind mehrere Geschäfte über Finanzleistungen in einem Rahmenvertrag zusammengefasst, so greift die Spezialregelung des § 104 Abs. 3 InsO. Die Regelung soll eine Gesamtsaldierung mehrerer durch § 104 Abs. 1 InsO erfasster Einzelgeschäfte ermöglichen, und zwar dergestalt, dass die gegenseitigen Einzelausgleichsforderungen aus laufenden Geschäften über Finanzleistungen sowie auch Warenfixgeschäften zu einem einheitlichen Gesamtanspruch zusammengefasst werden. Sofern auch andere Geschäfte mit in den Rahmenvertrag einbezogen werden *(gemischter Rahmenvertrag)*, sind diese zivilrechtlich den rahmenvertraglichen Regelungen unterworfen.[81] Allerdings werden diese anderen Geschäfte nicht insolvenzrechtlich mit einbezogen, sondern unterstehen den allgemeinen insolvenzrechtlichen Regelungen (§ 104 Abs. 3 S. 2 Hs. 2 InsO).

92 Ein Rahmenvertrag iSd § 104 Abs. 3 InsO liegt vor, sofern eine Gesamtbeendigungsklausel vereinbart wurde (Close-Out Netting). Diese Voraussetzung ist erfüllt, sofern diejenigen Geschäfte, die im Rahmenvertrag zusammengefasst werden, bei Vorliegen eines Insolvenzgrundes nur einheitlich beendet werden können und keine Partei das Recht hat, für einzelne Geschäfte entweder Erfüllung zu verlangen oder Nicht-Erfüllung zu wählen *(cherry-picking)*.[82] Nach der Ratio des Gesetzes ist eine einheitliche Risikobetrachtung geboten, die ihrerseits wiederum dazu führt, dass alle von der einen Partei geschuldeten Leistungen zusammen als die einheitliche Gegenleistung für alle von der Gegenpartei zu erbringenden Leistungen angesehen werden.[83]

93 Da Rahmenverträge eigenständige Regelungen für die einheitliche Beendigung sowie zur Berechnung des Ausgleichsanspruchs beinhalten, regelt § 104 Abs. 4 S. 1 InsO, dass derartige Vereinbarungen insoweit zulässig sind, wie sie die wesentlichen Grundgedanken der gesetzlichen Regelung, von denen abgewichen wird, beachten. § 104 Abs. 4 InsO führt verschiedene zulässige Abweichungen aus. Diese Abweichungen sind allerdings nicht als eine abschließende Aufzählung zu verstehen.

94 Nach § 104 Abs. 4 InsO sind ausdrücklich zulässig
– die vertragliche Beendigung vor Verfahrenseröffnung;
– die Bestimmung der Ausgleichsforderung dergestalt, dass (i) zwecks Bestimmung des Markt- oder Börsenpreises der Zeitpunkt der vertraglichen Beendigung maßgeblich ist, (ii) die Vornahme des tatsächlichen Ersatzgeschäfts bis zum Ablauf des zwanzigsten Werktags nach der vertraglichen Beendigung erfolgen kann, soweit dies für eine wertschonende Abwicklung erforderlich ist und (iii) im Fall der Nichtvornahme eines Ersatzgeschäfts ein Zeitpunkt oder Zeitraum zwischen der vertraglichen Beendigung und dem Ablauf des fünften darauf folgenden Werktags für die Berechnung maßgeblich ist.

95 Jedwede weitere nicht ausdrücklich in § 104 Abs. 4 InsO genannte Abweichung ist am Maßstab des 104 Abs. 4 S. 1 zu prüfen. Die wesentlichen Grundgedanken der gesetzlichen Regelung, von denen abgewichen werden soll, sind zu beachten. Bereits fällige aber noch nicht geleistete Zahlungen oder Leistungen (*ausstehende Beträge* bzw *Unpaid Amounts*) sind nicht Teil des Markt- oder Börsenpreises und daher nach Nr. 8 Abs. 2 des DRV 2018 als ausstehende Beträge in die Forderung wegen Nichterfüllung vertraglich einbezogen. Sofern nach den allgemeinen Bestimmungen wie §§ 387 ff. BGB, §§ 94 ff. InsO eine Verrechnung im Rahmen einer Aufrechnung möglich wäre, sollte die Einbeziehung der ausstehende Beträge unproblematisch sein.[84] Damit würden vor dem Beendigungszeitpunkt fällig gewordene Forderungen, die im Fall von nicht auf Geld gerichteten Forderungen mangels Gleichartigkeit nicht aufgerechnet werden könnten, nicht bei der Berechnung des Ausgleichsanspruchs berücksichtigt werden können.[85] Sofern jedoch der maßgebliche Rahmenvertrag vorsieht, dass Umrechnungen oder Umwandlungen in gleichartige Zahlungsansprüche erfolgen, ist von der erforderlichen Gleichartigkeit auszugehen.[86]

---

[80] Vgl. auch *Ehricke* ZIP 2003, 273 (277).
[81] FK-InsO/*Bornemann* InsO 104 Rn. 94 f.
[82] Vgl. Kübler/Prütting/Bork/*v. Wilmowsky* InsO § 104 Rn. 31.
[83] *Kraft* in Kümpel/Mülbert/Früh/Seyfried, Bank- und Kapitalmarktrecht, 5. Aufl. 2019, Rn. 19.98.
[84] FK-InsO/*Bornemann* InsO 104 Rn. 119 f.
[85] FK-InsO/*Bornemann* InsO 104 Rn. 122.
[86] MüKoInsO/*Fried* InsO § 114 Rn. 219.

c) Besonderheiten bei ausländischem Recht unterstehenden Rahmenverträgen und aus- 96 ländischen Vertragsparteien. Grundsätzlich richtet sich das maßgebliche Insolvenzrecht nach dem Prinzip *lex fori concursus,* also nach dem Recht des Eröffnungsstaats und damit nach dem Sitz des Insolvenzschuldners. Bei ausländischem Recht unterliegenden Rahmenverträgen wie einem ISDA Master Agreement ist jedoch aufgrund der Netting-Vereinbarung in Abweichung von § 335 InsO *(lex fori concursus)* die Sonderanknüpfung nach § 340 Abs. 2 InsO zu beachten. Bei der Insolvenz von deutschen Kreditinstituten, Wertpapierfirmen und Versicherungsunternehmen (die in den Anwendungsbereich von §§ 335 ff. InsO fallen) ist bei einem solchen ausländischem Recht unterliegenden Rahmenvertrag das entsprechende ausländische materielle Insolvenzrecht für die Wirkungen des Insolvenzverfahrens auf die Netting-Vereinbarung des ausländischen Rahmenvertrages maßgeblich. Sofern jedoch mangels Anwendbarkeit der §§ 335 ff. InsO (ua bei deutschen Unternehmen, die nicht Kreditinstitut, Wertpapierfirma oder Versicherungsunternehmen sind) die EUInsVO *(Verordnung (EU) Nr. 2015/848 des Europäischen Parlaments und des Rates vom 20. Mai 2015 über Insolvenzverfahren)* maßgeblich sein sollte, ist keine Ausnahme vom Prinzip *lex fori concursus* (Art. 7 EUInsVO) für die Wirkungen des Insolvenzverfahrens auf die Netting-Vereinbarung des ausländischen Rahmenvertrages gegeben.

Bei einem deutschen Recht unterliegenden DRV führt damit die zulässige Wahl deutschen Rechts 97 als das auf den Rahmenvertrag anzuwendende Recht dazu, dass in Abweichung von dem in § 335 InsO angeordneten Prinzip *lex fori concursus* bei einem ausländischen Insolvenzschuldner gem. § 340 Abs. 2 InsO deutsches Recht auch hinsichtlich der Wirkungen des Insolvenzverfahrens auf die Netting-Vereinbarung des DRV Anwendung findet.[87]

---

[87] BGH Urt. v. 9.6.2016 – IX ZR 314/14, WM 2016, 1168 Rn. 56.

Gesetz über die Verwahrung und Anschaffung von Wertpapieren (Depotgesetz – DepotG)

In der Fassung der Bekanntmachung vom 11. Januar 1995 (BGBl. I S. 34)

Zuletzt geändert durch Art. 12 Erstes FinanzmarktnovellierungsG vom 30.6.2016 (BGBl. I S. 1514 iVm Bek. v. 20.3.2017, BGBl. I S. 559)

Schrifttum: *Baumbach/Hopt,* Handelsgesetzbuch, 38. Aufl. 2018; *Baumbach/Hefermehl/Casper,* Wechselgesetz und Scheckgesetz, 23. Aufl. 2008; *Becker,* Das Problem des gutgläubigen Erwerbs im Effektengiroverkehr, 1981; *Boos/Fischer/Schulte-Mattler,* Kreditwesengesetz, 5. Aufl. 2016; *Breit,* Der Ausbau des Effektengiroverkehrs und die Aufgabe der Rechtswissenschaft, BankArch (1925/26), 421; *Breuer,* Euroclear, ZfgKW 1986, 348; *Bülow,* Heidelberger Kommentar zum WechselG ScheckG AGB, 4. Aufl. 2004; *Canaris,* Bankvertragsrecht, 4. Aufl. 2005; *Coing,* Die „Aufbewahrung" von Wertpapieren im Ausland als Treuhandgeschäft, WM 1977, 466; *Decker,* Depotgeschäft, in Hellner/Steuer, Bankrecht und Bankpraxis, 2008; *Delorme,* Zur Rationalisierung des Wertpapierverkehrs, ZKW 1980, 604; *Einsele,* Wertpapierrecht als Schuldrecht, 1995; *Goedecke/Heuser,* NaStraG: Erster Schritt zur Öffnung des Aktienrechts für moderne Kommunikationsformen, BB 2001, 369; *Klanten,* Depotgeschäft, in Schimansky/Bunte/Lwowski, Bankrechts-Handbuch, Band I, 5. Aufl. 2017; *Haubold,* PRIMA – Kollisionsregel mit materiellrechtlichem Kern, RIW 2005, 656; *Heißel/Kienle,* Rechtliche und praktische Aspekte zur Einbeziehung vinkulierter Namensaktien in die Sammelverwahrung, WM 1993, 1909; *Heinsius/Horn/Than,* Depotgesetz, 1975; *Hellner,* Verwahrung und Verwaltung von Wertpapieren im Ausland, FS Heinsius, 1991, 211; *Hellner/Schröter,* Bankrecht und Bankpraxis, CD-Rom, Stand 1/2006, Achter Teil: Depotgeschäft; *Herring/Cristea,* Die Umsetzung der Finanzsicherheiten-Richtlinie und ihre Folgen für Kapitalanlagegesellschaften, deutsche Single-Hedgefonds und Prime Broker, ZIP 2004, 1627; *Hueck/Canaris,* Recht der Wertpapiere, 12. Aufl. 1986; *Hüffer/Koch,* Aktiengesetz, 13. Aufl. 2018; *Jütten,* Einbeziehung vinkulierter Namensaktien in die Girosammelverwahrung, Die Bank, 1997, 112; *Keßler,* Wertpapiersammelbanken im internationalen Effektengeschäft, Die Bank 1985, 443; *Krumnow/Gramlich,* Gabler Banklexikon, 14. Aufl. 2013; *Kümpel,* Neuregelungen für ausländische Wertpapiergeschäfte, ZfgKW 1976, 170; *Kümpel,* Grenzüberschreitender Giroverkehr durch Internationalisierung der deutschen Girosammelverwahrung, WM 1985, 1381; *Kümpel,* Zur Girosammelverwahrung und Registerumschreibung der vinkulierten Namensaktien, WM-Sonderbeilage 8/1983; *Kümpel,* Die neuen Sonderbedingungen für Wertpapiergeschäfte, WM 1995, 137; *Kümpel/Wittig,* Bank- und Kapitalmarktrecht, 4. Aufl. 2011; *Kümpel/Ott,* Kapitalmarktrecht, Loseblattsammlung, Stand 12/2011; *Maul,* Zur Ausgabe von Namensaktien, NZG 2001, 585; *Mentz/Fröhling,* Die Formen der rechtsgeschäftlichen Übertragung von Aktien, NZG 2002, 201; *Merkt/Rossbach,* Das „Übereinkommen über das auf bestimmte Rechte in Bezug auf bei einem Zwischenverwahrer sammelverwahrte Effekten anzuwendende Recht" der Haager Konferenz für Internationales Privatrecht, ZVglRWiss 2003, 33; *Metze,* Das Giro-Effektendepot der Bank des Berliner Kassenvereins, ZHR 90 (1927), 376; *Müncks,* Die Bundesanleihe als Wertrecht – das Bundesschuldbuch, ZfgKW 1971, 944; *Muscheler,* Verlängerter Eigentumsvorbehalt und Wechseldiskont, NJW 1981, 657; *Noak,* Globalurkunde und unverkörperte Mitgliedschaften bei der kleinen Aktiengesellschaft, FS Wiedemann, 2002, 1141; *Opitz,* Depotgesetz, 2. Aufl. 1955; *Palandt,* Bürgerliches Gesetzbuch, 78. Aufl. 2018; *Peters,* Bucheffekten – eine Alternative zum Wertpapier?, WM 1976, 890; *Pfeiffer,* Handbuch der Handelsgeschäfte, 1999; *Pleyer,* Eigentumsrechtliche Probleme beim grenzüberschreitenden Effektengiroverkehr, 1985; *Pleyer/Schleiffer,* Neue Entwicklungen im Depotrecht, DB 1972, 77; *Raiser,* Das Rektapapier, ZHR 101 (1935), 13; *Reischauer/Kleinhans,* Kreditwesengesetz, Loseblattsammlung, Stand Januar 2018; *Reuschle,* Grenzüberschreitender Effektengiroverkehr, RabelsZ 2004, 687; *Reuschle,* Das neue IPR für Intermediärverwahrte Wertpapiere, BKR 2003, 562; *Rohleder/Schäfer,* Neues Finanzinstrument im Inland, Die Bank 1991, 204; *Röhricht/Graf v. Westphalen/Haas,* Handelsgesetzbuch, 4. Aufl. 2014; *Saager,* Harmonisierung des Depotrechts durch UNIDROIT: Depotrecht im Umbruch, Die Bank 2005, 22; *Saager,* Neues Kollisionsrecht für den Effektenverkehr: Die Haager Wertpapierkonvention, Die Bank 2005, 24; *Säcker/Rixecker/Oetker/Limperg,* Münchener Kommentar zum Bürgerlichen Gesetzbuch, 7. Aufl. 2015 ff.; *Schefold,* Grenzüberschreitende Wertpapierübertragungen und Internationales Privatrecht, IPRax 2000, 468; *Schefold,* Kollisionsrechtliche Lösungsansätze im Recht des grenzüberschreitenden Effektengiroverkehrs – die Anknüpfungsregelungen der Sicherheitenrichtlinie (EG) und der Haager Konvention über das auf zwischenverwahrte Wertpapiere anwendbare Recht, FS Jayme, 2004, 805; *Schefold,* Intermediary Approach und Europäisches Kollisionsrecht, FS Kümpel, 2003, 463; *Scherer,* Depotgesetz, 1. Aufl. 2012; *Schindelwick,* Der Erwerb des Eigentums an Wertpapieren, WM-Sonderbeilage 10/1960; *P. Schmidt,* Deutscher Kassenverein, ZfgKW 1990, 121; *K. Schmidt/Hadding,* Münchener Kommentar zum Handelsgesetzbuch, Band 6, 3. Aufl. 2014; *Schönle,* Bank- und Börsenrecht, 2. Aufl. 1976; *Schwintowski,* Bankrecht, 5. Aufl. 2018; *Staudinger,* Bürgerliches Gesetzbuch, §§ 164–240 (2014), §§ 657–704 (2006), §§ 779–811 (2015); *Than,* Kapitalmarkt und Globalurkunde, FS Heinsius, 1991, 809; *Than,* Wertpapierrecht ohne Wertpapiere, FS Schimansky, 1999, 821; *Zöllner,* Die Zurückdrängung des Verkörperungselements bei den Wertpapieren, FS Raiser, 1974, 249; *Zöllner,* Wertpapierrecht, 15. Aufl. 1999; *Zöllner,* Die Zurückdrängung des Verkörperungselements bei den Wertpapieren, FS Raiser, 1974, 249.

§ 1 Allgemeine Vorschriften

(1) [1]**Wertpapiere im Sinne dieses Gesetzes sind Aktien, Kuxe, Zwischenscheine, Zins-, Gewinnanteil- und Erneuerungsscheine, auf den Inhaber lautende oder durch Indossament übertragbare Schuldverschreibungen, ferner andere Wertpapiere, wenn diese vertretbar**

sind, mit Ausnahme von Banknoten und Papiergeld. ²Wertpapiere im Sinne dieses Gesetzes sind auch Namensschuldverschreibungen, soweit sie auf den Namen einer Wertpapiersammelbank ausgestellt wurden.

(2) Verwahrer im Sinne dieses Gesetzes ist, wem im Betrieb seines Gewerbes Wertpapiere unverschlossen zur Verwahrung anvertraut werden.

(3) Wertpapiersammelbanken sind Kreditinstitute, die nach Artikel 16 Absatz 1 der Verordnung (EU) Nr. 909/2014 des Europäischen Parlaments und des Rates vom 23. Juli 2014 zur Verbesserung der Wertpapierlieferungen und -abrechnungen in der Europäischen Union und über Zentralverwahrer sowie zur Änderung der Richtlinien 98/26/EG und 2014/65/EU und der Verordnung (EU) Nr. 236/2012 (ABl. L 257 vom 28.8.2014, S. 1) als Zentralverwahrer zugelassen sind und die die in Abschnitt A Nummer 2 des Anhangs zu dieser Verordnung genannte Kerndienstleistung im Inland erbringen.

Übersicht

I. Normzweck[1]

1   In § 1 werden die im DepotG verwandten Begriffe Wertpapier (Abs. 1), Verwahrer (Abs. 2) und Wertpapiersammelbank (Abs. 3) legaldefiniert und damit zugleich der Anwendungsbereich des Gesetzes festgelegt.[2]

II. Wertpapiere

2   Von den Vorschriften des DepotG werden die in § 1 Abs. 1 genannten Wertpapiere sowie andere vertretbare Wertpapiere mit Ausnahme von Banknoten und Papiergeld erfasst.

3   **1. Wertpapierbegriff des DepotG.** Nach der wertpapierrechtlichen Definition ist ein **Wertpapier** eine Urkunde, in der ein privates Recht in der Weise verbrieft ist, dass zur Geltendmachung des Rechts die Innehabung der Urkunde erforderlich ist.[3] Wertpapiere iSd DepotG müssen zudem **vertretbar** sein. Vertretbar iSd § 91 BGB Sachen, die im Verkehr nach Zahl, Maß oder Gewicht bestimmt werden.[4] Wertpapiere können nach Zahl oder ihrem Nennwert bestimmt werden, wenn innerhalb einer Wertpapierart jedes einzelne Wertpapier die gleichen Rechte verkörpert.[5] Nicht vertretbar sind daher Schecks, Wechsel, die kaufmännischen Orderpapiere des § 363 HGB (Konnossemente, Ladescheine, Lagerscheine) sowie Hypotheken- und Grundschuldbriefe. Namenswertpapiere sind vertretbar, wenn mit einem Blankoindossament versehen (→ § 5 Rn. 4).

4   Nach der Art der Übertragung werden Inhaber-, Order- und Rektapapiere unterschieden. **Inhaberpapiere**[6] weisen als Berechtigten nicht eine bestimmte Person, sondern den jeweiligen Inhaber aus.[7] Die Durchsetzbarkeit des verbrieften Rechts ist also an den Besitz des Papiers und damit an die Vorlage geknüpft; die Inhaberschaft begründet die Vermutung der materiellen Berechtigung.[8] Der aus

---

[1] Die Kommentierung zum DepotG hat den Stand 1.1.2019. Der Autor ist zwischenzeitlich leider verstorben.

[2] Näher zum Wertpapierbegriff des DepotG in Abgrenzung zu anderen Wertpapierbegriffen *Klanten* in Schimansky/Bunte/Lwowski BankR-HdB § 72 Rn. 50; zur Wertrechtslehre Baumbach/Hopt/*Kumpan* Rn. 2; *Zahn/Kock* WM 1999, 1955; *Habersack/Mayer* WM 2000, 1678; *Einsele* WM 2001, 7.

[3] Statt vieler etwa *Einsele*, Wertpapierrecht als Schuldrecht, 1995, 11 mwN.

[4] Eine unterschiedliche Stückelung ist im Hinblick auf die Vertretbarkeit unerheblich (*Mentz/Fröhling* NZG 2002, 204).

[5] *Brandt* in Kümpel/Wittig BankR/KapMarktR Rn. 15.24; *Heinsius/Horn/Than* Rn. 3.

[6] Als Inhaberpapiere sind zu qualifizieren: Inhaberschuldverschreibungen (§§ 793 ff. BGB), Inhaberzeichen (§ 807 BGB), Inhaberaktien (§ 10 Abs. 1 AktG), auf Inhaber lautende Investmentanteilscheine (§ 1 KAGG), Inhabergrundschuldbriefe/Inhaberrentenschuldbriefe (§§ 1195, 1199 BGB), Inhaberschecks (Art. 5 Abs. 2 und 3 ScheckG).

[7] *Hueck/Canaris* WertpapierR § 2 I 3 (S. 24 ff.); *Zöllner* WertpapierR § 2 II 1 (S. 9 ff.).

[8] Palandt/*Sprau* BGB Einf. Vor § 793 Rn. 3.

dem Papier Verpflichtete muss die Nichtberechtigung des Inhabers beweisen. Die Übertragung des verbrieften Rechts erfolgt durch Übereignung der Urkunde nach den Regeln des Sachenrechts (§§ 929 ff. BGB – das Recht am Papier folgt dem Recht aus dem Papier). Dadurch wird nicht nur der Zessionar geschützt, sondern auch die Umlauffähigkeit des Papiers erhöht. Nach § 935 Abs. 2 BGB ist ein gutgläubiger Erwerb vom Nichtberechtigten auch bei gestohlenen, verlorenen oder abhanden gekommenen Inhaberpapieren möglich. Im Falle der Veräußerung oder Verpfändung durch einen Kaufmann iSd HGB wird auch der gute Glaube an seine Verfügungsbefugnis geschützt (§ 366 Abs. 1 HGB). Der gute Glaube eines Kreditinstituts gilt jedoch als ausgeschlossen, wenn es ein gestohlenes, verloren gegangenes oder abhanden gekommenes Inhaberpapier erwirbt, der Verlust des Papiers im Bundesanzeiger bekanntgemacht wurde und seit dem Ablauf des Jahres der Veröffentlichung nicht mehr als ein Jahr vergangen ist (§ 367 Abs. 1 S. 1 HGB).

Auf **Orderpapieren** (indossablen Namenspapieren) wird der Berechtigte namentlich benannt. Der **5** Schuldner verspricht, die Leistung aus dem Papier an den Genannten oder an eine Person, die dieser namentlich benennt, zu erbringen.[9] Die Übertragung des verbrieften Rechts erfolgt durch Übereignung der Urkunde nach §§ 929 ff. BGB. Zusätzlich ist die Anbringung eines Indossaments, durch das der Empfänger benannt wird, auf der Rückseite der Urkunde erforderlich (vgl. Art. 11 WG iVm Art. 13 WG). Die Inhaberschaft eines Orderpapiers begründet dann die Vermutung der materiellen Berechtigung, wenn eine ununterbrochene Indossamentenkette den Inhaber als Berechtigten ausweist (§ 365 Abs. 1 HGB, § 68 Abs. 1 S. 2 AktG iVm Art. 16 Abs. 1 WG). Ein gutgläubiger Erwerb ist auch im Falle von abhanden gekommenen Orderpapieren möglich (§ 365 Abs. 1 HGB, § 68 Abs. 1 S. 2 AktG iVm Art. 16 Abs. 2 WG). §§ 366 und 367 HGB finden auch auf Orderpapiere Anwendung. Neben der sachenrechtlichen Übereignung ist auch die zessionsrechtliche Abtretung der in dem Orderpapier verbrieften Rechte (§§ 398 ff. BGB) möglich.[10] Der Abtretungsempfänger und Dritte, an die er die verbrieften Rechte überträgt, werden allerdings in ihrem guten Glauben nicht geschützt, weswegen diese Art der Übertragung die Verkehrsfähigkeit der Orderpapiere beinträchtigen würde.[11] Es gibt geborene Orderpapiere, die kraft Gesetzes Orderpapiere sind, zB Schecks, Wechsel und Namensaktien. Gekorene Orderpapiere werden erst durch Anbringung einer Orderklausel zu Orderpapieren. Das gilt zum Beispiel für die handelsrechtlichen Orderpapiere nach § 363 HGB (zB Orderschuldverschreibung, Konnossement, Ladeschein, Lagerschein). Fehlt bei einem gekorenen Orderpapier die Orderklausel, so ist das Papier als Rektapapier zu qualifizieren.[12]

Rektapapiere[13] sind nicht indossable Namenspapiere.[14] Nur der in dem Rektapapier benannte **6** Berechtigte und sein Rechtsnachfolger können den Anspruch geltend machen (§ 952 Abs. 1 BGB). Die Übertragung der im Rektapapier verbrieften Forderung erfolgt durch Abtretung des Anspruchs nach § 398 BGB (das Recht an dem Papier folgt dem Recht aus dem Papier). Einen gutgläubigen Erwerb gibt es grundsätzlich[15] nicht. Denn anders als beim Inhaber- oder Orderpapier besteht für den Inhaber des Rektapapiers kein Rechtsschein sachlicher Berechtigung. Der Schuldner kann nach § 404 BGB dem neuen Gläubiger alle Einwendungen entgegensetzen, die zurzeit der Abtretung der Forderung gegen den alten Gläubiger begründet waren. Namensschuldverschreibungen sind grundsätzlich Rektapapiere. Aber durch den mit Wirkung zum 5.8.2009 neu eingefügten § 1 Abs. 1 S. 2 gelten nun Namensschuldverschreibungen dann als Wertpapiere iSd DepotG, soweit sie auf den Namen einer Wertpapiersammelbank ausgestellt wurden.[16] Andere Namensschuldverschreibungen sind ob ihres Charakters als Rektapapiere keine Wertpapiere iSd DepotG.

2. Mitgliedschaftspapiere. Das Grundkapital deutscher Aktiengesellschaften ist in **Aktien** zerlegt **7** (§ 1 Abs. 2 AktG). Die Aktien können auf einen Nennwert lauten oder als sog. Stückaktien keinen Nennwert haben (§ 8 Abs. 1 AktG). Der Mindestnennbetrag beträgt 1 EUR. Der auf eine einzelne Stückaktie entfallende anteilige Betrag des Grundkapitals darf ebenfalls einen Euro nicht unterschreiten (§ 8 Abs. 2 und 3 AktG). Aktien können als Inhaber-, Namens- oder vinkulierte Namensaktien

---

[9] Zur Begrifflichkeit etwa *Hueck/Canaris* WertpapierR § 2 III 2 (S. 22 ff.); *Zöllner* WertpapierR § 2 II 1 (S. 12 ff.).
[10] Umstritten ist lediglich, ob zur Wirksamkeit der Übertragung der Rechte auch die Übergabe des Papiers oder ein Übergabesurrogat erforderlich ist. Dafür BGH Urt. v. 11.4.1988 – ZR 272/87, BGHZ 104, 145 (149) = NJW 1988, 1979; Baumbach/Hefermehl/*Casper* WG Art. 11 Rn. 5; *Hueck/Canaris* WertpapierR § 8 I; dagegen: *Bülow* WG Art. 11 Rn. 6; *Zöllner* FS Raiser, 1974, 249 (278 ff.); *Mascheler* NJW 1981, 657 (658 ff.); s. auch *Kümpel* WM-Sonderbeilage 8/1983 Fn. 5a mwN.
[11] *Kümpel* WM-Sonderbeilage 8/1983, 7; *Heißel/Kienle* WM 1983, 1909 (1910).
[12] Zur Diskussion um Namensschuldverschreibungen *Kümpel* WM-Sonderbeilage 6/1983, 13 ff.; Schreiben des BAKred vom 15.11.2001.
[13] Als Rektapapiere sind beispielsweise zu erwähnen: Hypothekenbrief (Grund- und Rentenschuldbrief, wenn sie nicht auf den Inhaber lauten), bürgerlich-rechtliche Anweisung (§§ 783 ff. BGB), qualifizierte Legitimationspapiere (§ 808 BGB).
[14] Dazu näher *Zöllner* WertpapierR § 2 II 2 (S. 11 ff.); *Hueck/Canaris* WertpapierR § 2 III 1 (S. 21 ff.); eingehend auch *Raiser* ZHR 101 (1935), 13.
[15] Einzig bei Hypothek und Grundschuld ist gem. §§ 892 ff., 1138, 1155, 1157 BGB ein Gutglaubensschutz vorgesehen.
[16] *Scherer/Scherer* Rn. 14.

emittiert werden (§§ 10 Abs. 1, 68 Abs. 1 und 2 AktG). Namensaktien sind Orderpapiere (§ 68 Abs. 1 AktG).[17] Sie sind unter Bezeichnung des Inhabers in ein bei der Gesellschaft zu führendes Aktienbuch einzutragen (§ 67 Abs. 1 AktG). Im Verhältnis zu der Gesellschaft gilt als Aktionär nur, wer als solcher im Aktienbuch eingetragen ist (§ 67 Abs. 2 AktG). Bei vinkulierten Namensaktien ist die Wirksamkeit der Übertragung an die Zustimmung des Vorstands der Gesellschaft gebunden (§ 68 Abs. 2 AktG).[18] In der Aktie ist das Mitgliedschaftsrecht des Aktionärs verbrieft. Das Mitgliedschaftsrecht umfasst insbesondere das Recht auf Gewinnanteil (§ 58 Abs. 4 AktG), das Recht zur Teilnahme an der Hauptversammlung (§ 118 Abs. 1 AktG), das Stimmrecht auf der Hauptversammlung (§ 134 AktG), das Bezugsrecht hinsichtlich junger Aktien bei Kapitalerhöhungen (§ 186 AktG) sowie hinsichtlich Wandelschuldverschreibungen, Optionsschuldverschreibungen, Gewinnschuldverschreibungen und Genussrechte (§ 221 AktG iVm § 186 AktG) und das Recht auf quotenmäßigen Anteil am Liquidationserlös (§ 271 AktG). Neben den Stammaktien können Vorzugsaktien emittiert werden, die bestimmte Vorrechte (zB eine höhere Dividende) gegenüber den übrigen Aktionären gewähren (§ 11 AktG), aber auch bestimmte Nachteile mit sich bringen können (zB Stimmrechtslosigkeit, § 12 Abs. 1 S. 2 AktG). Mehrstimmrechtsaktien dürfen auf Grund des KonTraG seit Mai 1998 nicht mehr gewährt werden (§ 12 Abs. 2 AktG).

8   **Zwischenscheine** sind Anteilscheine, die den Aktionären vor der Ausgabe der Aktien erteilt werden (§ 8 Abs. 6 AktG). Zwischenscheine müssen auf den Namen lauten (§ 10 Abs. 3 AktG). In der Praxis des Depotwesens haben die Zwischenscheine ihre Bedeutung verloren.[19]

9   **Kuxe** sind Wertpapiere, die Mitgliedschaftsrechte an bergrechtlichen Gewerkschaften verbriefen. Es sind umlauffähige Rektapapiere, die durch Abtretungserklärung und Übergabe des Kuxscheins übertragen werden. Seit 1970 werden sie börsenmäßig nicht mehr gehandelt.[20]

10   Das Grundkapital der Reichsbank war in handelbare **Reichsbankanteilscheine** aufgeteilt. Die Reichsbank war von 1876 bis 1945 die Zentralnotenbank des Deutschen Reiches. Sie wurde 1961 gesetzlich liquidiert.[21] In Urkunden verbriefte Mitgliedschaftsrechte, die mit den Reichsanteilscheinen vergleichbar wären, gibt es bei der Deutschen Bundesbank nicht. Ausländische Wertpapiere fallen grundsätzlich unter das DepotG.[22] Sie sind dann vertretbar, wenn die Urkunde nach den Regeln derjenigen Rechtsordnung ein vertretbares Wertpapier ist, der das in der Urkunde verbriefte Recht unterliegt.[23] Ausländische Werte, die nicht vertretbar nach § 1 Abs. 1 sind, können in Inhabersammelzertifikaten zweitverbrieft werden.[24]

11   **3. Gläubigerpapiere.** Gläubigerpapiere verbriefen Forderungsrechte. Zu den Wertpapieren iSd DepotG zählen Inhaber- und Orderschuldverschreibungen sowie Rektapapiere. Der Aussteller einer Inhaberschuldverschreibung verpflichtet sich, an den verfügungsberechtigten Inhaber der Urkunde eine Leistung zu erbringen (§ 793 Abs. 1 S. 1 BGB). Der Aussteller braucht die Verfügungsberechtigung des Inhabers nicht zu prüfen. Er wird auch durch Leistung an einen nicht zur Verfügung berechtigten Inhaber befreit (§ 793 Abs. 1 S. 2 BGB). Aus einer Inhaberschuldverschreibung wird der Aussteller auch dann verpflichtet, wenn sie ihm gestohlen worden oder verloren gegangen oder wenn sie sonst ohne seinen Willen in den Verkehr gelangt ist (§ 794 BGB). Durch die Normierung des § 794 BGB, die die Vorschriften der §§ 932, 935 BGB ergänzt, wird die Verkehrsfähigkeit der verbrieften Forderung erhöht. Der Aussteller ist nur gegen Aushändigung der Urkunde zur Leistung verpflichtet (§ 797 S. 1 BGB). Das in § 797 S. 1 BGB normierte Leistungsverweigerungsrecht – Leistung Zug um Zug gegen Übergabe der Urkunde – gilt allerdings nicht uneingeschränkt (§§ 799, 800 und 804 BGB). Akzeptiert der Inhaber einer Schuldverschreibung eine Teilleistung, dann kann der Aussteller nicht die Aushändigung der Urkunde verlangen, sondern analog Art. 39 Abs. 3 WG, Art. 34 Abs. 3 ScheckG nur, dass die Teilleistung auf der Urkunde quittiert wird.[25] Der Inhalt der Forderung richtet sich nur nach dem Wortlaut der Urkunde (§ 796 BGB). Inhaberschuldverschreibungen[26] sind zB Schuldverschreibungen (dh Anleihen) des Bundes, der Länder, der Gemeinden und öffentlich-rechtlichen Körperschaften, Pfandbriefe und Kommunalobligationen, die von den Hypothekenbanken

---

[17] Näher zur Ausgabe von Namensaktien, CASCADE, Teilnahme an der Hauptversammlung bei *Maul* NZG 2001, 585 ff. und zur Namensaktie nach Inkrafttreten des NaStraG bei *Goedecke/Heuser* BB 2001, 369 ff.

[18] Näher zur Verwahrung vinkulierter Namensaktien, insbesondere zum Vorbehalt der Zurücknahme für den Fall, dass die Handelbarkeit der Aktie durch die Genehmigungspraxis der Gesellschaft nicht mehr gewährleistet ist: Bankrecht und Bankpraxis, CD-ROM, Achter Teil: Depotgeschäft, Rn. 8/85c; *Mentz/Fröhling* NZG 2002, 204.

[19] *Heinsius/Horn/Than* Rn. 7.

[20] Zum Kux als Wertpapier iSd § 1 *Heinsius/Horn/Than* Rn. 6; ferner *Krumnow/Gramlich*, Gabler Banklexikon, 14. Aufl. 2013, „Kux".

[21] *Krumnow/Gramlich*, Gabler Banklexikon, 14. Aufl. 2013, „Reichsbank". Vgl. § 3 Gesetz über die Liquidation der Deutschen Reichsbank und der Deutschen Golddiskontbank vom 2.8.1961 (BGBl. I 1165).

[22] *Baumbach/Hopt/Kumpan* Rn. 1.

[23] *Klanten* in Schimansky/Bunte/Lwowski BankR-HdB § 72 Rn. 54.

[24] *Knapps*, Lexikon des Bankwesens, 4. Aufl. 1999, Bd. II, 2098; *Einsele* WM 2001, 14.

[25] Dazu Staudinger/*Marburger*, 2015, BGB § 797 Rn. 4.

[26] Hierzu die ausf. Aufzählung bei Staudinger/*Marburger*, 2015, BGB Vor § 793 Rn. 45 ff.

zur Refinanzierung ihres Kreditgeschäfts emittiert werden,[27] Industrieobligationen, Commercial Paper,[28] Optionsscheine, Genussscheine, Zins-, Gewinnanteil- und Dividendenscheine, Anteilscheine an Investmentfonds nach dem KAGB, soweit sie Wertpapiere sind und nicht auf Namen lauten. Aktiengesellschaften können den Gläubigern in sog. Wandelschuldverschreibungen ein Umtauschrecht (Wandelanleihe) oder Bezugsrecht (Optionsanleihe) auf Aktien einräumen oder zusätzlich zum Zinsanspruch einen Gewinnanspruch gewähren (Gewinnschuldverschreibung, § 221 Abs. 1 AktG).

4. Wertrechte. Auch auf Wertrechte sind die Vorschriften des DepotG anwendbar.[29] Dabei handelt **12** es sich um unverbriefte Vermögensrechte, die wie Wertpapiere behandelt werden[30] (de-materialisierte Wertpapiere).[31] Wertrechte können nur auf gesetzlicher Grundlage begeben werden.[32] Die größte Bedeutung haben die Schuldverschreibungen des Bundes[33] und seiner Sondervermögen, die seit Mitte 1972 ausschließlich als Schuldbuchforderungen emittiert werden.[34]

Schuldbuchforderungen werden im Schuldbuch des Emittenten eingetragen.[35] Sie sind durch **13** Verordnung zur Sammelverwaltung durch Wertpapiersammelbanken zugelassen.[36] Dafür wird die Wertpapiersammelbank treuhänderisch in das Schuldbuch eingetragen, der Anteilsgläubiger erhält einen Anteil an der Schuldbuchforderung der Wertpapiersammelbank (§ 2 Abs. 1 Sammelverwaltungsverordnung). Bei dem Treuhandverhältnis handelt es sich um eine Ermächtigungstreuhand, bei der der Kunde Vollrechtsinhaber bleibt, nicht um eine fiduziarische Treuhand, bei der die Wertpapiersammelbank das Vollrecht treuhänderisch erwirbt.[37] Nach §§ 4, 6, 7 und 8 Sammelverwaltungsverordnung werden die §§ 3, 4, 12, 13, 14, 15, 17, 19–21, 25, 28, 29, 30, 31, 32 und 33 sinngemäß für anwendbar erklärt. Durch zwei weitere Verordnungen wurden Schuldverschreibungen, die durch eine Wertpapiersammelbank in Schuldbuchforderungen umgewandelt wurden und schließlich auch Schuldbuchforderungen, die nicht durch Umwandlung entstanden sind, Schuldverschreibungen gleichgestellt.[38] Das Reichsschuldbuchgesetz sowie die drei genannten Verordnungen gelten für die in das Bundesschuldbuch eingetragenen Forderungen sinngemäß fort.[39]

Für die Länder wurden die genannten Vorschriften sinngemäß anwendbar erklärt.[40] Die Emissionen **14** der Länder haben geringere Bedeutung. Auch die Europäische Zentralbank hat die Möglichkeit, unter entsprechender Anwendung der für Schuldbuchforderungen des Bundes geltenden Regelungen Schuldbuchforderungen zu emittieren.[41] Zur rechtlichen Behandlung von Wertrechten vgl. iE → § 42 Rn. 1 ff.

Keine Wertrechte sind **Einzelschuldbuchforderungen,** bei denen nicht eine Wertpapiersammel- **15** bank, sondern der Inhaber im Schuldbuch der Emittentin eingetragen ist.[42] Einzelschuldbuchforde-

---

[27] § 1 HypbankG, §§ 1, 8 PfandbriefG – diese Papiere werden jedoch zum Teil auch als Namensschuldverschreibungen ausgegeben.

[28] Commercial Papers – als kurzfristige von Wirtschaftsunternehmen emittierte Inhaberschuldverschreibungen –, bzw. die Certificates of Deposit (Commercial Paper der Banken). Dazu näher und mwN *Oulds* in Kümpel/Wittig BankR/KapMarktR Rn. 14.52 ff.; *Rohleder/Schäfer* Die Bank 1991, 204 ff.

[29] Zur Begrifflichkeit der „Wertrechte" und zur sog. Wertrechtslehre *Opitz* § 42 Bem. 12; MüKoBGB/*Habersack* BGB Vor § 793 Rn. 36; eingehend auch Staudinger/*Marburger*, 2015, BGB Vor § 793 Rn. 40 ff. Zur sinngemäßen Anwendung depotrechtlicher Vorschriften etwa Staudinger/*Marburger*, 2015, BGB Vor § 793 Rn. 37 mwN.

[30] *Hueck/Canaris* WertpapierR § 1 III 3; *Schäfer* in Schwintowski BankR § 14 Rn. 44; *Zöllner* WertpapierR § 1 III 3b); Staudinger/*Marburger*, 2015, BGB Vor § 793 Rn. 39; *Einsele*, Wertpapierrecht als Schuldrecht, 1995, 15 mwN; *Decker* in Hellner/Steuer BuB Rn. 8/111.

[31] *Schäfer* in Schwintowski BankR § 14 Rn. 44.

[32] Staudinger/*Marburger*, 2015, BGB Vor § 793 Rn. 40; MüKoBGB/*Habersack* BGB Vor § 793 Rn. 35; *Decker* in Hellner/Steuer BuB Rn. 8/111 mwN; *Schäfer* in Schwintowski BankR § 14 Rn. 44; aA der Begründer der Wertrechtslehre *Opitz* § 42 Bem. 12 B; tendenziell auch *Canaris* BankvertragsR Rn. 2048 ff.

[33] Dazu *Müncks* ZfgKW 1971, 944.

[34] Vertiefend Staudinger/*Marburger*, 2015, BGB Vor § 793 Rn. 34; ferner *Heinsius/Horn/Than* Rn. 45; *Peters* WM 1976, 893.

[35] Reichsschuldbuchgesetz vom 31.5.1891, idF vom 31.5.1910 (RGBl. 840). Zu den Rechtsgrundlagen der Landesschuldbücher etwa Staudinger/*Repgen*, 2014, BGB § 232 Rn. 5; *Decker* in Hellner/Steuer BuB Rn. 8/111.

[36] Verordnung vom 5.1.1940 über die Verwaltung und Anschaffung von Reichsschuldbuchforderungen, RGBl. I 30, sog. Sammelverwaltungsverordnung; hierzu Staudinger/*Marburger*, 2015, BGB Vor § 793 Rn. 34.

[37] *Decker* in Hellner/Steuer BuB Rn. 8/113; *Canaris* BankvertragsR Rn. 2036; Palandt/*Herrler* BGB § 903 Rn. 33 ff.

[38] Verordnung über die Behandlung von Anleihen des Deutschen Reichs im Bank- und Börsenverkehr vom 31.12.1940 (RGBl. 1941 I 21), sog. Erste Gleichstellungsverordnung; Zweite Verordnung über die Behandlung von Anleihen des Deutschen Reichs im Bank- und Börsenverkehr vom 18.4.1942, idF der Veröffentlichung im RGBl. 1942 I 183, sog. Zweite Gleichstellungsverordnung.

[39] § 1 Abs. 1 Anleihe-Gesetz von 1950 vom 29.3.1951, BGBl. I 218. Näheres zum Reichsschuldbuchgesetz, zur Sammeldepotverordnung und zur Reichsschuldenordnung bei *Zahn/Kock* WM 1999, 1957 ff.

[40] Art. 2 Gesetz zur Änderung des Gesetzes über die Verwahrung und Anschaffung von Wertpapieren vom 24.5.1972, BGBl. I 801 (sog. Depotgesetz-Novelle 1972).

[41] Art. 10 Abs. 2 Abkommen zwischen der Regierung der Bundesrepublik Deutschland und der Europäischen Zentralbank (EZB) über den Sitz der EZB vom 18.12.1998, BGBl. II 2995 (2998).

[42] *Decker* in Hellner/Steuer BuB Rn. 8/117.

rungen werden durch Abtretung veräußert (§§ 398 ff. BGB).[43] Die Eintragung der Abtretung hat lediglich deklaratorischen Charakter.[44] Der Erwerber, der auf die Eintragung vertraut, wird jedoch in seinem guten Glauben geschützt.[45] Einzelschuldbuchforderungen sind, da sie nicht girosammelverwahrfähig und nicht wertpapiermäßig verbrieft sind, nicht über die Börse handelbar (vgl. § 19 der Bedingungen für Geschäfte an der Frankfurter Wertpapierbörse). Für einen Verkauf über die Börse müssen Einzelschuldbuchforderungen daher zunächst in Sammelschuldbuchforderungen umgewandelt werden.[46]

III. Verwahrer

16   Verwahrer iSd DepotG ist jeder, dem im Betrieb seines Gewerbes Wertpapiere unverschlossen zur Verwahrung anvertraut werden (§ 1 Abs. 2). **Gewerbebetrieb** ist jede auf eine gewisse Dauer angelegte Tätigkeit, die in der Absicht dauernder Gewinnerzielung betrieben wird.[47] Anvertraut sind alle Wertpapiere, an denen der Verwahrer (unmittelbaren oder mittelbaren) Besitz für seinen Depotkunden erlangt hat (§ 868 BGB).[48] Ist der Verwahrer Kaufmann iSv § 1 HGB, so besteht die Vermutung, dass die Wertpapiere im Betrieb seines Gewerbes anvertraut wurden (§ 344 Abs. 1 HGB).[49] Das DepotG regelt das **offene,** nicht das geschlossene **Depot.** Der Verwahrer hat beim offenen Depot die Aufgabe, die unverschlossen übergebenen Wertpapiere zu verwahren und zu verwalten. Bei dem zugrunde liegenden Vertrag handelt es sich um ein Geschäftsbesorgungsverhältnis nach §§ 675 ff. BGB mit dienstvertraglichen und verwahrungsrechtlichen Elementen.[50] Bei dem geschlossenen Depot, der Übergabe von Wertpapieren als verschlossenes Paket, handelt es sich um einen reinen Verwahrvertrag nach §§ 688 ff. BGB. Werden Wertpapiere schließlich in einem gemieteten Schließfach „verwahrt", so liegt lediglich ein Mietvertrag über das Schließfach vor.[51]

IV. Depotgeschäft nach dem KWG

17   Die **Verwahrung und die Verwaltung von Wertpapieren für andere** stellen Depotgeschäfte nach § 1 Abs. 1 S. 2 Nr. 5 KWG dar.[52] Es genügt, wenn eine von beiden Tätigkeiten ausgeführt wird.[53] Unternehmen, die das Depotgeschäft betreiben, sind Kreditinstitute, wenn sie im Inland das Depotgeschäft oder andere Bankgeschäfte gewerbsmäßig oder in einem Umfang betreiben, der einen in kaufmännischer Weise eingerichteten Geschäftsbetrieb erfordert (§ 1 Abs. 1 S. 1 KWG). Die Verwahrung von Wertpapieren ist im nachfolgenden 1. Abschnitt des DepotG geregelt. Die Verwaltung von Wertpapieren umfasst insbesondere die Einlösung von Zins-, Gewinnanteil- und Ertragsscheinen, die Bogenerneuerung, die Überwachung des Zeitpunkts der Rückzahlung von Schuldverschreibungen infolge Auslosung oder Kündigung, Benachrichtigungen über Bezugs-, Options- und Wandlungsrechte sowie die Weitergabe von Nachrichten an den Kunden, die Wertpapiere des Kunden betreffen.[54] Diese Verwaltung von Wertpapieren ist von der Finanzdienstleistung und Finanzportfolioverwaltung nach § 1 Abs. 1a S. 2 Nr. 3 KWG zu unterscheiden, bei der es sich um die Verwaltung einzelner in Finanzinstrumenten[55] angelegter Vermögen für andere mit Entscheidungsspielraum handelt. Während die Verwaltung von Wertpapieren im Rahmen des Depotgeschäfts die technische Abwicklung von Vorgängen im Zusammenhang mit Wertpapieren ist, geht es bei der Finanzportfolioverwaltung um die Anlage von Vermögenswerten des Kunden.

---

[43] *Einsele,* Wertpapierrecht als Schuldrecht, 1995, 16 mwN; *Decker* in Hellner/Steuer BuB Rn. 8/119.

[44] *Decker in Hellner/Steuer BuB* Rn. 8/119.

[45] §§ 11a und b Reichsschuldbuchgesetz geändert durch VO über die Änderung des Reichsschuldbuchgesetzes v. 17.11.1939 (RGBl. I 2298); *Einsele,* Wertpapierrecht als Schuldrecht, 1995, 16 mwN.

[46] *Decker in Hellner/Steuer BuB* Rn. 8/118.

[47] Röhricht/Graf v. Westphalen/Haas/*Röhricht* § 1 Rn. 24 mwN.

[48] Der Verwahrer, der Wertpapiere von einem anderen Verwahrer verwahren lässt, wird als Zwischenverwahrer bezeichnet (§ 3 Abs. 2 S. 1).

[49] Nach § 15 treffen den Kaufmann im Falle der unregelmäßigen Verwahrung und beim Wertpapierdarlehen keine depotrechtlichen Verwahrpflichten.

[50] BGH Urt. v. 11.12.1990 – XI ZR 54/90, NJW 1991, 978; *Heinsius/Horn/Than* § 2 Rn. 29 qualifizieren den Depotvertrag als gemischten Vertrag, der neben der Verwahrung nach §§ 688 ff. BGB eine Geschäftsbesorgung iSv § 675 BGB iVm § 611 BGB zum Gegenstand hat. Ebenso MüKoBGB/*Heermann* BGB § 675 Rn. 52; *Canaris* BankvertragsR Rn. 2089; *Will* in Kümpel/Wittig BankR/KapMarktR Rn. 18.13.

[51] *Decker in Hellner/Steuer BuB* Rn. 8/9 mwN.

[52] Vgl. Ziffer 1 des BaFin Merkblattes „Hinweise zum Tatbestand des Depotgeschäfts" vom 6.1.2009 (Stand Februar 2014), veröffentlicht auf www.bafin.de.

[53] Reischauer/Kleinhans/*Brogl* KWG § 1 Anm. 96.

[54] Vgl. Nr. 14 ff. der Sonderbedingungen der Banken für Wertpapiergeschäfte.

[55] Wertpapieren, Geldmarktinstrumenten, Devisen, Rechnungseinheiten und Derivaten, § 1 Abs. 11 KWG.

V. Depotprüfung

Nach § 29 Abs. 2 S. 2 KWG ist das Depotgeschäft der Kreditinstitute gesondert durch den **Jahres-** 18 **abschlussprüfer** des Instituts zu prüfen.[56] Die Prüfung findet in unregelmäßigen Abständen jeweils **einmal pro Geschäftsjahr** statt. Das Bundesaufsichtsamt für das Kreditwesen (BAKred) hat auf Grund der Ermächtigung aus § 29 Abs. 4 KWG in Abschnitt 6 der Prüfungsberichtsverordnung vom 17.12.1998 (BGBl. I 3690, jetzt idF vom 23.11.2009, BGBl. I 3793) nähere Bestimmungen zu Prüfungsgegenstand, Zeitpunkt der Depotprüfung, Inhalt und Anforderungen der Prüfungsberichte sowie der Möglichkeit der Befreiung von der jährlichen Depotprüfung bei geringem Umfang des Depotgeschäfts getroffen. Hinsichtlich der Anforderungen an die Organisation des Depotgeschäfts hat das in der Bundesanstalt für Finanzdienstleistungsaufsicht (BaFin) aufgegangene BAKred die „Bekanntmachung über die Anforderungen an die Ordnungsmäßigkeit des Depotgeschäfts und der Erfüllung von Wertpapierlieferungsverpflichtungen" vom 21.12.1998 veröffentlicht (BAnz. 1998 Nr. 246).

VI. Depotarten im Verkehr zwischen Kreditinstituten

Im Verkehr zwischen Kreditinstituten sind – auf Grund der gesetzlichen Fremdvermutung und der 19 beschränkten Möglichkeit, Pfand- und Zurückbehaltungsrechte geltend zu machen – nach dem DepotG verschiedene Depots zu führen. Die Bezeichnung der verschiedenen Depotarten ist in Nr. 10 Abs. 4 der Bekanntmachung des BAKred über die Anforderungen an die Ordnungsmäßigkeit des Depotgeschäfts und der Erfüllung von Wertpapierlieferungsverpflichtungen vom 21.12.1998 (BAnz. 1998 Nr. 246) festgelegt. Das **Eigendepot (Depot A)** dient der Aufnahme der eigenen Wertpapiere des hinterlegenden Kreditinstituts sowie derjenigen Wertpapiere seiner Kunden, die für alle Forderungen des Drittverwahrers gegen ihn unbeschränkt als Pfand haften (→ § 12 Rn. 1 ff.). Im **Fremddepot (Depot B)**[57] sind die Wertpapiere zu verbuchen, die nicht dem hinterlegenden Kreditinstitut gehören und an denen Zurückbehaltungs- und Pfandrechte des verwahrenden Kreditinstituts nur für Forderungen geltend gemacht werden können, die mit Bezug auf diese Wertpapiere entstanden sind (vgl. § 4 Abs. 1 S. 2 Alt. 1). In das **Pfanddepot (Depot C)** sind diejenigen Wertpapiere aufzunehmen, die dem verwahrenden Kreditinstitut auf Grund einer Ermächtigung zur regelmäßigen Verpfändung nach § 12 Abs. 2 – zwecks Absicherung aller Refinanzierungskredite – verpfändet worden sind.[58] Schließlich ist für jeden Hinterleger ein **Sonderpfanddepot (Depot D)** zu führen, wenn Wertpapiere im Rahmen einer beschränkten Verpfändung nach § 12 Abs. 3 an das verwahrende Kreditinstitut verpfändet wurden (→ § 12 Rn. 1 ff.).

VII. Wertpapiersammelbanken

1. Allgemeines. Seit der Neufassung des § 1 Abs. 3 durch das 1. Finanzmarktnovellierungsgesetz 20 (FiMaNoG) ist der Begriff der Wertpapiersammelbank (auch Zentralverwahrer) in Anlehnung an die VO (EU) 909/2014 (CSD-Verordnung) definiert. Wegen der besonderen Bedeutung der Wertpapiersammelbanken (§ 1 Abs. 3) im Rahmen der Wertpapiersammelverwahrung und des Wertpapiergiroverkehrs sieht das Gesetz eine **staatliche Anerkennung** der Wertpapiersammelbanken vor. Anders als nach der bisherigen Rechtslage ist für die Zulassung der Wertpapiersammelbanken nunmehr ausschließlich die BaFin zuständig und nicht mehr die Länderbehörden. Aufgrund der Übergangsbestimmung in § 43 gilt die bestehende Zulassung einer Wertpapiersammelbank durch die Landesbehörde aber als ausreichend, bis über ihren Antrag auf Zulassung nach der CSD-Verordnung entschieden worden ist. Daneben werden Wertpapiersammelbanken als **Kreditinstitute** durch die BaFin nach Maßgabe des § 6 KWG beaufsichtigt, die Zentralverwahrertätigkeit stellt ein eigenständiges Bankgeschäft dar. Seit 1.1.1990 (Verschmelzung der sieben deutschen Wertpapiersammelbanken) gibt es nur noch eine Wertpapiersammelbank in Deutschland. Die übrigen sechs Wertpapiersammelbanken wurden zu diesem Zeitpunkt auf die Frankfurter Kassenverein AG verschmolzen, die in Deutsche Kassenverein AG[59] und zum 1.10.1997 in Deutsche Börse Clearing AG umfirmierte. 1996 wurde die 1970 gegründete Deutsche Auslandskassenverein AG in die Deutsche Kassenverein AG integriert. Im Januar 2000 haben die Deutsche Börse AG, die zuvor 100 % der Anteile an der Deutsche Börse Clearing AG hielt, und Cedel International ein neues Unternehmen, die Clearstream International S. A., Luxembourg, gegründet. Dieses Gemeinschaftsunternehmen wurde Alleingesellschafter der Deutsche Börse Clearing AG, deren Firma zum 2.2.2000 in **Clearstream Banking AG** geändert wurde.

2. Die CSD-Verordnung. Durch die CSD-Verordnung werden erstmals in der EU einheitliche 21 Regelungen für Zentralverwahrer geschaffen. Zentralverwahrer (auch Central Securities Depositories

---

[56] Dazu ausf. *Miletzki*, Depotprüfung und Depotbankprüfung, in Kümpel/Ott, Kapitalmarktrecht, Kennzahl 320.
[57] Teilw. findet sich für das Depot B auch der Ausdruck „Anderdepot", s. *Heinsius/Horn/Than* § 4 Rn. 3.
[58] Dazu näher → § 12 Rn. 4; *Heinsius/Horn/Than* § 4 Rn. 42.
[59] Zur Historie insbesondere zur Gründung des Deutschen Kassenvereins, etwa *Schmidt* ZfgKW 1990, 121.

– CSDs) sind Institute, die die Abwicklung von Transaktionen von bei Intermediären verwahrten Wertpapieren durchführen. Zentralverwahrer im Sinne der CSD-Verordnung sind nun solche Institute, die gem. Artikel 2 Abs. 1 Nr. 1 CSD-Verordnung Zentralverwahrer-Kerndienstleistungen nach Abschnitt A des Anhangs zur CSD-Verordnung erbringen. An diese Definition wurde nun auch das deutsche DepotG angepasst. Danach müssen Kreditinstitute, um als Zentralverwahrer zu gelten, zumindest ein Wertpapierabwicklungs- und Abrechnungssystem nach Abschnitt A Nr. 3 des Anhangs betreiben und eine mindestens weitere Kerndienstleistung (Bereitstellung und Führung von Depotkonten auf oberster Ebene und/oder die erstmalige Verbuchung von Wertpapieren im Effektengiro) anbieten. Daneben dürfen sie nur bestimmte nichtbankartige (Anhang Abschnitt B) und bankartige Nebenleistungen (Anhang Abschnitt C) erbringen. Für die Zulassung gelten einheitliche europäische Zulassungs- und Organisationsstandards. Art. 48 und 50 ff. CSD-Verordnung etwa enthalten Regeln für Verbindungen zwischen den Zentralverwahrern, es gibt Anforderungen an die Unternehmensführung sowie diskriminierungsfreie und transparente Kriterien für die Zulassung zu einem Abrechnungssystem. Wertpapieremittenten sollen aufgrund der CSD-Verordnung von nun an frei zwischen den in der EU zugelassenen Zentralverwahrern wählen können.

22   Neu geregelt ist ebenfalls, dass Emittenten von übertragbaren Wertpapieren, die zum Handel an einem Handelsplatz (oder mehreren) im Sinne eines organisierten Marktes zugelassen sind, diese im Effektengiro buchen müssen, also entweder immobilisiert oder dematerialisiert begeben müssen. Für neue Papiere wird diese Regelung ab 2023 gültig, für bereits existente ab 2025. Eigentumsrechtliche Aspekte werden in der CSD-Verordnung ausdrücklich ausgeklammert.

1. Abschnitt. Verwahrung

§ 2 Sonderverwahrung

[1]Der Verwahrer ist verpflichtet, die Wertpapiere unter äußerlich erkennbarer Bezeichnung jedes Hinterlegers gesondert von seinen eigenen Beständen und von denen Dritter aufzubewahren, wenn es sich um Wertpapiere handelt, die nicht zur Sammelverwahrung durch eine Wertpapiersammelbank zugelassen sind, oder wenn der Hinterleger die gesonderte Aufbewahrung verlangt. [2]Etwaige Rechte und Pflichten des Verwahrers, für den Hinterleger Verfügungen oder Verwaltungshandlungen vorzunehmen, werden dadurch nicht berührt.

I. Normzweck

1   § 2 regelt die Sonderverwahrung, auch **Streifbanddepot** genannt,[1] bei der die Wertpapiere der einzelnen Hinterleger getrennt und unter äußerlich erkennbarer Bezeichnung jedes Hinterlegers verwahrt werden. Die Sonderverwahrung bildete ursprünglich den Regelfall. Nach Neufassung des § 2 durch das 2. Finanzmarktförderungsgesetz ist sie aber nur noch auf Verlangen des Hinterlegers oder für Wertpapiere, die nicht zur Sammelverwahrung durch eine Wertpapiersammelbank zugelassen sind, vorgesehen.[2]

II. Sonderverwahrung

2   Durch die Einlieferung in die Sonderverwahrung wird das **Eigentum** an den hinterlegten Wertpapieren nicht berührt. Steht das Eigentum nicht dem Hinterleger, sondern einem Dritten zu, so hat der Hinterleger einen vertraglichen (§ 695 BGB), der Eigentümer einen dinglichen (§ 985 BGB) Herausgabeanspruch gegen den Verwahrer. Der Verwahrer kann als Beklagter im Prozess durch eine Urheberbenennung nach § 76 ZPO erreichen, dass er von der Klage entbunden wird. Der Verwahrer haftet nach § 280 Abs. 1 S. 2 BGB, wenn er die Wertpapiere nicht zurückgeben kann.[3]

3   Nach Schreiben des BAKred (jetzt BaFin) vom 15.11.2001 ist die Verwahrung einer Inhaberglobalaktie durch eine kleine Aktiengesellschaft für ihre Aktionäre dann möglich, wenn alle Aktionäre der kleinen Aktiengesellschaft die gesonderte Aufbewahrung der Sammelurkunde verlangen. Ein gewerbsmäßiges Betreiben des Depotgeschäfts nach § 1 Abs. 1 S. 1 KWG wird dann nicht angenommen, solange die kleine Aktiengesellschaft für die Verwahrung keine Vergütung verlangt.[4]

---

[1] Statt vieler *Heinsius/Horn/Than* Rn. 4; *Will* in Kümpel/Wittig BankR/KapMarktR Rn. 18.92.
[2] *Decker* in Hellner/Steuer BuB Rn. 8/46.
[3] Baumbach/Hopt/*Kumpan* Rn. 1.
[4] Zu diesem Komplex auch *Noack* FS Wiedemann, 2002, 1145 ff.

Mäntel und Bögen[5] sind grundsätzlich getrennt aufzubewahren und mit der Verwahrung der 4 Mäntel und Bögen ist je ein Sachbearbeiter zu beauftragen.[6]

III. Unterbrechung der Sonderverwahrung für Verfügungen oder Verwaltungshandlungen

§ 2 S. 2 stellt klar, dass der Verwahrer berechtigt ist, die Sonderverwahrung der Wertpapiere für die 5 Vornahme von Verfügungen oder Verwaltungshandlungen für den Hinterleger zu unterbrechen.[7] Unterbricht der Verwahrer die Sonderverwahrung für die berechtigte Vornahme von Verfügungen oder Verwaltungshandlungen oder nimmt er eine solche Berechtigung an, so kommt im Falle der Zahlungseinstellung oder des Insolvenzverfahrens eine Strafbarkeit nach § 37 nicht in Betracht.

§ 3 Drittverwahrung

(1) [1]Der Verwahrer ist berechtigt, die Wertpapiere unter seinem Namen einem anderen Verwahrer zur Verwahrung anzuvertrauen. [2]Zweigstellen eines Verwahrers gelten sowohl untereinander als auch in ihrem Verhältnis zur Hauptstelle als verschiedene Verwahrer im Sinne dieser Vorschrift.

(2) [1]Der Verwahrer, der Wertpapiere von einem anderen Verwahrer verwahren läßt (Zwischenverwahrer), haftet für ein Verschulden des Drittverwahrers wie für eigenes Verschulden. [2]Für die Beobachtung der erforderlichen Sorgfalt bei der Auswahl des Drittverwahrers bleibt er auch dann verantwortlich, wenn ihm die Haftung für ein Verschulden des Drittverwahrers durch Vertrag erlassen worden ist, es sei denn, daß die Papiere auf ausdrückliche Weisung des Hinterlegers bei einem bestimmten Drittverwahrer verwahrt werden.

I. Normzweck

Durch § 3 Abs. 1 S. 1 wird dem Verwahrer gestattet, die hinterlegten Wertpapiere unter seinem 1 Namen einem anderen Verwahrer zur Verwahrung anzuvertrauen (Drittverwahrung). Der Ermächtigung des Hinterlegers bedarf es hierzu nicht. Die Drittverwahrung dient der **Rationalisierung und Vereinfachung des Wertpapiergeschäfts**.[1] Durch Drittverwahrung bei Wertpapiersammelbanken wird der **Effektengiroverkehr,** bei dem ein Transport von Wertpapieren und die damit verbundenen Gefahren und Kosten vermieden werden, ermöglicht.[2] Zum Schutz der Hinterleger sieht § 3 Abs. 2 eine strenge Haftung des Zwischenverwahrers für ein Verschulden des Drittverwahrers vor, die über die im BGB (§ 691 S. 2 BGB) vorgesehene Haftung nur für ein Auswahlverschulden hinausgeht.

II. Voraussetzungen der Drittverwahrung

Der Drittverwahrer muss ebenfalls **Verwahrer iSv § 1 Abs. 2** sein. Auch der Drittverwahrer darf 2 die Wertpapiere einem weiteren Verwahrer zur Verwahrung anvertrauen.[3] § 3 gilt bei der Sonderverwahrung und bei der Sammelverwahrung (§ 5 Abs. 3).[4] Durch § 3 Abs. 1 S. 2 wird es auch der Zweigstelle eines Verwahrers ermöglicht, die von ihr verwahrten Wertpapiere durch eine andere Niederlassung oder die Hauptstelle des Verwahrers verwahren zu lassen (sog. „Hausdrittverwahrung").[5*] Da Haupt- und Zweigstellen des Verwahrers keine differierende Rechtspersönlichkeit besitzen, sondern lediglich iSd § 3 Abs. 1 S. 1 „als verschiedene Verwahrer" angesehen werden, richtet sich die Haftung für die Zweig- und Hauptstelle nach § 276 BGB (Haftung für eigenes Verschulden).[6*]

---

[5] Unter „Mäntel" sind Stammrechtsurkunden, unter „Bögen" sind Nebenrechtsurkunden, wie zB Zins-, Dividenden- und Bezugsrechte, zu verstehen, vgl. *Decker* in Hellner/Steuer BuB Rn. 8/46.

[6] Nr. 2.(4) der Bekanntmachung des Bundesaufsichtsamtes für das Kreditwesen (BAKred) über die Anforderungen an die Ordnungsmäßigkeit des Depotgeschäfts und der Erfüllung von Wertpapierlieferungsverpflichtungen vom 21.12.1998, BAnz. 1998 Nr. 246.

[7] So kann der Verwahrer sowohl kraft Gesetzes oder Rechtsgeschäfts zur Verfügung über die ihm anvertrauten Wertpapiere berechtigt bzw. verpflichtet sein. Exemplarisch ist auf das Recht zum Pfandverkauf im Falle einer rechtsgeschäftlichen Verpfändung zu verweisen sowie auf die Befriedigung aus den nach § 369 HGB zurückbehaltenen Wertpapieren. Als Verwaltungshandlungen iSd § 2 S. 2 können zB genannt werden: die Einlösung von Pfandbriefen und Schuldverschreibungen, bzw. die Einlösung oder Verwertung von Wertpapieren anderer Art, ferner die Einziehung oder Verwertung von Zins- und Gewinnanteilsscheinen. Zu den Verwaltungshandlungen und Verfügungen des Verwahrers vgl. die vertiefende Darstellung bei *Heinsius/Horn/Than* Rn. 28 ff.

[1] Instruktiv zur Rationalisierung des Wertpapierverkehrs *Delorme* ZfgKW 1980, 610.

[2] Dazu etwa *Decker* in Hellner/Steuer BuB Rn. 8/47.

[3] *Heinsius/Horn/Than* Rn. 11 sprechen insofern von einer „Kette von Zwischenverwahrern".

[4] Die Sammelverwahrung durch eine Wertpapiersammelbank wird in der Praxis auch als Girosammelverwahrung bezeichnet, vgl. *Decker* in Hellner/Steuer BuB Rn. 8/47.

[5*] *Heinsius/Horn/Than* Rn. 19; *Decker* in Hellner/Steuer BuB Rn. 8/49 („Dritt-Haussammelverwahrung").

[6*] Ebenso *Decker* in Hellner/Steuer BuB Rn. 8/43 mwN.

III. Rechtliche Gestaltung der Drittverwahrung

3   Bei der Ermächtigung zur Drittverwahrung handelt es sich um eine gesetzliche Ausnahme der im Verwahrungsrecht geltenden Regel, nach der der Verwahrer nicht berechtigt ist, die hinterlegte Sache bei einem Dritten zu hinterlegen (§ 691 S. 1 BGB). Der Verwahrer darf die Wertpapiere bei dem Drittverwahrer **in seinem eigenen Namen** hinterlegen, mit der Folge, dass der Drittverwahrer nicht verpflichtet ist, Wertpapiere, die in Sonderverwahrung verwahrt werden, nach den einzelnen Hinterlegern zu trennen. § 2 findet keine Anwendung.[7] Welche Wertpapiere welchem Hinterleger zuzuordnen sind, ergibt sich aus der Depotbuchhaltung (§ 14).

4   Bei der Drittverwahrung bestehen vertragliche **Rechtsbeziehungen** zwischen dem Hinterleger und dem Zwischenverwahrer und zwischen dem Zwischenverwahrer und dem Drittverwahrer. Zwischen dem Hinterleger und dem Drittverwahrer bestehen keine vertraglichen Beziehungen. Handelt es sich beim Hinterleger um den Eigentümer der hinterlegten Wertpapiere, so steht ihm gegen des Drittverwahrer der dingliche Herausgabeanspruch aus § 985 BGB iVm §§ 7 Abs. 1, 8 zu.[8] Entsprechend §§ 556 Abs. 3 und 604 Abs. 4 BGB ist dem Hinterleger aber auch ein schuldrechtlicher Herausgabeanspruch gegen den Drittverwahrer zuzugestehen, wenn ein verwahrungsrechtliches Verhältnis nicht mehr besteht.[9] Entsteht dem Hinterleger ein Schaden durch ein Verschulden des Drittverwahrers, so kommen neben deliktischen Ansprüchen (§ 823 BGB) Ansprüche nach den Grundsätzen der Drittschadensliquidation in Betracht.[10] Bei ungerechtfertigten Verfügungen über die Wertpapiere können dem Hinterleger, der zugleich Eigentümer der Wertpapiere ist, zudem Ansprüche aus Eingriffskondiktion (§ 816 Abs. 1 BGB) und aus unechter Geschäftsführung nach § 687 Abs. 2 BGB zustehen.[11]

5   Der Drittverwahrer ist unmittelbarer Besitzer der Wertpapiere und mittelt den Besitz für den Zwischenverwahrer (§ 868 BGB). Der Zwischenverwahrer ist mittelbarer Besitzer der 1. Stufe und mittelt den Besitz für den Hinterleger (§§ 871, 868 BGB). Der Hinterleger ist mittelbarer Besitzer der 2. Stufe. Die **Besitzkette** kann sich, wenn weitere Zwischenverwahrer eingeschaltet sind, etwa die Zentralstelle des Zwischenverwahrers, weiter verlängern.[12]

IV. Haftung des Zwischenverwahrers

6   Vor dem Hintergrund, dass es sich bei der Vorschrift des § 3 Abs. 2 um eine dispositive Regelung handelt, kann sich der Zwischenverwahrer von seiner Haftung für ein Verschulden des Drittverwahrers durch vertragliche Vereinbarung freizeichnen.[13] Die Haftung des Zwischenverwahrers für Verschulden des Drittverwahrers kann somit auf Auswahlverschulden beschränkt werden. Die Sonderbedingungen der Banken für Wertpapiergeschäfte enthalten heute keine Beschränkung der Haftung für Drittverwahrer mehr (Nr. 19(1)).[14]

§ 4 Beschränkte Geltendmachung von Pfand- und Zurückbehaltungsrechten

(1) [1]**Vertraut der Verwahrer die Wertpapiere einem Dritten an, so gilt als dem Dritten bekannt, daß die Wertpapiere dem Verwahrer nicht gehören.** [2]**Der Dritte kann an den Wertpapieren ein Pfandrecht oder ein Zurückbehaltungsrecht nur wegen solcher Forderungen geltend machen, die mit Bezug auf diese Wertpapiere entstanden sind oder für die diese Wertpapiere nach dem einzelnen über sie zwischen dem Verwahrer und dem Dritten vorgenommenen Geschäft haften sollen.**

(2) **Absatz 1 gilt nicht, wenn der Verwahrer dem Dritten für das einzelne Geschäft ausdrücklich und schriftlich mitteilt, daß er Eigentümer der Wertpapiere sei.**

(3) [1]**Vertraut ein Verwahrer, der nicht Bankgeschäfte betreibt, Wertpapiere einem Dritten an, so gilt Absatz 1 nicht.** [2]**Ist er nicht Eigentümer der Wertpapiere, so hat er dies dem Dritten mitzuteilen; in diesem Falle gilt Absatz 1 Satz 2.**

---

[7] *Opitz* § 3 Anm. 4; *Canaris* BankvertragsR Rn. 2158; *Heinsius/Horn/Than* Rn. 9 unter Verweis auf die amtl. Begründung.

[8] Dazu näher *Decker* in Hellner/Steuer BuB Rn. 8/52.

[9] *Canaris* BankvertragsR Rn. 2119; Baumbach/Hopt/*Kumpan* Rn. 1; *Decker* in Hellner/Steuer BuB Rn. 8/53.

[10] Wenn man nicht mit *Canaris* BankvertragsR Rn. 2164, einen Anspruch des Hinterlegers aus positiver Vertragsverletzung über das Institut des Vertrags mit Schutzwirkung zugunsten Dritter konstruiert. So wie hier *Heinsius/Horn/Than* Rn. 16.

[11] *Canaris* BankvertragsR Rn. 2162.

[12] Vgl. die übersichtliche Darstellung bei *Heinsius/Horn/Than* Rn. 11.

[13] *Heinsius/Horn/Than* Rn. 24.

[14] Zur Freizeichnungsklausel der Ziff. 36 AGB der Banken aF, die die gesetzliche Haftungsregelung des § 3 Abs. 2 S. 1 insofern abbedungen hat, als die Haftung der Kreditinstitute auf die sorgfältige Auswahl des Drittverwahrers beschränkt wurde, vgl. *Canaris* BankvertragsR Rn. 2154; *Heinsius/Horn/Than* Rn. 25. Die alte und neue Rechtslage gegenüberstellend *Decker* in Hellner/Steuer BuB Rn. 8/43.

I. Normzweck

Die in § 4 Abs. 1 enthaltene Fremdvermutung gilt dem Schutz des Hinterlegers bei Drittverwahrung vor einer Belastung der von ihm hinterlegten Wertpapiere mit Pfandrechten und Zurückbehaltungsrechten des Drittverwahrers, die nicht in Zusammenhang mit der Verwahrung der Wertpapiere stehen oder denen er nicht vorher zugestimmt hat. **1**

II. Voraussetzungen der Fremdvermutung

Verwahrer iSv § 4 Abs. 1 ist nur der **Verwahrer, der Bankgeschäfte betreibt.** Für Verwahrer, die **2** nicht Bankgeschäfte betreiben, gilt § 4 Abs. 3. Die Fremdvermutung gilt gegenüber jedem Dritten, unabhängig davon, ob er Verwahrer iSv § 1 Abs. 2 ist. Die Wertpapiere müssen dem Dritten anvertraut sein. Anvertraut sind Wertpapiere, wenn sie im Wege des bankgewerblichen Geschäftsverkehrs an einen Dritten gelangen, zB zur Verwahrung, zur Veräußerung, zum Umtausch oder Bezug von anderen Wertpapieren oder zur Geltendmachung von Zins- oder Dividendenansprüchen.[1]

III. Rechtsfolgen der Fremdvermutung

Durch die Fremdvermutung wird ein **gutgläubiger Erwerb** des Eigentums nach §§ 932 ff. BGB, **3** ferner von Pfandrechten an Wertpapieren des Hinterlegers durch den Dritten nach §§ 1293, 1207 BGB iVm §§ 932, 934 (935) BGB, § 365 HGB, Art. 16 Abs. 2 WG ausgeschlossen und werden **Zurückbehaltungsrechte** (§§ 273 ff. BGB, § 369 HGB) des Dritten an den Wertpapieren eingeschränkt. Pfand- und Zurückbehaltungsrechte an den Wertpapieren können von dem Dritten aber wegen Forderungen geltend gemacht werden, die mit Bezug auf die Wertpapiere entstanden sind, also Gebühren und Auslagen des Dritten, oder für die die betreffenden Wertpapiere nach dem einzelnen zwischen dem Verwahrer und dem Dritten vorgenommenen Geschäft haften sollen. Der Umfang der Zulässigkeit einer solchen Vereinbarung zwischen dem Verwahrer und dem Dritten bestimmt sich nach §§ 12 und 13.

Nicht ausgeschlossen ist nach § 4 der Schutz des guten Glaubens des Drittverwahrers nach § 366 **4** Abs. 1 HGB (bei Orderpapieren §§ 364 Abs. 1, 365 Abs. 1 HGB, § 68 AktG, Art. 16 WG) an die **Verfügungsberechtigung** des Zwischenverwahrers.[2] Der Drittverwahrer, der hinsichtlich der Verfügungsmacht des Zwischenverwahrers in gutem Glauben gehandelt hat, kann daher ein Pfandrecht an Kundenwertpapieren erwerben, bei dessen Verpfändung der Zwischenverwahrer entweder keine Ermächtigung nach § 12 hat oder über eine ihm erteilte Ermächtigung hinausgeht. Der Dritte ist nicht in gutem Glauben, wenn ihm bekannt oder infolge grober Fahrlässigkeit unbekannt ist, dass der Verwahrer keine Verfügungsmacht über die Wertpapiere hat (§ 366 Abs. 1 HGB, § 932 Abs. 2 BGB; § 365 HGB, § 68 AktG, Art. 16 Abs. 2 WG). Die Beweislast für das Fehlen des guten Glaubens hat derjenige, der den Erwerb des Pfandrechts durch den Dritten bestreitet.[3] Der Dritte ist in der Regel gutgläubig, wenn er die Erklärung des Zwischenverwahrers über den Umfang der Verpfändungsermächtigung nach Nr. 6 Abs. 2 S. 3 oder die Bekanntmachung über das Depotgeschäft eingeholt hat.[4] Besteht Anlass zu Misstrauen hinsichtlich des Vorliegens der behaupteten Verpfändungsermächtigung, so hat der Dritte sie sich vorlegen zu lassen. Dieser Anlass besteht umso eher, je weiter die Verpfändungsermächtigung angeblich reicht, also vor allem im Falle der unbeschränkten Verpfändung nach § 12 Abs. 4.[5]

Die Fremdvermutung findet **bei Wertpapieren, die im Eigentum des Verwahrers stehen,** keine **5** Anwendung.[6] In diesem Fall erfolgt der Erwerb vom Berechtigten und der Dritte bedarf daher keines guten Glaubens. Auch ist es nicht Sinn und Zweck der Fremdvermutung, den Erwerb von Pfand- und Zurückbehaltungsrechten an dem Verwahrer gehörenden Wertpapieren zu beschränken.[7] Im Übrigen lässt sich dem Wortlaut unmittelbar entnehmen, dass die Fremdvermutung auf die Kenntnis des Dritten abstellt – „gilt als dem Dritten bekannt" (§ 4 Abs. 1 S. 1) – und durch sie eine Änderung der materiellen Rechtslage nicht fingiert werden soll.

§ 4 gilt sinngemäß auch für die Sammelverwahrung (§ 9), die Pfandverwahrung (§ 17) und das **6** Kommissionsgeschäft (§ 30 Abs. 2), den Eigenhandel und den Selbsteintritt (§ 31 iVm § 30).

---

[1] *Opitz* Bem. 2. Zur sog. Fremdvermutung und zum Begriff der Verwahrung iwS *Canaris* BankvertragsR Rn. 2167; *Heinsius/Horn/Than* Rn. 1 und 5.

[2] Dazu mwN *Einsele,* Wertpapierrecht als Schuldrecht, 1995, 100; *Decker* in Hellner/Steuer BuB Rn. 8/17 ff.

[3] *Canaris* BankvertragsR Rn. 2178; *Heinsius/Horn/Than* Rn. 20.

[4] *Decker* in Hellner/Steuer BuB Rn. 8/27; ferner zu den Sorgfaltspflichten, die der Drittverwahrer bei Prüfung der Verfügungsberechtigung des Verwahrers zu erfüllen hat, eingehend *Heinsius/Horn/Than* Rn. 21.

[5] *Canaris* BankvertragsR Rn. 2178; schwächer *Heinsius/Horn/Than* Rn. 19.

[6] *Canaris* BankvertragsR Rn. 2169; *Heinsius/Horn/Than* Rn. 25; Baumbach/Hopt/*Kumpan* Rn. 2; aA *Opitz* Bem. 3.

[7] In die gleiche Richtung argumentierend *Heinsius/Horn/Than* Rn. 25 mwN.

7 Werden Wertpapiere von einem Kreditinstitut einem anderen Kreditinstitut zur Verwahrung anvertraut, so sind die Wertpapiere dem **Depot B** (Fremddepot) zuzuführen. Hat das Kreditinstitut sein Eigentum an den Wertpapieren nach § 4 Abs. 2 angezeigt, so sind die Wertpapiere in das Depot A (Eigendepot) aufzunehmen.[8]

IV. Eigenanzeige des Zwischenverwahrers

8 Vertraut ein Verwahrer eigene Wertpapiere einem Dritten an, so kann er ihm mitteilen, dass es sich um seine eigenen Wertpapiere handelt. Wird eine Eigenanzeige[9] abgegeben, so gilt die Fremdvermutung nicht (§ 4 Abs. 2). Sie kann also durch eine Erklärung des Zwischenverwahrers aufgehoben werden. Die wahrheitswidrig abgegebene Eigenanzeige ist strafbar (§ 35). Die eigenen Wertpapiere des Zwischenverwahrers sind durch den Drittverwahrer in dem **Depot A** zu buchen (→ § 1 Rn. 1 ff.).

V. Fremdanzeige bei Nicht-Kreditinstituten

9 Fremdvermutung und die Notwendigkeit der Eigenanzeige gelten nur im Falle von Zwischenverwahrern, die das Depotgeschäft iSv § 1 Abs. 1 S. 2 Nr. 5 KWG (→ § 1 Rn. 17) betreiben. Alle anderen Zwischenverwahrer müssen nach § 4 Abs. 3 S. 1, 2 dem Dritten mitteilen, wenn sie nicht Eigentümer der anvertrauten Wertpapiere sind (Fremdanzeige).[10] Durch die Fremdanzeige wird die Möglichkeit des gutgläubigen Erwerbs wie durch die Fremdvermutung in § 4 Abs. 1 ausgeschlossen. Die Fremdanzeige ist unverzüglich zu erstatten.[11] Ein wahrheitswidriges Unterlassen der Fremdanzeige ist nach § 35 strafbar.

§ 5 Sammelverwahrung

(1) [1]**Der Verwahrer darf vertretbare Wertpapiere, die zur Sammelverwahrung durch eine Wertpapiersammelbank zugelassen sind, dieser zur Sammelverwahrung anvertrauen, es sei denn, der Hinterleger hat nach § 2 Satz 1 die gesonderte Aufbewahrung der Wertpapiere verlangt.** [2]**Anstelle der Sammelverwahrung durch eine Wertpapiersammelbank darf der Verwahrer die Wertpapiere ungetrennt von seinen Beständen derselben Art oder von solchen Dritter selbst aufbewahren oder einem Dritten zur Sammelverwahrung anvertrauen, wenn der Hinterleger ihn dazu ausdrücklich und schriftlich ermächtigt hat.** [3]**Die Ermächtigung darf weder in Geschäftsbedingungen des Verwahrers enthalten sein noch auf andere Urkunden verweisen; sie muß für jedes Verwahrungsgeschäft besonders erteilt werden.**

(2) **Der Verwahrer kann, anstatt das eingelieferte Stück in Sammelverwahrung zu nehmen, dem Hinterleger einen entsprechenden Sammelbestandanteil übertragen.**

(3) **Auf die Sammelverwahrung bei einem Dritten ist § 3 anzuwenden.**

(4) [1]**Wertpapiersammelbanken dürfen einem ausländischen Verwahrer im Rahmen einer gegenseitigen Kontoverbindung, die zur Aufnahme eines grenzüberschreitenden Effektengiroverkehrs vereinbart wird, Wertpapiere zur Sammelverwahrung anvertrauen, sofern**

1. **der ausländische Verwahrer in seinem Sitzstaat die Aufgaben einer Wertpapiersammelbank wahrnimmt und einer öffentlichen Aufsicht oder einer anderen für den Anlegerschutz gleichwertigen Aufsicht unterliegt,**

2. **dem Hinterleger hinsichtlich des Sammelbestands dieses Verwahrers eine Rechtsstellung eingeräumt wird, die derjenigen nach diesem Gesetz gleichwertig ist,**

3. **dem Anspruch der Wertpapiersammelbank gegen den ausländischen Verwahrer auf Auslieferung der Wertpapiere keine Verbote des Sitzstaats dieses Verwahrers entgegenstehen und**

4. **die Wertpapiere vertretbar und zur Sammelverwahrung durch die Wertpapiersammelbank und den ausländischen Verwahrer im Rahmen ihrer gegenseitigen Kontoverbindung zugelassen sind.**

[2]**Die Haftung der Wertpapiersammelbanken nach § 3 Abs. 2 Satz 1 für ein Verschulden des ausländischen Verwahrers kann durch Vereinbarung nicht beschränkt werden.**

---

[8] Nr. 3 Abs. 3 der Bekanntmachung des Bundesaufsichtsamtes für das Kreditwesen (BAKred) über die Anforderungen an die Ordnungsmäßigkeit des Depotgeschäfts und der Erfüllung von Wertpapierlieferungsverpflichtungen vom 21.12.1998, BAnz. 1998 Nr. 246, auch → § 1 Rn. 13.
[9] Zur Form und Wirkung der Eigenanzeige näher *Heinsius/Horn/Than* Rn. 24 ff.; *Decker* in Hellner/Steuer BuB Rn. 8/29 ff.; *Einsele,* Wertpapierrecht als Schuldrecht, 1995, 98.
[10] Dazu eingehend *Heinsius/Horn/Than* Rn. 34 mwN.
[11] *Opitz* § 4 Bem. 4.

Übersicht

I. Normzweck

Die Sammelverwahrung von Wertpapieren bei der einzigen deutschen Wertpapiersammelbank **1** Clearstream Banking AG in Frankfurt (Girosammelverwahrung) stellt heute die Regel dar. Durch sie wird die schnelle und kostengünstige Abwicklung von Wertpapiergeschäften im Wege des **Effektengiroverkehrs ermöglicht**.[1] § 5 sieht daher vor, dass Wertpapiere grundsätzlich in Girosammelverwahrung genommen werden, es sei denn, der Hinterleger wünscht ausdrücklich eine andere Verwahrungsart oder die Wertpapiere sind nicht zur Sammelverwahrung zugelassen.

§ 5 Abs. 4 ermöglicht einen **grenzüberschreitenden Effektengiroverkehr** durch Bildung eines **2** gemeinsamen Sammelbestandes zwischen Wertpapiersammelbanken und bestimmten ausländischen Verwahrern.[2]

II. Sammelverwahrung

Sammelverwahrung ist die Verwahrung vertretbarer Wertpapiere derselben Art in einem einheitli- **3** chen Bestand.[3]

1. Vertretbare Wertpapiere. Zur Vertretbarkeit von Wertpapieren allgemein → § 1 Rn. 3. **Na- 4 mensaktien** sind girosammelverwahrfähig,[4] wenn sie **blanko indossiert** sind.[5] Namensaktien mit einem auf eine bestimmte Person lautenden Indossament sind mit auf andere Indossatare lautenden Namensaktien nicht austauschbar, da die Legitimationskraft eines Namensindossaments nur zugunsten des bezeichneten Indossatars und anders als beim Blankoindossament nicht zugunsten jeden beliebigen Inhabers der Aktienurkunde wirkt.[6] Zudem müsste ein Namensindossament sämtliche Miteigentümer des Sammelbestandes als Berechtigte nennen, was praktisch ausscheidet.[7] Die Eigentumsübertragung erfolgt wie bei Inhaberpapieren durch Einigung und Übergabe (§§ 929 ff. BGB). Für die Wirksamkeit der Übertragung kommt es nicht auf die Umschreibung im Aktionärsregister an, jedoch gilt nur derjenige als Aktionär, der auch im Aktionärsregister eingetragen ist. Dementsprechend leitet die Clearstream Banking AG die Aktionärsdaten, die der Hinterleger zwecks Weitergabe an den Emittenten übermittelt an den Emittenten oder an den von ihm beauftragten Dritten weiter.[8] Die Informationen betreffend der Eintragung oder Nicht-Eintragung in das Aktienregister übernimmt die Clearstream Banking AG in ihre Bestandsführung.[9] Auch **nicht voll eingezahlte Namensaktien** können zur Girosammelverwahrung zugelassen werden.[10] In diesem Fall darf der Sammelverwahrer allerdings

---

[1] Zur Zentralverwahrung als Grundlage des Effektengiroverkehrs etwa *Einsele,* Wertpapierrecht als Schuldrecht, 1995, 21 ff.; *Heinsius/Horn/Than* Rn. 9; *Decker* in Hellner/Steuer BuB Rn. 8/48, spricht von „Rationalisierungsmaßnahmen".

[2] Zur Internationalisierung der deutschen Girosammelverwahrung als Folge der Globalisierung nationaler Kapitalmärkte *Decker* in Hellner/Steuer BuB Rn. 8/58 ff.; ferner *Keßler* Die Bank 1985, 443 ff. Hierzu iE → § 5 Rn. 14 ff.

[3] *Decker* in Hellner/Steuer BuB Rn. 8/47; *Heinsius/Horn/Than* Rn. 15.

[4] Zur Girosammelverwahrfähigkeit ausländischer Namensaktien *Decker* in Hellner/Steuer BuB Rn. 8/107a.

[5] Vgl. Nr. IX Abs. 1 S. 4 der Allgemeinen Geschäftsbedingungen der Clearstream Banking AG (Stand September 2017); *Decker* in Hellner/Steuer BuB Rn. 8/85; *Einsele,* Wertpapierrecht als Schuldrecht, 1995, 23.

[6] *Kümpel* WM-Sonderbeilage 8/1983, 4; *Decker* in Hellner/Steuer BuB Rn. 8/85.

[7] *Heißel/Kienle* WM 1993, 1909 (1910).

[8] Clearstream Banking AG Allgemeine Geschäftsbedingungen Nr. XXIII S. 3.

[9] Clearstream Banking AG Allgemeine Geschäftsbedingungen Nr. XXIII S. 3.

[10] Ebenso *Decker* in Hellner/Steuer BuB Rn. 8/85c.

nicht als Treuhänder im Aktienbuch eingetragen sein.[11] Sonst würde der eingetragene Treuhänder für die noch offenen Einlageverbindlichkeiten haften, da derjenige der Gesellschaft gegenüber als Aktionär gilt, der im Aktionärsregister eingetragen ist.[12]

5 **Vinkulierte Namensaktien** sind ebenfalls sammelverwahrfähig.[13] Im Gegensatz zur der alten Fassung der Allgemeinen Geschäftsbedingungen[14] wird nicht mehr zwischen vinkulierten und sonstigen Namensaktien unterschieden, sodass die allgemeinen Anforderungen an Namensaktien gelten. Die Vinkulierung der Namensaktie beeinträchtigt deren Vertretbarkeit nicht, da sie den Erwerb der Aktionärsstellung durch einen Kunden, unabhängig davon, welches Stück er im Einzelnen erwerben möchte, von der Zustimmung der Gesellschaft abhängig macht. Die Eignung einer einzelnen Namensaktie, von einem beliebigen Depotkunden als Eigentum erworben zu werden, wird durch die Vinkulierung demzufolge nicht tangiert. Die nötige zügige und ordnungsgemäße Umschreibung im Aktienbuch wird durch das Cascade-RS-System der Clearstream Banking AG sichergestellt.

6 Sofern die Clearstream Banking AG im Auftrag des Hinterlegers im Aktionärsregister eingetragen ist, übt sie das ihr zustehende Stimmrecht ausschließlich auf dessen Weisung aus.[15] Andernfalls ermöglicht sie es dem Hinterleger oder einem von ihm benannten Dritten, soweit gesetzlich zulässig, die Stimmrechte selbst auszuüben.[16] Wenn in der Erklärungsbekanntmachung der Hauptversammlung ein Stichtag gem. § 123 Abs. 3 AktG festgelegt ist, hat der Hinterleger die Weisung an die Clearstream Banking AG spätestens am einundzwanzigsten Tag vor der Hauptversammlung zu übermitteln. Nach einer Bestandsprüfung wird diese von der Clearstream Banking AG an den Emittenten oder einen benannten Dritten weitergeleitet. Kann der Hinterleger die Rechte aufgrund der Girosammelverwahrung nicht selbst ausüben ist die Clearstream Banking AG auch ohne Weisung des Hinterlegers dazu verpflichtet, die Rechte gegen eine Aufwandsentschädigung gegenüber Dritten geltend zu machen.[17] Sie leitet daneben die Erträge, die ihr aufgrund der Eintragung im Aktienregister zugehen an die Kunden weiter. Dies ist auch dann der Fall, wenn die Clearstream Banking AG nicht als Aktionärin eingetragen ist, was damit zu begründen ist, dass Namensaktienemittenten vermehrt dazu übergehen, ihre Dividendenzahlungen auf den Bestand der girosammelverwahrten Emission zu zahlen. Dazu wird den Hinterlegern eine auf den Inhaber lautende Globalurkunde über die Dividendenanteilsscheine (sog. Inhaber-Globalgewinnanteilschein) ausgestellt, die der jeweiligen Anzahl der ausgegebenen Namensaktien entsprechen.[18]

7 Im Oktober 1993 startete die Deutsche Kassenverein AG – nunmehr Clearstream Banking AG – das CARGO-System, seit 1997 das Cascade-RS-System zur Aufnahme von Namensaktien in die Girosammelverwahrung. Die Girosammelverwahrung erfolgt in Form einer blanko indossierten Globalurkunde, die auf den Namen der Clearstream Banking AG als Treuhänder aller Aktionäre, deren Miteigentumsanteile sie verbrieft, lautet.[19] In der Globalurkunde sind alle in Girosammelverwahrung befindlichen vinkulierten Namensaktien derselben Art mit ihren Zuordnungsnummern, die dieselben Nummern aufweisen, wie die im Aktienbuch des Emittenten verzeichneten Stückenummern, zusammengefasst. Umschreibungen werden durch elektronischen Datenaustausch zwischen dem Zwischenverwahrer (der Depotbank), der Clearstream Banking AG und der Emittentin abgewickelt. Die girosammelverwahrten Namensaktien werden bei der Clearstream Banking AG vier verschiedenen Bestandstypen zugeordnet: der Hauptbestand enthält die Aktien, bei denen der Aktionär im Aktienbuch der Gesellschaft eingetragen ist; der zugewiesene Meldebestand enthält die Aktien, bei denen die Umschreibung oder Ersteintragung im Aktienbuch beantragt, aber noch nicht vollzogen ist; zum freien Meldebestand gehören die Aktien, bei denen der erforderliche Antrag auf Ersteintragung oder Umschreibung im Aktienbuch noch nicht gestellt wurde, bei denen also entweder noch keine Zuordnung vorgenommen wurde oder der alte Aktionär noch im Aktienbuch der Gesellschaft eingetragen ist.[20] Dem erweiterten freien Meldebestand eigener Art sind vinkulierte Namensaktien zuzuordnen, die nach Eintragung einer Kapitalerhöhung in das Handelsregister des jeweiligen Emittenten neu begeben worden sind. Die Belieferung von börslichen und außerbörslichen Verkaufsgeschäften erfolgt aus dem freien Meldebestand.[21]

---

[11] Nr. 1 Abs. 1 der Bekanntmachung des Bundesaufsichtsamtes für das Kreditwesen (BAKred) über die Anforderungen an die Ordnungsmäßigkeit des Depotgeschäfts und der Erfüllung von Wertpapierlieferungsverpflichtungen vom 21.12.1998, BAnz. 1998 Nr. 246.

[12] Scherer/*Rögner* Rn. 12.

[13] Nr. 1 Abs. 1 der Bekanntmachung des Bundesaufsichtsamtes für das Kreditwesen (BAKred) über die Anforderungen an die Ordnungsmäßigkeit des Depotgeschäfts und der Erfüllung von Wertpapierlieferungsverpflichtungen vom 21.12.1998, BAnz. 1998 Nr. 246.

[14] Allgemeinen Geschäftsbedingungen der Clearstream Banking AG Stand: 2004 Nr. 46 ff.

[15] Clearstream Banking AG Allgemeine Geschäftsbedingungen Nr. XVII Abs. 3 S. 4.

[16] Clearstream Banking AG Allgemeine Geschäftsbedingungen Nr. XVII Abs. 3 S. 2.

[17] Clearstream Banking AG Allgemeine Geschäftsbedingungen Nr. XVI Abs. 4.

[18] Vgl. Praxisführer Cascade-RS, Teil II, S. 6, abrufbar unter www.clearstream.de, Stand September 2012; Scherer/*Rögner* Rn. 9.

[19] Dazu *Jütten* Die Bank 1997, 112 ff.; vgl. Praxisführer Cascade-RS, Teil II, S. 5, abrufbar unter www.clearstream.de, Stand September 2012.

[20] Vgl. Praxisführer Cascade-RS, Teil I, S. 18 ff., abrufbar unter www.clearstream.de, Stand September 2012.

[21] Vgl. Praxisführer Cascade-RS, Teil I, S. 20, abrufbar unter www.clearstream.de, Stand September 2012; hierzu *Jütten* Die Bank 1997, 113.

2. Wertpapiere derselben Art. Nur wertgleiche Wertpapiere, also solche, die dasselbe Recht 8 verbriefen, können einen Sammelbestand bilden. Bei **auslosbaren Wertpapieren**[22] ist zu unterscheiden. Bei in Gruppen auslosbaren Wertpapieren ist jede Gruppe als eine Wertpapierart zu behandeln, sobald den einzelnen Gruppen besondere Wertpapierkennnummern zugeteilt worden sind.[23] Einzeln auslosbare Wertpapiere sind vor der Verlosung aus der Sammelverwahrung herauszunehmen.[24]

3. Zulassung zur Sammelverwahrung durch eine Wertpapiersammelbank. Die Clearstream 9 Banking AG entscheidet über die Zulassung von Wertpapieren zur Girosammelverwahrung und macht die Zulassung in ihrem Mitteilungsblatt bekannt.[25]

4. Verlangen der Sonderverwahrung durch den Hinterleger. Die Sammelverwahrung durch 10 eine Wertpapiersammelbank kann durch den Verwahrer immer gewählt werden, es sei denn, der Hinterleger verlangt Sonderverwahrung (§ 2).

III. Haussammelverwahrung, Drittsammelverwahrung

Im Gegensatz zur Girosammelverwahrung ist die Sammelverwahrung durch den Verwahrer selbst 11 oder bei einem Drittverwahrer nur zulässig, wenn der Hinterleger den Verwahrer dazu ausdrücklich und schriftlich (§§ 126 ff. BGB) ermächtigt hat (§ 5 Abs. 1 S. 2).[26] Die besondere Warnfunktion, die das Gesetz dieser **Ermächtigung** beimisst, wird in den Formanforderungen deutlich: die Ermächtigung darf nicht in Allgemeinen Geschäftsbedingungen des Verwahrers enthalten sein, sie darf nicht auf andere Urkunden verweisen und sie ist für jedes Verwahrgeschäft besonders zu erteilen (§ 5 Abs. 1 S. 3).[27] Ist der Verwahrer ein Kreditinstitut und der Hinterleger ein Kaufmann iSv § 16, so gelten die Formanforderungen nicht.

IV. Übertragung eines Miteigentumsanteils nach Abs. 2

Die Übertragung bestehender Sammeldepotanteile nach § 5 Abs. 2 kann nur im Falle einer Giro- 12 sammelverwahrung oder Drittsammelverwahrung Anwendung finden, da im Falle der Haussammelverwahrung der Eigentümer der eingelieferten Wertpapiere bereits mit der Einlieferung der Wertpapiere beim Verwahrer Miteigentum an den Wertpapieren des entsprechenden Sammelbestandes erhält.[28] Bei der Girosammelverwahrung und der Drittsammelverwahrung hat der Verwahrer jedoch die Möglichkeit, die eingelieferten Wertpapiere entweder an den Sammelverwahrer weiterzuleiten, dann erwirbt der bisherige Eigentümer der Wertpapiere mit dem Zeitpunkt der Einlieferung beim Sammelverwahrer Miteigentum an den Wertpapieren des Sammelbestandes beim Sammelverwahrer (§ 6 Abs. 1 S. 1, → § 6 Rn. 1), oder dem Eigentümer einen Miteigentumsanteil an den Wertpapieren des entsprechenden Sammelbestandes zu übertragen (§ 5 Abs. 2).[29] Das setzt voraus, dass der Verwahrer zuvor selber einen solchen Miteigentumsanteil hält. Die Übereignung erfolgt nach §§ 929, 930 BGB durch Einigung und Einräumung des mittelbaren Mitbesitzes (§ 868 BGB) am Sammelbestand, wobei der Verwahrer die Einigung im Wege eines Insichgeschäfts vornimmt.[30] § 5 Abs. 2 enthält eine Befreiung vom Verbot des Insichgeschäfts nach § 181 BGB.[31] Entgegen dem Wortlaut des § 5 Abs. 2 erwirbt, wenn der Hinterleger nicht Eigentümer der Wertpapiere ist, nicht er, sondern der Eigentümer den Miteigentumsanteil.[32] Andernfalls würde sich ein zu großer Bruch zwischen der Regelung des § 6

---

[22] Vgl. Scherer/*Rögner* Rn. 2. Zu auslosbaren Wertpapieren Scherer/*Rögner* Rn. 14 f.

[23] Vgl. Nr. 1 Abs. 1 der Bekanntmachung des Bundesaufsichtsamtes für das Kreditwesen (BAKred) über die Anforderungen an die Ordnungsmäßigkeit des Depotgeschäfts und der Erfüllung von Wertpapierlieferungsverpflichtungen vom 21.12.1998, BAnz. 1998 Nr. 246,.Zur Girosammeldepotfähigkeit auslosbarer Wertpapiere *Decker* in Hellner/Steuer BuB Rn. 8/86; *Heinsius/Horn/Than* Rn. 32.

[24] Vgl. Nr. 1 Abs. 1 der Bekanntmachung des Bundesaufsichtsamtes für das Kreditwesen (BAKred) über die Anforderungen an die Ordnungsmäßigkeit des Depotgeschäfts und der Erfüllung von Wertpapierlieferungsverpflichtungen vom 21.12.1998, BAnz. 1998 Nr. 246.

[25] Nr IX Abs. 4 der Allgemeinen Geschäftsbedingungen der Clearstream Banking AG.

[26] Näher *Decker* in Hellner/Steuer BuB Rn. 8/81 ff. mwN.

[27] Vgl. auch Nr. 1 Abs. 2 und 3 der Bekanntmachung des Bundesaufsichtsamtes für das Kreditwesen (BAKred) über die Anforderungen an die Ordnungsmäßigkeit des Depotgeschäfts und der Erfüllung von Wertpapierlieferungsverpflichtungen vom 21.12.1998, BAnz. 1998 Nr. 246.

[28] Hierzu *Decker* in Hellner/Steuer BuB Rn. 8/49, der zu Recht darauf hinweist, dass die Haussammelverwahrung keine große praktische Relevanz besitzt. Im Unterschied zu den Anteilen an einer Girosammelverwahrung sind die Haussammeldepotanteile für die Belieferung von Effektengeschäfte ungeeignet.

[29] Die Übertragung des Miteigentumsanteils nach § 5 Abs. 2 wird teilweise auch mit „Ersetzungsbefugnis" oder „facultas alternativa" bezeichnet, s. auch *Canaris* BankvertragsR Rn. 2108; *Decker* in Hellner/Steuer BuB Rn. 8/57.

[30] *Decker* in Hellner/Steuer BuB Rn. 8/63; *Heinsius/Horn/Than* Rn. 60.

[31] *Canaris* BankvertragsR Rn. 2108; *Heinsius/Horn/Than* Rn. 60; *Decker* in Hellner/Steuer BuB Rn. 8/63.

[32] Baumbach/Hopt/*Kumpan* Rn. 3; *Heinsius/Horn/Than* Rn. 60; *Decker* in Hellner/Steuer BuB Rn. 8/63.

Abs. 1 und der des § 5 Abs. 2 auftun.[33] Der Verwahrer erhält im Gegenzug das Alleineigentum an den eingereichten Wertpapieren.[34]

V. Verweis auf § 3

13   Der Verwahrer, der zur Haussammelverwahrung ermächtigt wurde, ist auch berechtigt, die Wertpapiere einem Drittverwahrer zur Drittsammelverwahrung oder einer Wertpapiersammelbank zur Girosammelverwahrung anzuvertrauen. Er haftet für das Verschulden des Drittverwahrers wie für eigenes Verschulden.[35]

VI. Grenzüberschreitende Sammelverwahrung durch Wertpapiersammelbanken

14   § 5 Abs. 4 stellt Voraussetzungen auf, unter denen es Wertpapiersammelbanken gestattet ist, mit ausländischen Verwahrern einen gemeinsamen Sammelbestand zu bilden.[36]

15   **1. Qualität des ausländischen Verwahrers.** Der ausländische Verwahrer muss die Aufgaben einer **Wertpapiersammelbank** wahrnehmen. Umfasst der Geschäftsbereich des ausländischen Verwahrers nicht nur die Aufgaben einer Wertpapiersammelbank, so muss sichergestellt sein, dass bei Verlusten im Geschäftsbereich des ausländischen Verwahrers außerhalb der Verwahrtätigkeit Vollstreckungsmaßnahmen der Gläubiger des Verwahrers in die Sammelbestände ausgeschlossen sind.[37] Der ausländische Verwahrer muss zudem einer öffentlichen oder für den Anlegerschutz gleichwertigen **Aufsicht** unterliegen.[38] Diese Voraussetzungen sind idR erfüllt, wenn der ausländische Verwahrer im Sitzland zulässigerweise gewerbsmäßig das Verwahrgeschäft betreibt und das ausländische Recht zum Schutz der Anleger gesetzliche Regelungen hinsichtlich der Bonität des Verwahrers sowie der Zuverlässigkeit und fachlichen Eignung seiner leitenden Personen vorsieht, die von einer staatlichen Behörde (öffentliche Aufsicht) oder einer sonstigen unabhängigen Institution („gleichwertige" Aufsicht) überwacht werden.[39]

16   **2. Rechtsstellung des Hinterlegers.** Es ist nicht erforderlich, dass der Hinterleger wie bei der inländischen Sammelverwahrung Miteigentum nach Bruchteilen an den Wertpapieren erhält. Es genügt, wenn er eine – dem Bruchteilsrecht iSd § 6 – **gleichwertige Rechtsstellung** erhält.[40] Das setzt voraus, dass der Hinterleger im Insolvenzverfahren des Verwahrers zur Aussonderung berechtigt und gegen etwaige Zwangsvollstreckungsmaßnahmen in den Sammelbestand geschützt ist und dass der Verwahrer keine Pfand- oder Zurückbehaltungsrechte hinsichtlich des Sammelbestandes wegen der Ansprüche gegen den Zwischenverwahrer aus anderen Geschäften als der Verwahrung der Wertpapiere geltend machen kann.[41] Von einer gleichwertigen Rechtsstellung kann ausgegangen werden, wenn (a) der ausländische Verwahrer oder das ausländische Kreditinstitut in Anlehnung an § 2 die Wertpapiere unter äußerlich erkennbarer Bezeichnung der Depotbank gesondert von seinen eigenen Beständen und denen anderer Hinterleger aufbewahrt und (b) im Wege einer mit der Depotbank abzuschließenden Vereinbarung einen Ersatz für die im Ausland nicht geltenden Schutzvorschriften des § 4 einschließlich der fehlenden Fremdvermutung schafft.[42] Diese Vorgaben werden durch die Einholung der sog. **Drei-Punkte-Erklärung** von dem ausländischen Kreditinstitut oder der ausländischen Verwahrstelle erfüllt. Die Drei-Punkte-Erklärung ist die Erklärung (a) davon Kenntnis genommen zu haben, dass Kundenwertpapiere verwahrt werden, (b) die Zusicherung, dass Pfand- und Zurückbehaltungs- und ähnliche Rechte nur wegen solcher Forderungen geltend gemacht werden, die sich aus der Anschaffung, Verwaltung und Verwahrung der hinterlegten Wertpapiere ergeben und dass die inländische Depotbank

---

[33] *Heinsius/Horn/Than* Rn. 60; *Canaris* BankvertragsR Rn. 2110; Baumbach/Hopt/*Kumpan* Rn. 3; ebenfalls *Decker* in Hellner/Steuer BuB Rn. 8/63, der aus diesem Grunde eine Analogie zur der Vorschrift des § 6 Abs. 1 zieht. So auch *Einsele*, Wertpapierrecht als Schuldrecht, 1995, 27, da nur so der „Gleichklang" mit § 6 Abs. 1 gesichert werden kann.

[34] *Heinsius/Horn/Than* Rn. 60 ff.; *Canaris* BankvertragsR Rn. 2109; Baumbach/Hopt/*Kumpan* Rn. 3.

[35] S. auch Nr. 19 Abs. 1 der Sonderbedingungen der Banken für Wertpapiergeschäfte (→ § 3 Rn. 6) sowie Nr. V der Allgemeinen Geschäftsbedingungen der Clearstream Banking AG.

[36] Ausf. zur Internationalisierung der deutschen Girosammelverwahrung *Decker* in Hellner/Steuer BuB Rn. 8/58 ff.; *Kümpel* WM 1985, 1387; *Keßler* Die Bank 1985, 443; zur Anwendbarkeit der „lex rei sitae" bei gegenseitiger Kontoverbindung *Einsele* WM 2001, 14 und *Reuschle* RabelsZ 68 (2004), 713 ff.; *Einsele* WM 2003, 2349 ff.

[37] Amtl. Begr. BT-Drs. 10/1904, 10. Hierzu s. auch *Decker* in Hellner/Steuer BuB Rn. 8/59a; *Keßler* Die Bank 1985, 444.

[38] Statt einer öffentlich-rechtlich organisierten Aufsicht kann ein „gleichwertiger" dh nicht gleicher Anlegerschutz durch privatrechtliche Kontrollmaßnahmen gewährleistet werden. So auch *Decker* in Hellner/Steuer BuB Rn. 8/59b, zB durch Einschaltung privater Wirtschaftsprüfer.

[39] Baumbach/Hopt/*Kumpan* Rn 5.

[40] *Decker* in Hellner/Steuer BuB Rn. 8/62.

[41] Amtl. Begr. BT-Drs. 10/1904, 11. Nach *Decker* in Hellner/Steuer BuB Rn. 8/62, kann die gleichwertige Rechtsstellung auch in einer schuldrechtlichen Position bestehen, wenn der Hinterleger hierbei gegen das Insolvenz- und Vollstreckungsrisiko des Verwahrers geschützt ist.

[42] *Decker* in Hellner/Steuer BuB Rn. 8/173 ff.

von Pfändungen dritter Seite oder sonstigen Zwangsvollstreckungsmaßnahmen unterrichtet wird sowie (c) dass ohne Zustimmung der inländischen Depotbank der ausländische Verwahrer nicht berechtigt ist, einen Dritten mit der effektiven Verwahrung der hinterlegten Papiere zu betrauen oder diese in ein fremdes Land zu verbringen.[43]

3. Keine Verbote des Sitzstaates des ausländischen Verwahrers. Dem Anspruch der Wert- **17** papiersammelbank auf Auslieferung der durch sie zwischenverwahrten Wertpapiere dürfen keine devisenrechtlichen oder sonstigen öffentlich-rechtlichen Beschränkungen entgegenstehen.[44] Der Nachweis der Voraussetzung einer gleichwertigen Aufsicht sowie der Voraussetzung des fehlenden Verbotes des Sitzstaates des ausländischen Verwahrers gem. § 5 Abs. 4 S. 1 Nr. 1 bzw. Nr. 3 kann durch ein Rechtsgutachten erfolgen, oder durch eine Bestätigung einer Behörde.[45]

4. Anforderungen an Wertpapiere. Nur vertretbare Wertpapiere[46] können in den grenzüber- **18** schreitenden Effektengiroverkehr einbezogen werden. Sie müssen durch die Wertpapiersammelbank und den ausländischen Verwahrer zur Sammelverwahrung im Rahmen ihrer gegenseitigen Kontoverbindung zugelassen sein.[47]

5. Rechtliche Gestaltung des grenzüberschreitenden Sammelbestandes. Die im Sammel- **19** bestand des ausländischen Verwahrers verwahrten Wertpapiere bilden gemeinsam mit den bei der Wertpapiersammelbank verwahrten Wertpapieren in derselben Wertpapiergattung einen Girosammelbestand.[48] Bei der Rechtstellung, die der ausländische Verwahrer der Wertpapiersammelbank einräumt, handelt es sich nicht notwendig um Eigentum.[49]

Die Clearstream Banking AG unterhält derzeit gegenseitige Kontoverbindungen zur Bildung eines **20** gemeinsamen Sammelbestandes mit Verwahrern in Belgien, Dänemark, Finnland, Frankreich, Griechenland, Italien, Japan, den Niederlanden, Malta, Österreich, Portugal, der Schweiz, Spanien und den USA.[50]

6. Haftung der Wertpapiersammelbank. Die Haftung der Wertpapiersammelbank für jedes Ver- **21** schulden des ausländischen Verwahrers kann nicht ausgeschlossen und nicht beschränkt werden (§ 5 Abs. 4 S. 2).

§ 6 Miteigentum am Sammelbestand, Verwaltungsbefugnis des Verwahrers bei der Sammelverwahrung

(1) [1]**Werden Wertpapiere in Sammelverwahrung genommen, so entsteht mit dem Zeitpunkt des Eingangs beim Sammelverwahrer für den bisherigen Eigentümer Miteigentum nach Bruchteilen an den zum Sammelbestand des Verwahrers gehörenden Wertpapieren derselben Art.** [2]**Für die Bestimmung des Bruchteils ist der Wertpapiernennbetrag maßgebend, bei Wertpapieren ohne Nennbetrag die Stückzahl.**

(2) [1]**Der Sammelverwahrer kann aus dem Sammelbestand einem jeden der Hinterleger die diesem gebührende Menge ausliefern oder sich selbst gebührende Menge entnehmen, ohne daß er hierzu der Zustimmung der übrigen Beteiligten bedarf.** [2]**In anderer Weise darf der Sammelverwahrer den Sammelbestand nicht verringern.** [3]**Diese Vorschriften sind im Falle der Drittverwahrung auf Zwischenverwahrer sinngemäß anzuwenden.**

I. Normzweck

§ 6 Abs. 1 klärt die Frage, wie und zu welchem Zeitpunkt der Eigentümer von Wertpapieren, die **1** zur Sammelverwahrung eingereicht werden, Miteigentum an den zum Sammelbestand gehörenden Wertpapieren erwirbt. Zum Schutz des Eigentümers wurde der Zeitpunkt möglichst früh, auf den Augenblick des Eingangs beim Sammelverwahrer, gelegt.[1] § 6 Abs. 2 gibt dem Sammelverwahrer das Recht, an den einzelnen Hinterleger die seinem Anteil entsprechende Menge an Wertpapieren des Sammelbestands auszuliefern, ohne dass er der in § 747 BGB vorgesehenen Zustimmung der anderen

---

[43] *Decker* in Hellner/Steuer BuB Rn. 8/173 ff; Abdruck des Mustertextes 8/183.
[44] Amtl. Begr. BT-Drs. 10/1904, 7.
[45] Amtl. Begr. BT-Drs. 10/1904, 7.
[46] Wegen des Begriffs der Vertretbarkeit → § 1 Rn. 3.
[47] Das Tatbestandsmerkmal „gegenseitige Kontoverbindung" als notwendige Voraussetzung für den grenzüberschreitenden Effektengiroverkehr relativierend *Decker* in Hellner/Steuer BuB Rn. 8/59c.
[48] Nr. IX Abs. 4 S. 7 der Allgemeinen Geschäftsbedingungen der Clearstream Banking AG.
[49] Ebenso *Decker* in Hellner/Steuer BuB Rn. 8/62, wonach es ausreicht, dass eine Gutschrift der Anteile an den Sammelbeständen erfolgt.
[50] Näheres s. www.clearstream.com; s. auch *Einsele* WM 2001, 2417.
[1] Instruktiv hierzu *Einsele*, Wertpapierrecht als Schuldrecht, 1995, 24 ff., unter Berücksichtigung des vor Erlass des § 6 bestehenden Meinungsstreits zwischen der sog. „Vermischungstheorie" und der „Vertragstheorie".

Miteigentümer bedarf. Dadurch wird den praktischen Bedürfnissen der Sammelverwahrung Rechnung getragen.[2]

II. Entstehen von Miteigentum nach Bruchteilen

2   Bei der Hinterlegung von Wertpapieren in Sammelverwahrung wird Alleineigentum an den Wertpapieren in Miteigentum an den zum Sammelbestand gehörenden Wertpapieren gewandelt. Das Miteigentum entsteht **originär kraft Gesetzes** (§ 6 Abs. 1 S. 1).[3] Das Miteigentum entsteht bereits mit dem **Zeitpunkt** des Eingangs der Wertpapiere beim Sammelverwahrer und nicht erst durch Vermischung (§ 948 BGB), sobald der Verwahrer die Wertpapiere dem Sammelbestand hinzugefügt hat.[4] Der Erwerb des Miteigentums beruht nicht auf vertraglicher Vereinbarung.[5] Es kommt daher weder auf die Wirksamkeit des Verwahrvertrags noch auf die Verfügungsmacht des Hinterlegers an.[6] Rechte Dritter an den Wertpapieren erlöschen und entstehen dafür an dem Miteigentumsanteil.[7]

3   §§ 1008 ff. BGB über das Miteigentum werden von §§ 6 ff. verdrängt. Die §§ 741 ff. BGB über die **Gemeinschaft** gelten nur, soweit ihnen der Verwahrungscharakter der Sammelverwahrung nicht entgegensteht.[8] Ausgeschlossen sind insbesondere § 742 BGB (gleiche Anteile), §§ 744–746 BGB (Verwaltung), und zT §§ 749 ff. BGB (Aufhebung).[9] § 747 BGB wird durch § 6 Abs. 2 ebenfalls modifiziert. Danach kann der Miteigentümer nur über seinen Anteil an sämtlichen Wertpapieren des Sammelbestandes verfügen, nicht über den Anteil an dem einzelnen Wertpapier[10] und darf der Sammelverwahrer Wertpapiere in Höhe des dem einzelnen Miteigentümer zustehenden Anteils an diesen ausliefern, ohne die Zustimmung der übrigen Miteigentümer einzuholen.

4   Die Miteigentümer sind mittelbare – im Falle der Drittsammelverwahrung zweistufige mittelbare – **Mitbesitzer** der Wertpapiere des Sammelbestands (§§ 866, 868 BGB).[11]

5   Im Fall der **Girosammelverwahrung** oder der **Drittsammelverwahrung** findet § 6 Abs. 1 S. 1 nicht auf die Einlieferung von Wertpapieren durch den Hinterleger beim Zwischenverwahrer, sondern erst auf die Einlieferung der Wertpapiere bei der Wertpapiersammelbank bzw. dem Drittverwahrer Anwendung.[12] Der Verwahrer ist verpflichtet, die Wertpapiere sobald wie möglich weiterzuleiten.[13] Das gilt auch bei der Auslieferung von Wertpapieren aus der Girosammelverwahrung. Eine etwaige längere vorläufige Verwahrung ist nach den Vorschriften über die Sonderverwahrung durchzuführen.[14] Während der für die Weiterleitung erforderlichen Zeitspanne werden die Wertpapiere durch den Verwahrer im sog. **Vor- bzw. Nachgirodepot**[15] gehalten. Für die rechtliche Behandlung der Einlieferung in Girosammelverwahrung gibt es zwei Möglichkeiten. Der Verwahrer kann dem Hinterleger[16] nach § 5 Abs. 2 einen eigenen Anteil an den durch den Verwahrer bei der Wertpapiersammelbank verwahrten Wertpapieren des entsprechenden Sammelbestandes übertragen. Der Verwahrer erwirbt dann selber das Eigentum an den eingelieferten Wertpapieren (→ § 5 Rn. 12). Das setzt voraus, dass der Verwahrer selbst einen Anteil an Wertpapieren des entsprechenden Sammelbestandes hält. Geht der Verwahrer nicht nach § 5 Abs. 2 vor, so bleiben die Wertpapiere, solange sie zwecks Weiterleitung im Vorgirodepot verwahrt werden, im Eigentum des Hinterlegers.[17] Der Hinterleger verliert sein Eigentum an den Wertpapieren nur durch Vermischung nach § 948 BGB, wenn ihre Kennnummern auf den Einlieferungsbelegen nicht ordnungsgemäß festgehalten wurden oder die Aussonderung der Effekten aus dem Vorgirodepot ausnahmsweise mit unverhältnismäßigen Kosten verbunden ist (§ 948 Abs. 2 BGB). In diesem Fall erwirbt der Hinterleger einen Miteigentumsanteil an

---

[2] *Heinsius/Horn/Than* Rn. 23; *Decker* in Hellner/Steuer BuB Rn. 8/51.

[3] Insofern spricht *Einsele,* Wertpapierrecht als Schuldrecht, 1995, 23, von einem Eigentumsübergang ex lege.

[4] Zur daher obsolet gewordenen „Vermischungstheorie" *Breit* BankArch 25 (1925/26), 422.

[5] Zur sog. „Vertragstheorie" s. etwa *Metze* ZHR 90 (127), 383.

[6] AllgM, vgl. Baumbach/Hopt/*Kumpan* Rn. 1; *Einsele,* Wertpapierrecht als Schuldrecht, 1995, 24; *Heinsius/Horn/Than* Rn. 3 ff.

[7] § 949 S. 1 und 2 BGB entsprechend, allgM, vgl. Baumbach/Hopt/*Kumpan* Rn. 1.

[8] Baumbach/Hopt/*Kumpan* Rn. 2; *Decker* in Hellner/Steuer BuB Rn. 8/50; *Canaris* BankvertragsR Rn. 2022. Daher wird die Sammeldepotgemeinschaft auch als Bruchteilsgemeinschaft sui generis bezeichnet, so jedenfalls *Decker* in Hellner/Steuer BuB Rn. 8/50.

[9] Dazu Baumbach/Hopt/*Kumpan* Rn. 2 und insbes. *Heinsius/Horn/Than* Rn. 19 ff.

[10] *Canaris* BankvertragsR Rn. 2115 ff.; Baumbach/*Hopt* Rn. 2; vgl. auch → Rn. 1.

[11] *Heinsius/Horn/Than* Rn. 2; Baumbach/Hopt/*Kumpan* Rn. 2.

[12] *Canaris* BankvertragsR Rn. 2113; *Decker* in Hellner/Steuer BuB Rn. 8/55; *Einsele,* Wertpapierrecht als Schuldrecht, 1995, 25; *Heinsius/Horn/Than* Rn. 7.

[13] Nr. 1 Abs. 4 der Bekanntmachung des Bundesaufsichtsamtes für das Kreditwesen (BAKred) über die Anforderungen an die Ordnungsmäßigkeit des Depotgeschäfts und der Erfüllung von Wertpapierlieferungsverpflichtungen vom 21.12.1998, BAnz. 1998 Nr. 246.

[14] Nr. 1 Abs. 4 der Bekanntmachung des Bundesaufsichtsamtes für das Kreditwesen (BAKred) über die Anforderungen an die Ordnungsmäßigkeit des Depotgeschäfts und der Erfüllung von Wertpapierlieferungsverpflichtungen vom 21.12.1998, BAnz. 1998 Nr. 246.

[15] Vgl. *Opitz* § 5 Bem. 14; *Heinsius/Horn/Than* § 5 Rn. 52 ff.; *Canaris* BankvertragsR Rn. 2111 ff.

[16] Bzw. dem Eigentümer der Wertpapiere auch → § 5 Rn. 12.

[17] *Heinsius/Horn/Than* § 5 Rn. 58; *Decker* in Hellner/Steuer BuB Rn. 8/55.

dem Bestand des Vorgirodepots. Da jedoch der Zeitpunkt des Erwerbs des Miteigentumsanteils ebenso wie der Zeitpunkt der Weitergabe der Wertpapiere und damit des Erwerbs des Miteigentumsanteils an den Wertpapieren des entsprechenden Sammelbestands bei der Wertpapiersammelbank bei einer Vermischung nicht feststellbar ist, muss diese durch den Verwahrer im Interesse der Kunden vermieden werden. Er hat also dafür zu sorgen, dass die Eigentumsverhältnisse durch nummernmäßige Eintragung der eingelieferten Wertpapiere jederzeit feststellbar sind.[18] Die Voraussetzungen der Sonderverwahrung müssen jedoch für das Vorgirodepot nicht erfüllt werden, solange die für die Weiterleitung erforderliche Zeitspanne nicht überschritten wird.[19] Haussammelbestände sowie Vor- und Nachgirobestände sind im Tresor getrennt voneinander aufzubewahren und als solche zu kennzeichnen.[20]

III. Ausübung von Aktionärsrechten durch Miteigentümer an Wertpapieren eines Sammelbestands

Nach § 69 AktG dürfen mehrere Berechtigte, denen eine Aktie gemeinschaftlich zusteht, ihre **6** Rechte nur durch einen gemeinschaftlichen Vertreter ausüben. Diese Vorschrift ist auf die Sammelverwahrung nicht anwendbar.[21] Durch eine Sperrung der Sammelbestandanteile durch die Clearstream Banking AG bis zum Ende der Hauptversammlung und die Ausstellung einer Sperrbescheinigung, die zurückgegeben werden muss, wenn über die Anteile verfügt werden soll,[22] wird sichergestellt, dass nur ein Aktionär seine Rechte auf der Hauptversammlung ausübt.

IV. Verfügungen über den Miteigentumsanteil

Über den Miteigentumsanteil an Wertpapieren eines Sammelbestands kann nach den allgemeinen **7** Grundsätzen des Sachenrechts (§§ 929 ff. BGB) verfügt werden.[23] Die Übertragung erfolgt in der Regel gem. § 929 S. 1 BGB durch Einigung und Umstellung des Besitzmittlungsverhältnisses[24] durch den Verwahrer.[25] Die Umstellung des Besitzmittlungsverhältnisses wird durch Belastung des Depotkontos des übertragenden Kunden und Gutschrift auf dem Depotkonto des empfangenden Kunden dokumentiert.[26] Die Clearstream Banking AG sieht in ihren Allgemeinen Geschäftsbedingungen vor, dass, sofern die Übertragung im Rahmen ihres Geldverrechnungsverkehrs vorgenommen wird, die Umstellung des Besitzmittlungsverhältnis erst Zug um Zug mit Abschluss des entsprechenden Verfahrens erfolgt.[27] Ein gutgläubiger Erwerb des Miteigentumsanteils ist nach § 932 BGB, § 366 HGB möglich.[28] Sind allerdings die Herausgabeansprüche gem. §§ 7 und 8 ausgeschlossen, so haben die Miteigentümer keinen Mitbesitz an den Wertpapieren.[29] In diesem Fall erfolgt die Übertragung durch schlichte Einigung,[30] Vertrauensgrundlage für den gutgläubigen Erwerb ist nicht Mitbesitz, sondern die Buchung im Verwahrungsbuch (§ 14).[31]

V. Auslieferung an den Hinterleger

Bei der Auslieferung geht das Bruchteilseigentum unter und entsteht Alleineigentum.[32] Die Ent- **8** stehung des Alleineigentums ist im Gesetz nicht geregelt. Nach hL ist der Erwerber des Alleineigentums an den ausgelieferten Wertpapieren nicht der Empfänger, sondern stets der bisherige Miteigentümer.[33]

---

[18] *Canaris* BankvertragsR Rn. 2114; *Decker* in Hellner/Steuer BuB Rn. 8/56.

[19] *Canaris* BankvertragsR Rn. 2114; *Heinsius/Horn/Than* § 5 Rn. 57; *Decker* in Hellner/Steuer BuB Rn. 8/56.

[20] Nr. 1 Abs. 6 der Bekanntmachung des Bundesaufsichtsamtes für das Kreditwesen (BAKred) über die Anforderungen an die Ordnungsmäßigkeit des Depotgeschäfts und der Erfüllung von Wertpapierlieferungsverpflichtungen vom 21.12.1998, BAnz. 1998 Nr. 246.

[21] *Heinsius/Horn/Than* Rn. 53; *Hüffer/Koch/Koch* AktG § 69 Rn. 2.

[22] Nr. XVII Abs. 2 S. 2 der Allgemeinen Geschäftsbedingungen der Clearstream Banking AG.

[23] Allg. Auffassung *Heinsius/Horn/Than* Rn. 35; *Decker* in Hellner/Steuer BuB Rn. 8/67.

[24] Die Umstellung des Besitzmittlungsverhältnisses stellt die Übergabe iSd § 929 S. 1 BGB dar. *Decker* in Hellner/Steuer BuB Rn. 8/68; ferner *Hueck/Canaris* WertpapierR § 1 III 1c (S. 16).

[25] *Opitz* Bem. 29; *Canaris* BankvertragsR Rn. 2020; Nr. XXI Abs. 1 S. 1 der Allgemeinen Geschäftsbedingungen der Clearstream Banking AG. Bei Abwicklung eines Effektenkommissionsgeschäfts erfolgt der Eigentumsübergang kraft Gesetz durch Depotgutschrift (§ 24 Abs. 2 S. 1).

[26] Nr. XXI Abs. 1 S. 4 der Allgemeinen Geschäftsbedingungen der Clearstream Banking AG.

[27] Nr. XXI Abs. 2 S. 1 der Allgemeinen Geschäftsbedingungen der Clearstream Banking AG.

[28] Baumbach/Hopt/*Kumpan* Rn. 2; *Canaris* BankvertragsR Rn. 2020.

[29] *Canaris* BankvertragsR Rn. 2021a, darauf abstellend, dass dann ein umstellungsfähiges Besitzmittlungsverhältnis nicht existiert.

[30] *Canaris* BankvertragsR Rn. 2021a.

[31] *Canaris* BankvertragsR Rn. 2027; Baumbach/Hopt/*Kumpan* Rn. 2; *Heinsius/Horn/Than* Rn. 91, die mit Recht auf die dem DepotG nicht unbekannte Regelung der Eigentumsübertragung durch Vermerk im Verwahrungsbuch (§ 24 Abs. 2) hinweisen.

[32] *Canaris* BankvertragsR Rn. 2121; *Decker* in Hellner/Steuer BuB Rn. 8/65; *Heinsius/Horn/Than* Rn. 63 mwN.

[33] *Heinsius/Horn/Than* Rn. 64 mwN; *Decker* in Hellner/Steuer BuB Rn. 8/65; ferner *Canaris,* der der hL zumindest iErg folgen möchte (*Canaris* BankvertragsR Rn. 2123).

Dieses Ergebnis kann durch eine entsprechende Anwendung des in § 6 Abs. 1 S. 1 manifestierten Rechtsgedankens erzielt werden.[34] Denn der mit § 6 Abs. 1 S. 1 erstrebte Schutz des „bisherigen Eigentümers" wäre nicht gewährleistet, wenn im Rahmen der Auslieferung die Eigentumsübertragung von dem Willen des Sammelverwahrers – wie bei der rechtsgeschäftlichen Übertragung nach § 929 BGB – abhängen würde.[35] Eine Auslieferung von Wertpapieren aus dem Sammelbestand entgegen § 6 Abs. 2 ist nach § 34 Abs. 1 Nr. 2 strafbar.

VI. Drittverwahrung

9   Bei der Sammelverwahrung in Form von Drittverwahrung, zB bei der Girosammelverwahrung, ist der Drittverwahrer unmittelbarer Besitzer, der Zwischenverwahrer mittelbarer Besitzer der 1. Stufe (§§ 868, 871 BGB) und Fremdbesitzer, der Hinterleger, der zugleich Miteigentümer der zum Sammelbestand gehörenden Wertpapiere ist, mittelbarer Besitzer der 2. Stufe und Eigenbesitzer (§ 872 BGB).[36]

§ 7 Auslieferungsansprüche des Hinterlegers bei der Sammelverwahrung

(1) **Der Hinterleger kann im Falle der Sammelverwahrung verlangen, daß ihm aus dem Sammelbestand Wertpapiere in Höhe des Nennbetrags, bei Wertpapieren ohne Nennbetrag in Höhe der Stückzahl der für ihn in Verwahrung genommenen Wertpapiere ausgeliefert werden; die von ihm eingelieferten Stücke kann er nicht zurückfordern.**

(2) ¹**Der Sammelverwahrer kann die Auslieferung insoweit verweigern, als sich infolge eines Verlustes am Sammelbestand die dem Hinterleger nach § 6 gebührende Menge verringert hat.** ²**Er haftet dem Hinterleger für den Ausfall, es sei denn, daß der Verlust am Sammelbestand auf Umständen beruht, die er nicht zu vertreten hat.**

I. Normzweck

1   § 7 Abs. 1 gewährt dem Hinterleger bei der Sammelverwahrung einen schuldrechtlichen Herausgabeanspruch, der dem Herausgabeanspruch bei der Sonderverwahrung nach § 695 BGB entspricht.[1] § 7 Abs. 2 S. 2 regelt die Haftung für Verluste am Sammelbestand und deren Verteilung.

II. Voraussetzungen des Auslieferungsanspruchs

2   Der Auslieferungsanspruch des Hinterlegers ist ein vertraglicher Anspruch und setzt daher voraus, dass der Depotvertrag wirksam ist. Andernfalls besteht ein Anspruch aus ungerechtfertigter Bereicherung (§ 812 BGB). Im Falle eines Verlustes am Sammelbestand gilt jedoch auch für diesen Anspruch § 7 Abs. 2.[2] Der Anspruch des Hinterlegers richtet sich gegen den Verwahrer, bei der Drittverwahrung gegen den Zwischenverwahrer, da er nur mit ihm ein vertragliches Verhältnis hat. Entsprechend §§ 556 Abs. 3 und 604 Abs. 4 BGB ist dem Hinterleger aber ebenso wie bei der Sonderverwahrung auch ein Herausgabeanspruch gegen den Drittverwahrer zuzugestehen.[3]

III. Einschränkung des Auslieferungsanspruchs

3   § 7 Abs. 1 Hs. 2 stellt klar, dass die eingelieferten Stücke vom Hinterleger nicht zurückgefordert werden können.[4] Der Hinterleger hat auch keinen Anspruch, Wertpapiere derselben Stückelung, wie die, die er eingereicht hat, ausgeliefert zu bekommen, sondern lediglich einen Anspruch auf Auslieferung einer ihm „gebührenden Menge" (§ 6 Abs. 2 S. 1).

---

[34] *Klanten* in Schimansky/Bunte/Lwowski BankR-HdB Rn. 115; *Heinsius/Horn/Than* Rn. 64 mwN; Demgegenüber vertritt *Canaris* die Auffassung, dass sich der Erwerb des Alleineigentums an den ausgelieferten Wertpapieren nach den Vorschriften der rechtsgeschäftlichen Übertragung (§ 929 BGB) richtet (*Canaris* BankvertragsR Rn. 2122); ebenso Baumbach/Hopt/*Kumpan* Rn. 3.

[35] *Heinsius/Horn/Than* Rn. 64; ferner *Decker* in Hellner/Steuer BuB Rn. 8/65.

[36] Zur „Pyramide" dieser Besitzstufung vgl. *Heinsius/Horn/Than* § 5 Rn. 68; *Decker* in Hellner/Steuer BuB Rn. 8/14, der von mehrstufiger „Besitzleiter" spricht.

[1] Baumbach/Hopt/*Kumpan* Rn. 1; *Decker* in Hellner/Steuer BuB Rn. 8/52; *Canaris* BankvertragsR Rn. 2119 mwN.

[2] Etwa *Heinsius/Horn/Than* Rn. 3.

[3] *Canaris* BankvertragsR Rn. 2119; Baumbach/Hopt/*Kumpan* Rn. 1; aA *Heinsius/Horn/Than* Rn. 4; gegen diesen Herausgabeanspruch bei der Girosammelverwahrung *Einsele,* Wertpapierrecht als Schuldrecht, 1995, 78.

[4] Nur so kann die Sammelverwahrung ihren Rationalisierungseffekt erreichen, *Canaris* BankvertragsR Rn. 2119; *Decker* in Hellner/Steuer BuB Rn. 8/52.

IV. Haftung des Verwahrers

Nach § 7 Abs. 2 haftet der Sammelverwahrer dem Hinterleger für Verluste am Sammelbestand, es **4** sei denn, er hat die Verluste nicht zu vertreten. Er hat, außer bei unentgeltlicher Verwahrung (§§ 690, 277 BGB), Vorsatz und Fahrlässigkeit zu vertreten (§ 276 BGB) und haftet für ein Verschulden seiner Erfüllungsgehilfen (§ 278 BGB). Der Verwahrer trägt nach der Formulierung des § 7 Abs. 2 die Beweislast dafür, dass er Verluste nicht zu vertreten hat.[5] Solche Verluste tragen die Hinterleger gemeinsam, entsprechend der Höhe ihres Miteigentumsanteils.

§ 8 Ansprüche der Miteigentümer und sonstiger dinglich Berechtigter bei der Sammelverwahrung

Die für Ansprüche des Hinterlegers geltenden Vorschriften des § 6 Abs. 2 Satz 1 und des § 7 sind sinngemäß auf Ansprüche eines jeden Miteigentümers oder sonst dinglich Berechtigten anzuwenden.

I. Normzweck

§ 8 modifiziert den Herausgabeanspruch des Eigentümers nach § 985 BGB in gleicher Weise wie **1** den Herausgabeanspruch des Hinterlegers.[1]

II. Herausgabeanspruch des Eigentümers

Fallen Eigentümer und Hinterleger auseinander, so bestehen die Herausgabeansprüche beider un- **2** abhängig voneinander.[2] Der Verwahrer ist jedoch nur einmal zur Herausgabe verpflichtet und wird, wenn er an einen der beiden geleistet hat, von der Verpflichtung befreit (§ 428 BGB).[3] Bei der Herausgabe von Wertpapieren aus dem Sammelbestand erwirbt der Miteigentümer, über dessen Anteil verfügt wird, das Eigentum an den Wertpapieren (→ § 6 Rn. 8).

§ 9 Beschränkte Geltendmachung von Pfand- und Zurückbehaltungsrechten bei der Sammelverwahrung

§ 4 gilt sinngemäß auch für die Geltendmachung von Pfandrechten und Zurückbehaltungsrechten an Sammelbestandanteilen.

I. Normzweck

§ 9 dient dem Schutz des Hinterlegers bei der Sammelverwahrung vor einer ungerechtfertigten **1** Inanspruchnahme seiner Wertpapiere auf Grund eines Pfand- und Zurückbehaltungsrechtes wegen solcher Forderungen, die einem Dritten gegen den Verwahrer zustehen.

II. Anwendungsbereich

§ 9 findet Anwendung, sobald eingelieferte Wertpapiere dem Sammelbestand zugefügt sind. Davor **2** und danach findet § 4 unmittelbare Anwendung.[1*]

§ 9a Sammelurkunde

(1) [1] **Der Verwahrer hat ein Wertpapier, das mehrere Rechte verbrieft, die jedes für sich in vertretbaren einer und derselben Art verbrieft sein könnten (Sammelurkunde), einer Wertpapiersammelbank zur Verwahrung zu übergeben, es sei denn, der Hinterleger hat nach § 2 Satz 1 die gesonderte Aufbewahrung der Sammelurkunde verlangt. [2] Der Aussteller kann jederzeit und ohne Zustimmung der übrigen Beteiligten**

---

[5] Zur Frage der Beweislast *Heinsius/Horn/Than* Rn. 23 unter Verweis auf die Vorschrift des § 282 BGB.

[1] *Canaris* BankvertragsR Rn. 2120; *Klanten* in Schimansky/Bunte/Lwowski BankR-HdB Rn. 88; *Einsele,* Wertpapierrecht als Schuldrecht, 1995, 85 ff.; *Decker* in Hellner/Steuer BuB Rn. 8/52a, vertritt die Ansicht, dass § 8 keinen eigenen dinglichen Anspruch darstellt, sondern lediglich den Herausgabeanspruch aus § 985 BGB wiederholt; MüKoHGB/*Einsele* Depotgeschäft Rn. 85 ff. vertritt die Ansicht, dass § 8 eine vermögensmäßige Beteiligung des dinglich Berechtigten am Sammelbestand vorsieht.

[2] Etwa *Klanten* in Schimansky/Bunte/Lwowski BankR-HdB Rn. 88; *Canaris* BankvertragsR Rn. 2120.

[3] Ebenso *Canaris* BankvertragsR Rn. 2120 mwN; *Klanten* in Schimansky/Bunte/Lwowski BankR-HdB Rn. 88.

[1*] Amtl. Begr. zu § 9, abgedruckt bei *Opitz* § 9; dazu *Heinsius/Horn/Than* Rn. 2 mwN.

1. eine von der Wertpapiersammelbank in Verwahrung genommene Sammelurkunde ganz oder teilweise durch einzelne in Sammelverwahrung zu nehmende Wertpapiere oder
2. einzelne Wertpapiere eines Sammelbestands einer Wertpapiersammelbank durch eine Sammelurkunde ersetzen.

(2) Verwahrt eine Wertpapiersammelbank eine Sammelurkunde allein oder zusammen mit einzelnen Wertpapieren, die über Rechte der in der Sammelurkunde verbrieften Art ausgestellt sind, gelten die §§ 6 bis 9 sowie die sonstigen Vorschriften dieses Gesetzes über Sammelverwahrung und Sammelbestandanteile sinngemäß, soweit nicht in Absatz 3 etwas anderes bestimmt ist.

(3) ¹Wird auf Grund der §§ 7 und 8 die Auslieferung von einzelnen Wertpapieren verlangt, so hat der Aussteller die Sammelurkunde insoweit durch einzelne Wertpapiere zu ersetzen, als dies für die Auslieferung erforderlich ist; während des zur Herstellung der einzelnen Wertpapiere erforderlichen Zeitraums darf die Wertpapiersammelbank die Auslieferung verweigern. ²Ist der Aussteller nach dem zugrunde liegenden Rechtsverhältnis nicht verpflichtet, an die Inhaber der in der Sammelurkunde verbrieften Rechte einzelne Wertpapiere auszugeben, kann auch von der Wertpapiersammelbank die Auslieferung von einzelnen Wertpapieren nicht verlangt werden.

I. Normzweck

1   § 9a bildet die rechtliche Grundlage für die Verwendung von Sammelurkunden im Effektengiroverkehr, die sowohl für die Aussteller von Wertpapieren als auch für die Verwahrer wesentliche Vorteile bringt. Die Aussteller ersparen sich die Druckkosten für die einzelnen Urkunden und müssen für den Beginn des Börsenhandels von Wertpapieren nicht die Auslieferung der Einzelstücke abwarten. Die Verwahrer ersparen sich die Personalkosten für die Hereinnahme, Auslieferung und Verwaltung der Einzelstücke und benötigen weniger Tresorraum für die Verwahrung der Sammelurkunden. Die Verwendung von Sammelurkunden, die bei einer Wertpapiersammelbank hinterlegt werden, ermöglicht die **Rationalisierung des Effektenverkehrs**, die erforderlich ist, um die hohe Zahl der täglich anfallenden Effektengeschäfte schnell, kostengünstig und sicher abzuwickeln.

2   Mit der Einführung der Sammelurkunde wurde das **Wertpapiermoment** im Effektengeschäft scheinbar weiter **zurückgedrängt**.¹ Diese Entwicklung wird mit dem Begriff „Zwangsgiro" umschrieben.² Die Dauer-Globalurkunde (Immobilisierung) ist ein Schritt auf dem Weg zu unverbrieften Bucheffekten (Dematerialisierung). Auch eine Dauer-Globalurkunde wird bei einer zentralen Stelle verwaltet und die Anteile der Hinterleger können ausschließlich im Effektengiroverkehr durch Umbuchung, nicht durch Übergabe eines Wertpapiers, übertragen werden.³ Der Kunde kann nur noch Miteigentum an der Sammelurkunde, niemals Alleineigentum und Alleinbesitz an der Urkunde erwerben.⁴ Die Verbriefung diente ursprünglich der Ermöglichung der Umlauffähigkeit der verbrieften Rechte sowie, durch die Anwendung der sachenrechtlichen Regeln über den gutgläubigen Erwerb, dem Schutz des Verkehrs. Die Umlauffähigkeit wird bei der Verwendung von Sammelurkunden unabhängig von der Verbriefung durch das System des Effektengiroverkehrs gewährleistet. Der Verkehr wird jedoch weiterhin durch die Anwendung sachenrechtlicher Vorschriften geschützt. Dabei wird als Anknüpfungspunkt für den gutgläubigen Erwerb nicht auf den (mittelbaren Mit-) Besitz, sondern auf die Depotbuchung abgestellt (→ § 6 Rn. 7).

3   Die Verwendung von Sammelurkunden hat in der Praxis den gewünschten Rationalisierungseffekt gebracht und zugleich die Beibehaltung der Anwendung der wertpapierrechtlichen Regelungen sowohl des Zivilrechts als auch des DepotG ermöglicht. In der Lit. wird hingegen immer öfter die Umstellung des Wertpapiergeschäfts auf ein Bucheffektensystem gefordert.⁵

II. Sammelurkunde

4   In der Sammelurkunde werden vertretbare Wertpapiere derselben Art zusammengefasst verbrieft. Der Aussteller kann die Sammelurkunde jederzeit durch einzelne Wertpapiere ersetzen – wenn dies nicht in den Wertpapierbedingungen ausgeschlossen wurde – und umgekehrt einzelne Wertpapiere eines Sammelbestandes bei einer Wertpapiersammelbank durch eine Sammelurkunde ersetzen. In der Praxis werden technische, interimistische und Dauer-Globalurkunden unterschieden. Bei der **technischen Globalurkunde** macht der Aussteller von seiner Ersetzungsbefugnis Gebrauch und ersetzt einen Teil der Einzelurkunden eines bei einer Wertpapiersammelbank verwahrten Sammelbestandes

---

¹ *Pleyer/Schleiffer* DB 1972, 77 (79).
² *Einsele* WM 2001, 8.
³ *Decker* in Hellner/Steuer BuB Rn. 8/98.
⁴ *Schäfer* in Schwintowski BankR § 14 Rn. 42.
⁵ *Einsele,* Wertpapierrecht als Schuldrecht, 1995, 561 ff.; *Zöllner* FS Raiser, 1974, 249, 255; *Canaris* BankvertragsR Rn. 2042, 2126; MüKoBGB/*Habersack* BGB Vor § 793 Rn. 36f; *Will* in Kümpel/Wittig BankR/KapMarktR Rn. 18.231. Dazu krit. *Pleyer/Schleiffer* DB 1972, 77 (80); *Than* FS Schimansky, 1999, 821, 836.

von Wertpapieren derselben Art durch eine Sammelurkunde. Die technische Globalurkunde dient der Erleichterung der Verwahrung durch die Wertpapiersammelbank. Es werden so viele Einzelstücke zurückbehalten, wie erfahrungsgemäß zur Befriedigung von Auslieferungsverlangen benötigt werden.[6] Durch die **interimistische Globalurkunde** wird die amtliche Notierung einer Neuemission ermöglicht, bevor die Einzelurkunden gedruckt und an die Wertpapiersammelbank geliefert sind. Bei der **Dauer-Globalurkunde** ist der Anspruch auf Auslieferung einzelner Wertpapiere ausgeschlossen (§ 9a Abs. 3 S. 2). Sie ist dazu bestimmt, die zusammengefassten Rechte während der gesamten Laufzeit des Wertpapiers zu verbriefen.

III. Girosammelverwahrung der Sammelurkunde

Nach Abs. 1 S. 1 kann eine Sammelurkunde nur in **Girosammelverwahrung,** nicht in Haus- 5 sammelverwahrung verwahrt werden. Daneben ist Sonderverwahrung zulässig.

In Abs. 2 wird klargestellt, dass die Vorschriften über die **Sammelverwahrung** und **Sammel-** 6 **bestandanteile** für die Sammelurkunde, sofern sie bei einer Wertpapiersammelbank verwahrt wird, sinngemäß gelten. Diese Klarstellung ist erforderlich, da die Sammelurkunde nicht nach Nennwert oder Stückzahl bestimmt oder gehandelt wird und daher nicht vertretbar iSv § 91 BGB ist.[7] Vertretbar sind lediglich die in der Sammelurkunde verbrieften Rechte.[8] Nach § 5 S. 1 können nämlich nur vertretbare Wertpapiere in die Sammelverwahrung aufgenommen werden. Es ist umstritten, ob die Übertragung girosammelverwahrter Globalurkunden möglich ist.[9]

IV. Auslieferung einzelner Wertpapiere

Durch Abs. 3 wird das Verhältnis zwischen den **Auslieferungsansprüchen aus §§ 7 und 8** und 7 dem Recht des Ausstellers, eine Sammelurkunde zu verwenden, geregelt. Grundsätzlich bestehen die Auslieferungsansprüche des Hinterlegers, des Miteigentümers und der sonstigen dinglich Berechtigten aus §§ 7 und 8 auch bei Wertpapieren, die in einer Sammelurkunde verbrieft sind. Damit die Wertpapiersammelbank aber keine zu großen Bestände an Einzelurkunden vorhalten muss, um die Auslieferungsansprüche schnell erfüllen zu können, wird ihr ein **befristetes Leistungsverweigerungsrecht** für den Zeitraum der Herstellung der erforderlichen Einzelurkunden eingeräumt.

Die Auslieferungsansprüche aus §§ 7 und 8 entfallen ganz, wenn der Aussteller nach dem der 8 Emission eines Wertpapiers zugrunde liegenden Rechtsverhältnis nicht zur Ausstellung von Einzelurkunden verpflichtet ist. Ob der **Ausschluss** der Ausgabe von Einzelurkunden zulässig ist, bestimmt sich nach den auf die Emission anwendbaren Rechtsbestimmungen, etwa nach § 9a. Der Ausschluss der Ausgabe von Einzelurkunden in Emissionsbedingungen von Schuldverschreibungen verstößt nicht gegen § 307 Abs. 1, 2 BGB (früher § 9 AGBG)[10] und ist auch keine überraschende Klausel iSd § 305c Abs. 1 BGB, da ein solcher Ausschluss in der Praxis der heutigen Wertpapierverwahrung üblich ist.[11] In der Satzung einer Aktiengesellschaft kann der Anspruch des Aktionärs auf Verbriefung seines Anteils nach § 10 Abs. 5 AktG ausgeschlossen oder eingeschränkt werden.[12]

§ 10 Tauschverwahrung

(1) [1]**Eine Erklärung, durch die der Hinterleger den Verwahrer ermächtigt, an Stelle ihm zur Verwahrung anvertrauter Wertpapiere derselben Art zurückzugewähren, muß für das einzelne Verwahrungsgeschäft ausdrücklich und schriftlich abgegeben werden.** [2]**Sie darf weder in Geschäftsbedingungen des Verwahrers enthalten sein noch auf andere Urkunden verweisen.**

(2) **Derselben Form bedarf eine Erklärung, durch die der Hinterleger den Verwahrer ermächtigt, hinterlegte Wertpapiere durch Wertpapiere derselben Art zu ersetzen.**

(3) **(gegenstandslos)**

---

[6] *Klanten* in Schimansky/Bunte/Lwowski BankR-HdB Rn. 60.

[7] *Pleyer/Schleiffer* DB 1972, 77 (79).

[8] *Canaris* BankvertragsR Rn. 2131.

[9] Baumbach/Hopt/*Kumpan* Rn. 1 mwN.

[10] *Than* FS Heinsius, 1991, 809, 829 ff.

[11] Der vertragliche Ausschluss der Herausgabe einer Einzel- oder Globalurkunde begründet ein eigenes Recht zum Besitz des Zentralverwahrers bzw. der Wertpapiersammelbank gem. § 986 Abs. 1 S. 1 BGB.

[12] Näher zur Relevanz von § 9a im Hinblick auf § 10 Abs. 5 AktG *Noack* FS Wiedemann, 2002, 1148 ff.; zur Einbeziehung der Namensaktie in die Girosammelverwahrung *Goedecke/Heuser* BB 2001, 369 ff.

§ 11 Umfang der Ermächtigung zur Tauschverwahrung

[1] Eine Erklärung, durch die der Hinterleger den Verwahrer ermächtigt, an Stelle ihm zur Verwahrung anvertrauter Wertpapiere derselben Art zurückzugewähren, umfaßt, wenn dies nicht in der Erklärung ausdrücklich ausgeschlossen ist, die Ermächtigung, die Wertpapiere schon vor der Rückgewähr durch Wertpapiere derselben Art zu ersetzen. [2] Sie umfaßt nicht die Ermächtigung zu Maßnahmen anderer Art und bedeutet nicht, daß schon durch ihre Entgegennahme das Eigentum an den Wertpapieren auf den Verwahrer übergehen soll.

I. Normzweck

1   Bei der Tauschverwahrung handelt es sich um einen Fall der Sonderverwahrung, bei der der Verwahrer ermächtigt ist, sich die hinterlegten Papiere entweder zum Zeitpunkt der Rückgabe (§ 10 Abs. 1) oder zu einem früheren Zeitpunkt (§ 10 Abs. 2) anzueignen und dem Eigentümer der hinterlegten Wertpapiere zugleich das Eigentum an Wertpapieren derselben Art zu übertragen.[1]

II. Ermächtigung

2   Obwohl der Eigentümer der hinterlegten Wertpapiere bei der Tauschverwahrung zu jedem Zeitpunkt Eigentum an Wertpapieren der hinterlegten Art hält und die Tauschverwahrung daher annähernd ebenso sicher ist wie die Sonderverwahrung, bedarf es für die Tauschverwahrung einer Ermächtigung, die den gleichen Formerfordernissen wie die Ermächtigung zur Haus- oder Drittsammelverwahrung entsprechen muss (vgl. § 5 Abs. 1 S. 2 und 3, § 16).[2]

III. Eigentumsübertragung

3   Das Eigentum an den hinterlegten Wertpapieren wird bei der Tauschverwahrung rechtsgeschäftlich von dem Hinterleger an den Verwahrer nach § 929 Abs. 1 S. 2 BGB übertragen.[3] Ist der Hinterleger nicht Eigentümer der Wertpapiere, so kann der Verwahrer dennoch das Eigentum nach §§ 932 ff. BGB, 366 ff. HGB gutgläubig erwerben. Das Eigentum an den Ersatzstücken erwirbt in diesem Fall nicht der Hinterleger, sondern der ursprüngliche Eigentümer nach dem in § 6 Abs. 1 S. 1 zum Ausdruck kommenden Grundsatz des Eigentümerschutzes.[4]

IV. Umfang der Ermächtigung

4   § 11 S. 2 grenzt die Tauschverwahrung von der Verpfändungsermächtigung (§ 12), der Aneignungsermächtigung (§ 13) und der unregelmäßigen Verwahrung (§ 15) ab.

§ 12 Ermächtigungen zur Verpfändung

(1) [1] Der Verwahrer darf die Wertpapiere oder Sammelbestandanteile nur auf Grund einer Ermächtigung und nur im Zusammenhang mit einer Krediteinräumung für den Hinterleger und nur an einen Verwahrer verpfänden. [2] Die Ermächtigung muß für das einzelne Verwahrungsgeschäft ausdrücklich und schriftlich erteilt werden; sie darf weder in Geschäftsbedingungen des Verwahrers enthalten sein noch auf andere Urkunden verweisen.

(2) [1] Der Verwahrer darf auf die Wertpapiere oder Sammelbestandanteile Rückkredit nur bis zur Gesamtsumme der Kredite nehmen, die er für die Hinterleger eingeräumt hat. [2] Die Wertpapiere oder Sammelbestandanteile dürfen nur mit Pfandrechten zur Sicherung dieses Rückkredits belastet werden. [3] Der Wert der verpfändeten Wertpapiere oder Sammelbestandanteile soll die Höhe des für den Hinterleger eingeräumten Kredits mindestens erreichen, soll diese jedoch nicht unangemessen übersteigen.

(3) [1] Ermächtigt der Hinterleger den Verwahrer nur, die Wertpapiere oder Sammelbestandanteile bis zur Höhe des Kredits zu verpfänden, den der Verwahrer für diesen Hinterleger eingeräumt hat (beschränkte Verpfändung), so bedarf die Ermächtigung nicht der Form des Absatzes 1 Satz 2. [2] Absatz 2 Satz 3 bleibt unberührt.

(4) [1] Ermächtigt der Hinterleger den Verwahrer, die Wertpapiere oder Sammelbestandanteile für alle Verbindlichkeiten des Verwahrers und ohne Rücksicht auf die Höhe des für den Hinterleger eingeräumten Kredits zu verpfänden (unbeschränkte Verpfändung), so muß in der Ermächtigung zum Ausdruck kommen, daß der Verwahrer das Pfandrecht unbeschränkt, also für alle seine Verbindlichkeiten und ohne Rücksicht auf die Höhe des für den

---

[1] Näher *Heinsius/Horn/Than* Rn. 15; *Klanten* in Schimansky/Bunte/Lwowski BankR-HdB Rn. 130.
[2] Ausf. zur Form der Tauschermächtigung und mit zahlreichen Nachweisen *Heinsius/Horn/Than* Rn. 5 ff.
[3] Die Einigung über den Eigentumsübergang ist in der erteilten Ermächtigung zu sehen.
[4] *Canaris* BankvertragsR Rn. 2138; Baumbach/Hopt/*Kumpan* § 11 Rn. 1.

Hinterleger eingeräumten Kredits bestellen kann. [2]**Dies gilt sinngemäß, wenn der Hinterleger den Verwahrer von der Innehaltung einzelner Beschränkungen des Absatzes 2 befreit.**

(5) **Der Verwahrer, der zur Verpfändung von Wertpapieren oder Sammelbestandanteilen ermächtigt ist, darf die Ermächtigung so, wie sie ihm gegeben ist, weitergeben.**

I. Normzweck

§ 12 enthält die Möglichkeit für den Hinterleger, den Verwahrer in unterschiedlichem Ausmaß zu   1
einer Verpfändung verwahrter Wertpapiere oder Sammelbestandanteile zu ermächtigen. Die Verpfändung der Wertpapiere oder Sammelbestandanteile dient der Refinanzierung von Krediten, die der Verwahrer dem Hinterleger gewährt.

II. Allgemeine Verpfändungsvoraussetzungen

Das Gesetz stellt zum Schutz des Hinterlegers mehrere Verpfändungsvoraussetzungen auf. Der   2
Hinterleger muss den Verwahrer zur Verpfändung ermächtigt haben. Die Form der Ermächtigung
hängt von ihrem Umfang ab.[1] Die Verpfändung muss in Zusammenhang mit einer Krediteinräumung,
dh entweder der Gewährung oder der Bereitstellung von Kredit erfolgen. Schließlich darf die Verpfändung nur an einen Verwahrer iSv § 1 Abs. 2 erfolgen, der also der Aufsicht durch die BaFin
unterliegt (→ § 1 Rn. 16). Die Pfandverwahrung nach § 12 unterscheidet sich nur in der Begründung
(Verpfändung statt Hinterlegung) von der üblichen hinterlegenden Einlieferung von Wertpapieren; § 1
Abs. 1 S. 2 Nr. 5 KWG ist anwendbar.[2]

III. Regelmäßige Verpfändung

Die regelmäßige Verpfändung nach § 12 Abs. 2, bei der der Verwahrer die Wertpapiere oder   3
Sammelbestandanteile für Rückkredite, die er zur Finanzierung von Krediten an alle Hinterleger
aufnimmt, die eine entsprechende Ermächtigung erteilt haben, nutzen darf, stellt den gesetzlichen
Regelfall dar. Sie birgt für den Hinterleger größere Risiken als die beschränkte Verpfändung nach
Abs. 3, ist aber für den Verwahrer ein wesentlich praktikablerer Weg. Für die Ermächtigung gelten die
Formerfordernisse des § 12 Abs. 1. § 12 Abs. 2 S. 3 schreibt vor, dass jeder Kredit, der bei der
Berechnung des Rückkredits in Ansatz gebracht wird, durch Wertpapiere oder Sammelbestandanteile
voll gesichert werden soll, der Wert der verpfändeten Wertpapiere oder Sammelbestandanteile den
Kredit aber auch nicht unangemessen übersteigen soll. Dies dient der Verteilung des Risikos unter den
Hinterlegern entsprechend der Höhe des von ihnen jeweils in Anspruch genommenen Kredits. Die
Hinterleger bilden eine Gefahrengemeinschaft,[3] die im Insolvenzverfahren aus einer Sondermasse
befriedigt wird (§ 33). Der Pfandnehmer hat die nach § 12 Abs. 2 verpfändeten Wertpapiere in dem
Pfanddepot (Depot C) zu verwahren.[4]

IV. Beschränkte Verpfändung

Bei der beschränkten Verpfändung nach § 12 Abs. 3 dürfen die Wertpapiere oder Sammeldepot-   4
anteile nur bis zur Höhe und zur Refinanzierung des Kredits verpfändet werden, den der Verwahrer
dem Hinterleger der Wertpapiere gewährt hat. Wegen des relativ geringen Risikos der beschränkten
Verpfändung für den Hinterleger ist die Ermächtigung nicht an die Formerfordernisse des § 12 Abs. 1
S. 2 gebunden (§ 12 Abs. 3 S. 1). Der Pfandnehmer hat die nach § 12 Abs. 3 an ihn verpfändeten
Wertpapiere für jeden Hinterleger in einem besonderen Sonderpfanddepot (Depot D) zu verwahren.[5]
Bei der Verpfändung ist ihm die betreffende Kundennummer mitzuteilen.[6] Die beschränkte Verpfändung ist für den Pfandnehmer aufwändig und daher für den Hinterleger teurer als die regelmäßige
Verpfändung.[7]

---

[1] Dazu näher *Heinsius/Horn/Than* Rn. 18; *Canaris* BankvertragsR Rn. 2147.

[2] Ziffer 1b aa) des BaFin Merkblattes „Hinweise zum Tatbestand des Depotgeschäfts" vom 6.1.2009 (Stand Februar 2014).

[3] *Heinsius/Horn/Than* Rn. 29; *Canaris* BankvertragsR Rn. 2147.

[4] Nr. 10 Abs. 4c der Bekanntmachung des Bundesaufsichtsamtes für das Kreditwesen (BAKred) über die Anforderungen an die Ordnungsmäßigkeit des Depotgeschäfts und der Erfüllung von Wertpapierlieferungsverpflichtungen vom 21.12.1998, BAnz. 1998 Nr. 246.

[5] Nr. 10 Abs. 4d der Bekanntmachung des Bundesaufsichtsamtes für das Kreditwesen (BAKred) über die Anforderungen an die Ordnungsmäßigkeit des Depotgeschäfts und der Erfüllung von Wertpapierlieferungsverpflichtungen vom 21.12.1998, BAnz. 1998 Nr. 246.

[6] Nr. 6 Abs. 2, 10 Abs. 4d der Bekanntmachung des Bundesaufsichtsamtes für das Kreditwesen (BAKred) über die Anforderungen an die Ordnungsmäßigkeit des Depotgeschäfts und der Erfüllung von Wertpapierlieferungsverpflichtungen vom 21.12.1998, BAnz. 1998 Nr. 246.

[7] *Heinsius/Horn/Than* Rn. 33 bezeichnen die beschränkte Verpfändung daher als „ein kaum praktisches Verfahren".

V. Unbeschränkte Verpfändung

5   Im Falle des § 12 Abs. 4 darf der Verwahrer die verwahrten Wertpapiere oder Sammelbestandanteile für alle seine eigenen Verbindlichkeiten und unabhängig von der Höhe des dem Hinterleger eingeräumten Kredites verpfänden. Das Risiko für den Hinterleger ist bei dieser Form der Verpfändung am größten, was im Umfang der Verpfändungsermächtigung deutlich zum Ausdruck gebracht werden muss (§ 12 Abs. 4 S. 1). Die auf Grund einer Ermächtigung nach § 12 Abs. 4 verpfändeten Wertpapiere oder Sammeldepotanteile sind dem Eigendepot (Depot A), in dem auch die eigenen Wertpapiere des Zwischenverwahrers verwahrt werden, zuzuführen.[8]

VI. Weitergabe der Ermächtigung

6   Der Verwahrer darf die Verpfändungsermächtigung so, wie sie ihm gegeben ist, dem Pfandnehmer zur Sicherung seiner eigenen Refinanzierung weitergeben (Abs. 5). Der Pfandnehmer hat sich an die Voraussetzungen nach § 12 Abs. 1–4 zu halten.[9]

VII. Strafbarkeit

7   Die unberechtigte Verpfändung von Wertpapieren oder Sammelbestandanteilen ist nach § 34 strafbar.

§ 12a Verpfändung als Sicherheit für Verbindlichkeiten aus Börsengeschäften

(1) [1]**Abweichend von § 12 darf der Verwahrer die Wertpapiere oder Sammelbestandanteile auf Grund einer ausdrücklichen und schriftlichen Ermächtigung als Sicherheit für seine Verbindlichkeiten aus Geschäften an einer Börse, die einer gesetzlichen Aufsicht untersteht, an diese Börse, deren Träger oder eine von ihr mit der Abwicklung der Geschäfte unter ihrer Aufsicht beauftragte rechtsfähige Stelle, deren Geschäftsbetrieb auf diese Tätigkeit beschränkt ist, verpfänden, sofern aus einem inhaltsgleichen Geschäft des Hinterlegers mit dem Verwahrer Verbindlichkeiten des Hinterlegers bestehen. [2]Der Wert der verpfändeten Wertpapiere oder Sammelbestandanteile soll die Höhe der Verbindlichkeiten des Hinterlegers gegenüber dem Verwahrer aus diesem Geschäft nicht unangemessen übersteigen. [3]Die Ermächtigung des Hinterlegers nach Satz 1 kann im voraus für eine unbestimmte Zahl derartiger Verpfändungen erteilt werden.**

(2) [1]**Der Verwahrer muß gegenüber dem Pfandgläubiger sicherstellen, daß die verpfändeten Wertpapiere oder Sammelbestandanteile für seine in Absatz 1 genannten Verbindlichkeiten nur insoweit in Anspruch genommen werden dürfen, als Verbindlichkeiten des Hinterlegers gegenüber dem Verwahrer nach Absatz 1 bestehen. [2]Der Verwahrer haftet für ein Verschulden des Pfandgläubigers wie für eigenes Verschulden; diese Haftung kann durch Vereinbarung nicht beschränkt werden.**

I. Normzweck

1   § 12a ermöglicht es dem Verwahrer, Wertpapiere oder Sammelbestandanteile seiner Kunden im Zusammenhang mit Börsengeschäften, die er im eigenen Namen zur Glattstellung von Kundengeschäften abschließt, an die Börse oder eine Abwicklungsgesellschaft der Börse zu verpfänden. Die Vorschrift dient der **Förderung des Terminhandels** in Deutschland, insbesondere an der Eurex Deutschland.

II. Börsengeschäfte

2   Nach § 1 BörsG unterliegen Börsen in Deutschland der Aufsicht der zuständigen obersten Landesbehörde (Börsenaufsichtsbehörde). Als Pfandnehmer kommen aber auch ausländische Börsen in Betracht, sofern sie einer gesetzlichen Aufsicht unterstehen.

3   Der Verwahrer muss sowohl ein Geschäft mit der Börse abgeschlossen haben, als auch ein inhaltsgleiches Geschäft mit dem Hinterleger. Eine solche **Kette gleichartiger Geschäfte** wird beim Handel von Termingeschäften an Terminbörsen, zB auch an der **Eurex** Deutschland abgeschlossen. Vertragspartner werden jeweils die Eurex Clearing AG und ein Clearing-Mitglied.[1] Jeder Börsenteilnehmer,

---

[8] Nr. 10 Abs. 4a der Bekanntmachung des Bundesaufsichtsamtes für das Kreditwesen (BAKred) über die Anforderungen an die Ordnungsmäßigkeit des Depotgeschäfts und der Erfüllung von Wertpapierlieferungsverpflichtungen vom 21.12.1998, BAnz. 1998 Nr. 246.

[9] Etwa *Heinsius/Horn/Than* Rn. 44.

[1] Abschnitt 1 Nr. 1.2.1 Abs. 3 der Clearing-Bedingungen der Eurex Clearing AG, abrufbar auf der Internetseite www.eurexchange.com (Stand Oktober 2018).

der zum Abschluss von Geschäften an der Eurex Deutschland berechtigt ist, ist entweder selbst Clearing-Mitglied oder als sog. Nicht-Clearing-Mitglied nicht selbst zum Clearing berechtigt.[2] Im zweiten Fall schließt er eine Vereinbarung mit einem Clearing-Mitglied. Nach dieser Vereinbarung werden die Geschäfte des Börsenteilnehmers über das betreffende Clearing-Mitglied abgeschlossen. Es kommt also jeweils ein Geschäft zwischen der Eurex Clearing AG und dem Clearing-Mitglied und ein entsprechendes Geschäft zwischen dem Clearing-Mitglied und dem Börsenteilnehmer zustande.[3] Schließlich kommt ein entsprechendes Geschäft zwischen dem Börsenteilnehmer und seinem Kunden zustande. General-Clearing-Mitglieder sind berechtigt, eigene Geschäfte, Kundengeschäfte und Geschäfte von Nicht-Clearing-Mitgliedern abzuwickeln.[4] Direkt-Clearing-Mitglieder sind berechtigt, eigene Geschäfte, Kundengeschäfte und Geschäfte konzernverbundener Nicht-Clearing-Mitglieder vorzunehmen.[5]

III. Pfandnehmer

Pfandnehmer nach § 12a kann entweder die Börse selbst, deren Träger oder eine von ihr mit der **4** Abwicklung der Geschäfte beauftragte rechtsfähige Stelle sein, deren Geschäftstätigkeit auf diese Tätigkeit beschränkt ist. Im Falle von Termingeschäften an der Eurex Deutschland ist die von der Eurex Deutschland in die Abwicklung dieser Geschäfte eingeschaltete Eurex Clearing AG eine geeignete Pfandnehmerin. Der Eurex Clearing AG stellen nur die Clearing-Mitglieder Sicherheiten.[6] Die Nicht-Clearing-Mitglieder stellen wiederum den Clearing-Mitgliedern, über die ihre Geschäfte an der Eurex Deutschland abgewickelt werden, Sicherheiten.[7] Daher können nur Clearing-Mitglieder Wertpapiere ihrer Kunden nach § 12a an die Eurex Clearing AG weiterverpfänden.

IV. Höhe der Verpfändung

Die Verpfändung soll der Höhe nach die Verbindlichkeiten des Hinterlegers aus dem betreffenden **5** Geschäft nicht unangemessen übersteigen (§ 12a Abs. 1 S. 2).

V. Ermächtigung

Die Ermächtigung ist schriftlich und ausdrücklich zu erteilen, sie kann aber im Voraus für eine **6** unbestimmte Zahl derartiger Verpfändungen gewährt werden (§ 12a Abs. 1 S. 1, 3).

VI. Begrenzung der Verwertung durch Pfandnehmer

Zum Schutz des Hinterlegers hat der Verwahrer vertraglich sicherzustellen, dass der Pfandgläubiger **7** die verpfändeten Wertpapiere oder Sammelbestandanteile nur insoweit in Anspruch nehmen darf, als Verbindlichkeiten des Hinterlegers gegenüber dem Verwahrer aus den betreffenden Geschäften bestehen (§ 12a Abs. 2 S. 1). Das Pfandrecht darf zwar ohne Begrenzung auf die Höhe der Verbindlichkeiten des Hinterlegers gewährt werden. Bei seiner Geltendmachung sollen jedoch nur Wertpapiere oder Sammelbestandanteile in dieser Höhe verwertet werden dürfen. Damit wird die Bestellung des Pfandrechts vereinfacht und zugleich soll der Kundenschutz gewahrt werden.

VII. Haftung des Verwahrers

Der Verwahrer haftet unabdingbar für jedes Verschulden des Pfandnehmers (§ 12a Abs. 2 S. 2). **8** Diese Haftung kann vertraglich nicht eingeschränkt werden.

§ 13 Ermächtigung zur Verfügung über das Eigentum

(1) [1]**Eine Erklärung, durch die der Verwahrer ermächtigt wird, sich die anvertrauten Wertpapiere anzueignen oder das Eigentum an ihnen auf einen Dritten zu übertragen, und alsdann nur verpflichtet sein soll, Wertpapiere derselben Art zurückzugewähren, muß für**

---

[2] Abschnitt 1 Nr. 1.2.1 Abs. 3 der Clearing-Bedingungen der Eurex Clearing AG, abrufbar auf der Internetseite www.eurexchange.com (Oktober 2018).

[3] Abschnitt 1 Nr. 1.2.1 Abs. 3 der Clearing-Bedingungen der Eurex Clearing AG, abrufbar auf der Internetseite www.eurexchange.com (Stand Oktober 2018).

[4] Abschnitt 1 Nr. 2.1.1 Abs. 4 der Clearing-Bedingungen der Eurex Clearing AG, abrufbar auf der Internetseite www.eurexchange.com (Stand Oktober 2018).

[5] Abschnitt 1 Nr. 2.1.1 Abs. 4 der Clearing-Bedingungen der Eurex Clearing AG, abrufbar auf der Internetseite www.eurexchange.com (Stand Oktober 2018).

[6] Abschnitt 1 Nr. 3 der Clearing-Bedingungen der Eurex Clearing AG, abrufbar auf der Internetseite www.eurexchange.com (Stand Oktober 2018).

[7] Abschnitt 1 Nr. 3 der Clearing-Bedingungen der Eurex Clearing AG, abrufbar auf der Internetseite www.eurexchange.com (Stand Oktober 2018).

das einzelne Verwahrungsgeschäft ausdrücklich und schriftlich abgegeben werden. [2] In der Erklärung muß zum Ausdruck kommen, daß mit der Ausübung der Ermächtigung das Eigentum auf den Verwahrer oder einen Dritten übergehen soll und mithin für den Hinterleger nur ein schuldrechtlicher Anspruch auf Lieferung nach Art und Zahl bestimmter Wertpapiere entsteht. [3] Die Erklärung darf weder auf andere Urkunden verweisen noch mit anderen Erklärungen des Hinterlegers verbunden sein.

(2) Eignet sich der Verwahrer die Wertpapiere an oder überträgt er das Eigentum an ihnen auf einen Dritten, so sind von diesem Zeitpunkt an die Vorschriften dieses Abschnitts auf ein solches Verwahrungsgeschäft nicht mehr anzuwenden.

I. Normzweck

1   § 13 (sog. Verfügungsermächtigung)[1] sieht zum Schutz des Hinterlegers weitreichende Formerfordernisse für eine Ermächtigung an den Verwahrer vor, sich das Eigentum an den ihm anvertrauten Wertpapieren anzueignen oder es an einen Dritten zu übertragen. Die Verfügungsermächtigung nach § 13 unterscheidet sich von der unregelmäßigen Verwahrung nach § 15 nur dadurch, dass das Eigentum nicht in jedem Fall sofort auf den Verwahrer oder einen Dritten übertragen wird, sondern uU erst zu einem späteren Zeitpunkt.[2]

II. Ermächtigung

2   Die Anforderungen an die Form der Ermächtigung entsprechen denen des § 15. Die Ermächtigung muss ausdrücklich und schriftlich abgegeben werden. Sie muss sowohl die Tatsache des möglichen Eigentumsverlusts als auch die rechtliche Folge des Eigentumsverlusts, die Reduzierung des Anspruchs des Hinterlegers auf einen schuldrechtlichen Anspruch auf Rückgewähr von Wertpapieren derselben Art, zum Ausdruck bringen (§ 13 Abs. 1 S. 2). Sie darf weder auf andere Urkunden verweisen noch mit anderen Erklärungen des Hinterlegers verbunden sein. Die Ermächtigung umfasst auch die Ermächtigung zu geringer belastenden Verfügungen des Verwahrers, etwa zur Tauschverwahrung oder zur Verpfändung nach §§ 12 oder 12a.[3] Die Verpfändung ist bei Vorliegen einer Ermächtigung nach § 13 auch ohne eine Krediteinräumung für den Hinterleger bzw. eine Verbindlichkeit des Hinterlegers aus Börsengeschäften mit dem Verwahrer zulässig.[4]

III. Wertpapiere

3   Eine Verfügungsermächtigung nach § 13 kann für Wertpapiere, aber auch für Anteile an einem Wertpapiersammelbestand und für Wertrechte[5] erteilt werden.

IV. Übereignung

4   Die Übereignung der Wertpapiere erfolgt nach §§ 929 ff. BGB, da der Verwahrer die Wertpapiere besitzt, idR nach § 929 S. 2 BGB durch Einigung. Die Einigungserklärung des Hinterlegers ist antizipiert und wird konkludent zugleich mit der Erteilung der Verfügungsermächtigung abgegeben.[6] Die Aneignungshandlung des Verwahrers muss nach außen in Erscheinung treten, braucht aber dem Hinterleger nicht zuzugehen (§ 151 BGB).[7] In Betracht kommt die Absendung einer Erklärung an den Hinterleger, die Absendung einer Eigenanzeige nach § 4 Abs. 2 oder die Ausbuchung der Wertpapiere aus dem Verwahrungsbuch.[8] Nach der Bekanntmachung des Bundesaufsichtsamtes für das Kreditwesen über das Depotgeschäft ist der Verwahrer verpflichtet, die Übereignung auf der Ermächtigungsurkunde zu vermerken und sie dem Hinterleger mitzuteilen.[9]

---

[1] Teilweise wird auch der Begriff Aneignungsermächtigung verwandt, s. auch *Decker* in Hellner/Steuer BuB Rn. 8/200.

[2] Dieses Unterscheidungskriterium ebenfalls herausstellend *Heinsius/Horn/Than* Rn. 2; *Decker* in Hellner/Steuer BuB Rn. 8/200.

[3] *Canaris* BankvertragsR Rn. 2144; *Opitz* Bem. 5; *Heinsius/Horn/Than* Rn. 7; Nr. 7 Abs. 2 der Bekanntmachung des Bundesaufsichtsamtes für das Kreditwesen (BAKred) über die Anforderungen an die Ordnungsmäßigkeit des Depotgeschäfts und der Erfüllung von Wertpapierlieferungsverpflichtungen vom 21.12.1998, BAnz. 1998 Nr. 246.

[4] Nr. 7 Abs. 2 der Bekanntmachung des Bundesaufsichtsamtes für das Kreditwesen (BAKred) über die Anforderungen an die Ordnungsmäßigkeit des Depotgeschäfts und der Erfüllung von Wertpapierlieferungsverpflichtungen vom 21.12.1998, BAnz. 1998 Nr. 246.

[5] So ausdr. § 4 Verordnung über die Verwaltung und Anschaffung von Reichsschuldbuchforderungen vom 5.1.1940 (RGBl. I 30).

[6] *Canaris* BankvertragsR Rn. 2143; *Heinsius/Horn/Than* Rn. 21.

[7] *Canaris* BankvertragsR Rn. 2143; *Decker* in Hellner/Steuer BuB Rn. 8/200; *Heinsius/Horn/Than* Rn. 21.

[8] *Heinsius/Horn/Than* Rn. 21.

[9] Nr. 7 Abs. 3 der Bekanntmachung des Bundesaufsichtsamtes für das Kreditwesen (BAKred) über die Anforderungen an die Ordnungsmäßigkeit des Depotgeschäfts und der Erfüllung von Wertpapierlieferungsverpflichtungen vom 21.12.1998, BAnz. 1998 Nr. 246.

V. Widerruf der Ermächtigung

Die Ermächtigung ist frei widerruflich (§ 183 BGB). Die Widerruflichkeit kann aber ausgeschlossen 5 werden.[10]

VI. Unanwendbarkeit des DepotG

Ab dem Zeitpunkt der Aneignung der Wertpapiere durch den Verwahrer sind die Vorschriften des 6 1. Abschnitts des DepotG, aber auch die übrigen Vorschriften des Gesetzes nicht anwendbar.[11] Auf das vertragliche Verhältnis zwischen dem Hinterleger und dem Verwahrer finden nach erfolgter Übereignung gem. § 700 Abs. 1 S. 2 BGB die Vorschriften über das Darlehen (§§ 607 ff. BGB) Anwendung. Zeit und Ort der Rückgabe bestimmen sich jedoch im Zweifel nach den Vorschriften über den Verwahrvertrag (§ 700 Abs. 1 S. 3 BGB). Der Hinterleger kann die Rückgewähr der Wertpapiere daher jederzeit fordern (§ 695 BGB).

VII. Buchung in Depot A

Ein Drittverwahrer hat Wertpapiere, für die dem Zwischenverwahrer eine Verfügungsermächtigung 7 erteilt wurde, dem Eigendepot (Depot A) zuzufügen, da die Wertpapiere ihm unbeschränkt als Pfand haften.[12]

§ 14 Verwahrungsbuch

(1) ¹Der Verwahrer ist verpflichtet, ein Handelsbuch zu führen, in das jeder Hinterleger und Art, Nennbetrag oder Stückzahl, Nummern oder sonstige Bezeichnungsmerkmale der für ihn verwahrten Wertpapiere einzutragen sind. ²Wenn sich die Nummern oder sonstigen Bezeichnungsmerkmale aus Verzeichnissen ergeben, die neben dem Verwahrungsbuch geführt werden, genügt insoweit die Bezugnahme auf diese Verzeichnisse.

(2) Die Eintragung eines Wertpapiers kann unterbleiben, wenn seine Verwahrung beendet ist, bevor die Eintragung bei ordnungsmäßigem Geschäftsgang erfolgen konnte.

(3) Die Vorschriften über die Führung eines Verwahrungsbuchs gelten sinngemäß auch für die Sammelverwahrung.

(4) ¹Vertraut der Verwahrer die Wertpapiere einem Dritten an, so hat er den Ort der Niederlassung des Dritten im Verwahrungsbuch anzugeben. ²Ergibt sich der Name des Dritten nicht aus der sonstigen Buchführung, aus Verzeichnissen, die neben dem Verwahrungsbuch geführt werden, oder aus dem Schriftwechsel, so ist auch der Name des Dritten im Verwahrungsbuch anzugeben. ³Ist der Verwahrer zur Sammelverwahrung nach § 5 Abs. 1 Satz 2, zur Tauschverwahrung, zur Verpfändung oder zur Verfügung über das Eigentum ermächtigt, so hat er auch dies in dem Verwahrungsbuch ersichtlich zu machen.

(5) Teilt ein Verwahrer dem Drittverwahrer mit, daß er nicht Eigentümer der von ihm dem Drittverwahrer anvertrauten Wertpapiere ist (§ 4 Abs. 3), so hat der Drittverwahrer dies bei der Eintragung im Verwahrungsbuch kenntlich zu machen.

I. Normzweck

Durch die Führung des Verwahrungsbuchs durch den Verwahrer soll dem **Hinterleger** die Mög- 1 lichkeit gegeben werden, seine Rechte an den für ihn hinterlegten Wertpapieren nachzuweisen. Dem **Verwahrer** soll die ordnungsgemäße Überwachung und Verwaltung der ihm anvertrauten Wertpapiere ermöglicht werden und schließlich soll den **Depotprüfern** die Möglichkeit zur Überwachung der Geschäftsführung des Verwahrers gegeben werden.[1]

II. Pflicht zur Führung eines Verwahrungsbuches

Zur Führung eines Verwahrungsbuches verpflichtet ist jeder Verwahrer iSv § 1 Abs. 2 (→ § 1 2 Rn. 16). Die Eintragung anvertrauter Wertpapiere muss so schnell erfolgen, wie es bei **ordnungs-**

---

[10] *Canaris* BankvertragsR Rn. 2144; aA *Opitz* Bem. 7; *Heinsius/Horn/Than* Rn. 17, unter Berufung auf den Kundenschutz. Dieses Argument schlägt angesichts der depotgesetzlichen Regelung der unregelmäßigen Verwahrung (§ 15) indes nicht durch.

[11] *Heinsius/Horn/Than* Rn. 25; Baumbach/Hopt/*Kumpan* Rn. 2.

[12] Nr. 10 Abs. 4a der Bekanntmachung des Bundesaufsichtsamtes für das Kreditwesen (BAKred) über die Anforderungen an die Ordnungsmäßigkeit des Depotgeschäfts und der Erfüllung von Wertpapierlieferungsverpflichtungen vom 21.12.1998, BAnz. 1998 Nr. 246.

[1] Amtl. Begr. abgedruckt bei *Opitz;* zur Depotprüfung → § 1 Rn. 18.

gemäßem Geschäftsgang möglich ist (Abs. 2). Dabei sind alle tatsächlichen Umstände zu berück-sichtigen, die eine Eintragung ohne Verschulden des Verwahrers verzögern.[2] Die Eintragung von Wertpapieren ist nicht erforderlich, wenn ihre Verwahrung beendet ist, bevor die Eintragung bei ordnungsgemäßem Geschäftsgang erfolgen konnte.

3   Die Pflicht zur Führung eines Verwahrungsbuches gilt sowohl bei der Sonderverwahrung als auch bei der Sammelverwahrung (Abs. 3). Bei unregelmäßiger Verwahrung besteht keine Pflicht zur Ein-tragung in das Verwahrungsbuch.[3] Sie gilt bei der Drittverwahrung sowohl für den Zwischenverwahrer als auch für den Dritten.

III. Anforderungen an das Verwahrungsbuch

4   Das Verwahrungsbuch ist ein **Handelsbuch** iSd HGB. Die Vorschriften der §§ 238 ff. und 257 ff. HGB über Handelsbücher finden auf das Verwahrungsbuch Anwendung. Das Gesetz schreibt nur die Führung eines persönlichen, nach Kunden geordneten Verwahrungsbuches vor. Daneben ist die Führung eines sachlichen, nach Wertpapierarten geordneten Verwahrungsbuches üblich.[4] Einzutragen ist zunächst der Hinterleger mit Name und Anschrift. Anstelle der persönlichen Daten kann auch die Depotkontonummer im Verwahrungsbuch eingetragen werden, wenn die persönlichen Daten sich anhand dieser Nummer aus einem vorhandenen Register feststellen lassen.[5] Die Wertpapiere müssen so genau bezeichnet werden, dass sie zweifelsfrei bestimmt werden können. Das kann anhand der offiziellen Wertpapierkennnummern geschehen. Außer Nennbetrag und Stückzahl sind bei der Son-derverwahrung noch die Stückenummern anzugeben. Diese können auch in gesonderten Verzeich-nissen festgehalten werden, auf die Bezug genommen werden kann (Abs. 1 S. 2). Bei der Girosammel-verwahrung genügt die Angabe, dass die Wertpapiere sich in Girosammelverwahrung befinden, wenn sich daraus zweifelsfrei ergibt, bei welcher Wertpapiersammelbank sie verwahrt werden. Bei der Dritt-verwahrung muss der Zwischenverwahrer den Ort der Drittverwahrung in das Verwahrungsbuch aufnehmen. Der Name des Drittverwahrers braucht sich aus dem Verwahrungsbuch selbst nicht zu ergeben, es genügt, wenn er sich aus der sonstigen Buchführung, aus Verzeichnissen oder Schrift-verkehr ergibt (Abs. 3). Ermächtigungen zur Haus- oder Drittsammelverwahrung (§ 5 Abs. 1 S. 2), zur Tauschverwahrung (§§ 10, 11), zur Verpfändung (§§ 12, 12a) und zur Verfügung über das Eigentum an den Wertpapieren sind ebenfalls im Verwahrungsbuch zu vermerken (Abs. 4 S. 2), unabhängig davon, ob sie ausgeübt wurden.

5   Weitere Anforderungen an die Führung des Verwahrungsbuchs enthält Nr. 10 der **Bekannt-machung des Bundesaufsichtsamtes für das Kreditwesen** über die Anforderungen an die Ord-nungsmäßigkeit des Depotgeschäfts und der Erfüllung von Wertpapierlieferungsverpflichtungen.[6]

§ 15 Unregelmäßige Verwahrung, Wertpapierdarlehen

(1) **Wird die Verwahrung von Wertpapieren in der Art vereinbart, daß das Eigentum sofort auf den Verwahrer oder einen Dritten übergeht und der Verwahrer nur verpflichtet ist, Wertpapiere derselben Art zurückzugewähren, so sind die Vorschriften dieses Abschnitts auf ein solches Verwahrungsgeschäft nicht anzuwenden.**

(2) [1]**Eine Vereinbarung der in Absatz 1 bezeichneten Art ist nur gültig, wenn die Erklä-rung des Hinterlegers für das einzelne Geschäft ausdrücklich und schriftlich abgegeben wird.** [2]**In der Erklärung muß zum Ausdruck kommen, daß das Eigentum sofort auf den Verwahrer oder einen Dritten übergehen soll und daß mithin für den Hinterleger nur ein schuldrechtlicher Anspruch auf Lieferung nach Art und Zahl bestimmter Wertpapiere ent-steht.** [3]**Die Erklärung darf weder auf andere Urkunden verweisen noch mit anderen Erklä-rungen des Hinterlegers verbunden sein.**

(3) **Diese Vorschriften gelten sinngemäß, wenn Wertpapiere jemandem im Betrieb seines Gewerbes als Darlehen gewährt werden.**

I. Normzweck

1   § 15 enthält zum Schutz des Hinterlegers **strenge Formvorschriften** für Vereinbarungen, nach denen er sein Eigentum an den verwahrten Wertpapieren verliert und stattdessen lediglich einen schuldrechtlichen Anspruch auf Rückgewähr von Wertpapieren derselben Art erhält. Die Gleich-

---

[2] Vgl. *Opitz* Bem. 4.
[3] Baumbach/Hopt/*Kumpan* Rn. 1.
[4] Baumbach/Hopt/*Kumpan* Rn. 1.
[5] *Opitz* Bem. 6.
[6] Bekanntmachung des Bundesaufsichtsamtes für das Kreditwesen (BAKred) über die Anforderungen an die Ordnungsmäßigkeit des Depotgeschäfts und der Erfüllung von Wertpapierlieferungsverpflichtungen vom 21.12.1998, BAnz. 1998 Nr. 246.

stellung des Wertpapierdarlehens nach § 15 Abs. 3 soll einer Umgehung der Formvorschriften des § 15 Abs. 1 vorbeugen.[1]

II. Ermächtigung

Die Anforderungen an die Form der für die unregelmäßige Verwahrung erforderlichen Verein- **2** barung sind die strengsten im DepotG vorgesehen (sog. „Formstrenge" des § 15 Abs. 2). Sie entsprechen grundsätzlich denen für die Ermächtigung zu Verfügungen über Eigentum nach § 13 (→ § 13 Rn. 2). Sowohl bei einer Aneignung der Wertpapiere durch den Verwahrer nach § 13 als auch bei der unregelmäßigen Verwahrung profitiert der Hinterleger nicht von den Schutzbestimmungen des DepotG, die dazu dienen, sein dingliches Recht an den hinterlegten Wertpapieren zu schützen und ihm damit im Falle der Zwangsvollstreckung gegen den Verwahrer und der Insolvenz des Verwahrers eine stärkere Stellung zu sichern.[2] Dies soll dem Hinterleger durch die Art und Formulierung der Vereinbarung bewusst gemacht werden. Die Vereinbarung muss daher ausdrücklich und schriftlich getroffen werden, darf weder auf andere Urkunden verweisen, noch darf sie mit anderen Erklärungen des Hinterlegers verbunden sein. Es muss deutlich werden, dass das Eigentum sofort auf den Verwahrer oder einen Dritten übergehen soll und der Hinterleger stattdessen nur einen schuldrechtlichen Anspruch auf Lieferung nach Art und Zahl bestimmter Wertpapiere erhält (Abs. 2).

III. Wertpapiere

Eine unregelmäßige Verwahrung nach § 15 kommt für Wertpapiere, aber auch für Anteile an einem **3** Wertpapiersammelbestand und für Wertrechte[3] in Betracht.

IV. Übereignung

Die Übereignung der Wertpapiere erfolgt nach § 929 BGB. Die Vorschriften zum Schutz des **4** gutgläubigen Erwerbers finden Anwendung.[4]

V. Nichtanwendbarkeit des DepotG

Die Vorschriften des 1. Abschnitts des DepotG, aber auch die übrigen Vorschriften des Gesetzes sind **5** im Falle der unregelmäßigen Verwahrung nicht anwendbar. Auf das vertragliche Verhältnis zwischen dem Hinterleger und dem Verwahrer finden nach § 700 Abs. 1 S. 1 BGB die Vorschriften über das Darlehen (§§ 488 ff. BGB) Anwendung. Zeit und Ort der Rückgabe bestimmen sich jedoch im Zweifel nach den Vorschriften des Verwahrvertrages (§ 700 Abs. 1 S. 3 BGB). Der Hinterleger kann die Rückgewähr der Wertpapiere daher jederzeit fordern (§ 695 BGB).

VI. Wertpapierdarlehen

Die Bestimmungen des § 15 Abs. 1 und 2 – und somit auch die Formstrenge – gelten auch für die **6** Vereinbarung von Wertpapierdarlehen (§ 15 Abs. 3). Auch hier soll der Darlehensgeber davor gewarnt werden, dass er das Eigentum an den Wertpapieren überträgt und gegen einen schuldrechtlichen Anspruch tauscht. § 15 Abs. 3 setzt nicht voraus, dass der Darlehensnehmer Verwahrer iSv § 1 Abs. 2 ist. Die Vorschrift erfasst vielmehr jede Gewährung von Wertpapierdarlehen an einen gewerblichen Darlehensnehmer. Es gelten die Vorschriften über das Darlehen nach §§ 488 ff. BGB. Die Vorschriften des DepotG finden mit Ausnahme des § 15 keine Anwendung.

§ 16 Befreiung von Formvorschriften

Die Formvorschriften des § 4 Abs 2, des § 5 Abs. 1 Satz 2 und 3 und der §§ 10, 12, 13 und 15 Abs. 2 und 3 sind nicht anzuwenden, wenn der Verwahrer einer gesetzlichen Aufsicht untersteht und der Hinterleger ein Kaufmann ist, der

1. in das Handelsregister oder Genossenschaftsregister eingetragen ist oder
2. im Falle einer juristischen Person des öffentlichen Rechts nach der für sie maßgebenden gesetzlichen Regelung, nicht eingetragen zu werden braucht oder
3. nicht eingetragen wird, weil er seinen Sitz oder seine Hauptniederlassung im Ausland hat.

---

[1] Amtl. Begr. abgedruckt bei *Opitz;* s. auch *Heinsius/Horn/Than* Rn. 15.
[2] Vgl. Drittwiderspruchsklage nach § 771 ZPO, Aussonderungsrecht nach § 47 InsO. Dazu *Decker* in Hellner/Steuer BuB Rn. 8/199; *Canaris* BankvertragsR Rn. 2140; *Baumbach/Hopt/Kumpan* Rn. 1.
[3] § 4 Verordnung über die Verwaltung und Anschaffung von Reichsschuldbuchforderungen vom 5.1.1940 (RGBl. I 30). Hierzu auch *Heinsius/Horn/Than* Rn. 3; *Decker* in Hellner/Steuer BuB Rn. 8/198.
[4] Statt vieler etwa *Canaris* BankvertragsR Rn. 2141 mwN; *Heinsius/Horn/Than* Rn. 10.

I. Normzweck

1 § 16 schränkt den persönlichen Anwendungsbereich der Formvorschriften des DepotG im Verkehr zwischen Banken und ihren Kunden im Wesentlichen auf die nicht-kaufmännische Kundschaft ein.[1]

II. Verwahrer

2 Der Verwahrer muss einer gesetzlichen Aufsicht unterstehen. Das ist immer dann der Fall, wenn der Verwahrer das Depotgeschäft gewerbsmäßig oder in einem Umfang betreibt, der einen in kaufmännischer Weise eingerichteten Geschäftsbetrieb erfordert. In diesem Fall unterliegt er als Kreditinstitut der Aufsicht durch das Bundesaufsichtsamt für das Kreditwesen (§§ 1, 6 KWG) (→ § 1 Rn. 17).

III. Hinterleger

3 Der Hinterleger muss als Kaufmann entweder im Handelsregister (§§ 1, 29 HGB) oder im Genossenschaftsregister (§§ 10 Abs. 1, 17 Abs. 2 GenG) eingetragen sein (§ 16 Nr. 1) oder im Falle einer juristischen Person des öffentlichen Rechts nach der für sie maßgebenden gesetzlichen Regelung nicht eingetragen zu werden brauchen (§ 16 Nr. 2) oder schließlich nicht eingetragen sein, weil er seinen Sitz oder seine Hauptniederlassung im Ausland hat (§ 16 Nr. 3).

IV. Befreiung von Formvorschriften

4 § 16 befreit von allen Formvorschriften, die Abschnitt 1 des DepotG für Erklärungen des Hinterlegers vorschreibt, mit Ausnahme des Erfordernisses einer ausdrücklichen und schriftlichen Ermächtigung zur Verpfändung nach § 12a Abs. 1. Die Erklärungen selbst müssen aber auch in den Fällen des § 16 abgegeben werden und unterliegen zum Teil Formerfordernissen nach anderen Vorschriften. Die Ermächtigung zur Verfügung über Eigentum nach § 13 und die Vereinbarung der unregelmäßigen Verwahrung nach § 15 müssen nach § 700 Abs. 2 BGB ausdrücklich gegeben werden. Ausdrücklich ist eine Erklärung nach § 700 Abs. 2 BGB dann gegeben, wenn das Gewollte in der Willenserklärung den vollen, unzweideutigen Ausdruck gefunden hat.[2] Das kann auch durch schlüssiges Verhalten geschehen, wenn ein eindeutiger Erklärungsinhalt erkenntlich wird.[3] § 700 Abs. 2 findet auf die Vereinbarung eines Wertpapierdarlehens keine Anwendung. Außerhalb des Depotrechts herrscht für Darlehen Formfreiheit (§ 488 BGB für Geld). Alle anderen Ermächtigungen, die in § 16 genannt sind – § 5 Abs. 1 S. 2 und 3 (Haussammelverwahrung und Drittsammelverwahrung), § 10 (Tauschverwahrung), § 12 (Verpfändung verwahrter Wertpapiere), § 13 (Verfügungsermächtigung) und § 15 (unregelmäßige Verwahrung) können im Rahmen des § 16 schriftlich oder mündlich, ausdrücklich oder konkludent abgegeben werden.

§ 17 Pfandverwahrung

Werden jemandem im Betrieb seines Gewerbes Wertpapiere unverschlossen als Pfand anvertraut, so hat der Pfandgläubiger die Pflichten und Befugnisse eines Verwahrers.

I. Normzweck

1 § 17 stellt den Pfandverwahrer depotrechtlich dem Verwahrer gleich. Das ist folgerichtig, da der Pfandgläubiger nach § 1215 BGB verpflichtet ist, das Pfand zu verwahren.

II. Pfandverwahrer

2 Dem Pfandgläubiger müssen die Wertpapiere im Betrieb seines Gewerbes (→ § 1 Rn. 16) als Pfand anvertraut worden sein.

III. Wertpapiere

3 § 17 findet auf Wertpapiere, aber auch auf Anteile an einem Wertpapiersammelbestand und auf Wertrechte[1*] Anwendung.

---

[1] Zur nF *Kollmann* WM 2004, 1018 ff.
[2] *Opitz* Bem. 3; MüKoBGB/*Henssler* BGB § 700 Rn. 19; Staudinger/*Reuter*, 2015, BGB § 700 Rn. 16.
[3] *Opitz* Bem. 3; MüKoBGB/*Henssler* BGB § 700 Rn. 19 mwN aus der Rechtsprechung, vgl. etwa BGHZ 68, 271 (276), diff. Staudinger/*Reuter*, 2015, BGB § 700 Rn. 16.
[1*] § 4 Verordnung über die Verwaltung und Anschaffung von Reichsschuldbuchforderungen vom 5.1.1940 (RGBl. I 30).

IV. Anvertrauen der Wertpapiere als Pfand

Das Pfandrecht braucht – im Unterschied zu § 1215 BGB – nicht wirksam zu sein. Es kommt allein **4** auf den Zweck des Anvertrauens an.[2] Die Wertpapiere müssen unverschlossen als Pfand anvertraut sein.[3]

V. Geltung der Vorschriften über das Pfandrecht

Soweit §§ 2–16 keine Sondervorschriften enthalten, gelten die allgemeinen Vorschriften über das **5** Pfandrecht (§§ 1204–1258 BGB, § 368 HGB).

§ 17a Verfügungen über Wertpapiere

Verfügungen über Wertpapiere oder Sammelbestandanteile, die mit rechtsbegründender Wirkung in ein Register eingetragen oder auf einem Konto verbucht werden, unterliegen dem Recht des Staates, unter dessen Aufsicht das Register geführt wird, in dem unmittelbar zugunsten des Verfügungsempfängers die rechtsbegründende Eintragung vorgenommen wird, oder in dem sich die kontoführende Haupt- oder Zweigstelle des Verwahrers befindet, die dem Verfügungsempfänger die rechtsbegründende Gutschrift erteilt.

I. Normzweck

§ 17a dient der Umsetzung von Art. 9 Abs. 2 Richtlinie über die Wirksamkeit von Abrechnungen **1** in Zahlungs- sowie Wertpapierlieferungs- und -abrechnungssystemen vom 19.5.1998.[1] Über den Anwendungsbereich der Richtlinie hinaus schafft die Vorschrift Rechtssicherheit bei allen Verfügungen über Wertpapiere oder Sammelbestandanteile, die bei Verwahrern und Zwischenverwahrern in verschiedenen Ländern verwahrt werden, indem sie das Recht des Registers, in dem die Verfügung eingetragen oder des Verwahrers, bei dem sie zugunsten des Empfängers verbucht wird, für anwendbar erklärt. Dadurch wird eine Ausnahme von der sonst im Sachenrecht geltenden Regel gemacht, nach der das Recht der Belegenheit der Sache Anwendung findet (Art. 43 EGBGB), die sogenannte „lex rei sitae" oder „lex situs". Die Regelung entspricht dem – allerdings umstrittenen – Grundsatz, nach dem Verfügungen über Sachen, die sich im Transport befinden, nach dem Recht des Bestimmungslandes zu beurteilen sind.[2*] Durch § 17a und eine entsprechende internationale Umsetzung der zugrundeliegenden EG-Richtlinie werden insbesondere Verfügungen über Depots, in denen sich Wertpapiere befinden, die in verschiedenen Ländern verwahrt werden, vereinfacht.[3*]

II. Wertpapiere, Sammelbestandanteile

Die Vorschrift ist nur auf sachenrechtliche Verfügungen über Wertpapiere oder Anteile an Wert- **2** papiersammelbeständen anwendbar, nicht auf Verfügungen über Gutschriften in Wertpapierrechnung.[4] Nach der Gesetzesbegründung ist § 17a nicht auf „schuldrechtliche Ansprüche, wie etwa Wertrechtgutschriften" anwendbar; mit Wertrechtgutschriften sind aber wohl Gutschriften in Wertpapierrechnung gemeint, nicht Wertrechte, da auf diese die Regelungen des Sachenrechts anwendbar sind. Das ergibt sich auch aus Ausführungen an anderer Stelle, nach denen es für Wertpapiere in Form von Sammelurkunden oder für Buchrechte sinnvoll sei, das Recht am Buchungsort heranzuziehen.[5] Bei Verfügungen über Wertrechtgutschriften ist nach Art. 33 Abs. 2 EGBGB das Forderungsstatut maßgeblich.[6] Wertrechte, auch solche nach ausländischem Recht, werden von § 17a erfasst.

§ 17a gewinnt insbesondere bei der grenzüberschreitenden Sammelverwahrung nach § 5 Abs. 4 **3** und bei Globalaktien („global shares") Bedeutung. Die Vorschrift ist ebenfalls im internationalen Verkehr zwischen Banken anwendbar, die an den von ihnen erworbenen Wertpapieren Eigentum halten. Dies ist bei den Bankkunden, für die in der Regel die verwahrende Bank Eigentum, Mit-

---

[2] *Heinsius/Horn/Than* Rn. 5 mwN.

[3] Wegen des Merkmals unverschlossen, auch → § 1 Rn. 16.

[1] Richtlinie 98/26/EG, ABl. 1998 L 166, 45; § 17a wurde nicht an die Richtlinie 2002/47/EG vom 6.6.2002 über Finanzsicherheiten angepasst, da der deutsche Gesetzgeber § 17a bereits der Norm entsprechend ansah; näher dazu *Haubold* RIW 2005, 656.

[2*] Amtl. Begr. BR-Drs. 456/99, 35; *Palandt/Thorn* EGBGB Art. 43 Rn. 2.

[3*] Vertiefend zu § 17a und dessen Anwendungsbereich *Einsele* WM 2001, 2415 ff.; *Saager* Die Bank 2005, 25 ff.; *Schefold* IPRax 2000, 474; *Haubold* RIW 2005, 658 ff.; *Merkt/Rossbach* ZvglRWiss 102 (2003), 33 (38, 42 ff.); zu den internationalen Kodifizierungsbemühungen: *Schefold* FS Jayme, 2004, 805, 807; *Schefold* FS Hadding, 2004, 463, 467 ff.; *Einsele* WM 2003, 2349 ff.; *Reuschle* BKR 2003, 562 ff.; *Reuschle* RabelsZ 68 (2004), 725 ff.

[4] Amtl. Begr. BR-Drs. 456/99, 35; zu Gutschriften in Wertpapierrechnung → § 22 Rn. 8.

[5] Amtl. Begr. BR-Drs. 456/99, 35.

[6] *Renschle* RabelsZ 68 (2004), 707.

eigentum oder eine gleichwertige Rechtsstellung erwirbt und ihnen Gutschrift in Wertpapierrechnung erteilt,[7] nicht der Fall. Auch auf Wertpapiere, die nach § 2 in Sonderverwahrung verwahrt werden, ist § 17a nicht anwendbar.[8] Über sie wird nach allgemeinen sachenrechtlichen Regelungen und nicht, wie im Wertpapiergiroverkehr, durch rechtsbegründende Buchung verfügt.[9]

III. Verfügungen

4 Verfügungen sind Rechtsgeschäfte, die unmittelbar darauf gerichtet sind, auf ein bestehendes Recht einzuwirken, es zu verändern, zu übertragen oder aufzuheben.[10] Im Rahmen des § 17a kommen die Übereignung und die Belastung, insbesondere durch Verpfändung, in Betracht. Es ist umstritten, ob § 17a bei Übertragung und Verpfändung nur deklaratorische Wirkung besitzt.[11]

IV. Anwendbares Recht

5 Entscheidend für die Bestimmung des anwendbaren Rechts ist der Ort, an dem die Registereintragung oder die Verbuchung auf dem Depotkonto des Verfügungsempfängers mit rechtsbegründender Wirkung erfolgt. Abzustellen ist bei der Verbuchung auf die kontoführende Zweig- oder Hauptstelle. Es ist umstritten, ob § 17a eine Sachnorm – oder Gesamtverweisung enthält.[12]

2. Abschnitt. Einkaufskommission

§ 18 Stückeverzeichnis

(1) [1]Führt ein Kommissionär (§§ 383, 406 des Handelsgesetzbuchs) einen Auftrag zum Einkauf von Wertpapieren aus, so hat er dem Kommittenten unverzüglich, spätestens binnen einer Woche ein Verzeichnis der gekauften Stücke zu übersenden. [2]In dem Stückeverzeichnis sind die Wertpapiere nach Gattung, Nennbetrag, Nummern oder sonstigen Bezeichnungsmerkmalen zu bezeichnen.

(2) Die Frist zur Übersendung des Stückeverzeichnisses beginnt, falls der Kommissionär bei der Anzeige über die Ausführung des Auftrags einen Dritten als Verkäufer namhaft gemacht hat, mit dem Erwerb der Stücke, andernfalls mit dem Ablauf des Zeitraums, innerhalb dessen der Kommissionär nach der Erstattung der Ausführungsanzeige die Stücke bei ordnungsmäßigem Geschäftsgang ohne schuldhafte Verzögerung beziehen oder das Stückeverzeichnis von einer zur Verwahrung der Stücke bestimmten dritten Stelle erhalten konnte.

(3) Mit der Absendung des Stückeverzeichnisses geht das Eigentum an den darin bezeichneten Wertpapieren, soweit der Kommissionär über sie zu verfügen berechtigt ist, auf den Kommittenten über, wenn es nicht nach den Bestimmungen des bürgerlichen Rechts schon früher auf ihn übergegangen ist.

I. Normzweck

1 § 18 dient dem Schutz des Kunden durch eine möglichst **schnelle Verschaffung des Eigentums** an den angekauften Wertpapieren.[1] Hierüber soll ihm durch Zusendung des Stückeverzeichnisses zudem **Gewissheit** verschafft werden. Durch die erforderliche genaue Bezeichnung der Wertpapiere wird der Kunde schließlich in die Lage versetzt, seine Rechte an den Wertpapieren gegen Dritte zu verteidigen.[2]

II. Kommissionär

2 Kommissionär ist jeder Kaufmann, der es im Betrieb seines Handelsgewerbes übernimmt, Wertpapiere im eigenen Namen für Rechnung eines anderen (des Kommittenten) zu kaufen (§§ 383, 406 Abs. 1 S. 2 HGB). Die Vorschriften der §§ 18ff. finden auch Anwendung, wenn das Unternehmen des Kommissionärs nach Art und Umfang einen in kaufmännischer Weise eingerichteten Gewerbe-

---

[7] Nr. 12 Abs. 3 der Sonderbedingungen für Wertpapiergeschäfte der Banken und Sparkassen idF v. Januar 2018.
[8] Amtl. Begr. BR–Drs. 456/99, 35.
[9] Amtl. Begr. BR–Drs. 456/99, 35.
[10] Palandt/*Ellenberger* BGB Vor § 104 Rn. 16.
[11] S. auch *Horn* FS Kümpel, 2003, 896 ff.; *Herring/Christea* ZIP 2004, 1632 ff.
[12] *Reuschle* RabelsZ 68 (2004), 715 und 723.
[1] Amtl. Begr. abgedr. bei Opitz; dazu ferner *Heinsius/Horn/Than* Rn. 3; *Canaris* BankvertragsR Rn. 1949.
[2] *Opitz* Bem. 2; *Canaris* BankvertragsR Rn. 1950.

betrieb nicht erfordert und die Firma des Unternehmens nicht in das Handelsregister eingetragen ist (§ 383 Abs. 2 HGB).

III. Auftrag zum Einkauf

Der Einkauf von Wertpapieren umfasst neben dem **Kauf** auch die **Zeichnung** von Wertpapieren.[3]   **3**

IV. Ausführung des Auftrags

Die Banken und Sparkassen führen Kauf- und Verkaufsaufträge im In- und Ausland idR als **4** Kommissionär aus, es sei denn, mit dem Kunden wurde für das einzelne Geschäft ein fester Preis vereinbart (Festpreisgeschäft).[4] Das **Kommissionsgeschäft** ist in den §§ 383 ff. HGB und in § 675 BGB (Geschäftsbesorgung) geregelt. In der Praxis gelten zudem die **Sonderbedingungen der Banken und Sparkassen** für das Wertpapiergeschäft in der jeweils geltenden Fassung.

Das **Wertpapierhandelsgesetz** enthält in den §§ 31–34d Verhaltensregeln für Wertpapierdienst- **5** leistungsunternehmen im Zusammenhang mit der Erbringung von Wertpapierdienstleistungen, die insbesondere für das Kommissionsgeschäft relevant sind. Diese Verhaltensregeln sind unter anderem in der Wertpapierdienstleistungs-Verhaltens- und Organisationsverordnung konkretisiert.[5]

V. Frist

Das Stückeverzeichnis muss **unverzüglich,** dh ohne schuldhaftes Zögern (§ 121 BGB), übersandt **6** werden. Bei der **Frist von einer Woche** handelt es sich um eine Höchstfrist, die nur bei Vorliegen entsprechender Gründe ausgenutzt werden darf.[6] Diese Frist kann vertraglich, außer im Verkehr zwischen Banken, nicht verlängert werden (§ 28). Die **Frist beginnt** nach Abs. 2 zu einem unter- schiedlichen Zeitpunkt, je nachdem, ob der Kommissionär dem Kommittenten den Verkäufer in der Ausführungsanzeige benannt hat (§ 384 Abs. 3 HGB) oder nicht. In der Praxis findet diese Benennung idR nicht statt.[7] Bei Benennung des Verkäufers beginnt die Frist erst mit dem tatsächlichen Erwerb der Wertpapiere durch den Kommissionär. Benennt der Kommissionär den Verkäufer nicht, so beginnt die Frist, sobald er die Wertpapiere oder ein Stückeverzeichnis über die Wertpapiere beziehen konnte (Beschaffungszeitraum). Der Kommissionär ist also verpflichtet, sich die Wertpapiere ohne schuldhaftes Zögern zu verschaffen.[8] Andernfalls beginnt die Frist unabhängig davon, ob er die Wertpapiere erhalten hat. Versäumt der Kommissionär die Frist der Übersendung des Stückeverzeichnisses schuld- haft, hat der Kommittent die Rechte aus § 25.

VI. Stückeverzeichnis

Die Wertpapiere müssen in dem Stückeverzeichnis so genau bezeichnet sein, dass ihre **Indivi- 7 dualisierung** jederzeit möglich ist.[9] Dafür müssen idR mindestens Art und Nummern der Stücke angegeben werden.[10] Abkürzungen sind zulässig, soweit sie allgemein oder mit Rücksicht auf den Geschäftsverkehr mit dem Kommittenten diesem verständlich sein müssen.[11] Das Stückeverzeichnis braucht nicht unterschrieben zu sein, da keine Schriftform nach § 126 Abs. 1 BGB vorgeschrieben ist.[12] Zu übersenden ist das Verzeichnis der im Deckungsgeschäft gekauften Stücke, auf deren Über- eignung der Kunde nach § 384 Abs. 2 HGB einen Anspruch hat. Sofern die Interessen des Kunden nicht beeinträchtigt werden, darf der Kommissionär seine Lieferpflicht nach § 242 BGB auch mit anderen als den gekauften Stücken erfüllen.[13]

Die **Absendung** des Stückeverzeichnisses ist eine rechtsgeschäftsähnliche Handlung, auf die ins- **8** besondere die §§ 119 ff. BGB über die Anfechtung und die §§ 164 ff. BGB über die Vertretung

---

[3] *Opitz* Bem. 3.

[4] S. auch Nr. 1 Abs. 3 der Sonderbedingungen für Wertpapiergeschäfte der Banken und Sparkassen idF v. Januar 2018. Zu den Einzelheiten des Kommissionsgeschäfts vgl. *Scherer* in Pfeiffer Handelsgeschäfte-HdB 750 ff.

[5] Verordnung zur Konkretisierung der Verhaltensregeln und Organisationsanforderungen für Wertpapierdienst- leistungsunternehmen (Wertpapierdienstleistungs-Verhaltens- und Organisationsverordnung – WpDVerOV) in der Neufassung vom 17.10.2017 (BGBl. I 3566).

[6] S. auch *Heinsius/Horn/Than* Rn. 25 mwN.

[7] *Heinsius/Horn/Than* Rn. 33.

[8] Vgl. auch Nr. 8 Abs. 5 der Bekanntmachung des Bundesaufsichtsamtes für das Kreditwesen (BAKred) über die Anforderungen an die Ordnungsmäßigkeit des Depotgeschäfts und der Erfüllung von Wertpapierlieferungsverpflich- tungen vom 21.12.1998, BAnz. 1998 Nr. 246.

[9] Zur Form und Inhalt des Stückeverzeichnisses eingehend *Heinsius/Horn/Than* Rn. 21 ff. mwN.

[10] *Canaris* BankvertragsR Rn. 1953; *Heinsius/Horn/Than* Rn. 21.

[11] *Opitz* Bem. 6; *Canaris* BankvertragsR Rn. 1953.

[12] *Canaris* BankvertragsR Rn. 1953; *Heinsius/Horn/Than* Rn. 22. Freilich muss erkennbar sein, von wem das Verzeichnis herrührt, ebenda.

[13] *Canaris* BankvertragsR Rn. 1954 mwN aus der Rspr.; ebenso *Heinsius/Horn/Than* Rn. 23.

entsprechend anwendbar sind.[14] Bei irrtümlicher Übersendung des Stückeverzeichnisses an einen anderen Empfänger als den Kommittenten bleibt die Absendung allerdings wirkungslos.[15] Bei Übersendung mehrerer Stückeverzeichnisse über dieselben Wertpapiere erwirbt nur der Empfänger, an den zuerst ein Stückeverzeichnis abgesandt wurde, Eigentum.[16] Bei gleichzeitiger Absendung erwerben die Empfänger Miteigentum.[17] Die Absendung ist nach §§ 129 ff. InsO anfechtbar.

VII. Eigentumsübergang

9   Mit der Absendung des Stückeverzeichnisses geht das Eigentum an den darin bezeichneten Wertpapieren per Gesetz auf den Kommittenten über (Abs. 3). Auf einen Zugang des Stückeverzeichnisses kommt es nicht an. Ist das Eigentum schon zuvor übergegangen, hat das Stückeverzeichnis lediglich die Bedeutung eines Beweismittels.[18] Für eine **Eigentumsübertragung** kommt insbesondere eine Übereignung durch Einigung und Vereinbarung eines Besitzmittlungsverhältnisses nach §§ 929, 930, 868, 688 BGB in Betracht.[19] Einigung und Vereinbarung des Besitzmittlungsverhältnisses können bei der Auftragserteilung antizipiert werden oder durch den Kommissionär im Wege eines erlaubten Insichgeschäfts (§ 181 BGB) zugleich als Vertreter des Kommittenten abgeschlossen werden.[20] Der Übereignungswille des Kommissionärs muss bei einem Insichgeschäft nach außen in einer Weise in Erscheinung treten, die den Schluss auf die Vornahme des Rechtsgeschäfts mit dem Kunden erlaubt und zugleich eine dem sachenrechtlichen Bestimmtheitsgrundsatz genügende Konkretisierung der übertragenen Wertpapiere ermöglicht.[21] Das kann durch Eintragung der Wertpapiere in das Verwahrungsbuch oder durch ihr Einlegen in das Streifbanddepot nach § 2 erfolgen.

10   Es ist umstritten, ob der Kommittent das Eigentum an den Wertpapieren auch unmittelbar vom Veräußerer nach den Grundsätzen des **„Geschäfts für den, den es angeht",**[22] erwerben kann.[23] Die allgemeinen Voraussetzungen des Geschäfts für den, den es angeht, sind zum einen, dass der Gegenpartei (Veräußerer) die Person des Erwerbers gleichgültig ist, zum anderen, dass der Vertreter (Kommissionär) für den Vertretenen (Kommittent) erwerben möchte.[24] Soweit Zug-um-Zug-Leistung sichergestellt ist, ist dem Veräußerer im Effektenverkehr die Person des Erwerbers gleichgültig. Obwohl der Kommissionär verpflichtet ist, dem Kommittenten das Eigentum an den erworbenen Wertpapieren zum frühestmöglichen Zeitpunkt zu übertragen (§ 384 HGB), bestehen in der Praxis häufig Zweifel, ob der Wille des Kommissionärs zum unmittelbaren Erwerb für den Kommittenten zum Zeitpunkt der Besitzerlangung durch den Kommissionär bereits hinreichend konkret ist.[25] Das kann etwa dann fraglich sein, wenn Wertpapiere für verschiedene Kommittenten erworben und noch nicht aufgeteilt wurden, oder wenn der Kommissionär, wie im Effektengiroverkehr üblich, zunächst Miteigentum an Wertpapieren im Sammelbestand einer Wertpapiersammelbank erhält, das er noch gegen einzelne Wertpapiere umtauschen muss.[26]

11   Die Absendung des Stückeverzeichnisses führt auch dann nicht zu einem Eigentumsübergang, wenn der Kommissionär zur Verfügung über das Eigentum nicht **berechtigt** ist.[27] Auch ein gutgläubiger Erwerb ist in diesem Fall nicht durch Übersendung des Stückeverzeichnisses möglich, sondern erst bei Erlangen des Besitzes an bestimmten Stücken nach §§ 932 ff. BGB, § 366 HGB.[28]

12   Schließlich genügt die Absendung des Stückeverzeichnisses zur Eigentumsübertragung nicht bei Wertpapieren, deren Übereignung nicht durch Einigung und Besitzübertragung herbeigeführt werden kann, zB bei nicht blanko indossierten Orderpapieren.[29]

VIII. Ausnahmen von der Pflicht zur Übersendung des Stückeverzeichnisses

13   Das Stückeverzeichnis braucht nicht übersandt zu werden, wenn die Wertpapiere innerhalb der Frist im Auftrag des Kommittenten weiterveräußert oder an ihn ausgeliefert werden (§ 23). Weitere Aus-

---

[14] *Heinsius/Horn/Than* Rn. 39; *Canaris* BankvertragsR Rn. 1974 mwN.

[15] *Heinsius/Horn/Than* Rn. 40; Baumbach/Hopt/*Kumpan* Rn. 1.

[16] So etwa Baumbach/Hopt/*Kumpan* Rn. 1; *Canaris* BankvertragsR Rn. 1975 („Prioritätsprinzip").

[17] Baumbach/Hopt/*Kumpan* Rn. 1; *Heinsius/Horn/Than* Rn. 40 mwN; iErg – wenn auch krit. – *Canaris* BankvertragsR Rn. 1975.

[18] *Canaris* BankvertragsR Rn. 1952; *Heinsius/Horn/Than* Rn. 42.

[19] Zu weiteren Optionen des Eigentumübergangs vom Kommissionär auf den Kommittenten s. etwa *Heinsius/ Horn/Than* Rn. 43 ff.; *Canaris* BankvertragsR Rn. 1977 ff.

[20] *Canaris* BankvertragsR Rn. 1977; *Heinsius/Horn/Than* Rn. 45.

[21] *Canaris* BankvertragsR Rn. 1978; *Heinsius/Horn/Than* Rn. 45.

[22] Vgl. allg. Palandt/*Ellenberger* BGB § 164 Rn. 8.

[23] Dafür *Opitz* Bem. 6; dagegen *Canaris* BankvertragsR Rn. 1981, diff. *Heinsius/Horn/Than* Rn. 47 ff.

[24] Palandt/*Ellenberger* BGB § 164 Rn. 8; MüKoBGB/*Schubert* BGB § 164 Rn. 124.

[25] Dazu näher *Heinsius/Horn/Than* Rn. 51 mwN.

[26] S. iE *Heinsius/Horn/Than* Rn. 52.

[27] *Heinsius/Horn/Than* Rn. 54 mwN; *Canaris* BankvertragsR Rn. 1971.

[28] Vgl. Baumbach/Hopt/*Kumpan* Rn. 1; *Heinsius/Horn/Than* Rn. 54; *Canaris* BankvertragsR Rn. 1972.

[29] *Opitz* Bem. 8; Baumbach/Hopt/*Kumpan* Rn. 1.

nahmen enthalten §§ 19, 20 und 22. Darüber hinausgehende **vertragliche oder gesetzliche Zurückbehaltungsrechte** sind **ausgeschlossen**.[30] Nicht ausgeschlossen ist das gesetzliche Pfandrecht des Kommissionärs nach § 397 HGB. Darüber hinaus können Pfandrechte des Kommissionärs an den erworbenen Wertpapieren vereinbart werden.[31]

Betreibt der Kommittent selbst Bankgeschäfte, so kann er auf die Übersendung des Stückeverzeich- **14** nisses **verzichten** (§ 28).

§ 19 Aussetzung der Übersendung des Stückeverzeichnisses

(1) [1]**Der Kommissionär darf die Übersendung des Stückeverzeichnisses aussetzen, wenn er wegen der Forderungen, die ihm aus der Ausführung des Auftrags zustehen, nicht befriedigt ist und auch nicht Stundung bewilligt hat.** [2]**Als Stundung gilt nicht die Einstellung des Kaufpreises ins Kontokorrent.**

(2) [1]**Der Kommissionär kann von der Befugnis des Absatzes 1 nur Gebrauch machen, wenn er dem Kommittenten erklärt, daß er die Übersendung des Stückeverzeichnisses und damit die Übertragung des Eigentums an den Papieren bis zur Befriedigung wegen seiner Forderungen aus der Ausführung des Auftrags aussetzen werde.** [2]**Die Erklärung muß, für das einzelne Geschäft gesondert, ausdrücklich und schriftlich abgegeben und binnen einer Woche nach Erstattung der Ausführungsanzeige abgesandt werden, sie darf nicht auf andere Urkunden verweisen.**

(3) **Macht der Kommissionär von der Befugnis des Absatzes 1 Gebrauch, so beginnt die Frist zur Übersendung des Stückeverzeichnisses frühestens mit dem Zeitpunkt, in dem der Kommissionär wegen seiner Forderungen aus der Ausführung des Auftrags befriedigt wird.**

(4) [1]**Stehen die Parteien miteinander im Kontokorrentverkehr (§ 355 des Handelsgesetzbuchs), so gilt der Kommissionär wegen der ihm aus der Ausführung des Auftrags zustehenden Forderungen als befriedigt, sobald die Summe der Habenposten die der Sollposten zum erstenmal erreicht oder übersteigt.** [2]**Hierbei sind alle Posten zu berücksichtigen, die mit Wertstellung auf denselben Tag zu buchen waren.** [3]**Führt der Kommissionär für den Kommittenten mehrere Konten, so ist das Konto, auf dem das Kommissionsgeschäft zu buchen war, allein maßgebend.**

(5) **Ist der Kommissionär teilweise befriedigt, so darf er die Übersendung des Stückeverzeichnisses nicht aussetzen, wenn die Aussetzung nach den Umständen, insbesondere wegen verhältnismäßiger Geringfügigkeit des rückständigen Teils, gegen Treu und Glauben verstoßen würde.**

I. Normzweck

Gemäß § 19 ist der Kommittent zur **Vorleistung** hinsichtlich der Forderungen verpflichtet, die **1** dem Kommissionär aus der Ausführung des Auftrags zustehen. Der Kommissionär ist bis zur Begleichung dieser Forderungen nicht verpflichtet, die erworbenen Wertpapiere an den Kommittenten zu übereignen und das Stückeverzeichnis zu übersenden. Zum **Schutz des Kommittenten** (Warnfunktion) hat der Kommissionär das Recht zur Aussetzung der Übersendung des Stückeverzeichnisses aber nur, wenn er den Kommittenten schriftlich genau darüber unterrichtet, dass und warum er das Stückeverzeichnis nicht übersendet und welche Folgen dies für den Kommittenten hat. Die Aussetzung der Übersendung des Stückeverzeichnisses ermöglicht es dem Kommissionär, die erworbenen Wertpapiere zur Refinanzierung des Kaufpreises zu verpfänden, da sie sich weiterhin in seinem Eigentum befinden. In der Praxis behalten sich die Kreditinstitute zusätzlich vor, Geschäfte nur auszuführen, wenn ausreichend Kontoguthaben oder Kredit beim Kunden vorhanden ist.[1]

II. Voraussetzungen der Aussetzung

Das Recht zur Aussetzung der Übersendung des Stückeverzeichnisses setzt voraus, dass die **Forde-** **2** **rungen des Kommissionärs aus der Ausführung des Auftrags nicht befriedigt** sind und dass der Kommissionär dem Kommittenten **keine Stundung gewährt** hat. Die Forderungen des Kommissionärs aus dem Auftrag umfassen den Kaufpreis der Wertpapiere sowie Kosten (§§ 675, 670 BGB) und

---

[30] Für das vertragliche Zurückbehaltungsrecht folgt dies aus § 28, aber auch gesetzliche Zurückbehaltungsrechte (wie § 273 BGB; § 369 HGB) müssen ausgeschlossen sein, will man die engen Voraussetzungen der §§ 19ff. nicht unterlaufen. Baumbach/Hopt/*Kumpan* Rn. 4; *Canaris* BankvertragsR Rn. 1962 mwN.

[31] Vgl. Nr. 14 der Allgemeinen Geschäftsbedingungen der Banken idF v. Januar 2018.

[1] Nr. 4 der Sonderbedingungen für Wertpapiergeschäfte der Banken und Sparkassen idF v. Januar 2018.

Provision (§ 396 Abs. 1 HGB) des Kommissionärs.[2] Die Beweislast für das Vorliegen einer Stundungsabrede trägt nach den allgemeinen Beweislastregeln der Kommittent.[3]

III. Aussetzungserklärung

3   Form und Inhalt der Aussetzungserklärung sind in Abs. 2 vorgegeben. **Schriftform** bedeutet nach
§ 126 Abs. 1 BGB, dass die Erklärung unterschrieben sein muss. Die ausstehenden Forderungen sind
dem Kommittenten genau mitzuteilen.[4] Die Aussetzungserklärung muss **innerhalb einer Woche** nach
Erstattung der Ausführungsanzeige abgesandt werden. Die Ausführungsanzeige ist nach § 384 Abs. 2
HGB unverzüglich zu erstatten. Die Aussetzungserklärung muss dem Kommittenten für ihre Wirksamkeit zugehen (§ 130 BGB).[5] Die fristgemäße Absendung der Erklärung genügt nur für ihre Rechtzeitigkeit.[6]

IV. Folgen der Aussetzung

4   Durch die Aussetzung der Übersendung des Stückeverzeichnisses verschiebt sich der Beginn der
einwöchigen **Frist zur Übersendung des Stückeverzeichnisses** (§ 18 Abs. 2) auf den Zeitpunkt, in
dem der Kommissionär wegen seiner Forderungen aus der Ausführung des Auftrags befriedigt ist
(Abs. 3).

5   Der Kommissionär kann die erworbenen Wertpapiere während der Aussetzung der Übersendung
des Stückeverzeichnisses an Dritte **verpfänden.** Dazu bedarf er keiner Ermächtigung des Kommittenten, da er selbst noch Eigentümer der Wertpapiere ist und die Verwahrungsregeln des DepotG noch
keine Anwendung finden (§ 29). Der Kommissionär muss aber in der Lage bleiben, die Wertpapiere
an den Kommittenten zu übereignen, sobald seine Forderungen aus der Ausführung des Auftrags
befriedigt sind (§ 384 Abs. 2 HGB).

6   Während der Aussetzung der Übersendung des Stückeverzeichnisses sind die Wertpapiere auf dem
Depotkonto des Kommittenten in **Wertpapierrechnung** zu verbuchen.[7]

V. Kontokorrentrechnung

7   Zum Schutz des Kommittenten sieht Abs. 4 vor, dass, auch bei Vereinbarung eines **Periodenkontokorrents** (§ 355 HGB),[8] iRd § 19 täglich der Saldo der Soll- und Habenposten zu ermitteln ist.

VI. Teilweise Befriedigung

8   Ist die Leistung des Kommissionärs teilbar, so ist er bei einer teilweisen Leistung des Kommittenten
zur entsprechenden **teilweisen Übereignung** der Wertpapiere an den Kommittenten verpflichtet.[9]

§ 20 Übersendung des Stückeverzeichnisses auf Verlangen

(1) **Wenn der Kommissionär einem Kommittenten, mit dem er im Kontokorrentverkehr
(§ 355 des Handelsgesetzbuchs) steht, für die Dauer der Geschäftsverbindung oder für
begrenzte Zeit zusagt, daß er in bestimmtem Umfang oder ohne besondere Begrenzung für
ihn Aufträge zur Anschaffung von Wertpapieren auch ohne alsbaldige Berichtigung des
Kaufpreises ausführen werde, so kann er sich dabei vorbehalten, Stückeverzeichnisse erst auf
Verlangen des Kommittenten zu übersenden.**

(2) **Der Kommissionär kann von dem Vorbehalt des Absatzes 1 nur Gebrauch machen,
wenn er dem Kommittenten bei der Erstattung der Ausführungsanzeige schriftlich mitteilt,
daß er die Übersendung des Stückeverzeichnisses und damit die Übertragung des Eigentums
an den Papieren erst auf Verlangen des Kommittenten ausführen werde.**

---

[2] Dazu etwa *Heinsius/Horn/Than* Rn. 4.

[3] Str., ebenso *Canaris* BankvertragsR Rn. 1958; *Opitz* Bem. 4; aA *Heinsius/Horn/Than* Rn. 7.

[4] *Heinsius/Horn/Than* Rn. 9.

[5] Dies ist str. – im Hinblick auf die Warnfunktion des Abs. 2 S. 2 aber notwendig, auch wenn der Wortlaut nur die
Absendung der Erklärung fordert. So wie hier Baumbach/Hopt/*Kumpan* Rn. 1; *Canaris* BankvertragsR Rn. 1958;
aA *Opitz* Bem. 6.

[6] *Canaris* BankvertragsR Rn. 1958; *Heinsius/Horn/Than* Rn. 15.

[7] *Heinsius/Horn/Than* Rn. 28.

[8] S. etwa Baumbach/Hopt/*Kumpan* Rn. 2. Faktisch wird auf Grund der täglichen Verrechnung der Soll- und
Habenpositionen durch Abs. 4 die Wirkungen des Staffelkontokorrents eingeführt; dazu *Heinsius/Horn/Than* Rn. 22;
Baumbach/Hopt/*Kumpan* Rn. 2; krit. *Canaris* BankvertragsR Rn. 1959.

[9] *Heinsius/Horn/Than* Rn. 27; *Canaris* BankvertragsR Rn. 1959 aE.

(3) [1]Erklärt der Kommittent, daß er die Übersendung des Stückeverzeichnisses verlange, so beginnt die Frist zur Übersendung des Stückeverzeichnisses frühestens mit dem Zeitpunkt, in dem die Erklärung dem Kommissionär zugeht. [2]Die Aufforderung muß schriftlich erfolgen und die Wertpapiere, die in das Stückeverzeichnis aufgenommen werden sollen, genau bezeichnen.

I. Normzweck

Ist der Kommissionär auf Grund einer **Kreditzusage** zu einer Vorleistung verpflichtet, so darf er   1
unter bestimmten formellen Voraussetzungen mit der Übersendung des Stückeverzeichnisses warten, bis der Kommittent die Übersendung verlangt (Abs. 1). Bei Wertpapierkäufen auf Kredit handelt es sich um spekulative Geschäfte. Die Vorschrift bietet dem Kommissionär wenig Sicherheit, da er unabhängig davon, ob der Kommittent seine Verpflichtungen ihm gegenüber erfüllt hat, auf dessen Verlangen zur Übereignung der Wertpapiere verpflichtet ist. Die Vorschrift ist daher praktisch von geringer Bedeutung.[1] Die Kreditinstitute sichern ihre Forderungen gegen ihre Wertpapierkunden durch das AGB-Pfandrecht an den von ihnen verwahrten Wertpapieren.[2]

II. Voraussetzungen der Übersendung des Stückeverzeichnisses auf Verlangen

Zwischen dem Kommissionär und dem Kommittenten muss **Kontokorrentrechnung** vereinbart   2
sein. Der Kommissionär muss dem Kommittenten eine **Kreditzusage** gegeben haben. Die Führung des Kontokorrents allein lässt noch nicht auf Kreditbereitschaft schließen.[3] Der Kommissionär muss sich bei der Kreditzusage vorbehalten, das Stückeverzeichnis nur auf Verlangen zuzusenden. Dieser **Vorbehalt** ist formlos möglich.[4] Bei der Erstattung der Ausführungsanzeige muss der Kommissionär dem Kommittenten **schriftlich mitteilen,** dass er das Stückeverzeichnis erst auf Verlangen zusenden werde und damit auch die Übereignung der Wertpapiere erst auf Verlangen vornehmen werde (Abs. 2). Schriftform bedeutet nach § 126 Abs. 1 BGB, dass die Erklärung unterschrieben sein muss.

III. Folgen der Übersendung des Stückeverzeichnisses auf Verlangen

Der Kommittent kann jederzeit Übersendung des Stückeverzeichnisses verlangen. Das **Verlangen**   3
muss er dem Kommissionär schriftlich (Abs. 3 S. 2), also in unterschriebener Form, mitteilen. Mit dem Zugang dieser Erklärung beginnt die **Frist für die Übersendung des Stückeverzeichnisses** nach § 18 Abs. 2. Bis zur Übersendung des Stückeverzeichnisses sind die Wertpapiere auf dem Depotkonto des Kommittenten in Wertpapierrechnung zu verbuchen.[5]

§ 21 Befugnis zur Aussetzung und Befugnis zur Übersendung auf Verlangen

Will der Kommissionär die Übersendung des Stückeverzeichnisses sowohl deshalb aussetzen, weil er wegen seiner Forderungen nicht befriedigt ist (§ 19), als auch deshalb, weil er sich die Aussetzung mit Rücksicht auf die Besonderheit des Kontokorrentverkehrs mit dem Kommittenten vorbehalten hat (§ 20), so hat er dem Kommittenten bei Erstattung der Ausführungsanzeige schriftlich mitzuteilen, daß er die Übersendung des Stückeverzeichnisses und damit die Übertragung des Eigentums an den Papieren erst auf Verlangen des Kommittenten, frühestens jedoch nach Befriedigung wegen seiner Forderungen aus der Ausführung des Auftrags ausführen werde.

I. Normzweck

In § 21 werden die Möglichkeiten der Aussetzung der Übersendung des Stückeverzeichnisses nach   1
§ 19 und der Übersendung des Stückeverzeichnisses auf Verlangen nach § 20 **kombiniert.** § 19 setzt zwar voraus, dass keine Stundung der Forderungen, die dem Kommissionär aus der Ausführung des Auftrags zustehen, vorliegt, während § 20 gerade den Fall einer Krediteinräumung für den Kaufpreis der Wertpapiere betrifft. Im Rahmen des § 21 kann daher für die Aussetzung der Übersendung des Stückeverzeichnisses eine Krediteinräumung nicht schädlich sein.[1*]

---

[1] Diese Einschätzung findet sich auch bei *Heinsius/Horn/Than* Rn. 1.
[2] Vgl. Nr. 14 der Allgemeinen Geschäftsbedingungen der Banken idF v. Januar 2018.
[3] *Opitz* Bem. 3; *Heinsius/Horn/Than* Rn. 3.
[4] Allg. Auffassung, s. etwa *Heinsius/Horn/Than* Rn. 4.
[5] *Heinsius/Horn/Than* Rn. 15.
[1*] Vgl. *Heinsius/Horn/Than* Rn. 2; *Opitz* Bem. 5.

II. Voraussetzungen

2   Der Kommissionär muss sich bei der Krediteinräumung **vorbehalten** haben, das Stückeverzeichnis nur auf Verlangen zu übersenden (§ 20 Abs. 1). Die **Erklärungen nach § 19 Abs. 2 und nach § 20 Abs. 2** sind zusammengefasst bei der Erstattung der Ausführungsanzeige abzugeben und haben die Rechtsfolgen sowohl der Aussetzung als auch der Übersendung auf Verlangen deutlich zu machen.[2]

III. Rechtsfolgen

3   Die Rechtsfolgen der Aussetzung und der Übersendung des Stückeverzeichnisses auf Verlangen ergeben sich aus § 19 Abs. 1, 4, 5 und aus § 20 Abs. 1 und 3.

§ 22 Stückeverzeichnis beim Auslandsgeschäft

(1) [1]**Wenn die Wertpapiere vereinbarungsgemäß im Ausland angeschafft und aufbewahrt werden, braucht der Kommissionär das Stückeverzeichnis erst auf Verlangen des Kommittenten zu übersenden.** [2]**Der Kommittent kann die Übersendung jederzeit verlangen, es sei denn, daß ausländisches Recht der Übertragung des Eigentums an den Wertpapieren durch Absendung des Stückeverzeichnisses entgegensteht oder daß der Kommissionär nach § 19 Abs. 1 berechtigt ist, die Übersendung auszusetzen.**

(2) [1]**Erklärt der Kommittent, daß er die Übersendung des Stückeverzeichnisses verlange, so beginnt die Frist zur Übersendung des Stückeverzeichnisses frühestens mit dem Zeitpunkt, in dem die Erklärung dem Kommissionär zugeht.** [2]**Die Aufforderung muß schriftlich erfolgen und die Wertpapiere, die in das Stückeverzeichnis aufgenommen werden sollen, genau bezeichnen.**

I. Normzweck

1   Das DepotG regelt Anschaffung und Aufbewahrung von Wertpapieren im Ausland nur rudimentär, da hierauf **im Wesentlichen ausländisches Recht anwendbar** ist. Über das Vorliegen eines Wertpapiers entscheidet das Statut des verbrieften Rechts,[1] das Recht am Papier, insbesondere seine Übertragung bestimmt sich hingegen grundsätzlich nach dem Recht des Lagerorts (Art. 43 Abs. 1 EGBGB) bzw. der entsprechenden Buchung (§ 17a). Schließlich bestimmen sich die Rechte und Pflichten des Auslandsverwahrers nach dem Recht des Staates, in dem er seinen Sitz hat.[2*]

2   § 22 enthält eine **weitere Ausnahme von der Pflicht zur unverzüglichen Übersendung des Stückeverzeichnisses** nach § 18 Abs. 1, die damit begründet ist, dass die Übertragung des Eigentums an ausländischen Wertpapieren idR nicht im Interesse des Kommissionärs und vor allem des Kommittenten ist[3] und dass die Übertragung nach dem anwendbaren ausländischen Recht regelmäßig nicht durch Übersendung eines Stückeverzeichnisses möglich ist. Der zB in ausländische Aktien investierende Anleger möchte an der Ertragskraft des emittierenden Unternehmens teilhaben und Kurs- und Währungsschwankungen gewinnbringend nutzen. Häufiger wird argumentiert, er habe idR wenig Interesse an den persönlichen Mitwirkungsrechten, die mit dem Eigentum an Aktien verbunden sind, etwa der Stimmabgabe in der Hauptversammlung.[4] Vielmehr läge ihm daran, die Kosten und den zeitlichen Aufwand für den Erwerb und die Veräußerung der Wertpapiere möglichst gering zu halten.[5] Ein Eigentumserwerb könne schließlich bei Erbfällen zu Komplikationen und zu der Fälligkeit ausländischer Erbschaftssteuer führen.[6]

II. Vereinbarungsgemäße Anschaffung und Aufbewahrung im Ausland

3   Das Stückeverzeichnis braucht erst auf Verlangen übersandt zu werden, wenn die Wertpapiere vereinbarungsgemäß im Ausland angeschafft und aufbewahrt werden. Eine solche Vereinbarung enthalten die Sonderbedingungen für Wertpapiergeschäfte der Banken und Sparkassen idF vom 3.1.2018. Danach erfolgt die **Anschaffung** in drei Fällen im Ausland: (1) bei der Ausführung von Kaufaufträgen durch die Bank als Kommissionärin im Ausland, (2) bei dem Verkauf von Wertpapieren ausländischer

---

[2] *Heinsius/Horn/Than* Rn. 4.

[1] Palandt/*Thorn* EGBGB Art. 43 Rn. 1 mwN.

[2*] *Klanten* in Schimansky/Bunte/Lwowski BankR-HdB Rn. 139; allgemeiner MüKoBGB/*Wendehorst* EGBGB Art. 43 Rn. 205.

[3] *Hellner* FS Heinsius, 1991, 211 (215); ausf. dazu *Heinsius/Horn/Than* Rn. 4; s. auch *Decker* in Hellner/Steuer BuB Rn. 8/123.

[4] So auch *Klanten* in Schimansky/Bunte/Lwowski BankR-HdB Rn. 141.

[5] Hierzu und zu weiteren Vorteilen für den Depotkunden *Decker* in Hellner/Steuer BuB Rn. 8/126 und Rn. 8/129.

[6] *Decker* in Hellner/Steuer BuB Rn. 8/126.

Emittenten im Wege des Festpreisgeschäfts, die im Inland weder börslich noch außerbörslich gehandelt werden und (3) bei der Ausführung von Kaufaufträgen über Wertpapiere ausländischer Emittenten als Kommissionärin oder dem Verkauf von Wertpapieren ausländischer Emittenten im Wege des Festpreisgeschäfts, wenn die Wertpapiere zwar im Inland börslich oder außerbörslich gehandelt, üblicherweise aber im Ausland angeschafft werden.[7] Kommissionsaufträge werden bei Wertpapieren, die an einer inländischen Börse gehandelt werden, im Inland ausgeführt, es sei denn, bei Wertpapieren ausländischer Emittenten, die an einer inländischen Börse nur im Freiverkehr gehandelt werden, gebietet das Interesse des Kunden eine Ausführung im Ausland. Bei allen übrigen Kommissionsaufträgen bestimmt die Bank nach pflichtgemäßem Ermessen, ob sie im In- oder Ausland ausgeführt werden.[8]

Im Ausland angeschaffte Wertpapiere werden nach den Sonderbedingungen für Wertpapiergeschäfte **4** auch im Ausland **aufbewahrt**.[9]

III. Rechtsfolgen

Nach dem Wortlaut des § 22 ist der Kommissionär grundsätzlich auch bei im Ausland angeschafften **5** und aufbewahrten Wertpapieren zur **Übersendung des Stückeverzeichnisses auf Verlangen** jederzeit verpflichtet. Da jedoch eine Übertragung des Eigentums durch Übersendung eines Stückeverzeichnisses im Ausland nur in Österreich möglich ist,[10] besteht faktisch bei Wertpapieren, die im Ausland außerhalb Österreichs verwahrt werden, keine Pflicht zur Übersendung eines Stückeverzeichnisses. Hiervon unberührt bleibt jedoch der Herausgabeanspruch aus dem Kommissionsgeschäft (§ 384 Abs. 2 HGB).[11]

§ 22 und **§ 19** können gleichzeitig zur Anwendung kommen. Dann müssen die Voraussetzungen **6** beider Vorschriften erfüllt sein.

IV. Auslandsverwahrung

1. Abgrenzung zu grenzüberschreitender Girosammelverwaltung. Von der Verwahrung von **7** Wertpapieren im Ausland zu unterscheiden ist die Verwahrung in grenzüberschreitender Girosammelverwaltung nach § 5 Abs. 4. Bei der grenzüberschreitenden Girosammelverwahrung erhält der Hinterleger Miteigentum an den Wertpapieren eines Sammelbestandes. Diese Form der Verwahrung ermöglicht den grenzüberschreitenden Effektengiroverkehr, setzt aber voraus, dass zwischen einer Wertpapiersammelbank und einem ausländischen Verwahrer eine entsprechende Kontoverbindung besteht und die Wertpapiere für diese Verwahrungsart zugelassen sind (→ § 5 Rn. 14 ff.).

2. Treuhand–WR–Gutschrift. a) Treuhand. Bei der Verwahrung von Wertpapieren im Ausland **8** verschafft der Kommissionär dem Kommittenten idR nicht Eigentum oder Miteigentum an den erworbenen Wertpapieren, sondern erwirbt statt dessen selber Eigentum, Miteigentum oder eine andere im Lagerland übliche gleichwertige Position, die er treuhänderisch für den Kommittenten hält.[12] Bei mehrstufiger Verwahrung erwirbt uU ein Drittverwahrer (die Clearstream Banking AG oder ein ausländischer Verwahrer) diese Rechtsstellung treuhänderisch für den Zwischenverwahrer, der seine Rechte wiederum treuhänderisch für den Hinterleger hält.

b) Rechtsstellung des Kommittenten. Dem Kommittenten wird über die erworbenen Wert- **9** papiere eine Gutschrift in Wertpapierrechnung erteilt, die als **Treuhand–WR–Gutschrift** bezeichnet wird.[13] Er erhält einen Herausgabeanspruch aus dem Treuhandverhältnis, das ein Geschäftsbesorgungsverhältnis iSd § 675 BGB darstellt.[14] Dieser auftragsrechtliche Herausgabeanspruch (§§ 667, 675 BGB) tritt an die Stelle des Herausgabeanspruchs aus dem Kommissionsgeschäft oder, im Falle eines Festpreisgeschäfts, aus dem Kaufvertrag, als Leistung an Erfüllung statt (§ 364 Abs. 1 BGB).[15]

Der Kunde kann jederzeit **Auslieferung** der Wertpapiere verlangen. Damit kündigt er das Treu- **10** handverhältnis und macht seinen Herausgabeanspruch aus dem Treuhandverhältnis (§ 667 BGB)

---

[7] Nr. 12 Abs. 1 der Sonderbedingungen für Wertpapiergeschäfte der Banken und Sparkassen idF v. Januar 2018.

[8] Nr. 2 der Sonderbedingungen für Wertpapiergeschäfte der Banken und Sparkassen idF v. Januar 2018.

[9] Nr. 12 Abs. 2 der Sonderbedingungen für Wertpapiergeschäfte der Banken und Sparkassen idF v. Januar 2018.

[10] *Hellner* FS Heinsius, 1991, 211 (217); *Einsele,* Wertpapierrecht als Schuldrecht, 1995, 411 mwN; *Heinsius/Horn/Than* Rn. 18; vgl. zu einzelnen Rechtsordnungen etwa *Schindelwick* WM-Sonderbeilage 10/1960.

[11] Weiter *Decker* in Hellner/Steuer BuB Rn. 8/123 mit Fn. 4, der die Vorschrift des § 22 dahingehend auslegen will, dass eine Pflicht zur Übereignung an den Kommittenten auch nicht nach den bürgerlich- oder handelsrechtlichen Bestimmungen besteht.

[12] Vgl. Nr. 12 Abs. 3 der Sonderbedingungen für Wertpapiergeschäfte der Banken und Sparkassen idF v. Januar 2018; *Coing* WM 1977, 466 (470); *Heinsius/Horn/Than* Rn. 44.

[13] *Decker* in Hellner/Steuer BuB Rn. 8/125; s. auch Nr. 12 Abs. 3 der Sonderbedingungen für Wertpapiergeschäfte der Banken und Sparkassen idF v. Januar 2018.

[14] *Coing* WM 1977, 466 (468); *Decker* in Hellner/Steuer BuB Rn. 8/125; *Klanten* in Schimansky/Bunte/Lwowski BankR-HdB Rn. 143.

[15] *Decker* in Hellner/Steuer BuB Rn. 8/137.

geltend.[16] Die Kosten für eine Überführung der Wertpapiere ins Inland hat der Kunde zu tragen (§ 670 BGB).

11   Der Treuhandvertrag tritt an die Stelle des Verwahrvertrages, der sich andernfalls an das Erwerbsgeschäft anschließt, da es zu einer **Verwahrung** der ausländischen Wertpapiere, an denen der Kunde kein Eigentum erhält, nicht kommt (§ 29). Die Pflichten des Treuhänders[17] beschränken sich auf die sorgfältige Auswahl eines geeigneten ausländischen Verwahrers oder eines geeigneten Zwischenverwahrers, die Überwachung seiner Eignung während der Aufbewahrungsdauer sowie auf die vertraglichen und gesetzlichen Benachrichtigungspflichten (§ 666 BGB).[18]

12   **c) Vollstreckungs- und Insolvenzschutz.** Damit die Rechtstellung des Kunden der eines Eigentümers der Wertpapiere gleichwertig ist, muss er bei Zwangsvollstreckungsmaßnahmen von Gläubigern des Treuhänders in die Wertpapiere und bei Insolvenz des Treuhänders wie ein Eigentümer geschützt sein. Dh er muss Zwangsvollstreckungsmaßnahmen mit der Drittwiderspruchsklage nach § 771 ZPO abwehren und in der Insolvenz ein Aussonderungsrecht nach § 47 InsO geltend machen können.[19] Ein solches vollstreckungs- und insolvenzsicheres Treuhandeigentum erfordert grundsätzlich den unmittelbaren Erwerb des Treuhandeigentums durch den Treuhänder vom Treugeber **(Unmittelbarkeitsprinzip).**[20] Das ist bei der Anschaffung von Wertpapieren durch den Kommissionär und Treuhänder im Ausland nicht der Fall. Der Bundesgerichtshof lässt jedoch eine Ausnahme von dem Unmittelbarkeitsprinzip zu, wenn der Treuhandcharakter des erworbenen Eigentums offenkundig ist **(Offenkundigkeitsprinzip),** insbesondere bei offenen Treuhandkonten.[21] Diese Ausnahme muss auch für Treuhanddepots gelten, da es rechtlich keinen Unterschied macht, ob es sich bei dem Treugut um Forderungen oder Wertpapiere handelt.[22] Die daher erforderliche Offenkundigkeit wird von den Banken durch Einholen der sogenannten **Drei-Punkte-Erklärung**[23] von ihrem ausländischen Verwahrer und, falls dieser abweicht, dem unmittelbaren Besitzer der Wertpapiere (Endverwahrer), hergestellt. Darin bestätigt der Verwahrer, dass ihm bekannt ist, dass es sich bei den verwahrten Wertpapieren um Kundenwertpapiere handelt und er verpflichtet sich, das Depot mit dem Zusatz „Kundendepot" zu führen. Er bestätigt weiterhin, dass er Pfand-, Zurückbehaltungs- und ähnliche Rechte an den Wertpapieren nur wegen solcher Forderungen geltend machen wird, die mit Bezug auf die Wertpapiere entstanden sind. Schließlich darf der ausländische Verwahrer die Wertpapiere ohne Zustimmung des hinterlegenden Instituts weder einem Dritten anvertrauen noch sie in ein anderes Lagerland verbringen. Über die Offenkundigkeit hinaus gewährt die Drei-Punkte-Erklärung dem Kunden denselben Schutz wie die Fremdvermutung des § 4, die im Rahmen der Auslandsverwahrung keine Anwendung findet.[24]

13   **d) Gefahrengemeinschaft der Depotkunden.** Bei der Lieferungspflicht des Treuhänders von im Ausland verwahrten Wertpapieren handelt es sich um eine beschränkte Gattungsschuld **(Vorratsschuld).**[25] Der Treuhänder ist zur Auslieferung der Wertpapiere nur verpflichtet, soweit sie aus dem vorhandenen Deckungsbestand möglich ist (§ 275 BGB, nicht § 279 BGB).[26] Folglich bilden die Depotkunden und der Treuhänder (für seine eigenen Wertpapiere) eine Gefahrengemeinschaft hinsichtlich von Verlusten am Deckungsbestand.[27] Jeder Depotkunde trägt anteilig alle wirtschaftlichen Nachteile und Schäden, die den Deckungsbestand als Folge von höherer Gewalt, Aufruhr, Kriegs- und Naturereignissen oder durch sonstige von dem Treuhänder nicht zu vertretende Zugriffe Dritter im Ausland oder im Zusammenhang mit Verfügungen von hoher Hand des In- oder Auslandes treffen sollten.[28] Die Banken und Sparkassen machen in ihren Sonderbedingungen für Wertpapiergeschäfte diese ohnehin geltende Rechtslage deutlich.[29] Zudem definieren sie den **Deckungsbestand** als die

---

[16] *Decker* in Hellner/Steuer BuB Rn. 8/142; *Klanten* in Schimansky/Bunte/Lwowski BankR-HdB Rn. 158.

[17] Eingehend *Klanten* in Schimansky/Bunte/Lwowski BankR-HdB Rn. 150 mwN.

[18] *Decker* in Hellner/Steuer BuB Rn. 8/125.

[19] Diese Schutzrechte des Hinterlegers bejahend *Klanten* in Schimansky/Bunte/Lwowski BankR-HdB Rn. 152; *Decker* in Hellner/Steuer BuB Rn. 8/129; *Heinsius/Horn/Than* Rn. 44.

[20] *Decker* in Hellner/Steuer BuB Rn. 8/129; *Klanten* in Schimansky/Bunte/Lwowski BankR-HdB Rn. 152; *Heinsius/Horn/Than* Rn. 44.

[21] BGH Urt. v. 7.4.1959 – VIII ZR 219/57, NJW 1959, 1223 (1225); BGH Urt. v. 29.3.1973 – II ZR 139/70, WM 1973, 895.

[22] *Decker* in Hellner/Steuer BuB Rn. 8/129; *Hellner* FS Heinsius, 1991, 211, 229; *Canaris* BankvertragsR Rn. 2099.

[23] Auch → § 5 Rn. 16; Vgl. *Decker* in Hellner/Steuer BuB Rn. 8/131; *Klanten* in Schimansky/Bunte/Lwowski BankR-HdB Rn. 152; *Heinsius/Horn/Than* Rn. 44.

[24] Näheres zum Insolvenzstatut beim grenzüberschreitenden Giroeffektenverkehr *Reuschle* RabelsZ 68 (2004), 709 ff.

[25] *Hellner* FS Heinsius, 1991, 221 (225); *Decker* in Hellner/Steuer BuB Rn. 8/139; *Heinsius/Horn/Than* Rn. 37.

[26] *Klanten* in Schimansky/Bunte/Lwowski BankR-HdB Rn. 155; *Decker* in Hellner/Steuer BuB Rn. 139.

[27] Zur Gefahrengemeinschaft näher *Klanten* in Schimansky/Bunte/Lwowski BankR-HdB Rn. 153; *Heinsius/Horn/Than* Rn. 37 mwN.

[28] Nr. 12 Abs. 4 der Sonderbedingungen der Banken und Sparkassen für Wertpapiergeschäfte idF v. Januar 2018.

[29] Nr. 12 Abs. 4 der Sonderbedingungen der Banken und Sparkassen für Wertpapiergeschäfte idF v. Januar 2018.

Gesamtheit der Wertpapiere derselben Gattung, die ein Treuhänder für seine Kunden und für sich in demselben ausländischen Staat (Lagerland) verwahren lässt. Das Lagerland wird dem Kunden bei Erteilung der Treuhand-WR-Gutschrift mitgeteilt.[30] Die anteilige Beteiligung des Kunden an den Gefahren für den Deckungsbestand ist gerechtfertigt, da der Kunde der wirtschaftliche Eigentümer von Wertpapieren des Deckungsbestandes ist.[31] Sie entspricht der Gefahrtragung bei der Sammelverwahrung (§ 7 Abs. 2). Ebenso wie die Leistungsgefahr trägt der Kunde auch die Vergütungsgefahr, falls Verluste am Deckungsbestand eintreten. Der Treuhänder ist in diesem Fall nicht verpflichtet, dem Kunden den Kaufpreis zurückzuerstatten.[32] Damit wird die Anwendung des § 323 BGB abbedungen, der sonst bei Festpreisgeschäften zur Anwendung kommen könnte.[33]

e) Pfandrechte an im Ausland verwahrten Wertpapieren. Verpfändet wird nicht das im Ausland verwahrte Wertpapier, sondern der schuldrechtliche Lieferungsanspruch aus dem zugrundeliegenden Treuhandverhältnis. Hierfür ist allein deutsches Recht (§§ 1274 ff. BGB) maßgeblich.[34] Sollen die Wertpapiere der verwahrenden Bank oder Sparkasse als Sicherheit dienen, so muss der Lieferungsanspruch ausdrücklich an diese verpfändet werden. Die im Ausland verwahrten Wertpapiere sind nämlich von dem AGB-Pfandrecht der Institute ausgenommen.[35] Eine Verpfändung der im Ausland verwahrten Wertpapiere könnte nach der ausländischen Rechtsordnung die Anerkennung der Stellung der Bank als Treuhänder unter steuerlichen, bilanziellen und aufsichtsrechtlichen Gesichtspunkten gefährden.[36] **14**

f) Girosammelverwahrung im Ausland und internationale Clearingsysteme. Viele europäische Staaten sowie die USA, Kanada und Japan verfügen über einer Wertpapiersammelbank vergleichbare Girosammelverwahrsysteme.[37] Immer häufiger werden Wertpapiere im Ausland nicht direkt von den ausländischen Korrespondenzbanken der deutschen Kreditinstitute verwahrt, sondern bei Girosammelverwahrern hinterlegt. Der Bundesverband deutscher Banken hat eine Reihe ausländischer Girosammelverwahrsysteme daraufhin überprüft, ob sie die nach deutschem Recht erforderliche Sicherheit für die Hinterleger bieten, ob es der inländischen Depotbank ermöglicht wird, sich das (Mit-) Eigentum an den Wertpapieren oder eine andere am Lageort übliche, gleichwertige Rechtsstellung zu verschaffen und ob die Anforderungen der Drei-Punkte-Erklärung erfüllt werden.[38] **15**

Für deutsche Kreditinstitute besteht auch die Möglichkeit, Konten bei den beiden **internationalen Clearingsystemen** Euroclear und Clearstream zu unterhalten. Euroclear[39] wurde seit seiner Eröffnung im Jahr 1968 durch die Brüsseler Niederlassung der Morgan Guaranty Trust Company of New York betrieben. Ab dem Jahr 2001 wurde diese Aufgabe von einer neu geschaffenen Euroclear Bank übernommen. Anfang 2001 haben Euroclear und der französische Zentralverwahrer SICOVAM[40] fusioniert. SICOVAM wurde in Euroclear France umbenannt.[41] Die Clearstream Banking S. A. mit Sitz in Luxemburg war 1970 unter dem Namen CEDEL (Centrale de Livraison de Valeurs Mobilières) gegründet worden.[42] Die Namensänderung erfolgte Anfang 2000 im Zuge der Fusion mit der deutschen Wertpapiersammelbank Deutsche Börse Clearing AG (vormals Deutscher Kassenverein), die zugleich in Clearstream Banking AG umbenannt wurde.[43] Beide Clearingsysteme verwahren die Wertpapiere nicht selbst, sondern über lokale Lagerstellen im jeweiligen Land des Emittenten. Bei diesen Lagerstellen handelt es sich ausschließlich um bekannte und bewährte Sammelverwahrinstitutionen des Auslandes, gegen deren Einschaltung als Drittverwahrer keine Vorbehalte bestehen.[44] Beide Clearingsysteme sichern zudem zu, in ihren Standard-Depotverträgen mit den Lagerstellen die Einhaltung der Drei-Punkte-Erklärung auch durch die Lagerstellen zu verlangen.[45] Auch bei einer Ver- **16**

---

[30] Nr. 12 Abs. 3 der Sonderbedingungen der Banken und Sparkassen für Wertpapiergeschäfte idF v. Januar 2018.
[31] *Hellner* FS Heinsius, 1991, 211 (227).
[32] Nr. 12 Abs. 5 der Sonderbedingungen der Banken und Sparkassen für Wertpapiergeschäfte idF v. Januar 2018; dazu s. auch *Decker* in Hellner/Steuer BuB Rn. 8/141; *Klanten* in Schimansky/Bunte/Lwowski BankR-HdB Rn. 157.
[33] *Decker* in Hellner/Steuer BuB Rn. 8/141; *Hellner* FS Heinsius, 1991, 211 (228).
[34] *Hellner* FS Heinsius, 1991, 211 (250); *Decker* in Hellner/Steuer BuB Rn. 8/126.
[35] Nr. 14 Abs. 3 S. 2 der Allgemeinen Geschäftsbedingungen der Banken idF v. Januar 2018 und Nr. 21 Abs. 2 S. 2 der Allgemeinen Geschäftsbedingungen der Sparkassen idF v. März 2018.
[36] *Hellner* FS Heinsius, 1991, 211 (251).
[37] *Decker* in Hellner/Steuer BuB Rn. 8/153; ferner etwa *Keßler* Die Bank 1985, 443 ff.
[38] *Hellner* FS Heinsius, 1991, 211 (236 ff.); dazu auch *Klanten* in Schimansky/Bunte/Lwowski BankR-HdB Rn. 159. Wegen einer Beschreibung ausländischer Girosammelverwahrinstitute vgl. auch *Decker* in Hellner/Steuer BuB Rn. 8/154.
[39] Dazu *Breuer* ZfgKW 1986, 348; *Decker* in Hellner/Steuer BuB Rn. 8/166.
[40] Näher *Kümpel* ZfgKW 1973, 170; *Decker* in Hellner/Steuer BuB Rn. 8/155.
[41] S. auch www.euroclear.com.
[42] *Decker* in Hellner/Steuer BuB Rn. 8/167.
[43] S. auch www.clearstream.net.
[44] *Hellner* FS Heinsius, 1991, 211 (245); vgl. auch *Breuer* ZfgKW 1986, 349; *Decker* in Hellner/Steuer BuB Rn. 8/153.
[45] *Hellner* FS Heinsius, 1991, 211 (245).

wahrung über Euroclear oder Clearstream Banking S. A. wird die deutsche Depotbank ihren Pflichten aus dem Treuhandvertrag also gerecht.

§ 23 Befreiung von der Übersendung des Stückeverzeichnisses

Die Übersendung des Stückeverzeichnisses kann unterbleiben, soweit innerhalb der dafür bestimmten Frist (§§ 18 bis 22) die Wertpapiere dem Kommittenten ausgeliefert sind oder ein Auftrag des Kommittenten zur Wiederveräußerung ausgeführt ist.

I. Normzweck

1   Die Pflicht zur Übersendung des Stückeverzeichnisses entfällt im Falle der **Auslieferung** der Wertpapiere, da der Kommittent durch die Auslieferung nach § 929 BGB Eigentum an den Wertpapieren erhält und auch Kenntnis von der Identität der übereigneten Stücke bekommt. Im Falle der **Wiederveräußerung** der Wertpapiere entfällt die Pflicht zur Übersendung des Stückeverzeichnisses ebenfalls, da der Kommittent keinen Anspruch mehr auf Übereignung der Wertpapiere hat.

II. Voraussetzungen und Folgen

2   Die Auslieferung setzt **Verschaffung des unmittelbaren Besitzes** voraus, da der Kommittent sonst keine Kenntnis von der Identität der an ihn übereigneten Stücke erhält.[1] Die **Wiederveräußerung** muss nicht auf einem Auftrag des Kommittenten beruhen, es genügt, wenn sie, auch aus anderen Gründen, **berechtigt** ist.[2] Das kann zB der Fall sein, wenn der Kommissionär bereits das Eigentum an den Wertpapieren an den Kommittenten übertragen und selber ein Pfandrecht erhalten hat, das er verwertet. Die Befreiung von der Übersendung des Stückeverzeichnisses befreit den Kommissionär nicht zugleich von seiner Pflicht, nach § 384 Abs. 2 HGB **Rechenschaft** abzulegen.[3]

§ 24 Erfüllung durch Übertragung von Miteigentum am Sammelbestand

(1) Der Kommissionär kann sich von seiner Verpflichtung, dem Kommittenten Eigentum an bestimmten Stücken zu verschaffen, dadurch befreien, daß er ihm Miteigentum an den zum Sammelbestand einer Wertpapiersammelbank gehörenden Wertpapieren verschafft; durch Verschaffung von Miteigentum an den zum Sammelbestand eines anderen Verwahrers gehörenden Wertpapieren kann er sich nur befreien, wenn der Kommittent im einzelnen Falle ausdrücklich und schriftlich zustimmt.

(2) [1]Mit der Eintragung des Übertragungsvermerks im Verwahrungsbuch des Kommissionärs geht, soweit der Kommissionär verfügungsberechtigt ist, das Miteigentum auf den Kommittenten über, wenn es nicht nach den Bestimmungen des bürgerlichen Rechts schon früher auf ihn übergegangen ist. [2]Der Kommissionär hat dem Kommittenten die Verschaffung des Miteigentums unverzüglich mitzuteilen.

(3) Kreditinstitute und Kapitalverwaltungsgesellschaften brauchen die Verschaffung des Miteigentums an einem Wertpapiersammelbestand und die Ausführung der Geschäftsbesorgung abweichend von Absatz 2 Satz 2 sowie von den §§ 675 und 666 des Bürgerlichen Gesetzbuchs und von § 384 Abs. 2 des Handelsgesetzbuchs den Kunden erst innerhalb von dreizehn Monaten mitzuteilen, sofern das Miteigentum jeweils auf Grund einer vertraglich vereinbarten gleichbleibenden monatlichen, zweimonatlichen oder vierteljährlichen Zahlung erworben wird und diese Zahlungen das Dreifache des höchsten Betrags nicht übersteigen, bis zu dem nach dem Fünften Vermögensbildungsgesetz in der jeweils geltenden Fassung vermögenswirksame Leistungen gefördert werden können.

I. Normzweck

1   § 24 Abs. 1 und 2 dienen der **Förderung des stückelosen Wertpapierhandels.** Alternativ zur Verschaffung von Eigentum an bestimmten Stücken hat der Kommissionär (und auch der Eigenhändler (§ 31) das Recht, seine Lieferpflicht durch Übertragung von Miteigentum an einem Wertpapiersammelbestand zu erfüllen. Dabei kann es sich um den Sammelbestand einer Wertpapiersammelbank oder eines anderen Verwahrers handeln. Da nur mit Hilfe des bei einer Wertpapiersammelbank verwahrten Sammelbestandes der Effektengiroverkehr möglich ist, bedarf die Übertragung von Mit-

---

[1] Ebenso *Heinsius/Horn/Than* Rn. 4; Baumbach/Hopt/*Kumpan* Rn. 1.

[2] Baumbach/Hopt/*Kumpan* Rn. 1; *Opitz* Bem. 4; *Heinsius/Horn/Than* Rn. 10 allesamt unter Berufung auf RGZ 81, 437 (439).

[3] Vgl. etwa *Heinsius/Horn/Than* Rn. 12.

eigentum an Wertpapieren eines Sammelbestandes, der nicht durch eine Wertpapiersammelbank, sondern durch den Kommissionär oder einen dritten Verwahrer verwahrt wird, der ausdrücklichen schriftlichen Zustimmung des Kommittenten.

II. Übertragung von Miteigentum an zu einem Sammelbestand gehörenden Wertpapieren

Die Übertragung von Miteigentum an zu einem Sammelbestand gehörenden Wertpapieren stellt **2** eine **Leistung an Erfüllungs Statt** dar (§ 364 BGB).[1] Handelt es sich um den Sammelbestand des Kommissionärs oder eines anderen Verwahrers, der nicht Wertpapiersammelbank (§ 1 Abs. 2) ist, so ist eine ausdrückliche und schriftliche **Zustimmung des Kommittenten** erforderlich, die für jedes Geschäft gesondert erteilt werden muss. Das entspricht dem Zustimmungserfordernis für die Haus- oder Drittsammelverwahrung nach § 5 Abs. 1 S. 2 und 3.

Das Miteigentum muss **unverzüglich**, spätestens in der Frist des § 18 Abs. 1 verschafft werden. Für **3** den Beginn der Frist gelten die §§ 18 Abs. 2–22 entsprechend.[2]

III. Buchung der GS-Anteile

Auch wenn das Gesetz von einem „Übertragungsvermerk" spricht, genügt nach allgemeiner Ansicht **4** für die Übertragung des Miteigentums die **Buchung** der Miteigentumsanteile (GS-Anteile) **im Verwahrungsbuch.**[3] Bei der Buchung handelt es sich ebenso wie bei der Übersendung des Stückeverzeichnisses um eine rechtsgeschäftsähnliche Handlung, auf die die §§ 104 ff., 119 ff., 134, 138, 185 BGB entsprechend anwendbar sind.[4]

Voraussetzung für die **Übertragung des Miteigentums** durch Depotgutschrift ist, dass die Buchung im Zusammenhang mit einem Kommissions- oder Festpreisgeschäft (§ 31) erfolgt. Ebenso wie **5** bei der Übertragung von Eigentum durch Übersendung des Stückeverzeichnisses muss der Kommissionär zur Verfügung über die GS-Anteile berechtigt sein (Abs. 2). Eine Buchung ohne Verfügungsmacht geht „ins Leere".[5] Ein gutgläubiger Erwerb ist durch Depotgutschrift nicht möglich, da die Gutglaubensregeln rechtsgeschäftliche Verfügungen – mithin einen Übereignungswillen – voraussetzen (§ 932 BGB, § 366 HGB), der für die einfache Buchung nicht erforderlich ist.[6] Erfolgt die Gutschrift, wie in der Praxis üblich, bevor der Kommissionär selber Miteigentum erhalten hat, so geht sie solange ins Leere, bis der Kommissionär die Verfügungsberechtigung erlangt. Erst zu diesem Zeitpunkt erwirbt der Kommittent den GS-Anteil (§ 185 Abs. 2 BGB).[7]

Schließlich setzt der Eigentumsübergang durch Depotgutschrift voraus, dass das Miteigentum nicht **6** bereits nach den Bestimmungen des **bürgerlichen Rechts** übergegangen ist. Eine solche **Übertragung des GS-Anteils** erfolgt in aller Regel nach § 929 S. 1 BGB durch Einigung und Anweisung an die Wertpapiersammelbank, mit dem Erwerber bzw. seiner Depotbank, ein neues Besitzmittlungsverhältnis zu vereinbaren.[8] Die Voraussetzungen der **Übereignung für den, den es angeht** und damit des unmittelbaren Erwerbs des Eigentums durch den Kommittenten vom Veräußerer liegen bei der Übertragung von GS-Anteilen, anders als bei der Übertragung von Eigentum an bestimmten Stücken (→ § 18 Rn. 10), regelmäßig vor.[9] Dem Veräußerer ist gleichgültig, ob das Kreditinstitut, das ihm als Kontrahent des Börsengeschäfts bekannt ist, oder dessen Kunde das Eigentum erwirbt.[10] Der Kommissionär ist verpflichtet, dem Kommittenten das Eigentum so schnell wie möglich zu beschaffen (§ 384 HGB). Erfolgt die Gutschrift auf dem Depot des Kommittenten spätestens zu dem Zeitpunkt, zu dem der Mitbesitz an den GS-Anteilen vom Veräußerer auf den Kommissionär übergeht, so ist zugleich der Wille des Kommissionärs erkennbar, für welchen seiner Kunden er welche GS-Anteile erwerben möchte. Das ist regelmäßig der Fall, da die Gutschrift idR bereits am Tag der Ausführung des Geschäfts erteilt wird.[11] Der Mitbesitz geht nach den Allgemeinen Geschäftsbedingungen der Clearstream Banking AG entweder Zug um Zug mit Abschluss des Geldverrechnungsverfahrens der Clearstream Banking AG oder, wenn dieses Verfahrens nicht gewählt wurde, mit Abschluss des Buchungsvorganges auf dem Depot des Kommissionärs über.[12] In der Praxis erwirbt der Kommittent daher sowohl nach

---

[1] Statt vieler etwa *Canaris* BankvertragsR Rn. 1957; *Heinsius/Horn/Than* Rn. 7.

[2] *Heinsius/Horn/Than* Rn. 8.

[3] *Baumbach/Hopt/Kumpan* Rn. 2; *Heinsius/Horn/Than* Rn. 19 ff.

[4] Ebenso *Heinsius/Horn/Than* Rn. 21.

[5] *Heinsius/Horn/Than* Rn. 27.

[6] *Heinsius/Horn/Than* Rn. 26, die insofern auch von einer „besonderen Form der Übereignung" sprechen (Rn. 20).

[7] *Heinsius/Horn/Than* Rn. 27 unter Verweis auf OLG München v. 27.10.1969 – 7 WKf 909/69, WM 1970, 973 (974).

[8] *Decker* in Hellner/Steuer BuB Rn. 8/336.

[9] *Heinsius/Horn/Than* Rn. 36; *Decker* in Hellner/Steuer BuB Rn. 8/342; *Baumbach/Hopt/Kumpan* Rn. 2.

[10] *Heinsius/Horn/Than* Rn. 36.

[11] *Heinsius/Horn/Than* Rn. 36.

[12] Vgl. XXI der Allgemeinen Geschäftsbedingungen der Clearstream Banking AG idF v. 1.1.2012.

den Bestimmungen des bürgerlichen Rechts als auch nach § 24 Abs. 2 das Miteigentum an den Wertpapieren eines Sammelbestandes nach erfolgter Depotgutschrift zu dem Zeitpunkt, zu dem der Kommissionär die Verfügungsberechtigung erlangt. Der Eigentumsübergang nach § 24 Abs. 2 ist daher von geringer praktischer Bedeutung.[13]

IV. Anzeigepflicht

7   Die Pflicht des Kommissionärs zur **unverzüglichen Mitteilung** der Verschaffung des Miteigentums an den Kommittenten ergibt sich auch aus § 384 Abs. 2 HGB.

V. Abdingbarkeit

8   Das Recht des Kommissionärs, seine Lieferpflicht durch Übertragung eines GS-Anteils zu erfüllen, ist abdingbar.[14] Für eine Unabdingbarkeit ergeben sich aus dem Wortlaut des § 24 keine Anhaltspunkte. Aus § 28 folgt im Umkehrschluss ebenso wie aus dem Sinn und Zweck der Vorschriften der §§ 18 ff., die den Kommittenten und nicht den Kommissionär schützen wollen, dass das Recht des Kommissionärs aus § 24 abbedungen werden kann. Der Kommissionär kann entscheiden, ob und wie oft er sich hierzu bereit erklärt. Eine Gefährdung des Effektengiroverkehrs ist durch ein Abbedingen der Vorschrift im Einzelfall nicht zu befürchten.

VI. Schuldbuchforderungen

9   Die Lieferpflicht des Kommissionärs bzw. Eigenhändlers zur Eigentumsverschaffung kann auch durch die Übertragung eines Miteigentumsanteils an einer Sammelschuldbuchforderung erfüllt werden und der Eigentumsübergang nach § 24 Abs. 2 kann sich auf Miteigentumsanteile an einer Sammelschuldbuchforderung beziehen.[15] Nach der Legaldefinition des § 6 Abs. 1 des BSchuWG[16] sind Sammelschuldbuchforderungen Schuldverschreibungen, die der Bund oder seine Sondervermögen dadurch begeben, dass Schuldbuchforderungen bis zur Höhe des Nennbetrags der jeweiligen Emission auf den Namen einer Wertpapiersammelbank in das Bundesschuldbuch eingetragen werden.[17] Diese Sammelschuldbuchforderung gilt gem. § 6 Abs. 2 S. 1 BSchuWG als Wertpapiersammelbestand, auf den gem. § 6 Abs. 2 S. 6 BSchuWG die Vorschriften des DepotG, aber auch die sachenrechtlichen Grundsätze einschließlich der Regeln des gutgläubigen Erwerbs (§§ 929 ff., 932, 935 BGB) entsprechend anzuwenden sind.[18]

10   Nach § 6 Abs. 2 der sog. Sammelverwaltungsverordnung werden Anteile an den Reichsschuldbuchforderungen einer Wertpapiersammelbank durch Depotgutschrift des Kommissionärs übertragen.[19] Nach § 2 der sog. Zweiten Gleichstellungsverordnung findet § 24 Abs. 2 DepotG entsprechende Anwendung.[20] Die Anwendung beider Vorschriften führt zu dem gleichen Ergebnis. Für den Beginn der einwöchigen Frist für die Durchführung der Depotgutschrift, für die im Übrigen §§ 19–21 entsprechende Anwendung finden, enthält § 6 Abs. 1 der Sammelverwaltungsverordnung eine Sonderregelung. Sie beginnt immer mit der Erstattung der Ausführungsanzeige.

---

§ 25 Rechte des Kommittenten bei Nichtübersendung des Stückeverzeichnisses

(1) [1]**Unterläßt der Kommissionär, ohne hierzu nach den §§ 19 bis 24 befugt zu sein, die Übersendung des Stückeverzeichnisses und holt er das Versäumte auf eine nach Ablauf der Frist zur Übersendung des Stückeverzeichnisses an ihn ergangene Aufforderung des Kommittenten nicht binnen drei Tagen nach, so ist der Kommittent berechtigt, das Geschäft als nicht für seine Rechnung abgeschlossen zurückzuweisen und Schadensersatz wegen Nichterfüllung zu beanspruchen. [2]Dies gilt nicht, wenn die Unterlassung auf einem Umstand beruht, den der Kommissionär nicht zu vertreten hat.**

(2) **Die Aufforderung des Kommittenten verliert ihre Wirkung, wenn er dem Kommissionär nicht binnen drei Tagen nach dem Ablauf der Nachholungsfrist erklärt, daß er von dem in Absatz 1 bezeichneten Recht Gebrauch machen wolle.**

---

[13] *Decker* in Hellner/Steuer BuB Rn. 8/345; diff. Baumbach/Hopt/*Kumpan* Rn. 2.

[14] AA *Opitz* Bem. 9.

[15] Scherer/*Behrends* Rn. 12.

[16] Gesetz zur Regelung des Schuldenwesen des Bundes (Bundesschuldenwesengesetz – BschuWG) vom 12.7.2006, BGBl. I 1466.

[17] Scherer/*Behrends* Rn. 11; Scherer/*Löber* § 42 Rn. 5 ff.

[18] Scherer/*Löber* § 42 Rn. 6.

[19] Verordnung vom 5.1.1940 über die Verwaltung und Anschaffung von Reichsschuldbuchforderungen („Sammelverwaltungsverordnung"), RGBl. I 30.

[20] Zweite Verordnung über die Behandlung von Anleihen des Deutschen Reichs im Bank- und Börsenverkehr vom 18.4.1942 („Zweite Sammeldepotverordnung"), idF der Veröffentlichung im BGBl. III Folge 65, 18.

I. Normzweck

§ 25 regelt die **zivilrechtlichen Folgen** der nicht rechtzeitigen Übersendung des Stückeverzeich- 1
nisses. Die strafrechtlichen Folgen sind in § 37 geregelt. Das Zurückweisungsrecht des Kommittenten
dient der schnellen Übereignung der Wertpapiere und der Beendigung des unsicheren Schwebe-
zustandes zwischen der Ausführung der Einkaufskommission und der Lieferung.

II. Voraussetzungen des Zurückweisungsrechts des Kommittenten

Der Kommissionär muss die Nichtübersendung des Stückeverzeichnisses innerhalb der Frist des § 18 2
Abs. 1 **zu vertreten** haben. Eine Berechtigung des Kommissionärs nach §§ 19–24, das Stückeverzeichnis nicht zu übersenden, darf nicht vorliegen. Die Beweislast dafür, dass er die Nichtübersendung
nicht zu vertreten hat, obliegt dem Kommissionär.

Der Kommittent muss den Kommissionär aufgefordert haben, das Stückeverzeichnis zu übersenden. 3
Diese **Aufforderung** ist nur wirksam, wenn sie dem Kommissionär erst nach Ablauf der Übersendungsfrist aus § 18 Abs. 1 zugeht. Sie darf vor Ablauf der Frist abgesandt werden.[1] Nach hM ist die
Aufforderung entbehrlich, wenn der Kommissionär die Übersendung des Stückeverzeichnisses ernstlich und endgültig verweigert.[2] Die Zurückweisungsfrist beginnt in diesem Fall mit der Verweigerung.
Durch Aufforderung kann der Kommittent auch in diesem Fall die Nachholungsfrist und die Zurückweisungsfrist erneut in Gang setzen.[3]

Innerhalb von drei Tagen nach Zugang der Aufforderung des Kommittenten kann der Kommis- 4
sionär die Übersendung des Stückeverzeichnisses nachholen. Die gesetzliche **Nachholungsfrist** kann
durch den Kommittenten weder verlängert (wg. § 28) noch verkürzt werden.[4] Die Frist ist gewahrt,
wenn das Stückeverzeichnis innerhalb der Nachholungsfrist abgesandt wird.[5]

Innerhalb von drei Tagen nach Ablauf der Nachholungsfrist kann der Kommittent dem Kommis- 5
sionär erklären, dass er das Kommissionsgeschäft zurückweist (Abs. 2). Zugleich kann er Schadensersatz statt der Leistungen verlangen. Die Erklärung des Kommittenten muss dem Kommissionär
innerhalb der **Zurückweisungsfrist** zugehen. Sie kann bereits vorher zugehen, insbesondere mit
der Aufforderung zur Übersendung des Stückeverzeichnisses verbunden werden.[6] Nach Zugang der
Erklärung darf der Kommissionär das Stückeverzeichnis nicht mehr übersenden. Erklärt der Kommittent sich innerhalb der Zurückweisungsfrist nicht, so tritt der *status quo ante* wieder ein.[7] Der
Kommissionär kann das Stückeverzeichnis übersenden, der Kommittent kann das Verfahren nach
§ 25 durch Aufforderung erneut in Gang setzen. Hat der Kommissionär ein Stückeverzeichnis für
einen Teil der zu erwerbenden Wertpapiere übersandt, so besteht das Zurückweisungsrecht nur für
den anderen Teil, es sei denn dessen Lieferung hätte ausnahmsweise kein Interesse für den Kommittenten.[8]

Der **Schadensersatzanspruch** richtet sich auf die Herstellung des Zustandes, der bei ordnungs- 6
gemäßer Übersendung des Stückeverzeichnisses bestünde. Entscheidend für die Höhe des Schadens ist
der Wert der Wertpapiere am Tag des Zugangs der Zurückweisungserklärung des Kommittenten.[9]

§ 26 Stückeverzeichnis beim Auftrag zum Umtausch und zur Geltendmachung eines Bezugsrechts

**[1]Der Kommissionär, der einen Auftrag zum Umtausch von Wertpapieren oder von
Sammelbestandanteilen gegen Wertpapiere oder einen Auftrag zur Geltendmachung eines
Bezugsrechts auf Wertpapiere ausführt, hat binnen zwei Wochen nach dem Empfang der
neuen Stücke dem Kommittenten ein Verzeichnis der Stücke zu übersenden, soweit er
ihm die Stücke nicht innerhalb dieser Frist aushändigt. [2]In dem Stückeverzeichnis sind die
Wertpapiere nach Gattung, Nennbetrag, Nummern oder sonstigen Bezeichnungsmerkmalen zu bezeichnen. [3]Im übrigen finden die §§ 18 bis 24 Anwendung; § 25 ist insoweit
anzuwenden, als der Kommittent nur Schadensersatz wegen Nichterfüllung verlangen
kann.**

---

[1] *Heinsius/Horn/Than* Rn. 7.
[2] Baumbach/Hopt/*Kumpan* Rn. 2; *Canaris* BankvertragsR Rn. 1965.
[3] *Canaris* BankvertragsR Rn. 1965; Baumbach/Hopt/*Kumpan* Rn. 4.
[4] *Canaris* BankvertragsR Rn. 1964; aA Baumbach/Hopt/*Kumpan* Rn. 2.
[5] *Opitz* Bem. 4c; Baumbach/Hopt/*Kumpan* Rn. 3.
[6] *Canaris* BankvertragsR Rn. 1965 mwN.
[7] *Canaris* BankvertragsR Rn. 1966.
[8] *Opitz* Bem. 4d; *Heinsius/Horn/Than* Rn. 24.
[9] *Canaris* BankvertragsR Rn. 1968; vgl. ferner *Heinsius/Horn/Than* Rn. 17.

§ 27 Verlust des Provisionsanspruchs

Der Kommissionär, der den in § 26 ihm auferlegten Pflichten nicht genügt, verliert das Recht, für die Ausführung des Auftrags Provision zu fordern (§ 396 Abs. 1 des Handelsgesetzbuchs).

I. Normzweck

1   In §§ 26 und 27 ist die Pflicht des Kommissionärs zur Übersendung des Stückeverzeichnisses im Falle der **Umtausch- und der Bezugskommission** in Anlehnung an die Regelungen für die Einkaufskommission unter Berücksichtigung der abweichenden Natur der Umtausch- und der Bezugskommission geregelt.

II. Umtauschkommission

2   Ein Umtausch von Wertpapieren in Wertpapiere kommt zB in folgenden **Fällen** vor: bei dem Umtausch von Aktien infolge einer Fusion (§§ 72, 73 UmwG), bei dem Umtausch von Wandelschuldverschreibungen in Aktien (§ 221 AktG), bei der Zusammenlegung von Aktien als Folge einer Kapitalherabsetzung (§§ 222, 226 AktG), bei der Konvertierung von Anleihen wegen Veränderung des Zinssatzes, bei dem Umtausch beschädigter oder verunstalteter Aktien oder Zwischenscheine (§ 74 AktG) und bei dem Umtausch von Aktienurkunden, deren Inhalt durch eine Veränderung der rechtlichen Verhältnisse (zB Nennwert der Aktie) unrichtig geworden ist (§ 73 AktG). Während in den erstgenannten Fällen das in der bisherigen Urkunde verbriefte Recht inhaltlich geändert wird (rechtliche Umtauschakte), bleibt der Inhalt des verbrieften Rechts in den beiden zuletzt genannten Fällen von der Umtauschaktion unberührt (tatsächliche Umtauschakte). Da der Kommittent auch bei tatsächlichen Umtauschakten das Eigentum an der neuen Urkunde erwerben muss und das Stückeverzeichnis für ihn als Beweismittel Bedeutung hat, sind die §§ 26 und 27 nicht nur auf rechtliche Umtauschakte, sondern auch auf tatsächliche anwendbar.[1]

3   **Keine Umtauschkommission** liegt bei der Tauschverwahrung nach §§ 10 und 11 und bei der Aneignungsermächtigung nach § 13 vor.

4   §§ 26 und 27 sind auch auf den **Umtausch von Sammelbestandanteilen** in Wertpapiere ebenso wie auf den Umtausch von Sammelbestandteilen in Sammelbeständen anwendbar. Das ergibt sich aus § 26 S. 1 iVm § 24. Bei der Überführung von Sammelbestandanteilen in Sondereigentum und der Auslieferung von Wertpapieren aus der Sammelverwahrung handelt es sich nicht um einen Umtausch iSv §§ 26 und 27. Die Stücke, die der Hinterleger bei diesen Aktionen erhält, sind keine neuen Stücke, die für ihn durch ein Kommissionsgeschäft erworben werden, sondern Stücke, die zuvor zum Sammelbestand gehörten, an dem er beteiligt war.[2]

III. Bezugskommission

5   Dem **Aktionär** stehen bei Kapitalerhöhungen Bezugsrechte auf Aktien und bei der Ausgabe von Wandelschuldverschreibungen, Optionsanleihen und Genussrechten Bezugsrechte auf die ausgegebenen Wertpapiere zu (§§ 186 Abs. 1, 221 Abs. 4 AktG). Den **Inhabern von Optionsanleihen** stehen aus den dazugehörigen Bezugsscheinen und den Inhabern von Optionsscheinen direkt Rechte zum Bezug von Aktien gegen Zahlung eines bestimmten Bezugspreises zu (§ 221 Abs. 1 AktG). §§ 26 und 27 finden auch auf den Bezug neuer Aktien bei einer Kapitalerhöhung aus Gesellschaftsmitteln (§ 212 AktG) Anwendung. Banken benachrichtigen ihre Depotkunden über die Einräumung von Bezugsrechten, die ihnen als Aktionär zustehen, sofern darüber eine Bekanntmachung in den Wertpapier-Mitteilungen erschienen ist.[3] Erhält die Depotbank bis zum Ablauf des vorletzten Tages des Bezugsrechtshandels keine andere Weisung des Kunden, so verkauft sie seine inländischen Bezugsrechte am letzten Handelstag bestens.[4] Ausländische Bezugsrechte werden gemäß den im Ausland geltenden Usancen bestens verwertet.[5]

---

[1] *Heinsius/Horn/Than* Rn. 7; aA *Opitz* Bem. 3.

[2] *Heinsius/Horn/Than* Rn. 11.

[3] Nr. 15 Abs. 1 S. 1 der Sonderbedingungen der Banken und Sparkassen für Wertpapiergeschäfte idF v. Januar 2018.

[4] Nr. 15 Abs. 1 S. 2 der Sonderbedingungen der Banken und Sparkassen für Wertpapiergeschäfte idF v. Januar 2018.

[5] Scherer/*Behrends* § 24 Rn. 12; Gesetz zur Regelung des Schuldenwesen des Bundes (Bundesschuldenwesengesetz – BschuWG) vom 12.7.2006, BGBl. I 1466, zuletzt geändert am 13.9.2012, BGBl. I 1914.

IV. Pflicht zur Übersendung des Stückeverzeichnisses

1. Kommissionär. Der Begriff des Kommissionärs entspricht dem des § 18 (→ § 18 Rn. 2). 6

2. Frist. Die Übersendungsfrist beträgt anders als bei der Einkaufskommission zwei Wochen. Sie 7
beginnt erst mit dem Empfang der neuen Wertpapiere durch den Kommissionär. Der Kommissionär
ist berechtigt, die Frist auszunutzen. Er ist nicht zur unverzüglichen Übersendung des Stückeverzeichnisses verpflichtet.[6]

3. Stückeverzeichnis. Der Inhalt des Stückeverzeichnisses entspricht dem des Stückeverzeichnisses 8
nach § 18 (→ § 18 Rn. 7).

4. Wirkung der Übersendung des Stückeverzeichnisses. Wie bei der Einkaufskommission geht 9
mit der Absendung des Stückeverzeichnisses das Eigentum an den bezeichneten Wertpapieren auf den
Kommittenten über, soweit der Kommissionär über sie zu verfügen berechtigt ist und sofern es nicht
nach den Bestimmungen des bürgerlichen Rechts schon zuvor auf ihn übergegangen ist (§ 18 Abs. 3)
(→ § 18 Rn. 9 ff.).

5. Ausnahmen, Aussetzung und Übersendung auf Verlangen. Die Übersendung des Stücke- 10
verzeichnisses kann unterbleiben, wenn die Wertpapiere innerhalb der Übersendungsfrist dem Kommittenten ausgeliefert werden oder ein Auftrag des Kommittenten zur Wiederveräußerung ausgeführt
wird (§ 23). Liegen die Voraussetzungen des § 19 vor, so kann der Kommissionär die Übersendung des
Stückeverzeichnisses aussetzen, unter den Voraussetzungen des § 20 braucht der Kommissionär das
Stückeverzeichnis lediglich auf Verlangen zu übersenden. Ebenfalls anwendbar ist § 22 bei Auslands-
geschäften sowie § 24, wonach der Kommissionär dem Kommittenten anstelle von Sondereigentum an
einzelnen Wertpapieren auch Miteigentum an den zum Sammelbestand einer Wertpapiersammelbank
gehörenden Wertpapieren verschaffen darf.

V. Rechtsfolgen des Unterlassens der Übersendung des Stückeverzeichnisses

1. Schadensersatz. Ebenso wie bei der Einkaufskommission kann der Kommittent Schadensersatz 11
statt der Leistung verlangen, wenn ihm aus der verspäteten Übersendung des Stückeverzeichnisses ein
Schaden entsteht. Es gelten die Fristen des § 25. Ebenso wie im Falle des § 25 kann der Kommissionär
sich exkulpieren, braucht also keinen Schadensersatz zu leisten, wenn er die verspätete Übersendung
nicht zu vertreten hat.

2. Kein Zurückweisungsrecht, kein Rücktrittsrecht. Das Zurückweisungsrecht des § 25 steht 12
dem Kommittenten bei der Umtausch- oder Bezugskommission nicht zu, da eine Rückabwicklung
des Kommissionsgeschäfts bei diesen Geschäften keinen Sinn machen würde.[7] Ein Rücktritt nach den
Vorschriften der §§ 322 ff. BGB ist durch § 26 ebenfalls ausgeschlossen.[8]

3. Verlust des Provisionsanspruchs. Übersendet der Kommissionär das Stückeverzeichnis nicht 13
gem. § 26, so verliert er seinen Provisionsanspruch aus § 396 Abs. 1 HGB unabhängig davon, ob er
die Verspätung der Übersendung zu vertreten hat und ohne, dass die Fristen des § 25 zu beachten
wären (§ 27).

VI. Unabdingbarkeit

Die Rechte des Kommittenten aus den §§ 26 und 27 sind nach § 28 unabdingbar, sofern der 14
Kommittent nicht gewerbsmäßig Bankgeschäfte betreibt.

§ 28 Unabdingbarkeit der Verpflichtungen des Kommissionärs

**Die sich aus den §§ 18 bis 27 ergebenden Verpflichtungen des Kommissionärs können
durch Rechtsgeschäft weder ausgeschlossen noch beschränkt werden, es sei denn, daß der
Kommittent gewerbsmäßig Bankgeschäfte betreibt.**

I. Normzweck

Die §§ 18–27 sind zum **Schutz des Kommittenten** zwingend. Außer, wenn der Kommittent 1
selber gewerbsmäßig Bankgeschäfte betreibt, kann er auf seine Rechte, die seinen Erwerb von Wertpapieren sicherstellen sollen, nicht verzichten.

---

[6] Dies ergibt sich aus dem Vergleich des Wortlauts der Vorschriften des § 18 Abs. 1 und des § 26. Im Unterschied
zu § 18 Abs. 1 wird in § 26 die Frist nicht durch „spätestens" zusätzlich eingeschränkt.
[7] *Heinsius/Horn/Than* Rn. 24.
[8] *Opitz* Bem. 10; *Heinsius/Horn/Than* Rn. 25.

II. Unabdingbarkeit der Pflichten des Kommissionärs gegenüber Kommittenten, die nicht gewerbsmäßig Bankgeschäfte betreiben

2   Die **Pflichten des Kommissionärs** aus §§ 18–27 umfassen die Pflicht zur Übersendung des Stückeverzeichnisses, zur Einhaltung der Fristen und der Voraussetzungen für eine Aussetzung der Übersendung, eine Übersendung auf Verlangen und eine Befreiung von der Übersendungspflicht. Unabdingbar sind auch die in den §§ 25–27 vorgeschriebenen Rechtsfolgen von Pflichtverletzungen.

3   Ein **Verzicht** des Kommittenten auf seine Rechte aus §§ 18–27 ist – außer im Interbankgeschäft – nicht möglich.[1] Eine **Verwirkung** dieser Rechte ist allerdings denkbar, wenn die dafür geltenden allgemeinen Voraussetzungen vorliegen.[2]

III. Abdingbarkeit der Pflichten des Kommissionärs gegenüber Kommittenten, die gewerbsmäßig Bankgeschäfte betreiben

4   **Bankgeschäfte** iSv § 1 Abs. 1 KWG[3] sind das Einlagengeschäft, das Pfandbriefgeschäft, das Kreditgeschäft, das Diskontgeschäft, das Finanzkommissionsgeschäft, das Depotgeschäft, das Investmentgeschäft, die Eingehung der Verpflichtung, Darlehensforderungen vor Fälligkeit zu erwerben, das Garantiegeschäft, das Scheck- und Wechseleinzugs- sowie das Reisescheckgeschäft, das Emissionsgeschäft und die Tätigkeit als zentraler Kontrahent.[4] Der Kommittent muss gewerbsmäßig Bankgeschäfte betreiben. **Gewerbsmäßigkeit** setzt voraus, dass der Betrieb der Bankgeschäfte auf Dauer angelegt ist und in der Absicht von Gewinnerzielung erfolgt.[5] Bei ausländischen Kommittenten, die in Deutschland keine Niederlassung haben, kommt es darauf an, ob sie im Ausland Geschäfte betreiben, die den Bankgeschäften nach § 1 KWG entsprechen.

5   In der **Praxis** spielt die Möglichkeit des Ausschlusses und der Beschränkung der Pflichten des Kommissionärs keine große Rolle. Handelt der Kommittent, der Bankgeschäfte betreibt, selbst als Kommissionär für einen eigenen Kunden, so darf er sich nicht durch einen Verzicht auf Rechte aus den §§ 18–27 der Möglichkeit begeben, seinem Kunden das Stückeverzeichnis rechtzeitig zu übersenden.[6]

6   Ob bei einem Verzicht auf die Übersendung des Stückeverzeichnisses zugleich auf die **Übereignung** der erworbenen Wertpapiere nach bürgerlichem Recht verzichtet werden soll, hängt von den Umständen des Einzelfalles ab.[7] Sollen die Wertpapiere nicht in das Eigentum des Kommittenten übergehen, so behält er seinen Lieferungsanspruch aus dem Kommissionsgeschäft. Die Wertpapiere werden in „Wertpapierrechnung" mit dem Zusatz „aus Kommissionsgeschäft" verbucht, um sie von nach §§ 13 oder 15 in Wertpapierrechnung verbuchten Wertpapieren zu unterscheiden.[8]

IV. Anwendung auf Schuldbuchforderungen

7   § 28 ist auf Schuldbuchforderungen entsprechend anzuwenden.[9]

§ 29 Verwahrung durch den Kommissionär

Der Kommissionär hat bezüglich der in seinem Besitz befindlichen, in das Eigentum oder das Miteigentum des Kommittenten übergegangenen Wertpapiere die Pflichten und Befugnisse eines Verwahrers.

---

[1] Baumbach/Hopt/*Kumpan* Rn. 1.
[2] Allgemein hierzu etwa Palandt/*Grüneberg* BGB § 242 Rn. 87 mwN.
[3] Mit dem Zahlungsdiensteumsetzungsgesetz vom 25.6.2009 (BGBl. I 1506) wurde zur Umsetzung der europäischen Richtlinie 2007/64/EG über Zahlungsdienste im Binnenmarkt (ABl. 2007 L 319, 1) das Zahlungsdiensteaufsichtsgesetz (ZAG) erlassen, das neue Vorschriften über die Aufsicht über den Zahlungsverkehr enthält. Dies hatte zur Folge, dass Zahlungsdienste auch von Zahlungsinstituten, die Nichtkreditinstitute sind, erbracht werden können. Die Neuregelung führte zur Streichung des Girogeschäfts aus dem Katalog der Bankgeschäfte sowie zu weiteren, überwiegend redaktionellen Änderungen des KWG (Boos/Fischer/Schulte-Mattler/*Fischer* KWG Einf. Rn. 94). Mit dem Gesetz zur Umsetzung der zweiten E-Geldrichtlinie vom 1.3.2011 (BGBl. I 288) wurden auch das E-Geldgeschäft und das Netzgeldgeschäft aus dem Katalog der Bankgeschäfte in das ZAG überführt, sodass neben dem Zahlungsverkehr auch das Geld- und Kreditkartengeschäft sowie die elektronischen Zahlungsdienste nicht mehr Gegenstand des KWG sind (Boos/Fischer/Schulte-Mattler/*Fischer* KWG Einf. Rn. 95).
[4] S. iE Reischauer/Kleinhans/*Brogl* KWG § 1 Rn. 12 ff.
[5] Statt vieler etwa Röhricht/Graf v. Westphalen/Haas/*Röhricht* § 1 Rn. 24.
[6] *Heinsius/Horn/Than* Rn. 13.
[7] Im Zweifel dafür *Heinsius/Horn/Than* Rn. 1; dagegen *Opitz* Bem. 4.
[8] *Opitz* Bem. 5; *Heinsius/Horn/Than* Rn. 22.
[9] § 7 Sammelverwaltungsverordnung; Art. 2 Gesetz zur Änderung des Gesetzes über die Verwahrung und Anschaffung von Wertpapieren vom 24.5.1972, BGBl. I 801; § 1 Abs. 1 Anleihe-Gesetz von 1950 vom 29.3.1951, BGBl. I 218; s. auch Scherer/*Löber* § 42 Rn. 5 ff.; Scherer/*Behrends* § 24 Rn. 11 ff.

I. Normzweck

Zum **Schutz des Kommittenten** finden die Vorschriften zur Verwahrung Anwendung, sobald der 1
Kommittent Eigentum an den durch Kommissionsgeschäft erworbenen Wertpapieren erworben hat,
sofern der Kommissionär den Besitz an den Wertpapieren innehat. § 29 erfasst die Fälle, in denen
zwischen dem Kommittenten und dem Kommissionär keine Verwahrung der erworbenen Wertpapiere
vereinbart ist, idR, weil der Kommissionär die Wertpapiere an den Kommittenten ausliefern soll.

II. Eigentumserwerb des Kommittenten

Der Kommittent muss das Eigentum an den Wertpapieren entweder nach den §§ 18 ff. oder nach 2
den Bestimmungen des bürgerlichen Rechts (→ § 18 Rn. 9 ff.) erworben haben. Es genügt auch der
Erwerb von Miteigentum. Bei der Sammelverwahrung sind die Verwahrungsvorschriften regelmäßig
direkt anwendbar.

III. Besitz des Kommissionärs

Besitz bedeutet unmittelbarer oder mittelbarer Besitz (§§ 854 ff. BGB). § 29 gilt daher auch für den 3
Zwischenverwahrer.

IV. Pflichten und Befugnisse eines Verwahrers

Die Pflichten und Befugnisse eines Verwahrers können sich sowohl aus dem 1. Abschnitt des 4
DepotG ergeben als auch aus den bürgerrechtlichen Vorschriften zur Verwahrung (§§ 688 ff. BGB).
§ 29 ist nicht abdingbar. Dies lässt sich zwar § 28 nicht entnehmen, es folgt aber aus der zwingenden
Regelung des § 2.[1]

§ 30 Beschränkte Geltendmachung von Pfand- und Zurückbehaltungsrechten bei dem Kommissionsgeschäft

(1) **Gibt der Kommissionär einen ihm erteilten Auftrag zur Anschaffung von Wertpapieren an einen Dritten weiter, so gilt als dem Dritten bekannt, daß die Anschaffung für fremde Rechnung geschieht.**

(2) **§ 4 gilt sinngemäß.**

I. Normzweck

Durch § 30 soll verhindert werden, dass ein beim Kommissionsgeschäft ein zwischengeschalteter 1
Dritter Rechte an den Wertpapieren erwirbt, die nicht in Zusammenhang mit dem Kommissionsgeschäft stehen.

II. Voraussetzungen der Fremdvermutung

1. Weitergabe des Auftrags. § 30 regelt den Fall der Weitergabe des Auftrags zur Anschaffung von 2
Wertpapieren durch den Kommissionär an einen Dritten. Eine solche Weitergabe erfolgt zB, wenn der
Kommissionär an der Börse, an der die Wertpapiere erworben werden sollen, nicht zum Handel
zugelassen ist. Die Weitergabe eines Auftrags von einer Filiale einer Bank an ihre Hauptstelle erfüllt
nicht den Tatbestand des § 30, da Hauptstelle und Filiale eine rechtliche Einheit bilden und § 30 keine
dem § 3 Abs. 1 S. 2 entsprechende Regelung enthält. Auch wenn eine Bank, zB eine Volksbank,
Aufträge ihrer Kunden als Botin oder offene Stellvertreterin an ihr Zentralinstitut weitergibt (sog.
Botenbank), sind die Voraussetzungen des § 30 nicht erfüllt, da die Bank nicht als Kommissionär,
sondern als Stellvertreter handelt.

2. Kein Eigentumserwerb des Kommittenten. § 30 findet nur Anwendung, solange der Kom- 3
mittent noch nicht das Eigentum an den Wertpapieren erworben hat. Danach gilt § 4 direkt oder über
§ 29.

3. Betreiben von Bankgeschäften; Eigenanzeige; Fremdanzeige. § 30 Abs. 1 enthält eine 4
Fremdvermutung, die der des § 4 Abs. 1 S. 1 nachgebildet ist. Die Fremdvermutung greift nur ein,
wenn der Kommissionär Bankgeschäfte iSv § 1 Abs. 1 KWG betreibt.[1*] Zu den Bankgeschäften zählen
auch Wertpapierkommissionsgeschäfte. Der Kommissionär, der keine Bankgeschäfte betreibt, hätte
Fremdanzeige zu erstatten, woraufhin die Rechtsfolgen der Fremdvermutung ebenfalls eingriffen

---

[1] Dazu etwa *Heinsius/Horn/Than* Rn. 11.
[1*] S. iE Reischauer/Kleinhans/*Brogl* KWG § 1 Rn. 12 ff.

(→ § 4 Rn. 9). Auf der anderen Seite kann die Fremdvermutung aufgehoben werden, wenn der Kommissionär dem Dritten für das einzelne Geschäft ausdrücklich und schriftlich Eigenanzeige erstattet (§ 4 Abs. 2).

III. Rechtsfolgen der Fremdvermutung

5   Nach § 30 Abs. 1 wird vermutet, dass der Dritte weiß, dass der Kommissionär das Geschäft für fremde Rechnung abschließt. Diese vermutete Kenntnis des Dritten hat für sich genommen keine Rechtswirkung. Der Kommissionär ist als Eigentümer der Wertpapiere zur Verfügung über die Wertpapiere berechtigt. Der Verweis in § 30 Abs. 2 auf § 4 bewirkt aber, dass der Dritte an den Wertpapieren ein Pfandrecht oder Zurückbehaltungsrecht nur wegen solcher Forderungen geltend machen kann, die mit Bezug auf diese Wertpapiere entstanden sind oder für die diese Wertpapiere nach dem einzelnen über sie zwischen dem Kommissionär und dem Dritten vorgenommenen Geschäft haften sollen (§ 4 Abs. 1).

6   **1. Pfand- und Zurückbehaltungsrechte.** Die Beschränkung des § 4 bezieht sich auf gesetzliche und vertragliche Pfand- und Zurückbehaltungsrechte. In Betracht kommen insbesondere das gesetzliche Pfandrecht des Kommissionärs aus § 398 HGB sowie das pfandrechtsähnliche Recht zur Befriedigung aus eigenem Kommissionsgut aus § 399 HGB. Gesetzliche Zurückbehaltungsrechte enthalten § 273 BGB und § 369 HGB.

7   **2. Forderungen mit Bezug auf die angeschafften Wertpapiere.** Mit Bezug auf die angeschafften Wertpapiere stehen dem Dritten regelmäßig der Kaufpreisanspruch sowie der Anspruch auf Provision und auf Erstattung der Kosten, einschließlich Maklergebühr, zu.

8   **3. Haftung auf Grund besonderer Vereinbarung.** Der Kommissionär darf die Wertpapiere nur insoweit verpfänden, als er sich dadurch nicht die jederzeitige Herausgabe der Wertpapiere an den Kommittenten unmöglich macht.[2] Aufgrund des Kommissionsvertrags ist er verpflichtet, sich zu dieser Herausgabe in der Lage zu halten. Eine Verpfändung kommt zudem nur in Betracht, wenn der Kommissionär nicht zur unverzüglichen Übereignung der Wertpapiere durch Übersendung des Stückeverzeichnisses verpflichtet ist, etwa, weil eine Ausnahme nach §§ 19–21 vorliegt.

IV. Unabdingbarkeit

9   Die Rechtsfolgen des § 30 sind unabdingbar,[3] unabhängig davon, ob der Kommittent Bankgeschäfte betreibt. § 28 gilt nicht.

§ 31 Eigenhändler, Selbsteintritt

Die §§ 18 bis 30 gelten sinngemäß, wenn jemand im Betrieb seines Gewerbes Wertpapiere als Eigenhändler verkauft oder umtauscht oder einen Auftrag zum Einkauf oder zum Umtausch von Wertpapieren im Wege des Selbsteintritts ausführt.

I. Normzweck

1   Die §§ 18–30 finden zum **Schutz des Kunden** bei jeder Vermittlung von Wertpapiereigentum Anwendung, unabhängig davon, in welcher Rechtsform sie erfolgt. Daher werden der Eigenhandel und der Selbsteintritt bei der Kommission der Geschäftsführungskommission gleichgestellt.

II. Voraussetzungen der sinngemäßen Anwendung der §§ 18–30

2   Die Wertpapiere müssen dem Kunden im Wege des Eigenhandels oder des Selbsteintritts im **Gewerbebetrieb** verkauft werden.[1]

3   Beim **Eigenhandelsgeschäft** werden die Wertpapiere dem Kunden zu einem festen Preis verkauft. Ob der Verkäufer die Wertpapiere seinem eigenen Bestand entnimmt oder durch ein Deckungsgeschäft erwirbt, ist für das Verhältnis zu seinem Kunden ohne Bedeutung. Voraussetzung für die Anwendbarkeit der §§ 18–30 ist, dass der Käufer dem Verkäufer als Kunde gegenübertritt.[2*] Andernfalls, zB wenn ein Kreditinstitut selbst Geschäfte an der Börse, über ein elektronisches Handelssystem oder im Telefonverkehr zwischen Kreditinstituten tätigt, handelt es sich um ein schlichtes Eigenhandelsgeschäft, auf das nur die bürgerlich-rechtlichen Vorschriften über den Kauf (§§ 433 ff. BGB) Anwendung finden.

---

[2] *Heinsius/Horn/Than* Rn. 15.
[3] So Baumbach/Hopt/*Kumpan* Rn. 1; *Heinsius/Horn/Than* Rn. 37.
[1] Zur Definition des Gewerbebetriebs auch → § 1 Rn. 16.
[2*] *Heinsius/Horn/Than* Rn. 11.

Beim kommissionsrechtlichen **Selbsteintritt** liefert der Kommissionär selbst die Wertpapiere als 4
Verkäufer (§ 400 Abs. 1 HGB). Auch hier ist es für den Kunden ohne Bedeutung, ob der Kommissionär die Wertpapiere seinem eigenen Bestand entnimmt oder über ein Deckungsgeschäft besorgt. Der Kommissionär braucht daher beim Selbsteintritt keine Rechenschaft über das Deckungsgeschäft abzulegen (§ 400 Abs. 2 HGB). Auf Anfrage des Kommittenten muss der Kommissionär lediglich nachweisen, dass der berechnete Preis nicht schlechter ist als der zurzeit der Ausführung des Geschäfts geltende Markt- oder Börsenpreis (§ 400 Abs. 2 HGB). Obwohl der Kommissionär gesetzlich verpflichtet ist, den Preis, den er bei seiner Eindeckung erzielt oder bei Anwendung pflichtgemäßer Sorgfalt erzielen könnte, an den Kommittenten weiterzugeben (§ 401 HGB), ist die Überprüfung der Einhaltung dieser Vorschrift durch den Kommittenten praktisch unmöglich, da er regelmäßig keinen Einblick in die entsprechenden Unterlagen des Kommissionärs hat.[3] Daher nutzen die Banken und Sparkassen ihr früher übliches Selbsteintrittsrecht, das im Schrifttum kritisiert wurde, seit 1995 nicht mehr.[4]

Nach den jetzt geltenden Sonderbedingungen der Banken und Sparkassen für Wertpapiergeschäfte 5
führen die **Banken und Sparkassen** Aufträge ihrer Kunden zum Kauf von Wertpapieren idR als Kommissionäre aus.[5] Lediglich in Einzelfällen wird ein Preis fest vereinbart und werden die Wertpapiere dem Kunden im Rahmen eines Eigenhandelsgeschäfts in der Form des Festpreisgeschäfts verkauft.[6]

III. Rechtsfolgen der sinngemäßen Anwendung der §§ 18–30

Eigenhändler und Kommissionäre die ihr Selbsteintrittsrecht in Anspruch nehmen, haben nach 6
§§ 31, 18 ein **Verzeichnis,** nicht der „gekauften", sondern der zu liefernden Stücke an den Kunden zu übersenden. Die **Frist zur Übersendung** des Stückeverzeichnisses beginnt für den Eigenhändler und für den Kommissionär, der sein Selbsteintrittsrecht in Anspruch nimmt, jedenfalls dann, wenn er sich die Wertpapiere erst beschaffen muss, mit dem Ablauf des Zeitraums, innerhalb dessen der Verkäufer oder Kommissionär die Wertpapiere bei ordnungsmäßigem Geschäftsgang ohne schuldhafte Verzögerung beziehen konnte (vgl. § 18 Abs. 2).[7]

3. Abschnitt. Vorrang im Insolvenzverfahren

§ 32 Vorrangige Gläubiger

(1) **Im Insolvenzverfahren über das Vermögen eines der in den §§ 1, 17, 18 bezeichneten Verwahrer, Pfandgläubiger oder Kommissionäre haben Vorrang nach den Absätzen 3 und 4:**
1. **Kommittenten, die bei Eröffnung des Insolvenzverfahrens das Eigentum oder Miteigentum an Wertpapieren noch nicht erlangt, aber ihre Verpflichtungen aus dem Geschäft über diese Wertpapiere dem Kommissionär gegenüber vollständig erfüllt haben; dies gilt auch dann, wenn im Zeitpunkt der Eröffnung des Insolvenzverfahrens der Kommissionär die Wertpapiere noch nicht angeschafft hat;**
2. **Hinterleger, Verpfänder und Kommittenten, deren Eigentum oder Miteigentum an Wertpapieren durch eine rechtswidrige Verfügung des Verwahrers, Pfandgläubigers oder Kommissionärs oder ihrer Leute verletzt worden ist, wenn sie bei Eröffnung des Insolvenzverfahrens ihre Verpflichtungen aus dem Geschäft über diese Wertpapiere dem Schuldner gegenüber vollständig erfüllt haben;**
3. **die Gläubiger der Nummern 1 und 2, deren nichterfüllter Teil ihrer dort bezeichneten Verpflichtungen bei Eröffnung des Insolvenzverfahrens zehn vom Hundert des Wertes ihres Wertpapierlieferungsanspruchs nicht überschreitet und wenn sie binnen einer Woche nach Aufforderung des Insolvenzverwalters diese Verpflichtungen vollständig erfüllt haben.**

(2) **Entsprechendes gilt im Insolvenzverfahren über das Vermögen eines Eigenhändlers, bei dem jemand Wertpapiere gekauft oder erworben hat, und im Insolvenzverfahren über das Vermögen eines Kommissionärs, der den Auftrag zum Einkauf oder zum Umtausch von Wertpapieren im Wege des Selbsteintritts ausgeführt hat (§ 31).**

(3) **[1]Die nach den Absätzen 1 und 2 vorrangigen Forderungen werden vor den Forderungen aller anderen Insolvenzgläubiger aus einer Sondermasse beglichen; diese wird gebildet aus den in der Masse vorhandenen Wertpapieren derselben Art und aus den Ansprüchen auf**

---

[3] *Kümpel* WM 1995, 137 (138) mwN zur insofern obsolet gewordenen Kritik.
[4] *Kümpel* WM 1995, 137 (138).
[5] Nr. 1 Abs. 2 der Sonderbedingungen der Banken und Sparkassen für Wertpapiergeschäfte idF v. Januar 2018.
[6] Nr. 1 Abs. 3 der Sonderbedingungen der Banken und Sparkassen für Wertpapiergeschäfte idF v. Januar 2018.
[7] *Heinsius/Horn/Than* Rn. 14, 30.

Lieferung solcher Wertpapiere. [2] Die vorrangigen Forderungen werden durch Lieferung der vorhandenen Wertpapiere beglichen, soweit diese nach dem Verhältnis der Forderungsbeträge an alle vorrangigen Gläubiger verteilt werden können. [3] Soweit eine solche Verteilung nicht möglich ist, wird der volle Erlös der nichtverteilten Wertpapiere unter die vorrangigen Gläubiger im Verhältnis ihrer Forderungsbeträge verteilt.

(4) [1] Die Gläubiger der Absätze 1 und 2 haben den beanspruchten Vorrang bei der Anmeldung der Forderung nach § 174 der Insolvenzordnung anzugeben. [2] Sie können aus dem sonstigen Vermögen des Schuldners nur unter entsprechender Anwendung der für die Absonderungsberechtigten geltenden Vorschriften der §§ 52, 190 und 192 der Insolvenzordnung Befriedigung erlangen. [3] Im übrigen bewendet es für sie bei den Vorschriften der Insolvenzordnung über Insolvenzgläubiger.

(5) [1] Das Insolvenzgericht hat, wenn es nach Lage des Falles erforderlich ist, den vorrangigen Gläubigern zur Wahrung der ihnen zustehenden Rechte einen Pfleger zu bestellen. [2] Für die Pflegschaft tritt an die Stelle des Betreuungsgerichts das Insolvenzgericht. [3] § 317 Absatz 2 bis 5 des Versicherungsaufsichtsgesetzes ist sinngemäß anzuwenden.

Übersicht

I. Normzweck

1   § 32 dient dem **Schutz der Kommittenten, Hinterleger und Verpfänder** in der Insolvenz des Kommissionärs, Verwahrers und Pfandnehmers, falls der Gemeinschuldner entweder die Übereignung der Wertpapiere gem. §§ 18 ff. noch nicht vorgenommen oder das Eigentum der Insolvenzgläubiger an Wertpapieren rechtswidrig verletzt hat.

2   Bei dem Vorrang, den § 32 gewährt, handelt es sich nicht um ein Ab- oder Aussonderungsrecht, sondern um ein **Insolvenzvorrecht,** das der persönlichen Forderung der Insolvenzgläubiger anhaftet.[1] Ähnliche Insolvenzvorrechte gibt es unter anderem für die Forderungen der Pfandbriefgläubiger in § 30 PfandBG,[2] für die Forderungen der Versicherungsnehmer bei der Lebensversicherung in §§ 77 ff. VAG.

3   Die nach § 32 bevorrechtigten Gläubiger sind **Insolvenzgläubiger,** gehen aber durch die Befriedigung aus der nach § 32 Abs. 3 gebildeten Sondermasse den übrigen Insolvenzgläubigern (§ 38 InsO) vor. Soweit die Sondermasse zur Befriedigung der bevorrechtigten Gläubiger nicht ausreicht oder sie auf eine Befriedigung aus der Sondermasse verzichten, sind sie gewöhnliche Insolvenzgläubiger (§ 32 Abs. 4, § 52 InsO).

II. Gemeinschuldner

4   Das Vorrecht aus § 32 kann in Insolvenzverfahren über das Vermögen von **Verwahrern** (§ 1 Abs. 2), **Kommissionären** (§ 18), **Eigenhändlern** (§§ 31, 32 Abs. 2) und **Pfandgläubigern** (§ 17) geltend gemacht werden. Einkaufskommissionäre werden unabhängig davon erfasst, ob sie im Wege des Selbsteintritts handeln oder nicht (§ 32 Abs. 2). Erfasst werden im Zusammenhang mit dem Erwerb von Wertpapieren für Kunden außer der Einkaufskommission auch die Umtausch- und

---

[1] *Heinsius/Horn/Than* Rn. 37.

[2] Vor dem Inkrafttreten des PfandBG vom 22.5.2005 s. hierzu §§ 35 Abs. 1 und 2 des (aufgehobenen) Hypothekenbankgesetzes und § 6 des Gesetzes über die Pfandbriefe und verwandten Schuldverschreibungen öffentlich-rechtlicher Kreditanstalten idF der Bekanntmachung vom 9.9.1998, BGBl. I 2772.

Bezugskommission.[3] In der Insolvenz eines Verkaufskommissionärs kann ein Vorrecht aus § 32 Abs. 1 Nr. 2 bei Verletzung des Eigentums an den zu verkaufenden Wertpapieren eingreifen. Hat der Verkaufskommissionär die Wertpapiere bereits verkauft, aber den Kaufpreis dem Kommittenten noch nicht gutgeschrieben, so kann der Kommittent die Forderung des Kommissionärs gegen den Käufer nach § 392 Abs. 2 HGB aussondern (§ 47 InsO), solange der Käufer noch nicht an den Kommissionär gezahlt hat.

III. Gläubiger

Das Vorrecht aus § 32 kann Kommittenten, Hinterlegern, Verpfändern oder Wertpapierkäufern 5 zustehen.

1. Erwerbskommittenten und Wertpapierkäufer nach Abs. 1 Nr. 1 und Abs. 2. Den Kom- 6 mittenten bei der Einkaufs-, Umtausch- und Bezugskommission (§§ 18 und 26) und dem Wertpapierkäufer steht ein Vorrecht zu, wenn sie zum Zeitpunkt der Eröffnung des Insolvenzverfahrens noch kein Eigentum an den zu erwerbenden Wertpapieren erlangt haben. § 31 Abs. 1 Nr. 1 schützt den Wertpapierlieferungsanspruch des Kommittenten.

Sobald der Kommittent oder Wertpapierkäufer Eigentum an den Wertpapieren erhalten hat, steht 7 ihm ein **Aussonderungsrecht** zu (§ 47 InsO). § 32 ist dann nicht mehr anwendbar. Hat der Gemeinschuldner aus dem Kommissionsgeschäft einen Anspruch auf Lieferung der Wertpapiere gegen einen Dritten erworben, so gilt dieser Anspruch zwischen dem Kommittenten und dem Kommissionär oder dessen Gläubigern als Forderung des Kommittenten **(§ 392 Abs. 2 HGB)**. Der Kommittent kann diese Forderung aussondern.[4] Liefert der Dritte die Wertpapiere nach Eröffnung des Insolvenzverfahrens an den Insolvenzverwalter, so kann der Kommittent **Ersatzaussonderung** der Wertpapiere nach § 48 InsO verlangen.[5] Wurden die Wertpapiere bereits vor Insolvenzeröffnung an den Gemeinschuldner geliefert, so steht dem Kommittenten weder der Anspruch aus § 392 Abs. 2 HGB noch ein Aussonderungsrecht an den Wertpapieren zu.[6] In diesem Fall ist § 32 anwendbar.

Das **Wahlrecht des Insolvenzverwalters** aus § 103 InsO, beidseitig nicht erfüllte Verträge zu 8 erfüllen und Erfüllung des anderen Teils zu verlangen oder den anderen Teil auf einen Schadensersatzanspruch wegen Nichterfüllung zu verweisen, gilt im Bereich des § 32 nicht. Der Insolvenzverwalter soll nicht die Möglichkeit haben, die Sondermasse durch Wahl der Erfüllung von Verträgen mit Kommittenten oder Wertpapierkäufern zu schmälern, unabhängig davon, ob diese mehr oder weniger als 90 % ihrer Verbindlichkeiten im Zusammenhang mit den Wertpapieren erfüllt haben.[7]

2. Hinterleger, Verpfänder und Kommittenten nach Abs. 1 Nr. 2. Hinterleger ist derjenige, 9 der seine Wertpapiere dem Gemeinschuldner zur Aufbewahrung anvertraut hat. Er ist nicht notwendig Eigentümer der hinterlegten Wertpapiere. Der Eigentümer hat, wenn er nicht Hinterleger der Wertpapiere ist, kein Vorrecht aus § 32.[8] Der Zwischenverwahrer muss in der Insolvenz des Drittverwahrers das Vorrecht nicht nur für seine eigenen, sondern auch für die Wertpapiere seiner Depotkunden geltend machen.[9]

Durch das Vorrecht aus § 32 Abs. 1 Nr. 2 werden **Schadensersatz- und Bereicherungsansprü-** 10 **che** der genannten Gläubiger geschützt (etwa aus § 280 Abs. 1 BGB iVm §§ 241 Abs. 2, 823 oder 816 BGB), die auf einer Verletzung des Eigentums an den hinterlegten Wertpapieren durch eine rechtswidrige Verfügung beruhen. Das Vorliegen eines solchen Anspruchs ist Voraussetzung für die Geltendmachung des Insolvenzvorrechts. Die Eigentumsverletzung kann auf einer tatsächlichen oder rechtsgeschäftlichen Verfügung beruhen. Sie ist rechtswidrig, wenn der Gemeinschuldner zu der Verfügung objektiv nicht berechtigt war. Die Verfügung muss durch den Gemeinschuldner oder seine Leute vorgenommen worden sein. Die **Leute** des Gemeinschuldners umfassen die in seinem Gewerbebetrieb angestellten Personen sowie Personen, deren sich der Gemeinschuldner zu Erfüllung seiner Verpflichtungen aus dem Verwahrverhältnis bedient hat (§ 278 BGB).[10]

Wurden Wertpapiere, die im Eigentum eines der genannten Gläubiger standen, vor der Eröffnung 11 des Insolvenzverfahrens durch den Gemeinschuldner oder nach der Eröffnung vom Insolvenzverwalter unberechtigt veräußert, so ist der Gläubiger zur **Ersatzaussonderung** berechtigt (§ 48 InsO). Steht die Gegenleistung noch aus, so kann er Abtretung des Rechts auf die Gegenleistung verlangen (§ 48 S. 1 InsO), wurde sie bereits erbracht, so kann er ihre Übertragung nur verlangen, wenn sie in der Masse unterscheidbar vorhanden ist (§ 48 S. 2 InsO).

---

[3] *Heinsius/Horn/Than* Rn. 5.
[4] Baumbach/Hopt/*Kumpan* HGB § 392 Rn. 6; *Heinsius/Horn/Than* Rn. 35; aA *Opitz* Bem. 10.
[5] BGH Urt. v. 14.2.1957 – VII ZR 250/56, BGHZ 23, 307 (317) = NJW 1957, 750; *Heinsius/Horn/Than* Rn. 35.
[6] Baumbach/Hopt/*Kumpan* HGB § 392 Rn. 6; *Heinsius/Horn/Than* Rn. 35.
[7] *Opitz* Bem. 10; *Heinsius/Horn/Than* Rn. 36.
[8] *Heinsius/Horn/Than* Rn. 21.
[9] *Heinsius/Horn/Than* Rn. 21.
[10] *Heinsius/Horn/Than* Rn. 24.

IV. Erfüllung der Verpflichtungen aus dem Geschäft über die betreffenden Wertpapiere

12   **1. Arten der Verpflichtung. a) Erwerbskommittenten und Wertpapierkäufer nach Abs. 1 Nr. 1 und Abs. 2.** Die Verpflichtungen des Kommittenten oder Wertpapierkäufers, der nach Abs. 1 Nr. 1, ggf. iVm Abs. 2, bevorrechtigt ist, aus dem Erwerbsgeschäft über die Wertpapiere umfassen insbesondere den Kaufpreis, die Provision des Kommissionärs, den Aufwendungsersatz für evtl. Maklergebühren und sonstige Spesen sowie Zinsen, falls die Wertpapiere auf Kredit gekauft wurden.

13   **b) Hinterleger, Verpfänder und Kommittenten nach Abs. 1 Nr. 2.** Als Verbindlichkeiten der Hinterleger, Verpfänder und Kommittenten, deren Eigentum verletzt wurde, kommen Depotgebühren, Aufwendungsersatz für Kosten des Verwahrers, Pfandnehmers oder Kommissionärs sowie der Betrag eines Kredits, der durch die Wertpapiere besichert ist, in Betracht. Es kommt nicht darauf an, ob die Verpflichtungen bei Eröffnung des Insolvenzverfahrens fällig sind.[11]

14   **2. Vollständige Erfüllung.** Für die Vorrechte aus Abs. 1 Nr. 1 und 2 müssen zum Zeitpunkt der Eröffnung des Insolvenzverfahrens die Verpflichtungen aus dem Geschäft über die Wertpapiere vollständig erfüllt sein. Die Gläubiger aus Abs. 1 Nr. 1 und 2 können aber auch dann in den Genuss eines Vorrechts gelangen, wenn sie bei Eröffnung des Insolvenzverfahrens mindestens 90 % der Verpflichtungen erfüllt haben und die ausstehenden Verbindlichkeiten auf Aufforderung des Insolvenzverwalters innerhalb einer Woche erfüllen (Abs. 1 Nr. 3). Bezugsgröße für die 90 % ist nicht die Höhe der Verpflichtungen aus dem Geschäft über die Wertpapiere, sondern der Wert des Wertpapierlieferungsanspruchs des Gläubigers gegen den Gemeinschuldner zum Zeitpunkt der Eröffnung des Insolvenzverfahrens. Dieser ist nach § 45 InsO zu ermitteln. Dabei ist auf den Börsenkurs oder den Marktpreis der Wertpapiere abzustellen.

15   **3. Erfüllung, wenn Leistungen auf mehrere Forderungen erbracht wurden. a) Allgemein.** Entscheidend für das Vorliegen eines Vorrangs ist die Erfüllung der Verbindlichkeiten aus dem Geschäft über die betreffenden Wertpapiere. Bereits in der amtlichen Begründung wurde betont, dass nur Verpflichtungen aus dem Geschäft über die Wertpapiere, hinsichtlich derer das Vorrecht beansprucht wird, dem Konkursvorrecht (jetzt Insolvenzvorrecht) entgegenstehen, alle sonstigen Verpflichtungen aus anderen Geschäften zwischen dem Hinterleger, Verpfänder oder Kommittenten und dem Gemeinschuldner dagegen ausscheiden.[12]

16   Werden Leistungen auf mehrere Forderungen erbracht, so gelten für die Reihenfolge der Erfüllung der Forderungen generell **§§ 366, 367 BGB**, im Falle der Aufrechnung iVm § 396 BGB. Danach kann der Schuldner bei der Leistung bestimmen, welche Schuld getilgt wird. Trifft der Schuldner keine Bestimmung, so sieht § 366 Abs. 2 BGB eine Reihenfolge vor, die auf dem mutmaßlichen vernünftigen Parteiwillen beruht.[13]

17   **b) Problem: Kontokorrent.** In der Praxis werden Wertpapiergeschäfte regelmäßig über **Kontokorrentkonten** abgerechnet. Dabei werden die beiderseitigen Ansprüche und Leistungen der Beteiligten in Rechnung gestellt und in regelmäßigen Zeitabschnitten durch Verrechnung und Feststellung des für den einen oder anderen Teil sich ergebenden Überschusses ausgeglichen (§ 355 Abs. 1 HGB).[14] Die in die Rechnung eingestellten Ansprüche und Leistungen unterliegen dergestalt einer **Bindung,** dass eine Verfügung über sie ausgeschlossen ist – sie sind weder abtretbar noch verpfändbar (→ HGB § 355 Rn. 10 ff.). Mit Abschluss der Rechnungsperiode werden die beiderseitigen Ansprüche und Leistungen verrechnet. Die **Verrechnungsabrede** wird bereits in der Kontokorrentabrede antizipiert (→ HGB § 355 Rn. 16). Mit der Verrechnung entfallen die beiderseitigen Ansprüche und Leistungen, soweit sie sich decken. Es bleibt für einen der beiden Beteiligten ein Überschuss, der sogenannte **kausale Saldo,** der eine Zusammenfassung der Einzelforderungen, soweit sie sich nicht decken, darstellt.[15] Daneben tritt die Feststellung des sogenannten **abstrakten Saldos** in Form eines abstrakten Schuldanerkenntnisses (§ 781 BGB) (→ HGB § 355 Rn. 22). Der kausale Saldo kann nicht neben dem abstrakten Saldo aus dem Schuldanerkenntnis geltend gemacht werden (→ HGB § 355 Rn. 21).

18   Für das Vorliegen eines Vorrangs nach § 32 fragt sich, wenn mehrere Geschäfte über dasselbe Kontokorrentkonto abgewickelt wurden, von denen eines oder mehrere für einen Vorrang in Betracht kommen, ob die Verpflichtungen des Insolvenzgläubigers aus den betreffenden Geschäften zu mindestens 90 % erfüllt wurden, wenn das Konto zum Zeitpunkt der Insolvenzeröffnung zB einen Sollsaldo aufweist.

---

[11] *Heinsius/Horn/Than* Rn. 25.
[12] Amtl. Begr. zu § 32 abgedruckt bei *Opitz.*
[13] Palandt/*Grüneberg* BGB § 366 Rn. 7.
[14] Vgl. iE Kommentierung zu § 355 HGB.
[15] BGH Urt. v. 7.12.1977 – II ZR 164/76, BGHZ 70, 86 (95) = NJW 1978, 538.

Mit der **Eröffnung des Insolvenzverfahrens** endet der Kontokorrentvertrag automatisch.[16] Mit **19** seiner Beendigung wird der kausale Saldo sofort und ohne vorherige Feststellung und Anerkennung fällig.[17] Die in das Kontokorrent eingestellten Ansprüche und Leistungen erlöschen, soweit sie sich decken, durch Verrechnung.

Das DepotG enthält für die Frage, wann der Kommissionär wegen der Forderungen, die ihm aus der **20** Ausführung des Kommissionsauftrags zustehen, befriedigt, und daher verpflichtet ist, das Stückeverzeichnis an den Kommittenten abzuschicken, die Regelung des **§ 19 Abs. 4**. Danach gilt der Kommissionär als befriedigt, sobald die Summe der Habenposten die der Sollposten zum ersten Mal erreicht oder übersteigt.

In der Lit. wird teilweise vertreten, den § 19 Abs. 4 auch im Zusammenhang mit § 32 anzuwen- **21** den.[18] Nach § 19 Abs. 4 tritt Erfüllung nur ein, wenn das Konto nach der Belastung der Verbindlichkeiten aus dem betreffenden Wertpapiergeschäft einmal zumindest ausgeglichen war. Wird das Konto aber, etwa wegen einer Krediteinräumung, debitorisch geführt, so kommt der Insolvenzgläubiger, solange der Sollsaldo zu seinen Lasten 10 % seines Wertpapierlieferungsanspruches übersteigt, niemals in den Genuss des Vorrangs aus § 32. Während der Kommittent im Rahmen des § 19 die Möglichkeit hat, das Konto auszugleichen, ist dem Insolvenzgläubiger diese Möglichkeit abgeschnitten, da es auf die Erfüllung zum Zeitpunkt der Eröffnung des Insolvenzverfahrens ankommt, die nicht nachträglich herbeigeführt werden kann. Die Anwendung des § 19 Abs. 4 würde daher zu untragbaren Härten für die Gläubiger führen, die allein darauf zurückzuführen wären, welche Ansprüche und Leistungen zufällig über dasselbe Konto wie das betreffende Wertpapiergeschäft abgerechnet wurden. Das würde im Widerspruch zu der in der amtlichen Begründung zum Ausdruck gebrachten Absicht des Gesetzgebers stehen, für das Vorliegen eines Vorrangs nur die Erfüllung der Verbindlichkeiten aus dem Geschäft über die betreffenden Wertpapiere zu verlangen und alle sonstigen Verpflichtungen aus anderen Geschäften zwischen dem Hinterleger, Verpfänder oder Kommittenten und dem Gemeinschuldner unberücksichtigt zu lassen (→ Rn. 15).

Den berechtigten Interessen der Beteiligten wird daher allein die **entsprechende Anwendung der** **22** **§§ 366 ff. BGB** gerecht.[19]

V. Befriedigung aus einer Sondermasse

Bei der Befriedigung aus der Sondermasse gehen die nach § 32 bevorrechtigten Insolvenzgläubiger **23** allen anderen Insolvenzgläubigern vor. Aus- und Absonderungsrechte an den Gegenständen der Sondermasse bleiben durch die Regelung des § 32 jedoch unberührt. Der Sondermasse fallen die Verwaltungs- und Verwertungskosten, die in Bezug auf die zur Sondermasse gehörenden Gegenstände anfallen, zB auch die Kosten für die Bestellung eines Pflegers nach Abs. 5, nicht aber die allgemeinen Massekosten und Masseschulden zur Last.[20]

1. Bildung der Sondermasse. Zu der Sondermasse gehören alle **Wertpapiere derselben Art** **24** und die **Ansprüche auf Lieferung solcher Wertpapiere** (Abs. 3 S. 1). Wertpapiere derselben Art sind Wertpapiere desselben Ausstellers, die den Eigentümern dieselbe Rechtsstellung gewähren.[21] Für jede Wertpapierart wird eine eigene Sondermasse gebildet.

Zu der Sondermasse gehören die Wertpapiere, Sammelbestandsanteile und Schuldbuchforderungen, **25** die im **Eigentum des Gemeinschuldners** stehen. Hält der Gemeinschuldner die Wertpapiere als Treuhänder, so gehören sie nicht zur Sondermasse, sondern können von dem Treugeber ausgesondert werden.

Die **Lieferungsansprüche,** etwa aus Erwerbsgeschäften des Gemeinschuldners, hat der Insolvenz- **26** verwalter geltend zu machen und die Wertpapiere zur Sondermasse einzuziehen.[22] Lieferungsansprüche aus Erwerbskommissionsgeschäften, an denen ein Aussonderungsrecht nach § 392 HGB iVm § 47 InsO besteht, gehören nicht zur Sondermasse. Das Gleiche gilt für Lieferungsansprüche gegenüber denen der Schuldner zur Aufrechnung berechtigt ist (§§ 94 ff. InsO).[23] Bei zweiseitig unerfüllten Verträgen hat der Insolvenzverwalter bei der Geltendmachung des Wahlrechts aus § 103 InsO die Interessen der allgemeinen Insolvenzgläubiger und der nach § 32 bevorrechtigten Insolvenzgläubiger gegeneinander abzuwägen. Die noch ausstehende Gegenleistung ist gegebenenfalls aus der Insolvenzmasse zu erbringen, während die Wertpapiere zur Sondermasse gelangen.

2. Verteilung der Sondermasse. Die Forderungen der bevorrechtigten Gläubiger werden soweit **27** wie möglich durch Lieferung von Wertpapieren aus der Sondermasse befriedigt (Abs. 2 S. 2). Die

---

[16] BGH Urt. v. 7.12.1977 – II ZR 164/76, BGHZ 70, 86 (93) = NJW 1978, 538.
[17] BGH Urt. v. 7.12.1977 – II ZR 164/76, BGHZ 70, 86 (93) = NJW 1978, 538.
[18] *Opitz* Bem. 5 für den Vorrang aus § 32 Abs. 1 Nr. 1.
[19] *Heinsius/Horn/Than* Rn. 18, 25; *Canaris* BankvertragsR Rn. 2078.
[20] *Heinsius/Horn/Than* Rn. 39.
[21] *Heinsius/Horn/Than* Rn. 41.
[22] *Heinsius/Horn/Than* Rn. 43.
[23] *Opitz* Bem. 3.

Gläubiger haben das Recht, eine **Auslieferung** der Wertpapiere zu verlangen. Soweit eine Auslieferung nicht möglich ist, weil die Auslieferung einzelner Wertpapierurkunden in den Emissionsbedingungen ausgeschlossen ist (§ 9a Abs. 3), erfolgt die Lieferung durch **Übertragung** des Girosammelanteils auf ein Depotkonto bei einem anderen Verwahrer. Wegen der bei einer Auslieferung anfallenden Kosten und da eine Auslieferung häufig nicht dem Interesse der Gläubiger entspricht, sollte der Insolvenzverwalter den Gläubigern generell Übertragung der Wertpapiere auf Depotkonten bei anderen Verwahrern anbieten.[24] Der **Spitzenbetrag,** dessen verhältnismäßige Aufteilung unter die Gläubiger nicht möglich ist, wird veräußert und der Erlös wird an die Gläubiger im Verhältnis ihrer Forderungsbeträge verteilt (Abs. 3 S. 3).

28 Die bevorrechtigten Gläubiger tragen, soweit sie aus der Sondermasse befriedigt werden, Chance und Risiko der Kursentwicklung nach der Eröffnung des Insolvenzverfahrens. Soweit die Sondermasse nicht zur Befriedigung der Gläubiger ausreicht, wird ihr verbleibender Anspruch nach § 45 InsO zu dem bei Eröffnung des Insolvenzverfahrens geltenden Kurs oder Marktpreis in Euro umgerechnet. Mit diesem Anspruch sind die Gläubiger gewöhnliche Insolvenzgläubiger.

VI. Verfahren

29 Die vorrangigen Gläubiger haben ihre Forderung (den Anspruch auf Lieferung von Wertpapieren im Falle des Abs. 1 Nr. 1, ihre Schadensersatzforderung oder ihren Bereicherungsanspruch im Falle des Abs. 1 Nr. 2) schriftlich bei dem Insolvenzverwalter nach Grund und Betrag **zur Tabelle anzumelden** (§ 174 InsO). Die Forderung ist gegebenenfalls in Euro umzurechnen (§ 45 InsO). Zusätzlich müssen sie den nach § 32 beanspruchten Vorrang angeben (Abs. 4).

30 Soweit die vorrangigen Gläubiger bei der Befriedigung aus der Sondermasse ausfallen oder – theoretisch – auf sie verzichten, sind sie als gewöhnliche Insolvenzgläubiger zur Befriedigung aus der Insolvenzmasse berechtigt. Um bei der Verteilung der Insolvenzmasse berücksichtigt zu werden, hat der Gläubiger dem Insolvenzverwalter den **Ausfall oder Verzicht** innerhalb von zwei Wochen nach der öffentlichen Bekanntmachung des für eine Verteilung im Rahmen des Insolvenzverfahrens zur Verfügung stehenden Betrages und die Summe der bei der Verteilung zu berücksichtigenden Forderungen **nachzuweisen** (Abs. 4 iVm §§ 190, 188, 189 InsO).

31 Falls dies in Anbetracht der Zahl der vorrangigen Gläubiger, der Zahl oder des Umfangs der Sondermassen oder aus anderen Gründen erforderlich ist, hat das Insolvenzgericht den vorrangigen Gläubigern zur Wahrung ihrer Rechte einen **Pfleger** zu bestellen (Abs. 5). Der Pfleger hat den Umfang der Sondermassen festzustellen, die Ansprüche der vorrangigen Gläubiger zu ermitteln und bei dem Insolvenzverwalter anzumelden (Abs. 5 iVm § 78 Abs. 2 VAG). Im Rahmen dieses Aufgabenkreises hat der Pfleger die Stellung eines gesetzlichen Vertreters der vorrangigen Gläubiger (§ 1915 BGB iVm § 1793 BGB). Der Insolvenzverwalter hat dem Pfleger Einsicht in alle Bücher und Schriften des Gemeinschuldners zu gestatten und ihm auf Verlangen den Bestand der Sondermassen nachzuweisen (Abs. 5 iVm § 78 Abs. 4 VAG). Der Pfleger hat die vorrangigen Gläubiger anzuhören und ihnen Auskunft zu geben. Ihr Recht, ihre Forderungen und deren Vorrang anzumelden, bleibt durch die Bestellung des Pflegers unberührt (Abs. 5 iVm § 78 Abs. 3 VAG). Der Pfleger kann für die Führung seines Amtes eine angemessene Vergütung verlangen. Die Vergütung sowie Auslagen des Pflegers werden der Sondermasse belastet (Abs. 5 iVm § 78 Abs. 5 VAG).

§ 33 Ausgleichsverfahren bei Verpfändung

(1) **Im Insolvenzverfahren über das Vermögen eines Verwahrers, dessen Pfandgläubiger die ihm nach § 12 Abs. 2 verpfändeten Wertpapiere oder Sammelbestandanteile ganz oder zum Teil zu seiner Befriedigung verwertet hat, findet unter den Hinterlegern, die die dem Pfandgläubiger verpfändeten Wertpapiere oder Sammelbestandanteile dem Verwahrer anvertraut haben, ein Ausgleichsverfahren mit dem Ziel der gleichmäßigen Befriedigung statt.**

(2) [1]**Die am Ausgleichsverfahren beteiligten Hinterleger werden aus einer Sondermasse befriedigt.** [2]**In diese Sondermasse sind aufzunehmen:**

1. **die Wertpapiere oder Sammelbestandanteile, die dem Pfandgläubiger nach § 12 Abs. 2 verpfändet waren, von diesem aber nicht zu seiner Befriedigung verwertet worden sind;**

2. **der Erlös aus den Wertpapieren oder Sammelbestandanteilen, die der Pfandgläubiger verwertet hat, soweit er ihm zu seiner Befriedigung nicht gebührt;**

3. **die Forderungen gegen einen am Ausgleichsverfahren beteiligten Hinterleger aus dem ihm eingeräumten Kredit sowie Leistungen zur Abwendung einer drohenden Pfandverwertung.**

(3) [1]**Die Sondermasse ist unter den am Ausgleichsverfahren beteiligten Hinterlegern nach dem Verhältnis des Wertes der von ihnen dem Verwahrer anvertrauten Wertpapiere oder**

---

[24] *Heinsius/Horn/Than* Rn. 50 ff.

Sammelbestandanteile zu verteilen. [2] Maßgebend ist der Wert am Tag der Eröffnung des Insolvenzverfahrens, es sei denn, daß die Wertpapiere oder Sammelbestandanteile erst später verwertet worden sind. [3] In diesem Falle ist der erzielte Erlös maßgebend. [4] Ein nach Befriedigung aller am Ausgleichsverfahren beteiligter Hinterleger in der Sondermasse verbleibender Betrag ist an die Insolvenzmasse abzuführen.

(4) [1] Jeder am Ausgleichsverfahren Beteiligte ist berechtigt und verpflichtet, die von ihm dem Verwahrer anvertrauten und in der Sondermasse vorhandenen Wertpapiere oder Sammelbestandanteile zu dem Schätzungswert des Tages der Eröffnung des Insolvenzverfahrens zu übernehmen. [2] Übersteigt dieser Wert den ihm aus der Sondermasse gebührenden Betrag, so hat er den Unterschied zur Sondermasse einzuzahlen. [3] Die Wertpapiere oder Sammelbestandanteile haften als Pfand für diese Forderung.

(5) Jeder Hinterleger kann seine Forderungen, soweit er mit ihnen bei der Befriedigung aus der Sondermasse ausgefallen ist, zur Insolvenzmasse geltend machen.

(6) § 32 Abs. 4 und 5 ist sinngemäß anzuwenden.

I. Normzweck

Nutzt der Verwahrer die Ermächtigung zur Verpfändung hinterlegter Wertpapiere zur Sicherung **1** von Refinanzierungskrediten im Rahmen der regelmäßigen Verpfändung (§ 12 Abs. 2) aus, so bilden die Hinterleger, die die verpfändeten Wertpapiere zur Verfügung gestellt haben, eine Gefahrengemeinschaft. Verwerten Drittpfandnehmer in der Insolvenz des Verwahrers an sie verpfändete Wertpapiere, so sind die Hinterleger, deren verpfändete Wertpapiere nicht verwertet wurden, den Hinterlegern der verwerteten Wertpapiere für die entstandenen Verluste ausgleichspflichtig. Ziel ist die gleichmäßige Befriedigung der an der Gefahrengemeinschaft beteiligten Hinterleger.

II. Voraussetzungen des Ausgleichsverfahrens

Das Ausgleichsverfahren findet nur in der **Insolvenz des Verwahrers** statt. Vor der Eröffnung des **2** Insolvenzverfahrens können die Hinterleger einen Anspruch auf Schadloshaltung gegen den Verwahrer geltend machen.[1]

Die von den Hinterlegern dem Verwahrer anvertrauten Wertpapiere müssen einem oder mehreren[2] **3** Pfandnehmern nach § 12 Abs. 2 verpfändet worden sein. **Mehrere Pfanddepots** bilden für das Ausgleichsverfahren eine Einheit.[3] Die verpfändeten Wertpapiere müssen vor oder nach Eröffnung des Insolvenzverfahrens durch einen Pfandnehmer verwertet worden sein.

III. Beteiligte am Ausgleichsverfahren

An dem Ausgleichsverfahren beteiligt sind alle Hinterleger, die den Verwahrer zur regelmäßigen **4** Verpfändung ermächtigt haben, soweit der Verwahrer diese Ermächtigung ausgenutzt hat. Die **Ermächtigung** kann nach § 12 Abs. 2, nach § 12 Abs. 4 (unbeschränkte Verpfändungsermächtigung) oder nach § 13 (Aneignungsermächtigung) erteilt worden sein. Hinterleger, deren Wertpapiere der Verwahrer unbefugt verpfändet hat, können nicht am Ausgleichsverfahren teilnehmen.[4] Ihnen steht gegebenenfalls ein Insolvenzanfechtungsrecht zu.[5]

IV. Sondermasse

1. Bildung der Sondermasse. Zu der Sondermasse gehören Wertpapiere oder Sammelbestand- **5** anteile, die dem Pfandgläubiger gem. § 12 Abs. 2 verpfändet waren, von diesem aber nicht zu seiner Befriedigung verwendet worden sind (Abs. 2 Nr. 1). Dazu gehören auch eigene Wertpapiere des Verwahrers, die er zur Besicherung des Rückkredits an den Pfandgläubiger verpfändet hat.[6] In die Sondermasse aufzunehmen ist weiterhin der Erlös aus der Verwertung der Wertpapiere oder Sammelbestandanteile, die der Pfandgläubiger verwertet hat, soweit er ihm zu seiner Befriedigung nicht gebührt (Abs. 2 Nr. 2). Schließlich fallen die Forderungen gegen die am Ausgleichsverfahren beteiligten Hinterleger aus den ihnen eingeräumten Krediten sowie Leistungen zur Abwendung einer drohenden Pfandverwertung in die Sondermasse (Abs. 2 Nr. 3). Die am Ausgleichsverfahren beteiligten Hinterleger können daher nicht mit ihrer Forderung gegen den Verwahrer auf Ersatz des Wertes der vom Pfandgläubiger verwerteten Wertpapiere gegen die Forderung des Verwahrers auf Rück-

---

[1] Amtl. Begr. I., abgedruckt bei *Opitz*.
[2] *Opitz* Bem. 3.b.
[3] *Opitz* Bem. 3.b.
[4] Amtl. Begr. II. abgedruckt bei *Opitz*.
[5] Baumbach/Hopt/*Kumpan* Rn. 1.
[6] Amtl. Begr. III.1. abgedruckt bei *Opitz*.

zahlung ihres Kredites aufrechnen. Diese Einschränkung dient dem Ziel der gleichmäßigen Befriedigung der am Ausgleichsverfahren beteiligten Gläubiger.

6   **2. Der Verteilungsschlüssel.** Nach dem Wortlaut des Gesetzes ist die Sondermasse unter den am Ausgleichsverfahren beteiligten Hinterlegern nach dem Verhältnis des Wertes der von ihnen dem Verwahrer anvertrauten Wertpapiere oder Sammelbestandanteile zu verteilen (Abs. 3 S. 1). Gemeint ist jedoch nicht das Verhältnis sämtlicher hinterlegter Wertpapiere, sondern des Wertes der hinterlegten Wertpapiere, die nach § 12 Abs. 2 verpfändet wurden.[7]

7   **3. Die Durchführung der Verteilung.** Für die Verteilung der Sondermasse hat der Insolvenzverwalter zunächst den Geldbetrag festzustellen, der dem einzelnen am Ausgleichsverfahren beteiligten Hinterleger gebührt. Unter Anrechnung auf diesen Geldbetrag kann und muss der einzelne Hinterleger die von ihm eingelieferten und noch vorhandenen Wertpapiere übernehmen. Sein Aussonderungsrecht an den in seinem Eigentum stehenden Wertpapieren wird durch das Ausgleichsverfahren nicht berührt. Maßgebend für den Wert, mit dem diese Papiere bei der Verteilung anzurechnen sind, ist, ebenso wie bei der Berechnung des diesem Hinterleger zukommenden Anteils an der Sondermasse, der Wert am Tag der Insolvenzeröffnung. Daraus folgt, dass bei einer Kurssteigerung der Wertpapiere nach Insolvenzeröffnung der Hinterleger den Vorteil zieht und auch ein eventueller Kursverlust von dem Hinterleger zu tragen ist.[8]

8   Den Betrag, um den die von ihm zu übernehmenden Wertpapiere wertmäßig den ihm nach dem Verteilungsschlüssel des Abs. 3 gebührenden Betrag übersteigen, hat der Hinterleger in die Sondermasse einzuzahlen (Abs. 4 S. 2). Seine Wertpapiere haften für diese Zahlung auf Grund eines gesetzlichen Pfandrechts (Abs. 4 S. 3).

9   Die Hinterleger, deren Wertpapiere nicht mehr in der Sondermasse vorhanden sind, werden durch die in der Sondermasse vorhandenen Geldbeträge abgefunden.

V. Geltendmachung des Ausfalls der Hinterleger

10   Soweit ein am Ausgleichsverfahren beteiligter Hinterleger mit seiner Forderung im Ausgleichsverfahren ausfällt, kann er den verbleibenden Betrag wie ein Absonderungsberechtigter im Insolvenzverfahren geltend machen (Abs. 5 und 6 iVm § 32 Abs. 4).

VI. Bestellung eines Pflegers

11   Ebenso wie für die nach § 32 bevorrechtigten Gläubiger kann, wenn es nach Lage des Falles erforderlich ist, für die am Ausgleichsverfahren beteiligten Gläubiger vom Insolvenzgericht ein Pfleger bestellt werden (Abs. 6 iVm § 32 Abs. 5).

4. Abschnitt. Strafbestimmungen

§ 34 Depotunterschlagung

(1) **Wer, abgesehen von den Fällen der §§ 246 und 266 des Strafgesetzbuchs, eigenen oder fremden Vorteils wegen**

1. **über ein Wertpapier der in § 1 Abs. 1 bezeichneten Art, das ihm als Verwahrer oder Pfandgläubiger anvertraut worden ist oder das er als Kommissionär für den Kommittenten im Besitz hat oder das er im Falle des § 31 für den Kunden im Besitz hat, rechtswidrig verfügt,**
2. **einen Sammelbestand solcher Wertpapiere oder den Anteil an einem solchen Bestand dem § 6 Abs. 2 zuwider verringert oder darüber rechtswidrig verfügt,**

wird mit Freiheitsstrafe bis zu fünf Jahren oder mit Geldstrafe bestraft.

(2) **(weggefallen)**

1   Durch § 34 sollen die Hinterleger, Kommittenten, Verpfänder und Käufer von Wertpapieren, Sammelbestandsanteilen oder Schuldbuchforderungen gegen rechtswidrige Verfügungen durch die Verwahrer, Kommissionäre, Pfandgläubiger und Eigenhändler über ihre Wertpapiere, Sammelbestandanteile oder Schuldbuchforderungen geschützt werden. Die Verfügung muss rechtswidrig, vorsätzlich und in der Absicht, sich oder einem Dritten einen Vorteil zu verschaffen, begangen sein. § 34 ist gegenüber den allgemeinen strafrechtlichen Bestimmungen der §§ 246 (Unterschlagung) und 266

---

[7] *Opitz* Bem. 6; *Heinsius/Horn/Than* Rn. 19.
[8] Amtl. Begr. V. abgedruckt bei *Opitz*.

(Untreue) des StGB subsidiär. § 34 kommt insbesondere in Fällen der unberechtigten Verpfändung zur Anwendung, wenn es an der für eine Unterschlagung erforderlichen Zueignung fehlt.[1]

§ 35 Unwahre Angaben über das Eigentum

Wer eigenen oder fremden Vorteils wegen eine Erklärung nach § 4 Abs. 2 wahrheitswidrig abgibt oder eine ihm nach § 4 Abs. 3 obliegende Mitteilung unterläßt, wird, wenn die Tat nicht nach anderen Vorschriften mit schwererer Strafe bedroht ist, mit Freiheitsstrafe bis zu einem Jahr oder mit Geldstrafe bestraft.

§ 35 ergänzt § 34 für den Fall, dass die Abgabe einer wahrheitswidrigen Eigenanzeige nach § 4 **1** Abs. 2 oder das Unterlassen einer Fremdanzeige nach § 4 Abs. 3 keine rechtswidrige Verfügung darstellt. Durch die Vorschrift soll iVm § 4 das Entstehen von Pfand- und Zurückbehaltungsrechten Dritter an Wertpapieren, Sammelbestandsanteilen oder Schuldbuchforderungen der Hinterleger, Kommittenten, Verpfänder und Käufer von Wertpapieren verhindert werden. § 35 ist gegenüber § 246 StGB (Unterschlagung) und § 266 StGB (Untreue) und gegenüber § 34 subsidiär.

§ 36 Strafantrag

Ist in den Fällen der §§ 34 und 35 durch die Tat ein Angehöriger (§ 11 Abs. 1 Nr. 1 des Strafgesetzbuchs) verletzt, so wird sie nur auf Antrag verfolgt.

Die Delikte aus §§ 34 und 35 sind Antragsdelikte, wenn der Täter Angehöriger des Verletzten ist. **1** Verletzt ist der Eigentümer der Wertpapiere, Sammelbestandanteile oder Schuldbuchforderungen.

§ 37 Strafbarkeit im Falle der Zahlungseinstellung oder des Insolvenzverfahrens

Wer einer Vorschrift der §§ 2 und 14 oder einer sich aus den §§ 18 bis 24, 26 ergebenden Pflicht zuwiderhandelt, wird mit Freiheitsstrafe bis zu zwei Jahren oder mit Geldstrafe bestraft, wenn er seine Zahlungen eingestellt hat oder über sein Vermögen das Insolvenzverfahren eröffnet worden ist und wenn durch die Zuwiderhandlung ein Anspruch des Berechtigten auf Aussonderung der Wertpapiere vereitelt oder die Durchführung eines solchen Anspruchs erschwert wird.

Die Vorschrift soll die Erhaltung und Verschaffung von Wertpapiereigentum und daran anknüp- **1** fend die Aussonderungsrechte der Berechtigten schützen. Die Verletzung der beschriebenen Pflichten ist rechtswidrig, wenn keine entsprechende Einwilligung des Berechtigten vorlag. Der Vorsatz des Täters muss die Pflichtverletzung umfassen, nicht aber die Zahlungseinstellung, den Eintritt des Insolvenzverfahrens und die Vereitelung oder Erschwerung der Durchsetzung eines Aussonderungsanspruchs.[1*]

§§ 38–40 (weggefallen)

5. Abschnitt. Schlußbestimmungen

§ 41 *(aufgehoben)*

§ 42 Anwendung auf Treuhänder, Erlass weiterer Bestimmungen

Das Bundesministerium der Justiz und für Verbraucherschutz kann im Einvernehmen mit dem Bundesministerium der Finanzen und dem Bundesministerium für Wirtschaft und Energie durch Rechtsverordnung, die nicht der Zustimmung des Bundesrates bedarf, die Anwendung von Vorschriften dieses Gesetzes für Fälle vorschreiben, in denen Kaufleute als

---

[1] *Heinsius/Horn/Than* Rn. 3.
[1*] *Heinsius/Horn/Than* Rn. 8.

Treuhänder für Dritte Wertpapiere besitzen oder erwerben oder Beteiligungen oder Gläubigerrechte ausüben oder erwerben oder in öffentliche Schuldbücher oder sonstige Register
eingetragen sind.

I. Normzweck

1   Um eine flexible Anpassung der Rechtslage an die Rechtswirklichkeit zu ermöglichen, überlässt es
der Gesetzgeber dem Verordnungsgeber, die Bestimmungen des DepotG für bestimmte Treuhand-
konstruktionen für anwendbar zu erklären.

II. Verordnungsermächtigung

2   **Zuständig** für den Erlass der Verordnung ist der Bundesminister der Justiz im Einvernehmen mit
dem Bundesminister für Wirtschaft und dem Bundesminister der Finanzen (Art. 129 Abs. 1 GG).
3   Der Treuhänder muss ein **Kaufmann** iSd §§ 1 ff. HGB sein. Die Ermächtigung umfasst sowohl die
Vollrechtstreuhand, bei der der Treuhänder das Treugut erwirbt, als auch die **Ermächtigungstreuhand,** bei der der Treugeber Inhaber des Treuguts bleibt und den Treuhänder zur Wahrnehmung von
Rechten aus dem Treugut nach § 185 BGB ermächtigt. In beiden Fällen darf der Treuhänder über das
Treugut nur nach Maßgabe einer schuldrechtlichen Treuhandvereinbarung verfügen.[1]

III. Schuldbuchforderungen

4   Bisher wurde einmal von der Ermächtigung des § 42 Gebrauch gemacht: Bei der Schaffung der
rechtlichen Grundlagen für die **Schuldbuchforderungen** des Deutschen Reichs durch die Sammelverwaltungsverordnung und die Erste Gleichstellungsverordnung aus dem Jahr 1940 sowie die Zweite
Gleichstellungsverordnung aus dem Jahr 1942.[2] Heute gelten die Vorschriften dieser Verordnungen für
Schuldbuchforderungen des **Bundes** und der **Länder** auf Grund gesetzlicher Regelungen fort.[3] Auch
bei der Schaffung der Möglichkeit der Emission von Schuldbuchforderungen durch die **Europäische
Zentralbank** wurde nicht der Verordnungsgeber, sondern der Gesetzgeber tätig.[4]
5   Schuldbuchforderungen sind nicht verbrieft, sondern in dem Schuldbuch des Emittenten einge-
tragen.[5] Es handelt sich um **Wertrechte,** dh unverbriefte sammelverwahrte Rechte, die kraft gesetzli-
chen Ausspruchs sammelverwahrten Wertpapieren gleichstehen.[6] Diese gesetzliche **Fiktion der
Gleichstellung** ist in § 2 Zweite Gleichstellungsverordnung enthalten. Aus ihr folgt nach der hM eine
Verdinglichung der Schuldbuchforderungen.[7] Nach anderer Ansicht handelt es sich aber um eine
Rechtsfolgenverweisung, nach der die sachenrechtlichen Vorschriften analog auf die Schuldbuchforderungen angewandt werden.[8] Die analoge Anwendung der sachenrechtlichen Vorschriften wird der
Natur der Schuldbuchforderungen, an denen zB mangels Verbriefung kein Besitz bestehen kann, besser
gerecht.
6   Die Wertpapiersammelbank wird als Treuhänder der Gläubiger der Schuldbuchforderungen in das
Schuldbuch eingetragen. Die Wertpapiersammelbank erwirbt dabei nach hM nicht die Schuldbuchforderungen, sondern ist lediglich nach § 185 BGB zur Wahrnehmung der Rechte der Gläubiger
ermächtigt.[9] Die Gläubiger der Schuldbuchforderungen erwerben Bruchteile am Sammelbestand der
Wertpapiersammelbank (§ 6). Die Übertragung der Schuldbuchforderungen erfolgt nach § 929 BGB
analog durch Einigung und Buchung.[10] Auch bei dem gutgläubigen Erwerb nach §§ 932 ff. BGB

---

[1] Palandt/*Bassenge* § 903 Rn. 34; Palandt/*Ellenberger* BGB Einf. § 164 Rn. 7; Scherer/*Löber* Rn. 2.

[2] Verordnung vom 5.1.1940 über die Verwaltung und Anschaffung von Reichsschuldbuchforderungen, RGBl. I
30, sog. Sammelverwaltungsverordnung; Verordnung über die Behandlung von Anleihen des Deutschen Reichs im
Bank- und Börsenverkehr vom 31.12.1940, veröffentlicht im BGBl. III Folge 65, 17, sog. Erste Gleichstellungsverordnung; Zweite Verordnung über die Behandlung von Anleihen des Deutschen Reichs im Bank- und Börsenverkehr
vom 18.4.1942, veröffentlicht im BGBl. III Folge 65, 18, sog. Zweite Gleichstellungsverordnung.

[3] § 1 Abs. 1 des Anleihe-Gesetzes von 1950 vom 29.3.1951, BGBl. I 218; Art. 2 des Gesetzes zur Änderung des
Gesetzes über die Verwahrung und Anschaffung von Wertpapieren vom 24.5.1972, BGBl. I 801.

[4] Art. 10 Abs. 2 des Abkommens zwischen der Regierung der Bundesrepublik Deutschland und der Europäischen
Zentralbank (EZB) über den Sitz der EZB vom 18.12.1998, BGBl. II 2995. Das Schuldbuch wird von der EZB in
Frankfurt a. M. geführt.

[5] Reichsschuldbuchgesetz vom 31.5.1891, idF der Veröffentlichung im BGBl. III Folge 65, 12; Schuldbuchgesetze
der Länder.

[6] *Heinsius/Horn/Than* Rn. 29.

[7] BGH Urt. v. 1.2.1952 – I ZR 23/51, BGHZ 5, 27 (31 und 35) = NJW 1952, 1012; dazu *Will* in Kümpel/Wittig
BankR/KapMarktR Rn. 18.154 ff.

[8] *Canaris* BankvertragsR Rn. 2053; Scherer/*Löber* Rn. 6.

[9] *Canaris* BankvertragsR Rn. 2056; *Heinsius/Horn/Than* Rn. 40; *Will* in Kümpel/Wittig BankR/KapMarktR
Rn. 18.153.

[10] *Canaris* BankvertragsR Rn. 2055; *Klanten* in Schimansky/Bunte/Lwowski BankR-HdB Rn. 66; Scherer/*Löber*
Rn. 9.

analog dient die Buchung anstelle des Besitzes als Rechtsscheingrundlage.[11] Die Übertragung der Schuldbuchforderungen kann auch nach § 24 Abs. 2 erfolgen.[12] Bei einer Verletzung des Rechtes des Gläubigers einer Schuldbuchforderung findet § 823 Abs. 1 BGB Anwendung.[13] Die Bestellung eines Pfandrechts an dem Anteil an einer Schuldbuchforderung erfolgt nach §§ 1204 ff., 747 S. 1, 1008 BGB. Der gutgläubige Erwerb eines Pfandrechts sowie eines Vorrangs ist nach §§ 1293, 1207, 1208 BGB, § 366 HGB möglich.[14] Schließlich verfügen die Anteilinhaber an Schuldbuchforderungen in der Insolvenz ihres Verwahrers oder der Wertpapiersammelbank über ein Aussonderungsrecht nach § 47 InsO und im Falle der Zwangsvollstreckung von Gläubigern des Verwahrers oder der Wertpapiersammelbank über die Drittwiderspruchsklage nach § 771 ZPO.[15]

Das Schuldbuchrecht des Bundes wurde mit dem BWpVerwG [16] auf eine gesetzliche Grundlage 7 gestellt. Mit dem BSchuWG[17] wurde die Führung des Bundesschuldbuches von der Bundeswertpapierverwaltung auf die Bundesrepublik Deutschland – Finanzagentur GmbH übertragen. Zugleich sind die auf das Bundesschuldbuch anwendbaren Vorschriften in diesem Gesetz kodifiziert.[18] Das BSchuWG brachte im Hinblick auf die Sammelschuldbuchforderungen betreffenden (§ 6 BSchuWG) und auf die Vorschriften des DepotG verweisenden Regelungen keine rechtlichen Neuerungen.[19] Gemäß § 6 Abs. 1 BSchuWG sind Sammelschuldbuchforderungen Schuldverschreibungen, die der Bund oder seine Sondervermögen dadurch begeben, dass Schuldbuchforderungen bis zur Höhe des Nennbetrags der jeweiligen Emission auf den Namen einer Wertpapiersammelbank in das Bundesschuldbuch eingetragen werden. Eine solche Sammelschuldbuchforderung gilt gem. § 6 Abs. 2 S. 1 BSchuWG als Wertpapiersammelbestand, auf den gem. § 6 Abs. 2 S. 6 BSchuWG die Vorschriften des DepotG und auch die sachenrechtlichen Grundsätze einschließlich der Regeln des gutgläubigen Erwerbs (§§ 929 ff., 932, 935 BGB) entsprechend anzuwenden sind.[20]

§ 43 Übergangsregelung zum Ersten Finanzmarktnovellierungsgesetz

Ein Kreditinstitut, das am Tag, den die Bundesregierung nach Artikel 17 Absatz 3 Satz 2 des Gesetzes vom 30. Juni 2016 (BGBl. I S. 1514) im Bundesgesetzblatt bekannt gibt, über eine Anerkennung als Wertpapiersammelbank von der nach Landesrecht zuständigen Stelle des Landes, in dessen Gebiet das Kreditinstitut seinen Sitz hat, verfügt, gilt bis zur Bestandskraft der Entscheidung über den Antrag auf Zulassung als Zentralverwahrer nach Artikel 17 Absatz 1 der Verordnung (EU) Nr. 909/2014 weiterhin als Wertpapiersammelbank im Sinne dieses Gesetzes.

---

[11] *Canaris* BankvertragsR Rn. 2055; *Scherer/Löber* Rn. 6.

[12] *Canaris* BankvertragsR Rn. 2056; *Heinsius/Horn/Than* Rn. 33.

[13] *Canaris* BankvertragsR Rn. 2056; *Heinsius/Horn/Than* Rn. 34.

[14] *Heinsius/Horn/Than* Rn. 35.

[15] *Heinsius/Horn/Than* Rn. 40 ff.; *Will* in Kümpel/Wittig BankR/KapMarktR Rn. 18.154.

[16] Gesetz zur Neuordnung des Schuldbuchrechts des Bundes und der Rechtsgrundlagen der Bundesschuldenverwaltung (Bundeswertpapierverwaltungsgesetz – BWpVerwG) vom 11.12.2001 (BGBl. I 3519).

[17] Gesetz zur Regelung des Schuldenwesens des Bundes (Bundesschuldenwesengesetz – BSchuWG) vom 12.7.2006 (BGBl. I 1466).

[18] *Scherer/Löber* Rn. 3.

[19] *Scherer/Löber* Rn. 3.

[20] *Scherer/Löber* Rn. 6, Rn. 9.

Gesetz über den Wertpapierhandel
(Wertpapierhandelsgesetz – WpHG)

In der Fassung der Bekanntmachung vom 9 September 1998 (BGBl. I S. 2708)

Zuletzt geändert durch Art. 4 Wirtschaftsstabilisierungsfondsgesetz vom 27.3.2020 (BGBl. I S. 543)

Vorbemerkungen

Schrifttum: 1. Monographien, Sammelbände, Kommentare: *Achenbach/Ransiek/Rönnau*, Handbuch Wirtschaftsstrafrecht, 5. Aufl. 2019; *Angerer/Geibel/Süßmann*, Wertpapiererwerbs- und Übernahmegesetz (WpÜG), 3. Aufl. 2017; *Assmann/Pötzsch/U. H. Schneider*, Wertpapiererwerbs- und Übernahmegesetz (WpÜG), 2. Aufl. 2013; *Assmann/Schlitt/v. Kopp-Colomb*, WpPG/VermAnlG, 3. Aufl. 2017; *Assmann/U. H. Schneider/Mülbert*, Wertpapierhandelsgesetz, 7. Aufl. 2019; *Assmann/Schütze*, Handbuch des Kapitalanlagerechts, 4. Aufl. 2015; *Assmann/Wallach/Zetzsche*, Kapitalanlagegesetzbuch, 2019; *Baumbach/Hopt*, Handelsgesetzbuch, 38. Aufl. 2018; *Baur/Tappen*, Investmentgesetze, 3. Aufl. 2016; *Beck/Samm/Kokemoor*, Kreditwesengesetz mit CRR, 209. EL 2019; *Boos/Fischer/Schulte-Mattler*, KWG, CRR-VO, 5. Aufl. 2016; *Buck-Heeb*, Kapitalmarktrecht, 10. Aufl. 2019; *Bürgers/Körber*, Heidelberger Kommentar zum Aktiengesetz, 4. Aufl. 2017; *Busch/Ferrarini*, Regulation of the EU Financial Markets – MiFID II and MiFIR, 2017; *Casey/Lannoo*, The MiFID Revolution, 2009; *Claussen*, Bank- und Börsenrecht, 5. Aufl. 2014; *Dauses/Ludwigs*, Handbuch des EU-Wirtschaftsrechts, 47. Aufl. 2019; *Derleder/Knops/Bamberger*, Deutsches und europäisches Bank- und Kapitalmarktrecht, 3. Aufl. 2017; *Ellenberger/Schäfer/Clouth/Lang*, Praktikerhandbuch Wertpapier- und Derivategeschäft, 4. Aufl. 2011; *Einsele*, Bank- und Kapitalmarktrecht, 4. Aufl. 2018; *Emmerich/Habersack*, Aktien- und GmbH-Konzernrecht, 9. Aufl. 2019; *Esser/Rübenstahl/Saliger/Tsambikakis*, Wirtschaftsstrafrecht, 2017; *Fuller*, The Law and Practice of International Capital Markets, 3. Aufl. 2012; *Fuchs*, Wertpapierhandelsgesetz (WpHG), 2. Aufl. 2016; *Gebauer/Teichmann*, Europäisches Privat- und Unternehmensrecht, Enzyklopädie Europarecht Band 6, 2016; *Groß*, Kapitalmarktrecht, 6. Aufl. 2016; *Grundmann*, European Company Law – Organization, Finance and Capital Markets, 2. Aufl. 2011; *Grunewald/Schlitt*, Einführung in das Kapitalmarktrecht, 3. Aufl. 2014; *Haarmann/Schüppen*, Frankfurter Kommentar zum WpÜG, 4. Aufl. 2018; *Habersack/Mülbert/Schlitt*, Handbuch der Kapitalmarktinformation, 2. Aufl. 2013; *Habersack/Mülbert/Schlitt*, Unternehmensfinanzierung am Kapitalmarkt, 4. Aufl. 2019; *Haisch/Helios*, Rechtshandbuch Finanzinstrumente, 2011; *Hauschka/Moosmayer/Lösler*, Corporate Compliance, 3. Aufl. 2016; *Heidel*, Aktienrecht und Kapitalmarktrecht, 5. Aufl. 2019; *Hellgardt*, Kapitalmarktdeliktsrecht, 2008; *Hellner/Steuer*, Bankrecht und Bankpraxis (BuB), 141. EL 06.2019; *Hirte/Möllers*, Kölner Kommentar zum WpHG, 2. Aufl. 2014; *Hirte/v. Bülow*, Kölner Kommentar zum WpÜG, 2. Aufl. 2010; *Hirte/Mülbert/Roth*, Großkommentar der Praxis zum Aktiengesetz, 5. Aufl. 2016; *Hopt/Seibt*, Schuldverschreibungsrecht, 2017; *Hopt/Voigt*, Prospekt- und Kapitalmarktinformationshaftung, 2005; *Hüffer/Koch*, Aktiengesetz, 13. Aufl. 2018; *Immenga/Mestmäcker*, Wettbewerbsrecht, 5. Aufl. 2014; *Jähnke/Laufhütte/Odersky*, Leipziger Kommentar Strafgesetzbuch, 11. Aufl. 2005; *Just/Voß/Ritz/Becker*, Wertpapierhandelsgesetz (WpHG), 2015; *Kalss/Oppitz/Zollner*, Kapitalmarktrecht, 2. Aufl. 2015; Karlsruher Kommentar Ordnungswidrigkeitengesetz, 5. Aufl. 2018; *Klöhn*, Marktmissbrauchsverordnung, 2018; *Krieger/Schneider*, Handbuch Managerhaftung, 3. Aufl. 2017; *Kümpel/Hammen/Ekkenga*, Kapitalmarktrecht – Handbuch für die Praxis, Stand 2019; *Kümpel/Mülbert/Früh/Seyfried*, Bank- und Kapitalmarktrecht, 5. Aufl. 2019; *Langenbucher*, Aktien- und Kapitalmarktrecht, 4. Aufl. 2018; *Lehmann*, Finanzinstrumente, 2010; *Lehmann/Kumpan*, European Financial Services Law, 2019; *Lenenbach*, Kapitalmarkt, 2. Aufl. 2010; *Lutter/Bayer/Schmidt*, Europäisches Unternehmens- und Kapitalmarktrecht, 6. Aufl. 2017; *Marsch-Barner/Schäfer*, Handbuch börsennotierte AG, 4. Aufl. 2017; *Meyer-Goßner/Schmitt*, Strafprozessordnung, 62. Aufl. 2019; *Meyer/Veil/Rönnau*, Handbuch zum Marktmissbrauchsrecht, 2018; *Moloney*, EC Securities Regulation, 2008; *Moritz/Klebeck/Jesch*, Frankfurter Kommentar zum Kapitalanlagerecht, Band 1: KAGB, 2016; *Müller-Gugenberger*, Wirtschaftsstrafrecht, 6. Aufl. 2015; Münchener Handbuch des Gesellschaftsrechts Band 4: Aktiengesellschaft, 4. Aufl. 2015; Münchener Kommentar zum Aktiengesetz, 5. Aufl. 2019; *Palandt*, Bürgerliches Gesetzbuch, 78. Aufl. 2019; *Park*, Kapitalmarktstrafrecht, 4. Aufl. 2017; *Patzner/Döser/Kempf*, Investmentrecht, 3. Aufl. 2017; *Pfisterer*, Die neuen Regelungen der MiFID II zum Anlegerschutz, 2016; *Prölss/Martin*, Versicherungsvertragsgesetz, 30. Aufl. 2018; *Reischauer/Kleinhans*, Kreditwesengesetz (KWG), Stand 2019; *Schaber/Rehm/Märkl*, Handbuch strukturierte Finanzinstrumente, 2. Aufl. 2010; *Schäfer/Hamann*, Kapitalmarktgesetze, 7. EL 2013; *Schäfer/Sethe/Lang*, Handbuch der Vermögensverwaltung, 2. Aufl. 2016; *Schimansky/Bunte/Lwowski*, Bankrechts-Handbuch, 5. Aufl. 2017; *Schmidt*, Gesellschaftsrecht, 4. Aufl. 2002; *Schmidt/Lutter*, Aktiengesetz, 3. Aufl. 2015; *Schönke/Schröder*, Strafgesetzbuch, 30. Aufl. 2019; *Scholz*, GmbHG, Band I (§§ 1–34), 12. Aufl. 2018, Band II (§§ 35–52), 11. Aufl. 2014 und Band III (§§ 53–85), 11. Aufl. 2015; *Schröder*, Handbuch Kapitalmarktstrafrecht, 2015; *Schwark/Zimmer*, Kapitalmarktrechts-Kommentar, 4. Aufl. 2010; *Spindler/Stilz*, Kommentar zum Aktiengesetz, Band 1, 4. Aufl. 2019; *Schwintowski*, Bankrecht, 5. Aufl. 2018; *Sethe*, Anlegerschutz im Recht der Vermögensverwaltung, 2005; *Siering/Izzo-Wagner*, VermAnlG, 2017; *Staub*, Handelsgesetzbuch, Band 10, 5. Aufl. 2016, Band 11, 5. Aufl. 2017; *Steinmeyer*, WpÜG, 4. Aufl. 2019; *Temporale*, Europäische Finanzmarktregulierung, 2015; *Veil*, Europäisches Kapitalmarktrecht, 2. Aufl. 2014; *Weitnauer/Boxberger/Anders*, KAGB, 2. Aufl. 2017; *Wilhelmi/Achtelik/Kunschke/Sigmundt*, Handbuch EMIR, 2015; *Zöller*, ZPO, 32. Aufl. 2018; *Zöllner/Noack*, Kölner Kommentar zum Aktiengesetz, 3. Aufl. 2009.

2. Aufsätze und Beiträge: *Bortenlänger*, MiFID II: Keine Stärkung der Aktienkultur, RdF 2017, 177; *Clausen/Sørensen*, Reforming the Regulation of Trading Venues in the EU Under the Proposed MiFID II – Levelling the Playing Field and Overcoming Market Fragmentation?, ECFR 2012, 275; *Eichhorn/Klebeck*, Drittstaatenregulierung der MiFID II und MiFIR, RdF 2014, 189; *Ferber*, MiFID II – Herzstück der europäischen Finanzmarktordnung nach der Krise, RdF 2015, 89; *Ferrarini/Saguato,* Reforming Securities and Derivatives Trading in the EU: From EMIR to MIFIR, Journal of Corporate Law Studies 13 (2013), 319; *Gomber/Nassauer,* Neuordnung der Finanzmärkte in Europa durch MiFID II/MiFIR, ZBB 2014, 250; *Güllner,* MiFID II: Die neue Handelsplatzarchitektur in der EU, WM 2017, 938; *Hackethal/Meyer,* Grenzen des Informationsmodells im Anlegerschutz – Lösungsansätze aus empirisch ökonomischer Sicht, ZVglRWiss 113 (2014), 574; *Harrison,* A New European Capital Market, Law and Financial Markets Review 8 (2014) 318; *Heuer/Schütt,* Auf dem Weg zu einer europäischen Kapitalmarktunion, BKR 2016, 45; *Hodgson,* Observations on the legal theory of finance, Journal of Comparative Economics 41 (2013), 331; *Hoops,* Die Drittstaatenregelung von MiFIR/MiFID II und ihre Umsetzung im geplanten Finanzmarktnovellierungsgesetz, ZBB 2016, 47; *Hopt,* Insiderrecht – Grundlagen, Internationale Entwicklung, ökonomischer Hintergrund, offene Fragen, FS 25 Jahre WpHG, (im Erscheinen); *Hopt,* Die Schaffung einer Kapitalmarktunion in Europa – langwierig und schwierig, aber notwendig, EuZW 2015, 289; *Jahn,* Die Finanzkrise und ihre rechtlichen Auswirkungen auf Rahmenverträge über OTC-Derivategeschäfte, BKR 2009, 25; *Kern/Wulfers,* Stärkung des Anlegerschutzes – Neuer Rechtsrahmen für Sanierungen, WM 2011, 1489; *Klöhn,* Der Beitrag der Verhaltensökonomie zum Kapitalmarktrecht, ZHR-Beiheft 75 (2011), 83; *Klöhn,* Wertpapierhandelsrecht diesseits und jenseits des Informationsparadigmas, ZHR 177 (2013), 349; *Koch,* Grenzen des informationsbasierten Anlegerschutzes – Die Gratwanderung zwischen angemessener Aufklärung und information overload, BKR 2012, 485; *Kuthe,* Änderungen des Kapitalmarktrechts durch das Anlegerschutzverbesserungsgesetz, ZIP 2004, 883; *Langenbucher,* Anlegerschutz – Ein Bericht zu theoretischen Prämissen und legislativen Instrumenten, ZHR 177 (2013), 679; *Liebscher/Ott,* Die Regulierung der Finanzmärkte – Reformbedarf und Regelungsansätze des deutschen Gesetzgebers im Überblick, NZG 2010, 841; *Maume,* Staatliche Rechtsdurchsetzung im deutschen Kapitalmarktrecht: eine kritische Bestandsaufnahme, ZHR 180 (2016), 358; *Möllers,* Effizienz als Maßstab des Kapitalmarktrechts: Die Verwendung empirischer und ökonomischer Argumente zur Begründung zivil-, straf- und öffentlich-rechtlicher Sanktionen, AcP 208 (2008), 1; *Möllers,* Europäische Methoden- und Gesetzgebungslehre im Kapitalmarktrecht, Vollharmonisierung, Generalklauseln und soft law im Rahmen des Lamfalussy-Verfahrens als Mittel zur Etablierung von Standards, ZEuP 2008, 408; *Möllers,* Sources of Law in European Securities Regulation – Effective Regulation, Soft Law and Legal Taxonomy from Lamfalussy to de Larosière, EBOR 11 (2010) 379; *Möllers/Wenninger,* Das Anlegerschutz- und Funktionsverbesserungsgesetz, NJW 2011, 1697; *Moloney,* Resetting the Location of Regulatory and Supervisory Control over EU Financial Markets: Lessons form Five Yeras on, ICLQ 62 (2013) 955; *Moloney,* The Financial Crisis and EU Securities Law-Making: A Challenge Met?, FS Hopt zum 70. Geburtstag, 2010, 2265; *Moloney,* Capital Markets Union: „Ever closer Union" for the EU Financial System, EL Rev. 41 (2016) 307; *Mülbert,* Anlegerschutz und Finanzmarktregulierung – Grundlagen, ZHR 177 (2013), 160; *Mülbert,* Konzeption des europäischen Kapitalmarktrechts für Wertpapierdienstleistungen, WM 2001, 2085; *Mülbert,* Regulierungstsunami im europäischen Kapitalmarktrecht, ZHR 176 (2012), 369; *Parmentier,* Die Entwicklung des europäischen Kapitalmarktrechts 2012–2013, EuZW 2014, 50; *Pistor,* A Legal Theory of Finance, Journal of Comparative Economics, 41 (2013), 315; *Riesenhuber,* Primärrechtliche Grundlagen der Kapitalmarkttransparenz, in Hopt/Veil/Kämmerer, Kapitalmarktgesetzgebung im Europäischen Binnenmarkt, 2008, 23; *Röh,* Compliance nach der MiFID – zwischen höherer Effizienz und mehr Bürokratie, BB 2008, 398; *Schmidt,* Das Grünbuch zur Schaffung einer Kapitalmarktunion – EU-Kapitalmarkt 4.0?, GPR 2015, 129; *Schmies,* Behavioral Finance und Finanzmarktregulierung, in Engel/Englerth/Lüdemann/Spiecker gen. Döhmann, Recht und Verhalten, 2007 165; *Schmolke,* Der Lamfalussy-Prozess im Europäischen Kapitalmarktrecht – eine Zwischenbilanz, NZG 2005, 912; *Schneider,* Internationales Kapitalmarktrecht – Regelungsprobleme, Methoden und Aufgabe, AG 2001, 269; *Schneider,* Auf dem Weg in die europäische Kapitalmarktunion: Die Vertreibung aus dem Paradies – oder auf dem Weg ins kapitalmarktrechtliche Arkadien?, AG 2012, 823; *Sester,* Zur Interpretation der Kapitalmarkteffizienz in Kapitalmarktgesetzen, Finanzmarktrichtlinien und -standards, ZGR 2009, 310; *Spindler,* Compliance in der multinationalen Bankengruppe, WM 2008, 905; *Stackmann,* Aktuelle Rechtsprechung zum Kapitalanlagerecht, NJW 2015, 988; *Veil,* Concepts of Supervisory Legislation and Enforcement in European Capital Markets Law – Observations from a Civil Law Country, EBOR 11 (2010) 409; *Veil,* Der Schutz des verständigen Anlegers durch Publizität und Haftung im europäischen und nationalen Kapitalmarktrecht, ZBB 2006, 162; *Veil,* Europäische Kapitalmarktunion – Verordnungsgesetzgebung, Instrumente der europäischen Marktaufsicht und die Idee eines „Single Rulebook", ZGR 2014, 544; *Vester,* MiFID II/MiFIR: Überblick über die Auswirkungen auf den Derivatehandel, RdF 2015, 92; *Walz,* Aktuelle ESMA-Konsultationen zu MiFID II, RdF 2014, 198; *Wilhelmi/Büchler,* Bankentrennung in der EU: Risiken und Nebenwirkungen. Der Vorschlag der Europäischen Kommission für eine Trennbanken-Verordnung, ZVglRWiss 113 (2014), 507; *Zeitler,* Vergessene Ursachen der Banken- und Finanzkrise, WM 2012, 673; *Zimmer,* Finanzmarktrecht – Quo Vadis?, BKR 2004, 421. Weitere Nachw. zu älterer Lit. → 3. Aufl. 2015.

I. WpHG als Grundgesetz des Wertpapierhandelsrechts

1 **1. Entstehungsgeschichte.** Nachdem der Kapitalmarkt ursprünglich durch verschiedene Rechtsgebiete, etwa das Aktien-, Bank- und Börsenrecht, reguliert war, entstanden Mitte der 1960er-Jahre erste europäische Überlegungen zu einer Harmonisierung des Kapitalmarktrechts und damit zur Herausbildung eines eigenständigen Rechtsgebiets.

2 **a) Verabschiedung des WpHG.** Ab Mitte der 1980er gelangte durch Aktivitäten des europäischen Gesetzgebers[1] neue Dynamik in die Debatte über eine Modernisierung des Finanzplatzes Deutschland. Ursprünglich dominierten EG- bzw. EU-Richtlinien,[2] die durch die Mitgliedstaaten gem. Art. 288 Abs. 3 AEUV in nationales Recht umzusetzen sind. Bereits bei seiner Entstehung ist das WpHG zu

---

[1] Ersichtlich bei *Vollendung des Binnenmarktes, Weißbuch der Kommission an den europäischen Rat,* Amt für amtliche Veröffentlichungen der EG Dok. KOM (85) 310 v. 14.6.1985.

[2] Zum Vorrang des Erlasses einer Richtlinie im Lichte des Subsidiaritätsgrundsatzes *Möschel* NJW 1993, 3025 (3026 f.).

großen Teilen auf die Umsetzung der EG-Insiderhandels-[3] und Transparenzrichtlinie[4] und teilweise auch der EG-Wertpapierdienstleistungsrichtlinie[5] zurückzuführen.[6] Bis dato war Insiderhandel lediglich auf Basis freiwilliger Richtlinien der Börsen reguliert[7], die aber weder die Natur einer Rechtsnorm noch eines Handelsbrauchs hatten und deren Effektivität sowohl von Seiten der Politik[8], als auch der Wirtschaft[9] und Wissenschaft[10] zunehmend in Frage gestellt wurde.[11]

Zu Beginn der 1990er waren mehrere europäische Richtlinien, die in nationales Recht umzusetzen **3** waren, sowie der drohende Bedeutungsverlust des Finanzplatzes Deutschland, der international aufgrund fehlender gesetzlicher Regelung und Kontrolle zunehmend isoliert war,[12] impulsgebend für die Fortentwicklung des deutschen Kapitalmarktrechts. Als Konsequenz veröffentlichte das Bundesministerium der Finanzen im Januar 1992 das *„Konzept Finanzplatz Deutschland"*[13], worin erstmals ein Wertpapierhandelsgesetz als zentrale, marktbezogene Kodifikation des Kapitalmarktrechts skizziert wurde.[14] Im Anschluss daran stimmten sich Bund und Länder über die Verteilung der Kompetenzen zur geplanten Wertpapiermarktaufsicht ab.[15] Es folgten diverse Umsetzungsvorschläge von Seiten der Wissenschaft und Praxis.[16] Im Juli 1993 schließlich wurde ein erster Diskussionsentwurf[17] des „Zweiten Finanzmarktförderungsgesetzes" durch das Bundesfinanzamt bekanntgegeben, der auf diesen Vorarbeiten aufbaute.[18] Nach einer grundsätzlich positiven Stellungnahme der Kreditwirtschaft[19] verabschiedete das Bundeskabinett auf Grundlage eines zweiten Diskussionsentwurfs – der insbesondere die ursprünglich vorgesehenen Verhaltenspflichten nicht mehr enthielt – am 3.11.1993 einen ersten Regierungsentwurf eines Zweiten Finanzmarktförderungsgesetzes[20], der am 27.1.1994 mitsamt den Stellungnahmen des Bundesrats[21] und der Erwiderung der Bundesregierung[22] dem Bundestag vorgelegt wurde.[23] Im Zuge der umfangreichen Anhörungen und Beratungen in den Ausschüssen[24] wurden nach dem Erlass der EG-Wertpapierdienstleistungsrichtlinie[25] auf Empfehlung des Finanzausschusses[26] auch die bereits im ersten Diskussionsentwurf enthaltenen Verhaltenspflichten wieder in die Beschlussvorlage aufgenommen.

---

[3] Richtlinie 89/592/EWG des Rates vom 13.11.1989 zur Koordinierung der Vorschriften betreffend Insider-Geschäfte, ABl. 1989 L 334/30.

[4] Richtlinie 88/627/EWG des Rates v. 12.12.1988 über die bei Erwerb und Veräußerung einer bedeutenden Beteiligung an einer börsennotierten Gesellschaft zu veröffentlichenden Informationen, ABl. 1988 L 348/1.

[5] Richtlinie 93/22/EWG des Rates v. 10.5.1993 über Wertpapierdienstleistungen, ABl. 1993 L 141/27.

[6] S. BT-Drs. 12/6679, 4 (Fn. 1).

[7] Ursprüngliche Version abgedr. in ZfK 1970, Sonderveröffentlichung in Heft 24 v. 15.12.1970; zur Neufassung von 1976 *Bremer* AG 1976, 10; in der Neufassung von 1988 abgedr. in ZIP 1988, 873; näher zu den Insider-Richtlinien *Becker,* Das neue Wertpapierhandelsgesetz, 1995, 18; *Beyer-Fehling* ZfK 1970, 1112; *Bremer* AG 1971, 55; *Bremer* BB 1971, 803; *Hopt/Will,* Europäisches Insiderrecht, 1973, 111 ff.; *Horn* ZHR 136 (1972), 369 (380 ff.); *Walther* FS Werner, 1984, 934 ff.

[8] „Die z. Z. gültige […] Insiderregelung ist […] unzulänglich": WM 1992, 420 (423).

[9] *Ernst* WM 1990, 461; *Lambsdorff* Wertpapier 1991, 1280 (1281); abwägend *v. Rosen* ZGK 1989, 658.

[10] *Bremer* BB 1971, 803; *Horn* ZHR 136 (1972), 369 (383 ff.); *Leistner* ZRP 1973, 201 (203 ff.); die freiwilligen Richtlinien dem „Bereich gefälliger Selbstdarstellung der Wirtschaft" zuordnend *Mertens* ZHR 138 (1974), 269; *Ott/Schäfer* ZBB 1991, 226 (227 f.); *Peltzer* ZIP 1994, 746; *Ulmer* JZ 1975, 625 (626 f.); Übersicht der kritischen Stimmen bei *Assmann* AG 1994, 196 (197 f.); *Jander/Zoberbier* WiB 1994, 806.

[11] Eingehend zur Entwicklung des Insiderrechts *Hopt* FS 25 Jahre WpHG, 2019, 503.

[12] *Assmann* AG 1994, 296 (199).

[13] Abgedr. in WM 1992, 420.

[14] Ausdr. WM 1992, 420 (423); näher zum Übergang von einer instituts- und rechtsformorientierten Regelungstechnik zum marktbezogenen Ansatz Fuchs/*Fuchs* Einl. Rn. 5; ausf. zum gesamten Gesetzgebungsverfahren Assmann/Schneider/Mülbert/*Assmann* Einl. Rn. 16 ff.; Kölner Komm WpHG/*Hirte/Heinrich* Einl. Rn. 57 ff.

[15] *Scharrenberg* Sparkasse 1993, 484; das Resultat der Beratungen war das unveröffentlicht gebliebene „Konzept des Bundes und der Länder für die künftige Struktur der Wertpapierhandelsaufsicht" v. 25.1.1993.

[16] Bspw. *Claussen* ZBB 1992, 267; *v. Megede,* Entwurf gesetzlicher Bestimmungen zur besseren Bekämpfung des Insider-Handels mit Wertpapieren, 1992; darauf bezugnehmend *Hopt* FS Beusch, 1993, 393 (396 ff.); sehr ausf. auch *Paeffgen* AG 1991, 380.

[17] Der Entwurf wurde nicht veröffentlicht.

[18] Dazu Assmann/Schneider/Mülbert/*Assmann* Einl. Rn. 16; Kölner Komm WpHG/*Hirte/Heinrich* Einl. Rn. 61; *Jütten* Die Bank 1993, 601; *Scharrenberg* Sparkasse 1993, 484; *Winkler* VW 1993, 1076.

[19] S. *Jütten* Die Bank 1993, 601, als „nicht oder allenfalls mit einem nicht vertretbaren Aufwand" erfüllbar wurden nur die Verhaltensregeln kritisiert; eine Übersicht zu den Stellungnahmen der Wirtschaft bietet *Scharrenberg* Sparkasse 1993, 484 (485 f.).

[20] Entwurf eines Gesetzes über den Wertpapierhandel und zur Änderung börsenrechtlicher und wertpapierrechtlicher Vorschriften der Bundesregierung, BR-Drs. 793/93 v. 5.11.1993; dazu *Happ* JZ 1994, 240.

[21] BT-Drs. 12/6679 Anl. 2, 94 ff.

[22] BT-Drs. 12/6679 Anl. 3, 101 ff.

[23] BT-Drs. 12/6679; dazu auch Assmann/Schneider/Mülbert/*Assmann* Einl. Rn. 17.

[24] Stellungnahme des Bundesrates BT-Drs. 12/7918, 94 f.; Bericht des Finanzausschusses BT-Drs. 12/7918, 95 ff.; Bericht des Haushaltsausschusses BT-Drs. 12/7919.

[25] Richtlinie des Rates v. 10.5.1993 über Wertpapierdienstleistungen (93/22/EWG), ABl. 1993 L 141/27; s. auch *Schäfer* AG 1993, 389.

[26] Dabei bezugnehmend auf Art. 10, 11 EG-Wertpapierdienstleistungsrichtlinie BT-Drs. 12/7918, 97.

4   Am 17.6.1994 stimmte der Bundestag dem geänderten Entwurf des zweiten Finanzmarktförderungsgesetzes zu, dessen Art. 1 das neue WpHG bildete.[27] Drei Wochen später, am 8.7.1994,
passierte das Gesetz auch den Bundesrat[28], wurde am 26.7.1994 verkündet[29] und trat in Teilen zum
1.8.1994 und vollständig zum 1.1.1995 in Kraft.[30] Dass die Umsetzungsfristen sowohl der Transparenz-
als auch der Insiderhandelsrichtlinie teils erheblich überschritten wurden,[31] ist auf die langwierigen
Debatten über die Kompetenzverteilung für die neue Wertpapieraufsicht[32] und die Tatsache zurückzuführen, dass das Zweite Finanzmarktförderungsgesetz der Umsetzung mehrerer europäische Richtlinien dienen sollte.[33]

5   Das zweite Finanzmarktförderungsgesetz stieß auf positive Resonanz[34] und wurde als das „wichtigste
börsen- und kapitalmarktrechtliche Gesetz seit 100 Jahren"[35], als „Meilenstein"[36] und Beginn einer
„neuen Ära des deutschen Kapitalmarktrechts"[37] bezeichnet. Das Wertpapierhandelsgesetz regelte
einen wesentlichen Teil des Wertpapierhandels, enthielt insbesondere Regelungen zum Marktmissbrauch, Informationspflichten am Sekundärmarkt sowie die Wohlverhaltenspflichten der WpDU und
wurde so zum „Grundgesetz" des Kapitalmarktrechts.[38]

6   **b) Anpassung an geänderte europäische Vorschriften.** In den folgenden Jahren wurde das
WpHG auf Grundlage zahlreicher EG- und EU-Richtlinien umfassenden Änderungen unterzogen.
Die wichtigsten Änderungen sind:

1. Gesetz zur weiteren Fortentwicklung des Finanzplatzes Deutschland v. 21.6.2002 – „Viertes
   Finanzmarktförderungsgesetz" (BGBl. 2002 I 2010 ff.): Erweiterung der Meldepflichten[39]
2. Gesetz zur Modernisierung des Investmentwesens und zur Besteuerung von Investmentvermögen
   v. 15.12.2003 – „Investmentmodernisierungsgesetz" (BGBl. 2003 I 2676 ff.): Änderungen bezüglich der Aufsicht über Melde- und Verhaltenspflichten[40] – Umsetzung der Änderungsrichtlinien
   2001/107/EG und 2001/108/EG
3. Gesetz zur Verbesserung des Anlegerschutzes v. 28.10.2004 – „Anlegerschutzverbesserungsgesetz"
   (BGBl. 2004 I 2630 ff.): Einführung des Begriffs der Insiderinformation, erhebliche Änderungen
   der Ad-hoc-Publizität, Director's Dealings, Einführung der Insiderverzeichnisse und der verdachts-
   bezogenen Anzeigepflicht, Erweiterung des Anwendungsbereichs der Finanzanalyseregelungen[41] –
   Umsetzung der Richtlinien 2003/6/EG über Insidergeschäfte und Marktmanipulationen, 2003/
   124/EG und 2004/72/EG über zulässige Marktpraktiken, Insiderinformationen über Warenderivate, die Erstellung von Insiderverzeichnissen, die Meldung von Eigengeschäften und die Anzeige
   verdächtiger Transaktionen
4. Gesetz zur Umsetzung der Richtlinie 2004/109/EG v. 5.1.2004 – „Transparenzrichtlinie-Umsetzungsgesetz" (BGBl. 2004 I 10 ff.): Regelung der regelmäßigen und laufenden Anlegerinformation
   durch kapitalmarktorientierte Unternehmen, Änderung der Beteiligungspublizität und des übrigen
   Publikationsregimes, Einführung des Herkunftsstaatsprinzips, Regelungen zur elektronischen Bereitstellung von Informationen zur Hauptversammlung und des Handelsregisters[42]
5. Gesetz zur Umsetzung der Richtlinie über Märkte für Finanzinstrumente und der Durchführungsrichtlinie der Kommission v. 16.7.2007 – „Finanzmarktrichtlinie-Umsetzungsgesetz" (BGBl. 2007
   I 1330 ff.): Neuregelung des Anwendungsbereichs, der Kundenklassifizierung, der Verhaltenspflichten und der rechtlichen Grundlagen zur Ausführung von Wertpapiergeschäften[43] – Umsetzung der Richtlinie 2004/39/EG
6. Gesetz zur Änderung des Investmentgesetzes und zur Anpassung anderer Vorschriften v.
   21.12.2007 – „Investmentänderungsgesetz" (BGBl. 2007 I 3089 ff.): geringfügige Änderung der

---

[27] Zum Zweiten Finanzmarktförderungsgesetz *Jander/Zoberbier* WiB 1994, 806; *Kümpel* WM 1994, 229; *Riepe*
DStR 1994, 1236; *Weber* NJW 1994, 2849; *Wessel* WM 1994, 1418.
[28] BR–Drs. 585/94.
[29] BGBl. 1994 I 1749.
[30] BGBl. 1995 I 1784 aE.
[31] Die Insiderhandelsrichtlinie hätte bis zum 1.6.1992 umgesetzt werden müssen, die Frist zur Umsetzung der
Transparenzrichtlinie lief sogar bereits zum 1.1.1991 ab.
[32] *Claussen* ZBB 1992, 267.
[33] *Assmann* AG 1994, 196 (199).
[34] ZB *Riepe* DStR 1994, 1236 (1240); *Wessel* WM 1994, 1418.
[35] Vgl. Baumbach/Hopt/*Kumpan* Einl. WpHG Rn. 1.
[36] *Wittig* in Kümpel/Wittig BankR und KapMarktR Rn. 1.26; *Steuer* FS Kümpel, 2003, 519 (526).
[37] *Wittig* in Kümpel/Wittig BankR und KapMarktR Rn. 1.26; *Steuer* FS Kümpel, 2003, 519 (526).
[38] *Hopt* ZHR 159 (1995), 135; ähnl. Staub/*Grundmann* Bd. 11/2 Einl. Rn. 5; Kölner Komm WpHG/*Hirte*/
Heinrich Einl. Rn. 3, 57; zum WpHG als „Zentrum einer markt- und vertriebsbezogenen Kapitalmarktregelung"
Assmann/Schneider/Mülbert/*Assmann* Einl. Rn. 11.
[39] JVRB/*Ritz* Einl. Rn. 26.
[40] Kölner Komm WpHG/*Hirte*/*Heinrich* Einl. Rn. 75 f.
[41] Assmann/Schneider/Mülbert/*Assmann* Einl. Rn. 29.
[42] Fuchs/*Fuchs* Einl. Rn. 50 ff.
[43] Kölner Komm WpHG/*Hirte*/*Heinrich* Einl. Rn. 83a.

Transparenzregelungen und der Bestimmungen bezüglich der Zurechnung von Stimmrechtsanteilen[44] – Anpassung an die Richtlinie 85/611/EWG s zur Koordinierung der Rechts- und Verwaltungsvorschriften betreffend bestimmte Organismen für gemeinsame Anlagen in Wertpapieren (OGAW)

7. Gesetz zur Umsetzung der Richtlinie 2010/78/EU vom 24.11.2010 im Hinblick auf die Errichtung des europäischen Finanzaufsichtssystems v. 4.2.2011 (BGBl. 2011 I 1981 ff.): Änderungen bezüglich der Zusammenarbeit mit der ESMA[45]
8. Gesetz zur Umsetzung der Richtlinie 2010/73/EU und zur Änderung des Börsengesetzes v. 26.6.2012 (BGBl. 2012 I 1375 ff.): weiterer Ausbau des Herkunftsstaatsprinzips
9. Gesetz zur Umsetzung der Richtlinie 2011/61/EU über die Verwalter alternativer Investmentfonds v. 4.7.2013 „AIFM-Umsetzungsgesetz" (BGBl. 2013 I 1981 ff.): Wertpapierbegriff umfasst nun auch geschlossene Investmentfonds[46]
10. Gesetz zur Verringerung der Abhängigkeit von Ratings v. 10.12.2014 (BGBl. 2014 I 2085): Anpassung der Verweise an neueste Verordnungen
11. Gesetz zur Umsetzung der Transparenzrichtlinie, Änderungsrichtlinie v. 20.5.2015 (BGBl. 2015 I 2029 ff.): Anpassung der Beteiligungspublizität, Verschärfung des Sanktionsregimes im Hinblick auf Verstöße gegen Transparenzvorschriften[47] – Umsetzung der Richtlinie 2013/50/EU
12. Gesetz zur Stärkung der nichtfinanziellen Berichterstattung der Unternehmen in ihren Lage- und Konzernlageberichten v. 11.4.2017 – „CSR-Richtlinie-Umsetzungsgesetz" (BGBl. 2017 I 802 ff.): Einführung neuer Berichtspflichten für kapitalmarktorientierte Unternehmen[48]

c) Finanzmarktnovellierungsgesetze. Das WpHG wurde jüngst grundlegend durch die beiden 7 Finanzmarktnovellierungsgesetze (FiMaNoG), namentlich das 1. FiMaNoG[49] zum 2.7.2016 und anschließend das 2. FiMaNoG[50] zum 3.1.2018, an die MAR sowie die neue Finanzmarktrichtlinie (MiFID II)[51] und die Finanzmarktverordnung (MiFIR)[52] angepasst.[53] Die MiFID II zielt auf die weitere Harmonisierung des europäischen Kapitalmarktrechts und soll den veränderten Gegebenheiten am Kapitalmarkt – insbesondere der steigenden Zahl an Anlegern und der globalen Finanzmarktkrise – Rechnung tragen.[54]

aa) Erstes Finanzmarktnovellierungsgesetz (1. FiMaNoG). (1) Grundlegendes. Das am 8 30.6.2016 im Bundestag beschlossene und zum 2.7.2016 in Kraft getretene 1. FiMaNoG[55] diente der Umsetzung der neuen Marktmissbrauchsrichtlinie (CRIM-MAD)[56] in nationales Recht sowie der Implementierung der neuen Markmissbrauchsverordnung[57] (MAR) und der Verordnungen VO (EU) Nr. 909/2014[58] und VO (EU) Nr. 1286/2014[59]. Ursprünglich sollten in diesem Gesetz auch die Vorgaben der MiFID II und der MiFIR umgesetzt werden.[60] Nachdem deren Inkrafttreten allerdings

---

[44] Kölner Komm WpHG/*Hirte/Heinrich* Einl. Rn. 83b.

[45] Assmann/Schneider/Mülbert/*Assmann* Einl. Rn. 57.

[46] Kölner Komm WpHG/*Hirte/Heinrich* Einl. Rn. 84j.

[47] BT-Drs. 18/5010, 2.

[48] Vgl. BT-Drs.18/9982, 1 f.

[49] Erstes Gesetz zur Novellierung von Finanzmarktvorschriften auf Grund europäischer Rechtsakte (Erstes Finanzmarktnovellierungsgesetz – 1. FiMaNoG) v. 30.6.2016, BGBl. 2016 I 1514.

[50] Zweites Gesetz zur Novellierung von Finanzmarktvorschriften auf Grund europäischer Rechtsakte (Zweites Finanzmarktnovellierungsgesetz – 2. FiMaNoG) v. 23.6.2017, BGBl. 2017 I 1693.

[51] Richtlinie 2014/65/EU des Europäischen Parlaments und des Rates vom 15.5.2014 über Märkte für Finanzinstrumente sowie zur Änderung der Richtlinien 2002/92/EG und 2011/61/EU, ABl. 2014 L 173, 349.

[52] Verordnung (EU) Nr. 600/2014 des europäischen Parlaments und des Rates v. 15.5.2014 über Märkte für Finanzinstrumente und zur Änderung der Verordnung (EU) Nr. 648/2012 (MiFIR), ABl. 2014 L 173, 84.

[53] Hierzu ausf. *Bley* WM 2018, 162; *Busch* WM 2017, 409; *Buck-Heeb* CCZ 2016, 2; *Jordans* BKR 2017, 273; *Meixner* ZAP 2017, 911; *Roth/Blessing* CCZ 2017, 163; *Roth/Blessing* CCZ 2017, 8; *Roth/Blessing* CCZ 2016, 258.

[54] Erwägungsgrund 2, 3, 4 zu Richtlinie 2014/65/EU, ABl. 2014 L 173/349.

[55] Erstes Gesetz zur Novellierung von Finanzmarktvorschriften auf Grund europäischer Rechtsakte (Erstes Finanzmarktnovellierungsgesetz (1. FiMaNoG) v. 30.6.2016, BGBl. 2016 I 1514.

[56] Richtlinie 2014/57/EU des europäischen Parlaments und des Rates v. 16.4.2014 über strafrechtliche Sanktionen bei Marktmanipulation, ABl. 2014 L 173/179, sog. „CRIM-MAD".

[57] Verordnung (EU) Nr. 596/2014 des europäischen Parlaments und des Rates v. 16.4.2014 über Marktmissbrauch und zur Aufhebung der Richtlinie 2003/6/EG des Europäischen Parlaments und des Rates und der Richtlinien 2003/124/EG, 2003/125/EG und 2004/72/EG der Kommission, ABl. 2014 L 173/1.

[58] Verordnung (EU) Nr. 909/2014 des europäischen Parlaments und des Rates v. 23.7.2014 zur Verbesserung der Wertpapierlieferungen und -abrechnungen in der Europäischen Union und über Zentralverwahrer sowie zur Änderung der Richtlinien 98/26/EG und 2014/65/EU und der Verordnung (EU) Nr. 236/2012, ABl. 2014 L 257/1.

[59] Verordnung (EU) Nr. 1286/2014 des europäischen Parlaments und des Rates v. 26.11.2014 über Basisinformationsblätter für verpackte Anlageprodukte für Kleinanleger und Versicherungsanlageprodukte (PRIIP), ABl. 2014 L 352/1.

[60] S. Referentenentwurf zu einem Finanzmarktnovellierungsgesetz v. 19.10.2015 (abrufbar unter: http://www.caplaw.eu/de/Rechtsgebiete/Kapitalmarktrecht/Artikelgesetze/394/1._FiMaNoG.htm, letzter Zugriff: 5.12.2019).

auf europäischer Ebene verschoben wurde entschied sich der Gesetzgeber für eine Aufspaltung des Vorhabens in zwei Finanzmarktnovellierungsgesetze.[61] Zwar betraf die Novelle hauptsächlich das WpHG und das KWG[62], daneben wurden aber auch noch Änderungen am BörsG[63] und anderen Nebengesetzen vorgenommen.[64] Die unionsrechtlichen Vorgaben wurden im Wesentlichen 1:1 in deutsches Recht umgesetzt.[65]

9   **(2) Inhaltliche Änderungen am WpHG.**[66] Mit Inkrafttreten der MAR wurden viele Normen des WpHG insbesondere zum Insider- und Marktmissbrauchsrecht, zur Ad-hoc-Publizität und zu den Directors' Dealings, obsolet[67] und daher aufgehoben.[68] An ihre Stelle traten zum Teil neue Regelungen zur Marktmissbrauchsüberwachung, Verordnungsermächtigungen, Übermittlungspflichten im Rahmen von Insidergeschäften sowie Aufzeichnungspflichten.[69] Im Wesentlichen konzentriert sich das WpHG nunmehr vor allem – neben der Beteiligungs- und Regelpublizität – auf die Wohlverhaltenspflichten gem. §§ 63 ff. (→ Rn. 2 f.). Das „Grundgesetz" des Kapitalmarktrechts bildet das WpHG daher nun nicht mehr allein, sondern gemeinsam mit der MAR.

10   Weiterhin wurden die Befugnisse der BaFin zur Rechtsdurchsetzung, insbesondere im Hinblick auf Betretungs- und Durchsuchungsrechte erheblich ausgeweitet.[70] Außerdem wurden die Sanktionen für wertpapierhandelsrechtliche Verstöße in den §§ 38, 39 aF (heute §§ 119 f.) erheblich verschärft. Die Grundlage hierfür bildete unter anderem der Katalog des Art. 30 Abs. 2 MAR sowie die CRIM-MAD, die die Mitgliedstaaten zu einem verwaltungs- bzw. strafrechtlichen Mindeststandard an Sanktionen verpflichten. Beispielsweise wurde der Strafrahmen für Marktmanipulationen bestimmter Personengruppen auf Freiheitsstrafen von bis zu 10 Jahren erweitert[71] und die Bußgeldhöchstgrenze für natürliche Personen auf 5 Mio. EUR und für juristische Personen auf 15 Mio. EUR bzw. 15 % des Gesamtumsatzes erhöht (Art. 30 Abs. 2 lit. i, j MAR).[72]

11   **(3) Kontroverse über „Generalamnestie" im Kapitalmarktrecht.** Seit der Neufassung des WpHG durch das 1. FiMaNoG verweisen die Sanktionsnormen statt auf die ehemaligen Verbotstatbestände des WpHG direkt auf die MAR. Die Zeitpunkte des Inkrafttretens des 1. FiMaNoG und der Anwendbarkeit der MAR fielen allerdings auseinander. Die Blanketttatbestände der §§ 38, 39 aF (heute §§ 119, 120) traten bereits am 2.7.2016 in Kraft,[73] während die entsprechenden Normen der MAR erst zum 3.7.2016 wirksam wurden.[74]

12   Auf dieser Grundlage entwickelte sich in der Folgezeit eine Debatte darüber, ob diese mutmaßliche Unachtsamkeit des Gesetzgebers[75] aufgrund des Meistbegünstigungsgrundsatzes aus § 2 Abs. 3 StGB, § 4 Abs. 3 OWiG[76] faktisch zu einer „Generalamnestie" für Verstöße gegen die Vorgaben der MAR geführt hat.[77] Mit Beschluss vom 10.1.2017[78] setzte der BGH der Diskussion ein Ende

---

[61] Vgl. auch BT-Drs. 18/7481, 3; *Pötzsch* WM 2016, 11 (13).

[62] Gesetz über das Kreditwesen v. 9.9.1998, BGBl. 1998 I 2776. Zu den Änderungen des KWG durch das 1. FiMaNoG: *Brogl* jurisPR-BKR 4/2017 Anm 1.

[63] Börsengesetz v. 16.7.2007, BGBl. 2007 I 1330.

[64] Redaktionelle Anpassungen erfolgten zudem am KAGB, VAG, FinDAG, VermAnlG, DepotG, KlASG, sowie an der GewO.

[65] BT-Drs. 18/7481, 3.

[66] Eine grobe Übersicht hierzu findet sich in der Beschlussempfehlung des Finanzausschusses BT-Drs. 18/8099, 97 ff.; zum 1. FiMaNoG insgesamt Staub/*Grundmann* Bd. 11/1 6. Teil Rn. 1158; *Jordans* BKR 2017, 273 (276 ff.); *Poelzig* NZG 2016, 492; *Poelzig* NZG 2016, 528; *Poelzig* NZG 2016, 761; *Roth* GWR 2016, 67 (70 f.); *Roth* GWR 2016, 291; mit Schwerpunkt auf dem Aspekt der Rechtsdurchsetzung *Maume* ZHR 180 (2016), 358.

[67] Ehemals §§ 12–14, 15, 15a, 15b, 20a WpHG aF.

[68] S. Art. 1 Nr. 11–14, 21, 22 1. FiMaNoG.

[69] Vgl. Art. 1 Nr. 13 1. FiMaNoG.

[70] Art. 1 Nr. 6 ff. 1. FiMaNoG; Überblick bei *Jordans* BKR 2017, 273 (278); *Poelzig* NZG 2016, 492; *Roth* GWR 2016, 291 (292).

[71] S. Art. 1 Nr. 35 1. FiMaNoG.

[72] Art. 1 Nr. 36 FiMaNoG; zur Neuordnung der Bußgeldhöhen durch das 1. FiMaNoG *Maume* ZHR 180 (2016), 358 (383); *Poelzig* NZG 2016, 492 (497 ff.); *Poelzig* NZG 2016, 528 (537).

[73] Art. 17 Abs. 1 1. FiMaNoG.

[74] Art. 39 Abs. 2 MAR; dazu auch EuGH Urt. v. 17.11.2011 – C-412/10, Slg 2011, I-11603–11636 = NJW 2012, 441 Rn. 24.

[75] Ausf. Kritik an der Qualität der Gesetzgebung im Bereich des Kapitalmarktrechts bei *Simons* AG 2016, 651.

[76] Gesetz über Ordnungswidrigkeiten v. 19.2.1987 BGBl. 1987 I 602.

[77] Aufgeworfen wurde das Problem erstmals von *Rothenfußer* BörsZ Nr. 128 v. 7.7.2016, 13; zu diesem Beitrag nahm die BaFin bereits am folgenden Tag (!) in einer Mitteilung Stellung: Mitteilung der BaFin v. 8.7.2016 (abrufbar unter: https://www.bafin.de/SharedDocs/Veroeffentlichungen/DE/Pressemitteilung/2016/pm_160708_bz_keine_ahndungsluecke.html, letzter Zugriff: 5.12.2019); s. zum Ganzen *Brand/Hotz* ZIP 2017, 1450; *Bülte/Müller* NZG 2017, 205; *Klöhn/Büttner* ZIP 2017, 1801; *Möllers/Herz* JZ 2017, 445; *Rossi* ZIP 2016, 2437; *Rothenfußer/Jäger* NJW 2016, 2689; *Saliger* WM 2017, 2329; zuletzt *Stage* jurisPR-StrafR 3/2018 Anm 1.

[78] BGH Beschl. v. 10.1.2017 – 5 StR 532/16, NJW 2017, 966 (mkritAnm Rossi) = NStZ 2017, 234 (mkritAnm Pananis) = NZG 2017, 236 (mkritAnm Brand/Hotz) = NZWiSt 2017, 146 (mausfAnm Bergmann/Vogt); hierzu auch *Hölken* jurisPR-InsR 9/2017 Anm 2.

und erklärte die MAR aufgrund des Verweises in den §§ 38, 39 aF als bereits am 2.7.2016 innerhalb des Bundesrechts für mit anwendbar und lehnte damit – bestätigt durch das BVerfG[79] – die Existenz einer solchen Ahndungslücke ab.[80]

bb) Zweites Finanzmarktnovellierungsgesetz. (1) Grundlegendes. Auch das am 23.6.2017　**13** beschlossene[81] 2. FiMaNoG[82] diente der Umsetzung europäischen Sekundärrechts und führte zu erheblichen Änderungen des WpHG. Die Grundlagen bildeten namentlich die MiFID II[83] und die MiFIR[84], die inhaltlich weitgehend 1:1 in deutsches Recht umgesetzt wurden.[85] Neben dem WpHG wurden auch das KWG und BörsG sowie weitere Gesetze und Rechtsverordnungen geändert.[86] Ferner wurden die Wertpapier-Meldeverordnung[87], die Finanzanalyseverordnung[88] und die Marktmanipulations-Konkretisierungsverordnung[89] aufgehoben.[90]

(2) Inhaltliche Änderungen am WpHG. Mit dem 2. FiMaNoG wurden die Normen des WpHG　**14** neu durchnummeriert, während die Gesetzessystematik selbst im Ganzen aber weitgehend unverändert blieb.[91] Die bisher bestehende Handelsplatzarchitektur aus geregelten Märkten, multilateralen Handelssystemen (MTF) und systematischen Internalisierern (SI) wurde um die Auffangkategorie des „organisierten Handelssystems" (OTF) erweitert, um bestimmte Handelsplätze regulieren zu können, die bisher keinen Transparenzvorschriften unterworfen waren.[92] Zusätzlich wurden die Begriffe der Wertpapierdienstleistung in § 2 Abs. 8 und des Finanzinstruments[93] weiter gefasst.[94] Zudem wurden Regelungen im Umgang mit Drittstaaten eingeführt.[95]

Durch das 2. FiMaNoG vollständig neu eingeführt wurden Vorschriften zu Positionslimits und　**15** Datenbereitstellungsdiensten in den §§ 54–57, 58–62. Darüber hinaus wurden die Ermittlungs- und Aufsichtsbefugnisse neu definiert und sind nunmehr in den §§ 6–24 geregelt.

Außerdem wurden die **Verhaltens- und Organisationspflichten** der Wertpapierdienstleistungs-　**16** unternehmen gem. §§ 63 ff. bzw. 80 ff. geändert.[96] Zu den Änderungen gehören die Einführung von Produktüberwachungspflichten[97] in den §§ 63 Abs. 4 und 5, 80 Abs. 9–13 und von Regelungen zur Erhöhung der Kostentransparenz gem. § 63 Abs. 7 S. 4, 5.[98] Die Informations- und Beratungspflichten speziell bei der Anlageberatung wurden unter dem Gesichtspunkt des Anleger-

---

[79] Beschlüsse der 2. Kammer des Zweiten Senats des BVerfG v. 3.5.2018 – 2 BvR 463/17, ZIP 2018, 1126 ff. und v. 13.6.2018 – 2 BvR 375/17, 2 BvR 1785/17, WM 2018, 1251.

[80] S. auch BGH Beschl. v. 8.8.2018 – 2 StR 210/16, NStZ-RR 2019, 49.

[81] Vgl. zum Gesetzgebungsverlauf *Jordans* BKR 2017, 273 (279).

[82] Zweites Gesetz zur Novellierung von Finanzmarktvorschriften auf Grund europäischer Rechtsakte (Zweites Finanzmarktnovellierungsgesetz – 2. FiMaNoG) v. 23.6.2017, BGBl. 2017 I 1693; ein erster Referentenentwurf wurde im September 2016 veröffentlicht, [nicht mehr abrufbar]; Reaktionen aus der Praxis zu dem Entwurf zu finden bei *DAV Bank- und Kapitalmarktrechtsausschuss/DAV-Handelsrechtsausschuss* NZG 2016, 1301; *Deutsche Börse* (abrufbar unter: https://www.bundestag.de/blob/496068/2eb3ce825022be832eab68c1b6a1fe5a/06-data.pdf, letzter Zugriff: 5.12.2019).

[83] Richtlinie 2014/65/EU des europäischen Parlaments und des Rates v. 15.5.2014 über Märkte für Finanzinstrumente sowie zur Änderung der Richtlinien 2002/92/EG und 2011/61/EU, ABl. 2014 L 173/349; dazu beispielhaft *Busch/Ferraini*, Regulation of the EU Financial Markets, MiFID II and MiFIR, 2017; *JVRB/Ritz* Einl. Rn. 74 ff.; *Pfisterer*, Die neuen Regelungen der MiFID II zum Anlegerschutz, 2016; *Baur* jurisPR-BKR 6/2017, Anm 1; *Bortenlänger* RdF 2017, 177; *Grundmann* ZBB 2018, 1; *Güllner* WM 2017, 938; *Jordans* BKR 2017, 273 (275 f.); *Lange/Baumann/Prescher/Rüter* DB 2018, 556; *Roth/Blessing* CCZ 2016, 258; 2017, 8; 2017, 163; mit Bezug zur Drittstaatenwirkung der MiFID II *Hoops* ZBB 2016, 47; *Sethe* SZW 2014, 615; *Sethe* SJZ 2014, 477.

[84] Verordnung (EU) Nr. 600/2014 des europäischen Parlaments und des Rates v. 15.5.2014 über Märkte für Finanzinstrumente und zur Änderung der Verordnung (EU) Nr. 648/2012, ABl. 2014 L 173/84; s. inhaltlich dazu auch BT-Drs. 18/10936, 1.

[85] S. BT-Drs. 18/10936, 3.

[86] Namentlich das WpÜG, KAGB, VAG, FinDAG, TEHG, HGB und das KASchG.

[87] Verordnung über die Meldepflichten beim Handel mit Wertpapieren und Derivaten v. 21.12.1995, BGBl. 1995 I 2094.

[88] Verordnung über die Analyse von Finanzinstrumenten, BGBl. 2004 I 3522.

[89] Verordnung zur Konkretisierung des Verbotes der Marktmanipulation, BGBl. 2005 I 515.

[90] Gem. Art. 25 des 2. FiMaNoG.

[91] Krit. *Grundmann* ZBB 2018, 1 (4 f.).

[92] Vgl. Erwägungsgrund 4, 10 MiFID II, Nr. 8 ff. MiFIR; ausf. *Güllner* WM 2017, 938; *Hoops* RdF 2017, 14; zu den Auswirkungen der neuen Handelsplatzarchitektur auf systematische Internalisierer *Hoops* WM 2017, 319.

[93] Vgl. Annex I C Nr. 6 und Nr. 11 MiFID II.

[94] Vgl. hierzu BT-Drs. 18/10936, 221.

[95] S. *Hoops* ZBB 2016, 47; *Sethe* SZW 2014, 615.

[96] Dazu ausf. Kommentierung nach neuer Rechtslage Staub/*Binder* Bd. 11/2 7. und 8. Teil; sowie *Bley* WM 2018, 162; *Buck-Heeb/Poelzig* BKR 2017, 485; *Grundmann* ZBB 2018, 1 (9 ff.); *Lange/Baumann/Prescher/Rüter* DB 2018, 556; *Lercara/Kittner* RdF 2018, 100; ausf., aber noch zur alten Rechtslage *Einsele* ZHR 180 (2016), 233.

[97] Sog. „Product Governance", weiterführend *Bley* WM 2018, 162; *Bley* AG 2017, 806; *Lange* DB 2014, 1723; Überblick bei *Pfisterer*, Die neuen Regelungen der MiFID II zum Anlegerschutz, 2016, 24 ff.; mit Schwerpunkt auf den Änderungen im Rahmen des Fondvertriebsgeschäfts *Glander/Kittner* RdF 2016, 13 ff.

[98] S. auch *Buck-Heeb/Poelzig* BKR 2017, 485 (487 f.).

schutzes[99] und der Vermeidung von Interessenkonflikten[100] in § 64 umfangreich ausgebaut.[101] Ferner wurden in diesem Zusammenhang neue Vorschriften zur Sachkunde und Vergütung von Anlageberatern erlassen.[102]

17   Zudem wurden die Aufzeichnungspflichten in § 83 ausgeweitet[103] und neue Veröffentlichungspflichten für Handels- und Ausführungsplätze sowie systematische Internalisierer im Rahmen der *„best execution policy"* in § 82 Abs. 9–11 eingeführt.[104] Schließlich ist in diesem Zusammenhang die Verschärfung der Zulässigkeitsvoraussetzungen für Zuwendungen in § 64 Abs. 5, 7 und § 70 zu nennen.[105] Generell führte das 2. FiMaNoG zu einer gegenüber der alten Rechtslage deutlich detaillierteren Ausgestaltung der Verhaltens- und Organisationspflichten bei der Erbringung von Wertpapierdienstleistungen.[106]

18   Die vom Bundesrat geäußerte Kritik[107] an der Erweiterung der Sanktionen durch das 1. FiMaNoG fand im 2. FiMaNoG keine Berücksichtigung.[108] Stattdessen erfolgte eine neuerliche Verschärfung der kapitalmarktrechtlichen Sanktionsvorschriften. Eingeführt wurde die Strafbarkeit für den Versuch von Marktmanipulationen bei Waren und ausländischen Zahlungsmitteln[109], zumindest aber auch ein verringerter Strafrahmen für minder schwere Fälle in § 119 Abs. 5.[110]

19   **2. Kapitalmarkt als Regelungsgegenstand.** Das WpHG und die MAR regeln den Kapitalmarkt im weiteren Sinne[111], erfassen also nicht nur den Handel mit Wertpapieren (Kapitalmarkt im engeren Sinn), sondern den Handel mit Finanzinstrumenten § 2 Abs. 4. Zu den Finanzinstrumenten gehören neben den Wertpapieren ieS (§ 2 Abs. 1) wie zB Aktien oder Schuldverschreibungen (Anleihen), auch Geldmarktinstrumente (§ 2 Abs. 2); Derivate (§ 2 Abs. 3), wie zB Aktienoptionen; Anteile an Investmentvermögen iSd § 1 Abs. 1 Kapitalanlagegesetzbuch[112] (KAGB), zB Immobilienfondsanteile; und Vermögensanlagen iSd § 1 Abs. 2 Vermögensanlagengesetz[113] (VermAnlG), wie zB Nachrangdarlehen. Das Kapitalmarktrecht ist damit nicht auf Kapitalmärkte im engeren Sinne beschränkt, sondern umfasst auch Derivate- und Geldmärkte und ist daher genauer als „Finanzmarktrecht" zu bezeichnen.[114] Auf dem Kapitalmarkt stellen Anleger dem Emittenten ihr Kapital in Form von Eigen- und Fremdkapital für eine gewisse Zeit zur Verfügung.[115] Eigenkapital, also grundsätzlich nicht rückzahlbares Kapital,[116] sind insbsd. Unternehmensbeteiligungen, wie zB Aktien oder Anteile an einer Personengesellschaft. Fremdkapital wird dagegen vom Kapitalnehmer kreditweise bezogen, sodass dem Kapitalgeber (Anleger) nach Ablauf einer vereinbarten Zeit ein Rückzahlungsanspruch zusteht.[117] Fremdkapitalbezogene Finanzinstrumente sind zB Schuldverschreibungen (Anleihen), partiarische Darlehen oder Nachrangdarlehen.[118]

20   **a) Segmente des Kapitalmarktes: Primär- und Sekundärmarkt.** Zu unterscheiden sind Primärmarkt und Sekundärmarkt.[119] **Primärmarkt** meint hierbei den Markt, auf dem die neu emit-

---

[99] Vgl. Erwägungsgrund 4 MiFID II.

[100] *Grundmann* ZBB 2018, 1.

[101] Ausf. *Buck-Heeb/Poelzig* BKR 2017, 485 (490 f.); *Glander/Kittner* RdF 2016, 13 (17 ff.); *Lange/Baumann/ Prescher/Rütter* DB 2018, 556 (557 f.).

[102] S. *Grundmann* ZBB 2018, 1 (12 f.).

[103] Überblick bei *Lange/Baumann/Prescher/Rüter* DB 2018, 556 (558 f.); ausf. Staub/*Binder* Bd. 11/2 7. Teil Rn. 108 ff.; *Roth/Blessing* CCZ 2017, 8.

[104] Dazu *Lange/Baumann/Prescher/Rüter* DB 2018, 556 (559 f.).

[105] Weiterführend *Döser* jurisPR–BKR 12/2017, Anm 1.

[106] Vgl. auch *Grundmann* ZBB 2018, 1 (14).

[107] BT-Drs. 18/11290, 10 f.

[108] Krit. zu diesem Komplex der Reform *Achenbach* wistra 2018, 13; *Pauka/Link/Armenat* WM 2017, 2092.

[109] BT-Drs. 18/10936, 91 f., 151.

[110] Krit. *Pauka/Link/Armenat* WM 2017, 2092 (2094 ff.).

[111] Zu diesen Begriffen *Buck-Heeb,* Kapitalmarktrecht, 10. Aufl. 2019, Rn. 66 ff.; *Poelzig,* Kapitalmarktrecht, 2018, Rn. 5; *Seiler/Geier* in Schimansky/Bunte/Lwowski BankR-HdB Rn. 2 f.; allg. zum Begriff des Kapitalmarktes *Hopt* FS 50 Jahre BGH Bd. II, 2000,497 (498 f.); *Lenenbach,* Kapitalmarktrecht, 2. Aufl. 2010, Rn. 1.78 ff.

[112] Kapitalanlagegesetzbuch v. 4.7.2013, BGBl. 2013 I 1981.

[113] Gesetz über Vermögensanlagen v. 6.12.2011, BGBl. 2011 I 2481.

[114] *Merkt/Rossbach* JuS 2003, 217 (224).

[115] Vgl. die Legaldefinition in § 2 Abs. 4; dazu Staub/*Grundmann* Bd. 11/2 5. Teil Rn. 86 ff., Staub/*Grundmann* Bd. 11/2 8. Teil Rn. 63; Schwark/Zimmer/*Kumpan* § 2 Rn. 58 f.; ausf. zum Begriff: *Lehmann,* Finanzinstrumente, 2009, 283 ff.; *Lenenbach,* Kapitalmarktrecht, 2. Aufl. 2010, Rn. 10.4; vgl. auch *Wilhelm,* Kapitalgesellschaftsrecht, 4. Aufl. 2018, Rn. 23.

[116] Zum Begriff vgl. MüKoAktG/*Schürnbrand* AktG Vor § 182 Rn. 16 ff.; *Drygala/Staake/Szalai,* Kapitalgesellschaftsrecht, 2012, § 1 Rn. 22; *Raiser/Veil* KapGesR § 17 Rn. 1; *Wilhelm,* Kapitalgesellschaftsrecht, 4. Aufl. 2018, Rn. 6 f; weiterführend *Baums* ZHR 175 (2011), 160.

[117] MüKoAktG/*Schürnbrand* AktG Vor § 182 Rn. 19; *Drygala/Staake/Szalai,* Kapitalgesellschaftsrecht, 2012, Rn. 23; *Hirte,* Kapitalgesellschaftsrecht, 8. Aufl. 2016, § 5 Rn. 1 ff.; *Raiser/Veil* KapGesR § 17 Rn. 3.

[118] *Langenbucher* AktKapMarktR § 11 Rn. 1.

[119] *Buck-Heeb,* Kapitalmarktrecht, 10. Aufl. 2019, Rn. 69 f.; *Poelzig,* Kapitalmarktrecht, 2018, Rn. 8; *Hopt* ZHR 141 (1977), 389 (425 f.); *Schlitt* in Grunewald/Schlitt KapMarktR 5 f.; *Oulds* in Kümpel/Wittig BankR/

tierten Finanzinstrumente erstmalig platziert, dh in den Verkehr gebracht werden (**Emissionsmarkt;** → Rn. 35 f.).[120] Auf dem **Sekundärmarkt** werden die Finanzinstrumente, die sich bereits im Verkehr befinden, zwischen den Anlegern gehandelt. WpHG und MAR regeln in erster Linie den Handel mit Finanzinstrumenten am Sekundärmarkt. Der Sekundärmarkt ist vor allem für die fungiblen und handelbaren Wertpapiere von praktisch großer Bedeutung. Neben dem regulierten Markt an der Wertpapierbörse[121] gehören dazu weitere multilaterale Handelssysteme, wie der Freiverkehr an der Frankfurter Wertpapierbörse, oder organisierte Handelssysteme sowie systematische Internatlisierer.

Zentraler Bestandteil der Regulierung sind vor allem Informationspflichten: etwa die ad-hoc- **21** Publizitätspflicht gem. Art. 17 MAR, die Beteiligungspublizität gem. §§ 33 ff. und die Regelpublizität gem. §§ 114 ff. Hierdurch werden dem Markt relevante Informationen aus dem Arkanbereich des Emittenten zugänglich gemacht. Außerdem gilt es, Marktmissbrauch bei der Ausführung und Abwicklung der Kapitalmarkttransaktionen zu vermeiden, so etwa durch das Insiderhandelsverbot gem. Art. 14 MAR oder das Verbot der Marktmanipulation gem. Art. 15 MAR.

b) Organisierte Märkte und andere Handelsplätze. Die Intensität der wertpapierhandelsrecht- **22** lichen Pflichten unterscheidet sich nach dem jeweiligen Organisationsgrad der Handelsplätze. Sekundärmärkte können nach ihrem **Organisationsgrad** in organisierte Märkte und andere Handelsplätze unterschieden werden.[122] **Organisierte Märkte iSd § 2 Abs. 11** sind multilaterale Systeme, die durch staatliche Stellen genehmigt, geregelt und überwacht werden und die die Interessen einer Vielzahl von Personen am Kauf und Verkauf von dort zum Handel zugelassenen Finanzinstrumenten innerhalb des Systems und nach festgelegten Bestimmungen so zusammenführen, dass ein Vertrag über den Kauf dieser Finanzinstrumente zustande kommt. Das Unionsrecht spricht hierbei von geregelten Märkten (Art. 4 Abs. 1 Nr. 21 MiFID II). Organisierte Märkte unterliegen strengen Vorschriften, um die Liquidität zu erhöhen und die Kosten zu senken. Zu den organisierten Märkten gehören in Deutschland die durch das BörsG regulierten öffentlich-rechtlichen **Wertpapierbörsen.**[123] Dort werden nur standardisierte und fungible Wertpapiere iSd § 2 Abs. 1 gehandelt, die grundsätzlich – mit Ausnahme etwa von Staatsanleihen gem. § 37 BörsG – durch die Börsengeschäftsführung zugelassen werden müssen (s. § 32 BörsG) und deren Handel sodann mit strengen Publizitäts- und Rechnungslegungspflichten verbunden ist (s. §§ 33 ff., 114 ff.). Zu den anderen **Handelsplätzen** gehören die multilateralen Handelssysteme iSd § 2 Abs. 8 S. 1 Nr. 8 (MTF), in Deutschland beispielsweise der privatrechtlich organisierte Freiverkehr,[124] sowie – seit dem 3.1.2018 – gem. § 2 Abs. 8 S. 1 Nr. 9 die organisierten Handelssysteme (OTF), die in der Regel jeweils keine förmliche Zulassung der Marktteilnehmer bzw. Produkte verlangen und mit weniger strengen Publizitätspflichten verbunden sind.[125]

c) Termin- und Kassamärkte. Der Wertpapierhandel lässt sich in zeitlicher Hinsicht danach **23** unterscheiden, wann die abgeschlossenen Geschäfte erfüllt werden müssen: Auf dem **Kassamarkt** werden Geschäfte abgeschlossen, die **unverzüglich** nach Abschluss des Kaufvertrags gegen Zahlung des Kaufpreises zu erfüllen sind.[126] Nach den einheitlichen Bedingungen für Geschäfte an den deutschen Wertpapierbörsen (Börsenusancen) müssen Lieferung, Abnahme und Bezahlung spätestens zwei Börsentage nach Geschäftsabschluss erfolgen.[127] Auf **Terminmärkten** werden Termingeschäfte

---

KapMarktR Rn. 14.62 ff.; *Seiler/Geier* in Schimansky/Bunte/Lwowski BankR-HdB Vor § 104 Rn. 16 ff.; *Veil/Veil,* Europäisches Kapitalmarktrecht, 2. Aufl. 2014, § 7 Rn. 9 ff.

[120] Kölner Komm WpHG/*Hirte/Heinrich* Einl. Rn. 3; MüKoBGB/*Lehmann* Bd. 12 Teil 12 Rn. 37; *Langenbucher* AktKapMarktR § 13 Rn. 2 f.; *Lenenbach,* Kapitalmarktrecht, 2. Aufl. 2010, Rn. 1. 21; *Veil/Veil,* Europäisches Kapitalmarktrecht, 2. Aufl. 2014, § 7 Rn. 9.

[121] Weiterführend *Oulds* in Kümpel/Wittig BankR/KapMarktR Rn. 14.69; *Staub/Grundmann* Bd. 11/2 6. Teil Rn. 829; vgl. auch *Buck-Heeb,* Kapitalmarktrecht, 10. Aufl. 2019, Rn. 69; *Poelzig,* Kapitalmarktrecht, 2018, Rn. 8; *Seiler/Geier* in Schimansky/Bunte/Lwowski BankR-HdB Vor § 104 Rn. 18 f.

[122] Vgl. JVRB/*Ritz* Rn. 264 ff.; *Buck-Heeb,* Kapitalmarktrecht, 10. Aufl. 2019, Rn. 71; *Lenenbach,* Kapitalmarktrecht, 2. Aufl. 2010, Rn. 1.28; *Poelzig,* Kapitalmarktrecht, 2018, Rn. 11; eing. dazu *Merkt/Rossbach* JuS 2003, 217 (219).

[123] Baumbach/Hopt/*Kumpan* BörsG § 2 Rn. 3; Schwark/Zimmer/*Kumpan* Rn. 120; *Langenbucher* AktKapMarktR § 13 Rn. 9 ff.; *Langenbucher* AktKapMarktR § 14 Rn. 12 ff.; eine Legaldefinition als „geregelter Markt" findet sich in Art. 4 Abs. 1 Nr. 21 MiFID II.

[124] OLG München Urt. v. 21.5.2008 – 31 Wx 62/07, WM 2008, 1602 (1605); Baumbach/Hopt/*Kumpan* BörsG § 48 Rn. 1. Zur Definition des Freiverkehrs Ekkenga/*Kuntz,* Handbuch der AG-Finanzierung, 2. Aufl. 2019, Kap. 8 Rn. 2.

[125] Seit dem 3.1.2018 gelten aber insbesondere die Vorschriften der MAR auch für den Freiverkehr; s. bei *Seiler/Geier* in Schimansky/Bunte/Lwowski BankR-HdB Vor § 104 Rn. 26.

[126] S. Art. 7 Abs. 2 VO (EU) 2017/565 der Kommission zur Ergänzung der Richtlinie 2014/65/EU des Europäischen Parlaments und des Rates in Bezug auf die organisatorischen Anforderungen an Wertpapierfirmen und die Bedingungen für die Ausübung ihrer Tätigkeit sowie in Bezug auf die Definition bestimmter Begriffe für die Zwecke der genannten Richtlinie v. 25.4.2016, ABl. L 87/1; Fuchs/*Fuchs* Rn. 57.

[127] Davon abweichend gelten aber längere geschäftsspezifische Fristen, soweit diese vom Markt anerkannt sind, s. Art. 7 Abs. 2 lit. b Delegierte VO (EU) 2017/565; BGH Urt. v. 13.7.2004 – XI ZR 132/03, BKR 2004, 409 (410); BGH Urt. v. 12.3.2002 – XI ZR 258/01, BGHZ 150, 164 (169); BGH Urt. v. 18.12.2001 – XI ZR 363/00,

bzw. Derivate gehandelt, deren Erfüllung zeitlich verzögert erfolgt, um sich so entweder vor Verlusten aus Schwankungen der Marktkurse zu schützen (hedging) oder Differenzgewinne aus Kursschwankungen zu erzielen (Spekulation).[128] In der Praxis werden Termingeschäfte in aller Regel nicht durch Übereignung des Basiswerts erfüllt, sondern es erfolgt eine Glattstellung durch Gegengeschäfte.[129] Der weltweit größte Terminmarkt ist die Eurex mit Sitz in Eschborn,[130] eine deutsch-schweizerische Tochtergesellschaft der Deutsche Börse AG. Darüber hinaus gibt es einen außerbörslichen OTC-(over-the-counter)-Derivatemarkt, auf dem im Wesentlichen Banken und andere Finanzinstitutionen bilateral mit Finanztermingeschäften handeln.

24   **3. Akteure des Wertpapierhandels.** Akteure des Kapitalmarktes sind die **Emittenten** als „Hersteller" der Finanzinstrumente und **Anleger** als „Käufer und Verkäufer". Wertpapierdienstleistungsunternehmen, zB Banken oder Finanzdienstleistungsinstitute, agieren als „Händler" auf dem Kapitalmarkt. Informationsintermediäre sind Institutionen, die den Kapitalmarkt mit notwendigen Informationen versorgen.

25   **a) Emittenten.** Unternehmen oder Institutionen der öffentlichen Hand „produzieren" Finanzinstrumente als Produkte des Kapitalmarktes und fragen hierdurch typischerweise Kapital nach, das sie zur Finanzierung ihrer Tätigkeiten benötigen. Ursprünglich wurden ausschließlich Aussteller von Wertpapieren als Emittenten bezeichnet.[131] Nach heutigem Verständnis handelt es sich bei **Emittenten** um Personen, deren Finanzinstrumente zum Handel ausgegeben sind (s. § 2 Abs. 13–16, § 1 Abs. 3 VermAnlG).[132] Emittenten von Aktien sind Aktiengesellschaften und von Staatsanleihen der deutsche Staat oder die Bundesländer. Häufig bieten Emittenten ihre Produkte auch selbst als **Anbieter** öffentlich an (s. § 2 Abs. 10). Anbieter kann aber auch eine dritte Person sein.

26   **b) Anleger.** Anleger agieren als „Käufer" oder „Verkäufer" von Finanzinstrumenten.[133] Sie erwerben Finanzinstrumente, um freies Kapital gewinnbringend zum privaten Vermögensaufbau, zur Geldanlage oder Altersvorsorge (Privatanleger) oder aus gewerblichen Gründen (professionelle Anleger) zu investieren. Ihre Anlageentscheidung wird vor allem durch Rendite und Risiko des jeweiligen Finanzinstruments bestimmt. Neben dem Wertzuwachs richten sich Art und Umfang der Rendite nach dem jeweiligen Finanzinstrument. So besteht bei Aktien ein Anspruch auf die **Dividende** gem. §§ 58 Abs. 4, 174 Abs. 2 Nr. 2 AktG[134], also die anteilige Beteiligung am Bilanzgewinn.[135] Fremdkapitalgeber, zB Anleihegläubiger, haben hingegen typischerweise einen gewinnunabhängigen **Zinsanspruch**.[136]

27   Bei den Anlegern handelt es sich um eine heterogene Gruppe. Ihre Schutzbedürftigkeit divergiert erheblich. Institutionelle oder **professionelle Anleger** – zB Banken, Versicherungen oder Kapitalverwaltungsgesellschaften – verfügen im Vergleich zu Privat- oder **Kleinanlegern** über mehr Erfahrung und Finanzkraft und sind daher weniger schutzbedürftig (näher → Rn. 44).[137]

BGHZ 149, 294 (301); BGH Urt. v. 18.1.1988 – II ZR 72/87, BGHZ 103, 84 (88); BGH Urt. v. 22.10.1984 – II ZR 262/83, BGHZ 92, 317 (321); MüKoBGB/*Lehmann* Teil 12 Rn. 45; *Buck-Heeb*, Kapitalmarktrecht, 10. Aufl. 2019, Rn. 80 f.; *Poelzig*, Kapitalmarktrecht, 2018, Rn. 12.

[128] Legaldefinition in § 2 Abs. 3 Nr. 1; zur Abgrenzung von Termin- und Kassageschäft: BGH Urt. v. 18.1.1988 – II ZR 72/87, NJW 1988, 1592; vgl. auch Kölner Komm WpHG/*Roth* Rn. 77; *Ehricke* ZIP 2003, 273; *Becker* in Grunewald/Schlitt KapMarktR 134 f.; *Jordans* WM 2007, 1827 (1829 f.); *Lenenbach*, Kapitalmarktrecht, 2. Aufl. 2010, Rn. 1.60 ff., 1.65; *Merkt/Rossbach* JuS 2003, 217 (220); *Seifert* in Kümpel/Wittig BankR/KapMarktR Rn. 4.352 ff., 4.355.

[129] Sog. „cash-settlement", Habersack/Mülbert/Schlitt/*Apfelbacher/Kopp* Unternehmensfinanzierung-HdB, 3. Aufl. 2013, § 28 Rn. 8; diese Art der Abwicklung zumindest bezüglich *credit default swaps* als Ausnahme ansehend Langenbucher/Bliesener/Spindler/*Beck* Kap. 23 Rn. 27.

[130] Ausf. Fuchs/*Jung* Vor §§ 37e, 37g Rn. 82, 84 ff.; *Seiffert* in Kümpel/Wittig BankR/KapMarktR Rn. 4.357 ff.; einführend Langenbucher/Bliesener/Spindler/*Binder* Kap. 37 Rn. 41 ff.; *Casper*, Optionsvertrag, 2005, 265 ff.; als problematisch wird die ausschließlich auf Landesebene erfolgende Zulassung der Eurex angesehen *Groß* Rn. 16.

[131] *Müller* in Kümpel/Wittig BankR/KapMarktR Rn. 15.2.

[132] Weiterführend Assmann/Schneider/Mülbert/*Assmann* Rn. 162 ff.; Fuchs/*Fuchs* Rn. 166 ff.; Fuchs/*Fuchs* § 30h Rn. 34; JVRB/*Ritz* Rn. 271 ff.; ergänzend zu Emissionsbanken und Emissionskonsortien Ekkenga/*Kuntz*, Handbuch der AG-Finanzierung, 2. Aufl. 2019, Kap. 8 Rn. 23 ff.

[133] S. nur *Schlitt* in Grunewald/Schlitt KapMarktR 12; *Hopt* ZHR 141 (1977), 389 (428 f.); zum Begriff und zur Vermischung der Begriffe „Verbraucher" und „Anleger": *Buck-Heeb* ZHR 176 (2012), 66 (69 f.; 82 ff.); *Mülbert* ZHR 177 (2013), 160 (178 ff.).

[134] Aktiengesetz v. 6.9.1965, BGBl. 1965 I 1089.

[135] Wurden Mitteilungspflichten nach § 33 Abs. 1, 2 vorsätzlich nicht erfüllt, so entfällt gem. § 44 Abs. 1 S. 1, 2 der Anspruch aus § 58 Abs. 4 AktG.

[136] *Grunewald* GesR § 10 Rn. 194; *Langenbucher* AktKapMarktR § 11 Rn. 1.

[137] In Grundzügen so schon OLG Braunschweig Urt. v. 13.9.1993 – 3 U 175/92, WM 1994, 59 (61); OLG München Urt. v. 16.9.1993 – 6 U 4724/92, WM 1994, 236 (237); zust. auch Fuchs/*Fuchs* § 31a Rn. 2 ff.; *Fleischer* BKR 2006, 389 (391 f.); *Kasten* BKR 2007, 261.

c) Finanzintermediäre, insbesondere Wertpapierdienstleistungsunternehmen. Damit die 28
Marktteilnehmer auf dem anonymen Kapitalmarkt zusammenfinden, erleichtern Finanzintermediäre
die Transaktionen zwischen den Emittenten und Anlegern bzw. zwischen den Anlegern untereinander.

aa) Wertpapierdienstleistungsunternehmen. So treten insbesondere Wertpapierdienstleistungsunternehmen als „Händler" sowohl auf dem Primärmarkt bei einer Fremdemission als auch auf dem
Sekundärmarkt auf.

WpDU sind gem. § 2 Abs. 10 **Kreditinstitute** iSd § 1 Abs. 1 S. 1 Kreditwesengesetz (KWG), 29
Finanzdienstleistungsinstitute iSd § 1 Abs. 1a S. 1 KWG und Unternehmen iSd § 53 Abs. 1
S. 1 KWG,[138] die Wertpapierdienstleistungen iSd § 2 Abs. 8 gewerbsmäßig oder in einem Umfang
erbringen, der einen in kaufmännischer Weise eingerichteten Geschäftsbetrieb iSd § 1 Abs. 2 HGB
erfordert. Zu den **Wertpapierdienstleistungen** gehören gem. § 2 Abs. 8 unter anderem Finanzkommissionsgeschäfte und der Eigenhandel, die Anlagevermittlung und -beratung[139] sowie die Vermögensverwaltung, aber auch das Emissions- oder Platzierungsgeschäft (→ § 2 Rn. 20). Neben den
kapitalmarktrechtlichen Verhaltens- und Organisationsregeln haben WpDU auch die bankrechtlichen
Regelungen des KWG zu beachten.

bb) Market Maker. Market Maker gem. Art. 3 Abs. 1 Nr. 30 MAR (→ MAR Art. 3 Rn. 28) sind 30
aufgrund einer Vereinbarung mit einem Handelsplatz verpflichtet, verbindliche Geld- und Briefkurse
zu stellen, die marktgerechten Preisen entsprechen. Hierdurch soll die Liquidität auf dem Handelsplatz,
dh der fortlaufende Handel mit Finanzinstrumenten sichergestellt werden. Einzelheiten sind in Delegierte VO (EU) 2017/578[140] und in den Regelwerken der Handelsplätze geregelt.

cc) Zentrale Gegenpartei. Zentrale Gegenparteien (Central Counterparty, CCP) sind gem. 31
Art. 14 EMIR[141] zugelassene juristische Personen, die gem. Art. 2 Nr. 1 EMIR zwischen die Gegenparteien der auf einem oder mehreren Märkten gehandelten Kontrakte tritt und somit als Käufer für
jeden Verkäufer bzw. als Verkäufer für jeden Käufer fungiert. Hierdurch soll vor allem das Ausfallrisiko
der jeweiligen Gegenpartei ausgeschlossen und damit die Funktionsfähigkeit des des Marktes sichergestellt werden (Erwägungsgrund 19 EMIR).

d) Informationsintermediäre. Da auf dem Kapitalmarkt typischerweise eine Informationsasym- 32
metrie zulasten der Anleger herrscht, die Funktionsfähigkeit des Kapitalmarktes aber davon abhängt,
dass die Anleger über die für die Anlageentscheidung relevanten Informationen verfügen, spielen auch
sog. **Informationsintermediäre** eine zentrale Rolle.[142] Sie stellen dem Kapitalmarkt notwendige
Informationen zur Verfügung und gleichen so Informationsasymmetrien aus. Informationsintermediäre
sind neben dem Abschlussprüfer vor allem Ratingagenturen und Finanzanalysten sowie auch Datenbereitstellungsdienste.

aa) Abschlussprüfer. Subsidiär zu den handelsrechtlichen Publizitätspflichten[143] sind Inlandsemit- 33
tenten gem. §§ 114 ff. dazu verpflichtet, Finanzberichte zu erstellen. Die Finanzberichte müssen dabei
nach §§ 114 Abs. 2 Nr. 1, 115 Abs. 2 Nr. 1, bzw. 117 zwingend den entsprechenden Jahresabschluss,
verkürzten Abschluss bzw. den Konzernabschluss enthalten. Zumindest der Jahresabschluss bedarf dabei
des obligatorischen Bestätigungsvermerks durch einen **Abschlussprüfer** (§ 114 Abs. 2 Nr. 1 lit. b).[144]
Als Abschlussprüfer wählbar sind gem. § 319 HGB Wirtschaftsprüfer und Wirtschaftsprüfungsgesell-
schaften. Abschlussprüfer bzw. Prüfungsgesellschaft ist gem. Art. 2 Nr. 2, 3 Abschlussprüfer-RL[145] jede
natürliche Person bzw. jede juristische Person oder eine sonstige Einrichtung gleich welcher Rechts-

---

[138] Unternehmen iSd § 53 Abs. 1 S. 1 KWG sind inländische Zweigstellen von Unternehmen mit Sitz im Ausland, die Bankgeschäfte betreiben oder Finanzdienstleistungen erbringen.

[139] Weiterführend *Lerch,* Anlageberater als Finanzintermediär, 2015.

[140] Delegierte Verordnung (EU) 2017/578 der Kommission von 13.6.2016 zur Ergänzung der Richtlinie 2014/
65/EU des Europäischen Parlaments und des Rates über Märkte für Finanzinstrumente durch technische Regulierungsstandards zur Angabe von Anforderungen an Market-Making-Vereinbarungen und -Systeme.

[141] Verordnung (EU) 648/2012 vom 4.7.2012 über OTC-Derivate, zentrale Gegenparteien und Transaktionsregister, ABl. 2012 L 173, 1 (EMIR).

[142] Grdl. hierzu *Leyens,* Informationsintermediäre des Kapitalmarkts, 2017; Basedow/Hopt/Zimmermann/*Leyens,*
Handwörterbuch des europäischen Privatrechts, 2009, Bd. 1 S. 604 ff.; im Hinblick auf Finanzanalysten *Wilke,* Zur
Bedeutung von Finanzanalysten auf entwickelten Kapitalmärkten, 2016, 13 ff.

[143] Die kapitalmarktrechtliche Regelpublizität greift nur, wenn nicht schon eine handelsrechtliche Offenlegung
besteht, vgl. § 114 Abs. 1 S. 1 Hs. 2, *Buck-Heeb,* Kapitalmarktrecht, 10. Aufl. 2019, Rn. 730; *Poelzig,* Kapitalmarktrecht, 2018, Rn. 568, 571; auch *Lenenbach,* Kapitalmarktrecht, 2. Aufl. 2010, Rn. 3.223; *Harrer/Müller* WM 2006,
653 (655); krit. *Mülbert/Steup* NZG 2007, 761. Zur handelsrechtlichen Rechnungslegung und Publizität weiterführend *K. Schmidt* HandelsR § 15.

[144] Für den Halbjahresfinanzbericht besteht fakultativ die Möglichkeit der Durchsicht durch einen Abschlussprüfer,
§ 115 Abs. 5 S. 1.

[145] Richtlinie 2006/43/EG des europäischen Parlaments und des Rates v. 17.5.2006 über Abschlussprüfungen von
Jahresabschlüssen und konsolidierten Abschlüssen, zur Änderung der Richtlinien 78/660/EWG und 83/349/EWG
des Rates und zur Aufhebung der Richtlinie 84/253/EWG des Rates (Abschlussprüfer-Richtlinie), ABl. 2014
L 157/87.

form, die von den zuständigen Stellen eines Mitgliedstaates für die Durchführung von Abschluss-prüfungen zugelassen wurde. Den Abschlussprüfern dürfen die zur Prüfung erforderlichen Informationen des geprüften Unternehmens auch dann mitgeteilt werden, wenn sie als Insiderinformation iSd Art. 7 MAR[146] zu qualifizieren sind, da die Weitergabe der „normalen Erfüllung von Aufgaben" iSd Art. 10 Abs. 1 MAR dient (→ MAR Art. 8–11, 14, 16 Rn. 50 ff.).[147]

34   Abschlussprüfer unterliegen bezüglich der Tatsachen und Umstände, von denen sie während ihrer Prüfungstätigkeit Kenntnis erlangen, nach § 323 Abs. 1 S. 1, Abs. 3 HGB grundsätzlich einer zeitlich unbegrenzten Verschwiegenheitspflicht (→ HGB § 323 Rn. 8).[148] Jedoch sind sie hiervon gem. § 107 Abs. 5 S. 1 befreit, soweit der Abschlussprüfer im Rahmen eines Enforcement-Verfahrens gem. §§ 106 ff. verpflichtet wird, auf Verlangen der BaFin bzw. ihrer Gehilfen die zur Prüfung erforderlichen Auskünfte zu erteilen und ebensolche Unterlagen vorzulegen. Die Auskunftspflicht beschränkt sich auf im Rahmen der Abschlussprüfung bekannt gewordene Tatsachen.[149] Auch sind Abschlussprüfer nach Art. 12 Abs. 1 lit. a EU-Abschlussprüfungsverordnung[150] verpflichtet, Verstöße gegen Vorschriften zur „Ausübung der Tätigkeit von Wertpapierfirmen" unverzüglich den zuständigen Behörden zu melden.[151]

35   **bb) Ratingagenturen. Ratingagenturen** sind private Unternehmen, die die Bonität (Kreditwür-digkeit) mit einem Rating beurteilen.[152] Die bekanntesten Ratingagenturen (Moody's, Fitch Ratings und Standard & Poor's) haben ihren Sitz in den USA. Sie beurteilen die Wahrscheinlichkeit des Zahlungsausfalls von Forderungen zum Zeitpunkt ihrer Fälligkeit. Das Bewertungsurteil (Rating) wird durch ein System von Buchstaben ausgedrückt. Die bestmögliche Bonität wird meist mit AAA und die schlechteste, dh ein Zahlungsausfall, mit D (Default) gekennzeichnet. Da Ratings für den Kapitalmarkt erhebliche Aussagekraft entfalten und den Ratingagenturen daher eine Mitverantwortung für die Finanzmarktkrise zugeschrieben wird, verabschiedete der europäische Gesetzgeber die Verordnung über Ratingagenturen **(Ratingverordnung)**.[153] Ratingagenturen werden unmittelbar durch die European Securities and Markets Authority (ESMA, Europäische Wertpapier- und Marktaufsichtsbehör-de) beaufsichtigt.[154] Das WpHG enthält lediglich in § 29 eine Zuständigkeitsregelung, wonach die BaFin die gem. Art. 22 Rating-VO in Deutschland zuständige Behörde ist.

36   **cc) Finanzanalysten.** Finanzanalysten erstellen oder verbreiten **Anlagestrategien oder –empfeh-lungen iSd Art. 3 Abs. 1 Nr. 34, 35 MAR.** Art. 20 MAR bzw. § 85 enthalten Regelungen zur Erstellung und Verbreitung, um missbräuchliche oder fehlerhafte Empfehlungen zu verhindern (→ Rn. 44).

37   **dd) Datenbereitstellungsdienste.** Seit dem 3.1.2018 sind zur Umsetzung der MiFID II auch Datenbereitstellungsdienste reguliert, §§ 58 ff. Datenbereitstellungsdienste iSd § 2 Abs. 40 wirken bei der Erfüllung von Veröffentlichungs- und Meldepflichten mit, die insbesondere Betreiber von Handelsplätzen und WpDU nach der MiFIR erfüllen müssen. Handelsplatzbetreiber und WpDU sind beispielsweise uU nach dem Abschluss von Geschäften über Finanzinstrumente zur Nachhandelstrans-

---

[146] Verordnung (EU) Nr. 596/2014 des europäischen Parlaments und des Rates v. 16.4.2014 über Marktmiss-brauch und zur Aufhebung der Richtlinie 2003/6/EG des Europäischen Parlaments und des Rates und der Richt-linien 2003/124/EG, 2003/125/EG und 2004/72/EG der Kommission (Market Abuse Regulation – MAR), ABl. 2017 L 173/1.

[147] Vgl. Fuchs/*Fuchs* § 14 Rn. 223; JVRB/*Ritz* § 14 Rn. 90; ausf Kölner Komm WpHG/*Klöhn* § 14 Rn. 286 ff. Damit ist die Offenlegung rechtmäßig, vgl. *Buck-Heeb,* Kapitalmarktrecht, 10. Aufl. 2019, Rn. 364. Für ein weites Verständnis des Art. 10 Abs. 1 MAR *Zetsche* NZG 2015, 817 (818 ff.).

[148] Dazu Baumbach/Hopt/*Merkt* HGB § 323 Rn. 2 ff.; MüKoHGB/*Ebke* HGB § 323 Rn. 51 ff.

[149] Hierzu auch OLG Frankfurt a. M. Beschl. v. 29.11.2007 – WpÜG 2/07, AG 2008, 125 = DB 2007, 629; *Gutman* BB 2010, 171 (172); *Krach* DB 2008, 626; *Paul* WPg 2011, 11 (12 f.).

[150] Verordnung (EU) Nr. 537/2014 des Europäischen Parlaments und des Rates vom 16.4.2014 über spezifische Anforderungen an die Abschlussprüfung bei Unternehmen von öffentlichem Interesse und zur Aufhebung des Beschlusses 2005/909/EG (AbschlussprüferVO), ABl. 2014 L 158/77.

[151] Hierzu *Lutter/Bayer/J. Schmidt* EuropUnternehmensR Rn. 32.80; auch *Moloney,* EU Securities and Financial Markets Regulation, 3. Aufl. 2014, Kap. IV. 11. 3. 2, die den Abschlussprüfer in dieser Funktion als „zusätzlichen Wachhund" *(„supplementary watchdog")* bezeichnet.

[152] Monographisch *Schroeter,* Ratings – Bonitätsbeurteilungen durch Dritte im System des Finanzmarkt-, Gesell-schafts- und Vertragsrechts, 2014; *Schultes,* Regulierung und Haftung von Ratingagenturen, 2015, 6 ff.; ferner *Amort* EuR 2013, 272.

[153] Verordnung (EG) Nr. 1060/2009 des Europäischen Parlaments und des Rates v. 16.9.2009 über Ratingagentu-ren, ABl. 2009 L 302, 1; in den letzten Jahren wurde zudem der Ruf nach der Errichtung einer europäischen Ratingagentur laut, um die Abhängigkeit von US-Ratingagenturen zu verringern, praktische Auswirkungen hatte die Debatte bisher aber nicht, dazu *Horsch/Kleinow/Traun* ZBB 2013, 417; *Lansch* VW 2010, 691; *Meeh-Bunse/Hermeling/Schomaker* WM 2014, 1464.

[154] S. Erwägungsgrund 5, Art. 1 VO (EU) 513/2011 des europäischen Parlaments und des Rates v. 11.5.2011 zur Änderung der Verordnung (EG) Nr. 1060/2009 über Ratingagenturen, ABl. 2011 L 145/30; vgl. auch Fuchs/*Fuchs* § 17 Rn. 6.

parenz verpflichtet. Zur Erfüllung dieser Pflicht werden teilweise Datenbereitstellungsdienste iSd § 2 Abs. 40 eingeschaltet, siehe etwa Art. 20 Abs. 1 S. 2, 21 Abs. 1 S. 2, Abs. 2 MiFIR.[155]

Durch die MiFID II wurden entsprechend der jeweiligen Funktion verschiedene Arten von **38** Datenbereitstellungsdiensten geschaffen. Während sich genehmigte Veröffentlichungssysteme (engl. approved publication arrangement [APA], § 2 Abs. 37) und Bereitsteller konsolidierter Datenticker (engl. consolidated tape provider [CTP], § 2 Abs. 38) der Veröffentlichung von Handelsdaten (Trade Reporting) widmen, besteht die Aufgabe der genehmigten Meldemechanismen (engl. approved reporting mechanism [ARM], § 2 Abs. 39) in der Meldung von Handelsdaten an die BaFin (Transaction Reporting).

Um eine ordnungsgemäße Arbeit der Datenbereitstellungsdienste zu gewährleisten, unterliegen die **39** Unternehmen einer umfassenden Kontrolle. So steht das Anbieten eines Datenbereitstellungsdienstes unter Zulassungsvorbehalt (§ 32 Abs. 1f S. 1 KWG). Die Erteilung einer Konzession ist insbesondere abhängig von der charakterlichen und fachlichen Eignung der Geschäftsführung und des Leitungsorgans (§ 25c Abs. 4 KWG und § 25d Abs. 13 KWG iVm § 25d Abs. 1, 2 KWG).

Wird ein Datenbereitstellungsdienst zugelassen, hat er bei seiner Tätigkeit weitreichende Organisati- **40** onspflichten zu beachten (§§ 58 ff.). APA, CTP und ARM haben angemessene Grundsätze aufzustellen und Vorkehrungen zu treffen, um ihre jeweils zugedachten Aufgabe ordnungsgemäß nachkommen zu können (§§ 58 Abs. 1 S. 1, 59 Abs. 1 S. 2, 60 Abs. 1 S. 1). Weiter haben sie Interessenkonflikte zu vermeiden (§§ 58 Abs. 3, 59 Abs. 3, 60 Abs. 2) und die Sicherheit ihrer IT-Systeme zu gewährleisten (§§ 58 Abs. 4, 59 Abs. 4, 60 Abs. 3). Hinzu kommen für jeden Datenbereitstellungsdienst spezielle Vorgaben bezüglich des Umfangs und der Art und Weise der Veröffentlichung bzw. Meldung sowie Regelungen zur Sicherstellung der Richtigkeit und Vollständigkeit der Datensätze.

II. Ziele und Aufgaben des Wertpapierhandelsrechts

Das Wertpapierhandelsrecht dient der Funktionsfähigkeit des Kapitalmarktes, dem Vertrauen der **41** Anleger und dem Anlegerschutz (s. ausdrücklich Art. 1 MAR).[156] Da es sich hierbei um Aufgaben im öffentlichen Interesse handelt, wird die Einhaltung der Vorschriften durch Aufsichtsbehörden überwacht. Für die Durchsetzung sind trotz der voranschreitenden europarechtlichen Durchdringung in erster Linie die mitgliedstaatlichen Aufsichtsbehörden verantwortlich.[157] Zuständige Aufsichtsbehörde in Deutschland ist die Bundesanstalt für Finanzdienstleistungsaufsicht (BaFin).

1. Funktionsfähigkeit des Kapitalmarktes.

Ziel des WpHG und der MAR ist es zunächst, die **42** Funktionsfähigkeit des Kapitalmarktes bzw. Integrität des Finanzmarktes im Allgemeininteresse sicherzustellen.[158] Zentrale Funktion des Kapitalmarktes ist es als volkswirtschaftlicher Sicht sinnvolle Allokation des Geldkapitals, um einen maximalen Beitrag zur Wohlfahrt einer Gesellschaft zu leisten.[159] Das anlagefähige Kapital der Anleger soll dort investiert werden, wo es am dringendsten benötigt wird und die größten Gewinnaussichten bei ausreichender Sicherheit verspricht (**allokative Funktionsfähigkeit**).[160] Notwendige Voraussetzung der Allokationseffizienz ist die **Informations- und Bewertungseffizienz**.[161] Ein Markt ist nach der Kapitalmarkteffizienzhypothese informationseffizient, wenn

---

[155] Dies betrifft die drei Datenbereitstellungsdienste APA *(Approved Public Arrangement)*, CTP *(Consolidated Tape Providers)* und ARM *(Approved Reporting Mechanisms)*, deren Organisationsanforderungen und Aufsicht nunmehr in den §§ 58–62 und den entsprechenden delegierten europäischen Verordnungen geregelt sind; vgl. Schulze/Zuleeg/Kadelbach/*Bischof/Jung*, Europarecht – HdB für die deutsche Rechtspraxis, 2. Aufl. 2010, § 20 Rn. 72; Staub/*Grundmann* Bd. 11/2 7. Teil Rn. 178.

[156] Diese zweispurige Schutzwirkung wurde bereits der Wertpapierdienstleistungs-RL 93/22/EWG v. 10.5.1993 (ABl. 1993 L 141, 27) zugrunde gelegt, s. Erwägungsgrund 2, 32, 41 und 42; grdl. *Hopt* ZHR 141 (1977), 389 (431); ferner *Buck-Heeb*, Kapitalmarktrecht, 10. Aufl. 2019, Rn. 6 ff.; *Oulds* in Kümpel/Wittig BankR/KapMarktR Rn. 14.141 ff.; *Lenenbach*, Kapitalmarktrecht, 2. Aufl. 2010, Rn. 1.48; *Seiler/Geier* in Schimansky/Bunte/Lwowski BankR-HdB Vor § 104, Rn. 72 ff.; *Poelzig*, Kapitalmarktrecht, 2018, Rn. 23; Veil/*Veil*, Europäisches Kapitalmarktrecht, 2. Aufl. 2014, § 2 Rn. 3 ff.

[157] Zum Folgenden *Veil* ZGR 2014, 544 (557 ff.); vgl. auch *Buck-Heeb*, Kapitalmarktrecht, 10. Aufl. 2019, Rn. 1090; *Poelzig*, Kapitalmarktrecht, 2018, Rn. 23, 869; *Poelzig* NZG 2016, 492 (493).

[158] *Assmann* in Assmann/Schütze KapitalanlageR-HdB § 1 Rn. 1; Fuchs/*Fuchs* Einl. Rn. 13; *Assmann* ZBB 1989, 49 (61); *Hopt* ZHR 141 (1977), 389 (431 f.); *Möllers* AcP 208, 1 (7); *Mülbert* ZHR 177 (2013), 161 (171); vgl. *Sester* ZGR 2009, 310; anschaulich auch Erwägungsgrund 2, 19, 51 MAR; sowie RegE v. 8.11.2010 zum Anlegerschutz- und Funktionsverbesserungsgesetz, BT-Drs. 17/3628, 1.

[159] GroßKommAktG/*Assmann* Einl. Rn. 358; Kölner Komm WpHG/*Hirte/Heinrich* Einl. Rn. 14; *Franke/Hax*, Finanzwirtschaft des Unternehmens und Kapitalmarkt, 6. Aufl. 2009, 369 f.; *Oulds* in Kümpel/Wittig BankR/KapMarktR Rn. 14.143 ff.

[160] *Assmann* in Assmann/Schütze KapitalanlageR-HdB § 1 Rn. 3; Fuchs/*Fuchs* Einl. Rn. 17; *Buck-Heeb*, Kapitalmarktrecht, 10. Aufl. 2019, Rn. 10; *Kohl/Kübler/Walz/Wüstrich* ZHR 138 (1974), 1 (16 f.); *Kübler/Assmann* GesR § 32 II 3; *Mülbert* ZHR 177 (2013), 161 (172); *Poelzig*, Kapitalmarktrecht, 2018, Rn. 25; ausf. auch zur Allokations- und „Wachstumsfunktion" des Kapitalmarkts *Sester* ZGR 2009, 310 (317 ff.).

[161] *Kübler/Assmann* GesR § 32 II 3; *Lenenbach*, Kapitalmarktrecht, 2. Aufl. 2010, Rn. 1.73; *Oulds* in Kümpel/Wittig BankR/KapMarktR Rn. 14.169.

sämtliche Informationen im Preis enthalten und systematische Überrenditen durch Informationsvorteile ausgeschlossen sind.[162] Die Bewertungseffizienz setzt die korrekte Verarbeitung von Informationen voraus. Der allokativen Funktionsfähigkeit dienen daher vor allem die Informationspflichten, wie die ad-hoc-Publizitätspflicht gem. Art. 17 MAR, die Beteiligungspublizität gem. §§ 33 ff., die Regelpublizität gem. §§ 114 ff., aber auch das Marktmanipulations- und Insiderhandelsverbot gem. Art. 14, 15 MAR. Die Anleger sollen rechtzeitig über alle notwendigen Informationen verfügen können, um sachgerechte Anlageentscheidungen treffen zu können, und niemand soll ungerechtfertigte Informationsvorteile ausnutzen können.

43   Die allokative Funktionsfähigkeit verlangt außerdem, dass die Grundbedingungen für einen funktionsfähigen Kapitalmarkt vorliegen (**institutionelle Funktionsfähigkeit**). Dass ein Kapitalmarkt überhaupt funktionieren kann, setzt ua den freien Marktzugang von Emittenten und Anlegern, typisierte und umlauffähige Anlageformen sowie Liquidität voraus.[163] Außerdem muss das Vertrauen der Anleger in die Integrität und Stabilität der Kapitalmärkte gewährleistet werden. Denn nur, wenn Anleger in die unbeeinflusste Preisbildung am Kapitalmarkt vertrauen können, werden sie ihr Geld in Finanzinstrumente investieren.

44   Die Allokation soll zu möglichst geringen Transaktionskosten erfolgen (**operationale Funktionsfähigkeit**).[164] Ein wirksames Mittel zur Senkung von Transaktionskosten sind Regelungen, die diejenigen zur Offenlegung von Informationen verpflichten, die diese mit dem geringstmöglichen Aufwand beschaffen können. Vor allem die umfangreichen kapitalmarktrechtlichen Informationspflichten des Emittenten – etwa die Prospektpflichten oder die ad-hoc-Publizitätspflicht[165] gem. Art. 17 MAR – dienen der operationalen Funktionsfähigkeit, da der Emittent regelmäßig als least cost information provider über die relevanten Informationen verfügen kann.[166]

45   **2. Anlegerschutz.** Darüber hinaus dienen das WpHG und die MAR dem Anlegerschutz.[167] Schutzgut ist insbesondere das Vertrauen der Anleger in das Funktionieren des Kapitalmarktes. Das Bedürfnis nach Anlegerschutz resultiert daraus, dass Anleger bei der Investition von Kapital besonderen Risiken ausgesetzt sind,[168] so etwa dem Risiko, dass die Anlage in ihrer Substanz – insbesondere im Falle der Insolvenz des Emittenten – vollständig oder teilweise verloren geht (sog. **Bestandsrisiko**).[169] Das **Informationsrisiko** umschreibt die Gefahr, aufgrund unzureichender Informationen eine nicht sachgerechte Anlageentscheidung zu treffen.[170] Mit dem **Konditionenrisiko** ist schließlich die Gefahr eines Anlegers gemeint, Anlagen zu nicht marktgerechten Konditionen zu erwerben.[171] Die Anleger sollen allerdings in erster Linie in ihrer Gesamtheit als Anlegerpublikum vor diesen Risiken geschützt werden, damit sie in die Integrität und Stabilität der Kapitalmärkte vertrauen können und ihr Kapital am Kapitalmarkt investieren (**institutioneller Anlegerschutz**).[172] Die Schutzrichtungen des Kapitalmarktrechts – Funktionsfähigkeit des Kapitalmarktes und Anlegerschutz – stehen daher nicht unabhän-

---

[162] Näher zur Informationseffizienz *Fama* 25 Journal of Finance (1970), 383; *Bak/Bigus* ZBB 2006, 430; *Langenbucher* AktKapMarktR § 1 Rn. 26 ff.

[163] *Bartsch,* Effektives Kapitalmarktrecht, 2005, 23; *Seiler/Geier* in Schimansky/Bunte/Lwowski BankR-HdB Vor § 104 Rn. 73.

[164] Staub/*Grundmann* Bd. 11/1 5. Teil Rn. 36; *Bartsch,* Effektives Kapitalmarktrecht, 2005, 22; *Buck-Heeb,* Kapitalmarktrecht, 10. Aufl. 2019, Rn. 9; *Hopt* Gutachten G zum 51. DJT 1976, G 48 f.; *Horst,* Kapitalanlegerschutz, 1987, 219; *Kumpan,* Die Regulierung außerbörslicher Wertpapierhandelssysteme, 2006, 34 ff.; *Langenbucher* AktKapMarktR § 1 Rn. 18; *Lenenbach,* Kapitalmarktrecht, 2. Aufl. 2010, Rn. 1.77; *Poelzig,* Kapitalmarktrecht, 2018, Rn. 27.

[165] Vgl. *Sester* ZGR 2009, 310 (325).

[166] Vgl. Klöhn/*Klöhn* MAR Art. 17 Rn. 9; veraltet, aber im Grundgedanken zutr. *Oulds* in Kümpel/Wittig BankR/KapMarktR Rn. 14.166.

[167] Fuchs/*Fuchs* Einl. Rn. 18 f.; *Fleischer* Gutachten F zum 64. Deutschen Juristentag 2002; *Möllers* ZGR 1997, 334 (336 ff.); Langenbucher/Bliesener/Spindler/*Spindler* Kap. 33 Rn. 9 ff.; ersichtlich auch schon in der Begr. des RegE zum Zweiten Finanzmarktförderungsgesetz, durch welches das WpHG als solches eingeführt wurde, BT-Drs. 12/6679, 1, 33; heute bspw. in Erwägungsgrund 8, 31, 55 MAR, sowie in Art. 1 MAR; früh zum kapitalmarktrechtlichen Anlegerschutz *Assmann* ZBB 1989, 49; *Hopt* ZHR 141 (1977), 389 (431); *Kübler* AG 1977, 85 (86 ff.); *Schwark* ZGR 1976, 271; *Wiedemann* BB 1975, 1591; zur historischen Entwicklung *Hopt* WM 2009, 1873; hervorragend bei *Loss* ZHR 129 (1967), 197.

[168] Grdl. *Hopt,* Der Kapitalanlegerschutz im Recht der Banken, 1996, 53 f.

[169] Vgl. *Baums,* Recht der Unternehmensfinanzierung, 2017, § 52 Rn. 4 ff.; Grundmann/Schwintowski/Singer/ Weber/*Caspari,* Anleger- und Funktionsschutz durch Kapitalmarktrecht, 2006, 8; *Sethe* AG 1993, 351 (352 f.).

[170] Vgl. *Hopt,* Der Kapitalanlegerschutz im Recht der Banken, 1996, 53; *Bak/Bigus* ZBB 2006, 430 (431 f.); *Möllers* AG 1999, 433 (434); *Möllers* ZGR 1997, 334 (338); *Müller,* Regulierung von Analysten, 2005, 72; *Schwark* ZGR 1976, 271 (294); *Sethe* AG 1993, 351 (353); *Wiedemann* BB 1975, 1591 (1594); grdl. *Akerlof* 84 Quarterly Journal of Economics 488, 488–500 (1970).

[171] Zu den einzelnen Risiken für Anleger GroßKommAktG/*Assmann* Einl. Rn. 367 ff.; *Ekkenga,* Anlegerschutz, Rechnungslegung und Kapitalmarkt, 1998, 26 ff.; *Hopt,* Der Kapitalanlegerschutz im Recht der Banken, 1996, 53 f.; *Sethe* AG 1993, 351 (352 f.); *Zimmer* FS Immenga, 2001, 39 (50 f.).

[172] *Buck-Heeb,* Kapitalmarktrecht, 10. Aufl. 2019, Rn. 12; *Kübler/Assmann* GesR § 32 II Nr. 2; *Poelzig,* Kapitalmarktrecht, 2018, Rn. 28; zur Differenzierung zwischen Individualschutz und Schutz des Anlegerpublikums *Oulds* in Kümpel/Wittig BankR/KapMarktR Rn. 14.170; *Poelzig,* Kapitalmarktrecht, 2018, Rn. 26.

gig und losgelöst voneinander, sondern bedingen sich gegenseitig.[173] So ist der wirksame Schutz des Anlegervertrauens zugleich auch notwendige Bedingung für die Funktionsfähigkeit des Kapitalmarktes (→ Rn. 42). Umgekehrt kommt aber auch ein funktionsfähiger Kapitalmarkt den Anlegern zugute, da sie ihr Kapital so möglichst gewinnbringend investieren können.[174] Anschaulich hat *Hopt* dies als „zwei Seiten derselben Medaille" beschrieben.[175]

Zu den Schlüsselfragen des Kapitalmarktrechts gehört die Frage, ob und inwieweit die Vorschriften **46** neben dem institutionellen Schutz des Anlegerpublikums auch den **individuellen Anlegerschutz,** also den Schutz des einzelnen Anlegers, bezwecken.[176] Zwar gibt es einzelne kapitalmarktrechtliche Vorschriften, die Anlegern Schadensersatzansprüche einräumen, im WpHG insbesondere die Haftung für fehlerhafte bzw. unterlassene ad-hoc-Informationen gem. §§ 97 f. (§§ 37b, 37c aF), die insoweit auch dem individuellen Anleger dienen. Im Übrigen aber ist die Frage nach dem individuellen Anlegerschutz als Regelungsziel der kapitalmarktrechtlichen Verhaltensnormen umstritten,[177] so zB für das Marktmanipulationsverbot (Art. 15 MAR),[178] oder die Pflichten der WpDU (§§ 63 ff.). Es handelt sich hierbei nicht nur um eine theoretisch interessante Frage, sondern sie spielt praktisch als Vorfrage etwa für die Begründung von Schadensersatzansprüchen gem. **§ 823 Abs. 2 BGB** iVm der jeweiligen kapitalmarktrechtlichen Regelung, für die Amtshaftung gem. **§ 839 BGB iVm Art. 34 GG** und für sonstige zivilrechtliche Folgen kapitalmarktrechtswidriger Verhaltensweisen eine wichtige Rolle. Zwar wird die BaFin gem. § 4 Abs. 4 Finanzdienstleistungsaufsichtsgesetz[179] (FinDAG) ausschließlich im öffentlichen Interesse und nicht im Interesse des einzelnen Anlegers tätig. Allerdings beziehen sich diese Regelungen allein auf die Tätigkeit der BaFin als Aufsichtsbehörde und sollen in erster Linie die Amtshaftung gem. § 839 BGB iVm Art. 34 GG für Fehler der BaFin bei der Kapitalmarktaufsicht ausschließen. Sie enthalten jedoch keine Aussage über die Schutzrichtung der kapitalmarktrechtlichen Pflichten der Marktteilnehmer.[180] Eine allgemeingültige Aussage, ob das Kapitalmarktrecht als solches dem individuellen Anlegerschutz dient, ist daher nicht möglich.[181] Es ist vielmehr für jede einzelne kapitalmarktrechtliche Norm zu bestimmen, ob sie (auch) dem Interesse des einzelnen Anlegers dient (zur MAR → Rn. 46 ff.).

III. Anwendung und Auslegung des Wertpapierhandelsrechts

1. Unionsrechtskonforme Auslegung. a) Auslegung der MAR. Die MAR ist als europäische **47** Verordnung unionsrechtskonform auszulegen.[182] Der EuGH verfügt im Hinblick auf das europäische Unionsrecht über das Auslegungsmonopol (Art. 19 Abs. 1 S. 2 EUV). Die MAR ist autonom unabhängig vom mitgliedstaatlichen Verständnis und einheitlich unter Berücksichtigung des gesamten Unionsrechts und seiner Ziele auszulegen.[183] Dabei sind alle 24 Sprachfassungen in derselben Weise verbindlich, sodass die Auslegung unter Berücksichtigung aller Sprachfassungen zu erfolgen hat und grundsätzlich keiner Fassung vorrangige Bedeutung zukommt.[184] Zu berücksichtigen ist jedoch, dass die deutsche Fassung der MAR an einigen Stellen Ungenauigkeiten oder gar Fehler

---

[173] Bspw. sehen *Kübler/Assmann* den Vertrauensschutz als Teil des Funktionsschutzes, *Kübler/Assmann* GesR § 32 II Nr. 2; auf eine Aufteilung insoweit komplett verzichtend GroßKommAktG/*Assmann* Einl. Rn. 357 ff.

[174] *Baumbach/Hopt/Kumpan,* 37. Aufl. 2016, Einl. Rn. 6; *Buck-Heeb,* Kapitalmarktrecht, 10. Aufl. 2019, Rn. 12; *Lenenbach,* Kapitalmarktrecht, 2. Aufl. 2010, Rn. 1.70; *Poelzig,* Kapitalmarktrecht, 2018, Rn. 26.

[175] *Hopt* ZHR 159 (1995), 135 (159).

[176] Fuchs/*Fuchs* Einl. Rn. 18 f.; Kölner Komm WpHG/*Hirte/Heinrich* Einl. Rn. 11–13; Schwark/Zimmer/*Zimmer* § 1 Rn. 6.

[177] Überblick über den Streitstand bei Baumbach/Hopt/*Kumpan,* 37. Aufl. 2016, Einl. Rn. 7 mwN; mindestens partiell eine Schutzgesetzcharakter bejahend *Claussen* AG 1997, 306 (307); *Hopt* ZHR 159, 160; *Mülbert* ZHR 177 (2013), 160 (172 ff.); *Schmidt* FS Schwark, 2009, 753 (769); Schwark/Zimmer/*Schwark* Vor § 31 Rn. 21; *Schwintowski* FS Hopt, 2010, 2507 (2522); in diese Richtung auch tendierend BeckOGK/*Spindler* BGB § 823 Rn. 369 ff.; abl. BGH Urt. v. 22.6.2010 – VI ZR 212/09, NJW 2010, 3651; BGH Urt. v. 19.2.2008 – XI ZR 170/07, NJW 2008, 1735 = BKR 2008, 294 (mkritAnm *Balzer*); *Förster* AL 2011, 197 (199); *Seiler/Geier* in Schimansky/Bunte/Lwowski BankR-HdB Vor §§ 104 ff., Rn. 112; Fuchs/*Fuchs* Einl. Rn. 18 f.; *Schäfer* WM 2007, 1872 (1879); zu den Voraussetzungen für das Vorliegen eines Schutzgesetzes BGH Urt. v. 17.9.2013 – XI ZR 332/12, WM 2013, 1983 (1985); BGH Urt. v. 19.2.2008 – XI ZR 170/07, NJW 2008, 1735 f.; Staudinger/*Hager,* 2017, BGB § 823 Rn. G 19; *Buck-Heeb* AL 2011, 185; *Schäfer* WM 2007, 1872 f.; *Schmidt* FS Schwark, 2009, 753 (754 f.); zur Bewertung der Normen der MAR als Schutzgesetze *Benecke/Thelen* BKR 2017, 12; *Hellgardt* AG 2012, 154 (164 ff.); *Poelzig* ZGR 2015, 815; *Schmolke* NZG 2016, 721 (722, 725); *Schockenhoff/Culmann* AG 2016, 517 (519 ff.).

[178] Hierzu *Poelzig* ZGR 2015, 815 einerseits; *Schmolke* NZG 2016, 721 andererseits.

[179] Gesetz über die Bundesanstalt für Finanzdienstleistungsaufsicht v. 22.4.2002, BGBl. 2002 I 1310.

[180] BT-Drs. 14/7033, 34, 36; Schwark/Zimmer/*Noack* WpÜG § 4 Rn. 11 ff.

[181] Vgl. BGH Urt. v. 29.4.1966 – V ZR 147/63, BGHZ 46, 23; Palandt/*Sprau* BGB § 823 Rn. 57 f.; Staudinger/*Hager,* 2017, BGB § 823 Rn. G 19; *Hopt* ZHR 195 (1995), 135 (160); Langenbucher/Bliesener/Spindler/*Spindler* Kap. 33 Rn. 12; *Poelzig,* Kapitalmarktrecht, 2018, Rn. 26.

[182] Monographisch *Martens,* Methodenlehre des Unionsrechts, 2013.

[183] EuGH Urt. v. 6.10.1982 – C-283/81, Slg. 1982, 3415 Rn. 20 = EuR 1983, 163– C. I. L. F. I. T. *S. auch Klöhn/Klöhn* MAR Einl. Rn. 55; Klöhn/*Schmolke* MAR Vor Art. 20 Rn. 84.

[184] EuGH Urt. v. 3.4.2014 – C-515/12, GRUR 2014, 680 Rn. 20 – 4 finance.

aufweist.[185] Da die Verhandlungen im Rechtssetzungsverfahren maßgeblich in englischer Sprache geführt wurden, kommt der englischen Sprachfassung eine besondere Bedeutung zu.[186]

48 Die MAR ist zudem im Lichte des europäischen Primärrechts, insbes. der *Grundfreiheiten* und *Grundrechte* (Art. 6 EUV, Art. 51 Abs. 1 S. 1 GRCh) und der allgemeinen Grundsätze des Unionsrechts auszulegen. Zu den allgemeinen Grundsätzen gehören insbesondere der **Effektivitäts-, der Äquivalenz- und der Verhältnismäßigkeitsgrundsatz.**[187] Sind mehrere Auslegungen möglich, ist diejenige vorzugswürdig, die die *praktische Wirksamkeit* der Norm iSd Effektivitätsgebots sicherstellt.[188]

49 Bei der Auslegung sind auch die Erwägungsgründe heranzuziehen, die insbesondere die Ziele und uU auch die Entstehungsgeschichte des Rechtsakts erleuchten. Regelungen, die *Ausnahmen* von einem allgemeinen Grundsatz begründen, sind *restriktiv auszulegen.*[189]

50 **b) Auslegung des WpHG.** Um dem Charakter des WpHG als Umsetzungsgesetz einer Vielzahl von europäischen Richtlinien Rechnung zu tragen, kommt bei seiner Anwendung der richtlinienkonformen Auslegung neben den klassischen Auslegungsmethoden besondere Bedeutung zu.[190] Ihre Notwendigkeit ergibt sich daraus, dass nach der Rechtsprechung des EuGH eine Richtlinie in einem Rechtsstreit zwischen Privaten keine unmittelbare („horizontale") Drittwirkung entfalten kann und ihrem Zweck somit im Wege der Auslegung Rechnung getragen werden muss.[191]

51 Das nationale Recht ist nach stRspr des EuGH, soweit dies zur zutreffenden Umsetzung der Richtlinie erforderlich und methodisch nach der jeweiligen Rechtsordnung möglich ist, richtlinienkonform auszulegen.[192] Die nationalen Gerichte müssen insoweit ihren Beurteilungsspielraum ausschöpfen, also auch das gesamte nationale Recht dahingehend prüfen, ob dessen Anwendung zu einem richtlinienkonformen Ergebnis führen kann.[193] Gestützt wird diese Verpflichtung auf das Umsetzungsgebot des Art. 288 Abs. 3 S. 1 AEUV, ergänzend auf den Grundsatz der Gemeinschaftstreue gem. Art. 4 Abs. 3 EUV.[194] Die Pflicht zur richtlinienkonformen Auslegung betrifft nicht nur umgesetztes Recht,

---

[185] Mit Beispielen *Hopt/Kumpan* in Schimansky/Bunte/Lwowski BankR-HdB § 107 Rn. 17; Klöhn/*Klöhn* MAR Einl. Rn. 57; Klöhn/*Schmolke* MAR Vor Art. 20 Rn. 85.

[186] Klöhn/*Klöhn* MAR Einl. Rn. 57; Klöhn/*Schmolke* MAR Vor Art. 20 Rn. 85.

[187] Grabitz/Hilf/Nettesheim/*Classen* AEUV Art. 197 Rn. 25, Art. 114 Rn. 54.

[188] EuGH Urt. v. 15.9.1998 – C-231/96, Slg. 1998, I-4951 Rn. 35 = NJW 1999, 129 – Edis; EuGH Urt. v. 14.10.1999 – C-223/98, Slg. 1999, I-7081 Rn. 24 – *Adidas.*

[189] EuGH Urt. v. 16.7.2015 – C-544/13, C-545/13, WRP 2015, 1206 Rn. 54 – Abcur/Apoteket Farmaci.

[190] Hierzu näher *Auer* NJW 2007, 1106; *Brechmann,* Die richtlinienkonforme Auslegung, 1994; *Canaris* FS Bydlinski, 2002, 47 ff.; *Gebauer* in Gebauer/Wiedmann EuropZivilR Kap. 4; *Grundmann* ZEuP 1996, 399; *Haratsch/Koenig/Pechstein* EuropaR, 11. Aufl. 2018, Rn. 413 ff.; *Hugger* NStZ 1993, 421; *Jarass* EuR 1991, 211; *Prokopf,* Das gemeinschaftliche Rechtsinstrument der Richtlinie, 2007, 120 ff.; *Leenen* JURA 2012, 753; *Lutter* JZ 1992, 593; *Möllers,* Juristische Methodenlehre, 2017, § 8 Rn. 35 ff.; *Nettesheim* AöR 119, 261 (267 ff.); *Pfeiffer* NJW 2009, 412; *Piekenbrock/Schulze* WM 2002, 521; *Riesenhuber/Domröse* RIW 2005, 47; *Rörig,* Direktwirkung von Richtlinien in Privatrechtsverhältnissen, 2001; *Roth/Jopen* in Riesenhuber Methodenlehre-HdB § 13; *Unberath* ZEuP 2005, 5.

[191] Erstmals EuGH Urt. v. 26.2.1986 – 152/84, Slg. 1986, 723 Rn. 47 f. = NJW 1986, 2178 – Marshall I; zust. *Rörig,* Direktwirkung von Richtlinien in Privatrechtsverhältnissen, 2001, 136; wobei freilich anzumerken ist, dass das Ergebnis der richtlinienkonformen Auslegung in der Regel dem entsprechen wird, welches sich bei einer unmittelbaren Anwendung der Richtlinie ergeben hätte. Dennoch ist die richtlinienkonforme Auslegung seit ihrer Anerkennung durch den EuGH nahezu unbestrittener Bestandteil juristischer Methodenlehre, vgl. *Auer* NJW 2007, 1106.

[192] StRspr des EuGH seit EuGH Urt. v. 10.4.1984 – 14/83, Slg. 1984, 1891, 1909 = NJW 1984, 2021 – von Colson und Kamann; EuGH Urt. v. 10.4.1984 – 79/83 = NZA 1984, 157 – Harz; EuGH Urt. v. 26.2.1986 – 152/84 = NJW 1986, 2178 – Marshall I; EuGH Urt. v. 15.5.1986 – 222/84, Slg. 1986, 1663 ff. = DVBl 1987, 227 – Johnston; EuGH Urt. v. 8.10.1987 – 80/86 = EuR 1988, 391–393 – Kolpinghuis Nijmegen; EuGH Urt. v. 4.2.1988 – 157/86 = NJW 1989, 663 – Murphy; EuGH Urt. v. 7.11.1989 – 125/88, Slg. 1989, 3533 ff. = EuZW 1990, 381–382 – Nijman; EuGH Urt. v. 13.11.1990 – 106/89, Slg. 1990, 4135 ff. = DB 1991, 157 – Marleasing; EuGH Urt. v. 16.12.1993 – 334/92, Slg. 1993, 6911 ff. = NJW 1994, 921 – Wagner Miret; EuGH Urt. v. 28.3.1996 – 129/94, Slg. 1996, 1829 ff. = VersRAI 1997, 18 – Bernáldez; EuGH Urt. v. 26.9.1996 – 168/95, Slg. 1996, 4705 ff. = EuZW 1997, 318 – Arcaro; EuGH Urt. v. 23.2.1999 – 63/97, Slg. 1999, 905 ff. = EuZW 1999, 244 – BMW; EuGH Urt. v. 25.2.1999 – 131/97, Slg. 1999, 1103 = ArztR 1999, 308–309 – Carbonari; EuGH Urt. v. 27.6.2000 – 240-244/98 = NJW 2000, 2571 – Océano; EuGH Urt. v. 5.10.2004 – 397–403/01 = NJW 2004, 547 – Pfeiffer; EuGH Urt. v. 4.7.2006 – 212/04 = NJW 2006, 2465 – Adeneler; EuGH Urt. v. 10.1.2006 – 344/04 = NJW 2006, 351 – IATA und ELFAA; EuGH Urt. v. 17.4.2008 – 404/06 = NJW 2008, 1433 – Quelle; EuGH Urt. v. 19.1.2010 – 555/07 = NZA 2010, 85 – Kücükdeveci; EuGH Urt. v. 24.1.2012 – 282/10 = NZA 2012, 139 – Dominguez; EuGH Urt. v. 28.1.2016 – 64/15 = ZfZ 2016, 66–70 – BP Europa; EuGH Urt. v. 17.3.2016 – 40/15 = VersR 2016, 815 – Aspiro; EuGH Urt. v. 19.4.2016 – 441/14 = NZA 2016, 537 – Dansk Industri; EuGH Urt. v. 7.7.2016 – 46/15 = BeckRS 2016, 81458 – Ambisig.

[193] EuGH Urt. v. 4.7.2006 – 212/04, Slg. 2008, I-2483 Rn. 11 1= NJW 2006, 2465 – Adeneler; EuGH Urt. v. 5.10.2004 – 397–403/01, Slg. 2004, I-8835 Rn. 115 = NJW 2004, 3547 – Pfeiffer; EuGH Urt. v. 25.2.1999 – 131/97 Rn. 49 f. – ArztR 1999, 308–309 – Carbonari.

[194] EuGH 10.4.1984 – 14/83 = NJW 1984, 2021 – von Colson und Kamann; EuGH v. 19.1.2010 – 555/07, NZA 2010, 85 – Kücükdeveci; vgl. auch *Gebauer* in Gebauer/Wiedmann EuropZivilR Kap. 4 Rn. 334; *Roth/Jopen* in Riesenhuber Methodenlehre-HdB § 13 Rn. 3 ff.; *Unberath* ZEuP 2005, 5.

sondern auch das „autonome" nationale Recht[195] und beginnt mit Ablauf der Umsetzungsfrist.[196] Die Reichweite dieser Verpflichtung ist allerdings durch den Anwendungsbereich der jeweiligen Richtlinie begrenzt.[197]

Die Schranken der richtlinienkonformen Auslegung finden sich in den allgemeinen Rechtsgrund- **52** sätzen, die Teil des Unionsrechts sind, insbesondere im Grundsatz der Rechtssicherheit und im Rückwirkungsverbot.[198] Zu den anerkannten Grundsätzen gehört auch der Grundsatz nulla poena sine lege.[199] Die Vorschriften des WpHG können, soweit sie Richtlinien – wie die MiFID II oder die CRIM-MAD – oder umsetzungsbedürftige Regelungen einer Verordnung – wie Art. 30 ff. MAR – umsetzen, nicht am Maßstab der deutschen **Grundrechte** gemessen werden, solange ausreichender Schutz durch die europäischen Grundrechte gewährleistet ist.[200] Etwas anderes gilt, soweit der deutsche Gesetzgeber im WpHG einen Umsetzungsspielraum ausfüllt.[201]

2. Bedeutung ergänzender Rechtsakte. a) Level 2 und 3-Rechtsakte. Um den schnelllebigen **53** Veränderungen auf dem Kapitalmarkt Rechnung zu tragen und daher eine flexible und transparente Rechtssetzung zu ermöglichen, erfolgt die EU-Rechtssetzung seit 2002 in dem sog. Lamfalussy-Verfahren[202] in vier Stufen:[203] Die relativ abstrakt formulierten Rahmenrechtsakte werden auf **Level 1** in Form von Richtlinien und Verordnungen im allgemeinen Gesetzgebungsverfahren durch das Europäische Parlament und den Rat auf Vorschlag der Kommission erlassen. Diese werden auf **Level 2** durch Rechtsakte der Kommission und der Europäischen Kapitalmarktaufsichtsbehörde (ESMA) konkretisiert: Wird die Kommission in einer Verordnung oder Richtlinie auf Level 1 zum Erlass delegierter Rechtsakte iSd Art. 290 AEUV oder zu einem Durchführungsrechtsakt iSd Art. 291 AEUV ermächtigt, bedient sie sich hierfür nach Konsultation der ESMA einer delegierten Verordnung oder Richtlinie bzw. einer Durchführungsverordnung oder -richtlinie auf Level 2. Außerdem erlässt die ESMA gem. Art. 10, 15 ESMA-VO[204] auf der Grundlage einer entsprechenden Ermächtigung in einem Level 1-Rahmenrechtsakt technische **Regulierungsstandards** (RTS) und technische **Durchführungsstandards** (IST), die jeweils eher technischer Natur sind und keine strategischen oder politischen Entscheidungen enthalten (Art. 10 Abs. 1 UAbs. 2, 15 Abs. 1 S. 2 ESMA-VO). RTS werden nach Zustimmung der Kommission als delegierte Rechtsakte gem. Art. 290 AEUV und ITS als Durchführungsrechtsakte gem. Art. 291 AEUV in Form einer Verordnung oder durch Beschluss rechtsverbindlich durch die Kommission verabschiedet.

Die ESMA ist darüber hinaus befugt, Empfehlungen und Leitlinien auf **Level 3** zu erlassen, um eine **54** möglichst einheitliche Auslegung und Anwendung der verbindlichen Rechtsakte in allen Mitgliedstaaten zu erreichen und so ein *level-playing-field* zu schaffen. **Empfehlungen** legen als gem. Art. 288 Abs. 5 AEUV unverbindliche Handlungsformen der Unionsorgane dem Adressaten ein bestimmtes Verhalten nahe.[205] **Leitlinien** sind primärrechtlich nicht vorgesehen, aber vom EuGH als zulässige europäische Handlungsform anerkannt, um eine ständige Verwaltungspraxis zu formulieren.[206] Leit-

---

[195] Seit EuGH Urt. v. 13.11.1990 – 106/89, Slg. 1990, 4135 ff. = DB 1991, 157 – Marleasing; EuGH Urt. v. 13.7.2000 – 456/98 Rn. 20 = NJW 2000, 3267 – Centrosteel; anderenfalls ergäben sich erhebliche Abrenzungsprobleme zwischen „Umsetzungs"- und „normalen" Normen nationalen Rechts s. *Jarass* EuR 1991, 211 (220).

[196] EuGH Urt. v. 4.7.2006 – 212/04 Rn. 115, = NJW 2006, 2465 – Adeneler; EuGH v. 23.9.2008 – 427/06 Rn. 25 = NJW 2008, 3417 – Bartsch.

[197] *Haratsch/Koenig/Pechstein* EuropaR, 11. Aufl. 2018, Rn. 415.

[198] EuGH Urt. v. 8.10.1987 – 80/86 = EuR 1988, 391–393 – Kolpinghuis Nijmegen.

[199] Vgl. EuGH Urt. v. 26.9.1996 – 168/95 Rn. 37 = EuZW 1997, 318 – Arcaro; EuGH Urt. v. 11.6.1987 – 14/86 = HFR 1988, 593–594 – Pretore di Salo; zust. Kölner Komm WpHG/*Hirte/Heinrich* Einl. Rn. 110a; *Hugger* NStZ 1993, 421; *Roth* EWS 2005, 385 (390 f.).

[200] „Solange"-Rspr. des BVerfG, s. nur BVerfG Beschl. v. 22.10.1986, BVerfGE 73, 339 = NJW 1987, 577 – Solange-II. Weiter auch BVerfG Beschl. v. 7.6.2000 – 2 BvL 1/97, BVerfGE 102, 147 = NJW 2000, 3124 – Bananenmarkt; zur Prüfung anhand europäischer Grundrechte durch das BVerfG siehe BVerfG Beschl. v. 6.11.2019 – NJW 2020, 314 Ls. 1 – Recht auf Vergessen II.

[201] BVerfG Urt. v. 2.3.2010 – 1 BvR 256/08, BVerfGE 125, 260 (306 f.); jüngst BVerfG Beschl. v. 6.11.2019 – NJW 2020, 300 Ls. 1a; siehe auch EuGH Urt. v. 26.2.2013 – Åkerberg Fransen – C-617/10 Rn. 29 = NJW 2013, 1415.

[202] Namensgeber ist Baron Alexandre Lamfalussy, der Vorsitzender des von der Kommission im Juli 2000 eingesetzten Ausschusses der Weisen war.

[203] Zum Folgenden ausführlicher *Binder/Broichhausen* ZBB 2006, 85 (88 f.); *Schmolke* NZG 2005, 912; *Seitz* BKR 2002, 340 (341 ff.); *Veil/Walla*, Europäisches Kapitalmarktrecht, 2. Aufl. 2014, § 2 Rn. 22 ff.; *Veil* ZGR 2014, 544 (551 ff.); in Bezug auf MiFID II *Duve/Keller* BB 2006, 2425 f.

[204] Verordnung (EU) Nr. 1095/2010 des Europäischen Parlaments und des Rates vom 24.11.2010 zur Errichtung einer Europäischen Aufsichtsbehörde (Europäische Wertpapier- und Marktaufsichtsbehörde), zur Änderung des Beschlusses Nr. 716/2009/EG und zur Aufhebung des Beschlusses 2009/77/EG der Kommission, ABl. 2010 L 331, 84.

[205] *Streinz/Schroeder* AEUV Art. 288 Rn. 144 ff.; *Calliess/Ruffert/Ruffert* AEUV Art. 288 Rn. 95 f.; *Frank*, Rechtswirkungen von Leitlinien und Empfehlungen, 2012, 121; näher zu „Soft law" auf europäischer Ebene *Schwarze* EuR 2011, 3.

[206] EuGH Urt. v. 28.6.2005 – C-189/02 P, Slg. 2005, I-5425, I-5566 Rn. 209 f. = WuW 2005, 819 – Dansk Rørindustri ua/Kommission.

linien und Empfehlungen sind zwar als sog. *soft law* rechtlich grundsätzlich nicht bindend, die mitgliedstaatlichen Behörden und Marktteilnehmer sollen aber gem. Art. 16 Abs. 3 UAbs. 1 ESMA-VO alle erforderlichen Anstrengungen unternehmen, um den Leitlinien und Empfehlungen nachzukommen.[207] Gem. Art. 16 Abs. 3 UAbs. 2 und 3 ESMA-VO sind die Mitgliedstaaten zudem iSv *comply-or-explain* verpflichtet, die Einhaltung der Empfehlungen und Leitlinien zu bestätigen oder anderenfalls die Nichteinhaltung unter Angabe von Gründen gegenüber der ESMA anzuzeigen (Art. 16 Abs. 3 UAbs. 2 ESMA-VO). Dies wird wiederum von der ESMA veröffentlicht (Erwägungsgrund 26 ESMA-VO). Insoweit entsteht jedenfalls eine faktische Bindungwirkung.

55   Darüber hinaus entfalten Leitlinien „unter bestimmten Voraussetzungen und je nach ihrem Inhalt Rechtswirkungen", soweit sie aus Vertrauensschutz- und Gleichbehandlungsgründen zu beachten sind.[208] Nach der Rspr. des EuGH müssen die mitgliedstaatlichen Gerichte auch europäische Empfehlungen berücksichtigen.[209] Bei Einhaltung einer Empfehlung der ESMA scheidet eine Bußgeld- oder Schadensersatzhaftung des Marktteilnehmers in der Regel wegen eines unverschuldeten Rechtsirrtums aus, wenn sich im Nachhinein herausstellt, dass die Auslegung der Verordnung durch die ESMA (nicht offenkundig) unionsrechtswidrig ist.[210]

56   Die ESMA äußert sich darüber hinaus häufig auch in Form von **Q&A,** um gem. Art. 29 Abs. 2 ESMA-VO eine gemeinsame Aufsichtspraxis und Aufsichtskultur zu schaffen.[211]

57   **b) Nationale Rechtsverordnungen und Verwaltungsvorschriften.** Mit Rücksicht auf die notwendig abstrakt gehaltenen Gesetze und das Bedürfnis nach einer flexiblen und raschen Regulierung ist das Wertpapierhandelsrecht darüber hinaus durch eine Vielfalt an konkretisierenden untergesetzlichen Vorschriften auch auf nationaler Ebene geprägt. Dazu gehören insbesondere nationale Rechtsverordnungen, wie zB die Wertpapierhandelsanzeigeverordnung **(WpAV)**[212] ergänzend zum WpHG.

58   Im Übrigen äußert die **BaFin** ihre Rechtsauffassung nicht selten abstrakt in Form von Merkblättern, Leitlinien, Rundschreiben oder Bekanntmachungen oder durch konkrete Auskünfte aufgrund von Informationsanfragen oder in Aufsichtsgesprächen.[213] Zu den wichtigen norminterpretierenden Verwaltungsvorschriften der BaFin, die diese, aber nicht die Gerichte binden, gehört der **Emittentenleitfaden** vom 22.7.2013.[214] Bei dem Emittentenleitfaden der BaFin sowie den Merkblättern handelt es sich nach hM um norminterpretierende Verwaltungsvorschriften,[215] die auf der Grundlage von Art. 3 Abs. 1 GG lediglich zu einer Selbstbindung der Verwaltung führen.[216] Die Behörde agiert hier mit Instrumenten, die zwar formal keine rechtliche Bindungswirkung im Außenverhältnis und damit auch keine rechtsgestaltende Wirkung entfalten, aber im Ergebnis doch erhebliche faktische Bedeutung haben, denn die beaufsichtigten Unternehmen werden die verlautbarte Aufsichtspraxis in der Regel beachten, um aufsichtsrechtliche Konsequenzen zu vermeiden.[217] **Straf- und Zivilgerichte** sind grundsätzlich nicht an die verlautbarte Rechtsauffassung der BaFin bei der Auslegung der auch zivil- oder strafrechtlich relevanten Normen gebunden.[218] In jüngerer Zeit mehren sich allerdings die

---

[207] Näher zur Rechtsnatur und möglichen Auswirkungen *Walla* BKR 2012, 265 (267).

[208] EuGH Urt. v. 28.6.2005 – C-189/02 P, Slg. 2005, I-5425, I-5566 Rn. 211 = WuW 2005, 819 – Dansk Rørindustri ua/Kommission.

[209] EuGH Urt. v. 13.12.1989 – C-322/88, Slg. 1989, I-4416, I-4421 Rn. 18 = NZA 1991, 283 – Grimaldi.

[210] So auch *Frank* ZBB 2015, 213 (218); *Krause* CCZ 2014, 248 (260); *Poelzig* NZG 2016, 528 (529); *Veil/Veil,* Europäisches Kapitalmarktrecht, 2. Aufl. 2014, § 5 Rn. 39; in diese Richtung *Walla* BKR 2012, 265 (267).

[211] Zu ihrer Rechtsnatur und Wirkung *Veil* ZBB 2018, 151 ff.

[212] Verordnung zur Konkretisierung von Anzeige-, Mitteilungs- und Veröffentlichungspflichten nach dem Wertpapierhandelsgesetz v. 13.12.2004, BGBl. 2004 I 3376. Mit der dritten Verordnung zur Änderung der Wertpapierhandelsanzeige- und Insiderverzeichnisverordnung v. 2.11.2017 (BGBl. 2017 I 3727) wurde die ehemalige WpAIV in Wertpapierhandelsanzeigeverordnung (WpAV) umbenannt und an die Änderungen durch das zweite Finanzmarktnovellierungsgesetz, sowie durch die Level-2 Akte auf europäischer Ebene angepasst. Somit dient die WpAV nunmehr der Ergänzung der europäischen Regelungen und ist neben diesen anwendbar, vgl. RefE des Bundesministeriums für Finanzen zur 3. WpAIVÄndV (abrufbar unter: https://www.bundesfinanzministerium.de/Content/DE/Gesetzestexte/Gesetze_Verordnungen/2017-05-09-WpAIV.html, letzter Zugriff: 5.12.2019). Zur Verdrängung der WpAIV durch die MAR und die Level 2-Rechtsakte nach altem Recht: Beschlussempfehlung und Bericht des Finanzausschusses zum 1. FiMaNoG, BT-Drs. 18/8099, 107; *BaFin* FAQ zur Veröff von Insiderinformationen (Stand: 19.7.2016), I. 2; *Klöhn* AG 2016, 423 (430 f.); *Poelzig* NZG 2016, 761 (763); *Rentzsch* NZG 2016, 1201 (1202).

[213] Hierzu ausf. Paal/Poelzig/*Thiele,* Effizienz durch Verständigung, 2015, 99 ff.

[214] BaFin Emittentenleitfaden, 22.7.2013 (BaFin Emittentenleitfaden) (abrufbar unter: http://www.bafin.de/SharedDocs/Downloads/DE/Leitfaden/WA/dl_emittentenleitfaden_2013.pdf?__blob=publicationFile&v=12, letzter Zugriff: 5.12.2019).

[215] BGH Beschl. v. 25.2.2008 – II ZB 9/07, ZIP 2008, 639 Rn. 24; Fuchs/*Mennicke* Vor §§ 12–14 Rn. 40; *Möllers,* Juristische Methodenlehre, 2018, § 3 Rn. 54; Assmann/Schneider/Mülbert/*U. H. Schneider* § 28 Rn. 69a; *Fleischer* DB 2009, 1335 (1337); *Merkner/Sustmann* NZG 2005, 729 (730); *Möllers* WM 2005, 1393 (1396). Teilw. werden auch je nach Ausgestaltung als informelles Behördenhandeln oder eine Rechtsform sui generis behandelt (s. *Hippeli* WM 2018, 253 [256]).

[216] *Maurer* AllgVerwR.19. Aufl. 2017, § 24 Rn. 21 ff.; *Hippeli* WM 2018, 253 (256).

[217] *Gurlit* ZHR 177 (2013), 862 (892); Paal/Poelzig/*Thiele,* Effizienz durch Verständigung, 2015, 99, 100.

[218] BGHZ 166, 56 (62); *Buck-Heeb,* Kapitalmarktrecht, 10. Aufl. 2019, Rn. 26, *Poelzig,* Kapitalmarktrecht, 2018, Rn. 61; s. auch *Poelzig,* Normdurchsetzung durch Privatrecht, 2012, 245. Speziell zu § 21 WpHG aF Kölner Komm

Stimmen, die den BaFin-Verlautbarungen gleichwohl eine weitergehende Relevanz einräumen wollen, etwa als *persuasive authority*[219] oder als sekundäre Rechtsquelle, sodass sich Gerichte hiernach jedenfalls ernsthaft mit dem Inhalt der behördlichen Verlautbarung befassen müssen.[220] Darüber hinaus sind aufsichtsbehördliche Verlautbarungen bei der straf- oder zivilrechtlichen Beurteilung des Verschuldens zugunsten der Normadressaten zu berücksichtigen.[221] Unrichtige Auskünfte der zuständigen Aufsichtsbehörde schließen regelmäßig eine straf- oder bußgeldrechtliche Verfolgung wegen eines unvermeidbaren Verbotsirrtums gem. § 17 StGB aus.[222] Diese Grundsätze hat der BGH auch auf die zivilrechtliche Beurteilung übertragen, soweit es um die Verletzung eines Gesetzes geht, das zwar „selbst keine Strafnorm ist, seine Missachtung aber unter Strafe gestellt ist".[223] Demnach ist ein Verschulden ausgeschlossen, sofern der Normadressat – wie regelmäßig – auf die Rechtmäßigkeit der Praxis der zuständigen Aufsichtsbehörde vertrauen konnte.[224] Das Vertrauen in die Aussage der BaFin wird indes nicht geschützt, wenn begründete Zweifel an deren Richtigkeit bestehen, ihr z. B. die Rechtswidrigkeit auf die Stirn geschrieben steht oder sie nur unter Vorbehalt erklärt wurde.[225]

3. Gespaltene Auslegung. Verstöße gegen das Wertpapierhandelsrecht werden sowohl straf- und **59** bußgeldrechtlich als auch aufsichts- sowie zivilrechtlich geahndet: So sind einerseits straf- und bußgeldrechtliche Sanktionen gem. §§ 119 f. und andererseits aufsichtsrechtliche Anordnungen nach § 6 sowie zivilrechtliche Folgen (Schadensersatzansprüche gem. §§ 97 f.; Rechtsverlust gem. § 44) möglich. Denkbar ist beispielsweise, dass wegen Insiderhandels gem. Art. 14 MAR ein Gericht gem. § 119 Abs. 1 über die Strafbarkeit und die BaFin über eine Anordnung gem. § 6 entscheidet.[226] Möglich ist auch, dass über die Auslegung der Mitteilungspflichten gem. §§ 33 ff. einerseits ein Zivilgericht im Rahmen einer Anfechtungsklage gem. § 246 AktG wegen eines Stimmrechtsverlusts eines Aktionärs gem. § 44 und andererseits die BaFin bei Verhängung eines Bußgelds gem. § 120 Abs. 2 Nr. 2 lit. d befindet.[227] Ein solches Nebeneinander öffentlich-rechtlicher und zivilrechtlicher Rechtsfolgen kann durch eine **„gespaltene Auslegung"** der verletzten Verhaltensnormen[228] zu divergierenden Entscheidungen und damit zu unterschiedlichen Handlungsanweisungen führen.[229] Während beispielsweise der BGH die Einzelfallausnahme gem. § 33 Abs. 2 S. 1 aE formal definiert,[230] folgt die BaFin einer materiell-rechtlichen Betrachtung.[231] Verantwortlich für die Möglichkeit einer

---

WpHG/*Hirte* § 21 Rn. 195; Assmann/Schneider/Mülbert/*U. H. Schneider* § 21 Rn. 139; *Busch* AG 2009, 425 (430); *Schneider* NZG 2009, 121 (124 f.); *v. Bülow/Petersen* NZG 2009, 481 (483 f.); *Poelzig* ZBB 2019, 1 ff.

[219] *Bedkowski* BB 2009, 394 (399); *Busch/Kopp/McGuire/Zimmermann/Hupka* 291, 313.

[220] *Möllers*, Juristische Methodenlehre, 2018, § 3 Rn. 57; *Fekonja*, BaFin-Verlautbarungen, 2013, 152 ff. Ausführlich *Poelzig* ZBB 2019, 1 (8 ff.); *Poelzig* ZVglRWiss 117 (2018), 505 ff.

[221] BGH NJW 2012, 3177 Rn. 23; Kölner Komm WpHG/*Altenhain* § 38 Rn. 148; *Frank* ZBB 2015, 213; Boos/Fischer/Schulte-Mattler/*Lindemann* KWG § 54 Rn. 27; *Pauka/Link/Armenat* WM 2017, 2092 (2094); *Poelzig* NZG 2016, 528 (529); Schwennicke/Auerbach/*Schwennicke* KWG § 54 Rn. 17.

[222] BGH NStZ 2000, 364.

[223] BGH NJW-RR 2017, 1004 Ls. 1. Das Verschulden ist demnach auf Grundlage der strafrechtlichen Grundsätzen zum hypothetisch unvermeidbaren Verbotsirrtum auch dann ausgeschlossen, wenn zwar keine Auskunft eingeholt wurde, aber feststeht, „dass eine ausreichende Erkundigung des Betroffenen bei einem Verbotsirrtum unterliegenden Täters bei der zuständigen Aufsichtsbehörde dessen Fehlvorstellung bestätigt hätte" (BGH NJW-RR 2017, 1004 Ls. 2). Krit. hierzu *Kempelmann/Scholz* JZ 2018, 390 (397); *Holle* BKR 2018, 500 (502 f.).

[224] So bereits *Fleischer* DB 2009, 1335 (1336 f.); *Verse* BKR 2010, 328 (330 f.); Kölner Komm WpHG/*Hirte* § 21 Rn. 196; Emmerich/Habersack/*Schürnbrand/Habersack* § 44 Rn. 11; K. Schmidt/Lutter/*Veil* AktG Anh. § 22 WpHG § 28 Rn. 7; MüKoAktG/*Bayer* AktG § 44 Rn. 16; aA OLG München NZG 2009, 1386 (1388); LG Köln AG 2008, 336 (338 f.); Assmann/Schneider/Mülbert/*U. H. Schneider* § 44 Rn. 23, 87. In ähnlicher Weise hat der EuGH für Bekanntmachungen der Kommission in der Rs. *Suiker Unie* entschieden, dass das Vertrauen eines Unternehmens in die Rechtmäßigkeit einer Bekanntmachung die Verhängung eines Bußgeldes ausschließt (EuGH v. 16.12.1975, verb. Rs. C-40/73 ua, Slg. 1975, 1663 Rn. 555 ff. = NJW 1976, 470).

[225] *Fleischer* DB 2009, 1335 (1337).

[226] Vgl. aber etwa KG NJW 2018, 3734 zur Einordnung von Bitcoin in das KWG, ausf. *Poelzig* ZBB 2019, 1 ff.

[227] Jüngst etwa BGH NJW 2017, 3718, ausf. hierzu *Poelzig* ZBB 2019, 1 ff.

[228] Grdl. *Tiedemann*, Tatbestandsfunktionen im Nebenstrafrecht, 1969, 186 f., 197 f.; krit. dazu *Schmidt* FS Rebmann, 1989, 419 (436).

[229] Grdl. *Cahn* ZHR 162 (1998), 1 (9 ff.); *Schürnbrand* NZG 2011, 1213; so auch *Wundenberg* ZGR 2015, 124 (155); abl. BGH Urt. v. 19.7.2011 – II ZR 246/09, NZG 2011, 1147 (1149) mwN.

[230] BGH Urt. v. 25.9.2018 – II ZR 190/17, NJW 2019, 219. Hierzu *Brellochs* AG 2019, 29.

[231] Zu den praktischen Schwierigkeiten, die sich aus einer gespaltenen Anwendung durch Zivilgerichte und die BaFin ergeben können, s. auch *Cahn* AG 2013, 459; *Segna* ZGR 2015, 84 (103 f.) am Bsp. der Mitteilungspflichten der Legitimationsaktionäre gem. §§ 21 ff. aF und der Entscheidung des OLG Köln Urt. v. 6.6.2012 – 18 U 240/11, NZG 2012, 946. Das OLG Köln hat für weisungsgebundene Legitimationsaktionäre eine Mitteilungspflicht gem. § 21 Abs. 1 aF (jetzt § 33) bejaht; die BaFin hat die Meldepflicht hingegen verneint und daher die Entgegennahme der Mitteilung zurückgewiesen. Inzwischen hat der Gesetzgeber diesen Konflikt mit einer gesetzlichen Regelung zunächst in § 21 Abs. 1 aF und jetzt § 33 Abs. 1 gelöst, wonach für Legitimationsaktionäre keine Mitteilungspflicht besteht. Siehe auch Empfehlung der Kommission v. 11.6.2013, Gemeinsame Grundsätze für kollektive Unterlassungs- und Schadensersatzverfahren in den Mitgliedstaaten bei Verletzung von durch Unionsrecht garantierten Rechten, ABl. 2013 L 201, 60 sowie Erwägungsgrund 22.

gespaltenen Auslegung derselben Norm – hier etwa § 33 – durch Strafgerichte, Aufsichtsbehörden und Zivilgerichte sind vor allem das Bestimmtheits- und Analogieverbot, das nach europarechtlichen[232] und verfassungsrechtlichen Maßstäben (Art. 103 Abs. 2 GG iVm § 1 StGB; § 3 OWiG) für straf- und bußgeldrechtliche Sanktionen,[233] nicht jedoch allgemein im Zivil- und Aufsichtsrecht gilt.[234] Im Wege der analogen Anwendung einer kapitalmarktrechtlichen Verhaltensnorm wäre also ein Verhalten zivil- und aufsichtsrechlich untersagt, bußgeld- und strafrechtlich aber wegen des Analogieverbots zulässig.[235] Eine solche gespaltene Auslegung ist nach der Rspr. des **BVerwG** im Verhältnis von Straf- und Aufsichtsrecht zulässig,[236] da das Strafrecht als *ultima ratio* nur besonders schwerwiegende Zuwiderhandlungen erfassen soll und daher weniger gravierende Verstöße aufsichtsrechtlich untersagt sein können, ohne dass der Zuwiderhandelnde aber zugleich zu bestrafen ist. Etwas anderes soll nach **hL**[237] und **Rspr.** des BGH für das Verhältnis zum Zivilrecht gelten: Demnach soll das Analogieverbot auch im Zivilrecht anzuwenden sein, sofern es um Normen geht, die sowohl zivilrechtlich als auch straf- oder bußgeldrechtlich geahndet werden können. Begründung hierfür ist, dass eine gespaltene Auslegung derselben Norm im Zivil- und Strafrecht dem Willen des Gesetzgebers[238] und dem Gebot der Einheit der Rechtsordnung widerspricht[239] und zu Rechtsunsicherheit bei den Normadressaten führt.[240] Gründe für eine unterschiedliche Behandlung von Zivil- und Aufsichtsrecht im Verhältnis zum Straf- und Bußgeldrecht sind jedoch nicht ersichtlich, sodass eine gespaltene Auslegung durch Analogie von straf- und bußgeldrechtlichen Normen im Zivilrecht ebenso wie im Aufsichtsrecht möglich sein sollte.[241]

60   **4. Kapitalmarktrechtliches Informationsmodell.** Ein vollkommener Kapitalmarkt zeichnet sich dadurch aus, dass alle Anleger gleichen und kostenlosen Zugang zu sämtlichen Informationen haben. *Fama* stellt in diesem Zusammenhang die Markteffizienzhypothese auf, die sog. **Efficient Capital Market Hypothesis,** wonach ein Kapitalmarkt dann effizient ist, wenn der Kurs eines Wertpapiers zu jeder Zeit alle wesentlichen Informationen über das Wertpapier widerspiegelt (sog. Informationseffizienz).[242] In einem effizienten Markt muss sich ein Anleger folglich nicht um Informationen bemühen, sondern kann darauf vertrauen, dass die Preise alle wesentlichen Informationen reflektieren.[243] Diese modellhafte Vorstellung entspricht jedoch nicht der Realität, die durch durchschnittliche Informationseffizienz gekennzeichnet ist. Informationen werden hier nur eingepreist, wenn sie öffentlich bekannt sind.

61   **a) Kapitalmarktregulierung durch Informationspflichten.** Der Kapitalmarkt ist durch ein besonderes **Informationsungleichgewicht** (Informationsasymmetrie) geprägt.[244] Die Qualität von Finanzinstrumenten ist für Anleger weder wie bei Sachgütern ohne Weiteres vor dem Kauf erkennbar noch wie bei Erfahrungsgütern bei wiederholtem Kauf durch Erfahrung erlernbar. Stattdessen handelt

---

[232] Der Grundsatz *nulla poena sine lege* ist auch als allgemeiner Rechtsgrundsatz des Unionsrechts anerkannt (EuGH Urt. v. 12.12.1996 – C74/95 und C129/95 Slg. 1996, I-6609 Rn. 25 = NZA 1997, 307 – Telecom Italia).

[233] Zur Geltung im Ordnungswidrigkeitenrecht KK-OWiG/*Rogall* OWiG § 3 Rn. 51.

[234] Zur Übertragung des Analogieverbots auf die zivilrechtliche Haftung für straf- oder bußgeldrechtlich sanktionierte Normen BGH Urt. v. 19.7.2011 – II ZR 246/09, NZG 2011, 1147 Rn. 33 (für die §§ 21 ff. aF), s. auch BGH Urt. v. 18.9.2006 – II ZR 137/05, NJW-RR 2007, 1179 Rn. 17 – WMF; *v. Bülow/Petersen* NZG 2009, 1373 (1375 f.); *Fleischer/Bedkowski* DStR 2010, 933 (936 f.); *Segna* ZGR 2015, 84 (101); *Veil/Dolff* AG 2010, 385 (389 f.); *Widder/Kocher* ZIP 2010, 457 (459). AA Assmann/Schneider/Mülbert/*Assmann* Einl. Rn. 35; *Cahn* ZHR 162 (1998), 1 (9 f.); *Cahn* FS 25 Jahre WpHG, 2019, 41 (42).

[235] Zum Konflikt von Straf- und Aufsichtsrecht in der Frage der Erlaubnispflicht für Anbieter von Bitcoin KG NJW 2018, 3734.

[236] BVerwGE 122, 29; NZG 2005, 265; bestätigt durch BVerfG NZG 2006, 499. Grdl. *Cahn* ZHR 162 (1998), 1 (8 ff.). Zuvor schon (für die §§ 21 ff. aF) *Cahn* AG 1997, 502 (503). Außerdem *Oechsler* ZIP 2012, 449 (452 f.); *Schürnbrand* NZG 2011, 1213 ff.

[237] Statt aller *Assmann/Schneider/Mülbert/Assmann* Einl. Rn. 26 f.; *Fuchs/Fuchs* Einl. Rn. 79; Kölner Komm WpÜG/*v. Bülow* WpÜG § 30 Rn. 35 ff.; K. Schmidt/*Lutter/Veil* AktG Vor §§ 21 ff. WpHG Rn. 7; *Schwark/Zimmer/Schwark* Einl. Rn. 34; *Schäfer* in Marsch-Barner/Schäfer AG-HdB § 17 Rn. 3; *Schanz* DB 2008, 1899 (1904). Für das Kartellrecht *Immenga/Mestmäcker/Immenga/Mestmäcker* Bd. 2 Einl. Rn. 76; *Langen/Bunte/Bunte* Einf. Rn. 89. AA *Immenga/Mestmäcker/Dannecker/Biermann* Bd. 2 Vor § 81 Rn. 39; *Ulmer* WuW 1971, 878 (885).

[238] So Fuchs/*Fuchs* Einl. Rn. 106; ferner Assmann/Schneider/Mülbert/*Assmann* Einl. Rn. 35.

[239] Vgl. etwa Fuchs/*Dehlinger/Zimmermann* Vor § 21 Rn. 25; *v. Bülow/Petersen* NZG 2009, 1373 (1376); *Veil/Dolff* AG 2010, 385 (389).

[240] Ausf. zu den Gegenargumenten *Schürnbrand* NZG 2011, 1213 (1215).

[241] Ausf. *Cahn* 25 Jahre WpHG, 2019, 41 ff.; *Poelzig* ZBB 2019, 1 ff.

[242] *Fama* 25 J. Fin. 383 (1970); *Fama* 46 J. Fin. 1575 (1991); weiterführend auch *Franke/Hax,* Finanzwirtschaft des Unternehmens und Kapitalmarkt, 1988, 434 ff.; Staub/*Grundmann* Bd. 11/1 5. Teil Rn. 16.

[243] *Saari* 29 Standford Law Review 1031, 1072 (1977). Nach *Fama* Journal of Finance 25 (1970), 383 ist zwischen strenger, halbstrenger und schwacher Informationseffizienz zu unterscheiden, wobei die Informationseffizienz als umso strenger anzusehen ist, je mehr relevante Informationen im Kurs des Wertpapiers enthalten sind. Weiterführend *Bak,* Aktienrecht zwischen Markt und Staat, 2003, 29 ff.; *Bak/Bigus* ZBB 2006, 430 (431 ff.).

[244] Ausf. hierzu *Fleischer,* Informationsasymmetrien im Vertragsrecht, 2001, 93 ff.; *Langenbucher* AktKapMarktR § 1 Rn. 16 ff.; krit. *Hackethal/Meyer* ZVglRWiss 2014, 574.

es sich um Vertrauensgüter, bei denen trotz intensiver Recherche wichtige Eigenschaften unbekannt, also dem Vertrauen überlassen bleiben.[245] Während die Emittenten typischerweise über alle bewertungsrelevanten Informationen, insbesondere zu ihrer finanziellen Lage, verfügen, fehlen Anlegern, insbesondere Klein- oder Privatanlegern, häufig die für eine sachgerechte Anlageentscheidung notwendigen Informationen. Steuert man dieser Informationsasymmetrie nicht gegen, so droht das **market for lemons**-Phänomen *Akerlofs*.[246]

Fehlen Anlegern wesentliche Informationen und können sie die Qualität von Finanzinstrumenten **62** nicht beurteilen, sind sie allenfalls bereit, einen durchschnittlichen Preis für jedwedes Produkt zu zahlen. In einem solchen Umfeld lohnt es sich für Emittenten nicht, qualitativ hochwertige Finanzinstrumente anzubieten, die einen überdurchschnittlichen Preis wert sind und die gleichwohl nur zu einem durchschnittlichen Preis veräußert werden können. Die qualitativ hochwertigen Finanzinstrumente scheiden aus dem Markt aus **(adverse selection),** sodass eine Abwärtsspirale beginnt. Auf längere Sicht bilden sich falsche, nicht marktgerechte Preise durch Fehlallokationen heraus. Informationsasymmetrien können demnach zu einem Marktversagen führen.[247] Auf dem Sekundärmarkt sollen daher vor allem Informationspflichten, wie etwa die ad-hoc-Publizitätspflicht gem. Art. 17 MAR oder die Regelpublizitätspflicht gem. §§ 114 ff., das Informationsungleichgewicht beseitigen. Dem Anleger sollen die für die Anlageentscheidung notwendigen wertrelevanten Informationen zur Verfügung stehen, sodass er nicht Gefahr läuft, ein überteuertes Instrument von dem Emittenten zu erwerben. Aufgrund der veröffentlichten Informationen können Anleger überbewertete Instrumente erkennen und veräußern bzw. unterbewertete Instrumente erwerben. Veräußern Anleger überbewertete Finanzinstrumente oder erwerben sie unterbewertete Finanzinstrumente, nähert sich der dem Finanzinstrument zugeschriebene Preis – etwa der Börsenkurs – dem objektiven Wert an.

b) Kritik am homo oeconomicus. Das Kapitalmarktinformationsmodell fußt jedoch auf einer **63** weiteren zentralen Prämisse des vollkommenen Kapitalmarktes, namentlich der Annahme, dass ein Anleger als sog. **homo oeconomicus** auf der Grundlage der wesentlichen Informationen stets rational handelt.[248] Er investiert idealerweise also in diejenigen Finanzinstrumente, die aus seiner Sicht aufgrund der verfügbaren Informationen unter Berücksichtigung von Wahrscheinlichkeiten den höchsten Gewinn bei ausreichender Sicherheit verspricht. Auf diese Weise gelangt das Kapital iSd Allokationseffizienz dorthin, wo es am gewinnbringendsten eingesetzt werden kann.

In der Realität stoßen die Prämisse des homo oeconomicus und damit auch das kapitalmarktrecht- **64** liche Informationsmodell an Grenzen: Einen maßgeblichen Beitrag zur Aufdeckung der Grenzen hat Robert Shiller geleistet, der hierfür zeitgleich mit Eugene Fama und Lars Peter Hansen, dem Begründer der Efficient Capital Market Hypothesis, einen Nobelpreis für Ökonomie erhalten hat.[249] Demnach handeln viele Anleger nicht aufgrund von bewertungsrelevanten Informationen, sondern orientieren sich vielmehr an Börsenkursen (sog. **noise trader**)[250], intensivieren durch ihre Transaktionen bereits bestehende Trends und forcieren so eine unbegründete Überbewertung von Finanzinstrumenten (sog. **bubbles**).[251] Außerdem ist die Fähigkeit von Anlegern, Informationen effizient aufzunehmen, zu verarbeiten und Entscheidungen zu treffen, beschränkt.[252] So sind Anleger – insbesondere Kleinanleger – nur begrenzt zur Aufnahme und Verarbeitung von Informationen **(information overload)**[253] in der

---

[245] Grdl. *Schäfer/Ott* Ökonomische Analyse des ZivilR, 5. Aufl. 2012, 542. Zum Kapitalmarkt *Black* 48 UCLA L. Rev. 781, 786 ff. (2001); *Fleischer* Gutachten F zum 64. DJT S. F 23.

[246] *Akerlof* 84 Quarterly Journal of Economics 488 ff. (1970). Als Lemon werden in den USA Autos bezeichnet, die von schlechterer Qualität sind und daher auch als Montagsautos bezeichnet werden.

[247] Hierzu *Franke/Hax,* Finanzwirtschaft des Unternehmens und Kapitalmarkt, 1988, 458 f.; *Langenbucher* AktKapMarktR § 1 Rn. 17; *Rudolph,* Unternehmensfinanzierung und Kapitalmarkt, 2006, 137 f.; *Sinn,* Allokationseffizienz in der Rechtsordnung, 1989, 81 ff.; *Towfigh/Petersen,* Ökonomische Methoden im Recht, 2. Aufl. 2017, 138 ff.

[248] Ausf. bei *Kirchgässner* JZ 1991, 104 (106 f.); *Kirchner,* Ökonomische Theorie des Rechts, 1997, 11 ff.; *Kunz,* Rational Choice, 2004, 32 ff.; *Mathis,* Effizienz statt Gerechtigkeit?, 2. Aufl. 2006, 22 ff.; *Steinbeck/Lachenmaier* NJW 2014, 208 f.; *Tamm* in Tamm/Tonner VerbraucherR § 1 Rn. 21 ff.; in Bezug auf den Kapitalmarkt vgl. das Anlegerbild in BGH Urt. v. 19.5.1998 – XI ZR 286/97, NJW 1998, 2675; *Adolff,* Unternehmensbewertung im Recht der börsennotierten AG, 2007, 11; *Rudolf,* Unternehmensfinanzierung und Kapitalmarkt, 2006, 85 ff.; Langenbucher/Biesener/Spindler/*Spindler* 33. Kap Rn. 9.

[249] Grdl. *Shiller* Irrationale Exuberance 3. Aufl. 2015, 218 ff.

[250] Hierzu *Black* J. Fin. (1986), 529: „People trade on noise as if it were information."; ferner *De Long/Shleifer/Summers/Waldmann* J. Pol. Econ. (1990), 703; *Oechsler* GS Wolf, 2011, 291 (295 ff.); *Sester* ZGR 2009, 310 (326 ff.); *Shiller,* Irrational Exuberance, 2000, 147 ff.

[251] Grdl. *Shleiffer,* Inefficient Markets, 2000, 154 ff.; *Shiller,* Irrational Exuberance, 3. Aufl. 2015, 112 ff.; NK-AktKapMarktR/*Gerke/Schäfer,* 4. Aufl. 2014, Abschn. Behavioral Finance Rn. 42; *Langenbucher* AktKapMarktR § 1 Rn. 30; die Bezeichnung als „Bubbles", also „Blasen" lässt sich bereits bis zum Anfang des 18. Jh., teilw. bis ins 17. Jh., zurückverfolgen, vgl. *Garber* Journal of Economic Perspectives, Vol. 4 (1990), 35–54.

[252] Grdl. *Simon,* Models of Man, 1957, 198; *Simon, Administrative Behavior, 4. Aufl. 1997, 93 f.*

[253] Ausf. *Ben-Shahar/Schneider* University of Pennsylvania Law Review 159 (2010), 647 (687); BeckOGK/*Buck-Heeb/Lang* BGB § 675 Rn. 233 ff.; anschaulich *Klöhn* ZIP 2010, 1005 (1011); *Koch* BKR 2012, 485; *Koller* FS Huber, 2006, 821 (824); *Möllers/Kernchen* ZGR 2011, 1; *Mülbert* ZHR 177 (2013), 161 (187 f.); *Spindler* FS Säcker, 2011, 469 (474 ff.); *Möllers/Poppele* ZGR 2013, 437 (456 f.) mwN.

Lage. Nicht jeder Anleger wird Prospekte von 200 oder gar mehr Seiten von der ersten bis zur letzten Seite vollständig lesen oder Bilanzen vollumfänglich verstehen. Nach den Erkenntnissen der Verhaltensökonomie (behavioral economics) verhalten Anleger sich nicht stets rational.[254] Mit Hilfe der Kognitionspsychologie und Verhaltenswissenschaft wurden weitere **Verhaltensanomalien** herausgearbeitet:[255] Es wurde etwa festgestellt, dass Entscheidungen nicht ausschließlich vom tatsächlichen Inhalt der Informationen abhängt, sondern häufig von der Art und Weise, wie diese präsentiert werden (sog. Framing- oder Rahmungseffekte).[256] Zudem werden nicht alle möglichen zukünftigen Zustände von Anlegern mit den richtigen Wahrscheinlichkeiten gewichtet, sodass ein falsches Gesamturteil über Risiken oder Chancen entsteht (sog. Anomalie des Scenariodenkens). Teilweise werden bedeutende Nachteile außer Acht gelassen, wenn sie nur mit sehr geringer Wahrscheinlichkeit eintreten (sog. Wahrscheinlichkeitsanomalie).[257] Selbst ein deutlicher Hinweis auf das mit einer Investition verbundene Risiko des Totalverlustes wird häufig nicht ausreichend bei der Anlageentscheidung berücksichtigt. Viele Anleger, insbesondere Kleinanleger, sind daher im Hinblick auf ihre Unerfahrenheit und Unterlegenheit besonders schutzbedürftig.[258]

65   Dass sich Anleger nach den Erkenntnissen der Verhaltensökonomie auch bei umfassender Information nicht stets rational verhalten, stellt das kapitalmarktrechtliche Informationsmodell jedoch nicht grundsätzlich in Frage, zumal ein überzeugendes Alternativmodell fehlt. Entsprechend konzentrieren sich die rechtspolitischen Anstrengungen auf eine Optimierung des Umfelds für möglichst informationseffiziente Märkte.[259] Um ein ineffizientes *information overload* zu vermeiden, sind WpDU beispielsweise verpflichtet, dem Kunden sog. **Kurzinformationsblätter,** in denen die wesentlichen Informationen kurz und knapp auf wenigen Seiten zusammengefasst werden, zur Verfügung zu stellen (s. § 64 Abs. 2).[260]

66   Wenn das kapitalmarktrechtliche Informationsmodell jenseits eines information overload versagt, also echte Verhaltensanomalien bestehen, sind andere Instrumente notwendig. In jüngerer Zeit sind daher zunehmend **paternalistische Tendenzen** im Kapitalmarktrecht erkennbar: Dazu gehören etwa die Einführung der Produktgovernance gem. § 80 Abs. 9–14 (→ § 80 Rn. 15) und neue Vorgaben zum Vergütungsregime. Darüber hinaus sind als ultima ratio (vorübergehende) Produktverbote bzw. -interventionen möglich.[261] So kann das Bundesministerium gem. § 100 (§ 37g aF) riskante Finanztermingeschäfte durch Rechtsverordnung verbieten, sofern dies zum Schutz der Anleger notwendig ist. Gem. Art. 42 MiFIR und § 15 (§ 4b aF) kann die BaFin Vermarktung, Vertrieb und Verkauf von Finanzinstrumenten oder strukturierten Einlagen vorübergehend verbieten, wenn ernsthafte Bedenken hinsichtlich des Anlegerschutzes, des ordnungsgemäßen Funktionierens und der Integrität der Finanz- oder Warenmärkte oder der Stabilität des Finanzsystems bestehen. Subsidiär verfügen auch die europäischen Aufsichtsbehörden ESMA und EBA über entsprechende Befugnisse (Art. 40, 41 MiFIR).

---

[254] Ausf. dazu *Chater/Chuck/Inderst* EU Final Report Consumer Decision-Making in Retail Investment Services: A Behavioral Economics Perspective, 2010, 5 ff., 23 ff.; NK-AktKapMarktR/*Gerke/Schäfer* Kap. 16; Kölner Komm WpHG/*Hirte/Heinrich* Einl. Rn. 24; *Brenncke* WM 2014, 1017; *Fleischer* FS Immenga, 2004, 575; *Fleischer* ZBB 2008, 137 (139); zur Kritik am Modell des Homo oeconomicus Fuchs/*Fuchs* Vor §§ 31 ff. Rn. 89; *Bak/Bigus* ZBB 2006, 430 (435 ff.); *Eidenmüller* JZ 2005, 216 (218 ff.); *Heine/Hirsch/Hufschlag/Lesch/Meyer/Müller/Paefgen/Pieroth* in Meyer/Weber Controlling und begrenzte kognitive Fähigkeiten, 2011, 93 ff.; *Klöhn,* Kapitalmarkt, Spekulation und Behavioral Finance, 2006, 80 ff.; *Langenbucher* AktKapMarktR § 1 Rn. 30 ff; *Rudolph,* Unternehmensfinanzierung und Kapitalmarkt, 2006, 145 ff.; *Spindler* FS Säcker, 2011, 469; *Wiedemann/Wank* JZ 2013, 340; zur Kritik am Konzept der Verhaltensökonomik *Klöhn* EBOR 2009, 437 (449 f.); *Schäfer/Ott,* Ökonomische Analyse des Zivilrechts, 5. Aufl. 2012, 113 ff.

[255] Ausf. *Goldberg/v. Nitzsch,* Behavioral Finance, 1999; Überblick bei *Mülbert* ZHR 177 (2013), 170 f. mwN; *Oehler* ZBB 1992, 97 (100 f.); *Wiedemann/Wank* JZ 2013, 340 (341 ff.).

[256] *Tversky/Kahnemann* 59 Journal of Business 251, 257 (1986); *Tversky/Kahnemann* 39 American Psychologist 1984, 341 (343); *Klöhn,* Kapitalmarkt, Spekulation und Behavioral Finance, 2006, 95 ff.; *Tversky/Kahnemann* 211 Science, New Series, 453 (1981); *Viscusi* 48 Rutgers L. Rev., 1996, 625–671; *Oehler* ZBB 1992, 97 (101).

[257] So *Lerch,* Anlageberater als Finanzintermediäre, 2015, 84 f.; *Schäfer/Ott* ÖkonomAnalyse ZivilR 108; zu Fehleinschätzungen von Wahrscheinlichkeiten *Goldberg/v. Nitzsch,* Behavioral Finance, 1999, 72 ff.

[258] Vgl. für diese Grundwertung im Kapitalmarktrecht spricht schon das höhere Schutzniveau für Privatkunden im Gegensatz zu professionellen Kunden iSd § 67; vgl. auch Fuchs/*Fuchs* Vor §§ 31 ff. Rn. 87; *Möllers* ZGR 1997, 334 (362 ff.); iE auch *Brenncke* WM 2014, 1017 (1020). Freilich besteht hinsichtlich der Frage der praktischen Implementierung der Erkenntnisse der behavioral economics insbes. vor dem Hintergrund des Anlegerschutzes die Gefahr eines übergreifenden Paternalismus von Seiten des Staates. Die grundlegende Frage kristallisiert sich bereits während der Anfänge des Kapitalanlegerschutzes im anglosächsischen Raum Anfang der dreißiger Jahre heraus: Gibt es ein Recht des Bürgers, sich selbst „zum Narren zu machen"?, (Die Formulierung selbst stammt aus dem 1935 report of the Canadian Royal Commission on Price Spreads, 38) S. bei *Klöhn* EBOR 2009, 437 (439); *Loss* ZHR 129 (1967), 197 (208); zum Ganzen *Buck-Heeb* ZHR 177, 310; *Klöhn* EBOR 2009, 437 (449); *Köndgen* BKR 2011, 283 (285 f.); *Langenbucher* ZHR 177 (2013), 679 (685 f., 697 ff.); *Schäfer/Ott* ÖkonomAnalyse ZivilR 116 ff., 127 ff.; *Wiedemann/Jank* JZ 2013, 340 (344); diff. zuletzt *Buck-Heeb* BKR 2017, 89; zust. aber *Koch* BKR 2012, 485; allg. zu Paternalismus im Recht *Schmolke,* Grenzen der Selbstbindung im Privatrecht, 2014, 14 ff.

[259] S. Erwägungsgrund 49, 51 MAR; Erwägungsgrund 1, 2, 16, 18, 24 und 25 Transparenz-RL.

[260] Ein Plädoyer für die umfassende Einführung von „Kurzfinanzberichten" am Kapitalmarkt bereits bei *Möllers/Kernchen* ZGR 2011, 1 (17 ff.); zum Basisinformationsblatt nach PRIIP-VO *Luttermann* ZIP 2015, 805 (806 f.).

[261] *Grundmann* ZBB 2018, 1 (7).

Abschnitt 1. Anwendungsbereich, Begriffsbestimmungen

§ 1 Anwendungsbereich

(1) Dieses Gesetz enthält Regelungen in Bezug auf

1. die Erbringung von Wertpapierdienstleistungen und Wertpapiernebendienstleistungen,
2. die Erbringung von Datenbereitstellungsdiensten und die Organisation von Datenbereitstellungsdienstleistern,
3. das marktmissbräuchliche Verhalten im börslichen und außerbörslichen Handel mit Finanzinstrumenten,
4. die Vermarktung, den Vertrieb und den Verkauf von Finanzinstrumenten und strukturierten Einlagen,
5. die Konzeption von Finanzinstrumenten zum Vertrieb,
6. die Überwachung von Unternehmensabschlüssen und die Veröffentlichung von Finanzberichten, die den Vorschriften dieses Gesetzes unterliegen,
7. die Veränderungen der Stimmrechtsanteile von Aktionären an börsennotierten Gesellschaften sowie
8. die Zuständigkeiten und Befugnisse der Bundesanstalt für Finanzdienstleistungsaufsicht (Bundesanstalt) und die Ahndung von Verstößen hinsichtlich
   a) der Vorschriften dieses Gesetzes,
   b) der Verordnung (EG) Nr. 1060/2009 des Europäischen Parlaments und des Rates vom 16. September 2009 über Ratingagenturen (ABl. L 302 vom 17.11.2009, S. 1; L 350 vom 29.12.2009, S. 59; L 145 vom 31.5.2011, S. 57; L 267 vom 6.9.2014, S. 30), die zuletzt durch die Richtlinie 2014/51/EU (ABl. L 153 vom 22.5.2014, S. 1; L 108 vom 28.4.2015, S. 8) geändert worden ist, in der jeweils geltenden Fassung,
   c) der Verordnung (EU) Nr. 236/2012 des Europäischen Parlaments und des Rates vom 14. März 2012 über Leerverkäufe und bestimmte Aspekte von Credit Default Swaps (ABl. L 86 vom 24.3.2012, S. 1), die zuletzt durch die Verordnung (EU) Nr. 909/2014 (ABl. L 257 vom 28.8.2014, S. 1) geändert worden ist, in der jeweils geltenden Fassung,
   d) der Verordnung (EU) Nr. 648/2012 des Europäischen Parlaments und des Rates vom 4. Juli 2012 über OTC-Derivate, zentrale Gegenparteien und Transaktionsregister (ABl. L 201 vom 27.7.2012, S. 1; L 321 vom 30.11.2013, S. 6), die zuletzt durch die Verordnung (EU) 2015/2365 (ABl. L 337 vom 23.12.2015, S. 1) geändert worden ist, in der jeweils geltenden Fassung,
   e) der Verordnung (EU) Nr. 596/2014 des Europäischen Parlaments und des Rates vom 16. April 2014 über Marktmissbrauch (Marktmissbrauchsverordnung) und zur Aufhebung der Richtlinie 2003/6/EG des Europäischen Parlaments und des Rates und der Richtlinien 2003/124/EG, 2003/125/EG und 2004/72/EG der Kommission (ABl. L 173 vom 12.6.2014, S. 1; L 287 vom 21.10.2016, S. 320; L 306 vom 15.11.2016, S. 43; L 348 vom 21.12.2016, S. 83), die zuletzt durch die Verordnung (EU) 2016/1033 (ABl. L 175 vom 30.6.2016, S. 1) geändert worden ist, in der jeweils geltenden Fassung,
   f) der Verordnung (EU) Nr. 600/2014 des Europäischen Parlaments und des Rats vom 15. Mai 2014 über Märkte für Finanzinstrumente und zur Änderung der Verordnung (EU) Nr. 648/2012 (ABl. L 173 vom 12.6.2014, S. 84; L 6 vom 10.1.2015, S. 6; L 270 vom 15.10.2015, S. 4) in der jeweils geltenden Fassung,
   g) der Verordnung (EU) Nr. 909/2014 des Europäischen Parlaments und des Rates vom 23. Juli 2014 zur Verbesserung der Wertpapierlieferungen und -abrechnungen in der Europäischen Union und über Zentralverwahrer sowie zur Änderung der Richtlinien 98/26/EG und 2014/65/EU und der Verordnung (EU) Nr. 236/2012 (ABl. L 257 vom 28.8.2014, S. 1; L 349 vom 21.12.2016, S. 5), die zuletzt durch die Verordnung (EU) 2016/ 1033 (ABl. L 175 vom 30.6.2016, S. 1) geändert worden ist, in der jeweils geltenden Fassung,
   h) der Verordnung (EU) Nr. 1286/2014 des Europäischen Parlaments und des Rates vom 26. November 2014 über Basisinformationsblätter für verpackte Anlageprodukte für Kleinanleger und Versicherungsanlageprodukte (PRIIP) (ABl. L 352 vom 9.12.2014, S. 1; L 358 vom 13.12.2014, S. 50), in der jeweils geltenden Fassung,
   i) der Verordnung (EU) 2015/2365 des Europäischen Parlaments und des Rates vom 25. November 2015 über die Transparenz von Wertpapierfinanzierungsgeschäften und der Weiterverwendung sowie zur Änderung der Verordnung (EU) Nr. 648/2012 (ABl. L 337 vom 23.12.2015, S. 1), in der jeweils geltenden Fassung,
   j) der Verordnung (EU) 2016/1011 des Europäischen Parlaments und des Rates vom 8. Juni 2016 über Indizes, die bei Finanzinstrumenten und Finanzkontrakten als Referenzwert oder zur Messung der Wertentwicklung eines Investmentfonds verwendet

werden, und zur Änderung der Richtlinien 2008/48/EG und 2014/17/EU sowie der Verordnung (EU) Nr. 596/2014 (ABl. L 171 vom 29.6.2016, S. 1), in der jeweils geltenden Fassung.

(2) ¹Soweit nicht abweichend geregelt, sind die Vorschriften des Abschnitts 11 sowie die §§ 54 bis 57 auch anzuwenden auf Handlungen und Unterlassungen, die im Ausland vorgenommen werden, sofern sie

1. einen Emittenten mit Sitz im Inland,
2. Finanzinstrumente, die an einem inländischen organisierten Markt, einem inländischen multilateralen Handelssystem oder einem inländischen organisierten Handelssystem gehandelt werden oder
3. Wertpapierdienstleistungen oder Wertpapiernebendienstleistungen, die im

Inland angeboten werden, betreffen. ²Die §§ 54 bis 57 gelten auch für im Ausland außerhalb eines Handelsplatzes gehandelte Warenderivate, die wirtschaftlich gleichwertig mit Warenderivaten sind, die an Handelsplätzen im Inland gehandelt werden.

(3) ¹Bei Anwendung der Vorschriften der Abschnitte 6, 7 und 16 unberücksichtigt bleiben Anteile und Aktien an offenen Investmentvermögen im Sinne des § 1 Absatz 4 des Kapitalanlagegesetzbuchs. ²Für Abschnitt 6 gilt dies nur, soweit es sich nicht um Spezial-AIF im Sinne des § 1 Absatz 6 des Kapitalanlagegesetzbuchs handelt.

I. Aufzählung der Regelungsmaterien (Abs. 1)

1   § 1 Abs. 1 soll zwar den sachlichen Anwendungsbereich abstecken, ist aber eher als Einführung zum WpHG zu verstehen, was auch die Formulierung „enthält Regelungen insbesondere in Bezug auf" zeigt und bereits unter der alten Sprachfassung „ist anzuwenden auf" galt.¹ Zum Großteil definieren die einzelnen Regelungen im WpHG ihren Anwendungsbereich selbst. Weit wichtiger für die Bestimmung des sachlichen Anwendungsbereichs ist die Regelung des § 2 (→ § 2 Rn. 1 ff.).²

II. Räumlicher Anwendungsbereich (Abs. 2)

2   Abs. 2 hat ebenso wie Abs. 1 allenfalls klarstellende Bedeutung zum räumlichen Anwendungsbereich des WpHG.³ § 1 Abs. 2 enthält drei Anknüpfungspunkte: § 1 Abs. 1 Nr. 3 erklärt die Verhaltens-, Organisations- und Transparenzpflichten gem. §§ 63 ff. (zuvor § 31 Abs. 10 aF) für anwendbar, wenn Handlungen und Unterlassungen im In- oder Ausland vorgenommen werden, sofern sie im Inland angebotene Wertpapierdienstleistungen oder -nebendienstleistungen betreffen.⁴ Maßgeblich ist demnach im Gegensatz zur alten Rechtslage nach § 31 Abs. 10 aF, dass die Dienstleistung im Inland angeboten, nicht notwendigerweise erbracht wird. Im Übrigen gelten die WpHG-Vorschriften für Handlungen und Unterlassungen, die Emittenten mit Sitz im Inland (§ 1 Abs. 2 Nr. 1) oder an einem inländischen Handelsplatz gehandelte Finanzinstrumente (§ 1 Abs. 2 Nr. 2) betreffen.⁵ Anknüpfungspunkt für den Anwendungsbereich ist damit das Auswirkungsprinzip (→ MAR Art. 2 Rn. 6),⁶ das mit dem Vorliegen eines *genuine link* völkerrechtlich grundsätzlich unbedenklich ist.⁷ Anders als § 31 Abs. 10 aF gilt § 1 Abs. 2 nicht nur im Verhältnis zu Drittstaaten, sondern auch zu anderen EU-Mitgliedstaaten.⁸ Zu den möglichen Pflichtenkollisionen bei Anwendung mehrerer Rechtsordnungen → MAR Art. 2 Rn. 7 ff.

III. Ausnahme (Abs. 3)

3   Eine Ausnahme findet sich in Abs. 3, wonach Aktien und Anteile an offenen Investmentvermögen, die als Finanzinstrumente iSd § 2 Abs. 1 vom Anwendungsbereich des WpHG grundsätzlich erfasst sind, für einige Abschnitte, insbesondere §§ 33 ff., unberücksichtigt bleiben. Diese Ausnahme geht auf die Transparenzrichtlinie zurück, die der Gesetzgeber mit dem Gesetz zur Umsetzung der Transparenzricht-

---

¹ Dazu JVRB/*Ritz* § 1 Rn. 5; Kölner Komm WpHG/*Versteegen/Baum* § 1 Rn. 1, 8 f.

² Fuchs/*Fuchs* Rn. 1.

³ RegE 2. FiMaNoG, BT-Drs. 18/10936, 220: „Die Neufassung hat klarstellende Funktion"; zu den Änderungen durch das 2. FiMaNoG *Grundmann* ZBB 2018, 1 (8 f.).

⁴ S. BT-Drs. 18/10936, 221.

⁵ Nach *Grundmann* ZBB 2018, 1 (8 f.) sind die drei Anknüpfungspunkte des § 1 Abs. 2 jeweils exklusiv einem Normkomplex zugeordnet.

⁶ Das Auswirkungsprinzip knüpft nicht an den Ort an, an dem das relevante Verhalten stattfindet, sondern daran, ob sich dessen Wirkung auch auf inländisches Territorium erstreckt, dazu Fuchs/*Fuchs* § 1 Rn. 11; Staub/*Grundmann* Bd. 11/2 8. Teil Rn. 55; MüKoBGB/*Lehmann* Bd. 12 Teil 12 Rn. 112; *Christoph* ZBB 2009, 117 (119); *Freiwald* WM 2008, 1537 (1543); *Spindler* WM 2001, 1689; *Voge* WM 2007, 381 (386).

⁷ Davon zu trennen ist jedoch die Frage der grenzüberschreitenden Durchsetzung des Rechts und damit der Geltungsbereich, MüKoBGB/*Lehmann* Bd. 12 Teil 12 Rn. 115.

⁸ Krit. insoweit *Grundmann* ZBB 2018, 1 (9).

linie-Änderungsrichtlinie vom 20.11.2015⁹ umgesetzt hat, und trägt der Tatsache Rechnung, dass das KAGB offene Investmentvermögen umfassend reguliert und sich daher weitere Regeln erübrigen.[10]

§ 2 Begriffsbestimmungen

(1) **Wertpapiere im Sinne dieses Gesetzes sind, auch wenn keine Urkunden über sie ausgestellt sind, alle Gattungen von übertragbaren Wertpapieren mit Ausnahme von Zahlungsinstrumenten, die ihrer Art nach auf den Finanzmärkten handelbar sind, insbesondere**

1. **Aktien,**
2. **andere Anteile an in- oder ausländischen juristischen Personen, Personengesellschaften und sonstigen Unternehmen, soweit sie Aktien vergleichbar sind, sowie Hinterlegungsscheine, die Aktien vertreten,**
3. **Schuldtitel,**
   a) **insbesondere Genussscheine und Inhaberschuldverschreibungen und Orderschuldverschreibungen sowie Hinterlegungsscheine, die Schuldtitel vertreten,**
   b) **sonstige Wertpapiere, die zum Erwerb oder zur Veräußerung von Wertpapieren nach den Nummern 1 und 2 berechtigen oder zu einer Barzahlung führen, die in Abhängigkeit von Wertpapieren, von Währungen, Zinssätzen oder anderen Erträgen, von Waren, Indices oder Messgrößen bestimmt wird; nähere Bestimmungen enthält die Delegierte Verordnung (EU) 2017/565 der Kommission vom 25. April 2016 zur Ergänzung der Richtlinie 2014/65/EU des Europäischen Parlaments und des Rates in Bezug auf die organisatorischen Anforderungen an Wertpapierfirmen und die Bedingungen für die Ausübung ihrer Tätigkeit sowie in Bezug auf die Definition bestimmter Begriffe für die Zwecke der genannten Richtlinie (ABl. L 87 vom 31.3.2017, S. 1), in der jeweils geltenden Fassung.**

(2) **Geldmarktinstrumente im Sinne dieses Gesetzes sind Instrumente, die üblicherweise auf dem Geldmarkt gehandelt werden, insbesondere Schatzanweisungen, Einlagenzertifikate, Commercial Papers und sonstige vergleichbare Instrumente, sofern im Einklang mit Artikel 11 der Delegierten Verordnung (EU) 2017/565**

1. **ihr Wert jederzeit bestimmt werden kann,**
2. **es sich nicht um Derivate handelt und**
3. **ihre Fälligkeit bei Emission höchstens 397 Tage beträgt, es sei denn, es handelt sich um Zahlungsinstrumente.**

(3) **Derivative Geschäfte im Sinne dieses Gesetzes sind**

1. **als Kauf, Tausch oder anderweitig ausgestaltete Festgeschäfte oder Optionsgeschäfte, die zeitlich verzögert zu erfüllen sind und deren Wert sich unmittelbar oder mittelbar vom Preis oder Maß eines Basiswertes ableitet (Termingeschäfte) mit Bezug auf die folgenden Basiswerte:**
   a) **Wertpapiere oder Geldmarktinstrumente,**
   b) **Devisen, soweit das Geschäft nicht die in Artikel 10 der Delegierten Verordnung (EU) 2017/565 genannten Voraussetzungen erfüllt, oder Rechnungseinheiten,**
   c) **Zinssätze oder andere Erträge,**
   d) **Indices der Basiswerte der Buchstaben a, b, c oder f, andere Finanzindizes oder Finanzmessgrößen,**
   e) **derivative Geschäfte oder**
   f) **Berechtigungen nach § 3 Nummer 3 des Treibhausgas-Emissionshandelsgesetzes, Emissionsreduktionseinheiten nach § 2 Nummer 20 des Projekt-Mechanismen-Gesetzes und zertifizierte Emissionsreduktionen nach § 2 Nummer 21 des Projekt-Mechanismen-Gesetzes, soweit diese jeweils im Emissionshandelsregister gehalten werden dürfen (Emissionszertifikate);**
2. **Termingeschäfte mit Bezug auf Waren, Frachtsätze, Klima- oder andere physikalische Variablen, Inflationsraten oder andere volkswirtschaftliche Variablen oder sonstige Vermögenswerte, Indices oder Messwerte als Basiswerte, sofern sie**
   a) **durch Barausgleich zu erfüllen sind oder einer Vertragspartei das Recht geben, einen Barausgleich zu verlangen, ohne dass dieses Recht durch Ausfall oder ein anderes Beendigungsereignis begründet ist,**
   b) **auf einem organisierten Markt oder in einem multilateralen oder organisierten Handelssystem geschlossen werden und nicht über ein organisiertes Handelssystem gehandelte Energiegroßhandelsprodukte im Sinne von Absatz 20 sind, die effektiv geliefert werden müssen, oder**
   c) **die Merkmale anderer Derivatekontrakte im Sinne des Artikels 7 der Delegierten Verordnung (EU) 2017/565 aufweisen und nichtkommerziellen Zwecken dienen,**

---

⁹ Gesetz zur Umsetzung der Transparenzrichtlinie-Änderungsrichtlinie v. 20.11.2015, BGBl. 2015 I 2029.
[10] Vgl. RegE eines Gesetzes zur Umsetzung der Transparenzrichtlinie-Änderungsrichtlinie, BT-Drs. 18/5010, 1, 42.

und sofern sie keine Kassageschäfte im Sinne des Artikels 7 der Delegierten Verordnung (EU) 2017/565 sind;

3. finanzielle Differenzgeschäfte;

4. als Kauf, Tausch oder anderweitig ausgestaltete Festgeschäfte oder Optionsgeschäfte, die zeitlich verzögert zu erfüllen sind und dem Transfer von Kreditrisiken dienen (Kreditderivate);

5. Termingeschäfte mit Bezug auf die in Artikel 8 der Delegierten Verordnung (EU) 2017/565 genannten Basiswerte, sofern sie die Bedingungen der Nummer 2 erfüllen.

(4) Finanzinstrumente im Sinne dieses Gesetzes sind

1. Wertpapiere im Sinne des Absatzes 1,
2. Anteile an Investmentvermögen im Sinne des § 1 Absatz 1 des Kapitalanlagegesetzbuchs,
3. Geldmarktinstrumente im Sinne des Absatzes 2,
4. derivative Geschäfte im Sinne des Absatzes 3,
5. Emissionszertifikate,
6. Rechte auf Zeichnung von Wertpapieren und
7. Vermögensanlagen im Sinne des § 1 Absatz 2 des Vermögensanlagengesetzes mit Ausnahme von Anteilen an einer Genossenschaft im Sinne des § 1 des Genossenschaftsgesetzes sowie Namensschuldverschreibungen, die mit einer vereinbarten festen Laufzeit, einem unveränderlich vereinbarten festen positiven Zinssatz ausgestattet sind, bei denen das investierte Kapital ohne Anrechnung von Zinsen ungemindert zum Zeitpunkt der Fälligkeit zum vollen Nennwert zurückgezahlt wird, und die von einem CRR-Kreditinstitut im Sinne des § 1 Absatz 3d Satz 1 des Kreditwesengesetzes, dem eine Erlaubnis nach § 32 Absatz 1 des Kreditwesengesetzes erteilt worden ist, ausgegeben werden, wenn das darauf eingezahlte Kapital im Falle des Insolvenzverfahrens über das Vermögen des Instituts oder der Liquidation des Instituts nicht erst nach Befriedigung aller nicht nachrangigen Gläubiger zurückgezahlt wird.

(5) Waren im Sinne dieses Gesetzes sind fungible Wirtschaftsgüter, die geliefert werden können; dazu zählen auch Metalle, Erze und Legierungen, landwirtschaftliche Produkte und Energien wie Strom.

(6) Waren-Spot-Kontrakt im Sinne dieses Gesetzes ist ein Vertrag im Sinne des Artikels 3 Absatz 1 Nummer 15 der Verordnung (EU) Nr. 596/2014.

(7) Referenzwert im Sinne dieses Gesetzes ist ein Kurs, Index oder Wert im Sinne des Artikels 3 Absatz 1 Nummer 29 der Verordnung (EU) Nr. 596/2014.

(8) [1]Wertpapierdienstleistungen im Sinne dieses Gesetzes sind

1. die Anschaffung oder Veräußerung von Finanzinstrumenten im eigenen Namen für fremde Rechnung (Finanzkommissionsgeschäft),
2. das
   a) kontinuierliche Anbieten des An- und Verkaufs von Finanzinstrumenten an den Finanzmärkten zu selbst gestellten Preisen für eigene Rechnung unter Einsatz des eigenen Kapitals (Market-Making),
   b) häufige organisierte und systematische Betreiben von Handel für eigene Rechnung in erheblichem Umfang außerhalb eines organisierten Marktes oder eines multilateralen oder organisierten Handelssystems, wenn Kundenaufträge außerhalb eines geregelten Marktes oder eines multilateralen oder organisierten Handelssystems ausgeführt werden, ohne dass ein multilaterales Handelssystem betrieben wird (systematische Internalisierung),
   c) Anschaffen oder Veräußern von Finanzinstrumenten für eigene Rechnung als Dienstleistung für andere (Eigenhandel) oder
   d) Kaufen oder Verkaufen von Finanzinstrumenten für eigene Rechnung als unmittelbarer oder mittelbarer Teilnehmer eines inländischen organisierten Marktes oder eines multilateralen oder organisierten Handelssystems mittels einer hochfrequenten algorithmischen Handelstechnik im Sinne von Absatz 44, auch ohne Dienstleistung für andere (Hochfrequenzhandel),
3. die Anschaffung oder Veräußerung von Finanzinstrumenten in fremdem Namen für fremde Rechnung (Abschlussvermittlung),
4. die Vermittlung von Geschäften über die Anschaffung und die Veräußerung von Finanzinstrumenten (Anlagevermittlung),
5. die Übernahme von Finanzinstrumenten für eigenes Risiko zur Platzierung oder die Übernahme gleichwertiger Garantien (Emissionsgeschäft),
6. die Platzierung von Finanzinstrumenten ohne feste Übernahmeverpflichtung (Platzierungsgeschäft),
7. die Verwaltung einzelner oder mehrerer in Finanzinstrumenten angelegter Vermögen für andere mit Entscheidungsspielraum (Finanzportfolioverwaltung),
8. der Betrieb eines multilateralen Systems, das die Interessen einer Vielzahl von Personen am Kauf und Verkauf von Finanzinstrumenten innerhalb des Systems und nach nicht-

diskretionären Bestimmungen in einer Weise zusammenbringt, die zu einem Vertrag über den Kauf dieser Finanzinstrumente führt (Betrieb eines multilateralen Handelssystems),

9. der Betrieb eines multilateralen Systems, bei dem es sich nicht um einen organisierten Markt oder ein multilaterales Handelssystem handelt und das die Interessen einer Vielzahl Dritter am Kauf und Verkauf von Schuldverschreibungen, strukturierten Finanzprodukten, Emissionszertifikaten oder Derivaten innerhalb des Systems auf eine Weise zusammenführt, die zu einem Vertrag über den Kauf dieser Finanzinstrumente führt (Betrieb eines organisierten Handelssystems),

10. die Abgabe von persönlichen Empfehlungen im Sinne des Artikels 9 der Delegierten Verordnung (EU) 2017/565 an Kunden oder deren Vertreter, die sich auf Geschäfte mit bestimmten Finanzinstrumenten beziehen, sofern die Empfehlung auf eine Prüfung der persönlichen Umstände des Anlegers gestützt oder als für ihn geeignet dargestellt wird und nicht ausschließlich über Informationsverbreitungskanäle oder für die Öffentlichkeit bekannt gegeben wird (Anlageberatung).

[2] Das Finanzkommissionsgeschäft, der Eigenhandel und die Abschlussvermittlung umfassen den Abschluss von Vereinbarungen über den Verkauf von Finanzinstrumenten, die von einem Wertpapierdienstleistungsunternehmen oder einem Kreditinstitut ausgegeben werden, im Zeitpunkt ihrer Emission. [3] Ob ein häufiger systematischer Handel vorliegt, bemisst sich nach der Zahl der Geschäfte außerhalb eines Handelsplatzes (OTC-Handel) mit einem Finanzinstrument zur Ausführung von Kundenaufträgen, die von dem Wertpapierdienstleistungsunternehmen für eigene Rechnung durchgeführt werden. [4] Ob ein Handel in erheblichem Umfang vorliegt, bemisst sich entweder nach dem Anteil des OTC-Handels an dem Gesamthandelsvolumen des Wertpapierdienstleistungsunternehmens in einem bestimmten Finanzinstrument oder nach dem Verhältnis des OTC-Handels des Wertpapierdienstleistungsunternehmens zum Gesamthandelsvolumen in einem bestimmten Finanzinstrument in der Europäischen Union; nähere Bestimmungen enthalten die Artikel 12 bis 17 der Delegierten Verordnung (EU) 2017/565. [5] Die Voraussetzungen der systematischen Internalisierung sind erst dann erfüllt, wenn sowohl die Obergrenze für den häufigen systematischen Handel als auch die Obergrenze für den Handel in erheblichem Umfang überschritten werden oder wenn ein Unternehmen sich freiwillig den für die systematische Internalisierung geltenden Regelungen unterworfen und eine Erlaubnis zum Betreiben der systematischen Internalisierung bei der Bundesanstalt beantragt hat. [6] Als Wertpapierdienstleistung gilt auch die Anschaffung und Veräußerung von Finanzinstrumenten für eigene Rechnung, die keine Dienstleistung für andere im Sinne des Satzes 1 Nr. 2 darstellt (Eigengeschäft). [7] Der Finanzportfolioverwaltung gleichgestellt ist hinsichtlich der §§ 22, 63 bis 83 und 85 bis 92 dieses Gesetzes sowie des Artikels 20 Absatz 1 der Verordnung (EU) Nr. 596/2014 und der Artikel 72 bis 76 der Delegierten Verordnung (EU) Nr. 2017/565 die erlaubnispflichtige Anlageverwaltung nach § 1 Abs. 1a Satz 2 Nr. 11 des Kreditwesengesetzes.

(9) Wertpapiernebendienstleistungen im Sinne dieses Gesetzes sind

1. die Verwahrung und die Verwaltung von Finanzinstrumenten für andere, einschließlich Depotverwahrung und verbundener Dienstleistungen wie Cash-Management oder die Verwaltung von Sicherheiten mit Ausnahme der Bereitstellung und Führung von Wertpapierkonten auf oberster Ebene (zentrale Kontenführung) gemäß Abschnitt A Nummer 2 des Anhangs zur Verordnung (EU) Nr. 909/2014 (Depotgeschäft),

2. die Gewährung von Krediten oder Darlehen an andere für die Durchführung von Wertpapierdienstleistungen, sofern das Unternehmen, das den Kredit oder das Darlehen gewährt, an diesen Geschäften beteiligt ist,

3. die Beratung von Unternehmen über die Kapitalstruktur, die industrielle Strategie sowie die Beratung und das Angebot von Dienstleistungen bei Unternehmenskäufen und Unternehmenszusammenschlüssen,

4. Devisengeschäfte, die in Zusammenhang mit Wertpapierdienstleistungen stehen,

5. das Erstellen oder Verbreiten von Empfehlungen oder Vorschlägen von Anlagestrategien im Sinne des Artikels 3 Absatz 1 Nummer 34 der Verordnung (EU) Nr. 596/2014 (Anlagestrategieempfehlung) oder von Anlageempfehlungen im Sinne des Artikels 3 Absatz 1 Nummer 35 der Verordnung (EU) Nr. 596/2014 (Anlageempfehlung),

6. Dienstleistungen, die im Zusammenhang mit dem Emissionsgeschäft stehen,

7. Dienstleistungen, die sich auf einen Basiswert im Sinne des Absatzes 2 Nr. 2 oder Nr. 5 beziehen und im Zusammenhang mit Wertpapierdienstleistungen oder Wertpapiernebendienstleistungen stehen.

(10) Wertpapierdienstleistungsunternehmen im Sinne dieses Gesetzes sind Kreditinstitute, Finanzdienstleistungsinstitute und nach § 53 Abs. 1 Satz 1 des Kreditwesengesetzes tätige Unternehmen, die Wertpapierdienstleistungen allein oder zusammen mit Wertpapiernebendienstleistungen gewerbsmäßig oder in einem Umfang erbringen, der einen in kaufmännischer Weise eingerichteten Geschäftsbetrieb erfordert.

(11) **Organisierter Markt** im Sinne dieses Gesetzes ist ein im Inland, in einem anderen Mitgliedstaat der Europäischen Union oder einem anderen Vertragsstaat des Abkommens über den Europäischen Wirtschaftsraum betriebenes oder verwaltetes, durch staatliche Stellen genehmigtes, geregeltes und überwachtes multilaterales System, das die Interessen einer Vielzahl von Personen am Kauf und Verkauf von dort zum Handel zugelassenen Finanzinstrumenten innerhalb des Systems und nach nichtdiskretionären Bestimmungen in einer Weise zusammenbringt oder das Zusammenbringen fördert, die zu einem Vertrag über den Kauf dieser Finanzinstrumente führt.

(12) **Drittstaat** im Sinne dieses Gesetzes ist ein Staat, der weder Mitgliedstaat der Europäischen Union (Mitgliedstaat) noch Vertragsstaat des Abkommens über den Europäischen Wirtschaftsraum ist.

(13) **Emittenten, für die die Bundesrepublik Deutschland der Herkunftsstaat ist,** sind

1. Emittenten von Schuldtiteln mit einer Stückelung von weniger als 1 000 Euro oder dem am Ausgabetag entsprechenden Gegenwert in einer anderen Währung oder von Aktien,
   a) die ihren Sitz im Inland haben und deren Wertpapiere zum Handel an einem organisierten Markt im Inland oder in einem anderen Mitgliedstaat der Europäischen Union oder einem anderen Vertragsstaat des Abkommens über den Europäischen Wirtschaftsraum zugelassen sind oder
   b) die ihren Sitz in einem Drittstaat haben, deren Wertpapiere zum Handel an einem organisierten Markt im Inland zugelassen sind und die die Bundesrepublik Deutschland als Herkunftsstaat nach § 4 Absatz 1 gewählt haben,
   2. Emittenten, die andere als die in Nummer 1 genannten Finanzinstrumente begeben und
   a) die ihren Sitz im Inland haben und deren Finanzinstrumente zum Handel an einem organisierten Markt im Inland oder in anderen Mitgliedstaaten der Europäischen Union oder in anderen Vertragsstaaten des Abkommens über den Europäischen Wirtschaftsraum zugelassen sind oder
   b) die ihren Sitz im Inland haben und deren Finanzinstrumente zum Handel an einem organisierten Markt im Inland zugelassen sind und die die Bundesrepublik Deutschland nach Maßgabe des § 4 Absatz 2 als Herkunftsstaat gewählt haben,
3. Emittenten, die nach Nummer 1 Buchstabe b oder Nummer 2 die Bundesrepublik Deutschland als Herkunftsstaat wählen können und deren Finanzinstrumente zum Handel an einem organisierten Markt im Inland zugelassen sind, solange sie nicht wirksam einen Herkunftsmitgliedstaat gewählt haben nach § 4 in Verbindung mit § 5 oder nach entsprechenden Vorschriften anderer Mitgliedstaaten der Europäischen Union oder anderer Vertragsstaaten des Abkommens über den Europäischen Wirtschaftsraum.

(14) **Inlandsemittenten** sind

1. Emittenten, für die die Bundesrepublik Deutschland der Herkunftsstaat ist, mit Ausnahme solcher Emittenten, deren Wertpapiere nicht im Inland, sondern lediglich in einem anderen Mitgliedstaat der Europäischen Union oder einem anderen Vertragsstaat des Abkommens über den Europäischen Wirtschaftsraum zugelassen sind, soweit sie in diesem anderen Staat Veröffentlichungs- und Mitteilungspflichten nach Maßgabe der Richtlinie 2004/109/EG des Europäischen Parlaments und des Rates vom 15. Dezember 2004 zur Harmonisierung der Transparenzanforderungen in Bezug auf Informationen über Emittenten, deren Wertpapiere zum Handel auf einem geregelten Markt zugelassen sind, und zur Änderung der Richtlinie 2001/34/EG (ABl. EU Nr. L 390 S. 38) unterliegen, und
2. Emittenten, für die nicht die Bundesrepublik Deutschland, sondern ein anderer Mitgliedstaat der Europäischen Union oder ein anderer Vertragsstaat des Abkommens über den Europäischen Wirtschaftsraum der Herkunftsstaat ist, deren Wertpapiere aber nur im Inland zum Handel an einem organisierten Markt zugelassen sind.

(15) **MTF-Emittenten** im Sinne dieses Gesetzes sind Emittenten von Finanzinstrumenten,

1. die ihren Sitz im Inland haben und die für ihre Finanzinstrumente eine Zulassung zum Handel an einem multilateralen Handelssystem im Inland oder in einem anderen Mitgliedstaat der Europäischen Union (Mitgliedstaat) oder einem anderen Vertragsstaat des Abkommens über den Europäischen Wirtschaftsraum beantragt oder genehmigt haben, wenn diese Finanzinstrumente nur auf multilateralen Handelssystemen gehandelt werden, mit Ausnahme solcher Emittenten, deren Finanzinstrumente nicht im Inland, sondern lediglich in einem anderen Mitgliedstaat oder einem anderen Vertragsstaat des Abkommens über den Europäischen Wirtschaftsraum zugelassen sind, wenn sie in diesem anderen Staat den Anforderungen des Artikels 21 der Richtlinie 2004/109/EG unterliegen, oder
2. die ihren Sitz nicht im Inland haben und die für ihre Finanzinstrumente eine Zulassung zum Handel auf einem multilateralen Handelssystem im Inland beantragt oder geneh-

migt haben, wenn diese Finanzinstrumente nur an multilateralen Handelssystemen im Inland gehandelt werden.

(16) OTF-Emittenten im Sinne dieses Gesetzes sind Emittenten von Finanzinstrumenten,

1. die ihren Sitz im Inland haben und die für ihre Finanzinstrumente eine Zulassung zum Handel an einem organisierten Handelssystem im Inland oder in einem anderen Mitgliedstaat oder einem anderen Vertragsstaat des Abkommens über den Europäischen Wirtschaftsraum beantragt oder genehmigt haben, wenn diese Finanzinstrumente nur auf organisierten Handelssystemen gehandelt werden, mit Ausnahme solcher Emittenten, deren Finanzinstrumente nicht im Inland, sondern lediglich in einem anderen Mitgliedstaat oder einem anderen Vertragsstaat des Abkommens über den Europäischen Wirtschaftsraum zugelassen sind, soweit sie in diesem Staat den Anforderungen des Artikels 21 der Richtlinie 2004/109/EG unterliegen, oder

2. die ihren Sitz nicht im Inland haben und die für ihre Finanzinstrumente nur eine Zulassung zum Handel an einem organisierten Handelssystem im Inland beantragt oder genehmigt haben.

(17) Herkunftsmitgliedstaat im Sinne dieses Gesetzes ist

1. im Falle eines Wertpapierdienstleistungsunternehmens,
    a) sofern es sich um eine natürliche Person handelt, der Mitgliedstaat, in dem sich die Hauptverwaltung des Wertpapierdienstleistungsunternehmens befindet;
    b) sofern es sich um eine juristische Person handelt, der Mitgliedstaat, in dem sich ihr Sitz befindet;
    c) sofern es sich um eine juristische Person handelt, für die nach dem nationalen Recht, das für das Wertpapierdienstleistungsunternehmen maßgeblich ist, kein Sitz bestimmt ist, der Mitgliedstaat, in dem sich die Hauptverwaltung befindet;
2. im Falle eines organisierten Marktes der Mitgliedstaat, in dem dieser registriert oder zugelassen ist, oder, sofern für ihn nach dem Recht dieses Mitgliedstaats kein Sitz bestimmt ist, der Mitgliedstaat, in dem sich die Hauptverwaltung befindet;
3. im Falle eines Datenbereitstellungsdienstes,
    a) sofern es sich um eine natürliche Person handelt, der Mitgliedstaat, in dem sich die Hauptverwaltung des Datenbereitstellungsdienstes befindet;
    b) sofern es sich um eine juristische Person handelt, der Mitgliedstaat, in dem sich der Sitz des Datenbereitstellungsdienstes befindet;
    c) sofern es sich um eine juristische Person handelt, für die nach dem nationalen Recht, das für den Datenbereitstellungsdienst maßgeblich ist, kein Sitz bestimmt ist, der Mitgliedstaat, in dem sich die Hauptverwaltung befindet.

(18) Aufnahmemitgliedstaat im Sinne dieses Gesetzes ist

1. für ein Wertpapierdienstleistungsunternehmen der Mitgliedstaat, in dem es eine Zweigniederlassung unterhält oder Wertpapierdienstleistungen im Wege des grenzüberschreitenden Dienstleistungsverkehrs erbringt;
2. für einen organisierten Markt der Mitgliedstaat, in dem er geeignete Vorkehrungen bietet, um in diesem Mitgliedstaat niedergelassenen Marktteilnehmern den Zugang zum Handel über sein System zu erleichtern.

(19) [1] Eine strukturierte Einlage ist eine Einlage im Sinne des § 2 Absatz 3 Satz 1 und 2 des Einlagensicherungsgesetzes, die bei Fälligkeit in voller Höhe zurückzuzahlen ist, wobei sich die Zahlung von Zinsen oder einer Prämie, das Zinsrisiko oder das Prämienrisiko aus einer Formel ergibt, die insbesondere abhängig ist von

1. einem Index oder einer Indexkombination,
2. einem Finanzinstrument oder einer Kombination von Finanzinstrumenten,
3. einer Ware oder einer Kombination von Waren oder anderen körperlichen oder nicht körperlichen nicht übertragbaren Vermögenswerten oder
4. einem Wechselkurs oder einer Kombination von Wechselkursen.

[2] Keine strukturierten Einlagen stellen variabel verzinsliche Einlagen dar, deren Ertrag unmittelbar an einen Zinsindex, insbesondere den Euribor oder den Libor, gebunden ist.

(20) Energiegroßhandelsprodukt im Sinne dieses Gesetzes ist ein Energiegroßhandelsprodukt im Sinne des Artikels 2 Nummer 4 der Verordnung (EU) Nr. 1227/2011 des Europäischen Parlaments und des Rates vom 25. Oktober 2011 über die Integrität und Transparenz des Energiegroßhandelsmarkts (ABl. L 326 vom 8.12.2011, S. 1), sowie der Artikel 5 und 6 der Delegierten Verordnung (EU) 2017/565.

(21) Multilaterales System im Sinne dieses Gesetzes ist ein System oder ein Mechanismus, der die Interessen einer Vielzahl Dritter am Kauf und Verkauf von Finanzinstrumenten innerhalb des Systems zusammenführt.

(22) Handelsplatz im Sinne dieses Gesetzes ist ein organisierter Markt, ein multilaterales Handelssystem oder ein organisiertes Handelssystem.

(23) [1]Liquider Markt im Sinne dieses Gesetzes ist ein Markt für ein Finanzinstrument oder für eine Kategorie von Finanzinstrumenten,

1. auf dem kontinuierlich kauf- oder verkaufsbereite vertragswillige Käufer oder Verkäufer verfügbar sind und
2. der unter Berücksichtigung der speziellen Marktstrukturen des betreffenden Finanzinstruments oder der betreffenden Kategorie von Finanzinstrumenten nach den folgenden Kriterien bewertet wird:
   a) Durchschnittsfrequenz und -volumen der Geschäfte bei einer bestimmten Bandbreite von Marktbedingungen unter Berücksichtigung der Art und des Lebenszyklus von Produkten innerhalb der Kategorie von Finanzinstrumenten;
   b) Zahl und Art der Marktteilnehmer, einschließlich des Verhältnisses der Marktteilnehmer zu den gehandelten Finanzinstrumenten in Bezug auf ein bestimmtes Finanzinstrument;
   c) durchschnittlicher Spread, sofern verfügbar.

[2]Nähere Bestimmungen enthalten die Artikel 1 bis 4 der Delegierten Verordnung (EU) 2017/567 der Kommission vom 18. Mai 2016 zur Ergänzung der Verordnung (EU) Nr. 600/2014 des Europäischen Parlaments und des Rates im Hinblick auf Begriffsbestimmungen, Transparenz, Portfoliokomprimierung und Aufsichtsmaßnahmen zur Produktintervention und zu den Positionen (ABl. L 87 vom 31.3.2017, S. 90), in der jeweils geltenden Fassung.

(24) [1]Zweigniederlassung im Sinne dieses Gesetzes ist eine Betriebsstelle, die

1. nicht die Hauptverwaltung ist,
2. einen rechtlich unselbstständigen Teil eines Wertpapierdienstleistungsunternehmens bildet und
3. Wertpapierdienstleistungen, gegebenenfalls auch Wertpapiernebendienstleistungen, erbringt, für die dem Wertpapierdienstleistungsunternehmen eine Zulassung erteilt wurde.

[2]Alle Betriebsstellen eines Wertpapierdienstleistungsunternehmens mit Hauptverwaltung in einem anderen Mitgliedstaat, die sich in demselben Mitgliedstaat befinden, gelten als eine einzige Zweigniederlassung.

(25) Mutterunternehmen im Sinne dieses Gesetzes ist, sofern nicht die Abschnitte 6 und 16 besondere Regelungen enthalten, ein Mutterunternehmen im Sinne des Artikels 2 Nummer 9 und des Artikels 22 der Richtlinie 2013/34/EU des Europäischen Parlaments und des Rates vom 26. Juni 2013 über den Jahresabschluss, den konsolidierten Abschluss und damit verbundene Berichte von Unternehmen bestimmter Rechtsformen und zur Änderung der Richtlinie 2006/43/EG des Europäischen Parlaments und des Rates und zur Aufhebung der Richtlinien 78/660/EWG und 83/349/EWG des Rates (ABl. L 182 vom 29.6.2013, S. 19), die zuletzt durch die Richtlinie 2014/102/EU (ABl. L 334 vom 21.11.2014, S. 86) geändert worden ist.

(26) Tochterunternehmen im Sinne dieses Gesetzes ist, sofern nicht die Abschnitte 6 und 16 besondere Regelungen enthalten, ein Tochterunternehmen im Sinne des Artikels 2 Nummer 10 und des Artikels 22 der Richtlinie 2013/34/EU, einschließlich aller Tochterunternehmen eines Tochterunternehmens des an der Spitze stehenden Mutterunternehmens.

(27) Gruppe im Sinne dieses Gesetzes ist eine Gruppe im Sinne des Artikels 2 Nummer 11 der Richtlinie 2013/34/EU.

(28) Eine enge Verbindung im Sinne dieses Gesetzes liegt vor, wenn zwei oder mehr natürliche oder juristische Personen wie folgt miteinander verbunden sind:

1. durch eine Beteiligung in Form des direkten Haltens oder des Haltens im Wege der Kontrolle von mindestens 20 Prozent der Stimmrechte oder der Anteile an einem Unternehmen,
2. durch Kontrolle in Form eines Verhältnisses zwischen Mutter- und Tochterunternehmen, wie in allen Fällen des Artikels 22 Absatz 1 und 2 der Richtlinie 2013/34/EU oder einem vergleichbaren Verhältnis zwischen einer natürlichen oder juristischen Person und einem Unternehmen; Tochterunternehmen von Tochterunternehmen gelten ebenfalls als Tochterunternehmen des Mutterunternehmens, das an der Spitze dieser Unternehmen steht oder
3. durch ein dauerhaftes Kontrollverhältnis beider oder aller Personen, das zu derselben dritten Person besteht.

(29) Zusammenführung sich deckender Kundenaufträge (Matched Principal Trading) im Sinne dieses Gesetzes ist ein Geschäft, bei dem

1. zwischen Käufer und Verkäufer ein Vermittler zwischengeschaltet ist, der während der gesamten Ausführung des Geschäfts zu keiner Zeit einem Marktrisiko ausgesetzt ist,
2. Kauf- und Verkaufsgeschäfte gleichzeitig ausgeführt werden und
3. das zu Preisen abgeschlossen wird, durch die der Vermittler abgesehen von einer vorab offengelegten Provision, Gebühr oder sonstigen Vergütung weder Gewinn noch Verlust macht.

(30) [1]Direkter elektronischer Zugang im Sinne dieses Gesetzes ist eine Vereinbarung, in deren Rahmen ein Mitglied, ein Teilnehmer oder ein Kunde eines Handelsplatzes einer anderen Person die Nutzung seines Handelscodes gestattet, damit diese Person Aufträge in Bezug auf Finanzinstrumente elektronisch direkt an den Handelsplatz übermitteln kann, mit Ausnahme der in Artikel 20 der Delegierten Verordnung (EU) 2017/565 genannten Fälle. [2]Der direkte elektronische Zugang umfasst auch Vereinbarungen, die die Nutzung der Infrastruktur oder eines anderweitigen Verbindungssystems des Mitglieds, des Teilnehmers oder des Kunden durch diese Person zur Übermittlung von Aufträgen beinhalten (direkter Marktzugang), sowie diejenigen Vereinbarungen, bei denen eine solche Infrastruktur nicht durch diese Person genutzt wird (geförderter Zugang).

(31) Hinterlegungsscheine im Sinne dieses Gesetzes sind Wertpapiere, die auf dem Kapitalmarkt handelbar sind und die ein Eigentumsrecht an Wertpapieren von Emittenten mit Sitz im Ausland verbriefen, zum Handel auf einem organisierten Markt zugelassen sind und unabhängig von den Wertpapieren des jeweiligen Emittenten mit Sitz im Ausland gehandelt werden können.

(32) Börsengehandeltes Investmentvermögen im Sinne dieses Gesetzes ist ein Investmentvermögen im Sinne des Kapitalanlagegesetzbuchs, bei dem mindestens eine Anteilsklasse oder Aktiengattung ganztägig an mindestens einem Handelsplatz und mit mindestens einem Market Maker, der tätig wird, um sicherzustellen, dass der Preis seiner Anteile oder Aktien an diesem Handelsplatz nicht wesentlich von ihrem Nettoinventarwert und, sofern einschlägig, von ihrem indikativen Nettoinventarwert abweicht, gehandelt wird.

(33) Zertifikat im Sinne dieses Gesetzes ist ein Wertpapier, das auf dem Kapitalmarkt handelbar ist und das im Falle der durch den Emittenten vorgenommenen Rückzahlung einer Anlage bei dem Emittenten Vorrang vor Aktien hat, aber nicht besicherten Anleiheinstrumenten und anderen vergleichbaren Instrumenten nachgeordnet ist.

(34) Strukturiertes Finanzprodukt im Sinne dieses Gesetzes ist ein Wertpapier, das zur Verbriefung und Übertragung des mit einer ausgewählten Palette an finanziellen Vermögenswerten einhergehenden Kreditrisikos geschaffen wurde und das den Wertpapierinhaber zum Empfang regelmäßiger Zahlungen berechtigt, die vom Geldfluss der Basisvermögenswerte abhängen.

(35) Derivate im Sinne dieses Gesetzes sind derivative Geschäfte im Sinne des Absatzes 3 sowie Wertpapiere im Sinne des Absatzes 1 Nummer 3 Buchstabe b.

(36) Warenderivate im Sinne dieses Gesetzes sind Finanzinstrumente im Sinne des Artikels 2 Absatz 1 Nummer 30 der Verordnung (EU) Nr. 600/2014.

(37) Genehmigtes Veröffentlichungssystem im Sinne dieses Gesetzes ist ein Unternehmen, das im Namen von Wertpapierdienstleistungsunternehmen Handelsveröffentlichungen im Sinne der Artikel 20 und 21 der Verordnung (EU) Nr. 600/2014 vornimmt.

(38) Bereitsteller konsolidierter Datenticker im Sinne dieses Gesetzes ist ein Unternehmen, das zur Einholung von Handelsveröffentlichungen nach den Artikeln 6, 7, 10, 12, 13, 20 und 21 der Verordnung (EU) Nr. 600/2014 auf geregelten Märkten, multilateralen und organisierten Handelssystemen und bei genehmigten Veröffentlichungssystemen berechtigt ist und diese Handelsveröffentlichungen in einem kontinuierlichen elektronischen Echtzeitdatenstrom konsolidiert, über den Preis- und Handelsvolumendaten für jedes einzelne Finanzinstrument abrufbar sind.

(39) Genehmigter Meldemechanismus im Sinne dieses Gesetzes ist ein Unternehmen, das dazu berechtigt ist, im Namen des Wertpapierdienstleistungsunternehmens Einzelheiten zu Geschäften an die zuständigen Behörden oder die Europäische Wertpapier- und Marktaufsichtsbehörde zu melden.

(40) Datenbereitstellungsdienst im Sinne dieses Gesetzes ist

1. ein genehmigtes Veröffentlichungssystem,
2. ein Bereitsteller konsolidierter Datenticker oder
3. ein genehmigter Meldemechanismus.

(41) Drittlandunternehmen im Sinne dieses Gesetzes ist ein Unternehmen, das ein Wertpapierdienstleistungsunternehmen wäre, wenn es seinen Sitz im Europäischen Wirtschaftsraum hätte.

(42) Öffentliche Emittenten im Sinne dieses Gesetzes sind folgende Emittenten von Schuldtiteln:

1. die Europäische Union,
2. ein Mitgliedstaat einschließlich eines Ministeriums, einer Behörde oder einer Zweckgesellschaft dieses Mitgliedstaats,
3. im Falle eines bundesstaatlich organisierten Mitgliedstaats einer seiner Gliedstaaten,
4. eine für mehrere Mitgliedstaaten tätige Zweckgesellschaft,

5. ein von mehreren Mitgliedstaaten gegründetes internationales Finanzinstitut, das dem Zweck dient, Finanzmittel zu mobilisieren und seinen Mitgliedern Finanzhilfen zu gewähren, sofern diese von schwerwiegenden Finanzierungsproblemen betroffen oder bedroht sind,

6. die Europäische Investitionsbank.

(43) ¹Ein dauerhafter Datenträger ist jedes Medium, das

1. es dem Kunden gestattet, an ihn persönlich gerichtete Informationen derart zu speichern, dass er sie in der Folge für eine Dauer, die für die Zwecke der Informationen angemessen ist, einsehen kann, und

2. die unveränderte Wiedergabe der gespeicherten Informationen ermöglicht.

²Nähere Bestimmungen enthält Artikel 3 der Delegierten Verordnung (EU) 2017/565.

(44) Hochfrequente algorithmische Handelstechnik im Sinne dieses Gesetzes ist ein algorithmischer Handel im Sinne des § 80 Absatz 2 Satz 1, der gekennzeichnet ist durch

1. eine Infrastruktur zur Minimierung von Netzwerklatenzen und anderen Verzögerungen bei der Orderübertragung (Latenzen), die mindestens eine der folgenden Vorrichtungen für die Eingabe algorithmischer Aufträge aufweist: Kollokation, Proximity Hosting oder einen direkten elektronischen Hochgeschwindigkeitszugang,

2. die Fähigkeit des Systems, einen Auftrag ohne menschliche Intervention im Sinne des Artikels 18 der Delegierten Verordnung (EU) 2017/565 einzuleiten, zu erzeugen, weiterzuleiten oder auszuführen und

3. ein hohes untertägiges Mitteilungsaufkommen im Sinne des Artikels 19 der Delegierten Verordnung (EU) 2017/565 in Form von Aufträgen, Kursangaben oder Stornierungen.

(45) Zentrale Gegenpartei im Sinne dieses Gesetzes ist ein Unternehmen im Sinne des Artikels 2 Nummer 1 der Verordnung (EU) Nr. 648/2012 in der jeweils geltenden Fassung.

(46) ¹Kleine und mittlere Unternehmen im Sinne dieses Gesetzes sind Unternehmen, deren durchschnittliche Marktkapitalisierung auf der Grundlage der Notierungen zum Jahresende in den letzten drei Kalenderjahren weniger als 200 Millionen Euro betrug. ²Nähere Bestimmungen enthalten die Artikel 77 bis 79 der Delegierten Verordnung (EU) 2017/565.

(47) Öffentlicher Schuldtitel im Sinne dieses Gesetzes ist ein Schuldtitel, der von einem öffentlichen Emittenten begeben wird.

(48) PRIP im Sinne dieses Gesetzes ist ein Produkt im Sinne des Artikels 4 Nummer 1 der Verordnung (EU) Nr. 1286/2014.

(49) PRIIP im Sinne dieses Gesetzes ist ein Produkt im Sinne des Artikels 4 Nummer 3 der Verordnung (EU) Nr. 1286/2014.

Übersicht

I. Systematik und Zweck

§ 2 enthält Begriffsbestimmungen und konkretisiert damit vor allem den sachlichen Anwendungs- **1**
bereich (Abs. 1–11, 21 f.) und den räumlichen Anwendungsbereich des WpHG (Abs. 12–18).[1] Die
Begriffsbestimmungen können grundsätzlich auch zur Auslegung anderer kapitalmarktrechtlicher
Gesetze herangezogen werden, und zwar unter Berücksichtigung der gesetzesspezifischen Besonderheiten auch ohne ausdrücklichen Verweis.[2]

II. Finanzinstrumente iSd Abs. 4

Besonders bedeutend ist der Begriff der Finanzinstrumente, da dieser an vielen Stellen des WpHG in **2**
Bezug genommen wird.[3] § 2 Abs. 4 nennt die Finanzinstrumente des WpHG in abschließender
Aufzählung.

1. Wertpapiere iSd Abs. 1. Finanzinstrumente sind gem. § 2 Abs. 4 Nr. 1 Wertpapiere. Der **3**
Wertpapierbegriff wird in § 2 Abs. 1 – in Umsetzung von Art. 4 Abs. 1 Nr. 44 lit. a MiFID II iVm
Anh. I Abschnitt C Nr. 1 MiFID II – allgemein definiert und sodann durch einen nicht abschließenden
Beispielkatalog („insbesondere") konkretisiert. Der Wertpapierbegriff beinhaltet alle Gattungen von
übertragbaren Wertpapieren mit Ausnahme von Zahlungsinstrumenten, die ihrer Art nach auf den
Finanzmärkten handelbar sind. Der **Gattung** nach bestimmbar sind standardisierte Rechte, die nicht
individuell vereinbarte Merkmale aufweisen, also austauschbar sind **(Fungibilität).**[4] Die Wertpapiere
müssen übertragbar und auf Finanzmärkten handelbar sein. Umstritten ist, ob dies eine freie Handelbarkeit (Zirkulationsfähigkeit) erfordert, dh Wertpapiere gutgläubig erworben werden können müssen.
Für das Erfordernis einer gesteigerten Handelbarkeit spricht, dass nur bei der Möglichkeit des gutgläubigen Erwerbs Anleger in ihrem Vertrauen in den Kapitalmarkt ausreichend geschützt sind.[5, 6]
Nicht abschließend werden in § 2 Abs. 1 Nr. 1–3 katalogartig Wertpapiere beispielhaft genannt. **4**
Dazu gehören **Aktien** gem. § 2 Abs. 1 Nr. 1. Neben Inhaberaktien gehören dazu auch Namensaktien,
die als Orderpapiere gem. § 68 AktG frei übertragbar sind.[7] Andere Anteile sind gem. § 2 Abs. 1
Nr. 2 Wertpapiere, sofern sie **Aktien vergleichbar** sind. Vergleichbare Anteile müssen daher Mitgliedschaftsrechte verkörpern und vertretbar sowie handelbar also ebenso gutgläubig erwerbbar sein.[8]
Hierzu gehören zB Zwischenscheine gem. § 8 Abs. 6 AktG.[9] **GmbH-Anteile** können zwar gutgläubig erworben werden (§ 16 Abs. 3 GmbHG).[10] Aufgrund ihrer eingeschränkten Übertragbarkeit nach
§ 15 Abs. 3, 4 GmbHG handelt es sich nach hM aber gleichwohl nicht um Wertpapiere iSd WpHG.[11]
Unter **Aktien vertretenden Zertifikaten** nach § 2 Abs. 1 Nr. 2 aE versteht man vor allem Hin-
terlegungscheine, wie etwa American Depositary Receipts (ADR), und Jungscheine. Diese Anteile
sollen dem Inhaber ebenfalls wirtschaftlich eine dem Aktionär vergleichbare Stellung verschaffen.[12]
Schuldtitel und damit Wertpapiere sind insbesondere Genussscheine § 221 Abs. 3 AktG, **5**
Inhaberschuldverschreibungen, Orderschuldverschreibungen und Zertifikate, die Schuldtitel vertreten
(iSd § 2 Abs. 1 Nr. 3 lit. a). Erfasst sind hiervon vor allem die weit verbreiteten **Anleihen** *(bond),*[13] die

---

[1] Fuchs/*Fuchs* Rn. 1; JVRB/*Ritz* Rn. 7.
[2] Vgl. Fuchs/*Fuchs* Rn. 1; Kölner Komm WpHG/*Roth* Rn. 2.
[3] Der Begriff ist nicht deckungsgleich mit dem Begriff der „Finanzinstrumente" in anderen Gesetzen, s. zu § 1
Abs. 11 S. 1 KWG Fuchs/*Fuchs* Rn. 68.
[4] Assmann/Schneider/Mülbert/*Assmann* Rn. 11; Staub/*Grundmann* Bd. 11/1 5. Teil Rn. 84.
[5] Schwark/Zimmer/*Kumpan* Rn. 9.
[6] Der Gesetzgeber verlangt nur bei Nr. 2 ausdrücklich in der Regierungsbegr. die Möglichkeit des gutgläubigen
Erwerbs, s. BT-Drs. 16/4028, 54. Für das Erfordernis der Zirkulationsfähigkeit bei allen Wertpapieren JVRB/
Ritz Rn. 20; Schwark/Zimmer/*Kumpan* Rn. 9; wohl auch Staub/*Grundmann* Bd. 11/1 5. Teil Rn. 84 Bd. 11/2
8. Teil Rn. 62; *Buck-Heeb,* Kapitalmarktrecht, 10. Aufl. 2019, Rn. 68; *Poelzig,* Kapitalmarktrecht, 2018, Rn. 68.
Fuchs/*Fuchs* Rn. 18 lässt auch einen vergleichbaren, adäquaten Schutz genügen. Krit. auch Kölner Komm WpHG/
Roth Rn. 33 ff. AA keine Möglichkeit des gutgläubigen Erwerbs nötig Assmann/Schneider/Mülbert/*Assmann* § 2
Rn. 13; Erbs/Kohlhaas/*Wehowsky* Rn. 2; Langenbucher/Bliesener/Spindler/*Spindler* Kap. 33 Rn. 5, die ihre Argumentation vor allem auf Art. 35 Abs. 1 DurchfVO (EG) Nr. 1287/2006 stützen, der die Möglichkeit gutgläubigen
Erwerbs nicht voraussetzt.
[7] Assmann/Schneider/Mülbert/*Assmann* Rn. 18.
[8] BT-Drs. 16/4028, 54; vgl. auch BT-Drs. 12/6679, 39; Schwark/Zimmer/*Kumpan* Rn. 16; JVRB/*Ritz* Rn. 27;
Kölner Komm WpHG/*Roth* Rn. 49.
[9] Fuchs/*Fuchs* Rn. 25; Schwark/Zimmer/*Kumpan* Rn. 17.
[10] Gesetz betreffend die Gesellschaften mit beschränkter Haftung v. 20.4.1892, RGBl. 1892, 477 ff.
[11] Baumbach/Hopt/*Kumpan,* 37. Aufl. 2016, § 2 Rn. 2; Fuchs/*Fuchs* Rn. 15. Kölner Komm WpHG/*Versteegen*
Rn. 5; Schwark/Zimmer/*Kumpan* Rn. 10; krit. zur hM Assmann/Schneider/Mülbert/*Assmann* Rn. 20 f., der
GmbH-Anteile uU als Aktien vergleichbare Anteile iSv § 2 Abs. 1 Nr. 2 einordnet. Zur eingeschränkten Verkehrsfähigkeit Roth/Altmeppen/*Altmeppen* GmbHG § 15 Rn. 66.
[12] Fuchs/*Fuchs* Rn. 25; JVRB/*Ritz* Rn. 34; Kölner Komm WpHG/*Roth* Rn. 54.
[13] Vgl. Assmann/Schneider/Mülbert/*Assmann* Rn. 31 ff.; Baumbach/Hopt/*Kumpan,* 37. Aufl. 2016, Rn. 3; ausf.
hierzu *Ernst* in Grunewald/Schlitt KapMarktR S. 75 ff.

durch den Bund, die Länder oder Kommunen – etwa in Form von Schatzanweisungen – oder durch Unternehmen – etwa in Form von Wandel- oder Gewinnschuldverschreibungen gem. § 221 Abs. 1 AktG, Optionsanleihen, Aktienanleihen, Pfandbriefen – ausgegeben werden. Ihr Inhalt ergibt sich aus den Anleihebedingungen.[14] Sie sind auch bei aktienähnlicher Ausgestaltung vom Begriff des Schuldtitels umfasst.[15] **Namensschuldverschreibungen** sind nicht genannt und erfüllen als Namenspapiere (Rektapapiere) die Anforderungen des kapitalmarktrechtlichen Wertpapierbegriffs nicht, da sie gem. § 398 BGB durch Abtretung der verbrieften Forderung übertragen werden und daher nicht gutgläubig erworben werden können und zudem typischerweise nicht standardisiert sind.[16]

6   Unklar ist, ob sog. **„Token"** Wertpapiere iSd § 2 Abs. 1 sind.[17] Anders als das KWG, das Kryptowerte nunmehr in § 1 Abs. 11 S. 1 Nr. 11 ausdrücklich erfasst und zuvor unter den Begriff der Rechnungseinheiten gem. § 1 Abs. 11 Nr. 7 Alt. 2 subsumiert wurde, ist dies im WpHG nicht möglich.[18] Die ESMA[19] und die BaFin[20] nehmen eine Einordnung im konkreten Einzelfall je nach Ausgestaltung des jeweiligen Instruments vor. In der Literatur werden zumeist jedenfalls solche Token, die Aktien vergleichbar sind und ähnliche Mitgliedschafts- und Dividendenrechte gewähren,[21] als Wertpapier klassifiziert.[22] Currency-Token, wie Bitcoin, sind hingegen durch ihre Nähe zu Zahlungsmitteln gem. § 2 vom Wertpapierbegriff ausgenommen.[23]

2. Investmentvermögensanteile iSd § 1 Abs. 1 KAGB

Schrifttum: *Burgard/Heimann,* Das neue Kapitalanlagegesetzbuch, WM 2014, 821; *Dietrich,* Änderungen bei der wertpapierhandelsrechtlichen Beteiligungstransparenz im Zusammenhang mit Investmentvermögen, ZIP 2016, 1612; *Eichhorn,* Die offene Investmentkommanditgesellschaft nach dem Kapitalanlagegesetzbuch, WM 2016, 110 (Teil I) und WM 2016, 145 (Teil II); *Freitag/Fürbaß,* Wann ist ein Fonds eine Investmentgesellschaft?, ZGR 2016, 729; *Grundmann,* Das grundlegend reformierte Wertpapierhandelsgesetz – Umsetzung von MiFID II (Conduct of Business im Kundenverhältnis), ZBB 2018, 1; *Kapteiner/Davis,* Die ordnungsgemäße Verwahrung durch Verwahrstellen und Unterverwahrer nach dem neuen Kapitalanlagegesetzbuch, WM 2013, 1977; *Kind/Haag,* Der Begriff des Alternative Investment Fund nach der AIFM-Richtlinie – geschlossene Fonds und private Vermögensanlagegesellschaften im Anwendungsbereich?, DStR 2010, 1526; *Loritz/Rickmers,* Unternehmensfinanzierung im Kapitalmarkt und Kapital-

---

[14] Hierzu und zu den verschiedenen Anleiharten *Ernst* in Grunewald/Schlitt KapMarktR S. 80 ff.

[15] MüKoAktG/*Habersack* AktG § 221 Rn. 1.

[16] Assmann/Schneider/Mülbert/*Assmann* Rn. 34; *Poelzig,* Kapitalmarktrecht, 2018, Rn. 66.

[17] Die *Securities and Markets Stakeholder Group (SMSG)* hat empfohlen, Kryptowährungen in die Liste der MiFID II-Finanzinstrumente aufzunehmen (*SMSG,* ESMA22–106–1338 v. 19.10.2018, 14). S. zur zivilrechtlichen Einordnung auch *Kaulartz/Matzke* NJW 2018, 3278 (3281 ff.).

[18] Einordnung von Bitcoin als Rechnungseinheit gem. § 1 KWG Merkblatt der BaFin „Hinweise zu Finanzinstrumenten nach § 1 Abs. 11 S. 1–3 KWG (Aktien, Vermögensanlagen, Schuldtitel, sonstige Rechte, Anteile an Investmentvermögen, Geldmarktinstrumente, Devisen und Rechnungseinheiten)" vom 20.12.2011 idF v. 19.7.2013 unter 2.b)hh); ebenso *Spindler/Bille* WM 2014, 1357 (1361 f.); *Schefold* in Schimansky/Bunte/Lwowski BankR-HdB § 115 Rn. 30; *Terlau* in Schimansky/Bunte/Lwowski BankR-HdB § 55a Rn. 159; *Beck* NJW 2015, 580 (581); BeckOGK/*Köndgen* BGB § 675c Rn. 132; *Weitnauer* BKR 2018, 231 (233); *Hötzel,* Virtuelle Währungen im System des Deutschen Steuerrechts, 2018, 88 f.; *Hacker/Thomale* ECFR 2018, 645 (676); *European Banking Authority (EBA),* Opinion on virtual currencies, EBA/Op/2014/08, 11 f.; *s. auch* BT-Drs. 19/2452, 5; BT-Drs. 17/14530, 41. AA *Auffenberg* NVwZ 2015, 1184; *Hanten/Stump* RdF 2018, 189 (192 ff.); *Lehmann* NJW 2018, 3734 (3736) im Zusammenhang mit § 54 KWG KG Berlin NJW 2018, 3734 Rn. 15.

[19] *ESMA,* Statement: ESMA alerts firms involved in Initial Coin Offerings (ICOs) to the need to meet relevant regulatory requirements, Statement, 13.11.2017 (abrufbar unter: https://www.esma.europa.eu/sites/default/files/library/esma50–157-828_ico_statement_firms.pdf, letzter Zugriff: 5.12.2019); vgl. *Zickgraf* AG 2018, 293 (298).

[20] *BaFin* Hinweisschreiben (WA) vom 20.2.2018, GZ: WA 11-QB 4100-2017/0010 (abrufbar unter: https://www.bafin.de/SharedDocs/Downloads/DE/Merkblatt/WA/dl_hinweisschreiben_einordnung_ICOs.pdf?__blob=publicationFile&v=2, S. 2, letzter Zugriff: 5.12.2019).

[21] Token können auch auf eine Sache oder Dienstleistung verkörpern oder der Bezahlung von (von Dritten angebotenen) Gütern dienen. Meist wird zwischen Currency-, Utility- und Investment-Token unterschieden (so etwa FINMA, Wegleitung für Unterstellungsanfragen betreffend Initial Coin Offerings (ICOs) v. 16.2.2018, 2 f. (abrufbar unter: https://www.finma.ch/de/~/media/finma/dokumente/dokumentencenter/myfinma/1bewilligung/fintech/wegleitung-ico.pdf?la=de, letzter Zugriff: 5.12.2019)); *Hacker/Thomale* ECFR 2018, 645 (652), *Zickgraf* AG 2018, 293 (295 ff.).

[22] *Barsan* Legal Challenges of Initial Coin Offerings (ICO), Revue Trimestrielle de Droit Financier 2017 N° 3, 54, 62 (abrufbar unter: https://papers.ssrn.com/sol3/papers.cfm?abstract_id=3064397, letzter Zugriff: 30.4.2019); *Borkert* ITRB 2018, 91 (94); *Peroz* AG 2018, R71 (R72); *Weitnauer* BKR 2018, 231 (233); *Zickgraf* AG 2018, 293 (302 ff.). Bestimmte Token wurden auch von der SEC als „securities" eingeordnet, sofern sie einen *„investment contract"* im Sinne des *Securities Act* von 1933 darstellen. Das ist der Fall, wenn eine Investition in eine gemeinsame Unternehmung erfolgt und dabei auf Seiten der Anleger vernünftigerweise Erwartungen an die Erzielung eines Profits bestehen, dessen Erwirtschaftung allerdings ausschließlich von der unternehmerischen Tätigkeit anderer abhängt (sog. *„Howey-Test"*); vgl. *Securities and Exchange Commission* Report of Investigation Pursuant to Section 21(a) of the Securities Exchange Act of 1934: The DAO, Release No. 81207, 25.7.2017 (abrufbar unter: https://www.sec.gov/litigation/investreport/34–81207.pdf, S. 11 ff., letzter Zugriff: 5.12.2019); *Securities and Exchange Commission* In the Matter of Munchee Inc., Securities Act of 1933 Release No. 10445, 11.12.2017 (abrufbar unter: https://www.sec.gov/litigation/admin/2017/33–10445.pdf, S. 5 ff., letzter Zugriff: 5.12.2019).

[23] *Zickgraf* AG 2018, 293 (307).

anlagegesetzbuch bei operativ tätigen Unternehmen, NZG 2014, 1241; *Niewerth/Rybarz,* Änderung der Rahmenbedingungen für Immobilienfonds – das AIFM-Umsetzungsgesetz und seine Folgen, WM 2013, 1154; *Paul,* Der Anteilserwerb bei der als Spezial-AIF konzipierten Investmentgesellschaft durch Privatanleger, ZIP 2016, 1009; *Platz,* Das Zusammenwirken zwischen Verwahrstelle, Bewerter, Abschlussprüfer und BaFin bei der Aufsicht über Investmentvermögen nach dem KAGB – Zuständigkeiten bei der Überprüfung der Einhaltung der Bewertungsmaßstäbe und -verfahren für Vermögensgegenstände von AIF und OGAW, BKR 2015, 193; *Poelzig/Volmer,* Der Bundesminister der Finanzen warnt – Ein Überblick zum neuen Kapitalanlagegesetzbuch, DNotZ 2014, 483; *Zetzsche,* Prinzipien der kollektiven Vermögensanlage, 2015.

Anteile an Investmentvermögen (Investmentfonds) sind Finanzinstrumente gem. § 2 Abs. 4 **7** Nr. 2. Investmentvermögen sind gem. § 1 Abs. 1 KAGB Organismen für gemeinsame Anlagen, die von einer Anzahl von Anlegern Kapital einsammeln, um es gemäß einer festgelegten Anlagestrategie zum Nutzen dieser Anleger zu investieren und die kein operativ tätiges Unternehmen außerhalb des Finanzsektors sind.[24] Die Verwaltung von Investmentvermögen ist umfassend durch das KAGB reguliert. Investmentvermögensanteile können uU unter Wertpapiere iSd § 2 Abs. 1 sein, soweit sie fungibel und zirkulationsfähig sind, was regelmäßig bei offenen Investmentvermögen iSd § 1 Abs. 4 KAGB der Fall ist,[25] da die Anleger dort ein Rückgaberecht haben.[26]

3. Vermögensanlagen iSd § 1 Abs. 2 VermAnlG. Finanzinstrumente iSd § 2 Abs. 4 Nr. 7 sind **8** im Weiteren die **Vermögensanlagen,** die ohne unionsrechtliches Vorbild in § 1 Abs. 2 VermAnlG in einem abschließenden Katalog definiert und weder in Wertpapieren iSd § 2 Nr. 1 WpPG[27] bzw. § 2 Abs. 1 verbrieft noch Anteile an Investmentvermögen iSd § 1 Abs. 1 KAGB sind. Vermögensanlagen fallen zwar unter den Begriff der Finanzinstrumente nach dem WpHG und begründen damit vor allem die Anwendbarkeit der §§ 63 ff. Sie sind aber keine Finanzinstrumente iSd MAR und sind damit nicht Gegenstand des Insiderrechts oder des Marktmanipulationsverbots (→ MAR Art. 2 Rn. 2).

4. Derivative Geschäfte iSd Abs. 3. Wertpapiere sind gem. § 2 Abs. 4 Nr. 4 auch derivative **9** Geschäfte. **Derivative Geschäfte** sind gem. § 2 Abs. 3 in Umsetzung von Art. 4 Abs. 1 Nr. 15 MiFID II iVm Anh. I C (4) MiFID II Geschäfte, deren Wert sich von einem Basiswert ableitet. Sie sind zudem als Termingeschäfte verzögert zu erfüllen, dh nicht als Kassageschäft gem. Art. 7 Abs. 2 Delegierte VO (EU) 2017/565[28] innerhalb von zwei Handelstagen bzw. innerhalb der marktüblichen Standardfrist, sondern erst zu einem späteren Zeitpunkt.[29] Als Basiswerte kommen gem. § 2 Abs. 3 Nr. 1 unter anderem in Betracht: Wertpapiere, Geldmarktinstrumente, Devisen, Rohstoffe, Indizes der Basiswerte, wie zB Dax-Optionen. Basiswerte können unter den Voraussetzungen von § 2 Abs. 3 Nr. 2 aber auch Waren, Klimavariablen, Inflationsraten oÄ sein, sofern unter anderem die hierauf gerichteten Termingeschäfte durch Barausgleich zu erfüllen sind. Verbriefte Derivate – wie beispielsweise Optionsscheine – erfüllen bereits die Voraussetzungen von § 2 Abs. 1 Nr. 3 lit. b und sind damit Wertpapiere,[30] die an Wertpapierbörsen gehandelt werden können. Im Übrigen werden Derivate iSd § 2 Abs. 3 in standardisierter Form an Terminbörsen (etwa an der deutsch-schweizerischen Eurex in Eschborn oder der EEX in Leipzig) oder zu individuell ausgehandelten Konditionen außerhalb von Börsen (*over the counter,* sog. OTC-Derivate) vereinbart und abgewickelt.

Es gibt zwei grundlegende Erscheinungsformen von derivativen Geschäften: unbedingte Verpflich- **10** tungen in Form von Festpreisgeschäften und bedingte Verpflichtungen in Form von Optionsgeschäften. **Festpreisgeschäfte** sind Kauf- oder Tauschverträge über Basiswerte, die von beiden Seiten zu einem festgelegten Preis in einem bestimmten Umfang zu einem späteren Zeitpunkt erfüllt werden müssen. Der Käufer verpflichtet sich demnach, den Basiswert (zB. die Aktien) zu den bei Vertragsabschluss festgelegten Konditionen zu erwerben („Long Position"); der Verkäufer verpflichtet sich, zu den vereinbarten Konditionen zu veräußern („Short Position"). Da sich beide Parteien gleichermaßen zur Erfüllung verpflichten, besteht hier ein **symmetrisches Risikoprofil.** Börsengehandelte Fest-

---

[24] Ausf. zur Definition BaFin, Auslegungsschreiben zum Anwendungsbereich des KAGB und zum Begriff des „Investmentvermögens" vom 14.6.2013, geändert am 9.3.2015, Geschäftszeichen Q 31-Wp 2137-2013/0006 (abrufbar unter: https://www.bafin.de/SharedDocs/Veroeffentlichungen/DE/Auslegungsentscheidung/WA/ae_130614_Anwendungsber_KAGB_begriff_invvermoegen.html, I. 7; letzter Zugriff 5.12.2019); Moritz/Klebeck/Jesch/*Gottschling* KAGB Bd. 1, § 1 Rn. 23 ff.; *Poelzig/Volmer* DNotZ 2014, 483.

[25] Fuchs/*Fuchs* Rn. 31; Langenbucher/Bliesener/Spindler/*Jakovou* Rn. 17, 21.

[26] Weitnauer/Boxberger/Anders/*Volhard/Jung* KAGB § 1 Rn. 39; zum Rückgaberecht Langenbucher/Bliesener/Spindler/*Jakovou* Kap. 39 Rn. 18.

[27] Gesetz über die Erstellung, Billigung und Veröffentlichung des Prospekts, der beim öffentlichen Angebot von Wertpapieren oder bei der Zulassung von Wertpapieren zum Handel an einem organisierten Markt zu veröffentlichen ist v. 22.6.2005, BGBl. 2005 I 1698.

[28] Delegierte Verordnung (EU) 2017/565 der Kommission vom 25.4.2016 zur Ergänzung der Richtlinie 2014/65/EU des Europäischen Parlaments und des Rates in Bezug auf die organisatorischen Anforderungen an Wertpapierfirmen und die Bedingungen für die Ausübung ihrer Tätigkeit sowie in Bezug auf die Definition bestimmter Begriffe für die Zwecke der genannten Richtlinie, ABl. 2017 L 87/1.

[29] Hierzu *Becker* in Grunewald/Schlitt KapMarktR 133 ff.; JVRB/*Ritz* Rn. 55.

[30] Zur Verbriefung s. auch JVRB/*Ritz* Rn. 60.

preisgeschäfte sind sog. *Futures.* Wenn sie nicht über die Börse, sondern außerbörslich zwischen den Parteien gehandelt werden, nennt man sie *Forwards.*

11   Um eine Zusammensetzung aus einzelnen auf den jeweiligen Zahlungszeitpunkt bezogenen Termingeschäften in Form von Festpreisgeschäften handelt es sich bei den sog. **Swaps.**[31] Dies sind Vereinbarungen über den regelmäßigen Austausch von Zahlungsströmen *(cashflows).* Bei Zinsswaps verpflichten sich die Parteien beispielsweise zur gegenseitigen Zahlung von Zinsen auf einen bestimmten Betrag.

12   Eine **Option** ist das Recht, einen Basiswert zu einem späteren Zeitpunkt zu einem bestimmten Preis zu erwerben (Call-Option) bzw. zu veräußern (Put-Option). Der Optionsberechtigte (Optionskäufer) ist zur Zahlung einer Optionsprämie an den Stillhalter (Optionsverkäufer) verpflichtet. Eine Option ist ein bedingtes Termingeschäft, da der Optionsberechtigte das Recht, aber nicht die Pflicht zur Ausübung der Option hat.[32] Hieraus ergibt sich ein **asymmetrisches Risikoprofil:** Der Optionsberechtigte verliert im schlechtesten Fall des Kursverfalls seine Optionsprämie, wenn er die Option nicht ausübt. Steigt aber der Kurs des Basiswerts, hat er bei einer Call-Option die Chance auf einen nach oben unbegrenzten Gewinn. Spiegelbildlich hierzu trägt der Stillhalter das Risiko eines unbegrenzten Verlustes.

13   Derivative Geschäfte dienen der Absicherung von Risiken **(hedging).** Vor allem, aber nicht nur institutionelle Anleger wie Versicherungen und Investmentfonds handeln mit Derivaten, um sich gegen Kursrisiken abzusichern.[33] Daneben dienen derivative Geschäfte aber auch zur Spekulation. Mit relativ geringem Kapitaleinsatz – etwa bei Optionen die Optionsgebühr – kann an Preisveränderungen des Basiswertes überproportional partizipiert werden (sog. Hebelwirkung, **leverage effect**). Da sich die Entwicklung der maßgeblichen Marktpreise nicht sicher vorhersagen lässt, handelt es sich hierbei um hochriskante Finanzinstrumente, die bis hin zu einem Totalverlust führen können (→ Rn. 12). Hinzu kommt das sog. **Kontrahentenrisiko,** dh das Risiko, dass der Vertragspartner (Kontrahent) nach Vertragsschluss insolvent wird und daher seinen Verpflichtungen aus dem Vertrag nicht mehr nachkommen kann. Dieses Risiko ist durch den hinausgeschobenen Erfüllungszeitpunkt bei derivativen Geschäften wesentlich höher als bei Verträgen auf dem Kassamarkt.

14   **5. Geldmarktinstrumente iSd Abs. 2.** Zu den Finanzinstrumenten gehören schließlich auch Geldmarktinstrumente iSd § 2 Abs. 4 Nr. 3. § 2 Abs. 2 definiert diese als Instrumente, die üblicherweise auf dem Geldmarkt gehandelt werden, sofern gem. Art. 11 Delegierte VO (EU) 2017/565 ihr Wert jederzeit bestimmt werden kann, es sich nicht um Derivate handelt und ihre Fälligkeit bei Emission höchstens 397 Tage beträgt. Der Geldmarkt zeichnet sich im Vergleich zum Kapitalmarkt ieS dadurch aus, dass es um einen allenfalls kurzfristigen Liquiditätsausgleich geht und der Handel nur zwischen wenigen finanzstarken Teilnehmern im reinen Interbankenverkehr stattfindet.[34] Zu den Geldmarktinstrumenten gehören ausdrücklich auch Schatzanweisungen, die bereits als Wertpapiere gem. § 2 Abs. 1 Nr. 1 einzuordnen sind.[35] Im Gegensatz zu § 2 Abs. 1a aF sind Wertpapiere von § 2 Abs. 2 nicht mehr ausdrücklich ausgenommen. Geldmarktinstrumente sind darüber hinaus auch Einlagenzertifikate, Commercial Papers und sonstige vergleichbare Instrumente. Vergleichbare Instrumente sind zB kurzfristige Schuldscheindarlehen oder Schatzwechsel.[36] Termingeldern und Sparbriefen mangelt es an der auch für Geldmarktinstrumente gem. § 2 Abs. 2 („alle Gattungen") notwendigen Fungibilität, sodass es sich hierbei nicht um Geldmarktinstrumente und damit auch nicht um Finanzinstrumente handelt.[37] Zahlungsinstrumente sind ausdrücklich ausgenommen.

15   **6. Emissionszertifikate gem. Abs. 4.** Mit Umsetzung der MiFID II (Art. 4 Abs. 1 Nr. 15 MiFID II iVm Anh. I Abschnitt C MiFID II) wurde der Begriff des Finanzinstruments in § 2 Abs. 4 Nr. 5 zum 3.1.2018 auf **Emissionszertifikate** erweitert. Hierbei handelt es sich um besondere derivative Geschäfte iSd § 2 Abs. 3 Nr. 1 lit f. Emissionszertifikate dokumentieren das Recht, eine bestimmte Menge Treibhausgase (in erster Linie CO_2) aus einer technischen Anlage freizusetzen.[38] Sie werden in Deutschland vom Bundesumweltamt zugeteilt und sind frei handelbar. Überwiegend werden die Emissionsrechte an der Leipziger Energiebörse EEX (European Energy Exchange) gehandelt. Durch den Erwerb von zusätzlichen Emissionszertifikaten können Unternehmen, die mehr Treibhausgase emittieren, als ihnen erlaubt ist, einer Strafe wegen Überschreitung der erlaubten Emissionen entgehen. Auf der anderen Seite können Unternehmen, die weniger

---

[31] Schwark/Zimmer/*Kumpan* Rn. 38.

[32] Schwark/Zimmer/*Kumpan* Rn. 37.

[33] *Lenenbach,* Kapitalmarktrecht, 2. Aufl. 2010, Rn. 1.65.

[34] Fuchs/*Fuchs* Rn. 35; Staub/*Grundmann* Bd. 11/2 8. Teil Rn. 64.

[35] Assmann/Schneider/Mülbert/*Assmann* Rn. 39; *Poelzig,* Kapitalmarktrecht, 2018, Rn. 69.

[36] Fuchs/*Fuchs* Rn. 38; Schwark/Zimmer/*Kumpan* Rn. 32; *Schäfer* in Schäfer/Hamann Rn. 17; Kölner Komm WpHG/*G. Roth* Rn. 71.

[37] Assmann/Schneider/Mülbert/*Assmann* Rn. 43; *Poelzig,* Kapitalmarktrecht, 2018, Rn. 150; Boos/Fischer/Schulte-Mattler/*Schäfer* KWG § 1 Rn. 286.

[38] Assmann/Schneider/Mülbert/*Assmann* Rn. 85. Ausf. zu Emissionszertifikaten *Stuhlmacher/Sessel-Zsebik* in Zerey Finanzderivate, 2010, § 11 Rn. 36–63.

Treibhausgase emittieren, nicht genutzte Emissionsrechte gewinnbringend an andere Unternehmen veräußern. Aber nicht nur Treibhausgase emittierende Unternehmen, sondern jede natürliche und juristische Person kann nach Art. 19 Abs. 2 iVm Art. 3 lit. g Treibhausgasemissionszertifikate-RL[39] mit Emissionszertifikaten handeln.

III. Wertpapierdienstleistungen und Wertpapiernebendienstleistungen iSd Abs. 8, 9

1. Wertpapierdienstleistungen. § 2 Abs. 8 definiert den Begriff der Wertpapierdienstleistungen, **16** der insbesondere die Anwendbarkeit der §§ 63 ff. relevant ist (→ § 63 Rn. 1 ff.).

a) Finanzkommissionsgeschäft (Abs. 8 S. 1 Nr. 1). Praktisch erhebliche Bedeutung kommt **17** dem Finanzkommissionsgeschäft zu.[40] Hierbei handelt es sich gem. § 2 Abs. 8 S. 1 Nr. 1 um die „Anschaffung oder Veräußerung von Finanzinstrumenten im eigenen Namen für fremde Rechnung".[41] Anschaffung und Veräußerung meint das schuldrechtliche Rechtsgeschäft zwischen dem Finanzdienstleister (Kommissionär) und dem Dritten, das den entgeltlichen Erwerb bzw. Veräußerung von Finanzinstrumenten zum Gegenstand hat und neben dem Kauf- auch den Tauschvertrag oder die „Wertpapierleihe" (Sachdarlehen) umfasst.[42]

b) Eigenhandel und Eigengeschäfte (Abs. 8 S. 1 Nr. 2 und S. 7). § 2 Abs. 8 S. 1 Nr. 2 um- **18** fasst vier Tatbestandsvarianten des Eigenhandels: Der Eigenhandel wird allgemein in **lit. c** definiert: Eigenhandel ist demnach das Anschaffen oder Veräußern (→ Rn. 17) von Finanzinstrumenten für eigene Rechnung als Dienstleistung für andere.[43] Die anderen Tatbestandsvarianten enthalten besondere Formen des Handelns auf eigene Rechnung: Die erste Tatbestandsvariante **(lit. a)** definiert das **Market Making,**[44] die zweite Variante **(lit. b)** umschreibt die **systematische Internalisierung**[45] und die Legaldefinition des Hochfrequenzhandels **(lit. d)** wurde mit Wirkung zum 15.5.2013 durch das Hochfrequenzhandelsgesetz[46] WpHG eingefügt, um so auch Eigenhandel im autonomen rechnergestützten algorithmischen **Hochfrequenzhandel** gesondert zu erfassen.[47]

c) Abschlussvermittlung (Abs. 8 S. 1 Nr. 3). Bei der Abschlussvermittlung gem. § 2 Abs. 8 S. 1 **19** Nr. 3 handelt es sich um die Anschaffung oder Veräußerung (→ Rn. 17) von Finanzinstrumenten in fremdem Namen und für fremde Rechnung".[48] Die Bezeichnung als Abschlussvermittlung ist insofern etwas unglücklich, als der Finanzdienstleister den Abschluss anders als bei der Anlagevermittlung nicht nur vermittelt, sondern den Vertrag als Vertreter im Namen des Kunden schließt.[49]

d) Anlagevermittlung (Abs. 8 S. 1 Nr. 4). Gem. § 2 Abs. 8 S. 1 Nr. 4 gehört auch die Anlage- **20** vermittlung zu den Wertpapierdienstleistungen. Darunter ist nach der gesetzlichen Definition die „Vermittlung von Geschäften über die Anschaffung und die Veräußerung von Finanzinstrumenten" zu verstehen. Die Lit. hat den Begriff zunächst unter Rückgriff auf das allgemeine Maklerzivilrecht (insbesondere §§ 652 ff. BGB für den Zivilmakler) ausgelegt.[50] Der BGH versteht den aufsichtsrechtlichen Begriff der Anlagevermittlung jedoch weiter als „jede final auf den Abschluss von Geschäften über die Anschaffung und die Veräußerung von Finanzinstrumenten gerichtete Tätigkeit".[51]

---

[39] Richtlinie 2003/87/EG des Europäischen Parlaments und des Rates vom 13.10.2003 über ein System für den Handel mit Treibhausgasemissionszertifikaten in der Gemeinschaft und zur Änderung der Richtlinie 96/61/EG des Rates, ABl. 2003 L 275, 32.

[40] JVRB/*Ritz* Rn. 113; Kölner Komm WpHG/*Baum* Rn. 150.

[41] Dies entspricht dem Begriff des KWG und zudem müssen die wesentlichen Merkmale nach §§ 383 ff. HGB vorliegen, vgl. NK-AktKapMarktR/*Petow* Rn. 21.

[42] Vgl. *Bafin* Merkblatt Finanzkommissionsgeschäfte, Stand: 4.5.2017, Abschnitt 1. b) (abrufbar unter: www.bafin.de/SharedDocs/Veroeffentlichungen/DE/Merkblatt/mb_100318_tatbestand_finanzkommgeschaeft.html, letzter Zugriff: 5.12.2019); Assmann/Schneider/Mülbert/*Assmann* Rn. 97; Kölner Komm WpHG/*Baum* Rn. 151, Schwark/Zimmer/*Kumpan* Rn. 92.

[43] Vgl. auch NK-AktKapMarktR/*Petow* Rn. 23; JVRB/*Ritz* Rn. 125; Schwark/Zimmer/*Kumpan* Rn. 96.

[44] Assmann/Schneider/Mülbert/*Assmann* Rn. 110, vgl. auch die Definition in Art. 4 Abs. 1 Nr. 7 MiFID II. Zum Market making auch NK-AktKapMarktR/*Petow* Rn. 26.

[45] Staub/*Grundmann* Bd. 11/2, 8. Teil Rn. 85; NK-AktKapMarktR/*Petow* Rn. 26; Kölner Komm WpHG/*Baum* Rn. 158.

[46] Gesetz zur Vermeidung von Gefahren und Missbräuchen im Hochfrequenzhandel (Hochfrequenzhandelsgesetz) v. 7.5.2013, BGBl. 2013 I 1162.

[47] Kölner Komm WpHG/*Baum* Rn. 159a. Zum Hochfrequenzhandelsgesetz s. auch JVRB/*Ritz* Rn. 128 und zum Hochfrequenzhandel Rn. 140 ff.

[48] Es liegt also eine offene Stellvertretung vor, die im Gegensatz zur Finanzportfolioverwaltung ohne Ermessensspielraum ausgestaltet ist, NK-AktKapMarktR/*Petow* Rn. 27; JVRB/*Ritz* Rn. 147.

[49] Kölner Komm WpHG/*Baum* Rn. 160; krit. zum Begriff auch Assmann/Schneider/Mülbert/*Assmann* Rn. 122.

[50] Statt aller Kölner Komm WpHG/*Baum* Rn. 161.

[51] BGH Urt. v. 30.10.2014 – III ZR 493/13, NJW-RR 2015, 365 Rn. 36.

21   **e) Emissions- und Platzierungsgeschäft (Abs. 8 S. 1 Nr. 5 und Nr. 6).** Anders als in den in § 2 Abs. 8 S. 1 Nr. 1–4, 7–9 aufgeführten Tätigkeiten, handelt es sich beim Emissions- und Platzierungsgeschäft nicht um eine Dienstleistung des Wertpapierdienstleistungsunternehmens für Anleger auf dem Sekundärmarkt, sondern für den Emittenten eines Finanzinstruments am Primärmarkt. Nach § 2 Abs. 8 S. 1 Nr. 5 ist unter Emissionsgeschäft die „Übernahme von Finanzinstrumenten für eigenes Risiko zur Platzierung oder die Übernahme gleichwertiger Garantien" zu verstehen. Von dieser Definition wird lediglich die **Fremdemission,** nicht aber die Selbstemission umfasst.[52] Das Fehlen einer festen Übernahmeverpflichtung des Unternehmens unterscheidet das Platzierungsgeschäft (§ 2 Abs. 8 S. 1 Nr. 6) vom Emissionsgeschäft nach Nr. 5.[53]

22   **f) Finanzportfolioverwaltung (Abs. 8 S. 1 Nr. 7).** Finanzportfolioverwaltung ist gem. § 2 Abs. 8 S. 1 Nr. 7 die „Verwaltung einzelner oder mehrerer in Finanzinstrumenten angelegter Vermögen für andere mit Entscheidungsspielraum". Verwaltung bedeutet die laufende Überwachung und Anlage von Vermögen.[54] Eine einmalige Anlageentscheidung reicht hierfür nicht aus, sondern die Tätigkeit muss auf gewisse Dauer angelegt sein.[55] Die Verwaltung für andere ist bei der Anlage eigenen Vermögens nicht erfüllt. Daher fällt die kollektive Vermögensverwaltung von Investmentvermögen durch KVG nicht unter § 2 Abs. 8 S. 1 Nr. 7, sondern ist ausschließlich durch das KAGB reguliert.[56]

23   Durch das Merkmal des **Entscheidungsspielraums** des Verwalters unterscheidet sich die Finanzportfolioverwaltung von der Anlageberatung (Nr. 10 → Rn. 24 ff.), bei der die Umsetzung der Anlageempfehlung dem Kunden obliegt, und zum anderen von der Anlagevermittlung (Nr. 4 → Rn. 19), bei der die Entscheidung für oder gegen ein bestimmtes Finanzprodukt ebenfalls der Kunde trifft.[57]

24   **g) Betrieb eines multilateralen oder organisierten Handelssystems (Abs. 8 S. 1 Nr. 8, 9).** Der Betrieb eines multilateralen Handelssystems **(MTF)** wurde durch das FRUG 2007 in das WpHG aufgenommen (zum Begriff des MTF → Rn. 32). Ein Beispiel für ein MTF ist der **Freiverkehr** gem. § 48 BörsG. Mit dem 2. FiMaNoG wurden die Wertpapierdienstleistungen in § 2 Abs. 8 S. 1 Nr. 9 um den Betrieb eines organisierten Handelssystems **(OTF)** ergänzt (zum Begriff des OTF → Rn. 33).

25   **h) Anlageberatung (Abs. 8 S. 1 Nr. 10).** Die Anlageberatung wurde mit Umsetzung der MiFID I durch das FRUG[58] 2007 von einer Wertpapiernebendienstleistung zu einer Wertpapierdienstleistung hochgestuft. Daher sind die Wohlverhaltenspflichten der §§ 63 ff. auch auf Unternehmen anwendbar, die ausschließlich Anlageberatung erbringen.[59] Die Anlageberatung ist in § 2 Abs. 8 S. 1 Nr. 9 und in Art. 9 Delegierte VO (EU) 2017/565 legaldefiniert. Das zentrale Merkmal der Anlageberatung ist die Abgabe einer persönlichen Empfehlung,[60] bestimmte Finanzinstrumente zu erwerben, zu veräußern oder auch zu halten.[61] Die empfohlenen Geschäfte müssen **bestimmte Finanzinstrumente** betreffen, wobei es ausreicht, wenn der Anlageberater dem Kunden mehrere konkrete Anlagevorschläge unterbreitet und diesen auswählen lässt.[62] Eine **persönliche Empfehlung** setzt gem. Art. 9 UAbs. 1 Delegierte VO (EU) 2017/565 voraus, dass sie an eine Person in ihrer Eigenschaft als Anleger oder potentieller Anleger oder in ihrer Eigenschaft als Beauftragter eines Anlegers oder potentiellen Anlegers gerichtet ist. Nach **Art. 9 UAbs. 2 Delegierte VO (EU) 2017/565** muss die Empfehlung darüber hinaus entweder als für die betreffende Person geeignet dargestellt werden oder auf eine Prüfung der Verhältnisse der betreffenden Person gestützt sein. Damit sind vor allem öffentliche Anlagetipps vom Begriff der Anlageberatung ausgenommen. Auf die Umsetzung der Empfehlung

---

[52] *Bafin* Merkblatt Emissionsgeschäft, Stand: 24.7.2013, Abschnitt 1. a) (abrufbar unter: www.bafin.de/SharedDocs/Veroeffentlichungen/DE/Merkblatt/mb_090107_tatbestand_emissionsgeschaeft.html, letzter Zugriff: 5.12.2019); JVRB/*Ritz* Rn. 166; Kölner Komm WpHG/*Baum* Rn. 168.

[53] NK-AktKapMarktR/*Petow* Rn. 32; Kölner Komm WpHG/*Baum* Rn. 172. Vgl. mit Ausführungen zu den einzelnen Arten des Konsortiums auch Fuchs/*Fuchs* Rn. 102.

[54] BVerwG Urt. v. 22.9.2004 – 6 C 29/03, BVerwGE 122, 29 = NZG 2005, 265 (267).

[55] JVRB/*Ritz* Rn. 181; Kölner Komm WpHG/*Baum* Rn. 173.

[56] Assmann/Schneider/Mülbert/*Assmann* Rn. 150.

[57] Schwark/Zimmer/*Kumpan* Rn. 129. Für den Entscheidungsspielraum kommt es darauf an, dass der Verwalter letztlich eine Ermessensentscheidung trifft, selbst wenn diese eventuell im Rahmen einer festen Anlagerichtlichtlinie liegt, NK-AktKapMarktR/*Petow* Rn. 34.

[58] Gesetz zur Umsetzung der Richtlinie über Märkte für Finanzinstrumente und der Durchführungsrichtlinie der Kommission v. 16.7.2007, BGBl. 2007 I 1330.

[59] Kölner Komm WpHG/*Baum* Rn. 185. Zu Sinn und Zweck und Auswirkungen Fuchs/*Fuchs* Rn. 115.

[60] Also keine Empfehlungen an einen unbestimmt großen Adressatenkreis, vgl. Assmann/Schneider/Mülbert/*Assmann* Rn. 168.

[61] *BaFin/Deutsche Bundesbank,* Gemeinsames Informationsblatt Anlageberatung, S. 1 unter 2. Kölner Komm WpHG/*Baum* Rn. 186; Staub/*Grundmann* Bd. 11/2, 8. Teil Rn. 82; zum deckungsgleichen Begriff in § 1 Abs. 1a Nr. 1a KWG *Kühne* BKR 2008, 133 (135 f.).

[62] *BaFin* Gemeinsames Informationsblatt der BaFin und der Deutschen Bundesbank zum Tatbestand der Anlageberatung, Stand Februar 2019 (abrufbar unter: www.bafin.de/SharedDocs/Downloads/DE/Merkblatt/dl_mb_110513_anlageberatung_neu.html, letzter Zugriff: 5.12.2019); Kölner Komm WpHG/*Baum* Rn. 188; *Kühne* BKR 2008, 133 (135).

durch den Kunden kommt es für den Begriff der Anlageberatung ebensowenig an wie darauf, ob die Anlageberatung auf Initiative des Kunden erfolgt ist.[63] Anlageberatung und Vermögensverwaltung beschränken sich nicht auf den Erwerb oder die Veräußerung von Finanzinstrumenten für den Kunden, sondern sind vor allem auf die Geschäftsbesorgung im Interesse des Kunden ausgerichtet und daher besonders streng reguliert.

2. Wertpapiernebendienstleistungen (Abs. 9). Die in § 2 Abs. 9 als Wertpapiernebendienstleis- 26 tung definierten Tätigkeiten werden typischerweise im Zusammenhang mit Wertpapierdienstleistungen iSv § 2 Abs. 8 erbracht.[64] Zwingend erforderlich ist ein solcher Zusammenhang allerdings nur dort, wo es das Gesetz ausdrücklich vorschreibt (zB in § 2 Abs. 9 S. 1 Nr. 2, 4, 6, 7).[65]

Wertpapiernebendienstleistungen sind gem. § 2 Abs. 9 das **Depotgeschäft** (Nr. 1), die Gewährung 27 von Krediten und Darlehen für die Durchführung von Wertpapierdienstleistungen nach § 2 Abs. 8 (Nr. 2), die Beratung von Unternehmen bezüglich bestimmter Aspekte von Unternehmenskäufen und -zusammenschlüssen (Nr. 3), Devisengeschäfte, die im Zusammenhang mit Wertpapierdienstleistungen stehen (Nr. 4), das Erstellen oder Verbreiten von Anlagestrategieempfehlungen iSv Art. 3 Abs. 1 Nr. 34 MAR und **Anlageempfehlungen** iSv Art. 3 Abs. 1 Nr. 35 MAR, Dienstleistungen im Zusammenhang mit dem Emissionsgeschäft (Nr. 6) und Dienstleistungen, die sich auf derivative Geschäfte beziehen (Nr. 7).

IV. Wertpapierdienstleistungsunternehmen

WpDU sind gem. § 2 Abs. 10 Kreditinstitute, Finanzdienstleistungsinstitute und nach § 53 28 Abs. 1 S. 1 KWG tätige Unternehmen, die Wertpapierdienstleistungen (→ Rn. 16 ff.) allein oder zusammen mit Wertpapiernebendienstleistungen (→ Rn. 26 f.) gewerbsmäßig oder in einem Umfang erbringen, der einen in kaufmännischer Weise eingerichteten Geschäftsbetrieb erfordert.

§ 3 enthält einen Katalog an **Ausnahmen** für die Bestimmung des WpDU. Relevant wird diese 29 Ausnahme insbesondere für den 11. Abschnitt des WpHG, da die Verhaltens-, Organisations- und Transparenzpflichten gem. §§ 63 ff. weitgehend an WpDU adressiert sind. Die Ausnahmen haben gemeinsam, dass die Anwendung des WpHG nicht notwendig erscheint,[66] da diese Unternehmen häufig nur eingeschränkt und in bestimmtem Kontext Wertpapierdienstleistungen erbringen.[67] Aus diesem Grund müssen die Befreiungstatbestände auch dauerhaft vorliegen und es dürfen keine anderen Wertpapierdienstleistungen erbracht werden, um in den Genuss der Befreiung zu kommen.[68]

V. Handelsplätze und bilateraler Handel

Finanzinstrumente werden auf verschiedenen Handelsplätzen gehandelt, die unterschiedlich streng 30 reguliert sind. Es wird gem. § 2 Abs. 22 differenziert zwischen geregelten bzw. organisierten Märkten (§ 2 Abs. 1 BörsG, § 2 Abs. 11), multilateralen Handelssystemen (MTF, § 2 Abs. 8 S. 1 Nr. 8) und seit dem 3.1.2018 zudem organisierten Handelssystemen (OTF, § 2 Abs. 8 S. 1 Nr. 9). Im Übrigen ist der Handel durch bilaterale systematische Internalisierer gem. § 2 Abs. 8 S. 1 Nr. 2 lit. b erfasst.

1. Organisierter Markt. Ein organisierter Markt gem. § 2 Abs. 11 ist ein **multilaterales Han-** 31 **delssystem,** in dem die **Interessen** – Aufträge, Kursofferten, Interessenbekundungen usw – verschiedener Marktteilnehmer am Kauf oder Verkauf dort gehandelter **Finanzinstrumente zusammengeführt** werden. Dies erfolgt nach festgelegten Regeln, ohne dass dem Betreiber des Marktes ein Ermessensspielraum zusteht.[69] Von den sonstigen multilateralen Handelssystemen unterscheiden sich die organisierten Märkte vor allem dadurch, dass sie staatlich als organisierter Markt genehmigt, geregelt und überwacht sind.[70] Der regulierte Markt an den Börsen ist das einzige multilaterale System in Deutschland, das die Kriterien des organisierten Marktes iSd § 2 Abs. 11 erfüllt.

2. Multilaterale Handelssysteme (MTF). Zu den Handelsplätzen gehören multilaterale Handels- 32 systeme (*Multilateral Trading Facility,* MTF) iSd § 2 Abs. 8 S. 1 Nr. 8, Art. 2 Abs. 1 Nr. 14 MiFIR iVm Art. 4 Abs. 1 Nr. 22 MiFID II. MTF unterscheiden sich von organisierten Märkten lediglich formal

---

[63] *BaFin/Deutsche Bundesbank,* Gemeinsames Informationsblatt Anlageberatung, S. 1 unter 2.; Assmann/Schneider/Mülbert/*Assmann* Rn. 169.

[64] Assmann/Schneider/Mülbert/*Assmann* Rn. 178; Schwark/Zimmer/*Kumpan* Rn. 105.

[65] Fuchs/*Fuchs* Rn. 131; Kölner Komm WpHG/*Baum* Rn. 203.

[66] Assmann/Schneider/Mülbert/*Assmann* § 3 Rn. 1; Fuchs/*Fuchs* § 2a Rn. 2.

[67] Vgl. Staub/*Grundmann* Bd. 11/2, 8. Teil Rn. 111: Kölner Komm WpHG/*Versteegen/Baum* § 2a Rn. 3.

[68] NK-AktKapMarktR/*Petow* AktG § 2a Rn. 1; JVRB/*Ritz* § 2a Rn. 3.

[69] Vgl. Erwägungsgrund 6 MiFID: „nichtdiskriminär". S. zu den einzelnen Voraussetzungen auch Fuchs/Fuchs WpHG-Kommentar Rn. 158 und JVRB/*Ritz* Rn. 266.

[70] Darauf, dass der Markt in dem gem. Art. 56 MiFID von den Mitgliedstaaten zu führenden Verzeichnis registriert ist, kommt es für die Qualifizierung als organisierter Markt hingegen nicht an (zur Vorgängervorschrift gem. Art. 47 MiFID I, EuGH Urt. v. 22.3.2012 – C–248/11 = NZG 2012, 590 – Nilaş). Es handelt sich um ein rein formales Kriterium.

dadurch, dass sie nicht als organisierter Markt öffentlich-rechtlich genehmigt, geregelt und überwacht werden.[71] Zu den MTF gehört in Deutschland der **Freiverkehr,** der unter dem Dach der Börse vom Börsenträger neben dem regulierten Markt privatrechtlich als außerbörslicher Handel organisiert ist (§ 48 BörsG).

33   **3. Organisierte Handelssysteme (OTF).** Um möglichst alle Handelsplätze zu regulieren, wurde in Umsetzung der **MiFID II** am 3.1.2018 in § 2 Abs. 8 Nr. 9 eine neue Handelsplatzkategorie der **organisierten Handelssystems** (*Organised Trading Facility,* abgekürzt OTF) eingeführt. OTF unterscheiden sich von den geregelten bzw. organisierten Märkten und MTF vor allem dadurch, dass der OTF-Betreiber über einen gewissen Ermessensspielraum verfügt, ob, wann und in welchem Umfang er Aufträge innerhalb des Systems zusammenführt (Erwägungsgrund 9 MiFIR). Um jede Form der organisierten Ausführung und Vereinbarung von Handelsgeschäften zu erfassen, die keinem anderen Handelsplatz zugeordnet werden kann, ist der Tatbestand grundsätzlich weit zu verstehen (Erwägungsgrund 8 MiFIR).

34   **4. Systematische Internalisierer.** § 2 Abs. 8 S. 1 Nr. 2 lit. b definiert die **systematische Internalisierung** als das häufige[72] organisierte und systematische Betreiben von Handel mit Finanzinstrumenten für eigene Rechnung in erheblichem Umfang außerhalb eines organisierten Marktes oder eines MTF oder OTF (§ 2 Abs. 10). Die systematischen Internalisierer sind im Gegensatz zu den Handelsplätzen keine multilateralen Systeme, sondern Geschäfte werden **bilateral** zwischen dem Anleger und dem Internalisierer – typischerweise Banken oder Kreditinstitute – geschlossen. Systematische Internalisierer handeln auf eigene Rechnung und tragen das Erfüllungs- und Preisrisiko.[73]

VI. Emittenten

35   Das Gesetz differenziert für die Anwendbarkeit der Vorschriften zwischen unterschiedlichen Emittenten.[74] Emittenten ieS sind zunächst nur solche, deren Finanzinstrumente zum Handel an einem **organisierten Markt** zugelassen sind. Nach Umstellung auf das Herkunftslandprinzip durch die Transparenzrichtlinie knüpfen die Verhaltens- und Informationspflichten des WpHG weitgehend an den Sitz des Emittenten im Inland und nicht mehr an die Zulassung zum Handel der Finanzinstrumente im Inland an. Emittenten mit Herkunftsstaat in Deutschland werden vor allem von §§ 33 Abs. 1, 38 Abs. 1, 40 Abs. 1 adressiert. § 2 Abs. 13 differenziert für die Definition des Emittenten mit Herkunftsstaat in Deutschland nach der Art der emittierten Finanzinstrumente. Emittenten von Schuldtiteln mit einer Stückelung von weniger als 1.000 oder dem am Ausgabetag entsprechenden Gegenwert in einer anderen Währung oder Emittenten von Aktien haben nach § 2 Abs. 13 Nr. 1 ihren **Herkunftsstaat in Deutschland,** wenn sie entweder ihren Sitz im Inland haben und ihre Wertpapiere an einem organisierten Markt im Inland oder EU- oder EWR-Ausland gehandelt werden oder gem. § 2 Abs. 13 Nr. 1 lit. b, wenn sie ihren Sitz in einem Drittstaat haben und ihre Wertpapiere an einem organisierten Markt im Inland gehandelt werden und sie die Bundesrepublik Deutschland als Herkunftsstaat gewählt haben. Im Übrigen gilt für Emittenten anderer Finanzinstrumente als Schuldtitel und Aktien § 2 Abs. 13 Nr. 2, wonach ihr Herkunftsstaat in Deutschland liegt, wenn sie ihren **Sitz im Inland** haben oder ihre Finanzinstrumente zum Handel an einem **organisierten Markt im Inland zugelassen** sind und sie die Bundesrepublik Deutschland als Herkunftsstaat entsprechend § 4 Abs. 2 **gewählt** haben. Mit dem Sitz des Emittenten ist nach heute allgemeiner Auffassung jeweils der **statutarische Sitz,** nicht der Verwaltungssitz gemeint.[75] Bis zur Ausübung der Wahl gem. § 2 Abs. 13 Nr. 1 lit. b, Nr. 2 gilt Deutschland auch für solche Emittenten als Herkunftsstaat, deren Finanzinstrumente zum Handel an einem organisierten Markt im Inland zugelassen sind.

36   Bestimmte Regelungen, zB §§ 26, 33 Abs. 4, 40 f., 50 f. und 115 gelten ausdrücklich nur für **Inlandsemittenten** iSd § 2 Abs. 14. Bei Inlandsemittenten handelt es sich in erster Linie um Emittenten mit Herkunftsstaat in Deutschland gem. § 2 Abs. 13, es sei denn ihre Finanzinstrumente werden ausschließlich in einem anderen EU/EWR-Staat gehandelt (§ 2 Abs. 14 Nr. 1). Emittenten mit Herkunftsstaat in einem anderen EU/EWR-Staat sind gem. § 2 Abs. 14 Nr. 2 Inlandsemittenten,

---

[71] Fuchs/*Fuchs* Rn. 161; JVRB/*Ritz* Rn. 269; Schwark/Zimmer/*Zimmer/Kruse* Rn. 119.

[72] § 2 Abs. 8 S. 3, 4 nennt objektive Kriterien um festzustellen, ab wann „in systematischer Weise häufig" und „in erheblichem Umfang" Eigenhandel betrieben wird. Die genauen Schwellenwerte ergeben sich aus Art. 12–17 Delegierte Verordnung (EU) 2017/565 der Kommission vom 25.4.2016 zur Ergänzung der Richtlinie 2014/65/EU des Europäischen Parlaments und des Rates in Bezug auf die organisatorischen Anforderungen an Wertpapierfirmen und die Bedingungen für die Ausübung ihrer Tätigkeit sowie in Bezug auf die Definition bestimmter Begriffe für die Zwecke der genannten Richtlinie.

[73] Vgl. Schwark/Zimmer/*Kumpan* Rn. 103; *Seitz* AG 2004, 497 (501 f.).

[74] Daneben differenziert das Kapitalmarktrecht teilweise bei den Pflichten nach der Größe der Emittenten und privilegiert kleinere und mittlere Unternehmen, s. etwa § 2 Abs. 46 WpHG; Art. 17, 18 MAR; vgl. Schwark/Zimmer/*Kumpan* Rn. 253 ff.. Für den Begriff des Emittenten ist auf die Transparenzrichtlinie zurückzugreifen, JVRB/*Ritz* Rn. 275. Zur Bedeutung der Norm Fuchs/*Fuchs* Rn. 166 f.

[75] Schwark/Zimmer/*Kumpan* Rn. 193; Assmann/Schneider/Mülbert/*Assmann* Rn. 224; Kölner Komm WpHG/*Hirte* § 21 Rn. 98; Schwark/Zimmer/*Schwark* § 21 Rn. 4; *Hutter/Kaulamo* NJW 2007, 471 (472).

wenn ihre Finanzinstrumente ausschließlich zum Handel an einem organisierten Markt im Inland zugelassen sind.

MTF-Emittenten sind Unternehmen, die eine Zulassung ihrer Finanzinstrumente zum Handel in 37 einem multilateralen Handelssystem beantragt oder erhalten haben (§ 2 Abs. 15).

OTF-Emittenten sind Unternehmen, die eine Zulassung ihrer Finanzinstrumente zum Handel in 38 einem organisierten Handelssystem beantragt oder genehmigt haben (§ 2 Abs. 16).

§§ 3 –5

(hier nicht wiedergegeben)

Abschnitt 2. Bundesanstalt für Finanzdienstleistungsaufsicht

§ 6 Aufgaben und allgemeine Befugnisse der Bundesanstalt

(1) ¹Die Bundesanstalt übt die Aufsicht nach den Vorschriften dieses Gesetzes aus. ²Sie hat im Rahmen der ihr zugewiesenen Aufgaben Missständen entgegenzuwirken, welche die ordnungsgemäße Durchführung des Handels mit Finanzinstrumenten oder von Wertpapierdienstleistungen, Wertpapiernebendienstleistungen oder Datenbereitstellungsdienstleistungen beeinträchtigen oder erhebliche Nachteile für den Finanzmarkt bewirken können. ³Sie kann Anordnungen treffen, die geeignet und erforderlich sind, diese Missstände zu beseitigen oder zu verhindern.

(2) ¹Die Bundesanstalt überwacht im Rahmen der ihr jeweils zugewiesenen Zuständigkeit die Einhaltung der Verbote und Gebote dieses Gesetzes, der auf Grund dieses Gesetzes erlassenen Rechtsverordnungen, der in § 1 Absatz 1 Nummer 8 aufgeführten europäischen Verordnungen einschließlich der auf Grund dieser Verordnungen erlassenen delegierten Rechtsakte und Durchführungsrechtsakte der Europäischen Kommission. ²Sie kann Anordnungen treffen, die zu ihrer Durchsetzung geeignet und erforderlich sind. ³Sie kann insbesondere auf ihrer Internetseite öffentlich Warnungen aussprechen, soweit dies für die Erfüllung ihrer Aufgaben nach diesem Gesetz erforderlich ist. ⁴Sie kann den Handel mit einzelnen oder mehreren Finanzinstrumenten vorübergehend untersagen oder die Aussetzung des Handels in einzelnen oder mehreren Finanzinstrumenten an Märkten, an denen Finanzinstrumente gehandelt werden, anordnen, soweit dies zur Durchsetzung der Verbote und Gebote dieses Gesetzes, der Verordnung (EU) Nr. 596/2014 oder der Verordnung (EU) Nr. 600/2014 oder zur Beseitigung oder Verhinderung von Missständen nach Absatz 1 geboten ist.

(2a) ¹Hat die Bundesanstalt einen hinreichend begründeten Verdacht, dass gegen Bestimmungen der Verordnung (EU) 2017/1129 des Europäischen Parlaments und des Rates vom 14. Juni 2017 über den Prospekt, der beim öffentlichen Angebot von Wertpapieren oder bei deren Zulassung zum Handel an einem geregelten Markt zu veröffentlichen ist und zur Aufhebung der Richtlinie 2003/71/EG (ABl. L 168 vom 30.6.2017, S. 12), insbesondere Artikel 3, auch in Verbindung mit Artikel 5, sowie die Artikel 12, 20, 23, 25 oder 27 verstoßen wurde, kann sie

1. die Zulassung zum Handel an einem geregelten Markt oder
2. den Handel
   a) an einem geregelten Markt,
   b) an einem multilateralen Handelssystem oder
   c) an einem organisierten Handelssystem
   für jeweils höchstens zehn aufeinander folgende Arbeitstage aussetzen oder gegenüber den Betreibern der betreffenden geregelten Märkte oder Handelssysteme die Aussetzung des Handels für einen entsprechenden Zeitraum anordnen. ²Wurde gegen die in Satz 1 genannten Bestimmungen verstoßen, so kann die Bundesanstalt den Handel an dem betreffenden geregelten Markt, multilateralen Handelssystem oder organisierten Handelssystem untersagen. ³Wurde gegen die in Satz 1 genannten Bestimmungen verstoßen oder besteht ein hinreichend begründeter Verdacht, dass dagegen verstoßen würde, so kann die Bundesanstalt eine Zulassung zum Handel an einem geregelten Markt untersagen. ⁴Die Bundesanstalt kann ferner den Handel der Wertpapiere aussetzen oder von dem Betreiber des betreffenden multilateralen Handelssystems oder organisierten Handelssystems die Aussetzung des Handels verlangen, wenn der Handel angesichts der Lage des Emittenten den Anlegerinteressen abträglich wäre.

(2b) Verhängt die Bundesanstalt nach Artikel 42 der Verordnung (EU) Nr. 600/2014 oder die Europäische Wertpapier- und Marktaufsichtsbehörde nach Artikel 40 der Verordnung

(EU) Nr. 600/2014 ein Verbot oder eine Beschränkung, so kann die Bundesanstalt zudem anordnen, dass die Zulassung zum Handel an einem geregelten Markt ausgesetzt oder eingeschränkt wird, solange dieses Verbot oder diese Beschränkungen gelten.

(2c) In Ausübung der in Absatz 2 Satz 4 und den Absätzen 2a und 2b genannten Befugnisse kann sie Anordnungen auch gegenüber einem öffentlich-rechtlichen Rechtsträger oder gegenüber einer Börse erlassen.

(2d) Die Bundesanstalt kann den Vertrieb oder Verkauf von Finanzinstrumenten oder strukturierten Einlagen aussetzen, wenn ein Wertpapierdienstleistungsunternehmen kein wirksames Produktfreigabeverfahren nach § 80 Absatz 9 entwickelt hat oder anwendet oder in anderer Weise gegen § 80 Absatz 1 Satz 2 Nummer 2 oder Absatz 9 bis 11 verstoßen hat.

(3) ¹Die Bundesanstalt kann, um zu überwachen, ob die Verbote oder Gebote dieses Gesetzes oder der Verordnung (EU) Nr. 596/2014, der Verordnung (EU) Nr. 600/2014, der Verordnung (EU) Nr. 1286/2014, der Verordnung (EU) 2015/2365, der Verordnung (EU) 2016/1011 eingehalten werden, oder um zu prüfen, ob die Voraussetzungen für eine Maßnahme nach § 15 oder nach Artikel 42 der Verordnung (EU) Nr. 600/2014 vorliegen, von jedermann Auskünfte, die Vorlage von Unterlagen oder sonstigen Daten und die Überlassung von Kopien verlangen sowie Personen laden und vernehmen. ²Sie kann insbesondere folgende Angaben verlangen:

1. über Veränderungen im Bestand in Finanzinstrumenten,
2. über die Identität weiterer Personen, insbesondere der Auftraggeber und der aus Geschäften berechtigten oder verpflichteten Personen,
3. über Volumen und Zweck einer mittels eines Warenderivats eingegangenen Position oder offenen Forderung sowie
4. über alle Vermögenswerte oder Verbindlichkeiten am Basismarkt.

³Gesetzliche Auskunfts- oder Aussageverweigerungsrechte sowie gesetzliche Verschwiegenheitspflichten bleiben unberührt. ⁴Im Hinblick auf die Verbote und Gebote der Verordnung (EU) 2016/1011 gelten die Sätze 1 und 3 bezüglich der Erteilung von Auskünften, der Vorladung und der Vernehmung jedoch nur gegenüber solchen Personen, die an der Bereitstellung eines Referenzwertes im Sinne der Verordnung (EU) 2016/1011 beteiligt sind oder die dazu beitragen.

(4) ¹Von einem Wertpapierdienstleistungsunternehmen, das algorithmischen Handel im Sinne des § 80 Absatz 2 Satz 1 betreibt, kann die Bundesanstalt insbesondere jederzeit Informationen über seinen algorithmischen Handel und die für diesen Handel eingesetzten Systeme anfordern, soweit dies auf Grund von Anhaltspunkten für die Überwachung der Einhaltung eines Verbots oder Gebots dieses Gesetzes erforderlich ist. ²Die Bundesanstalt kann insbesondere eine Beschreibung der algorithmischen Handelsstrategien, von Einzelheiten der Handelsparameter oder Handelsobergrenzen, denen das System unterliegt, von den wichtigsten Verfahren zur Überprüfung der Risiken und Einhaltung der Vorgaben des § 80 sowie von Einzelheiten über seine Systemprüfung verlangen.

(5) ¹Die Bundesanstalt ist unbeschadet des § 3 Absatz 5, 11 und 12 sowie des § 15 Absatz 7 des Börsengesetzes zuständige Behörde im Sinne des Artikels 22 der Verordnung (EU) Nr. 596/2014 und im Sinne des Artikels 2 Absatz 1 Nummer 18 der Verordnung (EU) Nr. 600/2014. ²Die Bundesanstalt ist zuständige Behörde für die Zwecke des Artikels 25 Absatz 4 Unterabsatz 3 der Richtlinie 2014/65/EU des Europäischen Parlaments und des Rates vom 15. Mai 2014 über Märkte für Finanzinstrumente sowie zur Änderung der Richtlinien 2002/92/EG und 2011/61/EU (ABl. L 173 vom 12.6.2014, S. 349; L 74 vom 18.3.2015, S. 38; L 188 vom 13.7.2016, S. 28; L 273 vom 8.10.2016, S. 35; L 64 vom 10.3.2017, S. 116), die zuletzt durch die Richtlinie (EU) 2016/1034 (ABl. L 175 vom 30.6.2016, S. 8) geändert worden ist, in der jeweils geltenden Fassung.

(6) ¹Im Falle eines Verstoßes gegen

1. Vorschriften des Abschnitts 3 dieses Gesetzes sowie die zur Durchführung dieser Vorschriften erlassenen Rechtsverordnungen,
2. Vorschriften der Verordnung (EU) Nr. 596/2014, insbesondere gegen deren Artikel 4 und 14 bis 21, sowie die auf Grundlage dieser Artikel erlassenen delegierten Rechtsakte und Durchführungsrechtsakte der Europäischen Kommission,
3. Vorschriften der Abschnitte 9 bis 11 dieses Gesetzes sowie die zur Durchführung dieser Vorschriften erlassenen Rechtsverordnungen,
4. Vorschriften der Verordnung (EU) Nr. 600/2014, insbesondere die in den Titeln II bis VI enthaltenen Artikel sowie die auf Grundlage dieser Artikel erlassenen delegierten Rechtsakte und Durchführungsrechtsakte der Europäischen Kommission,
5. die Artikel 4 und 15 der Verordnung (EU) 2015/2365 sowie die auf Grundlage des Artikels 4 erlassenen delegierten Rechtsakte und Durchführungsrechtsakte der Europäischen Kommission,

6. Vorschriften der Verordnung (EU) 2016/1011 sowie die auf deren Grundlage erlassenen delegierten Rechtsakte und Durchführungsrechtsakte der Europäischen Kommission oder
7. eine Anordnung der Bundesanstalt, die sich auf eine der in den Nummern 1 bis 6 genannte Vorschrift bezieht,

kann die Bundesanstalt zur Verhinderung weiterer Verstöße für einen Zeitraum von bis zu zwei Jahren die Einstellung der den Verstoß begründenden Handlungen oder Verhaltensweisen verlangen. ²Bei Verstößen gegen die in Satz 1 Nummer 3 und 4 genannten Vorschriften sowie gegen Anordnungen der Bundesanstalt, die sich hierauf beziehen, kann sie verlangen, dass die den Verstoß begründenden Handlungen oder Verhaltensweisen dauerhaft eingestellt werden sowie deren Wiederholung verhindern.

(7) Die Bundesanstalt kann es einer natürlichen Person, die verantwortlich ist für einen Verstoß gegen die Artikel 14, 15, 16 Absatz 1 und 2, Artikel 17

Absatz 1, 2, 4, 5 und 8, Artikel 18 Absatz 1 bis 6, Artikel 19 Absatz 1 bis 3, 5 bis 7 und 11 sowie Artikel 20 Absatz 1 der Verordnung (EU) Nr. 596/2014 oder gegen eine Anordnung der Bundesanstalt, die sich auf diese Vorschriften bezieht, für einen Zeitraum von bis zu zwei Jahren untersagen, Geschäfte für eigene Rechnung in den in Artikel 2 Absatz 1 der Verordnung (EU) Nr. 596/ 2014 genannten Finanzinstrumenten und Produkten zu tätigen.

(8) ¹Die Bundesanstalt kann einer Person, die bei einem von der Bundesanstalt beaufsichtigten Unternehmen tätig ist, für einen Zeitraum von bis zu zwei Jahren die Ausübung der Berufstätigkeit untersagen, wenn diese Person vorsätzlich gegen eine der in Absatz 6 Satz 1 Nummer 1 bis 4 und 6 genannten Vorschriften oder gegen eine Anordnung der Bundesanstalt, die sich auf diese Vorschriften bezieht, verstoßen hat und dieses Verhalten trotz Verwarnung durch die Bundesanstalt fortsetzt. ²Bei einem Verstoß gegen eine der in Absatz 6 Satz 1 Nummer 5 genannten Vorschriften oder eine sich auf diese Vorschriften beziehende Anordnung der Bundesanstalt kann die Bundesanstalt einer Person für einen Zeitraum von bis zu zwei Jahren die Wahrnehmung von Führungsaufgaben untersagen, wenn diese den Verstoß vorsätzlich begangen hat und das Verhalten trotz Verwarnung durch die Bundesanstalt fortsetzt.

(9) ¹Bei einem Verstoß gegen eine der in Absatz 6 Satz 1 Nummer 1 bis 5 genannten Vorschriften oder eine vollziehbare Anordnung der Bundesanstalt, die sich auf diese Vorschriften bezieht, kann die Bundesanstalt auf ihrer Internetseite eine Warnung unter Nennung der natürlichen oder juristischen Person oder der Personenvereinigung, die den Verstoß begangen hat, sowie der Art des Verstoßes veröffentlichen. ²§ 125 Absatz 3 und 5 gilt entsprechend.

(10) Die Bundesanstalt kann es einem Wertpapierdienstleistungsunternehmen, das gegen eine der in Absatz 6 Satz 1 Nummer 3 und 4 genannten

Vorschriften oder gegen eine vollziehbare Anordnung der Bundesanstalt, die sich auf diese Vorschriften bezieht, verstoßen hat, für einen Zeitraum von bis zu drei Monaten untersagen, am Handel eines Handelsplatzes teilzunehmen.

(11) ¹Während der üblichen Arbeitszeit ist Bediensteten der Bundesanstalt und den von ihr beauftragten Personen, soweit dies zur Wahrnehmung ihrer Aufgaben erforderlich ist, das Betreten der Grundstücke und Geschäftsräume der nach Absatz 3 auskunftspflichtigen Personen zu gestatten. ²Das Betreten außerhalb dieser Zeit oder wenn die Geschäftsräume sich in einer Wohnung befinden, ist ohne Einverständnis nur zulässig und insoweit zu dulden, wie dies zur Verhütung von dringenden Gefahren für die öffentliche Sicherheit und Ordnung erforderlich ist und Anhaltspunkte vorliegen, dass die auskunftspflichtige Person gegen ein Verbot oder Gebot dieses Gesetzes verstoßen hat. ³Das Grundrecht des Artikels 13 des Grundgesetzes wird insoweit eingeschränkt.

(12) ¹Bedienstete der Bundesanstalt dürfen Geschäfts- und Wohnräume durchsuchen, soweit dies zur Verfolgung von Verstößen gegen die Artikel 14 und 15 der Verordnung (EU) Nr. 596/2014 geboten ist. ²Das Grundrecht des Artikels 13 des Grundgesetzes wird insoweit eingeschränkt. ³Im Rahmen der Durchsuchung dürfen Bedienstete der Bundesanstalt Gegenstände sicherstellen, die als Beweismittel für die Ermittlung des Sachverhalts von Bedeutung sein können. ⁴Befinden sich die Gegenstände im Gewahrsam einer Person und werden sie nicht freiwillig herausgegeben, können Bedienstete der Bundesanstalt die Gegenstände beschlagnahmen. ⁵Durchsuchungen und Beschlagnahmen sind, außer bei Gefahr im Verzug, durch den Richter anzuordnen. ⁶Zuständig ist das Amtsgericht Frankfurt am Main. ⁷Gegen die richterliche Entscheidung ist die Beschwerde zulässig. ⁸Die §§ 306 bis 310 und 311a der Strafprozessordnung gelten entsprechend. ⁹Bei Beschlagnahmen ohne gerichtliche Anordnung gilt § 98 Absatz 2 der Strafprozessordnung entsprechend. ¹⁰Zuständiges Gericht für die nachträglich eingeholte gerichtliche Entscheidung ist das Amtsgericht Frankfurt am Main. ¹¹Über die Durchsuchung ist eine Niederschrift zu fertigen. ¹²Sie muss die verantwortliche Dienststelle, Grund, Zeit und Ort der Durchsuchung und ihr Ergebnis enthalten. ¹³Die Sätze 1 bis 11 gelten für die Räumlich-

keiten juristischer Personen entsprechend, soweit dies zur Verfolgung von Verstößen gegen die Verordnung (EU) 2016/1011 geboten ist.

(13) [1]Die Bundesanstalt kann die Beschlagnahme von Vermögenswerten beantragen, soweit dies zur Durchsetzung der Verbote und Gebote der in Absatz 6 Satz 1 Nummer 3, 4 und 6 genannten Vorschriften und der Verordnung (EU) Nr. 596/2014 geboten ist. [2]Maßnahmen nach Satz 1 sind durch den Richter anzuordnen. [3]Zuständig ist das Amtsgericht Frankfurt am Main. [4]Gegen eine richterliche Entscheidung ist die Beschwerde zulässig; die §§ 306 bis 310 und 311a der Strafprozessordnung gelten entsprechend.

(14) Die Bundesanstalt kann eine nach den Vorschriften dieses Gesetzes oder nach der Verordnung (EU) Nr. 596/2014 gebotene Veröffentlichung oder Mitteilung auf Kosten des Pflichtigen vornehmen, wenn die Veröffentlichungs- oder Mitteilungspflicht nicht, nicht richtig, nicht vollständig oder nicht in der vorgeschriebenen Weise erfüllt wird.

(15) [1]Der zur Erteilung einer Auskunft Verpflichtete kann die Auskunft auf solche Fragen verweigern, deren Beantwortung ihn selbst oder einen der in § 383 Absatz 1 Nummer 1 bis 3 der Zivilprozessordnung bezeichneten Angehörigen der Gefahr strafgerichtlicher Verfolgung oder eines Verfahrens nach dem Gesetz über Ordnungswidrigkeiten aussetzen würde. [2]Der Verpflichtete ist über sein Recht zur Verweigerung der Auskunft oder Aussage zu belehren und darauf hinzuweisen, dass es ihm nach dem Gesetz freisteht, jederzeit, auch schon vor seiner Vernehmung, einen von ihm zu wählenden Verteidiger zu befragen.

(16) Die Bundesanstalt darf ihr mitgeteilte personenbezogene Daten nur zur Erfüllung ihrer aufsichtlichen Aufgaben und für Zwecke der internationalen Zusammenarbeit nach Maßgabe des § 18 speichern, verändern und nutzen.

(17) Die Bundesanstalt kann zur Erfüllung ihrer Aufgaben auch Wirtschaftsprüfer oder Sachverständige bei Ermittlungen oder Überprüfungen einsetzen.

Schrifttum: *Baur/Boegl,* Die neue europäische Finanzmarktaufsicht – Der Grundstein ist gelegt, BKR 2011, 177; *Böse,* Wirtschaftsaufsicht und Strafverfolgung, 2005; *Gurlit,* Informationsfreiheit und Verschwiegenheitspflichten der BaFin, NZG 2014, 1161; *Himmelreich,* Insiderstrafverfolgung durch die Bundesanstalt für Finanzdienstleistungsaufsicht, 2013; *Junker,* Gewährleistungsaufsicht über Wertpapierdienstleistungsunternehmen, 2003; *Luchtman/Vervaele,* Enforcing the Market Abuse Regime: Towards an Integrated Model of Criminal and Administrative Law Enforcement in the European Union?, New Journal of European Criminal Law 2014, 192; *Maume,* Staatliche Rechtsdurchsetzung im deutschen Kapitalmarktrecht: eine kritische Bestandsaufnahme, ZHR 180 (2016), 358; *Nartowska/Walla,* Das Sanktionsregime für Verstöße gegen die Beteiligungstransparenz nach der Transparenzrichtlinie 2013, AG 2014, 891; *Walla,* Die Europäische Wertpapieraufsichtsbehörde (ESMA) als Akteur bei der Regulierung der Kapitalmärkte Europas – Grundlagen, erste Erfahrungen und Ausblick, BKR 2012, 265; *Walla,* Kapitalmarktaufsicht in Europa, in Veil, Europäisches Kapitalmarktrecht, § 11, 2. Aufl. 2014; *Wilson,* The New Market Abuse Regulation and Directive on Criminal Sanctions for Market Abuse: European Capital Markets Law and New Global Trends in Financial Crime Enforcement, ERA Forum 2015, 427; *Zietsch/Weigand,* Auskunftsanspruch der BaFin und Akteneinsichtsrecht gegenüber der BaFin – ein rechtsfreier Raum?, WM 2013, 1785; *Zimmer/Beisken,* Die Regulierung von Leerverkäufen de lege lata und de lege ferenda, WM 2010, 485.

I. Struktur der Kapitalmarktaufsicht

1   Die Spitze der „Aufsichtspyramide" bildet seit dem 1.1.2011 die **Europäische Kapitalmarktaufsichtsbehörde** (European Securities and Markets Authority, **ESMA**), die Bestandteil des Europäischen Systems der Finanzaufsicht (European System of Financial Supervision, ESFS) ist. Sie ist allerdings im Wesentlichen auf eine **„Aufsicht über die Aufsicht"** durch die nationalen Behörden beschränkt. Letztere übernehmen grundsätzlich – mit wenigen Ausnahmen – die unmittelbare Rechtsdurchsetzung gegenüber den Marktteilnehmern.[1] So überwacht die **Bundesanstalt für Finanzdienstleistungsaufsicht (BaFin)** auch die Einhaltung der der MAR und des WpHG in Deutschland.

2   **1. Europäische Wertpapier- und Marktaufsichtsbehörde (ESMA).** Bis zum 1.1.2011 gab es auf europäischer Ebene keine eigenen Strukturen zur Überwachung des Kapitalmarktes. Mit dem Committee of European Securities Regulators (CESR) bestand zwar ein institutionalisiertes Gremium zur Zusammenarbeit der nationalen Finanzmarktaufsichtsbehörden. Entscheidungen, die getroffen wurden, waren aber unverbindlich.[2] Die Finanzmarktkrise, die die Notwendigkeit effektiver supranationaler Koordination offenbarte, führte schließlich zur Bildung eines Europäischen Systems der Finanzaufsicht (ESFS), worin die ESMA eingebettet ist.[3]

3   Das ESFS besteht nach Art. 2 Abs. 2 ESMA-VO aus den nationalen Finanzaufsichtsbehörden sowie dem Europäischen Ausschuss für Systemrisiken (ESRB); den drei europäischen Finanzaufsichtsbehörden, also der Bankenaufsichtsbehörde (EBA), der Versicherungsaufsichtsbehörde (EIOPA) und der Wertpapier- und Marktaufsichtsbehörde (ESMA); sowie dem Gemeinsamen Ausschuss der Europäischen Finanzaufsichtsbehörde. Die ESMA ist eine EU-Einrichtung mit eigener Rechtspersönlichkeit

---

[1] *Walla* BKR 2012, 265 (267).
[2] *Baur/Boegl* BKR 2011, 177.
[3] *Baur/Boegl* BKR 2011, 177.

(Art. 5 ESMA-VO). Sie ist gegenüber den EU-Institutionen und den Mitgliedstaaten weisungsunabhängig.[4]

Die ESMA soll die **Stabilität und Funktionsfähigkeit des Finanzsystems** sicherstellen (Art. 1 **4** Abs. 4 ESMA-VO). Ihre Aufgabe besteht darin, gemeinsame Regulierungs- und Aufsichtsstandards zu entwickeln, sodass sich eine gemeinsame europäische Aufsichtskultur entwickeln und „Aufsichtsarbitrage" verhindert werden kann (Art. 8 Abs. 1 lit. a und b ESMA-VO). Daneben soll ua auch der Anlegerschutz verbessert werden (Art. 8 Abs. 1 lit. h ESMA-VO).

Zur Erfüllung ihrer Aufgaben erlässt die ESMA insbesondere **technische Regulierungs- und 5 Durchführungsstandards** auf der zweiten Stufe des Lamfalussy-Verfahrens (Art. 10 und 15 ESMA-VO). Diese müssen von der Kommission gebilligt und mittels Verordnung oder Beschluss anerkannt werden. Die ESMA erstellt außerdem **Leitlinien** und Empfehlungen für die Marktteilnehmer sowie die zuständigen nationalen Behörden (Art. 16 ESMA-VO). Leitlinien und Empfehlungen entfalten zwar keine rechtliche, aber eine faktische Bindungswirkung (sog. *soft law*).[5] Die nationalen Behörden haben unter Angabe von Gründen gegenüber der ESMA anzuzeigen, wenn sie von den Leitlinien oder Empfehlungen abweichen (Art. 16 Abs. 3 UAbs. 2 ESMA-VO). Die ESMA ist außerdem befugt, die Verletzung und Nichtanwendung von Unionsrecht von Amts wegen zu untersuchen (Art. 17 ESMA-VO). Unmittelbare **Aufsichts- und Eingriffsbefugnisse** gegenüber den Marktteilnehmern stehen der ESMA nur ausnahmsweise zu.

2. Bundesanstalt für Finanzdienstleistungsaufsicht (BaFin). Anders als die europäischen Auf- **6** sichtsbehörden ist die BaFin seit dem 1.5.2002 als „Allfinanzaufsicht" gleichzeitig für die Aufsicht über Banken, Versicherungen und den Kapitalmarkt zuständig (§§ 1 Abs. 1 S. 1, 4 Abs. 1 S. 1 FinDAG). Zuvor waren diese Aufgaben auf unterschiedliche Behörden verteilt, namentlich das Bundesaufsichtsamt für das Kreditwesen (BAKred), das Bundesaufsichtsamt für den Wertpapierhandel (BaWe) und das Bundesaufsichtsamt für das Versicherungswesen (BAV). Mit der Einführung der Allfinanzaufsicht reagierte der Gesetzgeber auf die zunehmende Verschmelzung der Märkte für Versicherungen, Banken und andere Finanzdienstleister zu einem integrierten Finanzmarkt, um so die größtmögliche Effizienz der Aufsicht und die Stabilität des Finanzmarkts zu sichern.[6]

Nach § 4 Abs. 1 FinDAG nimmt die BaFin die ihr in den kapitalmarktrechtlichen Vorschriften **7** übertragenen Aufgaben wahr: Dazu gehört gem. § 6 Abs. 1 S. 1 die Aufsicht über die Einhaltung der Vorschriften des WpHG, insbesondere zur Beteiligungstransparenz (§§ 33 ff.) und zu den Pflichten der WpDU nach §§ 63 ff. Dazu gehört auch die Pflicht gem. § 6 Abs. 1 S. 2 Missständen entgegenzuwirken, die einen ordnungsgemäßen Handel mit Finanzinstrumenten oder die Erbringung von Wertpapier(-neben)dienstleistungen beeinträchtigen. Die BaFin ist außerdem die nach Art. 22 MAR zuständige Behörde zur Durchsetzung des Marktmissbrauchsrechts nach der **MAR** (§ 6 Abs. 3). Daneben ist die BaFin auch zum Schutz der **kollektiven Verbraucherinteressen** verpflichtet (§ 4 Abs. 1a FinDAG).

II. Ermittlungs- und Aufsichtsbefugnisse gem. §§ 6 ff.

Zur Erfüllung ihrer Aufgaben verfügt die BaFin über weitreichende Ermittlungs- und Aufsichts- **8** befugnisse gem. §§ 6 ff. Daneben gibt es einige **Spezialbefugnisse** zur Erfüllung bestimmter Aufgaben. So kann die BaFin beispielsweise gegenüber Mitarbeitern von WpDU Verwarnungen und Tätigkeitsverbote aussprechen (§ 87 Abs. 6 S. 1 Nr. 2) oder bestimmte Arten von Werbung untersagen (§ 92).[7]

1. Allgemeine Befugnisse gem. § 6 Abs. 1 und 2. Existiert keine Spezialbefugnis, kann die **9** BaFin auf die Generalbefugnisnorm gem. § 6 zurückgreifen.[8]

Die **allgemeine Missstandsaufsicht (§ 6 Abs. 1 S. 2)** umfasst die Befugnis, gegen Missstände **10** vorzugehen, die die ordnungsgemäße Durchführung des Handels mit Finanzinstrumenten oder von Wertpapier(neben)dienstleistungen oder Datenbereitstellungsdienstleistungen beeinträchtigen oder erhebliche Nachteile für den Finanzmarkt bewirken können.[9] Die BaFin kann Anordnungen treffen,

---

[4] HK-KapMarktStrafR/*Schäfer* Kap. 1 Rn. 7.

[5] In der ESMA-VO heißt es dazu, die Behörden und Marktteilnehmer sollten „alle erforderlichen Anstrengungen [unternehmen], um diesen Leitlinien und Empfehlungen nachzukommen" (Art. 16 Abs. 3 UAbs. 1 ESMA-VO); näher zur Rechtsnatur und mögl. Auswirkungen *Walla* BKR 2012, 265 (267).

[6] Vgl. Begr. RegE Gesetz über die integrierte Finanzdienstleistungsaufsicht, BT-Drs. 14/7033, 31.

[7] Auf dieser Grundlage hat die BaFin beispielsweise das sog. „cold calling" untersagt, dh die telefonische Kontaktaufnahme mit Privaten ohne deren vorherige Zustimmung. Dies geschah durch eine Allgemeinverfügung des Bundesaufsichtsamts für den Wertpapierhandel, s. *Buck-Heeb*, Kapitalmarktrecht, 10. Aufl. 2019, Rn. 1107 mit Fn. 31.

[8] *Buck-Heeb*, Kapitalmarktrecht, 10. Aufl. 2019, Rn. 1096; *Poelzig*, Kapitalmarktrecht, 2018, Rn. 879; Assmann/Schneider/Mülbert/*Döhmel* § 6 Rn. 1; Fuchs/*Schlette*/*Bouchon* § 4 Rn. 30.

[9] Der Begriff des Missstands wird als Gefahr für die öffentliche Sicherheit und Ordnung verstanden, Schwark/Zimmer/*Zetzsche*/*Lehmann* § 6 Rn. 24. Dabei muss nach überwiegender Auffassung – in Abgrenzung zu § 6 Abs. 2 – ein Verstoß gegen gesetzliche Ver- oder Gebote nicht vorliegen oder drohen, *Buck-Heeb*, Kapitalmarktrecht,

die geeignet und erforderlich sind, diese Missstände zu beseitigen oder zu verhindern (§ 6 Abs. 1 S. 3).

11   Die **allgemeine Überwachungsbefugnis (§ 6 Abs. 2)** ist die zentrale Befugnisnorm, die bei jedwedem (drohenden) Verstoß gegen eine Verbots- oder Gebotsnorm des WpHG ein Einschreiten ermöglicht.[10] Die Behörde verfügt über ein Auswahl- und Entschließungsermessen.[11] § 6 Abs. 2 S. 3, 4 erlaubt ausdrücklich auch die öffentliche Warnung auf der Internetseite der BaFin sowie die vorübergehende Untersagung oder Aussetzung des Handels, soweit dies zur Durchsetzung der Ver- und Gebote des WpHG oder zur Beseitigung oder Verhinderung von Missständen nach § 6 Abs. 1 geboten ist. Außerdem kann die BaFin zum Schutz der kollektiven Verbraucherinteressen nach § 4 Abs. 1a FinDAG Anordnungen treffen, die geeignet und erforderlich sind, um **verbraucherschutzrelevante Missstände** zu verhindern oder zu beseitigen.[12]

12   Die BaFin kann nach § 6 Abs. 3 **Auskünfte,** die Vorlage von Unterlagen und die Überlassung von Kopien verlangen sowie Personen laden und vernehmen, um die Einhaltung des WpHG und kapitalmarktrechtlicher EU-Verordnungen zu überwachen. Die Bediensteten der BaFin können gem. § 4 Abs. 4 zur Wahrnehmung ihrer Aufgaben Grundstücke und Geschäftsräume während der üblichen Arbeitszeiten **betreten.**[13]

13   **2. Spezialbefugnisse gem. § 6 Abs. 5–10, Abs. 12.** In § 6 Abs. 5–10 sowie Abs. 12 sind spezielle Befugnisse geregelt, die insbesondere zur Durchsetzung der **MAR** (sowie §§ 12 ff.), **MiFIR** und **MiFID II** (sowie §§ 54 ff., 58 ff., 63 ff.).

14   Die BaFin kann im Falle eines in § 6 Abs. 6 genannten Verstoßes gegen die og Vorschriften die **Einstellung** des rechtswidrigen Verhaltens verlangen und nach § 6 Abs. 9 **Warnungen** auf ihrer Internetseite unter Nennung der verantwortlichen Person und der Art des Verstoßes veröffentlichen. Im Weiteren kann die BaFin Mitarbeitern beaufsichtigter Unternehmen bei vorsätzlichen Verstößen gegen bestimmte Vorschriften ein **Berufsverbot** für einen Zeitraum von bis zu zwei Jahren auferlegen (§ 6 Abs. 8). Bei Verstößen gegen die MAR kann den verantwortlichen natürlichen Personen nach § 6 Abs. 7 der Abschluss von Eigengeschäften für bis zu zwei Jahre untersagt werden. Über das allgemeine **Betretungsrecht** gem. § 6 Abs. 11 hinaus können die Bediensteten der BaFin zur Verfolgung von Insiderhandel und Marktmanipulationen gem. Art. 14, 15 MAR auch außerhalb der üblichen Arbeitszeit sowohl Geschäfts- als auch Wohnräume betreten, soweit dies zur Verfolgung der Verstöße erforderlich ist (§ 6 Abs. 12). Außerdem können sie unter den Voraussetzungen des § 6 Abs. 12 S. 4, 5 selbst **Beschlagnahmen** grundsätzlich nach Anordnung durch das AG Frankfurt a. M. vornehmen. Im Übrigen kann die BaFin Beschlagnahmen nach § 6 Abs. 13 beantragen. Im Weiteren kann die BaFin **Aufzeichnungen** von Telefongesprächen, elektronischen Mitteilungen und Verkehrsdaten von WpDU und Finanzinstituten herausverlangen, soweit dies auf Grund von Anhaltspunkten für die Überwachung der Einhaltung der Art. 14, 15 MAR, §§ 54 ff.; 58 ff.; 63 ff. bzw. MiFIR erforderlich ist (§ 7 Abs. 2). Begründen bestimmte Tatsachen den Verdacht, dass gegen diese Vorschriften verstoßen wird, können auch **Telekommunikationsunternehmen** zur Herausgabe von Verkehrsdaten verpflichtet werden (§ 7 Abs. 1). Darüber hinaus kann die BaFin von Börsen und **Betreibern von Märkten** gem. § 8 Abs. 1 die Übermittlung gesetzlich verlangter marktbezogener Daten verlangen (s. zB Art. 4 MAR).

III. Verordnungs- und Richtlinienbefugnis

15   Im WpHG ist dem Bundesministerium der Finanzen an einigen Stellen die Befugnis eingeräumt, Rechtsverordnungen zu erlassen, um die Aufsichtstätigkeit der BaFin zu konkretisieren. Die Verordnungsbefugnis gilt beispielsweise für die Zusammenarbeit mit ausländischen Stellen (§ 18 Abs. 12), Anzeige von Verdachtsfällen (§§ 23 Abs. 4), oder die Übermittlung von Insiderinformationen, Eigengeschäften und Insiderlisten gem. § 26 Abs. 4.[14] Diese Ermächtigung kann das Bundesministerium durch Rechtsverordnung auf die BaFin übertragen. Darüber hinaus gibt es einige eigens der BaFin zugewiesene Richtlinienbefugnisse (s. §§ 45, 88 Abs. 4).

---

10. Aufl. 2019, Rn. 1096; *Poelzig,* Kapitalmarktrecht, 2018, Rn. 879; Assmann/Schneider/Mülbert/*Döhmel* § 6 Rn. 34 f.; Fuchs/*Schlette/Bouchon* § 4 Rn. 30; Kölner Komm WpHG/*Giesberts* § 4 Rn. 19.

[10] Fuchs/*Schlette/Bouchon* § 4 Rn. 32.

[11] Kölner Komm WpHG/*Giesbert* § 4 Rn. 31 ff.; JVRB/*Klepsch* § 4 Rn. 10; Schwark/Zimmer/*Zetsche/Lehmann* § 6 Rn. 40.

[12] Missstände sind dabei erhebliche, dauerhafte oder wiederholte Verstöße gegen Gesetze zum Schutz der Verbraucher, wenn dabei aufgrund der Art und des Umfangs des Verstoßes nicht bloß die Interessen einzelner Verbraucher beeinträchtigt oder gefährdet werden, *Buck-Heeb,* Kapitalmarktrecht, 10. Aufl. 2019, Rn. 1100; *Poelzig,* Kapitalmarktrecht, 2018, Rn. 879 f. Hierzu *Rott* WM 2019, 1189 ff.

[13] Wegen Art. 13 Abs. 7 GG müssen bei Betreten von Wohnungen oder außerhalb der üblichen Arbeitszeit „zureichende tatsächliche Anhaltspunkte" vorliegen, die den Anfangsverdacht einer dringenden Gefahr für die öffentliche Sicherheit und Ordnung begründen, *Buck-Heeb,* Kapitalmarktrecht, 10. Aufl. 2019, Rn. 1103; Fuchs/*Schlette/Bouchon* § 4 Rn. 37.

[14] *Buck-Heeb,* Kapitalmarktrecht, 10. Aufl. 2019, Rn. 1126; *Poelzig,* Kapitalmarktrecht, 2018, Rn. 903.

§§ 7–32

(hier nicht wiedergegeben)

Abschnitt 6. Mitteilung, Veröffentlichung und Übermittlung von Veränderungen des Stimmrechtsanteils an das Unternehmensregister

Schrifttum: *Bayer/Scholz,* Der Legitimationsaktionär – Aktuelle Fragen aus der gerichtlichen Praxis, NZG 2013, 721; *Bosse,* Referentenentwurf zur Umsetzung der EU-Transparenzrichtlinie-Änderungsrichtlinie: Änderungen bei periodischer Finanzberichterstattung und Beteiligungstransparenz, BB 2015, 746; *Brandt,* Stimmrechtsmitteilungen nach §§ 21, 25, 25a, 27a WpHG im Aktienemissionsgeschäft – Ein praktischer Leitfaden, WM 2014, 543; *Brellochs,* Die Neuregelung der kapitalmarktrechtlichen Beteiligungspublizität – Anmerkungen aus Sicht der M&A- und Kapitalmarktpraxis, AG 2016, 157; *Brellochs,* Konkretisierung des Acting in Concert durch den BGH, AG 2019, 29; *Brouwer,* Stimmrechtsverlust de lege ferenda bei unterlassener Meldung potentieller Stimmrechte (§§ 25, 25a WpHG), AG 2012, 78; *Brouwer,* Unternehmensrechtliche Herausforderungen der 18. Legislaturperiode aus der Sicht der Realwirtschaft, NZG 2014, 201; *Buchheim/Schmidt/Ulbrich,* Was ändert sich mit dem Gesetz zur Umsetzung der Transparenzrichtlinie-Änderungsrichtlinie, WPg 2016, 102; *Buck-Heeb,* Informationsorganisation im Kapitalmarktrecht – Compliance zwischen Informationsmanagement und Wissensorganisationspflichten, CCZ 2009, 18; *Bücker/Petersen,* Kapitalmarkttransparenz bei Restrukturierungen, ZGR 2013, 802; *Buck-Heeb,* Acting in Concert und Verhaltensabstimmung im Einzelfall – zugleich Besprechung von BGH, 25.9.2018 – BGH Az. II ZR 190/17, BKR 2019, 8; *Buck-Heeb,* Informationsorganisation im Kapitalmarktrecht – Compliance zwischen Informationsmanagement und Wissensorganisationspflichten, CCZ 2009, 18; *Bücker/Petersen,* Kapitalmarkttransparenz bei Restrukturierungen, ZGR 2013, 802; *Burgard/Heimann,* Beteiligungspublizität nach dem Regierungsentwurf eines Gesetzes zur Umsetzung der Transparenzrichtlinie-Umsetzungsrichtlinie, WM 2015, 1445; *Busch,* Eigene Aktien in der Kapitalerhöhung, AG 2005, 429; *v. Buttlar,* Kapitalmarktrechtliche Pflichten in der Insolvenz, BB 2010, 1355; *v. Buttlar,* Kapitalmarktrechtliche Pflichten in der Insolvenz, BB 2010, 1355; *Cahn,* Die Mitteilungspflicht des Legitimationsaktionärs, AG 2013, 459; *Dahmen,* Pflichten von Vermögensverwaltern und institutionellen Anlegern nach dem Entwurf eines Gesetzes zur Umsetzung der zweiten Aktionärsrichtlinie, GWR 2019, 117, 120; *Dieckmann,* Der neue Emittentenleitfaden Modul B, BKR 2019, 114; *Dietrich,* Stimmrechtsmitteilungspflichten bei Gesellschaftsvereinbarungen mit Erwerbsrechten bzw. Pflichten in Bezug auf mit Stimmrechten verbundene Aktien eines börsennotierten Emittenten, WM 2016, 1577; *Doenges,* Die §§ 21 ff. WpHG als Schutzgesetze im Sinne des § 823 Abs. 2 BGB, 2012; *Dolff,* Der Rechtsverlust gem. § 28 WpHG aus der Perspektive eines Emittenten, 2011; *Dutta,* Das Pooling von Kapitalgesellschaftsanteilen im inhabergeführten Unternehmen, ZGR 2016, 581; *Einsele,* Verhaltenspflichten im Bank- und Kapitalmarktrecht, ZHR 180 (2016), 233; *Fleischer,* Rechtsverlust nach § 28 WpHG und entschuldbarer Rechtsirrtum des Meldepflichtigen, DB 2009, 1335; *Fleischer/Schmolke,* Kapitalmarktrechtliche Beteiligungstransparenz nach §§ 21 ff. WpHG und „Hidden Ownership", ZIP 2008, 1501; *Fleischer/Schmolke,* Das Anschleichen an eine börsennotierte Aktiengesellschaft – Überlegungen zur Beteiligungstransparenz de lege lata und de lege ferenda, NZG 2009, 401; *Fleischer/Schmolke,* Die Reform der Transparenzrichtlinie: Mindest- oder Vollharmonisierung der kapitalmarktrechtlichen Beteiligungspublizität, NZG 2010, 1241; *Greven/Fahrenholz,* Die Handhabung der neuen Mitteilungspflichten nach § 27a WpHG, BB 2009, 1487; *Habersack,* Beteiligungstransparenz adieu? – Lehren aus dem Fall Continental/Schaeffler, AG 2008, 817; *Handelsrechtsausschuss des Deutschen Anwaltvereins,* Stellungnahme zum Entwurf einer Überarbeitung von Teilen des Emittentenleitfadens des BaFin, NZG 2013, 658; *Happ,* Zur Nachholung aktienrechtlicher Meldepflichten und damit verbundenen prozessualen Fragen, FS K. Schmidt, 2009, 545; *Hennrichs/Pöschke,* Anmerkung zu BGH, Beschluss vom 29.4.2015 (II ZR 262/13, AG 2014, 624) – Zur Anfechtbarkeit eines Gewinnverwendungsbeschlusses wegen Mitzählung der vom Stimmrecht ausgeschlossenen Stimmen, WuB 2015, 27; *Heusel,* Der neue § 25a WpHG im System der Beteiligungstransparenz, WM 2012, 291; *Heusel,* Die Rechtsfolgen einer Verletzung der Beteiligungstransparenz gem. §§ 21 ff. WpHG, 2011; *Hippeli,* Stiftungen und Trusts als Zurechnungsmittler von Stimmrechten, AG 2014, 147; *Hirte,* Handels-, gesellschafts- und kapitalmarktrechtliche Publizitätspflichten in der Insolvenz, FS Uwe H. Schneider, 2011, 533; *Holfter,* Öffentliche Übernahme durch Anschleichen unter besonderer Berücksichtigung der Meldepflichten nach dem WpHG, 2012; *Klein/ Theusinger,* Beteiligungstransparenz ohne Beteiligungsrelevanz? Mitteilungspflichten bei Umfirmierungen und Umwandlungsmaßnahmen, NZG 2009, 250; *Kocher,* Der Einfluss festgelegter Stimmen auf Hauptversammlungen, BB 2014, 2317; *Kocher,* Kapitalmarkt-Compliance bei der börsennotierten Familiengesellschaft, BB 2012, 721; *Kocher/Widder,* Keine Ausweitung der Bestandsmitteilungspflicht bei Einführung des TUG nach § 41 Abs. 4a WpHG, ZIP 2010, 1326; *Kraack,* Beteiligungspublizität bei Erwerbs- und Übernahmeangeboten, AG 2017, 677; *Krause,* Eigene Aktien bei Stimmrechtsmitteilung und Pflichtangebot, AG 2015, 553; *Leyendecker-Langner/Läufer,* Transaktionssicherheit und übernahmerechtliche Meldepflichten, NZG 2014, 161; *Merkt,* Unternehmenspublizität, 2001; *Merkner,* Das Damoklesschwert des Rechtsverlusts – Vorschlag für eine Neufassung von § 28 WpHG, AG 2012, 199; *Merkner/Sustmann,* Die Verwaltungspraxis der BaFin in Sachen Beteiligungstransparenz auf Grundlage der Neufassung des Emittentenleitfadens, NZG 2013, 1361; *Merkner/Sustmann,* Erste „Guidance" der BaFin zu den neuen Meldepflichten nach §§ 25, 25a WpHG, NZG 2012, 241; *Merkner/Sustmann,* Record Date und Rechtsverlust, AG 2013, 243; *A. Meyer,* Erleichterungen im Recht der Stimmrechtsmitteilungen bei Aktienemissionen, BB 2016, 771; *Muhr,* Das Prinzip der Vollharmonisierung im Kapitalmarktrecht am Beispiel des Reformvorhabens zur Änderung der Transparenzrichtlinie, 2014; *Mülbert,* Das Recht des Rechtsverlusts – insbesondere am Beispiel des § 28 WpHG, FS K. Schmidt, 2009, 1219; *Nartowska,* Stimmrechtsmeldepflichten und Rechtsverlust eines Legitimationsaktionärs nach §§ 21 ff. WpHG, NZG 2013,

124; *Nartowska/Walla,* Das Sanktionsregime für Verstöße gegen die Beteiligungstransparenz nach der Transparenz-richtlinie 2013, AG 2014, 891; *Nietsch,* Kapitalmarktrechtliche Beteiligungstransparenz bei Treuhandverhältnissen, WM 2012, 2217; *Noack,* Identifikation der Aktionäre – neue Rolle der Intermediäre, NZG 2017, 561; *Parmentier,* Die Revision der EU-Transparenzrichtlinie für börsennotierte Unternehmen, AG 2014, 15; *Paudtke/Glauer,* Nachforschungspflichten der Emittenten hinsichtlich der Richtigkeit der Meldungen nach §§ 21 ff. WpHG, NZG 2016, 125; *Paul,* Anmerkung zur Entscheidung des Oberlandesgerichts Köln vom 6.6.2012, 18 U 240/11, GWR 2012, 346; *Petsch,* Kapitalmarktrechtliche Informationspflichten versus Geheimhaltungsinteressen des Emittenten, 2012; *Piroth,* Die Klarstellung zur Mitteilungspflicht des Legitimationsaktionärs im Rahmen des geplanten Kleinanlagerschutzgesetzes, AG 2015, 10; *Ponath/Raddatz,* Gefahrenquellen für Nachlassbeteiligte im WpHG und WpÜG, ZEV 2014, 361; *Richter,* Unterliegt der im Aktienregister eingetragene Legitimationsaktionär den Mitteilungspflichten aus den §§ 21 ff. WpHG?, WM 2013, 2296; *Roth,* Das Gesetz zur Umsetzung der Transparenzrichtlinie-Änderungsrichtlinie, GWR 2015, 485; *Rück/Heusel,* Zu den Grenzen der Beteiligungstransparenz bei Aktienerwerbsmöglichkeiten, NZG 2016, 897; *Schilha,* Umsetzung der EU-Transparenzrichtlinie 2013: Neuregelungen zur Beteiligungspublizität und periodischen Finanzberichterstattung, DB 2015, 1821; *U. H. Schneider,* Abgestimmtes Verhalten durch institutionelle Anleger: Gute Corporate Governance oder rechtspolitische Herausforderung?, ZGR 2012, 518; *U. H. Schneider,* Die neue Konzeption der Regeln zur Offenlegung der Stimmrechte bei börsennotierten Aktiengesellschaften, FS Köndgen, 2016, 549; *U. H. Schneider,* Kapitalmarktrechtliche Meldepflichten bei Bestehen eines auf die Übertragung von Aktien gerichteten Anspruchs, FS Marsch-Barner, 2018, 409; *U. H. Schneider/Anzinger,* Umgehung und missbräuchliche Gestaltungen im Kapitalmarktrecht, ZIP 2009, 1; *U. H. Schneider,* § 25a WpHG – die dritte Säule im Offenlegungsrecht, AG 2011, 645; *Scholz/Weiß,* Grundlegende Missverständnisse am den kapitalmarktrechtlichen Vorsatzbegriff, BKR 2013, 324; *Schroeder,* Die Kontrolle des Aktionärskreises in der Reit-Aktiengesellschaft, AG 2007, 531; *Segna,* Die sog. gespaltene Rechtsanwendung im Kapitalmarktrecht, ZGR 2015, 84; *Seibt,* Der (Stimm-)Rechtsverlust als Sanktion für die Nichterfüllung kapitalmarktrechtlicher Mitteilungspflichten im Lichte des Vorschlags der Europäischen Kommission zur Reform der Transparenzrichtlinie, ZIP 2012, 797; *Seibt/Wollenschläger,* Revision des Europäischen Transparenzregimes: Regelungsinhalte der TRL 2013 und Umsetzungsbedarf, ZIP 2014, 545; *Sethe,* Kapitalmarktrechtliche Konsequenzen einer Kapitalherabsetzung, ZIP 2010, 1825; *Söhner,* Die Umsetzung der Transparenzrichtlinie III, ZIP 2015, 2451; *Stephan,* Die WpHG-Änderungen von November 2015, Der Konzern 2016, 53; *Tautges,* Stimmrechtsmitteilungen (§§ 21 ff. WpHG) im Aktienemissionsgeschäft nach dem Gesetz zur Umsetzung der Transparenzrichtlinie-Änderungsrichtlinie, WM 2017, 512; *Teichmann/Epe,* Die neuen Meldepflichten für künftig erwerbbare Stimmrechte (§§ 25, 25a WpHG), WM 2012, 1213; *Thiele/Fedtke,* Mitteilungs- und Veröffentlichungspflichten des WpHG in der Insolvenz, AG 2013, 288; *Ulmrich,* Investorentransparenz, 2013; *Veil,* Wie viel „Enforcement" ist notwendig? – Zur Reform des Instrumentenmix bei der Sanktionierung kapitalmarktrechtlicher Mitteilungspflichten gem. §§ 21 ff. WpHG, ZHR 175 (2011), 83; *Veil,* Beteiligungstransparenz im Kapitalmarktrecht – Rechtsentwicklungen und Reformperspektiven, ZHR 177 (2013), 427; *Veil/Dolff,* Kapitalmarktrechtliche Mitteilungspflichten des Treuhänders – Grundsätze und Grenzen der Zurechnung von Stimmrechtsanteilen nach § 22 WpHG, AG 2010, 385; *Veil/Ruckes/Limbach/Doumet,* Today's or yesterday's news, ZGR 2015, 709; *Verse,* Generelle Bestandsmitteilungspflicht und Rechtsverlust kraft richtlinienkonformer Auslegung? Zugleich Besprechung von OLG Düsseldorf, Urt. v. 15.1.2010 – I-17 U 6/09, BKR 2010, 328; *Viciano-Gofferje,* Neue Transparenzanforderungen für Private Equity Fonds nach dem Kapitalanlagegesetzbuch, BB 2013, 2506; *Weidemann,* „Hidden Ownership" und §§ 21 ff. WpHG – status quo?, NZG 2016, 605; *Widder,* Mitteilungspflichten gemäß §§ 21 ff. WpHG und Anteilserwerb nach UmwG, NZG 2010, 455; *Widder/Kocher,* Stimmrechtsmitteilungspflicht des weisungsgebundenen Legitimationsaktionärs nach §§ 21 ff. WpHG?, ZIP 2012, 2092. Weitere Nachw. zu älterer Literatur → 3. Aufl. 2015.

Vorbemerkungen §§ 33–47

I. Normzweck und Entstehungsgeschichte

1   §§ 33 ff. statuieren Meldepflichten bestimmer Personen, die an Emittenten, deren Aktien an organisierten Märkten gehandelt werden, in relevanter Höhe beteiligt sind. Die Emittenten selbst unterliegen Veröffentlichungspflichten gem. §§ 40 f. Die §§ 33 ff. (ursprünglich §§ 21 ff. aF) dienen der Umsetzung europäischer Vorgaben, ursprünglich der **Transparenzrichtlinie 1988**[1], an deren Stelle die Transparenzrichtlinie 2004 getreten ist.[2] Die Vorschriften zur Beteiligungspublizität wurden durch die Transparenzrichtlinie-Änderungsrichtlinie[3] (teilweise) geändert. Prägnant sind dabei vor allem die

---

[1] RL 88/627/EWG des Rates vom 12.12.1988 über die bei Erwerb und Veräußerung einer bedeutenden Beteiligung an einer börsennotierten Gesellschaft zu veröffentlichenden Informationen, ABl. 1988 L 348, 62; später Art. 85 ff. Börsenrechtsrichtlinie RL 2001/34/EG vom 28.5.2001, ABl. 2001 L 184, 1.

[2] RL 2004/109/EG des Europäischen Parlaments und des Rates vom 15.12.2004 zur Harmonisierung der Transparenzanforderungen in Bezug auf Informationen über Emittenten, deren Wertpapiere zum Handel an einem geregelten Markt zugelassen sind, und zur Änderung der RL 2001/34/EG, ABl. 2004 L 390, 38. Darüberhinaus wurde die Richtlinie mit Durchführungsbestimmungen erlassen (RL 2007/14/EG der Kommission vom 8.3.2007, ABl. 2007 L 69, 27).

[3] RL 2013/50/EU des Europäischen Parlaments und des Rates vom 22.10.2013 zur Änderung der Richtlinie 2004/109/EG des Europäischen Parlaments und des Rates zur Harmonisierung der Transparenzanforderungen in Bezug auf Informationen über Emittenten, deren Wertpapiere zum Handel an einem geregelten Markt zugelassen sind, der Richtlinie 2003/71/EG des Europäischen Parlaments und des Rates betr. den Prospekt, der beim öffentlichen Angebot von Wertpapieren oder bei deren Zulassung zum Handel zu veröffentlichen ist, sowie der Richtlinie 2007/14/EG der Kommission mit Durchführungsbestimmungen zu bestimmten Vorschriften der Richtlinie 2004/109/EG, ABl. 2013 L 249, 13.

Erweiterung des Anwendungsbereichs und die Präzisierung der Sanktionsvorgaben sowie der Übergang von dem Regelungskonzept der Mindestharmonisierung zu einer weitgehenden **Vollharmonisierung,** sodass der Spielraum des nationalen Gesetzgebers eingeschränkt wurde.[4] Die Vorschriften zur Beteiligungspublizität (§§ 21 ff. aF) wurden mit dem Gesetz[5] zur Umsetzung der Transparenzrichtlinie-Änderungsrichtlinie vom 26.11.2015 erheblich geändert.

Regelungszweck der §§ 33 ff. ist es, die Anleger über die **Aktionärsstrukturen** und **Beherr-** 2 **schungsverhältnisse** in der börsennotierten Aktiengesellschaft zu informieren.[6] Als Nebeneffekt wirkt die Veröffentlichung von Beteiligungen schließlich auch verbotenem **Insiderhandel** entgegen.[7] Die Beteiligungspublizität steht zudem in einem engen Zusammenhang mit dem **Übernahmerecht,** das für die Übernahme börsennotierter Aktiengesellschaften im WpÜG[8] gesondert geregelt ist. §§ 33 ff. sollen ein unbemerktes „**Anschleichen**" an die Kontrollschwelle gem. § 29 Abs. 2 WpÜG iHv 30 % der Stimmrechte durch einen Beteiligungsaufbau ausschließen.[9]

II. Rechtsfolgen von Verstößen

1. Öffentlich-rechtliche Folgen. a) Bußgeldrechtliche Sanktionen. Neben den allgemeinen 3 Aufsichtsbefugnissen der BaFin nach § 6 können Verstöße gegen §§ 33 ff. gem. § 120 Abs. 2 Nr. 2 und Nr. 4 als **Ordnungswidrigkeit** mit Geldbußen sanktioniert werden (→ § 120 Rn. 1 ff.). In Umsetzung der Transparenzrichtlinie-Änderungsrichtlinie (→ Rn. 6) wurden die Bußgeldhöchstgrenzen deutlich angehoben (→ § 120 Rn. 2). Wer als Meldepflichtiger eine Mitteilung entgegen § 33 Abs. 1 S. 1, 2 oder Abs. 2 nicht oder nicht ordnungsgemäß vornimmt, muss nach § 120 Abs. 2 Nr. 2 lit. d und f, Abs. 17 mit einem Bußgeld bis zu 2 Mio. EUR rechnen. Gleiches gilt gem. § 120 Abs. 2 Nr. 4 lit. a und b, Abs. 17 für Emittenten, die ihre Pflicht zur Veröffentlichung nach §§ 40 Abs. 1 S. 1, 41 Abs. 1 S. 1 verletzen. Gem. § 120 Abs. 17 S. 2 kann darüber hinaus gegenüber **juristischen Personen** und Personengesellschaften eine deutlich höhere Geldbuße verhängt werden. Die Höchstgrenze liegt – je nachdem, welcher Betrag im konkreten Einzelfall der höchste ist – bei 10 Mio. EUR, 5 % des (Konzern-)Gesamtumsatzes der Gesellschaft im letzten Geschäftsjahr oder dem Zweifachen des aus dem Verstoß hervorgegangenen wirtschaftlichen Vorteils (§ 120 Abs. 17 S. 2, 3). Wird eine Mitteilung an die BaFin durch Emittenten entgegen § 40 Abs. 2, 41 Abs. 1 S. 1 nicht oder nicht richtig vorgenommen, so sieht § 120 Abs. 2 Nr. 2 lit. f und g, Abs. 24 eine Geldbuße iHv bis zu 500.000 EUR vor. Dieser Bußgeldrahmen gilt gem. § 120 Abs. 24 iVm Abs. 2 Nr. 10 auch für eine fehlende oder fehlerhafte Veröffentlichung durch den Emittenden nach §§ 40 Abs. 1 S. 1, 41 Abs. 1 S. 2.

b) Bekanntmachung. Seit dem 26.11.2015 hat die BaFin zudem gem. § 124 (§ 40c aF) Maß- 4 nahmen und Sanktionen wegen Verstößen gegen die §§ 33 ff. grundsätzlich bekannt zu machen (sog. **Naming-and-Shaming**).

2. Zivilrechtliche Folgen. Bei einem (schuldhaften) Verstoß gegen die Meldepflicht gem. §§ 33 ff. 5 (iVm §§ 34, 38, 39) droht vor allem der Rechtsverlust gem. **§ 44** (→ § 44 Rn. 1 ff.). Vertragliche oder gesetzliche Pflichten gegenüber dem Emittenten begründen die Meldepflichten nicht, sodass der Emittent weder Erfüllung unmittelbar aus § 33 noch sekundärrechtliche Ansprüche gem. § 280 Abs. 1 BGB geltend machen kann.[10] Als Grundlage für Schadensersatzansprüche kommen daher lediglich solche aus allgemeinem Deliktsrecht, also §§ 823 Abs. 2, 826 BGB in Betracht. Ob die Mitteilungspflichten gem. §§ 33 ff. Schutzgesetze iSd **§ 823 Abs. 2 BGB** sind, ist umstritten. Nach teilweise vertretener Auffassung im Schrifttum spricht der Gesamtzusammenhang der §§ 33 ff. und die Parallele zu §§ 20 f. AktG dafür, dass hiermit auch ein Individualschutz der Anleger bezweckt ist.[11] Zudem fehle

---

[4] Näher Emmerich/Habersack/*Schürnbrand/Habersack* Vor § 33 Rn. 9 f.; *Roth* GWR 2015, 485. Die Transparenzrichtlinie wird voraussichtlich 2020 erneut einer Revision unterzogen, vgl. *Veil* ZHR 177 (2013), 427 (446).

[5] Gesetz zur Umsetzung der Transparenzrichtlinie-Änderungsrichtlinie vom 20.11.2015, BGBl. 2015 I 2029 (TranspRLÄndRLUG).

[6] Assmann/Schneider/Mülbert/*U. H. Schneider* § 33 Rn. 3; Baumbach/Hopt/*Kumpan* § 33 Rn. 1; Fuchs/*Zimmermann* Vor §§ 21–30 Rn. 15 ff.; NK-AktKapMarktR/*Heinrich* AktG § 33 Rn. 2; Kölner Komm WpHG/*Hirte* § 21 Rn. 3; MüKoAktG/*Bayer* § 33 Rn. 1.

[7] MüKoAktG/*Bayer* § 33 Rn. 1; Fuchs/*Zimmermann* Vor §§ 21–30 Rn. 16; Schwark/Zimmer/*v. Hein* Vor §§ 33 ff. Rn. 3; Vgl. auch JVRB/*Michel* § 21 Rn. 8.

[8] Wertpapiererwerbs- und Übernahmegesetz v. 20.12.2001, BGBl. 2001 I 3822.

[9] Zu den Umgehungsmodellen anlässlich der Continental-Übernahme durch Schaeffler *Fehr/Jahn* FAZ v. 9.8.2008, 13. Krit. zur Effizienz der Normen im Vorfeld von Übernahmen Fuchs/*Zimmermann* Vor §§ 21 ff. Rn. 18.

[10] OLG Stuttgart AG 2009, 124 (128); JVRB/*Michel* § 21 Rn. 13; *Opitz* in Schäfer/Hamann § 21 Rn. 41; Emmerich/Habersack/*Schürnbrand/Habersack* Vor §§ 33 ff. Rn. 15; Schwark/Zimmer/*v. Hein* § 33 Rn. 36; *Heusel,* Rechtsfolgen einer Verletzung der Beteiligungstransparenzpflichten gemäß §§ 21 ff. WpHG, 2011, 83 ff.; *Mülbert* FS K. Schmidt, 2009, 1219 (1225); aA Fuchs/*Zimmermann* § 21 Rn. 60; Assmann/Schneider/Mülbert/*U. H. Schneider* § 33 Rn. 139 (Offenlegungsanspruch).

[11] Assmann/Schneider/Mülbert/*U. H. Schneider* § 33 Rn. 21; § 44 Rn. 101; Kölner Komm WpHG/*Hirte* § 21 Rn. 4; NK-AktKapMarktR/*Heinrich* AktG § 21 Rn. 2; MüKoAktG/*Bayer* § 44 Rn. 75; *Hellgardt,* Kapitalmarkt-

eine § 26 Abs. 3 S. 1 entsprechende Regelung, die den Schutzgesetzcharakter der Normen ausschließt. Nach **aA** reicht es nicht aus, dass die Interessen der Handelsteilnehmer und Anleger durch die §§ 33 ff. mitgeschützt werden.[12] Geschützt seien unmittelbar die Funktionsfähigkeit des Kapitalmarkts und allenfalls mittelbar die einzelnen Anleger.[13] Gegen die Schutzgesetzeigenschaft der §§ 33 ff. spricht aber vor allem, dass sich eine deliktsrechtliche Haftung nicht in das „haftpflichtrechtliche Gesamtsystem" einfügt, denn mit den bußgeldrechtlichen Sanktionen gem. § 120, den weitreichenden Eingriffsbefugnissen der BaFin gem. § 6 und dem Rechtsverlust gem. § 44 sind ausreichend Sanktionen vorhanden, um die Mitteilungspflichten effektiv durchzusetzen.[14] Auch unionsrechtlich ist daher im Hinblick auf den Effektivitätsgrundsatz keine Haftung gem. § 823 Abs. 2 BGB bei Verstößen gegen die §§ 33 ff. geboten.[15]

6   Unstreitig ist dagegen, dass sich Schadensersatzansprüche aus § 823 Abs. 2 BGB iVm § 263 StGB und **§ 826 BGB** ergeben können. Der bloße Verstoß gegen die §§ 33 ff. genügt für sich aber noch nicht, um die Sittenwidrigkeit iSd § 826 BGB zu begründen.

§ 33 Mitteilungspflichten des Meldepflichtigen; Verordnungsermächtigung

(1) [1]**Wer durch Erwerb, Veräußerung oder auf sonstige Weise 3 Prozent, 5 Prozent, 10 Prozent, 15 Prozent, 20 Prozent, 25 Prozent, 30 Prozent, 50 Prozent oder 75 Prozent der Stimmrechte aus ihm gehörenden Aktien an einem Emittenten, für den die Bundesrepublik Deutschland der Herkunftsstaat ist, erreicht, überschreitet oder unterschreitet (Meldepflichtiger), hat dies unverzüglich dem Emittenten und gleichzeitig der Bundesanstalt, spätestens innerhalb von vier Handelstagen unter Beachtung von § 34 Absatz 1 und 2 mitzuteilen.** [2]**Bei Hinterlegungsscheinen, die Aktien vertreten, trifft die Mitteilungspflicht ausschließlich den Inhaber der Hinterlegungsscheine.** [3]**Die Frist des Satzes 1 beginnt mit dem Zeitpunkt, zu dem der Meldepflichtige Kenntnis davon hat oder nach den Umständen haben mußte, daß sein Stimmrechtsanteil die genannten Schwellen erreicht, überschreitet oder unterschreitet.** [4]**Hinsichtlich des Fristbeginns wird unwiderleglich vermutet, dass der Meldepflichtige spätestens zwei Handelstage nach dem Erreichen, Überschreiten oder Unterschreiten der genannten Schwellen Kenntnis hat.** [5]**Kommt es infolge von Ereignissen, die die Gesamtzahl der Stimmrechte verändern, zu einer Schwellenberührung, so beginnt die Frist abweichend von Satz 3, sobald der Meldepflichtige von der Schwellenberührung Kenntnis erlangt, spätestens jedoch mit der Veröffentlichung des Emittenten nach § 41 Absatz 1.**

(2) [1]**Wem im Zeitpunkt der erstmaligen Zulassung der Aktien zum Handel an einem organisierten Markt 3 Prozent oder mehr der Stimmrechte an einem Emittenten zustehen, für den die Bundesrepublik Deutschland der Herkunftsstaat ist, hat diesem Emittenten sowie der Bundesanstalt eine Mitteilung entsprechend Absatz 1 Satz 1 zu machen.** [2]**Absatz 1 Satz 2 gilt entsprechend.**

(3) **Als Gehören im Sinne dieses Abschnitts gilt bereits das Bestehen eines auf die Übertragung von Aktien gerichteten unbedingten und ohne zeitliche Verzögerung zu erfüllenden Anspruchs oder einer entsprechenden Verpflichtung.**

(4) **Inlandsemittenten und Emittenten, für die die Bundesrepublik Deutschland der Herkunftsstaat ist, sind im Sinne dieses Abschnitts nur solche, deren Aktien zum Handel an einem organisierten Markt zugelassen sind.**

(5) [1]**Das Bundesministerium der Finanzen kann durch Rechtsverordnung, die nicht der Zustimmung des Bundesrates bedarf, nähere Bestimmungen erlassen über den Inhalt, die Art, die Sprache, den Umfang und die Form der Mitteilung nach Absatz 1 Satz 1 und Absatz 2.** [2]**Das Bundesministerium der Finanzen kann die Ermächtigung durch Rechtsverordnung auf die Bundesanstalt übertragen, soweit die Art und die Form der Mitteilung nach Absatz 1 oder Absatz 2, insbesondere die Nutzung eines elektronischen Verfahrens, betroffen sind.**

---

deliktsrecht, 2008, 267: *Heusel,* Rechtsfolgen einer Verletzung der Beteiligungstransparenzpflichten gemäß §§ 21 ff. WpHG, 2011, 223 ff.; *Merkt,* Unternehmenspublizität, 2001, 285 f.; *Holzborn/Foelsch* NJW 2003, 932 (935).

[12] Kölner Komm-WpHG/*Kremer/Oesterhaus* § 28 Rn. 102 f.; JVRB/*Michel* § 21 Rn. 90; *Opitz* in Schäfer/ Hamann § 21 Rn. 42 f.; Emmerich/Habersack/*Schürnbrand/Habersack* Vor §§ 33 ff. Rn. 16; Schwark/Zimmer/ *v. Hein* § 33 Rn. 35; Spindler/Stilz/*Petersen* §§ 33–47 ff. Rn. 16; *Fuchs/Zimmermann* Vor § 21 ff. Rn. 22; *Fleischer* DB 2009, 1335 (1340); *Riegger/Wassmann* FS Hüffer, 2010, 823 (842).

[13] Fuchs/*Zimmermann* Vor §§ 21 ff. Rn. 22.

[14] Fuchs/*Zimmermann* Vor §§ 21–30 Rn. 21 f.; Schwark/Zimmer/*v. Hein* § 33 Rn. 35.

[15] Emmerich/Habersack/*Schürnbrand/Habersack* Vor §§ 33 ff. Rn. 16.

§ 34 Zurechnung von Stimmrechten

(1) [1]Für die Mitteilungspflichten nach § 33 Absatz 1 und 2 stehen den Stimmrechten des Meldepflichtigen Stimmrechte aus Aktien des Emittenten, für den die Bundesrepublik Deutschland der Herkunftsstaat ist, gleich,

1. die einem Tochterunternehmen des Meldepflichtigen gehören,
2. die einem Dritten gehören und von ihm für Rechnung des Meldepflichtigen gehalten werden,
3. die der Meldepflichtige einem Dritten als Sicherheit übertragen hat, es sei denn, der Dritte ist zur Ausübung der Stimmrechte aus diesen Aktien befugt und bekundet die Absicht, die Stimmrechte unabhängig von den Weisungen des Meldepflichtigen auszuüben,
4. an denen zugunsten des Meldepflichtigen ein Nießbrauch bestellt ist,
5. die der Meldepflichtige durch eine Willenserklärung erwerben kann,
6. die dem Meldepflichtigen anvertraut sind oder aus denen er die Stimmrechte als Bevollmächtigter ausüben kann, sofern er die Stimmrechte aus diesen Aktien nach eigenem Ermessen ausüben kann, wenn keine besonderen Weisungen des Aktionärs vorliegen,
7. aus denen der Meldepflichtige die Stimmrechte ausüben kann auf Grund einer Vereinbarung, die eine zeitweilige Übertragung der Stimmrechte ohne die damit verbundenen Aktien gegen Gegenleistung vorsieht,
8. die bei dem Meldepflichtigen als Sicherheit verwahrt werden, sofern der Meldepflichtige die Stimmrechte hält und die Absicht bekundet, diese Stimmrechte auszuüben.

[2]Für die Zurechnung nach Satz 1 Nummer 2 bis 8 stehen dem Meldepflichtigen Tochterunternehmen des Meldepflichtigen gleich. [3]Stimmrechte des Tochterunternehmens werden dem Meldepflichtigen in voller Höhe zugerechnet.

(2) [1]Dem Meldepflichtigen werden auch Stimmrechte eines Dritten aus Aktien des Emittenten, für den die Bundesrepublik Deutschland der Herkunftsstaat ist, in voller Höhe zugerechnet, mit dem der Meldepflichtige oder sein Tochterunternehmen sein Verhalten in Bezug auf diesen Emittenten auf Grund einer Vereinbarung oder in sonstiger Weise abstimmt; ausgenommen sind Vereinbarungen in Einzelfällen. [2]Ein abgestimmtes Verhalten setzt voraus, dass der Meldepflichtige oder sein Tochterunternehmen und der Dritte sich über die Ausübung von Stimmrechten verständigen oder mit dem Ziel einer dauerhaften und erheblichen Änderung der unternehmerischen Ausrichtung des Emittenten in sonstiger Weise zusammenwirken. [3]Für die Berechnung des Stimmrechtsanteils des Dritten gilt Absatz 1 entsprechend.

(3) [1]Wird eine Vollmacht im Falle des Absatzes 1 Satz 1 Nummer 6 nur zur Ausübung der Stimmrechte für eine Hauptversammlung erteilt, ist es für die Erfüllung der Mitteilungspflicht nach § 33 Absatz 1 und 2 in Verbindung mit Absatz 1 Satz 1 Nummer 6 ausreichend, wenn die Mitteilung lediglich bei Erteilung der Vollmacht abgegeben wird. [2]Die Mitteilung muss die Angabe enthalten, wann die Hauptversammlung stattfindet und wie hoch nach Erlöschen der Vollmacht oder des Ausübungsermessens der Stimmrechtsanteil sein wird, der dem Bevollmächtigten zugerechnet wird.

§ 35 Tochterunternehmenseigenschaft; Verordnungsermächtigung

(1) Vorbehaltlich der Absätze 2 bis 4 sind Tochterunternehmen im Sinne dieses Abschnitts Unternehmen,

1. die als Tochterunternehmen im Sinne des § 290 des Handelsgesetzbuchs gelten oder
2. auf die ein beherrschender Einfluss ausgeübt werden kann, ohne dass es auf die Rechtsform oder den Sitz ankommt.

(2) Nicht als Tochterunternehmen im Sinne dieses Abschnitts gilt ein Wertpapierdienstleistungsunternehmen hinsichtlich der Beteiligungen, die von ihm im Rahmen einer Wertpapierdienstleistung nach § 2 Absatz 3 Satz 1 Nummer 7 verwaltet werden, wenn

1. das Wertpapierdienstleistungsunternehmen die Stimmrechte, die mit den betreffenden Aktien verbunden sind, unabhängig vom Mutterunternehmen ausübt,
2. das Wertpapierdienstleistungsunternehmen
   a) die Stimmrechte nur auf Grund von in schriftlicher Form oder über elektronische Hilfsmittel erteilten Weisungen ausüben darf oder
   b) durch geeignete Vorkehrungen sicherstellt, dass die Finanzportfolioverwaltung unabhängig von anderen Dienstleistungen und unter Bedingungen erfolgt, die gleichwertig sind denen der Richtlinie 2009/65/EG des Europäischen Parlaments und des Rates vom 13. Juli 2009 zur Koordinierung der Rechts- und Verwaltungsvorschriften betreffend bestimmte Organismen für gemeinsame Anlagen in Wertpapieren (OGAW) (ABl. L 302 vom 17.11.2009, S. 32) in der jeweils geltenden Fassung,

3. das Mutterunternehmen der Bundesanstalt den Namen des Wertpapierdienstleistungsunternehmens und die für dessen Überwachung zuständige Behörde oder das Fehlen einer solchen Behörde mitteilt und
4. das Mutterunternehmen gegenüber der Bundesanstalt erklärt, dass die Voraussetzungen der Nummer 1 erfüllt sind.

(3) Nicht als Tochterunternehmen im Sinne dieses Abschnitts gelten Kapitalverwaltungsgesellschaften im Sinne des § 17 Absatz 1 des Kapitalanlagegesetzbuchs und EU-Verwaltungsgesellschaften im Sinne des § 1 Absatz 17 des Kapitalanlagegesetzbuchs hinsichtlich der Beteiligungen, die zu den von ihnen verwalteten Investmentvermögen gehören, wenn
1. die Verwaltungsgesellschaft die Stimmrechte, die mit den betreffenden Aktien verbunden sind, unabhängig vom Mutterunternehmen ausübt,
2. die Verwaltungsgesellschaft die zu dem Investmentvermögen gehörenden Beteiligungen im Sinne der §§ 33 und 34 nach Maßgabe der Richtlinie 2009/65/EG verwaltet,
3. das Mutterunternehmen der Bundesanstalt den Namen der Verwaltungsgesellschaft und die für deren Überwachung zuständige Behörde oder das Fehlen einer solchen Behörde mitteilt und
4. das Mutterunternehmen gegenüber der Bundesanstalt erklärt, dass die Voraussetzungen der Nummer 1 erfüllt sind.

(4) Ein Unternehmen mit Sitz in einem Drittstaat, das nach § 32 Absatz 1 Satz 1 in Verbindung mit § 1 Absatz 1a Satz 2 Nummer 3 des Kreditwesengesetzes einer Zulassung für die Finanzportfolioverwaltung oder einer Erlaubnis nach § 20 oder § 113 des Kapitalanlagegesetzbuchs bedürfte, wenn es seinen Sitz oder seine Hauptverwaltung im Inland hätte, gilt nicht als Tochterunternehmen im Sinne dieses Abschnitts, wenn
1. das Unternehmen bezüglich seiner Unabhängigkeit Anforderungen genügt, die denen nach Absatz 2 oder Absatz 3, auch in Verbindung mit einer Rechtsverordnung nach Absatz 6, jeweils gleichwertig sind,
2. das Mutterunternehmen der Bundesanstalt den Namen dieses Unternehmens und die für dessen Überwachung zuständige Behörde oder das Fehlen einer solchen Behörde mitteilt und
3. das Mutterunternehmen gegenüber der Bundesanstalt erklärt, dass die Voraussetzungen der Nummer 1 erfüllt sind.

(5) Abweichend von den Absätzen 2 bis 4 gelten Wertpapierdienstleistungsunternehmen und Verwaltungsgesellschaften jedoch dann als Tochterunternehmen im Sinne dieses Abschnitts, wenn
1. das Mutterunternehmen oder ein anderes Tochterunternehmen des Mutterunternehmens seinerseits Anteile an der von dem Unternehmen verwalteten Beteiligung hält und
2. das Unternehmen die Stimmrechte, die mit diesen Beteiligungen verbunden sind, nicht nach freiem Ermessen, sondern nur auf Grund unmittelbarer oder mittelbarer Weisungen ausüben kann, die ihm vom Mutterunternehmen oder von einem anderen Tochterunternehmen des Mutterunternehmens erteilt werden.

(6) Das Bundesministerium der Finanzen wird ermächtigt, durch Rechtsverordnung, die nicht der Zustimmung des Bundesrates bedarf, nähere Bestimmungen zu erlassen über die Umstände, unter denen in den Fällen der Absätze 2 bis 5 eine Unabhängigkeit vom Mutterunternehmen gegeben ist.

§ 36 Nichtberücksichtigung von Stimmrechten

(1) Stimmrechte aus Aktien eines Emittenten, für den die Bundesrepublik Deutschland der Herkunftsstaat ist, bleiben bei der Berechnung des Stimmrechtsanteils unberücksichtigt, wenn ihr Inhaber
1. ein Kreditinstitut oder ein Wertpapierdienstleistungsunternehmen mit Sitz in einem Mitgliedstaat der Europäischen Union oder in einem anderen Vertragsstaat des Abkommens über den Europäischen Wirtschaftsraum ist,
2. die betreffenden Aktien im Handelsbuch hält und dieser Anteil nicht mehr als 5 Prozent der Stimmrechte beträgt und
3. sicherstellt, dass die Stimmrechte aus den betreffenden Aktien nicht ausgeübt und nicht anderweitig genutzt werden, um auf die Geschäftsführung des Emittenten Einfluss zu nehmen.

(2) Unberücksichtigt bei der Berechnung des Stimmrechtsanteils bleiben Stimmrechte aus Aktien, die gemäß der Verordnung (EG) Nr. 2273/2003 zu Stabilisierungszwecken erworben wurden, wenn der Aktieninhaber sicherstellt, dass die Stimmrechte aus den betreffenden Aktien nicht ausgeübt und nicht anderweitig genutzt werden, um auf die Geschäftsführung des Emittenten Einfluss zu nehmen.

(3) Stimmrechte aus Aktien eines Emittenten, für den die Bundesrepublik Deutschland der Herkunftsstaat ist, bleiben bei der Berechnung des Stimmrechtsanteils unberücksichtigt, sofern

1. die betreffenden Aktien ausschließlich für den Zweck der Abrechnung und Abwicklung von Geschäften für höchstens drei Handelstage gehalten werden, selbst wenn die Aktien auch außerhalb eines organisierten Marktes gehandelt werden, oder
2. eine mit der Verwahrung von Aktien betraute Stelle die Stimmrechte aus den verwahrten Aktien nur aufgrund von Weisungen, die schriftlich oder über elektronische Hilfsmittel erteilt wurden, ausüben darf.

(4) [1] Stimmrechte aus Aktien, die die Mitglieder des Europäischen Systems der Zentralbanken bei der Wahrnehmung ihrer Aufgaben als Währungsbehörden zur Verfügung gestellt bekommen oder die sie bereitstellen, bleiben bei der Berechnung des Stimmrechtsanteils am Emittenten, für den die Bundesrepublik Deutschland der Herkunftsstaat ist, unberücksichtigt, soweit es sich bei den Transaktionen um kurzfristige Geschäfte handelt und die Stimmrechte aus den betreffenden Aktien nicht ausgeübt werden. [2] Satz 1 gilt insbesondere für Stimmrechte aus Aktien, die einem oder von einem Mitglied im Sinne des Satzes 1 zur Sicherheit übertragen werden, und für Stimmrechte aus Aktien, die dem Mitglied als Pfand oder im Rahmen eines Pensionsgeschäfts oder einer ähnlichen Vereinbarung gegen Liquidität für geldpolitische Zwecke oder innerhalb eines Zahlungssystems zur Verfügung gestellt oder von diesem bereitgestellt werden.

(5) [1] Für die Meldeschwellen von 3 Prozent und 5 Prozent bleiben Stimmrechte aus solchen Aktien eines Emittenten, für den die Bundesrepublik Deutschland der Herkunftsstaat ist, unberücksichtigt, die von einer Person erworben oder veräußert werden, die an einem Markt dauerhaft anbietet, Finanzinstrumente im Wege des Eigenhandels zu selbst gestellten Preisen zu kaufen oder zu verkaufen, wenn

1. diese Person dabei in ihrer Eigenschaft als Market Maker handelt,
2. sie eine Zulassung nach der Richtlinie 2004/39/EG hat,
3. sie nicht in die Geschäftsführung des Emittenten eingreift und keinen Einfluss auf ihn dahingehend ausübt, die betreffenden Aktien zu kaufen oder den Preis der Aktien zu stützen und
4. sie der Bundesanstalt unverzüglich, spätestens innerhalb von vier Handelstagen mitteilt, dass sie hinsichtlich der betreffenden Aktien als Market Maker tätig ist; für den Beginn der Frist gilt § 33 Absatz 1 Satz 3 und 4 entsprechend.

[2] Die Person kann die Mitteilung auch schon zu dem Zeitpunkt abgeben, an dem sie beabsichtigt, hinsichtlich der betreffenden Aktien als Market Maker tätig zu werden.

(6) Stimmrechte aus Aktien, die nach den Absätzen 1 bis 5 bei der Berechnung des Stimmrechtsanteils unberücksichtigt bleiben, können mit Ausnahme von Absatz 3 Nummer 2 nicht ausgeübt werden.

(7) Das Bundesministerium der Finanzen kann durch Rechtsverordnung, die nicht der Zustimmung des Bundesrates bedarf,

1. eine geringere Höchstdauer für das Halten der Aktien nach Absatz 3 Nummer 1 festlegen,
2. nähere Bestimmungen erlassen über die Nichtberücksichtigung der Stimmrechte eines Market Maker nach Absatz 5 und
3. nähere Bestimmungen erlassen über elektronische Hilfsmittel, mit denen Weisungen nach Absatz 3 Nummer 2 erteilt werden können.

(8) Die Berechnung der Stimmrechte, die nach den Absätzen 1 und 5 nicht zu berücksichtigen sind, bestimmt sich nach den in Artikel 9 Absatz 6b und Artikel 13 Absatz 4 der Richtlinie 2004/109/EG des Europäischen Parlaments und des Rates vom 15. Dezember 2004 zur Harmonisierung der Transparenzanforderungen in Bezug auf Informationen über Emittenten, deren Wertpapiere zum Handel auf einem geregelten Markt zugelassen sind, und zur Änderung der Richtlinie 2001/34/EG (ABl. L 390 vom 31.12.2004, S. 38) benannten technischen Regulierungsstandards.

§ 37 Mitteilung durch Mutterunternehmen; Verordnungsermächtigung

(1) Ein Meldepflichtiger ist von den Meldepflichten nach § 33 Absatz 1 und 2, § 38 Absatz 1 und § 39 Absatz 1 befreit, wenn die Mitteilung von seinem Mutterunternehmen erfolgt oder, falls das Mutterunternehmen selbst ein Tochterunternehmen ist, durch dessen Mutterunternehmen erfolgt.

(2) Das Bundesministerium der Finanzen kann durch Rechtsverordnung, die nicht der Zustimmung des Bundesrates bedarf, nähere Bestimmungen erlassen über den Inhalt, die Art, die Sprache, den Umfang und die Form der Mitteilung nach Absatz 1.

§ 38 Mitteilungspflichten beim Halten von Instrumenten; Verordnungsermächtigung

(1) [1]Die Mitteilungspflicht nach § 33 Absatz 1 und 2 gilt bei Erreichen, Überschreiten oder Unterschreiten der in § 33 Absatz 1 Satz 1 genannten Schwellen mit Ausnahme der Schwelle von 3 Prozent entsprechend für unmittelbare oder mittelbare Inhaber von Instrumenten, die

1. dem Inhaber entweder
   a) bei Fälligkeit ein unbedingtes Recht auf Erwerb mit Stimmrechten verbundener und bereits ausgegebener Aktien eines Emittenten, für den die Bundesrepublik Deutschland der Herkunftsstaat ist, oder
   b) ein Ermessen in Bezug auf sein Recht auf Erwerb dieser Aktien verleihen, oder
2. sich auf Aktien im Sinne der Nummer 1 beziehen und eine vergleichbare wirtschaftliche Wirkung haben wie die in Nummer 1 genannten Instrumente, unabhängig davon, ob sie einen Anspruch auf physische Lieferung einräumen oder nicht.

[2]Die §§ 36 und 37 gelten entsprechend.

(2) Instrumente im Sinne des Absatzes 1 können insbesondere sein:
1. übertragbare Wertpapiere,
2. Optionen,
3. Terminkontrakte,
4. Swaps,
5. Zinsausgleichsvereinbarungen und
6. Differenzgeschäfte.

(3) [1]Die Anzahl der für die Mitteilungspflicht nach Absatz 1 maßgeblichen Stimmrechte ist anhand der vollen nominalen Anzahl der dem Instrument zugrunde liegenden Aktien zu berechnen. [2]Sieht das Instrument ausschließlich einen Barausgleich vor, ist die Anzahl der Stimmrechte abweichend von Satz 1 auf einer Delta-angepassten Basis zu berechnen, wobei die nominale Anzahl der zugrunde liegenden Aktien mit dem Delta des Instruments zu multiplizieren ist. [3]Die Einzelheiten der Berechnung bestimmen sich nach den in Artikel 13 Absatz 1a der Richtlinie 2004/109/EG des Europäischen Parlaments und des Rates vom 15. Dezember 2004 zur Harmonisierung der Transparenzanforderungen in Bezug auf Informationen über Emittenten, deren Wertpapiere zum Handel auf einem geregelten Markt zugelassen sind, und zur Änderung der Richtlinie 2001/34/EG (ABl. L 390 vom 31.12.2004, S. 38) benannten technischen Regulierungsstandards. [4]Bei Instrumenten, die sich auf einen Aktienkorb oder einen Index beziehen, bestimmt sich die Berechnung ebenfalls nach den technischen Regulierungsstandards gemäß Satz 2.

(4) [1]Beziehen sich verschiedene der in Absatz 1 genannten Instrumente auf Aktien desselben Emittenten, sind die Stimmrechte aus diesen Aktien zusammenzurechnen. [2]Erwerbspositionen dürfen nicht mit Veräußerungspositionen verrechnet werden.

(5) [1]Das Bundesministerium der Finanzen kann durch Rechtsverordnung, die nicht der Zustimmung des Bundesrates bedarf, nähere Bestimmungen erlassen über den Inhalt, die Art, die Sprache, den Umfang und die Form der Mitteilung nach Absatz 1. [2]Das Bundesministerium der Finanzen kann die Ermächtigung durch Rechtsverordnung auf die Bundesanstalt übertragen, soweit die Art und die Form der Mitteilung nach Absatz 1, insbesondere die Nutzung eines elektronischen Verfahrens, betroffen sind.

§ 39 Mitteilungspflichten bei Zusammenrechnung; Verordnungsermächtigung

(1) Die Mitteilungspflicht nach § 33 Absatz 1 und 2 gilt entsprechend für Inhaber von Stimmrechten im Sinne des § 33 und Instrumenten im Sinne des § 38, wenn die Summe der nach § 33 Absatz 1 Satz 1 oder Absatz 2 und § 38 Absatz 1 Satz 1 zu berücksichtigenden Stimmrechte an demselben Emittenten die in § 33 Absatz 1 Satz 1 genannten Schwellen mit Ausnahme der Schwelle von 3 Prozent erreicht, überschreitet oder unterschreitet.

(2) [1]Das Bundesministerium der Finanzen kann durch Rechtsverordnung, die nicht der Zustimmung des Bundesrates bedarf, nähere Bestimmungen erlassen über den Inhalt, die Art, die Sprache, den Umfang und die Form der Mitteilung nach Absatz 1. [2]Das Bundesministerium der Finanzen kann die Ermächtigung durch Rechtsverordnung auf die Bundesanstalt übertragen, soweit die Art und die Form der Mitteilung nach Absatz 1, insbesondere die Nutzung eines elektronischen Verfahrens, betroffen sind.

I. Überblick

Gem. §§ 33 ff. müssen Erwerber bzw. Veräußerer von Aktien bzw. Aktien vertretenden Zertifikaten **1** dem Emittenten und der BaFin mitteilen, wenn sie bestimmte Beteiligungsschwellen erreichen bzw. über- oder unterschreiten (§ 33 Abs. 1). Gem. § 34 (§ 22 aF) sind Stimmrechtsanteile, die **Dritten** gehören, dem Meldepflichtigen **zuzurechnen,** wenn dieser unter bestimmten Voraussetzungen faktisch oder rechtlich Einfluss auf den Dritten bzw. auf dessen Stimmrechtsanteile nehmen kann. Hierdurch soll einerseits Transparenz geschaffen werden[1] und andererseits einer Umgehung des § 33 durch Übertragung von Stimmrechten auf Dritte entgegengewirkt werden.[2] Die Zurechnungstatbestände sind abschließend geregelt. § 35 (§ 22a aF) definiert den Begriff des Tochterunternehmens für die Beteiligungspublizität in Umsetzung von Art. 2 Abs. 1 lit. f Transparenz-RL („kontrolliertes Unternehmen").[3] Nach § 36 (§ 23 aF) bleiben bestimmte Stimmrechte bei der Berechnung unberücksichtigt. § 37 regelt eine Ausnahme von der grundsätzlichen Pflicht zur Doppelmeldung, wenn aufgrund der Stimmrechtszurechnung gem. § 34 mehrere Personen bezüglich derselben Stimmrechte meldepflichtig sind. Der Emittent ist gem. § 40 (§ 26 aF) zur Veröffentlichung dieser Mitteilung verpflichtet.

II. Voraussetzungen der Mitteilungspflicht

Meldepflichtig ist gem. § 33, wer durch Erwerb, Veräußerung oder in sonstiger Weise 3, 5, 10, 15, **2** 20, 25, 30, 50 und 75 % an Stimmrechten aus ihm gehörenden Aktien an dem Emittenten erreicht, überschreitet oder unterschreitet. Dabei kommt es auf die Unternehmenseigenschaft der meldepflichtigen Aktionäre nicht an, sodass auch private Aktionäre danach meldepflichtig sein können.[4]

1. Beteiligung an börsennotierter Aktiengesellschaft. Mitteilungspflichtig sind Beteiligungen **3** an Emittenten, deren Herkunftsstaat Deutschland ist (§ 2 Abs. 13, → § 2 Rn. 35). Gem. § 33 Abs. 4 gilt die Beteiligungspublizität ausschließlich im Hinblick auf Emittenten, deren Aktien zum Handel an einem organisierten Markt zugelassen sind, dh **börsennotierte Aktiengesellschaften.** Nicht meldepflichtig sind Beteiligungen an Gesellschaften, der Aktien an anderen Handelsplätzen, insbesondere im Freiverkehr gem. § 48 BörsG gehandelt werden.[5] Erfasst sind Aktiengesellschaften mit Sitz im Inland, deren Aktien an einem organisierten Markt iSd § 2 Abs. 11 im Inland oder einem anderen EU-Mitgliedstaat zugelassen sind (§ 2 Abs. 13 Nr. 1 lit. a) und Aktiengesellschaften mit Sitz in einem Drittstaat außerhalb der EU, deren Aktien zum Handel an einem organisierten Markt im Inland zugelassen sind und die die Bundesrepublik Deutschland als Herkunftsstaat nach § 4 Abs. 1 gewählt haben (§ 2 Abs. 13 Nr. 1 lit. b).

2. Erwerb, Veräußerung oder in sonstiger Weise. Die Mitteilungspflicht wird ausgelöst, wenn **4** Stimmrechtsschwellen durch Erwerb, Veräußerung oder in sonstiger Weise berührt werden. Aufgrund des Abspaltungsverbots können Stimmrechte als solche zwar nicht gesondert von dem Anteil an der

---

[1] Fuchs/*Zimmermann* § 22 Rn. 1; JVRB/*Michel* § 22 Rn. 7; Kölner Komm WpHG/*v. Bülow* § 22 Rn. 4.
[2] Vgl. BT-Drs. 12/6679, 54 zu § 22 Abs. 1 S. 1 Nr. 6 aF; JVRB/*Michel* § 22 Rn. 3; Kölner Komm WpHG/*v. Bülow* § 22 Rn. 4.
[3] § 35 (§ 22a aF) wurde durch das Gesetz zur Umsetzung der Transparenzrichtlinie-Änderungsrichtlinie vom 20.11.2015 in das WpHG eingeführt (BGBl. 2015 I 2029).
[4] Fuchs/*Zimmermann* Vor §§ 21 ff. Rn. 3; NK-AktKapMarktR/*Heinrich* AktG § 21 Rn. 4; JVRB/*Michel* § 21 Rn. 22.
[5] Emmerich/Habersack/*Schürnbrand/Habersack* § 33 Rn. 5.

Gesellschaft erworben oder veräußert werden. Insoweit geht es – anders als der Wortlaut suggeriert – um den Erwerb bzw. die Veräußerung der Anteile, die das Stimmrecht begründen.[6]

5   Auf „**sonstige Weise werden** Stimmrechte etwa kraft Gesetzes durch Erbschaft oder andere Formen der Gesamtrechtsnachfolge (zB Verschmelzung, § 20 Abs. 1 Nr. 1 UmwG[7]) erlangt.[8] Hiervon erfasst ist zudem die **passive Schwellenberührung** Gesamtzahl der Stimmrechte, etwa durch eine Kapitalerhöhung (s. § 33 Abs. 1 S. 5). Bei erstmaliger Zulassung eines Emittenten haben alle Aktionäre, die mehr als 3 % der Stimmrechte besitzen, ihre Beteiligungshöhe unverzüglich nach der Entscheidung gem. § 31 BörsG mitzuteilen (**§ 33 Abs. 2 WpHG**).[9] Die Meldepflicht endet mit dem Delisting.[10]

6   **3. Stimmrechte aus ihm gehörenden Anteilen.** Maßgeblich sind die Stimmrechte des Meldepflichtigen aus ihm gehörenden Aktien. Durch die nachträglich eingefügte Formulierung „ihm gehörenden" wird deutlich, dass es für die Stimmrechtsschwellen in § 33 Abs. 1 S. 1 auf das **Aktieneigentum** ankommt und nicht bloß auf das Recht zur Ausübung der Stimmrechte.[11] Durch die klarstellende Formulierung sollte der Streit über die Mitteilungspflicht der Legitimationsaktionäre gem. § 129 Abs. 3 AktG zwischen dem OLG Köln und der BaFin entschieden werden.[12] Die bloße Befugnis zur Stimmrechtsausübung bei fremden Anteilen begründet nicht die Mitteilungspflicht aus § 33 Abs. 1.[13] Seit dem 26.11.2015 definiert § 21 Abs. 1b aF und nun § 33 Abs. 3 – allerdings ohne eine entsprechende Richtlinienvorgabe – den Begriff „gehören" ausdrücklich als das Bestehen eines auf die Übertragung von Aktien gerichteten unbedingten und ohne zeitliche Verzögerung zu erfüllenden Anspruchs oder einer entsprechenden Verpflichtung.[14] Die Meldepflicht gem. § 33 Abs. 1 wird demnach bereits mit dem Abschluss des **Kausalgeschäftes** – etwa des Kauf-, Darlehens- oder Schenkungsvertrags – ausgelöst, sofern dieses „**unbedingt** und sofort zu erfüllen" ist.[15]

7   **4. Zurechnung von Stimmrechten.** Dem Meldepflichten werden gem. § 34 Abs. 1 Stimmrechte Dritter zugerechnet, deren Ausübung der Meldepflichtige kontrollieren kann.[16] Außerdem führt das sog. Acting-in-concert gem. § 34 Abs. 2 zur Zurechnung.

8   **a) Zurechnung gem. § 34 Abs. 1.** Zuzurechnen sind vor allem Stimmrechte aus Anteilen, die einem **Tochterunternehmen** des Meldepflichtigen gehören (§ 34 Abs. 1 S. 1 Nr. 1). Nach § 35 sind Tochterunternehmen solche, die die Voraussetzungen des **§ 290 HGB** erfüllen (Abs. 1 Nr. 1), und Unternehmen, auf die der Meldepflichtige einen **beherrschenden Einfluss** ausüben kann (Abs. 1 Nr. 2). Bei dem Verweis des § 35 Abs. 1 Nr. 2 handelt es sich um einen dynamischen Verweis auf § 290 HGB, sodass die Möglichkeit zur Einflussnahme genügt und die einheitliche Leitung nicht mehr relevant ist.[17] Für § 290 HGB muss das meldepflichtige Mutterunternehmen zudem eine Kapitalgesellschaft mit Sitz in Deutschland sein (→ HGB § 290 Rn. 10).[18] Unabhängig von Sitz und Rechtsform des Meldepflichtigen[19] gilt ein Unternehmen gem. § 35 Abs. 1 Nr. 2 WpHG als Tochterunternehmen, soweit der Meldepflichtige beherrschenden Einfluss ausüben kann. Das setzt voraus, dass das Einflusspotential seiner Art nach einer Mehrheitsbeteiligung entspricht, wie etwa bei Minderheitsbeteiligungen mit personellen Verflechtungen oder satzungsmäßigen Sonderrechten des Minderheitsgesellschafters.[20]

---

[6] Hierzu Assmann/Schneider/Mülbert/*U. H. Schneider* § 33 Rn. 29.

[7] Umwandlungsgesetz v. 28.10.1994, BGBl. 1994 I 3210.

[8] Emmerich/Habersack/*Schürnbrand/Habersack* § 33 Rn. 17.

[9] Emmerich/Habersack/*Schürnbrand/Habersack* § 33 Rn. 6.

[10] Emmerich/Habersack/*Schürnbrand/Habersack* § 33 Rn. 6.

[11] Vgl. RegE Kleinanlegerschutzgesetz, Stand 10.11.2014, 22. *Piroth* AG 2015, 10 (13); Fuchs/*Zimmermann* Vor §§ 21 ff. Rn. 28; JVRB/*Michel* § 21 Rn. 46.

[12] Zur unterschiedlichen Auslegung des Wortlauts des § 21 aF für sog. Legitimationsaktionäre durch das OLG Köln NZG 2012, 946 und die BaFin, s. *Cahn* AG 2013, 459.

[13] Vgl. RegE Kleinanlegerschutzgesetz, Stand 10.11.2014, 22.

[14] Fuchs/*Zimmermann* § 21 Rn. 28; Staub/*Grundmann* Bd. 11/2 6. Teil Rn. 854. AA Assmann/Schneider/Mülbert/*U. H. Schneider* § 33 Rn. 72; *U. H. Schneider* FS Marsch-Barner, 2018, 409, der § 33 Abs. 3 als selbstständigen Meldepflichttatbestand ansieht.

[15] Vgl. Assmann/Schneider/Mülbert/*U. H. Schneider* § 33 Rn. 74 ff.; Emmerich/Habersack/*Schürnbrand/Habersack* § 33 Rn. 12.

[16] Vgl. Fuchs/*Zimmermann* § 22 Rn. 3; JVRB/*Michel* § 22 Rn. 8. Ausf. zur Systematik des § 34 Schwark/Zimmer/*v. Hein* § 34 Rn. 4 ff.

[17] Emmerich/Habersack/*Schürnbrand/Habersack* § 35 Rn. 5.

[18] Assmann/Schneider/Mülbert/*S. H. Schneider* § 35 Rn. 5.

[19] BaFin Emittentenleitfaden, Modul B, I. 2.5.1, S. 18; OLG Stuttgart Urt. v. 15.10.2008 – 20 U 19/07 = AG 2009, 124 (129); OLG Stuttgart Urt. v. 10.11.2004 = NZG 2005, 432 (435); LG Köln Urt. v. 5.10.2007 – 82 O 114/06 = AG 2008, 336 (338); Emmerich/Habersack/*Schürnbrand/Habersack* § 35 Rn. 3; JVRB/*Michel* § 22 Rn. 12; Spindler/Stilz/*Petersen* §§ 33–47 ff. Rn. 41.

[20] Vgl. BGHZ 135, 107 (114) = NJW 1997, 1855 (1856 f.); Hüffer/*Koch* AktG § 17 Rn. 5; Schwark/Zimmer/*Schwark* § 22 Rn. 43; *Hitzer/Hauser* NZG 2016, 1365 (1367); *Kraack* AG 2017, 677 (679); *Seibt/Wollenschläger* ZIP 2014, 545 (548). Dies wird regelmäßig zum gleichen Ergebnis wie Nr. 1 führen, vgl. JVRB/*Michel* § 22 Rn. 27; zum Anwendungsbereich von Nr. 2 vgl. Fuchs/*Zimmermann* § 22 Rn. 36.

Hiervon erfasst sind in Übereinstimmung mit § 17 AktG[21] Konstellationen, in denen ein Unternehmen auf gesellschaftsrechtlich bedingt und vermittelt Einfluss nehmen kann.[22] Bloße wirtschaftliche Einflussmöglichkeiten genügen nicht.[23]

Nach § 34 Abs. 1 S. 1 Nr. 2 sind dem Meldepflichtigen auch die Stimmrechte zuzurechnen, die ein **9** **Dritter für Rechnung des Meldepflichtigen** hält. Damit sind Fälle erfasst, in denen – wie bei Treuhandverhältnissen oder mittelbaren Stellvertretung – die rechtliche und wirtschaftliche Eigentümerstellung auseinanderfallen.[24] § 34 Abs. 1 S. 1 Nr. 3 nimmt auch bei Stimmrechten, die **zur Sicherheit** auf einen Dritten **übertragen** sind, eine wirtschaftliche Betrachtung vor. § 34 Abs. 1 S. 1 Nr. 4 rechnet die durch **Nießbrauch** auf einen Dritten übertragenen Stimmrechte dem Meldepflichtigen zu. § 34 Abs. 1 S. 1 Nr. 5 erlaubt die Zurechnung von Stimmrechten aus Aktien Dritter, die der Meldepflichtige durch Willenserklärung erwerben kann, was dingliche Erwerbsrechte, nicht aber schuldrechtliche Optionen erfasst (str.).[25] Hierfür spricht vor allem die Regelung des § 38 Abs. 1, die schuldrechtliche Optionen erfasst. § 34 Abs. 1 S. 1 Nr. 6 erfasst Stimmrechte, die dem Meldepflichtigen anvertraut sind, wenn ihm bei deren Ausübung ein eigener Ermessensspielraum zusteht. Seit 2015 werden dem Meldepflichtigen gem. § 34 Abs. 1 S. 1 Nr. 7 auch solche Stimmrechte zugerechnet, die ihm vereinbarungsgemäß gegen eine Gegenleistung ohne die damit verbundenen Aktien übertragen werden. Wegen des Abspaltungsverbots im deutschen Aktienrecht hat die Regelung für deutsche Aktiengesellschaften keine Bedeutung.[26] Da aber ausländische Rechtsordnungen teilweise eine Trennung von Stimmrecht und Aktieneigentum zulassen, sollen in solchen Fällen demjenigen die Stimmrechte zugerechnet werden, der sie aufgrund der Vereinbarung hält. Seit 2015 sind dem Meldepflichtigen gem. § 34 Abs. 1 S. 1 Nr. 8 auch Stimmrechte aus Aktien zuzurechnen, die ihm als **Sicherheit verwahrt** werden, sofern der Meldepflichtige die Stimmrechte hält und die Absicht bekundet, diese Stimmrechte auszuüben. Umstritten ist, ob die Sicherungsübereignung weiterhin unter § 33 Abs. 1 Nr. 3[27] oder unter § 33 Abs. 1 Nr. 8 als lex specialis fällt.[28]

b) *Acting-in-concert* gem. § 34 Abs. 2. Der Zurechnungstatbestand gem. § 34 Abs. 2 soll Umge- **10** hungen der Mitteilungspflicht gem. § 33 bei einem abgestimmten Verhalten in Bezug auf Stimmrechte (sog. *Acting-in-concert*) verhindern, wenn der Meldepflichtige und der Dritte durch einvernehmliche Ausübung ihrer Stimmrechte wie ein einzelner Aktionär Einfluss auf die Gesellschaft nehmen können. Mit dem *Acting-in-concert* soll vor allem einer Umgehung von Abs. 1 vorgebeugt werden.[29]

Ursprünglich war das *Acting-in-concert* auf Vereinbarungen zur einvernehmlichen Stimmrechtsaus- **11** übung in der Hauptversammlung beschränkt, was in der Praxis allerdings kaum nachgewiesen werden konnte. Seit Inkrafttreten des Risikobegrenzungsgesetzes im Jahr 2002 genügt daher eine **Verhaltensabstimmung** aufgrund einer Vereinbarung oder in sonstiger Weise. **Vereinbarungen** sind rechtsverbindliche Absprachen, wie zB Stimmbindungs-, Interessenwahrungs-, Gesellschaftsverträge usw.[30] Für den Auffangtatbestand **„in sonstiger Weise"** genügt ein gleichgerichtetes Verhalten aufgrund eines kommunikativen Akts.[31] Hierunter fallen unverbindliche Gentlemen's Agreements, aber auch

---

[21] Nach hM Orientierung an § 17 AktG, vgl. BT-Drs. 14/7034, 35; OLG Stuttgart NZG 2005, 432 (435 f.); Emmerich/Habersack/*Schürnbrand/Habersack* § 35 Rn. 5; zu § 22a aF Fuchs/*Zimmermann* § 22 Rn. 35; Schwark/ Zimmer/*v. Hein* § 35 Rn. 2; *Starke,* Beteiligungstransparenz im Gesellschafts- und Kapitalmarktrecht, 2002, 195; *Mangini-Guidano,* Anlegerschutz im Kontext der öffentlichen Übernahme einer börsennotierten Aktiengesellschaft, 2010, 100.

[22] Emmerich/Habersack/*Schürnbrand/Habersack* § 35 Rn. 5. Zu § 22a aF BGH Urt. v. 26.3.1984 – II ZR 171/83 = NJW 1984, 1893 (1896); JVRB/*Michel* § 22 Rn. 27.

[23] Nach der Rspr. des BGH allenfalls Verstärkung der „Ausübung von Beteiligungsrechten", vgl. BGH Beschl. v. 19.1.1993 – KVR 32/91, NJW 1993, 2114 (2115).

[24] Kölner Komm WpHG/*v. Bülow* § 22 Rn. 75, 78; vgl. Fuchs/*Zimmermann* § 22 Rn. 47 f.; NK-AktKapMarktR/*Heinrich* AktG § 22 Rn. 6.

[25] Assmann/Schneider/Mülbert/*U. H. Schneider* § 34 Rn. 34 ff.; Emmerich/Habersack/*Schürnbrand/Habersack* § 34 Rn. 16; Fuchs/*Zimmermann* § 22 Rn. 65 f.; Zu § 22 aF BGH Urt. v. 29.7.2014 – II ZR 353/12, NJW-RR 2014, 1248 Rn. 40; NK-AktKapMarktR/*Heinrich* AktG § 22 Rn. 14; JVRB/*Michel* § 22 Rn. 74; Kölner Komm WpHG/*v. Bülow* § 22 Rn. 138; K. Schmidt/Lutter/*Veil* AktG Anh. § 22 WpHG§ 22 Rn. 24. Dies war in der bis 2001 geltenden Fassung noch umstritten (s. Nachweise bei *Franck* BKR 2002, 709 (710 f.); *Witt* AG 1998, 171 (176)); ist aber mittlerweile durch die Klarstellung in den Gesetzgebungsmaterialien, BT-Drs. 14/7034, 54, 70 geklärt, Kölner Komm WpHG/*v. Bülow* § 22 Rn. 138. Anders MüKoAktG/*Bayer* § 34 Rn. 23 („aktuelle Rechtslage […] ungeklärt").

[26] Dazu *Seibt* ZGR 2010, 795.

[27] So Emmerich/Habersack/*Schürnbrand/Habersack* § 34 Rn. 21.

[28] So Assmann/Schneider/Mülbert/*U. H. Schneider* § 34 Rn. 125.

[29] Kölner Komm WpHG/*v. Bülow* § 22 Rn. 188.

[30] NK-AktKapMarktR/*Heinrich* AktG § 22 Rn. 21; Kölner Komm WpHG/*v. Bülow* § 22 Rn. 198 f.; wohl auch Fuchs/*Zimmermann* § 22 Rn. 90 und in diese Richtung JVRB/*Michel* § 22 Rn. 97.

[31] BaFin, Emittentenleitfaden, Modul B, I. 2.5.10.1., 28. Unbewusstes gleichförmiges Stimmverhalten in oder außerhalb der Hauptversammlung begründet daher kein *Acting-in-concert,* OLG Frankfurt a. M. Beschl. v. 25.6.2004 – WpÜG 5/03a, 6/03 und 8/03a, NZG 2004, 865 (868) (zu § 30 Abs. 2 WpÜG); Emmerich/Habersack/*Schürnbrand/Habersack* § 34 Rn. 24; Fuchs/*Zimmermann* § 22 Rn. 92; Kölner Komm WpHG/*v. Bülow* § 22 Rn. 199; Schwark/Zimmer/*v. Hein* § 34 Rn. 31; Spindler/Stilz/*Petersen* §§ 33–47 ff. Rn. 52.

Abstimmungen unter institutionellen Investoren im Hinblick auf gemeinsame Interessen.[32] Inhalt der Abstimmung muss gem. § 34 Abs. 2 S. 2 entweder die Ausübung von Stimmrechten oder das Ziel einer dauerhaften und erheblichen Änderung der unternehmerischen Ausrichtung des Emittenten sein. Erfasst sind demnach Abstimmungen zur einvernehmlichen Stimmrechtsausübung in der Hauptversammlung, aber darüber hinaus auch die **tatsächliche Einflussnahme** auf Aufsichtsrat und Vorstand, um eine dauerhafte und erhebliche Änderung der unternehmerischen Ausrichtung zu erreichen. Eine erhebliche Änderung der Unternehmenspolitik wäre etwa die Zerschlagung des Unternehmens, eine die Gesellschaft lähmende Sonderdividende,[33] die grundlegende Umgestaltung des Geschäftsmodells oder der Verzicht auf wesentliche Geschäftsbereiche. Mittel der tatsächlichen Einflussnahme können beispielsweise Druck, Lancieren von Presseartikeln, Versprechungen oder Drohungen sein.

12   Nach § 34 Abs. 2 S. 1 Hs. 2 liegt bei Vereinbarungen in **Einzelfällen** kein *Acting-in-concert* vor. Hierdurch sollen lediglich punktuelle Einflussnahmen ausgeschieden werden. Nach Auffassung im Schrifttum und ursprünglich auch der **BaFin**[34] verlangt die Einordnung unter die Einzelfallausnahme des § 34 Abs. 2 S. 1 Hs. 2 eine (auch) **materielle Betrachtung.**[35] Maßgeblich sind die unternehmenspolitischen Konsequenzen des koordinierten Verhaltens. Ein abgestimmtes Verhalten ist demnach auch bei formaler Einmaligkeit ein *Acting-in-concert*, sofern hiermit weitreichende Folgen für die Gesellschaft bezweckt sind, zB eine tiefgreifende Änderung der Ausschüttungspolitik, der Verkauf wichtiger Unternehmensteile, der Austausch eines wesentlichen Teils des Aufsichtsrates oÄ. Nach der Rspr. des **BGH**[36] ist das Vorliegen eines Einzelfalls ausschließlich **formal** zu bestimmen: Kein Acting-in-concert sind demnach einzelne Abstimmungen über unterschiedliche Gegenstände oder wiederholte Abstimmungen zum selben Sachverhalt, unabhängig von ihrer materiellen Bedeutung für die Ausrichtung der Gesellschaft. Für dieses formale Verständnis des Einzelfalls spricht neben dem Wortlaut auch die damit verbundene Rechtssicherheit.[37] Auch ist ein materielles Kriterium in den übrigen Vorschriften zur Beteiligungstransparenz nicht enthalten und dieser insofern fremd.[38] Die BaFin hat sich der Auffassung des BGH in ihrem Emittentenleitfaden nunmehr angeschlossen.[39]

13   **c) Kettenzurechnung.** Ungeklärt war lange Zeit, ob dem Meldepflichtigen nicht nur Stimmrechte aus dem Dritten gehörenden Aktien, sondern darüber hinaus auch Stimmrechte zugerechnet werden können, die dem Dritten wiederum gem. § 34 zugerechnet werden können.[40] Eine solche **Kettenzurechnung** hat der Gesetzgeber durch § 34 Abs. 1 S. 2, Abs. 2 S. 3 für die darin genannten Fälle – der Zurechnung von Stimmrechten des Tochterunternehmens und beim *Acting in Concert* – vorgesehen. Umstritten ist, ob auch darüber hinaus eine Kettenzurechnung in anderen Fällen vorzunehmen ist, wenn der Meldepflichtige auf die Ausübung der Stimmrechte (mittelbar) Einfluss nehmen kann.[41] Das aber ist jedenfalls im Ordnungswidrigkeitenrecht im Hinblick auf den Bestimmtheitsgrundsatz (zur gespaltenen Auslegung → Vor § 1 Rn. 58) abzulehnen.[42]

---

[32] Assmann/Schneider/Mülbert/*U. H. Schneider* § 34 Rn. 141.

[33] Zu diesen Beispielen Begr. RegE, BT-Drs. 16/7438, 11.

[34] BaFin, Emittentenleitfaden, Modul B, I. 2.5.10.2., S. 28.

[35] Assmann/Schneider/Mülbert/*U. H. Schneider* § 34 Rn. 167 f. mwN; *Hoppe/Michel*, BaFinJournal 4/2010, 3, 4 f.; MüKoAktG/*Bayer* § 33 Rn. 49; JVRB/*Becker* § 22 Rn. 104; Schwark/Zimmer/*v. Hein* § 34 Rn. 33; K. Schmidt/Lutter/*Veil* AktG Anh. § 22 WpHG § 22 Rn. 36 f.; zu § 30 Abs. 2 S. 2 WpÜG OLG München ZIP 2005, 856 (857).

[36] BGH NZG 2018 (1350); noch offenlassend BGH Urt. v. 18.9.2006 – II ZR 137/05, BGHZ 169, 98 = NJW-RR 2007, 1179 (1181).

[37] OLG Stuttgart NZG 2005, 432; Emmerich/Habersack/*Schürnbrand/Habersack* § 34 Rn. 30; Kölner Komm WpHG/*v. Bülow* § 22 Rn. 228 f.; *v. Bülow/Stephanblome* ZIP 2008, 1797 (1799); Spindler/Stilz/*Petersen* §§ 33–47 ff. Rn. 57; Fuchs/*Zimmermann* § 22 Rn. 103; Assmann/Schütze/*Süßmann* KapitalanlageR-HdB § 14, Rn. 34 f.; *Kocher* BB 2006, 2432 (2435 ff.); *Lange* ZBB 2004, 22 (27); *Schockenhoff/Schumann* ZGR 2005, 568 (588); *Zimmermann* ZIP 2009, 57 (58 f.); *Pluskat* DB 2009, 383 (385 f.); *Schockenhoff/Wagner* NZG 2008, 361 (363 f.); *Liebscher* ZIP 2002, 1005 (1008); zu § 30 Abs. 2 S. 2 WpÜG: OLG Frankfurt a. M. NJW 2004, 3716; LG Hamburg, ZIP 2007, 427 (429); Kölner Komm WpÜG/*v. Bülow* WpÜG § 30 Rn. 236; Schwark/Zimmer/*Noack/Zetzsche* WpÜG § 30 Rn. 51; Steinmeyer/*Steinmeyer* WpÜG § 30 Rn. 60; *Drinkuth* in Marsch-Barner/Schäfer AG-HdB Rn. 60.211; *Diekmann* DStR 2007, 445 (447); *Kuthe/Brockhaus* DB 2005, 1266 f.; *v. Bülow/Bücker* ZGR 2004, 669 (700 f., 714); *Sänger/Kessler* ZIP 2006, 837 (840); *Seibt* ZIP 2004, 1829 (1833 f.); *Weiler/Meyer* NZG 2003, 909 (910); tendenziell auch *Gätsch/Schäfer* NZG 2008, 846 (850).

[38] Fuchs/*Zimmermann* § 22 Rn. 103.

[39] BaFin Emittentenleitfaden, 2018, Modul B, I.2.5.10.2, S. 28; BaFin FAQ zu den Transparenzpflichten des WpHG in den Abschnitten 6 (§§ 33 f.) und 7 (§§ 48 ff.) Stand: 22.2.2019, Frage 8a, S. 7.

[40] Für eine Zurechnung *Burgard* BB 1995, 2016 (2077 f.); *Hildner,* Kapitalmarktrechtliche Beteiligungstransparenz, 2002, 103.

[41] So LG Köln Urt. v. 6.7.2005 – 82 O 150/04, AG 2005, 696 (699); OLG Hamm Urt. v. 25.2.2002 – 8 U 59/01, AG 2009, 876 (880); Assmann/Schneider/Mülbert/*U. H. Schneider* § 34 Rn. 22; MüKoAktG/*Bayer* § 34 Rn. 8 f.; Fuchs/*Zimmermann* § 22 Rn. 15. Gegen eine weitergehende Kettenzurechnung Kölner Komm WpHG/*v. Bülow* § 22 Rn. 46; *Nietsch* WM 2012, 2217 (2221 f.). Umf. dazu *Veil/Dolff* AG 2010, 385 (388).

[42] Insoweit diff. auch Emmerich/Habersack/*Schürnbrand/Habersack* § 34 Rn. 7.

d) Prinzip der Doppelmeldung. Werden Stimmrechte einem Meldepflichtigen gem. § 34 zuge- **14** rechnet, werden die betreffenden Stimmrechte dem Aktionär, dem die Anteile gem. § 33 Abs. 1 ge- hören, nicht abgezogen. Eine Absorption erfolgt insoweit nicht.[43] Nach dem **Prinzip der Doppel- meldung** sind grundsätzlich sowohl der Inhaber der Aktien als auch derjenige, dem Stimmrechte zugerechnet werden, zur Mitteilung verpflichtet, sofern sie jeweils die Schwellenwerte durch die in Frage stehende Transaktion berühren.[44] Das gilt nach hM seit Inkrafttreten des Gesetzes zur Umsetzung der Transparenzrichtlinie-Änderungsrichtlinie auch im Falle von § 34 Abs. 1 Nr. 3, sodass bei Berüh- rung der Meldeschwellen sowohl der Sicherungsgeber als auch -nehmer meldepflichtig sind.[45] Eine Ausnahme gilt jedoch bei der Zurechnung von Stimmrechten eines Tochterunternehmens gem. § 34 Abs. 1 Nr. 1 (→ Rn. 4). Eine Mitteilung durch das Mutterunternehmen befreit das Tochterunterneh- men von seiner Mitteilungspflicht (§ 37 Abs. 1).

5. Nichtberücksichtigung von Stimmrechten (§ 36). Nach § 36 bleiben Stimmrechte aus **15** Aktien uU unberücksichtigt, um unverhältnismäßigen Verwaltungsaufwand und Irritationen des Kapitalmarktes durch überflüssige Mitteilungen zu vermeiden.[46] § 36 gilt durch Verweis in § 38 Abs. 1 S. 2 auch für das Halten von Instrumenten. Für die Nichtberücksichtigung der Stimmrechte ist in Umsetzung der Option gem. Art. 9 Abs. 6 Transparenz-RL keine Erlaubnis der BaFin mehr erforderlich, sondern § 36 gewährt eine Selbstbefreiung. So bleiben zB Stimmrechte von bis zu 5 % der Stimmrechte am Emittenten unberücksichtigt, die **WpDU** iSd § 2 Abs. 10 und Kreditinstitute als Teil des Handelsbuchs halten,[47] wenn sichergestellt ist, dass die Stimmrechte aus den betreffenden Aktien des Handels- und Anlagebestands[48] tatsächlich nicht ausgeübt und nicht anderweitig genutzt werden, um auf die Geschäftsführung des Emittenten Einfluss zu nehmen. § 36 Abs. 3 nimmt Aktien von der Meldepflicht aus, die ausschließlich zum Zwecke der Abrechnung und Abwicklung oder zur Verwahrung für einen kurzen Zeitraum gehalten werden. Hier geht der Gesetzgeber davon aus, dass die Inhaber der Aktien typischerweise keinen dauerhaften Einfluss auf die Gesellschaft ausüben.[49] § 36 Abs. 5 gewährt unter bestimmten Voraussetzungen eine Ausnahme auch für Aktien und Instrumente, die von **Market Makern** gehalten werden, damit diese ihre Funktion erfüllen können, ohne durch den erheblichen Verwaltungsaufwand durch Mitteilungen beeinträchtigt zu werden.[50] § 36 Abs. 1–5 stellt noch einmal klar, dass die unberücksichtigten Stimmrechte grund- sätzlich nicht ausgeübt werden dürfen (§ 36 Abs. 6; mit Ausnahme von § 36 Abs. 3 Nr. 2).[51] § 37 Abs. 1 befreit meldepflichtige Tochterunternehmen bei Mitteilung durch das Mutterunternehmen (→ Rn. 17).

6. Berechnung des Stimmrechtsanteils. Für die Berechnung der Beteiligung kommt es auf die **16** Höhe des Stimmrechtsanteils, nicht des Kapitalanteils an.[52] Maßgeblich ist das Verhältnis der Zahl der Stimmrechte aus den dem Meldepflichtigen gehörenden Aktien gem. § 34 zugerechneten Stimm- rechten zur Gesamtzahl der Stimmrechte (vgl. § 16 Abs. 3 S. 1 AktG). Können die Stimmrechte vorübergehend nicht ausgeübt werden, zB gem. § 44, müssen sie dennoch gem. § 33 berücksichtigt

---

[43] JVRB/*Michel* § 22 Rn. 9; NK-AktKapMarktR/*Heinrich* AktG § 22 Rn. 26; Kölner Komm WpHG/*v. Bülow* § 22 Rn. 48.

[44] OLG München v. 9.9.2009 – 7 U 1997/09, NZG 2009, 1386; Emmerich/Habersack/*Schürnbrand*/*Habersack* § 34 Rn. 6; krit. MüKoAktG/*Bayer* § 34 Rn. 4.

[45] Assmann/Schneider/Mülbert/*U. H. Schneider* § 34 Rn. 88; MüKoAktG/*Bayer* § 34 Rn. 20; Emmerich/Haber- sack/*Schürnbrand*/*Habersack* § 34 Rn. 14; BaFin, Emittentenleitfaden, 2018, Modul B, I.2.5.3.1., S. 28.

[46] JVRB/*Michel* § 23 Rn. 2; MüKoAktG/*Bayer* § 36 Rn. 1; Staub/*Grundmann* Bd. 11/2 6. Teil Rn. 859; krit. bzgl. der Erreichung dieses Zwecks Assmann/Schneider/Mülbert/*U. H. Schneider* § 36 Rn. 3.

[47] Der bankaufsichtsrechtliche Begriff „Handelsbuch" umfasst den Bestand an Finanzinstrumenten und Waren, die zu kurzfristigen Handelszwecken oder im Eigenbestand zur Erzielung eines Gewinns gehalten werden (Art. 4 Abs. 86 der Verordnung [EU] Nr. 575/2013 des Europäischen Parlaments und des Rates v. 26.6.2013 über Aufsichtsanforde- rungen an Kreditinstitute und Wertpapierfirmen und zur Änderung der Verordnung [EU] Nr. 646/2012, ABl. 2013 L 176, 1).

[48] MüKoAktG/*Bayer* § 36 Rn. 7; abw. Fuchs/*Zimmermann* § 23 Rn. 13.

[49] Begr. RegE zum Transparenzrichtlinie-Umsetzungsgesetz, BT-Drs. 16/2498, 35; BaFin, Emittentenleitfaden, Modul B, I. 2.6.4, S. 38.

[50] Um die Geschäfte im Eigenhandel erfüllen zu können, benötigen *Market Maker* einen eigenen Bestand an Aktien, auf die sie uU zurückgreifen können. Um diese zu entlasten, werden die Meldeschwellen von drei und fünf Prozent nicht berücksichtigt, Assmann/Schneider/Mülbert/*U. H. Schneider* § 36 Rn. 59.

[51] Umstritten ist, ob das Ausübungsverbot des § 36 Abs. 6 alle Stimmrechte erfasst (sog. große Lösung) oder nur diejenigen, mit denen jeweils eine Meldeschwelle berührt wird (sog. kleine Lösung). Für die große Lösung Kölner Komm WpHG/*Hirte* § 23 Rn. 73; Schwark/Zimmer/*v. Hein* § 36 Rn. 57. Für die kleine Lösung Assmann/Schnei- der/Mülbert/*U. H. Schneider* § 36 Rn. 79 f.; JVRB/*Becker* § 23 Rn. 30; *Lenenbach*, Kapitalmarktrecht, 2. Aufl. 2010, 2. Aufl. 2010, Rn. 13.423; Fuchs/*Zimmermann* § 36 Rn. 23.

[52] Kölner Komm WpHG/*Hirte* § 21 Rn. 62, 83 ff.; Schwark/Zimmer/*v. Hein* § 33 Rn. 19. So sind stimmrechts- lose Beteiligungen am Kapital des Emittenten– wie stimmrechtslose Vorzugsaktien gem. § 139 AktG – für die Mitteilungspflichten nicht mitzuzählen, NK-AktKapMarktR/*Heinrich* AktG § 21 Rn. 6; JVRB/*Michel* § 21 Rn. 49; *Langenbucher* AktKapMarktR § 17 Rn. 64.

werden. Maßgeblich ist das Bestehen der Stimmrechte, ohne dass es – anders als gem. § 16 Abs. 3 AktG – darauf ankommt, ob die Stimmrechte auch ausgeübt werden können.[53]

17   **7. Mitteilungspflichten beim Halten von Instrumenten (§§ 38 f.).** § 38 verpflichtet Aktionäre auch zur Mitteilung bei Erwerb und Veräußerung sonstiger Instrumente. § 39 formuliert zudem Mitteilungspflichten bei der Zusammenrechnung von Aktien und sonstigen Instrumenten.[54] Um eine Umgehung der Mitteilungspflichten gem. § 33 und ein unbemerktes Anschleichen an börsennotierte Aktiengesellschaften zu verhindern, hat der Gesetzgeber die Mitteilungspflicht auf bestimmte Instrumente ausgeweitet. Hierbei geht es vor allem um die Fälle des sog. *Hidden Ownership* bzw. des *Empty Voting,* in denen das mitgliedschaftliche Stimmrecht und die Teilhabe an der Wertentwicklung des Unternehmens aufgespalten werden.[55] Dies lässt sich vor allem durch den Einsatz derivativer Finanzinstrumente, zB Optionen, Equity Swaps und Differenzkontrakte, bewerkstelligen.[56] Um auch diese Fälle des unbemerkten Anschleichens zu erfassen, hat der Gesetzgeber in §§ 25, 25a aF (heute § 38) eine weitere Mitteilungspflicht für **sonstige Instrumente** geschaffen.[57] Die Mitteilungspflicht gilt allerdings – anders als § 33 – nicht schon bei 3 %, sondern erst ab einer Beteiligungsschwelle von **5 %.**

18   Meldepflichtig ist gem. § 39 auch derjenige, der zwar nicht die einzelnen Schwellenwerte der § 33 und § 38, aber durch Zusammenrechnung der Stimmrechte aus Anteilen gem. §§ 33 f. WpHG und der Stimmrechte aus Instrumenten iSd § 38 die Schwellen ab 5 % erreicht, über- oder unterschreitet.

19   **a) Instrumente.** Instrumente sind gem. § 38 Abs. 2 insbesondere übertragbare Wertpapiere, Optionen, Terminkontrakte, Swaps, Zinsausgleichsvereinbarungen und Differenzgeschäfte. § 38 Abs. 1 S. 1 unterscheidet im Weiteren zwischen Instrumenten, die dem Inhaber bei Fälligkeit ein unbedingtes Recht auf Erwerb mit Stimmrechten verbundener und bereits ausgegebener Aktien eines Emittenten, für den die Bundesrepublik Deutschland der Herkunftsstaat ist (Nr. 1 lit. a), oder ein Ermessen in Bezug auf sein Recht auf Erwerb dieser Aktien (Nr. 1 lit. b) verleihen,[58] und Instrumenten, die sich auf Aktien beziehen, mit „vergleichbarer wirtschaftlicher Wirkung" unabhängig davon, ob diese physisch abgewickelt werden oder einen Barausgleich vorsehen (Nr. 2). Bezugspunkt sind jeweils bereits ausgegebene Aktien, was vor allem bei Wandel- und Optionsanleihen zu Beschränkungen führt.[59] Die Regelung wurde durch die ESMA mit einer nicht abschließenden Liste von meldepflichtigen Instrumenten konkretisiert.[60]

20   § 38 Abs. 1 S. 1 Nr. 1 erfasst Geschäfte, bei denen der physische Erwerb der Aktien nur noch vom Zeitablauf oder vom Inhaber des Instruments abhängt. So erfasst § 38 Abs. 1 S. 1 lit. a unbedingte Rechte auf Erwerb von Aktien, die in Abgrenzung zu § 33 Abs. 3 mit zeitlicher Verzögerung – also nicht innerhalb der üblichen zwei Handelstage – erfüllt werden müssen.[61] Erfasst sind daher Termingeschäfte, die bindend zum Erwerb ausgegebener meldepflichtiger Stimmrechtsanteile berechtigen,

---

[53] BaFin, Emittentenleitfaden 2018, Modul B, I. 2.3.2., S. 11; *Burgard* BB 1995, 2069 (2071); Schwark/Zimmer/ *v. Hein* § 3 Rn. 21; NK-AktKapMarktR/*Heinrich* AktG § 21 Rn. 6; JVRB/*Michel* § 21 Rn. 46; Assmann/Schneider/Mülbert/*U. H. Schneider* § 33 Rn. 30 ff. mwN.

[54] Bis zum 25.11.2015 waren die Mitteilungspflichten für Aktien in § 21 WpHG aF und für sonstige Instrumente in §§ 25, 25a aF enthalten.

[55] Grdl. zu „Empty Voting" und „Hidden Ownership": Hu/Black, 156 U. Pa. L. Rev. 625 (2008); Hu/Black 13 J. Corp. Fin. 343 (2007); Hu/Black 61 BuS. Lawy. 1011 (2006); Hu/Black, 79 S. Cal. L. Rev. 811, 836 ff. (2006); in deutscher Sprache *Tautges,* Empty voting und hidden (morphable) ownership, 2013, 112 ff.; *Ferrarini* FS Hopt, 2010, 1803 (1804); *Fleischer/Schmolke* ZIP 2008, 1501; *Schneider/Brouwer* AG 2008, 557 (562 ff.); *Theusinger/Möritz* NZG 2010, 607; *Weber/Meckbach* BB 2008, 2022; *Weidemann* NZG 2016, 605. Zum Bedürfnis einer Erweiterung der meldepflichtigen Instrumente im deutschen Recht nach alter Rechtslage *Fleischer/Schmolke* NZG 2009, 401 (404 ff.); *Merkner/Sustmann* NZG 2010, 1170. Anschaulich am Beispiel des Falls *Continental/Schaeffler: Schanz* DB 2008, 1899; *Weber/Meckbach* BB 2008, 2022.

[56] Zur Entwicklung und Bedeutung von *swap*-Geschäften zur Umgehung von Publizitätspflichten *Baums/Sauter* ZHR 173 (2009), 454.

[57] Erwägungsgrund 9 RL 2013/50/EU; BT-Drs. 16/2498, 37; BT-Drs. 17/3628, 2, 19; Fuchs/*Zimmermann* § 25 Rn. 11a; zum Ganzen Kölner Komm WpHG/*Heinrich* § 25 Rn. 3 ff. Die Einführung diente damit der Vorverlagerung der Meldepflichten bereits auf den Zeitpunkt, in dem ein Inhaber von Finanzinstrumenten durch diese die Möglichkeit hat, Aktien zu erwerben und deren Stimmrechte nach Erwerb auszuüben, vgl. BT-Drs. 16/2498, 37.

[58] Dazu Assmann/Schneider/Mülbert/*U. H. Schneider* § 38 Rn. 20 ff.; vgl. *Brandt* WM 2014, 542 (546).

[59] Emmerich/Habersack/*Schürnbrand/Habersack* § 38 Rn. 6.

[60] In Art. 13 Abs. 1b S. 2 der Transparenzrichtlinie findet sich ein entsprechender Auftrag an die ESMA. Diesem nachgekommen ist die ESMA mit einem nicht abschließenden Beispielkatalog, zu finden unter Dok. ESMA/2015/ 1598 „Indicative list of financial instruments that are subject to notification requirements according to Article 13(1b) of the revised Transparency Directive" v. 22.10.2015 (abrufbar unter: https://www.esma.europa.eu/document/ indicative-list-financial-instruments, letzter Zugriff: 5.12.2019).

[61] Assmann/Schneider/Mülbert/*U. H. Schneider* § 38 Rn. 17; Emmerich/Habersack/*Schürnbrand/Habersack* § 38 Rn. 11.

also **Festpreisgeschäfte** (→ § 2 Rn. 10).[62] § 38 Abs. 1 S. 1 Nr. 1 lit. b erfasst Instrumente, die dem Inhaber ein Ermessen in Bezug auf sein Recht auf Erwerb dieser Aktien verleihen.[63] Mitteilungspflichtig ist hiernach beispielsweise der Erwerb von Aktienoptionen iSd § 2 Abs. 1 Nr. 3 Var. 1 unabhängig vom Zeitraum der Ausübung.[64] Zu den von § 38 erfassten Optionen gehören allerdings nur **Call-Optionen,** wonach bei Ausübung der Option der andere Teil zum Abschluss eines Kaufvertrages über die Aktien verpflichtet ist,[65] denn Zweck des § 38 ist die Bekämpfung des verdeckten Beteiligungsaufbaus, nicht des -abbaus. Unter § 38 Abs. 1 S. 1 Nr. 1 fallen auch Rückforderungsansprüche aus Wertpapierdarlehen und echten **Pensionsgeschäften** gem. § 340b Abs. 2 HGB, deren Entstehung allein vom Zeitablauf bzw. Erwerber abhängig ist.[66] Unechte Pensionsgeschäfte iSd § 340b Abs. 3 HGB, die lediglich den Pensionsnehmer zur Rückgabe berechtigen, können unter § 38 Abs. 1 S. 1 Nr. 2 fallen.[67]

§ 38 Abs. 1 S. 1 Nr. 2 erfasst Instrumente, die sich auf Aktien beziehen und eine **vergleichbare** **21** **wirtschaftliche Wirkung** entfalten wie die Instrumente des § 38 Abs. 1 S. 1 Nr. 1, unabhängig davon, ob sie einen Anspruch auf physische Lieferung einräumen oder nicht.[68] Es handelt sich hierbei um einen Auffangtatbestand, der vor allem künftige Entwicklungen am Kapitalmarkt erfassen soll.[69] Maßgeblich ist, ob das Instrument nach seiner „wirtschaftlichen Logik" geeignet ist, dem Inhaber die gleichen Zugriffsmöglichkeiten zu eröffnen wie ein unbedingtes Erwerbsrecht iSd § 38 Abs. 1 S. 1 Nr. 1.[70] Vom Tatbestand sind vor allem finanzielle Differenzgeschäfte, zB *Cash Settled Equity Swaps* oder Optionen mit Barausgleich, erfasst.[71] Eine Mitteilungspflicht nach § 38 Abs. 1 S. 1 Nr. 1 besteht bei diesen Derivatekontrakten in der Regel deshalb nicht, weil sie dem Inhaber keinen Anspruch auf Erwerb der Aktien, sondern lediglich einen Zahlungsanspruch in Geld einräumen. Der Inhaber kann aber typischerweise davon ausgehen, dass der Aussteller des Instruments die Aktien zur Absicherung vorhalten und diese bei Beendigung zunächst dem Berechtigten andienen wird, sodass der Erwerb der Aktien durch den Inhaber der „wirtschaftlichen Logik" des Instruments entspricht.[72] Häufig ist auch eine Ersetzungsbefugnis des Ausstellers vereinbart. Mitteilungspflichtig sind gem. § 38 Abs. 1 S. 1 Nr. 2 auch Ansprüche auf Erwerb von Aktien unter einen aufschiebenden Bedingung,[73] deren Eintritt der Erwerber nicht einseitig herbeiführen kann. Das betrifft zB Ansprüche aus bedingten Kaufverträgen– wie etwa bei M&A-Transaktionen, die der Fusionskontrolle unterliegen – oder Call-Optionen, die den Inhaber zum Erwerb der Aktien unter einer weiteren aufschiebenden Bedingung berechtigen, die er nicht einseitig herbeiführen kann.[74]

b) Unmittelbare und mittelbare Inhaber. Meldepflichtig sind unmittelbare Inhaber, dh die **22** berechtigten Personen, und darüber hinaus auch mittelbare Inhaber, wozu nach richtlinienkonformer Auslegung unter Berücksichtigung von Art. 13 Transparenz-RL über die bisher anerkannten Fälle – das Halten durch Tochterunternehmen gem. § 34 Abs. 1 Nr. 1 und durch Verwaltungstreuhänder gem. § 34 Abs. 1 Nr. 2 – auch das *Acting in Concert* gem. § 34 Abs. 2 und das Halten durch einen Bevollmächtigten gem. § 34 Abs. 1 Nr. 6 gehören.[75]

---

[62] BaFin, Emittentenleitfaden, Modul B, I. 2.8.1.1, S. 41; Kölner Komm WpHG/*Heinrich* § 25 Rn. 35; Kölner Komm WpHG/*Heinrich* § 25a Rn. 44; JVRB/*Michel* § 25 Rn. 21; *Baums/Sauter* ZHR 173 (2009), 454 (469).

[63] Krit. zum übernommenen Wortlaut der zugrunde liegenden Richtlinie *Burgard/Heimann* FS Dauses, 2014, 47, 60 ff.; DAV NZG 2012, 770 (771).

[64] BaFin, Emittentenleitfaden, Modul B, I. 2.8.1.1, S. 42.

[65] Vgl. BT-Drs. 16/2498, 36; JVRB/*Michel* § 25 Rn. 20; Kölner Komm WpHG/*Heinrich* § 25 Rn. 34; Spindler/ Stilz/*Petersen* §§ 33–47 ff. Rn. 71a; *Frisch* in Derleder/Knops/Bamberger BankR/KapMarktR 377.

[66] BaFin, Emittentenleitfaden, Modul B, I. 2.8.1.1, S. 42

[67] BaFin, Emittentenleitfaden, Modul B, I. 2.8.1.2, S. 42

[68] Ausf. zur Anwendung auf Vorerwerbe *Mock* AG 2018, 695.

[69] Assmann/Schneider/Mülbert/*U. H. Schneider* § 38 Rn. 33; Staub/*Grundmann* Bd. 11/2 6. Teil Rn. 860; vgl. auch RegE zur Umsetzung der Transparenz-RL, BT-Drs. 18/5010, 46 f.; *BaFin* FAQ zu den Transparenzpflichten des WpHG in den Abschnitten 6 (§§ 33 ff.) und 7 (§§ 48 ff.) v. 19.10.2015 S. 24. Krit. zur Bestimmtheit im Hinblick auf die bußgeldrechtlichen Sanktionen VG Frankfurt a. M. v. 4.11.2015 – 7 K 4703/15.F, AG 2016, 336 = EWIR 2016, 301 mAnm Schilha/Lang; *Söhner,* ZIP 2015, 2451 (2456).

[70] *Emmerich/Habersack/Schürnbrand/Habersack* § 38 Rn. 12 („ein unbedingtes Erwerbsrecht [...] zumindest teilweise ersetzen kann").

[71] BaFin, Emittentenleitfaden, Modul B, I. 2.8.1.2, S. 42. Noch zu § 25a aF BT-Drs. 17/3628, 19; Staub/*Grundmann* Bd. 11/2 6. Teil Rn. 860; *Schneider/Brouwer* AG 2008, 557 (562 ff.). Da nunmehr unerheblich ist, ob ein Ausgleich durch physische Lieferung oder ein finanzielles Differenzgeschäft erfolgt (s. BT-Drs. 17/3628, 19), ist die aA bzgl. *cash-settled equity swaps* bei *v. Bülow/Stephanblome* ZIP 2008, 1797 (1800 f.); *Gätsch/Schäfer* NZG 2008, 846 (849); *Meyer/Kiesewetter* WM 2009, 340, überholt.

[72] Begr. RegE BT-Drs. 17/3628, 19.

[73] Nr. 3 lit. q ESMA-Liste („Indicative list of financial instruments that are subject to notification requirements according to Article 13(1b) of the revised Transparency Directive" v. 22.10.2015.

[74] BaFin, Emittentenleitfaden, Modul B, I. 2.8.2., S. 45; Emmerich/Habersack/*Schürnbrand/Habersack* § 38 Rn. 12; *Brandt* WM 2014, 542 (546).

[75] BaFin, Emittentenleitfaden, Modul B, I. 2.8.2., S. 45; Emmerich/Habersack/*Schürnbrand/Habersack* § 38 Rn. 15; Assmann/Schneider/Mülbert/*U. H. Schneider* § 38 Rn. 25 ff.

III. Form, Frist und Inhalt der Meldung

23   Der Meldepflichtige hat dem Emittenten und der BaFin die Schwellenberührung **unverzüglich,** spätestens aber innerhalb von vier Handelstagen gem. § 47 mitzuteilen (§ 33 Abs. 1 S. 1). Der Begriff der Unverzüglichkeit stammt aus Art. 12 Abs. 2 Transparenz-RL und ist daher unionsrechtskonform auszulegen. Daher ist entgegen der hM nicht entsprechend § 121 BGB davon auszugehen, dass die Meldung ohne schuldhaftes Zögern zu erfolgen hat,[76] sondern ähnlich wie gem. Art. 17 Abs. 1 MAR kommt es darauf an, dass „so bald wie möglich" mitgeteilt wird (näher hierzu → MAR Art. 17 Rn. 17).

24   Bei einer **aktiven Schwellenberührung** durch Erwerb oder Veräußerung beginnt die Frist in dem Zeitpunkt, in dem der Meldepflichtige hiervon Kenntnis genommen hat oder bei Anwendung der Sorgfalt eines durchschnittlichen Marktteilnehmers Kenntnis hätte nehmen müssen (§ 33 Abs. 1 S. 3).[77] Zwei Handelstage nach der Schwellenberührung wird die Kenntnis des Aktionärs gem. § 33 Abs. 1 S. 4 unwiderleglich vermutet. Bei einer **passiven Schwellenberührung** wegen einer Veränderung der Gesamtzahl der Stimmrechte beginnt die Frist erst bei positiver Kenntnis von der Schwellenberührung, spätestens aber mit der Veröffentlichung der Gesamtzahl der Stimmrechte durch den Emittenten (§ 33 Abs. 1 S. 5).

25   Seit Ende Oktober 2018 werden die Bestimmungen der WpAV von der Stimmrechtsmitteilungsverordnung **(StimmRMV)**[78] flankiert, die eine elektronische Einreichung der Mitteilungen ermöglicht. Die Regelungen der StimmRMV stehen ausweislich § 1 S. 2 StimmRMV neben den Vorgaben der WpAV. Die Übermittlung der Mitteilung kann demnach schriftlich oder elektronisch erfolgen (§ 2 StimmRMV). Während für die schriftliche Mitteilung gem. § 12 Abs. 1 WpAV das Musterformular aus der Anlage zur WpAV zu verwenden ist,[79] muss für die elektronische Übermittlung an die BaFin zwingend die Mitteilungs- und Veröffentlichungsplattform der BaFin (MVP) genutzt werden (§ 4 Abs. 1 StimmRMV).[80] Für die elektronische Mitteilung an den Emittenten gilt § 6 StimmRMV. Die Mitteilung hat in deutscher oder englischer Sprache zu erfolgen (§ 14 WpAV).

26   Angesichts der Unsicherheiten bei der Feststellung einer Mitteilungspflicht, insbesondere auch der nicht seltenen Unstimmigkeiten über die Rechtslage zwischen der BaFin und den Zivilgerichten (→ Vor § 1 Rn. 58) stellt sich die Frage nach der Möglichkeit einer **vorsorglichen Mitteilung.** Die BaFin lehnt dies bislang allerdings ausdrücklich ab.[81] Für die Zulässigkeit vorsorglicher Mitteilungen spricht zwar das berechtigte Interesse der Mitteilungspflichtigen, Sanktionen, insbsd. den Rechtsverlust gem. § 44 zu vermeiden.[82] Vorsorgliche Mitteilungen sind aber gleichwohl unzulässig, da sie die Transparenz des Kapitalmarktes beeinträchtigen und die tatsächlichen bzw. rechtlichen Unsicherheiten nicht den anderen Kapitalmarktteilnehmern auferlegt werden können.[83] Dem Risiko des Mitteilungspflichtigen zur Fehlbewertung ist bei der Sanktionierung der Pflichtverletzung, insbesondere bei der Frage des Verschuldens, Rechnung zu tragen.[84] So schließen vor allem Auskünfte der BaFin zum Nichtbestehen einer Mitteilungspflicht das Verschulden nicht nur im Hinblick auf Geldbußen, sondern auch im Rahmen des § 44 aus.[85]

---

[76] Emmerich/Habersack/*Schürnbrand/Habersack* § 33 Rn. 24; Fuchs/*Zimmermann* Vor §§ 21 ff. Rn. 87; NK-Akt-KapMarktR/*Heinrich* AktG § 21 Rn. 10; JVRB/*Michel* § 21 Rn. 55. Zum europarechtlichen Bezug auch Kölner Komm WpHG/*Hirte* § 21 Rn. 162.

[77] Zum Kennenmüssen JVRB/*Michel* § 21 Rn. 59; Schwark/Zimmer/*v. Hein* § 33 Rn. 45.

[78] Verordnung zur Mitteilung der Stimmrechte aus Aktien und anderen Instrumenten nach dem Wertpapierhandelsgesetz v. 2.10.2018, BGBl. 2018 I 1723.

[79] Das Formular ist ebenfalls auf der Homepage der BaFin abrufbar unter: https://www.bafin.de/DE/Aufsicht/BoersenMaerkte/Transparenz/InformationspflichtenEmittenten/BedeutendeStimmrechtsanteile/bedeutendestimmrechtsanteile_node.html (unter Zusatzinformationen – Formulare; letzter Zugriff: 5.12.2019).

[80] Weiterführende Informationen zur Nutzung der MVP finden sich in einem entsprechenden Informationsblatt, abrufbar unter: https://www.bafin.de/DE/DieBaFin/Service/MVPportal/Stimmrechtsmitteilungen/stimmrechtsmitteilungen_node.html (letzter Zugriff: 5.12.2019).

[81] BaFin, Emittentenleitfaden, Modul B, I. 1.2.2.6, S. 10.

[82] Assmann/Schneider/Mülbert/*U. H. Schneider* § 33 Rn. 133.

[83] MüKoAktG/*Bayer* § 33 Rn. 48; K. Schmidt/Lutter/*Veil* AktG Anh. § 22 WpHG § 21 Rn. 4; Fuchs/*Zimmermann* § 21 Rn. 65; *v. Bülow/Petersen* NZG 2009, 481 (483); *Mülbert* FS Karsten Schmidt, 2009, 1225. AA Assmann/Schneider/Mülbert/*U. H. Schneider* § 33 Rn. 133; Kölner Komm WpHG/*Hirte* § 21 Rn. 154; *Busch* AG 2009, 425 (431); s. auch zu § 20 AktG in einem obiter dictum BGHZ 114, 203 (217).

[84] MüKoAktG/*Bayer* § 33 Rn. 48; K. Schmidt/Lutter/*Veil* AktG Anh. § 22 WpHG § 21 Rn. 4.

[85] *Nartowska,* Rechtsverlust nach § 28 WpHG, 2013, 121 ff.; MüKoAktG/*Bayer* § 44 Rn. 16; K. Schmidt/Lutter/*Veil* AktG Anh. § 22 WpHG § 21 Rn. 4.

§ 40 Veröffentlichungspflichten des Emittenten und Übermittlung an das Unternehmensregister

(1) [1]Ein Inlandsemittent hat Informationen nach § 33 Absatz 1 Satz 1, Absatz 2 und § 38 Absatz 1 Satz 1 sowie § 39 Absatz 1 Satz 1 oder nach entsprechenden Vorschriften anderer Mitgliedstaaten der Europäischen Union oder anderer Vertragsstaaten des Abkommens über den Europäischen Wirtschaftsraum unverzüglich, spätestens drei Handelstage nach Zugang der Mitteilung zu veröffentlichen; er übermittelt sie außerdem unverzüglich, jedoch nicht vor ihrer Veröffentlichung dem Unternehmensregister im Sinne des § 8b des Handelsgesetzbuchs zur Speicherung. [2]Erreicht, überschreitet oder unterschreitet ein Inlandsemittent in Bezug auf eigene Aktien entweder selbst, über ein Tochterunternehmen oder über eine in eigenem Namen, aber für Rechnung dieses Emittenten handelnde Person die Schwellen von 5 Prozent oder 10 Prozent durch Erwerb, Veräußerung oder auf sonstige Weise, gilt Satz 1 entsprechend mit der Maßgabe, dass abweichend von Satz 1 eine Erklärung zu veröffentlichen ist, deren Inhalt sich nach § 33 Absatz 1 Satz 1, auch in Verbindung mit einer Rechtsverordnung nach § 33 Absatz 5 bestimmt, und die Veröffentlichung spätestens vier Handelstage nach Erreichen, Überschreiten oder Unterschreiten der genannten Schwellen zu erfolgen hat; wenn für den Emittenten die Bundesrepublik Deutschland der Herkunftsstaat ist, ist außerdem die Schwelle von 3 Prozent maßgeblich.

(2) Der Inlandsemittent hat gleichzeitig mit der Veröffentlichung nach Absatz 1 Satz 1 und 2 diese der Bundesanstalt mitzuteilen.

(3) Das Bundesministerium der Finanzen kann durch Rechtsverordnung, die nicht der Zustimmung des Bundesrates bedarf, nähere Bestimmungen erlassen über

1. den Inhalt, die Art, die Sprache, den Umfang und die Form sowie die elektronische Verarbeitung der Angaben der Veröffentlichung nach Absatz 1 Satz 1 einschließlich enthaltener personenbezogener Daten und

2. den Inhalt, die Art, die Sprache, den Umfang, die Form sowie die elektronische Verarbeitung der Angaben der Mitteilung nach Absatz 2 einschließlich enthaltener personenbezogener Daten.

§ 41 Veröffentlichung der Gesamtzahl der Stimmrechte und Übermittlung an das Unternehmensregister

(1) [1]Ist es bei einem Inlandsemittenten zu einer Zu- oder Abnahme von Stimmrechten gekommen, so ist er verpflichtet, die Gesamtzahl der Stimmrechte und das Datum der Wirksamkeit der Zu- oder Abnahme in der in § 40 Absatz 1 Satz 1, auch in Verbindung mit einer Rechtsverordnung nach Absatz 3 Nummer 1, vorgesehenen Weise unverzüglich, spätestens innerhalb von zwei Handelstagen zu veröffentlichen. [2]Er hat die Veröffentlichung gleichzeitig der Bundesanstalt entsprechend § 40 Absatz 2, auch in Verbindung mit einer Rechtsverordnung nach Absatz 3 Nummer 2, mitzuteilen. [3]Er übermittelt die Informationen außerdem unverzüglich, jedoch nicht vor ihrer Veröffentlichung, dem Unternehmensregister nach § 8b des Handelsgesetzbuchs zur Speicherung.

(2) [1]Bei der Ausgabe von Bezugsaktien ist die Gesamtzahl der Stimmrechte abweichend von Absatz 1 Satz 1 nur im Zusammenhang mit einer ohnehin erforderlichen Veröffentlichung nach Absatz 1, spätestens jedoch am Ende des Kalendermonats, in dem es zu einer Zu- oder Abnahme von Stimmrechten gekommen ist, zu veröffentlichen. [2]Der Veröffentlichung des Datums der Wirksamkeit der Zu- oder Abnahme bedarf es nicht.

§ 42 Nachweis mitgeteilter Beteiligungen. Wer eine Mitteilung nach § 33 Absatz 1 oder 2, § 38 Absatz 1 oder § 39 Absatz 1 abgegeben hat, muß auf Verlangen der Bundesanstalt oder des Emittenten, für den die Bundesrepublik Deutschland der Herkunftsstaat ist, das Bestehen der mitgeteilten Beteiligung nachweisen.

Im Zusammenhang mit der Beteiligungspublizität treffen den Inlandsemittenten[1] iSv §§ 2 **1** Abs. 14, 33 Abs. 4 (→ § 2 Rn. 36), auf dessen Anteile sich die mitteilungspflichtigen Stimmrechte beziehen, gem. § 40 Abs. 1 WpHG Veröffentlichungspflichten. Außerdem hat der Inlandsemittent gem. § 40 Abs. 2 für die Mitteilung der Veröffentlichung an die BaFin zu sorgen. Inlandsemittenten mit Sitz im Ausland können unter den Voraussetzungen des § 46 eine Freistellung durch die BaFin erhalten.

---

[1] Im Unterschied zu den Meldepflichten bezieht sich die Veröffentlichungspflicht nicht auf den Emittenten, für den die Bundesrepublik Deutschland der Herkunftsstaat ist, § 2 Abs. 13, sondern auf den Inlandsemittenten iSd § 2 Abs. 14.

I. Veröffentlichung der Mitteilung

2   Inlandsemittenten sind gem. § 40 Abs. 1 S. 1 iVm § 15 WpAV in Umsetzung von Art. 19 ff. Transparenz-RL zur **Veröffentlichung** der gesetzlichen Mitteilung des Aktionärs nach §§ 33, 38 f. verpflichtet. Erfährt der Emittent auf andere Weise von meldepflichtigen Umständen, ist er nach hM nicht zur Veröffentlichung verpflichtet.[2] Die Veröffentlichung muss gem. § 40 Abs. 3 S. 1 iVm § 15 WpAV die Angaben der Meldung in dem vorgesehenen Formblatt enthalten. Das gilt auch für unvollständige oder fehlerhafte Meldungen, auf deren Ergänzung bzw. Berichtigung der Emittent allerdings beim Meldepflichtigen hinwirken muss.[3] Die Veröffentlichung hat in deutscher und gegebenenfalls in englischer Sprache in Medien mit europaweiter Verbreitung (§ 40 Abs. 3 S. 1 iVm § 16 WpAV iVm §§ 3a, 3b WpAV), und gem. § 40 Abs. 1 S. 1 unverzüglich zu erfolgen, spätestens aber drei Handelstage am. § 47 nach Zugang der Mitteilung des Meldepflichtigen beim Inlandsemittenten. § 40 Abs. 1 S. 1 Hs. 2 verlangt die Übermittlung an das Unternehmensregister iSd § 8b HGB zur Speicherung.

II. Veröffentlichung bezüglich eigener Aktien

3   § 40 Abs. 1 S. 2 verpflichtet Inlandsemittenten darüber hinaus in Umsetzung von Art. 14 Transparenz-RL zur Veröffentlichung, wenn sie in Bezug auf **eigene Aktien** 5 oder 10 %[4] durch Erwerb, Veräußerung oder in sonstiger Weise (zu diesen Begriffen → §§ 33–39 Rn. 4) erreichen, über- oder unterschreiten. Zu berücksichtigen sind Aktien, die dem Emittenten, einem Tochterunternehmen iSd § 35 oder einem Dritten für Rechnung des Emittenten gehören. Die Veröffentlichung hat insoweit unverzüglich, spätestens aber innerhalb von vier Handelstagen iSd § 47 zu erfolgen.

III. Veröffentlichung der Gesamtzahl der Stimmrechte

4   Da der Meldepflichtige zur Berechnung seines Stimmrechtsanteils die für ihn nicht ohne Weiteres erkennbare Gesamtzahl der Stimmrechte benötigt (→ §§ 33–39 Rn. 3), verpflichtet **§ 41** Inlandsemittenten iSd §§ 2 Abs. 14, 33 Abs. 4 (→ § 2 Rn. 36), die aktuelle Gesamtzahl der Stimmrechte unverzüglich und spätestens innerhalb von zwei Handelstagen gem. § 47 nach einer Veränderung zu veröffentlichen.

§ 42

(hier nicht wiedergegeben)

§ 43 Mitteilungspflichten für Inhaber wesentlicher Beteiligungen

(1) [1]**Ein Meldepflichtiger im Sinne der §§ 33 und 34, der die Schwelle von 10 Prozent der Stimmrechte aus Aktien oder eine höhere Schwelle erreicht oder überschreitet, muss dem Emittenten, für den die Bundesrepublik Deutschland Herkunftsstaat ist, die mit dem Erwerb der Stimmrechte verfolgten Ziele und die Herkunft der für den Erwerb verwendeten Mittel innerhalb von 20 Handelstagen nach Erreichen oder Überschreiten dieser Schwellen mitteilen. [2]Eine Änderung der Ziele im Sinne des Satzes 1 ist innerhalb von 20 Handelstagen mitzuteilen. [3]Hinsichtlich der mit dem Erwerb der Stimmrechte verfolgten Ziele hat der Meldepflichtige anzugeben, ob**

1. **die Investition der Umsetzung strategischer Ziele oder der Erzielung von Handelsgewinnen dient,**
2. **er innerhalb der nächsten zwölf Monate weitere Stimmrechte durch Erwerb oder auf sonstige Weise zu erlangen beabsichtigt,**
3. **er eine Einflussnahme auf die Besetzung von Verwaltungs-, Leitungs- und Aufsichtsorganen des Emittenten anstrebt und**
4. **er eine wesentliche Änderung der Kapitalstruktur der Gesellschaft, insbesondere im Hinblick auf das Verhältnis von Eigen- und Fremdfinanzierung und die Dividendenpolitik anstrebt.**

[4]**Hinsichtlich der Herkunft der verwendeten Mittel hat der Meldepflichtige anzugeben, ob es sich um Eigen- oder Fremdmittel handelt, die der Meldepflichtige zur Finanzierung des Erwerbs der Stimmrechte aufgenommen hat. [5]Eine Mitteilungspflicht nach Satz 1 besteht nicht, wenn der Schwellenwert auf Grund eines Angebots im Sinne des § 2 Absatz 1 des**

---

[2] OLG Stuttgart AG 2009, 124 (128); MüKoAktG/*Bayer* § 40 Rn. 3; Emmerich/Habersack/*Schürnbrand*/*Habersack* § 40 Rn. 2; zudem auch kein Recht zur Veröffentlichung Schwark/Zimmer/*v. Hein* § 40 Rn. 8; Fuchs/ *Dehlinger*/*Zimmermann* § 22 Rn. 4, 18.
[3] Emmerich/Habersack/*Schürnbrand*/*Habersack* § 40 Rn. 2.
[4] Für Emittenten, deren Herkunftsstaat die Bundesrepublik ist, § 2 Abs. 13, gilt die zusätzliche Schwelle von 3 %.

Wertpapiererwerbs- und Übernahmegesetzes erreicht oder überschritten wurde. [6]Die Mitteilungspflicht besteht ferner nicht für Kapitalverwaltungsgesellschaften sowie ausländische Verwaltungsgesellschaften und Investmentgesellschaften im Sinne der Richtlinie 2009/65/EG, die einem Artikel 56 Absatz 1 Satz 1 der Richtlinie 2009/65/EG entsprechenden Verbot unterliegen, sofern eine Anlagegrenze von 10 Prozent oder weniger festgelegt worden ist; eine Mitteilungspflicht besteht auch dann nicht, wenn eine Artikel 57 Absatz 1 Satz 1 und Absatz 2 der Richtlinie 2009/ 65/EG entsprechende zulässige Ausnahme bei der Überschreitung von Anlagegrenzen vorliegt.

(2) Der Emittent hat die erhaltene Information oder die Tatsache, dass die Mitteilungspflicht nach Absatz 1 nicht erfüllt wurde, entsprechend § 40 Absatz 1 Satz 1 in Verbindung mit der Rechtsverordnung nach § 40 Absatz 3 Nummer 1 zu veröffentlichen; er übermittelt diese Informationen außerdem unverzüglich, jedoch nicht vor ihrer Veröffentlichung dem Unternehmensregister nach § 8b des Handelsgesetzbuchs zur Speicherung.

(3) [1]Die Satzung eines Emittenten mit Sitz im Inland kann vorsehen, dass Absatz 1 keine Anwendung findet. [2]Absatz 1 findet auch keine Anwendung auf Emittenten mit Sitz im Ausland, deren Satzung oder sonstige Bestimmungen eine Nichtanwendung vorsehen.

(4) Das Bundesministerium der Finanzen kann durch Rechtsverordnung, die nicht der Zustimmung des Bundesrates bedarf, nähere Bestimmungen über den Inhalt, die Art, die Sprache, den Umfang und die Form der Mitteilungen nach Absatz 1 erlassen.

I. Überblick

Beim Erwerb wesentlicher Beteiligungen verlangt § 43 (§ 27a aF) über die Angaben gem. § 33 hi- **1** naus eine qualifizierte Mitteilung an den Emittenten über die mit dem Aktienerwerb verfolgten Ziele sowie über die Herkunft der für den Erwerb verwendeten finanziellen Mittel. Die Norm wurde mit dem Risikobegrenzungsgesetz v. 12.8.2008[1] ohne entsprechende Vorgabe in der Transparenzrichtlinie erstmals in § 27a aF aufgenommen und soll nach dem Vorbild ausländischer Regelungen, namentlich des U.S.-amerikanischen Sec. 13(d) SEA 1934 und des französischen Art. L 233-7 Abs. 6 Code de Commerce, die Transparenz für Anleger und Arbeitnehmer erhöhen sowie unerwünschte Aktivitäten von Finanzinvestoren erschweren oder verhindern.[2]

II. Wesentliche Beteiligung

Adressaten der Regelung sind **Inhaber wesentlicher Beteiligungen** an Emittenten, deren Her- **2** kunftsstaat die Bundesrepublik Deutschland ist (§ 2 Abs. 13 iVm § 33 Abs. 4), dh alle nach § 33 Meldepflichtigen, die durch Erwerb oder in sonstiger Weise die Beteiligungsschwelle von 10 % erreichen oder überschreiten (§ 43 Abs. 1 S. 1). Die Stimmrechte werden gem. §§ 33 f. berechnet. Instrumente iSd § 38 sind für die Berechnung in § 43 ohne Belang. Dies ergibt sich aus dem Wortlaut des § 43, der ausschließlich auf die §§ 33 und 34 und nicht – wie etwa § 44 Abs. 2 – auch auf § 38 verweist.[3]

III. Inhalt der Mitteilung

§ 43 Abs. 1 zählt abschließend auf, welche Angaben zu den mit dem Erwerb der Stimmrechte **3** verbundenen **Absichten**[4] und zur Herkunft der Mittel zum Erwerb mitzuteilen sind.[5]

1. Absichten. Zu den angabepflichtigen Absichten gehört im Einzelnen das **Investitionsziel**, also **4** ob der Investor strategische Ziele oder nur die Erzielung von Handelsgewinnen verfolgt (§ 43 Abs. 1 S. 3 Nr. 1).[6] Mitzuteilen ist, ob die **Aufstockung** um weitere Stimmrechte innerhalb der nächsten

---

[1] Gesetz zur Begrenzung der mit Finanzinvestitionen verbundenen Risiken (Risikobegrenzungsgesetz) v. 12.8.2008, BGBl. 2008 I 1666.

[2] Begr. RegE BT-Drs. 16/7438, 1, 12 f. Zu Reformüberlegungen siehe Konsultation des BMF zu Erfahrungen und möglichem Änderungsbedarf im Hinblick auf die Regelung des § 43 WpHG v. 25.7.2019 (abrufbar unter https://www.bundesfinanzierungsministerium.de).

[3] JVRB/*Becker* § 27a Rn. 9; Staub/*Grundmann* Bd. 11/2 6. Teil Rn. 862; Kölner Komm WpHG/*Heinrich* § 27a Rn. 26; Emmerich/Habersack/*Schürnbrand/Habersack* § 43 Rn. 2; Habersack/Mülbert/Schlitt/*Weber-Rey/Benzler* KapMarktInfo-HdB § 20, Rn. 113; Fuchs/*Zimmermann* § 27a Rn. 4; *Ulmrich,* Investorentransparenz, 2013, 117 f.; *Greven/Fahrenholz* BB 2009, 1487 (1489); *Querfurth* WM 2008, 1957. Nach aA sind Instrumente hingegen gem. § 39 hinzuzurechnen, da das Risikobegrenzungsgesetz eine höhere Meldedichte zu erreichen bezweckt, s. K. Schmidt/Lutter/*Veil* AktG Anh. § 22 WpHG § 43 Rn. 5; *Fleischer* AG 2008, 873 (876); *Heusel* WM 2012, 291 (296 f.); *König* BB 2008, 1910 (1912 f.); Assmann/Schneider/Mülbert/*U. H. Schneider* § 43 Rn. 4.

[4] Ausf. *Schneider* FS Nobbe, 2009, 750 ff.; *Ulmrich,* Investorentransparenz, 2013, 122 ff.; *Fleischer* AG 2008, 873 (878 f.); *Greven/Fahrenholz* BB 2009, 1487 (1491 f.).

[5] Begr. RegE BT-Drs. 16/7438, 12; Assmann/Schneider/Mülbert/*U. H. Schneider* § 43 Rn. 12; Emmerich/Habersack/*Schürnbrand/Habersack* § 43 Rn. 6.

[6] Während strategische Ziele mittel- oder langfristig angelegt sind und mit Umbau oder Sanierung des Unternehmens einhergehen, sind Handelsgewinne durch jederzeitige – auch kurzfristige – Veräußerung des Emittenten

12 Monate beabsichtigt ist (§ 43 Abs. 1 S. 3 Nr. 2).[7] Nach § 43 Abs. 1 S. 2 Nr. 3 sind zudem Angaben darüber erforderlich, ob auf die **Besetzung des Aufsichtsrates** und/oder auf die des **Vorstands** Einfluss genommen werden soll.[8] Zu den mitteilungspflichtigen Angaben gehört die Absicht einer wesentlichen Änderung der **Kapitalstruktur,** insbesondere im Hinblick auf Eigen- und Fremdkapital, oder der **Dividendenpolitik** der Gesellschaft (§ 43 Abs. 1 S. 3 Nr. 4).[9] Für die Frage der Wesentlichkeit ist auf die objektive Sicht eines verständigen Anlegers abzustellen.[10] Die Mitteilungspflicht beschränkt sich jeweils auf das „Ob", sodass eine darüber hinaus gehende Erläuterung nicht erforderlich ist.[11]

5　　An die mitgeteilten Ziele ist der Inhaber wesentlicher Beteiligungen nicht gebunden, er kann hiervon also später abweichen, ist allerdings bei Änderungen zur Aktualisierung der Mitteilung innerhalb von 20 Handelstagen iSd § 47 verpflichtet (§ 43 Abs. 1 S. 2).[12]

6　　**2. Mittelherkunft.** Nach § 43 Abs. 1 S. 4 müssen Inhaber wesentlicher Beteiligungen in einem zweiten Teil über die **Herkunft** der für den Erwerb verwendeten **Mittel** informieren, insbesondere über die Art der Finanzierung durch Eigen- oder Fremdkapital und die Anteile der jeweiligen Finanzierungsform an der Gesamtfinanzierung.[13] Damit die Mitteilungspflicht nach § 43 Abs. 1 nicht zu Wettbewerbsnachteilen für den Investor führt, besteht jedoch keine Pflicht zu weitergehenden Erläuterungen (etwa zu der Identität der beteiligten Kreditgeber, der Höhe oder den Konditionen des einzelnen Kredits).[14] Die Mitteilungspflicht nach § 43 Abs. 1 S. 4 besteht nicht, wenn keine finanziellen Mittel eingesetzt wurden, bspw bei einem Stimmrechtszuwachs infolge einer Zurechnung gem. § 34 oder durch Änderung der Gesamtzahl der Stimmrechte gem. § 41.[15]

IV. Ausschluss der Mitteilungspflicht

7　　Die qualifizierte Mitteilungspflicht für wesentliche Beteiligungen **entfällt,** wenn der Schwellenwert aufgrund eines öffentlichen Erwerbs- oder Übernahmeangebots nach **§ 2 Abs. 1 WpÜG** erreicht oder überschritten wurde (§ 43 Abs. 1 S. 5).[16] Zudem haben die Emittenten die Möglichkeit des **Opt-out,** indem sie die Mitteilungspflicht des § 43 in ihrer Satzung ausschließen (§ 43 Abs. 3).[17]

---

möglich und nicht notwendigerweise mit dem Umbau des Unternehmens verbunden. Überwiegend wird zur Abgrenzung zwischen strategischen Investmentzielen und (kurzfristigen) Handelsgewinnen auf die zum Handels- und Spekulationsbestand im Rahmen des § 36 Abs. 1 Nr. 2 entwickelten Grundsätze zurückgegriffen. S. Kölner KommWpHG/*Heinrich* § 27a Rn. 37; *v. Bülow/Stephanblome* ZIP 2009, 1797 (1802).

[7] Hierdurch sollen ein geplanter Ausbau der Beteiligung und ein möglicher Kontrollerwerb, § 29 WpÜG, aufgedeckt werden, JVRB/*Becker* § 27a Rn. 20. Dies wird mitunter als „die wichtigste" der Mitteilungspflichten des § 43 gesehen Assmann/Schneider/Mülbert/*U. H. Schneider* § 43 Rn. 15. Näher zur Relevanz der Norm im Rahmen öffentlicher Übernahmen bei *Leyendecker-Langner/Huthmacher* AG 2015, 560.

[8] Hierfür genügt auch eine mittelbare Einflussnahme, zB durch gezielte Pressekampagnen, *Ulmrich* Investorentransparenz, 2013, 128; NK-AktKapMarktR/*Nordholtz* AktG § 27a Rn. 21. Allerdings wird das weit gefasste Merkmal der „Beeinflussung" teilw. dahingehend eingeschränkt, dass die Beeinflussungsabsicht einen gewissen Grad an Konkretisierung erreichen muss, dazu näher NK-AktKapMarktR/*Nordholtz* AktG § 27a Rn. 21; Kölner Komm WpHG/*Heinrich* § 27a Rn. 41.

[9] So arbeiten Investoren, die zur Finanzierung des Beteiligungserwerbs hohe Kredite aufnehmen müssen, häufig auf eine Änderung der Kapitalstruktur des Emittenten (Reduzierung von Eigenkapital und Ausbau der Fremdfinanzierung) oder eine erhebliche Steigerung der Gewinnausschüttung hin, um auf diese Weise ihre Erwerbskosten zu finanzieren, vgl. Assmann/Schneider/Mülbert/*U. H. Schneider* § 43 Rn. 15; K. Schmidt/Lutter/*Veil* AktG Anh. § 22 WpHG § 27a Rn. 11; Schwark/Zimmer/*v. Hein* § 43a Rn. 9. Zum Ganzen *U. H. Schneider* NZG 2007, 888; *U. H. Schneider* AG 2006, 577.

[10] S. auch MüKoAktG/*Bayer* § 43 Rn. 12; Emmerich/Habersack/*Schürnbrand/Habersack* § 43 Rn. 10 („objektive Perspektive des Emittenten und die Einschätzung eines verständigen Anlegers").

[11] Emmerich/Habersack/*Schürnbrand/Habersack* § 43 Rn. 7.

[12] MüKoAktG/*Bayer* Anh. 22 § 43 WpHG Rn. 19M Schwark/Zimmer/*v. Hein* § 43 Rn. 4; Kölner Komm WpHG/*Heinrich* § 27a Rn. 45 f.; Emmerich/Habersack/*Schürnbrand/Habersack* § 43 Rn. 5; *Buck-Heeb,* Kapitalmarktrecht, 10. Aufl. 2019, Rn. 674; *Poelzig,* Kapitalmarktrecht, 2018, Rn. 635; *v. Bülow/Stephanblome* ZIP 2008, 1797 (1803); *Pluskat* NZG 2009, 206 (209); früh schon *Wilsing/Goslar* DB 2007, 2467 (2470).

[13] RegE Risikobegrenzungsgesetz, BT-Drs. 16/7438, 12; MüKoAktG/*Bayer* Anh. § 22 AktG § 43 WpHG Rn. 12; *Buck-Heeb,* Kapitalmarktrecht, 10. Aufl. 2019, Rn. 675; *Poelzig,* Kapitalmarktrecht, 2018, Rn. 635 f.

[14] Begr. RegE Risikobegrenzungsgesetz, BT-Drs. 16/7438, 12; Fuchs/*Zimmermann* § 27a Rn. 17; MüKoAktG/*Bayer* Anh. § 22 § 43 Rn. 13; Schwark/Zimmer/*v. Hein* § 43 Rn. 11; *Fleischer* AG 2008, 873 (879) mwN.

[15] MüKoAktG/*Bayer*Anh. § 22, § 43 Rn. 13; NK-AktKapMarktR/*Nordholtz* AktG § 27a Rn. 23; Emmerich/ Habersack/*Schürnbrand/Habersack* § 43 Rn. 29.

[16] Hintergrund dieser Ausnahmeregelung ist, dass in diesem Fall Emittent und Aktionäre bereits durch die Angebotsunterlage nach § 11 WpÜG umfänglich informiert werden, K. Schmidt/Lutter/*Veil* AktG Anh. § 22 WpHG § 27a Rn. 15; *Buck-Heeb,* Kapitalmarktrecht, 10. Aufl. 2019, Rn. 677; *Poelzig,* Kapitalmarktrecht, 2018, Rn. 635 f.; *Greven/Fahrenholz* BB 2009, 1487 (1490); *Pluskat* NZG 2009, 206 (207).

[17] Die Ausnahme von der Mitteilungs- und damit auch der Veröffentlichungspflicht gem. § 43 Abs. 2 ist durch Beschluss mit einer qualifizierten Mehrheit von mindestens drei Viertel des vertretenen Grundkapitals, § 179 Abs. 1, 2 AktG, und der einfachen Stimmenmehrheit, § 133 Abs. 1 AktG, in die Satzung aufzunehmen. Zur rechtspoliti-

V. Art. Form und Frist der Mitteilung

Die Mitteilung ist dem Emittenten, nicht hingegen der BaFin zuzuleiten. Die **Frist** beträgt 20 **8**
Handelstage iSd §§ 47, 43 Abs. 1 S. 1 und beginnt in entsprechender Anwendung von § 33 Abs. 1
S. 3–5 (→ §§ 33–39 Rn. 23 ff.) grundsätzlich, sobald der Meldepflichtige Kenntnis vom Erreichen
bzw. Überschreiten der 10-Prozent-Schwelle hat oder haben musste. Nähere Bestimmungen über den
Inhalt, die Art, die Sprache, den Umfang und die Form der Mitteilung kann das Bundesfinanz-
ministerium durch Rechtsverordnung gem. § 43 Abs. 4 regeln, was bislang noch aussteht.

VI. Veröffentlichungspflicht des Emittenten

Der Emittent hat die Mitteilung unverzüglich und spätestens innerhalb von drei Handelstagen gem. **9**
§ 47 nach Zugang der Mitteilung zu **veröffentlichen,** (§ 43 Abs. 2 iVm § 40 Abs. 1) und dem
Unternehmensregister gem. § 8b HGB unverzüglich zur Speicherung zu übermitteln. Eine entsprechende Pflicht zur **Negativanzeige** trifft den Emittenten, wenn die Mitteilung pflichtwidrig nicht
erfolgt ist. Davon ist nach dem Willen des Gesetzgebers auch bei Fehlerhaftigkeit oder Unvollständigkeit auszugehen.[18] Voraussetzung für die Pflicht zur Negativanzeige ist positive Kenntnis des Emittenten von der Mitteilungspflicht; Nachforschungspflichten obliegen ihm nicht.[19]

VII. Sanktionen

Der deutsche Gesetzgeber hat für eine Verletzung des § 43 (§ 27a Abs. 2 aF) bewusst **keine 10
Sanktionen** vorgesehen.[20] Es drohen weder Bußgelder gem. § 120[21] noch der Rechtsverlust gem.
§ 44. Erfüllungs- bzw. Schadensersatzansprüche des Emittenten oder der Anleger gem. §§ 280 Abs. 1,
823 Abs. 2 BGB scheiden aus den gleichen Gründen wie im Falle der §§ 33 ff. aus (→ Vor §§ 33–39
Rn. 5 f.).[22] Der Gesetzgeber hat sich vorbehalten, „die Entscheidung gegen eine weitere Sanktionie-
rung der neuen Pflichten aus § 27 Abs. 2 (§ 43 nF) im Lichte der Erfahrungen in der Praxis nach
Ablauf von zwei Jahren einer Überprüfung zu unterziehen und erforderlichenfalls zu revidieren".[23]
Änderungsbedarf hat der Gesetzgeber bislang nicht gesehen.[24]

§ 44 Rechtsverlust

(1) [1]**Rechte aus Aktien, die einem Meldepflichtigen gehören oder aus denen ihm Stimmrechte gemäß § 34 zugerechnet werden, bestehen nicht für die Zeit, für welche die Mitteilungspflichten nach § 33 Absatz 1 oder 2 nicht erfüllt werden.** [2]**Dies gilt nicht für Ansprüche nach § 58 Abs. 4 des Aktiengesetzes und § 271 des Aktiengesetzes, wenn die Mitteilung nicht vorsätzlich unterlassen wurde und nachgeholt worden ist.** [3]**Sofern die Höhe
des Stimmrechtsanteils betroffen ist, verlängert sich die Frist nach Satz 1 bei vorsätzlicher
oder grob fahrlässiger Verletzung der Mitteilungspflichten um sechs Monate.** [4]**Satz 3 gilt
nicht, wenn die Abweichung bei der Höhe der in der vorangegangenen unrichtigen Mitteilung angegebenen Stimmrechte weniger als 10 Prozent des tatsächlichen Stimmrechtsanteils beträgt und keine Mitteilung über das Erreichen, Überschreiten oder Unterschreiten
einer der in § 33 genannten Schwellen unterlassen wird.**

---

schen Kritik MüKoAktG/*Bayer* Anh. § 22, § 43 Rn. 25; *Fleischer* AG 2008, 873 (880); Emmerich/Habersack/
Schürnbrand/Habersack § 43 Rn. 4; K. Schmidt/Lutter/*Veil* AktG Anh. § 22 WpHG § 27a Rn. 21.

[18] Begr. RegE, BT-Drs. 16/7438, 13.

[19] Emmerich/Habersack/*Schürnbrand/Habersack* § 43 Rn. 13.

[20] Assmann/Schneider/Mülbert/*U. H. Schneider* § 43 Rn. 30 („Symbolgesetzgebung"); Emmerich/Habersack/
Schürnbrand/Habersack § 43 Rn. 14; MüKoAktG/*Bayer* § 43 Rn. 21; Schwark/Zimmer/*v. Hein* § 43 Rn. 18; DAV-
Handelsrechtsausschuss NZG 2008, 60 (62); Fleischer AG 2008, 873 (881) („symbolisches Gesetz mit Appellcharakter"); *Fleischer* ZGR 2008, 168 (210); *Langenbucher* AktKapMarktR § 17 Rn. 89. *Möllers/Holzner* NZG 2008, 166
(170); *U. H. Schneider* FS Nobbe, 2009, 754; zweifelnd an der Effizienz der Norm *Timmann/Birkholz* BB 2007, 2749
(2752); *Wilsing/Goslar* DB 2007, 2467 (2470).

[21] Assmann/Schneider/Mülbert/*U. H. Schneider* § 43 Rn. 34; Emmerich/Habersack/*Schürnbrand/Habersack* § 43
Rn. 15; K. Schmidt/Lutter/*Veil* AktG Anh. § 22 WpHG § 27a Rn. 23; MüKoAktG/*Bayer* § 43 Rn. 21. AA Kölner
Komm WpHG/*Heinrich* § 27a Rn. 48; *Pluskat* NZG 2009, 206 (209).

[22] Ausführlich *Ulmrich,* Investorentransparenz 2013, 304 ff.; siehe auch Emmerich/Habersack/*Schürnbrand/Haber-
sack* § 43 Rn. 14; Schwark/Zimmer/*v. Hein* § 43 Rn. 18; K. Schmidt/Lutter/*Veil* AktG Anh. § 22 WpHG § 27a
Rn. 24; *v. Bülow/Stephanblome* ZIP 2008, 1797 (1804); *Diekmann/Merkner* NZG 2007, 921 (925); *Fleischer* AG 2008,
873 (882); *Querfurt* WM 2008, 1957 (1961); *Pluskat* NZG 2009, 206 (210). AA MüKoAktG/*Bayer* § 43 Rn. 23.

[23] Begr. RegE Risikobegrenzungsgesetz, BT-Drs. 16/7438, 13.

[24] MüKoAktG/*Bayer* § 43 Rn. 22. Siehe allerdings die Reformüberlegungen im Rahmen der Konsultation des
BMF (→ Fn. 2).

(2) **Kommt der Meldepflichtige seinen Mitteilungspflichten nach § 38 Absatz 1 oder § 39 Absatz 1 nicht nach, so ist Absatz 1 auf Aktien desselben Emittenten anzuwenden, die dem Meldepflichtigen gehören.**

I. Allgemeines

1   Da die aufsichtsrechtlichen Mittel und die ursprünglich relativ geringen Geldbußen (→ Vor §§ 33 –39 Rn. 3; → §§ 120, 121 Rn. 1 f.) in der Vergangenheit häufig nicht hinreichten, um die Einhaltung der §§ 33 ff. sicherzustellen, wurde in § 44 eine weitergehende zivilrechtliche Sanktion vorgesehen.[1] Diese Norm ordnet den vollständigen **Verlust** aller Rechte aus den Aktien an, sobald die Mitteilungspflicht nicht unverzüglich erfüllt wird.[2] Die Rechte ruhen nicht lediglich, sondern erlöschen vorübergehend.[3] Die Vorschrift dient der Umsetzung von Art. 28b Abs. 2 S. 1 Transparenz-RL, geht allerdings über die dort vorgesehenen Mindestanforderungen noch hinaus, indem § 44 sämtliche und nicht lediglich die schwerwiegendsten Verstöße erfasst und den Verlust sämtlicher Rechte ex-lege und nicht lediglich den Verlust der Stimmrechte kraft behördlicher Anordnung vorsieht.[4]

2   Trotz der präventiven Funktion des § 44, Meldepflichtige von Verstößen abzuhalten, handelt es sich nicht um eine Strafe iSd Art. 103 Abs. 2 GG,[5] sodass der verfassungsrechtliche Bestimmtheitsgrundsatz und insbesondere das Analogieverbot im Rahmen des § 44 nicht gilt. Eine gespaltene Auslegung der §§ 33 ff. ist daher – entgegen der Rspr. des BGH[6] und der hL[7] – möglich (→ Vor § 1 Rn. 57).[8]

II. Voraussetzungen

3   **1. Verstoß gegen Mitteilungspflicht.** Voraussetzung ist ein **Verstoß gegen die Mitteilungspflicht** gem. § 33 Abs. 1, Abs. 2. § 44 verlangt insoweit auch die Beachtung aller Zurechnungstatbestände des § 34 (bis zum Gesetz zur Umsetzung der Transparenzrichtlinie-Änderungsrichtlinie nur eingeschränkt gem. § 22 Abs. 1 Nr. 1 und 2 aF). § 44 Abs. 2 erstreckt den Rechtsverlust – seit dem Gesetz zur Umsetzung der Transparenzrichtlinie-Änderungsrichtlinie – auf die §§ 38 Abs. 1; 39 Abs. 1. Um Umgehungen zu verhindern, geht die hM davon aus, dass der Rechtsverlust nicht nur bei vollständigem Unterlassen der Mitteilung, sondern auch bei inhaltlich unvollständigen oder unrichtigen Mitteilungen eintritt.[9] Bloß unwesentliche formale Mängel, die keine falschen Vorstellungen über die Stimmrechtsverhältnisse wecken können, wie beispielsweise Schreibfehler oder falsche Adressangaben, genügen für den Rechtsverlust allerdings nicht.[10] Falsche Angaben zum Stimmrechtsanteil führen in der Regel zum Rechtsverlust, es sei denn die Meldeschwelle ist korrekt angegeben und die Abweichung im Übrigen nur unwesentlich.[11]

---

[1] Zur rechtspolitischen Kritik Emmerich/Habersack/*Schürnbrand*/*Habersack* § 44 Rn. 5.

[2] Vgl. OLG München NZG 2009, 1386; OLG Schleswig Urt. v. 8.12.2005 – 5 U 57/04, NZG 2006, 951 (953); Spindler/Stilz/*Petersen* §§ 33–47 ff. Rn. 3.

[3] Assmann/Schneider/Mülbert/*U. H. Schneider* § 28 Rn. 23; Kölner Komm WpHG/*Kremer*/*Oesterhaus* § 28 Rn. 42; *Lenenbach*, Kapitalmarktrecht, 2. Aufl. 2010, Rn. 13.449.

[4] Emmerich/Habersack/*Schürnbrand*/*Habersack* § 44 Rn. 3.

[5] BVerfG NJW 1991, 3139 (3140).

[6] BGH ZIP 2018, 2214 Rn. 39.

[7] *Assmann*/Schneider/Mülbert/*Assmann* Einl. Rn. 35; *Fuchs*/*Fuchs* Einl. Rn. 106; *Schäfer* in Marsch-Barner/*Schäfer* AG-HdB § 18 Rn. 4; *Schanz* DB 2008, 1899 (1904); *Schwark*/*Zimmer*/*v. Hein* Vor §§ 33–47 Rn. 56, Rn. 34; Schmidt/*Lutter*/*Veil* AktG Anh. § 22 WpHG Vor §§ 21 ff. Rn. 7; Veil/ *Veil*, Europäisches Kapitalmarktrecht, 2. Aufl. 2014, § 6 Rn. 9; Kölner Komm/*v. Bülow* WpÜG § 30 Rn. 35 ff.; Heusel, Rechtsfolgen einer Verletzung der Beteiligungstransparenzpflichten gemäß §§ 21 ff. WpHG, 2011, 120; *Fleischer*/*Bedkowski* DStR 2010, 933 (936 f.); *Veil*/*Dolff* AG 2010, 385 (389 f.); *v. Bülow*/*Petersen* NZG 2009, 1373 (1375 f.); *Widder*/*Kocher* ZIP 2010, 457 (459).

[8] *U. H. Schneider*/*Anzinger* ZIP 2009, 1 (9); *Schürnbrand* NZG 2011, 1213 (1217); Emmerich/Habersack/*Schürnbrand*/*Habersack* § 44 Rn. 2; *Segna* ZGR 2015, 84 (115); *Poelzig* ZBB 2019, 1 ff.

[9] S. nur OLG Köln Urt. v. 6.6.2012 – 18 U 240/11, NZG 2012, 946 (949); LG Köln AG 2008, 336 (337); Assmann/Schneider/Mülbert/*U. H. Schneider* § 44 Rn. 17; Kölner Komm WpHG/*Kremer*/*Oesterhaus* § 28 Rn. 30 ff.; MüKoAktG/*Bayer* § 44 Rn. 9; Emmerich/Habersack/*Schürnbrand*/*Habersack* § 44 Rn. 8; Schwark/Zimmer/*v. Hein* § 28 Rn. 5. Krit., iE aber ähnlich *Mülbert* FS K. Schmidt, 2009, 1219 (1228 f.). Dies lässt sich auch mit dem Wortlaut des § 44 vereinbaren, da mit der fehlerhaften Mitteilung die erforderliche richtige Mitteilung nicht erfolgt und damit die Mitteilungspflicht auch nicht erfüllt wird.

[10] So auch die Rspr. OLG Köln Beschl. v. 1.4.2009 – 18 U 134/08, BeckRS 2013, 04438; OLG Köln Urt. v. 6.6.2012 – 18 U 240/11, NZG 2012, 946 (949); KG AG 2009, 30 (38); OLG Düsseldorf Urt. v. 29.12.2009 – I-6 U 137/04; OLG Frankfurt a. M. Beschl. v. 5.11.2007 – 5 W 22/07, NZG 2008, 78; Kölner Komm WpHG/*Kremer*/ *Oesterhaus* § 28 Rn. 31. Welche Anforderungen konkret an die Wesentlichkeit eines Fehlers der Mitteilung zu stellen sind, ist aber noch unklar, einen Überblick über den Streitstand bietet Assmann/Schneider/Mülbert/*U. H. Schneider* § 44 Rn. 18 ff.

[11] Zum Streitstand *Nartowska*, Rechtsverlust nach § 28 WpHG, 2013, 62 ff.; Emmerich/Habersack/*Schürnbrand*/ *Habersack* § 44 Rn. 9.

§ 44 gilt nicht, auch nicht analog, für eine falsche Mitteilung bei **Fehlen einer Mitteilungs-** **4** **pflicht**.[12] Um Irreführungen der Anleger zu verhindern, genügt in diesen Fällen das Marktmanipulationsverbot gem. Art. 15 MAR und darüber hinaus kann die BaFin uU gem. § 6 Abs. 1 die Berichtigung der Mitteilung verlangen.

2. Verschulden. Nach herrschender Auffassung treten sämtliche Folgen des § 44 wegen des all- **5** gemein geltenden Schuldprinzips nur bei **Vorsatz und Fahrlässigkeit** ein.[13] Das Verschulden wird widerleglich vermutet[14] und muss sich auch auf die rechtliche Einordnung beziehen.[15] Ein unverschuldeter Rechtsirrtum, der sich vor allem bei Berücksichtigung der komplizierten Zurechnungstatbestände und durch fachkundige Beratung ergeben kann, schließt daher einen Rechtsverlust gem. § 44 aus.[16] Das Vorliegen eines Rechtsirrtums ist allerdings an strenge Voraussetzungen geknüpft.[17]

III. Rechtsfolge

1. Gegenstand des Rechtsverlusts. Von dem Rechtsverlust werden sowohl Rechte aus **Aktien** **6** erfasst, die dem Meldepflichtigen gem. § 33 Abs. 1 S. 1 gehören, als auch Aktien Dritter, aus denen dem Meldepflichtigen gem. § 34 Stimmrechte zugerechnet werden. Der Dritte verliert insoweit seine Rechte aus den Aktien, auch wenn er selbst nicht gegen die Mitteilungspflichten verstoßen hat.[18] In der Regel hat der Dritte dann aber vertraglich oder gesellschaftsrechtlich Regressansprüche gegen den Meldepflichtigen.[19] Bei Verstößen gegen Mitteilungspflichten gem. § 33 Abs. 1 iVm § 38 Abs. 1 oder § 39 Abs. 1 erfasst der Rechtsverlust gem. § 44 Abs. 2 nur diejenigen Aktien desselben Emittenten, die dem Meldepflichtigen gehören.

Der **Rechtsverlust betrifft** sowohl Vermögens- als auch Mitverwaltungsrechte aus den Aktien, **7** sodass der Meldepflichtige und der Dritte, dessen Rechte gem. § 34 zugerechnet werden, insbesondere keinen Anspruch auf Zahlung der Dividende gem. § 58 Abs. 4 AktG haben und ihre Stimmrechte auf der Hauptversammlung nicht ausüben können.[20] Der **Anspruch auf die Dividende** gem. § 58 Abs. 4 AktG ist vom Rechtsverlust erfasst, wenn im Zeitpunkt des Gewinnverwendungsbeschlusses die Mitteilung nicht (richtig) abgegeben wurde.[21] Dies gilt gem. § 44 Abs. 1 S. 2, wenn die Mitteilung nicht vorsätzlich unterlassen wurde und nachgeholt worden ist. Ausgeschlossen sind neben dem **Stimmrecht** auch das Recht auf Teilnahme an der Hauptversammlung (§ 118 Abs. 1 AktG), das Auskunftsrecht (§ 131 AktG), oder die Befugnis zur Anfechtung von Hauptversammlungsbeschlüssen (§ 243 AktG).[22] Bei Ausübung des Stimmrechts entgegen § 44 ist der Hauptversammlungsbeschluss gem. § 243 AktG anfechtbar, wenn der Verstoß kausal für das Abstimmungsergebnis war.[23] Der

---

[12] Schwark/Zimmer/*v. Hein* Rn. 5; K. Schmidt/Lutter/*Veil* AktG Anh. § 22 WpHG § 28 Rn. 4; Fuchs/*Zimmermann* § 28 Rn. 9; Spindler/Stilz/*Petersen* §§ 33–47 ff. Rn. 105; diff. Emmerich/Habersack/*Schürnbrand*/*Habersack* § 44 Rn. 6; MüKoAktG/*Bayer* § 44 Rn. 10.

[13] OLG München NZG 2009, 1386 (1388); LG Köln AG 2008, 336 (337); Assmann/Schneider/Mülbert/ *U. H. Schneider* § 44 Rn. 22; Emmerich/Habersack/*Schürnbrand*/*Habersack* § 44 Rn. 10; Fuchs/*Zimmermann* § 28 Rn. 16; Kölner Komm WpHG/*Kremer*/*Osterhaus* § 28 Rn. 35; Emmerich/Habersack/*Schürnbrand*/*Habersack* § 44 Rn. 6; MüKoAktG/*Bayer* § 44 Rn. 13; Schwark/Zimmer/*v. Hein* § 28 Rn 7; *Kocher*/*Widder* ZIP 2010, 1326 (1328 f.); *Merkner*/*Sustmann* AG 2013, 243 (244); übergreifend *Verse* BKR 2010, 328 (330 f.); aA zu § 20 Abs. 7 AktG für versammlungsbezogene Verwaltungsrechte: OLG Schleswig ZIP 2007, 2214 (2216).

[14] MüKoAktG/*Bayer* § 44 Rn. 17; Kölner Komm WpHG/*Kremer*/*Osterhaus* § 28 Rn. 37; Emmerich/Habersack/*Schürnbrand*/*Habersack* § 44 Rn. 10.

[15] Fuchs/*Zimmermann* § 28 Rn. 16; Emmerich/Habersack/*Schürnbrand*/*Habersack* § 44 Rn. 11; Kölner Komm WpHG/*Kremer*/*Osterhaus* § 28 Rn. 35.

[16] Kölner Komm WpHG/*Kremer*/*Osterhaus* § 28 Rn. 38.

[17] OLG München Urt. v. 9.9.2009 – 7 U 1997/09, NZG 2009, 1386; LG Köln AG 2008, 336; Happ/Groß/ *Bednarz* AktR Kap 7.35 Rn. 12.7 f.; Emmerich/Habersack/*Schürnbrand*/*Habersack* § 44 Rn. 11; K. Schmidt/Lutter/ *Veil* AktG Anh. § 22 WpHG § 28 Rn. 7; *v. Bülow*/*Petersen* NZG 2009, 481 (483 f.). Zu der daraus erwachsenden Rechtsunsicherheit *Veil* ZHR 175 (2011), 83 (93 ff.).

[18] OLG Köln NZG 2012, 946; Happ/Groß/*Bednarz* AktR Kap. 7.35 Rn. 12.9; Staub/*Grundmann* Bd. 11/2 Rn. 863; Schwark/Zimmer/*v. Hein* Rn. 13; Emmerich/Habersack/*Schürnbrand*/*Habersack* § 44 Rn. 14. AA Kölner Komm WpHG/*Kremer*/*Osterhaus* § 28 Rn. 43. Krit. zu dieser Folge des § 44 Abs. 1 S. 1 *Brellochs* AG 2016, 157 (166 f.); *Söhner* ZIP 2015, 2451 (2457); *Schilha* DB 2015, 1821 (1826); *Habersack* AG 2018, 133 (135); Emmerich/ Habersack/*Schürnbrand*/*Habersack* § 44 Rn. 14; für Verfassungswidrigkeit der Vorschrift *Cahn* Der Konzern 2017, 217 (221 ff.), *Klöhn*/*Parhofer* NZG 2017, 321 (323 f.).

[19] Schwark/Zimmer/*v. Hein* Rn. 13.

[20] JVRB/*Becker* § 28 Rn. 16 ff; K. Schmidt/Lutter/*Veil* AktG Anh. § 22 WpHG § 28 Rn. 10; hierzu näher *Heinrich*, Kapitalmarktrechtliche Transparenzbestimmungen, 2006, 147 f.

[21] MüKoAktG/*Bayer* § 44 Rn. 29; *Lenenbach*, Kapitalmarktrecht, 2. Aufl. 2010, Rn. 13.453; *Riegger* FS Westermann, 2008, 1331 (1335 f.); zu § 20 AktG s. nur Hüffer/Koch/*Koch* AktG § 20 Rn. 15; Spindler/Stilz/*Petersen* AktG § 20 Rn. 46.

[22] S. auch Fuchs/*Zimmermann* § 28 Rn. 33; Spindler/Stilz/*Petersen* §§ 33–47 ff. Rn. 109a; *Lenenbach*, Kapitalmarktrecht, 2. Aufl. 2010, Rn. 13.453.

[23] BGH Urt. v. 29.4.2014 – II ZR 262/13, GWR 2014, 367; BGHZ 189, 32 Rn. 24 = NZG 2011, 669; BGHZ 167, 204 Rn. 26 = NZG 2006, 505; Assmann/Schneider/Mülbert/*U. H. Schneider* § 44 Rn. 61 f.; Kölner

Meldepflichtige selbst ist allerdings wegen des Rechtsverlusts gem. § 44 nicht anfechtungsbefugt. Vom Rechtsverlust unberührt bleiben die mitgliedschaftliche Stellung und die damit verbundenen Pflichten, etwa die Treuepflicht, sowie die schuldrechtlichen Rechte gegen den Emittenten.[24]

8   **2. Dauer des Rechtsverlusts.** Der Rechtsverlust dauert gem. § 44 Abs. 1 S. 1 grundsätzlich an, solange die Mitteilungspflicht verletzt wird, beginnt also mit Entstehen der Mitteilungspflicht und endet mit der Erfüllung.[25] Sobald die Mitteilungspflicht durch Nachholung der Mitteilung bzw. Korrektur einer falschen Mitteilung durch den Meldepflichtigen selbst oder im Wege der Ersatzvornahme durch die BaFin gem. § 6 Abs. 14 erfüllt wird, leben die Rechte grundsätzlich *ex nunc* wieder auf.[26] Wurden Mitteilungspflichten mehrfach verletzt, weil unterschiedliche Schwellenwerte berührt wurden, genügt nach hM zur Beendigung des Rechtsverlusts die Erfüllung der jüngsten Mitteilungspflicht.[27] Umstritten ist, ob eine Mitteilung auch dann erforderlich ist, wenn die Mitteilungspflicht inzwischen faktisch überholt ist, indem beispielsweise ein Schwellenwert zunächst unterschritten wurde, keine Mitteilung erfolgt ist und später der Schwellenwert wieder überschritten wird und wiederum keine Mitteilung erfolgt. Mit der hM endet der Rechtsverlust nicht automatisch durch Erledigung, sondern nur durch Erfüllung.[28] Da der Rechtsverlust eine Sanktionierung der Meldepflicht darstellt, setzt sich der Rechtsverlust bei Veräußerung der betroffenen Aktien nicht beim Rechtsnachfolger fort.[29]

9   Abweichend von der grundsätzlichen Beendigung des Rechtsverlusts mit Erfüllung der Mitteilungspflicht verlängert sich der Rechtsverlust unter den Voraussetzungen des § 44 Abs. 1 S. 3 um sechs Monate. Die **Nachwirkung des Rechtsverlusts** soll insbesondere verhindern, dass der Meldepflichtige gezielt Aktien im Zeitraum zwischen zwei Hauptversammlungen erwirbt und die Mitteilung erst kurz vor der Hauptversammlung erfüllt, um sich so unbemerkt „anzuschleichen".[30] Der Rechtsverlust endet erst sechs Monate nach Erfüllung der Mitteilungspflicht, wenn (1) die Mitteilungspflicht vorsätzlich oder grob fahrlässig verletzt wurde und (2) durch den Verstoß gegen die Mitteilungspflicht die Höhe des Stimmrechtsanteils betroffen ist, dh. die Mitteilung nicht abgegeben wurde oder die Höhe des Stimmrechtsanteils fehlt bzw. fehlerhaft ist (§ 44 Abs. 1 S. 3). Sonstige Verstöße gegen die Mitteilungspflicht, insbesondere andere fehlende oder fehlerhafte Angaben iS § 12 Abs. 1 iVm Anlage WpAV (→ §§ 33–39 Rn. 25), sind von der Nachwirkung nicht erfasst.[31] Das gilt nach der **Bagatellklausel** des § 44 Abs. 1 S. 4 ebenso, wenn die Abweichung der Höhe der angegebenen Stimmrechte weniger als 10 % des tatsächlichen Stimmrechtsanteils beträgt und keine Mitteilung über das Berühren einer Meldeschwelle unterlassen wird.[32]

10   Umstritten ist, ob die Nachwirkung gem. § 44 Abs. 1 S. 3 nur die Verwaltungsrechte[33] oder alle vom einfachen Rechtsverlust erfassten und insbesondere auch die in § 44 Abs. 1 S. 2 explizit erwähnten Vermögensrechte des Aktionärs betrifft.[34]

Komm WpHG/*Kremer/Oesterhaus* § 28 Rn. 59; Fuchs/*Zimmermann* § 28 Rn. 39; Schwark/*Zimmer/v. Hein* Rn. 18. S. auch BGH Urt. v. 24.4.2006 – II ZR 30/05 = BGHZ 167, 204 Rn. 26; BGHZ 189, 32 (43) = NZG 2011, 669 (672); OLG Stuttgart NZG 2005, 432 (437). Zum daraus resultierenden Missbrauchspotenzial und der Reformbedürftigkeit des § 44 *Gegler* ZBB 2018, 126.

[24] Emmerich/Habersack/*Schürnbrand/Habersack* § 44 Rn. 16.

[25] Emmerich/Habersack/*Schürnbrand/Habersack* § 44 Rn. 17.

[26] NK-AktKapMarktR/*Heinrich* AktG § 28 Rn. 13; Emmerich/Habersack/*Schürnbrand/Habersack* § 44 Rn. 18; *Schneider/Schneider* ZIP 2006, 493 (496); *Zimmermann* ZIP 2009, 57 (62).

[27] LG Stuttgart BeckRS 2008, 21818; LG Köln BeckRS 2009, 15290; MüKoAktG/*Bayer* § 44 Rn. 51; Kölner Komm WpHG/*Kremer/Oesterhaus* § 28 Rn. 83; Assmann/Schneider/Mülbert/*U. H. Schneider* Rn. 59; *Schneider/Schneider* ZIP 2006, 493 (496); Emmerich/Habersack/*Schürnbrand/Habersack* § 44 Rn. 18; K. Schmidt/Lutter/*Veil* AktG Anh. § 22 WpHG § 28 Rn. 13; *Nartowska*, Rechtsverlust nach § 28 WpHG, 2013, 207 ff. AA wohl aber VGH Kassel NZG 2010, 1307 (1308 f.); *Riegger* FS Westermann, 2008, 1331 (1339). Zum Streitstand Assmann/Schneider/Mülbert/*U. H. Schneider* § 44 Rn. 59; *Schnabel/Korff* ZBB 2007, 179 (183 f.).

[28] LG Hamm AG 2009, 876 (880); Fuchs/*Zimmermann* § 28 Rn. 20; MüKoAktG/*Bayer* § 44 Rn. 20; Emmerich/Habersack/*Schürnbrand/Habersack* § 44 Rn. 19; *Schneider/Schneider* ZIP 2006, 493 (496 f.); *Schnabel/Korff* ZBB 2007, 179 (184). Anders wohl Begr. RegE, BT-Drs. 18/5010, 48.

[29] BGHZ 180, 154 Rn. 34 = NZG 2009, 585; OLG Hamm AG 2009, 876 (880); OLG Stuttgart NZG 2005, 432 (435); MüKoAktG/*Bayer* § 44 Rn. 69; Emmerich/Habersack/*Schürnbrand/Habersack* § 44 Rn. 20.

[30] Begr. RegE RBG BT-Drs. 16/7438, 13; Emmerich/Habersack/*Schürnbrand* § 28 Rn. 22; Fuchs/*Zimmermann* § 28 Rn. 23a; Staub/*Grundmann* Bd. 11/2 6. Teil Rn. 863; *Habersack* AG 2018, 133 (135 f.).

[31] *v. Bülow/Petersen* NZG 2009, 481 (482); MüKoAktG/*Bayer* § 44 Rn. 61; Emmerich/Habersack/*Schürnbrand/Habersack* § 44 Rn. 22.

[32] Emmerich/Habersack/*Schürnbrand/Habersack* § 44 Rn. 22; Kölner Komm WpHG/*Kremer/Oesterhaus* § 28 Rn. 87.

[33] HK-AktG/*Schilha* AktG § 28 Rn. 9; K. Schmidt/Lutter/*Veil* AktG Anh. § 22 WpHG § 28 Rn. 22; Spindler/Stilz/*Petersen* §§ 33–47 ff. Rn. 116; *v. Bülow/Petersen* NZG 2009, 481 (484); *v. Bülow/Stephanblome* ZIP 2009, 1797 (1805); *Chachuskli* BKR 2010, 281 (282); *Süßmann/Meder* WM 2009, 976 (977); *Vocke* BB 2009, 1600 (1603).

[34] So Assmann/Schneider/Mülbert/*U. H. Schneider* § 44 Rn. 51; Emmerich/Habersack/*Schürnbrand/Habersack* § 44 Rn. 25; Fuchs/*Zimmermann* § 28 Rn. 7; Kölner Komm WpHG/*Kremer/Oesterhaus* § 28 Rn. 63, 86; MüKoAktG/*Bayer* § 44 Rn. 66; *Schulenburg* NZG 2009, 1246 (1247).

§§ 45–62

(hier nicht wiedergegeben)

Abschnitt 11. Verhaltenspflichten, Organisationspflichten, Transparenzpflichten

Vorbemerkungen §§ 63–96

Schrifttum: *Assmann,* Interessenkonflikte aufgrund von Zuwendungen, ZBB 2008, 21; *Assmann,* Die Pflicht von Anlageberatern und Anlagevermittlern zur Offenlegung von Innenprovisionen, ZIP 2009, 2125; *Aurich,* Vermittlung von Vermögensverwalterverträgen unterfällt nicht erlaubnispflichtiger Anlagevermittlung, DB 2017, 1958; *Balzer,* Rechtliche Rahmenbedingungen der Honorarberatung, Bankrechtstag 2013, 157; *Balzer,* Umsetzung von MiFID II: Auswirkungen auf die Anlageberatung und Vermögensverwaltung, ZBB 2016, 226; *Bassler,* Die Vermutung aufklärungsrichtigen Verhaltens – kritische Würdigung der richterrechtlichen Beweislastumkehr im Kapitalanlageberatungsrecht, WM 2013, 544; *Bausch,* Beratung und Beratungshaftung von Banken im Lichte der Pilotentscheidungen zu Lehman-Zertifikaten, NJW 2012, 354; *Bausch/Kohlmann,* Anforderungen an die Widerlegung der Schadensursächlichkeit nach der Rechtsprechungsänderung des XI. Zivilsenats, BKR 2012, 410; *Benicke,* Wertpapiervermögensverwaltung, 2006; *Blankenheim,* KapMuG-Verfahren in Anlageberatungsfällen, WM 2017, 795; *Brenncke,* Die Rechtsprechung des BGH zur Präsentation von Risiken bei der Anlageberatung, WM 2014, 1749; *Brenncke,* Der Zielmarkt eines Finanzinstruments nach der MiFID II, WM 2015, 1173; *Brenncke,* Commentary on MiFID II conduct of business rules, Arts. 21 – 30 MiFID II, 2017; *Buck-Heeb,* Zur Aufklärungspflicht von Banken bezüglich Gewinnmargen, BKR 2010, 1; *Buck-Heeb,* Aufklärung über Rückvergütungen – Die Haftung von Banken und freien Anlageberatern, BKR 2010, 309; *Buck-Heeb,* Die „Flucht" aus dem Anlageberatungsvertrag, ZIP 2013, 1401; *Buck-Heeb,* Vom Kapitalanleger- zum Verbraucherschutz – Befund und Auswirkungen auf das Recht der Anlageberatung, ZHR 176 (2012), 66; *Buck-Heeb,* Verhaltenspflichten beim Vertrieb – Zwischen Paternalismus und Schutzlosigkeit der Anleger, ZHR 177 (2012), 310; *Buck-Heeb,* Der Anlageberatungsvertrag – Die Doppelrolle der Bank zwischen Fremd- und Eigeninteresse, WM 2012, 625; *Buck-Heeb,* Compliance bei vertriebsbezogener Product Governance, CCZ 2016, 2; *Buck-Heeb,* Aufsichtsrechtliches Produktverbot und zivilrechtliche Rechtsfolgen – der Anleger zwischen Mündigkeit und Schutzbedürftigkeit, BKR 2017, 89; *Busch,* MiFID II – Stricter conduct of business rules for investment firms, CMLJ 2017, 340; *Busch,* Product Governance und Produktintervention unter MiFID II/MiFIR, WM 2017, 409; *Busch/Ferrarini,* Regulation of the EU Financial Markets – MiFID II and MiFIR, 2017; *Bußalb,* Produktintervention und Vermögensanlagen, WM 2017, 553; *Cahn/Müchler,* Produktinterventionen nach MIFID II – Eingriffsvoraussetzungen und Auswirkungen auf die Pflichten des Vorstands von Wertpapierdienstleistungsunternehmen, BKR 2013, 45; *Casper,* Aufklärung über Rückvergütungen: Zwischen Rechtsfortbildung und Verbotsirrtum, ZIP 2009, 2409; *Dieckmann,* Öffentlich-rechtliche Normen im Vertragsrecht, AcP 213 (2013), 1; *Eckhardt,* MiFID II und die Verschärfungen im Bank- und Kapitalmarktrecht, Die Bank 2014, 14; *Einsele,* Verhaltenspflichten im Bank- und Kapitalmarktrecht – öffentliches oder Privatrecht?, ZHR 180 (2016), 233; *Einsiedler,* Rückvergütungen und verdeckte Innenprovisionen, WM 2013, 1109; *Eisele/Faust,* Verhaltensregeln und Compliance, in Schimansky/Bunte/Lwowski, Bankrechtshandbuch, 4. Aufl. 2011, § 109; *Fleischer,* Die Richtlinie über Märkte für Finanzinstrumente und das Finanzmarkt-Richtlinie-Umsetzungsgesetz – Entstehung, Grundkonzeption, Regelungsschwerpunkte, BKR 2006, 389; *Franck,* Unionsrechtliche Regulierung des Wertpapierhandels und mitgliedstaatliche Gestaltungsspielräume – Dokumentation der Anlageberatung als Paradigma, BKR 2012, 1; *Fullenkamp,* Kick-Back – Haftung ohne Ende?, NJW 2011, 421; *Geier/Druckenbrodt,* Product Governance: MiFID II, PRIIP, Kleinanlegerschutzgesetz – quo vadis?, RdF 2015, 21; *Geier/Hombach/Schütt,* Finanzanalysen in MiFID II und MAR, RdF 2017, 168; *Geier/Schmitt,* MIFID-Reform – der neue Anwendungsbereich der MIFID II und MIFIR, WM 2013, 915; *Geßner,* Retrozessionen im Fokus der neueren Judikatur, BKR 2010, 89; *Grieser/Juhnke,* MiFID II: Auswirkungen auf die Emission und den Vertrieb von Anleihen und strukturierten Produkten, RdF 2012, 156; *Grigoleit,* Anlegerschutz – Produktinformation und Produktverbote, ZHR 177 (2013), 264; *Grundmann,* Wohlverhaltenspflichten, Interessenkonfliktfreie Aufklärung und MIFID II – Jüngere höchstrichterliche Rechtsprechung und Reformschritte in Europa, WM 2012, 1745; *Grunewald/Pellens,* Provisionen in der Anlageberatung: Änderung durch Streichung der Vermutungsregel in § 31d Abs. 4 WpHG a. F.?, WM 2012, 778; *Gundermann,* Zu den Anforderungen der Bankberatung bei strukturierten Finanzprodukten, BKR 2013, 406; *Günther,* Hinweise zur Gestaltung des Produktinformationsblattes gem. § 31 Abs. 3a WpHG, GWR 2013, 55; *Habersack,* Die Pflicht zur Aufklärung über Rückvergütungen und Innenprovisionen und ihre Grenzen, WM 2010, 1245; *Habersack/Häuser,* Treuhandkonto, in Schimansky/Bunte/Lwowski, Bankrechtshandbuch, 4. Aufl. 2011, § 37; *Hanke,* Der offenkundige Interessenkonflikt in der Anlageberatung, BKR 2012, 493; *Harnos,* Rechtsirrtum über Aufklärungspflichten beim Vertrieb von Finanzinstrumenten, BKR 2009, 316; *Harnos,* Die Reichweite und zivilrechtliche Bedeutung des § 31d WpHG – zugleich eine Besprechung des BGH-Urteils v. 17.9.2013 – XI ZR 332/12, BKR 2014, 1; *Herresthal,* Die Pflicht zur Aufklärung über Rückvergütungen und die Folgen ihrer Verletzung, ZBB 2009, 348; *Herresthal,* Die Weiterentwicklung des informationsbasierten Anlegerschutzes in der Swap-Entscheidung des BGH als unzulässige Rechtsfortbildung, ZIP 2013, 1049; *Herresthal,* Die Rechtsprechung zu Aufklärungspflichten bei Rückvergütungen auf dem Prüfstand des Europarechts, WM 2012, 2261; *Herresthal/Bausch,* Aufklärungspflichten über Gewinnmargen und Handelsspannen?, WM 2010, 2101; *Herresthal/Sandmann,* Strukturierte Zinsswaps vor den Berufungsgerichten: eine Zwischenbilanz, ZBB 2010, 77; *Heusel,* Die Haftung für fehlerhafte Anlageberatung, JuS 2013, 109; *Hofmann/Wübker,* MiFID II – Paradigmenwechsel im Geschäftsmodell der Banken, Die Bank 2014, 51; *Hoops,* Das neue Regime für systematische Internalisierer nach MiFID II, WM 2017, 319; *Hopt,* Die Haftung für Kapitalmarktinformationen – rechtsvergleichende, rechtsdogmatische und rechtspolitische Überlegungen, WM 2013, 101; *Inderst/Ottaviana,* Regulating financial advice, EBOR 13 (2012), 236; *Jaskulla,* Das deutsche Hochfrequenzhandelsgesetz – eine Herausforderung für Handelsteilnehmer, Börsen und Multilaterale Handelssysteme (MTF), BKR 2013, 221; *Jordans,* Aufklärungspflichten über Einnahmen aus dem Vertrieb von Finanzprodukten – eine Übersicht über die Rechtsprechung zu Kick-Backs, Provisionen und Margen seit dem Jahr 2000, BKR 2011, 456; *Jordans,* Aktueller Überblick: Aufklärungspflichten über Einnahmen aus dem Vertrieb von Finanzprodukten, BKR 2015, 309; *Jordans,* Zum aktuellen Stand der Finanzmarktnovellierung in Deutschland, BKR 2017, 273; *Kasten,* Die Neuordnung der Explorations- und Informationspflichten von Wertpapierdienstleistern im Wertpapierhandelsgesetz – zugleich ökonomische Analyse von Anlegerverhalten und Informationsvermittlung, 2009; *Kienle,* Vermögensverwaltung, in Schimansky/Bunte/ Lwowski (Hrsg.), Bankrechtshandbuch, 4. Aufl. 2011, § 111; *Kinermann/Cordiaß,* Der rechtliche Rahmen des algorithmischen Handels, ZBB 2014, 178; *Klöhn,* Preventing Excessive Retail Investor Trading under MIFID: A Behavioural Law & Economics Perspective, (2009) 10 EBOR 417; *Kobbach,* Regulierung des algorithmischen Handels durch das neue Hochfrequenzhandelsgesetz praktische Auswirkungen und offene rechtliche Fragen, BKR 2013, 233; *Koch,* Innenprovisionen und Rückvergütungen nach der Entscheidung des BGH vom 27.10.2009, BKR 2010, 177; *Koch,* Grenzen des informationsbasierten Anlegerschutzes – die Gratwanderung zwischen angemessener Aufklärung und information overload, BKR 2012, 487; *Koch,* Provisionszahlungen als Gegenstand eines kommissionsrechtlichen Herausgabeanspruchs, ZBB 2013, 217; *Komo,* Kick-Back-Rechtsprechung des BGH – Aktuelle Entwicklungen, NZG 2011, 1178; *Köndgen,* Grenzen des informationsbasierten Anlegerschutzes, BKR 2011, 283; *Köndgen/Sandmann,* Strukturierte Zinsswaps vor den Berufungsgerichten: eine Zwischenbilanz, ZBB 2010, 77; *Krüger,* Aufklärung und Beratung bei Kapitalanlagen – Nebenpflicht statt Beratungsvertrag, NJW 2013, 1845; *Kuhlen/ Tiefensee,* Zum Entwurf eines Gesetzes zur Förderung und Regulierung einer Honorarberatung über Finanzinstrumente, VuR 2013, 49; *Kumpan,* Die Regulierung außerbörslicher Wertpapierhandelssysteme im deutschen, europäischen und US-amerikanischen Recht, 2006; *Kumpan,* Der Interessenkonflikt im deutschen Privatrecht, 2014; *Kumpan/Leyens,* Conflicts of Interest of Financial Intermediaries – Towards a Global Common Core in Conflicts of Interest Regulation, ECFR 2008, 72; *Kurz,* MiFID II – Auswirkungen auf den Vertrieb von Finanzinstrumenten, DB 2014, 1182; *Lang/Bausch,* Aufklärungspflichten über Gewinnmargen und Handelsspannen, WM 2010, 2101; *Lang/Kühne,* Anlegerschutz und Finanzkrise – noch mehr Regeln?, WM 2009, 1301; *Langen,* Die kenntnisabhängige Verjährung bei Anlageberatung und Prospekthaftung, NZG 2011, 94; *Leuering/Zetzsche,* Die Reform des Schuldverschreibungs- und Anlageberatungsrechts – (Mehr) Verbraucherschutz im Finanzmarktrecht?, NJW 2009, 2856; *Lieder,* Gesteigerte Beratungspflichten bei komplexen Anlageprodukten – Implikationen der „Zinswette"-Entscheidung des BGH, GWR 2011, 317246; *Loff/Hahne,* Vermögensverwaltung und Anlageberatung unter MiFID II, WM 2012, 1512; *Loidl/Burgin,* RDR, MiFID II und Honorarberatung – das Ende der Provisionsberatung?, RdF 2012, 232; *Loritz,* Produktinformationsblätter nach dem neuen EU-Verordnungsvorschlag („PRIPs-Initiative"), WM 2014, 1513; *Lösler,* Compliance im Wertpapierdienstleistungskonzern, 2003; *Maier,* Das obligatorische Beratungsprotokoll – Anlegerschutz mit Tücken, VuR 2011, 3; *Maier,* Die Aufklärungspflicht des Anlageberaters über vereinnahmte Provisionen (Rückvergütungen / „Kick-Backs"), VuR 2010, 25; *Marcacci,* European Regulatory Private Law going Global?, EBOR 2017, 305; *Meixner,* Das zweite Finanzmarktnovellierungsgesetz, ZAP 2017, 911; *Mellenberg,* MiFID II – New governenance rules in relation to investment firms, ECFR 11 (2014), 171; *Möllers,* Rechtsprechungsänderung zur Vermutung aufklärungsgerechten Handelns – Sackgasse oder Königsweg?, NZG 2012, 1019; *Möllers,* Europäische Gesetzgebungslehre 2.0: Die dynamische Rechtsharmonisierung am Beispiel von MiFID II und PRIIP, ZEuP 2016, 323; *Möllers/Poppele,* Paradigmenwechsel durch MiFID II – divergierende Anlegerleitbilder und neue Instrumentarien wie Qualitätskontrolle und Verbote, ZGR 2013, 437; *Möllers/ Werninger,* Das Anlegerschutz- und Funktionsverbesserungsgesetz, NJW 2011, 1697; *Moloney,* EU Securities and Financial Markets Regulation, 3rd Ed. 2014; *Müchler,* Die neuen Kurzinformationsblätter – Haftungsrisiken im Rahmen der Anlageberatung, WM 2012, 974; *Müchler/Trafkowski,* Honoraranlageberatung – Regulierungsvorhaben im deutschen und europäischen Recht, ZBB 2013, 101; *Mülbert,* Anlegerschutz bei Zertifikaten – Beratungspflichten, Offenlegungspflichten bei Intressenkonflikten und die Änderungen durch das Finanzmarkt-Richtlinie-Umsetzungsgesetzt (FRUG), WM 2007, 1149; *Mülbert,* Auswirkungen der MIFID-Rechtsakte für Vertriebsvergütungen im Effektengeschäft der Kreditinstitute, ZHR 172 (2008), 170; *Mülbert/Sajnovits,* The element of trust in financial markets law, German Law Journal 2017, 1; *Müller-Christmann,* Das Gesetz zur Stärkung des Anlegerschutzes und Verbesserung der Funktionsfähigkeit des Kapitalmarktes, DB 2011, 749; *Nassall,* Wenn das Blaue am Himmel bleibt – die Rechtsprechung des BGH zur Haftung des freien Anlageberaters, NJW 2011, 2323; *Nittel,* Anmerkung zu einer Entscheidung des BGH (Beschluss vom 9.3.2011 – XI ZR 191/10, BKR 2011, 299) zur Änderung der Rechtsprechung zu vergütungsbezogenen Aufklärungspflichten, BKR 2011, 302; *Papaconstantinou,* Investment Bankers in Conflict – the regime of inducements in MiFID II and the Member State's struggle for fairness, ERCL 12 (2016), 356; *Pfisterer,* Die neuen Regelungen der MiFID II zum Anlegerschutz, 2016; *Podewils,* Beipackzettel für Finanzprodukte – Verbesserte Anlegerinformation durch Informationsblätter und Key Investor Information Documents?, ZBB 2011, 169; *Poelzig,* Anmerkung zu einem Urteil des BGH vom 17.9.2013 – XI ZR 332/12 (JZ 2014, 252) – Zur Ableitung zivilrechtlicher Ansprüche aus der Finanzmarktrichtlinie und zur Aufklärungspflicht der beratenden Bank über Gewinnspanne beim Verkauf von Lehman-Zertifikaten, JZ 2014, 256; *Preuße/Schmidt,* Anforderungen an Informationsblätter nach § 31Abs. 3a WpHG, BKR 2011, 265; *Raeschke- Reiter/Methner,* Die Interessenkollision beim Anlageberater – Unterschiede zwischen Honorar- und Provisionsberatung, WM 2013, 2053; *Roberts,* Beratungsbedarf bei Finanzderivaten im Lichte neuerer Rechtsentwicklungen, DStR 2011, 1231; *Rosenblum,* Überlegungen und Aspekte zum Anlegerschutz im Lichte aktueller gesetzlicher Regelungen – unter besonderer Berücksichtigung der Anlageberatung von Wertpapierdienstleistungsunternehmen, DB 2012, 1105; *Roth/Blessing,* Die neuen Vorgaben nach MiFID II – Teil 1: Änderungen im Rahmen der Anlageberatung und Geeignetheitsprüfung, CCZ 2016, 258; *Roth/Blessing,* Die neuen Vorgaben nach MiFID II – Teil 2: Die Aufzeichnungspflichten betreffend Telefongespräche und elektronische Kommunikation, CCZ 2017, 8; *Roth/Blessing,* Die neuen Vorgaben nach MiFID II – Teil 3: Die Zulässigkeit und Offenlegung von Zuwendungen, CCZ 2017, 169; *Roth/Blessing,* Die neuen Vorgaben zur Kostentransparenz nach MiFID II, WM 2016, 1157; *Rudolph,* Unternehmensfinanzierung und Kapitalmarkt, 2006; *Ruland/Wetzig,* Aufklärungs- und Beratungspflichten bei Cross-Currency-Swaps, BKR 2013, 56; *Schäfer,* Sind die §§ 31 ff. WpHG n. F. Schutzgesetze i. S. v. § 823 Abs. 2 BGB?, WM 2007, 1872; *Schäfer,* Zivilrechtliche Konsequenzen der Urteile des BGH zu Gewinnmargen bei Festpreisgeschäften, WM 2012, 197;

Schäfer/Schäfer, Anforderungen und Haftungsfragen bei PIBs, VIBs und KIIDs, ZBB 2013, 23; *Schäfer/Müller,* Haftung für fehlerhafte Wertpapierdienstleistungen – Anlageberatung, Vermögensverwaltung, Börsentermingeschäfte, 2. Aufl. 2008; *Schelling,* Die systematische Internalisierung in Nichteigenkapitalinstrumenten nach MiFID II und MiFIR, BKR 2015, 221; *Schleer/Maywald,* PIB: Ein neues Risiko im Rahmen der Prospekthaftung?, BKR 2012, 320; *Schmitt,* Aktuelle Rechtsprechung zur Anlageberatung bei OTC-Derivaten, BB 2011, 2824; *Schnauder,* Auskunfts- und Beratungsvertrag beim Vertrieb von Kapitalanlagen, JZ 2013, 120; *Schönemann,* BaFin konkretisiert Tatbestand der Anlageverwaltung, BKR 2010, 130; *Schommer,* Das Geeignetheitskonzept nach § 31Abs. 4 WpHG in der Anlageberatung, 2013; *Schultheiß,* Die Neuerungen im Hochfrequenzhandel, WM 2013, 596; *Seitz/Juhnke/Seibold,* PIBs, KIIDs und nun KIDs – Vorschlag der Europäischen Kommission für eine Verordnung über Basisinformationsblätter für Anlageprodukte im Rahmen der Pribs-Initiative, BKR 2013, 1; *Sethe,* Anlegerschutz im Recht der Vermögensverwaltung, 2005; *Sethe,* Verbesserung des Anlegerschutzes? – Eine kritische Würdigung des Diskussionsentwurfes für ein Anlegerstärkungs- und Funktionsverbesserungsgesetz, ZBB 2010, 265; *Spindler,* Unternehmensorganisationsrechtliche, Zivilrechtliche und öffentlich-rechtliche Regelungskonzepte, 2001; *Spindler,* Aufklärungspflichten im Bankrecht nach dem „Zins-Swap-Urteil" des BGH, NJW 2011, 1920; *Spindler,* Aufklärungspflichten eines Finanzdienstleisters über eigene Gewinnmargen? – Ein „Kick-Back" zu viel, WM 2009, 1821; *Stackmann,* Klagen gegen Finanzberater – Beobachtungen der Bodenstation, NJW 2011, 2616; *Stackmann,* Böses Erwachen – die gesetzliche Haftung für fehlgeschlagene Kapitalanlagen, NJW 2013, 1985; *Stephan,* Die Sicherstellung der Wohlverhaltensregeln bei grenzüberschreitendem Bezug, 2001; *Temporale,* Europäische Finanzmarktregulierung, 2015; *Teuber/Schröer,* MiFID II und MiFIR – Umsetzung in der Bankpraxis, 2015; *Tison,* The civil law effects of MIFID in a comparative law perspective, FS Hopt, 2010, 2621; *Toussaint,* Anmerkung zum Beschluss des BGH vom 19.7.2011, Az. XI ZR 191/10 – Zur aufklärungspflichtigen Rückvergütung, EWiR 2011, 623; *Veil,* Der Schutz des verständigen Anlegers durch Publizität und Haftung im europäischen und nationalen Kapitalmarktrecht, ZBB 2006, 162; *Veil,* Anlageberatung im Zeitalter der MiFID – Inhalt und Konzeption der Pflichten und Grundlagen einer zivilrechtlichen Haftung, WM 2007, 1821; *Veil,* Compliance-Organisationen in Wertpapierdienstleistungsunternehmen im Zeitalter der MIFID – Regelungskonzepte und Rechtsprobleme, WM 2008, 1093; *Veil,* Vermögensverwaltung und Anlageberatung im neuen Wertpapierhandelsrecht – eine behutsame Reform der Wohlverhaltensregeln?, ZBB 2008, 34; *Veil,* Aufklärungspflichten über Rückvergütungen – zur Beachtlichkeit von Rechtsirrtümern im Bankvertragsrecht, WM 2009, 2193; *Veil,* Europäisches Kapitalmarktrecht, 2. Aufl. 2014; *Vogel,* Vom Anlegerschutz zum Verbraucherschutz, Informationspflichten im europäischen Kapitalmarkt-, Anlegerschutz- und Verbraucherschutzrecht, 2005; *Vortmann,* Aufklärungs- und Beratungspflichten der Banken, 10. Aufl. 2012; *Vortmann,* Aufklärungs- und Beratungspflichten der Banken, 2016; *Voß,* Das Anlegerschutz- und Funktionsverbesserungsgesetz – ausgewählte Aspekte des Regierungsentwurfs, BB 2011, 3099; *Weichert/Wenninger,* Die Neuregelung der Erkundigungs- und Aufklärungspflichten von Wertpapierdienstleistungsunternehmen gem. Art. 19 RL 2004/39/EG (MiFID) und Finanzmarkt-Richtlinie-Umsetzungsgesetz, WM 2007, 627; *Weller,* Die Dogmatik des Anlageberatungsvertrags – Legitimation der strengen Rechtsprechungslinie von Bond bis Ille./. Deutsche Bank, ZBB 2011, 191; *Winter,* Die Prinzipien der höchstrichterlichen Rechtsprechung zu Innenprovisionen, Rückvergütungen und Gewinnmargen, WM 2014, 1606; *Zimmer/Cloppenburg,* Haftung für falsche Information des Sekundärmarktes auch bei Kapitalanlagen des nicht geregelten Kapitalmarktes?, ZHR 171 (2007), 519; *Zingel/Vardinek,* Der Vertrieb von Vermögensanlagen nach dem Gesetz zur Novellierung des Finanzanlagenvermittler- und Vermögensanlagenrechts, BKR 2012, 177; *Zoller,* Die Haftung anlageberatender Banken bei Cross-Currency-Swaps, BKR 2012, 405; *Zoller,* Das Ende des Kick-Back-Jokers im Kapitalanlagerecht – Grundlegende Gedanken zur Haftung anlageberatender Banken in Zusammenhang mit deren Vergütung, BB 2013, 520. Für älteres Schrifttum vgl. Vorauflagen.

I. Allgemeines

Entsprechend der amtlichen Überschrift des 11. Abschnitts des WpHG lassen sich die Pflichten der 1 WpDU gem. §§ 63 ff. in Verhaltens- und Organisationspflichten unterteilen. Die ebenfalls genannten Transparenzpflichten finden sich nunmehr vornehmlich in der MiFIR. §§ 63 ff. sollen als kapitalmarktrechtliche Vorschriften des öffentlichen Rechts allgemein **die Funktionsfähigkeit des Kapitalmarktes** sicherstellen und die Anleger als Publikum schützen. Ob sie daneben auch eine **individualschützende Funktion** zum Schutz des einzelnen Anlegers haben, ist auch hier umstritten.[1]

Die Normen sind europarechtlich vorgeprägt und wurden durch das Zweite Finanzmarktför- 2 derungsgesetz in Umsetzung der **Wertpapierdienstleistungsrichtlinie** eingeführt.[2] Grundlegende Änderungen hat der Abschnitt im Jahr 2007 durch das Finanzmarktrichtlinie-Umsetzungsgesetz (FRUG)[3] erfahren. Der Anwendungsbereich wurde erweitert und die Pflichten der WpDU gegenüber ihren Kunden wurden erheblich verschärft. Auch hier war der europäische Gesetzgeber federführend **(MiFID).** Zuletzt wurden die Wohlverhaltenspflichten durch das 2. FiMaNoG zur Umsetzung der **MiFID II** mit Wirkung zum 3.1.2018 geändert. Das war vor allem mit einer Neunummerierung in den §§ 63 ff., aber auch mit umfangreichen inhaltlichen Änderungen verbunden. §§ 63 ff. werden durch die unmittelbar anwendbare Delegierte VO (EU) 2017/565 (Level 2) konkretisiert.[4]

---

[1] *Lenenbach,* Kapitalmarktrecht, 2. Aufl. 2010, Rn. 5.20. Dafür Kölner Komm WpHG/*Möllers* § 31 Rn. 4; Assmann/Schneider/Mülbert/*Koller* § 63 Rn. 2; Vortmann/*Döhmel,* Prospekthaftung und Anlageberatung, 2000, § 4 Rn. 17, Fuchs/*Fuchs* Vor § 31 ff. Rn. 74; Schwark/Zimmer/*Rothenhöfer* Vor §§ 63 ff. Rn. 1; Staub/*Grundmann* Bd. 11/2 8. Teil Rn. 125.

[2] Richtlinie 93/22/EWG des Rates über Wertpapierdienstleistungen v. 10.5.1993, ABl. 1993 L 141/1.

[3] Finanzmarktrichtlinie-Umsetzungsgesetz (FRUG) v. 16.7.2007, BGBl. 2007 I 1330.

[4] Delegierte Verordnung (EU) 2017/565 der Kommission zur Ergänzung der Richtlinie 2014/65/EU des Europäischen Parlaments und des Rates in Bezug auf die organisatorischen Anforderungen an Wertpapierfirmen und die Bedingungen für die Ausübung ihrer Tätigkeit sowie in Bezug auf die Definition bestimmter Begriffe für die Zwecke

3   Die nationale Verordnung zur Konkretisierung der Verhaltensregeln und Organisationsanforderungen für WpDU **(WpDVerOV)** wurde zum Teil durch die Delegierte VO (EU) 2017/565 ersetzt (§§ 63 Abs. 13, 64 Abs. 9)[5] und im Übrigen zur Umsetzung der europäischen Delegierte RL (EU) 2017/593[6] neu gefasst.

4   Auf **Level 3** sind die Leitlinien der ESMA zu berücksichtigen.[7] Diese stellen zwar keine rechtlich verbindlichen Regelungen dar (→ Vor § 1 Rn. 54),[8] geben aber die Ansicht der europäischen Aufsichtsbehörde wieder. Darüber hinaus sind die Q&As der ESMA zu beachten (→ Vor § 1 Rn. 55).[9]

5   Erhebliche praktische Bedeutung wird auch weiterhin das Rundschreiben der BaFin zu den Mindestanforderungen an Compliance und die weiteren Verhaltens-, Organisations- und Transparenzpflichten nach §§ 31 ff. **(MaComp)** haben.[10] Es handelt sich hierbei nicht um materielles Recht, sondern um eine norminterpretierende Verwaltungsvorschrift, welche die BaFin selbst, nicht aber die Gerichte bindet.[11]

II. Anwendungsbereich

6   **1. Wertpapier(neben)dienstleistungen.** Die §§ 63 ff. richten sich an WpDU iSv § 2 Abs. 10 (zum Begriff → § 2 Rn. 28). Hierunter fallen nur solche Unternehmen, die zumindest auch Wertpapierdienstleistungen iSv § 2 Abs. 8 (→ § 2 Rn. 16 ff.) erbringen. Die Erbringung von Wertpapiernebendienstleistungen gem. § 2 Abs. 9 (→ § 2 Rn. 27) allein reicht nicht aus.[12] Sofern aber ein Unternehmen als WpDU zu qualifizieren ist, weil es Wertpapierdienstleistungen erbringt, muss es die Wohlverhaltensregeln der §§ 63 ff. auch beachten, wenn es Wertpapiernebendienstleistungen iSd § 2 Abs. 9 erbringt.[13]

7   **2. Kunden gem. § 67.** §§ 63 ff. gelten grundsätzlich gegenüber allen Kunden der WpDU. Die Intensität der Wohlverhaltenspflichten variiert jedoch je nachdem, ob es sich um Privatkunden, professionelle Kunden oder geeignete Gegenparteien handelt (§ 67). Die Kunden sind gem. Art. 45 Delegierte VO (EU) 2017/565 über ihre Kundeneinstufung zu informieren (näher hierzu § 2 WpDVerOV). **Professionelle Kunden**[14] verfügen über ausreichende Erfahrungen, Kenntnisse und Sachverstand und sind daher in der Lage, ihre Anlageentscheidungen zu treffen und die damit verbundenen Risiken angemessen zu beurteilen (§ 67 Abs. 2 S. 1). Die gegenüber ihnen geltenden Wohlverhaltenspflichten sind daher weniger umfangreich als bei Privatkunden.[15] Wer nicht professioneller Kunde ist, ist grundsätzlich **Privatkunde** (§ 67 Abs. 3). Privatkunden werden umfassend

---

[5] der genannten Richtlinie v. 25.4.2016, ABl. L 87/1, deutsche Version unter: https://eur-lex.europa.eu/legal-content/DE/TXT/PDF/?uri=CELEX:32017R0565&from=DE.

[5] Begr. RegE BT-Drs. 18/10936, 234.

[6] Delegierte Richtlinie (EU) 2017/593 der Kommission zur Ergänzung der Richtlinie 2014/65/EU des Europäischen Parlaments und des Rates im Hinblick auf den Schutz der Finanzinstrumente und Gelder von Kunden, Produktüberwachungspflichten und Vorschriften für die Entrichtung beziehungsweise Gewährung oder Entgegennahme von Gebühren, Provisionen oder anderen monetären oder nicht-monetären Vorteilen, v. 7.4.2016, ABl. L 87/500, deutsche Version unter: https://eur-lex.europa.eu/legal-content/DE/TXT/PDF/?uri=CELEX:32017L0593&from=DE.

[7] So etwa in Bezug auf die Anforderungen zur Geeignetheit, s. ESMA Consultation Paper, Guidelines on certain aspects oft he MiFID II suitability requirements, vom 13. Juli 2017, ESMA35–43-748, S. 36 ff ("Annex III – Guidelines), englische Version unter: https://www.esma.europa.eu/sites/default/files/library/2017-esma35–43-748_-_cp_on_draft_guidelines_on_suitability.pdf.

[8] ESMA, Consultation Paper, Guidelines on certain aspects oft he MiFID II suitability requirements, vom 13. Juli 2017, ESMA35–43-748, S. 38 ("Guidelines do not reflect absolute obligations").

[9] Siehe ESMA, Questions and Answers – Relating to the provision of CFDs and other speculative products to retail investors under MiFID, 11. Oktober 2016, ESMA 2016-1165, englische Version unter: https://www.esma.europa.eu/sites/default/files/library/2016-1165_qa_on_cfds_and_other_speculative_products_mifid.pdf; Questions and Answers on MiFID II and MiFIR investor protection and intermediaries topics, 10. Juli 2017, ESMA35–43-349; Questions and Answers – On MiFID II and MiFIR investor protection and intermediaries topics, 3. Oktober 2018, ESMA 35-34-349, englische Version unter: https://www.esma.europa.eu/system/files_force/library/esma35–43-349_mifid_ii_qas_on_investor_protection_topics.pdf.

[10] BaFin Rundschreiben 5/2018, 19.4.2018, geändert am 9.5.2018 (BaFin MaComp) (abrufbar unter: https://www.bafin.de, letzter Zugriff: 5.12.2019).

[11] Boos/Fischer/Schulte-Mattler/*Schäfer* KWG § 6 Rn. 15, 22; Fuchs/*Fuchs* Einl. Rn. 112. Die MaComp aber als normkonkretisierende Verwaltungsvorschriften ansehend *Kuthe/Zipperlein* CFL 2010, 337.

[12] Diese werden auch vielmehr typischerweise neben den Wertpapierdienstleistungen erbracht, NK-AktKap-MarktR/*Petow* Rn. 39.

[13] S. NK-AktKapMarktR/*Petow* Rn. 39.

[14] Dazu gehören ua Wertpapierdienstleistungsunternehmen, Versicherungsunternehmen, Investmentfonds bzw. Kapitalverwaltungsgesellschaften iSd KAGB, Börsenhändler, bestimmte finanzstarke Unternehmen, nationale und regionale Regierungen oder Zentralbanken, die Weltbank, der Internationale Währungsfonds, die Europäische Zentralbank, die Europäische Investmentbank und andere vergleichbare internationale Organisationen.

[15] Professionelle Kunden können sich jedoch durch vertragliche Vereinbarung ebenfalls als Privatkunden einstufen lassen und so die umfangreicheren Verhaltenspflichten zur Anwendung bringen, § 67 Abs. 5 S. 1, sog. opt-in.

nach §§ 63 ff. geschützt und können auf den Schutz durch die §§ 63 ff. grundsätzlich nicht verzichten.[16] Privatkunden können aber unter bestimmten Voraussetzungen – insbesondere bei ausreichenden Erfahrungen, Kenntnissen und Sachverstand – auf Antrag oder durch Feststellung zum professionellen Kunden hochgestuft werden (§ 67 Abs. 6 S. 1 iVm § 2 Abs. 2 WpDVerOV), sog. *opt-out*.[17] Es handelt sich dann nicht um einen „geborenen", sondern um einen **„gekorenen" professionellen Kunden.** Voraussetzung hierfür ist, dass der Kunde tatsächlich weniger schutzbedürftig ist. Deshalb muss das WpDU gem. § 67 Abs. 6 S. 2 bewerten, ob der Kunde aufgrund seiner Erfahrungen, Kenntnisse und seines Sachverstandes in der Lage ist, generell oder für eine bestimmte Art von Geschäften eine Anlageentscheidung zu treffen und die damit verbundenen Risiken angemessen zu beurteilen. Jedenfalls muss der Kunde zwei der drei in § 67 Abs. 6 S. 3 genannten Kriterien – geschäftliche oder berufliche Erfahrungen auf dem Kapitalmarkt und ausreichende finanzielle Mittel – erfüllen.

Aus dem Kreis der professionellen Kunden iSd § 67 Abs. 2 ordnet § 67 Abs. 4 einige – zB WpDU, **8** Versicherungen, Regierungen oder Zentralbanken – als sog. **geeignete Gegenparteien** ein. Diese Kundengruppe ist im Hinblick auf ihre Professionalität am wenigsten schutzbedürftig. Der Gesetzgeber verzichtet daher bei bestimmten Geschäften, die als weniger riskant gelten und mit geeigneten Gegenparteien getätigt werden, vollständig auf die Einhaltung bestimmter Wohlverhaltenspflichten. Gem. § 68 Abs. 1 sind WpDU daher bei Finanzkommissionsgeschäften, der Anlage- und Abschlussvermittlung sowie dem Eigenhandel gegenüber geeigneten Gegenparteien von den Pflichten gem. §§ 63 Abs. 1, 3, 5–7, 9 und 10, 64 Abs. 3, 5 und 7, 69 Abs. 1, 70, 82, 83 Abs. 2, 87 Abs. 1 und 2 befreit. Gem. § 68 Abs. 1 S. 3 müssen WpDU mit geeigneten Gegenparteien aber jedenfalls redlich, eindeutig und nicht irreführend kommunizieren.

III. Rechtsfolgen von Verstößen

1. Aufsichtsrechtliche Konsequenzen. Verstöße gegen die §§ 63 ff. werden in erster Linie mit **9** aufsichtsrechtlichen Mitteln, insbesondere ordnungswidrigkeitsrechtlichen Sanktionen durch die BaFin verfolgt (§§ 120 Abs. 8 Nr. 27–96, 126). Verstößt ein WpDU vorsätzlich oder leichtfertig gegen eine Verhaltenspflicht aus den §§ 63 ff., drohen **Bußgelder** gem. § 120 Abs. 8 Nr. 27–96 iVm Abs. 20 (bis zu 5 Mio. EUR und darüber hinaus bei juristischen Personen und Personenvereinigungen bis zu zehn Prozent des Gesamtumsatzes im letzten Geschäftsjahr bzw. bis zum Zweifachen des aus dem Verstoß erzielten Vorteils). Die BaFin hat zudem Entscheidungen bei Verstößen gegen die §§ 63 ff. bekanntzumachen (§ 126). Daneben kann die BaFin ihre allgemeinen Aufsichtsbefugnisse gem. § 6 wahrnehmen.

2. Zivilrechtliche Konsequenzen. Umstritten ist, welche **zivilrechtlichen Folgen** Verstöße **10** gegen die §§ 63 ff. haben, insbesondere ob der Verstoß gegen eine Verhaltenspflicht gem. §§ 63 ff. **vertragliche** oder **deliktsrechtliche Schadensersatzansprüche** auslösen kann. Die Verletzung der Organisationspflichten gem. §§ 80 ff. hat hingegen regelmäßig keine vertrags- oder deliktsrechtlichen Folgen.[18]

a) Vertragliche Schadensersatzansprüche. Die Rspr. ist in der Annahme eines konkludent **11** geschlossenen Anlageberatungsvertrags relativ großzügig.[19] In der Lit. wird die stRspr als Fiktion des

---

[16] *Duve/Keller* BB 2006, 2425 (2430); *Teuber* BKR 2006, 429 (434); *Weichert/Wenninger* WM 2007, 627 (629).

[17] S. dazu Kölner Komm WpHG/*Möllers* § 31a Rn. 89; Schwark/Zimmer/*Koch* § 31a Rn. 40; Staub/*Grundmann* Bd. 11/2 8. Teil Rn. 235; *Kasten* BKR 2007, 261 (265).

[18] S. Fuchs/*Fuchs* § 33 Rn. 186 ff.; Kölner Komm WpHG/*Meyer/Paetzel/Will* § 33 Rn. 275 f.; Schwark/Zimmer/*Schwark* § 33 Rn. 4; Schwark/Zimmer/*Schwark* § 33a Rn. 73; Staub/*Binder* Bd. 11/2 7. Teil Rn. 38 ff. Vgl. auch die Kommentierung zu §§ 80 ff. mit entspr. Streitstand und den dortigen Nw.

[19] Zur Begr. des konkludenten Abschlusses eines Anlageberatungsvertrags durch die stRspr s. nur BGHZ 205, 117 Rn. 23; entscheidend ist nach der BGH-Rspr., ob „im Zusammenhang mit einer Anlageentscheidung tatsächlich eine Beratung stattfindet" (BGH NJW 2002, 3695 (3697) = BGHZ 152, 114 (insoweit nicht abgedr.); WM 2004, 422 (423); BKR 2008, 199 Rn. 12; ebenso der III. Zivilsenat BGH NJW-RR 2010, 349 Rn. 13); befürwortend *Arendts* WM 1993, 229 (231); *Bamberger* in Derleder/Knops/Bamberger BankR/KapMarktR § 52 Rn. 28; *Bausch* NJW 2012, 354; *Bracht* in Schwintowski BankR Kap. 19 Rn. 40; *Buck-Heeb* ZIP 2013, 1401 (1407); *Buck-Heeb* WM 2012, 625 (627 f. und 630) („Der Nachteil eines Aufgebens der Konstruktion ‚Beratungsvertrag' ist für den Anleger offensichtlich. Zahlreiche Rechtsprechungsergebnisse wären in Frage zu stellen."); etwas kritischer *Buck-Heeb* NJW 2017, 3088; Bankrechtstag 2015/*Clouth,* 163 (167); *Clouth,* Rechtsfragen der außerbörslichen Finanz-Derivate, 2001, 173 ff.; *Forschner,* Wechselwirkungen von Aufsichtsrecht und Zivilrecht, 2013, 104 ff.; *Hofmann,* Aufklärung und Anlageberatung, 2007, 76 f.; *Lang,* Informationspflichten bei Wertpapierdienstleistungen, 2003, § 5 Rn. 59; *Lange,* Informationspflichten von Finanzdienstleistern, 2000, 88 ff.; *Lingen,* Anlageberatung im Spannungsverhältnis, 2016, 60 (Kritik der Fiktion ist „durchaus zutreffend", aber Etablierung des Beratungsvertrags in der Rspr. spricht entscheidend für dessen Beibehaltung); Staudinger/*Martinek/Omlor,* 2017, BGB § 675 Rn. B 7a; *Musielak,* Haftung für Rat, Auskunft und Gutachten, 1974, 10 f.; MüKoHGB/*Nobbe/Zahrte* Anlageberatung Rn. 80; *Schelling,* Vergütungssysteme und Interessenkonflikte, 2013, 62 ff.; *Taubert,* Informationspflichten als Geschäftsbesorgungspflichten, 2009, Rn. 142; *Veldhoff,* Haftung von Kreditinstituten, 2012, 98.

Parteiwillens kritisiert und die Haftung auf ein vorvertragliches Schuldverhältnis gem. §§ 311 Abs. 2, 280 Abs. 1 BGB gestützt.[20]

12 Umstritten ist im Weiteren, ob und inwieweit die §§ 63 ff. die (vor-)vertraglichen Pflichten prägen.[21] Zum Teil wird vertreten, dass die §§ 63 ff. sowohl aufsichts- als auch zivilrechtlicher Natur sind (Theorie der **Doppelnatur**) und damit auch das Pflichtenregime des Beratungsvertrages direkt und zwingend regeln.[22] Hiergegen sprechen jedoch die klassischen Theorien zur Abgrenzung (Interessen-, Subordinations- oder modifizierte Subjekttheorie), nach denen die beiden Rechtsgebiete in einem Alternativverhältnis zueinander stehen.[23] Die originäre Zuständigkeit der Verwaltungsbehörde BaFin und die Gesetzesmaterialien des FRUG sowie die verwaltungsrechtlichen Vorgaben in der MiFID II sprechen für die öffentlich-rechtliche Natur der Normen.[24] Nach der überwiegenden Ansicht in Rechtsprechung und Literatur sind die §§ 63 ff. daher allein **öffentlich-rechtlicher Natur**.[25] Aus den Materialien ergibt sich der ausdrückliche Wille des deutschen Gesetzgebers zur ausschließlich aufsichtsrechtlichen Umsetzung der unionsrechtlichen Regelungen.[26] Auch im Gesetzgebungsprozess zum 2. FiMaNoG hat der Gesetzgeber in Kenntnis der Diskussion nicht erkennen lassen, mit den §§ 63 ff. (auch) zivilrechtliche Regelungen treffen zu wollen.[27]

13 Gleichwohl sind die §§ 63 ff. nicht ohne Bedeutung für das Vertragsrecht. Ein Teil der Lit. vertritt die Ansicht, dass die aufsichtsrechtlichen Vorschriften die zivilrechtlichen Pflichten determinieren, da die rechtsgebietsübergreifende Vollharmonisierung zwingend zu einem Gleichlauf von Aufsichtsrecht und Zivilrecht führt.[28] Diesem Lösungsansatz begegnen erhebliche kompetenzrechtliche Bedenken. Eine Vollharmonisierung auch der *vertraglichen* Pflichten des Anlageberaters ist nicht von den in MiFID I und MiFID II genannten Ermächtigungsgrundlagen, namentlich Art. 47 Abs. 2 EGV (= Art. 53 Abs. 2 AEUV)[29] und Art. 53 Abs. 1 AEUV gedeckt.[30] Vielmehr bezieht sich die Vollharmonisierung durch MiFID I und MiFID II nur auf die öffentlich-rechtliche Umsetzung dieser Regelungen ins deutsche Recht.[31] Andere gehen von einem Primat des Zivilrechts aus, sodass sich dieses immer gegenüber abweichendem Aufsichtsrecht durchsetze.[32] Damit würden aber die aufsichtsrechtlichen

---

[20] *van Kampen,* Der Anlageberatungsvertrag, 2020, 179 f.; *Brandt,* Aufklärungs- und Beratungspflichten der Kreditinstitute bei der Kapitalanlage, 2002, 85 ff.; *Grigoleit* Bankrechtstag 2012, 25 (31 ff.); *Heese,* Beratungspflichten, 2015, 141 ff.; BeckOGK/*Herresthal* BGB § 311 Rn. 654; *Herresthal* ZBB 2012, 89 (93 f.); Erman/*Kindl* BGB § 311 Rn. 68; *Kluge,* Kick-backs, 2012, 95 ff.; *Krüger* NJW 2013, 1845 (1846 f.); *Larenz* FS Ballerstedt, 1975, 397 (411) (zum allgemeinen Beratungsvertrag); *Lerch,* Anlageberater als Finanzintermediäre, 2015, 382 ff.; Kölner Komm WpHG/*Möllers* § 31 Rn. 445; *Rödel,* Aufklärungspflichtverletzung, 2015, 171 ff.; *Schaub* AcP 202 (2002), 757 (798 f.); *Tönner* in Derleder/Knops/Bamberger BankR/KapMarktR § 6 Rn. 1 ff.; *Tönner/Krüger,* Bankrecht, 2014, § 24 Rn. 26; Vortmann/*van Look* Aufklärungs- und Beratungspflichten § 1 Rn. 56; *Wagner* DStR 2003, 1757 (1760). Ähnlich *Canaris* BankvertragsR I Rn. 12 ff. und 78 (für die Auskunftshaftung).

[21] Zur Diskrepanz der aufsichts- und zivilrechtlichen Verhaltensanforderungen und den Folgen für die Compliance *van Kampen,* Der Anlageberatungsvertrag, 2020, 67 ff.; *Harnos* BKR 2014, 1 (6); ähnl. BeckOGK/*Buck-Heeb/Lang* BGB § 675 Rn. 168.

[22] *Benicke,* Wertpapiervermögensverwaltung, 2006, 473 ff.; *Lang* ZBB 2004, 289 (294); *Leisch* Informationspflichten nach § 31 WpHG, 2004, 68 ff.; Kölner Komm WpHG/*Möllers* § 31 Rn. 24; *Nikolaus/d'Oleire* WM 2007, 2129 (2134); *Veil* ZBB 2008, 34 (40); *Veil* WM 2007, 1821 (1825 f.); *Weichert/Wenninger* WM 2007, 627 (635). IErg ebenso *Dieckmann* AcP 213 (2013), 1 (28 ff.). Vereinzelt werden die Wohlverhaltenspflichten des WpHG auch als zwingende Regelungen zivilrechtlicher Natur verstanden, sodass ein Verstoß gegen § 63 ff. nF nach dieser Ansicht automatisch zu einer Verletzung des (vor)vertraglichen Schuldverhältnisses zwischen WpDU und Anleger führen (*Einsele* ZHR 180 [2016], 233 [248 f.]; *Einsele* BankR/KapMarktR § 8 Rn. 41; *Einsele* JZ 2008, 477 [482]).

[23] Fuchs/*Fuchs* Vor §§ 31 ff. Rn. 79; ähnl. Langenbucher/Bliesener/Spindler/*Spindler* Kap. 33 Rn. 30; Assmann/Schneider/Mülbert/*Koller* § 63 Rn. 8. Insbes. sei ein strikter Dualismus zwischen den Rechtsgebieten überholt, im Kapitalmarktrecht stünden private und öffentliche Interessen ohnehin in einer gegenseitigen Wechselwirkung, *Lang* ZBB 2004, 289 (293).

[24] BGH Urt. v. 17.9.2013 – XI ZR 332/12, NZG 2013, 1226 (1228).

[25] BeckOGK/*Buck-Heeb/Lang* BGB § 675 Rn. 171; Fuchs/*Fuchs* Vor §§ 31 ff. Rn. 77; Assmann/Schneider/Mülbert/*Koller* § 63 Rn. 8 f.; NK-AktKapMarktR/*Schäfer* Vor §§ 31–37 Rn. 3; MüKoHGB/*Ekkenga* § 31 Rn. 72; Schwark/Zimmer/*Rothenhöfer* Vor §§ 63 ff. Rn. 9; *Ellenberger* in Ellenberger/Clouth Wertpapier- und Derivategeschäft-HdB Rn. 1099 ff.; *Mülbert* WM 2007, 1149 (1155); *Rothenhöfer* FS Hopt, 2010, 55 (63 und 66 ff.), jeweils mwN.

[26] BT-Drs. 16/4899, 12, liSp; BT-Drs. 16/4028, 53, reSp und BT-Drs. 16/4028, 65, reSp, vgl. BGH WM 2013, 1983 Rn. 18.

[27] *Schäfer* in Schwintowski BankR Kap. 18 Rn. 37.

[28] *Herresthal* ZBB 2009, 348 (350 ff.); *Herresthal* ZBB 2012, 89 (102 ff.); *Mülbert* WM 2007, 1149 (1157); *Mülbert* ZHR 172 (2008), 170 (183 ff.); *Roth* ZBB 2012, 429 (438 f.).

[29] Vertrag über die Arbeitsweise der Europäischen Union (Konsolidierte Fassung), ABl. 2016 C 202, 47.

[30] *Sethe* in Schäfer/Sethe/Lang Vermögensverwaltung-HdB § 5 Rn. 291; Langenbucher/Bliesener/Spindler/*Spindler* Kap. 33 Rn. 26a.

[31] Langenbucher/Bliesener/Spindler/*Spindler* Kap. 33 Rn. 30a.

[32] *Assmann* ZBB 2008, 21 (30); *Assmann* FS U. H. Schneider, 2011, 37 (53); Bankrechtstag 2010/*Habersack* 3 (11 f.); *Heese,* Beratungspflichten, 2015, 419 ff.; *Grigoleit* ZHR 177 (2013), 264 (271 ff.); *Kluge,* Kick-backs, 2012, 218 f.; *Podewils/Reisich* NJW 2009, 116 (119 f.); *Veldhoff,* Haftung von Kreditinstituten, 2012, 126 f. So wohl auch *Ellenberger* in Ellenberger/Clouth Wertpapier- und Derivategeschäft-HdB 383, 420 f., Rn. 1100; *Ellenberger* FS Nobbe, 2009, 521 (536 f.).

Vorschriften letztlich zur Disposition der Vertragsparteien gestellt und zu Normen mit Appellcharakter degradiert.[33] Im **Schrifttum** wird daher überwiegend vertreten, dass dem Aufsichtsrecht eine **Ausstrahlungswirkung** auf die zivilrechtlichen Pflichten zukommt, sodass die §§ 63 ff. auch auf Inhalt und Reichweite der vertraglichen Aufklärungspflichten einwirken.[34] Mehrheitlich werden die aufsichtsrechtlichen Normen als Auslegungshilfe zur Ausfüllung unbestimmter Rechtsbegriffe und Generalklauseln herangezogen, sodass sie vor allem über § 241 Abs. 2 BGB, § 384 HGB, § 242 BGB oder als Ausdruck der Verkehrssitte nach § 157 BGB Eingang in das (vor)vertragliche Verhältnis zwischen Anlageberater und Anleger finden.[35] Andere erkennen in den aufsichtsrechtlichen Vorschriften einen zwingenden Mindeststandard für den zivilrechtlichen Pflichtenkanon.[36]

Der Rechtsprechung des XI. Senat des **BGH** zur Bedeutung der aufsichtsrechtlichen Wohlverhaltenspflichten für die vertraglichen Pflichten lassen sich nur schwer klare Kriterien entnehmen. In seinem Urteil vom 17.9.2013 erteilte der BGH der Lehre von der Ausstrahlungswirkung eine Absage, indem er eine eigenständige Bedeutung der §§ 31 ff. aF ausdrücklich ablehnte.[37] Diese Entscheidung deutet folglich in Richtung einer vollständigen Unabhängigkeit von aufsichtsrechtlichen und zivilrechtlichen Wohlverhaltenspflichten.[38] Im Urteil vom 3.6.2014 betont der XI. Senat des BGH zwar zunächst, an seiner Rechtsprechung festzuhalten, kommt aber dann für das Zuwendungsverbot gem. § 31d aF (jetzt § 70) zu dem Schluss, dass diese Vorschrift bei der Bestimmung des Inhalts des Beratungsvertrages zu berücksichtigen sei, da der Anleger beim Abschluss des Vertrags davon ausgehen könne, dass die Bank die Grundprinzipien des Aufsichtsrechts beachtet.[39] Das Gericht stützt diese Rechtsprechungsänderung[40] auf das ausdifferenzierte Regelungssystem im deutschen Aufsichtsrecht, das sich mittlerweile zu einem „nahezu flächendeckenden – aufsichtsrechtlichen – Transparenzgebot" verdichtet habe.[41] Da der Anleger die Einhaltung eines solchen allgemeinen Rechtsprinzips erwarten könne, sei dies gem. §§ 133, 157 BGB bei der Auslegung der (konkludenten) Vertragserklärungen zu berücksichtigen.[42] Der Inhalt des Aufsichtsrechts wird so im Wege der ergänzenden Vertragsauslegung in die vertraglichen Willenserklärungen der Parteien „inkorporiert".[43] Für die Berücksichtigung des Aufsichtsrechts im Zivilrecht spricht auch der unionsrechtliche Effektivitätsgrundsatz gem. Art. 4 Abs. 3 EUV,[44] der eine wirksame Durchsetzung unionsrechtlicher Vorschriften – wie hier der auf der MiFID II basierenden §§ 63 ff. – verlangt.[45] Dementsprechend ist auch die Entscheidung des EuGH in der Rs. Genil 48 zu verstehen,[46] wonach die Mitgliedstaaten bei Fehlen einer unionsrechtlichen Regelung selbst bestimmen, welche vertrags-, also zivilrechtlichen Folgen ein Verstoß gegen die Vorschriften zur Umsetzung der MiFID haben, sie dabei aber die Grundsätze der Äquivalenz und der Effektivität gem. Art. 4 Abs. 3 EUV zu beachten haben.[47] Auch wenn die Entscheidung des BGH ein Schritt in die richtige Richtung ist,[48] so wirft sie zugleich viele Fragen auf.[49] So begründet der BGH

[33] *Schäfer* in Schwintowski BankR Kap. 18 Rn. 37; *Sethe* in Schäfer/Sethe/Lang Vermögensverwaltung-HdB § 5 Rn. 298 f.

[34] Assmann/Schneider/Mülbert/*Koller* § 63 Rn. 9; Schwark/Zimmer/*Schwark/Kruse* Vor §§ 31d Rn. 16; Staub/*Grundmann* Bd. 11/2 8. Teil Rn. 41 ff.; *Hilke* JuS 2010, 800 (802); *Rothenhöfer* FS Hopt, 2010, 55 (70).

[35] *Bracht* in Schwintowski BankR Kap. 19 Rn. 11; Fuchs/*Fuchs* Vor § 31 Rn. 81 ff.; *Schäfer* in Schwintowski BankR Kap. 18 Rn. 37; *Sethe* in Schäfer/Sethe/Lang Vermögensverwaltung-HdB § 5 Rn. 294. IErg so auch *Forschner,* Wechselwirkungen, 2013, 134 ff. und 204 (dort als „Auslegungslösung" bezeichnet). In diesem Sinne auch über das Kapitalanlagerecht hinaus *Fischer,* Ausstrahlungswirkungen im Recht, 2018, 113 ff.

[36] *Lenenbach,* Kapitalmarktrecht, 2. Aufl. 2010, Rn. 5.456 f. und Rn. 11.120 ff. (mit Ausnahme des „kompromisszersetzt[en]" § 31d WpHG aF); etwas anders aber Rn. 5.65; Schwark/Zimmer/*Schwark* Vor §§ 31 ff. Rn. 14.

[37] BGH Urt. v. 17.9.2013 – XI ZR 332/12, NZG 2013, 1226 Rn. 20.

[38] Vgl. *Poelzig* ZBB 2015, 108 (114); *Harnos* BKR 2014, 1 (6); vgl. auch BeckOGK/*Buck-Heeb/Lang* BGB § 675 Rn. 173.

[39] BGH Urt. v. 3.6.2014 – XI ZR 147/12, BGHZ 201, 310 (321) = NJW 2014, 2947 Rn. 36 f.

[40] Als Aufgabe der bisherigen Rspr. deuten dies *Edelmann* WuB I G. 1. – 15.14; *Hoffmann/Bartlitz* ZIP 2014, 1505 (1508 f.); *Weck* BKR 2014, 374 (376); *Zoller* BB 2014, 1805; ähnlich *Balzer/Lang* BKR 2014, 377 (379 und 381). Andere gehen davon aus, dass sich der XI. Senat mit dieser Entscheidung der Theorie der Ausstrahlungswirkung angeschlossen hat (*Sethe* in Schäfer/Sethe/Lang Vermögensverwaltung-HdB § 5 Rn. 295).

[41] BGHZ 201, 310 Rn. 19 ff.

[42] BGHZ 201, 310 Rn. 36 f.; *Poelzig* ZBB 2015, 108 (115).

[43] So *Freitag* ZBB 2014, 357 (358).

[44] Nach dem Urteil des EuGH in der Rs. *Genil 48* kommt es bei Verstößen gegen die nationalen Vorschriften zur Umsetzung der MiFID in „Ermangelung einer Regelung der Union […] der innerstaatlichen Rechtsordnung der einzelnen Mitgliedstaaten [zu], die vertraglichen Folgen eines Verstoßes gegen diese Verpflichtungen festzulegen, wobei die Grundsätze der Äquivalenz und der Effektivität beachtet werden müssen" (EuGH ECLI:EU:C:2013:344 = EuZW 2013, 557, 560 Rn. 57 – Genil 48 SL).

[45] Ausf. hierzu *Poelzig* JZ 2014, 256 (260); ausf. dazu *Poelzig,* Normdurchsetzung durch Privatrecht, 2012, 570 ff.

[46] So auch Staub/*Grundmann* Bd. 11/2 8. Teil Rn. 126.

[47] EuGH Urt. v. 30.5.2013 – C-604/11, NZG 2013, 786 – Genil 48 SL und Comercial Hostelera de Grandes Vinos SL./.Bankinter SA und Banco Bilbao Vizcaya Argentaria SA, ZIP 2013, 1417 Rn. 57. S. auch EuGH Urt. v. 23.11.2006 – C-315/05, Slg. 2006, I-11181 Rn. 58 = EWS 2006, 556 – Lidl Italia.

[48] Vgl. *Edelmann* WuB I G. 1. – 15.14; *Buck-Heeb* WM 2014, 1601 (1605); *Freitag* ZBB 2014, 357 (365); *Hoffmann/Bartlitz* ZIP 2014, 1505 (1506).

[49] *Omlor* LMK 2014, 361191 („Privatrechtsdogmatische Defizite").

beispielsweise nicht, warum sich die berechtigten Erwartungen des Kunden auf die Einhaltung der tragenden Grundprinzipien des Aufsichtsrechts beschränken und nicht die Einhaltung aller aufsichtsrechtlichen Vorgaben umfassen sollen.[50]

15   Der Schaden des Anlegers gem. § 249 Abs. 1 BGB besteht in der Beeinträchtigung der wirtschaftlichen Dispositionsfreiheit durch Abschluss des Vertrags in Umsetzung der Empfehlung (sog. **Vertragsabschlussschaden**).[51] Der Anleger kann demzufolge Erstattung der investierten Anlagesumme Zug-um-Zug gegen Rückgabe der Anlage verlangen.[52] Darüber hinaus ist grundsätzlich auch der entgangene Gewinn gem. § 252 BGB in Form der entgangenen Rendite ersatzfähig, die der Anleger bei einem Alternativinvestment erzielt hätte. Allerdings trägt der Anleger die Beweislast dafür, dass er eine höhere Rendite erzielt hätte.[53] Für die Kausalität der Pflichtverletzung für den Schaden hat der BGH zugunsten des geschädigten Anlegers eine Beweislastumkehr in Form der **„Vermutung aufklärungsrichtigen Verhaltens"** aufgestellt.[54]

16   **b) Deliktsrechtliche Ansprüche.** Für die Haftung gem. § 823 Abs. 2 BGB muss es sich bei den §§ 63 ff. um Schutzgesetze handeln.[55] Dies wird zum Teil damit begründet, dass die Verhaltensregeln gerade im Verhältnis zu dem einzelnen Kunden und zu dessen Schutz zu beachten sind.[56] Gegen die Einordnung der §§ 63 ff. als Schutzgesetze iSd § 823 Abs. 2 BGB spricht nach dem BGH,[57] dass dem Anlegerschutz bereits über die Haftung aus dem Beratungsvertrag ausreichend Rechnung getragen wird und es einer Qualifizierung als Schutzgesetz nicht bedürfe.[58] Eine deliktsrechtliche Jedermann-Haftung würde zudem über das Ziel hinausgehen, indem damit auch eine persönliche Haftung der Mitarbeiter für leicht fahrlässig herbeigeführte Vermögensschäden verbunden wäre.[59] Ein Anspruch aus § 823 Abs. 2 BGB scheidet demnach mangels Schutzgesetzeigenschaft aus.[60]

17   Für eine Haftung gem. § 826 BGB ist eine **besondere Verwerflichkeit** des Verhaltens[61] erforderlich, die nicht bereits mit der bloßen Verletzung der §§ 63 ff. begründet werden kann.[62]

§ 63 Allgemeine Verhaltensregeln; Verordnungsermächtigung

(1) **Ein Wertpapierdienstleistungsunternehmen ist verpflichtet, Wertpapierdienstleistungen und Wertpapiernebendienstleistungen ehrlich, redlich und professionell im bestmöglichen Interesse seiner Kunden zu erbringen.**

(2) [1] **Ein Wertpapierdienstleistungsunternehmen hat einem Kunden, bevor es Geschäfte für ihn durchführt, die allgemeine Art und Herkunft von Interessenkonflikten und die zur Begrenzung der Risiken der Beeinträchtigung der Kundeninteressen unternommenen Schritte eindeutig darzulegen, soweit die organisatorischen Vorkehrungen nach § 80 Absatz 1 Satz 2 Nummer 2 nicht ausreichen, um nach vernünftigem Ermessen zu gewähr-**

---

[50] *Buck-Heeb* WM 2014, 1601 (1605). Krit. auch *Balzer/Lang* BKR 2014, 377 (379 f.); *Freitag* ZBB 2014, 357; *Omlor* LMK 2014, 361191; *Poelzig* ZBB 2015, 108 (115).

[51] *Engelhardt* BKR 2006, 443 (445 f.).

[52] *Fullenkamp* WM 2011, 421 (426) mwN.

[53] BGH Urt. v. 28.5.2013 – XI ZR 148/11 Rn. 45, GWR 2013, 338.

[54] BGH Urt. v. 8.5.2012 – XI ZR 262/10, BGHZ 193, 159 Rn. 28 ff. = NJW 2012, 2427. Dazu *Dieckmann* WM 2011, 1153; *Oppenheim/Ulmrich* WM 2017, 164; *Schwab* NJW 2012, 3274.

[55] In besonderen Ausnahmefällen ist auch eine Verletzung strafrechtlicher Schutzgesetze wie §§ 263, 264a StGB oder § 266 StGB denkbar (MüKoHGB/*Nobbe/Zahrte* Anlageberatung Rn. 405 ff.; *K. Kluge*, Kick-backs, 2012, 152 ff.).

[56] Jeweils zu bestimmten Verhaltensregeln Staub/*Binder*, Bankvertragsrecht, Investmentbanking II, Teil 7 Rn. 40; zu § 31 ff. aF *Klein* WM 2016, 862 (866); *Kumpan/Hellgardt* DB 2006, 1714 (1716 ff.); *Veil* ZBB 2008, 34 (42); *Freitag* ZBB 2014, 357 (365); *Einsele* ZHR 180 (2016), 233 (266 f.); Fuchs/*Fuchs* Vor § 31 Rn. 101 ff.; Fuchs/*Fuchs* § 31d Rn. 60; MüKoBGB/*Wagner* BGB § 823 Rn. 511 f.

[57] Nach dem BGH muss die Schaffung eines individuellen Haftungsanspruchs sinnvoll und im Lichte des haftpflichtrechtlichen Gesamtsystems tragbar sein, dazu grdl. BGH NJW 1976, 1740 f. Krit. zum Schutzbedürftigkeitskriterium *Klein* WM 2018, 862 (864 f.).

[58] Zu § 31d aF BGH Urt. v. 19.9.2013, NZG 2013, 1226 Rn. 21 ff. Zu § 32 aF BGH Urt. v. 19.2.2008 – XI ZR 170/07, BGHZ 175, 276 Rn. 14, 16 = NJW 2008, 1734 (1735); ebenso *Assmann* FS U. H. Schneider, 2011, 37 (51); *Buck-Heeb*, Kapitalmarktrecht, 10. Aufl. 2019, Rn. 834; *Poelzig*, Kapitalmarktrecht, 2018, Rn. 631; BeckOGK/*Buck-Heeb/Lang* BGB § 675 Rn. 173 ff.; *Schäfer* WM 2007, 1872 (1875 ff.); *Nikolaus/d'Oleire* WM 2007, 2129 (2130); *Weichert/Wenninger* WM 2007, 627 (635).

[59] Vgl. BeckOGK/*Buck-Heeb/Lang* BGB § 675 Rn. 176; *Grüneberg,* Bankenhaftung bei Kapitalanlagen, 2017, Rn. 345 f. Davon unberührt bleibt eine mögliche Haftung der Bank nach § 831 BGB. AA *Freitag* ZBB 2014, 357 (363), der § 823 Abs. 2 BGB bejaht und eine Lösung über den Adressatenkreis der §§ 63 ff. WpHG vorschlägt.

[60] IErg zust. MüKoHGB/*Nobbe/Zahrte* Bd. 6 Anlageberatung Rn. 398 ff.; *Einsele* ZHR 180 (2016), 233 (244 ff.).

[61] Zur Voraussetzung Palandt/*Sprau* BGB § 826 Rn. 4.

[62] Dazu Kölner Komm WpHG/*Möllers* § 31 Rn. 448. Ausf. zur Bedeutung des § 826 BGB im Rahmen des Kapitalmarktrechts FA-BankR/KapitalmarktR/*Reiter/Methner/Nittel* Kap. 8, Rn. 213 ff.; Staudinger/*Oechsel*, 2018, BGB § 826 Rn. 380a ff.

leisten, dass das Risiko der Beeinträchtigung von Kundeninteressen vermieden wird. [2]Die Darlegung nach Satz 1 muss

1. mittels eines dauerhaften Datenträgers erfolgen und
2. unter Berücksichtigung der Einstufung des Kunden im Sinne des § 67 so detailliert sein, dass der Kunde in die Lage versetzt wird, seine Entscheidung über die Wertpapierdienstleistung oder Wertpapiernebendienstleistung, in deren Zusammenhang der Interessenkonflikt auftritt, in Kenntnis der Sachlage zu treffen.

(3) [1]Ein Wertpapierdienstleistungsunternehmen muss sicherstellen, dass es die Leistung seiner Mitarbeiter nicht in einer Weise vergütet oder bewertet, die mit seiner Pflicht, im bestmöglichen Interesse der Kunden zu handeln, kollidiert. [2]Insbesondere darf es bei seinen Mitarbeitern weder durch Vergütungsvereinbarungen noch durch Verkaufsziele oder in sonstiger Weise Anreize dafür setzen, einem Privatkunden ein bestimmtes Finanzinstrument zu empfehlen, obwohl das Wertpapierdienstleistungsunternehmen dem Privatkunden ein anderes Finanzinstrument anbieten könnte, das den Bedürfnissen des Privatkunden besser entspricht.

(4) [1]Ein Wertpapierdienstleistungsunternehmen, das Finanzinstrumente zum Verkauf an Kunden konzipiert, muss sicherstellen, dass diese Finanzinstrumente so ausgestaltet sind, dass

1. sie den Bedürfnissen eines bestimmten Zielmarktes im Sinne des § 80 Absatz 9 entsprechen und
2. die Strategie für den Vertrieb der Finanzinstrumente mit diesem Zielmarkt vereinbar ist.

[2]Das Wertpapierdienstleistungsunternehmen muss zumutbare Schritte unternehmen, um zu gewährleisten, dass das Finanzinstrument an den bestimmten Zielmarkt vertrieben wird.

(5) [1]Ein Wertpapierdienstleistungsunternehmen muss die von ihm angebotenen oder empfohlenen Finanzinstrumente verstehen. [2]Es muss deren Vereinbarkeit mit den Bedürfnissen der Kunden, denen gegenüber es Wertpapierdienstleistungen erbringt, beurteilen, auch unter Berücksichtigung des in § 80 Absatz 9 genannten Zielmarktes, und sicherstellen, dass es Finanzinstrumente nur anbietet oder empfiehlt, wenn dies im Interesse der Kunden liegt.

(6) [1]Alle Informationen, die Wertpapierdienstleistungsunternehmen Kunden zugänglich machen, einschließlich Marketingmitteilungen, müssen redlich und eindeutig sein und dürfen nicht irreführend sein. [2]Marketingmitteilungen müssen eindeutig als solche erkennbar sein. [3]§ 302 des Kapitalanlagegesetzbuchs, Artikel 22 der Verordnung (EU) 2017/1129 und § 7 des Wertpapierprospektgesetzes bleiben unberührt.

(7) [1]Wertpapierdienstleistungsunternehmen sind verpflichtet, ihren Kunden rechtzeitig und in verständlicher Form angemessene Informationen über das Wertpapierdienstleistungsunternehmen und seine Dienstleistungen, über die Finanzinstrumente und die vorgeschlagenen Anlagestrategien, über Ausführungsplätze und alle Kosten und Nebenkosten zur Verfügung zu stellen, die erforderlich sind, damit die Kunden nach vernünftigem Ermessen die Art und die Risiken der ihnen angebotenen oder von ihnen nachgefragten Arten von Finanzinstrumenten oder Wertpapierdienstleistungen verstehen und auf dieser Grundlage ihre Anlageentscheidung treffen können. [2]Die Informationen können auch in standardisierter Form zur Verfügung gestellt werden. [3]Die Informationen nach Satz 1 müssen folgende Angaben enthalten:

1. hinsichtlich der Arten von Finanzinstrumenten und der vorgeschlagenen Anlagestrategie unter Berücksichtigung des Zielmarktes im Sinne des Absatzes 3 oder 4:
   a) geeignete Leitlinien zur Anlage in solche Arten von Finanzinstrumenten oder zu den einzelnen Anlagestrategien,
   b) geeignete Warnhinweise zu den Risiken, die mit dieser Art von Finanzinstrumenten oder den einzelnen Anlagestrategien verbunden sind, und
   c) ob die Art des Finanzinstruments für Privatkunden oder professionelle Kunden bestimmt ist;
2. hinsichtlich aller Kosten und Nebenkosten:
   a) Informationen in Bezug auf Kosten und Nebenkosten sowohl der Wertpapierdienstleistungen als auch der Wertpapiernebendienstleistungen, einschließlich eventueller Beratungskosten,
   b) Kosten der Finanzinstrumente, die dem Kunden empfohlen oder an ihn vermarktet werden sowie
   c) Zahlungsmöglichkeiten des Kunden einschließlich etwaiger Zahlungen durch Dritte.

[4]Informationen zu Kosten und Nebenkosten, einschließlich solchen Kosten und Nebenkosten im Zusammenhang mit der Wertpapierdienstleistung und dem Finanzinstrument, die nicht durch ein zugrunde liegendes Marktrisiko verursacht werden, muss das Wertpapierdienstleistungsunternehmen in zusammengefasster Weise darstellen, damit der Kunde sowohl die Gesamtkosten als auch die kumulative Wirkung der Kosten auf die Rendite der Anlage verstehen kann. [5]Auf Verlangen des Kunden muss das Wertpapierdienstleistungs-

unternehmen eine Aufstellung, die nach den einzelnen Posten aufgegliedert ist, zur Verfügung stellen. [6]Solche Informationen sollen dem Kunden unter den in Artikel 50 Absatz 9 der Delegierten Verordnung (EU) 2017/565 genannten Voraussetzungen regelmäßig, mindestens jedoch jährlich während der Laufzeit der Anlage zur Verfügung gestellt werden. [7]Die §§ 293 bis 297, 303 bis 307 des Kapitalanlagegesetzbuchs bleiben unberührt. [8]Bei zertifizierten Altersvorsorge- und Basisrentenverträgen im Sinne des Altersvorsorgeverträge-Zertifizierungsgesetzes gilt die Informationspflicht nach diesem Absatz durch Bereitstellung des individuellen Produktinformationsblattes nach § 7 des Altersvorsorgeverträge-Zertifizierungsgesetzes als erfüllt. [9]Dem Kunden sind auf Nachfrage die nach diesem Absatz erforderlichen Informationen über Kosten und Nebenkosten zur Verfügung zu stellen. [10]Der Kunde ist bei Bereitstellung des individuellen Produktinformationsblattes nach § 7 des Altersvorsorgeverträge-Zertifizierungsgesetzes ausdrücklich auf dieses Recht hinzuweisen. [11]Wird einem Kunden ein standardisiertes Informationsblatt nach § 64 Absatz 2 Satz 3 zur Verfügung gestellt, sind dem Kunden die Informationen hinsichtlich aller Kosten und Nebenkosten nach den Sätzen 4 und 5 unverlangt unter Verwendung einer formalisierten Kostenaufstellung zur Verfügung zu stellen.

(8) Die Absätze 6 und 7 gelten nicht für Wertpapierdienstleistungen, die als Teil eines Finanzprodukts angeboten werden, das in Bezug auf die Informationspflichten bereits anderen Bestimmungen des Europäischen Gemeinschaftsrechts, die Kreditinstitute und Verbraucherkredite betreffen, unterliegt.

(9) [1]Bietet ein Wertpapierdienstleistungsunternehmen Wertpapierdienstleistungen verbunden mit anderen Dienstleistungen oder anderen Produkten als Gesamtpaket oder in der Form an, dass die Erbringung der Wertpapierdienstleistungen, der anderen Dienstleistungen oder der Geschäfte über die anderen Produkte Bedingung für die Durchführung der jeweils anderen Bestandteile oder des Abschlusses der anderen Vereinbarungen ist, muss es den Kunden darüber informieren, ob die einzelnen Bestandteile auch getrennt voneinander bezogen werden können und dem Kunden für jeden Bestandteil getrennt Kosten und Gebühren nachweisen. [2]Besteht die Wahrscheinlichkeit, dass die mit dem Gesamtpaket oder der Gesamtvereinbarung verknüpften Risiken von den mit den einzelnen Bestandteilen verknüpften Risiken abweichen, hat es Privatkunden in angemessener Weise über die einzelnen Bestandteile, die mit ihnen verknüpften Risiken und die Art und Weise, wie ihre Wechselwirkung das Risiko beeinflusst, zu informieren.

(10) [1]Vor der Erbringung anderer Wertpapierdienstleistungen als der Anlageberatung oder der Finanzportfolioverwaltung hat ein Wertpapierdienstleistungsunternehmen von den Kunden Informationen einzuholen über Kenntnisse und Erfahrungen der Kunden in Bezug auf Geschäfte mit bestimmten Arten von Finanzinstrumenten oder Wertpapierdienstleistungen, soweit diese Informationen erforderlich sind, um die Angemessenheit der Finanzinstrumente oder Wertpapierdienstleistungen für die Kunden beurteilen zu können. [2]Sind verbundene Dienstleistungen oder Produkte im Sinne des Absatzes 9 Gegenstand des Kundenauftrages, muss das Wertpapierdienstleistungsunternehmen beurteilen, ob das gesamte verbundene Geschäft für den Kunden angemessen ist. [3]Gelangt ein Wertpapierdienstleistungsunternehmen auf Grund der nach Satz 1 erhaltenen Informationen zu der Auffassung, dass das vom Kunden gewünschte Finanzinstrument oder die Wertpapierdienstleistung für den Kunden nicht angemessen ist, hat es den Kunden darauf hinzuweisen. [4]Erlangt das Wertpapierdienstleistungsunternehmen nicht die erforderlichen Informationen, hat es den Kunden darüber zu informieren, dass eine Beurteilung der Angemessenheit im Sinne des Satzes 1 nicht möglich ist. [5]Näheres zur Angemessenheit und zu den Pflichten, die im Zusammenhang mit der Beurteilung der Angemessenheit geltenden Pflichten regeln die Artikel 55 und 56 der Delegierten Verordnung (EU) 2017/565. [6]Der Hinweis nach Satz 3 und die Information nach Satz 4 können in standardisierter Form erfolgen.

(11) Die Pflichten nach Absatz 10 gelten nicht, soweit das Wertpapierdienstleistungsunternehmen

1. auf Veranlassung des Kunden Finanzkommissionsgeschäft, Eigenhandel, Abschlussvermittlung oder Anlagevermittlung erbringt in Bezug auf
   a) Aktien, die zum Handel an einem organisierten Markt, an einem diesem gleichwertigen Markt eines Drittlandes oder an einem multilateralen Handelssystem zugelassen sind, mit Ausnahme von Aktien an AIF im Sinne von § 1 Absatz 3 des Kapitalanlagegesetzbuchs, und von Aktien, in die ein Derivat eingebettet ist,
   b) Schuldverschreibungen und andere verbriefte Schuldtitel, die zum Handel an einem organisierten Markt, einem diesem gleichwertigen Markt eines Drittlandes oder einem multilateralen Handelssystem zugelassen sind, mit Ausnahme solcher, in die ein Derivat eingebettet ist und solcher, die eine Struktur aufweisen, die es dem Kunden erschwert, die mit ihnen einhergehenden Risiken zu verstehen,
   c) Geldmarktinstrumente, mit Ausnahme solcher, in die ein Derivat eingebettet ist, und solcher, die eine Struktur aufweisen, die es dem Kunden erschwert, die mit ihnen einhergehenden Risiken zu verstehen,

d) Anteile oder Aktien an OGAW im Sinne von § 1 Absatz 2 des Kapitalanlagegesetzbuchs, mit Ausnahme der in Artikel 36 Absatz 1 Unterabsatz 2 der Verordnung (EU) Nr. 583/2010 genannten strukturierten OGAW,

e) strukturierte Einlagen, mit Ausnahme solcher, die eine Struktur aufweisen, die es dem Kunden erschwert, das Ertragsrisiko oder die Kosten des Verkaufs des Produkts vor Fälligkeit zu verstehen oder

f) andere nicht komplexe Finanzinstrumente für Zwecke dieses Absatzes, die die in Artikel 57 der Delegierten Verordnung (EU) 2017/565 genannten Kriterien erfüllen,

2. diese Wertpapierdienstleistung nicht gemeinsam mit der Gewährung eines Darlehens als Wertpapiernebendienstleistung im Sinne des § 2 Absatz 7 Nummer 2 erbringt, außer sie besteht in der Ausnutzung einer Kreditobergrenze eines bereits bestehenden Darlehens oder eines bestehenden Darlehens, das in der Weise gewährt wurde, dass der Darlehensgeber in einem Vertragsverhältnis über ein laufendes Konto dem Darlehensnehmer das Recht einräumt, sein Konto in bestimmter Höhe zu überziehen (Überziehungsmöglichkeit) oder darin, dass der Darlehensgeber im Rahmen eines Vertrages über ein laufendes Konto, ohne eingeräumte Überziehungsmöglichkeit die Überziehung des Kontos durch den Darlehensnehmer duldet und hierfür vereinbarungsgemäß ein Entgelt verlangt, und

3. den Kunden ausdrücklich darüber informiert, dass keine Angemessenheitsprüfung im Sinne des Absatzes 10 vorgenommen wird, wobei diese Information in standardisierter Form erfolgen kann.

(12) ¹Wertpapierdienstleistungsunternehmen müssen ihren Kunden in geeigneter Weise auf einem dauerhaften Datenträger über die erbrachten Wertpapierdienstleistungen berichten; insbesondere müssen sie nach Ausführung eines Geschäftes mitteilen, wo sie den Auftrag ausgeführt haben. ²Die Pflicht nach Satz 1 beinhaltet einerseits nach den in den Artikeln 59 bis 63 der Delegierten Verordnung (EU) 2017/565 näher bestimmten Fällen regelmäßige Berichte an den Kunden, wobei die Art und Komplexität der jeweiligen Finanzinstrumente sowie die Art der erbrachten Wertpapierdienstleistungen zu berücksichtigen ist, und andererseits, sofern relevant, Informationen zu den angefallenen Kosten. ³Bei zertifizierten Altersvorsorge- und Basisrentenverträgen im Sinne des Altersvorsorgeverträge-Zertifizierungsgesetzes gilt die Informationspflicht gemäß Satz 1 bei Beachtung der jährlichen Informationspflicht nach § 7a des Altersvorsorgeverträge-Zertifizierungsgesetzes als erfüllt. ⁴Dem Kunden sind auf Nachfrage die nach diesem Absatz erforderlichen Informationen über Kosten und Nebenkosten zur Verfügung zu stellen. ⁵Der Kunde ist bei Bereitstellung der jährlichen Information nach § 7a des Altersvorsorgeverträge-Zertifizierungsgesetzes ausdrücklich dieses Recht hinzuweisen.

(13) Nähere Bestimmungen zu den Absätzen 1 bis 3, 6, 7, 10 und 12 ergeben sich aus der Delegierten Verordnung (EU) 2017/565, insbesondere zu

1. der Verpflichtung nach Absatz 1 aus den Artikeln 58, 64, 65 und 67 bis 69,

2. Art, Umfang und Form der Offenlegung nach Absatz 2 aus den Artikeln 34 und 41 bis 43,

3. der Vergütung oder Bewertung nach Absatz 3 aus Artikel 27,

4. den Voraussetzungen, unter denen Informationen im Sinne von Absatz 6 Satz 1 als redlich, eindeutig und nicht irreführend angesehen werden aus den Artikeln 36 und 44,

5. Art, Inhalt, Gestaltung und Zeitpunkt der nach Absatz 7 notwendigen Informationen für die Kunden aus den Artikeln 38, 39, 41, 45 bis 53, 61 und 65,

6. Art, Umfang und Kriterien der nach Absatz 10 von den Kunden einzuholenden Informationen aus den Artikeln 54 bis 56,

7. Art, Inhalt und Zeitpunkt der Berichtspflichten nach Absatz 12 aus den Artikeln 59 bis 63.

(14) ¹Das Bundesministerium der Finanzen kann im Einvernehmen mit dem Bundesministerium der Justiz und für Verbraucherschutz durch Rechtsverordnung, die nicht der Zustimmung des Bundesrates bedarf, nähere Bestimmungen zu Inhalt und Aufbau der formalisierten Kostenaufstellung nach Absatz 7 Satz 11 erlassen. ²Das Bundesministerium der Finanzen kann die Ermächtigung durch Rechtsverordnung auf die Bundesanstalt übertragen.

§ 64 Besondere Verhaltensregeln bei der Erbringung von Anlageberatung und Finanzportfolioverwaltung; Verordnungsermächtigung

(1) ¹Erbringt ein Wertpapierdienstleistungsunternehmen Anlageberatung, muss es den Kunden zusätzlich zu den Informationen nach § 63 Absatz 7 rechtzeitig vor der Beratung und in verständlicher Form darüber informieren

1. ob die Anlageberatung unabhängig erbracht wird (Unabhängige Honorar-Anlageberatung) oder nicht;

2. ob sich die Anlageberatung auf eine umfangreiche oder eine eher beschränkte Analyse verschiedener Arten von Finanzinstrumenten stützt, insbesondere, ob die Palette an Finanzinstrumenten auf Finanzinstrumente beschränkt ist, die von Anbietern oder Emittenten stammen, die in einer engen Verbindung zum Wertpapierdienstleistungsunternehmen stehen oder zu denen in sonstiger Weise rechtliche oder wirtschaftliche Verbindungen bestehen, die so eng sind, dass das Risiko besteht, dass die Unabhängigkeit der Anlageberatung beeinträchtigt wird, und

3. ob das Wertpapierdienstleistungsunternehmen dem Kunden regelmäßig eine Beurteilung der Geeignetheit der empfohlenen Finanzinstrumente zur Verfügung stellt.

²§ 63 Absatz 7 Satz 2 und bei Vorliegen der dort genannten Voraussetzungen die Ausnahme nach § 63 Absatz 8 gelten entsprechend.

(2) ¹Im Falle einer Anlageberatung hat das Wertpapierdienstleistungsunternehmen einem Privatkunden rechtzeitig vor dem Abschluss eines Geschäfts über Finanzinstrumente, für die kein Basisinformationsblatt nach der Verordnung (EU) Nr. 1286/2014 erstellt werden muss,

1. über jedes Finanzinstrument, auf das sich eine Kaufempfehlung bezieht, ein kurzes und leicht verständliches Informationsblatt,

2. in den Fällen des Satzes 3 ein in Nummer 1 genanntes Informationsblatt oder wahlweise ein standardisiertes Informationsblatt oder

3. in den Fällen des Satzes 4 ein dort genanntes Dokument anstelle des in

Nummer 1 genannten Informationsblatts zur Verfügung zu stellen. ²Die Angaben in den Informationsblättern nach Satz 1 dürfen weder unrichtig noch irreführend sein und müssen mit den Angaben des Prospekts vereinbar sein. ³Für Aktien, die zum Zeitpunkt der Anlageberatung an einem organisierten Markt gehandelt werden, kann anstelle des Informationsblattes nach Satz 1 Nummer 1 ein standardisiertes Informationsblatt verwendet werden. ⁴An die Stelle des Informationsblattes treten

1. bei Anteilen oder Aktien an OGAW oder an offenen Publikums-AIF die wesentlichen Anlegerinformationen nach den §§ 164 und 166 des Kapitalanlagegesetzbuchs,

2. bei Anteilen oder Aktien an geschlossenen Publikums-AIF die wesentlichen Anlegerinformationen nach den §§ 268 und 270 des Kapitalanlagegesetzbuchs,

3. bei Anteilen oder Aktien an Spezial-AIF die wesentlichen Anlegerinformationen nach § 166 oder § 270 des Kapitalanlagegesetzbuchs, sofern die AIF-Kapitalverwaltungsgesellschaft solche gemäß § 307 Absatz 5 des Kapitalanlagegesetzbuchs erstellt hat,

4. bei EU-AIF und ausländischen AIF die wesentlichen Anlegerinformationen nach § 318 Absatz 5 des Kapitalanlagegesetzbuchs,

5. bei EU-OGAW die wesentlichen Anlegerinformationen, die nach § 298 Absatz 1 Satz 2 des Kapitalanlagegesetzbuchs in deutscher Sprache veröffentlicht worden sind,

6. bei inländischen Investmentvermögen im Sinne des Investmentgesetzes in der bis zum 21. Juli 2013 geltenden Fassung, die für den in § 345 Absatz 6 Satz 1 des Kapitalanlagegesetzbuchs genannten Zeitraum noch weiter vertrieben werden dürfen, die wesentlichen Anlegerinformationen, die nach § 42 Absatz 2 des Investmentgesetzes in der bis zum 21. Juli 2013 geltenden Fassung erstellt worden sind,

7. bei ausländischen Investmentvermögen im Sinne des Investmentgesetzes in der bis zum 21. Juli 2013 geltenden Fassung, die für den in § 345 Absatz 8 Satz 2 oder § 355 Absatz 2 Satz 10 des Kapitalanlagegesetzbuchs genannten Zeitraum noch weiter vertrieben werden dürfen, die wesentlichen Anlegerinformationen, die nach § 137 Absatz 2 des Investmentgesetzes in der bis zum 21. Juli 2013 geltenden Fassung erstellt worden sind,

8. bei Vermögensanlagen im Sinne des § 1 Absatz 2 des Vermögensanlagengesetzes das Vermögensanlagen-Informationsblatt nach § 13 des Vermögensanlagengesetzes, soweit der Anbieter der Vermögensanlagen zur Erstellung eines solchen Vermögensanlagen-Informationsblatts verpflichtet ist,

9. bei zertifizierten Altersvorsorge- und Basisrentenverträgen im Sinne des Altersvorsorgeverträge-Zertifizierungsgesetzes das individuelle Produktinformationsblatt nach § 7 Absatz 1 des Altersvorsorgeverträge-Zertifizierungsgesetzes sowie zusätzlich die wesentlichen Anlegerinformationen nach Nummer 1, 3 oder Nummer 4, sofern es sich um Anteile an den in Nummer 1, 3 oder Nummer 4 genannten Organismen für gemeinsame Anlagen handelt und

10. bei Wertpapieren im Sinne des § 2 Nummer 1 des Wertpapierprospektgesetzes das Wertpapier-Informationsblatt nach § 4 des Wertpapierprospektgesetzes, soweit der Anbieter der Wertpapiere zur Erstellung eines solchen Wertpapier-Informationsblatts verpflichtet ist.

(3) ¹Das Wertpapierdienstleistungsunternehmen muss von einem Kunden alle Informationen

1. über Kenntnisse und Erfahrungen des Kunden in Bezug auf Geschäfte mit bestimmten Arten von Finanzinstrumenten oder Wertpapierdienstleistungen,

2. über die finanziellen Verhältnisse des Kunden, einschließlich seiner Fähigkeit, Verluste zu tragen, und

3. über seine Anlageziele, einschließlich seiner Risikotoleranz,

einholen, die erforderlich sind, um dem Kunden ein Finanzinstrument oder eine Wertpapierdienstleistung empfehlen zu können, das oder die für ihn geeignet ist und insbesondere seiner Risikotoleranz und seiner Fähigkeit, Verluste zu tragen, entspricht. [2] Ein Wertpapierdienstleistungsunternehmen darf seinen Kunden nur Finanzinstrumente und Wertpapierdienstleistungen empfehlen oder Geschäfte im Rahmen der Finanzportfolioverwaltung tätigen, die nach den eingeholten Informationen für den Kunden geeignet sind. [3] Näheres zur Geeignetheit und den im Zusammenhang mit der Beurteilung der Geeignetheit geltenden Pflichten regeln die Artikel 54 und 55 der Delegierten Verordnung (EU) 2017/565. [4] Näheres zur Geeignetheit von Verbriefungen und den im Zusammenhang mit der Beurteilung der Geeignetheit geltenden Pflichten regelt Artikel 3 der Verordnung (EU) 2017/2402 des Europäischen Parlaments und des Rates vom 12. Dezember 2017 zur Festlegung eines allgemeinen Rahmens für Verbriefungen und zur Schaffung eines spezifischen Rahmens für einfache, transparente und standardisierte Verbriefung und zur Änderung der Richtlinien 2009/65/EG, 2009/138/EG, 2011/61/EU und der Verordnungen (EG) Nr. 1060/2009 und (EU) Nr. 648/2012 (ABl. L 347 vom 28.12.2017, S. 35). [5] Erbringt ein Wertpapierdienstleistungsunternehmen eine Anlageberatung, bei der verbundene Produkte oder Dienstleistungen im Sinne des § 63 Absatz 9 empfohlen werden, gilt Satz 2 für das gesamte verbundene Geschäft entsprechend.

(4) [1] Ein Wertpapierdienstleistungsunternehmen, das Anlageberatung erbringt, muss dem Privatkunden auf einem dauerhaften Datenträger vor Vertragsschluss eine Erklärung über die Geeignetheit der Empfehlung (Geeignetheitserklärung) zur Verfügung stellen. [2] Die Geeignetheitserklärung muss die erbrachte Beratung nennen sowie erläutern, wie sie auf die Präferenzen, Anlageziele und die sonstigen Merkmale des Kunden abgestimmt wurde. [3] Näheres regelt Artikel 54 Absatz 12 der Delegierten Verordnung (EU) 2017/565. [4] Wird die Vereinbarung über den Kauf oder Verkauf eines Finanzinstruments mittels eines Fernkommunikationsmittels geschlossen, das die vorherige Übermittlung der Geeignetheitserklärung nicht erlaubt, darf das Wertpapierdienstleistungsunternehmen die Geeignetheitserklärung ausnahmsweise unmittelbar nach dem Vertragsschluss zur Verfügung stellen, wenn der Kunde zugestimmt hat, dass ihm die Geeignetheitserklärung unverzüglich nach Vertragsschluss zur Verfügung gestellt wird und dass das Wertpapierdienstleistungsunternehmen dem Kunden angeboten hat, die Ausführung des Geschäfts zu verschieben, damit der Kunde die Möglichkeit hat, die Geeignetheitserklärung zuvor zu erhalten.

(5) [1] Ein Wertpapierdienstleistungsunternehmen, das Unabhängige Honorar-Anlageberatung erbringt,

1. muss bei der Beratung eine ausreichende Palette von auf dem Markt angebotenen Finanzinstrumenten berücksichtigen, die

   a) hinsichtlich ihrer Art und des Emittenten oder Anbieters hinreichend gestreut sind und

   b) nicht beschränkt sind auf Finanzinstrumente, die das Wertpapierdienstleistungsunternehmen selbst emittiert oder anbietet oder deren Anbieter oder Emittenten in einer engen Verbindung zum Wertpapierdienstleistungsunternehmen stehen oder in sonstiger Weise so enge rechtliche oder wirtschaftliche Verbindung zu diesem unterhalten, dass die Unabhängigkeit der Beratung dadurch gefährdet werden könnte;

2. darf sich die Unabhängige Honorar-Anlageberatung allein durch den Kunden vergüten lassen.

[1] Es dürfen nach Satz 1 Nummer 2 im Zusammenhang mit der Unabhängigen Honorar-Anlageberatung keinerlei nichtmonetäre Zuwendungen von einem Dritten, der nicht Kunde dieser Dienstleistung ist oder von dem Kunden dazu beauftragt worden ist, angenommen werden. [3] Monetäre Zuwendungen dürfen nur dann angenommen werden, wenn das empfohlene Finanzinstrument oder ein in gleicher Weise geeignetes Finanzinstrument ohne Zuwendung nicht erhältlich ist. [4] In diesem Fall sind die monetären Zuwendungen so schnell wie nach vernünftigem Ermessen möglich, nach Erhalt und in vollem Umfang an den Kunden auszukehren. [5] Vorschriften über die Entrichtung von Steuern und Abgaben bleiben davon unberührt. [6] Das Wertpapierdienstleistungsunternehmen muss Kunden über die ausgekehrten monetären Zuwendungen unterrichten. [7] Im Übrigen gelten die allgemeinen Anforderungen für die Anlageberatung.

(6) [1] Bei der Empfehlung von Geschäftsabschlüssen in Finanzinstrumenten, die auf einer Unabhängigen Honorar-Anlageberatung beruhen, deren Anbieter oder Emittent das Wertpapierdienstleistungsunternehmen selbst ist oder zu deren Anbieter oder Emittenten eine enge Verbindung oder sonstige wirtschaftliche Verflechtung besteht, muss das Wertpapierdienstleistungsunternehmen den Kunden rechtzeitig vor der Empfehlung und in verständlicher Form informieren über

1. die Tatsache, dass es selbst Anbieter oder Emittent der Finanzinstrumente ist,

2. das Bestehen einer engen Verbindung oder einer sonstigen wirtschaftlichen Verflechtung zum Anbieter oder Emittenten sowie

3. das Bestehen eines eigenen Gewinninteresses oder des Interesses eines mit ihm verbundenen oder wirtschaftlich verflochtenen Emittenten oder Anbieters an dem Geschäftsabschluss.

[2] Ein Wertpapierdienstleistungsunternehmen darf einen auf seiner Unabhängigen Honorar-Anlageberatung beruhenden Geschäftsabschluss nicht als Geschäft mit dem Kunden zu einem festen oder bestimmbaren Preis für eigene Rechnung (Festpreisgeschäft) ausführen. [3] Ausgenommen sind Festpreisgeschäfte in Finanzinstrumenten, deren Anbieter oder Emittent das Wertpapierdienstleistungsunternehmen selbst ist.

(7) [1] Ein Wertpapierdienstleistungsunternehmen, das Finanzportfolioverwaltung erbringt, darf im Zusammenhang mit der Finanzportfolioverwaltung keine Zuwendungen von Dritten oder für Dritte handelnder Personen annehmen und behalten. [2] Abweichend von Satz 1 dürfen nichtmonetäre Vorteile nur angenommen werden, wenn es sich um geringfügige nichtmonetäre Vorteile handelt,

1. die geeignet sind, die Qualität der für den Kunden erbrachten Wertpapierdienstleistung und Wertpapiernebendienstleistungen zu verbessern und

2. die hinsichtlich ihres Umfangs, wobei die Gesamthöhe der von einem einzelnen Unternehmen oder einer einzelnen Unternehmensgruppe gewährten Vorteile zu berücksichtigen ist, und ihrer Art vertretbar und verhältnismäßig sind und daher nicht vermuten lassen, dass sie die Pflicht des Wertpapierdienstleistungsunternehmens, im bestmöglichen Interesse ihrer Kunden zu handeln, beeinträchtigen,

wenn diese Zuwendungen dem Kunden unmissverständlich offengelegt werden, bevor die betreffende Wertpapierdienstleistung oder Wertpapiernebendienstleistung für die Kunden erbracht wird. [3] Die Offenlegung kann in Form einer generischen Beschreibung erfolgen. [4] Monetäre Zuwendungen, die im Zusammenhang mit der Finanzportfolioverwaltung angenommen werden, sind so schnell wie nach vernünftigem Ermessen möglich nach Erhalt und in vollem Umfang an den Kunden auszukehren. [5] Vorschriften über die Entrichtung von Steuern und Abgaben bleiben davon unberührt. [6] Das Wertpapierdienstleistungsunternehmen muss den Kunden über die ausgekehrten monetären Zuwendungen unterrichten.

(8) Erbringt ein Wertpapierdienstleistungsunternehmen Finanzportfolioverwaltung oder hat es den Kunden nach Absatz 1 Satz 1 Nummer 3 darüber informiert, dass es die Geeignetheit der empfohlenen Finanzinstrumente regelmäßig beurteilt, so müssen die regelmäßigen Berichte gegenüber Privatkunden nach § 63 Absatz 12 insbesondere eine Erklärung darüber enthalten, wie die Anlage den Präferenzen, den Anlagezielen und den sonstigen Merkmalen des Kunden entspricht.

(9) Nähere Bestimmungen zu den Absätzen 1, 3, 5 und 8 ergeben sich aus der Delegierten Verordnung (EU) 2017/565, insbesondere zu

1. Art, Inhalt, Gestaltung und Zeitpunkt der nach den Absätzen 1 und 5, auch in Verbindung mit § 63 Absatz 7, notwendigen Informationen für die Kunden aus den Artikeln 52 und 53,

2. der Geeignetheit nach Absatz 3, den im Zusammenhang mit der Beurteilung der Geeignetheit geltenden Pflichten sowie zu Art, Umfang und Kriterien der nach Absatz 3 von den Kunden einzuholenden Informationen aus den Artikeln 54 und 55,

3. der Erklärung nach Absatz 4 aus Artikel 54 Absatz 12,

4. der Anlageberatung nach Absatz 5 aus Artikel 53,

5. Art, Inhalt und Zeitpunkt der Berichtspflichten nach Absatz 8, auch in Verbindung mit § 63 Absatz 12, aus den Artikeln 60 und 62.

(10) [1] Das Bundesministerium der Finanzen kann durch Rechtsverordnung, die nicht der Zustimmung des Bundesrates bedarf, nähere Bestimmungen erlassen

1. im Einvernehmen mit dem Bundesministerium der Justiz und für Verbraucherschutz zu Inhalt und Aufbau sowie zu Art und Weise der Zurverfügungstellung der Informationsblätter im Sinne des Absatzes 2 Satz 1 und zu Inhalt und Aufbau sowie Art und Weise der Zurverfügungstellung des standardisierten Informationsblattes im Sinne des Absatzes 2 Satz 3,

2. zu Art, inhaltlicher Gestaltung, Zeitpunkt und Datenträger der nach Absatz 6 notwendigen Informationen für die Kunden,

3. zu Kriterien dazu, wann geringfügige nichtmonetäre Vorteile im Sinne des Absatzes 7 vorliegen.

[2] Das Bundesministerium der Finanzen kann die Ermächtigung durch Rechtsverordnung auf die Bundesanstalt übertragen.

Übersicht

I. Allgemeines

Das Gesetz unterscheidet seit dem 3.1.2018 zwischen den allgemeinen Verhaltensregeln, die für **1** sämtliche Wertpapier(neben)dienstleistungen gelten (insbesondere §§ 63, 70), und den besonderen Verhaltensregeln, die ausschließlich bei der Anlageberatung und Finanzportfolioverwaltung zu beachten sind (insbesondere § 64). Die speziellen Pflichten für die Anlageberatung und Finanzportfolioverwaltung gem. § 64 sind dadurch begründet, dass das WpDU hier die Sorge um das Vermögen des Anlegers übernimmt und daher eine weiterreichende Sorgfalt geboten ist.[1] Zudem wird unterschieden zwischen Sorgfalts-, Interessenwahrungs- und Interessenkonfliktvermeidungspflichten sowie Informations- und Explorationspflichten.

II. Sorgfalts- und Interessenwahrungspflicht (§ 63 Abs. 1)

WpDU sind verpflichtet, ihre Wertpapier(-neben) dienstleistungen ehrlich, redlich und professionell **2** im bestmöglichen Interesse ihrer Kunden zu erbringen (§ 63 Abs. 1). Die Norm umfasst damit eine Sorgfaltspflicht, wonach das WpDU die im jeweiligen Verkehr erforderliche Sorgfalt einhält, indem es sich ehrlich, redlich und professionell verhält.

Außerdem statuiert die Vorschrift eine **Interessenwahrungspflicht** und verlangt die Dienstleis- **3** tungserbringung im Kundeninteresse, dh die uneingeschränkte Ausrichtung am individuellen Interesse des Kunden.[2] Dieses individuelle Interesse ist im Zweifelsfall durch Befragung des Kunden **(Exploration)** zu ermitteln (*„know your customer";* s. insbesondere §§ 63 Abs. 10, 64 Abs. 3 und 4).[3] Objektive Kriterien spielen hierbei keine Rolle.[4] Das bestmögliche Interesse kann daher uU auch objektiv unvernünftig sein, sofern es eindeutig dem Interesse des Kunden entspricht.[5] Eigeninteressen oder Interessen Dritter dürfen auf die Erbringung der Dienstleistung gegenüber dem Kunden keinen Einfluss nehmen.[6]

III. Pflichten zur Vermeidung von Interessenkonflikten

1. Allgemeine Konfliktvermeidungspflicht. Um Anleger zu schützen und die Funktionsfähig- **4** keit des Kapitalmarktes sicherzustellen, verpflichtet § 63 Abs. 2 WpDU, die allgemeine Art und Herkunft von Interessenkonflikten und die Maßnahmen zur Begrenzung der Risiken für den Kunden offenzulegen. Während WpDU primär verpflichtet sind Interessenkonflikte durch organisatorische

---

[1] Kölner Komm WpHG/*Möllers* § 31 Rn. 335. Allg. zur Differenzierung Fuchs/*Fuchs* § 31 Rn. 211.
[2] Kölner Komm WpHG/*Möllers* § 31 Rn. 118.
[3] *Buck-Heeb,* Kapitalmarktrecht, 10. Aufl. 2019, Rn. 777; *Poelzig,* Kapitalmarktrecht, 2018, Rn. 765; näher auch *Rothenhöfer/Seyfried* in Kümpel/Wittig BankR/KapMarktR Rn. 3.96 ff. Zur Informationsgewinnung Fuchs/*Fuchs* § 31 Rn. 36 f.
[4] *Buck-Heeb,* Kapitalmarktrecht, 10. Aufl. 2019, Rn. 777; *Poelzig,* Kapitalmarktrecht, 2018, Rn. 765; Fuchs/*Fuchs* § 31 Rn. 35; Kölner Komm WpHG/*Möllers* § 31 Rn. 120.
[5] Fuchs/*Fuchs* § 31 Rn. 39 f.; JVRB/*Voß* § 31 Rn. 88; Schwark/Zimmer/*Rothenhöfer* § 63 Rn. 35; *Lenenbach,* Kapitalmarktrecht, 2. Aufl. 2010, Rn. 5.114.
[6] Staub/*Grundmann* Bd. 11/2 8. Teil Rn. 137.

Vorkehrungen zu vermeiden, ist die Offenlegung *ultima ratio,*[7] soweit die nach § 80 Abs. 1 S. 2 Nr. 2 gebotenen organisatorischen Vorkehrungen nicht ausreichen (zu den entsprechenden Organisationspflichten → § 80 Rn. 9), um nach vernünftigem Ermessen das Risiko der Beeinträchtigung von Kundeninteressen zu vermeiden.[8] Die organisatorischen Pflichten im Umgang mit Interessenkonflikten sind konkretisiert in Art. 33 ff. Delegierte VO (EU) 2017/565, speziell in Art. 41 für Beratung, Vertrieb und Eigenplatzierung. Das Gesetz geht nicht von einer unbedingten Konfliktvermeidungspflicht aus, sondern verpflichtet WpDU zur Vermeidung von Interessenkonflikten „mit angemessenen Maßnahmen" und damit in den Grenzen der Zumutbarkeit.[9] Soweit Interessenkonflikte durch die gebotenen organisatorischen Maßnahmen nicht vermieden werden können, sind sie dem Kunden offenzulegen, damit dieser sich selbst schützen kann.[10] Die Aufklärung muss gem. § 63 Abs. 2 S. 2 Nr. 1 auf einem dauerhaften Datenträger und gem. § 63 Abs. 2 S. 2 Nr. 2 in einer Art und Weise erfolgen, die dem jeweiligen Kunden je nach Anlegertypus gem. § 67 eine sachkundige Anlageentscheidung unter Berücksichtigung des Interessenkonflikts erlaubt. Dem jeweiligen Anleger muss deutlich gemacht werden, ob und inwieweit die erbrachte Dienstleistung mit einem Interessenkonflikt belastet ist.

5 Potentielle Interessenkonflikte sind in § 80 Abs. 1 S. 2 Nr. 2 sowie Erwägungsgrund 48 S. 2 Delegierte VO (EU) 2017/565 näher definiert: Interessenkonflikte können demnach im **horizontalen Verhältnis** zwischen verschiedenen Kunden des Unternehmens untereinander entstehen (s. auch Art. 23 Abs. 1 MiFID II). **Vertikale Interessenkonflikte** treten auf, wenn die Kundeninteressen den gegenläufigen Interessen des WpDU selbst, einschließlich seiner Geschäftsleitung, seiner Mitarbeiter, seiner vertraglich gebundenen Vermittler und mit ihm verbundener Personen gegenüberstehen.[11]

6 **2. Vergütungsregeln.** Interessenkonflikte können auch durch besondere Vertriebsanreize auf Seiten der Mitarbeiter entstehen.[12] Daher haben WpDU gem. § 63 Abs. 3 sicherzustellen, dass sie die Leistungen ihrer Mitarbeiter nicht in einer Weise **vergüten** oder **bewerten**, die mit der Pflicht gem. § 63 Abs. 1, im bestmöglichen Interesse der Kunden zu handeln, kollidiert (hierzu Art. 27 Delegierte VO (EU) 2017/565). Zu vermeiden sind daher insbesondere Anreize, wie erfolgsabhängige Provisionen, Verkaufsziele oder sonstige Anreize, etwa eine Beförderungspolitik, die die Mitarbeiter dazu veranlassen, Finanzinstrumente einem Privatkunden zu empfehlen, obgleich für den Kunden besser geeignete Finanzinstrumente möglich wären (§ 63 Abs. 3 S. 2).[13] Da es sich bei § 63 Abs. 3 S. 2 um eine nicht abschließende Regelung handelt, können diese Arten der Vergütung grundsätzlich auch im Verhältnis zu professionellen Kunden nach § 63 Abs. 3 S. 3 problematisch sein.[14]

IV. Produktgovernance (§§ 63 Abs. 4 und 5, 80 Abs. 9–13)

7 In Konkretisierung der allgemeinen Interessenwahrungspflicht gem. § 63 Abs. 1, aber auch zur Qualitätsverbesserung haben WpDU, die Finanzinstrumente zum Verkauf konzipieren und diese vertreiben, seit dem 3.1.2018 Regelungen zur Produktgovernance sowohl bei der Konzeption (§ 80 Abs. 9–13) als auch beim Vertrieb von Finanzinstrumenten (§ 63 Abs. 5) zu beachten. Die organisatorischen Regelungen zur Produktgovernance setzen gem. § 80 Abs. 9–13 bereits im Vorfeld einer Wertpapierdienstleistung, nämlich bei „Herstellung" des Finanzinstruments, an.[15] Die Herstellerpflichten wurden mit dem Kleinanlegerschutzgesetz von 2015 in das WpHG integriert (§§ 33b–33d aF), sollten allerdings erst mit dem Tag des Ablaufs der MiFID II-Umsetzungsfrist gelten. Die Produktgovernancepflichten des Herstellers werden durch Regelungen für den Vertrieb in § 63 Abs. 4 und 5 ergänzt („Vier-Augen-Prinzip").[16]

8 **1. Konzepteur und Vertreiber. Konzepteur** ist ein WpDU, das Finanzinstrumente iSv § 2 Abs. 4 (→ § 2 Rn. 15) zum Verkauf oder zur Vermarktung an Kunden konzipiert, dh gem. § 11 Abs. 1 WpDVerOV (s. auch Art. 9 DelRiLi MiFID II, Erwägungsgrund 15 DelRiLi MiFID II) neuschafft,

---

[7] Klarer zum Verhältnis der vorrangigen Organisations- und der nachrangigen Offenlegungspflicht Art. 16 Abs. 3, 23 Abs. 1 MiFID II.

[8] S. Erwägungsgrund 48 S. 2 Delegierte VO (EU) 2017/565; Assmann/Schneider/Mülbert/*Koller* § 63 Rn. 39. Zur alten Rechtslage JVRB/*Voß* § 31 Rn. 130.

[9] Staub/*Grundmann* Bd. 11/2 8. Teil Rn. 148.

[10] Staub/*Grundmann* Bd. 11/2 8. Teil Rn. 154.

[11] Bspw. wiederholten Umschichtungen wegen Gebühren, sog. Churning, vgl. *Lenenbach,* Kapitalmarktrecht, 2. Aufl. 2010, Rn. 5.333, oder Zins-Swap mit negativem Marktwert, vgl. BGH Urt. v. 22.3.2011 – XI ZR 33/10, BGHZ 189, 13 (26 f.) = NJW 2011, 1949 Rn. 31, 33 (dort aber mit zivilrechtlicher Begr.). Zur Unterscheidung vertikaler und horizontaler Interessenkonflikte Kölner Komm WpHG/*Möllers* § 31 Rn. 131 f. und allg. zu verschiedenartigen Interessenkonflikten JVRB/*Voß* § 31 Rn. 146 ff.

[12] Der Begriff der „Mitarbeiter" wird näher konkretisiert in Erwägungsgrund 41 Delegierte VO (EU) 2017/565.

[13] Ausführlich Schwark/Zimmer/*Rothenhöfer* § 63 Rn. 100 ff. Zur vorhergehenden Rechtslage unter § 31 aF Fuchs/*Fuchs* § 31 Rn. 87; vgl. auch *Lenenbach,* Kapitalmarktrecht, 2. Aufl. 2010, Rn. 5.314.

[14] Staub/*Grundmann* Bd. 11/2 8. Teil Rn. 159.

[15] *Buck-Heeb/Poelzig* BKR 2017, 485 (495, 488).

[16] *Grundmann* ZBB 2018, 1 (14).

entwickelt, begibt und/oder gestaltet, insbesondere auch wenn es Emittenten bei der Emission neuer Finanzinstrumente berät.[17] Handelt es sich bei dem WpDU um eine Aktiengesellschaft, ist diese nicht Konzepteur der von ihr selbst emittierten Aktien, da sie diese als Mittel zur Kapitalbeschaffung und nicht vornehmlich zum Verkauf oder zur Vermarktung emittiert.[18] Unter einem **Vertreiber** ist gem. Art 10 Abs. 1 DelRiLi MiFID II jedes WpDU zu verstehen, das seinen Kunden Finanzinstrumente anbietet oder empfiehlt. Unter Berücksichtigung von Erwägungsgrund 15 S. 2 DelRiLi MiFID II fällt nicht nur das Anbieten, sondern auch das Verkaufen unter die Tätigkeiten eines Vertreibers. Erfasst sind demnach insbesondere die Anlageberatung und -vermittlung sowie die Finanzportfolioverwaltung. Ist ein WpDU sowohl Konzepteur als auch Vertreiber, sind nach Erwägungsgrund 17 S. 2 DelRiLi MiFID II die für Konzepteure und auch für Vertreiber geltenden Produkt Governance Vorschriften anwendbar.

2. Pflichten des Konzepteurs. Der Konzepteur ist gem. § 63 Abs. 4 S. 1 Nr. 1 verpflichtet, die **9** Finanzinstrumente so auszugestalten, dass sie den Bedürfnissen eines **Zielmarktes** iSd § 80 Abs. 9 entsprechen. Durch die Festlegung des Zielmarktes soll sichergestellt werden, dass die Finanzinstrumente den Bedürfnissen der Endkunden entsprechen. Neben dem positiven Zielmarkt ist zudem gegebenenfalls ein negativer Zielmarkt zu definieren, indem die Kunden bestimmt werden, für die das Produkt nicht geeignet ist (Art. 9 Abs. 9 S. 2 DelRiLi MiFID II). Der Produkthersteller muss den Zielmarkt anhand von fünf Kriterien – Kundenkategorie, Kenntnisse und Erfahrungen, finanzielle Situation, Risikotragfähigkeit, Risikotoleranz sowie Anlageziele und Bedürfnisse – bestimmen (näher → § 80 Rn. 17).[19] Gem. § 63 Abs. 4 S. 1 Nr. 2 muss die Vertriebsstrategie mit dem Zielmarkt vereinbar sein. Außerdem muss das WpDU sicherstellen, dass das Finanzinstrument nur an den Zielmarkt vertrieben wird (§ 63 Abs. 4 S. 2). Die Ausgestaltung des Produktgenehmigungsverfahrens hat gem. Art. 9 Abs. 1 S. 2 DelRiLi MiFID II dem Grundsatz der Verhältnismäßigkeit zu entsprechen. Nach Erwägungsgrund 18 S. 2 DelRiLi MiFID II sind für die verhältnismäßige Anwendung die Komplexität des Produkts und der Grad der öffentlichen Verfügbarkeit von Informationen zu berücksichtigen. Zwar muss das Produktfreigabeverfahren nach dem Wortlaut von § 80 Abs. 9 „für die Freigabe jedes einzelnen Finanzinstruments" durchgeführt werden. Insbesondere der Vergleich mit den verschiedenen Sprachfassungen von Art. 16 Abs. 3 UAbs. 2 MiFID II spricht jedoch dafür, dass ähnliche Finanzinstrumente zusammengefasst werden können.[20]

3. Pflichten des Vertreibers. Für den Vertrieb der Finanzinstrumente verlangt § 63 Abs. 5 darüber **10** hinaus, dass das vertreibende WpDU die von ihm angebotenen Finanzinstrumente, insbesondere deren Wirkungsweise, versteht, die Vereinbarkeit mit den Bedürfnissen der jeweiligen Kunden beurteilt und sicherstellt, dass passgenaue Produkte angeboten oder empfohlen werden. Bei diesem Prozess hat das WpDU im Rahmen des Produktfreigabeverfahrens entwickelten Zielmarkt zu berücksichtigen. Gem. § 12 Abs. 3 und 7 WpDVerOV muss auch das WpDU einen eigenen Zielmarkt bestimmen. Hinzu kommt, dass den Vertrieb neben dem Hersteller eine Produktüberwachungspflicht trifft, das WpDU also regelmäßig prüfen muss, ob die Zielmarktbestimmung zu korrigieren ist (§ 80 Abs. 10). Außerdem soll das WpDU den Herstellern Informationen über die Verkäufe und, sofern angebracht, Informationen über die vorgenannten Überprüfungen übermitteln, um die von den Herstellern durchgeführten Produktüberprüfungen zu unterstützen (vgl. Art. 10 Abs. 9 Delegierte RL (EU) 2017/593). Bei Verstößen kann die BaFin gem. Art. 39 ff. MiFIR intervenieren.

V. Informationspflichten

Damit Anleger eine eigenverantwortliche und **sachgerechte Anlageentscheidung** auf einer aus- **11** reichenden Informationsgrundlage treffen können,[21] gelten auch für WpDU neben der Interessenwahrungs- und Interessenkonfliktvermeidungspflicht Informationspflichten.

1. Allgemeine Informationspflichten (§ 63 Abs. 6–9). Die Informationspflichten gem. § 63 **12** Abs. 6–9 gelten für alle Wertpapier(-neben)dienstleistungen iSd § 2 Abs. 8, 9 (→ § 2 Rn. 16 ff.). Demnach müssen WpDU sämtliche Informationen, die sie (potentiellen) Kunden zugänglich machen, redlich, eindeutig und **nicht irreführend** formulieren, § 63 Abs. 6 S. 1; Art. 36, 44 Delegierte VO (EU) 2017/565.[22] Ob Informationen diesen Anforderungen genügen, hängt von der Sicht eines

---

[17] ESMA, Final Report – Guidelines on MiFID II product governance requirements, 5.2.2018, ESMA35–43–620, Rn. 6. S. *Bley* WM 2018, 162 (168). *Breilmann* Bankrechtstag 2017, 2018, 125 (134); *Busch* WM 2017, 409 (410); *Busch* in Busch/Ferrarini, Regulation of the EU Financial Markets, Rn. 5.07.
[18] Vgl. *Lohmann/Gebauer* BKR 2018, 244 (251, Fn. 113).
[19] Näher hierzu ESMA, Final Report – Guidelines on MiFID II product governance requirements, 5.2.2018, ESAM35–43–620.
[20] *Bley* WM 2018, 162 (166).
[21] Begr. RegE FRUG, BT-Drs. 16/4028, 64; Fuchs/*Fuchs* § 31 Rn. 95; NK-AktKapMarktR/*Schäfer* AktG § 31 Rn. 40.
[22] S. auch Art. 44 Delegierte VO (EU) 2017/565.

„durchschnittlichen Angehörigen der Gruppe ab, an die sie gerichtet sind bzw. zu der sie wahrscheinlich gelangen".[23] Es ist – ähnlich wie im europäischen Lauterkeitsrecht – von einem Anleger auszugehen, „der angemessen gut unterrichtet und angemessen aufmerksam und kritisch ist" (s. Erwägungsgrund 18 S. 1 UGP-RL).[24] Werbung muss als solche erkennbar sein (§ 63 Abs. 6 S. 2).[25] Die Werbung unterscheidet sich von der Anlageberatung, die den strengen Anforderungen des § 64 unterliegt dadurch, dass es sich aus der Perspektive des maßgeblichen durchschnittlichen Kunden nicht um eine objektive Empfehlung handelt, sondern das Ziel der Absatzförderung (s. Art. 2 lit. a RL 2006/114/EG) im Vordergrund steht.

13   Darüber hinaus sind dem Kunden **angemessene Informationen** über das Unternehmen, seine Dienstleistungen, die Finanzinstrumente, die vorgeschlagenen Anlagestrategien, die Ausführungsplätze sowie alle Kosten und Nebenkosten zur Verfügung zu stellen, damit dieser nach vernünftigem Ermessen die Art und die Risiken der ihm angebotenen oder von ihm nachgefragten Arten von Finanzinstrumenten oder Wertpapierdienstleistungen verstehen und auf dieser Grundlage seine Anlageentscheidung treffen kann (§ 63 Abs. 7 S. 1). Die Information muss **rechtzeitig** und in verständlicher Form erfolgen. Die Anforderungen im Einzelfall richten sich nach der Komplexität des Finanzinstruments und der Einstufung des Kunden als Privatkunde, professioneller Kunde oder geeignete Gegenpartei (s. aber auch § 68 Abs. 1).[26] Dem Kunden muss eine „angemessene" Zeit zur Kenntnisnahme und zum Verstehen der Information gegeben werden.[27] Die Information hat aber in jedem Fall vor Vertragsschluss zu erfolgen (Art. 46 Abs. 1 Delegierte VO (EU) 2017/565).[28] Wird die betreffende Dienstleistung noch vor Vertragsschluss erbracht, so muss die Information bereits vor der Dienstleistung erfolgen (Art. 46 Abs. 1 Delegierte VO (EU) 2017/565). Die Information ist auch in standardisierter Form möglich (§ 63 Abs. 7 S. 2).[29]

14   Die angemessene Information muss nach § 63 Abs. 7 S. 3 Nr. 1 insbesondere geeignete **Leitlinien zur Anlage** in die Arten von Finanzinstrumenten und die Anlagestrategie, Warnhinweise zu den Risiken und Angaben dazu enthalten, ob die Art des Finanzinstruments für Privatkunden oder professionelle Kunden bestimmt ist. Dabei ist auch der Zielmarkt des Produkts zu berücksichtigen (→ Rn. 8). Der Inhalt der Information beschränkt sich insoweit jeweils auf die „**Art des Finanzinstruments**", also etwa über Aktien oder Optionsscheine als solche, und ihre Risiken im Allgemeinen. Der Kunde soll den speziellen Typ des Finanzinstruments verstehen. Nicht erforderlich sind daher Warnhinweise zu dem konkreten Anlageobjekt, also etwa zur jeweiligen Aktie und ihren konkreten Risiken. Näheres hierzu regeln Art. 47–49 Delegierte VO (EU) 2017/565. Danach muss das WpDU den Kunden etwa in Bezug auf öffentlich angebotene Finanzinstrumente, für die ein Prospekt existiert, auch rechtzeitig darüber informieren, wo der Prospekt erhältlich ist (Art. 48 Abs. 3 Delegierte VO (EU) 2017/565).

15   Seit dem 3.1.2018 mit Inkrafttreten des 2. FiMaNoG schuldet das WpDU auch eine umfassende **Kostentransparenz.** Gem. § 63 Abs. 7 S. 3 Nr. 2 sind sowohl die Kosten der Dienstleistung, etwa der Beratung, als auch der empfohlenen oder vermarkteten Finanzinstrumente, insbesondere die Erwerbs- und Veräußerungskosten, sowie die Zahlungsmöglichkeiten darzulegen. Art. 50 Abs. 2 UAbs. 1 lit. a Delegierte VO (EU) 2017/565, § 63 Abs. 7 S. 3 Nr. 2 lit. a verlangt, grundsätzlich das der Kunde **ex-ante,** dh angemessene Zeit vor Erbringung der Dienstleistung, über sämtliche **Kosten und Nebenkosten** informiert wird, die dem Kunden durch das WpDU oder Dritte, an die der Kunde verwiesen wurde, dem Kunden für die Erbringung der Wertpapier(neben-)dienstleistungen in Rechnung gestellt werden. Die **Kosten der Dienstleistung** werden im Einzelnen in Tabelle 1 des Anhang II Delegierte VO (EU) 2017/565 aufgezählt. Bietet das WpDU Finanzinstrumente an oder empfiehlt es diese, hat es außerdem alle Kosten und Nebenkosten im Zusammenhang mit der Konzeption und Verwaltung der empfohlenen oder angebotenen Finanzinstrumente offenzulegen (Art. 50 Abs. 2 UAbs. 1 lit. b Delegierte VO (EU) 2017/565, § 63 Abs. 7 S. 3 Nr. 2 lit. b). Die angabepflichtigen **Kosten des Finanzinstruments** werden in Tabelle 2 des Anhang II Delegierte VO (EU) 2017/565 spezifiziert. Dazu gehören alle Kosten und Gebühren, die im Preis der Finanzinstrumente enthalten sind oder zusätzlich hinzukommen, die einmalig zu Beginn oder zum Schluss der Investition – zB Vertriebskosten – oder fortlaufend während der Laufzeit – zB Ver-

---

[23] Vgl. Art. 44 Abs. 2 lit. d Delegierte VO (EU) 2017/565 und zur aF JVRB/*Voß* § 31 Rn. 205; Kölner Komm WpHG/*Möllers* § 31 Rn. 204.

[24] Ähnl. Staub/*Grundmann* Bd. 11/2 8. Teil Rn. 166.

[25] Zu Kriterien der Erkennbarkeit Assmann/Schneider/Mülbert/*Koller* § 63 Rn. 61; Fuchs/*Fuchs* § 31 Rn. 108; Kölner Komm WpHG/*Möllers* § 31 Rn. 190 f.; Schwark/Zimmer/*Rothenhöfer* § 63 Rn. 150. Weiterführend mit Bezug auf die Forschung zu *behavioural finance Brenncke* WM 2014, 1017 (1022).

[26] Vgl. zur Differenzierung nach Kundenart bei Schwark/Zimmer/*Rothenhöfer* § 63 Rn. 209; Kölner Komm WpHG/*Möllers* § 31 Rn. 247 ff.

[27] S. Erwägungsgrund 83 MiFID II; vgl. Kölner Komm WpHG/*Möllers* § 31 Rn. 238; *Balzer* ZBB 2016, 226 (230); vgl. *Roth/Blessing* WM 2016, 1157 (1159).

[28] *Buck-Heeb,* Kapitalmarktrecht, 10. Aufl. 2019, Rn. 788; *Poelzig,* Kapitalmarktrecht, 2018, Rn. 790; Fuchs/*Fuchs* § 31 Rn. 122.

[29] Dazu Fuchs/*Fuchs* § 31 Rn. 131 ff.; Kölner Komm WpHG/*Möllers* § 31 Rn. 259 ff.; JVRB/*Voß* § 31 Rn. 325.

waltungskosten eines Fonds, Finanzierungskosten – zu entrichten sind.[30] Anzugeben ist demnach bei Festpreisgeschäften insbesondere auch der Einkaufspreis.[31] Ohne vorhergehendes Angebot oder Empfehlung des Finanzinstruments durch das WpDU ist gem. Art. 50 Abs. 6 Delegierte VO (EU) 2017/565 lediglich über die (Neben-)Kosten der Dienstleistung und nicht des Finanzinstruments zu informieren.[32] Außerdem ist jährlich **ex-post** während der gesamten Laufzeit über die angefallenen Kosten der Finanzinstrumente und der Wertpapier(neben-)dienstleistungen gem. Art. 50 Abs. 9 Delegierte VO (EU) 2017/565 iVm Anhang 2 Delegierte VO (EU) 2017/565 zu informieren. Damit der Kunde die Gesamtkosten überschauen und deren Auswirkung auf seine Rendite verstehen kann, müssen die Kosten und Nebenkosten ex-ante und ex-post in zusammengefasster Form anschaulich dargestellt werden (§ 63 Abs. 7 S. 4, Art. 50 Abs. 10 Delegierte VO (EU) 2017/565). Der Kunde kann darüber hinaus gem. § 63 Abs. 7 S. 5 eine Aufstellung der einzelnen Kostenbestandteile verlangen. Die Information über (Neben-)Kosten iSd § 63 Abs. 7 S. 4 und 5 kann im Wege einer formalisierten Kostenaufstellung (s. auch § 63 Abs. 14) erfolgen, wenn dem Kunden im Rahmen einer Anlageberatung ein standardisiertes Informationsblatt gem. § 64 Abs. 2 S. 3 überlassen wird. Vertrieb und Erwerb von Investmentvermögen sind gem. § 63 Abs. 7 S. 7 von der Informationspflicht ausgenommen, da insoweit besondere Informationspflichten gelten (vgl. §§ 297, 307 KAGB).

Bei **Querverkäufen,** dh gebündelten Paketen von Produkten oder Dienstleistungen, ist der Kunde **16** darüber zu informieren, ob und zu welchen Konditionen die Produkte auch getrennt erworben werden können (§ 63 Abs. 9 S. 1). Sobald sich beim Querverkauf eine Risikoabweichung im Vergleich zum Vertrieb von Einzelprodukten ergibt, ist der Kunde entsprechend zu unterrichten (§ 63 Abs. 9 S. 2).

2. Besondere Informationspflichten bei der Anlageberatung (§ 64 Abs. 1 und 2). Gem. § 64 **17** Abs. 1 S. 1 ist der Anleger vor Beginn einer Anlageberatung (§ 2 Abs. 8 S. 1 Nr. 9) darüber zu informieren, ob es sich um eine unabhängige **Honorar-Anlageberatung** oder um eine Beratung auf Provisionsbasis handelt (s. auch Art. 52 Delegierte VO (EU) 2017/565). Außerdem muss darüber informiert werden, ob sich die Anlageberatung auf eine umfangreiche Produktpalette auch zu Produkten anderer bzw. nicht eng verbundener Anbieter erstreckt oder auf eine enge Produktpalette mit „Hausprodukten" beschränkt und ob das Unternehmen dem Kunden regelmäßig eine Beurteilung der Geeignetheit zur Verfügung stellt. Die Information ist auch in standardisierter Form möglich (§ 64 Abs. 1 S. 2 iVm § 63 Abs. 7 S. 2).[33]

VI. Exploration und Geeignetheits- bzw. Angemessenheitsprüfung (§§ 63 Abs. 10, 64 Abs. 3 und 4)

Bevor das WpDU eine Wertpapierdienstleistung erbringt, muss es die Geeignetheit bzw. Angemes- **18** senheit des Produkts für den (potentiellen) Kunden prüfen (§§ 63 Abs. 10, 64 Abs. 3). Für den konkreten Pflichtenumfang unterscheidet das Gesetz zwischen der **Anlageberatung** und **Finanzportfolioverwaltung** einerseits (§ 64 Abs. 3 WpHG) (→ Rn. 18 ff.; zu den Begrifflichkeiten → § 2 Rn. 22 f.), und **sonstigen Wertpapierdienstleistungen** (nicht: Nebendienstleistungen) andererseits (§ 63 Abs. 10) (→ Rn. 27; zum Begriff → § 2 Rn. 15 f.).

1. Anlageberatung und Finanzportfolioverwaltung (§ 64 Abs. 3). Im Falle einer Anlagebera- **19** tung (§ 2 Abs. 8 S. 1 Nr. 9) oder einer Finanzportfolioverwaltung (§ 2 Abs. 8 S. 1 Nr. 7) muss das WpDU nach § 64 Abs. 3 alle erforderlichen[34] Informationen einholen **(Exploration),** um dem Kunden ein Finanzinstrument empfehlen zu können, das für ihn geeignet ist und insbesondere seiner Risikotoleranz und seiner Fähigkeit, Verluste zu tragen, entspricht.

a) Geeignetheitsprüfung (§ 64 Abs. 3). Das WpDU darf dem Kunden nur Finanzinstrumente **20** oder Wertpapierdienstleistungen empfehlen oder im Rahmen der Finanzportfolioverwaltung Geschäfte tätigen, die für den Kunden geeignet sind. Für die Anlageberatung, die ganz oder teilweise über ein voll- oder halbautomatisiertes System erfolgt (zB **Robo-Advice**), stellt Art. 54 Abs. 1 UAbs. 2 Delegierte VO (EU) 2017/565 klar,[35] dass die Verantwortung für die Geeignetheitsprüfung bei dem

[30] Assmann/Schneider/Mülbert/*Koller* § 63 Rn. 111.
[31] Assmann/Schneider/Mülbert/*Koller* § 63 Rn. 111.
[32] Assmann/Schneider/Mülbert/*Koller* § 63 Rn. 110.
[33] Diese Möglichkeit sorgte schon bei der Verabschiedung von § 31 Abs. 4b aF für Diskussion, vgl. JVRB/ *Voß* § 31 Rn. 508.
[34] Zum Merkmal der Erforderlichkeit Assmann/Schneider/Mülbert/*Koller* § 64 Rn. 37; noch zur aF Fuchs/*Fuchs* § 31 Rn. 222 ff.; JVRB/*Voß* § 31 Rn. 477 ff.
[35] Vgl. Erwägungsgrund 86 Delegierte VO (EU) 2017/565; ausf. zum Robo-Advice *Baumanns* BKR 2016, 366; *Kumpan* EuZW 2018, 745; *Möslein/Lordt* ZIP 2017, 793; *Oppenheim/Lange-Hausstein* WM 2016, 1966; *Roth/Blessing* CCZ 2016, 258 (265).

die Dienstleistung erbringenden WpDU liegt und keine geringeren Anforderungen gelten. Die ESMA hat in Leitlinien[36] konkrete Anforderungen an die sog. Robo-Advisor formuliert.[37]

21 Die Geeignetheit einer Empfehlung beurteilt sich im Wesentlichen anhand von drei Kriterien:

– das empfohlene Produkt soll den **Anlagezielen** des Kunden, insbesondere dem Anlagezweck und seiner Risikotoleranz entsprechen,

– die Anlagerisiken sollen für den Kunden **finanziell tragbar** sein und

– der Kunde soll die Anlagerisiken mit seinen **Kenntnissen und Erfahrungen** verstehen können.

22 Das WpDU muss dementsprechend zu diesen Aspekten Informationen einholen, soweit sie relevant sind. Die Anforderungen an die Erkundigung werden inhaltlich durch Art. 54 f. Delegierte VO (EU) 2017/565 konkretisiert. Die einzuholenden Informationen über die finanziellen Verhältnisse des (potentiellen) Kunden umfasen Informationen über Herkunft und Höhe des regelmäßigen Einkommens, über vorhandene Vermögenswerte, einschließlich der liquiden Vermögenswerte, Anlagen und Immobilienbesitz, sowie die regelmäßigen finanziellen Verpflichtungen (Art. 54 Abs. 4 Delegierte VO (EU) 2017/565). Die Informationen über die Anlageziele des (potentiellen) Kunden umfassen Informationen über den Zeitraum, in dem der Kunde die Anlage zu halten gedenkt, seine Präferenzen hinsichtlich des einzugehenden Risikos, sein Risikoprofil und den Zweck der Anlage (Art. 54 Abs. 5 Delegierte VO (EU) 2017/565).

23 Sofern sich die Dienstleistung an einen **professionellen Kunden** iSv § 67 Abs. 2 richtet, sind die Erkundigungspflichten wegen der geringeren Schutzbedürftigkeit des Kunden eingeschränkt:[38] Gem. § 67 Abs. 2 S. 1, Art. 54 Abs. 3 Delegierte VO (EU) 2017/565 darf das WpDU bei diesen Kunden davon ausgehen, dass sie über die erforderlichen Kenntnisse und Erfahrungen verfügen, um die mit dem Geschäft verbundenen Risiken zu verstehen. Daher kann sich das WpDU bei professionellen Kunden auf die Exploration der Anlageziele und der finanziellen Verhältnisse beschränken. Wird der Kunde vertreten, kommt es nach Art. 54 Abs. 3 UAbs. 2 für die Eignungsbeurteilung im Hinblick auf die finanzielle Lage und Anlageziele auf den Kunden und für die Kenntnisse und Erfahrungen auf den Vertreter an.

24 § 64 Abs. 3 S. 2 regelt (deklaratorisch),[39] dass nur solche Finanzinstrumente und Wertpapierdienstleistungen bei der Anlageberatung empfohlen bzw. im Rahmen der Finanzportfolioverwaltung nur solche Geschäfte getätigt werden dürfen, die nach den eingeholten Informationen für den Kunden geeignet sind. Kann das WpDU die erforderlichen Informationen nicht einholen, darf es keine Empfehlung aussprechen (Art. 54 Abs. 8 Delegierte VO (EU) 2017/565).

25 **b) Geeignetheitserklärung (§ 64 Abs. 4).** Bis Ende 2017 war bei einer Anlageberatung gegenüber einem **Privatkunden** ein spezielles Beratungsprotokoll über das Anlageberatungsgespräch anzufertigen (§ 34 Abs. 2a aF). Hierdurch sollten die Anlageberater zu ordnungsgemäßer Beratung diszipliniert und der Nachweis einer Fehlberatung erleichtert werden.[40] Der Kunde hatte gem. § 34 Abs. 2b aF einen zivilrechtlichen Anspruch auf Herausgabe des Protokolls und uU ein Rücktrittsrecht gem. § 34a Abs. 2 S. 4 aF.

26 Mit dem Inkrafttreten des 2. FiMaNoG zur Umsetzung der MiFID II am 3.1.2018 wurde das Beratungsprotokoll durch die sog. **Geeignetheitserklärung** ersetzt.[41] Gem. § 64 Abs. 4 muss dem Privatkunden nach einer Anlageberatung, vor oder im Rahmen der Finanzportfolioverwaltung, und vor dem Abschluss eines Vertrags eine **Geeignetheitserklärung** ausgehändigt werden (s. Art. 25 Abs. 6 UAbs. 2, 3 MiFID II). Anders als beim Beratungsprotokoll wird bei der Geeignetheitserklärung nicht der Gesprächsverlauf festgehalten, sondern ein Überblick über die erteilten Ratschläge gegeben und erläutert, inwiefern die abgegebene Empfehlung den Präferenzen, Anlagezielen und sonstigen „Merkmalen des Kunden" entspricht (§ 64 Abs. 4 S. 2 und Art. 54 Abs. 12 UAbs. 1 Delegierte VO (EU) 2017/565). Dem Kunden soll hierdurch vor Augen geführt werden, ob und inwieweit die abgegebene Empfehlung tatsächlich für ihn geeignet ist. Inhalt, Form und Gestaltung der Geeignetheitserklärung werden durch Art. 54 Abs. 2 Delegierte VO (EU) 2017/565 verbindlich geregelt („Eignungsbericht") und durch die Q&A der ESMA[42] konkretisiert.

---

[36] ESMA, Leitlinien zu einigen Aspekten der MiFID II-Anforderungen an die Eignung, vom 6.11.2018, ESMA 35–43-1163, abrufbar unter: https://www.esma.europa.eu/document/guidelines-certain-aspects-mifid-ii-suitability-requirements-0 (letzter Zugriff: 5.12.2019).

[37] ESMA, Leitlinien zu einigen Aspekten der MiFID II-Anforderungen an die Eignung, vom 6.11.2018, ESMA 35–43-1163, S. 7 (Nr. 20 f.), S. 10 (Nr. 32), sowie S. 16 (Nr. 51).

[38] Vgl. Assmann/Schneider/Mülbert/*Koller* § 67 Rn. 2; Schwark/Zimmer/*Koch/Harnos* § 67 Rn. 2, 21; *Kühne* BKR 2005, 275 (277 f.).

[39] Dazu BT-Drs. 17/12295, 21; sowie JVRB/*Voß* § 31 Rn. 505a zur aF.

[40] BR-Drs. 180/09, 42. Krit. zur Wirksamkeit des Beratungsprotokolls bereits *Böhm* BKR 2009, 221 (223).

[41] S. BR-Drs. 291/17, 57. Zum Ganzen *Buck-Heeb/Poelzig* BKR 2017, 485 (491 f.); *Meixner* ZAP 2017, Fach 8, 579, 582; *Roth/Blessing* CCZ 2016, 258 (263 f.).

[42] ESMA, Questions and Answers on MiFID II and MiFIR investor protection and intermediaries topics, Stand: 29.5.2019, ESMA35–43-349 (abrufbar unter https://www.esma.europa.eu/document/qas-mifid-ii-and-mifir-investor-protection-topics, letzter Zugriff: 5.12.2019).

§ 64 Abs. 4 S. 1 bestimmt, dass dem Privatkunden die Geeignetheitserklärung grundsätzlich **vor** 27
Vertragsschluss,[43] dh dem Abschluss der schuldrechtlichen Vereinbarung zur Verfügung gestellt
werden muss.[44]

Zivilprozessrechtliche Bedeutung erlangt die Geeignetheitserklärung insofern, dass sie dem Kunden 28
im Streitfall als Beweismittel dienen kann.[45] Nach Erwägungsgrund 82 MiFID II muss es angemessene
Schutzmechanismen geben",[46] sodass die Geeignetheitserklärung im Prozess nicht zulasten des Kunden
verwendet werden kann.[47] Darüber hinaus folgt bei einer unterlassenen Geeignetheitserklärung jedoch
keine **Beweislastumkehr** zugunsten des Kunden, denn die Pflicht zur Geeignetheitserklärung ist eine
ausschließlich aufsichtsrechtliche Vorschrift.[48]

2. Sonstige Wertpapierdienstleistungen. Für andere Wertpapierdienstleistungen als Anlagebera- 29
tung und Finanzportfolioverwaltung gelten reduzierte Erkundigungs- und Prüfpflichten. Demnach
sind nur die **Kenntnisse und Erfahrungen** des Kunden mit bestimmten Arten von Finanzinstrumenten oder Wertpapierdienstleistungen zu erfragen (§ 63 Abs. 10 WpHG) soweit die Informationen
notwendig sind, um die Angemessenheit der Finanzinstrumente bzw. Wertpapierdienstleistungen für
den Kunden beurteilen zu können. Die Notwendigkeit bestimmt sich nach der Art der Wertpapierdienstleistung und der Schutzbedürftigkeit des Kunden.[49] Das WpDU muss sich anhand der Informationen nicht selbst von der Geeignetheit überzeugen, sondern lediglich die **Angemessenheit** für den
Kunden feststellen, dh ob der Anleger aufgrund seiner Erfahrungen und Kenntnisse in der Lage ist,
eine informierte Anlageentscheidung zu treffen.[50] Erweist sich nach diesen Grundsätzen ein Finanzinstrument oder eine Wertpapierdienstleistung als für den Kunden unangemessen, muss dieser darauf
hingewiesen werden (§ 63 Abs. 10 S. 3). Entscheidet sich der Kunde trotzdem für das Geschäft, so darf
die Bank dieses auch ausführen.[51]

3. „Execution-only"-Geschäfte. Keinerlei Erkundigungs- oder Prüfpflichten bestehen, falls die 30
Bank **reine Ausführungsgeschäfte** (sog. „execution-only"-Geschäfte)[52], also Finanzkommissionsgeschäfte, Eigenhandel, Abschluss- oder Anlagevermittlung, über nicht-komplexe Finanzinstrumente
gem. Art. 57 Delegierte VO (EU) 2017/565 auf Veranlassung des Kunden tätigt (§ 63 Abs. 11 Nr. 1)
und den Kunden ausdrücklich informiert, dass keine Angemessenheitsprüfung stattfindet (§ 63 Abs. 11
Nr. 3). Zu den **nicht komplexen Finanzinstrumenten** gehören vor allem grundsätzlich Aktien und
Schuldverschreibungen, die an geregelten Märkten oder MTF gehandelt werden.[53] Die execution-
only-Geschäfte dürfen zudem gem. § 63 Abs. 11 Nr. 2 regelmäßig nicht durch ein Darlehen finanziert
sein, da die Verbindung mit einem Darlehen die Komplexität des Geschäfts erhöht und damit die
Einschätzung des Risikos für den Kunden erschwert.[54]

---

[43] Wird der Vertrag über den Kauf oder Verkauf eines Finanzinstruments mittels eines Fernkommunikationsmittels
– zB Telefon oder Internet – geschlossen, das die vorherige Übermittlung der Geeignetheitserklärung nicht erlaubt,
darf die Geeignetheitserklärung ausnahmsweise unmittelbar nach dem Vertragsschluss zur Verfügung gestellt werden,
§ 64 Abs. 4 S. 4. Der Kunde muss zugestimmt haben und ihm muss angeboten worden sein, den Abschluss der
Vereinbarung zu verschieben.

[44] *Buck/Heeb* BKR 2017, 485 (492).

[45] So jedenfalls die Gesetzesbegr. zum Beratungsprot. gem. § 34 Abs. 2a aF BR-Drs. 180/09, 42; ähnl. auch die
Stellungnahme des *DAV* zum 2. FiMaNoG, NZG 2016, 1301 (1306).

[46] Vgl. BT-Drs. 18/10936, 236 unten.

[47] Vgl. Erwägungsgrund 82 RL 2014/65/EU; *Freitag* ZBB 2016, 1 (10).

[48] Bereits zu § 34 Abs. 2a aF wurde eine Beweislastumkehr überwiegend abgelehnt, da auch diese Regelung
ausschließlich aufsichtsrechtliche und keine zivil- oder zivilprozessrechtlichen Zwecke verfolgte, Assmann/Schneider/
Mülbert/*Koller* § 64 Rn. 48 f.; s. auch *Freitag* ZBB 2016, 1 (7). Eine aA vertritt zB *Einsele* die generell für die
Einführung einer Beweislastumkehr als Alternative zur Anlegerinformation per Formular plädiert, s. *Einsele* ZRP
2014, 190.

[49] Ausf. Assmann/Schneider/Mülbert/*Koller* § 63 Rn. 132; Schwark/Zimmer/*Rothenhöfer* § 63 Rn. 309; Fuchs/
Fuchs § 31 Rn. 223, 225; Staub/*Grundmann* Bd. 11/2 8. Teil Rn. 189 ff.

[50] *Grundmann* ZBB 2018, 1 (10); Schwark/Zimmer/*Rothenhöfer* § 63 Rn. 316; NK-AktKapMarktR/*Schäfer* AktG
§ 31 Rn. 119 ff.; JVRB/*Voß* § 31 Rn. 538; Langenbucher/Bliesener/Spindler/*Spindler* Kap. 33 Rn. 133 f.; *Buck-
Heeb* KSzW 2015, 131 (135).

[51] BGH NJW 1998, 994; NJW-RR 1997, 176; Schwark/Zimmer/*Rothenhöfer* § 63 Rn. 326; FA-BankR/Kapital-
marktR/*Beule* Kap. 7 Rn. 294; MAH BankR/*v. Buttlar* § 8, Rn. 12; Kölner Komm WpHG/*Möllers* § 31 Rn. 385
mwN.

[52] Dazu Fuchs/*Fuchs* § 31 Rn. 335 ff.; JVRB/*Voß* § 31 Rn. 547 ff.; Langenbucher/Bliesener/Spindler/*Spindler*
Kap. 33 Rn. 136 f.; MüKoHGB/*Ekkenga* Effektengeschäft Rn. 355 ff.; *Buck-Heeb* KsZW 2015, 131. Zum Ausschluss
der Annahme eines Beratungsvertrags bei „Execution-only"-Geschäften auch BGH Urt. v. 4.3.2014 – XI ZR 313/
12, BKR 2014, 203.

[53] Fuchs/*Fuchs* § 31 Rn. 338 f.; NK-AktKapMarktR/*Schäfer* AktG § 31 Rn. 119 ff; JVRB/*Voß* § 31 Rn. 556;
Schwark/Zimmer/*Rothenhöfer* § 63 Rn. 342 ff.; *Buck-Heeb* KSzW 2015, 131 (133).

[54] Näheres bei *Buck-Heeb* ZBB 2014, 221 (232).

VII. Berichtspflichten (§ 63 Abs. 12)

31   Gem. § 63 Abs. 12 hat jedes WpDU die Pflicht, seinen Kunden in geeigneter Weise über die ausgeführten Geschäfte auf einem dauerhaften Datenträger zu berichten. Berichtet werden muss insbesondere über den Ort des ausgeführten Geschäfts und die angefallenen Kosten. Im Falle einer Finanzportfolioverwaltung und bei regelmäßiger Beurteilung der Geeignetheit iSd § 64 Abs. 1 S. 1 Nr. 3 auch im Falle der Anlageberatung sind gegenüber Privatkunden in regelmäßigen Berichten Erklärungen darüber notwendig, wie die Anlage den Präferenzen, den Anlagezielen und den sonstigen Merkmalen des Kunden entspricht (§ 64 Abs. 8). Der notwendige Inhalt des Berichts und die Berichtspflicht werden in Art. 59–63 Delegierte VO (EU) 2017/565 konkretisiert.

VIII. Besondere Pflichten bei der Unabhängigen Honorar-Anlageberatung (§ 64 Abs. 5 und 6)

32   Da das herkömmliche Vergütungssystem der Anlageberatung auf der Grundlage von Provisionen das Risiko birgt, dass dem Anleger Geschäfte empfohlen werden, die mit hohen Provisionen für den Anlageberater verbunden sind und nicht zwingend im bestmögliche Interesse des Anlegers liegen, gibt es Bestrebungen, die Honorar-Anlageberatung als Alternative ohne die mit der provisionsbasierten Anlageberatung verbundenen Interessenkonflikte im Wettbewerb zu stärken.[55] Die unabhängigen Honoraranlageberater werden in einem Register bei der BaFin geführt und genießen Bezeichnungsschutz (§§ 93 f.).[56] Die Honorar-Anlageberatung unterliegt ebenso wie die provisionsbasierte Anlageberatung grundsätzlich den allgemeinen Verhaltensregeln zur Anlageberatung gem. §§ 63, 64.[57] Zusätzlich sind die **besonderen Verhaltensregeln** aus § 64 Abs. 5 und 6 (§ 31 Abs. 4c, 4d aF, zu den flankierenden Organisationspflichten aus § 80 Abs. 7 und 8) zu beachten.[58]

33   Gem. § 64 Abs. 5 Nr. 1 ist der Honorar-Anlageberater zu einer besonders unabhängigen Beratung verpflichtet, indem er eine ausreichend **breite Palette** von auf dem Markt angebotenen Produkten berücksichtigt (§ 64 Abs. 5 S. 1 Nr. 1).[59] Das bedeutet im Einzelnen, dass die Produkte hinsichtlich ihrer Art und des Emittenten hinreichend gestreut (Nr. 1) und nicht auf Produkte beschränkt sind, die das WpDU selbst oder mit ihm eng verbundene Personen emittieren oder anbieten (Nr. 2). Empfiehlt das WpDU Geschäftsabschlüsse in Finanzinstrumenten, die es selbst oder mit ihm verbundene Unternehmen emittieren oder anbieten, muss es den Kunden hierauf hinweisen (§ 64 Abs. 6 S. 1, § 3 WpDVerOV). Das WpDU hat auch auf das Bestehen eines eigenen Gewinninteresses hinzuweisen. In welcher Höhe ein Gewinninteresse besteht, muss dagegen nicht offengelegt werden.[60] Verboten sind gem. § 64 Abs. 6 S. 2 Festpreisgeschäfte, die auf einer Honorar-Anlageberatung beruhen.

34   Bei der Honorar-Anlageberatung darf sich das WpDU zudem gem. § 64 Abs. 5 S. 1 Nr. 2 nur vom Kunden vergüten lassen.[61] Die Annahme von Drittzuwendungen ist damit grundsätzlich verboten. Eine Ausnahme gilt für die Annahme **monetärer Drittzuwendungen** (zu dem Begriff → § 70 Rn. 4), wenn das Finanzinstrument oder ein gleich geeignetes Finanzinstrument ohne Zuwendung nicht erhältlich ist und die Zuwendung unverzüglich und ungemindert an den Kunden ausgekehrt wird. § 64 Abs. 5 regelt nur die Entgegennahme, nicht aber die Gewährung von Zuwendungen. Für die Gewährung von Zuwendungen durch den Honoraranlageberater an Dritte gilt § 70 Abs. 1.

§§ 65–69

(hier nicht wiedergegeben)

---

[55] Die Einführung der strengeren Regelungen für die unabhängige Honorar-Anlageberatung sollte dem Zweck dienen, ein herausgehobenes „Qualitätssiegel" zu schaffen, dem der Namens- und Zertifizierungsschutz zugute kommen soll (vgl. § 94), BR-Drs. 814/12, 10 f., 14 ff.; näher dazu Staub/*Grundmann* Bd. 11/2 8. Teil Rn. 214; abwägend *Klein* WM 2011, 2117.

[56] Bankrechtstag 2013/*Balzer* 157 (173–175); *Müchler/Trafkowski* ZBB 2013, 101 (107 ff.).

[57] Vgl. deklaratorisch dazu § 64 Abs. 5 S. 7.

[58] Überblick bei *Herresthal* WM 2014, 773 (780 ff.).

[59] Assmann/Schneider/Mülbert/*Koller* § 64 Rn. 65; Staub/*Grundmann* Bd. 11/2 8. Teil Rn. 217; Schwark/Zimmer/*Rothenhöfer* § 64 Rn. 170; *Herresthal* WM 2014, 773 (780 f.). S. dazu zur alten Rechtslage JVRB/*Voß* § 31 Rn. 513 ff.; Langenbucher/Bliesener/Spindler/*Spindler* Kap. 33 Rn. 120b; *Buck-Heeb* ZBB 2014, 221 (230).

[60] Krit. insoweit KölnerKomm WpHG/*Möllers* §§ 36c, 36d Rn. 43; *Weinhold*, Vergütung der Anlageberatung zu Kapitalanlagen, 2017, 256.

[61] Fuchs/*Fuchs* § 31 Rn. 205; JVRB/*Voß* § 31 Rn. 523; *Buck-Heeb* ZBB 2014, 221 (231); *Herresthal* WM 2014, 773 (780).

§ 70 Zuwendungen und Gebühren; Verordnungsermächtigung

(1) ¹Ein Wertpapierdienstleistungsunternehmen darf im Zusammenhang mit der Erbringung von Wertpapierdienstleistungen oder Wertpapiernebendienstleistungen keine Zuwendungen von Dritten annehmen oder an Dritte gewähren, die nicht Kunden dieser Dienstleistung sind oder nicht im Auftrag des Kunden tätig werden, es sei denn,

1. die Zuwendung ist darauf ausgelegt, die Qualität der für den Kunden erbrachten Dienstleistung zu verbessern und steht der ordnungsgemäßen Erbringung der Dienstleistung im bestmöglichen Interesse des Kunden im Sinne des § 63 Absatz 1 nicht entgegen und
2. Existenz, Art und Umfang der Zuwendung oder, soweit sich der Umfang noch nicht bestimmen lässt, die Art und Weise seiner Berechnung, wird dem Kunden vor der Erbringung der Wertpapierdienstleistung oder Wertpapiernebendienstleistung in umfassender, zutreffender und verständlicher Weise unmissverständlich offen gelegt.

²Wertpapierdienstleistungsunternehmen müssen nachweisen können, dass jegliche von ihnen erhaltenen oder gewährten Zuwendungen dazu bestimmt sind, die Qualität der jeweiligen Dienstleistung für den Kunden zu verbessern. ³Konnte ein Wertpapierdienstleistungsunternehmen den Umfang der Zuwendung noch nicht bestimmen und hat es dem Kunden statt dessen die Art und Weise der Berechnung offengelegt, so muss es den Kunden nachträglich auch über den genauen Betrag der Zuwendung, die es erhalten oder gewährt hat, unterrichten. ⁴Solange das Wertpapierdienstleistungsunternehmen im Zusammenhang mit den für die betreffenden Kunden erbrachten Wertpapierdienstleistungen fortlaufend Zuwendungen erhält, muss es seine Kunden mindestens einmal jährlich individuell über die tatsächliche Höhe der angenommenen oder gewährten Zuwendungen unterrichten.

(2) ¹Zuwendungen im Sinne dieser Vorschrift sind Provisionen, Gebühren oder sonstige Geldleistungen sowie alle nichtmonetären Vorteile. ²Die Bereitstellung von Analysen durch Dritte an das Wertpapierdienstleistungsunternehmen stellt keine Zuwendung dar, wenn sie die Gegenleistung ist für

1. eine direkte Zahlung des Wertpapierdienstleistungsunternehmens aus seinen eigenen Mitteln oder
2. Zahlungen von einem durch das Wertpapierdienstleistungsunternehmen kontrollierten separaten Analysekonto, wenn
   a) auf diesem vom Kunden entrichtete spezielle Analysegebühren verbucht werden,
   b) das Wertpapierdienstleistungsunternehmen ein Analysebudget als Bestandteil der Einrichtung eines Analysekontos festlegt und dieses einer regelmäßigen Bewertung unterzieht,
   c) das Wertpapierdienstleistungsunternehmen für das Analysekonto haftbar ist und
   d) das Wertpapierdienstleistungsunternehmen die Analysen regelmäßig anhand belastbarer Qualitätskriterien und dahingehend bewertet, ob sie zu besseren Anlageentscheidungen beitragen können.

³Hat ein Wertpapierdienstleistungsunternehmen ein Analysekonto eingerichtet, muss es den jeweiligen Kunden vor der Erbringung einer Wertpapierdienstleistung Informationen über die für Analysen veranschlagten Mittel und die Höhe der geschätzten Gebühren sowie jährlich Informationen über die Gesamtkosten, die auf jeden Kunden für die Analysen Dritter entfallen, zu übermitteln. ⁴Für die Bewertung nach Satz 2 Nummer 2 Buchstabe d müssen Wertpapierdienstleistungsunternehmen über alle erforderlichen Bestandteile schriftliche Grundsätze aufstellen und diese ihren Kunden übermitteln.

(3) Führt ein Wertpapierdienstleistungsunternehmen ein Analysekonto, ist es verpflichtet, auf Verlangen des Kunden oder der Bundesanstalt eine Zusammenstellung vorzulegen, die Folgendes beinhaltet:

1. die von einem Analysekonto im Sinne des Absatzes 2 Satz 2 Nummer 2 vergüteten Anbieter,
2. den an die Anbieter von Analysen in einem bestimmten Zeitraum gezahlten Gesamtbetrag,
3. die von dem Wertpapierdienstleistungsunternehmen erhaltenen Vorteile und Dienstleistungen und
4. eine Gegenüberstellung des von dem Analysekonto gezahlten Gesamtbetrages mit dem von dem Unternehmen für diesen Zeitraum veranschlagten Analysebudget, wobei jede Rückerstattung oder jeder Übertrag, falls Mittel auf dem Konto verbleiben, auszuweisen ist.

(4) ¹Die Offenlegung nach Absatz 1 Satz 1 Nummer 2 und Satz 4 kann im Falle geringfügiger nichtmonetärer Vorteile in Form einer generischen Beschreibung erfolgen. ²Andere nichtmonetäre Vorteile, die das Wertpapierdienstleistungsunternehmen im Zusammenhang mit der für einen Kunden erbrachten Wertpapierdienstleistung oder Wertpapiernebendienstleistung annimmt oder gewährt, sind der Höhe nach anzugeben und separat offenzulegen. ³Nähere Einzelheiten zu den Anforderungen nach diesem Absatz sowie nach Absatz 1

Satz 1 Nummer 2 und Satz 3 und 4 ergeben sich aus Artikel 50 der Delegierten Verordnung (EU) 2017/565; darüber hinaus haben Wertpapierdienstleistungsunternehmen den Vorgaben des § 63 Absatz 7 Satz 3 Nummer 2 Rechnung zu tragen.

(5) Ist ein Wertpapierdienstleistungsunternehmen dazu verpflichtet, Zuwendungen, die es im Zusammenhang mit der Erbringung von Wertpapierdienstleistungen oder Wertpapiernebendienstleistungen erhält, an den Kunden auszukehren, muss es ihn über die diesbezüglichen Verfahren informieren.

(6) ¹Ein Wertpapierdienstleistungsunternehmen muss für jede Wertpapierdienstleistung, durch die Aufträge von Kunden ausgeführt werden, separate Gebühren ausweisen, die nur den Kosten für die Ausführung des Geschäfts entsprechen. ²Die Gewährung jedes anderen Vorteils oder die Erbringung jeder anderen Dienstleistung durch dasselbe Wertpapierdienstleistungsunternehmen für ein anderes Wertpapierdienstleistungsunternehmen, das seinen Sitz in der Europäischen Union hat, wird mit einer separat erkennbaren Gebühr ausgewiesen. ³Die Gewährung eines anderen Vorteils oder die Erbringung einer anderen Dienstleistung nach Satz 2 und die dafür verlangten Gebühren dürfen nicht beeinflusst sein oder abhängig gemacht werden von der Höhe der Zahlungen für Wertpapierdienstleistungen, durch die Aufträge von Kunden ausgeführt werden.

(7) Gebühren und Entgelte, die die Erbringung von Wertpapierdienstleistungen erst ermöglichen oder dafür notwendig sind, und die ihrer Art nach nicht geeignet sind, die Erfüllung der Pflicht nach § 63 Absatz 1 zu gefährden, sind von dem Verbot nach Absatz 1 ausgenommen.

(8) Nähere Bestimmungen betreffend die Annahme von Zuwendungen nach Absatz 1 ergeben sich aus Artikel 40 der Delegierten Verordnung (EU) 2017/565.

(9) ¹Das Bundesministerium der Finanzen kann durch Rechtsverordnung, die nicht der Zustimmung des Bundesrates bedarf, nähere Bestimmungen erlassen zu

1. Kriterien für die Art und Bestimmung einer Verbesserung der Qualität im Sinne des Absatzes 1 Satz 1 Nummer 1,
2. Art und Inhalt des Nachweises nach Absatz 1 Satz 2,
3. Art, Inhalt und Verfahren zur Erhebung einer Analysegebühr sowie der Festlegung, Verwaltung und Verwendung des Analysebudgets nach Absatz 2 Satz 2 Nummer 2 Buchstabe a und b,
4. Art, Inhalt und Verfahren betreffend die Verwaltung und Verwendung des von Wertpapierdienstleistungsunternehmen geführten Analysekontos nach Absatz 2 Nummer 2,
5. Art und Inhalt der schriftlichen Grundsätze nach Absatz 2 Satz 4.

²Das Bundesministerium der Finanzen kann die Ermächtigung durch Rechtsverordnung auf die Bundesanstalt übertragen.

I. Allgemeines

1   Eine spezielle Pflicht zur Vermeidung von Interessenkonflikten formuliert § 70 (§ 31d aF), wonach die Annahme von Zuwendungen bei allen Wertpapier(neben)dienstleistungen grundsätzlich verboten und nur unter bestimmten Voraussetzungen erlaubt, dann aber offenzulegen ist. Zweck des § 70 ist es, den Anleger davor zu schützen, dass die Personen, die seine Investitionsentscheidung beeinflussen, von eigenen finanziellen Interessen an dem Erhalt von Zuwendungen geleitet werden.[1]

2   Das herkömmliche Vergütungssystem der Anlageberatung basiert auf der Grundlage von Provisionen, die das Risiko bergen, dass dem Anleger Geschäfte empfohlen werden, die mit hohen Provisionen für den Anlageberater verbunden sind, aber nicht zwingend im bestmöglichen Interesse des Anlegers liegen. Wie mit diesem Interessenkonflikt umzugehen ist, wird in Lit.[2] und Rspr.[3] umfassend erörtert.

---

[1] Zum Ganzen *Assmann* ZBB 2008, 21. Der Regelung liegt die Vorstellung zugrunde, dass Geschäftsbanken neben den nicht entgeltpflichtigen Wertpapierdienstleistungen andere kostenpflichtige Dienstleistungen für den Kunden (zB die Führung eines Girokontos) erbringen und der Kunde deshalb von der Kostenfreiheit der Wertpapier(neben)dienstleistung ausgeht und sich der typischen Existenz von Provisionszahlungen oder anderen Zuwendungen und der damit verbundenen Interessenkonflikte häufig nicht bewusst ist, s. Kölner Komm WpHG/*Möllers/Wenninger* § 31d Rn. 4. Davon geht auch der BGH für das Zivilrecht aus, vgl. BGH Urt. vom 15.4.2010 – III ZR 196/09, BGHZ 185, 185 (188 ff.) = NJW-RR 2010, 1064 Rn. 12; BGH Urt. v. 19.7.2012 – III ZR 308/11, NJW 2012, 2952 Rn. 14; BGH Urt. v. 10.11.2011 – III ZR 245/10, NJW-RR 2012, 372 Rn. 11.

[2] Staub/*Grundmann* Bd. 11/2, Teil 7, 2018, Rn. 243 ff. mwN.

[3] BGH Urt. v. 19.12.2000 – XI ZR 349/99, NJW 2001, 962 – Kick-Back I; BGH Urt. v. 19.12.2006 – XI ZR 56/05, NJW 2007, 1876 – Kick-Back II; BGH Beschl. v. 20.1.2009 – XI ZR 510/07, NJW 2009, 1416 (1417) – Kick-Back III; BGH Urt. v. 12.5.2009 – XI ZR 586/07, NJW 2009, 2298 – Kick-Back IV; BGH Urt. v. 27.10.2009 – XI ZR 338/08, ZIP 2009, 2380 – Kick-Back V; BGH Urt. v. 15.4.2010 – III ZR 196/09, WM 2010, 885 – Kick-Back VI; BGH Beschl. v. 29.6.2010 – XI ZR 308/09, WM 2010, 1694 – Kick-Back VII; BGH Urt. v. 3.3.2011 – III ZR 170/10, BKR 2011, 248 – Kick-Back VIII; BGH Hinweisbeschl. v. 9.3.2011 – XI ZR 191/10, ZIP 2011, 855 – Kick-Back IX; BGH Urt. v. 5.5.2011 – III ZR 84/10, GWR 2011, 288 – Kick-Back X; BGH Beschl. v. 19.7.2011 – XI ZR 191/10, NJW 2011, 1184 – Kick-Back XI; BGH Beschl. v. 25.8.2011 – XI ZR 191/10, NJW 2011, 2321;

§ 70 regelt die Frage nach der Zulässigkeit von Zuwendungen im Dreipersonenverhältnis für grundsätzlich alle Wertpapierdienstleistungen.

Ausgenommen ist die Annahme von Zuwendungen bei der Honoraranlageberatung und der **3** Finanzportfolioverwaltung, die jeweils einem eigenständigen und weitergehenden Verbot unterliegt (s. § 64 Abs. 5 und 7, → §§ 63, 64 Rn. 32 ff.). Für die unabhängige **Honorar-Anlageberatung** gilt seit 2014 gem. § 64 Abs. 5 S. 1 Nr. 2, S. 2 (zuvor § 31 Abs. 4c S. 1 Nr. 2 aF) ein striktes Zuwendungsverbot ohne Ausnahme, da der Kunde ein Entgelt für die Beratung zahlt und insoweit davon ausgehen darf, dass das WpDU keine Zuwendungen von Dritten erhält. Auch für die **Finanzportfolioverwaltung** sind seit Januar 2018 gem. § 64 Abs. 7 S. 1 die Annahme und das Behalten von Zuwendungen Dritter grundsätzlich verboten. § 64 Abs. 5 und 7 beschränken sich jeweils auf das Verbot der Annahme und äußern sich nicht zur Gewährung von Zuwendungen durch das WpDU an Dritte. Insoweit gilt auch für Honoraranlageberatung und Finanzportfolioverwaltung die Regelung des § 70.

II. Begriff der Zuwendung

Unter den **Begriff der Zuwendung** fallen Provisionen, Gebühren oder sonstige Geldleistungen **4** sowie alle nicht-monetären Vorteile (§ 70 Abs. 2). Grundsätzlich verboten sind demnach vor allem **monetäre Zuwendungen** Dritter, insbesondere **Provisionen** des Emittenten oder Produktanbieters für den Vertrieb ihrer Produkte.[4] Erfasst sind demnach ausschließlich Vergütungen im Dreipersonenverhältnis.

1. Zuwendungen im Dreipersonenverhältnis. In der zivilrechtlichen Rechtsprechung des BGH, **5** die parallel zum Aufsichtsrecht verläuft, wurde für Provisionen lange Zeit vor allem zwischen Rückvergütungen (sog. Kick-Back) und Innenprovisionen differenziert. Um **Rückvergütungen ("Kick-backs")** handelt es sich, wenn Verwaltungsgebühren bzw. Ausgabeaufschläge, die der Kunde (über die Bank) an den Emittenten oder Produktanbieter zahlt, teilweise an die Bank vom Emittenten oder Produktanbieter umsatzabhängig wieder zurückfließen.[5] **Innenprovisionen** sind dadurch gekennzeichnet, dass das WpDU sie vom Emittenten oder Produktanbieter aus dem Anlagebetrag erhält bzw. selbst entnimmt. Für Innenprovisionen hatte der III. Senat des BGH eine zivilrechtliche Aufklärungspflicht ursprünglich erst bei einer relevanten Höhe – ab 15 % – angenommen, weil sie die Werthaltigkeit der Anlage für den Kunden nicht erkennbar gefährden.[6] Nach neuerer und überzeugender Rechtsprechung des XI. Senats des BGH[7] liegt jedoch auch hier das zentrale Problem im Interessenkonflikt, sodass über Innenprovisionen unabhängig von der konkreten Höhe genauso aufzuklären ist wie über andere Provisionen.[8] Da § 70 jegliche Zuwendung eines Dritten an das WpDU erfasst, ist diese Differenzierung zwischen Rückvergütungen und Innenprovisionen aufsichtsrechtlich ohnehin irrelevant.

Nicht-monetäre Zuwendungen (hierzu Erwägungsgrund 27 ff. Delegierte RL (EU) 2017/593) **6** sind zB die Erbringung von sonstigen Dienstleistungen, das Überlassen von Software oder die Durchführung von Schulungen.[9] Zu den nicht-monetären Zuwendungen gehört grundsätzlich auch die Bereitstellung von Finanzanalysen durch Dritte. Sie gelten allerdings dann nicht als Zuwendungen, wenn die in § 70 Abs. 2 S. 2, Abs. 3, § 7 WpDVerOV formulierten Voraussetzungen erfüllt sind. Demnach muss die Analyse durch eine Gegenleistung des WpDU vergütet sein, dh. entweder durch

---

BGH Urt. v. 20.9.2011 – II ZR 277/09, NJW-RR 2012, 567; BGH Urt. v. 9.1.2012 – III ZR 48/11, BKR 2012, 165; BGH Beschl. v. 3.4.2012 – XI ZR 383/11, BeckRS 2012, 14660; BGH Urt. v. 8.5.2012 – XI ZR 262/10, BKR 2012, 368; BGH Urt. v. 19.7.2012 – III ZR 308/11, WM 2012, 1574; BGH Urt. v. 20.11.2012 – XI ZR 415/11, BKR 2013, 68; BGH Urt. v. 20.11.2012 – XI ZR 444/11, ZBB 2013, 140; BGH Urt. v. 6.12.2012 – III ZR 307/11, NJW-RR 2013, 119; BGH Urt. v. 15.1.2013 – XI ZR 8/12, BKR 2013, 203; BGH Urt. v. 19.2.2013 – ZR 404/11, NZG 2013, 293; BGH Urt. v. 26.2.2013 – XI ZR 445/10 / XI ZR 318/10 / XI ZR 318/10 / XI ZR 240/10 / XI ZR 345/10 / XI ZR 498/11 / XI ZR 425/10 / XI ZR 183/11, BKR 2013, 212; BGH Urt. v. 5.11.2013 – XI ZR 19/12, BeckRS 2013, 19986; BGH Urt. v. 12.12.2013 – III ZR 404/12, NJW-RR 2014, 559; BGH Urt. v. 14.1.2014 – XI ZR 355/12, NJW 2014, 924; BGH Urt. v. 4.2.2014 – XI ZR 398/11, BKR 2014, 200; BGH Urt. v. 8.4.2014 – XI ZR 341/12, BKR 2014, 290; BGH Urt. v. 15.4.2014 – XI ZR 513/11, BeckRS 2014, 10782; BGH Urt. v. 3.6.2014 – XI ZR 147/12, NJW 2014, 2947; BGH Urt. v. 1.7.2014 – XI ZR 247/1, NJW 2014, 3360; BGH Urt. v. 15.7.2014 – XI ZR 418/13, BKR 2014, 457; BGH Urt. v. 15.3.2016 – XI ZR 122/ 14, NZG 2016, 1150.

[4] Grdl. zum Problemfeld der Vertriebsvergütungen unter dem MiFID-Regime *Mülbert* ZHR 172 (2008), 170. Einen rechtsvergleichenden Hintergrund bietet *Otto* WM 2010, 2013 (2018 ff.).

[5] BGH Urt. v. 15.4.2010 – III ZR 196/09, BGHZ 185, 185 (188) = NJW-RR 2010, 1064 Rn. 13. In Bezug auf „Kick-Backs" erging eine Vielzahl höchstrichterlicher Entscheidungen. Einen Überblick bietet *Jordans* BKR 2015, 309, *Jordans* BKR 2011, 456.

[6] BGH Urt. v. 12.2.2004 – III ZR 359/02, BGHZ 158, 110 = NJW 2004, 1732.

[7] BGH Urt. v. 3.6.2014 – XI ZR 147/12, BGHZ 201, 310 (321) = NJW 2014, 2947 Rn. 37.

[8] *Balzer/Lang* BKR 2014, 377; *Jordans* BKR 2015, 309 (311 ff.).

[9] S. auch Assmann/Schneider/Mülbert/*Koller* § 70 Rn. 6; *Duve/Keller* BB 2006, 2477 (2483); *Heybey* BKR 2008, 353 (356).

Zahlung aus eigenen Mitteln des WpDU oder von einem Analysekonto nach den Maßgaben des § 70 Abs. 2 S. 2 Nr. 2.[10]

7   Vom Verbot ausgenommen sind gem. **Abs. 7** ausdrücklich Gebühren und Entgelte, die die Wertpapierdienstleistung erst ermöglichen oder dafür notwendig sind. Hierunter fallen nur solche Posten, die wesensbedingt keine Interessenkonflikte entstehen lassen können, also insbesondere gesetzliche oder behördliche Gebühren, Depotgebühren, Engelte für die Nutzung von Handelsplätzen (s. Art. 24 Abs. 9 UAbs. 3 MiFID II).[11]

8   **2. Vergütung im Zweipersonenverhältnis.** § 70 setzt zwingend ein Dreipersonenverhältnis voraus und erfasst daher Zahlungen im Zweipersonenverhältnis unmittelbar zwischen WpDU und Kunde nicht. Daher ist die Gewinnmarge bei einem Festpreisgeschäft nicht von § 70 Abs. 2 erfasst. Sowohl beim Vertrieb eigener[12] als auch fremder Produkte[13] kann die Gewinnmarge zwar Interessenkonflikte begründen, sodass grundsätzlich eine Aufklärungspflicht gem. § 63 Abs. 1 besteht. Dass das WpDU aber Gewinninteressen hegt, ist für den Kunden offenkundig und damit nicht aufklärungsbedürftig.[14] Ob § 63 Abs. 1 eine Aufklärung zur Höhe der Marge und damit zum genauen Ausmaß des Interessenkonflikts verlangt, ist ungeklärt und muss letztlich der EuGH entscheiden.[15] Jedenfalls ist der Einkaufspreis des Produkts künftig im Rahmen der Kostenaufstellung nach § 63 Abs. 7 anzugeben (s. Erwägungsgrund 79 Delegierte VO (EU) 2017/565 aE; → §§ 63, 64 Rn. 14).

III. Rechtsfolge

9   § 70 Abs. 1 formuliert ein Zuwendungsverbot. Zuwendungen sind nur ausnahmsweise erlaubt, wenn sie (1) darauf ausgelegt sind, die Qualität der für den Kunden erbrachten Dienstleistung zu verbessern, (2) der ordnungsgemäßen Erbringung der Dienstleistung im bestmöglichen Kundeninteresse nicht entgegenstehen (§ 70 Abs. 1 S. 1 Nr. 1) und Existenz, Art sowie Umfang der Zuwendung (3) unmissverständlich offengelegt werden (§ 70 Abs. 1 S. 1 Nr. 2).

10   **1. Qualitätsverbesserung und Kundeninteresse.** § 6 Abs. 2 WpDVerOV bestimmt in Umsetzung von Art. 11 Delegierte RL (EU) 2017/593 die Voraussetzungen für eine **Qualitätsverbesserung.** Die Zuwendung ist gem. § 6 Abs. 2 S. 1 Nr. 1 WpDVerVO darauf ausgelegt, die Qualität der Dienstleistung für den Kunden zu verbessern, wenn sie durch die Erbringung einer zusätzlichen oder höherwertigen Dienstleistung für den jeweiligen Kunden gerechtfertigt ist, die in angemessenem Verhältnis zum Umfang der erhaltenen Zuwendung steht. Umstritten ist, ob die Zuwendung unmittelbar der Wertpapierdienstleistung für den konkreten Kunden zugute kommen muss oder ob es genügt, dass die Zuwendung dem „jeweiligen Kunden" abstrakt zugute kommt, indem sie der Verbesserung eines Dienstleistungsangebots dient, das auch von dem betreffenden Kunden nachgefragt werden könnte.[16] Ein konkreter Bezug zu der tatsächlich erbrachten Dienstleistung ist nach hier vertretener Auffassung nicht erforderlich.[17] So genügt beispielsweise nach § 6 Abs. 2 S. 1 Nr. 1 lit. d WpDVerVO die Bereitstellung eines weitverzweigten Filialberaternetzwerkes, das für den Kunden die Vor-Ort-Verfügbarkeit qualifizierter Anlageberater auch in ländlichen Regionen sicherstellt. Die zunächst in § 31d Abs. 4 aF vorgesehene Vermutung der Qualitätsverbesserung bei Zuwendungen im Zusammen-

---

[10] Ausf. *Roth/Blessing* CCZ 2017, 163 (165 f.).

[11] RegE FRUG, BT-Drs. 16/4028, 68; dazu Fuchs/*Fuchs* § 31d Rn. 12 ff.; Staub/*Grundmann* Bd. 11/2 8. Teil Rn. 246; Schwark/Zimmer/*Koch/Harnos* Rn. 83 ff.; *Brocker* BKR 2007, 365 (367 f.); *Grundmann* ZBB 2018, 1 (17); Langenbucher/Bliesener/Spindler/*Spindler* Kap. 33 Rn. 161.

[12] BGH Urt. v. 22.3.2011 – XI ZR 33/10, NJW 2011, 1949 (1953) (Ls. 4), BKR 2011, 293 = WM 2011, 682 = ZIP 2011, 756 (Anm. etwa *Haas* LMK 2011, 318031; *Hanowski* NZG 2011, 573; *Köndgen* BKR 2011, 283; *Lange* BB 2011, 1678; *Lehmann* JZ 2011, 749; *Lieder* GWR 2011, 317246; *Pitsch* DStR 2011, 927; *Schmitt* BB 2011, 2824; *Spindler* NJW 2011, 1920; zuvor bereits BGH Urt. v. 15.4.2010 – III ZR 196/09, BGHZ 185, 185 (189) = NJW-RR 2010, 1064.

[13] BGH Urt. v. 27.9.2011 – XI ZR 182/10, BGHZ 191, 119 (4. und 5. Ls.) = WM 2011, 2268 (2271 f.) sowie WM 2011, 2261 (2265) (mN zu den zahlreichen Instanzgerichten); BGH Urt. v. 22.3.2011 – XI ZR 33/10, NJW 2011, 1949; aA zuvor vor allem OLG Frankfurt a. M. Urt. v. 29.6.2011 – 17 U 12/11, ZIP 2011, 1462, 1463; zust. etwa OLG Karlsruhe Urt. v. 17.7.2012 – 17 U 148/11, WM 2012, 2333.

[14] *Poelzig* KapMarktR Rn. 781; Schwark/Zimmer/*Koch/Harnos* Rn. 36; aA *Grundmann* ZBB 2018, 1 (18 f.). So zum Zivilrecht BGH NJW 2011, 1949 (1953) – CMS Spread Ladder Swap; BGHZ 191, 119 Ls. 4 und 5. Hierzu EBJS/*Grundmann*, 3. Aufl. 2014, Rn. VI 287.

[15] Zur Vorlagepflicht *Herresthal* WM 2012, 2261. IErg befürwortend *Herresthal* ZBB 2009, 348 (353); *Grundmann* ZBB 2018, 1 (19).

[16] In letzterem Sinne die hL zu § 31d WpHG aF JVRB/*Just* § 31d Rn. 29; Kölner Komm WpHG/*Möllers/Wenninger* § 31d Rn. 40; *Assmann* ZBB 2008, 21; *Rothenhöfer/Seyfried* in Kümpel/Wittig BankR/KapMarktR Rn. 3.226; Schwark/Zimmer/*Koch/Harnos* Rn. 56.

[17] So auch Staub/*Grundmann* Bd. 11/2 7. Teil Rn. 247 aE und *Grundmann* ZBB 2018, 1 (18); aA Schwark/Zimmer/*Koch/Harnos* Rn. 56; Assmann/Schneider/Mülbert/*Koller* § 70 Rn. 31, wonach dem konkreten Kunden selbst ein Vorteil zugekommen muss; ähnl. Sesny/Kuthe/*Theißen/Schwinger,* Kapitalmarkt Compliance, 2018, Rn. 348.

hang mit bestimmten Wertpapierdienstleistungen[18] wurde in § 70 Abs. 1 gestrichen, sodass das WpDU die Qualitätsverbesserung nunmehr nachweisen muss. Wenn die Zuwendung darauf ausgelegt ist, die Qualität der Dienstleistung zu verbessern, so ist sie gleichwohl verboten, falls sie der **ordnungsgemäßen Erbringung** der Dienstleistung im Kundeninteresse **entgegensteht** (§ 70 Abs. 1 S. 1 Nr. 1 Var. 2). Mit diesem Verweis auf das Kundeninteresse iSd § 63 Abs. 1 sollen Zuwendungen verhindert werden, die evident interessenwidriges Verhalten fördern, etwa aufgrund ihrer Art oder ihrer außergewöhnlichen Höhe.[19]

2. Offenlegung. Essentielle Voraussetzung für die Zulässigkeit einer Zuwendung ist schließlich die **11** **umfassende Offenlegung** gegenüber dem Kunden nach § 70 Abs. 1 S. 1 Nr. 2. Hierbei ist über Existenz, Art und Umfang der Zuwendung aufzuklären. Soweit eine konkrete Höhe nicht angegeben werden kann, ist jedenfalls die Art der Berechnung offenzulegen.[20] Um die Warnfunktion gegenüber dem Kunden erfüllen zu können, muss die Zuwendung nach dem Wortlaut der Vorschrift vor Erbringung der Dienstleistung und nach zutreffender Ansicht noch vor einer vertraglichen Bindung des Kunden[21] in umfassender, zutreffender und verständlicher Weise unmissverständlich offengelegt werden. Steht die konkrete Höhe der Zuwendung zum maßgeblichen Zeitpunkt noch nicht fest, ist diese nachträglich offenzulegen (§ 70 Abs. 1 S. 3).

Umstritten ist, ob eine zivilrechtliche Pflicht des WpDU gegenüber dem Kunden zur **Herausgabe 12** der Zuwendungen gem. § 384 Abs. 2 Hs. 2 Fall 2 HGB, § 667 Fall 2 BGB besteht.[22] Nicht aufgegriffen wurde im 2. FiMaNoG der Vorschlag einer Regelung, wonach der Kunde die Herausgabe der Zuwendung verlangen kann, wenn deren Offenlegung unterbleibt.[23] Der BGH hat die Frage bislang offengelassen und lediglich entschieden, dass eine Klausel in AGB, die dem WpDU das Recht auf Behalten von Vertriebsprovisionen einräumt, wirksam vereinbart werden kann.[24] § 70 Abs. 5 besagt, dass bei Bestehen einer Herausgabepflicht der Kunde über das Verfahren der Auskehrung zu informieren ist, setzt eine solche also voraus.

§§ 71–79

(hier nicht wiedergegeben)

§ 80 Organisationspflichten; Verordnungsermächtigung

(1) [1]**Ein Wertpapierdienstleistungsunternehmen muss die organisatorischen Pflichten nach § 25a Absatz 1 und § 25e des Kreditwesengesetzes einhalten.** [2]**Darüber hinaus muss es**
1. **angemessene Vorkehrungen treffen, um die Kontinuität und Regelmäßigkeit der Wertpapierdienstleistungen und Wertpapiernebendienstleistungen zu gewährleisten;**
2. **auf Dauer wirksame Vorkehrungen für angemessene Maßnahmen treffen, um Interessenkonflikte bei der Erbringung von Wertpapierdienstleistungen und Wertpapiernebendienstleistungen oder einer Kombination davon zwischen einerseits ihm selbst einschließlich seiner Geschäftsleitung, seiner Mitarbeiter, seiner vertraglich gebundenen Vermittler und der mit ihm direkt oder indirekt durch Kontrolle im Sinne des Artikels 4 Absatz 1 Nummer 37 der Verordnung (EU) Nr. 575/2013 verbundenen Personen und Unternehmen und andererseits seinen Kunden oder zwischen seinen Kunden untereinander zu erkennen und zu vermeiden oder zu regeln; dies umfasst auch solche Interessenkonflikte, die durch die Annahme von Zuwendungen Dritter sowie durch die eigene Vergütungsstruktur oder sonstige Anreizstrukturen des Wertpapierdienstleistungsunternehmens verursacht werden;**
3. **im Rahmen der Vorkehrungen nach Nummer 2 Grundsätze oder Ziele, die den Umsatz, das Volumen oder den Ertrag der im Rahmen der Anlageberatung empfohlenen Geschäfte unmittelbar oder mittelbar betreffen (Vertriebsvorgaben), derart ausgestalten, umsetzen und überwachen, dass Kundeninteressen nicht beeinträchtigt werden;**

---

[18] Langenbucher/Bliesener/Spindler/*Spindler* Kap. 33 Rn. 167; *Möllers/Wenninger* NJW 2011, 1697 (1699). Krit. gegenüber der Vermutung schon *Spindler/Kasten* WM 2007, 1245 (1248).

[19] JVRB/*Just* § 31d Rn. 33 f.; *Lenenbach*, Kapitalmarktrecht, 2. Aufl. 2010, Rn. 5.448. Teilw. wird diesem Merkmal eine eigenständige Bedeutung abgesprochen, s. Kölner Komm WpHG/*Möllers/Wenninger* § 31d Rn. 47; MüKoHGB/*Ekkenga* Effektengeschäft Rn. 513; *Rozok* BKR 2007, 217 (223).

[20] So reicht bei nur geringfügigen nicht-monetären Zuwendungen auch eine „generische" Beschreibung aus (§ 70 Abs. 4. S. 1).

[21] Schwark/Zimmer/*Koch/Harnos* Rn. 76; *Assmann* ZBB 2008, 21 (28). AA Fuchs/*Fuchs* § 31d Rn. 37.

[22] Hierzu Schwark/Zimmer/*Koch/Harnos* Rn. 117 ff.; *Mülbert* WM 2009, 481; *Kotte* BB 2015, 1283; *Stackmann* NJW 2015, 988 (989).

[23] BT-Drs. 18/11290, 8.

[24] BGH Urt. v. 14.1.2014 – XI ZR 355/12, BGHZ 199, 355 Rn. 20 ff., WM 2014, 307.

4. über solide Sicherheitsmechanismen verfügen, die die Sicherheit und Authentifizierung der Informationsübermittlungswege gewährleisten, das Risiko der Datenverfälschung und des unberechtigten Zugriffs minimieren und verhindern, dass Informationen bekannt werden, so dass die Vertraulichkeit der Daten jederzeit gewährleistet ist.

[3] Nähere Bestimmungen zur Organisation der Wertpapierdienstleistungsunternehmen enthalten die Artikel 21 bis 26 der Delegierten Verordnung (EU) 2017/565.

(2) [1] Ein Wertpapierdienstleistungsunternehmen muss zusätzlich die in diesem Absatz genannten Bestimmungen einhalten, wenn es in der Weise Handel mit Finanzinstrumenten betreibt, dass ein Computeralgorithmus die einzelnen Auftragsparameter automatisch bestimmt, ohne dass es sich um ein System handelt, das nur zur Weiterleitung von Aufträgen zu einem oder mehreren Handelsplätzen, zur Bearbeitung von Aufträgen ohne die Bestimmung von Auftragsparametern, zur Bestätigung von Aufträgen oder zur Nachhandelsbearbeitung ausgeführter Aufträge verwendet wird (algorithmischer Handel). [2] Auftragsparameter im Sinne des Satzes 1 sind insbesondere Entscheidungen, ob der Auftrag eingeleitet werden soll, über Zeitpunkt, Preis oder Quantität des Auftrags oder wie der Auftrag nach seiner Einreichung mit eingeschränkter oder überhaupt keiner menschlichen Beteiligung bearbeitet wird. [3] Ein Wertpapierdienstleistungsunternehmen, das algorithmischen Handel betreibt, muss über Systeme und Risikokontrollen verfügen, die sicherstellen, dass

1. seine Handelssysteme belastbar sind, über ausreichende Kapazitäten verfügen und angemessenen Handelsschwellen und Handelsobergrenzen unterliegen;
2. die Übermittlung von fehlerhaften Aufträgen oder eine Funktionsweise des Systems vermieden wird, durch die Störungen auf dem Markt verursacht oder ein Beitrag zu diesen geleistet werden könnten;
3. seine Handelssysteme nicht für einen Zweck verwendet werden können, der gegen die europäischen und nationalen Vorschriften gegen Marktmissbrauch oder die Vorschriften des Handelsplatzes verstößt, mit dem es verbunden ist.

[4] Ein Wertpapierdienstleistungsunternehmen, das algorithmischen Handel betreibt, muss ferner über wirksame Notfallvorkehrungen verfügen, um mit unvorgesehenen Störungen in seinen Handelssystemen umzugehen, und sicherstellen, dass seine Systeme vollständig geprüft sind und ordnungsgemäß überwacht werden. [5] Das Wertpapierdienstleistungsunternehmen zeigt der Bundesanstalt und den zuständigen Behörden des Handelsplatzes, dessen Mitglied oder Teilnehmer es ist, an, dass es algorithmischen Handel betreibt.

(3) [1] Ein Wertpapierdienstleistungsunternehmen, das algorithmischen Handel im Sinne des Artikels 18 der Delegierten Verordnung (EU) 2017/565 betreibt, hat ausreichende Aufzeichnungen zu den in Absatz 2 genannten Angelegenheiten für mindestens fünf Jahre aufzubewahren. [2] Nutzt das Wertpapierdienstleistungsunternehmen eine hochfrequente algorithmische Handelstechnik, müssen diese Aufzeichnungen insbesondere alle von ihm platzierten Aufträge einschließlich Auftragsstornierungen, ausgeführten Aufträge und Kursnotierungen an Handelsplätzen umfassen und chronologisch geordnet aufbewahrt werden. [3] Auf Verlangen der Bundesanstalt sind diese Aufzeichnungen herauszugeben.

(4) Betreibt ein Wertpapierdienstleistungsunternehmen algorithmischen Handel im Sinne des Absatzes 2 unter Verfolgung einer Market-Making-Strategie, hat es unter Berücksichtigung der Liquidität, des Umfangs und der Art des konkreten Marktes und der konkreten Merkmale des gehandelten Instruments

1. dieses Market-Making während eines festgelegten Teils der Handelszeiten des Handelsplatzes kontinuierlich zu betreiben, abgesehen von außergewöhnlichen Umständen, so dass der Handelsplatz regelmäßig und verlässlich mit Liquidität versorgt wird,
2. einen schriftlichen Vertrag mit dem Handelsplatz zu schließen, in dem zumindest die Verpflichtungen nach Nummer 1 festgelegt werden, sofern es nicht den Vorschriften des § 26c des Börsengesetzes unterliegt, und
3. über wirksame Systeme und Kontrollen zu verfügen, durch die gewährleistet wird, dass es jederzeit diesen Verpflichtungen nachkommt.

(5) Ein Wertpapierdienstleistungsunternehmen, das algorithmischen Handel betreibt, verfolgt eine Market-Making-Strategie im Sinne des Absatzes 4, wenn es Mitglied oder Teilnehmer eines oder mehrerer Handelsplätze ist und seine Strategie beim Handel auf eigene Rechnung beinhaltet, dass es in Bezug auf ein oder mehrere Finanzinstrumente an einem einzelnen Handelsplatz oder an verschiedenen Handelsplätzen feste, zeitgleiche Geld- und Briefkurse vergleichbarer Höhe zu wettbewerbsfähigen Preisen stellt.

(6) [1] Ein Wertpapierdienstleistungsunternehmen muss bei einer Auslagerung von Aktivitäten und Prozessen sowie von Finanzdienstleistungen die Anforderungen nach § 25b des Kreditwesengesetzes einhalten. [2] Die Auslagerung darf nicht die Rechtsverhältnisse des Unternehmens zu seinen Kunden und seine Pflichten, die nach diesem Abschnitt gegenüber den Kunden bestehen, verändern. [3] Die Auslagerung darf die Voraussetzungen, unter denen dem Wertpapierdienstleistungsunternehmen eine Erlaubnis nach § 32 des Kreditwesenge-

setzes erteilt worden ist, nicht verändern. [4]Nähere Bestimmungen zu den Anforderungen an die Auslagerung ergeben sich aus den Artikeln 30 bis 32 der Delegierten Verordnung (EU) 2017/565.

(7) [1]Ein Wertpapierdienstleistungsunternehmen darf die Anlageberatung nur dann als Unabhängige Honorar-Anlageberatung erbringen, wenn es ausschließlich Unabhängige Honorar-Anlageberatung erbringt oder wenn es die Unabhängige Honorar-Anlageberatung organisatorisch, funktional und personell von der übrigen Anlageberatung trennt. [2]Wertpapierdienstleistungsunternehmen müssen Vertriebsvorgaben im Sinne des Absatzes 1 Nummer 3 für die Unabhängige Honorar-Anlageberatung so ausgestalten, dass in keinem Falle Interessenkonflikte mit Kundeninteressen entstehen können. [3]Ein Wertpapierdienstleistungsunternehmen, das Unabhängige Honorar-Anlageberatung erbringt, muss auf seiner Internetseite angeben, ob die Unabhängige Honorar-Anlageberatung in der Hauptniederlassung und in welchen inländischen Zweigniederlassungen angeboten wird.

(8) Ein Wertpapierdienstleistungsunternehmen, das Finanzportfolioverwaltung oder Unabhängige Honorar-Anlageberatung erbringt, muss durch entsprechende Grundsätze sicherstellen, dass alle monetären Zuwendungen, die im Zusammenhang mit der Finanzportfolioverwaltung oder Unabhängigen Honorar-Anlageberatung von Dritten oder von für Dritte handelnden Personen angenommen werden, dem jeweiligen Kunden zugewiesen und an diesen weitergegeben werden.

(9) [1]Ein Wertpapierdienstleistungsunternehmen, das Finanzinstrumente zum Verkauf konzipiert, hat ein Verfahren für die Freigabe jedes einzelnen Finanzinstruments und jeder wesentlichen Anpassung bestehender Finanzinstrumente zu unterhalten, zu betreiben und zu überprüfen, bevor das Finanzinstrument an Kunden vermarktet oder vertrieben wird (Produktfreigabeverfahren). [2]Das Verfahren muss sicherstellen, dass für jedes Finanzinstrument für Endkunden innerhalb der jeweiligen Kundengattung ein bestimmter Zielmarkt festgelegt wird. [3]Dabei sind alle einschlägigen Risiken für den Zielmarkt zu bewerten. [4]Darüber hinaus ist sicherzustellen, dass die beabsichtigte Vertriebsstrategie dem nach Satz 2 bestimmten Zielmarkt entspricht.

(10) [1]Ein Wertpapierdienstleistungsunternehmen hat von ihm angebotene oder vermarktete Finanzinstrumente regelmäßig zu überprüfen und dabei alle Ereignisse zu berücksichtigen, die wesentlichen Einfluss auf das potentielle Risiko für den bestimmten Zielmarkt haben könnten. [2]Zumindest ist regelmäßig zu beurteilen, ob das Finanzinstrument den Bedürfnissen des nach Absatz 9 Satz 2 bestimmten Zielmarkts weiterhin entspricht und ob die beabsichtigte Vertriebsstrategie zur Erreichung dieses Zielmarkts weiterhin geeignet ist.

(11) [1]Ein Wertpapierdienstleistungsunternehmen, das Finanzinstrumente konzipiert, hat allen Vertriebsunternehmen sämtliche erforderlichen und sachdienlichen Informationen zu dem Finanzinstrument und dem Produktfreigabeverfahren nach Absatz 9 Satz 1, einschließlich des nach Absatz 9 Satz 2 bestimmten Zielmarkts, zur Verfügung zu stellen. [2]Vertreibt ein Wertpapierdienstleistungsunternehmen Finanzinstrumente oder empfiehlt es diese, ohne sie zu konzipieren, muss es über angemessene Vorkehrungen verfügen, um sich die in Satz 1 genannten Informationen vom konzipierenden Wertpapierdienstleistungsunternehmen oder vom Emittenten zu verschaffen und die Merkmale sowie den Zielmarkt des Finanzinstruments zu verstehen.

(12) [1]Ein Wertpapierdienstleistungsunternehmen, das Finanzinstrumente anzubieten oder zu empfehlen beabsichtigt und das von einem anderen Wertpapierdienstleistungsunternehmen konzipierte Finanzinstrumente vertreibt, hat geeignete Verfahren aufrechtzuerhalten und Maßnahmen zu treffen, um sicherzustellen, dass die Anforderungen nach diesem Gesetz eingehalten werden. [2]Dies umfasst auch solche Anforderungen, die für die Offenlegung, für die Bewertung der Eignung und der Angemessenheit, für Anreize und für den ordnungsgemäßen Umgang mit Interessenkonflikten gelten. [3]Das Wertpapierdienstleistungsunternehmen ist zu besonderer Sorgfalt verpflichtet, wenn es als Vertriebsunternehmen ein neues Finanzprodukt anzubieten oder zu empfehlen beabsichtigt oder wenn sich die Dienstleistungen ändern, die es als Vertriebsunternehmen anzubieten oder zu empfehlen beabsichtigt.

(13) [1]Das Wertpapierdienstleistungsunternehmen hat seine Produktfreigabevorkehrungen regelmäßig zu überprüfen, um sicherzustellen, dass diese belastbar und zweckmäßig sind und zur Umsetzung erforderlicher Änderungen geeignete Maßnahmen zu treffen. [2]Es hat sicherzustellen, dass seine gemäß Artikel 22 Absatz 2 der Delegierten Verordnung (EU) 2017/565 eingerichtete Compliance-Funktion die Entwicklung und regelmäßige Überprüfung der Produktfreigabevorkehrungen überwacht und etwaige Risiken, dass Anforderungen an den Produktüberwachungsprozess nicht erfüllt werden, frühzeitig erkennt.

(14) [1]Das Bundesministerium der Finanzen kann durch Rechtsverordnung, die nicht der Zustimmung des Bundesrates bedarf, nähere Bestimmungen zur Anwendung der Delegierten Verordnung (EU) 2017/565 sowie zur Umsetzung der Delegierten Richtlinie (EU) 2017/593 der Kommission vom 7. April 2016 zur Ergänzung der Richtlinie 2014/65/EU

des Europäischen Parlaments und des Rates im Hinblick auf den Schutz der Finanzinstrumente und Gelder von Kunden, Produktüberwachungspflichten und Vorschriften für die Entrichtung beziehungsweise Gewährung oder Entgegennahme von Gebühren, Provisionen oder anderen monetären oder nicht-monetären Vorteilen (ABl. L 87 vom 31.3.2017, S. 500), in der jeweils geltenden Fassung, und den organisatorischen Anforderungen nach Absatz 1 Satz 2 und Absatz 7, den Anforderungen an das Produktfreigabeverfahren und den Produktvertrieb nach Absatz 9 und das Überprüfungsverfahren nach Absatz 10 sowie den nach Absatz 11 zur Verfügung zu stellenden Informationen und damit zusammenhängenden Pflichten der Wertpapierdienstleistungsunternehmen erlassen. ²Das Bundesministerium der Finanzen kann die Ermächtigung durch Rechtsverordnung auf die Bundesanstalt übertragen.

§ 81 Geschäftsleiter

(1) ¹Die Geschäftsleiter eines Wertpapierdienstleistungsunternehmens haben im Rahmen der Pflichten aus § 25c Absatz 3 des Kreditwesengesetzes ihre Aufgaben in einer Art und Weise wahrzunehmen, die die Integrität des Marktes wahrt und durch die die Interessen der Kunden gefördert werden. ²Insbesondere müssen die Geschäftsleiter Folgendes festlegen, umsetzen und überwachen:

1. unter Berücksichtigung von Art, Umfang und Komplexität der Geschäftstätigkeit des Wertpapierdienstleistungsunternehmens sowie aller von dem Wertpapierdienstleistungsunternehmen einzuhaltenden Anforderungen
   a) die Organisation zur Erbringung von Wertpapierdienstleistungen und Wertpapiernebendienstleistungen, einschließlich der hierfür erforderlichen Mittel, und organisatorischen Regelungen sowie
   b) ob das Personal über die erforderlichen Fähigkeiten, Kenntnisse und Erfahrungen verfügt,
2. die Geschäftspolitik hinsichtlich
   a) der angebotenen oder erbrachten Wertpapierdienstleistungen und Wertpapiernebendienstleistungen und
   b) der angebotenen oder vertriebenen Produkte,
   die in Einklang stehen muss mit der Risikotoleranz des Wertpapierdienstleistungsunternehmens und etwaigen Besonderheiten und Bedürfnissen seiner Kunden, wobei erforderlichenfalls geeignete Stresstests durchzuführen sind, sowie
3. die Vergütungsregelungen für Personen, die an der Erbringung von Wertpapierdienstleistungen oder Wertpapiernebendienstleistungen für Kunden beteiligt sind, und die ausgerichtet sein müssen auf
   a) eine verantwortungsvolle Unternehmensführung,
   b) die faire Behandlung der Kunden und
   c) die Vermeidung von Interessenkonflikten im Verhältnis zu den Kunden.

(2) ¹Die Geschäftsleiter eines Wertpapierdienstleistungsunternehmens müssen regelmäßig Folgendes überwachen und überprüfen:

1. die Eignung und die Umsetzung der strategischen Ziele des Wertpapierdienstleistungsunternehmens bei der Erbringung von Wertpapierdienstleistungen und Wertpapiernebendienstleistungen,
2. die Wirksamkeit der Unternehmensführungsregelungen des Wertpapierdienstleistungsunternehmens und
3. die Angemessenheit der Unternehmensstrategie hinsichtlich der Erbringung von Wertpapierdienstleistungen und Wertpapiernebendienstleistungen an die Kunden.

²Bestehen Mängel, müssen die Geschäftsleiter unverzüglich die erforderlichen Schritte unternehmen, um diese zu beseitigen.

(3) Das Wertpapierdienstleistungsunternehmen hat sicherzustellen, dass die Geschäftsleiter einen angemessenen Zugang zu den Informationen und Dokumenten haben, die für die Beaufsichtigung und Überwachung erforderlich sind.

(4) ¹Die Geschäftsleiter haben den Produktfreigabeprozess wirksam zu überwachen. ²Sie haben sicherzustellen, dass die Compliance-Berichte an die Geschäftsleiter systematisch Informationen über die von dem Wertpapierdienstleistungsunternehmen konzipierten und empfohlenen Finanzinstrumente enthalten, insbesondere über die jeweilige Vertriebsstrategie. ³Auf Verlangen sind die Compliance-Berichte der Bundesanstalt zur Verfügung zu stellen.

(5) ¹Das Wertpapierdienstleistungsunternehmen hat einen Beauftragten zu ernennen, der die Verantwortung dafür trägt, dass das Wertpapierdienstleistungsunternehmen seine Verpflichtungen in Bezug auf den Schutz von Finanzinstrumenten und Geldern von Kunden einhält. ²Der Beauftragte kann daneben auch weitere Aufgaben wahrnehmen.

Artikel 21 Delegierte VO (EU) 2017/565 Allgemeine organisatorische Anforderungen (Artikel 16 Absätze 2 bis 10 der Richtlinie 2014/65/EU)

(1) [1] Wertpapierfirmen müssen die folgenden organisatorischen Anforderungen erfüllen:

a) Entscheidungsfindungsprozesse und eine Organisationsstruktur, bei der Berichtspflichten sowie zugewiesene Funktionen und Aufgaben klar dokumentiert sind, schaffen und auf Dauer umsetzen;

b) sicherstellen, dass alle relevanten Personen die Verfahren, die für eine ordnungsgemäße Erfüllung ihrer Aufgaben einzuhalten sind, kennen;

c) angemessene interne Kontrollmechanismen, die die Einhaltung von Beschlüssen und Verfahren auf allen Ebenen der Wertpapierfirma sicherstellen, schaffen und auf Dauer umsetzen;

d) Mitarbeiter beschäftigen, die über die Fähigkeiten, Kenntnisse und Erfahrungen verfügen, die zur Erfüllung der ihnen zugewiesenen Aufgaben erforderlich sind;

e) auf allen maßgeblichen Ebenen der Wertpapierfirma eine reibungslos funktionierende interne Berichterstattung und Weitergabe von Informationen einführen und auf Dauer sicherstellen;

f) angemessene und systematische Aufzeichnungen über ihre Geschäftstätigkeit und interne Organisation führen;

g) für den Fall, dass relevante Personen mehrere Funktionen bekleiden, dafür sorgen, dass dies diese Personen weder daran hindert noch daran hindern dürfte, die einzelnen Funktionen ordentlich, ehrlich und professionell zu erfüllen.

[2] Bei der Erfüllung der Anforderungen gemäß diesem Absatz, haben die Wertpapierfirmen die Art, den Umfang und die Komplexität ihrer Geschäfte sowie die Art und das Spektrum der im Zuge dieser Geschäfte erbrachten Wertpapierdienstleistungen und Anlagetätigkeiten zu berücksichtigen.

(2) Die Wertpapierfirmen richten Systeme und Verfahren ein, die die Sicherheit, die Integrität und die Vertraulichkeit der Informationen gewährleisten, wobei sie die Art der besagten Informationen berücksichtigen, und setzen diese auf Dauer um.

(3) Die Wertpapierfirmen sorgen für die Festlegung, Umsetzung und Aufrechterhaltung einer angemessenen Notfallplanung, die bei einer Störung ihrer Systeme und Verfahren gewährleisten soll, dass wesentliche Daten und Funktionen erhalten bleiben und Wertpapierdienstleistungen und Anlagetätigkeiten fortgeführt werden oder – sollte dies nicht möglich sein – diese Daten und Funktionen bald zurückgewonnen und die Wertpapierdienstleistungen und Anlagetätigkeiten bald wieder aufgenommen werden.

(4) Die Wertpapierfirmen sorgen für die Festlegung, Umsetzung und Aufrechterhaltung von Rechnungslegungsgrundsätzen und -verfahren, die es ihnen ermöglichen, der zuständigen Behörde auf Verlangen rechtzeitig Abschlüsse vorzulegen, die ein den tatsächlichen Verhältnissen entsprechendes Bild ihrer Vermögens- und Finanzlage vermitteln und mit allen geltenden Rechnungslegungsstandards und -vorschriften in Einklang stehen.

(5) Die Wertpapierfirmen überwachen und bewerten regelmäßig die Angemessenheit und Wirksamkeit ihrer nach den Absätzen 1 bis 4 geschaffenen Systeme, internen Kontrollmechanismen und Vorkehrungen und ergreifen die zur Behebung etwaiger Mängel erforderlichen Maßnahmen.

Artikel 22 DelVO (EU) 2017/565 Einhaltung der Vorschriften („Compliance") (Artikel 16 Absatz 2 der Richtlinie 2014/65/EU)

(1) [1] Die Wertpapierfirmen legen angemessene Strategien und Verfahren fest, die darauf ausgelegt sind, jedes Risiko einer etwaigen Missachtung der in der Richtlinie 2014/65/EU festgelegten Pflichten durch die Wertpapierfirma sowie die damit verbundenen Risiken aufzudecken, und setzen diese auf Dauer um, und sie führen angemessene Maßnahmen und Verfahren ein, um dieses Risiko auf ein Mindestmaß zu beschränken und die zuständigen Behörden in die Lage zu versetzen, ihre Befugnisse im Rahmen dieser Richtlinie wirksam auszuüben. [2] Die Wertpapierfirmen berücksichtigen die Art, den Umfang und die Komplexität ihrer Geschäfte sowie die Art und das Spektrum der im Zuge dieser Geschäfte erbrachten Wertpapierdienstleistungen und Anlagetätigkeiten.

(2) [1] Die Wertpapierfirmen richten eine permanente und wirksame, unabhängig arbeitende Compliance-Funktion ein, erhalten diese aufrecht und betrauen sie mit den folgenden Aufgaben:

a) ständige Überwachung und regelmäßige Bewertung der Angemessenheit und Wirksamkeit der gemäß Absatz 1 Unterabsatz 1 eingeführten Maßnahmen, Strategien und Verfahren sowie der Schritte, die zur Behebung etwaiger Defizite der Wertpapierfirma bei der Einhaltung ihrer Pflichten unternommen wurden;

b) Beratung und Unterstützung der für Wertpapierdienstleistungen und Anlagetätigkeiten zuständigen relevanten Personen im Hinblick auf die Einhaltung der Pflichten der Wertpapierfirma gemäß der Richtlinie 2014/65/EU;

c) mindestens einmal jährlich Berichterstattung an das Leitungsorgan über die Umsetzung und Wirksamkeit des gesamten Kontrollumfelds für Wertpapierdienstleistungen und Anlagetätigkeiten, über die ermittelten Risiken sowie über die Berichterstattung bezüglich der Abwicklung von Beschwerden und über die ergriffenen oder zu ergreifenden Abhilfemaßnahmen;

d) Überwachung der Prozessabläufe für die Abwicklung von Beschwerden und Berücksichtigung von Beschwerden als Quelle relevanter Informationen im Zusammenhang mit den allgemeinen Überwachungsaufgaben.

[2] Zur Erfüllung der Anforderungen unter Buchstabe a und b dieses Absatzes nimmt die Compliance-Funktion eine Beurteilung vor, auf deren Grundlage sie ein risikobasiertes Überwachungsprogramm erstellt, das alle Bereiche der Wertpapierdienstleistungen, Anlagetätigkeiten sowie der relevanten Nebendienstleistungen der Wertpapierfirma, einschließlich der relevanten Informationen, die in Bezug auf die Überwachung der Abwicklung von Beschwerden gesammelt wurden, berücksichtigt. [3] Das Überwachungsprogramm legt Prioritäten fest, die anhand der ComplianceRisikobewertung bestimmt werden, so dass die umfassende Überwachung der Compliance-Risiken sichergestellt wird.

(3) Damit die in Absatz 2 genannte Compliance-Funktion ihre Aufgaben ordnungsgemäß und unabhängig wahrnehmen kann, stellen die Wertpapierfirmen sicher, dass die folgenden Bedingungen erfüllt sind:

a) die Compliance-Funktion über die notwendigen Befugnisse, Ressourcen und Fachkenntnisse verfügt und Zugang zu allen einschlägigen Informationen hat;

b) das Leitungsorgan ernennt einen Compliance-Beauftragten, der für die Compliance-Funktion sowie für die Compliance-Berichterstattung gemäß der Richtlinie 2014/65/EU und gemäß Artikel 25 Absatz 2 dieser Verordnung verantwortlich ist, und tauscht diesen aus;

c) die Compliance-Funktion informiert ad hoc und direkt das Leitungsorgan, wenn sie ein erhebliches Risiko feststellt, dass die Wertpapierfirma ihre Pflichten gemäß der Richtlinie 2014/65/EU nicht erfüllt;

d) relevante Personen, die in die Compliance-Funktion eingebunden sind, sind nicht an der Erbringung der von ihnen überwachten Dienstleistungen oder Tätigkeiten beteiligt;

e) das Verfahren, nach dem die Vergütung der in die Compliance-Funktion eingebundenen relevanten Personen bestimmt wird, beeinträchtigt weder deren Objektivität noch lässt sie eine solche Beeinträchtigung wahrscheinlich erscheinen.

(4) ¹Kann eine Wertpapierfirma nachweisen, dass die unter Buchstabe d oder e genannten Anforderungen aufgrund der Art, des Umfangs und der Komplexität ihrer Geschäfte sowie der Art und des Spektrums ihrer Wertpapierdienstleistungen und Anlagetätigkeiten unverhältnismäßig sind und dass die Compliance-Funktion weiterhin einwandfrei ihre Aufgabe erfüllt, ist sie nicht zur Erfüllung der Anforderungen gemäß Absatz 3 Buchstabe d oder e verpflichtet. ²In diesem Fall hat die Wertpapierfirma zu beurteilen, ob die Wirksamkeit der Compliance-Funktion beeinträchtigt ist. ³Die Bewertung wird regelmäßig überprüft.

Artikel 23 DelVO (EU) 2017/565 Risikomanagement (Artikel 16 Absatz 5 der Richtlinie 2014/65/EU)

[nicht abgedruckt]

Artikel 24 DelVO (EU) 2017/565 Innenrevision (Artikel 16 Absatz 5 der Richtlinie 2014/65/EU)

[nicht abgedruckt]

Artikel 25 DelVO (EU) 2017/565 Zuständigkeiten der Geschäftsleitung (Artikel 16 Absatz 2 der Richtlinie 2014/65/EU)

(1) ¹Bei der internen Aufgabenverteilung stellen die Wertpapierfirmen sicher, dass die Geschäftsleitung sowie gegebenenfalls das Aufsichtsorgan die Verantwortung dafür tragen, dass die Wertpapierfirma ihre in der Richtlinie 2014/65/EU festgelegten Pflichten erfüllt. ²Die Geschäftsleitung sowie gegebenenfalls das Aufsichtsorgan sind insbesondere verpflichtet, die Wirksamkeit der zur Einhaltung der Richtlinie 2014/65/EU festgelegten Grundsätze, Vorkehrungen und Verfahren zu bewerten und regelmäßig zu überprüfen und angemessene Maßnahmen zur Behebung etwaiger Mängel zu ergreifen.

³Im Rahmen der Verteilung wesentlicher Aufgaben unter den Geschäftsführern muss eindeutig festgelegt werden, wer für die Überwachung und Aufrechterhaltung der organisatorischen Anforderungen der Wertpapierfirma zuständig ist. 4Aufzeichnungen über die Verteilung wesentlicher Aufgaben sind auf dem aktuellen Stand zu halten.

(2) Die Wertpapierfirmen stellen sicher, dass ihre Geschäftsleitung häufig, mindestens aber einmal jährlich, schriftliche Berichte zu den in den Artikeln 22, 23 und 24 behandelten Themen erhält, in denen insbesondere angegeben wird, ob zur Behebung etwaiger Mängel geeignete Maßnahmen getroffen wurden.

(3) Die Wertpapierfirmen stellen sicher, dass das Aufsichtsorgan, soweit ein solches besteht, regelmäßig schriftliche Berichte zu den in den Artikeln 22, 23 und 24 behandelten Themen erhält.

(4) Für die Zwecke dieses Artikels handelt es sich bei dem „Aufsichtsorgan" um das Organ in einer Wertpapierfirma, das für die Beaufsichtigung der Geschäftsleitung zuständig ist.

Artikel 26 DelVO (EU) 2017/565 Bearbeitung von Beschwerden (Artikel 16 Absatz 2 der Richtlinie 2014/65/EU)

(1) ¹Die Wertpapierfirmen müssen wirksame und transparente Strategien und Verfahren für das Beschwerdemanagement festlegen und auf Dauer umsetzen, mit denen die Beschwerden von Kunden oder potenziellen Kunden unverzüglich abgewickelt werden. ²Die Wertpapierfirmen haben Aufzeichnungen über die eingegangenen Beschwerden zu führen und Maßnahmen zu deren Lösung zu ergreifen.

³Die Grundsätze für das Beschwerdemanagement müssen eindeutige, genaue und aktuelle Informationen über das Verfahren zur Abwicklung von Beschwerden enthalten. ⁴Diese Grundsätze müssen von dem Leitungsorgan der Wertpapierfirma bestätigt werden.

(2) ¹Die Wertpapierfirmen müssen die detaillierten Angaben zu dem Verfahren, das bei der Abwicklung einer Beschwerde einzuhalten ist, veröffentlichen. ²Diese detaillierten Angaben müssen Informationen über die Grundsätze für das Beschwerdemanagement sowie die Kontaktangaben der Beschwerdemanagementfunktion umfassen. ³Die Informationen werden den Kunden oder potenziellen Kunden auf Verlangen oder mit der Bestätigung der Beschwerde zur Verfügung gestellt. ⁴Die Wertpapierfirmen müssen den Kunden und potenziellen Kunden die kostenlose Einreichung von Beschwerden ermöglichen.

(3) ¹Die Wertpapierfirmen richten eine Beschwerdemanagementfunktion ein, die für die Prüfung von Beschwerden zuständig ist. ²Diese Funktion kann von der Compliance-Funktion übernommen werden.

(4) Die Wertpapierfirmen haben bei der Abwicklung einer Beschwerde mit den Kunden oder potenziellen Kunden eindeutig und in einfach verständlicher Sprache zu kommunizieren, und sie müssen unverzüglich auf die Beschwerde reagieren.

(5) Die Wertpapierfirmen teilen den Kunden oder potenziellen Kunden ihren Standpunkt bezüglich der Beschwerde mit, und sie informieren die Kunden oder potenziellen Kunden über deren Möglichkeiten, einschließlich der Möglichkeit, die Beschwerde an eine Stelle zur alternativen Streitbeilegung weiterzuleiten, wie in Artikel 4 Buchstabe h der Richtlinie 2013/11/EU des Europäischen Parlaments und des Rates

über die alternative Beilegung verbraucherrechtlicher Streitigkeiten vorgesehen, oder der Möglichkeit des Kunden, eine zivilrechtliche Klage einzureichen.

(6) Die Wertpapierfirmen übermitteln den zuständigen Behörden und, sofern im nationalen Recht vorgesehen, einer Stelle zur alternativen Streitbeilegung Informationen über Beschwerden und deren Abwicklung.

(7) Die Compliance-Funktion der Wertpapierfirmen hat die Daten bezüglich der Beschwerden und deren Abwicklung zu prüfen, um sicherzustellen, dass alle Risiken und Probleme ermittelt und behoben werden.

Artikel 27 DelVO (EU) 2017/565 Vergütungsgrundsätze und -praktiken (Artikel 16, 23 und 24 der Richtlinie 2014/65/EU)

[nicht abgedruckt]

Artikel 28 DelVO (EU) 2017/565 Umfang von persönlichen Geschäften (Artikel 16 Absatz 2 der Richtlinie 2014/65/EU)

Für die Zwecke der Artikel 29 und 37 bezeichnet „persönliches Geschäft" ein Geschäft mit einem Finanzinstrument, das von einer relevanten Person oder für eine relevante Person getätigt wird und bei dem mindestens eines der folgenden Kriterien erfüllt ist:

a) die relevante Person handelt außerhalb ihres Aufgabenbereichs, für den sie im Rahmen ihrer beruflichen Tätigkeit zuständig ist;
b) das Geschäft erfolgt für Rechnung einer der folgenden Personen:
    i) der relevanten Person,
    ii) einer Person, zu der sie eine familiäre Bindung oder enge Verbindungen hat, iii)

einer Person, bei der die relevante Person ein direktes oder indirektes wesentliches Interesse am Ausgang des Geschäfts hat, wobei das Interesse nicht in einer Gebühr oder Provision für die Abwicklung des Geschäfts besteht.

Artikel 29 DelVO (EU) 2017/565 Persönliche Geschäfte (Artikel 16 Absatz 2 der Richtlinie 2014/65/EU)

(1) Die Wertpapierfirmen treffen angemessene Vorkehrungen und halten diese auf Dauer ein, um relevante Personen, deren Tätigkeiten Anlass zu einem Interessenkonflikt geben könnten oder die aufgrund von Tätigkeiten, die sie im Namen der Firma ausüben, Zugang zu Insider-Informationen im Sinne von Artikel 7 Absatz 1 der Verordnung Nr. 596/2014 oder zu anderen vertraulichen Informationen über Kunden oder über Geschäfte, die mit oder für Kunden getätigt werden, haben, an den in den Absätzen 2, 3 und 4 genannten Tätigkeiten zu hindern.

(2) Die Wertpapierfirmen stellen sicher, dass die relevanten Personen keine persönlichen Geschäfte abschließen, die mindestens eines der folgenden Kriterien erfüllen:

a) Die Person darf das Geschäft nach der Richtlinie 2014/596/EU nicht tätigen;
b) es geht mit dem Missbrauch oder der vorschriftswidrigen Weitergabe dieser vertraulichen Informationen einher;
c) es kollidiert mit einer Pflicht, die der Wertpapierfirma aus der Richtlinie 2014/65/EU erwächst, oder könnte damit kollidieren.

(3) Die Wertpapierfirmen stellen sicher, dass relevante Personen außerhalb ihres regulären Beschäftigungsverhältnisses oder Dienstleistungsvertrags einer anderen Person kein Geschäft mit Finanzinstrumenten empfehlen, die – wenn es sich um ein persönliches Geschäft der relevanten Person handeln würde – unter Absatz 2 oder unter Artikel 37 Absatz 2 Buchstabe a oder b oder unter Artikel 67 Absatz 3 fiele.

(4) Unbeschadet des Artikels 10 Absatz 1 der Verordnung (EU) Nr. 596/2014 stellen Wertpapierfirmen sicher, dass relevante Personen außerhalb ihres regulären Beschäftigungsverhältnisses oder Dienstleistungsvertrags Informationen oder Meinungen an eine andere Person weitergeben, wenn der relevanten Person klar ist oder nach vernünftigem Ermessen klar sein sollte, dass diese Weitergabe die andere Person dazu veranlassen wird oder wahrscheinlich dazu veranlassen wird,

a) ein Geschäft mit Finanzinstrumenten zu tätigen, das – wenn es sich um ein persönliches Geschäft der relevanten Person handeln würde – unter Absatz 2 oder 3 oder unter Artikel 37 Absatz 2 Buchstabe a oder b oder unter Artikel 67 Absatz 3 fiele;
b) einer anderen Person zu einem solchen Geschäft zu raten oder eine andere Person zu einem solchen Geschäft zu veranlassen.

(5) [1] Die in Absatz 1 vorgeschriebenen Vorkehrungen gewährleisten, dass:

a) jede unter Absatz 1, 2, 3 oder 4 fallende relevante Person die Beschränkungen bei persönlichen Geschäften und die Maßnahmen, die die Wertpapierfirma im Hinblick auf persönliche Geschäfte und Informationsweitergabe gemäß Absatz 1, 2, 3 oder 4 getroffen hat, kennt;
b) die Wertpapierfirma unverzüglich über jedes persönliche Geschäft einer solchen relevanten Person unterrichtet wird, und zwar entweder durch Meldung des Geschäfts oder durch andere Verfahren, die der Wertpapierfirma die Feststellung solcher Geschäfte ermöglichen.
c) ein bei der Wertpapierfirma gemeldetes oder von dieser festgestelltes persönliches Geschäft sowie jede Erlaubnis und jedes Verbot im Zusammenhang mit einem solchen Geschäft festgehalten wird.

[2] Bei Auslagerungsvereinbarungen muss die Wertpapierfirma sicherstellen, dass die Firma, an die die Tätigkeit ausgelagert wird, persönliche Geschäfte aller relevanten Personen festhält und der Wertpapierfirma diese Informationen auf Verlangen unverzüglich liefert.

(6) Von den Absätzen 1 bis 5 ausgenommen sind:

a) persönliche Geschäfte, die im Rahmen eines Vertrags über die Portfolioverwaltung mit Entscheidungsspielraum getätigt werden, sofern vor Abschluss des Geschäfts keine diesbezügliche Kommunikation zwischen dem Portfolioverwalter und der relevanten Person oder der Person, für deren Rechnung das Geschäft getätigt wird, stattfindet;

b) persönliche Geschäfte mit Organismen für gemeinsame Anlagen in Wertpapieren (OGAW) oder mit AIF, die nach den Rechtsvorschriften eines Mitgliedstaats, die für deren Anlagen ein gleich hohes Maß an Risikostreuung vorschreiben, der Aufsicht unterliegen, wenn die relevante Person oder jede andere Person, für deren Rechnung die Geschäfte getätigt werden, nicht an der Geschäftsleitung dieses Organismus beteiligt ist.

Artikel 30 DelVO (EU) 2017/565 Umfang kritischer und wesentlicher betrieblicher Aufgaben (Artikel 16 Absatz 2 und Artikel 16 Absatz 5 Unterabsatz 1 der Richtlinie 2014/65/EU)

(1) Für die Zwecke von Artikel 16 Absatz 5 Unterabsatz 1 der Richtlinie 2014/65/EU wird eine betriebliche Aufgabe als kritisch oder wesentlich betrachtet, wenn deren unzureichende oder unterlassene Wahrnehmung die kontinuierliche Einhaltung der Zulassungsbedingungen und -pflichten oder der anderen Verpflichtungen der Wertpapierfirma gemäß der Richtlinie 2014/65/EU, ihre finanzielle Leistungsfähigkeit oder die Solidität oder Kontinuität ihrer Wertpapierdienstleistungen und Anlagetätigkeiten wesentlich beeinträchtigen würde.

(2) Ohne den Status anderer Aufgaben zu berühren, werden für die Zwecke des Absatzes 1 folgende Aufgaben nicht als kritisch oder wesentlich betrachtet:

a) für die Wertpapierfirma erbrachte Beratungs- und andere Dienstleistungen, die nicht Teil ihres Anlagegeschäfts sind, einschließlich der Beratung in Rechtsfragen, Mitarbeiterschulungen, der Fakturierung und der Bewachung von Gebäuden und Mitarbeitern;

b) der Erwerb standardisierter Dienstleistungen, einschließlich Marktinformationsdiensten und Preisdaten.

Artikel 31 DelVO (EU) 2017/565 Auslagerung kritischer oder wesentlicher betrieblicher Aufgaben (Artikel 16 Absatz 2 und Artikel 16 Absatz 5 Unterabsatz 1 der Richtlinie 2014/65/EU)

(1) Wertpapierfirmen, die kritische oder wesentliche betriebliche Aufgaben auslagern, bleiben vollständig für die Erfüllung all ihrer Verpflichtungen gemäß der Richtlinie 2014/64/EU verantwortlich und müssen die folgenden Bedingungen erfüllen:

a) die Auslagerung ist nicht mit einer Delegation der Aufgaben der Geschäftsleitung verbunden;

b) das Verhältnis und die Pflichten der Wertpapierfirma gegenüber ihren Kunden gemäß der Richtlinie 2014/65/EU bleiben unverändert;

c) die Voraussetzungen, die eine Wertpapierfirma erfüllen muss, um gemäß Artikel 5 der Richtlinie 2014/65/EG zugelassen zu werden und diese Zulassung auch zu behalten, sind nach wie vor erfüllt;

d) die anderen Voraussetzungen, unter denen der Wertpapierfirma die Zulassung erteilt wurde, sind nicht entfallen und haben sich nicht geändert.

(2) Wertpapierfirmen verfahren bei Abschluss, Durchführung oder Kündigung einer Vereinbarung über die Auslagerung von kritischen oder wesentlichen betrieblichen Funktionen an einen Dienstleister mit der gebotenen Professionalität und Sorgfalt und treffen alle erforderlichen Maßnahmen, um Folgendes zu gewährleisten:

a) Der Dienstleister verfügt über die Eignung, die Kapazität, ausreichende Ressourcen und geeignete Organisationsstrukturen für die Ausführung der ausgelagerten Aufgaben sowie alle gesetzlich vorgeschriebenen Zulassungen, um die ausgelagerten Aufgaben zuverlässig und professionell wahrzunehmen;

b) der Dienstleister führt die ausgelagerten Dienstleistungen effektiv und in Übereinstimmung mit den geltenden Rechtsund Verwaltungsvorschriften aus, und die Wertpapierfirma hat zu diesem Zweck Methoden und Verfahren zur Bewertung der Leistung des Dienstleisters sowie zur fortlaufenden Überprüfung der von dem Dienstleister erbrachten Dienstleistungen festgelegt;

c) der Dienstleister hat die Ausführung der ausgelagerten Aufgaben ordnungsgemäß zu überwachen und die mit der Auslagerung verbundenen Risiken angemessen zu steuern;

d) es werden angemessene Maßnahmen ergriffen, wenn Zweifel daran bestehen, dass der Dienstleister seine Aufgaben möglicherweise nicht effektiv und unter Einhaltung der geltenden Rechts- und Verwaltungsvorschriften ausführt;

e) die Wertpapierfirma hat die ausgelagerten Aufgaben oder Dienstleistungen wirksam zu überwachen und die mit der Auslagerung verbundenen Risiken zu steuern, und zu diesem Zweck verfügt sie weiterhin über die notwendigen Fachkenntnisse und Ressourcen, um die ausgelagerten Aufgaben wirksam zu überwachen und diese Risiken zu steuern;

f) der Dienstleister hat der Wertpapierfirma jede Entwicklung zur Kenntnis gebracht, die seine Fähigkeit, die ausgelagerten Aufgaben wirkungsvoll und unter Einhaltung der geltenden Rechts- und Verwaltungsvorschriften auszuführen, wesentlich beeinträchtigen könnte;

g) die Wertpapierfirma ist in der Lage, die Auslagerungsvereinbarung gegebenenfalls mit sofortiger Wirkung zu kündigen, wenn dies im Interesse ihrer Kunden liegt, ohne dass dies die Kontinuität und Qualität der für ihre Kunden erbrachten Dienstleistungen beeinträchtigt;

h) der Dienstleister arbeitet in Bezug auf die ausgelagerten Funktionen mit den für die Wertpapierfirma zuständigen Behörden zusammen;

i) die Wertpapierfirma, ihre Abschlussprüfer und die jeweils zuständigen Behörden haben tatsächlich Zugang zu mit den ausgelagerten Funktionen zusammenhängenden Daten und zu den Geschäftsräumen des Dienstleisters, sofern dies für die Zwecke einer wirksamen Aufsicht gemäß diesem Artikel erforderlich ist, und die zuständigen Behörden können von diesen Zugangsrechten Gebrauch machen;

j) der Dienstleister hat alle vertraulichen Informationen, die die Wertpapierfirma und ihre Kunden betreffen, zu schützen;

k) die Wertpapierfirma und der Dienstleister haben einen Notfallplan festgelegt und werden diesen auf Dauer umgesetzt, der bei einem Systemausfall die Speicherung der Daten gewährleistet und regelmäßige Tests der Backup-Systeme vorsieht, sollte dies angesichts der ausgelagerten Aufgabe, Dienstleistung oder Tätigkeit erforderlich sein;

l) die Wertpapierfirma hat sichergestellt, dass die Kontinuität und Qualität der ausgelagerten Aufgaben oder Dienstleistungen auch für den Fall der Beendigung der Auslagerung aufrechterhalten werden, indem die Durchführung der ausgelagerten Aufgaben oder Dienstleistungen auf einen anderen Dritten übertragen wird oder indem die Wertpapierfirma diese ausgelagerten Aufgaben oder Dienstleistungen selbst ausführt.

(3) [1] Die entsprechenden Rechte und Pflichten der Wertpapierfirma und des Dienstleisters werden in einer schriftlichen Vereinbarung eindeutig zugewiesen. [2] Die Wertpapierfirma behält insbesondere ihre Weisungs- und Kündigungsrechte, ihre Informationsrechte sowie ihre Rechte auf Einsichtnahme in und Zugang zu Büchern und Geschäftsräumen. [3] In der Vereinbarung wird sichergestellt, dass eine Auslagerung durch den Dienstleister nur mit der schriftlichen Zustimmung der Wertpapierfirma erfolgen darf.

(4) Gehören die Wertpapierfirma und der Dienstleister ein und derselben Gruppe an, kann die Wertpapierfirma zur Erfüllung dieses Artikels und des Artikels 32 berücksichtigen, in welchem Umfang sie den Dienstleister kontrolliert oder sein Handeln beeinflussen kann.

(5) Die Wertpapierfirma stellt den zuständigen Behörden auf deren Verlangen alle Informationen zur Verfügung, die diese benötigen, um zu überwachen, ob bei der Ausübung der übertragenen Funktionen die Anforderungen der Richtlinie 2014/65/EU und ihrer Durchführungsmaßnahmen eingehalten werden.

Artikel 32 DelVO (EU) 2017/565 Dienstleister mit Sitz in einem Drittland (Artikel 16 Absatz 2 und Artikel 16 Absatz 5 Unterabsatz 1 der Richtlinie 2014/65/EU)

[nicht abgedruckt]

Artikel 33 DelVO (EU) 2017/565 Für einen Kunden potenziell nachteilige Interessenkonflikte (Artikel 16 Absatz 3 und Artikel 23 der Richtlinie 2014/65/EU)

Die Wertpapierfirmen müssen zur Feststellung der Arten von Interessenkonflikten, die bei Erbringung von Wertpapier- und Nebendienstleistungen oder bei einer Kombination daraus auftreten und den Interessen eines Kunden abträglich sein können, zumindest der Frage Rechnung tragen, ob auf die Wertpapierfirma, eine relevante Person oder eine Person, die direkt oder indirekt durch Kontrolle mit der Firma verbunden ist, aufgrund der Tatsache, dass sie Wertpapier- oder Nebendienstleistungen erbringt oder Anlagetätigkeiten ausübt, eine der folgenden Situationen zutrifft:

a) Wahrscheinlich wird die Wertpapierfirma oder eine der genannten Personen zu Lasten des Kunden einen finanziellen Vorteil erzielen oder finanziellen Verlust vermeiden;
b) die Wertpapierfirma oder eine der genannten Personen hat am Ergebnis einer für den Kunden erbrachten Dienstleistung oder eines im Namen des Kunden getätigten Geschäfts ein Interesse, das nicht mit dem Interesse des Kunden an diesem Ergebnis übereinstimmt;
c) für die Wertpapierfirma oder eine der genannten Personen gibt es einen finanziellen oder sonstigen Anreiz, die Interessen eines anderen Kunden oder einer anderen Gruppe von Kunden über die Interessen des Kunden zu stellen;
d) die Wertpapierfirma oder eine der genannten Personen geht dem gleichen Geschäft nach wie der Kunde;
e) die Wertpapierfirma oder eine der genannten Personen erhält aktuell oder künftig von einer nicht mit dem Kunden identischen Person in Bezug auf eine für den Kunden erbrachte Dienstleistung einen Anreiz in Form von finanziellen oder nichtfinanziellen Vorteilen oder Dienstleistungen.

Artikel 34 DelVO (EU) 2017/565 Grundsätze für den Umgang mit Interessenkonflikten (Artikel 16 Absatz 3 und Artikel 23 der Richtlinie 2014/65/EU)

(1) [1] Die Wertpapierfirmen müssen in schriftlicher Form wirksame, der Größe und Organisation der jeweiligen Firma sowie der Art, des Umfangs und der Komplexität ihrer Geschäfte angemessene Grundsätze für den Umgang mit Interessenkonflikten festlegen und auf Dauer umsetzen. [2] Ist die Wertpapierfirma Teil einer Gruppe, müssen diese Grundsätze darüber hinaus allen Umständen Rechnung tragen, von denen die Wertpapierfirma weiß oder wissen müsste und die aufgrund der Struktur und der Geschäftstätigkeiten anderer Gruppenmitglieder einen Interessenkonflikt nach sich ziehen könnten.

(2) In den gemäß Absatz 1 festgelegten Grundsätzen für den Umgang mit Interessenkonflikten

a) wird im Hinblick auf die Wertpapierdienstleistungen, Anlagetätigkeiten und Nebendienstleistungen, die von oder im Namen der Wertpapierfirma erbracht werden, festgelegt, unter welchen Umständen ein Interessenkonflikt, der den Interessen eines oder mehrerer Kunden erheblich schaden könnte, vorliegt oder entstehen könnte;
b) wird festgelegt, welche Verfahren einzuleiten und welche Maßnahmen zu treffen sind, um diese Konflikte zu verhindern oder zu bewältigen.

(3) [1] Die Verfahren und Maßnahmen, auf die in Absatz 2 Buchstabe b Bezug genommen wird, werden so gestaltet, dass relevante Personen, die mit Tätigkeiten befasst sind, bei denen ein Interessenkonflikt im Sinne von Absatz 2 Buchstabe a besteht, diese Tätigkeiten mit einem Grad an Unabhängigkeit ausführen, der der Größe und dem Betätigungsfeld der Wertpapierfirma und der Gruppe, der diese angehört, sowie der Höhe des Risikos, dass die Interessen von Kunden geschädigt werden, angemessen ist. [2] Für die Zwecke von Absatz 2 Buchstabe b schließen die dort genannten zu befolgenden Verfahren und Maßnahmen – soweit dies für die Wertpapierfirma zur Gewährleistung des geforderten Grades an Unabhängigkeit notwendig ist – Folgendes ein:

a) wirksame Verfahren, die den Austausch von Informationen zwischen relevanten Personen, deren Tätigkeiten einen Interessenkonflikt nach sich ziehen könnten, verhindern oder kontrollieren, wenn dieser Informationsaustausch den Interessen eines oder mehrerer Kunden abträglich sein könnte;
b) die gesonderte Überwachung relevanter Personen, deren Hauptaufgabe darin besteht, Tätigkeiten im Namen von Kunden auszuführen oder Dienstleistungen für Kunden zu erbringen, deren Interessen

möglicherweise kollidieren oder die in anderer Weise unterschiedliche Interessen – einschließlich der der Wertpapierfirma – vertreten, die kollidieren könnten;

c) die Beseitigung jeder direkten Verbindung zwischen der Vergütung relevanter Personen, die sich hauptsächlich mit einer Tätigkeit beschäftigen, und der Vergütung oder den Einnahmen anderer relevanter Personen, die sich hauptsächlich mit einer anderen Tätigkeit beschäftigen, wenn bei diesen Tätigkeiten ein Interessenkonflikt entstehen könnte;

d) Maßnahmen, die jeden ungebührlichen Einfluss auf die Art und Weise, in der eine relevante Person Wertpapier- oder Nebendienstleistungen erbringt oder Anlagetätigkeiten ausführt, verhindern oder einschränken;

e) Maßnahmen, die die gleichzeitige oder unmittelbar nachfolgende Einbeziehung einer relevanten Person in verschiedene Wertpapieroder Nebendienstleistungen bzw. Anlagetätigkeiten verhindern oder kontrollieren, wenn diese Einbeziehung ein ordnungsgemäßes Konfliktmanagement beeinträchtigen könnte.

(4) [1] Die Wertpapierfirmen stellen sicher, dass die Unterrichtung der Kunden gemäß Artikel 23 Absatz 2 der Richtlinie 2014/65/EU nur als Ultima Ratio angewandt wird, wenn die wirksamen organisatorischen und administrativen Vorkehrungen, die sie zur Verhinderung oder Bewältigung ihrer Interessenkonflikte gemäß Artikel 23 der Richtlinie 2014/65/EU getroffen haben, nicht ausreichen, um mit hinreichender Sicherheit zu gewährleisten, dass die Interessen des Kunden nicht geschädigt werden. [2] Bei dieser Unterrichtung wird deutlich angegeben, dass die wirksamen organisatorischen und administrativen Vorkehrungen, die die Wertpapierfirma zur Verhinderung oder Bewältigung dieses Konflikts getroffen hat, nicht ausreichen, um mit hinreichender Sicherheit zur gewährleisten, dass die Interessen des Kunden nicht geschädigt werden. [3] Die Unterrichtung beinhaltet eine genaue Beschreibung der Interessenkonflikte, die bei der Erbringung von Wertpapier- und/oder Nebendienstleistungen entstehen, unter Berücksichtigung der Art des Kunden, an den sich die Unterrichtung richtet. [4] Die Beschreibung erklärt die allgemeine Art und die Ursachen von Interessenkonflikten sowie die Risiken, die dem Kunden infolge der Interessenkonflikte und der zur Minderung dieser Risiken getroffenen Maßnahmen entstehen, ausreichend detailliert, um es dem Kunden zu ermöglichen, in Bezug auf die Wertpapier- oder Nebendienstleistung, in deren Zusammenhang die Interessenkonflikte entstehen, eine fundierte Entscheidung zu treffen.

(5) [1] Die Wertpapierfirmen beurteilen und prüfen die Grundsätze für den Umgang mit Interessenkonflikten, die gemäß Artikel 1 bis 4 festgelegt wurden, regelmäßig, mindestens aber einmal jährlich, und ergreifen sämtliche erforderlichen Maßnahmen zur Beseitigung etwaiger Mängel. [2] Übermäßige Abhängigkeit von der Offenlegung von Interessenkonflikten wird in den Grundsätzen der Firma für den Umgang mit Interessenkonflikten als Mangel angesehen.

Artikel 35 DelVO (EU) 2017/565 Aufzeichnung von Dienstleistungen oder Tätigkeiten, die einen nachteiligen Interessenkonflikt auslösen (Artikel 16 Absatz 6 der Richtlinie 2014/65/EU)

[1] Die Wertpapierfirmen müssen die von oder im Namen der Wertpapierfirma erbrachten Arten von Wertpapier- oder Nebendienstleistungen bzw. Anlagetätigkeiten, bei denen ein den Interessen eines oder mehrerer Kunden in erheblichem Maße abträglicher Interessenkonflikt aufgetreten ist bzw. bei noch laufenden Dienstleistungen oder Tätigkeiten auftreten könnte, aufzeichnen und regelmäßig aktualisieren. [2] Die Geschäftsleitung erhält regelmäßig, mindestens aber einmal jährlich, schriftliche Berichte über die in diesem Artikel erläuterten Situationen.

Artikel 36 DelVO (EU) 2017/565 Finanzanalysen und Marketingmitteilungen (Artikel 24 Absatz 3 der Richtlinie 2014/65/EU)

(1) Für die Zwecke des Artikels 37 sind Finanzanalysen Analysen oder andere Informationen, in denen für ein oder mehrere Finanzinstrumente oder die Emittenten von Finanzinstrumenten explizit oder implizit eine Anlagestrategie empfohlen oder vorgeschlagen wird, einschließlich aller für Informationsverbreitungskanäle oder die Öffentlichkeit bestimmte Stellungnahmen zum aktuellen oder künftigen Wert oder Kurs dieser Instrumente, sofern folgende Bedingungen erfüllt sind:

a) Die Analysen oder Informationen werden als Finanzanalysen oder Ähnliches betitelt oder beschrieben oder aber als objektive oder unabhängige Erläuterung der in der Empfehlung enthaltenen Punkte dargestellt;

b) würde die betreffende Empfehlung von einer Wertpapierfirma an einen Kunden ausgegeben, würde sie keine Anlageberatung im Sinne der Richtlinie 2014/65/EU darstellen.

(2) [1] Eine unter Nummer 35 des Artikels 3 Absatz 1 der Verordnung (EU) Nr. 596/2014 fallende Empfehlung, die die in Absatz 1 genannten Bedingungen nicht erfüllt, wird für die Zwecke der Richtlinie 2014/65/EU als Marketingmitteilung behandelt, und die Wertpapierfirmen, die eine solche Empfehlung erstellen oder verbreiten, haben dafür zu sorgen, dass sie eindeutig als solche gekennzeichnet wird. [2] Darüber hinaus haben die Wertpapierfirmen sicherzustellen, dass jede derartige Empfehlung (d. h. auch jede mündliche Empfehlung) einen klaren und deutlichen Hinweis darauf enthält, dass sie nicht in Einklang mit Rechtsvorschriften zur Förderung der Unabhängigkeit von Finanzanalysen erstellt wurde und auch keinem Verbot des Handels im Anschluss an die Verbreitung von Finanzanalysen unterliegt.

Artikel 37 DelVO (EU) 2017/565 Zusätzliche organisatorische Anforderungen bezüglich Finanzanalysen oder Marketingmitteilungen (Artikel 16 Absatz 3 der Richtlinie 2014/65/EU)

[nicht abgedruckt]

Artikel 38 DelVO (EU) 2017/565 Zusätzliche allgemeine Anforderungen bezüglich Emissionsübernahme oder Platzierung (Artikel 16 Absatz 3 und Artikel 23 und 24 der Richtlinie 2014/65/EU)

(1) Wertpapierfirmen, die Finanzwirtschaftsberatung im Sinne von Anhang I Abschnitt B Nummer 3 oder Emissions- oder Platzierungsdienstleistungen im Zusammenhang mit Finanzinstrumenten bieten, treffen vor der Entscheidung, ein Angebot anzunehmen, Vorkehrungen zur Unterrichtung des Emittenten über:

a) die verschiedenen, bei der Wertpapierfirma verfügbaren Finanzierungsalternativen, mit Angabe der Geschäftskosten, die mit jeder Alternative verbunden sind;

b) den Zeitpunkt und das Verfahren bezüglich der Finanzwirtschaftsberatung über die Preisgestaltung des Angebots;

c) den Zeitpunkt und das Verfahren bezüglich der Finanzwirtschaftsberatung über die Platzierung des Angebots;

d) Einzelheiten über die Zielgruppe der Anleger, denen die Firma die Finanzinstrumente anbieten möchte;

e) die Berufsbezeichnungen und Abteilungen der relevanten Personen, die an der Erbringung der Finanzwirtschaftsberatung über den Preis und die Zuteilung von Finanzinstrumenten beteiligt sind; und

f) die Vorkehrungen der Wertpapierfirma zur Verhinderung oder Bewältigung von Interessenkonflikten, die entstehen können, wenn die Wertpapierfirma die relevanten Finanzinstrumente bei ihren Wertpapierkunden oder in ihrem Eigenhandelsbuch platziert.

(2) [1]Wertpapierfirmen müssen über ein zentralisiertes Verfahren verfügen, um jegliche Emissionsübernahme- und Platzierungstätigkeiten zu identifizieren und Platzierung und derlei Informationen aufzuzeichnen, einschließlich des Datums, an dem die Wertpapierfirma über potenzielle Emissionsübernahme- und Platzierungsaktivitäten informiert wurde. [2]Wertpapierfirmen müssen alle potenziellen Interessenkonflikte identifizieren, die durch andere Aktivitäten der Firma oder der Gruppe entstehen, und entsprechende Bewältigungsverfahren implementieren. In Fällen, in denen eine Wertpapierfirma einen Interessenkonflikt durch die Umsetzung geeigneter Verfahren nicht bewältigen kann, darf sich die Wertpapierfirma an der Tätigkeit nicht beteiligen.

(3) Wertpapierfirmen, die ausführende und analytische Dienstleistungen erbringen und Emissionsübernahme- und Platzierungsaktivitäten durchführen, stellen sicher, dass sie über ausreichende Kontrollen zur Bewältigung von potenziellen Interessenkonflikten zwischen diesen Aktivitäten und zwischen ihrer verschiedenen Kunden, die diese Dienstleistungen erhalten, verfügen.

Artikel 39 DelVO (EU) 2017/565 Zusätzliche Anforderungen bezüglich Preisgestaltung der Angebote im Hinblick auf Emission von Finanzinstrumenten (Artikel 16 Absatz 3 und Artikel 23 und 24 der Richtlinie 2014/65/EU)

(1) Wertpapierfirmen müssen über Systeme, Kontrollen und Verfahren zur Identifizierung und Verhinderung oder Bewältigung von Interessenkonflikten verfügen, die im Zusammenhang mit dem möglichen Ansetzen eines zu niedrigen oder zu hohen Preises einer Emission, oder durch Beteiligung der relevanten Parteien hierbei, entstehen. Insbesondere müssen Wertpapierfirmen als Mindestanforderung interne Vorkehrungen treffen und auf Dauer umsetzen, um Folgendes zu gewährleisten:

a) dass die Preisgestaltung des Angebots nicht die Interessen anderer Kunden oder die firmeneigenen Interessen in einer Weise fördert, die mit den Interessen des Emittenten im Widerspruch stehen könnte; und

b) das Verhindern oder die Bewältigung einer Situation, in der Personen, die für das Erbringen von Dienstleistungen für die Wertpapierkunden der Firma verantwortlich sind, an Entscheidungen bezüglich Finanzwirtschaftsberatung über die Preisgestaltung für den Emittenten unmittelbar beteiligt sind.

(2) [1]Wertpapierfirmen müssen Kunden darüber informieren, wie die Empfehlung bezüglich des Angebotspreises und der damit verbundenen Zeitpunkte bestimmt wurde. [2]Insbesondere muss die Wertpapierfirma den Emittenten über jegliche Absicherungs- und Stabilisierungsstrategien, die sie gedenkt in Bezug auf das Angebot durchzuführen, informieren und mit ihnen besprechen, einschließlich inwiefern sich diese Strategien auf die Interessen des Emittenten auswirken könnten. [3]Ferner müssen Wertpapierfirmen während des Angebotsprozesses alle angemessenen Maßnahmen ergreifen, um den Emittenten über Entwicklungen bezüglich der Preisgestaltung der Emission auf dem Laufenden zu halten.

Artikel 40 DelVO (EU) 2017/565 Zusätzliche Anforderungen bezüglich Platzierung (Artikel 16 Absatz 3 und Artikel 23 und 24 der Richtlinie 2014/65/EU)

(1) Wertpapierfirmen, die Finanzinstrumente platzieren, müssen wirksame Vorkehrungen treffen und auf Dauer umsetzen, um zu verhindern, dass Platzierungsempfehlungen unsachgemäß von bestehenden oder künftigen Beziehungen beeinflusst werden.

(2) Wertpapierfirmen müssen wirksame interne Vorkehrungen treffen und auf Dauer umsetzen, um Interessenkonflikte zu verhindern oder zu bewältigen, die entstehen, wenn Personen, die für das Erbringen von Dienstleistungen für die Wertpapierkunden der Firma verantwortlich sind, an Entscheidungen bezüglich Mittelzuweisungsempfehlungen für den Emittenten unmittelbar beteiligt sind.

(3) Wertpapierfirmen nehmen von Dritten keine Zahlungen oder sonstigen Vorteile an, es sei denn, solche Zahlungen oder Vorteile stehen im Einklang mit den Anforderungen von Artikel 24 der Richtlinie 2014/65/EU. Insbesondere folgende Methoden gelten als nicht konform mit diesen Anforderungen und sind daher als inakzeptabel zu betrachten:

a) eine Mittelzuweisung, die gemacht wurde, um einen Anreiz für die Zahlung von unverhältnismäßig hohen Gebühren für nicht im Zusammenhang stehende, von der Wertpapierfirma erbrachte Dienstleistungen („Laddering") zu schaffen, wie beispielsweise vom Wertpapierkunden bezahlte unverhältnismäßig hohe Gebühren oder Provisionen, oder eine unverhältnismäßig hohe Anzahl an Geschäften auf normaler Provisionsebene, die vom Wertpapierkunden als Ausgleich für den Erhalt einer Zuteilung der Emission zur Verfügung gestellt wird;

b) eine Mittelzuweisung, die einem leitenden Angestellten oder einem Vorstandsmitglied eines bestehenden oder potenziellen Emittenten als Gegenleistung für die künftige oder vergangene Vergabe von Finanzwirtschaftsgeschäften zugeteilt wurde („Spinning");

c) eine Mittelzuweisung, die ausdrücklich oder implizit vom Erhalt künftiger Aufträge oder vom Kauf anderweitiger Dienstleistungen der Wertpapierfirma durch einen Wertpapierkunden, oder jedes Unternehmen, in welchem der Anleger ein Vorstandsmitglied ist, abhängig ist.

(4) [1] Wertpapierfirmen müssen Grundsätze für den Umgang mit Mittelzuweisungen, die das Verfahren zur Entwicklung von Mittelzuweisungsempfehlungen darlegen, festlegen und auf Dauer umsetzen. [2] Die Grundsätze für den Umgang mit Mittelzuweisungen müssen dem Emittenten vor seiner Zustimmung, jegliche Platzierungsdienstleistungen in Anspruch zu nehmen, zur Verfügung gestellt werden. [3] Die Grundsätze müssen wichtige, zu diesem Zeitpunkt verfügbare Informationen über die vorgeschlagene Mittelzuweisungsmethodik für die Emission darlegen.

(5) [1] Wertpapierfirmen müssen den Emittenten an Diskussionen über das Platzierungsverfahren teilhaben lassen, damit die Firma in der Lage ist, die Interessen und Ziele des Kunden nachvollziehen und berücksichtigen zu können. [2] Die Wertpapierfirma muss für ihre vorgeschlagene Mittelzuweisung je nach Art des Kunden für das Geschäft gemäß den Grundsätzen für den Umgang mit Mittelzuweisungen die Zustimmung des Emittenten einholen.

Artikel 41 DelVO (EU) 2017/565 Zusätzliche Anforderungen bezüglich Beratung, Vertrieb und Eigenplatzierung (Artikel 16 Absatz 3 und Artikel 23 und 24 der Richtlinie 2014/65/EU)

(1) [1] Wertpapierfirmen müssen über Systeme, Kontrollen und Verfahren zur Identifizierung und Bewältigung von Interessenkonflikten verfügen, die bei der Erbringung von Wertpapierdienstleistungen für einen Wertpapierkunden zur Teilhabe bei einer neuen Emission entstehen, wenn die Wertpapierfirma Provisionen, Gebühren oder jegliche finanziellen oder nichtfinanziellen Vorteile in Bezug auf das Einrichten der Emission erhält. [2] Jegliche Provisionen, Gebühren oder jegliche finanzielle oder nichtfinanzielle Vorteile müssen den Anforderungen in Artikel 24 Absätze 7, 8 und 9 der Richtlinie 2014/65/EU entsprechen und in den Grundsätzen der Wertpapierfirma für den Umgang mit Interessenkonflikten dokumentiert werden und sich in den Vorkehrungen der Firma in Bezug auf Anreize widerspiegeln.

(2) [1] Wertpapierfirmen, die sich mit der Platzierung von Finanzinstrumenten befassen, welche von ihnen selbst oder von Unternehmen derselben Gruppe an ihre eigenen Kunden begeben wurden, einschließlich ihrer bestehenden Einleger im Falle von Kreditinstituten, oder Wertpapierfonds, die von Unternehmen ihrer Gruppe verwaltet werden, müssen wirksame Vorkehrungen zur Identifizierung, Verhinderung oder Bewältigung von potenziellen Interessenkonflikten, die im Zusammenhang mit dieser Art von Tätigkeit entstehen, treffen und auf Dauer umsetzen. [2] Solche Vorkehrungen müssen Überlegungen beinhalten, die Tätigkeit zu unterlassen, wenn Interessenkonflikte nicht angemessen bewältigt werden können, um somit schädigende Auswirkungen auf die Kunden zu vermeiden.

(3) Falls eine Offenlegung von Interessenkonflikten erforderlich ist, müssen Wertpapierfirmen den Anforderungen in Artikel 34 Absatz 4 Folge leisten, einschließlich einer Erklärung zur Art und Ursache der mit dieser Art von Tätigkeit verbundenen Interessenkonflikte, und Einzelheiten über die spezifischen, mit solchen Praktiken verbundenen Risiken zur Verfügung stellen, damit Kunden eine fundierte Anlageentscheidung treffen können.

(4) Wertpapierfirmen, die ihren Kunden von ihnen selbst oder von anderen Unternehmen der Gruppe begebene Finanzinstrumente anbieten, die bei der Berechnung der Aufsichtsanforderungen gemäß der Verordnung (EU) Nr. 575/2013 des Europäischen Parlaments und des Rates, der Richtlinie 2013/36/EU des Europäischen Parlaments und des Rates oder der Richtlinie 2014/59/EU des Europäischen Parlaments und des Rates berücksichtigt werden, stellen diesen Kunden zusätzliche Informationen zur Erläuterung der Unterschiede zur Verfügung, die das Finanzinstrument im Hinblick auf Ertrag, Risiko, Liquidität und das Schutzniveau gemäß der Richtlinie 2014/49/EU des Europäischen Parlaments und des Rates im Vergleich zu Bankeinlagen aufweist.

Artikel 42 DelVO (EU) 2017/565 Zusätzliche Anforderungen bezüglich Darlehen oder Kreditvergabe im Zusammenhang mit Emissionsübernahme und Platzierung (Artikel 16 Absatz 3 und Artikel 23 und 24 der Richtlinie 2014/65/EU)

(1) Falls ein vorheriges Darlehen oder ein Kredit für den Emittenten durch eine Wertpapierfirma, oder ein Unternehmen innerhalb derselben Gruppe, mit dem Erlös einer Emission zurückgezahlt werden soll, dann muss die Wertpapierfirma über Vorkehrungen zur Identifizierung und Verhinderung oder Bewältigung jeglicher Interessenkonflikte, die infolgedessen auftreten können, verfügen.

(2) Falls sich die getroffenen Vorkehrungen zur Verwaltung von Interessenkonflikten als unzureichend erweisen und nicht gewährleistet werden kann, dass der Emittent vor Schäden geschützt ist, müssen Wertpapierfirmen den Emittenten über die spezifischen Interessenkonflikte, die im Zusammenhang mit ihren Aktivitäten, oder derer von Gruppenunternehmen, in einer Funktion als Kreditanbieter unterrichten, wie auch über ihre Aktivitäten im Zusammenhang mit den Wertpapierangeboten.

(3) Die Grundsätze einer Wertpapierfirma für den Umgang mit Interessenkonflikten müssen den Austausch von Informationen mit Gruppenunternehmen, die als Kreditanbieter fungieren, erfordern, soweit dies nicht gegen Informationsbarrieren, die von der Firma zum Schutz der Interessen eines Kunden eingerichtet wurden, verstoßen würde.

Artikel 43 DelVO (EU) 2017/565 Aufzeichnungen bezüglich Emissionsübernahme oder Platzierung (Artikel 16 Absatz 3 und Artikel 23 und 24 der Richtlinie 2014/65/EU)

[1] Wertpapierfirmen zeichnen Inhalt und Zeitpunkt der von Kunden erhaltenen Anweisungen auf. [2] Für jede Tätigkeit müssen die getroffenen Entscheidungen bezüglich Mittelzuweisung aufgezeichnet werden, um für einen vollständigen Prüfungsweg zwischen den in Kundenkonten registrierten Bewegungen und den von der Wertpapierfirma erhaltenen Anweisungen zu sorgen. [3] Insbesondere muss die zuletzt erfolgte Mittelzuweisung für jeden Wertpapierkunden deutlich zu begründen und aufzuzeichnen. [4] Der vollständige Prüfungsweg der wesentlichen Schritte im Emissionsübernahme- und Platzierungsverfahren muss den zuständigen Behörden auf Anfrage zur Verfügung gestellt werden.

Übersicht

I. Überblick

Die Organisationspflichten für WpDU finden sich in §§ 80, 81. Die Vorgängerregelung in § 33 aF **1** diente zunächst der Umsetzung von Art. 10 f. Wertpapierdienstleistungsrichtlinie von 1993 und wurde mit dem FRUG vom 16.7.2007 zur Umsetzung von Art. 13 MiFID erweitert. Mit dem 2. FiMaNoG wurden die Organisationspflichten des § 33 aF in § 80 überführt und erweitert sowie um Geschäftsleiterpflichten in § 81 ergänzt. Die Organisationspflichten werden durch Art. 21–32 Delegierte VO (EU) 2017/565 konkretisiert. Die Organisationspflichten sollen die Einhaltung der Verhaltenspflichten im Bank-Kunden-Verhältnis absichern.[1]

II. Allgemeine organisatorische Anforderungen (Art. 21 Delegierte VO (EU) 2017/565, § 80 Abs. 1)

§ 80 Abs. 1 verweist für die organisatorischen Pflichten zunächst deklaratorisch auf die ohnehin **2** geltenden bankaufsichtsrechtlichen Pflichten der Kredit- und Finanzdienstleistungsinstitute gem. **§ 25a KWG**.[2] Durch den Verweis sollen doppelte Anforderungen an die Geschäftsorganisation vermieden werden.[3] Allerdings folgen die einschlägigen Regelungen seit dem 2. FiMaNoG vorrangig aus Art. 21 Delegierte VO (EU) 2017/565 in Konkretisierung des Art. 16 Abs. 2–10 MiFID II, wodurch es zu Überschneidungen mit § 25a KWG kommt. Im Konfliktfall sind die Maßgaben des Art. 21 Delegierte VO (EU) 2017/565 als übergeordnetes europäisches Recht vorrangig. Art. 21 Abs. 1 Delegierte VO (EU) 2017/565 stimmt im Wesentlichen mit den bankaufsichtsrechtlichen Pflichten aus § 25a KWG überein und enthält Vorgaben zur Dokumentation und Aufzeichnung (lit. a, f); zu den erforderlichen Fähigkeiten und Kenntnissen der Mitarbeiter (lit. b, d, g); internen Kontrollmechanismen (lit. c) und der internen Berichterstattung (lit. d).

Art. 21 Abs. 2 Delegierte VO (EU) 2017/565 verpflichtet zur Einrichtung eines Informations- **3** managements, dh von Systemen und Verfahren, „die die Sicherheit, die Integrität und die Vertraulichkeit der Informationen gewährleisten" (s. auch § 80 Abs. 1 S. 2 Nr. 4). Da die Anforderungen an das Informationsmanagement weder im europäischen noch im nationalen Recht näher ausbuchstabiert sind, liegt es in den Händen der BaFin, die Anforderungen zu konkretisieren.[4] Maßgeblich ist insoweit die **MaComp** der BaFin. Art. 21 Abs. 3 Delegierte VO (EU) 2017/565 (s. auch § 80 Abs. 1 S. 2 Nr. 1) beinhaltet die Pflicht zur **Notfallplanung,** sodass bei einer Systemstörung wesentliche Daten und Funktionen erhalten bleiben bzw. zurückgewonnen werden und Wertpapierdienstleistungen sowie Anlagetätigkeiten fortgeführt bzw. wiederaufgenommen werden können.

Art. 21 Abs. 4 Delegierte VO (EU) 2017/565 verpflichtet WpDU zur Einrichtung geeigneter **4** Rechnungslegungsgrundsätze und Verfahren, „die es ihnen ermöglichen, der zuständigen Behörde auf Verlangen rechtzeitig Abschlüsse vorzulegen, die ein den tatsächlichen Verhältnissen entsprechendes Bild ihrer Vermögens- und Finanzlage vermitteln" (s. auch § 25a Abs. 1 S. 3 Nr. 4 KWG). Außerdem sind die nach Art. 21 Abs. 1–4 Delegierte VO (EU) 2017/565 erforderlichen Maßnahmen regelmäßig zu überprüfen und zu bewerten.

---

[1] Staub/*Binder* Bd. 11/2 7. Teil Rn. 36.

[2] Zu den bankaufsichtsrechtlichen Pflichten nach § 25a KWG gehören ua die Festlegung von Strategien, insbes. von auf Nachhaltigkeit gerichteten Geschäfts- und Risikostrategien, die Einrichtung interner Kontrollverfahren, eine angemessene personelle und technisch-organisatorische Ausstattung des Instituts, die Festlegung eines angemessenen Notfallkonzepts, insbesondere für IT-Systeme, sowie angemessene, transparente und auf eine nachhaltige Entwicklung des Instituts ausgerichtete Vergütungssysteme für Geschäftsleiter und Mitarbeiter.

[3] Begr. RegE FRUG BT-Drs. 16/4028, 70.

[4] Staub/*Binder* Bd. 11/2 7. Teil Rn. 48.

III. Compliance-Funktion
(Art. 22 Delegierte VO (EU) 2017/565, § 80 Abs. 1 S. 3)

5   Neben der bankaufsichtsrechtlichen Compliance-Pflicht gem. § 25a Abs. 1 S. 3 Nr. 3 lit. c KWG müssen WpDU auch die kapitalmarktrechtliche Compliance-Pflicht gem. Art. 22 Delegierte VO (EU) 2017/565 beachten (MaComp AT 7),[5] die sich auf die Einhaltung der in der MiFID II niedergelegten kapitalmarktrechtlichen Wohlverhaltenspflichten, namentlich §§ 63 ff. WpHG, beziehen.[6] WpDU müssen geeignete Verfahren vorhalten, um Pflichtverletzungen präventiv zu vermeiden, Verstöße aufzudecken und künftig auf ein Mindestmaß zu beschränken (Art. 22 Abs. 1 Delegierte VO (EU) 2017/565). Dies ist institutionell-organisatorisch durch eine Compliance-Funktion, nicht notwendigerweise durch eine eigene Abteilung abzusichern.[7] Die konkreten Anforderungen bestimmen sich gem. Art. 22 Abs. 1 S. 2, Abs. 4 Delegierte VO (EU) 2017/565 nach Art, Umfang und Komplexität der Geschäfte des WpDU im Einzelfall. Hierfür ist gem. Art. 22 Abs. 2 Delegierte VO (EU) 2017/565 eine permanente und wirksame, unabhängig arbeitende Compliance-Funktion einzurichten, aufrechtzuerhalten und mit der Überwachung, Beobachtung und Bewertung der Geschäftsprozesse, Festlegung von Maßnahmen zur Abhilfe von festgestellten Verstößen, der **Compliance-Berichterstattung** und der Beratung sowie Unterstützung zu betrauen. Gem. Art. 22 Abs. 3 lit. b Delegierte VO (EU) 2017/565 hat das Leitungsorgan insbesondere einen **Compliance-Beauftragten** zu bestellen, der für die Compliance-Funktion sowie für die Compliance-Berichterstattung verantwortlich ist.

IV. Beschwerdemanagement
(Art. 26 Delegierte VO (EU) 2017/565, § 80 Abs. 1 S. 3)

6   Einzurichten ist außerdem ein wirksames und transparentes **Beschwerdemanagementsystem** (Art. 26 Delegierte VO (EU) 2017/565, § 80 Abs. 1 S. 3), um die Beschwerden von Kunden oder potenziellen Kunden unverzüglich abzuwickeln. WpDU haben Aufzeichnungen über die eingegangenen Beschwerden zu führen und Maßnahmen zu deren Lösung zu ergreifen. Die Grundsätze für das Beschwerdemanagement müssen eindeutige, genaue und aktuelle Informationen über das Verfahren zur Abwicklung von Beschwerden enthalten. Diese Grundsätze müssen von dem Leitungsorgan des WpDU bestätigt werden.

V. Vermeidung von Interessenkonflikten
(Art. 33–43 Delegierte VO (EU) 2017/565, § 80 Abs. 1 S. 2 Nr. 2)

7   Weiter sind von den Unternehmen Vorkehrungen zu treffen, um **Interessenkonflikte** bei der Erbringung von Wertpapierdienstleistungen zu erkennen und zu vermeiden (§ 80 Abs. 1 S. 2 Nr. 2). Dies wird konkretisiert durch Art. 33–43 Delegierte VO (EU) 2017/565, die mit unmittelbarer Wirkung an die Stelle der bisherigen nationalen Regelung in § 13 WpDVerOV aF treten. Die organisatorische Pflicht zur Vermeidung von Interessenkonflikten geht der Offenlegungspflicht gem. § 63 Abs. 2 (→ §§ 63, 64 Rn. 4) vor. Vorrangig sind Interessenkonflikte durch organisatorische Vorkehrungen zu vermeiden und erst, wenn dies nicht möglich ist, greift die Offenlegungspflicht als *ultima ratio* (s. Art. 34 Abs. 4 Delegierte VO (EU) 2017/565).[8] Art. 33 Delegierte VO (EU) 2017/565 identifiziert die Situationen, in denen Interessenkonflikte auftreten können. Dazu gehören Konflikte zwischen den Interessen des Kunden und den eigenen Interessen des WpDU an der Erzielung von Vorteilen aus den betreffenden Geschäften zu Lasten des Kunden (Art. 33 Abs. 1 lit. a, b Delegierte VO (EU) 2017/565), wie beispielsweise beim **Churning,** also dem wiederholten Tätigen von entgeltlichen Geschäften im Auftrag des Kunden zur Erzielung von Erlösen.[9] Ähnliche Interessenkonflikte können auftreten, wenn das WpDU gleichen Geschäften wie der Kunde nachgeht (Art. 33 Abs. 1 lit. d Delegierte VO (EU) 2017/565), insbesondere dem sog. **Frontrunning.**[10] Genannt werden auch der Erhalt von (finanziellen) Vorteilen von dritter Seite (Art. 33 Abs. 1 lit. e Delegierte VO (EU) 2017/565) sowie das Aufeinandertreffen verschiedener Kundeninteressen (Art. 33 Abs. 1 lit. c Delegierte VO (EU) 2017/565).

8   Gem. Art. 34 Abs. 1 Delegierte VO (EU) 2017/565 müssen die WpDU angemessene Grundsätze zur Vermeidung der genannten Interessenkonflikte festlegen. Der angemessene Umfang richtet sich nach der Größe und Organisation des jeweiligen WpDU sowie der Art, des Umfangs und der Komplexität seiner Geschäfte. In den Grundsätzen für den Umgang mit Interessenkonflikten wird festgelegt, unter welchen Umständen ein relevanter Interessenkonflikt vorliegt oder entstehen könnte

---

[5] Zu den systematischen Problemen Staub/*Binder* Bd. 11/2 7. Teil Rn. 50.
[6] Staub/*Binder* Bd. 11/2 7. Teil Rn. 52.
[7] Staub/*Binder* Bd. 11/2 7. Teil Rn. 54.
[8] Staub/*Binder* Bd. 11/2 7. Teil Rn. 59.
[9] Staub/*Binder* Bd. 11/2 7. Teil Rn. 60.
[10] Staub/*Binder* Bd. 11/2 7. Teil Rn. 60.

und welche Verfahren einzuleiten und welche Maßnahmen zu treffen sind, um diese Konflikte zu verhindern oder zu bewältigen. Zu den notwendigen Maßnahmen gehören nach Art. 34 Abs. 3 UAbs. 2 lit. a Delegierte VO (EU) 2017/565, § 80 Abs. 1 Nr. 4 vor allem solide Sicherheitsmechanismen, um u. a. die Vertraulichkeit von Informationen innerhalb des Unternehmens zu gewährleisten und insbesondere den Informationsaustausch zwischen relevanten Personen zu verhindern, deren Tätigkeiten einen Interessenkonflikt nach sich ziehen könnten (sog. **Chinese Walls**). Durch räumliche und personelle sowie datentechnische Trennung sollen vor allem unerwünschter Informationsfluss zwischen verschiedenen Abteilungen innerhalb des Unternehmens verhindert, potentielle Interessenkonflikte minimiert, aber auch den Gefahren von Insiderhandel oder Marktmanipulationen durch Mitarbeiter vorgebeugt werden.[11] Zu separieren sind insbesondere die Abteilungen für den Eigenhandel, die Ausführung von Kundenaufträgen, die Emissions- und Analyseabteilungen, nicht hingegen die gem. § 76 Abs. 1 AktG gesamtverantwortliche Geschäftsleitung.[12] Zu den erforderlichen Maßnahmen gehören auch die dauerhafte Überwachung von bestimmten Mitarbeitern (Art. 34 Abs. 3 UAbs. 2 lit. b Delegierte VO (EU) 2017/565), die Ausgestaltung der Vergütungsmodelle (Art. 34 Abs. 3 UAbs. 2 lit. c Delegierte VO (EU) 2017/565), die Vermeidung ungebührlicher Einflussnahme auf Mitarbeiter (Art. 34 Abs. 3 UAbs. 2 lit. d Delegierte VO (EU) 2017/565) sowie die Vermeidung der Einbeziehung von relevanten Mitarbeitern in verschiedene Dienstleistungen oder Anlagetätigkeiten (Art. 34 Abs. 3 UAbs. 2 lit. e Delegierte VO (EU) 2017/565). § 80 Abs. 1 S. 2 Nr. 3 verlangt explizit, dass iRv § 80 Abs. 1 S. 2 Nr. 2 die **Vertriebsvorgaben,** dh. die Grundsätze oder Ziele, die den Umsatz, das Volumen oder den Ertrag der im Rahmen der Anlageberatung empfohlenen Geschäfte unmittelbar oder mittelbar betreffen, so auszugestalten, umzusetzen und zu überwachen sind, dass Kundeninteressen nicht beeinträchtigt werden. Art. 38–43 Delegierte VO (EU) 2017/565 spezifizieren die Organisationspflichten zur Vermeidung von Interessenkonflikten für die Erbringung von **Emissions- und Platzierungsgeschäften.**

VI. Persönliche Geschäfte relevanter Personen (Art. 28 f. Delegierte VO (EU) 2017/565)

Die in § 33b aF enthaltene Pflicht, bestimmte Mitarbeitergeschäfte, insbesondere bei Interessenkon- 9
flikten oder aufgrund von Insiderinformationen, zu verhindern, wurde mit dem 2. FiMaNoG gestrichen. Vorschriften zu den persönlichen Geschäften von sog. relevanten Personen finden sich nunmehr in Art. 28 f. Delegierte VO (EU) 2017/565. Das WpDU soll gem. Art. 29 Abs. 1 Delegierte VO (EU) 2017/565 angemessene Vorkehrungen treffen und einhalten, um relevante Personen daran zu hindern, persönliche Geschäfte insbesondere unter Verstoß gegen Art. 14 MAR oder gegen die §§ 63 ff. zu schließen.[13]

Der Begriff der **relevanten Person** ist in Art. 2 Nr. 1 Delegierte VO (EU) 2017/565 definiert. 10
Neben den persönlich haftenden Gesellschaftern und den Mitgliedern der Geschäftsleitung des Unternehmens oder vertraglich verbundener Vermittler sind relevante Personen demnach vor allem auch Angestellte sowie jede andere natürliche Person, deren Dienste dem Unternehmen oder einem vertraglich gebundenen Vermittler zur Verfügung gestellt und von dieser/diesem kontrolliert werden und die an den erbrachten Wertpapierdienstleistungen und Anlagetätigkeiten beteiligt ist. Relevante Personen sind auch natürliche Personen, die im Rahmen einer Auslagerungsvereinbarung unmittelbar an der Erbringung von Dienstleistungen beteiligt ist.

Relevante Personen sind also beispielsweise Arbeitnehmer, freie Mitarbeiter, Leiharbeitnehmer, 11
Zeitarbeitskräfte und Praktikanten sowie andere in einem Ausbildungsverhältnis stehende Personen, die bei der Erbringung von Wertpapierdienstleistungen für das WpDU neben dem Organmitgliedern und persönlich haftenden Gesellschaftern tätig werden gem. § 2 Abs. 8 oder sonst[14] durch begleitendes oder kontrollierendes Handeln unterstützen, insbesondere Mitarbeiter der Research-, der Compliance- oder der IT-Abteilung.[15]

Art. 28 Delegierte VO (EU) 2017/565 definiert, wann ein **persönliches Geschäft** vorliegt. 12
Hierunter sind Geschäfte über Finanzinstrumente iSv § 2 Abs. 4 zu verstehen, die eine relevante

---

[11] *Buck-Heeb* FS Hopt, 2010, 1647 ff.; *Faust* in Schimansky/Bunte/Lwowski BankR-HdB § 109 Rn. 135 a ff.; Schwark/Zimmer/*Fett* § 80 Rn. 88 ff.; Fuchs/*Fuchs* § 33 Rn. 107 ff.; *Göres* in Schäfer/Hamann § 33 Rn. 200 ff.; *Hopt* FS Heinsius, 1991, 289 (319); Assmann/Schneider/Mülbert/*Koller* § 80 Rn. 35 ff.; Kölner Komm WpHG/ *Meyer/Paetzel/Will* § 33 Rn. 174; *Rothenhöfer* in Kümpel/Wittig BankR/KapMarktR Rn. 3.335 ff.; *Seiler/Geier* in Schimansky/Bunte/Lwowski BankR-HdB § 104 Rn. 122 f.; *Lösler,* Compliance im Wertpapierdienstleistungskonzern, 2003, 79 ff.; s. auch MaComp, Module AT Nr. 3a und 6.2.

[12] Vgl. Erwägungsgrund 47 Delegierte VO (EU) 2017/593. Assmann/Schneider/Mülbert/*Koller* § 80 Rn. 36; Fuchs/*Fuchs* § 33 Rn. 108; Kölner Komm WpHG/*Meyer/Paetzel/Will* § 33 Rn. 174; Preuße/Zingel/*Röh* WpDVerOV § 13 Rn. 50; *Göres* in Schäfer/Hamann § 33 Rn. 205; *Faust* in Schimansky/Bunte/Lwowski BankR-HdB § 109 Rn. 147; Schwark/Zimmer/*Fett* § 80 Rn. 92.

[13] Kölner Komm WpHG/*Meyer/Paetzel* § 33b Rn. 3.

[14] Schwark/Zimmer/*Fett* § 80 Rn. 122.

[15] Schwark/Zimmer/*Fett* § 80 Rn. 122. Noch zu § 33b aF Kölner Komm WpHG/*Meyer/Paetzel* § 33b Rn. 28.

Person entweder außerhalb des ihm zugewiesenen Aufgabenbereichs für fremde oder für eigene Rechnung (lit. a) oder im Rahmen des ihm zugewiesenen Aufgabenbereichs für eigene Rechnung oder für Rechnung von nahestehenden Personen tätigt. Nahestehende Personen sind Personen, zu denen die relevante Person eine familiäre Bindung oder enge Verbindungen hat, oder bei denen sie ein direktes oder indirektes wesentliches Interesse am Ausgang des Geschäfts hat (lit. b). Das Interesse an einer Gebühr oder Provision für die Abwicklung des Geschäfts genügt hierfür allerdings nicht.

13   Das WpDU ist gem. Art. 29 Abs. 1 Delegierte VO (EU) 2017/565 verpflichtet, angemessene organisatorische Vorkehrungen zu treffen, um zu verhindern, dass relevante Personen, deren Tätigkeiten Anlass zu einem Interessenkonflikt geben könnten oder die aufgrund von Tätigkeiten, die sie im Namen der Firma ausüben, Zugang zu Insider-Informationen iSv Art. 7 MAR oder zu anderen vertraulichen Informationen über Kunden oder über Geschäfte haben, die mit oder für Kunden getätigt werden, persönliche Geschäfte iSv Art. 28 Delegierte VO (EU) 2017/565 tätigen, die gegen die §§ 63 ff. oder das Insiderhandelsverbot nach Art. 14 MAR verstoßen könnten oder mit dem Missbrauch von vertraulichen Daten verbunden sind (Art. 29 Abs. 2 Delegierte VO (EU) 2017/565). Die organisatorischen Maßnahmen müssen darüber hinaus bezwecken zu verhindern, dass relevante Personen außerhalb ihres Aufgabenbereichs anderen derartige Geschäfte empfehlen (Art. 29 Abs. 3 Delegierte VO (EU) 2017/565). Auch müssen die Maßnahmen geeignet sein zu verhindern, dass relevante Personen Dritten außerhalb ihres Aufgabenbereichs Meinungen oder Informationen weitergeben und sie dadurch zu oben genannten Geschäften veranlassen können (Art. 29 Abs. 4 Delegierte VO (EU) 2017/565). Zu beachten ist auch Art. 29 Abs. 6 Delegierte VO (EU) 2017/565, der bestimmte Fälle vom Anwendungsbereich des Art. 29 Delegierte VO (EU) 2017/565 ausnimmt, bei denen keine Gefahr eines Interessenkonflikts besteht, weil sie dem persönlichen Einfluss der relevanten Person entzogen sind.[16]

VII. Ergänzende Organisationspflichten bei bestimmten Geschäftsaktivitäten

14   WpDU, die **algorithmischen Handel** betreiben, müssen zusätzlich die in § 80 Abs. 2–5 genannten Bestimmungen beachten. § 80 Abs. 6 sowie Art. 30–32 Delegierte VO (EU) 2017/565 regeln die **Auslagerung** von Aktivitäten und Prozessen durch WpDU. Für **Honoraranlageberater** gelten neben den besonderen Verhaltenspflichten gem. § 64 Abs. 5 und 6 auch besondere Organisationspflichten gem. § 80 Abs. 7 und 8. Ein WpDU darf gem. § 80 Abs. 7 S. 1 Anlageberatung nur dann in Form der Unabhängigen Anlageberatung erbringen, wenn es daneben keine provisionsbasierte Beratung anbietet oder die Honorar-Anlageberatung organisatorisch, funktional und personell von der übrigen Anlageberatung trennt (hierzu auch § 8 WpDVerOV). Nach § 8 S. 1 WpDVerOV ist in Abhängigkeit v. Größe und Organisation sowie Art, Umfang und Komplexität der Geschäftstätigkeit sicherzustellen, dass von Seiten der Provisions-Anlageberatung kein Einfluss auf die Honorar-Anlageberatung ausgeübt werden kann. So dürfen insbesondere nicht einzelne Berater und u. U. auch deren Vorgesetzte insbesondere für beide Geschäftsfelder zuständig sein.[17] Neben der personellen ist auch für eine ausreichende organisatorische Trennung zu sorgen.[18] § 80 Abs. 7 S. 2 untersagt Vertriebsvorgaben, die Interessenkonflikte auslösen können und geht damit über § 80 Abs. 1 S. 2 Nr. 3 hinaus, der das Entstehen von Interessenkonflikten erlaubt, solange sichergestellt ist, dass Kundeninteressen nicht beeinträchtigt.[19] WpDU, die Unabhängige Honorar-Anlageberatung erbringen, sind zudem nach § 80 Abs. 7 S. 3 verpflichtet, auf ihrer Internetseite anzugeben, ob die Honor-Aranlageberatung in der Hauptniederlassung und ggf. in welchen inländischen Zweigstellen angeboten wird. Ziel dieser Vorschrift ist es, „Kunden eine verbesserte Möglichkeit anzubieten, diese Form der Anlageberatung gezielt nachzufragen".[20] § 80 Abs. 8 verpflichtet WpDU sicherzustellen, dass monetäre Zuwendungen, die sie im Zusammenhang mit der Honorar-Anlageberatung oder Finanzportfolioverwaltung von Dritten angenommen haben, an die jeweiligen Kunden weitergegeben werden.

VIII. Produktfreigabeverfahren

15   Organisatorische Pflichten im Rahmen des Produktfreigabeverfahrens treffen sowohl den Konzepteur als auch das Vertriebsunternehmen.

16   **1. Pflichten des Konzepteurs.** Bestandteil der Organisationspflichten ist die seit dem 3.1.2018 geltende Pflicht von WpDU, die Finanzinstrumente zum Verkauf konzipieren (zum Begriff → § 63 Rn. 8), ein **Produktfreigabeverfahren** (Product Governance) durchzuführen (→ § 63 Rn. 7 ff.).[21]

---

[16] Schwark/Zimmer/*Fett* § 80 Rn. 144. Zu § 33b aF Fuchs/*Zimmermann* WpHG-Kommentar § 33b Rn. 43.
[17] BT-Drs. 17/12295, 16, siehe auch Schwark/Zimmer/*Fett* § 80 Rn. 203; Assmann/Schneider/Mülbert/*Koller* § 80 Rn. 125.
[18] Kölner Komm WpHG/*Möllers* §§ 36c, 36d Rn. 47.
[19] Schwark/Zimmer/*Fett* § 80 Rn. 205 mwN.
[20] BT-Drs. 17/12295, 16.
[21] Ausf. dazu Langenbucher/Bliesener/Spindler/*Bergmann* Kap. 36 Rn. 81 ff.; Staub/*Binder* Bd. 11/2 7. Teil Rn. 87 ff.; *Bley* AG 2017, 806; *Buck-Heeb* CCZ 2016, 2; *Buck-Heeb* ZHR 2015 (179), 782; *Buck-Heeb/Poelzig* BKR

Mit dem Kleinanlegerschutzgesetz von 2015 waren bereits Pflichten bzgl. des Produktfreigabeverfahrens bzw. einer Zielmarktbestimmung in das WpHG integriert worden (§§ 33b–33d aF), die mit Ablauf der MiFID II-Umsetzungsfrist gelten sollten. Diese organisatorischen Regelungen finden sich nunmehr in § 80 Abs. 9–13. Sie werden ergänzt durch § 11 WpDVerOV und die Leitlinien der ESMA.[22] Adressaten sind WpDU, die Finanzinstrumente zum Verkauf konzipieren **(Konzepteur),** was gem. § 11 WpDVerOV das „Neuschaffen, Entwickeln, Begeben oder die Gestaltung von Finanzinstrumenten" umfasst.

Das WpDU hat beim Konzipieren von Finanzinstrumenten mögliche **Interessenkonflikte** zu   **17**
analysieren und sicherzustellen, dass mit Interessenkonflikten, insbesondere unter dem Aspekt der Vergütungsstruktur, ordnungsgemäß umgegangen wird (§ 11 Abs. 2, 3 WpDVerOV). Das Produktfreigabeverfahren ist damit Teil des Interessenkonfliktmanagements. Die Pflicht zur Geeignetheits- oder Angemessenheitsprüfung nach § 64 Abs. 4, 4a, 5 entfällt dadurch nicht.[23]

Außerdem muss gem. § 80 Abs. 9 S. 2 ein **Zielmarkt** bestimmt werden. Damit soll sichergestellt   **18**
werden, dass die Finanzinstrumente den Bedürfnissen der Endkunden im festgelegten Zielmarkt entsprechen. Der Produkthersteller muss den Zielmarkt anhand von Kriterien, wie Kundenkategorie, Kundenkenntnisse und -erfahrungen, deren Finanzsituation, Risikotragfähigkeit, Risikotoleranz, Anlageziele und Bedürfnisse bestimmen. Nach § § 80 Abs. 9 S. 4 muss die Vertriebsstrategie dem vom Emittenten bestimmten Zielmarkt entsprechen.

Das WpDU hat außerdem zu jedem Finanzinstrument gem. § 11 Abs. 9 S. 1 WpDVerOV (s. Art. 9   **19**
Abs. 10 Delegierte RL MiFID II) sog. **Szenarioanalysen** durchzuführen, die beurteilen, welche Risiken des Produkts im Hinblick auf ein schlechtes Ergebnis bestehen und unter welchen Umständen dieses Ergebnis eintreten kann. § 11 Abs. 9 S. 2 WpDVerOV (vgl. Art. 9 Abs. 10 S. 2 lit. a–d Delegierte RL MiFID II) bestimmt, dass die Entwicklung der Finanzinstrumente unter negativen Bedingungen durchgespielt werden muss, insbesondere für den Fall, dass sich das Marktumfeld verschlechtert (Nr. 1), der Konzepteur oder ein Dritter, der an der Herstellung oder der Funktionsweise des Produkts beteilig ist, in finanzielle Schwierigkeiten gerät oder ein anderes Gegenparteirisiko auftritt (Nr. 2), sich das Produkt als kommerziell nicht rentabel erweist (Nr. 3) oder sich die Nachfrage nach dem Produkt als viel höher als erwartet erweist, sodass eine Belastung für die Ressourcen des WpDU und/oder für den Markt entsteht (Nr. 4). Die Bewertung beschränkt sich damit auf das Finanzinstrument und lässt andere Faktoren, wie etwa das Geschäftsmodell des Emittenten oder den Bedarf an bestimmten Produkten oder Ressourcen außer Betracht.[24]

Die Compliance-Funktion des Konzepteurs hat das Produktfreigabeverfahren zu überwachen und   **20**
dem Leitungsorgan zu berichten. Das WpDU ist gem. § 11 Abs. 5 WpDVerOV verpflichtet sicherzustellen, dass die an der Konzeption beteiligten Mitarbeiter über die erforderliche Sachkenntnis verfügen, um die Merkmale und Risiken der zu konzipierenden Finanzinstrumente zu verstehen.

Das WpDU hat gem. § 80 Abs. 10 iVm § 11 Abs. 13, 14 WpDVerOV eine **Produktüber-**   **21**
wachungspflicht, wonach die einzelnen konzipierten Finanzinstrumente regelmäßig, dh. in zeitlich wiederkehrenden Abständen, auf ihre Funktionalität zu überprüfen sind. Zu beurteilen ist, ob die Zielmarktbestimmung zu korrigieren ist (§ 80 Abs. 10). Zusätzlich sollen WpDU gem. § 11 Abs. 15 WpDVerOV besondere Ereignisse definieren, die zum Anlass genommen werden, bestimmte Finanzinstrumente einer anlassbezogenen Prüfung zu unterziehen.

Sofern das WpDU beim Konzipieren mit anderen WpDU, insbes. aus Drittstaaten und Unterneh-   **22**
men, die nicht den Regelungen der MiFID II unterfallen zusammenwirkt, sind nach § 11 Abs. 6 WpDVerOV ihre wechselseitigen Verantwortlichkeiten schriftlich festzuhalten.[25]

2. Pflichten des Vertriebsunternehmens. Sofern der Konzepteur das Produkt nicht selbst ver-   **23**
treibt, hat er gem. § 80 Abs. 11 den Unternehmen, die die Produkte vertreiben (Vertriebsunternehmen), alle erforderlichen **Informationen** zum Produkt und zum Produktfreigabeverfahren zur Verfügung zu stellen, sodass sie in die Lage versetzt werden, das Finanzinstrument richtig zu verstehen, zu empfehlen oder zu verkaufen (§ 11 Abs. 12 WpDVerOV). Dazu gehören Informationen über geeignete Vertriebskanäle, das Produktgenehmigungsverfahren sowie die Beurteilung des Zielmarktes. Die Vertriebsunternehmen müssen Vorkehrungen treffen, um sich diese Informationen zu verschaffen und zu verstehen (§ 80 Abs. 11 S. 2).

2017, 485 (488 f.); *Kollrus* MDR 2015, 1396 (1399 f.); *Pfisterer,* Regelungen der MiFID II zum Anlegerschutz, 2016, 24 ff.; *Busch* WM 2017, 409. Zur Zielmarktbestimmung im Rahmen der Product Governance *Lercara/Kittner* RdF 2018, 100 (102 f.); *Lohmann/Gebauer* BKR 2018, 244. Krit. zur Anwendung auf Emissionsbanken *Ekkenga/Kuntz,* Handbuch der AG-Finanzierung, 2. Aufl. 2018, Kap. 8 Rn. 286.

[22] ESMA35-43-620, Guidelines on MiFID II product governance requirements, v. 5.2.2018, abrufbar unter: https://www.esma.europa.eu/sites/default/files/library/esma35-43-620_guidelines_on_mifid_ii_product_governance_requirements_0.pdf (letzter Zugriff: 5.12.2019).

[23] Erwgr. 71 MiFID II; Begr. RegE Kleinanlegerschutzgesetz BT-Drs. 18/3994, 54; vgl. *Lercara/Kittner* RdF 2018, 100 (103).

[24] *Lohmann/Gebauer* BKR 2018, 244 (253).

[25] Hierzu Assmann/Schneider/Mülbert/*Koller* § 80 Rn. 132.

24 Ähnlich wie Konzepteure haben auch Vertriebsunternehmen ein Produktfreigabeverfahren ein- und durchzuführen, indem sie einen sorgsamen Umgang mit Interessenkonflikten sicherstellen, den Zielmarkt für die angebotenen und empfohlenen Finanzinstrumente unter Berücksichtigung des Zielmarktes des Konzepteurs bestimmen und die angebotenen oder empfohlenen Finanzinstrumente regelmäßig überprüfen (§ 80 Abs. 12, § 12 WpDVerOV). Ist das WpDU Konzepteur und Vertriebsunternehmen zugleich, ist gem. § 12 Abs. 8 WpDVerOV nur eine Zielmarktbestimmung erforderlich.

IX. Geschäftsleiterpflichten (§ 81)

25 § 81 regelt die Pflichten der Geschäftsleiter von WpDU im Rahmen von § 25c Abs. 3 KWG (s. Art. 9 MiFID II iVm Erwägungsgrund 53 MiFID II). Demnach sind sie insbesondere zur Festlegung, Umsetzung und Überwachung der Organisation zur Erbringung der Dienstleistungen, des Personals, der Geschäftspolitik sowie der Vergütungsregeln (§ 81 Abs. 1), zur Überwachung und Überprüfung der strategischen Ziele, der Unternehmensführungsregeln und der Unternehmensstrategie (§ 81 Abs. 2), zur Sicherstellung einer angemessenen Informationsgrundlage (§ 81 Abs. 3) und zur Überwachung des Produktfreigabeverfahrens (§ 81 Abs. 4) verpflichtet. Diese kapitalmarktrechtlichen Geschäftsleiterpflichten konkretisieren die allgemeinen gesellschaftsrechtlichen Legalitäts- bzw. Legalitätskontrollpflichten der Geschäftsleiter.[26] Bei einem Verstoß droht daher vor allem die gesellschaftsrechtliche Haftung des Geschäftsleiters gegenüber der Gesellschaft etwa aus § 93 Abs. 2 AktG oder § 43 Abs. 2 GmbHG. Eine persönliche Außenhaftung gegenüber geschädigten Kunden greift hingegen mangels Pflicht im Verhältnis zu den Kunden nicht.[27] Bei einem Verstoß können die Geschäftsleiter (neben dem WpDU) mit einem Bußgeld sanktioniert werden.[28]

X. Sanktionen

26 Verstößt das WpDU gegen die Pflichten aus §§ 80 ff., drohen in erster Linie **Bußgelder** gem. § 120 Abs. 8 Nr. 97–136 iVm Abs. 20 (bis zu 5 Mio. EUR bzw. bei juristischen Personen und Personenvereinigungen bis zu zehn Prozent des Gesamtumsatzes bzw. bis zum Zweifachen des erzielten Vorteils) und die Bekanntmachung gem. § 126. Ein Verstoß gegen die organisatorischen Pflichten im Hinblick auf persönliche Geschäfte relevanter Personen nach Art. 29 Delegierte VO (EU) 2017/565 ist dagegen kein Bußgeldtatbestand. Gleiches gilt für die seit dem 3.1.2018 geltende Pflicht zur Einführung eines Produktfreigabeverfahrens gem. § 80 Abs. 9–13. Hier kommen nur die allgemeinen Aufsichtsbefugnisse der BaFin nach §§ 6 ff. sowie im Extremfall die spezielle Möglichkeit zur aufsichtsrechtlichen Produktintervention nach Art. 40 ff. MiFiR in Betracht.

27 Gem. Art. 40 ff. MiFIR können die ESMA und die BaFin die Vermarktung, den Vertrieb und den Verkauf von Finanzinstrumenten verbieten oder beschränken, sofern erhebliche Bedenken für den Anlegerschutz bestehen oder das ordnungsgemäße Funktionieren und die Integrität der Finanz- oder Warenmärkte oder die Stabilität des Finanzsystems gefährdet sind. Von diesem Produktinterventionsrecht haben sowohl die BaFin für den deutschen Markt[29] als auch die ESMA bereits Gebrauch gemacht.[30] Art. 19 und 21 Delegierte VO MiFiR nennen Anhaltspunkte und Kriterien, auf welcher Grundlage der Anlegerschutz als gefährdet angesehen werden kann.

28 Es herrscht weitgehend Einigkeit darüber, dass die Organisationspflichten gem. §§ 80, 81 **keine Schutzgesetze iSv § 823 Abs. 2 BGB** sind.[31] Anders als die Verhaltensregeln dienen sie zwar auch dem Funktions- und Anlegerschutz, wirken sich aber nicht unmittelbar im Verhältnis von Bank und Kunde aus.[32] Aus diesem Grund können die §§ 80, 81 auch nicht zur Begründung von Vertragspflichten herangezogen werden.[33] Eine **vertragliche Haftung** des Unternehmens kommt nur in Betracht, wenn die Verletzung der Organisationspflicht mit einem Verstoß gegen Verhaltenspflichten gem. §§ 63 ff. einhergeht.[34] Lässt sich so eine vertragliche Pflichtverletzung durch Verstoß gegen

---

[26] Staub/*Binder* Bd. 11/2 7. Teil Rn. 89; Schwark/Zimmer/*Fett* § 81 Rn. 4.

[27] Staub/*Binder* Bd. 11/2 7. Teil Rn. 90.

[28] Schwark/Zimmer/*Fett* § 81 Rn. 1, 26.

[29] S. Beschränkung von finanziellen Differenzkontrakten (Contracts for Difference – CFDs) auf Produkte, die keine Nachschusspflicht vorsehen, vgl. Allgemeinverfügung der BaFin v. 8.5.2017, VBS 7-Wp 5427-2016/0017; oder das angedrohte Vertriebsverbot von bonitätsabhängigen Schuldverschreibungen (auch Bonitätsanleihen) für Retail-Kunden, vgl. Pressemitteilung der BaFin v. 28.7.2016.

[30] Vgl. Pressemitteilung der ESMA v. 27.3.2018, ESMA71–98–128.

[31] Assmann/Schneider/Mülbert/*Koller* § 80 Rn. 1; Staub/*Binder* Bd. 11/2 7. Teil Rn. 40; Schwark/Zimmer/*Fett* § 80 Rn. 19; *Buck-Heeb,* Kapitalmarktrecht, 10. Aufl. 2019, Rn. 879; *Poelzig,* Kapitalmarktrecht, 2018, Rn. 841. Noch zu § 33 aF Fuchs/*Fuchs* § 33 Rn. 6; Kölner Komm WpHG/*Meyer/Paetzel/Will* § 33 Rn. 276 mwN; *Schäfer* WM 2007, 1872 (1876).

[32] Staub/*Binder* Bd. 11/2 7. Teil Rn. 40. Zu § 33 aF Fuchs/*Fuchs* § 33 Rn. 186.

[33] Schwark/Zimmer/*Fett* § 80 Rn. 19. Zu 33 WpHG aF Fuchs/*Fuchs* § 33 Rn. 188.

[34] Fuchs/*Fuchs* § 33 Rn. 188; vgl. *Schwennicke* WM 1998, 1101 (1102); ähnl. auch Staub/*Binder* Bd. 11/2 7. Teil Rn. 41. Für eine mittelbare Wirkung durch Berücksichtigung bei der Auslegung Schwark/Zimmer/*Fett* § 80 Rn. 19.

Verhaltensregeln begründen, kann ein gleichzeitiger Verstoß gegen die §§ 80, 81, die die Einhaltung der Verhaltenspflichten absichern sollen, für ein Verschulden iSd § 280 Abs. 1 S. 2 BGB sprechen.[35]

§ 82 Bestmögliche Ausführung von Kundenaufträgen

(1) Ein Wertpapierdienstleistungsunternehmen, das Aufträge seiner Kunden für den Kauf oder Verkauf von Finanzinstrumenten im Sinne des § 2 Absatz 8 Satz 1 Nummer 1 bis 3 ausführt, muss

1. alle hinreichenden Vorkehrungen treffen, insbesondere Grundsätze zur Auftragsausführung festlegen und regelmäßig, insbesondere unter Berücksichtigung der nach den Absätzen 9 bis 12 und § 26e des Börsengesetzes veröffentlichten Informationen, überprüfen, um das bestmögliche Ergebnis für seine Kunden zu erreichen und

2. sicherstellen, dass die Ausführung jedes einzelnen Kundenauftrags nach Maßgabe dieser Grundsätze vorgenommen wird.

(2) Das Wertpapierdienstleistungsunternehmen muss bei der Aufstellung der Ausführungsgrundsätze alle relevanten Kriterien zur Erzielung des bestmöglichen Ergebnisses, insbesondere die Preise der Finanzinstrumente, die mit der Auftragsausführung verbundenen Kosten, die Geschwindigkeit, die Wahrscheinlichkeit der Ausführung und die Abwicklung des Auftrags sowie den Umfang und die Art des Auftrags berücksichtigen und die Kriterien unter Berücksichtigung der Merkmale des Kunden, des Kundenauftrags, des Finanzinstrumentes und des Ausführungsplatzes gewichten.

(3) ¹Führt das Wertpapierdienstleistungsunternehmen Aufträge von Privatkunden aus, müssen die Ausführungsgrundsätze Vorkehrungen dafür enthalten, dass sich das bestmögliche Ergebnis am Gesamtentgelt orientiert. ²Das Gesamtentgelt ergibt sich aus dem Preis für das Finanzinstrument und sämtlichen mit der Auftragsausführung verbundenen Kosten. ³Kann ein Auftrag über ein Finanzinstrument nach Maßgabe der Ausführungsgrundsätze des Wertpapierdienstleistungsunternehmens an mehreren konkurrierenden Plätzen ausgeführt werden, zählen zu den Kosten auch die eigenen Provisionen oder Gebühren, die das Wertpapierdienstleistungsunternehmen dem Kunden für eine Wertpapierdienstleistung in Rechnung stellt. ⁴Zu den bei der Berechnung des Gesamtentgelts zu berücksichtigenden Kosten zählen Gebühren und Entgelte des Ausführungsplatzes, an dem das Geschäft ausgeführt wird, Kosten für Clearing und Abwicklung und alle sonstigen Entgelte, die an Dritte gezahlt werden, die an der Auftragsausführung beteiligt sind.

(4) Führt das Wertpapierdienstleistungsunternehmen einen Auftrag gemäß einer ausdrücklichen Kundenweisung aus, gilt die Pflicht zur Erzielung des bestmöglichen Ergebnisses entsprechend dem Umfang der Weisung als erfüllt.

(5) ¹Die Grundsätze zur Auftragsausführung müssen

1. Angaben zu den verschiedenen Ausführungsplätzen in Bezug auf jede Gattung von Finanzinstrumenten und die ausschlaggebenden Faktoren für die Auswahl eines Ausführungsplatzes,

2. mindestens die Ausführungsplätze, an denen das Wertpapierdienstleistungsunternehmen gleichbleibend die bestmöglichen Ergebnisse bei der Ausführung von Kundenaufträgen erzielen kann,

enthalten. ²Lassen die Ausführungsgrundsätze im Sinne des Absatzes 1 Nummer 1 auch eine Auftragsausführung außerhalb von Handelsplätzen im Sinne von § 2 Absatz 22 zu, muss das Wertpapierdienstleistungsunternehmen seine Kunden auf diesen Umstand gesondert hinweisen und deren ausdrückliche Einwilligung generell oder in Bezug auf jedes Geschäft einholen, bevor die Kundenaufträge an diesen Ausführungsplätzen ausgeführt werden.

(6) ¹Das Wertpapierdienstleistungsunternehmen muss

1. seine Kunden vor der erstmaligen Erbringung von Wertpapierdienstleistungen über seine Ausführungsgrundsätze informieren und ihre Zustimmung zu diesen Grundsätzen einholen, und

2. seinen Kunden wesentliche Änderungen der Vorkehrungen nach Absatz 1 Nummer 1 unverzüglich mitteilen.

²Die Informationen über die Ausführungsgrundsätze müssen klar, ausführlich und auf eine für den Kunden verständliche Weise erläutern, wie das Wertpapierdienstleistungsunternehmen die Kundenaufträge ausführt.

(7) Das Wertpapierdienstleistungsunternehmen muss in der Lage sein, einem Kunden auf Anfrage darzulegen, dass sein Auftrag entsprechend den Ausführungsgrundsätzen ausgeführt wurde.

---

[35] Staub/*Binder* Bd. 11/2 7. Teil Rn. 41. Für eine mittelbare Wirkung durch Berücksichtigung bei der Auslegung Schwark/Zimmer/*Fett* § 80 Rn. 19.

(8) **Ein Wertpapierdienstleistungsunternehmen darf sowohl für die Ausführung von Kundenaufträgen an einem bestimmten Handelsplatz oder Ausführungsplatz als auch für die Weiterleitung von Kundenaufträgen an einen bestimmten Handelsplatz oder Ausführungsplatz weder eine Vergütung noch einen Rabatt oder einen nichtmonetären Vorteil annehmen, wenn dies einen Verstoß gegen die Anforderungen nach § 63 Absatz 1 bis 7 und 9, § 64 Absatz 1 und 5, den §§ 70, 80 Absatz 1 Satz 2 Nummer 2, Absatz 9 bis 11 oder die Absätze 1 bis 4 darstellen würde.**

(9) **Das Wertpapierdienstleistungsunternehmen muss einmal jährlich für jede Gattung von Finanzinstrumenten die fünf Ausführungsplätze, die ausgehend vom Handelsvolumen am wichtigsten sind, auf denen es Kundenaufträge im Vorjahr ausgeführt hat, und Informationen über die erreichte Ausführungsqualität zusammenfassen und nach den Vorgaben der Delegierten Verordnung (EU) 2017/576 der Kommission vom 8. Juni 2016 zur Ergänzung der Richtlinie 2014/65/EU des Europäischen Parlaments und des Rates durch technische Regulierungsstandards für die jährliche Veröffentlichung von Informationen durch Wertpapierfirmen zur Identität von Handelsplätzen und zur Qualität der Ausführung (ABl. L 87 vom 31.3.2017, S. 166), in der jeweils geltenden Fassung, veröffentlichen.**

(10) **Vorbehaltlich des § 26e des Börsengesetzes müssen Handelsplätze und systematische Internalisierer für jedes Finanzinstrument, das der Handelspflicht nach Artikel 23 oder Artikel 28 der Verordnung (EU) Nr. 600/2014 unterliegt, mindestens einmal jährlich gebührenfrei Informationen über die Ausführungsqualität von Aufträgen veröffentlichen.**

(11) **Vorbehaltlich des § 26e des Börsengesetzes müssen Ausführungsplätze für jedes Finanzinstrument, das nicht von Absatz 10 erfasst wird, mindestens einmal jährlich gebührenfrei Informationen über die Ausführungsqualität von Aufträgen veröffentlichen.**

(12) **¹Die Veröffentlichungen nach den Absätzen 10 und 11 müssen ausführliche Angaben zum Preis, zu den mit einer Auftragsausführung verbundenen Kosten, der Geschwindigkeit und der Wahrscheinlichkeit der Ausführung sowie der Abwicklung eines Auftrags in den einzelnen Finanzinstrumenten enthalten. ²Das Nähere regelt die Delegierte Verordnung (EU) 2017/575 der Kommission vom 8. Juni 2016 zur Ergänzung der Richtlinie 2014/65/EU des Europäischen Parlaments und des Rates über Märkte für Finanzinstrumente durch technische Regulierungsstandards bezüglich der Daten, die Ausführungsplätze zur Qualität der Ausführung von Geschäften veröffentlichen müssen (ABl. L 87 vom 31.3.2017, S. 152), in der jeweils geltenden Fassung.**

(13) **Nähere Bestimmungen ergeben sich aus der Delegierten Verordnung (EU) 2017/565, insbesondere zu**

1. **der Aufstellung der Ausführungsgrundsätze nach den Absätzen 1 bis 5 aus Artikel 64,**
2. **der Überprüfung der Vorkehrungen nach Absatz 1 aus Artikel 66,**
3. **Art, Umfang und Datenträger der Informationen über die Ausführungsgrundsätze nach Absatz 6 aus Artikel 66 und**
4. **den Pflichten von Wertpapierdienstleistungsunternehmen, die Aufträge ihrer Kunden an Dritte zur Ausführung weiterleiten oder die Finanzportfolioverwaltung betreiben, ohne die Aufträge oder Entscheidungen selbst auszuführen, im bestmöglichen Interesse ihrer Kunden zu handeln, aus Artikel 65.**

Art. 64 DelVO (EU) 2017/565 Kriterien für die bestmögliche Ausführung

(1) Wertpapierfirmen bestimmen bei der Ausführung von Kundenaufträgen die relative Bedeutung der in Artikel 27 Absatz 1 der Richtlinie 2014/65/EG genannten Faktoren anhand folgender Kriterien:

a) Merkmale des Kunden und dessen Einstufung als Kleinanleger oder als professioneller Kunde;
b) Merkmale des Kundenauftrags, einschließlich Aufträgen, die Wertpapierfinanzierungsgeschäfte umfassen;
c) Merkmale der Finanzinstrumente, die Gegenstand des betreffenden Auftrags sind;
d) Merkmale der Ausführungsplätze, an die der Auftrag weitergeleitet werden kann.

Für die Zwecke dieses Artikels und der Artikel 65 und 66 umfasst der Begriff „Ausführungsplatz" geregelte Märkte, multilaterale Handelssysteme (MTF), organisierte Handelssysteme (OTF), systematische Internalisierer, Market-Maker oder sonstige Liquiditätsgeber oder Einrichtungen, die in einem Drittland eine vergleichbare Funktion ausüben.

(2) Eine Wertpapierfirma erfüllt ihre Verpflichtungen aus Artikel 27 Absatz 1 der Richtlinie 2014/65/EU, alle hinreichende Maßnahmen zu treffen, um das bestmögliche Ergebnis für einen Kunden zu erreichen, wenn sie einen Auftrag oder einen bestimmten Teil desselben nach den ausdrücklichen Weisungen, die der Kunde in Bezug auf den Auftrag oder den bestimmten Teil desselben erteilt hat, ausführt.

(3) Die Wertpapierfirmen dürfen ihre Provisionen nicht in einer Weise strukturieren oder in Rechnung stellen, die eine sachlich nicht gerechtfertigte Ungleichbehandlung der Ausführungsplätze bewirkt.

(4) Bei der Ausführung von Aufträgen bzw. beim Fällen von Entscheidungen über den Handel mit OTC-Produkten, zu denen auch maßgeschneiderte Produkte gehören, überprüft die Wertpapierfirma die Redlichkeit des den Kunden angebotenen Preises, indem sie Marktdaten heranzieht, die bei der Einschätzung des Preises für dieses Produkt verwendet wurden, und – sofern möglich – diesen mit ähnlichen oder vergleichbaren Produkten vergleicht.

Art. 65 DelVO (EU) 2017/565 Pflicht der Wertpapierfirmen, bei der Portfolioverwaltung sowie der Annahme und Weiterleitung von Aufträgen im bestmöglichen Interesse des Kunden zu handeln

(1) Die Wertpapierfirmen müssen ihrer in Artikel 24 Absatz 1 der Richtlinie 2014/65/EU festgelegten Pflicht nachkommen, im bestmöglichen Interesse ihrer Kunden zu handeln, wenn sie bei der Erbringung von Portfolioverwaltungsdienstleistungen andere Einrichtungen mit der Ausführung von Aufträgen beauftragen, denen Entscheidungen der Wertpapierfirma zu Grunde liegen, im Namen ihres Kunden mit Finanzinstrumenten zu handeln.

(2) Die Wertpapierfirmen müssen ihrer in Artikel 24 Absatz 1 der Richtlinie 2014/65/EU festgelegten Pflicht nachkommen, im bestmöglichen Interesse ihrer Kunden zu handeln, wenn sie bei der Annahme und Weiterleitung von Aufträgen Kundenaufträge an andere Einrichtungen zur Ausführung weiterleiten.

(3) Um die Absätze 1 bzw. 2 einzuhalten, müssen die Wertpapierfirmen den Absätzen 4 bis 7 und Artikel 64 Absatz 4 nachkommen.

(4) [1] Die Wertpapierfirmen treffen alle hinreichende Maßnahmen, um für ihre Kunden das bestmögliche Ergebnis zu erzielen und tragen dabei den in Artikel 27 Absatz 1 der Richtlinie 2014/65/EU genannten Faktoren Rechnung. [2] Die relative Bedeutung dieser Faktoren wird nach den in Artikel 64 Absatz 1 festgelegten Kriterien bzw. für Kleinanleger nach Maßgabe des Artikels 27 Absatz 1 der Richtlinie 2014/65/EU bestimmt.

[3] Eine Wertpapierfirma kommt ihren in Absatz 1 bzw. 2 festgelegten Pflichten nach und ist der im vorliegenden Absatz genannten Maßnahmen enthoben, wenn sie bei der Platzierung eines Auftrags bei einer anderen Einrichtung oder seiner Weiterleitung an diese Einrichtung zur Ausführung speziellen Weisungen des Kunden folgt.

(5) [1] Die Wertpapierfirmen legen Grundsätze fest, so dass sie die in Absatz 4 festgelegten Pflichten erfüllen können. [2] In diesen Grundsätzen werden für jede Klasse von Finanzinstrumenten die Einrichtungen genannt, bei denen die Wertpapierfirma Aufträge platziert oder an die sie Aufträge zur Ausführung weiterleitet. [3] Die von diesen Einrichtungen für die Auftragsausführung getroffenen Vorkehrungen versetzen die Wertpapierfirma in die Lage, bei der Platzierung oder Weiterleitung von Aufträgen an eine solche Einrichtung ihren in diesem Artikel festgelegten Pflichten nachzukommen.

(6) [1] Die Wertpapierfirmen unterrichten ihre Kunden über die nach Absatz 5 sowie Artikel 66 Absätze 2 bis 9 festgelegten Grundsätze. [2] Die Wertpapierfirmen übermitteln den Kunden sachgerechte Informationen über die Wertpapierfirma und ihre Dienstleistungen sowie die für die Ausführung ausgewählten Einrichtungen. [3] Insbesondere in dem Falle, dass die Wertpapierfirma andere Firmen auswählen sollte, um im Zusammenhang mit der Ausführung von Kundenaufträgen Dienstleistungen zu erbringen, hat sie einmal jährlich für jede Klasse von Finanzinstrumenten die fünf Wertpapierfirmen, die ausgehend vom Handelsvolumen am wichtigsten sind, an die sie Kundenaufträge im Vorjahr zur Ausführung weitergeleitet oder platziert hat, und Informationen über die erreichte Ausführungsqualität zusammenzufassen und zu veröffentlichen. [4] Die Informationen müssen in Einklang mit den Informationen stehen, die gemäß den nach Artikel 27 Absatz 10 Buchstabe b der Richtlinie 2014/65/EU verabschiedeten technischen Normen veröffentlicht werden.

[5] Auf entsprechenden Wunsch des Kunden übermitteln die Wertpapierfirmen ihren Kunden bzw. potenziellen Kunden Informationen über Einrichtungen, an die die Aufträge zur Ausführung weitergeleitet bzw. bei denen sie platziert werden.

(7) [1] Die Wertpapierfirmen überwachen die Wirksamkeit der gemäß Absatz 5 festgelegten Grundsätze, insbesondere die Qualität der Ausführung durch die in diesen Grundsätzen genannten Einrichtungen, regelmäßig und beheben bei Bedarf etwaige Mängel.

[2] Die Wertpapierfirmen überprüfen die Grundsätze und Bestimmungen mindestens einmal jährlich. Eine solche Überprüfung findet auch immer dann statt, wenn eine wesentliche Veränderung eintritt, die die Fähigkeit der Wertpapierfirma beeinträchtigt, für ihre Kunden auch weiterhin das bestmögliche Ergebnis zu erzielen.

[3] Die Wertpapierfirmen beurteilen, ob es zu wesentlichen Änderungen gekommen ist, und ziehen die Vornahme von Änderungen hinsichtlich der Ausführungsplätze bzw. Einrichtungen in Betracht, bei der sie sich weitgehend stützen, um die übergeordnete Anforderung der bestmöglichen Ausführung zu erfüllen.

[4] Eine wesentliche Änderung ist ein wichtiges Ereignis mit potenziellen Auswirkungen auf Parameter der bestmöglichen Ausführung wie Kosten, Schnelligkeit, Wahrscheinlichkeit der Ausführung und Abwicklung, Umfang, Art oder jegliche anderen für die Ausführung des Auftrags relevanten Aspekte.

(8) Dieser Artikel findet keine Anwendung auf Wertpapierfirmen, die nicht nur Portfolioverwaltungsdienste erbringen und/oder Aufträge entgegennehmen und weiterleiten, sondern die entgegengenommenen Aufträge bzw. Entscheidungen, im Namen des Kunden mit dessen Portfolio zu handeln, auch ausführen. In solchen Fällen gilt Artikel 27 der Richtlinie 2014/65/EU.

Art. 66 DelVO (EU) 2017/565 Grundsätze der Auftragsausführung

(1) [1] Die Wertpapierfirmen überprüfen mindestens einmal jährlich die gemäß Artikel 27 Absatz 4 der *Richtlinie 2014/65/EU* festgelegten Grundsätze der Auftragsausführung sowie ihre Vorkehrungen zur Auftragsausführung.

[2] Eine solche Überprüfung ist auch immer dann vorzunehmen, wenn eine wesentliche Veränderung im Sinne von Artikel 65 Absatz 7 eintritt, die die Fähigkeit der Wertpapierfirma beeinträchtigt, bei der Ausführung ihrer Kundenaufträge an den in ihren Grundsätzen der Auftragsausführung genannten Plätzen weiterhin gleich bleibend das bestmögliche Ergebnis zu erzielen. [3] Eine Wertpapierfirma beurteilt, ob es zu wesentlichen Änderungen gekommen ist, und zieht die Vornahme von Änderungen hinsichtlich der relativen Bedeutung der Faktoren einer bestmöglichen Ausführung in Betracht, um die übergeordnete Anforderung der bestmöglichen Ausführung zu erfüllen.

(2) Die Informationen über die Ausführungspolitik werden an die jeweilige Klasse von Finanzinstrumenten und die Art der erbrachten Dienstleistung angepasst und enthalten die in den Absätzen 3 bis 9 genannten Angaben.

(3) Die Wertpapierfirmen übermitteln den Kunden rechtzeitig vor Erbringung der betreffenden Dienstleistung folgende Angaben zu ihren Grundsätzen der Auftragsausführung:

a) eine Darlegung der relativen Bedeutung, die die Wertpapierfirma gemäß den in Artikel 59 Absatz 1 angeführten Kriterien den in Artikel 27 Absatz 1 der *Richtlinie 2014/65/EU* genannten Aspekten beimisst, oder eine Darlegung der Art und Weise, in der die Wertpapierfirma die relative Bedeutung dieser Aspekte bestimmt;

b) ein Verzeichnis der Ausführungsplätze, auf die sich die Wertpapierfirma zur Erfüllung ihrer Verpflichtung, alle angemessenen Maßnahmen zu treffen, um bei der Ausführung von Kundenaufträgen auf Dauer das bestmögliche Ergebnis zu erzielen, weitgehend verlässt, einschließlich der Angabe, welche Ausführungsplätze für jede Klasse von Finanzinstrumenten für Aufträge von Kleinanlegern, für Aufträge von professionellen Kunden sowie für Wertpapierfinanzierungsgeschäfte verwendet werden;

c) ein Verzeichnis aller Faktoren, die bei der Auswahl eines Ausführungsplatzes zur Anwendung kommen, einschließlich qualitativer Faktoren wie Clearingsystemen, Notfallsicherungen, geplanten Maßnahmen, oder anderen relevanten Überlegungen, sowie die entsprechende Bedeutung der einzelnen Faktoren. Die Angaben zu den Faktoren für die Auswahl des Ausführungsplatzes müssen mit den Kontrollen der Wertpapierfirma vereinbar sein, die diese im Rahmen der Prüfung der Angemessenheit ihrer Grundsätze und Bestimmungen durchführt, um gegenüber ihren Kunden nachzuweisen, dass die bestmögliche Ausführung auf Dauer erreicht wird;

d) wie die Ausführungsfaktoren wie Preis, Kosten, Schnelligkeit, Wahrscheinlichkeit der Ausführungen und andere relevante Faktoren im Rahmen aller hinreichenden Schritte Berücksichtigung finden, die zur Erzielung des bestmöglichen Ergebnisses für den Kunden eingeleitet werden;

e) gegebenenfalls Angaben zur Ausführung von Aufträgen außerhalb eines Handelsplatzes, einschließlich Angaben zu Folgen wie dem Gegenparteirisiko aufgrund der Ausführung außerhalb eines Handelsplatzes, und auf Anfrage des Kunden zusätzliche Informationen über Folgen dieser Art der Ausführung;

f) eine klare und deutliche Warnung dahin gehend, dass ausdrückliche Weisungen eines Kunden sie davon abhalten können, die Maßnahmen zu treffen, die sie im Rahmen ihrer Grundsätze der Auftragsausführung festgelegt und umgesetzt haben, um bei der Ausführung der Aufträge hinsichtlich der von den betreffenden Weisungen erfassten Elemente das bestmögliche Ergebnis zu erzielen;

g) eine Zusammenfassung des Auswahlverfahrens für Ausführungsplätze, angewandte Ausführungsstrategien, die zur Analyse der erreichten Ausführungsqualität herangezogenen Verfahren und Methoden und wie die Wertpapierfirmen kontrollieren und überprüfen, dass für die Kunden die bestmöglichen Ergebnisse erzielt wurden.

Die Informationen sind auf einem dauerhaften Datenträger zu übermitteln oder auf einer Website (wenn diese kein dauerhafter Datenträger ist) bereitzustellen, sofern die in Artikel 3 Absatz 2 genannten Voraussetzungen erfüllt sind.

(4) Setzen die Wertpapierfirmen je nach Ausführungsort verschiedene Gebühren an, erläutert die Wertpapierfirma diese Unterschiede in einem hinreichenden Detailgrad, so dass der Kunde die Vor- und Nachteile der Wahl nur eines einzigen Ausführungsorts nachvollziehen kann.

(5) Rufen Wertpapierfirmen ihre Kunden dazu auf, sich für einen Ausführungsort zu entscheiden, werden faire, klare und nicht irreführende Informationen übermittelt, um zu verhindern, dass sich der Kunde allein aufgrund der von der Wertpapierfirma angewandten Preispolitik gezielt für einen bestimmten Ausführungsort entscheidet.

(6) [1] Die Wertpapierfirmen dürfen lediglich Zahlungen Dritter annehmen, die Artikel 24 Absatz 9 der *Richtlinie 2014/65/EU* gerecht werden, und informieren ihre Kunden über die Anreize, die die Wertpapierfirma gegebenenfalls durch die Ausführungsorte erhält. [2] Die Informationen betreffend die Gebühren, die die Wertpapierfirma allen am Geschäft beteiligten Gegenparteien berechnet, sowie Angaben dahin gehend – sofern die Gebühren je nach Kunde unterschiedlich ausfallen –, welche Höchstgebühren oder Gebührenspannen gegebenenfalls zu zahlen sind.

(7) Stellt eine Wertpapierfirma mehr als einem Geschäftsbeteiligten Gebühren in Rechnung, informiert sie ihre Kunden gemäß Artikel 24 Absatz 9 der *Richtlinie 2014/65/EU* und deren Durchführungsmaßnahmen über den Wert aller monetären bzw. nichtmonetären Vorteile, die die Wertpapierfirma erhält.

(8) Übermittelt ein Kunde einer Wertpapierfirma berechtigte und verhältnismäßige Auskunftsersuchen hinsichtlich ihrer Strategien oder Bestimmungen sowie deren Überprüfungsverfahren, lässt ihm die Wertpapierfirma innerhalb einer angemessenen Frist eine verständliche Antwort zukommen.

(9) [1] Führt eine Wertpapierfirma Aufträge für Kleinanleger aus, übermittelt sie diesen Kunden eine Zusammenfassung der betreffenden Grundsätze, deren Schwerpunkt auf den ihnen entstehenden Gesamtkosten liegt. [2] Die Zusammenfassung enthält einen Link zu den neuesten gemäß Artikel 27 Absatz 3 der *Richtlinie 2014/65/EU* veröffentlichten Daten über die Qualität der Ausführung für jeden von der Wertpapierfirma in ihren Grundsätzen der Auftragsausführung genannten Ausführungsplatz.

I. Pflicht zur bestmöglichen Kundenausführung
(§ 82, Art. 64–66 Delegierte VO (EU) 2017/565)

1 § 82 (zuvor § 33a aF in Umsetzung von Art. 19 und 21 MiFID I) verpflichtet zu organisatorischen Vorkehrungen, die allgemein die bestmögliche Ausführung der Kundenaufträge gewährleisten sollen. Die Vorschrift dient der Umsetzung von Art. 24, 27 MiFID II und wird durch die Art. 64–66

Delegierte VO (EU) 2017/565 konkretisiert. Ergänzend gelten die Regelungen in BT 4 der MaComp[1].

Die Pflicht zur bestmöglichen Kundenausführung dient der organisatorischen Absicherung der **2** allgemeinen Interessenwahrungspflicht gem. § 63 Abs. 1 (→ §§ 63, 64 Rn. 3).[2] Die Pflichten aus § 82 sind nur einschlägig bei der Erbringung einer in § 2 Abs. 8 S. 1 Nr. 1–3 genannten Wertpapierdienstleistung, namentlich **Finanzkommissionsgeschäft, Eigenhandel** und der **Abschlussvermittlung.** Führt ein WpDU im Rahmen einer **Finanzportfolioverwaltung** die Anlageentscheidung selbst aus, so gelten die Anforderungen des § 82 entsprechend.[3]

Das WpDU trifft gem. § 82 Abs. 1 die Pflicht zur **Aufstellung** und praktischen **Umsetzung** von **3** Grundsätzen für die Ausführung der Kundenaufträge, um das bestmögliche Ergebnis für seine Kunden zu erreichen. Die Norm verpflichtet nicht zur tatsächlichen Herbeiführung des bestmöglichen Ergebnisses, sondern lediglich zur Festlegung der hierfür erforderlichen Maßnahmen und ihrer Einhaltung bei Abwicklung der einzelnen Kundenaufträge, dh zur ordnungsgemäßen Vornahme der gebotenen Leistungshandlungen.[4] § 82 Abs. 7 verpflichtet das WpDU auf Anfrage des Kunden zur Darlegung, ob und inwieweit die Ausführungsgrundsätze bei Ausführung des Auftrags beachtet wurden. Soweit sich das WpDU an ausdrückliche Kundenanweisungen hält, gelten die Ausführungsgrundsätze gem. § 82 Abs. 4 als eingehalten und die Pflicht zur Umsetzung gem. § 82 Abs. 1 Nr. 2 als erfüllt (s. Erwägungsgrund 102 Delegierte VO (EU) 2017/565).

In den Ausführungsgrundsätzen sind die in § 82 Abs. 5 S. 1 normierten Handelsangaben gem. § 82 **4** Abs. 5 S. 1 Nr. 2 insbesondere Angaben zu den Ausführungsplätzen zu machen, an denen das WpDU Aufträge zu den bestmöglichen Bedingungen platzieren kann. Ergänzend ist Art. 66 Abs. 2–9 Delegierte VO (EU) 2017/565 zu beachten.

Die Anforderungen an die aufzustellenden Grundsätze unterscheiden sich für Aufträge von Pri- **5** vatkunden gem. § 67 Abs. 3 und professionellen Kunden gem. § 67 Abs. 2. Die Grundsätze für die Ausführung von Aufträgen von **Privatkunden** müssen sich gem. § 82 Abs. 3 S. 1 am bestmöglichen Gesamtentgelt, also dem Ergebnis aus dem Preis für das Finanzinstrument und den Transaktionskosten (§ 82 Abs. 3 S. 2), orientieren. Bei professionellen Kunden sind über den Preis der Finanzinstrumente und die Transaktionskosten hinaus gem. § 82 Abs. 2 auch die Geschwindigkeit und Wahrscheinlichkeit der Ausführung und Abwicklung des Auftrags sowie der Umfang und die Art des Geschäfts zu berücksichtigen und unter Berücksichtigung der Merkmale des Kunden, des Kundenauftrags, des Finanzinstrumentes und des Ausführungsplatzes in Abwägung zu bringen.

Das WpDU hat Kunden gem. § 82 Abs. 6 vor der erstmaligen Erbringung von Dienstleistungen **6** über die Ausführungsgrundsätze zu informieren und ihre Zustimmung einzuholen sowie wesentliche Änderungen mitzuteilen. Außerdem sind die Grundsätze mindestens einmal jährlich zu überprüfen und ihre Wirksamkeit regelmäßig zu überwachen (Art. 65 Abs. 7, 66 Abs. 1 Delegierte VO (EU) 2017/565). Die Ausführungsgrundsätze werden als AGB über Nr. 2 der Sonderbedingungen für Wertpapiergeschäfte Bestandteil des Vertrags zwischen dem WpDU und der Kunden (Schwark/Zimmer/ *v. Hein* Rn. 27).

Neu ist die in § 82 Abs. 9 nF enthaltene Pflicht, den Kunden einmal jährlich für jede Gattung von **7** Finanzinstrumenten die wichtigsten fünf Handelsplätze zu nennen. Die aufgrund der erforderlichen Detailliertheit vermutlich sehr umfangreichen Informationen sollen der Öffentlichkeit auf der Webseite zum Download bereitgestellt werden. Hierfür bedürfen die WpDU der Daten der Ausführungsplätze, die diese nach § 82 Abs. 10 f. zu veröffentlichen haben.

II. Sanktionen

Verstöße gegen § 82 werden gem. § 120 Abs. 8 Nr. 113–122 mit Geldbußen geahndet. Delikts- **8** rechtliche oder vertragliche Folgen hat die Verletzung gegen § 82 selbst hingegen nicht.[5] Die Norm begründet lediglich organisatorische Pflichten im Innenverhältnis des WpDU und keine Pflichten im Verhältnis zum Kunden, sodass es sich nach zutreffender Auffassung weder um ein Schutzgesetz iSd § 823 Abs. 2 BGB handelt noch vertragliche Pflichten im Verhältnis zwischen WpDU und Kunden begründet.[6] Erst wenn sich die Verletzung der organisatorischen Pflicht in einem pflichtwidrigen

---

[1] *BaFin,* Rundschreiben 05/2018 (WA) – Mindestanforderungen an die Compliance-Funktion und weitere Verhaltens-, Organisations- und Transparenzpflichten – MaComp, Stand v. 9.5.2018, BT 4, (abrufbar unter: https://www.bafin.de/SharedDocs/Veroeffentlichungen/DE/Rundschreiben/2018/rs_18_05_wa3_macomp.html, letzter Zugriff: 5.12.2019).
[2] Staub/*Binder* Bd. 11/2 7. Teil Rn. 94.
[3] BT-Drs. 16/4028, 72; dazu Assmann/Schneider/Mülbert/*Koller* § 82 Rn. 4; Fuchs/*Zimmermann* § 33a Rn. 4; NK-AktKapMarktR/*Schäfer* AktG § 33a Rn. 4.
[4] MüKoHGB/*Ekkenga* Effektengeschäft Rn. 444; *Busch* Capital Market L.J. 12 (2017), 340, 371; Staub/*Binder* Bd. 11/2 7. Teil Rn. 94; Schwark/Zimmer/*v. Hein* Rn. 5.
[5] AA *Kumpan/Hellgardt* DB 2006, 1714 (1717 f.).
[6] Assmann/Schneider/*Koller* § 82 Rn. 1; Kölner Komm WpHG/*Früh/Ebermann* § 33a Rn. 21 ff.; Schwark/Zimmer/*v. Hein* Rn. 83; Staub/*Binder* Bd. 11/2 7. Teil Rn. 96. Diff. Fuchs/*Zimmermann* § 33a Rn. 13.

Verhalten gegenüber dem Kunden gem. § 63 Abs. 1 auswirkt, kann die Verletzung dieser verhaltens-bezogenen Pflicht eine vertragliche Haftung auslösen (→ Vor §§ 63, 64 Rn. 10 f.).[7]

9   Die Ausführungsgrundsätze werden durch Einbeziehung in die Sonderbedingungen für Wertpapier-geschäfte nach deren Nr. 2 S. 2 zum Vertragsbestandteil (→ Rn. 7), sodass bei ihrer Verletzung ver-tragliche Schadensersatzansprüche bestehen.[8] Eine andere Frage betrifft die inhaltliche Überprüfung der Ausführungsgrundsätze im Rahmen der AGB-rechtlichen Inhaltskontrolle gem. §§ 307 ff. BGB. Die Inhaltskontrolle ist gem. § 307 Abs. 3 BGB eröffnet, da es sich bei den Ausführungsgrundsätzen nicht um die bloße Beschreibung der Hauptleistungspflichten handelt und eine zivilgerichtliche Über-prüfung des Inhalts möglich sein muss.[9]

§ 83 Aufzeichnungs- und Aufbewahrungspflicht

(1) **Ein Wertpapierdienstleistungsunternehmen muss, unbeschadet der Aufzeichnungs-pflichten nach den Artikeln 74 und 75 der Delegierten Verordnung (EU) 2017/565, über die von ihm erbrachten Wertpapierdienstleistungen und Wertpapiernebendienstleistungen so-wie die von ihm getätigten Geschäfte Aufzeichnungen erstellen, die es der Bundesanstalt ermöglichen, die Einhaltung der in diesem Abschnitt, in der Verordnung (EU) Nr. 600/2014 und der Verordnung (EU) Nr. 596/2014 geregelten Pflichten zu prüfen und durchzusetzen.**

(2) **[1]Das Wertpapierdienstleistungsunternehmen hat Aufzeichnungen zu erstellen über Vereinbarungen mit Kunden, die die Rechte und Pflichten der Vertragsparteien sowie die sonstigen Bedingungen festlegen, zu denen das Wertpapierdienstleistungsunternehmen Wertpapierdienstleistungen oder Wertpapiernebendienstleistungen für den Kunden er-bringt. [2]In anderen Dokumenten oder Rechtstexten normierte oder vereinbarte Rechte und Pflichten können durch Verweis in die Vereinbarungen einbezogen werden. [3]Nähere Bestimmungen zur Aufzeichnungspflicht nach Satz 1 ergeben sich aus Artikel 58 der Dele-gierten Verordnung (EU) 2017/565.**

(3) **[1]Hinsichtlich der beim Handel für eigene Rechnung getätigten Geschäfte und der Erbringung von Dienstleistungen, die sich auf die Annahme, Übermittlung und Ausführung von Kundenaufträgen beziehen, hat das Wertpapierdienstleistungsunternehmen für Zwecke der Beweissicherung die Inhalte der Telefongespräche und der elektronischen Kommunika-tion aufzuzeichnen. [2]Die Aufzeichnung hat insbesondere diejenigen Teile der Telefon-gespräche und der elektronischen Kommunikation zu beinhalten, in welchen die Risiken, die Ertragschancen oder die Ausgestaltung von Finanzinstrumenten oder Wertpapierdienst-leistungen erörtert werden. [3]Hierzu darf das Wertpapierdienstleistungsunternehmen per-sonenbezogene Daten verarbeiten. [4]Dies gilt auch, wenn das Telefongespräch oder die elektronische Kommunikation nicht zum Abschluss eines solchen Geschäftes oder zur Erbringung einer solchen Dienstleistung führt.**

(4) **[1]Das Wertpapierdienstleistungsunternehmen hat alle angemessenen Maßnahmen zu ergreifen, um einschlägige Telefongespräche und elektronische Kommunikation auf-zuzeichnen, die über Geräte gesendet oder von Geräten empfangen werden, die das Wertpapierdienstleistungsunternehmen seinen Mitarbeitern oder beauftragten Per-sonen zur Verfügung stellt oder deren Nutzung das Wertpapierdienstleistungsunternehmen billigt oder gestattet. [2]Telefongespräche und elektronische Kommunikation, die nach Ab-satz 3 Satz 1 aufzuzeichnen sind, dürfen über private Geräte oder private elektronische Kommunikation der Mitarbeiter nur geführt werden, wenn das Wertpapierdienstleistungs-unternehmen diese mit Zustimmung der Mitarbeiter aufzeichnen oder nach Abschluss des Gesprächs auf einen eigenen Datenspeicher kopieren kann.**

(5) **[1]Das Wertpapierdienstleistungsunternehmen hat Neu- und Altkunden sowie seine Mitarbeiter und beauftragten Personen vorab in geeigneter Weise über die Aufzeichnung von Telefongesprächen nach Absatz 3 Satz 1 zu informieren. [2]Hat ein Wertpapierdienst-leistungsunternehmen seine Kunden nicht vorab über die Aufzeichnung der Telefongesprä-che oder der elektronischen Kommunikation informiert oder hat der Kunde einer Aufzeich-nung widersprochen, darf das Wertpapierdienstleistungsunternehmen für den Kunden keine telefonisch oder mittels elektronischer Kommunikation veranlassten Wertpapierdienstleis-tungen erbringen, wenn sich diese auf die Annahme, Übermittlung und Ausführung von Kundenaufträgen beziehen. [3]Näheres regelt Artikel 76 der Delegierten Verordnung (EU) 2017/565.**

(6) **[1]Erteilt der Kunde dem Wertpapierdienstleistungsunternehmen seinen Auftrag im Rahmen eines persönlichen Gesprächs, hat das Wertpapierdienstleistungsunternehmen die**

---

[7] Staub/*Binder* Bd. 11/2 7. Teil Rn. 96. Zur ebenfalls möglichen Haftung bei Kommissionsgeschäften wegen Verletzung des § 384 HGB Assmann/Schütze/*Schäfer* KapitalanlageR-HdB § 13 Rn. 56.

[8] Schwark/Zimmer/*v. Hein* Rn. 83.

[9] Schwark/Zimmer/*v. Hein* Rn. 66; Staub/*Binder* Bd. 11/2 7. Teil Rn. 99; aA MüKoHGB/*Ekkenga* Effekten-geschäft Rn. 451.

Erteilung des Auftrags mittels eines dauerhaften Datenträgers zu dokumentieren. [2] Zu diesem Zweck dürfen auch schriftliche Protokolle oder Vermerke über den Inhalt des persönlichen Gesprächs angefertigt werden. [3] Erteilt der Kunde seinen Auftrag auf andere Art und Weise, müssen solche Mitteilungen auf einem dauerhaften Datenträger erfolgen. [4] Näheres regelt Artikel 76 Absatz 9 der Delegierten Verordnung (EU) 2017/565.

(7) Der Kunde kann von dem Wertpapierdienstleistungsunternehmen bis zur Löschung oder Vernichtung nach Absatz 8 jederzeit verlangen, dass ihm die Aufzeichnungen nach Absatz 3 Satz 1 und der Dokumentation nach Absatz 6 Satz 1 oder eine Kopie zur Verfügung gestellt werden.

(8) [1] Die Aufzeichnungen nach den Absätzen 3 und 6 sind für fünf Jahre aufzubewahren, soweit sie für die dort genannten Zwecke erforderlich sind. [2] Sie sind nach Ablauf der in Satz 1 genannten Frist zu löschen oder zu vernichten. [3] Die Löschung oder Vernichtung ist zu dokumentieren. [4] Erhält die Bundesanstalt vor Ablauf der in Satz 1 genannten Frist Kenntnis von Umständen, die eine über die in Satz 1 genannte Höchstfrist hinausgehende Speicherung der Aufzeichnung insbesondere zur Beweissicherung erfordern, kann die Bundesanstalt die in Satz 1 genannte Höchstfrist zur Speicherung der Aufzeichnung um zwei Jahre verlängern.

(9) [1] Die nach den Absätzen 3 und 6 erstellten Aufzeichnungen sind gegen nachträgliche Verfälschung und unbefugte Verwendung zu sichern und dürfen nicht für andere Zwecke genutzt werden, insbesondere nicht zur Überwachung der Mitarbeiter durch das Wertpapierdienstleistungsunternehmen. [2] Sie dürfen nur unter bestimmten Voraussetzungen, insbesondere zur Erfüllung eines Kundenauftrags, der Anforderung durch die Bundesanstalt oder eine andere Aufsichts- oder eine Strafverfolgungsbehörde und nur durch einen oder mehrere vom Wertpapierdienstleistungsunternehmen gesondert zu benennende Mitarbeiter ausgewertet werden.

(10) [1] Das Bundesministerium der Finanzen kann durch Rechtsverordnung, die nicht der Zustimmung des Bundesrates bedarf, nähere Bestimmungen zu den Aufzeichnungspflichten und zu der Geeignetheit von Datenträgern nach den Absätzen 1 bis 7 erlassen. [2] Das Bundesministerium der Finanzen kann die Ermächtigung durch Rechtsverordnung auf die Bundesanstalt übertragen.

(11) Die Bundesanstalt veröffentlicht auf ihrer Internetseite ein Verzeichnis der Mindestaufzeichnungen, die die Wertpapierdienstleistungsunternehmen nach diesem Gesetz in Verbindung mit einer Rechtsverordnung nach Absatz 11 vorzunehmen haben.

(12) Absatz 2 gilt nicht für Immobiliar-Verbraucherdarlehensverträge nach $§$ 491 Absatz 3 des Bürgerlichen Gesetzbuchs, die an die Vorbedingung geknüpft sind, dass dem Verbraucher eine Wertpapierdienstleistung in Bezug auf gedeckte Schuldverschreibungen, die zur Besicherung der Finanzierung des Kredits begeben worden sind und denen dieselben Konditionen wie dem Immobiliar-Verbraucherdarlehensvertrag zugrunde liegen, erbracht wird, und wenn damit das Darlehen ausgezahlt, refinanziert oder abgelöst werden kann.

(a) Art. 72 DelVO (EU) 2017/565 Aufbewahrung von Aufzeichnungen

(1) Die Aufzeichnungen sind auf einem Datenträger aufzubewahren, auf dem sie so gespeichert werden können, dass sie der zuständigen Behörde auch in Zukunft zugänglich gemacht werden können und dass die folgenden Bedingungen erfüllt sind:

a) die zuständige Behörde kann ohne weiteres auf die Aufzeichnungen zugreifen und jede maßgebliche Stufe der Bearbeitung jedes einzelnen Geschäfts rekonstruieren;

b) es ist möglich, jegliche Korrektur oder sonstige Änderung sowie den Inhalt der Aufzeichnungen vor der Korrektur oder sonstigen Änderung leicht festzustellen;

c) die Aufzeichnungen können nicht anderweitig manipuliert oder verändert werden;

d) sie können informationstechnisch oder anderweitig wirksam genutzt werden, sofern sich die Daten aufgrund ihres Umfangs und ihrer Art nicht einfach analysieren lassen; und

e) die Bestimmungen der Wertpapierfirma werden ungeachtet der eingesetzten Technik den Anforderungen an die Führung von Aufzeichnungen gerecht.

(2) [1] Die Wertpapierfirmen müssen – je nachdem, welchen Tätigkeiten sie nachgehen – zumindest die in Anhang I zu dieser Verordnung aufgeführten Aufzeichnungen führen.

[2] Das in Anhang I zu dieser Verordnung aufgeführten Verzeichnis an Aufzeichnungen gilt unbeschadet weiterer sich aus anderen Rechtsvorschriften ergebenden Aufbewahrungspflichten.

(3) [1] Wertpapierfirmen führen zudem schriftliche Aufzeichnungen über alle Strategien und Verfahren, über die sie gemäß der *Richtlinie 2014/65/EU,* der *Verordnung (EU) Nr. 600/2014,* der *Richtlinie 2014/57/ EU* und der *Verordnung (EU) Nr. 596/2014* und der dazugehörigen Durchführungsmaßnahmen verfügen müssen.

[2] Die zuständigen Behörden können Wertpapierfirmen dazu auffordern, neben dem in Anhang I zu dieser Verordnung aufgeführten Verzeichnis noch weitere Aufzeichnungen zu führen.

(b) Art. 73 DelVO (EU) 2017/565 Führung von Aufzeichnungen über Rechte und Pflichten der Wertpapierfirma und des Kunden

Aufzeichnungen, in denen die Rechte und Pflichten der Wertpapierfirma und des Kunden im Rahmen eines Dienstleistungsvertrags oder die Bedingungen, unter denen die Wertpapierfirmen Dienstleistungen für den Kunden erbringt, festgehalten sind, sind mindestens für die Dauer der Geschäftsbeziehung mit dem Kunden aufzubewahren.

(c) Art. 74 DelVO (EU) 2017/565 Führung von Aufzeichnungen über Kundenaufträge und Handelsentscheidungen

[1] Eine Wertpapierfirma hat in Bezug auf jeden von einem Kunden erteilten Erstauftrag sowie in Bezug auf jede getroffene erste Handelsentscheidung unverzüglich zumindest die in Anhang IV Abschnitt 1 zu dieser Verordnung aufgeführten Einzelheiten festzuhalten und der zuständigen Behörde zur Verfügung zu halten, sofern diese für den betreffenden Auftrag bzw. die betreffende Handelsentscheidung gelten. [2] Sind die in Anhang IV Abschnitt 1 zu dieser Verordnung aufgeführten Einzelheiten auch laut den Artikeln 25 und 26 der *Verordnung (EU) Nr. 600/2014* vorgeschrieben, sollten diese Einzelheiten einheitlich und gemäß denselben Standards geführt werden, die auch laut den Artikeln 25 und 26 der *Verordnung (EU) Nr. 600/2014* vorgeschrieben sind.

(d) Art. 75 DelVO (EU) 2017/565 Aufbewahrung von Aufzeichnungen über Geschäfte und Auftragsabwicklungen

[1] Die Wertpapierfirmen müssen unverzüglich nach dem Erhalt eines Kundenauftrags oder dem Fällen einer Handelsentscheidung – sofern dies auf den betreffenden Auftrag bzw. die betreffende Handelsentscheidung zutrifft – zumindest die in Anhang IV Abschnitt 2 aufgeführten Einzelheiten festzuhalten und der zuständigen Behörde zur Verfügung halten. [2] Sind die in Anhang IV Abschnitt 2 aufgeführten Einzelheiten auch laut den Artikeln 25 und 26 der *Verordnung (EU) Nr. 600/2014* vorgeschrieben, so werden diese Einzelheiten einheitlich und gemäß denselben Standards geführt, die auch laut den Artikeln 25 und 26 der *Verordnung (EU) Nr. 600/2014* vorgeschrieben sind.

(e) Art. 76 DelVO (EU) 2017/565 Aufzeichnung von Telefongesprächen bzw. elektronischer Kommunikation

(1) Die Wertpapierfirmen müssen in schriftlicher Form wirksame Grundsätze für Aufzeichnungen über Telefongespräche und elektronische Kommunikation festlegen, umsetzen und aufrechterhalten und dabei der Größe und Organisation der jeweiligen Firma sowie der Art, des Umfangs und der Komplexität ihrer Geschäfte angemessen Rechnung tragen. Die Grundsätze umfassen folgende Inhalte:

a) Angaben zu den Telefongesprächen und der elektronischen Kommunikation, was auch relevante interne Telefongespräche und elektronische Kommunikation mit einschließt, für die die Aufzeichnungsanforderungen laut Artikel 16 Absatz 7 der Richtlinie 2014/65/EU gelten; und

b) nähere Angaben zu den einzuhaltenden Verfahren und zu ergreifenden Maßnahmen, so dass sichergestellt wird, dass die Wertpapierfirma Artikel 16 Absatz 7 Unterabsätze 3 und 8 der Richtlinie 2014/65/EU erfüllt, sofern sich außergewöhnliche Umstände ergeben und die Firma nicht in der Lage ist, das Gespräch bzw. die Kommunikation auf von der Firma ausgegebenen, genehmigten bzw. zugelassenen Geräten aufzuzeichnen. Über diese Umstände werden Belege aufbewahrt, auf die die zuständigen Behörden zugreifen können.

(2) Die Wertpapierfirmen stellen sicher, dass das Leitungsorgan eine wirksame Aufsicht und Kontrolle der Strategien und Verfahren hinsichtlich der Aufzeichnung der Wertpapierfirma über Telefongespräche und elektronische Kommunikation gewährleisten kann.

(3) [1] Die Wertpapierfirmen stellen sicher, dass die Bestimmungen über die Einhaltung der Aufzeichnungsanforderungen technologieneutral sind. [2] Die Wertpapierfirmen nehmen periodische Beurteilungen hinsichtlich der Wirksamkeit ihrer Strategien und Verfahren vor und übernehmen alle erforderlichen und zweckdienlichen alternativen oder zusätzliche Maßnahmen und Verfahren. [3] Diese Übernahme alternativer bzw. zusätzlicher Maßnahmen erfolgt zumindest immer dann, wenn die Wertpapierfirma ein neues Kommunikationsmittel genehmigt oder zur Nutzung zulässt.

(4) Die Wertpapierfirmen führen und aktualisieren regelmäßig Aufzeichnungen über alle Personen, die über Firmengeräte oder sich im Privatbesitz befindliche Geräte verfügen, die von der Wertpapierfirma zur Nutzung zugelassen wurden.

(5) Die Wertpapierfirmen sind für die Aus- und Weiterbildung ihrer Mitarbeiter in Bezug auf Verfahren verantwortlich, die unter die Vorschriften von Artikel 16 Absatz 7 der Richtlinie 2014/65/EU fallen.

(6) [1] Um die Einhaltung der Aufzeichnungs- und Aufbewahrungsanforderungen laut Artikel 16 Absatz 7 der Richtlinie 2014/65/EU zu überprüfen, kontrollieren die Wertpapierfirmen regelmäßig die diesen Anforderungen unterliegenden Geschäfts- und Auftragsaufzeichnungen, was auch entsprechende Gespräche mit einschließt. [2] Diese Überprüfung erfolgt risikobasiert und ist und verhältnismäßig.

(7) Die Wertpapierfirmen legen den betreffenden zuständigen Behörden die Strategien, die Verfahren sowie die Aufsicht des Leitungsorgans über die Aufzeichnungsvorschriften auf Anfrage schlüssig dar.

(8) [1] Bevor Wertpapierfirmen Wertpapierdienstleistungen und -tätigkeiten in Bezug auf die Annahme, Weiterleitung und Ausführung von Aufträgen für Neu- und Altkunden vornehmen, teilen sie dem Kunden Folgendes mit:

a) dass die Gespräche und Kommunikation aufgezeichnet werden; und

b) dass eine Kopie der Aufzeichnungen über diese Gespräche und Kommunikation mit dem Kunden auf Anfrage über einen Zeitraum von fünf Jahren und – sofern seitens der zuständigen Behörde gewünscht – über einen Zeitraum von sieben Jahren zur Verfügung stehen werden.

²Die in Unterabsatz 1 genannten Informationen werden in der- bzw. denselben Sprache(n) präsentiert, die auch bei der Erbringung von Wertpapierdienstleistungen gegenüber Kunden verwendet wird/werden.

(9) ¹Die Wertpapierfirmen zeichnen auf einem dauerhaften Datenträger alle relevanten Informationen in Bezug auf maßgebliche persönliche Kundengespräche auf. ²Die aufgezeichneten Informationen müssen mindestens Folgendes umfassen:

a) Datum und Uhrzeit der Besprechungen;
b) Ort der Besprechungen;
c) persönliche Angaben der Anwesenden;
d) Initiator der Besprechungen; und
e) wichtige Informationen über den Kundenauftrag, wie unter anderem Preis, Umfang, Auftragsart und Zeitpunkt der vorzunehmenden Weiterleitung bzw. Ausführung.

(10) ¹Die Aufzeichnungen werden auf einem dauerhaften Datenträger gespeichert, so dass sie erneut abgespielt oder kopiert werden können, und müssen in einem Format aufbewahrt werden, durch das die Originalaufzeichnung weder verändert noch gelöscht werden kann.

²Die Aufzeichnungen werden auf einem Datenträger gespeichert, so dass sie für die Kunden auf Wunsch leicht zugänglich und verfügbar sind.

³Die Wertpapierfirmen stellen die Qualität, Genauigkeit und Vollständigkeit der Aufzeichnungen aller Telefongespräche sowie der gesamten elektronischen Kommunikation sicher.

(11) Der Aufbewahrungszeitraum für eine Aufzeichnung beginnt mit ihrem Erstellungszeitpunkt.

I. Aufzeichnungs- und Aufbewahrungspflicht (§ 83)

§ 83 statuiert in Umsetzung von Art. 16 Abs. 6–10, Art. 25 Abs. 5 S. 2 MiFID II Aufzeichnungs- **1** und Aufbewahrungspflichten. Damit die BaFin die Einhaltung der Verhaltenspflichten nach §§ 63 ff. besser überwachen kann, sind WpDU gem. § 83 Abs. 1, § 9 WpDVerOV zur **Aufzeichnung** der erbrachten Wertpapier(neben-)dienstleistungen und der getätigten Geschäfte verpflichtet (s. bereits § 34 Abs. 1 aF). Art. 72 ff. Delegierte VO (EU) 2017/565 regelt die Aufbewahrung der Aufzeichnungen. Die Aufzeichnungspflicht besteht bei sämtlichen Wertpapier(neben)dienstleistungen und damit auch beim beratungsfreien Geschäft.

Außerdem müssen WpDU nach § 83 Abs. 2 S. 2 iVm Art. 58 Delegierte VO (EU) 2017/565 (vgl. **2** § 34 Abs. 2 aF)¹ vor Erbringung einer Wertpapierdienstleistung eine schriftliche **Rahmenvereinbarung** mit ihren Kunden schließen, in der die wesentlichen Rechte und Pflichten des WpDU und des Kunden niedergelegt sind. Dies dient der Rechtssicherheit und soll den Kunden ein besseres Verständnis für die Art der erbrachten Dienstleistungen ermöglichen (Erwägungsgrund 90 Delegierte VO (EU) 2017/565).²

Darüber hinaus hat das WpDU seit Inkrafttreten des 2. FiMaNoG beim Handel auf eigene Rech- **3** nung und bei Dienstleistungen zur Annahme, Übermittlung und Ausführung von Kundenaufträgen auch **Telefongespräche** und **elektronische Mitteilungen** (E-Mails, SMS, Chats oder Messenger-Dienste), aufzuzeichnen und zu speichern (sog. Taping). Dies soll der Beweissicherung dienen (§ 83 Abs. 3 S. 1).³ Konkretisiert wird die Aufzeichnungspflicht in Art. 76 Delegierte VO (EU) 2017/565. Zu berücksichtigen sind auch die Q&A der ESMA.⁴ Im Spannungsverhältnis zwischen dem Bedürfnis nach Beweissicherung und den allgemeinen Grundsätzen, dass nur in dem Umfang Daten verarbeitet werden sollen, die auch tatsächlich für den festgelegten Zweck benötigt werden, hat der Gesetzgeber⁵ der Beweissicherung den Vorrang eingeräumt. Insofern dürfen die Aufzeichnungen auch nur zur Beweissicherung genutzt werden (§ 83 Abs. 9). Mit der Aufzeichnung ist zu beginnen, sobald sich ein Gespräch auf den Eigenhandel oder die Entgegennahme, Weiterleitung oder Ausführung von Kundenaufträgen bezieht.⁶ Die Gesetzesbegründung beschränkt sich darauf festzustellen, dass sich ein genauer Zeitpunkt nicht in jedem Fall bestimmen lässt, dass aber „frühzeitig" mit der Aufzeichnung zu beginnen ist.⁷ Die Aufzeichnungspflicht besteht auch dann, wenn das Gespräch nicht zu einem Geschäftsabschluss geführt hat (§ 83 Abs. 3 S. 4).

Aufzuzeichnen sind nach § 83 Abs. 3 S. 2 insbesondere die Erörterung von Risiken, Ertragschancen **4** und die Ausgestaltung von Produkten und Dienstleistungen. WpDU müssen angemessene Maßnah-

---

¹ Für § 34 Abs. 2 aF war es noch streitig, ob es sich hierbei um eine Pflicht zum Vertragsschluss handelt oder lediglich um eine Dokumentationspflicht, s. nur etwa Fuchs/*Fuchs* § 34 Rn 18; Kölner Komm WpHG/*Möllers* § 34 Rn 72.

² So Erwägungsgrund 90 Delegierte VO (EU) 2017/565.

³ Daneben wird auch bezweckt, die WpDU damit stärker zur Einhaltung der ihnen obliegenden Verhaltenspflichten zu bewegen und so den Anlegerschutz zu stärken und daneben die Marktüberwachung zu verbessern, Erwägungsgrund 57 MiFID II; *Meixner* ZAP 2017, 579 (583).

⁴ ESMA, Questions and Answers on MiFID II and MiFIR investor protection and intermediaries topics, Stand: 3.10.2018, ESMA35-43-349, S. 31 ff. (abrufbar unter https://www.esma.europa.eu/document/qas-mifid-ii-and-mifir-investor-protection-topics, letzter Zugriff: 5.12.2019).

⁵ Begr. RegE, BT-Drs. 18/10936, 244.

⁶ Hierzu *Roth/Blessing* CCZ 2017, 8 (10 ff.); auch Assmann/Schneider/Mülbert/*Koller* § 83 Rn. 13.

⁷ Begr. RegE, BT-Drs. 18/10936, 244.

men ergreifen, um eine solche technische Aufzeichnung zu ermöglichen (§ 83 Abs. 4). Aus der Aufzeichnungspflicht des § 83 leiten sich zudem erweiterte Informationspflichten für WpDU ab:[8] Neu- und Altkunden sowie Mitarbeiter des WpDU und beauftragte Personen sind gem. § 83 Abs. 5 S. 1 vorab darüber zu unterrichten, dass Aufzeichnungen stattfinden (vgl. Art. 76 Abs. 8 Delegierte VO (EU) 2017/565). Widerspricht der Kunde, darf das WpDU keine telefonische oder mittels elektronischer Kommunikation veranlasste Wertpapierdienstleistung erbringen (§ 83 Abs. 5 S. 2). Wird der Auftrag in **persönlichen Gesprächen** erteilt, ist dies gem. § 83 Abs. 6 S. 1 auf einem dauerhaften Datenträger zu dokumentieren. Zu diesem Zweck dürfen auch schriftliche Protokolle oder Vermerke über den Inhalt des persönlichen Gesprächs angefertigt werden (§ 83 Abs. 6 S. 2, Art. 76 Abs. 9 Delegierte VO (EU) 2017/565). Der Kunde kann verlangen, dass ihm die Aufzeichnung nach Abs. 3 bzw. die Gesprächsdokumentation nach Abs. 6 oder eine Kopie zur Verfügung gestellt wird (§ 83 Abs. 7). Insofern kann der Kunde die Aufzeichnungen in einem Zivilprozess verwenden.[9]

II. Sanktionen

5   Verstöße gegen § 83 sind primär als **Ordnungswidrigkeiten** gem. § 120 Abs. 8 Nr. 123–126 sanktioniert. Unklar ist, welche zivilrechtliche Bedeutung Verstöße gegen die Aufzeichnungspflichten haben. Da jedenfalls die Aufzeichnungspflicht gem. **§ 83 Abs. 1** ausdrücklich allein der Kontroll- und Aufsichtstätigkeit der BaFin dient, kann sie keine zivilrechtliche Bedeutung entfalten. Die Aufzeichnungspflichten werden auch im Übrigen von der überwiegenden Ansicht nicht als Schutzgesetz iSv § 823 Abs. 2 eingeordnet.[10]

6   Umstritten ist, ob die Verletzung der Aufzeichnungspflichten **Beweiserleichterungen** im Zivilprozess zulasten des WpDU zur Folge haben kann. Nach allgemeinen Grundsätzen trifft den Anleger generell die Darlegungs- und Beweislast für Pflichtverletzungen der Bank, etwa die Empfehlung eines für ihn ungeeigneten Produkts.[11] Fraglich ist, ob und inwieweit das Unterlassen der nach dem WpHG geforderten Aufzeichnung bzw. Dokumentation Beweiserleichterungen zugunsten des Kunden im zivilrechtlichen Haftungsprozess, ähnlich wie im Arzthaftungs- oder Versicherungsrecht,[12] begründen kann. Zu dieser praktisch relevanten Frage hat sich der Gesetzgeber im 2. FiMaNoG nicht geäußert. Zu den Dokumentations- und Protokollpflichten gab es vor dem 2. FiMaNoG eine breit geführte Debatte. Beweiserleichterungen zugunsten des Kunden bei Verletzung des § 34 aF wurden überwiegend abgelehnt.[13] Maßgebliche Begründung hierfür war, dass die Regelung ausschließlich aufsichtsrechtliche und keine zivil- oder zivilprozessrechtlichen Zwecke verfolgte.[14] An dieser Auffassung ist auch für die Aufzeichnungspflichten gem. § 83 nach dem 2. FiMaNoG festzuhalten. Zwar kann der Anleger die Herausgabe der Aufzeichnungen gem. § 83 Abs. 7 verlangen, wie das war jedenfalls für das Beratungsprotokoll gem. § 34 Abs. 2a aF aber ebenfalls der Fall. Die Aufzeichnungspflicht ist daher auch weiterhin – im Gegensatz zum Arzt- oder Versicherungsvertragsrecht – eine ausschließlich aufsichtsrechtliche Vorschrift und hat damit keine zivilprozessuale Bedeutung.[15]

§ 84 Vermögensverwahrung und Finanzsicherheiten; Verordnungsermächtigung

(1) **Ein Wertpapierdienstleistungsunternehmen, das nicht über eine Erlaubnis für das Einlagengeschäft nach § 1 Absatz 1 Satz 2 Nummer 1 des Kreditwesengesetzes verfügt und das Gelder von Kunden hält, hat geeignete Vorkehrungen zu treffen, um die Rechte der Kunden zu schützen und zu verhindern, dass die Gelder des Kunden ohne dessen ausdrückliche Zustimmung für eigene Rechnung oder für Rechnung einer anderen Person verwendet werden.**

---

[8] S. auch *Roth/Blessing* CCZ 2017, 8 (13 ff.).

[9] Schwark/Zimmer/*Fett* Rn. 34. Zur vorhergehenden Rechtslage Kölner Komm WpHG/*Möllers* § 34 Rn. 161 ff.

[10] Schwark/Zimmer/*Fett* Rn. 4; Assmann/Schneider/Mülbert/*Koller* § 83 Rn. 1. Die Eigenschaft als Schutzgesetz wohl annehmend *Binder* Bd. 11/2 7. Teil Rn. 110. Noch zu § 34 aF BGH, Urt. v. 22.6.2010 – VI ZR 212/09 Langenbucher/Bliesener/Spindler/*Bergmann* Kap. 36 Rn. 60; *Lenenbach*, Kapitalmarktrecht, 2. Aufl. 2010, Rn. 5.254; Fuchs/*Fuchs* § 34 Rn. 2; Kölner Komm WpHG/*Möllers* § 34 Rn. 136 ff.; *Balzer* ZBB 2007, 333 (345); *Lang* WM 2000, 450 (456); *Schäfer* WM 2007, 1872 (1879). AA *Roller* VuR 2007, 441 (444).

[11] BeckOGK/*Buck-Heeb*/*Lang* BGB § 675 Rn 504.

[12] Zum Versicherungsvertragsrecht s. nur MüKoVVG/*Armbrüster* VVG § 6 Rn. 120; OLG Saarbrücken VersR 2010, 1182. Zum Arzthaftungsrecht ist die Beweislastumkehr nunmehr gesetzlich geregelt in § 630h Abs. 3 BGB.

[13] Zum Beratungsprotokoll gem. § 34 Abs. 2a s. nur Assmann/Schneider/Mülbert/*Koller*, 6. Aufl. 2012, § 34 Rn 4 f.; Schwark/Zimmer/*Fett* § 34 Rn 3; Fuchs/*Fuchs* § 34 Rn 3; diff. Kölner Komm WpHG/*Möllers*, 2. Aufl. 2014, § 34 Rn 155 mwN. AA *Kumpan*/*Hellgardt* DB 2006, 1714 (1719).

[14] Fuchs/*Fuchs* § 34 Rn. 3; Schwark/Zimmer/*Fett* § 34 Rn. 1.

[15] *Buck-Heeb*/*Poelzig* BKR 2017, 485 (495); so auch Schwark/Zimmer/*Fett* Rn. 5; aA Staub/*Binder* Bd. 11/2 7. Teil Rn. 110; *Freitag* ZBB 2016, 1 (4 ff.).

(2) [1] Ein Wertpapierdienstleistungsunternehmen, das über keine Erlaubnis für das Einlagengeschäft im Sinne des § 1 Abs. 1 Satz 2 Nr. 1 des Kreditwesengesetzes verfügt, hat Kundengelder, die es im Zusammenhang mit einer Wertpapierdienstleistung oder einer Wertpapiernebendienstleistung entgegennimmt, unverzüglich getrennt von den Geldern des Unternehmens und von anderen Kundengeldern auf Treuhandkonten bei solchen Kreditinstituten, Unternehmen im Sinne des § 53b Abs. 1 Satz 1 des Kreditwesengesetzes oder vergleichbaren Instituten mit Sitz in einem Drittstaat, welche zum Betreiben des Einlagengeschäftes befugt sind, einer Zentralbank oder einem qualifizierten Geldmarktfonds zu verwahren, bis die Gelder zum vereinbarten Zweck verwendet werden. [2] Der Kunde kann im Wege individueller Vertragsabrede hinsichtlich der Trennung der Kundengelder voneinander anderweitige Weisung erteilen, wenn er über den mit der Trennung der Kundengelder verfolgten Schutzzweck informiert wurde. [3] Zur Verwahrung bei einem qualifizierten Geldmarktfonds hat das Wertpapierdienstleistungsunternehmen die vorherige Zustimmung des Kunden einzuholen. [4] Die Zustimmung ist nur dann wirksam, wenn das Wertpapierdienstleistungsunternehmen den Kunden vor Erteilung der Zustimmung darüber unterrichtet hat, dass die bei dem qualifizierten Geldmarktfonds verwahrten Gelder nicht entsprechend den Schutzstandards dieses Gesetzes und nicht entsprechend der Verordnung zur Konkretisierung der Verhaltensregeln und Organisationsanforderungen für Wertpapierdienstleistungsunternehmen gehalten werden. [5] Das Wertpapierdienstleistungsunternehmen hat dem verwahrenden Institut vor der Verwahrung offen zu legen, dass die Gelder treuhänderisch eingelegt werden. [6] Es hat den Kunden unverzüglich darüber zu unterrichten, bei welchem Institut und auf welchem Konto die Kundengelder verwahrt werden und ob das Institut, bei dem die Kundengelder verwahrt werden, einer Einrichtung zur Sicherung der Ansprüche von Einlegern und Anlegern angehört und in welchem Umfang die Kundengelder durch diese Einrichtung gesichert sind.

(3) [1] Werden die Kundengelder bei einem Kreditinstitut, einem vergleichbaren Institut mit Sitz in einem Drittstaat oder einem Geldmarktfonds, die zur Unternehmensgruppe des Wertpapierdienstleistungsunternehmens gehören, gehalten, dürfen die bei einem solchen Unternehmen oder einer Gemeinschaft von solchen Unternehmen verwahrten Gelder 20 Prozent aller Kundengelder des Wertpapierdienstleistungsunternehmens nicht übersteigen. [2] Die Bundesanstalt kann dem Wertpapierdienstleistungsunternehmen auf Antrag erlauben, die Obergrenze nach Satz 1 zu überschreiten, wenn es nachweist, dass die gemäß Satz 1 geltende Anforderung angesichts der Art, des Umfangs und der Komplexität seiner Tätigkeit sowie angesichts der Sicherheit, die die Verwahrstellen nach Satz 1 bieten sowie angesichts des geringen Saldos an Kundengeldern, das das Wertpapierdienstleistungsunternehmen hält, unverhältnismäßig ist. [3] Das Wertpapierdienstleistungsunternehmen überprüft die nach Satz 2 durchgeführte Bewertung jährlich und leitet der Bundesanstalt seine Ausgangsbewertung sowie die überprüften Bewertungen zur Prüfung zu.

(4) [1] Ein Wertpapierdienstleistungsunternehmen, das Finanzinstrumente von Kunden hält, hat geeignete Vorkehrungen zu treffen, um die Eigentumsrechte der Kunden an diesen Finanzinstrumenten zu schützen. [2] Dies gilt insbesondere für den Fall der Insolvenz des Wertpapierdienstleistungsunternehmens. [3] Das Wertpapierdienstleistungsunternehmen hat durch geeignete Vorkehrungen zu verhindern, dass die Finanzinstrumente eines Kunden ohne dessen ausdrückliche Zustimmung für eigene Rechnung oder für Rechnung einer anderen Person verwendet werden.

(5) [1] Ein Wertpapierdienstleistungsunternehmen ohne eine Erlaubnis zum Betreiben des Depotgeschäftes im Sinne des § 1 Absatz 1 Satz 2 Nummer 5 des Kreditwesengesetzes hat Wertpapiere, die es im Zusammenhang mit einer Wertpapierdienstleistung oder einer Wertpapiernebendienstleistung entgegennimmt, unverzüglich einem Kreditinstitut, das im Inland zum Betreiben des Depotgeschäftes befugt ist, oder einem Institut mit Sitz im Ausland, das zum Betreiben des Depotgeschäftes befugt ist und bei welchem dem Kunden eine Rechtsstellung eingeräumt wird, die derjenigen nach dem Depotgesetz gleichwertig ist, zur Verwahrung weiterzuleiten. [2] Absatz 2 Satz 6 gilt entsprechend.

(6) [1] Das Wertpapierdienstleistungsunternehmen darf die Finanzinstrumente eines Kunden nur unter genau festgelegten Bedingungen für eigene Rechnung oder für Rechnung einer anderen Person verwenden und hat geeignete Vorkehrungen zu treffen, um die unbefugte Verwendung der Finanzinstrumente des Kunden für eigene Rechnung oder für Rechnung einer anderen Person zu verhindern. [2] Der Kunde muss den Bedingungen im Voraus ausdrücklich zugestimmt haben und die Zustimmung muss durch seine Unterschrift oder eine gleichwertige schriftliche Bestätigung eindeutig dokumentiert sein. [3] Werden die Finanzinstrumente auf Sammeldepots bei einem Dritten verwahrt, sind für eine Verwendung nach Satz 1 zusätzlich die ausdrückliche Zustimmung aller anderen Kunden des Sammeldepots oder Systeme und Kontrolleinrichtungen erforderlich, mit denen die Beschränkung der Verwendung auf Finanzinstrumente gewährleistet ist, für die eine Zustimmung nach Satz 2 vorliegt. [4] In den Fällen des Satzes 3 muss das Wertpapierdienstleistungsunternehmen über Kunden, auf deren Weisung hin eine Nutzung der Finanzinstrumente erfolgt, und über

die Zahl der von jedem einzelnen Kunden mit dessen Zustimmung verwendeten Finanzinstrumente Aufzeichnungen führen, die eine eindeutige und zutreffende Zuordnung der im Rahmen der Verwendung eingetretenen Verluste ermöglichen.

(7) Ein Wertpapierdienstleistungsunternehmen darf sich von Privatkunden zur Besicherung oder Deckung von Verpflichtungen der Kunden, auch soweit diese noch nicht bestehen, keine Finanzsicherheiten in Form von Vollrechtsübertragungen im Sinne des Artikels 2 Absatz 1 Buchstabe b der Richtlinie 2002/47/EG des Europäischen Parlaments und des Rates vom 6. Juni 2002 über Finanzsicherheiten (ABl. L 168 vom 27.6.2002, S. 43), die zuletzt durch die Richtlinie 2014/59/EU (ABl. L 173 vom 12.6.2014, S. 190) geändert worden ist, in der jeweils geltenden Fassung, gewähren lassen.

(8) [1] Soweit eine Vollrechtsübertragung zulässig ist, hat das Wertpapierdienstleistungsunternehmen die Angemessenheit der Verwendung eines Finanzinstruments als Finanzsicherheit ordnungsgemäß vor dem Hintergrund der Vertragsbeziehung des Kunden mit dem Wertpapierdienstleistungsunternehmen und der Vermögensgegenständen des Kunden zu prüfen und diese Prüfung zu dokumentieren. [2] Professionelle Kunden und geeignete Gegenparteien sind auf die Risiken und die Folgen der Stellung einer Finanzsicherheit in Form der Vollrechtsübertragung hinzuweisen.

(9) [1] Ein Wertpapierdienstleistungsunternehmen hat im Rahmen von Wertpapierleihgeschäften mit Dritten, die Finanzinstrumente von Kunden zum Gegenstand haben, durch entsprechende Vereinbarungen sicherzustellen, dass der Entleiher der Kundenfinanzinstrumente angemessene Sicherheiten stellt. [2] Das Wertpapierdienstleistungsunternehmen hat die Angemessenheit der gestellten Sicherheiten durch geeignete Vorkehrungen sicherzustellen sowie fortlaufend zu überwachen und das Gleichgewicht zwischen dem Wert der Sicherheit und dem Wert des Finanzinstruments des Kunden aufrechtzuerhalten.

(10) [1] Das Bundesministerium der Finanzen kann durch Rechtsverordnung, die nicht der Zustimmung des Bundesrates bedarf, zum Schutz der einem Wertpapierdienstleistungsunternehmen anvertrauten Gelder oder Wertpapiere der Kunden nähere Bestimmungen über den Umfang der Verpflichtungen nach den Absätzen 1 bis 9 sowie zu den Anforderungen an qualifizierte Geldmarktfonds im Sinne des Absatzes 2 erlassen. [2] Das Bundesministerium der Finanzen kann die Ermächtigung durch Rechtsverordnung auf die Bundesanstalt übertragen.

Art. 49 DelVO (EU) 2017/565 Informationen zum Schutz von Kundenfinanzinstrumenten und Kundengelder

(1) Wertpapierfirmen, die Kunden gehörende Finanzinstrumente oder Gelder halten, übermitteln den betreffenden Kunden bzw. potenziellen Kunden – soweit relevant – die in den Absätzen 2 bis 7 genannten Informationen.

(2) Die Wertpapierfirma informiert den Kunden bzw. potenziellen Kunden darüber, wo seine Finanzinstrumente oder Gelder im Namen der Wertpapierfirma von einem Dritten gehalten werden können, und informiert ihn über die Haftung der Wertpapierfirma nach dem anwendbaren nationalen Recht für etwaige Handlungen oder Unterlassungen des Dritten und über die Folgen einer Zahlungsunfähigkeit des Dritten für den Kunden.

(3) Können Finanzinstrumente des Kunden bzw. potenziellen Kunden, soweit dies nach nationalem Recht zulässig ist, von einem Dritten auf einem Sammelkonto geführt werden, informiert die Wertpapierfirma den Kunden darüber und warnt ihn deutlich vor den damit verbundenen Risiken.

(4) Die Wertpapierfirma informiert den Kunden bzw. potenziellen Kunden entsprechend, wenn es nach nationalem Recht nicht möglich ist, Kundenfinanzinstrumente, die von einem Dritten gehalten werden, von den Eigenhandelsfinanzinstrumenten dieses Dritten oder der Wertpapierfirma getrennt zu halten, und warnt ihn deutlich vor den damit verbundenen Risiken.

(5) Die Wertpapierfirma informiert den Kunden bzw. potenziellen Kunden entsprechend, wenn Konten mit Finanzinstrumenten oder Geldern des betreffenden Kunden bzw. potenziellen Kunden unter die Rechtsvorschriften eines Drittlandes fallen oder fallen werden, und weist ihn darauf hin, dass dies seine Rechte in Bezug auf die betreffenden Finanzinstrumente oder Gelder beeinflussen kann.

(6) [1] Die Wertpapierfirma informiert den Kunden über die Existenz und die Bedingungen eines etwaigen Sicherungs- oder Pfandrechts oder eines Rechts auf Verrechnung, das sie in Bezug auf die Instrumente oder Gelder des Kunden hat oder haben könnte. [2] Gegebenenfalls informiert sie den Kunden auch darüber, dass eine Verwahrstelle ein Sicherungsrecht oder ein Pfandrecht bzw. ein Recht auf Verrechnung in Bezug auf die betreffenden Instrumente oder Gelder haben könnte.

(7) Bevor eine Wertpapierfirma Wertpapierfinanzierungsgeschäfte im Zusammenhang mit Finanzinstrumenten eingeht, die sie im Namen eines Kunden hält, oder bevor sie die betreffenden Finanzinstrumente für eigene Rechnung oder die eines anderen Kunden verwendet, übermittelt die Wertpapierfirma dem Kunden rechtzeitig vor der Verwendung der betreffenden Instrumente auf einem dauerhaften Datenträger klare, vollständige und zutreffende Informationen über die Rechte und Pflichten der Wertpapierfirma in Bezug auf die Verwendung der betreffenden Finanzinstrumente und die Bedingungen für ihre Rückgabe sowie über die damit verbundenen Risiken.

(a) Art. 63 DelVO (EU) 2017/565 Aufstellungen über Kundenfinanzinstrumente und Kundengelder

(1) [1] Wertpapierfirmen, die Kundenfinanzinstrumente oder Kundengelder halten, übermitteln jedem Kunden, für den sie Finanzinstrumente oder Gelder halten, mindestens einmal pro Quartal auf einem dauerhaften Datenträger eine Aufstellung der betreffenden Finanzinstrumente oder Gelder, es sei denn, eine solche Aufstellung ist bereits in einer anderen periodischen Aufstellung übermittelt worden. [2] Auf Wunsch des Kunden übermitteln die Wertpapierfirmen diese Aufstellung zu handelsüblichen Kosten auch häufiger.

[3] Unterabsatz 1 gilt nicht für Kreditinstitute, die über eine Zulassung gemäß der *Richtlinie 2000/12/EG* des Europäischen Parlaments und des Rates in Bezug auf Einlagen im Sinne der genannten Richtlinie verfügen.

(2) [1] Die in Absatz 1 genannte Aufstellung der Kundenvermögenswerte enthält folgende Informationen:

a) Angaben zu allen Finanzinstrumenten und Geldern, die die Wertpapierfirma am Ende des von der Aufstellung erfassten Zeitraums für den betreffenden Kunden hält;
b) Angaben darüber, inwieweit Kundenfinanzinstrumente oder Kundengelder Gegenstand von Wertpapierfinanzierungsgeschäften gewesen sind;
c) Höhe und Grundlage etwaiger Erträge, die dem Kunden aus der Beteiligung an Wertpapierfinanzierungsgeschäften zugeflossen sind;
d) deutlicher Hinweis darauf, welche Vermögenswerte bzw. Gelder unter die Regelungen der *Richtlinie 2014/65/EU* und deren Durchführungsmaßnahmen fallen und welche nicht, wie beispielsweise diejenigen, die Gegenstand einer Sicherheitenvereinbarung mit Eigentumsübertragung sind;
e) deutlicher Hinweis darauf, für welche Vermögenswerte hinsichtlich ihrer Eigentumsverhältnisse bestimmte Besonderheiten gelten, beispielsweise aufgrund eines Sicherungsrechts;
f) Marktwert oder – sofern der Marktwert nicht verfügbar ist – Schätzwert der Finanzinstrumente, die Teil der Aufstellung sind, mit einem deutlichen Hinweis darauf, dass der fehlende Marktpreis vermutlich auf mangelnde Liquidität hindeutet. Die Beurteilung des Schätzwerts nimmt die Wertpapierfirma nach bestmöglichem Bemühen vor.

[2] Enthält das Portfolio eines Kunden Erlöse aus nicht abgerechneten Geschäften, kann für die unter Buchstabe a genannte Information entweder das Abschluss- oder das Abwicklungsdatum zu Grunde gelegt werden, vorausgesetzt, dass für alle derartigen Informationen in der Aufstellung so verfahren wird.

[3] Die periodische Aufstellung des in Absatz 1 genannten Kundenvermögens ist nicht erforderlich, wenn die Wertpapierfirma ihren Kunden Zugang zu einem als dauerhafter Datenträger einstufbaren Online-System gewährt, über das der Kunde auf aktuelle Aufstellungen seiner Finanzinstrumente oder Gelder zugreifen und die Wertpapierfirma nachweisen kann, dass der Kunde während des betreffenden Quartals mindestens einmal auf diese Aufstellung zugegriffen hat.

(3) Wertpapierfirmen, die Finanzinstrumente oder Gelder halten und für einen Kunden Portfolioverwaltungsdienstleistungen erbringen, können die in Absatz 1 genannte Aufstellung der Kundenvermögenswerte in die periodische Aufstellung einbeziehen, die sie den betreffenden Kunden gemäß Artikel 60 Absatz 1 übermitteln.

I. Kundengelder (§ 84, Art. 49, 63 Delegierte VO (EU) 2017/565)

WpDU haben die Gelder von Kunden vor deren Verwendung für eigene Rechnung oder für **1** Rechnung einer anderen Person ohne Zustimmung des Kunden zu schützen (§ 84 Abs. 1) und getrennt zu verwahren, sodass für jeden Kunden ein eigenständiges Konto zu führen ist (§ 84 Abs. 2). Zweck der Vorschrift (zuvor § 34a aF) ist die Sicherung der Kundengelder vor der Insolvenz des Finanzinstituts[1] und vor sonstigen zweckwidrigen Einwirkungen.[2] Da WpDU mit Erlaubnis für das Einlagengeschäft gem. §§ 1 Abs. 1 S. 2 Nr. 1, 32 KWG bereits dem Bankenaufsichtsrecht unterliegen, sind sie ausdrücklich von der Vorschrift ausgenommen.[3] Art. 49 Delegierte VO (EU) 2017/565 ergänzt dies um Mitteilungspflichten gegenüber (potentiellen) Kunden zum Umgang mit den Kundengeldern. Art. 63 Delegierte VO (EU) 2017/565 verpflichtet WpDU, jedem Kunden, für den sie Finanzinstrumente oder Gelder halten, mindestens einmal pro Quartal auf einem dauerhaften Datenträger eine Aufstellung der betreffenden Finanzinstrumente oder Gelder zu übermitteln, es sei denn, eine solche Aufstellung ist bereits in einer anderen periodischen Aufstellung übermittelt worden.

II. Sanktionen

Verstößt das WpDU gegen die Pflichten aus § 84, drohen in erster Linie verwaltungsrechtliche **2** Sanktionen, wie **Bußgelder** gem. § 120 Abs. 8 Nr. 127–133 iVm Abs. 20 (bis zu 5 Mio. EUR bzw. bei juristischen Personen und Personenvereinigungen bis zu 10 % des Gesamtumsatzes bzw. bis zum Zweifachen des erzielten Vorteils) und die Bekanntmachung gem. § 126. Ein Teil der Literatur geht von einem individualschützenden Charakter des § 84 aus und bejaht daher die Schutzgesetzeigenschaft

[1] Assmann/Schneider/Mülbert/*Koller* § 84 Rn. 1; Schwark/Zimmer/*Fett* Rn. 2; zu § 34e WpHG aF Fuchs/*Fuchs* § 34a Rn. 1; Kölner Komm WpHG/*Möllers* § 34a Rn. 1; NK-AktKapMarktR/*Schäfer* AktG § 34a Rn. 1. Krit. ggü. der Wirksamkeit der Norm *de Buisson* WM 2009, 834 (841 ff.).
[2] BVerwG Urt. v. 24.4.2002 – 6 C 2/02, ZIP 2002, 1569 (1573); vgl. *Kumpan/Hellgardt* DB 2006, 1714 (1720); *Wolf* BKR 2002, 892.
[3] Schwark/Zimmer/*Fett* § 84 Rn. 4; Staub/*Binder* Bd. 11/2 7. Teil Rn. 113.

iSv § 823 Abs. 2 BGB.[4] Die hM qualifiziert § 84 als vertragliche Schutzpflicht gem. § 241 Abs. 2 BGB und lehnt daher zu Recht eine Schutzgesetzverletzung iSv § 823 Abs. 2 BGB iVm § 84 ab.[5]

§§ 85–96

(hier nicht wiedergegeben)

Abschnitt 12. Haftung für falsche und unterlassene Kapitalmarktinformationen

§ 97 Schadenersatz wegen unterlassener unverzüglicher Veröffentlichung von Insiderinformationen

(1) Unterlässt es ein Emittent, der für seine Finanzinstrumente die Zulassung zum Handel an einem inländischen Handelsplatz genehmigt oder an einem inländischen regulierten Markt oder multilateralen Handelssystem beantragt hat, unverzüglich eine Insiderinformation, die ihn unmittelbar betrifft, nach Artikel 17 der Verordnung (EU) Nr. 596/ 2014 zu veröffentlichen, ist er einem Dritten zum Ersatz des durch die Unterlassung entstandenen Schadens verpflichtet, wenn der Dritte

1. die Finanzinstrumente nach der Unterlassung erwirbt und er bei Bekanntwerden der Insiderinformation noch Inhaber der Finanzinstrumente ist oder
2. die Finanzinstrumente vor dem Entstehen der Insiderinformation erwirbt und nach der Unterlassung veräußert.

(2) Nach Absatz 1 kann nicht in Anspruch genommen werden, wer nachweist, dass die Unterlassung nicht auf Vorsatz oder grober Fahrlässigkeit beruht.

(3) Der Anspruch nach Absatz 1 besteht nicht, wenn der Dritte die Insiderinformation im Falle des Absatzes 1 Nr. 1 bei dem Erwerb oder im Falle des Absatzes 1 Nr. 2 bei der Veräußerung kannte.

(4) Weitergehende Ansprüche, die nach Vorschriften des bürgerlichen Rechts auf Grund von Verträgen oder vorsätzlichen unerlaubten Handlungen erhoben werden können, bleiben unberührt.

(5) Eine Vereinbarung, durch die Ansprüche des Emittenten gegen Vorstandsmitglieder wegen der Inanspruchnahme des Emittenten nach Absatz 1 im Voraus ermäßigt oder erlassen werden, ist unwirksam.

§ 98 Schadenersatz wegen Veröffentlichung unwahrer Insiderinformationen

(1) Veröffentlicht ein Emittent, der für seine Finanzinstrumente die Zulassung zum Handel an einem inländischen Handelsplatz genehmigt oder an einem inländischen regulierten Markt oder multilateralen Handelssystem beantragt hat, in einer Mitteilung nach Artikel 17 der Verordnung (EU) Nr. 596/ 2014 eine unwahre Insiderinformation, die ihn unmittelbar betrifft, ist er einem Dritten zum Ersatz des Schadens verpflichtet, der dadurch entsteht, dass der Dritte auf die Richtigkeit der Insiderinformation vertraut, wenn der Dritte

1. die Finanzinstrumente nach der Veröffentlichung erwirbt und er bei dem Bekanntwerden der Unrichtigkeit der Insiderinformation noch Inhaber der Finanzinstrumente ist oder
2. die Finanzinstrumente vor der Veröffentlichung erwirbt und vor dem Bekanntwerden der Unrichtigkeit der Insiderinformation veräußert.

(2) Nach Absatz 1 kann nicht in Anspruch genommen werden, wer nachweist, dass er die Unrichtigkeit der Insiderinformation nicht gekannt hat und die Unkenntnis nicht auf grober Fahrlässigkeit beruht.

---

[4] Staub/*Binder* Bd. 11/2 7. Teil Rn. 114. Noch zu § 34a aF Fuchs/*Fuchs* § 34a Rn. 1; JVRB/*Voß* § 34a Rn. 5; *Nodoushani* NZG 2010, 1133 (1135); zu § 34a WpHG aF OLG Frankfurt a. M. Urt. v. 8.6.2006 – 16 U 106/05, BeckRS 2006, 09900.

[5] Schwark/Zimmer/*Fett* Rn. 3; Assmann/Schneider/Mülbert/*Koller* Rn. 1; zu § 34a WpHG aF BGH Urt. v. 22.6.2010 – VI ZR 212/09, BGHZ 186, 58 (65) = NJW 2010, 3651, 3652 Rn. 24 ff.; OLG Frankfurt a. M. Urt. v. 17.6.2009 – 23 U 34/08, NJW-RR 2009, 1210 (1211); Kölner Komm WpHG/*Möllers* § 34a Rn. 7; *Lenenbach*, Kapitalmarktrecht, 2. Aufl. 2010, Rn. 5.529; *Möllers/Krüger* LMK 2010, 309372.

(3) **Der Anspruch nach Absatz 1 besteht nicht, wenn der Dritte die Unrichtigkeit der Insiderinformation im Falle des Absatzes 1 Nr. 1 bei dem Erwerb oder im Falle des Absatzes 1 Nr. 2 bei der Veräußerung kannte.**

(4) **Weitergehende Ansprüche, die nach Vorschriften des bürgerlichen Rechts auf Grund von Verträgen oder vorsätzlichen unerlaubten Handlungen erhoben werden können, bleiben unberührt.**

(5) **Eine Vereinbarung, durch die Ansprüche des Emittenten gegen Vorstandsmitglieder wegen der Inanspruchnahme des Emittenten nach Absatz 1 im Voraus ermäßigt oder erlassen werden, ist unwirksam.**

Schrifttum: 1. Monographien, Sammelbände, Kommentare: *Assmann/Schneider/Mülbert,* Wertpapierhandelsrecht – Kommentar, 7. Aufl. 2019; *Barth,* Schadensberechnung bei Haftung wegen fehlerhafter Kapitalmarktinformation, 2006; *Benzinger,* Zivilrechtliche Haftungsansprüche im Zusammenhang mit Insiderhandelsverbot und Ad hoc Publizität, 2008; *Habersack/Mülbert/Schlitt,* Unternehmensfinanzierung am Kapitalmarkt, 4. Aufl. 2019; *Hirte/Möllers,* Kölner Kommentar zum WpHG, 2. Aufl. 2014; *Leis/Nowak,* Ad-hoc-Publizität nach § 15 WpHG, 2001; *Leisch,* Haftung von Vorständen gegenüber Anlegern wegen fehlerhafter Ad-hoc-Meldungen nach § 826 BGB, 2000; *Schimansky/Bunte/Lwowski,* Bankrechts-Handbuch, 5. Aufl. 2017; *Struck,* Ad-hoc-Publizitätspflicht zum Schutz der Anleger vor vermögensschädigendem Wertpapierhandel, 2003.

2. *Aufsätze und Beiträge:* *Bayer,* Emittentenhaftung versus Kapitalmarkthaftung, WM 2013, 961; *v. Bernuth/Wagner/Kremer,* Die Haftung für fehlerhafte Kapitalmarktinformationen: Zur IKB-Entscheidung des BGH, WM 2012, 831; *v. Bernuth/Kremer,* Schadensersatz wegen fehlerhafter Kapitalmarktinformation für Investoren in Aktienderivate, BB 2013, 2186; *Burgard,* Ad-hoc-Publizität bei gestreckten Sachverhalten und mehrstufigen Entscheidungsprozessen, ZHR 162 (1998), 51; *Escher-Weingart/Lägeler/Eppinger,* Schadensersatzanspruch, Schadensart und Schadensberechnung gemäß der §§ 37b, 37c WpHG, WM 2004, 1845; *Findeisen,* Die Bedeutung der haftungsbegründenden Kausalität einer fehlerhaften Ad-hoc-Mitteilung für die Anlageentscheidung des Schadensersatzklägers, NZG 2007, 692; *Findeisen/Backhaus,* Umfang und Anforderungen an die haftungsbegründende Kausalität bei der Haftung nach § 826 BGB für fehlerhafte Ad-hoc-Mitteilungen, WM 2007, 100; *Fleischer,* Der Inhalt des Schadensersatzanspruchs wegen unwahrer oder unterlassener unverzüglicher Ad-hoc-Mitteilungen, BB 2002, 1869; *Fleischer,* Zur deliktsrechtlichen Haftung der Vorstandsmitglieder für falsche Ad-hoc-Mitteilungen, DB 2004, 2031; *Fleischer,* Der Inhalt des Schadensersatzanspruchs wegen unwahrer oder unterlassener unverzüglicher Ad-hoc-Mitteilungen, BB 2002, 1869; *Fleischer,* Gesundheitsprobleme eines Vorstandsmitglieds im Lichte des Aktien- und Kapitalmarktrechts, NZG 2010, 561; *Fuchs/Dühn,* Deliktische Schadensersatzhaftung für falsche Ad-hoc-Mitteilungen, BKR 2002, 1063; *Gottschalk,* Die deliktische Haftung für fehlerhafte Ad-hoc-Mitteilungen, DStR 2005, 1648; *Groß,* Haftung für fehlerhafte oder fehlende Regel- oder Ad-hoc-Publizität, WM 2002, 477; *Hannich,* Quo vadis, Kapitalmarktinformationshaftung? Folgt aufgrund des IKB-Urteils nun doch die Implementierung des KapInHaG?, WM 2013, 449; *Hellgardt,* Praxis- und Grundsatzprobleme der BGH-Rechtsprechung zur Kapitalmarktinformationshaftung, DB 2012, 673; *Hennrichs,* Haftung für falsche Ad-hoc-Mitteilungen und Bilanzen, FS Kollhosser, 2004, 201; *Horn,* Zur Haftung der AG und ihrer Organmitglieder für unrichtige oder unterlassene Ad-hoc-Informationen, FS Ulmer, 2003, 817; *Hutter/Stürwald,* EM. TV und die Haftung für fehlerhafte Ad-hoc-Mitteilungen, NJW 2005, 2438; *Klöhn,* Die Regelung selektiver Informationsweitergabe gem. § 15 Abs. 1 Satz 4 u. 5 WpHG – eine Belastungsprobe, WM 2010, 1869; *Klöhn,* Die (Ir-)Relevanz der Wissenszurechnung im neuen Recht der Ad-hoc-Publizität und des Insiderhandelsverbots, NZG 2017, 1285; *Klöhn/Rothermund,* Die Haftung wegen fehlerhafter Ad-hoc-Publizität – Die Tücken der Rückwärtsinduktion bei der Schadensberechnung in sechs Fallgruppen, ZBB 2015, 73; *Klöhn,* Die Haftung wegen fehlerhafter Ad-hoc-Publizität gem. §§ 37b, 37c WpHG nach dem IKB-Urteil des BGH, AG 2012, 345; *Kocher,* Ad-hoc-Publizität in Unternehmenskrise und Insolvenz, NZI 2010, 925; *Kocher,* Ad-hoc-Publizität und Insiderhandel bei börsennotierten Anleihen, WM 2013, 1305; *Koch,* Die Ad-hoc-Publizität: Veröffentlichungs- oder Wissensorganisationspflicht?, AG 2019, 273; *Kocher/Schneider,* Zuständigkeitsfragen im Rahmen der Ad-hoc-Publizität, ZIP 2013, 1607; *Körner,* Infomatec und die Haftung von Vorstandsmitgliedern für falsche Ad-hoc-Mitteilungen, NJW 2004, 3386; *Kort,* Die Haftung der AG nach §§ 826, 31 BGB bei fehlerhaften Ad-hoc-Mitteilungen, NZG 2005, 496; *Kort,* Die Haftung von Vorstandsmitgliedern für falsche Ad-hoc-Mitteilungen, AG 2005, 21; *Kowalewski/Hellgardt,* Der Stand der Rechtsprechung zur deliktsrechtlichen Haftung für vorsätzlich falsche Ad-hoc-Mitteilungen, DB 2005, 1839; *Krause,* Ad-hoc-Publizität und haftungsrechtlicher Anlegerschutz, ZGR 2002, 799; *Leberherz,* Publizitätspflichten bei der Übernahme börsennotierter Unternehmen, WM 2010, 154; *Leuschner,* Zum Kausalitätserfordernis des § 826 BGB bei unrichtigen Ad-hoc-Mitteilungen, ZIP 2008, 1050; *Maier-Reimer/Webering,* Ad hoc-Publizität und Schadensersatzhaftung – Die neuen Haftungsvorschriften des Wertpapierhandelsgesetzes, WM 2002, 1857; *Mennicke,* Ad-hoc-Publizität bei gestreckten Entscheidungsprozessen und die Notwendigkeit einer Befreiungsentscheidung des Emittenten, NZG 2009, 1059; *Merkner/Sustmann,* Insiderrecht und Ad-Hoc-Publizität – Das Anlegerschutzverbesserungsgesetz „in der Fassung durch den Emittentenleitfaden der BaFin, NZG 2005, 729; *Möllers,* Insiderinformation und Befreiung von der Ad-hoc-Publizität nach § 15 Abs. 3 WpHG, WM 2005, 1393; *Möllers,* Zur „Unverzüglichkeit“ einer Ad-hoc-Mitteilung im Kontext nationaler und europäischer Dogmatik, FS Horn, 2006, 473; *Möllers,* Wechsel von Organmitgliedern und „key playern“: Kursbeeinflussungspotential und Pflicht zur Ad-hoc-Publizität, NZG 2005, 459; *Möllers,* Die unterlassene Ad-hoc-Mitteilung als sittenwidrige Schädigung gemäß § 826 BGB, WM 2003, 2393; *Möllers/Leisch,* Haftung von Vorständen gegenüber Anlegern wegen fehlerhafter Ad-hoc-Meldungen nach § 826 BGB, WM 2001, 1648; *Mülbert/Sajnovits,* Vertrauen und Finanzmarktrecht, ZfPW 2016, 1; *Nietsch,* Emittentenwissen, Wissenszurechnung und Ad-hoc-Publizitätspflicht, ZIP 2018, 1421; *Nietsch,* Schadensersatzhaftung wegen Verstoßes gegen Ad-hoc-Publizitätspflichten nach dem Anlegerschutzverbesserungsgesetz, BB 2005, 785; *Pörtner/Bredol,* Der Vorgang der Selbstbefreiung von der Ad-hoc-Publizitätspflicht, NZG 2013, 87; *Reuter,* Schadensersatz auf Bußgelder zu Lasten des Unternehmers bei Ad hoc-Pflichtverstößen: Ein Verstoß gegen die Grundrechte und die Treupflicht der Aktionäre?, NZG 2019, 321; *Rieckers,* Haftung des Vorstands für fehlerhafte Ad-hoc-Meldungen de lege lata und de lege ferenda, BB 2002, 1213; *Rössner/Bolkart,* Schadensersatz bei Verstoß gegen Ad-hoc-Publizitätspflichten nach dem 4. Finanzmarktförderungsgesetz, ZIP 2002, 1471; *Rützel,* Der aktuelle

Stand der Rechtsprechung zur Haftung bei Ad-hoc-Mitteilungen, AG 2003, 69; *Schall,* Insiderinformation und zivilrechtliche Aufklärungspflicht – das Leitbild des Individualvertrags als neue Perspektive, JZ 2010, 352; *Schmolke,* Die Haftung für fehlerhafte Sekundärmarktinformation nach dem „IKB"-Urteil des BGH, ZBB 2012, 165; *S. Schneider,* Selbstbefreiung von der Pflicht zur Ad-hoc-Publizität, BB 2005, 897; *Uwe H. Schneider/Gilfrich,* Die Entscheidung des Emittenten über die Befreiung von der Ad-hoc-Publizitätspflicht, BB 2007, 53; *Scholz,* Ad-hoc Publizität und Freiverkehr, NZG 2016, 1286; *Schulz,* Unwirksame Sacheinlagevereinbarungen bei börsennotierten Aktiengesellschaften, NZG 2010, 41; *Simon,* Die neue Ad-hoc-Publizität, Der Konzern 2005, 13; *Spindler,* Haftung für fehlerhafte Kapitalmarktinformationen – ein (weiterer) Meilenstein, NZG 2012, 572; *Thomale,* Rechtsquellen des Kapitalmarktdeliktsrechts – Eine Neuvermessung NZG 2020, 328; *Thomale,* Zum subjektiven Tatbestand der Unterlassungshaftung nach § 97 WpHG, AG 2019, 189; *Thomale,* Kapitalmarktinformationshaftung ohne Vorstandswissen, NZG 2018, 1007; *Veil/Koch,* Auf dem Weg zu einem Europäischen Kapitalmarktrecht – die Vorschläge der Kommission zur Neuregelung des Marktmissbrauchs, WM 2011, 2297; *Veith,* Die Befreiung von der Ad-hoc-Publizitätspflicht nach § 15 III WpHG, NZG 2005, 254; *C. Weber,* Kapitalmarktinformationshaftung und gesellschaftsrechtliche Kapitalbindung – ein einheitliches Problem mit rechtsformübergreifender Lösung?, ZHR 176 (2012) 184; *Widder,* Befreiung von der Ad-hoc-Publizität ohne Selbstbefreiungsbeschluss?, BB 2009, 967; *Zimmer,* Die Selbstbefreiung – Achillesferse der Ad-hoc-Publizität?, FS Schwark, 2009, 669.

Übersicht

I. Allgemeines

1   **1. Überblick.** §§ 97 f. (§§ 37b, 37c aF) normieren Schadensersatzansprüche gegen den Emittenten bei Verstößen gegen die Ad-hoc-Publizitätspflicht gem. Art. 17 MAR (→ MAR Art. 17 Rn. 1). Während § 97 die nicht oder nicht rechtzeitige Ad-hoc-Mitteilung erfasst, regelt § 98 die Haftung für die Veröffentlichung von fehlerhaften Informationen.

2   Die Haftung für Verstöße gegen die Ad-hoc-Publizitätspflicht wurde erstmals mit dem 4. FMFG im Jahr 2002 in §§ 37b, 37c aF eingefügt. Mit der Normierung der Schadensersatzpflicht reagierte der Gesetzgeber insbesondere auf Fehlentwicklungen des Neuen Marktes und dazu ergangene Gerichtsentscheidungen, die eine Anwendung von Schadensersatzansprüchen aus dem BGB ablehn-

ten.[1] Mit dem 1. FiMaNoG wurden die Vorschriften durch Verweis auf Art. 17 MAR an die unmittelbare Geltung der MAR angepasst.[2] Mit dem 2. FiMaNoG wurden die Haftungstatbestände mit der Neunummerierung des WpHG in §§ 97 f. überführt und dem erweiterten Anwendungsbereich der MAR angeglichen.[3]

2. Normzweck. Welchen Zweck §§ 97 f. verfolgen, ist umstritten. Der diesbezügliche dogmati- **3** sche Streit ist keineswegs nur theoretischer Natur. Hiervon hängt ab, wie Kausalität und Anspruchsumfang zu bestimmen sind.

a) Meinungsstand. Nach **hL** dienen §§ 97 f. dem Schutz der **Funktionsfähigkeit des Kapital- 4 marktes** und dem **Schutz der einzelnen Anleger** in ihrem Vertrauen auf eine **marktgerechte Preisbildung.**[4] Dies ergibt sich aus dem Sinn und Zweck der Ad-hoc-Publizitätspflicht, namentlich eine marktgerechte Preisbildung durch Transparenz zu ermöglichen und damit dem Funktionieren des Kapitalmarktes zu dienen.[5] Nach hL ist daher der Schadensersatzanspruch gem. §§ 97 f. ausschließlich auf Ersatz des **Kursdifferenzschadens** gerichtet, der kausal durch die Ad-hoc-Publizitätspflichtverletzung verursacht sein muss.

Nach der Rechtsprechung des **BGH** zu §§ 37b, 37c und Teilen im Schrifttum dient die Haftung **5** darüber hinaus nicht nur dem Schutz der Funktionsfähigkeit des Kapitalmarktes, sondern auch dem Schutz des einzelnen Anlegers in seiner **freien Willensbildung.**[6] Die Ad-hoc-Publizität und damit auch die §§ 97 f. sollen dazu beitragen, dass die Anleger sachgerechte Anlageentscheidungen treffen können.[7] Der Schaden besteht demnach im Abschluss des Vertrags und der damit verbundenen Belastung mit einer ungewollten Verbindlichkeit. Konsequenz dieses weitergehenden Normzwecks der §§ 97 f. ist, dass die Rechtsprechung auf dieser Grundlage dem Anleger neben dem Anspruch auf Kursdifferenzschaden (auch) einen Anspruch auf Ersatz des **Vertragsabschlussschadens** gewährt (→ Rn. 28 ff.).

b) Stellungnahme. Der Normzweck der §§ 97 f. leitet sich auch unter dem neuen Marktmiss- **6** brauchsregime aus der Ad-hoc-Publizitätspflicht gem. Art. 17 MAR ab, die ausweislich der Erwägungsgründe dazu dient, Insidergeschäften und der Irreführung von Anlegern vorzubeugen (Erwägungsgrund 49 S. 1 MAR). Hiermit ist nicht die Integrität der Willensbildung der Anleger, sondern das Vertrauen der Anleger in die **richtige Preisbildung** gemeint.[8] Normzweck der §§ 97 f. ist daher, den Schaden des Anlegers auszugleichen, der durch die fehlerhafte Preisbildung entstanden ist.[9] Für den weitergehenden Schutz der Willensbildung des einzelnen Anlegers lässt sich auch nicht der Wortlaut des § 98 Abs. 1 anführen: Demnach ist der Emittent zwar zum Ersatz des Schadens verpflichtet, der dadurch entsteht, dass der Dritte *„auf die Richtigkeit der Insiderinformation vertraut"*. Hierbei geht es aber wiederum nicht um das Vertrauen des Anlegers in die Richtigkeit der unrichtigen Information, sondern um das Vertrauen in die richtige Preisbildung.[10]

3. Rechtsnatur. Die Rechtsnatur der §§ 97 f. ist umstritten. Teile im Schrifttum gehen – wie **7** verbreitet auch für die Prospekthaftung – von einer gesetzlichen **Vertrauenshaftung** aus.[11] Der Kontakt zwischen Emittent und Anleger ist jedoch auf dem hier allein betroffenen Sekundärmarkt allenfalls gering ausgeprägt, sodass sich die Annahme einer Sonderverbindung nur schwer rechtfertigen

---

[1] Assmann/Schütze/*Fleischer* KapitalanlageR-HdB 6. Kap., Rn. 1; Schwark/Zimmer/*Zimmer/Steinhaeuser* § 98 Rn. 2; zu §§ 37b, 37c aF Fuchs/*Fuchs* Vor §§ 37b, 37c Rn. 13 ff.; JVRB/*Bruchwitz* §§ 37b, 37c Rn. 4 ff. Zu Vorwürfen des Missbrauchs der ad-hoc-Publizität in dieser Zeit s. *Krause* ZGR 2002, 799 (802 f.).

[2] Begr. RegE 1. FiMaNoG, BT-Drs. 18/7482, 63.

[3] Begr. RegE 2. FiMaNoG, BT-Drs. 18/10936, 251.

[4] Assmann/Schneider/Mülbert/*Hellgardt* §§ 97, 98 Rn. 44; Schwark/Zimmer/*Zimmer/Steinhaeuser* § 98 Rn. 10; Fuchs/*Fuchs* Vor §§ 37b, 37c Rn. 6; Kölner Komm WpHG/*Möllers/Leisch* §§ 37b, 37c Rn. 7; *Engelhardt* BKR 2006, 443 (448); *Schäfer* NZG 2005, 985 (991); *Hellgardt*, Kapitalmarktdeliktsrecht, 2008, 504 f.

[5] Assmann/Schneider/Mülbert/*Hellgardt* §§ 97, 98 Rn. 33; Erbs/Kohlhaas/*Wehowsky* § 15 Rn. 2; JVRB/*Bruchwitz* §§ 37b, 37c Rn. 12; S. zum alten Recht *Oulds* in Kümpel/Wittig BankR/KapMarktR Rn. 14.234; *Langenbucher* AktKapMarktR § 1 Rn. 25 ff.

[6] BGH Urt. v. 13.12.2011 − XI ZR 51/10, BGHZ 192, 90 (111) = NJW 2012, 1800 (1806) – IKB-Urteil; BGH Urt. v. 7.1.2008 – II ZR 68/06, NZG 2008, 385. So auch Kölner Komm WpHG/*Möllers/Leisch* §§ 37b, 37c Rn. 11. Wohl auch Schwark/Zimmer/*Zimmer/Steinhaeuser* § 98 Rn. 10.

[7] BGH Urt. v. 13.12.2011 − XI ZR 51/10, BGHZ 192, 90 (113) = NJW 2012, 1800 (1806) – IKB-Urteil. So explizit auch Begr. RegE 4. FiMaFöG BT-Drs. 14/8017, 87.

[8] Assmann/Schneider/Mülbert/*Hellgardt* §§ 97, 98 Rn. 35 ff., 44; Klöhn/*Klöhn* MAR Art. 17 Rn. 6; *Mülbert/Sajnovits* ZfPW 2016, 1 (26); *Poelzig*, Kapitalmarktrecht, 2018, Rn. 512.

[9] Assmann/Schneider/Mülbert/*Hellgardt* §§ 97, 98 Rn. 120 ff.; *Hopt/Voigt*, Prospekt- und Kapitalmarktinformationshaftung, 2005, 131; Habersack/Mülbert/Schlitt/*Mülbert/Steup* Unternehmensfinanzierung-HdB Rn. 41.214. AA Schwark/Zimmer/*Zimmer/Steinhaeuser* § 98 Rn. 99 ff.

[10] Assmann/Schneider/Mülbert/*Hellgardt* §§ 97, 98 Rn. 43. AA aber *Lenenbach*, Kapitalmarktrecht, 2. Aufl. 2010, Rn. 11.582.

[11] Schwark/Zimmer/*Zimmer/Steinhaeuser* § 98 Rn. 13; *Frisch* in Derleder/Knops/Bamberger BankR/KapMarktR § 52 Rn. 162; *Casper* BKR 2005, 83 (86); *Mülbert/Steup* WM 2005, 1633 (1637 f.); *Veil* ZHR 167 (2003), 365 (392); *Veil* ZHR 167 (2003), 139 (165 f.); *Veil* BKR 2005, 91, 92; wohl auch *Longino* DStR 2008, 2068 (2071).

lässt.[12] Der Emittent nimmt weder persönliches Vertrauen in Anspruch noch begründen Ad-hoc-Mitteilungen, wie es etwa ein umfassend informierender Prospekt hervorruft.[13] Das Vertrauen der Anleger in die Einhaltung von Art. 17 MAR genügt nicht, um ein besonderes Näheverhältnis zu begründen.[14] Daher werden die §§ 97 f. nach überzeugender Auffassung als **sonderdeliktsrechtliche Haftungstatbestände** eingeordnet, die an eine kapitalmarktrechtliche Verkehrspflicht anknüpfen.[15] Dass auch der Gesetzgeber diese Auffassung teilt, zeigt die systematische Stellung des ausschließlichen Gerichtsstands für Klagen gem. §§ 97 f. in § 32b ZPO.[16] Demzufolge sind bei etwaigen Regelungslücken deliktsrechtliche Wertungen oder Regelungen, etwa § 827 BGB, ergänzend anzuwenden.

8   **4. Internationales Privat- und Zivilverfahrensrecht.** In Übereinstimmung mit der deliktsrechtlichen Verortung der Haftung gem. §§ 97 f. greift auch die **internationale Zuständigkeit** am Gerichtsstand der unerlaubten Handlung nach Art. 7 Nr. 2 Brüssel Ia-VO bzw. Art. 5 Nr. 3 LugÜ (ausführlich → MAR Art. 1 Rn. 17).[17] Außerdem gelten die Grundsätze des **internationalen Deliktsrechts,** sodass mangels Sonderregelung die allgmeine Kollisionsregel gem. Art. 4 Rom II-VO gilt (ausführlich → MAR Art. 1 Rn. 21).[18]

II. Haftungsvoraussetzungen

9   **1. Anspruchsverpflichtete.** Anspruchsverpflichtet ist der **Emittent,** der die Zulassung seiner Finanzinstrumente zum Handel an einem inländischen Handelsplatz genehmigt oder an einem inländischen regulierten Markt oder multilateralen Handelssystem beantragt hat. Zwar werden die Begriffe Emittent, Finanzinstrumente und Handelsplatz in § 2 Abs. 4, 13, 22 definiert. Da §§ 97 f. aber auf die Ad-hoc-Publizitätspflicht gem. Art. 17 MAR Bezug nehmen, entspricht der Kreis der nach §§ 97 f. verpflichteten Emittenten den von der Ad-hoc-Publizitätspflicht nach Art. 17 MAR adressierten Emittenten. Gemäß Art. 3 Abs. 1 Nr. 21 MAR handelt es sich um juristische Personen des privaten oder öffentlichen Rechts, die Finanzinstrumente emittieren oder deren Emission vorschlagen. Der Begriff der Finanzinstrumente entspricht demjenigen in Art. 4 Abs. 1 Nr. 15 Anhang 1 Abschnitt C MiFID II iVm Art. 3 Abs. 1 Nr. 1 MAR, der insbesondere Vermögensanlagen – anders als § 2 Abs. 4 (→ Rn. 8) – nicht erfasst.[19] Die Haftung gilt nur für Verstöße gegen Art. 17 MAR und nicht für Verstöße gegen die Informationspflicht bei Vermögensanlagen gem. § 11a VermAnlG. Der Begriff des Handelsplatzes entspricht demjenigen in Art. 4 Abs. 1 Nr. 24 MiFID II iVm Art. 3 Abs. 1 Nr. 10 MAR und erfasst daher organisierte Märkte, multilaterale Handelssysteme und organisierte Handelssysteme (s. auch → § 2 Rn. 30). Haftpflichtig sind damit vor allem auch Emittenten, deren Finanzinstrumente im Freiverkehr an deutschen Börsen gehandelt werden, da dieser gem. § 48 Abs. 3 S. 2 BörsG ein multilaterales Handelssystem darstellt.[20]

10   Anspruchsverpflichtet sind Emittenten, die für ihre Finanzinstrumente die Zulassung zum Handel an einem **inländischen Handelsplatz** genehmigt oder an einem inländischen regulierten Markt oder multilateralen Handelssystem beantragt haben. Die Genehmigung des Emittenten setzt dessen Zustimmung voraus (→ MAR Art. 17 Rn. 27). Enger als Art. 17 MAR adressieren §§ 97 f. nur diejenigen Emittenten, deren Finanzinstrumente an einem **inländischen Handelsplatz** gehandelt werden, sodass nicht jeder Verstoß gegen den europaweit geltenden Art. 17 MAR auch eine Haftung nach § 97 f., aber möglicherweise nach dem Recht anderer Mitgliedstaaten auslöst.[21]

11   Der Gesetzgeber hat den Kreis der Haftpflichtigen gem. §§ 97 f. auf den Emittenten beschränkt, sodass Dritte, insbesondere Organmitglieder für Verstöße gegen Art. 17 MAR nach §§ 97 f. grundsätzlich nicht haften (näher zur Haftung der Organmitglieder → Rn. 47 ff.).[22] Wegen der abschließen-

---

[12] Assmann/Schneider/Mülbert/*Hellgardt* §§ 97, 98 Rn. 48. Vgl. auch Kölner Komm WpHG/*Möllers/Leisch* §§ 37b, c Rn. 15.

[13] Fuchs/*Fuchs* §§ 37b, 37c Rn. 5; JVRB/*Bruchwitz* §§ 37b, 37c Rn. 15; Kölner Komm WpHG/*Möllers/Leisch* §§ 37b, c Rn. 14.

[14] Kölner Komm WpHG/*Möllers/Leisch* §§ 37b, 37c Rn. 14; *Hellgardt,* Kapitalmarktsdeliktsrecht, 2008, 35 f.

[15] Assmann/Schneider/Mülbert/*Hellgardt* § 97 Rn. 51; Fuchs/*Fuchs* §§ 37b, 37c Rn. 5; JVRB/*Bruchwitz* §§ 37b, 37c Rn. 15; Kölner Komm WpHG/*Möllers/Leisch* §§ 37b, 37c Rn. 13 ff.; NK-AktKapMarktR/*Bergdolt* AktG §§ 37b, 37c Rn. 19 bzw. 44; *Buck-Heeb,* Kapitalmarktrecht, 10. Aufl. 2019, Rn. 459; *Hellgardt,* Kapitalmarktdeliktsrecht, 2008, 32 ff.; *Lenenbach,* Kapitalmarktrecht, 2. Aufl. 2010, Rn. 11.590; *Poelzig,* Kapitalmarktrecht, 2018, Rn. 513.

[16] Assmann/Schneider/Mülbert/*Hellgardt* §§ 97, 98 Rn. 51; AA Kölner Komm KapMuG/*Casper* §§ 37b, c Rn. 1, Fn. 17.

[17] OLG Frankfurt a. M. v. 5.8.2010 – 21 AR 50/10, NZG 2011, 32; *Bachmann* IPrax 77, 82; Lehmann/Zetzsche/*Poelzig,* Grenzüberschreitende Finanzdienstleistungen, 2018, § 14 Rn. 54 f.

[18] Lehmann/Zetzsche/*Poelzig,* Grenzüberschreitende Finanzdienstleistungen, 2018, § 14 Rn. 62 ff.

[19] AA Assmann/Schneider/Mülbert/*Hellgardt* §§ 97, 98 Rn. 64, wonach § 2 Abs. 4 maßgeblich ist.

[20] Begr. RegE 2. FiMaNoG BT-Drs. 18/10936, 251, Assmann/Schneider/Mülbert/*Hellgardt* § 97 Rn. 65.

[21] Habersack/Mülbert/Schlitt/*Mülbert/Steup* Unternehmensfinanzierung-HdB Rn. 41.199.

[22] Schwark/Zimmer/*Zimmer/Steinhaeuser* § 98 Rn. 32; Assmann/Schneider/Mülbert/*Hellgardt* § 97 Rn. 171; bereits zu §§ 37b, 37c WpHG aF *Lenenbach,* Kapitalmarktrecht, 2. Aufl. 2010, 13.187 ff.

den Wertung der §§ 97 f. ist dies trotz ihrer sonderdeliktsrechtlichen Einordnung (→ Rn. 7) auch nicht über § 830 BGB begründbar.

2. Pflichtverletzung. Die beiden Anspruchsgrundlagen gem. §§ 97 f. differenzieren nach der Art **12** der vorgeworfenen Ad-hoc-Pflichtverletzung.

a) Unterlassen der Veröffentlichung. Haftungsvoraussetzung für § 97 ist das **Unterlassen** der **13** unverzüglichen Veröffentlichung einer Insiderinformation. Voraussetzung ist eine Pflicht zur Veröffentlichung gem. Art. 17 Abs. 1, 6 UAbs. 3, 7 UAbs. 1, 8 MAR. Umstritten ist, ob Art. 17 MAR positive Kenntnis des Emittenten von der Insiderinformation voraussetzt (→ MAR Art. 17 Rn. 15 f.).[23] Unerheblich ist, ob die unterlassene Information positive oder negative Kursrelevanz hat.[24] Umstritten ist, ob und inwieweit § 97 neben § 98 zur Anwendung kommt, wenn die Berichtigung einer unrichtig veröffentlichten Ad-hoc-Mitteilung unterlassen wird. Eine ausdrückliche Pflicht zur **Berichtigung** – wie gem. § 15 Abs. 2 S. 2 aF, deren Verletzung nach hM. einen Anspruch gem. § 37b aF zur Folge hatte[25]– gibt es im geltenden Recht nicht mehr. Hat der Emittent mit der fehlerhaften Ad-hoc-Mitteilung entweder seine Pflicht gem. Art. 17 MAR noch nicht erfüllt oder schaffte er eine eigenständige neue Insiderinformation,[26] so handelt es sich in beiden Fällen bei dem Unterlassen der Berichtigung um einen die Haftung gem. § 97 auslösenden Verstoß, der nicht bereits durch die Haftung wegen der fehlerhaften Ad-hoc-Mitteilung gem. § 98 absorbiert wird.[27] Die **vorsorgliche Ad-hoc-Veröffentlichung** einer Information, die keine Insiderinformation und damit nicht veröffentlichungspflichtig ist, begründet keine Haftung wegen fehlerhafter Information, solange sie inhaltlich zutreffend ist (→ MAR Art. 17 Rn. 46).

§ 97 umfasst auch **verspätete**, weil nicht „unverzügliche" Ad-hoc-Mitteilungen (zu dem Begriff **14** der Unverzüglichkeit → MAR Art. 17 Rn. 17).[28] Bei Vorliegen eines Aufschubtatbestands gem. Art. 17 Abs. 4, 5 MAR liegt keine Veröffentlichungspflicht vor, sodass damit auch kein Anspruch aus § 97 entsteht. Geht der Emittent allerdings fehlerhaft davon aus, dass die Voraussetzungen des Aufschubs nach Art. 17 Abs. 4, 5 MAR vorliegen, trifft ihn die Haftung aus § 97, wenn dieser Irrtum mindestens grob fahrlässig ist.[29]

Wird die gem. Art. 17 Abs. 1 UAbs. 2 MAR gebotene **Art und Weise** der Veröffentlichung nicht **15** eingehalten, kann auch dies grundsätzlich ein Unterlassen iSd § 97 darstellen. Allerdings begründet nicht jede Missachtung von Art. 2, 3 DVO 2016/1055 oder §§ 3a–3c WpAV[30] eine Haftung gem. § 97. Es kommt nur dann einem haftungsbegründenden Unterlassen gleich, wenn die Formmängel so gravierend sind, dass die Rezeption der Information am Kapitalmarkt verhindert oder erheblich beeinträchtigt wird. Das ist bei einer Veröffentlichung der Information in einer Pressemitteilung – wie im IKB-Fall[31] – der Fall.[32] Ebenso liegt ein Unterlassen vor, wenn die Information nicht in der von § 3b Abs. 2 S. 1 WpAV verlangten Sprache erfolgt.[33]

b) Veröffentlichen einer unwahren Insiderinformation. Veröffentlicht der Emittent eine un- **16** wahre Insiderinformation, so haftet er nach § 98. Es muss sich um eine Information handeln, die, wenn sie wahr wäre, die Voraussetzungen der **Insiderinformation** gem. Art. 7 MAR erfüllte.[34] Unerheblich ist, ob die unwahre Information bereits vor Veröffentlichung öffentlich bekannt ist.[35] **Unwahr** ist die Information, wenn sie im Zeitpunkt der Veröffentlichung nicht den Tatsachen entspricht oder Prognosen und Werturteile auf falsche Tatsachen gestützt oder kaufmännisch unvertretbar

---

[23] Für Erfordernis positiven Wissens des Emittenten auf Ebene des § 97 *Thomale,* Der gespaltene Emittent, 2018, 110.

[24] Habersack/Mülbert/Schlitt/*Mülbert/Steup* Unternehmensfinanzierung-HdB Rn. 41.183.

[25] Fuchs/*Fuchs* §§ 37b, 37c Rn. 11; *Lenenbach,* Kapitalmarktrecht, 2. Aufl. 2010, Rn. 11.592; für § 37b WpHG aF analog Kölner Komm WpHG/*Möllers/Leisch* §§ 37b, c Rn. 123; Kölner Komm KapMuG/*Casper* §§ 37b, c Rn. 31; aA *Ekkenga* ZIP 2004, 781 (789).

[26] Zu dieser Differenzierung Klöhn/*Klöhn* MAR Art. 17 Rn. 555.

[27] Habersack/Mülbert/Schlitt/*Mülbert/Steup* Unternehmensfinanzierung-HdB Rn. 41.183. AA Assmann/Schneider/Mülbert/*Hellgardt* §§ 97, 98 Rn. 94.

[28] BT-Drs. 14/8017, 93; Fuchs/*Fuchs* §§ 37b, 37c Rn. 7; NK-AktKapMarktR/*Royé/Fischer zu Cramburg* AktG § 37c Rn. 4; *Langenbucher* AktKapMarktR § 17 Rn. 138.

[29] JVRB/*Bruchwitz* §§ 37b, 37c Rn. 29; Habersack/Mülbert/Schlitt/*Mülbert/Steup* Unternehmensfinanzierung-HdB Rn. 41.210; s. zum alten Recht *Langenbucher* AktKapMarktR § 17 Rn. 139.

[30] Assmann/Schneider/Mülbert/*Hellgardt* §§ 97, 98 Rn. 90.

[31] BGH Urt. v. 13.12.2011 − XI ZR 51/10, BGHZ 192, 90 = NJW 2012, 1800.

[32] Assmann/Schneider/Mülbert/*Hellgardt* §§ 97, 98 Rn. 90.

[33] Habersack/Mülbert/Schlitt/*Mülbert/Steup* Unternehmensfinanzierung-HdB Rn. 41.189.

[34] Assmann/Schneider/Mülbert/*Hellgardt* §§ 97, 98 Rn. 97; Habersack/Mülbert/Schlitt/*Mülbert/Steup* Unternehmensfinanzierung-HdB Rn. 41.191.

[35] Assmann/Schneider/Mülbert/*Hellgardt* §§ 97, 98 Rn. 98; Habersack/Mülbert/Schlitt/*Mülbert/Steup* Unternehmensfinanzierung-HdB Rn. 41.194; Schwark/Zimmer/*Zimmer/Steinhaeuser* § 98 Rn. 50 f. (aber Unrichtigkeit der Information darf nicht öffentlich bekannt sein); aA Kölner Komm WpHG/*Möllers/Leisch* §§ 37b, 37c Rn. 117 f.; JVRB/*Bruchwitz* §§ 37b, 37c Rn. 46.

sind.[36] Der Aussagegehalt der Veröffentlichung richtet sich nach einem einheitlichen objektiven Empfängerhorizont in Übereinstimmung mit Art. 17 MAR (→ MAR Art. 7 Rn. 21 ff.) aus Sicht eines **durchschnittlich verständigen Anlegers**.[37] Die Unwahrheit kann auch daraus folgen, dass die Information nur unvollständig wiedergegeben wird, sodass der Aussagegehalt der Information nicht mehr den Tatsachen entspricht.[38] Stellt der nichtveröffentlichte Teil der **unvollständigen Information** selbst eine publizitätspflichtige Insiderinformation dar, werden unterschiedliche Lösungen zur Anwendung von §§ 97, 98 vertreten: Zum einen werden §§ 97, 98 kumulativ nebeneinander angewendet.[39] Andere lösen den Normenkonflikt entweder zugunsten von § 97 auf, der dann § 98 verdrängt,[40] oder räumen § 98 als *lex specialis* den Vorrang ein.[41] Gegen die kumulative Anwendung von §§ 97, 98 spricht jedenfalls, dass sich der Unrechtsgehalt in einer einzigen unvollständigen Information erschöpft. Vorzugswürdig ist die Anwendung von § 97 oder § 98 je nach den Umständen im konkreten Einzelfall. Ob eine Haftung gem. § 97 wegen Unterlassens oder gem. § 98 wegen der Unvollständigkeit und damit Unwahrheit in Betracht kommt, ist wie – etwa im Strafrecht auch[42] – nach dem Schwerpunkt der Vorwerfbarkeit zu beurteilen

17 Der Tatbestand des § 98 ist nur eröffnet, wenn die Veröffentlichung in ihrer Form, Bezeichnung und Art als **Ad-hoc-Mitteilung**, insbesondere unter Beachtung von § 4 WpAV, Art. 2 DVO 2016/1055, erfolgt.[43] § 98 gilt daher weder für Verstöße gegen die Regelpublizität noch für **andere Fälle** von fehlerhaften Kapitalmarktinformationen (etwa durch Pressemitteilungen[44]). Der Gesetzgeber wollte bewusst nur die Ad-hoc-Publizität durch Schadensersatzansprüche sanktionieren.[45] Eine **analoge** Anwendung der §§ 97 f. auf andere Informationspflichtverletzungen scheidet nach hM aus, da bisher trotz entsprechender Überlegungen bewusst keine Haftung für sämtliche fehlerhafte Kapitalmarktinformationen eingeführt worden ist.[46]

18 **3. Anspruchsberechtigte.** Anspruchsberechtigt sind Anleger, die im Zeitraum zwischen der Fehlinformation des Kapitalmarktes und dem Ende der Desinformationsphase Finanzinstrumente zu teuer erwerben bzw. zu billig veräußern. Voraussetzung für §§ 97, 98 ist jeweils eine Transaktion des Anlegers. Maßgeblich ist das Verpflichtungsgeschäft, dh Kauf bzw. Verkauf.[47]

19 **a) Erwerber von Finanzinstrumenten.** Ein Anleger, der nach **Unterlassung** der Veröffentlichung einer negativen Insiderinformation, die also geeignet ist einen Kursfall auszulösen (zB das Ausscheiden eines wichtigen Mitarbeiters oder dem Gewinneinbruch) das Finanzinstrument kauft und es nach dem Bekanntwerden der Insiderinformation noch besitzt, hat einen Anspruch gem. **§ 97 Abs. 1 Nr. 1.** Er hat das Finanzinstrument zu teuer gekauft. Die Desinformationsphase beginnt in dem Zeitpunkt, in dem eine Veröffentlichung gem. Art. 17 MAR hätte erfolgen müssen, und endet mit Bekanntwerden der Information, spätestens mit Nachholung der Ad-hoc-Veröffent-

---

[36] *Buck-Heeb,* Kapitalmarktrecht, 10. Aufl. 2019, Rn. 464; *Poelzig,* Kapitalmarktrecht, 2018, Rn. 515; Assmann/Schneider/Mülbert/*Hellgardt* §§ 97, 98 Rn. 99; *Langenbucher* AktKapMarktR § 17 Rn. 140. Weiterführend dazu *Nietsch* BB 2005, 785 (788).

[37] Schwark/Zimmer/*Zimmer/Steinhaeuser* § 98 Rn. 48; noch zu §§ 37b, 37c aF Kölner Komm WpHG/*Möllers/Leisch* §§ 37b, 37c Rn. 137; Habersack/Mülbert/Schlitt/*Mülbert/Steup* Unternehmensfinanzierung-HdB Rn. 41.193. Vgl. auch *Lenenbach,* Kapitalmarktrecht, 2. Aufl. 2010, Rn. 11.596.

[38] Assmann/Schneider/Mülbert/*Hellgardt* §§ 97, 98 Rn. 99; Habersack/Mülbert/Schlitt/*Mülbert/Steup* Unternehmensfinanzierung-HdB Rn. 41.192; Schwark/Zimmer/*Zimmer/Steinhaeuser* § 98 Rn. 49; *Langenbucher* AktKapMarktR § 17 Rn. 147; *Nietsch* BB 2005, 785 (788).

[39] Fuchs/*Fuchs* §§ 37b, 37c Rn. 10; Habersack/Mülbert/Schlitt/*Mülbert/Steup* Unternehmensfinanzierung-HdB Rn. 41.185.

[40] Schwark/Zimmer/*Zimmer/Steinhaeuser* § 98 Rn. 49; Kölner Komm WpHG/*Möllers/Leisch* §§ 37b, c Rn. 119.

[41] Assmann/Schneider/Mülbert/*Hellgardt* §§ 97, 98 Rn. 100.

[42] MüKoStGB/*Freund* StGB § 13 Rn. 5; Lackner/Kühl/*Heger* StGB § 13 Rn. 3; NK-StGB/*Gaede* StGB § 13 Rn. 7.

[43] Assmann/Schneider/Mülbert/*Hellgardt* §§ 97, 98 Rn. 97.

[44] So im Fall der IKB: BGH Urt. v. 13.12.2011 – XI ZR 51/10, BGHZ 192, 90 = NJW 2012, 1800 – IKB-Urteil.

[45] So BGH NJW 2012, 1800 (1801); zust. Assmann/Schneider/Mülbert/*Hellgardt* §§ 97, 98 Rn. 97; *Langenbucher* AktKapMarktR § 17 Rn. 151. Die Gesetzesmaterialien zum 4. Finanzmarktförderungsgesetz, mit dem die §§ 37b, 37c eingeführt wurden, sprechen insoweit von „potenziell kurserheblichen Tatsachen" (BT-Drs. 14/8017, 93), wobei die Erweiterung der Haftung auf andere Publizitätsformen wohl später erfolgen sollte, vgl. BMF Diskussionsentwurf zum KapInHaG, abgedr. in NZG 2004, 1042.

[46] BGH Urt. v. 13.12.2011 – XI ZR 51/10, BGHZ 192, 90, 96 f. = NJW 2012, 1800, 1802 – IKB-Urteil; zust. Kölner Komm WpHG/*Möllers/Leisch* §§ 37b, 37c Rn. 125; Habersack/Mülbert/Schlitt/*Maier-Reimer/Seulen* KapMarktInfo-HdB § 30 Rn. 73a. AA Habersack/Mülbert/Schlitt/*Mülbert/Steup* Unternehmensfinanzierung-HdB Rn. 41.258, 41.281 ff.; *Lenenbach,* Kapitalmarktrecht, 2. Aufl. 2010, Rn. 11.629.

[47] LG München I Urt. v. 12.6.2009 – 22 O 16205/08 = GWR 2009, 227; *Langenbucher* AktKapMarktR § 17 Rn. 154; Assmann/Schneider/Mülbert/*Hellgardt* §§ 97, 98 Rn. 72; Fuchs/*Fuchs* §§ 37b, 37c Rn: 18; Habersack/Mülbert/Schlitt/*Maier-Reimer/Seulen* KapMarktInfo-HdB § 30 Rn. 93; JVRB/*Bruchwitz* §§ 37b, 37c Rn. 36; Kölner Komm WpHG/*Möllers/Leisch* §§ 37b, 37c Rn. 220.

lichung.[48] Zu teuer kauft auch der Anleger, der nach der Veröffentlichung einer unwahren, positiven Insiderinformation – zB dem Rücktritt eines erfolglosen Vorstandsvorsitzenden oder der Entwicklung eines neuen vielversprechenden Medikaments oder Produkts – das Finanzinstrument erwirbt und dieses, auch nachdem die Unrichtigkeit der Information bekannt geworden ist, noch besitzt **(§ 98 Abs. 1 Nr. 1).** Die Desinformationsphase endet mit dem Bekanntwerden der Unrichtigkeit, etwa durch Veröffentlichung der richtigen Insiderinformation oder durch Bekanntgabe der Unrichtigkeit.[49]

b) Veräußerer von Finanzinstrumenten. Anspruchsberechtigt ist auch der Altanleger, der während der „Phase der Desinformation" über einen positiven Umstand **zu billig** veräußert. Er muss das Finanzinstrument vor dem Eintritt des positiven Ereignisses und damit vor dem Entstehen der Insiderinformation erworben und nach Unterlassung der Veröffentlichung veräußert haben **(§ 97 Abs. 1 Nr. 2).** Im Parallelfall muss der Anleger das Finanzinstrument vor der Veröffentlichung einer unwahren negativen Insiderinformation erworben und noch vor Bekanntwerden der Unrichtigkeit der Insiderinformation veräußert haben **(§ 98 Abs. 1 Nr. 2).** 20

c) Keine Anspruchsberechtigung. Anleger, die aufgrund der Unterlassung oder der Fehlinformation von einem Kauf bzw. Verkauf absehen und damit **keine Transaktion** tätigen, sind nicht durch §§ 97 f. geschützt.[50] Anleger, die während der Phase der Des- oder Fehlinformation sowohl das Erwerbs- als auch das Veräußerungsgeschäft getätigt habensind nicht anspruchsberechtigt, da sie im Saldo keinen Schaden erleiden.[51] 21

4. Verschulden. Der Emittent haftet nicht, soweit er das Unterlassen bzw. die Fehlerhaftigkeit der Ad-hoc-Mitteilung nicht zu vertreten hat (§§ 97 Abs. 2, 98 Abs. 2). Die Beweislast wird umgekehrt. Der Emittent muss darlegen und beweisen, dass er weder Kenntnis noch grob fahrlässige Unkenntnis von der Unrichtigkeit der Insiderinformation hatte (§ 97 Abs. 2).[52] Bei Unterlassen der Insiderinformation muss er nachweisen, dass die Unterlassung nicht auf Vorsatz oder grober Fahrlässigkeit beruht (§ 97 Abs. 2). Das Verschulden muss sich auf die Pflichtverletzung gem. Art. 17 MAR beziehen.[53] Voraussetzung ist daher insbesondere, dass der Emittent Kenntnis vom Inhalt der Insiderinformation und ihrer Eigenschaft als Insiderinformation hatte oder hätte haben müssen.[54] Hat der Emittent die Voraussetzungen des Aufschubs (Art. 17 Abs. 4 MAR) irrtümlich angenommen und aus diesem Grund keine Ad-hoc-Mitteilung veröffentlicht, so muss auch dieser Irrtum mindestens grob fahrlässig verschuldet worden sein, um die Schadensersatzpflicht auszulösen. Da der Emittent gem. Art. 3 Abs. 1 Nr. 21 MAR stets eine juristische Person ist, ist ihm das Verschulden seiner Organe gem. § 31 BGB analog zuzurechnen.[55] Anhaltspunkte für den Kreis der natürlichen Personen, für den der Emittent die zivilrechtliche Verantwortung nach unionsrechtlichen Maßstäben zu übernehmen hat, bleibt Art. 8 CRIM-MAD. Zur Frage der Wissenzurechnung im Rahmen von Art. 17 MAR → MAR Art. 17 Rn. 7. 22

5. Ausschluss des Anpruchs bei Kenntnis des Anlegers (§ 97 Abs. 3, § 98 Abs. 3). Hat der Anleger positive Kenntnis von der Insiderinformation (§ 97 Abs. 3) bzw. von deren Unrichtigkeit (§ 98 Abs. 3) im Zeitpunkt der Transaktion, ist der Anspruch ausgeschlossen. Hierbei handelt es sich um eine spezielle Ausprägung des Mitverschuldens des Anlegers (→ Rn. 36). 23

6. Beweislast. Die Beweislast für das Vorliegen der Haftungsvoraussetzungen von Art. 17 MAR trägt grundsätzlich der Anleger, mit Ausnahme des Verschuldens sowie der Kenntnis des Anlegers (s. 24

---

[48] Habersack/Mülbert/Schlitt/*Mülbert/Steup* Unternehmensfinanzierung-HdB Rn. 41.202. Im Detail Kölner Komm WpHG/*Möllers/Leisch* §§ 37b, 37c Rn. 232 ff.

[49] Habersack/Mülbert/Schlitt/*Mülbert/Steup* Unternehmensfinanzierung-HdB Rn. 41.203.

[50] Assmann/Schneider/Mülbert/*Hellgardt* §§ 97, 98 Rn. 70; Kölner Komm WpHG/*Möllers/Leisch* §§ 37b, c Rn. 252 f.; Habersack/Mülbert/Schlitt/*Mülbert/Steup* Unternehmensfinanzierung-HdB Rn. 41.201; *Langenbucher* AktKapMarktR § 17 Rn. 152; Schwark/Zimmer/*Zimmer/Steinhaeuser* § 98 Rn. 88. Krit. Fuchs/*Fuchs* §§ 37b, 37c Rn. 29.

[51] Habersack/Mülbert/Schlitt/*Maier-Reimer/Seulen* KapMarktInfo-HdB § 30, Rn. 97; *Langenbucher* AktKapMarktR § 17 Rn. 145; *Maier-Reimer/Webering* WM 2002, 1857 (1859); Habersack/Mülbert/Schlitt/*Mülbert/Steup* Unternehmensfinanzierung-HdB Rn. 41.201.

[52] Habersack/Mülbert/Schlitt/*Mülbert/Steup* Unternehmensfinanzierung-HdB Rn. 41.208 JVRB/*Bruchwitz* §§ 37b, 37c Rn. 53 ff.; Kölner Komm WpHG/*Möllers/Leisch* §§ 37b, 37c Rn. 173 ff.; *Lenenbach,* Kapitalmarktrecht, 2. Aufl. 2010, Rn. 11.608.

[53] Assmann/Schneider/Mülbert/*Hellgardt* §§ 97, 98 Rn. 70; Schwark/Zimmer/*Zimmer/Steinhaeuser* § 98 Rn. 68; aA *Thomale* AG 2019, 189 (191) („von Art. 17 MAR im Ausgangspunkt völlig unabhängige Deliktsnorm").

[54] Assmann/Schneider/Mülbert/*Hellgardt* §§ 97, 98 Rn. 112 f.; Schwark/Zimmer/*Zimmer/Steinhaeuser* § 98 Rn. 69.

[55] Schwark/Zimmer/*Zimmer/Steinhaeuser* § 98 Rn. 66; MüKoBGB/*Leuschner* BGB § 31 Rn. 27 mwN. Für eine funktionale Anknüpfung unabhängig von gesellschaftsrechtlichen Kategorien wie der juristischen Person Assmann/Schneider/Mülbert/*Hellgardt* §§ 97, 98 Rn. 103. Dagegen spricht jedoch, dass der Emittent gem. Art. 3 Abs. 1 Nr. 21 MAR gerade als juristische Person des privaten und öffentlichen Rechts definiert wird.

§§ 97 Abs. 2, 3, 98 Abs. 2, 3, → Rn. 21).[56] Der Anleger muss insbesondere auch das Vorliegen einer Verletzung der Insiderinformation beweisen. Allerdings handelt es sich bei der Kursrelevanz als Merkmal der Insiderinformation nicht um eine dem Beweis zugängliche Tatsache, sondern die Frage, ob ein verständiger Anleger die Information für seine Anlageentscheidung genutzt hätte, ist ein Erfahrungssatz, der entweder durch einen sachkundigen Richter selbst oder ein Sachverständigengutachten zu beurteilen ist.[57] Für die Unverzüglichkeit und das Vorliegen der Voraussetzungen für einen Aufschub gem. Art. 17 Abs. 4, 5 MAR trägtder Anspruchsgegner als für ihn günstig die Beweislast.[58]

III. Rechtsfolge

25   Nach §§ 97 f. ist der Emittent zum Schadensersatz verpflichtet, deren Einzelheiten aus den §§ 249 ff. BGB folgt.[59] Der Anspruch ist auf das negative Interesse gerichtet, sodass der geschädigte Anleger grundsätzlich so zu stellen ist, als ob die Pflichtverletzung nicht erfolgt, dh ordnungsgemäß veröffentlicht worden wäre.[60]

26   **1. Ersatzfähiger Schaden.** Der **ersatzfähige Schaden** kann nur unter Berücksichtigung des Normzwecks der §§ 97 f. bestimmt werden und entsprechend des Meinungsstreits zum Normzweck ist auch die Frage nach dem ersatzfähigen Schaden umstritten.[61]

27   **a) Kursdifferenzschaden.** Sieht man mit der hL die allgemeine Preisbildung auf dem Kapitalmarkt als geschützt an, so ist im Rahmen der §§ 97 f. ausschließlich der **Kursdifferenzschaden** ersetzbar, der darin besteht, dass der Anleger zu teuer gekauft bzw. zu billig verkauft hat.[62] Der Kursdifferenzschaden ist demnach der Unterschiedsbetrag zwischen dem Preis, zu dem der Anleger tatsächlich erworben bzw. veräußert hat, und demjenigen, zu dem er im Fall pflichtgemäßer Ad-hoc-Veröffentlichung der Insiderinformation hypothetisch erworben bzw. veräußert hätte. Der BGH lässt den Kursdifferenzschaden als Alternative neben dem Vertragsabschlussschaden (→ Rn. 28) ebenfalls zu.[63]

28   Die **Berechnung** des Kursdifferenzschadens erfolgt durch richterliche Schätzung nach § 287 ZPO.[64] Nach dem BGH ist der wahre Wert des Finanzinstruments am Tag der Transaktion durch die Bestimmung der Kursreaktion nach Bekanntwerden der Pflichtverletzung und sodann „vermittels rückwärtiger Induktion" auf den Zeitpunkt der Transaktion zu ermitteln.[65] Der hypothetische Wert bei Erwerb bzw. Veräußerung kann anhand verschiedener finanztheoretischer Methoden ermittelt werden.[66] Zur Schadensschätzung wird üblicherweise im Rahmen eines Sachverständigengutachtens eine Ereignisstudie erstellt, worin die Kursänderung zu bestimmen ist.[67] Ausgangspunkt für die Berechnung ist die Kursreaktion, dh die Kurswertveränderung, innerhalb eines bestimmten **Beobachtungszeitraums,** der grundsätzlich mit Bekanntwerden der Pflichtverletzung beginnt und je nach Informationseffizienz des Kapitalmarktes andauert.[68] Je schneller der Kapitalmarkt Informationen ver-

---

[56] OLG Schleswig Urt. v. 16.12.2004 – 5 U 50/04, AG 2005, 212 (213) – Mobilcom; OLG Stuttgart Urt. v. 15.2.2007 – 901 Kap 1/06, BB 2007, 565 (568) – Daimler/Schrempp; OLG Düsseldorf Urt. v. 4.3.2010 – I-6 U 94/ 09, AG 2011, 31 (34); OLG Düsseldorf Urt. v. 7.4.2011 – I-6 U 7/10, 6 U 7/10 AG 2011, 706 Rn. 117; Habersack/ Mülbert/Schlitt/*Mülbert/Steup* Unternehmensfinanzierung-HdB Rn. 41.195.

[57] Assmann/Schneider/Mülbert/*Hellgardt* §§ 97, 98 Rn. 105.

[58] Habersack/Mülbert/Schlitt/*Mülbert/Steup* Unternehmensfinanzierung-HdB Rn. 41.196.

[59] BGH Urt. v. 13.12.2011 – XI ZR 51/10 – IKB, BGHZ 192, 90 (110) = NJW 2012, 1800; Assmann/ Schneider/Mülbert/*Hellgardt* §§ 97, 98 Rn. 120.

[60] Assmann/Schneider/Mülbert/*Hellgardt* §§ 97, 98 Rn. 120; Habersack/Mülbert/Schlitt/*Mülbert/Steup* Unternehmensfinanzierung-HdB Rn. 41.214.

[61] *Poelzig,* Kapitalmarktrecht, 2018, Rn. 525; Assmann/Schneider/Mülbert/*Hellgardt* §§ 97, 98 Rn. 105 („Stellvertreterstreit"); Meyer/Veil/Rönnau/*Wolf/Wink* MarktmissbrauchsR-HdB § 31 Rn. 33 ff.

[62] LG Hamburg Vorlagebeschl. v. 2.6.2010 – 329 O 338/08, ZIP 2010, 1395 (1396); LG Hamburg Urt. v. 10.6.2009 – 329 O 377/08 Rn. 36, BeckRS 2009, 21350; *Casper* Der Konzern 2006, 32 (34); Kölner Komm KapMuG/*Casper* §§ 37b, 37c Rn. 54 ff.; Soergel/*Ekkenga/Kuntz* BGB § 249 Rn. 26; Assmann/Schütze/*Fleischer* KapitalanlageR-HdB § 6 Rn. 52; *Fleischer* BB 2002, 1869 (1870 ff.); Fuchs/*Fuchs* §§ 37b, 37c Rn. 37; *Fuchs/Dühn* BKR 2002, 1063 (1068 f.); *Hellgardt,* Kapitalmarktdeliktsrecht, 2008, 504 f.; *Hellgardt* DB 2012, 673 (677 f.); Assmann/Schneider/Mülbert/*Hellgardt* §§ 97, 98 Rn. 125; *Hopt/Voigt* in Hopt/Voigt Prospekt- und Kapitalmarktinformationshaftung 130 ff.; *Klöhn* AG 2012, 345 (352 ff.); *Langenbucher* ZIP 2005, 239 (240 f.); *Langenbucher* AktKapMarktR § 17 Rn. 167, 168; *Maier-Reimer/Webering* WM 2002, 1857 (1860 ff.); Habersack/Mülbert/Schlitt/*Maier-Reimer/Seulen* KapMarktInfo-HdB § 30 Rn. 117 ff.; *Mülbert* ZHR 177 (2013), 160 (196); *Mülbert/Steup* WM 2005, 1633 (1635 ff.); Habersack/Mülbert/Schlitt/*Mülbert/Steup* Unternehmensfinanzierung-HdB Rn. 41.214 ff.; Fuchs/ *Pfüller* § 15 Rn. 535; *Reichert/Weller* ZRP 2002, 49 (55); *Schäfer* in Marsch-Barner/Schäfer AG-HdB Rn. 17.22 ff.; *Schmolke* ZBB 2012, 165 (175 f.); Wagner ZGR 2008, 495 (514 ff., 520 ff.); *Zimmer* WM 2004, 9 (17).

[63] BGH Urt. v. 13.12.2011 – XI ZR 51/10, BGHZ 192, 90 (117 f.) = NJW 2012, 1800 Rn. 67 – IKB-Urteil.

[64] BGH Urt. v. 13.12.2011 – XI ZR 51/10 – IKB, BGHZ 192, 90 (117 f.) = AG 2012, 209.

[65] BGH Urt. v. 9.5.2005 – II ZR 287/02, NJW 2005, 2450 Rn. 27.

[66] Zur Berechnung *Klöhn* AG 2012, 345 (347 f.).

[67] *Macey/Miller/Mitchell/Netter* Virginia Law Review 77 (1991) 1017 (1030 f.); Soergel/*Ekkenga/Kuntz* BGB § 249 Rn. 28; *Fleischer* BB 2002, 1869 (1873); *Hellgardt,* Kapitalmarktdeliktsrecht, 2008, 506 f.; Assmann/Schneider/ Mülbert/*Hellgardt* §§ 97, 98 Rn. 136; Kölner Komm WpHG/*Möllers/Leisch* §§ 37b, 37c Rn. 378 ff.

[68] Assmann/Schneider/Mülbert/*Hellgardt* §§ 97, 98 Rn. 136.

arbeitet, desto kürzer ist der Beobachtungszeitraum.[69] Typischerweise ist von einem Beobachtungs- zeitraum von insgesamt zwei Tagen auszugehen.[70] Umstritten ist, ob die relative[71] oder absolute[72] Kurswertveränderung maßgeblich ist. Für das Abstellen auf die **Nominalwert-Differenz** und nicht die die prozessuale Veränderung spricht, dass der Wert eines Finanzinstruments unabhängig von der Marktkapitalisierung ist.[73] Um die spezifische Wirkung der konkreten Pflichtverletzung auf den Wert des Finanzinstruments festzustellen, ist die Kursveränderung um allgemeine marktweite kursbeein- flussende Faktoren rückwirkend zu bereinigen.[74] Für die rückwirkende Marktbereinigung stehen verschiedene ökonomische Methoden zur Verfügung, insbesondere das praktisch bedeutsame sog. *Capital Asset Pricing Model.* Der Kursdifferenzschaden ist insbesondere um den **Kollateralschaden** zu kürzen, der ausschließlich auf die drohenden Schadensersatzansprüche, aufsichtsrechtlichen Sanktionen und den allgemeinen Reputationsschaden und nicht unmittelbar auf die Fehlinformation des Kapital- marktes zurückzuführen ist.[75] Für die Höhe des schadensmindernden Kolleteralschadens trägt der Emittent die Beweislast.[76]

b) Vertragsabschlussschaden. Nach dem **BGH** kann der Anleger (auch) den **Erwerbs- bzw.** 29 **Veräußerungsschaden** ersetzt verlangen. Da der Anleger den Vertrag häufig nicht mit dem Emitten- ten geschlossen hat, kann der Anspruch nicht auf Vertragsaufhebung gerichtet sein, sondern nur auf Erstattung des Entgelts für den Erwerb Zug um Zug gegen Übertragung der Finanzinstrumente bzw. im Falle der Veräußerung die Differenz zwischen dem Wert der veräußerten Finanzinstrumente und dem Verkaufspreis (§ 251 Abs. 2 S. 1 BGB).[77] Der Anleger muss in diesem Fall die haftungsbegrün- dende Kausalität der Fehlinformation für die Anlageentscheidung beweisen. Ersatzfähig ist gem. § 252 BGB grundsätzlich auch entgangener Gewinn aus dem Unterlassen einer alternativen Anlagemöglich- keit.[78] Alternativ[79] gestattet der BGH, den **Kursdifferenzschaden** als „Mindestschaden" geltend zu machen.[80] In diesem Fall hat der Anleger nur zu beweisen, dass die Pflichtverletzung auf den Kurspreis Einfluss genommen hat.

2. Kausalität. a) Haftungsbegründende Kausalität. Nach allgemeinen schadensrechtlichen 30 Prinzipien muss zwischen der Pflichtverletzung und der Verletzung des geschützten Rechtsguts ein **Kausalzusammenhang** bestehen. Auf welches Rechtsgut diesbezüglich für §§ 97 f. abzustellen ist, hängt maßgeblich von dem Verständnis des Normzwecks ab.

aa) Vertragsabschlussschaden. Geht man mit dem BGH davon aus, dass der einzelne Investor vor 31 einer unlauteren Einflussnahme auf die **Anlageentscheidung** geschützt werden soll und daher der Vertragsabschlussschaden zu ersetzen ist, muss die unterlassene oder falsche Ad-hoc-Mitteilung ursäch- lich für die Anlageentscheidung des Anlegers gewesen sein. Häufig wird eine Anlageentscheidung aber durch eine Vielzahl von Faktoren bestimmt, sodass der Anleger nicht nur erworben oder veräußert hat, weil er auf die Richtigkeit oder das Fehlen einer Information vertraut hat. Aufgrund damit ver- bundener Beweisschwierigkeiten werden in der Literatur verschiedene Arten der Beweislasterleichte- rung diskutiert, die jedoch allesamt von der Rechtsprechung abgelehnt werden. So wird eine **Analo- gie** zu § 23 Abs. 2 Nr. 1 WpPG; § 20 Abs. 4 Nr. 1 VermAnlG und § 12 Abs. 3 Nr. 1 WpÜG erwogen. Allerdings hat sich der Gesetzgeber bei der Gestaltung der §§ 97 f. an der Prospekthaftung orientiert, ohne eine gesetzliche Beweislastumkehr vorzusehen, sodass von einer planwidrigen Rege- lungslücke kaum ausgegangen werden kann. Eine Analogie wird daher vom BGH zu Recht abge- lehnt.[81] Vertreten wird darüber hinaus die Übertragung der in der Rechtsprechung zur Prospekthaf-

---

[69] Assmann/Schneider/Mülbert/*Hellgardt* §§ 97, 98 Rn. 136.

[70] *Macey/Miller/Mitchell/Netter* Virginia Law Review 77 (1991) 1017 (1031); *Steinhauer,* Insiderhandelsverbot, 1999, 275.

[71] *Maier-Reimer/Webering* WM 2002, 1857 (1861 f.); Habersack/Mülbert/Schlitt/*Mülbert/Steup* Unternehmens- finanzierung-HdB Rn. 41.233; *Wagner* ZGR 2008, 495 (523 ff.).

[72] *Fleischer* BB 2002, 1869 (1873 f.) (Nominalwert-Differenz); Assmann/Schneider/Mülbert/*Hellgardt* §§ 97, 98 Rn. 136.

[73] Assmann/Schneider/Mülbert/*Hellgardt* §§ 97, 98 Rn. 134.

[74] Assmann/Schneider/Mülbert/*Hellgardt* §§ 97, 98 Rn. 136.

[75] *Karpoff/Lee/Martin* 43 (2008) Journal of Financial & Qualitative Analysis, 581 ff.; Assmann/Schneider/Mülbert/ *Hellgardt* §§ 97, 98 Rn. 137; Habersack/Mülbert/Schlitt/*Mülbert/Steup* Unternehmensfinanzierung-HdB Rn. 41.232. AA *Schäfer/Weber/Wolf* ZIP 2008, 197 (202).

[76] Assmann/Schneider/Mülbert/*Hellgardt* §§ 97, 98 Rn. 137.

[77] BGH Urt. v. 13.12.2011 – XI ZR 51/10, BGHZ 192, 90 (111) = NJW 2012, 1800 (1806) – IKB-Urteil. Zur Berechnung Kölner Komm WpHG/*Möllers/Leisch* §§ 37b, 37c Rn. 331; *Casper* Der Konzern 2006, 32 (35).

[78] Soergel/*Ekkenga/Kuntz* BGB § 252 Rn. 56.

[79] Diese Alternativität stößt in der Lit. teilw. auf Kritik, s. *Langenbucher* AktKapMarktR § 17 Rn. 175 ff.; *Hellgardt* DB 2012, 673 (677); *Klöhn* AG 2012, 345 (355); *Schmolke* ZBB 2012, 165 (175 f.). Nimmt man die Sichtweise des BGH ein und erkennt §§ 97 f. eine doppelte Schutzrichtung zu, erscheint dieser Weg der Schadensberechnung dagegen als jedenfalls konsequent.

[80] BGH Urt. v. 13.12.2011 – XI ZR 51/10, BGHZ 192, 90 (117 f.) = NJW 2012, 1800 Rn. 67 – IKB-Urteil.

[81] BGH Urt. v. 13.12.2011 – XI ZR 51/10, BGHZ 192, 90 (116) = NJW 2012, 1800 (1807) – IKB-Urteil; ebenso Kölner Komm WpHG/*Möllers/Leisch* §§ 37b, 37c Rn. 347; *Fleischer* NJW 2002, 2977 (2980).

tung entwickelten **Theorie der Anlagestimmung,** die einen Anscheinsbeweis für die Ursächlichkeit der Pflichtverletzung für die Anlageentscheidung annimmt. Im Falle der Haftung für unterlassene Ad-hoc-Mitteilungen gem. § 97 fehlt es jedoch schon an einem Anknüpfungspunkt für die Anlagestimmung, da eine Mitteilung an das Anlegerpublikum gerade nicht erfolgt.[82] Aber auch im Falle des § 98 enthalten die fehlerhaften Ad-hoc-Mitteilungen – anders als Prospekte – keine umfassenden Informationen über das jeweilige Finanzinstrument, sondern berichten nur über ein singuläres Ereignis. Die Wirkung von Prospekten auf das Anlegerverhalten auf der einen Seite und von Ad-hoc-Mitteilungen auf der anderen Seite ist daher nur bedingt vergleichbar. Anders als ein Prospekt ist die Ad-hoc-Mitteilung regelmäßig nicht als alleinige Grundlage einer umfassenden Anlageentscheidung geeignet.[83] Eine Beweislasterleichterung kann daher nur angenommen werden, wenn der geschädigte Anleger im Einzelfall darlegen kann, dass die Ad-hoc-Mitteilung am Markt eine **konkrete Anlagestimmung,** beispielsweise in Form von Kaufempfehlungen, hervorgerufen hat.[84] Eine Beweislastumkehr nach den Grundsätzen der **Vermutung aufklärungsrichtigen Verhaltens** lehnt der BGH für §§ 97 f. ab.[85] Auch die im US-amerikanischen Recht entwickelte Theorie eines allgemeinen Marktbetrugs **(fraud-on-the-market-Doktrin),** wonach das grundsätzlich notwendige konkrete Vertrauen des geschädigten Anlegers in die Vollständigkeit der Informationen vermutet wird, wenn der Anleger bei seiner Anlageentscheidung abstrakt auf die Integrität der Preisbildung am Kapitalmarkt vertraut hat,[86] lehnt der BGH ab.[87]

32   Die haftungsbegründende Kausalität für die Anlageentscheidung ist im Falle von § 98 unter Berücksichtigung der zeitlichen Nähe der Anlageentscheidung zur fehlerhaften Ad-hoc-Mitteilung zu bestimmen.[88] Je mehr Zeit zwischen der Veröffentlichung und der Transaktion vergangen ist, desto höhere Anforderungen sind an den Nachweis der Kausalität zu stellen.[89]

33   **bb) Kursdifferenzschaden.** Für den Ersatz des Kursdifferenzschadens kommt es nach **hL,** die ausschließlich den Kursdifferenzschaden für ersatzfähig hält (→ Rn. 26), nicht auf die Kausalität der Pflichtverletzung für die Anlageentscheidung an, sondern maßgeblich ist die **Kausalität** der Pflichtverletzung für die **Kurspreisbildung.**[90] Der Anleger muss lediglich dartun, dass die Preisbildung aufgrund der Verletzung von Art. 17 MAR fehlerhaft und der Pflichtverstoß insoweit für die Transaktion des Anlegers zu dem tatsächlichen Preis ursächlich war. Wäre es bei pflichtgemäßer Veröffentlichung durch den Emittenten im Zeitpunkt der Vornahme des Geschäfts zu einer anderen, für den Anleger günstigeren Kursentwicklung gekommen, so reicht dies hiernach für den erforderlichen Ursachenzusammenhang zwischen Pflichtverletzung und Schadenseintritt aus.

34   In der IKB-Entscheidung von 2012 hat der **BGH** für den notwendigen Kausalitätsnachweis differenziert und die Kausalität in Abhängigkeit von der konkreten Schadensberechnung bestimmt: Verlangt der Anleger Naturalrestitution durch Rückabwicklung der Anlageentscheidung, muss er die Kausalität zwischen der Pflichtverletzung und seiner Anlageentscheidung nachweisen. Verlangt er hingegen den Kursdifferenzschaden lässt auch der BGH die Ursächlichkeit der Pflichtverletzung für die fehlerhafte Preisbildung genügen.[91]

35   **b) Haftungsausfüllende Kausalität.** Für die haftungsausfüllende Kausalität ist zu differenzieren: Im Falle des Vertragsabschlussschadens setzt die haftungsausfüllende Kausalität voraus, dass der Erwerb bzw. die Veräußerung kausal für die geltend gemachten Schäden ist, etwa für die Trans-

---

[82] BGH Urt. v. 13.12.2011 – XI ZR 51/10, BGHZ 192, 90 (116) = NJW 2012, 1800 (1807) – IKB-Urteil.

[83] BGH Urt. v. 19.7.2004 – II ZR 218/03, BGHZ 160, 134 = NJW 2004, 2664 – Infomatec (zu § 826 BGB).

[84] Vgl. zu § 826 BGB BGH Urt. v. 19.7.2004 – II ZR 218/03, BGHZ 160, 134 (147) = NJW 2004, 2664 (2667) – Infomatec; BGH Urt. v. 4.6.2007 – II ZR 147/05, NJW 2008, 76 (77) – Comroad IV; BGH Urt. v. 4.6.2007 – II ZR 173/05, NJW-RR 2007, 1532 (1534) – Comroad V. Ausf. hierzu Kölner Komm WpHG/*Möllers/Leisch* §§ 37b, 37c Rn. 347.

[85] BGH Urt. v. 13.12.2011 – XI ZR 51/10, BGHZ 192, 90 (116) = NJW 2012, 1800 (1807) – IKB-Urteil. Zust. *Buck-Heeb,* Kapitalmarktrecht, 10. Aufl. 2019, Rn. 467; *Poelzig,*Kapitalmarktrecht, 2018, Rn. 520.

[86] Grdl. Basic v. Levinson, 485 U. S. 224, 108 S. Ct. 978 (1988) = 99 L. Ed. 2d 194; Peil v. Speiser, 806 f.2d 1154, 1160, 1161 (1986). Zuletzt bestätigt und verfeinert in Halliburton Co. v. Erica P. John Fund Inc., 134 S. Ct. 2398, 2401 (2014) = 189 L. Ed. 2d 339.

[87] Vgl. zu § 826 BGB BGH Beschl.. v. 26.6.2006 – II ZR 153/05, NZG 2007, 269 Rn. 69.

[88] BGH Urt. v. 13.12.2011 – XI ZR 51/10, BGHZ 192, 90 (116) = NJW 2012, 1800 Rn. 66 – IKB-Urteil; Habersack/Mülbert/Schlitt/*Mülbert/Steup* Unternehmensfinanzierung-HdB Rn. 41.232.

[89] Bsp. für einen erfolgreichen Nw. BGH Urt. v. 19.7.2004 – II ZR 402/02, BGHZ 160, 149 = AG 2004, 546 – Infomatec.

[90] Assmann/Schneider/Mülbert/*Hellgardt* § 97 Rn. 139; Habersack/Mülbert/Schlitt/*Maier-Reimer/Seulen* KapMarktInfo-HdB § 30 Rn. 122 ff. AA Fuchs/*Fuchs* §§ 37b, 37c Rn. 31 f; Habersack/Mülbert/Schlitt/*Mülbert/Steup* Unternehmensfinanzierung-HdB Rn. 41.228.

[91] BGH Urt. v. 13.12.2011 – XI ZR 51/10, BGHZ 192, 90 = NJW 2012, 1800 Rn. 67 – IKB-Urteil. Hierzu Assmann/Schneider/Mülbert/*Hellgardt* §§ 97, 98 Rn. 142 ff.; Assmann/Schütze/*Fleischer* KapitalanlageR-HdB § 6, Rn. 45 f.; *Klöhn* ZIP 2015, 53 (56 ff.); *Klöhn/Rothermund* ZBB 2015, 73 ff.; *Klöhn* AG 2012, 345 (356); *Schmolke* ZBB 2012, 165 ff. Einen Überblick zur ganzen Thematik bieten Fuchs/*Fuchs* §§ 37b, 37c Rn. 34 ff.; *Schäfer* in Marsch-Barner/Schäfer AG-HdB Rn. 17.26 ff.

aktionskosten und den entgangenen Gewinn.[92] Im Zusammenhang mit dem Kursdifferenzschaden hat die haftungsausfüllende Kausalität neben der haftungsbegründenden Kausalität keine eigenständige Bedeutung.[93]

3. Mitverschulden. Da die §§ 249 ff. BGB ergänzend anwendbar sind, ist auch ein etwaiges **Mit-** **36** **verschulden** des Anlegers grundsätzlich zu berücksichtigen (**§ 254 BGB**). Allerdings enthalten §§ 97 Abs. 3, 98 Abs. 3 eine spezielle und insoweit auch abschließende Regelung, wonach der Schadensersatzanspruch ausgeschlossen ist, wenn der Anleger die Insiderinformation (§ 97 Abs. 3) bzw. ihre Unrichtigkeit (§ 98 Abs. 3) kannte.[94] Die Beweislast hierfür trägt der Emittent.[95] Im Umkehrschluss mag die fahrlässige Unkenntnis des Anlegers daher ein Mitverschulden gem. § 254 BGB nicht zu begründen.[96] Nach dem Zweck des Art. 17 MAR kann sich der Anleger auf die publizierten Insiderinformationen grundsätzlich verlassen und muss keine eigenen Erkundigungen einholen.[97] Auch die bewusste Investition in ein hochspekulatives Finanzinstrument mindert die Schadensersatzpflicht des Emittenten mit dem Hinweis auf ein Mitverschulden des Anlegers nicht, da sich durch die Informationspflichtverletzung ein anderes Risiko realisiert als durch die Aktienspekulation.[98] Bei Bekanntwerden der Pflichtverletzung kann sich uU. je nach den Umständen im konkreten Einzelfall eine Verkaufsobliegenheit aus der allgemeinen Schadensminderungspflicht ableiten lassen (§ 254 Abs. 2 S. 1 BGB), die grundsätzlich nicht von §§ 97 Abs. 3, 98 Abs. 3 verdrängt wird.[99]

4. Verhältnis zu §§ 57, 71 AktG. Handelt es sich bei dem Emittenten um eine **Aktiengesell-** **37** **schaft,** steht die Schadensersatzpflicht im Spannungsverhältnis zum aktienrechtlichen Kapitalerhaltungsgrundsatz gem. §§ 57, 71 AktG, da die Leistung von Schadensersatz an Aktionäre einer Rückzahlung der Einlage ähnelt.[100] Die **hM** löst diesen Normkonflikt zugunsten der kapitalmarktrechtlichen Haftung nach §§ 97 f., da es sich hierbei nicht um eine Zahlung handelt, die im Hinblick auf die mitgliedschaftliche Stellung des Aktionärs gewährt wird, sondern die aufgrund der Verletzung von anlegerschützenden Vorschriften an den Aktionär als Dritten erfolgt und damit schon vom Tatbestand des § 57 Abs. 1 AktG nicht erfasst ist.[101] Der EuGH hat diese Auffassung als unionsrechtskonform bestätigt.[102] Nach **aA** sind Ansprüche aus §§ 97 f. im Falle einer AG zwar nicht gänzlich ausgeschlossen. Der von § 57 AktG bezweckte Schutz von Fremdkapitalgebern soll aber bei einer solventen AG durch eine Ausschüttungssperre in Höhe des Grundkapitals und der gesetzlichen Rücklage Rechnung getragen werden.[103] Andere plädieren für eine grundsätzlich vollständige Durchsetzung des Anspruchs bei einer solventen AG, aber für einen Rangrücktritt der Aktionäre mit ihrem kapitalmarktrechtlichen Anspruch in der Insolvenz der AG nach dem Vorbild des US-Bankruptcy Code, 11 U. S. C. 510 b.[104]

IV. Verjährung

Nach Aufhebung der speziellen Verjährungsfrist gem. §§ 37b Abs. 4, 37c Abs. 4 aF gilt für §§ 97 f. **38** die **Regelverjährung** gem. §§ 195, 199 BGB innerhalb von drei Jahren ab dem Schluss des Jahres, in dem der Anspruch entstanden ist und der Anleger davon Kenntnis erlangt hat oder ohne grobe Fahrlässigkeit hätte erlangen müssen. Der Anspruch entsteht bereits mit Vertragsabschluss und dem Schaden durch Kursbeeinflussung, nicht erst mit Bekanntwerden der Pflichtverletzung oder Nach-

---

[92] Assmann/Schneider/Mülbert/*Hellgardt* §§ 97, 98 Rn. 146 („Tätigen der Transaktion als haftungsausfüllende Kausalität").

[93] Soergel/*Ekkenga*/*Kuntz* BGB Vor § 249 Rn. 205; *Leuschner* ZIP 2008, 1050 (1054); *Poelzig,* Kapitalmarktrecht, 2018, Rn. 527. AA Assmann/Schneider/Mülbert/*Hellgardt* §§ 97, 98 Rn. 145.

[94] Begr. RegE 4. FFG BT-Drs. 14/8017, 94; Kölner Komm WpHG/*Möllers*/*Leisch* §§ 37b, 37c Rn. 259; Schwark/Zimmer/*Zimmer*/*Steinhaeuser* § 98 Rn. 90; aA Fuchs/*Fuchs* §§ 37b, 37c Rn. 41; Habersack/Mülbert/Schlitt/*Mülbert*/*Steup* Unternehmensfinanzierung-HdB Rn. 41.238 („Fall fehlender haftungsbegründener Kausalität").

[95] Kölner Komm WpHG/*Möllers*/*Leisch* §§ 37b, c Rn. 262; Schwark/Zimmer/*Zimmer*/*Steinhaeuser* § 98 Rn. 95.

[96] IE Kölner Komm WpHG/*Möllers*/*Leisch* §§ 37b, c Rn. 259; Schwark/Zimmer/*Zimmer*/*Steinhaeuser* § 98 Rn. 90.

[97] Vgl. Assmann/Schneider/Mülbert/*Hellgardt* §§ 97, 98 Rn. 118 f. Zur alten Rechtslage Kölner Komm WpHG/*Möllers*/*Leisch* §§ 37b, 37c Rn. 259.

[98] Kölner Komm WpHG/*Möllers*/*Leisch* §§ 37b, 37c Rn. 439.

[99] Assmann/Schneider/Mülbert/*Hellgardt* §§ 97, 98 Rn. 147.

[100] Krit. daher insbes. *Baums,* Bericht der Regierungskommission Corporate Governance, 2001, Rn. 182; *Rieckers* BB 2002, 1213 (1220); *Horn* FS Ulmer, 2003, 817 (826 f.). Zum Streitstand *Weber* ZHR 176 (2012), 184 (185 ff.).

[101] *Habersack* FS 25 Jahre WpHG 2019, 217 (218). Assmann/Schneider/Mülbert/*Hellgardt* § 97 Rn. 52 f.; Kölner Komm WpHG/*Möllers*/*Leisch* §§ 37b, 37c Rn. 38 f.; Schwark/Zimmer/*Zimmer*/*Steinhaeuser* § 98 Rn. 17 ff.; *Fuchs*/*Dühn* BKR 2002, 1063 (1070); *Renzenbrink*/*Holzner* BKR 2002, 434 (436). AA für § 71 AktG Fuchs/*Fuchs* Vor §§ 37b, 37c Rn. 53.

[102] EuGH Urt. v. 19.12.2013 – C-174/12 Rn. 28 ff., NJW-Spezial 2014, 80 – Alfred Hirmann/Immofinanz.

[103] *Henze* NZG 2005, 115 (118 ff.); *Reichert*/*Weller* ZRP 2002, 49 (56); *Veil* ZHR 167 (2003), 365 (394 f.).

[104] *Langenbucher* AktKapMarktR § 17 Rn. 178 f.; *Baums* ZHR 167 (2003), 139 (170); *Hopt* WM 2013, 101 (103 f.).

holen der Information.[105] Erforderlich ist zudem Kenntnis bzw. grob fahrlässige Unkenntnis des Anlegers von der fehlerhaften Information (§ 98) bzw. das Bestehen einer ad-hoc-Informationspflicht und deren Ausbleiben (§ 97). Grob fahrlässige Unkenntnis des Anlegers wird regelmäßig mit dem öffentlichen Bekanntwerden der Pflichtverletzung vorliegen.[106] Unabhängig von der Kenntnis verjähren die Ansprüche aus §§ 97 f. gem. § 199 Abs. 4 BGB innerhalb von 10 Jahren nach ihrem Entstehen.

V. Konkurrenzen

39   Gem. §§ 97 Abs. 4, 98 Abs. 4 bzw. § 26 Abs. 3 S. 2 bleiben weitergehende Ansprüche nach den Vorschriften des BGB aufgrund von Verträgen oder vorsätzlichen unerlaubten Handlungen unberührt. Neben §§ 97 f. kommt allerdings die spezialgesetzliche **Prospekthaftung** gem. §§ 21 ff. WpPG und die allgemeine bürgerlich-rechtliche Prospekthaftung ieS mangels Prospekt nicht zur Anwendung. Im Gegensatz zu Prospekten, die ein Gesamtbild des Emittenten vermitteln, informieren Ad-hoc-Mitteilungen lediglich über Einzelumstände.[107]

40   **1. Haftung aus § 823 Abs. 2 BGB.** Die Haftung des Emittenten für Handlungen seiner Organmitglieder, die ihm gem. § 31 BGB zugerechnet werden,[108] kommt neben den §§ 97, 98 auf der Grundlage des allgemeinen Deliktsrechts grundsätzlich nur bei einer vorsätzlichen unerlaubten Handlung in Betracht (s. §§ 97 Abs. 4). Denkbar ist zunächst eine deliktische Haftung nach **§ 823 Abs. 2 BGB.** Jedoch scheidet **Art. 17 MAR** selbst als Schutzgesetz iSd § 823 Abs. 2 BGB aus, da es sich hierbei nicht um einen weitergehenden Anspruch handelt, der haftungsbegründende Verstoß sich vielmehr in der Verletzung der Ad-hoc-Publizitätspflicht erschöpft und der Emittent insoweit ausschließlich nach §§ 97 f. haften soll. Bei Annahme der Schutzgesetzeigenschaft würden die speziellen Voraussetzungen der §§ 97 f. – insbesondere der erhöhte Verschuldensmaßstab und die Ausschlussgründe jeweils in Abs. 3 – unterlaufen werden.[109] Das Unionsrecht, insbesondere der europäische Äquivalenz- und Effektivitätsgrundsatz gem. Art. 4 Abs. 3 EUV, ändert daran nichts, da §§ 97 f. sowiedie verwaltungs- und strafrechtlichen Sanktionen zur wirksamen Durchsetzung genügen.[110]

41   Eine Haftung gem. § 823 Abs. 2 BGB kommt aber in Betracht, wenn das Verhalten neben Art. 17 MAR auch andere Vorschriften verletzt, die die Schutzgesetzeigenschaft aufweisen. Dazu gehört beispielsweise **§ 400 AktG,** der die unrichtige oder verschleiernde Wiedergabe von Gesellschaftsverhältnissen unter Strafe stellt. Allerdings wird die Tauglichkeit von Ad-hoc-Mitteilungen, jedenfalls soweit diese nur Einzelumstände enthalten, als Tatmittel des § 400 AktG nach ganz hM abgelehnt.[111] Ähnliches gilt für **§ 264a StGB** (Kapitalanlagebetrug), der grundsätzlich als Schutzgesetz in Betracht kommt, aber eine „Darstellung über den Vermögensstand" erfordert und daher nur auf umfangreichere Ad-hoc-Mitteilungen anwendbar ist.[112] Ein Anspruch aus § 823 Abs. 2 BGB iVm **§ 263 StGB** scheitert meist an der notwendigen Stoffgleichheit von Vermögensvorteil und Schaden.[113] Einen unmittelbaren Vermögensvorteil erlangt nicht der Emittent, sondern nur der Dritte, von dem der Anleger die Finanzinstrumente zu teuer erwirbt oder an den er die Finanzinstrumente zu billig

---

[105] Habersack/Mülbert/Schlitt/*Mülbert/Steup* Unternehmensfinanzierung-HdB Rn. 41.240; Assmann/Schneider/Mülbert/*Hellgardt* §§ 97, 98 Rn. 147.

[106] Hierzu Assmann/Schneider/Mülbert/*Hellgardt* §§ 97, 98 Rn. 169.

[107] Vgl. BGH Urt. v. 19.7.2004 – II ZR 218/03= NJW 2004, 2664 f.; Kölner Komm WpHG/*Möllers/Leisch* §§ 37b, 37c Rn. 390; *Groß* WM 2002, 477 (479 ff.); *Stoppel* in Grunewald/Schlitt KapMarktR 285 f.; *Kort* AG 2005, 21 f.

[108] BGH Urt. v. 7.1.2008 – II ZR 229/05, NZG 2008, 382 (383).

[109] *Klöhn* MAR Art. 17 Rn. 589; für die Schutzgesetzeigenschaft *Hopt/Kumpan* in Schimansky/Bunte/Lwowski BankR-HdB § 107 Rn. 168; Assmann/Schneider/Mülbert/*Hellgardt* §§ 97, 98 Rn. 172; *Hellgardt* AG 2012, 154 (164 f.); *Seibt* ZHR 177 (2013), 388 (424 ff.). Offen lassend *Krause* CCZ 2014, 248. Assmann/Schneider/Mülbert/*Assmann* MAR Art. 17 Rn. 308; Klöhn/*Klöhn* MAR Art. 17 Rn. 589; Staub/*Grundmann* Bd. 11/2 8. Teil Rn. 268; *Buck-Heeb,* Kapitalmarktrecht, 10. Aufl. 2019, Rn. 481; *Poelzig,* Kapitalmarktrecht, 2018, Rn. 534; *Horcher* in BeckHdB AG § 22 Rn. 51; Habersack/Mülbert/Schlitt/*Mülbert/Steup* Unternehmensfinanzierung-HdB Rn. 41.248; *Schäfer* in Marsch-Barner/Schäfer AG-HdB Rn. 17.36.

[110] Hierzu *Poelzig* ZGR 2015, 801 (806 f.). Eine richtlinienkonforme Auslegung befürwortete noch EBJS/*Grundmann*, 1. Aufl. 2001, BankR VI Rn. 163.

[111] BVerfG Beschl. v. 27.4.2006 – 2 BvR 131/05 = BKR 2007, 38 (39); BGH Urt. v. 19.7.2004 – II ZR 218/03, BGHZ 160, 134 (140) = NJW 2004, 2664 (2665) – Infomatec; Assmann/Schneider/Mülbert/*Hellgardt* §§ 97, 98 Rn. 159; Fuchs/*Fuchs* Vor §§ 37b, 37c Rn. 65; Kölner Komm WpHG/*Möllers/Leisch* §§ 37b, 37c Rn. 444; JVRB/*Bruchwitz* §§ 37b, 37c Rn. 101; *Gerber* DStR 2004, 1793 (1795); *Rützel* AG 2003, 69 (73).

[112] Kölner Komm WpHG/*Möllers/Leisch* §§ 37b, 37c Rn. 460; Lackner/Kühl/*Heger* StGB § 264a Rn. 10; LK StGB/*Tiedemann/Vogel* StGB § 264a Rn. 59; Schönke/Schröder/*Perron* StGB § 264a Rn. 18; *Stoppel* in Grunewald/Schlitt KapMarktR 286; *Hildner* WM 2004, 1068 (1072). Wohl weiter *Fischer* StGB § 264a Rn. 12.

[113] *Brellochs,* Publizität und Haftung von Aktiengesellschaften im System des Europäischen Kapitalmarktrechts, 2005, 113; *Maier-Reimer/Seulen* in Habersack/Mülbert/Schlitt KapMarktInfo-HdB § 30 Rn. 163; *Krause* ZGR 2002, 799 (817); *Edelmann* BB 2004, 2031 (2032); *Rützel* AG 2003, 69 (73).

veräußert.[114] Die entstandene Kursdifferenz zugunsten des Emittenten ist kein unmittelbarer Vermögensvorteil.[115]

2. Haftung aus § 826 BGB. Von praktisch erheblicher Bedeutung ist die Anspruchsgrundlage des **42** **§ 826 BGB,** dessen Anwendbarkeit nicht durch die §§ 97 Abs. 4, 98 Abs. 4 gesperrt wird.[116]

a) Sittenwidriges Verhalten. Voraussetzung ist ein **sittenwidriges Handeln,** wofür allerdings **43** nicht schon der Verstoß Art 17 MAR genügen kann.[117] Es müssen zu dem Gesetzesverstoß weitere die Sittenwidrigkeit begründende Umstände hinzutreten, die das Verhalten des Täters als verwerflich, als Verstoß gegen das Anstandsgefühl aller billig und gerecht Denkenden erscheinen lassen.[118] Das Verhalten des Schädigers muss hiernach gegen die Mindestanforderungen des lauteren Rechtsverkehrs auf dem Kapitalmarkt verstoßen.Davon ist zB auszugehen, wenn das Sekundärmarktpublikum bewusst durch grob unrichtige Informationen in die Irre geführt wird, damit sich ein Vorstandsmitglied bereichern kann. Der BGH hat die Sittenwidrigkeit in einem Fall bejaht, in dem das Vorstandsmitglied einer AG das Anlegerpublikum durch wiederholt grob unrichtige Ad-hoc-Mitteilungen aus eigennützigen Interessen beeinflusst hat.[119] Ob diese Voraussetzungen, die im Infomatec-Fall in dieser Form zusammentrafen, zwangsläufig immer kumulativ vorliegen müssen, hat der BGH offen gelassen. Er hat lediglich darauf hingewiesen, dass der eigene Vorteil nicht das dominierende Motiv gewesen sein muss.[120] Nach im Schrifttum vertretener Auffassung ist das eigennützige Handeln der Organmitglieder eine hinreichende, aber keine zwingend erforderliche Tatbestandsvoraussetzung.[121] Andere verstehen das Merkmal der Eigennützigkeit extensiv, sodass bei vorsätzlichen Verstößen häufig immer auch eigennütziges Handeln vorliegt.[122]

Das **Unterlassen** der gem. Art. 17 MAR erforderlichen Veröffentlichung kann allein wegen Ver- **44** letzung des Gesetzes noch kein sittenwidriges Verhalten iSd § 826 BGB darstellen. Es müssen weitere Umstände hinzutreten, die bei einer Gesamtbetrachtung die Verwerflichkeit des Unterlassens begründen.[123] Davon ist beispielsweise auszugehen, wenn die Veröffentlichung aus eigennützigen Motiven unterbleibt.[124]

b) Vorsatz. Für den Vorsatz genügt **dolus eventualis.** Erforderlich ist die Kenntnis der die **45** Sittenwidrigkeit begründenden Umstände, nicht hingegen der daraus zu ziehende Schluss auf die Sittenwidrigkeit.[125] Vorsatz ist regelmäßig bereits anzunehmen, wenn die Veröffentlichung einer fehlerhaften Ad-hoc-Mitteilung in Kenntnis dessen erfolgt, dass es sich um eine Insiderinformation handelt

---

[114] BGH Urt. v. 19.7.2004 – II ZR 218/03, BGHZ 160, 134 (142) = NJW 2004, 2664 (2666) – Infomatec; Kölner Komm WpHG/*Möllers/Leisch* §§ 37b, 37c Rn. 509. Ausf zu den sich im Rahmen der Anwendung des § 263 StGB in diesen Fällen ergebenden Probleme JVRB/*Bruchwitz* §§ 37b, 37c Rn. 95 ff.

[115] BGH Urt. v. 19.7.2004 – II ZR 218/03, BGHZ 160, 134 (142) = NJW 2004, 2664 (2666) – Infomatec; Habersack/Mülbert/Schlitt/*Mülbert/Steup* Unternehmensfinanzierung-HdB Rn. 14.251.

[116] Krit. ggü. der Anwendung des § 826 BGB neben den §§ 97, 98 WpHG aber *Hellgardt,* Kapitalmarktdeliktsrecht, 2008, 64 ff.

[117] BGH Urt. v. 19.7.2004 – II ZR 402/02, BGHZ 160, 149 = NJW 2004, 2971 (2973) – Infomatec II.

[118] MüKoBGB/*Wagner* BGB § 826 Rn. 9.

[119] BGH Urt. v. 19.7.2004 – II ZR 402/02, BGHZ 160, 149 (157 f.) = NJW 2004, 2971 (2973 f.) – Infomatec II. Ob diese Voraussetzungen, die im Infomatec-Fall in dieser Form zusammentrafen, zwangsläufig immer kumulativ vorliegen müssen, hat der BGH nicht klargestellt. Nach im Schrifttum vertretener Auffassung ist jedenfalls eigennütziges Handeln der Organmitglieder keine zwingend erforderliche Tatbestandsvoraussetzung. Geschädigte Anleger könnten demnach grds. auch den Vorstand, der keine eigenen Anteile an der Gesellschaft hält, in Anspruch nehmen, wenn dieser wiederholt unrichtige ad-hoc-Mitteilungen veröffentlicht und das Anlegerpublikum vorsätzlich beeinflusst. Vgl. hierzu Assmann/Schneider/Mülbert/*Hellgardt* §§ 97, 98 Rn. 161 ff.; Kölner Komm WpHG/*Möllers/Leisch* §§ 37b, 37c Rn. 415; JVRB/*Bruchwitz* §§ 37b, 37c Rn. 103 ff.; *Brellochs,* Publizität und Haftung von Aktiengesellschaften im System des Europäischen Kapitalmarktrechts, 2005, 114 ff.; *Buck-Heeb,* Kapitalmarktrecht, 10. Aufl. 2019, Rn. 483 ff.; *Lenenbach,* Kapitalmarktrecht, 2. Aufl. 2010, Rn. 11.547 ff; *Poelzig,* Kapitalmarktrecht, 2018, Rn. 536 f.; *Krause* ZGR 2002, 799 (820 ff.).

[120] BGH Urt. v. 19.7.2004 – II ZR 217/03, NJW 2004, 2668 (2671).

[121] Assmann/Schneider/Mülbert/*Hellgardt* §§ 97, 98 Rn. 161; *Dühn,* Schadensersatzhaftung börsennotierter Aktiengesellschaften für fehlerhafte Kapitalmarktinformationen, 2003, 139 f.; *Fleischer* DB 2004, 2031 (2034); *Krause* ZGR 2002, 799 (823); Möllers/Rotter/*Möllers/Leisch* § 15 Rn. 17 ff.; Habersack/Mülbert/Schlitt/*Mülbert/Steup* Unternehmensfinanzierung-HdB Rn. 41.243; *Reichert/Weller* ZRP 2002, 49 (53); *Schwark* FS Hadding, 2004, 1117 (1131 f.); Schwark/Zimmer/*Zimmer/Grotheer* §§ 37b, 37c Rn. 118b.

[122] S. etwa Fuchs/*Fuchs* Vor §§ 37b, 37c Rn. 34; Assmann/Schneider/Mülbert/*Hellgardt* §§ 97, 98 Rn. 161; Kölner Komm WpHG/*Möllers/Leisch* §§ 37b, c Rn. 415.

[123] Vgl. zur Gesamtbetrachtung BGH Urt. v. 13.12.2011 – XI ZR 51/10 – IKB, BGHZ 192, 90 (102). Assmann/Schneider/Mülbert/*Hellgardt* §§ 97, 98 Rn. 162; Habersack/Mülbert/Schlitt/*Mülbert/Steup* Unternehmensfinanzierung-HdB Rn. 41.243. Nach aA kommt § 826 BGB bei einem Unterlassen nicht in Betracht *Maier-Reimer/Seulen* in Habersack/Mülbert/Schlitt KapMarktInfo-HdB § 30 Rn. 174 ff. (ausnahmsweise jedoch bei Ingerenz nach einer unvorsätzlich falschen Meldung); *Rützel* AG 2003, 69 (73).

[124] Kölner Komm WpHG/*Möllers/Leisch* §§ 37b, 37c Rn. 422; Habersack/Mülbert/Schlitt/*Mülbert/Steup* Unternehmensfinanzierung-HdB Rn. 41.243.

[125] MüKoBGB/*Wagner* BGB § 826 Rn. 33 ff.

und diese fehlerhaft ist.[126] Da der Begriff der Insiderinformation ihre Kursrelevanz umfasst, ist damit auch der erforderliche Schädigungsvorsatz impliziert, denn es genügt, wenn „der Schädiger die Richtung, in der sich sein Verhalten zum Schaden anderer auswirken konnte, und die Art des möglicherweise eintretenden Schadens vorausgesehen und billigend in Kauf genommen hat".[127]

46 **c) Ersatzfähiger Schaden.** Vor dem Hintergrund des im Vergleich zu den §§ 97 f. abweichenden Schutzzwecks von § 826 BGB räumt auch die hL – anders als im Falle von §§ 97 f. (→ Rn. 25) – dem Anleger konsequenterweise einen Anspruch auf den **Erwerbs-** bzw. **Veräußerungsschaden** ein.[128] Schaden iSd § 826 BGB ist „nicht nur jede nachteilige Einwirkung auf die Vermögenslage, sondern darüber hinaus jede Beeinträchtigung eines rechtlich anerkannten Interesses und jede Belastung mit einer ungewollten Verpflichtung".[129] Der Anleger kann demnach die Rückabwicklung der Transaktion verlangen, unabhängig davon, ob die Transaktion wirtschaftlich nachteilig ist.[130] Er muss allerdings nach hM die **haftungsbegründende Kausalität** zwischen fehlerhafter oder unterbliebener Ad-hoc-Mitteilung und der Anlageentscheidung nachweisen.[131] Es gelten grundsätzlich keine Beweiserleichterungen, nur ausnahmsweise soll unter strengen Voraussetzungen eine „einzelfallbezogene konkrete Anlagestimmung" zur Beweiserleichterung herangezogen werden können.[132] Kann der Anleger die Kausalität des sittenwidrigen Verhaltens für seine Anlageentscheidung nicht nachweisen, so kann er alternativ – nach einem Hinweisbeschluss des BGH[133] anders als im Falle der §§ 97 f. – auch nicht den **Kursdifferenzschaden** ersetzt verlangen.[134] Die Bedingung der Abschlusskausalität erstreckt sich nach den Ausführungen des BGH auch auf den grundsätzlich ersatzfähigen Kursdifferenzschaden, um so „einer uferlosen Ausweitung des ohnehin offenen Haftungstatbestandes der vorsätzlichen sittenwidrigen Schädigung" vorzubeugen.[135] Hierfür spricht, dass § 826 BGB anders als die kapitalmarktdeliktsrechtlichen §§ 97 f. gerade nicht dem Marktschutz und damit in erster Linie der Preisbildung, sondern als bürgerlich-rechtliche Vorschrift dem einzelnen geschädigten Anleger und dessen Entscheidungsfreiheit dient.

47 Da § 826 BGB – im Unterschied zu den §§ 97 f. (→ Rn. 21) – kein Transaktionserfordernis enthält, kann der Anleger auch im Falle des Haltens der Finanzinstrumente Schadensersatz beanspruchen, soweit er einen entsprechenden Schaden, etwa den entgangenen Veräußerungsgewinn gem. § 252 S. 1 BGB, nachweisen kann.

VI. Haftung der Organmitglieder

48 **1. Außenhaftung.** Der Gesetzgeber hat den Kreis der Haftpflichtigen gem. §§ 97 f. auf den Emittenten beschränkt. Eine Haftung von Organmitgliedern kommt daher im Hinblick auf den klaren Wortlaut und mangels Regelungslücke weder in direkter noch analoger Anwendung der **§§ 97 f.** in Betracht.[136]

---

[126] Habersack/Mülbert/Schlitt/*Mülbert*/*Steup* Unternehmensfinanzierung-HdB Rn. 41.243.

[127] BGHZ 108, 134 (143) = NJW 1989, 3277 (3279); BGH NJW 1963, 579 (580); 1991, 634 (636).

[128] Assmann/Schneider/Mülbert/*Hellgardt* §§ 97, 98 Rn. 160; Kölner Komm WpHG/*Möllers*/*Leisch* §§ 37b, 37c Rn. 465; Schwark/Zimmer/*Zimmer*/*Steinhaeuser* §§ 97, 98 Rn. 135; Staub/*Grundmann* Bd. 11/2 8. Teil Rn. 271; *Leisch* ZIP 2004, 1573 (1578 f.).

[129] S. nur BGHZ 160, 149 (153), BGH NJW 2005, 2450 (2452).

[130] Habersack/Mülbert/Schlitt/*Mülbert*/*Steup* Unternehmensfinanzierung-HdB Rn. 41.242.

[131] BGH Urt. v. 9.5.2005 – II ZR 287/02, NJW 2005, 2450 (2451); BGH Urt. v. 19.7.2004 – II ZR 218/03, BGHZ 160, 134 (143 f.) = NJW 2004, 2664 (2666); BGH Urt. v. 4.6.2007 – II ZR 147/05, NJW 2008, 76 (78); BGH Urt. v. 7.1.2008 – II ZR 229/05, DStR 2008, 568 (569); BGH Urt. v. 7.1.2008 – II ZR 68/06, NZG 2008, 385; OLG Düsseldorf Urt. v. 19.6.2009 – 22 U 2/09, CCZ 2010, 77 (79); Assmann/Schneider/Mülbert/*Hellgardt* §§ 97, 98 Rn. 140; Kölner Komm WpHG/*Möllers*/*Leisch* §§ 37b, 37c Rn. 345; Schwark/Zimmer/*Zimmer*/*Steinhaeuser* §§ 98 Rn. 137; Assmann/Schütze/*Fleischer* KapitalanlageR-HdB § 6 Rn. 25 ff.; Buchta/*van Kann*, Vorstand der AG: Führungsaufgaben, Rechtspflichten und Corporate Governance, 2012, Rn. 329;*Stoppel* in Grunewald/Schlitt KapMarktR 286 f.; Habersack/Mülbert/Schlitt/*Mülbert*/*Steup* Unternehmensfinanzierung-HdB Rn. 41.244; *Findeisen*/*Backhaus* WM 2007, 100 (101 ff.); *Longino* DStR 2008, 2068 (2073 f.); *Möllers* NZG 2008, 413 f.; *Schäfer* NZG 2005, 985; *Unzicker* WM 2007, 1596 (1598 f.).

[132] BGH Urt. v. 4.6.2007 – II ZR 147/05, NZG 2007, 708 (709) – ComROAD IV; BGH Urt v. 19.7.2004 – II ZR 218/03, NJW 2004, 2664 (2666 f.) – Infomatec III; dazu MAH AktR/*Ritter*/*Schüppen* § 24 Rn. 68 ff.; Staub/*Grundmann* Bd. 11/2 8. Teil Rn. 271; *Fleischer* ZIP 2005, 1805 (1807 ff.); *Möllers* NZG 2008, 413 f. Zum Ganzen *Leuschner* ZIP 2008, 1050.

[133] BGH Urt. v. 28.11.2005 – II ZR 246/04, NZG 2007, 346 (347) – Com ROAD.

[134] AA *Leuschner* ZIP 2008, 1050 (1054 ff.); Assmann/Schneider/Mülbert/*Hellgardt* §§ 97, 98 Rn. 164, 166; Fuchs/*Fuchs* Vor §§ 37b, 37c Rn. 55; Kölner Komm WpHG/*Möllers*/*Leisch* §§ 37b, 37c Rn. 434; *Lenenbach*, Kapitalmarktrecht, 2. Aufl. 2010, Rn. 11.553. Ausschließlich den Kursdifferenzschaden als ersatzfähig ansehend Kölner Komm KapMuG/*Casper* §§ 37b, 37c Rn. 75 f.; *Fleischer* BB 2002, 1869 (1872).

[135] BGH Urt. v. 28.11.2005 – II ZR 246/04, NZG 2007, 346 (347) – Com ROAD.

[136] *Doğan*, Ad-hoc-Publizitätshaftung, 2005, 171; Assmann/Schneider/Mülbert/*Hellgardt* §§ 97, 98 Rn. 51; *Hellgardt*, Kapitalmarktdeliktsrecht, 2008, 429; *Lenenbach*, Kapitalmarktrecht, 2. Aufl. 2010, Rn. 11.599; *Schäfer* in Marsch-Barner/Schäfer AG-HdB Rn. 17.36; Schwark/Zimmer/*Zimmer*/*Steinhaeuser* §§ 97, 98 Rn. 32. Vgl. *Rössner*/*Bolkart* ZIP 2002 1471 (1476).

Eingehend diskutiert wird aber eine Haftung der Organmitglieder auf der Grundlage des allgemei- **49** nen Deliktsrechts, so etwa eine deliktische Haftung nach **§ 823 Abs. 2 BGB.** Ob es sich bei **Art. 17 MAR** im Zusammenhang mit der Organaußenhaftung um ein Schutzgesetz iSd § 823 Abs. 2 BGB handelt, ist umstritten.[137] Die überwiegende Auffassung zur Vorgängernorm des § 15 aF lehnte dies ab, da der individualschützende Charakter fehlt. Auch unter Geltung der MAR sprechen die besseren Argumente gegen eine Haftung der Organmitglieder aus § 823 Abs. 2 BGB iVm Art. 17 MAR. Der deutsche Gesetzgeber hat sich ausdrücklich gem. § 26 Abs. 3 S. 1 (zuvor § 15 Abs. 6 aF) dafür entschieden, dass nur der Emittent für Verstöße gegen die Ad-hoc-Publizitätspflicht unter den Voraussetzungen der §§ 97 f. (versehentlich wird noch auf §§ 37b, 37c verwiesen) haftet.[138] Die Ad-hoc-Publizitätspflicht adressiert zudem ausschließlich den Emittenten und nicht die Organmitglieder.[139] Insoweit kann auch nicht auf die Kirch/Breuer-Entscheidung des BGH rekurriert werden,[140] denn darin knüpfte der BGH die Haftung des Vorstands im Zusammenhang mit Vertragsverstößen des Unternehmens an die Verletzung eines von jedermann und damit auch vom Vorstand zu achtenden absoluten Rechts des eingerichteten und ausgeübten Gewerbebetriebs gem. § 823 Abs. 1 BGB.[141] Auch der europäische Effektivitätsgrundsatz kann nicht für eine Haftung der Organmitglieder gem. § 823 Abs. 2 BGB ins Feld geführt werden, da §§ 97 f. und die verwaltungs- und strafrechtlichen Sanktionen insoweit genügen.[142]

Eine Haftung gem. § 823 Abs. 2 BGB kommt zudem – wie im Falle des Emittenten (→ Rn. 39) – **50** in Betracht, wenn die strengen Voraussetzungen des **§ 400 AktG, § 264a StGB** (Kapitalanlagebetrug) oder **§ 263 StGB** vorliegen. Von praktischer Relevanz ist im Zusammenhang mit Ad-hoc-Pflichtverletzungen vor allem die Haftung der Organmitglieder aus § 826 BGB (zu den Voraussetzungen und Rechtsfolgen → Rn. 41 ff.).

2. Innenhaftung. Verletzen die Organmitglieder einer AG oder einer GmbH ihre organschaftlichen **51** Pflichten, haften sie darüber hinaus der AG und GmbH für den ihr daraus entstandenen Schaden (§ 93 Abs. 2 AktG, § 43 Abs. 2 GmbHG).

Verschuldensmaßstab ist die Sorgfalt eines ordentlichen und gewissenhaften Geschäftsleiters (§ 93 **52** Abs. 1 AktG, § 43 Abs. 1 GmbHG). Eine im Voraus getroffene Vereinbarung zwischen Emittent und Organmitglied, auf die Geltendmachung der Regressansprüche (teilweise) zu verzichten, ist unwirksam (§§ 97 Abs. 5, 98 Abs. 5).[143]

Abschnitt 13 bis 16

(hier nicht wiedergegeben)

---

[137] Für die Schutzgesetzeigenschaft *Hopt/Kumpan* in Schimansky/Bunte/Lwowski BankR-HdB § 107 Rn. 168; Assmann/Schneider/Mülbert/*Hellgardt* §§ 97, 98 Rn. 172; *Hellgardt* AG 2012, 154 (164 f.); *Seibt* ZHR 177 (2013), 388 (424 ff.). Offen lassend Klöhn/*Klöhn* MAR Art. 17 Rn. 589; Klöhn/*Klöhn* MAR Art. 15 Rn. 77 ff.; Meyer/ Veil/Rönnau/*Wolf/Wink* MarktmissbrauchsR-HdB § 31 Rn. 52 ff.; *Krause* CCZ 2014, 248. AA Assmann/Schneider/Mülbert/*Assmann* MAR Art. 17 Rn. 308.; Staub/*Grundmann* Bd. 11/2 8. Teil Rn. 268; *Buck-Heeb,* Kapitalmarktrecht, 10. Aufl. 2019, Rn. 481; *Poelzig,* Kapitalmarktrecht, 2018, Rn. 534 f.; *Horcher* in BeckHdB AG § 22 Rn. 51; Habersack/Mülbert/Schlitt/*Mülbert/Steup* Unternehmensfinanzierung-HdB Rn. 41.248; *Schäfer* in Marsch-Barner/Schäfer AG-HdB Rn. 17.36.

[138] Zu § 15 aF BVerfG Beschl. v. 24.9.2002 – 2 BvR 742/02 = NJW 2003, 501 (502); BGH Urt. v. 19.7.2004 – II ZR 218/03, BGHZ 160, 134 (138) = NJW 2004, 2664 (2665) – Infomatec und BGH Urt. v. 13.12.2011 – XI ZR 51/10, BGHZ 192, 90 (111) = NJW 2012, 1800 (1806) – IKB-Urteil; ebenso Fuchs/*Fuchs* Vor §§ 37b, 37c Rn. 63; NK-AktKapMarktR/*Fischer zu Cramburg/Royé* AktG § 15 Rn. 26; Kölner Komm WpHG/*Möllers/Leisch* §§ 37b, 37c Rn. 493 ff. unter Verweis auf Beschlussempfehlung und Bericht des Finanzausschusses zum 2. FFG (BT-Drs. 12/ 7918, 102); MüKoBGB/*Wagner* BGB § 823 Rn. 510; Schwark/Zimmer/*Zimmer/Steinhaeuser* §§ 97, 98 Rn. 127; Schwark/Zimmer/*Zimmer/Grotheer* § 37c Rn. 107; *Krause* ZGR 2002, 799 (808 ff.). AA *Gehrt,* Neue Ad-hoc-Publizität, 1997, 201 ff., 212; Klöhn/*Klöhn* MAR Art. 17 Rn. 589.

[139] Schwark/Zimmer/*Zimmer/Grotheer* §§ 37b, 37c Rn. 128; Habersack/Mülbert/Schlitt/*Mülbert/Steup* Unternehmensfinanzierung-HdB Rn. 41.256.

[140] So aber Assmann/Schneider/Mülbert/*Hellgardt* §§ 97, 98 Rn. 172.

[141] BGHZ 166, 84 Rn. 122.

[142] Vgl. auch Assmann/Schneider/Mülbert/*Hellgardt* MAR Art. 17 Rn. 308; Schwark/Zimmer/*Zimmer/Steinhaeuser* §§ 97, 98 Rn. 126; *Buck-Heeb,* Kapitalmarktrecht, 10. Aufl. 2019, Rn. 481; *Poelzig,* Kapitalmarktrecht, 2018, Rn. 534 f.; *Rodewald/Siems* BB 2001, 2437 (2439). Eine richtlinienkonforme Auslegung befürwortete noch EBJS/*Grundmann,* 1. Aufl. 2001, BankR VI Rn. 163.

[143] Hierdurch soll verhindert werden, dass sich Organmitglieder im Vorfeld von ihrer Verantwortlichkeit freizeichnen und ohne Risiko kapitalmarktrechtswidrig im Namen des Emittenten agieren. Nach dem Wortlaut sind Vereinbarungen über den Ausschluss der Haftung von Aufsichtsratsmitgliedern hingegen zulässig. Angesichts der vergleichbaren Sachlage und mangels einer beabsichtigten Regelungslücke ist die Vorschrift analog auf Aufsichtsräte anzuwenden, Assmann/Schneider/Mülbert/*Hellgardt* §§ 37b, 37c Rn. 167; Kölner Komm WpHG/*Möllers/Leisch* §§ 37b, 37c Rn. 517; JVRB/*Bruchwitz* §§ 37b, 37c Rn. 118; Schwark/Zimmer/*Zimmer/Steinhaeuser* §§ 97, 98 Rn. 145.

Abschnitt 17. Straf- und Bußgeldvorschriften

1   Nach den letzten Änderungen des WpHG durch das 2. FiMaNoG finden sich die strafrechtlichen Sanktionen seit dem 3.1.2018 in § 119 (§ 38 aF) und die verwaltungsrechtlichen Sanktionen in den §§ 120 ff. (§§ 39 ff. aF).

2   Kapitalmarktrechtliche Verstöße können mit einer Vielzahl an straf- und verwaltungsrechtlichen Sanktionen geahndet werden, um eine möglichst abschreckende Wirkung zu erzielen (s. Erwägungsgrund 71 MAR sowie Erwägungsgrund 7 CRIM-MAD aE). Das zulässige Maß an Sanktionen ist aber durch das Verbot der Doppelbestrafung und damit den *ne bis in idem*-Grundsatz gem. Art. 50 GRCh sowie Art. 4 des 7. Protokolls zur EMRK begrenzt (s. auch Erwägungsgrund 23 CRIM-MAD).[1] Der maßgebliche Begriff der Strafe richtet sich nicht ausschließlich nach der formalen Bezeichnung der Sanktion als Strafe, sondern ist nach der Rechtsprechung des EGMR auch unter Berücksichtigung materieller Kriterien – wie der Art der Zuwiderhandlung oder dem Schweregrad der Sanktion – auszulegen.[2] Als Strafen iSd *ne bis in idem*-Grundsatzes sind daher neben den strafrechtlichen Sanktionen iSd CRIM-MAD bzw. des § 119 grundsätzlich auch die verwaltungsrechtlichen Sanktionen gem. §§ 120 ff. einzuordnen (s. Erwägungsgrund 23 CRIM-MAD).[3] Insbesondere die uU gravierenden Geldbußen können weitreichende Folgen für die verantwortliche Person haben, die denjenigen von Geldstrafen im eigentlichen Sinne mindestens vergleichbar sind. So handelt es sich grundsätzlich um einen Verstoß gegen das Verbot der Doppelbestrafung, wenn nach Verhängung eines Bußgeldes wegen ein und desselben Verhaltens zusätzlich noch ein Strafverfahren angestrengt wird.[4] Allerdings kann dies gem. Art. 52 Abs. 1 GRCh im Gemeinwohlinteresse gerechtfertigt sein, wenn (1) die nationale Regelung klare und präzise Regelungen aufstellt, sodass die Sanktionierung vorhersehbar ist, (2) die Koordinierung der Verfahren untereinander sichergestellt ist, und (3) zur Wahrung der Verhältnismäßigkeit das zur Erreichung der verfolgten Ziele – die Integrität der EU-Finanzmärkte und das Vertrauen der Öffentlichkeit in die Finanzinstrumente – geeignet und erforderlich ist. Stehen mehrere geeignete Maßnahmen zur Auswahl, ist die am wenigsten belastende zu wählen; die durch sie bedingten Nachteile müssen in angemessenem Verhältnis zu den angestrebten Zielen stehen.[5]

---

[1] Hierzu Esser/Rübenstahl/Saliger/Tsambikakis/*Theile*, Wirtschaftsstrafrecht, 2017, Vor §§ 38, 39 Rn. 5; Hohnel/*Popp* KapMarkstrafR 13. Teil Rn. 26 ff., 35; Fleischer/Kalss/Vogt/*Veil*/*Brüggemeier*, Enforcement im Gesellschafts- und Kapitalmarktrecht, 2015, 277, 281; Meyer/Veil/Rönnau/*Rönnau*/*Wegner* MarktmissbrauchsR-HdB § 29, Rn. 21 ff.; *Kert* NZWiSt 2013, 252 (259 ff.); *Poelzig* NZG 2016, 492 (500 f.).

[2] Hierzu bereits EGMR Urt. v. 8.6.1976, 5100/71, EGMR-E 1, 178, 190 Rn. 82 – Engel and Others/The Netherlands. Speziell zur MAD aF EGMR Urt. v. 4.3.2014 –18640/10, 18647/10, 18663/10, 18668/10 und 18698/10, BeckRS 2014, 21796 – Grande Stevens and Others/Italy. In der Entscheidung nahm der EGMR auch Stellung zu dem Recht auf *fair trial* gem. Art. 47 GRCh, das demnach zwar durch das untrennbare Zusammenfallen von Ermittlungen und Sanktionierung in einer Behörde – wie auch der BaFin – berührt ist (EGMR Urt. v. 4.3.2014 – 18640/10, 18647/10, 18663/10, 18668/10 und 18698/10, BeckRS 2014, 21796 Rn. 31 – Grande Stevens and Others/ Italy), aber durch die Möglichkeit nachträglichen verwaltungsrechtlichen Rechtsschutzes geheilt wird (EGMR Urt. v. 27.9.2011 – 43509/08, BeckRS 2012, 80668 – Menarini /Italy).

[3] So auch zum italienischen Recht EGMR Urt. v. 4.3.2014 –18640/10, 18647/10, 18663/10, 18668/10 und 18698/10, BeckRS 2014, 21796 Rn. 22 – Grande Stevens and Others/Italy. Für das Kartellrecht bereits EGMR Urt. v. 27.9.2011 – 43509/08, BeckRS 2012, 80668 – Menarini/Italy. Vgl. auch Assmann/Schneider/Mülbert/*Spoerr* § 120 Rn. 424 ff.

[4] EuGH Urt. v. 20.3.2018 – C-537/16, NJW 2018, 1233 – Garlsson Real Estate; C-596/16 und C-597/16, NJW 2018, 1237 – Di Puma; EGMR Urt. vom 4.3.2014 – 18640/10, 18647/10, 18663/10, 18668/10 und 18698/10, BeckRS 2014, 21796 Rn. 219 – Grande Stevens and Others v. Italy. S. auch GA *Kokott* Schlussanträge v. 23.12.2009 – C-45/08, Slg. 2009, I-12076, I-12097 Rn. 103 – Spector Photo Group („Die Frage, ob in einem später durchgeführten Strafverfahren eine zuvor verhängte Verwaltungssanktion berücksichtigt werden müsste, ist möglicherweise nicht nur vor dem Hintergrund der Verhältnismäßigkeit der Sanktion, sondern auch wegen des Verbots des ne bis in idem von Bedeutung."). Ausf. zu dieser Entscheidung, auch unter Berücksichtigung des Zivilrechts *Ventoruzzo* EBOR 2015, 145.

[5] EuGH Urt. v. 20.3.2018 – C-537/16, NJW 2018, 1233 – Garlsson Real Estate; C-596/16 und C-597/16, NJW 2018, 1237 – Di Puma; dazu *v. Mariassy* IWRZ 2017, 172; NJW-Spezial 2018, 313. S. auch EuGH Urt. v. 27.5.2014 – C-129/14 PPU Rn. 55 und 56, NJW 2014, 3007 – Spasics.

§§ 119 ff. WpHG: Straf- und Bußgeldvorschriften

§ 119 Strafvorschriften

(1) Mit Freiheitsstrafe bis zu fünf Jahren oder mit Geldstrafe wird bestraft, wer eine in § 120 Absatz 2 Nummer 3 oder Absatz 15 Nummer 2 bezeichnete vorsätzliche Handlung begeht und dadurch einwirkt auf

1. den inländischen Börsen- oder Marktpreis eines Finanzinstruments, eines damit verbundenen Waren-Spot-Kontrakts, einer Ware im Sinne des § 2 Absatz 5 oder eines ausländischen Zahlungsmittels im Sinne des § 51 des Börsengesetzes,
2. den Preis eines Finanzinstruments oder eines damit verbundenen Waren-Spot-Kontrakts an einem organisierten Markt, einem multilateralen oder organisierten Handelssystem in einem anderen Mitgliedstaat oder in einem anderen Vertragsstaat des Abkommens über den Europäischen Wirtschaftsraum,
3. den Preis einer Ware im Sinne des § 2 Absatz 5 oder eines ausländischen Zahlungsmittels im Sinne des § 51 des Börsengesetzes an einem mit einer inländischen Börse vergleichbaren Markt in einem anderen Mitgliedstaat oder in einem anderen Vertragsstaat des Abkommens über den Europäischen Wirtschaftsraum oder
4. die Berechnung eines Referenzwertes im Inland oder in einem anderen Mitgliedstaat oder in einem anderen Vertragsstaat des Abkommens über den Europäischen Wirtschaftsraum.

(2) Ebenso wird bestraft, wer gegen die Verordnung (EU) Nr. 1031/2010 der Kommission vom 12. November 2010 über den zeitlichen und administrativen Ablauf sowie sonstige Aspekte der Versteigerung von Treibhausgasemissionszertifikaten gemäß der Richtlinie 2003/87/EG des Europäischen Parlaments und des Rates über ein System für den Handel mit Treibhausgasemissionszertifikaten in der Gemeinschaft (ABl. L 302 vom 18.11.2010, S. 1), die zuletzt durch die Verordnung (EU) Nr. 176/2014 (ABl. L 56 vom 26.2.2014, S. 11) geändert worden ist, verstößt, indem er

1. entgegen Artikel 38 Absatz 1 Unterabsatz 1, auch in Verbindung mit Absatz 2 oder Artikel 40, ein Gebot einstellt, ändert oder zurückzieht oder
2. als Person nach Artikel 38 Absatz 1 Unterabsatz 2, auch in Verbindung mit Absatz 2,
   a) entgegen Artikel 39 Buchstabe a eine Insiderinformation weitergibt oder
   b) entgegen Artikel 39 Buchstabe b die Einstellung, Änderung oder Zurückziehung eines Gebotes empfiehlt oder eine andere Person hierzu verleitet.

(3) Ebenso wird bestraft, wer gegen die Verordnung (EU) Nr. 596/2014 des Europäischen Parlaments und des Rates vom 16. April 2014 über Marktmissbrauch (Marktmissbrauchsverordnung) und zur Aufhebung der Richtlinie 2003/6/EG des Europäischen Parlaments und des Rates und der Richtlinien 2003/124/EG, 2003/125/EG und 2004/72/EG der Kommission (ABl. L 173 vom 12.6.2014, S. 1; L 287 vom 21.10.2016, S. 320; L 306 vom 15.11.2016, S. 43; L 348 vom 21.12.2016, S. 83), die zuletzt durch die Verordnung (EU) 2016/1033 (ABl. L 175 vom 30.6.2016, S. 1) geändert worden ist, verstößt, indem er

1. entgegen Artikel 14 Buchstabe a ein Insidergeschäft tätigt,
2. entgegen Artikel 14 Buchstabe b einem Dritten empfiehlt, ein Insidergeschäft zu tätigen, oder einen Dritten dazu verleitet oder 3. entgegen Artikel 14 Buchstabe c eine Insiderinformation offenlegt.

(4) Der Versuch ist strafbar.

(5) Mit Freiheitsstrafe von einem Jahr bis zu zehn Jahren wird bestraft, wer in den Fällen des Absatzes 1

1. gewerbsmäßig oder als Mitglied einer Bande, die sich zur fortgesetzten Begehung solcher Taten verbunden hat, handelt oder
2. in Ausübung seiner Tätigkeit für eine inländische Finanzaufsichtsbehörde, ein Wertpapierdienstleistungsunternehmen, eine Börse oder einen Betreiber eines Handelsplatzes handelt.

(6) In minder schweren Fällen des Absatzes 5 Nummer 2 ist die Strafe Freiheitsstrafe von sechs Monaten bis zu fünf Jahren.

(7) Handelt der Täter in den Fällen des Absatzes 2 Nummer 1 leichtfertig, so ist die Strafe Freiheitsstrafe bis zu einem Jahr oder Geldstrafe.

Strafbar sind gem. §§ 119 Abs. 1 iVm 120 Abs. 2 Nr. 3, Abs. 15 Nr. 2 vorsätzliche **Marktmanipu-** **1** **lationen** (§ 38 Abs. 3 aF) und gem. § 119 Abs. 3 vorsätzliche **Insiderverstöße.** Dabei wird in § 119 Abs. 3 bzw. §§ 119 Abs. 1 Nr. 2 iVm § 120 Abs. 15 Nr. 2 auf die Art. 14, 15 MAR verwiesen.

Hierbei handelt es sich um einen **statischen Verweis** auf die konkret benannte Fassung der MAR.[1] Der **Strafrahmen** beträgt nach § 119 Abs. 1, 3 Freiheitsstrafe bis zu fünf Jahren oder Geldstrafe. Damit steht die Regelung im Einklang mit den von Art. 7 Abs. 2, 3 CRIM-MAD verlangten Höchststrafen für Marktmanipulationen und Insiderhandel von mindestens vier bzw. zwei Jahren Freiheitsstrafe. Bei der **Strafzumessung** sind im Rahmen des § 46 StGB vor allem die Höhe der erzielten Gewinne bzw. der vermiedenen Verluste, der Schaden anderer Personen, des Kapitalmarktes oder der Wirtschaft im weiteren Sinne zu berücksichtigen (s. Erwägungsgrund 24 CRIM-MAD).[2] Strafbar sind ausschließlich natürliche Personen.

I. Strafbarkeit vorsätzlicher Marktmanipulationen

2   Die Strafbarkeit gem. §§ 119 Abs. 1 iVm 120 Abs. 15 Nr. 2 setzt eine vorsätzliche Marktmanipulation voraus, die den Tatbestand des Art. 15 iVm 12 MAR erfüllt. §§ 119 Abs. 1 iVm 120 Abs. 2 Nr. 3 dehnen die Strafbarkeit zudem auf vorsätzliche Marktmanipulationen iSd § 25 für Waren und ausländische Zahlungsmittel aus. Der Strafrahmen liegt bei einer Freiheitsstrafe von bis zu fünf Jahren und Geldstrafe. Neben der Verwirklichung des Manipulationstatbestands setzt die Strafbarkeit jeweils einen **Einwirkungserfolg** voraus, dh die Manipulation muss den Börsen- oder Marktpreis eines Finanzinstruments, einer Ware oder Emissionsberechtigung bzw. die Berechnung von Referenzwerten tatsächlich beeinflusst haben. Der subjektive Tatbestand verlangt **Vorsatz.** Der Täter muss mindestens mit dolus eventualis gehandelt haben. Leichtfertige Marktmanipulationen werden als Ordnungswidrigkeit geahndet (§ 120 Abs. 15 Nr. 2). **Leichtfertig** handelt, wer die im Verkehr erforderliche Sorgfalt in grobem Maße außer Acht lässt und einfachste, nahe liegende Überlegungen unterlässt.[3]

3   Unter dem neuen Marktmissbrauchsregime sind Marktmanipulationen als **Verbrechen** mit Freiheitsstrafe von mindestens einem Jahr bis zu zehn Jahren zu bestrafen, wenn sie gewerbsmäßig oder als Bande begangen werden (§ 119 Abs. 5 Nr. 1) oder wenn der Täter in Ausübung seiner Tätigkeit für eine inländische Finanzaufsichtsbehörde, ein Wertpapierdienstleistungsunternehmen, eine Börse oder einen Betreiber eines Handelsplatzes handelt (§ 119 Abs. 5 Nr. 2). Außerdem ist in Übereinstimmung mit Art. 6 CRIM-MAD auch der **Versuch** von Marktmanipulationen gem. § 119 Abs. 4 strafbar.

II. Strafbarkeit vorsätzlicher Insiderverstöße

4   § 119 Abs. 3 stellt vorsätzliche Verstöße gegen das Insiderverbot gem. Art. 14 MAR unter Strafe. Für die Strafbarkeit wird nicht mehr – wie noch vor der MAR – zwischen Primär- und Sekundärinsidern differenziert. Nunmehr sind auch Sekundärinsider iSd Art. 8 Abs. 4 UAbs. 2 MAR, Art. 3 Abs. 3 UAbs. 2 CRIM-MAD (→ MAR Art. 8 Rn. 8 ff.) für die Anstiftung und Empfehlung gem. Art. 8 Abs. 2 MAR und die unrechtmäßige Offenlegung iSd Art. 10 MAR strafbar (s. dagegen noch § 38 Abs. 1 Nr. 2 aF). Im Wortlaut des § 119 Abs. 3 ist im Gegensatz zu § 119 Abs. 1 ein **Vorsatzerfordernis** zwar nicht vorgesehen. Mit Rücksicht auf § 15 StGB sowie auf § 120 Abs. 14 und unter Beachtung von Art. 3 Abs. 1 CRIM-MAD ist allerdings auch insoweit nur vorsätzliches Verhalten strafbar. Die Strafbarkeit für leichtfertigen Insiderhandel gem. § 38 Abs. 4 aF wurde mit dem 1. FiMaNoG aufgehoben.

§ 120 Bußgeldvorschriften; Verordnungsermächtigung

(1) Ordnungswidrig handelt, wer

1. einer vollziehbaren Anordnung nach § 8 Absatz 2 Satz 1 oder Satz 2 zuwiderhandelt,
2. eine Information entgegen § 26 Absatz 1 oder Absatz 2 nicht oder nicht rechtzeitig übermittelt,
3. eine Mitteilung entgegen § 26 Absatz 1 nicht, nicht richtig, nicht vollständig oder nicht rechtzeitig macht,
4. eine Mitteilung entgegen § 26 Absatz 2 nicht oder nicht rechtzeitig macht oder
5. entgegen § 30 Absatz 3 Clearing-Dienste nutzt.

(2) Ordnungswidrig handelt, wer vorsätzlich oder leichtfertig

1. eine Information entgegen § 5 Absatz 1 Satz 2 nicht oder nicht rechtzeitig übermittelt,
2. entgegen
   a) § 5 Absatz 1 Satz 2,

---

[1] BGH Beschl. v. 10.1.2017 – 5 StR 532/16, NJW 2017, 966 (968); *Klöhn/Büttner* ZIP 2016, 1801 (1807); *Rothenfußer/Jäger* NJW 2016, 2689 (2691); *Veil* ZGR 2016, 305 (312); zur noch abweichenden Formulierung *Poelzig* NZG 2016, 492 (495).

[2] So auch *v. Buttlar* BB 2014, 451 (454).

[3] Schwark/Zimmer/*Böse/Jensen* § 120 Rn. 90. Ausf. hierzu *v. Buttlar/Hammermaier* ZBB 2017, 1 (1 ff.).

b) § 22 Absatz 3,

c) § 23 Absatz 1 Satz 1, auch in Verbindung mit einer Rechtsverordnung nach Absatz 4 Satz 1,

d) § 33 Absatz 1 Satz 1 oder 2 oder Absatz 2, jeweils auch in Verbindung mit einer Rechtsverordnung nach § 33 Absatz 5,

e) § 38 Absatz 1 Satz 1, auch in Verbindung mit einer Rechtsverordnung nach § 38 Absatz 5, oder § 39 Absatz 1, auch in Verbindung mit einer Rechtsverordnung nach § 39 Absatz 2,

f) § 40 Absatz 2, auch in Verbindung mit einer Rechtsverordnung nach § 40 Absatz 3 Nummer 2,

g) § 41 Absatz 1 Satz 2, auch in Verbindung mit § 41 Absatz 2,

h) § 46 Absatz 2 Satz 1,

i) § 50 Absatz 1 Satz 1, auch in Verbindung mit einer Rechtsverordnung nach § 50 Absatz 2,

j) § 51 Absatz 2,

k) § 114 Absatz 1 Satz 3, auch in Verbindung mit § 117, jeweils auch in Verbindung mit einer Rechtsverordnung nach § 114 Absatz 3 Nummer 2,

l) § 115 Absatz 1 Satz 3, auch in Verbindung mit § 117, jeweils auch in Verbindung mit einer Rechtsverordnung nach § 115 Absatz 6 Nummer 3,

m) § 116 Absatz 2 Satz 2, auch in Verbindung mit einer Rechtsverordnung nach § 116 Absatz 4 Nummer 2 oder

n) § 118 Absatz 4 Satz 3

eine Mitteilung nicht, nicht richtig, nicht vollständig, nicht in der vorgeschriebenen Weise oder nicht rechtzeitig macht,

2a. entgegen § 12 oder § 23 Absatz 1 Satz 2 eine Person über eine Anzeige, eine eingeleitete Untersuchung oder eine Maßnahme in Kenntnis setzt,

2b. einer vollziehbaren Anordnung nach § 15 Absatz 1 zuwiderhandelt,

3. entgegen § 25 in Verbindung mit Artikel 15 der Verordnung (EU) Nr. 596/2014 eine Marktmanipulation begeht,

4.

a) § 40 Absatz 1 Satz 1, auch in Verbindung mit einer Rechtsverordnung nach § 40 Absatz 3 Nummer 1, oder entgegen § 41 Absatz 1 Satz 1, auch in Verbindung mit § 41 Absatz 2, oder § 46 Absatz 2 Satz 1,

b) § 40 Absatz 1 Satz 2, in Verbindung mit § 40 Absatz 1 Satz 1, auch in Verbindung mit einer Rechtsverordnung nach § 40 Absatz 3,

c) § 49 Absatz 1 oder 2,

d) § 50 Absatz 1 Satz 1 in Verbindung mit einer Rechtsverordnung nach § 50 Absatz 2 oder entgegen § 51 Absatz 2,

e) § 114 Absatz 1 Satz 2 in Verbindung mit einer Rechtsverordnung nach § 114 Absatz 3 Nummer 1, jeweils auch in Verbindung mit § 117, oder entgegen § 118 Absatz 4 Satz 3,

f) § 115 Absatz 1 Satz 2 in Verbindung mit einer Rechtsverordnung nach § 115 Absatz 6 Nummer 2, jeweils auch in Verbindung mit § 117, oder

g) § 116 Absatz 2 Satz 1 in Verbindung mit einer Rechtsverordnung nach § 116 Absatz 4 Nummer 1

eine Veröffentlichung nicht, nicht richtig, nicht vollständig, nicht in der vorgeschriebenen Weise oder nicht rechtzeitig vornimmt oder nicht oder nicht rechtzeitig nachholt,

5. entgegen § 27 Satz 1 eine Aufzeichnung nicht, nicht richtig, nicht vollständig oder nicht rechtzeitig erstellt,

6. entgegen § 29 Absatz 5 Satz 1 der Stellung eines Billigungsantrags nicht eine dort genannte Erklärung beifügt,

7. entgegen § 31 Absatz 2 eine Mitteilung nicht oder nicht rechtzeitig macht,

8. entgegen § 32 Absatz 1 Satz 1 die dort genannten Tatsachen nicht oder nicht rechtzeitig prüfen und bescheinigen lässt,

9. entgegen § 32 Absatz 4 Satz 1 eine Bescheinigung nicht oder nicht rechtzeitig übermittelt,

10. entgegen § 40 Absatz 1 Satz 1, § 41 Absatz 1 Satz 3, § 46 Absatz 2 Satz 2, § 50 Absatz 1 Satz 2, § 51 Absatz 2, § 114 Absatz 1 Satz 3, § 115 Absatz 1 Satz 3, § 116 Absatz 2 Satz 2 oder § 118 Absatz 4 Satz 3 eine Information oder eine Bekanntmachung nicht oder nicht rechtzeitig übermittelt,

11. entgegen § 48 Absatz 1 Nummer 2, auch in Verbindung mit § 48 Absatz 3, nicht sicherstellt, dass Einrichtungen und Informationen im Inland öffentlich zur Verfügung stehen,

12. entgegen § 48 Absatz 1 Nummer 3, auch in Verbindung mit § 48 Absatz 3, nicht sicherstellt, dass Daten vor der Kenntnisnahme durch Unbefugte geschützt sind,

13. entgegen § 48 Absatz 1 Nummer 4, auch in Verbindung mit § 48 Absatz 3, nicht sicherstellt, dass eine dort genannte Stelle bestimmt ist,

14. entgegen § 86 Satz 1, 2 oder 4 eine Anzeige nicht, nicht richtig, nicht vollständig oder nicht rechtzeitig erstattet,

15. entgegen § 114 Absatz 1 Satz 4, § 115 Absatz 1 Satz 4, jeweils auch in Verbindung mit § 117, einen Jahresfinanzbericht einschließlich der Erklärung gemäß § 114 Absatz 2 Nummer 3 und der Eintragungsbescheinigung oder Bestätigung gemäß § 114 Absatz 2 Nummer 4 oder einen Halbjahresfinanzbericht einschließlich der Erklärung gemäß § 115 Absatz 2 Nummer 3 oder entgegen § 116 Absatz 2 Satz 3 einen Zahlungs- oder Konzernzahlungsbericht nicht oder nicht rechtzeitig übermittelt oder

16. einer unmittelbar geltenden Vorschrift in delegierten Rechtsakten der Europäischen Union, die die Verordnung (EG) Nr. 1060/2009 des Europäischen Parlaments und des Rates vom 16. September 2009 über Ratingagenturen (ABl. L 302 vom 17.11.2009, S. 1, L 350 vom 29.12.2009, S. 59, L 145 vom 31.5.2011, S. 57, L 267 vom 6.9.2014, S. 30), die zuletzt durch die Richtlinie 2014/51/EU (ABl. L 153 vom 22.5.2014, S. 1) geändert worden ist, ergänzen, im Anwendungsbereich dieses Gesetzes zuwiderhandelt, soweit eine Rechtsverordnung nach Absatz 28 für einen bestimmten Tatbestand auf diese Bußgeldvorschrift verweist.

(3) Ordnungswidrig handelt, wer vorsätzlich oder leichtfertig entgegen Artikel 74 oder Artikel 75 der Delegierten Verordnung (EU) 2017/565 der Kommission vom 25. April 2016 zur Ergänzung der Richtlinie 2014/65/EU des Europäischen Parlaments und des Rates in Bezug auf die organisatorischen Anforderungen an Wertpapierfirmen und die Bedingungen für die Ausübung ihrer Tätigkeit sowie in Bezug auf die Definition bestimmter Begriffe für die Zwecke der genannten Richtlinie (ABl. L 87 vom 31.3.2017, S. 1) eine Aufzeichnung nicht, nicht richtig, nicht vollständig oder nicht rechtzeitig erstellt.

(4) Ordnungswidrig handelt, wer als Person, die für ein Wertpapierdienstleistungsunternehmen handelt, gegen die Verordnung (EG) Nr. 1060/2009 verstößt, indem er vorsätzlich oder leichtfertig

1. entgegen Artikel 4 Absatz 1 Unterabsatz 1 ein Rating verwendet,

2. entgegen Artikel 5a Absatz 1 nicht dafür Sorge trägt, dass das Wertpapierdienstleistungsunternehmen eigene Kreditrisikobewertungen vornimmt,

3. entgegen Artikel 8c Absatz 1 einen Auftrag nicht richtig erteilt,

4. entgegen Artikel 8c Absatz 2 nicht dafür Sorge trägt, dass die beauftragten Ratingagenturen die dort genannten Voraussetzungen erfüllen oder

5. entgegen Artikel 8d Absatz 1 Satz 2 eine dort genannte Dokumentation nicht richtig vornimmt.

(5) Ordnungswidrig handelt, wer gegen die Verordnung (EU) Nr. 1031/2010 verstößt, indem er vorsätzlich oder leichtfertig

1. als Person nach Artikel 40

   a) entgegen Artikel 39 Buchstabe a eine Insiderinformation weitergibt oder

   b) entgegen Artikel 39 Buchstabe b die Einstellung, Änderung oder Zurückziehung eines Gebotes empfiehlt oder eine andere Person hierzu verleitet,

2. entgegen Artikel 42 Absatz 1 Satz 2 oder Satz 3 das Verzeichnis nicht, nicht richtig, nicht vollständig oder nicht rechtzeitig übermittelt,

3. entgegen Artikel 42 Absatz 2 eine Unterrichtung nicht, nicht richtig oder nicht innerhalb von fünf Werktagen vornimmt oder

4. entgegen Artikel 42 Absatz 5 die Behörde nicht, nicht richtig, nicht vollständig oder nicht rechtzeitig informiert.

(6) Ordnungswidrig handelt, wer gegen die Verordnung (EU) Nr. 236/2012 des Europäischen Parlaments und des Rates vom 14. März 2012 über Leerverkäufe und bestimmte Aspekte von Credit Default Swaps (ABl. L 86 vom 24.3.2012, S. 1), die durch die Verordnung (EU) Nr. 909/2014 (ABl. L 257 vom 28.8.2014, S. 1) geändert worden ist, verstößt, indem er vorsätzlich oder leichtfertig

1. entgegen Artikel 5 Absatz 1, Artikel 7 Absatz 1 oder Artikel 8 Absatz 1, jeweils auch in Verbindung mit Artikel 9 Absatz 1 Unterabsatz 1 oder Artikel 10, eine Meldung nicht, nicht richtig, nicht vollständig oder nicht rechtzeitig macht,

2. entgegen Artikel 6 Absatz 1, auch in Verbindung mit Artikel 9 Absatz 1 Unterabsatz 1 oder Artikel 10, eine Einzelheit nicht, nicht richtig, nicht vollständig oder nicht rechtzeitig offenlegt,

3. entgegen Artikel 12 Absatz 1 oder Artikel 13 Absatz 1 eine Aktie oder einen öffentlichen Schuldtitel leer verkauft,

4. entgegen Artikel 14 Absatz 1 eine Transaktion vornimmt oder

5. entgegen Artikel 15 Absatz 1 nicht sicherstellt, dass er über ein dort genanntes Verfahren verfügt.

(7) Ordnungswidrig handelt, wer gegen die Verordnung (EU) Nr. 648/2012 des Europäischen Parlaments und des Rates vom 4. Juli 2012 über OTC-Derivate, zentrale Gegenparteien und Transaktionsregister (ABl. L 201 vom 27.7.2012, S. 1; L 321 vom 30.11.2013, S. 6),

die zuletzt durch die Verordnung (EU) 2015/2365 (ABl. L 337 vom 23.12.2015, S. 1) geändert worden ist, verstößt, indem er vorsätzlich oder leichtfertig

1. entgegen Artikel 4 Absatz 1 und 3 einen OTC-Derivatekontrakt nicht oder nicht in der vorgeschriebenen Weise cleart,
2. als Betreiber eines multilateralen Handelssystems im Sinne des § 72 Absatz 1 entgegen Artikel 8 Absatz 1 in Verbindung mit Absatz 4 Unterabsatz 1 Handelsdaten nicht, nicht richtig, nicht vollständig, nicht in der vorgeschriebenen Weise oder nicht rechtzeitig zur Verfügung stellt,
3. entgegen Artikel 9 Absatz 1 Satz 2 eine Meldung nicht, nicht richtig, nicht vollständig oder nicht rechtzeitig macht,
4. entgegen Artikel 9 Absatz 2 eine Aufzeichnung nicht oder nicht mindestens fünf Jahre aufbewahrt,
5. entgegen Artikel 10 Absatz 1 Buchstabe a eine Mitteilung nicht oder nicht rechtzeitig macht,
6. entgegen Artikel 11 Absatz 1 nicht gewährleistet, dass ein dort genanntes Verfahren oder eine dort genannte Vorkehrung besteht,
7. entgegen Artikel 11 Absatz 2 Satz 1 den Wert ausstehender Kontrakte nicht, nicht richtig oder nicht rechtzeitig ermittelt,
8. entgegen Artikel 11 Absatz 3 kein dort beschriebenes Risikomanagement betreibt,
9. entgegen Artikel 11 Absatz 4 nicht gewährleistet, dass zur Abdeckung der dort genannten Risiken eine geeignete und angemessene Eigenkapitalausstattung vorgehalten wird, oder
10. entgegen Artikel 11 Absatz 11 Satz 1 die Information über eine Befreiung von den Anforderungen des Artikels 11 Absatz 3 nicht oder nicht richtig veröffentlicht.

(8) Ordnungswidrig handelt, wer vorsätzlich oder leichtfertig

1. im Zusammenhang mit einer Untersuchung betreffend die Einhaltung der Pflichten nach den Abschnitten 9 bis 11 einer vollziehbaren Anordnung der Bundesanstalt nach den §§ 6 bis 9 zuwiderhandelt,
2. einer vollziehbaren Anordnung der Bundesanstalt nach § 9 Absatz 2 zuwiderhandelt, auch wenn im Ausland gehandelt wird,
3. als Betreiber eines inländischen Handelsplatzes, der im Namen eines Wertpapierdienstleistungsunternehmens Meldungen nach Artikel 26 Absatz 1 der Verordnung (EU) Nr. 600/2014 des Europäischen Parlaments und des Rates vom 15. Mai 2014 über Märkte für Finanzinstrumente und zur Änderung der Verordnung (EU) Nr. 648/2012 (ABl. L 173 vom 12.6.2014, S. 84; L 6 vom 10.1.2015, S. 6; L 270 vom 15.10.2015, S. 4), die zuletzt durch die Verordnung (EU) 2016/1033 (ABl. L 175 vom 30.6.2016, S. 1) geändert worden ist, vornimmt,
   a) entgegen § 22 Absatz 2 Satz 1 dort genannte Sicherheitsmaßnahmen nicht einrichtet oder
   b) entgegen § 22 Absatz 2 Satz 2 dort genannte Mittel nicht vorhält oder dort genannte Notfallsysteme nicht einrichtet,
4. ein von der Bundesanstalt für ein Warenderivat gemäß § 54 Absatz 1, 3, 5 festgelegtes Positionslimit überschreitet,
5. ein von einer ausländischen zuständigen Behörde eines Mitgliedstaates für ein Warenderivat festgelegtes Positionslimit überschreitet,
6. entgegen § 54 Absatz 6 Satz 1 nicht über angemessene Kontrollverfahren zur Überwachung des Positionsmanagements verfügt,
7. entgegen § 54 Absatz 6 Satz 4 eine Unterrichtung nicht, nicht richtig oder nicht vollständig vornimmt,
8. entgegen § 57 Absatz 2, 3 und 4 eine Übermittlung nicht, nicht richtig oder nicht vollständig vornimmt,
9. entgegen § 57 Absatz 1 eine Meldung nicht, nicht richtig, nicht vollständig oder nicht rechtzeitig vornimmt,
10. entgegen § 58 Absatz 1 Satz 1 nicht über die dort genannten Grundsätze und Vorkehrungen verfügt,
11. entgegen § 58 Absatz 2 Satz 1 eine Information nicht, nicht richtig, nicht vollständig, nicht in der vorgeschriebenen Weise oder nicht rechtzeitig zur Verfügung stellt,
12. entgegen § 58 Absatz 2 Satz 2 nicht in der Lage ist, Informationen in der vorgeschriebenen Weise zu verbreiten,
13. entgegen § 58 Absatz 3 Satz 1 nicht die dort genannten Vorkehrungen trifft,
14. entgegen § 58 Absatz 3 Satz 2, § 59 Absatz 3 Satz 2 oder § 60 Absatz 2 Satz 2 Informationen in diskriminierender Weise behandelt oder keine geeigneten Vorkehrungen zur Trennung unterschiedlicher Unternehmensfunktionen trifft,
15. entgegen § 58 Absatz 4 Satz 1 oder § 60 Absatz 3 Satz 1 dort genannte Mechanismen nicht einrichtet,
16. entgegen § 58 Absatz 4 Satz 2 oder § 60 Absatz 3 Satz 2 nicht über dort genannte Mittel und Notfallsysteme verfügt,

17. entgegen § 58 Absatz 5 nicht über dort genannte Systeme verfügt,
18. entgegen § 59 Absatz 1 Satz 2 nicht über dort genannte Grundsätze oder Vorkehrungen verfügt,
19. entgegen § 59 Absatz 1 Satz 2 nicht die genannten Grundsätze und Vorkehrungen trifft,
20. entgegen § 59 Absatz 1 Satz 3 nicht in der Lage ist, Informationen in der vorgeschriebenen Weise zur Verfügung zu stellen,
21. entgegen § 59 Absatz 2 Informationen nicht in der vorgeschriebenen Weise verbreitet,
22. entgegen § 59 Absatz 3 Satz 1 dort genannte Vorkehrungen nicht trifft,
23. entgegen § 59 Absatz 4 Satz 1 dort genannte Mechanismen nicht einrichtet,
24. entgegen § 59 Abs. 4 Satz 2 nicht über die dort genannten Mittel und Notfallsysteme verfügt,
25. entgegen § 60 Absatz 1 Satz 1 nicht über die dort genannten Grundsätze und Vorkehrungen verfügt,
26. entgegen § 60 Absatz 2 Satz 1 oder Absatz 4 keine Vorkehrungen trifft,
27. entgegen § 63 Absatz 2 Satz 1 in Verbindung mit Satz 2, auch in Verbindung mit dem auf Grundlage von Artikel 23 Absatz 4 in Verbindung mit Artikel 89 der Richtlinie 2014/65/EU des Europäischen Parlaments und des Rates vom 15. Mai 2014 über Märkte für Finanzinstrumente sowie zur Änderung der Richtlinien 2002/92/EG und 2011/61/EU (ABl. L 173 vom 12.6.2014, S. 349; L 74 vom 18.3.2015, S. 38; L 188 vom 13.7.2016, S. 28; L 273 vom 8.10.2016, S. 35; L 64 vom 10.3.2017, S. 116), die zuletzt durch die Richtlinie (EU) 2016/1034 (ABl. L 175 vom 30.6.2016, S. 8) geändert worden ist, erlassenen delegierten Rechtsakt der Europäischen Kommission, eine Darlegung nicht, nicht richtig, nicht vollständig, nicht in der vorgeschriebenen Weise oder nicht rechtzeitig vornimmt,
28. als Wertpapierdienstleistungsunternehmen entgegen § 63 Absatz 3 Satz 1, auch in Verbindung mit dem auf Grundlage von Artikel 24 Absatz 13 in Verbindung mit Artikel 89 der Richtlinie 2014/65/EU erlassenen delegierten Rechtsakt der Europäischen Kommission, keine Sicherstellung trifft,
29. als Wertpapierdienstleistungsunternehmen entgegen § 63 Absatz 3 Satz 2, auch in Verbindung mit dem auf Grundlage von Artikel 24 Absatz 13 in Verbindung mit Artikel 89 der Richtlinie 2014/65/EU erlassenen delegierten Rechtsakt der Europäischen Kommission, einen Anreiz setzt,
30. als Wertpapierdienstleistungsunternehmen ein Finanzinstrument vertreibt, das nicht gemäß den Anforderungen des § 63 Absatz 4, auch in Verbindung mit einer Rechtsverordnung nach § 80 Absatz 14 sowie dem auf Grundlage von Artikel 24 Absatz 13 in Verbindung mit Artikel 89 der Richtlinie 2014/65/EU erlassenen delegierten Rechtsakt der Europäischen Kommission, konzipiert wurde,
31. als Wertpapierdienstleistungsunternehmen entgegen § 63 Absatz 6 Satz 1, auch in Verbindung mit dem auf Grundlage von Artikel 24 Absatz 13 in Verbindung mit Artikel 89 der Richtlinie 2014/65/EU erlassenen delegierten Rechtsakt der Europäischen Kommission, Informationen zugänglich macht, die nicht redlich, nicht eindeutig oder irreführend sind,
32. als Wertpapierdienstleistungsunternehmen einer anderen Person eine Marketingmitteilung zugänglich macht, die entgegen § 63 Absatz 6 Satz 2 nicht eindeutig als solche erkennbar ist,
33. entgegen § 63 Absatz 7 Satz 1 in Verbindung mit den Sätzen 3 und 4, auch in Verbindung mit Satz 11, auch in Verbindung mit einer Rechtsverordnung nach Absatz 14 und auch in Verbindung mit dem auf Grundlage von Artikel 24 Absatz 13 in Verbindung mit Artikel 89 der Richtlinie 2014/ 65/EU erlassenen delegierten Rechtsakt der Europäischen Kommission, Informationen nicht, nicht richtig, nicht vollständig, nicht in der vorgeschriebenen Weise oder nicht rechtzeitig zur Verfügung stellt,
34. 63 Absatz 7 Satz 5, auch in Verbindung mit dem auf Grundlage von Artikel 24 Absatz 13 in Verbindung mit Artikel 89 der Richtlinie 2014/65/EU erlassenen delegierten Rechtsakt der Europäischen Kommission, eine Aufstellung nicht, nicht richtig oder nicht vollständig zur Verfügung stellt,
35. entgegen § 64 Absatz 1, auch in Verbindung mit dem auf Grundlage von Artikel 24 Absatz 3 in Verbindung mit Artikel 89 der Richtlinie 2014/65/EU erlassenen delegierten Rechtsakt der Europäischen Kommission, einen Kunden nicht, nicht richtig, nicht vollständig, nicht in der vorgeschriebenen Weise oder nicht rechtzeitig informiert,
36. entgegen § 63 Absatz 9 Satz 1, auch in Verbindung mit dem auf Grundlage von Artikel 24 Absatz 3 in Verbindung mit Artikel 89 der Richtlinie 2014/65/EU erlassenen delegierten Rechtsakt der Europäischen Kommission, einen Kunden nicht oder nicht richtig informiert oder ihm nicht für jeden Bestandteil getrennt Kosten und Gebühren nachweist,
37. entgegen § 63 Absatz 9 Satz 2, auch in Verbindung mit dem auf Grundlage von Artikel 24 Absatz 3 in Verbindung mit Artikel 89 der Richtlinie 2014/65/EU erlassenen

delegierten Rechtsakt der Europäischen Kommission, einen Privatkunden nicht oder nicht in angemessener Weise informiert,

38. entgegen § 64 Absatz 2 Satz 1 in Verbindung mit einer Rechtsverordnung nach § 64 Absatz 10 Satz 1 Nummer 1 ein dort genanntes Dokument nicht, nicht richtig, nicht vollständig oder nicht rechtzeitig zur Verfügung stellt,

39. entgegen § 64 Absatz 3 Satz 1, auch in Verbindung mit dem auf Grundlage von Artikel 25 Absatz 8 in Verbindung mit Artikel 89 der Richtlinie 2014/65/EU erlassenen delegierten Rechtsakt der Europäischen Kommission, die dort genannten Informationen nicht oder nicht vollständig einholt,

40. entgegen § 64 Absatz 3 Satz 2 bis 4 ein Finanzinstrument oder eine Wertpapierdienstleistung empfiehlt oder ein Geschäft tätigt,

41. entgegen § 64 Absatz 4 Satz 1 in Verbindung mit Satz 2, auch in Verbindung mit dem auf Grundlage von Artikel 25 Absatz 8 in Verbindung mit Artikel 89 der Richtlinie 2014/65/EU erlassenen delegierten Rechtsakt der Europäischen Kommission, eine Geeignetheitserklärung nicht, nicht richtig, nicht vollständig, nicht in der vorgeschriebenen Weise oder nicht rechtzeitig zur Verfügung stellt,

42. als Wertpapierdienstleistungsunternehmen, das einem Kunden im Verlauf einer Anlageberatung mitgeteilt hat, dass eine Unabhängige Honorar-Anlageberatung erbracht wird, dem Kunden gegenüber eine Empfehlung eines Finanzinstruments ausspricht, der nicht eine im Sinne von § 64 Absatz 5 Nummer 1, auch in Verbindung mit dem auf Grundlage von Artikel 24 Absatz 3 in Verbindung mit Artikel 89 der Richtlinie 2014/65/EU erlassenen delegierten Rechtsakt der Europäischen Kommission, ausreichende Palette von Finanzinstrumenten zugrunde liegt,

43. entgegen § 64 Absatz 6 Satz 1, auch in Verbindung mit einer Rechtsverordnung nach § 64 Absatz 10 Nummer 2, eine Information nicht, nicht richtig oder nicht vollständig oder nicht rechtzeitig gibt,

44. entgegen § 64 Absatz 6 Satz 2 einen Vertragsschluss als Festpreisgeschäft ausführt,

45. entgegen § 64 Absatz 7, auch in Verbindung mit einer Rechtsverordnung nach § 64 Absatz 10 Nummer 3, eine Zuwendung annimmt oder behält,

45a. entgegen § 65 Absatz 1 Satz 3 oder § 65a Absatz 1 Satz 3 einen Vertragsschluss vermittelt,

46. entgegen § 63 Absatz 10 Satz 1, auch in Verbindung mit Satz 2, jeweils auch in Verbindung mit dem auf Grundlage von Artikel 25 Absatz 8 in Verbindung mit Artikel 89 der Richtlinie 2014/65/EU erlassenen delegierten Rechtsakt der Europäischen Kommission, die dort genannten Informationen nicht oder nicht vollständig einholt,

47. entgegen § 63 Absatz 10 Satz 3 oder 4, auch in Verbindung mit dem auf Grundlage von Artikel 25 Absatz 8 in Verbindung mit Artikel 89 der Richtlinie 2014/65/EU erlassenen delegierten Rechtsakt der Europäischen Kommission, einen Hinweis oder eine Information nicht oder nicht rechtzeitig gibt,

48. entgegen § 63 Absatz 12 Satz 1 in Verbindung mit Satz 2, auch in Verbindung mit § 64 Absatz 8, jeweils auch in Verbindung mit dem auf Grundlage von Artikel 25 Absatz 8 in Verbindung mit Artikel 89 der Richtlinie 2014/65/EU erlassenen delegierten Rechtsakt der Europäischen Kommission, einem Kunden nicht regelmäßig berichtet oder nicht den Ausführungsort eines Auftrags mitteilt,

49. entgegen § 68 Absatz 1 Satz 2 mit einer geeigneten Gegenpartei nicht in der dort beschriebenen Weise kommuniziert,

50. entgegen § 69 Absatz 1 Nummer 1 oder Nummer 2, auch in Verbindung mit dem auf Grundlage von Artikel 28 Absatz 3 in Verbindung mit Artikel 89 der Richtlinie 2014/65/EU erlassenen delegierten Rechtsakt der Europäischen Kommission, keine geeigneten Vorkehrungen in Bezug auf die Ausführung und Weiterleitung von Kundenaufträgen trifft,

51. entgegen § 69 Absatz 2 Satz 1, auch in Verbindung mit dem auf Grundlage von Artikel 28 Absatz 3 in Verbindung mit Artikel 89 der Richtlinie 2014/65/EU erlassenen delegierten Rechtsakt der Europäischen Kommission, einen Auftrag nicht, nicht in der vorgeschriebenen Weise oder nicht rechtzeitig bekannt macht,

52. entgegen § 70 Absatz 1 Satz 1, auch in Verbindung mit einer Rechtsverordnung nach § 70 Absatz 9 Nummer 1, eine Zuwendung annimmt oder gewährt,

53. entgegen § 70 Absatz 5, auch in Verbindung mit dem auf Grundlage von Artikel 24 Absatz 13 in Verbindung mit Artikel 89 der Richtlinie 2014/65/EU erlassenen delegierten Rechtsakt der Europäischen Kommission, einen Kunden nicht über Verfahren betreffend die Auskehrung von Zuwendungen an Kunden informiert,

54. entgegen § 72 Absatz 1 Nummer 1 die dort genannten Regelungen nicht oder nicht im vorgeschriebenen Umfang festlegt,

55. entgegen § 72 Absatz 1 Nummer 2 die dort genannten Regelungen nicht oder nicht im vorgeschriebenen Umfang festlegt,

56. 72 Absatz 1 Nummer 3 nicht über angemessene Verfahren verfügt,

57. entgegen § 72 Absatz 1 Nummer 4 eine Veröffentlichung nicht, nicht richtig oder nicht vollständig vornimmt,

58. entgegen § 72 Absatz 1 Nummer 5 Entgelte nicht oder nicht im vorgeschriebenen Umfang verlangt,

59. entgegen § 72 Absatz 1 Nummer 6 die dort benannten Vorkehrungen nicht oder nicht im vorgeschriebenen Umfang trifft,

60. entgegen § 72 Absatz 1 Nummer 7 kein angemessenes Order-Transaktions-Verhältnis sicherstellt,

61. entgegen § 72 Absatz 1 Nummer 8 keine Festlegung über die angemessene Größe der kleinstmöglichen Preisänderung trifft,

62. entgegen § 72 Absatz 1 Nummer 9 die dort genannten Risikokontrollen, Schwellen und Regelungen nicht festlegt,

63. entgegen § 72 Absatz 1 Nummer 10 die dort genannten Regelungen nicht festlegt,

64. entgegen § 72 Absatz 1 Nummer 11 keine zuverlässige Verwaltung der technischen Abläufe des Handelssystems sicherstellt,

65. entgegen § 72 Absatz 1 Nummer 12 die dort genannten Vorkehrungen nicht trifft,

66. entgegen § 72 Absatz 1 Nummer 13 ein multilaterales oder organisiertes Handelssystem betreibt, ohne über mindestens drei Nutzer zu verfügen, die mit allen übrigen Nutzern zum Zwecke der Preisbildung in Verbindung treten können,

67. ein multilaterales oder organisiertes Handelssystem betreibt, ohne über die Systeme im Sinne von § 5 Absatz 4a des Börsengesetzes in Verbindung mit § 72 Absatz 1 zu verfügen,

68. als Betreiber eines multilateralen oder eines organisierten Handelssystems entgegen § 26c Absatz 2 Satz 1 des Börsengesetzes in Verbindung mit § 72 Absatz 1 nicht eine ausreichende Teilnehmerzahl sicherstellt,

69. als Betreiber eines multilateralen oder organisierten Handelssystems einen Vertrag im Sinne des § 26c Absatz 1 des Börsengesetzes in Verbindung mit § 72 Absatz 1 schließt, der nicht sämtliche in § 26c Absatz 3 des Börsengesetzes genannten Bestandteile enthält,

70. entgegen § 72 Absatz 2 Gebührenstrukturen nicht gemäß den dort genannten Anforderungen gestaltet,

71. entgegen § 72 Absatz 3 eine Beschreibung nicht, nicht richtig oder nicht vollständig vorlegt,

72. entgegen § 72 Absatz 6 Satz 1 eine Mitteilung an die Bundesanstalt über schwerwiegende Verstöße gegen Handelsregeln, über Störungen der Marktintegrität und über Anhaltspunkte für einen Verstoß gegen die Vorschriften der Verordnung (EU) Nr. 596/2014 nicht oder nicht rechtzeitig macht,

73. entgegen § 73 Absatz 1 Satz 2 den Handel mit einem Finanzinstrument nicht aussetzt oder einstellt,

74. 73 1 4 eine Entscheidung nicht oder nicht richtig veröffentlicht oder die Bundesanstalt über eine Veröffentlichung nicht oder nicht rechtzeitig informiert,

74a. einer vollziehbaren Anordnung nach § 73 Absatz 2 Satz 1 oder Absatz 3 Satz 3 zuwiderhandelt,

75. entgegen § 74 Absatz 1 und 2 als Betreiber eines multilateralen Systems nicht dort genannte Regeln vorhält,

76. entgegen § 74 Absatz 3 die dort genannten Vorkehrungen nicht oder nicht im vorgeschriebenen Umfang trifft,

77. entgegen § 74 Absatz 5 einen Kundenauftrag unter Einsatz des Eigenkapitals ausführt,

78. entgegen § 75 Absatz 1 die dort genannten Vorkehrungen nicht trifft,

79. entgegen § 75 Absatz 2 Satz 1 ohne Zustimmung des Kunden auf die Zusammenführung sich deckender Kundenaufträge zurückgreift,

80. entgegen § 75 Absatz 2 Satz 2 Kundenaufträge zusammenführt,

81. entgegen § 75 Absatz 2 Satz 3 bei der Ausführung eines Geschäfts nicht sicherstellt, dass

    a) er während der gesamten Ausführung eines Geschäfts zu keiner Zeit einem Marktrisiko ausgesetzt ist,

    b) beide Vorgänge gleichzeitig ausgeführt werden oder

    c) das Geschäft zu einem Preis abgeschlossen wird, bei dem er, abgesehen von einer vorab offengelegten Provision, Gebühr oder sonstigen Vergütung, weder Gewinn noch Verlust macht,

82. entgegen § 75 Absatz 3 als Betreiber eines organisierten Handelssystems bei dessen Betrieb ein Geschäft für eigene Rechnung abschließt, das nicht in der Zusammenführung von Kundenaufträgen besteht und das ein Finanzinstrument zum Gegenstand hat, bei dem es sich nicht um einen öffentlichen Schuldtitel handelt, für den es keinen liquiden Markt gibt,

83. entgegen § 75 Absatz 4 Satz 1 innerhalb derselben rechtlichen Einheit ein organisiertes Handelssystem und die systematische Internalisierung betreibt,

84. entgegen § 75 Absatz 4 Satz 2 ein organisiertes Handelssystem betreibt, das eine Verbindung zu einem systematischen Internalisierer in einer Weise herstellt, dass die Interaktion von Aufträgen in dem organisierten Handelssystem und Aufträgen oder Offerten in dem systematischen Internalisierer ermöglicht wird,
85. als Betreiber eines organisierten Handelssystems beim Umgang mit Aufträgen in anderen als den in § 75 Absatz 6 Satz 2 genannten Fällen ein Ermessen ausübt,
86. einem vollziehbaren Erklärungsverlangen nach § 75 Absatz 7 Satz 1 zuwiderhandelt,
87. entgegen § 75 Absatz 7 Satz 3 die dort genannten Informationen nicht, nicht richtig oder nicht vollständig zur Verfügung stellt,
88. entgegen § 77 Absatz 1 einen direkten elektronischen Zugang zu einem Handelsplatz anbietet, ohne über die dort genannten Systeme und Kontrollen zu verfügen,
89. 77 Absatz 1 nicht sicherstellt, dass seine Kunden die dort genannten Anforderungen erfüllen oder die dort genannten Vorschriften einhalten,
90. entgegen § 77 Absatz 1 Nummer 4 Buchstabe c Geschäfte nicht überwacht, um Verstöße gegen die Regeln des Handelsplatzes, marktstörende Handelsbedingungen oder auf Marktmissbrauch hindeutende Verhaltensweisen zu erkennen,
91. als Wertpapierdienstleistungsunternehmen einem Kunden einen direkten elektronischen Zugang zu einem Handelsplatz anbietet, ohne zuvor einen schriftlichen Vertrag mit dem Kunden geschlossen zu haben, der den inhaltlichen Anforderungen des § 77 Absatz 1 Nummer 2 entspricht,
92. entgegen § 77 Absatz 2 Satz 1 eine Mitteilung nicht oder nicht richtig macht,
93. einer vollziehbaren Anordnung nach § 77 Absatz 2 Satz 2 zuwiderhandelt,
94. entgegen § 77 Absatz 3 nicht für die Aufbewahrung von Aufzeichnungen sorgt oder nicht sicherstellt, dass die Aufzeichnungen ausreichend sind,
95. als Wertpapierdienstleistungsunternehmen als allgemeines Clearing-Mitglied für andere Personen handelt, ohne über die in § 78 Satz 1 genannten Systeme und Kontrollen zu verfügen,
96. als Wertpapierdienstleistungsunternehmen als allgemeines Clearing-Mitglied für eine andere Person handelt, ohne zuvor mit dieser Person eine nach § 78 Satz 3 erforderliche schriftliche Vereinbarung hinsichtlich der wesentlichen Rechte und Pflichten geschlossen zu haben,
97. entgegen § 80 Absatz 1 Satz 2 Nummer 1, auch in Verbindung mit dem auf Grundlage von Artikel 23 Absatz 4 in Verbindung mit Artikel 89 der Richtlinie 2014/65/EU erlassenen delegierten Rechtsakt der Europäischen Kommission, keine Vorkehrungen trifft,
98. als Wertpapierdienstleistungsunternehmen algorithmischen Handel betreibt, ohne über die in § 80 Absatz 2 Satz 3 genannten Systeme und Risikokontrollen zu verfügen,
99. als Wertpapierdienstleistungsunternehmen algorithmischen Handel betreibt, ohne über die in § 80 Absatz 2 Satz 4 genannten Notfallvorkehrungen zu verfügen,
100. entgegen § 80 Absatz 2 Satz 5 eine Anzeige nicht macht,
101. einer vollziehbaren Anordnung nach § 80 Absatz 3 Satz 3 zuwiderhandelt,
102. entgegen § 80 Absatz 3 Satz 1 in Verbindung mit Satz 2 eine Aufzeichnung nicht, nicht richtig, nicht vollständig oder nicht in der vorgeschriebenen Weise macht oder nicht für die Dauer von fünf Jahren aufbewahrt,
103. entgegen § 80 Absatz 4 Nummer 1 das Market-Making nicht im dort vorgeschriebenen Umfang betreibt,
104. als Wertpapierdienstleistungsunternehmen algorithmischen Handel unter Verfolgung einer Market-Making-Strategie im Sinne des § 80 Absatz 5 betreibt, ohne zuvor einen schriftlichen Vertrag mit dem Handelsplatz geschlossen zu haben, der zumindest die Verpflichtungen im Sinne des § 80 Absatz 4 Nummer 1 beinhaltet,
105. als Wertpapierdienstleistungsunternehmen algorithmischen Handel unter Verfolgung einer Market-Making-Strategie im Sinne des § 80 Absatz 5 betreibt, ohne über die in § 80 Absatz 4 Nummer 3 genannten Systeme und Kontrollen zu verfügen,
106. entgegen § 80 Absatz 9 Satz 1, auch in Verbindung mit einer Rechtsverordnung nach § 80 Absatz 14 Satz 1, ein Produktfreigabeverfahren nicht oder nicht in der vorgeschriebenen Weise unterhält oder betreibt oder nicht regelmäßig überprüft,
107. entgegen § 80 Absatz 10 Satz 1, auch in Verbindung mit einer Rechtsverordnung nach § 80 Absatz 14 Satz 1, die Festlegung eines Zielmarkts nicht regelmäßig überprüft,
108. entgegen § 80 Absatz 11 Satz 1, auch in Verbindung mit einer Rechtsverordnung nach § 80 Absatz 14 Satz 1, die dort genannten Informationen nicht, nicht richtig, nicht vollständig oder nicht in der vorgeschriebenen Weise zur Verfügung stellt,
109. entgegen § 80 Absatz 11 Satz 2, auch in Verbindung mit einer Rechtsverordnung nach § 80 Absatz 14 Satz 1, nicht über angemessene Vorkehrungen verfügt, um sich die in § 80 Absatz 11 Satz 1 genannten Informationen vom konzipierenden Wertpapierdienstleistungsunternehmen oder vom Emittenten zu verschaffen und die Merkmale und den Zielmarkt des Finanzinstruments zu verstehen,

110. entgegen § 81 Absatz 1 nicht die Organisation, Eignung des Personals, Mittel und Regelungen zur Erbringung von Wertpapierdienstleistungen und Wertpapiernebendienstleistungen, die Firmenpolitik und die Vergütungspolitik festlegt, umsetzt und überwacht,

111. entgegen § 81 Absatz 2 nicht die Eignung und die Umsetzung der strategischen Ziele des Wertpapierdienstleistungsunternehmens, die Wirksamkeit der Unternehmensführungsregelungen und die Angemessenheit der Firmenpolitik überwacht und überprüft oder nicht unverzüglich Schritte einleitet, um bestehende Mängel zu beseitigen,

112. entgegen § 81 Absatz 3 keinen angemessenen Zugang sicherstellt,

113. entgegen § 82 Absatz 1, auch in Verbindung mit dem auf Grundlage von Artikel 27 Absatz 9 in Verbindung mit Artikel 89 der Richtlinie 2014/65/ EU erlassenen delegierten Rechtsakt der Europäischen Kommission, nicht sicherstellt, dass ein Kundenauftrag nach den dort benannten Grundsätzen ausgeführt wird,

114. entgegen § 82 Absatz 1 Nummer 1, auch in Verbindung mit dem auf Grundlage von Artikel 27 Absatz 9 in Verbindung mit Artikel 89 der Richtlinie 2014/65/EU erlassenen delegierten Rechtsakt der Europäischen Kommission, keine regelmäßige Überprüfung vornimmt,

115. entgegen § 82 Absatz 5 Satz 2, auch in Verbindung mit dem auf Grundlage von Artikel 27 Absatz 9 in Verbindung mit Artikel 89 der Richtlinie 2014/65/EU erlassenen delegierten Rechtsakt der Europäischen Kommission, einen dort genannten Hinweis nicht oder nicht rechtzeitig gibt oder eine dort genannte Einwilligung nicht oder nicht rechtzeitig einholt,

116. entgegen § 82 Absatz 6 Nummer 1, auch in Verbindung mit dem auf Grundlage von Artikel 27 Absatz 9 in Verbindung mit Artikel 89 der Richtlinie 2014/65/EU erlassenen delegierten Rechtsakt der Europäischen Kommission, einen Kunden nicht, nicht richtig, nicht in der vorgeschriebenen Weise oder nicht rechtzeitig informiert,

117. entgegen § 82 Absatz 6 Nummer 1 eine dort genannte Zustimmung nicht oder nicht rechtzeitig einholt,

118. entgegen § 82 Absatz 6 Nummer 2, auch in Verbindung mit dem auf Grundlage von Artikel 27 Absatz 9 in Verbindung mit Artikel 89 der Richtlinie 2014/65/EU erlassenen delegierten Rechtsakt der Europäischen Kommission, eine dort genannte Mitteilung nicht, nicht richtig, nicht in der vorgeschriebenen Weise oder nicht rechtzeitig macht,

119. entgegen § 82 Absatz 8 eine Vergütung, einen Rabatt oder einen nicht monetären Vorteil annimmt,

120. entgegen § 82 Absatz 9, auch in Verbindung mit einem technischen Regulierungsstandard nach Artikel 27 Absatz 10 Buchstabe b der Richtlinie 2014/65/EU, eine dort genannte Veröffentlichung nicht mindestens einmal jährlich vornimmt,

121. als Betreiber eines Handelsplatzes oder als systematischer Internalisierer, vorbehaltlich der Regelung zu § 26e des Börsengesetzes, entgegen § 82 Absatz 10, auch in Verbindung mit einer delegierten Verordnung nach Artikel 27 Absatz 9 sowie einem technischen Regulierungsstandard nach Artikel 27 Absatz 10 Buchstabe a der Richtlinie 2014/65/EU, eine dort genannte Veröffentlichung nicht mindestens einmal jährlich vornimmt,

122. als Betreiber eines Ausführungsplatzes, vorbehaltlich der Regelung zu § 26e des Börsengesetzes, entgegen § 82 Absatz 11, auch in Verbindung mit einer delegierten Verordnung nach Artikel 27 Absatz 9 sowie einem technischen Regulierungsstandard nach Artikel 27 Absatz 10 Buchstabe a der Richtlinie 2014/65/EU, eine Veröffentlichung nicht mindestens einmal jährlich vornimmt,

123. entgegen § 83 Absatz 1 oder Absatz 2 Satz 1, auch in Verbindung mit einer Rechtsverordnung nach § 83 Absatz 10 Satz 1 und den Artikeln 58 sowie 72 bis 74 der Delegierten Verordnung (EU) 2017/565, eine dort genannte Aufzeichnung nicht, nicht richtig oder nicht vollständig erstellt,

124. entgegen § 83 Absatz 3 Satz 1, auch in Verbindung mit einer Rechtsverordnung nach § 83 Absatz 10 Satz 1 und Artikel 76 der Delegierten Verordnung (EU) 2017/565, ein Telefongespräch oder eine elektronische Kommunikation nicht, nicht richtig, nicht vollständig oder nicht in der vorgeschriebenen Weise aufzeichnet,

125. entgegen § 83 Absatz 4 Satz 1, auch in Verbindung mit einer Rechtsverordnung nach § 83 Absatz 10 Satz 1, nicht alle angemessenen Maßnahmen ergreift, um einschlägige Telefongespräche und elektronische Kommunikation aufzuzeichnen,

126. entgegen § 83 Absatz 5, auch in Verbindung mit einer Rechtsverordnung nach § 83 Absatz 10 Satz 1 und Artikel 76 Absatz 8 der Delegierten Verordnung (EU) 2017/565, einen Kunden nicht oder nicht rechtzeitig vorab in geeigneter Weise über die Aufzeichnung von Telefongesprächen nach § 83 Absatz 3 Satz 1 informiert,

127. entgegen § 84 Absatz 1 Satz 1 oder Absatz 4 Satz 1 keine geeigneten Vorkehrungen trifft, um die Rechte der Kunden an ihnen gehörenden Finanzinstrumenten oder Geldern zu schützen und zu verhindern, dass diese ohne ausdrückliche Zustimmung für eigene Rechnung verwendet werden,

128. entgegen § 84 Absatz 2 Satz 3 die Zustimmung des Kunden zur Verwahrung seiner Vermögensgegenstände bei einem qualifizierten Geldmarktfonds nicht oder nicht rechtzeitig einholt,
129. entgegen § 84 Absatz 2 Satz 5 eine treuhänderische Einlage nicht offenlegt,
130. entgegen § 84 Absatz 2 Satz 6 den Kunden nicht, nicht richtig oder nicht rechtzeitig darüber unterrichtet, bei welchem Institut und auf welchem Konto seine Gelder verwahrt werden,
131. entgegen § 84 Absatz 5 Satz 1 ein Wertpapier nicht oder nicht rechtzeitig zur Verwahrung weiterleitet,
132. entgegen § 84 Absatz 7 mit einem Privatkunden eine Finanzsicherheit in Form einer Vollrechtsübertragung nach Artikel 2 Absatz 1 Buchstabe b der Richtlinie 2002/47/EG abschließt,
133. entgegen § 84 Absatz 6 Satz 1, auch in Verbindung mit § 84 Absatz 6 Satz 2, ein Wertpapier für eigene Rechnung oder für Rechnung eines anderen Kunden nutzt,
134. entgegen § 87 Absatz 1 Satz 1, Absatz 2, 3, 4 Satz 1 oder Absatz 5 Satz 1, jeweils auch in Verbindung mit einer Rechtsverordnung nach § 87 Absatz 9 Satz 1 Nummer 2, einen Mitarbeiter mit einer dort genannten Tätigkeit betraut,
135. entgegen
    a) § 87 Absatz 1 Satz 2 oder Satz 3, Absatz 4 Satz 2 oder Satz 3 oder Absatz 5 Satz 2 oder Satz 3, jeweils auch in Verbindung mit einer Rechtsverordnung nach § 87 Absatz 9 Satz 1 Nummer 1, oder
    b) § 87 Absatz 1 Satz 4 in Verbindung mit einer Rechtsverordnung nach § 87 Absatz 9 Satz 1 Nummer 1
    eine Anzeige nicht, nicht richtig, nicht vollständig oder nicht rechtzeitig erstattet,
136. einer vollziehbaren Anordnung nach § 87 Absatz 6 Satz 1 Nummer 1 oder Nummer 2 Buchstabe b zuwiderhandelt oder
137. entgegen § 94 Absatz 1 eine dort genannte Bezeichnung führt.

(9) Ordnungswidrig handelt, wer gegen die Verordnung (EU) Nr. 600/2014 des Europäischen Parlaments und des Rates vom 15. Mai 2014 über Märkte für Finanzinstrumente und zur Änderung der Verordnung (EU) Nr. 648/2012 (ABl. L 173 vom 12.6.2014, S. 84) verstößt, indem er vorsätzlich oder leichtfertig

1. als Wertpapierdienstleistungsunternehmen im Sinne dieses Gesetzes entgegen
   a) Artikel 3 Absatz 1,
   b) Artikel 6 Absatz 1,
   c) Artikel 8 Absatz 1 Satz 2,
   d) Artikel 8 Absatz 4 Satz 2,
   e) Artikel 10 Absatz 1,
   f) Artikel 11 Absatz 3 Unterabsatz 3 in Verbindung mit Artikel 10 Absatz 1,
   g) Artikel 31 Absatz 2
   eine Veröffentlichung nicht, nicht richtig, nicht vollständig, nicht in der vorgeschriebenen Weise oder nicht rechtzeitig vornimmt,
2. als Wertpapierdienstleistungsunternehmen im Sinne dieses Gesetzes entgegen
   a) Artikel 3 Absatz 3,
   b) Artikel 6 Absatz 2
   nicht in der dort beschriebenen Weise Zugang zu den betreffenden Systemen gewährt,
3. als Wertpapierdienstleistungsunternehmen im Sinne dieses Gesetzes entgegen
   a) Artikel 8 Absatz 3,
   b) Artikel 10 Absatz 2
   nicht in der dort beschriebenen Weise Zugang zu den betreffenden Einrichtungen gewährt,
4. als Wertpapierdienstleistungsunternehmen im Sinne dieses Gesetzes entgegen
   a) Artikel 7 Absatz 1 Unterabsatz 3 Satz 1 eine Genehmigung nicht rechtzeitig einholt oder auf geplante Regelungen für eine Veröffentlichung nicht, nicht richtig, nicht vollständig, nicht in der vorgeschriebenen Weise oder nicht rechtzeitig hinweist,
   b) Artikel 11 Absatz 1 Unterabsatz 3 Satz 1 auf geplante Regelungen für eine Veröffentlichung nicht, nicht richtig, nicht vollständig, nicht in der vorgeschriebenen Weise oder nicht rechtzeitig hinweist,
   c) Artikel 12 Absatz 1 eine Information nicht, nicht richtig, nicht vollständig, nicht in der vorgeschriebenen Weise oder nicht rechtzeitig offenlegt,
   d) Artikel 13 Absatz 1 Satz 1 in Verbindung mit Satz 2 eine Angabe oder Information nicht, nicht richtig, nicht in der vorgeschriebenen Weise oder nicht rechtzeitig offenlegt oder bereitstellt oder keinen diskriminierungsfreien Zugang zu den Informationen sicherstellt,
   e) Artikel 14 Absatz 1 Unterabsatz 1 in Verbindung mit Artikel 14 Absatz 3, 4, 5 und Artikel 15 Absatz 1 Unterabsatz 1 eine Kursofferte nicht, nicht vollständig, nicht in der vorgeschriebenen Weise, nicht rechtzeitig oder nicht im vorgeschriebenen Umfang offenlegt,

f) Artikel 25 Absatz 2 Satz 1 die betreffenden Daten eines Auftrags nicht, nicht richtig, nicht vollständig oder nicht in der vorgeschriebenen Weise aufzeichnet oder die aufgezeichneten Daten nicht für mindestens fünf Jahre zur Verfügung der zuständigen Behörde hält,

g) Artikel 26 Absatz 5 eine Meldung nicht, nicht richtig, nicht vollständig, nicht in der vorgeschriebenen Weise oder nicht rechtzeitig vornimmt,

h) Artikel 31 Absatz 3 Satz 1 eine Aufzeichnung nicht, nicht richtig, nicht vollständig oder nicht in der vorgeschriebenen Weise führt,

i) Artikel 31 Absatz 3 Satz 2 der Europäischen Wertpapier- und Marktaufsichtsbehörde eine Aufzeichnung nicht, nicht vollständig oder nicht rechtzeitig zur Verfügung stellt,

j) Artikel 35 Absatz 1 Unterabsatz 1 Satz 1 das Clearen nicht oder nicht auf nichtdiskriminierender und transparenter Basis übernimmt,

k) Artikel 35 Absatz 2 Satz 1 einen Antrag nicht in der vorgeschriebenen Form übermittelt,

l) Artikel 35 Absatz 3 Satz 1 dem Handelsplatz nicht, nicht in der vorgeschriebenen Weise oder nicht rechtzeitig antwortet,

m) Artikel 35 Absatz 3 Satz 2 einen Antrag ablehnt,

n) Artikel 35 Absatz 3 Satz 3, auch in Verbindung mit Satz 4, eine Untersagung nicht ausführlich begründet oder eine Unterrichtung oder Mitteilung nicht oder nicht in der vorgeschriebenen Weise vornimmt,

o) Artikel 35 Absatz 3 Satz 5 einen Zugang nicht oder nicht rechtzeitig ermöglicht,

p) Artikel 36 Absatz 1 Unterabsatz 1 Satz 1 Handelsdaten nicht auf nichtdiskriminierender und transparenter Basis bereitstellt,

q) Artikel 36 Absatz 3 Satz 1 einer zentralen Gegenpartei nicht, nicht in der vorgeschriebenen Weise oder nicht rechtzeitig antwortet,

r) Artikel 36 Absatz 3 Satz 2 einen Zugang verweigert, ohne dass die dort genannten Voraussetzungen für eine Zugangsverweigerung vorliegen,

s) Artikel 36 Absatz 3 Satz 5 einen Zugang nicht oder nicht rechtzeitig ermöglicht,

5. als Wertpapierdienstleistungsunternehmen im Sinne dieses Gesetzes im Zuge des Betriebs eines multilateralen Handelssystems oder eines organisierten Handelssystems ein System zur Formalisierung ausgehandelter Geschäfte betreibt, das nicht oder nicht vollständig den in Artikel 4 Absatz 3 Unterabsatz 1 beschriebenen Anforderungen entspricht,

6. entgegen Artikel 14 Absatz 1 Unterabsatz 2 in Verbindung mit Artikel 14 Absatz 3, 4 und 5 eine Kursofferte nicht, nicht vollständig, nicht in der vorgeschriebenen Weise oder nicht im vorgeschriebenen Umfang macht,

7. entgegen Artikel 15 Absatz 4 Satz 2 einen Auftrag nicht in der vorgeschriebenen Weise ausführt,

8. als systematischer Internalisierer entgegen Artikel 17 Absatz 1 Satz 2 in Verbindung mit Artikel 17 Absatz 1 Satz 1 nicht über eindeutige Standards für den Zugang zu Kursofferten verfügt,

9. entgegen Artikel 18 Absatz 1 in Verbindung mit Artikel 18 Absatz 9 eine dort genannte Kursofferte nicht veröffentlicht,

10. entgegen Artikel 18 Absatz 2 Satz 1 in Verbindung mit Artikel 18 Absatz 9 keine Kursofferte macht,

11. entgegen Artikel 18 Absatz 5 Satz 1 eine Kursofferte nicht zugänglich macht,

12. entgegen Artikel 18 Absatz 6 Unterabsatz 1 nicht eine Verpflichtung zum Abschluss eines Geschäfts mit einem anderen Kunden eingeht,

13. als systematischer Internalisierer entgegen Artikel 18 Absatz 8 die dort vorgeschriebene Bekanntmachung nicht oder nicht in der dort vorgeschriebenen Weise vornimmt,

14. entgegen

a) Artikel 20 Absatz 1 Satz 1 in Verbindung mit Artikel 20 Absatz 1 Satz 2 und Absatz 2,

b) Artikel 21 Absatz 1 Satz 1 in Verbindung mit Artikel 21 Absatz 1 Satz 2, Absatz 2, 3 und Artikel 10

eine dort vorgeschriebene Veröffentlichung nicht, nicht richtig, nicht vollständig, nicht rechtzeitig oder nicht in der vorgeschriebenen Weise vornimmt,

15. als Wertpapierdienstleistungsunternehmen, als genehmigtes Veröffentlichungssystem oder als Bereitsteller konsolidierter Datenträger entgegen Artikel 22 Absatz 2 erforderliche Daten nicht während eines ausreichenden Zeitraums speichert,

16. entgegen Artikel 23 Absatz 1 ein Handelsgeschäft außerhalb der dort genannten Handelssysteme tätigt,

17. entgegen Artikel 25 Absatz 1 Satz 1 die betreffenden Daten eines Auftrags oder eines Geschäfts nicht, nicht richtig, nicht vollständig oder nicht in der vorgeschriebenen Weise aufzeichnet oder aufgezeichnete Daten nicht für mindestens fünf Jahre zur Verfügung der zuständigen Behörde hält,

18. entgegen Artikel 26 Absatz 1 Unterabsatz 1, auch in Verbindung mit Artikel 26 Absatz 4 Satz 2, eine Meldung nicht, nicht richtig, nicht vollständig, nicht in der vorgeschriebenen Weise oder nicht rechtzeitig vornimmt,
19. entgegen Artikel 26 Absatz 4 Satz 1 einem übermittelten Auftrag nicht sämtliche Einzelheiten beifügt,
20. als genehmigter Meldemechanismus oder als Betreiber eines Handelsplatzes entgegen Artikel 26 Absatz 7 Unterabsatz 1 eine Meldung nicht, nicht richtig oder nicht vollständig übermittelt,
21. als Betreiber eines Handelsplatzes im Sinne des Artikels 4 Absatz 1 Nummer 24 entgegen Artikel 26 Absatz 5 eine Meldung nicht, nicht richtig, nicht vollständig, nicht in der vorgeschriebenen Weise oder nicht rechtzeitig vornimmt,
22. als Wertpapierdienstleistungsunternehmen, systematischer Internalisierer oder Betreiber eines Handelsplatzes entgegen Artikel 27 Absatz 1 Unterabsatz 1, 2 oder 3 Satz 2 identifizierende Referenzdaten in Bezug auf ein Finanzinstrument nicht, nicht richtig, nicht vollständig, nicht in der vorgeschriebenen Weise oder nicht rechtzeitig zur Verfügung stellt oder aktualisiert,
23. entgegen Artikel 28 Absatz 1, auch in Verbindung mit Artikel 28 Absatz 2 Unterabsatz 1, ein Geschäft an einem anderen als den dort bezeichneten Plätzen abschließt,
24. als zentrale Gegenpartei im Sinne des Artikels 2 Absatz 1 der Verordnung (EU) Nr. 648/2012 oder als Wertpapierdienstleistungsunternehmen im Sinne dieses Gesetzes entgegen Artikel 29 Absatz 2 Unterabsatz 1 nicht über die dort bezeichneten Systeme, Verfahren und Vorkehrungen verfügt,
25. entgegen Artikel 36 Absatz 2 einen Antrag nicht oder nicht in der vorgeschriebenen Weise übermittelt,
26. entgegen Artikel 37 Absatz 1 einen Zugang nicht, nicht in der vorgeschriebenen Weise oder nicht rechtzeitig gewährt,
27. als zentrale Gegenpartei im Sinne des Artikels 2 Absatz 1 der Verordnung (EU) Nr. 648/2012 oder als Wertpapierdienstleistungsunternehmen im Sinne dieses Gesetzes oder als mit einem der beiden Erstgenannten verbundenes Unternehmen entgegen Artikel 37 Absatz 3 eine dort genannte Vereinbarung trifft,
28. einem vollziehbaren Beschluss der Europäischen Wertpapier- und Marktaufsichtsbehörde nach Artikel 40 Absatz 1 zuwiderhandelt,
29. einem vollziehbaren Beschluss der Europäischen Bankenaufsichtsbehörde nach Artikel 41 Absatz 1 zuwiderhandelt oder
30. einer vollziehbaren Anordnung der Bundesanstalt nach Artikel 42 Absatz 1 zuwiderhandelt.

(10) Ordnungswidrig handelt, wer gegen die Verordnung (EU) 2015/2365 des Europäischen Parlaments und des Rates vom 25. November 2015 über die Transparenz von Wertpapierfinanzierungsgeschäften und der Weiterverwendung sowie zur Änderung der Verordnung (EU) Nr. 648/2012 (ABl. L 337 vom 23.12.2015, S. 1) verstößt, indem er vorsätzlich oder leichtfertig

1. entgegen Artikel 4 Absatz 1 eine Meldung nicht, nicht richtig, nicht vollständig, nicht in der vorgeschriebenen Weise oder nicht rechtzeitig vornimmt,
2. entgegen Artikel 4 Absatz 4 Aufzeichnungen nicht, nicht vollständig oder nicht mindestens für die vorgeschriebene Dauer aufbewahrt,
3. entgegen Artikel 15 Absatz 1 Finanzinstrumente weiterverwendet, ohne dass die dort genannten Voraussetzungen erfüllt sind oder
4. entgegen Artikel 15 Absatz 2 ein Recht auf Weiterverwendung ausübt, ohne dass die dort genannten Voraussetzungen erfüllt sind.

(11) Ordnungswidrig handelt, wer gegen die Verordnung (EU) 2016/1011 des Europäischen Parlaments und des Rates vom 8. Juni 2016 über Indizes, die bei Finanzinstrumenten und Finanzkontrakten als Referenzwert oder zur Messung der Wertentwicklung eines Investmentfonds verwendet werden, und zur Änderung der Richtlinien 2008/48/EG und 2014/17/EU sowie der Verordnung (EU) Nr. 596/2014 (ABl. L 171 vom 29.6.2016, S. 1) verstößt, indem er vorsätzlich oder leichtfertig

1. als Administrator entgegen Artikel 4 Absatz 1 Unterabsatz 1 über keine Regelungen für die Unternehmensführung verfügt oder nur über solche, die nicht den dort genannten Anforderungen entsprechen,
2. als Administrator entgegen Artikel 4 Absatz 1 Unterabsatz 2 keine angemessenen Schritte unternimmt, um Interessenkonflikte zu erkennen, zu vermeiden oder zu regeln,
3. als Administrator entgegen Artikel 4 Absatz 1 Unterabsatz 2 nicht dafür sorgt, dass Beurteilungs- oder Ermessensspielräume unabhängig und redlich ausgeübt werden,
4. als Administrator einen Referenzwert entgegen Artikel 4 Absatz 2 nicht organisatorisch getrennt von den übrigen Geschäftsbereichen bereitstellt,

5. als Administrator einer vollziehbaren Anordnung der Bundesanstalt nach Artikel 4 Absatz 3 oder Absatz 4 zuwiderhandelt,

6. als Administrator Interessenkonflikte entgegen Artikel 4 Absatz 5 nicht, nicht richtig, nicht vollständig oder nicht unverzüglich veröffentlicht oder offenlegt, nachdem er von deren Bestehen Kenntnis erlangt hat,

7. als Administrator entgegen Artikel 4 Absatz 6 die dort genannten Maßnahmen nicht festlegt, nicht anwendet oder nicht regelmäßig überprüft oder aktualisiert,

8. als Administrator entgegen Artikel 4 Absatz 7 nicht dafür sorgt, dass Mitarbeiter und die dort genannten anderen natürlichen Personen die in Artikel 4 Absatz 7 Buchstabe a bis e genannten Anforderungen erfüllen,

9. als Administrator entgegen Artikel 4 Absatz 8 keine spezifischen Verfahren der internen Kontrolle zur Sicherstellung der Integrität und Zuverlässigkeit der Mitarbeiter oder Personen, die den Referenzwert bestimmen, festlegt oder den Referenzwert vor seiner Verbreitung nicht durch die Geschäftsleitung abzeichnen lässt,

10. als Administrator entgegen Artikel 5 Absatz 1 keine ständige und wirksame Aufsichtsfunktion schafft und unterhält,

11. als Administrator entgegen Artikel 5 Absatz 2 keine soliden Verfahren zur Sicherung der Aufsichtsfunktion entwickelt und unterhält oder diese der Bundesanstalt nicht, nicht richtig, nicht vollständig oder nicht unverzüglich nach Fertigstellung der Entwicklung zur Verfügung stellt,

12. als Administrator die Aufsichtsfunktion entgegen Artikel 5 Absatz 3 nicht mit den dort genannten Zuständigkeiten ausstattet oder diese nicht an die Komplexität, Verwendung und Anfälligkeit des Referenzwerts anpasst,

13. als Administrator entgegen Artikel 5 Absatz 4 die Aufsichtsfunktion nicht einem gesonderten Ausschuss überträgt oder durch andere geeignete Regelungen zur Unternehmensführung die Integrität der Funktion sicherstellt und das Auftreten von Interessenkonflikten verhindert,

14. als Administrator entgegen Artikel 6 Absatz 1, 2 oder 3 keinen oder keinen den dort genannten Anforderungen genügenden Kontrollrahmen vorhält,

15. als Administrator entgegen Artikel 6 Absatz 4 die dort genannten Maßnahmen nicht, nicht vollständig oder nicht wirksam trifft,

16. als Administrator entgegen Artikel 6 Absatz 5 den Kontrollrahmen nicht oder nicht vollständig dokumentiert, überprüft oder aktualisiert oder der Bundesanstalt oder seinen Nutzern nicht, nicht richtig, nicht vollständig oder nicht rechtzeitig zur Verfügung stellt,

17. als Administrator entgegen Artikel 7 Absatz 1 nicht über einen den dort genannten Anforderungen genügenden Rahmen für die Rechenschaftslegung verfügt,

18. als Administrator entgegen Artikel 7 Absatz 2 keine interne Stelle benennt, die ausreichend befähigt ist, die Einhaltung der Referenzwert-Methodik und dieser Verordnung durch den Administrator zu überprüfen und darüber Bericht zu erstatten,

19. als Administrator entgegen Artikel 7 Absatz 3 keinen unabhängigen externen Prüfer benennt,

20. als Administrator entgegen Artikel 7 Absatz 4 die dort bestimmten Informationen nicht, nicht richtig, nicht vollständig oder nicht rechtzeitig zur Verfügung stellt oder veröffentlicht,

21. als Administrator entgegen Artikel 8 Absatz 1 eine dort genannte Aufzeichnung nicht oder nicht vollständig führt,

22. als Administrator entgegen Artikel 8 Absatz 2 Satz 1 eine dort genannte Aufzeichnung nicht, nicht vollständig oder nicht mindestens für die Dauer von fünf Jahren aufbewahrt,

23. als Administrator entgegen Artikel 8 Absatz 2 Satz 2 eine dort genannte Aufzeichnung nicht, nicht richtig, nicht vollständig oder nicht rechtzeitig zur Verfügung stellt oder nicht mindestens für die Dauer von drei Jahren aufbewahrt,

24. als Administrator entgegen Artikel 9 Absatz 1 keine geeigneten Beschwerdeverfahren unterhält und diese nicht unverzüglich nach ihrer Bereitstellung veröffentlicht,

25. als Administrator entgegen Artikel 10 Absatz 1 Aufgaben in einer Weise auslagert, die seine Kontrolle über die Bereitstellung des Referenzwertes oder die Möglichkeit der zuständigen Behörde zur Beaufsichtigung des Referenzwertes wesentlich beeinträchtigt,

26. als Administrator entgegen Artikel 10 Absatz 3 Aufgaben auslagert, ohne dafür zu sorgen, dass die in Artikel 10 Absatz 3 Buchstabe a bis h genannten Bedingungen erfüllt sind,

27. als Administrator entgegen Artikel 11 Absatz 1 einen Referenzwert bereitstellt, ohne dass die in Artikel 11 Absatz 1 Buchstabe a bis c und e genannten Anforderungen erfüllt sind,

28. als Administrator entgegen Artikel 11 Absatz 1 einen Referenzwert bereitstellt, ohne dass die in Artikel 11 Absatz 1 Buchstabe d genannten Anforderungen erfüllt sind,

29. als Administrator entgegen Artikel 11 Absatz 2 nicht für Kontrollen im dort genannten Umfang sorgt,

30. als Administrator entgegen Artikel 11 Absatz 3 nicht auch aus anderen Quellen Daten einholt oder die Einrichtung von Aufsichts- und Verifizierungsverfahren bei den Kontributoren nicht sicherstellt,

31. als Administrator entgegen Artikel 11 Absatz 4 nicht die nach seiner Ansicht erforderlichen Änderungen der Eingabedaten oder der Methoden zur Abbildung des Marktes oder der wirtschaftlichen Realität vornimmt oder die Bereitstellung des Referenzwertes nicht einstellt,

32. als Administrator bei der Bestimmung eines Referenzwertes entgegen Artikel 12 Absatz 1 eine Methodik anwendet, die die dort genannten Anforderungen nicht erfüllt,

33. als Administrator bei der Entwicklung einer Referenzwert-Methodik entgegen Artikel 12 Absatz 2 die dort genannten Anforderungen nicht erfüllt,

34. als Administrator entgegen Artikel 12 Absatz 3 nicht über eindeutige, veröffentlichte Regelungen verfügt, die festlegen, wann Menge oder Qualität der Eingabedaten nicht mehr den festgelegten Standards entspricht und keine zuverlässige Bestimmung des Referenzwertes mehr zulässt,

35. als Administrator entgegen Artikel 13 Absatz 1 Satz 2 oder Absatz 2 die dort genannten Informationen zur Entwicklung, Verwendung, Verwaltung und Änderung des Referenzwertes und der Referenzwert-Methodik nicht, nicht richtig, nicht vollständig oder nicht rechtzeitig veröffentlicht oder zur Verfügung stellt,

36. als Administrator entgegen Artikel 14 Absatz 1 keine angemessenen Systeme und wirksamen Kontrollen zur Sicherstellung der Integrität der Eingabedaten schafft,

37. als Administrator Eingabedaten und Kontributoren entgegen Artikel 14 Absatz 2 Unterabsatz 1 nicht oder nicht wirksam überwacht, damit er die zuständige Behörde benachrichtigen und ihr alle relevanten Informationen mitteilen kann,

38. als Administrator der Bundesanstalt entgegen Artikel 14 Absatz 2 Unterabsatz 1 die dort genannten Informationen nicht, nicht richtig, nicht vollständig oder nicht unverzüglich nach dem Auftreten eines Manipulationsverdachts mitteilt,

39. als Administrator entgegen Artikel 14 Absatz 3 nicht über Verfahren verfügt, um Verstöße seiner Führungskräfte, Mitarbeiter sowie aller anderen natürlichen Personen, von denen er Leistungen in Anspruch nehmen kann, gegen die Verordnung (EU) 2016/1011 intern zu melden,

40. als Administrator einen Verhaltenskodex für auf Eingabedaten von Kontributoren beruhende Referenzwerte entgegen Artikel 15 Absatz 1 Satz 1 in Verbindung mit Absatz 2 nicht oder nicht den dort genannten Anforderungen genügend ausarbeitet,

41. als Administrator die Einhaltung eines Verhaltenskodex entgegen Artikel 15 Absatz 1 Satz 2 nicht oder nicht ausreichend überprüft,

42. als Administrator einen Verhaltenskodex entgegen Artikel 15 Absatz 4 Satz 2 oder Absatz 5 Satz 3 in Verbindung mit Absatz 4 nicht rechtzeitig anpasst,

43. als Administrator die Bundesanstalt entgegen Artikel 15 Absatz 5 Satz 1 nicht, nicht richtig, nicht vollständig oder nicht rechtzeitig von dem Verhaltenskodex in Kenntnis setzt,

44. als beaufsichtigter Kontributor entgegen Artikel 16 Absatz 1 die dort genannten Anforderungen an die Unternehmensführung und Kontrolle nicht erfüllt,

45. als beaufsichtigter Kontributor entgegen Artikel 16 Absatz 2 oder Absatz 3 nicht über wirksame Systeme, Kontrollen und Strategien zur Wahrung der Integrität und Zuverlässigkeit aller Beiträge von Eingabedaten oder Expertenschätzungen nach Absatz 3 für den Administrator verfügt,

46. als beaufsichtigter Kontributor entgegen Artikel 16 Absatz 3 Satz 1 Aufzeichnungen nicht, nicht richtig, nicht vollständig oder nicht für die vorgeschriebene Dauer aufbewahrt,

47. als beaufsichtigter Kontributor entgegen Artikel 16 Absatz 4 bei der Prüfung und Beaufsichtigung der Bereitstellung eines Referenzwertes Informationen oder Aufzeichnungen nicht, nicht richtig oder nicht vollständig zur Verfügung stellt oder nicht uneingeschränkt mit dem Administrator und der Bundesanstalt zusammenarbeitet,

48. als Administrator die Bundesanstalt entgegen Artikel 21 Absatz 1 Unterabsatz 1 Buchstabe a nicht oder nicht rechtzeitig über die Absicht der Einstellung eines kritischen Referenzwertes benachrichtigt oder nicht oder nicht rechtzeitig eine in Buchstabe b genannte Einschätzung vorlegt,

49. als Administrator entgegen Artikel 21 Absatz 1 Unterabsatz 2 in dem dort genannten Zeitraum die Bereitstellung des Referenzwertes einstellt,

50. als Administrator einer vollziehbaren Anordnung der Bundesanstalt nach Artikel 21 Absatz 3 zuwiderhandelt,

51. als Administrator entgegen Artikel 23 Absatz 2 eine Einschätzung nicht, nicht richtig, nicht in der vorgeschriebenen Weise oder nicht rechtzeitig bei der Bundesanstalt einreicht,

52. als beaufsichtigter Kontributor dem Administrator eine Benachrichtigung entgegen Artikel 23 Absatz 3 Satz 1 nicht, nicht richtig, nicht in der vorgeschriebenen Weise oder nicht rechtzeitig mitteilt,

53. als Administrator die Bundesanstalt entgegen Artikel 23 Absatz 3 Satz 1 nicht oder nicht rechtzeitig unterrichtet,

54. als Administrator der Bundesanstalt entgegen Artikel 23 Absatz 3 Satz 3 eine dort bestimmte Einschätzung nicht oder nicht rechtzeitig unterbreitet,

55. als Kontributor einer vollziehbaren Anordnung der Bundesanstalt nach Artikel 23 Absatz 5, als beaufsichtigtes Unternehmen nach Artikel 23 Absatz 6 oder als beaufsichtigter Kontributor nach Artikel 23 Absatz 10 zuwiderhandelt,

56. als Kontributor eine Benachrichtigung entgegen Artikel 23 Absatz 11 nicht oder nicht rechtzeitig vornimmt,

57. als Administrator eine Benachrichtigung entgegen Artikel 24 Absatz 3 nicht oder nicht rechtzeitig vornimmt,

58. als Administrator der Bundesanstalt entgegen Artikel 25 Absatz 2 eine Entscheidung oder Informationen nicht, nicht richtig, nicht vollständig oder nicht rechtzeitig mitteilt,

59. als Administrator einer vollziehbaren Anordnung der Bundesanstalt nach Artikel 25 Absatz 3 Satz 1 zuwiderhandelt,

60. als Administrator eine Konformitätserklärung entgegen Artikel 25 Absatz 7 nicht, nicht richtig, nicht vollständig, nicht in der vorgeschriebenen Weise oder nicht rechtzeitig veröffentlicht oder diese nicht aktualisiert,

61. als Administrator entgegen Artikel 26 Absatz 2 Satz 1 die Bundesanstalt nicht, nicht richtig, nicht vollständig oder nicht rechtzeitig von der Überschreitung des in Artikel 24 Absatz 1 Buchstabe a genannten Schwellenwertes unterrichtet oder die in Satz 2 genannte Frist nicht einhält,

62. als Administrator eine Konformitätserklärung entgegen Artikel 26 Absatz 3
    a) nach der Entscheidung, eine oder mehrere in Artikel 26 Absatz 1 genannte Bestimmungen nicht anzuwenden, nicht, nicht richtig, nicht vollständig oder nicht unverzüglich veröffentlicht oder
    b) nach der Entscheidung, eine oder mehrere in Artikel 26 Absatz 1 genannte Bestimmungen nicht anzuwenden, der Bundesanstalt nicht, nicht vollständig oder nicht unverzüglich vorlegt oder diese nicht aktualisiert,

63. als Administrator einer vollziehbaren Anordnung der Bundesanstalt nach Artikel 26 Absatz 4 zuwiderhandelt,

64. als Administrator eine Referenzwert-Erklärung entgegen Artikel 27 Absatz 1 nicht, nicht richtig, nicht vollständig, nicht in der vorgeschriebenen Weise oder nicht rechtzeitig veröffentlicht,

65. als Administrator eine Referenzwert-Erklärung entgegen Artikel 27 Absatz 1 Unterabsatz 3 nicht oder nicht rechtzeitig überprüft und aktualisiert,

66. als Administrator entgegen Artikel 28 Absatz 1 dort genannte Maßnahmen nicht, nicht richtig, nicht vollständig, nicht in der vorgeschriebenen Weise oder nicht rechtzeitig veröffentlicht oder nicht oder nicht rechtzeitig aktualisiert,

67. als beaufsichtigtes Unternehmen entgegen Artikel 28 Absatz 2 einen den dort genannten Anforderungen genügenden Plan nicht, nicht richtig, nicht vollständig oder nicht in der vorgeschriebenen Weise aufstellt, nicht aktualisiert, ihn der Bundesanstalt nicht, nicht vollständig oder nicht rechtzeitig vorlegt oder sich daran nicht orientiert,

68. als beaufsichtigtes Unternehmen entgegen Artikel 29 Absatz 1 einen Referenzwert verwendet, der die dort genannten Anforderungen nicht erfüllt,

69. als Emittent, Anbieter oder Person, die die Zulassung eines Wertpapiers zum Handel an einem geregelten Markt beantragt, entgegen Artikel 29 Absatz 2 nicht sicherstellt, dass ein Prospekt Informationen enthält, aus denen hervorgeht, ob der Referenzwert von einem in das Register nach Artikel 36 eingetragenen Administrator bereitgestellt wird,

70. als Administrator entgegen Artikel 34 Absatz 1 tätig wird, ohne zuvor eine Zulassung oder Registrierung nach Absatz 6 erhalten zu haben,

71. als Administrator entgegen Artikel 34 Absatz 2 weiterhin tätig ist, obwohl die Zulassungsvoraussetzungen der Verordnung (EU) 2016/1011 nicht mehr erfüllt sind,

72. als Administrator der Bundesanstalt entgegen Artikel 34 Absatz 2 wesentliche Änderungen nicht, nicht richtig, nicht vollständig oder nicht unverzüglich nach ihrem Auftreten mitteilt,

73. einen Antrag entgegen Artikel 34 Absatz 3 nicht oder nicht rechtzeitig stellt,

74. entgegen Artikel 34 Absatz 4 unrichtige Angaben zu den zum Nachweis der Einhaltung der Anforderungen der Verordnung (EU) 2016/1011 erforderlichen Informationen macht oder

75. im Zusammenhang mit einer Untersuchung hinsichtlich der Einhaltung der Pflichten nach der Verordnung (EU) 2016/1011 einer vollziehbaren Anordnung der Bundesanstalt nach den §§ 6 bis 10 zuwiderhandelt.

(12) Ordnungswidrig handelt, wer vorsätzlich oder fahrlässig

1. einer vollziehbaren Anordnung nach
   a) § 6 Absatz 2a oder 2b,
   b) § 6 Absatz 3 Satz 1,
   c) § 87 Absatz 6 Satz 1 Nummer 1 oder Nummer 2 Buchstabe b,
   d) § 92 Absatz 1,
   e) § 107 Absatz 5 Satz 1 oder § 109 Absatz 2 Satz 1
   zuwiderhandelt,

2. entgegen § 6 Absatz 11 Satz 1 oder 2 oder § 107 Absatz 6 Satz 1 ein Betreten nicht gestattet oder nicht duldet,

3. entgegen § 89 Absatz 1 Satz 4 einen Prüfer nicht oder nicht rechtzeitig bestellt,

4. entgegen § 89 Absatz 3 Satz 1 eine Anzeige nicht, nicht richtig, nicht vollständig oder nicht rechtzeitig erstattet oder

5. entgegen § 114 Absatz 1 Satz 1, § 115 Absatz 1 Satz 1, jeweils auch in Verbindung mit § 117, einen Jahresfinanzbericht, einen Halbjahresfinanzbericht oder entgegen § 116 Absatz 1 in Verbindung mit § 341w des Handelsgesetzbuchs einen Zahlungs- oder Konzernzahlungsbericht nicht oder nicht rechtzeitig zur Verfügung stellt.

(13) Ordnungswidrig handelt, wer gegen die Verordnung (EU) Nr. 236/ 2012 des Europäischen Parlaments und des Rates vom 14. März 2012 über Leerverkäufe und bestimmte Aspekte von Credit Default Swaps (ABl. L 86 vom 24.3.2012, S. 1), die zuletzt durch die Verordnung (EU) Nr. 909/2014 des Europäischen Parlaments und des Rates vom 23. Juli 2014 zur Verbesserung der Wertpapierlieferungen und -abrechnungen in der Europäischen Union und über Zentralverwahrer sowie zur Änderung der Richtlinien 98/26/EG und 2014/ 65/EU und der Verordnung (EU) Nr. 236/2012 (ABl. L 257 vom 28.8.2014, S. 1) geändert worden ist, verstößt, indem er vorsätzlich oder fahrlässig einer vollziehbaren Anordnung nach Artikel 18 Absatz 2 Satz 2 oder Satz 3, Artikel 19 Absatz 2, Artikel 20 Absatz 2 oder Artikel 21 Absatz 1 oder Artikel 23 Absatz 1 zuwiderhandelt.

(14) Ordnungswidrig handelt, wer eine in § 119 Absatz 3 Nummer 1 bis 3 bezeichnete Handlung leichtfertig begeht.

(15) Ordnungswidrig handelt, wer gegen die Verordnung (EU) Nr. 596/ 2014 verstößt, indem er vorsätzlich oder leichtfertig

1. als Handelsplatzbetreiber entgegen Artikel 4 identifizierende Referenzdaten in Bezug auf ein Finanzinstrument nicht, nicht richtig, nicht vollständig, nicht in der vorgeschriebenen Weise oder nicht rechtzeitig zur Verfügung stellt oder aktualisiert,

2. entgegen Artikel 15 eine Marktmanipulation begeht,

3. entgegen Artikel 16 Absatz 1 Unterabsatz 1 oder Absatz 2 Satz 1 wirksame Regelungen, Systeme und Verfahren nicht schafft oder nicht aufrechterhält,

4. entgegen Artikel 16 Absatz 1 Unterabsatz 2 eine Meldung nicht, nicht richtig, nicht vollständig, nicht in der vorgeschriebenen Weise oder nicht rechtzeitig vornimmt,

5. entgegen Artikel 16 Absatz 2 Satz 2 eine Unterrichtung nicht, nicht richtig, nicht vollständig, nicht in der vorgeschriebenen Weise oder nicht rechtzeitig vornimmt,

6. entgegen Artikel 17 Absatz 1 Unterabsatz 1 oder Artikel 17 Absatz 2 Unterabsatz 1 Satz 1 eine Insiderinformation nicht, nicht richtig, nicht vollständig, nicht in der vorgeschriebenen Weise oder nicht rechtzeitig bekannt gibt,

7. entgegen Artikel 17 Absatz 1 Unterabsatz 2 Satz 1 eine Veröffentlichung nicht sicherstellt,

8. entgegen Artikel 17 Absatz 1 Unterabsatz 2 Satz 2 die Veröffentlichung einer Insiderinformation mit einer Vermarktung seiner Tätigkeiten verbindet,

9. entgegen Artikel 17 Absatz 1 Unterabsatz 2 Satz 3 eine Insiderinformation nicht, nicht richtig, nicht vollständig, nicht in der vorgeschriebenen Weise oder nicht rechtzeitig veröffentlicht oder nicht mindestens fünf Jahre lang auf der betreffenden Website anzeigt,

10. entgegen Artikel 17 Absatz 4 Unterabsatz 3 Satz 1 die zuständige Behörde nicht, nicht richtig, nicht vollständig, nicht in der vorgeschriebenen Weise oder nicht rechtzeitig über den Aufschub einer Offenlegung informiert oder den Aufschub einer Offenlegung nicht, nicht richtig, nicht vollständig, nicht in der vorgeschriebenen Weise oder nicht rechtzeitig erläutert,

11. entgegen Artikel 17 Absatz 8 Satz 1 eine Insiderinformation nicht, nicht richtig, nicht vollständig, nicht in der vorgeschriebenen Weise oder nicht rechtzeitig veröffentlicht,

12. entgegen Artikel 18 Absatz 1 Buchstabe a eine Liste nicht, nicht richtig, nicht vollständig, nicht in der vorgeschriebenen Weise oder nicht rechtzeitig aufstellt,

13. entgegen Artikel 18 Absatz 1 Buchstabe b in Verbindung mit Artikel 18 Absatz 4 eine Insiderliste nicht, nicht richtig, nicht vollständig, nicht in der vorgeschriebenen Weise oder nicht rechtzeitig aktualisiert,

14. entgegen Artikel 18 Absatz 1 Buchstabe c eine Insiderliste nicht, nicht richtig, nicht vollständig, nicht in der vorgeschriebenen Weise oder nicht rechtzeitig zur Verfügung stellt,

15. entgegen Artikel 18 Absatz 2 Unterabsatz 1 nicht die dort genannten Vorkehrungen trifft,

16. entgegen Artikel 18 Absatz 5 eine Insiderliste nach einer Erstellung oder Aktualisierung nicht oder nicht mindestens fünf Jahre aufbewahrt,

17. entgegen Artikel 19 Absatz 1 Unterabsatz 1, auch in Verbindung mit Artikel 19 Absatz 7 Unterabsatz 1, jeweils auch in Verbindung mit einem technischen Durchführungsstandard nach Artikel 19 Absatz 15, eine Meldung nicht, nicht richtig, nicht vollständig, nicht in der vorgeschriebenen Weise oder nicht rechtzeitig vornimmt,

18. entgegen Artikel 19 Absatz 3 Unterabsatz 1 in Verbindung mit Artikel 19 Absatz 4, auch in Verbindung mit einem technischen Durchführungsstandard nach Artikel 19 Absatz 15, eine Veröffentlichung nicht, nicht richtig, nicht vollständig, nicht in der vorgeschriebenen Weise oder nicht rechtzeitig sicherstellt,

19. entgegen Artikel 19 Absatz 5 Unterabsatz 1 Satz 1 oder Unterabsatz 2 eine dort genannte Person nicht, nicht richtig, nicht vollständig oder nicht in der vorgeschriebenen Weise in Kenntnis setzt,

20. entgegen Artikel 19 Absatz 5 Unterabsatz 1 Satz 2 eine Liste nicht, nicht richtig oder nicht vollständig erstellt,

21. entgegen Artikel 19 Absatz 5 Unterabsatz 2 eine Kopie nicht oder nicht mindestens fünf Jahre aufbewahrt,

22. entgegen Artikel 19 Absatz 11 ein Eigengeschäft oder ein Geschäft für Dritte tätigt oder

23. entgegen Artikel 20 Absatz 1, auch in Verbindung mit einem technischen Regulierungsstandard nach Artikel 20 Absatz 3, nicht oder nicht in der vorgeschriebenen Weise dafür Sorge trägt, dass Informationen objektiv dargestellt oder Interessen oder Interessenkonflikte offengelegt werden.

(15a) Ordnungswidrig handelt, wer vorsätzlich oder leichtfertig entgegen Artikel 5 Absatz 5 der Delegierten Verordnung (EU) 2016/957 der Kommission vom 9. März 2016 zur Ergänzung der Verordnung (EU) Nr. 596/2014 des Europäischen Parlaments und des Rates im Hinblick auf technische Regulierungsstandards für die geeigneten Regelungen, Systeme und Verfahren sowie Mitteilungsmuster zur Vorbeugung, Aufdeckung und Meldung von Missbrauchspraktiken oder verdächtigen Aufträgen oder Geschäften (ABl. L 160 vom 17.6.2016, S. 1) eine Verdachtsmeldung nicht richtig ausfüllt.

(16) Ordnungswidrig handelt, wer gegen die Verordnung (EU) Nr. 1286/ 2014 des Europäischen Parlaments und des Rates vom 26. November 2014 über Basisinformationsblätter für verpackte Anlageprodukte für Kleinanleger und Versicherungsanlageprodukte (PRIIP) (ABl. L 352 vom 9.12.2014, S. 1; L 358 vom 13.12.2014, S. 50) verstößt, indem er vorsätzlich oder leichtfertig

1. entgegen
   a) Artikel 5 Absatz 1,
   b) Artikel 5 Absatz 1 in Verbindung mit Artikel 6,
   c) Artikel 5 Absatz 1 in Verbindung mit Artikel 7 Absatz 2,
   d) Artikel 5 Absatz 1 in Verbindung mit Artikel 8 Absatz 1 bis 3 ein Basisinformationsblatt nicht, nicht richtig, nicht vollständig, nicht rechtzeitig oder nicht in der vorgeschriebenen Weise abfasst oder veröffentlicht,

2. entgegen Artikel 5 Absatz 1 in Verbindung mit Artikel 7 Absatz 1 ein Basisinformationsblatt nicht in der vorgeschriebenen Weise abfasst oder übersetzt,

3. entgegen Artikel 10 Absatz 1 Satz 1 ein Basisinformationsblatt nicht oder nicht rechtzeitig überprüft,

4. entgegen Artikel 10 Absatz 1 Satz 1 ein Basisinformationsblatt nicht oder nicht vollständig überarbeitet,

5. entgegen Artikel 10 Absatz 1 Satz 2 ein Basisinformationsblatt nicht oder nicht rechtzeitig zur Verfügung stellt,

6. entgegen Artikel 9 Satz 1 in Werbematerialien Aussagen trifft, die im Widerspruch zu den Informationen des Basisinformationsblattes stehen oder dessen Bedeutung herabstufen,

7. entgegen Artikel 9 Satz 2 die erforderlichen Hinweise in Werbematerialien nicht, nicht richtig oder nicht vollständig aufnimmt,

8. entgegen
   a) Artikel 13 Absatz 1, 3 und 4 oder
   b) Artikel 14
   ein Basisinformationsblatt nicht oder nicht rechtzeitig oder nicht in der vorgeschriebenen Weise zur Verfügung stellt,

9. entgegen Artikel 19 Buchstabe a und b nicht oder nicht in der vorgeschriebenen Weise geeignete Verfahren und Vorkehrungen zur Einreichung und Beantwortung von Beschwerden vorsieht oder

10. entgegen Artikel 19 Buchstabe c nicht oder nicht in der vorgeschriebenen Weise geeignete Verfahren und Vorkehrungen vorsieht, durch die gewährleistet wird, dass Kleinanlegern wirksame Beschwerdeverfahren im Falle von grenzüberschreitenden Streitigkeiten zur Verfügung stehen.

(17) [1] Die Ordnungswidrigkeit kann in den Fällen des Absatzes 2 Nummer 2 Buchstabe d und e, Nummer 4 Buchstabe a, b und e bis g und des Absatzes 12 Nummer 5 mit einer Geldbuße bis zu zwei Millionen Euro geahndet werden. [2] Gegenüber einer juristischen Person oder Personenvereinigung kann über Satz 1 hinaus eine höhere Geldbuße verhängt werden; die Geldbuße darf den höheren der folgenden Beträge nicht übersteigen:

1. zehn Millionen Euro oder
2. 5 Prozent des Gesamtumsatzes, den die juristische Person oder Personenvereinigung im der Behördenentscheidung vorangegangenen Geschäftsjahr erzielt hat.

[3] Über die in den Sätzen 1 und 2 genannten Beträge hinaus kann die Ordnungswidrigkeit mit einer Geldbuße bis zum Zweifachen des aus dem Verstoß gezogenen wirtschaftlichen Vorteils geahndet werden. [4] Der wirtschaftliche Vorteil umfasst erzielte Gewinne und vermiedene Verluste und kann geschätzt werden.

(18) [1] Die Ordnungswidrigkeit kann in den Fällen der Absätze 14 und 15 Nummer 2 mit einer Geldbuße bis zu fünf Millionen Euro, in den Fällen des Absatzes 2 Nummer 3, des Absatzes 15 Nummer 3 bis 11 sowie des Absatzes 15a mit einer Geldbuße bis zu einer Million Euro und in den Fällen des Absatzes 15 Nummer 1 und 12 bis 23 mit einer Geldbuße bis zu fünfhunderttausend Euro geahndet werden. [2] Gegenüber einer juristischen Person oder Personenvereinigung kann über Satz 1 hinaus eine höhere Geldbuße verhängt werden; diese darf

1. in den Fällen der Absätze 14 und 15 Nummer 2 den höheren der Beträge von fünfzehn Millionen Euro und 15 Prozent des Gesamtumsatzes, den die juristische Person oder Personenvereinigung im der Behördenentscheidung vorangegangenen Geschäftsjahr erzielt hat,
2. in den Fällen des Absatzes 15 Nummer 3 bis 11 und des Absatzes 15a den höheren der Beträge von zweieinhalb Millionen Euro und 2 Prozent des Gesamtumsatzes, den die juristische Person oder Personenvereinigung im der Behördenentscheidung vorangegangenen Geschäftsjahr erzielt hat und
3. in den Fällen des Absatzes 15 Nummer 1 und 12 bis 23 eine Million Euro nicht überschreiten. [3] Über die in den Sätzen 1 und 2 genannten Beträge hinaus kann die Ordnungswidrigkeit mit einer Geldbuße bis zum Dreifachen des aus dem Verstoß gezogenen wirtschaftlichen Vorteils geahndet werden. [4] Der wirtschaftliche Vorteil umfasst erzielte Gewinne und vermiedene Verluste und kann geschätzt werden.

(19) [1] Die Ordnungswidrigkeit kann in den Fällen des Absatzes 16 mit einer Geldbuße von bis zu siebenhunderttausend Euro geahndet werden. [2] Gegenüber einer juristischen Person oder einer Personenvereinigung kann über Satz 1 hinaus eine höhere Geldbuße verhängt werden; diese darf den höheren der Beträge von fünf Millionen Euro und 3 Prozent des Gesamtumsatzes, den die juristische Person oder Personenvereinigung im der Behördenentscheidung vorangegangenen Geschäftsjahr erzielt hat, nicht überschreiten. [3] Über die in den Sätzen 1 und 2 genannten Beträge hinaus kann die Ordnungswidrigkeit mit einer Geldbuße bis zum Zweifachen des aus dem Verstoß gezogenen wirtschaftlichen Vorteils geahndet werden. [4] Der wirtschaftliche Vorteil umfasst erzielte Gewinne und vermiedene Verluste und kann geschätzt werden.

(20) [1] Die Ordnungswidrigkeit kann in den Fällen der Absätze 8 und 9 mit einer Geldbuße bis zu fünf Millionen Euro geahndet werden. [2] Gegenüber einer juristischen Person oder Personenvereinigung kann über Satz 1 hinaus eine höhere Geldbuße in Höhe von bis zu 10 Prozent des Gesamtumsatzes, den die juristische Person oder Personenvereinigung im der Behördenentscheidung vorangegangenen Geschäftsjahr erzielt hat, verhängt werden. [3] Über die in den Sätzen 1 und 2 genannten Beträge hinaus kann die Ordnungswidrigkeit mit einer Geldbuße bis zum Zweifachen des aus dem Verstoß gezogenen wirtschaftlichen Vorteils geahndet werden. [4] Der wirtschaftliche Vorteil umfasst erzielte Gewinne und vermiedene Verluste und kann geschätzt werden.

(21) [1] Die Ordnungswidrigkeit kann in den Fällen des Absatzes 10 mit einer Geldbuße bis zu fünf Millionen Euro geahndet werden. [2] Gegenüber einer juristischen Person oder Personenvereinigung kann über Satz 1 hinaus eine höhere Geldbuße verhängt werden; diese darf

1. in den Fällen des Absatzes 10 Satz 1 Nummer 1 und 2 den höheren der Beträge von fünf Millionen Euro und 10 Prozent des Gesamtumsatzes, den die juristische Person oder Personenvereinigung im der Behördenentscheidung vorangegangenen Geschäftsjahr erzielt hat,
2. in den Fällen des Absatzes 10 Satz 1 Nummer 3 und 4 den höheren der Beträge von fünfzehn Millionen Euro und 10 Prozent des Gesamtumsatzes, den die juristische Person

oder Personenvereinigung im der Behördenentscheidung vorangegangenen Geschäftsjahr erzielt hat,

nicht überschreiten. [3]Über die in den Sätzen 1 und 2 genannten Beträge hinaus kann die Ordnungswidrigkeit mit einer Geldbuße bis zum Dreifachen des aus dem Verstoß gezogenen wirtschaftlichen Vorteils geahndet werden. [4]Der wirtschaftliche Vorteil umfasst erzielte Gewinne und vermiedene Verluste und kann geschätzt werden.

(22) [1]Die Ordnungswidrigkeit kann in den Fällen des Absatzes 11 Satz 1 Nummer 1 bis 27, 29, 30 und 32 bis 74 mit einer Geldbuße bis zu fünfhunderttausend Euro und in den Fällen des Absatzes 11 Satz 1 Nummer 28, 31 und 75 mit einer Geldbuße bis zu einhunderttausend Euro geahndet werden. [2]Gegenüber einer juristischen Person oder Personenvereinigung kann über Satz 1 hinaus eine höhere Geldbuße verhängt werden; diese darf

1. in den Fällen des Absatzes 11 Satz 1 Nummer 27, 29, 30 und 32 bis 74 den höheren der Beträge von einer Million Euro und 10 Prozent des Gesamtumsatzes, den die juristische Person oder Personenvereinigung im der Behördenentscheidung vorangegangenen Geschäftsjahr erzielt hat,

2. in den Fällen des Absatzes 11 Satz 1 Nummer 28, 31 und 75 den höheren der Beträge von zweihundertfünfzigtausend Euro und 2 Prozent des Gesamtumsatzes, den die juristische Person oder Personenvereinigung im der Behördenentscheidung vorangegangenen Geschäftsjahr erzielt hat,

nicht überschreiten. [3]Über die in den Sätzen 1 und 2 genannten Beträge hinaus kann die Ordnungswidrigkeit mit einer Geldbuße bis zum Dreifachen des aus dem Verstoß gezogenen wirtschaftlichen Vorteils geahndet werden. [4]Der wirtschaftliche Vorteil umfasst erzielte Gewinne und vermiedene Verluste und kann geschätzt werden. [5]Die Sätze 1 bis 4 gelten für sonstige Vereinigungen entsprechend mit der Maßgabe, dass der maßgebliche Gesamtumsatz 10 Prozent des aggregierten Umsatzes der Anteilseigner beträgt, wenn es sich bei der sonstigen Vereinigung um ein Mutterunternehmen oder ein Tochterunternehmen handelt.

(22a) [1]Die Ordnungswidrigkeit kann in den Fällen des Absatzes 12 Nummer 1 Buchstabe a mit einer Geldbuße bis zu siebenhunderttausend Euro geahndet werden. [2]Gegenüber einer juristischen Person oder Personenvereinigung kann über Satz 1 hinaus eine höhere Geldbuße verhängt werden; diese darf den höheren der Beträge von fünf Millionen Euro und 3 Prozent des Gesamtumsatzes, den die juristische Person oder Personenvereinigung im der Behördenentscheidung vorangegangenen Geschäftsjahr erzielt hat, nicht überschreiten. [3]Über die in den Sätzen 1 und 2 genannten Beträge hinaus kann die Ordnungswidrigkeit mit einer Geldbuße bis zum Zweifachen des aus dem Verstoß gezogenen wirtschaftlichen Vorteils geahndet werden. [4]Der wirtschaftliche Vorteil umfasst erzielte Gewinne und vermiedene Verluste und kann geschätzt werden.

(23) [1]Gesamtumsatz im Sinne des Absatzes 17 Satz 2 Nummer 2, des Absatzes 18 Satz 2 Nummer 1 und 2, des Absatzes 19 Satz 2, des Absatzes 20 Satz 2, des Absatzes 21 Satz 2, des Absatzes 22 Satz 2 und des Absatzes 22a Satz 2 ist

1. im Falle von Kreditinstituten, Zahlungsinstituten und Finanzdienstleistungsinstituten im Sinne des § 340 des Handelsgesetzbuchs der sich aus dem auf das Institut anwendbaren nationalen Recht im Einklang mit Artikel 27 Nummer 1, 3, 4, 6 und 7 oder Artikel 28 Nummer B1, B2, B3, B4 und B7 der Richtlinie 86/635/EWG des Rates vom 8. Dezember 1986 über den Jahresabschluss und den konsolidierten Abschluss von Banken und anderen Finanzinstituten (ABl. L 372 vom 31.12.1986, S. 1) ergebende Gesamtbetrag, abzüglich der Umsatzsteuer und sonstiger direkt auf diese Erträge erhobener Steuern,

2. im Falle von Versicherungsunternehmen der sich aus dem auf das Versicherungsunternehmen anwendbaren nationalen Recht im Einklang mit Artikel 63 der Richtlinie 91/674/EWG des Rates vom 19. Dezember 1991 über den Jahresabschluss und den konsolidierten Abschluss von Versicherungsunternehmen (ABl. L 374 vom 31.12.1991, S. 7) ergebende Gesamtbetrag, abzüglich der Umsatzsteuer und sonstiger direkt auf diese Erträge erhobener Steuern,

3. im Übrigen der Betrag der Nettoumsatzerlöse nach Maßgabe des auf das Unternehmen anwendbaren nationalen Rechts im Einklang mit Artikel 2 Nummer 5 der Richtlinie 2013/34/EU.

[2]Handelt es sich bei der juristischen Person oder Personenvereinigung um ein Mutterunternehmen oder um eine Tochtergesellschaft, so ist anstelle des Gesamtumsatzes der juristischen Person oder Personenvereinigung der jeweilige Gesamtbetrag in dem Konzernabschluss des Mutterunternehmens maßgeblich, der für den größten Kreis von Unternehmen aufgestellt wird. [3]Wird der Konzernabschluss für den größten Kreis von Unternehmen nicht nach den in Satz 1 genannten Vorschriften aufgestellt, ist der Gesamtumsatz nach Maßgabe der den in Satz 1 Nummer 1 bis 3 vergleichbaren Posten des Konzernabschlusses zu ermitteln. [4]Ist ein Jahresabschluss oder Konzernabschluss für das maßgebliche Geschäftsjahr nicht verfügbar, ist der Jahres- oder Konzernabschluss für das unmittelbar voraus-

gehende Geschäftsjahr maßgeblich; ist auch dieser nicht verfügbar, kann der Gesamtumsatz geschätzt werden.

(24) Die Ordnungswidrigkeit kann in den Fällen des Absatzes 2 Nummer 2 Buchstabe f bis h, Nummer 2b und 4 Buchstabe c, Nummer 10 und 15 sowie des Absatzes 6 Nummer 3 bis 5 sowie des Absatzes 7 Nummer 5, 8 und 9 mit einer Geldbuße bis zu fünfhunderttausend Euro, in den Fällen des Absatzes 1 Nummer 2 und 3, des Absatzes 2 Nummer 1, 2 Buchstabe a, b und k bis n, Nummer 2a,[1] und 16, des Absatzes 4 Nummer 5, des Absatzes 6 Nummer 1 und 2, des Absatzes 7 Nummer 1, 3 und 4 und des Absatzes 12 Nummer 1 Buchstabe b mit einer Geldbuße bis zu zweihunderttausend Euro, in den Fällen des Absatzes 1 Nummer 4, des Absatzes 2 Nummer 6 bis 8, 11 bis 13, des Absatzes 7 Nummer 2, 6 und 7 und des Absatzes 12 Nummer 1 Buchstabe c mit einer Geldbuße bis zu hunderttausend Euro, in den übrigen Fällen mit einer Geldbuße bis zu fünfzigtausend Euro geahndet werden.

(25) [1]§ 17 Absatz 2 des Gesetzes über Ordnungswidrigkeiten ist nicht anzuwenden bei Verstößen gegen Gebote und Verbote, die in den Absätzen 17 bis 22 in Bezug genommen werden. [2]Dies gilt nicht für Ordnungswidrigkeiten nach Absatz 2 Nummer 4 Buchstabe a, Absatz 8 Nummer 43 und 44, 134 bis 137 und Absatz 15 Nummer 1. [3]§ 30 des Gesetzes über Ordnungswidrigkeiten gilt auch für juristische Personen oder Personenvereinigungen, die über eine Zweigniederlassung oder im Wege des grenzüberschreitenden Dienstleistungsverkehrs im Inland tätig sind.

(26) Die Verfolgung der Ordnungswidrigkeiten nach den Absätzen 17 bis 22 verjährt in drei Jahren.

(27) [1]Absatz 2 Nummer 5 und 14, Absatz 3 sowie Absatz 12 Nummer 1 Buchstabe c, Nummer 3 und 4, jeweils in Verbindung mit Absatz 24, gelten auch für die erlaubnispflichtige Anlageverwaltung im Sinne des § 2 Absatz 13 Satz 3. [2]Absatz 8 Nummer 27 bis 37, 39 bis 53, 97 bis 100, 103 bis 112 und 123, jeweils in Verbindung mit Absatz 20, gilt auch für Wertpapierdienstleistungsunternehmen und Kreditinstitute, wenn sie im Sinne des § 96 strukturierte Einlagen verkaufen oder über diese beraten. [3]Absatz 8 Nummer 88 bis 96 und 98 bis 102, jeweils in Verbindung mit Absatz 20, gilt auch für Unternehmen im Sinne des § 3 Satz 1. [4]Absatz 8 Nummer 2, 27 bis 126 und 134 bis 136, jeweils in Verbindung mit Absatz 20, gilt auch für Unternehmen im Sinne des § 3 Absatz 3 Satz 1 und 2.

(28) Das Bundesministerium der Finanzen wird ermächtigt, soweit dies zur Durchsetzung der Rechtsakte der Europäischen Union erforderlich ist, durch Rechtsverordnung ohne Zustimmung des Bundesrates die Tatbestände zu bezeichnen, die als Ordnungswidrigkeit nach Absatz 2 Nummer 16 geahndet werden können.

§ 121 Zuständige Verwaltungsbehörde

Verwaltungsbehörde im Sinne des § 36 Abs. 1 Nr. 1 des Gesetzes über Ordnungswidrigkeiten ist die Bundesanstalt.

Die bußgeldrechtlichen Sanktionen finden sich in § 120. Die BaFin ist gem. § 121 iVm § 36 Abs. 1 **1** Nr. 1 OWiG die sachlich zuständige Behörde zur Verfolgung und Ahndung der Ordnungswidrigkeiten. Nachdem zunächst § 39 Abs. 4 aF für Bußgelder eine Höchstgrenze von 1 Mio. EUR vorsah, wurden die zulässigen Bußgeldhöchstgrenzen in den vergangenen Jahren erheblich angehoben.

Die **Bußgeldhöchstgrenzen** sind in § 120 Abs. 17–22 und 24 festgelegt. Anders als in § 120 **2** Abs. 24 wird in § 120 Abs. 17–22 zwischen natürlichen und juristischen Personen unterschieden.[1*] Die Bußgeldhöchstgrenze für natürliche Personen beträgt im Falle eines Verstoßes gegen **Art. 14, 15 MAR** 5 Mio. EUR oder darüber hinaus das Dreifache des aus dem Verstoß gezogenen wirtschaftlichen Vorteils (§ 120 Abs. 18 S. 1, 3). Gegenüber juristischen Personen sind jeweils höhere Bußgelder möglich: So sind bei Marktmanipulationen und Insiderhandel Bußgelder von bis zu 15 Mio. EUR oder bis zu 15 % des jährlichen (Konzern-) Gesamtumsatzes möglich (§ 120 Abs. 18 S. 2 Nr. 1). Bei Verstößen gegen die Ad-hoc-Publizitätspflicht gem. **Art. 17 MAR** sind gegenüber juristischen Personen nach § 120 Abs. 15 Nr. 6–11, Abs. 18 S. 2 Nr. 2 Geldbußen bis zu 2,5 Mio. EUR oder 2 % des (Konzern-)Gesamtumsatzes möglich, wohingegen entsprechende Verstöße natürlicher Personen mit bis zu 1 Mio. EUR geahndet werden (§ 120 Abs. 18 S. 1). Wenn gegen die Vorschrift des **Art. 19 MAR** (→ MAR Art. 19 Rn. 32 ff.) verstoßen wird, sind Bußgelder in § 120 Abs. 15 Nr. 17–22, Abs. 18 S. 1, 2 Nr. 3 vorgesehen. Diese Bußgelder betragen gegenüber natürli-

---

[1] Zeichensetzung amtlich.
[1*] *Achenbach* wistra 2018, 13 (14 ff.); *Theusinger/Teigelack* jurisPR Compl 2/2016 Anm. 3; zur Differenzierung zwischen juristischen und natürlichen Personen unter grundrechtlichen Gesichtspunkten *Ackermann* ZHR 179 (2015), 538 (550 f.).

chen Personen bis zu 500.000 EUR, gegenüber juristischen Personen bis zu 1 Mio. EUR. Darüber hinaus kann bei allen in § 120 Abs. 18 S. 1 genannten Verstößen von juristischen oder natürlichen Personen die Geldbuße nach § 120 Abs. 18 S. 3 bis zum Dreifachen des erlangten Vorteils erhöht werden.

3 Sofern gegen die Vorschriften in den Abschnitten 9–11, insbesondere die Pflichten der Datenbereitstellungsdienste gem. §§ 58 ff., die Verhaltenspflichten gem. **§§ 63 ff.** sowie die Organisationspflichten gem. §§ 80 ff., oder die MiFIR verstoßen wird, sind Geldbußen nach § 120 Abs. 8 und 9 möglich. Diese betragen nach § 120 Abs. 20 bis zu 5 Mio. EUR oder bei juristischen Personen darüber hinaus bis zu 10 % des (Konzern-)Gesamtumsatzes. Über diese Beträge hinaus kann auch hier eine Geldbuße bis zum Zweifachen des aus dem Verstoß gezogenen wirtschaftlichen Vorteils verhängt werden. Bei Verstößen gegen die Regelpublizitätspflicht **(§§ 114 f.)** finden sich Bußgeldtatbestände in § 120 Abs. 2 Nr. 2 lit. k–n, Nr. 4 lit. e–g, Nr. 15, Abs. 12 Nr. 12. In den schwerwiegenderen Fällen des § 120 Abs. 2 Nr. 4 lit. e–g und Abs. 12 Nr. 12 können die Bußgelder gegenüber natürlichen Personen bis zu 2 Mio. EUR und gegenüber juristischen Personen bis zu 10 Mio. EUR oder 5 % des Konzerngesamtumsatzes betragen (§ 120 Abs. 17 S. 1, 2, Abs. 23). Darüber hinaus ist nach § 120 Abs. 17 S. 3 eine Erhöhung der Geldbuße bis zum Zweifachen des aus dem Verstoß gezogenen wirtschaftlichen Vorteils möglich. Bei Verstößen gegen § 120 Abs. 2 Nr. 2 lit. k–n und Nr. 24 liegen die Geldbußen dagegen deutlich niedriger, nämlich für natürliche und juristische Personen gleichermaßen bei bis zu 200.000 EUR bzw. bis zu 500.000 EUR (§ 120 Abs. 24).

4 Sind für juristische Personen und Personenvereinigungen sowohl absolute als auch umsatzabhängige Höchstgrenzen vorgesehen (§ 120 Abs. 17–22), ist der im konkreten Einzelfall jeweils höhere Wert maßgeblich (s. § 120 Abs. 17 S. 2 Hs. 2, Abs. 18 S. 2 Nr. 1, 2, Abs. 19 S. 2 Hs. 2): „den höheren der Beträge". Für die umsatzabhängigen Höchstgrenzen meint **Umsatz** grundsätzlich gem. § 120 Abs. 23 S. 1 Nr. 3 den weltweiten Nettoumsatzerlös des vorausgehenden Geschäfts-, nicht unbedingt Kalenderjahres.[2] Bei Konzernunternehmen, also Mutter- oder Tochtergesellschaften, ist anstelle des Gesamtumsatzes der juristischen Person oder Personenvereinigung der jeweilige **Konzerngesamtumsatz** maßgeblich (§ 120 Abs. 23 S. 2, 3).

5 Alternativ ist darüber hinaus eine Abschöpfung des erlangten wirtschaftlichen Vorteils, also der erzielten Gewinne und der vermiedenen Verluste in dreifacher bzw. zweifacher Höhe möglich. Hintergrund dieser **mehrfachen Vorteilsabschöpfung** ist, dass Sanktionen eine ausreichende abschreckende Wirkung nur dann entfalten, wenn der Adressat ernsthaft damit rechnen muss, dass er die durch das rechtswidrige Verhalten erzielten Vorteile nicht behalten kann und Verstöße sich daher nicht lohnen. Da kapitalmarktrechtswidrige Verhaltensweisen in vielen Fällen aber tatsächlich nicht aufgedeckt und die erwirtschafteten Vorteile nicht abgeschöpft werden, hat der Gesetzgeber zum Ausgleich eine drei- bzw. zweifache Vorteilsabschöpfung durch Geldbußen für eine abschreckende Wirkung für notwendig erachtet. Die in § 17 Abs. 2 OWiG für fahrlässig begangene Ordnungswidrigkeiten grundsätzlich vorgesehene Halbierung der Bußgeldhöchstgrenze ist ausdrücklich ausgeschlossen (§ 120 Abs. 25).

6 Unklar ist, ob es sich bei den Bußgeldhöchstgrenzen um Kappungsgrenzen oder um **Obergrenzen** handelt. Bei einer Kappungsgrenze wäre es zulässig, bei der Bußgeldberechnung für die Feststellung von Zwischenbeträgen die umsatzabhängige Höchstgrenze zu überschreiten und die Zwischenbeträge dann ggf auf die in § 120 Abs. 17–22, 24 genannten Höchstgrenzen zu reduzieren. Eine Obergrenze, wie sie allgemein im deutschen Ordnungswidrigkeitenrecht angenommen wird, steckt den Bußgeldrahmen ab, innerhalb dessen das Bußgeld nach den maßgeblichen Kriterien – je nach Schwere und Dauer – zu bestimmen ist. Eine Kappungsgrenze – wie sie etwa im europäischen Kartellrecht durch den EuGH angenommen wird[3] – führt tendenziell zu höheren Bußgeldern als eine Obergrenze, da die maßgeblichen Kriterien für die Bemessung des Bußgeldes innerhalb eines nach oben hin offenen Rahmens zu gewichten sind und der so berechnete Betrag dann gegebenenfalls zu kappen ist, sodass nicht nur die denkbar schwersten Zuwiderhandlungen, sondern auch weniger gravierende Verstöße mit dem höchstmöglichen Bußgeld verfolgt werden.[4] Für eine Obergrenze spricht, dass dies dem

---

[2] Ausf. *Achenbach* wistra 208, 13 (17 f.); *Poelzig* NZG 2016, 492 (498 f.); *Teigelack/Dolff* BB 2016, 387 (390). Die BaFin hat zudem eigene Bußgeldleitlinien veröffentlicht zur Festsetzung von Geldbußen bei Verstößen gegen Vorschriften des Wertpapierhandelsgesetzes (WpHG), 11.2013, 4 f. (abrufbar unter: https://www.bafin.de/SharedDocs/Downloads/DE/Leitfaden/WA/dl_bussgeldleitlinien_2013.pdf?__blob=publicationFile&v=9, letzter Zugriff: 5.12.2019). Ergänzt werden diese durch BaFin WpHG-Bußgeldleitlinien II, Leitlinien zur Festsetzung von Geldbußen im Bereich des Wertpapierhandelsgesetzes (WpHG), 2.2017 (abrufbar unter: https://www.bafin.de/SharedDocs/Downloads/DE/Leitfaden/WA/dl_bussgeldleitlinien_2016.pdf;jsessionid=C400279EF54B546F2E72432CC3CD2AD2.1_cid372?__blob=publicationFile&v=5, letzter Zugriff: 5.12.2019), welche konkrete Maßgaben zur Bußgeldbemessung für Verstöße bei -Mitteilungen, Stimmrechtsmeldungen sowie der Finanzberichterstattung festlegen; dazu *Becker/Canzler* NZG 2014, 1090.

[3] EuGH Urt. v. 28.6.2005 – C-189/02 P, Slg. 2005, I-5425, 5587 Rn. 278 = BeckEuRS 2005, 404073 – Dansk Rørindustri. Anders jedoch für das deutsche Kartellbußgeldrecht BGH Beschl. v. 26.2.2013 – KRB 20/12, BGHSt 58, 158 = NJW 2013, 1972 – Grauzementkartell.

[4] Zu dieser Frage *Achenbach* wistra 2018, 13 (15 f.); *Veil* ZGR 2016, 305 (316); *Poelzig* NZG 2016, 492 (498 f.).

ordnungswidrigkeitenrechtlichen Grundsatz entspricht. Zudem darf eine Sanktion nach dem Bestimmtheitsgrundsatz, „selbst wenn sie keinen strafrechtlichen Charakter besitzt, nur dann verhängt werden […], wenn sie auf einer klaren und unzweideutigen Rechtsgrundlage beruht". Das ist bei einer Obergrenze eher der Fall als bei einer Kappungsgrenze, da hierdurch bereits der Bußgeldrahmen klar definiert wird.

Die maßgeblichen Kriterien zur Bußgeldbemessung sind auf der Grundlage von § 17 **7** Abs. 3 OWiG in Übereinstimmung mit den WpHG-Bußgeldleitlinien der BaFin[5] zu bestimmen.[6] Zu berücksichtigen sind außerdem die unionsrechtlichen Vorschriften (zB Art. 31 Abs. 1 MAR). Demnach ist bei der Bußgeldbemessung neben Schwere und Dauer der Tat eine Reihe an weiteren Kriterien zu berücksichtigen: die Finanzkraft der verantwortlichen Person, also Gesamtumsatz bzw. die Jahreseinkünfte, die durch den Verstoß erzielten Gewinne und vermiedenen Verluste, die Bereitschaft, mit der Aufsichtsbehörde zu kooperieren, und das Vorliegen früherer Verstöße. Auch nachträgliche Maßnahmen zur Verhinderung wiederholter Verstöße können bußgeldmindernd berücksichtigt werden (s. Art. 31 Abs. 1 lit. g MAR). Das gilt schließlich auch für ein effizientes Compliance-Management.[7]

§ 122 Beteiligung der Bundesanstalt und Mitteilungen in Strafsachen

(1) [1]**Die Staatsanwaltschaft informiert die Bundesanstalt über die Einleitung eines Ermittlungsverfahrens, welches Straftaten nach § 119 betrifft.** [2]**Werden im Ermittlungsverfahren Sachverständige benötigt, können fachkundige Angehörige der Bundesanstalt herangezogen werden.** [3]**Der Bundesanstalt sind die Anklageschrift, der Antrag auf Erlass eines Strafbefehls und die Einstellung des Verfahrens mitzuteilen.** [4]**Erwägt die Staatsanwaltschaft, das Verfahren einzustellen, so hat sie die Bundesanstalt zuvor anzuhören.**

(2) **Das Gericht teilt der Bundesanstalt in einem Verfahren, welches Straftaten nach § 119 betrifft, den Termin der Hauptverhandlung und die Entscheidung, mit der das Verfahren abgeschlossen wird, mit.**

(3) **Der Bundesanstalt ist auf Antrag Akteneinsicht zu gewähren, sofern nicht schutzwürdige Interessen des Betroffenen entgegenstehen oder der Untersuchungserfolg der Ermittlungen gefährdet wird.**

(4) [1]**In Strafverfahren gegen Inhaber oder Geschäftsleiter von Wertpapierdienstleistungsunternehmen oder deren gesetzliche Vertreter oder persönlich haftende Gesellschafter wegen Straftaten zum Nachteil von Kunden bei oder im Zusammenhang mit dem Betrieb des Wertpapierdienstleistungsunternehmens, ferner in Strafverfahren, die Straftaten nach § 119 zum Gegenstand haben, sind im Falle der Erhebung der öffentlichen Klage der Bundesanstalt**
1. die Anklageschrift oder eine an ihre Stelle tretende Antragsschrift,
2. der Antrag auf Erlass eines Strafbefehls und
3. die das Verfahren abschließende Entscheidung mit Begründung
zu übermitteln; ist gegen die Entscheidung ein Rechtsmittel eingelegt worden, ist die Entscheidung unter Hinweis auf das eingelegte Rechtsmittel zu übermitteln. [2]**In Verfahren wegen fahrlässig begangener Straftaten werden die in den Nummern 1 und 2 bestimmten Übermittlungen nur vorgenommen, wenn aus der Sicht der übermittelnden Stelle unverzüglich Entscheidungen oder andere Maßnahmen der Bundesanstalt geboten sind.**

(5) [1]**Werden sonst in einem Strafverfahren Tatsachen bekannt, die auf Missstände in dem Geschäftsbetrieb eines Wertpapierdienstleistungsunternehmens hindeuten, und ist deren Kenntnis aus der Sicht der übermittelnden Stelle für Maßnahmen der Bundesanstalt nach diesem Gesetz erforderlich, soll das Gericht, die Strafverfolgungs- oder die Strafvollstreckungsbehörde diese Tatsachen ebenfalls mitteilen, soweit nicht für die übermittelnde Stelle erkennbar ist, dass schutzwürdige Interessen des Betroffenen überwiegen.** [2]**Dabei ist zu berücksichtigen, wie gesichert die zu übermittelnden Erkenntnisse sind.**

---

[5] BaFin WpHG-Bußgeldleitlinien, Leitlinien zur Festsetzung von Geldbußen bei Verstößen gegen Vorschriften des Wertpapierhandelsgesetzes (WpHG), 11.2013, S. 4 f. (abrufbar unter: https://www.bafin.de/SharedDocs/Downloads/DE/Leitfaden/WA/dl_bussgeldleitlinien_2013.pdf?__blob=publicationFile&v=9, letzter Zugriff: 5.12.2019). Ergänzt werden diese durch BaFin WpHG-Bußgeldleitlinien II, Leitlinien zur Festsetzung von Geldbußen im Bereich des Wertpapierhandelsgesetzes (WpHG), 2.2017 (abrufbar unter: https://www.bafin.de/SharedDocs/Downloads/DE/Leitfaden/WA/dl_bussgeldleitlinien_2016.pdf;jsessionid=C400279EF54B546F2E72432CC3CD2AD2.1_cid372?__blob=publicationFile&v=5, letzter Zugriff: 5.12.2019), welche konkrete Maßgaben zur Bußgeldbemessung für Verstöße bei –Mitteilungen, Stimmrechtsmeldungen sowie der Finanzberichterstattung festlegen.
[6] Dazu *Eggers* BB 2015, 651; *Nartowska/Walla* NZG 2015, 977; *Seibt/Wollenschläger* AG 2014, 593 (603).
[7] BGH Urt. v. 9.5.2017 – 1 StR 265/16, ZIP 2017, 2205 Rn. 118.

§ 123 Bekanntmachung von Maßnahmen

(1) ¹Die Bundesanstalt kann unanfechtbare Maßnahmen, die sie wegen Verstößen gegen Verbote oder Gebote dieses Gesetzes getroffen hat, auf ihrer Internetseite öffentlich bekannt machen, soweit dies zur Beseitigung oder Verhinderung von Missständen nach § 6 Absatz 1 Satz 2 geeignet und erforderlich ist, es sei denn, diese Veröffentlichung würde die Finanzmärkte erheblich gefährden oder zu einem unverhältnismäßigen Schaden bei den Beteiligten führen. ²Anordnungen nach § 6 Absatz 2 Satz 4 hat die Bundesanstalt unverzüglich auf ihrer Internetseite zu veröffentlichen.

(2) Zeitgleich mit der Veröffentlichung nach Absatz 1 Satz 1 oder Satz 2 hat die Bundesanstalt die Europäische Wertpapier- und Marktaufsichtsbehörde über die Veröffentlichung zu unterrichten.

(3) Die Bundesanstalt hat unanfechtbare Maßnahmen, die sie wegen Verstößen gegen Artikel 4 Absatz 1 der Verordnung (EG) Nr. 1060/2009 getroffen hat, unverzüglich auf ihrer Internetseite öffentlich bekannt zu machen, es sei denn, diese Veröffentlichung würde die Finanzmärkte erheblich gefährden oder zu einem unverhältnismäßigen Schaden bei den Beteiligten führen.

(4) ¹Die Bundesanstalt hat jede unanfechtbar gewordene Bußgeldentscheidung nach § 120 Absatz 7 unverzüglich auf ihrer Internetseite öffentlich bekannt zu machen, es sei denn, diese Veröffentlichung würde die Finanzmärkte erheblich gefährden oder zu einem unverhältnismäßigen Schaden bei den Beteiligten führen. ²Die Bekanntmachung darf keine personenbezogenen Daten enthalten.

(5) ¹Eine Bekanntmachung nach den Absätzen 1, 3 und 4 ist fünf Jahre nach ihrer Veröffentlichung zu löschen. ²Abweichend von Satz 1 sind personenbezogene Daten zu löschen, sobald ihre Bekanntmachung nicht mehr erforderlich ist.

§ 124 Bekanntmachung von Maßnahmen und Sanktionen wegen Verstößen gegen Transparenzpflichten

(1) Die Bundesanstalt macht Entscheidungen über Maßnahmen und Sanktionen, die wegen Verstößen gegen Verbote oder Gebote nach den Abschnitten 6, 7 und 16 Unterabschnitt 2 dieses Gesetzes erlassen oder der Bundesanstalt gemäß § 335 Absatz 1d des Handelsgesetzbuchs mitgeteilt wurden, auf ihrer Internetseite unverzüglich bekannt.

(2) ¹In der Bekanntmachung benennt die Bundesanstalt die Vorschrift, gegen die verstoßen wurde, und die für den Verstoß verantwortliche natürliche oder juristische Person oder Personenvereinigung. ²Bei nicht bestands- oder nicht rechtskräftigen Entscheidungen fügt sie einen Hinweis darauf, dass die Entscheidung noch nicht bestandskräftig oder nicht rechtskräftig ist, hinzu. ³Die Bundesanstalt ergänzt die Bekanntmachung unverzüglich um einen Hinweis auf die Einlegung eines Rechtsbehelfes gegen die Maßnahme oder Sanktion sowie auf das Ergebnis des Rechtsbehelfsverfahrens.

(3) Die Bundesanstalt macht die Entscheidung ohne Nennung personenbezogener Daten bekannt oder schiebt die Bekanntmachung der Entscheidung auf, wenn

1. die Bekanntmachung der personenbezogenen Daten unverhältnismäßig wäre,
2. die Bekanntmachung die Stabilität des Finanzsystems ernsthaft gefährden würde,
3. die Bekanntmachung eine laufende Ermittlung ernsthaft gefährden würde oder
4. die Bekanntmachung den Beteiligten einen unverhältnismäßigen Schaden zufügen würde.

(4) ¹Eine Bekanntmachung nach Absatz 1 ist fünf Jahre nach ihrer Veröffentlichung zu löschen. ²Abweichend von Satz 1 sind personenbezogene Daten zu löschen, sobald ihre Bekanntmachung nicht mehr erforderlich ist.

§ 125 Bekanntmachung von Maßnahmen und Sanktionen wegen Verstößen gegen die Verordnung (EU) Nr. 596/2014, die Verordnung (EU) 2015/2365 und die Verordnung (EU) 2016/1011

(1) ¹Die Bundesanstalt macht Entscheidungen über Maßnahmen und Sanktionen, die wegen Verstößen nach den Artikeln 14, 15, 16 Absatz 1 und 2, Artikel 17 Absatz 1, 2, 4, 5 und 8, Artikel 18 Absatz 1 bis 6, Artikel 19 Absatz 1, 2, 3, 5, 6, 7 und 11 und Artikel 20 Absatz 1 der Verordnung (EU) Nr. 596/2014 sowie den Artikeln 4 und 15 der Verordnung (EU) 2015/2365 erlassen wurden, unverzüglich nach Unterrichtung der natürlichen oder juristischen Person, gegen die die Maßnahme oder Sanktion verhängt wurde, auf ihrer Internetseite bekannt. ²Dies gilt nicht für Entscheidungen über Ermittlungsmaßnahmen.

(2) In der Bekanntmachung benennt die Bundesanstalt die Vorschrift, gegen die verstoßen wurde, und die für den Verstoß verantwortliche natürliche oder juristische Person oder Personenvereinigung.

(3) [1] Ist die Bekanntmachung der Identität einer von der Entscheidung betroffenen juristischen Person oder der personenbezogenen Daten einer natürlichen Person unverhältnismäßig oder würde die Bekanntmachung laufende Ermittlungen oder die Stabilität der Finanzmärkte gefährden, so

1. schiebt die Bundesanstalt die Bekanntmachung der Entscheidung auf, bis die Gründe für das Aufschieben weggefallen sind,
2. macht die Bundesanstalt die Entscheidung ohne Nennung der Identität oder der personenbezogenen Daten bekannt, wenn hierdurch ein wirksamer Schutz der Identität oder der betreffenden personenbezogenen Daten gewährleistet ist oder
3. macht die Bundesanstalt die Entscheidung nicht bekannt, wenn eine Bekanntmachung gemäß den Nummern 1 und 2 nicht ausreichend wäre, um sicherzustellen, dass
   a) die Stabilität der Finanzmärkte nicht gefährdet wird oder
   b) die Verhältnismäßigkeit der Bekanntmachung gewahrt bleibt.

[2] Im Falle des Satzes 1 Nummer 2 kann die Bundesanstalt die Bekanntmachung der Identität oder der personenbezogenen Daten nachholen, wenn die Gründe für die anonymisierte Bekanntmachung entfallen sind.

(4) [1] Bei nicht bestands- oder nicht rechtskräftigen Entscheidungen fügt die Bundesanstalt einen entsprechenden Hinweis hinzu. [2] Wird gegen die bekanntzumachende Entscheidung ein Rechtsbehelf eingelegt, so ergänzt die Bundesanstalt die Bekanntmachung unverzüglich um einen Hinweis auf den Rechtsbehelf sowie um alle weiteren Informationen über das Ergebnis des Rechtsbehelfsverfahrens.

(5) [1] Eine Bekanntmachung nach Absatz 1 ist fünf Jahre nach ihrer Bekanntmachung zu löschen. [2] Abweichend von Satz 1 sind personenbezogene Daten zu löschen, sobald ihre Bekanntmachung nicht mehr erforderlich ist.

(6) Bei Entscheidungen über Maßnahmen und Sanktionen, die erlassen wurden wegen eines Verstoßes gegen die Artikel 4 bis 16, 21, 23 bis 29 und 34 der Verordnung (EU) 2016/1011 oder wegen eines Verstoßes gegen eine vollziehbare Anordnung, die die Bundesanstalt im Zusammenhang mit einer Untersuchung betreffend die Pflichten nach dieser Verordnung gemäß § 6 Absatz 3 Satz 4 und Absatz 6, 8, 11 bis 13, § 7 Absatz 2, § 10 Absatz 2 Satz 2 Nummer 1 oder 2 erlassen hat, gelten die Absätze 1 bis 5 entsprechend mit der Maßgabe, dass die Aufhebung einer Entscheidung auch dann veröffentlicht wird, wenn sie nicht auf Grund eines Rechtsbehelfs erfolgt ist.

§ 126 Bekanntmachung von Maßnahmen und Sanktionen wegen Verstößen gegen Vorschriften der Abschnitte 9 bis 11 und gegen die Verordnung (EU) Nr. 600/2014

(1) [1] Die Bundesanstalt macht Entscheidungen über Maßnahmen und Sanktionen, die erlassen wurden wegen Verstößen gegen

1. die Verbote oder Gebote der Abschnitte 9 bis 11 dieses Gesetzes,
2. die Rechtsverordnungen, die zur Durchführung dieser Vorschriften erlassen wurden, oder
3. die Verbote oder Gebote der in den Titeln II bis VI enthaltenen Artikel der Verordnung (EU) Nr. 600/2014

auf ihrer Internetseite unverzüglich nach Unterrichtung der natürlichen oder juristischen Person, gegen die die Maßnahme oder Sanktion verhängt wurde, bekannt. [2] Dies gilt nicht für

1. Entscheidungen über Maßnahmen und Sanktionen, die wegen Verstößen gegen § 64 Absatz 6, die §§ 86, 87, 89 oder § 94 verhängt wurden,
2. Entscheidungen, mit denen Maßnahmen mit Ermittlungscharakter verhängt werden sowie
3. Entscheidungen, die gemäß § 50a des Börsengesetzes von den Börsenaufsichtsbehörden bekannt zu machen sind.

(2) Die Bundesanstalt hat in der Bekanntmachung die Vorschrift, gegen die verstoßen wurde, und die für den Verstoß verantwortliche natürliche oder juristische Person oder Personenvereinigung zu benennen.

(3) [1] Ist die Bekanntmachung der Identität der juristischen Person oder der personenbezogenen Daten der natürlichen Person unverhältnismäßig oder gefährdet die Bekanntmachung die Stabilität der Finanzmärkte oder laufende Ermittlungen, so kann die Bundesanstalt

1. die Entscheidung, mit der die Maßnahme oder Sanktion verhängt wird, erst dann bekannt machen, wenn die Gründe für einen Verzicht auf ihre Bekanntmachung nicht mehr bestehen, oder
2. die Entscheidung, mit der die Maßnahme oder Sanktion verhängt wird, ohne Nennung personenbezogener Daten bekannt machen, wenn eine anonymisierte Bekanntmachung einen wirksamen Schutz der betreffenden personenbezogenen Daten gewährleistet, oder
3. gänzlich von der Bekanntmachung der Entscheidung, mit der die Maßnahme oder Sanktion verhängt wird, absehen, wenn die in den Nummern 1 und 2 genannten Möglichkeiten nicht ausreichend gewährleisten, dass
   a) die Stabilität der Finanzmärkte nicht gefährdet wird,
   b) die Bekanntmachung von Entscheidungen über Maßnahmen oder Sanktionen, die als geringfügiger eingestuft werden, verhältnismäßig ist.

[2] Liegen die Voraussetzungen vor, unter denen eine Bekanntmachung nur auf anonymisierter Basis zulässig wäre, kann die Bundesanstalt die Bekanntmachung der einschlägigen Daten auch um einen angemessenen Zeitraum aufschieben, wenn vorhersehbar ist, dass die Gründe für die anonyme Bekanntmachung innerhalb dieses Zeitraums wegfallen werden.

(4) [1] Wird gegen die Entscheidung, mit der die Maßnahme oder Sanktion verhängt wird, ein Rechtsbehelf eingelegt, so macht die Bundesanstalt auch diesen Sachverhalt und alle weiteren Informationen über das Ergebnis des Rechtsbehelfsverfahrens umgehend auf ihrer Internetseite bekannt. [2] Ferner wird jede Entscheidung, mit der eine frühere Entscheidung über die Verhängung einer Sanktion oder Maßnahme aufgehoben oder geändert wird, ebenfalls bekannt gemacht.

(5) [1] Eine Bekanntmachung nach Absatz 1 ist fünf Jahre nach ihrer Veröffentlichung zu löschen. [2] Abweichend von Satz 1 sind personenbezogene Daten zu löschen, sobald ihre Bekanntmachung nicht mehr erforderlich ist.

(6) [1] Die Bundesanstalt unterrichtet die Europäische Wertpapier- und Marktaufsichtsbehörde über alle Maßnahmen und Sanktionen, die nach Absatz 3 Satz 1 Nummer 3 nicht bekannt gemacht wurden, sowie über alle Rechtsbehelfsmittel in Verbindung mit diesen Maßnahmen und Sanktionen und über die Ergebnisse der Rechtsmittelverfahren. [2] Hat die Bundesanstalt eine Maßnahme oder Sanktion bekannt gemacht, so unterrichtet sie die Europäische Wertpapier- und Marktaufsichtsbehörde gleichzeitig darüber.

1   Die allgemeine Ermächtigungsgrundlage für Bekanntmachungen findet sich in § 123 Abs. 1 S. 1. Demnach kann die BaFin unanfechtbare verwaltungsrechtliche Entscheidungen über Maßnahmen und Sanktionen wegen Verstößen gegen das WpHG bekanntmachen, wenn die Bekanntmachung zur Beseitigung von Missständen nach § 6 Abs. 1 S. 2 geeignet und erforderlich ist und die Funktionsfähigkeit des Finanzmarktes nicht erheblich gefährdet oder den Beteiligten einen unverhältnismäßigen Schaden zufügen würde. Während die Bekanntmachung nach § 123 grundsätzlich im Ermessen der BaFin liegt, ist die BaFin in bestimmten Fällen zur Bekanntmachung verpflichtet. Gem. § 6 Abs. 2 S. 4 gilt dies zum einen für die Bekanntmachung der Untersagung oder Aussetzung des Handels§ 123 Abs. 1 S. 2. Ebenso besteht gem. § 124 eine **Bekanntmachungspflicht** der BaFin für Verstöße gegen die §§ 33 ff., 114, 115, die die Transparenzrichtlinie umsetzen. Bei Verstößen gegen die Vorschriften der MAR, etwa Marktmanipulationen, Insiderhandel oder pflichtwidrig unterlassene Ad-hoc-Mitteilungen, sowie gegen die Vorschriften des Abschnitts 9–11, insbesondere die §§ 63 ff., sowie die MiFIR sind die Entscheidungen der BaFin gem. §§ 125 f. ebenfalls grundsätzlich bekanntzumachen, ohne dass der BaFin ein Ermessensspielraum zusteht.

2   Dabei sind jeweils die Entscheidung selbst, die verletzte Vorschrift und die Identität der verantwortlichen Personen für einen Zeitraum von fünf Jahren bekanntzumachen (§§ 124 Abs. 2 S. 1, 125 Abs. 2 S. 1, 126 Abs. 2 S. 1).[1] Nur ausnahmsweise kann im Falle von §§ 124–126 die Bekanntmachung anonymisiert erfolgen oder aufgeschoben werden, wenn die Bekanntmachung unverhältnismäßig wäre oder laufende Ermittlungen oder die Stabilität der Finanzmärkte gefährden würden. Dann schiebt die BaFin die Bekanntmachung auf oder verzichtet auf die Bekanntmachung der Identität oder personenbezogener Daten (§§ 124 Abs. 3, 125 Abs. 3 S. 1 Nr. 1, 2, 126 Abs. 3 S. 1 Nr. 1, 2). Auch bei der Entscheidung über den Aufschub oder die Anonymisierung handelt es sich um eine gebundene Entscheidung.[2] Nur für den Fall, dass die Aufschiebung oder die Anonymisierung nicht ausreicht, um die Stabilität der Finanzmärkte zu gewährleisten oder die Verhältnismäßigkeit zu wahren, verzichtet die BaFin ausnahmsweise auf die Bekanntmachung (§§ 124 Abs. 3 S. 1 Nr. 3, 125 Abs. 3 S. 1 Nr. 3, 126 Abs. 3 S. 1 Nr. 3). Auch hierbei handelt es sich um eine gebundene Entscheidung.[3]

---

[1] Die Bekanntmachung wird nach fünf Jahren gelöscht; personenbezogene Daten werden gelöscht, sobald ihre Bekanntmachung nicht mehr erforderlich ist (§§ 124 Abs. 4, 125 Abs. 5, 126 Abs. 5).
[2] So die Gesetzesbegr. zu den gleichlautenden § 40c aF (Begr. RegE BT-Drs. 18/5010, 54); s. auch *Burgard/Heimann* WM 2015, 1445 (1453); *Nartowska/Knierbein* NZG 2016, 256 (259).
[3] *Poelzig*, Kapitalmarktrecht, 2018, Rn. 900; *Bosse* BB 2015, 746 (749 f.). Noch zur alten Rechtslage *Nartowska/Walla* AG 2014, 891 (898).

Während § 123 nur die Bekanntmachung bereits unanfechtbarer Maßnahmen erlaubt, verlangen **3** §§ 124 Abs. 2 S. 2, 3, 125 Abs. 4 S. 1, 126 Abs. 4 S. 1 auch die Bekanntmachung von **nicht bestands- oder rechtskräftigen Entscheidungen.** Zwar hat die BaFin in der Bekanntmachung jeweils auf die fehlende Bestands- oder Rechtskraft und ggf auf die Tatsache eines eingelegten Rechtsbehelfs und dessen Ausgang unverzüglich hinzuweisen (§§ 124 Abs. 2 S. 3, 125 Abs. 4 S. 2, 126 Abs. 4 S. 2). Gleichwohl entfaltet aber eine solche Bekanntmachung bereits eine erhebliche „Prangerwirkung" mit Reputations- und Vermögensschäden, die in der Regel auch nicht durch die nachträgliche Bekanntmachung eines erfolgreichen Rechtsbehelfs wieder vollständig kompensiert werden kann.[4] Das Fehlen der Bestands- oder Rechtskraft kann zwar allein den Aufschub oder die Anonymisierung der Bekanntmachung nicht rechtfertigen, sollte aber bei der Prüfung eines Ausnahmefalls gem. §§ 124 Abs. 3, 125 Abs. 3, 126 Abs. 3 im Rahmen der Verhältnismäßigkeit der Bekanntmachung ausreichend berücksichtigt werden.[5]

Abschnitt 18

(hier nicht wiedergegeben)

---

[4] *Seibt* ZHR 177 (2013), 388 (421). Zur Vereinbarkeit der Norm mit grundrechtlichen Garantien Assmann/Schneider/Mülbert/*Spoerr* § 124 Rn. 10 ff. Umfassend jüngst *Hamm* NJW 2018, 2099.

[5] *Nartowska/Knierbein* NZG 2016, 256 (259); *Seibt/Wollenschläger* ZIP 2014, 545 (553); *Poelzig* NZG 2016, 492 (500).

Verordnung (EU) Nr. 596/2014 des Europäischen Parlaments und des Rates vom 16. April 2014 über Marktmissbrauch (Marktmissbrauchsverordnung) und zur Aufhebung der Richtlinie 2003/6/EG des Europäischen Parlaments und des Rates und der Richtlinien 2003/124/EG, 2003/125/EG und 2004/72/EG der Kommission

Vom 16. April 2014

Zuletzt geändert durch Art. 1 VO (EU) 2019/2115 vom 27.11.2019 (ABl. L 320 S. 1)

Schrifttum:

1. Monographien, Sammelbände, Kommentare: Abegg/Bärtschi/Dietrich, Prinzipien des Finanzmarktrechts, 2. Aufl. 2017; Abegglen, Wissenszurechnung bei der juristischen Person und im Konzern bei Banken und Versicherungen, 2004; Adolff, Unternehmensbewertung im Recht der börsennotierten Aktiengesellschaft, 2007; Aldridge, High-Frequency Trading, 2. Aufl. 2013; Alexander, Insider Dealing and Money Laundering in the EU, 2007; Alfes, Central Counterparty – Zentraler Kontrahent – Zentrale Gegenpartei, 2005; Angersbach, Due Diligence beim Unternehmenskauf, 2002; Arlt, Der strafrechtliche Anlegerschutz vor Kursmanipulation, 2004; Armour/Awrey/Davies/Enriques/Gordon/Meyer/Payne, Principles of Financial Regulation, 2016; Arnold, Die Steuerung des Vorstandshandelns, 2007; Assmann/Schneider/Mülbert, Wertpapierhandelsrecht, 7. Aufl. 2019; Avgouleas, The Mechanics and Regulation of Market Abuse – A Legal and Economic Analysis, 2005; Bachmann, Das europäische Insiderhandelsverbot, 2015; Baedorff, Das Merkmal der Verwendung von Insiderinformationen, 2011; Bainbridge, Research Handbook on Insider Trading, 2013; Bartmann, Ad-hoc-Publizität im Konzern, 2017; Behn, Ad-hoc-Publizität und Unternehmensverbindungen, 2012; Benzinger, Zivilrechtliche Haftungsansprüche im Zusammenhang mit Insiderhandelsverbot und Ad hoc Publizität, 2008; Berk/DeMarzo, Corporate Finance, 4. Aufl. 2017; Bingel, Rechtliche Grenzen der Kursstabilisierung nach Aktienplatzierungen, 2007; Bir, Insiderhandel in China und Deutschland, 2015; Bodenhöfer-Alte, Selbstbefreiung von der Ad-hoc-Publizitätspflicht gem. § 15 Abs. 3 WpHG, 2016; Brealy/Myers/Allen, Principles of Corporate Finance, 12 Aufl. 2017; Brecht, Das Pflichtenprogramm börsennotierter Aktiengesellschaften im Europäischen Gemeinschaftsrecht, 2004; Brellochs, Publizität und Haftung von Aktiengesellschaften im System des europäischen Kapitalmarktrechts, 2005; Brockmann, Die Kurspflegeverpflichtung des Emissionskonsortiums bei Aktienemissionen – Analyse der schuld-, gesellschafts-, wettbewerbs- und kartellrechtlichen Fragen, 2003; Bruder, Die Weitergabe von Insiderinformationen durch Arbeitnehmervertreter, 2008; Brüggemeier, Harmonisierungskonzepte im europäischen Kapitalmarktrecht, 2018; Bussian, Due Diligence bei Pakettransaktionen, 2008; Christoph, Insiderhandel unter besonderer Berücksichtigung von M&A-Transaktionen, 2009; Cless, Unionsrechtliche Vorgaben für eine zivilrechtliche Haftung bei Marktmissbrauch; Colussi, Kapitalmarktstrafrecht – Insiderhandel und Marktmanipulation, 2010; Damrau, Selbstregulierung im Kapitalmarktrecht, 2003; Degoutrie, „Scalping": Strafbedürftigkeit und Einordnung unter die tatbestandlichen Voraussetzungen der Kurs- und Marktpreismanipulation nach § 20a WpHG, 2007; Deilmann/Lorenz, Die börsennotierte Aktiengesellschaft, 2005; Derleder/Knops/Bamberger, Deutsches und europäisches Bank- und Kapitalmarktrecht, 3. Aufl. 2017; Diehm, Strafrechtsrelevante Maßnahmen der Europäischen Union gegen Insidergeschäfte und Kursmanipulationen, 2006; Dreyling/Schäfer, Insiderrecht und Ad-hoc-Publizität – Praxis und Entwicklungstendenzen, 2001; Eichelberger, Das Verbot der Marktmanipulation (§ 20a WpHG), 2006; Eichner, Insiderrecht und Ad-hoc-Publizität nach dem Anlegerschutzverbesserungsgesetz, 2009; Eisen, Haftung und Regulierung internationaler Ratingagenturen, 2007; Elster, Europäisches Kapitalmarktrecht – Recht des Sekundärmarktes, 2002; Fazley, Regulierung der Finanzanalysten und Behavioral Finance, 2008; Ph. Federlin, Informationsflüsse in der Aktiengesellschaft im Spannungsverhältnis zum kapitalmarktrechtlichen Verbot der unbefugten Weitergabe von Insidertatsachen, 2004; Figiel, Die Weitergabe von Insiderinformationen im Aktienkonzernrecht, 2005; Findeisen, Über die Regulierung und die Rechtsfolgen von Interessenkonflikten in der Aktienanalyse von Investmentbanken, 2007; Fischer, Insiderrecht und Kapitalmarktkommunikation, 2006; Fleischer/Kalss/Vogt, Gesellschafts- und Kapitalmarktrecht in Deutschland, Österreich und der Schweiz, 2014; Flothen, Marktmanipulation und Kurspflege, 2009; Fuchs, Wertpapierhandelsgesetz, 2. Aufl. 2016; Fürhoff, Kapitalmarktrechtliche Ad-hoc-Publizität zur Vermeidung von Insiderkriminalität, 2000; Fürsich, Probleme des strafbaren Insiderhandels nach Inkrafttreten des Anlegerschutzverbesserungsgesetzes, 2008; Gehrmann, Das versuchte Insiderdelikt, 2009; Geisel, Die Haftung des Managements für Marktmanipulationen, 2012; Gimnich, Insiderhandelsverbot und Unternehmensakquisition, 2007; Glaser, Verbesserungsoptionen im System der Ad-hoc-Publizität, 2008; Göres, Die Interessenkonflikte von Wertpapierdienstleistern und -Analysten bei der Wertpapieranalyse, 2004; Gracz, Insiderhandel in Deutschland, 2007; Graf/Jäger/Wittig, Wirtschafts- und Steuerstrafrecht, 2. Aufl. 2017; Grüger, Kurspflege – Zulässige Kurspflegemaßnahme oder verbotene Kursmanipulation, 2006; Gullifer/Payne, Corporate Finance Law – Principles and Policy, 2. Aufl. 2015; Gunßer, Ad-hoc-Publizität bei Unternehmenskäufen und -übernahmen, 2008; Habersack/Mülbert/Schlitt, Handbuch der Kapitalmarktinformation, 2. Aufl. 2013; Habersack/Mülbert/Schlitt, Unternehmensfinanzierung am Kapitalmarkt, 4. Aufl. 2019; Hacker, Verhaltensökonomik und Normativität – Die Grenzen des Informationsmodells im Privatrecht und seine Alternativen, 2017; Hauschka/Moosmayer/Lösler, Corporate Compliance – Handbuch der Haftungsvermeidung im Unternehmen, 3. Aufl. 2016; Hauser, Hedging-Geschäfte und das Insiderhandelsverbot, 2017; Heimann, Marktpreismanipulation und Marktpreisstabilisierung während der Emission von Wertpapieren, 2012; Heise, Der Insiderhandel an der Börse und dessen strafrechtliche Bedeutung, 2000; Hellgardt,

Kapitalmarktdeliktsrecht – Haftung von Emittenten, Bietern, Organwaltern und Marktintermediären – Grundlagen, Systematik, Einzelfragen, 2008; Herbold, Das Verwendungsmerkmal im Insiderhandelsverbot – unter besonderer Berücksichtigung des Pakethandels und der Due Diligence, 2009; Hienzsch, Das deutsche Insiderhandelsverbot in der Rechtswirklichkeit, 2006; Hild, Grenzen einer strafrechtlichen Regulierung des Kapitalmarkts, 2004; Himmelreich, Insiderstrafverfolgung durch die Bundesanstalt für Finanzdienstleistungsaufsicht, 2013; Hirte/Möllers, Kölner Kommentar zum WpHG, 2. Aufl. 2014; Hommelhoff/Hopt/Lutter, Konzernrecht und Kapitalmarktrecht, 2001; Horn, Europäisches Finanzmarktrecht. Entwicklungsstand und rechtspolitische Aufgaben, 2003; Huber, Die Reichweite konzernbezogener Compliance-Pflichten des Mutter-Vorstands des AG-Konzerns, 2013; Kallmaier, Ad-hoc-Publizität von Zwischenschritten, 2016; Karst, Das Marktmanipulationsverbot gem. § 20a WpHG, 2011; Kaufhold, Systemaufsicht – Anforderungen an die Ausgestaltung einer Aufsicht zur Abwehr systemischer Risiken – Entwickelt am Beispiel der Finanzaufsicht, 2016; Kemnitz, Due Diligence und neues Insiderrecht – Die Problematik der Due Diligence vor außerbörslichen Paketerwerben unter besonderer Berücksichtigung der Auslegungsmethodik angeglichenen Rechts, 2007; Kirchenbaur, Marktmanipulation und Abgrenzung zur erlaubten Kurspflege im Rahmen des § 20a WpHG, 2011; Klie, Die Zulässigkeit einer Due Diligence im Rahmen des Erwerbs von börsennotierten Gesellschaften nach Inkrafttreten des Anlegerschutzverbesserungsgesetzes (AnSVG), 2008; Klingenbrunn, Produktverbote zur Gewährleistung von Finanzmarktstabilität, 2018; Klöckner, Informationspflichten und Haftung der Organmitglieder börsennotierter Aktiengesellschaften, 2009; Klöhn, Kapitalmarkt, Spekulation und Behavioral Finance, 2006; Klöhn, Marktmissbrauchsverordnung: MAR, 2018; P. Koch, Ermittlung und Verfolgung von strafbarem Insiderhandel, 2005; Th. Koch, Due Diligence und Beteiligungserwerb aus Sicht des Insiderrechts, 2006; Koenig, Das Verbot von Insiderhandel – Eine rechtsvergleichende Analyse des schweizerischen Rechts und der Regelungen der USA und der EU, 2006; Krauel, Insiderhandel – Eine ökonomisch-theoretische und rechtsvergleichende Untersuchung, 2000; Krömker, Die Due Diligence im Spannungsfeld zwischen Gesellschafts- und Aktionärsinteressen, 2002; Kumpan, Die Regulierung außerbörslicher Wertpapierhandelssysteme im deutschen, europäischen und US-amerikanischem Recht, 2006; Kumpan, Der Interessenkonflikt im deutschen Privatrecht, 2014; Kümpel/Mülbert/Früh/Seyfried, Bank- und Kapitalmarktrecht, 5. Aufl. 2019; Kümpel/Veil, Wertpapierhandelsgesetz, 2. Aufl. 2006; Kuntz, Informationsweitergabe durch die Geschäftsleiter beim Buyout unter Managementbeteiligung, 2009; Lampe, Die Regulierung von Ratingagenturen, 2011; Langenbucher, Aktien- und Kapitalmarktrecht, 4. Aufl. 2018; Lauermann, Gesellschafts- und zivilrechtliche Aspekte börslichen Insiderhandels, 2003; Ledgerwood/Verlinda, The Intersection of Antitrust and Market Manipulation Law, 2017; Leis/Nowak, Ad-hoc-Publizität nach § 15 WpHG, 2001; Lenzen, Unerlaubte Eingriffe in die Börsenkursbildung, 2000; Leyh, Probleme der Definition und Regulierung der handelsgestützten Marktmanipulation unter Berücksichtigung des deutschen und britischen Rechts, 2010; Liekefett, Due Diligence bei M&A-Transaktionen, 2005; Lienenkämper, Marktmanipulation gemäß § 20a WpHG – Unter besonderer Berücksichtigung der MaKonV vom 1. März 2005 und der höchstrichterlichen Rechtsprechung, 2012; Liersch, Regulierung des Blockhandels an den organisierten Aktienmärkten der Vereinigten Staaten, Großbritanniens und Deutschlands, 2002; Lösler, Compliance im Wertpapierdienstleistungskonzern, 2003; Lotze, Die insiderrechtliche Beurteilung von Aktienoptionsplänen, 2000; Lutter/Bayer/Schmidt, Europäisches Unternehmensrecht- und Kapitalmarktrecht, 6. Aufl. 2017; Maile, Der Straftatbestand der Kurs- und Marktpreismanipulation nach dem Wertpapierhandelsgesetz, 2006; Markham, Law Enforcement and the History of Financial Market Manipulation, 2014; Mehringer, Das allgemeine kapitalmarktrechtliche Gleichbehandlungsprinzip, 2007; Meißner, Die Stabilisierung und Pflege von Aktienkursen im Kapitalmarkt- und Aktienrecht, 2005; Meyer/Veil/Rönnau, Handbuch zum Marktmissbrauchsrecht, 2018; Misterek, Insiderrechtliche Fragen bei Unternehmensübernahmen, 2018; Möllers/Rotter, Ad-hoc-Publizität, 2003; Moloney, EU Securities and Financial Markets Regulation, 2014; Neumann, Gerüchte als Kapitalmarktinformationen, 2010; Nietsch, Internationales Insiderrecht, 2004; Nossol, Marktmanipulation versus Pressefreiheit bei der alltäglichen journalistischen Berichterstattung – der § 20a Abs. 6 WpHG, 2010; Oppitz, Insiderrecht aus ökonomischer Perspektive, 2013; Papachristou, Die strafrechtliche Behandlung von Börsen- und Marktpreismanipulationen, 2006; Park, Kapitalmarktstrafrecht, 4. Aufl. 2017; Pesch, Straf- und ordnungswidrigkeitenrechtliche Erwägungen zur Bereitstellung von Informationen vor Pakettransaktionen, 2015; Peter, Die kursrelevante Tatsache. Ein Beitrag zur Ad-hoc-Publizitätspflicht im Kapitalmarktrecht, 2015; Petsch, Kapitalmarktrechtliche Informationspflichten versus Geheimhaltungsinteresse des Emittenten, 2012; Pflaum, Kursmanipulation. Art. 161 bis StGB/Art. 40a BEHG, 2013; Raabe, Der Bestimmtheitsgrundsatz bei Blankettstrafgesetzen am Beispiel der unzulässigen Marktmanipulation, 2007; Reuschle, Viertes Finanzmarktförderungsgesetz, 2002; Rider/Alexander/Linklater/Bazley, Market Abuse and Insider Trading, 2009; Rider/Alexander/Bazley/Bryant, Market Abuse and Insider Dealing, 3. Aufl. 2016; Rimbeck, Rechtsfolgen fehlerhafter Ad-hoc-Mitteilungen im deutschen und US-amerikanischen Recht, 2005; Sajnovits, Financial-Benchmarks, 2018; Sandow, Primär- und Sekundärinsider nach dem WpHG, 2001; Sangiovanni, Die Ad-hoc-Publizität im deutschen und italienischen Recht, 2003; Schacht, Das Insiderhandelsverbot bei öffentlichen Übernahmeangeboten: Eine rechtsvergleichende Untersuchung zur Reichweite des Insiderhandelsverbots bei besonderen Mitteln der Kontrollerlangung über Aktiengesellschaften in den USA und Deutschland, 2002; Schiffers, Haftung von Altaktionären bei Verstoß gegen Marktschutzvereinbarungen (IPO-lock-up-agreements) im deutschen und US-amerikanischen Recht, 2006; Schilder, Die Verhaltenspflichten von Finanzanalysten nach dem Wertpapierhandelsgesetz, 2005; Schilha, Die Aufsichtsratstätigkeit im Spiegel strafrechtlicher Verantwortung, 2008; Schinasi, Safeguarding Financial Stability – Theory and Practice, 2005; Schlittgen, Die Ad-hoc-Publizität nach § 15 WpHG, 2000; Schlüter, Wertpapierhandelsrecht, 2000; Schlüter, Börsenhandelsrecht, 2. Aufl. 2002; Schmidtke, Die kapitalmarktrechtliche Regulierung von Finanzanalyse und Rating-Urteil durch das Wertpapierhandelsgesetz, 2010; Schmitt, Die Haftung wegen fehlerhafter oder pflichtwidrig unterlassener Kapitalmarktinformation – Unter besonderer Berücksichtigung der internationalen Zuständigkeit für Anlegerklagen, 2010; Schneider, Informationspflichten und Informationssystemeinrichtungspflichten im Aktienkonzern, 2006; Schönhöft, Die Strafbarkeit der Marktmanipulation gemäß § 20a WpHG: strafrechtlicher Schutz des Kapitalmarkts vor Marktmanipulationen durch das Anlegerschutzverbesserungsgesetz (AnSVG), 2006; Schönwälder, Grund und Grenzen einer strafrechtlichen Regulierung der Marktmanipulation – Analyse unter besonderer Würdigung der Börsen- oder Marktpreiseinwirkung, 2011; C. Schröder, Handbuch Kapitalmarktstrafrecht, 3. Aufl. 2015; Schröder/Sethe, Kapitalmarktrecht und Pressefreiheit, 2011; S. Schröder, Die Selbstbefreiung von der Ad-hoc-Publizitätspflicht gem. § 15 Abs. 3

WpHG, 2011; Schütt, Europäische Marktmissbrauchsverordnung und Individualschutz, 2019; Schwalm, Die Erstellung von Finanzanalysen nach § 34b WpHG, 2007; Schwark/Zimmer, Kapitalmarktrechts-Kommentar, 4. Aufl. 2010; Schwintek, Das Anlegerschutzverbesserungsgesetz, 2005; Soesters, Die Insiderhandelsverbote des Wertpapierhandelsgesetzes, 2002; Speier, Insiderhandel und Ad-hoc-Publizität nach Anlegerschutzverbesserungsgesetz: Rechtliche Grundlagen und ausgewählte Fragen in einem veränderten kapitalmarktrechtlichen Gewand, 2009; Stefanski, Eigenhandel für andere – Market Making und Internalisierung im deutschen, europäischen und US-amerikanischen Recht, 2009; Steinrück, Das Interesse des Kapitalmarkts am Aufschub der Ad-hoc-Publizität – Eine Studie zu Art. 17 Abs. 4 MAR, 2018; Struck, Ad-hoc-Publizitätspflicht zum Schutz der Anleger vor vermögensschädigendem Wertpapierhandel, 2003; Teigelack, Finanzanalysen und Behavioral Finance, 2009; Teuber, Die Beeinflussung von Börsenkursen, 2011; Thaler, Sanktionen bei Marktmissbrauch – Marktmanipulation, Insiderhandel und Ad-hoc-Publizität, 2014; Thöle, Die verfassungsmäßige Bestimmtheit der Strafbarkeit der Marktmanipulation nach dem Wertpapierhandelsgesetz, 2009; Trüg, Konzeption und Struktur des Insiderstrafrechts, 2014; Trüstedt, Das Verbot von Börsenkursmanipulationen, 2004; Veil, Europäisches Kapitalmarktrecht, 2. Aufl. 2014; Veil, European Capital Markets Law, 2. Aufl. 2017; Ventoruzzo/Mock, Market Abuse Regulation, 2017; Villeda, Prävention und Repression von Insiderhandel, 2010; Vogler, Schadensersatzhaftung der Wertpapierdienstleistungsunternehmen für fehlerhafte Aktienanalyse, 2005; Wahner, Zivilrechtlicher Anlegerschutz in der Marktmissbrauchsverordnung, 2017; Waldhausen, Die ad-hoc-publizitätspflichtige Tatsache – Eine Untersuchung zu § 15 Abs. 1 S. 1 WpHG unter Berücksichtigung der Ad-hoc-Publizität im Vereinigten Königreich, 2002; Waschkeit, Marktmanipulation am Kapitalmarkt, 2007; Wittmann, Informationsfluss im Konzern, 2008; Wodsak, Täuschung des Kapitalmarkts durch Unterlassen, 2006; Wüsthoff, Der Auskunftsanspruch des Aktionärs nach § 131 Aktiengesetz zwischen Insider-Verboten und Ad-hoc-Publizität nach dem Wertpapierhandelsgesetz, 2000; Yun, Die Strafbarkeitsgründe des Insiderhandelsverbots, 2016; Zickert, Regulierung des Hochfrequenzhandels in US- und EU-Aktienmärkten, 2016; Ziehl, Kapitalmarktprognosen und Insider-Trading, 2006; Ziouvas, Das neue Kapitalmarktstrafrecht – Europäisierung und Legitimation, 2005; Zuzak, Ökonomische Analyse der Regulierung des Insiderhandels, 2008.

2. Aufsätze und Beiträge: *Abrantes-Metz/Rauterberg/Verstein,* Revolution in Manipulation Law: The New CFTC Rules and the Urgent Need for Economic and Empirical Analyses, University of Pennsylvania Journal of Business Law 15 (2013), 357; *van Aerssen,* Erwerb eigener Aktien und Wertpapierhandelsgesetz: Neues von der Schnittstelle Gesellschaftsrecht/Kapitalmarktrecht, WM 2000, 391; *Ra. Aggarwal/Krigman/Womack,* Strategic IPO Underprising, Information Momentum and Lockup Expiration Selling, Journal of Financial Economics, Vol. 66 (2002), 105; *Ra. Aggarwal/Wu,* Stock Market Manipulation, Journal of Business 2006, 1915; *Re. Aggarwal,* Stabilization Activities by Underwriters after Initial Public Offerings, Journal of Finance 2000, 1075; *Alcock,* 5 Years of Market Abuse, Company Lawyer 2007, 163; *Alexander/Maly,* The new EU Market Abuse Regime and the Derivatives Market, Law and Financial Markets Review 2015, 243; *Allen/Litov/Mei,* Large Investors, Price Manipulation and Limits to Arbitrage: An Anatomy of Market Coners, Review of Finance 2006, 645; *Altenhain,* Die Neuregelung der Marktpreismanipulation durch das Vierte Finanzmarktförderungsgesetz, BB 2002, 1874; *Apfelbacher,* Insiderrecht im M&A-Kontext: (Nicht) viel Neues nach der Marktmissbrauchsverordnung?, in VGR, Gesellschaftsrecht in der Diskussion 2017, 2018, 57; *Appenzeller,* Neuerungen bei öffentlichen Aktienrückkäufen, in Reutter/Werlen, Kapitalmarkttransaktionen VI, 2011, 129; *Arden,* Spector Photo Group and the wider implications, ECFR 2010, 342; *Assmann,* Übernahmeangebote im Gefüge des Kapitalmarktrechts, insbesondere im Lichte des Insiderrechts, der Ad hoc-Publizität und des Manipulationsverbots, ZGR 2002, 697; *Assmann,* The Impact of Insider Trading Rules on Company Law, in Hopt/Wymeersch, Capital Markets and Company Law, 2003, 529; *Assmann,* Ad-hoc-Publizitätspflichten im Zuge von Enforcementverfahren zur Überprüfung der Rechnungslegung nach §§ 342b ff. HGB und §§ 37n ff. WpHG, AG 2006, 261; *Assmann,* Unternehmenszusammenschlüsse und Kapitalmarktrecht, ZHR 2008, 635; *Auerbach/Jost,* Bedeutung und Aufgaben der Compliance-Funktion, in Hopt/Wohlmannstetter, Handbuch Corporate Governance von Banken, 2011, 651; *Austin,* Unusual Trade or Market Manipulation? How Market Abuse is Detected by Securities Regulators, Trading Venues and Self-Regulatory Organizations, Oxford Journal of Financial Regulation 2015, 263; *Bachmann,* Kapitalmarktrechtliche Probleme bei der Zusammenführung von Unternehmen, ZHR 2008, 597; *Bachmann,* Kapitalmarktpublizität und informationelle Gleichbehandlung, FS Schwark, 2009, 331; *Bachmann,* Ad-hoc-Publizität nach „Geltl", DB 2012, 2206; *Bachmann,* Dialog zwischen Investor und Aufsichtsrat, in VGR, Gesellschaftsrecht in der Diskussion 2016, 2017, 135; *Band/Hopper,* Market Abuse – A developing Jurisprudence, Journal of International Banking Law and Regulation 2007, 231; *Banerjea,* Der Schutz von Übernahme- und Fusionsplänen, DB 2003, 1489; *Bank,* Das Insiderhandelsverbot in M&A-Transaktionen, NZG 2012, 1337; *Barnert,* Deliktischer Schadensersatz bei Kursmanipulation de lege lata und de lege ferenda, WM 2002, 1473; *Barta,* Organhaftung wegen sittenwidriger vorsätzlicher Schädigung durch falsche „Ad-hoc-Mitteilungen", GmbHR 2004, 14; *Barta,* Die Insiderinformation als aufklärungspflichtiger Umstand de lege lata und de lege ferenda, DZWIR 2012, 177; *Bastian/Werner,* Banken zwischen Ertragserwartungen und Regulatorik – Bericht über den Bankrechtstag am 30. Juni 2017 in Frankfurt a. M., WM 2017, 1533; *Baßler/Delgado-Rodriguez,* Marktmanipulation im Sinne der MAD II, in Temporale, Europäische Finanzmarktregulierung, 2015, 199; *Bator,* Die Marktmanipulation im Entwurf zum Finanzmarktnovellierungsgesetz – unionsrechtskonform?, BKR 2016, 1; *Baumeister/Werkmeister,* Greenshoe, WISU 2000, 677; *Baums,* Anlegerschutz und Neuer Markt, ZHR 166 (2002), 375; *Baums,* Haftung wegen Falschinformation, ZHR 167 (2003), 139; *Baums,* Low Balling, Creeping in und deutsches Übernahmerecht, ZIP 2010, 2374; *J.-H. Bauer/Krets,* Gesellschaftsrechtliche Sonderregelungen bei der Beendigung von Vorstands- und Geschäftsführerverträgen, DB 2003, 811; *L. Bauer/Fleischer/Wansleben,* Investorenkontakte des Aufsichtsrats: Zulässigkeit und Grenzen, DB 2015, 360; *Baur,* Das neue Wertpapierhandelsrecht: Insider im Rampenlicht, Die Bank 2004, 14; *Baur/Wagner,* Das Vierte Finanzmarktförderungsgesetz – Neuerungen im Börsen- und Wertpapierhandelsrecht, Die Bank 2002, 530; *Bayer,* Erkrankung von Vorstandsmitgliedern – Rechtlicher Rahmen, empirische Studie, Empfehlungen an Praxis und Regelsetzer, FS Hommelhoff, 2012, 87; *Bayer,* Emittentenhaftung versus Kapitalmarkthaftung, WM 2013, 961; *Bayram/Meier,* Marktmanipulation durch Leerverkaufsattacken, BKR 2018, 55; *H. Beck,* Die Reform des Börsenrechts im Vierten Finanzmarktförderungsgesetz, BKR 2002, 699; *P. Beck,* Kreditderivate als Insidergeschäfte, GS Bosch, 2006, 17; *Becker/Rodde,* Auswirkungen europäischer Rechtsakte auf das Kapitalmarktsanktionsrecht – Neuerungen durch das Finanzmarktnovellierungsgesetz, ZBB 2016, 11; *Bedkowski,* Der neue

Emittentenleitfaden der BaFin, BB 2009, 394; *Bedkowski,* Der neue Emittentenleitfaden der BaFin – nunmehr veröffentlicht, BB 2009, 1482; *Bednarz,* Pflichten des Emittenten bei einer unterlassenen Mitteilung von Director's Dealings, AG 2005, 835; *Beneke/Thelen,* Die Schutzgesetzqualität des Insiderhandelsverbots gem. Art. 14 MAR, BKR 2017, 12; *Benner,* Konsequenzen der Zentralisierungsbestrebungen der Wertpapiermarktaufsicht, ZRP 2001, 450; *Benner,* Börsenpreise für Stromhandelsprodukte an der European Energy Exchange, ZNER 2009, 371; *Bergmann/Löffler,* Befugte Mitteilung von Insiderinformationen in Presseerzeugnissen, in Schröder/Sethe, Kapitalmarktrecht und Pressefreiheit, 2011, 95; *Bergmann/Vogt,* Lücken im Kapitalmarktstrafrecht – sind seit dem 1. FiMaNoG alle Altfälle straflos?, wistra 2016, 347; *Bergþórsson,* Symposium Discussion Report: Fourth Session Improving Market Effectiveness: Intermediaries, Infrastructures, and the Broader Legal Framework, ECFR 2017, 391; *Bernsmann,* Kursmanipulation durch Unterlassen?, FS Richter II, 2006, 51; *v. Bernuth/Kremer,* Schadensersatz wegen fehlerhafter Kapitalmarktinformation für Investoren in Aktienderivate, BB 2013, 2186; *Betzer/Theissen,* Insider Trading and Corporate Governance: The Case of Germany, European Financial Management 15 (2009), 402; *Beukelmann,* Das Insiderstrafrecht, NJW-Spezial 2009, 216; *Bezzenberger,* Der Greenshoe und die Angemessenheit des Aktienausgabebetrags beim Börsengang, AG 2010, 765; *Bingel,* Die „Insiderinformation" in zeitlich gestreckten Sachverhalten und die Folgen der jüngsten EuGH-Rechtsprechung für M&A-Transaktionen, AG 2012, 685; *Birnbaum/Kittelberger,* Diskussionsbeitrag zu einer möglichen Berichtspflicht nach dem WpHG – Praktische Notwendigkeit und rechtliche Grenzen, WM 2002, 1911; *Bisson/Kunz,* Die Kurs- und Marktpreismanipulation nach In-Kraft-Treten des Gesetzes zur Verbesserung des Anlegerschutzes vom 28.10.2004 und der Verordnung zur Konkretisierung des Verbots der Marktmanipulation vom 1.3.2005, BKR 2005, 186; *Bitter,* Geschäftsschädigende Verlautbarungen börsennotierter Aktiengesellschaften über Vertragspartner im Spannungsfeld zwischen Ad-hoc-Publizität und vertraglicher Rücksichtnahmepflicht – Ist das Urteil in Sachen Kirch/Breuer verallgemeinerungsfähig?, WM 2007, 1953; *Bitter/Rauhut,* Anmerkung zum Urteil des OLG Karlsruhe vom 27.11.2007 (8 U 164/06) – Zur freien Kündbarkeit eines Anlagenbauvertrages und zur Ad-hoc-Publizitätspflicht, WuB I G 6 § 15 WpHG 1.14; *Bolina,* Market Manipulation and Insider Dealing in the New Market Abuse Directive (2003/6/EC), Euredia 2001/02, 555; *A. v. Bonin/Glos,* Die neuere Rechtsprechung der europäischen Gerichte im Bereich des Bank- und Kapitalmarktrechts, WM 2010, 1821; *Bonin/Glos,* Die neuere Rechtsprechung der europäischen Gerichte im Bereich des Bank- und Kapitalmarktrechts, WM 2015, 2257; *G. v. Bonin/Böhmer,* Der Begriff der Insiderinformation bei gestreckten Sachverhalten, EuZW 2012, 694; *Bortenlänger/Fey,* Die EU-Marktmissbrauchsverordnung – ein Stimmungsbild, BOARD 2018, 245; *Bosch,* Kursstabilisierung, in Hellner/Steuer, Bankrecht und Bankpraxis, Stand: 05/2003, Kap. 10; *Bosse,* Wesentliche Neuerungen ab 2007 aufgrund des Transparenzrichtlinie-Umsetzungsgesetzes für börsennotierte Unternehmen, DB 2007, 39; *Bouraoui/Mehanaoui/Bahli,* Stock Spams: Another Kind of Stock Price Manipulation, Journal of Applied Business Research 2013, 79; *Boxberger,* Enforcement: Erste Erfahrungen, Beratungsempfehlungen und Ad-hoc-Publizität bei Prüfungen der „Bilanzpolizei", DStR 2007, 1362; *Brammsen,* Marktmanipulation (§ 38 Abs. 2 WpHG) „über die Bande" – Das perfekte „Delikt"?, WM 2012, 2134; *Brand/Hotz,* „Vom Beruf unserer Zeit für Gesetzgebung" – Einige Bemerkungen zur vermeintlichen Ahndungslücke im neuen Kapitalmarktstrafrecht, ZIP 2017, 1450; *Brandi/Süßmann,* Neue Insiderregeln und Ad-hoc-Publizität – Folgen für Ablauf und Gestaltung von M&A-Transaktionen, AG 2004, 642; *Braun/Rotter,* Können Ad-hoc-Mitteilungen Schadensersatzansprüche im Sinne der allgemeinen zivilrechtlichen Prospekthaftung auslösen?, BKR 2003, 918; *Bredow/Sickinger/Weinand-Härer/Liebscher,* Rückkauf von Mittelstandsanleihen, BB 2012, 2134; *Brellochs,* Zur Ad-hoc-Publizität bei gestreckten Sachverhalten, ZIP 2013, 1170; *Bremer,* Neues EU-Marktmissbrauchsrecht in Kraft getreten, NZG 2014, 816; *Bromberg/Gilligan/Ramsay,* Financial Market Manipulation and Insider Trading: An International Study of Enforcement Approaches, Journal of Business Law 2017, 652; *Buck-Heeb,* Informationsorganisation im Kapitalmarktrecht, CCZ 2009, 18; *Buck-Heeb,* Insiderwissen, Interessenkonflikte und Chinese Walls bei Banken, FS Hopt, 2010, 1647; *Buck-Heeb,* Anm. zu BGH, Beschluss vom 23.4.2013 – II ZB 7/09, LMK 2013, 348684; *Buck-Heeb,* Wissenszurechnung, Informationsorganisation und Ad-hoc-Mitteilungspflicht bei Kenntnis eines Aufsichtsratsmitglieds, AG 2015, 801; *Buck-Heeb,* Wissenszurechnung und Verschwiegenheitspflicht von Aufsichtsratsmitgliedern, WM 2016, 1469; *Bueren,* Kopplung und Kursstabilisierung bei Neuemissionen zwischen Kapitalmarkt- und Kartellrecht, WM 2013, 585; *Bueren/Fleischer,* Die Libor-Manipulation zwischen Kapitalmarkt- und Kartellrecht, DB 2012, 2561; *Bueren/Fleischer,* Cornering zwischen Kapitalmarkt- und Kartellrecht, ZIP 2013, 1253; *Bueren/Weck,* Warehousing im Kapitalmarkt- und Kartellrecht, BB 2014, 67; *Bühren,* Auswirkungen des Insiderhandelsverbots der EU-Marktmissbrauchsverordnung auf M&A-Transaktionen, NZG 2017, 1172; *Bülte,* Die Beschränkung der strafrechtlichen Geschäftsherrenhaftung auf die Verhinderung betriebsbezogener Straftaten, NZWiSt 2012, 176; *Bülte,* Der Irrtum über das Verbot im Wirtschaftsstrafrecht, NStZ 2013, 65; *Bülte/Müller,* Ahndungslücken im WpHG durch das Erste Finanzmarktnovellierungsgesetz und ihre Folgen, NZG 2017, 205; *Bunz,* Ad-hoc-Pflichten im Rahmen von Compliance Audits, NZG 2016, 1249; *Burg/Marx,* Der neue Emittentenleitfaden der BaFin (2009), AG 2009, 487; *Burgard,* Kapitalmarktrechtliche Lehren aus der Übernahme Vodafone-Mannesmann, WM 2000, 611; *Bürgers,* Das Anlegerschutzverbesserungsgesetz, BKR 2004, 424; *D. Busch,* MiFID II: regulating high frequency trading, other forms of algorithmic trading and direct electronic market access, Law and Financial Markets Review 2016, 72; *T. Busch,* Refreshing the Shoe, FS Hoffmann-Becking, 2013, 211; *Bussian,* Die Verwendung von Insiderinformationen, WM 2011, 8; *v. Buttlar,* Kapitalmarktrechtliche Pflichten des Insolvenz, BB 2010, 1355; *v. Buttlar,* Die Stärkung der Aufsichts- und Sanktionsbefugnisse im EU-Kapitalmarktrecht: ein neues „field of dreams" für Regulierer?, BB 2014, 451; *v. Buttlar/Hammermaier,* Non semper temeritas est felix: Was bedeutet Leichtfertigkeit im Kapitalmarktrecht?, ZBB 2017, 1; *Cahn,* Das neue Insiderrecht, Der Konzern 2005, 5; *Cahn/Götz,* Ad-hoc-Publizität und Regelberichterstattung, AG 2007, 221; *Canzler/Hammermaier,* Die Verfolgung und Ahndung wertpapierrechtlicher Delinquenz durch die Wertpapieraufsicht der BaFin: Das kapitalmarktrechtliche Bußgeldverfahren, AG 2014, 57; *Cascante/Bingel,* Ist „Nutzung" mehr als „Kenntnis"? Das Insiderhandelsverbot vor dem EuGH, AG 2009, 894; *Cascante/Bingel,* Insiderhandel – in Zukunft leichter nachweisbar? – Die Auslegung des Insiderrechts durch den EuGH und Folgen für die M&A-Praxis, NZG 2010, 151; *Cascante/Töpf,* „Auf leisen Sohlen"? – Stakebuilding bei der börsennotierten AG, AG 2009, 53; *Caspari,* Anlegerschutz in Deutschland im Lichte der Brüsseler Richtlinien, NZG 2005, 89; *Casper,* Information und Vertraulichkeit im Vorfeld von Unternehmensübernahmen – Rechtspolitische Überlegungen, in: Kämmerer/Veil, Übernahme- und Kapitalmarktrecht in der Reformdiskussion, 2013, 203; *Cichy/Behrens,* Sanierungspläne als zentrales Element zur Verhinderung künftiger Bankenkrisen, WM 2014, 438;

Clark, Insider Trading and Financial Economics: Where Do We Go from Here?, Stanford Journal of Law, Business & Finance Vol. 16 (Herbst 2010), 43; *Claussen/Florian,* Der Emittentenleitfaden, AG 2005, 745; *Cloppenburg/Kruse,* Die Weitergabe von Insiderinformationen an und durch Journalisten, WM 2007, 1109; *Cohen/Malloy/Pomorski,* Decoding Inside Information, Journal of Finance 2012, 1009; *Cumming/Groh/Johan,* Same Rules, Different Enforcement: Market Abuse in Europe, abrufbar unter: https://papers.ssrn.com/sol3/papers.cfm?abstract_id=2399064 (letzter Zugriff: 4.12.2019); *DAI/Hengeler Mueller,* Weniger Rechtssicherheit und mehr Bürokratie – Die europäische Marktmissbrauchsverordnung im Praxistest, BB 2018, 3050; *DAV-Handelsrechtsausschuss,* Stellungnahme zum Regierungsentwurf eines Gesetzes zur Verbesserung des Anlegerschutzes (Anlegerschutzverbesserungsgesetz – AnSVG), NZG 2004, 703; *DAV-Handelsrechtsausschuss,* Stellungnahme zum Regierungsentwurf eines Gesetzes zur Umsetzung der Transparenzrichtlinie (Transparenzrichtlinie-Umsetzungsgesetz – TUG), NZG 2006, 655; *DAV-Handelsrechtsausschuss,* Stellungnahme zum Regierungsentwurf vom 14.9.2006 eines Gesetzes zur Umsetzung der Richtlinie über Märkte für Finanzinstrumente und der Durchführungsrichtlinie der Kommission (Finanzmarkt-Richtlinie-Umsetzungsgesetz – FRUG), NZG 2006, 935; *DAV-Handelsrechtsausschuss,* Stellungnahme zum Entwurf einer Überarbeitung und Ergänzung des Emittentenleitfadens der Bundesanstalt für Finanzdienstleistungsaufsicht (BaFin), NZG 2009, 175; *Diekmann/Sustmann,* Gesetz zur Verbesserung des Anlegerschutzes (Anlegerschutzverbesserungsgesetz – AnSVG), NZG 2004, 929; *Dier/Fürhoff,* Die geplante europäische Marktmissbrauchsrichtlinie, AG 2002, 604; *Di Noia/Gargantini,* Issuers ad midstream: Disclosure of multistage events in the current and the proposed EU market abuse regulation, ECFR 2012, 484; *Di Noia/Milic/Spatola,* Issuers obligations und the new Market Abuse Regulation and the proposed ESMA guideline regime – a brief overview, ZBB 2014, 96; *Dinter/David,* Das Recht hat man zu kennen – Zum Vorsatz bei bußgeldbewehrten Verstößen im Kapitalmarktrecht, ZIP 2017, 893; *Dittmar,* Weitergabe von Informationen im faktischen Aktienkonzern, AG 2013, 498; *Diversy/Köpferl,* § 38 WpHG, in Graf/Jäger/Wittig, Wirtschafts- und Steuerstrafrecht, 2. Aufl. 2017, 2880; *Döhmel,* Die Unternehmen des Neuen Marktes als börsennotierte Gesellschaften – Ad-hoc-Publizität, Mitteilung bedeutender Stimmrechtsanteile, Zielgesellschaften von Übernahmen, WM 2002, 2351; *Dorn,* The metamorphosis of insider trading in the face of regulatory enforcement, Journal of Financial Regulation and Compliance 2011, 75; *Dreher,* Leniency-Anträge und Kapitalmarktrecht, WuW 2010, 731; *Dreyling,* Das Vierte Finanzmarktförderungsgesetz – Überregulierung oder Notwendigkeit?, Die Bank 2002, 16; *Dreyling,* Die Umsetzung der Marktmissbrauchs-Richtlinie über Insider-Geschäfte und Marktmanipulation, Der Konzern 2005, 1; *Dreyling,* Ein Jahr Anlegerschutzverbesserungsgesetz – Erste Erfahrungen, Der Konzern 2006, 1; *v. Dryander/Schröder,* Gestaltungsmöglichkeiten für die Gewährung von Aktienoptionen an Vorstandsmitglieder im Lichte des neuen Insiderrechts, WM 2007, 534; *Drygala,* A Step Ahead of the Crowd, WM 2001, 1282 (I), 1313 (II); *van Dyck,* The Review of the Market Abuse Regime in Europe, 2010, abrufbar unter: https://papers.ssrn.com/sol3/papers.cfm?abstract_id=1558342 (letzter Zugriff: 4.12.2019); *Eckner,* Auswirkungen der MAR auf Kapitalverwaltungsgesellschaften, WM 2018, 1684; *Eckold,* Das Geschäftsleiterermessen des Bankvorstandes in der Krise, ZBB 2012, 364; *Edelmann,* Haftung von Vorstandsmitgliedern für fehlerhafte Ad-hoc-Mitteilungen – Besprechung der Infomatec-Urteile des BGH, BB 2004, 2031; *Eggers,* Gesetzentwurf zur Finanzmarktregulierung – Chance auf sinnvolle Neustrukturierung der kapitalmarktrechtlichen Regelungen vertan, BB Die erste Seite 2016, Nr. 18; *Eichelberger,* Kurspflege und Kursmanipulation nach geltendem und künftigem Recht, WM 2002, 317; *Eichelberger,* Scalping – ein Insiderdelikt?, WM 2003, 2121; *Eichelberger,* Zur Verfassungsmäßigkeit von § 20a WpHG, ZBB 2004, 296; *Eichelberger,* Manipulation ohne Absicht? Die subjektive Komponente bei dem Verbot der Marktmanipulation (§ 20a WpHG), WM 2007, 2046; *Eidenmüller,* Liberaler Paternalismus, JZ 2011, 814; *Ekkenga,* Kapitalmarktrechtliche Aspekte der „Investor Relations", NZG 2001, 1; *Ekkenga,* Kurspflege und Kursmanipulation nach geltendem und künftigem Recht, WM 2002, 317; *Ekkenga,* Fragen der deliktischen Haftungsbegründung bei Kursmanipulationen und Insidergeschäften, ZIP 2004, 781; *Ekkenga,* Individuelle Entscheidungsprozesse im Recht der Ad-hoc-Publizität – Sieben Thesen zum Fall Geltl/Daimler/Schrempp, NZG 2013, 1081; *Ensthaler/Bock/Strübbe,* Publizitätspflichten beim Handel von Energieprodukten an der EEX – Reichweite des geänderten § 15 WpHG, BB 2006, 733; *Escher-Weingart,* Besprechung von: Joachim v. Klitzing, Die Ad-hoc-Publizität, ZHR 2001, 611; *v. Falkenhausen/Widder,* Die Weitergabe von Insiderinformationen innerhalb einer Rechtsanwalts-, Wirtschaftsprüfer- oder Steuerberatersozietät, BB 2004, 165; *v. Falkenhausen/Widder,* Die befugte Weitergabe von Insiderinformationen nach dem AnSVG, BB 2005, 225; *G. Federlin,* Die Ad-hoc-Publizitätspflicht von Insiderinformationen und die Unterrichtungspflichten nach dem Betriebsverfassungsgesetz, FS Hromadka, 2008, 69; *Fenchel,* Das Vierte Finanzmarktförderungsgesetz – ein Überblick, DStR 2002, 1355; *Ferrarini,* The European Market Abuse Directive, CMLR 2004, 711; *Feuring/Berrar,* § 39: Stabilisierung, in Habersack/Mülbert/Schlitt, Unternehmensfinanzierung am Kapitalmarkt, 4. Aufl. 2019, 1295; *Fey/Royé,* Die neue EU-Marktmissbrauchsverordnung. Meldepflichten für Unternehmen und Organmitglieder, BOARD 2014, 252; *Fida,* Mehrzuteilung und „Greenshoe"-Option aus gesellschafts- und kapitalmarktrechtlicher Sicht, ÖBA 2005, 43; *Fields,* Common cause: institutional corruption's role in the Libor and the 4pm fix scandals, Law and Financial Markets Review 2014, 8; *Fisher/Clifford/Dinshaw/Werle,* Criminal forms of high frequency trading on the financial markets, Law and Financial Markets Review 2015, 113; *Fleischer,* Die „Business Judgement Rule" im Spiegel von Rechtsvergleichung und Rechtsökonomie, FS Wiedemann, 2002, 827; *Fleischer,* Director's Dealings, ZIP 2002, 1217; *Fleischer,* Der Inhalt des Schadensersatzanspruchs wegen unwahrer oder unterlassener unverzüglicher Ad-hoc-Mitteilungen, BB 2002, 1869; *Fleischer,* Marktschutzvereinbarungen beim Börsengang, WM 2002, 2305; *Fleischer,* Das Vierte Finanzmarktförderungsgesetz, NJW 2002, 2977; *Fleischer,* Statthaftigkeit und Grenzen der Kursstabilisierung, ZIP 2003, 2045; *Fleischer,* Das Haffa-Urteil: Kapitalmarktstrafrecht auf dem Prüfstand, NJW 2003, 2584; *Fleischer,* Scalping zwischen Insiderdelikt und Kursmanipulation, DB 2004, 51; *Fleischer,* Zur deliktsrechtlichen Haftung der Vorstandsmitglieder für falsche Ad-hoc-Mitteilungen, DB 2004, 2031; *Fleischer,* Konzernleitung und Leistungssorgfalt der Vorstandsmitglieder im Unternehmensverbund, DB 2005, 759; *Fleischer,* Ad-hoc-Publizität beim einvernehmlichen vorzeitigen Ausscheiden des Vorstandsvorsitzenden – Der DaimlerChrysler-Musterentscheid des OLG Stuttgart, NZG 2007, 401; *Fleischer,* Stock-Spams – Anlegerschutz und Marktmanipulation, ZBB 2008, 137; *Fleischer,* Finanzinvestoren im ordnungspolitischen Gesamtgefüge von Aktien-, Bankaufsichts- und Kapitalmarktrecht, ZGR 2008, 185; *Fleischer,* Zur zivilrechtlichen Teilnahmehaftung für fehlerhafte Kapitalmarktinformation nach deutschem und US-amerikanischem Recht, AG 2008, 265; *Fleischer,* Investor Relations und informationelle Gleichbehandlung im Aktien-, Konzern- und Kapitalmarktrecht, ZGR 2009, 505; *Fleischer,* „When illness strikes the Leader" – Rechtsfragen bei schwerer Erkrankung eines Vorstandsmitglieds im

Lichte des Aktien- und Kapitalmarktrechts, Der Aufsichtsrat 2010, 86; *Fleischer,* Gesundheitsprobleme eines Vorstandsmitglieds im Lichte des Aktien- und Kapitalmarktrechts, NZG 2010, 561; *Fleischer,* Schwere Erkrankung eines Vorstandsvorsitzenden und Ad-hoc-Publizität, in U.-H. Schneider, 2011, 333; *Fleischer/Bedkowski,* Aktien- und kapitalmarktrechtliche Probleme des Pilot Fishing bei Börsengängen und Kapitalerhöhungen, DB 2009, 2195; *Fleischer/Schmolke,* Gerüchte im Kapitalmarktrecht, AG 2007, 841; *Fleischer/Zimmer,* Effizienz als Regelungsziel im Handels- und Wirtschaftsrecht, ZHR-Beiheft Nr. 74, 2008, 9; *Flick/Lorenz,* Kenntnis von Insiderinformationen impliziert ihre Verwendung bei Wertpapiergeschäften, RIW 2010, 381; *Florstedt,* Der Aufbau von Fremdkapitalpositionen mit dem Ziel einer schuldenbasierten Unternehmensübernahme, ZIP 2015, 2345; *Florstedt,* Fehlerhafte Ad-hoc-Publizität und Anspruchsberechtigung – Zur Struktur der Haftungstatbestände in §§ 37b, c WpHG, AG 2017, 557; *Foelsch,* EU-Aktionsplan für Finanzdienstleistungen und nationale Kapitalmarktreform – Die Entwicklung des Kapitalmarktaufsichtsrechts in den Jahren 2003 bis 2006, BKR 2007, 94; *Forst,* Anmerkung zur Entscheidung des EuGH vom 23.12.2009 (Az. C-45/08, ZIP 2010, 78), EWiR 2010, 129; *Forst,* Die ad-hoc-pflichtige Massenentlassung, DB 2009, 607; *Forst,* Ist der Hochfrequenzhandel in der Europäischen Gemeinschaft gestattet?, BKR 2009, 454; *Forst,* Informationspflichten bei der Massenentlassung, NZA 2009, 294; *Fromm-Russenschuck/Banerjea,* Die Zulässigkeit des Handels mit Insiderpapieren nach Durchführung einer Due Diligence-Prüfung, BB 2004, 2425; *Fuchs/Dühn,* Deliktische Schadensersatzhaftung für falsche Ad-hoc-Mitteilung – Zugleich Besprechung des Urteils des OLG München, BKR 2002, 1063; *Fuhrmann,* Kapitalmarktrechtliche Anforderungen an Marktsondierungen vor Kapitalmaßnahmen und öffentlichen Übernahmen, WM 2018, 593 (I), 645 (II); *Fürhoff,* Neuregelung der Ad-hoc-Publizitätspflicht auf europäischer Ebene – Auswirkungen auf § 15 WpHG und systematische Einordnung, AG 2003, 80; *Fürhoff/Schuster,* Entwicklung des Kapitalmarktaufsichtsrechts im Jahr 2002, BKR 2003, 134; *Gaede/Mühlbauer,* Wirtschaftsstrafrecht zwischen europäischem Primärrecht, Verfassungsrecht und der richtlinienkonformen Auslegung am Beispiel des Scalping, wistra 2005, 9; *Gätsch,* § 50: Erwerb und Veräußerung eigener Aktien, in Marsch-Barner/Schäfer, Handbuch börsennotierte AG, 4. Aufl. 2018, 1521; *Gargantini,* Public Enforcement of Market Abuse Bans, The ECtHR Grande Stevens Decision, Journal of Financial Regulation 2015, 149; *Geber/zur Megede,* Aktienrückkauf – Theorie und Kapitalmarktpraxis unter Beachtung der „Safe-harbour"-Verordnung" (EG Nr. 2273/2003), BB 2005, 1861; *Gehling,* Insiderinformationen mit Zukunftsbezug, in: Hoffmann-Becking/Hüffer/Reichert, Liber Amicorum für Martin Winter, 2011, 129; *Gehling,* Selbstbefreiung und Selbstbelastungsfreiheit, ZIP 2018, 2008; *Gehrmann,* Reichweite der Strafbarkeit des versuchten Insiderdelikts gemäß § 38 Abs. 3 WpHG, wistra 2009, 334; *Gehrmann,* Das Spector-Urteil des EuGH – Zur Beweislastumkehr beim Insiderhandel, ZBB 2010, 48; *Gehrmann,* Anmerkungen zum strafbewehrten Verbot der handelsgestützten Marktmanipulation, WM 2016, 542; *Gerber,* Die Haftung für unrichtige Kapitalmarktinformationen – Zugleich eine Besprechung der BGH-Entscheidungen vom 19.7.2004 „Infomatec", DStR 2004, 1793; *Giering,* Das neue Kapitalmarktmissbrauchsrecht für Emittenten, CCZ 2016, 214; *Giering/Sklepek,* Insider-Compliance nach der Kapitalmarktmissbrauchsreform, CB 2016, 274; *Gilotta,* Disclosure in Securities Markets and the Firm's Need for Confidentiality: Theoretical Framework and Regulatory Analysis, EBOR 2012, 45; *Gilson/Kraakman,* The Mechanisms of Market Efficiency Twenty Years Later: The Hindsight Bias, Journal of Corporation Law 2003, 715; *Goertz/Fischer,* Bußgeldverfahren und -praxis der BaFin bei Verstößen gegen WpHG-Meldepflichten, Der Konzern 2014, 485; *Goette,* Leitung, Aufsicht, Haftung – Zur Rolle der Rechtsprechung bei der Sicherung einer modernen Unternehmensführung, FS 50 Jahre BGH, 2000, 123; *Goette,* Bearbeitung von BGH, Urteil vom 19.7.2004 – II ZR 218/03, DStR 2004, 1486; *Göhler,* Europäische Reform des Insiderstrafrechts – Anmerkungen zur Rolle des Nicht-Insiders im Sonderdeliktsgefüge, ZIS 2016, 266; *Gong/Liu,* Inside Trading, Public Disclosure and Imperfect Competition, International Review of Economics and Finance 2012, 200; *Göres,* Erläuterungen zur Finanzanalyseverordnung, in Kümpel/Hammen/Ekkenga, Kapitalmarktrecht, Loseblatt (Stand 2016), 634b/3; *Graßl,* Die neue Marktmissbrauchsverordnung der EU, DB 2015, 2066; *Graßl/Nikoleyczik,* Shareholder Activism und Investor Activism, AG 2017, 49; *Grechenig,* Schadensersatz bei Verletzung von § 14 WpHG? – Insiderhandel bei positiver und negativer Information, ZBB 2010, 232; *Green/Torrens,* The European market abuse regulation: MAR ado about everything, Journal of Investment Compliance 2016, 1; *Grimme/v. Buttlar,* Neue Entwicklungen in der Ad-hoc-Publizität – vom Vierten Finanzmarktförderungsgesetz zur Marktmissbrauchsrichtlinie, WM 2003, 901; *Groß,* Haftung für fehlerhafte oder fehlende Regel- oder ad-hoc-Publizität, WM 2002, 477; *Groß,* Kursstabilisierung – Zur Reichweite der Safe Harbour-Regeln der §§ 14 Abs. 2 und 20a Abs. 3 WpHG, GS Bosch, 2006, 49; *Groß,* Befreiung von der Ad-hoc-Publizitätspflicht gem. § 15 Abs. 3 WpHG, FS U. H. Schneider, 2011, 385; *Großmann/Nikoleyczik,* Praxisrelevante Änderungen des Wertpapierhandelsgesetzes: Die Auswirkungen des Vierten Finanzmarktförderungsgesetzes, DB 2002, 2031; *Grothaus,* Reform des Insiderrechts: Großer Aufwand – viel Rechtsunsicherheit – wenig Nutzen?, ZBB 2005, 62; *Grub/Streit,* Börsenzulassung und Insolvenz, BB 2004, 1397; *Grüger,* Kurspflegemaßnahmen durch Banken – Zulässige Marktpraxis oder Verstoß gegen das Verbot der Marktmanipulation nach § 20a Abs. 1 WpHG?, BKR 2007, 437; *Grüger,* Veräußerung von Aktien entgegen einer Lock-up-Vereinbarung – Bedeutung und Funktion von Lock-up-Vereinbarungen sowie Konsequenzen des Verstoßes gegen Lock-up-Vereinbarungen, WM 2010, 247; *Grüger,* Verstoß gegen Lock-Up-Vereinbarungen – Sanktionslose Veräußerung, BKR 2008, 101; *Grundmann* in Staub, HGB, Band 11/2: Bankvertragsrecht 2, 5. Aufl. 2016, 6. Teil, 3. Abschnitt; *Grundmann/van de Krol,* Inside Trading and Market Abuse: a New Community Legal Framework, ECL 2005, 3; *Gunßer,* Ad-hoc-Veröffentlichungspflicht bei zukunftsbezogenen Sachverhalten, NZG 2008, 855; *Gunßer,* Der Vorlagebeschluss des BGH zum Vorliegen einer „Insiderinformation" in gestreckten Sachverhalten (Fall „Schrempp"), ZBB 2011, 76; *Gurlit,* Handlungsformen der Finanzmarktaufsicht, ZHR 2013, 862; *Haas,* Persönliche Haftung von Vorstandsmitgliedern für falsche Ad-hoc-Mitteilungen, LMK 2004, 181; *Habersack,* Verschwiegenheitspflicht und Wissenszurechnung – insbesondere im Konzern und mit Blick auf die Pflicht zur Ad-hoc-Publizität, DB 2016, 1551; *Hamburger,* Crowding the Market: Is There Room for Antitrust in Market Manipulation Cases?, International Trade Law & Regulation 2015, 120; *Hammen,* Wertpapierübernahmegesetz und Neuer Markt, WM 2002, 2349; *Hammen,* Pakethandel und Insiderverbot WM 2004, 1753; *Hannich,* Quo vadis, Kapitalmarktinformationshaftung? Folgt aufgrund des IKB-Urteils nun doch die Implementierung des KapInHaG?, WM 2013, 449; *J. L. Hansen,* MAD in a Hurry: The Swift and Promising Adoption of The EU Market Abuse Directive, EBLR 2004, 183; *J. L. Hansen,* Insider Dealing Defined: The EU Court's Decision in Spector Photo Group, ECL 2010, 98; *J. L. Hansen,* Market Abuse Case Law – Where Do We Stand With MAR?, ECFR 2017, 367; *J. L. Hansen/Moalem,* The MAD Disclosure

Regime and the Twofold Notion of Inside Information: The Available Solution, Capital Markets Law Journal 2009, 323; *L. L. Hansen*, „Gossip Boys": Insider Trading and Regulatory Ambiguity, Journal of Financial Crime 2013, 29; *Haouache/Mülbert*, § 27: Das Verbot der Marktmanipulation (Börsen- und Marktpreismanipulation), in Habersack/Mülbert/Schlitt, Handbuch der Kapitalmarktinformation, 2. Aufl. 2013, 657; *Harbarth*, Ad-hoc-Publizität beim Unternehmenskauf, ZIP 2005, 1898; *Harbarth*, Anforderungen an die Compliance-Organisation in börsennotierten Unternehmen, ZHR 2015, 136; *Hart-Hönig*, Verteidigung von Unternehmen und Organmitgliedern unter dem Compliance-Regime – Zur Möglichkeit autonomer Verteidigung bei Internal Investigations, FS Schiller, 2014, 281; *Hasselbach*, Die Weitergabe von Insiderinformationen bei M&A-Transaktionen mit börsennotierten Aktiengesellschaften – Unter Berücksichtigung des Gesetzes zur Verbesserung des Anlegerschutzes vom 28.10.2004, NZG 2004, 1087; *Hasselbach/Rauch*, Entwicklung des Übernahmerechts 2017/2018, BB 2019, 194; *Haßler*, Insiderlisten gem. Art. 18 MMVO und ihre praktische Handhabung, DB 2016, 1920; *Hauser*, Kursmanipulation mittels Spam Mails – Eine Event Study, ÖBA 2007, 213; *Hausmaninger*, Pro: „Entkriminalisierung" des Insiderrechts, ÖBA 2003, 637; *Haynes*, The burden of proof in market abuse cases, Journal of Financial Crime 2013, 365; *Hefendehl*, Schein und Sein – Die Informationsdelikte im Kapitalmarktstrafrecht, wistra 2019, 1; *Heider/Hirte*, Ad hoc-Publizität bei zeitlich gestreckten Vorgängen, GWR 2012, 429; *Heinrich/Krämer/Mückenberger*, Die neuen WpHG Bußgeldleitlinien der BaFin – kritische Betrachtung und europäische Perspektiven, ZIP 2014, 1557; *Hellgardt*, Fehlerhafte Ad-hoc-Publizität als strafbare Marktmanipulation – Der Beweis von Taterfolg und Kausalität, ZIP 2005, 2000; *Hellgardt*, Europarechtliche Vorgaben für die Kapitalmarktinformationshaftung – de lege lata und mit Inkrafttreten der Marktmissbrauchsverordnung, AG 2012, 154; *Hellgardt*, Praxis- und Grundsatzprobleme der BGH-Rechtsprechung zur Kapitalmarktinformationshaftung – Zugleich Besprechung des IKB-Urteils des BGH v. 13.12.2011, XI ZR 51/10, DB 2012, 673; *Hellgardt*, The Notion of Insider Information in the Market Abuse Directive: Geltl, CMLR 2013, 861; *Hellgardt*, Zivilrechtliche Gewinnabschöpfung bei Verstößen gegen das Handelsverbot des Art. 19 Abs. 11 MAR?, AG 2018, 602; *Hellgardt/Ringe*, Internationale Kapitalmarkthaftung als Corporate Governance – Haftungstatbestände und Kolli-sionsrecht in transatlantischer Perspektive, ZHR 2009, 388; *Helm*, Pflichten des Wertpapierdienstleistungsunternehmens in der Finanzportfolioverwaltung nach Directors' Dealings nach der Marktmissbrauchsverordnung, ZIP 2016, 2201; *Hemeling*, Gesellschaftsrechtliche Fragen der Due Diligence beim Unternehmenskauf, ZHR 2005, 274; *Hemeling*, Europäische Finanz- und Kapitalmarktregulierung auf dem Prüfstand, ZHR 2017, 595; *Herfs*, Weiter im Blindflug – Zur Ad-hoc-Pflicht bei gestreckten Geschehensabläufen aus Sicht der Praxis, DB 2013, 1650; *Herring*, Das 1. Finanzmarktnovellierungsgesetz – Vom erfolgreichen Kampf gegen Goldplating, DB 2016, M5; *Heusel*, Anmerkung zu EuGH, Urt. v. 23.12.2009, C-45/08 – Spector Photo Group NV, BKR 2010, 77; *Hirt/Hopt/Mattheus*, Dialog zwischen dem Aufsichtsrat und Investoren, AG 2016, 725; *Hirte*, Ad-hoc-Publizität und Krise der Gesellschaft, ZinsO 2006, 1289; *Hitzer*, Zum Begriff der Insiderinformation bei gestreckten Sachverhalten, NZG 2012, 860; *Hitzer/Hauser*, ESMA – Ein Statusbericht, BKR 2015, 52; *Hitzer/Wasmann*, Von § 15a WpHG zu Art. 19 MMVO: Aus Directors' Dealings werden Managers's Transactions, DB 2016, 1483; *Holzborn/Foelsch*, Schadensersatzpflichten von Aktiengesellschaften und deren Management bei Anlegerverlusten – Ein Überblick, NJW 2003, 932; *Holzborn/Israel*, Das Anlegerschutzverbesserungsgesetz – Die Veränderungen im WpHG, VerkProspG und BörsG und ihre Auswirkungen in der Praxis, WM 2004, 1948; *Hommelhoff*, Anlegerinformationen im Aktien-, Bilanz- und Kapitalmarktrecht, ZGR 2000, 748; *Hopt*, Verhaltenspflichten des Vorstands der Zielgesellschaft bei feindlichen Übernahmen – Zur aktien- und übernahmerechtlichen Rechtslage in Deutschland und Europa, FS Lutter, 2000, 1361; *Hopt*, Übernahmen, Geheimhaltung und Interessenkonflikte: Probleme für Vorstände, Aufsichtsräte und Banken, ZGR 2002, 333; *Hopt*, 50 Jahre Anlegerschutz und Kapitalmarktrecht: Rückblick und Ausblick, WM 2009, 1873; *Hopt*, Die Haftung für Kapitalmarktinformationen – Rechtsvergleichende, rechtsdogmatische und rechtspolitische Überlegungen, WM 2013, 101; *Hopt*, Conflict of Interest, Secrecy and Insider Information of Directors, A Comparative Analysis, ECFR 2013, 167; *Hopt*, Transparenz und Marktmissbrauchsrecht – Ausgewählte Probleme beim Beteiligungsaufbau, FS K. Schmidt Band I, 2019, 527; *Hopt/Kumpan*, § 107: Insider- und Ad-hoc-Publizitätsprobleme, in Schimansky/Bunte/Lwowski, Bankrechts-Handbuch, 5. Aufl. 2017; *Hopt/Kumpan*, Insidergeschäfte und Ad-hoc-Publizität bei M&A-Unternehmenskäufe und Übernahmeangebote und Marktmissbrauchsverordnung (MAR), ZGR 2017, 765; *Hopt/Waschkeit*, „Stabilisation and Allotment – A European Supervisory Approach" – Stellungnahme zum FESCO-Konsultationsdokument vom 15.9.2000, FS Lorenz, 2001, 147; *Hupka*, Kapitalmarktaufsicht im Wandel – Rechtswirkungen der Empfehlungen des Committee of European Securities Regulators (CESR) im deutschen Kapitalmarktrecht, WM 2009, 1351; *Hupka*, Das Insiderrecht im Lichte der Rechtsprechung des EuGH, EuZW 2011, 860; *Hutter/Kaulamo*, Das Transparenzrichtlinie-Umsetzungsgesetz: Änderungen der anlassabhängigen Publizität, NJW 2007, 471; *Hutter/Leppert*, Das 4. Finanzmarktförderungsgesetz aus Unternehmenssicht, NZG 2002, 649; *Hutter/Leppert*, Reformbedarf im deutschen Kapitalmarkt- und Börsenrecht, NJW 2002, 2208; *Ihrig*, Ad-hoc-Pflichten bei gestreckten Geschehensabläufen, VGR 2013, 113; *Ihrig*, Wissenszurechnung im Kapitalmarktrecht – untersucht anhand der Pflicht zur Ad-hoc-Publizität gemäß Art. 17 MAR, ZHR 2017, 381; *Ihrig/Kranz*, Das Geltl/Daimler-Verfahren in der nächsten Runde – Keine abschließende Weichenstellung des BGH für die Ad-hoc-Publizität bei gestreckten Geschehensabläufen, AG 2013, 515; *Ihrig/Kranz*, EuGH-Entscheidung Geltl/Daimler: „Selbstbefreiung" von der Ad-hoc-Publizitätspflicht, BB 2013, 451; *v. Ilberg/Neises*, Die Richtlinienvorschläge der EU-Kommission zum „Einheitlichen Europäischen Prospekt" und zum „Marktmissbrauch" aus der Sicht der Praxis, WM 2002, 635; *Jahn*, Zur Strafbarkeit von Manipulationen des Handels an der Strombörse EEX in Leipzig, ZNER 2008, 297; *Janert*, Veröffentlichungspflicht börsennotierter Gesellschaften bei unterlassener Mitteilung nach § 21 WpHG, BB 2004, 169; *Jaskulka*, Angemessenheit und Grenzen börslicher Mistrade-Regeln in Zeiten des Hochfrequenzhandels am Beispiel der Eurex Deutschland, WM 2012, 1708; *Jaskulka*, Das deutsche Hochfrequenzhandelsgesetz – eine Herausforderung für Handelsteilnehmer, Börsen und Multilaterale Handelssysteme (MTF), BKR 2013, 221; *Jiang/Mahoney/Mei*, Market Manipulation, Journal of Financial Economics 2005, 147; *Kalss/Hasenauer*, Aktuelles zur Ad-hoc-Publizität bei Beteiligungs- und Unternehmenstransaktionen, Der Gesellschafter 2014, 269; *Kalss/Hasenauer/Oppitz/Zollner*, § 22: Marktmanipulation, in Kalss/Oppitz/Zollner, Kapitalmarktrecht, 2. Aufl. 2015, 782; *Kamiyama*, Strafrechtliche Verantwortung des Unternehmensleiters bei Fahrlässigkeitsdelikten, FS Heinz, 2012, 741; *Kapfer/Puck*, Der neue Marktmanipulationstatbestand im österreichischen Börsenrecht, ÖBA 2005, 517; *Kasiske*, Marktmissbräuchliche Strategien im Hochfrequenzhandel, WM 2014, 1933; *Kautzsch*, Marktmanipulation (Kap. 7), in Kuthe/Rückert/Sickinger, Compliance-Handbuch Kapitalmarktrecht,

2. Aufl. 2008, 283; *Kersting,* Das Erfordernis des Gleichlaufs von Emittenten- und Anlegerinteresse als Voraussetzung für den Aufschub der Veröffentlichung einer Insiderinformation, ZBB 2011, 442; *Kert,* Vorschläge für neue EU-Instrumente zur (strafrechtlichen) Bekämpfung von Insiderhandel und Marktmanipulation, NZWiSt 2013, 252; *Kiefner/Happ,* Zulässigkeit von Standstill und Lock-up Agreements bei der Aktiengesellschaft, ZIP 2015, 1811; *Kiesewetter/Parmentier,* Verschärfung des Marktmissbrauchsrechts – ein Überblick über die neue EU-Verordnung über Insidergeschäfte und Marktmanipulation, BB 2013, 2371; *Klasen,* Insiderrechtliche Fragen zu aktienorientierten Vergütungsmodellen, AG 2006, 24; *Klöhn,* Wettbewerbswidrigkeit von Kapitalmarktinformation?, ZHR 2008, 388; *Klöhn,* The European Insider Trading Regulation after the ECJ's Spector Photo Group-Decision, ECFR 2010, 347; *Klöhn,* Insiderhandel vor deutschen Strafgerichten – Implikationen des freenet-Beschlusses des BGH, DB 2010, 769; *Klöhn,* Die Regelung selektiver Informationsweitergabe gem. 15 Abs. 1 Satz 4 u. 5 WpHG – eine Belastungsprobe, WM 2010, 1869; *Klöhn,* Grenzen des insiderrechtlichen Verbots selektiver Informationsweitergabe an professionelle Marktteilnehmer – Vermeidungsstrategien und ihre Behandlung im Lichte rechtsvergleichender Erfahrung, FS Schneider, 2011, 633; *Klöhn,* Der „gestreckte Geschehensablauf" vor dem EuGH – Zum DaimlerChrysler-Vorlagebeschluss des BGH, NZG 2011, 166; *Klöhn,* Marktmanipulation auch bei kurzfristiger Kursbeeinflussung – das „IMC Securities"-Urteil des EuGH, NZG 2011, 934; *Klöhn,* Die Haftung wegen fehlerhafter Ad-hoc-Publizität gem. §§ 37b, 37c WpHG nach dem IKB-Urteil des BGH, AG 2012, 345; *Klöhn,* Das deutsche und europäische Insiderrecht nach dem Geltl-Urteil des EuGH, ZIP 2012, 1885; *Klöhn,* Wertpapierhandelsrecht diesseits und jenseits des Informationsparadigmas – am Beispiel des „verständigen Anlegers" im Sinne des deutschen und europäischen Insiderrechts, ZHR 2013, 349; *Klöhn,* Geschäftsleiterhaftung und unternehmerischer Rechtsrat, DB 2013, 1535; *Klöhn,* §§ 12 ff. WpHG, in Hirte/Möllers, Kölner Kommentar zum WpHG, 2. Aufl. 2014, 440; *Klöhn,* Die private Durchsetzung des Marktmanipulationsverbots, Europarechtliche Vorgaben und rechtsökonomische Erkenntnisse, in Kalss/Fleischer/Vogt, Gesellschafts- und Kapitalmarktrecht in Deutschland, Österreich und der Schweiz, 2014, 229; *Klöhn,* Der Aufschub der Ad-hoc-Publizität wegen überwiegenden Geheimhaltungsinteresses des Emittenten (§ 15 Abs. 3 WpHG), ZHR 2014, 55; *Klöhn,* Die insiderrechtliche Bereichsausnahme für Bewertungen aufgrund öffentlich bekannter Umstände (§ 13 Abs. 2 WpHG), WM 2014, 537; *Klöhn,* Marktbetrug (Fraud on the Market), ZHR 2014, 671; *Klöhn,* Lafonta/AMF – die neue cause célèbre des europäischen Insiderrechts?, ZIP 2014, 945; *Klöhn,* Kollateralschaden und Haftung wegen fehlerhafter Ad-hoc-Publizität, ZIP 2015, 53; *Klöhn,* Inside Information Without an Incentive to Trade? What's at Stake in ‚Lafonta v. AMF', Capital Markets Law Journal 2015, 162; *Klöhn,* Ad-hoc-Publizität und Insiderverbot nach „Lafonta", NZG 2015, 809; *Klöhn,* Kapitalmarktinformation und Corporate-Governance-Mängel?, ZIP 2015, 1145; *Klöhn,* „Überholende Kausalverläufe" und Haftung wegen fehlender Ad-hoc-Publizität, FS Köndgen, 2016, 311; *Klöhn,* „Selbst geschaffene innere Tatsachen", Scalping und Stakebuilding im neuen Marktmissbrauchsrecht, Beilage ZIP 2016, 44; *Klöhn,* Ad-hoc-Publizität und Insiderverbot im neuen Marktmissbrauchsrecht, AG 2016, 423; *Klöhn,* Wann ist eine Information öffentlich bekannt iSv Art. 7 MAR?, ZHR 2016, 707; *Klöhn,* Eine neue Insiderfalle für Finanzanalysten? – Zweck, Bedeutung und Auslegung von Erwägungsgrund Nr. 28 MAR –, WM 2016, 1665; *Klöhn,* § 6: Kapitalmarktrecht, in Langenbucher, Europäisches Privat- und Wirtschaftsrecht, 4. Aufl. 2017, 332; *Klöhn,* Die Regelung legitimer Handlungen im neuen Insiderrecht (Art. 9 MAR), ZBB 2017, 261; *Klöhn,* Der Aufschub der Ad-hoc-Publizität zum Schutz der Finanzstabilität (Art. 17 Abs. 5 MAR), ZHR 2017, 746; *Klöhn,* Die (Ir-)Relevanz der Wissenszurechnung im neuen Recht der Ad-hoc-Publizität und des Insiderhandelsverbots, NZG 2017, 1285; *Klöhn,* Die Spector-Vermutung und deren Widerlegung im neuen Insiderrecht, WM 2017, 2085; *Klöhn/Bartmann,* Kapitalmarktkommunikation über soziale Medien, AG 2014, 737; *Klöhn/Büttner,* Generalamnestie im Kapitalmarktrecht?, ZIP 2016, 1801; *Klöhn/Büttner,* Finanzjournalismus und neues Marktmissbrauchsrecht – Hintergrund, Inhalt und praktische Bedeutung von Art. 21 MAR, WM 2016, 2241; *Klöhn/Rothermund,* Haftung wegen fehlerhafter Ad-hoc-Publizität – Die Tücken der Rückwärtsinduktion bei der Schadensberechnung in sechs Fallgruppen, ZBB 2015, 73; *Klöhn/Schmolke,* Unternehmensreputation (Corporate Reputation), NZG 2015, 689; *Klöhn/Schmolke,* Der Aufschub der Ad-hoc-Publizität nach Art. 17 Abs. 4 MAR zum Schutz der Unternehmensreputation, ZGR 2016, 866; *Knauth/Käsler,* § 20a WpHG und die Verordnung zur Konkretisierung des Marktmanipulationsverbots (MaKonV), WM 2006, 1041; *Kobbach,* „Regulierung des algorithmischen Handels durch das neue Hochfrequenzhandelsgesetz: Praktische Auswirkungen und offene rechtliche Fragen", BKR 2013, 233; *J. Koch,* Der kartellrechtliche Sanktionsdurchgriff im Unternehmensverbund, ZHR 2007, 554; *J. Koch,* Wissenszurechnung aus dem Aufsichtsrat, ZIP 2015, 1757; *J. Koch/Harnos,* Die Neuregelung des Delistings zwischen Anleger- und Aktionärsschutz, NZG 2015, 729; *Ph. Koch,* Die Ad-hoc-Publizität nach dem Kommissionsentwurf einer Marktmissbrauchsverordnung, BB 2012, 1356; *St. Koch,* Neuerungen im Insiderrecht und der Ad-hoc-Publizität, DB 2005, 267; *Kocher,* Ad-hoc-Publizität und Insiderhandel bei börsennotierten Anleihen, WM 2013, 1305; *Kocher,* Insiderinformation bei der abhängigen Gesellschaft im Vertragskonzern, NZG 2018, 1410; *Kocher/Schneider,* Zuständigkeitsfragen im Rahmen der Ad-hoc-Publizität, ZIP 2013, 1607; *Kocher/Widder,* Ad-hoc-Publizität in Unternehmenskrise und Insolvenz, NZI 2010, 925; *Kocher/Widder,* Ad-hoc-Publizität bei M&A-Transaktionen, CFL 2011, 88; *Kocher/Widder,* Die Absage des EuGH an den Probability Magnitude Test verdient uneingeschränkten Beifall – Anm. zu EuGH v. 26.8.2012 – Rs. C-19/11 (Geltl), BB 2012, 1820; *Kocher/Widder,* Die Bedeutung von Zwischenschritten bei der Definition von Insiderinformationen, BB 2012, 2837; *Köndgen,* Die Ad hoc-Publizität als Prüfstein informationsrechtlicher Prinzipien, FS Druey, 2002, 791; *Köpferl/Wegner,* Marktmissbrauch durch einen Sprengstoffanschlag? – Überlegungen zur Marktmanipulation und zum Insiderhandel am Beispiel des Anschlags auf den Mannschaftsbus von Borussia Dortmund, WM 2017, 1924; *Körber,* Geschäftsleitung der Zielgesellschaft und due diligence bei Paketerwerb und Unternehmenskauf, NZG 2002, 263; *Körner,* Comply or disclose: Erklärung nach § 161 AktG und Außenhaftung des Vorstandes, NZG 2004, 1148; *Kort,* Die Haftung von Vorstandsmitgliedern für falsche Ad-hoc-Mitteilungen, AG 2005, 21; *Kowalewski/Hellgardt,* Der Stand der Rechtsprechung zur deliktsrechtlichen Haftung für vorsätzlich falsche Ad-hoc-Mitteilungen– Zugleich Besprechung des EM.TV-Urteils des BGH vom 9.5.2005 – II ZR 287/02, DB 2005, 1839; *Kraack,* Directors' Dealings bei Erwerbs- und Übernahmeangeboten, AG 2016, 57; *Krämer/Heinrich,* Emittentenleitfaden „reloaded", Eine Bestandsaufnahme der Neuauflage des Emittentenleitfadens der BaFin, ZIP 2009, 1737; *Krämer/Kiesewetter,* Rechtliche und praktische Aspekte einer Due Diligence aus öffentlich zugänglichen Informationsquellen einer börsennotierten Gesellschaft, BB 2012, 1679; *Krämer/Teigelack,* Gestaffelte Selbstbefreiung bei gegenläufigen Insiderinformationen, AG 2012, 20; *H. Krause,* Kapitalmarktrechtliche Compliance: neue Pflichten und drastisch verschärfte Sanktionen nach der EU-

Marktmissbrauchsverordnung, CCZ 2014, 248; *H. Krause/Brellochs,* Insider trading and the disclosure of inside information after Geltl v Daimler – A comparative analysis of the ECJ decision in the Geltl v Daimler case with a view to the future European Market Abuse Regulation, Capital Markets Law Journal 2013, 283; *H. Krause/Brellochs,* Insiderrecht und Ad-hoc-Publizität bei M&A- und Kapitalmarkttransaktionen im europäischen Rechtsvergleich, AG 2013, 309; *R. Krause,* Ad-hoc-Publizität und haftungsrechtlicher Anlegerschutz, ZGR 2002, 799; *Kremer/Klahold,* Compliance-Programme in Industriekonzernen, ZGR 2010, 113; *Krug,* Gestaltungsfragen bei marktpreisnahen Bezugsemissionen, BKR 2005, 302; *Kudlich,* Börsen-Gurus zwischen Zölibat und Strafbarkeit – Scalping als Straftat?, JR 2004, 191; *Kudlich,* Zur Frage des erforderlichen Einwirkungserfolgs bei handelsgestützten Marktpreismanipulationen, wistra 2011, 361; *Kudlich,* MADness Takes Its Toll – Ein Zeitsprung im Europäischen Strafrecht?, AG 2016, 459; *Kumpan,* Die neuen Regelungen zu Directors´ Dealings in der Marktmissbrauchsverordnung, AG 2016, 446; *Kumpan,* Ad-hoc-Publizität nach der Marktmissbrauchsverordnung, DB 2016, 2039; *Kumpan/Leyens,* Conflicts of Interest of Financial Intermedaries – Towards a Global Common Core in Conflicts of Interest Regulation, ECFR 2008, 72; *Kuthe,* Änderungen des Kapitalmarktrechts durch das Anlegerschutzverbesserungsgesetz, ZIP 2004, 883; *Kuthe,* Erwerb und Veräußerung eigener Aktien (Kap. 9), in Kuthe/Rückert/Sickinger, Compliance-Handbuch Kapitalmarktrecht, 2. Aufl. 2008; *Kutzner,* Das Verbot der Kurs- und Marktpreismanipulation nach § 20a WpHG – Modernes Strafrecht?, WM 2005, 1401; *Kyle/Viswanathan,* How to Define Illegal Price Manipulation, The American Economic Review: Papers & Proceedings 2008, 274; *Langenbucher,* Zur Konkretisierung des Marktmissbrauchstatbestands, FS Nobbe, 2009, 681; *Langenbucher,* The „use or posession" debate revisited – Spector Photo Group and Insider Trading in Europe, Capital Markets Law Journal 2010, 452; *Langenbucher,* Der „vernünftige Anleger" vor dem EuGH, BKR 2012, 145; *Langenbucher,* Zum Begriff der Insiderinformation nach dem Entwurf für eine Marktmissbrauchsverordnung, NZG 2013, 1401; *Langenbucher,* In Brüssel nicht Neues? – Der „verständige Anleger" in der Marktmissbrauchsverordnung, AG 2016, 417; *Langenbucher/Brenner/Gellings,* Zur Nutzung von Insiderinformationen nach der Marktmissbrauchsrichtlinie, BKR 2010, 133; *Latui,* Disclosure of inside information and troubled financial institutions: A critical analysis of Member State practice, Law and Financial Markets Review 2011, 62; *Lebherz,* Publizitätspflichten bei der Übernahme börsennotierter Unternehmen, WM 2010, 154; *Ledgerwood,* Triggers and Targets: The Anatomy of Market Manipulation, abrufbar unter: https://papers.ssrn.com/sol3/papers.cfm?abstract_id=1893225 (letzter Zugriff: 4.12.2019); *Lehmann,* Vorschlag für eine Reform der Rom II-Verordnung im Bereich der Finanzmarktdelikte, IPRax 2012, 399; *Leinweber/Madhavan,* Three Hundred Years of Stock Market Manipulations: From the Coffee House to the World Wide Web, Journal of Investing Vol. 10 Issue 2 (Summer 2001), 7; *Leisch,* Vorstandshaftung für falsche Ad-hoc-Mitteilungen – ein höchstrichterlicher Beitrag zur Stärkung des Finanzplatzes Deutschland – Zugleich Besprechung der BGH-Urteile vom 19.7.2004 – Infomatec, ZIP 2004, 1573; *Lenenbach,* Scalping: Insiderdelikt oder Kursmanipulation? – Zugleich Besprechung LG Stuttgart, Urt. vom 30.8.2002, (ZIP 2003, 259), ZIP 2003, 243; *Lenenbach,* Zur Namensnennung bei der Veröffentlichung nach WpHG § 15a F: 2002-06-21, EWiR 2005, 235; *Lenzen,* Reform des Rechts zur Verhinderung der Börsenkursmanipulation, WM 2000, 1131; *Lenzen,* Verbot der Kurs- und Marktpreismanipulation im Referenten-Entwurf für das 4. Finanzmarktförderungsgesetz, FB 2001, 603; *Lenzen,* Das neue Recht der Kursmanipulation, ZBB 2002, 279; *Leppert/Stürwald,* Die insiderrechtlichen Regelungen des Vorschlags für eine Marktmissbrauchsrichtlinie und der Stand der Umsetzung im deutschen Wertpapierhandelsrecht, ZBB 2002, 90; *Lenzen,* Aktienrückauf und Kursstabilisierung – Die Safe-Harbour-Regelungen der Verordnung (EG) Nr. 2273/2003 und der KuMaKV, ZBB 2004, 302; *Lettl,* Die wettbewerbswidrige Ad hoc-Mitteilung, ZGR 2003, 853; *Letzel,* Ad-hoc-Publizität – Änderungen durch das 4. Finanzmarktförderungsgesetz – Insbesondere ein Beitrag zur Üblichkeit und Vergleichbarkeit verwandter Kennzahlen, WM 2003, 1757; *Leuering,* Die Ad-hoc-Pflicht auf Grund der Weitergabe von Insiderinformationen (§ 15 I 3 WpHG), NZG 2005, 12; *Leuering,* Behandlung zukünftiger Umstände im Recht der Ad-hoc-Publizität – Zum DaimlerChrysler-Musterentscheid des BGH vom 25.2.2008, II ZB 9/07, (DStR 2008, 680), DStR 2008, 1287; *Leuering,* Praxisprobleme der Ad-hoc-Mitteilungspflicht, in VGR, Gesellschaftsrecht in der Diskussion 2008, 2009, 171; *Leuering/Rubner,* Die Entsprechenserklärung und das Verbot der Marktmanipulation, NJW-Spezial 2010, 79; *Leyendecker-Langner,* Kapitalmarktkommunikation durch den Aufsichtsratsvorsitzenden, NZG 2015, 44; *Leuering/Kleinhenz,* Emittentenhaftung für Insiderwissen im Aufsichtsrat bei fehlender Selbstbefreiung nach § 15 Abs. 3 WpHG, AG 2015, 72; *Liebscher,* Das Übernahmeverfahren nach dem neuen Übernahmegesetz – Übernahmerechtliche Grenzen der Gestaltungsfreiheit im Hinblick auf die Übernahmestrategien des Bieters, ZIP 2001, 853; *Lin,* The New Market Manipulation, Emory Law Journal Vol. 66 (2016/2017), 1253; *v. d. Linden,* Das neue Marktmissbrauchsrecht im Überblick, DStR 2016, 1036; *Linker/Zinger,* Rechte und Pflichten der Organe einer Aktiengesellschaft bei der Weitergabe vertraulicher Unternehmensinformationen, NZG 2002, 497; *Linnertz,* Neuerungen durch die Marktmissbrauchsverordnung, AG 2015, R 187; *Lombardo,* The Stabilisation of the Share Price of IPOs in the United States and the European Union, EBOR 2007, 521; *Lombardo,* Invitatio ad offerendum und overallotment option und greenshoe option in Deutschland, FS Schäfer, 2008, 537; *Lorenz,* Insider-Compliance für Rechtsanwälte, NJW 2009, 1254; *Lorenz/Zierden,* Kleine Ursache, große Wirkung – 1. FiMaNoG eliminiert Strafbarkeit nach WpHG, HRRS 2016, 443; *Lüthy/Schären,* Neuerungen im Kapitalmarktstrafrecht, AJP 2012, 499; *Maier-Reimer/Seulen,* § 31: Haftung für fehlerhafte Kapitalmarktinformation, in Habersack/Mülbert/Schlitt, Handbuch der Kapitalmarktinformation, 2. Aufl. 2013; *Maier-Reimer/Webering,* Ad hoc-Publizität und Schadensersatzhaftung – Die neuen Haftungsvorschriften des Wertpapierhandelsgesetzes –, WM 2002, 1857; *Mankowski,* Extraterritoriale Reichweite des US-Wertpapierrechts? – Die Entscheidung des US Supreme Court in Morrison v. National Australia Bank und der 2010 Wall Street Reform and Consumer Protection Act, NZG 2010, 961; *Maume/Kellner,* Directors' Dealings unter der EU-Missbrauchsverordnung – Placebo oder Paradigmenwechsel?, ZGR 2017, 273; *Maurenbrecher,* Vor Art. 142 f. FinfraG, in Watter/Bahar, Basler Kommentar, Finanzmarktaufsichtsgesetz/Finanzmarktinfrastrukturgesetz: FINMAG/FinfraG, 3. Aufl. 2019; *Mayer,* Neue Entwicklungen bei der Kursstabilisierung – Anwendungsfragen der Verordnung zur Konkretisierung des Verbotes der Kurs- und Marktpreismanipulation und der Durchführungsmaßnahmen zur Marktmissbrauchsrichtlinie, AG 2004, 289; *Mayer-Uellner,* Kapitalmarktrechtliche Unternehmenspublizität über soziale Medien, NZG 2013, 1052; *Mayhew,* Market Abuse: Developing a Law for Europe, European Company Law 2006, 215; *Mayhew/Anderson,* Whither Market Abuse, Journal of International Banking Law and Regulation 2007, 515; *McVea,* Supporting Market Integrity, in Moloney/Ferran/Payne, The Oxford Handbook of Financial Regulation, 2015, 631; *Melrose,* Market Abuse, in Blair/Walker, Financial Services Law, 2nd ed. 2009,

Chapter 8; *Menke,* Befugnis des Vorstands einer börsennotierten Aktiengesellschaft zur bevorzugten Information eines Aktionärspools, NZG 2004, 697; *Mennicke,* Ad-hoc-Publizität bei gestreckten Entscheidungsprozessen und die Notwendigkeit einer Befreiungsentscheidung des Emittenten, NZG 2009, 1059; *Mennicke,* Steine statt Brot – Weiterhin keine Rechtssicherheit zur Ad-hoc-Publizität bei sog. gestreckten Entscheidungsprozessen – Zugleich Besprechung von BGH, Beschl. v. 23.4.2013 – II ZB 7/09, (ZBB 2013, 260) – Geltl, ZBB 2013, 244; *Merkner/ Sustmann,* Insiderrecht und Ad-Hoc-Publizität – Das Anlegerschutzverbesserungsgesetz „in der Fassung durch den Emittentenleitfaden der BaFin", NZG 2005, 729; *Merkner/Sustmann,* Reform des Marktmissbrauchsrechts: Die Vorschläge der Europäischen Kommission zur Verschärfung des Insiderrechts, AG 2012, 315; *Merkner/Sustmann,* Insiderrecht und Ad-Hoc-Publizität – Das Anlegerschutzverbesserungsgesetz „in der Fassung durch den Emittentenleitfaden der BaFin", NZG 2005, 729; *Merkt,* Freiwillige Unternehmenspublizität, RabelsZ 2000, 517; *Merkt,* Empfiehlt es sich, im Interesse des Anlegerschutzes und zur Förderung des Finanzplatzes Deutschland das Kapitalmarkt- und Börsenrecht neu zu regeln?, Gutachten G für den 64. Deutschen Juristentag, 2002; *Messerschmidt,* Die neue Ad-hoc-Publizitätspflicht bei mehrstufigen Entscheidungsprozessen – Ist der Aufsichtsrat damit überflüssig?, BB 2004, 2538; *Meyer,* Neue Entwicklungen bei der Kursstabilisierung – Anwendungsfragen der Verordnung zur Konkretisierung des Verbotes der Kurs- und Marktpreismanipulation und der Durchführungsmaßnahmen zur Marktmissbrauchsrichtlinie, AG 2004, 289; *Meyer/Kiesewetter,* Rechtliche Rahmenbedingungen des Beteiligungsaufbaus im Vorfeld von Unternehmensübernahmen, WM 2009, 340; *Moalem/Hansen,* Insider Dealing and Parity of Information – Is ,Georgakis' Still Valid?, European Business Law Review 2008, 949; *Mock,* Berichts-, Auskunfts- und Publizitätspflichten des besonderen Vertreters, AG 2008, 839; *Mock,* Das Gesetz zur Vorbeugung gegen missbräuchliche Wertpapier- und Derivategeschäfte, WM 2010, 2248; *Mock,* Gestreckte Verfahrensabläufe im Europäischen Insiderhandelsrecht – Zugleich Besprechung von EuGH v. 28. Juni 2012 – Rs C-19/11 (Geltl/Daimler AG), ZBB 2012, 286; *Mock,* Ad-hoc-Publizitätspflicht bei der Auf- und Feststellung von Unternehmensabschlüssen, WPg 2018, 1594; *Mock/Stoll,* § 20a WpHG (mit Anh.), in Hirte/Möllers, Kölner Kommentar zum WpHG, 2. Aufl. 2014, 1079; *Mohamed,* Leitfaden zur Fristbestimmung bei Closed Periods nach Art. 19 XI MAR, NZG 2018, 1376; *Möller,* Das Vierte Finanzmarktförderungsgesetz – Der Regierungsentwurf –, WM 2001, 2405; *Möller,* Die Neuregelung des Verbots der Kurs- und Marktpreismanipulation im Vierten Finanzmarktförderungsgesetz, WM 2002, 309; *Möllers,* Das europäische Kapitalmarktrecht im Umbruch – Ein Zwischenbericht zu den kapitalmarktrechtlichen Informationspflichten unter rechtsvergleichender Perspektive, ZBB 2003, 390; *Möllers,* Der Weg zu einer Haftung für Kapitalmarktinformationen, JZ 2005, 75; *Möllers,* Wechsel von Organmitgliedern und ,key playern": Kursbeeinflussungspotential und Pflicht zur Ad-hoc-Publizität, NZG 2005, 459; *Möllers,* Insiderinformation und Befreiung von der Ad-hoc-Publizität nach § 15 Abs. 3 WpHG, WM 2005, 1393; *Möllers,* Zur „Unverzüglichkeit" einer Ad-hoc-Mitteilung im Kontext nationaler und europäischer Dogmatik, FS Horn, 2006, 473; *Möllers,* Interessenkonflikte von Vertretern des Bieters bei Übernahme eines Aufsichtsratsmandats der Zielgesellschaft, ZIP 2006, 1615; *Möllers,* Effizienz als Maßstab des Kapitalmarktrechts, AcP 2008, 1; *Möllers,* Der BGH, die BaFin und der EuGH: Ad-hoc-Publizität beim einvernehmlichen vorzeitigen Ausscheiden des Vorstandsvorsitzenden Jürgen Schrempp, NZG 2008, 330; *Möllers,* Die juristische Aufarbeitung der Übernahmeschlacht VW-Porsche – ein Überblick, NZG 2014, 361; *Möllers,* Marktmanipulationen durch Leerverkaufsattacken und irreführende Finanzanalysen, NZG 2018, 649; *Möllers/Hailer,* Systembrüche bei der Anwendung strafrechtlicher Grundprinzipien auf das kapitalmarktrechtliche Marktmanipulationsverbot, FS U. H. Schneider, 2011, 831; *Möllers/Herz,* Generalamnestie von Kursmanipulationen im Kapitalmarktrecht? – Sanktionslücken durch das Redaktionsversehen des Gesetzgebers und der untaugliche Rettungsversuch des BGH, JZ 2017, 445; *Möllers/Kernchen,* Information Overload am Kapitalmarkt – Plädoyer zur Einführung eines Kurzfinanzberichts auf empirischer, psychologischer und rechtsvergleichender Basis, ZGR 2011, 1; *Möllers/Leisch,* Schadensersatzansprüche wegen fehlerhafter Ad-hoc-Mitteilungen – Vergleichende Anmerkung zu den Urteilen des LG Augsburg, (BKR 2001, 99), und des LG München I, (BKR 2001, 102), BKR 2001, 78; *Möllers/Leisch,* Haftung von Vorständen gegenüber Anlegern wegen fehlerhafter Ad-hoc-Meldungen nach § 826 BGB, WM 2001, 1648; *Möllers/Leisch,* Schaden und Kausalität im Rahmen der neu geschaffenen §§ 37b und 37c WpHG, BKR 2002, 1071; *Möllers/Leisch,* Zur Frage, ob BörsG § 88 als Schutzgesetz anzusehen ist, und zum Schädigungsvorsatz bei BGB § 826, ZIP 2002, 1995 *Möllers/Leisch,* Offene Fragen zum Anwendungsbereich der §§ 37b und 37c WpHG, NZG 2003, 112; *Möllers/ Seidenschwann,* Anlegerfreundliche Auslegung des Insiderrechts durch den EuGH – Das Ende der Daimler/ Schrempp-Odyssee in Luxemburg, NJW 2012, 2762; *Moloney,* New Frontiers in EC Capital Market Law: From Market Construction to Market Regulation, CMLR 2009, 809; *Moosmayer,* Straf- und bußgeldrechtliche Regelungen im Entwurf eines Vierten Finanzmarktförderungsgesetzes, wistra 2002, 161; *Mues,* Anmerkungen zum Börsengesetz nach dem Diskussionsentwurf für das Vierte Finanzmarktförderungsgesetz, ZBB 2001, 353; *Mühlbauer,* Zur Einordnung des „Scalping" durch Anlageberater als Insiderhandel nach dem WpHG, wistra 2003, 169; *Mülbert,* Die Selbstbefreiung nach § 15 Abs. 3 WpHG durch den Aufsichtsrat, FS Stilz, 2014, 411; *Mülbert,* Rechtsschutzlücken bei Short Seller-Attacken – und wenn ja, welche?, ZHR 2018, 105; *Mülbert/Sajnovits,* Vertrauen und Finanzmarktrecht, ZfPW 2016, 1; *Mülbert/Sajnovits,* VThe Element of Trust in Financial Markets Law, German Law Journal 2017, 1; *Mülbert/Sajnovits,* VDer Aufschub von der Ad-hoc-Publizitätspflicht bei Internal Investigations – Teil I –, WM 2017, 2001, Der Aufschub der Ad-hoc-Publizitätspflicht bei Internal Investigations –Teil II –, WM 2017, 2041; *Mülbert/Sajnovits,* VShort-Seller-Attacken 2.0: der Fall Wirecard, BKR 2019, 313; *Mülbert/Steup,* § 41: Haftung für fehlerhafte Kapitalmarktinformation, in Habersack/Mülbert/Schlitt, Unternehmensfinanzierung am Kapitalmarkt, 4. Aufl. 2019; *K. Müller,* Gestattung der Due Diligence durch den Vorstand der Aktiengesellschaft, NJW 2000, 3452; *W. Müller,* Prüfverfahren und Jahresabschlussnichtigkeit nach dem Bilanzkontrollgesetz, ZHR 2004, 414; *Mutter/ Kinne,* Ad-hoc-Publizität auch in Deutschland mittels Social Media?, AG 2013, R 117; *Muzzu/Prystav/Stein,* Rechtliche Anforderungen an die Publizität von Finanzinformationen – Versetzt die normierte Informationsqualität überhaupt zu externer Kontrolle in die Lage?, DStR 2013, 1300; *Nartowska/Walla,* Die WpHG-Bußgeldleitlinien der BaFin – Anmerkungen und Fortentwicklungsbedarf aus Sicht der Praxis, NZG 2015, 977; *Nelemans,* Redefining Trade-Based Market Manipulation, Valparaiso University Law Review Vol. 42, 1169; *Nießen,* Die Harmonisierung der kapitalmarktrechtlichen Transparenzregeln durch das TUG, NZG 2007, 41; *Nießen,* Geänderte Transparenzanforderungen im Wertpapierhandelsgesetz, NJW-Spezial 2007, 75; *Nietsch,* Schadensersatzhaftung wegen Verstoßes gegen Ad-hoc-Publizitätspflichten nach dem Anlegerschutzverbesserungsgesetz, BB 2005, 785; *Nießen,* Die Verwendung der Insiderinformation – Eine Standortbestimmung zwischen Insiderfundamentalismus und Marktrealismus,

ZHR 2010, 556; *Nießen,* Emittentenwissen, Wissenszurechnung und Ad-hoc-Publizitätspflicht, ZIP 2018, 1421; *Nikoleyczik,* Ad-hoc-Publizitätspflicht bei zukunftsbezogenen Sachverhalten – der Fall „Schrempp", GWR 2009, 82; *Nikoleyczik,* Der neue Emittentenleitfaden der BaFin, GWR 2009, 264; *Nikoleyczik/Gubitz,* Das Insiderhandelsverbot bei M&A- Transaktionen nach der „Spector"-Entscheidung des EuGH, GWR 2010, 159; *Noack,* Neue Publizitätspflichten und Publizitätsmedien für Unternehmen – eine Bestandsaufnahme nach EHUG und TUG, WM 2007, 377; *Nowak,* Eignung von Sachverhalten in Ad-hoc-Mitteilungen zur erheblichen Kursbeeinflussung, ZBB 2001, 449; *Nowak/Gropp,* Ist der Ablauf der Lock-up-Frist bei Neuemissionen ein kursrelevantes Ereignis? Eine empirische Analyse von Unternehmen des Neuen Marktes, Zfbf 2002, 19; *Öberg,* Is It ‚Essential' to Imprison Insider Dealers to Enforce Insider Dealing Laws?, Journal of Corporate Law Studies 2014, 111; *Oechsler,* Das Verbot der Marktmanipulation durch Aktienrückkauf im Licht der neueren Kritik an der klassischen Kapitalmarkttheorie, GS Manfred Wolf, 2011, 291; *Opitz,* Der EuGH und die Unschuldsvermutung bei Insiderdelikten – Europa auf dem Wege in die Verdachtsstrafe? Anmerkung zu EuGH, Urt. v. 23.12.2009 – C-45/08, BKR 2010, 71; *Oppitz,* Kurspflege und Kursmanipulation – vom „nobile officium" zum Straftatbestand?, ÖBA 2005, 169; *Ott/Brauckmann,* Zuständigkeitsgerangel zwischen Gesellschaftsorganen und Insolvenzverwalter in der börsennotierten Aktiengesellschaft, ZIP 2004, 2117; *Otto,* Die strafrechtliche Erfassung von Marktmanipulationen im Wertpapierhandel, wistra 2011, 401; *Pananis,* § 38 WpHG, in Münchener Kommentar zum StGB, Nebenstrafrecht II, 2. Aufl. 2015; *Park,* Börsenstrafrechtliche Risiken für Vorstandsmitglieder von börsennotierten Aktiengesellschaften, BB 2001, 2069; *Park,* Kapitalmarktstrafrechtliche Neuerungen des Vierten Finanzmarktförderungsgesetzes, BB 2003, 1513; *Park,* Einige verfassungsrechtliche Gedanken zum Tatbestand der Marktmanipulation, FS Ruth Rissing-van Saan, 2011, 405; *Parmentier,* Ad-hoc-Publizität bei Börsengang und Aktienplatzierung, NZG 2007, 407; *Parmentier,* Die Verhandlung eines Rechtssetzungsvorschlags der Kommission in den Arbeitsgruppen des Rates am Beispiel des EU-Marktmissbrauchsrechts, BKR 2013, 133; *Parmentier,* Insiderinformation nach dem EuGH und der Vereinheitlichung, WM 2013, 970; *Pattberg/Bredol,* Der Vorgang der Selbstbefreiung von der Ad-hoc-Publizitätspflicht, NZG 2013, 87; *Pauka/Link/Armenat,* Eine vergebene Chance – Die strafrechtlichen Neuregelungen durch das 2. FiMaNoG, WM 2017, 2092; *Pflaum,* Revision des Kursmanipulationstatbestandes – Kritische Bemerkungen zur geplanten Änderung des Börsengesetzes in Bezug auf Art. 40a E-BEHG, GesKR 2012, 83; *Pfüller/Anders,* Die Verordnung zur Konkretisierung des Verbotes der Kurs- und Marktpreismanipulation nach § 20a WpHG, WM 2003, 2445; *Pfüller/Koehler,* Handel per Erscheinen – Rechtliche Rahmenbedingungen beim Kauf von Neuemissionen auf dem Graumarkt – WM 2002, 781; *Pirner/Lehherz,* Wie nach dem Transparenzrichtlinie-Umsetzungsgesetz publiziert werden muss, AG 2007, 19; *Pluskat,* Der Schutz des Anlegerpublikums bei Veröffentlichung unwahrer Tatsachen, FB 2002, 235; *Poelzig,* Private enforcement im deutschen und europäischen Kapitalmarktrecht, ZGR 2015, 801; *Poelzig,* Durchsetzung und Sanktionierung des neuen Marktmissbrauchsrechts, NZG 2016, 492; *Poelzig,* Insider- und Marktmanipulationsverbot im neuen Marktmissbrauchsrecht, NZG 2016, 528; *Poelzig,* Die Neuregelung der Offenlegungsvorschriften durch die Marktmissbrauchsverordnung, NZG 2016, 761; *Possega,* Zur Haftung der Vorstandsmitglieder bei unrichtiger Ad-hoc-Mitteilung, EWiR 2002, 475; *Potacs,* Effet utile als Auslegungsgrundsatz, EuR 2009, 465; *Putniņš,* Market Manipulation: A Survey, Journal of Economic Surveys 2012, 952; *Ransiek,* Die Verwendung von Insiderinformationen, FS Harro Otto, 2007, 715; *Ransiek,* Zur strafrechtlichen Verantwortung des Compliance Officers, AG 2010, 147; *Ransiek,* Insiderstrafrecht und Unschuldsvermutung, wistra 2011, 1; *Ransiek/Hüls,* Strafrecht zur Regulierung der Wirtschaft, ZGR 2009, 157; *Rattunde/Berner,* Insolvenz einer börsennotierten Aktiengesellschaft – Pflicht des Insolvenzverwalters zur Publikation von Ad-hoc-Mitteilungen nach dem Wertpapierhandelsgesetz?, WM 2003, 1313; *Rau,* Private Enforcement bei Referenzwertmanipulationen vor dem Hintergrund des neuen Marktmissbrauchsregimes, BKR 2017, 57; *Rehahn,* Teilschritte gestreckter Vorgänge als Insiderinformationen – Anmerkung zu EuGH, Rs. C-19/11, Markus Geltl./. Daimler AG, GPR 2012, 319; *Reichert,* Die Kausalität von Insiderinformationen – Entwicklungsstufen eines „europäischen" Tatbestandsmerkmals: Von der Insiderrichtlinie (1989) zur Marktmissbrauchsverordnung (2014), FS Müller-Graff, 2015, 319; *Reichert/Ott,* Unternehmensplanung und Insiderrecht, FS Hopt, 2010, 2385; *Reichert/Weller,* Haftung von Kontrollorganen – Die Reform der aktienrechtlichen und kapitalmarktrechtlichen Haftung, ZRP 2002, 49; *Renz/Leibold,* Die neuen strafrechtlichen Sanktionsregelungen im Kapitalmarktrecht, CCZ 2016, 157; *Renzenbrink/Holzner,* Das Verhältnis von Kapitalerhaltung und Ad-Hoc-Haftung, BKR 2002, 434; *Retsch,* Die Selbstbefreiung nach der Marktmissbrauchsverordnung, NZG 2016, 1201; *Reuter,* ‚Krisenrecht' im Vorfeld der Insolvenz – das Beispiel der börsennotierten AG, BB 2003, 1797; *Reynolds/Rutter,* Market Abuse – A Pan-European Approach, Journal of Financial Regulation and Compliance 2004, 306; *Rieckers,* Haftung des Vorstands für fehlerhafte Ad-hoc-Meldungen de lege lata und de lege ferenda, BB 2002, 1213; *Rieckers,* Ermächtigung des Vorstands zu Erwerb und Einziehung eigener Aktien, ZIP 2009, 700; *v. Riegen,* Rechtsverbindliche Zusagen zur Annahme von Übernahmeangeboten (sog. „irrevocable undertakings"), ZHR 2003, 702; *Riegger/Rieg,* Änderungen bei den Veröffentlichungspflichten nach Abschluss eines Spruchverfahrens durch das TUG, ZIP 2007, 1148; *Rittmeister,* Due Diligence und Geheimhaltungspflichten beim Unternehmenskauf – Die Zulässigkeit der Gestattung einer Due Diligence durch den Vorstand oder die Geschäftsführer der Zielgesellschaft, NZG 2004, 1032; *Ritz,* ESMA Level 2 – Vorschläge zu Eigengeschäften von Führungskräften (director's dealings) und Insiderlisten, RdF 2015, 268; *G. Röder/Merten,* Ad-hoc-Publizitätspflicht bei arbeitsrechtlich relevanten Maßnahmen, NZA 2005, 268; *K. Röder,* Intraday-Umsätze bei Ad-hoc-Meldungen, FB 2002, 728; *Rodewald/Siems,* Haftung für die ‚frohe Botschaft' – Rechtsfolgen falscher Ad-hoc-Mitteilungen, BB 2001, 2437; *Rodewald/Siems/Tüxen,* Neuregelung des Insiderrechts nach dem Anlegerschutzverbesserungsgesetz (AnSVG) – Neue Organisationsanforderungen für Emittenten und ihre Berater, BB 2004, 2249; *Roegele,* Ad-hoc-Publizität reloaded, RdF 2015, 177; *Romerio/Waller,* Öffentliche Aktienrückkäufe, insbesondere von SMI-Gesellschaften, in Reutter/Werlen, Kapitalmarkttransaktionen II, 2007, 1; *Rossi,* Blankettstrafnormen als besondere Herausforderung an die Gesetzgebung – Amnestie als Folge des zu frühen Inkrafttretens des 1. FiMaNoG, ZIP 2016, 2437; *Rössner,* Beweisprobleme für die Kursrelevanz fehlerhafter Unternehmensmeldungen, AG 2003, R 16; *Rössner/Bolkart,* Schadensersatz bei Verstoß gegen Ad-hoc-Publizitätspflichten nach dem 4. Finanzmarktförderungsgesetz, ZIP 2002, 1471; *Rössner/Bolkart,* Rechtliche und verfahrenstaktische Analyse des Vorgehens geschädigter Anleger bei fehlerhaften Unternehmensmeldungen, WM 2003, 953; *H. P. Roth,* Erstes Gesetz zur Novellierung von Finanzmarktvorschriften auf Grund europäischer Rechtsakte, GWR 2016, 291; *W. H. Roth,* Privatrechtliche Kartellrechtsdurchsetzung zwischen primärem und sekundärem Unionsrecht, ZHR 2015, 668; *Rothenfußer/Jäger,* Generalamnestie im Kapitalmarktrecht durch das Erste

Finanzmarktnovellierungsgesetz, NJW 2016, 2689; *Rozijn,* Geheimhaltungspflichten und Kapitalschutz beim Abschluss von M&A-Dienstleistungsverträgen, NZG 2001, 494; *Rubel,* Erfüllung von WpHG-Pflichten in der Insolvenz durch Insolvenzverwalter oder Vorstand? – Pflichtenbestimmung im Lichte des § 11 WpHG –, AG 2009, 615; *Rubner/Pospiech,* Die EU-Marktmissbrauchsverordnung – verschärfte Anforderungen an die kapitalmarktrechtliche Compliance auch für den Freiverkehr, GWR 2016, 228; *Rückert/Kuthe,* Entwurf einer Verordnung zur Konkretisierung des Verbotes der Kurs- und Marktpreismanipulation, BKR 2003, 647; *Rudolph,* Viertes Finanzmarktförderungsgesetz – ist der Name Programm?, BB 2002, 1036; *Rützel,* Der aktuelle Stand der Rechtsprechung zur Haftung bei Ad-hoc-Mitteilungen, AG 2003, 69; *Sajnovits,* Ad-hoc-Publizität und Wissenszurechnung, WM 2016, 765; *Sajnovits,* Die Auswirkungen des Brexit auf die Verwendung des Libor und anderer UK-Benchmarks, WM 2018, 1247; *Sajnovits/Wagner,* Marktmanipulation durch Unterlassen? – Untersuchung der Rechtslage unter MAR und FiMaNoG sowie deren Konsequenz für Alt-Taten –, WM 2017, 1189; *Saliger,* Straflosigkeit unterlassener Ad-hoc-Veröffentlichungen nach dem 1. FiMaNoG? – Teil I –, WM 2017, 2329; *Saliger,* Straflosigkeit unterlassener Ad-hoc-Veröffentlichungen nach dem 1. FiMaNoG? – Teil II –, WM 2017, 2365; *Salvenmoser/Hauschka,* Korruption, Datenschutz und Compliance, NJW 2010, 331; *Sangiovanni,* Insiderhandel und Kursmanipulation – Verfahrensrechtliche Besonderheiten im neuen italienischen Recht, wistra 2000, 171; *v. Saucken/Keding,* Der Handel von Schuldverschreibungen im laufenden Insolvenzverfahren – Wege aus der Insiderfalle, NZI 2015, 681; *Schäfer,* Marktpflege im Primär- und Sekundärmarkt und das Recht zur Verhinderung von Börsenkursmanipulationen, in Schwintowski, Entwicklungen im deutschen und europäischen Wirtschaftsrecht: Symposium zum 65. Geburtstag von Ulrich Immenga, 2001, 63; *Schall,* Insiderinformation und zivilrechtliche Aufklärungspflicht – Das Leitbild des Individualvertrags als neue Perspektive, JZ 2010, 392; *Schall,* Anmerkung zu EuGH, Urteil vom 28.6.2012 – Rs C-19/11 („Geltl"), ZIP 2012, 1286; *Scheible/Kauffmann,* Marktpreismanipulation im Rechtsvergleich zwischen Deutschland und den USA, NZWiSt 2014, 166; *Schirmer,* Kurze Gedanken zu verborgenen Gedanken – Die Wissenszurechnung ist wieder da!, AG 2015, 666; *Schleifer,* Kursstabilisierung – ausgewählte Aspekte, in Reutter/Werlen, Kapitalmarkttransaktionen III, 2008, 99; *Schlitt/Schäfer,* Quick to Market – Aktuelle Rechtsfragen im Zusammenhang mit Block-Trade-Transaktionen, AG 2004, 346; *Schlitt/Schäfer,* Alte und neue Fragen im Zusammenhang mit 10 %-Kapitalerhöhungen, AG 2005, 67; *Schlitt/Schäfer,* Der neue Entry Standard der Frankfurter Wertpapierbörse, AG 2006, 147; *Schlitt/Seiler,* Aktuelle Rechtsfragen bei Bezugsrechtsemissionen, WM 2003, 2175; *K. Schmidt,* Kapitalmarktrecht, Kartellrecht und deliktsrechtlicher Drittschutz, FS Schwark, 2009, 753; *S. de Schmidt,* Neufassung des Verbots der Marktmanipulation durch MAR und Marktmissbrauchs-RL, RdF 2016, 4; *Schmidtbleicher/Cordalis,* „Defensive Bids" für Staatsanleihen – eine Marktmanipulation?, ZBB 2007, 124; *A. Schmitz,* Aktuelles zum Kursbetrug gemäß § 88 BörsG – Zugleich eine Besprechung des Urteils des LG Augsburg v. 24.9.2001 – 3 O 4995/00 –, wistra 2002, 208; *R. Schmitz,* Der strafrechtliche Schutz des Kapitalmarkts in Europa, ZStW 2003, 501; *R. Schmitz,* Scalping – Anm. zu BGH, Urt. v. 6.11.2003 – 1 StR 24/03, JZ 2004, 526; *Schmolke,* Die Haftung für fehlerhafte Sekundärmarktinformation nach dem „IKB"-Urteil des BGH, ZBB 2012, 165; *Schmolke,* Das Verbot der Marktmanipulation nach dem neuen Marktmissbrauchsregime – Ziele, Kennzeichen und Problemlagen der Neuregelung in Art. 12 f., 15 MAR, AG 2016, 434; *Schmolke,* Private Enforcement und institutionelle Balance – Verlangt das Effektivitätsgebot des Art. 4 III EUV eine Schadensersatzhaftung bei Verstoß gegen Art. 15 MAR?, NZG 2016, 721; *H. Schneider/Gottschaldt,* Offene Grundsatzfragen der strafrechtlichen Verantwortlichkeit von Compliance-Beauftragten im Unternehmen, ZIS 2011, 573; *I. Schneider,* Unternehmenserwerb mit Informationen aus einer Due Diligence kein strafbarer Insiderhandel, DB 2005, 2678; *I. Schneider,* Due Diligence und Insiderhandel – gestaltet die Marktmissbrauchsrichtlinie das M&A Geschäft neu?, FG Säcker, 2006, 317; *S. H. Schneider,* Die Weitergabe von Insiderinformationen – Zum normativen Verhältnis der verschiedenen Formen der Informationsweitergabe, NZG 2005, 702; *S. H. Schneider,* Befreiung des Emittenten von Wertpapieren von der Veröffentlichungspflicht nach § 15 WpHG, BB 2001, 1214; *S. H. Schneider,* Selbstbefreiung von der Pflicht zur Ad-hoc-Publizität, BB 2005, 897; *U. H. Schneider,* Die Weitergabe von Insiderinformationen im Konzern – Zum Verhältnis zwischen Konzernrecht und Konzern-Kapitalmarktrecht –, FS Wiedemann, 2002, 1255; *U. H. Schneider/Burgard,* Am Trillern erkennt man die Lerche – oder: Sind Absichtserklärungen, Prognosen und Meinungen von Unternehmensvertretern Insidertatsachen im Sinne des § 13 Abs. 1 WpHG?, FS Buxbaum, 2000, 501; *U. H. Schneider/v. Buttlar,* Die Führung von Insiderverzeichnissen: Neue Compliance-Pflichten für Emittenten, ZIP 2004, 1621; *U. H. Schneider/Gilfrich,* Die Entscheidung des Emittenten über die Befreiung von der Ad-hoc-Publizitätspflicht, BB 2007, 53; *Schnorbus/Klormann,* Erkrankung eines Vorstandsmitglieds – Grundlagen und Gestaltungen in der Praxis – Teil I, WM 2018, 1069; *Schnorbus/Klormann,* Erkrankung eines Vorstandsmitglieds – Grundlagen und Gestaltungen in der Praxis – Teil II, WM 2018, 1113; *Schockenhoff,* Geheimhaltung von Compliance-Verstößen – Gesellschaftsrecht – Kapitalmarktrecht – Rechnungslegung, NZG 2015, 409; *Schockenhoff/Culmann,* Rechtsschutz gegen Leerverkäufer? Überlegungen zur Schadenersatzhaftung von Leerverkäufern gegenüber Zielunternehmen und ihren Aktionären bei gezielter Herbeiführung eines Kurssturzes, AG 2016, 517; *Scholz,* Ad-hoc-Publizität und Freiverkehr, NZG 2016, 1286; *Schröder,* Geschäftsführer, Gesellschafter und Mitarbeiter der GmbH als Insider – Über die strafrechtlichen Risiken des Insiderrechts in der Sphäre der GmbH, GmbHR 2007, 907; *Schröder,* Der Richter als Insider, FS Nobbe, 2009, 755; *Schröder,* Strafrechtliche Risiken für den investigativen Journalismus? – Die Meinungs- und Pressefreiheit und das Wertpapierhandelsgesetz, NJW 2009, 465; *Schröder,* Journalistische Unternehmensberichterstattung und Strafrecht, Schröder/Sethe, Kapitalmarktrecht und Pressefreiheit, 2011, 75; *Schröder/Sethe,* Schnittstellen von Medizinrecht und Kapitalmarktrecht, FS Fischer, 2010, 461; *Schulte,* Die INFOMATEC-Rechtsprechung des BGH im Lichte des geplanten Kapitalmarktinformationshaftungsgesetzes, VuR 2005, 121; *Schultheiß,* Die Neuerungen im Hochfrequenzhandel, WM 2013, 596; *Schulz,* Unwirksame Sacheinlagevereinbarungen bei börsennotierten Aktiengesellschaften, NZG 2010, 41; *Schulz,* Das Insiderhandelsverbot nach § 14 Abs. 1 Nr. 1 WpHG im Lichte der Spector-Rechtsprechung des EuGH – Zugleich Besprechung EuGH v 23.12.2009 – Rs. C-45/08, ZIP 2010, 78 – Spector Photo Group, ZIP 2010, 609; *Schulz/Kuhnke,* Insider-Compliance-Richtlinien als Baustein eines umfassenden Compliance-Konzeptes, BB 2012, 143; *Schumacher,* Ad hoc-Publizitätspflichten börsennotierter Fußballclubs, NZG 2001, 769; *Schwark,* Ad hoc-Publizität und Insiderrecht bei mehrstufigen Unternehmensentscheidungen, in FS Bezzenberger, 2000, 771; *Schwark,* Kurs- und Marktpreismanipulation, FS Kümpel, 2003, 485; *Schwintek,* Die Anzeigepflicht bei Verdacht von Insidergeschäften und Marktmanipulation nach § 10 WpHG, WM 2005, 861; *Schwintowski,* Die Zurechnung des Wissens von Mitgliedern des Aufsichtsrats in einem oder mehreren Unternehmen, ZIP 2015, 617;

Seibt, Finanzanalysten im Blickfeld von Aktien- und Kapitalmarktrecht, ZGR 2006, 501; *Seibt,* Empirische Betrachtungen zur Ad-hoc-Publizität in Deutschland, CFL 2013, 41; *Seibt,* Europäische Finanzmarktregulierung zu Insiderrecht und Ad hoc-Publizität, ZHR 2013, 388; *Seibt,* Anmerkung zum Beschluss des BGH vom 23.4.2013, Az. II ZB 7/09 – Zur Insiderinformation, EWiR 2013, 433; *Seibt,* 20 Thesen zur Binnenverantwortung im Unternehmen im Lichte des reformierten Kapitalmarktsanktionsrechts, NZG 2015, 1097; *Seibt,* 1 Jahr Marktmissbrauchsverordnung (MAR) aus Praxissicht, in Bankrechtstag 2017, 2018, 81; *Seibt/Bremkamp,* Erwerb eigener Aktien und Ad-hoc-Publizitätspflicht, AG 2008, 469; *Seibt/Ciupka,* Rechtspflichten und Best Practices für Vorstands- und Aufsichtsratshandeln bei der Kapitalmarktrecht-Compliance, AG 2015, 93; *Seibt/Kraack,* Anm. zum Urt. des EuGH v. 11.3.2015, Az. C-628/13 – Zur Insiderinformation, EWiR 2015, 237; *Seibt/Wollenschläger,* Revision des Marktmissbrauchsrechts durch Marktmissbrauchsverordnung und Richtlinie über strafrechtliche Sanktionen für Marktmanipulation, AG 2014, 593; *Seitz,* Die Integration der europäischen Wertpapiermärkte und die Finanzmarktgesetzgebung in Deutschland, BKR 2002, 340; *Sester,* Fallen Anteile an Geschlossenen Fonds unter den Wertpapierbegriff der MiFID bzw. des FRUG?, ZBB 2008, 369; *Sester,* Zur Interpretation der Kapitalmarkteffizienz in Kapitalmarktgesetzen, Finanzmarktrichtlinien und -standards, ZGR 2009, 310; *Sethe,* Die Verschärfung des insiderrechtlichen Weitergabeverbots, ZBB 2006, 243; *Sethe,* Kapitalmarktrechtliche Konsequenzen einer Kapitalherabsetzung, ZIP 2010, 1825; *Siebel/Gebauer,* Prognosen im Aktien- und Kapitalmarktrecht – Lagebericht, Zwischenbericht, Verschmelzungsbericht, Prospekt usw – Teil I, WM 2001, 118, *Siebel/Gebauer,* Prognosen im Aktien und Kapitalmarktrecht – Lagebericht, Zwischenbericht, Verschmelzungsbericht, Prospekt usw. – Teil II, WM 2001, 173; *Sieder,* Legitime Handlungen nach der Marktmissbrauchsverordnung, ZFR 2017, 171; *Simon,* Die neue Ad-hoc-Publizität, Der Konzern 2005, 13; *Simons,* Die Insiderliste (Art. 18 MMVO), CCZ 2016, 221; *Simons,* Gesetzgebungskunst – Ein Hilferuf aus dem Maschinenraum des Kapitalmarkrechts, AG 2016, 651; *Singhof,* Zur Weitergabe von Insiderinformationen im Unterordnungskonzern, ZGR 2001, 146; *Singhof,* „Market Sounding“ nach der Marktmissbrauchsverordnung, ZBB 2017, 193; *Singhof/Weber,* Neue kapitalmarktrechtliche Rahmenbedingungen für den Erwerb eigener Aktien, AG 2005, 549; *Smid,* Der Journalist als Insider aufgrund öffentlich zugänglicher Informationen?, AfP 2002, 13; *Söhner,* Insiderhandel und Marktmanipulation durch Geheimdienste – Informationen in Zeiten von PRISM und ihre Nutzung, KJ 2015, 56; *Söhner,* Praxis-Update Marktmissbrauchsverordnung: Neue Leitlinien und alte Probleme, BB 2017, 259; *Sorgenfrei,* Zum Verbot der Kurs- oder Marktpreismanipulation nach dem 4. Finanzmarktförderungsgesetz, wistra 2002, 321; *Spindler,* Finanzanalyse vs. Finanzberichterstattung: Journalisten und das AnSVG, NZG 2004, 1138; *Spindler,* Persönliche Haftung der Organmitglieder für Falschinformationen des Kapitalmarktes – de lege lata und de lege ferenda, WM 2004, 2089; *Spindler,* Kapitalmarktreform in Permanenz – Das Anlegerschutzverbesserungsgesetz, NJW 2004, 3449; *Spindler,* Haftung für fehlerhafte und unterlassene Kapitalmarktinformationen – ein (weiterer) Meilenstein, NZG 2012, 575; *Spindler,* Der Vorschlag einer EU-Verordnung zu Indizes bei Finanzinstrumenten (Benchmark-VO), ZBB 2015, 165; *Spindler/Speier,* Die neue Ad-hoc-Publizität im Konzern, BB 2005, 2031; *Staake,* Die Vorverlagerung der Ad-hoc-Publizität bei mehrstufigen Entscheidungsprozessen – Hemmnis oder Gebot einer guten Corporate Governance?, BB 2007, 1573; *Stackmann,* Böses Erwachen – die gesetzliche Haftung für fehlgeschlagene Kapitalanlagen, NJW 2013, 1985; *Staikouras,* Four Years of MADness? – The New Market Abuse Prohibition Revisited: Integrated Implementation Through the Lens of a Critical, Comparative Analysis, EBLR 2008, 775; *Staikouras,* Dismantling the EU insider dealing regime: the Supreme Court of Greece's muddled interpretation of „inside information", Law and Financial Markets Review 2015, 210; *Steck/Schmitz,* Das Kapitalmarktrecht nach dem Anlegerschutzverbesserungsgesetz, CFL 2005, 187; *Steidle/Waldeck,* Die Pflicht zur Führung von Insiderverzeichnissen unter dem Blickwinkel der informationellen Selbstbestimmung, WM 2005, 868; *Stemper,* Marktmissbrauch durch Ratingagenturen?, WM 2011, 1740; *Stenzel,* Managementbeteiligungen und Marktmissbrauchsverordnung, DStR 2017, 883; *Stoffels,* Grenzen der Informationsweitergabe durch den Vorstand einer Aktiengesellschaft im Rahmen einer „Due Diligence", ZHR 2001, 362; *Stoll,* Vereinbarung und Missachtung von Lock-Up-Agreements aus kapitalmarktrechtlicher Sicht, Der Konzern 2007, 561; *Streinz/Ohler,* § 20a WpHG in rechtsstaatlicher Perspektive – europa- und verfassungsrechtliche Anforderungen an das Verbot von Kurs- und Marktpreismanipulationen, WM 2004, 1309; *Streißle,* Insiderrechtliche Aspekte von Pflichtangeboten, BKR 2003, 788; *Strieder,* Abgrenzung der Regelberichterstattung von der Ad-hoc-Publizität, FB 2002, 735; *Stüber,* Bekanntmachungen von durchgeführten Transaktionen im Rahmen von Mitarbeiteraktienprogrammen nach der Safe Harbor-VO, ZIP 2015, 1374; *Stüber,* Directors' Dealings nach der Marktmissbrauchsverordnung, DStR 2016, 1221; *Sturm,* Die kapitalmarktrechtlichen Grenzen journalistischer Arbeit, ZBB 2010, 20; *Sustmann,* Information und Vertraulichkeit im Vorfeld von Unternehmensübernahmen unter besonderer Berücksichtigung der EuGH-Entscheidung in Sachen Geltl./.Daimler AG, in: Kämmerer/Veil, Übernahme- und Kapitalmarktrecht in der Reformdiskussion, 2013, 229; *Szesny,* Zwischenschritte eines zeitlich gestreckten Vorgangs können ad hoc-meldepflichtige Insiderinformation sein – Schrempp-Rücktritt, GWR 2012, 292; *Szesny,* Insiderdelikte (§§ 14 Abs. 1, 38 Abs. 1 WpHG), in Böttger, Wirtschaftsstrafrecht in der Praxis, 2. Aufl. 2015, Kap. 6 B. II.; *Szesny,* Das Sanktionsregime im neuen Marktmissbrauchsrecht, DB 2016, 1420; *Teigelack,* Insiderhandel und Marktmanipulation im Kommissionsentwurf einer Marktmissbrauchsverordnung, BB 2012, 1361; *Szesny,* Marktmanipulation, in Veil, Europäisches Kapitalmarktrecht, 2. Aufl. 2014, 243; *Szesny,* Ad-hoc-Mitteilungspflicht bei Zivilprozessen, BB 2016, 1604; *Szesny/Dolff,* Kapitalmarktrechtliche Sanktionen nach dem Regierungsentwurf eines Ersten Finanzmarktnovellierungsgesetzes – 1. FiMaNoG, BB 2016, 387; *Thelen,* Schlechte Post in eigener Sache: Die Pflicht des Emittenten zur Ad-hoc-Mitteilung potentieller Gesetzesverstöße, ZHR 2018, 62; *Theile,* § 38 WpHG, in Esser/Rübenstahl/Saliger/Tsambikakis, Wirtschaftsstrafrecht, 2017; *Thiele/Fedtke,* Mitteilungs- und Veröffentlichungspflichten des WpHG in der Insolvenz, AG 2013, 286; *Thomale,* Kapitalmarktinformationshaftung ohne Vorstandswissen, NZG 2018, 1007; *Thümmel,* Haftung für geschönte Ad-hoc-Meldungen – Zugleich Besprechung des Urteils des LG Augsburg vom 24.9.2001 – 3 O 4995/00 Infomatec –, DB 2001, 2331; *Thümmel,* Aufgaben und Haftungsrisiken des Managements in der Krise des Unternehmens, BB 2002, 1105; *Tissen,* Die Investorensuche im Lichte der EU-Marktmissbrauchsverordnung, NZG 2015, 1254; *Tollkühn,* Die Ad-hoc-Publizität nach dem Anlegerschutzverbesserungsgesetz, ZIP 2004, 2215; *Tountopoulos,* Rückkaufprogramme und Safe-Harbor-Regelungen im Europäischen Kapitalmarktrecht, EWS 2012, 449; *Thümmel,* Private Durchsetzung des Insiderrechts?, RIW 2013, 33; *Thümmel,* Marking the Close nach Europäischem Kapitalmarktrecht, WM 2013, 351; *Thümmel,* Market Abuse and Private Enforcement, ECFR 2014, 297; *Tripmaker,* Der subjektive Tatbestand des Kursbetrugs – Zugleich ein Vergleich mit der Neuregelung des Verbots der

Kurs- und Marktpreismanipulation im Vierten Finanzmarktförderungsgesetz –, wistra 2002, 288; *Trüg,* Ist der Leerverkauf von Wertpapieren strafbar?, NJW 2009, 3202; *Trüg,* Umfang und Grenzen des Scalping als strafbare Marktmanipulation, NStZ 2014, 558; *Trüg,* Neue Konturen der Rechtsprechung zur strafbaren Marktmanipulation, NJW 2014, 1346; *Trüg,* Gebotene Bestimmtheit und Taterfolg der strafbaren Marktmanipulation, NZG 2016, 820; *Trüg,* § 38 WpHG, in Leitner/Rosenau, Wirtschafts- und Steuerstrafrecht, 2017, 1904; *Trüg,* Straf- und Bußgeldtatbestände im BörsG und WpHG, in Achenbach/Ransiek/Rönnau, Handbuch Wirtschaftsstrafrecht, 5. Aufl. 2019, 1378; *Vaupel/Uhl,* Insiderrechtliche Aspekte bei der Übernahme börsennotierter Unternehmen, WM 2003, 2126; *Veil,* Der Schutz des verständigen Anlegers durch Publizität und Haftung im europäischen und nationalen Kapitalmarktrecht, ZBB 2006, 162; *Veil,* Prognosen im Kapitalmarktrecht, AG 2006, 690; *Veil,* Weitergabe von Informationen durch den Aufsichtsrat an Aktionäre und Dritte – ein Lehrstück zum Verhältnis zwischen Gesellschafts- und Kapitalmarktrecht, ZHR 2008, 239; *Veil,* Europäisches Insiderrecht 2.0 – Konzeption und Grundsatzfragen der Reform durch MAR und Marktmissbrauchs-RL, ZBB 2014, 85; *Veil,* Sanktionsrisiken für Emittenten und Geschäftsleiter im Kapitalmarkt, ZGR 2016, 305; *Veil,* Aufsichtskonvergenz durch „Questions and Answers" der ESMA – Rechtsnatur von Q & A und Implementierung in die nationale Aufsichtspraxis, ZBB 2018, 151; *Veil/Brüggemeier,* Kapitalmarktrecht zwischen öffentlich-rechtlicher und privatrechtlicher Normdurchsetzung, in Fleischer/Kalss/Vogt, Enforcement im Gesellschafts- und Kapitalmarktrecht 2015, 2015, 277; *Veil/Koch,* Auf dem Weg zu einem Europäischen Kapitalmarktrecht: die Vorschläge der Kommission zur Neuregelung des Marktmissbrauchs, WM 2011, 2297; *Veith,* Die Befreiung von der Ad-hoc-Publizitätspflicht nach § 15 III WpHG, NZG 2005, 254; *Ventorruzo,* When Market Abuse Rules Violate Human Rights: Grande Stevens v. Italy and the Different Approaches to Double Jeopardy in Europe and the US, EBOR 2015, 145; *Verse,* Doppelmandate und Wissenszurechnung im Konzern, AG 2015, 413; *Versteegen/Schulz,* Auslegungsfragen des Insiderhandelsverbots gem. § 14 Abs. 1 Nr. 1 WpHG bei der Teilnahme an Aktienoptionsprogrammen, ZIP 2009, 110; *Verstein,* Benchmark Manipulation, Boston College Law Review 2015, 215; *Vetter/Engel/Lauterbach,* Zwischenschritte als ad-hoc-veröffentlichungspflichtige Insiderinformationen, AG 2019, 160; *Viciano-Gofferje/Cascante,* Neues aus Brüssel zum Insiderrecht – die Marktmissbrauchsverordnung – Untersuchung der Vorschläge der Kommission zur Reform des Insiderhandelsverbots, insbesondere im Hinblick auf für M&A-Transaktionen relevante Sachverhalte, NZG 2012, 968; *Vogel,* Kurspflege: Zulässige Kurs- und Marktpreisstabilisierung oder straf- bzw. ahndbare Kurs- und Marktpreismanipulation?, WM 2003, 2437; *Vogel,* Scalping als Kurs- und Marktpreismanipulation – Besprechung von BGH, Urteil vom 6.11.2003 – 1 StR 24/03, NStZ 2004, 252; *Voß,* Geschlossene Fonds unter dem Rechtsregime der Finanzmarkt-Richtlinie (MiFID)?, BKR 2007, 45; *Voß,* Insiderrecht: Entwarnung für die Transaktionspraxis durch den EuGH – Anm. zu EuGH, Urt. v. 23.12.2009 – Rs. C-45/08, BB 2010, 334; *Voß,* Die Wendung ‚von Fall zu Fall' ist die Lösung – Anm. zu EuGH, Urt. v. 11.3.2015 – Rs. C-628/13, BB 2015, 788; *Walbert/Pindeus,* Ad-hoc-Publizitätspflicht in der Unternehmenskrise, ecolex 2013, 76; *Walla,* Die Reformen der Europäischen Kommission zum Marktmissbrauchs- und Transparenzregime – Regelungskonzeption, Aufsicht und Sanktionen, BB 2012, 1358; *Walla/Knierbein,* „State of the Art"-Compliance für Emittenten im Zeitalter der MAR – Freiwillige Instrumente der Kapitalmarkt-Compliance und ihre Funktion –, WM 2018, 2349; *Walther,* Bilanzfälschung, Kurs- und Marktpreismanipulation sowie fehlerhafte Publizität: Hauptprobleme aus kriminalstrafrechtlicher Sicht, ZJapanR Vol. 16 (Herbst 2003), 189; *Wastl,* Der Handel mit größeren Aktienpaketen börsennotierter Unternehmen – Eine Bestandsaufnahme aus primär aktien-, börsen- und kapitalmarktrechtlicher Sicht –, NZG 2000, 505; *C. Weber,* Kapitalmarktinformationshaftung und gesellschaftsrechtliche Kapitalbindung – ein einheitliches Problem mit rechtsformübergreifender Lösung?, ZHR 2012, 184; *Manfred Weber,* Das Vierte Finanzmarktförderungsgesetz aus Sicht der privaten Banken, ZfgKW 2002, 18; *Martin Weber,* Kursmanipulationen am Wertpapiermarkt, NZG 2000, 113; *Martin Weber,* Scalping – Erfindung und Folgen eines Insiderdelikts, NJW 2000, 562; *Martin Weber,* Börsennotierte Gesellschaften in der Insolvenz, ZGR 2001, 422; *Martin Weber,* Die Entwicklung des Kapitalmarktrechts 2001/2002, NJW 2003, 18; *Martin Weber,* Konkretisierung des Verbotes der Kurs- und Marktpreismanipulation, NZG 2004, 23; *Martin Weber,* Die Entwicklung des Kapitalmarktrechts im Jahre 2003, NJW 2004, 28; *Martin Weber,* Die Entwicklung des Kapitalmarktrechts im Jahre 2004, NJW 2004, 3674; *Martin Weber,* Die Entwicklung des Kapitalmarktrechts im Jahre 2005, NJW 2005, 3682; *Martin Weber,* Die Entwicklung des Kapitalmarktrechts im Jahre 2006, NJW 2006, 3685; *Martin Weber,* Die Entwicklung des Kapitalmarktrechts im Jahre 2007, NJW 2007, 3688; *Martin Weber,* Die Entwicklung des Kapitalmarktrechts im Jahre 2008, NJW 2009, 33; *Weißhaupt,* Ad hoc-Publizität des Zwischenschritts – naht Praktikabilität? – Zur Capital Market Compliance bei mehrstufigen Strategieprojekten, NZG 2019, 175; *Wertenbruch,* Die Ad-hoc-Publizität bei der Fußball-AG, WM 2001, 193; *Widder,* Gewinnherausgabe bei Insiderverstößen – Anspruch der betroffenen Gesellschaft auf Herausgabe des erzielten Insidergewinns?, in Liber discipulorum Gerrit Winter, 2002, 327; *Widder,* Zum Insiderhandel bei face-to-face-Geschäften, EWiR 2007, 479; *Widder,* Zum Kapitalanleger-Musterverfahrensgesetz sowie zur Frage, wann aus einem ungewissen Sachverhalt eine ad hoc zu veröffentlichende Information wird, BB 2007, 572; *Widder,* Empfehlung: Emittenten sollten bei gestreckten Sachverhalten frühzeitig von der Selbstbefreiungsmöglichkeit Gebrauch machen, BB 2008, 857; *Widder,* Vorsorgliche Ad-hoc-Meldungen und vorsorgliche Selbstbefreiungen nach § 15 Abs. 3 WpHG, DB 2008, 1480; *Widder,* Ad-hoc-Publizität bei gestreckten Sachverhalten – Freispruch für Daimler AG, BB 2008, 2039; *Widder,* Zur ad-hoc-publizitätspflichtigen Insiderinformation, EWiR 2009, 287; *Widder,* Befreiung von der Ad-hoc-Publizität ohne Selbstbefreiungsbeschluss?, BB 2009, 967; *Widder,* Masterpläne, Aktienrückkaufprogramme und das Spector-Urteil des EuGH bei M&A-Transaktionen, BB 2010, 515; *Widder,* Insiderrisiken und Insider-Compliance bei Aktienoptionsprogrammen für Führungskräfte, WM 2010, 1882; *Widder,* Ad-hoc-Publizität bei gestreckten Sachverhalten – BGH legt Auslegungsfragen dem EuGH vor, GWR 2011, 1; *Widder/Gallert,* Ad-hoc-Publizität infolge der Weitergabe von Insiderinformationen – Sinn und Unsinn von § 15 I 3 WpHG, NZG 2006, 451; *Widder/Kocher,* Die Zeichnung junger Aktien und das Insiderhandelsverbot, AG 2009, 654; *Widder/Kocher,* Die Bedeutung von Zwischenschritten bei der Definition von Insiderinformationen, BB 2012, 2837; *Wiedemann/Wank,* Begrenzte Rationalität – gestörte Willensbildung im Privatrecht, JZ 2013, 340; *Wielhouwer,* When is public enforcement of insider trading regulations effective?, International Review of Law and Economics, Vol. 34 (Juni 2013), 52; *Wieneke,* Emissionspublizität – Praktische Anforderungen und rechtliche Grenzen, NZG 2005, 109; *Wieneke/Schulz,* Durchführung eines Delisting – Gesellschafts- und kapitalmarktrechtliche Pflichten von Vorstand und Aufsichtsrat der Gesellschaft, AG 2016, 809; *Wilken/Hagemann,* Compliance-Verstöße und Insiderrecht, BB 2016, 67; *Will/Pies,* Insiderhandel und die Neuordnung der Kapitalmärkte: Ein Beitrag zur Regulierungsdebatte in Europa, ORDO 2014, 159; *Wilsing/Goslar,* Ad-hoc-Publizität bei gestreckten Sachverhalten – Die Entscheidung des EuGH vom 28.6.2012, C-19/11, „Geltl", DStR 2012, 1709; *Wilsing/Goslar,* „Daimler, die Dritte" – Insiderinformationen i. S. des § 13 Abs. 1 WpHG bei zeitlich gestreckten Vorgängen – Zur Entscheidung des BGH zur Ad-hoc-Publizität vom 23.4.2012, II ZB 7/09, DStR 2013, 1610; *Wohlers/Mühlbauer,* Strafbarkeit des „Scalping" – Zur Verantwortlichkeit von Finanzanalysten und (Wirtschafts-) Journalisten nach den Normen gegen Insiderhandel, Kursmanipulation und Betrug, FS Forstmoser, 2003, 743; *Wohlers/Mühlbauer,* Finanzanalysten, Wirtschaftsjournalisten und Fondsmanager als Primär- oder Sekundärinsider, wistra 2003, 41; *Worms,* § 10: Verbot der Marktmanipulation, in Assmann/Schütze, Handbuch des Kapitalanlagerechts, 4. Aufl. 2015; *Wundenberg,* Perspektiven der privaten Rechtsdurchsetzung im europäischen Kapitalmarktrecht, ZGR 2015, 124; *Yadlin,* Is Stock Manipulation Bad? Questioning the Conventional Wisdom with Evidence from the Israeli Experience, Theoretical Inquiries in Law 2001, 839; *Zeder,* Die neuen Strafbestimmungen gegen Marktmissbrauch: Europäische Vorgaben (MAR und MAD) und ihre Umsetzung im österreichischen Börsegesetz, NZWiSt 2017, 41; *Zetzsche,* Insider-Information beim verdeckten Beteiligungsaufbau („Anschleichen") mittels Total Return Swaps? – Zur Einordnung von EuGH, Urt. v. 11.3.2015 – Rs. C-628/13 (AG 2015, 388) – „Lafonta/AFM", AG 2015, 381; *Zetzsche,* Normaler Geschäftsgang und Verschwiegenheit als Kriterien für die Weitergabe transaktionsbezogener Insiderinformationen an Arbeitnehmer – Überlegungen zu Art. 10 I und 17 I der Marktmissbrauchsverordnung, NZG 2015, 817; *Zetzsche,* Die Marktsondierung nach Art. 11 MAR – Pflichten der Sondierenden und der Marktgegenseite, AG 2016, 610; *Zetzsche,* § 7 C: Marktintegrität/Marktmissbrauchsrecht, in Gebauer/Teichmann, Enzyklopädie Europarecht, Europäisches Privat- und Unternehmensrecht, 2016, 798; *Ziegler,* „Due Diligence" im Spannungsfeld zur Geheimhaltungspflicht von Geschäftsführern und Gesellschaftern, DStR 2000, 249; *Ziemons,* Neuerungen im Insiderrecht und bei der Ad-hoc-Publizität durch die Marktmissbrauchsrichtlinie und das Gesetz zur Verbesserung des Anlegerschutzes, NZG 2004, 537; *Zimmer,* Verschärfung der Haftung für fehlerhafte Kapitalmarktinformation, WM 2004, 9; *Zimmer,* Finanzmarktrecht – Quo Vadis?, BKR 2004, 421; *Zimmer,* Die Selbstbefreiung – Achillesferse der Ad-hoc-Publizität?, FS Schwark, 2009, 669; *Zimmer/Eckhold,* Das Kapitalgesellschaften & Co.-Richtlinie-Gesetz – Neue Rechnungslegungsvorschriften für eine große Zahl von Unternehmen, NJW 2000, 1361, *Zipperle/Kuthe,* Wer „A" sagt, muss auch „B" sagen – Folgepflichten für Emittenten, AG 2012, R110; *Ziouvas,* Vom Börsen- zum Kapitalmarktstrafrecht?, wistra 2003, 13; *Ziouvas,* Das neue Recht gegen Kurs- und Marktpreismanipulation im 4. Finanzmarktförderungsgesetz, ZGR 2003, 113; *Ziouvas/Walter,* Das neue Börsenstrafrecht mit Blick auf das Europarecht – zur Reform des § 88 BörsG, WM 2002, 1483; *Zumbansen/Lachner,* Die Geheimhaltungspflicht des Vorstands bei der Due Diligence: Neubewertung im globalisierten Geschäftsverkehr, ZVglRWiss 2006, 1.

Vorbemerkungen

Übersicht

I. Entstehungsgeschichte

Der Grundstein eines europäischen Marktmissbrauchsrechts wurde 1966 durch den **„Segré-Bericht"** gelegt, einem Sachverständigengutachten. Der Bericht enthielt eine Analyse der europäischen Kapitalmärkte sowie rechtspolitische Handlungsempfehlungen zur Schaffung eines funktionsfähigen Kapitalmarktes in der Europäischen Wirtschaftsgemeinschaft.[1] Hierbei wurde unter anderem die Regulierung des Insiderhandels als Notwendigkeit für einen funktionsfähigen europäischen Kapitalmarkt benannt.[2]

---

[1] *EWG-Kommission,* Der Aufbau eines Europäischen Kapitalmarkts: Bericht einer von der EWG-Kommission eingesetzten Sachverständigengruppe („Segré-Bericht"), Brüssel, 1966.

[2] *EWG-Kommission,* Der Aufbau eines Europäischen Kapitalmarkts: Bericht einer von der EWG-Kommission eingesetzten Sachverständigengruppe („Segré-Bericht"), Brüssel, 1966, 263 f.; ausf. hierzu Hopt FS 25 Jahre WpHG, 2019, 503, 509 ff.

2 Nachdem die Komission 1970 in ihrem Vorschlag über das Statut der Europäischen Aktiengesellschaft zunächst eine Regelung des Insiderhandels vorsah, die aber nicht Bestandteil der endgültigen Fassung wurde,[3] erließ sie 1977 Empfehlungen für europäische Wohlverhaltensregeln für Wertpapiertransaktionen, die sich in ihren ergänzenden Grundsätzen auch mit der Veröffentlichung „notwendige [r] Informationen"[4] befassten. Als bloße Empfehlungen waren diese für die Mitgliedstaaten jedoch nicht verbindlich (Art. 249 S. 5 EG aF).

3 Verbindliche Vorgaben auf europäischer Ebene zur Verhinderung marktmissbräuchlichen Verhaltens enthielten sodann die 1979 erlassene Börsenzulassungs-Richtlinie[5] sowie die Insider-Richtlinie[6] von 1989, die mit dem 2. Finanzmarktförderungsgesetz zum 1.8.1994 mit den §§ 12 ff., 38 f. WpHG aF umgesetzt wurden. Die Insider-Richtlinie wurde im Jahr 2003 von der Marktmissbrauchs-Richtlinie 2003/6/EG (MAD aF)[7] abgelöst, die vom deutschen Gesetzgeber mit dem Anlegerschutzverbesserungsgesetz vom 30.10.2004 in §§ 12 ff. WpHG aF umgesetzt wurden.[8]

4 Das Marktmissbrauchsrecht ieS – das Insiderhandelsverbot und das Verbot der Marktmanipulation – sowie die flankierenden Offenlegungsvorschriften – wie insbesondere die Ad-hoc-Informationspflicht – sind seit dem 3.7.2016 in der Marktmissbrauchsverordnung und somit in einer unmittelbar anwendbaren europäischen Verordnung geregelt. Die MAR ist an die Stelle der vorhergehenden Marktmissbrauchsrichtlinie aus dem Jahr 2003 und der zu ihrer Umsetzung eingeführten §§ 12 ff. WpHG aF getreten.

5 Am 11.12.2019 wurde die **KMU-Wachstumsmärkte-VO** (VO [EU] 2019/2115) im Amtsblatt veröffentlicht. Sie soll KMU durch Änderungen in der MAR, der ProspektVO und der MiFID II die Tätigkeit am Kapitalmarkt erleichtern und die Nutzung von KMU-Wachstumsmärkten fördern.[9] Die Änderungen der MAR gelten ab dem 1.1.2021.

II. Rechtsquellen des Marktmissbrauchsrechts

6 **1. Level 1: MAR und Marktmissbrauchs-RL.** Level 1 des europäischen Marktmissbrauchsrechts bilden die Marktmissbrauchsverordnung und die RL 2014/57/EU über strafrechtliche Sanktionen bei Marktmanipulation **(Marktmissbrauchs-RL).** Dominierte im Kapitalmarktrecht ursprünglich das Instrument der Richtlinie, wird zur Vereinheitlichung des europäischen Kapitalmarktrechts zunehmend von dem Regelungsinstrument der Verordnung Gebrauch gemacht.[10]

7 Nach den Erwägungsgründen, die im Vergleich zur MAD aF[11] erheblich ausgeweitet wurden, der Bestimmung von Gegenstand (Art. 1) und Anwendungsbereich (Art. 2) sowie dem für europäische Rechtsakte typischen Definitionskatalog der verwendeten Begriffe (Art. 3) folgen die wesentlichen materiellen Regelungen zum Marktmissbrauchsrecht, das Insiderhandels- und Marktmanipulationsverbot in Kap. 2, Art. 7–16. Kap. 3, Art. 17–21, enthält die Offenlegungsvorschriften, wozu insbesondere die Ad-hoc-Publizitätspflicht gem. Art. 17, die Pflicht zur Führung von Insiderlisten sowie die Pflicht zur Offenlegung von Eigengeschäften der Führungskräfte (sog. *Managers' Transactions,* zuvor *Directors' Dealings*) gehören. Sie dienen vor allem der Vorbeugung von Marktmissbrauch (s. etwa Art. 1; ErwGr 49, 58). Abschließend regelt die MAR in den Art. 22 ff. die Zuständigkeiten der Aufsichtsbehörden, schreibt verwaltungsrechtliche Maßnahmen und Sanktionen vor und enthält weitere Durchführungs-, Übergangs- und Schlussbestimmungen.

8 Eine Vielzahl von Fragen, die zuvor unter Geltung der MAD aF in der auf Stufe 2 des Lamfalussy-Verfahrens verabschiedeten Durchführungsrichtlinie 2003/124/EG[12] geregelt waren, ist nunmehr in der auf Stufe 1 verabschiedeten MAR verankert. Die MAR fällt daher im Vergleich zur MAD aF weitaus umfangreicher und detaillierter aus. Während beispielsweise der Tatbestand des Marktmanipu-

---

[3] ABl. 1970 C 124 abgedr. bei *Will* in Hopt, Europäisches Insiderrecht, 1973, M-118 ff.

[4] Empfehlung der Kommission vom 25. Juli 1977 betreffend europäische Wohlverhaltensregeln für Wertpapiertransaktionen (77/534/EWG), ABl. 1977 L 212, 37, 40.

[5] Richtlinie 79/279/EWG des Rates vom 5. März 1979 zur Koordinierung der Bedingungen für die Zulassung von Wertpapieren zur amtlichen Notierung an einer Wertpapierbörse, ABl. 1979 L 66, 21.

[6] Richtlinie 89/592/EWG des Rates vom 13. November 1989 zur Koordinierung der Vorschriften betreffend Insider-Geschäfte, ABl. 1989 L 334, 30; dazu *Mock* in Ventoruzzo/Mock, Market Abuse Regulation, 2017, A.1.06.

[7] Richtlinie 2003/6/EG des Europäischen Parlaments und des Rates vom 28.1.2003 über Insider-Geschäfte und Marktmanipulation (Marktmissbrauch), ABl. 2003 L 96, 16.

[8] *Sethe* in Assmann/Schütze KapitalanlageR-HdB § 8 Rn. 5.

[9] Verordnung (EU) 2019/2115 des Europäischen Parlaments und des Rates vom 27.11.2019 zur Änderung der Richtlinie 2014/65/EU und der Verordnungen (EU) Nr. 596/2014 und (EU) 2017/1129 zur Förderung der Nutzung von KMU-Wachstumsmärkten, ABl. 2019 L 320, 1.

[10] Zu dieser Tendenz *Veil,* Europäisches Kapitalmarktrecht, 2. Aufl. 2014, § 4 Rn. 38.

[11] Richtlinie 2003/6/EG des Europäischen Parlaments und des Rates vom 28.1.2003 über Insider-Geschäfte und Marktmanipulation (Marktmissbrauch), ABl. 2003 L 96, 16.

[12] Richtlinie 2003/124/EG der Kommission vom 22.12.2003 zur Durchführung der RL 2003/6/EG des Europäischen Parlaments und des Rates betreffend die Begriffsbestimmung und die Veröffentlichung von Insider-Informationen und die Begriffsbestimmung der Marktmanipulation, ABl. 2003 L 339, 70.

lationsverbots und der Begriff der Insiderinformation unter dem Regime der MAD aF in der Durchführungsrichtlinie 2003/124/EG näher definiert waren, finden sich die Einzelheiten hierzu heute in der MAR (Art. 12 iVm Anh. sowie Art. 7).[13]

Die auf Art. 83 Abs. 2 AEUV[14] gestützte RL 2014/57/EU über strafrechtliche Sanktionen bei **9** Marktmanipulation **(Marktmissbrauchs-RL)**[15] verlangt ergänzend, dass vorsätzliche und schwerwiegende Marktmanipulationen und Insiderhandel strafrechtlich geahndet werden.[16]

2. Level 2: Delegierte Rechtsakte und Durchführungsrechtsakte. Verschiedene Vorschriften **10** der MAR werden auf Stufe 2 des Lamfalussy-Verfahrens durch delegierte Rechtsakte (s. etwa Art. 6 Abs. 5) und Durchführungsrechtsakte der Kommission gem. Art. 290 f. AEUV konkretisiert,[17] die vor allem auf technischen Regulierungsstandards und technischen Durchführungsstandards der ESMA beruhen, s. etwa Art. 4 Abs. 4, 5; Art. 5 Abs. 6; Art. 11 Abs. 9, Art. 10; 13 Abs. 7; Art. 16 Abs. 5; Art. 17 Abs. 10; Art. 18 Abs. 9; Art. 19 Abs. 15; Art. 20 Abs. 3 (allg. hierzu → WpHG Vor § 1 Rn. 54).

Die Europäische Kommission hat mehrere Delegierte Verordnungen und Durchführungsverordnungen **11** (DVO) zur Konkretisierung der MAR erlassen. Beispiel für eine **Delegierte Verordnung** ist die Delegierte Verordnung (EU) 2016/522[18] mit Konkretisierungen zur Ausnahme für öffentliche Stellen und Zentralbanken, zu Indikatoren für Marktmanipulation, zu Schwellenwerten und zum Aufschub für die Offenlegung sowie zu den Directors' Dealings. Weiterhin wurden die Delegierte Verordnung (EU) 2016/908[19] zur Festlegung zulässiger Marktpraktiken und die Delegierte Verordnung (EU) 2016/909[20] zu technischen Regulierungsstandards für den Inhalt von den Behörden zu übermittelnden Meldungen und den Umgang mit Listen von solchen Meldungen erlassen. Daneben finden sich die Delegierte Verordnung (EU) 2016/957[21] mit Standards für Regelungen, Systeme, Verfahren und Mitteilungsmuster zur Bekämpfung von Marktmissbrauch sowie die Delegierte Verordnung (EU) 2016/958[22] mit Regelungen zur Anlageempfehlung. Des Weiteren finden sich in der Delegierte Verordnung (EU) 2016/960[23] technische Regulierungsstandards für Regelungen, Systeme und Verfahren bei der Durchführung von Marktsondierungen. Schließlich regelt die Delegierte Verordnung (EU) 2016/1052[24] technische Regulierungsstandards für Rückkaufprogramme und Stabilisierungsmaßnahmen.

Durchführungsverordnungen zur MAR sind beispielsweise die DVO (EU) 2016/523[25] mit tech- **12** nischen Durchführungsstandards für Directors' Dealings. Weiterhin wurden die DVO (EU) 2016/347[26] mit Standards für Insiderlisten und die DVO (EU) 2016/378[27] zur Festlegung von Durchführungsstandards in Bezug auf Meldungen an die Aufsichtsbehörden verabschiedet. Die DVO (EU) 2016/959[28] legt die technischen Durchführungsstandards für Marktsondierungen in Bezug auf die zu nutzenden Systeme, Mitteilungsmuster und das Format der Aufzeichnungen fest. Schließlich regelt die DVO (EU) 2016/1055[29] technische Durchführungsstandards zur Bekanntgabe von Insiderinformationen und deren Aufschub.

3. Level 3: Leitlinien und Empfehlungen. Die ESMA ist nach Art. 16 ESMA-VO in Bereichen, **13** die nicht von technischen Regulierungs- oder Durchführungsstandards abgedeckt werden (ErwGr 26 ESMA-VO) grundsätzlich befugt, auf Stufe 3 des Lamfalussy-Verfahrens **Leitlinien** und Empfehlungen

---

[13] Zu den möglichen Gründen *Veil* ZGR 2014, 544 (577).

[14] Vgl. ausf. zur Rechtsgrundlage *Kert* NZWiSt 2013, 252 (253).

[15] Richtlinie 2014/57/EU des Europäischen Parlaments und des Rates vom 16.4.2014 über strafrechtliche Sanktionen bei Marktmanipulation (Marktmissbrauchsrichtlinie), ABl. 2014 L 173, 179.

[16] *Veil/Brüggemeier* in Fleischer/Kalss/Vogt, Enforcement im Gesellschafts- und Kapitalmarktrecht, 2015, 277, 292 sprechen von einer „Zeitenwende".

[17] Die ESMA hat auf Ersuchen der Europäischen Kommission vom 21.10.2013 (Request to ESMA for technical advice on possible delegated acts concerning the regulation on insider dealing and Market manipulation [Market abuse], Ref. Ares[2013]3304576) sowie 2.6.2014 (Request to ESMA for technical advice on implementing acts concerning the regulation on insider dealing and Market manipulation [Market abuse], Ref. Ares[2014]1782351) technischen Rat (technical advice) zu einzelnen Fragen der MAR auf der Grundlage von Art. 8 Abs. 1 lit. a ESMA-VO erteilt (ESMA's technical advice on possible delegated acts concerning the Market Abuse Regulation vom 3.2.2015 (ESMA/2015/224), abrufbar unter: https://www.esma.europa.eu/sites/default/files/library/2015/11/2015-224.pdf (letzter Zugriff: 4.12.2019).

[18] ABl. 2016 L 88, 1.

[19] ABl. 2016 L 153, 3.

[20] ABl. 2016 L 153, 13.

[21] ABl. 2016 L 160, 1.

[22] ABl. 2016 L 160, 15.

[23] ABl. 2016 L 160, 29.

[24] ABl. 2016 L 173, 34.

[25] ABl. 2016 L 88, 19.

[26] ABl. 2016 L 65, 49.

[27] ABl. 2016 L 72, 1.

[28] ABl. 2016 L 160, 23.

[29] ABl. 2016 L 173, 47.

zu bestimmten Fragen der MAR zu erlassen (→ WpHG Vor § 1 Rn. 54).[30] In diesem Rahmen hat die ESMA Leitlinien zu Marktsondierungen und zum Aufschub von Ad-hoc-Mitteilungen (ESMA/2016/1130) und zu Warenderivatemärkten (ESMA/2016/1480) erlassen.

14   Jenseits der Leitlinien und Empfehlungen haben zudem anderweitige Verlautbarungen der ESMA, insbesondere während der Erarbeitung von Level 2-Rechtsakten oder sog. Q&As,[31] große praktische Relevanz.

15   **4. Nationales Recht.** Zur Anpassung der nationalen Vorschriften an das neue europäische Marktmissbrauchsrecht und zur Umsetzung der Mindestvorgaben ist am 30.6.2016 das **1. FiMaNoG** verabschiedet worden.[32] Das nationale Marktmissbrauchsrecht findet sich seitdem vollständig überarbeitet in Abschnitt 3 des WpHG unter der Überschrift „Marktmissbrauchsüberwachung". Da das Insiderrecht und das Marktmanipulationsverbot unmittelbar in Art. 7–16 geregelt sind, wurden §§ § 10, 12–14, 20a WpHG aF ersatzlos gestrichen bzw. neu gefasst[33] und finden sich nach der Neunummerierung durch das **2. FiMaNoG**[34] v. 23.6.2017 in §§ 25–28 WpHG. § 25 WpHG erweitert den Anwendungsbereich des Marktmanipulationsverbots auf Gegenstände außerhalb des Anwendungsbereichs der MAR, auf Waren, Emissionsberechtigungen und ausländische Zahlungsmittel. Im Übrigen enthält das WpHG Vorschriften, die die straf-, verwaltungs- und zivilrechtlichen Rechtsfolgen von Verstößen regeln (§§ 6 ff., 97 f., 119 ff. WpHG). Das WpHG verweist hierfür gem. § 1 Abs. 1 Nr. 8 lit. e WpHG grundsätzlich – mit Ausnahme etwa der Straf- und Bußgeldvorschriften gem. §§ 119, 120 Abs. 14, 15 WpHG – auf die Vorschriften der MAR in der jeweils geltenden Fassung **(dynamischer Verweis).**[35]

16   **5. Grundsatz der Vollharmonisierung.** Die Vorschriften der MAR wirken in ihrem Anwendungsbereich gem. Art. 2 grundsätzlich vollharmonisierend,[36] sofern strengere mitgliedstaatliche Regelungen nicht ausdrücklich erlaubt sind.[37] Außerhalb des Anwendungsbereichs gem. Art. 2 sind weitergehende nationale Vorschriften zulässig, s. zB § 25 WpHG.[38]

17   In Abweichung von dem grundsätzlichen Vollharmonisierungsansatz enthält die MAR zur Durchsetzung und Sanktionierung in Art. 30 Mindestvorgaben[39]. Auch Art. 1 Abs. 1 Marktmissbrauchs-RL erlaubt den Mitgliedstaaten wegen der insoweit eingeschränkten Kompetenz der EU gem. Art. 83 Abs. 2 S. 1 AEUV ausdrücklich strengere strafrechtliche Sanktionen (s. auch ErwGr 16 Marktmissbrauchs-RL).

III. Durchsetzung

18   **1. Maßnahmen der BaFin. a) Besondere Ermittlungsbefugnisse der BaFin.** Um die Aufdeckung und Verfolgung von Marktmissbrauch zu verbessern, wurden die Ermittlungs- und Aufsichtsbefugnisse der BaFin in § 6 WpHG auf der Grundlage von Art. 23 erheblich ausgeweitet. So verfügt die BaFin über Betretungs- und Durchsuchungsrechte, die über die in § 6 Abs. 11 WpHG geregelten allgemeinen Betretungsrechte hinausgehen und das **Betreten** und **Durchsuchen** von Geschäfts- und Wohnräumen erlauben, soweit dies zur Verfolgung von Verstößen gegen Art. 14 und 15 erforderlich ist (§ 6 Abs. 12 WpHG). Außerdem sind **Beschlagnahmen** gem. § 6 Abs. 12, 13 WpHG grundsätzlich nach Anordnung durch das AG Frankfurt a. M. möglich.

19   **b) Aufzeichnungs- und Auskunftspflichten.** Gem. § 6 Abs. 3 WpHG kann die BaFin von jedermann **Auskünfte,** die Vorlage von Unterlagen oder sonstigen Daten und die Überlassung von Kopien verlangen.

20   Außerdem kann die BaFin Aufzeichnungen von Telefongesprächen, elektronischen Mitteilungen und Verkehrsdaten von **Wertpapierdienstleistungsunternehmen** und Finanzinstituten herausver-

---

[30] S. ESMA, Consultation Paper – Draft guidelines on the Market Abuse Regulation vom 28.1.2016, ESMA/2016/162, abrufbar unter: https://www.esma.europa.eu/sites/default/files/library/2016-162.pdf (letzter Zugriff: 4.12.2019).

[31] S. zB Q&A (ESMA 70–145-111); zur Rechtsnatur von Q&A *Veil* ZBB 2018, 151.

[32] BGBl. 2016 I 1514.

[33] Begr. RegE 1. FiMaNoG, BT-Drs. 18/7482, 71 f., 74.

[34] BGBl. 2017 I 1693.

[35] Dazu Assmann/Schneider/Mülbert/*Spoerr* WpHG Vor § 119 Rn. 30, § 120 Rn. 61; *Bülte/Müller* NZG 2017, 205 (207 ff.); *Renz/Leibold* CCZ 2016, 157 (158); *Poelzig* NZG 2016, 492 (497). Zur Verfassungsmäßigkeit dynamischer Verweise im Lichte des Bestimmtheitsgebots aus Art. 103 Abs. 2 GG, s. BVerfG NJW 2016, 3648 (3650 f.).

[36] *Klöhn/Schmolke* Vor Art. 12 Rn. 82; *Poelzig* NZG 2016, 492 (493); *Poelzig* NZG 2016, 528; *Veil* ZBB 2014, 85 (87). Auch eine Verordnung kann sowohl vollharmonisierend als auch mindestharmonisierend wirken (*Seibt/Wollenschläger* AG 2014, 593 [595]; *Veil* ZBB 2014, 85 [87]; *Veil* ZGR 2014, 544 [549]).

[37] *Klöhn/Schmolke* Vor Art. 12 Rn. 82; *Seibt/Wollenschläger* AG 2014, 593 (595); *Veil* ZBB 2014, 85 (87).

[38] *Mock* in Ventoruzzo/Mock, Market Abuse Regulation, 2017, A.1.18.

[39] S. Art. 23 Abs. 2 [„zumindest"]; Art. 30 Abs. 1 MAR [„mindestens"] und ErwGr 71 aE MAR sowie Art. 4 Abs. 1 aE Marktmissbrauchs-RL, Art. 5 Abs. 1 aE Marktmissbrauchs-RL, Art. 7 Abs. 2, 3 Marktmissbrauchs-RL, Art. 9 Marktmissbrauchs-RL und ErwGr 7, 20 Marktmissbrauchs-RL. So auch *v. Buttlar* BB 2014, 451 (453); *Kiesewetter/Parmentier* BB 2013, 2371 (2377). Allg. *Veil/Koch* WM 2011, 2297 (2298).

langen, wenn Anhaltspunkte für Insiderhandel oder Marktmanipulationen bestehen (§ 7 Abs. 2 WpHG). Ebenso können **Telekommunikationsunternehmen** zur Herausgabe von Verkehrsdaten verpflichtet werden (§ 7 Abs. 1 WpHG). Die Herausgabe nach § 7 Abs. 1 S. 1 WpHG steht nach § 7 Abs. 1 S. 2 WpHG iVm § 100e StPO unter einem Richtervorbehalt.[40]

Darüber hinaus bindet Art. 4 die Betreiber von **Handelsplätzen** in die Kapitalmarktaufsicht ein, indem ihnen Mitteilungspflichten gegenüber der zuständigen Aufsichtsbehörde auferlegt werden, (s. auch § 8 WpHG). Die Betreiber müssen demnach ausführliche Angaben zu den Finanzinstrumenten übermitteln, die sie zum Handel zugelassen haben, für die ein Antrag auf Zulassung zum Handel gestellt wurde oder die auf ihrem Handelsplatz erstmalig gehandelt wurden. Das Erlöschen der Zulassung eines Finanzinstruments ist ebenfalls mitzuteilen. Die Informationen werden von der BaFin an die ESMA weitergeleitet und dort in einer Liste zusammengefasst und veröffentlicht.   21

c) Meldepflichten. Um marktmissbräuchliches Verhalten aufdecken und verfolgen zu können, sieht Art. 16 Abs. 1, 2 (zuvor §§ 10, 15b, 16 WpHG aF) Meldepflichten Dritter vor. Demnach sind **Betreiber** von organisierten Märkten und MTF- oder OTF-Betreiber sowie Personen, die **gewerbsmäßig** Geschäfte vermitteln oder ausführen, verpflichtet, wirksame Vorkehrungen zur Vorbeugung und Aufdeckung von (versuchten) Insidergeschäften und (versuchten) Marktmanipulationen zu treffen und den Verdacht auf solche Verstöße der zuständigen Aufsichtsbehörde, also der BaFin bzw. der Landesaufsichtsbehörde, unverzüglich mitzuteilen bzw. diese darüber zu unterrichten. Ein pflichtwidriges Unterlassen der Mitteilung bzw. Unterrichtung wird als Ordnungswidrigkeit gem. § 120 Abs. 15 Nr. 4, 5 WpHG sanktioniert. Unklar ist, ob und inwieweit sich der Meldepflichtige durch eine falsche Meldung selbst strafbar macht, etwa wegen übler Nachrede gem. § 186 StGB. Vor Geltung der MAR waren zur Erhöhung der Anzeigebereitschaft gem. § 10 Abs. 3 WpHG aF straf- und ordnungswidrigkeitenrechtliche Sanktionen gegen den Meldepflichtigen grundsätzlich ausgeschlossen, wenn die Anzeige weder vorsätzlich noch grob fahrlässig falsch erstattet wurde. Eine solche ausdrückliche Regelung findet sich in der MAR nicht.   22

d) Whistle Blower. Andere Personen, insbesondere Mitarbeiter von beaufsichtigten Marktteilnehmern, die Kenntnis von Verstößen haben, sind nicht – wie Betreiber von Märkten und Handelsplätzen sowie gewerbliche Marktteilnehmer gem. Art. 16 Abs. 1, 2 – zur Meldung verpflichtet. Damit sie die Aufdeckung und Verfolgung von Marktmissbrauch aber gleichwohl unterstützen können (s. ErwGr 74), sind Wertpapierdienstleistungsunternehmen und Kreditinstitute gem. § 25a Abs. 1 S. 6 Nr. 3 KWG zur Einrichtung eines unternehmensinternen Systems für Hinweisgeber *(Whistle Blower)* verpflichtet. Außerdem hat die BaFin ein Hinweisgebersystem gem. § 4d FinDAG eingerichtet.   23

2. Rechtsfolgen von Verstößen. Marktmissbräuchliches Verhalten hat sowohl straf- als auch bußgeldrechtliche Sanktionen zur Folge und begründet uU darüber hinaus zivilrechtliche Ansprüche.[41] Die Rechtsfolgen selbst werden allerdings nicht unmittelbar in der MAR geregelt. In Art. 30 ff. sowie der Marktmissbrauchs-RL werden lediglich Mindestvorgaben formuliert, die die Mitgliedstaaten in nationales Straf- und Verwaltungsrecht umzusetzen haben. Im deutschen Recht finden sich die straf- und aufsichtsrechtlichen Sanktionen für Marktmissbrauch – neben anderen Kapitalmarktverstößen – in §§ 119 ff. WpHG, die zivilrechtlichen Konsequenzen folgen aus dem bürgerlichen Recht.   24

a) Strafrechtliche Sanktionen. Der deutsche Gesetzgeber hat die Vorgaben der Marktmissbrauchs-RL, die einheitlich in allen Mitgliedstaaten an strafrechtlichen Sanktionen jedenfalls für schwerwiegende und vorsätzliche Marktmanipulationen und Insiderhandel verlangt (Art. 3–5 Marktmissbrauchs-RL), zunächst mit dem 1. FiMaNoG[42] in § 38 WpHG aF umgesetzt und mit dem 2. FiMaNoG in § 119 WpHG überführt (→ WpHG Vor § 1 Rn. 7 ff.).[43] Allerdings beschränkt sich die Strafbarkeit gem. § 119 Abs. 1, 3 WpHG nicht nur auf schwerwiegende Verstöße, sondern geht insoweit über die europäischen Vorgaben hinaus und erfasst jeden vorsätzlichen Verstoß gegen Art. 14, 15 unabhängig von der Schwere der Auswirkungen (s. ErwGr 11, 12 Marktmissbrauchs-RL). Die Strafbarkeit folgt für vorsätzliche Marktmanipulationen aus § 119 Abs. 1 WpHG und für vorsätzliche Insiderverstöße aus § 119 Abs. 3 WpHG (→ WpHG § 119 Rn. 1 ff.).   25

b) Verwaltungsrechtliche Sanktionen. Bestimmte Zuwiderhandlungen gegen die MAR werden als Ordnungswidrigkeit mit einem Bußgeld geahndet. Die bußgeldrechtlichen Sanktionen wurden nach den Vorgaben von Art. 30, 31 zunächst in §§ 38, 39 WpHG umgesetzt und durch das 2. FiMaNoG in § 120 Abs. 2 Nr. 3, Abs. 14, 15 WpHG überführt. Leichtfertige Insiderverstöße gem. Art. 14 MAR sind von § 120 Abs. 14 iVm 119 Abs. 3 WpHG und vorsätzlich oder leichtfertig   26

---

[40] Begr. RegE 1. FiMaNoG, BT-Drs. 18/7482, 38.

[41] *Poelzig* KapMarktR Rn. 437 ff.

[42] Erstes Gesetz zur Novellierung von Finanzmarktvorschriften aufgrund europäischer Rechtsakte (Erstes Finanzmarktnovellierungsgesetz – 1. FiMaNoG) v. 30.6.2016, BGBl. 2016 I 1514.

[43] Eine teilw. beklagte Strafbarkeitslücke bei Umsetzung der Marktmissbrauchs-RL am 2.7.2016 (s. nur Klöhn/ *Klöhn* Einl. Rn. 79 f.; *Rothenfußer/Jäger* NJW 2016, 2689 [2691]) hat der BGH zurückgewiesen (BGH Beschl. v. 10.1.2017 – 5 StR 532/16, NZG 2017, 236).

begangene Verstöße gegen das Marktmanipulationsverbot gem. Art. 15 MAR sind von § 120 Abs. 15 Nr. 2 WpHG erfasst (→ WpHG § 119 Rn. 2). Natürliche Personen müssen bei Insiderhandel und Marktmanipulationen mit Geldbußen von bis zu fünf Mio. EUR und juristische Personen mit Geldbußen von bis zu 15 Mio. EUR oder bis zu 15 % des jährlichen (Konzern-) Gesamtumsatzes rechnen (§ 120 Abs. 18 WpHG; → WpHG § 120 Rn. 2). Außerdem droht § 120 Abs. 2 Nr. 3 WpHG Geldbußen für vorsätzliche Marktmanipulationen iSd § 25 WpHG iVm Art. 15 MAR an. Hierfür können natürliche Personen mit Geldbußen von bis zu eine Mio. EUR und juristische Personen mit Geldbußen von bis zu 2,5 Mio. EUR oder 2 % des jährlichen (Konzern-) Gesamtumsatzes sanktioniert werden. Für andere Verstöße gegen die MAR gelten die in § 120 Abs. 18 S. 1, S. 2 Nr. 2, 3 WpHG genannten Höchstgrenzen. Die Höchstgrenzen können jeweils überschritten werden, um das Dreifache des erwirtschafteten Vorteils abzuschöpfen (→ WpHG § 120 Rn. 2).[44] Darüber hinaus ist die BaFin gem. § 125 WpHG nicht nur – wie zunächst gem. § 40b WpHG aF – berechtigt, sondern verpflichtet, jede Entscheidung über die Verhängung von Sanktionen und Maßnahmen zu veröffentlichen und den jeweiligen Verstoß sowie die verantwortliche Person bekannt zu geben (*Naming and Shaming,* → WpHG §§ 123–125 Rn. 1 ff.).

27   **c) Zivilrechtliche Folgen.** Die MAR schweigt zu den zivilrechtlichen Folgen von Verstößen. Daher ist für jede Vorschrift gesondert zu beurteilen, welche zivilrechtlichen Folgen ein Verstoß hat.[45]

Kapitel 1. Allgemeine Bestimmungen

Art. 1 Gegenstand

Mit dieser Verordnung wird ein gemeinsamer Rechtsrahmen für Insidergeschäfte, die unrechtmäßige Offenlegung von Insiderinformationen und Marktmanipulation (Marktmissbrauch) sowie für Maßnahmen zur Verhinderung von Marktmissbrauch geschaffen, um die Integrität der Finanzmärkte in der Union sicherzustellen und den Anlegerschutz und das Vertrauen der Anleger in diese Märkte zu stärken.

Art. 2 Anwendungsbereich

(1) *[1]* Diese Verordnung gilt für

a) Finanzinstrumente, die zum Handel auf einem geregelten Markt zugelassen sind oder für die ein Antrag auf Zulassung zum Handel auf einem geregelten Markt gestellt wurde;

b) Finanzinstrumente, die in einem multilateralen Handelssystem gehandelt werden, zum Handel in einem multilateralen Handelssystem zugelassen sind oder für die ein Antrag auf Zulassung zum Handel in einem multilateralen Handelssystem gestellt wurde;

c) Finanzinstrumente, die in einem organisierten Handelssystem gehandelt werden;

d) Finanzinstrumente, die nicht unter die Buchstaben a, b oder c fallen, deren Kurs oder Wert jedoch von dem Kurs oder Wert eines unter diesen Buchstaben genannten Finanzinstruments abhängt oder sich darauf auswirkt; sie umfassen Kreditausfall-Swaps oder Differenzkontrakte, sind jedoch nicht darauf beschränkt.

***[2]* ¹Diese Verordnung gilt außerdem für Handlungen und Geschäfte, darunter Gebote, bezüglich Versteigerungen von Treibhausgasemissionszertifikaten und anderen darauf beruhenden Auktionsobjekten auf einer als geregelten Markt zugelassenen Versteigerungsplattform gemäß der Verordnung (EU) Nr. 1031/2010, selbst wenn die versteigerten Produkte keine Finanzinstrumente sind. ²Sämtliche Vorschriften und Verbote dieser Verordnung in Bezug auf Handelsaufträge gelten unbeschadet etwaiger besonderer Bestimmungen zu den im Rahmen einer Versteigerung abgegebenen Geboten für diese Gebote.**

(2) Die Artikel 12 und 15 gelten auch für

a) Waren-Spot-Kontrakte, die keine Energiegroßhandelsprodukte sind, bei denen die Transaktion, der Auftrag oder die Handlung eine Auswirkung auf den Kurs oder den Wert eines Finanzinstruments gemäß Absatz 1 hat, oder eine solche Auswirkung wahrscheinlich oder beabsichtigt ist;

b) Arten von Finanzinstrumenten, darunter Derivatekontrakte und derivative Finanzinstrumente für die Übertragung von Kreditrisiken, bei denen das Geschäft, der Auftrag, das Gebot oder das Verhalten eine Auswirkung auf den Kurs oder Wert eines Waren-Spot-Kontrakts hat oder voraussichtlich haben wird, dessen Kurs oder Wert vom Kurs oder Wert dieser Finanzinstrumente abhängen, und

---

[44] Hierzu ausf. *Poelzig* NZG 2016, 492 ff.

[45] Monographisch *Schütt,* Europäische Marktmissbrauchsverordnung und Individualschutz, 2019.

c) Handlungen in Bezug auf Referenzwerte.

(3) Diese Verordnung gilt für alle Geschäfte, Aufträge und Handlungen, die eines der in den Absätzen 1 und 2 genannten Finanzinstrumente betreffen, unabhängig davon, ob ein solches Geschäft, ein solcher Auftrag oder eine solche Handlung auf einem Handelsplatz getätigt wurden.

(4) Die Verbote und Anforderungen dieser Verordnung gelten für Handlungen und Unterlassungen in der Union und in Drittländern in Bezug auf die in den Absätzen 1 und 2 genannten Instrumente.

Übersicht

I. Anwendungsbereich

1. Sachlicher Anwendungsbereich. Die MAR gilt für **Finanzinstrumente**, die zum Handel in 1 der EU oder im EWR auf einem **geregelten Markt** oder in einem **MTF** zugelassen sind, Art. 2 Abs. 1 S. 1 lit. a–c, ErwGr 8. Seit dem 3.1.2018 (s. Art. 39 Abs. 4)[1] gilt die MAR zudem auch für Finanzinstrumente, die in **OTF** gehandelt werden. Die MAR gilt außerdem für Finanzinstrumente, deren Wert von dem Wert solcher Finanzinstrumente abhängt (Art. 2 Abs. 1 S. 1 lit. d). Der sachliche Anwendungsbereich der MAR wird demnach durch die betroffenen Finanzinstrumente und Handelsplätze begrenzt.[2]

a) Finanzinstrumente. Der Begriff der Finanzinstrumente wird durch Verweis des Art. 3 Abs. 1 2 Nr. 1 MAR auf Art. 4 Abs. 1 Nr. 15 MiFID II definiert und stimmt daher im Wesentlichen mit dem Begriff der Finanzinstrumente in § 2 Abs. 4 WpHG überein (→ WpHG § 2 Rn. 2 ff.). Art. 4 Abs. 1 Nr. 15 MiFID II iVm Anhang I Abschnitt C MiFID II nennt ausdrücklich übertragbare Wertpapiere, Geldmarktinstrumente, OGAW (Investmentvermögensanteile), Derivatekontrakte auf Wertpapiere, Währungen, Zinssätze oder -erträge, Emissionszertifikate, finanzielle Indizes oder Messgrößen, Waren ua, derivative Instrumente für den Transfer von Kreditrisiken, finanzielle Differenzgeschäfte und Emissionszertifikate.[3] Zwar werden Anteile an alternativen Investmentfonds (→ WpHG § 2 Rn. 7) nicht ausdrücklich genannt. Sie sind aber gleichwohl erfasst.[4] **Vermögensanlagen** sind anders als gem. § 2 Abs. 4 WpHG keine Finanzinstrumente iSd Art. 3 Abs. 1 Nr. 1 MAR (→ WpHG § 2 Rn. 8).

Um Umgehungen zu vermeiden,[5] gilt die MAR außerdem für Finanzinstrumente, deren Wert von 3 dem Wert der genannten Finanzinstrumente unmittelbar oder mittelbar abhängt oder sich darauf auswirkt (Art. 2 Abs. 1 S. 1 lit. d). Relevant ist dies vor allem für **Options- und Wandelrechte,** die sich auf Finanzinstrumente, wie börsengehandelte Aktien, beziehen, selbst aber nicht an geregelten Märkten, MTF oder OTF gehandelt werden. Während Aktienoptionen aus Mitarbeiterprogrammen, die tatsächlich erfüllt werden, unter Art. 2 Abs. 1 S. 1 lit. d subsumiert werden, sind Rechte aus

---

[1] Die Geltung der MiFID II wurde durch die Richtlinie (EU) 2016/1034 des Europäischen Parlaments und des Rates vom 23.6.2016 zur Änderung der Richtlinie 2014/65/EU über Märkte für Finanzinstrumente (ABl. 2016 L 175, 8) auf den 3.1.2018 verschoben. Art. 39 Abs. 4 geht noch vom Geltungsbeginn der MiFID II am 3.1.2017 aus, da sie vor der Ankündigung der Verschiebung verabschiedet wurde.
[2] *Hopt/Kumpan* in Schimansky/Bunte/Lwowski BankR-HdB § 107 Rn. 22.
[3] Zum erweiterten Begriff der Finanzinstrumente *Geier/Schmitt* WM 2013, 915 (916).
[4] *Hopt/Kumpan* in Schimansky/Bunte/Lwowski BankR-HdB § 107 Rn. 22.
[5] S. OLG Karlsruhe Beschl. v. 4.2.2004 – 3 Ws 195/03, NZG 2004, 377.

virtuellen Aktienoptionsprogrammen, die lediglich mit einem finanziellen Betrag entlohnt werden, mangels Kapitalmarktrelevanz nicht erfasst.[6]

4 **b) Handelsplätze.** Die MAR gilt für Finanzinstrumente, die zum Handel in der EU oder im EWR auf einem **geregelten Markt** zugelassen sind. Der geregelte Markt ist in Deutschland der regulierte Markt iSd BörsG, nicht jedoch der Freiverkehr iSd § 48 BörsG (→ Vor Art. 1 Rn. 23).[7] Erfasst sind auch Finanzinstrumente, die in einem **multilateren Handelssystem** (→ Vor Art. 1 Rn. 21) gehandelt werden oder dort zum Handel zugelassen sind (Art. 2 Abs. 1 S. 1 lit. b, ErwGr 8). Insbesondere der Freiverkehr wird hierdurch der Börse gleichgestellt. Der Zulassung iSd Art. 2 Abs. 1 S. 1 lit. a und b steht der Antrag auf Zulassung gleich. Damit wird auch der Handel bei Erscheinen *(when issued trading)* erfasst (s. hierzu ErwGr 7 Delegierte Verordnung (EU) 2016/1052). Seit dem 3.1.2018 (s. Art. 39 Abs. 4) gilt die MAR zudem auch für den Handel in einem **organisierten Handelssystem** (→ Vor Art. 1 Rn. 23). Die Liste der EU-weit zugelassenen geregelten Märkte, MTF und OTF findet sich in einer von der ESMA geführten Datenbank.[8]

5 Die Anwendbarkeit der MAR knüpft an den Handel der betroffenen Finanzinstrumente auf den genannten Handelsplätzen an und ist unabhängig davon, ob die in Frage stehende Handlung, die die Finanzinstrumente betrifft, selbst auf einem Handelsplatz getätigt wurde (Art. 2 Abs. 3).

6 **2. Räumlicher Anwendungsbereich. a) Handel des betroffenen Finanzinstruments innerhalb EU/EWR.** Maßgeblich für die räumliche Anwendbarkeit der MAR ist ein Bezug der marktmissbräuchlichen Handlung zu Finanzinstrumenten, die auf einem von der MiFID II erfassten Handelsplatz gehandelt werden. Der MAR liegt das **Marktort- oder Auswirkungsprinzip** zugrunde.[9] Unerheblich sind sowohl der Sitz des Emittenten als auch der Handlungsort, dh der Ort der marktmissbräuchlichen Handlung. Die Anknüpfung an den Marktort entspricht Sinn und Zweck der MAR, die dem Schutz des Finanzmarktes und der Anleger innerhalb der EU zu dienen bestimmt ist (s. Art. 1).[10] Die betroffenen Finanzinstrumente müssen auf einem geregelten Markt, MTF oder OTF iSd MiFID II (→ Vor Art. 1 Rn. 23) gehandelt werden (Art. 3 Abs. 1 Nr. 6–8). Alternativ genügt die Zulassung oder der Antrag auf Zulassung zum Handel (s. Art. 2 Abs. 1 lit. a, b). Die Handelsplätze müssen der MiFID II unterfallen und damit in der **EU** liegen. Das trifft auf geregelte Märkte iSd Art. 4 Abs. 1 Nr. 21 MiFID II zu, wenn die zuständige Behörde eines EU-Mitgliedstaates die Zulassung erteilt hat. MTF und OTF iSd Art. 4 Abs. 1 Nr. 22, 23 MiFID II werden von Wertpapierfirmen mit Sitz oder Hauptverwaltung in der EU betrieben.[11] Mit Übernahme der MAR in das **EWR**-Abkommen erstreckt sich der Anwendungsbereich auch auf Handelsplätze im EWR.[12] Der notwendige Bezug liegt vor, wenn die marktmissbräuchliche Handlung Auswirkungen auf die Integrität des Marktes des Finanzinstruments in der EU/EWR haben kann.[13] Dies ist insbesondere dann der Fall, wenn die fragliche Handlung geeignet ist, den Preis des Finanzinstruments zu beeinflussen.[14]

7 **b) Verhaltensweisen in Drittstaaten.** Die MAR findet auch auf Handlungen und Unterlassungen Anwendung, die außerhalb der EU in einem Drittstaat vorgenommen werden (Art. 2 Abs. 4). Damit ist eine extraterritoriale Anwendung des europäischen Marktmissbrauchsrechts auf Auslandssachverhalte möglich.[15] Die völkerrechtliche Legitimation der Anknüpfung an den Handel der Finanzinstrumente als solche steht nicht in Frage. Nach der Lehre der sinnvollen Anknüpfung, die auf das völkerrechtliche Rechtsmissbrauchsverbot und das Einmischungsverbot gestützt wird,[16] haben die EU und ihre Mitgliedstaaten ein berechtigtes Interesse *(genuine link)*, schädliche Auswirkungen auf die Funktionsfähigkeit des EU-Finanzmarktes zu unterbinden.[17] Allerdings gebietet das völkerrechtliche

---

[6] S. bereits BaFin Emittentenleitfaden, 22.7.2013 (BaFin Emittentenleitfaden 2013), abrufbar unter: http://www.bafin.de/SharedDocs/Downloads/DE/Leitfaden/WA/dl_emittentenleitfaden_2013.pdf?__blob=publicationFile&v=12 (letzter Zugriff: 4.12.2019), 31 f.; *Lösler* in Habersack/Mülbert/Schlitt KapMarktInfo-HdB § 2 Rn. 17; *Hopt/Kumpan* in Schimansky/Bunte/Lwowski BankR-HdB § 107 Rn. 27 f.; HK-KapMarktStrafR/*Hilgendorf/Kusche* Art. 2 Rn. 9; Schwark/Zimmer/*Kumpan* WpHG § 2 Rn. 39; *Klasen* AG 2006, 24 (27 f.); *Merkner/Sustmann* NZG 2005, 729 (730 f.). Zweifelnd bzgl. Stock Appreciation Rights Assmann/Schneider/Mülbert/*Assmann* Art. 2 Rn. 15; *Sethe* in Assmann/Schütze KapitalanlageR-HdB § 8 Rn. 22.

[7] Klöhn/*Klöhn* Art. 2 Rn. 93.

[8] Abrufbar unter: https://registers.esma.europa.eu/publication/searchRegister?core=esma_registers_upreg (letzter Zugriff: 4.12.2019).

[9] Klöhn/*Klöhn* Art. 2 Rn. 104; MüKoBGB/*Lehmann* IntFinMR Rn. 139; *Poelzig* in Zetsche/Lehmann, Grenzüberschreitende Finanzdienstleitungen, 2017, § 14 Rn. 16.

[10] Allg. zur Marktortanknüpfung *Poelzig,* Normdurchsetzung durch Privatrecht, 2012, 556 f.

[11] *Eckert* in Zetsche/Lehmann, Grenzüberschreitende Finanzdienstleitungen, 2017, § 13 Rn. 15 ff.

[12] *Poelzig* in Zetsche/Lehmann, Grenzüberschreitende Finanzdienstleitungen, 2017, § 14 Rn. 15.

[13] *Poelzig* in Zetsche/Lehmann, Grenzüberschreitende Finanzdienstleitungen, 2017, § 14 Rn. 17.

[14] Klöhn/*Klöhn* Art. 2 Rn. 106.

[15] Zur Begr. mit Effizienzerwägungen *Zetzsche* in Gebauer/Teichmann, Enzyklopädie Europarecht, Bd. 6. Europäisches Privat- und Unternehmensrecht, 2016, § 7 C. Rn. 43 f.

[16] Staudinger/Fezer/*Koos,* 2019, IntWirtschR Rn. 135.

[17] MüKoBGB/*Lehmann* IntFinMR Rn. 356; *Bosch* in Meessen, Extraterritorial Jurisdiction in Theory and Practice, 1996, 200, 209.

Rechtsmissbrauchsverbot eine **Einschränkung** des räumlichen Anwendungsbereichs auf qualifizierte Auswirkungen.[18]

c) Verhaltensweisen in der EU. Art. 2 Abs. 1 beschränkt sich nicht darauf, die Anwendung der **8** MAR auf außerhalb der EU veranlasste Manipulationshandlungen zu bestimmen. Die Regelung soll den räumlichen Anwendungsbereich generell, also grundsätzlich auch für Handlungen innerhalb der Union, definieren. Dies folgt auch aus dem Regelungszweck der MAR, „die Integrität der Finanzmärkte in der Union sicherzustellen" (Art. 1). Die Integrität der europäischen Finanzmärkte wird aber durch Manipulationshandlungen in der EU nicht berührt, die sich auf Finanzinstrumente beziehen, die ausschließlich außerhalb der EU gehandelt werden. Das europäische Marktmissbrauchsrecht erfasst demnach Verhaltensweisen in der EU nur dann, wenn sie sich auf Finanzinstrumente beziehen, die in der EU gehandelt werden bzw. zum Handel zugelassen sind. Da die Ausführung der Handlung in der EU einen ausreichenden *genuine link* darstellt, bedarf es einer Einschränkung auf qualifizierte Auswirkungen zur Begegnung völkerrechtlicher Bedenken hier nicht (→ Rn. 7).

II. Grenzüberschreitende Durchsetzung des Marktmissbrauchsrechts

Vom räumlichen Anwendungsbereich der MAR ist die aufsichtsrechtliche, straf- und bußgeldrecht- **9** liche sowie zivilrechtliche Durchsetzung im grenzüberschreitenden Kontext zu unterscheiden.

1. Internationales Aufsichtsrecht. Art. 23, 30 sehen umfangreiche Ermittlungs- und Aufsichts- **10** befugnisse sowie verwaltungsrechtliche Maßnahmen und Sanktionen zur Durchsetzung des europäischen Marktmanipulationsverbots vor. Zuständig sind gem. Art. 22 grundsätzlich die nationalen Aufsichtsbehörden.

a) Zuständigkeit der ESMA. Die europäische Wertpapier- und Marktaufsichtsbehörde ESMA **11** übernimmt im Marktmissbrauchsrecht – anders als etwa im Falle der Ratingverordnung 1060/2009/EG[19] – keine unmittelbare Aufsichtsfunktion in den Mitgliedstaaten. Daran hat auch die Verabschiedung der unmittelbar geltenden MAR anstelle der umsetzbedürftigen MAD aF nichts geändert. Allerdings wurden die Einflussmöglichkeiten der ESMA durch die MAR erheblich ausgeweitet. Sie überwacht die Tätigkeit der nationalen Aufsichtsbehörden und koordiniert diese durch den Erlass von technischen Durchführungs- und Regulierungsstandards (Art. 10, 15 ESMA-VO), sowie von Leitlinien und Empfehlungen (Art. 8 Abs. 1 lit. b, Art. 16 ESMA-VO; → Vor Art. 1 Rn. 54 f.). Außerdem veröffentlicht die ESMA ua einen Jahresbericht über die Verhängung verwaltungs- und strafrechtlicher Sanktionen durch die mitgliedstaatlichen Aufsichtsbehörden (Art. 33 Abs. 1 S. 2, Abs. 2 S. 2).

b) Zuständigkeit der nationalen Aufsichtsbehörden. Die zur Überwachung des Marktmiss- **12** brauchsrechts zuständige Aufsichtsbehörde gem. Art. 22 ist in Deutschland gem. § 6 Abs. 5 WpHG die **BaFin.** Die nationalen Aufsichtsbehörden gewährleisten gem. Art. 22 S. 3 die Anwendung der MAR in ihrem Hoheitsgebiet. Hierfür stehen ihnen die in Art. 23 Abs. 2 aufgeführten Aufsichts- und Ermittlungsbefugnisse zur Verfügung, s. insbesondere §§ 6 Abs. 3, 6–9, 12–14, 125 WpHG (→ WpHG § 6 Rn. 8 ff.). Die nationalen Aufsichtsbehörden sind zuständig für alle inländischen Handlungen und für ausländische Handlungen, die sich auf Finanzinstrumente beziehen, die im Inland zum Handel an einem geregelten Markt zugelassen sind, auf einer Versteigerungsplattform versteigert wurden oder auf einem MTF oder OTF[20] gehandelt werden.[21] Der Zulassung zum Handel ist auch hier der Antrag auf Zulassung gleichgestellt. Die Zuständigkeitsregelung des Art. 22 S. 3 entspricht damit im Ansatz Art. 10 MAD aF, der den räumlichen Anwendungsbereich für das vorhergehende Marktmissbrauchsregime formulierte.

2. Internationales Straf- und Bußgeldrecht. Verstöße gegen die MAR werden in Umsetzung **13** von Art. 30 Abs. 2; Art. 5 Marktmissbrauchs-RL in § 119 Abs. 1, 3 WpHG, § 120 Abs. 2 Nr. 3, Abs. 15 WpHG sowohl strafrechtlich als auch bußgeldrechtlich geahndet (→ WpHG § 119 Rn. 1 ff., → WpHG §§ 120, 121 Rn. 1, → Vor Art. 1 Rn. 24 ff.).

a) Strafbarkeit gem. § 119 WpHG. Strafbar sind Marktmanipulationen (§ 119 Abs. 1 WpHG) **14** und Insiderverstöße (§ 119 Abs. 3 WpHG). Die Anwendbarkeit von § 119 WpHG auf ausländische Sachverhalte richtet sich grundsätzlich nach den nationalen strafrechtlichen Grundsätzen (in Deutsch-

---

[18] Für eine Beschränkung auf spürbare Auswirkungen bereits *Holzborn/Israel* WM 2004, 1948 (1949); *Spindler* NJW 2004, 3449. Näher hierzu *Poelzig* in Zetsche/Lehmann, Grenzüberschreitende Finanzdienstleitungen, 2017, § 14 Rn. 19 f. Vgl. auch zu § 185 Abs. 2 GWB Staudinger/*Fezer/Koos* IntWirtschR Rn. 135. Abl. Fuchs/*Fuchs* WpHG § 1 Rn. 12; Kölner Komm WpHG/*Versteegen/Baum* WpHG § 1 Rn. 15.

[19] VO (EG) Nr. 1060/2009 des europäischen Parlaments und des Rates vom 16.9.2009 über Ratingagenturen, ABl. 2009 L 302, 1.

[20] Seit dem 3.1.2018 (s. Art. 39 Abs. 4).

[21] Kölner Komm WpHG/*Mock* WpHG § 20a Rn. 52.

land §§ 3–7, 9 StGB).[22] Bei der Anwendung und Auslegung sind die Maßgaben der MAR und der Marktmissbrauchs-RL zu berücksichtigen. Für die strafrechtliche Beurteilung einer Auslandstat ist eine zweistufige Prüfung vorzunehmen: Zunächst ist zu prüfen, ob die Zuwiderhandlung in den räumlichen Anwendungsbereich der MAR fällt, ob sie sich also auf in der EU oder im EWR gehandelte Finanzinstrumente bezieht (→ Rn. 6). Der räumliche Anwendungsbereich der Marktmissbrauchs-RL stimmt insoweit mit dem der MAR überein (s. Art. 1 Abs. 1, 5 Marktmissbrauchs-RL). Ist der räumliche Anwendungsbereich der MAR eröffnet, ist in einem zweiten Schritt die Anwendbarkeit deutschen Strafrechts zu prüfen.[23] Die Anwendbarkeit von § 119 Abs. 1 WpHG richtet sich – unter Berücksichtigung der Marktmissbrauchs-RL – nach den allgemeinen Vorschriften gem. §§ 3–9 StGB und erstreckt sich auf Taten im Inland (§ 3 StGB) sowie auf Taten im Ausland durch oder gegen einen Deutschen (§ 7 StGB).[24]

15   **b) Bußgeldrechtliche Sanktionen.** Die Anwendbarkeit der bußgeldrechtlichen Vorschriften gem. § 120 Abs. 2 Nr. 3, Abs. 15 WpHG ist – wie im Falle von § 119 Abs. 1, 3 WpHG – ebenfalls in einem zweistufigen Verfahren zu bestimmen.[25] Demnach ist zunächst zu prüfen, ob die Handlung in den räumlichen Anwendungsbereich der MAR fällt.[26] Die Anwendbarkeit von § 120 WpHG bestimmt sich sodann nach dem Territorialitätsgrundsatz (§§ 5, 7 OWiG).[27]

16   **3. Internationales Privat- und Zivilverfahrensrecht.** Da die zivilrechtliche Haftung für Verstöße gegen die Vorschriften der MAR weltweit nicht einheitlich geregelt ist, stellt sich die Frage nach der maßgeblichen Rechtsordnung und damit der internationalen Zuständigkeit.[28] So wird in Deutschland zwar für Verletzungen der Ad-hoc-Pflicht aus Art. 17 MAR auf Schadensersatz gem. §§ 97, 98 WpHG gehaftet (→ WpHG §§ 97, 98 Rn. 1 f.). Im Übrigen wird aber eine zivilrechtliche Haftung für andere marktmissbräuchliche Verhaltensweisen, etwa für Marktmanipulationen, in Deutschland auf der Grundlage von § 823 Abs. 2 BGB bislang (noch) überwiegend abgelehnt (→ Art. 8–11, 14, 16 Rn. 74 ff.; → Art. 12, 13, 15 Rn. 52 f.). Im Gegensatz zu Deutschland erkennt die hM in Österreich das Marktmanipulations- und Insiderhandelsverbot gem. § 48e Börsegesetz als anspruchsbegründendes Schutzgesetz iSv § 1311 S. 2 ABGB an.[29] Andere EU-Mitgliedstaaten sehen wiederum zusätzlich zu den unionsrechtlich verlangten verwaltungsrechtlichen Maßnahmen eine spezialgesetzliche Haftung für Marktmanipulationen und Insiderhandel vor.

17   **a) Internationale Zuständigkeit nach der Brüssel Ia-VO.** Die internationale Zuständigkeit für die deliktsrechtlichen Folgen marktmissbräuchlichen Handelns richtet sich in den EU-Mitgliedstaaten grundsätzlich nach der Brüssel Ia-VO, insbesondere nach Art. 7 Nr. 2 bzw. Nr. 3 Brüssel Ia-VO.[30] Art. 7 Nr. 2 Brüssel Ia-VO **(Gerichtsstand der unerlaubten Handlung)** begründet die Zuständigkeit der Gerichte des Ortes, an dem das schädigende Ereignis eingetreten ist oder einzutreten droht.[31] Nach der stRspr des EuGH sind dies gem. des Ubiquitätsprinzips sowohl der Handlungs- als auch der

---

[22] Assmann/Schneider/Mülbert/*Spoerr* WpHG § 119 Rn. 156.

[23] Zu dieser zweistufigen Prüfung Kölner Komm WpHG/Altenhain WpHG § 38 Rn. 122; Assmann/Schneider/Mülbert/*Spoerr* WpHG § 119 Rn. 20 ff.; *Eichelberger*, Das Verbot der Marktmanipulation (§ 20a WpHG), 2006, 226; *Poelzig* in Lehmann/Zetzsche, Grenzüberschreitende Finanzdienstleitungen, 2017, 487 ff.; *Rönnau/Wegner* in Meyer/Veil/Rönnau MarktmissbrauchsR-HdB § 28 Rn. 27; *Schröder* KapMarktStrafR-HdB Rn. 618; aA Fuchs/*Waßmer* WpHG § 38 Rn. 169 (zunächst Anwendungsbereich der Strafnorm, dann Anwendungsbereich der Bezugsnorm); *Nietsch*, Internationales Insiderrecht, 2004, 108 ff. (einstufige Prüfung der Strafanwendung); *Kondring* WM 1998, 1369 (1370).

[24] Ausf. hierzu *Poelzig* in Zetzsche/Lehmann, Grenzüberschreitende Finanzdienstleitungen, 2017, § 14 Rn. 41 ff.

[25] *Poelzig* in Lehmann/Zetzsche, Grenzüberschreitende Finanzdienstleitungen, 2017, § 14 Rn. 49 f.; *Rönnau/Wegner* in Meyer/Veil/Rönnau MarktmissbrauchsR-HdB § 29 Rn. 29.

[26] Kölner Komm WpHG/*Altenhain* WpHG § 39 Rn. 76; *Poelzi* in Lehmann/Zetzsche, Grenzüberschreitende Finanzdienstleitungen, 2017, § 14 Rn. 49 f.; *Rönnau/Wegner* in Meyer/Veil/Rönnau MarktmissbrauchsR-HdB § 29 Rn. 29.

[27] Kölner Komm WpHG/*Altenhain* WpHG § 39 Rn. 76; Assmann/Schneider/Mülbert/*Spoerr* WpHG § 120 Rn. 65 f. Ausf. hierzu *Poelzig* in Lehmann/Zetzsche, Grenzüberschreitende Finanzdienstleitungen, 2017, § 14 Rn. 49 f. Nach aA stimmen der räumliche Anwendungsbereich des Marktmanipulationsverbots und des Bußgeldtatbestands überein, sodass §§ 5, 7 OWiG als allg. Bestimmungen durch die spezielle Regelung des Art. 2 Abs. 1 verdrängt werden (so zu § 1 Abs. 2 WpHG aF Erbs/Kohlhaas/*Wehowsky* WpHG § 39 Rn. 88).

[28] Zum Kapitalmarktdeliktskollisionsrecht allg. *Hellgardt/Ringe* ZHR 173 (2009), 802 ff.; *Lehmann* IPRax 2012, 399 ff.

[29] A-OGH Beschl. v. 15.3.2012 – 6 Ob 28/12d, abrufbar unter: https://www.ris.bka.gv.at/Dokumente/Justiz/JJT_20120315_OGH0002_0060OB00028_12D0000_000/JJT_20120315_OGH0002_0060OB00028_12D0000_000.pdf (letzter Zugriff: 4.12.2019); Beschl. v. 24.1.2013 – 8 Ob 104/12w (Immofinanz), abrufbar unter: https://www.ris.bka.gv.at/Dokument.wxe?Abfrage=Justiz&Dokumentnummer=JJT_20130124_OGH0002_0080OB00104_12W0000_000 (letzter Zugriff: 4.12.2019); *Kalss/Oppitz/Zollner*, Kapitalmarktrecht, 2. Aufl. 2015, § 20 Rn. 31, § 22 Rn. 72 f. mwN.

[30] Nicht anwendbar ist nach dem eindeutigen Wortlaut Art. 17 Brüssel Ia-VO (A-OGH Beschl. v. 7.7.2017 – 6 Ob 18/17s, S. 13).

[31] Ausf. hierzu *Poelzig* in Zetzsche/Lehmann, Grenzüberschreitende Finanzdienstleitungen, 2017, § 14 Rn. 54 ff.

Erfolgsort der unerlaubten Handlung.[32] **Handlungsort** eines marktmissbräuchlichen Verhaltens, dh der Ort des schadensursächlichen Geschehens, ist der Ort, an dem jedenfalls ein nicht unerheblicher Teil der Manipluationshandlung vorgenommen wird. Zuständig ist zudem das Gericht am **Erfolgsort,** ie an dem Ort, an dem das schädigende Ereignis eintritt oder einzutreten droht. Marktmissbräuchliches Verhalten verursacht reine Vermögensschäden in Form von Kursverlusten der betroffenen Finanzinstrumente oder uU einen Vertragsabschlussschaden.[33] Denkbare Anknüpfungspunkte sind daher der Ort des Vertragsabschlusses, der Wohn- oder Geschäftssitz des Geschädigten als „Vermögenszentrale",[34] der Ort des konkret geschädigten Vermögenswerts[35] oder der Marktort, dh der Ort, an dem die betroffenen Finanzinstrumente gehandelt werden bzw. zum Handel zugelassen sind.[36] Es spricht viel dafür, den zuständigkeitsbegründenden Erfolgsort marktmissbräuchlichen Verhaltens weder am Sitz des geschädigten Anlegers noch am Ort des konkret geschädigten Vermögenswerts anzuknüpfen. Ausgangspunkt für die Bestimmung des Erfolgsorts bei bloßen Vermögensschäden – wie im Falle von Marktmanipulationen, Insiderhandel oder Ad-hoc-Publizitätspflichtverletzungen – ist der sog. Primärschaden,[37] der sich nach dem konkret durch die verletzte Norm geschützten Rechtsgut richtet.[38] Das primär durch die MAR geschützte Rechtsgut ist die Preisbildung am Kapitalmarkt. Bei marktmissbräuchlichen Verhaltensweisen handelt es sich um klassische Kapitalmarktdelikte, die die Funktionsfähigkeit des Kapitalmarktes beeinträchtigen, sodass es daher naheliegt, die Zuständigkeit – parallel zur vordringenden Auffassung im IPR (→ Rn. 20 f.) – an den **Marktort** anzuknüpfen,[39] dh an den Ort, an dem die betroffenen Finanzinstrumente gehandelt werden bzw. zum Handel zugelassen sind.[40] Hierfür spricht, dass der haftungsbegründende Erfolg von Manipulationshandlungen bereits in der Beeinflussung des Marktpreises liegt, woraus der für die Anknüpfung maßgebliche Primärschaden des einzelnen Anlegers in Form des Kursdifferenzschadens resultiert.[41]

Neben Art. 7 Nr. 2 Brüssel Ia-VO kann sich die internationale Zuständigkeit für zivilrechtliche **18** Ansprüche wegen marktmissbräuchlichen Verhaltens auch aus Art. 7 Nr. 3 Brüssel Ia-VO **(Gerichtsstand des Sachzusammenhangs)** ergeben.[42] Demnach ist bei einer öffentlichen Klage vor einem Strafgericht dieses auch für eine Klage auf Schadensersatz zuständig, soweit das Strafgericht nach seinem Recht über zivilrechtliche Ansprüche erkennen kann. Dies ist im deutschen Recht grundsätzlich im Rahmen eines Adhäsionsverfahrens gem. § 403 StPO möglich, was allerdings für Insiderverstöße und Marktmanipulationen bislang ohne praktische Bedeutung geblieben ist.

b) Internationales Privatrecht. Das anwendbare internationale Privatrecht richtet sich nach den **19** allgemeinen kollisionsrechtlichen Bestimmungen, insbesondere nach der Rom I-VO und der Rom II-VO.

aa) Internationales Deliktsrecht. Die Rom II-VO bestimmt das anwendbare Recht der zivil- **20** rechtlichen Haftung für grenzüberschreitendes marktmissbräuchliches Verhalten, da es hierbei in erster Linie um außervertragliche Schuldverhältnisse iSd **Art. 2 Rom II-VO** geht. Neben den regelmäßig einschlägigen deliktsrechtlichen Ansprüchen ist jedoch auch ein Schadensersatzanspruch wegen der

---

[32] EuGH Urt. v. 25.10.2012 – C-509/09 und C-161/10 (eDate Advertising), ECLI:EU:C:2011:685 Rn. 41; EuGH Urt. v. 5.2.2004 – C-18/02 (DFDS Torline), ECLI:EU:C:2004:74 Rn. 40; EuGH Urt. v. 30.11.1976 – 21/76 (Bier), ECLI:EU:C:1976:166 Rn. 15/19 (jeweils zum EuGVÜ).

[33] Kölner Komm WpHG/*Mock* WpHG § 20a Rn. 494; zum Abschlussschaden etwa für das österreichische Recht A-OGH Beschl. v. 7.7.2017 – 6 Ob 18/17s, S. 21.

[34] Allg. zu Vermögensschäden *v. Bar/Mankowski* IPR II § 2 Rn. 150 ff.

[35] *Thole* AG 2013, 913 (916).

[36] Insbesondere für die Prospekthaftung *Bachmann* IPRax 2007, 77 (82); grdl. für das IPR schon *Grundmann* RabelsZ (54) 1990, 283 (293 ff.); krit. *Junker* RIW 2010, 257 (263). So auch für §§ 37b, 37c WpHG OLG Frankfurt a. M. Beschl. v. 5.8.2010 – 21 AR 50/10 = ZIP 2010, 2218 (2220), hierzu *Mankowski* EWiR 2010, 725.

[37] EuGH Urt. v. 10.6.2004 – C-168/02, ECLI:EU:C:2004:364 – Rudolf Kronhofer./.Marianne Maier ua; hierzu auch *Leible* in Rauscher EuZPR/EuIPR Brüssel I-VO Art. 5 Rn. 86b; *v. Hein* EuZW 2011, 369 (371); *Thole* AG 2013, 913 (915); s. auch EuGH Urt. v. 11.1.1990 – C-220/88, ECLI:EU:C:1990:8 – Dumez France – sowie EuGH Urt. v. 19.9.1995 – C-364/93, ECLI:EU:C:1995:289 – Marinari.

[38] *Mankowski* EuZW 2016, 586.

[39] Für eine Anknüpfung an den Marktort im Kartellrecht *Kropholler/v. Hein*, Europäisches Zivilprozessrecht, 10. Aufl. 2018, EuGVVO Art. 5 Rn. 84; Stein/Jonas/*Wagner* EuGVVO Art. 5 Rn. 166; *Basedow* ZWeR 2006, 294 (300 f.); *Bulst* EWS 2004, 403 (406); *Mankowski* EWiR 2016, 687 (688); *Mankowski* WuW 2012, 797 (804); *W.-H. Roth* FS Schilken 2015, 427, 437 f.; *Wurmnest* EuZW 2012, 933 (935). AA *Harms/Sanner/Schmidt* EuZW 2015, 584 (590).

[40] So auch zur zivilrechtlichen Haftung für Ad-hoc-Informationspflichtverletzungen gem. §§ 37b, 37c aF WpHG, die jedenfalls informationsgestützten Marktmanipulationen vergleichbar sind, OLG Frankfurt a. M. Beschl. v. 5.8.2010 – 21 AR 50/10 = ZIP 2010, 2217 (2219); zust. *Mankowski* EWiR 2010, 725 (726). In diese Richtung tendierend auch A-OGH Beschl. v. 7.7.2017 – 6 Ob 18/17s, S. 24. Für Klagen wegen fehlerhafter Informationen *Bachmann* IPRax 2007, 77 (82) (allerdings mit Einschränkungen bei individuell an den Kläger adressierten Kapitalmarktinformationen); zur Prospekthaftung für Anknüpfung der Zuständigkeit gem. Art. 7 Nr. 2 Brüssel Ia-VO an den Marktort in Form des bestimmungsgemäßen Vertriebsorts des Anlageprodukts *Freitag* WM 2015, 1165 (1172 f.).

[41] OLG Frankfurt a. M. Beschl. v. 5.8.2010 – 21 AR 50/10 = ZIP 2010, 2218 (2220).

[42] *Bachmann* IPRax 2007, 77 (81).

Verletzung einer (vor-)vertraglichen Sonderverbindung denkbar. In diesem Fall ist das hypothetische Vertragsstatut und folglich die Rom I-VO maßgeblich, wobei gegebenenfalls die Einschränkungen für Verbraucherverträge (Art. 6 Rom I-VO) zu berücksichtigen sind (→ Rn. 23).[43]

21   Da es für Kapitalmarktdelikte (noch)[44] an einer Sonderregelung fehlt, wie sie etwa zum Kartell- und Lauterkeitsrecht mit Art. 6 Rom II-VO existiert, gilt für grenzüberschreitenden Marktmissbrauch die allgemeine Regelung des **Art. 4 Rom II-VO.** Demnach ist das Recht am Ort des Schadens anwendbar. Unerheblich ist, in welchem Staat die ursächliche Handlung ausgeführt wurde oder indirekte Schadensfolgen eingetreten sind, Art. 4 Abs. 1 Hs. 2 Rom II-VO. Nach ErwGr 7 Rom II-VO sollte die Auslegung von Art. 4 Rom II-VO möglichst im Einklang mit der Brüssel Ia-VO (→ Rn. 17 f.) erfolgen. Daher stellt sich wie im Falle der internationalen Zuständigkeit iSd Art. 7 Nr. 2 Brüssel Ia-VO auch hier die Frage, wie der Ort des Schadenseintritts zu bestimmen ist.

22   **(1) Meinungsstand.** Nach teilweise vertretener Auffassung ist für den Erfolgsort gem. Art. 4 Abs. 1 Rom II-VO auf den Eintritt des individuellen Schadens des geschädigten Anlegers abzustellen.[45] Der Ort des individuellen Anlegerschadens wird demnach als gewöhnlicher Aufenthaltsort des geschädigten Anlegers oder der Ort des konkret betroffenen Vermögensgegenstands, etwa des belasteten Kontos, definiert.[46] Andere sprechen sich – wie im Falle der internationalen Zuständigkeit (→ Rn. 17) – für eine Definition des Erfolgsorts iSd Art. 4 Abs. 1 Rom II-VO als Marktort aus.[47] Stellenweise wird auch der Weg über die Ausweichklausel des Art. 4 Abs. 3 Rom II-VO gewählt und auf dieser Grundlage eine Anknüpfung an den Marktort als offensichtlich engere Verbindung begründet.[48] Diejenigen, die eine Marktortanknüpfung weder über Art. 4 Abs. 1 Rom II-VO noch über Art. 4 Abs. 3 Rom II-VO für möglich, aber gleichwohl für rechtspolitisch sinnvoll halten, plädieren für eine Art. 6 Rom II-VO vergleichbare Spezialregelung *de lege ferenda* für Finanzmarktdelikte iSe Art. 6a Rom II-VO.[49]

23   **(2) Stellungnahme.** Ob man sich für eine Anknüpfung an den Ort des individuellen Schaden des Anlegers oder den Marktort ausspricht, richtet sich im Kern danach, worin man den wesentlichen Zweck der zivilrechtlichen Haftung erkennt.[50] Stellt man den individuellen Anlegerschutz in den Vordergrund, führt dies zu einer Anknüpfung an den Ort des Vermögens(-teils), das der Anleger für den Erwerb des betroffenen Finanzinstruments verwendet.[51] Betont man jedoch den Schutz der Funktionsfähigkeit des Finanzmarktes, rechtfertigt dies eine Anknüpfung an den **Marktort.**[52] Die zivilrechtliche Haftung soll zwar die individuellen Schäden des Anspruchsberechtigten in dessen Interesse kompensieren. Dies ist aber (auch) ein präventiv wirkendes Mittel, um die Marktmissbrauchsverordnung effektiv durchzusetzen und iSe *private enforcement* Anreize zur Einhaltung des Verbots zu setzen.[53] Die MAR dient zwar ausweislich ihres Art. 1 auch dem Schutz des einzelnen Anlegers, im Vordergrund stehen dabei aber die ordnungsgemäße Preisbildung und damit die Integrität des Finanzmarktes (ErwGr 47 S. 2), sodass eine Anknüpfung des anwendbaren Rechts an den Marktort als Erfolgsort iSd Art. 4 Abs. 1 Rom II-VO gerechtfertigt ist.[54]

24   Schwierigkeiten bereitet die nähere Bestimmung des maßgeblichen Marktortes[55] im konkreten Anwendungsfall. In Betracht kommen in erster Linie der Erwerbsort, ie der Ort, an dem der geschädigte Anleger die Finanzinstrumente erworben hat, oder der Platzierungsort, also der Ort, an dem die betroffenen Finanzinstrumente zum Handel zugelassen sind bzw. werden sollen oder gehandelt werden.[56]

---

[43] *Einsele* RabelsZ 2017, 781 (783 f.).

[44] Zu dem Vorschlag des Deutschen Rats für Internationales Privatrecht zur Einführung eines Spezialtatbestands für Finanzmarktdelikte *Lehmann* IPRax 2012, 399 ff.

[45] *Junker* RIW 2010, 257 (263); *Lehmann* IPRax 2012, 399 (400). Ausführlich zu dieser Diskussion *v. Bar/ Mankowski* § 2 Rn. 150 ff.

[46] MüKoBGB/*Lehmann* IntFinMR Rn. 560, 550.

[47] Für eine Anknüpfung der Prospekthaftung an den Marktort statt aller bereits *Grundmann* in Schimansky/Bunte/ Lwowski BankR-HdB § 112 Rn. 65; *Hopt* FS Lorenz, 2001, 413 (421 f.); *Assmann* FS Schütze, 2015, 15 (28 f.); *Bachmann* IPRax 2007, 77 (79); *Bischoff* AG 2002, 489 (491 f.); *Freitag* WM 2015, 1165 (1171, 1172 f.) (in Form des bestimmungsgemäßen Vertriebsortes); *Grundmann* RabelsZ 54 (1990), 283 (304 f.); *Spindler* ZHR 165 (2001), 324 (352); *Weber* WM 2008, 1581 (1587) („notfalls"); zusf. *Mankowski* in Reithmann/Martiny IntVertragsR Rn. 6.1773.

[48] *v. Hein* in Baum/Fleckner/Hellgardt/Roth, Perspektiven des Wirtschaftsrechts, 2008, 371, 391 ff.; *Hellgardt/ Ringe* ZHR (2009), 802 (832 f.); *Weber* WM 2008, 1581 (1587).

[49] So insbesondere der Deutsche Rat für Internationales Privatrecht, abgedr. in IPRax 2012, 470 ff.; dazu *Lehmann* IPRax 2012, 399 (402 f.); ferner MüKoBGB/*Lehmann* IntFinMR Rn. 560; *Einsele* ZEuP 2012, 23 (40).

[50] So auch für §§ 37b, 37c WpHG aF *Mankowski* EWiR 2010, 725 (726).

[51] So zur Prospekthaftung *Junker* RIW 2010, 257 (262).

[52] So für §§ 37b, 37c WpHG aF *Mankowski* EWiR 2010, 725 (726).

[53] Hierzu *Hellgardt* AG 2012, 154 (165); *Poelzig* ZGR 2015, 801 ff.; *Einsele* RabelsZ 2017, 781 (787 f.).

[54] Näher zur Begr. Zetzsche/Lehmann/*Poelzig*, Grenzüberschreitende Finanzdienstleistungen, 2018, § 14 Rn. 65 ff.

[55] Zu den bestehenden Divergenzen im Begriffsverständnis des Marktortes *Junker* RIW 2010, 257 (264).

[56] Eine für die Prospekthaftung häufig vorgeschlagene Anwendung der Rechtsordnung, die für die zugrundeliegende Pflicht maßgeblich ist (*v. Hein* in Baum/Fleckner/Hellgardt/Roth, Perspektiven des Wirtschaftsrechts, 2008,

Werden die Finanzinstrumente an Handelsplätzen in mehreren Staaten gehandelt bzw. zum Handel zugelassen, müsste der Zuwiderhandelnde nach mehreren Rechtsordnungen haften. Vorzugswürdig ist daher eine Kombination der beiden Kriterien: Der maßgebliche Marktort ist daher derjenige **Handelsplatz**, an dem die fraglichen Finanzinstrumente vom Emittenten platziert wurden; bei mehreren Handelsplätzen ist derjenige ausschlaggebend, an dem der geschädigte Anleger seine Finanzinstrumente erworben hat.[57]

bb) Internationales Vertragsrecht. Das anwendbare Recht, das die vertraglichen Folgen markt-   25
missbräuchlichen Verhaltens regelt, bestimmt sich nach der Rom I-VO. Unabhängig von dem anwendbaren Vertragsstatut sind die Vorschriften der MAR aber als zwingende **Eingriffsnormen** der *lex fori* iSd Art. 9 Abs. 2, 3 Rom I-VO zu behandeln.[58] Ausländischen Vorschriften als Eingriffsnormen kann hingegen lediglich „Wirkung verliehen" werden, wenn sie „die Erfüllung des Vertrags unrechtmäßig werden lassen", Art. 9 Abs. 3 S. 1 Rom I-VO. Ihre Anwendung steht mithin unter einer Unrechtmäßigkeitsbedingung und im nach Art. 9 Abs. 3 S. 2 Rom II-VO zu bemessenden richterlichen Ermessen.[59]

Art. 3 Begriffsbestimmungen

(1) **Für die Zwecke dieser Verordnung gelten folgende Begriffsbestimmungen:**

1. **„Finanzinstrument" bezeichnet ein Finanzinstrument im Sinne von Artikel 4 Absatz 1 Nummer 15 der Richtlinie 2014/65/EU;**
2. **„Wertpapierfirma" bezeichnet eine Wertpapierfirma im Sinne von Artikel 4 Absatz 1 Nummer 1 der Richtlinie 2014/65/EU;**
3. **„Kreditinstitut" bezeichnet ein Kreditinstitut oder im Sinne des Artikels 4 Absatz 1 Nummer 1 der Verordnung (EU) Nr. 575/2013 des Europäischen Parlaments und des Rates[1);**
4. **„Finanzinstitut" bezeichnet ein Finanzinstitut im Sinne von Artikel 4 Absatz 1 Nummer 26 der Verordnung (EU) Nr. 575/2013;**
5. **„Marktbetreiber" bezeichnet einen Marktbetreiber im Sinne von Artikel 4 Absatz 1 Nummer 18 der Richtlinie 2014/65/EU;**
6. **„geregelter Markt" bezeichnet einen geregelten Markt im Sinne von Artikel 4 Absatz 1 Nummer 21 der Richtlinie 2014/65/EU;**
7. **„multilaterales Handelssystem" bezeichnet ein multilaterales System in der Union im Sinne von Artikel 4 Absatz 1 Nummer 22 der Richtlinie 2014/65/EU;**
8. **„organisiertes Handelssystem" bezeichnet ein System oder eine Fazilität in der Union im Sinne von Artikel 4 Absatz 1 Nummer 23 der Richtlinie 2014/65/EU;**
9. **„zulässige Marktpraxis" bezeichnet eine bestimmte Marktpraxis, die von einer zuständigen Behörde gemäß Artikel 13 anerkannt wurde;**
10. **„Handelsplatz" bezeichnet einen Handelsplatz im Sinne von Artikel 4 Absatz 1 Nummer 24 der Richtlinie 2014/65/EU;**
11. **„KMU-Wachstumsmarkt" bezeichnet einen KMU-Wachstumsmarkt im Sinne von Artikel 4 Absatz 1 Nummer 12 der Richtlinie 2014/65/EU;**
12. **„zuständige Behörde" bezeichnet eine gemäß Artikel 22 benannte zuständige Behörde, sofern nicht in dieser Verordnung etwas anderes bestimmt ist;**
13. **„Person" bezeichnet eine natürliche oder juristische Person;**
14. **„Ware" bezeichnet eine Ware im Sinne von Artikel 2 Nummer 1 der Verordnung (EG) Nr. 1287/2006 der Kommission[2);**
15. **„Waren-Spot-Kontrakt" bezeichnet einen Kontrakt über die Lieferung einer an einem Spotmarkt gehandelten Ware, die bei Abwicklung des Geschäfts unverzüglich geliefert**

371, 392 ff.; *Hellgardt/Ringe* ZHR 173 (2009), 826 ff.; *Tschäpe/Kramer/Glück* RIW 2008, 664), liefe für das Marktmanipulationsverbot gem. Art. 15 jedenfalls im innereuropäischen Kontext ins Leere, da Art. 2 Abs. 1 den räumlichen Anwendungsbereich auf den Handel in der EU beschränkt und das europäische Recht keine zivilrechtliche Haftung vorsieht.

[57] Für eine Präzisierung des Platzierungsmarktes mit dem Kriterium des Erwerbsortes im Falle der Prospekthaftung *Einsele* ZEuP 2012, 24 (40 f.).

[58] Ausf. zur Behandlung von finanzmarktaufsichtsrechtlichen Vorschriften als Eingriffsnormen MüKoBGB/*Lehmann* IntFinMR Rn. 534.

[59] HK-BGB/*Staudinger* Rom I-VO Art. 9 Rn. 14.

[1] **Amtl. Anm.:** Verordnung (EU Nr. 575/2013 des Europäischen Parlaments und des Rates vom 26. Juni 2013 über Aufsichtsanforderungen an Kreditinstitute und Wertpapierfirmen und zur Änderung der Verordnung (EU Nr. 648/2012 (ABl. L 176 vom 27.6.2013, S. 1).

[2] **Amtl. Anm.:** Verordnung (EG Nr. 1287/2006 der Kommission vom 10. August 2006 zur Durchführung der Richtlinie 2004/39/EG des Europäischen Parlaments und des Rates betreffend die Aufzeichnungspflichten für Wertpapierfirmen, die Meldung von Geschäften, die Markttransparenz, die Zulassung von Finanzinstrumenten zum Handel und bestimmte Begriffe im Sinne dieser Richtlinie (ABl. L 241 vom 2.9.2006, S. 1).

wird, sowie einen Kontrakt über die Lieferung einer Ware, die kein Finanzinstrument ist, einschließlich physisch abzuwickelnde Terminkontrakte;

16. „Spotmarkt" bezeichnet einen Warenmarkt, an dem Waren gegen bar verkauft und bei Abwicklung des Geschäfts unverzüglich geliefert werden, und andere Märkte, die keine Finanzmärkte sind, beispielsweise Warenterminmärkte;

17. „Rückkaufprogramm" bezeichnet den Handel mit eigenen Aktien gemäß den Artikeln 21 bis 27 der Richtlinie 2012/30/EU des Europäischen Parlaments und des Rates[3];

18. „algorithmischer Handel" bezeichnet den algorithmischen Handel mit im Sinne von Artikel 4 Absatz 1 Nummer 39 der Richtlinie 2014/65/EU;

19. „Emissionszertifikat" bezeichnet ein Emissionszertifikat im Sinne von Anhang I Abschnitt C Nummer 11 der Richtlinie 2014/65/EU;

20. „Teilnehmer am Markt für Emissionszertifikate" bezeichnet eine Person, die Geschäfte einschließlich der Erteilung von Handelsaufträgen, mit Emissionszertifikaten und anderen darauf beruhenden Auktionsobjekten oder Derivaten betreibt, und die nicht unter die Ausnahme von Artikel 17 Absatz 2 Unterabsatz 2 fällt;

21. „Emittent" bezeichnet eine juristische Person des privaten oder öffentlichen Rechts, die Finanzinstrumente emittiert oder deren Emission vorschlägt, wobei der Emittent im Fall von Hinterlegungsscheinen, die Finanzinstrumente repräsentieren, der Emittent des repräsentierten Finanzinstruments ist;

22. „Energiegroßhandelsprodukt" bezeichnet ein Energiegroßhandelsprodukt im Sinne von Artikel 2 Nummer 4 der Verordnung (EU) Nr. 1227/2011;

23. „nationale Regulierungsbehörde" bezeichnet eine nationale Regulierungsbehörde im Sinne von Artikel 2 Nummer 10 der Verordnung (EU) Nr. 1227/2011;

24. „Warenderivate" bezeichnet Warenderivate im Sinne von Artikel 2 Absatz 1 Nummer 30 der Verordnung (EU) Nr. 600/2014 des Europäischen Parlaments und des Rates[4];

25. eine „Person, die Führungsaufgaben wahrnimmt", bezeichnet eine Person innerhalb eines Emittenten, eines Teilnehmers am Markt für Emissionszertifikate oder eines anderen in Artikel 19 Absatz 10 genannten Unternehmens,

    a) die einem Verwaltungs-, Leitungs- oder Aufsichtsorgan dieses Unternehmens angehört oder

    b) die als höhere Führungskraft zwar keinem der unter Buchstabe a genannten Organe angehört, aber regelmäßig Zugang zu Insiderinformationen mit direktem oder indirektem Bezug zu diesem Unternehmen hat und befugt ist, unternehmerische Entscheidungen über zukünftige Entwicklungen und Geschäftsperspektiven dieses Unternehmens zu treffen;

26. „eng verbundene Person" bezeichnet

    a) den Ehepartner oder einen Partner dieser Person, der nach nationalem Recht einem Ehepartner gleichgestellt ist;

    b) ein unterhaltsberechtigtes Kind entsprechend dem nationalen Recht;

    c) einen Verwandten, der zum Zeitpunkt der Tätigung des betreffenden Geschäfts seit mindestens einem Jahr demselben Haushalt angehört oder

    d) eine juristische Person, Treuhand oder Personengesellschaft, deren Führungsaufgaben durch eine Person, die Führungsaufgaben wahrnimmt, oder durch eine in den Buchstaben a, b oder c genannte Person wahrgenommen werden, oder die direkt oder indirekt von einer solchen Person kontrolliert wird, oder die zugunsten einer solchen Person gegründet wurde oder deren wirtschaftliche Interessen weitgehend denen einer solchen Person entsprechen;

27. „Datenverkehrsaufzeichnungen" bezeichnet die Aufzeichnungen von Verkehrsdaten im Sinne von Artikel 2 Buchstabe b Unterabsatz 2 der Richtlinie 2002/58/EG des Europäischen Parlaments und des Rates[5];

28. „Person, die beruflich Geschäfte vermittelt oder ausführt" bezeichnet eine Person, die beruflich mit der Entgegennahme und Übermittlung von Aufträgen oder der Ausführung von Geschäften mit Finanzinstrumenten befasst ist;

29. „Referenzwert" bezeichnet einen Kurs, Index oder Wert, der der Öffentlichkeit zugänglich gemacht oder veröffentlicht wird und periodisch oder regelmäßig durch die An-

---

[3] **Amtl. Anm.:** Richtlinie 2012/30/EU des Europäischen Parlaments und des Rates vom 25. Oktober 2012 zur Koordinierung der Schutzbestimmungen, die in den Mitgliedstaaten den Gesellschaften im Sinne des Artikels 54 Absatz 2 des Vertrags über die Arbeitsweise der Europäischen Union im Interesse der Gesellschafter sowie Dritter für die Gründung der Aktiengesellschaft sowie für die Erhaltung und Änderung ihres Kapitals vorgeschrieben sind, um diese Bestimmungen gleichwertig zu gestalten (ABl. L 315 vom 14.11.2012, S. 74).

[4] **Amtl. Anm.:** Verordnung (EU Nr. 600/2014 des Europäischen Parlaments und des Rates vom 15. Mai 2014 über Märkte für Finanzinstrumente und zur Änderung der Verordnung (EU Nr. 648/ 2012 (siehe Seite 84 dieses Amtsblatts [Anm. d.Red.: ABl. L 173 vom 12.6.2014]).

[5] **Amtl. Anm.:** Richtlinie 2002/58/EG des Europäischen Parlaments und des Rates vom 12. Juli 2002 über die Verarbeitung personenbezogener Daten und den Schutz der Privatsphäre in der elektronischen Kommunikation (Datenschutzrichtlinie für elektronische Kommunikation (ABl. L 201 vom 31.7.2002, S. 37).

wendung einer Formel auf den Wert eines oder mehrerer Basiswerte oder -preise, einschließlich geschätzter Preise, tatsächlicher oder geschätzter Zinssätze oder sonstiger Werte, oder auf Erhebungsdaten ermittelt bzw. auf der Grundlage dieser Werte bestimmt wird und auf den bei der Festsetzung des für ein Finanzinstrument zu entrichtenden Betrags oder des Wertes eines Finanzinstruments Bezug genommen wird;

30. „Market-Maker" bezeichnet einen Market-Maker im Sinne von Artikel 4 Absatz 1 Nummer 7 der Richtlinie 2014/65/EU;

31. „Beteiligungsaufbau" bezeichnet den Erwerb von Anteilen an einem Unternehmen, durch den keine rechtliche oder regulatorische Verpflichtung entsteht, in Bezug auf das Unternehmen ein öffentliches Übernahmeangebot abzugeben;

32. „offenlegender Marktteilnehmer" bezeichnet eine natürliche oder juristische Person, die zu einer der Kategorien gemäß Artikel 11 Absatz 1 Buchstaben a bis d sowie Artikel 11 Absatz 2 gehört und im Zuge einer Marktsondierung Informationen offenlegt;

33. „Hochfrequenzhandel" bezeichnet die Methode des algorithmischen Hochfrequenzhandels im Sinne des Artikels 4 Absatz 1 Nummer 40 der Richtlinie 2014/65/EU;

34. „Empfehlung oder Vorschlag einer Anlagestrategie" bezeichnet
    i) eine von einem unabhängigen Analysten, einer Wertpapierfirma, einem Kreditinstitut oder einer sonstigen Person, deren Haupttätigkeit in der Erstellung von Anlageempfehlungen besteht, oder einer bei den genannten Einrichtungen im Rahmen eines Arbeitsvertrags oder anderweitig tätigen natürlichen Person erstellte Information, die direkt oder indirekt einen bestimmten Anlagevorschlag zu einem Finanzinstrument oder einem Emittenten darstellt;
    ii) eine von anderen als den in Ziffer i genannten Personen erstellte Information, die direkt eine bestimmte Anlageentscheidung zu einem Finanzinstrument vorschlägt;

35. „Anlageempfehlungen" bezeichnet Informationen mit expliziten oder impliziten Empfehlungen oder Vorschlägen zu Anlagestrategien in Bezug auf ein oder mehrere Finanzinstrumente oder Emittenten, die für Verbreitungskanäle oder die Öffentlichkeit vorgesehen sind, einschließlich einer Beurteilung des aktuellen oder künftigen Wertes oder Kurses solcher Instrumente.

(2) Für die Anwendung des Artikels 5 gelten folgende Begriffsbestimmungen

a) „Wertpapiere" bezeichnet:
    i) Aktien und andere Wertpapiere, die Aktien entsprechen,
    ii) Schuldverschreibungen und sonstige verbriefte Schuldtitel oder
    iii) verbriefte Schuldtitel, die in Aktien oder andere Wertpapiere, die Aktien entsprechen, umgewandelt bzw. gegen diese eingetauscht werden können.

b) „verbundene Instrumente" bezeichnet die nachstehend genannten Finanzinstrumente selbst wenn sie nicht zum Handel auf einem Handelsplatz zugelassen sind, gehandelt werden oder für sie kein Antrag auf Zulassung zum Handel auf einem solchen Handelsplatz gestellt wurde:
    i) Verträge über bzw. Rechte auf Zeichnung, Kauf oder Verkauf von Wertpapieren,
    ii) Finanzderivate auf Wertpapiere,
    iii) bei wandel- oder austauschbaren Schuldtiteln die Wertpapiere, in die diese wandel- oder austauschbaren Titel umgewandelt bzw. gegen die sie eingetauscht werden können,
    iv) Instrumente, die vom Emittenten oder Garantiegeber der Wertpapiere ausgegeben werden bzw. besichert sind und deren Marktkurs den Kurs der Wertpapiere erheblich beeinflussen könnte oder umgekehrt,
    v) in Fällen, in denen die Wertpapiere Aktien entsprechen, die von diesen vertretenen Aktien bzw. die von diesen vertretenen anderen Wertpapiere, die Aktien entsprechen;

c) „signifikantes Zeichnungsangebot" bezeichnet eine Erst- oder Zweitplatzierung von Wertpapieren, die sich sowohl hinsichtlich des Werts der angebotenen Wertpapiere als auch hinsichtlich der Verkaufsmethoden vom üblichen Handel unterscheidet;

d) „Kursstabilisierung" ist jeder Kauf bzw. jedes Angebot zum Kauf von Wertpapieren oder eine Transaktion mit vergleichbaren verbundenen Instrumenten, die ein Kreditinstitut oder eine Wertpapierfirma im Rahmen eines signifikanten Zeichnungsangebots für diese Wertpapiere mit dem alleinigen Ziel tätigen, den Marktkurs dieser Wertpapiere für einen im Voraus bestimmten Zeitraum zu stützen, wenn auf diese Wertpapiere Verkaufsdruck besteht.

Art. 3 enthält einen umfangreichen Katalog an Begriffsbestimmungen, die für die Anwendung der 1 MAR von Bedeutung sind.

– Finanzinstrument (Art. 3 Abs. 1 Nr. 1) 2
Art. 3 Nr. 1 bestimmt den Begriff des Finanzinstruments durch Verweis auf Art. 4 Abs. 1 Nr. 15 MiFID II iVm Anh. I Abschnitt C MiFID II. Im WpHG wird der Begriff des Finanzinstruments in § 2 Abs. 4 WpHG definiert (→ WpHG § 2 Rn. 2 ff.). Da § 2 Abs. 4 WpHG der Umsetzung von

Art. 4 Abs. 1 Nr. 15 MiFID II iVm Anh. I Abschnitt C MiFID II dient,[6] stimmen beide Begriffsbestimmungen im Wesentlichen überein: Beide Aufzählungen umfassen übertragbare Wertpapiere
(Anh. I Abschnitt C (1) MAR und § 2 Abs. 4 Nr. 1, Abs. 1 WpHG), Geldmarktinstrumente
(Anh. I Abschnitt C (2) MAR und § 2 Abs. 4 Nr. 3, Abs. 2 WpHG), Anteile an Organismen für
gemeinsame Anlagen (Anhang I Abschnitt C (3) MAR und § 2 Abs. 4 WpHG iVm § 1 Abs. 1
KAGB), Derivate (Anhang I Abschnitt C (4)-(10) MAR und § 2 Abs. 4 Nr. 4, Abs. 3 WpHG)
sowie Emissionszertifikate (Anh. I Abschnitt C (11) MAR sowie § 2 Abs. 4 Nr. 5 WpHG). Jedoch
ist der Begriff des Finanzinstruments iSd WpHG insofern weiter, als auch Vermögensanlagen erfasst
sind (§ 2 Abs. 4 Nr. 7 WpHG), welche in Art. 4 Abs. 1 Nr. 15 MiFID II iVm Anh. I Abschnitt C
MiDIF II keine Erwähnung finden.

3 – Wertpapierfirma (Art. 3 Abs. 1 Nr. 2)
Der Begriff der Wertpapierfirma wird durch Verweis auf Art. 4 Abs. 1 Nr. 1 MiFID II bestimmt.
Danach ist Wertpapierfirma jede juristische Person, die im Rahmen ihrer üblichen beruflichen
oder gewerblichen Tätigkeit gewerbsmäßig eine oder mehrere Wertpapierdienstleistungen für
Dritte erbringt und/oder eine oder mehrere Anlagetätigkeiten ausübt. Der Begriff der Wertpapierfirma wird im WpHG nicht verwendet. Verwendung findet hingegen der Begriff des Wertpapierdienstleistungsunternehmens (→ WpHG § 2 Rn. 27 f.), der dem der Wertpapierfirma entspricht.[7]

4 – Kreditinstitut (Art. 3 Abs. 1 Nr. 3)
Zur Bestimmung des Begriffs „Kreditinstitut" verweist Art. 3 Abs. 1 Nr. 3 auf Art. 4 Abs. 1 Nr. 1
VO (EU) Nr. 575/2013 (CRR)[8], wonach Kreditinstitut ein Unternehmen ist, dessen Tätigkeit darin
besteht, Einlagen oder andere rückzahlbare Gelder des Publikums entgegenzunehmen und Kredite
für eigene Rechnung zu gewähren. Der Begriff des Kreditinstituts findet sich auch im WpHG an
mehreren Stellen. In § 7 Abs. 2 WpHG wird ebenfalls auf Art. 4 Abs. 1 Nr. 1 VO (EU) Nr. 575/
2013 Bezug genommen, sodass insoweit kein Unterschied zu Art. 3 Abs. 1 Nr. 3 besteht. Legt man
den Begriff des Kreditinstituts an den anderen Stellen des WpHG nach § 1 Abs. 1 S. 1 und S. 2
KWG aus,[9] so ist dieser weiter als der der CRR und damit der MAR.

5 – Finanzinstitut (Art. 3 Abs. 1 Nr. 4)
Art. 3 Abs. 1 Nr. 4 verweist zur Bestimmung des Begriffs des Finanzinstituts auf Art. 4 Abs. 1
Nr. 26 MiFID II. Danach ist Finanzinstitut ein Unternehmen, das kein Institut ist und dessen
Haupttätigkeit darin besteht, Beteiligungen zu erwerben oder eines oder mehrere der in Anh. I
Nr. 2–12 und 15 der CRD IV aufgelisteten Geschäfte zu betreiben. Im WpHG findet sich der
Begriff des Finanzinstituts an mehreren Stellen (§ 2 Abs. 42 Nr. 5 WpHG, § 3 Nr. 5 WpHG, § 7
Abs. 2 WpHG, § 48 Nr. 4 WpHG, § 57 Abs. 2 UAbs. 2 Nr. 3 WpHG, § 67 Abs. 2 Nr. 1 lit. b
WpHG, § 120 Abs. 23 Nr. 1 WpHG). Wird Bezug auf Art. 4 Abs. 1 Nr. 26 der Verordnung (EU)
Nr. 575/2013 genommen (§ 7 Abs. 2 WpHG), so ist der Begriff des Finanzinstituts des WpHG
identisch mit dem der MAR.

6 – Marktteilnehmer (Art. 3 Abs. 1 Nr. 5)
→ Art. 16 Rn. 51, 57 ff.

7 – Geregelter Markt (Art. 3 Abs. 1 Nr. 6)
Art. 3 Abs. 1 Nr. 6 bestimmt den Begriff des geregelten Marktes durch Verweis auf Art. 4 Abs. 1
Nr. 21 MiFID II. Danach ist geregelter Markt ein von einem Marktbetreiber betriebenes und/oder
verwaltetes multilaterales System, das die Interessen einer Vielzahl Dritter am Kauf und Verkauf von
Finanzinstrumenten innerhalb des Systems und nach seinen nichtdiskretionären Regeln in einer
Weise zusammenführt oder das Zusammenführen fördert, die zu einem Vertrag in Bezug auf Finanz-
instrumente führt, die gemäß den Regeln und/oder den Systemen des Marktes zum Handel
zugelassen wurden, sowie eine Zulassung erhalten hat und ordnungsgemäß und gem. Titel III der
MiFID II funktioniert. Die Definition ist durch die drei Anforderungen des Marktbetreibers, des
multilateralen Systems und der Nichtdiskretion gekennzeichnet.[10] Der Begriff des Marktbetreibers
ergibt sich aus Art. 3 Abs. 1 Nr. 5 iVm Art. 4 Abs. 1 Nr. 18 MiFID II, der des multilateralen
Systems aus Art. 4 Abs. 1 Nr. 19 MiFID II. Die Regeln sind nichtdiskretionär iSv Art. 4 Abs. 1
Nr. 19 MiFID II, wenn die Parteien keinen Entscheidungsspielraum darüber haben, ob sie im
Einzelfall ein Geschäft mit einem bestimmten Vertragspartner abschließen.[11] Zentraler Unterschied
zu dem multilateralen Handelssystem iSv Art. 3 Nr. 7 und dem organisierten Handelssystem iSv
Art. 3 Nr. 8 ist die erforderliche Zulassung und kontinuierliche Überwachung durch die zuständige

---

[6] Vgl. RegE Zweites Finanzmarktnovellierungsgesetz (2. FiMaNoG), BT-Drs. 18/10936, 220 und 221; *Meyer/
Oulds* in KMFS BankR/KapMarktR Rn. 12.142.

[7] Assmann/Schneider/Mülbert/*Assmann* Art. 3 Rn. 8.

[8] Verordnung (EU) Nr. 575/2013 des Europäischen Parlaments und des Rates vom 26.6.2013 über Aufsichts-
sanforderungen an Kreditinstitute und Wertpapierfirmen und zur Änderung der Verordnung (EU) Nr. 646/2012,
ABl. 2013 L 176, 1.

[9] So Assmann/Schneider/Mülbert/*Assmann* WpHG § 2 Rn. 199.

[10] Meyer/Veil/Rönnau/*Veil* MarktmissbrauchsR-HdB § 4 Rn. 19.

[11] *Klöhn/Klöhn* Art. 2 Rn. 93 mwN; *Veil* in Meyer/Veil/Rönnau MarktmissbrauchsR-HdB § 4 Rn. 21.

Behörde.[12] Nach Art. 44 Abs. 1 MiFID II wird die Zulassung als geregelter Markt nur erteilt, wenn die zuständige Behörde gem. Art. 3 Abs. 1 Nr. 12 sich davon überzeugt hat, dass sowohl der Marktbetreiber als auch die Systeme des geregelten Marktes zumindest den Anforderungen gem. Art. 44 ff. MiFID II genügen. Der Begriff des geregelten Marktes iSd Art. 3 Nr. 6 entspricht dem des organisierten Marktes iSv § 2 Abs. 11 WpHG (→ WpHG § 2 Rn. 30).[13]

– **Multilaterales Handelssystem (Art. 3 Abs. 1 Nr. 7)**   **8**

Art. 3 Abs. 1 Nr. 7 verweist zur Bestimmung des Begriffs des multilateralen Handelssystems (Multilateral Trading Facility oder MTF) auf Art. 4 Abs. 1 Nr. 22 MiFID II. Danach ist ein multilaterales Handelssystem ein von einer Wertpapierfirma oder einem Marktbetreiber betriebenes multilaterales System, das die Interessen einer Vielzahl Dritter am Kauf und Verkauf von Finanzinstrumenten innerhalb des Systems und nach nichtdiskretionären Regeln in einer Weise zusammenführt, die zu einem Vertrag führt. Im Gegensatz zum geregelten Markt iSd Art. 3 Nr. 6 bedarf es keiner Zulassung des MTF.[14] Der Begriff des multilateralen Handelssystems ist aber insofern – wie auch der des organisierten Handelssystems – enger als der des geregelten Marktes, als ihm nur ein multilaterales System unterfällt, das Interessen *zusammenführt* und ein Fördern des Zusammenführens gerade nicht genügt.[15] Die in § 2 Abs. 8 Nr. 8 WpHG enthaltene Definition des MTF (→ WpHG § 2 Rn. 32) entspricht Art. 3 Abs. 1 Nr. 7.

– **Organisiertes Handelssystem (Art. 3 Abs. 1 Nr. 8)**   **9**

Der Begriff des organisierten Handelssystems wurde vom Sekundärrechtsgesetzgeber eingeführt, um auch bezüglich derjenigen Finanzinstrumente Markmissbrauch zu verhindern, die weder an einem geregelten Markt noch an einem MTF gehandelt werden.[16] Nach Art. 3 Nr. 8 bezeichnet organisiertes Handelssystem (OTF) ein System oder eine Fazilität in der Union iSv Art. 4 Abs. 1 Nr. 23 MiFID II, also ein multilaterales System, das es nicht um einen geregelten Markt oder ein MTF handelt und das die Interessen einer Vielzahl Dritter am Kauf und Verkauf von Schuldverschreibungen, strukturierten Finanzprodukten, Emissionszertifikaten oder Derivaten innerhalb des Systems in einer Weise zusammenführt, die zu einem Vertrag gem. Titel II MiFID II führt. Für den Handel von Aktien stehen OTF iSv Art. 3 Nr. 8 also nicht zur Verfügung.[17] Im OTF können nur Nicht-Eigenkapitalfinanzinstrumente gehandelt werden.[18] Wie sich auch aus Art. 20 Abs. 6 MiFID II schließen lässt, verfügt der Betreiber eines OTF anders als der Betreiber eines MTF bei der Auftragsausführung über einen Ermessensspielraum bei der Entscheidung über die Platzierung, Rücknahme und Zusammenführung von Aufträgen.[19] Im Gegensatz zum geregelten Markt iSd Art. 3 Abs. 1 Nr. 6 und wie beim MTF iSd Art. 3 Abs. 1 Nr. 7 bedarf es keiner Zulassung des OTF. § 2 Abs. 8 Nr. 9 WpHG ist mit Art. 3 Abs. 1 Nr. 8 wortlautgleich.

Nach Art. 3 Abs. 1 Nr. 10 bezeichnet Handelsplatz iSd MAR einen solchen iSv Art. 4 Abs. 1 Nr. 24 MiFID II, also einen geregelten Markt, ein multilaterales Handelssystem (MTF) oder ein organisiertes Handelssystem (OTF). Der Begriff des Handelsmarktes ist wortlautgleich in § 2 Abs. 22 WpHG definiert (→ WpHG § 2 Rn. 30).

Die Regelungen der MAR sind an Personen, nicht – wie vor allem das europäische Kartellrecht – an Unternehmen adressiert. Personen sind gem. Art. 3 Abs. 1 Nr. 13 natürliche und juristische Personen. Der Begriff der juristischen Person ist nach unionsrechtlichem Verständnis weit zu verstehen und erfasst neben juristischen Personen des Privatrechts, wie AG, GmbH, SE, KGaA, rechtsfähiger Verein, und des öffentlichen Rechts, wie öffentlich-rechtliche Körperschaften, Anstalten und Stiftungen, auch (teil)rechtsfähige Personengesellschaften, insbesondere die oHG, KG und die GbR als Außengesellschaft.[20] Für juristische Personen des öffentlichen Rechts ist Art. 6 zu beachten, wonach die MAR nicht für Maßnahmen im Rahmen der Geldpolitik, der Staatsschuldenverwaltung und der Klimapolitik der genannten juristischen Personen zur Anwendung kommt.

---

[12] *Veil* in Meyer/Veil/Rönnau MarktmissbrauchsR-HdB § 4 Rn. 23.
[13] Assmann/Schneider/Mülbert/*Assmann* Art. 3 Rn. 13; *Meyer/Oulds* in KMFS BankR/KapMarktR Rn. 12.144; *Veil* in Meyer/Veil/Rönnau MarktmissbrauchsR-HdB § 4 Rn. 25.
[14] Klöhn/*Klöhn* Art. 2 Rn. 94 mwN; *Veil* in Meyer/Veil/Rönnau MarktmissbrauchsR-HdB § 4 Rn. 27.
[15] *Veil* in Meyer/Veil/Rönnau MarktmissbrauchsR-HdB § 4 Rn. 28.
[16] ErwGr 8.
[17] Klöhn/*Klöhn* Art. 2 Rn. 95.
[18] *Veil* in Meyer/Veil/Rönnau MarktmissbrauchsR-HdB § 4 Rn. 32 mwN.
[19] *Veil* in Meyer/Veil/Rönnau MarktmissbrauchsR-HdB § 4 Rn. 17, 32.
[20] Klöhn/*Klöhn* Art. 8 Rn. 12 ff.; *Veil* in Meyer/Veil/Rönnau MarktmissbrauchsR-HdB § 4 Rn. 4 ff.

15 – **Ware (Art. 3 Abs. 1 Nr. 14)**
→ Art. 2 Rn. 2; → Art. 7 Rn. 43; → Art. 15 Rn. 9.

16 – **Waren-Spot-Kontrakt (Art. 3 Abs. 1 Nr. 15)**
→ Art. 7 Rn. 43; → Art. 15 Rn. 9.

17 – **Spotmarkt (Art. 3 Abs. 1 Nr. 16)**
→ Art. 7 Rn. 43.

18 – **Rückkaufprogramm (Art. 3 Abs. 1 Nr. 17)**
→ Art. 5 Rn. 2.

19 – **Algorithmischer Handel (Art. 3 Abs. 1 Nr. 18)**
→ Art. 12, 13, 15 Anh. I Rn. 45.

20 – **Emissionszertifikat (Art. 3 Abs. 1 Nr. 19)**
→ Art. 7 Rn. 43 f.

21 – **Teilnehmer am Markt für Emissionszertifikate (Art. 3 Abs. 1 Nr. 20)**
→ Art. 8–11, 14, 16 Rn. 52.

22 – **Emittent (Art. 3 Abs. 1 Nr. 21)**
Nach Art. 3 Abs. 1 Nr. 21 bezeichnet Emittent eine juristische Person des privaten oder öffentlichen Rechts gem. Art. 3 Abs. 1 Nr. 13 (→ Rn. 13), die Finanzinstrumente emittiert oder deren Emission vorschlägt. Emittent im Fall von Hinterlegungsscheinen, die Finanzinstrumente repräsentieren, ist der Emittent des repräsentierten Finanzinstruments.

23 – **Energiegroßhandelsprodukt (Art. 3 Abs. 1 Nr. 22)**
→ Art. 7 Rn. 44; → Art. 12 Anh. I Rn. 9.

24 – **Warenderivate (Art. 3 Abs. 1 Nr. 24)**
→ Art. 7 Rn. 43.

25 – **Person, die Führungsaufgaben wahrnimmt (Art. 3 Abs. 1 Nr. 25)**
→ Art. 19 Rn. 4.

26 – **Eng verbundene Person (Art. 3 Abs. 1 Nr. 26)**
→ Art. 19 Rn. 6.

27 – **Referenzwert (Art. 3 Abs. 1 Nr. 29)**
→ Art. 12, 13, 15 Rn. 39.

28 – **Market Maker (Art. 3 Abs. 1 Nr. 30)**
Art. 3 Abs. 1 Nr. 30 MAR iVm Art. 4 Abs. 1 Nr. 7 MiFID II definiert als Market Maker eine Person, die an den Finanzmärkten auf kontinuierlicher Basis ihre Bereitschaft anzeigt, durch den An- und Verkauf von Finanzinstrumenten unter Einsatz des eigenen Kapitals Handel für eigene Rechnung zu von ihr gestellten Kursen zu betreiben (→ WpHG Vor § 1 Rn. 39).

29 – **Beteiligungsaufbau (Art. 3 Abs. 1 Nr. 31)**
→ Art. 8–11, 14, 16 Rn. 28; → Art. 17 Rn. 26.

30 – **Hochfrequenzhandel (Art. 3 Abs. 1 Nr. 33)**
→ Art. 12, 13, 15 Anh. I Rn. 45.

31 – **Anlageempfehlungen (Art. 3 Abs. 1 Nr. 35)**
→ Art. 12, 13, 15 Anh. I Rn. 32.

32 – **Wertpapiere (Art. 3 Abs. 2 lit. a)**
→ Art. 5 Rn. 3 ff.

33 – **Verbundene Instrumente (Art. 3 Abs. 2 lit. b)**
→ Art. 5 Rn. 3.

34 – **Signifikantes Zeichnungsangebot (Art. 3 Abs. 2 lit. c)**
→ Art. 4, 5 Rn. 4.

35 – **Kursstabilisierung (Art. 3 Abs. 2 lit. d)**
→ Art. 4, 5 Rn. 3, 5 ff.

Art. 4 Meldungen und Liste der Finanzinstrumente

(1) *[1]* **Die Betreiber von geregelten Märkten sowie Wertpapierfirmen und Betreiber eines multilateralen oder organisierten Handelssystems melden der zuständigen Behörde des Handelsplatzes unverzüglich jedes Finanzinstrument, für das ein Antrag auf Zulassung zum Handel auf ihrem Handelsplatz gestellt wird, zum Handel zugelassen wird oder erstmalig gehandelt worden ist.**

[2] **Sie informieren auch die zuständige Behörde des Handelsplatzes, wenn ein Finanzinstrument nicht mehr gehandelt wird oder seine Zulassung zum Handel erlischt, außer wenn das Datum, von dem an das betreffende Finanzinstrument nicht mehr gehandelt wird oder mit dem seine Zulassung zum Handel erlischt, bekannt ist und in der Meldung gemäß Unterabsatz 1 genannt wurde.**

[3] **Die in diesem Absatz genannten Meldungen enthalten gegebenenfalls die Bezeichnungen und Kennung der betreffenden Finanzinstrumente sowie Datum und Uhrzeit des**

Antrags auf Zulassung zum Handel, Datum und Uhrzeit der Zulassung zum Handel sowie Datum und Uhrzeit des ersten Handelsabschlusses.

[4] Die Marktbetreiber und die Wertpapierfirmen übermitteln der zuständigen Behörde des Handelsplatzes außerdem die in Unterabsatz 3 festgelegten Informationen zu den Finanzinstrumenten, für die ein Antrag auf Zulassung zum Handel auf ihrem Handelsplatz gestellt wurde bzw. die vor dem 2. Juli 2014 auf ihrem Handelsplatz zum Handel zugelassen waren und die an diesem Tag immer noch zum Handel zugelassen waren oder gehandelt haben.

(2) ¹Die zuständigen Behörden des Handelsplatzes leiten die Meldungen, die sie gemäß Absatz 1 erhalten, unverzüglich an die ESMA weiter. ²Die ESMA veröffentlicht diese Meldungen sofort nach Erhalt in Form einer Liste auf ihrer Website. ³Die ESMA aktualisiert diese Liste unverzüglich bei Eingang einer Meldung von einer zuständigen Behörde des Handelsplatzes. ⁴Durch die Liste wird der Anwendungsbereich dieser Verordnung nicht eingeschränkt.

(3) Die Liste enthält folgende Informationen:

a) die Bezeichnungen und Kennung der Finanzinstrumente, für die die Zulassung zum Handel auf geregelten Märkten, multilateralen und organisierten Handelssystemen beantragt wurde, die dort zum Handel zugelassen wurden oder dort erstmalig gehandelt wurden;

b) Datum und Uhrzeit der Beantragung der Zulassung zum Handel, der Erteilung der Zulassung oder des erstmaligen Handels;

c) ausführliche Informationen zu den Handelsplätzen, auf denen die Zulassung zum Handel für die Finanzinstrumente beantragt wurde, auf denen sie zum Handel zugelassen wurden oder auf denen sie erstmalig gehandelt wurden, und

d) Datum und Uhrzeit, zu dem/der der Handel mit dem Finanzinstrument eingestellt wird bzw. zu dem/der seine Zulassung zum Handel erlischt.

(4) *[1]* Zur Sicherstellung der durchgehenden Harmonisierung dieses Artikels arbeitet die ESMA Entwürfe technischer Regulierungsstandards aus, um Folgendes festzulegen:

a) den Inhalt der Meldungen gemäß Absatz 1 und

b) die Art und Weise und die Bedingungen der Zusammenstellung, Veröffentlichung und Pflege der in Absatz 3 genannten Liste.

[2] Die ESMA übermittelt der Kommission diese Entwürfe technischer Regulierungsstandards bis 3. Juli 2015.

[3] Der Kommission wird die Befugnis übertragen, die in Unterabsatz 1 dieses Absatzes genannten technischen Regulierungsstandards nach Artikel 10 bis 14 der Verordnung (EU) Nr. 1095/2010 des Europäischen Parlaments und des Rates¹⁾ zu erlassen.

(5) *[1]* Zur Sicherstellung der durchgehenden Harmonisierung dieses Artikels arbeitet die ESMA Entwürfe technischer Durchführungsstandards aus, um den Zeitplan, das Format und Muster für die Übermittlung der Meldungen gemäß den Absätzen 1 und 2 festzulegen.

[2] Die ESMA übermittelt der Kommission diese Entwürfe technischer Regulierungsstandards bis zum 3. Juli 2015.

[3] Der Kommission wird die Befugnis übertragen, die in Unterabsatz 1 genannten technischen Durchführungsstandards nach Artikel 15 der Verordnung (EU) Nr. 1095/2010 zu erlassen.

Nicht kommentiert.

Art. 5 Ausnahmen für Rückkaufprogramme und Stabilisierungsmaßnahmen

(1) Die in den Artikeln 14 und 15 dieser Verordnung festgeschriebenen Verbote gelten nicht für den Handel mit eigenen Aktien im Rahmen von Rückkaufprogrammen, wenn

a) die Einzelheiten des Programms vor dem Beginn des Handels vollständig offengelegt werden,

b) Abschlüsse der zuständigen Behörde des Handelsplatzes gemäß Absatz 3 als Teil des Rückkaufprogramms gemeldet und anschließend öffentlich bekanntgegeben werden,

c) in Bezug auf Kurs und Volumen angemessene Grenzen eingehalten werden und

d) er im Einklang mit den in Absatz 2 genannten Zielen und den in dem vorliegenden Artikel festgelegten Bedingungen und den in Absatz 6 genannten technischen Regulierungsstandards durchgeführt wird.

---

¹ **Amtl. Anm.**: Verordnung (EU Nr. 1095/2010 des Europäischen Parlaments und des Rates vom 24. November 2010 zur Errichtung einer Europäischen Aufsichtsbehörde (Europäische Wertpapier- und Marktaufsichtsbehörde), zur Änderung des Beschlusses Nr. 716/2009/EG und zur Aufhebung des Beschlusses 2009/77/EG der Kommission (ABl. L 331 vom 15.12.2010, S. 84). ² Richtig wohl: „zusammenhängende".

(2) Um in den Genuss der in Absatz 1 vorgesehenen Ausnahme zu gelangen, muss ein Rückkaufprogramm als seinen einzigen Zweck haben:

a) das Kapital eines Emittenten zu reduzieren,

b) die aus einem Schuldtitel entstehenden Verpflichtungen zu erfüllen, die in Beteiligungskapital umgewandelt werden können, oder

c) die aus einem Belegschaftsaktienprogramm oder anderen Formen der Zuteilung von Aktien an Mitarbeiter oder Angehörige der Verwaltungs-, Leitungs- oder Aufsichtsorgane des Emittenten oder einem verbundenen Unternehmen entstehenden Verpflichtungen zu erfüllen.

(3) Um in den Genuss der in Absatz 1 vorgesehenen Ausnahme zu gelangen, muss der Emittent der für den Handelsplatz, auf dem seine Aktien zum Handel zugelassen wurden bzw. gehandelt werden, zuständigen Behörde des Handelsplatzes jedes mit Rückkaufprogrammen *zusammenhängende*[2] Geschäft, einschließlich der in Artikel 25 Absätze 1 und 2 und Artikel 26 Absätze 1, 2 und 3 der Verordnung (EU) Nr. 600/2014 genannten Informationen, melden.

(4) Die in den Artikeln 14 und 15 dieser Verordnung festgeschriebenen Verbote gelten nicht für den Handel mit Wertpapieren oder verbundenen Instrumenten zur Stabilisierung des Kurses von Wertpapieren, wenn

a) die Dauer der Stabilisierungsmaßnahme begrenzt ist,

b) relevante Informationen zur Stabilisierung offengelegt und der zuständigen Behörde des Handelsplatzes gemäß Absatz 5 gemeldet werden,

c) in Bezug auf den Kurs angemessene Grenzen eingehalten werden und

d) ein solcher Handel den Bedingungen für die Stabilisierung gemäß den technischen Regulierungsstandards gemäß Absatz 6 entspricht.

(5) Unbeschadet des Artikels 23 Absatz 1 teilen Emittenten, Bieter oder Unternehmen, die die Stabilisierungsmaßnahme durchführen, unabhängig davon, ob sie im Namen Ersterer handeln oder nicht, der zuständigen Behörde des Handelsplatzes spätestens am Ende des siebten Handelstags nach dem Tag der Ausführung dieser Maßnahmen die Einzelheiten sämtlicher Stabilisierungsmaßnahmen mit.

(6) *[1]* Zur durchgängigen Harmonisierung dieses Artikels arbeitet die ESMA Entwürfe technischer Regulierungsstandards aus, in denen die bei den Rückkaufprogrammen und Stabilisierungsmaßnahmen nach Absatz 1 und 4 einzuhaltenden Bedingungen präzisiert werden, darunter Handelsbedingungen, Beschränkungen der Dauer und des Volumens, Bekanntgabe- und Meldepflichten sowie Kursbedingungen.

[2] Die ESMA legt der Kommission diese Entwürfe technischer Regulierungsstandards bis zum 3. Juli 2015 vor.

[3] Der Kommission wird die Befugnis übertragen, die in Unterabsatz 1 genannten technischen Regulierungsstandards nach Artikel 10 bis 14 der Verordnung (EU) Nr. 1095/2010 zu erlassen.

1   Art. 5 Abs. 1, 4 nimmt den Handel mit eigenen Aktien im Rahmen von Rückkaufprogrammen und Kursstabilisierungsmaßnahmen generell vom Insider- und Marktmanipulationsverbot aus und gewährt Emittenten einen „sicheren Hafen" *(safe harbour)*.[1]

I. Rückkaufprogramme

2   **Aktienrückkaufprogramme** sind in den in Art. 5 Abs. 1–3 bestimmten engen Grenzen zulässig, wenn sie allein dem Zweck dienen, das Kapital herabzusetzen oder Verpflichtungen aus einem Mitarbeiterbeteiligungsprogramm des Emittenten oder einer Tochtergesellschaft oder aus einem anderen Options- oder Wandlungsrecht zu erfüllen. Rückkaufprogramme sind gem. Art. 3 Abs. 1 Nr. 17 der Handel mit eigenen Aktien iSd Art. 21–27 Richtlinie 2012/30/EU (Kapital-RL)[2] bzw. heute Art. 59–67 Richtlinie (EU) 2017/1132 (Gesellschaftsrechts-RL),[3] dh im deutschen Recht gem. §§ 71–75 AktG. Erfasst ist nur der Rückerwerb, nicht der Erwerb eigener Aktien zum Zweck des Handels.[4] Die Privilegierung gilt nach ErwGr 2 Delegierte Verordnung (EU) 2016/1052 nicht für Geschäfte mit Finanzderivaten.

---

[1] Assmann/Schneider/Mülbert/*Mülbert* Art. 5 Rn. 21; *Feuring/Berrar* in Habersack/Mülbert/Schlitt KapMarktInfo-HdB Rn. 39.15; Klöhn/*Klöhn* Art. 5 Rn. 2.

[2] Richtlinie 2012/30/EU des Europäischen Parlaments und des Rates vom 25. Oktober 2012 zur Koordinierung der Schutzbestimmungen, die in den Mitgliedstaaten den Gesellschaften im Sinne des Artikels 54 Absatz 2 des Vertrags über die Arbeitsweise der Europäischen Union im Interesse der Gesellschafter sowie Dritter für die Gründung der Aktiengesellschaft sowie für die Erhaltung und Änderung ihres Kapitals vorgeschrieben sind, um diese Bestimmungen gleichwertig zu gestalten (ABl. 2012 L 315, 74).

[3] Richtlinie (EU) 2017/1132 des Europäischen Parlaments und des Rates vom 14. Juni 2017 über bestimmte Aspekte des Gesellschaftsrechts; ABl. 2017 L 169, 46.

[4] *Veil* in Meyer/Veil/Rönnau MarktmissbrauchsR-HdB § 4 Rn. 107.

II. Kursstabilisierungsmaßnahmen

1. Begriff. Kursstabilisierungsmaßnahmen sind nach Art. 3 Abs. 2 lit. d jeder Kauf bzw. jedes **3** Angebot zum Kauf von Wertpapieren oder eine Transaktion mit vergleichbaren verbundenen Instrumenten, die ein Kreditinstitut oder eine Wertpapierfirma im Rahmen eines signifikanten Zeichnungsangebots für diese Wertpapiere mit dem alleinigen Ziel tätigt, den Marktkurs dieser Wertpapiere für einen im Voraus bestimmten Zeitraum zu stützen, wenn auf diese Wertpapiere Verkaufsdruck besteht. Erfasst sind nur der **Erwerb** von Wertpapieren und in Bezug auf verbundene Instrumente jede Transaktion, das heißt auch Verkäufe von Kaufoptionen oder die Ausübung solcher Optionen.[5]

Privilegiert ist nur der Handel zur Stabilisierung des Kurses. Voraussetzung ist zum einen ein **4** **signifikantes Zeichnungsangebot,** dh nach Art. 3 Abs. 2 lit. c „eine Erst- oder Zweitplatzierung von Wertpapieren, die sich sowohl hinsichtlich des Werts der angebotenen Wertpapiere als auch hinsichtlich der Verkaufsmethoden vom üblichen Handel unterscheidet". Hiervon sind sowohl das erstmalige Anbieten (Erstplatzierung) als auch das Anbieten bereits an Handelsplätzen gehandelter Finanzinstrumente (Zweitplatzierung) erfasst.[6] Nach ErwGr 6 Delegierte Verordnung (EU) 2016/1052 sind reine Privattransaktionen nicht als signifikantes Zeichnungsangebot von Wertpapieren einzuordnen. Erforderlich ist zum anderen, dass die Maßnahme **„mit dem alleinigen Ziel"** erfolgt, den **Marktkurs zu stützen.** Maßnahmen, die lediglich auch der Kursstützung dienen, wie die Tätigkeit als Market Maker oder die Ausführung von Kundenaufträgen, sind daher nicht erfasst.[7]

2. Voraussetzungen. Voraussetzungen für die Bereichsausnahme sind (1) die zeitliche Befristung **5** der Kursstabilisierungsmaßnahme, (2) die Angemessenheit des Kurses und (3) die Offenlegung relevanter Informationen zur Stabilisierungsmaßnahme vor, während und nach Ablauf des Stabilisierungszeitraums und deren Meldung an die zuständige Aufsichtsbehörde. Die weiteren Einzelheiten werden in der Delegierte Verordnung (EU) 2016/1052[8] konkretisiert (Art. 5 Abs. 6). Der zulässige **Stabilisierungszeitraum** beginnt nach Art. 5 Abs. 1 Delegierte Verordnung (EU) 2016/1052 bei Aktien und Aktien entsprechenden Wertpapieren bei einer Erstplatzierung mit der Handelsaufnahme und bei einer Zweitplatzierung mit der Bekanntgabe des Schlusskurses der Wertpapiere und endet spätestens 30 Tage nach Handelsaufnahme bzw. Zuteilung. Bei verbrieften Schuldtiteln beginnt der Stabilisierungszeitraum mit der Bekanntgabe der Angebotsbedingungen und endet spätestens 30 Kalendertage nach Erhalt des Emissionserlöses oder – sollte dies früher eintreten – spätestens 60 Kalendertage nach der Zuteilung der Wertpapiere.

Art. 6 Delegierte Verordnung (EU) 2016/1052 konkretisiert die **Bekanntgabepflichten** vor, wäh- **6** rend und nach Ablauf des Stabilisierungszeitraums. So sind bereits **vor** dem Beginn der **Erst- oder Zweitplatzierung** der Wertpapiere die in Art. 6 Abs. 1 Delegierte Verordnung (EU) 2016/1052 genannten Informationen zur Kursstabilisierung bekanntzugeben. **Während** des Stabilisierungszeitraums sind die Einzelheiten sämtlicher Stabilisierungsmaßnahmen spätestens am Ende des siebten Handelstags nach der Ausführung dieser Maßnahmen bekanntzugeben, Art. 6 Abs. 2 Delegierte Verordnung (EU) 2016/1052. Außerdem sind die in Art. 6 Abs. 3 Delegierte Verordnung (EU) 2016/1052 genannten Informationen innerhalb einer Woche **nach Ablauf** des Stabilisierungszeitraums bekanntzugeben.

Art. 6 Abs. 4 Delegierte Verordnung (EU) 2016/1052 normiert eine **Aufzeichnungspflicht** der **7** Unternehmen, die die Stabilisierungsmaßnahme durchführen, bezüglich der Kursstabilisierungsaufträge und -transaktionen bei Wertpapieren und verbundenen Instrumenten, unabhängig davon, ob sie im Namen des Emittenten oder des Bieters handeln. Der Emittent, der Bieter und alle Unternehmen, die die Stabilisierungsmaßnahme durchführen, sowie in ihrem Auftrag handelnde Personen, ernennen einen von ihnen als zentrale Stelle, die verantwortlich ist für die Bekanntgabepflichten und den Kontakt zur zuständigen Aufsichtsbehörde (Art. 6 Abs. 5 Delegierte Verordnung (EU) 2016/1052).

Art. 7 Delegierte Verordnung (EU) 2016/1052 verlangt zudem, dass die Kursstabilisierung zu einem **8** **angemessenen Kurs** durchgeführt wird, der über dem Emissionskurs der Aktien oder Aktien entsprechenden Wertpapiere bzw. dem Marktkurs von Schuldtiteln zum Zeitpunkt der Bekanntgabe der endgültigen Modalitäten des neuen Angebots liegt.

3. Bedingungen für ergänzende Maßnahmen. Im Weiteren gelten besondere Bestimmungen **9** für **ergänzende Kursstabilisierungsmaßnahmen.** Dazu gehören die Überzeichnung bzw. Mehrzuteilungsoption gem. Art. 1 lit. f Delegierte Verordnung (EU) 2016/1052[9] und die sog. Greenshoe-

---

[5] Assmann/Schneider/Mülbert/*Mülbert* Art. 5 Rn. 75.

[6] Klöhn/*Klöhn* Art. 5 Rn. 93.

[7] Fuchs/*Fleischer* § 20a Rn. 110; *Veil* in Meyer/Veil/Rönnau MarktmissbrauchsR-HdB § 4 Rn. 109.

[8] Delegierte Verordnung (EU) Nr. 2016/1052 der Kommission vom 8.3.2016 zur Ergänzung der Verordnung (EU) Nr. 596/2014 des Europäischen Parlaments und des Rates durch technische Regulierungsstandards für die auf Rückkaufprogramme und Stabilisierungsmaßnahmen anwendbaren Bedingungen, ABl. 2016 L 173, 34.

[9] Nach Art. 1 lit. f Delegierte Verordnung (EU) 2016/1052 handelt es sich bei der Überzeichnung um „eine Klausel im Emissions- bzw. Garantievertrag, die es erlaubt, Zeichnungs- oder Kaufangebote für Wertpapiere über die ursprünglich geplante Menge hinaus anzunehmen".

Option[10] (s. Art. 1 lit. d Delegierte Verordnung (EU) 2016/1052).[11] Das Bestehen und die Bedingungen einer solchen Greenshoe- bzw. Mehrzuteilungsoption gehören zu den melde- und offenlegungspflichtigen Informationen (Art. 6 Abs. 1 lit. f Delegierte Verordnung (EU) 2016/1052). Gem. Art. 8 Delegierte Verordnung (EU) 2016/1052 darf eine **Überzeichnung** von Wertpapieren nur innerhalb der Zeichnungsfrist und zum Emissionskurs erfolgen, eine aus einer Überzeichnung resultierende und nicht durch die Greenshoe-Option abgedeckte Position eines Wertpapierhauses oder eines Kreditinstituts darf 5 % des ursprünglichen Angebots nicht überschreiten. Die **Greenshoe-Option** darf nur im Rahmen einer Überzeichnung der Wertpapiere und während des Kursstabilisierungszeitraums ausgeübt werden und 15 % des ursprünglichen Angebots nicht überschreiten. Außerdem muss die Öffentlichkeit unverzüglich und in allen angemessenen Einzelheiten über die Ausübung der Greenshoe-Option unterrichtet, insbesondere über den Zeitpunkt der Ausübung und die Zahl und Art der relevanten Wertpapiere informiert werden.

Art. 6 Ausnahme für Maßnahmen im Rahmen der Geldpolitik, der Staatsschuldenverwaltung und der Klimapolitik

(1) **Diese Verordnung gilt nicht für Geschäfte, Aufträge oder Handlungen, die aus geld- oder wechselkurspolitischen Gründen oder im Rahmen der Staatsschuldenverwaltung von**

a) **einem Mitgliedstaat,**
b) **den Mitgliedern des Europäischen Systems der Zentralbanken,**
c) **einem Ministerium, einer anderen Einrichtung oder Zweckgesellschaft eines oder mehrerer Mitgliedstaaten oder einer in deren Auftrag handelnden Person sowie –**
d) **im Fall eines Mitgliedstaats mit der Form eines Bundesstaats – von einem Mitglied des Bundes getätigt werden.**

(2) *[1]* **Diese Verordnung gilt nicht für solche Geschäfte, Aufträge oder Handlungen, die von der Kommission, einer anderen offiziell benannten Stelle oder einer anderen Person, die in deren Auftrag handelt, im Rahmen der Staatsschuldenverwaltung getätigt werden.**

[2] **Diese Verordnung gilt nicht für Geschäfte, Aufträge oder Handlungen, die getätigt werden**

a) **von der Union,**
b) **einer Zweckgesellschaft eines oder mehrerer Mitgliedstaaten,**
c) **der Europäischen Investitionsbank,**
d) **der Europäischen Finanzstabilisierungsfazilität,**
e) **dem Europäischen Stabilitätsmechanismus,**
f) **einem internationalen Finanzinstitut, das zwei oder mehrere Mitgliedstaaten zu dem Zweck errichtet haben, Mittel zu mobilisieren und diejenigen seiner Mitglieder, die von schwerwiegenden Finanzierungsproblemen betroffen oder bedroht sind, finanziell zu unterstützen.**

(3) **Diese Verordnung gilt nicht für Tätigkeiten eines Mitgliedstaats, der Kommission oder einer anderen offiziell benannten Stelle oder einer in deren Auftrag handelnden Person, die Emissionszertifikate betreffen und im Rahmen der Klimapolitik der Union im Einklang mit der Richtlinie 2003/87/EG unternommen werden.**

(4) **Diese Verordnung gilt nicht für Tätigkeiten eines Mitgliedstaats, der Kommission oder einer anderen offiziell benannten Stelle oder einer in deren Auftrag handelnden Person, die zur Umsetzung der Gemeinsamen Agrarpolitik der Union oder der Gemeinsamen Fischereipolitik der Union im Einklang mit angenommenen Rechtsakten oder gemäß dem AEUV geschlossenen internationalen Übereinkünften ausgeführt werden.**

(5) *[1]* **Der Kommission wird die Befugnis übertragen, delegierte Rechtsakte gemäß Artikel 35 zu erlassen, um die in Ausnahme nach Absatz 1 auf bestimmte öffentliche Stellen und die Zentralbanken von Drittstaaten auszuweiten.**

[2] **Dazu erstellt die Kommission bis zum 3. Januar 2016 einen Bericht, in dem beurteilt wird, wie öffentliche Einrichtungen, die für die Staatsschuldenverwaltung zuständig oder daran beteiligt sind, und die Zentralbanken von Drittstaaten international behandelt werden, und legt ihn dem Europäischen Parlament und dem Rat vor.**

---

[10] Nach Art. 1 lit. g Delegierte Verordnung (EU) 2016/1052 handelt es sich bei der Greenshoe-Option um „eine Überzeichnungsreserve, die der Bieter einem Wertpapierhaus bzw. den Wertpapierhäusern oder einem Kreditinstitut bzw. den Kreditinstituten im Rahmen des Zeichnungsangebots zugesteht, bei der diese Häuser bzw. Institute innerhalb eines bestimmten Zeitraums nach der Emission der Wertpapiere eine bestimmte Menge dieser Wertpapiere zum Ausgabekurs erwerben können". Die Greenshoe-Option ist nach ihrem ersten Anwendungsfall im Jahr 1963 bei der Greenshoe Manufacturing Corporation (Boston, USA) benannt.

[11] Verordnung (EG) Nr. 2273/2003 der Kommission vom 22.12.2003 zur Durchführung der Richtlinie 2003/6/EG des Europäischen Parlaments und des Rates – Ausnahmeregelungen für Rückkaufprogramme und Kursstabilisierungsmaßnahmen, ABl. 2003 L 96, 16. Hierzu *Langenbucher* AktKapMarktR § 13 Rn. 52; *Lenenbach* KapMarktR Rn. 10.224 ff.; *Schwark/Zimmer/Zimmer/Bator* Rn. 21 ff.

[3] ¹Der Bericht enthält eine vergleichende Untersuchung der Behandlung dieser Stellen und Zentralbanken im Rechtsrahmen von Drittstaaten sowie die Risikomanagementstandards, die für die von diesen Stellen und den Zentralbanken in diesen Rechtsordnungen getätigten Geschäfte gelten. ²Wenn das Fazit dieses Berichts – vor allem angesichts der vergleichenden Untersuchung – lautet, dass es erforderlich ist, die Zentralbanken dieser Drittstaaten im Hinblick auf ihre währungspolitischen Verpflichtungen von den in dieser Verordnung festgelegten Verpflichtungen und Verboten auszunehmen, weitet die Kommission die Ausnahme nach Absatz 1 auch auf die Zentralbanken dieser Drittstaaten aus.

(6) **Der Kommission wird auch die Befugnis übertragen, gemäß Artikel 35 delegierte Rechtsakte zu erlassen, um die Ausnahmen gemäß Absatz 3 auf bestimmte benannte öffentliche Stellen von Drittstaaten auszuweiten, die ein Abkommen mit der Union im Sinne von Artikel 25 der Richtlinie 2003/87/ EG geschlossen haben.**

(7) **Dieser Artikel gilt nicht für Personen, die im Rahmen eines Arbeitsvertrags oder anderweitig für die in diesem Artikel genannten Unternehmen tätig sind, wenn diese Personen unmittelbar oder mittelbar, für eigene Rechnung Geschäfte, Aufträge oder Handlungen tätigen.**

Kapitel 2. Insiderinformationen, Insidergeschäfte, unrechtmäßige Offenlegung von Insiderinformationen und Marktmanipulation

Vorbemerkungen Art. 7–16

Art. 7–16 regeln das Marktmissbrauchsrecht ieS, insbesondere das Insider- und Marktmanipulationsverbot. Vorangestellt wird der Begriff der Insiderinformation in Art. 7 definiert. Das insiderrechtliche Verbot findet sich in Art. 14. Was die gem. Art. 14 verbotenen Insiderhandlungen sind, definieren Art. 8–11. Das Marktmanipulationsverbot findet sich in Art. 15, die einzelnen Tatbestände der Marktmanipulation werden in Art. 12 und die Ausnahme der zulässigen Marktpraktiken in Art. 13 definiert.

Art. 7 Insiderinformationen

(1) **Für die Zwecke dieser Verordnung umfasst der Begriff „Insiderinformationen" folgende Arten von Informationen:**

a) **nicht öffentlich bekannte präzise Informationen, die direkt oder indirekt einen oder mehrere Emittenten oder ein oder mehrere Finanzinstrumente betreffen und die, wenn sie öffentlich bekannt würden, geeignet wären, den Kurs dieser Finanzinstrumente oder den Kurs damit verbundener derivativer Finanzinstrumente erheblich zu beeinflussen;**

b) **in Bezug auf Warenderivate nicht öffentlich bekannte präzise Informationen, die direkt oder indirekt ein oder mehrere Derivate dieser Art oder direkt damit verbundene Waren-Spot-Kontrakte betreffen und die, wenn sie öffentlich bekannt würden, geeignet wären, den Kurs dieser Derivate oder damit verbundener Waren-Spot-Kontrakte erheblich zu beeinflussen, und bei denen es sich um solche Informationen handelt, die nach Rechts- und Verwaltungsvorschriften der Union oder der Mitgliedstaaten, Handelsregeln, Verträgen, Praktiken oder Regeln auf dem betreffenden Warenderivate- oder Spotmarkt offengelegt werden müssen bzw. deren Offenlegung nach vernünftigem Ermessen erwartet werden kann;**

c) **in Bezug auf Emissionszertifikate oder darauf beruhende Auktionsobjekte nicht öffentlich bekannte präzise Informationen, die direkt oder indirekt ein oder mehrere Finanzinstrumente dieser Art betreffen und die, wenn sie öffentlich bekannt würden, geeignet wären, den Kurs dieser Finanzinstrumente oder damit verbundener derivativer Finanzinstrumente erheblich zu beeinflussen;**

d) **für Personen, die mit der Ausführung von Aufträgen in Bezug auf Finanzinstrumente beauftragt sind, bezeichnet der Begriff auch Informationen, die von einem Kunden mitgeteilt wurden und sich auf die noch nicht ausgeführten Aufträge des Kunden in Bezug auf Finanzinstrumente beziehen, die präzise sind, direkt oder indirekt einen oder mehrere Emittenten oder ein oder mehrere Finanzinstrumente betreffen und die, wenn sie öffentlich bekannt würden, geeignet wären, den Kurs dieser Finanzinstrumente, damit verbundener Waren-Spot-Kontrakte oder zugehöriger derivativer Finanzinstrumente erheblich zu beeinflussen.**

(2) **¹Für die Zwecke des Absatzes 1 sind Informationen dann als präzise anzusehen, wenn damit eine Reihe von Umständen gemeint ist, die bereits gegeben sind oder bei denen man**

vernünftigerweise erwarten kann, dass sie in Zukunft gegeben sein werden, oder ein Ereignis, das bereits eingetreten ist oder von den vernünftigerweise erwarten kann, dass es in Zukunft eintreten wird, und diese Informationen darüber hinaus spezifisch genug sind, um einen Schluss auf die mögliche Auswirkung dieser Reihe von Umständen oder dieses Ereignisses auf die Kurse der Finanzinstrumente oder des damit verbundenen derivativen Finanzinstruments, der damit verbundenen Waren-Spot-Kontrakte oder der auf den Emissionszertifikaten beruhenden Auktionsobjekte zuzulassen." ²So können im Fall eines zeitlich gestreckten Vorgangs, der einen bestimmten Umstand oder ein bestimmtes Ereignis herbeiführen soll oder hervorbringt, dieser betreffende zukünftige Umstand bzw. das betreffende zukünftige Ereignis und auch die Zwischenschritte in diesem Vorgang, die mit der Herbeiführung oder Hervorbringung dieses zukünftigen Umstandes oder Ereignisses verbunden sind, in dieser Hinsicht als präzise Information betrachtet werden.

(3) Ein Zwischenschritt in einem gestreckten Vorgang wird als eine Insiderinformation betrachtet, falls er für sich genommen die Kriterien für Insiderinformationen gemäß diesem Artikel erfüllt.

(4) *[1]* Für die Zwecke des Absatzes 1 sind unter „Informationen, die, wenn sie öffentlich bekannt würden, geeignet wären, den Kurs von Finanzinstrumenten, derivativen Finanzinstrumenten, damit verbundenen Waren-Spot-Kontrakten oder auf Emissionszertifikaten beruhenden Auktionsobjekten spürbar zu beeinflussen" Informationen zu verstehen, die ein verständiger Anleger wahrscheinlich als Teil der Grundlage seiner Anlageentscheidungen nutzen würde.

[2] Im Fall von Teilnehmern am Markt für Emissionszertifikate mit aggregierten Emissionen oder einer thermischen Nennleistung in Höhe oder unterhalb des gemäß Artikel 17 Absatz 2 Unterabsatz 2 festgelegten Schwellenwerts wird von den Informationen über die physischen Aktivitäten dieser Teilnehmer angenommen, dass sie keine erheblichen Auswirkungen auf die Preise der Emissionszertifikate und der auf diesen beruhenden Auktionsobjekte oder auf damit verbundene Finanzinstrumente haben.

(5) ¹Die ESMA gibt Leitlinien für die Erstellung einer nicht erschöpfenden indikativen Liste von Informationen gemäß Absatz 1 Buchstabe b heraus, deren Offenlegung nach vernünftigem Ermessen erwartet werden kann oder die nach Rechts- und Verwaltungsvorschriften des Unionsrechts oder des nationalen Rechts, Handelsregeln, Verträgen, Praktiken oder Regeln auf den in Absatz 1 Buchstabe b genannten betreffenden Warenderivate- oder Spotmärkten offengelegt werden müssen. ²Die ESMA trägt den Besonderheiten dieser Märkte gebührend Rechnung.

Übersicht

I. Allgemeines

1   Die Marktmissbrauchsverordnung verwendet einen **einheitlichen Begriff** der Insiderinformation. Die Definition der Insiderinformation in Art. 7 ist nicht nur für das Insiderrecht gem. Art. 8 ff., 14

relevant, sondern gilt im Ausgangspunkt auch für die Ad-hoc-Publizität gem. Art. 17 sowie die Pflicht zur Erstellung von Insiderlisten gem. Art. 18. Eine zeitweise erwogene **„Insiderinformation light"** nach dem Vorbild des englischen Konzepts gem. Section 118 (4) FSMA aF (*relevant information not generally available (RINGA)*),[1] die auf das Kriterium der Präzision verzichtete[2] und das Insiderhandelsverbot, nicht jedoch die Ad-hoc-Informationspflicht auslösen sollte, wurde aufgrund ihrer Unbestimmtheit im Schrifttum kritisch betrachtet[3] und wurde daher nicht in die MAR aufgenommen.

Der Begriff der Insiderinformation wird in Art. 7 Abs. 1 lit. a allgemein, in Art. 7 Abs. 1 lit. b in **2** Bezug auf Warenderivate und in Art. 7 Abs. 1 lit. c für Emissionszertifikate legaldefiniert. Die Definition der Insiderinformation geht ursprünglich auf Art. 1 Nr. 1 Insider-RL[4] von 1989 zurück.[5] Art. 7 Abs. 2–4 konkretisieren die einzelnen Tatbestandsmerkmale der Insiderinformation.

II. Begriff der Insiderinformation

Eine Insiderinformation ist gem. Art. 7 Abs. 1 lit. a[6] eine nicht öffentlich bekannte präzise Informa- **3** tion, die direkt oder indirekt einen oder mehrere Emittenten von Finanzinstrumenten oder ein oder mehrere Finanzinstrumente betrifft und die, wenn sie öffentlich bekannt würde, geeignet wäre, den Kurs dieser Finanzinstrumente oder den Kurs damit verbundener derivativer Finanzinstrumente erheblich zu beeinflussen.

1. Präzise Information. Gem. Art. 7 Abs. 2 ist eine Information präzise, wenn damit eine Reihe **4** von **Umständen** oder ein **Ereignis** gemeint sind, die bereits gegeben bzw. eingetreten sind oder bei denen man vernünftigerweise erwarten kann, dass sie in Zukunft gegeben sein bzw. eintreten werden. Die Informationen müssen darüber hinaus **spezifisch** genug sein, um einen Schluss auf die möglichen Auswirkungen der Umstände oder Ereignisse auf die Kurse der Finanzinstrumente zuzulassen.

a) Informationen zu Umständen und Ereignissen. Umstände und Ereignisse sind neben dem **5** Beweis zugänglichen Tatsachen auch überprüfbare Werturteile und Prognosen, soweit sie auf einem dem Beweis zugänglichen Tatsachenkern beruhen.[7]

aa) Unwahre Informationen. Aus Sicht eines verständigen Anlegers erkennbar unwahre Informa- **6** tionen sind keine Insiderinformationen.[8] Hierfür spricht, dass nach Art. 7 Abs. 2 eine Information dann als präzise anzusehen ist, wenn damit Umstände oder Ereignisse gemeint sind, die „bereits gegeben" bzw. „eingetreten" sind. Bei einer **Falschinformation** ist dies gerade nicht der Fall.[9] Auch nach dem alltäglichen Sprachgebrauch ist eine „unzutreffende Information" keine Information, son-

---

[1] Nicht öffentlich bekannte Informationen, die nicht bereits unter Art. 6 Abs. 1 lit. a–d des Entwurfs fielen, jedoch von einem verständigen Anleger bei seiner Anlageentscheidung als relevant betrachtet würden, sollten als „Insiderinformation light" das Insiderhandelsverbot auslösen. Durch den Verzicht auf das Kriterium der „Präzision" wäre damit eine erhebliche Ausweitung des Insiderrechts verbunden gewesen (vgl. *Teigelack* BB 2012, 1361 [1363]; *Kiesewetter/Parmentier* BB 2013, 2371 [2372]). Der ursprüngliche Kommissionsentwurf nahm daher in Art. 12 Abs. 3 diese Informationen von der Ad-hoc-Publizitätspflicht ausdrücklich aus (vgl. Art. 12 Abs. 3 MAR-Entwurf Kommission, KOM [2011], 651 endg.). Damit wäre der Gleichlauf zwischen Insiderhandelsverbot und Ad-hoc-Publizität aufgehoben worden (*Koch* BB 2012, 1365 [1366]). Aufgrund der Unbestimmtheit des Tatbestands und der damit verbundenen erhöhten Compliance-Kosten fand die neue Kategorie der „Insiderinformation light" schließlich keinen Eingang in die MAR (ausf. hierzu *Seibt/Wollenschläger* AG 2014, 593 [596]; *Veil* ZBB 2014, 85 [89]; zur Kritik im Schrifttum *Kiesewetter/Parmentier* BB 2013, 2371 [2372]; *Viciano-Gofferje/Cascante* NZG 2012, 968 [972]; eine Verschärfung des Insiderhandelsverbots zwar befürwortend, aber die hinreichende Bestimmtheit bezweifelnd *Veil/Koch* WM 2011, 2297 [2300]; sowie *Merkner/Sustmann* AG 2012, 315 [321]).

[2] Vgl *Koch* BB 2012, 1365 (1366); *Teigelack* BB 2012, 1361 (1362). Krit. zu dieser Wortschöpfung *Klöhn* ZIP 2012, 1885 (1894).

[3] *Kiesewetter/Parmentier* BB 2013, 2371 (2372); *Viciano-Gofferje/Cascante* NZG 2012, 968 (972). Eine Verschärfung des Insiderhandelsverbots zwar befürwortend, aber die hinreichende Bestimmtheit bezweifelnd *Merkner/Sustmann* AG 2012, 315 (321) sowie *Veil/Koch* WM 2011, 2297 (2300).

[4] Richtlinie des Rates vom 13.11.1989 zur Koordinierung der Vorschriften betreffend Insider-Geschäfte (89/592/EWG), ABl. 1989 L 334, 30.

[5] Zur Begriffsgeschichte *Hansen* in Ventoruzzo/Mock, Market Abuse Regulation, 2017, B.7.12 ff.

[6] Für eine differenzierende Betrachtung je nach der jeweils einschlägigen Norm Klöhn/*Klöhn* Art. 7 Rn. 41 ff.

[7] Vgl. *Hopt/Kumpan* in Schimansky/Bunte/Lwowski BankR-HdB § 107 Rn. 44; *Krause* in Meyer/Veil/Rönnau MarktmissbrauchsR-HdB Rn. 30 und 31. Noch zu § 13 WpHG aF in Assmann/Schneider/*Assmann* WpHG § 13 Rn. 15; Fuchs/*Mennicke/Jakovou* WpHG § 13 Rn. 39; Kölner Komm WpHG/*Klöhn* WpHG § 13 Rn. 68; HK-KapMarktStrafR/*Hilgendorf* WpHG § 13 Rn. 73; *Sethe* in Assmann/Schütze KapitalanlageR-HdB § 8 Rn. 48.

[8] Baumbach/Hopt/*Kumpan* Art. 7 Rn. 1; Klöhn/*Klöhn* Art. 7 Rn. 64; *Meyer/Oulds* in KMFS BankR/KapMarktR Rn. 12.165; *Krause* in Meyer/Veil/Rönnau MarktmissbrauchsR-HdB Rn. 34; HK-KapMarktStrafR/Hilgendorf/*Kusche* Art. 7 Rn. 42 f.; *Klöhn* ZHR 177 (2013), 349 (382). Noch zu § 13 WpHG aF in Fuchs/*Mennicke/Jakovou* WpHG § 13 Rn. 35; Kölner Komm WpHG/*Klöhn* WpHG § 13 Rn. 59 ff. mwN; *Lücker*, Der Straftatbestand des Mißbrauchs von Insiderinformationen, 1998, 54; MüKoStGB/*Pananis* WpHG § 38 Rn. 44; *Nestler*, Bank- und Kapitalmarktstrafrecht, 2017, Rn. 633.

[9] Klöhn/*Klöhn* Art. 7 Rn. 62.

dern eine Fehlinformation, die nicht zu Wissen, sondern zu einem Irrtum führt.[10] Bezüglich unwahrer Tatsachen besteht zudem kein Informationsbedürfnis des Kapitalmarktes. Umstritten ist allerdings, aus wessen Perspektive die Unwahrheit zu bestimmen ist. Teilweise wird auf die Perspektive eines all-wissenden Beobachters abgestellt; andere stellen auf die Sicht des verständigen Anlegers ab.[11] Für die erste Auffassung spricht der Wortlaut des Art. 7 Abs. 2 S. 1, wonach eine Information dann als präzise anzusehen ist, wenn damit Umstände oder ein Ereignis gemeint sind, die „bereits gegeben sind" bzw. das „eingetreten ist". Objektiv unwahre Informationen betreffen aber Umstände oder Ereignisse, die nicht gegeben und nicht eingetreten sind, können also keine Insiderinformationen sein.[12] Auch nach dem alltäglichen Sprachgebrauch ist eine „unzutreffende Information" keine Information, sondern eine Fehlinformation, die nicht zu Wissen, sondern zu einem Irrtum führt.[13] Zwar hat der Insider auch bei objektiv unwahren Tatsachen einen gewinnbringenden Informationsvorsprung (s. ErwGr 23), wenn der verständige Anleger als personifizierter Markt die Information als wahr einordnet.[14] Unter Berücksichtigung des strafrechtlichen Bestimmtheitsgebots (→ WpHG Vor § 1 Rn. 59) ist aber ein enges Verständnis vorzugswürdig. Denkt der Insider, dass die Information wahr ist, kann er sich gleichwohl wegen versuchtem Insiderhandel strafbar machen (§ 119 Abs. 4 WpHG).[15] Geht der Insider davon aus, dass die Information wahr ist, kann es sich allerdings um versuchten Insiderhandel handeln, der ebenfalls strafbar ist (§ 119 Abs. 4 WpHG).[16]

7 **bb) Erfordernis eines Drittbezugs?** Der BGH verlangte für § 13 WpHG aF einen Drittbezug der Information. Selbstgeschaffene **eigene Absichten** und Pläne – wie beim *Scalping* die Absicht, bestimmte Finanzinstrumente später zum Erwerb oder zur Veräußerung zu empfehlen – schieden demnach als Insiderinformationen aus, da man sich nicht über eigene subjektive Absichten selbst informieren könne.[17] Bei Kenntnis fremder Absichten sei der notwendige Drittbezug aber gegeben.[18] Zwar sind nach ErwGr 54 S. 3 eigene Handelsabsichten und -strategien nicht explizit als Insider-information anzusehen. Art. 9 Abs. 5, der die Umsetzung des Entschlusses zum Erwerb oder zur Veräußerung vom Tatbestand der Nutzung iSd Art. 8 Abs. 1 ausnimmt, setzt aber hingegen voraus, dass subjektive Absichten grundsätzlich Insiderinformationen sein können (→ Art. 9 Rn. 37). Daher wird ErwGr 54 S. 3 verbreitet als Redaktionsversehen eingeordnet.[19] Ein Drittbezug ist demnach nicht mehr notwendig, sodass subjektive Absichten grundsätzlich Insiderinformationen sein können.[20]

8 **b) Kursspezifität.** Eine Information ist „präzise" iSv Art. 7 Abs. 1, wenn sie **spezifisch** genug ist, um einen Schluss auf die möglichen Auswirkungen der Umstände oder des Ereignisses auf den Kurs von Finanzinstrumenten zuzulassen. Durch das Merkmal der Kursspezifität werden ersichtlich irrele-vante Informationen herausgefiltert, sodass auf eine umfassende Prüfung der Kursrelevanz verzichtet werden kann.[21] Zu den nicht präzisen Informationen gehören zB unsubstantiierte Meinungen oder Spekulationen.[22]

9 Nach der Rspr. des EuGH in der Rs. *Lafonta* ist für die Kursspezifität nicht erforderlich, dass die Richtung der Kursbewegung vorhergesagt werden kann. Für die Einstufung von Informationen als präzise genügt, dass sich die Information bei Bekanntwerden überhaupt auf den Kurs auswirken wird, auch wenn unklar ist, ob der Markt das Vorhaben positiv oder negativ bewerten wird.[23]

10 **c) Zeitlich gestreckte Sachverhalte. aa) Begriff.** Problematisch sind vor allem zeitlich gestreckte Sachverhalte, in denen mehrere Zwischenschritte zu einem Endereignis führen (s. Art. 7 Abs. 2 S. 2).

---

[10] Klöhn/*Klöhn* Art. 7 Rn. 64; vertiefend *Klöhn* ZHR 177 (2013), 349 (382 f.); Schwark/Zimmer/*Kumpan*/*Misterek* Rn. 64 ff.; noch zu § 13 WpHG aF HK-KapMarktStrafR/*Hilgendorf* WpHG § 13 Rn. 83.

[11] Schwark/Zimmer/*Kumpan*/*Misterek* Rn. 68.

[12] So noch zu § 13 WpHG aF unter Berufung auf Art. 1 Abs. 1 der Richtlinie 2003/124/EG der Kommission v. 22.12.2003 zur Durchführung der Richtlinie 2003/6/EG des Europäischen Parlaments und des Rates betreffend die Begriffsbestimmung und die Veröffentlichung von Insider-Informationen und die Begriffsbestimmung der Markt-manipulation, ABl. 2003 L 339, 70; Schwark/Zimmer/*Schwark*/*Kruse* WpHG § 13 Rn. 25.

[13] HK-KapMStrafR/*Hilgendorf*/*Kusche* Rn. 47.

[14] Schwark/Zimmer/*Kumpan*/*Misterek* Rn. 75.

[15] HK-KapMStrafR/*Hilgendorf*/*Kusche* Rn. 47.

[16] Noch zu § 13 WpHG aF HK-KapMarktStrafR/*Hilgendorf* WpHG § 13 Rn. 83.

[17] BGH Urt. v. 6.11.2003 – 1 StR 24/03, BGHSt 48, 373 (378) – Scalping I.

[18] BGH Urt. v. 6.11.2003 – 1 StR 24/03, BGHSt 48, 373 (378) – Scalping I.

[19] Klöhn/*Klöhn* Art. 7 Rn. 26; Schwark/Zimmer/*Kumpan*/*Misterek* Rn. 22; *Meyer*/*Oulds* in KMFS BankR/Kap-MarktR Rn. 12.163; *Fleischer*/*Schmolke* AG 2007, 841 (842).

[20] Assmann/Schneider/Mülbert/*Assmann* Art. 7 Rn. 17; *Hopt*/*Kumpan* in Schimansky/Bunte/Lwowski BankR-HdB § 107 Rn. 54; Klöhn/*Klöhn* Art. 7 Rn. 25; Staub/*Grundmann* Bd. 11 6. Teil Rn. 346; *Hopt*/*Kumpan* ZGR 2017, 765 (774); *Klöhn* AG 2016, 423 (426).

[21] Klöhn/*Klöhn* Art. 7 Rn. 82.

[22] Klöhn/*Klöhn* Art. 7 Rn. 91; *Kumpan*, Gesellschaftsrecht in der Diskussion, 2018, 109, 113. Noch zu § 13 WpHG aF in Fuchs/*Mennicke*/*Jakovou* WpHG § 13 Rn. 23.

[23] EuGH Urt. v. 11.3.2015 – C-628/13, ECLI:EU:C:2015:162 Rn. 38 = NJW 2015, 166 – Lafonta. Ebenso *Hopt*/*Kumpan* ZGR 2017, 765 (773). AA *Klöhn* ZIP 2014, 945 (951 ff.). Ausf. dazu *Hansen* in Ventoruzzo/Mock, Market Abuse Regulation, 2017, B. 7.39 ff.

Dies betrifft beispielsweise Vertragsverhandlungen,[24] die Platzierung von Finanzinstrumenten, die Aufnahme von Finanzinstrumenten in einen wichtigen Index oder deren Streichung (s. ErwGr 17). Gestreckte Sachverhalte sind auch Genehmigungsverfahren (zB kartellrelevante Sachverhalte, Genehmigungen von Medikamenten)[25] und **mehrstufige Entscheidungsprozesse,** an denen mehrere Entscheidungsträger beteiligt sind.[26]

bb) Künftige Umstände und Ereignisse. Informationen zu **künftigen Umständen** oder Ereignissen können gem. Art. 7 Abs. 2 S. 1 bereits vor ihrem Eintritt präzise sein, sobald **vernünftigerweise erwartet** werden kann, dass sie bestehen oder eintreten werden. Hierfür ist auf den Blickwinkel eines verständigen Anlegers abzustellen.[27] Es ist aus der ex-ante Perspektive[28] zu fragen, ob der verständige Anleger unter Würdigung aller ihm verfügbaren Anhaltspunkte den Eintritt erwartet.[29] Erforderlich ist eine „realistische Wahrscheinlichkeit" (s. ErwGr 16). Eine überwiegende Wahrscheinlichkeit von mehr als 50 % dürfte hierfür ausreichen.[30] Das Erfordernis einer hohen Wahrscheinlichkeit hat der EuGH ebenso abgelehnt wie den *probability-magnitude-Test,* wonach der notwendige Wahrscheinlichkeitsgrad von der Kursrelevanz des jeweiligen Ereignisses abhängt.[31] **11**

cc) Zwischenschritte. Lange Zeit umstritten, sodann vom EuGH geklärt und in der MAR nunmehr ausdrücklich geregelt ist die Frage, ob und inwieweit nicht nur das Endereignis, sondern auch die **Zwischenschritte** in gestreckten Geschehensabläufen veröffentlichungspflichtige Insiderinformationen über gegenwärtige Umstände oder Ereignisse darstellen können oder ob die spezielle Regelung zu künftigen Ereignissen und Umständen in Art. 7 Abs. 2 S. 1 insofern eine Sperrwirkung entfaltet. Die hM lehnte zunächst eine eigenständige Betrachtung der Zwischenschritte im letzteren Sinne ab,[32] da anderenfalls das Merkmal der Eintrittswahrscheinlichkeit für das künftige Endereignis (jetzt Art. 7 Abs. 2 S. 1; zuvor § 13 Abs. 1 S. 3 WpHG aF) umgangen würde. Der **EuGH** hat dagegen in der Rs. *Geltl* auf Vorlage des BGH auch Zwischenschritte als taugliche Insiderinformationen anerkannt, soweit die sonstigen Voraussetzungen vorliegen, ihnen also insbesondere Kursrelevanz zukommt.[33] Für die eigenständige Betrachtung der Zwischenschritte spricht, dass Insider anderenfalls in Kenntnis eines uU bereits kursrelevanten Zwischenschritts mit Finanzinstrumenten handeln dürften, solange das Endereignis nicht hinreichend wahrscheinlich ist.[34] Die informationelle Chancengleichheit wäre gefährdet, da bereits eingeweihte Personen zum Nachteil der uninformierten Kapitalmarktöffentlichkeit Nutzen aus ihrem Wissen ziehen könnten.[35] Die Rspr. des EuGH zur Insiderinformationseigenschaft von Zwischenschritten in gestreckten Vorgängen hat mittlerweile Eingang in **Art. 7 Abs. 2 S. 2** gefunden: Demnach können in einem zeitlich gestreckten Vorgang, der einen bestimmten Umstand oder ein bestimmtes Ereignis herbeiführen oder hervorbringen soll, sowohl das künftige Endereignis als auch die hiermit verbundenen Zwischenschritte für sich genommen präzise Informationen sein. Mittlerweile misst auch die BaFin der Entstehung von **12**

---

[24] BaFin Emittentenleitfaden, Modul C – Regelungen aufgrund der Marktmissbrauchsverordnung (MAR), I.2.1.4.3, 14; Klöhn/*Klöhn* Art. 7 Rn. 61.

[25] *Hopt/Kumpan* in Schimansky/Bunte/Lwowski BankR-HdB § 107 Rn. 46; Kölner Komm WpHG/*Klöhn* WpHG § 13 Rn. 63; *Niermann/Venter* in Szesny/Kuthe, Kapitalmarkt Compliance, 2. Aufl. 2018, 2. Teil Kap. 3 Rn. 57.

[26] S. BGH Beschl. v. 25.2.2008 – II ZB 9/07, NZG 2008, 300 – DaimlerChrysler/Schrempp-Rücktritt; EuGH Urt. v. 28.6.2012 – C-19/11, ECLI:EU:C:2012:397 = NJW 2012, 2787 – Geltl/Daimler; BGH Beschl. v. 23.4.2013 – II ZB 7/09 – Geltl/Daimler, NZG 2013, 708 Rn. 13 ff.

[27] *Hopt/Kumpan* in Schimansky/Bunte/Lwowski BankR-HdB § 107 Rn. 45; Klöhn/*Klöhn* Art. 7 Rn. 99; zur alten Rechtslage gem. § 13 WpHG aF in Fuchs/*Mennicke/Jakovou*, 1. Aufl. 2009, WpHG § 13 Rn. 66; Kölner Komm WpHG/*Klöhn* WpHG § 13 Rn. 101; HK-KapMarktStrafR/*Hilgendorf* WpHG § 13 Rn. 72; *Fleischer* NZG 2007, 401 (405); *Harbarth* ZIP 2005, 1898 (1901 f.). Nach aA setzt eine überwiegende Wahrscheinlichkeit stets voraus, dass der Eintritt des Ereignisses *objektiv* wahrscheinlicher ist als sein Ausbleiben, *Klöhn* ZIP 2012, 1885 (1889).

[28] *Hansen* in Ventoruzzo/Mock, Market Abuse Regulation, 2017, B.7.37; vgl. auch Assmann/Schneider/Mülbert/*Assmann* Art. 7 Rn. 45; *Hopt/Kumpan* in Schimansky/Bunte/Lwowski BankR-HdB § 107 Rn. 45.

[29] Vgl. EuGH Urt. v. 28.6.2012 – C-19/11, ECLI:EU:C:2012:397 Rn. 49 = NJW 2012, 2787 – Geltl/Daimler.

[30] BaFin Emittentenleitfaden, Modul C – Regelungen aufgrund der Marktmissbrauchsverordnung (MAR), I.2.1.2, 10; *Hopt/Kumpan* in Schimansky/Bunte/Lwowski BankR-HdB § 107 Rn. 45; *Hopt/Kumpan* ZGR 2017, 765 (775); *Klöhn* AG 2016, 423 (428); *Poelzig* NZG 2016, 528 (532). Zur bisherigen Rspr. BGH Beschl. v. 23.4.2013 – II ZB 7/09, ZIP 2013, 1165 (1169).

[31] EuGH Urt. v. 28.6.2012 – C-19/11, ECLI:EU:C:2012:397 = NJW 2012, 2787 Rn. 47, 50 – Geltl/Daimler.

[32] Noch zu § 13 WpHG aF BGH Beschl. v. 25.2.2008 – II ZB 9/07, NZG 2008, 300 Rn. 20 – DaimlerChrysler/Schrempp-Rücktritt; Assmann/Schneider/*Assmann* WpHG § 13 Rn. 28 ff.; Fuchs/*Mennicke/Jakovou* WpHG § 13 Rn. 18c.

[33] EuGH Urt. v. 28.6.2012 – C-19/11, ECLI:EU:C:2012:397 = NJW 2012, 2787 Rn. 38 – Geltl/Daimler. Diesem folgend BGH Beschl. v. 23.4.2013 – II ZB 7/09, NZG 2013, 708 Rn. 13 ff. – Geltl/Daimler. S. ausf. zum Ganzen Fuchs/*Mennicke/Jakovou* WpHG § 13 Rn. 74 ff.; *Krause* in Meyer/Veil/Rönnau MarktmissbrauchsR-HdB § 6 Rn. 66 ff.

[34] Auf diesen Aspekt hinweisend auch *Möllers/Seidenschwann* NJW 2012, 2762 (2763); vgl. auch *Mennicke* NZG 2009, 1059 (1060).

[35] EuGH Urt. v. 28.6.2012 – C-19/11, ECLI:EU:C:2012:397 = NJW 2012, 2787 Rn. 33, 35 – Geltl/Daimler.

Insiderinformationen in Form von Zwischenschritten eine herausragende Bedeutung bei der Begleitung und Beaufsichtigung von gestreckten Sachverhalten zu.[36]

13   **Künftige Zwischenschritte** können präzise Informationen sein, wenn nach einer Gesamtbewertung aller Faktoren bereits eine realistische Wahrscheinlichkeit besteht, dass sie entstehen bzw. eintreten werden (ErwGr 16).

14   **2. Bezug zum Emittenten oder Finanzinstrument.** Die präzise Information muss sich gem. Art. 7 Abs. 1 lit. a auf einen oder mehrere Emittenten oder auf die Finanzinstrumente selbst beziehen. Informationen mit **Emittentenbezug** können sowohl unternehmensinterne Vorgänge als auch unternehmensextern veranlasste Umstände sein.[37] **Unternehmensinterne** Informationen mit Emittentenbezug sind Informationen, die die Vermögens-, Finanz- oder Ertragslage des Emittenten, den allgemeinen Geschäftslauf oder die Organisations- und Personalstruktur des Emittenten betreffen.[38] Dazu gehören zB Quartalszahlen, Gewinnmeldungen oder Personalentscheidungen, Produktentwicklungen, Erfindungen und Vertragsabschlüsse. Erteilt ein anderes Unternehmen dem Emittenten einen Großauftrag oder verklagt es den Emittenten bzw. ergeht eine für den Emittenten positive oder negative Gerichtsentscheidung, liegen **unternehmensexterne** emittentenbezogene Informationen vor. Ausreichend ist grundsätzlich – anders im Fall der Ad-hoc-Publizitätspflicht gem. Art. 17 Abs. 1 (→ Art. 17 Rn. 7) – dass sich die Information **mittelbar** auf den Emittenten bezieht. Daher lösen mittelbare Insiderinformationen die insiderrechtlichen Verbote gem. Art. 14, nicht jedoch die Ad-hoc-Publizitätspflicht nach Art. 17 aus (→ Art. 17 Rn. 7 ff.). Selbst allgemeine Marktdaten, die den Emittenten nicht direkt betreffen, aber die Rahmenbedingungen für die Tätigkeit des Unternehmens verbessern oder verschlechtern, genügen dem mittelbaren Emittentenbezug.[39] Mittelbare Insiderinformationen sind beispielsweise Leitzinsentscheidungen der Notenbanken, die Änderung von Rohstoffpreisen in der Branche des Emittenten, Gesetzesänderungen, Naturkatastrophen oder politische und volkswirtschaftlich relevante statistische Entwicklungen.[40]

15   Informationen, die sich auf **Finanzinstrumente** beziehen, sind zB Änderungen des Dividenden- oder Zinssatzes oder Kurspflegemaßnahmen.[41] Art. 7 Abs. 1 lit. d qualifiziert ausdrücklich als Insiderinformation das Wissen von Personen, die mit der Ausführung von Aufträgen beauftragt sind, um die noch nicht ausgeführten Aufträge ihrer Kunden in Bezug auf Finanzinstrumente. Eine klare Abgrenzung zwischen Emittenten- und Finanzinstrumentenbezug ist nicht immer möglich, aber – anders als für die Ad-hoc-Publizitätspflicht gem. Art. 17 (→ Art. 17 Rn. 7) – jedenfalls für das Insiderverbot gem. Art. 14 auch nicht nötig.[42]

16   Die Breite an erfassten Umständen lässt zweifeln, ob dem Merkmal überhaupt eine eigenständige Bedeutung für die Anwendung von Art. 8, 14 zukommt. Umstände, die hinreichend konkret und kurserheblich sind, sich aber nicht einmal mittelbar auf den Emittenten oder das Finanzinstrument beziehen, sind kaum denkbar.[43]

17   **3. Fehlende öffentliche Bekanntheit.** Das Wesen einer Insiderinformation ist, dass sie (noch) nicht öffentlich bekannt ist. Dabei kann das Zielpublikum der Öffentlichkeit unterschiedlich weit gefasst werden.[44] Nach § 13 WpHG aF galt eine Information über einen Umstand oder ein Ereignis als öffentlich bekannt, wenn eine unbestimmte Anzahl von Personen Kenntnis von ihr nehmen

[36] BaFin, Art. 17 MAR – Veröffentlichung von Insiderinformationen (FAQs), Stand: 29.5.2019, Antwort auf Frage III.5., S. 9 f.

[37] Assmann/Schneider/Mülbert/*Assmann* Art. 7 Rn. 74 f.; *Krause* in Meyer/Veil/Rönnau MarktmissbrauchsR-HdB § 6 Rn. 95; *Hopt/Kumpan* in Schimansky/Bunte/Lwowski BankR-HdB § 107 Rn. 52. Noch zu § 13 WpHG aF Fuchs/*Mennicke/Jakovou* WpHG § 13 Rn. 110 f.

[38] *Hopt/Kumpan* in Schimansky/Bunte/Lwowski BankR-HdB § 107 Rn. 51.

[39] *Hopt/Kumpan* in Schimansky/Bunte/Lwowski BankR-HdB § 107 Rn. 51; *Krause* in Meyer/Veil/Rönnau MarktmissbrauchsR-HdB § 6 Rn. 98. Noch zu § 13 WpHG aF Fuchs/*Mennicke/Jakovou* WpHG § 13 Rn. 116; JVRB/*Ritz* WpHG § 13 Rn. 113; *Krause* in Meyer/Veil/Rönnau MarktmissbrauchsR-HdB § 6 Rn. 93 f.; *Assmann* AG 1994, 237 (243).

[40] Zu diesen und weiteren Beispielen BaFin Emittentenleitfaden, Modul C – Regelungen aufgrund der Marktmissbrauchsverordnung (MAR), I.2.1.3, 11; *Krause* in Meyer/Veil/Rönnau MarktmissbrauchsR-HdB § 6 Rn. 98.

[41] Assmann/Schneider/Mülbert/*Assmann* Art. 7 Rn. 76; Fuchs/*Mennicke/Jakovou* WpHG § 13 Rn. 114 f.; *Meyer/Oulds* in KMFS BankR/KapMarktR Rn. 12.186; *Lösler* in Habersack/Mülbert/Schlitt KapMarktInfo-HdB § 2 Rn. 47; *Hopt/Kumpan* in Schimansky/Bunte/Lwowski BankR-HdB § 107 Rn. 51; *Rothenhöfer/Seyfried* in Marsch-Barner BankR/KapMarktR Rn. 3.496; Schwark/Zimmer/*Kumpan/Misterek* Rn. 88. So schon BT-Drs. 12/6679, 46.

[42] *Krause* in Meyer/Veil/Rönnau MarktmissbrauchsR-HdB § 6 Rn. 94; Klöhn/*Klöhn* Art. 7 Rn. 116 f.; Assmann/Schneider/Mülbert/*Assmann* Art. 7 Rn. 72 f.; *Meyer/Oulds* in KMFS BankR/KapMarktR Rn. 12.186; Staub/*Grundmann* Bd. 11/1 6. Teil Rn. 351 f. Noch zu § 13 WpHG aF Fuchs/*Mennicke/Jakovou* WpHG § 13 Rn. 113.

[43] Klöhn/*Klöhn* Art. 7 Rn. 119 („gehört [...] nicht zum Tatbestand"); *Krause* in Meyer/Veil/Rönnau MarktmissbrauchsR-HdB § 6 Rn. 94; Schwark/Zimmer/*Kumpan/Misterek* Rn. 90. Noch zu § 13 WpHG aF Assmann/Schneider/*Assmann* WpHG § 13 Rn. 46; Fuchs/*Mennicke/Jakovou* WpHG § 13 Rn. 105; *Assmann* ZGR 1994, 494 (514).

[44] Zu dieser regulierungstheoretischen Diskussion Klöhn/*Klöhn* Art. 7 Rn. 123 ff.

konnte.[45] Dafür genügte bereits die sog. **Bereichsöffentlichkeit,** der alle professionellen und institutionellen Marktteilnehmer angehören.[46] Nach neuem Recht kommt es hingegen auf die **breite Anlegeröffentlichkeit** an.[47] Hierfür spricht die Formulierung in den meisten Sprachfassungen von Art. 7 Abs. 1 lit. a, wonach die Information „nicht öffentlich bekannt gemacht *wurde*" (engl. „has not been *made* public").[48] Gemeint ist damit – wie in Art. 17 Abs. 1 UAbs. 2 – nicht die allgemeine Öffentlichkeit, sondern eine „möglichst breite Öffentlichkeit" iSd Art. 2 Abs. 1 lit. a, i DVO (EU) 2016/1055.[49] Hierbei handelt es sich um die allgemeine Kapitalmarktöffentlichkeit, die über den Kreis professioneller Marktteilnehmer hinausgeht und sämtliche Anleger des Kapitalmarktes umfasst.[50] Auf diese Weise wird der bis dato unter dem Aspekt der Gleichbehandlung problematische Zeitvorsprung der professionellen Anleger gegenüber den sonstigen Anlegern beseitigt.[51]

Maßgeblich ist die öffentliche Bekanntheit in denjenigen **Mitgliedstaaten,** in denen die betroffe-   **18** nen Finanzinstrumente zum Handel an einem geregelten Markt, MTF oder OTF zugelassen sind.[52] Nicht erforderlich ist öffentliche Bekanntheit in der gesamten EU.

Eine Information ist öffentlich bekannt, wenn das allgemeine Anlegerpublikum sie zur Kenntnis   **19** nehmen kann.[53] Das ist insbesondere dann der Fall, wenn die Information durch eine **Ad-hoc-Mitteilung** des Emittenten nach Maßgabe des Art. 17 Abs. 1 UAbs. 2 MAR iVm Art. 2 Abs. 1 lit. a DVO (EU) 2016/1055 oder in **vergleichbarer Weise** verbreitet wird. Zur öffentlichen Bekanntheit führen daher Veröffentlichungen in der überregionalen (nicht hingegen in der regionalen oder lokalen Presse)[54] oder in sonstigen vergleichbar weitreichenden Massenmedien (wie zB Fernsehen oder Internet).[55] Die Mitteilung auf einer Hauptversammlung genügt nicht, da dort nur Aktionäre und nicht potenzielle Anleger teilnehmen können.[56] Ebenso nimmt an Fach- oder Pressekonferenzen nur ein begrenzter Personenkreis teil.[57] Diese Grundsätze gelten auch für die Verbreitung im Internet, sofern der Zugang beschränkt und damit nicht allgemein zugänglich ist.[58] An der breiten Öffentlichkeit fehlt es auch, wenn die Information ausschließlich auf der Internetseite des Emittenten veröffentlicht wird.[59] Die Bekanntgabe auf der Internetseite des Emittenten ist zwar gem. Art. 17 Abs. 1 S. 3 zur Erfüllung der Ad-hoc-Informationspflicht *auch* erforderlich,[60] aber allein nicht ausreichend, s. Art. 17 Abs. 10 MAR iVm Art. 2 DVO (EU) 2016/1055. Nicht mehr ausreichend ist die sog. **Bereichsöffentlichkeit,** wonach die Möglichkeit der Kenntnisnahme durch institutionelle und professionelle Anleger genügt.[61] Häufig ist die Information dann aber bereits eingepreist, sodass es in diesem Fall an der Kursrelevanz der Information (→ Rn. 20 ff.) und aus diesem Grund an einer Insiderinformation fehlen kann.[62]

4. Kursrelevanz (Abs. 4). Die Insiderinformation muss geeignet sein, im Falle ihres öffentlichen   **20** Bekanntwerdens den Kurspreis erheblich zu beeinflussen (Art. 7 Abs. 1 lit. a). Diese Eignung wird als Kursrelevanz bezeichnet. Mit dem Merkmal der Kursrelevanz sollen Bagatellfälle ausgeschieden

---

[45] *Buck-Heeb* KapMarktR Rn. 296; *Poelzig* KapMarktR Rn. 382.
[46] Noch zu § 13 WpHG aF Fuchs/*Mennicke/Jakovou* WpHG § 13 Rn. 83 f.
[47] Art. 2 Abs. 1 Nr. i DVO (EU) 2016/1055.
[48] Klöhn/*Klöhn* Art. 7 Rn. 127.
[49] Klöhn/*Klöhn* Art. 7 Rn. 127; *Krause* in Meyer/Veil/Rönnau MarktmissbrauchsR-HdB § 6 Rn. 78.
[50] *Hopt/Kumpan* in Schimansky/Bunte/Lwowski BankR-HdB § 107 Rn. 52; *Hopt/Kumpan* ZGR 2017, 765 (775); *Krause* in Meyer/Veil/Rönnau MarktmissbrauchsR-HdB § 6 Rn. 78; *Klöhn* ZHR 180 (2016), 707 (714 ff.).
[51] Klöhn/*Klöhn* Art. 7 Rn. 129; Staub/*Grundmann* Bd. 11, 6. Teil Rn. 348.
[52] Klöhn/*Klöhn* Art. 7 Rn. 148; *Klöhn* ZHR 180 (2016), 707 (722); *Schäfer* in Marsch-Barner/Schäfer AG-HdB Rn. 14.18; *Krause* in Meyer/Veil/Rönnau MarktmissbrauchsR-HdB § 6 Rn. 83 ff.
[53] BaFin Emittentenleitfaden, Modul C – Regelungen aufgrund der Marktmissbrauchsverordnung (MAR), I.2.1.1, 10.
[54] Klöhn/*Klöhn* Art. 7 Rn. 135; *Krause* in Meyer/Veil/Rönnau MarktmissbrauchsR-HdB § 6 Rn. 89. Ebenfalls zweifelnd Staub/*Grundmann* Bd. 11, 6. Teil Rn. 350.
[55] Klöhn/*Klöhn* Art. 7 Rn. 135.
[56] *Buck-Heeb* KapMarktR Rn. 382; *Poelzig* KapMarktR Rn. 382; Klöhn/*Klöhn* Art. 7 Rn. 141.
[57] BaFin Emittentenleitfaden, Modul C – Regelungen aufgrund der Marktmissbrauchsverordnung (MAR), I.2.1.1, 10; Assmann/Schneider/Mülbert/*Assmann* Art. 7 Rn. 69; Klöhn/*Klöhn* Art. 7 Rn. 140; Staub/*Grundmann* Bd. 11, 6. Teil Rn. 350. Noch zu § 13 WpHG aF Assmann/Schneider/*Assmann* WpHG § 13 Rn. 39; NK-AktKapMarktR/*Royé/Fischer zu Cramburg* WpHG § 13 Rn. 4; Schwark/Zimmer/*Kumpan/Misterek* Rn. 116.
[58] ESMA Final Report – Draft technical standards on the Market Abuse Regulation, 28.9.2015, ESMA 2015/1455 Rn. 188. S. zum Netflix-Fall Klöhn/*Bartmann* AG 2014, 737; *Klöhn* ZHR 180 (2016), 707 (727). Ausf. zur öffentlichen Bekanntgabe in sozialen Medien *Kuntz* ZHR 183 (2019), 190 (222).
[59] Zu § 13 WpHG aF BaFin, Emittentenleitfaden 2013, 34; zu Art. 17 Abs. 1 UAbs. 2 MAR ESMA Final Report – Draft technical standards on the Market Abuse Regulation, 28.9.2015, ESMA 2015/1455 Rn. 188; Klöhn/*Klöhn* Art. 7 Rn. 135; *Krause* in Meyer/Veil/Rönnau MarktmissbrauchsR-HdB § 6 Rn. 91. AA Staub/*Grundmann* Bd. 11, 6. Teil Rn. 348.
[60] Zu diesem Argument Staub/*Grundmann* Bd. 11, 6. Teil Rn. 348 Fn. 897.
[61] So noch nahezu unhellige Auff. zu § 14 WpHG s. nur Fuchs/*Mennicke/Jakovou* WpHG § 14 Rn. 81 ff.
[62] Staub/*Grundmann* Bd. 11, 6. Teil Rn. 348. *Hansen* in Ventoruzzo/Mock, Market Abuse Regulation, 2017, B. 7.54 dagegen qualifiziert bei einer solchen *de facto* Verbreitung, zumindest nach erfolgter Einpreisung, die Information bereits als öffentlich.

werden, um den Handel auf Kapitalmärkten nicht unverhältnismäßig durch Insiderhandelsverbote zu beschränken bzw. mit unerheblichen Informationen zu überfluten.[63] Wann Informationen kursrelevant, also geeignet sind, den Kurs eines Finanzinstruments *erheblich zu beeinflussen, definiert Abs. 4.* Dass Abs. 4 die Formulierung „spürbar" statt „erheblich" verwendet, ist als Redaktionsversehen ohne inhaltliche Bedeutung.[64] Wie groß die Kursveränderung sein muss, damit sie als **erheblich** eingestuft werden kann, war lange Zeit umstritten. Die früher **hM** stellte auf **feste Schwellenwerte** ab. Demnach galt eine Information im Falle von Aktien dann als kursrelevant, wenn sie geeignet war, den Aktienkurs um mindestens 5 Prozentpunkte zu bewegen. Bei festverzinslichen Werten, deren Kurse idR weniger stark schwanken, wurde eine Kursveränderung iHv 1,5 Prozent für ausreichend erachtet.[65] Mit Art. 7 Abs. 4 (und zuvor auch schon § 13 Abs. 1 S. 2 WpHG aF) hat sich die Gegenansicht durchgesetzt, wonach die Kursbeeinflussung erheblich ist, wenn trotz der Kosten und Risiken ein Kauf- oder Verkaufsanreiz gegeben ist und das Geschäft dem verständigen Anleger lohnend erscheint (**Anreiztheorie**).[66] Gem. Abs. 4 sind Informationen kursrelevant, die ein verständiger Anleger wahrscheinlich als Teil der Grundlage seiner Anlageentscheidungen nutzen würde.

21   **a) Verständiger Anleger.** Der Beurteilungshorizont ist die objektivierte Sichtweise eines **verständigen Anlegers,** nicht die subjektive Vorstellung des Insiders oder des Emittenten.[67] Anders als der durchschnittliche Verbraucher, der in der wettbewerbsrechtlichen Rechtsprechung des BGH jedenfalls im Ausgangspunkt empirisch als Tatsachenbegriff behandelt wird,[68] wird der verständige Anleger allgemein als **normativer Rechtsbegriff** verstanden.[69]

22   Umstritten ist, wer oder was sich hinter dem Begriff des verständigen Anlegers verbirgt. Der **BGH** und die **BaFin** verstehen den verständigen Anleger als jemanden, der mit den Marktgegebenheiten vertraut, also börsenkundig, ist und alle öffentlich verfügbaren Informationen kennt.[70] Der Wissens- und Erfahrungshorizont dieses Anlegertypus reicht damit über denjenigen des durchschnittlichen Anlegers hinaus, auf den etwa bei der Prospekthaftung abgestellt wird.[71] Nach dem BGH hat der verständige Anleger auch irrationale Reaktionen anderer Marktteilnehmer zu berücksichtigen.[72]

23   Im **Schrifttum** wird überwiegend davon ausgegangen, dass der verständige Anleger den effizienten Kapitalmarkt verkörpert und daher das Tor für rechtsökonomische Überlegungen öffnet.[73] Hierfür spricht vor allem die Anlehnung des Konzepts des verständigen Anlegers an den U. S.-amerikanischen

---

[63] Assmann/Schneider/Mülbert/*Assmann* Art. 7 Rn. 83; *Hopt/Kumpan* in Schimansky/Bunte/Lwowski BankR-HdB § 107 Rn. 54; *Meyer/Oulds* in KMFS BankR/KapMarktR Rn. 12.186.

[64] *Krause* in Meyer/Veil/Rönnau MarktmissbrauchsR-HdB § 6 Rn. 120.

[65] Nach den früher geltenden Geschäftsbedingungen der deutschen Wertpapierbörsen mussten die Skontroführer aufgrund vorliegender Aufträge vorhersehbare Kursschwankungen ankündigen, soweit diese Schwankungen bestimmte Schwellenwerte überschritten. Auf diese Schwellenwerte wurde für das Insiderrecht Bezug genommen. Ausf. noch zu § 13 WpHG aF Assmann/Schneider/*Assmann* WpHG § 13 Rn. 63.

[66] *Krause* in Meyer/Veil/Rönnau MarktmissbrauchsR-HdB § 6 Rn. 100 ff., 114 ff.; BaFin Emittentenleitfaden, Modul C – Regelungen aufgrund der Marktmissbrauchsverordnung (MAR), I.2.1.4.2, 12; noch zu § 13 WpHG aF BaFin Emittentenleitfaden 2013, 35; Kölner Komm WpHG/*Klöhn* WpHG § 13 Rn. 163 f.; zuvor schon Kölner Komm WpHG/*Pawlik*, 1. Aufl. 2007, WpHG § 13 Rn. 74.

[67] Klöhn/*Klöhn* Art. 7 Rn. 169; *Buck-Heeb* KapMarktR Rn. 386 f.; *Poelzig* KapMarktR Rn. 385.

[68] S. nur BGH Urt. v. 28.1.1957 – I ZR 88/55, GRUR 1957, 285 (287) –Erstes Kulmbacher; BGH Urt. v. 28.2.1958 – I ZR 129/56, GRUR 1958, 444 – Emaillelack; nach Umsetzung der UGP–Richtlinie BGH Urt. v. 18.3.2010 – I ZR 172/08, GRUR 2010, 1024 Rn. 25 – Master of Science Kieferorthopädie; BGH Beschl. v. 16.8.2012 – I ZR 200/11, GRUR WRP 2012, 1526 Rn. 2 – über 400 Jahre Brautradition; BGH Urt. v. 24.9.2013 – I ZR 219/12, GRUR 2013, 1252 Rn. 17 – medizinische Fußpflege.

[69] Hopt/*Kumpan* in Schimansky/Bunte/Lwowski BankR-HdB § 107 Rn. 54; Klöhn/*Klöhn* Art. 7 Rn. 268.

[70] BGH Urt. v. 13.12.2011 – XI ZR 51/10 – IKB, BGHZ 192, 90 = AG 2012, 209 Rn. 41; BaFin Emittentenleitfaden, Modul C – Regelungen aufgrund der Marktmissbrauchsverordnung (MAR), I.2.1.4.1, 11; Assmann/Schneider/Mülbert/*Assmann* Art. 7 Rn. 84; Fuchs/*Mennicke/Jakovou* WpHG § 13 Rn. 141; Kölner Komm WpHG/*Pawlik*, 1. Aufl. 2007, WpHG § 13 Rn. 87 f.; *Meyer/Oulds* in KMFS BankR/KapMarktR Rn. 12.189, 12.195; Schwark/Zimmer/*Schwark/Kruse* WpHG § 13 Rn. 47; *Rothenhöfer* in Marsch-Barner BankR/KapMarktR Rn. 3.500; *Lenenbach* KapMarktR Rn. 13.126.

[71] Insbesondere BGH Urt. v. 6.5.1982 – III ZR 18/81, NJW 1982, 2823 – BuM-Entscheidung; Urt. v. 18.9.2012 – XI ZR 344/11, BGHZ 195, 1 Rn. 25 (Anleger, „der zwar eine Bilanz zu lesen versteht, aber nicht unbedingt mit der in eingeweihten Kreisen gebräuchlichen Schlüsselsprache vertraut zu sein braucht.").

[72] BGH Urt. v. 13.12.2011 – XI ZR 51/10, BGHZ 192, 90 (107 f.); *Mennicke* ZBB 2013, 244 (248 f.); Krit. hierzu *Meyer/Oulds* in KMFS BankR/KapMarktR Rn. 12.196. Der Hinweis auf irrationales Verhalten findet sich auch nicht mehr in BaFin Emittentenleitfaden, Modul C – Regelungen aufgrund der Marktmissbrauchsverordnung (MAR) I.2.1.4.1, 11.

[73] *Bachmann* ZHR 172 (2008), 597 (606); *Hellgardt* CMLRev 2013, 861 (874); *Hopt/Kumpan* in Schimansky/Bunte/Lwowski BankR-HdB § 107 Rn. 55; Klöhn/*Klöhn* Art. 7 Rn. 271; *Krause* in Meyer/Veil/Rönnau MarktmissbrauchsR-HdB § 6 Rn. 116; *Klöhn* NZG 2011, 166 (168 ff.); *Klöhn* ZHR 177 (2013) 349 (352 ff.); *Klöhn* ZIP 2012, 1885 ff.; *Langenbucher* AG 2016, 417 (420). Die Rspr. des BGH hierin einordnend *Meyer/Oulds* in KMFS BankR/KapMarktR Rn. 12.197.

materiality-Standard, der den *reasonable investor* als Personifizierung des effizienten Kapitalmarktes versteht.[74]

b) Grundlage der Anlageentscheidung. Eine Information ist kursrelevant, wenn der verständige **24** Anleger die Information bei seiner Anlageentscheidung auf der Grundlage aller öffentlich bekannten Informationen berücksichtigen würde (s. ErwGr 14 MAR).[75]

aa) Ex-ante Perspektive. Die **Kursrelevanz** ist unter Berücksichtigung der konkreten Anlage- **25** entscheidung, auch des jeweiligen Finanzinstruments, und der Gesamtheit der öffentlich bekannten Informationen aus einer auf den Zeitpunkt des Insiderhandelns bzw. der Veröffentlichungspflicht abstellenden **ex-ante-Perspektive** zu bestimmen (s. ErwGr 14).[76] Neben den Transaktionskosten entscheidet insbesondere die übliche Marktvolatilität des konkreten Finanzinstruments darüber, ob die prognostizierte Kursschwankung erheblich oder unerheblich ist. Die Kursrelevanz einer Information kann je nach Finanzinstrument variieren.[77] So kann eine Information, die für Aktien wegen der Erfolgsabhängigkeit der Rendite kursrelevant ist, bei Anleihen irrelevant sein, weil der Anleihegläubiger idR einen erfolgsunabhängigen Festzins erhält.[78]

Unerheblich ist, ob es tatsächlich zu einer Kursbewegung kommt.[79] Die **tatsächliche Kursbewe- 26 gung** bei Bekanntwerden der Insiderinformation ist jedoch ein **Indiz** für die Kursrelevanz,[80] deren Beweiswert mit dem Ausmaß der Kursbewegung steigt.[81] Zwingend ist das aber nicht, wenn der Markt beispielsweise nicht auf die Insiderinformation, sondern auf andere Informationen reagiert oder überreagiert hat.[82] Umgekehrt kann das Ausbleiben einer Kursreaktion nach Bekanntwerden als Indiz gegen die Kursrelevanz gewertet werden.[83]

In ErwGr 15 wird ausdrücklich darauf hingewiesen, dass im Nachhinein vorliegende Informationen **27** (ex-post-Informationen) zur Überprüfung der Annahme verwendet werden können, dass die ex-ante-Informationen kurserheblich waren. Sie sollten allerdings nicht dazu verwendet werden, Maßnahmen gegen Personen zu ergreifen, die vernünftige Schlussfolgerungen aus den ihnen vorliegenden ex-ante-Informationen gezogen haben.

bb) Handelsanreiz. Der verständige Anleger wird die Information wahrscheinlich als Teil der **28** Grundlage seiner Anlageentscheidung iSv Art. 7 Abs. 4 UAbs. 1 nutzen, wenn ein Handelsanreiz besteht, wenn der verständige Anleger es also für möglich hält, dass die Information den Kurs des Finanzinstruments so verändert,[84] dass der erwartete Gewinn die erwarteten Kosten aus dem aufgrund dieser Information abgeschlossenen Handelsgeschäft übersteigt.[85] Davon ist nach weit verbreiteter Auffassung auszugehen, wenn die Information die Gesamtheit aller öffentlich bekannten Informationen so ändert, dass der Fundamentalwert, also der „wahre" Wert, des Finanzinstruments anders zu beurteilen ist **(Fundamentalwertrelevanz).**[86] Der Fundamentalwert eines Finanzinstruments entspricht der Summe aus den gesamten zu erwartenden Auszahlungen, dh den Zins- oder Dividendezahlungen, abgezinst auf den maßgeblichen Zeitpunkt.[87] Kursrelevante Informationen sind daher Infor-

---

[74] Hierzu *Hopt/Kumpan* in Schimansky/Bunte/Lwowski BankR-HdB § 107 Rn. 55.

[75] BGH Beschl. v. 23.4.2013 – II ZB 7/09, NZG 2013, 708 Rn. 22 – Geltl/Daimler mit Verweis auf Urt. v. 13.12.2011 – XI ZR 51/1, BGHZ 192, 90 Rn. 41 = NJW 2012, 1800.

[76] BGH Beschl. v. 23.4.2013 – II ZB 7/09, NZG 2013, 708 Rn. 22 – Geltl/Daimler mit Verweis auf Urt. v. 13.12.2011 – XI ZR 51/1, BGHZ 192, 90 Rn. 41 = NJW 2012, 1800.

[77] BaFin Emittentenleitfaden 2013, 53.

[78] *Kocher* WM 2013, 1305 (1306).

[79] Assmann/Schneider/*Mülbert* Art. 7 Rn. 88; Staub/*Grundmann* Bd. 11, 6. Teil Rn. 353; *Hopt/Kumpan* in Schimansky/Bunte/Lwowski BankR-HdB § 107 Rn. 54; Klöhn/*Klöhn* Art. 7 Rn. 169; *Krause* in Meyer/Veil/Rönnau MarktmissbrauchsR-HdB § 6 Rn. 103; *Meyer/Oulds* in KMFS BankR/KapMarktR Rn. 12.188.

[80] BaFin FAQs zu Art. 17 MAR, Stand 29.5.2019, S. 7, Antwort auf Frage III. 4. b); Assmann/Schneider/Mülbert/*Assmann* Art. 7 Rn. 88; *Hopt/Kumpan* in Schimansky/Bunte/Lwowski BankR-HdB § 107 Rn. 58; *Hopt/Kumpan* ZGR 2017, 765 (775). Noch zu § 13 WpHG aF BGH Beschl. v. 27.1.2010 – 5 StR 224/09, ZIP 2010, 426 (427) = NZG 2010, 349 Rn. 15 – Freenet. Weitergehend für eine widerlegliche Vermutung Klöhn/*Klöhn* Art. 7 Rn. 249.

[81] Noch zu § 13 WpHG aF BGH Beschl. v. 27.1.2010 – 5 StR 224/09, NZG 2010, 349 Rn. 15 – Freenet.

[82] BGH Urt. v. 13.12.2011 – XI ZR 51/10 (IKB), BGHZ 192, 90 Rn. 41; BGH Beschl. v. 23.4.2013 – II ZB 7/09, NZG 2013, 708 Rn. 23, 31 – Geltl/Daimler; BaFin Emittentenleitfaden 2013, 35; zur überwiegenden Auffassung im Schrifttum s. nur *Hopt/Kumpan* in Schimansky/Bunte/Lwowski BankR-HdB § 107 Rn. 54, 71; Klöhn/*Klöhn* Art. 7 Rn. 249; *Krause* in Meyer/Veil/Rönnau MarktmissbrauchsR-HdB § 6 Rn. 103.

[83] Klöhn/*Klöhn* Art. 7 Rn. 251 (widerlegliche Vermutung); *Krause* in Meyer/Veil/Rönnau MarktmissbrauchsR-HdB § 6 Rn. 103.

[84] Zum Konzept der Fundamentalwertrelevanz Klöhn/*Klöhn* Art. 7 Rn. 190 ff.; *Krause* in Meyer/Veil/Rönnau MarktmissbrauchsR-HdB § 6 Rn. 105.

[85] *Hopt/Kumpan* in Schimansky/Bunte/Lwowski BankR-HdB § 107 Rn. 55; Klöhn/*Klöhn* Art. 7 Rn. 214; *Krause* in Meyer/Veil/Rönnau MarktmissbrauchsR-HdB § 6 Rn. 105. Zu § 13 WpHG aF Schwark/Zimmer/*Schwark/Kruse* WpHG § 13 Rn. 46.

[86] Klöhn/*Klöhn* Art. 7 Rn. 190; *Krause* in Meyer/Veil/Rönnau MarktmissbrauchsR-HdB § 6 Rn. 105 ff.

[87] Klöhn/*Klöhn* Art. 7 Rn. 192; *Krause* in Meyer/Veil/Rönnau MarktmissbrauchsR-HdB § 6 Rn. 106.

mationen, die das Risiko-/Rendite-Verhältnis der Anlage verändern.[88] Für die Berechnung des Fundamentalwertes wurden unterschiedliche Modelle entwickelt. Für Aktien ist vor allem das *Capital Asset Pricing Model* (CAPM) weit verbreitet.[89] Daneben können aber auch handelsbezogene Informationen über **Handelsbedingungen** kursrelevant sein, ohne dass diese Einfluss auf den Fundamentalwert haben (s. Art. 7 Abs. 1 lit. d).[90]

29   Während der BGH von einem verständigen Anleger erwartet, dass er auch **irrationale Reaktionen** anderer Marktteilnehmer berücksichtigt,[91] wird dies von denjenigen abgelehnt, die den verständigen Anleger als Vertreter des effizienten Kapitalmarktes einordnen.[92]

30   Die **BaFin** prüft die Kursrelevanz in einem zweistufigen Verfahren: Zunächst stellt sie in einem ersten Schritt fest, ob die Information *ex ante* nach allgemeiner Erfahrung ein erhebliches Preisbeeinflussungspotenzial haben kann. Beispielhaft nennt sie im Emittentenleitfaden: ein Übernahmeangebot, ein besonders wichtiger Vertragsschluss oder eine bedeutsame Erfindung, eine Gewinnwarnung oder drohende Insolvenz, eine Kapitalherabsetzung oder der Abschluss eines Beherrschungs- und Gewinnabführungsvertrages, Dividendenänderungen, vor allem Dividendenkürzungen oder -streichungen.[93] Im zweiten Schritt wird unter Berücksichtung im Zeitpunkt des Handelns vorliegender oder absehbaren konkreten Umstände des Einzelfalls geprüft, ob diese das Preisbeeinflussungspotenzial erhöhen oder vermindern können.[94] Dabei sind auch Faktoren zu berücksichtigen, die unabhängig von einer Änderung des Unternehmenswerts den Kurs beeinflussen können, sofern ein verständiger Anleger dies abschätzen kann.[95]

31   Problematisch ist die Kursrelevanz von Informationen, die zwar spezifisch genug sind, um festzustellen, dass sie sich auf den Kurs der Finanzinstrumente auswirken werden (→ Rn. 33),[96] die aber keine Aussage über die Richtung der Kursbewegung mit hinreichender Sicherheit zulassen. Der EuGH hat sich in der Rs. *Lafonta*[97] nach überzeugender Lesart[98] lediglich zur Kursspezifität solcher Informationen geäußert und musste sich wegen der beschränkten Vorlagefrage mit der Kursrelevanz nicht befassen.[99] Da für die Kursrelevanz ein eindeutiger Kauf- *oder* Verkaufsanreiz von der Insiderinformation ausgehen muss, wird es oft an einem handelsrelevanten Informationsvorsprung und damit an der Kursrelevanz fehlen.[100]

32   **c) Kursrelevanz von Zwischenschritten. Zwischenschritte,** die gem. Art. 7 Abs. 2 S. 2 präzise Informationen sein können, müssen zudem kursrelevant sein, damit sie Insiderinformationen darstellen (s. Art. 7 Abs. 3). Nach dem **BGH** und der ihm folgenden **hL** kann ein Zwischenschritt entweder im Hinblick auf das Endereignis oder aus sich selbst heraus kursrelevant sein.[101]

33   **aa) Vom Endereignis abgeleitete Kursrelevanz.** Häufig, wenn auch nicht zwingend leitet sich die Kursrelevanz eines Zwischenschritts allein von der Kursrelevanz eines möglichen Endereignisses ab.[102] **Beispiel** hierfür sind unverbindliche Vorgespräche über den Abschluss einer M&A-Transaktion.[103] Umstritten ist allerdings, mit welcher Wahrscheinlichkeit mit dem Eintritt dieses Endereignisses zu rechnen sein muss, damit der Zwischenschritt kursrelevant ist. Nach der BaFin ist ausreichend,

---

[88] Klöhn/*Klöhn* Art. 7 Rn. 192.

[89] Hierzu grdl. *Sharpe* 19. J.Fin. 425 (1964); *Lintner* 47 Rev. Econ. Stat. 13 (1965). Eing. Klöhn/*Klöhn* Art. 7 Rn. 193.

[90] *Schwarze* WM 1997, 1564; Klöhn/*Klöhn* Art. 7 Rn. 290.

[91] So BGH Urt. v. 13.12.2011 – XI ZR 51/10, BGHZ 192, 90 (107 f.); *Mennicke* ZBB 2013, 244 (248 f.).

[92] So *Krause* in Meyer/Veil/Rönnau MarktmissbrauchsR-HdB § 6 Rn. 116.

[93] BaFin Emittentenleitfaden, Modul C – Regelungen aufgrund der Marktmissbrauchsverordnung (MAR), I.2.1.4.2, 12.

[94] BaFin Emittentenleitfaden, Modul C – Regelungen aufgrund der Marktmissbrauchsverordnung (MAR), I.2.1.4.2, 12.

[95] BaFin Emittentenleitfaden, Modul C – Regelungen aufgrund der Marktmissbrauchsverordnung (MAR), I.2.1.4.1, 12.

[96] S. dazu EuGH Urt. v. 11.3.2015 – C-628/13, ECLI:EU:C:2015:162 Rn. 30 = NJW 2015, 1663 – Lafonta.

[97] EuGH Urt. v. 11.3.2015 – C-628/13, ECLI:EU:C:2015:162 Rn. 38 = NJW 2015, 166 – Lafonta.

[98] EuGH Urt. v. 11.3.2015 – C-628/13, ECLI:EU:C:2015:162 Rn. 38 = NJW 2015, 166 – Lafonta; Assmann/Schneider/Mülbert/*Assmann* Art. 7 Rn. 87; Klöhn/*Klöhn* Art. 7 Rn. 213; *Schäfer* in Marsch-Barner/Schäfer AG-HdB Rn. 14.26; *Hopt/Kumpan* ZGR 2017, 765 (773).

[99] EuGH Urt. v. 11.3.2015 – C-628/13, ECLI:EU:C:2015:162 Rn. 29 = NJW 2015, 1663 – Lafonta.

[100] *Klöhn* ZIP 2014, 945 (950 f.) sowie *Klöhn* NZG 2015, 809 (814 ff.). AA BaFin, Art. 17 MAR – Veröffentlichung von Insiderinformationen (FAQs), Stand: 29.5.2019, Antwort auf Frage III.4., S. 7 f.; Staub/*Grundmann* Bd. 11, 6. Teil Rn. 354; *Meyer/Oulds* in KMFS BankR/KapMarktR Rn. 12.193.

[101] BGH Beschl. v. 23.4.2013 – II ZB 7/09 (Geltl/Daimler), NZG 2013, 708 Rn. 15, 19; zu diesen zwei Arten auch BaFin Emittentenleitfaden, Modul C – Regelungen aufgrund der Marktmissbrauchsverordnung (MAR), I.2.1.4.3, 13; *Vetter/Engel/Lauterbach* AG 2019, 160 (164 f.); s. auch Assmann/Schneider/Mülbert/*Assmann* Art. 7 Rn. 53 ff.; *Krause* in Meyer/Veil/Rönnau MarktmissbrauchsR-HdB § 6 Rn. 73; *Brellochs* ZIP 2013, 1165 (1171); *v. Bonin/Böhmer* EuZW 2012, 694 (696 f.); *Ihrig/Kranz* AG 2013, 515 (516); *Mennicke* ZBB 2013, 244 (249); *Poelzig* KapMarktR Rn. 387; *Seibt* EWiR 2013, 433 (434); *Wilsing/Goslar* DStR 2013, 1610 (1611).

[102] EuGH Urt. v. 28.6.2012 – C-19/11, ECLI:EU:C:2012:397 Rn. 55 = NJW 2012, 2787 – Geltl/Daimler.

[103] Beispiele aus *Vetter/Engel/Lauterbach* AG 2019, 160 (164).

wenn das Endereignis „nur nicht völlig ausgeschlossen" ist.[104] Nach teilweise vertretener Auffassung entfaltet der Zwischenschritt hingegen nur dann Kursrelevanz, wenn der Eintritt des Endereignisses **überwiegend wahrscheinlich** ist, da der verständige Anleger nur dann seine Anlageentscheidung danach ausrichten würde.[105] Nach aA ist an dieser Stelle der *probability-magnitude-***Test** anzuwenden, da ein verständiger Anleger neben der Eintrittswahrscheinlichkeit auch die Auswirkungen des Endereignisses bei seiner Anlageentscheidung berücksichtigen wird.[106] Je umfassender die Kursfolgen bei tatsächlichem Eintritt des Endereignisses sind, desto geringere Anforderungen sind demnach an die Wahrscheinlichkeit seines Eintritts zu stellen, um einen Handelsanreiz zu bejahen. Wiederum andere verlangen eine Gesamtschau auf den Kauf- oder Verkaufsanreiz losgelöst von dem *probability-magnitude-*Test zur Feststellung der Kursrelevanz.[107]

Zwar hat der EuGH den *probability-magnitude-*Test für die Einordnung künftiger Umstände als **34** präzise Information gem. Art. 7 Abs. 2 ausdrücklich abgelehnt, da andernfalls die Tatbestandsmerkmale der präzisen Information und der Kursrelevanz miteinander vermengt würden (→ Art. 7 Rn. 11). Die Gefahr einer solchen Vermengung unterschiedlicher Tatbestandsmerkmale ist hier aber gerade nicht in einer Gesamtschau gegeben, da die Kursrelevanz eines Zwischenschritts lediglich als ein Kriterium für die Anlageentscheidung (s. ErwGr 14) mit der Kursrelevanz des Endereignisses verknüpft wird.

bb) Selbstständige Kursrelevanz. Die Kursrelevanz kann sich auch isoliert aus dem Zwischen- **35** schritt selbst unabhängig von dem Endereignis ergeben.[108] So können etwa Gespräche als ein Zwischenschritt auf dem Weg zur bevorstehenden personellen Veränderung auf Leitungsebene bereits Rückschlüsse auf eine geänderte Geschäftspolitik oder die Arbeits- und Leistungsfähigkeit des Geschäftsleiters zulassen.[109]

5. Einzelfälle. a) Prognosen und Geschäftszahlen. Prognosen können Insiderinformationen **36** sein, wenn sie auf konkreten Anhaltspunkten für den weiteren Geschäftsverlauf beruhen und präzise genug sind, um einen Schluss auf die möglichen Auswirkungen auf den Kurs zuzulassen, was bei allgemeinen oder langfristig orientierten Aussagen idR nicht der Fall ist.[110] Prognosen und deren Änderungen ebenso wie ihre Aufrechterhaltung sind **kursrelevant,** wenn sie von den Markterwartungen bzw. den bisherigen Prognosen deutlich abweichen (zur Ad-hoc-Publizitätspflicht → Art. 17 Rn. 10).[111]

Sowohl die Geschäftsentwicklung insgesamt als auch einzelne **Geschäftszahlen** können präzise **37** Informationen schon vor Aufstellung oder Feststellung eines Finanzberichts sein, wenn sie bereits so konkret sind, dass vernünftigerweise nicht mehr mit deutlichen Änderungen der endgültigen Kennzahlen im Finanzbericht zu rechnen ist.[112] Die **Kursrelevanz** ist zu bejahen, wenn die Geschäftszahlen von veröffentlichen Prognosen des Emittenten oder von Markterwartungen wesentlich abweichen.[113]

b) Dividenden- und Kapitalmaßnahmen. Dividendenmaßnahmen sind kursrelevante Insider- **38** informationen, wenn sie von der öffentlich bekannten Dividendenpolitik des Emittenten oder aber

---

[104] BaFin, Art. 17 MAR – Veröffentlichung von Insiderinformationen (FAQs), Stand: 29.5.2019, Antwort auf Frage III.5., S. 10.

[105] *Brellochs* ZIP 2013, 1165 (1171 ff.); *Heider/Hirte* GWR 2012, 429 (431); *Kocher/Widder* BB 2012, 2837 (2840); *Kocher/Widder* BB 2012, 1820 (1821); *Krause/Brellochs* AG 2013, 309 (313); *Vetter/Engel/Lauterbach* AG 2019, 160 (164).

[106] *Hopt/Kumpan* in Schimansky/Bunte/Lwowski BankR-HdB § 107 Rn. 55; Klöhn/*Klöhn* Art. 7 Rn. 217; *Klöhn* ZIP 2012, 1885 (1891); *Schall* ZIP 2012, 1282 (1288); Schwark/Zimmer/*Kumpan/Misterek* Rn. 165; Staub/ *Grundmann* Bd. 11/2 6. Teil Rn. 353. Vgl. auch *Bingel* AG 2012, 685 (690), der zwar grds. von einem Erfordernis einer überwiegenden Eintrittswahrscheinlichkeit des Endereignisses ausgeht, davon aber Ausnahmen anerkennt, wenn das Ereignis „herausragende Bedeutung" hat oder ein stark gegenwärtiges Element aufweist.

[107] Assmann/Schneider/Mülbert/*Assmann* Art. 7 Rn. 80; *Krause* in Meyer/Veil/Rönnau MarktmissbrauchsR-HdB § 6 Rn. 113; *Brellochs* ZIP 2013, 1170 (1172); *Langenbucher* NZG 2013, 1401 (1404), *Wilsing/Goslar* DStR 2013, 1610 (1611).

[108] *Ihrig* in VGR, Gesellschaftsrecht in der Diskussion, 2018, 113, 122 ff.; *Sustmann* in Kämmerer/Veil, Übernahme- und Kapitalmarktrecht in der Reformdiskussion, 2013, 230, 249: „Ausnahmekonstellationen"; *Vetter/Engel/ Lauterbach* AG 2019, 160 (164).

[109] Zu den Implikationen von Personalmaßnahmen Klöhn/*Klöhn* Art. 7 Rn. 409.

[110] BaFin Emittentenleitfaden, Modul C – Regelungen aufgrund der Marktmissbrauchsverordnung (MAR), I.2.1.5.1, 15; vgl. auch Assman/Schneider/Mülbert/*Assmann* Art. 7 Rn. 29.

[111] BaFin Emittentenleitfaden, Modul C – Regelungen aufgrund der Marktmissbrauchsverordnung (MAR), I.2.1.5.1, 15; Assman/Schneider/Mülbert/*Assmann* Art. 7 Rn. 30; *Meyer/Oulds* in KMFS BankR/KapMarktR Rn. 12.164; *Veil/Brüggemeier* in Meyer/Veil/Rönnau MarktmissbrauchsR-HdB § 10 Rn. 85; s. auch BaFin, Art. 17 MAR – Veröffentlichung von Insiderinformationen (FAQs), Stand: 29.5.2019, Antwort auf Frage III.6., S. 11.

[112] BaFin Emittentenleitfaden, Modul C – Regelungen aufgrund der Marktmissbrauchsverordnung (MAR), I.2.1.5.1, 15; *Meyer/Oulds* in KMFS BankR/KapMarktR Rn. 12.345.

[113] BaFin, Art. 17 MAR – Veröffentlichung von Insiderinformationen (FAQs), Stand: 29.5.2019, Antwort auf Frage III.6., S. 10; BaFin Emittentenleitfaden, Modul C – Regelungen aufgrund der Marktmissbrauchsverordnung (MAR), I.2.1.5.1, 16; *Meyer/Oulds* in KMFS BankR/KapMarktR Rn. 12.345.

von den Erwartungen des Kapitalmarktes erheblich abweichen.[114] Durch den **Erwerb eigener Aktien** oder den Rückkauf von Anleihen werden ebenfalls kursrelevante Signale an den Kapitalmarkt gesendet, sodass der Beschluss des Vorstands zur Ausübung der HV-Ermächtigung bzw. bereits der gefasste Plan als Zwischenschritt Insiderinformationen sein können.[115]

39 Kapitalmaßnahmen zur Beschaffung von Eigenkapital durch **Kapitalerhöhung** sind regelmäßig kursrelevante Ereignisse, bei denen bereits die einzelnen Zwischenschritte vor Wirksamwerden der Kapitalerhöhung durch Eintragung gem. § 189 AktG kursrelevante Insiderinformationen darstellen können (→ Rn. 34 f.).[116] Die Aufnahme von **Fremdkapital,** zB durch Darlehen, ist als Maßnahme der gewöhnlichen Geschäftstätigkeit grundsätzlich keine kursrelevante Insiderinformation, es sei denn die Finanzierungsbedingungen, etwa überdurchschnittlich hohe Zinsen, haben außergewöhnliche Bedeutung für die Vermögens-, Finanz- oder Ertragslage des Emittenten.[117]

40 Erträge und Aufwendungen können ebenfalls kursrelevante Insiderinformationen sein, wenn sie außerordentlich hoch ausfallen, zB Gewinne oder Verluste durch die Veräußerung von wesentlichen Betriebsteilen oder bedeutenden Beteiligungen sowie außergewöhnliche Schadensfälle.[118]

41 **c) Mergers & Aquisitions.** Erwerbs- und Übernahmeangebote sind in der Regel für die **Zielgesellschaft,** häufig aber auch für den **Bieter**[119] kursrelevante Insiderinformationen, wenn es sich jeweils um Emittenten von Finanzinstrumenten iSd Art. 7 Abs. 1 handelt.[120] Da es sich bei M&A-Prozessen um gestreckte Geschehensabläufe gem. Art. 7 Abs. 2 S. 2 handelt, stellt sich aber vor allem die Frage, wann im konkreten Einzelfall die Übernahme bzw. der Zusammenschluss als künftiges Endereignis hinreichend wahrscheinlich ist bzw. Zwischenschritte die Voraussetzungen von Insiderinformationen erfüllen.[121] Bloße interne Vorbereitungsmaßnahmen dürften jedenfalls mangels Kursrelevanz grundsätzlich nicht genügen.[122] Anlass, das Vorliegen von Insiderinformationen genauer zu prüfen, sind nach Angaben der BaFin unter anderem der Abschluss von Vertraulichkeitsvereinbarungen, bilaterale Treffen zur Besprechung wesentlicher Eckpunkte, der Abschluss eines „Letter of Intent", das Einsetzen von gegenseitigen Arbeitsgruppen zur Umsetzbarkeit eines Zusammenschlusses, Übersendung von „Term Sheets", die Verständigung zwischen wesentlichen Entscheidungsträgern über zentrale Punkte, die Durchführung einer Due Diligence.[123] Die Übernahme bzw. der Zusammenschluss als Endereignis ist umso wahrscheinlicher, je näher die Zwischenschritte dem Endereignis stehen oder sich in ihrer Gesamtheit „summieren".[124]

42 **d) Rechtsverstöße. Rechtsverstöße** können im Hinblick auf die drohenden Sanktionen und Rufschäden Insiderinformationen sein, wenn sie je nach Schwere der Zuwiderhandlung und den Markterwartungen die Schwelle zur Kursrelevanz überschritten haben (zur Ad-hoc-Publizitätspflicht → Art. 17 Rn. 12).[125]

43 **e) Personalentscheidungen.** Personelle Änderungen können Insiderinformationen sein, wenn sie **Organmitglieder** in Schlüsselpositionen oder uU auch Personen außerhalb von Organen betreffen, die erwartungsgemäß einen erheblichen Einfluss auf die Geschäftsentwicklung haben.[126] Hierbei

---

[114] BaFin Emittentenleitfaden, Modul C – Regelungen aufgrund der Marktmissbrauchsverordnung (MAR), I.2.1.5.3, 17; Krause in Meyer/Veil/Rönnau MarktmissbrauchsR-HdB § 6 Rn. 175.

[115] Klöhn/*Klöhn* Art. 7 Rn. 398; hierzu *Krause* in Meyer/Veil/Rönnau MarktmissbrauchsR-HdB § 6 Rn. 146 ff., 180.

[116] BaFin Emittentenleitfaden, Modul C – Regelungen aufgrund der Marktmissbrauchsverordnung (MAR), I.2.1.5.4, 17; hierzu Klöhn/*Klöhn* Art. 7 Rn. 390, 394; *Meyer/Oulds* in KMFS BankR/KapMarktR Rn. 12.185; *Krause* in Meyer/Veil/Rönnau MarktmissbrauchsR-HdB § 6 Rn. 140 ff.

[117] BaFin Emittentenleitfaden, Modul C – Regelungen aufgrund der Marktmissbrauchsverordnung (MAR), I.2.1.5.4, 18.

[118] Hierzu und zu weiteren Beispielen BaFin Emittentenleitfaden, Modul C – Regelungen aufgrund der Marktmissbrauchsverordnung (MAR), I.2.1.5.5, 18.

[119] Zur Lafonta-Problematik (→ Art. 7 Rn. 9, 31); in diesem Zusammenhang Klöhn/*Klöhn* Art. 7 Rn. 382.

[120] *Bingel* AG 2012, 685 (693). Näher hierzu Klöhn/*Klöhn* Art. 7 Rn. 381 f.; vgl. auch BaFin Emittentenleitfaden, Modul C – Regelungen aufgrund der Marktmissbrauchsverordnung (MAR), I.2.1.5.6, 18 f.

[121] Ausf. hierzu BaFin Emittentenleitfaden, Modul C – Regelungen aufgrund der Marktmissbrauchsverordnung (MAR), I.2.1.5.6, 18 f.

[122] Vgl. BaFin Emittentenleitfaden, Modul C – Regelungen aufgrund der Marktmissbrauchsverordnung (MAR), I.2.1.5.6, 18.

[123] BaFin Emittentenleitfaden, Modul C – Regelungen aufgrund der Marktmissbrauchsverordnung (MAR), I.2.1.5.6, 19.

[124] BaFin Emittentenleitfaden, Modul C – Regelungen aufgrund der Marktmissbrauchsverordnung (MAR), I.2.1.5.6, 19.

[125] Klöhn/*Klöhn* Art. 7 Rn. 406 f.; *Klöhn/Schmolke* ZGR 2016, 866 (868 ff.); *Thelen* ZHR 182 (2018), 62 (69 ff.); noch zu § 13 WpHG aF *Klöhn* ZIP 2015, 145; *Schockenhoff* NZG 2015, 410 (412); *Wilken/Hagemann* BB 2016, 67 (68 f.); s. auch Assmann/Schneider/Mülbert/*Mülbert* Art. 7 Rn. 38 f.

[126] S. BGH Beschl. v. 25.2.2008 – II ZB 9/07, NZG 2008, 300 – DaimlerChrysler/Schrempp-Rücktritt; EuGH Urt. v. 28.6.2012 – C-19/11, ECLI:EU:C:2012:397 = NJW 2012, 2787 – Geltl/Daimler; BaFin Emittentenleitfaden, Modul C – Regelungen aufgrund der Marktmissbrauchsverordnung (MAR), I.2.1.5.7, 19; Assmann/Schneider/

handelt es sich um typische gestreckte Geschehensabläufe iSd Art. 7 Abs. 2 S. 2, sodass bei Vorliegen von Kursrelevanz uU bereits die Rücktritts- oder Kündigungabsicht oder nachfolgende Zwischenschritte Insiderinformationen sein können.[127]

f) Insolvenz. Im Zusammenhang mit der Insolvenz ist regelmäßig bereits der Eintritt von **Zah- 44 lungsunfähigkeit** und **Überschuldung** gem. §§ 17, 19 InsO und nicht erst der Antrag auf Eröffnung des Insolvenzverfahrens gem. § 15 InsO eine kursrelevante Insiderinformation, sofern der Markt auf der Grundlage der bisherigen öffentlich bekannten Informationen nicht damit rechnen konnte.[128] Das trifft auch für den Verlust der Hälfte des Grundkapitals zu (vgl. § 92 Abs. 1 AktG) oder die Kündigung wesentlicher Kreditlinien.[129] UU genügt zudem schon die drohende Zahlungsunfähigkeit gem. § 18 InsO.[130]

g) Verknüpfte Insiderinformationen. Problematisch kann die Feststellung sein, ob ein Lebens- 45 sachverhalt eine einheitliche Gesamtinformation darstellt oder mehrere voneinander unabhängige Insiderinformationen enthält (sog. verknüpfte Insiderinformationen).[131] Abgrenzungsschwierigkeiten bereitet beispielsweise die Kapitalerhöhung zur Finanzierung einer M&A-Transaktion.[132] Entscheidend ist, ob die Informationen im konkreten Einzelfall untrennbar miteinander verbunden sind, weil sie etwa zeitgleich entstanden sind und im sachlichen Zusammenhang stehen.[133]

h) Gerüchte. Gerüchte sind Informationen über Tatsachen, bei denen Unsicherheit über ihren 46 Wahrheitsgehalt besteht, und die eine gewisse Verbreitung erfahren haben.[134] Unbestritten handelt es sich bei der Tatsache, dass Gerüchte im Umlauf sind, um präzise Informationen.[135] Umstritten ist aber, ob auch der unsichere Inhalt des Gerüchts eine präzise Information sein kann. Das Vorliegen einer Insiderinformation wird für Gerüchte teilweise abgelehnt, da jemand, der Gerüchten folgt, auch wenn sie Tatsachenmitteilungen enthalten, stets nur Börsenspekulation außerhalb des Insiderrechts betreibe.[136] Für diese restriktive Auslegung wird vor allem der verfassungsrechtliche Bestimmtheitsgrundsatz angeführt.[137] Nach aA der **BaFin** und im Schrifttum können Gerüchte hingegen grundsätzlich Insiderinformationen sein, sofern sie nur spezifisch genug sind.[138] Dass Gerüchte grundsätzlich Insiderinformationen sein können, klingt in ErwGr 14 S. 3 sowie in Art. 17 Abs. 7 UAbs. 2 an.[139] Dabei ist schon dann von einer präzisen Information auszugehen, wenn das Gerücht einen objektiven Teilsachkern hat.[140] Bei

---

Mülbert/*Assmann* Art. 17 Rn. 228; *Hopt/Kumpan* in Schimansky/Bunte/Lwowski BankR-HdB § 107 Rn. 44; *Krause* in Meyer/Veil/Rönnau MarktmissbrauchsR-HdB § 6 Rn. 150. Zur Frage der Ad-hoc-Publizitätspflicht einer börsennotierten Gesellschaft bei Vereinswechsel eines wichtigen Fußballspielers, *Poelzig/Lainer* JuS 2015, 241 ff.

[127] Hierzu BGH Beschl. v. 25.2.2008 – II ZB 9/07, NZG 2008, 300 – DaimlerChrysler/Schrempp-Rücktritt; EuGH Urt. v. 28.6.2012 – C-19/11, ECLI:EU:C:2012:397 = NJW 2012, 2787 – Geltl/Daimler; BaFin Emittentenleitfaden, Modul C – Regelungen aufgrund der Marktmissbrauchsverordnung (MAR), I.2.1.5.7, 19; *Krause* in Meyer/Veil/Rönnau MarktmissbrauchsR-HdB § 6 Rn. 152 f.; *Hopt/Kumpan* in Schimansky/Bunte/Lwowski BankR-HdB § 107 Rn. 44.

[128] BaFin Emittentenleitfaden, Modul C – Regelungen aufgrund der Marktmissbrauchsverordnung (MAR), I.2.1.5.9, 20; Klöhn/*Klöhn* Art. 7 Rn. 429; s. auch *Krause* in Meyer/Veil/Rönnau MarktmissbrauchsR-HdB § 6 Rn. 160.

[129] BaFin Emittentenleitfaden, Modul C – Regelungen aufgrund der Marktmissbrauchsverordnung (MAR), I.2.1.5.9, 20; hinsichtlich des Verlustes der Hälfte des Grundkapitals *Krause* in Meyer/Veil/Rönnau MarktmissbrauchsR-HdB § 6 Rn. 160; zur Kündigung wesentlicher Kreditlinien nach altem Recht *Kocher/Widder* NZI 2010, 925 (926 ff.); *Weber* ZGR 2001, 422 (436).

[130] Klöhn/*Klöhn* Art. 7 Rn. 429; BaFin Emittentenleitfaden, Modul C – Regelungen aufgrund der Marktmissbrauchsverordnung (MAR), I.2.1.5.9, 20.

[131] S. BaFin Emittentenleitfaden, Modul C – Regelungen aufgrund der Marktmissbrauchsverordnung (MAR), I.2.1.5.12, 21.

[132] Hierzu und zu weiteren Beispielen BaFin Emittentenleitfaden, Modul C – Regelungen aufgrund der Marktmissbrauchsverordnung (MAR), I.2.1.5.12, 21.

[133] BaFin Emittentenleitfaden, Modul C – Regelungen aufgrund der Marktmissbrauchsverordnung (MAR), I.2.1.5.12, 21.

[134] *Hopt/Kumpan* in Schimansky/Bunte/Lwowski BankR-HdB § 107 Rn. 50; Klöhn/*Klöhn* Art. 7 Rn. 57; *Meyer/Oulds* in KMFS BankR/KapMarktR Rn. 12.169.

[135] Schwark/Zimmer/*Kumpan/Misterek* Rn. 75.

[136] Assmann/Schneider/*Mülbert*/*Assmann* Art. 7 Rn. 35. Noch zu § 13 WpHG aF in Assmann/Schneider/*Assmann*, 6. Aufl. 2012, WpHG § 13 Rn. 18; *Sethe* in Assmann/Schütze KapitalanlageR-HdB § 8 Rn. 54; *Diekmann/Sustmann* NZG 2004, 929 (930); *Möllers* WM 2005, 1393 (1394).

[137] *Sethe* in Assmann/Schütze KapitalanlageR-HdB § 8 Rn. 54.

[138] BaFin Emittentenleitfaden, Modul C – Regelungen aufgrund der Marktmissbrauchsverordnung (MAR), I.2.1.4.4, 14; ebenso *Hopt/Kumpan* in Schimansky/Bunte/Lwowski BankR-HdB § 107 Rn. 50; Klöhn/*Klöhn* Art. 7 Rn. 60; *Meyer/Oulds* in KMFS BankR/KapMarktR Rn. 12.169; *Krause* in Meyer/Veil/Rönnau MarktmissbrauchsR-HdB § 6 Rn. 49 ff. Noch zu § 13 WpHG aF Fuchs/*Mennicke/Jakovou* WpHG § 13 Rn. 47 ff; Kölner Komm WpHG/*Klöhn* WpHG § 13 Rn. 57; NK-AktKapMarktR/*Royé/Fischer zu Kramburg* WpHG § 13 Rn. 2; Schwark/Zimmer/*Kumpan/Misterek* Rn. 79 f.

[139] Schwark/Zimmer/*Kumpan/Misterek* Rn. 78.

[140] Schwark/Zimmer/*Kumpan/Misterek* Rn. 80.

zukunftsbezogenen Gerüchten muss der Eintritt des künftigen Umstandes oder Ereignisses vernünftigerweise erwartet werden können (Art. 7 Abs. 2 S. 1). Im Übrigen ist die **Kursrelevanz** abhängig von der **Verlässlichkeit** der Information[141] und richtet sich daher nach der Vertrauenswürdigkeit der Quelle (s. ErwGr 14 S. 3), den zugrundeliegenden Tatsachen sowie dem Marktumfeld.[142]

III. Besondere Definitionen

47   **1. Warenderivate und Emissionszertifikate.** Eigenständige Definitionen der Insiderinformationen finden sich in Art. 7 Abs. 1 lit. b für Warenderivate und in Art. 7 Abs. 1 lit. c für Emissionszertifikate. Sie konkretisieren jeweils die allgemeine Definition, sodass zunächst auf die dortigen Ausführungen (→ Rn. 3 ff.) verwiesen werden kann.[143] Insiderinformationen sind im Zusammenhang mit **Warenderivaten** gem. Art. 7 Abs. 1 lit. b nicht nur Informationen, die sich auf die Warenderivate selbst beziehen, sondern auch solche, die direkt damit verbundene Waren-Spot-Kontrakte betreffen und die in Übereinstimmung mit den auf dem Warenmarkt geltenden Rechtsvorschriften, Handelsregeln oder Verträgen offenzulegen sind oder deren Offenlegung erwartet werden kann.[144] **Waren-Spot-Kontrakte** sind gem. Art. 3 Abs. 1 Nr. 15 Kontrakte über die Lieferung von am Spotmarkt gehandelten Waren, die bei Abwicklung des Geschäfts unverzüglich geliefert werden, sowie Kontrakte über die Lieferung von Waren, die keine Finanzinstrumente sind, einschließlich physisch abzuwickelnder Terminkontrakte. Waren sind Güter fungibler Art, die geliefert werden können. Spotmärkte sind Warenmärkte, an denen Waren gegen bar verkauft und bei Abwicklung des Geschäfts unverzüglich geliefert werden, und andere Märkte, die keine Finanzmärkte sind, beispielsweise Warenterminmärkte. Mit der besonderen Definition soll der typischerweise engen Vernetzung von Waren-Spot-Märkten und Derivatemärkten Rechnung getragen werden (s. ErwGr 20). Informationen, die die zugrundeliegenden Waren betreffen, beeinflussen idR die Anlageentscheidung zum Abschluss von Derivatekontrakten (ErwGr 20 S. 4). Die ESMA hat gem. Art. 7 Abs. 5 S. 1 eine indikative Liste auf Level 3 mit erfassten Informationen erstellt.[145] Bei Warenderivaten auf Strom wären Insiderinformationen beispielsweise Informationen über Kraftwerksausfälle.

48   Art. 7 Abs. 1 lit. d konkretisiert den Begriff der Insiderinformation für **Emissionszertifikate** und darauf beruhende Auktionsobjekte als nicht öffentlich bekannte präzise Informationen, die direkt oder indirekt ein oder mehrere Finanzinstrumente dieser Art betreffen und die, wenn sie öffentlich bekannt würden, geeignet wären, den Kurs dieser Finanzinstrumente oder damit verbundener derivativer Finanzinstrumente erheblich zu beeinflussen. Für Derivate, die Energiegroßhandelsprodukte iSv Art. 3 Abs. 1 Nr. 22 iVm Art. 2 Nr. 4 VO (EU) Nr. 1227/2011 sind, sind Insiderinformationen insbesondere solche Informationen, die gem. der VO (EU) 1227/2011 offengelegt werden müssen. Auktionsprodukte sind in Art. 4 Abs. 1 VO (EU) Nr. 1031/2010 definiert (ErwGr 23). Art. 7 Abs. 4 UAbs. 2 enthält Sonderregelungen.

49   **2. Aufträge über Geschäfte mit Finanzinstrumenten.** Art. 7 Abs. 1 lit. d enthält ein Regelbeispiel für Personen, die mit der Ausführung von Aufträgen in Bezug auf Finanzinstrumente beauftragt sind, zB Vermögensverwalter oder Anlagenvermittler. Für sie gelten Informationen, die ihnen von einem Kunden mitgeteilt wurden und sich auf die noch nicht ausgeführten Aufträge des Kunden in Bezug auf Finanzinstrumente beziehen, als Insiderinformationen. Hierdurch wird klargestellt, dass auch handelsbezogene Informationen, die nicht den Wert des Finanzinstruments betreffen, Insiderinformationen sein können (→ Rn. 28 aE).[146] Die praktische Bedeutung wird sich auf das Insiderverbot beschränken, da handelsbezogene Informationen typischerweise keinen unmittelbaren Bezug zum Emittenten aufweisen.[147]

50   Es müssen alle Voraussetzungen des Abs. 1 lit. a – Kursspezifität und -relevanz sowie das Fehlen öffentlicher Bekanntheit – erfüllt sein.[148] Die Kursrelevanz eines Kundenauftrags kann sich zB aus einem ungewöhnlich großen Volumen oder auch aus der Person des Auftraggebers, etwa eines Private-Equity-Investors, ergeben.[149] Von Art. 7 Abs. 1 lit. d erfasst ist insbesondere das sog. *Frontrunning,* dh das Tätigen von Geschäften in Kenntnis einer Kundenorder vor deren Einstellung in die Handelssysteme.[150]

---

[141] *Hopt/Kumpan* in Schimansky/Bunte/Lwowski BankR-HdB § 107 Rn. 50; Klöhn/*Klöhn* Art. 7 Rn. 61, 233 ff.

[142] BaFin Emittentenleitfaden, Modul C – Regelungen aufgrund der Marktmissbrauchsverordnung (MAR), I.2.1.4.4, 14 f.; Klöhn/*Klöhn* MAR Art. 7 Rn. 61.

[143] *Meyer/Oulds* in KMFS BankR/KapMarktR Rn. 12.200.

[144] Ausf. *Buck-Heeb* KapMarktR Rn. 366; *Poelzig* KapMarktR Rn. 388.

[145] ESMA, MAR-Leitlinien, ESMA/2016/1480.

[146] Klöhn/*Klöhn* Art. 7 Rn. 304.

[147] Klöhn/*Klöhn* Art. 7 Rn. 304; *Meyer/Oulds* in KMFS BankR/KapMarktR Rn. 12.204.

[148] Klöhn/*Klöhn* Art. 7 Rn. 305.

[149] *Meyer/Oulds* in KMFS BankR/KapMarktR Rn. 12.205.

[150] *Buck-Heeb* KapMarktR Rn. 366; *Poelzig* KapMarktR Rn. 389; Klöhn/*Klöhn* Art. 7 Rn. 306.

3. Analysen und Bewertungen aufgrund öffentlich verfügbarer Informationen. ErwGr 28   **51**
S. 1 nimmt Analysen und Bewertungen, die aufgrund öffentlich verfügbarer Angaben erstellt wurden,
vom Begriff der Insiderinformationen aus. Der Informationsvorsprung resultiert hier nicht aus einem
privilegierten Informationszugang, sondern aufgrund besserer Analysefähigkeiten.[151] Etwas anderes soll
aber nach ErwGr 28 S. 2 gelten für (1) Informationen, die vom Markt routinemäßig erwartet werden
und zur Preisbildung von Finanzinstrumenten beitragen sowie für (2) Ansichten eines anerkannten
Marktkommentators oder (3) einer anerkannten Institution, die die Preise verbundener Finanzinstrumente beeinflussen können. Den nicht abschließenden Regelbeispielen für die Rückausnahme ist
gemeinsam, dass die Analysen und Bewertungen bei ihrer Veröffentlichung und Verbreitung Kursrelevanz unabhängig vom Inhalt entfalten. Voraussetzung für das Vorliegen der nicht abschließenden
Regelbeispiele für die **Rückausnahme** ist erstens jeweils, dass die Informationen eigens zum Zwecke
der Veröffentlichung und Verbreitung erstellt werden.[152] Zweitens ist eine besondere Gewähr für eine
Kursbeeinflussung erforderlich: Diese ist entweder gegeben, wenn (1) die Bewertungen oder Analysen
– wie insbesondere die Bewertungen von Ratingagenturen – routinemäßig erwartet werden, weil sie
über einen längeren Zeitraum veröffentlicht und verbreitet werden und dadurch eine höhere Gewähr
für die Kursrelevanz besteht.[153] Dies ist zum anderen (2) und (3) der Fall, wenn die Person oder
Institution, die die Bewertung oder Analyse veröffentlicht oder verbreitet, eine besondere Reputation
ausstrahlt, sodass ein Preiseinfluss zu erwarten ist.[154] Zu den anerkannten Marktkommentatoren
gehören besonders geachtete Wirtschaftsexperten und außerordentlich erfolgreiche Marktteilnehmer;
zu den Institutionen zählen beispielsweise die Zentralbanken, Wirtschaftsaufsichtsbehörden, For-
schungsinstitute.[155]

Art. 8 Insidergeschäfte

(1) ¹Für die Zwecke dieser Verordnung liegt ein Insidergeschäft vor, wenn eine Person
über Insiderinformationen verfügt und unter Nutzung derselben für eigene oder fremde
Rechnung direkt oder indirekt Finanzinstrumente, auf die sich die Informationen beziehen,
erwirbt oder veräußert. ²Die Nutzung von Insiderinformationen in Form der Stornierung
oder Änderung eines Auftrags in Bezug auf ein Finanzinstrument, auf das sich die Informationen beziehen, gilt auch als Insidergeschäft, wenn der Auftrag vor Erlangen der Insiderinformationen erteilt wurde. ³In Bezug auf Versteigerungen von Emissionszertifikaten oder
anderen darauf beruhenden Auktionsobjekten, die gemäß der Verordnung (EU) Nr. 1031/
2010 gehalten werden, schließt die Nutzung von Insiderinformationen auch die Übermittlung, Änderung oder Zurücknahme eines Gebots durch eine Person für eigene Rechnung
oder für Rechnung eines Dritten ein.

(2) Für die Zwecke dieser Verordnung liegt eine Empfehlung zum Tätigen von Insidergeschäften oder die Verleitung Dritter hierzu vor, wenn eine Person über Insiderinformationen verfügt und

a) auf der Grundlage dieser Informationen Dritten empfiehlt, Finanzinstrumente, auf die
   sich die Informationen beziehen, zu erwerben oder zu veräußern, oder sie dazu verleitet,
   einen solchen Erwerb oder eine solche Veräußerung vorzunehmen, oder

b) auf der Grundlage dieser Informationen Dritten empfiehlt, einen Auftrag, der ein
   Finanzinstrument betrifft, auf das sich die Informationen beziehen, zu stornieren oder
   zu ändern, oder sie dazu verleitet, eine solche Stornierung oder Änderung vorzunehmen.

(3) Die Nutzung von Empfehlungen oder Verleitungen gemäß Absatz 2 erfüllt den Tatbestand des Insidergeschäfts im Sinne dieses Artikels, wenn die Person, die die Empfehlung
nutzt oder der Verleitung folgt, weiß oder wissen sollte, dass diese auf Insiderinformationen
beruht.

(4) *[1]* Dieser Artikel gilt für jede Person, die über Insiderinformationen verfügt, weil sie

a) dem Verwaltungs-, Leitungs- oder Aufsichtsorgan des Emittenten oder des Teilnehmers
   am Markt für Emissionszertifikate angehört;

b) am Kapital des Emittenten oder des Teilnehmers am Markt für Emissionszertifikate
   beteiligt ist;

---

[151] *Klöhn* WM 2016, 1665 (1666); Klöhn/*Klöhn* Art. 7 Rn. 332; *Hopt/Kumpan* in Schimansky/Bunte/Lwowski
BankR–HdB § 107 Rn. 60. Umf. hierzu *Leyens,* Informationsintermediäre des Kapitalmarktes, 2017, 36 ff.

[152] Klöhn/*Klöhn* Art. 7 Rn. 341 mit Verweis auf Proposal for a Regulation of the European Parliament and of the
Council on insider dealing and market manipulation (market abuse) – Presidency Compromise, Ratsdok. 16416/12 v.
3.9.2012.

[153] Klöhn/*Klöhn* Art. 7 Rn. 359 f.

[154] Klöhn/*Klöhn* Art. 7 Rn. 361 ff.

[155] Klöhn/*Klöhn* Art. 7 Rn. 364, 367.

c) aufgrund der Ausübung einer Arbeit oder eines Berufs oder der Erfüllung von Aufgaben Zugang zu den betreffenden Informationen hat oder

d) an kriminellen Handlungen beteiligt ist.

[2] Dieser Artikel gilt auch für jede Person, die Insiderinformationen unter anderen Umständen als nach Unterabsatz 1 besitzt und weiß oder wissen müsste, dass es sich dabei um Insiderinformationen handelt.

(5) Handelt es sich bei der in diesem Artikel genannten Person um eine juristische Person, so gilt dieser Artikel nach Maßgabe des nationalen Rechts auch für die natürlichen Personen, die an dem Beschluss, den Erwerb, die Veräußerung, die Stornierung oder Änderung eines Auftrags für Rechnung der betreffenden juristischen Person zu tätigen, beteiligt sind oder diesen beeinflussen.

Art. 9 Legitime Handlungen

(1) Für die Zwecke der Artikel 8 und 14 wird aufgrund der bloßen Tatsache, dass eine juristische Person im Besitz von Insiderinformationen ist oder war, nicht angenommen, dass sie diese Informationen genutzt und daher auf der Grundlage eines Erwerbs oder einer Veräußerung Insidergeschäfte getätigt hat, wenn diese juristische Person

a) zuvor angemessene und wirksame interne Regelungen und Verfahren eingeführt, umgesetzt und aufrechterhalten hat, durch die wirksam sichergestellt wird, dass weder die natürliche Person, die in ihrem Auftrag den Beschluss gefasst hat, Finanzinstrumente zu erwerben oder zu veräußern, auf die sich die Informationen beziehen, noch irgendeine andere natürliche Person, die diesen Beschluss in irgendeiner Weise beeinflusst haben könnte, im Besitz der Insiderinformationen gewesen ist, und

b) die natürliche Person, die im Auftrag der juristischen Person Finanzinstrumente, auf die sich die Informationen beziehen, erworben oder veräußert hat, nicht aufgefordert, ihr keine Empfehlungen gegeben, sie nicht angestiftet oder anderweitig beeinflusst hat.

(2) Für die Zwecke der Artikel 8 und 14 wird aufgrund der bloßen Tatsache, dass eine Person im Besitz von Insiderinformationen ist, nicht angenommen, dass sie diese Informationen genutzt und daher auf der Grundlage eines Erwerbs oder einer Veräußerung Insidergeschäfte getätigt hat, wenn diese Person

a) ein Market-Maker für die Finanzinstrumente ist, auf die sich diese Informationen beziehen, oder eine Person, die als Gegenpartei für die Finanzinstrumente zugelassen ist, auf die sich diese Informationen beziehen, und wenn der Erwerb oder die Veräußerung von Finanzinstrumenten, auf die sich diese Informationen beziehen, rechtmäßig im Zuge der normalen Ausübung ihrer Funktion als Market-Maker oder Gegenpartei für das betreffende Finanzinstrument erfolgt, oder

b) wenn diese Person zur Ausführung von Aufträgen für Dritte zugelassen ist und der Erwerb oder die Veräußerung von Finanzinstrumenten, auf die sich der Auftrag bezieht, dazu dient, einen solchen Auftrag rechtmäßig im Zuge der normalen Ausübung der Beschäftigung des Berufs oder der Aufgaben dieser Person auszuführen.

(3) Für die Zwecke der Artikel 8 und 14 wird aufgrund der bloßen Tatsache, dass eine Person im Besitz von Insiderinformationen ist, nicht angenommen, dass sie diese Informationen genutzt und daher auf der Grundlage eines Erwerbs oder einer Veräußerung Insidergeschäfte getätigt hat, wenn diese Person ein Geschäft zum Erwerb oder zur Veräußerung von Finanzinstrumenten tätigt, das, in gutem Glauben und nicht zur Umgehung des Verbots von Insidergeschäften, durchgeführt wird, um einer fällig gewordenen Verpflichtung nachzukommen, und wenn

a) die betreffende Verpflichtung auf der Erteilung eines Auftrags oder dem Abschluss einer Vereinbarung aus der Zeit vor dem Erhalt der Insiderinformationen beruht oder

b) das Geschäft der Erfüllung einer rechtlichen Verpflichtung oder Regulierungsauflage dient, die vor dem Erhalt der Insiderinformationen entstanden ist.

(4) *[1]* Für die Zwecke des Artikels 8 und 14 wird aufgrund der bloßen Tatsache, dass eine Person Insiderinformationen besitzt, nicht angenommen, dass sie diese Informationen genutzt und daher Insidergeschäfte getätigt hat, wenn sie diese Insiderinformation im Zuge der Übernahme eines Unternehmens oder eines Unternehmenszusammenschlusses auf der Grundlage eines öffentlichen Angebots erworben hat und diese Insiderinformationen ausschließlich nutzt, um den Unternehmenszusammenschluss oder die Übernahme auf der Grundlage eines öffentlichen Angebots weiterzuführen, unter der Voraussetzung, dass zum Zeitpunkt der Genehmigung des Unternehmenszusammenschlusses oder der Annahme des Angebotes durch die Anteilseigner des betreffenden Unternehmens sämtliche Insiderinformationen öffentlich gemacht worden sind oder auf andere Weise ihren Charakter als Insiderinformationen verloren haben.

[2] Dieser Absatz gilt nicht für den Beteiligungsaufbau.

(5) Für die Zwecke der Artikel 8 und 14 stellt die bloße Tatsache, dass eine Person ihr Wissen darüber, dass sie beschlossen hat, Finanzinstrumente zu erwerben oder zu veräußern, beim Erwerb oder der Veräußerung dieser Finanzinstrumente nutzt, an sich noch keine Nutzung von Insiderinformationen dar.

(6) Unbeschadet der Absätze 1 bis 5 des vorliegenden Artikels kann es als Verstoß gegen das Verbot von Insidergeschäften gemäß Artikel 14 betrachtet werden, wenn die zuständige Behörde feststellt, dass sich hinter den betreffenden Handelsaufträgen, Geschäften oder Handlungen ein rechtswidriger Grund verbirgt.

Art. 10 Unrechtmäßige Offenlegung von Insiderinformationen

(1) *[1]* Für die Zwecke dieser Verordnung liegt eine unrechtmäßige Offenlegung von Insiderinformationen vor, wenn eine Person, die über Insiderinformationen verfügt und diese Informationen gegenüber einer anderen Person offenlegt, es sei denn, die Offenlegung geschieht im Zuge der normalen Ausübung einer Beschäftigung oder eines Berufs oder der normalen Erfüllung von Aufgaben.

[2] Dieser Absatz gilt für alle natürlichen oder juristischen Personen in den Situationen oder unter den Umständen gemäß Artikel 8 Absatz 4.

(2) Für die Zwecke dieser Verordnung gilt die Weitergabe von Empfehlungen oder das Verleiten anderer, nachdem man selbst verleitet wurde, gemäß Artikel 8 Absatz 2 als unrechtmäßige Offenlegung von Insiderinformationen gemäß diesem Artikel, wenn die Person, die die Empfehlung weitergibt oder andere verleitet, nachdem sie selbst verleitet wurde, weiß oder wissen sollte, dass die Empfehlung bzw. Verleitung auf Insiderinformationen beruht.

Art. 11 Marktsondierungen

(1) Eine Marktsondierung besteht in der Übermittlung von Informationen vor der Ankündigung eines Geschäfts an einen oder mehrere potenzielle Anleger, um das Interesse von potenziellen Anlegern an einem möglichen Geschäft und dessen Bedingungen wie seinem Umfang und seiner preislichen Gestaltung abzuschätzen durch

a) den Emittenten;
b) einen Zweitanbieter eines Finanzinstruments, der das betreffende Finanzinstrument in einer Menge oder mit einem Wert anbietet, aufgrund derer bzw. dessen sich das Geschäft vom üblichen Handel unterscheidet, wobei es außerdem auf einer Verkaufsmethode beruht, die auf der Vorabbewertung des potenziellen Interesses möglicher Anleger beruht;
c) einen Teilnehmer am Markt für Emissionszertifikate oder
d) einen Dritten, der im Auftrag oder für Rechnung einer der unter Buchstabe a, b oder c genannten Personen agiert.

(2) Unbeschadet des Artikels 23 Absatz 3 stellt auch die Offenlegung von Insiderinformationen durch eine Person, die beabsichtigt, ein Übernahmeangebot für die Anteile eines Unternehmens oder für einen Unternehmenszusammenschluss an Dritte zu richten, die Anspruch auf die Anteile des Unternehmens haben, *einem*[1]) Marktsondierung dar, wenn

a) die Informationen erforderlich sind, um den Dritten, die Anspruch auf die Unternehmensanteile haben, zu ermöglichen, sich über ihre Bereitschaft, ihre Unternehmensanteile anzubieten, eine Meinung zu bilden, und
b) die Bereitschaft der Dritten, die Anspruch auf die Unternehmensanteile haben, ihre Unternehmensanteile anzubieten, nach vernünftigem Ermessen für den Beschluss, das Angebot für die Übernahme oder den Unternehmenszusammenschluss abzugeben, erforderlich ist.

(3) ¹Ein offenlegender Marktteilnehmer berücksichtigt vor der Durchführung einer Marktsondierung insbesondere, ob die Marktsondierung die Offenlegung von Insiderinformationen umfasst. ²Der offenlegende Marktteilnehmer führt schriftliche Aufzeichnungen über seine Schlussfolgerung und über ihre Gründe. ³Er legt diese schriftlichen Aufzeichnungen der zuständigen Behörde auf deren Ersuchen hin vor. ⁴*Dieser*²) Verpflichtung gilt

---

¹ Richtig wohl: „eine".
² Richtig wohl: „Diese".

für jede Offenlegung von Informationen im Verlauf der Marktsondierung. [5] Der offenlegende Marktteilnehmer aktualisiert die schriftlichen Aufzeichnungen gemäß diesem Absatz entsprechend.

(4) Für die Zwecke des Artikels 10 Absatz 1 wird eine Offenlegung von Insiderinformationen, die im Verlauf einer Marktsondierung vorgenommen wurde, so betrachtet, dass sie im Zuge der normalen Ausübung der Beschäftigung oder des Berufs oder der normalen Erfüllung der Aufgaben einer Person vorgenommen wurde, wenn der offenlegende Marktteilnehmer die Verpflichtungen gemäß den Absätzen 3 und 5 dieses Artikels erfüllt.

(5) *[1]* Für die Zwecke des Absatzes 4 muss der offenlegende Marktteilnehmer vor der Offenlegung:

a) die Zustimmung der Person einholen, die die Marktsondierung erhält, dass sie Insiderinformationen erhält;

b) die Person, die die Marktsondierung erhält, davon in Kenntnis setzen, dass ihr die Nutzung und der Versuch der Nutzung dieser Informationen in Form des Erwerbs oder der Veräußerung von Finanzinstrumenten, auf die sich diese Informationen beziehen, ob direkt oder indirekt, für eigene Rechnung oder für die Rechnung Dritter, untersagt sind;

c) die Person, die die Marktsondierung erhält, davon in Kenntnis setzen, dass ihr die Nutzung und der Versuch der Nutzung in Form der Stornierung oder Änderung eines bereits erteilten Auftrags in Bezug auf ein Finanzinstrument, auf das sich diese Informationen beziehen, untersagt sind, und

d) die Person, die die Marktsondierung erhält, davon in Kenntnis setzten, dass sie sich mit der Zustimmung, die Informationen zu erhalten, auch verpflichtet ist, die Vertraulichkeit der Informationen zu wahren.

[2] [1] Der offenlegende Marktteilnehmer muss Aufzeichnungen über sämtliche Informationen erstellen und führen, die der Person, die die Marktsondierung erhält, übermittelt wurden, einschließlich der Informationen, die gemäß Unterabsatz 1 Buchstabe a bis d übermittelt wurden, sowie über die Identität der potenziellen Anleger, gegenüber denen die Informationen offengelegt wurden, einschließlich unter anderem der juristischen und natürlichen Personen, die im Auftrag des potenziellen Anleger handeln, und des Datums und der Uhrzeit einer jeden Offenlegung. [2] Der offenlegende Marktteilnehmer muss der zuständigen Behörde diese Aufzeichnungen auf deren Ersuchen zur Verfügung stellen.

(6) *[1]* Wenn im Zuge einer Marktsondierung Informationen offengelegt wurden und nach Einschätzung des offenlegenden Marktteilnehmers ihre Eigenschaft als Insiderinformationen verlieren, setzt dieser den Empfänger unverzüglich davon in Kenntnis.

[2] Der offenlegende Marktteilnehmer führt Aufzeichnungen über die Informationen, die er im Einklang mit diesem Absatz übermittelt hat, und stellt diese Aufzeichnungen der zuständigen Behörde auf deren Ersuchen zur Verfügung.

(7) Unbeschadet der Bestimmungen dieses Artikels nimmt die Person, die die Marktsondierung erhält, selbst die Einschätzung vor, ob sie im Besitz von Insiderinformationen ist und wenn sie nicht mehr im Besitz von Insiderinformationen ist.

(8) Die Aufzeichnungen gemäß diesem Artikel werden von dem offenlegenden Marktteilnehmer mindestens fünf Jahre lang aufbewahrt.

(9) *[1]* Um die durchgehende Harmonisierung dieses Artikels sicherzustellen, arbeitet die ESMA Entwürfe technischer Regulierungsstandards aus, um angemessene Regelungen, Verfahren und Aufzeichnungsanforderungen festzulegen, mittels derer Personen die Anforderungen der Absätze 4, 5, 6 und 8 einhalten können.

[2] Die ESMA legt der Kommission diese Entwürfe technischer Regulierungsstandards bis zum 3. Juli 2015 vor.

[3] Der Kommission wird die Befugnis übertragen, die in Unterabsatz 1 genannten technischen Regulierungsstandards nach Artikel 10 bis 14 der Verordnung (EU) Nr. 1095/2010 zu erlassen.

(10) *[1]* Um die durchgehende Harmonisierung dieses Artikels sicherzustellen, arbeitet die ESMA Entwürfe technischer Durchführungsstandards aus, in denen festgelegt wird, welche Systeme und Mitteilungsmuster zur Einhaltung der Vorschriften der Absätze 4, 5, 6 und 8 zu nutzen sind, insbesondere das genaue Format der Aufzeichnungen nach den Absätzen 4 bis 8 und die technischen Mittel für eine angemessene Übermittlung der Informationen gemäß Absatz 6 an die Person, die die Marktsondierung erhält.

[2] Die ESMA legt der Kommission diese Entwürfe technischer Durchführungsstandards bis zum 3. Juli 2015 vor.

[3] Der Kommission wird die Befugnis übertragen, die in Unterabsatz 1 genannten technischen Durchführungsstandards nach Artikel 15 der Verordnung (EU) Nr. 1095/2010 zu erlassen.

(11) **Die ESMA gibt für die Personen, die die Marktsondierung erhalten, gemäß Artikel 16 der Verordnung (EU) Nr. 1095/2010 Leitlinien zu Folgendem heraus:**

a) **den Faktoren, die diese Personen berücksichtigen müssen, wenn ihnen gegenüber als Bestandteil der Marktsondierung Informationen offengelegt werden, damit sie beurteilen können, ob diese Informationen Insiderinformationen sind;**

b) **den Schritten, die diese Personen unternehmen müssen, wenn ihnen gegenüber Insiderinformationen offengelegt wurden, um die Artikel 8 und 10 dieser Verordnung einzuhalten, und**

c) **den Aufzeichnungen, die diese Personen führen sollten, um nachzuweisen, dass sie die Artikel 8 und 10 dieser Verordnung eingehalten haben.**

Art. 14 Verbot von Insidergeschäften und unrechtmäßiger Offenlegung von Insiderinformationen

Folgende Handlungen sind verboten:

a) **das Tätigen von Insidergeschäften und der Versuch hierzu,**

b) **Dritten zu empfehlen, Insidergeschäfte zu tätigen, oder Dritte dazu zu verleiten, Insidergeschäfte zu tätigen, oder**

c) **die unrechtmäßige Offenlegung von Insiderinformationen.**

Übersicht

I. Systematik des Insiderrechts

Das ursprünglich zur Umsetzung der MAD aF in § 14 WpHG aF geregelte Verbot von Insider- **1** geschäften und unrechtmäßiger Offenlegung von Insiderinformationen findet sich nun in Art. 14. Unter Insidergeschäften versteht man das Verwenden von nicht öffentlich bekannten, kursrelevanten Informationen für den Handel mit Finanzinstrumenten. Insider nutzen ihren Wissensvorsprung gegenüber anderen Anlegern aus, um dadurch Kursgewinne zu erzielen. Die Verbotstatbestände werden in Art. 8 bzw. 10 konkretisiert. Art. 7 definiert den Begriff der Insiderinformation (→ Art. 7 Rn. 3 ff.).

II. Normzweck

Ob und warum Insiderhandel regulierungsbedürftig ist, ist sowohl aus ökonomischer als auch **2** juristischer Perspektive umstritten.[1]

---

[1] S. hierzu jüngst *Hopt* FS 25 Jahre WpHG, 2019, 495 ff.

3 **1. Ökonomische Debatte.** Die Debatte über die ökonomische Rechtfertigung des Insiderhandelsverbots hatte der U. S.-amerikanische Ökonom Henry G. Manne angestoßen, indem er 1966 eine ökonomische Untersuchung zum Insiderhandel veröffentlichte.[2] Für die ökonomische Rechtfertigung von Insiderhandel führte er im Wesentlichen drei Gründe an: Zum einen sei – so *Manne* – Insiderhandel der Informationseffizienz des Kapitalmarktes zuträglich, da hierdurch Insiderinformationen nach und nach in den Börsen- oder Marktpreis einfließen und so zu einer gerechten Preisbildung beitragen würden.[3] Unklar bleibt hierbei allerdings, ob und wie sich der Einfluss von Insiderhandel auf die Preisbildung genau bemessen lässt.[4] Gegen das Verbot von Insiderhandel wird zweitens vorgebracht, dass Insiderhandel keine Opfer kennt *(victimless crime).*[5] Derjenige Anleger, der mit einem Insider aus dem Sekundärmarkt kontrahiert, hätte den Vertrag idR – mit Ausnahme von face-to-face-Geschäften – mit einem „Outsider" zu denselben Bedingungen geschlossen.[6] Allerdings erleidet die Gesamtheit der Anleger, die ohne Kenntnis der Insiderinformation handeln, einen Nettoverlust, der dem Gewinn des Insiders entspricht. Von einem *victimless crime* im eigentlichen Sinne, wie bei einem Glücksspiel oder Drogenbesitz, kann hier also nicht die Rede sein. Für Insiderhandel wird schließlich auch angeführt, dass die Zulässigkeit von Insidergeschäften im Interesse des Emittenten zur Bewältigung des *principal-agent-conflicts* Anreize für ein gewinnorientiertes Handeln der Geschäftsleitung setzen könne.[7] Da die Gewinne aus der unternehmerischen Tätigkeit wegen der Trennung von Eigentum und Geschäftsleitung in erster Linie den Gesellschaftern und nicht der Geschäftsleitung zu Gute kommen *(principal-agent-conflict),* könnte dies mit der Freigabe des Insiderhandels kompensiert werden. Die Vergütung durch Insiderhandel wäre allerdings in dem Zugang zu relevanten Informationen und nicht in der unternehmerischen Leistung begründet, sodass Geschäftsleiter nicht nur von positiven, sondern auch von negativen Informationen – etwa durch Leerverkäufe und Verkaufsoptionen – profitieren könnten.[8] Mit der Freigabe von Insiderhandel würde also nicht nur das Ziel, die Geschäftsleitung im Interesse des Unternehmens zu fördern, verfehlt, sondern geradezu in sein Gegenteil verkehrt.[9] Die überwiegende ökonomische Literatur geht daher heute davon aus, dass ein Insiderhandelsverbot notwendig ist.[10]

4 **2. Begründungsansätze der MAR.** Die juristische Legitimation des Insiderhandelsverbots knüpft im Kern an die Frage, wer durch das Insiderrecht geschützt werden soll.[11] Die MAR stützt das Verbot auf folgende Begründungsansätze: Nach ErwGr 23 ist das „wesentliche Merkmal von Insidergeschäften [...] ein ungerechtfertigter Vorteil, der mittels Insiderinformationen zum Nachteil Dritter erzielt wird, die diese Informationen nicht kennen, und infolgedessen in der Untergrabung der Integrität der Finanzmärkte und des Vertrauens der Investoren." Kennzeichnend ist also der Vorteil des Insiders in Form eines Informationsvorsprungs, den er durch die Transaktion zu Lasten Dritter ausnutzt.[12] Der benachteiligte Dritte ist nicht der konkrete Vertragspartner des Insiders, denn er hätte das Geschäft in der Regel ohnehin zu demselben Kurs getätigt, sondern benachteiligt sind die Anleger in ihrer Gesamtheit und damit der Kapitalmarkt. Im Anschluss an die Rechtsprechung des EuGH[13] soll nach ErwGr 24 das **Vertrauen der Investoren** gestärkt werden, „das wiederum auf der Gewissheit beruht, dass die Investoren gleichbehandelt und vor der missbräuchlichen Verwendung von Insiderinformationen geschützt werden". Damit ist das Prinzip des gleichberechtigten Informationszugangs *(equal access theory)* angesprochen. [14] Das Insiderhandelsverbot dient der Funktionsfähigkeit des Kapitalmarktes,

---

[2] *Manne,* Insider Trading and the StockMarket, 1966, 77. Ein Überblick über die ökonomischen Theorien findet sich bei *Baum* in Basedow/Hopt/Zimmermann, Handwörterbuch des Europäischen Privatrechts, 2009, 866 f.; *Hopt* AG 1995, 353 (355 ff.); *Hopt* ZGR 1991, 17 (22 f.).

[3] Zusf. *Manne* 31 J. Corp. L. 167, 168 (2005). Aus deutscher Perspektive gegen ein Insiderhandelsverbot *Schörner,* Gesetzliches Insiderhandelsverbot, 1991, 64 ff. Eine krit. Auseinandersetzung mit diesen Argumenten findet sich bei Klöhn/*Klöhn* Vor Art. 7 Rn. 93 ff.; *Mennicke,* Sanktionen gegen Insiderhandel, 1996, 59 ff.; Kölner Komm WpHG/*Klöhn* WpHG Vor §§ 12–14 Rn. 93 f.

[4] Zu den Mängeln iE Klöhn/*Klöhn* Vor Art. 7 Rn. 109 ff. unter Verweis auf *Prentice/Donelson* 47 Am. BuS. L. J. 1 (2010).

[5] *Manne,* Insider Trading and the StockMarket, 1966, 61; ferner Klöhn/*Klöhn* Vor Art. 7 Rn. 102 ff.; *Lenenbach* KapMarktR Rn. 13.199; Fuchs/*Mennicke* WpHG Vor §§ 12–14 Rn. 115.

[6] Zu diesem Argument gegen das Insiderrecht *Horn* ZHR 136 (1972), 369 (390 f.); Klöhn/*Klöhn* Vor Art. 7 Rn. 30; Meyer/Veil/Rönnau/*Veil* Marktmissbrauchsrechts-HdB § 7 Rn. 3.

[7] *Manne,* Insider Trading and the StockMarket, 1966, 117 ff.; ferner Kölner Komm WpHG/*Pawlik* WpHG § 14 Rn. 5.

[8] *Schotland* 53 Va. L. Rev. 1425, 1453 (1963); zum deutschen Recht *Hopt* AG 1995, 353 (356); Klöhn/*Klöhn* Vor Art. 7 Rn. 118; Kölner Komm WpHG/*Pawlik* WpHG § 14 Rn. 5.

[9] Hierzu und zu weiteren Defiziten des Corporate Governance-Arguments Klöhn/*Klöhn* Vor Art. 7 Rn. 119 ff.

[10] *Ott/Schäfer* ZBB 1991, 226; *Rudolph* FS Moxter, 1994, 1333; *Rudolph* BFuP 1994, 114.

[11] Zu diesem Ansatzpunkt und weiteren Klöhn/*Klöhn* Vor Art. 7 Rn. 26.

[12] EuGH Urt v. 23.12.2009 – C-45/08, ECLI:EU:C:2009:806 Rn. 48 – Spector Photo Group.

[13] EuGH Urt. v. 22.11.2005 – C-384/02, ECLI:EU:C:2005:708 Rn. 23 – Grøngaard und Bang; EuGH Urt. v. 10.5.2007 – C-391/04, ECLI:EU:C:2007:272 Rn. 37 – Georgakis.

[14] Klöhn/*Klöhn* Art. 14 Rn. 6. So auch der EuGH: EuGH Urt. v. 28.6.2012 – C-19/11, ECLI:EU:C:2012:397 Rn. 33 – Daimler/Geltl; EuGH Urt. v. 7.7.2011 – C-445/09, ECLI:EU:C:2011:459 Rn. 27 – IMC Securities; Urt.

indem die Fairness[15] und **Chancengleichheit** aller Anleger auf dem Kapitalmarkt gewährleistet[16] und so das **Vertrauen der Anleger** in die Integrität des Marktes und damit deren Investitionsbereitschaft gestärkt werden sollen. Neben dem Funktionsschutz dient das Insiderrecht auch dem Anlegerschutz (s. Art. 1). Umstritten ist allerdings, ob es auch unter Geltung der MAR wie bisher nach überwiegender Auffassung zum WpHG bei einem lediglich reflexartigen Schutz des Anlegerpublikums bleibt[17] oder ob die explizite Erwähnung des Anlegerschutzes neben dem weiterhin eigens erwähnten Vertrauen der Anleger darauf hindeutet, dass (einzelne) Vorschriften der MAR einen individuellen Anlegerschutz bezwecken.[18] Damit eng verbunden ist die Frage nach den Schadensersatzansprüchen geschädigter Anleger wegen Verletzung kapitalmarktrechtlicher Vorschriften auf der Grundlage von § 823 Abs. 2 BGB (→ Art. 8–11, 14, 16 Rn. 74 ff.; → Art. 12, 13, 15 Rn. 52 f.). Im Ergebnis ist aber jedenfalls die Notwendigkeit eines Insiderhandelsverbots heute überwiegend anerkannt.[19]

III. Adressatenkreis

1. Natürliche und juristische Personen. Das Insiderrecht (Art. 8 Abs. 1, 2, Art. 10) adressiert 5 allgemein Personen iSd Art. 3 Abs. 1 Nr. 13, dh natürliche und juristische Personen (→ Art. 3 Rn. 14). Verwirklicht eine juristische Person den Insidertatbestand, so richtet sich die Verantwortlichkeit der natürlichen Person, die den Beschluss, den Erwerb, die Veräußerung, die Stornierung oder Änderung eines Auftrags für Rechnung der betreffenden juristischen Person tätigt, daran beteiligt ist oder diesen beeinflusst, gem. Art. 8 Abs. 5 nach den „Methoden der Haftbarmachung im nationalen Recht" (ErwGr 40).[20] Im deutschen Recht sind für die Strafbarkeit §§ 14, 27 StGB und für die ordnungswidrigkeitenrechtliche Verantwortlichkeit §§ 9, 14 OWiG maßgeblich.

2. In Kenntnis der Insiderinformation. Art. 8 Abs. 1, 2; 10 Abs. 1 UAbs. 2 setzen jeweils 6 voraus, dass die Person über Insiderinformationen (→ Art. 7 Rn. 2 ff.) verfügt, ihren Inhalt also positiv kennt.[21] Die Kenntnis ist nach allgemeinen Grundsätzen zu beweisen.[22]

Umstritten ist, unter welchen Voraussetzungen **juristische Personen** über Insiderinformationen 7 iSd Art. 8 verfügen, ob und inwieweit also das Wissen natürlicher Personen der juristischen Person als arbeitsteilige Organisation zugerechnet werden kann. Soweit Organmitglieder oder Personen in leitender Stellung iSd Art. 8 Abs. 1 Marktmissbrauchs-RL, die das Insidergeschäft zugunsten der juristischen Person tätigen, die Insiderinformation kennen, ist die Kenntnis auch der juristischen Person zuzurechnen. Problematisch ist aber, ob die juristische Person auch bei fehlender Kenntnis der handelnden natürlichen Person iSd Art. 8 Abs. 1 Marktmissbrauchs-RL über Insiderinformationen verfügen kann, die irgendwo innerhalb der juristischen Person bei den Organen oder Mitarbeitern vorhanden sind. Eine Antwort ist primär aus der MAR selbst abzuleiten. Gem. Art. 9 Abs. 1 wird aufgrund der bloßen Tatsache, dass eine juristische Person im Besitz von Insiderinformationen ist oder war, nicht angenommen, dass sie diese Informationen genutzt und daher Insidergeschäfte getätigt hat, wenn sie bestimmte Compliance Maßnahmen ergriffen hat (→ Art. 8–11, 14, 16 Rn. 24).[23] Teilweise wird hieraus der Schluss gezogen, dass juristischen Personen sämtliches verfügbares Wissen grundsätzlich irgendwo im Unternehmen zugerechnet wird und Art. 9 Abs. 1 die Wissenszurechnung ausschließt, wenn die juristische Person die gebotenen organisationsrechtlichen Maßnahmen ergriffen hat, um den Zugang zu Insiderinformationen zu verhindern.[24] Art. 9 Abs. 1 ist aber keine Wissenszuordnungsvorschrift, sondern setzt als notwendig voraus, dass sich die juristische Person im Besitz von Insiderinformationen befindet, ohne dies zu definieren. Jedenfalls ist mit

---

v. 23.12.2009 –C-45/08, ECLI:EU:C:2009:806 Rn. 47 – Spector Photo Group und Van Raemdonck. S. auch ErwGr 5 Richtlinie 89/592/EWG des Rates vom 13.11.1989 zur Koordinierung der Vorschriften betreffend Insider-Geschäfte, ABl. 1989 L 334, 30; Hopt/Kumpan in Schimansky/Bunte/Lwowski BankR-HdB § 107 Rn. 3.

[15] Zu diesem Argument ausf. Klöhn/*Klöhn* Vor Art. 7 Rn. 27 ff.

[16] *Bachmann,* Das Europäische Insiderhandelsverbot, 2015, 20 f.; *Langenbucher* AktKapMarktR § 15 Rn. 7.

[17] So Assmann/Schneider/Mülbert/*Assmann* Art. 14 Rn. 12; Klöhn/*Klöhn* Art. 14 Rn. 9 ff.; *Meyer/Oulds* in KMFS BankR/KapMarktR Rn. 12.138.

[18] So jedenfalls für Art. 15 *Poelzig* ZGR 2015, 801 (815 f.).

[19] Begr. RegE 2. FFG, BT-Drs. 12/6679, 33.

[20] Klöhn/*Klöhn* Art. 8 Rn. 39.

[21] *Bachmann* Das Europäische Insiderhandelsverbot, 2015, 38; Staub/*Grundmann* Bd. 11, 6. Teil Rn. 383; *Klöhn* NZG 2017, 1285 (1289). S. auch *EuGH* Urt. v. 23.12.2009 – C-45/08, ECLI:EU:C:2009:806 Rn. 36, 53 – Spector Photo Group; Assmann/Schneider/Mülbert/*Assmann* Art. 8 Rn. 10; BankR-HdB § 107 Rn. 78; Staub/*Grundmann* Bd. 11/1 6. Teil Rn. 683; *Buck-Heeb* KapMarktR Rn. 407; *Poelzig* KapMarktR Rn. X; *Klöhn* NZG 2017, 1285 (1289 f.) mwN. Ausf. zum Ganzen nach alter Rechtslage Kölner Komm WpHG/*Klöhn* WpHG § 14 Rn. 113 ff.

[22] Klöhn/*Klöhn* Art. 8 Rn. 101, auch zu möglichen Indizien.

[23] Vgl. Klöhn/*Klöhn* Art. 8 Rn. 108 ff.; *Klöhn* NZG 2017, 1285 (1289); *Bachmann,* Das europäische Insiderhandelsverbot, 2015, 52; *Veil* in Meyer/Veil/Rönnau MarktmissbrauchsR-HdB § 7 Rn. 54 („Zurechnungsvorschrift von Wissen").

[24] *Veil* in Meyer/Veil/Rönnau MarktmissbrauchsR-HdB § 7 Rn. 54 („Zurechnungsvorschrift von Wissen"); so wohl auch Staub/*Grundmann* Bd. 11, 6. Teil Rn. 402.

Besitz nicht der Besitz iSd § 854 BGB gemeint.[25] Nach zutreffender Auffassung befindet sich die juristische Person im Besitz von Informationen bei Kenntnis ihrer Organe und Mitarbeiter, die ihrer Organisationsherrschaft unterliegen und dieses Wissen nicht in rein privater Eigenschaft erlangt haben.[26]

8   **3. Primär- und Sekundärinsider.** Das Insiderrecht gilt sowohl für Primär- als auch Sekundärinsider (Art. 8 Abs. 4; Art. 10 Abs. 1 UAbs. 2). **Primärinsider** zeichnen sich dadurch aus, dass sie auf besonderem Wege Zugang zu Insiderinformationen erhalten. Wer Primärinsider ist, definiert Art. 8 Abs. 4 UAbs. 1. Dazu gehören zunächst **Organinsider,** dh Mitglieder von obligatorischen oder freiwillig gebildeten[27] Verwaltungs-, Leitungs- und Aufsichtsorganen des Emittenten (Art. 8 Abs. 4 UAbs. 1 lit. a), nicht hingegen Organe verbundener Unternehmen.[28] Ob das Organ ordnungsgemäß oder fehlerhaft bestellt wurde, ist unerheblich, da sich die Einordnung als Primärinsider allein auf den tatsächlich privilegierten Zugang zur Insiderinformation stützt.[29] Erfasst sind auch persönlich haftende Gesellschafter eines Emittenten.[30] Nach alter Rechtslage zu § 14 WpHG aF war umstritten, ob und inwieweit die Organstellung kausal für die Erlangung der Information gewesen sein muss.[31] In Art. 8 Abs. 4 ist nun ausdrücklich für alle Primärinsider durch die Formulierung „weil" klargestellt, dass die besondere Stellung des Insiders ursächlich für die Kenntniserlangung gewesen sein muss.[32] Erlangt ein Vorstandsmitglied Kenntnis bei privater Gelegenheit, ist er insoweit kein Primär-, sondern Sekundärinsider.

9   Primärinsider sind auch **beteiligungsbedingte Insider,** also Personen, die – wie insbesondere Aktionäre – am Eigenkapital des Emittenten beteiligt sind (Art. 8 Abs. 4 UAbs. 1 lit. b). Eine bestimmte Höhe der Beteiligung ist zwar grundsätzlich nicht erforderlich. Da das Anteilseigentum aber für die Erlangung der Insiderinformation kausal gewesen sein muss („weil"), sind beteiligungsbedingte Primärinsider in der Regel Großaktionäre, die wegen ihrer wirtschaftlichen Bedeutung oder ihres besonderen Einflusses privilegiert mit Informationen durch die Geschäftsleitung versorgt werden.[33] Primärinsider wäre aber auch ein Kleinaktionär, der auf der Hauptversammlung von der Insiderinformation erfährt.[34]

10   **Berufs- und tätigkeitsbedingte Insider** sind Personen, weil sie **aufgrund** ihres Berufes, ihrer Tätigkeit oder Aufgabe Zugang zu Insiderinformationen haben (Art. 8 Abs. 4 UAbs. 1 lit. c). Anders als bei Organinsidern und beteiligungsbedingten Insidern genügt es nicht, dass sie die Insiderinformation kausal durch Ausübung ihres Berufs erlangt haben („weil"), sie müssen sie auch **bestimmungsgemäß** und nicht nur gelegentlich erlangt haben **(„aufgrund").** Das setzt eine Kenntniserlangung voraus, die notwendigerweise im sachlichen Zusammenhang mit der Beschäftigung steht.[35] Personen, die nur bei Gelegenheit ihrer Berufstätigkeit mehr oder weniger zufällig von der Insiderinformation erfahren, sind Sekundärinsider iSd Art. 8 Abs. 4 UAbs. 2. Neben Mitarbeitern des Emittenten sind berufsbedingte Insider auch unternehmensexterne Personen, etwa Rechtsanwälte und Wirtschaftsprüfer sowie Wirtschaftsjournalisten oder Finanzanalysten, die aufgrund ihrer vertraglichen oder sonstigen besonderen Beziehung zum Emittenten Zugang zu Insiderinformationen haben.[36] Ein Taxifahrer, der ein Gespräch seines Fahrgastes mithört, ist mangels bestimmungsgemäßer Kenntnisnahme genauso wenig Primärinsider wie die Reinigungskraft, die eine insiderrelevante Akte findet.[37]

11   Schließlich gelten als Primärinsider auch **Kriminalinsider,** dh Personen, die die Informationen erlangt haben, weil sie an einer kriminellen Handlung beteiligt sind. In Betracht kommen zB Diebstahl oder Unterschlagung gem. §§ 242, 246 StGB oder Delikte gegen den Datenschutz gem. §§ 201 ff. StGB. Auch wenn der Begriff der kriminellen Handlung unionsrechtskonform auszulegen ist, sind Ordnungswidrigkeiten nicht als Kriminalstraftaten iSd Art. 8 Abs. 4 einzuordnen. Dies folgt aus der deutlichen Differenzierung zwischen Strafen und Geldbußen in der Marktmissbrauchs-RL bzw. MAR.[38] Für die

---

[25] So auch BaFin Emittentenleitfaden, Modul C – Regelungen aufgrund der Marktmissbrauchsverordnung (MAR), I.4.2.5.2.1.1, 56.
[26] Klöhn/*Klöhn* Art. 8 Rn. 108 f.; *Klöhn* NZG 2017, 1285 (1289); in diese Richtung Schwark/Zimmer/*Kumpan/Schmidt* Art. 8 Rn. 22.
[27] Klöhn/*Klöhn* Art. 8 Rn. 20; Staub/*Grundmann* Bd. 11, 6. Teil Rn. 371.
[28] Klöhn/*Klöhn* Art. 8 Rn. 20; aA Staub/*Grundmann* Bd. 11, 6. Teil Rn. 371.
[29] Klöhn/*Klöhn* Art. 8 Rn. 20.
[30] Klöhn/*Klöhn* Art. 8 Rn. 20; Staub/*Grundmann* Bd. 11, 6. Teil Rn. 371.
[31] Zu § 38 WpHG Kölner Komm WpHG/*Altenhain* WpHG § 38 Rn. 55.
[32] So auch *Buck-Heeb* KapMarktR Rn. 392; *Poelzig* KapMarktR Rn. 390; Klöhn/*Klöhn* Art. 8 Rn. 21.
[33] Klöhn/*Klöhn* Art. 8 Rn. 23.
[34] EBJS/*Grundmann* WpHG § 38 Rn. VI 391.
[35] Staub/*Grundmann* Bd. 11, 6. Teil Rn. 373 f. (innerer Zusammenhang). AA Klöhn/*Klöhn* Art. 8 Rn. 27; Hopt/*Kumpan* in Schimansky/Bunte/Lwowski BankR-HdB § 107 Rn. 126.
[36] Assmann/Schneider/Mülbert/*Mülbert* Art. 16 Rn. 13.
[37] Staub/*Grundmann* Bd. 11, 6. Teil Rn. 373. AA Klöhn/*Klöhn* Art. 8 Rn. 27.
[38] AA Klöhn/*Klöhn* Art. 8 Rn. 29, der auf den weiten Begriff der Straftat in der EMRK durch den EGMR abstellt; ebenso *Meyer/Oulds* in KMFS BankR/KapMarktR Rn. 12.220.

Eigenschaft als Kriminalinsider genügen Zufallsfunde. Nicht erforderlich ist, dass die Insiderinformation „bestimmungsgemäß" durch die Straftat erlangt wurde.[39]

Nach alter Rechtslage zu § 14 WpHG aF war die Differenzierung zwischen Primär- und **12** Sekundärinsider für die Strafbarkeit des Verhaltens gem. § 38 WpHG aF relevant. Unter Geltung der MAR entscheidet die Einordnung als Primär- oder Sekundärinsider nicht mehr über die Strafbarkeit, sondern über die **subjektiven Voraussetzungen** des Tatbestands. Während sowohl Primär- als auch Sekundärinsider jeweils über die Insiderinformation verfügen (Art. 8 Abs. 1, 4), ihren Inhalt also kennen müssen (→ Rn. 6 ff.),[40] verlangt Art. 8 Abs. 4 für Sekundärinsider zusätzlich, dass sie wissen oder hätten wissen müssen, dass es sich bei der Information um eine Insiderinformation handelt (s. Art. 8 Abs. 4 UAbs. 2). Für Primärinsider wird unwiderleglich vermutet, dass sie wissen oder hätten wissen müssen, dass es sich um Insiderinformationen handelt.[41] Das **Wissen,** dass es sich um eine Insiderinformation handelt, setzt positive Kenntnis in tatsächlicher Hinsicht voraus. Eine rechtliche Einordnung als Insiderinformation ist nicht erforderlich. Indizien für positive Kenntnis sind Änderungen im Anlageverhalten, Quelle der Information etc.[42] Wissenmüssen liegt vor, wenn der Sekundärinsider fahrlässig nicht erkennt hat, dass es sich um eine Insiderinformation handelt.[43] Die Differenzierung zwischen Primär- und Sekundärinsider wird aber letztlich auf Sanktionsebene nivelliert, da §§ 119, 120 WpHG jedenfalls Vorsatz und Leichtfertigkeit verlangen, die sich auch im Falle des Primärinsiders auf das Vorliegen einer Insiderinformation beziehen müssen.[44]

IV. Insiderverbote

Art. 14 verbietet **(1) Insidergeschäfte,** dh die Nutzung von Insiderinformationen zum **Erwerb 13** oder zur **Veräußerung** von Finanzinstrumenten (Art. 8 Abs. 1, Art. 14 lit. a); **(2)** die **Empfehlung** oder **Anstiftung** zum Erwerb oder zur Veräußerung von Finanzinstrumenten auf der Grundlage einer Insiderinformation sowie die Nutzung von Empfehlungen oder Anstiftungen (Art. 8 Abs. 2, 3; 14 lit. b) und **(3)** die **unrechtmäßige Offenlegung** von Insiderinformationen (Art. 8 Abs. 3, Art. 14 lit. c). Während Art. 14 lit. a das eigentliche Insiderverbot enthält, dessen Verletzung das Anlegervertrauen erschüttert und die Funktionsfähigkeit des Kapitalmarktes unmittelbar gefährdet, handelt es sich bei den anderen beiden Tatbeständen – der Empfehlung und Verleitung sowie der Offenlegung – um Gefährdungstatbestände, die das Schutzgut nicht unmittelbar verletzen, aber das Risiko von Insidergeschäften erhöhen, indem sie den Kreis potenzieller Insider erweitern.[45]

1. Tätigen von Insidergeschäften (Art. 8 Abs. 1, Art. 14 lit. a). Art. 14 lit. a verbietet das **14** Tätigen von Insidergeschäften und den Versuch hierzu, was durch Art. 8 Abs. 1 näher definiert wird.

a) Erwerb und Veräußerung. Art. 14 lit. a verbietet das Tätigen eines Insidergeschäfts, dh den **15** Erwerb oder die Veräußerung von Finanzinstrumenten (Art. 8 Abs. 1). Die Begriffe des Erwerbs und der Veräußerung sind für das europäische Insiderrecht unionsrechtskonform und damit unabhängig vom deutschen Trennungs- und Abstraktionsprinzip auszulegen.[46] Die maßgebliche Verwertung des Wissensvorsprungs zulasten des Kapitalmarktes und damit der Unrechtsgehalt des Insiderverbots sind bereits mit dem Verpflichtungsgeschäft verwirklicht. Demnach kommt es für den Erwerb und die Veräußerung auf den Abschluss des **schuldrechtlichen Geschäfts** an.[47] Voraussetzung ist, dass mit dem Abschluss des schuldrechtlichen Geschäfts sichergestellt ist, dass der Insider den erwarteten Gewinn realisieren kann.[48] Solange die Wirksamkeit des schuldrechtlichen Geschäfts von einer auflösenden oder aufschiebenden Bedingung abhängt, die nicht ausschließlich im Belieben des Insiders, sondern (auch) des Vertragspartners liegt, fehlt es an einem hinreichend gesicherten

---

[39] Zu § 38 Abs. 1 Nr. 2 lit. a–d WpHG aF *MüKoStGB/Pananis* WpHG § 38 Rn. 114; *Schwark/Zimmer/Zimmer/Cloppenburg* WpHG § 38 Rn. 9. AA *Assmann/Schneider/Assmann* WpHG § 38 Rn. 39; *Fuchs/Waßmer* WpHG § 38 Rn. 45; *HK-KapMarktStrafR/Hilgendorf* WpHG § 38 Rn. 251; AA zu Art. 8 *Klöhn/Klöhn* Art. 8 Rn. 29, 21.

[40] *Bachmann,* Das europäische Insiderhandelsverbot, 2015, 38.

[41] *Hopt/Kumpan* ZGR 2017, 765 (775); *Klöhn/Klöhn* Art. 8 Rn. 30; *Meyer/Oulds* in KMFS BankR/KapMarktR Rn. 12.220. AA wohl *Staub/Grundmann* Bd. 11, 6. Teil Rn. 363 (divergierende Beweislast).

[42] *Klöhn/Klöhn* Art. 8 Rn. 33.

[43] *Klöhn/Klöhn* Art. 8 Rn. 33.

[44] *Assmann/Schneider/Mülbert/Assmann* Art. 8 Rn. 9.

[45] *Staub/Grundmann* Bd. 11, Teil 6 Rn. 364 f.

[46] *Meyer/Oulds* in KMFS BankR/KapMarktR Rn. 12.227; *Veil* in Meyer/Veil/Rönnau MarktmissbrauchsR-HdB § 7 Rn. 27. So bereits allg. für § 14 WpHG aF s. nur *Fuchs/Mennicke* WpHG § 14 Rn. 20.

[47] Bereits zu § 14 WpHG aF OLG Karlsruhe Beschl. v. 4.2.2004 – 3 Ws 195/03, ZIP 2004, 1360 (1362); *Assmann/Schneider/Assmann* WpHG § 14 Rn. 12. Nach hM muss allerdings der potenzielle Gewinn für den Insider vertraglich abgesichert sein, der Abschluss eines Optionsgeschäfts, bei dem die Ausübung der Option von dem Willen des Vertragspartners des Insiders abhängig ist, ist damit nicht ausreichend (noch zu § 14 WpHG aF Assmann/Schneider/Mülbert/*Assmann* WpHG § 14 Rn. 18; BaFin Emittentenleitfaden 2013, 37).

[48] BaFin Emittentenleitfaden 2013, 37.

Geschäft.[49] Ein Geschäft liegt erst vor, wenn die aufschiebende Bedingung eingetreten oder der Ausfall der auflösenden Bedingung feststeht. Auch eine bloße Order des Insiders genügt noch nicht und führt allenfalls zum Versuch.[50]

16   Das Tätigen *(engage)* von Insidergeschäften iSd Art. 14 lit. a verlangt ein aktives Tun des Insiders. **Unterlassen** durch das Absehen von einer Transaktion oder auch die Nichtausübung einer Kauf- oder Verkaufsoption, in Kenntnis von Insiderinformationen ist nicht erfasst.[51] Seit Inkrafttreten der MAR gilt aber das **Stornieren**[52] und die Änderung eines Auftrags als Insidergeschäft, wenn der Auftrag vor Kenntnis der Insiderinformation erteilt wurde (Art. 8 Abs. 1 S. 2). Mit dem Erwerb von Aktien aus einem Aktionoptionsprogramm tätigt der Insider nur dann ein Insidergeschäft, wenn er die Option aktiv ausübt und die Aktien nicht „automatisch" in sein Depot eingebucht werden.[53]

17   Unklar ist, ob neben **rechtsgeschäftlichen** auch **gesetzliche** Erwerbstatbestände erfasst sind. Dies ist grundsätzlich zu bejahen, sofern der gesetzliche Erwerb auf einen Willensentschluss des Insiders zurückzuführen ist.[54] Dann ist der Unrechtsgehalt des Insiderrechts erfüllt, auch wenn der Erwerb unmittelbar kraft Gesetzes eintritt. Die Erbschaft ist grundsätzlich nicht erfasst, soweit sie nicht auf dem Willen des Insiders beruht.[55] Auch die Schenkung ist mangels Entgeltlichkeit kein Erwerb iSd Art. 8 Abs. 1.[56] Erfasst sind sowohl der dauerhafte als auch der **vorübergehende** Erwerb bzw. die vorübergehende Veräußerung, so zB Wertpapierleihe und -darlehen oder die Sicherungsübereignung.[57] Die Verpfändung ist hingegen mangels gesicherter Rechtsposition nicht erfasst.[58]

18   Erfasst sind direkte oder indirekte Geschäfte für eigene oder fremde Rechnung. Erfasst sind demnach Geschäfte im eigenen Namen und auf eigene oder fremde Rechnung, also auch Kommissionsgeschäfte (§ 383 HGB).[59] Indirekte Geschäfte sind Geschäfte, die der Insider im fremden Namen, dh als Vertreter gem. § 164 BGB, abschließt.

19   **b) Nutzung der Insiderinformation.** Die Insiderinformation muss für das Geschäft genutzt werden.

20   **aa) Begriff des Nutzens.** Ein gezieltes Ausnutzen (so noch die Version von § 14 WpHG aF bis zum Inkrafttreten des AnSVG 2005), dh ein zweckgerichtetes Nutzen in der subjektiven Absicht, einen wirtschaftlichen Sondervorteil zu erzielen,[60] ist hierfür nicht (mehr) erforderlich.[61] Für § 14 Nr. 1 WpHG aF, der statt der ursprünglichen Formulierung „Ausnutzen" den Begriff „Verwenden" enthielt, wurde im Schrifttum diskutiert, welche Anforderungen an das Verwenden zu stellen sind, ob insbesondere ein **Kausalitätszusammenhang** zwischen Kenntnis der Insiderinformation und dem Erwerbs- bzw. Veräußerungsgeschäft erforderlich ist.[62]

21   Für Art. 8 Abs. 1 ist der Begriff des Nutzens als Kausalitätserfordernis zu verstehen.[63] Demnach muss die Insiderinformation zwar nicht notwendigerweise das hauptsächliche Motiv, aber jedenfalls

[49] OLG Karlsruhe Beschl. v. 4.2.2004 – 3 Ws 195/03, ZIP 2004, 1360 (1362); BaFin Emittentenleitfaden, Modul C – Regelungen aufgrund der Marktmissbrauchsverordnung (MAR), I.4.2.1, 54; *Lösler* in Habersack/Mülbert/ Schlitt KapMarktInfo-HdB § 2 Rn. 69; *Hopt/Kumpan* in Schimansky/Bunte/Lwowski BankR-HdB § 107 Rn. 67; *Klöhn/Klöhn* Art. 8 Rn. 50; *Meyer/Oulds* in KMFS BankR/KapMarktR Rn. 12.227; *Veil* in Meyer/Veil/Rönnau MarktmissbrauchsR-HdB § 7 Rn. 32; *Buck-Heeb* KapMarktR Rn. 405; *Poelzig* KapMarktR Rn. X.

[50] *Meyer/Oulds* in KMFS BankR/KapMarktR Rn. 12.227; *Rönnau/Wegner* in Meyer/Veil/Rönnau MarktmissbrauchsR-HdB § 28 Rn. 123 ff.

[51] *Hopt/Kumpan* in Schimansky/Bunte/Lwowski BankR-HdB § 107 Rn. 67.

[52] Vgl. ErwGr 25; *Buck-Heeb* KapMarktR Rn. 406; *Poelzig* KapMarktR Rn. 396; *Veil* in Meyer/Veil/Rönnau MarktmissbrauchsR-HdB § 7 Rn. 41; Staub/*Grundmann* Bd. 11, 6. Teil Rn. 381; *Krause* CCZ 2014, 248 (251).

[53] *Buck-Heeb* KapMarktR Rn. 405; *Hopt/Kumpan* in Schimansky/Bunte/Lwowski BankR-HdB § 107 Rn. 72; *Veil* in Meyer/Veil/Rönnau MarktmissbrauchsR-HdB § 7 Rn. 43; *Poelzig* KapMarktR Rn. 397.

[54] *Assmann/Schneider/Mülbert/Assmann* Art. 8 Rn. 18; *Hopt/Kumpan* in Schimansky/Bunte/Lwowski BankR-HdB § 107 Rn. 64; Klöhn/*Klöhn* Art. 8 Rn. 55; *Veil* in Meyer/Veil/Rönnau MarktmissbrauchsR-HdB § 7 Rn. 30.

[55] Klöhn/*Klöhn* Art. 8 Rn. 57; BaFin Emittentenleitfaden, Modul C – Regelungen aufgrund der Marktmissbrauchsverordnung (MAR), I.4.2.1, 54; *Hopt/Kumpan* in Schimansky/Bunte/Lwowski BankR-HdB § 107 Rn. 64.

[56] Klöhn/*Klöhn* Art. 8 Rn. 57; BaFin Emittentenleitfaden, Modul C – Regelungen aufgrund der Marktmissbrauchsverordnung (MAR), I.4.2.1, 54; *Hopt/Kumpan* in Schimansky/Bunte/Lwowski BankR-HdB § 107 Rn. 64.

[57] BaFin Emittentenleitfaden, Modul C – Regelungen aufgrund der Marktmissbrauchsverordnung (MAR), I.4.2.1, 54; *Hopt/Kumpan* in Schimansky/Bunte/Lwowski BankR-HdB § 107 Rn. 63.

[58] *Hopt/Kumpan* in Schimansky/Bunte/Lwowski BankR-HdB § 107 Rn. 67; *Meyer/Oulds* in KMFS BankR/ KapMarktR Rn. 12.231.

[59] BaFin Emittentenleitfaden, Modul C – Regelungen aufgrund der Marktmissbrauchsverordnung (MAR), I.4.2.1, 54; *Lösler* in Habersack/Mülbert/Schlitt KapMarktInfo-HdB § 2 Rn. 70; Kölner Komm WpHG/*Klöhn* WpHG § 14 Rn. 109 ff.

[60] BaFin Emittentenleitfaden, Modul C – Regelungen aufgrund der Marktmissbrauchsverordnung (MAR), 81; noch zu § 14 WpHG aF Assmann/Schneider/Mülbert/*Assmann* WpHG § 14 Rn. 24.

[61] S. zu § 14 Nr. 1 WpHG aF RegE AnSVG, BT-Drs. 15/3174, 34.

[62] Noch zu § 14 WpHG aF BaFin Emittentenleitfaden, Modul C – Regelungen aufgrund der Marktmissbrauchsverordnung (MAR), I.4.2.5.2.2.1, 60; *Cahn* Der Konzern 2005, 5 (8 f.); *Ziemons* NZG 2004, 537 (539).

[63] *Buck-Heeb* KapMarktR Rn. 409; *Poelzig* KapMarktR Rn. 397; *Hopt/Kumpan* in Schimansky/Bunte/Lwowski BankR-HdB § 107 Rn. 69; *Hopt/Kumpan* ZGR 2017, 765 (777); Klöhn/*Klöhn* Art. 8 Rn. 116.

mitursächlich gewesen sein. So hat der EuGH für die MAD aF entschieden, dass nicht jeder Insider automatisch Insidergeschäfte tätigt, sondern dies erst dann tut, wenn die Kenntnis der Insiderinformation ursächlich für das Geschäft ist.[64] Hierfür spricht im Zusammenhang mit Art. 8 Abs. 1 auch, dass der Wortlaut die Nutzung der Insiderinformation als eigenständige Voraussetzung neben der Kenntnis der Insiderinformation erwähnt. Außerdem ist nach ErwGr 23 das „wesentliche Merkmal von Insidergeschäften [...] ein ungerechtfertigter Vorteil, der mittels Insiderinformationen zum Nachteil Dritter erzielt wird [...]". Von einem ungerechtfertigten Vorteil ist nur auszugehen, wenn die Insiderinformation den Abschluss des Geschäfts beeinflusst hat.

Die Nutzung wird bei Erwerb oder Veräußerung in Kenntnis der Insiderinformation widerleglich **22** vermutet (s. ErwGr 24 S. 1, 2, so bereits EuGH in der **Spector-Photo-Group**-Entscheidung).[65] Das gilt auch für die Stornierung von Aufträgen (s. ErwGr 25). Die Vermutung kann durch den Nachweis widerlegt werden, dass die Information nicht (mit-)ursächlich war.

bb) Legitime Handlungen gem. Art. 9. Vor diesem Hintergrund sind in Art. 9 legitime Hand- **23** lungen kodifiziert, für die die grundsätzliche Vermutung der Kenntnis der Information als widerlegt gilt. Die legitimen Handlungen des Art. 9 entsprechen (teilweise) den durch den EuGH in der *Spector-Photo-Group*-Entscheidung[66] für die MAD aF entwickelten Fallgruppen.[67] Art. 9 hat tatbestandsausschließende Wirkung[68] sowohl im Verwaltungs- als auch im Strafverfahren (Art. 3 Abs. 8 Marktmissbrauchs–RL). Die Privilegierung gilt grundsätzlich nicht für das Offenlegungsverbot gem. Art. 10, wie der ausdrückliche Bezug des Art. 9 auf Art. 8 neben Art. 14 deutlich macht.[69] Darüber hinaus ist Art. 9 ausweislich seines Wortlauts auch nur auf das Tätigen von Insidergeschäften gem. Art. 8 Abs. 1 anwendbar, nicht auf die Empfehlung oder das Verleiten gem. Art. 8 Abs. 2.

(1) Organisatorische Vorkehrungen juristischer Personen. Über die in der Rs. *Spector-Photo-* **24** *Group* entwickelten Fallgruppen hinaus enthält Art. 9 Abs. 1 eine spezielle Regelung für **juristische Personen** (zum Begriff → Art. 3 Rn. 14), die im Besitz von Insiderinformationen sind (→ Rn. 7). Demnach gilt die Vermutung der Nutzung unter zwei kumulativen Voraussetzungen als widerlegt: (1) Die juristische Person hat gem. Art. 9 Abs. 1 lit. a wirksame Regeln und Verfahren eingeführt, umgesetzt und aufrechterhalten, um sicherzustellen, dass die natürlichen Personen, die das Insidergeschäft getätigt oder sonst beeinflusst haben, keine Kenntnis von der maßgeblichen Insiderinformation erhalten. Art. 9 Abs. 1 verlangt als prinzipienbasierte Vorschrift keine konkreten Maßnahmen, sondern definiert lediglich das Ziel angemessener und wirksamer Regelungen und Verfahren und räumt der juristischen Person damit einen Spielraum bei der konkreten Ausgestaltung des Systems ein.[70] Welche Maßnahmen im konkreten Einzelfall angemessen und erforderlich sind, bestimmt sich nach der Gefahr bzw. dem drohenden Ausmaß von Insiderdelikten.[71] Wirksame Maßnahmen sind nach der BaFin die Schaffung von Vertraulichkeitsbereichen, wie sog. *Chinese Walls,* Beobachtungslisten (sog. *Watch Lists*) sowie Sperrlisten (sog. *Restricted Lists*) und Handelsverbote für natürliche Personen.[72] Dass im konkreten Fall trotz wirksamer Maßnahmen gleichwohl Insidergeschäfte getätigt wurden, schadet der Privilegierung durch Art. 9 Abs. 1 nicht.[73] (2) Die juristische Person darf zudem Insidergeschäfte nicht aktiv fördern, indem sie die Personen beeinflusst, die Finanzinstrumente für sie erwirbt. Sie darf die natürliche Person insbesondere nicht zum Insiderhandel auffordern, ihr keine Empfehlungen geben und sie nicht anstiften.

---

[64] Dazu *Langenbucher* (2010) 5 CMLJ 452, 453.

[65] EuGH Urt. v. 23.12.2009 – C-45/08, ECLI:EU:C:2009:806 Rn. 54, 62 – Spector Photo Group. Da sich die Entscheidung des *EuGH* in der Rechtssache *Spector Photo Group* auf Primärinsider beschränkt, wurde im Schrifttum die Frage aufgeworfen, ob die Vermutung auch für Sekundärinsider gilt (hierzu etwa noch zu § 14 WpHG aF Kölner Komm WpHG/*Klöhn* WpHG § 14 Rn. 119 ff.). Davon ist für die MAR mit Rücksicht auf den uneingeschränkten Wortlaut auszugehen, sodass die Nutzung der Insiderinformation auch im Falle von Sekundärinsidern grds. zu vermuten ist, wenn diese gem. Art. 8 Abs. 4 UAbs. 2 wissen oder jedenfalls hätten wissen müssen, dass es sich um eine Insiderinformation handelt (aA *Zetzsche* in Gebauer/Teichmann, Enzyklopädie Europarecht, 2016, Bd. 6, § 7 Teil C. Rn. 131).

[66] EuGH Urt. v. 23.12.009 – C-45/08, ECLI:EU:C:2009:806 Rn. 56 ff. – Spector Photo Group.

[67] *Seibt/Wollenschläger* AG 2014, 593 (596).

[68] *Veil* ZBB 2014, 85 (91).

[69] So auch *Hopt/Kumpan* in Schimansky/Bunte/Lwowski BankR-HdB § 107 Rn. 102.

[70] BaFin Emittentenleitfaden, Modul C – Regelungen aufgrund der Marktmissbrauchsverordnung (MAR), I.4.2.5.2.1.1, 56; Klöhn/*Klöhn* Art. 9 Rn. 25 f.; *Veil* in Meyer/Veil/Rönnau MarktmissbrauchsR-HdB § 7 Rn. 55. Eing. hierzu Staub/*Grundmann* Bd. 11, 6. Teil Rn. 404 ff.

[71] BaFin Emittentenleitfaden, Modul C – Regelungen aufgrund der Marktmissbrauchsverordnung (MAR), I.4.2.5.2.1.1, 56.

[72] BaFin Emittentenleitfaden, Modul C – Regelungen aufgrund der Marktmissbrauchsverordnung (MAR), I.4.2.5.2.1.1, 56; ferner *Buck-Heeb* KapMarktR Rn. 412; *Poelzig* KapMarktR Rn. 398; *Hopt/Kumpan* in Schimansky/Bunte/Lwowski BankR-HdB § 107 Rn. 80; *Veil* in Meyer/Veil/Rönnau MarktmissbrauchsR-HdB § 7 Rn. 55. Ausf. Staub/*Grundmann* Bd. 11/1 6. Teil Rn. 406.

[73] *Klöhn* ZBB 2017, 261 (265).

25   **(2) Market Maker, zugelassene Gegenparteien und Ausführung von Kundenaufträgen.**
Darüber hinaus sind gem. Art. 9 Abs. 2 Geschäfte, die Market Maker, zugelassene Gegenparteien
oder Personen bei der Ausführung von Kundenaufträgen im Zuge der normalen Ausübung ihrer
jeweiligen Tätigkeit in Kenntnis von Insiderinformationen abschließen, keine Nutzung von Insiderinformationen.[74] Durch die Privilegierung sollen Finanzaktivitäten, die der Marktliquidität nützlich
sind, vom Verbot ausgenommen werden (ErwGr 29).[75] Die Privilegierung gilt nicht für Tätigkeiten,
„die gemäß dieser Verordnung eindeutig verboten sind, so unter anderem die gemeinhin als
„Frontrunning" bekannte Praxis (Eigengeschäfte in Kenntnis von Kundenaufträgen)", (ErwGr 30
S. 2).

26   **Market Maker** sind in Art. 3 Abs. 1 Nr. 30 iVm Art. 4 Abs. 1 Nr. 7 MiFID II definiert
(→ Rn. 27). Sie erhalten in Ausübung ihrer Tätigkeit uU Zugang zu Insiderinformationen, die sich
auf die erworbenen oder veräußerten Finanzinstrumente beziehen. Um die Ausübung des Market
Making im Interesse der Funktionsfähigkeit des Kapitalmarktes sicherzustellen, ist der Erwerb oder die
Veräußerung von Finanzinstrumenten, der rechtmäßig im Zuge der normalen Ausübung der Funktion
als Market Maker erfolgt (Art. 9 Abs. 2 lit. a Alt. 1) als legitime Handlung vom Insiderhandelsverbot
ausgenommen. Was zur normalen Ausübung der Funktion als Market-Maker gehört, wird vor allem
durch die Regelwerke des Handelsplatzes, insbesondere die jeweilige BörsO, bestimmt.[76]

27   **Zentrale Gegenparteien** tragen durch Ausschaltung des Ausfallrisikos des Vertragspartners ebenfalls zur Funktionsfähigkeit des Kapitalmarktes bei (→ WpHG Vor § 1 Rn. 40) und sind daher gem.
Art. 9 Abs. 2 lit. a Alt. 2 legitimiert, wenn sie für die betroffenen Finanzinstrumente als Gegenpartei
zugelassen sind und das in Frage stehende Geschäft rechtmäßig im Zuge der normalen Ausübung ihrer
Funktion tätigen.[77] Mangels Gestaltungsspielraum ist das Insiderwissen nicht kausal.

28   Privilegiert ist auch die **Ausführung von Kundenaufträgen** durch Kreditinstitute, Broker oder
Personen, die zur Ausführung von Aufträgen für Dritte zugelassen sind. Verfügt die auftragsausführende
Person über Insiderinformationen, fehlt es an der Kausalität für das Geschäft, da der Willensentschluss
von dem Kunden ausgeht und das Geschäft in dieser Form auch ohne das Insiderwissen der auftragsausführenden Person zustande gekommen wäre.[78] Die Person muss den Auftrag rechtmäßig im Zuge
der normalen Ausübung der Beschäftigung, des Berufs oder der Aufgaben ausführen. Voraussetzung ist
daher eine Pflicht der Person zur Ausführung des Auftrags durch Abschluss des konkreten Geschäfts.
Verfügt die auftragsausführende Person über Ermessen beim Abschluss des Geschäfts, kann die Insiderinformation kausal werden; Art. 9 Abs. 2 lit. b greift dann nicht.[79] Handelt der Kunde bei Auftragserteilung selbst mit Insiderwissen und ist der auftragsausführenden Person dies bekannt, fehlt es an der für
Art. 9 Abs. 2 lit. b notwendigen normalen Ausübung der Tätigkeit.[80] Etwas anderes gilt in bloßen
Verdachtsfällen, in denen lediglich die Pflicht zur Verdachtsanzeige gem. Art. 16 und kein Ausfüh-
rungsverbot besteht.[81]

29   **(3) Erfüllung fälliger Verbindlichkeiten.** Keine verbotenen Insidergeschäfte sind gem. Art. 9
Abs. 3 Geschäfte, die lediglich der Erfüllung einer fällig gewordenen vertraglichen oder gesetzlichen
Verpflichtung dienen. In diesem Fall ist nicht die Insiderinformation kausal für den Erwerb oder die
Veräußerung, sondern die rechtliche Pflicht. Aus Sinn und Zweck der Vorschrift folgt, dass das
Geschäft der Erfüllung einer Verbindlichkeit dienen muss, die auf den Erwerb oder die Veräußerung
von Finanzinstrumenten gerichtet ist. Unter Art. 9 Abs. 3 fällt insbesondere der Erwerb von Finanz-
instrumenten zur Erfüllung von Rückgabepflichten aus Wertpapierleihe bei Leerverkäufen.[82] Nicht
erfasst sind hingegen Geschäfte, die der Erfüllung einer andersartigen Verpflichtung dienen, zB die
Veräußerung von Finanzinstrumenten, um Ansprüche auf Geldzahlung zu erfüllen.[83] Denkbar ist dann
allenfalls die Widerlegung der Vermutung nach allgemeinen Grundsätzen (→ Rn. 39).

---

[74] Hierzu EuGH Urt. v. 23.12.2009 – C-45/08, ECLI:EU:C:2009:806 Rn. 58 – Spector Photo Group.
[75] *Hopt/Kumpan* in Schimansky/Bunte/Lwowski BankR-HdB § 107 Rn. 81; *Veil* in Meyer/Veil/Rönnau MarktmissbrauchsR-HdB § 7 Rn. 61; Staub/*Grundmann* Bd. 11/1 6. Teil Rn. 408.
[76] BaFin Emittentenleitfaden, Modul C – Regelungen aufgrund der Marktmissbrauchsverordnung
(MAR), I.4.2.5.2.1.2, 57.
[77] Klöhn/*Klöhn* Art. 9 Rn. 82.
[78] *Meyer/Oulds* in KMFS BankR/KapMarktR Rn. 12.248.
[79] BaFin Emittentenleitfaden, Modul C – Regelungen aufgrund der Marktmissbrauchsverordnung
(MAR), I.4.2.5.2.1.3, 57; *Klöhn* ZBB 2017, 261 (267); zu § 14 WpHG aF Fuchs/*Mennicke* WpHG § 14 Rn. 146.
AA *Meyer/Oulds* in KMFS BankR/KapMarktR Rn. 12.249.
[80] Klöhn/*Klöhn* Art. 9 Rn. 96; *Hopt/Kumpan* in Schimansky/Bunte/Lwowski BankR-HdB § 107 Rn. 84; Staub/
Grundmann Bd. 11 6. Teil Rn. 410. AA *Meyer/Oulds* in KMFS BankR/KapMarktR Rn. 12.248.
[81] *Renz/Leibold* in Meyer/Veil/Rönnau MarktmissbrauchsR-HdB § 25 Rn. 12 aE; Assmann/Schneider/Mülbert/
Mülbert Art. 16 Rn. 66 f.
[82] *Zetzsche* in Gebauer/Teichmann, Enzyklopädie Europarecht, 2016, Bd. 6 § 7 C Rn. 154; Klöhn/*Klöhn* Art. 9
Rn. 98.
[83] BaFin Emittentenleitfaden, Modul C – Regelungen aufgrund der Marktmissbrauchsverordnung (MAR),
I.4.2.5.2.1.4, 58 f.; Klöhn/*Klöhn* Art. 8 Rn. 156.

Voraussetzung ist gem. Art. 9 Abs. 3 lit. a und b, dass die Pflicht bereits vor Erhalt der Insider- **30**
information entstanden ist, vgl. auch ErwGr 30 S. 4.[84] Das gilt gem. Art. 9 Abs. 3 lit. b ausdrücklich
auch für „rechtliche Verpflichtungen und Regulierungsauflagen", also etwa gesetzliche oder behördliche
Anordnungen. Allerdings kann die Vermutung nach allgemeinen Grundsätzen widerlegt werden, soweit
die Entstehung der behördlichen Anordnung unabhängig vom Zutun des Insiders erst nach Kenntnisnahme erfolgt und die Insiderinformation daher nicht (mit-)ursächlich für das Insidergeschäft geworden ist.[85] Die **Fälligkeit** der Verbindlichkeit muss spätestens bei der Tätigung des Geschäfts vorliegen.[86]

(4) Öffentliche Übernahmeangebote. Art. 9 Abs. 4 privilegiert öffentliche **Übernahmeange-** **31**
bote und Unternehmenszusammenschlüsse, dh den Erwerb von Aktien oder sonstigen Wertpapieren,
die Stimmrechte in der Zielgesellschaft verleihen (vgl. Art. 2 Abs. 1 lit. a Übernahme-RL bzw. § 29
WpÜG). Erlangen Personen im Zusammenhang hiermit – wie zB typischerweise im Rahmen einer
Due Diligence – Informationen und nutzen diese ausschließlich, um die Übernahme oder den Zusammenschluss weiterzuführen, liegt kein verbotenes Insidergeschäft vor, hierzu auch ErwGr 30 S. 5. Die
Privilegierung gilt für freiwillige oder obligatorische öffentliche Übernahmeangebote iSv Art. 2
Abs. 1a Übernahme-RL (s. ErwGr 27 aE), nicht für einfache öffentliche Erwerbsangebote.[87] Der
bloße Beteiligungsaufbau, also der einfache Erwerb unterhalb der Kontrollschwelle von 30 % (s. Art. 3
Abs. 1 Nr. 31) ist ausdrücklich ausgenommen (Art. 9 Abs. 4 UAbs. 2).[88] **Unternehmenszusam-**
menschlüsse sind sämtliche Formen der Unternehmensverbindung, etwa durch Verschmelzung,[89]
wodurch aus zwei oder mehreren Unternehmen eine Wirtschaftseinheit entsteht.[90]

Voraussetzung ist, dass die Insiderinformation im Zuge der Übernahme oder eines Zusammen- **32**
schlusses auf der Grundlage eines **öffentlichen Angebots** erlangt wurde, sodass der Paketerwerb nicht
erfasst ist.[91] Nicht zwingend erforderlich ist, dass das öffentliche Angebot bereits vor Erhalt der Insiderinformation abgegeben wurde.[92] Notwendig ist nur, dass der Bieter vor Erhalt der Insiderinformation
bereits den Entschluss gefasst hat, ein öffentliches Angebot abzugeben (arg.: „weiterführen").[93] Daher
ist vor allem auch das öffentliche Übernahmeangebot nach einer *Due Diligence* privilegiert, bei der
potenzielle Bieter die Unterlagen des Zielunternehmens sichten und dadurch in den Besitz von
Insiderinformationen gelangen.[94]

Voraussetzung ist außerdem, dass die Insiderinformation öffentlich gemacht wird, etwa gem. **33**
Art. 17, oder auf andere Weise ihren Charakter als Insiderinformation verliert, sobald der Zusammenschluss genehmigt oder das Angebot durch die Anteilseigner angenommen worden ist. Die Vorschrift
räumt dem Bieter damit aber nicht zugleich die Befugnis zur Veröffentlichung ein, sodass sich uU eine
entsprechende vertragliche Vereinbarung zwischen Bieter und Zielgesellschaft vor Durchführung der
Due Diligence empfiehlt.[95]

Nach dem Wortlaut von Art. 9 Abs. 4 nicht erfasst sind Geschäfte, die nach Kenntnisnahme der **34**
Insiderinformation über den ursprünglichen Plan hinausgehen („weiterzuführen"; sog. **Alongside-**
Käufe).[96] Das gilt auch für den Verkauf bereits erworbener Finanzinstrumente oder die Stornierung
eines Auftrags durch den Interessenten nach der Due-Diligence.[97]

Art. 9 Abs. 4 schließt nach seinem Wortlaut nur den Verstoß des Bieters gegen das Verbot gem. **35**
Art. 8 Abs. 1 aus, Insidergeschäfte zu tätigen. Unter den Voraussetzungen des Art. 9 Abs. 4 ist aber
auch die spiegelbildliche **Offenlegung** der Insiderinformationen durch die Zielgesellschaft keine
unrechtmäßige Offenlegung iSd Art. 10 (→ Art. 8–11, 14, 16 Rn. 57).[98] Die Weitergabe der Insider-

---

[84] So bereits die hM noch zu § 14 WpHG aF auf der Grundlage von ErwGr 30 MAD aF Assmann/Schneider/
Assmann WpHG § 14 Rn. 31, 45; Kölner Komm WpHG/*Klöhn* WpHG § 14 Rn. 22; Schwark/Zimmer/*Schwark/*
Kruse WpHG § 14 Rn. 23.
[85] IE ebenso *Meyer/Oulds* in KMFS BankR/KapMarktR Rn. 12.251.
[86] BaFin Emittentenleitfaden, Modul C – Regelungen aufgrund der Marktmissbrauchsverordnung
(MAR), I.4.2.5.2.1.4, 58.
[87] *Hopt/Kumpan* in Schimansky/Bunte/Lwowski BankR-HdB § 107 Rn. 89; Baumbach/Hopt/*Kumpan* Art. 9
Rn. 5; Klöhn/*Klöhn* Art. 9 Rn. 118 ff.; Staub/*Grundmann* Bd. 11/1 6. Teil Rn. 412.
[88] *Hopt/Kumpan* in Schimansky/Bunte/Lwowski BankR-HdB § 107 Rn. 89; *Hopt/Kumpan* ZGR 2017, 765 (785).
[89] *Meyer/Oulds* in KMFS BankR/KapMarktR Rn. 12.255.
[90] BaFin Emittentenleitfaden, Modul C – Regelungen aufgrund der Marktmissbrauchsverordnung
(MAR), I.4.2.5.2.1.5, 59.
[91] Staub/*Grundmann* Bd. 11/1 6. Teil Rn. 412.
[92] Klöhn/*Klöhn* Art. 9 Rn. 121. AA Staub/*Grundmann* Bd. 11/1 6. Teil Rn. 412.
[93] *Meyer/Oulds* in KMFS BankR/KapMarktR Rn. 12.253.
[94] *Hopt/Kumpan* in Schimansky/Bunte/Lwowski BankR-HdB § 107 Rn. 89.
[95] Hierzu *Apfelbacher* in VGR, Gesellschaftsrecht in der Diskussion, 2017, 2018, 57, 79 f. (Diskussion).
[96] BaFin Emittentenleitfaden, Modul C – Regelungen aufgrund der Marktmissbrauchsverordnung (MAR),
I.4.2.5.2.1.5, 59; *Meyer/Oulds* in KMFS BankR/KapMarktR Rn. 12.258; *Seibt/Wollenschläger* AG 2014, 593 (598), es
sei denn, es handelt sich um ein face-to-face-Geschäft (→ Rn. 39). Zu § 14 WpHG aF BaFin, Emittentenleitfaden
2013, 38.
[97] *Hopt/Kumpan* ZGR 2017, 765 (785); *Meyer/Oulds* in KMFS BankR/KapMarktR Rn. 12.258.
[98] *Hopt/Kumpan* in Schimansky/Bunte/Lwowski BankR-HdB § 107 Rn. 90; Klöhn/*Klöhn* Art. 10 Rn. 151;
Meyer/Oulds in KMFS BankR/KapMarktR Rn. 12.253.

informationen durch den Bieter an andere Personen außerhalb einer Bietergemeinschaft gem. Art. 5 Abs. 1 Übernahmerichtlinie oder durch die Zielgesellschaft an andere Personen, etwa zur Abwehr des Übernahmeangebots, bleiben hingegen unrechtmäßig gem. Art. 10.[99] Auch die Empfehlung und das Verleiten zu Insidergeschäften ist durch Art. 9 Abs. 4 nicht legitimiert.

36   **(5) Umsetzung eines eigenen Entschlusses.** Gem. Art. 9 Abs. 5 ist auch die Umsetzung eines eigenen Entschlusses zum Erwerb oder zur Veräußerung kein verbotenes Insidergeschäft.[100] Hieraus folgt im Umkehrschluss, dass entgegen der anderslautenden Formulierung in ErwGr 54 S. 3 eigene Handelspläne und sonstige subjektive Absichten grundsätzlich Insiderinformationen sein können; ein Drittbezug ist entgegen der Rspr. des BGH zu § 13 WpHG aF[101] nicht mehr erforderlich (→ Art. 7 Rn. 7). ErwGr 54 S. 3 ist insoweit als Redaktionsversehen zu werten.[102] Ein Handeln in Kenntnis des eigenen Entschlusses stellt keine Nutzung dar, da dem Erwerb oder der Veräußerung notwendigerweise eine entsprechende Entscheidung vorausgeht (ErwGr 31).[103] Art. 9 Abs. 4 gilt nach seinem Wortlaut hingegen nicht für den Handel in Kenntnis eines fremden Erwerbs- oder Veräußerungsentschlusses. Personen, die das Geschäft im Auftrag und auf Rechnung eines Dritten schließen und so dessen Entschluss umsetzen, kommt aber Art. 9 Abs. 4 analog zugute.[104]

37   **(6) Rückausnahme gem. Art. 9 Abs. 6.** Um einen sicheren Hafen handelt es sich bei den Tatbeständen der Art. 9 Abs. 1–5 nicht, denn die Aufsichtsbehörden können nach Art. 9 Abs. 6 auch bei Vorliegen der Voraussetzungen für die genannten legitimen Handlungen ein verbotenes Insidergeschäft annehmen, wenn sich dahinter nachweislich ein rechtswidriger Grund verbirgt. Durch diese allgemein formulierte Rückausnahme sollen Umgehungen vermieden werden.[105] Von einem rechtswidrigen Grund ist auszugehen, wenn das Insiderwissen zu einem Sondervorteil zulasten der anderen Anleger unter den genannten Ausnahmen verdeckt wird.[106]

38   **cc) Widerlegung der Vermutung in anderen Fällen.** Art. 9 enthält keine abschließende Aufzählung von Fällen, die vom Tatbestand der Nutzung von Insiderinformationen ausgeschlossen sind.[107] So sind beispielsweise auch **face-to-face-Geschäfte** vom Insiderhandelsverbot ausgenommen,[108] weil und wenn die beteiligten Parteien denselben Informationsstand haben und insoweit keinen Informationsvorsprung genießen.[109] In diesem Fall fehlt es zwar nicht an der Kausalität,[110] Art. 8 Abs. 1 ist aber insoweit teleologisch zu reduzieren.[111] Ein verbotenes Insidergeschäft liegt ebenfalls mangels Nutzung nicht vor, wenn der Insider auch ohne Kenntnis der Insiderinformation das Geschäft nachweislich zu diesem Preis, zu diesen Konditionen und zu diesem Zeitpunkt getätigt hätte.[112] Das ist insbesondere nach der sog. **Masterplan-Theorie** der Fall, wenn die Entscheidung, das Geschäft zu tätigen, bereits vor Kenntnis der Insiderinformation gefallen ist und das Geschäft ausschließlich der Ausführung dieses Masterplans dient.[113]

---

[99] *Hopt/Kumpan* in Schimansky/Bunte/Lwowski BankR-HdB § 107 Rn. 91; Klöhn/*Klöhn* Art. 9 Rn. 127.

[100] Hierzu EuGH Urt. v. 23.12.2009 – C-45/08, ECLI:EU:C:2009:806 Rn. 60 – Spector Photo Group.

[101] BGH Urt. v. 6.11.2003 – 1 StR 24/03, BGHSt 48, 373 (378) – Scalping I.

[102] *Hopt/Kumpan* in Schimansky/Bunte/Lwowski BankR-HdB § 107 Rn. 93; *Hopt/Kumpan* ZGR 2017, 765 (777); Klöhn/*Klöhn* Art. 7 Rn. 26; *Klöhn* AG 2016, 423 (425); vertiefend *Klöhn* ZIP-Beilage 22/2016, 44 (45 f.).

[103] *Hopt/Kumpan* in Schimansky/Bunte/Lwowski BankR-HdB § 107 Rn. 94; *Meyer/Oulds* in KMFS BankR/KapMarktR Rn. 12.259; Klöhn/*Klöhn* Art. 9 Rn. 130.

[104] BaFin Emittentenleitfaden, Modul C – Regelungen aufgrund der Marktmissbrauchsverordnung (MAR), I.4.2.5.2.1.6, 60; *Meyer/Oulds* in KMFS BankR/KapMarktR Rn. 12.260.

[105] Krit. hierzu *Meyer/Oulds* in KMFS BankR/KapMarktR Rn. 12.262; Klöhn/*Klöhn* Art. 9 Rn. 138.

[106] BaFin Emittentenleitfaden, Modul C – Regelungen aufgrund der Marktmissbrauchsverordnung (MAR), I.4.2.5.2.1.7, 61.

[107] *Apfelbacher*, Gesellschaftsrecht in der Diskussion, 2017, 2018, 57, 66; Assmann/Schneider/Mülbert/*Assmann* Art. 9 Rn. 3; *Hopt/Kumpan* in Schimansky/Bunte/Lwowski BankR-HdB § 107 Rn. 78, 96; *Meyer/Oulds* in KMFS BankR/KapMarktR Rn. 12.240; *Veil* in Meyer/Veil/Rönnau MarktmissbrauchsR-HdB § 7 Rn. 50; *Veil* ZBB 2014, 85 (91).

[108] *Apfelbacher*, Gesellschaftsrecht in der Diskussion, 2017, 2018, 57, 66; Assmann/Schneider/Mülbert/*Assmann* Art. 8 Rn. 40; *Veil* in Meyer/Veil/Rönnau MarktmissbrauchsR-HdB § 7 Rn. 46; *Hopt/Kumpan* ZGR 2017, 765 (778); *Hopt/Kumpan* in Schimansky/Bunte/Lwowski BankR-HdB § 107 Rn. 96; Schwark/Zimmer/*Kumpan/Schmidt* Art. 9 Rn. 11; *Poelzig* NZG 2016, 528 (533); *Seibt/Wollenschläger* AG 2014, 593 (598). So schon EuGH Urt. v. 10.5.2007 – C-391/04, ECLI:EU:C:2007:272 Rn. 38 f. – Georgakis; EuGH Urt. v. 23.12.2009 – C-45/08, ECLI: EU:C:2009:806 Rn. 48 – Spector Photo Group. Noch zu § 14 WpHG aF Assmann/Schneider/*Assmann* WpHG § 14 Rn. 28; Fuchs/*Mennicke* WpHG § 14 Rn. 59 ff.; Kölner Komm WpHG/*Klöhn* WpHG § 14 Rn. 169 f.; Schwark/Zimmer/*Schwark/Kruse* WpHG § 14 Rn. 25; HK-KapMarktStrafR/*Hilgendorf* WpHG § 14 Rn. 149 f.

[109] *Seibt/Wollenschläger* AG 2014, 593 (598); *Viciano-Gofferje/Cascante* NZG 2012, 968 (976).

[110] So aber zu § 14 WpHG aF Fuchs/*Mennicke* WpHG § 14 Rn. 61.

[111] *Meyer/Oulds* in KMFS BankR/KapMarktR Rn. 12.263; Klöhn/*Klöhn* Art. 8 Rn. 171; *Veil* in Meyer/Veil/ Rönnau MarktmissbrauchsR-HdB § 7 Rn. 46; zum alten Recht *Cahn* Der Konzern 2005, 5 (10 f.); *Diekmann/ Sustmann* NZG 2004, 929 (931); *Koch* DB 2005, 267 (269); *Bank* NZG 2012, 1337 (1338).

[112] BaFin Emittentenleitfaden, Modul C – Regelungen aufgrund der Marktmissbrauchsverordnung (MAR), I.4.2.5.2.2, 60.

[113] BaFin Emittentenleitfaden, Modul C – Regelungen aufgrund der Marktmissbrauchsverordnung (MAR), I.4.2.5.2.2, 60; *Apfelbacher*, Gesellschaftsrecht in der Diskussion, 2017, 2018, 57, 66; *Hopt/Kumpan* in

Die Vermutung ist auch dann nach allgemeinen Grundsätzen widerlegt, wenn der Insider „gegen" die Insiderinformation handelt, also trotz positiver Informationen veräußert oder trotz negativer Information erwirbt,[114] oder Finanzinstrumente als Kreditsicherheiten durch den Sicherungsnehmer in Kenntnis von Insiderinformationen verwertet werden.[115]

2. Empfehlung und Verleiten (Art. 8 Abs. 2, Art. 14 lit. b). Verboten ist auch, einem anderen **39** auf der Grundlage der Insiderinformation Insidergeschäfte, dh den Erwerb oder die Veräußerung von Finanzinstrumenten sowie nunmehr auch die Änderung bzw. Stornierung von Aufträgen, zu empfehlen oder dazu zu verleiten (Art. 8 Abs. 2, Art. 14 lit. b). Hierdurch soll verhindert werden, dass das Verbot mit Hilfe von Dritten umgangen wird. Adressat der Empfehlung oder des Verleitens muss ein **Dritter** sein, etwa auch ein Mitarbeiter in demselben Unternehmen oder selbstständige Konzerngesellschaften.[116]

Bei der **Empfehlung** handelt es sich um eine rechtlich unverbindliche Erklärung, die nach **40** objektiver Auslegung dem Empfehlungsempfänger ein bestimmtes Geschäft als für ihn vorteilhaft nahelegt, und von der Absicht getragen wird, den Willen des anderen in diese Richtung zu lenken („Tipp").[117] Eine lediglich positive Aussage, ohne dass der Empfänger objektiv zu einem Geschäft bewegt werden soll, genügt nicht.[118] In Abgrenzung zu Art. 10 ist nur die Abgabe einer eigenen, nicht die Weiterleitung einer fremden Empfehlung erfasst.[119]

Das **Verleiten** – das in der ursprünglichen deutschen Fassung der MAR noch mit dem Begriff des **41** Anstiftens übersetzt war – ist ebenso zu verstehen wie in § 14 Nr. 3 WpHG aF, Art. 3 lit. b MAD aF.[120] Es bildet einen Auffangtatbestand und soll insbesondere die Fälle erfassen, in denen der Wille eines anderen durch beliebige Mittel mit dem Ziel beeinflusst werden soll, ihn zum Erwerb oder zur Veräußerung zu veranlassen.[121] Bei Art. 8 Abs. 2 handelt es sich um ein abstraktes Gefährdungsdelikt, sodass der Tatbestand vollendet ist, wenn der Dritte die Möglichkeit der Kenntnisnahme hat. Unerheblich ist, ob die Empfehlung oder das Verleiten zu einem Erfolg führt, also der Adressat ein Insidergeschäft tätigt oder die Information tatsächlich zur Kenntnis nimmt.[122]

Der Insider muss „auf der Grundlage dieser Information" handeln. Das setzt jedenfalls Kenntnis des **42** Inhalts der Insiderinformation voraus (→ Rn. 6 f.).[123] Dass der Insider weiß oder wissen muss, dass es sich um eine Insiderinformation handelt, wird für Primärinsider unwiderleglich vermutet und ist für Sekundärinsider nachzuweisen (s. Art. 8 Abs. 4). Die Kenntnis der Insiderinformation muss ebenso wie im Fall von Art. 8 Abs. 1 für die Empfehlung bzw. Verleitung kausal gewesen sein.[124] Zwar verwendet Art. 8 Abs. 2 den Begriff des Nutzens nicht, „auf der Grundlage" ist aber ebenso zu verstehen.[125] Da sich

---

Schimansky/Bunte/Lwowski BankR-HdB § 107 Rn. 98; Schwark/Zimmer/*Kumpan/Schmidt* Art. 8 Rn. 97; *Seibt/ Wollenschläger* AG 2014, 593 (598); *Veil* ZBB 2014, 85 (91). Noch zu § 14 WpHG aF BaFin, Emittentenleitfaden 2013, 38 (allerdings nur bei face-to-face Geschäften); Assmann/Schneider/*Assmann* WpHG § 14 Rn. 35; Kölner Komm WpHG/*Klöhn* WpHG § 14 Rn. 160; Schwark/Zimmer/*Schwark/Kruse* WpHG § 14 Rn. 23; HK-Kap-MarktStrafR/*Hilgendorf* WpHG § 14 Rn. 148. Zurückhaltend *Meyer/Oulds* in KMFS BankR/KapMarktR Rn. 12.265.

[114] *Bachmann,* Das europäische Insiderhandelsverbot, 2015, 54; *Langenbucher* (2010) 5 CMLJ 452, 460.

[115] *Hopt/Kumpan* in Schimansky/Bunte/Lwowski BankR-HdB § 107 Rn. 9; *Meyer/Oulds* in KMFS BankR/ KapMarktR Rn. 12.266; *Veil* in Meyer/Veil/Rönnau Marktmissbrauchs R-HdB § 7 Rn. 86.

[116] *Meyer/Oulds* in KMFS BankR/KapMarktR Rn. 12.273; *Schelm* in Meyer/Veil/Rönnau Marktmissbrauchs R-HdB § 9 Rn. 8; Assmann/Schneider/*Mülbert/Assmann* Art. 8 Rn. 86; Fuchs/*Mennicke* WpHG § 14 Rn. 364; JVRZ/*Ritz* WpHG § 14 Rn. 142; Kölner Komm WpHG/*Pawlik* WpHG § 14 Rn. 62; *Sethe* in Assmann/Schütze KapitalanlageR-HdB § 8 Rn. 144

[117] Assmann/Schneider/*Mülbert/Assmann* Art. 8 Rn. 82; noch zu § 14 WpHG aF Assmann/Schneider/*Assmann* WpHG § 14 Rn. 119; Fuchs/*Mennicke* WpHG § 14 Rn. 366.

[118] BaFin Emittentenleitfaden, Modul C – Regelungen aufgrund der Marktmissbrauchsverordnung (MAR), I.4.3.2, 62.

[119] BaFin Emittentenleitfaden, Modul C – Regelungen aufgrund der Marktmissbrauchsverordnung (MAR), I.4.3.2, 62.

[120] So ist in der englischen Sprachfassung der MAR unverändert von „induce" die Rede, in der italienischen Fassung von „indurre" (MAD aF) bzw. „induce" (MAR); in der schwedischen Fassung von „förmå", oder in der spanischen Fassung von „inducir". Zwar hat die französische Sprachfassung der MAR im Vergleich zur MAD aF mit „inciter" ebenfalls einen neuen Begriff eingeführt. Da die französische Version der MAD aF aber neben dem Empfehlen keine zweite Alternative kannte, ist hier lediglich von einer Korrektur auszugehen.

[121] BaFin Emittentenleitfaden, Modul C – Regelungen aufgrund der Marktmissbrauchsverordnung (MAR), I.4.3.1, 61 f.; *Buck-Heeb* KapMarktR Rn. 420; *Poelzig* KapMarktR Rn. 403.

[122] BaFin Emittentenleitfaden, Modul C – Regelungen aufgrund der Marktmissbrauchsverordnung (MAR), I.4.3.1, 61 f.; *Hopt/Kumpan* in Schimansky/Bunte/Lwowski BankR-HdB § 107 Rn. 74; Klöhn/*Klöhn* Art. 8 Rn. 214; Assmann/Schütze/*Worms* WpHG § 20a Rn. 78.

[123] *Meyer/Oulds* in KMFS BankR/KapMarktR Rn. 12.272; *Schelm* in Meyer/Veil/Rönnau Marktmissbrauchs R-HdB § 9 Rn. 6.

[124] Nach tw. vertretener Auffassung begründet die Kenntnis der Insiderinformation die widerlegliche Vermutung, dass die Empfehlung bzw. das Verleiten aufgrund der Insiderinformation erfolgt ist (*Hopt/Kumpan* in Schimansky/ Bunte/Lwowski BankR-HdB § 107 Rn. 76; *Hopt/Kumpan* ZGR 2017, 765 [778]).

[125] Klöhn/*Klöhn* Art. 8 Rn. 237; *Meyer/Oulds* in KMFS BankR/KapMarktR Rn. 12.282.

die widerlegliche Vermutung der Kausalität nach ErwGr 24 aus dem Besitz der Insiderinformation ableitet, kann sie auch auf das Empfehlen und Verleiten in Kenntnis von Insiderinformationen gem. Art. 8 Abs. 2 entsprechend angewendet werden.[126] Das Empfehlen und Verleiten können keine legitimen Handlungen iSd Art. 9 sein.

43   Nach Art. 8 Abs. 3 erfüllt auch derjenige den Tatbestand des Insidergeschäfts, der eine Empfehlung nutzt oder einer Anstiftung folgt, ohne den Inhalt der Insiderinformation selbst zu kennen. Voraussetzung ist allerdings, dass er weiß oder wissen müsste, dass die Empfehlung oder Verleitung auf einer Insiderinformation beruht. Das Nutzen setzt auch hier – parallel zu Art. 8 Abs. 1 (→ Rn. 20 f.) – die Kausalität der Kenntnis der Empfehlung bzw. des Verleitens für das Geschäft voraus, was nach allgemeinen Regeln zu beweisen ist. Die widerlegliche Vermutung der Kausalität, die nach ErwGr 24 aus der Kenntnis der Insiderinformation abgeleitet wird, gilt hier mangels Kenntnis der Insiderinformation nicht.[127] Unter dieser Voraussetzung ist auch die Empfehlung oder Verleitung eines Dritten durch denjenigen, der die Empfehlung von dem Insider erhalten hat oder von diesem verleitet wurde, als unrechtmäßige Offenlegung nach Art. 10 Abs. 2 verboten (→ Rn. 45 ff.).

44   **3. Unrechtmäßige Offenlegung (Art. 10, 14 lit. c).** Dem Insider ist es auch verboten, Insiderinformationen einem anderen unrechtmäßig offenzulegen (Art. 14 lit. c). Dies entspricht im Wesentlichen dem Weitergabeverbot gem. § 14 Nr. 2 WpHG aF und soll bereits im Vorfeld der Gefahr von Insidergeschäften vorbeugen, indem vermieden wird, dass sich die Zahl der Insider erhöht. Voraussetzungen für den Verstoß gegen Art. 14 lit. c sind gem. Art. 10 (1) der Besitz, dh die Kenntnis von Insiderinformationen (→ Rn. 6 f.), (2) die Offenlegung und (3) deren Unrechtmäßigkeit. Handelt es sich um einen Sekundärinsider iSd Art. 8 Abs. 4 UAbs. 2, muss zudem Kenntnis oder Kennenmüssen des Insidercharakters der Information vorliegen, Art. 10 Abs. 1 UAbs. 2 (→ Rn. 12). Während die Insiderinformation in Art. 7 definiert ist, werden die Offenlegung und Unrechtmäßigkeit in Art. 10, 11 definiert.

45   **a) Offenlegung gegenüber einer anderen Person.** Die Offenlegung muss gegenüber einer **anderen Person** erfolgen. Die Offenlegung gegenüber der allgemeinen Anlegeröffentlichkeit ist vom Regelungszweck nicht erfasst, da die Information dann öffentlich bekannt wird und ihr Charakter als Insiderinformation wegfällt.[128] Die von Art. 10 erfasste Gefahr, dass Dritte Insidergeschäfte tätigen, besteht nicht mehr.

46   Offenlegung ist jedenfalls die **Mitteilung** einer Insiderinformation, dh die willentliche unmittelbare Weitergabe. Darüber hinaus genügt das bloße **Zugänglichmachen,**[129] sodass eine andere Person durch den Insider in die Lage versetzt wird, sich die Insiderinformationen selbst zu verschaffen, zB durch Aushändigen eines Computerpassworts.[130] Hierfür spricht der Zweck des Art. 10, der dem Risiko der Ausweitung von Insiderhandel durch Verbreitung der Insiderinformation vorbeugen soll. Kennt der Empfänger die Information aber bereits, ist eine Offenlegung nicht mehr möglich.[131] Dann kommt nur eine ebenfalls strafbare versuchte Offenlegung in Betracht.[132]

47   Umstritten ist, ob der Tatbestand erst erfüllt ist, wenn der Andere tatsächlich Kenntnis genommen hat,[133] oder ob die **Möglichkeit der Kenntnisnahme** genügt.[134] Für Letztes sprechen der Wortlaut sowie das Telos der Norm, da die Gefahr des Insiderhandels bereits mit der Möglichkeit der Kenntnisnahme erhöht und der Unrechtsgehalt des Art. 10 erfüllt ist.[135]

48   Nach Art. 10 Abs. 2 gilt auch die Weitergabe von Empfehlungen oder das Verleiten anderer, nachdem man selbst verleitet wurde, als unrechtmäßige Offenlegung von Insiderinformationen, wenn die Person, die die Empfehlung weitergibt oder andere verleitet, nachdem sie selbst verleitet wurde,

---

[126] Assmann/Schneider/Mülbert/*Assmann* Art. 8 Rn. 83; *Hopt/Kumpan* in Schimansky/Bunte/Lwowski BankR-HdB § 107 Rn. 76; Klöhn/*Klöhn* Art. 8 Rn. 237 ff.; *Klöhn* WM 2017, 2085 (2091); *Meyer/Oulds* in KMFS BankR/KapMarktR Rn. 12.282.

[127] Klöhn/*Klöhn* Art. 8 Rn. 253.

[128] *Hopt/Kumpan* in Schimansky/Bunte/Lwowski BankR-HdB § 107 Rn. 102.

[129] So noch ausdr. § 14 Abs. 1 Nr. 2 WpHG aF; RegE 2. FFG, BT-Drs. 12/6679, 47.

[130] Dafür Staub/*Grundmann* Bd. 11/1 6. Teil Rn. 418; *Buck-Heeb* KapMarktR Rn. 333; *Poelzig* KapMarktR Rn. 404; Kölner Komm WpHG/*Klöhn* WpHG § 14 Rn. 282; Fuchs/*Mennicke* WpHG § 14 Rn. 193; *Meyer* in Meyer/Veil/Rönnau Marktmissbrauchsr-HdB § 8 Rn. 5; HK-KapMarktStrafR/*Hilgendorf*/*Kusche* Art. 14 Rn. 59; aA Assmann/Schneider/Mülbert/*Assmann* Art. 10 Rn. 13; *Rothenhöfer* in Marsch-Barner BankR/KapMarktR Rn. 3.551.

[131] *Hopt/Kumpan* in Schimansky/Bunte/Lwowski BankR-HdB § 107 Rn. 112.

[132] *Hopt/Kumpan* in Schimansky/Bunte/Lwowski BankR-HdB § 107 Rn. 101.

[133] *Meyer/Oulds* in KMFS BankR/KapMarktR Rn. 12.292; noch zu § 14 WpHG aF Assmann/Schneider/Mülbert/*Assmann* Art. 10 Rn. 13; Buck-Heeb KapMarktR Rn. 424; BaFin, Emittentenleitfaden 2013, 41; Fuchs/*Mennicke* WpHG § 14 Rn. 193; WpHG/*Klöhn* WpHG § 14 Rn. 282; *Lösler* in Habersack/Mülbert/Schlitt KapMarktInfo-HdB § 2 Rn. 82; *Schäfer* in Schäfer/Hamann WpHG § 14 Rn. 21; Schwark/Zimmer/*Schwark/Kruse* WpHG § 14 Rn. 44.

[134] BaFin Emittentenleitfaden, Modul C – Regelungen aufgrund der Marktmissbrauchsverordnung (MAR), I.4.4.1, 62; Klöhn/*Klöhn* Art. 10 Rn. 27; Schwark/Zimmer/*Kumpan/Grütze* Art. 10 Rn. 15.

[135] Klöhn/*Klöhn* Art. 10 Rn. 27.

weiß oder wissen sollte, dass die Empfehlung bzw. Verleitung auf Insiderinformationen beruht. Den Charakter der Information als Insiderinformation muss der Empfänger nicht erkennen.[136]

b) Unrechtmäßigkeit. aa) Allgemeine Grundsätze. Gem. Art. 10 Abs. 1 ist die Offenlegung **49** gegenüber Dritten grundsätzlich unrechtmäßig, es sei denn, sie erfolgt im Rahmen der normalen Ausübung einer Beschäftigung oder eines Berufs oder zur normalen Erfüllung von Aufgaben. Die Unrechtmäßigkeit ist echtes **Tatbestandsmerkmal** und nicht lediglich Ausdruck des allgemeinen Rechtswidrigkeitserfordernisses.[137] Ob damit die Beschäftigung, der Beruf oder die Aufgaben ausschließlich des offenlegenden Insiders[138] oder auch des Empfängers[139] gemeint sind, lässt der Wortlaut offen. Maßgeblich ist ein Offenlegungsinteresse des Insiders,[140] das auch an der Erfüllung von Aufgaben des Empfängers bestehen kann.[141]

Die **hL** hat zunächst auf der Grundlage der gleichlautenden MAD aF jede **betriebsbedingt** **50** **erforderliche Weitergabe** als rechtmäßig angesehen, sofern sie sich im normalen Rahmen der Berufs- und Geschäftsausübungstätigkeit hält.[142] Jedenfalls die Weitergabe von Informationen innerhalb eines Unternehmens[143] oder an Berufsgeheimnisträger, wie insbesondere Rechtsanwälte,[144] sollte damit regelmäßig als befugt anzusehen sein, soweit die Informationen in irgendeiner Weise der Wahrnehmung betrieblicher Aufgaben dienen. Der EuGH hat in seiner **Grøngaard&Bang-Entscheidung**[145] wegen des Ausnahmecharakters indes strengere Maßstäbe angelegt.[146] Demnach muss die Weitergabe für die Ausübung einer Arbeit oder die Erfüllung einer Aufgabe unerlässlich sein und den Grundsatz der Verhältnismäßigkeit wahren.[147] Diese Rspr. gilt auch für Art. 10 Abs. 1 S. 1 Hs. 2 fort.[148] Zwar sieht der Wortlaut eine solche Einschränkung nicht ausdrücklich vor. Damit entspricht die Vorschrift aber Art. 3 MAD aF bzw. Art. 3 der Insiderrichtlinie, auf deren Grundlage die *Grøngaard&Bang*-Entscheidung des EuGH ergangen ist.[149]

Zur Feststellung der Rechtmäßigkeit bedarf es einer **Interessenabwägung** zwischen dem durch **51** Art. 10 geschützten Interesse des Marktes an der Vermeidung der Offenlegung und dem Interesse des Insiders an der Offenlegung.[150] Die Interessen anderer Personen an der Offenlegung, etwa des Empfängers, sind irrelevant.[151] Zu berücksichtigen ist vor allem die Kurssensiblität der jeweiligen Insiderinformation, sodass für außerordentlich kursrelevante Umstände strengere Anforderungen an die

---

[136] Assmann/Schneider/Mülbert/*Assmann* Art. 10 Rn. 14; *Fuchs/Mennicke* WpHG § 14 Rn. 189; *Hopt/Kumpan* in Schimansky/Bunte/Lwowski BankR-HdB § 107 Rn. 103; *Meyer* in Meyer/Veil/Rönnau MarktmissbrauchsR-HdB § 8 Rn. 9; Staub/*Grundmann* Bd. 11/1 6. Teil Rn. 418.

[137] Assmann/Schneider/Mülbert/*Assmann* Art. 10 Rn. 17; *Buck-Heeb* KapMarktR. 334; Baumbach/Hopt/*Kumpan* Art. 10 Rn. 2; *Poelzig* KapMarktR Rn. 405.

[138] So Klöhn/*Klöhn* Art. 10 Rn. 49 ff.; *Meyer* in Meyer/Veil/Rönnau MarktmissbrauchsR-HdB § 8 Rn. 9. Noch zu § 14 Abs. 1 Nr. 2 WpHG aF *Bachmann* ZHR 172 (2008), 597 (623); *Hasselbach* NZG 2004, 1087 (1090); Fuchs/*Mennicke* WpHG § 14 Rn. 207; *Veil* ZHR 172 (2008), 239 (269).

[139] So Assmann/Schneider/Mülbert/*Assmann* Art. 10 Rn. 23 (allerdings einschränkend „Beschäftigung, der Beruf oder die Aufgabe auch für oder im Interesse des Mitteilenden oder Zugänglichmachenden").

[140] BaFin Emittentenleitfaden, Modul C – Regelungen aufgrund der Marktmissbrauchsverordnung (MAR), I.4.4.2.1, 62.

[141] Assmann/Schneider/Mülbert/*Assmann* Art. 10 Rn. 23.

[142] Noch zu § 14 WpHG aF Assmann/Schneider/*Assmann* WpHG § 14 Rn. 74; Fuchs/*Mennicke* WpHG § 14 Rn. 243.

[143] Noch zu § 14 WpHG aF Assmann/Schneider/*Assmann* WpHG § 14 Rn. 74b; Schwark/Zimmer/*Schwark/Kruse* WpHG § 14 Rn. 48.

[144] Noch zu § 14 WpHG aF Kölner Komm WpHG/*Klöhn* WpHG § 14 Rn. 390.

[145] EuGH Urt. v. 22.11.2005 – C-384/02, ECLI:EU:C:2005:708 = NJW 2006, 133 Rn. 37 – Grøngaard und Bang.

[146] Zur Diskussion über die Interpretation der Entscheidung s. nur *Sethe* in Assmann/Schütze KapitalanlageR-HdB § 8 Rn. 128 mwN. Zu dem verbreiteten Verständnis der „Unerlässlichkeit" als „Erforderlichkeit" noch zu § 14 WpHG aF Kölner Komm WpHG/*Klöhn* WpHG § 14 Rn. 325 ff.; Schwark/Zimmer/*Schwark/Kruse* WpHG § 14 Rn. 47; *Schäfer* in Marsch-Barner/Schäfer AG-HdB § 14 Rn. 46; *Sethe* in Assmann/Schütze KapitalanlageR-HdB § 8 Rn. 128.

[147] EuGH Urt. v. 22.11.2005 – C-384/02, ECLI:EU:C:2005:708 = NJW 2006, 133 Rn. 37 – Grøngaard und Bang; *Meyer* in Meyer/Veil/Rönnau MarktmissbrauchsR-HdB § 8 Rn. 8 ff.; *Hopt/Kumpan* in Schimansky/Bunte/Lwowski BankR-HdB § 107 Rn. 104 f. Dazu ausf. Assmann/Schneider/Mülbert/*Assmann* Art. 10 Rn. 17 ff.; Fuchs/*Mennicke* WpHG § 14 Rn. 196 ff.; Klöhn/*Klöhn* Art. 10 Rn. 35 ff.; Staub/*Grundmann* Bd. 11/2 6. Teil Rn. 420 ff.

[148] Ebenso *Hopt/Kumpan* in Schimansky/Bunte/Lwowski BankR-HdB § 107 Rn. 105; *Hopt/Kumpan* ZGR 2017, 765 (779); *Moloney*, EU Securities and Financial Markets Regulation, 2014, 725; *Poelzig* NZG 2016, 528 (532); zum Kommissionsentwurf *Parmentier/Kiesewetter* BB 2013, 2371 (2373); *Veil* ZBB 2014, 85 (91). AA *Tissen* NZG 2015, 1254 (1255 f.); *Zetzsche* NZG 2015, 817 (819 f.).

[149] *Moloney*, EU Securities and Financial Markets Regulation, 2014, 725; *Kiesewetter/Parmentier* BB 2013, 2371 (2373); *Teigelack* BB 2012, 1361 (1362); *Veil/Koch* WM 2011, 2297 (2300). AA *Zetzsche* NZG 2015, 817 (819 f.), mit dem Ergebnis, dass es weder auf Unerlässlichkeit noch auf Erforderlichkeit ankommt.

[150] EuGH Urt. v. 22.11.2005 – C-384/02, ECLI:EU:C:2005:708 = NJW 2006, 133 Rn. 44, 47 ff. – Grøngaard und Bang; Klöhn/*Klöhn* Art. 10 Rn. 43.

[151] Klöhn/*Klöhn* Art. 10 Rn. 49.

Rechtmäßigkeit ihrer Offenlegung zu stellen sind.[152] Eine (vor-)vertragliche Aufklärungspflicht genügt für die Rechtmäßigkeit jedenfalls nicht, da Private anderenfalls durch vertragliche Vereinbarung Art. 10 ohne Weiteres abbedingen könnten.[153] Die Offenlegung ist hingegen jedenfalls dann rechtmäßig, wenn eine vorrangige gesetzliche Pflicht besteht[154] oder betriebs- oder konzernintern geboten ist.[155] Im Übrigen ist die Offenlegung rechtmäßig, wenn sie einem legitimen Interesse dient, geeignet, erforderlich und angemessen ist.[156]

52   Nach Art. 10 Abs. 1 muss die Offenlegung zur Ausübung einer Beschäftigung oder eines Berufs oder der Erfüllung von Aufgaben dienen. Mangels unionsrechtlicher Vorgaben bestimmt sich das Vorliegen eines **legitimen Zwecks** nach der Rspr. des EuGH nach dem nationalen Recht.[157] Die Offenlegung muss aus der ex-ante Sicht objektiv zur Erreichung des Zwecks geeignet sein.[158] Außerdem muss die Weitergabe nach der Rspr. des EuGH in Grøngaard und Bang, die auch für die MAR fortgilt,[159] unerlässlich sein, was nach hM restriktiv zu verstehen ist.[160] Im Rahmen der Angemessenheit ist zu prüfen, ob das Interesse des Insiders an der Offenlegung das Interesse des Marktes an der Begrenzung des Risikos von Insiderhandel überwiegt.

53   **bb) Beispiele.** Die Weitergabe von unternehmensinternen Insiderinformationen durch Mitarbeiter und Führungskräfte an übergeordnete Instanzen, insbesondere an die Geschäftsleitung, und innerhalb von **Organen** des Emittenten, etwa des Vorstands oder des Aufsichtsrats einer AG sind zulässig.[161] Die organübergreifende Weitergabe von Insiderinformationen ist rechtmäßig, wenn dies gesetzlich vorgesehen ist, wie beispielsweise die Unterrichtung des Aufsichtsrats durch den Vorstand zur Erfüllung aktienrechtlicher Informationspflichten (s. §§ 90, 170 AktG) oder wenn die Weitergabe zur Wahrnehmung der Organaufgaben geeignet, erforderlich und verhältnismäßig ist.[162] Der Aufsichtsrat kann daher dem Vorstand Informationen offenlegen, die dieser zur Erfüllung seiner Leitungspflicht benötigt.[163] Die Weitergabe von Insiderinformationen durch einen Arbeitnehmervertreter im Aufsichts- oder Verwaltungsrat an die Gewerkschaft ist nicht unerlässlich, um die Gewerkschaftstätigkeit ausüben zu können.[164] Die Offenlegung an den Betriebsrat ist allerdings rechtmäßig, soweit Unterrichtungspflichten bestehen.[165]

54   Praktisch relevant ist auch die Weitergabe von Insiderinformationen durch den betroffenen Emittenten an Aktionäre. So ist vor allem die Rechtmäßigkeit der Preisgabe von Insiderinformationen **in der Hauptversammlung** auf Anfrage eines Aktionärs umstritten.[166] Nach **§ 131 Abs. 1 AktG** haben Aktionäre ein Auskunftsrecht, sodass der Vorstand auf Aktionärsfragen grundsätzlich wahrheitsgemäß zu antworten hat.[167] Vereinzelt wird daher dem Aktionärsinteresse an lückenloser Information der Vorrang eingeräumt, sodass die Weitergabe nach § 131 AktG erforderlich und damit rechtmäßig ist.[168]

---

[152] EuGH Urt. v. 22.11.2005 – C-384/02, ECLI:EU:C:2005:708 = NJW 2006, 133 Rn. 37 – Grøngaard und Bang.

[153] Klöhn/*Klöhn* Art. 10 Rn. 99 f.

[154] *Buck-Heeb* KapMarktR Rn. 425; Klöhn/*Klöhn* Art. 10 Rn. 98; *Poelzig* KapMarktR Rn. 405.

[155] *Hopt/Kumpan* in Schimansky/Bunte/Lwowski BankR-HdB § 107 Rn. 107.

[156] Klöhn/*Klöhn* Art. 10 Rn. 44 f.

[157] EuGH Urt. v. 22.11.2005 – C-384/02, ECLI:EU:C:2005:708 = NJW 2006, 133 Rn. 40 – Grøngaard und Bang.

[158] Klöhn/*Klöhn* Art. 10 Rn. 65.

[159] Assmann/Schneider/Mülbert/*Assmann* Art. 10 Rn. 21; *Poelzig* NZG 2016, 528 (534); Klöhn/*Klöhn* Art. 10 Rn. 72.

[160] Assmann/Schneider/Mülbert/*Assmann* Art. 10 Rn. 20 („in gewollt enger und denkbar engster Auslegung"); vgl. auch *Krause* CCZ 2014, 248 („in engen Grenzen"); aA Klöhn/*Klöhn* Art. 10 Rn. 74 unter Verweis auf *Pesch,* Straf- und ordnungswidrigkeitenrechtliche Erwägungen zur Bereitstellung von Informationen vor Pakettransaktionen, 2015, 391 f.

[161] *Hopt/Kumpan* in Schimansky/Bunte/Lwowski BankR-HdB § 107 Rn. 106; Klöhn/*Klöhn* Art. 10 Rn. 105 ff.; Assmann/Schneider/Mülbert/*Assmann* Art. 10 Rn. 37 ff.

[162] Klöhn/*Klöhn* Art. 10 Rn. 107, 109.

[163] *Hopt/Kumpan* in Schimansky/Bunte/Lwowski BankR-HdB § 107 Rn. 106; Klöhn/*Klöhn* Art. 10 Rn. 108; Fuchs/*Mennicke* WpHG § 14 Rn. 235.

[164] EuGH Urt. v. 22.11.2005 – C-384/02, ECLI:EU:C:2005:708 = NJW 2006, 133 Rn. 48 Ls. 1 – Grøngaard und Bang.

[165] Klöhn/*Klöhn* Art. 10 Rn. 119 f.

[166] Zu diesem Streit Spindler/Stilz/*Siems* AktG § 131 Rn. 50; Schwark/Zimmer/*Kumpan/Grütze* Art. 10 Rn. 51; noch zu § 14 WpHG aF Fuchs/*Mennicke* WpHG § 14 Rn. 278 ff.

[167] OLG Stuttgart Beschl. v. 29.2.2012 – 20 W 5/11 = AG 2012, 377 (380); Urt. v. 11.8.2004 – 20 U 3/04 = NZG 2004, 966 (968); Grigoleit/*Herrler* AktG § 131 Rn. 26; Hölters/*Drinhausen* AktG § 131 Rn. 22; Hüffer/Koch/*Koch* AktG § 131 Rn. 40; MüKoAktG/*Kubis* AktG § 131 Rn. 81; Spindler/Stilz/*Siems* AktG § 131 Rn. 69; dazu auch *Langenbucher* AktKapMarktR § 6 Rn. 159 ff. mwN.

[168] Weitergabe erforderlich und rechtmäßig nach neuem Recht: Spindler/Stilz/*Siems* AktG § 131 Rn. 50; Weitergabe erforderlich und rechtmäßig nach altem Recht *Kiethe* NZG 2003, 401(409); Schmidt/Lutter/*Spindler* AktG § 131 Rn. 84. Für ein Verweigerungsrecht nach neuem Recht: Henssler/Strohn/*Liebscher* AktG § 131 Rn. 17; vgl. auch MüKoAktG/*Kubis* AktG § 131 Rn. 134; für ein Verweigerungsrecht noch zu § 14 WpHG aF HK-KapMarktStrafR/*Hilgendorf* WpHG § 14 Rn. 182; Schwark/Zimmer/*Schwark/Kruse* WpHG § 14 Rn. 52.

Nach ganz hM ist aber dem kapitalmarktrechtlichen Insiderverbot als *lex specialis* Vorrang einzuräumen. Hierfür spricht, dass die Offenlegung in der Hauptversammlung der gebotenen informationellen Chancengleichheit aller Anleger widerspricht und die Gefahr von Insiderhandel um ein Vielfaches erhöhen würde.[169] Gem. § 131 Abs. 3 Nr. 5 AktG kann der Vorstand die Auskunft ausnahmsweise verweigern, wenn er sich andernfalls strafbar machen würde. Dies aber wäre durch die vorsätzliche Offenlegung in der Hauptversammlung als Verstoß gegen Art. 14 lit. c der Fall (s. § 119 Abs. 3 Nr. 3 WpHG). Die Offenlegung an Aktionäre außerhalb der Hauptversammlung ist grundsätzlich unrechtmäßig.[170] Art. 11 regelt mit der Marktsondierung einen Sonderfall der rechtmäßigen Offenlegung (→ Art. 8–11, 14, 16 Rn. 60 ff.).

Die konzerninterne Offenlegung von Insiderinformationen ist sowohl im Vertragskonzern als auch **55**
im faktischen Konzern befugt, soweit die Weitergabe geeignet und erforderlich ist, um Konzernplanung, -steuerung und -kontrolle sicherstellen zu können, und das **Konzerninteresse** am Funktionieren des Konzerns das Interesse des Kapitalmarktes an einer gleichberechtigten Informationsversorgung überwiegt.[171]

Die Offenlegung von Insiderinformationen an außenstehende Dritte ist rechtmäßig, wenn sie **56**
gesetzlich vorgeschrieben ist,[172] zB im Falle der kapitalmarkt- und kartellrechtlichen Mitteilungs- oder Anzeigepflichten gegenüber den **Aufsichtsbehörden** (s. etwa § 21 AktG, §§ 15, 19, 26 ff. WpHG, § 39 GWB), bei prozessualen Offenlegungspflichten vor Gerichten, (zB § 142 Abs. 1 ZPO, § 48 Abs. 1 StPO) oder der Pflicht zur Vorlage von Unterlagen beim **Abschluss- oder Sonderprüfer**[173] gem. § 145 Abs. 2 AktG, § 320 HGB.[174] Umstritten ist die Rechtmäßigkeit der Offenlegung von Informationen an Informationsintermediäre, insbesondere Ratingagenturen und Finanzanalysten, aber auch Journalisten. Die Weitergabe an **Ratingagenturen** ist rechtmäßig, sofern die Agentur im Auftrag des Emittenten tätig wird oder die Information zur Erstellung eines Ratings, das später auch nach den Vorgaben des Art. 10 Ratingverordnung veröffentlicht werden soll, notwendig ist.[175] Das gilt grundsätzlich auch für die Weitergabe von Informationen an **Finanzanalysten** zur Erstellung von Analysen, die nach Maßgabe von Art. 20 veröffentlicht werden sollen.[176] Für die Rechtmäßigkeit spricht jeweils, dass sowohl Ratingagenturen als auch Finanzanalysten als Informationsintermediäre[177] mit der Veröffentlichung ihrer Ratings bzw. Analysen zur Funktionsfähigkeit des Kapitalmarktes beitragen. Die Offenlegung gegenüber **Journalisten** ist hingegen grundsätzlich unrechtmäßig, es sei denn sie erfolgt zur Bekanntmachung an die breite Kapitalmarktöffentlichkeit[178] oder ist ausnahmsweise unter Berücksichtigung der Pressefreiheit und Art. 21 unerlässlich.[179] Die Weitergabe der Informationen durch die Ratingagenturen und Finanzanalysten ist bei Einhaltung der Vorgaben der Ratingverordnung bzw. Art. 20 ebenfalls rechtmäßig; für Journalisten gilt ausdrücklich Art. 21 (→ Art. 8–11, 14, 16 Rn. 58 f.).[180]

Die Offenlegung von Insiderinformationen im Vorfeld von M&A-Transaktionen ist unter den **57**
Voraussetzungen von Art. 11 rechtmäßig (→ Art. 8–11, 14, 16 Rn. 60 ff.), Im Übrigen ist Art. 10 maßgeblich.[181] Die Zielgesellschaft kann spiegelbildlich zu Art. 9 Abs. 4 (→ Art. 8–11, 14, 16 Rn. 31 ff.) sie betreffende Insiderinformationen – etwa im Rahmen einer Due-Dilligence – an die Bieter zur Vorbereitung eines Übernahmeangebotes iSd WpÜG weitergeben.[182] Im Übrigen ist die Offenlegung zur Vorbereitung von Erwerbs- und Übernahmeangeboten rechtmäßig iSd Art. 10, wenn dies geeignet, erforderlich und angemessen ist.[183]

c) Journalistenprivileg gem. Art. 21. Für **Journalisten** gilt speziell Art. 21, der der Meinungs- **58**
und Pressefreiheit gem. Art. 11 GRCh Rechnung trägt (ErwGr 77).[184] Personen, die Informationen

---

[169] *Hopt/Kumpan* in Schimansky/Bunte/Lwowski BankR-HdB § 107 Rn. 106; Klöhn/*Klöhn* Art. 10 Rn. 110; Assmann/Schneider/Mülbert/*Assmann* Art. 10 Rn. 34.

[170] Klöhn/*Klöhn* Art. 10 Rn. 115; Schwark/Zimmer/*Kumpan/Grütze* Art.10 Rn. 52 f. jeweils auch zu Ausnahmen.

[171] Vertiefend *Hopt/Kumpan* ZGR 2017, 765 (823 f.); Klöhn/*Klöhn* Art. 10 Rn. 125 ff. Zu § 14 WpHG aF Fuchs/*Mennicke* WpHG § 14 Rn. 252.

[172] *Hopt/Kumpan* in Schimansky/Bunte/Lwowski BankR-HdB § 107 Rn. 107. Noch zu § 14 WpHG aF Fuchs/*Mennicke* WpHG § 14 Rn. 223.

[173] Zur Vorlagepflicht MüKoHGB/*Ebke* HGB § 320 Rn. 4 ff.

[174] *Hopt/Kumpan* ZGR 2017, 765 (779).

[175] Staub/*Grundmann* Bd. 11/1 6. Teil Rn. 425; *Hopt/Kumpan* in Schimansky/Bunte/Lwowski BankR-HdB § 107 Rn. 106; Klöhn/*Klöhn* Art. 10 Rn. 196; Assmann/Schneider/Mülbert/*Assmann* Art. 10 Rn. 54.

[176] AA *Hopt/Kumpan* in Schimansky/Bunte/Lwowski BankR-HdB § 107 Rn. 106; Assmann/Schneider/Mülbert/*Assmann* Art. 10 Rn. 54; Klöhn/*Klöhn* Art. 10 Rn. 187 ff.; Staub/*Grundmann* Bd. 11/1 6. Teil Rn. 424.

[177] Hierzu ausf. *Leyens*, Informationsintermediäre des Kapitalmarktes, 2017, 33 ff.

[178] Klöhn/*Klöhn* Art. 10 Rn. 201 f.

[179] Staub/*Grundmann* Bd. 11/1 6. Teil Rn. 424.

[180] Staub/*Grundmann* Bd. 11/1 6. Teil Rn. 422.

[181] Klöhn/*Klöhn* Art. 10 Rn. 148.

[182] Klöhn/*Klöhn* Art. 10 Rn. 150 ff.; *Meyer/Oulds* in KMFS BankR/KapMarktR Rn. 12.235 f.

[183] Klöhn/*Klöhn* Art. 10 Rn. 154 ff., 168 ff.

[184] Eing. hierzu *Klöhn/Büttner* WM 2016, 2241.

für journalistische Zwecke oder andere Ausdrucksformen in den Medien offenlegen, handeln unter den in Art. 21 bestimmten Voraussetzungen rechtmäßig iSd Art. 10 Abs. 1. Art. 21 verlangt eine Offenlegung, Verbreitung oder Abgabe von Empfehlungen, wie sie Art. 10, 12, 20 zugrundeliegen. Journalistische Zwecke und Ausdrucksformen sind im Lichte des Art. 11 Abs. 2 GRCh auszulegen. Privilegiert ist jede Offenlegung, die typischerweise mit journalistischen oder medialen Tätigkeiten verbunden ist.[185]

59   Voraussetzung für die Inanspruchnahme des Journalistenprivilegs ist die Einhaltung der **journalistischen Berufs- und Standesregeln,** wonach insbesondere eine hinreichend sorgfältige Recherche und die Kenntlichmachung von Gerüchten geboten sind.[186] Das Journalistenprivileg ist ausgeschlossen, wenn der Journalist oder ihm nahestehende Personen wirtschaftliche Vorteile aus der Offenlegung ziehen (Art. 21 lit. a), oder der Markt absichtlich in die Irre geführt wird (Art. 21 lit. b). Privilegiert sind die bei der Presse oder einem elektronischen Medienunternehmen angestellten Personen, aber auch freie Mitarbeiter oder sich dort gelegentlich äußernde Journalisten.[187]

60   **d) Marktsondierungen gem. Art. 11.** Als rechtmäßig gilt seit Inkrafttreten der MAR unter den Voraussetzungen des Art. 11 auch die Offenlegung von Informationen im Rahmen sog. **Marktsondierungen.**

61   **aa) Privilegierte Marktsondierungen.** Bei **Marktsondierungen** übermitteln Marktteilnehmer potenziellen Anlegern Informationen zu einer geplanten Transaktion, um so das Interesse des Marktes an der Transaktion und deren Bedingungen, wie Umfang oder Preis, abschätzen zu können. Da Marktsondierungen der Funktionsfähigkeit des Kapitalmarktes dienen und insbesondere bei erheblichen Kursschwankungen oder bei Fehlen von Marktreferenzwerten notwendig sind, sollen sie auch dann möglich sein, wenn sie zur Offenlegung von Insiderinformationen führen (vgl. ErwGr 32). Art. 11 Abs. 1 und 2 beschreiben zwei verschiedene Konstellationen, in denen Marktsondierungen bei Einhaltung des in Art. 11 Abs. 3 und 5 beschriebenen Verfahrens als rechtmäßige Offenlegung iSd Art. 10 gelten. Offenlegende Marktteilnehmer (*disclosing market participant* – DMP) sind gem. Art. 3 Abs. 1 Nr. 32 die in Art. 11 Abs. 1 genannten Personen auf der Angebotsseite sowie Erwerbsinteressenten gem. Art. 11 Abs. 2.

62   **(1) Marktsondierung auf der Angebotsseite.** Art. 11 Abs. 1 privilegiert **Anbieter** von Finanzinstrumenten, namentlich Emittenten, Zweitanbieter und Teilnehmer am Markt für Emissionszertifikate sowie Personen, die in ihrem Auftrag handeln, dh von ihnen schriftlich oder mündlich mit der Vorbereitung der Transaktion beauftragt sind (Art. 11 Abs. 1 lit. d).[188] Während Art. 11 **Emittenten** bei jeglicher Transaktion unabhängig von der Größenordnung privilegiert, gilt die Privilegierung für **Zweitanbieter** von Finanzinstrumenten nur, wenn sie Inhaber einer wesentlichen Beteiligung sind, dh wenn sie Finanzinstrumente in einer ungewöhnlichen Menge oder zu einem ungewöhnlichen Wert anbieten und eine Verkaufsmethode einsetzen, die eine Vorabbewertung voraussetzt (Art. 11 Abs. 1 lit. b).[189]

63   Um die Attraktivität privater Anleiheplatzierungen zu stärken, sollen künftig mit Wirkung ab dem 1.1.2021 gem. Art. 11 Abs. 1a solche Fälle vom Tatbestand der Marktsondierung ausgenommen werden, in denen ein Emittent, dessen Finanzinstrumente zum Handel an einem **KMU-Wachstumsmarkt** (→ Art. 3 Rn. 12) zugelassen sind, qualifizierten Anlegern iSd Art. 2 lit. e Prospekt-VO zwecks Aushandlung der vertraglichen Bedingungen ihrer Beteiligung an einer Anleiheemission Informationen übermittelt.[190] Diese Informationsübermittlung gilt dann als rechtmäßige Offenlegung gem. Art. 10 Abs. 1, ohne dass das aufwendige Verfahren gem. Art. 11 Abs. 3 einzuhalten sein wird. Dem Emittenten obliegen aber Informationspflichten zum Schutz des qualifizierten Anlegers (vgl. Art. 11 Abs. 1a S. 3 idF ab dem 1.1.2021).[191]

---

[185] Klöhn/*Klöhn* Art. 21 Rn. 27.

[186] Zu den Anforderungen iE Klöhn/*Klöhn* Art. 21 Rn. 50 ff.; s. auch Assmann/Schneider/Mülbert/*Koller* Art. 20 Rn. 109; *Meyer/Oulds* in KMFS BankR/KapMarktR Rn. 12.45. Noch zu § 20a WpHG aF Assmann/Schneider/*Vogel* WpHG § 20a Rn. 136.

[187] Schwark/Zimmer/*Kumpan/Schmidt* Art. 21 Rn. 6.

[188] ESMA Final Report – Draft technical standards on the Market Abuse Regulation, 28.9.2015, ESMA 2015/1455 Rn. 66.

[189] Das Geschäft muss im Vergleich zum durchschnittlichen Volumen oder Wert so erheblich sein, dass dessen Ausführung innerhalb eines normalen Handelstages beeinträchtigt ist, oder die Bekanntgabe des Geschäfts wahrscheinlich einen erheblichen Einfluss auf den Kurs des Finanzinstruments haben wird, vgl. ESMA Final Report – Draft technical standards on the Market Abuse Regulation, 28.9.2015, ESMA 2015/1455 Rn. 69.

[190] Art. 1 Nr. 1 Verordnung (EU) 2019/2115 des Europäischen Parlaments und des Rates vom 27.11.2019 zur Änderung der Richtlinie 2014/65/EU und der Verordnungen (EU) Nr. 596/2014 und (EU) 2017/1129 zur Förderung der Nutzung von KMU-Wachstumsmärkten, ABl. 2019 L 320, 1.

[191] Vgl. Art. 1 Nr. 1 Verordnung (EU) 2019/2115 des Europäischen Parlaments und des Rates vom 27.11.2019 zur Änderung der Richtlinie 2014/65/EU und der Verordnungen (EU) Nr. 596/2014 und (EU) 2017/1129 zur Förderung der Nutzung von KMU-Wachstumsmärkten, ABl. 2019 L 320, 1.

(2) Marktsondierung durch Erwerbsinteressenten. In Art. 11 Abs. 2 geht es um Marktsondie- **64** rungen vor dem Erwerb von Finanzinstrumenten. Erwerbsinteressenten sind demnach bei der Suche nach verkaufsbereiten Aktionären privilegiert, wenn sie ein **Übernahmeangebot** oder ein Angebot für einen **Unternehmenszusammenschluss** abgeben wollen. Marktsondierungen im Zusammenhang mit einfachen Erwerbsangeboten oder einem Beteiligungsaufbau außerhalb des WpÜG sind nicht erfasst.[192] Hierfür spricht insbesondere ErwGr 27, der den Begriff des Übernahmeangebots im Zusammenhang mit der Übernahmerichtlinie erwähnt. Die Weitergabe von Informationen zur Suche nach Mitbietern, um ein nach Art. 5 Abs. 1 Übernahme-RL ausdrücklich zulässiges gemeinsames Übernahmeangebot abzugeben, ist von Art. 11 Abs. 2 ebenfalls nicht erfasst.[193] In all diesen Fällen kann sich die Rechtmäßigkeit der Offenlegung aber nach allgemeinen Grundsätzen gem. Art. 10 ergeben.

Eine Marktsondierung liegt im Fall der Art. 11 Abs. 2 nur vor, wenn (1) die Informationen **65** erforderlich sind, damit die Dritten sich eine Meinung über ihre Angebotsbereitschaft bilden können und (2) die Bereitschaft der Dritten nach vernünftigem Ermessen erforderlich für die Entscheidung des potenziellen Bieters ist.

bb) Voraussetzungen. Die Offenlegung gilt gem. Art. 11 Abs. 4 als rechtmäßig iSd Art. 10 Abs. 1 **66** Hs. 2, wenn die in Art. 11 Abs. 3 und 5 genannten Voraussetzungen erfüllt werden. Näheres hierzu findet sich auf der Grundlage von Art. 11 Abs. 9, 10 in der Delegierte Verordnung (EU) 2016/960 (Marktsondierungs-VO),[194] der DVO (EU) 2016/959 (Marktsondierungsd-DVO)[195] und den MAR-Leitlinien.[196]

Der offenlegende Marktteilnehmer (DMP) muss sich hiernach vorab vergewissern, ob es im Verlauf **67** der Sondierung zur Weitergabe von Insiderinformationen kommen wird (Art. 11 Abs. 3 S. 1, s. auch ErwGr 34). Das Ergebnis der Prüfung und die Gründe hierfür hat er schriftlich aufzuzeichnen und der BaFin auf Ersuchen vorzulegen (Art. 11 Abs. 3 S. 2, 3). Das gilt auch, wenn er zu dem Schluss kommt, dass keine Insiderinformation vorliegt (Art. 3 Abs. 4 Delegierte Verordnung (EU) 2016/960). Außerdem muss der offenlegende Marktteilnehmer den Sondierungsempfänger (market sounding recipient – MSR) vor der Offenlegung über die insiderrechtlichen Folgen gem. Art. 14 in Kenntnis setzen und dessen Zustimmung einholen (Art. 11 Abs. 5 UAbs. 1 lit. a–d). Art. 11 Abs. 5 UAbs. 2 verlangt zudem Aufzeichnungen über die offengelegten Informationen und die persönlichen Daten der Empfänger und der in ihrem Auftrag handelnden Personen (Art. 4 Abs. 1 Delegierte Verordnung (EU) 2016/960). Die Aufzeichnungen sind jeweils fünf Jahre aufzubewahren (Art. 11 Abs. 8).

cc) Sonstige Pflichten des offenlegenden Marktteilnehmers. Art. 11 Abs. 6 verlangt darüber **68** hinaus, dass der offenlegende Marktteilnehmer den Sondierungsempfänger über den Wegfall der Eigenschaft als Insiderinformation unverzüglich in Kenntnis setzt (sog. **Cleansing**). Das ist vor allem sinnvoll, wenn die Eigenschaft als Insiderinformation nicht durch öffentliche Bekanntgabe verloren geht, sondern durch Wegfall des Umstands als solchen, etwa bei unternehmensinternen Vorgängen. Die Rechtmäßigkeit der Offenlegung ist jedoch nicht von der Einhaltung des Art. 11 Abs. 6 abhängig (s. Art. 11 Abs. 4).[197] Einzelheiten regeln Art. 5 Delegierte Verordnung (EU) 2016/960 sowie Art. 4 Delegierte Verordnung (EU) 2016/959.

Zur Gleichbehandlung der Sondierungsempfänger muss der offenlegende Marktteilnehmer vorab **69** festlegen, welche Informationen offengelegt bzw. eingeholt werden sollen (Art. 3 Abs. 1, 2 Delegierte Verordnung (EU) 2016/960). Vorgaben zur **Form** der Offenlegung gibt es nicht, sodass die Informationen im Rahmen der Marktsondierung grundsätzlich schriftlich per Post, Fax oder E-Mail oder mündlich, dh per Telefon, Videokonferenz oder im persönlichen Gespräch, übermittelt werden können (Art. 2 Abs. 1 Delegierte Verordnung (EU) 2016/960).

dd) Pflichten des Sondierungsempfängers. Der Sondierungsempfänger unterliegt – idR als **70** **Primärinsider** iSd Art. 8 Abs. 4 UAbs. 1 lit. c – dem allgemeinen Insiderverbot gem. Art. 14. Ob und inwieweit eine Insiderinformation vorliegt, hat er selbst in eigener Verantwortung zu beurteilen

---

[192] Staub/*Grundmann* Bd. 11/1 6. Teil Rn. 425; Hopt/*Kumpan* ZGR 2017, 765 (780); *Poelzig* NZG 2016, 492 (493). AA Klöhn/*Klöhn* Art. 11 Rn. 65 ff.; Gebauer/Teichmann/*Zetzsche,* Enzyklopädie Europarecht, 2016, Bd. 6, § 7 Teil C Rn. 219; *Zetzsche* AG 2016, 610 (612).

[193] Ausf. hierzu Hopt/*Kumpan* ZGR 2017, 765 (788).

[194] Delegierte Verordnung (EU) 2016/960 der Kommission vom 17.5.2016 zur Ergänzung der Verordnung (EU) Nr. 596/2014 des Europäischen Parlaments und des Rates durch technische Regulierungsstandards für angemessene Regelungen, Systeme und Verfahren für offenlegende Marktteilnehmer bei der Durchführung von Marktsondierungen, ABl. 2016 L 160, 29.

[195] Durchführungsverordnung (EU) Nr. 2016/959 der Kommission vom 17.5.2016 zur Festlegung technischer Durchführungsstandards für Marktsondierungen in Bezug auf die von offenlegenden Marktteilnehmern zu nutzenden Systeme und Mitteilungsmuster und das Format der Aufzeichnungen gemäß Verordnung (EU) Nr. 596/2014 des Europäischen Parlaments und des Rates, ABl. 2016 L 160, 23.

[196] MAR-Leitlinien der ESMA „Personen, die Marktsondierungen erhalten", ESMA/2016/1477DE.

[197] So auch Gebauer/Teichmann/*Zetzsche* Enzyklopädie Europarecht Bd. 6, § 7 Teil C Rn. 230 („reine Freundlichkeit […] keine Rechtswirkung"); Staub/*Grundmann* 6. Teil Rn. 480; Klöhn/*Klöhn* Art. 11 Rn. 144.

(Art. 11 Abs. 7). Die ESMA hat auf der Grundlage von Art. 11 Abs. 11 in rechtlich unverbindlichen Leitlinien Kriterien formuliert, die der Empfänger bei der Beurteilung zu berücksichtigen hat.[198] Auch die Einhaltung dieser Pflichten ist keine Voraussetzung für die Rechtmäßigkeit der Offenlegung (s. Art. 11 Abs. 4).[199]

V. Subjektiver Tatbestand

71   Subjektiv verlangen Art. 8 Abs. 1, 2 und 10 Abs. 1 jeweils, dass der Insider über die Insiderinformation verfügt, dh den Inhalt der Insiderinformation positiv kennt (→ Art. 8–11, 14, 16 Rn. 6 ff.). Der Sekundärinsider muss darüber hinaus wissen oder hätte wissen müssen, dass es sich um eine Insiderinformation handelt (→ Art. 8–11, 14, 16 Rn. 12). Im Übrigen enthält Art. 14 keine subjektiven Voraussetzungen. Diese ergeben sich erst in Zusammenschau mit den Rechtsfolgen (s. § 119 Abs. 3 WpHG, § 120 Abs. 14 WpHG).

VI. Zivilrechtliche Folgen von Verstößen gegen das Insiderrecht

72   Die MAR schweigt ebenso wie das WpHG zu den zivilrechtlichen Folgen von Insiderverstößen. Daher sind die zivilrechtlichen Folgen nach den allgemeinen bürgerlich-rechtlichen Vorschriften zu beurteilen.

73   **1. Nichtigkeit der Geschäfte.** Die unter Nutzung von Insiderinformationen entgegen Art. 14 abgeschlossenen Geschäfte sind nicht gem. **§ 134 BGB** nichtig. Bei der MAR handelt es sich zwar als europäische Verordnung grundsätzlich um ein Gesetz iSd § 134 BGB.[200] Gegen Art. 14 verstößt aber nur der Insider, nicht jedoch der jeweilige Vertragspartner. Bei einseitigen Verbotsverstößen tritt die Nichtigkeitsfolge grundsätzlich nicht ein.[201] Hinzu kommt, dass Art. 14 nicht den Inhalt des Geschäfts, sondern die Art des Zustandekommens unter Nutzung von Insiderinformationen untersagt.[202] Und schließlich würde die Funktionsfähigkeit des Kapitalmarktes leiden, wenn die unwirksamen Geschäfte rückabgewickelt werden müssten. Die Nichtigkeit folgt daher auch nicht aus **§ 138 BGB**.[203]

74   **2. Schadensersatzanspruch gem. § 823 Abs. 2 BGB.** Denkbar ist eine deliktsrechtliche Haftung aus § 823 Abs. 2 BGB iVm Art. 14, wenn es sich bei dem Insiderverbot um ein Schutzgesetz handelt.[204]

75   **a) Meinungsstand.** Die überwiegende Auffassung lehnt die Schutzgesetzeigenschaft des Insiderverbots und damit eine Haftung gem. § 823 Abs. 2 BGB ab, da sowohl der deutsche als auch der europäische Gesetzgeber ausschließlich verwaltungsrechtliche Sanktionen vorsehen und mit der vereinzelten Einführung von spezialgesetzlichen Haftungsvorschriften – etwa in §§ 97 f. WpHG oder Art. 35 Ratingverordnung – den gesetzgeberischen Willen erkennen lassen, dass Verstöße gegen kapitalmarktrechtliche Pflichten nur dann eine zivilrechtliche Haftung begründen sollen, wenn dies ausdrücklich gesetzlich vorgesehen ist.[205] Teilweise wird die Schutzgesetzeigenschaft von Art. 14 und eine Haftung gem. § 823 Abs. 2 BGB bejaht.[206]

76   **b) Stellungnahme.** Für die Schutzgesetzeigenschaft von Art. 14 spricht, dass Art. 1 neben dem auch schon von der MAD aF erfassten Schutz der Funktionsfähigkeit des Kapitalmarktes und des Anlegervertrauens (s. ErwGr 12 MAD aF) erstmalig auch den Anlegerschutz als eigenständiges Regelungsziel nennt. Der Regelungszweck der MAR erfasst damit über den schon bisher weitgehend anerkannten Schutz der Anleger in ihrer Gesamtheit[207] nunmehr auch den Schutz des einzelnen Anlegers.[208] Jedenfalls wird die Haftung gem. § 823 Abs. 2 BGB aber regelmäßig mangels Schadens

---

[198] MAR-Leitlinien der ESMA „Personen, die Marktsondierungen erhalten", ESMA/2016/1477DE.

[199] Klöhn/*Klöhn* Art. 11 Rn. 145.

[200] Statt aller MüKoBGB/*Armbrüster* BGB § 134 Rn. 37.

[201] Palandt/*Ellenberger* BGB § 134 Rn. 9. Anders aber *Krauel,* Insiderhandel – Eine ökonomisch-theoretische und rechtsvergleichende Untersuchung, 2000, 307.

[202] Assmann/Schneider/Mülbert/*Assmann* Art. 14 Rn. 9; Klöhn/*Klöhn* Art. 14 Rn. 116; Schwark/Zimmer/ *Kumpan/Grütze* Art. 14 Rn. 48 und zu § 14 WpHG aF Fuchs/*Mennicke* WpHG § 14 Rn. 423, 440; NK-AktKap-MarktR/*Fischer zu Cramburg/Royé* WpHG § 14 Rn. 11; Kölner Komm WpHG/*Klöhn* WpHG § 14 Rn. 515; Schwark/Zimmer/*Schwark/Kruse* WpHG § 14 Rn. 4; *Krauel,* Insiderhandel – Eine ökonomisch-theoretische und rechtsvergleichende Untersuchung, 2000, 307 f.; *Steinhauer,* Insiderhandelsverbot und Ad-hoc-Pubizität, 1999, 89 f.

[203] Klöhn/*Klöhn* Art. 14 Rn. 117.

[204] *Schütt,* Europäische Marktmissbrauchsverordnung und Individualschutz, 2019, 539 ff.

[205] Assmann/Schneider/Mülbert/*Assmann* Art. 14 Rn. 12; *Buck-Heeb* KapMarktR Rn. 454 ff.; Klöhn/*Klöhn* Art. 14 Rn. 122; gegen die Schutzgesetzeigenschaft des Art. 14 MüKoBGB/*Wagner* BGB § 823 Rn. 510.

[206] *Beneke/Thelen* BKR 2017, 12, *Poelzig* NZG 2016, 492 (501); *Schütt,* Europäische Marktmissbrauchsverordnung und Individualschutz, 2019, 543; *Seibt/Wollenschläger* AG 2014, 593 (607).

[207] Zu dem bekannten Bild von den zwei Seiten einer Medaille *Hopt* ZHR 159 (1995), 135 (159); *Hopt* WM 2009, 1873 (1881).

[208] AA MüKoBGB/*Wagner* BGB § 823 Rn. 510; Klöhn/*Klöhn* Art. 14 Rn. 9.

ausgeschlossen sein, da der Anleger das Geschäft wenn nicht mit dem Insider, dann mit einem Outsider zu demselben Preis abgeschlossen hätte.[209]

3. Schadensersatzanspruch gem. § 826 BGB. Bei Verstößen gegen das Insiderrecht kommt eine **77** Haftung wegen vorsätzlicher sittenwidriger Schädigung nach § 826 BGB zwar ebenso wie bei Verstößen gegen das Verbot der Marktmanipulation (→ Art. 12, 13, 15 Rn. 54) grundsätzlich in Betracht, der Gesetzesverstoß alleine kann die Sittenwidrigkeit aber noch nicht begründen.[210]

Art. 12 Marktmanipulation

(1) **Für die Zwecke dieser Verordnung umfasst der Begriff „Marktmanipulation" folgende Handlungen:**

a) **Abschluss eines Geschäfts, Erteilung eines Handelsauftrags sowie jede andere Handlung, die**

  i) **falsche oder irreführende Signale hinsichtlich des Angebots, der Nachfrage oder des Preises eines Finanzinstruments, eines damit verbundenen Waren-Spot-Kontrakts oder eines auf Emissionszertifikaten beruhenden Auktionsobjekts gibt oder bei der dies wahrscheinlich ist, oder**

  ii) **ein anormales oder künstliches Kursniveau eines oder mehrerer Finanzinstrumente, eines damit verbundenen Waren-Spot-Kontrakts oder eines auf Emissionszertifikaten beruhenden Auktionsobjekts sichert oder bei der dies wahrscheinlich ist; es sei denn, die Person, die ein Geschäft abschließt, einen Handelsauftrag erteilt oder eine andere Handlung vornimmt, nach, dass das Geschäft, der Auftrag oder die Handlung legitime Gründe hat und im Einklang mit der zulässigen Marktpraxis gemäß Artikel 13 steht.**

b) **Abschluss eines Geschäfts, Erteilung eines Handelsauftrags und jegliche sonstige Tätigkeit oder Handlung an Finanzmärkten, die unter Vorspiegelung falscher Tatsachen oder unter Verwendung sonstiger Kunstgriffe oder Formen der Täuschung den Kurs eines oder mehrerer Finanzinstrumente, eines damit verbundenen Waren-Spot-Kontrakts oder eines auf Emissionszertifikaten beruhenden Auktionsobjekts beeinflusst oder hierzu geeignet ist;**

c) **Verbreitung von Informationen über die Medien einschließlich des Internets oder auf anderem Wege, die falsche oder irreführende Signale hinsichtlich des Angebots oder des Kurses eines Finanzinstruments, eines damit verbundenen Waren-Spot-Kontrakts oder eines auf Emissionszertifikaten beruhenden Auktionsobjekts oder der Nachfrage danach geben oder bei denen dies wahrscheinlich ist oder ein anormales oder künstliches Kursniveau eines oder mehrerer Finanzinstrumente, eines damit verbundenen Waren-Spot-Kontrakts oder eines auf Emissionszertifikaten beruhenden Auktionsobjekts herbeiführen oder bei denen dies wahrscheinlich ist, einschließlich der Verbreitung von Gerüchten, wenn die Person, die diese Informationen verbreitet hat, wusste oder hätte wissen müssen, dass sie falsch oder irreführend waren;**

d) **Übermittlung falscher oder irreführender Angaben oder Bereitstellung falscher oder irreführender Ausgangsdaten bezüglich eines Referenzwerts, wenn die Person, die die Informationen übermittelt oder die Ausgangsdaten bereitgestellt hat, wusste oder hätte wissen müssen, dass sie falsch oder irreführend waren, oder sonstige Handlungen, durch die die Berechnung eines Referenzwerts manipuliert wird.**

(2) **Als Marktmanipulation gelten unter anderem die folgenden Handlungen:**

a) **Sicherung einer marktbeherrschenden Stellung in Bezug auf das Angebot eines Finanzinstruments. damit verbundener Waren-Spot-Kontrakte oder eines auf Emissionszertifikaten beruhenden Auktionsobjekts oder die Nachfrage danach durch eine Person oder mehrere in Absprache handelnde Personen mit der tatsächlichen oder wahrscheinlichen Folge einer unmittelbaren oder mittelbaren Festsetzung des Kaufs- oder Verkaufspreises oder anderen unlauteren Handelsbedingungen führt oder hierzu geeignet ist;**

b) **Kauf oder Verkauf von Finanzinstrumenten bei Handelsbeginn oder bei Handelsschluss an einem Handelsplatz mit der tatsächlichen oder wahrscheinlichen Folge, dass Anleger, die aufgrund der angezeigten Kurse, einschließlich der Eröffnungs- und Schlusskurse, tätig werden, irregeführt werden;**

---

[209] Noch zu § 14 WpHG aF Assmann/Schneider/*Assmann* WpHG § 14 Rn. 209; *Hopt* in Baetge, Insiderrecht und Ad-hoc-Publizität, 1995, 1, 5; Fuchs/*Mennicke* WpHG § 14 Rn. 445; *Sethe* in Assmann/Schütze KapitalanlageR-HdB § 8 Rn. 162; MüKoBGB/*Wagner* BGB § 823 Rn. 510. AA *Beneke/Thele* BKR 2017, 12 (17 f.). Diff. *Langenbucher* AktKapMarktR § 15 Rn. 115.

[210] *Buck-Heeb* KapMarktR Rn. 457; Klöhn/*Klöhn* Art. 14 Rn. 122; Assmann/Schneider/*Mülbert/Mülbert* Art. 14 Rn. 14; *Poelzig* KapMarktR Rn. 461. AA *Langenbucher* AktKapMarktR § 15 Rn. 113, wonach Insiderhandel im Regelfall als sittenwidrig zu missbilligen ist.

c) die Erteilung von Kauf- oder Verkaufsaufträgen an einen Handelsplatz, einschließlich deren Stornierung oder Änderung, mittels aller zur Verfügung stehenden Handelsmethoden, auch in elektronischer Form, beispielsweise durch algorithmische und Hochfrequenzhandelsstrategien, die eine der in Absatz 1 Buchstabe a oder b genannten Auswirkungen hat, indem sie

  i) das Funktionieren des Handelssystems des Handelsplatzes tatsächlich oder wahrscheinlich stört oder verzögert,

  ii) Dritten die Ermittlung echter Kauf- oder Verkaufsaufträge im Handelssystem des Handelsplatzes tatsächlich oder wahrscheinlich erschwert, auch durch das Einstellen von Kauf- oder Verkaufsaufträgen, die zur Überfrachtung oder Beeinträchtigung des Orderbuchs führen, oder

  iii) tatsächlich oder wahrscheinlich ein falsches oder irreführendes Signal hinsichtlich des Angebots eines Finanzinstruments oder der Nachfrage danach oder seines Preises setzt, insbesondere durch das Einstellen von Kauf- oder Verkaufsaufträgen zur Auslösung oder Verstärkung eines Trends;

d) Ausnutzung eines gelegentlichen oder regelmäßigen Zugangs zu den traditionellen oder elektronischen Medien durch Abgabe einer Stellungnahme zu einem Finanzinstrument, einem damit verbundenen Waren-Spot-Kontrakt oder einem auf Emissionszertifikaten beruhenden Auktionsobjekt (oder indirekt zu dessen Emittenten), wobei zuvor Positionen bei diesem Finanzinstrument, einem damit verbundenen Waren-Spot-Kontrakt oder einem auf Emissionszertifikaten beruhenden Auktionsobjekt eingegangen wurden und anschließend Nutzen aus den Auswirkungen der Stellungnahme auf den Kurs dieses Finanzinstruments, eines damit verbundenen Waren-Spot-Kontrakts oder eines auf Emissionszertifikaten beruhenden Auktionsobjekts gezogen wird, ohne dass der Öffentlichkeit gleichzeitig dieser Interessenkonflikt ordnungsgemäß und wirksam mitgeteilt wird; e) Kauf oder Verkauf von Emissionszertifikaten oder deren Derivaten auf dem Sekundärmarkt vor der Versteigerung gemäß der Verordnung (EU) Nr. 1031/2010 mit der Folge, dass der Auktionsclearingpreis für die Auktionsobjekte auf anormaler oder künstlicher Höhe festgesetzt wird oder dass Bieter, die auf den Versteigerungen bieten, irregeführt werden.

(3) Für die Anwendung von Absatz 1 Buchstaben a und b und unbeschadet der in Absatz 2 aufgeführten Formen von Handlungen enthält Anhang I eine nicht erschöpfende Aufzählung von Indikatoren in Bezug auf die Vorspiegelung falscher Tatsachen oder sonstige Kunstgriffe oder Formen der Täuschung und eine nicht erschöpfende Aufzählung von Indikatoren in Bezug auf falsche oder irreführende Signale und die Sicherung des Herbeiführung bestimmter Kurse.

(4) Handelt es sich bei der in diesem Artikel genannten Person um eine juristische Person, so gilt dieser Artikel nach Maßgabe des nationalen Rechts auch für die natürlichen Personen, die an dem Beschluss, Tätigkeiten für Rechnung der betreffenden juristischen Person auszuführen, beteiligt sind.

(5) Der Kommission wird die Befugnis übertragen, gemäß Artikel 35 zur Präzisierung der in Anhang I festgelegten Indikatoren delegierte Rechtsakte zu erlassen, um deren Elemente zu klären und den technischen Entwicklungen auf den Finanzmärkten Rechnung zu tragen.

Artikel 13 Zulässige Marktpraxis

(1) Das Verbot gemäß Artikel 15 gilt nicht für die in Artikel 12 Absatz 1 Buchstabe a genannten Handlungen, wenn die Person, die ein Geschäft abschließt, einen Handelsauftrag erteilt oder eine andere Handlung vornimmt, nachweist, dass das Geschäft, der Auftrag oder die Handlung legitime Gründe hat und im Einklang mit der zulässigen Marktpraxis gemäß diesem Artikel steht.

(2) [1] Eine zuständige Behörden kann eine zulässige Marktpraxis festlegen, wobei folgende Kriterien berücksichtigt werden:

a) ob die Marktpraxis einen erheblichen Grad an Markttransparenz gewährt;

b) ob durch die Marktpraxis das Funktionieren der Marktkräfte und das richtige Zusammenspiel von Angebot und Nachfrage in hohem Grade gewährleistet werden;

c) ob die Marktpraxis sich positiv auf Marktliquidität und -effizienz auswirkt;

d) ob die Marktpraxis dem Handelsmechanismus des betreffenden Marktes Rechnung trägt und es den Marktteilnehmern erlaubt, angemessen und rechtzeitig auf die durch die Marktpraxis entstehende neue Marktsituation zu reagieren;

e) ob die Marktpraxis keine Risiken für die Integrität direkt oder indirekt verbundener, geregelter oder nicht geregelter Märkte für das betreffende Finanzinstrument innerhalb der Union schafft;

f) das Ergebnis der Ermittlungen der zuständigen Behörden bzw. anderer Behörden zu der entsprechenden Marktpraxis, insbesondere ob eine Verletzung der Marktmissbrauchsbestimmungen oder der geltenden Verhaltensregeln festgestellt wurde, unabhängig davon, ob auf dem betreffenden Markt oder auf anderen direkt oder indirekt verbundenen Märkten in der Union, und

g) die Strukturmerkmale des betreffenden Marktes, u. a., ob es sich um einen geregelten Markt handelt, welche Finanzinstrumente gehandelt werden, welche Marktteilnehmer vertreten sind und welcher Anteil am Handel auf dem betreffenden Markt auf Privatanleger entfällt.

[2] Eine Marktpraxis, die von einer zuständigen Behörde auf einem bestimmten Markt als zulässige Marktpraxis festgelegt wurde, wird nicht als zulässig auf anderen Märkten betrachtet, wenn sie nicht von den für diese anderen Märkte zuständigen Behörden gemäß diesem Artikel anerkannt worden ist.

(3) [1] Vor der Festlegung einer zulässigen Markpraxis gemäß Absatz 2 informiert die zuständige Behörden die ESMA und die anderen zuständigen Behörden über ihre Absicht, eine zulässige Marktpraxis festzulegen, und legt Einzelheiten der Bewertung vor, die im Einklang mit den Kriterien in Absatz 2 vorgenommen wurde. [2] Diese Information erfolgt mindestens drei Monate vor der beabsichtigten Einführung der zulässigen Marktpraxis.

(4) [1] Innerhalb von zwei Monaten nach Erhalt der Information gibt die ESMA gegenüber der mitteilenden zuständigen Behörde eine Stellungnahme ab, in der sie bewertet, ob die zulässige Marktpraxis mit Absatz 2 und den gemäß Absatz 7 angenommenen technischen Regulierungsstandards vereinbar ist. [2] Die ESMA prüft ebenfalls, ob das Vertrauen in den Finanzmarkt der Union durch die Festlegung der zulässigen Marktpraxis gefährdet würde. Die Stellungnahme wird auf der Website der ESMA veröffentlicht.

(5) Legt eine zuständige Behörde eine Marktpraxis fest, die einer gemäß Absatz 4 durch die ESMA abgegebenen Stellungnahme zuwiderläuft, veröffentlicht sie auf ihrer Website innerhalb von 24 Stunden nach der Festlegung der zulässigen Marktpraxis eine Bekanntmachung, in der sie die Gründe für ihr Vorgehen vollständig darlegt und auch darauf eingeht, warum die zulässige Marktpraxis keine Gefahr für das Vertrauen in den Markt darstellt.

(6) [1] Ist eine zuständige Behörde der Ansicht, dass eine andere zuständige Behörde eine zulässige Marktpraxis festgelegt hat, die die in Absatz 2 verankerten Kriterien nicht erfüllt, unterstützt die ESMA die betreffenden Behörden im Einklang mit ihren Befugnissen gemäß Artikel 19 der Verordnung (EU) Nr. 1095/2010 dabei, zu einer Einigung zu gelangen.

[2] Erzielen die betreffenden zuständigen Behörden keine Einigung, so kann die ESMA gemäß Artikel 19 Absatz 3 der Verordnung (EU) Nr. 1095/2010 einen Beschluss fassen.

(7) [1] Um eine durchgängige Harmonisierung dieses Artikels sicherzustellen, arbeitet die ESMA Entwürfe technischer Regulierungsstandards aus, in denen die Kriterien, das Verfahren und die Anforderungen für die Festlegung einer zulässigen Marktpraxis gemäß den Absätzen 2, 3 und 4 sowie für die Anforderungen an ihre Beibehaltung, Beendigung oder Änderung der Bedingungen für ihre Zulässigkeit festgelegt werden.

[2] Die ESMA legt der Kommission bis zum 3. Juli 2015 diese Entwürfe technischer Regulierungsstandards vor.

[3] Der Kommission wird die Befugnis übertragen, die in Unterabsatz 1 genannten technischen Regulierungsstandards nach Artikel 10 bis 14 der Verordnung (EU) Nr. 1095/2010 zu erlassen.

(8) Die zuständigen Behörden überprüfen regelmäßig und mindestens alle zwei Jahre die von ihnen festgelegte zulässige Marktpraxis und berücksichtigen dabei insbesondere wesentliche Änderungen im Umfeld des betreffenden Marktes, d. h. beispielsweise geänderte Handelsregeln oder Änderungen an den Infrastrukturen des Marktes, um zu entscheiden, ob diese Praxis beibehalten wird, beendet wird oder ob die Bedingungen für ihre Zulässigkeit geändert werden soll.

(9) Die ESMA veröffentlicht auf ihrer Website die zulässige Marktpraxis in Form einer Liste der zulässigen Handlungen und gibt an, in welchen Mitgliedstaaten sie anwendbar ist.

(10) Die ESMA überwacht die Anwendung der zulässigen Marktpraxis und legt der Kommission jährlich einen Bericht über deren Anwendung auf den betreffenden Märkten vor.

(11) [1] Die zuständigen Behörden übermitteln der ESMA die zulässige Marktpraxis, die sie vor dem 2. Juli 2014 festgelegt hat, innerhalb von drei Monaten nach dem Inkrafttreten der in Absatz 7 genannten technischen Regulierungsstandards durch die Kommission.

[2] Die in Unterabsatz 1 dieses Absatzes genannte zulässige Marktpraxis gilt in dem betreffenden Mitgliedstaat weiter, bis die zuständige Behörde auf der Grundlage der Stellungnahme der ESMA gemäß Absatz 4 einen Beschluss hinsichtlich ihrer Weiterführung gefasst hat.

Art. 15 Verbot der Marktmanipulation

Marktmanipulation und der Versuch hierzu sind verboten.

Anhang I [Indikatoren für manipulatives Handeln]

A. Indikatoren für manipulatives Handeln durch Aussenden falscher oder irreführender Signale und durch Herbeiführen bestimmter Kurse

Für die Zwecke der Anwendung von Artikel 12 Absatz 1 Buchstabe a dieser Verordnung und unbeschadet der Handlungen, die in Absatz 2 des genannten Artikels aufgeführt sind, werden die nachfolgend in nicht erschöpfender Aufzählung genannten Indikatoren, die für sich genommen nicht unbedingt als Marktmanipulation anzusehen sind, berücksichtigt, wenn Marktteilnehmer oder die zuständigen Behörden Geschäfte oder Handelsaufträge prüfen:

a) der Umfang, in dem erteilte Handelsaufträge oder abgewickelte Geschäfte einen bedeutenden Teil des Tagesvolumens der Transaktionen mit dem entsprechenden Finanzinstrument, einem damit verbundenen Waren-Spot-Kontrakt oder einem auf Emissionszertifikaten beruhenden Auktionsobjekt ausmachen, vor allem dann, wenn diese Tätigkeiten zu einer erheblichen Veränderung des Kurses führen;

b) der Umfang, in dem erteilte Handelsaufträge oder abgewickelte Geschäfte von Personen die bedeutende Kauf- oder Verkaufspositionen in Bezug auf ein Finanzinstrument, einen damit verbundenen Waren-Spot-Kontrakt oder ein auf Emissionszertifikaten beruhendes Auktionsobjekt innehaben, zu wesentlichen Änderungen des Kurses dieses Finanzinstruments, damit verbundenen Waren-Spot-Kontrakts oder auf Emissionszertifikaten beruhenden Auktionsobjekts führen;

c) der Umstand, ob getätigte Geschäfte nicht zu einer Änderung des wirtschaftlichen Eigentums eines Finanzinstruments, eines damit verbundenen Waren-Spot-Kontrakts oder eines auf Emissionszertifikaten beruhenden Auktionsobjekts führen;

d) der Umfang, in dem erteilte Handelsaufträge oder abgewickelte Geschäfte oder stornierte Aufträge Umkehrungen von Positionen innerhalb eines kurzen Zeitraums beinhalten und einen beträchtlichen Teil des Tagesvolumens der Transaktionen mit dem entsprechenden Finanzinstrument, einem damit verbundenen Waren-Spot-Kontrakt oder einem auf Emissionszertifikaten beruhenden Auktionsobjekt ausmachen und mit einer erheblichen Veränderung des Kurses eines Finanzinstruments, eines damit verbundenen Waren-Spot-Kontrakts oder eines auf Emissionszertifikaten beruhenden Auktionsobjekts in Verbindung stehen könnten;

e) der Umfang, in dem erteilte Handelsaufträge oder abgewickelte Geschäfte durch ihre Häufung innerhalb eines kurzen Abschnitts des Handelstages eine Kursveränderung bewirken, auf die einen gegenläufige Preisänderung folgt;

f) der Umfang, in dem erteilte Handelsaufträge die Darstellung der besten Geld- oder Briefkurse eines Finanzinstruments, eines damit verbundenen Waren-Spot-Kontrakts oder eines auf Emissionszertifikaten beruhenden Auktionsobjekts verändern oder allgemeiner die den Marktteilnehmern verfügbare Darstellung des Orderbuchs verändern und vor ihrer eigentlichen Abwicklung annulliert werden, und

g) der Umfang, in dem Geschäfte genau oder ungefähr zu einem Zeitpunkt in Auftrag gegeben oder abgewickelt werden, zu dem die Referenzkurse, die Abrechnungskurse und die Bewertungen berechnet werden, und dies zu Kursveränderungen führt, die sich auf diese Kurse und Bewertungen auswirken.

B. Indikatoren für manipulatives Handeln durch Vorspiegelung falscher Tatsachen sowie durch sonstige Kunstgriffe oder Formen der Täuschung

Für die Zwecke der Anwendung von Artikel 12 Absatz 1 Buchstabe b dieser Verordnung und unbeschadet der Handlungen, die in Absatz 2 des genannten Artikels aufgeführt sind, werden die nachfolgend in nicht erschöpfender Aufzählung genannten Indikatoren, die für sich genommen nicht unbedingt als Marktmanipulation anzusehen sind, berücksichtigt, wenn Marktteilnehmer oder die zuständigen Behörden Geschäfte oder Handelsaufträge prüfen:

a) ob von bestimmten Personen erteilte Handelsaufträge oder ausgeführte Geschäfte vorab oder im Nachhinein von der Verbreitung falscher oder irreführender Informationen durch dieselben oder in enger Beziehung zu ihnen stehenden Personen begleitet wurden und

b) ob Geschäfte von Personen in Auftrag gegeben bzw. ausgeführt werden, bevor oder nachdem diese Personen oder in enger Beziehung zu ihnen stehende Personen unrichtige oder verzerrte oder nachweislich von materiellen Interessen beeinflusste Anlageempfehlungen erstellt oder weitergegeben haben.

I. Allgemeines

Art. 15 verbietet, die Marktpreise von Finanzinstrumenten zu manipulieren. Der Kursbetrug war **1** ursprünglich im BörsG 1896 und dann in § 88 BörsG aF geregelt, blieb allerdings ohne große praktische Bedeutung. Später wurde das Marktmanipulationsverbot vom BörsG in das WpHG (§ 20a WpHG aF) verschoben, da es kein Marktorganisationsrecht darstellt, sondern gemeinsam mit dem Insiderrecht das Marktmissbrauchsrecht ieS bildet. Das zuvor in § 20a WpHG aF zur Umsetzung der MAD aF geregelte Verbot der Marktmanipulation findet sich seit Juli 2016 in Art. 12, 15.

1. Regelungszweck. Regelungszweck der Norm ist es, die **unverfälschte Preisbildung** auf **2** Finanzmärkten und damit die Funktionsfähigkeit sowie das Vertrauen der Anleger zu gewährleisten.[1] Insbesondere informationsgestützte Marktmanipulationen beeinträchtigen Anleger in ihrer Entscheidungsgrundlage und sollen daher nach ErwGr 47 zum Schutz der Anleger und Emittenten verhindert werden. Mit der Neuregelung in Art. 12, 15 wurde das Marktmanipulationsverbot im Vergleich zur Vorgängerregelung in Art. 1 Abs. 1 MAD 2003 ausgeweitet.[2]

2. Systematik. Das Verbot der Marktmanipulation, einschließlich des Versuchs, ist in Art. 15 **3** geregelt. Näher spezifiziert werden die verschiedenen Tatbestände der Marktmanipulation in Art. 12.
In Art. 12 Abs. 1 werden unter den lit. a–d die grundlegenden Tatbestände der Marktmanipulation **4** aufgeführt, während Abs. 2 einen nicht abschließenden Katalog beispielhaft aufgelisteter Manipulationspraktiken enthält. Abs. 3 verweist auf Anh. I der MAR. Dieser zählt nicht erschöpfend Indikatoren für bestimmte manipulative Verhaltensweisen[3] auf. Die Kommission hat von der in Abs. 5 enthaltenen Ermächtigung zur Konkretisierung dieser Indikatoren durch delegierte Rechtsakte iSd Art. 35 Gebrauch gemacht.[4] Abs. 4 erweitert die Verantwortlichkeit für unzulässige Marktmanipulationen durch juristische Personen auf beteiligte natürliche Personen nach Maßgabe des jeweiligen nationalen Rechts.

---

[1] Ausf. dazu Klöhn/*Schmolke* Vor Art. 12 Rn. 33 f.
[2] S. *EU-Kommission* Public Consultation on a Revision of the Market Abuse Directive (MAD) v. 25.6.2010, abrufbar unter: http://ec.europa.eu/finance/consultations/2010/mad/docs/consultation_paper_en.pdf (letzter Zugriff: 4.12.2019). Sowie Assmann/Schneider/Mülbert/*Mülbert* Vor Art. 12, 13, 15, 16 Rn. 16; Klöhn/*Schmolke* Art. 12 Rn. 5; *Schmolke* AG 2016, 434 (439).
[3] Genauer: Indikatoren für manipulatives Handeln durch Aussenden falscher oder irreführender Signale und durch Herbeiführen bestimmter Kurse (Anh. I MAR Teil A) sowie Indikatoren für manipulatives Handeln durch Vorspiegelung falscher Tatsachen sowie durch sonstige Kunstgriffe oder Formen der Täuschung (Anh. I MAR Teil B).
[4] S. Delegierte Verordnung (EU) 2016/522 der Kommission v. 17.12.2015 zur Ergänzung der Verordnung (EU) Nr. 596/2014 des Europäischen Parlaments und des Rates im Hinblick auf eine Ausnahme für bestimmte öffentliche Stellen und Zentralbanken von Drittstaaten, die Indikatoren für Marktmanipulation, die Schwellenwerte für die Offenlegung, die zuständige Behörde, der ein Aufschub zu melden ist, die Erlaubnis zum Handel während eines geschlossenen Zeitraums und die Arten meldepflichtiger Eigengeschäfte von Führungskräften, ABl. 2016 L 88, 1.

5   Art. 13 bestimmt die Voraussetzungen zulässiger Handelspraktiken, die vom Tatbestand der Marktmanipulation ausgenommen sind, und das Verfahren zur Feststellung der Zulässigkeit. Ausnahmen vom Verbot gelten für Aktienrückkaufprogramme und Kursstabilisierungsmaßnahmen unter den Voraussetzungen von Art. 5 (→ Art. 5 Rn. 2 ff.).

6   In Art. 5 ff. Marktmissbrauchs-RL (RL 2014/57/EU) finden sich Vorgaben zur strafrechtlichen Sanktionierung von Verstößen gegen das Marktmanipulationsverbot. Die Mitgliedstaaten sind gem. Art. 5 Abs. 1 Marktmissbrauchs-RL dazu verpflichtet, derartige Verstöße zumindest „in schweren Fällen und bei Vorliegen von Vorsatz" als Straftat zu ahnden. Art. 5 Abs. 2 Marktmissbrauchs-RL enthält eine selbstständige Definition der Marktmanipulation, welche enger als Art. 12, 15 gefasst ist.[5] Über Art. 6 Abs. 1, 2 Marktmissbrauchs-RL wird die Verpflichtung entsprechend auf die Ahndung von Versuch und Teilnahme an einer Marktmanipulation in obigem Sinne ausgedehnt. Gem. Art. 7 Abs. 2 Marktmissbrauchs-RL durfte bei der Umsetzung die Mindestfreiheitsstrafe ein Höchstmaß von 4 Jahren nicht unterschritten werden. Die europäischen Vorgaben zur Strafbarkeit der vorsätzlichen Marktmanipulation wurden in § 119 Abs. 1, 5 WpHG, der versuchten Marktmanipulation in § 119 Abs. 4 WpHG sowie zur Einordnung als Ordnungswidrigkeit der leichtfertigen Marktmanipulation gem. § 120 Abs. 15 Nr. 2 WpHG umgesetzt (→ WpHG § 119 Rn. 2 f.; → WpHG §§ 120, 121 Rn. 1 ff.). Zudem hat die BaFin gem. § 125 WpHG Verstöße bekanntzumachen (→ WpHG §§ 123–126 Rn. 1 ff.).

7   Auf europäischer Ebene wird Art. 12 bisher lediglich auf Level 2 des Lamfalussy-Verfahrens durch delegierte Verordnungen konkretisiert. Auf Basis der Art. 12 Abs. 5 iVm Art. 35 wurde die Delegierte Verordnung (EU) 2016/522 erlassen, welche die in Art. 12 Abs. 3 iVm Anh. I aufgeführten Indikatoren konkretisiert. Die Delegierte Verordnung (EU) 2016/908[6] basiert auf der Ermächtigung in Art. 13 Abs. 7 und führt die Voraussetzungen der Qualifizierung einer Verhaltensweise als zulässige Marktpraxis näher aus. Von Bedeutung im Rahmen des Art. 12 ist zudem die Delegierte Verordnung (EU) 2016/1052,[7] wodurch eine genauere Bestimmung der Bedingungen für Rückkaufprogramme und Stabilisierungsmaßnahmen iSd Art. 5 erfolgt.

8   Das nationale Recht hat für das Marktmanipulationsverbot nur noch ergänzende Bedeutung: So erweitert § 25 WpHG den sachlichen Anwendungsbereich der Art. 12, 15 über Finanzinstrumente iSd Art. 3 Abs. 1 Nr. 1 hinaus auf Waren und ausländische Zahlungsmittel. Außerdem finden sich im WpHG die Vorschriften zur Umsetzung der sekundärrechtlich geforderten Aufsichts- und Ermittlungsbefugnisse sowie Sanktionen, vgl. § 6 Abs. 2 WpHG, §§ 7, 8 Abs. 2 S. 1 WpHG, § 12 WpHG; § 119 Abs. 1 WpHG, § 120 Abs. 2 Nr. 3, Abs. 15 Nr. 2 WpHG. Außerhalb des WpHG kommen bei Verstößen durch Kreditinstitute iSd § 1 Abs. 1 S. 1 KWG Maßnahmen gegen das Institut selbst (§ 35 Abs. 2 Nr. 7 KWG), aber auch gegen die verantwortlichen natürlichen Personen (§ 36 Abs. 2 KWG, § 36a Abs. 1 KWG) in Betracht. Schließlich folgt aus § 39 Abs. 3 S. 3 Nr. 2 BörsG unter bestimmten Voraussetzungen eine Differenzbetragszahlungspflicht des Manipulators.

II. Anwendungsbereich

9   Der **sachliche Anwendungsbereich** des Marktmanipulationsverbots folgt aus Art. 2. Es gilt demnach zunächst für alle **Finanzinstrumente** iSd Art. 2 Abs. 1 iVm Art. 3 Abs. 1 Nr. 1 (→ Art. 2 Rn. 2 f.). Die betroffenen Finanzinstrumente müssen auf geregelten Märkten, in multilateralen oder organisierten Handelssystemen gehandelt werden. Es genügt bereits, dass der Antrag auf Zulassung bzw. Einbeziehung des betroffenen Finanzinstruments gestellt wurde (→ Art. 2 Rn. 4). Unter diesen Voraussetzungen kann auch Manipulationshandlungen vom Verbot erfasst, die außerhalb der Handelsplätze erfolgen, Art. 2 Abs. 3. Art. 2 Abs. 2 erweitert den sachlichen Anwendungsbereich für Art. 12, 15 über Finanzinstrumente hinaus auf **Waren-Spot-Kontrakte** mit Bezug zu Finanzinstrumenten (Art. 2 Abs. 2 lit. a, b). Hiervon erfasst werden Waren- oder Warentermingeschäfte, vgl. Art. 3 Abs. 1 Nr. 15 und 16. Hierdurch soll der typischerweise engen Vernetzung von Waren- und Finanzmärkten Rechnung getragen werden, s. ErwGr 20. Handelt es sich bei den Waren-Spot-Kontrakten um **Energiegroßhandelsprodukte,** ist das Marktmanipulationsverbot gem. Art. 2 Abs. 2 lit. a nicht anwendbar. Energiegroßhandelsprodukte, dh Verträge bzw. Derivate für die Versorgung und den

---

[5] Näher dazu Klöhn/*Schmolke* Vor Art. 12 Rn. 75.

[6] Delegierte Verordnung (EU) 2016/908 der Kommission v. 26.2.2016 zur Ergänzung der Verordnung (EU) Nr. 596/2014 des Europäischen Parlaments und des Rates durch technische Regulierungsstandards für die Kriterien, das Verfahren und die Anforderungen für die Festlegung einer zulässigen Marktpraxis und die Anforderungen an ihre Beibehaltung, Beendigung oder Änderung der Bedingungen für ihre Zulässigkeit, ABl. 2016 L 153, 3. Die Entwürfe der ESMA iSd Art. 13 Abs. 7 UAbs. 2 finden sich im *ESMA* Final Report – Draft technical standards on the Market Abuse Regulation, ESMA/2015/455, 257 ff., abrufbar unter: https://www.esma.europa.eu/sites/default/files/library/2015/11/2015-esma-1455_-_final_report_mar_ts.pdf (letzter Zugriff: 6.5.2020).

[7] Delegierte Verordnung (EU) 2016/1052 der Kommission v. 8.3.2016 zur Ergänzung der Verordnung (EU) Nr. 596/2014 des Europäischen Parlaments und des Rates durch technische Regulierungsstandards für die auf Rückkaufprogramme und Stabilisierungsmaßnahmen anwendbaren Bedingungen, ABl. 2016 L 173, 34.

Transport mit bzw. von Strom oder Erdgas, werden von der Verordnung über die Integrität und Transparenz des Energiegroßhandelsmarkts vom 25.10.2011 (REMIT) erfasst, die ein eigenes Regelungssystem zum Schutz von Energiegroßhandelsmärkten, Art. 1 Abs. 1 REMIT, einschließlich eines speziellen Marktmanipulationsverbots gem. Art. 5 REMIT enthält. Als Konsequenz aus den großangelegten Manipulationen der Leitzinssätze LIBOR und EURIBOR[8] wurden zudem Handlungen mit Bezug zu **Referenzwerten** dem Marktmanipulationsverbot unterstellt (Art. 2 Abs. 2 lit. c).

§ 25 WpHG erweitert in Übereinstimmung mit § 20a Abs. 4 WpHG aF das Marktmanipulations- **10** verbot über die europäischen Vorgaben der MAR hinaus auf Waren und ausländische Zahlungsmittel.[9] Marktmanipulationen, die Vermögensanlagen betreffen, sind demnach nicht von Art. 12 erfasst, da sie weder Finanzinstrumente iSd Art. 3 Abs. 1 Nr. 1 (→ Art. 3 Rn. 2) noch in § 25 WpHG ausdrücklich benannt sind.[10] Eine analoge Anwendung des Art. 15 scheidet im Hinblick auf die bußgeld- und strafrechtlichen Sanktionen aus (zur gespaltenen Auslegung → WpHG Vor § 1 Rn. 58).

Der **persönliche Anwendungsbereich** des Marktmanipulationsverbots umfasst grundsätzlich je- **11** dermann.[11] Adressaten sind sowohl natürliche als auch juristische Personen, während letztere im deutschen Recht allerdings bislang nicht strafrechtlich verfolgt werden können. Ähnlich wie Art. 8 Abs. 5 für das Insiderhandelsverbot (→ Art. 8 Rn. 5) bestimmt Art. 12 Abs. 4, dass für Marktmanipulationen durch juristische Personen natürliche Personen, „die an dem Beschluss, Tätigkeiten für Rechnung der juristischen Person auszuführen, beteiligt sind", verantwortlich zeichnen, soweit dies nach den „Methoden der Haftbarmachung im nationalen Recht" vorgesehen ist (ErwGr 40). Nach deutschem Recht sind hiervon gem. § 9 OWiG insbesondere Vorstands- oder uU auch Aufsichtsratsmitglieder gem. §§ 78, 111 AktG betroffen.[12]

Der **räumliche Anwendungsbereich** des Marktmanipulationsverbots bestimmt sich allgemein für **12** die MAR nach dem Auswirkungsprinzip gem. Art. 2 Abs. 4, wonach das Verbot für Handlungen und Unterlassungen sowohl in der EU/EWR als auch in Drittländern Anwendung findet, solange Finanzinstrumente betroffen sind, die auf Handelsplätzen in EU/EWR gehandelt werden (→ Vor Art. 1 Rn. 6 ff.).[13]

III. Objektiver Tatbestand

1. Überblick. Die nach Art. 15 verbotenen Tathandlungen sind in Art. 12 Abs. 1 definiert. **13** Herkömmlicherweise wird – aufbauend auf ökonomischen Erkenntnissen – nach dem Manipulationsmittel differenziert zwischen handels-, handlungs- und informationsgestützten Marktmanipulationen.[14] Dieser Differenzierung folgt die Aufzählung der Tatbestandsvarianten in Art. 12 Abs. 1 nicht.[15] So finden sich **handelsgestützte Marktmanipulation** durch Geschäfte oder Kauf- und Verkaufsaufträge sowie **handlungsgestützte Marktmanipulationen** durch andere Handlungen[16] sowohl in Art. 12 Abs. 1 lit. a als auch in Art. 12 Abs. 1 lit. b. Da Art. 12 Abs. 1 lit. a und b nun jede andere Handlung bzw. jegliche sonstige Tätigkeit oder Handlung erfassen, lassen sich die beiden Varianten daher nicht mehr nach dem verwendeten Manipulationsmittel, sondern nur nach ihren Auswirkungen unterscheiden (effektbasierter Ansatz).[17] Während der (potenzielle) Effekt der Manipulationshandlung in Art. 12 Abs. 1 lit. a in dem (wahrscheinlichen) Senden falscher oder irreführender Signale zu Angebot, Nachfrage oder Preis eines erfassten Gegenstands oder im (wahrscheinlichen) Erzielen eines anormalen oder künstlichen Kursniveaus besteht, zeichnet sich Art. 12 Abs. 1 lit. b dadurch aus, dass das Täuschungsverhalten zu einer Kursbeeinflussung führt oder führen kann. **Informationsgestützte Marktmanipulationen** durch die Verbreitung von Informationen werden von Art. 12 Abs. 1 lit. c) erfasst.[18] Sie unterscheiden sich von den ersten beiden Varianten durch die

---

[8] Ausf. hierzu *Fleischer/Bueren* DB 2012, 2561 ff.

[9] Begr. RegE 1. FiMaNoG, BT-Drs. 18/7482, 72. Seit dem 3.1.2018 mit Geltung der MiFID II fallen Emissionsberechtigungen iSd § 12 WpHG, die den Emissionszertifikaten iSd Emissionshandelsrichtlinie entsprechen, als Finanzinstrumente in den Anwendungsbereich der MAR gem. Art. 2 Abs. 1.

[10] *Assmann/Schneider/Mülbert/Mülbert* Art. 12 Rn. 34; *Staub/Grundmann* Bd. 11/1 6. Teil Rn. 288.

[11] *Schwark/Zimmer/Kumpan/Bator* Art. 15 Rn. 2; *Zetzsche* in Gebauer/Teichmann, Enzyklopädie Europarecht Europäisches Privat- und Unternehmensrecht, 2016, § 7 Kap. C Rn. 67; *Teigelack* in Meyer/Veil/Rönnau MarktmissbrauchsR-HdB § 12 Rn. 22; *Staub/Grundmann* Bd. 11/1 6. Teil Rn. 443; *Buck-Heeb* KapMarktR Rn. 642; *Poelzig* KapMarktR Rn. 418. Zur alten Rechtslage Kölner Komm WpHG/*Mock* WpHG § 20a Rn. 123 f.

[12] *Klöhn/Schmolke* Art. 12 Rn. 394 f.

[13] Ausf. *Poelzig* in Zetzsche/Lehmann, Grenzüberschreitende Finanzdienstleistungen, 2018, § 14 Rn. 13 ff.

[14] Grdl. *Allen/Gale* 5 Rev. Fin. Stud. 503, 505 (1992).

[15] Hierzu *Schmolke* AG 2016, 434 (441); *Klöhn/Schmolke* Art. 12 Rn. 7.

[16] Beispiele hierfür sind die Stilllegung der Stahlwerke American Steel and Wire Company im Jahr 1901 durch deren Manager nach Leerverkauf von Aktien an dem Unternehmen (zu diesem Beispiel *Allen/Gale* 5 Rev. Fin. Stud. 503, 505 (1992); *Klöhn/Schmolke* Vor Art. 12 Rn. 20 sowie der Anschlag auf den BVB-Mannschaftsbus im April 2017 (hierzu *Köpferl/Wegner* WM 2017, 1924).

[17] *Moloney*, EU Securities and Financial Markets Regulation, 2014, 741; *Klöhn/Schmolke* Art. 12 Rn. 7.

[18] *Staub/Grundmann* Bd. 11/1 6. Teil Rn. 444 f.; *Buck-Heeb* KapMarktR Rn. 665 f.; *Poelzig* KapMarktR Rn. 419, 427; *Zetzsche* in Gebauer/Lehmann, Enzyklopädie Europarecht Europäisches Privat- und Unternehmens-

Information als verwendetes Manipulationsmittel; der Effekt stimmt mit Art. 12 Abs. 1 lit. a überein. Die vierte Variante in Form der **Referenzwert-Manipulation** gem. Art. 12 Abs. 1 lit. d unterscheidet sich durch den manipulierten Gegenstand – die Referenzwerte – von den anderen Tatbestandsvarianten und erfasst sowohl informationsgestützte Manipulationen („Übermittlung falscher oder irreführender Angaben oder Bereitstellung falscher oder irreführender Ausgangsdaten bezüglich eines Referenzwerts") als auch handlungsgestützte Manipulationen („sonstige Handlungen").[19] Die Tatbestandsvarianten überschneiden sich stellenweise, sind aber grundsätzlich nebeneinander anwendbar.[20] Sie sind bewusst so allgemein formuliert, dass auch neue bislang unbekannte Manipulationsformen erfasst werden können (ErwGr 38).

14 **2. Handels- und handlungsgestützte Marktmanipulationen (Art. 12 Abs. 1 lit. a, b).** Tatbestandsmäßig sind gem. Art. 12 Abs. 1 lit. a und b der Abschluss eines Geschäfts, die Erteilung eines Handelsauftrags und andere Handlungen, die geeignet sind, falsche oder irreführende Signale für das Angebot, die Nachfrage oder den Preis von Finanzinstrumenten zu senden oder ein künstliches Kursniveau herbeizuführen (a) bzw. die unter Vorspiegelung falscher Tatsachen oder unter Verwendung sonstiger Kunstgriffe oder Formen der Täuschung den Kurs eines oder mehrerer Finanzinstrumente beeinflussen oder hierzu geeignet sind. Beide Tatbestände knüpfen an den Abschluss eines Geschäfts, die Erteilung eines Handelsauftrags oder jede andere Handlung an. Der Abschluss von **Geschäften** ist weit zu verstehen und erfasst neben dem Erwerb auch die Veräußerung und die Verpfändung.[21] Maßgeblich ist der Abschluss des schuldrechtlichen Geschäfts, unabhängig davon, ob es nach mitgliedstaatlichem Zivilrecht wirksam oder unwirksam ist oder nachträglich aufgehoben wird.[22] **Handelsaufträge** sind Kauf- oder Verkaufsorder, die dem Empfänger zugegangen sind.[23] Dabei kommt es auf die zivilrechtliche Wirksamkeit ebensowenig an wie auf die Ausführung des Auftrags oder die Aufnahme des Auftrags in das Orderbuch des Handelsplatzes. Darüber hinaus ist aber auch „jede andere **Handlung**" bzw. „jegliche sonstige Tätigkeit erfasst, dh auch Änderungen, Aktualisierungen und Stornierungen eines Auftrags (s. ErwGr 10 Delegierte Verordnung (EU) 2016/522).[24] Der Begriff der Manipulationshandlung reicht damit deutlich weiter als zuvor in § 20a WpHG aF unter Geltung der MAD aF.[25] Das pflichtwidrige Unterlassen kann nach überzeugender Auffassung den Tatbestand nicht erfüllen (vgl. Art. 2 Abs. 4 MAR).[26] Hierfür spricht, dass die MAR in Art. 2 Abs. 4 zwischen Handlungen und Unterlassen explizit unterscheidet und Art. 12 Abs. 1 lit. a, b nur Handlungen erwähnen. Auch in den Indikatoren finden sich keine Beispiele für Manipulationen durch Unterlassen.

15 **a) Manipulation durch Senden irreführender Signale oder künstliches Kursniveau (Art. 12 Abs. 1 lit. a). aa) Falsche oder irreführende Signale oder künstliches Kursniveau. Art. 12 Abs. 1 lit. a** setzt voraus, dass die Manipulationshandlungen – Geschäfte, Handelsaufträge oder sonstige Handlungen – falsche oder irreführende Signale senden oder ein anormales oder künstliches Kursniveau von Finanzinstrumenten erzielen oder hierzu jeweils geeignet sind.

16 Eine Handlung ist geeignet, **falsche oder irreführende Signale** zu senden, wenn ein verständiger Anleger sie (wahrscheinlich) bei seiner Anlageentscheidung berücksichtigen würde.[27] Der verständige Anleger zeichnet sich dadurch aus, dass er sich durchschnittlich aufmerksam, informiert und rational verhält.[28] Wie verständig, aufmerksam und informiert der verständige Anleger ist, hängt wiederum von den konkreten Umständen des Einzelfalls, insbesondere den betroffenen Finanzinstrumenten und Handelsplätzen, ab. Falsch ist ein Signal, wenn es objektiv nicht den tatsächlichen Gegebenheiten

---

recht, 2016, § 7 Kap. C Rn. 63; *Poelzig* NZG 2016, 528 (535 f.). Eine andere Systematisierung erkennt *Schmolke* AG 2016, 434 (441 f.).

[19] *Poelzig* NZG 2016, 528 (536); Klöhn/*Schmolke* Art. 12 Rn. 13. Die Variante des Art. 12 Abs. 1 lit. d lediglich als Unterfall der informationsgestützten Marktmanipulation ansehend Staub/*Grundmann* Bd. 11/1 6. Teil Rn. 453. In diese Richtung auch Assmann/Schneider/Mülbert/*Mülbert* Art. 12 Rn. 202; *Zetzsche* in Gebauer/Lehmann, Enzyklopädie Europarecht Europäisches Privat- und Unternehmensrecht, 2016, § 7 Kap. C Rn. 78 ff. Offen lassend *Buck-Heeb* KapMarktR Rn. 675.

[20] Eing. hierzu Klöhn/*Schmolke* Art. 12 Rn. 15 ff. Nach aA handelt es sich bei Abs. 1 lit. a um den Auffangtatbestand, der Geschäfte, Handelsaufträge oder sonstige Handlungen erfasst, die nicht unter Art. 12 Abs. 1 lit. b und c fallen (Staub/*Grundmann* Bd. 11/1 6. Teil Rn. 457; ähnl. Assmann/Schneider/Mülbert/*Mülbert* Art. 12 Rn. 50).

[21] *Meyer/Oulds* in KMFS BankR/KapMarktR Rn. 12.14.

[22] Schwark/Zimmer/*Zimmer/Bator* Art. 12 Rn. 11; Klöhn/*Schmolke* Art. 12 Rn. 35.

[23] Schwark/Zimmer/*Zimmer/Bator* Art. 12 Rn. 12; Assmann/Schneider/Mülbert/*Mülbert* Art. 12 Rn. 57; Klöhn/*Schmolke* Art. 12 Rn. 37.

[24] Klöhn/*Schmolke* Art. 12 Rn. 38.

[25] Klöhn/*Schmolke* Art. 12 Rn. 32; *Zetzsche* in Gebauer/Teichmann, Enzyklopädie Europarecht Europäisches Privat- und Unternehmensrecht, 2016, Bd. 6, § 7 C Rn. 69 ff.

[26] *Bator* BKR 2016, 1; *Sajnovtis/Wagner* WM 2017, 1189 (1195 f.); aA Klöhn/*Schmolke* Art. 12 Rn. 40; *Meyer/Oulds* in KMFS BankR/KapMarktR Rn. 12.11.

[27] Klöhn/*Schmolke* Art. 12 Rn. 44.

[28] Zur Parallele des durchschnittlichen Verbrauchers in der lauterkeitsrechtlichen Rspr. Staub/*Grundmann* Bd. 11/ 1 6. Teil Rn. 458.

entspricht. Irreführend ist ein Signal, wenn es zu einer Fehlvorstellung bei einem verständigen Anleger führen kann.[29] Ein anormales oder **künstliches Kursniveau** liegt vor, wenn der tatsächliche Kurs von dem Kurs abweicht, der bei ungestörter Preisbildung durch Angebot und Nachfrage entstanden wäre.[30]

bb) Indikatoren. Um die unbestimmten Rechtsbegriffe zu konkretisieren, werden in Anh. I der **17** MAR **Indikatoren** für falsche oder irreführende Signale und das Herbeiführen eines künstlichen Kursniveaus in einer nicht erschöpfenden Aufzählung genannt (Art. 12 Abs. 3). Die Indikatoren sind dazu bestimmt, von Marktteilnehmern und Aufsichtsbehörden bei der Anwendung von Art. 12 Abs. 1 lit. a berücksichtigt zu werden, ohne dass „sie für sich genommen [...] unbedingt als Marktmanipulation anzusehen sind" (s. Anh. I A.). Sie sind insbesondere für die BaFin Anlass, in einer Einzelfallprüfung festzustellen, ob zulässiges oder verbotenes Marktverhalten vorliegt. Eine Indiz- oder Vermutungswirkung entfalten die Indikatoren nicht.[31] Die Indikatoren werden entsprechend Art. 12 Abs. 5 in Art. 4 iVm Anhang II Delegierte Verordnung (EU) 2016/522 durch Praktiken näher bestimmt, die zum Teil durch weitere Indikatoren veranschaulicht werden.

Zu den Indikatoren für Tathandlungen iSd Art. 12 Abs. 1 lit. a gehören Geschäfte mit einem **18** bedeutenden Anteil am Tagesgeschäftsvolumen, insbesondere wenn dadurch erhebliche Kursänderungen bewirkt werden **(Anh. I A lit. a).** Wann ein bedeutender Anteil vorliegt oder erhebliche Kursänderungen bewirkt werden, hängt von den Umständen des konkreten Einzelfalls ab und wird durch Art. 4 Abs. 1 iVm Anh. II Nr. 1 Delegierte Verordnung (EU) 2016/522 näher bestimmt. Indikator für Marktmanipulationen iSd Art. 12 Abs. 1 lit. a ist gem. **Anh. I A lit. b** zudem der Umfang, in dem erteilte Handelsaufträge oder abgewickelte Geschäfte von Personen mit bedeutenden Kauf- oder Verkaufspositionen zu wesentlichen Änderungen des Kurses führen. Art. 4 Abs. 1 iVm Anh. II Nr. 2 der Delegierte Verordnung (EU) 2016/522 nennt wiederum vier Praktiken zur näheren Bestimmung, zB die Ausnutzung einer marktbeherrschenden Stellung.[32] Indikator nach **Anh. I A lit. c** ist der Umstand, dass das Geschäft zu keiner Änderung des wirtschaftlichen Eigentums geführt hat. Art. 4 Abs. 1 iVm Anh. II Nr. 3 der Delegierte Verordnung (EU) 2016/522 nennt vor allem die sog. **Wash Trades** bzw. **Circular Trades,** bei denen ein Marktteilnehmer wirtschaftlich mit sich selbst kontrahiert oder mehrere Marktteilnehmer koordiniert zusammenwirken, sodass der falsche Eindruck von Liquidität erweckt wird und andere Marktteilnehmer zum Handel verleitet werden können.

Ein Anzeichen für Marktmanipulationen durch Senden irreführender Signale ist gem. **Anh. I A lit.** **19** **d** auch der Umfang, in dem Handelsaufträge oder Geschäfte Umkehrungen von Positionen innerhalb eines kurzen Zeitraums beinhalten und einen beträchtlichen Teil des Tagesvolumens der Transaktionen mit dem betreffenden Finanzinstrument ausmachen und mit einer erheblichen Veränderung des Kurses in Verbindung stehen können. Art. 4 Abs. 1 iVm Anh. II Nr. 4 Delegierte Verordnung (EU) 2016/522 nennt sechs Praktiken zur näheren Bestimmung. Dazu gehören das sog. *„Pump and Dump"* oder *„Trash and Cash",* dh die Einnahme einer Long-Position bzw. Short-Position bei einem Finanzinstrument mit anschließenden weiteren An- bzw. Verkäufen und/oder Ausstreuung irreführender positiver bzw. negativer Informationen über das Finanzinstrument in der Absicht, den Kurs des Finanzinstruments mittels Anlocken weiterer Käufer hochzutreiben bzw. weiterer Verkäufer abstürzen zu lassen.

Indikator für eine Marktmanipulation ist auch der Umfang, in dem erteilte Handelsaufträge oder **20** abgewickelte Geschäfte durch ihre Häufung innerhalb eines kurzen Abschnitts des Handelstages eine Kursveränderung bewirken, auf die eine gegenläufige Preisänderung folgt **(Anh. I A lit. e).** Art. 4 Abs. 1 iVm Anh. II Nr. 5 Delegierte Verordnung (EU) 2016/522 nennt ausdrücklich das sog. **„Marking the Close",** dh der vorsätzliche Kauf oder Verkauf eines Finanzinstruments zu einem bestimmten Bezugszeitpunkt des Börsentages (zB Eröffnung, Schließung, Abrechnung) in der Absicht, den Referenzkurs (zB Eröffnungskurs, Schlussnotierung, Abrechnungskurs) in die Höhe zu treiben, ihn sinken zu lassen oder auf einem bestimmten Stand zu halten.

Indikator für Marktmanipulationen iSd Art. 12 Abs. 1 lit. a ist auch der Umfang, in dem Handels- **21** aufträge die Darstellung der besten Geld- oder Briefkurse eines Finanzinstruments oder allgemeiner die den Marktteilnehmern verfügbare Darstellung des Orderbuchs verändern und vor ihrer eigentlichen Abwicklung annulliert werden. Art. 4 Abs. 1 iVm Anh. II Nr. 6 Delegierte Verordnung (EU) 2016/522 nennt ausdrücklich die **„Erteilung von Aufträgen ohne die Absicht, diese auszuführen".**

---

[29] Klöhn/*Schmolke* Art. 12 Rn. 47.

[30] Ausf. zu den Möglichkeiten zur Erkennung und des Nachweises eines anormalen Preisniveaus *Technical Comittee IOSCO* Investigating und Prosecuting Market Manipulation, 2000, 12 ff., abrufbar unter: https://www.iosco.org/library/pubdocs/pdf/IOSCOPD103.pdf (letzter Zugriff: 4.12.2019); dazu ergänzend *Technical Comittee IOSCO* Addendum to IOSCO Report on Investigating and Prosecuting Market Manipulation, 2013, 5 f., abrufbar unter: https://www.iosco.org/library/pubdocs/pdf/IOSCOPD411.pdf (letzter Zugriff: 4.12.2019).

[31] Klöhn/*Schmolke* Art. 12 Rn. 69; JVRZ/*de Schmidt* WpHG § 20a Rn. 390; *Meyer/Oulds* in KMFS BankR/KapMarktR Rn. 12.21; Assmann/Schneider/Mülbert/*Mülbert* Art. 12 Rn. 257.

[32] Eing. hierzu Klöhn/*Schmolke* Art. 12 Rn. 97 ff.

22   **Anh. I A lit. g** bezeichnet als Indikator den Umfang, in dem Geschäfte genau oder ungefähr zu einem Zeitpunkt in Auftrag gegeben oder abgewickelt werden, zu dem die Referenzkurse, die Abrechnungskurse und die Bewertungen berechnet werden, und dies zu Kursveränderungen führt, die sich auf diese Kurse und Bewertungen auswirken. Davon erfasst sind nach Art. 4 Abs. 1 iVm Anh. II Nr. 7 Delegierte Verordnung (EU) 2016/522 unter anderem auch Vorkehrungen zur Verfälschung der mit einem Warenvertrag verbundenen Kosten, etwa im Zusammenhang mit Versicherung oder Fracht, was dazu führt, dass der Abrechnungspreis eines Finanzinstruments oder eines verbundenen Waren-Spot-Kontrakts unnatürlich hoch ist.

23   **cc) Fiktive und effektive Geschäfte.** Marktmanipulationen iSd Art. 12 Abs. 1 lit. a können **fiktive Geschäfte** sein, bei denen das wirtschaftliche Risiko nicht übergeht. Dazu gehören insbesondere die bereits genannten *Wash Sales* (→ Rn. 18). Fiktive Geschäfte täuschen auf anonymen Märkten Liquidität vor, die wiederum Liquidität anzieht. Sie eignen sich daher zur Herbeiführung eines künstlichen Preisniveaus. Aber auch **effektive Geschäfte**, bei denen der Täter wie jeder andere Marktteilnehmer am Marktgeschehen teilnimmt und das Anlegerrisiko trägt, können uU verbotene Marktmanipulationen sein, wenn hierdurch die gewinnbringende Kursänderung selbst herbeigeführt werden soll.[33] Das ist zB beim „Pump and Dump" oder „Trash and Cash" (→ Rn. 19) der Fall. Denkbar sind auch Manipulationen in Gestalt von (ungedeckten) **Leerverkäufen.** Ein Verstoß gegen Art. 12, 15 wird nicht notwendigerweise dadurch ausgeschlossen, dass die Vorgaben der Leerverkaufsverordnung[34] eingehalten werden.[35] Umgekehrt begründet ein Verstoß gegen die Leerverkaufs-VO nicht zwingend eine Marktmanipulation iSd Art. 12, 15.[36]

24   **dd) Ausnahme für zulässige Marktpraktiken.** Art. 12 Abs. 1 lit. a aE nimmt handels- und handlungsgestützte Manipulationen iSd Art. 12 Abs. 1 lit. a vom Verbot aus, wenn es hierfür legitime Gründe gibt und diese im Einklang mit der zulässigen Marktpraxis gem. Art. 13 stehen. Hierdurch soll den schnelllebigen Änderungen am Kapitalmarkt Rechnung getragen werden. Eine zulässige Marktpraxis ist gem. Art. 3 Abs. 1 Nr. 9 eine Marktpraxis, die von der jeweils zuständigen nationalen Aufsichtsbehörde nach den Kriterien des Art. 13 Abs. 2 anerkannt wurde. Legitime Gründe iSd Art. 12 Abs. 1 lit. a aE für das Geschäft, den Auftrag oder die Handlung liegen dann nicht vor, wenn sich dahinter trotz Übereinstimmung mit einer zulässigen Marktpraxis ein rechtswidriger Grund verbirgt (s. ErwGr 42 aE).

25   Systematisch wiederholt Art. 13 Abs. 1 die Ausnahmen aus Art. 12 Abs. 1 lit. a aE. Größere Relevanz kommt Abs. 2 zu, worin diejenigen Kriterien aufgelistet werden, die bei der Beurteilung einer Verhaltensweise als zulässige Marktpraxis von Bedeutung sind. Zu berücksichtigen sind gem. Art. 13 Abs. 2 insbesondere die Gewährleistung von Markttransparenz, das richtige Zusammenspiel von Angebot und Nachfrage und eine positive Auswirkung auf Marktliquidität und -effizienz. Die Beurteilung obliegt dabei der zuständigen nationalen Behörde gem. Art. 3 Abs. 1 Nr. 12 iVm Art. 22. Die Abs. 3–6 dienen der Harmonisierung des Festlegungsverfahrens durch die nationalen Behörden. Diesem Zweck dient auch die Ermächtigung der ESMA zum Erlass technischer Regulierungsstandards aus Abs. 7. Auf Grundlage dieser Ermächtigung erließ die Kommission die Delegierte Verordnung (EU) 2016/908. Die festgelegten zulässigen Marktpraktiken müssen durch die nationalen Behörden gem. Abs. 8 regelmäßig, mindestens aber alle zwei Jahre überprüft werden.

26   Die ESMA ist verpflichtet, auf ihrer Website Listen der jeweils zulässigen Marktpraktiken zu veröffentlichen (Art. 13 Abs. 9) sowie die Anwendung dieser Praktiken zu überwachen und der Kommission hierüber jährlich Bericht zu erstatten (Art. 13 Abs. 10).[37] Art. 13 Abs. 11 schließlich regelt die Behandlung der zum Zeitpunkt des Inkrafttretens der MAR bereits bestehenden Marktpraktiken. Die nationalen Behörden haben der ESMA eine entsprechende Liste dieser Praktiken zu übermitteln und nach Einholung einer Stellungnahme der ESMA über deren Zulässigkeit zu entscheiden.

27   Zur Förderung von **KMU** soll Art. 13 künftig um einen Abs. 12 ergänzt werden, der – unbeschadet der mitgliedstaatlich als zulässig festgelegten Marktpraktiken – den Abschluss von Liquiditätsverträgen für Aktien von Emittenten, deren Finanzinstrumente zum Handel an einem KMU-Wachstumsmarkt

---

[33] Schwark/Zimmer/*Zimmer/Bator* Art. 12 MAR Rn. 11; *Worms* in Assmann/Schütze KapitalanlageR-HdB § 10 Rn. 113.

[34] Verordnung (EU) Nr. 236/2012 des Europäischen Parlaments und des Rates v. 14.3.2012 über Leerverkäufe und bestimmte Aspekte von Credit Default Swaps, ABl. 2012 L 86, 1.

[35] *Europäische Kommission* Commission Staff Working Document. Impact Assessment – Accompanying document to the Proposal for a Regulation of the European Parliament and of the Council on Short Selling and certain aspects of Credit Default Swaps v. 15.9.2010, COM (2010) 482 final, 19; Klöhn/*Schmolke* Vor Art. 12 Rn. 156; *Zetzsche* in Gebauer/Lehmann, Enzyklopädie Europarecht Europäisches Privat- und Unternehmensrecht, 2016, § 7 Kap. C Rn. 252 ff.; Kölner Komm WpHG/*Mock* WpHG § 20a Rn. 82. Vgl. auch Assmann/Schneider/Mülbert/*Mülbert* Art. 12 Rn. 71 mwN.

[36] Klöhn/*Schmolke* Vor Art. 12 Rn. 2156. Eingehend *Mülbert/Sajnovits* BKR 2019, 313 ff.; *Bayran/Meier* BKR 2018, 55 ff.

[37] ESMA, Report to the Commission on the application of accepted market practices, 18.12.2018, abrufbar unter https://www.esma.europa.eu/document/report-application-accepted-market-practices (letzter Zugriff: 4.12.2019).

zugelassen sind, unter bestimmten Voraussetzungen zulässt.[38] Ergänzend soll die ESMA technische Standards verabschieden, in denen das für den Abschluss eines Liquiditätsvertrags zu verwendende Vertragsmuster festgelegt wird. Es soll so ein einheitlicher Rechtsrahmen geschaffen werden, der es Emittenten an KMU-Wachstumsmärkten ermöglicht, mit einem Liquiditätsgeber aus einem anderen Mitgliedstaat einen Liquiditätsvertrag zu schließen, auch wenn auf nationaler Ebene hierfür keine zulässige Marktpraxis festgelegt wurde (s. ErwGr 7 VO (EU) 2019/2115 → Vor Art. 1 Rn. 5).

b) Manipulation durch Vorspiegelung falscher Tatsachen, sonstige Kunstgriffe oder Täu- **28** **schungen. aa) Täuschungshandlung.** Tatbestandsmäßig sind gem. **Art. 12 Abs. 1 lit. b** außerdem der Abschluss eines Geschäfts, die Erteilung eines Handelsauftrags und auch jede andere Tätigkeit oder Handlung an Finanzmärkten, die unter Vorspiegelung falscher Tatsachen oder unter Verwendung sonstiger Kunstgriffe oder Formen der **Täuschung** den Kurs beeinflusst oder hierzu geeignet ist.

Der Tatbestand entspricht im Wesentlichen § 20a Abs. 1 S. 1 Nr. 3 WpHG aF, der Art. 1 Nr. 2 lit. **29** b MAD aF umsetzte. Notwendig ist ein Täuschungsverhalten, dh die Vorspiegelung falscher Tatsachen oder die Verwendung sonstiger Kunstgriffe oder Formen der Täuschung. Erfasst ist auch das Verschweigen von Tatsachen, wenn eine Rechtspflicht zur Offenlegung besteht.

bb) Eignung zur Kursbeeinflussung. Die Handlungen müssen schließlich **geeignet** sein, auf den **30** Kurs eines Finanzinstruments einzuwirken (Art. 12 Abs. 1 lit. b). Ausreichend ist die Eignung der Handlung zur Preiseinwirkung; ob es zu dieser Einwirkung auch tatsächlich kommt, ist für die Tatbestandsverwirklichung irrelevant. Nur die Strafbarkeit setzt einen Erfolgseintritt voraus (§ 119 Abs. 1 WpHG). Bleibt die Einwirkung auf den Kurs aus, wird die Manipulationshandlung lediglich als Ordnungswidrigkeit verfolgt (§ 120 Abs. 15 Nr. 2, Abs. 2 Nr. 3 WpHG). Die (potenzielle) Einwirkung auf den Kurs muss nicht notwendigerweise erheblich sein.[39]

cc) Konkretisierung durch Indikatoren. Indikatoren für manipulatives Handeln durch Vorspie- **31** gelung falscher Tatsachen sowie durch sonstige Kunstgriffe oder Formen der Täuschung sind in Art. 12 Abs. 3 iVm Anhang I B MAR in nicht abschließender Aufzählung enthalten. Sie werden in Art. 4 iVm Anhang II Abschnitt B Delegierte Verordnung (EU) 2016/522 präzisiert. Zu berücksichtigen ist zunächst nach Anh. I B lit. a, ob Handelsaufträge oder Geschäfte vorab oder im Nachhinein von der Verbreitung falscher oder irreführender Informationen durch dieselben oder in enger Beziehung zu ihnen stehenden Personen begleitet wurden. Näheres hierzu enthält Anh. II Abschnitt B lit. a Delegierte Verordnung (EU) 2016/522. Hierzu gehört beispielsweise die Eröffnung einer Position, wenn diese unmittelbar nach deren Offenlegung unter Betonung des langfristigen Charakters der Investition alsbald wieder geschlossen wird, Anh. II Abschnitt B lit. b Delegierte Verordnung (EU) 2016/522. Das täuschende Element liegt hier in der Vorspiegelung des langfristigen Anlagehorizonts wider besseren Wissens.[40] Dies wird zudem in aller Regel auch eine Verbreitung iSd Art. 12 Abs. 1 lit. c darstellen.[41] Zu den genannten Praktiken gehören im Weiteren die **Bewegung** oder Lagerung physischer **Waren** bzw. **Leerfahrten von Schiffen,** durch die ein irreführender Eindruck in Bezug auf Angebot und Nachfrage bzw. den Kurs oder Wert einer Ware oder Leistung im Rahmen eines Finanzinstruments oder eines verbundenen Waren-Spot-Kontrakts entsteht (Anh. II Abschnitt B lit. f und g Delegierte Verordnung (EU) 2016/522).

Indikator nach Anh. I B lit. b ist der Umstand, dass Personen selbst oder ihnen nahestehende **32** Personen vor einem Handelsauftrag oder Geschäft oder im Nachhinein unrichtige oder verzerrte oder nachweislich interessengeleitete Anlageempfehlungen gem. Art. 3 Abs. 1 Nr. 35 erstellt oder weitergegeben haben. Verzerrt sind Anlageempfehlungen, wenn sie geeignet sind, den verständigen Anleger in die Irre zu führen. Beispiel für eine Marktmanipulation durch Täuschung in Form von Anlageempfehlungen ist das **Scalping,** dh die interessengeleitete Empfehlung eines Finanzinstruments, das der Scalper zuvor bereits selbst erworben hat, um es im Anschluss an die Empfehlung unter Ausnutzung der für ihn günstigen Kursentwicklung zu veräußern. Die notwendige Täuschung sich auf das Verschweigen des eigentlich eigennützigen Beweggrundes der Empfehlung. Das Scalping ist ein zwingendes Beispiel iSd Art. 12 Abs. 2 lit. d (→ Rn. 42 ff.).

3. Informationsgestützte Marktmanipulationen (Art. 12 Abs. 1 lit. c). Informationsgestützte **33** Marktmanipulationen basieren auf der Verbreitung von Informationen über Medien oder auf anderem Wege, die falsche oder irreführende Signale hinsichtlich des Kurses eines Finanzinstruments senden oder wahrscheinlich senden können oder ein anormales oder künstliches Kursniveau eines Finanz-

---

[38] Art. 1 Nr. 2 Verordnung (EU) 2019/2115 des Europäischen Parlaments und des Rates vom 27.11.2019 zur Änderung der Richtlinie 2014/65/EU und der Verordnungen (EU) Nr. 596/2014 und (EU) 2017/1129 zur Förderung der Nutzung von KMU-Wachstumsmärkten, ABl. 2019 L 320, 1.

[39] Assmann/Schneider/Mülbert/*Mülbert* Art. 12 Rn. 147; Schwark/Zimmer/*Zimmer/Bator* Art. 12 Rn. 28; Klöhn/*Schmolke* Art. 12 Rn. 161 f. noch zu § 20a WpHG aF KölnerKomm WpHG/*Mock/Stoll* WpHG § 20a Rn. 201.

[40] Klöhn/*Schmolke* Art. 12 Rn. 217.

[41] Klöhn/*Schmolke* Art. 12 Rn. 217.

instruments herbeiführen oder wahrscheinlich herbeiführen können. Der Tatbestand der informations-gestützten Marktmanipulation gem. Art. 12 Abs. 1 lit. c beinhaltet ein subjektives Element: Demnach ist erforderlich, dass die Person, die die Informationen verbreitet, deren Unrichtigkeit oder irreführen-den Charakter kannte oder hätte kennen müssen (s. auch ErwGr 47 aE).

34   **a) Verbreiten von Informationen.** Der Begriff der **Informationen** ist – anders als die Angaben iSd § 20a Abs. 1 Nr. 1 WpHG aF – nicht auf nachprüfbare Tatsachen und Prognosen sowie Bewer-tungen mit einem Tatsachenkern beschränkt,[42] sondern erfasst auch das Verbreiten von Prognosen ohne Tatsachenkern und von Meinungen (s. ErwGr 47).[43] Um eine verbotene Marktmanipulation handelt es sich auch bei der Verbreitung von **Gerüchten,** also unbestätigter Nachrichten mit unsiche-rem Wahrheitsgehalt beispielsweise im Zusammenhang mit Übernahmen, wenn die Person, die diese Information verbreitet, wusste oder hätte wissen müssen, dass sie falsch oder irreführend sind (Art. 12 Abs. 1 lit. c aE).

35   Art. 12 Abs. 1 lit. c verlangt die Verbreitung einer Information über Medien oder auf anderem Wege. Zu den Medien gehört ausdrücklich das Internet, sodass auch die Verbreitung über Websites, Blogs und soziale Medien erfasst sind (ErwGr 48). Die Verbreitung setzt voraus, dass die Information „der Öffentlichkeit tatsächlich oder wahrscheinlich zugänglich gemacht wird" (so noch ausdrücklich Art. 1 Nr. 7 Durchführungsrichtlinie 2003/125/EG).[44] Nur ausnahmsweise erfüllt diese Voraussetzung auch eine Mitteilung an einzelne Personen, zB bei dauerhaften und gleichförmigen Verhaltensweisen einer Bank gegenüber ihren Kunden.[45] Die für eine Verbreitung notwendige Zahl an Personen ist erreicht, wenn die Äußerung (abstrakt) geeignet ist, eine entsprechende Kursreaktion am Markt hervorzurufen.[46] Die Verbreitung kann nach ErwGr 47 S. 3 „auch in der absichtlichen Unterschlagung wesentlicher Sachverhalte […] bestehen". Damit ist der Fall gemeint, dass Informationen verbreitet werden, die durch das Auslassen wesentlicher Punkte in ihrem Aussagegehalt verfälscht werden.[47]

36   Anders als § 20a Abs. 1 S. 1 Alt. 2 WpHG aF, der das pflichtwidrige **Verschweigen** von bewer-tungserheblichen Umständen ausdrücklich als Manipulation bezeichnete, fehlt in Art. 12 Abs. 1 lit. c eine eigene Tatbestandsalternative für das Unterlassen von Informationen. Daher ist umstritten, ob der objektive Tatbestand der Marktmanipulation das Unterlassen von Informationen, etwa durch das voll-ständige Verschweigen von Tatsachen, erfasst.[48] Die Einordnung als echtes Unterlassungsdelikt wird vor allem relevant, wenn kapitalmarktrechtliche Informationspflichten, insbesondere die ad-hoc-Informa-tionspflicht gem. Art. 17 MAR oder §§ 33 ff. WpHG, nicht erfüllt werden.[49] Die **BaFin** und Teile der Literatur[50] halten eine Marktmanipulation durch das vollständige Verschweigen von Informationen für möglich und begründen dies damit, dass gem. Art. 2 Abs. 4 MAR und § 13 StGB auch ein Unterlas-sen den Tatbestand der Marktmanipulation erfüllen kann.[51] Diese Auffassung kann sich zudem auch auf die Ausführungen in der Gesetzesbegründung stützen.[52] Voraussetzung für einen Verstoß gegen Art. 12 Abs. 1 lit. c ist hiernach das Unterlassen von Informationen entgegen einer bestehenden Rechtspflicht. Wie bereits zum Verständnis der „sonstigen Handlung" in Art. 12 Abs. 1 lit. a und b ausgeführt (→ Rn. 14) ist auch für das „Verbreiten" ein **aktives Tun** zu verlangen, so dass das vollständige Unterlassen von Informationen nach zutreffender Auffassung im Schrifttum nicht vom Tatbestand der informationsgestützten Marktmanipulation erfasst ist.[53] Hierfür spricht der Wortlaut des

---

[42] Vgl. Entwurf BaFin Emittentenleitfaden, Modul C – Regelungen aufgrund der Marktmissbrauchsverordnung (MAR), 22; noch zu § 20a WpHG aF BaFin Emittentenleitfaden 2013, 89; krit. Fuchs/*Fleischer* WpHG § 20a Rn. 17; JVRZ/*Schmidt* WpHG § 20a Rn. 72; Schwark/Zimmer/*Schwark* WpHG § 20a Rn. 13.

[43] Assmann/Schneider/Mülbert/*Mülbert* Art. 12 Rn. 177; Klöhn/*Schmolke* Art. 12 Rn. 242; *Meyer*/*Oulds* in KMFS BankR/KapMarktR Rn. 12.35; *Teigelack* in Meyer/Veil/Rönnau MarktmissbrauchsR-HdB § 13 Rn. 14.

[44] S. Klöhn/*Schmolke* Art. 12 Rn. 246; Schwark/Zimmer/*Zimmer*/*Bator* Art. 12 Rn. 86. AA Assmann/Schnei-der/Mülbert/*Mülbert* Art. 12 Rn. 178; *Buck-Heeb* KapMarktR Rn. 666; BeckHdB AG/*Horcher* § 22 Rn. 73; *Teige-lack* in Meyer/Veil/Rönnau MarktmissbrauchsR-HdB § 13 Rn. 25; *Staub*/*Grundmann* Bd. 11/1 6. Teil Rn. 448; *BaFin* Emittentenleitfaden Modul C III.7.1, 80; VI.3.2.1.1.

[45] Anders Assmann/Schneider/Mülbert/*Mülbert* Art. 12 Rn. 178; *Buck-Heeb* KapMarktR Rn. 666.

[46] Klöhn/*Schmolke* Art. 12 Rn. 248; Schwark/Zimmer/*Zimmer*/*Bator* Art. 12 Rn. 86; siehe auch Kölner Komm WpHG/*Mock*/*Stoll* WpHG § 20a Rn. 176.

[47] Klöhn/*Schmolke* Art. 12 Rn. 253, BaFin Ermittentenleitfaden Modul C III.7.3, 81.

[48] Dagegen Assmann/Schneider/Mülbert/*Mülbert* Art. 12 Rn. 58, 143 u. 180 f.; Klöhn/*Schmolke* Art. 12 Rn. 252; Schwark/Zimmer/*Zimmer*/*Bator* Art. 12 Rn. 98; GJW/*Diversy*/*Köpferl* WpHG § 38 Rn. 117; *Bator* BKR 2016, 1 (3); *Sajnovits*/*Wagner* WM 2017, 1189 (1195 f.); *Bator* BKR 2016, 1 (3 ff.); dafür BaFin Emittentenleitfaden Modul C III.7.2, 80; *Böse* wistra 2018, 22 (26); *Richter* WM 2017, 1636 (1638); *Bayram*/*Meier* BKR 2018, 55 (60); *Vaupel*/*Oppenauer* AG 2019, 502 (511 ff.).

[49] Ausführlich zu den möglichen Fällen BaFin Emittentenleitfaden Modul C III.7.2, 80.

[50] *Böse* wistra 2018, 22 (26); *Richter* WM 2017, 1636 (1638); *Bayram*/*Meier* BKR 2018, 55 (60); *Vaupel*/*Oppenauer* AG 2019, 502 (511 ff.).

[51] BaFin Emittentenleitfaden Modul C III.7.2, 80.

[52] Begr. RegE BT-Drs. 18/7482, 64: „Im Einklang mit Artikel 2 Absatz 4 der Verordnung (EU) Nr. 596/2014 und entsprechend § 13 des Strafgesetzbuches kann – wie schon bisher – ein Unterlassen den Tatbestand der Markt-manipulation erfüllen.".

[53] *Sajnovits*/*Wagner* WM 2017, 1189 (1194 f.); *Bator* BKR 2016, 1 (3 f.).

Art. 12 Abs. 1 lit. c, der sowohl in der deutschen („Verbreiten") als auch in der englischen Version („disseminating") ein positives Tun verlangt.[54]

b) Sendung falscher oder irreführender Signale oder künstliches Kursniveau. Die Informa- **37** tionen müssen geeignet sein, falsche oder irreführende Signale zu senden oder ein anormales oder künstliches Preisniveau herbeizuführen (→ Rn. 16). Da die Verbreitung einer Information Signalwirkung hat, wenn ein verständiger Anleger sie bei seiner Anlageentscheidung berücksichtigen würde,[55] sind jedenfalls publizitätspflichtige Kapitalmarktinformationen – wie Insiderinformationen gem. Art. 7 Abs. 1, Jahres- oder Halbjahresfinanzberichte gem. §§ 114 ff. WpHG oder Informationen über Entscheidungen zur Abgabe eines öffentlichen Angebots und Kontrollerwerbe gem. §§ 10, 35 WpÜG – erfasst. Signalwirkung können auch sonstige an den Kapitalmarkt gerichtete Informationen, zB Pressemitteilungen, entfalten.[56] Informationen mit Tatsachengehalt senden falsche Signale, wenn sie objektiv unrichtig sind. Prognosen und Werturteile senden falsche Signale, wenn sie auf objektiv unrichtigen Tatsachen beruhen.[57] Im Übrigen sind sie falsch, wenn sie im Widerspruch zur eigenen Meinung des sich Äußernden stehen (ErwGr 47 aE). Irreführend sind Informationen, die zwar objektiv richtig sind, aber beim verständigen Anleger falsche Vorstellungen wecken.[58] Das kann beispielsweise durch die absichtliche Unterschlagung wesentlicher Sachverhalte geschehen (ErwGr 47 S. 3).

c) Journalistenprivileg. Im Zusammenhang mit Art. 12 Abs. 1 lit. c ist das **Journalistenprivileg** **38** gem. Art. 21 (zuvor § 20a Abs. 6 WpHG aF) zu beachten (→ Art. 8–11, 14 Rn. 58 f.).

4. Referenzwertmanipulationen (Art. 12 Abs. 1 lit. d). Als Konsequenz aus den breit angeleg- **39** ten Manipulationen von Zinssätzen im Interbankenhandel (LIBOR, EURIBOR)[59] hat der europäische Gesetzgeber in Art. 12 Abs. 1 lit. d drei Varianten der Manipulation im Zusammenhang mit Referenzwerten dem Manipulationsverbot unterstellt. Untersagt sind (1) die Übermittlung falscher oder irreführender Angaben, (2) die Bereitstellung falscher oder irreführender Ausgangsdaten bezüglich eines Referenzwerts, wenn die Person, die die Informationen übermittelt oder die Ausgangsdaten bereitgestellt hat, wusste oder hätte wissen müssen, dass sie falsch oder irreführend waren, und (3) sonstige Handlungen, durch die die Berechnung eines Referenzwerts manipuliert wird. Während es sich bei den ersten Varianten um besondere Formen der informationsgestützten Manipulation handelt, sind sonstige Handlungen sowohl als handels- als auch als informationsgestützte Manipulation denkbar. Darüber hinaus wurde zur Vorbeugung von Marktmanipulationen, s. ErwGr 8 Benchmark-VO und zur Verbesserung der Bereitstellung und Ermittlung von Referenzwerten und deren Nutzung im Jahr 2016 die **Benchmarkverordnung** verabschiedet.[60]

Der Begriff des Referenzwerts bezeichnet gem. Art. 3 Abs. 1 Nr. 29 einen Kurs, Index oder Wert, **40** der der Öffentlichkeit zugänglich gemacht oder veröffentlicht wird und periodisch oder regelmäßig durch die Anwendung einer Formel auf den Wert eines oder mehrerer Basiswerte oder -preise, einschließlich geschätzter Preise, tatsächlicher oder geschätzter Zinssätze oder sonstiger Werte, oder auf Erhebungsdaten ermittelt bzw. auf der Grundlage dieser Werte bestimmt wird und auf den bei der Festsetzung des für ein Finanzinstrument zu entrichtenden Betrags oder des Wertes eines Finanzinstruments Bezug genommen wird. Der Tatbestand gilt „für alle veröffentlichten Referenzwerte" und auch für unentgeltlich oder gegen Entgelt über das Internet abrufbare Referenzwerte" (ErwGr 44 S. 4). ErwGr 44 nennt beispielhaft Angebotssätze im Interbankenhandel (LIBOR, EURIBOR), Referenzwerte für Kreditausfall-Swaps und Indizes von Indizes.

Die **Übermittlung falscher oder irreführender Angaben** meint die Zugänglichmachung von **41** Informationen und Daten mit Bezug zu Referenzwerten, die objektiv nicht den Tatsachen entsprechen oder die einen unzutreffenden Eindruck beim Empfänger hinterlassen.[61] Bei der **Bereitstellung falscher oder irreführender Ausgangsdaten** werden dem Administrator von Referenzwerten Eingabedaten iSv Art. 3 Nr. 14 Benchmarkverordnung, die der Administrator bei der Erstellung von Referenzwerten verarbeitet und die nicht den Tatsachen entsprechen bzw. eine Fehlvorstellung beim

---

[54] Klöhn/*Schmolke* Art. 12 Rn. 252.

[55] Klöhn/*Schmolke* Art. 12 Rn. 258, BaFin Ermittentenleitfaden Modul C III. 7.3, 81.

[56] Zur Marktmanipulation durch Pressemitteilungen OLG Stuttgart Beschl. v.18.8.2014 – 1 Ws 68/14, AG 2015, 41; OLG Stuttgart Urt. v. 26.3.2015 – 2 U 102/14, AG 2015, 404.

[57] Assmann/Schneider/Mülbert/*Mülbert* Art. 12 Rn. 185 [„evident unvertretbar"]; *Meyer/Oulds* in KMFS BankR/KapMarktR Rn. 12.36; *Teigelack* in Meyer/Veil/Rönnau MarktmissbrauchsR-HdB § 13 Rn. 19; Schwark/ Zimmer/*Zimmer/Bator* Art. 12 Rn. 88; zur alten Rechtslage Kölner Komm WpHG/*Stoll* WpHG § 20a Rn. 181).

[58] Assmann/Schneider/Mülbert/*Mülbert* Art. 12 Rn. 187; Klöhn/*Schmolke* Art. 12 Rn. 261; *Meyer/Oulds* in KMFS BankR/KapMarktR Rn. 12.37; *Teigelack* in Meyer/Veil/Rönnau MarktmissbrauchsR-HdB § 13 Rn. 20; BaFin Emittentenleitfaden Modul C III.7.3, 81; Schwark/Zimmer/*Zimmer/Bator* Art. 12 Rn. 90.

[59] Hierzu eing. *Fleischer/Bueren* DB 2012, 2561 (2563 ff.).

[60] Verordnung (EU) 2016/1011 des Europäischen Parlaments und des Rates vom 8.6.2016 über Indizes, die bei Finanzinstrumenten und Finanzkontrakten als Referenzwert oder zur Messung der Wertentwicklung eines Investmentfonds verwendet werden, und zur Änderung der Richtlinien 2008/48/EG und 2014/17/EU sowie der Verordnung (EU) Nr. 596/2014, ABl. 2016 L 171, 1.

[61] Klöhn/*Schmolke* Art. 12 Rn. 279 ff.

Empfänger hervorrufen können, durch Zusendung durch einen Kontributor iSv Art. 3 Nr. 9 Benchmarkverordnung oder in sonstiger Weise zugänglich gemacht. Ebenso wie der Tatbestand der informationsgestützten Marktmanipulationen gem. Art. 12 Abs. 1 lit. c (→ Rn. 33 ff.) beinhalten auch die ersten beiden Varianten der Referenzwertmanipulation ein subjektives Element: Demnach ist erforderlich, dass die Person, die die Informationen übermittelt oder die Ausgangsdaten bereitgestellt hat, die Unrichtigkeit oder den irreführenden Charakter der Information kannte oder hätte kennen müssen (s. auch ErwGr 47 aE).

42   Für die dritte Variante genügt jede **sonstige Handlung,** nach hier vertretener Auffassung nur positives Tun, nicht jedoch Unterlassen (→ Rn. 14), die die Berechnung des Referenzwertes manipuliert. Berechnung meint jede Entgegennahme und Bewertung von Daten, die im Zusammenhang mit der Ermittlung von Referenzwerten steht, auch „algorithmische oder urteilsgestützte Referenzwert-Methoden" (ErwGr 44 S. 4 Hs. 2). Eine Manipulation der Berechnung liegt vor, wenn auf das ordnungsgemäße Verfahren Einfluss genommen wird; unabhängig davon, ob das zu einem anderen Ergebnis führt.[62]

IV. Subjektiver Tatbestand

43   Während für § 20a WpHG aF überwiegend angenommen wurde, dass der Täter Vorsatz – jedenfalls dolus eventualis – bezüglich der objektiven Tatbestandsmerkmale haben muss,[63] äußert sich die MAR nicht zu dem subjektiven Tatbestand der Marktmanipulation. Lediglich informationsgestützte Manipulationen iSd Art. 12 Abs. 1 lit. c und mit Bezug zu Referenzwerten iSd Art. 12 Abs. 1 lit. d Alt. 1 setzen jeweils voraus, dass die betreffende Person die Unrichtigkeit oder den irreführenden Charakter der Information bzw. Ausgangsdaten kannte oder hätte kennen müssen (s. auch ErwGr 47 aE). Im Übrigen ist Art. 12 Abs. 1 objektiv formuliert und beinhaltet daher im Umkehrschluss kein allgemeines Vorsatzerfordernis.[64] Das Verschulden wird wie beim Insiderhandelsverbot erst bei der Frage nach straf-, verwaltungs- oder zivilrechtlichen Sanktionen relevant.[65] Dem Verbot der Marktmanipulation wohnt auch nicht bereits begrifflich ein Vorsatzelement inne.[66] So stellt etwa ErwGr 23 Marktmissbrauchs-RL ausdrücklich fest, dass für Sanktionen nach der MAR jedenfalls kein Vorsatz erforderlich ist. Dies entspricht auch der Sichtweise der ESMA.[67]

V. Zwingende Beispiele

44   Art. 12 Abs. 2 nennt zwingende Beispiele für Marktmanipulationen iSd Art. 12 Abs. 1. Es handelt sich hierbei nicht um Regelbeispiele iSd deutschen Strafrechts, sondern um zwingende Beispiele, sodass bei Vorliegen der Voraussetzungen stets eine Marktmanipulation anzunehmen ist.[68] Hierfür spricht der Wortlaut („gelten"). Sind die Voraussetzungen eines Beispiels in Art. 12 Abs. 2 erfüllt, erübrigt sich ein Rückgriff auf den Grundtatbestand des Art. 12 Abs. 1 und die Indikatoren gem. Art. 12 Abs. 3.[69]

45   Art. 12 Abs. 2 lit. a erfasst das sog. *Cornering* oder *Abusive Squeeze,*[70] dh die Sicherung einer marktbeherrschenden Stellung in Bezug auf Angebot oder Nachfrage von Finanzinstrumenten durch eine Person oder mehrere in Absprache handelnde Personen, sodass sie tatsächlich oder wahrscheinlich Kauf- oder Verkaufspreise oder andere unlautere Handelsbedingungen unmittelbar oder mittelbar festsetzen. Neben dem kapitalmarktrechtlichen Marktmanipulationsverbot kommt in diesen Fällen regelmäßig auch das Kartellrecht gem. Art. 101, 102 AEUV, § 1, 19 GWB zur Anwendung.[71] Art. 12 Abs. 2 lit. b nennt als weiteres Beispiel den Kauf oder Verkauf von Finanzinstrumenten bei Handelsbeginn oder bei Handelsschluss an einem Handelsplatz mit der tatsächlichen oder wahrscheinlichen Folge, dass Anleger, die aufgrund der angezeigten Kurse, einschließlich der Eröffnungs- und Schlusskurse, tätig werden, irregeführt werden. Hierbei handelt es sich um ein Beispiel für das sog. *Marking the close,* das den Basistatbestand des Art. 12 Abs. 1 lit. a erfüllt (→ Rn. 20).

---

[62] Klöhn/*Schmolke* Art. 12 Rn. 288.

[63] Zu § 20a WpHG aF Fuchs/*Fleischer* WpHG § 20a Rn. 74; JVRZ/*de Schmidt* WpHG § 20a Rn. 252; Kölner Komm WpHG/*Stoll* WpHG § 20a Rn. 247; Schwark/Zimmer/*Schwark* WpHG, 4. Aufl. 2010, § 20a Rn. 98.

[64] *Poelzig* NZG 2016, 528 (536). IErg ebenso Klöhn/*Schmolke* Art. 12 Rn. 297 ff.

[65] So bereits zu § 20a WpHG aF EBJS/*Grundmann* WpHG § 20a Rn. VI 174 mwN.

[66] So aber ein zentrales Argument für ein Vorsatzerfordernis zu § 20a WpHG aF *Eichelberger,* Das Verbot der Marktmanipulation (§ 20a WpHG), 2006, 320; Assmann/Schneider/*Vogel* WpHG, 6. Aufl. 2012, Vor § 20a Rn. 126; Kölner Komm WpHG/*Stoll* WpHG § 20a Rn. 247; Schwark/Zimmer/*Schwark* WpHG, 4. Aufl. 2010, § 20a Rn. 98; *Worms* in Assmann/Schütze KapitalanlageR-HdB § 10 Rn. 84.

[67] ESMA, Final report ESMA's technical advice on possible delegated acts concerning the Market Abuse Regulation v. 3.2.2015, ESMA/2015/224, 78 Rn. 12.

[68] HK-KapMarktStrafR/*Sorgenfrei/Saliger* WpHG §§ 38, 39 Rn. 86; Klöhn/*Schmolke* Art. 12 Rn. 305.

[69] Klöhn/*Schmolke* Art. 12 Rn. 308.

[70] Hierzu ausf. *Fleischer/Bueren* ZIP 2013, 1253.

[71] Hierzu ausf. *Fleischer/Bueren* ZIP 2013, 1253 sowie monographisch *Wessling,* Wettbewerbsbeschränkungen auf Märkten für börsennotierte Aktien und Aktienderivate, 2019.

Art. 12 Abs. 2 lit. c nennt Beispiele für handelsgestützte Manipulationen durch die Erteilung von **46** Kauf- oder Verkaufsaufträgen an einem Handelsplatz (geregelter Markt, MTF, OTF) mittels aller zur Verfügung stehenden Handelsmethoden, „auch in elektronischer Form". Besonders hervorgehoben werden „algorithmische und Hochfrequenzhandelsstrategien". **Algorithmischer Handel** ist gem. Art. 3 Abs. 1 Nr. 18 iVm Art. 4 Abs. 1 Nr. 39 MiFID II der „Handel mit einem Finanzinstrument, bei dem ein Computeralgorithmus die einzelnen Auftragsparameter automatisch bestimmt, zB ob der Auftrag eingeleitet werden soll, Zeitpunkt, Preis bzw. Quantität des Auftrags oder wie der Auftrag nach seiner Einreichung mit eingeschränkter oder gar keiner menschlichen Beteiligung bearbeitet werden soll, unter Ausschluss von Systemen, die nur zur Weiterleitung von Aufträgen zu einem oder mehreren Handelsplätzen, zur Bearbeitung von Aufträgen ohne Bestimmung von Auftragsparametern, zur Bestätigung von Aufträgen oder zur Nachhandelsbearbeitung ausgeführter Aufträge verwendet werden". Beim **Hochfrequenzhandel** *(high-frequency trading)* handelt es sich um eine mit Computern betriebene algorithmische Handelstechnik, die gekennzeichnet ist durch (a) eine Infrastruktur zur Minimierung von Verzögerungen bei der Orderübertragung (Latenzen), die mindestens eine der folgenden Vorrichtungen für die Eingabe algorithmischer Aufträge aufweist: Kollokation, Proximity Hosting oder direkter elektronischer Hochgeschwindigkeitszugang, (b) die Entscheidung des Systems über die Einleitung, das Erzeugen, das Weiterleiten oder die Ausführung eines Auftrags ohne menschliche Intervention, und (c) ein hohes untertägiges Mitteilungsaufkommen in Form von Aufträgen, Quotes oder Stornierungen. Die Auftragserteilung muss neben einem Effekt iSd Art. 12 Abs. 1 lit. a oder b (→ Rn. 15 f., → Rn. 30) eine (wahrscheinliche) Störung oder Verzögerung des Handelssystems (Art. 12 Abs. 2 lit. c i) oder (wahrscheinliche) Erschwerung der Ermittlung echter Aufträge (Art. 12 Abs. 2 lit. c ii) herbeiführen.

Nach Art. 12 Abs. 2 lit. d gilt als Marktmanipulation die Ausnutzung eines gelegentlichen oder **47** regelmäßigen Zugangs zu den traditionellen oder elektronischen Medien durch Abgabe einer Stellungnahme zu einem Finanzinstrument oÄ (oder indirekt zu dessen Emittenten), wobei zuvor Positionen bei diesem Finanzinstrument oÄ eingegangen wurden und anschließend Nutzen aus den Auswirkungen der Stellungnahme auf den Kurs dieses Finanzinstruments oÄ gezogen wird, ohne dass der Öffentlichkeit gleichzeitig dieser Interessenkonflikt ordnungsgemäß und wirksam mitgeteilt wird. Damit ist das sog. *Scalping* erfasst.[72] Art. 12 Abs. 2 lit. d ist ein Beispiel für den Basistatbestand der Manipulation durch Täuschungshandlung gem. Art. 12 Abs. 1 lit. b. Die Täuschung liegt hierbei in der Abgabe einer Stellungnahme, ohne den Interessenkonflikt offenzulegen.[73] Umstritten ist, ob das Scalping nicht nur eine gem. Art. 12 verbotene Marktmanipulation darstellt, sondern auch durch das vorgelagerte Eingehen der Positionen als Insidergeschäft Art. 8 Abs. 1, 14 lit. a verletzt (zur Problematik der Insiderinformation → Art. 7 Rn. 7).[74]

Art. 12 Abs. 2 lit. e enthält ein Beispiel speziell für Manipulationen durch Kauf oder Verkauf von **48** **Emissionszertifikaten** oder deren Derivaten auf dem Sekundärmarkt vor der Versteigerung gem. VO (EU) Nr. 1031/2010 mit der Folge, dass der Auktionsclearingpreis für die Auktionsobjekte auf anormaler oder künstlicher Höhe festgesetzt wird oder dass Bieter irregeführt werden.

Soweit die Beispiele in Art. 12 Abs. 2 – etwa Art. 12 Abs. 2 lit. b oder lit. c iii – den Basistatbestand **49** des Art. 12 Abs. 1 lit. a konkretisieren, kann das Handeln gem. Art. 12 Abs. 1 lit. a, Art. 13 bei Anerkennung als zulässige Marktpraxis gem. **Art. 13** legitimiert werden.[75]

VI. Versuch

Mit der MAR wurde erstmals auch die versuchte Marktmanipulation in Art. 12 Abs. 1 ausdrücklich **50** verboten. Eine versuchte Marktmanipulation liegt beispielsweise vor, wenn Handlungen begonnen, aber wegen technischer Probleme abgebrochen oder Handelsaufträge nicht ausgeführt wurden (vgl. ErwGr 41). Ein Versuch ist aber ebenso denkbar, wenn objektive Voraussetzungen der Manipulation entgegen der Annahme des Täters nicht vorliegen, zB bei informationsgestützten Manipulationen die Information weder falsch noch irreführend ist oder keine Signalwirkung hat.

VII. Zivilrechtliche Folgen von Verstößen gegen das Marktmanipulationsverbot

Auch hier schweigt die MAR ebenso wie zu den Folgen von Verstößen gegen das Insiderrecht **51** (→ Art. 8–11, 14 Rn. 72).

1. Nichtigkeit der Geschäfte. Die marktmanipulativen Geschäfte entgegen Art. 15 sind nicht **52** gem. **§ 134 BGB** nichtig, sofern es sich nur um einen einseitigen Verstoß handelt.[76] Bei handels-

---

[72] *Poelzig* NZG 2016, 528 (536); Klöhn/*Schmolke* Art. 12 Rn. 358.
[73] Klöhn/*Schmolke* Art. 12 Rn. 361.
[74] Dagegen Klöhn/*Klöhn* Art. 7 Rn. 25 ff. Klöhn/*Schmolke* Art. 12 Rn. 363.
[75] *Poelzig* NZG 2016, 528 (536); diff. Klöhn/*Schmolke* Art. 12 Rn. 309 ff.
[76] Assmann/Schneider/Mülbert/*Mülbert* Art. 15 Rn. 52; Klöhn/*Schmolke* Art. 15 Rn. 104. Eingehend hierzu MüKoHGB/*Ekkenga* Effektengeschäft Rn. 235.

gestützten Manipulationen durch fiktive Geschäfte (→ Rn. 23) ist regelmäßig von Nichtigkeit gem. § 117 BGB auszugehen.[77]

53 **2. Schadensersatzanspruch gem. § 823 Abs. 2 BGB. a) Meinungsstand.** Die Einordnung des **Marktmanipulationsverbots** gem. Art. 15 als Schutzgesetz iSd § 823 Abs. 2 BGB wird zT befürwortet, zT abgelehnt.[78] Die **hM** zu den Vorgängerbestimmungen von Art. 15, namentlich § 20a WpHG aF sowie § 88 BörsG aF, verneinte die Schutzgesetzeigenschaft, der Schutz der individuellen Vermögensinteressen der Kapitalanleger lediglich mittelbare Folge des Funktionenschutzes, also ein bloßer Rechtsreflex, sei. Zudem habe der Gesetzgeber im Gegensatz zur Ad-hoc-Informationspflicht für Marktmanipulationen keine spezialgesetzliche Haftungsregelung vorgesehen.[79] Insoweit sei von einer bewussten Regelungslücke auszugehen, die durch eine Anwendung von § 823 Abs. 2 BGB nicht unterlaufen werden dürfe. Dies wird weiterhin so auch nach Inkrafttreten der MAR vertreten.[80] Daneben werden jedoch auch Stimmen laut, die die Schutzgesetzeigenschaft von Art. 15 befürworten.[81]

54 **b) Stellungnahme.** Wie im Falle des Insiderverbots (→ Art. 8–11, 14 Rn. 76) lässt sich zunächst der von der MAR bezweckte Schutz des Anlegervertrauens (Art. 1) für die Schutzgesetzeigenschaft anführen. Zudem wird in ErwGr 47 jedenfalls für informationsgestützte Marktmanipulationen ausdrücklich darauf hingewiesen, dass eine solche „Marktmanipulation [...] den Anlegern in besonderer Weise [schadet], weil sie sie dazu veranlasst, ihre Anlageentscheidungen auf unrichtige oder verzerrte Informationen zu stützen".[82] Und schließlich spricht der primärrechtliche Effektivitätsgrundsatz gem. Art. 4 Abs. 3 EUV für eine zivilrechtliche Haftung für Verstöße gegen das Marktmanipulationsverbot.[83]

55 **3. Schadensersatzanspruch gem. § 826 BGB.** In Betracht kommt auch eine Haftung wegen vorsätzlicher sittenwidriger Schädigung nach § 826 BGB. Ein Verstoß gegen Art. 15 kann die Sittenwidrigkeit allein noch nicht begründen.[84] Es müssen zu dem Gesetzesverstoß weitere die Sittenwidrigkeit begründende Umstände hinzutreten, die das Verhalten des Täters in einer Gesamtbetrachtung als **verwerflich** erscheinen lassen, dh als Verstoß gegen das Anstandsgefühl aller billig und gerecht Denkenden verstoßen.[85]

Kapitel 3. Offenlegungsvorschriften

Vorbemerkung Art. 17–19: Offenlegungspflichten

1 Zur Prävention von Marktmissbrauch sieht die MAR in Kapitel 3 verschiedene Offenlegungsvorschriften vor: Dazu gehören die Ad-hoc-Publizitätspflicht (Art. 17), die Pflicht zur Führung von Insiderlisten (Art. 18), und die Pflicht zur Meldung und Veröffentlichung von Eigengeschäften der Führungskräfte (Art. 19).

I. Anwendungsbereich

2 Die Offenlegungsvorschriften gelten für Emittenten (s. Art. 3 Abs. 1 Nr. 21), deren Finanzinstrumente an einem geregelten Markt, in Deutschland etwa am regulierten Markt der Börse, gehandelt werden (Art. 2 Abs. 1 lit. a), sowie für MTF- und OTF-Emittenten. Voraussetzung ist jeweils, dass der Emittent die Zulassung zum Handel auf einem geregelten Markt oder in einem MTF beantragt oder

---

[77] Assmann/Schmidt/Mülbert/*Assmann* Art. 15 Rn. 52; MüKoHGB/*Ekkenga* Effektengeschäft Rn. 235.

[78] Dafür Staub/*Grundmann* Bd. 11/2 6. Teil Rn. 437; *Hellgardt* AG 2012, 154; *Poelzig* ZGR 2015, 801 (829 f.); *Rau* BKR 2017, 57; diff. *Schütt,* Europäische Marktmissbrauchsverordnung und Individualschutz, 2019, 448 ff. Dagegen Assmann/Schneider/Mülbert/*Mülbert* Art. 15 Rn. 45; Klöhn/*Schmolke* Art. 15 Rn. 78 ff.; MüKoBGB/*Wagner* BGB § 823 Rn. 509; *Schmolke* NZG 2016, 721. Offen gelassen von *Wolf/Wink* in Meyer/Veil/Rönnau MarktmissbrauchsR-HdB § 31 Rn. 61 ff.

[79] Schwark/Zimmer/*Zimmer/Bator* Art. 15 Rn. 14; *Schmolke* NZG 2016, 721 (722). Noch zu § 20a WpHG aF Fuchs/*Fleischer* WpHG § 20a Rn. 154; Kölner Komm WpHG/*Mock* WpHG § 20a Rn. 473 ff..

[80] Assmann/Schneider/Mülbert/*Mülbert* Art. 15 Rn. 45; Klöhn/*Schmolke* Art. 15 Rn. 78 ff.; MüKoBGB/*Wagner* BGB § 823 Rn. 509; *Schmolke* NZG 2016, 721.

[81] *Hellgardt* AG 2012, 154 (165); *Poelzig* ZGR 2015, 801 (829); *Seibt/Wollenschläger* AG 2014, 593 (607).

[82] S. auch *Hellgardt* AG 2012, 154 (165); *Poelzig* ZGR 2015, 801 (829); *Seibt/Wollenschläger* AG 2014, 593 (607).

[83] Hierzu *Hellgardt* AG 2012, 154 (160 f.); *Poelzig* ZGR 2015, 801 (807 f.); krit. Klöhn/*Schmolke* Art. 15 Rn. 89 ff.; *Schmolke* NZG 2016, 721.

[84] BGH Urt. v. 19.7.2004 – II ZR 402/02, NJW 2004, 2971 (2973); BGH Urt. v. 13.12.2011 – XI ZR 51/10, NJW 2012, 1800 (1803); *Buck-Heeb* KapMarktR Rn. 694; Assmann/Schneider/Mülbert/*Mülbert* Art. 15 Rn. 49; *Poelzig* KapMarktR Rn. 461.

[85] BGH Urt. v. 13.12.2011 – XI ZR 51/10, BGHZ 192, 90 Rn. 28; OLG Stuttgart Urt. v. 26.3.2015 – 2 U 102/14, ZIP 2015, 781 Rn. 181; MüKoBGB/*Wagner* BGB § 826 Rn. 9; Staudinger/*Oechsler,* 2018, BGB § 826 Rn. 382i.

dieser zugestimmt hat bzw. die Zulassung zum Handel in einem OTF erhalten hat (Art. 17 Abs. 1 UAbs. 3, Art. 18 Abs. 7, Art. 19 Abs. 4).[1] Sofern die Einbeziehung von Finanzinstrumenten auf Antrag eines Dritten ohne Initiative des Emittenten erfolgt – wie dies etwa an der Frankfurter Wertpapierbörse im Quotation Board möglich ist – ist der Emittent nicht publizitätspflichtig.[2]

Die Offenlegungspflichten beginnen mit dem Antrag auf Zulassung zum Handel an einem geregel- **3** ten Markt oder MTF bzw. mit Zulassung zum Handel in einem OTF und enden mit der endgültigen Beendigung der Zulassung, etwa durch Erlöschen oder Widerruf. Eine vorübergehende Aussetzung oder Einstellung des Handels lässt die Offenlegungspflichten hingegen nicht entfallen.[3]

Die Offenlegungsvorschriften knüpfen an den Handel der Finanzinstrumente auf einem **Handelsplatz 4 innerhalb der EU** an, ohne dass es auf den Sitz des Emittenten ankommt (s. Art. 3 Abs. 1 Nr. 6–8).

II. Adressaten

Adressat der Offenlegungspflichten ist jeweils der **Emittent,** unter den oben genannten Voraus- **5** setzungen (→ Rn. 2 ff.) seit Inkrafttreten der MAR auch Freiverkehrsemittenten. Anders als das Kartellrecht knüpfen die Offenlegungspflichten gem. Art. 17–19 an die natürliche oder juristische Person an, sodass in Übereinstimmung mit dem gesellschaftsrechtlichen Trennungsgrundsatz weder der Konzern als wirtschaftliche Einheit noch die Muttergesellschaft für die Tochtergesellschaft zur Offenlegung verpflichtet sind (zur Ad-hoc-Publizitätspflicht im Konzern → Rn. 13 f.).[4] Ebensowenig sind die Organe einer Gesellschaft nach außen aus Art. 17–19 verpflichtet, sondern allenfalls im Innenverhältnis gegenüber der Gesellschaft als Ausprägung der Legalitätspflicht, zB gem. § 76 Abs. 1 AktG, § 93 Abs. 1 AktG. Auch in der Insolvenz bleibt nach § 24 WpHG grundsätzlich der Emittent bzw. dessen gesetzlicher Vertreter zur Offenlegung verpflichtet, der Insolvenzverwalter unterstützt durch Bereitstellung der erforderlichen Mittel.[5]

Die Ausweitung des Anwendungsbereichs der MAR auf MTF und OTF bedeutet nicht zuletzt für **6** kleinere und mittlere Unternehmen **(KMU),**[6] dass sie etwa als Freiverkehrsemittenten deutlich weiterreichende Pflichten insbesondere in Form der Ad-hoc-Publizität oder der Erstellung von Insiderlisten erfüllen müssen.[7] Dies wird für KMU, deren Finanzinstrumente zum Handel auf einem KMU-Wachstumsmarkt iSd § 76 WpHG; § 48a BörsG (s. Art. 4 Abs. 1 Nr. 12 MiFID II iVm Art. 3 Abs. 1 Nr. 11) zugelassen sind, durch Sonderregelungen (geringfügig) aufgefangen. So können KMU-Emittenten Insiderinformationen statt auf der eigenen Internetseite gegebenenfalls auch auf der Internetseite des KMU-Wachstumsmarktes veröffentlichen, Art. 17 Abs. 9 (→ Art. 17 Rn. 19). KMU-Emittenten sind außerdem gem. Art. 18 Abs. 6 von der Pflicht zur Erstellung von Insiderlisten befreit, wenn sie die Personen, die Zugang zu Insiderinformationen haben, über das Marktmissbrauchsrecht ausreichend in Kenntnis setzen (→ Art. 18 Rn. 20). Da die Privilegierungen sich als nicht ausreichend erwiesen haben, werden mit Geltung der VO (EU) 2019/2115 zum 1.1.2021 (→ Vor Art. 1 Rn. 5) weitere Erleichterungen eingeführt.[8]

Art. 17 Veröffentlichung von Insiderinformationen

(1) *[1]* **Ein Emittent gibt der Öffentlichkeit Insiderinformationen, die unmittelbar diesen Emittenten betreffen, unverzüglich bekannt.**
[2] [1]**Der Emittent stellt sicher, dass die Insiderinformationen in einer Art und Weise veröffentlicht werden, die der Öffentlichkeit einen schnellen Zugang und eine vollständige,**

---

[1] Die deutsche Übersetzung der MAR weicht insoweit missverständlich von der englischen (und französischen) Version der MAR ab. So heißt es genauer „die eine Zulassung beantragt oder erhalten haben", in der englischen Version heißt es genauer „have requested or approved admission".

[2] *Hopt/Kumpan* in Schimansky/Bunte/Lwowski BankR-HdB § 107 Rn. 137; *Hopt/Kumpan* ZGR 2017, 765 (781).

[3] *Veil/Brüggemeier* in Meyer/Veil/Rönnau MarktmissbrauchsR-HdB § 10 Rn. 35.

[4] *Poelzig* in VGR, Gesellschaftsrecht in der Diskussion, 2017, 84, 94 ff.

[5] Klöhn/*Klöhn* Art. 17 Rn. 62. AA *Veil/Brüggemeier* in Meyer/Veil/Rönnau MarktmissbrauchsR-HdB § 10 Rn. 39.

[6] KMU sind gem. Art. 3 Abs. 1 Nr. 11 MAR iVm Art. 4 Abs. 1 Nr. 13 MiFID II (s. ErwGr 55) Unternehmen, deren durchschnittliche Marktkapitalisierung in den letzten drei Kalenderjahren weniger als 200 Mio. EUR betrug. Den größeren Rahmen für die Privilegierung von KMU in der MAR bildet gem. ErwGr 6 der „*Small Business Act*" für Europa (SBA) vom 25.6.2008, in dem die zentrale Rolle des Mittelstandes für die europäische Wirtschaft politisch verankert ist und wonach die Gründung und Tätigkeit von KMU gefördert werden sollen. Ausführlich zu den Bemühungen im Rahmen der Kapitalmarktunion, die Finanzierung von KMU am Kapitalmarkt zu erleichtern, *Kumpan* ZGR 2016, 2 (11 ff.).

[7] Daher krit. im Hinblick auf das Ziel der Kapitalmarktunion, KMU die Finanzierung über den Kapitalmarkt zu erleichtern, *Kumpan* ZGR 2016, 2 (22).

[8] Vgl. Art. 1 Verordnung (EU) 2019/2115 des Europäischen Parlaments und des Rates vom 27.11.2019 zur Änderung der Richtlinie 2014/65/EU und der Verordnungen (EU) Nr. 596/2014 und (EU) 2017/1129 zur Förderung der Nutzung von KMU-Wachstumsmärkten, ABl. 2019 L 320, 1.

korrekte und rechtzeitige Bewertung ermöglicht, und dass sie gegebenenfalls in dem amtlich bestellten System gemäß Artikel 21 der Richtlinie 2004/109/EG des Europäischen Parlaments und des Rates[1]) veröffentlicht werden. [2] Der Emittent darf die Veröffentlichung von Insiderinformationen nicht mit der Vermarktung seiner Tätigkeiten verbinden. [3] Der Emittent veröffentlicht alle Insiderinformationen, die er der Öffentlichkeit mitteilen muss, auf seiner Website und zeigt sie dort während eines Zeitraums von mindestens fünf Jahren an.

[3] Dieser Artikel gilt für Emittenten, die für ihre Finanzinstrumente eine Zulassung zum Handel an einem geregelten Markt in einem Mitgliedstaat beantragt oder genehmigt haben, bzw. im Falle von Instrumenten, die nur auf einem multilateralen oder organisierten Handelssystem gehandelt werden, für Emittenten, die für ihre Finanzinstrumente eine Zulassung zum Handel auf einem multilateralen oder organisierten Handelssystem in einem Mitgliedstaat erhalten haben oder die für ihre Finanzinstrumente eine Zulassung zum Handel auf einem multilateralen Handelssystem in einem Mitgliedstaat beantragt haben.

(2) *[1]* [1] Jeder Teilnehmer am Markt für Emissionszertifikate gibt Insiderinformationen in Bezug auf ihm gehörende Emissionszertifikate für seine Geschäftstätigkeit, darunter Luftverkehr gemäß Anhang I der Richtlinie 2003/87/ EG und Anlagen im Sinne von Artikel 3 Buchstabe e jener Richtlinie, die der betreffende Marktteilnehmer, dessen Mutterunternehmen oder ein verbundenes Unternehmen besitzt oder kontrolliert und für dessen betriebliche Angelegenheiten der Marktteilnehmer, dessen Mutterunternehmen oder ein verbundenes Unternehmen vollständig oder teilweise verantwortlich ist, öffentlich, wirksam und rechtzeitig bekannt. [2] In Bezug auf Anlagen umfasst diese Offenlegung die für deren Kapazität und Nutzung erheblichen Informationen, darunter die geplante oder ungeplante Nichtverfügbarkeit dieser Anlagen.

[2] Unterabsatz 1 gilt nicht für Teilnehmer am Markt für Emissionszertifikate, wenn die Emissionen der Anlagen oder Luftverkehrstätigkeiten in ihrem Besitz, unter ihrer Kontrolle oder ihrer Verantwortlichkeit im Vorjahr eine bestimmte Kohlendioxidäquivalent-Mindestschwelle nicht überschritten haben und, sofern dort eine Verbrennung erfolgt, deren thermische Nennleistung eine bestimmte Mindestschwelle nicht überschreitet.

[3] Der Kommission wird die Befugnis übertragen, gemäß Artikel 35 zur Anwendung der im Unterabsatz 2 dieses Absatzes vorgesehenen Ausnahme delegierte Rechtsakte zur Festlegung einer Kohlendioxidäquivalent-Mindestschwelle und einer Mindestschwelle für die thermische Nennleistung zu erlassen.

(3) Der Kommission wird die Befugnis übertragen, delegierte Rechtsakte gemäß Artikel 35 zur Festlegung der zuständigen Behörde für die Mitteilungen gemäß den Absätzen 4 und 5 des vorliegenden Artikels zu erlassen.

(4) *[1]* Ein Emittent oder ein Teilnehmer am Markt für Emissionszertifikate, kann auf eigene Verantwortung die Offenlegung von Insiderinformationen für die Öffentlichkeit aufschieben, sofern sämtliche nachfolgenden Bedingungen erfüllt sind:

a) die unverzügliche Offenlegung wäre geeignet die berechtigten Interessen des Emittenten oder Teilnehmers am Markt für Emissionszertifikate zu beeinträchtigen,

b) die Aufschiebung der Offenlegung wäre nicht geeignet, die Öffentlichkeit irrezuführen,

c) der Emittent oder Teilnehmer am Markt für Emissionszertifikate kann die Geheimhaltung dieser Informationen sicherstellen.

[2] Im Falle eines zeitlich gestreckten Vorgangs, der aus mehreren Schritten besteht und einen bestimmten Umstand oder ein bestimmtes Ereignis herbeiführen soll oder hervorbringt, kann ein Emittent oder Teilnehmer am Markt für Emissionszertifikate auf eigene Verantwortung die Offenlegung von Insiderinformationen zu diesem Vorgang vorbehaltlich des Unterabsatzes 1 Buchstaben a, b und c aufschieben.

[3] [1] Hat ein Emittent oder ein Teilnehmer am Markt für Emissionszertifikate die Offenlegung von Insiderinformationen nach diesem Absatz aufgeschoben, so informiert er die gemäß Absatz 3 festgelegte zuständige Behörde unmittelbar nach der Offenlegung der Informationen über den Aufschub der Offenlegung und erläutert schriftlich, inwieweit die in diesem Absatz festgelegten Bedingungen erfüllt waren. [2] Alternativ können Mitgliedstaaten festlegen, dass die Aufzeichnung einer solchen Erläuterung nur auf Ersuchen der gemäß Absatz 3 festgelegten zuständigen Behörde übermittelt werden muss.

(5) Zur Wahrung der Stabilität des Finanzsystems kann ein Emittent, bei dem es sich um ein Kreditinstitut oder ein Finanzinstitut handelt, auf eigene Verantwortung die Offenlegung von Insiderinformationen, einschließlich Informationen im Zusammenhang mit einem zeitweiligen Liquiditätsproblem und insbesondere in Bezug auf den Bedarf an zeitweiliger Liquiditätshilfe seitens einer Zentralbank oder eines letztinstanzlichen Kreditgebers, aufschieben, sofern sämtliche nachfolgenden Bedingungen erfüllt sind:

---

[1] **Amtl. Anm.:** Richtlinie 2004/109/EG des Europäischen Parlaments und des Rates vom 15. Dezember 2004 zur Harmonisierung der Transparenzanforderungen in Bezug auf Informationen über Emittenten, deren Wertpapiere zum Handel auf einem geregelten Markt zugelassen sind, und zur Änderung der Richtlinie 2001/34/EG (ABl. L 390 vom 31.12.2004, S. 38).

a) die Offenlegung der Insiderinformationen birgt das Risiko, dass die finanzielle Stabilität des Emittenten und des Finanzsystems untergraben wird;

b) der Aufschub der Veröffentlichung liegt im öffentlichen Interesse;

c) die Geheimhaltung der betreffenden Informationen kann gewährleistet werden, und

d) die gemäß Absatz 3 festgelegte zuständige Behörde hat dem Aufschub auf der Grundlage zugestimmt, dass die Bedingungen gemäß Buchstaben a, b,[2] und c erfüllt sind.

(6) *[1]* ¹Für die Zwecke des Absatzes 5 Buchstaben a bis d setzt der Emittent die gemäß Absatz 3 festgelegte zuständige Behörde von seiner Absicht in Kenntnis, die Offenlegung der Insiderinformationen aufzuschieben, und legt Nachweise vor, dass die Voraussetzungen gemäß Absatz 5 Buchstaben a, b, und c vorliegen. ²Die gemäß Absatz 3 festgelegte zuständige Behörde hört gegebenenfalls die nationale Zentralbank oder, falls eingerichtet, die makroprudenzielle Behörde oder andernfalls die folgenden Stellen an:

a) falls es sich bei dem Emittenten um ein Kreditinstitut oder eine Wertpapierfirma handelt, die gemäß Artikel 133 Absatz 1 der Richtlinie 2013/36/EU des Europäischen Parlaments und des Rates[3] benannte Behörde;

b) in anderen als den in Buchstabe a genannten Fällen jede andere für die Aufsicht über den Emittenten zuständige nationale Behörde.

[2] ¹Die gemäß Absatz 3 festgelegte zuständige Behörde stellt sicher, dass der Aufschub für die Offenlegung von Insiderinformationen nur für den im öffentlichen Interesse erforderlichen Zeitraum gewährt wird. ²Die gemäß Absatz 3 festgelegte zuständige Behörde bewertet mindestens wöchentlich, ob die Voraussetzungen gemäß Absatz 5 Buchstaben a, b und c noch vorliegen.

[3] Wenn die gemäß Absatz 3 festgelegte zuständige Behörde dem Aufschub der Veröffentlichung von Insiderinformationen nicht zustimmt, muss der Emittent die Insiderinformationen unverzüglich offenlegen.

[4] Dieser Absatz gilt für Fälle, in denen der Emittent nicht beschließt, die Offenlegung von Insiderinformationen gemäß Absatz 4 aufzuschieben.

[5] Verweise in diesem Absatz auf die gemäß Absatz 3 festgelegte zuständige Behörde in diesem Absatz lassen die Befugnis der zuständigen Behörde, ihre Aufgaben gemäß Artikel 23 Absatz 1 wahrzunehmen, unberührt.

(7) *[1]* Wenn die Offenlegung von Insiderinformationen gemäß Absatz 4 oder 5 aufgeschoben wurde und die Vertraulichkeit der dieser Insiderinformationen nicht mehr gewährleistet ist, muss der Emittent die Öffentlichkeit so schnell wie möglich über diese Informationen informieren.

[2] Dieser Absatz schließt Sachverhalte ein, bei denen ein Gerücht auf eine Insiderinformation Bezug nimmt, die gemäß Absatz 4 oder 5 nicht offengelegt wurden, wenn dieses Gerücht ausreichend präzise ist, dass zu vermuten ist, dass die Vertraulichkeit dieser Information nicht mehr gewährleistet ist.

(8) ¹Legt ein Emittent oder ein Teilnehmer am Markt für Emissionszertifikate oder eine in ihrem Auftrag oder für ihre Rechnung handelnde Person im Zuge der normalen Ausübung ihrer Arbeit oder ihres Berufs oder der normalen Erfüllung ihrer Aufgaben gemäß Artikel 10 Absatz 1 Insiderinformationen gegenüber einem Dritten offen, so veröffentlicht er diese Informationen vollständig und wirksam, und zwar zeitgleich bei absichtlicher Offenlegung und unverzüglich im Fall einer nicht absichtlichen Offenlegung. ²Dieser Absatz gilt nicht, wenn die die Informationen erhaltende Person zur Verschwiegenheit verpflichtet ist, unabhängig davon, ob sich diese Verpflichtung aus Rechts- oder Verwaltungsvorschriften, einer Satzung oder einem Vertrag ergibt.

(9) Insiderinformationen in Bezug auf Emittenten, deren Finanzinstrumente zum Handel an einem KMU-Wachstumsmarkt zugelassen sind, können auf der Website des Handelsplatzes anstatt der Website des Emittenten angezeigt werden, falls der Handelsplatz sich für die Bereitstellung dieser Möglichkeit für Emittenten auf jenem Markt entscheidet.

(10) *[1]* Um einheitliche Bedingungen für die Anwendung dieses Artikels sicherzustellen, arbeitet die ESMA Entwürfe technischer Durchführungsstandards zur Festlegung

a) der technischen Mittel für die angemessene Bekanntgabe von Insiderinformationen gemäß den Absätzen 1, 2, 8 und 9 und

b) der technischen Mittel für den Aufschub der Bekanntgabe von Insiderinformationen gemäß den Absätzen 4 und 5 aus.

[2] Die ESMA legt der Kommission diese Entwürfe technischer Durchführungsstandards bis zum 3. Juli 2016 vor.

---

² Zeichensetzung amtlich.

³ **Amtl. Anm.:** Richtlinie 2013/36/EU des Europäischen Parlaments und des Rates vom 26. Juni 2013 über den Zugang zur Tätigkeit von Kreditinstituten und die Beaufsichtigung von Kreditinstituten und Wertpapierfirmen, zur Änderung der Richtlinie 2002/87/EG und zur Aufhebung der Richtlinien 2006/48/EG und 2006/49/EG (ABl. L 176 vom 27.6.2013, S. 338).

[3] **Der Kommission wird die Befugnis übertragen, die in Unterabsatz 1 genannten technischen Durchführungsstandards nach Artikel 15 der Verordnung (EU) Nr. 1095/2010 zu erlassen.**

(11) **Die ESMA gibt Leitlinien für die Erstellung einer nicht abschließenden indikativen Liste der in Absatz 4 Buchstabe a genannten berechtigten Interessen des Emittenten und von Fällen heraus, in denen die Aufschiebung der Offenlegung von Insiderinformationen gemäß Absatz 4 Buchstabe b geeignet ist, die Öffentlichkeit irrezuführen.**

Übersicht

I. Allgemeines

1   **1. Inhalt und Zweck.** Emittenten müssen das Anlegerpublikum anlassbezogen (ad-hoc) durch die Veröffentlichung von Insiderinformationen (→ Art. 7 Rn. 365 ff.) über kursrelevante Ereignisse in Kenntnis setzen. Die Ad-hoc-Publizitätspflicht diente ursprünglich vor allem der Ergänzung der Regelpublizität gem. §§ 114 ff. WpHG, die in festgelegten Intervallen erfolgt (→ WpHG § 114 Rn. 564 ff.).[4] Die Ad-hoc-Publizitätspflicht gem. Art. 17 dient heute nach dem Willen des europäischen Verordnungsgebers primär als flankierendes Instrument zur **Vorbeugung von Insiderhandel** und Irreführung von Anlegern (s. ErwGr 49)[5] und knüpft daher konsequenterweise an den Begriff der Insiderinformation gem. Art. 7 an. Je schneller Insiderinformationen gezielt in den Markt gelangen und dem Anlegerpublikum zur Verfügung stehen, desto geringer ist die Gefahr von Insidergeschäften.[6]

2   Darüber hinaus trägt die Ad-hoc-Publizität zur Beseitigung von **Informationsasymmetrien** zwischen den Marktteilnehmern bei und stärkt so das notwendige Anlegervertrauen zur institutionellen Funktionsfähigkeit des Kapitalmarktes.[7] Nicht zuletzt sorgt die unverzügliche und gleichmäßige Veröffentlichung von Insiderinformationen auch dafür, dass sich zutreffende Marktpreise herausbilden.[8] Dies wiederum wirkt sich positiv auf die allokative Effizienz des Kapitalmarktes aus.[9]

3   **2. Systematik.** Art. 17 Abs. 1 enthält die Pflicht zur unverzüglichen Veröffentlichung von Insiderinformationen. Die Ad-hoc-Informationspflicht knüpft weiterhin an den Begriff der Insiderinformation in Art. 7 an. Neben dem Level-1-Rechtsakt sind auf **Level-2** die DVO (EU) 2016/1055 und die

---

[4] *Buck-Heeb* KapMarktR Rn. 445; *Poelzig* KapMartkR Rn. 473; Empfehlung der Kommission vom 25.7.1977 betreffend europäische Wohlverhaltensregeln für Wertpapiertransaktionen, ABl. 1977 L 212, 37, Ergänzender Grundsatz Nr. 12.

[5] Zu den verschiedenen Zwecken der Ad-hoc-Informationspflicht Klöhn/*Klöhn* Art. 17 Rn. 5 ff.

[6] *Langenbucher* AktKapMarktR § 17 Rn. 18.

[7] RegE 2. FFG, BT-Drs. 12/6679, 33; *Schmidt* in Lutter/Bayer Europäisches Unternehmens- und Kapitalmarktrecht § 17 Rn. 28.

[8] *Langenbucher* AktKapMarktR § 17 Rn. 1; *Hopt* ZHR 159 (1995), 135 (147).

[9] Klöhn/*Klöhn* Vor Art. 17 Rn. 51; Kölner Komm WpHG/*Klöhn* WpHG Vor § 15 Rn. 51; *Rönnau/Brüggemeier* in Meyer/Veil/Rönnau MarktmissbrauchsR-HdB § 10 Rn. 1; vgl. auch Fuchs/*Pfüller* WpHG § 15 Rn. 34 f. Ausf. *Klöhn* ZHR 177 (2013), 349 (352 ff., 375 f.).

Delegierte Verordnung (EU) 2016/522 einschlägig. Konkretisiert werden die Regelungen durch Leitlinien der ESMA (**Level-3**-Maßnahmen) [10] und Q&A.[11]

Die Ad-hoc-Publizitätspflicht in der MAR wird durch **nationale Vorschriften** ergänzt: 4 § 26 WpHG regelt die Pflicht zur Vorabmeldung der Veröffentlichung an BaFin und den jeweiligen Handelsplatz sowie die Pflicht zur Weiterleitung an das Unternehmensregister nach Veröffentlichung. Die Vorschriften der Wertpapierhandelsanzeigeverordnung (WpAV) regeln die technischen Details der Veröffentlichung (§ 26 Abs. 4 WpHG). Sie wurden mit dem 2. FiMaNoG an die europäischen Vorschriften angepasst.[12]

II. Tatbestand der Veröffentlichungspflicht

Emittenten müssen gem. Art. 17 Abs. 1 UAbs. 1 Insiderinformationen iSv Art. 7 Abs. 1 veröffent- 5 lichen, die sie unmittelbar betreffen.

1. Voraussetzungen. a) Veröffentlichungspflichtige Insiderinformation. Im Grundsatz 6 knüpft die Ad-hoc-Publizität an den einheitlichen Begriff der Insiderinformation gem. Art. 7 an (→ Art. 7 Rn. 3 ff.). Es muss also eine präzise Information vorliegen, die nicht öffentlich bekannt ist und die geeignet wäre, den Kurs von Finanzinstrumenten spürbar zu beeinflussen.

aa) Unmittelbare Betroffenheit. Im Unterschied zum Insiderrecht ist die Veröffentlichungs- 7 pflicht einschränkend davon abhängig, dass die Insiderinformation den Emittenten **unmittelbar betrifft.**[13] Nicht zu veröffentlichen sind Insiderinformationen, die sich ausschließlich auf die Finanzinstrumente[14] oder lediglich mittelbar auf den Emittenten beziehen. Während § 15 Abs. 1 S. 3 WpHG aF insbesondere Informationen im Tätigkeitsbereich des Emittenten beispielhaft erwähnte, konkretisiert Art. 17 Abs. 1 den Begriff der unmittelbaren Betroffenheit nicht. Hinter dem Erfordernis der unmittelbaren Betroffenheit steht die rechtsökonomische Erkenntnis, dass derjenige zur Suche, Auswertung und Veröffentlichung der marktrelevanten Informationen verpflichtet sein soll, der dies als *cheapest cost avoider* zu den geringsten Kosten ausführen kann.[15] Teilweise wird die Unmittelbarkeit bejaht, wenn die Information auf Fundamentalwertveränderungen der von dem Emittenten begebenen Finanzinstrumente schließen lässt.[16] Dadurch werden jedoch Elemente der Kursrelevanz mit der unmittelbaren Betroffenheit verknüpft.[17] Ob ein unmittelbarer Emittentenbezug vorliegt, ist daher nach aA in einer wertenden Betrachtung der Umstände im konkreten Einzelfall zu bestimmen.[18] Das CESR hat noch zur MAD[19] Leitlinien[20] herausgegeben, deren (nicht abschließend aufgeführte) Beispiele in der Praxis weiterhin jedenfalls als Orientierung dienen können.

---

[10] ESMA Guidelines on legitimate interests of issuers to delay disclosure of inside information and situations in which the delay of disclosure is likely to mislead the public, 20.10.2016, abrufbar unter: https://www.esma.europa.eu/sites/default/files/library/2016-1478_mar_guidelines_-_legitimate_interests.pdf (letzter Zugriff: 4.12.2019); ESMA Final Report on the Market Abuse Regulation – market soundings and delay of disclosure of inside information (ESMA/2016/1130 v. 13.7.2016).

[11] ESMA, Questions and Answers on the Market Abuse Regulation (ESMA70–145-111), 14. Version, Stand: 29.3.2019.

[12] BaFin, Art. 17 MAR – Veröffentlichung von Insiderinformationen (FAQs), Stand: 29.5.2019, Antwort auf Frage I.3., S. 2.

[13] Klöhn/*Klöhn* Art. 17 Rn. 65 ff.; allgemeiner Staub/*Grundmann* Bd. 11/1 6. Teil Rn. 502, der die unmittelbare Betroffenheit bereits bejaht, wenn der Emittent die Information im nächsten Jahresbericht verarbeiten müsste; gegen eine allgemeine Formel Assmann/Schneider/*Mülbert*/*Assmann* Art. 17 Rn. 35.

[14] *Veil/Brüggemeier* in Meyer/Veil/Rönnau MarktmissbrauchsR-HdB § 10 Rn. 48; *Kocher* NZG 2018, 1410 (1411). Zur alten Rechtslage Fuchs/*Pfüller* WpHG § 15 Rn. 123 f.; Schwark/Zimmer/*Kumpan/Grütze* Rn. 59; *Koch* in Veil, Europäisches Kapitalmarktrecht, 2. Aufl. 2014, § 19 Rn. 45. So auch die Rechtsansicht der BaFin, s. *BaFin* Ad-hoc-Publizität: Änderung durch die neue Marktmissbrauchsverordnung, Fachartikel v. 21.7.2016, abrufbar unter: https://www.bafin.de/SharedDocs/Veroeffentlichungen/DE/Fachartikel/2016/fa_bj_1607_ad-hoc_publizitaet.html (letzter Zugriff: 4.12.2019). AA Klöhn/*Klöhn* Art. 17 Rn. 76; zu § 15 WpHG aF Assman/Schneider/*Assmann*, 5. Aufl. 2009, WpHG § 15 Rn. 56; *Simon* Der Konzern 2005, 13, 15.

[15] Klöhn/*Klöhn* Art. 17 Rn. 69; *Veil/Brüggemeier* in Meyer/Veil/Rönnau MarktmissbrauchsR-HdB § 10 Rn. 49.

[16] Klöhn/*Klöhn* Art. 17 Rn. 73 ff.; anschließend *Bartmann*, Ad-hoc-Publizität im Konzern, 2017, 295 f.

[17] *Götze/Carl* Der Konzern 2016, 529 (530); *Veil/Brüggemeier* in Meyer/Veil/Rönnau MarktmissbrauchsR-HdB § 10 Rn. 62 f.

[18] *Veil/Brüggemeier* in Meyer/Veil/Rönnau MarktmissbrauchsR-HdB § 10 Rn. 62.

[19] Richtlinie 2003/6/EG des Europäischen Parlaments und des Rates v. 28.1.2003 über Insider-Geschäfte und Marktmanipulation (Marktmissbrauchs-RL), ABl. 2003 L 96, 16.

[20] *Committee of European Securities Regulators* CESR's Advice on Level 2 Implementing Measures for the proposed Market Abuse Directive v. Dezember 2002, CESR/02–089d, S. 12 ff., abrufbar unter: https://www.esma.europa.eu/sites/default/files/library/2015/11/02_089d.pdf (letzter Zugriff: 4.12.2019); *Committee of European Securities Regulators* Market Abuse Directive Level 3 – second set of CESR guidance and information on the common operation of the Directive to the market v. Juli 2007, CESR/06–562b, S. 6 ff., abrufbar unter: http://www.cesr-eu.org/data/document/06_562b.pdf (letzter Zugriff: 4.12.2019).

8   Informationen, die den Emittenten unmittelbar betreffen, sind in Anlehnung an § 15 Abs. 1 S. 3 WpHG aF **unternehmensinterne Ereignisse,** wie die operative Geschäftsentwicklung, Kontrollwechsel, kursrelevante Geschäftsabschlüsse, Strukturmaßnahmen, Vorstands- und Aufsichtsratsbeschlüsse.[21] Auch der Antrag auf ein Delisting ist ein Umstand, der dem Tätigkeitsbereich des Emittenten zugerechnet wird, und daher potenziell veröffentlichungsrelevant ist. Es können aber ausnahmsweise auch **unternehmensexterne Umstände** Ad-hoc-publizitätspflichtig sein. Die BaFin nennt beispielhaft den Zugang eines Großauftrages oder eines Angebotes zur Übernahme; uU Entscheidungen von Gerichten oder Verwaltungsbehörden.[22]

9   Die meisten Umstände, die außerhalb des Tätigkeitsbereichs des Emittenten eintreten, betreffen diesen nur mittelbar als Teil einer Gruppe.[23] Diese **mittelbare Betroffenheit** löst keine Publizitätspflicht aus. Hierunter fallen nach den Leitlinien des CESR insbesondere allgemeine Marktstatistiken, Ratingergebnisse, Research-Studien, Empfehlungen oder Vorschläge, die den Wert der börsennotierten Finanzinstrumente betreffen, allgemeine Zinssatzentwicklungen bzw. Zinssatzentscheidungen der Zentralbanken; Entscheidungen der Regierungsbehörden bezüglich der Besteuerung, der Regulierung, des Schuldenmanagements, Entscheidungen über Regeln zur Marktaufsicht, wichtige Verfügungen durch Behörden oder andere öffentliche Institutionen; Entscheidungen über die Regeln der Indexzusammensetzung und -berechnung; Entscheidungen der Börsen oder Handelsplatzbetreiber und Aufsichtsbehörden zur jeweiligen Marktregulierung; Kauf- und Verkaufsaufträge in den Finanzinstrumenten des Emittenten sowie Veränderungen der jeweiligen Handelsbedingungen (zB Wechsel des Handelsplatzes oder -segments).[24] Im Übrigen fügt die BaFin im Emittentenleitfaden noch weitere Beispiele für aus ihrer Sicht lediglich mittelbare Betroffenheit hinzu, namentlich Informationen über allgemeine Wirtschaftsdaten, politische Ereignisse, Arbeitslosenzahlen, Naturereignisse oder zB die Ölpreisentwicklung; Informationen über eine für den Emittenten relevante Veränderung der Situation des Konkurrenten (zB bevorstehende Insolvenz eines Konkurrenten); Informationen, die nur das Finanzinstrument selbst betreffen, zB Erwerb oder Veräußerung eines größeren Aktienpaketes im Rahmen von außerbörslichen Transaktionen ohne strategische Zielsetzungen; Aktiensplits, sofern sie sich nicht auf die Vermögens-, Finanz- oder Ertragslage auswirken.[25] Den Emittenten zunächst nur mittelbar betreffende Informationen können aber zur unmittelbaren Betroffenheit führen, sobald sie sich auf den Tätigkeitsbereich des Emittenten auswirken, zB wenn allgemeine Marktentwicklungen zur Berichtigung von Gewinnprognosen führen.[26]

10   **bb) Problemfälle. (1) Prognosen und Werturteile.** Prognosen und Werturteile durch **Informationsintermediäre,** insbesondere Finanzanalysten oder Ratingagenturen, betreffen den Emittenten grundsätzlich nur mittelbar, es sei denn sie führen zu Änderungen in der Geschäftsentwicklung des Emittenten, wie zB ein Downgrading durch eine Ratingagentur zu höheren Refinanzierungskosten.[27] Prognosen des **Emittenten** können diesen unmittelbar betreffen und sind kursrelevant, wenn sie von der Markterwartung oder den früheren Geschäftsergebnissen erheblich abweichen (→ Art. 7 Rn. 35).

11   **(2) Übernahmeangebote. Veränderungen der Aktionärsstruktur** oder ein Übernahmeangebot an die Aktionäre des Emittenten beziehen sich zwar in erster Linie auf die emittierten Finanzinstrumente bzw. ihre Inhaber.[28] Dennoch ist aber von einer unmittelbaren Betroffenheit auszugehen, da der Emittent bzw. dessen Geschäftsleitung auf die Veränderungen der Aktionärsstruktur bzw. ein Übernahmeangebot – etwa durch eine Veröffentlichung gem. § 40 Abs. 1 WpHG (§ 26 Abs. 1 WpHG aF; → WpHG §§ 40, 41 Rn. 2) oder eine Stellungnahme gem. § 27 WpÜG reagieren muss.[29]

12   **(3) Rechtsverstöße. Rechtsverstöße** im Unternehmen, auch durch Organmitglieder in Ausübung ihrer organschaftlichen Tätigkeit, betreffen den Emittenten unmittelbar und sind daher in der Regel als Zwischenschritte in einem gestreckten Geschehensablauf grundsätzlich veröffentlichungs-

---

[21] OLG Frankfurt a. M. Beschl. v. 20.8.2014 – 23 Kap 1/08, AG 2015 37, 38; *Buck-Heeb* KapMarktR Rn. 452; *Poelzig* KapMarktR Rn. 475.

[22] BaFin Emittentenleitfaden, Modul C – Regelungen aufgrund der Marktmissbrauchsverordnung (MAR), I.3.2.2.2, 33.

[23] *Langenbucher* AktKapMarktR § 17 Rn. 24.

[24] CESR, Market Abuse Directive, Level 3 – second set of CESR guidance and information on the common operation of the Directive to the market (CESR/06–562b), Rn. 1.16.

[25] BaFin Emittentenleitfaden, Modul C – Regelungen aufgrund der Marktmissbrauchsverordnung (MAR), I.3.2.2.2, 33 f.

[26] Meyer/Veil/Rönnau/ *Veil/Brüggemeier* MarktmissbrauchsR-HdB § 10 Rn. 57 f.

[27] BaFin Emittentenleitfaden, Modul C – Regelungen aufgrund der Marktmissbrauchsverordnung (MAR), I.3.2.2.3, 34.

[28] Schwark/Zimmer/ *Zimmer/Kruse* WpHG § 15 Rn. 41.

[29] Assmann/Schneider/Mülbert/ *Assmann* Art. 17 Rn. 47; *Hopt/Kumpan* ZGR 2017, 765 (814 ff.); Kölner Komm WpHG/ *Klöhn* WpHG § 15 Rn. 122; Schwark/Zimmer/ *Kumpan/Grütze* Rn. 62. S. auch BT-Drs. 15/3174, 35 liSp.

pflichtige Insiderinformationen, wenn sie angesichts erheblicher finanzieller Folgen durch Sanktionen und Reputationsschäden als Endereignis kursrelevant sind (→ Art. 7 Rn. 41).[30] Ausnahmsweise können drohende Reputationsschäden oder ein laufendes (kartell-)behördliches Ermittlungsverfahren ein zum Aufschub gem. Art. 17 Abs. 4 berechtigendes Interesse darstellen (→ Rn. 23 ff.).[31]

(4) Konzernsachverhalte. In Übereinstimmung mit dem gesellschaftsrechtlichen Trennungsprinzip **13** muss grundsätzlich jede Konzerngesellschaft gesondert prüfen, ob die Voraussetzungen der Ad-hoc-Informationspflicht, etwa die Emittenteneigenschaft, vorliegen und sie insbesondere auch selbst unmittelbar betroffen ist.[32] Umstände aus der Sphäre von Tochtergesellschaften betreffen die Muttergesellschaft jedenfalls dann unmittelbar, wenn sie bei vollkonsolidierten Tochterunternehmen (§§ 290 ff. HGB) auftreten und sich im Konzernabschluss oder -lagebericht bzw. Halbjahresfinanzbericht (§ 117 WpHG iVm § 115 WpHG) widerspiegeln.[33] Tochtergesellschaften können von finanziellen Schwierigkeiten der Muttergesellschaft unmittelbar betroffen sein, wenn sich diese wegen eines Cash Pooling auch auf sie auswirken können.[34] Ein Anspruch auf Übermittlung der zur Veröffentlichung notwendigen Informationen begründet Art. 17 allerdings nicht und kann sich allenfalls aus allgemeinen Vorschriften ergeben.[35]

Umstritten ist, ob und inwieweit die Ad-hoc-Informationspflicht der Muttergesellschaft entfällt, **14** wenn zugleich auch die Tochtergesellschaft zur Veröffentlichung desselben Umstands nach Art. 17 verpflichtet ist. Nach zutreffender Auffassung bleiben sowohl die Mutter- als auch die Tochtergesellschaft jeweils zur Veröffentlichung verpflichtet.[36] Eine § 37 WpHG vergleichbare Konzernklausel, wonach die Muttergesellschaft die Beteiligungspublizitätspflicht für die Tochter erfüllen kann, gibt es im Zusammenhang mit Art. 17 nicht. Sobald aber eine Konzerngesellschaft die Information veröffentlicht und der Informationsgehalt damit auch für die andere Konzerngesellschaft erschöpft ist, verliert die Information ihre Eigenschaft als Insiderinformation und ist deshalb nicht mehr veröffentlichungspflichtig.[37]

b) Kenntnis der Insiderinformation. Umstritten ist, ob Art. 17 – wie nach hM zu § 15 WpHG **15** aF – Kenntnis des Emittenten voraussetzt[38] oder die Pflicht kenntnisunabhängig eintritt.[39] Anders als Art. 8, 9 verlangt Art. 17 zwar weder „Besitz" noch „Verfügen" über die Information.[40] Für das Erfordernis der Kenntnis des Emittenten als ungeschriebenes Tatbestandsmerkmal wird aber vor allem der Grundsatz „ultra posse nemo obligatur" angeführt,[41] denn verpflichtete Art. 17 den Emittenten zur Veröffentlichung einer ihm unbekannten Insiderinformation, so würde ihm unzulässigerweise etwas abverlangt, was er nicht leisten könne.[42]

Nach zutreffender Auffassung setzt Art. 17 gleichwohl de lege lata keine Kenntnis voraus.[43] Hierfür **16** spricht, dass weder der Wortlaut des Art. 17 noch ErwGr 49 oder die Gesetzgebungsmaterialien Hinweise auf ein Kenntniserfordernis enthalten.[44] Dahinter steht die Erwägung, dass der Emittent die

---

[30] *Klöhn* ZIP 2015, 1145 (1150 ff.); *Schockenhoff* NZG 2015, 409 (412 f.); *Thelen* ZHR 182 (2018), 62 ff.

[31] *Thelen* ZHR 182 (2018), 62 (81 ff.).

[32] *Veil/Brüggemeier* in Meyer/Veil/Rönnau MarktmissbrauchsR-HdB § 10 Rn. 59; *Habersack* DB 2016, 1551 (1555); *Hopt/Kumpan* in Schimansky/Bunte/Lwowski BankR-HdB § 107 Rn. 138.

[33] Staub/*Grundmann* Bd. 11/1 6. Teil Rn. 506; *Hopt/Kumpan* in Schimansky/Bunte/Lwowski BankR-HdB § 107 Rn. 145; *Hopt/Kumpan* ZGR 2017, 765 (824); *Klöhn/Klöhn* Art. 17 Rn. 97; *Veil/Brüggemeier* in Meyer/Veil/Rönnau MarktmissbrauchsR-HdB § 10 Rn. 61; *Fuchs/Pfüller* WpHG § 15 Rn. 207; Schwark/Zimmer/*Kumpan/Grütze* Rn. 65.

[34] Klöhn/*Klöhn* Art. 17 Rn. 103; *Veil/Brüggemeier* in Meyer/Veil/Rönnau MarktmissbrauchsR-HdB § 10 Rn. 66. In diese Richtung auch Schwark/Zimmer/*Zimmer/Kruse* WpHG § 15 Rn. 48.

[35] *Kocher* NZG 2018, 1410 (1412); *Holle,* Legalitätskontolle im Kapitalgesellschafts- und Konzernrecht, 2014, 192 ff.; aA LG Stuttgart Beschl. v. 28.2.2017 – 22 AR 1/17 Kap, WM 2017, 1451 Rn. 195 ff.

[36] *Klöhn/Klöhn* Art. 17 Rn. 95. Zu § 15 WpHG aF Fuchs/*Pfüller* WpHG § 15 Rn. 208. AA *Veil/Brüggemeier* in Meyer/Veil/Rönnau MarktmissbrauchsR-HdB § 10 Rn. 69 (nur wenn „die Information mit Bezug auf die Tochtergesellschaft einen eigenen Informationswert hat, der über den rein buchhalterischen Nachvollzug der betriebswirtschaftlichen Auswirkungen auf Ebene der Tochtergesellschaft hinausgeht"); *Habersack* DB 2016, 1551 (1556 f.); Kölner Komm WpHG/*Versteegen,* 1. Aufl. 2007, WpHG § 15 Rn. 96.

[37] Hierzu auch *Veil/Brüggemeier* in Meyer/Veil/Rönnau MarktmissbrauchsR-HdB § 10 Rn. 69.

[38] So etwa Assmann/Schneider/Mülbert/*Assmann* Art. 17 Rn. 50 ff.; *Buck-Heeb* AG 2015, 801; *Buck-Heeb* CCZ 2009, 18 (20); *Ekkenga* NZG 2013, 1081 (1085); *Habersack* DB 2016, 1551 (1554); *Frowein* in Habersack/Mülbert/Schlitt KapMarktInfo-HdB § 10 Rn. 128; Kölner Komm WpHG/*Klöhn* WpHG § 15 Rn. 98; *Leyendecker-Langner/Kleinhenz* AG 2015, 72 (76); *Veil/Brüggemeier* in Meyer/Veil/Rönnau MarktmissbrauchsR-HdB § 10 Rn. 18 ff.; *Ihrig* ZHR 181 (2017), 381; *J. Koch* AG 2019, 273 (276 ff.); Fuchs/*Pfüller* WpHG § 15 Rn. 328; *Sajnovits* WM 2016, 765 f.

[39] Klöhn/*Klöhn* Art. 17 Rn. 116 ff.; *Klöhn* NZG 2017, 1285 (1286 ff.).

[40] So zutr. *Klöhn* NZG 2017, 1285 (1286).

[41] Ausf. zu diesem Grundsatz und allg. zum „Vorbehalt des Möglichen" *Depenheuer* in Isensee/Kirchhof StaatsR-HdB § 269 Rn. 19 ff., 35 ff. Zur Anwendung s. EuGH Urt. v. 15.7.2010 – C-234/09 = BeckRS 2010, 90894 Rn. 34.

[42] *Ihrig* ZHR 181 (2017), 381 (385).

[43] Assmann/Schneider/Mülbert/*Hellgardt* WpHG § 97 Rn. 89; Klöhn/*Klöhn* Art. 17 Rn. 105; jedenfalls für Art. 17 *Thomale* NZG 2018, 1007 (1008 f.).

[44] Letzteres lässt sich wohl darauf zurückführen, dass sich die Bedeutung der Problematik der Wissenszurechnung in ihrer Bedeutung größtenteils auf das deutsche Recht beschränkt, vgl. *Wagner* ZHR 181 (2017), 203 (205).

betreffenden Informationen als *least cost information provider* zu den geringsten Kosten ermitteln, analysieren und zur Verfügung stellen kann.[45] Ein Verstoß gegen Art. 17 liegt demnach unabhängig von der Kenntnis des Emittenten vor, wenn die Information nicht unverzüglich, also so bald wie möglich veröffentlicht wird, dh die Organe des Emittenten keine ausreichenden organisatorischen Vorkehrungen getroffen haben, um den unternehmensinternen Informationsfluss zu gewährleisten.[46] Rechtspolitisch überzeugt diese weitreichende kenntnisunabhängige Pflicht angesichts der strengen Sanktionen jedoch nicht.

17   **c) Unverzüglichkeit.** Die Insiderinformation muss nach Art. 17 Abs. 1 **„unverzüglich"** veröffentlicht werden. Umstritten ist, ob dieser Begriff rein objektiv zu verstehen ist oder ein subjektives Element enthält. Vor Inkrafttreten der MAR wurde der Begriff „unverzüglich" in § 15 WpHG aF in Übereinstimmung mit § 121 BGB ausgelegt, sodass die Veröffentlichung ohne schuldhaftes Zögern zu erfolgen hatte.[47] Ein Verstoß setzte demzufolge Kenntnis oder jedenfalls fahrlässige Unkenntnis der Insiderinformation voraus. Eine autonom nationale Auslegung war bereits vor, ist aber erst recht nach Inkrafttreten der MAR nicht möglich. Maßgeblich ist vielmehr ein europäisches Verständnis. Demnach ist „unverzüglich" rein objektiv zu verstehen, sodass – wie in der ursprünglichen deutschen Übersetzung der MAR formuliert – „so bald wie möglich" veröffentlicht werden muss.[48] Art. 17 begründet damit eine Organisationspflicht des Emittenten, Informationen zu erkennen, aufzuklären, weiterzuleiten und aufzubewahren und zu bewerten.[49] Jedenfalls sollte dem Emittenten aber – wie bisher auch – ein angemessener Zeitraum eingeräumt werden, um das Bestehen seiner Veröffentlichungspflicht in nicht rechtsmissbräuchlicher Weise zu prüfen.[50] Dazu gehört auch festzustellen, ob die Voraussetzungen für einen Aufschub vorliegen (→ Rn. 22 ff.).

18   **2. Pflicht zur Veröffentlichung der Insiderinformation. a) Art, Umfang und Form der Veröffentlichung. Art, Umfang und Form** der Veröffentlichung sind unmittelbar in Art. 17 Abs. 1 UAbs. 2 sowie ergänzend in Art. 2, 3 DVO (EU) 2016/1055 iVm Art. 17 Abs. 10a geregelt (bisher §§ 3a ff. WpAIV aF). Emittenten sind gem. Art. 17 Abs. 1 UAbs. 2 S. 1 dafür verantwortlich, dass die Öffentlichkeit auf Insiderinformationen zugreifen und sie vollständig, korrekt und rechtzeitig bewerten kann.[51] Gem. Art. 2 Abs. 1 lit. a DVO (EU) 2016/1055 muss die Information mit technischen Mitteln unentgeltlich, nicht diskriminierend einer möglichst breiten Öffentlichkeit in der gesamten EU bekannt gegeben werden. Emittenten, deren Wertpapiere zum Handel am geregelten Markt zugelassen sind,[52] müssen die Insiderinformationen in einem amtlich bestellten System zam. Art. 21 Abs. 1 Transparenz-RL[53] – wie beispielsweise über die Deutsche Gesellschaft für Ad-hoc-Publizität – veröffentlichen (Art. 17 Abs. 1 UAbs. 2 S. 3). Um einen einheitlichen Standard zu erreichen, sollen diesen Kanal nach Auffassung der ESMA auch MTF/OTF-Emittenten nutzen.[54]

19   Die Information muss außerdem auf der **Internetseite** des Emittenten für mindestens fünf Jahre veröffentlicht werden. Art. 3 DVO (EU) 2016/1055 konkretisiert diese Maßgabe dahingehend, dass die Insiderinformation auf der Internetseite des Emittenten gebühren- und diskriminierungsfrei verfügbar, leicht auffindbar – zB unter der Überschrift „Investor Relations" – und mit Datum und Zeit der Veröffentlichung versehen sein muss. So können KMU-Emittenten Insiderinformationen statt auf der eigenen Internetseite gegebenenfalls auch auf der Internetseite des KMU-Wachstumsmarktes veröffentlichen (Art. 17 Abs. 9).

---

[45] S. bereits *Köndgen* FS Druey, 2002, 791 (796) *(„cheapest information provider"); Klöhn* NZG 2017, 1285, 1287 *(„least cost information seeker").*

[46] Klöhn/*Klöhn* Art. 17 Rn. 116.

[47] Zu § 13 WpHG aF BaFin Emittentenleitfaden 2013, 70; *Langenbucher* AktKapMarktR § 17 Rn. 30.

[48] Assmann/Schneider/Mülbert/*Hellgardt* WpHG §§ 97, 98 Rn. 94; *Hopt/Kumpan* ZGR 2017, 765 (782); *Thomale,* Der gespaltene Emittent, 2018, 77.

[49] Assmann/Schneider/Mülbert/*Hellgardt* WpHG §§ 97, 98 Rn. 89; Klöhn/*Klöhn* Art. 17 Rn. 115; *Klöhn* NZG 2017, 1285 (1288 f.); *Sajnovits* WM 2016, 765 (768 f.); *Wilken/Hagemann* BB 2016, 67 (70 f.); s. auch BaFin Emittentenleitfaden, Modul C – Regelungen aufgrund der Marktmissbrauchsverordnung (MAR), I.3.4, 42.

[50] BaFin Emittentenleitfaden, Modul C – Regelungen aufgrund der Marktmissbrauchsverordnung (MAR), I.3.4, 42; Assmann/Schneider/Mülbert/*Assmann* Art. 17 Rn. 66; *Hopt/Kumpan* in Schimansky/Bunte/Lwowski BankR-HdB § 107 Rn. 150; Klöhn/*Klöhn* Art. 17 Rn. 129 f.; *Hopt/Kumpan* ZGR 2017, 765 (782); *Klöhn* AG 2016, 423 (430). Zur alten Rechtslage Fuchs/*Pfüller* WpHG § 15 Rn. 265; Schwark/Zimmer/*Zimmer/Kruse* WpHG § 15 Rn. 49. Guidelines oder technische Standards der ESMA sind zu diesem Thema nicht vorhanden.

[51] ESMA Final Report – Draft technical standards on the Market Abuse Regulation, 28.9.2015, ESMA 2015/1455 Rn. 185 ff.

[52] ESMA Final Report – Draft technical standards on the Market Abuse Regulation, 28.9.2015, ESMA 2015/1455 Rn. 179. S. auch RegE 1. FiMaNoG, BT-Drs. 18/7482, 72.

[53] Richtlinie 2004/109/EG des europäischen Parlaments und des Rates vom 15. Dezember 2004 zur Harmonisierung der Transparenzanforderungen in Bezug auf Informationen über Emittenten, deren Wertpapiere zum Handel auf einem geregelten Markt zugelassen sind, und zur Änderung der Richtlinie 2001/34/EG, ABl. 2004 L 390, 38.

[54] ESMA Final Report – Draft technical standards on the Market Abuse Regulation, 28.9.2015, ESMA 2015/1455 Rn. 186.

In Art. 17 Abs. 1 UAbs. 2 S. 2 wird den Emittenten ausdrücklich untersagt, die Veröffentlichung **20** von Insiderinformationen mit der **Vermarktung** ihrer Tätigkeiten zu verbinden. Ein darüberhinausgehendes Verbot der Ad-hoc-Veröffentlichung von Informationen, die offenkundig keine Insiderinformationen sind, wie es noch § 15 Abs. 1 S. 2 WpHG aF vorsah, existiert in der MAR nicht mehr.

b) Sprache. Gem. § 26 Abs. 4 Nr. 1 WpHG iVm § 3b Abs. 2 WpAIV müssen Emittenten mit Sitz in Deutschland die Informationen in deutscher **Sprache** veröffentlichen, sofern die Finanzinstrumente ausschließlich zum Handel in Deutschland zugelassen sind. Sind die Wertpapiere zusätzlich in anderen EU/EWR-Mitgliedstaaten zum Handel zugelassen, ist die Information in deutscher oder englischer Sprache und nach Wahl des Emittenten in einer von den zuständigen nationalen Aufsichtsbehörden akzeptierten oder in englischer Sprache zu veröffentlichen. Im Übrigen können Emittenten mit Sitz im Ausland, Emittenten für die die Bundesrepublik Deutschland Herkunftsstaat nach § 2 Abs. 13 Nr. 2 lit. a WpHG ist oder die bei der Bundesanstalt einen Prospekt in englischer Sprache für die Wertpapiere, auf die sich die Information bezieht, hinterlegt haben, die Veröffentlichung ausschließlich in englischer Sprache vornehmen.

c) Flankierende Pflichten. Vor der Veröffentlichung der Insiderinformationen gem. Art. 17 **21** Abs. 1 hat eine **Vorabinformation** über die Ad-hoc-Mitteilung an die BaFin sowie an die Börsengeschäftsführung zu erfolgen (§ 26 Abs. 1 S. 1 WpHG) um dadurch die Überwachung der Ad-hoc-Mitteilungen zu erleichtern. Unverzüglich nach der Veröffentlichung sind die Insiderinformationen in dem amtlich bestellten System gem. Art. 21 Abs. 2 Transparenz-RL, in Deutschland dem **Unternehmensregister** gem. § 8b HGB, zu veröffentlichen (Art. 17 Abs. 1 UAbs. 2 S. 3, s. § 26 Abs. 1 WpHG).[55] Die Transparenzrichtlinie gilt zwar nur für Emittenten, deren Wertpapiere zum Handel am geregelten Markt zugelassen sind.[56] § 26 Abs. 1 WpHG erweitert dies aber auf MTF- und OTF-Emittenten.

3. Aufschub der Veröffentlichung. Praktisch bedeutsam ist die Möglichkeit des Emittenten, die **22** Veröffentlichung der Insiderinformation gem. Art. 17 Abs. 4, 5 unter bestimmten Voraussetzungen auf eigene Verantwortung aufzuschieben. Das ist nach Art. 17 Abs. 4 dann möglich, wenn die unverzügliche Veröffentlichung geeignet wäre, die berechtigten Interessen des Emittenten zu beeinträchtigen. Art. 17 Abs. 5 enthält zudem einen neuen speziellen Aufschubtatbestand für Kredit- und Finanzinstitute zur Wahrung der Stabilität des Finanzsystems.

a) Aufschub aus berechtigten Interessen des Emittenten. Der Emittent kann gem. Art. 17 **23** Abs. 4 UAbs. 1 die Veröffentlichung aufschieben, solange dies zum Schutz seiner berechtigten Interessen erforderlich, keine Irreführung der Öffentlichkeit zu befürchten ist und der Emittent die Vertraulichkeit der Insiderinformation gewährleisten kann. Solange diese drei Voraussetzungen kumulativ vorliegen, ist der Emittent von der Veröffentlichungspflicht befreit; ein Antrag bei der BaFin ist für den Aufschub nicht (mehr) erforderlich.[57] Erst wenn eine der drei Voraussetzungen für den Aufschub entfällt, muss der Emittent die Veröffentlichung unverzüglich nachholen und die BaFin unmittelbar danach über den Aufschub informieren sowie die Gründe hierfür schriftlich erläutern (Art. 17 Abs. 4 UAbs. 3).[58] Dass der Aufschub auch für die besonders interessanten Fälle zeitlich gestreckter Vorgänge gilt, stellt Art. 17 Abs. 4 UAbs. 1 S. 2 ausdrücklich klar.[59]

aa) Berechtigte Interessen. Voraussetzung für den Aufschub ist zunächst, dass die Veröffentlichung **24** der Information geeignet ist, die berechtigten Interessen des Emittenten zu beeinträchtigen (Art. 17 Abs. 4 UAbs. 1 lit. a). Eine Abwägung mit den Interessen des Kapitalmarktes ist nicht (mehr) erforderlich.[60] Insoweit ist § 6 S. 1 WpAV, der ein Überwiegen ausdrücklich verlangt, zu eng. Das berechtigte Interessen des Emittenten ist gesetzlich nicht definiert, ist aber mit den Interessen der Gesellschafter bzw. Mitglieder an der Erhöhung des Unternehmenswerts gleichzusetzen (vgl. ErwGr 50 lit. a).[61] Die berechtigten Interessen werden auf der Grundlage von Art. 17 Abs. 11 in den

---

[55] S. RegE Transparenzrichtlinien-Umsetzungsgesetz, BT-Drs. 16/2498, 54.

[56] ESMA Final Report – Draft technical standards on the Market Abuse Regulation, 28.9.2015, ESMA 2015/1455 Rn. 179. S. auch RegE 1. FiMaNoG, BT-Drs. 18/7482, 72.

[57] Anders noch nach § 15 Abs. 1 S. 5 WpHG aF.

[58] Welche Informationen die Mitteilung der augeschobenen Offenlegung der Insiderinformation und die schriftliche Erläuterung enthalten müssen, regelt Art. 4 DVO 2016/1055 ausführlich.

[59] Damit ist jedoch keine abweichende inhaltliche Beurteilung verbunden, vgl. *Kiesewetter/Parmentier* BB 2013, 2371 (2376).

[60] *Hopt/Kumpan* in Schimansky/Bunte/Lwowski BankR-HdB § 107 Rn. 153; Baumbach/Hopt/*Kumpan* Art. 17 Rn. 9; Klöhn/*Klöhn* Art. 17 Rn. 167 ff.; *Hopt/Kumpan* ZGR 2017, 765 (781); *Klöhn* AG 2016, 423 (430); *Poelzig* NZG 2016, 761 (764). In diese Richtung wohl auch Staub/*Grundmann* Bd. 11/1 6. Teil Rn. 509 ff., der davon spricht, dass die Emittenteninteressen lediglich zu „wägen" seien, also offenbar nicht von einer Abwägung mit anderen Interessen ausgeht. AA Assmann/Schneider/Mülbert/*Assmann* Art. 17 Rn. 105, 120; *Veil/Brüggemeier* in Meyer/Veil/Rönnau MarktmissbrauchsR-HdB § 10 Rn. 97.

[61] Klöhn/*Klöhn* Art. 17 Rn. 146.

unverbindlichen MAR-Leitlinien der ESMA „Aufschub der Offenlegung von Insiderinformationen" konkretisiert.[62]

25 Berechtigte Interessen liegen insbesondere vor, wenn die frühzeitige Veröffentlichung den Fortgang laufender Verhandlungen – wie insbesondere bei Verhandlungen zur Sanierung eines sanierungsbedürftigen Emittenten – gefährden oder jedenfalls erheblich beeinträchtigen würde (vgl. ErwGr 50 lit. a,[63] § 6 S. 2 Nr. 1 WpAV).[64] Die MAR-Leitlinien der ESMA zählen zu den berechtigten Emittenteninteressen auch den Fall, dass „die finanzielle Überlebensfähigkeit des Emittenten stark und unmittelbar gefährdet ist – auch wenn er noch nicht unter das geltende Insolvenzrecht fällt – und die unverzügliche Bekanntgabe von Insiderinformationen die Interessen der vorhandenen und potenziellen Aktionäre erheblich beeinträchtigen würde, indem der Abschluss der Verhandlungen gefährdet würde, die eigentlich zur Gewährleistung der finanziellen Erholung des Emittenten gedacht sind".[65]

26 Nach den ESMA-Leitlinien kann ein berechtigtes Interesse auch beim **Beteiligungsaufbau** (s. Art. 3 Abs. 1 Nr. 31) **oder -verkauf** vorliegen, wenn der Emittent den Erwerb oder die Veräußerung einer wesentlichen Beteiligung an einem anderen Unternehmen beabsichtigt und die Offenlegung dieser Information aller Wahrscheinlichkeit nach die Durchführung dieses Plans gefährden würde (zum Vorliegen von Insiderinformationen → Art. 7 Rn. 40; → Art. 17 Rn. 11).[66]

27 Darüber hinaus nennt ErwGr 50 lit. b Fälle, in denen **Entscheidungen eines Geschäftsführungsorgans,** etwa des Vorstands einer AG, der Zustimmung eines anderen Organs, etwa des Aufsichtsrats, bedürfen (s. auch § 6 S. 2 WpAV, MAR-Leitlinien Rn. 8 lit. d).[67] Die Entscheidung eines Organs, zB der Beschluss des Vorstands einer AG, kann im Einzelfall bereits ausreichend präzise und kursrelevant sein, sodass sie eine Insiderinformation darstellt. Würde man die Entscheidung des ersten Organs ohne Zuwarten der erforderlichen Zustimmung des anderen Organs veröffentlichen, drohte der gesellschaftsinterne Entscheidungsfindungsprozess beeinträchtigt zu werden, weil von dem bereits öffentlich gewordenen Vorhaben nicht mehr ohne Glaubwürdigkeitsverlust abgerückt werden könnte.[68] Hier hat der Emittent, bis der Aufsichtsratsbeschluss ergangen ist, daher grundsätzlich die Möglichkeit zum Aufschub (vgl. ErwGr 50 lit. b). Allerding verlangt die ESMA in ihren unverbindlichen MAR-Leitlinien zusätzlich, dass die Veröffentlichung eine korrekte Bewertung der Entscheidung durch den Anleger beeinträchtigen würde und zudem der Entscheidungsprozess so schnell wie möglich abgeschlossen wird.[69] Insoweit muss den Mitgliedern des zustimmungspflichtigen Organs eine angemessene Zeit eingeräumt werden, um zu prüfen und zu entscheiden.[70]

28 Im Weiteren werden in den MAR-Leitlinien der ESMA als berechtigte Interessen genannt: Schutz von **Innovationen** und Entwicklungen, wenn die Offenlegung aller Wahrscheinlichkeit nach Rechte des geistigen Eigentums des Emittenten gefährden würde; das Ausstehen der **behördlichen Genehmigung** eines zuvor angekündigten Geschäfts, die von weiteren Anforderungen abhängt und deren Erfüllung durch den Emittenten durch die unverzügliche Offenlegung gefährdet wäre.

29 **bb) Irreführung der Öffentlichkeit.** Die Möglichkeit zum Aufschub besteht nur, soweit keine Irreführung der Öffentlichkeit zu befürchten ist (Art. 17 Abs. 4 UAbs. 1 lit. b). Der Emittent darf eine existierende Informationsasymmetrie zwischen ihm und Anlegern nicht verstärken oder widersprüchliche Signale an den Kapitalmarkt senden.[71] Von einer Irreführung ist nach den MAR-Leitlinien der ESMA insbesondere auszugehen, wenn die Insiderinformation wesentlich von einer früher durch den Emittenten veröffentlichten Information abweicht, wenn nach dem Inhalt der Insiderinformation die zuvor öffentlich vom Emittenten verkündeten finanziellen Ziele nicht erreicht werden oder der Inhalt der Insiderinformation nicht mit den Erwartungen des Kapitalmarktes übereinstimmt, die auf vorhergehenden Signalen des Emittenten beruhen.[72]

---

[62] ESMA, MAR-Leitlinien, Aufschub der Offenlegung von Insiderinformationen, 20. Oktober 2016, ESMA/2016/1478 DE, abrufbar unter: https://www.esma.europa.eu/sites/default/files/library/esma-2016-1478_de.pdf (letzter Zugriff: 4.12.2019).

[63] Krit. zur Verortung in den Erwägungsgründen *Veil* ZBB 2014, 85 (93).

[64] ESMA, MAR-Leitlinien, Aufschub der Offenlegung von Insiderinformationen, 20. Oktober 2016, ESMA/2016/1478 DE, Rn. 8 lit. a.

[65] ESMA, MAR-Leitlinien, Aufschub der Offenlegung von Insiderinformationen, 20. Oktober 2016, ESMA/2016/1478 DE, Rn. 8 lit. b.

[66] ESMA, MAR-Leitlinien, Aufschub der Offenlegung von Insiderinformationen, 20. Oktober 2016, ESMA/2016/1478 DE, Rn. 8 lit. e.

[67] MAR-Leitlinien, ESMA/2016/1478.

[68] *Cahn* ZHR 162 (1998), 1 (25).

[69] Nr. 8 lit. c MAR-Leitlinien, ESMA/2016/1478 DE.

[70] *Meyer/Oulds* in KMFS BankR/KapMarktR Rn. 12.252.

[71] *Hopt/Kumpan* in Schimansky/Bunte/Lwowski BankR-HdB § 107 Rn. 156; *Hopt/Kumpan* ZGR 2017, 765 (783); *Langenbucher* AktKapMarktR § 17 Rn. 41.

[72] MAR-Leitlinien der ESMA „Aufschub der Offenlegung von Insiderinformationen", ESMA/2016/1478 DE, Rn. 9.

cc) Sicherstellung der Geheimhaltung. Ein Aufschub der Veröffentlichung kommt des Weiteren **30** nicht in Frage, wenn der Emittent die Geheimhaltung der Insiderinformation nicht mehr sicherstellen kann (Art. 17 Abs. 4 UAbs. 1 lit. c, Abs. 7). Die Insiderinformation muss daher so schnell wie möglich veröffentlicht werden, wenn die Vertraulichkeit nicht mehr gewährleistet werden kann, Art. 17 Abs. 7 (→ Rn. 37). Um die Vertraulichkeit zu gewährleisten, muss der Emittent im Einzelfall geeignete organisatorische Maßnahmen – wie etwa *Chinese Walls* – ergreifen. Er muss insbesondere die Zahl der Personen, die Zugang zur Insiderinformation erhalten, und damit die Zahl potenzieller Insider so weit wie möglich beschränken.[73] Um langwierige Ermittlungen zu vermeiden und eine sofortige Offenlegung sicherzustellen, entsteht die Veröffentlichungspflicht – anders als nach § 15 Abs. 3 WpHG aF[74] – unabhängig davon, ob das Vertraulichkeitsdefizit aus der Sphäre des Emittenten stammt.[75] Von einem Vertraulichkeitsdefizit ist zudem bereits auszugehen, wenn ein **Gerücht** im Umlauf ist, das sich auf eine Insiderinformation bezieht und so präzise ist, dass die Vertraulichkeit vermutlich nicht mehr gewährleistet werden kann.[76] Wann dies der Fall ist, hängt vom Einzelfall ab und wird von den ergänzenden Vorschriften der ESMA und Kommission nicht weiter konkretisiert.[77]

b) Aufschub systemrelevanter Insiderinformationen. Mit der MAR wurde ein spezieller Auf- **31** schubtatbestand zur Wahrung der Stabilität des Finanzsystems in Art. 17 Abs. 5 eingeführt. **Kredit- und Finanzinstitute** dürfen demnach die Veröffentlichung von Informationen aufschieben, sofern anderenfalls die finanzielle Stabilität des Emittenten und damit die Stabilität des gesamten Finanzsystems gefährdet wäre, der Aufschub im überwiegenden öffentlichen Interesse liegt und die Vertraulichkeit gewahrt werden kann. So kann vor allem die Veröffentlichung vorübergehender Liquiditätsprobleme und deshalb notwendiger Zentralbankkredite erhebliche systemische Auswirkungen haben (s. ErwGr 52).[78] Der Aufschub ist – im Gegensatz zu Art. 17 Abs. 4 – nur mit vorheriger Zustimmung der zuständigen nationalen Aufsichtsbehörde nach Mitteilung des Emittenten gem. Art. 5 DVO (EU) 2016/1055 zulässig.[79] Wird die Zustimmung nicht erteilt, muss der Emittent die Insiderinformation unverzüglich offenlegen (Art. 17 Abs. 6 UAbs. 3). Der Aufschub ist gem. Art. 17 Abs. 6 UAbs. 2 nur solange zu gewähren, wie dies im öffentlichen Interesse erforderlich ist. Zudem muss die zuständige Aufsichtsbehörde wöchentlich prüfen, ob die Voraussetzungen für den Aufschub noch vorliegen.

c) Verfahren. aa) Erfordernis einer Entscheidung. Vor Geltung der MAR war umstritten, ob **32** die Befreiung bzw. der Aufschub als **Legalausnahme** kraft Gesetzes automatisch eintrat oder ob eine **formelle Entscheidung** der zuständigen Organe des Emittenten erforderlich ist. Bedeutung erlangt diese Frage insbesondere dann, wenn ein Emittent die Möglichkeit des Aufschubs nicht bedacht oder die Entstehung einer Insiderinformation falsch eingeschätzt hat. Die teilweise in der Rechtsprechung und im Schrifttum vertretene Auffassung, wonach die Selbstbefreiung gem. § 15 Abs. 3 WpHG aF keinen Beschluss des Emittenten voraussetzte, sondern bei Vorliegen der Voraussetzungen automatisch kraft Gesetzes eintreten sollte,[80] wurde vor allem mit dem Wortlaut des § 15 Abs. 3 S. 1 WpHG aF begründet. Die wohl hL verlangte hingegen für die Inanspruchnahme der Selbstbefreiungsmöglichkeit des § 15 Abs. 3 WpHG aF eine bewusste Entscheidung des Emittenten in Form eines Beschlusses[81] und berief sich dafür auf den europarechtlichen Hintergrund der Selbstbefreiungsmöglichkeit.[82]

---

[73] *Krause* CCZ 2014, 248 (252); *Retsch* NZG 2016, 1201 (1204).

[74] Zur bisherigen Rechtslage Assmann/Schneider/Mülbert/*Assmann* WpHG § 15 Rn. 169; Kölner Komm WpHG/*Klöhn* WpHG § 15 Rn. 311; Schwark/Zimmer/*Zimmer/Kruse* WpHG § 15 Rn. 72.

[75] Hierzu ESMA Final Report – Draft technical standards on the Market Abuse Regulation, 28.9.2015, ESMA 2015/1455 Rn. 243.

[76] Anders die hM zur alten Rechtslage, s. nur *Langenbucher* AktKapMarktR § 17 Rn. 44.

[77] S. ESMA Final Report – Draft technical standards on the Market Abuse Regulation, 28.9.2015, ESMA 2015/ 1455 Rn. 244.

[78] Eing. hierzu *Koch* BB 2012, 1356 (1359).

[79] Hierzu ESMA Final Report – Draft technical standards on the Market Abuse Regulation, 28.9.2015, ESMA 2015/1455 Rn 252.

[80] OLG Stuttgart Beschl. v. 22.4.2009 – 20 Kap 1/08, NZG 2009, 624; Assmann/Schneider/*Assmann*, 6. Aufl. 2012, WpHG § 15 Rn. 165a ff.; Kölner Komm WpHG/*Klöhn* WpHG § 15 Rn. 315 ff.; Erbs/Kohlhaas/*Wehowsky* WpHG § 15 Rn. 11; Schwark/Zimmer/*Zimmer/Kruse* WpHG § 15 Rn. 54; *Schäfer* in Marsch-Barner/Schäfer AG-HdB Rn. 15.34; *Bachmann* DB 2012, 2210; *Bachmann* ZHR 2008, 597; *Hellgardt* 50 CMLRev (2013), 861 (869 f.); *Ihrig/Kranz* BB 2013, 451 (452 ff.); *Kuthe* ZIP 2004, 883 (885); *Veith* NZG 2005, 254; *Schröder*, Selbstbefreiung von der Ad-hoc-Publizitätspflicht, 2011, 165 ff. Das OLG Frankfurt a. M. (Beschl. v. 12.2.2009 – 2 Ss-OWi 514/08, NJW 2009, 1520) hat sich in seiner Bußgeldentscheidung in diesem Verfahren widersprüchlich geäußert. Es bezeichnet einerseits den Befreiungstatbestand als „Legalausnahme", geht jedoch gleichzeitig von einem Ermessen der Emittenten aus, wenn diese über die Aufschiebung „entscheiden".

[81] Statt aller Fuchs/*Pfüller* WpHG § 15 Rn. 343 ff.; JVRZ/*Voß* WpHG § 15 Rn. 236 ff.; *Frowein* in Habersack/ Mülbert/Schlitt KapMarktInfo-HdB § 10 Rn. 74; *Koch* in Veil, Europäisches Kapitalmarktrecht, 2. Aufl. 2014, § 15 Rn. 98 ff.; *Marsch-Barner* in Semler/v. Schenck AR-HdB § 13 Rn. 246; *Harbarth* ZIP 2005, 1906; *Krämer/Teigelack* AG 2012, 20 (23); *Mennicke* NZG 2009, 1059 (1060 f.); *Pattberg/Bredol* NZG 2013, 87; *Schneider/Gilfrich* BB 2007, 54 f.; *Schneider* BB 2005, 897 (900); *Petsch*, Informationspflichten versus Geheimhaltungsinteressen, 2012, 126.

[82] Vgl. Fuchs/*Pfüller* WpHG § 15 Rn. 345; *Pattberg/Bredol* NZG 2013, 87; *Groß* FS Schneider, 2011, 385, 388.

Art. 6 Abs. 2 S. 1 MAD aF sah vor, dass der Emittent die Veröffentlichung „*aufschieben darf*".[83] Auch die BaFin ging davon aus, dass die Befreiung aktiv durch einen ausdrücklichen Beschluss des geschäftsführenden Organs, also etwa des Vorstands einer AG, in Anspruch genommen werden musste.[84]

33   Im neuen Marktmissbrauchsregime ist eine förmliche **Entscheidung des Emittenten** über den Aufschub notwendig. Dies folgt für die spezielle Aufschubregelung des Art. 17 Abs. 5 bereits daraus, dass das Kredit- oder Finanzinstitut die zuständige Behörde von der Absicht, die Veröffentlichung aufzuschieben, vorab in Kenntnis zu setzen und deren Zustimmung abzuwarten hat (Art. 17 Abs. 6).[85] Eine Absicht zum Aufschub setzt eine entsprechende Entscheidung des Emittenten voraus. Aber auch im Falle der allgemeinen Aufschubregelung des Art. 17 Abs. 4 UAbs. 1 ist eine förmliche Entscheidung notwendig, denn Art. 17 Abs. 4 erlaubt – in Übereinstimmung mit Art. 6 Abs. 2 MAD aF und der speziellen Aufschubregelung des Art. 17 Abs. 5, 6 – den Aufschub „auf eigene Verantwortung" des Emittenten.[86] Diese Formulierung ist auch nicht – wie bisher zum Teil zu § 15 Abs. 3 WpHG aF argumentiert wurde[87] – als deklaratorischer Hinweis auf die Unabhängigkeit der Befreiung von der Zustimmung der Aufsichtsbehörde zu verstehen, denn auch Art. 17 Abs. 5, der nach dem Wortlaut eine Zustimmung der Aufsichtsbehörde verlangt, verwendet diese Formulierung. Eine förmliche Entscheidung des Emittenten ist danach sowohl für den Aufschub gem. Art. 17 Abs. 4 als auch für Art. 17 Abs. 5 notwendig. Der Emittent hat das Verfahren so einzurichten, dass das Vorliegen einer Insiderinformation festgestellt und über den Aufschub und dessen Dauer entschieden werden kann.

34   Die Zuständigkeit für den Aufschub liegt grundsätzlich beim Vorstand,[88] der die Entscheidung aber auf ein eigens hierfür geschaffenes Gremium delegieren kann.[89] Nach der BaFin sollte jedoch mindestens ein Vorstandsmitglied an der Entscheidung beteiligt sein.[90] Nach der ESMA genügt auch eine Person unmittelbar unterhalb der Vorstandsebene, wie etwa der Compliance-Beauftragte.[91] In Fällen originärer Zuständigkeit des Aufsichtsrats besteht eine Annexkompetenz des Aufsichtsrats.[92]

35   Ein **vorsorglicher Beschluss** kann auch bereits in einem frühen Stadium eines mehrstufigen Entscheidungsprozesses getroffen werden.[93] Vorformulierte „Vorratsbeschlüsse" ohne Bezug zu einer konkreten Information sind hingegen nach allgemeiner Auffassung unzulässig.[94]

36   Fehlt eine förmliche Entscheidung, sind die materiellen Voraussetzungen für den Aufschub aber erfüllt, liegt ein Verstoß gegen Art. 17 Abs. 1 vor und der Emittent muss mit verwaltungsrechtlichen Sanktionen, insbesondere mit einer Geldbuße gem. § 120 Abs. 15 Nr. 9 WpHG rechnen. Ein Schadensersatzanspruch gem. § 97 WpHG (→ Rn. 509 ff.) scheidet indes mangels Kausalität aus, wenn der Aufschub materiell-rechtlich möglich gewesen wäre und sich der Emittent bei Kenntnis für den Aufschub entschieden hätte. Dann wäre der Schaden auch bei rechtmäßigem Alternativverhalten eingetreten.[95]

37   **bb) Nachholung, Mitteilung und Dokumentation des Aufschubs.** Nach Wegfall der Aufschubvoraussetzungen hat der Emittent die Veröffentlichung unverzüglich nachzuholen. Das stellt Art. 17 Abs. 7 ausdrücklich für den Fall klar, dass die Vertraulichkeit nicht mehr gewährleistet werden kann (→ Rn. 30). Die Pflicht zur Nachholung entfällt, wenn im maßgeblichen Zeitpunkt keine

---

[83] *Koch* in Veil, Europäisches Kapitalmarktrecht, 2. Aufl. 2014, § 19 Rn. 109, S. 415. AA *Hellgardt* 50 CMLR (2013) 861 (869 f.).

[84] BaFin Emittentenleitfaden 2013, 59.

[85] Zu dem im Laufe des Gesetzgebungsverfahrens diskutierten Vorschlag, für jeden Aufschub eine vorhergehende Notifikationspflicht einzuführen, *Seibt/Wollenschläger* AG 2014, 593 (600).

[86] BaFin Emittentenleitfaden, Modul C – Regelungen aufgrund der Marktmissbrauchsverordnung (MAR), I.3.3.1.1, 36; *Hopt/Kumpan* in Schimansky/Bunte/Lwowski BankR-HdB § 107 Rn. 96; *Poelzig* NZG 2016, 761 (765); *Seibt/Wollenschläger* AG 2014, 593 (600); *Veil* ZBB 2014, 85 (93). S. auch ESMA Final Report – Draft technical standards on the Market Abuse Regulation, 28.9.2015, ESMA 2015/1455 Rn. 239.

[87] So etwa Schwark/Zimmer/*Zimmer/Kruse* WpHG § 15 Rn. 54.

[88] BaFin Emittentenleitfaden, Modul C – Regelungen aufgrund der Marktmissbrauchsverordnung (MAR), I.3.3.1.1, 36.

[89] Anders noch hL zu § 15 WpHG aF *Frowein* in Habersack/Mülbert/Schlitt KapMarktInfo-HdB § 10 Rn. 75; *Marsch-Barner* in Semler/v. Schenck AR-HdB § 13 Rn. 246; *Petsch,* Kapitalmarktrechtliche Informationspflichten versus Geheimhaltungsinteressen des Emittenten, 2012, 126 f.; *Ihrig/Kranz* BB 2013, 451 (456); *Pattberg/Bredol* NZG 2013, 87 (88); *Schneider/Gilfrich* BB 2007, 53 (55); *Schneider* BB 2005, 897 (900); *Widder* BB 2009, 967 (972). AA *Bedkowski* BB 2009, 394 (399).

[90] BaFin Emittentenleitfaden, Modul C – Regelungen aufgrund der Marktmissbrauchsverordnung (MAR), I.3.3.1.1, 36 f.

[91] Hierzu ESMA Final Report – Draft technical standards on the Market Abuse Regulation, 28.9.2015, ESMA 2015/1455 Rn. 239.

[92] BaFin Emittentenleitfaden Modul C I.3.3.1.1, 36.

[93] Vgl. *Frowein* in Habersack/Mülbert/Schlitt KapMarktInfo-HdB § 10 Rn. 122; *Buck-Heeb* LMK 2013, 348684; *Ihrig/Kranz* BB 2013, 451 (457); *Kocher/Widder* NZI 2010, 925 (928); *Widder* DB 2008, 1480 (1483); *Ihrig,* Gesellschaftsrecht in der Diskussion, 2013, 113, 132.

[94] *Ihrig/Kranz* BB 2013, 451 (456) mwN.

[95] BGH Beschl. v. 23.4.2013 – II ZB 7/09, NJW 2013, 2114 (2118); gegen Erforderlichkeit eines Befreiungsbeschlusses aber OLG Stuttgart Beschl. v. 22.4.2009 – 20 Kap 1/08, NZG 2009, 624 (635).

Insiderinformation mehr vorliegt.[96] Unmittelbar nach Nachholung der Offenlegung hat der Emittent außerdem gem. Art. 17 Abs. 4 UAbs. 3 die zuständige Behörde über den Aufschub zu informieren und dies schriftlich zu begründen. Dies gilt auch dann, wenn im Zeitpunkt des Wegfalls der Aufschubgründe keine Insiderinformation mehr vorliegt und eine Nachholung der Veröffentlichung daher entfällt.[97] Den notwendigen Inhalt der Mitteilung bestimmt Art. 4 Abs. 3 DVO (EU) 2016/522 sowie ergänzend § 7 WpAV.

Art. 4 DVO (EU) 2016/1055[98] verlangt eine umfassende **Dokumentation** während des Aufschubs. **38** Gem. Art. 4 Abs. 1 lit. a Nr. ii, Abs. 3 lit. e DVO (EU) 2016/1055 sind unter anderem Datum und Uhrzeit der Entscheidung über den Aufschub sowie gem. Art. 4 Abs. 1 lit. b Nr. i, Abs. 3 lit. f DVO (EU) 2016/1055 die Identität der zur Entscheidung über den Aufschub befugten Person beim Emittenten zu dokumentieren.

Nach der ab dem 1.1.2021 geltenden VO (EU) 2019/2115 (→ Vor Art. 1 Rn. 5)[99] wird Art. 17 **39** Abs. 4 um einen weiteren Unterabsatz ergänzt, wonach Emittenten, deren Finanzinstrumente ausschließlich zum Handel auf einem **KMU**-Wachstumsmarkt zugelassen sind, der zuständigen Behörde lediglich auf Verlangen eine schriftliche Erläuterung über den Aufschub vorlegen müssen. Zur Aufzeichnung kann die Behörde KMU nicht verpflichten, solange der Emittent in der Lage ist, den beschlossenen Aufschub zu begründen. Ausweislich ErwGr 9 VO (EU) 2019/2115 soll hierdurch der Verwaltungsaufwand für Emittenten an KMU-Wachstumsmärkten verringert werden.

cc) Zuständige Aufsichtsbehörde. Welche nationale Aufsichtsbehörde für den Aufschub gem. **40** Art. 17 Abs. 4 und 5 zuständig ist, bestimmt Art. 6 Delegierte Verordnung (EU) 2016/522.[100] Danach ist grundsätzlich die Aufsichtsbehörde des **Herkunftsmitgliedstaates** zuständig, in dem der Emittent registriert ist. Das gilt, wenn der Emittent Dividendenwerte in dem Herkunftsmitgliedstaat zum Handel zugelassen oder dies beantragt hat oder diese dort mit seinem Einverständnis gehandelt werden, Art. 6 Abs. 1 lit. a Delegierte Verordnung (EU) 2016/522. Sind keine Dividendenwerte des Emittenten innerhalb der EU zum Handel zugelassen oder zur Zulassung beantragt, ist die Aufsichtsbehörde des Herkunftsmitgliedstaates zuständig, wenn der Emittent dort erstmals andere Finanzinstrumente zugelassen bzw. dies beantragt hat oder diese dort mit seinem Einverständnis gehandelt werden, Art. 6 Abs. 1 lit. b Delegierte Verordnung (EU) 2016/522. Im Übrigen und insbesondere für Emittenten aus Drittstaaten ist die Aufsichtsbehörde desjenigen Mitgliedstaates zuständig, in dem Dividendenwerte oder anderenfalls sonstige Finanzinstrumente des Emittenten zum Handel zugelassen sind oder mit seinem Einverständnis gehandelt werden oder der Emittent erstmals die Zulassung zum Handel beantragt hat, Art. 6 Abs. 2 UAbs. 1 Delegierte Verordnung (EU) 2016/522. Treffen die Voraussetzungen auf mehrere Mitgliedstaaten gleichzeitig zu, gilt Art. 6 Abs. 1 UAbs. 2 Delegierte Verordnung (EU) 2016/522.

4. Veröffentlichungstatbestand nach Art. 17 Abs. 8. Einen eigenständigen Veröffentlichungs- **41** tatbestand enthält Art. 17 Abs. 8 für den Fall der rechtmäßigen Offenlegung gem. Art. 10. Emittenten und EAMP sowie Personen, die in ihrem Auftrag oder auf ihre Rechnung handeln, die einem Dritten Insiderinformationen befugt offenlegen, müssen die offengelegte Information veröffentlichen. Etwas Anderes gilt nur, wenn der Empfänger der Information zur Vertraulichkeit verpflichtet ist. Zweck dieser Regelung ist es, eine selektive, nicht kontrollierbare Informationsweitergabe an Einzelne zu verhindern.[101] Art und Weise der Veröffentlichung entsprechen derjenigen nach Art. 17 Abs. 1 (→ Rn. 18 ff.).

Mit dem Begriff des **„Dritten"** sind Personen gemeint, die dem Emittenten weder wirtschaftlich **42** noch rechtlich zuzuordnen sind.[102] Die innerbetriebliche Offenlegung löst damit keine Veröffent-

---

[96] Klöhn/*Klöhn* Art. 17 Rn. 301.

[97] Klöhn/*Klöhn* Art. 17 Rn. 305.

[98] Durchführungsverordnung (EU) 2016/1055 der Kommission vom 29. Juni 2016 zur Festlegung technischer Durchführungsstandards hinsichtlich der technischen Mittel für die angemessene Bekanntgabe von Insiderinformationen und für den Aufschub der Bekanntgabe von Insiderinformationen gemäß Verordnung (EU) Nr. 596/2014 des Europäischen Parlaments und des Rates, ABl. 2016 L 173, 47.

[99] Art. 1 Nr. 3 Verordnung (EU) 2019/2115 des Europäischen Parlaments und des Rates vom 27.11.2019 zur Änderung der Richtlinie 2014/65/EU und der Verordnungen (EU) Nr. 596/2014 und (EU) 2017/1129 zur Förderung der Nutzung von KMU-Wachstumsmärkten, ABl. 2019 L 320, 1.

[100] Delegierte Verordnung (EU) Nr. 2016/522 der Kommission vom 17.12.2015 zur Ergänzung der Verordnung (EU) Nr. 596/2014 des Europäischen Parlaments und des Rates im Hinblick auf eine Ausnahme für bestimmte öffentliche Stellen und Zentralbanken von Drittstaaten, die Indikatoren für Marktmanipulation, die Schwellenwerte für die Offenlegung, die zuständige Behörde, an die Aufschub zu melden ist, die Erlaubnis zum Handel während eines geschlossenen Zeitraums und die Arten meldepflichtiger Eigengeschäfte von Führungskräften, ABl. 2016 L 88, 1. S. auch ESMA Final Report – ESMA's technical advice on possible delegated acts concerning the Market Abuse Regulation, 3.2.2015 (ESMA's technical advice on possible delegated acts concerning the Market Abuse Regulation), 4.3., Nr. 2, S. 40, abrufbar unter: https://www.esma.europa.eu/sites/default/files/library/2015/11/2015-224.pdf (letzter Zugriff: 4.12.2019).

[101] Vgl. Assman/Schneider/Mülbert/*Assmann* Art. 17 Rn. 285; Klöhn/*Klöhn* Art. 17 Rn. 7, 10. S. zum alten Recht gem. § 15 Abs. 1 S. 4 WpHG aF Schwark/Zimmer/*Zimmer/Kruse* WpHG § 15 Rn. 85.

[102] S. zum alten Recht Fuchs/*Pfüller* WpHG § 15 Rn. 286.

lichungspflicht gem. Art. 17 Abs. 8 aus.[103] Großaktionäre des Emittenten[104] sowie Rechtsanwälte und Wirtschaftsprüfer sind hingegen Dritte iSd Art. 17 Abs. 8.[105] Die Offenlegung muss nach dem Wortlaut zudem befugt iSd Art. 10 („im Zuge der normalen Ausübung ihrer Arbeit oder ihres Berufs") sein. Daher wäre die unter Verstoß gegen Art. 14 lit. c erfolgte Offenlegung von Informationen nicht erfasst.[106] Allerdings ist Art. 17 Abs. 8 auf diesen Fall auf Grundlage eines Erst-Recht-Schlusses analog anzuwenden.[107]

43 Die Veröffentlichungspflicht wird ausnahmsweise nicht durch die Offenlegung ausgelöst, wenn der Dritte zur Verschwiegenheit verpflichtet ist (Art. 17 Abs. 8 S. 2). Eine strikte **Verschwiegenheitspflicht** des Dritten – die jegliche – auch iSd Art. 10 befugte – Weitergaben untersagt, ist damit nicht verlangt.[108] Nach teilweise vertretener Auffassung genügt bereits das allgemeine Offenlegungsverbot gem. **Art. 14 lit. c** als rechtliche Verpflichtung zur Vertraulichkeit iSd Art. 17 Abs. 8.[109] Folgt man dieser Ansicht, läuft die Veröffentlichungspflicht gem. Art. 17 Abs. 8 allerdings faktisch leer.[110] Das für jedermann geltende Offenlegungsverbot ist nicht ausreichend adressatenspezifisch, um als Vertraulichkeitsvereinbarung zu gelten.[111]

44 Verschwiegenheitspflichten können sich nach dem Wortlaut der Norm sowohl aus Rechts- und Verwaltungsvorschriften sowie Satzung als auch aus einer vertraglichen Vereinbarung ergeben. Verschwiegenheitspflichten gelten kraft Gesetzes für Beschäftigte der Aufsichtsbehörden (s. nur § 9 KWG; § 10 BörsG; § 21 WpHG; § 9 WpÜG; § 84 VAG) und finden sich in den Standesregeln von Rechtsanwälten (§ 43a Abs. 1 BRAO) oder Wirtschaftsprüfern (§ 43 Abs. 1 S. 1 WPO). Welche Anforderungen an eine **vertragliche Vertraulichkeitsvereinbarung** zu stellen sind, ist dagegen ungeklärt. So wird teilweise eine ausdrückliche Vereinbarung für erforderlich gehalten,[112] teilweise eine konkludent vereinbarte Nebenpflicht für ausreichend erachtet.[113] Während der Emittentenleitfaden der BaFin zu § 15 Abs. 1 S. 4 WpHG aF noch klarstellte, dass eine Vertragsstrafe nicht notwendigerweise vereinbart sein muss,[114] äußert sich die BaFin im neuen Emittentenleitfaden hierzu nicht mehr.[115]

45 Der **Zeitpunkt** der Veröffentlichung nach Art. 17 Abs. 8 hängt davon ab, ob die Offenlegung gegenüber dem Dritten absichtlich oder unabsichtlich erfolgt ist. Bei absichtlicher Offenlegung muss die Veröffentlichung zeitgleich und bei einer nicht absichtlichen Offenlegung unverzüglich, dh so bald wie möglich, erfolgen.[116]

46 **5. Vorsorgliche Veröffentlichung.** Da das Vorliegen einer Insiderinformation, insbesondere die Kursrelevanz, und die Voraussetzungen für den Aufschub gem. Art. 17 Abs. 4, 5 im konkreten Einzelfall oftmals schwierig festzustellen sind, könnten Emittenten anstelle eines vorsorglichen Aufschubs (→ Rn. 35) auch eine vorsorgliche Veröffentlichung in Betracht ziehen (zur parallelen Problematik bei der Beteiligungspublizität → WpHG §§ 33–39 Rn. 26). Ob die Veröffentlichung von nicht Ad-hoc-pflichtigen Informationen als Ad-hoc-Information zulässig ist, ist weder gesetzlich noch gerichtlich geklärt. Gem. § 15 Abs. 2 S. 1 WpHG aF war es ausdrücklich verboten, Informationen, die offensichtlich keine Kursrelevanz hatten, als Ad-hoc-Information zu veröffentlichen. Durch das Verbot sollte vermieden werden, dass die Ad-hoc-pflichtigen Informationen in der Flut sonstiger Informationen untergehen.[117] Das Verbot galt aber nur, wenn das Fehlen der Kursrelevanz offensichtlich war. Nachteilige Konsequenzen hatte ein Verstoß praktisch nicht, da keine unmittelbaren Sanktionen vorgesehen waren. In der MAR gibt es ein solches Verbot nicht mehr. Art. 17 Abs. 1 S. 2 verlangt lediglich, dass der Emittent die Veröffentlichung von Insiderinformationen nicht mit der **Vermarktung** seiner Tätigkeiten verbinden darf. Daher ist eine vorsorgliche Information grundsätzlich möglich, auch wenn

---

[103] Klöhn/*Klöhn* Art. 17 Rn. 474, 476. S. zum alten Recht Fuchs/*Pfüller* WpHG § 15 Rn. 287.

[104] Klöhn/*Klöhn* Art. 17 Rn. 476.

[105] S. zum alten Recht Fuchs/*Pfüller* WpHG § 15 Rn. 289, 300.

[106] Assmann/Schneider/Mülbert/*Assmann* WpHG Art. 17 Rn. 285; so noch die hM zum alten Recht Assmann/Schneider/*Assmann* WpHG § 15 Rn. 116; *Langenbucher* AktKapMarktR § 17 Rn. 49; *Leuering* NZG 2005, 12 (15); Kölner Komm WpHG/*Versteegen* WpHG § 15 Rn. 224; *Widder/Gallert* NZG 2006, 451 (453); Schwark/Zimmer/*Zimmer/Kruse* § 15 Rn. 87.

[107] Klöhn/*Klöhn* Art. 17 Rn. 480.

[108] So auch Klöhn/*Klöhn* Art. 17 Rn. 483.

[109] Assmann/Schneider/Mülbert/*Assmann* Art. 17 Rn. 293; *Buck-Heeb* KapMarktR Rn. 473 f. Zu § 15 Abs. 1 S. 4 WpHG aF Schwark/Zimmer/*Zimmer/Kruse* WpHG § 15 Rn. 89; *Veil* ZHR 172 (2008), 239 (258).

[110] Konsequent insofern Schwark/Zimmer/*Zimmer/Kruse* WpHG § 15 Rn. 89.

[111] Klöhn/*Klöhn* Art. 17 Rn. 485; *Zetzsche* NZG 2015, 817 (822). So schon zu § 15 WpHG aF *Lenenbach* KapMarktR Rn. 13.260; Kölner Komm WpHG/*Klöhn* WpHG § 15 Rn. 384; Fuchs/*Pfüller* WpHG § 15 Rn. 312; *Schäfer* in Marsch-Barner/Schäfer AG-HdB Rn. 15.23; *Leuering* NZG 2005, 12 (15).

[112] S. zum alten Recht Fuchs/*Pfüller* WpHG § 15 Rn. 315.

[113] *Simon* Der Konzern 2005, 13 (18).

[114] BaFin Emittentenleitfaden 2013, S. 54.

[115] BaFin Emittentenleitfaden, Modul C – Regelungen aufgrund der Marktmissbrauchsverordnung (MAR), I.3.3.1.4, 40.

[116] Klöhn/*Klöhn* Art. 17 Rn. 488 ff. Näher zu § 15 Abs. 1 S. 4 WpHG aF Fuchs/*Pfüller* WpHG § 15 Rn. 316 ff.

[117] Zu § 15 Abs. 2 S. 1 WpHG aF Fuchs/*Pfüller* WpHG § 15 Rn. 326 f.; Kölner Komm WpHG/*Klöhn* WpHG § 15 Rn. 455; Schwark/Zimmer/*Zimmer/Kruse* WpHG § 15 Rn. 107; *Fleischer* NJW 2002, 2977 f.

offensichtlich keine Insiderinformation vorliegt, solange dies nicht zur Vermarktung erfolgt. Die kapitalmarktrechtliche Grenze dürfte jedoch überschritten sein, wenn die Veröffentlichung als Ad-hoc-Information eine Marktmanipulation gem. Art. 12, 15 darstellt. Außerdem sind die lauterkeitsrechtlichen Grenzen zu beachten (→ Rn. 51).

III. Ad-hoc-Publizitätspflicht gem. § 11a VermAnlG

Die Ad-hoc-Informationspflicht gem. Art. 17 gilt ausschließlich für Finanzinstrumente iSd Mi- **47** FID II und damit nicht für Vermögensanlagen iSd § 1 VermAnlG. Seit dem 10.7.2015 verpflichtet allerdings § 11a VermAnlG auch Emittenten von Vermögensanlagen nach Beendigung des öffentlichen Angebots bis zur vollständigen Tilgung der Vermögensanlage zur Veröffentlichung von Insiderinformationen. **Emittent** ist gem. § 1 Abs. 3 VermAnlG die Person oder Gesellschaft, deren Anteile, Genussrechte, Namensschuldverschreibungen oder sonstigen Vermögensanlagen aufgrund eines öffentlichen Angebots im Inland ausgegeben werden.

Nach § 11a VermAnlG muss der Emittent zwischen der Beendigung des Angebots und der voll- **48** ständigen Tilgung Tatsachen, die sich auf ihn oder auf die von ihm emittierten Vermögensanlagen unmittelbar beziehen und nicht öffentlich bekannt sind, unverzüglich nach § 11a Abs. 3 S. 1 VermAnlG veröffentlichen. Anders als Art. 17 verpflichtet § 11a VermAnlG allerdings nur zur Veröffentlichung von **negativen Tatsachen,** dh von Tatsachen, die geeignet sind, die Fähigkeit des Emittenten zur Erfüllung seiner Verpflichtungen gegenüber dem Anleger erheblich zu beeinträchtigen. Dadurch sollen Anleger und potenzielle Erwerber auf dem Sekundärmarkt über aktuelle Informationen negativer Art zur Vermögens-, Finanz- und Ertragslage unterrichtet werden. Die Ad-hoc-Mitteilungspflicht endet mit der **vollständigen Tilgung** der Vermögensanlage (§ 11a S. 2 VermAnlG), dh wenn alle Haupt- und Nebenforderungen aus der Vermögensanlage erfüllt sind. Die Ad-hoc-Mitteilungspflicht wird flankiert durch die **Anzeigepflicht** des Anbieters gem. § 10a VermAnlG. Danach muss der Anbieter der BaFin die Beendigung des öffentlichen Angebots sowie die vollständige Tilgung der Vermögensanlage unverzüglich schriftlich oder elektronisch mitteilen. Hierdurch soll Klarheit darüber geschaffen werden, ab welchem Zeitpunkt die Pflicht zur Aktualisierung des Verkaufsprospekts gem. § 11 VermAnlG durch die Ad-hoc-Publizitätspflicht aus § 11a VermAnlG abgelöst wird und wann diese wiederum endet.[118]

IV. Durchsetzung

1. Aufsichtsrechtliche Folgen. Verstöße gegen Art. 17 können als Ordnungswidrigkeit gem. **49** § 120 Abs. 15 Nr. 6–11 WpHG mit einem Bußgeld geahndet werden. Natürliche Personen müssen mit Geldbußen von bis zu 1 Mio. EUR und juristische Personen von bis zu 2,5 Mio. EUR oder 2 % des jährlichen (Konzern-)Gesamtumsatzes rechnen. Darüber hinaus kann das Bußgeld bis zum Dreifachen des aus dem Verstoß erzielten wirtschaftlichen Vorteils betragen und damit die absoluten und umsatzabhängigen Höchstgrenzen gem. § 120 Abs. 18 S. 1, 2 WpHG noch überschreiten (§ 120 Abs. 18 S. 3 WpHG). Voraussetzung ist **vorsätzliches** oder **leichtfertiges** Verhalten. Leichtfertig handelt, wer die gebotene Sorgfalt in einem außergewöhnlich hohen Maße außer Acht lässt.[119] Einfach fahrlässige Verstöße können durch andere verwaltungsrechtliche Sanktionen und Maßnahmen gem. § 6 Abs. 1, Abs. 2, Abs. 6–9 WpHG, etwa die Anordnung der Einstellung von Handlungen, Tätigkeitsverbote oder Warnungen, geahndet werden (→ Vor Art. 1 Rn. 18 ff.).

2. Zivilrechtliche Folgen. Geschädigte Anleger können bei Verstößen gegen die Ad-hoc-Publizi- **50** tätspflicht zivilrechtliche Schadensersatzansprüche gem. §§ 97, 98 WpHG geltend machen (→ WpHG §§ 97, 98 Rn. 1 ff.).

Da und wenn Ad-hoc-Mitteilungen objektiv kausal dazu geeignet sind, die Wettbewerbssituation **51** des Emittenten, des Bieters oder unternehmerisch agierender Wertpapierinhaber am Kapitalmarkt zu fördern, erfüllen sie grundsätzlich den Tatbestand der geschäftlichen Handlung iSd § 2 Abs. 1 Nr. 1 UWG und sind daher nach hM auch am Maßstab des UWG zu messen.[120]

---

[118] RegE Kleinanlegerschutzgesetz, BT-Drs. 18/3994, 44.

[119] Schwark/Zimmer/*Schwark/Kruse* WpHG § 14 Rn. 68.

[120] Ausf. hierzu *Windorfer,* Kapitalmarktinformationen aus der Perspektive des Lauterkeitsrechts, 2014. OLG Hamburg Urt. v. 19.7.2006 – 5 U 10/06, WM 2006, 2353 (2354); Köhler/Bornkamm/Feddersen/*Köhler* UWG § 2 Rn. 49; Piper/Ohly/Sosnitza/*Sosnitza* UWG § 2 Rn. 27; *Nordemann,* Wettbewerbsrecht Markenrecht, 1996, Rn. 57. Nach aA sollen nur offensichtlich unrichtige oder offensichtlich nicht veröffentlichungspflichtige Informationen vom Anwendungsbereich des UWG erfasst sein (*Klöhn* ZHR 172 [2008], 388 [417]; Klöhn/*Klöhn* Art. 17 Rn. 591).

Art. 18 Insiderlisten

(1) Emittenten oder alle in ihrem Auftrag oder für ihre Rechnung handelnden Personen sind verpflichtet,

a) eine Liste aller Personen aufzustellen, die Zugang zu Insiderinformationen haben, wenn diese Personen für sie auf Grundlage eines Arbeitsvertrags oder anderweitig Aufgaben wahrnehmen, durch die diese Zugang zu Insiderinformationen haben, wie Berater, Buchhalter oder Ratingagenturen (im Folgenden „Insiderliste"),

b) die Insiderliste im Einklang mit Absatz 4 rasch zu aktualisieren sowie

c) der zuständigen Behörde die Insiderliste auf deren Ersuchen unverzüglich zur Verfügung zu stellen.

(2) *[1]* Emittenten oder alle in ihrem Auftrag oder für ihre Rechnung handelnden Personen treffen alle erforderlichen Vorkehrungen, um dafür zu sorgen, dass alle auf der Insiderliste erfassten Personen die aus den Rechts- und Verwaltungsvorschriften erwachsenden Pflichten schriftlich anerkennen und sich der Sanktionen bewusst sind, die bei Insidergeschäften, unrechtmäßiger Offenlegung von Insiderinformationen Anwendung finden.

[2] ¹Übernimmt eine andere Person im Auftrag oder für die Rechnung des Emittenten die Erstellung und Aktualisierung der Insiderliste, so ist der Emittent auch weiterhin voll verantwortlich dafür, dass die Verpflichtungen dieses Artikels eingehalten werden. ²Der Emittent behält das Recht, die Insiderliste einzusehen.

(3) Die Insiderliste umfasst mindestens

a) die Identität aller Personen, die Zugang zu Insiderinformationen haben,

b) den Grund der Aufnahme in die Insiderliste,

c) das Datum, an dem diese Person Zugang zu Insiderinformationen erlangt hat sowie die entsprechende Uhrzeit und

d) das Datum der Erstellung der Insiderliste.

(4) *[1]* Emittenten oder jede in ihrem Namen bzw. für ihre Rechnung handelnde Person aktualisiert die Insiderliste unter Nennung des Datums der Aktualisierung unverzüglich, wenn

a) sich der Grund für die Erfassung bereits erfasster Personen auf der Insiderliste ändert,

b) eine neue Person Zugang zu Insiderinformationen erlangt hat und daher in die Insiderliste aufgenommen werden muss und

c) eine Person keinen Zugang zu Insiderinformationen mehr hat.

[2] Bei jeder Aktualisierung sind Datum und Uhrzeit der Änderung anzugeben, durch die die Aktualisierung erforderlich wurde.

(5) Emittenten oder jede in ihrem Namen bzw. für ihre Rechnung handelnde Person bewahrt die Insiderliste für einen Zeitraum von mindestens fünf Jahren nach der Erstellung oder Aktualisierung auf.

(6) Emittenten, deren Finanzinstrumente zum Handel an KMU-Wachstumsmärkten zugelassen sind, sind von der Pflicht zur Erstellung einer Insiderliste befreit, wenn die folgenden Bedingungen erfüllt sind:

a) Der Emittent ergreift alle erforderlichen Vorkehrungen, damit alle Personen, die Zugang zu Insiderinformationen haben, die aus den Rechts- und Verwaltungsvorschriften erwachsenden Pflichten anerkennen und sich der Sanktionen bewusst sind, die bei Insidergeschäften und unrechtmäßiger Offenlegung von Insiderinformationen und Marktmanipulation zur Anwendung kommen, und

b) der Emittent ist in der Lage, der zuständigen Behörde auf Anfrage die in diesem Artikel genannte Insiderliste bereitzustellen.

(7) Dieser Artikel gilt für Emittenten, die für ihre Finanzinstrumente eine Zulassung zum Handel an einem geregelten Markt in einem Mitgliedstaat beantragt oder genehmigt haben, bzw. im Falle eines Instruments, das nur auf einem multilateralen oder organisierten Handelssystem gehandelt wird, eine Zulassung zum Handel auf einem multilateralen oder organisierten Handelssystem in einem Mitgliedstaat erhalten haben oder für ihre Finanzinstrumente eine Zulassung zum Handel auf einem multilateralen Handelssystem in einem Mitgliedstaat beantragt haben.

(8) Die Absätze 1 bis 5 gelten auch für

a) Teilnehmer am Markt für Emissionszertifikate, betreffend Insiderinformationen in Bezug auf Emissionszertifikate im Rahmen von physischen Aktivitäten dieses Teilnehmers am Markt für Emissionszertifikate;

b) alle Versteigerungsplattformen, Versteigerer und die Auktionsaufsicht bezüglich Versteigerungen von Emissionszertifikaten und anderen darauf beruhenden Auktionsobjekten, die gemäß der Verordnung (EU) Nr. 1031/2010 abgehalten werden.

(9) *[1]* **Um einheitliche Bedingungen für die Anwendung dieses Artikels sicherzustellen, arbeitet die ESMA Entwürfe technischer Durchführungsstandards zur Festlegung des genauen Formats der Insiderlisten und des Formats für deren Aktualisierungen gemäß diesem Artikel aus.**

[2] **Die ESMA legt der Kommission diese Entwürfe technischer Durchführungsstandards bis zum 3. Juli 2016 vor.**

[3] **Der Kommission wird die Befugnis übertragen, die in Unterabsatz 1 genannten technischen Durchführungsstandards nach Artikel 15 der Verordnung (EU) Nr. 1095/2010 zu erlassen.**

Übersicht

I. Regelungsziel

Um die aufsichtsbehördliche Verfolgung und Aufdeckung von Insiderverstößen zu erleichtern und **1** Emittenten die Kontrolle über relevante Insiderinformationen zu ermöglichen,[1] verpflichtet Art. 18 Abs. 1 Emittenten und in ihrem Auftrag oder auf ihre Rechnung handelnde Personen, sog. Insiderlisten zu führen.

II. Listenführungspflichtige Adressaten

Gem. Art. 18 Abs. 1 sind Emittenten und in ihrem Auftrag oder für ihre Rechnung tätige Personen **2** sowie gem. Art. 18 Abs. 8 Teilnehmer am Markt für Emissionszertifikate, Versteigerungsplattformen, Versteigerer und die Auktionsaufsicht zur Führung von Insiderlisten verpflichtet. Im Hinblick auf Art. 2 Abs. 4 gilt die Pflicht auch für Emittenten, Dienstleister und sonstige Personen iSd Art. 18 Abs. 8, die ihren Sitz im **Ausland** haben.

1. Emittenten. Verpflichtet sind gem. Art. 18 Abs. 1 **Emittenten** iSd Art. 3 Abs. 1 Nr. 21. Ein- **3** schränkend gilt die Pflicht zur Führung von Insiderlisten gem. Art. 18 Abs. 7 jedoch nur für Emittenten, die an der Notierung der Finanzinstrumente **aktiv mitgewirkt** haben.[2] Nach dem Wortlaut der Norm müssen sie für ihre Finanzinstrumente entweder eine **Zulassung zum Handel an einem geregelten Markt** in einem Mitgliedstaat beantragt oder genehmigt haben, deren Zulassung an einem **MTF** oder **OTF** erhalten oder eine solche an einem MTF beantragt haben. Unter den Begriff der Zulassung fällt auch die Einbeziehung in den Freiverkehr an einer deutschen Wertpapierbörse gem. § 48 BörsG.[3]

2. Dienstleister. Art. 18 Abs. 1 UAbs. 1 verpflichtet auch die im Auftrag oder für Rechnung des **4** Emittenten handelnden Personen zur Erstellung von Insiderlisten (sog. **Dienstleister**).[4] Der missverständliche Wortlaut[5] wird mit Wirkung ab dem 1.1.2021 durch die VO (EU) 2019/2115 (→ Vor Art. 1 Rn. 5) korrigiert, wonach die Pflicht *jeweils* für Emittenten *und* Dienstleister nebeneinander besteht.[6] Dienstleister können gem. Art. 3 Abs. 1 Nr. 13 MAR grundsätzlich sowohl natürliche als auch

---

[1] ESMA Final Report – Draft technical standards on the Market Abuse Regulation, 28.9.2015, ESMA 2015/1455 Rn. 269.

[2] BaFin FAQ zu Insiderlisten nach Art. 18 der Marktmissbrauchsverordnung (EU) Nr. 596/2014 (Stand 13.11.2019), Antwort auf Frage II.1., S. 2.

[3] *Göttler* in Meyer/Veil/Rönnau MarktmissbrauchsR-HdB § 11 Rn. 6; *Meyer/Oulds* in KMFS BankR/KapMarktR Rn. 12.403; Assmann/Schneider/Mülbert/*Sethe/Hellgardt* Art. 18 Rn. 12.

[4] Zu dem Begriff BaFin Emittentenleitfaden, Modul C – Regelungen aufgrund der Marktmissbrauchsverordnung (MAR), V.2.3, 87.

[5] „Emittenten oder alle in ihrem Auftrag oder für ihre Rechnung handelnden Personen sind verpflichtet, …", Art. 18 Abs. 1 MAR idF bis zum 31.12.2020.

[6] Vgl. Art. 1 Nr. 4 und ErwG 11 der Verordnung (EU) 2019/2115 des Europäischen Parlaments und des Rates vom 27.11.2019 zur Änderung der Richtlinie 2014/65/EU und der Verordnungen (EU) Nr. 596/2014 und (EU) 2017/1129 zur Förderung der Nutzung von KMU-Wachstumsmärkten, ABl. 2019 L 320, 1.

juristische Personen sein (→ Art. 3 Rn. 13), sofern andere Personen Aufgaben für sie wahrnehmen und daher in der Liste erfasst werden können. Daher werden natürliche Personen häufig nicht als Dienstleister in Betracht kommen.[7]

5   Voraussetzung ist, dass die Person Aufgaben für den Emittenten wahrnimmt, aufgrund dessen sie typischerweise Kenntnis von Insiderinformationen erlangt.[8] Hierzu gehören beispielsweise Rechts-anwälte, Unternehmens- und Steuerberater.[9] Wirtschaftsprüfer, die eine gesetzlich vorgesehene Prü-fung vornehmen oder beratend tätig werden, sind ebenfalls grundsätzlich listenführungspflichtig.[10] Eine § 15b Abs. 1 S. 4 WpHG aF vergleichbare Ausnahme für die gesetzliche Abschlussprüfung sieht die MAR nicht mehr vor. Ebenso sind Kreditinstitute zur Führung von Insiderlisten verpflichtet, wenn sie über die allgemeinen Bankdienstleistungen (wie Kontoführung, Zahlungsverkehr oder Kreditvergabe) hinaus beratend im Interesse des Emittenten tätig werden (zB Beratung bei Börsengang, Kapitalmaß-nahme oder einer Akquisition).[11] Dienstleister sind auch Personen, die der Emittent zur Erfüllung der Pflicht aus Art. 17 einsetzt, zB Anbieter elektronischer Informationsverbreitungsdienste oder ein Über-setzungsbüro.[12]

6   Personen, die nicht unmittelbar im Auftrag oder für Rechnung des Emittenten, sondern im Interesse des Dienstleisters tätig werden, sind nicht zur Führung von Insiderlisten verpflichtet.[13] Keine Dienst-leister sind Personen, die in der Insiderliste des Emittenten erfasst werden müssen (→ Rn. 8 ff.), also etwa Organmitglieder oder Arbeitnehmer des Emittenten. Auch mit dem Emittenten verbundene Unternehmen, also Mutter- oder Tochtergesellschaften, sind grundsätzlich nicht zur Führung von Insiderlisten verpflichtet. Das gilt auch für Holdinggesellschaften.[14] Etwas Anderes gilt jedoch, wenn sie im Einzelfall im Auftrag oder für Rechnung des Emittenten tätig werden.[15] Davon ist zwar nicht schon bei Abschluss eines Gewinnabführungsvertrags,[16] aber beispielsweise bei Auslagerung ganzer Unternehmensfunktionen auf eine Tochtergesellschaft auszugehen.[17]

7   **3. Weitere Listenführungspflichtige gem. Art. 18 Abs. 8.** Zur Führung von Insiderlisten ver-pflichtet sind gem. Art. 18 Abs. 8 auch Teilnehmer am Markt für Emissionszertifikate, Versteigerungs-plattformen, Versteigerer und die Auktionsaufsicht. Eine Ausweitung der Pflicht zur Führung von Insiderlisten auf Dienstleister – wie im Falle der Emittenten gem. Art. 18 Abs. 1 – sieht Art. 18 Abs. 8 zwar nicht vor. Aber DVO (EU) 2016/347 setzt voraus, dass auch Personen, die im Auftrag oder für Rechnung der nach Art. 18 Abs. 8 Verpflichteten tätig werden, Insiderlisten führen (s. etwa Art. 2 oder ErwGr 1 DVO (EU) 2016/347 MAR).[18]

III. Inhalt, Format und Zeitpunkt der Insiderlisten

8   **1. Aufzunehmende Personen.** Die Insiderliste muss alle Personen erfassen, die aufgrund eines Arbeitsvertrags oder anderweitig Aufgaben wahrnehmen, durch die sie Zugang zu Insiderinformatio-nen haben. ErwGr 57 S. 1 stellt klar, dass Zugang zu Insiderinformationen iSd Art. 7 Abs. 1 mit direktem oder indirektem Bezug zum Emittenten bestehen muss. Aufzunehmen sind nach dem Wort-laut grundsätzlich sowohl natürliche als auch juristische Personen iSv Art. 3 Abs. 1 Nr. 13. Art. 18 Abs. 1 lit. a nennt beispielhaft Berater, Buchhalter oder Ratingagenturen.

9   Erfasst sind vor allem Personen, die – wie Arbeitnehmer und Vorstandsmitglieder – aufgrund eines Arbeits- oder Dienstvertrags oder – wie Aufsichtsratsmitglieder – anderweitig Aufgaben wahrnehmen. Die Art oder Wirksamkeit der rechtlichen Grundlage der Tätigkeit sind irrelevant; es genügt jegliche

---

[7] Klöhn/*Semrau* Art. 18 Rn. 12.

[8] Vgl. BaFin Emittentenleitfaden, Modul C – Regelungen aufgrund der Marktmissbrauchsverordnung (MAR), V.2.3, 87.

[9] BaFin Emittentenleitfaden, Modul C – Regelungen aufgrund der Marktmissbrauchsverordnung (MAR), V.2.3, 87.

[10] BaFin Emittentenleitfaden, Modul C – Regelungen aufgrund der Marktmissbrauchsverordnung (MAR), V.2.3, 87; Meyer/Veil/Rönnau/*Göttler* MarktmissbrauchsR-HdB § 11 Rn. 13 ff.; Klöhn/*Klöhn* Art. 18 Rn. 21.

[11] BaFin Emittentenleitfaden, Modul C – Regelungen aufgrund der Marktmissbrauchsverordnung (MAR), V.2.3, 87; BaFin FAQ zu Insiderlisten nach Art. 18 der Marktmissbrauchsverordnung (EU) Nr. 596/2014 (Stand 13.11.2019), Antwort auf Frage II.4., S. 4.

[12] BaFin Emittentenleitfaden, Modul C – Regelungen aufgrund der Marktmissbrauchsverordnung (MAR), V.2.3, 87.

[13] BaFin Emittentenleitfaden, Modul C – Regelungen aufgrund der Marktmissbrauchsverordnung (MAR), V.2.3, 87; Assmann/Schneider/Mülbert/*Sethe/Hellgardt* Art. 18 Rn. 20; *Göttler* in Meyer/Veil/Rönnau Marktmiss-brauchsR-HdB § 11 Rn. 10; *Simons* CCZ 2016, 221 (222).

[14] *Götze/Carl* Der Konzern 2016, 529 (539); BaFin Emittentenleitfaden, Modul C – Regelungen aufgrund der Marktmissbrauchsverordnung (MAR), V.2.3.2, 88. AA Klöhn/*Semrau* Art. 18 Rn. 23.

[15] BaFin Emittentenleitfaden, Modul C – Regelungen aufgrund der Marktmissbrauchsverordnung (MAR), V.2.3.2, 88.

[16] *Götze/Carl* Der Konzern 2016, 529 (539); BaFin Emittentenleitfaden, Modul C – Regelungen aufgrund der Marktmissbrauchsverordnung (MAR), V.2.3.2, 88. AA Klöhn/*Semrau* Art. 18 Rn. 23.

[17] *Götze/Carl* Der Konzern 2016, 529 (539).

[18] *Simons* CCZ 2016, 221 (222); Assmann/Schneider/Mülbert/*Sethe/Hellgardt* Art. 18 Rn. 18.

vertragliche, aber auch faktische Beziehung zu dem Emittenten.[19] Mitarbeiter des Dienstleisters sind ebenfalls grundsätzlich aufzunehmen; allerdings kann dies durch Angabe eines Ansprechpartners beim Dienstleister als Platzhalter ersetzt werden.[20] Mitarbeiter verbundener Unternehmen sind nach der Praxis der BaFin nur dann in die Liste aufzunehmen, wenn eine unmittelbare vertragliche Verbindung mit dem Emittenten selbst besteht.[21] Da die **Dienstleister** Aufgaben für den Emittenten wahrnehmen, sind auch sie bzw. grundsätzlich ihre Mitarbeiter in die Liste aufzunehmen. Da der Dienstleister allerdings eine eigene Insiderliste mit seinen Mitarbeitern führen muss, genügt der Emittent seiner Pflicht gem. Art. 18 Abs. 1 durch die Angabe eines Ansprechpartners beim Dienstleister. Der Dienstleister muss auch die für ihn tätigen Dienstleister in die Liste aufnehmen, die dann allerdings wiederum nicht selbst zur Führung einer eigener Insiderliste verpflichtet sind.[22]

Auch wenn sich dies im Gegensatz zu § 15b WpHG aF nicht mehr ausdrücklich im Wortlaut **10** widerspiegelt, ist im Hinblick auf Systematik und Telos der Norm notwendig, dass die Personen **bestimmungsgemäß** Zugang zu Insiderinformationen haben („durch die diese Zugang zu Insiderinformationen haben"). Personen, die nur zufällig oder bei Gelegenheit Zugang haben, sind nicht aufzunehmen.[23] Das gilt beispielsweise für IT-Mitarbeiter, die aufgrund ihrer Administrationsrechte Zugang zum internen E-Mail-Verkehr oder den Datenbanken des Listenführungspflichtigen haben.[24] Ausgenommen sind grundsätzlich auch Personen, die widerrechtlich Zugang erlangen.[25] Aufzunehmen sind idR Mitarbeiter aus den Bereichen Compliance, Controlling, Finanzen, Investor Relations, Recht und Steuern und Beteiligte des Ad-hoc-Komitees, Mitglieder des Betriebsrats und des Wirtschaftsausschusses.[26]

2. Format. Die Insiderliste ist gem. Art. 3 Abs. 3 DVO (EU) 2016/347 in einem elektronischen **11** Format nach der Vorlage 1 und 2 Anhang I DVO (EU) 2016/347 zu erstellen. Nach Art. 2 DVO (EU) 2016/347 muss die Darstellung nunmehr zwingend abschnittsweise für die jeweilige Insiderinformation erfolgen.[27] Eine **Gliederung** nach den Funktionen der Personen im Unternehmen ist demnach nicht mehr möglich.

Um die Insiderliste zu entlasten und unnötigen Aufwand zu vermeiden, kann gem. Art. 2 Abs. 2 **12** DVO (EU) 2016/347 fakultativ ein eigener Abschnitt für Personen erstellt werden, die aufgrund ihrer Funktion bzw. Position im Unternehmen jederzeit Zugang zu sämtlichen Insiderinformationen haben (sog. **permanente Insider**).[28]

3. Umfang. Der **Mindestinhalt** der Insiderliste wird durch Art. 18 Abs. 3 bestimmt. Einzelheiten **13** finden sich in Anhang I DVO (EU) 2016/347. Die Insiderliste hat gem. Art. 18 Abs. 3 lit. a die Identität der erfassten Personen anzugeben, die Zugang zu Insiderinformationen haben, insbesondere Name und Adresse. Neu ist die Angabe einer nationalen Identifikationsnummer, die für deutsche Insider bislang allerdings nicht existiert und daher freizubleiben hat. Das Formblatt sieht viele weitere persönliche Angaben vor, zB Geburtsdatum, dienstliche und private Festnetz- und Mobiltelefonnummern sowie die vollständige Privatanschrift.[29]

Anzugeben sind auch die Funktion des Insiders und der Grund der Aufnahme in die Insiderliste **14** (Art. 18 Abs. 3 lit. b). Gem. Art. 18 Abs. 3 lit. c und Art. 2 Abs. 1 iVm Anh. I DVO (EU) 2016/347[30] muss die Insiderliste insbesondere darlegen, an welchem Tag und zu welcher Uhrzeit die Person

---

[19] BaFin Emittentenleitfaden, Modul C – Regelungen aufgrund der Marktmissbrauchsverordnung (MAR), V.3.1, 89; *Götze/Carl* Der Konzern 2016, 529 (539); *Giering/Skiepek* Compliance-Berater 2016, 274 (275); weitergehend *Haßler* DB 2016, 1920 (1922), der unabhängig von einer vertraglichen Grundlage den bestimmungsgemäßen Zugang ausreichen lässt.

[20] BaFin Emittentenleitfaden, Modul C – Regelungen aufgrund der Marktmissbrauchsverordnung (MAR), V.3.3, 89.

[21] BaFin FAQ zu Insiderlisten nach Art. 18 der Marktmissbrauchsverordnung (EU) Nr. 596/2014 (Stand 13.11.2019), Antwort auf Frage V.2., S. 8 f.; Zweifelnd *Götze/Carl* Der Konzern 2016, 529 (539).

[22] *Meyer/Oulds* in KMFS BankR/KapMarktR Rn. 12.409.

[23] Assmann/Schneider/Mülbert/*Sethe/Hellgardt* Art. 18 Rn. 39; *Meyer/Oulds* in KMFS BankR/KapMarktR Rn. 12.405.

[24] BaFin Emittentenleitfaden, Modul C – Regelungen aufgrund der Marktmissbrauchsverordnung (MAR), V.3.1, 89.

[25] BaFin Emittentenleitfaden, Modul C – Regelungen aufgrund der Marktmissbrauchsverordnung (MAR), V.3.1, 89. mit Ausnahme bei Kenntnis des Emittenten.

[26] BaFin Emittentenleitfaden, Modul C – Regelungen aufgrund der Marktmissbrauchsverordnung (MAR), V.3.1, 89.

[27] BaFin Emittentenleitfaden, Modul C – Regelungen aufgrund der Marktmissbrauchsverordnung (MAR), V.4.2, 90.

[28] Krit. hierzu Assmann/ Schneider/Mülbert/*Sethe/Hellgardt* Art. 18 Rn. 32; *Meyer/Oulds* in KMFS BankR/KapMarktR Rn. 12.407 f., auch zum alternativen Konzept des funktionalen Insiders.

[29] Krit. vor dem Hintergrund der Persönlichkeitsrechte *Meyer/Oulds* in KMFS BankR/KapMarktR Rn. 12.410.

[30] Durchführungsverordnung (EU) Nr. 2016/347 der Kommission vom 10.3.2016 zur Festlegung technischer Durchführungsstandards im Hinblick auf das genaue Format der Insiderlisten und für die Aktualisierung von Insiderlisten gemäß der Verordnung (EU) Nr. 596/2014 des Europäischen Parlaments und des Rates, ABl. 2016 L 65, 49.

den Zugang zu der Insiderinformation erlangt und wann verloren hat. Das Ende des Informationszugangs tritt mit der Veröffentlichung oder Erledigung der Information bzw. dem Ausscheiden des Insiders aus dem Unternehmen ein.[31] Schließlich ist die Liste mit dem Datum ihrer Erstellung zu versehen (Art. 18 Abs. 3 lit. d).

15   **4. Zeitpunkt.** Der Emittent muss eine Insiderliste spätestens mit Erhalt des bestimmungsgemäßen **Zugangs** von Personen zu Insiderinformationen erstellen. Die Liste kann, muss aber nicht notwendigerweise auch schon zu einem früheren Zeitpunkt erstellt werden, wenn mit der Entstehung von Insiderinformationen zu rechnen ist, etwa bei Durchführung eines geplanten Projekts.[32] Datum und Uhrzeit der Entstehung der Insiderinformation gem. Art. 18 Abs. 3 lit. c sind nachzutragen, sobald eine Insiderinformation vorliegt. Ein Rückschluss auf die Kenntnis des Emittenten vom Vorliegen einer Insiderinformation und damit auf eine mögliche Ad-hoc-Pflichtverletzung kann nach ausdrücklicher Klarstellung der BaFin hieraus nicht gezogen werden.[33]

16   Die Insiderliste ist bei den in Art. 18 Abs. 4 genannten Änderungen, namentlich der Änderung des Erfassungsgrundes, Zugang neuer Personen zu Insiderinformationen und Beendigung des Zugangs durch erfasste Personen, unter Nennung des Datums der Aktualisierung und des Datums und der Zeit der jeweiligen Änderung zu **aktualisieren,** Art. 18 Abs. 1 lit. b, Abs. 4. Dies hat rasch bzw. unverzüglich zu erfolgen, was wie im Zusammenhang mit Art. 17 Abs. 1 objektiv zu verstehen ist, dh also so bald wie möglich (→ Art. 17 Rn. 17). Die Aktualisierungpflicht erlischt mit Wegfall der Insiderinformation, etwa durch Veröffentlichung oder Erledigung.

IV. Sonstige Pflichten

17   Die Insiderlisten sind für einen Zeitraum von mindestens fünf Jahren ab Erstellung **aufzubewahren** (Art. 18 Abs. 5, Art. 2 Abs. 4 DVO (EU) 2016/347) und der zuständigen Behörde auf deren Ersuchen möglichst rasch zur Verfügung zu stellen (Art. 18 Abs. 1 lit. c). Die Fünfjahres-Frist beginnt mit jeder Aktualisierung neu zu laufen. Nach Ablauf der fünf Jahre sind die Insiderlisten gem. Art. 17 Abs. 1 lit. a VO (EU) 2016/679,[34] § 35 Abs. 2 BDSG zu löschen.[35]

18   Die zur Erstellung von Insiderlisten Verpflichteten tragen gem. Art. 18 Abs. 2 UAbs. 1 außerdem Sorge für die Anerkennung und Kenntnisnahme der Pflichten und Sanktionen durch die von der Insiderliste erfassten Personen. Auch wenn nach dem Wortlaut umfassend sämtliche Pflichten aus Rechts- und Verwaltungsvorschriften anzuerkennen sind, folgt aus dem Zusammenhang, dass vor allem das Insiderhandels-, Offenlegungs-, Empfehlungs- und Verleitungsverbot gem. Art. 14, aber auch das Marktmanipulationsverbot gem. Art. 15 gemeint sind. Für die Anerkennung ist nicht Schriftform iSd § 126 BGB erforderlich, ausreichend ist die elektronische Form, insbesondere Textform per E-Mail,[36] solange sich daraus die Kenntnisnahme und Anerkennung durch die erfasste Person entnehmen lässt.[37]

19   Hat der Emittent die Erstellung und Aktualisierung der Insiderliste auf einen **Dritten** übertragen, bleibt er gem. Art. 18 Abs. 2 UAbs. 2 weiterhin für die Einhaltung der in Art. 18 geregelten Pflichten verantwortlich und berechtigt, die Insiderliste einzusehen. Über den Wortlaut hinaus gilt dies für alle zur Führung einer Insiderliste Verpflichteten, insbesondere auch für Dienstleister und die in Art. 18 Abs. 8 Genannten.[38]

V. Ausnahmen für KMU

20   Emittenten, deren Finanzinstrumente (ausschließlich) zum Handel an **KMU-Wachstumsmärkten** (zu dem Begriff → Art. 3 Rn. 12) zugelassen sind, sind gem. Art. 18 Abs. 6 von der Pflicht zur Führung von Insiderlisten befreit. Sie müssen aber gem. Art. 18 Abs. 6 lit. a gewährleisten, dass alle Personen mit Zugang zu Insiderinformationen die Pflichten aus dem Marktmissbrauchsrecht anerkennen und sich der Sanktionen im Fall des Verstoßes bewusst sind. Außerdem muss der Emittent in der

---

[31] BaFin Emittentenleitfaden, Modul C – Regelungen aufgrund der Marktmissbrauchsverordnung (MAR), V.4.3.5.1, 92.

[32] BaFin Emittentenleitfaden, Modul C – Regelungen aufgrund der Marktmissbrauchsverordnung (MAR), V.4.1, 90; dazu *Göttler* in Meyer/Veil/Rönnau HdBMarktmissbrauchsrecht § 11 Rn. 26 ff.; *Walla/Knierbein* WM 2018, 2349 (2352).

[33] BaFin Emittentenleitfaden, Modul C – Regelungen aufgrund der Marktmissbrauchsverordnung (MAR), V.4.1, 90; *Walla/Knierbein* WM 2018, 2349 (2352).

[34] Verordnung (EU) 2016/679 vom 27.4.2016 zum Schutz natürlicher Personen bei der Verarbeitung personenbezogener Daten, zum freien Datenverkehr (Datenschutz-Grundverordnung), ABl. 2016 L 119, 1.

[35] *Meyer/Oulds* in KMFS BankR/KapMarktR Rn. 12.416.

[36] *Meyer/Oulds* in KMFS BankR/KapMarktR Rn. 12.414; *Simons* CCZ 2016, 221 (227); Assmann/Schneider/Mülbert/*Sethe/Hellgardt* Art. 18 Rn. 73.

[37] BaFin Emittentenleitfaden, Modul C – Regelungen aufgrund der Marktmissbrauchsverordnung (MAR), V.9, 92. Zum Mustertext für Art. 18 Abs. 2 UAbs. 1 MAR s. www.bafin.de.

[38] *Meyer/Oulds* in KMFS BankR/KapMarktR Rn. 12.415; *Göttler* in Meyer/Veil/Rönnau MarktmissbrauchsR-HdB § 11 Rn. 22;

Lage sein, der zuständigen Behörde auf Anfrage jederzeit eine Insiderliste zur Verfügung zu stellen. Daher werden sie praktisch doch eine Insiderliste führen müssen.[39] Nach Art. 3 iVm Anhang II, III DVO (EU) Nr. 2016/347 gelten aber für Inhalt und Übermittlung der Liste an die zuständige Aufsichtsbehörde im Vergleich zu anderen Emittenten erleichterte Bedingungen („'lighter' regime"). Die Liste muss insbesondere nicht elektronisch geführt werden (s. ErwGr 9 DVO (EU) 2016/347). Das gewählte Format muss aber Vollständigkeit, Integrität und Vertraulichkeit während der Übertragung sicherstellen.

Diese Erleichterungen für KMU haben sich in der Praxis als nicht ausreichend erwiesen, sodass mit **21** Wirkung ab dem 1.1.2021 durch VO (EU) 2019/2115 (→ Vor Art. 1 Rn. 5) eine Änderung des Art. 18 Abs. 6 vorgesehen ist, wonach die Insiderlisten von Emittenten an KMU-Wachstumsmärkten auf Personen beschränkt werden dürfen, die aufgrund der Art ihrer Funktion oder Position beim Emittenten stets auf Insiderinformationen zurückgreifen können.[40] Da die Insiderlisten ein wichtiges Instrument zur Gewährleistung der Marktintegretiät sind, ist aber in Art. 18 Abs. 6 UAbs. 2 eine Ausnahmeregelung vorgesehen, die den Mitgliedstaaten im Einzelfall die Möglichkeit geben soll, unter bestimmten Anforderungen eine umfassendere Insiderliste auch für Emittenten an KMU-Wachstumsmärkten zu verlangen.[41] Deren genaues Format soll von der ESMA mittels technischer Durchführungsstandards festgelegt werden. Die neuen Regelungen gelten ab dem 1.1.2021.

VI. Durchsetzung und Sanktionen

Gem. § 120 Abs. 15 Nr. 12–16 WpHG können in Umsetzung von Art. 30 Abs. 1 lit. a vorsätzliche **22** oder leichtfertige Verstöße gegen Art. 18 Abs. 1–6 **natürlicher Personen** mit einer Geldbuße iHv bis zu 500.000 EUR geahndet werden. Gegenüber **juristischen Personen** ist eine Geldbuße iHv bis zu einer Mio. EUR bzw. bis zum Dreifachen des aus dem Verstoß erlangten Vorteils möglich. Ein Bußgeld droht, wenn der Listenführungspflichtige entgegen Art. 18 Abs. 1 lit. a eine Insiderliste nicht, nicht richtig, nicht vollständig, nicht in der vorgeschriebenen Weise oder nicht rechtzeitig aufstellt (§ 120 Abs. 15 Nr. 12 WpHG); entgegen Art. 18 Abs. 1 lit. b iVm Art. 18 Abs. 4 eine Insiderliste nicht, nicht richtig, nicht vollständig, nicht in der vorgeschriebenen Weise oder nicht rechtzeitig aktualisiert (§ 120 Abs. 15 Nr. 13 WpHG); entgegen Art. 18 Abs. 1 lit. c eine Insiderliste nicht, nicht richtig, nicht vollständig, nicht in der vorgeschriebenen Weise oder nicht rechtzeitig zur Verfügung stellt (§ 120 Abs. 15 Nr. 14 WpHG); entgegen Art. 18 Abs. 2 UAbs. 1 nicht die verlangten Vorkehrungen trifft (§ 120 Abs. 15 Nr. 15 WpHG); entgegen Art. 18 Abs. 5 eine Insiderliste nicht oder nicht mindestens fünf Jahre aufbewahrt (§ 120 Abs. 15 Nr. 16 WpHG). Darüber hinaus hat die BaFin gem. § 125 WpHG Entscheidungen über Maßnahmen und Sanktionen und die Identität der betroffenen natürlichen oder juristischen Person auf ihrer Internetseite bekannt zu geben.

Art. 19 Eigengeschäfte von Führungskräften

(1) *[1]* **Personen, die Führungsaufgaben wahrnehmen, sowie in enger Beziehung zu ihnen stehende Personen melden dem Emittenten oder dem Teilnehmer am Markt für Emissionszertifikate und der in Absatz 2 Unterabsatz 2 genannten zuständigen Behörde**

a) **in Bezug auf Emittenten jedes Eigengeschäft mit Anteilen oder Schuldtiteln dieses Emittenten oder damit verbundenen Derivaten oder anderen damit verbundenen Finanzinstrumenten;**

b) **in Bezug auf Teilnehmer am Markt für Emissionszertifikate jedes Eigengeschäft mit Emissionszertifikaten, darauf beruhenden Auktionsobjekten oder deren damit verbundenen Derivaten.**

[2] **Diese Meldungen sind unverzüglich und spätestens drei Geschäftstage nach dem Datum des Geschäft vorzunehmen.**

[3] **Unterabsatz 1 gilt ab dem Zeitpunkt, an dem der sich aus den Geschäften ergebende Gesamtbetrag den in Absatz 8 beziehungsweise 9 genannten Schwellenwert innerhalb eines Kalenderjahrs erreicht hat.**

(1a) *[1]* **Die in Absatz 1 genannte Meldepflicht gilt nicht für Geschäfte mit Finanzinstrumenten in Verbindung mit in jenem Absatz genannten Anteilen oder Schuldtiteln des Emittenten, wenn zum Zeitpunkt des Geschäfts eine der folgenden *Voraussetzung*[1] vorliegt:**

---

[39] *Seibt/Wollenschläger* AG 2014, 593 (601); *Poelzig* NZG 2016, 761 (772).

[40] Art. 1 Nr. 4 Verordnung (EU) 2019/2115 des Europäischen Parlaments und des Rates vom 27.11.2019 zur Änderung der Richtlinie 2014/65/EU und der Verordnungen (EU) Nr. 596/2014 und (EU) 2017/1129 zur Förderung der Nutzung von KMU-Wachstumsmärkten, ABl. 2019 L 320, 1.

[41] Art. 1 Nr. 4 Verordnung (EU) 2019/2115 des Europäischen Parlaments und des Rates vom 27.11.2019 zur Änderung der Richtlinie 2014/65/EU und der Verordnungen (EU) Nr. 596/2014 und (EU) 2017/1129 zur Förderung der Nutzung von KMU-Wachstumsmärkten, ABl. 2019 L 320, 1.

[1] Richtig wohl: „Voraussetzungen".

a) Das Finanzinstrument ist ein Anteil oder eine Aktie an einem Organismus für gemeinsame Anlagen, bei dem die Risikoposition gegenüber den Anteilen oder Schuldtiteln des Emittenten 20 % der von dem Organismus für gemeinsame Anlagen gehaltenen Vermögenswerte nicht übersteigt.

b) Das Finanzinstrument stellt eine Risikoposition gegenüber einem Portfolio von Vermögenswerten dar, bei dem die Risikoposition gegenüber den Anteilen oder Schuldtiteln des Emittenten 20 % der Vermögenswerte des Portfolios nicht übersteigt;[2)]

c) Das Finanzinstrument ist ein Anteil oder eine Aktie an einem Organismus für gemeinsame Anlagen oder stellt eine Risikoposition gegenüber einem Portfolio von Vermögenswerten dar, und die Person, die Führungsaufgaben wahrnimmt, oder eine zu ihr in enger Beziehung stehende Person kennt und konnte die Anlagezusammensetzung oder die Risikoposition eines solchen Organismus für gemeinsame Anlagen bzw. eines solchen Portfolios von Vermögenswerten gegenüber den Anteilen oder Schuldtiteln des Emittenten nicht kennen, und darüber hinaus besteht für diese Person kein Grund zu der Annahme, dass die Anteile oder Schuldtitel des Emittenten die in Buchstabe a oder Buchstabe b genannten Schwellenwerte überschreiten.

[2] Sind Informationen über die Anlagezusammensetzung des Organismus für gemeinsame Anlagen oder die Risikoposition gegenüber dem Portfolio von Vermögenswerten verfügbar, unternimmt die Person, die Führungsaufgaben wahrnimmt, oder eine zu ihr in enger Beziehung stehende Person alle zumutbaren Anstrengungen, um diese Informationen zu erhalten.

(2) *[1]* Zum Zweck von Absatz 1 und unbeschadet des Rechts der Mitgliedstaaten, über die in diesem Artikel genannten hinausgehende Meldepflichten festzulegen, müssen alle Eigengeschäfte von in Absatz 1 genannten Personen zuständigen Behörden von diesen Personen gemeldet werden.

[2] ¹Für diese Meldungen gelten für die in Absatz 1 genannten Personen die Vorschriften des Mitgliedstaats, in dem der Emittent oder Teilnehmer am Markt für Emissionszertifikate registriert ist. ²Die Meldungen sind innerhalb von drei Arbeitstagen nach dem Datum des Geschäfts bei der zuständigen Behörde dieses Mitgliedstaats vorzunehmen. ³Ist der Emittent nicht in einem Mitgliedstaat registriert, erfolgt diese Meldung bei der zuständigen Behörde des Herkunftsmitgliedstaats im Einklang mit Artikel 2 Absatz 1 Buchstabe i der Richtlinie 2004/109/EG, oder, wenn eine solche Behörde nicht besteht, der zuständigen Behörde des Handelsplatzes.

(3) *[1]* Der Emittent oder Teilnehmer am Markt für Emissionszertifikate stellt sicher, dass die Informationen, die im Einklang mit Absatz 1 gemeldet werden, unverzüglich und spätestens drei Geschäftstage nach dem Geschäft so veröffentlicht werden, dass diese Informationen schnell und nichtdiskriminierend im Einklang mit den in Artikel 17 Absatz 10 Buchstabe a genannten Standards zugänglich sind.

[2] Der Emittent oder Teilnehmer am Markt für Emissionszertifikate greift auf Medien zurück, bei denen vernünftigerweise davon ausgegangen werden kann, dass sie die Informationen tatsächlich an die Öffentlichkeit in der gesamten Union weiterleiten, und gegebenenfalls ist das in Artikel 21 der Richtlinie 2004/109/EG amtlich bestellte System zu nutzen.

[3] Das nationale Recht kann abweichend davon auch bestimmen, dass eine zuständige Behörde die Informationen selbst veröffentlichen kann.

(4) Dieser Artikel gilt für Emittenten die

a) für ihre Finanzinstrumente eine Zulassung zum Handel an einem geregelten Markt beantragt oder genehmigt haben, bzw.

b) im Falle von Instrumenten, die nur auf einem multilateralen oder organisierten Handelssystem gehandelt werden, für Emittenten, die eine Zulassung zum Handel auf einem multilateralen oder organisierten Handelssystem erhalten haben oder die für ihre Finanzinstrumente eine Zulassung zum Handel auf einem multilateralen Handelssystem beantragt haben.

(5) *[1]* ¹Die Emittenten und Teilnehmer am Markt für Emissionszertifikate setzen die Personen, die Führungsaufgaben wahrnehmen, von ihren Verpflichtungen im Rahmen dieses Artikels schriftlich in Kenntnis. ²Die Emittenten und Teilnehmer am Markt für Emissionszertifikate erstellen eine Liste der Personen, die Führungsaufgaben wahrnehmen, sowie der Personen, die zu diesen in enger Beziehung stehen.

[2] Personen, die Führungsaufgaben wahrnehmen, setzen die zu ihnen in enger Beziehung stehenden Personen schriftlich von deren Verpflichtungen im Rahmen dieses Artikels in Kenntnis und bewahren eine Kopie dieses Dokuments auf.

(6) Die Meldung von Geschäften nach Absatz 1 muss folgende Angaben enthalten:

a) Name der Person;

b) Grund der Meldung;

---

² Zeichensetzung amtlich.

c) Bezeichnung des betreffenden Emittenten oder Teilnehmers am Markt für Emissionszertifikate;

d) Beschreibung und Kennung des Finanzinstruments;

e) Art des Geschäfts bzw. der Geschäfte (d. h. Erwerb oder Veräußerung), einschließlich der Angabe, ob ein Zusammenhang mit der Teilnahme an Belegschaftsaktienprogrammen oder mit den konkreten Beispielen gemäß Absatz 7 besteht;

f) Datum und Ort des Geschäfts bzw. der Geschäfte und

g) Kurs und Volumen des Geschäfts bzw. der Geschäfte. Bei einer Verpfändung, deren Konditionen eine Wertänderung bedingen, sollten dieser Umstand und der Wert zum Zeitpunkt der Verpfändung offengelegt werden.

(7) *[1]* Zu den für die Zwecke von Absatz 1 zu meldenden Geschäften gehören auch:

a) das Verpfänden oder Verleihen von Finanzinstrumenten durch oder im Auftrag einer der in Absatz 1 genannten Person, die Führungsaufgaben wahrnimmt, oder einer mit dieser enge verbundenen Person;

b) von Personen, die beruflich Geschäfte vermitteln oder ausführen, oder einer anderen Person im Auftrag einer der in Absatz 1 genannten Personen, die Führungsaufgaben wahrnehmen oder mit zu solchen Personen enger verbunden ist, unternommene Geschäfte, auch wenn dabei ein Ermessen ausgeübt wird;

c) Geschäfte im Sinne der Richtlinie 2009/138/EG des Europäischen Parlaments und des Rates[3], die im Rahmen einer Lebensversicherung getätigt werden, wenn
   i) der Versicherungsnehmer eine in Absatz 1 genannte Person ist, die Führungsaufgaben wahrnimmt, oder eine Person, die mit einer solchen Person eng verbunden ist,
   ii) der Versicherungsnehmer das Investitionsrisiko trägt und
   iii) der Versicherungsnehmer über die Befugnis oder das Ermessen verfügt, Investitionsentscheidungen in Bezug auf spezifische Instrumente im Rahmen dieser Lebensversicherung zu treffen oder Geschäfte in Bezug auf spezifische Instrumente für diese Lebensversicherung auszuführen.

[2] Für die Zwecke von Buchstabe a muss eine Verpfändung von Wertpapieren oder eine ähnliche Sicherung von Finanzinstrumenten im Zusammenhang mit der Hinterlegung der Finanzinstrumente in ein Depotkonto nicht gemeldet werden, sofern und solange eine derartige Verpfändung oder andere Sicherung nicht dazu dient, eine spezifische Kreditfazilität zu sichern.

[3] Für die Zwecke von Buchstabe b brauchen Geschäfte, die in Anteilen oder Schuldtiteln eines Emittenten bzw. Derivaten oder anderen damit verbundenen Finanzinstrumenten von Führungskräften eines Organismus für gemeinsame Anlagen ausgeführt wurden, bei denen die Person, die Führungsaufgaben wahrnimmt, oder eine zu ihr in enger Beziehung stehende Person investiert hat, nicht gemeldet zu werden, wenn die Führungskraft des Organismus für gemeinsame Anlagen bei ihren Transaktionen über vollen Ermessensspielraum verfügt, was ausschließt, dass die Führungskraft von Anlegern in diesem Organismus für gemeinsame Anlagen irgendwelche direkten oder indirekten Anweisungen oder Empfehlungen bezüglich der Zusammensetzung des Portfolios erhält.

[4] Sofern der Versicherungsnehmer eines Versicherungsvertrags gemäß diesem Absatz verpflichtet ist, Geschäfte zu melden, obliegt dem Versicherungsunternehmen keine Verpflichtung, eine Meldung vorzunehmen.

(8) [1] Absatz 1 gilt für Geschäfte, die getätigt werden, nachdem innerhalb eines Kalenderjahrs ein Gesamtvolumen von 5 000 EUR erreicht worden ist. [2] Der Schwellenwert von 5 000 EUR errechnet sich aus der Addition aller in Absatz 1 genannten Geschäfte ohne Netting.

(9) [1] Eine zuständige Behörde kann beschließen, den in Absatz 8 genannten Schwellenwert auf 20 000 EUR anzuheben, und sie setzt die ESMA von ihrer Entscheidung, einen höheren Schwellenwert anzunehmen, und der Begründung für ihre Entscheidung unter besonderer Bezugnahme auf die Marktbedingungen in Kenntnis, bevor sie diesen Schwellenwert anwendet. [2] Die ESMA veröffentlicht auf ihrer Website die Liste der Schwellenwerte, die gemäß diesem Artikel anwendbar sind, sowie die von den zuständigen Behörden vorgelegten Begründungen für diese Schwellenwerte.

(10) [1] Dieser Artikel gilt auch für Geschäfte von Personen, die, die bei Versteigerungsplattformen, Versteigerern und der Auktionsaufsicht, die an Auktionen gemäß der Verordnung (EU) Nr. 1031/2010 beteiligt sind, Führungsaufgaben wahrnehmen, sowie für Personen, die zu solchen Personen in enger Beziehung stehen, soweit ihre Geschäfte Emissionszertifikate, deren Derivate und darauf beruhende Auktionsprodukte umfassen. [2] Diese Personen teilen ihre Geschäfte je nach Einschlägigkeit den Versteigerungsplattformen, den Versteigerern und der Auktionsaufsicht mit, sowie der zuständigen Behörde, bei welcher die Versteige-

---

[3] **Amtl. Anm.**: Richtlinie 2009/138/EG des Europäischen Parlaments und des Rates vom 25. November 2009 betreffend die Aufnahme und Ausübung der Versicherungs- und der Rückversicherungstätigkeit (Solvabilität II (ABl. L 335 vom 17.12.2009, S. 1).

rungsplattform, der Versteigerer und die Auktionsaufsicht gegebenenfalls registriert sind. [3] Die entsprechend übermittelte Information wird von der Versteigerungsplattform, den Versteigerern, der Auktionsaufsicht oder der zuständigen Behörde gemäß Absatz 3 veröffentlicht.

(11) Unbeschadet der Artikel 14 und 15 darf eine Person, die bei einem Emittenten Führungsaufgaben wahrnimmt, weder direkt noch indirekt Eigengeschäfte oder Geschäfte für Dritte im Zusammenhang mit den Anteilen oder Schuldtiteln des Emittenten oder mit Derivaten oder anderen mit diesen in Zusammenhang stehenden Finanzinstrumenten während eines geschlossenen Zeitraums von 30 Kalendertagen vor Ankündigung eines Zwischenberichts oder eines Jahresabschlussberichts tätigen, zu deren Veröffentlichung der Emittent verpflichtet ist:

a) gemäß den Vorschriften des Handelsplatzes, auf dem die Anteile des Emittenten zum Handel zugelassen sind, oder
b) gemäß nationalem Recht.

(12) Unbeschadet der Artikel 14 und 15 darf ein Emittent einer Person, die Führungsaufgaben bei ihr wahrnimmt, erlauben Eigengeschäfte oder Geschäfte für Dritte während eines geschlossenen Zeitraums gemäß Absatz 11 vorzunehmen, vorausgesetzt, dass diese Geschäfte entweder

a) im Einzelfall aufgrund außergewöhnlicher Umstände, wie beispielsweise schwerwiegende finanzielle Schwierigkeiten, die den unverzüglichen Verkauf von Anteilen erforderlich machen, oder
b) durch die Merkmale des betreffenden Geschäfts für Handel bedingt sind, die im Rahmen von Belegschaftsaktien oder einem Arbeitnehmersparplan, von Pflichtaktien oder von Bezugsberechtigungen auf Aktien oder Geschäfte getätigt werden, wenn sich die nutzbringende Beteiligung an dem einschlägigen Wertpapier nicht ändert.

(13) Die Kommission wird ermächtigt, delegierte Rechtsakte nach Artikel 35 zu erlassen, in denen festgelegt wird, unter welchen Umständen der Handel während eines geschlossenen Zeitraums durch den Emittenten gemäß Absatz 12 erlaubt werden kann, einschließlich der Umstände, die als außergewöhnlich zu betrachten wären, und der Arten von Geschäften, die eine Erlaubnis zum Handel rechtfertigen würden.

(14) Der Kommission wird die Befugnis übertragen, gemäß Artikel 35 in Bezug auf die Festlegung der Arten von Geschäften, welche die in Absatz 1 genannte Anforderung auslösen, delegierte Rechtsakte zu erlassen.

(15) *[1]* Damit Absatz 1 einheitlich angewendet wird, arbeitet die ESMA Entwürfe technischer Durchführungsstandards in Bezug auf das Format und ein Muster aus, in dem die in Absatz 1 genannten Informationen gemeldet und veröffentlicht werden müssen.

[2] Die ESMA legt der Kommission bis zum 3. Juli 2015 diese Entwürfe technischer Durchführungsstandards vor.

[3] Der Kommission wird die Befugnis übertragen, die in Unterabsatz 1 genannten technischen Durchführungsstandards nach Artikel 15 der Verordnung (EU) Nr. 1095/2010 zu erlassen.

Übersicht

I. Gegenstand und Zweck

Art. 19 Abs. 1 sieht Meldepflichten für Eigengeschäfte von Führungskräften vor *(Managers' Trans-* **1** *actions),* wie sie zuvor in ähnlicher Form in § 15a WpHG aF mit den sog. *Directors' Dealings)* geregelt waren.[4] Führungskräfte und in enger Beziehung stehende Personen haben demnach Geschäfte mit Wertpapieren des Emittenten iSd Art. 19 Abs. 4 oder Teilnehmer am Markt für Emissionszertifikate, bei dem sie tätig sind, diesem und der zuständigen Aufsichtsbehörde – in Deutschland der BaFin – unverzüglich und spätestens innerhalb von drei Geschäftstagen nach dem Geschäft zu melden (Art. 19 Abs. 1 UAbs. 2). Der Emittent muss die Informationen, die ihnen von den Führungskräften bzw. den ihnen eng verbundenen Personen gemeldet wurden, gem. Art. 19 Abs. 3 unverzüglich und spätestens drei Geschäftstage nach dem Geschäft veröffentlichen. Die Meldepflicht wird in Art. 19 Abs. 11 durch ein **Handelsverbot** während sog. geschlossener Zeiträume ergänzt.

Zweck der Melde- und Veröffentlichungspflicht ist die Verhinderung von Marktmissbrauch, ins- **2** besondere von **Insiderhandel** (ErwGr 58 S. 1). Führungskräfte, die naturgemäß über Insiderinforma- tionen verfügen, sollen von Insidergeschäften abgehalten,[5] und die Aufsicht erleichtert werden (s. ErwGr 59). Zudem entfaltet die Information für Anleger eine erhebliche **Indikatorwirkung,** da diese aus der Tatsache, dass Führungskräfte des Emittenten dessen Finanzinstrumente erwerben oder ver- äußern, wichtige Rückschlüsse auf die Geschäftslage des Emittenten ziehen können (ErwGr 58 S. 2).[6]

II. Anwendungsbereich

Meldepflicht und Handelsverbot gelten nach Art. 19 Abs. 4 in Bezug auf solche **Emittenten,** die **3** für ihre Finanzinstrumente eine Zulassung zum Handel an einem geregelten Markt in einem Mitglied- staat beantragt oder genehmigt haben, deren Zulassung an einem MTF oder OTF erhalten oder eine solche an einem MTF beantragt haben. Wie bei Art. 17, 18 muss der Emittent demzufolge aktiv an der Notierung seiner Finanzinstrumente mitgewirkt haben (→ Vor Art. 17–19 Rn. 6). Der Begriff der Zulassung erfasst auch die Einbeziehung in den Freiverkehr gem. § 48 BörsG. Art. 19 Abs. 10 erstreckt die Regelung auf **Versteigerungsplattformen,** Versteigerer und die Auktionsaufsicht, die an Auktionen gem. VO (EU) Nr. 1031/2010 beteiligt sind.

III. Inhalt der Melde- und Veröffentlichungspflicht

1. Meldepflichtige Adressaten. a) Führungspersonen. Meldepflichtig sind gem. Art. 19 Abs. 1 **4** UAbs. 1 Personen mit Führungsaufgaben. Dazu gehören gem. Art. 3 Abs. 1 Nr. 25 lit. a Personen, die einem **Verwaltungs-, Leitungs- oder Aufsichtsorgan** eines Emittenten oder Teilnehmers am Markt für Emissionszertifikate angehören. Dazu gehören insbesondere Mitglieder des Vorstands und deren Stellvertreter gem. § 94 AktG und Mitglieder des Aufsichtsrats einer AG bzw. andere Organmitglieder oder persönlich haftende Gesellschafter, sofern ihnen vergleichbare Aufgaben und Befugnisse zukom- men.[7] Meldepflichtig sind zudem „höhere Führungskräfte" iSd Art. 3 Abs. 1 Nr. 25 lit. b.[8] Hierbei handelt es sich um Personen, die zwar keinem Gesellschaftsorgan angehören, aber regelmäßig Zugang zu Insiderinformationen mit direktem oder indirektem Bezug zum Emittenten haben und unterneh- merische Entscheidungen über zukünftige Entwicklungen und Geschäftsperspektiven des Unterneh- mens treffen können. Nach der BaFin ist der Kreis der höheren Führungskräfte eng zu verstehen, sodass allenfalls Generalbevollmächtigte oder Mitglieder eines sog. erweiterten Vorstands erfasst sind.[9] Ausreichend ist die Zugehörigkeit der Führungsperson zu einem Gremium, das unternehmerische Entscheidungen trifft.[10] Sind die Entscheidungen allerdings von der Zustimmung des Vorstands abhängig, besteht keine Meldepflicht.[11]

---

[4] BaFin FAQ zu Eigengeschäften von Führungskräften nach Art. 19 MAR, Stand: 23.11.2018, Antwort auf Frage II.1., S. 2.

[5] Assmann/Schneider/Mülbert/*Sethe/Hellgardt* Art. 19 Rn. 12; *Meyer/Oulds* in KMFS BankR/KapMarktR Rn. 12.422.

[6] *Langenbucher AktKapMarktR* § 17 Rn. 107; Assmann/Schneider/Mülbert/*Sethe/Hellgardt* Art. 19 Rn. 10; *Meyer/ Oulds* in KMFS BankR/KapMarktR Rn. 12.422.

[7] BaFin Emittentenleitfaden, Modul C – Regelungen aufgrund der Marktmissbrauchsverordnung (MAR), II.1.2.1, 66; BaFin FAQ zu Eigengeschäften von Führungskräften nach Art. 19 MAR, Stand: 23.11.2018, Antwort auf Frage II.3 und 4., S. 3 f.

[8] Damit sind nicht mehr sämtliche leitende Angestellte erfasst wie bislang teilw. zu § 15a WpHG vertreten, vgl. Schwark/Zimmer/*Zimmer/Osterloh* WpHG § 15a Rn. 62 mwN.

[9] BaFin Emittentenleitfaden, Modul C – Regelungen aufgrund der Marktmissbrauchsverordnung (MAR), II.1.2.1, 66.

[10] BaFin Emittentenleitfaden, Modul C – Regelungen aufgrund der Marktmissbrauchsverordnung (MAR), II.1.2.1, 66; *Hitzer/Wasmann* DB 2016, 1483; *Kumpan* AG 2016, 446 (448).

[11] BaFin Emittentenleitfaden, Modul C – Regelungen aufgrund der Marktmissbrauchsverordnung (MAR), II.1.2.1, 66.

5 Nach Art. 3 Abs. 1 Nr. 25 muss es sich um „eine Person innerhalb des Emittenten" handeln, sodass Organmitglieder oder höhere Führungskräfte eines verbundenen Unternehmens des Emittenten grundsätzlich nicht meldepflichtig sind.[12] Das gilt angesichts des klaren Wortlauts insbesondere auch für Führungskräfte der Muttergesellschaft bei Bestehen eines Beherrschungsvertrags gem. § 308 Abs. 1 AktG.[13]

6 **b) In enger Beziehung stehende Personen.** Um Umgehungen zu verhindern, sind gem. Art. 19 Abs. 1 UAbs. 1 auch Personen meldepflichtig, die in **enger Beziehung** zu den Führungskräften stehen. Der Gesetzgeber geht davon aus, dass solche Personen von den Informationsvorteilen der Führungskräfte profitieren. Der Kreis der eng verbundenen Personen ist in Art. 3 Abs. 1 Nr. 26 abschließend definiert. Dazu gehören Familienangehörige (Art. 3 Abs. 1 Nr. 26 lit. a–c), insbesondere Ehepartner oder nach nationalem Recht gleichgestellte Partner (unabhängig von der Führung eines gemeinsamen Haushalts), unterhaltsberechtigte Kinder (unabhängig von der tatsächlichen Unterhaltszahlung) sowie Verwandte iSd § 1589 BGB, die bei Vornahme des betreffenden Geschäfts seit mindestens einem Jahr dem Haushalt der Führungskraft angehören.

7 Art. 3 Abs. 1 Nr. 26 lit. d erklärt zur eng verbundenen Person auch eine **juristische Person,** Treuhand oder Personengesellschaft (einschließlich der GbR), (1) bei der eine Führungskraft des Emittenten oder eine Person in enger Beziehung zur Führungskraft Führungsaufgaben wahrnimmt oder (2) die durch eine solche Person direkt oder indirekt kontrolliert,[14] zu deren Gunsten gegründet wird oder ein mit ihr übereinstimmendes wirtschaftliches Interesse verfolgt. Der Wortlaut ist allerdings zu weit geraten, sodass die Definition unter Berücksichtigung ihres Zwecks, eine Umgehung der Meldungspflicht zu verhindern, einschränkend auszulegen ist.[15] So genügen vor allem bloße **Doppelmandate** nicht, um die enge Beziehung zu einer Gesellschaft zu begründen, sondern die Führungskraft muss die Entscheidung der Gesellschaft zum Abschluss des Geschäfts beeinflussen oder hieraus einen wirtschaftlichen Vorteil ziehen können oder weitgehend gleichlaufende wirtschaftliche Interessen verfolgen.[16] Der betroffene **Emittent** muss von ihm selbst getätigte Eigengeschäfte nicht melden.[17]

8 **2. Meldepflichtige Geschäfte. a) Erfasste Finanzinstrumente.** Gegenstand der meldepflichtigen Eigengeschäfte sind **Aktien** des Emittenten und über § 15a WpHG aF hinaus auch **Schuldtitel,** etwa Anleihen, sowie jeweils hierauf bezogene Finanzinstrumente. Erfasst sind grundsätzlich auch Anteile oder Aktien an Investmentvermögen bzw. an einem Portfolio von Vermögenswerten, wenn darin auch Aktien oder Schuldtitel des Emittenten enthalten sind. Etwas Anderes gilt, wenn der Anteil an Aktien oder Schuldtiteln des Emittenten 20 % der Vermögenswerte nicht überschreitet (Art. 19 Abs. 1a lit. a, b), oder der meldepflichtigen Person die Zusammensetzung weder bekannt noch fahrlässig unbekannt war (vgl. Art. 19 Abs. 1a lit. c). Die meldepflichtige Person muss allerdings alle zumutbaren Anstrengungen unternommen haben, um Kenntnis von der Anlagezusammensetzung zu erhalten.[18] Von der Meldepflicht sind auch **Bezugsrechte** und **Optionen** erfasst, nicht hingegen Instrumente, die auf einen Barausgleich gerichtet und weder handel- noch abtretbar sind und dazu dienen, einen performanceabhängigen Vergütungsanspruch zu berechnen (zB sog. Phantom Stocks, Stock Appreciation Rights, Restricted Stock Units etc).[19] Im Falle von Teilnehmern am Markt für Emissionszertifikate müssen gem. Art. 19 Abs. 1 UAbs. 1 lit. b Eigengeschäfte mit Emissionszertifikaten, darauf beruhenden Auktionsobjekten oder damit verbundenen Derivaten gemeldet werden.

9 **b) Eigengeschäfte.** Art. 19 Abs. 6 lit. e definiert Eigengeschäfte als **Erwerb** oder **Veräußerung,** worunter sämtliche Erwerbs- und Veräußerungsvorgänge erfasst sind.[20] In unionsrechtskonformer Auslegung ist hiermit nicht das dingliche Erfüllungsgeschäft, sondern das schuldrechtliche Verpflich-

---

[12] So auch BaFin Emittentenleitfaden, Modul C – Regelungen aufgrund der Marktmissbrauchsverordnung (MAR), II.1.2.1, 67; Klöhn/*Klöhn* Art. 19 Rn. 28; *Götze/Carl* Der Konzern 2016, 529 (540). AA zu § 15a WpHG aF Fuchs/*Pfüller* WpHG § 15a Rn. 76 f.

[13] *Götze/Carl* Der Konzern 2016, 529 (540).

[14] Der Begriff der Kontrolle ist umstritten. So wird teilw. auf § 290 Abs. 1 HGB abgestellt, teilw. aber auch auf § 16 AktG oder auf §§ 22, 29 Abs. 2 WpÜG rekurriert. Ausführlich hierzu Schwark/Zimmer/*Kumpan/Grütze* Rn. 87.

[15] ESMA, Questions and Answers on the Market Abuse Regulation (ESMA70–145-111), 14. Version, Stand: 29.3.2019, Q7.7.

[16] ESMA, Questions and Answers on the Market Abuse Regulation (ESMA70–145-111), 14. Version, Stand: 29.3.2019, Q7.7.

[17] BaFin Emittentenleitfaden, Modul C – Regelungen aufgrund der Marktmissbrauchsverordnung (MAR), II.1.2.5, 68.

[18] Vgl. *Helm* ZIP 2016, 2201.

[19] BaFin Emittentenleitfaden, Modul C – Regelungen aufgrund der Marktmissbrauchsverordnung (MAR), II.3.9.1.1, 75; BaFin FAQ zu Eigengeschäften von Führungskräften nach Art. 19 MAR, Stand: 23.11.2018, Antwort auf Frage II.12., 8; *Kumpan* AG 2016, 446 (451); *Söhner* BB 2017, 259 (264); *Mohamed* NZG 2018, 1376.

[20] Schwark/Zimmer/*Kumpan/Grütze* Rn. 93.

tungsgeschäft, dh **Kauf** und **Verkauf,** gemeint.[21] Bei auflösend bedingten Geschäften ist bei Vertragsschluss und nicht erst zu melden, wenn der Ausfall der Bedingung feststeht;[22] bei aufschiebend bedingten Geschäften, wenn die Bedingung eingetreten ist (vgl. Art. 10 Abs. 2 lit. i DelVO 2016/522). Meldepflichtig ist auch der Erwerb und die Veräußerung von Optionen, die Ausübung ist entweder bei Aktienoptionen als Erwerb von Aktien oder bei Optionen auf Barausgleich als Veräußerung zu melden.[23]

Art. 19 Abs. 7 sowie Art. 10 DVO (EU) 2016/522[24] nennen nicht abschließend Beispiele für **10** meldepflichtige Geschäfte. Zu den meldepflichtigen Geschäften gehören gem. Art. 19 Abs. 7 S. 1 lit. a auch die Leihe und die **Verpfändung** von Finanzinstrumenten.[25] Durch die Meldung und anschließende Veröffentlichung soll der Kapitalmarkt Kenntnis davon erhalten, dass es im Sicherungsfall zu einer Veräußerung und damit uU zu erheblichen Kursänderungen kommen kann, ErwGr 58. Verpfändungen und Sicherheiten im Zusammenhang mit der Hinterlegung in einem Depotkonto zur Kreditsicherung, zB infolge der Inanspruchnahme eines Dispokredits nach den AGB der Banken, sind hingegen nicht meldepflichtig (Art. 19 Abs. 7 S. 2). Gem. Art. 19 Abs. 7 S. 1 lit. b sind darüber hinaus auch Geschäfte von **Dritten** zu melden, die gewerbsmäßig Geschäfte vermitteln oder ausführen oder sonst im Auftrag der meldepflichtigen Person tätig sind, auch wenn den Dritten bei Ausführung der Geschäfte ein Ermessen zusteht.[26] Gem. Art 10 Abs. 2 lit. o Delegierte Verordnung (EU) 2016/522 sind damit grundsätzlich auch Portfolio- oder **Vermögensverwalter** erfasst, es sei denn, sie werden für ein Investmentvermögen (OGAW oder AIF) tätig oder verfügen bei der Zusammensetzung des Portfolios über uneingeschränktes Ermessen und nehmen insoweit weder indirekte noch direkte Anweisungen der meldepflichtigen Person entgegen (Art. 19 Abs. 7 UAbs. 3). Allerdings kann der Erwerb der Anteile oder Aktien an dem Investmentvermögen selbst unter den Voraussetzungen des Art. 19 Abs. 1a meldepflichtig sein (→ Art. 19 Rn. 8).

Erfasst sind schließlich auch Geschäfte der meldepflichtigen Personen als Versicherungsnehmer im **11** Rahmen einer **Lebensversicherung,** wenn sie – wie etwa regelmäßig bei fondsgebundenen Lebensversicherungen – das Investitionsrisiko tragen und in Bezug auf spezifische Finanzinstrumente Investitionsentscheidungen treffen oder Geschäfte ausführen können (Art. 19 Abs. 7 lit. c).[27]

Die Definition der meldepflichtigen Eigengeschäfte ist primär durch das Ziel geprägt, Insiderhandel **12** vorzubeugen (s. ErwGr 58) und auch Umgehungen möglichst zu verhindern. Daher wurden die Eigengeschäfte im Vergleich § 15a WpHG aF deutlich erweitert, teilweise auch auf Geschäfte, deren Indikatorwirkung – wie etwa bei der Annahme von **Schenkungen,** bei Erbschaften oder der automatischen Umwandlung von Finanzinstrumenten – zweifelhaft ist.[28]

c) Schwellenwert. Gem. Art. 19 Abs. 8 greift die Mitteilungspflicht erst, wenn die Summe der **13** Geschäfte der jeweils meldepflichtigen Person innerhalb eines **Kalenderjahrs** den Schwellenwert von 5.000 EUR erreicht.[29] Die BaFin hat den Schwellenwert gem. Art. 19 Abs. 8 durch Allgemeinverfügung mit Geltung ab dem 1.1.2020 auf **20.000 EUR** angehoben.[30] Der Berechnung sind grundsätzlich Kurs und Volumen des Geschäfts zugrundezulegen (s. Art. 19 Abs. 6 lit. g).[31] Bei unentgeltlichen Geschäften – wie Schenkung oder Erbschaft – ist ausnahmsweise der gem. Art. 6, 10, 20 f.

---

[21] BaFin Emittentenleitfaden, Modul C – Regelungen aufgrund der Marktmissbrauchsverordnung (MAR), II.2.2, 69; Schwark/Zimmer/*Kumpan/Grütze* Rn. 95; *Poelzig* NZG 2016, 761 (767); *Kraack* AG 2016, 57 (66); so auch die hM zu § 15a WpHG aF BaFin Emittentenleitfaden 2013, 76; Assmann/Schneider/Mülbert/*Sethe* WpHG § 15a Rn. 71 mwN.

[22] Schwark/Zimmer/*Kumpan/Grütze* Rn. 97; Assmann/Schneider/Mülbert/*Sethe/Hellgardt* Rn. 76; aA BaFin Emittentenleitfaden, Modul C – Regelungen aufgrund der Marktmissbrauchsverordnung (MAR), II.3.9.7, 76.

[23] BaFin Emittentenleitfaden, Modul C – Regelungen aufgrund der Marktmissbrauchsverordnung (MAR), II.3.9.1.2, 75.

[24] Delegierte Verordnung (EU) 2016/522 vom 17.12.2015 im Hinblick auf eine Ausnahme für bestimmte öffentliche Stellen und Zentralbanken von Drittstaaten, die Indikatoren für Marktmanipulation, die Schwellenwerte für die Offenlegung, die zuständige Behörde, der ein Aufschub zu melden ist, die Erlaubnis zum Handel während eines geschlossenen Zeitraums und die Arten meldepflichtiger Eigengeschäfte von Führungskräften, ABl. 2016 L 88, 1; zu weiteren Beispielen BaFin FAQ zu Eigengeschäften von Führungskräften nach Art. 19 MAR, Stand: 23.11.2018, Antwort auf Frage II.12., S. 8 f. Dazu ausführlich Klöhn/*Semrau* Art. 19 Rn. 78 ff.; *Stegmaier* in Meyer/Veil/Rönnau MarktmissbrauchsR-HdB § 19 Rn. 54 ff.; *Kumpan* AG 2016, 446 (452 ff.); *Poelzig* NZG 2016, 761 (767 f.).

[25] Assmann/Schneider/Mülbert/*Sethe/Hellgardt* Art. 19 Rn. 80 ff. mwN.

[26] Assmann/Schneider/Mülbert/*Sethe/Hellgardt* Art. 19 Rn. 85 ff. mwN.

[27] Ausf. zu den erfassten Eigengeschäften ESMA's technical advice on possible delegated acts concerning the Market Abuse Regulation 5.4. Ziff. 2, 54 f.

[28] *Poelzig* NZG 2016, 761 (768).

[29] ESMA's technical advice on possible delegated acts concerning the Market Abuse Regulation Rn. 95.

[30] Allgemeinverfügung zur Erhöhung des Schwellenwertes auf 20.000,00 EUR nach Art. 19 Abs. 9 der Verordnung (EU) Nr. 596/2014 für zu meldende Eigengeschäfte nach Art. 19 Abs. 1, 8 der Verordnung (EU) Nr. 596/2014, abrufbar unter https://www.bafin.de/SharedDocs/Veroeffentlichungen/DE/Aufsichtsrecht/Verfuegung/vf_191024_erhoehung_schwelle_dd.html;jsessionid=CD2F58460BA0C1FEEA21CBA2DE66FC1E.1_cid390?nn=9021442 (letzter Zugriff: 4.12.2019).

[31] Assmann/Schneider/Mülbert/*Sethe/Hellgardt* Art. 19 Rn. 112.

MiFIR letzte veröffentlichte Preis für das betreffende Finanzinstrument am Tag der Annahme der Schenkung bzw. der Erbschaft gem. § 1943 BGB maßgeblich.[32] Für die Berechnungsgrundlage bei Derivaten wird zum Teil auf den Preis des Derivats,[33] zum Teil auf den Wert der Transaktionen, dh bei Derivaten mit physischem Settlement auf den gezahlten bzw. erhaltenen Gesamtbetrag und bei Derivaten mit *Cash Settlement* auf den Nominalwert der Transaktion abgestellt.[34] Meldepflichtig sind nur Geschäfte ab Überschreiten der Schwellenwerte; eine Pflicht zur Nachmeldung der vor Überschreiten der Schwellenwerte im laufenden Kalenderjahr getätigten Geschäfte besteht nicht.[35] Ein **Netting** erfolgt nicht, sodass Kauf und Verkauf „gleicher" Finanzinstrumente addiert und nicht gegeneinander aufgerechnet werden.[36] Geschäfte von Führungskräften und mit ihnen in enger Beziehung stehenden Personen werden dabei getrennt voneinander berücksichtigt und bei der Berechnung des Schwellenwertes nicht addiert.[37] Die BaFin hat den maßgeblichen Schwellenwert durch Allgemeinverfügung v. 24.10.2019 auf 20.000 EUR angehoben (Art. 19 Abs. 9).[38]

14   **3. Meldung und Veröffentlichung. a) Meldung.** Die Meldepflicht trifft die Führungskraft oder die in enger Beziehung stehende Person, die das jeweilige Geschäft getätigt hat.[39] Die meldepflichtige Person hat die Eigengeschäfte dem Emittenten bzw. Teilnehmer am Markt für Emissionszertifikate sowie der zuständigen Aufsichtsbehörde mitzuteilen (Art. 19 Abs. 1 UAbs. 2, Abs. 2 UAbs. 2).[40] Zuständige Aufsichtsbehörde iSv Art. 19 Abs. 2 UAbs. 2 ist diejenige des Mitgliedstaates, in dem der Emittent durch Eintragung im Handelsregister registriert ist.[41] Zuständige deutsche Aufsichtsbehörde ist gem. § 6 Abs. 5 WpHG die BaFin. Bei Drittstaatenemittenten, die außerhalb der EU registriert sind, hat die Meldung gem. Art. 19 Abs. 2 S. 3 bei der zuständigen Behörde des Herkunftsmitgliedstaats im Einklang mit Art. 2 Abs. 1 lit. i Transparenz-RL[42] zu erfolgen, oder, wenn eine solche Behörde nicht besteht, bei der zuständigen Behörde des Handelsplatzes.

15   Der erforderliche **Inhalt** der Meldung folgt aus Art. 19 Abs. 6. Neben dem Namen sind gem. Art. 19 Abs. 6 lit. g insbesondere Angaben zu Kurs und Volumen des Geschäfts erforderlich, die in Nr. 4 lit. c und d Anhang DVO (EU) 2016/523 konkretisiert werden.

16   Die **Frist** für die Meldung ergibt sich aus Art. 19 Abs. 1, wonach die Meldung unverzüglich (zu dem Begriff → Art. 17 Rn. 17), spätestens aber innerhalb von drei Börsengeschäftstagen erfolgen muss. Die Frist beginnt mit dem Abschluss des schuldrechtlichen Geschäfts, ausnahmsweise bei aufschiebend bedingten Geschäften erst mit Bedingungseintritt (Art. 10 Abs. 2 lit. i Delegierte Verordnung (EU) 2016/522).[43] Die Meldung muss die in Art. 19 Abs. 6 genannten Angaben enthalten und gem. Art. 2 DVO (EU) 2016/523[44] durch den Meldepflichtigen selbst oder durch einen Dritten, etwa den Emittenten oder einen Rechtsanwalt,[45] unter Verwendung des Formulars im Anhang der VO 2016/

---

[32] Vgl. ESMA, Questions and Answers on the Market Abuse Regulation (ESMA70–145–111), 14. Version, Stand: 29.3.2019, Q7.4.; BaFin Emittentenleitfaden, Modul C – Regulierungen aufgrund der Marktmissbrauchsverordnung (MAR), II.3.9.12 und 13, 76 f.

[33] Assmann/Schneider/Mülbert/*Sethe/Hellgardt* Art. 19 Rn. 112.

[34] ESMA, Final Report: ESMA's technical advice, ESMA/2015/224, S. 45. Zust. Klöhn/*Semrau* Art. 19 Rn. 55; *Kumpan* AG 2016, 446 (455); *Maume/Kellner* ZGR 2017, 273 (288 f.).

[35] BaFin FAQ zu Eigengeschäften von Führungskräften nach Art. 19 MAR, Stand: 23.11.2018, Antwort auf Frage III.2., 8; *Hitzer/Wasmann* DB 2016, 1483 (1487); *Kumpan* AG 2016, 446 (455).

[36] *Graßl* DB 2015, 2066 (2070); *Poelzig* NZG 2016, 761 (768).

[37] Vgl. BaFin FAQ zu Eigengeschäften von Führungskräften nach Art. 19 MAR, Stand: 23.11.2018, Antwort auf Frage III.1., S. 8 f.; ESMA, Questions and Answers on the Market Abuse Regulation (ESMA70–145–111), 14. Version, Stand: 29.3.2019, Q7.3; anders noch nach § 15a Abs. 1 S. 5 WpHG aF und wohl auch ESMA, Final Report „Technical advice on possible delegated acts concerning the Market Abuse Regulation", ESMA/2015/224 v. 3.2.2015. AA *Buck-Heeb* KapMarktR Rn. 493; *Maume/Kellner* ZGR 2017, 273 (288 ff.).

[38] Allgemeinverfügung der BaFin v. 24.10.2019, Geschäftszeichen WA 25-QB 4100-2019/0035, abrufbar unter: https://www.bafin.de/SharedDocs/Veroeffentlichungen/DE/Aufsichtsrecht/Verfuegung/vf_191024_erhoe-hung_schwelle_dd.html (letzter Zugriff: 24.3.2020).

[39] BaFin Emittentenleitfaden, Modul C – Regulierungen aufgrund der Marktmissbrauchsverordnung (MAR), II.2.1, 69; Kölner Komm WpHG/*Heinrich* WpHG § 15a Rn. 42; so schon Bericht des Finanzausschusses zum 4. Finanzmarktförderungsgesetz, BT-Drs. 14/8601, 10; krit. *Fleischer* ZIP 2002, 1217 (1226); *Letzel* BKR 2002, 862 (865).

[40] Im Hinblick auf den Gleichbehandlungsgrundsatz erachtet dies als nicht ausreichend *Veil* ZBB 2014, 85 (94).

[41] *Meyer/Oulds* in KMFS BankR/KapMarktR Rn. 12.433; Assmann/Schneider/Mülbert/*Sethe/Hellgardt* Art. 19 Rn. 190.

[42] Richtlinie 2004/109/EG vom 15.12.2004 zur Harmonisierung der Transparenzanforderungen in Bezug auf Informationen über Emittenten, deren Wertpapiere zum Handel auf einem geregelten Markt zugelassen sind, und zur Änderung der Richtlinie 2001/34/EG, ABl. 2004 L 390, 38 (Transparenzrichtlinie).

[43] BaFin Emittentenleitfaden, Modul C – Regulierungen aufgrund der Marktmissbrauchsverordnung (MAR), I.3.9.7.2, 76. Krit. hierzu *Meyer/Oulds* in KMFS BankR/KapMarktR Rn. 12.436; Assmann/Schneider/Mülbert/*Sethe/Hellgardt* Art. 19 Rn. 72.

[44] Durchführungsverordnung (EU) 2016/523 vom 10.3.2016 zur Festlegung technischer Durchführungsstandards im Hinblick auf das Format und die Vorlage für die Meldung und öffentliche Bekanntgabe der Eigengeschäfte von Führungskräften gemäß Verordnung (EU) Nr. 596/2014, ABl. 2016 L 88, 19.

[45] BaFin Emittentenleitfaden, Modul C – Regulierungen aufgrund der Marktmissbrauchsverordnung (MAR), II.2.5, 70.

523 und der von der zuständigen Behörde festgelegten elektronischen Hilfsmittel erfolgen.[46] Die BaFin verweist auf die Versendung des Formulars per Fax.[47]

b) Veröffentlichung durch den Emittenten. Emittenten und Teilnehmer am Markt für Emis- **17** sionszertifikate müssen die mitgeteilten Eigengeschäfte gem. Art. 19 Abs. 3 ebenfalls unverzüglich und spätestens drei Geschäftstage nach dem Geschäftsabschluss veröffentlichen. Dass die **Frist** für die Veröffentlichung durch den Emittenten ebenso lang läuft wie die Frist für die Meldung des Meldepflichtigen an den Emittenten gem. Art. 19 Abs. 1, ist problematisch, da dem Emittenten so im äußersten Fall keine Sekunde für die Veröffentlichung bleibt.[48] Eine vertraglich vereinbarte Pflicht des Meldepflichtigen, die Geschäfte früher zu melden, ist in Abweichung von der aufsichtsrechtlichen Regelung möglich und ratsam.[49] Der europäische Gesetzgeber hat allerdings auf diese Problematik mit Art. 1 Nr. 5 VO (EU) 2019/2115 reagiert.[50] Mit Wirkung ab dem 1.1.2021 wird die Frist für die Veröffentlichung gem. Art. 19 Abs. 3 zwei Geschäftstage nach Erhalt der in Abs. 1 genannten Mitteilung betragen.

Die Veröffentlichung durch den Emittenten hat über **Medien** zu erfolgen, bei denen vernünftiger- **18** weise davon ausgegangen werden kann, dass sie die Informationen tatsächlich an die Öffentlichkeit in der gesamten Union weiterleiten, sodass die Öffentlichkeit auf die Informationen schnell und diskriminierungsfrei im Einklang mit Art. 2, 3 DVO (EU) 2016/1055 iVm Art. 17 Abs. 10 lit. a zugreifen kann (Art. 19 Abs. 3 UAbs. 1, 2). Emittenten (→ Art. 3 Rn. 22) müssen die Informationen unverzüglich, jedoch nicht vor ihrer Veröffentlichung, dem Unternehmensregister iSd § 8b HGB zur Speicherung übermitteln und die Veröffentlichung der BaFin mitteilen (§ 26 Abs. 2 WpHG). Von der durch Art. 19 Abs. 3 UAbs. 3 den Mitgliedstaaten anheimgestellten Möglichkeit, an die Stelle der Veröffentlichung durch den Emittenten eine Information der zuständigen Behörde zu setzen, hat der deutsche Gesetzgeber keinen Gebrauch gemacht.

Einzelheiten zum **Format** der Meldung und Veröffentlichung sowie eine Vorlage hierzu finden **19** sich in der DVO (EU) 2016/523[51] iVm Art. 19 Abs. 15. Gem. Art. 2 Abs. 1 DVO (EU) 2016/523 iVm § 39 Abs. 3d Nr. 17 und 18 WpHG handelt es sich um eine Ordnungswidrigkeit, wenn die Vorlage nicht für die Meldung oder Veröffentlichung genutzt wird.[52] Gem. Art. 19 Abs. 5 müssen Emittenten und Teilnehmer am Markt für Emissionszertifikate zudem eine Liste über die betroffenen Führungskräfte und nahestehenden Personen führen. Sie müssen die Führungskräfte und diese wiederum die ihnen nahestehenden Personen über die Meldepflichten schriftlich in Kenntnis setzen.

c) Sonstige Pflichten. Art. 19 Abs. 5 UAbs. 2 verpflichtet Emittenten, ihre meldepflichtigen **20** Führungskräfte über die gem. Art. 19 Abs. 1 geltenden Meldepflichten schriftlich in Kenntnis zu setzen. Für die Schriftform sollte auch hier – ebenso wie gem. Art. 18 iVm Art. 3 Abs. 3 DVO (EU) 2016/347 – die elektronische Form genügen, sofern die Belehrung dadurch nachweisbar ist.[53] Die Führungskräfte müssen wiederum die zu ihnen in enger Beziehung stehenden Personen unterrichten und eine Kopie der schriftlichen Information aufbewahren (Art. 19 Abs. 5 UAbs. 2). Gem. Art. 19 Abs. 2 UAbs. 1 S. 2 haben Emittenten und Teilnehmer am Markt für Emissionszertifikate eine **Liste** dieser Führungskräfte und der zu diesen in enger Beziehung stehenden und damit ebenfalls meldepflichtigen Personen zu erstellen. Um diese aufsichtsrechtliche Pflicht erfüllen zu können, ist ein zivilrechtlicher Anspruch gegen die jeweilige Führungskraft erforderlich.[54]

---

[46] Näheres sowie Musterbeispiele finden sich bei BaFin FAQ zu Eigengeschäften von Führungskräften nach Art. 19 MAR, Stand: 23.11.2018.

[47] BaFin Emittentenleitfaden, Modul C – Regelungen aufgrund der Marktmissbrauchsverordnung (MAR), II.2.5, 70.

[48] *Poelzig* NZG 2016, 761 (769). Dieses Problem sieht auch die ESMA, s. ESMA's technical advice on possible delegated acts concerning the Market Abuse Regulation Rn. 107.

[49] Hierzu *Söhner* BB 2017, 263; *Maume/Kellner* ZGR 2017, 273 (288).

[50] Verordnung (EU) 2019/2115 des Europäischen Parlaments und des Rates vom 27.11.2019 zur Änderung der Richtlinie 2014/65/EU und der Verordnungen (EU) Nr. 596/2014 und (EU) 2017/1129 zur Förderung der Nutzung von KMU-Wachstumsmärkten, ABl. 2019 L 320, 1.

[51] Durchführungsverordnung (EU) Nr. 2016/523 der Kommission v. 10.3.2016 zur Festlegung technischer Durchführungsstandards im Hinblick auf das Format und die Vorlage für die Meldung und öffentliche Bekanntgabe der Eigengeschäfte von Führungskräften gemäß Verordnung (EU) Nr. 596/2014 des Europäischen Parlaments und des Rates, ABl. 2016 L 88, 19.

[52] BaFin FAQ zu Eigengeschäften von Führungskräften nach Art. 19 MAR, Version 10, Stand: 23.11.2018, Antwort auf Frage VIII.1., 17.

[53] *Meyer/Oulds* in KMFS BankR/KapMarktR Rn. 12.440; *Klöhn/Semrau* Art. 19 Rn. 70; *Stegmaier* in Meyer/Veil/Rönnau MarktmissbrauchsR-HdB § 19 Rn. 101; *Hitzer/Wasmann* DB 2016, 1483 (1486); *Stüber* DStR 2016, 1221 (1224). AA *Maume/Kellner* ZGR 2017, 273 (288).

[54] Konkludente Nebenpflicht aus dem Anstellungsvertrag *Hitzer/Wasmann* DB 2016, 1483 (1486); *Meyer/Oulds* in KMFS BankR/KapMarktR Rn. 12.440.

IV. Zeitlich begrenztes Handelsverbot

21   Die Melde- und Veröffentlichungspflichten werden durch ein zeitlich begrenztes Handelsverbot (sog. *closed periods*) gem. Art. 19 Abs. 11 ergänzt, das allerdings nur für Personen mit Führungsaufgaben iSd Art. 3 Abs. 1 Nr. 25 und nicht für die ihnen nahestehenden Personen iSd Art. 3 Abs. 1 Nr. 26 gilt. Zweck dieser Regelung ist es, Insiderhandel durch Personen mit Führungsaufgaben innerhalb besonders sensibler Zeitfenster zu verhindern.

22   **1. Inhalt.** Personen mit Führungsaufgaben dürfen gem. Art. 19 Abs. 11 während eines Zeitraums von 30 Kalendertagen vor Ankündigung eines Jahresabschlusses oder Zwischenberichts, die nach nationalem Recht oder den Vorschriften des Handelsplatzes vorgeschrieben sind, weder **Eigengeschäfte** noch Geschäfte für Dritte direkt oder indirekt im Zusammenhang mit Aktien oder Schuldtiteln des Emittenten oder mit Derivaten oder anderen mit diesen in Zusammenhang stehenden Finanzinstrumenten tätigen. Ein **Geschäft für Dritte** liegt vor, wenn die Person mit Führungsaufgaben im fremden Namen oder auf fremde Rechnung handelt.[55] Darunter können uU auch Geschäfte fallen, die über eine eng verbundene Person ausgeführt werden.[56] Der Emittent, für den die Führungskraft als Organ oder Vertreter tätig ist, ist kein solcher Dritter.[57] Anleihe- oder Aktienemissionen während der *closed periods* gem. Art. 19 Abs. 11, die die Führungskraft als Organ für den Emittenten tätigt, sind daher möglich. Maßgeblich ist – wie auch im Falle des Art. 19 Abs. 1 (→ Art. 19 Rn. 9) – der Abschluss des unbedingten schuldrechtlichen Geschäfts. Ein schuldrechtliches Geschäft, das vor Beginn der 30-Tages-Frist geschlossen wurde, kann daher innerhalb des Handelsverbotszeitraums vollzogen werden. Hierfür spricht die verallgemeinerungsfähige Wertung des Art. 9 Abs. 3.[58]

23   Das Handelsverbot gilt in einem Zeitraum von **30 Kalendertagen vor Ankündigung** eines Zwischenberichts oder eines Jahresabschlussberichts, zu deren Veröffentlichung der Emittent verpflichtet ist. Es wird ausgelöst durch den Jahresfinanzbericht gem. § 114 WpHG bzw. § 325 HGB und den Halbjahresfinanzbericht gem. § 115 Abs. 1 WpHG, nicht hingegen durch die unterjährige zusätzliche Finanzinformation gem. § 115 Abs. 7 WpHG, da sie nicht verbindlich vorgeschrieben ist. Freiwillige Informationen lösen das Handelsverbot ebensowenig aus wie die Ad-hoc-Publizitätspflicht, die Informationen zu punktuellen Ereignissen zu unregelmäßigen und unvorhersehbaren Zeitpunkten verlangt.[59] Das Handelsverbot wird durch weitere Zwischenberichtspflichten ausgelöst, die sich aus Vorschriften des Handelsplatzes ergeben, auf dem die Anteile des Emittenten zum Handel zugelassen sind. Dazu gehört der Halbjahresbericht gem. § 21 Abs. 1 lit. b)AGB der Deutsche Börse AG für den Freiverkehr an der Frankfurter Wertpapierbörse (Stand: 2.1.2019). Im Einzelfall kann sich daher das Handelsverbot auf einen Zeitraum von bis zu 120 Tagen im Jahr erstrecken, wenn der jeweilige Handelsplatz neben den gesetzlich vorgeschriebenen Jahres- und Halbjahresberichten auch Quartalsberichte verlangt.[60] Das Handelsverbot wird jedoch nicht ausgelöst, soweit die Quartalsberichte – wie gem. § 53 Abs. 6 BörsO FWB – nicht verpflichtend sind.[61] Kein Handelsverbot lösen laut BaFin auch bloße Quartalsmitteilungen – wie beispielsweise gem. § 53 Abs. 1 BörsO FWB – aus, da sie inhaltlich Zwischenberichten nicht entsprechen.[62]

24   Für die Ankündigung genügt nicht die bloße Bekanntmachung iSd § 114 Abs. 1 S. 2 WpHG; § 115 Abs. 1 S. 2 WpHG, etwa im Finanzkalender, sondern maßgeblich ist grundsätzlich die **Veröffentlichung** des Finanzberichts.[63] Allerdings reicht die Veröffentlichung vorläufiger Geschäftsergebnisse, wenn die Geschäftsleitung diese Zahlen festgestellt hat und alle Schlüsselinformationen aus dem

---

[55] Schwark/Zimmer/*Kumpan*/*Schmidt* Rn. 199; *Poelzig* NZG 2016, 761 (770); *Poelzig* KapHR, Rn. 557.

[56] *Poelzig* NZG 2016, 761 (770); Schwark/Zimmer/*Kumpan*/*Grütze* Rn. 199; BaFin Emittentenleitfaden, Modul C – Regelungen aufgrund der Marktmissbrauchsverordnung (MAR), II.3.7, 73.

[57] ESMA, Questions and Answers on the Market Abuse Regulation (ESMA70–145-111), 14. Version, Stand: 29.3.2019, Q7.10.; BaFin Emittentenleitfaden, Modul C – Regelungen aufgrund der Marktmissbrauchsverordnung (MAR), II.3.7, 73; hierzu *Stüber* DStR 2016, 1221 (1226); *Poelzig* NZG 2016, 761 (770); Schwark/Zimmer/*Kumpan*/*Schmidt* Rn. 200.

[58] BaFin Emittentenleitfaden, Modul C – Regelungen aufgrund der Marktmissbrauchsverordnung (MAR), II.3.7, 74.

[59] So iErg auch *Stüber* DStR 2016, 1221 (1226).

[60] Ähnl. *Veil* ZBB 2014, 85 (95).

[61] BaFin FAQ zu Eigengeschäften von Führungskräften nach Art. 19 MAR, Version 10, Stand: 23.11.2018, Antwort auf Frage VI.4., 14 f.; BaFin Emittentenleitfaden, Modul C – Regelungen aufgrund der Marktmissbrauchsverordnung (MAR), II.3.7, 74.

[62] BaFin FAQ zu Eigengeschäften von Führungskräften nach Art. 19 MAR, Version 10, Stand: 23.11.2018, Antwort auf Frage VI.3., 14; BaFin Emittentenleitfaden, Modul C – Regelungen aufgrund der Marktmissbrauchsverordnung (MAR), II.3.7, 74.

[63] So lassen sich die englische Sprachfassung der MAR („announcement") sowie die spanische („publicar") und die schwedische Sprachfassung („offentliggöra") eher mit Veröffentlichung bzw. Veröffentlichen übersetzen. Hierzu ESMA, Questions and Answers on the Market Abuse Regulation (ESMA70–145-111), 14. Version, Stand: 29.3.2019, Q7.2; *Hitzer*/*Wasmann* DB 2016, 1483 (1487); *Poelzig* NZG 2016, 761 (770); *Stüber* DStR 2016, 1221 (1226).

Zwischenbericht oder Jahresabschluss enthalten sind.[64] Das Handelsverbot beginnt am 30. Tag vor der Veröffentlichung des relevanten Finanzberichts und endet mit dem genauen Zeitpunkt der Veröffentlichung.[65]

2. Erlaubnis. Der Emittent darf Eigengeschäfte und Geschäfte für Dritte während der *closed periods* **25** ausnahmsweise gem. Art. 19 Abs. 12 unter bestimmten Voraussetzungen erlauben.[66] Formelle Voraussetzung für die Erlaubnis ist ein Antrag der Führungsperson.

a) Erlaubnis bei außergewöhnlichen Umständen. Gem. Art. 19 Abs. 12 lit. a darf der Emittent **26** den Verkauf, nicht jedoch den Kauf, von Anteilen während der *closed periods* erlauben, wenn im konkreten Einzelfall außergewöhnliche Umstände vorliegen, die, wie etwa bei schwerwiegenden finanziellen Schwierigkeiten der Führungsperson, den unverzüglichen Verkauf von Anteilen erforderlich machen. Nach Art. 8 Abs. 2 Delegierte Verordnung (EU) 2016/522 handelt es sich allerdings nur dann um außergewöhnliche Umstände, wenn sie äußerst dringend, unvorhergesehen und zwingend und nicht von der Führungsperson verursacht sind und sich deren Kontrolle entziehen.

b) Erlaubnis in besonderen Fällen. Erlaubnisfähig sind gem. Art. 19 Abs. 12 lit. b zudem **27** Geschäfte, einschließlich des Kaufs, im Rahmen von Belegschaftsaktien- oder Arbeitnehmersparplänen sowie bei Pflichtaktien oder Bezugsberechtigungen auf Aktien oder wenn sich das wirtschaftliche Eigentum an einem einschlägigen Wertpapier durch die Geschäfte nicht ändert (s. Art. 9 und ErwGr 24, 25 Delegierte Verordnung (EU) 2016/522). Art. 9 Delegierte Verordnung (EU) 2016/522 nennt nicht abschließende Beispiele für Fälle, in denen der Emittent einer Führungskraft die Erlaubnis erteilen darf. Voraussetzung für die Erlaubnis ist jedenfalls, dass das Geschäft nachweislich nicht zu einem anderen Zeitpunkt ausgeführt werden kann, Art. 7 Abs. 1 lit. b Delegierte Verordnung (EU) 2016/522. Die Erlaubnis kann auch vorab erteilt werden,[67] muss aber explizit erklärt werden. Der Beschluss des Programms über die Zuteilung, Ausübung, Erwerb etc. genügt jedenfalls nicht als vorab erteilte Erlaubnis den Anforderungen des Art. 9 Abs. 1 Delegierte Verordnung (EU) 2016/522.[68]

c) Erlaubniserteilung. Über die Erlaubnis von Geschäften während der *closed periods* entscheidet **28** der Emittent, dh in einer AG grundsätzlich der Vorstand gem. § 76 AktG und bei Eigengeschäften des Vorstands der Aufsichtsrat gem. § 112 AktG. Soweit es um die Erlaubnis gem. Art. 19 Abs. 12 lit. b und damit um Vergütungsfragen geht, ist im Falle des Vorstands der Aufsichtsrat (gem. § 107 Abs. 3 S. 4 AktG zwingend das Plenum) und im Falle des Aufsichtsrats die Hauptversammlung zuständig.[69] Die Zuständigkeit des Emittenten lehnt sich an S. 4 UK Model Code an. Die Übertragung dieser im System der Selbstregulierung schlüssigen Lösung führt bei einem gesetzlichen Handelsverbot allerdings zu systematischen Problemen.[70]

Dem Emittenten steht bei der Entscheidung über die Erlaubniserteilung ein Ermessen zu. Dies folgt **29** aus dem Wortlaut des Art. 19 Abs. 12 („darf").[71] Für Art. 19 Abs. 12 lit. b folgt dies zudem aus Art. 9 Hs. 1 Delegierte Verordnung (EU) 2016/522.[72] In der Regel wird das Ermessen aber bei Vorliegen der restriktiv zu verstehenden Voraussetzungen auf Null reduziert sein.

d) Rechtsfolge der Erlaubnis. Die Erlaubniserteilung durch den Emittenten führt zur Recht- **30** fertigung der Führungsperson.[73] Eine rechtswidrig erteilte Erlaubnis, die trotz Fehlens der in Art. 19 Abs. 12 genannten materiell-rechtlichen Voraussetzungen erteilt wird, entfaltet keine Rechtfertigungwirkung, bildet aber einen Entschuldigungsgrund für den Emittenten und schließt damit den Bußgeldtatbestand gem. § 120 Abs. 15 Nr. 22 WpHG aus, wenn die Führungsperson auf die Rechtmäßigkeit der Erlaubnis vertrauen durfte.[74]

---

[64] ESMA, Questions and Answers on the Market Abuse Regulation (ESMA70–145-111), 14. Version, Stand: 29.3.2019, Q7.2.; BaFin Emittentenleitfaden, Modul C – Regelungen aufgrund der Marktmissbrauchsverordnung (MAR), II.3.7, 74; BaFin FAQ zu Eigengeschäften von Führungskräften nach Art. 19 MAR, Version 10, Stand: 23.11.2018, Antwort auf Frage IV.2., 10 f.

[65] BaFin FAQ zu Eigengeschäften von Führungskräften nach Art. 19 MAR, Version 10, Stand: 23.11.2018, Antwort auf Frage VI.7., 15.

[66] Näher hierzu Art. 7–9 Delegierte Verordnung (EU) MAR (EU) 2016/522; ESMA's technical advice on possible delegated acts concerning the Market Abuse Regulation Rn. 139.

[67] *Assmann/Schneider/Mülbert/Sethe/Hellgardt* Art. 19 Rn. 173; *Klöhn/Semrau* Art. 19 Rn. 94.

[68] BaFin Emittentenleitfaden, Modul C – Regelungen aufgrund der Marktmissbrauchsverordnung (MAR), II.3.7, 74.

[69] *Klöhn/Semrau* Art. 19 Rn. 93.

[70] *Veil* ZBB 2014, 85 (95): „systemfremd". Zu den Problemen *Poelzig* NZG 2016, 761 (771).

[71] *Kumpan* AG 2016, 446 (457); nur im Falle des Art. 19 Abs. 12 lit. b *Assmann/Schneider/Mülbert/Sethe/Hellgardt* Art. 19 Rn. 173.

[72] So auch *Assmann/Schneider/Mülbert/Sethe/Hellgardt* Art. 19 Rn. 173.

[73] *Assmann/Schneider/Mülbert/Sethe/Hellgardt* Art. 19 Rn. 184.

[74] *Maume/Kellner* ZGR 2017, 273 (299 f.); *Assmann/Schneider/Mülbert/Sethe/Hellgardt* Art. 19 Rn. 184.

31   Zwar handelt es sich bei Art. 19 Abs. 12 um eine aufsichtsrechtliche Vorschrift, bei Vorliegen der Voraussetzungen ergibt sich aber ein zivilrechtlicher Anspruch der Führungsperson gegen den Emittenten aus dem Anstellungsvertrag bzw. der gesellschaftsrechtlichen Treuepflicht.[75]

32   Die Rechtfertigungswirkung beschränkt sich ausschließlich auf das Handelsverbot und befreit nicht von der Meldepflicht gem. Art. 19 Abs. 1.[76] Verstöße gegen Art. 14, 15 werden von der Erlaubnis ebenfalls nicht gedeckt (s. Art. 19 Abs. 12 sowie ErwGr 61).

V. Rechtsfolgen von Verstößen gegen Art. 19

33   Vorsätzliche oder leichtfertige Verstöße gegen die Pflicht zur Meldung und Veröffentlichung von Eigengeschäften bzw. gegen das Handelsverbot werden gem. § 120 Abs. 15 Nr. 17–22 WpHG mit einem **Bußgeld** von bis zu 500.000 EUR (natürliche Personen) bzw. 1 Mio. EUR (juristische Personen) geahndet (§ 120 Abs. 18 S. 1, 2 WpHG). Darüber hinaus kann die Ordnungswidrigkeit mit einer Geldbuße bis zum Dreifachen des aus dem Verstoß gezogenen wirtschaftlichen Vorteils sanktioniert werden (§ 120 Abs. 18 S. 3 WpHG).

34   Fraglich ist darüber hinaus, ob Geschäfte, die unter Verstoß gegen Art. 19 Abs. 1 oder 11 getätigt werden, unwirksam gem. **§ 134 BGB** sind. Bei der MAR handelt es sich zwar als europäische Verordnung grundsätzlich um ein Gesetz iSd § 134 BGB.[77] Im Weiteren kommt es aber darauf an, ob das Geschäft als solches untersagt werden soll oder ob sich die Meldepflicht bzw. das Handelsverbot als bloße Ordnungsvorschrift lediglich gegen die Umstände seines Zustandekommens richtet (s. bereits zu Art. 14, 15 → Art. 8–11, 14, 16 Rn. 73; → Art. 12, 13, 15 Rn. 51).[78] Gegen die Nichtigkeit gem. § 134 BGB spricht, dass Art. 19 Abs. 1, 11 einseitig an die Führungskräfte gerichtet sind und die Vertragspartner regelmäßig keine Kenntnis von dem Verstoß haben sollten. Zwar handelt es sich insbesondere bei Art. 19 Abs. 11 um ein absolutes Verfügungsverbot, das im Interesse der Allgemeinheit an einem funktionsfähigen Kapitalmarkt besteht; allerdings wird nicht der Inhalt des Geschäfts als solches, sondern lediglich die zeitlichen Umstände des Zustandekommens untersagt.[79] Dies wird durch die Bußgeldandrohung ausreichend sanktioniert (s. § 120 Abs. 15 Nr. 22 WpHG). Geschäfte, die unter Verstoß gegen die Meldepflicht gem. Art. 19 Abs. 1 bzw. entgegen Art. 19 Abs. 11 während der *closed periods* getätigt werden, sind daher wirksam.[80] Deliktsrechtliche Ansprüche aus **§ 823 Abs. 2 BGB** iVm Art. 19 lehnt die hM mangels Schutzgesetzqualität ebenfalls ab.[81] Teilweise wird bei Verstößen gegen das Handelsverbot gem. Art. 19 Abs. 11 ein bereicherungsrechtlicher Anspruch des Emittenten gem. § 812 Abs. 1 S. 1 Alt. 2 BGB angenommen.[82] Allerdings sind die Gewinne, die rechtswidrig innerhalb der closed period erzielt wurden, nicht auf Kosten des Emittenten, sondern auf Kosten des durch Art. 19 Abs. 11 geschützten Kapitalmarkts erlangt. Bereicherungsrechtliche Ansprüche des Emittenten werden daher zutreffend abgelehnt.[83]

Art. 20–39 u. Anhang

(hier nicht wiedergegeben)

---

[75] Assmann/Schneider/Mülbert/*Sethe*/*Hellgardt* Art. 19 Rn. 173.

[76] Assmann/Schneider/Mülbert/*Sethe*/*Hellgardt* Art. 19 Rn. 184.

[77] Statt aller MüKoBGB/*Armbrüster* BGB § 134 Rn. 37.

[78] Statt aller MüKoBGB/*Armbrüster* BGB § 134 Rn. 42.

[79] So auch die allg. Auffassung zu § 14 WpHG aF statt aller Assmann/Schneider/*Assmann* WpHG § 14 Rn. 205 f.; Fuchs/*Mennicke* WpHG § 14 Rn. 423, 440; Schwark/Zimmer/*Schwark*/*Kruse* WpHG § 14 Rn. 4.

[80] *Poelzig* NZG 2016, 761 (771); ebenso *Schäfer* in Marsch-Barner/*Schäfer* AG-HdB Rn. 14.60; *Commandeur* ZBB 2018, 114 (123); Assmann/Schneider/Mülbert/*Sethe*/*Hellgardt* Art. 19 Rn. 185. AA für das Handelsverbot gem. Art. 19 Abs. 11 *Maume*/*Kellner* ZGR 2017, 273 (298).

[81] Schwark/Zimmer/*Kumpan*/*Grütze* Rn. 287 mwN. Zu § 15a WpHG aF Fuchs/*Pfüller* WpHG § 15a Rn. 200 f.; Kölner Komm WpHG/*Klöhn* WpHG § 15 Rn. 465; Kölner Komm WpHG/*Klöhn* WpHG § 15a Rn. 84; Schwark/Zimmer/*Zimmer*/*Kruse* WpHG § 15 Rn. 135; Schwark/Zimmer/*Zimmer*/*Osterloh* WpHG § 15a Rn. 110; *Holzborn*/*Foelsch* NJW 2003, 932 (937); *Rodewald*/*Tüxen* BB 2004, 2250 (2251).

[82] Eing. hierzu *Hellgardt* AG 2018, 602 ff.

[83] Schwark/Zimmer/*Kumpan*/*Grütze* Rn. 288.

Börsengesetz (BörsG)

Vom 16. Juli 2007 (BGBl. I S. 1351)

Zuletzt geändert durch Art. 61 Zweites Datenschutz-Anpassungs- und Umsetzungsgesetz EU vom
20.11.2019 (BGBl. I S. 1626)

Vorbemerkungen

Schrifttum: Kommentare und Handbücher: *Assmann/Schütze,* Handbuch des Kapitalanlagerechts, 4. Aufl.
2015; *Baumbach/Hopt,* HGB, 38. Aufl. 2018; *Bosch/Groß,* Emissionsgeschäft, 2. Aufl. 2000; *Canaris,* Bankvertragsrecht, 4. Aufl. 1988; *Foelsch/Wittmann,* Grundzüge des Börsenwesens, in Hellner/Steuer, Bankrecht und Bankpraxis,
Loseblattwerk 2018; *Gericke,* Handbuch für die Börsenzulassung von Wertpapieren, 1992; *Groß,* Kapitalmarktrecht,
7. Aufl. 2020; *Kümpel/Hammen/Ekkenga,* Kapitalmarktrecht, Loseblattsammlung; *Marsch-Barner/Schäfer,* Handbuch
der börsennotierten AG, 4. Aufl. 2018; *Meyer/Bremer,* Börsengesetz, 4. Aufl. 1957; *Nußbaum,* Kommentar zum
Börsengesetz, 1909; *Samm,* Börsenrecht, 1978; *Schäfer,* Wertpapierhandelsgesetz, Börsengesetz mit BörsZulV, Verkaufsprospektgesetz mit VerkProspV, 1999; *Schäfer/Hamann,* Kapitalmarktgesetze, 2. Aufl. Loseblattwerk 2013;
Schwark/Zimmer, Kapitalmarktrechts-Kommentar, 4. Aufl. 2010.

Lehrbücher: *Bremer,* Grundzüge des deutschen und ausländischen Börsenrechts, 1969; *Kümpel/Hammen,* Börsenrecht, 2. Aufl. 2003; *Kümpel/Mülbert/Früh/Seyfried,* Bank- und Kapitalmarktrecht, 5. Aufl. 2019; *Schwintowski,* Bankrecht, 5. Aufl. 2018.

Sonstige Beiträge:

Beck, Die erwerbswirtschaftliche Betätigung Beliehener am Beispiel des Trägers einer Wertpapierbörse, WM 1996,
2313; *Beck,* Das neue elektronische Handelssystem Xetra an der Frankfurter Wertpapierbörse, WM 1998, 417; *Beck,*
Börsen- und Kapitalmarktrechtliche Aspekte der grenzüberschreitenden Tätigkeit und Zusammenarbeit von Börsen,
FS Kümpel, 2003, 19; *Beck/Stinn,* Börsenrückzugs-Gesellschaften in Deutschland, FB 2002, 653; *Braue/Hille,* Xetra –
Elektronisches Handelssystem am Finanzplatz Deutschland, Die Bank 1997, 140; *Brauer,* Die Rechte der Aktionäre
beim Börsengang und Börsenrückzug ihrer Aktiengesellschaft, 2005; *Breitkreuz,* Die Ordnung der Börse, 2000;
Bruchner/Pospischil, Der rechtliche Rahmen für die Aufgaben der Kreditinstitute bei der Konzernfinanzierung, ins-
besondere bei der Börseneinführung von Konzernunternehmen, in Lutter/Scheffler/Schneider, Handbuch der Kon-
zernfinanzierung, 1998, 307; *Bungert/Wettig,* Das weitere Schicksal der „Macrotron" – Grundsätze zum Delisting nach
der Entscheidung des BVerfG, DB 2012, 2265; *Burgard,* Die börsenrechtliche Zulässigkeit des Zusammenschlusses der
Deutsche Börse AG mit der NYSE Euronext im Blick auf die Frankfurter Wertpapierbörse, WM 2011, 1973 (Teil I),
WM 2011, 2021 (Teil II); *Burgi,* Börse, Börsenträger und Börsenaufsicht im System des Wirtschaftsverwaltungsrechts,
WM 2009, 2337; *Christoph,* Die Anteilseignerkontrolle nach dem Börsengesetz, WM 2004, 1856; *Christoph,* Die
Eingliederung eines deutschen Börsenbetreibers in einen ausländischen Konzern, BKR 2016, 499; *Claussen,* Das neue
Börsenaufsichtsrecht, DB 1994, 969; *Dornau,* Alternative Handelssysteme in den USA und in Europa, 1999, veröffent-
licht auf der Homepage der Deutsche Börse AG; *Drygala/Staake,* Delisting als Strukturmaßnahme, ZIP 2013, 905;
Eickhoff, Der Gang an die Börse – und kein Weg zurück?, WM 1988, 1713; *Elle,* Über die Verantwortlichkeit der
Zulassungsstelle einer deutschen Börse gegenüber dem Publikum, ZHR 128 (1966), 273; *Fassbender/Reichegger,*
Haftungsrechtliche Verantwortung für Fehlverhalten von Börsenorganen, WM 2009, 732; *Fleckner,* Die Börsen-
geschäftsbedingungen, ZHR 180 (2016), 458; *Fleischer,* Empfiehlt es sich, im Interesse des Anlegerschutzes und zur
Förderung des Finanzplatzes Deutschland das Kapitalmarkt- und Börsenrecht neu zu regeln?, Gutachten F für den 64.
Deutschen Juristentag, 2002; Abdruck der Thesen auch in NJW 2002, Beil. 23, 37; *Fleischer/Kalss,* Kapitalmarktrechtliche Schadensersatzhaftung und Kurseinbrüche an der Börse, AG 2002, 329; *Fleischer,* Marktschutzvereinbarungen
beim Börsengang, WM 2002, 2305; *Fluck,* Zum Verzicht des Begünstigten auf Rechte aus einem Verwaltungsakt, WM
1995, 553; *Gebhardt,* Prime und General Standard: Die Neusegmentierung des Aktienmarktes an der Frankfurter
Wertpapierbörse, WM-Sonderbeilage 2/2003; *Goetz,* Das Delisting-Urteil des BVerfG – Freie Bahn für Erleichterungen des Börsenrückzugs?, BB 2012, 2767; *Groß,* Bookbuilding, ZHR 162 (1998), 318; *Groß,* Zulassung von Wertpapieren zum Amtlichen Handel, FB 1999, 24; *Groß,* Rechtsprobleme des Delisting, ZHR 165 (2001), 141; *Grupp,*
Börseneintritt und Börsenaustritt, 1995; *Hammen,* Börsen- und kreditwesengesetzliche Aufsicht über börsenähnliche
Handelssysteme, WM 2001, 929; *Hellwig,* Möglichkeiten der Börsenreform zur Stärkung des Kapitalmarktes, ZGR
1999, 781; *Hellwig/Bormann,* Die Abfindungsregeln beim Going Private – Der Gesetzgeber ist gefordert!, ZGR 2002,
465; *Holzborn/Schlösser,* Systemwechsel beim Going Private, BKR 2002, 486; *Holzborn/Hilpert,* Wechsel in den
Freiverkehr als Rückzug aus dem regulierten Markt ohne Delisting, WM 2010, 1347; *Hopt/Baum,* Börsenrechtsreform:
Überlegungen aus vergleichender Perspektive, WM-Sonderbeilage 4/1997; *Hopt/Rudolph/Baum,* Börsenreform: Eine
ökonomische, rechtsvergleichende und rechtspolitische Untersuchung, 1997; *Hopt,* Das Dritte Finanzmarktför-
derungsgesetz, FS Ulrich Drobnig, 1998, 525; *Jaskulla,* Voraussetzungen und haftungsrechtliche Konsequenzen einer
Aussetzung des Börsenhandels vor dem Hintergrund der Ereignisse des 11. September 2001, WM 2002, 1093; *Klenke,*
Der Rückzug mehrfach notierter Unternehmen von dem deutschen Regionalbörsen, WM 1995, 1089; *Klöhn,* Delisting
– Zehn Jahre später, NZG 2012, 1041; *Köndgen/Theissen,* „Internalisierter" Wertpapierhandel zu Börsenpreisen?, WM
2003, 1997; *Kümpel,* Amtlicher Markt und Freiverkehr an der Börse aus rechtlicher Sicht – unter Berücksichtigung der
Konzeption des Geregelten Marktes, WM-Sonderbeilage 5/1985; *Kümpel,* Börsenrechtliche Fragen bei Schaffung des
Geregelten Marktes, FS Klemens Pleyer, 1986, 59; *Kümpel,* Die Preisfestsetzung im Geregelten Markt, WM 1988,
1621; *Kümpel,* Börsengesetznovelle 1989, WM 1989, 1313, 1485; *Kümpel,* Zur Aufnahme des elektronischen Börsenhandels an der Frankfurter Wertpapierbörse, WM-Sonderbeilage 4/1991; *Kümpel,* Die IBIS-Integration in die Regionalbörsen aus börsenrechtlicher Sicht, WM 1992, 249; *Kümpel,* Die künftige Kapitalmarktaufsicht und die europäische
Rechtsangleichung, WM 1994, 229; *Kümpel,* Die Organleihe im Rahmen der neuen Kapitalmarktaufsicht, WM-

Festgabe Hellner, 1994, 35; *Kümpel,* Zur Neugestaltung der staatlichen Börsenaufsicht – Von der Rechtsaufsicht zur Marktaufsicht, WM 1995, 381; *Kümpel,* Die öffentlich-rechtliche Börsenorganisation im Lichte der Reformvorschläge, WM 1997, 1917; *Kümpel/Hammen,* Zur Genehmigungsfähigkeit eines geplanten Börsenverbundes, WM-Sonderbeilage 3/2000, 3; *Kümpel,* Zur öffentlich-rechtlichen Organisation der deutschen Wertpapierbörsen, BKR 2002, 3; *Kurth,* Überregionalität des deutschen Börsenhandels und die Kompetenzen der Aufsichtsbehörden, ZfgK 1998, 553; *Kurth,* Handlungsbefugnisse der Landesverwaltung bei Börsenaufsicht und -zulassung, ZfgK 1998, 618; *Lepper/Stünvald,* Aktienrückkauf und Kursstabilisierung – Die Safe-Harbour-Regelungen der Verordnung (EG) Nr. 2273/2003 und der KuMaKV, ZBB 2004, 302; *Ludwig,* Alternative Trading Systems: State of the Art in Europa, Die Bank 2004, 421; *Merkt,* Empfiehlt es sich, im Interesse des Anlegerschutzes und zur Förderung des Finanzplatzes Deutschland das Kapitalmarkt- und Börsenrecht neu zu regeln? Gutachten G für den 64. Deutschen Juristentag, 2002; Abdruck der Thesen auch in NJW 2002, Beil. 23, 41; *Meyer,* Neue Entwicklungen bei der Kursstabilisierung, AG 2004, 289; *Mülbert,* Empfiehlt es sich, im Interesse des Anlegerschutzes und zur Förderung des Finanzplatzes Deutschland das Kapitalmarkt- und Börsenrecht neu zu regeln?, JZ 2002, 826; *Pfüller/Koehler,* Handel per Erscheinen – rechtliche Rahmenbedingungen beim Kauf von Neuemissionen auf dem Graumarkt –, WM 2002, 781; *Pluskat,* Das vollständige Delisting im Spannungsfeld von Gesellschafts- und Kapitalmarktrecht, FB 2002, 592; *Pluskat,* Going Private durch reguläres Delisting, WM 2002, 833; *Radtke,* Delisting, Rückzug aus dem amtlichen Handel oder dem geregelten Markt auf Wunsch des Emittenten aus kapitalmarktrechtlicher Sicht, 1998; *Reger/Schilha,* Aktienrechtlicher Aktionärsschutz bei Delisting und Downgrading, NJW 2012, 3066; *Rubel/Kunz,* Notwendigkeit eines Hauptversammlungsbeschlusses beim „Delisting" aus einem Qualitätssegment des Freiverkehrs?, AG 2011, 399; *Samm,* Bundesbörsen unter Landesaufsicht, WM 1990, 1265; *Schäfer,* Grundzüge des neuen Börsenrechts, ZIP 1987, 953; *Schäfer,* Novellierung des Börsengesetzes, ZIP 1989, 1103; *Schäfer,* Zulässigkeit und Grenzen der Kurspflege, WM 1999, 1345; *Schanz,* Spruchverfahren nach regulärem Delisting – alles klar nach Macrotron?, CFL 2011, 161; *Schiemzik,* Segmentwechsel börsenaktiver Unternehmen, 2005; *Schlüter,* Börsenhandelsrecht, 2. Aufl. 2002; *Schnaittacher/Westerheide/Stindt,* „Freie Fahrt in den Freiverkehr (?)", WM 2012, 2225; *Schneider/Burgard,* Börsenrechtliche Bewertung einer Einbeziehung der Trägergesellschaft der Frankfurter Wertpapierbörse in einen multinationalen Börsenkonzern und die Verlagerung des Handels in Standardwerten an eine andere Börse, WM-Sonderbeilage 3/2000, 24; *Schwark,* Anlegerschutz durch Wirtschaftsrecht, 1979; *Schwark,* Börsen und Wertpapierhandelsmärkte in der EG, WM 1997, 293; *Schwark/Geiser,* Delisting, ZHR 161 (1997), 739; *Schwark,* Zur rechtlichen Zulässigkeit der Konzerneingliederung des Trägers der Frankfurter Wertpapierbörse unter eine ausländische Holding und deren blue-chips-Handelssegments in alleiniger Zuständigkeit einer ausländischen Börsenholding, WM 2000, 2517; *Seibt/Wollenschläger,* Downlisting einer börsennotierten Gesellschaft ohne Abfindungsangebot und Hauptversammlungsbeschluss, AG 2009, 807; *Siebel/Gebauer,* Prognosen im Aktien- und Kapitalmarktrecht, WM 2001, 118 (Teil I), WM 2001, 173 (Teil II); *Streit,* Delisting Light – Die Problematik der Vereinfachung des freiwilligen Rückzugs von der Frankfurter Wertpapierbörse, ZIP 2002, 1279; *Technau,* Rechtsfragen bei der Gestaltung von Übernahmeverträgen („Underwriting Agreements") im Zusammenhang mit Aktienemissionen, AG 1998, 445; *Tilly,* Die amtliche Kursnotierung an den Wertpapierbörsen, 1975; *de Vries,* Delisting, 2002; *Wackerbarth,* Die Begründung der Macrotron-Rechtsfortbildung und dem Delisting-Urteil des BVerfG, WM 2012, 2077; *Weber,* Die Entwicklung des Kapitalmarktrechts 1998–2000: Organisation, Emission und Vertrieb, NJW 2000, 2061; *Weber,* Die Entwicklung des Kapitalmarktrechts 1998–2000: Publizität, Insiderrecht und Kapitalmarktaufsicht NJW 2000, 3461; *Weisgerber/Jütten,* Das Dritte Finanzmarktförderungsgesetz, Die Bank 1998, 200; *Wilsing/Kruse,* Die Änderung des § 54a BörsenO/Ffm: Ein Schritt in die richtige Richtung?, NZG 2002, 807; *Wittich,* Aktuelle Aspekte der Wertpapieraufsicht in Deutschland und Europa, Die Bank 2001, 278.

    Spezialliteratur zum Vierten Finanzmarktförderungsgesetz: *Beck,* Die Reform des Börsenrechts im Vierten Finanzmarktförderungsgesetz, Teil 1: Änderungen des Börsenorganisationsrechts, BKR 2002, 662; Teil 2: Neuregelung der Handelsplattformen, des Maklerrechts und der Wertpapierzulassung, BKR 2002, 699; *Cohn,* Alternative Handelssysteme – ein Beitrag zur Neufassung der §§ 58 ff. BörsG, ZBB 2002, 365; *Fleischer,* Das Vierte Finanzmarktförderungsgesetz, NJW 2002, 2977; *Hammen,* „Best" – Was ist Börsenhandel?, WM 2002, 2129; *Mues,* Anmerkungen zum Börsengesetz nach dem Diskussionsentwurf für das Vierte Finanzmarktförderungsgesetz, ZBB 2001, 353; *Posegga,* Gesellschafts- und aufsichtsrechtliche Aspekte des Zusammenschlusses von Börsen am Beispiel der Verschmelzung der Trägergesellschaften, WM 2002, 2402; *Reuschle,* Viertes Finanzmarktförderungsgesetz, 2002; *Reuschle/Fleckner,* Börsenähnliche Einrichtungen – die privatrechtliche Organisation einer Börse im materiellen Sinne – BKR 2002, 617; *Schlitt,* Die neuen Marktsegmente der Frankfurter Wertpapierbörse, AG 2003, 57; *Spindler,* Elektronische Finanzmärkte und Internet-Börsen, Teil I: Grundlegende Risiken und Reformen des nationalen Kapitalmarktrechts, WM 2002, 1325; Teil II: Regulierungsvorhaben auf europäischer Ebene, WM 2002, 1365; *Spindler,* Prime Standard und General Standard – Die Börse als Ersatzgesetzgeber für Quartalsberichte?, WM 2003, 2073; *Weber,* Die Entwicklung des Kapitalmarktrechts 2001/2002, NJW 2003, 18; *Zietsch/Holzborn,* Zulassungsfolgepflichten börsennotierter Unternehmen – Eine Übersicht der Pflichten von Unternehmen nach deren Zulassung an einer deutschen Börse („Zulassungsfolgepflichten"), WM 2002, 2356 (Teil I), WM 2002, 2393 (Teil II).

    Spezialliteratur zur Prospekt-RL und zum „Prospektrichtlinie-Umsetzungsgesetz" (s. auch Literaturangaben zum WpPG): *Apfelbacher/Metzner,* Das Wertpapierprospektgesetz in der Praxis – Eine erste Bestandsaufnahme, BKR 2006, 81; *Crüwell,* Die europäische Prospektrichtlinie, AG 2003, 243; *Ekkenga,* Änderungs- und Ergänzungsvorschläge zum Regierungsentwurf eines neuen Wertpapierprospektgesetzes, BB 2005, 561; *Fürhoff/Ritz,* Richtlinienentwurf der Kommission über den Europäischen Pass für Emittenten, WM 2001, 2280; *Heidelbach/Preuße,* Einzelfragen in der praktischen Arbeit mit dem neuen Wertpapierprospektregime, BKR 2006, 316; *Holzborn/ Schwarz-Gondek,* Die neue EU-Prospektrichtlinie, BKR 2003, 927; *von Kopp-Colomb/Lenz,* Der europäische Pass für Emittenten, AG 2002, 24; *Kollmorgen/Feldhaus,* Zur Prospektpflicht bei aktienbasierten Mitarbeiterbeteiligungsprogrammen, BB 2007, 225; *Kollmorgen/Feldhaus,* Neues von der Prospektpflicht für Mitarbeiterbeteiligungsprogrammen, BB 2007, 2756; *Kullmann/Sester,* Das Wertpapierprospektgesetz – Zentrale Punkte des neuen Regimes für Wertpapieremissionen –, WM 2005, 1068; *Kullmann/Sester,* Inhalt und Form von Emissionsprospekten nach dem Wertpapierprospektgesetz, ZBB-Report 2005, 209; *Kunold/Schlitt,* Die neue EU-Prospektrichtlinie, BB 2004, 501; *Leuering,* Prospektpflichtige Anlässe im WpPG, Der Konzern 2006, 4; *Schlitt/Singhof/Schäfer,* Aktuelle Rechtsfragen und neue Entwicklungen im Zusammenhang mit Börsengängen, BKR 2005, 251; *Schlitt/Schäfer,* Auswirkungen des Prospektrichtlinie-Umsetzungsgesetzes auf Aktien- und Equitiy-linked Emissionen, AG 2005, 498; *Wagner,* Der

Europäische Pass für Emittenten – die neue Prospektrichtlinie, Die Bank 2003, 680; *Weber,* Unterwegs zu einer europäischen Prospektkultur, NZG 2004, 360.

Spezialliteratur zur Änderung des Delisting durch das Gesetz zur Umsetzung der Transparenzricht-linie-Änderungsrichtlinie: *Bayer,* Aktionärsschutz beim Delisting: Empfehlungen an den Gesetzgeber, ZIP 2015, 853; *Bayer,* Delisting: Korrektur der Frosta-Rechtsprechung durch den Gesetzgeber, NZG 2015, 1169; *Bungert/ Leyendecker-Langner,* Die Neuregelung des Delisting, ZIP 2016, 49; *Groß,* Die Neuregelung des Anlegerschutzes beim Delisting, AG 2015, 801; *Häller,* Delisting von Aktien in der Insolvenz, ZIP 2016, 1903; *Hammen,* Verwaltungsrecht-licher Rechtsschutz für Aktionäre beim freiwilligen Rückzug des Emittenten von der Börse? Ordnungspolitische Überlegungen, ZBB/JBB 2016, 398; *Harnos,* Aktionärsschutz beim Delisting, ZHR 2015, 750; *Klepsch/Hippeli,* Update Delisting, RdF 2016, 194; *Hippeli,* Das öffentliche Übernahmerecht in der aktuellen Verwaltungspraxis, Der Konzern 2018, 465; *Karami/Schuster,* Anlegerschutz beim Börsenrückzug im Spannungsfeld zwischen Rechtsdogma-tik, Jurisprudenz und Rechtstatsachenforschung – Problemskizze und Würdigung aus ökonomischer Sicht, Corporate Finance 2016, 106; *Koch/Harnos,* Die Neuregelung des Delistings zwischen Anleger- und Aktionärsschutz, NZG 2015, 729; *Leyendecker/Herfs,* Mindestpreis- und Preisanpassungsregelungen bei Delistingangeboten, BB 2018, 643; *Schulz/Wieneke,* Delisting ausländischer Emittenten, NZG 2017, 449; *Thomale/Walter,* Delisting als Regulierungs-aufgabe, ZGR 2016, 679; *Thomale/Walter,* Börsennotierung und unternehmerisches Ermessen – Wider die Über-regulierung des Delistings, BOARD 2016, 231; *Wackerbarth,* Das neue Delisting-Angebot nach § 39 BörsG oder: Hat der Gesetzgeber hier wirklich gut nachgedacht?, WM 2016, 385; *Kocher/Seiz,* Das neue Delisting nach § 39 Abs. 2–6 BörsG, DB 2016, 153; *Wieneke/Schulz,* Durchführung eines Delistings, AG 2016, 809; *Zimmer/von Imhoff,* Die Neuregelung des Delisting in § 39 BörsG, NZG 2016, 1056.

I. Geschichte des BörsG, Ausblick

1. Entwicklung des BörsG, Einfluss des europäischen Rechts. Das BörsG vom 22.6.1896, das 1 in Deutschland im Vergleich zu anderen europäischen Ländern bereits sehr früh das Börsenwesen gesetzlich geregelt hat, wurde im Laufe seines Bestehens aus den verschiedensten Gründen über vierzigmal nur geringfügig oder aber auch grundlegend geändert und fünfmal, zuletzt im Rahmen des Finanzmarktrichtlinie-Umsetzungsgesetzes[1] neu bekannt gemacht.[2] In den ersten 80 Jahren erfolgten Änderungen des BörsG hauptsächlich infolge **wirtschaftlicher Krisen** oder zur **Verbesserung der Transparenz** der Börsenorganisation.

Ab Anfang der achtziger Jahre des vergangenen Jahrhunderts wurden dagegen, wie in vielen anderen 2 Bereichen auch, Änderungen des BörsG hauptsächlich durch **Europa,** dh durch den Erlass verschiedener **europäischer Richtlinien,** die in nationales Recht umzusetzen waren, initiiert. Angesichts der zuneh-menden Öffnung der Kapitalmärkte können die nationalen Märkte nicht mehr isoliert betrachtet werden. Die weitgehende Liberalisierung des Kapitalverkehrs, die hohe Mobilität der Kapitalanleger, und nicht zuletzt die modernen Kommunikationstechniken lassen die Finanzplätze immer enger zusammenrücken. Diese Erkenntnis führte dazu, dass die EG-Kommission seit 1979 verschiedene börsenrechtliche Richt-linien erlassen hat, die in das BörsG umzusetzen waren. So wurden durch das **„Börsenzulassungs-gesetz"** vom 16.12.1986[3] drei europäische Richtlinien in das BörsG und die BörsZulV umgesetzt, die **Richtlinie über die Börsenzulassung von Wertpapieren** vom 5.3.1979,[4] die **Börsenzulassungs-prospekt-RL** vom 17.3.1980[5] und die **Richtlinie über Halbjahresberichte** vom 15.2.1982.[6]

---

[1] BGBl. 2007 I 1330, → Rn. 24.

[2] Vgl. auch die Übersicht über die Änderungen bei *Kümpel/Hammen/Ekkenga* Kennz. 080/01.

[3] BGBl. 1986 I 2478; vgl. hierzu auch Schwark/Zimmer/ *Schwark* Einl. Rn. 5.

[4] Richtlinie des Rates vom 5. März 1979 zur Koordinierung der Bedingungen für die Zulassung von Wertpapieren zur amtlichen Notierung an einer Wertpapierbörse, RL 79/279/EWG, ABl. 1979 L 66, 21, aufgehoben und neu gefasst durch die Richtlinie 2001/34/EG des Europäischen Parlaments und des Rates vom 28. Mai 2001 über die Zulassung von Wertpapieren zur amtlichen Börsennotierung und über die hinsichtlich dieser Wertpapiere zu ver-öffentlichenden Informationen, ABl. 2001 L 184, 1, berichtigt ABl. 2001 L 217, 18, diese wiederum teilweise aufgehoben und ersetzt durch die Richtlinie 2003/71/EG des Europäischen Parlaments und des Rates vom 4. No-vember 2003 betreffend den Prospekt, der beim öffentlichen Angebot von Wertpapieren oder bei deren Zulassung zum Handel zu veröffentlichen ist, und zur Änderung der Richtlinie 2001/34/EG, ABl. 2003 L 345, 64, und die Richtlinie 2004/109/EG des Europäischen Parlaments und des Rates zur Harmonisierung der Transparenzanforde-rungen in Bezug auf Informationen über Emittenten, deren Wertpapiere zum Handel auf einem geregelten Markt zugelassen sind, und zur Änderung der Richtlinie 2001/34/EG, ABl. 2004 L 390, 38.

[5] Richtlinie vom 17. März 1980 zur Koordinierung der Bedingungen für die Erstellung, die Kontrolle und die Verbreitung des Prospekts, der für die Zulassung von Wertpapieren zur amtlichen Notierung an einer Wertpapierbör-se zu veröffentlichen ist, RL 80/390/EWG, ABl. 1980 L 100, 1, aufgehoben und neu gefasst durch die Richtlinie 2001/34/EG des Europäischen Parlaments und des Rates vom 28. Mai 2001 über die Zulassung von Wertpapieren zur amtlichen Börsennotierung und über die hinsichtlich dieser Wertpapiere zu veröffentlichenden Informationen, ABl. 2001 L 184, 1, berichtigt ABl. 2001 L 217, 18, diese wiederum teilweise aufgehoben und ersetzt durch die Richtlinie 2003/71/EG des Europäischen Parlaments und des Rates vom 4. November 2003 betreffend den Pro-spekt, der beim öffentlichen Angebot von Wertpapieren oder bei deren Zulassung zum Handel zu veröffentlichen ist, und zur Änderung der Richtlinie 2001/34/EG, ABl. 2003 L 345, 64, und die Richtlinie 2004/109/EG des Europäischen Parlaments und des Rates zur Harmonisierung der Transparenzanforderungen in Bezug auf Informatio-nen über Emittenten, deren Wertpapiere zum Handel auf einem geregelten Markt zugelassen sind, und zur Änderung der Richtlinie 2001/34/EG, ABl. 2004 L 390, 38.

[6] Richtlinie vom 15. Februar 1982 über regelmäßige Informationen, die von Gesellschaften zu veröffentlichen sind, deren Aktien zur amtlichen Notierung an einer Wertpapierbörse zugelassen sind, RL 82/121/EWG, ABl.

3   Neben diesen durch europäische Vorgaben bedingten Gesetzesänderungen trat in Deutschland seit Mitte der achtziger Jahre des vergangenen Jahrhunderts auch das Bestreben der „**Stärkung des Finanzplatzes Deutschland** durch Anpassung des Börsengesetzes an die sich aus der weiteren Verflechtung der internationalen Finanzmärkte ergebenden Erfordernisse".[7] So diente die folgende größere Änderung des BörsG, das **Gesetz vom 11.7.1989**,[8] sowohl der Stärkung des Finanzplatzes Deutschland als auch der Umsetzung der vorgenannten Richtlinie zur Änderung der Börsenzulassungsprospekt-RL.

4   Auch das **Zweite Finanzmarktförderungsgesetz**[9] von 1994 verfolgte das Ziel einer „Verbesserung der Attraktivität und internationalen Wettbewerbsfähigkeit des Finanzplatzes Deutschland" und diente gleichzeitig der Umsetzung dreier Richtlinien der EG, der **Transparenz-RL**,[10] der **Insiderhandels-RL**[11] und teilweise der **Richtlinie über Wertpapierdienstleistungen.**[12] Während die beiden erstgenannten EG-Richtlinien im WpHG umgesetzt wurden, dienten die Änderungen des BörsG unter anderem durch Umsetzung der Richtlinie über Wertpapierdienstleistungen der Stärkung des Finanzplatzes Deutschland durch Erweiterung des Anlegerschutzes und der ordnungspolitischen Absicherung der Funktionsfähigkeit der deutschen Wertpapierbörsen.[13] Für letzteres hat das Zweite Finanzmarktförderungsgesetz insbesondere die **Börsenaufsicht** durch einschneidende **Eingriffe in die Börsenorganisation** neu geregelt.[14]

5   Die restliche Umsetzung der Wertpapierdienstleistungs-RL erfolgte zusammen mit der Umsetzung der **Kapitaladäquanz-RL**[15] **im Gesetz zur Umsetzung von EG-Richtlinien zur Harmonisierung bank- und wertpapieraufsichtsrechtlicher Vorschriften** (Umsetzungsgesetz)[16] sowie dem **Begleitgesetz** zum Gesetz zur Umsetzung von EG-Richtlinien zur Harmonisierung bank- und wertpapieraufsichtsrechtliche Vorschriften (Begleitgesetz).[17]

6   Das Gesetz zur weiteren Fortentwicklung des Finanzplatzes Deutschland **(Drittes Finanzmarktförderungsgesetz)**[18] von 1998 diente dagegen weniger der Umsetzung europäischer Vorgaben,

1982 L 48, 26, aufgehoben und neu gefasst durch die Richtlinie 2001/34/EG des Europäischen Parlaments und des Rates vom 28. Mai 2001 über die Zulassung von Wertpapieren zur amtlichen Börsennotierung und über die hinsichtlich dieser Wertpapiere zu veröffentlichenden Informationen, ABl. 2001 L 184, 1, berichtigt ABl. 2001 L 217, 18, diese wiederum teilweise aufgehoben und ersetzt durch die Richtlinie 2003/71/EG des Europäischen Parlaments und des Rates vom 4. November 2003 betreffend den Prospekt, der beim öffentlichen Angebot von Wertpapieren oder bei deren Zulassung zum Handel zu veröffentlichen ist, und zur Änderung der Richtlinie 2001/34/EG, ABl. 2003 L 345, 64 und die Richtlinie 2004/109/EG des Europäischen Parlaments und des Rates zur Harmonisierung der Transparenzanforderungen in Bezug auf Informationen über Emittenten, deren Wertpapiere zum Handel auf einem geregelten Markt zugelassen sind, und zur Änderung der Richtlinie 2001/34/EG, ABl. 2004 L 390, 38.

[7] Zielsetzung des Gesetzentwurfs der Bundesregierung zur Änderung des Börsengesetzes vom 13. März 1989, BT-Drs. 11/4177, 1; vgl. auch Schwark/Zimmer/*Schwark* Einl. Rn. 6.

[8] BGBl. 1989 I 1412; Einzelheiten bei Schwark/Zimmer/*Schwark* Einl. Rn. 6.

[9] BGBl. 1994 I 1749; Einzelheiten bei Schwark/Zimmer/*Schwark* Einl. Rn. 7.

[10] Richtlinie des Rates vom 12. Dezember 1988 über die bei Erwerb oder Veräußerung einer bedeutenden Beteiligung an einer börsennotierten Gesellschaft zu veröffentlichenden Informationen, RL 88/627/EWG, ABl. 1988 L 348, 62. Diese RL wurde durch die Richtlinie 2001/34/EG des Europäischen Parlaments und des Rates vom 28. Mai 2001 über die Zulassung von Wertpapieren zur amtlichen Börsennotierung und über die hinsichtlich dieser Wertpapiere zu veröffentlichenden Informationen, ABl. 2001 L 184, 1, berichtigt ABl. 2001 L 217, 18, aufgehoben und ersetzt, s. Anhang II Teil A Börsenzulassungs-RL. Die Börsenzulassungs-RL wiederum wurde durch die Richtlinie 2003/71/EG des Europäischen Parlaments und des Rates vom 4. November 2003 betreffend den Prospekt, der beim öffentlichen Angebot von Wertpapieren oder bei deren Zulassung zum Handel zu veröffentlichen ist, und zur Änderung der Richtlinie 2001/34/EG, ABl. 2003 L 345, 64, und die Richtlinie 2004/109/EG des Europäischen Parlaments und des Rates zur Harmonisierung der Transparenzanforderungen in Bezug auf Informationen über Emittenten, deren Wertpapiere zum Handel auf einem geregelten Markt zugelassen sind, und zur Änderung der Richtlinie 2001/34/EG, ABl. 2004 L 390, 38, teilweise aufgehoben und ersetzt.

[11] Richtlinie vom 13. November 1989 zur Koordinierung der Vorschriften betreffend Insider-Geschäfte, RL 89/592/EWG, ABl. 1989 L 334, 30. Die Insiderhandels-RL wurde durch die Richtlinie 2003/6/EG des Europäischen Parlaments und des Rates vom 28. Januar 2003 über Insider-Geschäfte und Marktmanipulation (Marktmissbrauch), ABl. 2003 L 96, 16 aufgehoben und ersetzt.

[12] Richtlinie über Wertpapierdienstleistungen vom 10. Mai 1993, RL 93/22/EWG, ABl. 1993 L 141, 27. Die Wertpapierdienstleistungsrichtlinie wurde gem. Art. 69 Richtlinie 2004/39/EG des Europäischen Parlaments und des Rates vom 21. April 2004 über Märkte für Finanzinstrumente, zur Änderung der Richtlinien 85/611/EWG und 93/6/EWG des Rates und der Richtlinie 2000/12/EG des Europäischen Parlaments und des Rates und zur Aufhebung der Richtlinie 93/22/EWG des Rates, ABl. 2004 L 145, 1 mit Wirkung zum 30.4.2006 aufgehoben.

[13] Zielsetzung des Gesetzesentwurfs der Bundesregierung zum Zweiten Finanzmarktförderungsgesetz BT-Drs. 12/6679, 1 ff.

[14] Vgl. Übersicht bei *Claussen* DB 1994, 969; Schwark/Zimmer/*Schwark* Einl. Rn. 7.

[15] Richtlinie des Rates vom 15. März 1993 über die angemessene Eigenkapitalausstattung von Wertpapierfirmen und Kreditinstituten, RL 93/6/EWG, ABl. 1993 L 141, 1.

[16] BGBl. 1997 I 2518.

[17] BGBl. 1997 I 2567.

[18] BGBl. 1998 I 529.

sondern, wie der Name schon sagt, eher der Stärkung des Finanzplatzes Deutschland.[19] Es enthielt demzufolge für den Bereich des BörsG zum einen eine „Modernisierung der **Haftung für fehlerhafte Börsenzulassungsprospekte**", zum anderen die „**Erleichterung des Börsenzugangs** für Emittenten", als Gegenstück dazu, eine „gesetzliche Regelung des **Rückzugs eines Emittenten von der Börse**", die „Berücksichtigung **moderner Emissionsverfahren** der Marktteilnehmer" sowie letztendlich in verschiedenen Bereichen eine **Rechtsbereinigung**.[20]

In der Folgezeit bis zum Vierten Finanzmarktförderungsgesetz wurde das BörsG durch eine Reihe   **7** von Gesetzen marginal geändert, so insbesondere durch das VAG-Änderungs- und Euro-UmstellungsG,[21] durch das eine Umstellung des Bußgeldrahmens des BörsG auf den Euro erfolgte, und das Gesetz über die integrierte Finanzdienstleistungsaufsicht,[22] durch das an die Stelle des Bundesaufsichtsamtes für den Wertpapierhandel (BaWe) die Bundesanstalt für Finanzdienstleistungsaufsicht (BaFin) trat.

2. Viertes Finanzmarktförderungsgesetz.[23] Bereits vor Inkrafttreten des Dritten Finanzmarkt-   **8** förderungsgesetzes hatte im April 1996 die Bundesrepublik Deutschland, vertreten durch den Bundesminister der Finanzen, ua das Max-Planck-Institut für ausländisches und internationales Privatrecht, Hamburg, beauftragt, ein Gutachten zu den Rahmenbedingungen eines modernen, marktorientierten BörsG und dem sich daraus ergebenden gesetzlichen Änderungsbedarf zu erstellen.[24] Das Gutachten mündete in 30 Empfehlungen an den Gesetzgeber.[25] Nach Ansicht der Gutachter *Hopt/Rudolph/Baum* sollte sich die nächste Börsenreform hauptsächlich mit (i) der Einrichtung einer gemeinsamen Handelsüberwachungsstelle aller deutschen Börsen, (ii) der Errichtung einer zentralen Bundesoberbehörde für die Markt- und Rechtsaufsicht[26] und den hierfür erforderlichen Ermächtigungsgrundlagen,[27] (iii) der Lösung der Verknüpfung von Preisfeststellung und Zulassung zu einem bestimmten Marktsegment[28] sowie (iv) Änderungen im Bereich der Preisfeststellung und des Kursmaklerrechts[29] befassen.

Einige dieser Vorschläge, aber auch verschiedene andere Aspekte, wurden im „**Gesetz zur wei-   **9** teren Fortentwicklung des Finanzplatzes Deutschland (Viertes Finanzmarktförderungsgesetz)**"[30] von 2002 aufgegriffen.[31] Ziel des Gesetzes war dabei, „die Position der deutschen Börsen und ihrer Marktteilnehmer im europäischen und internationalen Wettbewerb durch Reform des Börsen- und Wertpapierrechts zu verbessern und ihre Handlungsspielräume durch Deregulierung und weitere Anpassung an internationale Standards zu erhöhen."[32]

Dabei hat das Vierte Finanzmarktförderungsgesetz insbesondere die bisherige Koppelung der Zu-   **10** lassung von Wertpapieren in einem Marktsegment und durch eine einzige Form der Preisfeststellung beseitigt und durch verschiedene Handelsarten, die in den Börsenordnungen festgelegt werden können, ersetzt. Die amtliche Preisfeststellung wurde demzufolge aufgegeben, mit der Folge einer Umbenennung des Marktsegments amtlicher Handel, in dem nach der Legaldefinition des § 36 Abs. 1 aF der Handel mit amtlicher Notierung des Börsenpreises (amtliche Notierung) stattfand, in das Markt-

---

[19] Vgl. zur Zielsetzung nur *Pötzsch* AG 1997, 193; *Schwark* WM 2000, 2517 (2519) ist zuzustimmen darin, dass Förderung des Finanzplatzes Deutschland Förderung der Funktionsfähigkeit des Kapitalmarktes bedeutet, nicht nationale Bewahrungsinteressen. Zu den Einzelheiten vgl. Schwark/Zimmer/*Schwark* Einl. Rn. 8.

[20] Vgl. zusammenfassend die RegBegr. zum Dritten Finanzmarktförderungsgesetz, BT-Drs. 13/8933, 54 ff.

[21] Gesetz zur Änderung des Versicherungsaufsichtsgesetzes, insbesondere zur Durchführung der EG-Richtlinie 98/78/EG vom 27. Oktober 1998 über die zusätzliche Beaufsichtigung der einer Versicherungsgruppe angehörenden Unternehmen sowie zur Umstellung von Vorschriften auf Euro vom 21. Dezember 2000, BGBl. 2000 I 1858.

[22] Gesetz vom 22. April 2002, BGBl. 2002 I 1310.

[23] Vgl. die Literaturangaben zum Vierten Finanzmarktförderungsgesetz vor Rn. 1.

[24] Das Gutachten wurde in erweiterter und aktualisierter Form 1997 veröffentlicht, *Hopt/Rudolph/Baum*, Börsenreform: Eine ökonomische, rechtsvergleichende und rechtspolitische Untersuchung, 1997.

[25] Die Empfehlungen sind in WM 1997, 1637 abgedruckt. Zu diesen Empfehlungen „Stellungnahme der hessischen Börsenaufsichtsbehörde zu einigen ausgewählten Thesen des Gutachtens *Hopt/Rudolph* bezüglich einer Börsenreform in Deutschland".

[26] Diese beiden Punkte, vor allem aber der letztgenannte, sind im Hinblick auf die föderale Struktur der Bundesrepublik Deutschland und der entsprechenden Gesetzgebungskompetenz, vgl. nur → § 3 Rn. 7 f., *Kurth* ZfgK 1998, 585 (620, 624), problematisch.

[27] *Hopt/Rudolph/Baum*, Börsenreform: Eine ökonomische, rechtsvergleichende und rechtspolitische Untersuchung, 1997, 445 ff.

[28] *Hopt/Rudolph/Baum*, Börsenreform: Eine ökonomische, rechtsvergleichende und rechtspolitische Untersuchung, 1997, 409 ff.

[29] *Hopt/Rudolph/Baum*, Börsenreform: Eine ökonomische, rechtsvergleichende und rechtspolitische Untersuchung, 1997, 421 ff.

[30] BGBl. 2002 I 2010. Zur Chronologie des Gesetzgebungsverfahrens: Diskussionsentwurf des Bundesfinanzministeriums vom 3.9.2001, teilweise abgedruckt in ZBB 2001, 298; Gesetzentwurf der BReg, BT-Drs. 14/8017; Beschlussempfehlung des Finanzausschusses, BT-Drs. 14/8600; Bericht des Finanzausschusses, BT-Drs. 14/8601; Beschlussempfehlung des Vermittlungsausschusses, BT-Drs. 14/9096. Zur Entstehungsgeschichte des Vierten Finanzmarktförderungsgesetzes vgl. auch *Reuschle* XII f. Bei *Reuschle* sind auch die einzelnen Gesetzesmaterialien abgedruckt.

[31] Zusammenfassende Darstellung der Änderungen bei Schwark/Zimmer/*Schwark* Einl. Rn. 11.

[32] RegBegr. zum Vierten Finanzmarktförderungsgesetz, BT-Drs. 14/8017, 72.

segment amtlicher Markt (§§ 30 ff. aF).[33] Im neu benannten Marktsegment amtlicher Markt wurde den Börsen durch § 42 aF die Möglichkeit eingeräumt, auf öffentlich-rechtlicher Grundlage Zulassungsfolgepflichten für verschiedene Teilbereiche dieses Marktsegments aufzustellen. Innerhalb des Marktsegments geregelter Markt ermöglichte § 54 S. 2 aF auf öffentlich-rechtlicher Grundlage besondere Zulassungsfolgepflichten für verschiedene Teilbereiche dieses Marktsegments aufzustellen und darüber hinaus § 50 Abs. 3 aF auch besondere Zulassungsvoraussetzungen anzuordnen.[34] Diese Regelungen der §§ 42 und 50 Abs. 3, 54 S. 2 aF bildeten die Grundlage dafür, dass die jeweiligen Börsen im Marktsegment amtlicher Markt und geregelter Markt unterschiedliche Teilbereiche einführen können. Hiervon hatte zB die FWB durch eine grundlegende Änderung ihrer Börsenordnung Gebrauch gemacht.[35] Mit Wirkung vom 1.1.2003 wurden für Aktien und aktienvertretende Zertifikate im amtlichen und im geregelten Markt jeweils selbstständige Teilbereiche errichtet, in denen die Emittenten zusätzlichen Zulassungsfolgepflichten unterworfen waren. Diese Teilbereiche, der sog. General und der sog. Prime Standard, bestehen für den jetzt noch verbliebenen „regulierten Markt" fort, vgl. §§ 45 ff., 48 ff. BörsenO der FWB.[36]

11   Außerdem wurde das Börsenorganisationsrecht teilweise geändert. Die Neuregelungen betrafen ua die Auslagerung von Börsenfunktionen (§ 1 Abs. 3 aF), die Kontrolle der Anteilseigner von Börsen (§ 3 aF), die Erweiterung der Befugnisse der Börsenaufsichtsbehörde (§ 2 Abs. 1 S. 1, 2 und 5 aF), und die Erweiterung der Mitwirkungsrechte des Börsenrates bei der Bestellung und Abberufung der Geschäftsführung der Börse (§ 9 Abs. 2 Nr. 2 aF) (Einvernehmen statt Benehmen).

12   Darüber hinaus wurde das Maklerrecht als Konsequenz aus der Gleichstellung des elektronischen Handels und des Präsenzhandels in § 25 aF von Grund auf geändert. Auf Anregung des Bundesrates[37] wurden im Verlauf des Gesetzgebungsverfahrens trotz ablehnender Äußerung der Bundesregierung[38] in einem neuen Abschnitt 5 in den §§ 58–60 aF Bestimmungen über elektronische Handelssysteme und über börsenähnliche Einrichtungen aufgenommen.

13   Des Weiteren wurden verschiedene Bereiche, die bislang im BörsG geregelt waren, aus dem BörsG herausgenommen und im WpHG neu geregelt: Das betrifft zum einen das Recht der Börsentermingeschäfte, die nach Streichung der §§ 50–70 aF neu in den §§ 37d–37h WpHG aF (§§ 99–101 WpHG) als Finanztermingeschäfte geregelt sind, und zum anderen das bis dahin in § 88 aF geregelte Verbot der Kurs- und Marktpreismanipulation, das nunmehr in Art. 15, 12 MAR sowie 119 und 120 WpHG normiert ist.

14   **3. Anlegerschutzverbesserungsgesetz.** Durch das **Anlegerschutzverbesserungsgesetz**[39] erfolgte eine geringfügige Änderung des BörsG in § 9 Abs. 1 aF.

15   **4. Prospektrichtlinie-Umsetzungsgesetz.**[40] **a) Überblick.** Wurden mit dem Vierten Finanzmarktförderungsgesetz viele Reformvorschläge des Börsenreformgutachtens von *Hopt/Rudolph/Baum* aufgegriffen und umgesetzt, um den Finanzplatz Deutschland zu stärken, so ging es beim **Prospektrichtlinie-Umsetzungsgesetz** darum, die **Prospekt-RL**[41] und ihre Ausführungsbestimmungen[42] in nationales Recht umzusetzen.

---

[33] *Mues* ZBB 2001, 353 (358).

[34] Vgl. auch *Gebhardt* WM-Sonderbeilage 2/2003, 1 (4 insbes. Fn. 24). Krit. zu dieser für den amtlichen Markt einerseits und den geregelten Markt andererseits unterschiedlichen Regelung *Mues* ZBB 2001, 353 (358 f.).

[35] Ausf. hierzu *Gebhardt* WM-Sonderbeilage 2/2003, 1 (4 ff.).

[36] Abrufbar über die Internet-Seite der Deutsche Börse AG.

[37] Anlage 2 des Gesetzentwurfs der Bundesregierung für ein Viertes Finanzmarktförderungsgesetz, BT-Drs. 14/8017, 146 (157).

[38] Anlage 3 des Gesetzentwurfs der Bundesregierung für ein Viertes Finanzmarktförderungsgesetz, BT-Drs. 14/8017, 174 (179).

[39] Gesetz zur Verbesserung des Anlegerschutzes (Anlegerschutzverbesserungsgesetz – AnSVG), BGBl. 2004 I 2630. Gesetzgebungsverfahren: Regierungsentwurf, BT-Drs. 15/3174; Beschlussempfehlung und Bericht des Finanzausschusses, BT-Drs. 15/3493.

[40] Gesetz zur Umsetzung der Richtlinie 2003/71/EG des Europäischen Parlaments und des Rates vom 4. November 2003 betreffend den Prospekt, der beim öffentlichen Angebot von Wertpapieren oder bei deren Zulassung zum Handel zu veröffentlichen ist, und zur Änderung der Richtlinie 2001/34/EG (Prospektrichtlinie-Umsetzungsgesetz), BGBl. 2005 I 1698. Entstehungsgeschichte: RefEntw. vom November 2004; Regierungsentwurf vom 4.2.2005, BT-Drs. 15/4999; Stellungnahme Bundesrat vom 18.3.2005, BR-Drs. 85/05 und BT-Drs. 15/5219, 1 ff.; Gegenäußerung der Bundesregierung, BT-Drs. 15/5219, 7 ff.; Beschlussempfehlung und Bericht des Finanzausschusses vom 20.4.2005, BT-Drs. 15/5373; Beschluss des Bundesrates, BR-Drs. 304/05.

[41] Richtlinie 2003/71/EG des Europäischen Parlaments und des Rates vom 4. November 2003 betreffend den Prospekt, der beim öffentlichen Angebot von Wertpapieren oder bei deren Zulassung zum Handel zu veröffentlichen ist, und zur Änderung der Richtlinie 2001/34/EG, ABl. 2003 L 345, 64. Vgl. dazu näher *Crüwell* AG 2003, 243; *Fürhoff/Ritz* WM 2001, 2280; *Holzborn/Schwarz-Gondek* BKR 2003, 927; *v. Kopp-Colomb/Lenz* AG 2002, 24; *Kunold/Schlitt* BB 2004, 501 ff.; *Weber* NZG 2004, 360 ff.

[42] Vor allem die Verordnung (EG) Nr. 809/2004 der Kommission vom 29. April 2004 zur Umsetzung der Richtlinie 2003/71/EG des Europäischen Parlaments und des Rates betreffend die in Prospekten enthaltenen Informationen sowie das Format, die Aufnahme von Informationen mittels Verweis und die Veröffentlichung solcher Prospekte und die Verbreitung von Werbung, in der zweiten berichtigten Fassung abgedruckt in ABl. 2005 L 186, 3. Die zweite

b) Europäische Vorgaben. Die Kommission hatte bereits 1998 ein Konsultationsverfahren zur **16** Überarbeitung der Prospektrichtlinien mit dem Zweck einer weiteren Harmonisierung initiiert. Im Rahmen dieses Konsultationsverfahrens hatte das Forum of European Securities Commissions (FESCO, zwischenzeitlich Committee of European Securities Regulations, CESR, jetzt European Securities and Market Authority, ESMA) bereits Ende 2000 der EU-Kommission einen Bericht über die Vereinfachung grenzüberschreitender Angebote von Wertpapieren vorgelegt.[43] Kernpunkt des Berichts war ein Notifizierungsverfahren für Wertpapierprospekte. Die Kontrolle über solche Prospekte sollte allein der Herkunftslandbehörde obliegen. Wenn diese den Prospekt gebilligt hat, sollte den Behörden in anderen EU-Staaten, in denen die Wertpapiere angeboten werden, kein Prüfungsrecht mehr zustehen. Ziel der Vorschläge war es, unnötige Mehrfachprüfungen von Prospekten bei grenzüberschreitenden Angeboten zu vermeiden und so einen europäischen Pass für Emissionen zu erreichen. Darüber hinaus sollten mit der Einführung einheitlicher, verbesserter Offenlegungsstandards und eines einheitlichen Formats für Emissionsprospekte die optimale Information der Anleger sichergestellt und gleichzeitig die Erstellung der notwendigen Dokumente vereinfacht werden.

Die damit auch von der FESCO/CESR/ESMA vorgeschlagene Harmonisierung sollte dazu **17** führen, der Praxis einfache, vollständig harmonisierte und kostengünstige Verfahren für grenzüberschreitende öffentliche Angebote und Börsenzulassungen zur Verfügung zu stellen. Die Richtlinie 2003/71/EG des Europäischen Parlaments und Rates vom 4.11.2003 betreffend den Prospekt, der beim öffentlichen Angebot von Wertpapieren oder bei deren Zulassung zum Handel zu veröffentlichen ist, und zur Änderung der Richtlinie 2001/34/EG[44] setzte diese Harmonisierungsbemühungen um. Diese Prospekt-RL wurde konkretisiert durch europäische Ausführungsbestimmungen, insbesondere die VO (EG) Nr. 809/2004[45] und flankiert von der Transparenzharmonisierungs-RL.[46] Dabei wendete die Kommission bei Erlass dieser Richtlinien und ihrer Durchführungsbestimmungen entsprechend dem Lamfalussy-Report das Lamfalussy-Verfahren bzw. **Komitologieverfahren**[47] an.

Die Grundlagen des Komitologieverfahrens sind in dem Schlussbericht des Ausschusses der Weisen **18** über die Regulierung der Europäischen Wertpapiermärkte[48] niedergelegt und schlagen ein **vierstufiges Rechtsetzungsverfahren** vor. Auf der **ersten Stufe** werden die Grundsätze für eine Rahmenregelung sowie die der Kommission einzuräumenden Durchführungsbefugnisse nach dem üblichen Rechtsetzungsverfahren festgelegt, dh die Kommission schlägt eine Richtlinie oder Verordnung vor, die dem Europäischen Parlament und dem Rat im Mitentscheidungsverfahren vorgelegt wird. Auf der **zweiten Stufe** erlässt die Kommission die entsprechenden Durchführungsmaßnahmen unter Mitwirkung des Europäischen Wertpapierausschusses und des Rates des Ausschusses der Europäischen Wertpapierregulierungsbehörden (früher CESR jetzt ESMA). Dabei erarbeitet ESMA seine Ratschläge in Konsultation mit Marktteilnehmern, Endnutzern und Verbrauchern und legt diese der Kommission vor. Die Kommission prüft diese Ratschläge und unterbreitet dem Europäischen Wertpapierausschuss einen Vorschlag, über den der Ausschuss innerhalb von drei Monaten abstimmt. Anschließend erlässt die Kommission eine endgültige Maßnahme, die jedoch vom Europäischen Parlament daraufhin überprüft werden kann, ob sie die in Stufe 1 definierten Durchführungsbefugnisse überschreitet. Verabschiedet das Parlament eine Entschließung, aus der hervor geht, dass die Maßnahme nicht konform

---

Berichtigung der Prospekt-Verordnung beruht darauf, dass sowohl die ursprüngliche als auch die erste Fassung der deutschen Übersetzung wegen fehlerhaft übersetzter Termini teilweise unverständlich war, vgl. auch *Kaum/Zimmermann* BB 2005, 1466 Fn. 3: „sprachlich völlig unbrauchbar". Auch jetzt empfiehlt es sich noch, in Zweifelsfragen auch die englischsprachige Fassung heranzuziehen.

[43] „A European Passport for Issuers" a report for the EU Commission, December 20, 2000, abrufbar unter http://www.cesr-eu.org; vgl. dazu auch *Wittich* Die Bank 2001, 278 (281 f.).

[44] ABl. 2003 L 345, 64.

[45] Vor allem die Verordnung (EG) Nr. 809/2004 der Kommission vom 29. April 2004 zur Umsetzung der Richtlinie 2003/71/EG des Europäischen Parlaments und des Rates betreffend die in Prospekten enthaltenen Informationen sowie das Format, die Aufnahme von Informationen mittels Verweis und die Veröffentlichung solcher Prospekte und die Verbreitung von Werbung, in der zweiten berichtigten Fassung abgedruckt in ABl. 2005 L 186, 3, und die noch weitergehenden CESR's Recommendations for the Consistent Implementation of the European Commission's Regulation on Prospectuses n° 809/2004, CESR/05–54b, aktualisiert durch ESMA update on the CESR recommendations, abrufbar über die homepage: www.esma.europa.eu, sowie weitere Ergänzung durch die Antworten auf die ESMA, Frequently asked questions regarding Prospectuses: Common positions agreed by ESMA Members, die Fragen/Antworten werden fortlaufend aktualisiert und ergänzt; aktualisierte Fassung abrufbar über die Homepage: www.esma.europa.eu.

[46] Richtlinie 2004/109/EG des Europäischen Parlaments des Rates zur Harmonisierung der Transparenzanforderungen im Bezug auf Informationen über Emittenten, deren Wertpapiere zum Handel auf einem geregelten Markt zugelassen sind, und zur Änderung der Richtlinie 2001/34/EG, ABl. 2004 L 390, 38.

[47] Vgl. dazu nur *v. Kopp-Colomb/Lenz* AG 2002, 24 (25 f.).

[48] Schlussbericht des Ausschusses der Weisen über die Regulierung der Europäischen Wertpapiermärkte vom 15.2.2001, abrufbar unter ec-europa.eu/internal_market/securities/docs/lamfalussy/wiesemen/final-report-wisemen_de.pdf.

ist, überprüft die Kommission ihren Vorschlag und berücksichtigt dabei die Haltung des Parlaments bestmöglich. Danach wird der Vorschlag von der Kommission angenommen. Auf **der dritten Stufe** erarbeitet ESMA gemeinsame Empfehlungen zu Auslegungsfragen, schlüssige Leitlinien und gemeinsame Standards in nicht von EU-Rechtsvorschriften erfassten Bereichen. Auf **der vierten Stufe** überprüft die Kommission die Anwendung der Rechtsakte in den Mitgliedstaaten und kann rechtliche Schritte gegen die Mitgliedstaaten einleiten, die eines Verstoßes gegen das Gemeinschaftsrecht verdächtigt werden.

19   Das bedeutet, dass die Richtlinie (Stufe 1) selbst nur die Rahmenbedingungen vorgibt, während die einzelnen, teilweise ausgesprochen detaillierten Ausführungsbestimmungen in Zusammenarbeit mit der ESMA und dem Europäischen Wertpapierausschuss von der Kommission selbst erlassen werden. Dies geschieht teilweise in der Form von Verordnungen. So wurden mit der VO (EG) Nr. 809/2004 der Kommission vom 29.4.2004 zur Umsetzung der Richtlinie 2003/71/EG des Europäischen Parlaments und des Rates betreffend die in Prospekten enthaltenen Informationen sowie das Format, die Aufnahme von Informationen mittels Verweis und die Veröffentlichung solcher Prospekte und die Verbreitung von Werbung,[49] auf Stufe 2 sehr detaillierte Ausführungsbestimmungen erlassen. Diese wurden auf Stufe 3 durch das CESR-Papier „CESR's Recommendations for the consistent implementation for the European Commission Regulation on Prospectuses n° 809/2004"[50] noch weiter konkretisiert und spezifiziert, wobei CESR bei einzelnen Empfehlungen auf die von der **International Organization of Securities Commissions (IOSCO)** bereits 1998 verabschiedeten „International Disclosure Standards for Cross Border Offerings and Initial Listings by Foreign Issuers"[51] zurückgegriffen hat.

20   Dieses mehrstufige europäische Rechtsetzungsverfahren führt aufgrund seiner hohen Regelungsdichte auf Stufe 2 und 3 zu einer erheblichen Einschränkung nationaler Rechtsetzung. Zwar bedarf eine Richtlinie (Stufe 1) auch nach deren Erlass, um im innerstaatlichen Bereich der Mitgliedstaaten Geltung zu erlangen, noch erst der Umsetzung in das nationale Recht der Mitgliedstaaten. Wird jedoch auf Stufe 2 (und Stufe 3) die Regelungsdichte so erhöht wie zB im Bereich der Prospekt-RL, dann bleibt bei der Umsetzung der Richtlinie in nationales Recht für den jeweiligen Mitgliedsstaat kaum Freiraum. Verschärft wird diese Bindung des nationalen Gesetzgebers dann, wenn auf Stufe 2 keine Richtlinie, sondern eine Verordnung erlassen wird, da diese nach allgemeinen europarechtlichen Grundsätzen unmittelbar geltendes Recht in den einzelnen Mitgliedstaaten ist und somit keiner eigenständigen Umsetzung mehr bedarf.[52]

21   Insofern ist es nicht verwunderlich, dass bei der Umsetzung der Prospekt-RL im Rahmen des Prospektrichtlinie-Umsetzungsgesetzes der Kernbereich der Umsetzung, nämlich die Umsetzung der Vorschriften über Form und Inhalt des Prospekts, wie sie in der VO (EG) Nr. 809/2004[53] enthalten sind, durch schlichten Verweis auf diese Verordnung erfolgte. Anders gewendet: Die (alte)[53] Prospekt-VO[54] wurde[55] durch ausdrückliche Inbezugnahme im deutschen Recht unmittelbar geltendes deutsches Recht.

---

[49] ABl. 2005 L 186, 3, abgedruckt ist dort die zweite berichtigte Fassung der Verordnung.

[50] Abrufbar über die Internet-Seite der ESMA, www.esma.europa.eu.

[51] Im Internet unter http://www. IOSCO.org abrufbar.

[52] Zur Problematik der die Marktmissbrauchs-RL konkretisierenden VO 2273/2003/EG, die vor dem Umsetzungsdatum in Kraft trat und den daraus resultierenden Fragen, ob die Verordnung vor Umsetzung der Richtlinie bereits unmittelbar galt oder erst ab der Umsetzung bzw. dem Datum, bis zu dem sie spätestens hätte umgesetzt werden müssen, vgl. *Meyer* AG 2004, 289 (295) und *Leppert/Stürwald* ZBB 2004, 302 (305). Nach Auffassung der Kommission und des deutschen Gesetzgebers, vgl. Nachweise bei *Meyer* AG 2004, 289 (25 Fn. 53) mit dem Verweis auf die Begründung des Entwurfs der Bundesregierung zum Anlegerschutzverbesserungsgesetz, BT-Drs. 15/3174, 2, sowie bei *Leppert/Stürwald* ZBB 2004, 302 (305 Fn. 16) mit dem Verweis auf die Auffassung der Kommission, sollte die VO 2273/2003 erst ab Umsetzung der Marktmissbrauchs-RL, spätestens aber ab dem Umsetzungsenddatum gelten, krit. dazu *Meyer* AG 2004, 289 (295) und *Leppert/Stürwald* ZBB 2004, 302 (305).

[53] Die „alte" Prospekt-VO wurde zwischenzeitlich durch die neue Prospekt-VO, Verordnung (EU) 2017/1129 des Europäischen Parlaments und des Rates vom 14. Juni 2017 über den Prospekt, der beim öffentlichen Angebot von Wertpapieren oder bei deren Zulassung zum Handel an einem geregelten Markt zu veröffentlichen ist und zur Aufhebung der Richtlinie 2003/71/EG, ABl. 2017 L 118, 12, ersetzt und durch die Delegierte Verordnung (EU) 2019/980 der Kommission vom 14.3.2019 zur Ergänzung der Verordnung (EU) 2017/1129 des Europäischen Parlaments und des Rates hinsichtlich der Aufmachung, des Inhalts, der Prüfung und der Billigung des Prospekts, der beim öffentlichen Angebot von Wertpapieren oder bei deren Zulassung zum Handel an einem geregelten Markt zu veröffentlichen ist, und zur Aufhebung der Verordnung (EG) Nr. 809/2004 der Kommission, ABl. 2019 L 166, 26, aufgehoben.

[54] Verordnung (EG) Nr. 809/2004 der Kommission vom 29. April 2004 zur Umsetzung der Richtlinie 2003/71/EG des Europäischen Parlaments und des Rates betreffend die in Prospekten enthaltenen Informationen sowie das Format, die Aufnahme von Informationen mittels Verweis und die Veröffentlichung solcher Prospekte und die Verbreitung von Werbung, abgedruckt in der zweiten berichtigten Fassung in ABl. 2005 L 186, 3.

[55] Rechtlich wurde sie es nicht, sondern war es schon, da eine europäische Verordnung europarechtlich bereits unmittelbar geltendes Recht in den Mitgliedstaaten darstellt; zutreffend insoweit RegBegr. Prospektrichtlinie-Umsetzungsgesetz, BT-Drs. 15/4999, 25.

c) Inhalt. Eine der wesentlichen Änderungen durch die Europäische Prospektrichtlinie von 2003[56] war, dass die frühere **Zweiteilung** zwischen **Verkaufsprospekten** einerseits und **Börsenzulassungsprospekten** andererseits[57] aufgehoben wurde. Diese Änderung vollzog das Prospektrichtlinie-Umsetzungsgesetz nach und schafft ein neues Wertpapierprospektgesetz **(WpPG)** mit einheitlichen Anforderungen für Verkaufs- und Börsenzulassungsprospekte. Gleichzeitig wurden die differenzierenden Regelungen des VerkprospG und der Verkaufsprospekt-VO einerseits und des BörsG und der BörsZulV andererseits beseitigt. Die Zulassungsvoraussetzungen und das Zulassungsverfahren wurden durch das Prospektrichtlinie-Umsetzungsgesetz ebenfalls entscheidend geändert. Die Zuständigkeiten für die Prüfung und Billigung der Prospekte wurden von der Zulassungsstelle auf die BaFin übertragen. Die Zulassungsvoraussetzungen wurden ebenfalls in einigen Punkten angepasst, ua um Doppelprüfungen zu vermeiden.[58]

5. Transparenzrichtlinie-Umsetzungsgesetz. Die **Transparenzharmonisierungs-RL**[59] wurde **23** Anfang 2007 durch das Transparenz-Richtlinie-Umsetzungsgesetz[60] in nationales Recht umgesetzt. Die dadurch bedingten Änderungen des BörsG[61] waren eher marginal und beschränkt sich im Wesentlichen auf die Einfügung eines § 42a aF, jetzt § 43.

6. Finanzmarktrichtlinie-Umsetzungsgesetz. Das Finanzmarktrichtlinie-Umsetzungsgesetz,[62] **24** durch das im Wesentlichen die Finanzmarktrichtlinie[63] in deutsches Recht umgesetzt wurde, hat das BörsG dagegen in vielen Bereichen wesentlich beeinflusst und sogar zu einer gänzlichen **Neufassung des BörsG** geführt. Die MiFID wurde zwar durch die MiFID II[64] aufgehoben. Materiell, wie sich aus der Entsprechungstabelle im Anhang IV MiFID II ergibt, wurden die Regelungen jedoch im Wesentlichen übernommen.

Die Regelungen über die Börsen und ihre Organe wurden durch das Finanzmarktrichtlinie- **25** Umsetzungsgesetz entscheidend geändert. Amtlicher und geregelter Markt wurden durch ein einziges neues Börsensegment, das des regulierten Marktes, ersetzt. Den Börsen wurde bei der Ausgestaltung ihrer Handelssysteme größere Flexibilität zugestanden. Darüber hinaus wurden die Regeln über die Skontroführer vereinfacht und gleichzeitig die Kriterien für die Skontroverteilung an den Börsen konkretisiert. Außerdem wurde eine umfassende Regelung zur Vor- und Nachhandelstransparenz eingeführt.[65]

7. Weitere Änderungen, insbesondere Gesetz zur Novellierung des Finanzanlagenvermitt- 26 ler- und Vermögensanlagenrechts, Zweites Gesetz zur Novellierung von Finanzmarktvorschriften auf Grund europäischer Richtlinien und Gesetze zur Ausführung der EU-Prospektverordnung. Eine weitere wesentliche Änderung erfolgte durch das **Gesetz zur Novellierung des Finanzanlagenvermittler- und Vermögensanlagenrechts.**[66] Nachdem das WpPG die

---

[56] Richtlinie 2003/71/EG des Europäischen Parlaments und des Rates vom 4. November 2003 betreffend den Prospekt, der bei öffentlichem Angebot von Wertpapieren oder bei deren Zulassung zum Handel zu veröffentlichen ist, und zur Änderung der Richtlinie 2003/34/EG, ABl. 2003 L 354, 64.

[57] So die alte Börsenzulassungs-RL, RL 79/279/EWG, ABl. 1979 L 66, 21, und die alte Börsenzulassungsprospektrichtlinie, RL 80/390/EWG, ABl. 1980 L 100, 1, einerseits und die Verkaufsprospektrichtlinie, RL 89/298/EWG, ABl. 1989 L 124, 8, andererseits.

[58] Vgl. Kommentierung zu → § 32 Rn. 16 ff.

[59] Richtlinie 2004/109/EG des Europäischen Parlaments des Rates zur Harmonisierung der Transparenzanforderungen im Bezug auf Informationen über Emittenten, deren Wertpapiere zum Handel auf einem geregelten Markt zugelassen sind, und zur Änderung der Richtlinie 2001/34/EG, ABl. 2004 L 390, 38.

[60] BGBl. 2007 I 10.

[61] Weitergehende Änderungen erfolgten in der BörsZulV, → BörsZulV Vor § 1 Rn. 7.

[62] BGBl. 2007 I 1330. Einzelheiten bei Schwark/Zimmer/*Schwark* Einl. Rn. 15.

[63] Richtlinie 2004/39/EG des Europäischen Parlaments und des Rates vom 21. April 2004 über Märkte für Finanzinstrumente, zur Änderung der Richtlinien 85/611/EWG und 93/6/EWG des Rates und der Richtlinie 2000/12/EG des Europäischen Parlaments und des Rates und zur Aufhebung der Richtlinie 93/22/EWG des Rates, ABl. 2004 L 145, 1. Darüber hinaus wurden folgende weitere Richtlinien mit dem Finanzmarktrichtlinie-Umsetzungsgesetz umgesetzt: Richtlinie 2006/31/EG des Europäischen Parlaments und des Rates vom 5. April 2006 zur Änderung der Richtlinie 2004/39/EG über Märkte für Finanzinstrumente in Bezug auf bestimmte Fristen, ABl. 2006 L 114, 60; Art. 3 Nr. 13 der Art. 5 und 7 Richtlinie 2006/49/EG des Europäischen Parlaments und des Rates vom 14. Juni 2006 über die angemessene Eigenkapitalausstattung von Wertpapierfirmen und Kreditinstituten, ABl. 2006 L 177, 201 und Richtlinie 2006/73/EG der Kommission vom 10. August 2006 zur Durchführung der Richtlinie 2004/39 EG des europäischen Parlaments und des Rates in Bezug auf die organisatorischen Anforderungen an Wertpapierfirmen und die Bedingungen für die Ausübung ihrer Tätigkeit sowie in Bezug auf die Definition bestimmter Begriffe für die Zwecke der genannten Richtlinie, ABl. 2006 L 241, 26.

[64] Richtlinie 2014/65/EU des Europäischen Parlaments und des Rates vom 15. Mai 2014 über Märkte für Finanzinstrumente sowie zur Änderung der Richtlinien 2002/92/EG und 2011/61/EU (Neufassung), ABl. 2014 L 173, 349.

[65] Vgl. auch den zusammenfassenden Bericht bei *Weber* NJW 2007, 3688 (3689 ff.); sowie Einzelheiten bei Schwark/Zimmer/*Schwark* Einl. Rn. 6.

[66] BGBl. 2011 I 2481.

Trennung zwischen Verkaufsprospekt einerseits und Börsenzulassungsprospekt andererseits aufgehoben und die Zuständigkeit für deren Billigung sowie deren inhaltliche Anforderungen einheitlich geregelt hat, erschien die Trennung der Haftungsregeln in §§ 13, 13a VerkProspG aF einerseits und §§ 44 ff. aF andererseits „künstlich".[67] Diese Trennung wurde deshalb aufgegeben und die §§ 44 ff. aF aus dem BörsG entfernt und im Wesentlichen in das WpPG, dort §§ 21, 23, 25 WpPG aF (jetzt §§ 9, 12, 16 WpPG), übernommen. Ausgenommen davon sind nur die Verjährungsregelung des § 46 aF (ein bzw. drei Jahre), die gestrichen und damit durch die allgemein geltenden Verjährungsvorschriften des BGB ersetzt wurde, sowie die Erweiterung der Möglichkeit, weitergehende Ansprüche geltend zu machen, indem in § 25 Abs. 2 WpPG aF (jetzt § 16 Abs. 2 WpPG) die in § 47 Abs. 2 aF noch enthaltene Einschränkung auf vorsätzliche oder grob fahrlässige unerlaubte Handlungen gestrichen wurde.[68]

27   Das **Gesetz zur Umsetzung der Richtlinie 2010/73/EU und zur Änderung des Börsengesetzes**[69] hat das BörsG dagegen nur geringfügig geändert. Eingefügt wurden Regelungen, die es ermöglichen, dass an einer Börse gleichzeitig die an Wertpapierbörsen und die an Warenbörsen gehandelten Wirtschaftsgüter und Rechte gehandelt werden können (§ 2 Abs. 4), die Vereinheitlichung der Zusammensetzung des Börsenrates an Wertpapier- und Warenbörsen durch Änderung des § 12 Abs. 1 aF und Aufhebung des § 14 aF, sowie die Erweiterung („Klarstellung")[70] der Kompetenzen der Börsenaufsichtsbehörde auch gegenüber dem Börsenträger Anordnungen erlassen zu können durch Änderung des § 3 Abs. 5 aF.

28   Durch das **Gesetz zur Vermeidung von Gefahren und Missbräuchen im Hochfrequenzhandel**[71] wurden spezielle Regelungen zur Verringerung der Risiken algorithmischer Hochfrequenzhandelssysteme eingeführt, um damit die Systemstabilität und Marktintegrität zu sichern.

29   Während nachfolgende weitere Änderungen, zB durch das Gesetz zur Vermeidung von Gefahren und Missbräuchen im Hochfrequenzhandel[72] das BörsG nur geringfügig veränderten, haben die Finanzmarktnovellierungsgesetze[73] zur Umsetzung von/Anpassung an europäische Vorgaben[74], hier vor allem das 2. FiMaNoG, deutlich einschneidendere Änderungen des Börsengesetzes bewirkt: Laut Regierungsbegründung zum 2. FiMaNoG ging es „in erster Linie" darum, die „Vorschriften des Teils III der Richtlinie 2014/65/EU zu geregelten Märkten" umzusetzen und hierfür Vorschriften zur Zusammenarbeit zwischen den Aufsichtsbehörden, zu den geänderten Anforderungen an Leitungs- und Verwaltungsorgane der Börse und zur Handelsaussetzung sowie Regulierung von Market Makern vorzusehen und die durch die Richtlinie vorgegebene Ausdehnung der Bußgeldvorschriften bei Zuwiderhandlungen umzusetzen.

30   Das Gesetz zur Ausübung von Optionen der EU-Prospektverordnung und zur Anpassung weiterer Finanzmarktgesetze[75] hat das BörsG nur geringfügig, eher technisch im Sinne einer Anpassung und nicht wirklich inhaltlich geändert. Gleiches gilt für das Gesetz zur weiteren Ausführung der EU-Prospektverordnung und zur Änderung von Finanzmarktgesetzen[76]

II. Börse

31   Jedenfalls bis zum Vierten Finanzmarktförderungsgesetz enthielt das BörsG keine Definition des **Begriffs der Börse**.[77] Die **gesetzliche Definition** der **Wertpapierbörse** in § 1 Abs. 7 aF nahm Bezug auf den allgemeinen Börsenbegriff, ohne diesen zu definieren.[78] *Hopt/Rudolph/Baum* haben in ihrem Börsenreformgutachten gerade im Hinblick auf alternative Handelssysteme die Einführung einer **Legal-**

---

[67] RegBegr. zum Entwurf eines Gesetzes zur Novellierung des Finanzanlagenvermittler- und Vermögensanlagenrechts, BT-Drs. 17/6051, 30 (46).

[68] Krit. dazu bereits *Lorenz/Schönemann/Wolf* CFL 2011, 346 (347 ff.), vgl. auch → WpPG § 9 Rn. 111, 113, → WpPG § 16 Rn. 1.

[69] BGBl. 2012 I 1375.

[70] So die RegBegr. zum Änderungs-RL-Umsetzungsgesetz, BT-Drs. 17/8684, 13 (23).

[71] BGBl. 2013 I 1162.

[72] BGBl. 2013 I 1162.

[73] Erstes Gesetz zur Novellierung von Finanzmarktvorschriften aufgrund europäischer Rechtsakte (Erstes Finanzmarktnovellierungsgesetz – 1. FiMaNoG), BGBl. 2016 I 1514; Zweites Gesetz zur Novellierung von Finanzmarktvorschriften aufgrund europäischer Rechtsakte (Zweites Finanzmarktnovellierungsgesetz – 2. FiMaNoG), BGBl. 2017 I 1693.

[74] Vor allen Dingen die Richtlinie 2014/65/EU des Europäischen Parlaments und des Rates vom 15. Mai 2014 über Märkte für Finanzinstrumente sowie zur Änderung der Richtlinie 2002/92/EG und 2011/61/EU (Neufassung), ABl. 2014 L 173, 349 sowie die Verordnung (EU) 2015/2365 des Europäischen Parlaments und des Rates vom 25.11.2015 über die Transparenz von Wertpapierfinanzierungsgeschäften und der Weiterverwendung sowie zur Änderung der Verordnung (EU) Nr. 648/2012, ABl. 2015 L 337, 1.

[75] BGBl. 2018 I 1102.

[76] BGBl. 2019 I 1002.

[77] Unstreitig vgl. nur *Schwark/Zimmer/Beck* § 2 Rn. 2; *Baumbach/Hopt/Kumpan* § 2 Rn. 1; *Ledermann* in *Schäfer/Hamann* § 1 Rn. 4; *Seiffert* in KMFS BankR/KapMarktR Rn. 14.39 ff. Die gesetzliche Definition in § 1 Abs. 3e KWG gilt nur für das KWG.

[78] *Schwark/Zimmer/Beck* § 2 Rn. 2 und Rn. 46.

definition der Börse gefordert[79] und gleichzeitig eine Abgrenzung der Börse von den börsenähnlichen Einrichtungen, zu denen insbesondere die Proprietary Trading Systems gehören sollen,[80] angeregt.

Dennoch wurde auch durch das Vierte Finanzmarktförderungsgesetz keine Legaldefinition des **32** Begriffs der Börse in das BörsG aufgenommen.

Ob sich aus der im Vierten Finanzmarktförderungsgesetz enthaltenen Legaldefinition der börsen- **33** ähnlichen Einrichtung eine **indirekte Legaldefinition des Begriffes der Börse** ableiten ließ, war streitig.[81] Darauf kommt es jedoch nicht mehr an, da das Finanzmarktrichtlinie-Umsetzungsgesetz in § 2 eine Definition für Börsen eingeführt hat; auf die Kommentierung des § 2 wird verwiesen.

III. Börsenorganisation

1. Träger der Börsen.[82] Diejenigen Personen, welche die **personellen** und **finanziellen Mittel** **34** sowie die benötigten **Räumlichkeiten** für die Durchführung des Börsenhandels zur Verfügung stellen, dh die **Träger der Börsen** (näher zum Begriff des Börsenträgers → § 5 Rn. 1 ff.) sind zwischenzeitlich ausschließlich **Kapitalgesellschaften.**[83]

Das **Verhältnis** zwischen dem **Träger der Börse** einerseits und der **Börse** andererseits war bis zum **35** Vierten Finanzmarktförderungsgesetz **gesetzlich weitgehend ungeregelt.** Nur in der Börsenord- nung fand sich eine, allerdings auch nur rudimentäre Regelung, nach welcher der Träger der Börse verpflichtet ist, auf Anforderung der Geschäftsführung oder des Börsenrates und im Einvernehmen mit diesen die personellen und finanziellen Mittel sowie die sachliche Ausstattung zur Verfügung zu stellen, zB § 3 Abs. 2 BörsenO der FWB.[84] Bereits daraus ergibt sich eine Verpflichtung zum Betrieb der Börse **(Betriebspflicht).**[85] Durch die Neuregelung in § 1 Abs. 2 aF durch das Vierte Finanzmarkt- förderungsgesetz hat der Gesetzgeber diese gesetzliche Lücke geschlossen und dabei im Wesentlichen dasjenige gesetzlich festgeschrieben, was bis dahin bereits von der überwiegenden Auffassung als Rechte und Pflichten des Trägerunternehmens angesehen wurde.

2. Rechtsnatur der Börse.[86] Die Börse ist kraft ausdrücklicher gesetzlicher Regelung in § 2 Abs. 1 **36** **teilrechtsfähige Anstalt des öffentlichen Rechts.**[87] Diese Qualifizierung hat der Gesetzgeber mit der erstmaligen Erwähnung auch des Börsenträgers im BörsG selbst (§§ 1 Abs. 2, 3 aF) im Vierten Finanzmarkförderungsgesetz ausdrücklich festgeschrieben,[88] im Rahmen des Finanzmarktrichtlinie- Umsetzungsgesetzes in § 2 Abs. 1 ausdrücklich verankert und damit klar und deutlich sowohl abwei- chende rechtliche Einordnungen[89] abgelehnt als auch anderen rechtlichen Ausgestaltungen wie zB der

---

[79] Das Gutachten von *Hopt/Rudolph/Baum*, Börsenreform: Eine ökonomische, rechtsvergleichende und rechts- politische Untersuchung, 1997, 382 schlägt folgende Legaldefinition vor: „Börsen lassen sich als Einrichtungen zum Handel mit Finanz- und anderen Instrumenten, Devisen und mit vertretbaren Gütern beschreiben, die einen regelmäßigen Austausch von Angeboten unter mehreren zur Teilnahme zugelassenen Wertpapierfirmen und sonstigen Kaufleuten ermöglichen und einen Vertragsabschluß an ihnen bezwecken."
Auf Seite 391 wird folgende Definition vorgeschlagen: „Börsen im Sinne dieses Gesetzes sind dem Publikum direkt oder indirekt zugängliche Institutionen zur Organisation von regelmäßig stattfindenden Marktveranstaltungen für fungible Güter (Finanz- und sonstige Instrumente, Devisen oder Waren), die für eine Vielzahl von Anbietern und Nachfragern unter Einhaltung standardisierter Transaktionsprozesse (1) der Feststellung und Publikation qualifizierter Preise und (2) der Organisation von Abschlüssen von Geschäften dienen, wobei der Abschluss innerhalb des Marktes/ Systems an zentraler Stelle stattfindet oder bestätigt wird und die Veranstaltung nicht lediglich der Abwicklung des interprofessionellen Handels dient."
Auch die „Stellungnahme der hessischen Börsenaufsichtsbehörde zu einigen ausgewählten Thesen des Gutachtens *Hopt/Rudolph* bezüglich einer Börsenreform in Deutschland", A I Börsendefinition, fordert eine solche Legalde- finition; unentschieden dagegen *Hellwig* ZGR 1999, 781 (789 ff.).
[80] *Hopt/Rudolph/Baum*, Börsenreform: Eine ökonomische, rechtsvergleichende und rechtspolitische Unter- suchung, 1997, 392 ff.
[81] Bejahend *Mülbert* JZ 2002, 826 (829); *Reuschle/Fleckner* BKR 2002, 617 (623 f.); *Spindler* WM 2002, 1325 (1333). AA *Marxsen* in Schäfer/Hamann § 59 Rn. 8 ff.
[82] Vgl. iE *Burgi* WM 2009, 2337 (2337 f.); *Schwark/Zimmer/Beck* § 2 Rn. 38 ff.; *Foelsch/Wittmann* in Hellner/ Steuer BuB Rn. 7/430; *Posegga* WM 2002, 2402; *Schmidt* AG-Report 2/2003, R 53 f.
[83] Träger der FWB ist die Deutsche Börse AG. Ansonsten zur Trägerschaft vgl. nur Schwark/Zimmer/*Beck* § 2 Rn. 38 ff.; zur früher bestehenden Trägerschaft der Börsen durch privatrechtliche Vereine, vgl. *Posegga* WM 2002, 2402; *Schäfer/Peterhoff* § 1 Rn. 35; *Schmidt* AG-Report 2/2003, R 53 f.
[84] Abrufbar über die Internetseite der Deutsche Börse.
[85] Näher → § 5 Rn. 5 f.
[86] Vgl. grundlegend Schwark/Zimmer/*Beck* § 2 Rn. 33 ff.; *Eickhoff* WM 1988, 1713; *Fluck* WM 1997, 553; *Klenke* WM 1995, 1089; *Kümpel* WM-Sonderbeilage 5/1985, 4; *Kümpel/Hammen* BörsenR 22 ff.; *Ledermann* in Schäfer/Hamann Vor § 1 Rn. 14 ff.; *Foelsch/Wittmann* in Hellner/Steuer BuB Rn. 7/439 ff.
[87] VGH Kassel Urt. v. 19.3.1996 – 11 UE 1714/93, NJW-RR 1997, 110; OLG Frankfurt a. M. Urt. v. 18.1.2001 – 1 U 209/99, ZIP 2001, 730 (731); Schwark/Zimmer/*Beck* § 2 Rn. 33; *Schneider/Burgard* WM-Sonderbeilage 3/ 2000, 24 (27) m. umfangr. Nachw.; *Burgi* WM 2009, 2337 (2337 f.); *Burgard* WM 2011, 1973 (1977 f.).
[88] Wie hier *Merkt* Gutachten G für den 64. DJT 2002, G 82; *Mülbert* JZ 2002, 826 (828).
[89] So zB noch *Breitkreuz,* Die Ordnung der Börse, 2000, 88 ff., Börse sei teilrechtsfähige Körperschaft und *Breitkreuz,* Die Ordnung der Börse, 2000, 68 ff., Börse sei Körperschaft des öffentlichen Rechts.

rein privatrechtlichen Organisation der Börse[90] eine ausdrückliche Absage erteilt.[91] Der Schwerpunkt der Börse liegt, wie es für öffentlich-rechtliche Anstalten typisch ist, darin, einen technischen Apparat und verschiedene Dienstleistungen zur Verfügung zu stellen. Zu diesen Dienstleistungen gehören zZ der Handel in den zwei Marktsegmenten (regulierter Markt, Freiverkehr) sowie die Bereitstellung der elektronischen Handelsplattform Xetra. Modifikationen dieses Anstaltszwecks sind dem Börsenrat als dem nach § 12 Abs. 2 Nr. 1 für den Erlass der Börsenordnung als Verfassung der Anstalt zuständigen Organ vorbehalten.[92]

37   **3. Börsenorgane im Überblick. Organe** an den deutschen Wertpapierbörsen sind im Wesentlichen[93] die **Börsengeschäftsführung,** der **Börsenrat,** der **Sanktionsausschuss** und die **Handelsüberwachungsstelle.** Diese Organe werden im Folgenden nur im Überblick dargestellt, während bei den jeweiligen Paragraphen des BörsG eine detaillierte Kommentierung erfolgt.

38   **a) Börsengeschäftsführung.** Entsprechend dem **Organisationsmodell** der **Aktiengesellschaft** sind zur Verbesserung der Leistungsfähigkeit der Börsenleitung die **Managementaufgaben** auf eine professionelle **Börsengeschäftsführung** übertragen worden (§ 15 Abs. 1 S. 1). Die Börsengeschäftsführung ist als Leitungsorgan mit der Wahrnehmung der den Börsen übertragenen öffentlichen Verwaltung betraut.

39   **b) Börsenrat.** Ebenfalls entsprechend dem aktienrechtlichen Modell von **Vorstand (Börsengeschäftsführung)** und **Aufsichtsrat (Börsenrat)** ist als Kontroll- und Rechtsetzungsorgan ein Börsenrat vorgesehen (§ 12 Abs. 1 S. 1), dem neben der Bestellung und Abberufung der Geschäftsführer auch die Überwachung der Geschäftsführung und der Erlass einer Geschäftsordnung für die Geschäftsführung obliegt (§ 12 Abs. 2 Nr. 2–4).

40   **c) Sonstige Börsenorgane.** Weitere Börsenorgane sind die gem. § 7 einzurichtende **Handelsüberwachungsstelle** und sonstige Gremien oder Einzelpersonen, die nach Gesetz oder Satzung der Börse Funktionen, die sich auf die Börse beziehen, selbständig wahrnehmen. Das sind zB die **Skrontoführer** in ihrer Funktion, den Börsenpreis festzustellen sowie der **Sanktionsausschuss** nach § 22.[94]

Abschnitt 1. Allgemeine Bestimmungen über die Börsen und ihre Organe

§ 1 Anwendungsbereich

(1) ¹Dieses Gesetz enthält Regelungen insbesondere zum Betrieb und zur Organisation von Börsen, zur Zulassung von Handelsteilnehmern, Finanzinstrumenten, Rechten und Wirtschaftsgütern zum Börsenhandel, zur Ermittlung von Börsenpreisen, zu den Zuständigkeiten und Befugnissen der zuständigen obersten Landesbehörde (Börsenaufsichtsbehörde) und zur Ahndung von Verstößen hinsichtlich

1. der Vorschriften dieses Gesetzes,
2. der Artikel 4 und 15 der Verordnung (EU) 2015/2365 vom 25. November 2015 über die Transparenz von Wertpapierfinanzierungsgeschäften und der Weiterverwendung sowie zur Änderung der Verordnung (EU) Nr. 648/2012 (ABl. L 337 vom 23.12.2015, S. 1) sowie der auf Grundlage des Artikels 4 dieser Verordnung erlassenen delegierten Rechtsakte und Durchführungsrechtsakte der Europäischen Kommission in der jeweils geltenden Fassung und
3. der Verordnung (EU) Nr. 600/2014 des Europäischen Parlaments und des Rates vom 15. Mai 2014 über Märkte für Finanzinstrumente und zur Änderung der Verordnung (EU)

---

[90] *Hopt/Rudolph/Baum* haben zB in ihrem Börsenreformgutachten eine fakultative Öffnung des BörsG in Richtung einer ausschließlich privatrechtlichen Börsenstruktur vorgeschlagen, S. 400 ff.; dagegen mit überzeugenden Argumenten „Stellungnahme der hessischen Börsenaufsichtsbehörde zu einigen ausgewählten Thesen des Gutachtens *Hopt/Rudolph/Baum* bezüglich einer Börsenreform in Deutschland", A II 2,. Für eine „Privatisierung der Börsen" auch *Merkt* Gutachten G für den 64. DJT 2002, G 82 ff. Gerade vor dem Hintergrund verstärkt auftretender ausländischer proprietärer Handelssysteme sei fraglich, ob die in Deutschland praktizierte rechtliche Struktur sich wird behaupten können; idS auch *Merkt* Gutachten G für den 64. DJT 2002, G 82 ff., 94, dagegen wiederum *Mülbert* JZ 2002, 826 (829).

[91] *Burgard* WM 2011, 1973 (1977 f.) weist zu Recht darauf hin, dass der Gesetzgeber im Finanzmarktrichtlinie-Umsetzungsgesetz sich ganz bewusst für die öffentlich-rechtliche Organisationsform entschieden habe und verweist hierfür ebenfalls zu Recht auf Schwark/Zimmer/*Beck* § 2 Rn. 38 ff. IErg ebenso *Seiffert* in KMFS BankR/KapMarktR Rn. 14.130.

[92] Vgl. nur *Schwark* WM 2000, 2517 (2528 f.).

[93] Zu den sonstigen Börsenorganen → Rn. 40.

[94] Enger Schwark/Zimmer/*Beck* § 2 Rn. 21, der Skrontoführer und Ad-hoc-Schiedsgerichte nicht als Börsenorgane ansieht, da ihnen das hoheitliche Element im Sinne der Erfüllung einer öffentlichen Abgabe fehle.

Nr. 648/2012 (ABl. L 173 vom 12.6.2014, S. 84; L 6 vom 10.1.2015, S. 6; L 270 vom 15.10.2015, S. 4), die durch die Verordnung (EU) 2016/1033 (ABl. L 175 vom 30.6.2016, S. 1) geändert worden ist, in der jeweils geltenden Fassung. [2] Es ist auch anzuwenden auf den Betrieb von multilateralen oder organisierten Handelssystemen durch Börsenträger an einer Börse.

(2) Ist eine Börse beauftragt worden, Versteigerungen gemäß der Verordnung (EU) Nr. 1031/2010 der Kommission vom 12. November 2010 über den zeitlichen und administrativen Ablauf sowie sonstige Aspekte der Versteigerung von Treibhausgasemissionszertifikaten gemäß der Richtlinie 2003/87/EG des Europäischen Parlaments und des Rates über ein System für den Handel mit Treibhausgasemissionszertifikaten in der Gemeinschaft (ABl. L 302 vom 18.11.2010, S. 1) durchzuführen, gelten hinsichtlich dieser Versteigerungen die Vorschriften dieses Gesetzes, soweit in der Verordnung (EU) Nr. 1031/2010 in der jeweils geltenden Fassung nichts anderes bestimmt ist.

§ 1 wurde durch das Finanzmarktrichtlinie-Umsetzungsgesetz neu in das BörsG aufgenommen. Er **1** folgt einer in den letzten Jahren zunehmend zu beobachtenden Tendenz, bei Gesetzen in deren erstem Paragraphen den Anwendungsbereich des Gesetzes zu beschreiben, vgl. auch § 1 WpPG und § 1 WpHG. § 1 Abs. 1 wurde durch das 2. FiMaNoG neu gefasst. Neben einer ausführlicheren und detaillierteren Beschreibung des Anwendungsbereichs wurde in Nr. 1 die VO (EU) 2015/2365 und in Nr. 3 die VO (EU) Nr. 600/2014 aufgenommen. Außerdem wurde in Satz 2 klargestellt, dass sich der Anwendungsbereich des BörsG auch auf nicht als Börsen betriebene Handelsplätze erstreckt, wenn diese von einem Börsenträger an einer Börse betrieben werden.[1]

Welche Bedeutung § 1 zukommt, wird insofern nicht ganz klar. Hilfreich ist aber, wenn die **2** Regierungsbegründung zum Finanzmarktrichtlinie-Umsetzungsgesetz[2] den Begriff des **Börsenbetriebs** näher beschreibt. Danach soll der Begriff des Börsenbetriebs weit zu verstehen sein. Er umfasse nicht nur die Bereitstellung und den Betrieb der Börsenhandels- und Börsenabwicklungssysteme, sondern darüber hinaus insbesondere auch den Börsenhandel in dem gesetzlichen Börsensegment und dem Freiverkehr sowie sämtliche Vorgänge und Abläufe in der Selbstverwaltung der Börse einschließlich der Schaffung und Durchsetzung des börslichen Regelwerks.[3]

Gerade auch seit durch das Gesetz zur Novellierung des Finanzanlagenvermittler- und Vermögens- **3** anlagenrechts der nun verbliebene letzte Abschnitt des BörsG, der sich nicht mit dem reinen Marktorganisationsrecht befasst, die börsengesetzliche Prospekthaftung, gestrichen wurde, erscheint es aber auch zulässig, § 1 in dem Sinne zu verstehen, dass dadurch klar gestellt wird, dass im BörsG tatsächlich nur noch das reine **Marktorganisationsrecht** und damit der Betrieb und die Organisation von Börsen, die Zulassung von Marktteilnehmern und Rechten und Wirtschaftsgütern sowie die Ermittlung von Börsenpreisen geregelt werden, während alle anderen kapitalmarktrechtlichen Regelungen in anderen Gesetzen, vorneh mlich dem WpHG und dem WpPG bzw. in unmittelbar geltenden europäischen Verordnungen, zB der neuen Prospekt-VO, enthalten sind.[4]

§ 1 Abs. 2 wurde durch den Rechtsausschuss im Rahmen des Gesetzes zur Novellierung des **4** Finanzanlagenvermittler- und Vermögensanlagenrechts[5] eingefügt. Begründet wurde diese Einfügung damit, dass gem. § 3 Abs. 1 der Emissionshandels-Versteigerungsverordnung 2012 die Versteigerung als Bestandteil des Börsenhandels im Sinne des BörsG zu erfolgen hat. Da jedoch auf der anderen Seite die EU-Versteigerungsverordnung in einigen Bereichen von den Regelungen des BörsG abweicht, zB im Bereich der Aufsicht durch die Schaffung der Auktionsaufsicht oder im Bereich der zum Handel zugelassenen Teilnehmer, sollte klargestellt werden, das insoweit die EU-Versteigerungsverordnung als vorrangige Sonderregelung zu betrachten ist.[6]

§ 2 Börsen und weitere Begriffsbestimmungen

(1) Börsen sind teilrechtsfähige Anstalten des öffentlichen Rechts, die nach Maßgabe dieses Gesetzes multilaterale Systeme regeln und überwachen, welche die Interessen einer Vielzahl von Personen am Kauf und Verkauf von dort zum Handel zugelassenen Wirtschaftsgütern und Rechten innerhalb des Systems nach nichtdiskretionären Bestimmungen in einer Weise zusammenbringen oder das Zusammenbringen fördern, die zu einem Vertrag über den Kauf dieser Handelsobjekte führt.

---

[1] RegBegr. zum 2. FiMaNoG, BT-Drs. 18/10936, 266 (267); Baumbach/Hopt/*Kumpan* Rn. 1.
[2] RegBegr. zum Finanzmarktrichtlinie-Umsetzungsgesetz, BT-Drs. 16/4028, 79.
[3] So ausdr. RegBegr. zum Finanzmarktrichtlinie-Umsetzungsgesetz, BT-Drs. 16/4028, 79, ebenso auch Schwark/Zimmer/*Beck* Rn. 5; Baumbach/Hopt/*Kumpan* Rn. 2.
[4] Schwark/Zimmer/*Schwark* Einl. Rn. 18.
[5] BGBl. 2011 I 2481.
[6] Begründung Finanzausschuss, BT-Drs. 17/7453, 115.

(2) [1] Wertpapierbörsen im Sinne dieses Gesetzes sind Börsen, an denen Wertpapiere und sich hierauf beziehende Derivate im Sinne des § 2 Absatz 3 des Wertpapierhandelsgesetzes gehandelt werden. [2] An Wertpapierbörsen können auch andere Finanzinstrumente im Sinne des § 2 Absatz 4 des Wertpapierhandelsgesetzes und Edelmetalle gehandelt werden.

(3) [1] Warenbörsen im Sinne dieses Gesetzes sind Börsen, an denen Waren im Sinne des § 2 Absatz 5 des Wertpapierhandelsgesetzes und Termingeschäfte in Bezug auf Waren gehandelt werden. [2] An Warenbörsen können auch Termingeschäfte im Sinne des § 2 Absatz 3 Nummer 2 des Wertpapierhandelsgesetzes und die diesen zugrunde liegenden Basiswerte gehandelt werden.

(4) Auf eine Börse, an der sowohl die in Absatz 2 als auch die in Absatz 3 genannten Wirtschaftsgüter und Rechte gehandelt werden, sind sowohl die sich auf Wertpapierbörsen als auch die sich auf Warenbörsen beziehenden Vorschriften anzuwenden.

(5) Handelsplätze im Sinne dieses Gesetzes sind Börsen, multilaterale Handelssysteme und organisierte Handelssysteme.

(6) Ein multilaterales Handelssystem im Sinne dieses Gesetzes ist ein multilaterales System, das die Interessen einer Vielzahl von Personen am Kauf und Verkauf von Finanzinstrumenten innerhalb des Systems und nach nichtdiskretionären Bestimmungen in einer Weise zusammenbringt, die zu einem Vertrag über den Kauf dieser Finanzinstrumente führt.

(7) Ein organisiertes Handelssystem im Sinne dieses Gesetzes ist ein multilaterales System, bei dem es sich nicht um eine Börse oder ein multilaterales Handelssystem handelt und das die Interessen einer Vielzahl Dritter am Kauf und Verkauf von Schuldverschreibungen, strukturierten Finanzprodukten, Emissionszertifikaten oder Derivaten innerhalb des Systems in einer Weise zusammenbringt, die zu einem Vertrag über den Kauf dieser Finanzinstrumente führt.

(8) [1] Handelsteilnehmer im Sinne dieses Gesetzes sind die nach § 19 zur Teilnahme am Börsenhandel zugelassenen Unternehmen, Börsenhändler, Skontroführer und skontroführenden Personen. [2] Mittelbare Handelsteilnehmer im Sinne dieses Gesetzes sind Personen, die einem Handelsteilnehmer Aufträge elektronisch übermitteln, die unter eingeschränkter oder ohne menschliche Beteiligung von dem Handelsteilnehmer an die Börse weitergeleitet werden, oder die einen direkten elektronischen Zugang nutzen.

(9) [1] Ein direkter elektronischer Zugang im Sinne dieses Gesetzes ist eine Vereinbarung, in deren Rahmen ein Handelsteilnehmer einer anderen Person die Nutzung seines Handelscodes gestattet, damit diese Person Aufträge in Bezug auf Finanzinstrumente elektronisch direkt an den Handelsplatz übermitteln kann, mit Ausnahme der in Artikel 20 der Delegierten Verordnung (EU) 2017/565 der Kommission vom 25. April 2016 zur Ergänzung der Richtlinie 2014/65/EU des Europäischen Parlaments und des Rates in Bezug auf die organisatorischen Anforderungen an Wertpapierfirmen und die Bedingungen für die Ausübung ihrer Tätigkeit sowie in Bezug auf die Definition bestimmter Begriffe für die Zwecke der genannten Richtlinie (ABl. L 87 vom 31.3.2017, S. 1), in der jeweils geltenden Fassung, genannten Fälle. [2] Der direkte elektronische Zugang umfasst auch Vereinbarungen, die die Nutzung der Infrastruktur oder eines anderweitigen Verbindungssystems des Handelsteilnehmers durch diese Person zur Übermittlung von Aufträgen beinhalten (direkter Marktzugang) sowie diejenigen Vereinbarungen, bei denen eine solche Infrastruktur nicht durch diese Person genutzt wird (geförderter Zugang).

(10) [1] Kleine und mittlere Unternehmen im Sinne dieses Gesetzes sind Unternehmen, deren durchschnittliche Marktkapitalisierung auf der Grundlage der Notierungen zum Jahresende in den letzten drei Kalenderjahren weniger als 200 Millionen Euro betrug. [2] Nähere Bestimmungen enthalten die Artikel 77 bis 79 der Delegierten Verordnung (EU) 2017/565.

(11) In verwaltungsgerichtlichen Verfahren kann die Börse unter ihrem Namen klagen und verklagt werden.

Übersicht

I. Einleitung

§ 2 wurde durch das Finanzmarktrichtlinie-Umsetzungsgesetz neu gefasst. Er enthält in seinem **1** Abs. 1 eine Definition der Börse, übernimmt in Abs. 2 die bis dahin in § 1 Abs. 7 aF enthaltene Definition der Wertpapierbörsen und in Abs. 3 die in § 1 Abs. 8 aF enthaltene Definition der Warenbörsen, jeweils allerdings mit einigen kleineren Änderungen. § 2 Abs. 5 aF (jetzt § 2 Abs. 11) soll nach der Regierungsbegründung zum Finanzmarktrichtlinie-Umsetzungsgesetz § 16 Abs. 4 entsprechen,[1] gemeint ist damit § 13 Abs. 6 aF.

§ 2 Abs. 4 wurde durch das Gesetz zur Umsetzung der Richtlinie 2010/73/EU und zur Änderung **2** des Börsengesetzes[2] neu in § 2 aufgenommen und enthält zwei Klarstellungen. Zum einen wird deutlich, dass an ein und derselben Börse gleichzeitig sowohl Wertpapiere und sich darauf beziehende Derivate, andere Finanzinstrumente, Waren, Termingeschäfte in Bezug auf Waren und die entsprechenden Basiswerte gehandelt werden können. Zum anderen wird klargestellt, dass eine solche Börse dann sowohl die Definition der Wertpapier- als auch der Warenbörse nach § 2 Abs. 2 bzw. Abs. 3 erfüllt und demnach auf diese auch sämtliche auf Wertpapierbörsen und sämtliche auf Warenbörsen anwendbare Vorschriften Anwendung finden.[3]

Das 2. FiMaNoG hat in den Abs. 5–10 eine Reihe weiterer Begriffsbestimmungen aufgenommen **3** und dabei die Vorgaben der MiFID II umgesetzt. Die Abs. 5–7 enthalten Definitionen für Handelsplätze und Handelssysteme. Dabei definiert Abs. 5 den Begriff des Handelsplatzes als Oberbegriff, der sowohl Börsen als auch multilaterale Handelssysteme, definiert in Abs. 6, und organisierter Handelssysteme, definiert in Abs. 7, umfasst.

Abs. 8 enthält die aus „redaktionellen Gründen"[4] von § 3 Abs. 4 S. 1 aF verschobene Definition **4** des Handelsteilnehmers. Die Definition des mittelbaren Handelsteilnehmers umfasst dabei sowohl den Nutzer eines direkten elektronischen Zugangs durch ein sogenanntes Order-Routing als auch den Nutzer eines direkten elektronischen Zugangs entsprechend den Vorgaben der MiFID II, so wie er in Abs. 9 definiert ist.[5] Abs. 10 enthält die Definition von kleinen und mittleren Unternehmen, um damit die KMU-Wachstumsmärkte, wie sie in § 48a Abs. 1 beschrieben sind, näher bestimmen zu können.

II. Börse

1. Legaldefinition. a) Materielle und formale Begriffsbestimmung. § 2 Abs. 1 enthält in **5** Anlehnung[6] an die an Art. 4 Abs. 1 Nr. 14 MiFID[7] (Art. 4 Abs. 1 Nr. 21 MiFID II[8]) enthaltene Definition des geregelten Marktes die Definition der Börse. Bis dahin war eine gesetzliche Definition der Börse vom Gesetzgeber abgelehnt worden, zuletzt noch im Rahmen des Vierten Finanzmarktförderungsgesetzes.[9] Dabei umfasst der in § 2 Abs. 1 definierte Börsenbegriff zwei unterschiedliche Bereiche, zum einen die **formale Begriffsbestimmung** an Hand der Rechtsform und der durch das BörsG vorgeschriebene Struktur nebst den jeweiligen Börsenorganen („teilrechtsfähige Anstalten des öffentlichen Rechts, die nach Maßgabe dieses Gesetzes"). Zum anderen umfasst die Begriffsbestimmung die **materielle Begriffsbestimmung** an Hand der Funktion der Börse als Handelsplattform[10] und stellt hierfür vier Voraussetzungen auf: 1. ein durch zwingende Regeln reglementier-

---

[1] RegBegr. zum Finanzmarktrichtlinie-Umsetzungsgesetz, BT-Drs. 16/4028, 80.

[2] BGBl. 2012 I 1375.

[3] RegBegr. zum Gesetz zur Umsetzung der Richtlinie 2010/73/EU und zur Änderung des Börsengesetzes, BT-Drs. 17/8684, 13 (23).

[4] RegBegr. zum 2. FiMaNoG, BT-Drs. 18/10936, 267.

[5] Ausf. dazu RegBegr. 2. FiMaNoG, BT-Drs. 18/10936, 267.

[6] RegBegr. zum Finanzmarktrichtlinie-Umsetzungsgesetz, BT-Drs. 16/4028, 79; *Seiffert* in Kümpel/Wittig BankR/KapMarktR Rn. 14.40.

[7] Richtlinie 2004/39/EG des Europäischen Parlaments und des Rates vom 21. April 2004 über Märkte für Finanzinstrumente, zur Änderung der Richtlinien 85/611/EWG und 93/6/EWG des Rates und der Richtlinie 2000/12/EG des Europäischen Parlaments und des Rates und zur Aufhebung der Richtlinie 93/22/EWG des Rates, ABl. 2004 L 145, 1.

[8] Richtlinie 2014/65/EU des Europäischen Parlaments und des Rates vom 15. Mai 2014 über Märkte für Finanzinstrumente sowie zur Änderung der Richtlinien 2002/92/EG und 2011/61/EU, ABl. 2014 L 173, 349.

[9] → Vor § 1 Rn. 31.

[10] Zu diesen beiden Elementen der Begriffsbestimmung ausdr. RegBegr. zum Finanzmarktrichtlinie-Umsetzungsgesetz, BT-Drs. 16/4028, 79.

tes,[11] 2. Zusammenbringen von Angebot und Nachfrage nach 3. börsenzugelassenen Wirtschaftsgütern und Rechten zu 4. Vertragsabschlüssen im System selbst.

6   **b) Materielle Begriffsbestimmung.** Mit der an die Funktion der Börse anknüpfenden materiellen Begriffsbestimmung folgt der Gesetzgeber den Vorgaben der MiFID, die in Art. 4 Abs. 1 Nr. 14 MiFID (im Wesentlichen gleichlautend Art. 4 Abs. 1 Nr. 21 MiFID II) den geregelten Markt wie folgt definiert: „von einem Marktbetreiber betriebenes und/oder verwaltetes multilaterales System, das die Interessen einer Vielzahl Dritter am Kauf und Verkauf von Finanzinstrumenten innerhalb des Systems und nach seinen nichtdiskretionären Regeln in einer Weise zusammenführt oder das Zusammenführen fördert, die zu einem Vertrag in Bezug auf Finanzinstrumente führt, die gemäß den Regeln und/oder den Systemen des Marktes zum Handel zugelassen wurden, sowie eine Zulassung erhalten hat und ordnungsgemäß und gemäß den Bestimmungen des Titels III funktioniert."

7   Diese materielle Begriffsbestimmung des Finanzmarktrichtlinie-Umsetzungsgesetzes und der MiFID baut auf dem materiellen Börsenbegriff [12] auf, der auch der in deutschen Lit. vorher schon vorherrschenden Auffassung entsprach.[13] Die früher vorherrschende Definition der Börsen als Einrichtungen für die **regelmäßige Zusammenkunft von Kaufleuten** am **gleichen Ort** zum **Massenumsatz von Waren, Wertpapieren oder Devisen** durch **standardisierte Verträge** war aufgrund moderner technischer Entwicklungen, insbesondere der **vollelektronischen Handelseinrichtungen,** gestützt durch die Börsengesetz-Novelle 1989,[14] zu einem **materiellen Börsenbegriff** weiterentwickelt worden. In diesem war bereits vor dem Vierten Finanzmarktförderungsgesetz die **Ortsgebundenheit** der Geschäfte durch das Erfordernis eines **zentralisierten, organisierten Handelssystems mit Abschlusselementen** ersetzt worden.

8   Dieser der Definition in § 2 Abs. 1 zu Grunde gelegte materielle Börsenbegriff wurde im Rahmen des Finanzmarktrichtlinie-Umsetzungsgesetz ua durch das Erfordernis, dass die Geschäfte im System selbst zustande kommen müssen,[15] ergänzt; *Seiffert* weist insofern zu Recht darauf hin, die Anforderung, das Geschäft müsse im System selbst zu Stande kommen, sei historisch betrachtet die „Fortschreibung der Ortsgebundenheit".[16] Auch die staatliche Preisüberwachung oder -feststellung,[17] die bereits vor dem Finanzmarktrichtlinie-Umsetzungsgesetz von einigen Stimmen in der Lit. als börsencharakteristisch bezeichnet wurde,[18] gehört jetzt wohl zum Wesensmerkmal der Börse. Wenn nämlich eine Börse nur diejenige teilrechtsfähige Anstalt sein soll, die ein multilaterales System zur Vermittlung von Kaufverträgen regelt und überwacht, wenn diese Überwachung „nach Maßgabe dieses Gesetzes", dh des BörsG, erfolgt, das BörsG aber gerade die staatliche Überwachung und Feststellung der Börsenpreise enthält, dann sind Preisüberwachung und Feststellung Voraussetzung für eine Börse und nicht bloße Rechtsfolge der Genehmigung als Börse nach § 4 Abs. 1 bzw. als Freiverkehr iSd § 48.[19] Gleiches gilt auch für eine Beschränkung des Teilnehmerkreises. Auch sie ist nicht Rechtsfolge der Genehmigung als Börse,[20] sondern nach der Legaldefinition in § 2 Abs. 1 Wesensmerkmal der Börse. Denn auch dafür gilt: Das Handelssystem ist Börse, wenn es nach den Regeln des BörsG funktioniert,

---

[11] Darauf weist die Regierungsbegründung zum Finanzmarktrichtlinie-Umsetzungsgesetz ausdrücklich hin, Reg-Begr. zum Finanzmarktrichtlinie-Umsetzungsgesetz, BT-Drs. 16/4028, 79.

[12] Dabei werden hier in der Lit. unterschiedliche Begriffe verwendet, von einigen Autoren wird vom materiellen Börsenbegriff, von anderen vom funktionalen Börsenbegriff, von wieder anderen vom Begriff der Börse im materiellen Sinne gesprochen, vgl. nur Schwark/Zimmer/*Beck* Rn. 6 („materielle oder funktionale Begriffsbestimmung"); *Hopt/Rudolph/Baum,* Börsenreform: Eine ökonomische, rechtsvergleichende und rechtspolitische Untersuchung, 1997, 377 ff.; *Hellwig* ZGR 1999, 781 (787 ff.); *Köndgen* ZHR 164 (2000), 649 (653); *Merkt* Gutachten G für den 64. DJT, G 77 ff., insbesondere G 80 f.; *Mues* ZBB 2001, 353 (355 f.); *Ledermann* in Schäfer/Hamann Vor § 1 Rn. 5 ff.; *Reuschle/Fleckner* BKR 2002, 617 (624); *Wastl/Schlitt* WM 2001, 1703 (1703).

[13] Schwark/Zimmer/*Beck* Rn. 4; *Breitkreuz,* Die Ordnung der Börse, 2000, 34; Baumbach/Hopt/*Kumpan* Rn. 1; *Kindermann* WM-Sonderbeilage 2/1989, 10; *Seiffert* in KMFS BankR/KapMarktR Rn. 14.40; *Foelsch/Wittmann* in Hellner/Steuer BuB Rn. 7/429; *Ledermann* in Schäfer/Hamann Vor § 1 Rn. 6.

[14] Schwark/Zimmer/*Schwark* Einl. Rn. 6; *Weber* NJW 2000, 2061 (2063).

[15] Schwark/Zimmer/*Beck* Rn. 5; *Breitkreuz,* Die Ordnung der Börse, 2000, 34; Baumbach/Hopt/*Kumpan* Rn. 1; *Kindermann* WM-Sonderbeilage 2/1989, 10; *Seiffert* in KMFS BankR/KapMarktR Rn. 14.41; *Foelsch/Wittmann* in Hellner/Steuer BuB Rn. 7/430.

[16] *Seiffert* in KMFS /KapMarktR Rn. 14.41.

[17] *Breitkreuz,* Die Ordnung der Börse, 2000, 36; *Hammen* WM 2001, 929 (930); *Reuschle/Fleckner* BKR 2002, 617 (623); *Spindler* WM 2002, 1325 (1335).

[18] So zB *Kümpel/Hammen/Ekkenga* Kennz. 060, 10 f.; *Beck* WM 1998, 417 (418); *Wastl/Schlitt* WM 2001, 1702 (1707 ff.).

[19] So auch zur Rechtslage vor dem Finanzmarktrichtlinie-Umsetzungsgesetz *Breitkreuz,* Die Ordnung der Börse, 2000, 36; *Hammen* WM 2001, 929 (930); *Reuschle/Fleckner* BKR 2002, 617 (623); *Spindler* WM 2002, 1325 (1335). Wie hier zur Rechtslage nach dem Finanzmarktrichtlinie-Umsetzungsgesetz *Seiffert* in KMFS BankR/KapMarktR Rn. 14.41; aA dagegen Schwark/Zimmer/*Beck* Rn. 7.

[20] So auch zur Rechtslage vor dem Finanzmarktrichtlinie-Umsetzungsgesetz *Reuschle/Fleckner* BKR 2002, 617 (624); *Spindler* WM 2002, 1325 (1335); nicht eindeutig *Wastl/Schlitt* WM 2001, 1703 (1704 f.). Wie hier zur Rechtslage nach dem Finanzmarktrichtlinie-Umsetzungsgesetz *Seiffert* in KMFS BankR/KapMarktR Rn. 14.41; aA dagegen Schwark/Zimmer/*Beck* Rn. 7.

das BörsG fordert eine gesonderte Zulassung von im System handelnden Unternehmen und Personen (§ 19 Abs. 2). Dann ist Börse iSd § 2 Abs. 1 auch nur die Handelseinrichtung mit begrenztem Teilnehmerkreis.[21] Damit lässt sich auch im Hinblick auf die Abgrenzung der Börse von anderen alternativen Handelssystemen der Begriff der Börse **materiell** wie folgt bestimmen: **Zentralisiertes, organisiertes Handelssystem,**[22] in dem **Angebot** und **Nachfrage** in **börsenmäßig handelbaren Wirtschaftsgütern** oder **Rechten** mit dem Ziel **zusammengeführt werden, Vertragsabschlüsse** unter mehreren Marktteilnehmern **im System** zu ermöglichen und durchzuführen **und Feststellung transparenter, geregelter und überwachter Preise.**[23]

c) Formale Begriffsbestimmung. Allein mit dieser materiellen Begriffsbestimmung wäre jedoch **9** eine Abgrenzung der Börse von multilateralen Handelssystemen nach den §§ 72 ff. WpHG nicht erreicht, da sich beide Systeme, dh Börsen und multilaterale Handelssysteme, aufgrund der nach Art. 4 Abs. 1 Nr. 14 und 15 MiFID (und Art. 4 Abs. 1 Nr. 21 und 22 MiFID II) vorgegebenen, in § 2 Abs. 1 WpHG einerseits und § 2 Abs. 1 andererseits in deutsches Recht transferierten Parallelität materiell nicht unterscheiden,[24] abgesehen von dem besonderen Zulassungserfordernis sowohl der Börse als solcher als auch der in ihr gehandelten Finanzinstrumente.[25] Zutreffenderweise hebt deshalb die Regierungsbegründung zum Finanzmarktrichtlinie-Umsetzungsgesetz hervor, ein Unternehmen, das den Betrieb einer multilateralen Handelsplattform beabsichtige, könne wählen, ob es dieses nach § 2 als Börse oder als multilaterales Handelssystem nach § 72 WpHG betreiben wolle.[26] Deshalb kommt dem formalen Element der Begriffsbestimmung der Börse in § 2 Abs. 1 für die Abgrenzung von Börsen zu multilateralen Handelssystemen entscheidende Bedeutung zu. Die von § 2 Abs. 1 für Börsen geforderte Rechtsform der teilrechtsfähigen Anstalt öffentlichen Rechts grenzt diese von multilateralen Handelssystemen ab.[27]

2. Abgrenzung der Börse von multilateralen Systemen. Wie in vorstehender Randnummer **10** bereits dargelegt, unterscheiden sich Börsen iSd § 2 Abs. 1 materiell nicht von multilateralen Systemen iSd § 2 Abs. 21, § 72 WpHG. Die Unterscheidung erfolgt allein an Hand der formalen Begriffs-bestimmung des § 2 Abs. 1 und damit allein aufgrund der „nach der Erteilung der Erlaubnis nach § 4 Abs. 1 BörsenG erst entstehenden Anstalt öffentlichen Rechts".[28] Konkret bedeutet dies: Entscheidet sich ein Unternehmen dazu, ein „multilaterales System" als Börse betreiben zu wollen, beantragt es demzufolge die Erlaubnis nach § 4 Abs. 1 und wird diese erteilt, dann erhält materiell das multilaterale System die Rechtsform der teilrechtsfähigen Anstalt öffentlichen Rechts, ist damit Börse iSd § 2 Abs. 1 – ob Wertpapier- oder Warenbörse oder beides bestimmt sich nach § 2 Abs. 2, 3 oder 4 danach, ob Wertpapiere, andere Wirtschaftsgüter oder beides an dieser Börse gehandelt werden sollen – und das beantragende Unternehmen wird damit zum Träger der Börse mit den sich aus § 5 ergebenden Rechten und Pflichten. Diese Einordnung hat Auswirkungen auf die Qualifizierung der Erlaubnis nach § 4 Abs. 1 (→ § 4 Rn. 3).

3. Abgrenzung der Börse von Informations-/Kommunikationssystemen. Computerbör- **11** **sen** sind nur dann Börsen iSd § 2 Abs. 1, wenn die **Geschäfte direkt im System abgeschlossen werden;**[29] nicht ausreichend sind damit reine Informations- und Kommunikationssysteme, wenn sie die Geschäfte nur vorbereiten und im System selbst keine Umsatzgeschäfte in Waren, Wertpapieren oder Devisen getätigt werden.[30]

4. Computer-/Präsenzbörse. Traditionelle Börsen waren **Präsenzbörsen,** dh der Wertpapier- **12** handel wird bei physischer Präsenz der Marktteilnehmer am gleichen Ort durchgeführt. Die traditionelle Auffassung führt zur oben genannten **Ortsgebundenheit** des Börsenbegriffs. Dieses Begriffsmerkmal ist bei elektronischen **Order-Routing-Systemen** noch gegeben, da die Empfän-ger der Order noch im Börsengebäude präsent sind und dort die ihnen elektronisch zugeleiteten Orders mit Angebot und Nachfrage zu Geschäftsabschlüssen zusammenführen. Bei einer **vollauto-** **matischen Computerbörse,** bei der die Teilnehmer an verschiedenen Orten, auch aus dem

---

[21] Wie hier *Seiffert* in KMFS BankR/KapMarktR Rn. 14.41.

[22] Wobei das „System" keiner besonderen technischen Plattform bedarf, sondern auch ein Präsenzhandel mit Zuruf etc ausreicht, siehe Schwark/Zimmer/*Beck* Rn. 16.

[23] IdS auch der Vorschlag von *Hopt/Rudolph/Baum,* Börsenreform: Eine ökonomische, rechtsvergleichende und rechtspolitische Untersuchung, 1997, 391.

[24] RegBegr. Finanzmarktrichtlinie-Umsetzungsgesetz, BT-Drs. 16/4028, 79. Ebenso ausdr. auch Schwark/Zim-mer/*Beck* Rn. 22; *Seiffert* in KMFS BankR/KapMarktR Rn. 14.45.

[25] Vgl. die Definition des geregelten Marktes in Art. 4 Nr. 14 MiFID einerseits und die des multilateralen Handelssystems in Art. 4 Nr. 15 MiFID andererseits.

[26] RegBegr. Finanzmarktrichtlinie-Umsetzungsgesetz, BT-Drs. 16/4028, 81; ebenso *Seiffert* in KMFS BankR/KapMarktR Rn. 14.45.

[27] *Seiffert* in KMFS BankR/KapMarktR Rn. 14.45.

[28] Schwark/Zimmer/*Beck* Rn. 22; Baumbach/Hopt/*Kumpan* § 1 Rn. 2b.

[29] *Seiffert* in KMFS BankR/KapMarktR Rn. 14.41; Schwark/Zimmer/*Beck* Rn. 17.

[30] Schwark/Zimmer/*Beck* Rn. 17.

Ausland,[31] ihre Orders in ein Computersystem eingeben, in dem dann die Aufträge in einem Zentralrechner zusammengeführt werden, ist es dagegen nicht mehr gegeben. Diese technische Entwicklung hat zur oben genannten Fortentwicklung des traditionellen Börsenbegriffs zum materiellen Börsenbegriff geführt. An die Stelle der Ortsgebundenheit der Marktteilnehmer tritt bei Computerbörsen die **Systemgebundenheit** und der **Abschluss der Verträge innerhalb des Systems.**[32]

13   **5. Alternative Handelssysteme, elektronische Kommunikationsnetze als Börse. Alternative Trading System** (ATS) ist der Oberbegriff für verschiedene alternative elektronische Handelsplattformen.[33] Diese lassen sich in sog **Bulletin Boards (BB), Electronic Communication Networks (ECN)** und **Proprietary Trading Systems (PTS)** unterscheiden, wobei sich auch unter diesen Oberbegriffen wiederum eine Vielzahl von unterschiedlichen Erscheinungsformen befindet. Außerdem werden die Begriffe teilweise auch wieder unterschiedlich verwendet. Für die Beantwortung der Frage, ob das jeweilige System als Börse oder als multilaterales Handelssystem iSd § 72 WpHG oder nur als elektronische Handelsplattform anzusehen ist, komme es allein auf die konkrete Ausgestaltung des Systems an, ob Kauf- und Verkaufsaufträge im System selbst zu Verträgen zusammengeführt werden, welche Wirtschaftsgüter gehandelt wurden, wer jeweils Vertragspartei wird, und ob die Preise überwacht werden etc. Anders gewendet: Die jeweilige Funktionalität des Systems ist daraufhin zu untersuchen, ob die in → Rn. 5 ff. genannten Begriffsmerkmale der Börse bzw. des multilateralen Handelssystems erfüllt sind.

14   Im Folgenden geht es allein darum, welche ATS als Börsen bzw. als multilaterales Handelssystem anzusehen sind. BB ist ein elektronisches System, in das Interessenten Angebote einstellen, die dann, gegebenenfalls nach Verhandlungen zwischen den Parteien, zu einem Geschäft außerhalb des Systems führen.[34] **BB ist keine Börse,** da die Geschäfte außerhalb des Systems abgeschlossen werden.[35] **Elektronic Communication Networks (ECN)** sind elektronische Systeme, in denen Finanzintermediäre von einem Emissionshaus Wertpapiere erwerben können.[36] Sie **sind ebenfalls keine Börse** im herkömmlichen Sinn, da die Geschäfte immer mit demselben Kontrahenten zustande kommen.[37] **Proprietary Trading Systems (PTS)** im deutschen Verständnis entsprechen den Electronic Communication System Networks im amerikanischen Sinn[38] und stellen elektronische Systeme dar, die den angeschlossenen Teilnehmern ermöglichen, untereinander oder mit dem Betreiber des Systems Wertpapiergeschäfte abzuschließen.[39] **PTS** wären, würden sie als teilrechtsfähige Anstalten öffentlichen Rechts betrieben oder von diesen geregelt, als **Börsen** im Sinne des BörsG anzusehen,[40] wobei jedoch die Anwendbarkeit des BörsG und damit die Zuständigkeit deutscher Börsenaufsichtsbehörden bei im Ausland „ansässigen" PTS fraglich ist.[41]

15   Fraglich ist außerdem, wie ein System einzuordnen ist, bei dem die Geschäfte generell mit einer Partei zu Stande kommen. Solche Systeme sind grundsätzlich nicht als Börsen anzusehen, da diese den Vertragsabschluss mit anderen Handelsteilnehmern und nicht mit einer einzigen, jeweils gleichen Vertragspartei voraussetzt. Eine Ausnahme wird man in dem Fall machen müssen, in dem der Vertragsabschluss zwar formal, zB aus Sicherheits- und Abwicklungsgründen mit einer sog. zentralen Gegenpartei erfolgt, etwa bei der EUREX, materiell aber die Verträge nur dann zu Stande kommen, wenn korrespondierende Kauf- und Verkaufsaufträge zweier Handelsteilnehmer vorliegen und die zentrale Gegenpartei tatsächlich nur „dazwischen geschaltet" wird.[42]

---

[31] Zu den Rechtsfragen, die sich aus der Zulassung von Handelsteilnehmern mit Sitz in einem anderen Staat als dem der Börse ergeben, vgl. *Beck* FS *Kümpel,* 2003, 19, 23 ff.; Schwark/Zimmer/*Beck* § 3 Rn. 76 ff.

[32] *Foelsch/Wittmann* in Hellner/Steuer BuB Rn. 7/432 f.; *Seiffert* in KMFS BankR/KapMarktR Rn. 14.41; *Schmidt/Iversen/Treske* ZBB 1993, 209.

[33] Zu den verschiedenen Erscheinungsformen vgl. nur *Dornau,* Alternative Handelssysteme in den USA und in Europa, 1999, 4; *Spindler* WM 2002, 1325 (1227 f.); ausf. zu außerbörslichen elektronischen Handelsplattformen *Seiffert* in KMFS BankR/KapMarktR Rn. 14.57 ff. zu multilateralen Handelssystemen und 14.74 ff. zu systematischen Internalisierern.

[34] So auch *Spindler* WM 2002, 1325 (1327).

[35] *Dornau,* Alternative Handelssysteme in den USA und in Europa, 1999, 25. Zum Erfordernis des Abschlusses des Geschäfts im System → Rn. 7.

[36] *Dornau,* Alternative Handelssysteme in den USA und in Europa, 1999, 22 f.; aA Baumbach/Hopt/*Kumpan* Rn. 2b, der allerdings ECN wohl anders versteht, im Sinne von PTS.

[37] *Dornau,* Alternative Handelssysteme in den USA und in Europa, 1999, 25.

[38] Vgl. zB *Neubauer* Die Bank 2001, 104, der ECN im Sinne von PTS verwendet; ebenso wohl Baumbach/Hopt/*Kumpan* Rn. 2b.

[39] *Dornau,* Alternative Handelssysteme in den USA und in Europa, 1999, 25; *Schwark* WM 1997, 293 (299); *v. Rosen* ZfgK 1994, 1213.

[40] *Dornau,* Alternative Handelssysteme in den USA und in Europa, 1999, 25. Differenzierend *Hammen* WM 2001, 929 (931), der nur solche PTS als Börse im Sinne des BörsG ansehen will, bei welchen die Preise unter Mitwirkung von Maklern oder einer Software, die bei der Preisbildung wie ein Makler vorgeht, gebildet werden, nicht dagegen diejenigen, bei welchen die Handelsteilnehmer des PTS die Preise selbst bilden.

[41] → § 4 Rn. 12.

[42] Schwark/Zimmer/*Beck* Rn. 30; ebenso Baumbach/Hopt/*Kumpan* Rn. 2a.

6. Xetra. Das Inter-Banken-Informations-System ist bis Anfang 1991 zum **Integrierten-Börsen-** **16** **handels-Informations-System** (IBIS II) weiterentwickelt worden, das zwischen den angeschlossenen Marktteilnehmern bei entsprechenden deckungsgleichen Angeboten und Nachfragen **vollautomatisch Wertpapiergeschäfte** zustande brachte und nach der Integration in die Deutsche Börse AG am 5.4.1991 in alle Wertpapierbörsen integriert wurde.[43]

Die früher umstrittene Frage, ob der IBIS-Handel damit **Teil der jeweiligen regionalen Börse** **17** geworden ist,[44] oder eine **eigene Börse** darstellt, die jeweils gesonderter Genehmigung durch die Börsenaufsichtsbehörde bedurft hätte, hatte sich bereits durch die Einfügung des § 7a aF und insbesondere des § 12 aF durch das Zweite Finanzmarktförderungsgesetz erledigt. § 12 idF des Zweiten Finanzmarktförderungsgesetzes unterstellte, indem er die Zustimmungskompetenz zum elektronischen Handelssystems der jeweiligen Börse, dh nach § 12 Abs. 2 S. 2 dem Börsenrat, zuwies, dass dieses System Bestandteil der einzelnen Börse ist.[45] Anderenfalls wäre nicht ein Börsenorgan, sondern die Börsenaufsichtsbehörde als die gem. § 4 Abs. 1 über die Genehmigung einer – eigenständigen – Börse entscheidende Behörde zuständig gewesen. Die früher geltende Regelung der Preisermittlung an Wertpapierbörsen in § 25 aF stellte es den jeweiligen Börsen frei, in der Börsenordnung zu regeln, ob die Preisermittlung im elektronischen Handel oder durch Skontroführer erfolgt. Sie bestätigt diese Auffassung bzw. geht von ihr aus.

IBIS ist seit Ende 1997 von **Xetra** ersetzt worden.[46] Xetra („Exchange Electronic Trading") ist ein **18** vollelektronisches Handelssystem für den Kassamarkt, das neben dem rein ordergetriebenen Matching, dh dem Zusammenführen von Orders, den gesamten Handel in einem zentralen Orderbuch konzentriert, und auch hybride Handelsformen wie den order- und quotegetriebenen Handel in der fortlaufenden Auktion abbildet. Technisch möglich ist die Teilnahme am Xetra-Handel über elektronische Standleitungen und ua auch das Internet, sodass auch eine Teilnahme aus dem Ausland möglich ist[47] und seit Jahren praktiziert wird.[48] Wurde es 1999 noch als bloße Möglichkeit dargestellt, dass durch „XETRA mittelfristig sogar der traditionelle Parketthandel überflüssig werden" könnte,[49] ist dies bereits 2001 jedenfalls für die Werte des DAX praktische Realität geworden[50] und wurde vom Gesetzgeber durch die Änderung im neuen § 25 aF auch nachvollzogen.[51] Seit Ende 2011 ist praktisch und rechtlich der Präsenzhandel in Standardwerten an der Frankfurter Wertpapierbörse eingestellt.

7. Eurex Deutschland (früher DTB).[52] Der materielle Börsenbegriff erfasst, indem die Orts- **19** gebundenheit durch die Systemgebundenheit des Geschäftsabschlusses ersetzt wird, auch die am 11.9.1989 vom Hessischen Wirtschaftsminister genehmigte und am 26.1.1990 eröffnete **DTB** als **überregionale** und **organisatorisch** von den bestehenden Wertpapierbörsen **unabhängige Börse.** Dies wird durch § 1 Abs. 5 aF, der § 2 Abs. 2 entspricht, klargestellt.[53] Die **Zulassung der DTB** allein durch den Hessischen Wirtschaftsminister ist im Hinblick auf das **föderale System** und die **Zuständigkeit der einzelnen Bundesländer** für ihre Börsen einerseits und der auf einen – zumindest – **bundesweiten Handel** zugeschnittenen Konzeption der Eurex andererseits streitig.[54] Dagegen spricht nicht eine etwaige örtliche Unzuständigkeit des Hessischen Wirtschaftsministers. Denn unabhängig davon, dass Teilnehmer der Eurex nicht nur im Bundesland Hessen, sondern in allen Bundesländern, und auch im Ausland[55] ansässig sind, ist für die Zulassung einer Börse dasjenige

---

[43] *Kümpel* WM-Sonderbeilage 3/1991, 1 (3 ff.) zur tatsächlichen und rechtlichen Umsetzung ausführlich *Kümpel* WM 1992, 252 ff.

[44] *Kümpel* WM-Sonderbeilage 4/1991, 1 (4).

[45] So ausdr. *Köndgen/Mues* WM 1998, 53 (54). Gegen die Vorstellung, das elektronische Handelssystem sei eine föderal unzulässige bundesweit agierende Börse auch *Hopt* FS Drobnig, 1998, 525 (541).

[46] Zu den Einzelheiten dieses Handelssystems vgl. nur *Braue/Hille* Die Bank 1997, 140; *Köndgen/Mues* WM 1998, 53.

[47] Zum Problem der internationalen Anwendung des Börsenrechts → § 4 Rn. 12.

[48] Bereits zum Ende August 2007 nahmen an Xetra über 260 Marktteilnehmer aus 19 Ländern mit mehr als 4.600 zugelassenen Händlern teil, vgl. Broschüre über XETRA unter www.deutsche-boerse.de. Vgl. auch *Schwark/Zimmer/Beck* § 3 Rn. 76 mw Zahlenangaben in Fn. 167.

[49] *Schäfer/Geibel* § 12 Rn. 16.

[50] In 2001 lag der Anteil von XETRA in den Aktien des DAX laut Fact Book 2001, 13, abrufbar unter http://www.deutsche-boerse.de, bei 94 %; vgl. auch *Beck* BKR 2002, 699 (700), in 2015 schon bei über 99 %, vgl. Cash Market Monthly Statistics – Juni 2015; abrufbar unter http://www.deutsche-boerse.de.

[51] → § 24 Rn. 6.

[52] Die Deutsche Terminbörse (DTB) hat sich 1998 mit der Schweizerischen Terminbörse (Soffex) zusammengeschlossen und sich in Eurex Deutschland umbenannt.

[53] Zu den Vorgängervorschriften RegBegr. zum Zweiten Finanzmarktförderungsgesetz BT-Drs. 12/6679, 33, 59: „Damit ist klargestellt, dass sich der Anwendungsbereich des Börsengesetzes auch auf die Deutsche Terminbörse erstreckt." Ebenso OLG Frankfurt a. M. Urt. v. 18.1.2001 – 1 U 209/99, ZIP 2001, 730 (731).

[54] Dafür *Kindermann* WM-Sonderbeilage 2/1989, 9; *Kümpel* WM 1989, 1313 (1314 Fn. 15); dagegen, ein Verwaltungsabkommen oder einen Staatsvertrag zwischen den Bundesländern, auf deren Gebiet sich in das Handelssystem erstreckt, fordernd, *Samm* WM 1990, 1265 (1268 ff.).

[55] Bereits zum 30.9.2000: 440 Teilnehmer aus 16 Ländern bei Eurex, vgl. Börsenzulassungsprospekt der Deutsche Börse AG vom 2.2.2001, 79; laut www.eurexchange.com per Juli 2015: 700 Standorte weltweit.

Bundesland örtlich zuständig, in dem die Börse ihren Sitz hat.[56] Problematisch ist allerdings die räumliche **Erstreckung der Börsenaufsicht auf Handelsteilnehmer in anderen Bundesländern.** Dies ist aber auch bei den Präsenzbörsen, bei denen die Zulassung an mehreren Börsen erteilt werden kann und unabhängig vom Sitz des Zugelassenen ist, der Fall.

20   **8. Wertpapier-(Effekten/Edelmetall-)Börsen/Waren-(Produkt-)Börsen. Wertpapierbörsen** sind nach der **Legaldefinition** des **§ 2 Abs. 2** Börsen, an denen Wertpapiere oder Derivate iSd § 2 Abs. 3 WpHG gehandelt werden. Es gibt sie gegenwärtig in Berlin, Düsseldorf, Frankfurt a. M., Hamburg, Hannover, München und Stuttgart, wobei in Frankfurt a. M. neben der Börse die organisatorisch verselbständigte Eurex (früher Deutsche Terminbörse) besteht. Durch das **Begleitgesetz**[57] wurde in § 1 Abs. 7 aF ein neuer Satz 2 eingefügt, nach dem an Wertpapierbörsen auch **Edelmetalle** und **Edelmetallderivate** gehandelt werden können. Dies wurde durch das Finanzmarktrichtlinie-Umsetzungsgesetz noch erweitert, in dem noch der Begriff des Finanzinstruments iSd § 2 Abs. 4 WpHG aufgenommen wurde. Damit ist an einer Wertpapierbörse eine deutlich erweiterte Anzahl von derivativen Finanzinstrumenten handelbar, zB Warenderivate.

21   Im Übrigen gibt es in Deutschland verschiedene **Warenbörsen,** bei denen jedoch im Einzelnen zu prüfen ist, ob sie als Börsen im Sinne des BörsG anzusehen sind.[58] § 2 Abs. 3 enthält insoweit die § 1 Abs. 8 aF entsprechende Legaldefinition der Warenbörse mit der durch das Finanzmarktrichtlinie-Umsetzungsgesetz eingeführten Maßgabe, dass an Warenbörsen auch andere Finanzinstrumente iSd § 2 Abs. 3 Nr. 2 WpHG gehandelt werden können.

22   § 2 Abs. 4 wurde durch das Gesetz zur Umsetzung der Richtlinie 2010/73/EU und zur Änderung des Börsengesetzes[59] neu in § 2 aufgenommen und enthält zwei Klarstellungen. Zum einen wird deutlich, dass an ein und derselben Börse gleichzeitig sowohl Wertpapiere und sich darauf beziehende Derivate, andere Finanzinstrumente, Waren, Termingeschäfte in Bezug auf Waren und die entsprechenden Basiswerte gehandelt werden können. Zum anderen wird klargestellt, dass eine solche Börse dann sowohl die Definition der Wertpapier- als auch der Warenbörse nach § 2 Abs. 2 bzw. Abs. 3 erfüllt und demnach auf diese auch sämtliche auf Wertpapierbörsen und sämtliche auf Warenbörsen anwendbare Vorschriften Anwendung finden.[60]

23   **9. Weitere Begriffsbestimmungen.** Das 2. FiMaNoG hat in den Abs. 5–10 eine Reihe weiterer Begriffsbestimmungen aufgenommen und dabei die Vorgaben der MiFID II umgesetzt (→ Rn. 6).

III. Rechtsnatur der Börse

24   § 2 Abs. 1 enthält die ausdrückliche Feststellung der Rechtsnatur der Börse als **teilrechtsfähige Anstalt öffentlichen Rechts.**[61] Anstalten öffentlichen Rechts sind „zu Rechtspersonen erhobene Bestände von sachlichen und persönlichen Mitteln, die in der Hand eines Trägers öffentlicher Verwaltung einem besonderen öffentlichen Zweck dauern zu dienen bestimmt sind".[62] Betrachtet man die in dieser Definition enthaltene Zweckvorgabe für Anstalten des öffentlichen Rechts, dann wird deutlich, dass die Organisationsform der Anstalt vom Staat nur dann gewählt wird, wenn es darum geht, eine bestimmte Aufgabe nicht dem privatwirtschaftlichen Sektor zu übertragen oder zu überlassen, sondern sie ganz bewusst zu einer Staatsaufgabe zu machen oder als solche durchzuführen, weil sie von besonderem öffentlichem Interesse ist.[63]

25   Die Börse ist keine vollrechtsfähige, sondern (nur) eine teilrechtsfähige Anstalt und damit keine juristische Person iSd § 89 BGB.[64] Sie ist damit privatrechtlich nicht voll rechtsfähig. Nicht die Börse selbst ist damit privatrechtlicher Eigentümer der börsengenutzten Gegenstände und Schuldner von Verbindlichkeiten aus börsenbezogenen Geschäften, sondern allein ihr Träger. Voll rechtsfähig ist die Börse dagegen im Bereich des öffentlichen Rechts. Dort kann sie und nicht ihr Träger voll wirksam öffentlich rechtlich handeln, Verwaltungsakte und sogar Satzungen erlassen.[65]

---

[56] → § 4 Rn. 11.

[57] Begleitgesetz zum Gesetz zur Umsetzung von EG-Richtlinien zur Harmonisierung bank- und wertpapieraufsichtsrechtlicher Vorschriften vom 22. Oktober 1997, BGBl. 1997 I 2567.

[58] Vgl. iE *Ledermann* in Schäfer/Hamann § 1 Rn. 44 ff.; zur Warenterminbörse in Hannover vgl. *Hartmann/Meyer-Bullerdiek* Die Bank 1996, 724.

[59] BGBl. 2012 I 1375.

[60] RegBegr. zum Gesetz zur Umsetzung der Richtlinie 2010/73/EU und zur Änderung des Börsengesetzes, BT-Drs. 17/8684, 13 (23).

[61] Vgl. auch → Vor § 1 Rn. 26.

[62] So unter Hinweis auf die klassische Begriffsbestimmung Otto Mayers, *Burgi* WM 2009, 2337 (2338); ebenso Schwark/Zimmer/*Beck* Rn. 36.

[63] So ausdr. *Burgi* WM 2009, 2337 (2338); ausf. nähere Begründung des öffentlichen Interesses an der Börse bei *Seiffert* in KMFS BankR/KapMarktR Rn. 14.130 ff.

[64] Schwark/Zimmer/*Beck* Rn. 37; *Burgi* WM 2009, 2337 (2339).

[65] Schwark/Zimmer/*Beck* Rn. 37; *Burgi* WM 2009, 2337 (2339).

IV. Parteifähigkeit der Börse

§ 2 Abs. 11 entspricht § 13 Abs. 4 aF und wurde bereits durch das Finanzmarktrichtlinie-Umset- 26 zungsgesetz zu Recht „aus strukturellen Gründen"[66] in den Kontext des § 2 verschoben: Wenn die Börse in § 2 Abs. 1 als teilrechtsfähige Anstalt definiert wird, dann ist es systematisch zutreffend, die ergänzende Regelung zur Parteifähigkeit der Börse im unmittelbaren Umfeld zu treffen.

In **verwaltungsgerichtlichen Verfahren** ist die **Börse** als solche gem. § 2 Abs. 11 **parteifähig.** 27 Die Regelung dient im Hinblick auf die fehlende Rechtsfähigkeit der Börse der Klarstellung.[67] Sie bedeutet, dass bei allen Handlungen der Börsenorgane, gegen die der **Verwaltungsrechtsweg** nach den einschlägigen Bestimmungen eröffnet ist, die **Börse Beklagte** ist[68] und durch ihre Geschäftsführung handelt.[69] Im **Zivilprozess** ist der **Börsenträger**, der wiederum vertreten durch seinen gesetzlichen Vertreter, **parteifähig.** Dies bedeutet, dass der Vorstand der Aktiengesellschaft als gesetzlicher Vertreter der Trägergesellschaft im Zivilprozess den parteifähigen Börsenträger vertritt.[70]

§ 3 Aufgaben und Befugnisse der Börsenaufsichtsbehörde

(1) [1] Die zuständige oberste Landesbehörde (Börsenaufsichtsbehörde) übt die Aufsicht über die Börse nach den Vorschriften dieses Gesetzes aus. [2] Ihrer Aufsicht unterliegen insbesondere der Börsenrat, die Börsengeschäftsführung, der Sanktionsausschuss und die Handelsüberwachungsstelle (Börsenorgane) sowie der Börsenträger, die Einrichtungen, die sich auf den Börsenverkehr einschließlich der nach § 5 Abs. 3 ausgelagerten Bereiche beziehen, und der Freiverkehr. [3] Die Aufsicht erstreckt sich auf die Einhaltung der börsenrechtlichen Vorschriften und Anordnungen, die ordnungsmäßige Durchführung des Handels an der Börse sowie die ordnungsmäßige Erfüllung der Börsengeschäfte (Börsengeschäftsabwicklung).

(2) [1] Die Börsenaufsichtsbehörde ist berechtigt, an den Beratungen der Börsenorgane teilzunehmen. [2] Die Börsenorgane sind verpflichtet, die Börsenaufsichtsbehörde bei der Erfüllung ihrer Aufgaben zu unterstützen.

(3) Die Börsenaufsichtsbehörde nimmt die ihr nach diesem Gesetz zugewiesenen Aufgaben und Befugnisse nur im öffentlichen Interesse wahr.

(4) [1] Die Börsenaufsichtsbehörde kann, soweit dies zur Erfüllung ihrer Aufgaben erforderlich ist, auch ohne besonderen Anlass von der Börse und dem Börsenträger sowie von den Handelsteilnehmern, von mittelbaren Handelsteilnehmern und von den Emittenten der zum regulierten Markt zugelassenen Wertpapiere Auskünfte und die Vorlage von Unterlagen verlangen sowie Prüfungen vornehmen. [2] Die Börsenaufsichtsbehörde kann verlangen, dass die Übermittlung der Auskünfte und Unterlagen auf automatisiert verarbeitbaren Datenträgern erfolgt. [3] Sofern Anhaltspunkte vorliegen, welche die Annahme rechtfertigen, dass börsenrechtliche Vorschriften oder Anordnungen verletzt werden oder sonstige Missstände vorliegen, welche die ordnungsmäßige Durchführung des Handels an der Börse oder die Börsengeschäftsabwicklung beeinträchtigen können, kann die Börsenaufsichtsbehörde von jedermann Auskünfte, die Vorlage von Unterlagen und die Überlassung von Kopien verlangen sowie Personen laden und vernehmen, soweit dies zur Erfüllung ihrer Aufgaben erforderlich ist. [4] Sie kann in diesen Fällen insbesondere

1. von den Handelsteilnehmern die Angabe der Identität der Auftraggeber und der aus den getätigten Geschäften berechtigten oder verpflichteten Personen sowie der Veränderungen der Bestände von Handelsteilnehmern in an der Börse gehandelten Finanzinstrumenten verlangen,

2. von den Auftraggebern und berechtigten oder verpflichteten Personen Auskünfte über die getätigten Geschäfte einschließlich der Angabe der Identität der an diesen Geschäften beteiligten Personen verlangen,

3. von Wertpapiersammelbanken und Systemen zur Sicherung der Erfüllung von Börsengeschäften Auskünfte über Veränderungen der Bestände von Handelsteilnehmern in an der Börse gehandelten Finanzinstrumenten verlangen,

4. von der Börse, den Handelsteilnehmern und mit diesen verbundenen Unternehmen die Vorlage von bereits existierenden Aufzeichnungen von Telefongesprächen und Datenübermittlungen verlangen; das Grundrecht des Artikels 10 des Grundgesetzes wird insoweit eingeschränkt, die Betroffenen sind nach § 101 der Strafprozessordnung zu benachrichtigen und

---

[66] RegBegr. zum Finanzmarktrichtlinie-Umsetzungsgesetz, BT-Drs. 16/4028, 80.
[67] RegBegr. zum Zweiten Finanzmarktförderungsgesetz, BT-Drs. 12/6679, 33 (64).
[68] VGH Kassel Beschl. v. 17.7.1997 – 8 NG 2271-97, NJW-RR 1997, 120 (121).
[69] Baumbach/Hopt/*Kumpan* Rn. 7.
[70] *Foelsch/Wittmann* in Hellner/Steuer BuB Rn. 7/545; Baumbach/Hopt/*Kumpan* Rn. 7.

5. von den Handelsteilnehmern, die den algorithmischen Handel im Sinne des § 33 Absatz 1a Satz 1 des Wertpapierhandelsgesetzes betreiben, jederzeit Informationen über ihren algorithmischen Handel, die für diesen Handel eingesetzten Systeme sowie eine Beschreibung der algorithmischen Handelsstrategien und der Einzelheiten zu den Handelsparametern oder Handelsobergrenzen, denen das System unterliegt, verlangen.

[5] Die Auskunftspflichtigen haben den Bediensteten der Börsenaufsichtsbehörde während der üblichen Arbeitszeit das Betreten ihrer Grundstücke und Geschäftsräume zu gestatten, soweit dies zur Wahrnehmung der Aufgaben der Börsenaufsichtsbehörde erforderlich ist. [6] Das Betreten außerhalb dieser Zeit oder, wenn die Geschäftsräume sich in einer Wohnung befinden, ist ohne Einverständnis nur zur Verhütung von dringenden Gefahren für die öffentliche Sicherheit und Ordnung zulässig und insoweit zu dulden. [7] Das Grundrecht der Unverletzlichkeit der Wohnung (Artikel 13 des Grundgesetzes) wird insoweit eingeschränkt. [8] Die Befugnisse und Verpflichtungen nach diesem Absatz gelten entsprechend, sofern von der Börsenaufsichtsbehörde beauftragte Personen und Einrichtungen nach diesem Gesetz tätig werden. [9] Der zur Erteilung einer Auskunft Verpflichtete kann die Auskunft auf solche Fragen verweigern, deren Beantwortung ihn selbst oder einen der in § 383 Abs. 1 Nr. 1 bis 3 der Zivilprozessordnung bezeichneten Angehörigen der Gefahr strafgerichtlicher Verfolgung oder eines Verfahrens nach dem Gesetz über Ordnungswidrigkeiten aussetzen würde. [10] Der Verpflichtete ist über sein Recht zur Verweigerung der Auskunft zu belehren.

(4a) [1] Die Börsenaufsichtsbehörde kann, soweit dies zur Erfüllung ihrer Aufgaben erforderlich ist, auch ohne besonderen Anlass von der Börse und von dem Börsenträger Informationen über die durch algorithmischen Handel im Sinne des § 80 Absatz 2 Satz 1 des Wertpapierhandelsgesetzes erzeugten Aufträge verlangen. [2] Auch kann sie verlangen, insoweit von der Börse Zugang zum Orderbuch oder den entsprechenden Daten zu erhalten.

(5) [1] Die Börsenaufsichtsbehörde ist befugt, zur Aufrechterhaltung der Ordnung und für den Geschäftsverkehr an der Börse Anordnungen zu erlassen. [2] Sie kann gegenüber jedermann Anordnungen treffen, die geeignet und erforderlich sind, Verstöße gegen börsenrechtliche Vorschriften und Anordnungen zu verhindern oder Missstände zu beseitigen, welche die ordnungsgemäße Durchführung des Handels an der Börse, der Börsengeschäftsabwicklung oder deren Überwachung beeinträchtigen können. [3] Sie kann zu diesem Zweck insbesondere

1. die Aussetzung oder Einstellung des Börsenhandels mit einzelnen oder mehreren Finanzinstrumenten, Rechten oder Wirtschaftsgütern anordnen,
2. der Börse die Nutzung einer zentralen Gegenpartei, einer Clearingstelle oder eines börslichen Abwicklungssystems untersagen, wenn hierdurch die ordnungsgemäße Durchführung des Handels an der Börse oder der Börsengeschäftsabwicklung beeinträchtigt wird oder die Voraussetzungen des Artikels 7 Absatz 4 oder des Artikels 8 Absatz 4 der Verordnung (EU) Nr. 648/ 2012 des Europäischen Parlaments und des Rates vom 4. Juli 2012 über OTC-Derivate, zentrale Gegenparteien und Transaktionsregister (ABl. L 201 vom 27.7.2012, S. 1) vorliegen,
3. die Nutzung eines externen Abwicklungssystems untersagen oder
4. die Nutzung einer algorithmischen Handelsstrategie untersagen,

soweit dies zur Durchsetzung der Vorschriften dieses Gesetzes geboten ist. [4] Eine Maßnahme nach Satz 1 Nr. 1 hat die Börsenaufsichtsbehörde unverzüglich auf ihrer Internetseite zu veröffentlichen.

(5a) [1] Hat die Geschäftsführung die Zulassung eines Finanzinstruments gemäß § 39 widerrufen oder den Handel mit diesem gemäß § 25 Absatz 1 ausgesetzt oder eingestellt, ordnet die Börsenaufsichtsbehörde den Widerruf der Zulassung, die Aussetzung oder die Einstellung des Handels dieses Finanzinstruments oder der mit diesem verbundenen Derivate im Sinne von Anhang I Abschnitt C Nummer 4 bis 10 der Richtlinie 2014/65/EU des Europäischen Parlaments und des Rates vom 15. Mai 2014 über Märkte für Finanzinstrumente sowie zur Änderung der Richtlinien 2002/92/EG und 2011/61/EU (ABl. L 173 vom 12.6.2014, S. 349; L 74 vom 18.3.2015, S. 38; L 188 vom 13.7.2016, S. 28; L 273 vom 8.10.2016, S. 35; L 64 vom 10.3.2017, S. 116), die zuletzt durch die Richtlinie (EU) 2016/ 1034 (ABl. L 175 vom 30.6.2016, S. 8) geändert worden ist, auch an anderen Börsen in ihrem Zuständigkeitsbereich an, soweit der Widerruf der Zulassung oder die Aussetzung oder die Einstellung des Handels durch den Verdacht eines Marktmissbrauchs, ein Übernahmeangebot oder die Nichtveröffentlichung von Insiderinformationen über den Emittenten oder einen Verstoß gegen die Artikel 7 und 17 der Verordnung (EU) Nr. 596/2014 des Europäischen Parlaments und des Rates vom 16. April 2014 über Marktmissbrauch (Marktmissbrauchsverordnung) und zur Aufhebung der Richtlinie 2003/6/EG des Europäischen Parlaments und des Rates und der Richtlinien 2003/124/EG, 2003/125/EG und 2004/72/EG der Kommission (ABl. L 173 vom 12.6.2014, S. 1; L 287 vom 21.10.2016, S. 320; L 306 vom 15.11.2016, S. 43; L 348 vom 21.12.2016, S. 83), die zuletzt durch die Verordnung (EU) 2016/1033 (ABl. L 175 vom 30.6.2016, S. 1) geändert worden ist, bedingt ist. [2] Dies gilt nicht in den Fällen, in denen der Widerruf oder die Aussetzung oder Einstellung des Handels die

Anlegerinteressen oder das ordnungsgemäße Funktionieren des Marktes erheblich schädigen könnte.

(5b) [1] Die Börsenaufsichtsbehörde teilt eine Entscheidung nach Absatz 5a Satz 1 unverzüglich der Bundesanstalt für Finanzdienstleistungsaufsicht (Bundesanstalt), anderen inländischen Börsenaufsichtsbehörden, die Börsen beaufsichtigen, an denen die jeweils betroffenen Finanzinstrumente ebenfalls gehandelt werden, und der Europäischen Wertpapier- und Marktaufsichtsbehörde mit und veröffentlicht diese Entscheidung unverzüglich. [2] Ergreift sie keine Maßnahmen an weiteren Börsen in ihrem Zuständigkeitsbereich, so teilt sie die Gründe hierfür den in Satz 1 genannten Behörden mit.

(5c) [1] Erhält die Börsenaufsichtsbehörde Kenntnis vom Widerruf der Zulassung oder der Aussetzung oder der Einstellung des Handels eines Finanzinstruments oder eines mit diesem verbundenen Derivats im Sinne von Anhang I Abschnitt C Nummer 4 bis 10 der Richtlinie 2014/65/EU an einer Börse in einem anderen Mitgliedstaat der Europäischen Union oder in einem anderen Vertragsstaat des Abkommens über den Europäischen Wirtschaftsraum oder an einer anderen inländischen Börse, so ordnet sie den Widerruf der Zulassung oder die Aussetzung oder die Einstellung des Handels der betroffenen Finanzinstrumente im Sinne des Satzes 1 an Börsen innerhalb ihres Zuständigkeitsbereiches an, soweit der Widerruf der Zulassung oder die Aussetzung oder die Einstellung des Handels durch den Verdacht eines Marktmissbrauchs, ein Übernahmeangebot oder die Nichtveröffentlichung von Insiderinformationen über den Emittenten oder einen Verstoß gegen die Artikel 7 und 17 der Verordnung (EU) Nr. 596/2014 bedingt ist. [2] Absatz 5a Satz 2 und Absatz 5b gelten entsprechend.

(6) Stellt die Börsenaufsichtsbehörde Tatsachen fest, welche die Rücknahme oder den Widerruf der Erlaubnis zur Ermittlung des Börsenpreises oder der Zulassung des Unternehmens oder andere Maßnahmen der Geschäftsführung rechtfertigen können, hat sie die Geschäftsführung zu unterrichten.

(7) Die nach Landesrecht zuständige Stelle wird ermächtigt, Aufgaben und Befugnisse der Börsenaufsichtsbehörde auf eine andere Behörde zu übertragen.

(8) Die Börsenaufsichtsbehörde kann sich bei der Durchführung ihrer Aufgaben anderer Personen und Einrichtungen bedienen.

(9) Widerspruch und Anfechtungsklage gegen Maßnahmen nach den Absätzen 4 und 5 haben keine aufschiebende Wirkung.

(10) Kommt die Börse oder eines ihrer Organe wiederholt und dauerhaft den Anordnungen der Börsenaufsicht nicht nach, kann die Börsenaufsichtsbehörde, sofern ihre sonstigen Befugnisse nicht ausreichen und soweit und solange der ordnungsgemäße Börsenbetrieb es erfordert, Beauftragte bestellen, die die Aufgaben der Börse oder eines ihrer Organe auf Kosten des Börsenträgers wahrnehmen.

(11) Adressaten von Maßnahmen nach Absatz 4, die von der Börsenaufsichtsbehörde wegen eines möglichen Verstoßes gegen die Verbote des § 26 dieses Gesetzes oder des Artikels 14 oder des Artikels 15 der Verordnung (EU) Nr. 596/2014 des Europäischen Parlaments und des Rates vom 16. April 2014 über Marktmissbrauch (Marktmissbrauchsverordnung) und zur Aufhebung der Richtlinie 2003/6/EG des Europäischen Parlaments und des Rates und der Richtlinien 2003/124/EG, 2003/125/EG und 2004/72/EG der Kommission (ABl. L 173 vom 12.6.2014, S. 1), in der jeweils geltenden Fassung, vorgenommen werden, dürfen andere Personen als staatliche Stellen und solche, die auf Grund ihres Berufs einer gesetzlichen Verschwiegenheitspflicht unterliegen, von diesen Maßnahmen oder von einem daraufhin eingeleiteten Ermittlungsverfahren nicht in Kenntnis setzen.

(12) Die Börsenaufsichtsbehörde ist zuständige Behörde im Sinne des Titels II sowie der Artikel 22 und 25 Absatz 2, der Artikel 29 bis 31 und 36 der Verordnung (EU) Nr. 600/2014, soweit die Pflichten von Börsenträgern und Börsen betroffen sind.

Übersicht

I. Einleitung

1   § 3 wurde durch das Finanzmarktrichtlinie-Umsetzungsgesetz neu gefasst. Er besteht zum einen nunmehr aus früher an anderen Stellen im BörsG enthaltenen Vorschriften, zB § 1 Abs. 4, 5 und 6 aF, § 2 aF, § 5 aF, § 18 Abs. 1 aF. Zum anderen wurden verschiedene Bestimmungen der MiFID und der MiFID II umgesetzt und dadurch die Aufgaben und Befugnisse der Börsenaufsichtsbehörde nochmals gestärkt. Das Gesetz zur Umsetzung der Richtlinie 2010/73/EU und zur Änderung des Börsengesetzes[1] hat in Abs. 5 den Börsenträger als zusätzlichen potentiellen Adressaten von Anordnungen der Börsenaufsichtsbehörde aufgenommen, was, da bereits Abs. 1 den Börsenträger mit einschließt, wohl in der Tat nur eine Klarstellung[2] und keine materielle Änderung darstellt.

2   Im Rahmen des 2. FiMaNoG wurde § 3 wie folgt geändert: § 3 Abs. 4 S. 1 wurde, ohne materielle Änderung, neu gefasst, da der Begriff des Handelsteilnehmers bereits in § 2 Abs. 8 definiert wurde. Der neu eingefügte § 3 Abs. 4a setzt in Satz 1 bzw. 2 Art. 48 Abs. 10 bzw. 11 MiFID II um und erweitert die Kompetenz der Börsenaufsichtsbehörde auf Informationen über den algorithmischen Handel. Nach der in Umsetzung von Art. 70 Abs. 6 lit. b MiFID II erfolgten Änderung des § 3 Abs. 5 S. 2 kann die Börsenaufsichtsbehörde Anordnungen nunmehr gegenüber „jedermann" treffen. Die neu eingefügten § 3 Abs. 5a–5c setzen zusammen mit der Änderung in § 25 Art. 52 Abs. 2 MiFID II um und legen handelsplatzübergreifende Informationspflichten und ein abgestimmtes Verhalten fest. Der neue § 3 Abs. 12 weist der Börsenaufsichtsbehörde die Zuständigkeit für die Überwachung der Pflichten nach der VO (EU) Nr. 60/2014 zu, soweit sich diese Pflichten an Börsen und an Börsenbetreiber richten.[3]

II. Börsenaufsicht

3   **1. Überblick. a) Entstehung des geltenden Börsenaufsichtsrechts.** Durch das **Zweite Finanzmarktförderungsgesetz**[4] wurden die Bestimmungen über die **Börsenaufsicht** im BörsG einschneidend verändert, da sowohl die **dezentrale Struktur** der Börsenaufsicht als auch das Fehlen einer – **staatlichen** – **Marktaufsicht** nicht mehr den Anforderungen genügten.

4   Die Globalisierung des Wertpapierhandels und die Internationalisierung des Anlegerkreises stellten neue Anforderungen an die Börsenaufsicht sowohl organisatorisch als auch inhaltlich.[5] Es bestand bei Erlass des Zweiten Finanzmarktförderungsgesetzes daher Einigkeit, dass die bisherige Börsenaufsicht der Bundesländer den inzwischen international üblichen Standards nicht mehr gerecht wurde.[6] Bei der Neukonzeption war zu beachten, dass Börsenrecht in Deutschland zur konkurrierenden Gesetzgebung gem. Art. 74 Abs. 1 Nr. 11 GG gehört, und ein gem. Art. 72 Abs. 2 GG erlassenes Bundesgesetz gem. Art. 83 GG von den Ländern als eigene Angelegenheit auszuführen ist. Die im Zweiten Finanzmarktförderungsgesetz insoweit gefundene und nach wie vor geltende Lösung stellt deshalb einen Kompromiss dar zwischen dem Zentralisierungsinteresse des Bundes, das im damals neu errichteten Bundesaufsichtsamt für den Wertpapierhandel, das auf die Bundesanstalt für Finanzdienstleistungsaufsicht (BaFin) übergegangen ist,[7] und seinen Kompetenzen seinen Niederschlag gefunden hat, und den Interessen der Länder, ihre bestehenden Kompetenzen zu wahren.[8]

5   Der Kompromiss schafft ein auf den **drei Verwaltungsebenen – Bund, Länder, Börsenselbstverwaltung** – aufbauendes System einer „föderal-dezentral" organisierten Marktaufsicht. **Zentrale Aufsichtspflichten** liegen beim Bund in Gestalt der BaFin. Die föderale Aufsicht wird durch die zuständigen **obersten Landesbehörden** (Börsenaufsichtsbehörde) ausgeübt, wobei diese Aufsicht über die **Rechtsaufsicht** hinaus auch eine umfassende **Marktaufsicht** enthält. Als Element der

---

[1] BGBl. 2012 I 1375.
[2] So die RegBegr. Prospekt-RL-Änderungsgesetz, BT-Drs. 17/8684, 13 (23).
[3] Vgl. hierzu insgesamt RegBegr. zum 2. FiMaNoG, BT-Drs. 18/10936, 267 f.
[4] BGBl. 1994 I 1749.
[5] Vgl. nur Verlautbarung des Bundesministers der Finanzen vom 16.1.1992 zum „Konzept Finanzplatz Deutschland" WM 1992, 420.
[6] RegBegr. zum Zweiten Finanzmarktförderungsgesetz, BT-Drs. 12/6679, 33.
[7] Vgl. das Gesetz zur Einführung der integrierten Finanzdienstleistungsaufsicht (FinDAG), BGBl. 2002 I 1310, durch das die Bundesaufsichtsämter für das Kreditwesen, für das Versicherungswesen und für den Wertpapierhandel zur Bundesanstalt für Finanzdienstleistungsaufsicht zusammengefasst wurden.
[8] *Weisgerber* Die Bank 1998, 200 (201); krit. hierzu *Claussen* DB 1994, 969 (971 ff.).

Börsenselbstverwaltung dient die bei jeder Börse als Börsenorgan operierende **Handelsüberwachungsstelle.**

b) Weiterentwicklung des Börsenaufsichtsrechts. Das Begleitgesetz und das Dritte Finanz-   **6**
marktförderungsgesetz haben dieses durch das Zweite Finanzmarktförderungsgesetz begründete dreistufige Aufsichtssystem weiter verfeinert, das Finanzmarktrichtlinie-Umsetzungsgesetz hat an der grundsätzlichen Konzeption und Struktur der Börsenaufsicht nichts geändert, jedoch die Befugnisse der Börsenaufsichtsbehörde nochmals erweitert, insbesondere dadurch, dass die Aufsicht auf weitere Personengruppen erstreckt wird, zB auch auf den Träger der Börse (§ 3 Abs. 1 S. 2), und dass Kompetenzen gegenüber „jedermann" eingeräumt werden (§ 3 Abs. 4 S. 3). Auch das 2. FiMaNoG hat diesen dreigliedrigen Aufbau nicht geändert, sondern nur in Umsetzung der MiFID II den Adressatenkreis (§ 3 Abs. 4a) auch von möglichen Anordnungen (§ 3 Abs. 5 S. 2) („jedermann") erweitert und Informationspflichten sowie ein abgestimmtes Verhalten (§ 3 Abs. 5c) angeordnet (→ Rn. 2).

2. Die einzelnen Instanzen der geltenden Börsenaufsicht. Als selbstständige Bundesoberbehör-   **7**
de (Art. 87 Abs. 3 GG iVm Art. 74 Abs. 1 Nr. 11 GG) im Geschäftsbereich des Bundesministeriums der Finanzen wurde gem. § 3 WpHG aF (§ 6 WpHG) die **BaFin** gegründet mit zentralen, den Bereich der einzelnen Börsen übergreifenden Kontrollfunktionen für die Überwachung des Insiderhandelsverbotes, die Einhaltung der Veröffentlichungspflichten über kursbeeinflussende Tatsachen und beim Erwerb oder bei der Veräußerung von Beteiligungen an börsennotierten Aktiengesellschaften sowie die Einhaltung der Verhaltensregeln im WpHG und der MAR. Als Verbindungsglied zwischen der BaFin und den Ländern wurde gem. § 5 WpHG aF (§ 16 WpHG) bei der BaFin ein aus Vertretern der Länder bestehender **Wertpapierrat** gebildet. Die Aufsicht über die Börsen wird gem. § 3 Abs. 1 S. 1 durch die jeweils zuständigen obersten Landesbehörden (**Börsenaufsichtsbehörden**) ausgeübt. Zur Überwachung des Börsenhandels hat gem. § 7 Abs. 1 jede Börse eine an die Weisungen der Börsenaufsichtsbehörde gebundene **Handelsüberwachungsstelle** einzurichten. Entsprechend dem aktienrechtlichen Aufsichtsrat ist für die Überwachung der Geschäftsführung der jeweiligen Börsen gem. § 12 ein **Börsenrat** einzurichten. Damit bestehen insgesamt fünf Börsenaufsichtsorgane mit unterschiedlichen Kompetenzen und Aufgaben. Zur näheren Abgrenzung von Aufgaben und Funktionen dieser Börsenaufsichtsorgane → § 7 Rn. 8 ff.

III. Börsenaufsichtsbehörde

1. Legaldefinition (Abs. 1 S. 1). § 3 Abs. 1 enthält (jetzt nochmals in § 1 Abs. 2 S. 1 definiert –   **8**
Redaktionsversehen) eine **Legaldefinition** der **Börsenaufsichtsbehörde** als oberste Landesbehörde. Das ist der landesrechtlich (maßgeblich ist der Verwaltungssitz der Börse[9]) jeweils zuständige Fachminister oder Senator.[10] Die Börsenaufsichtsbehörde bleibt, anders als zB in den USA, Landesbehörde und damit **föderal strukturiert,**[11] dh zuständig ist jeweils die Börsenaufsichtsbehörde des Bundeslandes, in dem die jeweilige Börse ihren Verwaltungssitz hat.[12]

2. Aufgaben (Abs. 1). a) Überblick. § 3 Abs. 1 entspricht im Wesentlichen § 1 Abs. 4 aF, weicht   **9**
aber in einigen wesentlichen Punkten von der alten Fassung ab. Zunächst enthält § 3 Abs. 1 S. 2 eine Legaldefinition der Börsenorgane. Wesentlicher ist jedoch, dass § 3 Abs. 1 S. 2 ausdrücklich regelt, dass auch der Börsenträger der Aufsicht durch die Börsenaufsichtsbehörde unterliegt. Das ist gegenüber früherem Recht nicht nur eine „Klarstellung",[13] sondern eine Erweiterung, da bis zur Änderung durch das Finanzmarktrichtlinie-Umsetzungsgesetz der Träger der Börse nicht der Adressat möglicher Maßnahmen der Börsenaufsichtsbehörde nach § 2 Abs. 1 aF war. Vielmehr ergaben sich Befugnisse der Börsenaufsichtsbehörde gegenüber dem Börsenträger nur aus allgemeinen verwaltungsrechtlichen Grundsätzen.[14] Ferner enthält § 3 Abs. S. 3 nunmehr eine Legaldefinition der Börsengeschäftsabwicklung. Diese stellt in Umsetzung von Art. 42 Abs. 2 lit. e MiFID (Art. 53 Abs. 2 lit. e MiFID II) klar, dass unter Börsengeschäftsabwicklung auch die börslichen Systeme zur Erfüllung der Börsengeschäfte fallen.

b) Entwicklung der Aufgaben. § 3 Abs. 1 legt die **Aufgaben der Börsenaufsichtsbehörde** fest.   **10**
Bis zum Zweiten Finanzmarktförderungsgesetz beschränkte sich die Börsenaufsicht durch die Börsenaufsichtsbehörde auf die reine **Rechtsaufsicht,** dh auf die Kontrolle der Gesetzmäßigkeit und Recht-

---

[9] Baumbach/Hopt/*Kumpan* Rn. 1.
[10] Dies ist idR der Wirtschaftsminister bzw. -senator.
[11] Für eine zentrale staatliche Rechts- und Marktaufsicht *Hopt/Rudolph/Baum,* Börsenreform: Eine ökonomische, rechtsvergleichende und rechtspolitische Untersuchung, 1997, 449 ff., dagegen „Stellungnahme der hessischen Börsenaufsichtsbehörde zu einigen ausgewählten Thesen des Gutachtens *Hopt/Rudolph/Baum* bezüglich einer Börsenreform in Deutschland", A V 2.
[12] Schwark/Zimmer/*Beck* Rn. 4.
[13] RegBegr. zum Finanzmarktrichtlinie-Umsetzungsgesetz, BT-Drs. 16/4028, 76.
[14] Vgl. nur *Groß,* 3. Aufl. 2006, § 2 Rn. 15; Schwark/Zimmer/*Beck* Rn. 6.

mäßigkeit der Börsenselbstverwaltung[15] (§ 3 Abs. 1 S. 3 Hs. 1). Das Zweite Finanzmarktförderungsgesetz hat neben diese Rechtsaufsicht die **Markt- oder Handelsaufsicht** gestellt, indem nach § 3 Abs. 1 S. 3 Hs. 2 sich die Aufsicht auch auf „die ordnungsgemäße Durchführung des Handels an der Börse sowie die ordnungsgemäße Erfüllung der Börsengeschäfte (Börsengeschäftsabwicklung)" beziehen soll. Damit wird die Börsenaufsicht in Gestalt der reinen Rechtsaufsicht „um die **Aufsicht** über die **Handelsüberwachungsstelle** der Börse und um eine **Markt- oder Handelsaufsicht** des jeweiligen Landes vor Ort erweitert. Zu dieser **Handelsaufsicht** gehört die **Aufsicht über den Börsenhandel,** über die **Handelsteilnehmer** und über die **elektronischen Hilfseinrichtungen** der Börse".[16]

11   **c) Markt- und Handelsaufsicht.** Die Erstreckung der Handelsaufsicht auch auf die **elektronischen Hilfseinrichtungen** war nach Ansicht des Gesetzgebers[17] angesichts der zunehmenden Bedeutung von elektronischen Handels- und Abwicklungssystemen, die bis zum Zweiten Finanzmarktförderungsgesetz keiner Kontrolle unterworfen waren, unerlässlich. Unzureichende oder manipulierbare Programmierung der Börsen-EDV können die Transparenz des Börsengeschehens, die richtige Kursfeststellung und damit auch den Anlegerschutz gefährden. Zudem können technisch nicht ausgereifte Systeme zu einer erheblichen Beeinträchtigung des Börsenhandels führen. Auch diesen Gefahren soll die staatliche Handelsaufsicht begegnen. Beaufsichtigt wird dabei nicht der Betreiber des Systems, sondern die Nutzung der Systeme durch die Börsen. Die Prüfung erfolgt bei Einführung und dann in regelmäßigen Abständen. Hierdurch soll eine effiziente **Missstandsaufsicht** sichergestellt werden, ein erklärtes Ziel der Börsengesetznovellierung durch das Zweite Finanzmarktförderungsgesetz.[18] Damit können, anders als bei der allgemeinen Staatsaufsicht in Form der bis dahin ausschließlichen Rechtsaufsicht, bei der Handelsaufsicht auch **Zweckmäßigkeitserwägungen** bei der Aufsichtstätigkeit und -entscheidung berücksichtigt werden. Bei dieser Handelsaufsicht durch die Börsenaufsichtsbehörde ist jedoch zu beachten, dass sie in der primären Verantwortung der Börsenselbstverwaltung bleibt, wie sich auch durch die Errichtung der Handelsüberwachungsstelle als Börsenorgan (§ 7 Abs. 1 S. 1) zeigt.[19]

12   Die **Marktaufsicht** bezieht sich nach § 3 Abs. 1 S. 3 im Wesentlichen darauf, dass der **Handel an der Börse** und die **Geschäftsabwicklung** ordnungsgemäß erfolgen. Dabei hat das Finanzmarktrichtlinie-Umsetzungsgesetz den Begriff der Geschäftsabwicklung legal definiert als „Erfüllung der Börsengeschäfte". Diese, Art. 42 Abs. 2 lit. e MiFID (Art. 53 Abs. 2 lit. e MiFID II) folgende Definition, erfasst, wie bisher auch, Einrichtungen zur Abrechnung der Wertpapiergeschäfte, zB Clearing-Einrichtungen, und Zentraler Kontrahent, nicht dagegen die Systeme zur Abwicklung der Börsengeschäfte.[20] Zur Geschäftsabwicklung gehört nicht die dingliche Abwicklung des Geschäfts, sondern nur das Verfahren bis zur **Schlussnote** eines Auftrags im Parketthandel bzw. der Geschäftsbestätigung im Xetra-Handel, für die Überwachung der dinglichen Abwicklung ist die staatliche Depotprüfung zuständig.[21]

13   Die Überwachung der Ordnungsmäßigkeit bedeutet dabei zum einen Kontrolle, dass die jeweiligen Börsenordnungen, die Geschäftsbedingungen und Usancen für den Börsenhandel sowie die für die Börse getroffenen Anordnungen, dh vor allem Verwaltungsakte, eingehalten werden.[22] Die Marktaufsicht geht aber hierüber hinaus, indem sie auch eine Kontrolle der **ordnungsgemäßen Preisbildung** enthält.[23] Die Marktaufsicht soll sicherstellen, dass die Bildung von marktgerechten Preisen in einem fairen Wettbewerb der Marktteilnehmer nicht verletzt oder konkret gefährdet wird.[24]

14   Die der Börsenaufsicht in § 9 Abs. 1 besonders zugewiesene Aufgabe, auf die Einhaltung der Vorschriften des **Gesetzes gegen Wettbewerbsbeschränkungen,** insbesondere hinsichtlich des Zugangs zu den Handels-, Informations- und Abwicklungssystemen hinzuwirken, soll die Marktposition der Skontroführer, der Regionalbörsen und kleinerer Unternehmen schützen. Der Börsenaufsichtsbehörde wird damit eine **kartellrechtliche Missbrauchskontrolle** eröffnet, ohne ihr allerdings die speziellen kartellrechtlichen Eingriffsbefugnisse des GWB zuzuweisen. Stellt die Börsenaufsichtsbehörde Umstände fest, die nach ihrer Ansicht einen Verstoß gegen Wettbewerbsvorschriften darstellen, unterrichtet sie die zuständige Kartellbehörde.[25]

---

[15] Zur Reichweite der Rechtsaufsicht Schwark/Zimmer/*Beck* Rn. 7.

[16] RegBegr. zum Zweiten Finanzmarktförderungsgesetz, BT-Drs. 12/6679, 33 (59).

[17] RegBegr. zum Zweiten Finanzmarktförderungsgesetz, BT-Drs. 12/6679, 33 (59).

[18] So ausdr. RegBegr. zum Zweiten Finanzmarktförderungsgesetz, BT-Drs. 12/6679, 33 (59); krit. dagegen Schwark/Zimmer/*Beck* Rn. 8.

[19] Krit. *Claussen* DB 1994, 969 (971 f.).

[20] RegBegr. Finanzmarktrichtlinie-Umsetzungsgesetz, BT-Drs. 16/4028, 80.

[21] Wie hier Baumbach/Hopt/*Kumpan* Rn. 3 aE. Krit. Schwark/Zimmer/*Beck* Rn. 10 ff., differenzierende Betrachtung zum Clearing an der Eurex Schwark/Zimmer/*Beck* Rn. 12.

[22] Schwark/Zimmer/*Beck* Rn. 7.

[23] Beschlussempfehlung und Bericht des Finanzausschusses des deutschen Bundestages, BT-Drs. 12/7918, 171.

[24] Ausf. hierzu Schwark/Zimmer/*Beck* Rn. 16.

[25] Vgl. iE *Ledermann* in Schäfer/Hamann § 6 Rn. 3 ff.

3. Befugnisse. Die Befugnisse der Börsenaufsichtsbehörde sind neben der „**Generalklausel**" in **15** § 3 an verschiedenen Stellen des Gesetzes niedergelegt: zB § 7 bezüglich der **Handelsüberwachungsstelle**, § 16 Abs. 3 bzw. § 17 Abs. 2 bezüglich der **Börsenordnung** und der **Gebührenordnung** und § 20 Abs. 4 S. 6 hinsichtlich der **Skontroführer**. Die Befugnisse reichen vom Recht, **Auskünfte** und **Unterlagen** zu verlangen, **Prüfung** auch vor Ort, dh in den Geschäftsräumen der Handelsteilnehmer – nach der Legaldefinition in § 2 Abs. 8 die nach § 19 zur Teilnahme am Börsenhandel zugelassenen Unternehmen, Börsenhändler und die Skontroführer und den skontroführenden Personen – vorzunehmen, über das Recht, konkrete **Anordnungen**, dh **Verwaltungsakte,**[26] gegenüber der Börse, dem Börsenträger[27] und den Handelsteilnehmern und seit der Änderung durch das 2. FiMaNoG gegenüber „jedermann" zu erlassen, bis hin zum Erlass von **Bußgeldbescheiden** nach § 50. Die in § 3 Abs. 2 S. 2 enthaltene Pflicht der Börsenorgane, die Börsenaufsichtsbehörde bei der Erfüllung ihrer Aufgaben zu unterstützen, findet ua in den speziell angeordneten **Berichtspflichten** der Handelsüberwachungsstelle und der Geschäftsführung der Börse nach § 7 Abs. 2 S. 1, Abs. 5, § 20 Abs. 4 S. 6 ihre Ausprägung.[28]

Bereits im **Begleitgesetz**[29] wurden die Befugnisse der Börsenaufsichtsbehörde und der Handels- **16** überwachungsstelle erweitert. Durch das **Dritte Finanzmarktförderungsgesetz**[30] wurden die Befugnisse der Börsenaufsichtsbehörde und der Handelsüberwachungsstelle nochmals gestärkt und diese Vorschriften neu gefasst. Nach dieser Änderung, jetzt § 3 Abs. 4 S. 4, kann die Aufsicht von den Handelsteilnehmern die **Angabe der Identität der Auftraggeber** und der aus den getätigten Geschäften berechtigten oder verpflichteten Personen verlangen, falls Anhaltspunkte für Missstände vorliegen, welche die ordnungsgemäße Durchführung des Handels und der Abwicklung beeinträchtigen können. Unerheblich ist danach, ob der Auftraggeber selbst Handelsteilnehmer ist.[31] Das **Vierte Finanzmarktförderungsgesetz** hat die Kompetenzen der Börsenaufsichtsbehörde **nochmals gestärkt.** Dies gilt aber auch materiell und zwar in zweierlei Hinsicht: In § 3 Abs. 4 S. 1 wurden zusätzlich zu den Handelsteilnehmern auch die „Emittenten der zum amtlichen oder geregelten Markt zugelassenen Wertpapiere" als Adressaten von Maßnahmen der Börsenaufsichtsbehörde eingefügt.[32] Zum anderen wurde der Börsenaufsichtsbehörde in § 3 Abs. 4 S. 4 die Möglichkeit eröffnet, Bestandsveränderungen von Handelsteilnehmern in börsengehandelten Wertpapieren und Derivaten bei Wertpapiersammelbanken und Clearingstellen abzufragen. Damit kann die Börsenaufsichtsbehörde die ihr entsprechend § 3 Abs. 4 S. 1–3 übermittelten Angaben überprüfen.[33]

Das Finanzmarktrichtlinie-Umsetzungsgesetz hat die Befugnisse der Börsenaufsichtsbehörde noch- **17** mals erweitert. Zum einen richtet sich die Aufsichts- und damit auch die Eingriffsbefugnis nunmehr auch ausdrücklich an den Träger der Börse, da dieser in § 3 Abs. 1 S. 2 jetzt genannt ist. Zum anderen richtet sich in Umsetzung von Art. 50 Abs. 2 lit. a und b MiFID (Art. 69 Abs. 2 lit. a und b MiFID II) das Auskunftsrecht und das Recht, die Vorlage von Unterlagen zu verlangen, nunmehr gegen „jedermann". Diese umfassende generelle Befugnis des § 3 Abs. 4 S. 3 tritt neben die besonderen Untersuchungsbefugnisse nach § 3 Abs. 4 S. 2, die auch ohne besonderen Anlass, jedoch nur gegenüber bestimmten Adressaten besteht. Darüber hinaus wurde in § 3 Abs. 4 S. 4 eine neue Nr. 4 eingefügt, die in Umsetzung von Art. 50 Abs. 2 lit. d MiFID (Art. 69 Abs. 2 lit. d MiFID II) das Recht der Börsenaufsichtsbehörde regelt, die Vorlage von bereits existierenden Aufzeichnungen von Telefongesprächen und Datenübermittlungen zu verlangen. Das 2. FiMaNoG hat die Befugnisse nochmals erweitert, sowohl im Hinblick auf den Adressatenkreis als auch den Informationsumfang (→ Rn. 2).

Mit diesen Befugnissen ist die Börsenaufsichtsbehörde umfassend mit solchen Kompetenzen aus- **18** gestattet, die nicht nur eine Überwachung der Börse und der Handelsteilnehmer ermöglicht, sondern auch geeignet sind, präventiv Missständen vorzubeugen und regulativ vorhandene Missstände zu beseitigen.[34]

§ 3 Abs. 5 S. 1 entspricht § 18 Abs. 1 aF. Er enthält die besondere Befugnis der Börsenaufsichts- **19** behörde, zur **Aufrechterhaltung der Ordnung** und des **Geschäftsverkehrs** an der Börse – auch der Computerbörse – Anordnungen zuzulassen. Diese Befugnis bezieht sich auf das **äußere Verhalten der Börsenteilnehmer** und ist von der **Rechts-** und **Marktaufsicht** nach § 3 Abs. 1 zu **unterscheiden.** § 3 Abs. 5 S. 2 und 3 setzen verschiedene Bestimmungen der MiFID um, Satz 2 Art. 51 Abs. 1 S. 1

---

[26] Vgl. RegBegr. zum Zweiten Finanzmarktförderungsgesetz, BT-Drs. 12/6679, 33 (60).

[27] Die entsprechende Erweiterung erfolgte durch das Gesetz zur Umsetzung der Richtlinie 2010/73/EU und zur Änderung des Börsengesetzes, BGBl. 2012 I 1375.

[28] RegBegr. zum Zweiten Finanzmarktförderungsgesetz, BT-Drs. 12/6679, 33 (59).

[29] Begleitgesetz zum Gesetz zur Umsetzung von EG-Richtlinien zur Harmonisierung bank- und wertpapieraufsichtsrechtlicher Vorschriften, BGBl. 1997 I 2567.

[30] Gesetz zur weiteren Fortentwicklung des Finanzplatzes Deutschland (Drittes Finanzmarktförderungsgesetz), BGBl. 1998 I 529. Ausdr. dieser Erweiterung der Befugnisse zustimmend *Hopt* FS Drobnig, 1998, 525 (542).

[31] Krit. dazu Schwark/Zimmer/*Beck* Rn. 42.

[32] → Rn. 6.

[33] RegBegr. zum Vierten Finanzmarktförderungsgesetz, BT-Drs. 14/8017, 72; die erweiterten Befugnisse stehen nach § 4 Abs. 3 auch der Handelsüberwachungsstelle zu.

[34] So bereits die RegBegr. zum Zweiten Finanzmarktförderungsgesetz BT-Drs. 12/6679, 33 (60).

MiFID (Art. 70 Abs. 1 und 2 MiFID II), S. 3 Nr. 1 Art. 50 Abs. 2 lit. j und k MiFID (Art. 69 Abs. 2 lit. m und n MiFID II), S. 3 Nr. 2 Art. 46 Abs. 2 Hs. 1 MiFID (Art. 55 Abs. 2 MiFID II) und S. 3 Nr. 3 Art. 46 Abs. 2 Hs. 2 MiFID und Art. 34 Abs. 2 UAbs. 1 lit. b MiFID (Art. 55 Abs. 2 MiFID II). Hierdurch werden die einzelnen Befugnisse der Börsenaufsichtsbehörde nochmals einerseits sehr detailliert, andererseits aber auch sehr umfassend dargestellt. Der Grundsatz ist in § 3 Abs. 5 S. 2 in Umsetzung von Art. 41 Abs. 1 S. 1 MiFID und Art. 70 Abs. 6 lit. b MiFID II geregelt und bestimmt, dass die Börsenaufsichtsbehörde mit allen für die Wahrnehmung ihrer Aufgaben erforderlichen Befugnissen ausgestattet sein muss. Hierzu gehört auch die Berechtigung, jede zur Durchsetzung der Bestimmungen gebotene Maßnahme zu erlassen sowie andererseits die Verpflichtung, auf Rechtsverstöße mit wirksamen, verhältnismäßigen „und abschreckenden Verwaltungsmaßnahmen"[35] zu reagieren. Die speziellen Befugnisse sind in § 3 Abs. 5 S. 3 in den Nr. 1–4 nicht abschließend („insbesondere") geregelt und umfassen neben der Aussetzung oder Einstellung des Börsenhandels über die Untersagung der Nutzung eines zentralen Kontrahenten, Clearingsystems oder börslichen Abwicklungssystems auch die Nutzung eines externen Abwicklungssystems und einer algorithmischen Handelsstrategie.

20 **4. Übertragung von Aufgaben und Befugnissen.** § 3 Abs. 7 entspricht § 5 Abs. 1 aF. Er soll nach der Regierungsbegründung zum Zweiten Finanzmarktförderungsgesetz die Möglichkeiten für eine größere organisatorische Flexibilität der Börsenaufsichtsbehörden eröffnen.[36] Zulässig sind demnach sowohl eine Übertragung der Aufgaben der Börsenaufsichtsbehörde auf eine Behörde desselben Landes als auch „mit Blick auf die Situation kleinerer regionaler Börsenplätze" die Zusammenarbeit von Börsenaufsichtsbehörden verschiedener Länder und sogar die „Übertragung von Aufgaben auf die Börsenaufsichtsbehörde eines anderen Landes".[37] Diese sehr umfassende Flexibilität spricht dafür, dass eine volle Übertragung von Aufgaben und Befugnissen auf eine andere Behörde desselben Bundeslandes aber auch eines anderen Bundeslandes ermöglicht wird.[38]

21 **5. Unterstützung durch Dritte.** § 3 Abs. 8 entspricht § 5 Abs. 2 aF und ermöglicht es, dass die Börsenaufsichtsbehörde sich bei der Durchführung ihrer Aufgaben anderer Personen und Einrichtungen bedient. Die Regierungsbegründung zum Zweiten Finanzmarktförderungsgesetz spricht hier von Wirtschaftsprüfern und EDV-Fachleuten, dh dritten Einrichtungen Privater. Denkbar ist aber auch die Einschaltung anderer Behörden, zB der BaFin. Soweit es um die Einschaltung der Handelsüberwachungsstelle durch die Börsenaufsichtsbehörde geht, sind § 3 Abs. 2 S. 2 und § 7 Abs. 1 S. 3 die spezielleren Vorschriften gegenüber § 3 Abs. 8.[39]

IV. Rechtsmittel, Staatshaftung

22 **1. Rechtsmittel.** § 3 Abs. 9 entspricht § 2 Abs. 4 aF. Danach haben **Widerspruch** und **Anfechtungsklage** gegen die nach § 3 Abs. 4 und 5 getroffenen Maßnahmen der Börsenaufsichtsbehörde keine aufschiebende Wirkung. Dies beruht auf der durch die besondere Schnelligkeit des Börsengeschehens bedingten **Eilbedürftigkeit** dieser Maßnahmen.

23 **§ 3 Abs. 9 erfasst** aber, anders als bis zum Finanzmarktrichtlinie-Umsetzungsgesetz, neben den Maßnahmen nach § 3 Abs. 4 auch die Anordnungen, dh Verwaltungsakte der Börsenaufsichtsbehörden im Rahmen der **Missstands- und Missbrauchsaufsicht nach § 3 Abs. 5.** Die bis zum Finanzmarktrichtlinie-Umsetzungsgesetz geltende Ansicht des Gesetzgebers des Zweiten Finanzmarktförderungsgesetzes, für die Maßnahme nach § 2 Abs. 2 aF (jetzt § 3 Abs. 5) fehle die **Eilbedürftigkeit,** sodass keine Regelung zum **sofortigen Vollzug** erforderlich erschien,[40] wurde, allerdings ohne nähere Begründung,[41] aufgehoben.

24 Dagegen ist bei bestimmten Maßnahmen der **Handelsüberwachungsstelle** (§ 7 Abs. 3 iVm § 3 Abs. 4 S. 1–5) und der **Börsengeschäftsführung** (§ 7 Abs. 5 S. 2) regelmäßig die Eilbedürftigkeit gegeben, sodass § 3 Abs. 9 und der dort angeordnete Sofortvollzug jeweils für anwendbar erklärt werden.

25 **2. Staatshaftung.** Die Regelung in § 3 Abs. 3, dass die **Börsenaufsichtsbehörde** die ihr zugewiesenen Aufgaben und Befugnisse **nur im öffentlichen Interesse** wahrnimmt, war im Gesetzgebungsverfahren zum Zweiten Finanzmarktförderungsgesetz inhaltlich nicht umstritten,[42] allerdings

---

[35] RegBegr. zum Finanzmarktrichtlinie-Umsetzungsgesetz, BT-Drs. 16/4028, 80.
[36] RegBegr. Entw. BT-Drs. 12/6679, 61.
[37] RegBegr. Entw. BT-Drs. 12/6679, 61.
[38] Ausf. Schwark/Zimmer/*Beck* Rn. 67.
[39] Schwark/Zimmer/*Beck* Rn. 71.
[40] RegBegr. zum Zweiten Finanzmarktförderungsgesetz, BT-Drs. 12/6679, 33 (60).
[41] RegBegr. Finanzmarktrichtlinie-Umsetzungsgesetz, BT-Drs. 16/4028, 81.
[42] Bundesrat und Bundesregierung gingen übereinstimmend davon aus, dass bereits nach bisherigem Recht die Börsenaufsicht allein im öffentliche Interesse wahrgenommen wird, vgl. Beschlussempfehlung und Bericht des Finanzausschusses des deutschen Bundestages, BT-Drs. 12/7918, 220 „Durch die Aufsicht wird den Belangen der Anleger in ihrer Gesamtheit Rechnung getragen. Der Schutz des einzelnen Anlegers ist bloße Reflexwirkung." Das entspricht auch der hM, vgl. nur Baumbach/Hopt/*Kumpan* Rn. 5.

hielt die Bundesregierung eine entsprechende Regelung für überflüssig.[43] Auf Vorschlag des Finanz-ausschusses wurde sie dennoch aufgenommen. Die Börsenaufsicht bezweckt den **Schutz des Anlegerpublikums** in seinem Vertrauen auf **Fairness** und **Chancengleichheit** an den Börsen und erfolgt somit im Interesse der **Funktionsfähigkeit der Wertpapiermärkte;** der **Schutz des einzelnen Anlegers** ist dabei bloßer **Rechtsreflex.**[44] Bedeutung erlangt diese verfassungs- und europarechtlich nicht unbedenkliche[45] angebliche Klarstellung im Hinblick darauf, dass Schadens-ersatzansprüche von Anlegern aus **Amtspflichtverletzung** wegen Verletzung der Aufsichtspflicht regelmäßig ausscheiden.[46] Dagegen lässt diese angebliche Klarstellung die Pflicht der Börsenaufsichts-behörden zu rechtmäßigem Verhalten gegenüber den zu beaufsichtigenden Personen und Unterneh-men unberührt; bei schuldhafter Verletzung der Amtspflichten diesen gegenüber gelten die allgemei-nen Grundsätze.[47]

§ 3a Aufgaben und Befugnisse der Börsenaufsichtsbehörde zur Ausführung der Verordnung (EU) 2015/2365

(1) Die Börsenaufsichtsbehörde überwacht die Einhaltung der Verbote und Gebote der Verordnung (EU) 2015/2365 durch die Börse und den Börsenträger und kann Anordnungen treffen, die geeignet und erforderlich sind, Verstöße gegen die Artikel 4 und 15 der Verordnung (EU) 2015/2365 sowie gegen die auf Grundlage des Artikels 4 erlassenen delegier-ten Rechtsakte und Durchführungsrechtsakte der Europäischen Kommission in der jeweils geltenden Fassung zu verhindern oder Missstände zu beseitigen.

(2) [1] Bei Verstößen gegen die in Absatz 1 genannten Vorschriften sowie sich hierauf beziehende Anordnungen der Börsenaufsichtsbehörde kann diese eine dauerhafte Einstel-lung der den Verstoß begründenden Handlungen oder Verhaltensweisen verlangen. [2] Ver-stößt eine Person, die bei der Börse oder dem Börsenträger tätig ist, vorsätzlich gegen eine der in Absatz 1 genannten Vorschriften oder eine sich auf diese Vorschriften beziehende Anordnung der Börsenaufsichtsbehörde und setzt sie dieses Verhalten trotz Verwarnung durch die Börsenaufsichtsbehörde fort, kann die Börsenaufsichtsbehörde dieser Person für einen Zeitraum von bis zu zwei Jahren die Wahrnehmung von Führungsaufgaben bei Börsen oder Börsenträgern untersagen.

§ 3a wurde durch das 2. FiMaNoG neu eingefügt, dient der Umsetzung von Art. 22 VO (EU) **1** 2015/2365 und gewährt der Börsenaufsichtsbehörde die für die Überwachung und Einhaltung der Ge- und Verbote der Art. 4 und 15 VO (EU) 2015/2365 erforderlichen Befugnisse.

§ 3b Meldung von Verstößen

(1) [1] Die Börsenaufsichtsbehörde trifft geeignete Vorkehrungen, um die Meldung von möglichen oder tatsächlichen Verstößen gegen dieses Gesetz oder gegen die Verordnung (EU) Nr. 600/2014 oder gegen Artikel 4 oder 15 der Verordnung (EU) 2015/2365 oder gegen die zur Durchführung dieses Gesetzes oder der Verordnung (EU) Nr. 600/2014 oder von Artikel 4 oder 15 der Verordnung (EU) 2015/2365 erlassenen Verordnungen, Rechtsakte oder Anordnungen oder gegen sonstige Vorschriften, deren Einhaltung sie zu überwachen hat, zu ermöglichen. [2] Die Meldungen können auch anonym abgegeben werden.

(2) [1] Die Börsenaufsichtsbehörde ist zu diesem Zweck befugt, personenbezogene Daten zu verarbeiten, soweit dies zur Erfüllung ihrer Aufgaben nach Absatz 1 erforderlich ist. [2] Die eingehenden Meldungen unterliegen den datenschutzrechtlichen Bestimmungen.

(3) [1] Die Börsenaufsichtsbehörde macht die Identität einer Person, die eine Meldung erstattet hat, nicht bekannt, ohne zuvor die ausdrückliche Einwilligung dieser Person einge-holt zu haben. [2] Ferner gibt die Börsenaufsichtsbehörde die Identität einer Person, die Gegenstand einer Meldung ist, nicht preis. [3] Die Sätze 1 und 2 gelten nicht, wenn eine Weitergabe der Information im Zusammenhang mit weiteren Ermittlungen oder nach-

---

[43] So ausdr. die Gegenäußerung der Bundesregierung zur Stellungnahme des Bundesrates, Nr. 8 der Anlage 3 zur BT-Drs. 12/6679, 101 (102).

[44] Schwark/Zimmer/*Beck* Rn. 23; *Foelsch/Wittmann* in Hellner/Steuer BuB Rn. 7/544.

[45] Ausführliche Nachw. zu dieser Thematik Baumbach/Hopt/*Hopt* Bankgeschäfte Rn. A/5; der EuGH hat die im früheren § 6 Abs. 4 KWG enthaltene vergleichbare Regelung für europarechtlich unbedenklich erklärt, EuGH Urt. v. 12.10.2004 – C-222/02, ZIP 2004, 2039, der BGH hat einen Verstoß des früheren § 6 Abs. 4 KWG (jetzt § 4 Abs. 4 FinDAG) gegen das GG verneint, BGH Urt. v. 20.1.2005 – III ZR 48/01, ZIP 2005, 287 (291 f.).

[46] Schwark/Zimmer/*Beck* Rn. 23; Baumbach/Hopt/*Kumpan* Rn. 5.

[47] Schwark/Zimmer/*Beck* Rn. 23 und *Foelsch/Wittmann* in Hellner/Steuer BuB Rn. 7/544 jew. unter Hinweis auf den Bericht des Finanzausschusses zum Zweiten Finanzmarktförderungsgesetz, BT-Drs. 12/7918, 220. Ebenso Baumbach/Hopt/*Kumpan* Rn. 5.

folgenden Verwaltungs- oder Gerichtsverfahren erforderlich ist oder wenn die Offenlegung durch eine gerichtliche Entscheidung angeordnet wird.

(4) Die Informationsfreiheitsgesetze der Länder finden auf die Meldung von Verstößen nach Absatz 1 keine Anwendung.

(5) Mitarbeiter, die bei Unternehmen oder Personen beschäftigt sind, die von einer Börsenaufsichtsbehörde beaufsichtigt werden, oder die bei Unternehmen oder Personen beschäftigt sind, auf die Tätigkeiten von beaufsichtigten Unternehmen oder Personen ausgelagert wurden, und die eine Meldung nach Absatz 1 abgeben, dürfen wegen dieser Meldung weder nach arbeitsrechtlichen oder strafrechtlichen Vorschriften verantwortlich noch schadenersatzpflichtig gemacht werden, es sei denn, es ist vorsätzlich oder grob fahrlässig eine unwahre Meldung abgegeben worden.

(6) ¹Die Berechtigung zur Abgabe von Meldungen nach Absatz 1 durch Mitarbeiter, die bei Unternehmen oder Personen beschäftigt sind, die von der Börsenaufsichtsbehörde beaufsichtigt werden oder die bei anderen Unternehmen oder Personen beschäftigt sind, auf die Tätigkeiten von beaufsichtigten Unternehmen oder Personen ausgelagert wurden, die bei einer Börse oder einem Börsenträger beschäftigt sind, darf vertraglich nicht eingeschränkt werden. ²Entgegenstehende Vereinbarungen sind unwirksam.

(7) Die Rechte einer Person, die Gegenstand einer Meldung ist, insbesondere die Rechte nach den anwendbaren Verwaltungsverfahrensgesetzen, nach den §§ 68 bis 71 der Verwaltungsgerichtsordnung und nach den §§ 137, 140, 141 und 147 der Strafprozessordnung werden durch die Einrichtung des Systems zur Meldung von Verstößen nach Absatz 1 nicht eingeschränkt.

1   § 3b wurde durch das 2. FiMaNoG neu eingefügt, dient der Umsetzung von Art. 24 Abs. 1 und 2 VO (EU) 2015/2365 und ermöglicht und verpflichtet einerseits die Börsenaufsichtsbehörde, geeignete Vorkehrungen dafür zu treffen, dass Meldungen von möglichen oder tatsächlichen Verstößen gegen Art. 4 oder 5 VO (EU) 2015/2365 auch anonym abgegeben werden können, und andererseits, das die dabei gewonnenen und zulässigerweise verarbeiteten Daten nicht den Informationsfreiheitsgesetzen der Länder unterliegen, somit das Schutzbedürfnis des Meldenden vor der Preisgabe seiner Daten gewahrt bleibt.

§ 4 Erlaubnis

(1) Die Errichtung einer Börse bedarf der schriftlichen Erlaubnis der Börsenaufsichtsbehörde.

(2) ¹Der Antrag auf Erteilung der Erlaubnis ist schriftlich bei der Börsenaufsichtsbehörde zu stellen. ²Er muss enthalten:
1. einen geeigneten Nachweis der nach § 5 Abs. 5 zum Börsenbetrieb erforderlichen Mittel,
2. die Namen der Geschäftsleiter und der Mitglieder des Verwaltungs- oder Aufsichtsorgans des Börsenträgers sowie die Angaben, die für die Beurteilung der Anforderungen nach den §§ 4a und 4b erforderlich sind,
3. einen Geschäftsplan, aus dem die Art der geplanten Geschäfte und der organisatorische Aufbau und die geplanten internen Kontrollverfahren des Trägers der Börse hervorgehen, sowie das Regelwerk der Börse,
4. die Angabe der Eigentümerstruktur des Trägers der Börse, insbesondere die Inhaber bedeutender Beteiligungen im Sinne des § 6 Abs. 6 und deren Beteiligungshöhe, und
5. die Angaben, die für die Beurteilung der Zuverlässigkeit der Inhaber bedeutender Beteiligungen erforderlich sind; ist der Inhaber einer bedeutenden Beteiligung eine juristische Person oder Personenhandelsgesellschaft, sind die für die Beurteilung der Zuverlässigkeit seiner gesetzlichen oder satzungsmäßigen Vertreter oder persönlich haftenden Gesellschafter wesentlichen Tatsachen anzugeben.

³Die Börsenaufsichtsbehörde kann zusätzliche Angaben verlangen, soweit diese erforderlich sind, um zu prüfen, ob der Antragsteller die Einhaltung der Vorschriften dieses Gesetzes gewährleistet. ⁴Handelt es sich bei den Geschäftsleitern des Trägers der Börse um solche eines organisierten Marktes, kann der Antragsteller hinsichtlich dieser Personen von den Angaben nach Satz 2 Nr. 2 und 5 absehen.

(3) Die Erlaubnis ist insbesondere zu versagen, wenn
1. der Nachweis der zum Börsenbetrieb erforderlichen Mittel nicht erbracht wird,
2. Tatsachen vorliegen, aus denen sich ergibt, dass eine der in Absatz 2 Satz 2 Nummer 2 genannten Personen den Anforderungen nach den §§ 4a und 4b nicht entspricht,
3. Tatsachen die Annahme rechtfertigen, dass der Inhaber einer bedeutenden Beteiligung oder, wenn er eine juristische Person ist, auch ein gesetzlicher oder satzungsmäßiger Vertreter, oder, wenn er eine Personenhandelsgesellschaft ist, auch ein Gesellschafter, nicht zuverlässig ist oder aus anderen Gründen nicht den im Interesse einer soliden und

umsichtigen Führung des Trägers einer Börse zu stellenden Ansprüchen genügt; dies gilt im Zweifel auch dann, wenn Tatsachen die Annahme rechtfertigen, dass er die von ihm aufgebrachten Mittel durch eine Handlung erbracht hat, die objektiv einen Straftatbestand erfüllt, oder

4. sich aus den vom Antragsteller vorgelegten Unterlagen ernstliche Zweifel an seiner Fähigkeit ergeben, die sich aus diesem Gesetz ergebenden Anforderungen an den Betrieb der Börse zu erfüllen.

(4) Die Erlaubnis erlischt, wenn von ihr nicht innerhalb eines Jahres seit ihrer Erteilung Gebrauch gemacht wird.

(5) [1] Die Börsenaufsichtsbehörde kann die Erlaubnis außer nach den Vorschriften der Verwaltungsverfahrensgesetze der Länder aufheben, wenn

1. der Börsenbetrieb, auf den sich die Erlaubnis bezieht, seit mehr als sechs Monaten nicht mehr ausgeübt worden ist,

2. ihr Tatsachen bekannt werden, welche die Versagung der Erlaubnis nach Absatz 3 rechtfertigen würden, oder

3. die Börse oder der Träger der Börse nachhaltig gegen Bestimmungen dieses Gesetzes oder der Verordnung (EU) Nr. 600/2014 oder der Artikel 4 und 15 der Verordnung (EU) 2015/2365 oder die zur Durchführung dieser Gesetze erlassenen Verordnungen oder Anordnungen verstoßen hat.

[2] Die den § 48 Abs. 4 Satz 1 und § 49 Abs. 2 Satz 2 des Verwaltungsverfahrensgesetzes entsprechenden Regelungen der Landesgesetze sind nicht anzuwenden.

(5a) [1] Die Börsenaufsichtsbehörde kann die Erlaubnis mit Auflagen versehen, soweit dies erforderlich ist, um die Erlaubnisvoraussetzungen sicherzustellen. [2] Die nachträgliche Aufnahme von Auflagen oder die nachträgliche Änderung oder Ergänzung bestehender Auflagen ist unter den Voraussetzungen des Satzes 1 zulässig.

(6) [1] Die Landesregierungen werden ermächtigt, Art, Umfang, Zeitpunkt und Form der nach Absatz 2 zu machenden Angaben und vorzulegenden Unterlagen durch Rechtsverordnung näher zu bestimmen. [2] Die Landesregierung kann die Ermächtigung durch Rechtsverordnung auf die Börsenaufsichtsbehörde übertragen.

(7) [1] Der Börsenträger hat der Börsenaufsichtsbehörde einen Wechsel bei den Personen der Geschäftsleitung sowie wesentliche Änderungen hinsichtlich der nach Absatz 2 Satz 2 Nr. 1 bis 5 gemachten Angaben unverzüglich anzuzeigen. [2] Absatz 2 Satz 3 und 4 gilt entsprechend.

I. Einleitung

Zwar enthielt das BörsG in § 1 Abs. 1 S. 1 aF auch vor dem Finanzmarktrichtlinie-Umsetzungs- **1** gesetz bereits eine § 4 Abs. 1 entsprechende Regelung, nach der die Errichtung einer Börse der Genehmigung durch die Börsenaufsichtsbehörde bedurfte. Die Voraussetzungen für die Erteilung der Genehmigung waren jedoch im BörsG anders als in anderen Gesetzen nicht geregelt.[1] Da Art. 36 Abs. 1 MiFID (entspricht Art. 44 Abs. 1 MiFID II) verlangt, dass die Mitgliedsstaaten „nur diejenigen Systeme als geregelten Markt (zulassen)", die den Bestimmungen" des Titel III. der MiFID (bzw. der MiFID II) genügen, waren die entsprechenden Genehmigungsvoraussetzungen in Umsetzung der MiFID in das BörsG aufzunehmen.[2]

§ 4 Abs. 1 entspricht § 1 Abs. 1 S. 1 aF. Bei der Übernahme der Vorschriften der MiFID II waren **2** die diversen in Art. 44, 45, 46 und 47 MiFID II enthaltenen Genehmigungsvoraussetzungen umzusetzen, wobei jedoch keine Umsetzung „eins zu eins" erfolgte, sodass die nachfolgenden in Bezug genommenen Vorschriften der MiFID II nicht im Sinne einer wörtlichen Übernahme zu verstehen sind: § 4 Abs. 2 Nr. 1 beruht auf Art. 39 lit. f MiFID (Art. 47 Abs. 1 lit. f MiFID II), Abs. 2 Nr. 2 auf Art. 37 Abs. 1 UAbs. 1 sowie Art. 38 Abs. 1 MiFID (Art. 45 Abs. 1 und 8 MiFID II), Abs. 2 Nr. 3 auf Art. 36 Abs. 1 UAbs. 4 MiFID (Art. 44 Abs. 1 MiFID II), Abs. 2 Nr. 4 und 5 auf Art. 38 Abs. 1 MiFID (Art. 46 Abs. 1 MiFID II) und Abs. 2 S. 3 auf Art. 37 Abs. 2 MiFID (Art. 45 Abs. 2 UAbs. 2 MiFID II). § 4 Abs. 3 setzt Art. 36 Abs. 1 MiFID um, § 4 Abs. 4 entspricht Art. 36 Abs. 5 lit. a MiFID (Art. 44 Abs. 5 lit. a MiFID II), § 4 Abs. 5 Art. 36 Abs. 5 lit. c, d und e MiFID (Art. 44 Abs. 5 lit. a letzter Hs., c und e MiFID II). Art. 36 Abs. 5 lit. b MiFID (Art. 44 Abs. 5 lit. b MiFID II), welche den Entzug der Zulassung durch die zuständige Behörde in den Fällen, in denen die Zulassung durch Täuschung oder rechtswidriges Verhalten erlangt wurde, ermöglicht, ist aufgrund der Anwendbarkeit der Regelungen über Widerruf und Rücknahme von Verwaltungsakten nach den Verwaltungsverfahrensgesetzen der Länder gewährleistet.[3]

---

[1] *Kümpel/Hammen* WM-Sonderbeilage 3/2000, 3 (10); *Schneider/Burgard* WM-Sonderbeilage 3/2000, 24 (28, 41 f.).

[2] RegBegr. zum Finanzmarktrichtlinie-Umsetzungsgesetz, BT-Drs. 16/4028, 81.

[3] Vgl. zu Vorstehendem insgesamt nur RegBegr. Finanzmarktrichtlinie-Umsetzungsgesetz, BT-Drs. 16/4028, 82.

II. Erlaubnis der Börse

3   **1. Rechtsnatur.** Nach § 4 Abs. 1 bedarf die Errichtung einer Börse[4] der **schriftlichen Erlaubnis** der zuständigen **obersten Landesbehörde (Börsenaufsichtsbehörde).** § 4 Abs. 1 soll nach der Regierungsbegründung zum Finanzmarktrichtlinie-Umsetzungsgesetz anders als bis zur Änderung durch das Finanzmarktrichtlinie-Umsetzungsgesetz kein **Verbot mit Erlaubnisvorbehalt** mehr darstellen.[5] Zutreffend ist, dass die Genehmigung Teil des Organisationsaktes der Errichtung der Börse als teilrechtsfähiger Anstalt öffentlichen Rechts ist. Durch sie wird das multilaterale Handelssystem erst zur Anstalt öffentlichen Rechts, durch sie wird der Anstaltsträger Beliehener, er wird in die Position versetzt, als Privatrechtssubjekt an der Erfüllung einer Staatsaufgabe und der Ausübung von Staatsgewalt teilzuhaben und ihm werden in gewissem Umfang öffentlich-rechtliche Befugnisse übertragen.[6] Außerdem: Ein Verbot mit Erlaubnisvorbehalt nicht genehmigter Börsenzusammenkünfte existiert nicht (mehr), da ein System, das materiell eine Börse darstellt, ohne formal als Börse genehmigt zu sein, nicht per se verboten ist. Vielmehr muss nach dem WpHG beurteilt werden, ob der Betreiber des multilateralen Systems die hierfür gem. § 72 Abs. 1 S. 1 WpHG iVm § 1 Abs. 1a S. 2 Nr. 1b KWG erforderlichen Erlaubnisse hat.[7] Hat er sie nicht, dann muss die BaFin einschreiten, nicht etwa die Ordnungsbehörden der jeweiligen Länder.

4   Insofern muss man einer doppelten Rechtsfolge[8] (nicht Doppelnatur)[9] der Genehmigung ausgehen: Die Genehmigung ist **begünstigender Verwaltungsakt,** der den Adressaten, den Träger der Börse[10] zur Errichtung und zum Betrieb der Börse als nicht rechtsfähiger Anstalt öffentlichen Rechts ermächtigt.[11] Die Genehmigung bedeutet aber darüber hinaus Delegation staatlicher Organisationsgewalt.[12] Sie hat, wie die Regierungsbegründung zum Vierten Finanzmarktförderungsgesetz ausdrücklich feststellt, eine doppelte Rechtsfolge. Zum einen ist sie „Teil der Errichtung der Börse als unselbstständige öffentlich-rechtliche Anstalt", zum anderen „ist der Träger mit der Erteilung der Genehmigung durch die Börsenaufsichtsbehörde zur Errichtung und zum Betrieb der Börse berechtigt und verpflichtet, die genehmigte Börse als Veranstaltung künftig zu betreiben und zu erhalten."[13] **Antragsteller, Rechtsinhaber** und **Adressat der Genehmigung** ist nicht die Börse selbst, sondern deren **Träger.**[14]

5   **2. Erlaubnisvoraussetzungen. a) Voraussetzungen für die Erteilung der Erlaubnis.** Die Voraussetzungen für die Erteilung der Erlaubnis sind den durch das Finanzmarktrichtlinie-Umsetzungsgesetz in Umsetzung von Art. 36 Abs. 1 MiFID (Art. 44 ff. MiFID II) neu eingefügten § 4 Abs. 2 und im Umkehrschluss zu § 4 Abs. 3 zu entnehmen.[15] Die Gründe, in § 4 Abs. 3, aus denen die Erlaubnis versagt werden kann, sind nicht abschließend („insbesondere"), eine Bedürfnisprüfung ist jedoch unzulässig.[16]

6   Ob auch ausländische Gesellschaften als Träger diese Voraussetzungen erfüllen, wurde anlässlich des gescheiterten Fusionsvorhabens zwischen der Deutsche Börse AG und der London Stock Exchange kontrovers diskutiert.[17] Diese Frage ist auch jenseits europarechtlicher Vorgaben so falsch gestellt, wie sich auch aus § 4 Abs. 2 Nr. 4 iVm § 6 ergibt. Nicht die Nationalität des Trägers der Börse ist entscheidend, sondern ob er – und sein Anteilseigner (§ 6) – Gewähr für die Erfüllung und spätere Einhaltung der Erlaubnisvoraussetzungen bietet.[18]

7   **b) Kein Anspruch auf Erteilung der Erlaubnis.** Die Erlaubnis ist mitwirkungsbedürftiger, begünstigender Verwaltungsakt iSv § 35 VwVerfG.[19] Da die Errichtung öffentlicher Anstalten in die Organisationsgewalt der Genehmigungsbehörde fällt, hat der Antragsteller, der Träger der Börse, nicht etwa die Börse selbst, grundsätzlich keinen Anspruch auf Erteilung der somit im Ermessen der obersten Landesbehörde als Börsenaufsichtsbehörde stehenden Genehmigung.[20] Darin liegt auch kein Verstoß

---

[4] Zur Begriffsbestimmung → § 2 Rn. 5 ff., zur Rechtsnatur der Börse → § 2 Rn. 24.
[5] RegBegr Finanzmarktrichtlinie-Umsetzungsgesetz, BT-Drs. 16/4028, 81.
[6] *Burgi* WM 2009, 2337 (2342); Schwark/Zimmer/*Beck* Rn. 6.
[7] Baumbach/Hopt/*Kumpan* Rn. 2.
[8] So bereits RegBegr. zum Vierten Finanzmarktförderungsgesetz, BT-Drs. 14/8017, 72; Baumbach/Hopt/*Kumpan* Rn. 2a.
[9] So aber Schwark/Zimmer/*Beck* Rn. 5.
[10] Baumbach/Hopt/*Kumpan* Rn. 1.
[11] Schwark/Zimmer/*Beck* Rn. 5.
[12] Schwark/Zimmer/*Beck* Rn. 6; *Burgi* WM 2009, 2337 (2342).
[13] RegBegr. zum Vierten Finanzmarktförderungsgesetz, BT-Drs. 14/8017, 72.
[14] Schwark/Zimmer/*Beck* Rn. 6; *Schneider/Burgard* WM-Sonderbeilage 3/2000, 24 (26).
[15] IE zu den Erlaubnisvoraussetzungen Schwark/Zimmer/*Beck* § 3 Rn. 13 ff.; Baumbach/Hopt/*Kumpan* Rn. 1.
[16] Baumbach/Hopt/*Kumpan* Rn. 4.
[17] So für das Vorhaben 2016 vgl. nur Nachw. bei *Christoph* BKR 2016, 499; für das vorherige Vorhaben 2000 bereits *Schneider/Burgard* WM-Sonderbeilage 3/2000, 24 (33); *Kümpel/Hammen* WM-Sonderbeilage 3/2000, 3 (11 f.)
[18] Wie hier *Christoph* BKR 2016, 499 (502 f.).
[19] Unstr. vgl. nur Baumbach/Hopt/*Kumpan* Rn. 1.
[20] Schwark/Zimmer/*Beck* Rn. 4; *Kümpel/Hammen* WM-Sonderbeilage 3/2000, 3 (10).

gegen Art. 12 GG.[21] Es besteht nur ein auch verwaltungsgerichtlich durchsetzbarer Anspruch auf fehlerfreie Ermessensausübung.[22] Durch das Hochfrequenzhandelsgesetz[23] wurde in Abs. 5a klargestellt, dass die Börsenaufsichtsbehörde die Erlaubnis mit **Auflagen** versehen kann, soweit dies erforderlich ist, um die Erlaubnisvoraussetzungen sicherzustellen. Auch die nachträgliche Aufnahme von Auflagen oder die nachträgliche Änderung oder Ergänzung bestehender Auflagen ist zulässig, wenn die Voraussetzungen des Abs. 5a S. 1 vorliegen.

3. Rechtsfolgen der Erlaubnis. Die sich aus der Erlaubnis ergebenden besonderen Rechtsfolgen **8** sind seit dem Finanzmarktrichtlinie-Umsetzungsgesetz umfassend in § 5 geregelt. Auf die diesbezügliche Kommentierung wird verwiesen; dort auch zu den Fragen, die im Zusammenhang mit einem Wechsel des Börsenträgers auftreten.

4. Erlöschen und Aufhebung der Erlaubnis, Auflagen. Die Erlaubnis erlischt nach § 4 Abs. 3, **9** wenn von ihr nicht innerhalb eines Jahres seit der Erteilung Gebrauch gemacht wird. Eine **Aufhebung der Erlaubnis** ist nach § 4 Abs. 5 S. 1 außer nach den Vorschriften über den **Widerruf oder die Rücknahme begünstigender Verwaltungsakte** in den jeweiligen Verwaltungsverfahrensgesetzen der Länder, vgl. die bundesrechtlichen Bestimmungen der §§ 48, 49 VwVerfG, zulässig, wenn zumindest eine der Voraussetzungen des § 4 Abs. 5 Nr. 1–3 vorliegen.[24] Darüber hinaus erlischt die Erlaubnis als begünstigender Verwaltungsakt, wenn er sich erledigt hat, § 43 Abs. 2 VwVerfG. Das ist bei der personenbezogenen Erlaubnis zB dann der Fall, wenn der Adressat der Erlaubnis, der Börsenträger, erlischt.[25] Ein Trägerwechsel (zB auch bei einer Verschmelzung, bei der alle Rechte und Pflichten qua Gesetzes übergehen) soll wegen der Personenbezogenheit ebenfalls zum Erlöschen führen, eine Überleitung der Erlaubnis auf den neuen Träger sei unzulässig, vielmehr sei dies eine neue Erlaubnis.[26]

§ 4 Abs. 5a wurde im Rahmen des Gesetzes zur Vermeidung von Gefahren und Missbräuchen im **10** Hochfrequenzhandel[27] auf Anregung des Bundesrates eingefügt. Ausweislich der Stellungnahme des Bundesrates[28] ging es dabei darum, „eine erteilte Börsenerlaubnis nachträglich mit Auflagen zu versehen oder bestehende Auflagen nachträglich zu ändern oder zu ergänzen, wenn dies zur Sicherstellung der Erreichung des Zwecks der Erlaubnis oder der Erfüllung der Aufgaben der Börse oder der Börsenaufsichtsbehörde erforderlich ist." Unter Verweis auf die „vergleichbare Regelung insbesondere im Depotgesetz" (§ 1 Abs. 3 S. 2 DepotG) solle die Börsenaufsichtsbehörde „zur nachträglichen Festsetzung von Auflagen und zur nachträglichen Änderung oder Ergänzung bestehender Auflagen befugt sein, um im Einzelfall auf veränderte Umstände angemessen und flexibel reagieren zu können." Dabei hebt die Stellungnahme des Bundesrates ausdrücklich hervor, dass solche veränderten Umstände sich „beispielsweise ergeben (können), wenn der Börsenträger (Trägergesellschaft) eine Sitzverlegung ins Ausland beschließt. Dadurch können die Erreichung des Zwecks der Erlaubnis, die Erfüllung der Auflagen der Börse oder der Börsenaufsichtsbehörde beeinträchtigt werden. Als weitere Beispiele für eine potentielle Notwendigkeit nachträglicher Anpassungen der Börsenerlaubnis kommen die Eingliederung des Börsenträgers in einen Börsenkonzern mit einer Holding über der Trägergesellschaft oder auch Veränderungen des Marktumfeldes durch neue EU-Regulierungen in Betracht." Auch diese Möglichkeit, neue oder geänderte Auflagen aufzunehmen, setzt jedoch voraus, dass dies zur Erreichung des Zwecks der Erlaubnis oder zur Erfüllung der Aufgaben der Börse, somit zur Erfüllung und späteren Einhaltung der Erlaubnisvoraussetzungen, erforderlich ist.

5. Zuständigkeit. a) Regionale Zuständigkeit. Regional zuständig ist die Börsenaufsichtsbehör- **11** de des Landes, in dem die Börse ihren Sitz hat. Entscheidend ist dabei der **Verwaltungssitz** der Börse, nicht etwa der des Trägers oder der des Rechners oder gar der der Handelsteilnehmer.[29] Da die **Genehmigungskompetenz** bei den zuständigen Landesbehörden liegt, sind Börsen Ländersache. Dies ergibt sich auch aus Art. 30, 83 GG und führt dazu, dass Bundesbörsen nicht zulässig wären. Dies bedeutet jedoch nicht, dass Landesbörsen nicht auch Marktteilnehmer aus anderen Bundesländern zulassen dürften, oder ein von vornherein geplanter bundesweiter Marktteilnehmerkreis, wie zB bei der früheren DTB, jetzt Eurex, unzulässig wäre.[30]

---

[21] Schwark/Zimmer/*Beck* § 1 Rn. 4; *Burgi* WM 2009, 2337 (2342); ausdr. gegen einen Grundrechtsverstoß (Art. 12 GG) im Falle der Aufhebung der Genehmigung, Schwark/Zimmer/*Beck* Rn. 46.

[22] Schwark/Zimmer/*Beck* Rn. 4; *Burgi* WM 2009, 2337 (2342).

[23] BGBl. 2013 I 1162.

[24] Näher zum Verhältnis § 1 Abs. 1 S. 2 aF zu §§ 48, 49 VwVfG, *Ledermann* in Schäfer/Hamann § 1 Rn. 9; Schwark/Zimmer/*Beck* Rn. 40.

[25] Baumbach/Hopt/*Kumpan* Rn. 4a.

[26] So Baumbach/Hopt/*Kumpan* Rn. 4a.

[27] BGBl. 2013 I 1162.

[28] BR-Drs. 607/12, 2f.

[29] Schwark/Zimmer/*Beck* Rn. 2; *Ledermann* in Schäfer/Hamann § 1 Rn. 27.

[30] → § 2 Rn. 19; vgl. auch Schwark/Zimmer/*Beck* § 3 Rn. 4 und Schwark/Zimmer/*Beck* Rn. 2.

12   **b) Internationale Zuständigkeit.** Während diese Frage regionaler Zuständigkeiten eindeutig auf der Grundlage des BörsG beantwortet werden kann, ist die **Anwendung** des BörsG und damit die Zuständigkeit deutscher Aufsichtsbehörden bei **internationalen** Sachverhalten unklar und – soweit ersichtlich – bislang nur in Teilbereichen erörtert worden.[31] Insbesondere aufgrund der technologischen Entwicklung im Bereich der elektronischen Handelssysteme aber auch des Internet findet seit mehr als 25 Jahren in verstärktem Maße ein **ortsunabhängiger Handel** statt, werden Eurex-Handelsbildschirme im Ausland aufgestellt, können Finanzintermediäre aber auch private Investoren direkt in Proprietären Handelssystemen, deren Zentralrechner im Ausland angesiedelt ist, handeln. Börsenaufsichtsrechtlich sollte auf den **Sitz der Börse und ihrer Organe** (Verwaltungssitz) abgestellt werden.[32] Soweit jedoch technische Vorrichtungen der Börse – auch – in andere Länder transportiert werden und von dort den direkten Zugang zum System eröffnen, sollten die dortigen börsenaufsichtsrechtlichen Bestimmungen ebenfalls beachtet werden. Dieses Konzept findet in § 102 WpHG seinen Niederschlag. Dagegen führt allein die Möglichkeit, über Telefon oder Internet sich in das Handelssystem einer Börse in einem anderen Land einzuschalten, nicht dazu, dass die Börse der Aufsicht all derjenigen Länder unterliegt, von denen eine solche Einschaltung möglich ist.

13   Rechtlich geht es grundsätzlich um zwei Fragen, die nach der Geltung deutschen Börsenrechts und die nach der Möglichkeit der Vollstreckung von Akten deutscher Börsenorgane oder Behörden im Ausland. Die erste Frage ist beim Handel an einer inländischen Börse grundsätzlich zu bejahen und zwar deshalb, weil die Teilnahme von auch im Ausland beheimateten Handelsteilnehmern am Handel an einer inländischen Börse die Teilnahme am Börsenhandel im Inland darstellt, somit der inländische Anknüpfungspunkt gegeben ist.[33] Ob sich aus Art. 25 GG iVm dem Territorialitätsprinzip hier Einschränkungen ergeben, ist jeweils zu prüfen. Der Normvollzug im Ausland ist dagegen rechtlich problematisch,[34] praktisch aber wohl weniger kritisch, da man sich hier mit zivilrechtlichen Konstruktionen behilft, in denen die jeweiligen ausländischen Handelsteilnehmer bei ihrer Zulassung vertraglich verpflichtet werden, bestimmten Anordnungen und Anweisungen Folge zu leisten.[35]

14   **6. Verstoß gegen Erlaubniserfordernis.** Eine ohne Genehmigung errichtete Börse, dh eine Einrichtung, welche alle Elemente einer Börse erfüllt, abgesehen von der erforderlichen Erlaubnis, ist multilaterales Handelssystem und damit von der BaFin zu untersagen, hat der Betreiber nicht die nach § 72 Abs. 1 S. 1 WpHG iVm § 1 Abs. 1 S. 2 Nr. 1b KWG erforderliche Erlaubnis. **Geschäfte,** die an einer nicht genehmigten Börse abgeschlossen werden, **sind wirksam** und nicht etwa nach § 134 BGB nichtig.[36]

§ 4a Geschäftsleitung des Börsenträgers

(1) **Die Geschäftsleiter des Börsenträgers müssen fachlich geeignet und zuverlässig sein und der Wahrnehmung ihrer Aufgaben ausreichend Zeit widmen.**

(2) **[1] Bei der Zahl der Leitungs- oder Aufsichtsmandate, die ein Geschäftsleiter gleichzeitig innehaben kann, sind der Einzelfall und die Art, der Umfang und die Komplexität der Geschäfte des Börsenträgers zu berücksichtigen. [2] Geschäftsleiter eines Börsenträgers, der auf Grund seiner Größe, seiner internen Organisation und der Art, des Umfangs und der Komplexität seiner Geschäfte von erheblicher Bedeutung ist, kann nicht sein, wer in einem anderen Unternehmen Geschäftsleiter ist oder bereits in mehr als zwei Unternehmen Mitglied des Verwaltungs- oder Aufsichtsorgans ist. [3] Dabei gelten mehrere Mandate als ein Mandat, wenn sie bei Unternehmen wahrgenommen werden,**

1. **die derselben Gruppe im Sinne des Artikels 2 Nummer 11 der Richtlinie 2013/34/EU des Europäischen Parlaments und des Rates vom 26. Juni 2013 über den Jahresabschluss, den konsolidierten Abschluss und damit verbundene Berichte von Unternehmen bestimmter Rechtsformen und zur Änderung der Richtlinie 2006/43/EG des Europäischen Parlaments und des Rates und zur Aufhebung der Richtlinien 78/660/EWG und 83/349/ EWG des Rates angehören oder**
2. **an denen der Börsenträger eine bedeutende Beteiligung im Sinne des § 1 Absatz 9 des Kreditwesengesetzes hält.**

[4] Mandate als Geschäftsleiter einer Börse oder als Mitglied eines Börsenrates und Mandate bei Organisationen und Unternehmen, die nicht überwiegend gewerbliche Ziele verfolgen, insbesondere Unternehmen, die der kommunalen Daseinsvorsorge dienen, werden bei den

---

[31] *Schuster,* Die internationale Anwendung des Börsenrechts, 1996; vgl. auch Schwark/Zimmer/*Beck* § 3 Rn. 76 ff.
[32] So schon bei der Eurex (vormals DTB) und bei Xetra (vormals IBIS), → § 3 Rn. 14; vgl. auch Schwark/ Zimmer/*Beck* Rn. 2.
[33] Schwark/Zimmer/*Beck* § 3 Rn. 77.
[34] Schwark/Zimmer/*Beck* § 3 Rn. 81.
[35] Schwark/Zimmer/*Beck* § 3 Rn. 82.
[36] Schwark/Zimmer/*Beck* Rn. 38 f.

nach Satz 2 höchstens zulässigen Mandaten nicht berücksichtigt. [5]Die Börsenaufsichtsbehörde kann einem Geschäftsleiter unter Berücksichtigung der Umstände im Einzelfall gestatten, ein zusätzliches Mandat in einem Verwaltungs- oder Aufsichtsorgan innezuhaben, wenn dies den Geschäftsleiter nicht daran hindert, der Wahrnehmung seiner Aufgaben bei dem Börsenträger ausreichend Zeit zu widmen.

§ 4a wurde durch das 2. FiMaNoG eingefügt, dient der Umsetzung von Art. 45 Abs. 1–6 MiFID II **1** für das „Leitungsorgan" iSd Art. 4 Abs. 36 MiFID II des Börsenträgers und lehnt sich nach der Regierungsbegründung zum 2. FiMaNoG „eng an §§ 25c und 25d des Kreditwesengesetzes" an.[1] Insofern wird man auf die dortige Auslegungspraxis zurückgreifen können. Fachliche Eignung bezieht sich zum einen auf die spezifische Sachkompetenz, somit auf die theoretischen und praktischen Kenntnisse in den Geschäften des Börsenträgers, und zum anderen auf die Personal- und Organisationskompetenz, somit die ausreichende Leitungserfahrung. Zuverlässigkeit bedeutet, dass bei der betreffenden Person damit gerechnet werden kann, dass sie auch künftig den Beruf und die damit einhergehenden Pflichten ordnungsgemäß ausübt und erfüllt und das in sie gesetzte Vertrauen nicht enttäuscht.[2]

§ 4a Abs. 2 dient ersichtlich dazu, sicherzustellen, dass die Anforderung des § 4a Abs. 1, nach der **2** ein Geschäftsleiter für die Wahrnehmung seiner Aufgaben „ausreichend Zeit" haben muss, erfüllt und nicht durch anderweitige Mandate beeinträchtigt wird.

§ 4b Verwaltungs- oder Aufsichtsorgan des Börsenträgers

(1) [1]Die Mitglieder des Verwaltungs- oder Aufsichtsorgans des Börsenträgers müssen zuverlässig sein, die erforderliche Sachkunde zur Wahrnehmung der Kontrollfunktion sowie zur Beurteilung und Überwachung der Geschäfte, die das jeweilige Unternehmen betreibt, besitzen und der Wahrnehmung ihrer Aufgaben ausreichend Zeit widmen. [2]Bei der Prüfung, ob eine der in Satz 1 genannten Personen die erforderliche Sachkunde besitzt, sind die Art, der Umfang und die Komplexität des Börsenträgers zu berücksichtigen.

(2) [1]Das Verwaltungs- oder Aufsichtsorgan muss in seiner Gesamtheit die Kenntnisse, Fähigkeiten und Erfahrungen haben, die zur Wahrnehmung der Kontrollfunktion sowie zur Beurteilung und Überwachung der Geschäftsleitung notwendig sind. [2]Jedes Mitglied hat aufrichtig und unvoreingenommen zu handeln, um die Entscheidungen der Geschäftsleitung beurteilen und erforderlichenfalls in Frage stellen zu können und die Entscheidungsfindung wirksam überwachen zu können. [3]Die Vorschriften der Mitbestimmungsgesetze über die Wahl und die Abberufung der Arbeitnehmervertreter im Verwaltungs- oder Aufsichtsorgan bleiben unberührt.

(3) [1]Das Verwaltungs- oder Aufsichtsorgan hat insbesondere die Aufgabe, zu überwachen, ob Unternehmensführungsregelungen bestehen und eingehalten werden, die eine wirksame und umsichtige Führung sicherstellen und insbesondere eine Aufgabentrennung in der Organisation und die Vorbeugung von Interessenkonflikten vorsehen. [2]Dies hat auf eine Weise zu erfolgen, durch die die Integrität des Markts gefördert wird. [3]Das Verwaltungs- oder Aufsichtsorgan hat gegebenenfalls angemessene Schritte zur Behebung etwaiger Mängel einzuleiten.

(4) [1]Bei der Zahl der Leitungs- oder Aufsichtsmandate, die ein Mitglied des Verwaltungs- oder Aufsichtsorgans gleichzeitig innehaben kann, sind der Einzelfall und die Art, der Umfang und die Komplexität der Geschäfte des Börsenträgers zu berücksichtigen. [2]Mitglied des Verwaltungs- oder Aufsichtsorgans eines Börsenträgers, der auf Grund seiner Größe, seiner internen Organisation und der Art, des Umfangs und der Komplexität seiner Geschäfte von erheblicher Bedeutung ist, kann nicht sein,

1. wer in einem anderen Unternehmen Geschäftsleiter ist und zugleich in mehr als zwei Unternehmen Mitglied des Verwaltungs- oder Aufsichtsorgans ist oder
2. wer in mehr als vier Unternehmen Mitglied des Verwaltungs- oder Aufsichtsorgans ist.

[3]Dabei gelten mehrere Mandate als ein Mandat, wenn die Mandate bei Unternehmen wahrgenommen werden,

1. die derselben Gruppe im Sinne des Artikels 2 Nummer 11 der Richtlinie 2013/34/EU des Europäischen Parlaments und des Rates vom 26. Juni 2013 über den Jahresabschluss, den konsolidierten Abschluss und damit verbundene Berichte von Unternehmen bestimmter Rechtsformen und zur Änderung der Richtlinie 2006/43/EG des Europäischen Parlaments und des Rates und zur Aufhebung der Richtlinien 78/660/EWG und 83/349/EWG des Rates angehören oder
2. an denen der Börsenträger eine bedeutende Beteiligung im Sinne des § 1 Absatz 9 des Kreditwesengesetzes hält.

---

[1] RegBegr. 2. FiMaNoG BT-Drs. 18/10936, 268.
[2] In diesem Sinne auch Baumbach/Hopt/*Kumpan* Rn. 1.

[4] Mandate als Geschäftsleiter einer Börse oder als Mitglied eines Börsenrates und Mandate bei Organisationen und Unternehmen, die nicht überwiegend gewerbliche Ziele verfolgen, insbesondere Unternehmen, die der kommunalen Daseinsvorsorge dienen, werden bei den höchstens zulässigen Mandaten nicht berücksichtigt. [5] Die Börsenaufsichtsbehörde kann einem Mitglied des Verwaltungs- oder Aufsichtsorgans des Börsenträgers unter Berücksichtigung der Umstände im Einzelfall gestatten, ein zusätzliches Mandat in einem Verwaltungs- oder Aufsichtsorgan innezuhaben, wenn dies das Mitglied nicht daran hindert, der Wahrnehmung seiner Aufgaben bei dem Börsenträger ausreichend Zeit zu widmen.

(5) [1] Das Verwaltungs- oder Aufsichtsorgan eines Börsenträgers, der auf Grund seiner Größe, seiner internen Organisation und der Art, des Umfangs und der Komplexität seiner Geschäfte von erheblicher Bedeutung ist, hat aus seiner Mitte einen Nominierungsausschuss zu bestellen. [2] Der Nominierungsausschuss unterstützt das Verwaltungs- oder Aufsichtsorgan bei der

1. Ermittlung von Bewerbern für die Besetzung einer Stelle im Verwaltungs- oder Aufsichtsorgan und in der Geschäftsleitung und der Vorbereitung von Wahlvorschlägen für die Wahl von deren Mitgliedern; hierbei hat er darauf zu achten, dass die Kenntnisse, Fähigkeiten und Erfahrungen aller Mitglieder des betreffenden Organs unterschiedlich und ausgewogen sind, und eine Stellenbeschreibung mit einem Bewerberprofil zu entwerfen sowie den mit der Aufgabe verbundenen Zeitaufwand anzugeben;
2. Erarbeitung einer Strategie zur Förderung der Vertretung des unterrepräsentierten Geschlechts im Verwaltungs- oder Aufsichtsorgan sowie zur Förderung der Diversität, um eine große Bandbreite von Eigenschaften und Fähigkeiten bei dessen Mitgliedern zu erreichen;
3. regelmäßigen, mindestens jährlichen Bewertung der Struktur, Größe, Zusammensetzung und Leistung der Geschäftsleitung und des Verwaltungs- oder Aufsichtsorgans und der Erarbeitung von Empfehlungen an das Verwaltungs- oder Aufsichtsorgan zu Verbesserungen;
4. regelmäßigen, mindestens jährlichen Bewertung der Kenntnisse, Fähigkeiten und Erfahrung sowohl der einzelnen Geschäftsleiter und der einzelnen Mitglieder des Verwaltungs- oder Aufsichtsorgans als auch des jeweiligen Organs in seiner Gesamtheit und
5. Überprüfung der Grundsätze des Verwaltungs- oder Aufsichtsorgans für die Auswahl und Bestellung der Geschäftsleiter und der Abgabe diesbezüglicher Empfehlungen an das Verwaltungs- oder Aufsichtsorgan.

[3] Der Nominierungsausschuss hat bei der Wahrnehmung seiner Aufgaben insbesondere darauf zu achten, dass die Entscheidungsfindung innerhalb der Geschäftsleitung oder des Verwaltungs- oder Aufsichtsorgans durch einzelne Personen oder Gruppen nicht in einer Weise beeinflusst wird, die dem Börsenbetreiber insgesamt schadet. [4] Er kann bei der Wahrnehmung seiner Aufgaben auf alle aus seiner Sicht erforderlichen Mittel zurückgreifen und auch externe Berater hinzuziehen. [5] Zu diesem Zweck soll er vom Unternehmen angemessene Finanzmittel erhalten.

1   § 4b wurde durch das 2. FiMaNoG eingefügt, dient der Umsetzung von Art. 45 Abs. 1–6 MiFID II für das Verwaltungs- oder Aufsichtsorgan des Börsenträgers beziehungsweise seiner einzelnen Mitglieder und lehnt sich nach der Regierungsbegründung zum 2. FiMaNoG „eng an §§ 25c und 25d des Kreditwesengesetzes"[1] an.

§ 5 Pflichten des Börsenträgers

(1) [1] Mit Erteilung der Erlaubnis wird der Antragsteller als Träger der Börse zu deren Errichtung und Betrieb berechtigt und verpflichtet. [2] Er ist verpflichtet, der Börse auf Anforderung der Geschäftsführung der Börse die zur Durchführung und angemessenen Fortentwicklung des Börsenbetriebs erforderlichen finanziellen, personellen und sachlichen Mittel zur Verfügung zu stellen.

(2) Der Börsenträger ist verpflichtet, die aktuellen Angaben zu seiner Eigentümerstruktur in dem nach § 4 Abs. 2 Satz 2 Nr. 4 erforderlichen Umfang auf seiner Internetseite zu veröffentlichen.

(3) [1] Die Auslagerung von Bereichen, die für die Durchführung des Börsenbetriebs wesentlich sind, auf ein anderes Unternehmen darf weder die ordnungsmäßige Durchführung des Handels an der Börse und der Börsengeschäftsabwicklung noch die Aufsicht über die Börse beeinträchtigen. [2] Der Börsenträger hat sich insbesondere die erforderlichen Weisungsbefugnisse vertraglich zu sichern und die ausgelagerten Bereiche in seine internen Kontrollverfahren einzubeziehen. [3] Der Börsenträger hat die Absicht der Auslagerung sowie ihren Vollzug der Börsenaufsichtsbehörde unverzüglich anzuzeigen.

---

[1] RegBegr. 2. FiMaNoG BT-Drs. 18/10936, 268.

(4) **Der Börsenträger ist verpflichtet,**

1. **Vorkehrungen zu treffen, um Konflikte zwischen Eigeninteressen des Börsenträgers oder dessen Eigentümern und dem öffentlichen Interesse am ordnungsgemäßen Betrieb der Börse zu erkennen und zu verhindern, soweit diese geeignet sind, sich nachteilig auf den Börsenbetrieb oder auf die Handelsteilnehmer auszuwirken, insbesondere soweit die der Börse gesetzlich übertragenen Überwachungsaufgaben betroffen sind,**
2. **angemessene Vorkehrungen und Systeme zur Ermittlung und zum Umgang mit den wesentlichen Risiken des Börsenbetriebs zu schaffen, um diese wirksam zu begrenzen, und**
3. **die technische Funktionsfähigkeit der Börsenhandels- und Abwicklungssysteme sicherzustellen, technische Vorkehrungen für einen reibungslosen und zeitnahen Abschluss der im Handelssystem geschlossenen Geschäfte zu schaffen und insbesondere wirksame Notfallmaßnahmen vorzusehen, die bei einem Systemausfall oder bei Störungen in seinen Handelssystemen die Kontinuität seines Geschäftsbetriebs gewährleisten.**

(4a) **Der Börsenträger muss über Systeme und Verfahren verfügen, um**

1. **sicherzustellen, dass seine Handelssysteme belastbar sind und über ausreichende Kapazitäten für Spitzenvolumina an Aufträgen und Mitteilungen verfügen und**
2. **Aufträge abzulehnen, die die im Voraus festgelegten Grenzen für Volumina und Kurse überschreiten oder eindeutig irrtümlich zustande kamen.**

(5) **Der Börsenträger muss über ausreichende finanzielle Mittel für eine ordnungsgemäße Durchführung des Börsenbetriebs verfügen, wobei Art, Umfang und Risikostruktur der an der Börse getätigten Geschäfte zu berücksichtigen sind.**

(6) **Der Börsenträger hat das Land, in dessen Gebiet die Börse ansässig ist, von allen Ansprüchen Dritter wegen Schäden freizustellen, die durch die für die Börse Handelnden in Ausübung der ihnen übertragenen Aufgaben verursacht werden.**

(7) **Dem Börsenträger ist es nicht gestattet, an einer Börse Kundenaufträge unter Einsatz seines eigenen Kapitals auszuführen oder auf die Zusammenführung sich deckender Kundenaufträge im Sinne von § 2 Absatz 29 des Wertpapierhandelsgesetzes zurückzugreifen.**

(8) **Der Börsenträger muss über einen Prozess verfügen, der es den Mitarbeitern unter Wahrung der Vertraulichkeit ihrer Identität ermöglicht, mögliche oder tatsächliche Verstöße gegen die Verordnung (EU) Nr. 596/2014, gegen die Verordnung (EU) 2015/2365, gegen die Verordnung (EU) Nr. 600/ 2014, gegen die Verordnung (EU) Nr. 1286/2014 des Europäischen Parlaments und des Rates vom 26. November 2014 über Basisinformationsblätter für verpackte Anlageprodukte für Kleinanleger und Versicherungsanlageprodukte (PRIIP) (ABl. L 352 vom 9.12.2014, S. 1, L 358 vom 13.12.2014, S. 50), gegen dieses Gesetz, gegen das Wertpapierhandelsgesetz oder gegen die auf Grund des Wertpapierhandelsgesetzes erlassenen Rechtsverordnungen sowie etwaige strafbare Handlungen innerhalb des Unternehmens an geeignete Stellen zu berichten.**

I. Einleitung

§ 5 übernimmt in Abs. 1 und 3 § 1 Abs. 2 bzw. Abs. 3 aF während in Abs. 2, 4 und 5 Vorgaben der **1** MiFID in deutsches Recht umgesetzt werden.

§ 5 Abs. 1 und 3 wurden durch das Vierte Finanzmarktförderungsgesetz[1] in § 1 Abs. 2 und 3 aF **2** eingefügt. § 5 Abs. 1 regelt die auch vorher bereits unstreitige Betriebspflicht des Trägers der Börse ausdrücklich, Abs. 3 bestimmt entsprechend der Parallelvorschriften des § 80 Abs. 6 WpHG und des, allerdings deutlich ausführlicheren § 25b KWG die Grenzen für die Auslagerung von für die Durchführung des Börsenbetriebs wesentlichen Funktionen und Tätigkeiten. Der Bundesrat hatte im Rahmen des Gesetzgebungsverfahrens des Gesetzes zur Umsetzung der Richtlinie 2010/73/EU und zur Änderung des Börsengesetzes angeregt, einen neuen Abs. 6 einzufügen, um die als unbillig empfundene Haftung des Landes für Amtspflichtverletzungen der Börsenorgane durch eine umfassende Freistellungsverpflichtung zu ändern[2] (→ Rn. 19). Diese Anregung stieß bei der Bundesregierung zwar inhaltlich auf keine Bedenken[3], wurde aber fallen gelassen, um das rechtzeitige In-Kraft-Treten des Gesetzes nicht zu gefährden.[4] Im Rahmen des Gesetzes zur Umsetzung der Amtshilferichtlinie sowie zur Änderung steuerlicher Vorschriften (Amtshilferichtlinie-Umsetzungsgesetz – AmtshilfeRLUmsG)[5] wurde der entsprechende Abs. 6 in § 5 dann eingefügt. Die Änderungen durch das 1. und 2. FiMaNoG, in Abs. 4 Nr. 3 und Abs. 8 sowie die neu eingefügten Abs. 4a und 7 dienen der Umsetzung der VO (EU) 2015/2365 und der MiFID II.

---

[1] BGBl. 2002 I 2010.
[2] Vgl. BT-Drs. 17/8684, 13 (31 f.).
[3] Verfassungsrechtliche Bedenken aber bei Baumbach/Hopt/*Kumpan* Rn. 6.
[4] Gegenäußerung der Bundesregierung BT-Drs. 17/8684, 13 (33).
[5] BGBl. 2013 I 1809.

II. Verleihung

3   Die Erteilung der Erlaubnis nach § 4 Abs. 1 stellt eine **„Verleihung"** dar, durch welche der jeweilige Börsenträger die Stellung eines beliehenen Unternehmers erlangt.[6] **Beliehene** sind Privatpersonen, die mit der selbständigen Wahrnehmung bestimmter Verwaltungsaufgaben im eigenen Namen betraut sind.[7] Der Börsenträger ist, soweit er die ihm durch die Beleihung übertragenen Aufgaben erfüllt, **Träger öffentlicher Verwaltung,** ua mit der Folge der Amtshaftung.[8] Der Börsenträger wird somit durch die Genehmigung im Sinne einer Verleihung Beliehener und zum Betrieb der Börse ermächtigt – und verpflichtet (§ 5 Abs. 1 S. 1) –, wird insoweit Träger öffentlicher Verwaltung und steht in einem Auftragsverhältnis zu dem Land, in dem die Börse ihren Sitz hat.[9] Der durch das Vierte Finanzmarktförderungsgesetz neu eingefügte § 1 Abs. 2 aF, jetzt § 5 Abs. 1, konkretisiert in seinem Satz 2 dieses Auftragsverhältnis im Sinne der dort geregelten Ausstattungs-, Betriebs- und Fortentwicklungspflichten. § 5 Abs. 1 S. 1 enthält aber – quasi als Kehrseite der Pflichten des Trägers der Börse – auch ausdrücklich die Aussage, dass der Träger der Börse mit Erteilung der Genehmigung zu deren Errichtung und Betrieb – auch – berechtigt ist. Die früher zu § 1 Abs. 1 S. 2 aF, der durch die detailliertere und auch die Interessen des Trägers besser berücksichtigende Regelung des § 4 Abs. 5 ersetzt wurde, vertretene Auffassung, aus der Befugnis der Börsenaufsichtsbehörde zur Aufhebung der Börse folge, dass kein subjektives Recht des Trägers der Börse auf deren Betrieb bestehe,[10] ist damit nicht mehr haltbar.[11]

4   Im Zusammenhang mit der Verleihung stellt sich auch die Frage, welche Auswirkungen gesellschaftsrechtliche Umstrukturierungsmaßnahmen beim Träger auf den Bestand der Genehmigung und Verleihung haben, oder genereller, ob ein Wechsel des Trägers zulässig ist, und welche Rechtsfolgen er zeitigt. Wie sich insbesondere aus den personenbezogenen Genehmigungsvoraussetzungen ergibt, handelt es sich bei der Genehmigung und Verleihung um einen personenbezogenen Verwaltungsakt, der als solcher nicht überleitungs- oder nachfolgefähig ist, da eine entsprechende spezialgesetzliche Regelung fehlt.[12] Dies bedeutet: Geht der Träger infolge gesellschaftsrechtlicher oder sonstiger Maßnahmen unter, dann erlischt grundsätzlich auch die Genehmigung.[13] Gleiches muss aufgrund der Personenbezogenheit der Genehmigung grundsätzlich auch bei gesellschaftsrechtlichen oder sonstigen Maßnahmen gelten, bei denen der Träger nicht untergeht sondern alle Rechte und Pflichten im Wege der Gesamtrechtsnachfolge auf eine andere Rechtsperson übergehen, zB bei der Verschmelzung.[14] Zwar gilt hier gesellschafts- und zivilrechtlich die Gesamtrechtsnachfolge, jedoch ist der Rechtsnachfolger ein neuer Rechtsträger, der uU ganz anders ausgestattet sein kann als der ursprüngliche, sodass hier nicht von einem automatischen Rechtsübergang auch der Genehmigung ausgegangen werden kann. Etwas anderes gilt, wenn der Träger als solcher bestehen bleibt, sich jedoch seine Anteilseignerstruktur ändert. Dies ändert grundsätzlich am Fortbestand der Erlaubnis nichts, mag es im Einzelfall die Börsenaufsichtsbehörde auch zum Zwecke der Absicherung der Betriebs- und Fortentwicklungspflicht zu einzelnen Maßnahmen berechtigen,[15] und § 6 sowie das dort genannte Instrumentarium anwendbar sein.

III. Betriebs- und Fortentwicklungspflicht

5   **1. Betriebspflicht.** Durch diese Verleihung wird der jeweilige Börsenträger grundsätzlich verpflichtet, die genehmigte Börse als Veranstaltung zunächst zu errichten und künftig weiter zu betreiben und zu erhalten[16] (**Betriebspflicht,** § 5 Abs. 1 S. 1). § 5 Abs. 1 normiert diese, allerdings auch vorher bereits allgemein anerkannte Betriebspflicht, generell in seinem Satz 1 und konkretisiert sie in seinem Satz 2. § 5 Abs. 1 S. 2 enthält sowohl eine **gegenwarts-** als auch eine **zukunftsbezogene Komponente**[17] indem einerseits die aktuelle „Durchführung des Börsenbetriebs" und andererseits dessen

---

[6] Burgi WM 2009, 2337 (2342); Seiffert in KMFS BankR/KapMarktR Rn. 14.96; Kümpel/Hammen BörsenR 43 f.; Samm, Börsenrecht, 1978, 45; Schwark WM 2000, 2517 (2520); aA Baumbach/Hopt/Kumpan § 4 Rn. 2a: Verwaltungshelfer, nicht Beliehener.

[7] Burgi WM 2009, 2337 (2341); Schwark/Zimmer/Beck § 4 Rn. 6.

[8] Schneider/Burgard WM-Sonderbeilage 3/2000, 24 (27). Ausf. zur Amtshaftung Faßbender/Reichegger WM 2009, 732 ff.

[9] Schwark/Zimmer/Beck § 4 Rn. 8; Seiffert in KMFS BankR/KapMarktR Rn. 14.151 ff.

[10] Breitkreuz, Die Ordnung der Börse, 2000, 193.

[11] Ebenso Schwark/Zimmer/Beck § 4 Rn. 9; Beck BKR 2002, 662 (665).

[12] So ausdr. auch mwN Schwark/Zimmer/Beck § 4 Rn. 35; ebenso Baumbach/Hopt/Kumpan § 4 Rn. 4a.

[13] Baumbach/Hopt/Kumpan § 4 Rn. 4a.

[14] Baumbach/Hopt/Kumpan § 4 Rn. 4a. So muss auch Beck verstanden werden, wenn er als Beispiele für gesellschaftsrechtliche Umstrukturierungsmaßnahmen eine ganze Reihe von Verschmelzungen aufzählt und aufgrund dieser Beispiele dann die hier erörterte Frage behandelt, Schwark/Zimmer/Beck § 4 Rn. 33 ff.

[15] Vgl. exemplarisch die Prüfung bei Christoph BKR 2016, 489 (500 ff.).

[16] Ausf. zum Inhalt der Betriebspflicht Burgard WM 2011, 2021; Beck WM 1996, 2313 (2315 f.); Kümpel/Hammen WM-Sonderbeilage 3/2000, 3 (11).

[17] Burgard WM 2011, 2021 (2022 f.).

angemessene „Fortentwicklung" genannt werden.[18] Dies bedeutet, der Träger der Börse ist grundsätzlich verpflichtet, die erforderlichen organisatorischen Vorkehrungen für den Börsenhandel zu treffen, dh insbesondere die **finanziellen, sachlichen, personellen** und **technischen** Mittel für einen ordnungsgemäßen Börsenbetrieb zur Verfügung zu stellen, vgl. auch § 3 Abs. 2 BörsenO der FWB.[19] Weder das BörsG noch die BörsenO enthalten genauere inhaltliche Vorgaben über Inhalt und **Umfang der Ausstattungsverpflichtung,** die über die Regelung in § 5 Abs. 5, die allein die Minimalanforderungen konkretisiert, sowie die Anforderungen in § 5 Abs. 3, 4, 4a und 8, die eher organisations- und risikomanagementbezogen sind, hinausgehen. Die Regierungsbegründung zum Finanzmarktrichtlinie-Umsetzungsgesetz verweist hier auf Art. 39 lit. f MiFID, die der deutsche Gesetzgeber dann aber nicht für die Börse, sondern für den Träger in § 5 Abs. 5 umgesetzt hat. Der Umfang der Ausstattungsverpflichtung ergibt sich jenseits spezieller Vorgaben aus den Anforderungen an einen ordnungsgemäßen und marktmäßigen Börsenbetrieb. Dieser wiederum wird maßgeblich bestimmt durch den jeweiligen Zuschnitt und die jeweilige Ausstattung der betreffenden Börse.[20] Zum Börsenbetrieb gehören derzeit der Handel in den zwei Marktsegmenten (regulierter Markt, Freiverkehr) und – für die Frankfurter Wertpapierbörse – die Bereitstellung der elektronischen Handelsplattform Xetra.[21] Diejenigen Mittel, die für diesen Börsenbetrieb erforderlich sind, einschließlich Notfallmaßnahmen (§ 5 Abs. 4 Nr. 3), müssen vom Träger zur Verfügung gestellt werden,[22] wobei dazu und nicht erst aufgrund der Fortentwicklungsverpflichtung auch Erhaltungs-, Ersetzungs- und gegebenenfalls sogar Erweiterungsinvestitionen gehören.[23] Daraus ergibt sich konkret folgendes: Elektronische Systeme für den Börsenhandel,[24] die Zuteilung von Orders, deren Abwicklung bis hin zur Schnittstelle zur Belieferung, die räumlichen und technischen Mittel sowie das zum Betrieb der Systeme erforderliche Personal zur Verfügung zu stellen.[25]

6 Die Betriebspflicht bedeutet jedoch keine Verpflichtung zur Erhaltung des aktuellen Bestandes; dh eine Änderung bestehender Geschäftszweige oder Handelsplattformen (Präsenz- oder Computerhandel) ist zulässig, uU sogar insbesondere aufgrund technologischer Entwicklungen geboten, solange dadurch nicht die **Institution der Börse** in Frage gestellt wird.[26]

2. Fortentwicklungspflicht. Bedeutender als diese gegenwartsbezogene Betriebspflicht zur 7 Durchführung des Börsenbetriebs ist die **zukunftsbezogene Fortentwicklungsverpflichtung** des Trägers der Börse. Was konkret darunter zu verstehen ist, sagt allerdings weder der Wortlaut des § 5 Abs. 1 S. 2, noch lässt sich aus der Regierungsbegründung zum Vierten Finanzmarktförderungsgesetz oder zum Finanzmarktrichtlinie-Umsetzungsgesetz hierzu etwas entnehmen. Entscheidend ist ein funktionsfähiger Börsenbetrieb. Dieser erfordert Wirtschaftlichkeit und Wettbewerbsfähigkeit.[27] Deshalb sind diejenigen Maßnahmen zur Fortentwicklung des Börsenbetriebs vom Träger zu finanzieren, welche die Wirtschaftlichkeit und die, auch internationale Wettbewerbsfähigkeit verbessern, wobei eine „doppelte Verhältnismäßigkeitsprüfung"[28] vorzunehmen ist: Die Fortentwicklung muss erforderlich, sie muss allerdings auch angemessen sein.[29]

3. Konkretisierungsmöglichkeit. Der Umfang der Betriebspflicht des Trägers kann in der Erlaub- 8 nis durch die Börsenaufsichtsbehörde näher festgelegt werden.[30] Geschieht dies nicht bzw. geschah dies bei den in der Vergangenheit erteilten Genehmigungen nicht, bleibt es bei der allgemeinen gesetzlichen Betriebspflicht des § 5 Abs. 1. Von dieser Betriebspflicht kann der Börsenträger sich nicht

---

[18] RegBegr. zum Vierten Finanzmarktförderungsgesetz, BT-Drs. 14/8017, 12 (72).

[19] *Kümpel/Hammen* WM-Sonderbeilage 3/2000, 3 (11).

[20] *Burgard* WM 2011, 2021 (2022).

[21] *Schwark* WM 2000, 2517 (2528).

[22] *Beck* WM 1996, 2313 (2316); *Kümpel/Hammen* WM-Sonderbeilage 3/2000, 3 (11).

[23] *Burgard* WM 2011, 2021 (2022 f.).

[24] Elektronische Handelssysteme und Hilfseinrichtungen werden in der RegBegr. zum Vierten Finanzmarktförderungsgesetz ausdrücklich erwähnt, RegBegr. zum Vierten Finanzmarktförderungsgesetz, BT-Drs. 14/8017, 72.

[25] Wie hier Schwark/Zimmer/*Beck* Rn. 4.

[26] Schwark/Zimmer/*Beck* Rn. 7.

[27] Die Wettbewerbsfähigkeit wird vom Bundesrat in seiner Stellungnahme zum Regierungsentwurf zum Vierten Finanzmarktförderungsgesetz ausdrücklich genannt, BT-Drs. 14/8017, 146; ebenso auch *Burgard* WM 2011, 2021 (2023).

[28] So zu Recht Schwark/Zimmer/*Beck* Rn. 6.

[29] Schwark/Zimmer/*Beck* § 5 Rn. 6; *Seiffert* in KMFS BankR/KapMarktR Rn. 14.156 f.

[30] RegBegr. zum Vierten Finanzmarktförderungsgesetz, BT-Drs. 14/8017, 72. Schwark/Zimmer/*Beck* Rn. 9 begrenzt diese Konkretisierungsmöglichkeit allerdings allein auf organisatorische und qualitative Anforderungen und begründet dies mit der börslichen Selbstverwaltung. Das ist zweifelhaft. Zunächst trägt die Begründung die Einschränkung auf organisatorische und qualitative Anforderungen nicht, sondern würde eher das Gegenteil begründen, nämlich, dass aufgrund der börslichen Selbstverwaltung inhaltliche Vorgaben gerade nicht gemacht werden dürfen. Aber die Beschränkung als solche erscheint mir zweifelhaft. Wenn § 5 Abs. 5 ausdrücklich „ausreichende finanzielle Mittel" als Genehmigungsvoraussetzungen nennt, so auch Schwark/Zimmer/*Beck* Rn. 28, dann muss es doch auch zulässig sein, wenn die Genehmigung als solche genau diesbezügliche Anforderungen und damit auch quantitative Forderungen stellt.

einseitig lösen,[31] da er nicht die öffentliche Einrichtung Börse als Anstalt öffentlichen Rechts in ihrem Bestand gefährden darf, konkret: Ein Verzicht des Trägers auf die Genehmigung oder etwa eine Aufgabe der Börse als solcher ist nicht zulässig.[32] Aus der Genehmigung kann der Börsenträger nicht das Recht ableiten, auf die inneren Börsenangelegenheiten Einfluss zu nehmen.[33]

IV. Informationspflicht

9   Neu eingefügt durch das Finanzmarktrichtlinie-Umsetzungsgesetz wurde in § 5 Abs. 2 die Verpflichtung des Börsenträgers, die aktuellen Angaben zu seiner Eigentümerstruktur in dem nach § 4 Abs. 2 S. 2 Nr. 4 erforderlichen Umfang auf der Internetseite zu veröffentlichen. Hierdurch wird Art. 38 Abs. 2 lit. a MiFID umgesetzt. Da § 5 Abs. 2 auch für die Träger bestehender Börsen gilt, die diese Angaben nicht in einem Zulassungsverfahren machen müssen, wird hierdurch Transparenz im Hinblick auf die Eigentumsverhältnisse sichergestellt.

V. Auslagerung wesentlicher Funktionen

10   Der aufgrund einer entsprechenden Forderung des Bundesrates[34] durch das Vierte Finanzmarktförderungsgesetz eingefügte § 1 Abs. 3 aF, jetzt § 5 Abs. 3, regelt entsprechend § 80 Abs. 6 WpHG und § 25b KWG, allerdings weniger detailliert als dieser, Verfahren und Voraussetzungen für die Übertragung solcher Funktionen und Tätigkeiten auf andere Unternehmen, die für die Durchführung des Börsenbetriebs wesentlich sind.[35]

11   Für die Auslegung verschiedener Begriffe in § 5 Abs. 3 kann man sich an dem zur Parallelvorschrift des § 25b KWG erlassenen Rundschreiben 09/2017 (BA) – Mindestanforderungen an das Risikomanagement – MaRisk vom 27.10.2017[36] orientieren, so zB für den Begriff „Auslagerung" (Outsourcing) in § 5 Abs. 3 S. 1 und zu den Anforderungen, die an eine vertragliche Absicherung der Weisungsbefugnis zu stellen sind.[37] Dagegen ergibt sich aus den Rundschreiben nichts für die Frage, was als für die Durchführung des Börsenbetriebes „wesentlich" anzusehen ist, da es sich allein mit spezifisch bankaufsichtsrechtlichen Risiken befasst. Nach Ansicht des Bundesrates sollen zu den „wesentlichen" Funktionen und Tätigkeiten des Börsenbetriebs „insbesondere" die für den Börsenhandel eingesetzten Handelssysteme und die Abwicklung der Börsengeschäfte gehören.[38]

12   Nach § 5 Abs. 3 S. 3 sind die Absicht solcher Auslagerungen und deren Vollzug der Börsenaufsichtsbehörde unverzüglich anzuzeigen. Rechtsfolgen eines Verstoßes gegen diese Verpflichtungen ergeben sich aus den der Börsenaufsichtsbehörde jetzt auch gegenüber dem Träger der Börse[39] zugewiesenen Befugnissen des § 3 Abs. 5.

VI. Organisationspflichten

13   § 5 Abs. 4 normiert erstmalig Organisationspflichten für eine Börse und deren Betreiber in vergleichbarer Weise wie bei Wertpapierdienstleistungsunternehmen. Damit wird Art. 39 MiFID (Art. 47 MiFID II) umgesetzt.

14   § 5 Abs. 4 Nr. 1 entspricht Art. 39 lit. a MiFID (Art. 47 Abs. 1 lit. a MiFID II) und regelt besondere Organisationspflichten zur Vermeidung von Interessenkonflikten. Nach der Regierungsbegründung zum Finanzmarktrichtlinie-Umsetzungsgesetz gilt er nur, soweit die Erfüllung der öffentlichen Aufgaben der Börse durch die Interessenkonflikte beeinträchtigt oder Handelsteilnehmer benachteiligt werden könnten.[40]

15   § 5 Abs. 4 Nr. 2 fordert ein angemessenes Risikocontrolling. Als Maßstab hierfür sollen die Mindestanforderungen der BaFin an das Risikomanagement (MaRisk) heranzuziehen sein.[41] Hierdurch wird Art. 39 lit. b MiFID (Art. 47 Abs. 1 lit. b MiFID II) in deutsches Recht umgesetzt.

---

[31] So ausdr. der Bundesrat in seiner Stellungnahme zum Regierungsentwurf zum Vierten Finanzmarktförderungsgesetz, BT-Drs. 14/8017, 146.

[32] Seiffert in KMFS BankR/KapMarktR Rn. 14.159 f.; Ledermann in Schäfer/Hamann Rn. 15; Kümpel/Hammen WM-Sonderbeilage 3/2000, 3 (10).

[33] Seiffert in KMFS BankR/KapMarktR Rn. 14.165 ff.

[34] Stellungnahme des Bundesrates zum Regierungsentwurf zum Vierten Finanzmarktförderungsgesetz, BT-Drs. 14/817, 146.

[35] Krit. hierzu Schwark/Zimmer/Beck Rn. 20 ff.

[36] Veröffentlicht auf der Homepage der BaFin, ww.bafin.de.

[37] In der Sache wie hier Schwark/Zimmer/Beck Rn. 14 und Burgard WM 2011, 2021 (2024), die sich insoweit allerdings auf ältere Rundschreiben der BaFin beziehen.

[38] Stellungnahme des Bundesrates zum Regierungsentwurf eines Vierten Finanzmarktförderungsgesetzes, BT-Drs. 14/8017, 140.

[39] Zu dieser Erweiterung der Befugnisse → § 3 Rn. 17.

[40] RegBegr. zum Finanzmarktrichtlinie-Umsetzungsgesetz, BT-Drs. 16/4028, 82; näher dazu auch Burgard WM 2011, 2021 (2024 ff.).

[41] RegBegr. zum Finanzmarktrichtlinie-Umsetzungsgesetz, BT-Drs. 16/4028, 82.

§ 5 Abs. 4 Nr. 3 setzt Art. 39 lit. c und 2 MiFID um (Art. 47 Abs. 1 lit. c MiFID II) um und wurde **16** durch das 2. FiMaNoG neu gefasst, um auch Art. 48 Abs. 1 MiFID II zu genügen.

Der neue Abs. 4a setzt Art. 48 Abs. 4 MiFID II um. **17**

VII. Erfordernis ausreichender finanzieller Mittel (Abs. 5)

§ 5 Abs. 5 bestimmt ausdrücklich, dass der Börsenträger über „ausreichende finanzielle Mittel für **18** eine ordnungsgemäße Durchführung des Börsenbetriebs verfügen" muss. Diese Anforderung an die finanzielle Ausstattung beschränkt sich damit allein auf die gegenwartsbezogene Betriebspflicht und erfasst nicht die Fortentwicklungsverpflichtung.[42] Ansonsten ist unproblematisch, dass es sich bei dieser Ausstattungsanforderung um eine Genehmigungsvoraussetzung handelt.[43] Ist die finanzielle Ausstattung nicht ausreichend oder bestehen daran Zweifel, dann ist die Genehmigung zu versagen. Ebenfalls unstreitig ist, dass die Börsenaufsicht fortlaufend überwachen muss, ob die Erlaubnisvoraussetzungen auch jeweils eingehalten werden. Andererseits soll es aber fraglich sein, ob dazu auch die Überwachung der finanziellen Ausstattung gehört.[44] Wenn die Börsenaufsicht jedoch zur laufenden Überwachung des weiteren Vorliegens der Erlaubnisvoraussetzungen befugt ist, die ordnungsgemäße finanzielle Ausstattung jedoch Erlaubnisvoraussetzung ist, dann kann es nicht fraglich sein, dass die Börsenaufsicht auch den Fortbestand der finanziellen Ausstattung überwachen kann.

VIII. Freistellungsverpflichtung bei Amtshaftungsansprüchen

Der Bundesrat hatte im Gesetzesverfahren des Gesetzes zur Umsetzung der Richtlinie 2010/73/EU **19** und zur Änderung des Börsengesetzes angeregt, in einem neuen Abs. 6 eine umfassende Freistellungsregel des Landes gegenüber dem Börsenträger einzufügen.[45] Da nach der Rspr. und der ganz hM in der Lit.[46] Amtshaftungsansprüche wegen Fehlverhaltens der für die Börse Handelnden sich nicht gegen die Börse sondern gegen das Land, in dem die Börse ansässig ist, richten, dies aber als unbillig[47] empfunden wurde, sollte in § 5 Abs. 6 eine ausdrückliche Freistellungsregelung aufgenommen werden. Inhaltlich bestanden dagegen auch auf Seiten der Bundesregierung keine Bedenken.[48] Um das rechtzeitige In-Kraft-Treten des Gesetzes nicht zu gefährden, wurde diese Anregung jedoch im weiteren Gesetzgebungsverfahren nicht mehr weiter verfolgt.[49] Im Rahmen des Gesetzes zur Umsetzung der Amtshilferichtlinie sowie zur Änderung steuerlicher Vorschriften (Amtshilferichtlinie-Umsetzungsgesetz – AmtshilfeRLUmsG)[50] wurde der entsprechende Abs. 6 in § 5 dann eingefügt und damit die entsprechende Freistellungsverpflichtung des Börsenträgers gegenüber dem Land, in dessen Gebiet die entsprechende Börse ansässig ist, geregelt.

Die Abs. 7 und 8 wurden durch das 2. bzw. 1. FiMaNoG eingefügt. Abs. 7 verbietet es dem Träger **20** der Börse als sogenannter zentraler Kontrahent zu agieren.[51] Abs. 8 soll Whistleblowing ermöglichen und setzt Art. 32 Abs. 3 VO (EU) 596/2014 und Art. 72 Abs. 2 MiFID II um.

§ 6 Inhaber bedeutender Beteiligungen

(1) **¹Wer beabsichtigt, eine bedeutende Beteiligung im Sinne des § 1 Abs. 9 des Kreditwesengesetzes an den Träger einer Börse zu erwerben, hat dies der Börsenaufsichtsbehörde unverzüglich anzuzeigen. ²In der Anzeige hat er die Höhe der Beteiligung und gegebenenfalls die für die Begründung des maßgeblichen Einflusses wesentlichen Tatsachen sowie die für die Beurteilung seiner Zuverlässigkeit und die Prüfung der weiteren Untersagungsgründe nach Absatz 2 Satz 1 wesentlichen Tatsachen und Unterlagen, die durch Rechtsverordnung nach Absatz 7 näher zu bestimmen sind, sowie die Personen und Unternehmen anzugeben, von denen er die entsprechenden Anteile erwerben will. ³Die Börsenaufsichts-**

---

[42] *Burgard* WM 2011, 2021 (2026).

[43] Schwark/Zimmer/*Beck* Rn. 28.

[44] So Schwark/Zimmer/*Beck* Rn. 28, der dies iErg ablehnt und der Börsenaufsicht insofern nur die Kompetenz zuspricht, bei Feststellung der Nichterfüllung der Betriebspflicht (aufgrund nicht ausreichender finanzieller Ausstattung) einzuschreiten. Ebenso, weil der Börsenträger nicht der Fachaufsicht der Börsenaufsichtsbehörde unterliege Baumbach/Hopt/*Kumpan* § 4 Rn. 5; das ist allerdings zweifelhaft, da auch der Börsenträger nach § 3 Abs. 1 S. 2 der Aufsicht durch die Börsenaufsichtsbehörde unterliegt und diese nach § 3 Abs. 1 S. 3 gerade auch die Einhaltung der börsenrechtlichen Vorschriften umfasst.

[45] BT-Drs. 17/8684, 13 (31 f.).

[46] So ausdr. und ausf. OLG Frankfurt a. M. Urt. v. 18.1.2001 – 1 U 209/99, ZIP 2001, 730 (731); aus der Lit. vgl. nur ausf. Schwark/Zimmer/*Beck* § 7 Rn. 30; nach Ansicht von *Faßbender/Reichegger* WM 2009, 732 (736 ff.) ist jedoch nicht das jeweilige Bundesland als „Anvertrauter" Haftungsverpflichteter, sondern der Anstaltsträger.

[47] So ausdr. Empfehlungen der Ausschüsse an den Bundesrat BR-Drs. 846/1/11, 2.

[48] Verfassungsrechtliche Bedenken aber bei Baumbach/Hopt/*Kumpan* Rn. 6.

[49] Gegenäußerung der Bundesregierung, BT-Drs. 17/8684, 13 (33).

[50] BGBl. 2013 I 1809.

[51] Baumbach/Hopt/*Kumpan* Rn. 7.

behörde kann über die Vorgaben der Rechtsverordnung hinausgehende Angaben und die Vorlage von weiteren Unterlagen verlangen, falls dies für die Beurteilung der Zuverlässigkeit oder die Prüfung der weiteren Untersagungsgründe nach Absatz 2 Satz 1 zweckmäßig erscheint. [4] Ist der Anzeigepflichtige eine juristische Person oder Personenhandelsgesellschaft, hat er in der Anzeige die für die Beurteilung der Zuverlässigkeit seiner gesetzlichen oder satzungsmäßigen Vertreter oder persönlich haftenden Gesellschafter wesentlichen Tatsachen anzugeben. [5] Der Inhaber einer bedeutenden Beteiligung hat jeden neu bestellten gesetzlichen oder satzungsmäßigen Vertreter oder neuen persönlich haftenden Gesellschafter mit den für die Beurteilung von dessen Zuverlässigkeit wesentlichen Tatsachen der Börsenaufsichtsbehörde unverzüglich anzuzeigen. [6] Der Inhaber einer bedeutenden Beteiligung hat der Börsenaufsichtsbehörde ferner unverzüglich anzuzeigen, wenn er beabsichtigt, den Betrag der bedeutenden Beteiligung so zu erhöhen, dass die Schwellen von 20 Prozent, 33 Prozent oder 50 Prozent der Stimmrechte oder des Kapitals erreicht oder überschritten werden oder dass der Träger der Börse unter seine Kontrolle im Sinne des § 1 Abs. 8 des Kreditwesengesetzes kommt. [7] Die Börsenaufsichtsbehörde kann von Inhabern einer Beteiligung an dem Träger einer Börse Auskünfte und die Vorlage von Unterlagen verlangen, wenn Tatsachen die Annahme rechtfertigen, dass es sich hierbei um eine bedeutende Beteiligung handelt.

(2) [1] Die Börsenaufsichtsbehörde kann innerhalb eines Monats nach Eingang der vollständigen Anzeige nach Absatz 1 den beabsichtigten Erwerb der bedeutenden Beteiligung oder ihre Erhöhung untersagen, wenn Tatsachen die Annahme rechtfertigen, dass

1. der Anzeigepflichtige oder, wenn er eine juristische Person ist, auch ein gesetzlicher oder satzungsmäßiger Vertreter, oder, wenn er eine Personenhandelsgesellschaft ist, auch ein Gesellschafter, nicht zuverlässig ist oder aus anderen Gründen nicht den im Interesse einer soliden und umsichtigen Führung des Trägers der Börse zu stellenden Ansprüchen genügt; dies gilt im Zweifel auch dann, wenn Tatsachen die Annahme rechtfertigen, dass die von ihm aufgebrachten Mittel für den Erwerb der bedeutenden Beteiligung aus einer objektiv rechtswidrigen Tat herrühren,
2. die Durchführung und angemessene Fortentwicklung des Börsenbetriebs beeinträchtigt wird.

[2] Wird der Erwerb nicht untersagt, kann die Börsenaufsichtsbehörde eine Frist festsetzen, nach deren Ablauf die Person oder Personenhandelsgesellschaft, welche die Anzeige nach Absatz 1 Satz 1 oder Satz 6 erstattet hat, ihr den Vollzug oder den Nichtvollzug des beabsichtigten Erwerbs anzuzeigen hat. [3] Nach Ablauf der Frist hat diese Person oder Personenhandelsgesellschaft die Anzeige unverzüglich bei der Börsenaufsichtsbehörde einzureichen.

(3) Die Börsenaufsichtsbehörde hat die Auskunfts- und Vorlagerechte nach Absatz 1 auch nach Ablauf der Frist des Absatzes 2 Satz 1.

(4) [1] Die Börsenaufsichtsbehörde kann dem Inhaber einer bedeutenden Beteiligung sowie den von ihm kontrollierten Unternehmen die Ausübung seiner Stimmrechte untersagen und anordnen, dass über die Anteile nur mit seiner Zustimmung verfügt werden darf, wenn

1. die Voraussetzungen für eine Untersagungsverfügung nach Absatz 2 Satz 1 vorliegen,
2. der Inhaber der bedeutenden Beteiligung seiner Pflicht nach Absatz 1 zur vorherigen Unterrichtung der Börsenaufsichtsbehörde nicht nachgekommen ist und diese Unterrichtung innerhalb einer von der Börsenaufsichtsbehörde gesetzten Frist nicht nachgeholt hat oder
3. die Beteiligung entgegen einer vollziehbaren Untersagung nach Absatz 2 Satz 1 erworben oder erhöht worden ist.

[2] In den Fällen des Satzes 1 kann die Ausübung der Stimmrechte auf einen Treuhänder übertragen werden; dieser hat bei der Ausübung der Stimmrechte den Interessen einer soliden und umsichtigen Führung des Trägers der Börse Rechnung zu tragen. [3] In den Fällen des Satzes 1 kann die Börsenaufsichtsbehörde über die Maßnahmen nach Satz 1 hinaus einen Treuhänder mit der Veräußerung der Anteile, soweit sie eine bedeutende Beteiligung begründen, beauftragen, wenn der Inhaber der bedeutenden Beteiligung der Börsenaufsichtsbehörde nicht innerhalb einer von dieser bestimmten angemessenen Frist einen zuverlässigen Erwerber nachweist; die Inhaber der Anteile haben bei der Veräußerung in dem erforderlichen Umfang mitzuwirken. [4] Der Treuhänder wird auf Antrag des Trägers der Börse, eines an ihm Beteiligten oder der Börsenaufsichtsbehörde vom Gericht des Sitzes des Trägers der Börse bestellt. [5] Sind die Voraussetzungen des Satzes 1 entfallen, hat die Börsenaufsichtsbehörde den Widerruf der Bestellung des Treuhänders zu beantragen. [6] Der Treuhänder hat Anspruch auf Ersatz angemessener Auslagen und auf Vergütung für seine Tätigkeit. [7] Das Gericht setzt auf Antrag des Treuhänders die Auslagen und die Vergütung fest; die Rechtsbeschwerde gegen die Vergütungsfestsetzung ist ausgeschlossen. [8] Das Land schießt die Auslagen und die Vergütung vor; für seine Aufwendungen haften dem Land der betroffene Inhaber der bedeutenden Beteiligung und der Träger der Börse gesamtschuldnerisch.

(5) [1] Wer beabsichtigt, eine bedeutende Beteiligung an dem Träger der Börse aufzugeben oder den Betrag seiner bedeutenden Beteiligung unter die Schwellen von 20 Prozent, 33 Prozent oder 50 Prozent der Stimmrechte oder des Kapitals abzusenken oder die Beteiligung so zu verändern, dass der Träger der Börse nicht mehr kontrolliertes Unternehmen ist, hat dies der Börsenaufsichtsbehörde unverzüglich anzuzeigen. [2] Dabei ist die beabsichtigte verbleibende Höhe der Beteiligung anzugeben. [3] Die Börsenaufsichtsbehörde kann eine Frist festsetzen, nach deren Ablauf die Person oder Personenhandelsgesellschaft, welche die Anzeige nach Satz 1 erstattet hat, den Vollzug oder den Nichtvollzug der beabsichtigten Absenkung oder Veränderung der Börsenaufsichtsbehörde anzuzeigen hat. [4] Nach Ablauf der Frist hat die Person oder Personenhandelsgesellschaft, welche die Anzeige nach Satz 1 erstattet hat, die Anzeige unverzüglich bei der Börsenaufsichtsbehörde zu erstatten.

(6) [1] Der Träger der Börse hat der Börsenaufsichtsbehörde unverzüglich den Erwerb oder die Aufgabe einer bedeutenden Beteiligung an dem Träger, das Erreichen, das Über- oder das Unterschreiten der Beteiligungsschwellen von 20 Prozent, 33 Prozent und 50 Prozent der Stimmrechte oder des Kapitals sowie die Tatsache, dass der Träger Tochterunternehmen eines anderen Unternehmens wird oder nicht mehr ist, anzuzeigen, wenn der Träger von der Änderung dieser Beteiligungsverhältnisse Kenntnis erlangt. [2] Der Träger der Börse hat die nach Satz 1 anzeigepflichtigen Tatsachen unverzüglich auf seiner Internetseite zu veröffentlichen.

(7) [1] Die Landesregierungen werden ermächtigt, durch Rechtsverordnung nähere Bestimmungen über Art, Umfang und Zeitpunkt der nach den Absätzen 1, 5 und 6 vorgesehenen Anzeigen zu erlassen. [2] Die Landesregierung kann die Ermächtigung durch Rechtsverordnung auf die Börsenaufsichtsbehörde übertragen.

I. Einleitung

1. Entstehungsgeschichte. Durch das Vierte Finanzmarktförderungsgesetz wurde § 6 (damals als 1 § 3 aF) neu in das BörsG eingefügt und damit erstmals eine **Kontrolle der Anteilseigner** des Börsenträgers eingeführt. Mit dieser Anteilseignerkontrolle soll nach der Regierungsbegründung die Börsenaufsichtsbehörde in die Lage versetzt werden, „der Übernahme von bedeutenden Beteiligungen durch Personen aus der organisierten Kriminalität entgegen zu wirken. Ein weiteres Ziel ist es, die Funktionsfähigkeit der Börse, insbesondere im Hinblick auf die Durchführung und angemessene Fortentwicklung des Börsenbetriebs zu sichern."[1] Es geht, jedenfalls nach der Regierungsbegründung, nicht allgemein um Industriepolitik oder Verhinderung der Übernahme durch Ausländer.[2] Sitzland oder Kontrolle des Erwerbers durch Ausländer sind als solche nicht entscheidend bei der Anteilseignerkontrolle nach § 6.[3] Entscheidend sind allein die in § 6 Abs. 2 (und Abs. 4) genannten Gründe, für welche die Nationalität des Erwerbers grundsätzlich irrelevant ist.

Das Finanzmarktrichtlinie-Umsetzungsgesetz konnte § 3 aF im Wesentlichen unverändert als § 6 2 übernehmen, da die MiFID[4] in Art. 38 MiFID eine, allerdings nur begrenzt vergleichbare und erheblich weniger detaillierte Regelung enthielt. Auch bei Umsetzung der MiFID II waren keine Änderungen erforderlich, da Art. 46 Abs. 3 MiFID II eine begrenzt vergleichbare, allerdings weniger detaillierte Regelung enthält.[5]

2. Überblick. § 6 Abs. 1 enthält die Verpflichtung des potentiellen Erwerbers, im Vorfeld des 3 Erwerbs die entsprechende Absicht zum Erwerb der Börsenaufsichtsbehörde anzuzeigen und bestimmt den Inhalt der Anzeige. Flankiert wird diese **Anzeigepflicht** des potentiellen Erwerbers durch eine Anzeigepflicht des Trägers der Börse über den – vollzogenen – Erwerb in § 6 Abs. 6. § 6 Abs. 2 regelt die Kompetenzen der Börsenaufsichtsbehörde beim beabsichtigten Erwerb und § 6 Abs. 4 die Kompetenzen der Börsenaufsichtsbehörde gegenüber den Inhabern bedeutender Beteiligungen an den Träger einer Börse.

§ 6 entspricht den vergleichbaren Regelungen im Bereich der Bank- und Versicherungsaufsicht, 4 § 2c KWG und § 18 VAG, auf deren jeweilige Begründung der Regierungsentwurf zum Vierten Finanzmarktförderungsgesetz ausdrücklich verweist.[6]

---

[1] RegBegr. zum Vierten Finanzmarktförderungsgesetz, BT-Drs. 14/8017, 72 (73). Ausf. zur Entstehung auch *Burgard* WM 2011, 1973 (1975 ff.); zu den Zwecken der Anteilseignerkontrolle 1976 und 1976 ff.

[2] Deshalb sollen solche Überlegungen im Rahmen von § 6 unzulässig sein, Baumbach/Hopt/*Kumpan* Rn. 1.

[3] Ausf. *Christoph* BKR 2016, 499 (500 ff.); Baumbach/Hopt/*Kumpan* § 5 Rn. 6.

[4] Richtlinie 2004/39/EG des Europäischen Parlaments und des Rates vom 21. April 2004 über Märkte für Finanzinstrumente, zur Änderung der Richtlinien 85/611/EWG und 93/6/EWG des Rates und der Richtlinie 2000/12/EG des Europäischen Parlaments und des Rates und zur Aufhebung der Richtlinie 93/22/EWG des Rates, ABl. 2004 L 145, 1.

[5] Nachweise für von ihm letztendlich zu Recht abgelehnte europarechtliche Bedenken bei Baumbach/Hopt/*Kumpan* Rn. 1.

[6] BT-Drs. 14/8017, 72 (73).

5   **3. Anwendungsbereich.** § 6 behandelt die Anteilseignerkontrolle beim **Träger einer Börse.** Multilaterale Handelssysteme, die jetzt in § 72 WpHG geregelt sind, werden nicht von § 6 (allerdings von § 2c KWG) erfasst. Das galt bereits früher für die in §§ 58 ff. aF, insbesondere § 60 aF geregelten elektronischen Handelssysteme oder börsenähnlichen Einrichtungen.[7]

II. Anzeigepflicht (Abs. 1 und 6)

6   **1. Verpflichtung zur Anzeige.** § 6 Abs. 1 enthält verschiedene **Anzeigepflichttatbestände:** Nach § 6 Abs. 1 S. 1 hat derjenige, der beabsichtigt, eine bedeutende Beteiligung iSd § 1 Abs. 9 KWG, dh 10 % des Kapitals oder der Stimmrechte, an dem Träger einer Börse – direkt oder indirekt, da auch indirektes Halten von der Definition des Art. 4 Nr. 36 VO (EU) Nr. 575/2013, auf die § 1 Abs. 9 KWG verweist, erfasst wird – zu erwerben, dies der Börsenaufsichtsbehörde unverzüglich anzuzeigen.

7   Besteht bereits eine bedeutende Beteiligung, so hat der Inhaber dieser bedeutenden Beteiligung nach § 6 Abs. 1 S. 6 der Börsenaufsichtsbehörde unverzüglich anzuzeigen, wenn er beabsichtigt, den Umfang der bedeutenden Beteiligung so zu **erhöhen,** dass die Schwelle von 20 %, 33 % oder 50 % der Stimmrechte oder des Kapitals erreicht oder überschritten werden, oder, dass der Träger der Börse unter seine Kontrolle iSd § 1 Abs. 8 KWG (wohl Redaktionsversehen, da § 1 Abs. 8 KWG aufgehoben wurde; gemeint ist wohl Art. 4 Abs. 1 Nr. 37 VO (EU) Nr. 575/2013) kommt.

8   Auslöser für beide Verpflichtungen zur Anzeige ist jeweils die bloße **Absicht eines Beteiligungserwerbs.** Die Absicht ist mehr als eine bloße Überlegung oder Prüfung, aber weniger als die bereits erfolgte Umsetzung. Dies bedeutet, dass sie einen gültigen und verbindlichen Beschluss der Geschäftsführung des potentiellen Erwerbers und, soweit gesellschaftsrechtlich erforderlich, des Aufsichtrates des Erwerbers voraussetzt. Liegt ein solcher Beschluss vor, ist unverzüglich, dh ohne schuldhaftes Zögern (§ 121 BGB) zu melden.

9   Neben diesen Grundtatbeständen der Anzeigepflicht beim Erwerb oder bei der Erhöhung einer bedeutenden Beteiligung, § 6 Abs. 1 und 6, enthält § 6 Abs. 1 S. 5 noch die Verpflichtung des Inhabers einer bedeutenden Beteiligung, jeden neu bestellten **gesetzlichen** oder **satzungsmäßigen** Vertreter oder neuen **persönlich haftenden Gesellschafter** unverzüglich anzuzeigen.

10   **2. Inhalt der Anzeige.** § 6 Abs. 1 S. 2 regelt den wesentlichen Inhalt der Anzeige, nämlich die **Höhe der Beteiligung** und ggf. die für die Begründung des maßgeblichen Einflusses wesentlichen Tatsachen, die für die Beurteilung der **Zuverlässigkeit** des Erwerbers und die Prüfung der weiteren Untersagungsgründe nach Abs. 2 S. 2 wesentlichen Tatsachen und Unterlagen, sowie die Personen und Unternehmen, von denen die entsprechenden Anteile erworben werden sollen.

III. Kompetenzen der Börsenaufsichtsbehörde (Abs. 2–4)

11   Die Kompetenzen der Börsenaufsichtsbehörde nach § 6 sind umfassend und reichen von **Auskunfts- und Vorlagerechten** nach § 6 Abs. 3 über die Möglichkeit, **präventiv/prohibitiv** den Erwerb von Beteiligungen zu untersagen, bis hin zur **regulativen** Untersagung der Stimmrechtsausübung und der Verfügung über die Anteile nach § 6 Abs. 2. Hinsichtlich dieser Kompetenzen und für die Auslegung der unbestimmten Rechtsbegriffe in § 6 sind Sinn und Zweck der Anteilseignerkontrolle und damit deren Ziele entscheidend: Es geht, wie Burgard in seinem Gutachten zur Bewertung des gescheiterten „Zusammenschlusses" von Deutsche Börse AG und NYSE herausgearbeitet hat, darum, „zu gewährleisten, dass der mit der Staatsaufgabe Börsenbetrieb beliehene Börsenträger seine Betriebspflicht regelgerecht und nach besten Kräften erfüllt. Dementsprechend hat die Börsenaufsichtsbehörde bei der Anteilseignerkontrolle vor allem zu prüfen, ob Tatsachen die Annahme rechtfertigen, dass die Leistungsfähigkeit und Leistungsbereitschaft des Börsenträgers zur Erfüllung seiner Betriebspflicht, insbesondere auch hinsichtlich der Fortentwicklungspflicht, beeinträchtigt wird. Die hierbei zu stellenden Anforderungen richten sich nach dem konkreten Zuschnitt des Börsenbetriebs im Einzelfall, vgl. § 5 Abs. 5 BörsG."[8]

12   **1. Untersagung des Erwerbs.** Nach § 6 Abs. 2 kann die Börsenaufsichtsbehörde innerhalb eines Monats nach Eingang der vollständigen Anzeige den beabsichtigten Erwerb einer bedeutenden Beteiligung oder ihre Erhöhung untersagen, wenn Tatsachen die Annahme rechtfertigen, dass die Voraussetzungen des § 6 Abs. 2 Nr. 1 oder Nr. 2 vorliegen. Voraussetzung der Untersagung ist demnach zunächst, dass die **Tatsachen** vorliegen; bloße **Mutmaßungen** oder **Verdächtigungen** genügen nicht.[9] Diese Tatsachen müssen den Schluss auf einen der in Nr. 1 und Nr. 2 umschriebenen

[7] *Christoph* WM 2004, 1856 (1858).
[8] *Burgard* WM 2011, 1973 (1979).
[9] Schwark/Zimmer/*Beck* Rn. 12; Baumbach/Hopt/*Kumpan* Rn. 3.

bestimmten Umstände rechtfertigen; Gewissheit ist damit ebenso wenig erforderlich wie, dass die Tatsachen zwingend diese Umstände ergeben.[10]

Nach § 6 Abs. 2 Nr. 1 kann eine Untersagung erfolgen, wenn Tatsachen den Schluss auf eine **13** **Unzuverlässigkeit** des Anzeigepflichtigen, seiner Organe (bzw. Organwalter) oder seiner Gesellschafter rechtfertigen. Bei der Auslegung des Begriffs der Unzuverlässigkeit kann auf die bei der Auslegung desselben Begriffes in der Parallelvorschrift des § 2c KWG gewonnenen Ergebnisse zurückgegriffen werden.[11]

Die Untersagungsmöglichkeit bei Tatsachen, welche die Annahme rechtfertigen, dass durch den **14** Beteiligungserwerb „die **Durchführung und angemessene Fortentwicklung des Börsenbetriebs beeinträchtigt** wird" findet sich dagegen zB im KWG nicht. Was darunter konkret zu verstehen ist, ergibt sich auch nicht aus den Gesetzesmaterialien.[12] Ersichtlich geht es aber um die Gewährleistung der in § 5 Abs. 1 angeordneten Betriebspflicht mit ihren verschiedenen Ausgestaltungen.[13] Liegen Tatsachen vor, welche die Annahme rechtfertigen, dass der Beteiligungserwerb dazu führt, dass die finanziellen, sachlichen, personellen oder technischen Mittel für einen ordnungsgemäßen Börsenbetrieb zukünftig vom Träger der Börse nicht mehr zur Verfügung gestellt, oder die für eine zukunftsbezogene Fortentwicklung der Börse erforderlichen Mittel vom Börsenträger nicht mehr bereitgestellt werden,[14] kann der Erwerb untersagt werden.

2. Untersagung der Stimmrechtsausübung. § 6 Abs. 4 ermächtigt die Börsenaufsichtsbehörde, **15** die **Ausübung der Stimmrechte** von Inhabern bedeutender Beteiligungen an einem Börsenträger zu untersagen, wenn eine der in § 6 Abs. 4 Nr. 1–3 genannten Voraussetzungen vorliegen. Darüber hinaus ordnet § 6 Abs. 4 ein **Zustimmungserfordernis für Verfügungen** über die Anteile von Inhabern bedeutender Beteiligungen an Trägern von Börsen an. Hierdurch soll verhindert werden, dass der Inhaber der Beteiligung seine Anteile auf einen Strohmann überträgt, bevor die Börsenaufsichtsbehörde von ihrem ebenfalls in § 6 Abs. 4 eingeräumten Recht, die Stimmrechte bzw. Anteile auf einen Treuhänder zu übertragen, Gebrauch macht.

3. Auskunfts- und Vorlagerechte. § 6 Abs. 3 ordnet zusätzlich zu den Anzeigeverpflichtungen **16** auch noch ein **Auskunfts- und Vorlagerecht** der Börsenaufsichtsbehörde auch noch nach Ablauf der Frist des Abs. 2 S. 1 an.

§ 7 Handelsüberwachungsstelle

(1) ¹**Die Börse hat unter Beachtung von Maßgaben der Börsenaufsichtsbehörde eine Handelsüberwachungsstelle als Börsenorgan einzurichten und zu betreiben, die den Handel an der Börse und die Börsengeschäftsabwicklung überwacht.** ²**Dies umfasst an einer Börse, an der Warenderivate gehandelt werden, die Überwachung, ob Positionslimits nach Abschnitt 9 des Wertpapierhandelsgesetzes durch die Handelsteilnehmer eingehalten werden.** ³**§ 57 Absatz 3 des Wertpapierhandelsgesetzes gilt hinsichtlich der Überwachung, ob Positionslimits eingehalten werden, mit der Maßgabe entsprechend, dass die Handelsüberwachungsstelle die Börsenaufsichtsbehörde und die Bundesanstalt unterrichtet.** ⁴**Die Handelsüberwachungsstelle hat Daten über den Börsenhandel und die Börsengeschäftsabwicklung einschließlich der Daten gemäß Artikel 25 Absatz 2 der Verordnung (EU) Nr. 600/2014 systematisch und lückenlos zu erfassen und auszuwerten sowie notwendige Ermittlungen durchzuführen.** ⁵**An Warenbörsen, an denen Energie im Sinne des § 3 Nr. 14 des Energiewirtschaftsgesetzes gehandelt wird, sind von der Handelsüberwachungsstelle auch Daten über die Abwicklung von Geschäften systematisch und lückenlos zu erfassen und auszuwerten, die nicht über die Börse geschlossen werden, aber über ein Abwicklungssystem der Börse oder ein externes Abwicklungssystem, das an die börslichen Systeme für den Börsenhandel oder die Börsengeschäftsabwicklung angeschlossen ist, abgewickelt werden und deren Gegenstand der Handel mit Energie oder Termingeschäfte in Bezug auf Energie sind; die Handelsüberwachungsstelle kann auf Basis dieser Daten notwendige Ermittlungen durchführen.** ⁶**Die Börsenaufsichtsbehörde kann der Handelsüberwachungsstelle Weisungen erteilen und die Ermittlungen übernehmen.** ⁷**Die Geschäftsführung kann die Handelsüber-**

---

[10] Ausf. hierzu *Burgard* WM 2011, 1973 (1980), der hierbei auch die Bedeutung des bedrohten Rechtsguts, hier die enorme volkswirtschaftlich Bedeutung der Börsen, mit berücksichtigen will. Ebenso für die Parallelvorschrift des § 2c KWG Boos/Fischer/Schulte-Mattler/*Fülbier* KWG § 2c Rn. 28.

[11] So bereits die RegBegr. zum Vierten Finanzmarktförderungsgesetz, BT-Drs. 14/8017, 72 (73); ebenso *Christoph* WM 2004, 1856 (1858) unter Verweis auf weitere vergleichbare Vorschriften. Ausf. auch *Burgard* WM 2011, 1973 (1980).

[12] Krit. deshalb hierzu *Christoph* WM 2004, 1856 (1858 ff.).

[13] → § 5 Rn. 5; wie hier auch Schwark/Zimmer/*Beck* Rn. 13; *Burgard* WM 2011, 1973 (1982); Baumbach/Hopt/*Kumpan* Rn. 4.

[14] Gegen eine Einbeziehung auch der Fortentwicklung ausdr. *Christoph* BKR 2016, 499 (501 f.).

wachungsstelle im Rahmen der Aufgaben dieser Stelle nach den Sätzen 1 bis 3 mit der Durchführung von Untersuchungen beauftragen.

(2) [1]Der Leiter der Handelsüberwachungsstelle hat der Börsenaufsichtsbehörde regelmäßig zu berichten. [2]Die bei der Handelsüberwachungsstelle mit Überwachungsaufgaben betrauten Personen können gegen ihren Willen nur im Einvernehmen mit der Börsenaufsichtsbehörde von ihrer Tätigkeit entbunden werden. [3]Mit Zustimmung der Börsenaufsichtsbehörde kann die Geschäftsführung diesen Personen auch andere Aufgaben übertragen. [4]Die Zustimmung ist zu erteilen, wenn hierdurch die Erfüllung der Überwachungsaufgaben der Handelsüberwachungsstelle nicht beeinträchtigt wird.

(3) Der Handelsüberwachungsstelle stehen die Befugnisse der Börsenaufsichtsbehörde nach § 3 Abs. 4 Satz 1 bis 5 zu; § 3 Abs. 4 Satz 9 und 10 und Abs. 9 gilt entsprechend.

(4) [1]Die Handelsüberwachungsstelle kann Daten über Geschäftsabschlüsse der Geschäftsführung und der Handelsüberwachungsstelle einer anderen Börse übermitteln, soweit sie für die Erfüllung der Aufgaben dieser Stellen erforderlich sind. [2]Die Handelsüberwachungsstelle kann Daten über Geschäftsabschlüsse auch den zur Überwachung des Handels an ausländischen organisierten Märkten oder entsprechenden Märkten mit Sitz außerhalb der Europäischen Union oder eines Vertragstaates des Abkommens über den Europäischen Wirtschaftsraum zuständigen Stellen übermitteln und solche Daten von diesen Stellen empfangen, soweit sie zur ordnungsgemäßen Durchführung des Handels und der Börsengeschäftsabwicklung erforderlich sind. [3]An diese Stellen dürfen solche Daten nur übermittelt werden, wenn diese Stellen und die von ihnen beauftragten Personen einer der Regelung des § 10 gleichwertigen Verschwiegenheitspflicht unterliegen. [4]Diese Stellen sind darauf hinzuweisen, dass sie die Daten nur zu dem Zweck verwenden dürfen, zu dessen Erfüllung sie ihnen übermittelt werden. [5]Die Handelsüberwachungsstelle hat der Börsenaufsichtsbehörde, der Geschäftsführung und der Bundesanstalt mitzuteilen, mit welchen zuständigen Stellen in anderen Staaten sie welche Art von Daten auszutauschen beabsichtigt.

(5) [1]Stellt die Handelsüberwachungsstelle Tatsachen fest, welche die Annahme rechtfertigen, dass börsenrechtliche Vorschriften oder Anordnungen verletzt werden oder sonstige Missstände vorliegen, welche die ordnungsmäßige Durchführung des Handels an der Börse oder die Börsengeschäftsabwicklung beeinträchtigen können, hat sie die Börsenaufsichtsbehörde und die Geschäftsführung unverzüglich zu unterrichten. [2]Die Geschäftsführung kann eilbedürftige Anordnungen treffen, die geeignet sind, die ordnungsmäßige Durchführung des Handels an der Börse und der Börsengeschäftsabwicklung sicherzustellen; § 3 Abs. 9 gilt entsprechend. [3]Die Geschäftsführung hat die Börsenaufsichtsbehörde über die getroffenen Maßnahmen unverzüglich zu unterrichten. [4]Stellt die Handelsüberwachungsstelle Tatsachen fest, deren Kenntnis für die Erfüllung der Aufgaben der Bundesanstalt erforderlich ist, unterrichtet sie unverzüglich die Bundesanstalt. [5]Die Unterrichtung der Bundesanstalt hat insbesondere zu erfolgen, wenn die Handelsüberwachungsstelle Tatsachen feststellt, deren Kenntnis für die Verfolgung von Verstößen gegen das Verbot von Insidergeschäften nach Artikel 14 der Verordnung (EU) Nr. 596/ 2014 oder das Verbot der Marktpreismanipulation nach Artikel 15 der Verordnung (EU) Nr. 596/ 2014 erforderlich ist.

(6) Die Handelsüberwachungsstelle nimmt die ihr nach diesem Gesetz zugewiesenen Aufgaben und Befugnisse nur im öffentlichen Interesse wahr.

I. Handelsüberwachungsstelle

1   **1. Errichtung.** Als weitere Stelle der **Marktaufsicht** ist gem. § 7 Abs. 1 S. 1 bei jeder Börse eine **Handelsüberwachungsstelle** einzurichten. Diese ist **Organ der jeweiligen Börse,** ua mit der Folge, dass die Börse für die Kosten aufzukommen hat.[1] Die Handelsüberwachungsstelle ist **Behörde** im verwaltungsrechtlichen Sinn.[2] Nach § 7 Abs. 1 S. 1 kann, obwohl die **Errichtung der Handelsüberwachungsstelle** als Organ der Börse in die **primäre Verantwortung und Zuständigkeit der Börse** fällt, die **Börsenaufsichtsbehörde** „Maßgaben" für die Errichtung erlassen, dh insbesondere die personelle und materielle Ausstattung der Handelsüberwachungsstelle beanstanden und nach § 7 Abs. 1 S. 6 auch gegebenenfalls **Einzelweisungen** erteilen.[3] Die Einflussmöglichkeiten auf die **personelle Ausstattung der Handelsüberwachungsstelle** ist bezüglich ihres **Leiters** in § 12 Abs. 2 Nr. 5 und § 7 Abs. 2 S. 2 konkretisiert. Seine Bestellung und Abberufung kann nur im Einvernehmen mit der Börsenaufsichtsbehörde erfolgen. Auch die **Börsengeschäftsführung** kann die Handelsüberwachungsstelle mit der Durchführung von Untersuchungen beauftragen (§ 7 Abs. 1 S. 7). Als Lei-

---

[1] *Claussen* DB 1994, 969 (971). Zur Organstellung auch Schwark/Zimmer/*Beck* Rn. 1.
[2] *Brockhausen* WM 1997, 1998 f.
[3] RegBegr. zum Zweiten Finanzmarktförderungsgesetz, BT-Drs. 12/6679, 33 (60).

tungsorgan der Börse ist die Börsengeschäftsführung gegenüber dem Börsenorgan Handelsüberwachungsstelle und seinen Mitarbeitern direktionsbefugt.[4]

2. Aufgaben. Aufgabe der Handelsüberwachungsstelle ist insbesondere die **eigenverantwort** **2** **liche Überwachung des Handels an der Börse** und der **Börsengeschäftsabwicklung.** Damit sind der Handelsüberwachungsstelle im Prinzip dieselben Aufgaben zugewiesen wie der Börsenaufsichtsbehörde nach § 3 Abs. 1 S. 3.[5] Insbesondere aus § 7 Abs. 1 S. 2 und den Ausführungen in der Regierungsbegründung zum Zweiten Finanzmarktförderungsgesetz[6] ergibt sich, dass die Handelsüberwachungsstelle als **umfassende Kontrolle des Tagesgeschäftes** vor Ort konzipiert ist. „Zu ihren Aufgaben gehören vor allem die Überwachung der Preisfindung und der Handelsvolumina, die ständige Kontrolle der Einhaltung von Handelsusancen, die Beobachtung der Eigengeschäfte der Kursmakler (jetzt: Skontroführer, Anm. d.Verf.), der Vergleich der Preise mit anderen Börsenplätzen und anderen Handelssystemen (insbesondere wegen des Zusammenspiels von Aktien- und Terminbörsen) und die Aufrechterhaltung der Ordnung im Börsensaal."[7] Durch das Gesetz zur Umsetzung der Beteiligungsrichtlinie (BGBl. 2009 I 470) wurden die Aufgaben der Handelsüberwachungsstelle im Bereich der Energiebörsen über die Überwachung des Handels an der Börse hinaus erweitert auf solche Geschäfte, die zwar nicht über die Börse geschlossen, aber dort abgewickelt werden. Hintergrund dieser Neuregelung war, dass an Energiebörsen der Terminmarkt nur zu einem geringen Teil börslich stattfindet, jedoch eine Vielzahl der Teilnehmer die von Börsen angebotenen Systeme zur Abwicklung von außerbörslichen Geschäften, das so genannte OTC-Clearing, nutzen, um dem Risiko des Kontrahentenausfalls zu begegnen. Darüber hinaus werden von § 7 Abs. 1 S. 2 idF des Gesetzes zur Umsetzung der Beteiligungsrichtlinie auch Clearing-Daten von außerbörslichen Spotmarktgeschäften erfasst und soll die Formulierung „Termingeschäfte in Bezug auf Energie" weit zu verstehen sein, um möglichst alle Formen derivater Instrumente auf Energie zu erfassen.[8]

Die Handelsüberwachungsstelle hat zur Erfüllung ihrer Aufgaben die technischen und personellen **3** Mittel bereitzuhalten. Neben der **Überwachungstätigkeit** obliegt der Handelsüberwachungsstelle auch die Pflicht, **Sachverhalte zu ermitteln,** die Anlass zu begründeten Zweifeln geben, dass der Handel an der Börse ordnungsgemäß durchgeführt wird.[9]

3. Befugnisse. Die Handelsüberwachungsstelle hat, soweit es um die Überwachung der Ordnungs- **4** mäßigkeit des Handels an der Börse und der Börsengeschäftsabwicklung geht, dieselben **Befugnisse** wie die Börsenaufsichtsbehörde; 7 Abs. 3 verweist insoweit auf § 3 Abs. 4, sodass auch die Handelsüberwachungsstelle zB das Recht hat, **Auskünfte und Unterlagen**[10] zu verlangen sowie Prüfungen vorzunehmen. Die durch das Begleitgesetz eingefügten Sätze 2–4 des § 7 Abs. 4 tragen dem verstärkten grenzüberschreitenden Wertpapierhandel und den sich daraus ergebenden Risiken Rechnung. Sie gestatten den unmittelbaren **grenzüberschreitenden Datenaustausch,** Satz 2, und ordnen in Satz 3 an, dass dabei die **datenschutzrechtlichen Anforderungen** eingehalten werden.[11] Gleichzeitig wird durch den Verweis in § 7 Abs. 3 auf § 3 Abs. 9 klargestellt, dass **Widerspruch** und **Anfechtungsklage** gegen Maßnahmen der Handelsüberwachungsstelle **keine aufschiebende Wirkung** haben.

4. Informationspflichten.[12] Nach § 7 Abs. 2 S. 1 hat der Leiter der Handelsüberwachungsstelle **5** der Börsenaufsichtsbehörde regelmäßig zu **berichten.** Dies ist eine Konkretisierung der allgemeinen Verpflichtung aufgrund § 3 Abs. 2 S. 2, wonach die Börsenorgane die Börsenaufsichtsbehörde bei der Erfüllung ihrer Aufgaben zu unterstützen haben. Der **Bericht des Leiters** der Handelsüberwachungsstelle gem. Abs. 2 S. 1 hat regelmäßig zu erfolgen. Dies legt es nahe, dass er monatlich einen schriftlichen Bericht zu erstatten hat. Die darüber hinaus der Börsenaufsichtsbehörde aufgrund der dem Börsenwesen innewohnenden Eilbedürftigkeit unter Umständen erforderlichen mündlichen Berichte sollten im Nachgang schriftlich dokumentiert und der Börsenaufsichtsbehörde zugeleitet werden. Neben den monatlichen Berichten sollte die Handelsüberwachungsstelle der Börsenaufsichtsbehörde auch **Jahresberichte** zur Verfügung stellen.

Nach § 7 Abs. 5 S. 1 hat die Handelsüberwachungsstelle die Börsenaufsichtsbehörde und die **6** Geschäftsführung **unverzüglich** – im Regelfall schriftlich, nur in eiligen Ausnahmefällen mündlich – zu **unterrichten,** wenn sie Tatsachen feststellt, welche die Annahme rechtfertigen, dass börsenrecht-

---

[4] *Ledermann* in Schäfer/Hamann § 4 Rn. 5; Schwark/Zimmer/*Beck* Rn. 7.

[5] Zur Abgrenzung von Börsenaufsichtsbehörde und Handelsüberwachungsstelle → Rn. 9.

[6] RegBegr. zum Zweiten Finanzmarktförderungsgesetz, BT-Drs. 12/6679, 33 (60).

[7] RegBegr. zum Zweiten Finanzmarktförderungsgesetz, BT-Drs. 12/6679, 33 (60).

[8] So ausdr. RegBegr. zum Gesetz zur Umsetzung der Beteiligungsrichtlinie, BT-Drs. 16/10 536, 39.

[9] *Ledermann* in Schäfer/Hamann § 4 Rn. 7.

[10] Zum Umfang des Auskunftsanspruchs der Handelsüberwachungsstelle vgl. VGH Kassel Beschl. v. 4.6.1998 – 8 TG 4000 – 97, NJW-RR 1999, 122 (123 f.).

[11] RegBegr. zum Begleitgesetz, BT-Drs. 13/7143, 16 (19 f.).

[12] Vgl. hierzu auch eingehend Schwark/Zimmer/*Beck* Rn. 7, 25 ff.; *Ledermann* in Schäfer/Hamann § 4 Rn. 15 ff.

liche Vorschriften oder Anordnungen verletzt werden oder sonstige **Missstände** vorliegen, welche die ordnungsgemäße Durchführung des Handels an der Börse oder die Börsengeschäftsabwicklung beeinträchtigen können.

7   Nach Satz 4 und 5 in Abs. 5 ist die Handelsüberwachungsstelle, wenn sie Tatsachen feststellt, deren Kenntnis für die **Erfüllung der Aufgaben der BaFin** erforderlich ist, verpflichtet, diese unverzüglich zu unterrichten. Dies gilt insbesondere, wie § 7 Abs. 5 S. 5 ausdrücklich hervorhebt, wenn die Handelsüberwachungsstelle Tatsachen feststellt, deren Kenntnis für die Bundesanstalt für die Verfolgung von Verstößen gegen das Verbot von Insidergeschäften oder das Verbot der Kurs- und Marktpreismanipulation nach Art. 14 oder 15 VO (EU) Nr. 596/2014 erforderlich ist. Da die Handelsüberwachungsstelle im Bereich des Börsenhandels über eine umfassendere Datenbasis als die Bundesanstalt verfügt, weil sie als erste von Aufträgen, die der Feststellung eines Börsenpreises zugrunde liegen, erfährt, soll durch die Sätze 4 und 5 des § 7 Abs. 5 sichergestellt werden, dass die Bundesanstalt vom Wissen der Handelsüberwachungsstelle profitiert.[13] Da laut Jahresbericht der BaFin für 2017 mehr als die Hälfte der von der BaFin neu eingeleiteten Untersuchungen auf Abgaben der Handelsüberwachungsstelle zurückgingen,[14] funktioniert die Unterrichtung offensichtlich gut.

II. Abgrenzung der verschiedenen Börsenaufsichtsstellen

8   Sowohl die **BaFin** als auch die **Börsenaufsicht** überwachen die Börse und die Börsengeschäfte, jedoch mit jeweils **unterschiedlicher Zielrichtung.** Während die **Bundesanstalt** die Börse und die Börsengeschäfte in Bezug auf die Einhaltung der **Verhaltensregeln des WpHG und der MAR,** die Aufdeckung und Verfolgung von **Insiderdelikten** und das Verbot der Kurs- und Marktpreismanipulation überwacht, geht es bei der **Börsenaufsicht** um die **Überwachung der Ordnungsmäßigkeit des Börsenhandels,** dh die Einhaltung der diesbezüglichen Normen und die ordnungsgemäße Preisfindung sowie die ordnungsmäßige Börsengeschäftsabwicklung. Zutreffend wies deshalb die Regierungsbegründung zum Zweiten Finanzmarktförderungsgesetz darauf hin, dass es zu **Kompetenzkonflikten** zwischen der Börsenaufsicht und dem Bundesaufsichtsamt für den Wertpapierhandel (jetzt BaFin) kommen könne.[15]

9   Das Verhältnis von **Börsenaufsichtsbehörde** und **Handelsüberwachungsstelle**[16] ist zwar bezüglich der hierarchischen Organisation durch das **Weisungsrecht** und das **Selbsteintrittsrecht** der Börsenaufsichtsbehörde wie zwischen einer über- und einer untergeordneten Behörde geregelt. Nicht explizit normiert ist dagegen die Aufgabenverteilung zwischen diesen beiden Stellen der Börsenaufsicht, die beide den Handel an der Börse und die Börsengeschäftsabwicklung überwachen. Doch obliegt laut Regierungsbegründung die **„primäre Verantwortung"** für die Handelsüberwachung der Börsenselbstverwaltung und damit der Handelsüberwachungsstelle.[17] Insofern steht die Marktaufsicht durch die Handelsüberwachungsstelle nicht nur gleichwertig neben der Börsenaufsicht, sondern ihr obliegt die **Primärverantwortung** und damit auch die **primäre Zuständigkeit,** sodass die laufende Überwachung des Marktgeschehens in erster Linie den Handelsüberwachungsstellen überlassen bleibt. Diese **Primärzuständigkeit der Börsenselbstverwaltung** entspricht auch dem allgemein gültigen **Subsidiaritätsprinzip.**[18]

10   Die Geschäftsführung der Börse leitet diese und wird vom Börsenrat überwacht. Diese beiden Börsenorgane sind zwar ebenfalls Börsenaufsichtsorgane, aber nicht mit Marktaufsichtsbefugnissen ausgestattet, sondern mit der Funktion, technisch und organisatorisch den Handel an der Börse zu ermöglichen und zu gewährleisten.[19]

III. Haftung

11   Der Leiter der Handelsüberwachungsstelle ist als Träger hoheitlicher Verwaltung und Vertreter des Börsenorgans Handelsüberwachungsstelle **Beamter im haftungsrechtlichen Sinne,** sodass im Falle einer Amtspflichtverletzung **Amtshaftungsansprüche** nach § 839 BGB iVm Art. 34 GG gegenüber dem jeweiligen Bundesland geltend gemacht werden können,[20] wobei seit der Regelung in § 5 Abs. 6 der Börsenträger das Land von den entsprechenden Ansprüchen frei zu stellen hat.[21] Voraussetzung

---

[13] RegBegr. zum Vierten Finanzmarktförderungsgesetz, BT-Drs. 14/8017, 72 (73).
[14] BaFin Jahresbericht 2017, 132, abrufbar über die Homepage der BaFin.
[15] RegBegr. zum Zweiten Finanzmarktförderungsgesetz, BT-Drs. 12/6679, 33 (59); krit. *Claussen* DB 1994, 969 (970), der die Abgrenzung für nur „vordergründig" hält.
[16] Ausf. Schwark/Zimmer/*Beck* Rn. 9 ff.
[17] RegBegr. zum Zweiten Finanzmarktförderungsgesetz, BT-Drs. 12/6679, 33 (59).
[18] Vgl. hierzu *Bremer* BB 1965, 957 f.
[19] Vgl. dazu Kommentierung zu § 9 und § 12.
[20] So ausdr. und ausf. Schwark/Zimmer/*Beck* Rn. 30; nach Ansicht von *Faßbender/Reichegger* WM 2009, 732 (736 ff.) ist jedoch nicht das jeweilige Bundesland als „Anvertrauter" Haftungsverpflichteter, sondern der Anstaltsträger.
[21] → § 5 Rn. 19.

dafür ist, dass eine Amtspflicht verletzt wurde, die zumindest auch den Zweck hat, gerade die Interessen des Anspruchsstellers wahrzunehmen.[22]

Durch das **Vierte Finanzmarktförderungsgesetz** hat der Gesetzgeber über die bereits früher **12** bestehende Regelung für die Börsenaufsichtsbehörde in § 1 Abs. 6 aF (jetzt § 3 Abs. 3) hinaus für jedes Börsenorgan an den entsprechenden Stellen[23] und auch für die Handelsüberwachungsstelle in § 7 Abs. 6 eine Regelung aufgenommen nach der dieses Organ seine **Aufgaben allein im öffentlichen Interesse** wahrnimmt. Bezweckt war damit – auch wenn dies nicht ausdrücklich in den jeweiligen Aussagen der Regierungsbegründung angesprochen wird – der Ausschluss einer Amtshaftung des Landes für das jeweilige Börsenorgan.[24] Dient nämlich die ordnungsgemäße Wahrnehmung der jeweiligen Amtspflicht ausschließlich öffentlichen Interessen, so scheidet ein Anspruch nur mittelbar Betroffener mangels der sie speziell schützenden Amtspflicht aus. Man mag diese gesetzliche Neuregelung für verfassungsrechtlich bedenklich ansehen.[25] Hält man sie aber für wirksam, so wird man aufgrund der gesetzlichen Änderung davon ausgehen müssen, dass auch bei pflichtwidrigem Verhalten der Handelsüberwachungsstelle kein Anspruch zB des Anlegers gegen das jeweilige Bundesland in Betracht kommt.[26] An einem möglichem Anspruch der Handelsteilnehmer und Emittenten, die unmittelbare Adressaten möglicher Überwachungs- und Ermittlungsmaßnahmen der Handelsüberwachungsstelle sind, ändert dagegen die gesetzliche Neuregelung nichts. Die Ausübung der Befugnisse nach § 7 stellt regelmäßig einen Eingriff in die Rechtssphäre des betroffenen Handelsteilnehmers oder Emittenten dar, sodass § 7 Abs. 6 einem Anspruch dieser Personen bei Verletzung der Amtspflichten durch die Handelsüberwachungsstelle nicht entgegenstehen kann.[27]

§ 8 Zusammenarbeit

(1) **Die Börsenaufsichtsbehörden und die Bundesanstalt arbeiten eng zusammen und tauschen nach Maßgabe des § 10 untereinander alle Informationen aus, die für die Wahrnehmung ihrer Aufgaben sachdienlich sind.**

(2) **Die Börsenaufsichtsbehörde unterrichtet die Bundesanstalt unverzüglich von Handelsaussetzungen und -einstellungen nach § 3 Abs. 5 Satz 3 Nr. 1, vom Erlöschen einer Erlaubnis nach § 4 Absatz 4 und von der Aufhebung einer Erlaubnis nach § 4 Absatz 5 oder den Vorschriften der Verwaltungsverfahrensgesetze der Länder.**

(3) **Die Börsenaufsichtsbehörde unterrichtet die Bundesanstalt unverzüglich über gemäß § 4a Absatz 2 Satz 5, § 4b Absatz 4 Satz 5 erteilte Genehmigungen.**

(4) **Die Börsenaufsichtsbehörde unterrichtet die Bundesanstalt regelmäßig und auf eine einheitliche und vergleichbare Art über die gemäß § 24 Absatz 2b festgelegten Parameter für eine Volatilitätsunterbrechung.**

(5) **Die Börsenaufsichtsbehörde und die für die Durchführung der Verordnung (EU) Nr. 1308/2013 des Europäischen Parlaments und des Rates vom 17. Dezember 2013 über eine gemeinsame Marktorganisation für landwirtschaftliche Erzeugnisse und zur Aufhebung der Verordnungen (EWG) Nr. 922/72, (EWG) Nr. 234/79, (EG) Nr. 1037/2001 und (EG) Nr. 1234/ 2007 (ABl. L 347 vom 20.12.2013, S. 671; L 189 vom 27.6.2014, S. 261; L 130 vom 19.5.2016, S. 18; L 34 vom 9.2.2017, S. 41), die zuletzt durch die Delegierte Verordnung (EU) 2016/1226 (ABl. L 202 vom 28.7.2016, S. 5) geändert worden ist, zuständigen Behörden tauschen untereinander Informationen einschließlich personenbezogener Daten aus, die für die Erfüllung ihrer Aufgaben erforderlich sind.**

Nach Art. 49 MiFID (Art. 68 MiFID II) müssen dann, wenn ein Mitgliedstaat für die Durch- **1** setzung einer Bestimmung der MiFID mehr als eine zuständige Behörde benennt, die jeweiligen Aufgaben klar abgegrenzt werden und die betreffenden Behörden eng zusammen arbeiten. § 8 Abs. 1

---

[22] Vgl. speziell zu verschiedenen börsenrechtlichen Pflichten OLG Frankfurt a. M. Urt. v. 18.1.2001 – 1 U 209/ 99, ZIP 2001, 730 (731); LG Frankfurt a. M. Urt. v. 3.9.2004 – 2/4 O 435/02, WM 2004, 2155 (2156).

[23] § 12 Abs. 6 für den Börsenrat, § 15 Abs. 8 für die Börsengeschäftsführung, § 22 Abs. 2 S. 3 für den Sanktionsausschuss.

[24] Krit. dazu *Kümpel/Hammen* BörsenR 135 ff.; anders Schwark/Zimmer/*Beck* § 3 Rn. 23 f. und speziell für die Handelsüberwachungsstelle Schwark/Zimmer/*Beck* Rn. 29. Ausführliche Nachweise zu den verfassungsrechtlichen Bedenken bei Baumbach/Hopt/*Hopt* Bankgeschäfte Rn. A/5. Die früher in § 6 Abs. 4 KWG, jetzt § 4 Abs. 4 FinDAG, enthaltene entsprechende Regelung hält der EuGH für europarechtlich unbedenklich, EuGH Urt. v. 12.10.2004 – C-222/02, ZIP 2004, 239; der BGH hat daraufhin auch einen Verstoß gegen das GG verneint, BGH Urt. v. 20.1.2005 – III ZR 48/01, ZIP 2005, 287 (291 f.).

[25] AA der BGH Urt. v. 20.1.2005 – III ZR 48/01, ZIP 2005, 287 (291 f.).

[26] So ausdr. Schwark/Zimmer/*Beck* Rn. 29.

[27] Ebenso Schwark/Zimmer/*Beck* Rn. 31 aE.

setzt Art. 49 S. 1 MiFID (Art. 68 S. 1 MiFID II) um und ordnet eine Verpflichtung zur engen Zusammenarbeit und zum Informationsaustausch zwischen der Bundesanstalt und den Börsenaufsichtsbehörden der Länder in sämtlichen Fragen an, die jeweils für die andere Behörde aufgrund der jeweiligen Zuständigkeitsbereiche sachdienlich sind.[1]

2   § 8 Abs. 2 setzt Art. 41 Abs. 2 S. 1 MiFID (Art. 52 Abs. 1 MiFID II) um und enthält eine Verpflichtung zur unverzüglichen Unterrichtung der Bundesanstalt durch die Börsenaufsichtsbehörde in den Fällen der Handelsaussetzung und -einstellung auf Anordnung der Börsenaufsichtsbehörde. § 8 Abs. 2 wurde durch das Gesetz zur Umsetzung der Richtlinie 2010/78/EU vom 24.11.2010 im Hinblick auf die Errichtung des Europäischen Finanzaufsichtssystems[2] um die Berichtspflicht über das Erlöschen oder die Aufhebung einer Erlaubnis für den Betrieb einer Börse erweitert. Die Bundesanstalt unterrichtet wiederum die Europäische Wertpapier- und Marktaufsichtsbehörde nach § 19 Abs. 3 WpHG.

3   Die Abs. 3–5 wurden durch das 2. FiMaNoG eingefügt und erweitern die gegenseitigen Informationspflichten. Abs. 3 setzt Art. 45 Abs. 8 MiFID II, Abs. 4 Art. 48 Abs. 5 MiFID II und Abs. 5 Art. 79 Abs. 7 MiFID II um.

§ 9 Anwendbarkeit kartellrechtlicher Vorschriften

(1) **[1]Die Börsenaufsichtsbehörde hat darauf hinzuwirken, dass die Vorschriften des Gesetzes gegen Wettbewerbsbeschränkungen eingehalten werden. [2]Dies gilt insbesondere für den Zugang zu Handels-, Informations- und Abwicklungssystemen und sonstigen börsenbezogenen Dienstleistungseinrichtungen sowie deren Nutzung.**

(2) **[1]Die Zuständigkeit der Kartellbehörden bleibt unberührt. [2]Die Börsenaufsichtsbehörde unterrichtet die zuständige Kartellbehörde bei Anhaltspunkten für Verstöße gegen das Gesetz gegen Wettbewerbsbeschränkungen. [3]Diese unterrichtet die Börsenaufsichtsbehörde nach Abschluss ihrer Ermittlungen über das Ergebnis der Ermittlungen.**

I. Einleitung

1   § 9 wurde durch das Zweite Finanzmarktförderungsgesetz in das BörsG eingefügt. Laut Regierungsbegründung zum Zweiten Finanzmarktförderungsgesetz ging es darum, „möglichen Tendenzen zur **Konzentration** oder gar **Oligopolisierung** des Wertpapierhandels und bestimmter Handelssysteme und einer **Monopolisierung** im Bereich der Börsen-EDV entgegenzuwirken." Gleichzeitig sollte eine „Schwächung der Marktposition der Börsenmakler, der Regionalbörsen und kleinerer Unternehmen auf dem Wertpapiermarkt" vermieden werden.[1*]

2   „Die Absätze 1 und 2 des § 6 (Anm. d.Verfassers: jetzt § 9) sind zusammen zu lesen; nur dann wird klar, dass § 6 Satz 1 nicht etwa eine kartellrechtliche Eingriffsbefugnis der Börsenaufsichtsbehörde aufstellt.[2*] Vielmehr bleibt die **Zuständigkeit der Kartellbehörden** unberührt. Absatz 2 schafft für die Börsenaufsichtsbehörden eine förmliche Handhabe, mit der sie eine Überprüfung von Sachverhalten, die den Verdacht eines Verstoßes gegen die Grundsätze des Kartellrechts nahe legen, durch die dafür sachlich kompetenten Kartellbehörden herbeiführen können."[3]

II. Anwendbarkeit des GWB (Abs. 1)

3   **1. Börse und Träger der Börse als Adressaten des GWB.** Das GWB ist nur auf **Unternehmen** anwendbar. Der Unternehmensbegriff des GWB wird bereits durch jedwede Tätigkeit im geschäftlichen Verkehr erfüllt.[4] Dies trifft sowohl auf den **Börsenträger** als auch auf die **Börse** selbst zu. Auf die **Rechtsform** – beim Börsenträger ist dies unproblematisch, da diese zwischenzeitlich ausschließlich Kapitalgesellschaften sind[5] – kommt es nicht an; auch Anstalten öffentlichen Rechts können Unternehmen im Sinne des GWB und damit dessen Normadressaten sein.[6] Auch der Umstand, dass die Tätigkeit des Börsenträgers und der Börse teilweise öffentlich-rechtlich ist und öffentliche Zwecke verfolgt werden, schließt die Anwendbarkeit des GWB grundsätzlich nicht aus.[7] Soweit jedoch

---

[1] RegBegr. zum Finanzmarktrichtlinie-Umsetzungsgesetz, BT-Drs. 16/4028, 83.

[2] BGBl. 2011 I 2427.

[1*] RegBegr. zum Zweiten Finanzmarktförderungsgesetz, BT-Drs. 12/6679, 61.

[2*] *Ledermann* in Schäfer/Hamann § 6 Rn. 4.

[3] RegBegr. zum Zweiten Finanzmarktförderungsgesetz, BT-Drs. 12/6679 61.

[4] BGH Beschl. v. 14.3.1990 – KVR 4/88, NJW 1990, 2815 (2817) mw umfangr. Nachw.

[5] → Vor § 1 Rn. 34.

[6] BGH Beschl. v. 14.3.1990 – KVR 4/88, NJW 1990, 2815 (2817) mw umfangr. Nachw.

[7] Vgl. zu Vorstehendem nur Schwark/Zimmer/*Beck* Rn. 5 und 8; *Ledermann* in Schäfer/Hamann § 6 Rn. 8.

gesetzliche Vorgaben für die Durchführung der Aufgaben der Börsen bzw. der Börsenträger bestehen, zB im Bereich der Börsenorganisation einschließlich der Aufgaben, Befugnisse und Zuständigkeiten der Börsenorgane und die Börsenaufsicht,[8] insbesondere aber zB für das Erfordernis einer Zulassung von Wertpapieren zum Börsenhandel, unterliegen diese speziellen Bestimmungen nicht der wettbewerbsrechtlichen Kontrolle, sondern sind „gesetzlich" vorgegeben.

2. Wettbewerbsrechtlich relevante Tätigkeiten der Börsen. § 9 Abs. 1 S. 2 ordnet eine An- **4** wendung des GWB insbesondere „für den Zugang zu Handels-, Informations- und Abwicklungssystemen und sonstigen börsenbezogenen Dienstleistungseinrichtungen sowie deren Nutzung" an. Damit sind die drei relevanten **„Märkte"** der Börse und ihrer Träger angesprochen: Erstens geht es um die **Marktplatzfunktion,** welche die Börsen bereits definitionsgemäß[9] wahrnimmt, dh das Zur-Verfügung-Stellen eines zentralisierten, organisierten Handelssystems, in dem Angebot und Nachfrage in börsenmäßig handelbaren Wirtschaftsgütern oder Rechten mit dem Ziel zusammengeführt werden, Vertragsabschlüsse unter mehreren Marktteilnehmern im System zu ermöglichen und durchzuführen. Zweitens geht es um die Durchführung der jeweiligen Geschäfte, dh die **Abwicklungssysteme** soweit diese Bestandteile der Börsen sind oder vom Börsenträger zur Verfügung gestellt werden. Drittens geht es um die **Informationssysteme** (zB Veröffentlichung von Kursen, Indices etc) und sonstige **börsenbezogene Dienstleistungen.**

3. Beachtung des GWB. Auf den vorgenannten „Märkten" hat die Börsenaufsichtsbehörde auf die **5** Einhaltung des GWB hinzuwirken. Das gilt zum einen im Hinblick auf den **Wettbewerb zwischen den einzelnen deutschen Wertpapierbörsen.** Hier hat der Wettbewerb sowohl im Bereich der Handelszeiten, des Mindestschlusses, der Handelssysteme, der Transaktionskosten etc. zugenommen.[10] Dennoch ist darauf zu achten, dass hier nicht durch zB **Zusammenschlüsse** von Börsen oder Börsenträgern, **abgestimmtes Verhalten** bei der Angleichung von Regelwerken, dem Zulassungsprocedere, den Handelsabläufen oder Abwicklungssystemen oder deren Koppelung der Wettbewerb unzulässigerweise beeinträchtigt wird.[11] Inwieweit bei der Betrachtung der einzelnen Märkte deren **Substituierbarkeit** durch alternative Märkte, zB börsenähnliche Einrichtungen, elektronische Handelssysteme, alternative Handelssysteme aber auch eine verstärkte Internalisierung des Handels berücksichtigt werden kann und muss, ist derzeit noch offen und hängt auch von der Fortentwicklung und künftigen Bedeutung dieser „Alternativen" ab.

§ 10 Verschwiegenheitspflicht

(1) [1]**Die bei der Börsenaufsichtsbehörde oder einer Behörde, der Aufgaben und Befugnisse der Börsenaufsichtsbehörde nach § 3 Abs. 7 übertragen worden sind, Beschäftigten, die nach § 3 Abs. 8 beauftragten Personen, die Mitglieder der Börsenorgane sowie die beim Träger der Börse Beschäftigten oder unmittelbar oder mittelbar in seinem Auftrag handelnden Personen, soweit sie für die Börse tätig sind, dürfen die ihnen bei ihrer Tätigkeit bekannt gewordenen Tatsachen, deren Geheimhaltung im Interesse der Handelsteilnehmer oder eines Dritten liegt, insbesondere Geschäfts- und Betriebsgeheimnisse sowie personenbezogene Daten, nicht unbefugt erheben oder verwenden, auch wenn sie nicht mehr im Dienst sind oder ihre Tätigkeit beendet ist.** [2]**Dies gilt auch für andere Personen, die durch dienstliche Berichterstattung Kenntnis von den in Satz 1 bezeichneten Tatsachen erhalten.** [3]**Ein unbefugtes Erheben oder Verwenden im Sinne des Satzes 1 liegt insbesondere nicht vor, wenn Informationen weitergegeben werden an**
1. **Strafverfolgungsbehörden oder für Straf- und Bußgeldsachen zuständige Gerichte,**
2. **kraft Gesetzes oder im öffentlichen Auftrag mit der Überwachung von Börsen oder anderen Märkten, an denen Finanzinstrumente gehandelt werden, von Kreditinstituten, Finanzdienstleistungsinstituten, Kapitalverwaltungsgesellschaften, extern verwalteten Investmentgesellschaften, Finanzunternehmen, Versicherungsunternehmen, Versicherungsvermittlern oder den Vermittlern von Anteilen an Investmentvermögen im Sinne des § 2a Abs. 1 Nr. 7 des Wertpapierhandelsgesetzes oder mit der Überwachung des Handels mit Finanzinstrumenten oder Devisen betraute Stellen sowie von diesen beauftragten Personen,**
3. **Zentralnotenbanken, das Europäische System der Zentralbanken oder die Europäische Zentralbank in ihrer Eigenschaft als Währungsbehörden sowie an andere staatliche Behörden, die mit der Überwachung der Zahlungssysteme betraut sind,**

---

[8] Schwark/Zimmer/*Beck* Rn. 8 f.
[9] Zur Begriffsbestimmung der Börsen → § 2 Rn. 5 ff.
[10] Ebenso Schwark/Zimmer/*Beck* Rn. 10 ff.
[11] Zu weiteren wettbewerbsrechtlich relevanten Verhaltensweisen und Sachverhalten vgl. auch ausf. Schwark/Zimmer/*Beck* Rn. 14 ff. Beispiele auch bei *Ledermann* in Schäfer/Hamann § 6 Rn. 2 ff. (Wettbewerb zwischen Parketthandel und elektronischem Handelssystem, Wettbewerb zwischen den deutschen Börsen, Börsenkooperation, Zusammenschlüsse von Börsen).

4. mit der Liquidation oder dem Insolvenzverfahren über das Vermögen eines Wertpapier-dienstleistungsunternehmens im Sinne des § 2 Abs. 4 des Wertpapierhandelsgesetzes, eines Börsenträgers oder eines organisierten Marktes mit Sitz im Ausland oder dessen Betreiber befasste Stellen, und an

5. die Europäische Zentralbank, das europäische System der Zentralbanken, die Europäische Wertpapier- und Marktaufsichtsbehörde, die Europäische Aufsichtsbehörde für das Versicherungswesen und die betriebliche Altersversorgung, die Europäische Bankenaufsichtsbehörde, den Gemeinsamen Ausschuss der Europäischen Finanzaufsichtsbehörden, den Europäischen Ausschuss für Systemrisiken oder die Europäische Kommission,

soweit die Kenntnis dieser Informationen für diese Stellen zur Erfüllung ihrer Aufgaben erforderlich ist. [4]Für die bei diesen Stellen Beschäftigten gilt die Verschwiegenheitspflicht nach Satz 1 entsprechend.

(2) Für die Mitglieder der Börsenorgane sowie die beim Träger der Börse Beschäftigten oder unmittelbar oder mittelbar in seinem Auftrag handelnden Personen gilt § 10 Absatz 1 Satz 2 des Wertpapierhandelsgesetzes entsprechend.

(3) [1]Die §§ 93, 97, 105 Abs. 1, § 111 Abs. 5 in Verbindung mit § 105 Abs. 1 sowie § 116 Abs. 1 der Abgabenordnung gelten nicht für die in Absatz 1 Satz 1 oder 2 bezeichneten Personen, soweit sie zur Durchführung dieses Gesetzes tätig werden. [2]Sie finden Anwendung, soweit die Finanzbehörden die Kenntnis für die Durchführung eines Verfahrens wegen einer Steuerstraftat sowie eines damit zusammenhängenden Besteuerungsverfahrens benötigen, an deren Verfolgung ein zwingendes öffentliches Interesse besteht und nicht Tatsachen betroffen sind, die den in Absatz 1 Satz 1 oder 2 bezeichneten Personen durch eine Stelle eines anderen Staates im Sinne des Absatzes 1 Satz 3 Nr. 2 oder durch von dieser Stelle beauftragte Personen mitgeteilt worden sind.

1   § 10 Abs. 1 begründet in Anlehnung an die tatbestandlich nahezu identischen Vorschriften des § 9 KWG bzw. des § 21 WpHG eine Verschwiegenheitspflicht für die bei den Börsenaufsichtsbehörden Beschäftigten und weitere in § 10 Abs. 1 genannte Personen. § 10 Abs. 3 enthält darüber hinaus ein spezielles Verwertungsverbot. Verstöße gegen die Verschwiegenheitspflicht stellen eine Amtspflichtverletzung dar, die Schadensersatzansprüche nach § 839 BGB iVm Art. 34 GG zur Folge haben kann.[1] Dagegen enthält der durch das Gesetz zur Vermeidung von Gefahren und Missbräuchen im Hochfrequenzhandel (Hochfrequenzhandelsgesetz)[2] neu eingefügte § 10 Abs. 2 mit seinem Verweis auf § 23 Abs. 1 WpHG eine Mitteilungsverpflichtung der Börsenorgane sowie der beim Börsenträger Beschäftigten bei Verdacht auf einen Verstoß gegen bestimmte in § 23 Abs. 1 WpHG[3] genannte Verbote.

§ 11 Untersagung der Preisfeststellung für ausländische Währungen

Das Bundesministerium der Finanzen kann im Einvernehmen mit dem Bundesministerium für Wirtschaft und Energie und nach Anhörung der Deutschen Bundesbank Einzelweisungen an eine Börse erteilen, die Preisermittlung für ausländische Währungen vorübergehend zu untersagen, wenn eine erhebliche Marktstörung droht, die schwerwiegende Gefahren für die Gesamtwirtschaft oder das Publikum erwarten lässt.

§ 12 Börsenrat

(1) [1]Jede Börse hat einen Börsenrat zu bilden, der aus höchstens 24 Personen besteht. [2]Im Börsenrat müssen die zur Teilnahme am Börsenhandel zugelassenen Unternehmen und die Anleger vertreten sein. [3]Bei einer Wertpapierbörse gelten als Unternehmen nach Satz 2 insbesondere die zur Teilnahme am Börsenhandel zugelassenen Kreditinstitute einschließlich der Wertpapierhandelsbanken, die zugelassenen Finanzdienstleistungsinstitute und sonstigen zugelassenen Unternehmen sowie die zur Teilnahme am Börsenhandel zugelassenen Kapitalverwaltungsgesellschaften. [4]Handelt es sich bei der Börse zumindest auch um eine Wertpapierbörse, müssen im Börsenrat über die in Satz 2 genannten Unternehmen hinaus auch die Skontroführer, die Versicherungsunternehmen, deren emittierte Wertpapiere an der Börse zum Handel zugelassen sind, und andere Emittenten solcher Wertpapiere vertreten sein. [5]Die Zahl der Vertreter der Kreditinstitute einschließlich der Wertpapierhandelsbanken sowie der mit den Kreditinstituten verbundenen Kapitalverwaltungsgesellschaften und sonstigen Unternehmen darf insgesamt nicht mehr als die Hälfte der Mitglieder des Börsenrates betragen. [6]Die nach § 13 Absatz 4 zu erlassende Rechtsverordnung

---

[1] Schwark/Zimmer/*Beck* Rn. 23.
[2] BGBl. 2013 I 1162.
[3] Verweis in § 10 Abs. 2 muss sich auf § 23 WpHG beziehen (Redaktionsversehen).

kann für einzelne Börsen Ausnahmen von den Bestimmungen der Sätze 2 bis 5 zulassen. [7] Sie kann insbesondere vorsehen, dass sonstige betroffene Wirtschaftsgruppen im Börsenrat vertreten sind, und die Entsendung der Vertreter der nicht zum Börsenhandel zugelassenen Unternehmen regeln.

(2) [1] Dem Börsenrat obliegt insbesondere

1. der Erlass der Börsenordnung, der Bedingungen für Geschäfte an der Börse, der Gebührenordnung, der Zulassungsordnung für Börsenhändler und der Handelsordnung für den Freiverkehr, die jeweils als Satzung erlassen werden,
2. die Bestellung, Wiederbestellung und Abberufung der Geschäftsführer im Einvernehmen mit der Börsenaufsichtsbehörde,
3. die Überwachung der Geschäftsführung,
4. der Erlass einer Geschäftsordnung für die Geschäftsführung und
5. die Bestellung oder Wiederbestellung und Abberufung des Leiters der Handelsüberwachungsstelle auf Vorschlag der Geschäftsführung und im Einvernehmen mit der Börsenaufsichtsbehörde.

[2] Zur Überwachung der Geschäftsführung ist dem Börsenrat angemessener Zugang zu den dafür erforderlichen Informationen und Dokumenten zu gewähren. [3] Die Entscheidung über die Einführung von technischen Systemen, die dem Handel oder der Abwicklung von Börsengeschäften dienen, bedarf der Zustimmung des Börsenrates. [4] Die Börsenordnung kann für andere Maßnahmen der Geschäftsführung von grundsätzlicher Bedeutung die Zustimmung des Börsenrates vorsehen. [5] Bei Kooperations- und Fusionsabkommen des Börsenträgers, die den Börsenbetrieb betreffen, sowie bei der Auslagerung von Funktionen und Tätigkeiten auf ein anderes Unternehmen nach § 5 Abs. 3 ist dem Börsenrat zuvor Gelegenheit zur Stellungnahme zu geben.

(3) [1] Der Börsenrat gibt sich eine Geschäftsordnung. [2] Er wählt aus seiner Mitte einen Vorsitzenden und mindestens einen Stellvertreter, der einer anderen Gruppe im Sinne des Absatzes 1 Satz 2 angehört als der Vorsitzende. [3] Wahlen nach Satz 2 sind geheim; andere Abstimmungen sind auf Antrag eines Viertels der Mitglieder geheim durchzuführen.

(4) Setzt der Börsenrat zur Vorbereitung seiner Beschlüsse Ausschüsse ein, hat er bei der Zusammensetzung der Ausschüsse dafür zu sorgen, dass Angehörige der Gruppen im Sinne des Absatzes 1 Satz 2, deren Belange durch die Beschlüsse berührt werden können, angemessen vertreten sind.

(5) Mit der Genehmigung einer neuen Börse bestellt die Börsenaufsichtsbehörde einen vorläufigen Börsenrat höchstens für die Dauer eines Jahres.

(6) Der Börsenrat nimmt die ihm nach diesem Gesetz zugewiesenen Aufgaben und Befugnisse nur im öffentlichen Interesse wahr.

§ 13 Wahl des Börsenrates

(1) Die Mitglieder des Börsenrates werden für die Dauer von bis zu drei Jahren von den in § 12 Absatz 1 Satz 2 bis 4 genannten Gruppen jeweils aus ihrer Mitte gewählt; die Vertreter der Anleger werden von den übrigen Mitgliedern des Börsenrates hinzugewählt.

(2) [1] Unternehmen, die mehr als einer der in § 12 Absatz 1 Satz 2 bis 4 genannten Gruppen angehören, dürfen nur in einer Gruppe wählen. [2] Verbundene Unternehmen dürfen im Börsenrat nur mit einem Mitglied vertreten sein.

(3) [1] Die Mitglieder des Börsenrates müssen zuverlässig sein und die erforderliche fachliche Eignung haben. [2] § 4b Absatz 1 und Absatz 2 Satz 2 gilt entsprechend.

(4) [1] Das Nähere über die Amtszeit des Börsenrates, die Aufteilung in Gruppen, die Ausübung des Wahlrechts und die Wählbarkeit, die Durchführung der Wahl und die vorzeitige Beendigung der Mitgliedschaft im Börsenrat wird durch Rechtsverordnung der Landesregierung nach Anhörung des Börsenrates bestimmt. [2] Die Landesregierung kann diese Ermächtigung durch Rechtsverordnung auf die Börsenaufsichtsbehörde übertragen. [3] Die Rechtsverordnung muss sicherstellen, dass alle in § 12 Absatz 1 Satz 2 bis 4 genannten Gruppen angemessen vertreten sind. [4] Sie kann zudem vorsehen, dass bei vorzeitigem Ausscheiden eines Mitglieds ein Nachfolger für die restliche Amtsdauer aus der Mitte der jeweiligen Gruppe durch die übrigen Mitglieder des Börsenrates hinzugewählt wird.

§ 14 (aufgehoben)

I. Einleitung

1 **1. Entstehungsgeschichte.** Die Organisationsstruktur der Verwaltung der Börse in ihrer jetzigen Ausgestaltung mit dem **Börsenrat** einerseits und der **Börsengeschäftsführung** andererseits wurde durch das **Zweite Finanzmarktförderungsgesetz**[1] implementiert.

2   Das Finanzmarktrichtlinie-Umsetzungsgesetz hat die §§ 9–11 aF nahezu unverändert in §§ 12–14 übernommen. § 12 Abs. 2 Nr. 1 wurde dahingehend geändert, dass der Börsenrat die BörsenO, die Börsengeschäftsbedingungen, die Gebührenordnung und die Zulassungsordnung für Börsenhändler als Satzung beschließt. Durch das Gesetz zur Fortentwicklung des Pfandbriefrechts[2] wurde, um die Sanktionierung zu erleichtern,[3] die Handelsordnung für den Freiverkehr als weitere Regelung, die der Börsenrat als Satzung erlässt, aufgenommen. Außerdem wurde die bisher in § 4 Abs. 2 S. 1 aF normierte Befugnis des Börsenrates den Leiter der Handelsüberwachungsstelle zu bestellen und wiederherzustellen als neue Nr. 5 in § 12 Abs. 2 eingefügt. Diese beiden Änderungen dienen der Konzentration von Kompetenzvorschriften der einzelnen Behörden bzw. Organe und sind in diesem Sinne zu begrüßen. Außerdem wurde in Umsetzung von Art. 38 Abs. 1 MiFID (Artikel 46 Abs. 1 MiFID II) in § 13 ein neuer Abs. 3 eingefügt, der sicherstellen soll, dass die Mitglieder des Börsenrates zuverlässig und fachlich geeignet sind. Laut Regierungsbegründung zum Finanzmarktrichtlinie-Umsetzungsgesetz sollen bei der Beurteilung der fachlichen Eignung die Besonderheiten der jeweiligen Börse, dh, insbesondere „die Art der Wirtschaftsgüter, die an der Börse gehandelt werden und die Komplexität der dort abgeschlossenen Geschäfte" berücksichtigt werden.[4]

3   Das Gesetz zur Umsetzung der Richtlinie 2010/73/EU und zur Änderung des Börsengesetzes[5] hat die bis dahin bestehende unterschiedliche Regelung über die Zusammensetzung des Börsenrates an Wertpapierbörsen einerseits und an Warenbörsen andererseits beseitigt. Dies geschah auch vor dem Hintergrund der Neufassung des § 2 Abs. 4, um es zu ermöglichen, dass ein und dieselbe Börse gleichzeitig die Definition der Wertpapier- und die der Warenbörse erfüllen kann. § 14 aF wurde gestrichen, dafür § 12 Abs. 1 neu gefasst und damit die Zusammensetzung des Börsenrates an Wertpapier- und Warenbörsen vereinheitlicht. Das 2. FiMaNoG hat in Abs. 2 als neuen Satz 2 das Recht des Börsenrates auf Zugang zu den für die Überwachung der Geschäftsführung erforderlichen Informationen und Dokumenten aufgenommen.

4 **2. Organisationsstruktur.** Seit dem Zweiten Finanzmarktförderungsgesetz orientiert sich die innere Organisationsstruktur der Börse am **aktienrechtlichen Modell** und weist dem **Börsenrat** ähnlich einem **Aufsichtsrat Kontroll-** und darüber hinaus – soweit über die Kompetenzen eines Aufsichtsrats hinausgehend – **Rechtssetzungsbefugnisse** zu.[6] Der Vergleich mit dem aktienrechtlichen Modell, wie ihn auch die Regierungsbegründung zum Zweiten Finanzmarktförderungsgesetz hervorhebt,[7] trifft allerdings nur mit erheblichen Einschränkungen zu.[8] Neben der in § 12 Abs. 2 enthaltenen Rechtssetzungsbefugnis des Börsenrates und seiner dadurch bedingten stärkeren Stellung sind auf der anderen Seite die Befugnisse der Börsengeschäftsführung weniger umfassend als die des Vorstandes einer Aktiengesellschaft. Hinsichtlich der eigentlichen Überwachungsaufgabe des Börsenrates ist jedoch die Vergleichbarkeit mit der Funktion eines Aufsichtsrates wieder gegeben.

II. Rechtsnatur

5   Der Börsenrat ist **Organ der Börse** und somit Organ der nicht-rechtsfähigen Anstalt öffentlichen Rechts. Er ist damit **Behörde im verwaltungsrechtlichen Sinne.**[9]

III. Bildung und Zusammensetzung

6   Nach § 12 Abs. 1 S. 1 hat jede Börse, seit der entsprechenden Neufassung durch das Gesetz zur Umsetzung der Richtlinie 2010/73/EU und zur Änderung des Börsengesetzes gleichgültig ob Wertpapier- oder Warenbörse, einen Börsenrat zu bilden. Die **Zusammensetzung des Börsenrates** ist in § 12 Abs. 1 gesetzlich geregelt, der durch das **Begleitgesetz,**[10] das **Dritte Finanzmarktförderungs-**

---

[1] Gesetz über den Wertpapierhandel und zur Änderung börsenrechtlicher und wertpapierrechtlicher Vorschriften (Zweites Finanzmarktförderungsgesetz), BGBl. 1994 I 1749.
[2] BGBl. 2009 I 607.
[3] Bericht des Finanzausschusses zum Gesetz zur Fortentwicklung des Pfandbriefrechts, BT-Drs. 16/11 629, 9.
[4] RegBegr. zum Finanzmarktrichtlinie-Umsetzungsgesetz, BT-Drs. 16/4028, 83.
[5] BGBl. 2012 I 1375.
[6] RegBegr. zum Zweiten Finanzmarktförderungsgesetz, BT-Drs. 12/6679, 33 (62).
[7] BT-Drs. 12/7769, 33 (62).
[8] Ebenso Schwark/Zimmer/*Schwark* § 12 Rn. 1.
[9] *Foelsch/Wittmann* in Hellner/Steuer BuB Rn. 7/525; Schwark/Zimmer/*Schwark* § 12 Rn. 2.
[10] Begleitgesetz zum Gesetz zur Umsetzung von EG-Richtlinien zur Harmonisierung bank- und wertpapieraufsichtsrechtlicher Vorschriften, BGBl. 1997 I 2567.

gesetz[11] und das Gesetz zur Umsetzung der Richtlinie 2010/73/EU und zur Änderung des Börsengesetzes teilweise geändert wurde. Gesetzlich vorgegeben ist nunmehr nur noch die Repräsentation der verschiedenen Beteiligten (§ 12 Abs. 1 S. 2–5). Die näheren Einzelheiten der Zusammensetzung und der Wahl des Börsenrates sind gem. § 13 Abs. 4 in einer Verordnung der Landesregierung geregelt, die nach der Flexibilisierung durch das Vierte Finanzmarktförderungsgesetz auch Abweichungen von der vorgenannten Zusammensetzung enthalten darf. Das 2. FiMaNoG hat in Absatz 3 durch den neu eingefügten Satz 2 und dessen Verweis auf § 4b Abs. 1 und Abs. 2 S. 2 die Anforderungen an die Qualifikationen der Mitglieder des Börsenrats verdeutlicht. Neben dem (nun doppelt in Satz 1 und 2) enthaltenen Erfordernis der Zuverlässigkeit und fachlichen Eignung/erforderlichen Sachkunde werden nun auch die für die Wahrnehmung der Aufgaben erforderliche ausreichende Zeit sowie die Aufrichtigkeit und Unvoreingenommenheit verlangt. Nach der Regierungsbegründung zum 2. FiMaNoG soll dadurch, dass die wesentlichen Anforderungen an die Mitglieder des Verwaltungs- oder Aufsichtsorgans des Börsenträgers auf die Mitglieder des Börsenrats erstreckt werden, eine wirksame Überwachung der Tätigkeit der Geschäftsführung gewährleistet werden.[12]

IV. Aufgaben und Befugnisse

§ 12 Abs. 2 konkretisiert die **Aufgaben des Börsenrates** und fasst sie redaktionell zusammen,[13] **7** ohne jedoch abschließend zu sein; das wird durch das Wort „insbesondere" deutlich:

– Erlass der Börsenordnung und der Gebührenordnung,
– **Bestellung, Wiederbestellung** und **Abberufung** der **Geschäftsführer** im Einvernehmen[14] mit der Börsenaufsichtsbehörde,
– **Überwachung der Geschäftsführung,**
– Erlass einer **Geschäftsordnung** für die Geschäftsführung,
– Erlass der **Bedingungen für die Geschäfte an der Börse**.[15] Ob es sich bei den Geschäftsbedingungen um Allgemeine Geschäftsbedingungen iSd §§ 305 ff. BGB handelt, war streitig,[16] ist aber aufgrund der eindeutigen gesetzlichen Regelung durch das Finanzmarktrichtlinie-Umsetzungsgesetz, dass diese als Satzungen erlassen werden, nunmehr klar im Sinne des Satzungsrechts und damit gegen die Allgemeinen Geschäftsbedingungen entschieden.[17] Eine gerichtliche Kontrolle der Geschäftsbedingungen erfolgt, soweit nach Landesrecht zulässig, in Verfahren zwischen Handelsteilnehmern und der Börse vor den Verwaltungsgerichten, in Verfahren zwischen Handelsteilnehmern vor den Zivilgerichten, jeweils aber nach dem Maßstab des § 242 BGB.[18]
– Wegen der besonderen Bedeutung, die **Handels- oder Abwicklungssysteme** für die Börsenmitglieder haben,[19] bedarf deren Einführung nach § 12 Abs. 2 S. 2 ebenfalls der Zustimmung des Börsenrates.
– Entsprechend der **aktienrechtlichen Regelung** für einen Aufsichtsrat (§ 111 Abs. 4 S. 2 AktG) ist der Börsenrat darüber hinaus nach § 12 Abs. 2 S. 3 befugt, für **Maßnahmen der Geschäftsführung** von besonderer Bedeutung ein **Zustimmungserfordernis des Börsenrates** festzulegen. Wieso dieses Zustimmungserfordernis nach § 12 Abs. 2 S. 3 **in der Börsenordnung** festgelegt werden soll und nicht, was näher gelegen hätte, in der Geschäftsordnung für die Geschäftsführung, ist nicht ersichtlich; § 12 Abs. 2 S. 3 schließt eine Regelung dieser Materie in der Geschäftsordnung der Geschäftsführung aber auch nicht aus.
– Außerdem ist der Börsenrat für den Erlass der Zulassungsordnung für **Börsenhändler** zuständig,[20] sowie für die Handelsordnung für den Freiverkehr[21] § 12 Abs. 2 Nr. 1 aE.

---

[11] Gesetz zur weiteren Fortentwicklung des Finanzplatzes Deutschland (Drittes Finanzmarktförderungsgesetz), BGBl. 1998 I 529.

[12] RegBegr. 2. FiMaNoG BT-Drs. 18/10936, 269.

[13] RegBegr. zum Zweiten Finanzmarktförderungsgesetz, BT-Drs. 12/6679, 33 (63).

[14] Der Erfordernis des Einvernehmens, dh der gemeinsamen Entscheidung, wurde durch das Vierte Finanzmarktförderungsgesetz eingeführt und ersetzt das früher nur erforderliche Benehmen, dh die bloße Abstimmung, vgl. *Beck* BKR 2002, 662 (665).

[15] Vgl. *Foelsch/Wittmann* in Hellner/Steuer BuB Rn. 7/527.

[16] Dagegen bereits *Schwark* in Schwark, Kapitalmarktrechts-Kommentar, 3. Aufl. 2004, § 9 Rn. 14.

[17] Schwark/Zimmer/*Schwark* § 12 Rn. 19. Ausf. zur Rechtsnatur der Börsengeschäftsbedingungen *Fleckner* ZHR 180 (2016), 458 ff., der mit ausführlicher Begründung die vom Börsenrat als Satzungen erlassenen Börsengeschäftsbedingungen „als verfassungswidrig und damit nichtig" ansieht, S. 493 ff., gleichzeitig aber auch ihre Einordnung als AGB ablehnt, da es keinen „Verwender" der Börsengeschäftsbedingungen gebe, der diese der anderen Vertragspartei bei Abschluss des Vertrages stelle, S. 504 f. Er plädiert deshalb für eine jede einzelne Klausel gesondert betrachtende Einordnung sowohl hinsichtlich ihrer Rechtsnatur als auch ihres Geltungsgrundes und ihres Ranges, S. 505 ff.

[18] Schwark/Zimmer/*Schwark* § 12 Rn. 19.

[19] RegBegr. zum Zweiten Finanzmarktförderungsgesetz, BT-Drs. 12/6679, 33 (63); *Foelsch/Wittmann* in Hellner/ Steuer BuB Rn. 7/531.

[20] Vgl. zB Ordnung zur Prüfung der beruflichen Eignung als Börsenhändler an der FWB, auch abrufbar über die Internet-Seite der Deutsche Börse AG.

[21] Näher → § 48 Rn. 1 ff.

8   Die in § 12 Abs. 2 S. 4 enthaltene Regelung, nach der bei Kooperations- und Fusionsabkommen des Börsenträgers, die den Börsenbetrieb betreffen, sowie bei der Auslagerung von Funktionen und Tätigkeiten auf ein anderes Unternehmen nach § 5 Abs. 3 dem Börsenrat zuvor Gelegenheit zur Stellungnahme zu geben ist, wurde das Vierte Finanzmarktförderungsgesetz neu eingefügt. Sie ist hinsichtlich ihrer Reichweite unklar und teilweise auch überflüssig.[22] Sie läuft aber auch der Systematik des BörsG zuwider, da sie zu einer Vermischung der Sphären der Börse einerseits und des Trägers der Börse andererseits führt. Es ist nicht die Aufgabe des Börsenrates als Rechtsetzungs- und Kontrollorgan der Börse, sich mit der allgemeinen Geschäftstätigkeit des Börsenträgers zu befassen.[23]

V. Haftung

9   Im Rahmen ihrer hoheitlichen Tätigkeit sind die Mitglieder des Börsenrates **Beamte im haftungs-rechtlichen Sinn** des § 839 BGB iVm Art. 34 GG, da sie mit der Ausübung öffentlicher Gewalt betraut sind. Deshalb haftet das jeweilige Bundesland, in dem sich die Börse befindet, für Amtspflicht-verletzungen durch die Mitglieder des Börsenrates,[24] wobei seit der Regelung in § 5 Abs. 6 der Börsenträger das Land von den entsprechenden Ansprüchen frei zu stellen hat.[25] Voraussetzung dafür ist, dass eine Amtspflicht verletzt wurde, die zumindest auch den Zweck hat, gerade die Interessen des Anspruchsstellers wahrzunehmen.[26]

10   Durch das **Vierte Finanzmarktförderungsgesetz** hat der Gesetzgeber über die bereits früher bestehende Regelung für die Börsenaufsichtsbehörde in § 1 Abs. 6 aF (jetzt § 3 Abs. 3) hinaus für jedes Börsenorgan an den entsprechenden Stellen[27] und auch für den Börsenrat in § 12 Abs. 6 eine Regelung aufgenommen nach der dieses Organ seine **Aufgaben allein im öffentlichen Interesse** wahrnimmt. Bezweckt war damit – auch wenn dies nicht ausdrücklich in den jeweiligen Aussagen der Regierungsbegründung angesprochen wird – der Ausschluss einer Amtshaftung des Landes für das jeweilige Börsenorgan.[28] Dient nämlich die ordnungsgemäße Wahrnehmung der jeweiligen Amts-pflicht ausschließlich öffentlichen Interessen, so scheidet ein Anspruch nur mittelbar Betroffener mangels der sie speziell schützenden Amtspflicht aus. An einem möglichen Anspruch unmittelbar betroffener Personen, ändert die Neuregelung jedoch nichts.[29]

VI. Warenbörsen

11   Durch das Gesetz zur Umsetzung der Richtlinie 2010/73/EU und zur Änderung des Börsenge-setzes[30] wurde die bis dahin in § 14 aF enthaltene Sonderregelung zur Zusammensetzung des Börsen-rates an Warenbörsen aufgehoben und dessen Zusammensetzung ebenfalls in § 12 Abs. 1 geregelt (→ Rn. 2).

§ 15 Leitung der Börse

(1) ¹**Die Leitung der Börse obliegt der Geschäftsführung in eigener Verantwortung.** ²**Sie kann aus einer oder mehreren Personen bestehen.** ³**Die Geschäftsführer müssen zuverlässig sein, der Wahrnehmung ihrer Aufgaben ausreichend Zeit widmen und die für die Leitung der Börse erforderliche fachliche Eignung besitzen.** ⁴**Sie werden für höchstens fünf Jahre bestellt; die wiederholte Bestellung ist zulässig.** ⁵**Die Bestellung eines Geschäftsführers ist unverzüglich der Börsenaufsichtsbehörde anzuzeigen.** ⁶**Die Anzeige muss die in § 4 Abs. 2 Satz 2 Nr. 2 genannten Angaben enthalten.** ⁷**§ 4 Abs. 2 Satz 3 und 4 gilt entsprechend.**

---

[22] So bereits Gegenäußerung der Bundesregierung zur Stellungnahme des Bundesrates, BT-Drs. 14/8017, 174 (175).

[23] Wie hier *Beck* BKR 2002, 662 (667 f.) dort auch zur Abgrenzung der Handelsordnung (öffentlich-rechtlich, Satzung) von den Geschäftsbedingungen (zivilrechtlich).

[24] Vgl. nur Schwark/Zimmer/*Schwark* § 12 Rn. 3; nach Ansicht von *Faßbender/Reichegger* WM 2009, 732 (736 ff.) ist jedoch nicht das jeweilige Bundesland als „Anvertrauter" Haftungsverpflichteter, sondern der Anstaltsträger.

[25] → § 5 Rn. 19.

[26] Vgl. speziell zu verschiedenen börsenrechtlichen Pflichten OLG Frankfurt a. M. Urt. v. 18.1.2001 – 1 U 209/99, ZIP 2001, 730 (731); LG Frankfurt a. M. Urt. v. 3.9.2004 – 2/4 O 435/02, WM 2004, 2155 (2156).

[27] § 7 Abs. 6 für die Handelsüberwachungsstelle, § 15 Abs. 3 für die Börsengeschäftsführung, § 22 Abs. 2 S. 3 für den Sanktionsausschuss.

[28] Krit. dazu *Kümpel/Hammen* BörsenR 135 ff.; anders Schwark/Zimmer/*Beck* § 3 Rn. 23 f. und speziell für die Handelsüberwachungsstelle Schwark/Zimmer/*Beck* § 7 Rn. 29. Ausf. Nachweise zu den verfassungsrechtlichen Bedenken bei Baumbach/Hopt/*Hopt* Bankgeschäfte Rn. A/5. Die früher in § 6 Abs. 4 KWG, jetzt § 4 Abs. 4 FinDAG, enthaltene entsprechende Regelung hält der EuGH für europarechtlich unbedenklich, EuGH Urt. v. 12.10.2004 – C-222/02, ZIP 2004, 239; der BGH hat daraufhin auch einen Verstoß gegen das GG verneint, BGH Urt. v. 20.1.2005 – III ZR 48/01, ZIP 2005, 287 (291 f.).

[29] → § 7 Rn. 12 zur Handelsüberwachungsstelle; wie hier auch Schwark/Zimmer/*Schwark* § 12 Rn. 4.

[30] BGBl. 2012 I 1375.

(2) **Die Börsenaufsichtsbehörde hat ihr Einvernehmen zu der Bestellung der Geschäfts-führer zu verweigern, wenn aus objektiven und nachweisbaren Gründen Zweifel an der Zuverlässigkeit oder fachlichen Eignung der Geschäftsführer bestehen oder die ordnungs-gemäße Leitung der Börse und die Marktintegrität gefährdet erscheint.**

(3) **¹Die Geschäftsführer vertreten die Börse gerichtlich und außergerichtlich, soweit nicht der Träger der Börse zuständig ist. ²Das Nähere über die Vertretungsbefugnis der Geschäfts-führer regelt die Börsenordnung.**

(4) **¹Die Geschäftsführung kann gegenüber Handelsteilnehmern alle Anordnungen tref-fen, die geeignet und erforderlich sind, um Verstöße gegen börsenrechtliche Vorschriften und Anordnungen zu verhindern oder Missstände zu beseitigen, welche die ordnungsgemä-ße Durchführung des Handels an der Börse beeinträchtigen können. ²Sie kann zu diesem Zweck insbesondere Handelsteilnehmern längstens für die Dauer von sechs Monaten die vollständige oder teilweise Teilnahme am Börsenhandel untersagen.**

(5) **¹Die Geschäftsführung überwacht die Einhaltung der Pflichten der Handelsteilnehmer und der für sie tätigen Personen. ²Sie trifft geeignete Vorkehrungen, die eine wirksame und dauerhafte Überwachung der Pflichten nach Satz 1 gewährleisten. ³Die Aufgaben der Han-delsüberwachungsstelle nach § 7 bleiben unberührt.**

(6) **Widerspruch und Anfechtungsklage gegen Maßnahmen nach Absatz 4 haben keine aufschiebende Wirkung.**

(7) **¹Die Geschäftsführung ist zuständige Behörde im Sinne des Artikels 23 Absatz 1 der Verordnung (EU) Nr. 236/2012 des Europäischen Parlaments und des Rates vom 14. März 2012 über Leerverkäufe und bestimmte Aspekte von Credit Default Swaps (ABl. L 86 vom 24.3.2012, S. 1), sofern Finanzinstrumente betroffen sind, die an einem regulierten Markt oder im Freiverkehr dieser Börse gehandelt werden. ²§ 10 Absatz 1 Satz 3 und 4 ist insoweit nicht anwendbar.**

(8) **Die Geschäftsführung nimmt die ihr nach diesem Gesetz zugewiesenen Aufgaben und Befugnisse nur im öffentlichen Interesse wahr.**

I. Rechtsnatur

Bis zum **Zweiten Finanzmarktförderungsgesetz** oblag die **Leitung der Börse** dem **ehren-amtlichen Börsenvorstand.** Diese Organisation war nicht zuletzt durch die erhebliche Erhöhung der Handelsvolumina und die fortschreitende Computerisierung nicht mehr ausreichend, sodass der ehrenamtliche Börsenvorstand durch ein professionelles Management, die Börsengeschäftsführung ersetzt wurde.[1] Die Börsengeschäftsführung ist gem. § 15 Abs. 1 S. 1 das **Leitungsorgan der Börse** und als solches zur **eigenverantwortlichen Leitung der Börse** befugt und verpflichtet. Die Börsen-geschäftsführung ist **Organ** der Börse als nicht-rechtsfähiger Anstalt öffentlichen Rechts und somit als **Träger öffentlicher Gewalt Behörde** im verwaltungsrechtlichen Sinne.[2] Sie kann demnach **Ver-waltungsakte** erlassen soweit ihr hierzu ausdrücklich im BörsG oder in der **BörsenO** die Befugnis eingeräumt wird.[3] Gegen diese Verwaltungsakte ist der Verwaltungsrechtsweg eröffnet mit der **Börse als solcher als Prozesspartei** (§ 2 Abs. 11). In dem Verwaltungsrechtsstreit wiederum wird die Börse durch ihr Leitungsorgan, die Börsengeschäftsführung, vertreten (§ 15 Abs. 3).[4]

II. Bestellung und Abberufung

Die sich an der **aktienrechtlichen Regelung des § 84 Abs. 1 S. 1 und 2 AktG** orientierende Bestimmung des § 15 Abs. 1 S. 4[5] regelt Dauer und Wiederholbarkeit der **Bestellung der Mitglieder der Börsengeschäftsführung.** Die Bestellung und Abberufung selbst erfolgen nach § 12 Abs. 2 Nr. 2 durch den Börsenrat seit der entsprechenden Änderung durch das Vierte Finanzmarktför-derungsgesetz (→ §§ 11–14 Rn. 7) im „Einvernehmen" mit der Börsenaufsichtsbehörde. Demnach ist jetzt eine gemeinsame Entscheidung von Börsenrat und Börsenaufsichtsbehörde bzw. eine Zustim-mung der Börsenaufsichtsbehörde erforderlich.[6]

Die in der Praxis häufig zu beobachtende **Personenidentität** zwischen den Mitgliedern der Börsengeschäftsführung einerseits und den Geschäftsführern bzw. Vorständen des Trägers der Börse andererseits wird von verschiedenen Stimmen in der Literatur problematisiert.[7] Eine **Inkompatibili-**

1

2

3

---

[1] RegBegr. zum Zweiten Finanzmarktförderungsgesetz, BT-Drs. 12/6679, 33 (64).
[2] RegBegr. zum Zweiten Finanzmarktförderungsgesetz, BT-Drs. 12/6679, 33 (64); *Foelsch/Wittmann* in Hellner/Steuer BuB Rn. 7/540; Schwark/Zimmer/*Schwark* Rn. 2.
[3] *Foelsch/Wittmann* in Hellner/Steuer BuB Rn. 7/540.
[4] *Ledermann* in Schäfer/Hamann § 12 Rn. 10; *Foelsch/Wittmann* in Hellner/Steuer BuB Rn. 7/540.
[5] RegBegr. zum Zweiten Finanzmarktförderungsgesetz, BT-Drs. 12/6679, 33 (64).
[6] Schwark/Zimmer/*Schwark* Rn. 2, wobei „gemeinsam" nicht zwingend gleichzeitig bedeutet; der Börsenrat kann auch bestellen, anzeigen und dann die Zustimmung der Börsenaufsicht abwarten.
[7] Nachweise bei Schwark/Zimmer/*Schwark* Rn. 3.

tätsregelung enthält das BörsG nicht. Eine zwingende Inkompatibilität wegen möglicher Interessenkonflikte besteht ebenso wenig. Ob ein Interessenkonflikt überhaupt besteht, ist schon zweifelhaft. Immerhin ist der Träger der Börse als in der Regel auf Gewinnerzielung ausgerichtetes Unternehmen an einer gut funktionierenden Börse ebenso interessiert wie die Börsengeschäftsführung. Außerdem spricht die explizit in § 4a Abs. 2 S. 4 enthaltene Regelung, nach der Mandate des Mitglieds der Geschäftsleitung des Börsenträgers als Mitglied der Geschäftsleitung der Börse nicht zu den nach § 4a Abs. 2 S. 2 höchstens zulässigen Mandaten zählen, gerade gegen eine In- und für eine Kompatibilität.

4   Von der **Bestellung, Wiederbestellung** und **Abberufung** als Geschäftsführer der Börse und damit von dem organschaftlichen Akt ist – ebenso wie beim aktienrechtlichen Vorstand – die individualvertragliche Regelung des **Anstellungsvertrags** und dessen Beendigung zu unterscheiden. Erfolgen Bestellung und Abberufung der Geschäftsführer gem. § 12 Abs. 2 Nr. 2 durch den Börsenrat als Organ der Börse, so wird der dienstvertragliche Anstellungsvertrag durch den Träger der Börse abgeschlossen[8] und von ihm auch entsprechend der individualvertraglichen Regelungen oder gem. § 626 BGB beendet.

III. Aufgaben und Befugnisse

5   Die **Börsengeschäftsführung leitet die Börse** (§ 15 Abs. 1 S. 1), dh sie ist für alle mit dem täglichen Betrieb der Börse zusammenhängenden Maßnahmen zuständig. Aufgrund des **Selbstverwaltungsrechts** der Börse und der Kompetenz der Geschäftsführung, die Börse eigenverantwortlich zu leiten (§ 15 Abs. 1 S. 1), steht der **Geschäftsführung ein weiter Spielraum** im Rahmen der von ihr zu bestimmenden Geschäftspolitik zu.[9] Die **umfassende Kompetenz** der Geschäftsführung nach § 15 Abs. 1 S. 1 bedeutet, die Geschäftsführung ist zuständig für alle Aufgaben, die nicht ausdrücklich einer anderen Stelle zugewiesen sind. Diese umfassende Kompetenz wird in einzelnen Bereichen konkretisiert. Zu den einzelnen Maßnahmen, für welche der Geschäftsführung ausdrücklich die Zuständigkeit zugewiesen wird, gehören insbesondere, vgl. auch § 8 Abs. 1 BörsenO der FWB:[10]

– Entscheidung über die Zulassung von Wertpapieren zum Handel im regulierten Markt, § 32 sowie über die Einbeziehung, § 33;
– Entscheidung über die **Aufnahme** (§ 38), **Aussetzung** und **Einstellung** des Handels (§ 25), sowie den **Widerruf** der Zulassung (§ 39), von Wertpapieren im regulierten Markt oder für ausländische Zahlungsmittel (§ 51);
– **Zulassung von Unternehmen** und **Personen** zur Teilnahme am **Börsenhandel** und zum **Börsenbesuch** bzw. Ausschluss hiervon (§ 19, §§ 12 ff. BörsenO der FWB);
– Anordnung des **Ruhens der Zulassung** von Unternehmen (§ 19 Abs. 8);
– Zulassung, das Ruhen der Zulassung bzw. deren Widerruf (§ 27), Verteilung von Skontroführern;
– Regelung der **Organisation und des Geschäftsablaufs der Börse** inklusive Festlegung des Ortes und der Zeit des Börsenhandels (§ 8 Abs. 1 Nr. 2 BörsenO der FWB);
– **Überwachung** der Einhaltung der die Wertpapierbörse betreffenden **Gesetze, Verordnungen, Geschäftsbedingungen** und sonstiger Regelungen (§ 15 Abs. 4, § 8 Abs. 1 Nr. 4 BörsenO der FWB);
– Vornahme aller Maßnahmen, die erforderlich sind, um die **Ordnung in den Börsenräumen** aufrecht zu erhalten und die ordnungsgemäße Benutzung der Börseneinrichtungen sicherzustellen (§ 15 Abs. 4, § 8 Abs. 1 Nr. 3 BörsenO der FWB).[11]

IV. Vertretung der Börse durch die Geschäftsführung

6   Die Geschäftsführer vertreten nach § 15 Abs. 3 die Börse **gerichtlich** und **außergerichtlich**, soweit nicht der Träger der Börse zuständig ist. Die Börsengeschäftsführung ist damit **gesetzlicher Vertreter** der selbst nicht rechtsfähigen Börse, die jedoch im verwaltungsgerichtlichen Verfahren – anders dagegen im Zivilprozess, in dem nicht die Börse, sondern der Börsenträger parteifähig ist – selbst klagen oder verklagt werden kann (§ 2 Abs. 11). Die Einschränkung in § 15 Abs. 3 S. 1, dass die Vertretung der Börse durch die Geschäftsführung nur erfolgt, soweit nicht der Träger der Börse zuständig ist, erfasst die Fälle, in denen die Geschäftsführung außerhalb ihrer **öffentlich-rechtlichen Aufgaben** und Befugnisse, insbesondere als Beauftragter des Börsenträgers, handelt. Die Börsengeschäftsführung ist dann rein **privatwirtschaftlich und privatrechtlich tätig.** Das ist zum Beispiel dann der Fall, wenn die Geschäftsführer die sachlichen oder personellen Mittel für den Betrieb der Börse beschaffen.[12]

---

8 Schwark/Zimmer/*Schwark* Rn. 2.
9 Schwark/Zimmer/*Schwark* Rn. 5; *Kümpel/Hammen* WM-Sonderbeilage 3/2000, 3 (5 f.).
10 BörsenO für die FWB, auch abrufbar über die Internet-Seite der Deutsche Börse AG.
11 Leitungsaufgaben und Weisungs- und Anordnungsbefugnisse vgl. iE *Foelsch/Wittmann* in Hellner/Steuer BuB Rn. 7/537 ff.
12 Schwark/Zimmer/*Schwark* Rn. 9.

V. Ordnungsrecht und öffentlich-rechtliches und privatrechtliches Hausrecht

1. Ordnungs- und Hausrecht. § 3 Abs. 5 enthält die besondere Befugnis der Börsenaufsichts- **7** behörde, zur **Aufrechterhaltung der Ordnung** und des **Geschäftsverkehrs** (einschließlich Geschäftsabwicklung und Clearing allerdings ohne außerhalb der Börse stattfindende Abwicklung des dinglichen Erfüllungsgeschäfts[13]) an der Börse Anordnungen zuzulassen. Diese Befugnis bezieht sich auf das **äußere Verhalten der Börsenteilnehmer** und ist von der **Rechts-** und **Marktaufsicht** nach § 3 Abs. 1 zu **unterscheiden.** Diese Ordnungsgewalt des § 3 Abs. 5 gilt für generelle Maßnahmen im Gegensatz zu den in § 15 Abs. 4 geregelten Einzelmaßnahmen.

§ 15 Abs. 4 wurde durch das 2. FiMaNoG neu gefasst. Die Neufassung soll die Anordnungsbefugnis **8** modernisieren, weg von der auf die reine Ordnung in den Börsenräumen orientierten Regelung hin zur umfassenden, auch elektronische Börsen umfassenden Anordnungskompetenz.[14] Damit wird die bereits bislang von der hM vertretene sachliche Anwendung[15] jetzt ausdrücklich erweitert und umfasst neben dem aus der **Anstaltsgewalt** resultierende **öffentlich-rechtliche Hausrecht,** mit dessen Hilfe die Börsengeschäftsführung gegenüber „Störern" den Anstaltszweck und die störungsfreie Nutzung der Börseneinrichtungen durch Verwaltungsakte[16] durchsetzen kann, ausdrücklich jetzt auch die Anordnungsbefugnis im **elektronischen Handel.**

Neben diesem öffentlich-rechtlichen Hausrecht steht das **privatrechtliche Hausrecht** des Eigentü- **9** mers der Börse. Letzteres wird jedoch vom öffentlich-rechtlichen Hausrecht überlagert, sodass Personen, die zur Börsenzeit nach entsprechender Zulassung die Börse aufsuchen, nicht aufgrund des privaten Hausrechts aus der Börse verwiesen werden können.[17]

Vom Hausrecht zu unterscheiden ist die Ordnungsgewalt für generelle Maßnahmen. Diese früher **10** aufgrund des Sachzusammenhangs in § 18 Abs. 1 aF geregelte Materie ist jetzt aufgrund des Kompetenzzusammenhangs dort geregelt, wo die für solche Maßnahmen zuständige Behörde umfassend geregelt ist und damit in § 3 Abs. 5 S. 1, der § 18 Abs. 1 aF entspricht.[18]

2. Rechtsschutz. Maßnahmen der Börsengeschäftsführung nach Abs. 4 sind **Verwaltungsakte,** **11** gegen die der **Verwaltungsrechtsweg** offen steht;[19] dagegen sind Entscheidungen über Maßnahmen, die aufgrund des **privaten Hausrechts** durchgeführt wurden, den **Zivilgerichten** zugewiesen. Der durch das 2. FiMaNoG neu eingefügte Abs. 6 regelt, dass Widerspruch und Anfechtungsklage gegen Anordnungsmaßnahmen der Geschäftsführung nach Abs. 4 „wie auch in ähnlichen Fällen im Börsengesetz"[20] keine aufschiebende Wirkung haben, somit sofort vollzogen werden können. Dies ist bei der modernen Geschwindigkeit des Börsenhandels von erheblicher Bedeutung.[21]

Soweit die Unterscheidung, ob die Maßnahme auf das öffentlich-rechtliche oder das privatrechtliche **12** Hausrecht gestützt wird, bereits durch die **äußere Form,** die **veranlassende Stelle** oder den nach **außen tretenden Willen** erfolgen kann, bestehen unterschiedliche Auffassungen über das **Unterscheidungskriterium.** Während die **Rspr.** überwiegend auf den **Zweck des Besuchers** des Gebäudes abstellt, unterscheidet die **Lit.** überwiegend nach dem **Zweck des Hausverbots.** Im Hinblick auf die Regelung des § 15 Abs. 4 spricht viel dafür, **im Regelfall** von einem **öffentlich-rechtlichen Hausverbot** auszugehen, selbst wenn das Hausverbot auch privatrechtlich begründet werden kann.

VI. Haftung

Die Mitglieder der Börsengeschäftsführung sind **Beamte im haftungsrechtlichen Sinne,** sodass **13** für Amtspflichtverletzungen der Geschäftsführung dasjenige Bundesland nach § 839 BGB iVm Art. 34 GG haftet, in dem die Börse ansässig ist,[22] wobei seit der Regelung in § 5 Abs. 6 der Börsenträger das Land von den entsprechenden Ansprüchen frei zu stellen hat.[23] Voraussetzung hierfür ist jedoch zunächst, dass es sich bei der infrage stehenden Pflichtverletzung der Börsengeschäftsführung um eine solche bei Ausübung öffentlicher Gewalt gehandelt hat, nicht dagegen um eine Verletzung privatrecht-

---

[13] Schwark/Zimmer/*Schwark* Rn. 10.

[14] RegBegr. 2. FiMaNoG, BT-Drs. 18/10936, 269; Baumbach/Hopt/*Kumpan* Rn. 4.

[15] Auch bislang wurde seit jeher von der hM vertreten, dass auf der Grundlage von § 15 Abs. 4 zumindest analog auch bei nicht platzgebundenen, also elektronischen Börsen, dem Störer der Zutritt zum System untersagt werden konnte. *Kindermann* WM-Sonderbeilage 2/1989, 12 f. zur DTB. Schwark/Zimmer/*Schwark* Rn. 10.

[16] Schwark/Zimmer/*Schwark* Rn. 10.

[17] *Marxsen* in Schäfer/Hamann § 18 Rn. 7; wie hier auch Schwark/Zimmer/*Schwark* Rn. 10.

[18] → § 3 Rn. 19.

[19] Schwark/Zimmer/*Schwark* Rn. 10.

[20] RegBegr. 2. FiMaNoG BT-Drs. 18/10936, 270.

[21] Baumbach/Hopt/*Kumpan* Rn. 4.

[22] OLG Frankfurt a. M. Urt. v. 18.1.2001 – 1 U 209/99, ZIP 2001, 730 (731); nach Ansicht von *Faßbender/Reichegger* WM 2009, 732 (736 ff.) ist jedoch nicht das jeweilige Bundesland als „Anvertrauter" Haftungsverpflichteter, sondern der Anstaltsträger.

[23] → § 5 Rn. 19.

licher Pflichten. Im letztgenannten Fall kommt eine Inanspruchnahme des Börsenträgers in Betracht. Voraussetzung für einen Anspruch aus Amtspflichtverletzung ist, dass eine Amtspflicht verletzt wurde, die zumindest auch den Zweck hat, gerade die Interessen des Anspruchsstellers wahrzunehmen.[24]

14   Durch das **Vierte Finanzmarktförderungsgesetz** hat der Gesetzgeber über die bereits früher bestehende Regelung für die Börsenaufsichtsbehörde in § 1 Abs. 6 aF (jetzt § 13 Abs. 3) hinaus für jedes Börsenorgan an den entsprechenden Stellen[25] und auch für die Börsengeschäftsführung in § 15 Abs. 8 eine Regelung aufgenommen nach der dieses Organ seine **Aufgaben allein im öffentlichen Interesse** wahrnimmt. Bezweckt war damit – auch wenn dies nicht ausdrücklich in den jeweiligen Aussagen der Regierungsbegründung angesprochen wird – der Ausschluss einer Amtshaftung des Landes für das jeweilige Börsenorgan.[26] Dient nämlich die ordnungsgemäße Wahrnehmung der jeweiligen Amtspflicht ausschließlich öffentlichen Interessen, so scheidet ein Anspruch nur mittelbar Betroffener mangels der sie speziell schützenden Amtspflicht aus. An einem möglichen Anspruch unmittelbar betroffener Personen ändert die Neuregelung jedoch nichts.[27]

§ 16 Börsenordnung

(1) [1]**Die Börsenordnung soll sicherstellen, dass die Börse die ihr obliegenden Aufgaben erfüllen kann und dabei den Interessen des Publikums und des Handels gerecht wird.** [2]**Sie muss Bestimmungen enthalten über**

1. **den Geschäftszweig der Börse;**
2. **die Organisation der Börse;**
3. **die Handelsarten;**
4. **die Veröffentlichung der Preise und Kurse sowie der ihnen zugrunde liegenden Umsätze;**
5. **eine Entgeltordnung für die Tätigkeit der Skontroführer.**

(2) **Bei Wertpapierbörsen muss die Börsenordnung zusätzlich Bestimmungen enthalten über**

1. **die Bedeutung der Kurszusätze und -hinweise,**
2. **die Sicherstellung der Börsengeschäftsabwicklung und die zur Verfügung stehenden Abwicklungssysteme nach Maßgabe des § 21 und**
3. **die Kennzeichnung der durch algorithmischen Handel im Sinne des § 80 Absatz 2 Satz 1 des Wertpapierhandelsgesetzes erzeugten Aufträge durch die Handelsteilnehmer, die Kenntlichmachung der hierfür jeweils verwendeten Handelsalgorithmen sowie die Kenntlichmachung der Personen, die diese Aufträge initiiert haben.**

(3) [1]**Die Börsenordnung bedarf der Genehmigung durch die Börsenaufsichtsbehörde.** [2]**Diese kann die Aufnahme bestimmter Vorschriften in die Börsenordnung verlangen, wenn und soweit sie zur Erfüllung der der Börse oder der Börsenaufsichtsbehörde obliegenden gesetzlichen Aufgaben notwendig sind.**

I. Börsenordnung

1   **1. Rechtsnatur.** § 13 Abs. 1 S. 1 aF stellte seit der entsprechenden Formulierung durch das Zweite Finanzmarktförderungsgesetz klar, dass die **Börsenordnung**[1] vom Börsenrat als **Satzung** erlassen wird. Dies entsprach auch vorher der herrschenden Meinung.[2] Die entsprechende Regelung ist seit dem Finanzmarktrichtlinie-Umsetzungsgesetz in § 12 Abs. 2 Nr. 1 enthalten. Der Erlass der Börsenordnung ist keine Selbstverwaltungsmaßnahme, sondern **Rechtssetzungsakt**.[3] Die Befugnis zu dieser Rechtssetzung kann nur durch förmliches Gesetz verliehen werden; das ist durch § 13 Abs. 1 S. 1 aF (jetzt § 12 Abs. 2 Nr. 1) erfolgt. Diese Rechtssetzungsbefugnis kann hinsichtlich der eigenen **Angelegenheiten des Selbstverwaltungsträgers** generell eingeräumt werden,[4] ohne dass sie konkretisiert

---

[24] Vgl. speziell zu verschiedenen börsenrechtlichen Pflichten OLG Frankfurt a. M. Urt. v. 18.1.2001 – 1 U 209/99, ZIP 2001, 730 (731); LG Frankfurt a. M. Urt. v. 3.9.2004 – 2/4 O 435/02, WM 2004, 2155 (2156).

[25] § 7 Abs. 6 für die Handelsüberwachungsstelle, § 12 Abs. 6 für den Börsenrat, § 22 Abs. 2 S. 3 für den Sanktionsausschuss.

[26] Krit. dazu *Kümpel/Hammen* BörsenR 135 ff.; anders Schwark/Zimmer/*Beck* § 3 Rn. 23 f. und speziell für die Handelsüberwachungsstelle Schwark/Zimmer/*Beck* § 7 Rn. 29. Ausf. Nachweise zu den verfassungsrechtlichen Bedenken bei Baumbach/Hopt/*Hopt* Bankgeschäfte Rn. A/5. Die früher in § 6 Abs. 4 KWG, jetzt § 4 Abs. 4 FinDAG, enthaltene entsprechende Regelung hält der EuGH für europarechtlich unbedenklich, EuGH v. 12.10.2004 – C-222/02, ZIP 2004, 239; der BGH hat daraufhin auch einen Verstoß gegen das GG verneint, BGH Urt. v. 20.1.2005 – III ZR 48/01, ZIP 2005, 287 (291 f.).

[27] → § 7 Rn. 12 zur Handelsüberwachungsstelle, wie hier auch Schwark/Zimmer/*Schwark* Rn. 11.

[1] BörsenO für die FWB, auch abrufbar über die Internet-Seite der Deutsche Börse AG.

[2] RegBegr. zum Zweiten Finanzmarktförderungsgesetz, BT-Drs. 12/6679, 33 (64).

[3] *Kümpel* WM 1988, 1621 (1623); Schwark/Zimmer/*Beck* § 12 Rn. 13; *Foelsch/Wittmann* in Hellner/Steuer BuB Rn. 7/528.

[4] Schwark/Zimmer/*Beck* § 12 Rn. 13.

und beschränkt zu werden braucht. Deshalb ist **Art. 80 GG,** nach dem Inhalt, Zweck und Ausmaß der erteilten Rechtssetzungsbefugnis in der gesetzlichen Ermächtigungsgrundlage selbst bestimmt sein müssen, nicht anwendbar. Wesen, Zweck und Aufgabenkreis der Börse selbst legen die inhaltlichen Grenzen der Satzungsautonomie fest.[5] Allerdings kann die **Satzung nur die Angelegenheiten der Börse** selbst und das **Verhältnis zu ihren Anstaltsnutzern** regeln. Die Regeln der Börsenordnung haben keine anlegerschützende Drittwirkung, können aber auf das Verhältnis zwischen Kunden und Börsenteilnehmern ausstrahlen und Mindeststandards begründen.[6]

2. Inhalt. Der **Inhalt** der Börsenordnung soll nach § 16 Abs. 1 S. 1 sicherstellen, dass die Börse die **2** ihr obliegenden Aufgaben erfüllen kann. Hierzu gehört die in § 3 Abs. 2 BörsenO der FWB enthaltene Verpflichtung des Börsenträgers, die für den Betrieb der Börse benötigten sachlichen, räumlichen und finanziellen Mittel zur Verfügung zu stellen.[7] Außerdem hat die Börsenordnung die in § 16 Abs. 1 S. 2 enumerativ aufgeführten Bestimmungen zu enthalten; Börsenordnungen für Wertpapierbörsen darüber hinaus die in § 16 Abs. 2 genannten Regelungen.

Die Börsenordnung muss insbesondere Bestimmungen enthalten über den **Geschäftszweig** dh **3** über die an ihr gehandelten Produkte, und die **Organisation der Börse,** dh die Darstellung der jeweiligen Börsenorgane, und die Konkretisierung ihrer Aufgaben und Befugnisse. Die in § 16 Abs. 1 S. 2 durch das Vierte Finanzmarktförderungsgesetz eingefügte Nr. 3, nach der die Börsenordnung auch Bestimmungen über die Handelsarten enthalten muss, soll es den Börsen im Rahmen ihres Selbstverwaltungsrechts ermöglichen, flexibel auf die unterschiedlichen Markterfordernisse einzugehen und damit beispielsweise den Handel im Auktionsverfahren mit Intermediären oder auf der Grundlage eines automatischen Systems mit fortlaufendem Orderausgleich vorzusehen.[8] Die in § 16 Abs. 1 S. 2 Nr. 4 enthaltene Verpflichtung, dass die Börsenordnung Bestimmungen über die **Veröffentlichung der Preise und Kurse** sowie der ihnen zugrunde liegenden Umsätze und die Berechtigung der Geschäftsführung, diese zu veröffentlichen, vorsehen muss, dient nach dem Willen des Gesetzgebers der Erhöhung der Transparenz der Börse.[9] Die Nr. 5 in § 16 Abs. 1 S. 2, nach der die Börsenordnung auch eine Bestimmung über die Entgeltordnung für die Tätigkeit des Skontroführer enthalten muss, wurde auf Betreiben des Bundesrates durch das Vierte Finanzmarktförderungsgesetz eingefügt.[10]

Die Börsenordnung bei Wertpapierbörsen muss Bestimmungen über die **Bedeutung der Kurs- 4 zusätze** und -hinweise enthalten (§ 16 Abs. 2 Nr. 1).

Außerdem muss die Börsenordnung bei Wertpapierbörsen Bestimmungen über die Sicherstellung **5** der Börsengeschäftsabwicklung und die zur Verfügung stehenden Abwicklungssysteme enthalten (§ 16 Abs. 2 Nr. 2). Durch das Gesetz zur Vermeidung von Gefahren und Missbräuchen im Hochfrequenzhandel (Hochfrequenzhandelsgesetz)[11] wurde in § 16 Abs. 2 die neue Nr. 3 eingefügt, nach der die Börsenordnung bei Wertpapierbörsen auch Kennzeichnungspflichten hinsichtlich des algorithmischen Handels enthalten muss.

§ 16 Abs. 3 S. 2 wurde durch das Zweite Finanzmarktförderungsgesetz[12] dahingehend ergänzt, dass **6** der **Börsenaufsichtsbehörde die Möglichkeit eingeräumt** wird, die Aufnahme solcher Vorschriften in die **Börsenordnung** zu verlangen, welche die **Durchführung der gesetzlichen Aufgaben der Börsenaufsichtsbehörde ermöglicht oder erleichtert.** Der Gesetzgeber hat in diesem Zusammenhang insbesondere an Vorschriften zur Verhinderung von erkannten Missstandtatbeständen, zB der missbräuchlichen Beeinflussung eines Index, gedacht.[13]

3. Genehmigung. Die Börsenordnung bedarf gem. § 16 Abs. 3 S. 1 der **Genehmigung** durch die **7** Börsenaufsichtsbehörde. Diese Genehmigung ist Wirksamkeitsvoraussetzung, berührt aber den Charakter der Satzung als autonomer Rechtsvorschrift nicht.[14] Sie ist von der Börse gegebenenfalls mit der Verpflichtungsklage erzwingbar.[15]

4. Rechtsmittel. Die Börsenordnung kann im Wege des **Normenkontrollverfahrens** nach § 47 **8** VwGO überprüft werden.[16] Antragbefugt sind diejenigen natürlichen oder juristischen Personen, die

---

[5] Schwark/Zimmer/*Beck* § 12 Rn. 13.

[6] Baumbach/Hopt/*Kumpan* Rn. 2.

[7] → § 5 Rn. 4 ff.

[8] RegBegr. zum Vierten Finanzmarktförderungsgesetz, BT-Drs. 14/8017, 72 (74). Schwark/Zimmer/*Schwark* Rn. 11.

[9] RegBegr. zum Zweiten Finanzmarktförderungsgesetz, BT-Drs. 12/6679, 33 (64).

[10] Stellungnahme des Bundesrates zum Regierungsentwurf eines Gesetzes zur weiteren Fortentwicklung des Finanzplatzes Deutschland (Viertes Finanzmarktförderungsgesetz), BT-Drs. 14/8017, 146 (150).

[11] BGBl. 2013 I 1162.

[12] BGBl. 1994 I 1749.

[13] RegBegr. zum Zweiten Finanzmarktförderungsgesetz, BT-Drs. 12/6679, 33 (64).

[14] *Ledermann* in Schäfer/Hamann § 13 Rn. 16.

[15] Schwark/Zimmer/*Schwark* § 16 Rn. 18.

[16] VHG Kassel Beschl. v. 17.7.1997 – 8 NG 2271-97, NJW-RR 1998, 120.

Tatsachen vortragen, nach denen eine Verletzung ihrer subjektiv-öffentlichen Rechte denkbar erscheint.[17] Antragsgegner ist die Börse, von der die Börsenordnung erlassen wurde.

II. Parteifähigkeit der Börse

9   Die früher in § 13 Abs. 4 aF im Zusammenhang mit der Börsenordnung geregelte Parteifähigkeit der Börse ist jetzt – inhaltlich unverändert – in § 2 Abs. 11 geregelt.[18]

§ 17 Gebühren und Entgelte

(1) **Die Gebührenordnung kann die Erhebung von Gebühren und die Erstattung von Auslagen vorsehen für**

1. die Zulassung zur Teilnahme am Börsenhandel und für die Teilnahme am Börsenhandel,

2. die Zulassung zum Besuch der Börse ohne das Recht zur Teilnahme am Handel,

3. die Zulassung von Finanzinstrumenten, anderen Wirtschaftsgütern und Rechten zum Börsenhandel, die Einbeziehung von Wertpapieren zum Börsenhandel im regulierten Markt sowie den Widerruf der Zulassung und der Einbeziehung,

4. die Einführung von Wertpapieren an der Börse,

5. die Notierung von Wertpapieren, deren Laufzeit nicht bestimmt ist, 6. die Prüfung der Druckausstattung von Wertpapieren, 7. die Ablegung der Börsenhändlerprüfung.

(1a) [1] **Die Gebührenstrukturen, einschließlich der Ausführungsgebühren, Nebengebühren und möglichen Rabatte müssen transparent und diskriminierungsfrei ausgestaltet sein.** [2] **Die Gebühren dürfen keine Anreize schaffen, Aufträge so zu platzieren, zu ändern oder zu stornieren oder Geschäfte so zu tätigen, dass dies zu Beeinträchtigungen des ordnungsgemäßen Börsenhandels oder zu Marktmissbrauch beiträgt.** [3] **Insbesondere dürfen Rabatte in Bezug auf einzelne Aktien oder Aktienportfolios nur als Gegenleistung für die Übernahme von Market-Making-Pflichten gewährt werden.**

(2) [1] **Die Gebührenordnung bedarf der Genehmigung durch die Börsenaufsichtsbehörde.** [2] **Die Genehmigung gilt als erteilt, wenn die Gebührenordnung nicht innerhalb von sechs Wochen nach Zugang bei der Börsenaufsichtsbehörde von dieser gegenüber der Börse beanstandet wird.**

(3) [1] **Unbeschadet der nach Absatz 1 erhobenen Gebühren kann der Börsenträger separate Entgelte verlangen.** [2] **Dies gilt auch für Dienstleistungen, welche er im Rahmen des Börsenbetriebs für Handelsteilnehmer oder Dritte erbringt, sowie für die Offenlegung von Vorhandels- und Nachhandelsdaten.**

(4) [1] **Unbeschadet des § 26a hat die Börse für die übermäßige Nutzung der Börsensysteme, insbesondere durch unverhältnismäßig viele Auftragseingaben, -änderungen und -löschungen, separate Gebühren zu erheben, sofern nicht der Börsenträger hierfür bereits separate Entgelte verlangt.** [2] **Die Höhe dieser Gebühren oder Entgelte ist so zu bemessen, dass einer übermäßigen Nutzung im Sinne des Satzes 1 und der damit verbundenen negativen Auswirkungen auf die Systemstabilität oder die Marktintegrität wirksam begegnet wird.**

I. Gebührenordnung[1]

1   **1. Erlass.** § 17, der im Wesentlichen § 14 aF entspricht, stellt die gesetzliche **Ermächtigungsgrundlage** für den Erlass der Gebührenordnung durch den Börsenrat (§ 12 Abs. 2 Nr. 1) dar. Da **Art. 80 GG** hier keine Anwendung finden soll, werden Bedenken gegenüber der fehlenden Konkretisierung des Gebührenrahmens für unerheblich gehalten.[2] Andererseits sind die durch das Vierte Finanzmarktförderungsgesetz noch erweiterten, in § 17 Abs. 1 aufgezählten **Gebührentatbestände abschließend**, sodass bei einem in der Gebührenordnung darüber hinaus geregelten Gebührentatbestand die Ermächtigungsgrundlage fehlen würde.[3] Dies betrifft jedoch nur die **öffentlich-rechtlichen Entgelte.** Soweit es um nicht öffentlich-rechtliche Börsenleistungen geht, kann dagegen, was § 17 Abs. 3 ausdrücklich klarstellt (→ Rn. 10), ein **privatrechtliches Entgelt** erhoben werden. So kann der Börsenträger[4] aufgrund seiner Stellung als Eigentümer bzw. Besitzer der Börseneinrichtung zB **Mietzinsen** für die von Börsenteilnehmern im Börsengebäude angemieteten Büros oder auch

---

[17] Dazu gehört auch der Skontroführer – früher Kursmakler –, VHG Kassel Beschl. v. 17.7.1997 – 8 NG 2271-97, NJW-RR 1998, 120.

[18] → § 2 Rn. 26 f.

[1] Vgl. nur Gebührenordnung für die FWB, auch abrufbar über die Internet-Seite der Deutsche Börse AG.

[2] Schwark/Zimmer/*Schwark* Rn. 1.

[3] *Foelsch/Wittmann* in Hellner/Steuer BuB Rn. 7/459; Schwark/Zimmer/*Schwark* Rn. 3 aE.

[4] Zum Gebührengläubiger → Rn. 9.

Nutzungsentgelte für die Benutzung der Börsen-EDV verlangen;[5] sowie für die Offenlegung von Vorhandels- und Nachhandelsdaten.

Die Gebührenordnung bedarf nach § 17 Abs. 2 S. 1 der **Genehmigung der Börsenaufsichts-** 2 **behörde.**

2. Rechtsnatur. Die Gebührenordnung ist ebenso wie die Börsenordnung **Satzung.**[6] § 12 Abs. 2 3 Nr. 1 stellt dies ausdrücklich klar.

II. Inhalt

1. Allgemeines. Die Gebührenordnung regelt die **Gebühren,** dh die Geldleistungen, die für die 4 besondere Nutzung der öffentlich-rechtlichen Einrichtung Börse zu erbringen sind, und die **Auslagen,** dh die Aufwendungen, welche die Börse bei der Durchführung der Verwaltungsleistung im Interesse des Gebührenpflichtigen gegenüber Dritten erbracht hat.[7] Die allgemeinen verwaltungsrechtlichen Prinzipien für Gebühren gelten auch hier: **Äquivalenzprinzip** – angemessenes Verhältnis zwischen der Gebühr und dem Wert der Leistung für den Empfänger – und **Kostendeckungsprinzip** – Verwaltungsaufwand darf nicht wesentlich geringer sein als die Gesamtheit der Gebühren für die besondere Leistung.[8] Das 2. FiMaNoG hat in Umsetzung des Art. 48 Abs. 9 MiFID II darüber hinaus weitere Vorgaben für die Gebühren festgelegt.

Das Hochfrequenzhandelsgesetz hat in dem neu eingefügten Abs. 4 einen neuen Gebührentat- 5 bestand eingeführt für die übermäßige Nutzung der Börsensysteme, insbesondere durch unverhältnismäßig viele Auftragseingaben, -änderungen und -löschungen". Anders als bei den Gebührentatbeständen des Abs. 1 ordnet hier Abs. 4 sogar eine Verpflichtung der Börse zur Gebührenerhebung an, sofern nicht der Träger der Börse hierfür bereits separate Entgelte verlangt.

2. Gebührentatbestände im Einzelnen. Die Gebühren für die **Zulassung zur Teilnahme** am 6 **Börsenhandel** (§ 17 Abs. 1 Nr. 1) betreffen die an der Börse handelnden Unternehmen und Personen. Dabei wurde im Rahmen des Finanzmarktrichtlinie-Umsetzungsgesetzes die gesonderte Erwähnung des elektronischen Börsenhandels gestrichen, da Börsenhandel und elektronischer Börsenhandel einheitlich behandelt werden.[9] Auf Anregung des Bundesrates wurde § 14 Abs. 1 Nr. 1 aF (jetzt § 17 Abs. 1 Nr. 1) erweitert. Konnten vorher nur Gebühren für die Zulassung zur Teilnahme am Börsenhandel und die Zulassung für die Teilnahme am Börsenhandel in einem elektronischen Handelssystem erhoben werden, so wurde auf Anregung des Bundesrates durch das Vierte Finanzmarktförderungsgesetz als weiterer Gebührentatbestand die Teilnahme am Börsenhandel als solche eingeführt. Hierdurch erhält die Börse die Möglichkeit, neben der Gebühr für die Erst- und einmalige Zulassung als Handelsteilnehmer auch eine turnusmäßige, zB jährliche Gebühr für die Teilnahme am Börsenhandel zu erheben.[10] Soweit an der Börse handelnde Personen eine Börsenhändlerprüfung ablegen müssen, schafft § 17 Abs. 1 Nr. 7 die Ermächtigungsgrundlage, **Prüfungsgebühren** festzusetzen. Geht es bei § 17 Abs. 1 Nr. 1 und 7 um die Handelsteilnehmer, so erfasst § 17 Abs. 1 Nr. 2 gerade diejenigen Personen, welche nicht an der Börse handeln wollen und sollen, zB **Besucher und Gäste.**

§ 17 Abs. 1 Nr. 3, 4, 5 und 6 regeln dagegen die Gebühren im Zusammenhang nicht mit den 7 Handelsteilnehmern, sondern mit den zu **handelnden Wertpapieren** bzw. seit der entsprechenden Ergänzung der Nr. 3 durch das Vierte Finanzmarktförderungsgesetz auch für die Zulassung anderer Wirtschaftsgüter und Rechte. § 17 Abs. 1 Nr. 3 und 4 erfassen die Gebühr für die **Zulassung zum Börsenhandel** und/oder die anschließende **Einführung** bzw. § 17 Abs. 1 Nr. 5 für die **fortlaufende Notierung.** Das Vierte Finanzmarktförderungsgesetz hat in Nr. 5 die Möglichkeit eingeführt, Notierungsgebühren bei Wertpapieren einzuführen, deren Laufzeit nicht bestimmt ist. Auch hier soll das Äquivalenzprinzip gelten. § 52 Abs. 4 enthält darüber hinaus eine Vertrauensschutzregelung.[11]

Das **Hochfrequenzhandelsgesetz**[12] hat in dem neu eingefügten Abs. 4 einen neuen Gebührentat- 8 bestand eingeführt für die Übermäßige Nutzung der Börsensysteme, insbesondere durch unverhältnismäßig viele Auftragseingaben, -änderungen und -löschungen". Anders als bei den Gebührentatbeständen des Abs. 1 ordnet hier Abs. 4 sogar eine Verpflichtung der Börse zur Gebührenerhebung an, sofern nicht der Träger der Börse hierfür bereits separate Entgelte verlangt.

---

[5] Foelsch/Wittmann in Hellner/Steuer BuB Rn. 7/467; Schwark/Zimmer/*Schwark* Rn. 7 f.: differenzierend zwischen zusätzlichen Leistungen und solchen, die unter § 17 fallen können.

[6] Schwark/Zimmer/*Schwark* Rn. 1.

[7] Schwark/Zimmer/*Schwark* Rn. 5; Foelsch/Wittmann in Hellner/Steuer BuB Rn. 7/457.

[8] Schwark/Zimmer/*Schwark* Rn. 4; Foelsch/Wittmann in Hellner/Steuer BuB Rn. 7/458.

[9] RegBegr. zum Finanzmarktrichtlinie-Umsetzungsgesetz, BT-Drs. 16/4028, 88.

[10] Stellungnahme des Bundesrates zum Gesetzentwurf der Bundesregierung eines Gesetzes zur weiteren Fortentwicklung des Finanzplatzes Deutschland (Viertes Finanzmarktförderungsgesetz), BT-Drs. 14/8017, 146 (150).

[11] RegBegr. zum Vierten Finanzmarktförderungsgesetz, BT-Drs. 14/8017, 72 (74).

[12] BGBl. 2013 I 1162.

9   **3. Gebührengläubiger.** Nach § 5 Gebührenordnung der Frankfurter Wertpapierbörse ist **Gläubiger der Gebühren** zwar die Börse; diese hat sie aber „unmittelbar an die Träger auszukehren".[13] Dies ist wirtschaftlich zutreffend, da die Gebühren ua Entgelt für die Nutzung der Börseneinrichtungen darstellen. Die Börseneinrichtungen werden aber vom Träger der Börse zur Verfügung gestellt.[14] Dies führt dazu, dass der Anspruch auf öffentlich-rechtliche Gebühren ebenso wie der aus privaten Nutzungsentgelten[15] dem Börsenträger und nicht der Börse als solcher zusteht.

III. Entgelt für Dienstleistungen

10   In Abs. 3 wird, wie die Regierungsbegründung zum Finanzmarktrichtlinie-Umsetzungsgesetz ausdrücklich hervorhebt, „in Übereinstimmung mit der derzeitigen Rechtspraxis klargestellt, dass Börsenträger für Dienstleistungen innerhalb des Börsenbetriebs, wie etwa die Bereitstellung von technischen Anbindungen zu Handelssystemen oder dem Vertrieb von Handelsdaten unabhängig von Vermittlungsgebühren nach Abs. 1 gesonderte privatrechtliche Entgelte verlangen können".[16] Vor dem Hintergrund der eindeutigen Klarstellung im Gesetz und der noch eindeutigeren Hervorhebung in der Regierungsbegründung, dass gerade auch für Dienstleistungen „innerhalb des Börsenbetriebs" besondere privatrechtliche Entgelte verlangt werden können, dürften jedenfalls diejenigen Ansichten, welche solche privatrechtlichen Entgelte generell ablehnen,[17] aber auch diejenige Ansicht, welche gesonderte Entgelte ablehnen für die Nutzung von Handelssystemen, welche integraler Bestandteil des Börsenbetriebs sind,[18] keinen Bestand mehr haben können. Die Änderung in Abs. 3 durch das 2. FiMaNoG stellt klar, dass die Befugnis des Börsenträgers, separate Entgelte zu verlangen, sich auch auf die Offenlegung von Vorhandels- und Nachhandelsdaten erstreckt (→ § 24 Rn. 10).

§ 18 Sonstige Benutzung von Börseneinrichtungen

[1]Die Börsenordnung kann für einen anderen als den nach § 16 Abs. 1 Satz 2 Nr. 1 zu bezeichnenden Geschäftszweig die Benutzung von Börseneinrichtungen zulassen. [2]Ein Anspruch auf die Benutzung erwächst in diesem Falle für die Beteiligten nicht.

1   § 18 entspricht § 15 idF vor dem Finanzmarktrichtlinie-Umsetzungsgesetz. Die Zulassung anderer als der nach § 16 Abs. 1 S. 2 Nr. 1 zu bezeichnenden Geschäftszweige muss in der Börsenordnung selbst erfolgen. Praktische Bedeutung könnte die Vorschrift dadurch erlangen, dass sie die Benutzung der Börseneinrichtungen auch für solche Geschäftsarten zulässt, die zwar nicht zum Geschäftszweig der Börse gehören, die aber für den Börsenhandel geeignet erscheinen.[1]

§ 19 Zulassung zur Börse

(1) **Zum Besuch der Börse, zur Teilnahme am Börsenhandel und für Personen, die berechtigt sein sollen, für ein zur Teilnahme am Börsenhandel zugelassenes Unternehmen an der Börse zu handeln (Börsenhändler), ist eine Zulassung durch die Geschäftsführung erforderlich.**

(2) **Zur Teilnahme am Börsenhandel darf nur zugelassen werden, wer gewerbsmäßig bei börsenmäßig handelbaren Gegenständen**

1. die Anschaffung und Veräußerung für eigene Rechnung betreibt oder

2. die Anschaffung und Veräußerung im eigenen Namen für fremde Rechnung betreibt oder

3. die Vermittlung von Verträgen über die Anschaffung und Veräußerung übernimmt

und dessen Gewerbebetrieb nach Art und Umfang einen in kaufmännischer Weise eingerichteten Geschäftsbetrieb erfordert.

(3) **Die Zulassung von Personen ohne das Recht zur Teilnahme am Handel regelt die Börsenordnung.**

(3a) **[1]Ein direkter elektronischer Zugang darf nur eingeräumt werden, wenn die Börsenordnung angemessene Standards für Risikokontrollen und Schwellen für den Handel über diesen Zugang festlegt. [2]Die Börsenordnung muss Regelungen über die Kennzeichnung von Aufträgen und Geschäften, die von einer Person über einen direkten elektronischen**

---

[13] Ebenso auch Schwark/Zimmer/*Schwark* Rn. 5.
[14] → § 5 Rn. 5.
[15] → Rn. 1.
[16] RegBegr. zum Finanzmarktrichtlinie-Umsetzungsgesetz, BT-Drs. 16/4028, 84.
[17] So wohl auch Schwark/Zimmer/*Schwark* Rn. 8.
[18] So aber Schwark/Zimmer/*Schwark* Rn. 9.
[1] Schwark/Zimmer/*Schwark* Rn. 1.

Zugang abgeschlossen werden, enthalten. [3] Dabei muss die Börsenordnung auch die Möglichkeit vorsehen, dass ein direkter elektronischer Zugang bei Verstößen gegen die entsprechenden Vorschriften der Börsenordnung jederzeit ausgesetzt oder beendet werden kann.

(4) [1] Die Zulassung eines Unternehmens zur Teilnahme am Börsenhandel nach Absatz 2 Satz 1 ist zu erteilen, wenn

1. bei Unternehmen, die in der Rechtsform des Einzelkaufmanns betrieben werden, der Geschäftsinhaber, bei anderen Unternehmen die Personen, die nach Gesetz, Satzung oder Gesellschaftsvertrag mit der Führung der Geschäfte des Unternehmens betraut und zu seiner Vertretung ermächtigt sind, zuverlässig sind und zumindest eine dieser Personen die für das börsenmäßige Wertpapier- oder Warengeschäft notwendige berufliche Eignung hat;
2. die ordnungsgemäße Abwicklung der an der Börse abgeschlossenen Geschäfte sichergestellt ist;
3. das Unternehmen ein Eigenkapital von mindestens 50 000 Euro nachweist, es sei denn, es ist ein Kreditinstitut, ein Finanzdienstleistungsinstitut oder ein nach § 53 Abs. 1 Satz 1 oder § 53b Abs. 1 Satz 1 des Kreditwesengesetzes tätiges Unternehmen, das zum Betreiben des Finanzkommissionsgeschäfts im Sinne des § 1 Abs. 1 Satz 2 Nr. 4 oder zur Erbringung einer Finanzdienstleistung im Sinne des § 1 Abs. 1a Satz 2 Nr. 1 bis 4 des Kreditwesengesetzes befugt ist; als Eigenkapital sind das eingezahlte Kapital und die Rücklagen nach Abzug der Entnahmen des Inhabers oder der persönlich haftenden Gesellschafter und der diesen gewährten Kredite sowie eines Schuldenüberhanges beim freien Vermögen des Inhabers anzusehen;
4. bei dem Unternehmen, das nach Nummer 3 zum Nachweis von Eigenkapital verpflichtet ist, keine Tatsachen die Annahme rechtfertigen, dass es unter Berücksichtigung des nachgewiesenen Eigenkapitals nicht die für eine ordnungsmäßige Teilnahme am Börsenhandel erforderliche wirtschaftliche Leistungsfähigkeit hat.

[2] Die Börsenordnung kann vorsehen, dass bei Unternehmen, die an einer inländischen Börse oder an einem organisierten Markt im Sinne des § 2 Abs. 5 des Wertpapierhandelsgesetzes mit Sitz im Ausland zur Teilnahme am Handel zugelassen sind, die Zulassung ohne den Nachweis der Voraussetzungen nach Satz 1 Nr. 1, 3 und 4 erfolgt, sofern die Zulassungsbestimmungen des jeweiligen Marktes mit diesen vergleichbar sind. [3] Die Börsenordnung kann vorsehen, dass Handelsteilnehmer für den Zugang zu Handelssystemen der Börse weitere Voraussetzungen erfüllen müssen.

(5) Als Börsenhändler ist zuzulassen, wer zuverlässig ist und die notwendige berufliche Eignung hat.

(6) [1] Die berufliche Eignung im Sinne des Absatzes 4 Satz 1 Nr. 1 ist regelmäßig anzunehmen, wenn eine Berufsausbildung nachgewiesen wird, die zum börsenmäßigen Wertpapier- oder Warengeschäft befähigt. [2] Die berufliche Eignung im Sinne des Absatzes 5 ist anzunehmen, wenn die erforderlichen fachlichen Kenntnisse und Erfahrungen nachgewiesen werden, die zum Handel an der Börse befähigen. [3] Der Nachweis über die erforderlichen fachlichen Kenntnisse kann insbesondere durch die Ablegung einer Prüfung vor der Prüfungskommission einer Börse erbracht werden. [4] Das Nähere über die Anforderungen an die fachliche Eignung der zum Börsenhandel befähigten Personen und das Prüfungsverfahren regelt eine vom Börsenrat zu erlassende Zulassungsordnung für Börsenhändler, die der Genehmigung durch die Börsenaufsichtsbehörde bedarf.

(7) Das Nähere darüber, wie die in den Absätzen 4 bis 6 genannten Voraussetzungen nachzuweisen sind, bestimmt die Börsenordnung.

(8) [1] Besteht der begründete Verdacht, dass eine der in den Absätzen 2, 4 oder 5 bezeichneten Voraussetzungen nicht vorgelegen hat oder nachträglich weggefallen ist, so kann die Geschäftsführung das Ruhen der Zulassung längstens für die Dauer von sechs Monaten anordnen. [2] Das Ruhen der Zulassung kann auch für die Dauer des Verzuges mit der Zahlung der nach § 17 Abs. 1 Nr. 1 und 2 festgesetzten Gebühren oder der nach § 22 Absatz 2 auferlegten Ordnungsgelder angeordnet werden. [3] Ferner kann die Geschäftsführung das Ruhen der Zulassung längstens für die Dauer von sechs Monaten anordnen, wenn ein Handelsteilnehmer das Order-Transaktions-Verhältnis im Sinne des § 26a nicht einhält; hält ein Handelsteilnehmer wiederholt das Order-Transaktions-Verhältnis im Sinne des § 26a nicht ein, kann die Geschäftsführung die Zulassung widerrufen. [4] Das Recht einer nach Absatz 5 zugelassenen Person zum Abschluss von Börsengeschäften ruht für die Dauer des Wegfalls der Zulassung des Unternehmens, für das sie Geschäfte an der Börse abschließt.

(9) [1] Die Geschäftsführung kann gegenüber Handelsteilnehmern mit Sitz außerhalb der Mitgliedstaaten der Europäischen Union oder der anderen Vertragsstaaten des Abkommens über den Europäischen Wirtschaftsraum das Ruhen der Zulassung längstens für die Dauer von sechs Monaten anordnen oder die Zulassung widerrufen, wenn die Erfüllung der Meldepflichten nach § 9 des Wertpapierhandelsgesetzes oder der Informationsaustausch

zum Zwecke der Überwachung der Verbote von Insidergeschäften oder des Verbots der Marktmanipulation mit den in diesem Staat zuständigen Stellen nicht gewährleistet erscheint. [2] Die Bundesanstalt teilt der Geschäftsführung und der Börsenaufsichtsbehörde die für eine Anordnung oder den Widerruf nach Satz 1 maßgeblichen Tatsachen mit.

(10) Beabsichtigt die Geschäftsführung der Börse, Handelsteilnehmern in anderen Staaten einen unmittelbaren Zugang zu ihrem Handelssystem zu gewähren, hat sie dies der Börsenaufsichtsbehörde und der Bundesanstalt anzuzeigen, sofern es sich um die erstmalige Zugangsgewährung an einen Handelsteilnehmer in dem betreffenden Staat handelt.

(11) Die Geschäftsführung der Börse übermittelt der Börsenaufsichtsbehörde regelmäßig ein aktuelles Verzeichnis der an der Börse zugelassenen Handelsteilnehmer.

I. Allgemeines

1   **1. Finanzmarktrichtlinie-Umsetzungsgesetz.** Im Rahmen des Finanzmarktrichtlinie-Umsetzungsgesetz bestand zur Umsetzung der Vorgaben des Art. 42 Abs. 3 MiFID kein Änderungsbedarf für § 16 idF vor dem Finanzmarktrichtlinie-Umsetzungsgesetz, sodass diese Bestimmung im Wesentlichen unverändert als § 19 übernommen werden konnte. Neben sprachlichen Änderungen ergab sich Änderungsbedarf nur im Hinblick auf die „gegenwärtige Rechtspraxis.[1] Das 2. FiMaNoG hat Abs. 3a zur Umsetzung des Art. 48 Abs. 7 MiFID II eingefügt und damit die Voraussetzungen für einen direkten elektronischen Zugang geregelt.

2   Die Änderung[2] in § 19 Abs. 1 – ausdrückliche Nennung der jetzt bereits dort, früher in Abs. 5, legal definierten Börsenhändler – ist eher sprachlicher Natur. Die Streichung des § 16 Abs. 1 S. 2 aF idF vor dem Finanzmarktrichtlinie-Umsetzungsgesetz spiegelt das gewandelte Verständnis vom Börsenhandel wieder: Dass zum Börsenhandel auch „Geschäfte …, die durch Übermittlung von Willenserklärungen durch elektronische Datenübertragung börsenmäßig zustande kommen", so § 16 Abs. 1 S. 2 idF vor dem Finanzmarktrichtlinie-Umsetzungsgesetz, gehören, ist zwischenzeitlich allgemein bekannt und bedarf deshalb keiner Regelung mehr. Die Regierungsbegründung zum Finanzmarktrichtlinie-Umsetzungsgesetz stellt in diesem Zusammenhang zu Recht fest, dass „der ganz überwiegende Teil der Aufträge elektronisch übermittelt wird". Die Ersetzung von „Geschäfte am Börsenplatz" durch „an der Börse abgeschlossene Geschäfte" in § 19 Abs. 4 S. 1 Nr. 2 geht in die gleiche Richtung: Es wird klargestellt, dass nicht nur die Geschäfte im Präsenzhandel, sondern auch die zwischenzeitlich überwiegenden elektronisch übermittelten Aufträge und insgesamt sämtliche an der Börse abgeschlossene Geschäfte erfasst sein sollen. Die Änderungen in den Sätzen 3 und 4 des § 19 Abs. 6 dienen dazu, bei den Anforderungen an die fachliche Eignung der Börsenhändler flexibler verfahren zu können. Anders als bis zu dieser Änderung durch das Finanzmarktrichtlinie-Umsetzungsgesetz kann der Nachweis der fachlichen Eignung künftig nicht mehr nur durch eine Börsenhändlerprüfung erfolgen, sondern auch durch andere Nachweise erbracht werden. Dabei weist die Regierungsbegründung zum Finanzmarktrichtlinie-Umsetzungsgesetz zutreffend darauf hin, dass bei der Überprüfung der fachlichen Eignung auf die spezifischen Anforderungen des jeweiligen börslichen Marktes abzustellen ist, sodass „zB bei der Teilnahme an rein elektronischen Handelssystemen an die erforderliche fachliche Eignung andere Maßstäbe anzulegen … (sind), als für den Handel an Präsenzbörsen." Die Kriterien und Grundsätze, nach denen die fachliche Eignung bestimmt werden soll, sind in der die bisherige Prüfungsordnung ersetzenden Zulassungsordnung für Börsenhändler festzulegen. Die neu eingefügten Abs. 10 und 11 des § 19 setzen Art. 42 Abs. 6 UAbs. 2 S. 1 bzw. Abs. 7 MiFID um. Die Streichung des Satzes 2 in § 19 Abs. 2 aF durch das Gesetz zur Umsetzung der Richtlinie 2010/73/EU und zur Änderung des Börsengesetzes[3] wurde damit begründet, dass für die darin enthaltene Regelung der Zulassung von Landwirten etc kein praktisches Bedürfnis bestand.[4]

3   **2. Grundgesetzliche Vorgaben.** Die **Zulassung von Wertpapieren** zum Börsenhandel ist in § 32 geregelt. Davon zu unterscheiden ist die in § 19 normierte **Zulassung** von – natürlichen oder juristischen – **Personen zum Börsenbesuch und Börsenhandel**. § 19 trägt unter anderem dem durch Art. 12 Abs. 1 S. 2 GG festgelegten Gesetzesvorbehalt für die Regelung der Berufsfreiheit Rechnung. Nach der **Dreistufentheorie des Bundesverfassungsgerichts**[5] ist jede Regelung der **Berufsfreiheit** in eine der drei Stufen einzuteilen, und ihre Zulässigkeit hängt von Voraussetzungen ab, die sich von einer Stufe zu anderen verschärfen: Eingriff in die **Berufsausübung**, Aufstellen subjektiver Zulassungsvoraussetzungen als Einschränkung der **Berufswahl**, Aufstellen objektiver Zulassungsvoraussetzungen als Einschränkung der Berufswahl. Die in § 19 enthaltenen Einschränkungen der Berufsfreiheit stellen teilweise subjektive Zulassungs-voraussetzungen (soweit die Unternehmen

---

[1] RegBegr. zum Finanzmarktrichtlinie-Umsetzungsgesetz, BT-Drs. 16/4028, 84.
[2] Vgl. auch zu Folgendem RegBegr. zum Finanzmarktrichtlinie-Umsetzungsgesetz, BT-Drs. 16/4028, 89.
[3] BGBl. 2012 I 1375.
[4] RegBegr. Prospektrichtlinie-Änderungsgesetz BT-Drs. 17/8684, 13 (23).
[5] BVerfGE 7, 377 (378, Ls. 6a–6d).

ausschließlich im Börsenhandel tätig sind), teilweise bloße Regelungen der Berufsausübung (so zB bei Kreditinstituten, bei denen der Börsenhandel nur einen geringen Teil ihres umfassenderen Geschäfts ausmacht) dar und werden allgemein als zulässig angesehen.[6]

3. Arten der Zulassung. Bei der Zulassung nach § 19 Abs. 1 ist zu unterscheiden zwischen der **4** **Zulassung zur Teilnahme am Handel** einerseits und der **Zulassung zum Besuch** der Börse ohne das Recht zur Teilnahme am Börsenhandel (§ 19 Abs. 3) andererseits. Bei der Zulassung zur Teilnahme am Handel wiederum ist zu differenzieren zwischen der **Zulassung von Unternehmen** (§ 19 Abs. 2 und 4) und der **Zulassung von Börsenhändlern** (§ 19 Abs. 5).

4. Rechtsnatur. Die Zulassung zur Teilnahme am Börsenhandel ist ein **mitwirkungsbedürftiger,** **5** **begünstigender** Verwaltungsakt.[7] Durch die Zulassung wird ein öffentlich-rechtliches Benutzungsverhältnis begründet, der Zugelassene hat ein subjektiv öffentliches Recht auf Nutzung der Börse und ihrer Einrichtungen.[8]

II. Zulassungsvoraussetzungen

1. Zulassung ohne das Recht zur Teilnahme am Börsenhandel (Abs. 3). Nach § 19 Abs. 3 **6** regelt die Börsenordnung die Zulassung von Personen zum bloßen Börsenbesuch, der nicht das Recht zur Teilnahme am Börsenhandel umfasst. Die von diesen zu entrichtenden Gebühren regelt gem. § 17 Abs. 1 Nr. 2 die Gebührenordnung der jeweiligen Börse.[9]

2. Zulassung von Unternehmen zum Börsenhandel (Abs. 2, 3a und 4). § 19 Abs. 2 regelt die **7** Zulassung zur Teilnahme am Börsenhandel. Das in § 16 Abs. 1 S. 2 idF vor dem Finanzmarktrichtlinie-Umsetzungsgesetz noch zum Ausdruck gebrachte Leitbild der Präsenzbörse ist durch dessen Streichung durch das Finanzmarktrichtlinie-Umsetzungsgesetz endgültig beseitigt worden.

Zur Teilnahme am Börsenhandel dürfen nur die **Unternehmen** zugelassen werden, welche die in **8** § 19 Abs. 2 genannten Tätigkeiten ausüben. Die **Zulassung ist zu erteilen,** wenn die Voraussetzungen des § 19 Abs. 4 erfüllt sind.[10] Dabei wird die Zulassung von Unternehmen daran geknüpft, dass

(i) die Unternehmensleiter **zuverlässig** sind und zumindest einer von ihnen die für das börsenmäßige Wertpapier- oder Warengeschäft notwendige berufliche **Eignung** hat;

(ii) die **ordnungsgemäße Abwicklung** der Geschäfte sichergestellt ist; das ist dann der Fall, wenn der Antragsteller die zur Abwicklung seiner Börsengeschäfte geeignete und bedarfsmäßig besetzte Geschäftsstelle unterhält oder an eine technische Einrichtung der Börse angeschlossen ist, welche die ordnungsgemäße Abwicklung der Geschäfte am Börsenplatz sicherstellt, und die Regulierung seiner Börsengeschäfte über eine Hauptverwaltung der Deutschen Bundesbank und die Clearstream Banking AG gewährleistet ist;[11]

(iii) der Antragsteller ein nach § 19 Abs. 4 Nr. 4 Hs. 2 **definiertes Eigenkapital** von mindestens 50.000 EUR nachweist, und

(iv) keine Tatsachen die Annahme rechtfertigen, dass der Antragsteller nicht die für eine ordnungsgemäße Teilnahme am Börsenhandel erforderliche wirtschaftliche **Leistungsfähigkeit** hat.

Die Voraussetzung (iii) und (iv) müssen nur bei Unternehmen erfüllt sein, die keine Kreditinstitute, keine Finanzdienstleistungsinstitute oder keine nach §§ 53 Abs. 1 S. 1 oder 53b Abs. 1 S. 1 KWG tätigen Unternehmen – Zweigstellen oder Zweigniederlassungen ausländischer Kreditinstitute – sind.

Die früher in § 7 Abs. 4 Nr. 3 und Abs. 4a aF geregelte weitere Zulassungsvoraussetzung, dass **9** Antragsteller, die keine Kreditinstitute sind, **Sicherheit** zu leisten haben, um die Verpflichtungen aus Geschäften an der Börse oder in einem an der Börse zugelassenen elektronischen Handelssystem jederzeit erfüllen zu können, ist durch das **Begleitgesetz**[12] **gestrichen** worden.[13] Eine solche Verpflichtung zur Sicherheitsleistung kann nach § 20 in der jeweiligen Börsenordnung für alle zur Teilnahme am Börsenhandel zugelassenen Unternehmen und Skontroführer angeordnet werden. Die Sicherheitsleistung ist jedoch nicht mehr Zulassungsvoraussetzung; eine fehlende oder nachträglich weggefallene Sicherheitsleistung berechtigt nicht mehr zur Versagung der Zulassung, sondern nur noch zur Anordnung des Ruhens der Zulassung, sofern die Börsenordnung dies vorsieht, bzw. zu den

---

[6] Vgl. nur Schwark/Zimmer/*Beck* Rn. 9 ff. mwN; Baumbach/Hopt/*Kumpan* Rn. 4.

[7] Schwark/Zimmer/*Beck* Rn. 4, 5.

[8] Schwark/Zimmer/*Beck* Rn. 5.

[9] Gebührenordnung für die FWB, auch abrufbar über die Internet-Seite der Deutsche Börse AG.

[10] Anspruch auf Zulassung, → Rn. 19.

[11] Näheres dazu Schwark/Zimmer/*Beck* Rn. 24; *Foelsch/Wittmann* in Hellner/Steuer BuB Rn. 7/582; *Ledermann* in Schäfer/Hamann § 16 Rn. 16.

[12] Begleitgesetz zum Gesetz zur Umsetzung von EG-Richtlinien zur Harmonisierung bank- und wertpapieraufsichtsrechtlicher Vorschriften, BGBl. 1997 I 2567.

[13] Zur Begründung der Streichung und Einführung des § 20 → § 20 Rn. 1.

sonstigen Maßnahmen nach § 20 Abs. 4. Das Nähere über die Art und Weise der Sicherheitsleistung bestimmt die Börsenordnung (§ 20 Abs. 1 S. 3).

10   Bei den in § 19 Abs. 4 Nr. 1 genannten Zulassungsvoraussetzungen der **Zuverlässigkeit** und der **beruflichen Eignung** handelt es sich um **unbestimmte Rechtsbegriffe**, bei denen der Geschäftsführung ein **Beurteilungsspielraum** zusteht. Zu den Begriffen der Zuverlässigkeit und Eignung kann auf die **Kriterien,** die zu den **vergleichbaren Regelungen in § 33 Abs. 1 Nr. 2 und 4 KWG** aufgestellt wurden, zurückgegriffen werden.[14] Danach setzt **Zuverlässigkeit** voraus, dass bei der speziellen Person damit **gerechnet werden kann,** dass sie auch **künftig den Beruf ordnungsgemäß ausübt** und das in sie **gesetzte Vertrauen nicht enttäuscht.** Die **Eignung** ist dann gegeben, wenn die **gesetzliche Vermutung** nach **§ 19 Abs. 6** eingreift, dh wenn eine Berufsausbildung nachgewiesen wird, die zum börsenmäßigen Wertpapierhandel oder Warengeschäft befähigt. Der Nachweis der fachlichen Eignung kann jedoch auch durch andere Nachweise erbracht werden. Dabei weist die Regierungsbegründung zum Finanzmarktrichtlinie-Umsetzungsgesetz zutreffend darauf hin, dass bei der Überprüfung der fachlichen Eignung auf die spezifischen Anforderungen des jeweiligen börslichen Marktes abzustellen ist, sodass „zB bei der Teilnahme an rein elektronischen Handelssystemen an die erforderliche fachliche Eignung andere Maßstäbe anzulegen ….. (sind), als für den Handel an Präsenzbörsen."[15]

11   Der durch das Vierte Finanzmarktförderungsgesetz neu in § 19 Abs. 4 eingefügte Satz 2 ermöglicht den Börsen, in der Börsenordnung ein vereinfachtes Zulassungsverfahren für Unternehmen vorzusehen, die bereits an einer anderen inländischen Börse oder einem anderen organisierten Markt im europäischen Wirtschaftsraum zur Teilnahme am Handel zugelassen sind. Durch die Möglichkeit des Verzichts auf den Nachweis der Voraussetzungen der Nr. 1, 3 und 4 wird zum einen einen insbesondere ausländischen Handelsteilnehmern der Zugang zu den deutschen Börsen erleichtert, zum anderen das Prinzip der gegenseitigen Anerkennung innerhalb des europäischen Wirtschaftsraums praktiziert. Der Aufsichtsstandard wird durch diesen erleichterten Zugang zu den deutschen Börsen nicht herabgesetzt, da die Zulassungsvoraussetzungen an den ausländischen Börsen mit den Zulassungserfordernissen an den inländischen Börsen vergleichbar sein müssen.[16]

12   Der durch das 2. FiMaNoG neu eingefügte Abs. 3 setzt Art. 48 Abs. 7 MiFID II um und regelt die Voraussetzungen, unter denen ein direkter elektronischer Zugang zum Börsenhandel gewährt werden kann. Dieser setzt besondere Vorkehrungen voraus: Risikokontrollen, Schwellen für den Handel sowie besondere Kennzeichnung der Aufträge und Geschäfte. Außerdem muss die Börsenordnung die Möglichkeit vorsehen, dass ein direkter elektronischer Zugang bei Verstößen gegen die entsprechenden Vorschriften jederzeit ausgesetzt oder beendet werden kann.

13   **3. Zulassung von Börsenhändlern (Abs. 5).** Personen, die berechtigt sein sollen, für ein zugelassenes Unternehmen an der Börse bzw. im elektronischen Handelssystem zu handeln, **Börsenhändler nach der Legaldefinition in § 19 Abs. 1,** sind zuzulassen, wenn sie **zuverlässig** sind und die hierfür notwendige **berufliche Eignung** haben (§ 19 Abs. 5). Die **berufliche Eignung** ist nach § 19 Abs. 6 S. 2 dann anzunehmen, wenn die erforderlichen **fachlichen Kenntnisse** und **Erfahrungen** nachgewiesen werden, die zum Handel an der Börse befähigen. Dabei kann der Nachweis hierüber insbesondere durch die Ablegung einer **Prüfung vor der Prüfungskommission einer Börse** erbracht werden. Durch das Finanzmarktrichtlinie-Umsetzungsgesetz wurde die Möglichkeit geschaffen, in der Zulassungsordnung, welche die frühere Prüfungsordnung ersetzt, spezifischere, den speziellen Anforderungen des jeweiligen Marktes entsprechende Anforderungen an den Nachweis der fachlichen Kenntnisse aufzustellen (→ Rn. 2). Das Nähere über das Prüfungsverfahren regelt gem. § 19 Abs. 6 S. 4 die vom Börsenrat zu erlassende Zulassungsordnung, welche der Genehmigung durch die Börsenaufsichtsbehörde bedarf.[17]

III. Zulassungsverfahren

14   Die Regelung der Einzelheiten hinsichtlich der Art und Weise, wie die Zulassung beantragt und die Nachweise darüber, dass die Anforderungen nach § 19 Abs. 4 und Abs. 6 vorliegen, erbracht werden, dh die Einzelheiten des **Zulassungsverfahrens** betreffen und anders als die **materiellen Zulassungsvoraussetzungen** nicht im Gesetz selbst geregelt. § 19 Abs. 7 verweist insoweit auf die **Börsenordnung**[18] und damit die Regelungskompetenz der **Börsenselbstverwaltung.** Dabei darf die Börsenordnung jedoch tatsächlich nur das Zulassungsverfahren regeln und **keine zusätzlichen Zulassungsschranken**

---

[14] *Ledermann* in Schäfer/Hamann § 7 Rn. 13 f.; Schwark/Zimmer/*Beck* Rn. 21.

[15] Regierungsbegründung zum Finanzmarktrichtlinie-Umsetzungsgesetz, BT-Drs. 16/4028, 84.

[16] Vgl. im Einzelnen RegBegr. zum Entwurf eines Gesetzes zur weiteren Fortentwicklung des Finanzplatzes Deutschland (Viertes Finanzmarktförderungsgesetz), BT-Drs. 14/8017, 72 (75).

[17] *Foelsch*/*Wittmann* in Hellner/Steuer BuB Rn. 7/585; vgl. auch Zulassungsordnung für Börsenhändler an der FWB, auch abrufbar über die Internet-Seite der Deutsche Börse AG.

[18] Vgl. §§ 12 ff. BörsenO für die FWB, auch abrufbar über die Internet-Seite der Deutsche Börse AG.

aufstellen, da **§ 19 abschließend** ist.[19] Auch durch Ausgestaltung des Zulassungsverfahrens selbst darf keine – mittelbar zusätzliche – Zulassungsschranke aufgestellt werden.[20]

IV. Rücknahme, Widerruf und Ruhen der Zulassung (Abs. 8 und 9, § 20 Abs. 2 und 4)

Neben den in § 19 Abs. 8 geregelten Möglichkeiten, ein **Ruhen,** die **Rücknahme** oder den **15 Widerruf der Zulassung** anzuordnen, kann die Zulassung auch durch – **freiwilligen** – **Verzicht des Zugelassenen** beendet werden. Dieser Verzicht ist schriftlich gegenüber der Börsengeschäftsführung zu erklären.

Gegenüber Rücknahme oder Widerruf ist die in § 19 Abs. 8, § 20 Abs. 2 geregelte Möglichkeit, **16** das **Ruhen** der Zulassung anzuordnen, das **mildere Mittel.** Wegen des auch hier anwendbaren **Grundsatzes der Verhältnismäßigkeit** ist deshalb vor einer Rücknahme bzw. einem Widerruf der Zulassung zunächst zu prüfen, ob die Missstände nicht auch während des Ruhens der Zulassung beseitigt werden können. Die Anordnung des Ruhens der Zulassung nach § 19 Abs. 8 und damit wohl auch nach § 20 Abs. 2 ist nicht kraft Gesetzes sofort vollziehbar.

Abs. 7 enthielt früher einen Hinweis auf die Geltung der allgemeinen Vorschriften über die **Rück- 17 nahme** und den **Widerruf** von **Verwaltungsakten** auch im Hinblick auf die Zulassung. Obwohl Abs. 7 durch das Begleitgesetz[21] aufgehoben wurde, ist damit die Möglichkeit der Rücknahme und des Widerrufs der Zulassung auf der Grundlage der §§ 48, 49 VwVerfG bei Nicht-Vorliegen oder Wegfall der Zulassungsvoraussetzungen nicht berührt worden.[22]

Zuständig für Rücknahme oder Widerruf ist die **Börsengeschäftsführung.** Da es sich bei der **18** Zulassung um einen **begünstigenden Verwaltungsakt** handelt, sind die für begünstigende Verwaltungsakte geltenden Einschränkungen der Rücknahme bzw. des Widerrufs in §§ 48, 49 VwVerfG sowie (→ Rn. 16) der **Grundsatz der Verhältnismäßigkeit** zu beachten. Eine Rücknahme ist nur möglich, wenn die Zulassung von Anfang an rechtswidrig war. Dabei sind die Beschränkungen in § 48 Abs. 3 und 4 VwVerfG zu beachten. Ein Widerruf der Zulassung ist nur unter den einschränkenden Voraussetzungen des § 49 Abs. 2 VwVerfG zulässig; in Betracht kommt hier insbesondere § 49 Abs. 2 Nr. 3 VwVerfG, wenn die ursprünglich gegebenen Zulassungsvoraussetzungen nachträglich weggefallen sind.

V. Rechtsschutz

Nach § 19 Abs. 4 besteht bei Vorliegen der Voraussetzungen ein **Rechtsanspruch auf Zulas- 19 sung.**[23] Wird die Zulassung verweigert, steht damit ebenso wie bei Rücknahme, Widerruf oder Anordnung des Ruhens der Zulassung der **Verwaltungsrechtsweg** nach §§ 40, 42 VwGO offen. Zunächst ist dabei jedoch das **Widerspruchsverfahren** nach §§ 68 ff. VwGO durchzuführen: Widerspruch bei der Börsengeschäftsführung, Entscheidung über den Widerspruch durch die Börsengeschäftsführung selbst (§ 73 Abs. 1 Nr. 3 VwGO). Die Anfechtungs- oder Verpflichtungsklage richtet sich dann gegen die Börse (§ 2 Abs. 11).

§ 19a Verantwortung des Handelsteilnehmers für Aufträge von mittelbaren Handelsteilnehmern

Der Handelsteilnehmer ist bei Aufträgen von mittelbaren Handelsteilnehmern im Sinne des § 2 Absatz 8 Satz 2, denen er Zugang zur Börse gewährt, für die Einhaltung der börsenrechtlichen Vorschriften verantwortlich.

Der durch das 2. FiMaNoG neu eingefügte § 19a versucht, mittelbare Handelsteilnehmer den **1** börsenrechtlichen Vorschriften zu unterwerfen. Die börsenrechtlichen Vorschriften gelten jedoch nur für Handelsteilnehmer. Sie unmittelbar auf mittelbare Handelsteilnehmer auszudehnen, würde die Regelungskompetenz überschreiten. Andererseits haben mittelbare Handelsteilnehmer wie Order Routing-Nutzer oder Nutzer eines direkten elektronischen Zugangs faktisch nahezu die gleichen Möglichkeiten, am Börsenhandel teilzunehmen wie zugelassene Handelsteilnehmer. Um deshalb die mittelbaren Handelsteilnehmer einzubinden, postuliert § 19a die Verantwortung des Handelsteilneh-

---

[19] *Ledermann* in Schäfer/Hamann § 16 Rn. 6; Schwark/Zimmer/*Beck* Rn. 42.

[20] *Ledermann* in Schäfer/Hamann § 16 Rn. 28 mwN.

[21] Begleitgesetz zum Gesetz zur Umsetzung von EG-Richtlinien zur Harmonisierung bank- und wertpapieraufsichtsrechtlicher Vorschriften, BGBl. 1997 I 2567.

[22] So ausdr. die RegBegr. zum Begleitgesetz, BT-Drs. 13/7143, 16 (23); wie hier auch Schwark/Zimmer/*Beck* Rn. 56.

[23] Schwark/Zimmer/*Beck* Rn. 57; *Ledermann* in Schäfer/Hamann § 16 Rn. 5; *Walter* WM 1986, 1489.

mers für die Einhaltung der börsenrechtlichen Vorschriften durch mittelbare Handelsteilnehmer, denen der unmittelbare Handelsteilnehmer Zugang zur Börse gewährt.

§ 20 Sicherheitsleistungen

(1) [1]Die Börsenordnung kann bestimmen, dass die zur Teilnahme am Börsenhandel zugelassenen Unternehmen und die Skontroführer ausreichende Sicherheit zu leisten haben, um die Verpflichtungen aus Geschäften, die an der Börse sowie in einem an der Börse zugelassenen elektronischen Handelssystem abgeschlossen werden, jederzeit erfüllen zu können. [2]Die Höhe der Sicherheitsleistung muss in angemessenem Verhältnis zu den mit den abgeschlossenen Geschäften verbundenen Risiken stehen. [3]Das Nähere über die Art und Weise der Sicherheitsleistung bestimmt die Börsenordnung.

(2) [1]Wird die nach der Börsenordnung erforderliche Sicherheitsleistung nicht erbracht oder entfällt sie nachträglich, kann die Börsenordnung vorsehen, dass das Ruhen der Zulassung längstens für die Dauer von sechs Monaten angeordnet werden kann. [2]Die Börsenordnung kann vorsehen, dass zur Teilnahme am Börsenhandel zugelassene Unternehmen auf die Tätigkeit als Vermittler beschränkt werden können, wenn die geleistete Sicherheit nicht mehr den in der Börsenordnung festgelegten Erfordernissen entspricht. [3]Die Börsenordnung kann auch bestimmen, dass das Recht eines Börsenhändlers zum Abschluss von Börsengeschäften für die Dauer des Ruhens der Zulassung des Unternehmens ruht, für das er Geschäfte an der Börse abschließt.

(3) Die Börsenordnung kann Regelungen zur Begrenzung und Überwachung der Börsenverbindlichkeiten von zur Teilnahme am Börsenhandel zugelassenen Unternehmen und Skontroführern vorsehen.

(4) [1]Die Handelsüberwachungsstelle hat die nach Absatz 1 zu leistenden Sicherheiten und die Einhaltung der Regelungen nach Absatz 3 zu überwachen. [2]Ihr stehen die Befugnisse der Börsenaufsichtsbehörde nach § 3 Abs. 4 zu. [3]Sie kann insbesondere von der jeweiligen Abrechnungsstelle die Liste der offenen Aufgabegeschäfte und die Mitteilung negativer Kursdifferenzen verlangen. [4]Stellt die Handelsüberwachungsstelle fest, dass der Sicherheitsrahmen überschritten ist, hat die Geschäftsführung Anordnungen zu treffen, die geeignet sind, die Erfüllung der Verpflichtungen aus den börslichen Geschäften nach Absatz 1 sicherzustellen. [5]Sie kann insbesondere anordnen, dass das zur Teilnahme am Börsenhandel zugelassene Unternehmen und der Skontroführer unverzüglich weitere Sicherheiten zu leisten und offene Geschäfte zu erfüllen haben oder diese mit sofortiger Wirkung ganz oder teilweise vom Börsenhandel vorläufig ausschließen. [6]Die Geschäftsführung hat die Börsenaufsichtsbehörde über die Überschreitung des Sicherheitsrahmens und die getroffenen Anordnungen unverzüglich zu unterrichten.

(5) Widerspruch und Anfechtungsklage gegen Maßnahmen nach Absatz 4 haben keine aufschiebende Wirkung.

1   § 20 entspricht § 19 idF vor dem Finanzmarktrichtlinie-Umsetzungsgesetz. Das Gesetz zur Umsetzung von EG-Richtlinien zur Harmonisierung bank- und wertpapierrechtlicher Vorschriften (**6. KWG Novelle**),[1] mit dem die **Kapitaladäquanz-RL**[2] und **Wertpapierdienstleistungs-RL**[3] in deutsches Recht umgesetzt wurden, führt unter anderem dazu, dass nicht mehr nur Kreditinstitute, sondern auch andere Wertpapierfirmen ihr Positions-, Abwicklungs-, Liefer- und Fremdwährungsrisiko sowie ihre Großrisiken mit **Eigenkapital unterlegen** müssen. Deshalb wurde durch das **Begleitgesetz**[4] die in § 7 Abs. 4 Nr. 3 und Abs. 4a aF allein für Nichtkreditinstitute angeordnete **Sicherheitsleistung** als Voraussetzung für die Zulassung zum Börsenhandel als wettbewerbsverzerrend **gestrichen**. Da die Eigenkapitalunterlegungspflicht jedoch nicht die speziell im Börsengeschäft auftretenden besonderen Risiken abdeckt, wurde in § 20 Abs. 1 die Möglichkeit eröffnet, in der Börsenordnung eine Sicherheitsleistung speziell für diese Risiken anzuordnen.[5]

2   Die Verpflichtung zur Leistung von **Sicherheiten** kann nach § 20 Abs. 1 S. 1 nur insoweit begründet werden, als sie dazu dienen sollen, die **Verpflichtungen aus Geschäften an der Börse** bzw. einem an der Börse zugelassenen **elektronischen Handel** jederzeit erfüllen zu können. Zu solchen Verpflichtungen zählen neben den **Ansprüchen auf Erfüllung**, den **Risiken aus Aufgabegeschäften, Zwangsregulierungen, Verzug** und **Schadenersatz** auch die auf **Courtage**.[6]

---

[1] BGBl. 1997 I 2518.

[2] Richtlinie des Rates vom 15. März 1993 über die angemessene Eigenkapitalausstattung von Wertpapierfirmen und Kreditinstituten, RL 93/6/EWG ABl. 1993 L 141, 1.

[3] Richtlinie über Wertpapierdienstleistungen vom 12. Mai 1993, RL 93/22/EWG, ABl. 1933 L 141, 27.

[4] Begleitgesetz zum Gesetz zur Umsetzung von EG-Richtlinien zur Harmonisierung bank- und wertpapieraufsichtsrechtlicher Vorschriften, BGBl. 1997 I 2567.

[5] BörsenO der FWB, auch abrufbar über die Internet-Seite der Deutsche Börse AG.

[6] Ausf. Schwark/Zimmer/*Beck* Rn. 5; *Marxsen* in Schäfer/Hamann § 19a Rn. 7 f.

Die **Art der Sicherheitsleistung** ist nach § 20 Abs. 1 S. 2 ebenfalls in der Börsenordnung zu **3** regeln. Sie muss **jederzeit verfügbar** und **ohne Probleme bewertbar** sein, sodass Bareinlagen, Garantien oder Kautionsversicherungen in Betracht kommen, nicht dagegen, wegen der Akzessorietät, Bürgschaften oder Pfandrechte.[7]

Die Folgen bei nicht ordnungsgemäß erbrachter oder nachträglich weggefallener Sicherheit können **4** ebenfalls in der Börsenordnung geregelt werden und reichen von der Anordnung des **Ruhens der Zulassung** über die **Beschränkung auf die Vermittlungstätigkeit** (§ 20 Abs. 2) bis hin zur **Begrenzung der Börsenverbindlichkeiten** (§ 20 Abs. 3).

Die **Überwachung der Einhaltung** der Sicherheitsleistung erfolgt durch die **Handelsüber- 5 wachungsstelle** (§ 20 Abs. 4 S. 1), der hierfür sämtliche in § 3 Abs. 4 genannten Befugnisse übertragen werden (§ 20 Abs. 4 S. 2). Entsprechend § 3 Abs. 9 ist in § 20 Abs. 5 geregelt, dass **Widerspruch** und **Anfechtungsklage** gegen sämtliche Maßnahmen nach Abs. 4 **keine aufschiebende Wirkung** haben, diese somit qua Gesetzes sofort vollziehbar sind.

§ 21 Externe Abwicklungssysteme

(1) **Wegen der Anbindung von externen Abwicklungssystemen an die Systeme der Börse für den Börsenhandel und die Börsengeschäftsabwicklung wird auf Artikel 35 der Verordnung (EU) Nr. 600/2014 verwiesen.**

(2) **Sind nach Absatz 1 mehrere alternative Abwicklungssysteme verfügbar, ist es den Handelsteilnehmern freizustellen, welches der Systeme sie zur Erfüllung der Börsengeschäfte nutzen.**

(3) **Der Börsenträger hat die Börsenaufsichtsbehörde über das Stellen von Anträgen auf Zugang nach Artikel 7 der Verordnung (EU) Nr. 648/2012 sowie den Eingang eines Antrags auf Zugang nach Artikel 8 der Verordnung (EU) Nr. 648/2012 unverzüglich schriftlich zu unterrichten.**

§ 21 wurde durch das 2. FiMaNoG geändert und verweist im Wesentlichen auf Art. 35 VO (EU) **1** Nr. 600/2014.

§ 21 Abs. 2 bestimmt in Umsetzung von Art. 34 Abs. 2 S. 1 MiFID die Wahlmöglichkeit für die **2** Handelsteilnehmer, dh diesen muss bei alternativ an die Börse angebundenen externen Abwicklungssystemen frei gestellt sein, welches System sie für die Abwicklung ihrer Börsengeschäfte benutzen möchten.[1]

§ 22 Sanktionsausschuss

(1) [1]**Die Landesregierung wird ermächtigt, durch Rechtsverordnung Vorschriften über die Errichtung eines Sanktionsausschusses, seine Zusammensetzung, sein Verfahren einschließlich der Beweisaufnahme und der Kosten sowie die Mitwirkung der Börsenaufsichtsbehörde zu erlassen.** [2]**Die Vorschriften können vorsehen, dass der Sanktionsausschuss Zeugen und Sachverständige, die freiwillig vor ihm erscheinen, ohne Beeidigung vernehmen und das Amtsgericht um die Durchführung einer Beweisaufnahme, die er nicht vornehmen kann, ersuchen darf.** [3]**Die Landesregierung kann die Ermächtigung nach Satz 1 durch Rechtsverordnung auf die Börsenaufsichtsbehörde übertragen.**

(2) [1]**Der Sanktionsausschuss kann einen Handelsteilnehmer mit Verweis, mit Ordnungsgeld bis zu einer Million Euro oder mit vollständigem oder teilweisem Ausschluss von der Börse bis zu 30 Handelstagen belegen, wenn der Handelsteilnehmer oder eine für ihn tätige Person vorsätzlich oder fahrlässig gegen börsenrechtliche Vorschriften verstößt, die eine ordnungsgemäße Durchführung des Börsenhandels oder der Börsengeschäftsabwicklung sicherstellen sollen.** [2]**Mit einem Verweis oder mit Ordnungsgeld bis zu einer Million Euro kann der Sanktionsausschuss auch einen Emittenten belegen, wenn dieser oder eine für ihn tätige Person vorsätzlich oder fahrlässig gegen seine oder ihre Pflichten aus der Zulassung verstößt.** [3]**Der Sanktionsausschuss nimmt die ihm nach diesem Gesetz zugewiesenen Aufgaben und Befugnisse nur im öffentlichen Interesse wahr.**

(3) [1]**In Streitigkeiten wegen der Entscheidungen des Sanktionsausschusses nach Absatz 2 ist der Verwaltungsrechtsweg gegeben.** [2]**Vor Erhebung einer Klage bedarf es keiner Nachprüfung in einem Vorverfahren.**

(4) [1]**Haben sich in einem Verfahren vor dem Sanktionsausschuss Tatsachen ergeben, welche die Rücknahme oder den Widerruf der Zulassung eines Handelsteilnehmers oder**

---

[7] RegBegr. zum Zweiten Finanzmarktförderungsgesetz, BT-Drs. 12/6679, 33 (66); Schwark/Zimmer/*Beck* Rn. 9.

[1] RegBegr. zum Finanzmarktrichtlinie-Umsetzungsgesetz, BT-Drs. 16/4028, 85.

eines Skontroführers rechtfertigen, so ist das Verfahren an die Geschäftsführung abzugeben. [2] Sie ist berechtigt, in jeder Lage des Verfahrens von dem Sanktionsausschuss Berichte zu verlangen und das Verfahren an sich zu ziehen. [3] Hat die Geschäftsführung das Verfahren übernommen und erweist sich, dass die Zulassung nicht zurückzunehmen oder zu widerrufen ist, so verweist sie das Verfahren an den Sanktionsausschuss zurück.

1   Der Personenkreis, welcher den Sanktionsbefugnissen des Sanktionsausschusses unterliegt, wurde durch verschiedene Gesetzesänderungen erweitert und umfasst jetzt sämtliche Handelsteilnehmer sowie in § 22 Abs. 2 S. 2 auch Emittenten.

2   § 22 Abs. 2 wurde durch das 2. FiMaNoG neu gefasst. Dabei wurden die Befugnisse und Sanktionsmöglichkeiten des Sanktionsausschusses erweitert und an die Bußgeldtatbestände angeglichen. Die in § 22 Abs. 2 S. 1 vorgesehene Möglichkeit eines teilweisen Ausschlusses von der Börse bis zu 30 Handelstagen dient dazu, bei den Sanktionsmöglichkeiten eine höhere Flexibilität einzuräumen, und stellt das mildere Mittel gegenüber dem vollständigen Ausschluss von der Börse dar. Die maximale Höhe der möglichen Ordnungsgelder wurde nochmals[1] angehoben. Laut Regierungsbegründung zum 2. FiMaNoG berücksichtigt diese Erhöhung zum einen die ebenfalls deutlich ausgeweiteten Bußgeldhöhen und soll zum anderen eine Verschärfung der Sanktionsmöglichkeiten des Sanktionsausschusses bewirken und damit zu einer Verbesserung der Durchsetzung der Börsenregeln beitragen.[2]

3   Nach § 22 Abs. 1 kann die Landesregierung durch **Rechtsverordnung** Vorschriften über die **Errichtung** eines Sanktionsausschusses, seine **Zusammensetzung,** sein **Verfahren** einschließlich der Beweisaufnahme und der Kosten sowie die Mitwirkung der Börsenaufsichtsbehörde erlassen. Hiervon haben die betreffenden Bundesländer Gebrauch gemacht.[3]

4   Der Sanktionsausschuss ist ein **Organ der Börse.**[4] Seine Entscheidungen (Verwaltungsakte)[5] können, wie § 22 Abs. 3 klarstellt, im **verwaltungsgerichtlichen Verfahren** überprüft werden, wobei es **keines** vorgeschalteten **Widerspruchsverfahrens** bedarf. Auch für den Sanktionsausschuss hat der Gesetzgeber im Vierten Finanzmarktförderungsgesetz die ausdrückliche Bestimmung aufgenommen, dass er seine ihm nach dem BörsG zugewiesenen Aufgaben und Befugnisse nur im **öffentlichen Interesse** wahrnimmt (§ 22 Abs. 2 S. 3). Auch hier ging es wieder um den Ausschluss möglicher **Amtshaftungsansprüche;** auch hier ist die Bestimmung nicht unproblematisch; auch hier kann sie Amtshaftungsansprüche unmittelbar Betroffener nicht ausschließen.[6]

§ 22a Synchronisierung von im Geschäftsverkehr verwendeten Uhren

[1] **Börse und Handelsteilnehmer müssen die von ihnen im Geschäftsverkehr verwendeten Uhren synchronisieren.** [2] **Zum Verfahren wird auf die Delegierte Verordnung (EU) 2017/574 der Kommission vom 7. Juni 2016 zur Ergänzung der Richtlinie 2014/65/EU des Europäischen Parlaments und des Rates durch technische Regulierungsstandards für den Grad an Genauigkeit von im Geschäftsverkehr verwendeten Uhren (ABl. L 87 vom 31.3.2017, S. 148), in der jeweils geltenden Fassung, verwiesen.**

1   § 22a wurde durch das 2. FiMaNoG eingefügt und setzt Art. 50 MiFID II um. Weitere Regelungen enthält die Delegierte Verordnung VO (EU) 2017/574, auf die § 22a verweist. Die Regierungsbegründung zum 2. FiMaNoG enthält eine ausführliche Darstellung der technischen Umsetzung zur Synchronisierung von im Geschäftsverkehr verwendeten Uhren: Finanzunternehmen müssen Empfangsreinrichtungen für Zeitsignale betreiben, zB DCF77 oder GPS oder Galileo; Synchronisierung erfolgt innerhalb des lokalen Netzwerks mit Precise Timing Protocol; jährliche Überprüfung durch akkreditiertes Labor ist erforderlich.[1*]

§ 22b Verarbeitung personenbezogener Daten

(1) [1] **Die Börsenaufsichtsbehörde, der Börsenrat, die Geschäftsführung, die Handelsüberwachungsstelle und der Sanktionsausschuss sind befugt, personenbezogene Daten zu verarbeiten, soweit dies zur Erfüllung ihrer gesetzlichen Aufgaben erforderlich ist.** [2] **Verarbeiten die in Satz 1 genannten Stellen personenbezogene Daten im Zuge einer Maßnahme zur**

---

[1] Bereits das Vierte Finanzmarktförderungsgesetz hatte das mögliche Ordnungsgeld verzehnfacht, vgl. zur Entwicklung nur *Groß* Rn. 1.

[2] Regierungsbegründung zum 2. FiMaNoG, BT-Drs. 18/10936, 270.

[3] Vgl. Verordnung über die Errichtung, die Zusammensetzung und das Verfahren der Sanktionsausschüsse an den Börsen – Sanktionsausschussverordnung, auch abrufbar über die Internet-Seite der Deutsche Börse AG.

[4] *Marxsen* in Schäfer/Hamann § 9 Rn. 4; Schwark/*Zimmer*/*Beck* Rn. 2.

[5] VG Frankfurt a. M. Urt. v. 19.6.2008 – 1 E 2583/07, ZIP 2009, 18.

[6] Vgl. zur Gesamtproblematik → § 3 Rn. 25, → § 7 Rn. 10 f.

[1*] Regierungsbegründung 2. FiMaNoG BT-Drs. 18/10936, 271.

Durchführung ihrer Aufgaben nach diesem Gesetz, stehen den betroffenen Personen die Rechte aus den Artikeln 15 bis 18 und 20 bis 22 der Verordnung (EU) 2016/679 des Europäischen Parlaments und des Rates vom 27. April 2016 zum Schutz natürlicher Personen bei der Verarbeitung personenbezogener Daten, zum freien Datenverkehr und zur Aufhebung der Richtlinie 95/46/EG (Datenschutz-Grundverordnung) (ABl. L 119 vom 4.5.2016, S. 1; L 314 vom 22.11.2016, S. 72; L 127 vom 23.5.2018, S. 2) in der jeweils geltenden Fassung nicht zu, soweit die Erfüllung der Rechte der betroffenen Personen Folgendes gefährden würde:

1. die Stabilität und Integrität der Finanzmärkte der Bundesrepublik Deutschland oder eines oder mehrerer Mitgliedstaaten des Europäischen Wirtschaftsraums,
2. den Zweck der Maßnahme,
3. ein sonstiges wichtiges Ziel des allgemeinen öffentlichen Interesses der Bundesrepublik Deutschland oder eines oder mehrerer Mitgliedstaaten des Europäischen Wirtschaftsraums, insbesondere ein wichtiges wirtschaftliches oder finanzielles Interesse, oder
4. die Verhütung, Ermittlung, Aufdeckung oder Verfolgung von Straftaten oder die Strafvollstreckung, einschließlich des Schutzes vor und der Abwehr von Gefahren für die öffentliche Sicherheit.

³Unter diesen Voraussetzungen sind die Börsenaufsichtsbehörde, der Börsenrat, die Geschäftsführung, die Handelsüberwachungsstelle und der Sanktionsausschuss auch von den Pflichten nach den Artikeln 5, 12 bis 14, 19 und 34 der Verordnung (EU) 2016/679 befreit.

(2) Die jeweils betroffene Person ist über das Ende der Beschränkung in geeigneter Form zu unterrichten, sofern dies nicht dem Zweck der Beschränkung abträglich ist.

(3) ¹Soweit der betroffenen Person in den Fällen des Absatzes 1 keine Auskunft erteilt wird, ist die Auskunft auf Verlangen der betroffenen Person der nach Landesrecht für den Datenschutz zuständigen Aufsichtsbehörde zu erteilen, soweit nicht im Einzelfall festgestellt wird, dass dadurch die öffentliche Sicherheit des Bundes oder eines Landes oder die Stabilität und Integrität der Finanzmärkte gefährdet würde. ²Die Mitteilung der nach Landesrecht für den Datenschutz zuständigen Aufsichtsbehörde an die betroffene Person über das Ergebnis der datenschutzrechtlichen Prüfung darf keine Rückschlüsse auf den Erkenntnisstand der genannten Stellen zulassen, sofern diese nicht einer weitergehenden Auskunft zustimmen.

(4) Soweit Personen oder Unternehmen personenbezogene Daten zur Erfüllung der Aufgaben nach Absatz 1 an die Börsenaufsichtsbehörde, den Börsenrat, die Geschäftsführung, die Handelsüberwachungsstelle oder den Sanktionsausschuss übermitteln oder diese von dort erhoben werden, bestehen die Pflicht zur Information der betroffenen Person nach Artikel 13 Absatz 3 und Artikel 14 Absatz 4 der Verordnung (EU) 2016/679 und das Recht auf Auskunft der betroffenen Person nach Artikel 15 der Verordnung (EU) 2016/679 nicht.

§ 22b wurde durch Art. 61 des Zweiten Gesetzes zur Anpassung des Datenschutzrechts an die Verordnung (EU) 2016/679 und zur Umsetzung der Richtlinie (EU) 2016/680 (Zweites Datenschutz-Anpassungs- und Umsetzungsgesetz EU – 2. DSAnpUG-EU)¹ neu eingefügt. Die Regierungsbegründung zum 2. DSAnpUG-EU² enthält eine ausführliche Begründung der einzelnen Regelungen, auf die im Wesentlichen nachfolgend Bezug genommen wird. **1**

Abs. 1 beschränkt die Auskunfts- und Informationspflichten gem. Art. 12–22 DS-GVO, die Vorgaben zur Datenverarbeitung gem. Art. 5 DS-GVO sowie die Pflichten zur Benachrichtigung betroffener Personen gem. Art. 34 DS-GVO bei Maßnahmen der Börsenaufsichtsbehörde, des Börsenrates, der Geschäftsführung, der Handelsüberwachungsstelle und des Sanktionsausschusses im Rahmen der Wahrnehmung ihrer gesetzlich zugewiesenen Aufgaben. **2**

Dabei stellt zunächst Abs. 1 S. 1 die grundsätzliche Befugnis der Börsenaufsichtsbehörde, des Börsenrates, der Geschäftsführung, der Handelsüberwachungsstelle und des Sanktionsausschusses zur Verarbeitung personenbezogener Daten klar, begrenzt dies aber insoweit, als diese Verarbeitung zur Erfüllung ihrer Aufgaben nach dem BörsG erforderlich sein muss. **3**

Nach dem BörsG ist es Aufgabe der Börsenaufsichtsbehörde, des Börsenrates, der Geschäftsführung, der Handelsüberwachungsstelle oder des Sanktionsausschusses, die ordnungsgemäße Durchführung des Börsenhandels sowie die ordnungsgemäße Börsengeschäftsabwicklung zu gewährleisten. Um diese Aufgabe zu erfüllen, sind die Börsenaufsichtsbehörde und die vorgenannten Börsenorgane befugt, Maßnahmen zu ergreifen, um Verstöße gegen börsenrechtliche Vorschriften und Anordnungen zu verhindern oder Missstände zu beseitigen. Soweit der Zweck der hierfür ergriffenen Maßnahmen gefährdet ist, wenn Vorgaben bezüglich der Verarbeitung von Daten sowie Informations- und Auskunftspflichten gegenüber den betroffenen Personen eingehalten werden, sollen nach der Regierungsbegründung entsprechende Einschränkungen hinsichtlich der Datenerfassung und -verarbeitung sowie der Informations- und Auskunftspflichten erforderlich sein. Gleiches gelte, wenn Maßnahmen nach **4**

---

¹ BGBl. 2019 I 1626.
² BT-Drs. 19/4674, 284 f.

Maßgabe des BörsG dem Schutz der Stabilität und Integrität der Finanzmärkte dienen. Gerade in Krisenfällen sind nach Ansicht der Regierungsbegründung entsprechende Maßnahmen regelmäßig zeitkritisch, und ihre Vorbereitung erfordert eine hohe Sensibilität. Bei frühzeitiger Kenntnis der Finanzmärkte von geplanten Maßnahmen gegenüber einem oder mehreren Unternehmen könnten sich in bestimmten Fällen erhebliche Gefahren für den Erfolg der Maßnahme oder andere wichtige allgemeine öffentliche Interessen ergeben. Darüber hinaus könnten aufgrund der Vernetzung der Unternehmen Ansteckungsgefahren drohen. Deshalb sollen solche Maßnahmen zunächst nicht öffentlich bekannt werden, insbesondere in ihrer Vorbereitungsphase. Einschränkungen hinsichtlich der Datenerfassung und -verarbeitung sowie der Informations- und Auskunftspflichten können nach der Regierungsbegründung auch dann erforderlich werden, wenn es um Maßnahmen im Zusammenhang mit der Verhütung, Ermittlung, Aufdeckung oder Verfolgung von Straftaten oder der Strafvollstreckung, einschließlich des Schutzes vor und der Abwehr von Gefahren für die öffentliche Sicherheit, geht. In bestimmten Fällen strafrechtlich relevanten Marktmissbrauchs etwa könnten neben der Tätigkeit der Strafverfolgungsbörden auch Maßnahmen der Börsenaufsichtsbehörde, des Börsenrates, der Geschäftsführung, der Handelsüberwachungsstelle oder des Sanktionsausschusses in Betracht kommen.

5   Um all diesen Gefahren zu begegnen, macht Abs. 1 S. 2 von der Möglichkeit des Art. 23 Abs. 1 DS-GVO Gebrauch. Danach können durch nationales Recht die Rechte von betroffenen Personen aus den Art. 15–18 DS-GVO sowie den Art. 20–22 DS-GVO beschränkt werden, sofern dies aufgrund der Sicherstellung der öffentlichen Sicherheit bzw. zum Schutze sonstiger wichtiger Ziele des allgemeinen öffentlichen Interesses der Europäischen Union oder eines Mitgliedstaats, insbesondere eines wichtigen wirtschaftlichen oder finanziellen Interesses, notwendig und verhältnismäßig erscheint. Die Beschränkung dient im Hinblick auf Nr. 1–4 der Gewährleistung der Funktionsfähigkeit und Aufgabenerledigung der Börsenaufsichtsbehörde, des Börsenrates, der Geschäftsführung, der Handelsüberwachungsstelle und des Sanktionsausschusses nach Maßgabe des BörsG.

6   Abs. 1 S. 3 macht im Anschluss an S. 2 gleichfalls von der Möglichkeit des Art. 23 Abs. 1 DS-GVO Gebrauch. Die Vorschrift begrenzt dementsprechend die Informations- und Mitteilungspflichten. Dabei sollen die Ausschlüsse, die bereits Art. 2 DS-GVO formuliert, unberührt bleiben, sprich neben den speziellen Einschränkungen ebenso weiter gelten wie weitergehende Einschränkungen der Betroffenenrechte im BDSG.

7   Abs. 2 sichert die spätere Unterrichtung der von der jeweiligen Beschränkung betroffenen Person. Sie soll gemäß den Mindestvorgaben der DS-GVO von der Beendigung der Beschränkung unterrichtet werden, wenn sich die Maßnahme in jeder Hinsicht erledigt hat und der Zweck der Beschränkung einer Unterrichtung nicht mehr entgegensteht.

8   Abs. 3 entspricht der Regelung des § 34 Abs. 3 BDSG und soll dem Schutz der öffentlichen Sicherheit (Art. 23 Abs. 1 lit. c DS-GVO) und der Verhütung, Ermittlung, Aufdeckung oder Verfolgung von Straftaten (Art. 23 Abs. 1 lit. d Verordnung DS-GVO) dienen. Die Regelung sieht auf Verlangen eine Auskunft gegenüber der nach Landesrecht für den Datenschutz zuständigen Aufsichtsbehörde vor, es sei denn selbst eine solche Auskunft gefährdete die Ziele der entsprechenden Maßnahme.

9   Abs. 4 soll den Zweck der Beschränkungen nach Abs. 1 sichern indem er ein einheitliches Vorgehen im Zusammenhang mit den Maßnahmen nach Abs. 1 anordnet. Bei den Unternehmen, die in diesen Fällen die entsprechenden personenbezogenen Daten übermitteln, würden nach Ansicht der Regierungsbegründung andernfalls Informations- und Auskunftspflichten entstehen. Dies würde ebenfalls eine Bedrohung für die Schutzgüter des Abs. 1 darstellen und den Zweck der Beschränkung des Abs. 1 gefährden.

Abschnitt 2. Börsenhandel und Börsenpreisfeststellung

§ 23 Zulassung von Wirtschaftsgütern und Rechten

(1) [1]**Wirtschaftsgüter und Rechte, die an der Börse gehandelt werden sollen und nicht zum Handel im regulierten Markt zugelassen oder in den regulierten Markt oder in den Freiverkehr einbezogen sind, bedürfen der Zulassung zum Handel durch die Geschäftsführung.** [2]**Vor der Zulassung zum Handel hat der Börsenrat Geschäftsbedingungen für den Handel an der Börse zu erlassen.** [3]**Das Nähere regeln die Artikel 36 und 37 der Verordnung (EG) Nr. 1287/2006 der Kommission vom 10. August 2006 zur Durchführung der Richtlinie 2004/39/EG des Europäischen Parlaments und des Rates betreffend die Aufzeichnungspflichten für Wertpapierfirmen, die Meldung von Geschäften, die Markttransparenz, die Zulassung von Finanzinstrumenten zum Handel und bestimmte Begriffe im Sinne dieser Richtlinie (ABl. EU Nr. L 241 S. 1) und die Börsenordnung.**

(2) [1]**Unbeschadet des Absatzes 1 hat die Geschäftsführung vor der Zulassung von Derivaten zum Handel die Kontraktspezifikationen festzusetzen.** [2]**Diese müssen so ausgestaltet**

sein, dass ein ordnungsgemäßer Börsenhandel und eine wirksame Börsengeschäftsabwicklung möglich sind. ³Absatz 1 Satz 3 gilt entsprechend.

§ 23 Abs. 1 S. 1 und 2 entsprechen im Wesentlichen § 21 S. 1 und 2 idF vor dem Finanzmarkt-   **1**
richtlinie-Umsetzungsgesetz. § 23 Abs. 1 S. 3 verweist auf die Durchführungsverordnung zur Finanzmarktrichtlinie, die als Verordnung unmittelbar im deutschen Recht gilt und damit die der Börsenordnung übertragene Regelungskompetenz begrenzt. § 23 Abs. 2 wurde neu durch das Finanzmarktrichtlinie-Umsetzungsgesetz eingefügt, setzt Art. 40 Abs. 2 MiFID (Artikel 51 Abs. 2 MiFID II) um
und stellt klar, dass vor der Zulassung von Derivaten die Geschäftsführung ausreichende Kontraktspezifikationen festlegen muss, um einen ordnungsgemäßen Börsenhandel und eine wirksame Börsengeschäftsabwicklung zu ermöglichen. Außerdem gelten auch hier die Bestimmungen der Durchführungsverordnung zur Finanzmarktrichtlinie.

§ 23 und die dort für einen **Handel an der Börse** jenseits des regulierten Marktes und des   **2**
Freiverkehrs geregelte **Zulassung** bildet eine Parallelvorschrift zu §§ 32 ff. und 48, welche die Zulassung und Einbeziehung von Wertpapieren zum regulierten Markt bzw. dem Freiverkehr regeln. Das
Vierte Finanzmarktförderungsgesetz hat § 50 Abs. 1 S. 1 und Abs. 2 aF und die bis dahin dort
geregelte Zulassung von Termingeschäften aufgegriffen und sie zu dem generellen Grundsatz ausgebaut,¹ dass alle Wirtschaftsgüter und Rechte, die an der Börse gehandelt werden sollen, der
Zulassung oder Einbeziehung durch die Geschäftsführung bedürfen – soweit sie nicht bereits zugelassen oder einbezogen sind. Durch die ausdrückliche gesetzliche Regelung dieses Grundsatzes sollte
zweierlei erreicht werden, zum einen sollten Zweifel über die Zulässigkeit des Handels bestimmten
Güter an einer Börse vermieden werden, indem diesem Handel in jedem Fall ein formeller Zulassungs-
akt voraus geschaltet werden muss. Zum anderen betont die Zulassung als solche die Organisationshoheit der Börse.² Die Bedeutung der Bestimmung liegt vor allem in der Zulassung von Produkten
zum Handel an der Eurex, der **EEX** und der **Warenterminbörse** in Hannover.³ Neben dem durch
sie ermöglichten Handel mit Waren wie **Strom** können künftig auch Produkte wie **Wetter- und
Katastrophenderivate** gehandelt werden.

Voraussetzung für die Zulassung durch die Geschäftsführung der Börse ist, dass der Börsenrat vorher   **3**
die **Geschäftsbedingungen** festgelegt hat. Die Zulassung erfolgt, wenn die Voraussetzungen vorliegen, **von Amts wegen** durch die Geschäftsführung der Börse. Die Zulassung ist **Verwaltungsakt**.⁴

§ 23 regelt nicht die **Beendigung** des Handels in Gütern und Rechten. Zu § 50 aF wurde hier die   **4**
Auffassung vertreten, dass die allgemeinen verwaltungsverfahrensrechtlichen Bestimmungen des Sitz-
landes der Börse, dh §§ 48, 49 des jeweiligen Landesverwaltungsverfahrensgesetzes über **Widerruf
und Rücknahme der Zulassung** anwendbar seien. Dies gilt auch für § 23.⁵ Rücknahme und
Widerruf der Zulassung sind ebenfalls Verwaltungsakte. Für die Aussetzung und Einstellung des
Handels in Produkten nach § 23 gilt § 25.

§ 24 Börsenpreis

(1) ¹**Preise, die während der Börsenzeit an einer Börse festgestellt werden, sind Börsenpreise. ²Satz 1 gilt auch für Preise, die während der Börsenzeit im Freiverkehr an einer
Wertpapierbörse festgestellt werden.**

(2) ¹**Börsenpreise müssen ordnungsmäßig zustande kommen und der wirklichen Marktlage des Börsenhandels entsprechen. ²Soweit in Titel II der Verordnung (EU) Nr. 600/2014
nichts anderes bestimmt ist, müssen den Handelsteilnehmern insbesondere Angebote zugänglich und die Annahme der Angebote möglich sein. ³Bei der Ermittlung des Börsenpreises können auch Preise einer anderen Börse, eines organisierten Marktes mit Sitz im
Ausland oder eines multilateralen Handelssystems im Sinne des § 2 Abs. 3 Satz 1 Nr. 8 des
Wertpapierhandelsgesetzes berücksichtigt werden. ⁴Die Börse trifft nähere Bestimmungen
über die Aufhebung, Änderung und Berichtigung von Geschäften durch die Geschäftsführung, insbesondere auch für den Fall, dass Börsenpreise auf Grund erheblicher Preisschwankungen nicht ordnungsgemäß zustande gekommen sind.**

(2a) ¹**Die Börse hat geeignete Vorkehrungen zu treffen, um auch bei erheblichen Preisschwankungen eine ordnungsgemäße Ermittlung des Börsenpreises sicherzustellen. ²Geeig-
nete Vorkehrungen im Sinne des Satzes 1 sind insbesondere kurzfristige Änderungen des
Marktmodells und kurzzeitige Volatilitätsunterbrechungen unter Berücksichtigung stati-**

¹ RegBegr. zum Vierten Finanzmarktförderungsgesetz, BT-Drs. 14/8017, 72 (75). Wie hier jetzt auch Schwark/
Zimmer/*Beck* Rn. 1.
² RegBegr. zum Vierten Finanzmarktförderungsgesetz, BT-Drs. 14/8017, 72 (76).
³ Schwark/Zimmer/*Beck* Rn. 2.
⁴ So bereits zu § 50 aF, *Groß*, 2. Aufl. 2002, § 50 Rn. 4; wie hier jetzt auch Schwark/Zimmer/*Beck* Rn. 9.
⁵ Wie hier auch Schwark/Zimmer/*Beck* Rn. 10.

scher oder dynamischer Preiskorridore oder Limitsysteme der mit der Preisfeststellung betrauten Handelsteilnehmer.

(2b) **Die Börse hat geeignete Vorkehrungen zu treffen, um auch bei erheblichen Preisschwankungen eine ordnungsgemäße Preisermittlung sicherzustellen; geeignete Vorkehrungen sind insbesondere kurzfristige Änderungen des Marktmodells, kurzzeitige Volatilitätsunterbrechungen unter Berücksichtigung statischer oder dynamischer Preiskorridore und Limitsysteme der mit der Preisfeststellung betrauten Handelsteilnehmer, wobei es der Börse in Ausnahmefällen möglich sein muss, jedes Geschäft aufzuheben, zu ändern oder zu berichtigen; die Parameter für solche Volatilitätsunterbrechungen müssen der Liquidität der einzelnen Kategorien und Teilkategorien der betreffenden Finanzinstrumente, der Art des Marktmodells und der Art der Handelsteilnehmer Rechnung tragen und ermöglichen, dass wesentliche Störungen eines ordnungsgemäßen Börsenhandels unterbunden werden; die Börse hat der Börsenaufsichtsbehörde diese Parameter mitzuteilen.**

(3) [1]Soweit in Titel II der Verordnung (EU) Nr. 600/2014 nichts anderes bestimmt ist, müssen Börsenpreise und die ihnen zugrunde liegenden Umsätze den Handelsteilnehmern unverzüglich und zu angemessenen kaufmännischen Bedingungen in leicht zugänglicher Weise bekannt gemacht werden, es sei denn, es erscheint eine verzögerte Veröffentlichung im Interesse der Vermeidung einer unangemessenen Benachteiligung der am Geschäft Beteiligten notwendig. [2]Das Nähere regelt die Börsenordnung. [3]Die Börsenordnung kann auch festlegen, dass vor Feststellung eines Börsenpreises den Handelsteilnehmern zusätzlich der Preis des am höchsten limitierten Kaufauftrags und des am niedrigsten limitierten Verkaufsauftrags zur Kenntnis gegeben werden muss.

(4) **Geschäfte, die zu Börsenpreisen geführt haben, sind bei der Eingabe in das Geschäftsabwicklungssystem der Börse besonders zu kennzeichnen.**

I. Entstehung, Änderung und Bedeutung der Vorschrift

1   Die Änderungen in § 24 durch das Finanzmarktrichtlinie-Umsetzungsgesetz beruhen im Wesentlichen darauf, dass die Vor- und Nachhandelstransparenz an die entsprechenden Bestimmungen der MiFID anzupassen waren. § 25 idF vor dem Finanzmarktrichtlinie-Umsetzungsgesetz, der die Vorgaben über die Preisermittlung an Wertpapierbörsen enthielt, wurde durch das Finanzmarktrichtlinie-Umsetzungsgesetz gestrichen, da Anhang II VO (EG) Nr. 1287/2006 die verschiedenen Modelle der börslichen Preisfeststellung beschreibt und regelt (→ Rn. 12 ff.). Die Änderungen in den Abs. 2 und 3 durch das 2. FiMaNoG beruhen auf der Streichung der §§ 30, 31 aF, diese wiederrum daraus, dass die Vor- und Nachhandelstransparenz umfassend in dem unmittelbar geltenden, da EU-Verordnung, Art. 288 S. 2 AEUV, Titel II der VO (EU) Nr. 606/2014 und den zugehörigen konkretisierenden delegierten Rechtsakten geregelt sind.[1] Der ebenfalls durch das 2. FiMaNoG eingefügte Abs. 2b setzt Art. 48 Abs. 5 MiFID II um.

2   § 24 wurde ursprünglich durch das Zweite Finanzmarktförderungsgesetz[2] eingefügt. Die **Definition der Börsenpreise** in Abs. 1 dient zweierlei Zwecken: Zum einen sollen **Qualitätsstandards** für das Zustandekommen der Börsenpreise festgelegt werden[3]. Zum anderen wird damit das vom Gesetzgeber besonders hervorgehobene Ziel verfolgt, Anknüpfungspunkte für eine effiziente und umfassende **Überwachung des Zustandekommens der Börsenpreise** durch die **Börsenaufsichtsbehörde** und die **Handelsüberwachungsstelle** zu schaffen (§ 24 Abs. 2).[4] **Börsenpreise** zeichnen sich damit grundsätzlich dadurch aus, dass es sich um **staatlicherseits überwachte Preise** handelt, weil die Börsenaufsicht die Gewähr für die Einhaltung bestimmter Regeln hinsichtlich ihres Zustandekommens übernimmt.[5] § 24 soll das Vertrauen der Anleger in die Fairness des Handels und der Preisfindung an der Börse gewährleisten und damit auch die internationale Wettbewerbsfähigkeit der deutschen Börsen sichern.[6]

3   Das Vierte Finanzmarktförderungsgesetz hat die noch im § 29 aF enthaltene amtliche Feststellung des Börsenpreises als Akt öffentlichen Rechts[7] aufgehoben, die Koppelung von Zulassung und Preisfeststellung in einem speziellen Marktsegment[8] aufgegeben und in § 25 idF vor dem Finanzmarktricht-

---

[1] RegBegr. 2. FiMaNoG, BT-Drs. 18/10936, 271 f.

[2] BGBl. 1994 I 1749.

[3] Allerdings sollen auch vollständig oder teilweise manipulierte Preise, „die während der Börsenzeit an einer Börse festgestellt werden", Börsenpreise sein, Baumbach/Hopt/*Kumpan* Rn. 1.

[4] RegBegr. zum Zweiten Finanzmarktförderungsgesetz, BT-Drs. 12/6679, 33 (69 f.); Schwark/Zimmer/*Beck* Rn. 1.

[5] *Jütten* Die Bank, 1993, 601 (606).

[6] RegBegr. zum Zweiten Finanzmarktförderungsgesetz, BT-Drs. 12/6679, 33 (70).

[7] Zur Rechtsnatur der früheren amtlichen Preisfeststellung vgl. *Groß*, 2. Aufl. 2002, § 29 Rn. 2.

[8] Dabei war diese Koppelung auch in der Vergangenheit eher formal, da materiell in den Börsenordnungen die Regelungen für die Preisermittlung im amtlichen Handel auch im geregelten Markt für anwendbar erklärt wurden, womit ein Gleichklang erzeugt werden konnte, vgl. *Groß*, 2. Aufl. 2002, § 11 Rn. 5.

linie-Umsetzungsgesetz die Ermittlung des Börsenpreises im elektronischen Handel gleichgestellt mit der Preisfeststellung durch die an die Stelle der Kursmakler getretenen **Skontroführer**. Damit ist die Preisfeststellung auch im regulierten Markt nunmehr kein Akt öffentlichen Rechts mehr, sondern führt zu rein privatrechtlichen – allerdings überwachten – Börsenpreisen.[9]

Die Aufgabe der amtlichen Preisfeststellung und die damit verbundene Beendigung der Tätigkeit **4** der Kursmakler durch das Vierte Finanzmarktförderungsgesetz verletzt nach dem entsprechenden Beschluss des **BVerfG** die durch diese gesetzliche Änderung betroffenen Kursmakler und Kursmaklergesellschaften nicht in ihren Grundrechten aus Art. 12 und 14 GG.[10] Dabei wurde im Rahmen der Prüfung des Rechtsstaatsgebots iVm Art. 12 Abs. 1 GG insbesondere berücksichtigt, dass mit der Bestimmung in § 64 Abs. 4 idF vor dem Finanzmarktrichtlinie-Umsetzungsgesetz eine angemessene **Übergangsregelung** getroffen wurde.

II. Bedeutung der Begriffsbestimmung

Die Existenz eines „Börsenpreises" wird in einer Reihe **gesetzlicher Vorschriften als Voraus- 5 setzung für eine gesonderte Behandlung** genannt, so bei der Pfandverwertung im Wege des freihändigen Verkaufs oder durch öffentliche Versteigerung, §§ 1221, 1235 Abs. 2, 1295 BGB, § 821 ZPO, beim Annahmeverzug des Handelskäufers (§ 373 Abs. 2 S. 1 HGB), beim Fixhandelskauf (§ 376 Abs. 2 und 3 HGB), in der Insolvenz (§ 104 InsO, Art. 105 EGInsO).

III. Definition des Börsenpreises

Zwar waren rein rechtlich auch vor der Änderung des § 11 aF durch das Vierte Finanzmarkt- **6** förderungsgesetz die im Präsenzhandel festgestellten und die im elektronischen Handel ermittelten Preise gleichgestellt[11] und Börsenpreise. Jedoch wurde zwischen den beiden Arten der Preisermittlung unterschieden.[12] Das Vierte Finanzmarktförderungsgesetz hat diese Unterschiede beseitigt.[13] Seither sind **alle Preise, die während der Börsenzeit an einer Börse im Präsenzhandel oder im elektronischen Handel, oder Preise, die an einer Warenbörse ermittelt werden, Börsenpreise.** Das Gleiche gilt gem. § 24 Abs. 1 S. 2 für Preise, die während der Börsenzeit im Freiverkehr an einer Wertpapierbörse festgestellt werden. Das Finanzmarktrichtlinie-Umsetzungsgesetz hat die früher in § 57 Abs. 2 S. 1 idF vor dem Finanzmarktrichtlinie-Umsetzungsgesetz enthaltene entsprechende Regelung nach § 24 verschoben, ohne sie jedoch inhaltlich oder materiell zu ändern. Das bedeutet für die im Freiverkehr ermittelten Börsenpreise, dass für diese dieselben Regeln gelten müssen wie für die im regulierten Markt ermittelten Börsenpreise.[14] Die Preisermittlung unterliegt der **Aufsicht der Börsenaufsichtsbehörde und der Handelsüberwachungsstelle.** Dies wird im Einzelnen in der Börsenordnung und in den Richtlinien für den Freiverkehr geregelt. Durch das Finanzmarktrichtlinie-Umsetzungsgesetz wurde der Regelungsbereich des § 24 erweitert: Waren bis dahin nur Preise für Wertpapiere erfasst, gilt § 24 Abs. 1 jetzt für alle Finanzinstrumente.[15]

IV. Vorgaben für das Zustandekommen von Börsenpreisen

1. Ordnungsmäßiges Zustandekommen. Börsenpreise müssen gem. § 24 Abs. 2 S. 1 **ord- 7 nungsgemäß zustande** kommen. Dies bedeutet, dass sie dem dafür durch Gesetz, Börsenordnung und Geschäftsbedingungen der einzelnen Wertpapierbörsen vorgegebenen förmlichen Verfahren entsprechen müssen.[16]

2. Konformität zur wirklichen Marktlage. Gemäß § 24 Abs. 2 S. 1 müssen Börsenpreise der **8 wirklichen Marktlage** des Börsenhandels entsprechen. Ziel ist es, dass die Preisbildung an der Börse das **tatsächliche Marktgeschehen** wiedergibt. Was darunter zu verstehen ist, sagt das Gesetz nicht. § 29 Abs. 3 S. 1 aF, nach dem als Börsenpreis derjenige Preis festzustellen war, welcher der wirklichen Geschäftslage des Verkehrs an der Börse entsprach, ähnelte § 24 Abs. 2 S. 1. § 29 Abs. 3 S. 1 aF begründete den **Grundsatz der Kurswahrheit,** der wiederum durch das **Meistausführungsgebot** konkretisiert wurde. Der festzustellende Börsenpreis war demnach derjenige Preis, zu dem der größt-

[9] Wie hier Schwark/Zimmer/*Beck* Rn. 9.
[10] BVerfG (2. Kammer des 1. Senats) Beschl. v. 21.8.2002 – 1 BvR 1444/02, BKR 2002, 879.
[11] *Jütten* Die Bank 1993, 606.
[12] Zur alten Rechtslage vgl. *Groß,* 2. Aufl. 2002, § 11 Rn. 3.
[13] RegBegr. zum Vierten Finanzmarktförderungsgesetz, BT-Drs. 14/8017, 72 (76); Schwark/Zimmer/*Beck* Rn. 9.
[14] *Ledermann* in Schäfer/Hamann § 57 Rn. 21; vgl. auch „Stellungnahme der hessischen Börsenaufsichtsbehörde zu einigen ausgewählten Thesen des Gutachtens Hopt/Rudolph bezüglich einer Börsenreform in Deutschland", III. Veränderung des Segments Freiverkehr, 2. Stellungnahme. Vgl. auch § 120 Abs. 3 BörsO für die FWB, auch abrufbar über die Internet-Seite der Deutsche Börse AG.
[15] Vgl. auch RegBegr. Finanzmarktrichtlinie-Umsetzungsgesetz, BT-Drs. 16/4028, 86.
[16] *Schlüter,* Börsenhandelsrecht, 2. Aufl. 2002, 405; Schwark/Zimmer/*Beck* Rn. 16.

mögliche Umsatz abgewickelt werden konnte, bei dem sich außerdem sämtliche unlimitierten Aufträge sowie alle über dem festzustellenden Börsenpreis limitierten Aufträge bzw. alle unter dem festzustellenden Börsenpreis limitierten Verkaufsaufträge ausführen ließen, Meistausführungsgebot. Man wird davon ausgehen können, dass diese Grundsätze durch die Neuregelung nicht beseitigt werden sollten, sondern der Begriff der wirklichen Marktlage im gleichen Sinne auszulegen ist.[17] Der durch das Gesetz zur Vermeidung von Gefahren und Missbräuchen im Hochfrequenzhandel (Hochfrequenzhandelsgesetz)[18] neu eingefügte Abs. 2a soll sicherstellen, dass eine ordnungsgemäße Preisfeststellung auch bei erheblichen Preisschwankungen in Folge Marktturbulenzen gewährleistet ist. Volatilitätsunterbrechungen, Wechsel des Marktmodells und Limitsysteme von Market-Makern sind damit in den Börsenordnungen vorzusehen.[19]

9   **3. Transparenz und Chancengleichheit (Vorhandelstransparenz).** § 24 Abs. 2 S. 2 fordert darüber hinaus, dass den Handelsteilnehmern die Angebote zugänglich und die Annahme der Angebote möglich sein muss. Hierdurch soll die Information der Handelsteilnehmer über die vorhandene Angebotslage sichergestellt werden. Darüber hinaus soll den Handelsteilnehmern eine Reaktionsmöglichkeit eingeräumt werden. Dadurch wird gewährleistet, dass die Handelsteilnehmer zu jeder Zeit in den Preisbildungsprozess einbezogen werden und dass die Preisfeststellung nicht am Markt vorbei vollzogen werden kann.[20] Diese Vorhandelstransparenz wird für Aktien und Aktien vertretende Zertifikate in Titel III VO (EU) Nr. 600/2014 speziell geregelt, sodass § 24 Abs. 2 S. 2 insoweit seit dem Finanzmarktrichtlinie-Umsetzungsgesetz bzw. in der jetzt geltenden Fassung seit dem 2. FiMaNoG nur von eingeschränkter Bedeutung ist. Detailregelungen für die Vorhandelstransparenz enthalten die – auch in Deutschland unmittelbar geltenden – Bestimmungen in Titel III VO (EU) Nr. 600/2014.

10   **4. Berücksichtigung von Referenzpreisen.** Auf Anregung des Bundesrates,[21] gegen den Willen der Bundesregierung[22] und aufgrund des Berichts des Finanzausschusses[23] wurden durch das Vierte Finanzmarktförderungsgesetz in § 24 Abs. 2 die Sätze 4, jetzt Satz 3, und 5, jetzt Abs. 3 S. 1, neu eingefügt. Danach können bei der Ermittlung des Börsenpreises auch **Preise einer anderen Börse** oder börsenähnlicher Einrichtungen im Inland aber selbst eines organisierten Marktes im Ausland berücksichtigt werden. Hierdurch soll vermieden werden, dass bei Berücksichtigung nur der Marktlage an der einzelnen Börse nicht marktgerechte Preise zustande kommen. Insbesondere bei ausländischen Wertpapieren kann nach der Begründung des Finanzausschusses die Einbeziehung der an der Heimatbörse des Wertpapiers ermittelten Preise unter Umständen sogar zwingend sein.

11   **5. Preis- und Umsatztransparenz (Nachhandelstransparenz).** Weitere Voraussetzung für eine wirkliche Transparenz ist die unverzügliche Information der Handelsteilnehmer über die Börsenpreise und die ihnen zugrunde liegenden Umsätze. Diese Nachhandelstransparenz, jetzt in § 24 Abs. 3 enthalten, wird durch die umfassenden Regelungen der – auch in Deutschland unmittelbar geltenden – Bestimmungen der Titel II VO (EU) Nr. 600/2014 näher konkretisiert. Indem das Finanzmarktrichtlinie-Umsetzungsgesetz in § 24 Abs. 3 S. 1 die Möglichkeit eröffnet, Preise und Umsätze nur zu „angemessenen kaufmännischen Bedingungen" zur Verfügung zu stellen,[24] schafft es eine neue Einkunftsquelle für die Börsen des § 17, nämlich die Vermarktung der Preise und Umsätze gegen Entgelt.[25] Die bis zum 2. FiMaNoG in §§ 30, 31 aF enthaltenen Regeln zur Vor- und Nachhandelstransparenz für Aktien und Aktien vertretende Zertifikate wurden gestrichen, da Titel II VO (EU) Nr. 600/2014 insoweit unmittelbar geltende Regelungen enthält.

V. Preisfeststellungsverfahren

12   **1. Einleitung.** Der erst durch das Vierte Finanzmarktförderungsgesetz neu in das BörsG eingefügte § 25 idF vor dem Finanzmarktrichtlinie-Umsetzungsgesetz wurde durch das Finanzmarktrichtlinie-Umsetzungsgesetz wieder gestrichen mit der Begründung, er sei überholt und die in Anhang II VO (EG) Nr. 1287/2006 enthaltenen Modelle der börslichen Preisfeststellung seien umfassend.[26] Demnach geht es nicht mehr darum, ob die Preise entweder „im elektronischen Handel oder durch zur Feststellung des Börsenpreises zugelassene Unternehmen (Skontroführer)", so § 25 idF vor dem Finanz-

---

[17] Wie hier Schwark/Zimmer/*Beck* § 25 Rn. 22; iErg wohl ebenso Baumbach/Hopt/*Kumpan* Rn. 11.

[18] BGBl. 2013 I 1162.

[19] RegBegr. Hochfrequenzhandelsgesetz, BT-Drs. 17/11631, 11 (16).

[20] Zu den Auswirkungen, die sich hieraus für spezielle Handelssysteme, zB Xetra-BEST ergeben, vgl. Schwark/Zimmer/*Beck* § 25 Rn. 17 ff.

[21] Stellungnahme des Bundesrates zum Gesetzentwurf der Bundesregierung für ein Gesetz zur weiteren Fortentwicklung des Finanzplatzes Deutschland (Viertes Finanzmarktförderungsgesetz), BT-Drs. 14/8017, 146 (151).

[22] Gegenäußerung der Bundesregierung zur Stellungnahme des Bundesrates, BT-Drs. 14/8017, 174 (176 f.).

[23] Abgedr. bei *Reuschle* 72 f.

[24] Ebenso jetzt auch Art. 13 VO (EU) Nr. 600/2014.

[25] So ausdr. RegBegr. Finanzmarktrichtlinie-Umsetzungsgesetz, BT-Drs. 16/4028, 86.

[26] RegBegr. zum Finanzmarktrichtlinie-Umsetzungsgesetz, BT-Drs. 16/4028, 86.

marktrichtlinie-Umsetzungsgesetz, ermittelt werden. Dieses Gegensatzpaar und die Unterscheidung wurden zu Recht aufgegeben, da selbst im Präsenzhandel eine erhebliche elektronische Komponente vorhanden war und reine Präsenzbörsen in Deutschland nicht mehr existierten.[27] Entscheidend ist demnach jetzt nicht mehr die Unterscheidung zwischen der Preisermittlung durch Skontroführer oder elektronischem Börsenhandel. Vielmehr kommt es jetzt auf die einzelnen Systemtypen oder Handelssysteme und deren Unterschiede an, so wie sie in Tabelle 1 des Anhangs II VO (EG) Nr. 1287/2006 beschrieben werden. Dabei entscheidet die Börse sowohl darüber, ob die Preise im elektronischen Handel oder durch Skontroführer ermittelt werden sollen, als auch darüber, welche Art der Preisermittlung, konkret, welches der Systemtypen oder Handelssysteme angewendet werden soll.[28]

2. Systemtypen oder Handelssysteme. Tabelle 1 des Anhang II VO (EG) Nr. 1287/2006 **13** beschreibt vier verschiedene Systemtypen oder Handelssysteme: Orderbuch-Handelssystem basierend auf einer fortlaufenden Auktion (Orderbuch-Handelssystem); Market-Maker-Handelssystem, Handelssystem basierend auf periodischen Auktionen (Auktionssystem) und Handelssystem, das nicht unter die obigen drei Rubriken fällt (hybrides Handelssystem).

a) Orderbuch-Handelssystem. Ein System, das mittels eines Orderbuchs und eines Handels- **14** algorithmus ohne menschliche Intervention Verkaufsorder mit Kaufordern auf der Grundlage des bestmöglichen Preises kontinuierlich zusammenführt.

b) Market-Maker-Handelssystem. Ein System, bei dem die Geschäfte auf der Grundlage ver- **15** bindlicher Kursofferten abgeschlossen werden, die den Teilnehmern kontinuierlich zur Verfügung gestellt werden, was die Market-Maker dazu anhält, ständig Kursofferten in einer Größenordnung zu halten, die das Erfordernis für Mitglieder und Teilnehmer, in einer kommerziellen Größenordnung zu handeln, mit den Risiken für die Market-Maker selbst in Einklang bringt.

Auktionssystem. Ein System, das Aufträge auf der Grundlage einer periodischen Auktion und **16** eines Handelsalgorithmus ohne menschliche Intervention zusammenführt.

Hybrides Handelssystem. Ein hybrides System, das unter zwei oder mehr der drei obigen **17** Rubriken fällt oder bei dem der Preisbildungsprozess anders geartet ist als bei den Systemtypen in den drei obigen Rubriken.

§ 25 Aussetzung und Einstellung des Handels

(1) [1]Die Geschäftsführung kann den Handel von Finanzinstrumenten, Wirtschaftsgütern oder Rechten
1. aussetzen, wenn ein ordnungsgemäßer Börsenhandel zeitweilig gefährdet oder wenn dies zum Schutz des Publikums geboten erscheint; und
2. einstellen, wenn ein ordnungsgemäßer Börsenhandel nicht mehr gewährleistet erscheint. [2]Die Geschäftsführung ist verpflichtet, Maßnahmen nach Satz 1 zu veröffentlichen. [3]Nähere Bestimmungen über die Veröffentlichung sind in der Börsenordnung zu treffen.

(1a) [1]Betrifft die Aussetzung des Handels nach Absatz 1 Satz 1 Nummer 1 ein Finanzinstrument im Sinne von Anhang I Abschnitt C der Richtlinie 2014/65/EU, so setzt die Geschäftsführung auch den Handel von mit diesem Finanzinstrument verbundenen Derivaten im Sinne von Anhang I Abschnitt C Nummer 4 bis 10 dieser Richtlinie aus, wenn dies zur Verwirklichung der Ziele der Aussetzung des Handels mit dem zugrunde liegenden Finanzinstrument erforderlich ist. [2]Das Gleiche gilt für eine Einstellung des Handels nach Absatz 1 Satz 1 Nummer 2.

(1b) Die Börsenaufsichtsbehörde und die Bundesanstalt sind von einer Aussetzung oder Einstellung des Handels nach Absatz 1 oder 1a unverzüglich in Kenntnis zu setzen.

(2) Widerspruch und Anfechtungsklage gegen die Aussetzung des Handels haben keine aufschiebende Wirkung.

(3) Für Maßnahmen nach Artikel 23 Absatz 1 der Verordnung (EU) Nr. 236/2012 gelten Absatz 1 Satz 2 und Absatz 2 entsprechend.

I. Einleitung

§ 25 Abs. 1 und 2 entsprechen im Wesentlichen § 38 Abs. 1 und 2 idF vor dem Finanzmarktricht- **1** linie-Umsetzungsgesetz. Die darin durch das Finanzmarktrichtlinie-Umsetzungsgesetz vorgenommenen Änderungen dienen der Umsetzung von Art. 41 MiFID (Art. 52 MiFID II). So wurde § 38 Abs. 1 und 2 idF vor dem Finanzmarktrichtlinie-Umsetzungsgesetz dahingehend angepasst, dass es

---

[27] RegBegr. zum Finanzmarktrichtlinie-Umsetzungsgesetz, BT-Drs. 16/4028, 86.
[28] Baumbach/Hopt/*Kumpan* Rn. 3.

nicht mehr um die Aussetzung oder Einstellung der Notierung, sondern des Handels geht, wodurch dann wieder, da ohne Handel keine Preis ermittelt werden können, die Notierung entfällt. Außerdem erfasst § 25 Abs. 1 sämtliche Finanzinstrumente und nicht nur Wertpapiere. § 25 Abs. 1a setzt Art. 52 Abs. 2 UAbs. 2 MiFID II um. § 25 Abs. 1 S. 2 aF wurde durch das 2. FiMaNoG in den neuen Abs. 1b verschoben und setzt Art. 48 Abs. 5 MiFID II um.

2   Die Regelung zur Aussetzung und Einstellung des Handels – und damit auch der Notierung – aus dem Paragraphen heraus zu nehmen, der auch Widerruf und Rücknahme der Zulassung regelt, § 38 idF vor dem Finanzmarktrichtlinie-Umsetzungsgesetz, ist systematisch richtig und zu begrüßen. § 38 idF vor dem Finanzmarktrichtlinie-Umsetzungsgesetz regelte nämlich **zwei streng zu unterscheidende Komplexe,** die **Aussetzung** bzw. **Einstellung der Notierung** als die den Börsenhandel und die Preisermittlung betreffende Tätigkeit der Geschäftsführung einerseits und die **„Beendigung"**[1] **der Zulassung** durch die bis zur Änderung durch das Finanzmarktrichtlinie-Umsetzungsgesetz hierfür zuständige Zulassungsstelle andererseits. Bereits in dieser damals geltenden unterschiedlichen Zuständigkeit der Geschäftsführung für die Aussetzung/Einstellung der Notierung und der früher zuständigen Zulassungsstelle für die „Beendigung" der Zulassung kam der Unterschied zwischen den beiden Materien zum Ausdruck.

II. Aussetzung des Handels

3   **1. Begriff.** Die in § 25 Abs. 1 S. 1 Nr. 1 genannte **Aussetzung** ist die **vorübergehende Beendigung des Börsenhandels und damit der Notierung** in dem betreffenden Wirtschaftsgut oder Recht.[2] Ob daneben auch eine Rücknahme oder ein Widerruf des Handels nach §§ 48, 49 VwVfG zulässig ist,[3] hängt davon ab, ob man die Einführung als Verwaltungsakt ansieht.[4]

4   **2. Auswirkungen.** Die Aussetzung als zeitlich befristete Beendigung des Börsenhandels in dem betroffenen Wirtschaftsgut oder Recht[5] erfasst auch den elektronischen Börsenhandel.[6] Ob die Aussetzung auch den Abschluss von Geschäften ohne Vermittlung der Skontroführer, zB im Wege sog. Parkett- oder Direktgeschäfte, verbietet, wird unterschiedlich beurteilt.[7] Ein Handel außerhalb der Börse trotz Kursaussetzung wird dagegen allgemein als zulässig erachtet, selbst wenn daran Börsenmitglieder beteiligt sind.[8] Von der Aussetzung sind die Streichung und das Hinausschieben der Notierung zu unterscheiden. Wartet der Skontroführer im Einvernehmen mit der aufsichtsführenden Person mit der Notierung eine angemessene Zeit ab, wird die Notierung nur hinausgeschoben. Wenn ein Kurs aufgrund der aktuellen Orderlage nicht festgestellt werden kann, kann der skontroführende Börsenmakler den Kurs streichen.[9]

5   **3. Voraussetzungen.** Die Aussetzung des Handels setzt voraus, dass ein **ordnungsgemäßer Börsenhandel zeitweilig gefährdet** oder dies zum **Schutz des Publikums geboten** erscheint.[10] Eine Gefährdung des ordnungsgemäßen Börsenhandels kann insbesondere dann vorliegen, wenn **ad-hoc-publizitätspflichtige Ereignisse iSd Art. 17 MAR** vorliegen, und diese noch nicht veröffentlicht sind. Ziel der Ad-hoc-Publizität ist gerade, durch die Veröffentlichung zu vermeiden, dass sich infolge mangelhafter oder fehlender Publizität inadäquate Marktpreise bilden und dadurch der Börsenhandel nicht mehr als ordnungsgemäß angesehen werden kann.[11]

6   Ein solchermaßen nicht ordnungsgemäßer Börsenhandel führt auch dazu, dass eine **Kursaussetzung zum Schutze des Publikums geboten ist.** Da die Banken bei der kommissionsrechtlichen Ausführung ihrer Kundenaufträge die ihnen von ihren Kontrahenten in Rechnung gestellten Preise ihren Kunden weitergeben, diese Preise aber gerade aufgrund der Informationsdefizite keine ordnungsgemäßen Börsenpreise sind, besteht die Gefahr eines Schadens der Kunden und damit des Publikums.[12]

---

[1] Es wird hier bewusst untechnisch von der Beendigung gesprochen, da § 39 Abs. 1 ganz verschiedene Beendigungsmöglichkeiten nennt, Widerruf und Rücknahme nach dem Verwaltungsverfahrensgesetz, Widerruf wegen fehlender Gewährleistung des ordnungsgemäßen Börsenhandels, Widerruf wegen Verstoßes gegen die Zulassungsfolgepflichten sowie Widerruf auf Antrag des Emittenten.

[2] Begründung des Regierungsentwurfs des Börsenzulassungs-Gesetzes vom 16.12.1986, BT-Drs. 10/4296, 15; *Jaskulla* WM 2002, 1093 (1094).

[3] *Gebhardt* in Schäfer/Hamann § 38 Rn. 2.

[4] → § 38 Rn. 2.

[5] *Gebhardt* in Schäfer/Hamann § 38 Rn. 2.

[6] *Jaskulla* WM 2002, 1093 (1094).

[7] Nachw. *Jaskulla* WM 2002, 1093 (1094); s. auch *Kümpel/Hammen* BörsenR 243 f.; gegen ein allgem. Handelsverbot Baumbach/Hopt/*Kumpan* Rn. 4.

[8] So wohl auch Schwark/Zimmer/*Beck* Rn. 12.

[9] *Jaskulla* WM 2002, 1093 (1094).

[10] IE dazu *Gebhardt* in Schäfer/Hamann § 38 Rn. 9; *Jaskulla* WM 2002, 1093 (1095 ff.); Schwark/Zimmer/*Beck* Rn. 4 ff.

[11] Wie hier Schwark/Zimmer/*Beck* Rn. 7; *Kümpel/Hammen* BörsenR 245 f.

[12] Eher einschränkend Schwark/Zimmer/*Beck* Rn. 6, der meint, der Verlust beim Publikum verlange keine Handelsaussetzung.

4. Entscheidung. Die Entscheidung über die Aussetzung des Handels im regulierten Markt ist eine 7 **Ermessensentscheidung der Börsengeschäftsführung.**[13] Dabei bezieht sich das Ermessen nicht nur auf die Frage, **ob eine Aussetzung erfolgen,** sondern auch, **wie lange diese Aussetzung dauern soll.**[14] Bei der Ermessensentscheidung sind verschiedene Kriterien zu berücksichtigen: Zum einen ist dies der **Anstaltszweck der Börse, der im Börsenhandel und nicht in** der Aussetzung des Handels besteht; zum anderen führt die Kursaussetzung nach **Nr. 8** Abs. 2 der **Sonderbedingungen für Wertpapiergeschäfte**[15] zum **Erlöschen sämtlicher Kundenaufträge.** Beides spricht dafür, dass die **Aussetzung nur dann erfolgen sollte,** wenn sie tatsächlich eine angemessene Reaktion auf die bekannt gewordenen neuen Tatsachen darstellt, dh wenn sie verhältnismäßig ist und **nicht durch andere Maßnahmen vermieden werden kann.** Zu einer solchen Maßnahme gehört auch die **frühzeitige Ad-hoc-Publizität.** Ist das „ob" der Kursaussetzung entschieden, ist darauf zu achten, dass die **Kursaussetzung nur für kurze Zeit,** möglichst nur für einen Zeitraum von ca. 1–1,5 Stunden[16] erfolgt.

III. Einstellung des Handels

Die in § 25 Abs. 1 S. 1 Nr. 2 genannte **Einstellung des Handels** ist die auf **längere Sicht** 8 **wirkende Beendigung des Börsenhandels und der Notierung** in dem betreffenden Wertpapier.[17] Sie ist Voraussetzung für den Widerruf der Zulassung nach § 39 Abs. 1 und hat erhebliche negative Auswirkungen auf den Emittenten, aber auch auf die Anleger. Deshalb ist sie nur unter strengen Voraussetzungen zulässig, etwa bei Eröffnung eines Insolvenzverfahrens, bei dem ein ordnungsgemäßer Börsenhandel für die Zukunft ausgeschlossen erscheint oder zumindest für einen längeren Zeitraum nicht mehr stattfinden kann. In der Praxis kann aber auch bei einem noch laufenden Insolvenzverfahren ein weiterer Handel durchaus geboten sein, zB bis etwa aufgrund einer entsprechenden Mitteilung des Insolvenzgerichts die Vermögenslosigkeit der betreffenden Gesellschaft definitiv feststeht; das ist auch der Hintergrund für den durch das Transparenzrichtlinie-Umsetzungsgesetz eingefügten § 43. Dies entspricht auch der ständigen Praxis der Geschäftsführung, die nicht bereits bei Eröffnung des Insolvenzverfahrens eine Einstellung des Handels vornimmt, sondern erst bei dessen Abschluss oder bei der oben genannten Mitteilung.[18]

IV. Rechtsmittel

1. Aussetzung des Handels. a) Rechtsnatur. Zur Kursaussetzung vertrat die wohl überwiegende 9 Auffassung die Ansicht, dies sei ein Verwaltungsakt.[19] Das wird man auch für die Aussetzung des Handels annehmen müssen,[20] da das Finanzmarktrichtlinie-Umsetzungsgesetz hier materiell nichts verändert hat. Dass Anknüpfungspunkt jetzt nicht mehr die Notierung, sondern der Handel als solcher ist, ändert materiell nichts, da der Handel Voraussetzung für eine Preisermittlung ist.

b) Rechtsmittel. Gemäß § 25 Abs. 2 haben Widerspruch und Anfechtungsklage keine aufschie- 10 bende Wirkung. Eine Anfechtungsklage des Emittenten ist damit zwar grundsätzlich möglich, allerdings aufgrund der zeitlichen Gegebenheiten eher ungewöhnlich. Die Natur der Aussetzung liegt in ihrer kurzen Dauer, weshalb sie sich schnell durch Zeitablauf erledigt hat mit der Folge, dass Widerspruch und Anfechtungsklage mangels Rechtsschutzbedürfnis unzulässig sein dürften.[21]

Die – soweit ersichtlich – einstimmige Auffassung in der Literatur lehnte bei der **Aussetzung der** 11 **Notierung** nach § 38 Abs. 1 Nr. 1 idF vor dem Finanzmarktrichtlinie-Umsetzungsgesetz zwar die Widerspruchs- und Anfechtungsbefugnis des einzelnen Anlegers ab,[22] gewährte ihm jedoch im Falle einer Verletzung des § 38 Abs. 1 Nr. 1 idF vor dem Finanzmarktrichtlinie-Umsetzungsgesetz Amtshaftungsansprüche.[23] Das war inkonsistent, weil ein Anspruch aus Amtshaftung nach § 839 BGB die Verletzung einer auch den Anspruchsteller schützenden Amtspflicht voraussetzt.[24] Drittschutz und Widerspruchs- bzw. Anfechtungsbefugnis sind, jedenfalls soweit es um den Schutz vor Verwaltungs-

---

[13] Schwark/Zimmer/*Beck* Rn. 11.

[14] *Kümpel/Hammen* BörsenR 251; *Gebhardt* in Schäfer/Hamann § 30 Rn. 10 ff.

[15] *Jütten* in Hellner/Steuer BuB Rn. 7/59.

[16] Ausf. hierzu *Kümpel/Hammen* BörsenR 251 ff.

[17] *Gebhardt* in Schäfer/Hamann § 36 Rn. 3; *Gebhardt* in Schäfer/Hamann § 38 BörsG Rn. 25: endgültige Maßnahme.

[18] Vgl. dazu ausf. *Weber* ZGR 2001, 422 (449 ff.); *Grub/Streit* BB 2004, 1397 (1397 ff.); *Gebhardt* in Schäfer/Hamann § 38 Rn. 29: In der Praxis finde die Einstellung erst beim Erlöschen des Emittenten infolge eines Insolvenzverfahrens und beim erfolgten Squeeze-out Anwendung.

[19] Für die Kursaussetzung im Terminhandel OLG Frankfurt a. M. Urt. v. 18.1.2001 – 1 U 209/99, ZIP 2001, 730 (732); *Gebhardt* in Schäfer/Hamann § 38 Rn. 5.

[20] Schwark/Zimmer/*Beck* Rn. 20, der die Verwaltungsaktqualität § 25 Abs. 2 entnimmt.

[21] *Jaskulla* WM 2002, 1093 (1101); Schwark/Zimmer/*Beck* Rn. 20.

[22] *Schwark,* BörsG, 2. Aufl. 1994, § 43 Rn. 11.

[23] Vgl. nur *Schwark,* BörsG, 2. Aufl. 1994, § 43 Rn. 12.

[24] Darauf weist das OLG Frankfurt a. M. Urt. v. 18.1.2001 – 1 U 209/99, ZIP 2001, 730 (732) zu Recht hin.

akten geht, gleich zu beurteilen.[25] Deshalb hätte man grundsätzlich auch von einer Widerspruchs- und Anfechtungsbefugnis des Anlegers gegen die Kursaussetzung ausgehen müssen. Das Vierte Finanzmarktförderungsgesetz hat aber insofern in § 12 Abs. 3 idF vor dem Finanzmarktrichtlinie-Umsetzungsgesetz, der insoweit § 15 Abs. 6 aF, jetzt § 15 Abs. 8, entspricht, ausdrücklich geregelt, dass die Geschäftsführung die ihr nach diesem Gesetz zugewiesenen Aufgaben und Befugnisse „nur im öffentlichen Interesse" wahrnimmt.[26] Hält man diese Regelung und ihre Konsequenz, den Ausschluss von Amtshaftungsansprüchen nicht unmittelbar Betroffener, für verfassungsrechtlich zulässig, dann dürfte auch ein Amtshaftungsanspruch und damit dann auch konsequenterweise eine Widerspruchs- und Anfechtungsbefugnis des Anlegers bei Aussetzung der Notierung ausscheiden.[27]

12   **2. Einstellung des Handels.** Zur Einstellung des Handels gilt das zur Aussetzung des Handels Ausgeführte.[28]

V. Amtshaftung

13   Zur Amtshaftung der Geschäftsführung bei Aussetzung und Einstellung des Handels gilt § 15 Abs. 8 mit der Folge, dass Amtshaftungsansprüche der Adressaten der jeweiligen Maßnahmen in Betracht kommen, während die der betroffenen Anleger mangels sie umfassender Amtspflicht, hält man die entsprechende, durch das Vierte Finanzmarktförderungsgesetz eingefügte Regelung für zulässig und wirksam, ausscheiden dürften. Eine Haftung gegenüber dem Emittenten und gegenüber den Handelsteilnehmern bleibt dagegen möglich.[29]

§ 26 Verleitung zu Börsenspekulationsgeschäften

(1) **Es ist verboten, gewerbsmäßig andere unter Ausnutzung ihrer Unerfahrenheit in Börsenspekulationsgeschäfte zu solchen Geschäften oder zur unmittelbaren oder mittelbaren Beteiligung an solchen Geschäften zu verleiten.**

(2) **Börsenspekulationsgeschäfte im Sinne des Absatzes 1 sind insbesondere**

1. An- oder Verkaufsgeschäfte mit aufgeschobener Lieferzeit, auch wenn sie außerhalb einer inländischen oder ausländischen Börse abgeschlossen werden, und

2. Optionen auf solche Geschäfte,

die darauf gerichtet sind, aus dem Unterschied zwischen dem für die Lieferzeit festgelegten Preis und dem zur Lieferzeit vorhandenen Börsen- oder Marktpreis einen Gewinn zu erzielen.

1   § 26 entspricht im Wesentlichen § 89 idF vor dem Vierten Finanzmarktförderungsgesetz und § 23 idF vor dem Finanzmarktrichtlinie-Umsetzungsgesetz, wobei eine Trennung zwischen der jetzt in § 26 enthaltenen Bezugsnorm und der entsprechenden Strafnorm in § 49 erfolgt, während § 89 idF vor dem Vierten Finanzmarktförderungsgesetz noch beides enthielt. § 49 enthält jetzt die Rechtsfolge des in § 26 geregelten Verstoßes. § 26 und § 49 zusammen sind identisch mit § 89 idF vor dem Vierten Finanzmarktförderungsgesetz.

2   **Börsenspekulationsgeschäfte** sind **An- oder Verkaufsgeschäfte,** die deshalb abgeschlossen werden, um aus **zwischenzeitlichen Preisunterschieden** einen Gewinn zu ziehen, der dann durch ein Gegengeschäft realisiert werden soll. § 26 Abs. 2 umschreibt den Begriff des Börsenspekulationsgeschäfts in Anlehnung an § 764 BGB aF. Nicht zu den Börsenspekulationsgeschäften gehören Geschäfte, die der Preissicherung dienen, sog. Hedgegeschäfte.

3   Voraussetzung einer Strafbarkeit nach § 26 iVm § 49 ist, dass der Täter einen anderen **zum Spekulationsgeschäft verleitet** hat. Verleiten bedeutet erfolgreiche Willensbeeinflussung im Sinne einer kausalen Einwirkung.[1] Ein solches Verleiten kann im Falle des unerlaubten Erstkontakts per Telefon bei einem unerfahrenen Anleger vorliegen.

4   Weitere Voraussetzung einer Strafbarkeit nach § 26 ist, dass die Tathandlung **unter Ausnutzung der Unerfahrenheit** des Anlegers erfolgt ist. Unerfahrenheit liegt dann vor, wenn mangels geschäftlicher Einsicht die Tragweite einer Unternehmung nicht genügend erfasst werden kann. Unerfahrenheit bezieht sich nicht generell auf den Geschäftsverkehr sondern speziell nur auf Börsengeschäfte.[2] Dabei wird man wegen der besonderen Unübersichtlichkeit und Undurchschaubarkeit der Börsenspekulati-

---

[25] OLG Frankfurt a. M. Urt. v. 18.1.2001 – 1 U 209/99, ZIP 2001, 730 (732).

[26] → § 15 Rn. 13 f., dort auch mwN zu den entsprechenden Regelungen für andere Börsenorgane.

[27] OLG Frankfurt a. M. Urt. v. 18.1.2001 – 1 U 209/99, ZIP 2001, 730 (731 f.); *Jaskulla* WM 2002, 1093 (1103 f.); ebenso *Gebhardt* in Schäfer/Hamann § 38 Rn. 34 f.; Schwark/Zimmer/*Beck* Rn. 21.

[28] Ebenso Schwark/Zimmer/*Beck* Rn. 26.

[29] *Gebhardt* in Schäfer/Hamann § 38 Rn. 35; → § 15 Rn. 13 f., dort auch zu § 5 Abs. 6.

[1] Schwark/Zimmer/*Schwark* Rn. 4; Baumbach/Hopt/*Kumpan* Rn. 1. Ob darüber hinaus auch noch ein Element der Unlauterkeit erforderlich ist, ist str., vgl. *Kümpel* WM 1989, 1494; abl. Baumbach/Hopt/*Kumpan* Rn. 1.

[2] Baumbach/Hopt/*Kumpan* Rn. 1.

onsgeschäfte erst dann von einem erfahrenen Anleger ausgehen können, wenn er verlässliche generelle Kenntnisse über Funktionsweise, Chancen und Risiken besitzt und außerdem die Tragweite des Geschäfts im Einzelfall ausreichend zu überblicken vermag.

§ 26a Order-Transaktions-Verhältnis

[1] Die Handelsteilnehmer sind verpflichtet, ein angemessenes Verhältnis zwischen ihren Auftragseingaben, -änderungen und -löschungen und den tatsächlich ausgeführten Geschäften (OrderTransaktions-Verhältnis) zu gewährleisten, um Risiken für den ordnungsgemäßen Börsenhandel zu vermeiden. [2] Das Order-Transaktions-Verhältnis ist dabei jeweils für ein Finanzinstrument und anhand des zahlenmäßigen Volumens der jeweiligen Aufträge und Geschäfte innerhalb eines Tages zu bestimmen. [3] Ein angemessenes Order-Transaktions-Verhältnis liegt insbesondere dann vor, wenn dieses auf Grund der Liquidität des betroffenen Finanzinstruments, der konkreten Marktlage oder der Funktion des handelnden Unternehmens wirtschaftlich nachvollziehbar ist. [4] Die Börsenordnung muss nähere Bestimmungen zum angemessenen Order-Transaktions- Verhältnis für bestimmte Gattungen von Finanzinstrumenten treffen.

§ 26b Mindestpreisänderungsgröße

[1] Die Börse ist verpflichtet, eine angemessene Größe der kleinstmöglichen Preisänderung bei den gehandelten Finanzinstrumenten festzulegen, um negative Auswirkungen auf die Marktintegrität und -liquidität zu verringern. [2] Bei der Festlegung der Mindestgröße nach Satz 1 ist insbesondere zu berücksichtigen, dass diese den Preisfindungsmechanismus und das Ziel eines angemessenen Order-Transaktions-Verhältnisses im Sinne des § 26a nicht beeinträchtigt. [3] Wegen der einzelnen Anforderungen an die Festlegung der Mindestpreisänderungsgröße wird auf die Delegierte Verordnung (EU) 2017/588 der Kommission vom 14. Juli 2016 zur Ergänzung der Richtlinie 2014/65/EU des Europäischen Parlaments und des Rates durch technische Regulierungsstandards für das Tick-Größen-System für Aktien, Aktienzertifikate und börsengehandelte Fonds (ABl. L 87 vom 31.3.2017, S. 411) in der jeweils geltenden Fassung verwiesen. [4] Nähere Bestimmungen kann die Börsenordnung treffen.

Die durch das Gesetz zur Vermeidung von Gefahren und Missbräuchen im Hochfrequenzhandel **1** (Hochfrequenzhandelsgesetz)[1] eingefügten, in § 26a S. 2 (der Bezugszeitraum wurde von einem Monat auf einen Tag verkürzt) und in § 26b durch einen neuen Satz 3 jeweils durch das 2. FiMaNoG erweiterten §§ 26a und 26b dienen der Eindämmung insbesondere der möglichen Folgen des Hochfrequenzhandels für den ordnungsgemäßen Börsenhandel. Bei der Festlegung eines angemessenen Order-Transaktions-Verhältnisses soll insbesondere berücksichtigt werden, ob dieses aufgrund der Liquidität des betroffenen Finanzinstruments, der konkreten Marktlage oder der Funktion des handelnden Unternehmens wirtschaftlich nachvollziehbar ist. Dabei soll im angemessenen Rahmen die Möglichkeit bestehen bleiben, bei der Festlegung des Order-Transaktions-Verhältnisses die unterschiedliche Liquidität von Finanzinstrumenten, die Belange von Liquiditätsspendern und die konkrete Marktlage ausreichend zu berücksichtigen. Die Handelsüberwachungsstellen sind gemäß § 7 zuständig, die entsprechenden Vorgaben zu überwachen. Verstöße können nach §§ 19 und 22 mit einem Ruhen oder einem Widerruf der Zulassung sowie mit Sanktionen des Sanktionsausschusses geahndet werden. Dient § 26a einer Eindämmung der Anzahl und Größe der eingestellten Orders, verfolgt § 26b den Zweck, immer kleinere Mindestpreisänderungsgrößen und damit einer unangemessenen Erhöhung des Order-Transaktions-Verhältnisses durch vermehrte Aktivitäten von Hochfrequenzhändlern einzudämmen.[2]

§ 26c Market-Making-Systeme

(1) **Die Börsenordnung muss Bestimmungen enthalten über die Zulassung von Wertpapierdienstleistungsunternehmen durch die Geschäftsführung, die an der Börse eine Market-Making-Strategie im Sinne des § 80 Absatz 5 des Wertpapierhandelsgesetzes verfolgen.**

(2) **[1] Die Börse trifft geeignete Vorkehrungen, um sicherzustellen, dass eine ausreichende Zahl an Wertpapierdienstleistungsunternehmen als Market Maker zugelassen wird, die feste und wettbewerbsfähige Preise stellen, wodurch dem Markt in stetiger und verlässlicher Weise Liquidität zugeführt wird (Market-Making-Systeme). [2] Dies gilt nicht, soweit die in**

---

[1] BGBl. 2013 I 1162.
[2] RegBegr. Hochfrequenzhandelsgesetz, BT-Drs. 17/11631, 11 (16 f.).

Artikel 5 der Delegierten Verordnung (EU) 2017/578 der Kommission vom 13. Juni 2016 zur Ergänzung der Richtlinie 2014/65/EU des Europäischen Parlaments und des Rates über Märkte für Finanzinstrumente durch technische Regulierungsstandards zur Angabe von Anforderungen an Market-Making-Vereinbarungen und -Systeme (ABl. L 87 vom 31.3.2017, S. 183), in der jeweils geltenden Fassung, geregelte Ausnahme greift oder soweit eine solche Anforderung nach Art und Umfang des Handels an der jeweiligen Börse aus sonstigen Gründen nicht sachgerecht ist.

(3) [1]Die Börsenordnung muss Verpflichtungen des Wertpapierdienstleistungsunternehmens im Zusammenhang mit der Zuführung von Liquidität enthalten. [2]Sie kann Bestimmungen über sonstige Rechte und Pflichten enthalten, die sich aus der Teilnahme an den in Absatz 2 genannten Systemen ergeben.

(4) [1]Die Gebührenordnung muss Bestimmungen über die Verringerung von Gebühren enthalten, die einem Wertpapierdienstleistungsunternehmen dafür gewährt werden, dass es dem Markt in stetiger und verlässlicher Weise Liquidität zuführt. [2]Dies gilt nicht, sofern und soweit der Börsenträger bereits entsprechende Vereinbarungen mit dem Wertpapierdienstleistungsunternehmen getroffen hat.

(5) Wegen der einzelnen Anforderungen an die Ausgestaltung von Market-Making-Systemen wird auf die Delegierte Verordnung (EU) 2017/578 verwiesen.

§ 26d Algorithmische Handelssysteme und elektronischer Handel

(1) [1]Die Börse muss sicherstellen, dass algorithmische Handelssysteme nicht zu Beeinträchtigungen des ordnungsgemäßen Börsenhandels führen oder zu solchen Beeinträchtigungen beitragen. [2]Um den von algorithmischen Handelssystemen ausgehenden Gefahren für den ordnungsgemäßen Börsenhandel vorzubeugen, hat die Börse geeignete Vorkehrungen zu treffen, einschließlich Vorkehrungen zur Begrenzung des Verhältnisses von nicht ausgeführten Handelsaufträgen zu ausgeführten Handelsaufträgen für den Fall, dass die Systemkapazität der Börse übermäßig in Anspruch genommen wird und die Gefahr besteht, dass die Kapazitätsgrenze erreicht wird.

(2) [1]Die Handelsteilnehmer sind verpflichtet, ihre Algorithmen in einer von der Börse zur Verfügung gestellten Umgebung zu testen. [2]Die Geschäftsführung überwacht die Einhaltung der Pflicht nach Satz 1 und teilt der Börsenaufsichtsbehörde Anhaltspunkte für Verstöße mit.

(3) Wegen der geeigneten Vorkehrungen nach Absatz 1 und der Anforderungen an die Ausgestaltung der Tests nach Absatz 2 wird auf die Delegierte Verordnung (EU) 2017/584 der Kommission vom 14. Juli 2016 zur Ergänzung der Richtlinie 2014/65/EU des Europäischen Parlaments und des Rates durch technische Regulierungsstandards zur Festlegung der organisatorischen Anforderungen an Handelsplätze (ABl. L 87 vom 31.3.2017, S. 350), in der jeweils geltenden Fassung, verwiesen.

§ 26e Informationen über die Ausführungsqualität

[1]Börsen müssen für jedes Finanzinstrument, das an ihnen gehandelt wird, mindestens einmal jährlich gebührenfrei Informationen über die Qualität der Ausführung von Aufträgen veröffentlichen. [2]Die Veröffentlichungen müssen ausführliche Angaben zum Preis, den mit einer Auftragsausführung verbundenen Kosten, der Geschwindigkeit und der Wahrscheinlichkeit der Ausführung enthalten. [3]Wegen der einzelnen Anforderungen an Inhalt und Form der Veröffentlichungen nach den Sätzen 1 und 2 wird auf die Delegierte Verordnung (EU) 2017/575 der Kommission vom 8. Juni 2016 zur Ergänzung der Richtlinie 2014/65/EU des Europäischen Parlaments und des Rates über Märkte für Finanzinstrumente durch technische Regulierungsstandards bezüglich der Daten, die Ausführungsplätze zur Qualität der Ausführung von Geschäften veröffentlichen müssen (ABl. L 87 vom 31.3.2017, S. 152), in der jeweils geltenden Fassung, verwiesen.

§ 26f Positionsmanagementkontrollen

(1) [1]Eine Börse, an der Warenderivate gehandelt werden, muss Verfahren zur Überwachung der Einhaltung der nach § 54 Absatz 1 bis 5 und § 55 des Wertpapierhandelsgesetzes festgelegten Positionslimits (Positionsmanagementkontrollen) einrichten. [2]Diese müssen transparent und diskriminierungsfrei ausgestaltet werden, festlegen, wie sie anzuwenden sind und der Art und Zusammensetzung der Handelsteilnehmer sowie deren Nutzung der zum Handel zugelassenen Kontrakte Rechnung tragen. [3]Im Rahmen von

Kontrollen nach den Sätzen 1 und 2 hat die Börse insbesondere sicherzustellen, dass sie das Recht hat,

1. die offenen Kontraktpositionen jedes Handelsteilnehmers zu überwachen,
2. von jedem Handelsteilnehmer Zugang zu Informationen, einschließlich aller einschlägigen Unterlagen, über Größe und Zweck einer von ihm eingegangenen Position oder offenen Forderung, über wirtschaftliche oder tatsächliche Eigentümer, etwaige Absprachen sowie über alle zugehörigen Vermögenswerte oder Verbindlichkeiten am Basismarkt zu erhalten,
3. von jedem Handelsteilnehmer die zeitweilige oder dauerhafte Auflösung oder Reduzierung einer von ihm eingegangenen Position zu verlangen und, falls der Betreffende dem nicht nachkommt, einseitig geeignete Maßnahmen zu ergreifen, um die Auflösung oder Reduzierung sicherzustellen, und
4. von jedem Handelsteilnehmer zu verlangen, zeitweilig Liquidität zu einem vereinbarten Preis und in vereinbartem Umfang eigens zu dem Zweck in den Markt zurückfließen zu lassen, die Auswirkungen einer großen oder marktbeherrschenden Position abzumildern.

(2) ¹Die Börse unterrichtet die Börsenaufsichtsbehörde über Einzelheiten der Positionsmanagementkontrollen nach Absatz 1. ²Die Börsenaufsichtsbehörde übermittelt diese Informationen an die Bundesanstalt und an die Europäische Wertpapier- und Marktaufsichtsbehörde.

§ 26g Übermittlung von Daten

Die Geschäftsführung kann von den Handelsteilnehmern die Übermittlung von Daten in Bezug auf deren Finanzinstrumente verlangen, soweit dies zur Erfüllung der Anforderungen aus Artikel 25 Absatz 2 der Verordnung (EU) Nr. 600/2014 erforderlich ist.

Die §§ 26c–26g wurden durch das 2. FiMaNoG eingefügt. § 26c soll Art. 48 Abs. 2 und 3 MiFID 1
II, § 26d Art. 48 Abs. 6 MiFID II, § 26e Art. 27 Abs. 3 MiFID II und § 26f Art. 57 Abs. 8–10 MiFID II umsetzen. § 26g soll es nach der Regierungsbegründung zum 2. FiMaNoG der Börse ermöglichen, die Übermittlung der zur Erfüllung ihrer Pflichten nach Art. 25 Abs. 2 VO (EU) Nr. 600/2014 erforderlichen Daten von den Handelsteilnehmern zu verlangen.

§ 26c enthält besondere Regelungen für das Market-Making-System für das die unmittelbar 2
anwendbare Delegierte VO (EU) 2017/578 technische Regulierungsstandards enthält.

Market-Making wird in § 2 Abs. 8 Nr. 2 lit. a WpHG definiert als das „kontinuierliche Anbieten 3
des An- und Verkaufs von Finanzinstrumenten zu selbst gestellten Preisen für eigene Rechnung unter Einsatz des eigenen Kapitals". Damit wird bei ansonsten illiquiden Werten Liquidität geschaffen, weil der Market-Maker laufend Kursofferten für Kauf/Verkauf stellt und damit einen jederzeitigen Handel ermöglicht. Erlöse erzielt der Market-Maker durch die Spanne zwischen An- und Verkauf, da er selbst Vertragspartei wird („für eigene Rechnung"). § 26c verpflichtet die Börsenordnung dazu, nähere Bestimmungen zu treffen über die Zulassung von Market-Makern durch die Geschäftsführung (§ 26c Abs. 1) eine ausreichende Zahl von Market-Makern zuzulassen (§ 26c Abs. 2) und zu regeln, wie der Market-Maker die Liquidität zu gewährleisten hat (§ 26c Abs. 3 iVm Art. 2 Abs. 2 Delegierte VO (EU) 2017/578).

§ 26d zwingt, anders als § 26c, die Börsen nicht dazu, ein algorithmisches Handelssystem zu 4
ermöglichen, sondern regelt nur, was die Börse, lässt sie ein solches System zu, zu veranlassen hat. Ergänzend zu § 26d sind die Regelungen der Delegierten VO (EU) 2017/584 zu berücksichtigen.

Abschnitt 3. Skontroführung und Transparenzanforderungen an Wertpapierbörsen

§ 27 Zulassung zum Skontroführer

(1) ¹Die Geschäftsführung einer Wertpapierbörse kann unter Berücksichtigung des von der Börse genutzten Handelssystems zur Teilnahme am Börsenhandel zugelassene Unternehmen auf deren Antrag mit der Feststellung von Börsenpreisen an dieser Wertpapierbörse betrauen (Zulassung als Skontroführer). ²Der Antragsteller und seine Geschäftsleiter müssen die für die Skontroführung erforderliche Zuverlässigkeit haben und auf Grund ihrer fachlichen und wirtschaftlichen Leistungsfähigkeit zur Skontroführung geeignet sein. ³Die Geschäftsführung hat Personen, die berechtigt sein sollen, für einen Skontroführer bei der Skontroführung zu handeln (skontroführende Personen), zuzulassen, wenn diese Personen Börsenhändler sind und die für die Skontroführung erforderliche berufliche Eignung haben. ⁴Das Nähere regelt die Börsenordnung.

(2) [1]Die Geschäftsführung hat die Zulassung als Skontroführer nach Anhörung der Börsenaufsichtsbehörde außer nach den Vorschriften des Verwaltungsverfahrensgesetzes zu widerrufen, wenn der Skontroführer sich einer groben Verletzung seiner Pflichten schuldig gemacht hat. [2]Die Geschäftsführung kann die Zulassung widerrufen, wenn die Bundesanstalt Maßnahmen zur Sicherung der Erfüllung der Verbindlichkeiten des Skontroführers gegenüber dessen Gläubigern ergriffen hat. [3]In dringenden Fällen kann die Geschäftsführung einem Skontroführer auch ohne dessen Anhörung die Teilnahme am Börsenhandel mit sofortiger Wirkung vorläufig untersagen; Widerspruch und Anfechtungsklage haben keine aufschiebende Wirkung.

(3) Besteht der begründete Verdacht, dass eine der in Absatz 1 bezeichneten Voraussetzungen nicht vorgelegen hat oder nachträglich weggefallen ist, so kann die Geschäftsführung das Ruhen der Zulassung eines Skontroführers längstens für die Dauer von sechs Monaten anordnen.

(4) Die Bundesanstalt hat die Geschäftsführung unverzüglich zu unterrichten, wenn sie Maßnahmen zur Sicherung der Erfüllung der Verbindlichkeiten des Skontroführers gegenüber dessen Gläubigern ergriffen hat.

I. Einleitung

1   **1. Entstehungsgeschichte der Vorschrift.** Als Konsequenz der im Vierten Finanzmarktförderungsgesetz durchgeführten Gleichstellung des elektronischen Handels mit dem Präsenzhandel und der damit einhergehenden Entkoppelung der Preisfeststellung von der Wertpapierzulassung zu einem bestimmten Marktsegment[1] wurde durch das **Vierte Finanzmarktförderungsgesetz** das gesamte **Maklerrecht,** das bisher in den §§ 8a–8c, 9, 13, 29–35 und 75 aF geregelt war, überarbeitet und neu gefasst. Deshalb wurden im Rahmen des Vierten Finanzmarktförderungsgesetzes die §§ 25–29 idF vor dem Finanzmarktrichtlinie-Umsetzungsgesetz neu in das BörsG eingefügt. Gleichzeitig wurden die §§ 29–35 idF vor dem Vierten Finanzmarktförderungsgesetz und das darin geregelte Kursmaklerwesen insgesamt gestrichen.[2]

2   Das Finanzmarktrichtlinie-Umsetzungsgesetz hat § 26 idF vor dem Finanzmarktrichtlinie-Umsetzungsgesetz im Wesentlichen unverändert in § 27 übernommen. Allerdings setzt § 27 Abs. 1 S. 1 anders als früher voraus, dass der zuzulassende Skontroführer bereits zur Teilnahme am Börsenhandel zugelassen ist.

3   **2. Inhalt des § 27.** § 27 regelt die Voraussetzungen, dass Verfahren und die Entscheidung über die Zulassung als Skontroführer. Der Begriff des Skontroführers wird in § 27 Abs. 1 **legal definiert** als „mit der Feststellung von Börsenpreisen an dieser Wertpapierbörse" betrautes Unternehmen. § 27 Abs. 1 S. 3 definiert auch die skontroführende Person.

II. Zulassungsvoraussetzungen

4   **1. Antragsteller.** Antragsteller können nur bereits zur Teilnahme am Börsenhandel zugelassene Unternehmen sein.[3] Inhaber der Zulassung zum Skontroführer ist damit das Unternehmen; zusätzlich bedürfen die konkret handelnden Personen, die skontroführenden Personen, Legaldefinition in § 27 Abs. 1 S. 3, einer Zulassung.[4]

5   **2. Zuverlässigkeit.** Nach § 27 Abs. 1 S. 3 müssen die skontroführenden Personen Börsenhändler sein. Die unmittelbar mit der Skontroführung befassten Personen müssen darüber hinaus auch über die für die Tätigkeit erforderliche berufliche Eignung verfügen. Erforderlich ist demnach, dass Tatsachen vorgetragen werden, aus denen sich aus dem Lebenslauf, insbesondere der Ausbildung, der Vorerfahrung und der bisherigen Tätigkeit die fachliche Eignung positiv ableiten lässt. Das Nähere regelt die Börsenordnung, wobei hier aber die grundgesetzlichen Vorgaben des Art. 12 zu beachten sind.[5]

---

[1] Dies war einer der Kernforderungen des Börsenreformgutachtens von *Hopt/Rudolph/Baum*, Börsenreform: Eine ökonomische, rechtsvergleichende und rechtspolitische Untersuchung, 1997, 409, 421, vgl. dazu auch → Vor § 1 Rn. 8.

[2] Ausf. zur Entwicklung der Vorschriften Schwark/Zimmer/*Beck* Rn. 3 ff.

[3] Schwark/Zimmer/*Beck* Rn. 58 f.

[4] Ungenau Schwark/Zimmer/*Beck* Rn. 58, der an dieser Stelle von einer einzigen Zulassung auszugehen scheint, in Rn. 65 dann aber zu Recht zwischen diesen beiden Zulassungen differenziert.

[5] Vgl. nur VGH Kassel Urt. v. 27.9.2006 – 6 N 1388/05, ZIP 2007, 215 (217); VG Frankfurt a. M. Urt. v. 7.12.2006 – 1 E 1101/06, EWiR 1/07, Art. 12 GG mAnm *Bayer/Weinmann;* VG Frankfurt a. M. Beschl. v. 5.3.2007 – 1 G 5756/06, ZIP 2007, 1302 (1304) jeweils zur Verteilung von Skontren, wobei die dortigen Ausführungen für die Zulassung als Skontroführer noch verschärft gelten. Krit. zur Rspr. des VG Frankfurt a. M. und VGH Kassel Schwark/Zimmer/*Beck* Rn. 65, der anders als die Gerichte nicht den Skontroführer als eigenständigen Beruf annimmt, sondern nur als schlichte weitere Betätigung im Rahmen des übergreifenden Berufes des Wertpapierhändlers; dagegen überzeugende Argumente bereits bei VGH Kassel Urt. v. 27.9.2006 – 6 N 1388/05, ZIP 2007, 215 (218).

3. Zulassungsentscheidung, Zulassungsanspruch. Die Zulassung zum Skontroführer erfolgt 6 durch die Börsengeschäftsführung. Bei der Zulassung handele es sich um einen **Verwaltungsakt.**[6] Der Wortlaut des § 27 Abs. 1 S. 1 („kann … zugelassen werden") spricht gegen ein Zulassungsanspruch, für ein Ermessen der Börsengeschäftsführung und damit nur für einen Anspruch des Antragstellers auf ermessensfehlerfreie Entscheidung. Aufgrund der ausdrücklich in § 29 S. 1 der Geschäftsführung eingeräumten Entscheidungsbefugnis auch über die „Anzahl der Skontroführer" ergibt sich, dass der Anspruch nicht nur auf eine ermessensfehlerfreie Entscheidung, sondern darüber hinaus sogar nur auf eine **ermessensfehlerfrei durchgeführte Bedürfnisprüfung beschränkt ist.**[7] Von der Zulassung zum Skontroführer ist die gesonderte Zulassung zur skontroführenden Person, welche in § 27 Abs. 1 S. 3 geregelt ist, zu unterscheiden. Hierauf besteht ein Anspruch.[8]

III. Beendigung der Zulassung

§ 27 Abs. 2 und 3 enthalten verschiedene Möglichkeiten der – auch vorläufigen – Beendigung der 7 Zulassung als Skontroführer: Das **Ruhen** der Zulassung, die **Rücknahme** und der **Widerruf** der Zulassung nach den Vorschriften des Verwaltungsverfahrensgesetzes sowie der Widerruf der Zulassung nach § 27 Abs. 2. Gegenüber Rücknahme oder Widerruf ist die § 27 Abs. 3 geregelte Möglichkeit, das Ruhen der Zulassung anzuordnen, das mildere Mittel. Wegen des auch hier anwendbaren Grundsatzes der Verhältnismäßigkeit ist deshalb vor einer Rücknahme bzw. einem Widerruf der Zulassung zunächst zu prüfen, ob die Missstände nicht auch während des Ruhens der Zulassung beseitigt werden können. Die Anordnung des Ruhens der Zulassung ist jedoch, anders als der Widerruf der Zulassung, nicht kraft Gesetzes sofort vollziehbar, da § 27 Abs. 3 keine dem § 27 Abs. 2 S. 3 Hs. 2 entsprechende Regelung enthält.[9]

§ 28 Pflichten des Skontroführers

(1) [1]**Der Skontroführer und die skontroführenden Personen haben im Rahmen der Aufgaben des Skontroführers auf einen geordneten Marktverlauf hinzuwirken und die Skontroführung neutral auszuüben.** [2]**Der Skontroführer hat durch geeignete organisatorische Maßnahmen die Einhaltung der ihm obliegenden Pflichten sicherzustellen.** [3]**Bei der Preisfeststellung hat er weisungsfrei zu handeln.** [4]**Die Wahrnehmung der Pflichten hat so zu erfolgen, dass eine wirksame Überwachung der Einhaltung der Pflichten gewährleistet ist.** [5]**Das Nähere regelt die Börsenordnung.**

(2) [1]**Der Skontroführer und die skontroführenden Personen haben alle zum Zeitpunkt der Preisfeststellung vorliegenden Aufträge bei ihrer Ausführung unter Beachtung der an der Börse bestehenden besonderen Regelungen gleich zu behandeln.** [2]**Das Nähere regelt die Börsenordnung.**

I. Einleitung

§ 28 entspricht, trotz erheblicher sprachlicher Änderungen, materiell im Wesentlichen § 27 idF vor 1 dem Finanzmarktrichtlinie-Umsetzungsgesetz, wobei der Anwendungsbereich der Vorschrift und damit des darin enthaltenen Pflichtenkatalogs auf die skontroführenden Personen, § 27 Abs. 1 S. 3, erweitert wurde. Die bis dahin in § 27 Abs. 1 S. 1 idF vor dem Finanzmarktrichtlinie-Umsetzungsgesetz ausdrücklich enthaltene Betriebspflicht wurde jedoch nicht mehr ausdrücklich erwähnt. Außerdem ist durch die Übertragung der Kompetenz, das Nähere in der Börsenordnung zu regeln, so § 28 Abs. 1 S. 5, Abs. 2 S. 2, bewusst[1] eine flexiblere Gestaltung des Pflichtenkatalogs ermöglicht worden. § 28 wurde in seiner ursprünglichen Fassung ebenfalls durch das **Vierte Finanzmarktförderungsgesetz** neu in das BörsG aufgenommen, findet aber Vorläufer in §§ 29, 32 idF vor dem Vierten Finanzmarktförderungsgesetz. Für das Verständnis der Vorschrift ist der Wandel der Funktion des Kursmakler-/Skontroführers von Bedeutung, insbesondere die Zunahme der Bedeutung des Skontroführers für die **Marktliquidität.**[2] Das kam bereits darin zum Ausdruck, dass schon durch das Zweite Finanzmarktförderungsgesetz die Möglichkeiten des Skontroführers zur Eingehung von Eigen- und Aufgabegeschäften erheblich erweitert wurden.[3] Das Vierte Finanzmarktförderungsgesetz hat diese Möglichkeiten noch erweitert indem Beschränkungen für Eigen- und Aufgabengeschäfte faktisch

---

[6] RegBegr. zum Vierten Finanzmarktförderungsgesetz, BT-Drs. 14/8017, 73 (77); Baumbach/Hopt/*Kumpan* Rn. 2.

[7] So ausdr. Schwark/Zimmer/*Beck* Rn. 61; idS auch Baumbach/Hopt/*Kumpan* Rn. 2.

[8] Schwark/Zimmer/*Beck* Rn. 65.

[9] Vgl. zur vergleichbaren Situation beim Ruhen der Zulassung zum Börsenhandel → § 19 Rn. 16.

[1] RegBegr. zum Finanzmarktrichtlinie-Umsetzungsgesetz, BT-Drs. 16/4028, 86.

[2] Darauf weist Schwark/Zimmer/*Beck* Rn. 1 zutreffend hin.

[3] Zur diesbezüglichen Rechtslage vgl. *Groß*, 2. Aufl. 2002, §§ 30–35 Rn. 10.

gänzlich weggefallen sind. Selbst die bis zum Finanzmarktrichtlinie-Umsetzungsgesetz noch in § 27 Abs. 1 S. 2 idF vor dem Finanzmarktrichtlinie-Umsetzungsgesetz enthaltene Restriktion, dass Eigen- und Aufgabengeschäfte „nicht tendenzverstärkend wirken" dürfen, wurde durch das Finanzmarktrichtlinie-Umsetzungsgesetz gestrichen.

2   Darüber hinaus enthält § 28 verschiedene weitere Regelungen: § 28 Abs. 1 S. 1 behandelt die **Grundpflichten,** insbesondere die Neutralitätspflicht, § 28 Abs. 1 S. 3 und Abs. 2 regeln die **Art der Preisermittlung** und § 28 Abs. 1 S. 4 enthält eine Regelung, mit deren Hilfe die **Überwachung der Skontroführung** gewährleistet werden soll.

II. Rechte und Pflichten der Skontroführer

3   **1. Rechtsgrundlage.** Skontroführer sind keine Angehörigen des öffentlichen Dienstes, sondern **selbstständige Handelsmakler** gem. § 93 HGB. Bei der Vermittlung der Aufträge wird der Skontroführer nach hM als Bote für die Abgabe des Angebots bzw. die Entgegennahme des Akzeptes tätig, nicht als Vertreter.[4] Nach Abschluss eines Geschäftes haben sie jeder Partei eine **Schlussnote** für das abgeschlossene Geschäft zuzusenden (§ 94 HGB). Die Skontroführer sind berechtigt, für ihre Tätigkeit eine Provision (Maklergebühr oder Courtage) zu verlangen. Diese Provision ist rein privatrechtlich zu beurteilen, da sie ausschließlich für die im privatrechtlichen Rahmen erbrachte Vermittlungstätigkeit anfällt. Dennoch wird die Höhe der Provision nicht privatrechtlich vereinbart, sondern in der, seit dem Finanzmarktrichtlinie-Umsetzungsgesetz nicht mehr von der Landesregierung, sondern vom Börsenrat gem. § 29 zu erlassenden **Rechtsverordnung** festgelegt.[5]

4   **2. Betriebspflicht.** Der durch das Finanzmarktrichtlinie-Umsetzungsgesetz umformulierte § 27 Abs. 1 S. 1 (jetzt § 28 Abs. 1 S. 1) enthält die bis dahin dort ausdrücklich verankerte Betriebspflicht nicht mehr, jedenfalls nicht mehr ausdrücklich. Die Regierungsbegründung äußert sich zu dieser Änderung nicht. Im Ergebnis wird aber der neue Wortlaut, dass die Skontroführer/skontroführenden Personen „im Rahmen der Aufgaben des Skontroführers" auf einen geordneten Marktverlauf hinzuwirken haben, nichts anderes bedeuten als dass die Skontroführer/skontroführenden Personen die Vermittlung und den Abschluss von Börsengeschäften in den zur Skontroführung zugewiesenen Wertpapieren zu betreiben haben, da Aufgabe des Skontroführers die Feststellung von Börsenpreises ist, § 27 Abs. 1 S. 1, diese Feststellung aber nur im Rahmen des Abschlusses von Börsengeschäften erfolgt. Skontroführer unterliegen demnach auch weiterhin einer **öffentlich-rechtlichen Betriebspflicht,** dh sie müssen die Vermittlung und den Abschluss von Börsengeschäften in Wertpapieren betreiben und die Feststellung der Börsenpreise vornehmen solange sie kraft Ernennung ihre Tätigkeit ausüben.[6] Diese Betriebspflicht kann auch von der Geschäftsführung der Börse mit den Mitteln des Verwaltungszwangs durchgesetzt werden.[7]

5   **3. Neutralitätspflicht.** Zwar ist, wie auch in der Regierungsbegründung zum Vierten Finanzmarktförderungsgesetz anerkannt, ein „Bedürfnis des Marktes für einen Eigenhandel des Skontroführers, mit dem naturgemäß auch eigene Interessen verbunden sind, gegeben".[8] Aber auf der anderen Seite muss im Interesse der Integrität des Marktes und der gebildeten Preise dafür Sorge getragen werden, dass die Skontroführertätigkeit neutral ausgeübt wird. Deshalb hat das Finanzmarktrichtlinie-Umsetzungsgesetz die Neutralitätspflicht in § 28 Abs. 1 S. 1 übernommen.[9] Die bis zum Finanzmarktrichtlinie-Umsetzungsgesetz in § 27 Abs. 1 S. 2 idF vor dem Finanzmarktrichtlinie-Umsetzungsgesetz enthaltene Regelung, dass Eigen- und Aufgabengeschäfte nicht tendenzverstärkend wirken dürfen, wurde zwar gestrichen. Materiell war diese Regelung jedoch nur eine Konkretisierung des Neutralitätsgebots, das weiterhin gilt, sodass auch diese Regelung materiell als fortgeltend angesehen werden kann. **Eigengeschäfte** sind Käufer und Verkäufer des Skontroführers im eigenen Namen oder Käufe und Verkäufe durch Dritte für Rechnung des Skontroführers. **Aufgabegeschäfte** sind solche Geschäfte, bei denen es der Skontroführer gegenüber seinem Auftraggeber die Benennung des anderen Vertragsteils vorbehält. Wenn Eigen- und Aufgabegeschäfte nicht tendenzverstärkend wirken dürfen, dann ist damit gemeint, dass sie nicht zu einem zusätzlichen Auftragsüberhang führen dürfen.[10] Enthielt § 32 Abs. 4 idF vor dem Vierten Finanzmarktförderungsgesetz noch eine Regelung, nach der alle Eigen- und Aufgabegeschäfte des Skontroführers gesondert gekennzeichnet werden mussten, so ist diese Regelung im Rahmen des Vierten Finanzmarktförderungsgesetzes entfallen. Auf der anderen Seite enthält § 28 Abs. 1 S. 4 eine generellere Regelung dergestalt, dass eine wirksame Überwachung

---

[4] Schwark/Zimmer/*Beck* Rn. 5.
[5] Entgeltordnung für die Tätigkeit der Skontroführer an der FWB, abrufbar über die Internet-Seite der Deutsche Börse AG.
[6] So bereits zum alten Recht *Groß,* 2. Aufl. 2002, §§ 30–35 Rn. 8; wie hier Schwark/Zimmer/*Beck* Rn. 8.
[7] Schwark/Zimmer/*Beck* Rn. 8.
[8] RegBegr. zum Vierten Finanzmarktförderungsgesetz, BT-Drs. 14/8017, 73 (78).
[9] So ausdr. auch RegBegr. zum Finanzmarktrichtlinie-Umsetzungsgesetz, BT-Drs. 16/4028, 86.
[10] Zum zulässigen Umfang von Eigen- und Aufgabegeschäften ausf. Schwark/Zimmer/*Beck* Rn. 14 ff.

der Einhaltung der Pflichten gewährleistet sein muss. Dies wird man als noch umfassendere Verpflichtungen als die nach § 32 Abs. 4 aF ansehen müssen.

§ 29 Verteilung der Skontren

[1]**Über die Verteilung der Skontren unter den für die Skontroführung geeigneten Antragstellern nach § 27 Abs. 1 Satz 2 und die Anzahl der Skontroführer entscheidet die Geschäftsführung.** [2]**Die Zuteilung von Skontren kann befristet erfolgen.** [3]**Das Nähere regelt die Börsenordnung.** [4]**Die Börsenordnung kann als Kriterien für die Zuteilung der Skontren insbesondere die fachliche und wirtschaftliche Leistungsfähigkeit des Antragstellers vorsehen.**

§ 29 wurde durch das Finanzmarktrichtlinie-Umsetzungsgesetz erheblich geändert. Dabei wurde **1** das Verfahren über die Verteilung der Skontren deutlich vereinfacht. Zur Frage der Entscheidungskompetenz darüber, ob überhaupt ein Präsenzhandel stattfinden soll und damit Skontren verteilt werden können, sagt § 29 nichts. Diese Entscheidung dürfte in das Selbstorganisationsrecht der Börse fallen und von dieser unter Berücksichtigung der Erfordernisse eines funktionsfähigen und ordnungsmäßigen Börsenhandels autonom getroffen werden können.[1] Anders gewendet: Die Entscheidung, ob es überhaupt zu verteilende Skontren geben soll, trifft die Geschäftsführung der Börse, ohne insoweit durch grundrechtlich geschützte Positionen der Skontroführer in spe beeinflusst zu sein; hat sie jedoch entschieden, dass ein Präsenzhandel stattfinden soll, dass somit Skontren zu verteilen sind, dann muss sie bei deren Verteilung die Berufsfreiheit und die Gleichbehandlung beachten.

§ 29 S. 1 enthält jetzt neben der Entscheidungskompetenz über die Verteilung der Skontren als **2** solche auch eine ausdrückliche Entscheidungsbefugnis der Geschäftsführung der jeweiligen Börse, über die Anzahl der Skontroführer zu entscheiden. Dies wird man als ausdrückliche Ermächtigung ansehen können, eine Bedürfnisprüfung vorzunehmen. Die Entscheidung über die Verteilung der Skontren, dh die einzelne Zuteilungsentscheidung, ist **Verwaltungsakt,** für den die allgemeinen verwaltungsrechtlichen Vorgaben gelten.[2]

Das Nähere über die Verteilung der Skontren regelt nach § 29 S. 3 die BörsO. Bis zum Finanz- **3** marktrichtlinie-Umsetzungsgesetz bestand eine Zweiteilung hinsichtlich der für Skontroführer geltenden Regelungen: Eine von der Landesregierung zu erlassene Rechtsverordnung über die Zulassung von Skontroführern und deren Rechte und Pflichten einerseits sowie die Regelungen zur Verteilung der Skontren selbst in der Börsenordnung andererseits. Das Finanzmarktrichtlinie-Umsetzungsgesetz hat diese Zweiteilung aufgehoben, sowohl die Regelungen über die Zulassung von Skontroführern als auch die über die Verteilung der Skontren sind in der Börsenordnung zu treffen, § 27 Abs. 1 S. 4 einerseits, § 29 S. 3 andererseits.

Wohl nicht zuletzt aufgrund von verschiedenen gerichtlichen Entscheidungen[3] regelt § 29 S. 4, dass **4** „als Kriterien für die Zuteilung der Skontren insbesondere die fachliche und wirtschaftliche Leistungsfähigkeit des Antragstellers" vorgesehen werden kann. Aufgrund der vorgenannten Entscheidungen wird man sagen müssen, dass die Börsenordnung diese vorgenannten Kriterien nicht nur vorsehen „kann", sondern muss, da die Entscheidung über die Voraussetzungen der Zuteilung der Skontren im Lichte der 3-Stufen-Theorie des BVerfG[4] zu Art. 12 GG, die auch bei der Verteilung der Skontren gilt, nicht allein der Geschäftsführung der Börse überlassen bleiben kann.[5]

§ 30 *(aufgehoben)*

§ 31 *(aufgehoben)*

---

[1] Baumbach/Hopt/*Kumpan* § 27 Rn. 1. Zum zulässigen Umfang von Eigen- und Aufgabegeschäften ausf. Schwark/Zimmer/*Beck* § 28 Rn. 14 ff.

[2] RegBegr. zum Finanzmarktrichtlinie-Umsetzungsgesetz, BT-Drs. 16/4028, 87; Schwark/Zimmer/*Beck* Rn. 5.

[3] Vgl. nur VGH Kassel Urt. v. 27.9.2006 – 6 N 1388/05, ZIP 2007, 215 (217); VG Frankfurt a. M. Urt. v. 7.12.2006 – 1 E 1101/06, EWiR 1/07, Art. 12 GG mAnm *Bayer/Weinmann;* VG Frankfurt a. M. Beschl. v. 5.3.2007 – 1 G 5756/06, ZIP 2007, 1302 (1304) jew. zur Verteilung von Skontren.

[4] BVerfGE 7, 377 (378, Ls. 6a–6d).

[5] Besonders deutlich VGH Kassel Urt. v. 27.9.2006 – 6 N 1388/05, ZIP 2007, 215 (218 ff.).

Abschnitt 4. Zulassung von Wertpapieren zum Börsenhandel

§ 32 Zulassungspflicht

(1) Wertpapiere, die im regulierten Markt an einer Börse gehandelt werden sollen, bedürfen der Zulassung oder der Einbeziehung durch die Geschäftsführung, soweit nicht in § 37 oder in anderen Gesetzen etwas anderes bestimmt ist.

(2) [1]Die Zulassung ist vom Emittenten der Wertpapiere zusammen mit einem Kreditinstitut, Finanzdienstleistungsinstitut oder einem nach § 53 Abs. 1 Satz 1 oder § 53b Abs. 1 Satz 1 des Kreditwesengesetzes tätigen Unternehmen zu beantragen. [2]Das Institut oder Unternehmen muss an einer inländischen Wertpapierbörse mit dem Recht zur Teilnahme am Handel zugelassen sein und ein haftendes Eigenkapital im Gegenwert von mindestens 730 000 Euro nachweisen. [3]Ein Emittent, der ein Institut oder Unternehmen im Sinne des Satzes 1 ist und die Voraussetzungen des Satzes 2 erfüllt, kann den Antrag allein stellen. [4]Die Geschäftsführung kann vom Emittenten die Übermittlung von Referenzdaten in Bezug auf die zuzulassenden Wertpapiere verlangen, soweit dies zur Erfüllung der Anforderungen aus Artikel 4 der Verordnung (EU) Nr. 596/2014 erforderlich ist.

(3) Wertpapiere sind zuzulassen, wenn

1. der Emittent und die Wertpapiere den Anforderungen nach Artikel 35 der Verordnung (EG) Nr. 1287/2006 sowie den Bestimmungen entsprechen, die zum Schutz des Publikums und für einen ordnungsgemäßen Börsenhandel nach § 34 erlassen worden sind, und
2. ein nach der Verordnung (EU) 2017/1129 des Europäischen Parlaments und des Rates vom 14. Juni 2017 über den Prospekt, der beim öffentlichen Angebot von Wertpapieren oder bei deren Zulassung zum Handel an einem geregelten Markt zu veröffentlichen ist und zur Aufhebung der Richtlinie 2003/71/EG (ABl. L 168 vom 30.6.2017, S. 12) gebilligter oder bescheinigter Prospekt oder ein Verkaufsprospekt im Sinne des § 42 des Investmentgesetzes in der bis zum 21. Juli 2013 geltenden Fassung veröffentlicht worden ist, der für den in § 345 Absatz 6 Satz 1 des Kapitalanlagegesetzbuchs vorgesehenen Zeitraum noch verwendet werden darf, oder ein Verkaufsprospekt im Sinne des § 165 des Kapitalanlagegesetzbuchs oder ein Prospekt im Sinne des § 318 Absatz 3 des Kapitalanlagegesetzbuchs veröffentlicht worden ist, soweit nicht nach Artikel 1 Absatz 2 oder Absatz 5 der Verordnung (EU) 2017/1129 von der Veröffentlichung eines Prospekts abgesehen werden kann.

(4) Der Antrag auf Zulassung der Wertpapiere kann trotz Erfüllung der Voraussetzungen des Absatzes 3 abgelehnt werden, wenn der Emittent seine Pflichten aus der Zulassung zum regulierten Markt an einem anderen organisierten Markt nicht erfüllt.

(5) [1]Die Geschäftsführung bestimmt mindestens drei inländische Zeitungen mit überregionaler Verbreitung zu Bekanntmachungsblättern für die vorgeschriebenen Veröffentlichungen (überregionale Börsenpflichtblätter). [2]Die Bestimmung kann zeitlich begrenzt werden; sie ist durch Börsenbekanntmachung zu veröffentlichen.

Übersicht

I. Einleitung

1. Änderungen durch das Vierte Finanzmarktförderungsgesetz. Das Vierte Finanzmarktför- **1**
derungsgesetz hatte auf Anregung des Börsenreformgutachtens[1] die Verknüpfung der Zulassung von
Wertpapieren in einem Marktsegment mit für dieses Marktsegment geltenden speziellen Preisfestset-
zungsregeln im Interesse der Flexibilität aufgehoben.[2] Anders gewendet: Die Zulassung erfolgte nicht
mehr zum Börsenhandel „mit amtlicher Feststellung des Börsenpreises (amtliche Notierung)", so noch
§ 36 Abs. 1 idF vor dem Vierten Finanzmarktförderungsgesetz, sondern sie wurde für ein Marktsegment (amtlicher oder geregelter Markt) gewährt (zu deren Ersetzung durch einen einzigen regulierten Markt → Rn. 5), wobei in beiden Marktsegmenten der Börsenpreis nach einheitlichen Maßstäben
(§ 24) ermittelt wurde.

2. Änderungen durch das Prospektrichtlinie-Umsetzungsgesetz. Das Prospektrichtlinie-Um- **2**
setzungsgesetz,[3] dessen Art. 3 die Änderungen des BörsG enthält, hat § 30 idF vor dem Finanzmarktrichtlinie-Umsetzungsgesetz und die §§ 30 ff. idF vor dem Finanzmarktrichtlinie-Umsetzungsgesetz
insgesamt nicht nur äußerlich, sondern auch inhaltlich fundamental geändert: Die entscheidende
Änderung bestand darin, dass der **Börsenzulassungsprospekt** als „Kernstück des Zulassungsantrags"
aus dem Zulassungsverfahren herausgenommen wurde. Das bedeutet, der Börsenzulassungsprospekt ist
nicht nur nicht mehr Kernstück des Zulassungsverfahrens, sondern noch nicht einmal mehr Teil des
Zulassungsverfahrens, vielmehr ist er nur noch – jenseits des Zulassungsverfahrens von einer anderen
Stelle, der BaFin, zu prüfende und zu billigende – Zulassungsvoraussetzung, so der entsprechend
geänderte § 30 Abs. 3 Nr. 2 idF vor dem Prospektrichtlinie-Umsetzungsgesetz.

Der durch das Prospektrichtlinie-Umsetzungsgesetz dem BörsG (und der BörsZulV) und damit dem **3**
Zulassungsverfahren entzogene Börsenzulassungsprospekt wurde durch ein eigenes Gesetz, das WpPG,
geregelt, das die **Europäische Prospekt-RL**[4] in deutsches Recht umsetzte.

Bereits die Prospekt-RL gab die durch die früheren europäischen Vorgaben (Börsenzulassungs- **4**
richtlinie[5] und die Börsenzulassungsprospektrichtlinie[6] einerseits und die Verkaufsprospekt richt-

---

[1] *Hopt/Rudolph/Baum,* Börsenreform: Eine ökonomische, rechtsvergleichende und rechtspolitische Untersuchung,
1997, 409 ff.

[2] Begründung des Regierungsentwurfs eines Gesetzes zur weiteren Fortentwicklung des Finanzplatzes Deutschland (Viertes Finanzmarktförderungsgesetz), BT-Drs. 14/8017, 62 (63); vgl. auch *Beck* BKR 2002, 699 ff.

[3] BGBl. 2005 I 1698.

[4] Richtlinie 2003/71/EG des Europäischen Parlaments und des Rates vom 4. November 2003 betreffend den
Prospekt, der beim öffentlichen Angebot von Wertpapieren oder bei deren Zulassung zum Handel zu veröffentlichen
ist, und zur Änderung der Richtlinie 2001/34/EG, ABl. 2003 L 345, 64. Vgl. dazu näher *Crüwell* AG 2003, 243;
Fürhoff/Ritz WM 2001, 2280; *Holzborn/Schwarz-Gondek* BKR 2003, 927; *v. Kopp-Colomb/Lenz* AG 2002, 24;
Kunold/Schlitt BB 2004, 501 ff.; *Weber* NZG 2004, 360 ff.

[5] Richtlinie des Rates vom 5. März 1979 zur Koordinierung der Bedingungen für die Zulassung von Wertpapieren zur amtlichen Notierung an einer Wertpapierbörse, RL 79/279/EWG, ABl. 1979 L 66, 21, aufgehoben
und neu gefasst durch die Richtlinie 2001/34/EG des Europäischen Parlaments und des Rates vom 28. Mai 2001
über die Zulassung von Wertpapieren zur amtlichen Börsennotierung und über die hinsichtlich dieser Wertpapiere
zu veröffentlichenden Informationen, ABl. 2001 L 184, 1, berechtigt ABl. 2001 L 217, 18, diese wiederum
teilweise aufgehoben und ersetzt durch die Richtlinie 2003/71/EG des Europäischen Parlaments und des Rates
vom 4. November 2003 betreffend den Prospekt, der beim öffentlichen Angebot von Wertpapieren oder bei deren
Zulassung zum Handel zu veröffentlichen ist, und zur Änderung der Richtlinie 2001/34/EG, ABl. 2003 L 345, 64
und die Richtlinie 204/109/EG des Europäischen Parlaments und des Rates vom 15. Dezember 2004 zur
Harmonisierung der Transparenzanforderungen in Bezug auf Informationen über Emittenten, deren Wertpapiere
zum Handel auf einem geregelten Markt zugelassen sind, und zur Änderung der Richtlinie 2001/34/EG, ABl.
2004 L 390, 38.

[6] Richtlinie vom 17. März 1980 zur Koordinierung der Bedingungen für die Erstellung, die Kontrolle und die
Verbreitung des Prospekts, der für die Zulassung von Wertpapieren zur amtlichen Notierung an einer Wertpapierbörse zu veröffentlichen ist, RL 80/390/EWG, ABl. 1980 L 100, 1, aufgehoben und neu gefasst durch die Richtlinie

linie[7] andererseits) vorgegebene Zweiteilung zwischen **Börsenzulassungsprospekten** und **Verkaufsprospekten** auf und fasste die Prospektanforderungen für beide Instrumente zusammen. Dies hatte für das deutsche Recht zur Folge, dass die hier bis dahin gleichermaßen geltende Zweiteilung (BörsG und BörsZulV einerseits und VerkprospG und Prospekt-VO andererseits) ebenfalls aufgegeben wurde. An deren Stelle schaffte das Prospektrichtlinien-Umsetzungsgesetz, ein einheitliches WpPG, in dem die **Prospektanforderungen** einheitlich für Zulassungs- und Verkaufsprospekte zusammengefasst wurden. Gleichzeitig wurden die entsprechenden Regelungen der BörsZulV, des VerkprospG und der VerkProspekt-VO zum Prospektinhalt und der Befreiung von der Pflicht, einen Prospekt zu veröffentlichen, aufgehoben. Der Prospekt ist seither nicht mehr Gegenstand des Zulassungsverfahrens sondern nur noch Zulassungsvoraussetzung. Ansonsten berührte das Prospektrichtlinie-Umsetzungsgesetz die **Zulassungsvoraussetzungen** und das **Zulassungsverfahren** kaum.

5　　**3. Änderung durch das Finanzmarktrichtlinie-Umsetzungsgesetz.** Das Finanzmarktrichtlinie-Umsetzungsgesetz hat das Zulassungsverfahren in zwei wesentlichen Punkten geändert. Zunächst wurde die Zuständigkeit für die Zulassungsentscheidung von der Zulassungsstelle auf die Geschäftsführung der jeweiligen Börse verlagert. Darüber hinaus wurde der geregelte Markt als gesondertes Börsensegment abgeschafft und der amtliche Markt in den regulierten Markt umbenannt. Damit erfolgt seit 1.11.2007 die Zulassung von Wertpapieren nicht mehr zum amtlichen oder geregelten Markt, sondern allein zum regulierten Markt. § 32 Abs. 1 entspricht § 30 Abs. 1 BörsG idF vor dem Finanzmarktrichtlinie-Umsetzungsgesetz, ergänzt um die Einbeziehungsmöglichkeit,[8] § 32 Abs. 2 entspricht §§ 30 Abs. 2, 51 Abs. 1 Nr. 2 idF vor dem Finanzmarktrichtlinie-Umsetzungsgesetz, § 32 Abs. 3 entspricht im Wesentlichen[9] den §§ 30 Abs. 3, 51 Abs. 1 Nr. 1 idF vor dem Finanzmarktrichtlinie-Umsetzungsgesetz, § 32 Abs. 4 entspricht, von redaktionellen Änderungen abgesehen, § 32 Abs. 4 idF vor dem Finanzmarktrichtlinie-Umsetzungsgesetz und § 32 Abs. 5 entspricht § 31 Abs. 4 idF vor dem Finanzmarktrichtlinie-Umsetzungsgesetz mit der Maßgabe, dass mangels gesetzlicher Bezugsvorschriften die regionalen Börsenpflichtblätter entfallen.[10]

6　　**4. Gesetze zur Umsetzung der neuen Prospekt-VO.** Die Prospekt-RL und die frühere Prospekt-VO[11] wurden durch die neue Prospekt-VO, Verordnung (EU) 2017/1129 des Europäischen Parlaments und des Rates vom 14. Juni 2017 über den Prospekt, der beim öffentlichen Angebot von Wertpapieren oder bei deren Zulassung zum Handel an einem geregelten Markt zu veröffentlichen ist und zur Aufhebung der Richtlinie 2003/71/EG[12], ersetzt. Durch die Delegierte Verordnung (EU) 2019/980 der Kommission vom 14.3.2019 zur Ergänzung der Verordnung (EU) 2017/1129 des Europäischen Parlaments und des Rates hinsichtlich der Aufmachung, des Inhalts, der Prüfung und der Billigung des Prospekts, der beim öffentlichen Angebot von Wertpapieren oder bei deren Zulassung zum Handel an einem geregelten Markt zu veröffentlichen ist, und zur Aufhebung der Verordnung (EG) Nr. 809/2004 der Kommission[13], wurde die (alte) Prospekt-VO aufgehoben. Die neue Prospekt-VO befasst sich ebenso wie die auf ihrer Grundlage erlassenen Delegierten Verordnungen[14] mit dem

---

2001/34/EG des Europäischen Parlaments und des Rates vom 28. Mai 2001 über die Zulassung von Wertpapieren zur amtlichen Börsennotierung und über die hinsichtlich dieser Wertpapiere zu veröffentlichenden Informationen, RL 2001/34/EG, ABl. 2001 L 184, 1, berichtigt ABl. 2001 L 217, 18, diese wiederum teilweise aufgehoben und ersetzt durch die Richtlinie 2003/71/EG des Europäischen Parlaments und des Rates vom 4. November 2003 betreffend den Prospekt, der beim öffentlichen Angebot von Wertpapieren oder bei deren Zulassung zum Handel zu veröffentlichen ist, und zur Änderung der Richtlinie 2001/34/EG, ABl. 2003 L 345, 64 und die Richtlinie 204/109/EG des Europäischen Parlaments und des Rates vom 15. Dezember 2004 zur Harmonisierung der Transparenzanforderungen in Bezug auf Informationen über Emittenten, deren Wertpapiere zum Handel auf einem geregelten Markt zugelassen sind, und zur Änderung der Richtlinie 2001/34/EG, ABl. 2004 L 390, 38.

[7] Richtlinie zur Koordinierung der Bedingungen für die Erstellung, Kontrolle und Verbreitung des Prospekts, der im Falle öffentlicher Angebote von Wertpapieren zu veröffentlichen ist, vom 17. April 1989, RL 89/298/EWG, ABl. 1989 L 124, 8, die ab 1. Juli 2005 durch die Richtlinie 2003/71/EG des Europäischen Parlaments und des Rates vom 4. November 2003 betreffend den Prospekt, der beim öffentlichen Angebot von Wertpapieren oder bei deren Zulassung zum Handel zu veröffentlichen ist, und zur Änderung der Richtlinie 2001/34/EG, ABl. 2003 L 345, 64 aufgehoben wurde.

[8] Zur Einbeziehung vgl. sogleich § 33.

[9] → Rn. 16 und → Rn. 27.

[10] RegBegr. Finanzmarktrichtlinie-Umsetzungsgesetz, BT-Drs. 16/4028, 100 f.

[11] Verordnung (EG) Nr. 809/2004 der Kommission vom 29. April 2004 zur Umsetzung der Richtlinie 2003/71/EG des Europäischen Parlaments und des Rates betreffend die in Prospekten enthaltenen Angaben sowie die Aufmachung, die Aufnahme von Angaben in Form eines Verweises und die Veröffentlichung solcher Prospekte sowie die Verbreitung von Werbung, konsolidierte Änderungsfassung abrufbar über das Internet eur-lex.europa.eu.

[12] ABl. 2017 L 118, 12.

[13] ABl. 2019 L 166, 26.

[14] Zum Einen die vorgenannte Delegierte Verordnung (EU) 2019/980 sowie die Delegierte Verordnung (EU) 2019/979 der Kommission vom 14.3.2019 zur Ergänzung der Verordnung (EU) 2017/1129 des Europäischen Parlaments und des Rates durch technische Regulierungsstandards für wesentliche Finanzinformationen in der Zusammenfassung des

Erfordernis eines Prospekts beim öffentlichen Angebot oder bei der Zulassung zum Handel an einem geregelten Markt und dem eigentlichen Prospektinhalt sowie dem Prospektbilligungsverfahren. Nicht geregelt von der neuen Prospekt-VO wird die Zulassung von Wertpapieren zum Börsenhandel. Insofern haben die beiden Gesetze zur „Umsetzung"[15] der neuen Prospekt-VO, das Gesetz zur Ausübung von Optionen der EU-Prospektverordnung und zur Anpassung weiterer Finanzmarktgesetze[16] sowie das Gesetz zur weiteren Ausführung der EU-Prospektverordnung und zur Änderung von Finanzmarktgesetzen[17] §§ 32 ff. und die BörsZulV, damit das Zulassungsverfahren inhaltlich nicht materiell geändert.

II. Begriff und Rechtsnatur der Zulassung

1. Zulassung: Begriff und Rechtsnatur. Die Zulassung von Wertpapieren zum Börsenhandel ist **7** die **öffentlich-rechtliche Erlaubnis,** für den Handel in den betreffenden Wertpapieren in dem jeweiligen Marktsegment die Börseneinrichtungen zu nutzen.[18] Erfasst von der Zulassung wird das Wertpapier (nicht etwa das Unternehmen),[19] im Fall der Zulassung von Aktien demnach die Aktie. Ändert sich zB die Firma, so ändert dies am Fortbestand der Zulassung der Aktie nichts, es bedarf keiner neuen Zulassung. Ändert sich die Rechtsform des Unternehmens, wobei allerdings die Aktie als solche bestehen bleibt, zB bei der Umwandlung einer AG in eine SE oder umgekehrt[20] oder einer AG in eine KGaA und umgekehrt **(str.),**[21] dann ändert dies an der Zulassung nichts, es bedarf nicht etwa einer neuen Zulassung der umgewandelten SE/AG/KGaA/AG-Aktie. Die Zulassung ist begünstigender **Verwaltungsakt.**[22] Sie kann nach den Verwaltungsverfahrensgesetzen der Sitzländer der Börse von **Bedingungen** abhängig gemacht oder mit **Auflagen** verbunden werden.[23] Die Zulassung ist jedoch kein drittbegünstigter Verwaltungsakt in dem Sinn, dass sie den einzelnen Anleger begünstigen und ihm subjektive Rechte auf Erlangung der Zulassung einräumen würde.[24]

Da das Finanzmarktrichtlinie-Umsetzungsgesetz die bis dahin geltende gesetzliche Differenzierung **8** zwischen dem amtlichen und dem geregelten Markt aufgehoben hat, erfolgt die Zulassung nunmehr allein zum regulierten Markt – beim Freiverkehr spricht man dagegen nicht von einer Zulassung, sondern von einer Einbeziehung, vgl. § 32 Abs. 1 einerseits und § 48 Abs. 1 S. 3 andererseits.

2. Abgrenzung der Zulassung von der Emission und der Einführung. Die Zulassung ist von **9** der Ausgabe, Begebung, Emission von Wertpapieren und deren Einführung zu unterscheiden[25]: Die **Emission** erfasst sowohl die Ausgabe/Begebung der Wertpapiere als auch deren Platzierung beim Anleger.[26] Die **Zulassung** kann Teil der Platzierung und damit der Emission sein. Die Emission setzt aber keine Zulassung voraus, da auch nicht zugelassene Wertpapiere privat oder öffentlich platziert werden können. Die **Einführung** der Wertpapiere dagegen umfasst nach der Legaldefinition des § 38 Abs. 1 die Aufnahme der Notierung der zugelassenen Wertpapiere im regulierten Markt an der Börse. Die Aufnahme der Notierung setzt die **Zulassung** des Wertpapiers zum regulierten Markt

---

Prospekts, die Veröffentlichung und Klassifizierung von Prospekten, die Werbung für Wertpapiere, Nachträge zum Prospekt und das Notifizierungsportal und zur Aufhebung der Delegierten Verordnung (EU) Nr. 382/2014 der Kommission und der Delegierten Verordnung (EU) 2016/301 der Kommission, Abl. 2019 L 166, 1.

[15] Einer Umsetzung der Verordnung in nationales Recht bedarf es nicht, da diese unmittelbar gilt, Art. 288 S. 2 AEUV. Insofern enthalten die beiden Gesetze auch nur ergänzende oder konkretisierende bzw. dort, wo die neue Prospekt-VO dem nationalen Gesetzgeber noch Regelungsraum überlässt, diesen ausnützende Regelungen.

[16] BGBl. 2018 I 1102.

[17] BGBl. 2019 I 1002.

[18] Schwark/Zimmer/*Heidelbach* Rn. 1 und 17; *Foelsch/Wittmann* in Hellner/Steuer BuB Rn. 7/591, *Trapp* in Habersack/Mülbert/Schlitt Unternehmensfinanzierung-HdB § 37 Rn. 6.

[19] So ausdr. bereits *Gebhardt* in Schäfer/Hamann § 30 Rn. 9.

[20] Das dürfte unstr. sein, die Praxis verfährt auch so. Beispiele s. zB das Formwechsel bei der Dr. Ing. h. c. Porsche Aktiengesellschaft in die Porsche Automobilholding SE im Jahr 2007.

[21] Die Praxis beim Rechtsformwechsel einer AG in eine KGaA oder einer KGaA in eine AG ist unterschiedlich. Während hier zB beim Rechtsformwechsel von einer KGaA in eine AG in einem Fall von einigen Börsen die Ansicht vertreten wurde, dass es einer neuen Zulassung für die aus der Umwandlung der Kommanditaktien resultierenden Aktien bedarf, wurde im Fall der Umwandlung einer AG in eine KGaA eine neue Zulassung durchgeführt, vgl. Umwandlung HSBC Trinkaus & Burkhardt Kommanditgesellschaft auf Aktien in HSBC Trinkaus und Burkhardt AG einerseits und Drägerwerk AG in Drägerwerk AG & Co. KGaA andererseits. Näher dazu → Prospekt-VO Art. 3 Rn. 7 f.

[22] *Gebhardt* in Schäfer/Hamann § 30 Rn. 3; Schwark/Zimmer/*Heidelbach* Rn. 17; *Foelsch/Wittmann* in Hellner/Steuer BuB Rn. 7/591, *Trapp* in Habersack/Mülbert/Schlitt Unternehmensfinanzierung-HdB § 37 Rn. 10.

[23] Begründung zum Börsenzulassungsgesetz, BT-Drs. 10/4296, 14.

[24] So ausdr. auch BVerfG Urt. v. 11.7.2012 – 1 BvR 3142/07 und 1 BvR 1569/08, AG 2012, 557, 560 Rn. 58. Ausf. hierzu → Rn. 49 ff., sowie *Groß* ZHR 165 (2001), 141 (147 f.); ebenso *Eickhoff* WM 1988, 1713 (1715); *Fluck* WM 1995, 553 (558); *Kleindiek* FS Bezzenberger, 2000, 653 (656); *Radtke,* Delisting, Rückzug aus dem amtlichen Handel oder dem geregelten Markt auf Wunsch des Emittenten aus kapitalmarktrechtlicher Sicht, 1998, 54. Zur Frage des subjektiven Rechts des Anlegers auf Fortbestand einer Zulassung → § 39 Rn. 33 ff.

[25] Zu den Begriffen auch *Trapp* in Habersack/Mülbert/Schlitt Unternehmensfinanzierung-HdB § 37 Rn. 6.

[26] Vgl. *Groß* in Bosch/Groß, Emissionsgeschäft, 2. Aufl. 2000, Rn. 258.

voraus.[27] Das Zulassungserfordernis als Voraussetzung der Notierung folgt für den regulierten Markt unmittelbar aus der in § 38 Abs. 1 enthaltenen Legaldefinition („die Aufnahme der Notierung zugelassener Wertpapiere …").

10   **3. Bedeutung der Zulassung.** Die besondere Bedeutung der Zulassung, neben der Tatsache, dass sie Voraussetzung für die Börsennotierung ist, ergab sich bis zur Änderung durch das Prospektrichtlinie-Umsetzungsgesetz aus dem Zusammenspiel zwischen börsengesetzlichen Zulassungsregeln und verkaufsprospektgesetzlichen Vertriebsbestimmungen, insbesondere der Grundregel des § 1 VerkprospG aF. Dieses Zusammenspiel stellte sicher, dass, von einzelnen speziell geregelten Ausnahmen[28] abgesehen, vor **jedem erstmaligen öffentlichen Angebot** von Wertpapieren im Inland den Anlegern die Möglichkeit eröffnet wurde, die für ihre Anlageentscheidung wesentlichen Informationen einem vor ihrer Kaufentscheidung zur Verfügung stehenden **Prospekt** zu entnehmen.[29] Entweder war dies der Verkaufsprospekt, der nach § 1 VerkprospG aF vor jedem erstmaligen öffentlichen Angebot nicht zugelassener Wertpapiere zu veröffentlichen war. Oder es war der Börsenzulassungsprospekt, der Zulassungsvoraussetzung war. Diese besondere Bedeutung der Zulassung besteht nach wie vor, da nach Art. 3 Abs. 3 Prospekt-VO grundsätzlich (Ausnahmen in Art. 1 Abs. 5 Prospekt-VO) jede Zulassung die Veröffentlichung eines gebilligten Prospektes, und zwar eines Prospektes nach der neuen Prospekt-VO, voraussetzt.[30] Allerdings führt, anders als bis zum Inkrafttreten des WpPG, die Zulassung nicht zur Beseitigung der Prospektpflicht, da selbst bei bereits börsenzugelassenen Wertpapieren ein öffentliches Angebot einen Prospekt erfordern soll.

11   **4. Ausnahmen vom Zulassungserfordernis.** Die in § 37 genannten staatlichen Schuldverschreibungen, die gem. Art. 1 Abs. 2 lit. b, c oder d Prospekt-VO auch aus deren Anwendungsbereich fallen, bedürfen keiner Zulassung; sie sind qua Gesetzes zugelassen[31]. Privilegiert sind Schuldverschreibungen des Bundes, seiner Sondervermögen,[32] eines Bundeslandes, eines Mitgliedstaates der Europäischen Union oder eines Vertragsstaats des Abkommens über den Europäischen Wirtschaftsraum.[33] Von § 37 nicht privilegiert sind Schuldverschreibungen der Gebietskörperschaften „unterhalb" eines Bundeslandes bzw. Mitgliedsstaates oder Vertragsstaates des Abkommens über den Europäischen Wirtschaftsraum.[34] Für die privilegierten Emittenten bedarf es weder eines Zulassungsantrags noch der Durchführung eines Zulassungsverfahrens, noch eines Prospekts, noch einer Zulassung.[35] Damit entfallen auch Zulassungsgebühren, jedoch dürfen Einführungsgebühren und, bei Schuldverschreibungen aufgrund der entsprechenden Anknüpfung in der Gebührenordnung weniger relevant, Notierungsgebühren erhoben werden.[36] Gleiches gilt für Aktien aus einer Kapitalerhöhung aus Gesellschaftsmitteln einer deutschen Aktiengesellschaft, da diese qua Gesetzes gem. § 33 Abs. 4 EGAktG (Berichtigungsaktien) zugelassen sind.[37]

III. Zulassungsvoraussetzungen

12   **1. Überblick.**[38] Die Voraussetzungen für die **Zulassung zum regulierten Markt** sind in **§ 32 Abs. 3** sowie der auf der Grundlage der Ermächtigung in § 34 erlassenen **BörsZulV** geregelt. § 32 Abs. 3 Nr. 1 verweist auf die **BörsZulV** als der nach § 34 erlassenen Vorschrift und gibt eine Auslegungsregelung für die Bestimmungen der BörsZulV vor.[39] § 32 Abs. 3 Nr. 2 hebt als besondere Zulassungsvoraussetzung hervor, dass dem Zulassungsantrag ein gebilligter oder bescheinigter Prospekt

---

[27] Schwark/Zimmer/*Heidelbach* Rn. 18; *Klenke* WM 1995, 1089 (1094). Zur gesonderten Zulassung zum Teilbereich des regulierten Marktes mit weiteren Zulassungsfolgepflichten (Prime Standard) vgl. ausf. *Gebhardt* WM-Sonderbeilage 2/2003, 1 ff.; *Schlitt* AG 2003, 57 ff.; zu den börsengesetzlichen Grundlagen für die Schaffung dieser Teilbereiche vgl. bereits *Beck* BKR 2002, 699 (707).

[28] Vgl. zB §§ 45, 45a BörsZulV aF, §§ 2–4 VerkProspG aF.

[29] Wie hier auch zum „neuen" Recht Schwark/Zimmer/*Heidelbach* Rn. 3.

[30] Schwark/Zimmer/*Heidelbach* Rn. 3.

[31] Krit. dazu bereits nach altem Recht *Gebhardt* in Schäfer/Hamann § 36 Rn. 2.

[32] Beispiele bei Schwark/Zimmer/*Heidelbach* § 37 Rn. 4; *Gebhardt* in Schäfer/Hamann § 36 Rn. 5.

[33] Schwark/Zimmer/*Heidelbach* § 37 Rn. 6.

[34] Vgl. iE *Groß*, 2. Aufl. 2002, VerkProspG § 3 Rn. 5; *Gebhardt* in Schäfer/Hamann § 36 Rn. 5; Schwark/Zimmer/*Heidelbach* § 37 Rn. 6.

[35] Schwark/Zimmer/*Heidelbach* § 37 Rn. 7. Es bedarf auch keines Prospekts für ein öffentliches Angebot, da diese nach Art. 1 Abs. 2 lit. b, c, d und e Prospekt-VO von der neuen Prospekt-VO nicht erfasst werden, sodass für diese keine Prospektpflicht nicht nur für die Zulassung sondern auch das öffentliche Angebot besteht.

[36] Vgl. nur Schwark/Zimmer/*Heidelbach* § 37 Rn. 8.

[37] *Gericke*, Handbuch für die Börsenzulassung von Wertpapieren, 1992, 135 ff.; Schwark/Zimmer/*Heidelbach* Rn. 16 und Schwark/Zimmer/*Heidelbach* § 37 Rn. 8. Str. ist, ob § 33 Abs. 4 EGAktG nur bei Aktiengesellschaften mit deutschem Gesellschaftsstatut gilt.

[38] Überblick über die Zulassungsvoraussetzungen bei Schwark/Zimmer/*Heidelbach* Rn. 44 ff.; *Foelsch/Wittmann* in Hellner/Steuer BuB Rn. 7/593 ff.

[39] Str. Schwark/Zimmer/*Heidelbach* Rn. 44 (keine eigenständige Regelung); wie hier *Gebhardt* in Schäfer/Hamann § 30 Rn. 51: § 32 Abs. 3 Nr. 1 dient der Auslegung der BörsZulV, deren Vorschriften iSd Schutzes des Publikums und des ordnungsgemäßen Börsenhandels auszulegen sind.

beizufügen ist, soweit die neue Prospekt-VO in Art. 1 Abs. 5 Prospekt-VO nicht hiervon befreit bzw. nach Art. 1 Abs. 2 Prospekt-VO nicht anwendbar ist.

Durch das Finanzmarktrichtlinie-Umsetzungsgesetz neu eingefügt wurde in § 32 Abs. 3 Nr. 1 der **13** Verweis auf Art. 35 VO (EG) Nr. 1287/2006.[40] In Umsetzung und Konkretisierung von Art. 40 MiFID enthält Art. 35 VO (EG) 1287/2006 unmittelbar anwendbare[41] Anforderungen an den Emittenten und die Wertpapiere hinsichtlich der freien Handelbarkeit. Der deutsche Gesetzgeber hat bei Umsetzung der MiFID durch das Finanzmarktrichtlinie-Umsetzungsgesetz die zur freien Handelbarkeit der Wertpapiere einschlägige Vorschrift des § 5 BörsZulV nicht geändert. Damit hat er klar zu erkennen gegeben, dass nach seiner Ansicht § 5 BörsZulV Art. 35 VO (EG) 1287/2006 jedenfalls nicht widerspricht und insofern kein Änderungsbedarf besteht. Generell ist davon auszugehen dass sowohl der europäische Gesetzgeber, da er bei Erlass der MiFID bzw. der DurchführungsV MiFID die Koordinierungs-RL nicht geändert hat, als auch der deutsche Gesetzgeber, da im Finanzmarktrichtlinie-Umsetzungsgesetz § 5 BörsZulV nicht angepasst wurde, ein Nebeneinander der beiden Normkomplexe anordnen wollten, wobei allerdings bei Widersprüchen die DurchführungsV MiFID als höherrangiges Recht maßgeblich ist.[42]

Die neue Prospekt-VO hebt einerseits die Europäische Prospektrichtlinie 2003/71/EG im Wesent- **14** lichen mit Wirkung zum 21.7.2019 auf (Art. 46 Abs. 1 Prospekt-VO) und überführt im Wesentlichen deren Regelung in den Rechtsmantel einer unmittelbar in allen Mitgliedsstaaten geltenden Verordnung (Art. 288 S. 2 AEUV). Wenn damit auch wesentliche Teile des alten WpPG obsolet wurden, das daraufhin grundlegend neu gefasst wurde,[43] so führte dies als solches nicht unmittelbar zu wesentlichen Änderungen der Börsenzulassung und des Börsenzulassungsverfahrens, da diese Änderungen nur den Prospekt, dessen Inhalt und dessen Billigung betreffen, nicht aber die eigentliche Börsenzulassung und das eigentliche Börsenzulassungsverfahren. Die beiden der Anpassung deutschen Rechts an die unmittelbar geltende neue Prospekt-VO dienenden Gesetze, einmal das Gesetz zur Ausübung von Optionen der EU-Prospektverordnung und zur Anpassung weiterer Finanzmarktgesetze[44] und zum anderen das Gesetz zur weiteren Ausführung der EU-Prospektverordnung und zur Änderung von Finanzmarktgesetzen[45] haben jedenfalls im Hinblick auf die Zulassung und das Zulassungsverfahren sowohl das BörsG als auch die BörsZulV materiell im Wesentlichen unberührt gelassen.

2. Wertpapiere. Zum regulierten Markt können nur **„Wertpapiere"** zugelassen werden. Der **15** Begriff des Wertpapiers ist im BörsG nicht definiert.[46] Nach dem weitesten Wertpapierbegriff sind Wertpapiere Urkunden, die private Rechte dergestalt verbriefen, dass diese Rechte ohne Urkunde nicht geltend gemacht werden können.[47] Dieser Wertpapierbegriff ist einerseits zu weit. Wie sich zB aus § 51 Abs. 1 ergibt, sind Wechsel von den Zulassungsvorschriften im 4. Abschnitt nicht erfasst.[48] Er ist andererseits aber auch zu eng, da er noch eine Verkörperung der Wertpapiere voraussetzt. Dies ist im Hinblick auf die zunehmende Entmaterialisierung der Wertpapiere nicht sachgerecht. Global- bzw. Sammelurkunden und Wert- und Registerrechte sind in den Wertpapierbegriff mit einzubeziehen.[49] Auch § 2 Nr. 1 WpPG bzw. Art. 2 lit. a Prospekt-VO, auf den § 2 Nr. 1 WpPG verweist, der bei der Begriffsbestimmung auch im BörsG zu berücksichtigen ist[50] geht von dieser weiten Begriffsbestimmung aus[51]. Da hat bereits die Regierungsbegründung zum Prospektrichtlinie-Umsetzungsgesetz hervorgehoben, wenn es dort heißt: „Auf eine Verbriefung kommt es ... nicht an. Wertpapiere sind beispielsweise auch solche Aktien, die nur in einem

---

[40] Verordnung (EG) Nr. 1287/2006 der Kommission vom 10. August 2006 zur Durchführung der Richtlinie 2004/39/EG des Europäischen Parlaments und des Rates betreffend die Aufzeichnungspflichten für Wertpapierfirmen, die Meldung von Geschäften, die Markttransparenz, die Zulassung von Finanzinstrumenten zum Handel und bestimmte Begriffe im Sinne dieser Richtlinie, ABl. 2006 L 241, 1.

[41] Zur unmittelbaren Anwendbarkeit europäischer Verordnungen im nationalen Recht der Mitgliedstaaten vgl. nur → Vor § 1 Rn. 20.

[42] Schwark/Zimmer/*Heidelbach* Rn. 45.

[43] → WpPG Vor § 1 Rn. 9.

[44] BGBl. 2018 I 1102.

[45] BGBl. 2019 I 1002.

[46] Ausf. dazu *Gebhardt* in Schäfer/Hamann § 30 Rn. 10 ff.; Schwark/Zimmer/*Heidelbach* Rn. 25 ff.

[47] Schwark/Zimmer/*Heidelbach* Rn. 24 mw umfangr. Nachw.

[48] *Gebhardt* in Schäfer/Hamann § 30 Rn. 14; Schwark/Zimmer/*Heidelbach* Rn. 9.

[49] Wie hier jetzt auch Schwark/Zimmer/*Heidelbach* Rn. 15 ff.; enger wohl *Gebhardt* in Schäfer/Hamann § 30 Rn. 15 ff. Vgl. allgemein hierzu auch *Einsele* WM 2001, 7; *Than* FS Schimansky, 1999, 821.

[50] Schwark/Zimmer/*Heidelbach* Rn. 26; enger *Assmann*/Schlitt/v. Kopp-Colomb/*v. Kopp-Colomb*/*J. Schneider* WpPG § 2 Rn. 14: Wertpapierbegriff des BörsG und des WpPG dürfte sich unterscheiden.

[51] Detailliert zum kapitalmarktrechtlichen Wertpapierbegriff im Hinblick auf die Einordnung von „Krypto-Token", Merkblatt der BaFin „Zweites Hinweisschreiben zu Prospekt- und Erlaubnispflichten im Zusammenhang mit der Ausgabe sogenannter Krypto-Token, WA 51-Wp 7100-2019/0011 und IF 1-AZB 1505–2019/0003", dort unter V.c)bb), sowie erstes BaFin-Hinweisschreiben vom 20.2.2018, WA 11-QB 4100-2017/0010, jeweils abrufbar über die BaFin Homepage.: Entscheidend sind kapitalmarktrechtlich sowohl die Übertragbarkeit, Handelbarkeit am Finanzmarkt sowie die Ausstattung mit wertpapierähnlichen Rechten.

Register geführt werden."[52] Deshalb ist der börsenrechtlichen Wertpapierbegriff nach den Erfordernissen des Börsenrechts und Börsenhandels sowie Sinn und Zweck des BörsG entsprechend § 2 Nr. 1 WpPG (Art. 2 lit. a Prospekt-VO) und § 2 Nr. 1 WpHG und gem. § 32 Abs. 3 Nr. 1 nach Art. 35 VO (EG) 1287/2006 zu bestimmen. Danach kommt es entscheidend auf die **Vertretbarkeit oder Fungibilität**[53] im Sinne einer Übertragbarkeit an[54]. Unter den börsenrechtlichen Wertpapierbegriff fallen alle handelbaren Wertpapiere wie Aktien, Aktien vertretenden Zertifikate, zB auch American Depositary Receipts,[55] Genuss- oder Optionsscheine, Anleihen von Industrieunternehmen bzw. Körperschaften und auch Investmentzertifikate.[56]

16   **3. Emittenten und wertpapierbezogene Zulassungsvoraussetzungen (Abs. 3 Nr. 1). a) Zulassungsvoraussetzungen.** § 32 Abs. 3 Nr. 1 fordert als Zulassungsvoraussetzung, dass „der Emittent und die Wertpapiere den Anforderungen nach Art. 35 VO (EG) 1287/2006 sowie den Bestimmungen entsprechen, die zum Schutz des Publikums und für einen ordnungsgemäßen Börsenhandel gem. § 34 erlassen worden sind".[57] Ersteres, dh der Verweis auf die VO (EG) 1287/2006 wurde durch das Finanzmarktrichtlinie-Umsetzungsgesetz eingefügt und enthält im Wesentlichen Vorgaben hinsichtlich der Anforderungen an die Handelbarkeit der zuzulassenden Wertpapiere,[58] zweiteres verweist darauf, dass die Anforderungen der **BörsZulV** eingehalten werden.

17   Die den **Emittenten** und die Wertpapiere betreffenden Zulassungsvoraussetzungen sind in den **§§ 1 –12 BörsZulV** geregelt, vgl. dazu die entsprechende Kommentierung unten §§ 1–12 BörsZulV. Wie sich aus § 32 Abs. 3 Nr. 1 ergibt, ist mit den in §§ 1–12 BörsZulV enthaltenen Regelungen der Schutz des Publikums und ein ordnungsgemäßer Börsenhandel bezweckt. Diese Zielsetzung des Gesetzgebers ist bei der Auslegung der Bestimmungen zu berücksichtigen.[59]

---

[52] So ausdr. die RegBegr. zum Prospektrichtline-Umsetzungsgesetz, BR-Drs. 85/05, 54 (60 f.), vgl. auch → WpPG § 2 Rn. 2 ff.

[53] Vgl. statt aller nur Schwark/Zimmer/*Heidelbach* Rn. 28. Ebenso auch die Begriffsbestimmung in Art. 4 Nr. 44 der „vertretbaren Wertpapiere" in der Richtlinie 2014/65/EU, ABl. 2014 L 173, 349.

[54] In diesem Sinne auch die Definition der „Wertpapiere" in der neuen Prospekt-VO (Art. 2 lit. a Prospekt-VO).

[55] Schwark/Zimmer/*Heidelbach* Rn. 29 mwN.

[56] Ausf. dazu *Gebhardt* in Schäfer/Hamann § 30 Rn. 10 ff.; Schwark/Zimmer/*Heidelbach* Rn. 25 ff.

[57] Zur Bedeutung der Vorschrift → Rn. 12.

[58] Vgl. → Rn. 13, vgl. zu den Anforderungen iE Schwark/Zimmer/*Heidelbach* Rn. 46 ff.

„Artikel 35
(Artikel 40 Absatz 1 der Richtlinie 2004/39/EG Übertragbare Wertpapiere)
(1) Übertragbare Wertpapiere gelten dann als im Sinne von Artikel 40 Absatz 1 der Richtlinie 2004/39/EG frei handelbar, wenn sie zwischen den Parteien eines Geschäfts gehandelt und anschließend übertragen werden können und wenn alle Wertpapiere innerhalb dergleichen Kategorie wie das besagte Wertpapier fungibel sind.
(2) Übertragbare Wertpapiere, die nicht uneingeschränkt übertragen werden können, gelten nicht als frei handelbar, es sei denn, diese Einschränkung beeinträchtigt voraussichtlich nicht die Funktionsweise des Marktes.
(3) Übertragbare Wertpapiere, die nicht voll eingezahlt sind, können als frei handelbar angesehen werden, wenn Vorkehrungen getroffen wurden, mittels deren sichergestellt wird, dass die Handelbarkeit dieser Wertpapiere nicht eingeschränkt ist, und angemessene Informationen über die Tatsache, dass die Wertpapiere nicht voll eingezahlt sind, und die Auswirkungen dieses Umstands auf die Anleger öffentlich verfügbar sind.
(4) Bei der Ausübung seiner Ermessensbefugnis, ob eine Aktie zum Handel zuzulassen ist oder nicht, hat ein geregelter Markt zwecks Bewertung der Tatsache, ob eine Aktie fair, ordnungsgemäß und effizient gehandelt werden kann, die folgenden Aspekte zu berücksichtigen:
a) die Streuung dieser Aktien innerhalb des Anlegerpublikums;
b) die historischen Finanzinformationen, Informationen über den Emittenten und Informationen, die einen Überblick über die Geschäftstätigkeit vermitteln, so wie er im Rahmen der Richtlinie 2003/71/EG zu erstellen ist, bzw. Informationen, die ansonsten öffentlich verfügbar sind oder sein werden.
(5) Ein übertragbares Wertpapier, das im Sinne der Richtlinie 2001/34/EG amtlich notiert und dessen Notierung nicht ausgesetzt ist, ist als frei handelbar zu betrachten und kann fair, ordnungsgemäß und effizient gehandelt werden.
(6) Im Sinne von Artikel 40 Absatz 1 der Richtlinie 2004/39/EG hat der geregelte Markt bei der Bewertung der Tatsache, ob ein übertragbares Wertpapier im Sinne von Artikel 4 Absatz 1 Ziffer 18 Buchstabe c dieser Richtlinie fair, ordnungsgemäß und effizient gehandelt werden kann, je nach Art des zuzulassenden Wertpapiers zu berücksichtigen, ob die nachfolgend genannten Kriterien erfüllt sind:
a) Die Bedingungen des Wertpapiers sind klar und unzweideutig und gestatten eine Korrelation zwischen dem Preis des Wertpapiers und dem Preis bzw. anderen Wertmaßstäben des Basiswerts;
b) der Preis oder ein sonstiger Wertmaßstab des Basiswerts ist bzw. sind verlässlich und öffentlich verfügbar;
c) es liegen ausreichende öffentliche Informationen vor, anhand deren das Wertpapier bewertet werden kann;
d) die Vereinbarungen zur Bestimmung des Abwicklungspreises des Wertpapiers gewährleisten, dass dieser Preis dem Preis oder einem sonstigen Wertmaßstab des Basiswerts angemessen Rechnung trägt;
e) sieht die Abwicklung des Wertpapiers verbindlich oder fakultativ die Möglichkeit vor, anstelle eines Barausgleichs die Lieferung eines Basiswertpapiers oder des Basisvermögenswertes vorzunehmen, so müssen angemessene Abwicklungs- und Lieferverfahren für diesen Basiswert bestehen sowie angemessene Vereinbarungen zur Einholung relevanter Informationen über diesen Basiswert."

[59] Wie hier *Gebhardt* in Schäfer/Hamann § 30 Rn. 51; aA Schwark/Zimmer/*Heidelbach* Rn. 44 (keine eigenständige Regelung).

Nach § 1 BörsZulV dürfen die gesellschaftsrechtlichen Grundlagen des **Emittenten** nicht zu 18 beanstanden sein, und er muss mindestens drei Jahre als Unternehmen bestanden haben, § 3 BörsZulV. Die §§ 2, 4–12 BörsZulV regeln die Anforderungen, die zum Schutze des Publikums bzw. des Börsenhandels an die **zuzulassenden Wertpapiere** zu stellen sind. Hierbei ist auch Art. 35 VO (EG) 1287/2006 zu berücksichtigen. Zu den Anforderungen an die Wertpapiere gehört, dass diese überhaupt existieren, vgl. § 4 BörsZulV, da es in Deutschland grundsätzlich keine Zulassung „per Erscheinen" gibt.[60] Eine der Ausnahmen davon ist die Zulassung von Aktien aus einem bedingten oder genehmigten Kapital, wenn diese Aktien zur Bedienung von begebenen Bezugsrechten verwendet werden sollen. Nach Eintragung des diesbezüglichen bedingten (sehr selten: genehmigten) Kapitals und unter der Voraussetzung, dass die Bezugsrechte zumindest teilweise im Umlauf sind, können diese Aktien zugelassen werden, obwohl es sie noch nicht gibt.[61]

b) Prüfungspflicht der Geschäftsführung. Früher wurde im Zusammenhang mit § 30 Abs. 3 19 Nr. 3 idF vor dem Prospektrichtlinie-Umsetzungsgesetz die Frage der Prüfungspflicht der Geschäftsführung hinsichtlich des Vorliegens der Zulassungsvoraussetzungen bzw. des Nichtvorliegens von Zulassungshindernissen insbesondere daraufhin diskutiert, in welchem Umfang die Geschäftsführung sich die Kenntnis vom Vorliegen der Zulassungsvoraussetzungen bzw. vom Nichtvorliegen von Zulassungshindernissen durch eigene Ermittlungen verschaffen musste. Dabei wurde unter anderem[62] eine eingeschränkte materielle Prüfungspflicht der Geschäftsführung vertreten, die sog. „**Prospekttheorie**".[63] Danach sollte auch eine materielle Prüfung des Prospektes auf die Zulassungsvoraussetzungen sowie sich aus dem Prospekt ergebende Zulassungshindernisse erfolgen.

Seit den Änderungen des § 30 idF vor dem Finanzmarktrichtlinie-Umsetzungsgesetz durch das 20 Prospektrichtlinie-Umsetzungsgesetz stellt sich diese Frage der Prüfungspflicht der Geschäftsführung anders. Insbesondere aufgrund der Begründung für die Streichung des § 30 Abs. 3 Nr. 3 idF vor dem Prospektrichtlinie-Umsetzungsgesetz[64] ist klargestellt, dass keine Prüfung des Prospektes durch die Geschäftsführung mehr erfolgt. Da die Geschäftsführung nach der Änderung des § 30 idF vor dem Prospektrichtlinie-Umsetzungsgesetz durch das Prospektrichtlinie-Umsetzungsgesetz nicht mehr für die Billigung des Prospekts zuständig ist, geht es nunmehr auch nicht mehr um die Prospektprüfungspflicht der Geschäftsführung und damit nicht mehr um die Prospekttheorie.[65]

Jedoch beschränkte sich auch früher die von der herrschenden Meinung geforderte begrenzte 21 materielle Prüfungspflicht[66] nicht nur auf die Prüfung der Vollständigkeit des Prospektes, sondern bezog sich auch auf Vorliegen der sonstigen Zulassungsvoraussetzungen und forderte hierfür eine begrenzte eigenständige Prüfungspflicht der Geschäftsführung. Bei dieser wird es damit auch – nunmehr beschränkt auf die sonstigen Zulassungsvoraussetzungen bleiben[67]. So hat die Geschäftsführung bei der Prüfung der Zulassungsvoraussetzungen zB der §§ 5 Abs. 2 Nr. 1, 7 Abs. 1 S. 3 und 8 Abs. 2 BörsZulV sehr wohl den Prospekt daraufhin zu prüfen, ob die dort genannten Voraussetzungen eingehalten werden.[68] Diese Prüfung führt zwar nicht zur Übernahme einer Gewähr für die Güte der zuzulassenden Wertpapiere.[69] Ebenso hat die Geschäftsführung die Voraussetzungen für die Prospektbefreiung nach Art. 1 Abs. 5 Prospekt-VO zu prüfen und darüber zu entscheiden. Dies tut sie impliziert mit Erteilung der Zulassung oder deren Ablehnung. Diese Prüfung wird auch dahin gehen, das Vorliegen der Zulassungsvoraussetzungen materiell zu prüfen und ebenfalls zu untersuchen, ob auf der Grundlage der Prospektinformation und der sonstigen der Geschäftsführung bekannten Umstände die Zulassungsvoraussetzungen vorliegen bzw. Zulassungshindernisse fehlen.[70] Die dabei zu berücksichtigenden sonstigen Umstände kann die Geschäftsführung dem Prospekt, ihrem allgemeinen Wissen, aber auch speziellen, auf andere Weise erworbenen Informationen entnehmen. Hierfür kann die

---

[60] → BörsZulV § 4 Rn. 1.

[61] Ausf. hierzu *Schwark/Zimmer/Heidelbach* Rn. 94.

[62] Vgl. nur Nachw. bei *Heidelbach* in Schwark, 3. Aufl. 2004, § 30 Rn. 23; *Samm*, Börsenrecht, 1978, 96 Fn. 286 f.

[63] *Elle* ZHR 128 (1966), 273 ff.; *Fleischer* Gutachten F für den 64. Deutschen Juristentag, 2002, 52 mwN; *Weber* NJW 2003, 18 (21).

[64] Vgl. Beschlussempfehlung und Bericht des Finanzausschusses, der insoweit auf die Begründung des Bundesrates, BR-Drs. 85/05, 12, verweist, BT-Drs. 15/5373, 50: Eine Doppelprüfung des Prospekts soll in jedem Fall vermieden werden. Deshalb solle § 30 Abs. 3 Nr. 3 gestrichen oder geändert werden. Der Finanzausschuss hat sich für die Streichung entschlossen.

[65] *Gebhardt* in Schäfer/Hamann § 30 Rn. 58.

[66] BGH Urt. v. 6.7.1993 – XI ZR 12/93, BGHZ 123, 126 (130) = WM 1993, 1455 (1456 f.); LG Frankfurt a. M. Urt. v. 3.9.2004 – 2/4 O 435/02, WM 2004, 2155; wN bei *Heidelbach* in Schwark, 3. Aufl. 2004, § 30 Rn. 23.

[67] Ebenso Schwark/Zimmer/*Heidelbach* Rn. 59.

[68] *Gebhardt* in Schäfer/Hamann § 30 Rn. 58.

[69] BGH Urt. v. 6.7.1993 – XI ZR 12/93, BGHZ 123, 126 (130) = WM 1993, 1455 (1456 f.); *Ellenberger* FS Schimansky, 1999, 591 (595); *Heidelbach* in Schwark, 3. Aufl. 2004, § 30 Rn. 23; *Samm*, Börsenrecht, 1978, 96.

[70] BGH Urt. v. 6.7.1993 – XI ZR 12/93, BGHZ 123, 126 (130) = WM 1993, 1455 (1456 f.); *Samm*, Börsenrecht, 1978, 96 f.; *Gebhardt* in Schäfer/Hamann § 30 Rn. 58; *Schwark* NJW 1987, 2041 (2043); zu den Rechtsfolgen bei Verletzung der diesbezüglichen Pflichten → Rn. 41 ff.

Geschäftsführung gem. § 48 Abs. 2 S. 2 BörsZulV die Vorlage weiterer Unterlagen als der dort genannten („insbesondere") und analog § 41 oder § 26 VwVerfG uU auch Auskünfte bei den Emittenten bzw. dem Emissionsbegleiter einholen.

22   Andererseits ist auch durch die Begründung des Gesetzgebers für die Streichung des § 30 Abs. 3 Nr. 3 idF vor dem Prospektrichtlinie-Umsetzungsgesetz klargestellt, dass nicht – nunmehr über den Umweg des § 32 Abs. 3 Nr. 1 – eine doppelte Prospektprüfung erfolgt, zunächst im Rahmen der Prospektbilligung durch die BaFin und dann im Rahmen der Prüfung des § 32 Abs. 3 Nr. 1 durch die Geschäftsführung. Die Geschäftsführung hat die Voraussetzungen des § 32 Abs. 3 Nr. 1 zu prüfen und darf dabei die Prospektinformationen verwenden. Den Prospekt prüft sie nicht.

23   **4. Prospekt (Abs. 3 Nr. 2).** Nach § 32 Abs. 3 Nr. 2 ist Voraussetzung der Zulassung, dass ein nach den Vorschriften der neuen Prospekt-VO gebilligter oder bescheinigter Prospekt – oder ein vergleichbarer Prospekt –, veröffentlicht worden ist.

24   Da die Zulassung als solche bereits einen gebilligten Prospekt voraussetzt, wurde § 51 BörsZulV durch das Prospektrichtlinie-Umsetzungsgesetz, Art. 4 Nr. 9 des Gesetzes, geändert. Die früher mögliche und übliche Veröffentlichung der Zulassung im Prospekt selbst wurde aufgehoben, sodass nur noch die bereits früher auch mögliche Veröffentlichung der Zulassung im Bundesanzeiger verbleibt.

25   Bis zur Änderung der BörsZulV durch das Prospektrichtlinie-Umsetzungsgesetz war der Inhalt des Prospektes in der gem. § 34 erlassenen BörsZulV, insbesondere dort in den §§ 13–42 BörsZulV geregelt. Diese Vorschriften wurden durch das Prospektrichtlinie-Umsetzungsgesetz, Art. 4 Nr. 7, aufgehoben. Die Regelungen über den Prospektinhalt einschließlich Sonderfällen, die Veröffentlichung des Prospekts und die Befreiung von der Prospektpflicht waren danach auch für Prospekte, aufgrund derer Wertpapiere zum Handel an einem regulierten Markt zugelassen werden sollten, im WpPG und in der (alten) Prospekt-VO geregelt. Seit 21.7.2019 und der zu diesem Zeitpunkt eingetretenen unmittelbaren Geltung der gesamten neuen Prospekt-VO[71] bestimmen sich dagegen sämtliche vorgenannten Regelungsmaterien durch die neue Prospekt-VO und die auf ihrer Grundlage ergangenen Delegierten Verordnungen[72].

26   Hinsichtlich der Angaben, die im Prospekt enthalten sein müssen, enthalten die Art. 6–10 und 13–19 Prospekt-VO (einschließlich Anhängen) bereits recht detaillierte Regeln, welche durch die Bestimmungen der Delegierten Verordnungen[73] noch näher konkretisiert werden. Bei deren Auslegung sind wiederum die Empfehlungen der ESMA zu beachten, welche die Verordnung noch weiter konkretisieren.[74]

27   Wie sich aus § 32 Abs. 3 Nr. 2 ergibt, ist die Veröffentlichung eines nach den Vorschriften der neuen Prospekt-VO gebilligten oder bescheinigten Prospektes oder eines vergleichbaren Prospektes nur dann Zulassungsvoraussetzung, wenn nicht nach „Artikel 1 Absatz 2 oder 5 der Verordnung (EU) 2017/1129 von der Veröffentlichung (und damit von der Erstellung und Billigung, Anm. des Verf.) eines Prospektes abgesehen werden kann". Das setzt zunächst die Anwendbarkeit der neuen Prospekt-VO voraus. Ist diese nach ihrem Art. 1 Abs. 2 und 3 Prospekt-VO überhaupt nicht anwendbar, dann begründet sie auch keine Prospektpflicht, sodass für die Zulassung ebenfalls kein Prospekt erforderlich ist.[75] Eine ganz andere Frage ist die, ob bei bestehender Anwendbarkeit der neuen Prospekt-VO sie selbst Befreiungen von der Prospektpflicht bei der Zulassung von Wertpapieren enthält. Solche Bestimmungen, nach denen nach der Prospekt-VO für die Zulassung von Wertpapieren kein Prospekt erforderlich ist, enthält (Art. 1 Abs. 5 Prospekt-VO).

---

[71] Verordnung (EU) 2017/1129 des Europäischen Parlaments und des Rates vom 14. Juli 2017 über den Prospekt, der beim öffentlichen Angebot von Wertpapieren oder bei deren Zulassung zum Handel an einem geregelten Markt zu veröffentlichen ist und zur Aufhebung der Richtlinie 2003/71/EG, ABl. 2017 L 168, 12.

[72] Delegierte Verordnung (EU) 2019/979 der Kommission vom 14.3.2019 zur Ergänzung der Verordnung (EU) 2017/1129 des Europäischen Parlaments und des Rates durch technische Regulierungsstandards für wesentliche Finanzinformationen in der Zusammenfassung des Prospekts, die Veröffentlichung und Klassifizierung von Prospekten, die Werbung für Wertpapiere, Nachträge zum Prospekt und das Notifizierungsportal und zur Aufhebung der Delegierten Verordnung (EU) Nr. 382/2014 der Kommission un der Delegierten Verordnung (EU) 2016/301 der Kommission, Abl. 2019 L 166, 1 und Delegierte Verordnung (EU) 2019/980 der Kommission vom 14.3.2019 zur Ergänzung der Verordnung (EU) 2017/1129 des Europäischen Parlaments und des Rates hinsichtlich der Aufmachung, des Inhalts, der Prüfung und der Billigung des Prospekts, der beim öffentlichen Angebot von Wertpapieren oder bei deren Zulassung zum Handel an einem geregelten Markt zu veröffentlichen ist, und zur Aufhebung der Verordnung (EG) Nr. 809/2004 der Kommission, ABl. 2019 L 166, 26.

[73] Insbesondere durch die einzelnen Anhänge der Delegierten Verordnung (EU) 2019/980, ABl. 2019 L 166, 26.

[74] CESR's Recommendations for the Consistent Implementation of the European Commission's Regulation on Prospectuses nº 809/2004, CESR/05–54b, aktualisiert durch ESMA update on the CESR recommendations, abrufbar über die homepage: www.esma.europa.eu, sowie weitere Ergänzung durch die Antworten auf die ESMA, Frequently asked questions regarding Prospectuses: Common positions agreed by ESMA Members, die Fragen/Antworten werden f ortlaufend aktualisiert und ergänzt; aktualisierte Fassung abrufbar über die Homepage: www.esma.europa.eu. Diese sind auch auf das neue Recht anwendbar, → Prospekt-VO Vor Art. 1 Rn. 5.

[75] Ausf. dazu *Gebhardt* in Schäfer/Hamann § 30 Rn. 53; ebenso auch Assmann/Schlitt/v. Kopp-Colomb/*v. Kopp-Colomb*/*Sargut* WpPG § 1 Rn. 74.

Dabei gelten die Befreiungstatbestände des Art. 1 Abs. 5 Prospekt-VO qua Gesetzes, ohne dass es **28** hierfür einer ausdrücklichen Entscheidung der zuständigen Stelle bedarf. Das bedeutet, dass die Geschäftsführung auch formal nicht mehr für die Befreiung von der Prospektpflicht zuständig ist;[76] die früher in den §§ 45–47 BörsZulV aF enthaltenen Möglichkeiten der Prospektbefreiung wurden deshalb durch das Prospektrichtlinie-Umsetzungsgesetz aufgehoben. Materiell entscheidet die Geschäftsführung aber inzidenter doch darüber, ob eine Prospektbefreiung vorliegt oder nicht, indem nämlich allein sie über die Zulassung trotz Fehlen eines Prospektes entscheidet.[77]

IV. Zulassungsverfahren

1. Überblick. Die Einzelheiten des Zulassungsverfahrens und die Zulassungsvoraussetzungen sind **29** für den regulierten Markt in §§ 32 ff. und in der auf der Grundlage des § 34 erlassenen **BörsZulV** geregelt. Daran hat das Prospektrichtlinie-Umsetzungsgesetz auch nichts Wesentliches geändert. Für den Freiverkehr ergeben sich die Einzelheiten des Einbeziehungsverfahrens aus den vom jeweiligen Börsenträger erlassenen Richtlinien für den Freiverkehr.

Die Zulassung setzt nach § 32 Abs. 2 einen **Antrag des Emittenten** zusammen mit einem **30** Emissionsbegleiter voraus. Der Inhalt des Antrags und die beizufügenden Unterlagen sind in § 32 Abs. 3 iVm § 48 BörsZulV geregelt. Die früher in § 49 BörsZulV aF angeordnete **Veröffentlichung des Zulassungsantrags** wurde durch das Finanzmarktrichtlinie-Umsetzungsgesetz gestrichen. Hinsichtlich der Dauer des Zulassungsverfahrens besteht für den Emittenten eine gewisse Gestaltungsmöglichkeit. Er kann zunächst das Verfahren zur Billigung des Prospektes durchlaufen und anschließend nach der Billigung, wie durch die entsprechende Ergänzung des § 48 Abs. 2 BörsZulV durch die Wörter „oder ein gebilligter Prospekt" ausdrücklich klargestellt wurde, erst das Zulassungsverfahren unter Verwendung des gebilligten Prospektes betreiben. Dies führt jedoch zu einer Verlängerung der benötigten Zeit, nämlich 10 bis 20 Arbeitstage für die Prospektbilligung (Art. 20 Prospekt-VO) und zusätzlich einige Tage für die Zulassung.[78] Er kann aber selbst nach der Spaltung der Zuständigkeiten für die Zulassung einerseits (Geschäftsführung) und der Billigung des Prospektes andererseits (BaFin) das Billigungs- und Zulassungsverfahren parallel betreiben und hierfür bei der Geschäftsführung den Entwurf des noch von der BaFin zu billigenden Prospektes einreichen. In § 48 Abs. 2 S. 1 BörsZulV wurde die Möglichkeit, einen Entwurf des Prospektes einzureichen, nicht gestrichen. Hierdurch verkürzt sich der insgesamt benötigte Zeitraum erheblich auf die in Art. 20 Prospekt-VO vorgesehenen 10 bis 20 Arbeitstage, die für die Billigung erforderlich sind – praktisch dauert die Prospektprüfung und -billigung durch die Bafin deutlich länger, da in aller Regel der zum ersten Mal eingereichte Prospekt von der Bafin kommentiert wird und dann geändert werden muss (→ Prospekt-VO Art. 20 Rn. 10 ff.).

Die Geschäftsführung prüft in dem durch § 32 Abs. 3 vorgegebenen Umfang, ob die Vorausset- **31** zungen der Zulassung vorliegen.[79] Die bis zum Finanzmarktrichtlinie-Umsetzungsgesetz für die Zulassungsentscheidung zuständige Zulassungsstelle wurde abgeschafft, die Entscheidungszuständigkeit auf die Geschäftsführung der jeweiligen Börse verlagert. Die Zulassung darf gem. § 50 BörsZulV frühestens an dem auf das Datum der Einreichung des Zulassungsantrags folgenden Handelstag erfolgen. Sie selbst wird veröffentlicht. Da die Zulassung als solche bereits einen gebilligten Prospekt voraussetzt (§ 32 Abs. 3 Nr. 2), wurde § 51 BörsZulV durch das Prospektrichtlinie-Umsetzungsgesetz geändert. Die früher mögliche und übliche Veröffentlichung der Zulassung im Prospekt selbst wurde aufgehoben, sodass nach der weiteren Änderung durch das EHUG[80] nur noch die bereits früher auch mögliche Veröffentlichung im Bundesanzeiger verbleibt.

2. Zulassungsantrag. Das Zulassungsverfahren wird durch den **Zulassungsantrag** eröffnet. Der **32** Zulassungsantrag muss vom **Emittenten** und einem **Emissionsbegleiter** gestellt werden, wobei Bevollmächtigung untereinander zulässig[81] und üblich ist.

a) Antragsteller: Gesellschaft, gesellschaftsrechtliche Voraussetzungen. Unstreitig wird der **33** Emittent bei Stellung des Antrags durch sein Vertretungsorgan, bei der Aktiengesellschaft durch den Vorstand, organschaftlich vertreten – auch rechtsgeschäftliche Vertretung etwa durch Bevollmächtigung des Emissionsbegleiters oder durch Prokuristen etc ist nicht ausgeschlossen.

---

[76] *Gebhardt* in Schäfer/Hamann § 30 Rn. 53 f. dort auch zu den sich daraus ergebenden Zuständigkeitsfragen (BaFin oder Geschäftsführung) Rn. 54.

[77] Vgl. dazu Kommentierung zu → BörsZulV §§ 48–52 Rn. 5 sowie *Gebhardt* in Schäfer/Hamann § 30 Rn. 54; *Schwark/Zimmer/Heidelbach* Rn. 58.

[78] Zur Dauer des Zulassungsverfahrens vgl. Kommentierung zu → BörsZulV §§ 48–52 Rn. 11 und 14; vgl. auch Rundschreiben Listing 01/2007 der Frankfurter Wertpapierbörse, dort Übersichten in den Anlagen.

[79] Zum Umfang der Prüfungspflicht → Rn. 19.

[80] BGBl. 2006 I 2553.

[81] *Gebhardt* in Schäfer/Hamann § 30 Rn. 38; *Gebhardt* in Schäfer/Hamann BörsZulV § 48 Rn. 4.

34   **Gesellschaftsrechtliche Voraussetzungen.** In der Lit.[82] wird verschiedentlich vertreten, der Vorstand der Gesellschaft könne zwar kraft seiner gesetzlich umfassenden Vertretungsmacht die für den Börsengang erforderlichen rechtsgeschäftlichen Handlungen vornehmen. Er bedürfe aber hierfür intern einer gesonderten **Ermächtigung durch die Hauptversammlung,** die darüber mit einfacher Stimmenmehrheit[83] oder nach aA mit satzungsändernder ³/₄-Mehrheit[84] beschließen müsse.[85] Der **BGH** hatte in der **„Macrotron"-Entscheidung** zum Delisting eine Zuständigkeit der Hauptversammlung für die Entscheidung über das reguläre vollständige Delisting ausschließlich mit dem darin liegenden Eingriff in das **Eigentumsrecht** der Aktionäre, zu dem auch die **Verkehrsfähigkeit** der Aktie gehöre,[86] begründet,[87] dies aber in die Frosta-Entscheidung[88] wieder aufgegeben. Er hatte bereits in der Macrotron-Entscheidung ausdrücklich allen anderen Begründungsversuchen für eine Zuständigkeit der Hauptversammlung eine Absage erteilt.[89] Ganz auf der Linie des BGH im „Macrotron-Urteil", die Holzmüller-Grundsätze auf diejenige Fälle zurückzuführen, für die sie entwickelt wurden, nämlich allein „Strukturentscheidungen", liegen die „Gelatine-Urteile" des BGH vom 26.4.2004.[90] Spätestens bereits damit war der Begründung einer Hauptversammlungszuständigkeit beim Börsengang mit Holzmüller-Argumenten die Grundlage entzogen.[91] Dies gilt erst Recht seit der Aufgabe der Macrotron-Rechtsprechung durch Frosta und der im Frosta-Beschluss nochmals ausdrücklich betonten Ablehnung anderer Begründungsversuche für eine Zuständigkeit der Hauptversammlung beim Delisting[92]. Es blieb damit nur noch das Eigentumsrecht der Aktionäre, zu dessen Schutzbereich auch die Verkehrsfähigkeit der Aktie gehören sollte, als Anknüpfungspunkt, was vom Bundesverfassungsgericht gerade abgelehnt wurde[93]. Damit lässt sich eine Zuständigkeit der Hauptversammlung für die Entscheidung über den Börsengang aber gerade nicht begründen.[94] Die Verkehrsfähigkeit der Aktien wird nicht beeinträchtigt, sondern gerade gesteigert. Aus dem Blickwinkel des BVerfG und seit der Aufgabe der Macrotron-Rechtsprechung durch den BGH auch für diesen,[95] stellt sich diese Frage allerdings nicht: Gehört die Verkehrsfähigkeit der Aktie schon nicht zum Schutzbereich des Eigentumsgrundrechts, wie das BVerfG eindeutig feststellt,[96] dann scheidet das Eigentumsgrundrecht als Begrünung für eine Zuständigkeit der Hauptversammlung für die Entscheidung über den Börsengang von vornherein aus.

35   In der Praxis kommt ein isolierter Beschluss zum Börsengang eher selten vor.[97] Dies liegt in erster Linie wohl daran, dass die für den Handel an der Börse vorgesehenen Aktien in der Regel zumindest

---

[82] *Grupp,* Börseneintritt und Börsenaustritt, 1995, 146 ff.; 149 ff.; *Lutter/Drygala* FS Raisch, 1995, 239 (241); *Lutter* FS Zöllner Bd. 1, 1998, 363 (376); *Vollmer/Grupp* ZGR 1995, 459 (465 f.); ausf. zum Meinungsstand *Brauer,* Die Rechte der Aktionäre beim Börsengang und Börsenrückzug ihrer Aktiengesellschaft, 2005, 58 ff.; nach der Entscheidung des BVerfG zum Delisting und Downgrading *Drygala/Staake* ZIP 2013, 905 (913 f.).

[83] So *Grupp,* Börseneintritt und Börsenaustritt, 1995, 154 ff.; *Vollmer/Grupp* ZGR 1995, 459 (466) und auch noch *Lutter/Drygala* FS Raisch, 1995, 239 (241).

[84] So *Lutter* FS Zöllner Bd. 1, 1998, 363 (378); ebenso aufgrund der Anwendung der §§ 190 ff. UmwG auf den Fall des Börsengangs *Drygala/Staake* ZIP 2013, 905 (913 f.).

[85] Krit. hierzu Hüffer/Koch/*Koch* AktG § 119 Rn. 23; *Brauer,* Die Rechte der Aktionäre beim Börsengang und Börsenrückzug ihrer Aktiengesellschaft, 2005, 129 ff.; *Groß* ZHR 165 (2001), 147 (161 ff.) (hauptsächlich zum Delisting); *Halasz/Kloster* ZBB 2001, 474 (477 ff.); *Hopt* FS Drobnig Bd. 1, 1998, 525 (536 f.).

[86] Das sieht das BVerfG zu Recht anders: „Grundsätzlich nicht geschützt (vom Eigentumsgrundrecht, Anm. d.Verf.) sind hingegen die bloße Vermögenswert des Aktieneigentums und der Bestand einzelner wertbildender Faktoren, insbesondere solche, die die tatsächliche Verkehrsfähigkeit einer Aktie steigern." BVerfG Urt. v. 11.7.2012 – 1 BvR 3142/07 und 1 BvR 1569/08, AG 2012, 557 Rn. 53. Allerdings sieht das BVerfG die richterliche Rechtsfortbildung durch den BGH, auch wenn sie eigentumsrechtlich nicht geboten ist, als noch zulässig an, so Ls. 2 des Urteils.

[87] BGH Urt. v. 25.11.2002 – II ZR 133/01, BGHZ 153, 47 = AG 2003, 273. Abl. *Adolff/Tieves* BB 2003, 797 (798 ff.). *Krämer/Theiß* AG 2003, 225 (228) weisen vollkommen zu Recht darauf hin, dass die Verkehrsfähigkeit der Aktien im Falle „Macrotron" laut Sachverhaltswiedergabe durch die Erstinstanz rein tatsächlich nicht mehr im Sinne eines effektiven Börsenhandels gegeben war.

[88] BGH Beschl. v. 8.10.2013 – II ZB 26/12, WM 2013, 2213 Rn. 3.

[89] BGH Urt. v. 25.11.2002 – II ZR 133/01, BGHZ 153, 47 = AG 2003, 273. Insoweit ausdrücklich zustimmend *Adolff/Tieves* BB 2003, 797 (798).

[90] BGH Urt. v. 26.4.2004 – II ZR 154/02, WM 2004, 1085; BGH Urt. v. 26.4.2004 – II ZR 155/02, BGHZ 159, 30 = WM 2004, 1090.

[91] Bereits durch das Macrotron-Urteil, Hüffer/Koch/*Koch* AktG § 119 Rn. 23; aA *Drygala/Staake* ZIP 2013, 905 (913 f.), die in der Entscheidung zum Börsengang eine Strukturentscheidung sehen und aufgrund der Anwendung der umwandlungsrechtlichen Vorschriften zum Formwechsel (§§ 190 ff. UmwG) einen mit ¾-Mehrheit zu fassenden Hauptversammlungsbeschluss für erforderlich halten.

[92] IErg wie hier Hüffer/Koch/*Koch* AktG § 119 Rn. 23.

[93] BVerfG Urt. v. 11.7.2012 – 1 BvR 3142/07 und 1 BvR 1569/08, AG 2012, 557 Rn. 53.

[94] Ausf. hierzu *Brauer,* Die Rechte der Aktionäre beim Börsengang und Börsenrückzug ihrer Aktiengesellschaft, 2005, 82 ff.; *Groß* ZHR 165 (2001), 141 (163 ff.); Schwark/Zimmer/*Heidelbach* Rn. 81 ff., speziell Rn. 82; ebenso jetzt auch Hüffer/Koch/*Koch* AktG § 119 Rn. 24 und wN in § 186 Rn. 5a.

[95] BGH Beschl. v. 8.10.2013 – II ZB 26/12, WM 2013, 2213.

[96] BVerfG Urt. v. 11.7.2012 – 1 BvR 3142/07 und 1 BvR 1569/08, AG 2012, 557 Rn. 53.

[97] Das gilt jedenfalls für die Gesellschaft, die selbst den Börsengang anstrebt. Davon zu unterscheiden ist die Frage, ob die Beschlussfassung der Hauptversammlung der Muttergesellschaft für den Börsengang einer Tochtergesellschaft

teilweise durch eine Kapitalerhöhung geschaffen werden. Soweit der nach § 9 BörsZulV bei einer Zulassung der Aktien zum regulierten Markt erforderliche Anteil von 25 % der gesamten zuzulassenden Aktien, die vom Publikum erworben werden können[98] („free float"), nicht durch Abgabe von den derzeitigen Aktionären sichergestellt werden kann, ist eine solche Kapitalerhöhung erforderlich. Eine Kapitalerhöhung zum Zweck des Gangs an die Börse enthält aber zumindest konkludent, in der Regel aber sogar ausdrücklich, eine Entscheidung über den Börsengang als solchen und macht damit eine gesonderte isolierte Beschlussfassung zum Börsengang entbehrlich.[99]

b) Emissionsbegleiter. Der Kreis zulässiger Emissionsbegleiter in § 32 Abs. 2 ist durch das Be- **36** gleitgesetz[100] infolge der Umsetzung der alten Wertpapierdienstleistungsrichtlinie[101] über die Kreditinstitute hinaus auf Finanzdienstleistungsinstitute und Unternehmen iSd § 53 Abs. 1 S. 1 KWG oder § 53b Abs. 1 S. 1 KWG erweitert worden und, jedenfalls in der nunmehr vorliegenden Form, mit Art. 12 GG vereinbar.[102] Früher wurde das Erfordernis, dass der Emissionsbegleiter an einer inländischen Wertpapierbörse mit dem Recht zum Handel zugelassen sein muss, damit begründet, das börsenbegleitende Unternehmen übernehme auch nach erfolgter Zulassung weitere Pflichten, zB die laufende Beratung des Emittenten bei der Gestaltung und Durchführung der börsenrechtlichen Publizität, die Unterrichtung der Börsengeschäftsführung über die Fälligkeit der Dividenden, oder die Gewährleistung der börsenmäßigen Lieferbarkeit der Wertpapiere.[103] Nur durch dieses Erfordernis der Zulassung mit dem Recht zum Handel sei sichergestellt, dass der Emissionsbegleiter über die erforderlichen Erfahrungen und Kenntnisse hinsichtlich der mit einer Notierung an einer Wertpapierbörse verbundenen Verpflichtungen verfüge.[104] Da die vorgenannten Pflichten zumindest größtenteils weggefallen sind, ist fraglich, ob das Erfordernis der Emissionsbegleitung als solches, jedenfalls aber das der Zulassung des Emissionsbegleiters mit dem Recht zum Handel heute noch erforderlich oder angemessen ist.

Die Entscheidung darüber, ob eine Person als Emissionsbegleiter agieren kann, ist kein eigen- **37** ständiger Verwaltungsakt, sondern ein **verwaltungsinterner Mitwirkungsakt** im Rahmen des Verwaltungsverfahrens über die Zulassung der Wertpapiere.[105] Ein Unternehmen, dessen Kapitalanteile zu 100 % von dem Emittenten gehalten werden,[106] kann nicht Emissionsbegleiter sein, ebenso wenig ein Wirtschaftsprüfer.[107] Die Voraussetzung des § 32 Abs. 2 müssen nicht von allen Mitgliedern des (Börseneinführungs-)Konsortiums erfüllt werden. Ausreichend ist, dass ein Mitglied des Konsortiums, das die Voraussetzungen erfüllt, den Zulassungsantrag stellt; die anderen Konsortialmitglieder können den Prospekt mit unterzeichnen und gem. § 9 WpPG die Prospekthaftung mit übernehmen, ohne als Antragsteller iSd § 32 zu fungieren.[108]

---

erforderlich ist, vgl. dazu die Übersicht über den Meinungsstand bei Hüffer/Koch/*Koch* AktG § 119 Rn. 24 und wN in § 186 Rn. 5 a. Eine solche Beschlusskompetenz der Hauptversammlung ist, jedenfalls wenn die Tochtergesellschaft nicht durch Ausgliederung betriebswesentlicher Teile aus der Muttergesellschaft entstanden ist, nicht gegeben. Hüffer/Koch/*Koch* AktG § 119 Rn. 24 und wN in § 186 Rn. 5a.

[98] Zu den Voraussetzungen des § 9 BörsZulV vgl. Kommentierung zu § 9 BörsZulV.

[99] Vgl. nur Hüffer/Koch/*Koch* AktG § 119 Rn. 24; *Lutter* FS Zöllner Bd. 1, 1998, 361 (379); krit. zu diesem Begründungsansatz *Brauer*, Die Rechte der Aktionäre beim Börsengang und Börsenrückzug ihrer Aktiengesellschaft, 2005, 60 ff.; aA *Drygala/Staake* ZIP 2013, 905 (913 f.), die einen ausdrücklichen Beschluss der Hauptversammlung mit Ermächtigung und Verpflichtung des Vorstands, die für den Börsengang erforderlichen Schritte einzuleiten, fordern.

[100] Begleitgesetz zum Gesetz zur Umsetzung von EG-Richtlinien zur Harmonisierung bank- und wertpapieraufsichtsrechtlicher Vorschriften, BGBl. 1997 I 2567.

[101] Richtlinie über Wertpapierdienstleistungen vom 12. Mai 1993, RL 93/22/EWG, ABl. 1993 L 141, 27. Die Wertpapierdienstleistungsrichtlinie wurde gem. Art. 69 der Richtlinie 2004/39/EG des Europäischen Parlaments und des Rates vom 21. April 2004 über Märkte für Finanzinstrumente, zur Änderung der Richtlinien 85/611/EWG und 93/6/EWG des Rates und der Richtlinie 2000/12/EG des Europäischen Parlaments und des Rates und zur Aufhebung der Richtlinie 93/22/EWG des Rates, ABl. 2004 L 145, 1 mit Wirkung zum 30. April 2006 aufgehoben.

[102] Wie hier mit ausf. Begründung Schwark/Zimmer/*Heidelbach* Rn. 35; zweifelnd *Gebhardt* in Schäfer/Hamann § 30 Rn. 40.

[103] Vgl. zu den weiteren Pflichten auch *Gericke*, Handbuch für die Börsenzulassung von Wertpapieren, 1992, 41.

[104] RegBegr. zum Begleitgesetz, BT-Drs. 13/7143, 16 (27). Bei Emissionsbegleitung durch ein Konsortium ist ausreichend, dass ein Konsortialmitglied die Voraussetzungen des § 32 Abs. 2 erfüllt; nicht erforderlich ist, dass sämtliche Konsortialmitglieder die Voraussetzungen erfüllen, vgl. *Gericke*, Handbuch für die Börsenzulassung von Wertpapieren, 1992, 40; Schwark/Zimmer/*Heidelbach* Rn. 39.

[105] So für die Zulassung zum früheren geregelten Markt VGH Kassel Urt. v. 19.3.1996 – 11 UE 1714/93, NJW-RR 1997, 110 (111 f.); Schwark/Zimmer/*Heidelbach* Rn. 64.

[106] *Gebhardt* in Schäfer/Hamann § 30 Rn. 42.

[107] So für die Zulassung zum früheren geregelten Markt VGH Kassel Urt. v. 19.3.1996 – 11 UE 1714/93, NJW-RR 1997, 110 (113); *Gebhardt* in Schäfer/Hamann § 30 Rn. 38; Schwark/Zimmer/*Heidelbach* Rn. 39.

[108] *Gericke*, Handbuch für die Börsenzulassung von Wertpapieren, 1992, 40 f.; wie hier auch *Trapp* in Habersack/Mülbert/Schlitt Unternehmensfinanzierung-HdB § 37 Rn. 40.

38   **3. Formerfordernis.** Seit der Änderung des § 48 Abs. 1 BörsZulV[109] durch die Verordnung zur Änderung der Börsenzulassungs-Verordnung[110] ist der Zulassungsantrag elektronisch zu stellen, es sei denn, die Börsenordnung schreibt eine schriftliche Antragstellung vor. Diese, sinngemäß bereits im Rahmen der Stellungnahme des Bundesrates zum 2. FiMaNoG vom Bundesrat angeregte Änderung[111], beruht vor allen Dingen auf der Überlegung, dass dem genauen Zeitpunkt der Antragstellung wesentliche Bedeutung für die Anwendung einzelner Regelungen der Marktmissbrauchsverordnung zukommt, und bei elektronischer Antragstellung dieser Zeitpunkt leichter exakt bestimmt werden kann[112]. Außerdem soll die elektronische Antragstellung die Übermittlung von Datum und Uhrzeit der Antragstellung an die BaFin erleichtern und soll „eine einfachere, kostengünstigere und effizientere Form der Antragstellung" darstellen[113]. Die technischen Anforderungen für die elektronische Übermittlung werden von den einzelnen Börsen im Rahmen der ihnen zustehenden Satzungsautonomie näher geregelt. Der Antrag ist – auch bei einem anderssprachigem Prospekt – in **deutscher Sprache**[114] zu stellen, § 48 Abs. 1 S. 1 BörsZulV iVm § 23 Abs. 1 VwVfG. Er hat die in § 48 Abs. 1 S. 4 und 5 BörsZulV genannten Angaben zu enthalten. Die Frankfurter Wertpapierbörse empfiehlt dringend[115], das auf der Internet-Seite der Deutsche Börse AG eingestellte **Antragsformular** zu verwenden. Obwohl die Verwendung dieses Formulars nicht zwingend ist[116], empfiehlt es sich doch, diese „Hilfestellung" zu nutzen, um damit vermeidbare Nachfragen und dadurch bedingte zeitliche Verzögerung[117] zu vermeiden.

39   **4. Antragsadressat: Geschäftsführung.** Der Zulassungsantrag ist aufgrund der Änderungen durch das Finanzmarktrichtlinie-Umsetzungsgesetz nicht mehr bei der Zulassungsstelle, sondern bei der Geschäftsführung der jeweiligen Börse, an der die Zulassung beantragt wird, einzureichen.[118]

40   Nachdem das frühere sog. **Kooperationsverfahren**[119] bereits Ende 2003 und die nachfolgende allein privatrechtliche Kooperation zwischen den Trägergesellschaften der jeweiligen Börsen[120] durch das Finanzmarktrichtlinie-Umsetzungsgesetz beendet wurden, verbleiben Erlass des Zulassungsbeschlusses sowie die Feststellung der Gebühren bei den jeweiligen Geschäftsführungen der jeweiligen Börsen. Eine Konzentration der Zulassung auf zB eine Geschäftsführung einer Börse findet bei erstrebter Zulassung an verschiedenen Börsen nicht statt.[121] Allerdings haben die Börsen Berlin, Düsseldorf, Hamburg, Hannover, München und Stuttgart für Emittenten, deren Aktien im HDAX (DAX-30, MDAX, TecDAX) enthalten sind und an mehreren Börsen im regulierten Markt gehandelt werden, eine gemeinsame Geschäftsstelle eingerichtet, die für eine einheitliche Zulassung sowie für sämtliche Zulassungsfolgeanträge (wie zB vorfristige Lieferbarerklärungen bei bedingten Kapitalien, Notierungsumstellungen oder sonstige Kapitalmaßnahmen) zuständig ist[122].

41   Nach § 48 Abs. 1 S. 5 BörsZulV ist im Zulassungsantrag anzugeben, ob ein gleichartiger Antrag zuvor oder gleichzeitig an einer anderen inländischen Börse oder in einem anderen Mitgliedstaat der Europäischen Union oder in einem anderen Vertragsstaat des Abkommens über den europäischen Wirtschaftsraum gestellt worden ist oder alsbald gestellt werden wird. Diese Vorschrift dient der Sicherung der Zusammenarbeit der verschiedenen in- und ausländischen Börsen und damit der Einheitlichkeit der jeweils zu treffenden Zulassungsentscheidung, vgl. auch §§ 35, 36. Nach § 35 Abs. 3 ist bei einem Zulassungsantrag bei verschiedenen inländischen Börsen eine Zulassung nur mit Zustimmung aller Geschäftsführungen zulässig. Diese Zustimmung ist für den Antragsteller ein interner, nicht einklagbarer Akt.[123] Wird eine Zulassung wegen fehlender Zustimmung abgelehnt, stehen ihm somit nur gegen die nach außen entscheidende, die Zulassung ablehnende Stelle die allgemeinen Rechtsmittel[124] zur Verfügung. Wird die Zulassung trotz fehlender Zustimmung erteilt, ist sie dennoch wirksam.

---

[109] Satz 1 des § 48 Abs. 1 BörsZulV aF wurde durch die Sätze 1–3 ersetzt.

[110] BGBl. 2017 I 2359.

[111] BT-Drs. 18/11290, 13.

[112] BT-Drs. 18/11290, 13.

[113] RegBegr. zur Änderung der Börsenzulassungsverordnung, BR-Drs. 413/17, 2.

[114] Schwark/Zimmer/*Heidelbach* Rn. 40. In der Praxis wird hiervon vereinzelt abgewichen, was auch von der Geschäftsführung akzeptiert wird, *Gebhardt* in Schäfer/Hamann BörsZulV § 48 Rn. 5, zB Sprache des Prospekts.

[115] So ausdr. Rundschreiben Listing 04/2003 der Zulassungsstelle der Frankfurter Wertpapierbörse vom 11.6.2003. Ebenso Listing-Rundschreiben 03/17 vom 13.7.2017.

[116] Ebenso Rundschreiben Listing 04/2003 der Zulassungsstelle der Frankfurter Wertpapierbörse vom 11.6.2003; Schwark/Zimmer/*Heidelbach* Rn. 41 aE.

[117] So ausdr. Rundschreiben Listing 04/2003 der Zulassungsstelle der Frankfurter Wertpapierbörse vom 11.6.2003, in dem „im Interesse einer Verfahrensbeschleunigung dringend empfohlen (wird), zukünftig von dem Antragsformular Gebrauch zu machen".

[118] Zum Zugangserfordernis näher *Gebhardt* in Schäfer/Hamann § 30 Rn. 32.

[119] Vgl. dazu nur *Gebhardt* in Schäfer/Hamann § 30 Rn. 28.

[120] Vgl. dazu nur *Gebhardt* in Schäfer/Hamann § 30 Rn. 28.

[121] Ziffer 3 Rundschreiben Listing 01/2007.

[122] *Trapp* in Habersack/Mülbert/Schlitt Unternehmensfinanzierung-HdB § 37 Rn. 51 Fn. 1.

[123] Schwark/Zimmer/*Heidelbach* § 35 Rn. 5; *Gebhardt* in Schäfer/Hamann § 30 Rn. 9; *Trapp* in Habersack/Mülbert/Schlitt Unternehmensfinanzierung-HdB § 37 Rn. 52.

[124] → Rn. 48.

5. Einzureichende Unterlagen, weitere Angaben. Dem Antrag sind, soweit nicht eine Pro- 42
spektbefreiung nach Art. 1 Abs. 5 Prospekt-VO vorliegt, neben dem Entwurf des Prospektes bzw. dem
gebilligten Prospekt diejenigen Unterlagen beizufügen, die der Geschäftsführung die Beurteilung der
in § 32 Abs. 3 Nr. 1 genannten Voraussetzungen ermöglicht.[125] Dies sind insbesondere die in **§ 48
Abs. 2 S. 2 BörsZulV genannten Unterlagen:** Beglaubigter Auszug aus dem Handelsregister nach
neuestem Stand; Satzung/Gesellschaftervertrag in der neuesten Fassung; Jahresabschlüsse und Lageberichte für die dem Antrag vorangehenden drei Geschäftsjahre, einschließlich der Bestätigungsvermerke
der Wirtschaftsprüfer; Nachweis über die Rechtsgrundlage der Wertpapierausgabe, dh Dokumentation
der maßgeblichen Gremienbeschlüsse über die Emission. In der Praxis werden diese Unterlagen immer
beigefügt, obwohl die Vorschrift von einem diesbezüglichen Verlangen der Geschäftsführung spricht.
Wie durch das Wort „insbesondere" zum Ausdruck gebracht wird, kann die Geschäftsführung ggf. die
Vorlage weiterer Unterlagen verlangen. Die Billigung des Prospekts und seine Veröffentlichung sind in
der neuen Prospekt-VO geregelt und nicht mehr Teil des Zulassungsverfahrens. Durch das Gesetz zur
Novellierung von Finanzmarktvorschriften aufgrund europäischer Rechtsakte (Erstes Finanzmarktnovellierungsgesetz – 1. FiMaNoG)[126] wurde in § 32 Abs. 2 S. 4 eine Regelung eingefügt, nach der
die Geschäftsführung der jeweiligen Börse vom Emittenten die Übermittlung von Referenzdaten in
Bezug auf die zuzulassenden Wertpapiere verlangen kann, soweit dies zur Erfüllung der Anforderungen
aus Art. 4 VO (EU) Nr. 596/2014 (Marktmissbrauchsverordnung) erforderlich ist. Dabei geht es um
die Mitteilung mit deren Hilfe die Liste der Finanzinstrumente, die an dem jeweiligen Markt gehandelt
werden, erstellt werden soll. Damit die Geschäftsführung der Verpflichtung zur Übermittlung der
entsprechenden Informationen nachkommen kann, muss sie die erforderlichen Daten beim Emittenten
abfragen können[127]. Soweit die Geschäftsführung der Börse diese Daten abfragt, sind sie vom Emittenten zu übermitteln.

6. Zulassungsanspruch, Ablehnung der Zulassung. Sind die Voraussetzungen des § 32 Abs. 3 43
erfüllt, besteht ein – einklagbarer[128] – **Anspruch auf Zulassung,**[129] es sei denn, die Voraussetzungen
des § 32 Abs. 4 lägen vor. In diesem Fall besteht nur ein Anspruch auf fehlerfreie Ermessensentscheidung.[130]

Sind die in § 32 Abs. 3 genannten gesetzlichen Voraussetzungen nicht erfüllt und kann von den 44
fehlenden Zulassungsvoraussetzungen auch nicht befreit werden, muss die Geschäftsführung den
Zulassungsantrag ablehnen.[131] Sie kann den Antrag auf Zulassung der Wertpapiere trotz Erfüllung der
Voraussetzungen des § 32 Abs. 3 gem. § 32 Abs. 4 ablehnen, wenn der Emittent seine Pflichten aus
der Zulassung zum regulierten Markt an einer anderen inländischen Börse oder an einer Börse in
einem anderen Mitgliedstaat der Europäischen Union oder in einem anderen Vertragsstaat des Abkommens über den Europäischen Wirtschaftsraums nicht erfüllt. Die Ablehnung der Zulassung ist gem.
§ 35 Abs. 1 zu begründen und den anderen Geschäftsführungen mitzuteilen.

V. Rechtsfolgen der Zulassung: Zulassungsfolgepflichten, Kosten

Die Zulassung führt dazu, dass der Emittent verschiedene börsenrechtlich begründete Verpflichtun- 45
gen zu erfüllen hat, vgl. Kommentierung zu §§ 40 ff. Hinsichtlich der darüber hinaus sich aus der
Börsenzulassung ergebenden Pflichten, zB des WpHG bzw. der MAR (Insiderrecht, Ad-hoc-Publizität, Directors' Dealing, Mitteilungs- und Veröffentlichungspflichten bei Stimmrechtsanteilen) wird auf
die Spezialliteratur verwiesen.[132] Darüber hinaus sich aus dem Aktien- und Bilanzrecht ergebende
Besonderheiten der börsennotierten Aktiengesellschaft[133] führen zu gewissen Sonderregelungen, rechtlich nicht aber zu fundamentalen Unterschieden zwischen der börsennotierten Aktiengesellschaft
einerseits und der nicht börsennotierten Aktiengesellschaft andererseits.

Die Zulassung als solche ist **nicht kostenfrei;** vielmehr fällt eine in der jeweiligen Gebühren- 46
ordnung der Börse geregelte Zulassungsgebühr an. Die Frankfurter Wertpapierbörse hat ihre Gebührenstruktur zur Mitte des Jahres 2018 grundlegend geändert, und neben einer Grundgebühr eine
variable Gebühr eingeführt, die sich an der Marktkapitalisierung ausrichtet.[134] Sonstige einmalige

---

[125] *Gebhardt* in Schäfer/Hamann § 30 Rn. 56; Schwark/Zimmer/*Heidelbach* Rn. 41.

[126] Vom 30.6.2016, BGBl. 2016 I 1514, Art. 5 Nr. 4.

[127] Die entsprechende Regelung wurde auf Empfehlung des Finanzausschusses in § 32 Abs. 2 S. 4 aufgenommen,
BT-Drs. 18/8099, 111.

[128] Vgl. zu den Rechtsmitteln → Rn. 47 ff.

[129] Unstr., *Gebhardt* in Schäfer/Hamann § 30 Rn. 46; Schwark/Zimmer/*Heidelbach* Rn. 66; *Trapp* in Habersack/
Mülbert/Schlitt Unternehmensfinanzierung-HdB § 37 Rn. 49; *Kümpel/Hammen* BörsenR 194.

[130] Schwark/Zimmer/*Heidelbach* Rn. 68; *Trapp* in Habersack/Mülbert/Schlitt Unternehmensfinanzierung-HdB
§ 37 Rn. 49.

[131] *Gebhardt* in Schäfer/Hamann § 30 Rn. 47 f.

[132] Vgl. nur Marsch-Barner/Schäfer AG-HdB §§ 14, 15, 16, 17 und 18.

[133] Übersicht bei *Groß* ZHR 165 (2001), 141 (163 f.).

[134] Vgl. § 11 der Gebührenordnung für die FWB iVm Tabelle IV abrufbar über die Internet-Seite der Deutsche
Börse AG.

Kosten sind die Kosten der Veröffentlichung der Zulassung und des Prospekts, die Billigungs- und Druckkosten des Prospekts, eventuelle Kosten des Drucks der Wertpapiere und die (früher übliche, zwischenzeitlich eher seltene, materiell auch eher marginale[135]) Börseneinführungsprovision der Emissionsbegleiter, sowie die Übernahme- und Platzierungsprovision der Konsortialbanken. Daneben entstehen die laufenden Kosten, die mit der Erfüllung der vorgenannten Veröffentlichungspflichten verbunden sind, und nach der ebenfalls kostenpflichtigen Einführung uU die Notierungsgebühren. Trotz der mit der Änderung der Gebührenstruktur 2018 bei der Frankfurter Wertpapierbörse verbundenen erheblichen Erhöhung der Gebühren sollen diese nach Angaben der Frankfurter Wertpapierbörse im Vergleich zu anderen europäischen Börsen noch deutlich geringer sein.[136]

VI. Rechtsmittel

47   **1. Untätigkeitsklage.** Bleibt die Geschäftsführung nach beantragter Zulassung untätig, können die Antragsteller, dh Emittent oder Emissionsbegleiter, gem. § 75 VwGO Untätigkeitsklage erheben.[137]

48   **2. Anfechtungs- und Verpflichtungsklage bei Ablehnung der Zulassung. a) Emittent, Emissionsbegleiter.** Die Ablehnung der Zulassung ist Verwaltungsakt, gegen den der Verwaltungsrechtsweg nach einem entsprechenden Widerspruchsverfahren offen steht.[138] Aktiv legitimiert für Widerspruch und Klage sind sowohl der Emissionsbegleiter als auch der Emittent selbst.[139] Die Klage richtet sich gegen die Börse als solche.[140]

49   **b) Anleger.** Ob der einzelne Anleger bzw. Aktionär im Falle einer gewährten Zulassung widerspruchs- bzw. anfechtungsbefugt oder im Falle einer verweigerten Zulassung verpflichtungsklagebefugt ist,[141] richtet sich nach allgemeinen Regeln. Das Widerspruchsverfahren setzt eine **Widerspruchsbefugnis** des Widerspruchsführers[142] und die Anfechtungsklage bzw. bei Ablehnung der Zulassung die Verpflichtungsklage auf Erteilung der Zulassung eine **Klagbefugnis** des Klägers nach § 42 Abs. 2 VwGO voraus. Beides[143] ist nur gegeben, wenn der Widerspruchsführer bzw. Anfechtungs- oder Verpflichtungskläger „geltend macht, durch den Verwaltungsakt oder seine Ablehnung oder Unterlassung in seinen Rechten verletzt zu sein".

50   Da der Aktionär nicht befugt ist, den Zulassungsantrag zu stellen, er auch nicht Adressat des Verwaltungsakts Zulassung ist, scheidet jedenfalls nach der **Adressatentheorie**[144] aus, dass er im Falle der Ablehnung der Zulassung im Widerspruchsverfahren bzw. Verwaltungsprozess antrags- bzw. klagebefugt ist. Die in Rechtsprechung und Literatur herrschende Meinung bestimmt die Widerspruchs- bzw. Anfechtungsbefugnis nach der sogenannten **Möglichkeitstheorie**.[145] Danach ist die Widerspruchs- oder Anfechtungsbefugnis dann gegeben, wenn die Verletzung einer Rechtsnorm, die auch dem Schutz der Interessen von Personen zu dienen bestimmt ist, die sich in der Lage des Klägers befinden, nicht offensichtlich und eindeutig nach jeder Betrachtungsweise unmöglich erscheint.[146] Die Zulassungsvorschriften dienen nicht dem Schutz des einzelnen Anlegers, sondern dem Schutz der Allgemeinheit.[147] Der Schutz des einzelnen Anlegers ist Rechtsreflex des Schutzes der Allgemeinheit;

---

[135] Die Aussage von *Foelsch/Wittmann* in Hellner/Steuer BuB Rn. 7/610, die Börseneinführungsprovisionen würden „einen nicht unerheblichen Teil der entstehenden Kosten" ausmachen, trifft nicht zu; gemeint sind eher die Übernahme- und Platzierungsprovisionen.

[136] Aussage der Frankfurter Wertpapierbörse gem. Beitrag BörsenZ v. 19.6.2018, 2. Zu früheren Kostenvergleichen s. Kosten der Eigenkapitalbeschaffung – Frankfurt a. M. und London im Vergleich AG-Report 2/2007, R8 f.; vgl. auch die ausführliche Studie „Auswahl eines Börsenplatzes zur Platzierung von Aktien und Anleihen (basierend auf einer Studie von *Kaserer/Schiereck*, Primary Markets Activity and the Cost of Going and Being Public – An Update, Sep. 2011)".

[137] *Gebhardt* in Schäfer/Hamann § 30 Rn. 60; für den Emittenten ebenso Schwark/Zimmer/*Heidelbach* Rn. 67, die jedoch eine Antragsbefugnis des Emissionsbegleiters ablehnt; *Trapp* in Habersack/Mülbert/Schlitt Unternehmensfinanzierung-HdB § 37 Rn. 49 (Emittent: ja), Rn. 50 (Emissionsbegleiter: nein).

[138] Schwark/Zimmer/*Heidelbach* Rn. 63 (zur Ablehnung der Zulassung): *Gebhardt* in Schäfer/Hamann § 30 Rn. 59; *Samm* BörsenR 97 f.

[139] Vgl. hierzu insgesamt *Gebhardt* in Schäfer/Hamann § 30 Rn. 60; Schwark/Zimmer/*Heidelbach* Rn. 63, 66, die allerdings eine Antragsbefugnis des Emissionsbegleiters ablehnt; *Trapp* in Habersack/Mülbert/Schlitt Unternehmensfinanzierung-HdB § 37 Rn. 49 (Emittent: ja), Rn. 50 (Emissionsbegleiter: nein).

[140] *Gebhardt* in Schäfer/Hamann § 30 Rn. 59; VGH Kassel Urt. v. 19.3.1996 – 11 UE 1714/93, NJW-RR 1997, 110 f.

[141] Zur Frage der Widerspruchs- und Anfechtungsbefugnis des Anlegers bei Widerruf oder Rücknahme der Zulassung → § 39 Rn. 33.

[142] *Kopp/Schenke*, VwGO, 24. Aufl. 2018, VwGO § 69 Rn. 6.

[143] Etwas weiter *Kopp/Schenke*, VwGO, 24. Aufl. 2018, VwGO § 69 Rn. 6 für Widerspruchsbefugnis.

[144] *Kopp/Schenke*, VwGO, 24. Aufl. 2018, VwGO § 42 Rn. 69.

[145] *Kopp/Schenke*, VwGO, 24. Aufl. 2018, VwGO 42 Rn. 66.

[146] *Kopp/Schenke*, VwGO, 24. Aufl. 2018, VwGO 42, Rn. 66.

[147] Unstr. vgl. nur Schwark/Zimmer/*Heidelbach* Rn. 74; *Eickhoff* WM 1988, 1713 (1714); *Fluck* WM 1995, 553 (558); *Radtke*, Delisting, Rückzug aus dem amtlichen Handel oder dem geregelten Markt auf Wunsch des Emittenten aus kapitalmarktrechtlicher Sicht, 1998, 53.

der einzelne Anleger hat kein subjektiv-öffentliches Recht auf Zulassung. [148] Deshalb kann der einzelne Anleger nicht geltend machen, die Zulassung bzw. ihre Ablehnung verletze Bestimmungen, die zumindest auch zu seinem individuellen Schutz geschaffen wurden; eine Widerspruchs- bzw. Klagbefugnis des einzelnen Anlegers bzw. Aktionärs bei Erteilung bzw. Ablehnung der Zulassung scheidet damit aus. [149]

VII. Haftung

Die Mitglieder der **Geschäftsführung** sind als Träger hoheitlicher Verwaltung **Beamte im haf-** **tungsrechtlichen Sinne,** sodass im Falle einer Amtspflichtverletzung Amtshaftungsansprüche nach § 839 BGB iVm Art. 34 GG gegenüber dem jeweiligen Bundesland geltend gemacht werden kön- nen,[150] wobei seit der Regelung in § 5 Abs. 6 der Börsenträger das Land von den entsprechenden Ansprüchen frei zu stellen hat.[151] Voraussetzung dafür ist, dass eine Amtspflicht verletzt wurde, die zumindest auch den Zweck hat, gerade die Interessen des Anspruchstellers wahrzunehmen.[152] **51**

Durch das Vierte Finanzmarktförderungsgesetz hat der Gesetzgeber über die bereits früher bestehende Regelung für die Börsenaufsichtsbehörde (§ 1 Abs. 6 idF vor dem Finanzmarktricht- linie-Umsetzungsgesetz) hinaus für jedes Börsenorgan[153] eine Regelung aufgenommen, nach der dieses Organ seine **Aufgaben allein im öffentlichen Interesse** wahrnimmt. Bezweckt war damit – auch wenn dies nicht ausdrücklich in den jeweiligen Aussagen der Regierungsbegründung angesprochen wird – der Ausschluss einer Amtshaftung des Landes für das jeweilige Börsenorgan.[154] Dient nämlich die ordnungsgemäße Wahrnehmung der jeweiligen Amtspflicht ausschließlich öffent- lichen Interessen, die Amtspflicht der Geschäftsführung ausschließlich den Belangen der Anleger in ihrer Gesamtheit und nicht dem Schutz einzelner Anleger,[155] so scheidet ein Anspruch des Anlegers mangels ihn speziell schützender Amtspflicht aus. Für die Geschäftsführung enthält § 15 Abs. 8 die entsprechende Regelung. **52**

Man mag diese gesetzliche Neuregelung als verfassungsrechtlich bedenklich ansehen.[156] Hält man sie aber für wirksam, so wird man aufgrund der gesetzlichen Änderung nunmehr[157] davon ausgehen müssen, dass auch bei pflichtwidriger Zulassung oder pflichtwidriger Ablehnung der Zulassung kein Schadenersatzanspruch des Anlegers gegen das jeweilige Bundesland in Betracht kommt.[158] **53**

Bei pflichtwidriger Zulassung scheidet ein Amtshaftungsanspruch des Emittenten und/oder Emissionsbegleiters unabhängig von der Neuregelung von vornherein aus. Bei pflichtwidriger Nichtzulassung ist aufgrund des darin liegenden Verstoßes gegen den Zulassungsanspruch des Emittenten[159] ein Amtshaftungsanspruch des Emittenten und der Emissionsbegleiter dagegen zu bejahen.[160] **54**

---

[148] So ausdr. auch BVerfG v. 11.7.2012 – 1 BvR 3142/07 und 1 BvR 1569/08, AG 2012, 557, 560 Rn. 58.

[149] Das müsste das BVerfG ebenso sehen, wenn es das subjektiv öffentliche Recht ablehnt, BVerfG v. 11.7.2012 – 1 BvR 3142/07 und 1 BvR 1569/08, AG 2012, 557 Rn. 58. *Eickhoff* WM 1988, 1713 (1714); *Fluck* WM 1995, 553 (558); *Groß* ZHR 165 (2001), 141 (148 f.); *Gebhardt* in Schäfer/Hamann § 30 Rn. 61 mit Verweis auf § 31 Abs. 5 idF vor dem Finanzmarktrichtlinie-Umsetzungsgesetz, entspricht jetzt § 15 Abs. 8; differenzierend Schwark/Zim- mer/*Heidelbach* Rn. 74: Keine Widerspruchs- und Anfechtungsbefugnis bei Ablehnung der Zulassung; zweifelnd, im Ergebnis aber ablehnend, wenn Zulassung gewährt wird.

[150] *Gebhardt* in Schäfer/Hamann § 31 Rn. 53 zur Zulassungsstelle; zur Geschäftsführung vgl. nur → § 15 Rn. 13; Schwark/Zimmer/*Heidelbach* Rn. 69. Nach Ansicht von *Faßbender/Reichegger* WM 2009, 732 (736 ff.) ist jedoch nicht das jeweilige Bundesland als „Anvertrauter" Haftungsverpflichteter, sondern der Anstaltsträger.

[151] → § 5 Rn. 19.

[152] Auch hierzu speziell bei börsenrechtlichen Pflichten vgl. nur OLG Frankfurt a. M. Urt. v. 18.1.2001 – 1 U 209/99, ZIP 2001, 730 (731); LG Frankfurt a. M. Urt. v. 3.9.2004 – 2/4 O 435/02, WM 2004, 2155 (2156); *Gebhardt* in Schäfer/Hamann § 30 Rn. 10 ff.

[153] Für die Börsenaufsichtsbehörde jetzt § 3 Abs. 3, für die Handelsüberwachungsstelle § 7 Abs. 6, für den Börsenrat § 12 Abs. 6, für die Börsengeschäftsführung § 15 Abs. 8 und für den Sanktionsausschuss § 22 Abs. 2 S. 3.

[154] Krit. dazu *Kümpel/Hammen* BörsenR 135 ff.; anders Schwark/Zimmer/*Beck* § 3 Rn. 23 f. und speziell für die Handelsüberwachungsstelle § 7 Rn. 29. Ausf. Nachw. zu diesen Bedenken bei Baumbach/Hopt/*Hopt* Bankgeschäfte Rn. A/5. Die früher in § 6 Abs. 4 KWG enthaltene entsprechende Regelung hält der EuGH für europarechtlich unbedenklich, EuGH Urt. v. 12.10.2004 – C-222/02, ZIP 2004, 2039; der BGH hat daraufhin auch einen Verstoß gegen das GG verneint, BGH Urt. v. 20.1.2005 – III ZR 48/01, ZIP 2005, 287 (291 f.).

[155] So ausdr. die RegBegr. zum Vierten Finanzmarktförderungsgesetz zu § 30 Abs. 4 Entwurfsfassung = § 31 Abs. 5, BT-Drs. 14/8017, 62 (79).

[156] Ausf. Nachw. zu diesen Bedenken bei Baumbach/Hopt/*Hopt* Bankgeschäfte Rn. A/5.

[157] Zur alten Rechtslage ausf. *Gebhardt* in Schäfer/Hamann § 31 Rn. 52.

[158] Ebenso bereits für „altes" Recht LG Frankfurt a. M. Urt. v. 3.9.2004 – 2/4 O 435/02, WM 2004, 2155 (2157); zum „neuen" Recht ebenso *Gebhardt* in Schäfer/Hamann § 31 Rn. 48 ff.; iErg ebenso Schwark/Zimmer/*Heidelbach* Rn. 74 f.

[159] → Rn. 43.

[160] Vgl. auch *Gebhardt* in Schäfer/Hamann § 31 Rn. 53; Schwark/Zimmer/*Heidelbach* Rn. 69.

§ 33 Einbeziehung von Wertpapieren in den regulierten Markt

(1) **Wertpapiere können auf Antrag eines Handelsteilnehmers oder von Amts wegen durch die Geschäftsführung zum Börsenhandel in den regulierten Markt einbezogen werden, wenn**

1. die Wertpapiere bereits

a) an einer anderen inländischen Börse zum Handel im regulierten Markt,

b) in einem anderen Mitgliedstaat der Europäischen Union oder in einem anderen Vertragsstaat des Abkommens über den Europäischen Wirtschaftsraum zum Handel an einem organisierten Markt oder

c) an einem Markt in einem Drittstaat, sofern an diesem Markt Zulassungsvoraussetzungen und Melde- und Transparenzpflichten bestehen, die mit denen im regulierten Markt für zugelassene Wertpapiere vergleichbar sind, und der Informationsaustausch zum Zwecke der Überwachung des Handels mit den zuständigen Stellen in dem jeweiligen Staat gewährleistet ist,

zugelassen sind und

2. keine Umstände bekannt sind, die bei Einbeziehung der Wertpapiere zu einer Übervorteilung des Publikums oder einer Schädigung erheblicher allgemeiner Interessen führen.

(2) ¹**Die näheren Bestimmungen über die Einbeziehung von Wertpapieren sowie über die von dem Antragsteller nach erfolgter Einbeziehung zu erfüllenden Pflichten sind in der Börsenordnung zu treffen.** ²**Die Börsenordnung muss insbesondere Bestimmungen enthalten über die Unterrichtung des Börsenhandels über Tatsachen, die von dem Emittenten an dem ausländischen Markt, an dem die Wertpapiere zugelassen sind, zum Schutz des Publikums und zur Sicherstellung der ordnungsgemäßen Durchführung des Handels zu veröffentlichen sind; § 38 Abs. 1, die §§ 39 und 41 finden keine Anwendung.**

(3) **Die Geschäftsführung unterrichtet den Emittenten, dessen Wertpapiere in den Handel nach Absatz 1 einbezogen wurden, von der Einbeziehung.**

(4) ¹**Für die Aussetzung und die Einstellung der Ermittlung des Börsenpreises gilt § 25 entsprechend.** ²**Für den Widerruf der Einbeziehung gilt § 39 Abs. 1 entsprechend.**

1   § 33 entspricht im Wesentlichen § 56 idF vor dem Finanzmarktrichtlinie-Umsetzungsgesetz. Laut Regierungsbegründung zum Finanzmarktrichtlinie-Umsetzungsgesetz setzt der neu formulierte § 33 Abs. 1 aber gleichzeitig Art. 40 Abs. 5 MiFID um,[1] indem die dort enthaltene Verpflichtung, die Einbeziehungsmöglichkeit für alle gesetzlichen Marktsegmente zu schaffen, über § 56 idF vor dem Finanzmarktrichtlinie-Umsetzungsgesetz hinaus jetzt für den regulierten Markt besteht. § 33 Abs. 3 enthält die gem. Art. 40 Abs. 5 S. 2 MiFID erforderliche Verpflichtung der Geschäftsführung, den Emittenten, dessen Wertpapiere von der Einführung betroffen sind, hiervon zu unterrichten. § 33 Abs. 4 entspricht, abgesehen von der redaktionellen Anpassung der Gesetzesverweise (§ 56 Abs. 3 idF vor dem Finanzmarktrichtlinie-Umsetzungsgesetz). Die Entscheidung über die Einbeziehung trifft die Geschäftsführung der jeweiligen Börse durch Verwaltungsakt.[2]

2   § 33 Abs. 1 Nr. 1 regelt den Kreis der einbeziehungsfähigen Wertpapiere.[3] Dieser umfasst zunächst in § 33 Abs. 1 Nr. 1 lit. a die Wertpapiere, die an einer anderen inländischen Börse zum Handel im regulierten Markt bereits zugelassen sind. Die Zulassung darf noch nicht erloschen oder aufgehoben sein.[4] Darüber hinaus werden in § 33 Abs. 1 Nr. 1 lit. b die Wertpapiere erfasst, die bereits in einem anderen Mitgliedstaat der Europäischen Union oder in einem anderen Vertragsstaat des Abkommens über den europäischen Wirtschaftsraum zum Handel an einem organisierten Markt im Sinne der Wertpapierdienstleistungsrichtlinie zugelassen sind. Da für solche Wertpapiere aufgrund der europäischen Vorgaben einheitliche Melde- und Transparenzanforderungen, die Ad-hoc-Publizitätspflicht sowie das Insiderhandelsverbot gelten, kann von einer Gleichwertigkeit der geregelten Märkte ausgegangen werden.[5] Des Weiteren erfasst § 33 Abs. 1 Nr. 1 lit. c diejenigen Wertpapiere, die bereits an einem organisierten Markt in einem Drittstaat zugelassen sind, wenn dort Zulassungsvoraussetzungen und Melde- und Transparenzpflichten bestehen, die mit den im regulierten Markt geltenden vergleichbar sind.

3   Weitere Einbeziehungsvoraussetzung ist nach § 33 Abs. 1 Nr. 2, dass keine Umstände bekannt sind, die bei Einbeziehung der Wertpapiere zu einer Übervorteilung des Publikums oder einer Schädigung erheblicher allgemeiner Interessen führen. Umstände, die zu einer Übervorteilung des Publikums führen, sind solche, die einen erheblichen Kursverfall befürchten lassen.[6] Diese Umstände sind jedoch

---

[1] RegBegr. zum Finanzmarktrichtlinie-Umsetzungsgesetz, 101.

[2] *Ledermann* in Schäfer/Hamann § 56 Rn. 6; Schwark/Zimmer/*Heidelbach* § 32 Rn. 74; Schwark/Zimmer/*Heidelbach* Rn. 5.

[3] Zum Wertpapierbegriff → § 32 Rn. 15.

[4] Schwark/Zimmer/*Heidelbach* Rn. 8.

[5] *Ledermann* in Schäfer/Hamann § 56 Rn. 3; Baumbach/Hopt/*Kumpan* § 34 Rn. 2.

[6] Beispiele bei *Gebhardt* in Schäfer/Hamann § 30 Rn. 71 f.

nur dann von der Geschäftsführung zu berücksichtigen, wenn sie nicht ordnungsgemäß offen gelegt wurden, ansonsten, dh bei ordnungsgemäßem Hinweis auf die besonderen Risiken, kann keine Übervorteilung des Publikums vorliegen.[7] Eine Schädigung erheblicher allgemeiner Interessen ist zu bejahen, wenn Umstände bekannt sind, durch welche im Falle der Zulassung wichtige Belange der Allgemeinheit, kapitalmarkt-, finanz-, außenpolitische oder sonstige politische oder volkswirtschaftliche Interessen, nicht nur geringfügig beeinträchtigt werden.[8]

Die näheren Bestimmungen über die Einbeziehung von Wertpapieren, das Verfahren sowie die **4** Folgepflichten sind gem. § 33 Abs. 2 in der Börsenordnung zu treffen. Dies gilt insbesondere dahingehend, dass in der Börsenordnung Bestimmungen aufzunehmen sind, die sicherstellen, dass auch der inländische Börsenhandel möglichst zeitnah über die Veröffentlichungen des Emittenten an der Heimatbörse unterrichtet wird, sodass diese Informationen in die Preisbildung mit einbezogen werden können.

Bemerkenswert ist, dass die Einbeziehung keinen Antrag des Emittenten der einzubeziehenden **5** Wertpapiere voraussetzt, ihm sogar noch nicht einmal ein Widerspruchsrecht zusteht, so ausdrücklich zB § 61 Abs. 1 S. 2 BörsenO der FWB.[9] Erforderlich ist nach der Änderung durch das Finanzmarktrichtlinie-Umsetzungsgesetz noch nicht einmal ein Antrag eines Handelsteilnehmers. Vielmehr kann die Geschäftsführung auch von Amts wegen einbeziehen, wenn sie ein entsprechendes Marktbedürfnis erkennt.[10] § 61 Abs. 1 S. 2 BörsenO der FWB schließt das Widerspruchsrecht des Emittenten ausdrücklich aus.[11] Bemerkenswert ist auch, dass die Einbeziehung keine Zulassung darstellt, somit die neue Prospekt-VO und die darin unter anderem angeordnete Prospektpflicht nicht eingreifen.[12] Ebenso wenig führt die Einbeziehung zu Folgepflichten für den Emittenten,[13] was im Hinblick auf dessen nicht erforderliche Beteiligung im Einbeziehungsverfahren nur konsequent ist.

Im Interesse des Schutzes des Publikums und eines ordnungsgemäßen Börsenhandels ordnet § 33 **6** Abs. 4 für die Aussetzung und die Einstellung der Ermittlung des Börsenpreises sowie für den Widerruf der Einbeziehung die entsprechende Anwendung des § 25 bzw. des § 39 Abs. 1. § 39 Abs. 2 ist dagegen nicht entsprechend anwendbar, sodass ein Widerruf der Einbeziehung auf Antrag des Emittenten hier nicht in Betracht kommt.[14]

§ 34 Ermächtigungen

Die Bundesregierung wird ermächtigt, durch Rechtsverordnung mit Zustimmung des Bundesrates die zum Schutz des Publikums und für einen ordnungsgemäßen Börsenhandel erforderlichen Vorschriften über

1. die Voraussetzungen der Zulassung, insbesondere
  a) die Anforderungen an den Emittenten im Hinblick auf seine Rechtsgrundlage, seine Größe und die Dauer seines Bestehens;
  b) die Anforderungen an die zuzulassenden Wertpapiere im Hinblick auf ihre Rechtsgrundlage, Handelbarkeit, Stückelung und Druckausstattung;
  c) den Mindestbetrag der Emission;
  d) das Erfordernis, den Zulassungsantrag auf alle Aktien derselben Gattung oder auf alle Schuldverschreibungen derselben Emission zu erstrecken;
2. das Zulassungsverfahren zu erlassen.

§ 34 idF des Finanzmarktrichtlinie-Umsetzungsgesetzes entspricht im Wesentlichen § 32 idF vor **1** dem Finanzmarktrichtlinie-Umsetzungsgesetz. § 34 ist die Ermächtigungsgrundlage für die BörsZulV, welche jetzt im Wesentlichen nur noch die emittenten- und wertpapierbezogenen Zulassungsvoraussetzungen und das Zulassungsverfahren regelt.

§ 35 Verweigerung der Zulassung

(1) Lehnt die Geschäftsführung einen Zulassungsantrag ab, so hat sie dies den anderen Börsen, an denen die Wertpapiere des Emittenten gehandelt werden sollen, unter Angabe der Gründe für die Ablehnung mitzuteilen.

---

[7] So ausdr. zu Recht *Gebhardt* in Schäfer/Hamann § 30 Rn. 73.
[8] Beispiele bei *Gebhardt* in Schäfer/Hamann § 30 Rn. 75 f.
[9] Schwark/Zimmer/*Heidelbach* Rn. 5.
[10] RegBegr. Finanzmarktrichtlinie-Umsetzungsgesetz, BT-Drs. 16/4028, 87 f.
[11] *Ledermann* in Schäfer/Hamann § 56 Rn. 1.
[12] *Ledermann* in Schäfer/Hamann § 56 Rn. 1; Schwark/Zimmer/*Heidelbach* Rn. 3 und 4.
[13] Schwark/Zimmer/*Heidelbach* Rn. 6, 17 ff. und 19.
[14] Ebenfalls konsequent, weil der Emittent uU auch an der Einbeziehung nicht beteiligt war. Schwark/Zimmer/*Heidelbach* Kumpan § 34 Rn. 5.

(2) ¹Wertpapiere, deren Zulassung von einer anderen Börse abgelehnt worden ist, dürfen nur mit Zustimmung dieser Börse zugelassen werden. ²Die Zustimmung ist zu erteilen, wenn die Ablehnung aus Rücksicht auf örtliche Verhältnisse geschah oder wenn die Gründe, die einer Zulassung entgegenstanden, weggefallen sind.

(3) ¹Wird ein Zulassungsantrag an mehreren inländischen Börsen gestellt, so dürfen die Wertpapiere nur mit Zustimmung aller Börsen, die über den Antrag zu entscheiden haben, zugelassen werden. ²Die Zustimmung darf nicht aus Rücksicht auf örtliche Verhältnisse verweigert werden.

1   § 35 entspricht von einzelnen sprachlichen, nicht aber inhaltlichen Änderungen abgesehen, § 33 idF des Vierten Finanzmarktförderungsgesetzes, abgesehen von der Streichung des alten Abs. 4 durch das **Prospektrichtlinie-Umsetzungsgesetz.**

2   § 35 soll eine möglichst einheitliche Behandlung der Zulassung sicherstellen, wenn Wertpapiere an mehreren **inländischen** Börsen zugelassen werden sollen,¹ die gegenseitige Anerkennung von Prospekten innerhalb der EU regelt Art. 24 ff. Prospekt-VO.² § 35 Abs. 1 enthält eine entsprechende **Informationspflicht** unabhängig davon, ob und in welcher Reihenfolge für dieselben Wertpapiere die Zulassungsanträge gestellt, und auch unabhängig davon, ob diese als unzulässig oder unbegründet abgewiesen wurden.³ § 35 Abs. 2 soll materiell ebenso wie § 35 Abs. 3 bei zeitlich aufeinander folgenden Zulassungsanträgen eine einheitliche Behandlung sicherstellen. Nach § 35 Abs. 3 ist bei einem Zulassungsantrag bei verschiedenen inländischen Börsen eine Zulassung nur mit Zustimmung aller Geschäftsführungen zulässig.⁴ Die Zustimmung der jeweiligen Geschäftsführungen ist für den Antragsteller ein interner, nicht einklagbarer Akt, sodass im Falle der Ablehnung der Zulassung wegen fehlender Zustimmung der Antragsteller nur gegen die ihm gegenüber auftretende Geschäftsführung Rechtsmittel erheben kann.⁵ Andererseits ist eine Zulassung trotz eventuell fehlender Zustimmung wirksam.⁶ Bei zeitkritischen Zulassungen, zB bei der möglichst zügigen Zuteilung neuer, zugelassener Aktien nach einem accelerated bookbuilding, empfiehlt sich, die Zulassung zunächst nur an einer Börse zu beantragen, sie dort zu erlangen, die dann zugelassenen Aktien zuzuteilen und danach erst die Zulassung an den anderen Börsen zu betreiben.

§ 36 Zusammenarbeit in der Europäischen Union

(1) Beantragt ein Emittent mit Sitz in einem anderen Mitgliedstaat der Europäischen Union oder in einem anderen Vertragsstaat des Abkommens über den Europäischen Wirtschaftsraum, dessen Aktien entsprechend der Richtlinie 2001/34/EG des Europäischen Parlaments und des Rates vom 28. Mai 2001 über die Zulassung von Wertpapieren zur amtlichen Börsennotierung und über die hinsichtlich dieser Wertpapiere zu veröffentlichenden Informationen (ABl. EG Nr. L 184 S. 1) in diesem Mitgliedstaat oder Vertragsstaat zugelassen sind, die Zulassung von Wertpapieren, mit denen Bezugsrechte für diese Aktien verbunden sind, so hat die Geschäftsführung vor ihrer Entscheidung eine Stellungnahme der zuständigen Stelle des anderen Mitgliedstaates oder Vertragsstaates einzuholen.

(2) Die Vorschriften über die Zusammenarbeit nach der Verordnung (EU) 2017/1129 bleiben unberührt.

1   § 36 entspricht im Wesentlichen § 34 Abs. 2 und 3 aF.

2   § 36 Abs. 1 (§ 34 Abs. 2 aF), der Art. 24c **Börsenzulassungsprospekt-RL**¹* in deutsches Recht umsetzt, konkretisiert die Kooperationspflicht der Geschäftsführungen bei der Zulassung. Die danach **erforderliche Stellungnahme** wird regelmäßig bei der Entscheidung über die Zulassung von (i) Aktien aus einer Kapitalerhöhung mit Bezugsrecht,²* (ii) Wandel- und Optionsanleihen, wenn sich die Wandel- und Optionsrechte auf Aktien beziehen, die im Heimatland des Emittenten zugelassen sind, und (iii) Optionsscheinen, wenn sich das Optionsrecht auf Aktien bezieht, die im Heimatland des Emittenten zugelassen sind, einzuholen sein.³*

---

¹ *Gebhardt* in Schäfer/Hamann § 33 Rn. 1.
² Zum alten Recht, §§ 17 ff. WpPG aF, vgl. Schwark/Zimmer/*Heidelbach* Rn. 1.
³ *Gebhardt* in Schäfer/Hamann § 33 Rn. 4; Schwark/Zimmer/*Heidelbach* Rn. 2.
⁴ Zur Zusammenarbeit im Rahmen der Wertpapierzulassung vgl. dazu *Gebhardt* in Schäfer/Hamann § 30 Rn. 28; Schwark/Zimmer/*Heidelbach* Rn. 4.
⁵ Schwark/Zimmer/*Heidelbach* Rn. 5.
⁶ → § 32 Rn. 41.
¹* Richtlinie vom 17. März 1980 (Börsenzulassungsprospektrichtlinie), RL 80/390/EWG, ABl. 1980 L 100, 1.
²* Schwark/Zimmer/*Heidelbach* Rn. 3 f.
³* *Gericke,* Handbuch für die Börsenzulassung von Wertpapieren, 1992, 46; Schwark/Zimmer/*Heidelbach* Rn. 3.

§ 37 Staatliche Schuldverschreibungen

Schuldverschreibungen des Bundes, seiner Sondervermögen oder eines Bundeslandes, auch soweit sie in das Bundesschuldbuch oder in die Schuldbücher der Bundesländer eingetragen sind, sowie Schuldverschreibungen, die von einem anderen Mitgliedstaat der Europäischen Union oder von einem anderen Vertragsstaat des Abkommens über den Europäischen Wirtschaftsraum ausgegeben werden, sind an jeder inländischen Börse zum Handel im regulierten Markt zugelassen.

Nach § 37[1] sind Emissionen der dort genannten **Emittenten öffentlichen Rechts,** die historisch **1** bedingt und ohne, dass der Gesetzgeber bislang der ganz anders aussehenden Realität –Stichwort: Staatsschuldenkrise- Rechnung getragen hätte, als besonders sicher gelten,[2] qua Gesetzes an jeder inländischen Börse zum Handel im regulierten Markt zugelassen. Dies bedeutet einerseits, es bedarf **weder eines Zulassungsantrags** noch der Durchführung eines **Zulassungsverfahrens,** noch eines **Prospekts,** noch einer **Zulassung.**[3] Damit entfallen auch **Zulassungsgebühren,** jedoch dürfen **Einführungsgebühren**[4] und jetzt auch[5] **Notierungsgebühren** erhoben werden. Die Einführung erfolgt nach Mitteilung der Wertpapiermerkmale (Gesamtnennbetrag, Stückwert, Stückelung, Rückzahlungsbedingungen, Zinstermine und Zinssatz) an die Geschäftsführung[6]. Privilegiert sind[7] (unabhängig von ihrer Verbriefung, dh auch als reine Registerrechte oder Schuldbuchforderungen)[8] Schuldverschreibungen des Bundes, seiner Sondervermögen,[9] eines Bundeslandes, eines Mitgliedstaates der Europäischen Union oder eines Vertragsstaates. Nicht privilegiert sind Schuldverschreibungen der Gebietskörperschaften „unterhalb" eines Bundeslandes bzw. Mitgliedsstaates oder Vertragsstaates.[10] Die Entscheidung darüber, welcher Emittent und welche Art von Wertpapieren befreit sind, fällt die Geschäftsführung.[11] Dies bedeutet aber andererseits auch, dass die Emittenten mit der Zulassung sämtlichen Zulassungsfolgepflichten unterfallen, da § 37 nur von dem Zulassungsverfahren, nicht aber von den Folgen der Zulassung befreit.[12]

§ 38 Einführung

(1) [1]**Die Geschäftsführung entscheidet auf Antrag des Emittenten über die Aufnahme der Notierung zugelassener Wertpapiere im regulierten Markt (Einführung).** [2]**Der Emittent hat der Geschäftsführung in dem Antrag den Zeitpunkt für die Einführung und die Merkmale der einzuführenden Wertpapiere mitzuteilen.** [3]**Das Nähere regelt die Börsenordnung.**

(2) **Wertpapiere, die zur öffentlichen Zeichnung aufgelegt werden, dürfen erst nach beendeter Zuteilung eingeführt werden.**

(3) **Die Bundesregierung wird ermächtigt, durch Rechtsverordnung mit Zustimmung des Bundesrates zum Schutz des Publikums den Zeitpunkt zu bestimmen, zu dem die Wertpapiere frühestens eingeführt werden dürfen.**

(4) [1]**Werden die Wertpapiere nicht innerhalb von drei Monaten nach Veröffentlichung der Zulassungsentscheidung eingeführt, erlischt ihre Zulassung.** [2]**Die Geschäftsführung kann die Frist auf Antrag angemessen verlängern, wenn ein berechtigtes Interesse des Emittenten der zugelassenen Wertpapiere an der Verlängerung dargetan wird.**

I. Einleitung

§ 38 entspricht im Wesentlichen § 37 idF vor dem Finanzmarktrichtlinie-Umsetzungsgesetz. Das **1** Vierte Finanzmarktförderungsgesetz hatte § 42 idF vor dem Vierten Finanzmarktförderungsgesetz in zwei entscheidenden Punkten geändert: Zum einen wurde die Verknüpfung der Zulassung der Wert-

---

[1] Zu den europäischen Grundlagen und zur Entstehungsgeschichte vgl. ausf. *Gebhardt* in Schäfer/Hamann § 36 Rn. 2.
[2] Krit. *Gebhardt* in Schäfer/Hamann § 36 Rn. 2; ebenso wohl auch *Trapp* in Habersack/Mülbert/Schlitt Unternehmensfinanzierung-HdB § 37 Rn. 23.
[3] Schwark/Zimmer/*Heidelbach* Rn. 7.
[4] Schwark/Zimmer/*Heidelbach* Rn. 8; *Gebhardt* in Schäfer/Hamann § 36 Rn. 9.
[5] Zur Änderung des § 17 BörsG → § 17 Rn. 4.
[6] *Trapp* in Habersack/Mülbert/Schlitt Unternehmensfinanzierung-HdB § 37 Rn. 23.
[7] Beispiele bei *Gebhardt* in Schäfer/Hamann § 36 Rn. 4 ff.; Schwark/Zimmer/*Heidelbach* Rn. 3 ff.
[8] Schwark/Zimmer/*Heidelbach* Rn. 4; *Trapp* in Habersack/Mülbert/Schlitt Unternehmensfinanzierung-HdB § 37 Rn. 24.
[9] Beispiele bei *Gebhardt* in Schäfer/Hamann § 36 Rn. 9; Schwark/Zimmer/*Heidelbach* Rn. 4.
[10] Vgl. *Groß*, 2. Aufl. 2002, VerkProspG § 3 Rn. 5.
[11] Schwark/Zimmer/*Heidelbach* Rn. 4 aE.
[12] Schwark/Zimmer/*Heidelbach* Rn. 1.

papiere in einem Marktsegment mit den für dieses Segment geltenden Preisfeststellungsregeln[1] aufgehoben, wodurch sich sowohl die Begriffsbestimmung als auch die Rechtsnatur der Einführung geändert hat (→ Rn. 2). Zum anderen wurde die Antragsstellung durch ein Kreditinstitut als Voraussetzung für die Einführung durch das Vierte Finanzmarktförderungsgesetz beseitigt.

II. Begriff und Rechtsnatur der Einführung

2   § 38 Abs. 1 S. 1 enthält eine **Legaldefinition** der Einführung: Sie ist die Aufnahme der Notierung zugelassener Wertpapiere im regulierten Markt. Sie ist damit seit der entsprechenden Änderung durch das Vierte Finanzmarktförderungsgesetz nicht mehr die erste amtliche Notierung der Wertpapiere, da die amtliche Notierung durch das Vierte Finanzmarktförderungsgesetz beseitigt wurde. War es bis zu dieser gesetzlichen Änderung im Wesentlichen unstreitig, dass die Einführung als Verwaltungsakt anzusehen war, so wird nunmehr vertreten, es handele sich um schlicht privatrechtliche Tätigkeit.[2] Das ist folgerichtig, wenn die Preisfestlegung auch im regulierten Markt nicht mehr als öffentlich-rechtlicher Akt angesehen wird.[3]

3   Die näheren Einzelheiten darüber, wie die Aufnahme der ersten Notierung erfolgt, sind in der Börsenordnung zu regeln. § 38 Abs. 1 S. 3, der durch das Finanzmarktrichtlinie-Umsetzungsgesetz neu eingefügt wurde, enthält die entsprechende Kompetenzübertragung, gibt dabei aber nur das wider, was auch vorher bereits galt und praktiziert wurde. Zu unterscheiden von der Regelung über die Einzelheiten der Aufnahme der Notierung in der Börsenordnung ist die Bestimmung über den frühesten Zeitpunkt, zu dem die Notierung aufgenommen werden darf. Diese Regelung erfolgt gem. § 38 Abs. 3 in der von der Bundesregierung erlassenen BörsZulV (§ 52 BörsZulV). Dagegen sind die anderen Einzelheiten der Aufnahme der ersten Notierung in der Börsenordnung geregelt.

III. Verfahren

4   **1. Antrag.** Die **Einführung setzt** nach § 38 Abs. 1 S. 1 – „zugelassener Wertpapiere" – die **Zulassung voraus.**[4] Das frühere Erfordernis eines Antrags durch ein Kreditinstitut bzw. Finanzdienstleistungsinstitut oder ein Unternehmen, das nach § 53 Abs. 1 S. 1 oder § 53b Abs. 1 S. 1 KWG tätig ist, wurde durch das Vierte Finanzmarktförderungsgesetz beseitigt. Die Regierungsbegründung zum Vierten Finanzmarktförderungsgesetz verweist insoweit darauf, die „Mitgliederbörse" entspreche nicht mehr dem aktuellen Bild der Börse, sodass es ausreichen solle, dass der Emittent selbst der Börsengeschäftsführung die Wertpapiermerkmale und den Zeitpunkt mitteilt, zu dem der Handel in den zugelassenen Wertpapieren aufgenommen werden soll.[5]

5   **2. Zeitpunkt der Einführung.** Die Einführung darf gem. § 38 Abs. 3 iVm § 52 Abs. 1 BörsZulV in der durch das Finanzmarktrichtlinie-Umsetzungsgesetz[6] geänderten Fassung frühestens an dem auf die erste Veröffentlichung des Prospekts[7] oder, wenn kein Prospekt zu veröffentlichen ist, der Veröffentlichung **der Zulassung folgenden Werktag** erfolgen. Hierdurch soll sichergestellt werden, dass dem Publikum – die entsprechende Informationsmöglichkeit für die Ersterwerber sichert die vor dem Angebot bzw. der Zulassung erfolgte Veröffentlichung des gebilligten Prospekts (Art. 3 Abs. 1 bzw. Abs. 3 Prospekt-VO,– vor Erwerb der Wertpapiere die Kenntnisnahme der Prospektinformationen ermöglicht wird. Außerdem darf die **Einführung bei Wertpapieren, die zur öffentlichen Zeichnung aufgelegt werden,** gem. **§ 38 Abs. 2 nicht vor beendeter Zuteilung** erfolgen. Diese Vorschrift kann den von ihr bezweckten Erfolg, einen „Handel per Erscheinen"[8] zur Vermeidung von „Agiotage", zu verhindern,[9] nicht erreichen, da der in der Praxis übliche Telefonhandel insbesondere

---

[1] *Hopt/Rudolph/Baum,* Börsenreform: Eine ökonomische, rechtsvergleichende und rechtspolitische Untersuchung, 1997, 409 ff.; zustimmend „Stellungnahme der hessischen Börsenaufsichtsbehörde zu einigen ausgewählten Thesen des Gutachtens *Hopt/Rudolph* bezüglich einer Börsenreform in Deutschland", A III, 2. Vgl. auch Anhang Rn. 5.

[2] *Kümpel/Hammen* BörsenR 236; aA *Gebhardt* in Schäfer/Hamman KMG § 37 Rn. 4: Weiterhin Verwaltungsakt als rechtsverbindliche Feststellung, dass die tatsächlichen Voraussetzungen für den Beginn der börslichen Preisermittlung für die Wertpapiere erfüllt sind. Ebenfalls aA mit der Begründung, dies ergebe sich aus der Formulierung des Gesetzes Schwark/Zimmer/*Heidelbach* Rn. 2.

[3] Vgl. dazu → § 24 Rn. 4.

[4] Vgl. → § 32 Rn. 9; *Gebhardt* in Schäfer/Hamann § 37 Rn. 1.

[5] RegBegr. zum Vierten Finanzmarktförderungsgesetz, BT-Drs. 14/8017, 72 (80); *Gebhardt* in Schäfer/Hamann § 37 Rn. 10 ff.; krit. Schwark/Zimmer/*Heidelbach* Rn. 3.

[6] Gesetz zur weiteren Fortentwicklung des Finanzplatzes Deutschland (Drittes Finanzmarktförderungsgesetz), BGBl. 1998 I 529.

[7] Schwark/Zimmer/*Heidelbach* Rn. 24 weist zu Recht darauf hin, dass der Wortlaut des § 52 BörsZulV bei einem prospektbefreienden Dokument nicht auf dessen Veröffentlichung abstellt, worauf nur von Prospekt spricht, sondern, dass in dem Fall der Verwendung eines prospektbefreienden Dokuments die Veröffentlichung der Zulassung allein maßgeblich ist.

[8] Zum „Handel per Erscheinen" vgl. ausf. *Pfüller/Koehler* WM 2002, 781 ff.; Schwark/Zimmer/*Heidelbach* Rn. 21.

[9] So RegBegr. zum Börsenzulassungsgesetz, BT-Drs. 10/4296, 15.

im Vorfeld von Neuemissionen von ihr nicht geregelt wird.[10] § 38 Abs. 2 sollte insgesamt eher restriktiv angewendet werden. Unter öffentlicher Zeichnung ist die Aufforderung zur Abgabe von Kaufangeboten gegenüber den Emissionshäusern zu verstehen,[11] zB auch das Bookbuilding.[12] Für die Beendigung der Zuteilung reicht es aus, dass der jeweilige Konsortialführer die Benachrichtigung der Konsortialbanken über die ihnen zugeteilte Quote veranlasst; nicht erforderlich ist die effektive Depotbuchung bei den Konsortialbanken oder etwa bei den einzelnen Anlegern.[13]

Die Einführung muss spätestens drei Monate nach Veröffentlichung der Zulassungsentscheidung **6** erfolgen, anderenfalls erlischt die Zulassung, § 38 Abs. 4 S. 1, wobei jedoch die Geschäftsführung unter den Voraussetzungen des Satz 2 diese Frist verlängern kann.

§ 39 Widerruf der Zulassung bei Wertpapieren

(1) **Die Geschäftsführung kann die Zulassung von Wertpapieren zum Handel im regulierten Markt außer nach den Vorschriften des Verwaltungsverfahrensgesetzes widerrufen, wenn ein ordnungsgemäßer Börsenhandel auf Dauer nicht mehr gewährleistet ist und die Geschäftsführung die Notierung im regulierten Markt eingestellt hat oder der Emittent seine Pflichten aus der Zulassung auch nach einer angemessenen Frist nicht erfüllt.**

(1a) **Börsenaufsichtsbehörde und Bundesanstalt sind von einem Widerruf nach Absatz 1 unverzüglich in Kenntnis zu setzen.**

(2) **[1]Die Geschäftsführung kann die Zulassung im Sinne des Absatzes 1 auch auf Antrag des Emittenten widerrufen. [2]Der Widerruf darf nicht dem Schutz der Anleger widersprechen. [3]Bei Wertpapieren im Sinne des § 2 Absatz 2 des Wertpapiererwerbs- und Übernahmegesetzes ist ein Widerruf nur zulässig, wenn**

1. **bei Antragstellung unter Hinweis auf den Antrag eine Unterlage über ein Angebot zum Erwerb aller Wertpapiere, die Gegenstand des Antrags sind, nach den Vorschriften des Wertpapiererwerbs- und Übernahmegesetzes veröffentlicht wurde oder**
2. **die Wertpapiere weiterhin zugelassen sind**
   a) **an einer anderen inländischen Börse zum Handel im regulierten Markt oder**
   b) **in einem anderen Mitgliedstaat der Europäischen Union oder einem anderen Vertragsstaat des Abkommens über den Europäischen Wirtschaftsraum zum Handel an einem organisierten Markt, sofern für einen Widerruf der Zulassung zum Handel an diesem Markt Nummer 1 entsprechende Voraussetzungen gelten.**

(3) **[1]Im Fall des Absatzes 2 Satz 3 Nummer 1 darf das Angebot nicht von Bedingungen abhängig gemacht werden. [2]Auf das Angebot ist § 31 des Wertpapiererwerbs- und Übernahmegesetzes mit der Maßgabe entsprechend anzuwenden, dass die Gegenleistung in einer Geldleistung in Euro bestehen und mindestens dem gewichteten durchschnittlichen inländischen Börsenkurs der Wertpapiere während der letzten sechs Monate vor der Veröffentlichung nach § 10 Absatz 1 Satz 1 oder § 35 Absatz 1 Satz 1 des Wertpapiererwerbs- und Übernahmegesetzes entsprechen muss. [3]Hat während dieses Zeitraums**

1. **der Emittent entgegen Artikel 17 Absatz 1 der Verordnung (EU) Nr. 596/ 2014 oder einer entsprechenden Vorschrift des anwendbaren ausländischen Rechts eine Insiderinformation, die ihn unmittelbar betrifft, nicht so bald wie möglich veröffentlicht oder in einer Mitteilung nach Artikel 17 Absatz 1 dieser Verordnung oder einer entsprechenden Vorschrift des anwendbaren ausländischen Rechts eine unwahre Insiderinformation, die ihn unmittelbar betrifft, veröffentlicht, oder**
2. **der Emittent oder der Bieter in Bezug auf die Wertpapiere, die Gegenstand des Antrags sind, gegen das Verbot der Marktmanipulation nach Artikel 15 der Verordnung (EU) Nr. 596/2014 verstoßen,**

so ist der Bieter zur Zahlung des Unterschiedsbetrags zwischen der im Angebot genannten Gegenleistung und der Gegenleistung verpflichtet, die dem anhand einer Bewertung des Emittenten ermittelten Wert des Unternehmens entspricht; dies gilt nicht, soweit die in den Nummern 1 und 2 bezeichneten Verstöße nur unwesentliche Auswirkungen auf den nach Satz 2 errechneten Durchschnittskurs hatten. [4]Sind für die Wertpapiere des Emittenten, auf die sich das Angebot bezieht, während der letzten sechs Monate vor der Veröffentlichung nach § 10 Absatz 1 Satz 1 oder § 35 Absatz 1 Satz 1 des Wertpapiererwerbs- und Übernahmegesetzes an weniger als einem Drittel der Börsentage Börsenkurse festgestellt worden und weichen mehrere nacheinander festgestellte Börsenkurse um mehr als 5 Prozent voneinander ab, so ist der Bieter zur Zahlung einer Gegenleistung verpflichtet, die dem anhand einer Bewertung des Emittenten ermittelten Wert des Unternehmens entspricht.

---

[10] Ebenso krit. auch *Gebhardt* in Schäfer/Hamann § 37 Rn. 12.
[11] Schwark/Zimmer/*Heidelbach* Rn. 19.
[12] Vgl. hierzu nur *Groß* ZHR 162 (1998), 318 ff.
[13] Wie hier auch Schwark/Zimmer/*Heidelbach* § 37 Rn. 27; *Trapp* in Habersack/Mülbert/Schlitt Unternehmensfinanzierung-HdB § 37 Rn. 58.

(4) **Auf Emittenten mit Sitz im Ausland finden im Hinblick auf das Angebot nach Absatz 2 die Vorschriften des Wertpapiererwerbs- und Übernahmegesetzes nach Maßgabe des Absatzes 3 entsprechende Anwendung.**

(5) [1]**Die Geschäftsführung hat einen Widerruf nach Absatz 2 unverzüglich im Internet zu veröffentlichen.** [2]**Der Zeitraum zwischen der Veröffentlichung und der Wirksamkeit des Widerrufs darf zwei Jahre nicht überschreiten.** [3]**Nähere Bestimmungen über den Widerruf sind in der Börsenordnung zu treffen.**

(6) **Im Hinblick auf die Anforderungen des Absatzes 3 bleibt die Rechtmäßigkeit des Widerrufs unberührt.**

Übersicht

I. Einleitung

1 § 39 idF vor dem Gesetz zur Umsetzung der Transparenzrichtlinie-Änderungsrichtlinie[1] entsprach, von sprachlichen Änderungen und der Modernisierung des Veröffentlichungsmediums für den Widerruf der Zulassung in § 39 Abs. 2 S. 3 aF (Internet statt überregionales Börsenpflichtblatt; jetzt § 39 Abs. 5 S. 1) abgesehen, im Wesentlichen § 38 Abs. 3 und 4 idF vor dem Finanzmarktrichtlinie-Umsetzungsgesetz.[2] Allerdings wurde die Zuständigkeit von der durch das Finanzmarktrichtlinie-Umsetzungsgesetz abgeschafften Zulassungsstelle auf die Geschäftsführung der einzelnen Börsen verlagert.

2 Die in § 38 Abs. 1 und 2 BörsG idF vor dem Finanzmarktrichtlinie-Umsetzungsgesetz noch enthaltene Regelung zur **Aussetzung** bzw. **Einstellung der Notierung** als die den Börsenhandel und die Preisermittlung betreffende Tätigkeit der Geschäftsführung wurde, da sie sachlich von der in § 39 Abs. 1 und 2 enthaltenen **„Beendigung"**[3] **der Zulassung** durch die Geschäftsführung streng zu unterscheiden ist, dorthin verschoben, wo sie sachlich besser angesiedelt ist, nämlich in den Kontext der Börsenpreisermittlung, und ist jetzt in § 25 geregelt.[4] Durch das Gesetz zur Umsetzung der Transparenzrichtlinie-Änderungsrichtlinie[5] wurden § 39 Abs. 2 grundlegend geändert, Abs. 3–6 neu eingefügt und damit die börsengesetzlichen Voraussetzungen der Beendigung der Zulassung auf Antrag des Emittenten entscheidend verschärft.[6] Begründet wurde diese gesetzliche Änderung wie folgt: Bis

---

[1] BGBl. 2015 I 2029.

[2] RegBegr. Finanzmarktrichtlinie-Umsetzungsgesetz, BT-Drs. 16/4028, 88.

[3] Es wird hier bewusst untechnisch von der Beendigung gesprochen, da § 39 Abs. 1 und 2 ganz verschiedene Beendigungsmöglichkeiten nennt, Widerruf und Rücknahme nach dem Verwaltungsverfahrensgesetz, Widerruf wegen fehlender Gewährleistung des ordnungsgemäßen Börsenhandels, Widerruf wegen Verstoßes gegen die Zulassungsfolgepflichten sowie Widerruf auf Antrag des Emittenten.

[4] Vgl. → § 25 Rn. 2 sowie RegBegr. Finanzmarktrichtlinie-Umsetzungsgesetz, BT-Drs. 16/4028, 88.

[5] BGBl. 2015 I 2029.

[6] Zu dieser Änderung vgl. aus der umfangreichen Lit. nur *Aders/Muxfeld/Lill* CF 2015, 389; *Buckel/Glindermann/Vogel* AG 2015, 373; *Bungert/Leyendecker-Langner* DB 2015, 2251; *Groß* AG 2015, 812; *Häller* ZIP 2016, 1903; *Hammen* ZBB 2016, 398; *Harnos* ZHR 2015, 750; *Karami/Schuster* CF 2016, 106; *Klepsch/Hippeli* RdF 2016, 194; *Kocher/Seiz* DB 2016, 153; *Morell* ZBB/JBB 2016, 67; *Schulz/Wienecke* NZG 2016, 449; *Thomale/Walter* ZGR 2016,

zur Macrotron-Entscheidung des BGH im Jahr 2002[7] wurde vom Widerruf der Börsenzulassung auf Antrag des Emittenten wenig Gebrauch gemacht, weil die gesellschaftsrechtlichen[8] und kapitalmarktrechtlichen[9] Voraussetzungen unklar waren. Da das vom BGH im Macrotron-Urteil geforderte »Pflichtangebot« neue Unsicherheiten geschaffen hatte,[10] war das börsenrechtliche Delisting auch nach diesem Urteil eher die Ausnahme geblieben, wenn nicht gar noch mehr zurückgedrängt worden.[11] Dagegen führte die Aufgabe der Macrotron-Rechtsprechung durch den BGH im Frosta-Beschluss[12] im Gefolge der Entscheidung des BVerfG, in der die Börsenzulassung als nicht vom Eigentumsgrundrecht geschützt beurteilt wird,[13] zu einer Zunahme von Delistinganträgen und -entscheidungen.[14] Diese Zunahme wiederum wurde von einigen Interessenverbänden und schlussendlich auch von der Politik als kritisch angesehen. Deshalb wurde innerhalb von weniger als sieben Monaten[15] und damit quasi im Eilverfahren[16] mit dem Gesetz zur Umsetzung der Transparenzrichtlinie-Änderungsrichtlinie das Delisting iSd Möglichkeit der Geschäftsführung der Börse, die Zulassung zum regulierten Markt auf Antrag der Emittenten zu widerrufen,[17] von Grund auf neu geregelt. Waren bis zur Änderung des § 39 Abs. 2 aF die einzelnen Voraussetzungen des Widerrufs der Zulassung auf Antrag des Emittenten im BörsG nur dahingehend geregelt, dass ein Delisting nicht dem Schutz der Anleger widersprechen dürfe, § 39 Abs. 2 S. 2 aF, und fanden sich aufgrund der Ermächtigung des § 39 Abs. 2 S. 5 aF die Detailregelungen in den Börsenordnungen der deutschen Wertpapierbörsen, so hat das Gesetz zur Umsetzung der Transparenzrichtlinie-Änderungsrichtlinie dies grundlegend geändert: Mit der ausdrücklichen Zielsetzung einer „Verbesserung des Anlegerschutzes" enthalten nunmehr § 39 Abs. 2 S. 3 und die neu in § 39 eingefügten Abs. 3–6 sehr detaillierte Vorgaben für den Widerruf der Zulassung von Wertpapieren iSd § 2 Abs. 2 WpÜG auf Antrag des Emittenten.

II. Beendigung der Zulassung

1. Erlöschen der Zulassung kraft Gesetzes. Gemäß § 38 Abs. 4 S. 1 erlischt die Zulassung zum **3** regulierten Markt kraft Gesetzes, wenn die zugelassenen Wertpapiere nicht innerhalb von **drei Monaten** nach Veröffentlichung der Zulassungsentscheidung eingeführt werden, dh wenn für sie innerhalb von drei Monaten nach Veröffentlichung der Zulassungsentscheidung keine Notierung im regulierten Markt erfolgt. Eine angemessene Verlängerung der Frist ist nach § 38 Abs. 4 S. 2 möglich.

Von Gesetz wegen erlischt die Zulassung als **begünstigender Verwaltungsakt** auch durch ihre **4** **Erledigung** gem. § 43 Abs. 2 VwVfG. Das ist zum Beispiel der Fall bei einem **Formwechsel** der Aktiengesellschaft in eine Gesellschaft anderer Rechtsform, wenn die Aktien der formwechselnden Gesellschaft untergehen. Anders ist die Situation allerdings bei einem Formwechsel, bei dem die Aktien, wenn auch mit geänderten Rechten, bestehen bleiben, zB beim Formwechsel der (streitig) KGaA in eine AG[18] oder einer (unstreitig) AG in eine SE[19] oder umgekehrt. So lange die Aktien als

---

679; *Thomale/Walter* BOARD 2016, 231; *Wackerbarth* WM 2016, 385; *Wienecke/Schulz* AG 2016, 809; *Zimmer/ v. Inhoff* NZG 2016, 1056.

[7] BGH Urt. v. 25.11.2002 – II ZR 133/01, BGHZ 153, 47.

[8] Stichworte: Erforderlichkeit eines Hauptversammlungsbeschlusses, Berichtserfordernis, Mehrheitserfordernis.

[9] Stichworte: Abfindungsangebot, Widerspruchs- und Klagebefugnis betroffener Aktionäre gegen die Delisting-Entscheidung.

[10] Vgl. nur *Eßers/Weisner/Schlienkamp* DStR 2003, 985 (990); *Krolop* NZG 2005, 546; *Schiffer/Goetz* BB 2005, 453; *Schlitt* ZIP 2004, 533 (536 ff.).

[11] Ältere Zahlenangaben bei *Franke* Die Bank 2004, 136 ff.; *Schlitt* ZIP 2004, 533.

[12] BGH Beschl. v. 8.10.2013 – II ZB 26/12, NZG 2013, 1342 (1342, Ls. und Rn. 2).

[13] BVerfG v. 11.7.2012 – 1 BvR 3142/07, 1 BvR 1569/08, AG 2012, 557 Rn. 51 ff.

[14] Über die hier einschlägigen Zahlen, vgl. die Darstellungen bei *Bayer/Hoffmann* AG 2015, R 307; *Adlers/ Muxfeld/Lill* CF 2015, 389; *Karami/Schuster* CF 2016, 106; *Morell* ZBB/JBB 2016, 67; *Thomale/Walter* ZGR 2016, 679, vor allen Dingen aber über die daraus zu ziehenden Schlussfolgerungen, sprich, ob (geschweige denn „wie") eine Neuordnung des Delisting nach Frosta erforderlich war, herrscht nach wie vor Streit, vgl. nur pointiert *Bayer/ Hoffmann* AG 2015, R 307 einerseits und *Thomale/Walter* BOARD 2016, 231 andererseits.

[15] Überblick über die Entstehung des Gesetzes bei *Groß* AG 2015, 812.

[16] *Groß* AG 2015, 812; *Thomale/Walter* BOARD 2016, 231 mit Zitat des Abgeordneten Schick: „schnell dazugefrickelt".

[17] Zu den anderen Möglichkeiten der Beendigung der Börsenzulassung vgl. ausf. → Rn. 3 ff. (börsenrechtlich) und → Rn. 12 ff. (gesellschaftsrechtlich).

[18] Die Praxis beim Rechtsformwechsel einer AG in eine KGaA oder einer KGaA in eine AG ist unterschiedlich. Während hier zB beim Rechtsformwechsel von einer KGaA in eine AG in einem Fall von einigen Börsen die Ansicht vertreten wurde, dass es keiner neuen Zulassung für die aus der Umwandlung der Kommanditaktien resultierenden Aktien bedarf, wurde im Fall der Umwandlung einer AG in eine KGaA eine neue Zulassung durchgeführt, vgl. Umwandlung HSBC Trinkaus & Burkhardt Kommanditgesellschaft auf Aktien in HSBC Trinkaus und Burkhardt AG einerseits und Drägerwerk AG in Drägerwerk AG & Co. KGaA andererseits. Die Praxis der Geschäftsführungen der Börsen ist ebenfalls unterschiedlich, wie hier, dh kein Erlöschen der Zulassung, Düsseldorf, München und Stuttgart, aA Frankfurt, vgl. auch → Prospekt-VO Art. 3 Rn. 7 f.

[19] So zu recht *Kowalski* DB 2007, 2243 (2244), vgl. auch die Bekanntmachung der Porsche Automobilholding SE, BZ v. 15.11.2007, S. 22: „Mit Wirkung vom 16. November 2007 an wird die Notierung der auf den Inhaber

solche weiter existieren, ändert sich nicht automatisch etwas an deren Zulassung.[20] Fälle der Erledigung des Verwaltungsakts Zulassung nach § 43 Abs. 2 VwVfG sind dagegen zB für die Aktien der übertragenden Gesellschaft, nicht dagegen für die Aktien der übernehmenden Gesellschaft, die **Verschmelzung**, weil durch die Eintragung der Verschmelzung der übertragende Rechtsträger und damit die in den Aktien verkörperten Mitgliedschaftsrechte an diesem Rechtsträger erlöschen, schließlich die **Aufspaltung**.[21] Keine Fälle des automatischen Erlöschens der Zulassung kraft Gesetzes sind dagegen die Eingliederung und der gesellschaftsrechtliche Squeeze-out (näher → Rn. 10 und → Rn. 12 ff.).[22] Anders dagegen der umwandlungsrechtliche Squeeze-Out, der erst mit Eintragung der Verschmelzung wirksam wird (§ 62 Abs. 5 S. 7 UmwG), damit zum gleichen Zeitpunkt, zu dem die Aktien infolge Verschmelzung untergehen und ihre Zulassung sich damit erledigt hat.

5   **2. „Beendigung" der Zulassung von Amts wegen.**[23] Für die „Beendigung" der Zulassung von Amts wegen bestehen nach § 39 Abs. 1 drei Möglichkeiten: Zum einen die nach den Vorschriften des **Verwaltungsverfahrensgesetzes,** zum anderen die, nach der die Geschäftsführung die Zulassung widerrufen kann, wenn sich die Umstände, die zuvor zur **Einstellung der Notierung** geführt haben, als dauerhaft erweisen, sowie drittens die, nach der die Geschäftsführung die Zulassung widerruft, wenn der Emittent der Zulassungsfolgepflichten auch nach einer gewissen Frist nicht erfüllt. Die letztgenannte Widerrufsmöglichkeit war bis zum Finanzmarktrichtlinie-Umsetzungsgesetz in § 43 S. 2 idF vor dem Finanzmarktrichtlinie-Umsetzungsgesetz geregelt, auf den die alte Fassung des § 38 Abs. 3 idF vor dem Finanzrichtlinie-Umsetzungsgesetz nur verwies. Die Neufassung in § 39 Abs. 1 fasst die Regelungen jetzt zusammen.[24]

6   **a) Beendigung der Zulassung nach dem VwVfG.** Bei der Beendigung der Zulassung nach den Vorschriften des VwVfG handelt es sich zum einen um die **Rücknahme** einer von Anfang an **rechtswidrigen** Zulassung gem. § 48 VwVfG zB bei einer zu Unrecht erfolgten prospektfreien Zulassung. Zum anderen handelt es sich um den **Widerruf** einer anfänglich **rechtmäßigen Zulassung** gemäß § 49 VwVfG. Da es sich bei der Zulassung um einen begünstigenden Verwaltungsakt handelt, sind beim Widerruf der Zulassung die Einschränkungen des § 49 Abs. 2 VwVfG zu beachten.[25]

7   **b) Widerruf der Zulassung wegen dauerhafter Notierungseinstellung.** Eine weitere Möglichkeit für den Widerruf der Zulassung eröffnet § 39 Abs. 1 zweite Alternative, wenn sich die Umstände, die zuvor zur Einstellung der Notierung geführt haben, als dauerhaft erweisen.[26]

8   **c) Widerruf der Zulassung wegen Pflichtverletzung.** Der Widerruf der Zulassung nach § 39 Abs. 1 Alt. 3 setzt voraus, dass der Emittent auch nach einer ihm gesetzten angemessenen Frist die **Zulassungsfolgepflichten** nicht erfüllt. In der Praxis haben in der Vergangenheit verschiedene ausländische Gesellschaften § 39 Abs. 1 als Mittel zum Rückzug von der Börse genutzt, indem sie gegenüber der Geschäftsführung erklärt haben, den Zulassungsfolgepflichten auf Dauer nicht mehr nachkommen zu wollen.[27] Daraufhin hat die Geschäftsführung die Zulassung widerrufen.

---

lautenden Vorzugsaktien der Gesellschaft im regulierten Markt an den Wertpapierbörsen ... von der Gattungsbezeichnung „Dr. Ing. h. c. F. Porsche Aktiengesellschaft" Stuttgart in „Porsche Automobil Holding SE, Stuttgart" geändert. Die ISIN ... sowie ... und das Börsenkürzel ... ändern sich durch diese Umstellung nicht ... Vorliegende Börsenaufträge sind nicht betroffen und bestehen unverändert fort."

[20] Vgl. auch → Prospekt-VO Art. 3 Rn. 7 f.

[21] Ebenso für Formwechsel, Verschmelzung und Aufspaltung *Kümpel/Hammen* BörsenR 199; *Pluskat* BKR 2007, 54 (55), die in diesem Zusammenhang auch den Squeeze-out nennt, der aber gerade keinen Fall der Erledigung der Zulassung darstellt, sondern einen Widerruf erfordert, vgl. → Rn. 10 sowie allgemein → Rn. 12 f. Zu Umwandlung und Verschmelzung wie hier Schwark/Zimmer/*Heidelbach* Rn. 42, dort auch ausdr. dazu, dass es sich dabei um keine „unzulässige Umgehung des Abs. 4" (gemeint ist Abs. 2) handelt.

[22] Vgl. auch Schwark/Zimmer/*Heidelbach* Rn. 43 f.

[23] Es wird hier bewusst untechnisch von der Beendigung gesprochen, da § 39 Abs. 1 und 2 ganz verschiedene Beendigungsmöglichkeiten nennt, Widerruf und Rücknahme nach dem Verwaltungsverfahrensgesetz, Widerruf wegen fehlender Gewährleistung des ordnungsgemäßen Börsenhandels, Widerruf wegen Verstoßes gegen die Zulassungsfolgepflichten sowie Widerruf auf Antrag des Emittenten.

[24] Vgl. auch RegBegr. Finanzmarktrichtlinie-Umsetzungsgesetz, BT-Drs. 16/4020, 103.

[25] Zur Rücknahme und zum Widerruf der Zulassung nach den Vorschriften des Verwaltungsverfahrensgesetzes vgl. insgesamt nur *Kümpel/Hammen* BörsenR 199; *Gebhardt* in Schäfer/Hamann § 38 Rn. 37.

[26] Schwark/Zimmer/*Heidelbach* Rn. 5 verweist insoweit vollkommen zu Recht darauf, dass es sich um ein gestuftes Verfahren handelt. Zunächst erfolgt die Einstellung der Notierung aufgrund einer mittelfristigen schlechten Prognose. Dann ergibt sich im weiteren Verlauf, dass auch die weitere Prognose für die Wiederaufnahme des Handels schlecht ist. In diesem Fall kann die Geschäftsführung die Zulassung widerrufen.

[27] Beispielsfälle bei *Radtke*, Delisting, Rückzug aus dem amtlichen Handel oder dem geregelten Markt auf Wunsch des Emittenten aus kapitalmarktrechtlicher Sicht, 1998, 41, Fn. 80 dort auch zu den möglichen – auch haftungsrechtlichen – Folgen.

III. Delisting

1. Begriff des Delisting. Durch das **Dritte Finanzmarktförderungsgesetz**[28] wurde in Abs. 4 **9** des § 43 aF, der im Wesentlichen § 39 Abs. 2 idF vor der Änderung durch das Gesetz zur Umsetzung der Transparenzrichtlinie-Änderungsrichtlinie entsprach, für den regulierten Markt **börsengesetzlich**[29] die Möglichkeit geregelt, dass die Geschäftsführung die Zulassung damals zur amtlichen Notierung auf Antrag des Emittenten widerrufen kann, wenn der Schutz der Anleger einem Widerruf nicht entgegensteht. § 39 Abs. 2 aF stellte einen börsenpolitischen Kompromiss zwischen den Bestrebungen der Bundesregierung zur Deregulierung und damit zur Erleichterung des Delisting einerseits und andererseits den Befürchtungen der Regionalbörsen, die im Falle einer großzügigen Delisting-Regelung verstärkt den Rückzug großer Emittenten befürchteten, dar.[30]

Der jetzt in § 39 Abs. 2–6 geregelte Sachverhalt des Widerrufs der Börsenzulassung auf Antrag des **10** Emittenten ist jedoch nur ein Teil, in der Praxis sogar nur ein kleiner Teil, derjenigen Möglichkeiten, die zur Beendigung der Börsenzulassung zur Verfügung stehen. Hierzu zählen unter anderem **gesellschaftsrechtliche Umstrukturierungen** wie Formwechsel, Verschmelzung auf oder Eingliederung jeweils in eine nicht börsennotierte Gesellschaft.[31] Im Übrigen hatten die börsenrechtlichen Delisting-Regelungen durch die Möglichkeit des **Squeeze-Out** (§§ 327a ff. AktG) noch mehr an Bedeutung verloren[32] und werden nach der Verschärfung durch das Gesetz zur Umsetzung der Transparenzrichtlinie-Änderungsrichtlinie wieder weiter an Bedeutung verlieren.[33] Entscheidet sich der Hauptaktionär für den Squeeze-Out, so scheiden die Minderheitsaktionäre aus der Gesellschaft aus und alle Aktien gehen ebenso wie bei der Eingliederung (§ 320a S. 1 AktG) auf den Hauptaktionär über (§ 327e Abs. 3 S. 1 AktG). Auch wenn beim Squeeze-Out eine § 327 Abs. 1 Nr. 3 AktG vergleichbare Regelung fehlt und damit grundsätzlich der Hauptaktionär weiter von der Zulassung als Erlaubnis, für den Handel mit den Aktien die Börseneinrichtungen zu nutzen, Gebrauch machen könnte, wird man davon ausgehen können, dass er an der Zulassung kein Interesse mehr hat. In der Praxis erfolgt unmittelbar nach der Eintragung des Squeeze-Out die Einstellung der Notierung und dann – von Amts wegen – auch der Widerruf der Zulassung nach § 39 Abs. 1. Eines förmlichen Delisting-Verfahrens bedarf es nicht; andererseits hat sich die Zulassung auch nicht erledigt (→ Rn. 14),[34] sondern wird widerrufen.

§ 39 Abs. 1 enthält **keine Legaldefinition des Delisting.** In der Literatur werden die Begriffe **11** Delisting, Börsenaustritt,[35] Going Private,[36] ganz plakativ P2P, dh „Public to Private", teilweise synonym verwendet. Teilweise wird zwischen ihnen differenziert, wobei allerdings die Differenzierung von verschiedenen Autoren jeweils unterschiedlich vorgenommen wird.[37] Da sämtliche Publizitäts-, Mitteilungs- und Mitwirkungspflichten des Emittenten an die Börsenzulassung und nicht an die Börsennotierung anknüpfen, und die Notierung bei Beendigung der Zulassung automatisch entfällt, geht es beim **Delisting um die Beendigung der Zulassung, nicht um die Kursaussetzung oder Beendigung der Notierung.**[38] Die Gesetzesbegründung des Dritten Finanzmarktförderungsgesetzes[39] geht von der gleichen Definition aus, denn dort wird festgestellt, Delisting sei die „Beendigung einer Zulassung (sog. De-Listing)". Demzufolge ist **Delisting** allgemein die **Beendigung der Zulassung von Wertpapieren** zum Börsenhandel, unabhängig davon, ob sie auf Antrag des Emittenten, oder auf andere Weise herbeigeführt wird.

2. Delisting bei Umwandlungs- und Verschmelzungsvorgängen. a) Formwechsel. Die Eintragungen der neuen Rechtsform in das Register führt gem. § 202 Abs. 1 Nr. 1 UmwG dazu, dass der **12**

---

[28] BGBl. 1998 I 529.

[29] Eine andere, von § 39 Abs. 2 weder behandelte noch angesprochene rein gesellschaftsrechtliche Frage ist die der Zuständigkeit innerhalb der AG für die Entscheidung über das Delisting: Vorstand oder Hauptversammlung; vgl. dazu → Rn. 25 ff.

[30] *Pötzsch* WM 1998, 949 (952).

[31] Vgl. ausf. *Groß* ZHR 165 (2001), 141 (149 ff.); ebenso *Pluskat* BKR 2007, 54 (55).

[32] Ebenso *Pluskat* WM 2002, 833 (839).

[33] Davon gehen auch *Bungert/Leyendecker-Langner* DB 2015, 2251 (2252 f.) aus, die die negativen Auswirkungen der Abfindungsregel auf den deutschen Kapitalmarkt betonen.

[34] So ausdr. zu Recht Schwark/Zimmer/*Heidelbach* § 32 Rn. 43 zur Eingliederung und Rn. 44 zum Squeeze-out.

[35] *Grupp*, Börseneintritt und Börsenaustritt, 1995, 99; *Vollmer/Grupp* ZGR 1995, 459 (471).

[36] *Land/Hasselbach* DB 2000, 557; *Richard/Weinheimer* BB 1999, 1613; *Steck* AG 1998, 460.

[37] Vgl. nur *Schwark/Geiser* ZHR 161 (1997), 739 (742 ff.), die unter Delisting auch die Beendigung der Börsenzulassung nach § 43 Abs. 3 und das kalte Delisting über den Umwandlungsgesetz verstehen, während zB *Wirth/Arnold* ZIP 2000, 111, als Delisting nur den auf Antrag des Emittenten erfolgten Widerruf der Börsenzulassung ansehen, und *Land/Hasselbach,* die unter Delisting die auf Antrag oder von Amts wegen verfügte Einstellung der Notierung verstehen DB 2000, 557 (558).

[38] Eingehend dazu *Radtke,* Delisting, Rückzug aus dem amtlichen Handel oder dem geregelten Markt auf Wunsch des Emittenten aus kapitalmarktrechtlicher Sicht, 1998, 17 ff.; ebenso *Klenke* WM 1995, 1089 (1094). Wie hier auch Schwark/Zimmer/*Heidelbach* Rn. 44.

[39] BT-Drs. 13/8933, 54 (74).

formwechselnde Rechtsträger in der in dem Umwandlungsbeschluss bestimmten Rechtsform weiter besteht. Der **Formwechsel** einer Aktiengesellschaft in eine Gesellschaft anderer Rechtsform (abgesehen von der Umwandlung in eine KGaA oder SE)[40] bewirkt deshalb, dass die Aktien als Mitgliedschaft in der ihre Form wechselnden Aktiengesellschaft nicht mehr existieren. Nach **§ 43 Abs. 2 VwVfG** bleibt ein Verwaltungsakt wirksam, solange er sich nicht erledigt hat. Die **Zulassung** von Aktien als Erlaubnis, für den Handel in den Aktien die Börseneinrichtungen zu nutzen, **hat sich** durch **Wirksamkeit des Formwechsels** dann erledigt, wenn die Aktien aufgrund des Formwechsels untergehen, zB beim Formwechsel in eine GmbH oder in eine Personengesellschaft. Anders ist dies allerdings dann, wenn die Aktien auch nach dem Formwechsel bestehen bleiben, etwa beim Formwechsel einer AG in eine SE (oder umgekehrt) oder einer AG in eine KGaA (oder umgekehrt, streitig).[41] Einer besonderen Erledigungsentscheidung der Geschäftsführung bedarf es im Falle des Untergangs der Aktien nicht. Die Erledigung tritt *ipso jure* ein.[42]

13 **b) Verschmelzung, Aufspaltung.** Gleiches gilt bei der **Verschmelzung** für die Aktien der übertragenden Gesellschaft, da dort die Eintragung der Verschmelzung in das Register des Sitzes des übernehmenden Rechtsträger gem. § 20 Abs. 1 Nr. 2 S. 1 UmwG zum Erlöschen des übertragenden Rechtsträgers und damit auch zum Erlöschen der Aktie als Mitgliedschaft in dem übertragenden Rechtsträger führt. Auch hier tritt die Erledigung *ipso jure* ein, ohne dass es einer gesonderten Delisting-Entscheidung bedarf.[43] Gleiches gilt im Übrigen auch bei der **Aufspaltung** einer börsennotierten Aktiengesellschaft mit Eintragung der Aufspaltung in das Register der aufgespaltenen Gesellschaft (§ 131 Abs. 1 Nr. 2 UmwG).

14 **c) Eingliederung, Squeeze-out.** Mit der **Eingliederung** bleibt zwar die eingegliederte Aktiengesellschaft als Rechtssubjekt bestehen.[44] Jedoch führt die Eintragung der Eingliederung in das Handelsregister der einzugliedernden Gesellschaft gem. § 320a AktG dazu, dass sich noch nicht in der Hand des Hauptaktionärs befindliche Aktien auf diesen übergehen. Der Übergang der Mitgliedschaft vollzieht sich kraft Gesetzes. Ein Übertragungsgeschäft ist weder erforderlich noch möglich.[45] Das bedeutet zunächst einmal, dass die Mitgliedschaft als solche mit Wirksamkeit der Eingliederung nicht unter-, sondern gerade auf den Hauptaktionär übergeht. Auch **nach Wirksamkeit der Eingliederung besteht die Mitgliedschaft,** sodass sich die Zulassung nicht wegen Wegfalls der Mitgliedschaft erledigt haben kann. Zwar stellt die Zulassung die Erlaubnis dar, für den Handel mit den Aktien die Börseneinrichtungen zu nutzen, und ein solcher **Handel mit den Mitgliedschaftsrechten** der eingegliederten AG findet nicht mehr statt. Würde nämlich der Hauptaktionär auch nur eine Aktie der eingegliederten Gesellschaft veräußern, wäre gem. § 327 Abs. 1 Nr. 4 AktG die Eingliederung beendet. Dennoch führt die Eintragung der Eingliederung nicht zur Erledigung der Zulassung, sondern erfordert, ebenso wie der Squeeze-out eine Widerrufsentscheidung der Geschäftsführung,[46] die von Amts wegen erfolgt, da kein Handel mehr stattfindet. Squeeze-out meint den aktienrechtlichen (§ 327e Abs. 3 S. 3 AktG) und den übernahmerechtlichen (§ 39b Abs. 5 S. 3 WpÜG) Squeeze-out, nicht dagegen den umwandlungsrechtlichen Squeeze-out, der erst mit Eintragung der Verschmelzung wirksam wird (§ 62 Abs. 5 S. 7 UmwG), damit erst zu einem Zeitpunkt, in dem die Aktien infolge Verschmelzung untergehen und ihre Zulassung sich erledigt hat.

15 **3. Delisting nach § 39 Abs. 2–6. a) Rechtsnatur.** Nach § 39 Abs. 2 S. 1 kann die Geschäftsführung die Zulassung zum regulierten Markt auf Antrag des Emittenten widerrufen. Der Widerruf der Zulassung ist **actus contrarius** zur Zulassung. Er beendet das durch die Zulassung begründete öffentlich-rechtliche Nutzungsverhältnis zwischen der Börse und dem Emittenten, für den Handel mit

---

[40] → Prospekt-VO Art. 3 Rn. 7 f.

[41] → Rn. 4.

[42] Ausdr. wie hier *Schiemzik,* Segmentwechsel börsenaktiver Unternehmen, 2005, 86 f.; ebenso *Land/Hasselbach* DB 2000, 557 (559); *Kleindiek* FS Bezzenberger, 2000, 653 (654); *Meyer-Landrut/Kiem* WM 1997, 1361 (1366). Wenn *Land/Hasselbach* hier, wohl anschließend an *Steck* AG, 1998, 460 (462), von „automatischer Dekodierung" sprechen, dann geht es ihnen wohl um die Einstellung der Notierung. Diese ist aber nur die Folge des Wegfalls der Zulassung. Die Einstellung der Notierung würde am Fortbestand der aus der Zulassung folgenden Publizitäts- und sonstigen Pflichten des Emittenten nichts ändern. Der Emittent existiert aber nach dem Formwechsel nicht mehr, die Zulassung und damit die daraus resultierenden Pflichten entfallen.

[43] Wie hier *Kleindiek* FS Bezzenberger, 2000, 653 (654); *Schiemzik,* Segmentwechsel börsenaktiver Unternehmen, 2005, 85 f.; Schwark/Zimmer/*Heidelbach* Rn. 42; abw. wohl *Steck* AG 1998, 460 (462), der davon spricht, die Geschäftsführung sei zum „Vollzug des Delisting verpflichtet".

[44] Unstr., vgl. nur Hüffer/Koch/*Koch* AktG § 319 Rn. 2.

[45] Hüffer/Koch/*Koch* AktG § 320a Rn. 2.

[46] Ebenso, Widerruf der Börsenzulassung nach § 39 Abs. 1 erforderlich, *Schiemzik,* Segmentwechsel börsenaktiver Unternehmen, 2005, 86; *de Viers,* Delisting, 2002, 135; Schwark/Zimmer/*Heidelbach* Rn. 43 zur Eingliederung, Rn. 44 zum Squeeze-out jew. mw umfangr. Nachw.; aA *Land/Hasselbach* DB 2000, 557 (560); *Pluskat* WM 2002, 833 (833); *Pluskat* BKR 2007, 54 (55).

den zugelassenen Wertpapieren in dem entsprechenden Marktsegment die Börseneinrichtungen zu nutzen. Diese Beendigung ist wie die Zulassung **Verwaltungsakt.**[47]

b) Voraussetzungen des Delisting nach § 39 Abs. 2–6. Die auf der Grundlage des § 39 Abs. 2 **16** S. 1 ergehende **Entscheidung der Geschäftsführung ist Ermessensentscheidung** („kann")[48] und § 39 Abs. 2 S. 3 sagt nicht explizit, dass der Widerruf bei Vorliegen des Delisting-Erwerbsangebots dem Anlegerschutz in keinem Fall widerspricht. Auch § 46 Abs. 1 BörsenO der Frankfurter Wertpapierbörse sagt dies nicht ausdrücklich. Zwar lässt sich, nicht zuletzt aufgrund der Gesetzesbegründung, die Regelung der § 39 Abs. 2–4 seien als umfassender kapitalmarktrechtlicher Anlegerschutz anzusehen[49], vertreten, die Ermessensentscheidung der Börse sei bei Vorliegen des Delisting-Erwerbsangebots eine gebundene Entscheidung[50]. Dennoch sollte der Delisting-Antrag höchst vorsorglich, neben dem Hinweis auf das bereits veröffentlichte und noch nicht abgeschlossene Delisting-Erwerbsangebot noch weitere ermessensrelevante Umstände nennen, zB: Beteiligungshöhe des Großaktionärs vor Abgabe des Delisting-Erwerbsangebots, Prozentsatz, für den das Delisting-Erwerbsangebot bereits angenommen wurde, Gründe der Gesellschaft für das Delisting[51]. Mit der Voraussetzung, dass der Widerruf der Zulassung den Interessen der Anleger nicht widersprechen darf, konkretisiert der Anlegerschutz den Ermessensspielraum der Geschäftsführung, seine ausdrückliche Nennung führt zur drittschützenden Wirkung des § 39 Abs. 2 S. 2.[52] Diese drittschützende Wirkung des § 39 Abs. 2 S. 2 kann seit der detaillierten Regelung der Voraussetzungen für den Widerruf der Zulassung auf Antrag des Emittenten durch das Gesetz zur Umsetzung der Transparenzrichtlinie-Änderungsrichtlinie in § 39 Abs. 2 S. 3 und den Abs. 3–6 nicht mehr bezweifelt werden. Dem Gesetzgeber ging es bei dieser Änderung ausdrücklich um die Verstärkung des Anlegerschutzes und um die gerichtliche Nachprüfbarkeit der Delisting-Entscheidung der Geschäftsführung.[53] Bei der Entscheidung der Geschäftsführung über das Delisting sind **ausschließlich die Interessen des Emittenten einerseits** und der **Anleger andererseits** zu berücksichtigen;[54] Interessen der Regionalbörsen, Papiere weiter zu notieren, sind unbeachtlich.[55]

Bei der Beantwortung der Frage, ob ein Widerruf der Zulassung dem Schutz der Anleger widerspricht, sind die **verschiedenen Fallkonstellationen** des Delisting auseinander zu halten: **17**

1. Die erste Gruppe bilden diejenigen Fälle, in denen ein Delisting an einer oder mehreren Börsen im Inland beantragt wird, in denen aber zumindest an einer Börse im Inland noch ein Börsenhandel im regulierten Markt bestehen bleibt, sog. **Teil-Delisting.** Gegen ein solches Teil-Delisting sind durchgreifende Gesichtspunkte des **Anlegerschutzes** nicht ersichtlich.[56]
2. Eine weitere Gruppe bilden die Fälle, in denen ein Wechsel von einem höheren in ein niedrigeres Marktsegment beantragt wird, sog. **Downgrading.**[57] Die früher in diesem Zusammenhang behandelten Fälle des Wechsels vom amtlichen in den geregelten Markt sind durch die Abschaffung des geregelten Marktes obsolet; zum Spezialfall des Downgrading vom Prime Standard (des regulierten Marktes) der FWB in den General Standard (→ Rn. 24).

Aus dem Blickwinkel des Delisting relevant sind daher nur noch die Fälle des **Downgrading** vom regulierten Markt in den **Freiverkehr.** Dieses Downgrading führt dazu, dass die Aktien nicht mehr an einem öffentlich-rechtlich organisierten Markt zugelassen sind, sondern nur noch im privatrechtlich organisierten Freiverkehr gehandelt werden. Ein solches Downgrading ist deshalb börsenrechtlich aus dem Blickwinkel des Delistings als **Beendigung der Zulassung**[58] anzusehen. Eine andere

---

[47] Baumbach/Hopt/*Kumpan* Rn. 12; *Gebhardt* in Schäfer/Hamann § 38 Rn. 61.
[48] *Gebhardt* in Schäfer/Hamann § 38 Rn. 51 ff.; Schwark/Zimmer/*Heidelbach* Rn. 38; Baumbach/Hopt/*Kumpan* Rn. 6 (aber kein freies Ermessen); *Pötzsch* WM 1998, 949 (952); *Schwark/Geiser* ZHR 161 (1997), 739 (772).
[49] Beschlussempfehlung des Finanzausschusses, BT-Drs. 18/6230, 86.
[50] Tendenziell in diese Richtung *Harnos* ZHR 179 (2015), 750 (776); *Eckhold* in Marsch-Barner/Schäfer AG-HdB § 61 Rn. 12. Wohl anders die Praxis der Frankfurter Wertpapierbörse, die ihre Delisting-Entscheidungen eher umfassend begründet, um ihre „Ermessenserwägungen" auch zu dokumentieren.
[51] So ausdr. auch bereits *Wienecke/Schulz* AG 2016, 809 (812).
[52] Ausf. dazu → Rn. 33. Schwark/Zimmer/*Heidelbach* Rn. 12 ebenso Baumbach/Hopt/*Kumpan* Rn. 7 und 15.
[53] Beschlussempfehlung des Finanzausschusses, BT-Drs. 18/6220, 84: „... erscheint eine gesetzliche Verbesserung des Anlegerschutzes beim Widerruf der Zulassung eines Wertpapiers ... erforderlich", 86: „Gegenstand des verwaltungsrechtlichen Rechtsschutzes gegen die Entscheidung über den Widerruf durch die Geschäftsführung der jeweiligen Börse."
[54] So mit überzeugender Begründung *Pötzsch* WM 1998, 949 (952); ebenso *Eickhoff* WM 1988, 1713 (1716).
[55] Nachdrücklich gegen anderslautende Bestrebungen des Bundesrates *Hopt* FS Drobnig, 1998, 525 (534 f.); *Gebhardt* in Schäfer/Hamann § 30 Rn. 10 ff.
[56] Ebenso Beschlussempfehlung des Finanzausschusses, BT-Drs. 18/6220, 86 und bereits zum alten Recht Reg-Begr. zum Dritten Finanzmarktförderungsgesetz, BT-Drs. 13/8933, 54 (75); ausf. *Groß* ZHR 165 (2001), 141 (153); *Klenke* WM 1995, 1089 (1086). IErg wohl ebenso Schwark/Zimmer/*Heidelbach* Rn. 17.
[57] So auch die Terminologie des BVerfG Urt. v. 11.7.2012 – 1 BvR 3142/07, 1 BvR 1569/08, AG 2012, 557 Rn. 50, 61; *Schwark/Geiser* ZHR 161 (1997), 739 (743). Die Beschlussempfehlung des Finanzausschusses, BT-Drucks. 18/6220, 84 spricht vom „Downlisting".
[58] → Rn. 21. Das dürfte auch unstreitig sein, in den gerichtlich entschiedenen Fällen lag jeweils ein Widerruf der Zulassung vom amtlichen bzw. regulierten Markt vor, vgl. nur KG Beschl. v. 30.4.2009 – 2 W 119/08, ZIP 2009,

Frage ist, welche gesellschaftsrechtlichen Voraussetzungen für das Delisting in so einem Fall erfüllt sein müssen, zB bei einem Wechsel vom regulierten Markt in den Entry-Standard oder M:access, wobei sich dies aufgrund der Neuregelung erledigt hat #→ Rn. 25 ff.).[59]

3. Soll **ein vollständiger Rückzug** von allen **Börsen im Inland** erreicht werden, ist zu berücksichtigen, ob im Ausland noch ein Börsenhandel an einem **vergleichbaren Markt** stattfindet. Dabei sollte es, entgegen § 39 Abs. 2 S. 3 Nr. 2 lit. b, hierfür nicht darauf ankommen, dass der Markt sich in einem Mitgliedstaat der Europäischen Union oder einem anderen Vertragsstaat des Abkommens über den Europäischen Wirtschaftsraum befindet. Vielmehr wären für die Vergleichbarkeit entscheidend sowohl die **Mitteilungs- und Informationspflichten** des Emittenten als auch die Art und Weise der **Preisfindung und -bildung** an der Börse und deren staatliche Kontrolle.[60] Nur dies sind die für die hier allein maßgeblichen Anlegerinteressen maßgeblichen Kriterien (neben den Transaktionskosten). Diese Kriterien hängen aber nicht vom Sitz des Marktes und davon ab, ob es sich um einen organisierten Markt iSd § 2 Abs. 11 WpHG – und damit um einen Markt mit Sitz in der Europäischen Union –, sondern davon, ob sie materiell erfüllt werden. Der Anlegerschutz ist sowohl bei Informationspflichten als auch bei der Qualität der Preisbildung in Europa aufgrund der Harmonisierung[61] und in den USA aufgrund des entwickelten Kapitalmarktrechts in den USA in diesen Regionen mit dem in Deutschland erreichten Standard vergleichbar. Deshalb stehen durchgreifende Argumente zum Schutz der Anleger einem Rückzug von deutschen Börsen jedenfalls dann nicht entgegen, wenn die Notiz an einer europäischen Börse oder der NYSE aufrechterhalten bleibt, und der Emittent sachliche Gründe für den Rückzug von allen Börsen im Inland geltend machen kann. Der Gesetzgeber des Gesetzes zur Umsetzung der Transparenzrichtlinie-Änderungsrichtlinie sieht das jedoch anders und hat in § 39 Abs. 2 S. 3 Nr. 2 lit. b eine restriktivere, allein auf den Sitz des organisierten Marktes in der EU bzw. dem EWR abstellende Regelung getroffen und verlangt für diese Märkte, dass dort für den Widerruf der Zulassung auf Antrag des Emittenten § 39 Abs. 2 S. 3 Nr. 1 oder Nr. 2 „entsprechende Voraussetzungen gelten".

4. Soweit **insgesamt**, dh **auch im europäischen (§ 39 Abs. 2 S. 3 Nr. 2 lit. b) Ausland,** der Börsenhandel beendet werden soll, sind die Interessen der Anleger insbesondere im Hinblick auf die schnelle Handelbarkeit der Anteile beeinträchtigt. Das Interesse des Emittenten daran, die Kosten für die laufenden Pflichtveröffentlichungen und etwaige Zulassungsverfahren bei Kapitalerhöhungen zu vermeiden, reicht nicht aus, diese Beeinträchtigung der Anleger zu rechtfertigen. Vielmehr ist hier der **Anlegerschutz auf andere Weise sicherzustellen.**

18   Waren bis zur Änderung des § 39 Abs. 2 aF die einzelnen Voraussetzungen des Widerrufs der Zulassung auf Antrag des Emittenten im BörsG nur rudimentär geregelt und fanden sich aufgrund der Ermächtigung des § 39 Abs. 2 S. 5 aF die Detailregelungen in den Börsenordnungen der deutschen Wertpapierbörsen, so hat das Gesetz zur Umsetzung der Transparenzrichtlinie-Änderungsrichtlinie[62] dies grundlegend geändert: Mit der Intention der „Verbesserung des Anlegerschutzes"[63] enthalten nunmehr § 39 Abs. 2 S. 3 und die neu eingefügten Abs. 3–6 sehr detaillierte Vorgaben für einen Widerruf der Zulassung für Wertpapiere iSd § 2 Abs. 2 WpÜG.[64] Auch wenn nach § 39 Abs. 5 S. 2 in der Börsenordnung nähere Bestimmungen über den Widerruf zu treffen sind, bleibt in Anbetracht der detaillierten gesetzlichen Regelung hierfür bei Wertpapieren iSd § 2 Abs. 2 WpÜG[65] kaum Raum.

1116 (Wechsel vom damaligen amtlichen Markt in den Entry Standard, Freiverkehr der FWB), OLG München Beschl. v. 21.5.2008 – 31 Wx 62/07, ZIP 2008, 1137 (Wechsel vom damaligen amtlichen Markt in den M:access, Freiverkehr, der Münchener Börse); LG Köln Beschl. v. 24.7.2009 – 82 O 10/08, AG 2009, 835 (Wechsel vom amtlichen Markt in den Freiverkehr der FWB). Auch in der Lit. ist dies unstr., vgl. nur (trotz missverständlichen Titels des Aufsatzes) *Holzborn/Hilpert* WM 2010, 1347 (1353); *Seibt/Wollenschläger* AG 2009, 807 (811).

[59] Zur Rspr. und Lit. vor dem Delisting-Urteil des BVerfG (Urt. v. 11.7.2012 – 1 BvR 3142/07, 1 BvR 1569/08, AG 2012, 557 vgl. nur, allerdings aus gesellschaftsrechtlicher Perspektive, OLG München Beschl. v. 21.5.2008 – 31 Wx 62/07, ZIP 2008, 1137 mzustAnm *Goslar* EWiR § 48 BörsG aF 1/08, 461; LG München Beschl. v. 30.8.2007 – 5 HK O 7195/06, BB 2007, 2253 (2254 f.), mablAnm *Paefgen/Hörtig* WuB I G 7., 1.08; vgl. auch → #Rn. 25. S. auch KG Beschl. v. 30.4.2009 – 2 W 119/08, ZIP 2009, 1116 (Wechsel vom damaligen amtlichen Markt in den Entry Standard, Freiverkehr der FWB); LG Köln Beschl. v. 24.7.2009 – 82 O 10/08, AG 2009, 835 (Wechsel vom amtlichen Markt in den Freiverkehr der FWB); *Holzborn/Hilpert* WM 2010, 1347 (1353); *Seibt/Wollenschläger* AG 2009, 807 (811 ff.) zu den börsenrechtlichen und gesellschaftsrechtlichen Voraussetzungen.

[60] Ebenso RegBegr. zum Dritten Finanzmarktförderungsgesetz, BT-Drs. 13/8933, 54 (75).

[61] Zum Einfluss europäischen Rechts auf das Börsenrecht vgl. nur kurz → Vor § 1 Rn. 2 und 16 ff., dort auch zu den einzelnen europäischen Richtlinien.

[62] BGBl. 2015 I 2029.

[63] Beschlussempfehlung des Finanzausschusses, BT-Drs. 18/6220, 84.

[64] Aktien, mit diesen vergleichbare Wertpapiere, Zertifikate, die Aktien vertreten, andere Wertpapiere, die den Erwerb von Aktien, mit diesen vergleichbaren Wertpapieren oder Zertifikaten, die Aktien vertreten, zum Gegenstand haben.

[65] Für andere Wertpapiere als Aktien etc können die Börsenordnungen die Voraussetzungen allerdings noch regeln, praktisch relevant ist das weniger.

Für das Teil-Delisting gelten auch nach der Neuregelung keine schärferen Voraussetzungen. Nach **19** § 39 Abs. 2 S. 3 Nr. 2 lit. a ist bei fortbestehender Zulassung an einer anderen inländischen Börse zum Handel im regulierten Markt der Widerruf der Zulassung zulässig.[66]

Beim **vollständigen Rückzug von allen Börsen im Inland** kommt es dagegen nach § 39 Abs. 2 **20** S. 3 Nr. 2 lit. b darauf an, ob die Zulassung an einem organisierten Markt in einem anderen Mitgliedsstaat der Europäischen Union oder einem anderen Vertragsstaat des Abkommens über den europäischen Wirtschaftsraum[67] fortbesteht und, ob dort für den Widerruf der Zulassung § 39 Abs. 2 S. 3 Nr. 1 oder Nr. 2 entsprechende Voraussetzungen gelten. Ist das nicht der Fall, ist der Widerruf nur unter den Voraussetzungen des § 39 Abs. 2 S. 3 Nr. 1 iVm Abs. 3–5 zulässig.[68]

Beim **Downgrading** vom regulierten Markt in den Freiverkehr ist, sofern im Inland keine Zulassung **21** an einem regulierten Markt fortbesteht und auch § 39 Abs. 2 S. 3 Nr. 2 lit. b nicht eingreift, der Widerruf nur unter den Voraussetzungen des § 39 Abs. 2 S. 3 Nr. 1 iVm Abs. 3–5 also unter den Voraussetzungen für ein vollständiges Delisting zulässig. Börsenrechtlich ist das Downgrading ein Fall des Widerrufs der Zulassung zum regulierten Markt, unabhängig davon, ob es sich bei dem Segment des Freiverkehrs, in dem nach dem Widerruf der Zulassung zum regulierten Markt zukünftig noch ein Handel im Freiverkehr stattfindet, um ein spezielles Segment des Freiverkehrs mit besonderen Einbeziehungsvoraussetzungen oder Einbeziehungsfolgepflichten handelt,[69] da der Freiverkehr kein regulierter Markt ist, somit die Zulassung zum regulierten Markt beendet wird. § 39 Abs. 2 S. 3 enthält nur die beiden Alternativen in der Nr. 2, in denen von dem Erwerbsangebot nach Nr. 1 abgesehen werden kann. Keine dieser Alternativen der Nr. 2 liegt beim Downgrading (und fehlender anderweitiger Zulassung zu einem regulierten/organisierten Markt) vor. Deshalb sind die Voraussetzungen eines vollständigen Delisting einzuhalten. Die in der Vergangenheit[70] und auch noch im Gesetzgebungsverfahren[71] für das Downgrading in den Freiverkehr, insbesondere in den qualifizierten Freiverkehr, praktizierten bzw. geforderten Erleichterungen sind damit nicht Gesetz geworden. Andererseits gelten § 39 Abs. 2–6 nur für den Widerruf der Zulassung zum regulierten Markt, nicht dagegen für den Segmentwechsel im Freiverkehr da es sich hierbei gerade nicht um einen Fall des Widerrufs der Zulassung zum regulierten Markt handelt.[72] Wertpapiere werden nicht zum Freiverkehr zugelassen, sondern sie werden in den Freiverkehr einbezogen; dies nicht aufgrund eines öffentlich-rechtlichen Zulassungsverfahrens, sondern auf rein privatrechtlicher Grundlage,[73] uU ohne oder sogar gegen den Willen des Emittenten.[74] Die Börse regelt den Freiverkehr (über die Börsenordnung bzw. die Allgemeinen Geschäftsbedingungen für den Freiverkehr), und damit auch das Schutzniveau beim Rückzug aus dem Freiverkehr; einer gesetzlichen Regelung des Rückzugs aus dem Freiverkehr bedarf es nicht.[75]

Beim **vollständigen Delisting** gelten seit der entsprechenden Änderung durch das Gesetz zur **22** Umsetzung der Transparenzrichtlinie-Änderungsrichtlinie[76] die Voraussetzungen des § 39 Abs. 2 S. 3 Nr. 1 iVm Abs. 3–5. Bereits bei Antragsstellung ist ein gebilligtes und veröffentlichtes[77] einfaches Erwerbsangebot[78] vorzulegen für alle Wertpapiere iSd § 2 Abs. 2 WpÜG. Das Delisting-Erwerbsangebot ist ein einfaches Erwerbsangebot nach dem WpÜG[79], dh es gelten die Vorschriften des dritten Abschnitts des WpÜG. IdR[80] gelten dagegen, weil der Bieter im Regelfall wohl bereits eine

---

[66] Beschlussempfehlung des Finanzausschusses, BT-Drs. 18/6220, 86: Danach bedarf es in diesem Fall keiner besonderen Schutzregelungen. Das dürfte unstr. sein vgl. nur *Koch/Harnos* NZG 2015, 729 (732).

[67] Krit. für diese Beschränkung auf europäische Märkte *Groß* AG 2015, 812 (815 f.).

[68] Dazu, dass dieser Ansatzpunkt unzutreffend ist und es nicht auf den Ort des organisierten/regulierten Marktes ankommt, sondern auf das dort geltende Anlegerschutzniveau, → Rn. 17 sowie ausführlicher *Groß*, 5. Aufl. 2012, Rn. 16.

[69] *Holzborn*/Hilpert WM 2010, 1347 (1353); *Seibt/Wollenschläger* AG 2009, 807 (811).

[70] Übersicht über die hauptsächlich gesellschaftsrechtlichen Entscheidungen beim Wechsel vom regulierten Markt in qualifizierte Freiverkehrssegmente bei *Bayer* ZIP 2015, 853 (858 f.).

[71] Dafür *Seibt* Protokoll Finanzausschuss, Nr. 18/51, 178; gegen eine solche Freistellung bereits *Habersack/Noack/Koch* in ihren Stellungnahmen zur Aktienrechtsnovelle 2014, Protokoll Rechtsausschuss, Nr. 18/54, 37, 43, 53. Für eine Erstreckung der Neuregelung auch auf das Downgrading *Bayer* ZIP 2015, 853 (858); *Buckel/Glindemann/Vogel* AG 2015, 373 (376 f.); *Koch/Harnos* NZG 2015, 729 (731 f.).

[72] Ebenso bereits als Petitum an den Gesetzgeber *Koch/Harnos* NZG 2015, 729 (732).

[73] → § 48 Rn. 7.

[74] → § 48 Rn. 9.

[75] Ebenso *Koch/Harnos* NZG 2015, 729 (732); krit. dazu *Linnerz/Freyling* BB 2017, 1354 (1357 ff.).

[76] BGBl. 2015 I 2029.

[77] Das Veröffentlichungserfordernis soll die vorherige Billigung durch die BaFin und damit auch die Prüfung der Gegenleistung durch die BaFin sicherstellen, Beschlussempfehlung des Finanzausschusses, BT-Drs. 18/6220, 86.

[78] Die Vorschriften zu Übernahme- und Pflichtangeboten sollen nach der Gesetzesbegründung nur gelten, soweit sie ausdrücklich angeordnet sind, „wie im Falle des § 31 WpÜG", Beschlussempfehlung des Finanzausschusses, BT-Drs. 18/6220, 84.

[79] *Hippeli* Der Konzern 2018, 465 (472); *Klepsch/Hippel* RdF 2016, 194 (195); *Wackerbarth* WM 2016, 385, wobei die vorstehenden Autoren wegen der nachfolgend dargestellten Besonderheiten jedoch dafür plädieren, das Delisting-Erwerbsangebot als neue Angebotsform innerhalb des WpÜG anzusehen.

[80] Ausnahmen sind zulässig, also auch eine Kombination des Delisting-Erwerbsangebots mit einem Übernahmeangebot oder Pflichtangebot, so ausdr. *Hippeli* Der Konzern 2018, 465 (472); *Klepsch/Hippeli* RdF 2016, 194 (198).

die Kontrolle vermittelnde Beteiligung halten wird, nicht die Abschnitte 4 und 5 des WpÜG über Übernahmeangebote oder Pflichtangebote. Soweit ausnahmsweise (nicht einfaches Erwerbs- sondern Übernahme- oder Pflichtangebot) eine solche Kombination vorliegen sollte, wären die jeweils „schärferen" Regelungen anzuwenden, zB der höhere der beiden Mindestpreise und kein Vollzug des Delisting vor Ablauf der Annahmefrist[81]. Darüber hinaus ergeben sich aus § 39 Abs. 3 einige Besonderheiten für das Delisting-Erwerbsangebot. So darf das Delisting-Erwerbsangebot nach § 39 Abs. 3 S. 1 keine Bedingungen enthalten[82]. Auch eine Bedingung oder einen Rücktrittsvorbehalt, der darauf abstellt, dass ein Delisting-Antrag gestellt wird (und erfolgreich ist), sieht die ganz hM als unzulässig an[83]. Auch ein Kartellvorbehalt wäre nach überwiegender Ansicht unzulässig[84]. Außerdem muss das Delisting-Erwerbsangebot über die „normalen" Angaben eines Erwerbsangebots nach dem WpÜG (ausnahmsweise auch eines Übernahme- oder Pflichtangebots) hinaus nach § 2 Nr. 7a WpÜG-AngV ergänzende Angaben „zu dem bevorstehenden Antrag der Zielgesellschaft auf einen Widerruf der Zulassung der betroffenen Wertpapiere zum Handel im regulierten Markt" enthalten, wobei diese Angaben „einen ausdrücklichen Hinweis auf mögliche Einschränkungen der Handelbarkeit der betroffenen Wertpapiere als Folge des Widerrufs und die damit einhergehenden Möglichkeiten von Kursverlusten enthalten" müssen. Darüber hinaus enthalten § 39 Abs. 3 S. 2–4 sehr detaillierte, von den allgemeinen Regeln des WpÜG abweichende, Bestimmungen über den bei einem Delisting-Erwerbsangebot zu bietenden Erwerbspreis, der grundsätzlich „mindestens dem gewichteten durchschnittlichen inländischen Börsenkurs der Wertpapiere während der letzten sechs Monate vor der Veröffentlichung nach § 10 Absatz 1 Satz 1 oder § 35 Absatz 1 Satz 1 des Wertpapiererwerbs- und Übernahmegesetzes entsprechen muss."[85] Ausnahmen von dem Börsenkurs als Referenzgröße enthalten § 39 Abs. 3 S. 3 und 4. Sofern der „Bieter" allerdings nachweise, „dass der jeweilige Verstoß gegen §§ 15 oder 20a WpHG (jetzt Artikel 17, 15, 12 MMVO) nur unwesentliche Auswirkungen auf den Durchschnittskurs hatte und es deshalb nicht gerechtfertigt ist, von einer am Börsenkurs orientierten Bewertung des Emittenten abzusehen", bleibt es jedoch beim Börsenkurs als Referenzgröße.[86] Dabei stellt die Gesetzesbegründung klar, dass iSd § 39 Abs. 3 S. 3 Nr. 1 kein Verstoß gegen § 15 WpHG (jetzt Art. 17 MAR) vorliegt, „wenn der Emittent nach § 15 Absatz 3 WpHG die Veröffentlichung einer Insiderinformation zulässigerweise aufschiebt."[87] Die Gesetzesbegründung verweist hinsichtlich der Prüfung der Widerrufsvoraussetzungen und zum Rechtsschutz der Anleger ausdrücklich auf Folgendes: Bei der Entscheidung über den Widerruf der Zulassung habe die Geschäftsführung „lediglich formal die Veröffentlichung eines Angebots nach dem WpÜG und das Bestehen einer Zulassung an einer anderen Börse nach Absatz 2 zu prüfen ..., nicht aber die weitergehenden inhaltlichen Anforderungen nach Absatz 3, die von der BaFin im Rahmen der Prüfung der Angebotsunterlage geprüft werden. Dementsprechend ist in Absatz 6 klargestellt, dass die Angemessenheit der Gegenleistung sowie die übrigen Anforderungen nach Absatz 3 nicht Gegenstand des verwaltungsrechtlichen Rechtsschutzes gegen die Entscheidung über den Widerruf durch die Geschäftsführung der jeweiligen Börse sind."[88] Der Rechtsschutz des Anlegers ist damit zweigleisig: Einerseits kann er im Verwaltungsrechtsweg gegen die Entscheidung der Geschäftsführung über den Widerruf der Zulassung vorgehen; zur Anfechtungs-/Klagebefugnis → Rn. 33. Die Unangemessenheit der Gegenleistung kann aufgrund des ausdrücklichen Verweises auf § 31 WpÜG[89] dagegen im Zivilverfahren geltend gemacht werden, uU auch in einem Musterfeststellungsverfahren nach dem Kapitalanleger-Musterverfahrensgesetz.[90]

Beispiel für ein Delisting-Erwerbsangebot verknüpft mit einem Übernahmeangebot ist das der LSREF 4 ARIA BeteiligungsGmbH & Co. KG auf die ISARIA Wohnbau AG vom 27.7.2016.

[81] *Hippeli* Der Konzern 2018, 465 (472); *Klepsch/Hippeli* RdF 2016, 194 (198).

[82] So ausdr. auch Beschlussempfehlung des Finanzausschusses, BT-Drs. 18/6220, 84 und 85; *Hippeli* Der Konzern 2018, 465 (472).

[83] *Eckhold* in Marsch-Barner/Schäfer AG-HdB § 61 Rn. 37; *Harnos* ZHR 179 (2015), 750 (756); *Bungert/Leyendecker/Langner* ZIP 2016, 49 (50); *Wackerbarth* WM 2016, 385 mit Fn. 3 und 4; aA *Kocher/Seitz* DB 2016, 153 (156).

[84] Ausf. dazu *Zimmer/v. Imhoff* NZG 2016; 1056 (1058 f.).

[85] Beschlussempfehlung des Finanzausschusses, BT-Drs. 18/6220, 84: Begründung für diese, von § 5 Abs. 1 WpÜG-Angebotsverordnung abweichende (dort drei hier sechs Monate) Referenzperiode: „Damit wird dem von Übernahmesituationen regelmäßig abweichenden Börsenumfeld in Delisting-Fällen Rechnung getragen." Ausführliche Begründung für den Börsenkurs anstelle einer im Gesetzgebungsverfahren verschiedentlich geforderten Unternehmensbewertung: „Abfindung auf Grundlage des Börsenkurses (ist) vor dem Hintergrund sachgerecht, dass durch ein Delisting lediglich die leichtere Handelbarkeit der Aktie beeinträchtigt wird, die Mitgliedschaft des Aktionärs als solche aber nicht berührt wird. (BVerfG, Urteil vom 11. Juli 2012, 1 BvR 3242/07, 1 BvR 1569/08)."

[86] Beschlussempfehlung des Finanzausschusses, BT-Drs. 18/6220, 85.

[87] Beschlussempfehlung des Finanzausschusses, BT-Drs. 18/6220, 85.

[88] Beschlussempfehlung des Finanzausschusses, BT-Drs. 18/6220, 86.

[89] Auf die diesbezügliche Klagemöglichkeit vor den Zivilgerichten weist die Gesetzesbegründung ausdrücklich hin, Beschlussempfehlung des Finanzausschusses, BT-Drs. 18/6220, 86.

[90] Dieses wurde um die Fälle des § 39 Abs. 3 S. 3 und 4 ergänzt, Art. 3 des Gesetzes zur Umsetzung der Transparenzrichtlinie-Änderungsrichtlinie, BGBl. 2015 I 2029.

Die Neuregelung des Delisting ist in der Literatur auf ein geteiltes Echo gestoßen.[91] Wesentliche **23**
Kritikpunkte sind Folgende: Bereits der Ausgangspunkt, dass generell die Anleger im Falle des
Delisting schutzwürdig seien, wird bestritten.[92] In der Tat hängt die Schutzwürdigkeit von einer
Vielzahl von Faktoren ab, welche die generelle Regelung in § 39 Abs. 2–5 nicht angemessen berück-
sichtigt. So ist ein Delisting in der Insolvenz praktisch ausgeschlossen, obwohl hier einerseits eine
Schutzbedürftigkeit jedenfalls bei Wegfall der Aktien nach Abschluss des Insolvenzverfahrens aus-
scheidet, andererseits aber ein Interesse daran besteht, die Insolvenzmasse nicht mit den zusätzlichen
Kosten der Börsenzulassung zu belasten.[93] Hinzu kommt, dass die gesetzliche Pauschalierung gegenüber einer differenzierenden Einzelregelung in den Börsenordnungen als nachteilig empfunden
wird.[94]

Eine Besonderheit gilt für den Widerruf der Zulassung zum **Teilbereich des regulierten** **24**
Marktes mit weiteren Zulassungsfolgepflichten, dh zum sogenannten Prime Standard im regulierten Markt der FWB. § 39 Abs. 2–6 gelten für diesen Widerruf nicht, da der Widerruf der
Zulassung zum Prime Standard die Zulassung zum General Standard unberührt lässt, § 57 Abs. 3
BörsenO der Frankfurter Wertpapierbörse. Deshalb handelt es sich insoweit weder um ein Delisting
noch ein Downgrading. Sollten die Aktien im Prime Standard der Frankfurter Wertpapierbörse
zugelassen sein und sollte ein vollständiges Delisting gewollt sein, wären dagegen § 39 Abs. 2–6
einzuhalten. Formal bedürfte es neben dem Widerruf der Zulassung zum regulierten Markt (General
Standard) der Frankfurter Wertpapierbörse noch des Widerrufs der Zulassung zum Prime Standard
(§ 57 BörsenO der Frankfurter Wertpapierbörse), wobei für diesen grundsätzlich die Regeln des
Widerrufs zum General Standard entsprechend gelten (§ 57 Abs. 2 BörsenO der Frankfurter Wertpapierbörse). Da mit dem Widerruf der Zulassung zum General Standard aber die Grundlage für die
Zulassung zum Prime Standard entfällt, bedarf es aber keines gesonderten Widerrufs der Zulassung
zum Prime Standard und damit auch nicht der Einhaltung der Frist von drei Monaten zwischen der
Veröffentlichung der Widerrufsentscheidung und dem Widerruf.[95] Die Frankfurter Wertpapierbörse
bringt dies dadurch zum Ausdruck, dass sie in der Entscheidung, dem Beschluss, über den Widerruf
der Zulassung zum regulierten Markt (General Standard), ausdrücklich festhält, damit habe sich auch
die Zulassung zum Teilbereich des regulierten Marktes mit weiteren Zulassungsfolgepflichten (Prime
Standard) „erledigt"[96].

4. Gesellschaftsrechtliche Voraussetzungen des Delisting. Mit der Wahl des Regelungsstand- **25**
orts des Delisting nicht im Aktien- oder Umwandlungsrecht sondern in § 39 hat der Gesetzgeber nicht
nur die Frage entschieden, ob es sich beim Delisting um einen vorwiegend gesellschaftsrechtlichen
oder kapitalmarktrechtlichen Vorgang handelt,[97] sondern damit gleichzeitig in einem ganz wesentlichen Punkt eindeutig Klarheit geschaffen, nämlich hinsichtlich der gesellschaftsrechtlichen Anforderungen an das Delisting: Die Begründung zum Gesetz zur Umsetzung der Transparenzrichtlinie-
Änderungsrichtlinie stellt ausdrücklich klar, dass „es sich beim Delisting – ebenso wie beim Listing –
um einen kapitalmarktrechtlichen Vorgang und nicht um eine gesellschaftsrechtliche Strukturmaßnahme handelt". Auf der Grundlage der Entscheidung des BVerfG, in der die Börsenzulassung als nicht
vom Eigentumsgrundrecht geschützt beurteilt wird,[98] und des Frosta-Beschlusses des BGH, mit dem
dieser zu Recht nach Wegfall der Eigentumsbeeinträchtigung als Begründung einer Hauptversammlungszuständigkeit, insoweit in Fortschreibung seiner Macrotron Rechtsprechung, eine Zuständigkeit
der Hauptversammlung beim Delisting verneint hat,[99] ist deshalb nach der Gesetzesbegründung eine
(allein) börsengesetzliche Regelung „sachgerecht".[100] Mit nichts zu wünschen übriglassender Klarheit
wird dann abschließend festgehalten: „Erweiterte Mitentscheidungsrechte für die Aktionäre, wie sie
die Rechtsprechung bislang durch den von ihr geforderten Hauptversammlungsbeschluss verlangte,
sind vor dem Hintergrund der nunmehr vorgeschriebenen umfassenden kapitalmarktrechtlichen
Schutzbestimmungen nicht geboten."[101]

---

[91] Ausf. krit. *Thomale/Walter* ZGR 2016, 678 (718 ff.).

[92] Nach *Thomale/Walter* ZGR 2016, 678 (681 f.) existiere hierzu keine Empirik, die eigene empirische Untersuchung, 718 ff., belege dies nicht.

[93] Ausf. hierzu *Häller* ZIP 2016, 1903 (1905 ff.).

[94] *Thomale/Walter* ZGR 2016, 678 (723).

[95] *Wienecke/Schulz* AG 2016, 809 (812 mit Fn. 26).

[96] Vgl. nur Delisting Beschluss in Sachen VTG Aktiengesellschaft vom 3.4.2019, veröffentlicht auf der Homepage
der Börse.

[97] Die Diskussion, ob Delisting vorwiegend gesellschafts- oder kapitalmarktrechtlich zu regeln ist, spiegelt sich in
den Stellungnahmen von *Brellochs, Habersack, Koch* und *Noack* zur Aktienrechtsnovelle 2014 wider, Protokoll Rechtsausschuss Nr. 18/54. Darstellung des Meinungsstandes bei *Buckel/Glindemann/Vogel* AG 2015, 374 (375 f.).

[98] BVerfG Urt. v. 11.7.2012 – 1 BvR 3142/07, 1 BvR 1569/08, AG 2012, 557 Rn. 51 ff.

[99] BGH Urt. v. 8.10.2013 – II ZB 26/12, AG 2013, 877 Rn. 3.

[100] Beschlussempfehlung des Finanzausschusses, BT-Drs. 18/6220, 84.

[101] Beschlussempfehlung des Finanzausschusses, BT-Drs. 18/6220, 86.

26 Damit müsste die Diskussion über Mitwirkungsrechte der Aktionäre, konkret Beschlusserfordernisse der Hauptversammlung,[102] die auch im Gesetzgebungsverfahren kontrovers geführt wurde,[103] beendet sein.[104] Der BGH hat in seinem Frosta-Beschluss nicht nur die bereits im Macrotron-Urteil ausführlich begründete Ablehnung der Anwendung der Holzmüller-Grundsätze auf das Delisting erneut bestätigt.[105] Er hat darüber hinaus auch den anderen in der Literatur zur Begründung einer Mitwirkungskompetenz der Hauptversammlung vorgebrachten Argumenten jeweils eine klare Absage erteilt.[106] Damit war bereits vor der Gesetzesänderung und unabhängig von dieser jedenfalls höchstrichterlich entschieden, dass der Vorstand den Delistingantrag aus eigener Kompetenz stellen kann und hierfür kein Beschluss der Hauptversammlung erforderlich ist. Wenn jetzt der Gesetzgeber ausdrücklich die Mitwirkungskompetenz der Hauptversammlung ablehnt, sollte diese Frage damit auch de lege lata entschieden sein.

27 Gleiches gilt auch für die in der Literatur nach Frosta diskutierte Frage, ob in der Satzung eine solche Mitwirkungskompetenz verankert oder die Börsennotierung als Teil des Unternehmensgegenstandes festgeschrieben werden darf.[107] Ersteres scheidet aufgrund von § 23 Abs. 5 S. 1 AktG aus, da nach Frosta die Kompetenz allein des Vorstands für den Delisting-Antrag feststeht.[108] Letzteres scheitert ebenfalls an § 23 Abs. 5 S. 1 AktG, da „auch die Festlegung des Unternehmensgegenstandes … keinen Freibrief (gewährt), die aktienrechtliche Kompetenzordnung umzugestalten."[109] Gleiches gilt auch für die Festlegung der Börsennotierung an anderer Stelle in der Satzung.[110]

28 Die Gesetzesbegründung zum Gesetz zur Umsetzung der Transparenzrichtlinie-Änderungsrichtlinie stellt auf der Grundlage der Entscheidungen des BVerfG und des BGH ausdrücklich klar, dass „es sich beim Delisting – ebenso wie beim Listing – um einen kapitalmarktrechtlichen Vorgang und nicht um eine gesellschaftsrechtliche Strukturmaßnahme handelt". Deshalb sei eine börsengesetzliche Regelung „sachgerecht".[111] „Erweiterte Mitentscheidungsrechte für die Aktionäre, wie sie die Rechtsprechung bislang durch den von ihr geforderten Hauptversammlungsbeschluss verlangte, sind vor dem Hintergrund der nunmehr vorgeschriebenen umfassenden kapitalmarktrechtlichen Schutzbestimmungen nicht geboten."[112] Damit sollte sich die gesellschaftsrechtliche Diskussion um das Delisting erledigt haben; der entsprechende Delistingantrag fällt allein in die **Kompetenz des Vorstands.** Mit den klaren Aussagen in der Gesetzesbegründung dürfte sich auch die Frage erledigt haben, ob die Börsenordnungen zusätzlich zu den Anforderungen der § 39 Abs. 2–6 gesellschaftsrechtliche Voraussetzungen für den Widerruf der Zulassung aufstellen dürfen; sie dürfen es nicht.[113]

---

[102] S. nur aus der Zeit nach der Entscheidung des BVerfG: Für eine völlige Aufgabe der Erfordernisse des Hauptversammlungsbeschlusses sowie eines Abfindungsangebotes *Goetz* BB 2012, 2767 (2767 ff., 2772 f.) gegen analoge Anwendung des § 29 UmwG; für eine Aufgabe des Erfordernisses des Hauptversammlungsbeschlusses sowie eines Abfindungsangebots jedenfalls beim Downgrading *Bungert/Wettich* DB 2012, 2265 (2268 f.), die aber beim Delisting eine analoge Anwendung des § 29 UmwG nicht ausschließen; für ein Downgrading ohne Hauptversammlungsbeschluss und Abfindungsangebot auch *Reger/Schilha* NJW 2012, 3066 (3068 f.); *Schnaittacher/Westerheide/Stindt* WM 2012, 2225 (2229); für eine analoge Anwendung des § 29 Abs. 1 S. 1 Hs. 1 Fall 1 UmwG beim Delisting und beim Rückzug aus dem Freiverkehr allerdings nicht beim Downgrading (damit Hauptversammlungsbeschluss und Abfindungsangebot allerdings durch Gesellschaft) *Klöhn* NZG 2012, 1041 (1045); eine solche Analogie ablehnend, aber einen Hauptversammlungsbeschluss wegen Treuepflicht und damit nach §§ 119 Abs. 2, 93 Abs. 4 S. 1 AktG und ein Abfindungsangebot des Großaktionärs wegen Sondervorteil fordernd *Wackerbarth* WM 2012, 2077 (2079 ff.) (zum Delisting und 2082 zum Downgrading). Für einen Hauptversammlungsbeschluss und ein Abfindungsangebot der Gesellschaft *Drygala/Staake* ZIP 2013, 905 (908 ff.), da das Delisting ein Rechtsformwechsel von der börsennotierten zur nicht börsennotierten AG sei.

[103] So hatte noch in der Anhörung vor dem Finanzausschuss die SdK für ein Beschlusserfordernis der Hauptversammlung plädiert, vgl. nur Stellungnahme SdK, Protokoll des Finanzausschusses, Nr. 18/51, 159.

[104] Sehr plastisch und prägnant gegen ein Hauptversammlungserfordernis bereits *Noack* in seiner Stellungnahme zur Aktienrechtsnovelle 2014, Protokoll Rechtsausschuss, Nr. 18/54, 53: „Eine Hauptversammlung ist keineswegs notwendig. Was sollte sie außer Anfechtungspotential wegen Formfehlern bringen, wenn wie regelmäßig die Initiative vom Mehrheitsaktionär ausgeht".

[105] BGH Urt. v. 8.10.2013 – II ZB 26/12, AG 2013, 877 Rn. 4 unter ausdrücklichem Hinweis auf die Macrotron-Entscheidung, in dieser ebenfalls bereits eindeutig so festgestellt wurde.

[106] BGH Urt. v. 8.10.2013 – II ZB 26/12, AG 2013, 877 Rn. 5 ff.

[107] Für eine Verankerung in der Satzung, allerdings nicht im Unternehmensgegenstand *Schockenhoff* ZIP 2013, 2429 (2434). Vgl. auch die ausführliche Erörterung dieser Fragen bei *Scholz* BB 2015, 2248 sowie tendenziell wohl bejahend bei *Eckhold* in Marsch-Barner/Schäfer AG-HdB § 61 Rn. 61.

[108] Ebenso *Spindler* in K. Schmidt/Lutter, AktG, 3. Aufl. 2015, AktG § 119 Rn. 54; *Scholz* BB 2015, 2248 (2249); aA MüKoAktG/*Kubis* SpruchG § 1 Rn. 25.

[109] *Scholz* BB 2015, 2248 (2251). IErg ebenso *Schockenhoff* ZIP 2013, 2429 (2434); Spindler/Stilz/*Hoffmann* AktG § 119 Rn. 48a; aA wohl *Spindler* in K. Schmidt/Lutter, AktG, 3. Aufl. 2015, AktG § 119 Rn. 54 aE.

[110] Ausf. Begründung bei *Scholz* BB 2015, 2248 (2250 f.); Spindler/Stilz/*Hoffmann* AktG § 119 Rn. 48a; aA *Schockenhoff* ZIP 2013, 2429 (2434).

[111] Beschlussempfehlung des Finanzausschusses, BT-Drs. 18/6220, 84.

[112] Beschlussempfehlung des Finanzausschusses, BT-Drs. 18/6220, 86.

[113] AA Baumbach/Hopt/*Kumpan* Rn. 12, der den Börsen sogar einen weiten Gestaltungsspielraum einräumen will.

Nachdem der BGH zu Recht seine Macrotron-Auffassung aufgegeben hat, erfordert de lega lata der **29** Delisting-Antrag des Vorstands keine entsprechende Ermächtigung der Hauptversammlung, keine Vorabinformation der Aktionäre (kapitalmarktrechtliche Information – ad-hoc Publizität – der Anleger ist bei Vorliegen der Voraussetzungen erforderlich aber eine andere Frage) und kein Abfindungsangebot der Gesellschaft oder eines Großaktionärs. Ohne Abfindung entfällt auch ein Spruchverfahren, laufende Spruchverfahren werden unzulässig.[114] Mit der Neuregelung in § 39 Abs. 2–6 treten an die Stelle der gesellschaftsrechtlichen Diskussion zu Recht die kapitalmarktrechtlichen, sich aus der Neuregelung ergebenden Fragen.

5. Delisting durch Verzicht des Emittenten. Es war früher streitig, ob ein Verzicht des Emitten- **30** ten auf die Zulassung zur amtlichen Notierung von Aktien zulässig ist.[115] Dieser **Meinungsstreit** dürfte sich **durch § 39 Abs. 2 erledigt** haben. Wenn der Gesetzgeber den Rückzug von der Börse auf Antrag des Emittenten in einem durch § 39 Abs. 2 geordneten Marktentlassungsverfahren regelt, spricht dies dagegen, daneben einen ungeordneten Rückzug durch einseitigen Verzicht ohne Mitwirkungs- und Kontrollrechte der Geschäftsführung zuzulassen.

IV. Rechtsmittel

1. Widerruf und Rücknahme der Zulassung von Amts wegen. a) Rechtsnatur. Widerruf **31** und Rücknahme der Zulassung sind Verwaltungsakte. Bei der Ermessensentscheidung sind die Interessen des Emittenten mit denen des ordnungsmäßigen Börsenhandels und des Anlegerschutzes abzuwägen.[116]

b) Rechtsmittel. Gegen diese steht der Verwaltungsrechtsweg nach einem entsprechenden Wider- **32** spruchsverfahren offen.[117] Aktiv legitimiert für Widerspruch und Klage sind sowohl der Emissionsbegleiter als auch der Emittent selbst.[118] Die Klage richtet sich gegen die Börse als solche.[119]

Hinsichtlich der Widerspruchs- und Anfechtungsbefugnis des einzelnen Anlegers geht ein Verweis **33** auf deren Fehlen bei einer verweigerten Zulassung[120] an der entscheidenden Problematik vorbei. Die Situation beim Widerruf bzw. der Rücknahme einer bereits erteilten Zulassung ist mit der eines Verfahrens, in dem es darum geht, die Zulassung erst zu erlangen, für den Anleger nicht vergleichbar. Auch § 15 Abs. 8, nach dem die Geschäftsführung die Aufgaben nach diesem Gesetz nur im öffentlichen Interesse wahrnimmt, ist beim Widerruf der Zulassung kein einschlägiges Argument.[121] Eine bestehende Zulassung schafft einen **Vertrauenstatbestand** auf dessen Grundlage einzelne Anleger **Vermögensentscheidungen** getroffen haben.[122] Selbst wenn man die Verkehrsfähigkeit der Aktie in Übereinstimmung mit dem Delisting-Urteil des Bundesverfassungsgerichts zu Recht nicht als grundrechtlich geschützt ansieht,[123] so bleibt es beim Gesichtspunkt des Vertrauensschutzes, der als solcher ausreicht, einen Drittschutz des § 39 Abs. 2 und damit die Widerspruchs- und Anfechtungsbefugnis zu bejahen.[124] Auch das BVerfG schließt es nicht aus, „dass sich der Aktionär

---

[114] Zwischenzeitlich einhellige Rspr. der Oberlandesgerichte, vgl. nur OLG Stuttgart Beschl. v. 17.3.2015 – 20 W 7/14, AG 2015, 321; OLG Karlsruhe Beschl. v. 12.3.2015 – 12a W 3/15, NZG 2015, 516; OLG München Beschl. v. 28.1.2015 – 31 Wx 292/14, NZG 2015, 556; OLG Düsseldorf Beschl. v. 22.9.2014 – I – 26 W 20/12, NZG 2015, 518; *Glienke/Röder* BB 2014, 899 (903 ff.); aA *Lochner/Schmitz* AG 2014, 489.

[115] Dafür *Eickhoff* WM 1988, 1713 (1716); *Fluck* WM 1995, 555 (558 ff.); *Radtke,* Delisting, Rückzug aus dem amtlichen Handel oder dem geregelten Markt auf Wunsch des Emittenten aus kapitalmarktrechtlicher Sicht, 1998, 45 ff. Dagegen *Grupp,* Börseneintritt und Börsenaustritt, 1995, 174 f.; *Klenke* WM 1995, 1089 (1096 f.); *Vollmer/ Grupp* ZGR 1995, 459 (478).

[116] Schwark/Zimmer/*Heidelbach* Rn. 9.

[117] Schwark/Zimmer/*Heidelbach* Rn. 9.

[118] Schwark/Zimmer/*Heidelbach* Rn. 9 und *Gebhardt* in Schäfer/Hamann § 38 Rn. 40, die allerdings beide nur eine Antragsbefugnis des Emittenten annehmen.

[119] VGH Kassel Urt. v. 19.3.1996 – 11 UE 1714/93, NJW-RR 1997, 110 f.; *Gebhardt* in Schäfer/Hamann § 38 Rn. 40.

[120] → § 32 Rn. 50.

[121] So aber VG Frankfurt a. M. Beschl. v. 25.3.2013 – 2 L 1073/13. F, BeckRS 2013, 51275 und *Gebhardt* in Schäfer/Hamann § 38 Rn. 62 mit dem Verweis auf § 31 Abs. 5 idF vor dem Finanzmarktrichtlinie-Umsetzungsgesetz, der – nach Übertragung der Kompetenz auf die Geschäftsführung – § 15 Abs. 8 entspricht.

[122] So ausdr. auch VG Frankfurt a. M. Beschl. v. 17.6.2002 – 9 E 2285/01 (V), ZIP 2002, 1446 (1447) Macrotron zum Delisting, dort eine Widerspruchs- bzw. Anfechtungsbefugnis bejahend; ebenso Hüffer/Koch/*Koch* AktG § 119 Rn. 38, dagegen *Gebhardt* in Schäfer/Hamann § 38 Rn. 62.

[123] BVerfG Urt. v. 11.7.2012 – 1 BvR 3142/07, 1 BvR 1569/08, AG 2012, 557 Rn. 53.

[124] IdS auch Stellungnahme des 8. Revisionssenats des BVerwG, wiedergegeben bei BVerfG Urt. v. 11.7.2012 – 1 BvR 3142/07, 1 BvR 1569/08, www.bverfg.ders20120711_1bvr314207.html Rn. 35 (insoweit nicht abgedr. in AG 2012, 557 ff.): „Das Börsengesetz (§ 39 Abs. 2 BörsG) biete … ausreichende Ansatzpunkte für einen angemessenen, mit Widerspruch und Anfechtungsklage gegen den Widerruf der Zulassung durchsetzbaren Schutz der betroffenen Aktionäre." Auch der BGH verweist auf den verwaltungsrechtlichen und ggf. verwaltungsgerichtlichen Schutz: „Wenn die Anleger in der Verwaltungspraxis nicht ausreichend geschützt werden, ist einer unzutreffenden Anwendung von § 39 Abs. 2 Satz 2 BörsenG mit den verwaltungsrechtlichen (auch aufsichtsrechtlichen) Mitteln zu

möglicherweise auf einzelne börsenrechtliche Bestimmungen im Sinne eines einfachrechtlichen subjektiven Rechts berufen kann."[125] Da der Kreis der geschützten Anleger auf diejenigen beschränkt ist, die im Zeitpunkt des Widerrufs bzw. der Rücknahme Anleger in dem betroffenen Wertpapier des einzelnen Emittenten sind, ist dieser Kreis auch überschaubar. Das Argument, die Widerspruchs- oder Klagebefugnis des einzelnen Anlegers müsse zur Vermeidung von Popularklagen ausgeschlossen werden, trägt hier deshalb nicht. Das VG Frankfurt a. M. hat jedoch die Antragsbefugnis eines Anlegers für ein Vorgehen gegen den vom Emittenten beantragten Widerruf der Zulassung der Aktie zum Handel im regulierten Markt abgelehnt und dabei im Wesentlichen mit der allein dem öffentlichen Interesse dienenden § 15 Abs. 8 argumentiert.[126] Das VG Düsseldorf sieht das anders und bejaht ein subjektiv-öffentliches Recht des Anlegers aus § 39 Abs. 2.[127] Dafür spreche der Wortlaut; § 15 Abs. 8 ziele nicht auf den Ausschluss verwaltungsgerichtlicher Klagerechte, sondern der persönlichen Haftung der Geschäftsführung und spreche damit nicht gegen den anlegerschützenden, ein subjektiv-öffentliches Recht vermittelnden Charakter des § 39 Abs. 2 S. 2 aF. Diese drittschützende Wirkung des § 39 Abs. 2 S. 2 kann seit der detaillierten Regelung der Voraussetzungen für den Widerruf der Zulassung auf Antrag des Emittenten durch das Gesetz zur Umsetzung der Transparenzrichtlinie-Änderungsrichtlinie in § 39 Abs. 2 S. 3 und den Abs. 3–6 nicht mehr bezweifelt werden. Dem Gesetzgeber ging es bei dieser Änderung ausdrücklich um die Verstärkung des Anlegerschutzes und um die gerichtliche Nachprüfbarkeit der Delisting-Entscheidung der Geschäftsführung.[128]

34   **2. Widerruf der Zulassung auf Antrag des Emittenten.** Die oben zum Widerruf und der Rücknahme der Zulassung von Amts wegen gemachten Ausführungen gelten für den Widerruf der Zulassung auf Antrag des Emittenten entsprechend. Auch hier ist die Entscheidung Verwaltungsakt; der Emittent kann im Falle der Untätigkeit Untätigkeitsklage, bei der Ablehnung des Antrags Verpflichtungsklage erheben. Der Anleger kann im Fall der Gewährung des Delisting aus den oben dargestellten Gründen nach einem entsprechenden Widerspruchsverfahren Anfechtungsklage erheben.[129]

V. Amtshaftung

35   Zur Amtshaftung der Geschäftsführung bei Aussetzung und Einstellung der Notierung und bei Widerruf bzw. Rücknahme der Zulassung gilt § 15 Abs. 8 jeweils mit der Folge, dass Amtshaftungsansprüche der Adressaten der jeweiligen Maßnahmen in Betracht kommen, während die der betroffenen Anleger mangels sie umfassender Amtspflicht, hält man die entsprechende, durch das Vierte Finanzmarktförderungsgesetz eingefügte Regelung für zulässig und wirksam, ausscheiden dürften. Allerdings ist fraglich, ob tatsächlich die generelle Regelung des § 15 Abs. 8 den speziell drittschützenden Charakter des § 39 Abs. 2 beseitigen kann. Insofern bleibt erwägenswert, trotz der Spezialregelung des § 15 Abs. 8 einen Gleichklang von Widerspruchs- und Anfechtungsbefugnis und Drittschutz der Amtspflicht anzunehmen und damit die Möglichkeit von Amtshaftungsansprüchen der Anleger im Falle sowohl des § 39 Abs. 1, vor allen Dingen aber des § 39 Abs. 2[130] zu bejahen. Eine Haftung gegenüber dem Emittenten und gegenüber den Handelsteilnehmern bleibt in jedem Fall möglich.[131]

---

begegnen. § 39 Abs. 2 Satz 2 BörsenG bietet, wie der 8. Revisionssenat des Bundesverwaltungsgerichts in seiner Stellungnahme zu den Verfassungsbeschwerden … betont hat …, ausreichende Ansatzpunkte für einen angemessenen, mit Widerspruch und Anfechtungsklage gegen den Widerruf der Zulassung durchsetzbaren Schutz der betroffenen Aktien …" BGH Beschl. v. 8.10.2013 – II ZB 26/12, WM 2013, 2213 Rn. 16. IErg ebenso VG Düsseldorf Beschl. v. 7.8.2015 – 20 L 2589/15, ZIP 2015, 1733 (1734 f.) und Schwark/Zimmer/*Heidelbach* § 32 Rn. 76; Schwark/Zimmer/*Heidelbach* § 39 Rn. 40; *Reger/Schilha* NJW 2012, 3066 (3067); aA VG Frankfurt a. M. Beschl. v. 25.3.2013 – 2 L 1073/13.F, BeckRS 2013, 51275; *Gebhardt* in Schäfer/Hamann § 38 Rn. 62; wie hier schon *Groß* ZHR 165 (2001), 141 (151 ff.).

   [125] BVerfG Urt. v. 11.7.2012 – 1 BvR 3142/07 und 1 BvR 1569/08, AG 2012, 557, 561 Rn. 61.

   [126] VG Frankfurt a. M. Beschl. v. 25.3.2013 – 2 L 1073/13.F, BeckRS 2013, 51275. Zur Entwicklung der Rspr., bei der das VG Frankfurt a. M. und ihm folgend das VG Düsseldorf und der VGH Mannheim eine Anfechtungsbefugnis bejaht hatten, vgl. ausf. *Hammen* ZBB 2016, 398 (401 f.).

   [127] VG Düsseldorf Beschl. v. 7.8.2015 – 20 L 2589/15, ZIP 2015, 1733 (1734 f.).

   [128] Beschlussempfehlung des Finanzausschusses, BT-Drs. 18/6220, 84: „… erscheint eine gesetzliche Verbesserung des Anlegerschutzes beim Widerruf der Zulassung eines Wertpapiers … erforderlich", S. 86: „Gegenstand des verwaltungsrechtlichen Rechtsschutzes gegen die Entscheidung über den Widerruf durch die Geschäftsführung der jeweiligen Börse." Ebenso ausdr. auch *Hammen* ZBB 2016, 398 (406).

   [129] Wie hier ausdr. auch Schwark/Zimmer/*Heidelbach* § 32 Rn. 76 ff.

   [130] Eine Überlagerung des § 15 Abs. 8 im Falle des § 39 Abs. 2 annehmend Schwark/Zimmer/*Heidelbach* § 39 Rn. 40.

   [131] *Gebhardt* in Schäfer/Hamann § 38 Rn. 35.

§ 40 Pflichten des Emittenten

(1) Der Emittent zugelassener Aktien ist verpflichtet, für später ausgegebene Aktien derselben Gattung die Zulassung zum regulierten Markt zu beantragen.

(2) Die Bundesregierung wird ermächtigt, durch Rechtsverordnung mit Zustimmung des Bundesrates Vorschriften darüber zu erlassen, wann und unter welchen Voraussetzungen die Verpflichtung nach Absatz 1 eintritt.

Die früher umfassend im BörsG geregelten besonderen, aus der Zulassung folgenden Verhaltens- **1** pflichten des Emittenten wurden schrittweise im Laufe der Jahre immer mehr in das WpHG über- tragen und im BörsG gestrichen. Der – vorläufig – letzte Schritt auf diesem Weg geschah durch das Transparenzrichtlinie-Umsetzungsgesetz,[1] durch das die bis dahin im § 39 Abs. 1 Nr. 1–3 aF enthalte- nen Regelungen zum Gleichbehandlungsgebot, zur Verpflichtung zur Vorhaltung einer Zahlstelle und die Informationspflichten sowie die in § 40 aF enthaltene Zwischenberichtspflicht im BörsG gestri- chen und ausführlich im WpHG geregelt wurden. Verblieben im BörsG und aufgrund der Ermächti- gung im § 40 Abs. 2 in § 69 BörsZulV ist nur noch die Zulassungspflicht bei Aktien.

Nach § 40 Abs. 1 ist der Emittent zugelassener Aktien verpflichtet, für später **ausgegebene Aktien** **2** **derselben Gattung,** wenn diese, wie § 69 BörsZulV konkretisiert, öffentlich iSd Art. 2 lit. d Pro- spekt-VO[2] ausgegeben werden, die Zulassung zum regulierten Markt zu beantragen. Auf der Grund- lage der Ermächtigung des § 40 Abs. 2 sind die Einzelheiten darüber, wann und unter welchen Voraussetzungen die Verpflichtung nach § 40 Abs. 1 eintritt, in § 69 BörsZulV und auch in § 7 BörsZulV[3] geregelt; auf die dortige Kommentierung wird verwiesen.

Verstöße gegen § 40 Abs. 1 Nr. 4 stellen keine Ordnungswidrigkeit nach § 50 dar. Es bleiben **3** jedoch die Sanktionsmöglichkeiten des § 39 Abs. 1. Zivilrechtliche Sanktionsmöglichkeiten dürften ausscheiden.[4]

§ 41 Auskunftserteilung

(1) Der Emittent der zugelassenen Wertpapiere sowie das Institut oder Unternehmen, das die Zulassung der Wertpapiere nach § 32 Abs. 2 Satz 1 zusammen mit dem Emittenten beantragt hat, sind verpflichtet, der Geschäftsführung aus ihrem Bereich alle Auskünfte zu erteilen, die zur ordnungsgemäßen Erfüllung ihrer Aufgaben im Hinblick auf die Zulassung und die Einführung der Wertpapiere erforderlich sind.

(2) [1]Die Geschäftsführung kann verlangen, dass der Emittent der zugelassenen Wertpapiere in angemessener Form und Frist bestimmte Auskünfte veröffentlicht, wenn dies zum Schutz des Publikums oder für einen ordnungsgemäßen Börsenhandel erforderlich ist. [2]Kommt der Emittent dem Verlangen der Geschäftsführung nicht nach, kann die Geschäftsführung nach Anhörung des Emittenten auf dessen Kosten diese Auskünfte selbst veröffentlichen.

§ 41 richtet sich nur an Emittenten und Emissionsbegleiter bereits zugelassener Wertpapiere und **1** kann demzufolge nicht bereits im eigentlichen Zulassungsverfahren genutzt werden, dort greift § 48 Abs. 2 BörsZulV.[1*] Zur **Auskunft** nach § 41 Abs. 1 sind sowohl der Emittent als auch das antrag- stellende Institut oder Unternehmen jeweils in dem Umfang verpflichtet, in dem es um die ihren Bereich betreffenden Auskünfte geht.

§ 41 Abs. 2 richtet sich dagegen nur an den Emittenten; seine Verletzung stellt eine Ordnungs- **2** widrigkeit nach § 50 Abs. 1 Nr. 2 dar.

§ 42 Teilbereiche des regulierten Marktes mit besonderen Pflichten für Emittenten

(1) Die Börsenordnung kann für Teilbereiche des regulierten Marktes ergänzend zu den vom Unternehmen einzureichenden Unterlagen zusätzliche Voraussetzungen für die Zu-

---

[1] BGBl. 2007 I 10.

[2] So zur „Vorgängervorschrift" des § 2 Nr. 4 WpPG aF Schwark/Zimmer/*Heidelbach* Rn. 3. Der dort von ihr genannte Fall des „reinen Bezugsangebots" dürfte nach der Änderungs-RL als öffentliches Angebot anzusehen sein, → WpPG § 2 Rn. 25. Es bleiben demnach nur noch wenige Fälle, zB der von ihr genannte Fall der Begebung neuer Aktien an einen Inferenten einer Sacheinlage, in dem die neuen Aktien nicht öffentlich begeben werden. Weitere Ausnahmen von der Zulassungspflicht enthält § 7 BörsZulV, vgl. Kommentierung dort.

[3] Schwark/Zimmer/*Heidelbach* Rn. 4.

[4] Schwark/Zimmer/*Heidelbach* Rn. 7.

[1*] Zur Beschränkung auf Emittenten/Emissionsbegleiter zugelassener Wertpapiere wie hier Schwark/Zimmer/ *Heidelbach* Rn. 3, die allerdings im Hinblick auf Auskünfte im Zulassungsverfahren nicht auf § 48 Abs. 2 BörsZulV zurückgreift, sondern insofern auf die Verwaltungsverfahrensgesetze der Länder hinweist.

lassung von Aktien oder Aktien vertretenden Zertifikate und weitere Unterrichtungspflichten des Emittenten auf Grund der Zulassung von Aktien oder Aktien vertretenden Zertifikate zum Schutz des Publikums oder für einen ordnungsgemäßen Börsenhandel vorsehen.

(2) [1]Erfüllt der Emittent auch nach einer ihm gesetzten angemessenen Frist zusätzliche Pflichten nach § 42 nicht, kann die Geschäftsführung den Emittent aus dem entsprechenden Teilbereich des regulierten Marktes ausschließen. [2]§ 25 Abs. 1 Satz 2 und 3 gilt bei Maßnahmen der Geschäftsführung nach diesem Absatz entsprechend.

1   § 42 Abs. 1 wurde durch das Vierte Finanzmarktförderungsgesetz neu eingefügt und durch das Finanzmarktrichtlinie-Umsetzungsgesetz nur insoweit geändert als „zusätzliche Voraussetzungen für die Einführung von Aktien oder Aktien vertretenden Zertifikaten" als weiterer zulässiger Regelungsgegenstand in der Börsenordnung eingefügt wurde. Das redaktionelle Versehen, hier von „Einführung" zu sprechen, wurde durch das Gesetz zur Umsetzung der Beteiligungsrichtlinie (BGBl. 2009 I 470) korrigiert, sodass jetzt von „Zulassung" die Rede ist. § 42 Abs. 2 wurde neu durch das Finanzmarktrichtlinie-Umsetzungsgesetz eingefügt, um die bis dahin fehlende rechtliche Grundlage für Sanktionsmaßnahmen in Fällen, in denen die Zulassungsfolgepflichten nicht erfüllt wurden,[1] zu schaffen.

2   Die Intention des Gesetzgebers bei Einführung des § 42 Abs. 1 war im Wesentlichen, der Börse die Möglichkeit zu eröffnen, auf **öffentlich-rechtlicher Grundlage** über die gesetzlichen Vorgaben hinaus weitere **Zulassungsvoraussetzungen** und **Zulassungsfolgepflichten** der Emittenten von Aktien und Aktien vertretenden Zertifikaten vorzusehen.[2] Insbesondere der früher existierende Neue Markt und seine komplexe Rechtskonstruktion[3] hatten dem Gesetzgeber gezeigt, dass differenzierende Zulassungsfolgepflichten nur auf gesicherter gesetzlicher Grundlage geschaffen werden können.

3   Die Regelung der weiteren Zulassungsvoraussetzungen und -folgepflichten kann gem. § 42 Abs. 1 in der Börsenordnung – und nur in dieser – erfolgen. Die insoweit dem Börsenrat als für den Erlass der Börsenordnung zuständigem Gremium erteilte Ermächtigung (nicht Verpflichtung, dh es besteht keineswegs eine Verpflichtung der Börse zur Einrichtung weiterer Teilbereiche)[4] enthält **drei Einschränkungen:** Erstens, die Zulassungsfolgepflichten dürfen nur für **„Teilbereiche des regulierten Marktes"** aufgestellt werden. „Daneben muss es immer einen Handel in Aktien oder Aktien vertretenden Zertifikaten im regulierten Markt geben, der sich auf die gesetzlichen Mindestvoraussetzungen beschränkt."[5] Zweitens kann die Ermächtigung nur für **Emittenten von Aktien oder aktienvertretenden Zertifikaten,** dh nicht für Schuldtitel,[6] ausgenutzt werden. Drittens dürfen die zusätzlichen Zulassungsfolgepflichten nur insoweit aufgestellt werden, als es darum geht, Transparenz zu schaffen, die dem Interesse des **Publikumsschutzes** oder des **ordnungsgemäßen Börsenhandels** dient.[7]

4   Neben diesen ausdrücklichen in § 42 enthaltenen Tatbestandsvoraussetzungen für die Ermächtigung zur Regelung weiterer Zulassungsvoraussetzungen und -folgepflichten für Teilbereiche des regulierten Marktes sind die **allgemeinen Schranken hoheitlicher Satzungsgebung,** insbesondere der **Gesetzesvorrang** und der **Gesetzesvorbehalt** zu beachten. „Eine Umgestaltung oder weitreichende Erweiterung der im geltenden Recht ohnehin geregelten Publizität im Rahmen einer Satzung scheidet allerdings aus, da die wesentlichen Transparenzpflichten eines Unternehmens durch Gesetz festzulegen sind."[8]

5   Unklar war, wie die durch das Finanzmarktrichtlinie-Umsetzungsgesetz neu in § 42 Abs. 1 eingefügte zusätzliche Regelungsmaterie der „zusätzliche(n) Voraussetzungen für die Einführung von Aktien oder Aktien vertretende Zertifikate(n)" zu verstehen ist. Nachdem durch das Gesetz zur Umsetzung der Beteiligungsrichtlinie (BGBl. 2009 I 470) der Begriff „Einführung" in „Zulassung" geändert wurde, ist damit entsprechend der Gesetzesbegründung klargestellt, dass damit eine reine Zusammenfassung bereits bestehender Regelungen gewollt war.[9] Bereits für den früher existierenden geregelten Markt bestand aufgrund des § 50 Abs. 3 idF vor dem Finanzmarktrichtlinie-Umsetzungsgesetz die Möglichkeit, in der Börsenordnung über dasjenige hinaus, was im geregelten Markt zulässig war, Zulassungsvoraussetzungen für Teilbereiche des geregelten Marktes gesondert zu regeln.

---

[1] Vgl. nur *Groß,* 3. Aufl. 2006, Rn. 4.
[2] Wie hier Schwark/Zimmer/*Heidelbach* Rn. 4.
[3] *Groß,* 2. Aufl. 2002, § 71 Rn. 3 ff.
[4] Schwark/Zimmer/*Heidelbach* Rn. 6.
[5] RegBegr. zum Vierten Finanzmarktförderungsgesetz, BT-Drs. 14/8017, 72 (80); unstr. vgl. nur Schwark/Zimmer/*Heidelbach* Rn. 7.
[6] Schwark/Zimmer/*Heidelbach* Rn. 7.
[7] Wie hier Schwark/Zimmer/*Heidelbach* Rn. 6 und Rn. 14 ff. Die Errichtung von Teilbereichen mit besonderen Zulassungsvoraussetzungen und -folgepflichten ist kein Selbstzweck, sondern dient dazu, unter Berücksichtigung des Verhältnismäßigkeitsgrundsatzes zum Zwecke des Publikumsschutzes spezielle Marktsegmente mit speziellen Anforderungen zu schaffen.
[8] RegBegr. zum Vierten Finanzmarktförderungsgesetz, BT-Drs. 14/8017, 72 (81).
[9] RegBegr. zum Finanzmarktrichtlinie-Umsetzungsgesetz, BT-Drs. 16/4028, 88.

Wird aufgrund der Ermächtigung in § 42 Abs. 1 durch die Börsenordnung ein neuer Teilbereich 6
des regulierten Marktes mit zusätzlichen Zulassungsfolgepflichten geschaffen, wie zB der Teilbereich
des regulierten Marktes mit weiteren Zulassungsfolgepflichten (Prime Standard) der FWB,[10] so handelt
es sich bei der **Zulassung** zu diesem gesonderten Teilbereich um einen **Verwaltungsakt.**[11] Untätig-
keits- bzw. Verpflichtungsklage auf Erteilung der Zulassung zu dem jeweiligen Teilbereich sind die
zulässigen Rechtsmittel.[12]

§ 42 Abs. 2 schafft seit seiner Einführung durch das Finanzmarktrichtlinie-Umsetzungsgesetz die 7
Möglichkeit, in den Börsenordnungen Sanktionsmöglichkeiten für die Fälle vorzusehen, in denen
Emittenten die zusätzlichen Unterlagen nicht einreichen, die zusätzlichen Voraussetzungen für die
Einführung nicht erfüllen oder den weiteren Unterrichtungsverpflichtungen nicht genügen. Bis zu
dieser Ergänzung des § 42 konnte man eine entsprechende Ermächtigung nur im Wege einer Auslegung in § 42 idF vor dem Finanzmarktrichtlinie-Umsetzungsgesetz hinein interpretieren. Fraglich
ist, wie der Begriff „ausschließen" zu verstehen ist. Das BörsG kennt bei zugelassenen Wertpapieren
die Aussetzung und Einstellung des Handels in § 25 und die Rücknahme oder den Widerruf der
Zulassung (§ 39). Man wird, nicht zuletzt aufgrund der in § 42 Abs. 2 S. 2 enthaltenen Verweise auf
§ 25 Abs. 1 S. 2 und 3 den Begriff des „ausschließen" nicht auf den Widerruf der Zulassung
beschränken können, sondern umfassend verstehen müssen, dh er umfasst sowohl die Aussetzung und
die Einstellung des Handels als auch den Widerruf der Zulassung, wobei es um den Widerruf der
Zulassung allein zu dem Teilbereich des regulierten Marktes geht, nicht dagegen um den Widerruf der
Zulassung zum regulierten Markt als solches[13], für diesen gilt allein § 39.

§ 43 Verpflichtung des Insolvenzverwalters

(1) **Wird über das Vermögen eines nach diesem Gesetz zu einer Handlung Verpflichteten
ein Insolvenzverfahren eröffnet, hat der Insolvenzverwalter den Schuldner bei der Erfüllung
der Pflichten nach diesem Gesetz zu unterstützen, insbesondere indem er aus der Insolvenzmasse die hierfür erforderlichen Mittel bereitstellt.**

(2) **Wird vor Eröffnung des Insolvenzverfahrens ein vorläufiger Insolvenzverwalter bestellt, hat dieser den Schuldner bei der Erfüllung seiner Pflichten zu unterstützen, insbesondere indem er der Verwendung der Mittel durch den Verpflichteten zustimmt oder, wenn
dem Verpflichteten ein allgemeines Verfügungsverbot auferlegt wurde, indem er die Mittel
aus dem von ihm verwalteten Vermögen zur Verfügung stellt.**

§ 43 entspricht § 42a idF vor dem Finanzmarktrichtlinie-Umsetzungsgesetz. Nachdem das 1
BVerwG[1] entschieden hatte, dass der Insolvenzverwalter einer börsennotierten Aktiengesellschaft nach
geltendem Recht nicht zur Erfüllung der Mitteilungspflichten nach dem WpHG herangezogen werden
konnte, wurden im Rahmen des Transparenzrichtlinie-Umsetzungsgesetzes[2] die gesetzlichen Grundlagen für die Inanspruchnahme des Insolvenzverwalters geschaffen. Hierzu wurde in § 11 WpHG aF
(§ 24 WpHG) und in § 43a idF vor dem Finanzmarktrichtlinie-Umsetzungsgesetz entsprechende
Bestimmungen in das WpHG und das BörsG aufgenommen. Gegen die Regelungen waren während
des Gesetzgebungsverfahrens Bedenken erhoben worden, weil hierdurch neue Masseschulden begründet werden, die nur im Interesse des Unternehmensinhabers, dh der Aktionäre, nicht aber der Gläubiger
eingegangen werden müssen.[3] Der Gesetzgeber hat diese Hinweise auf die Systemwidrigkeit der
Regelung zu Lasten der Gläubiger hinter dem Interesse der Finanzmärkte an der Erfüllung der
kapitalmarktrechtlichen Pflichten auch im Insolvenzfall zurückgestellt. Zwar seien die kapitalmarktrechtlichen Pflichten auch im Insolvenzfall nach wie vor Pflichten des Emittenten, doch müsse der
Insolvenzverwalter die notwendigen Mittel zu ihrer Erfüllung zur Verfügung stellen, soweit dies
erforderlich sei und die organschaftlichen Vertreter des Emittenten hierauf keinen Zugriff hätten.
Insbesondere solle der Insolvenzverwalter im Falle der Eröffnung eines Insolvenzverfahrens und im
Falle der Anordnung eines allgemeinen Verfügungsverbots gegen den Schuldner vor Eröffnung eines
Insolvenzverfahrens die zur Erfüllung seiner Pflichten notwendigen Geldmittel bereitstellen, oder bei
Nichtbestehen eines allgemeinen Verfügungsverbots vor Eröffnung des Insolvenzverfahrens einer ent-

---

[10] Zum General und Prime Standard sowie zu den Zulassungsfolgepflichten vgl. nur *Gebhardt* WM-Sonderbeilage
2/2003, 1 ff.; *Schlitt* AG 2003, 57; *Zietsch/Holzborn* WM 2002, 2356 ff. (Teil I), WM 2002, 2393 (Teil II); krit.
Spindler WM 2003, 2073.

[11] *Gebhardt* WM-Sonderbeilage 2003/2, 1 (6); WM 2002, Rn. 11; *Gebhardt* in Schäfer/Hamann § 42 Rn. 17.

[12] Schwark/Zimmer/*Heidelbach* Rn. 16, die diese Rechtsmittel auch für zulässig hält, soweit es darum geht, die
Aufnahme der Notierung in dem jeweiligen Teilbereich zu erstreiten. Dies setzt voraus, dass die Notizaufnahme ein
Verwaltungsakt ist, was eher zweifelhaft erscheint, → § 38 Rn. 2.

[13] Baumbach/Hopt/*Kumpan* Rn. 2.

[1] BVerwG Urt. v. 15.4.2005 – 6 C 4.04, ZIP 2005, 1145.

[2] BGBl. 2007 I 10.

[3] Vgl. zB *Grub/Obermüller* ZInsO 2006, 592. Gebühren für die Notierung der Wertpapiere sollen Masseverbindlichkeiten sein, so ausdrücklich VGH Kassel Beschl. v. 7.3.2006 – 5 ZU 1996/05, BKR 2006, 461.

sprechenden Mittelverwendung zustimmen. Darüber hinaus solle der Insolvenzverwalter den Schuldner auch in sonstiger Weise unterstützen, soweit dies für eine Erfüllung der kapitalmarktrechtlichen Pflichten erforderlich ist.

§§ 44–47 (aufgehoben)

1   Die §§ 44–47 aF wurden durch das Gesetz zur Novellierung des Finanzanlagenvermittler- und Vermögensanlagenrechts[1] aufgehoben und die bislang dort geregelte Haftung für Börsenzulassungsprospekte in §§ 9 ff. WpPG aufgenommen.

Abschnitt 5 Freiverkehr, KMU-Wachstumsmarkt und organisiertes Handelssystem

§ 48 Freiverkehr

(1) [1]Für Wertpapiere, die weder zum Handel im regulierten Markt zugelassen noch zum Handel in den regulierten Markt einbezogen sind, kann die Börse den Betrieb eines Freiverkehrs durch den Börsenträger zulassen, wenn durch eine Handelsordnung sowie durch Geschäftsbedingungen des Börsenträgers, die von der Geschäftsführung gebilligt wurden, eine ordnungsmäßige Durchführung des Handels und der Geschäftsabwicklung gewährleistet erscheint. [2]Die Handelsordnung regelt den Ablauf des Handels. [3]Die Geschäftsbedingungen regeln die Teilnahme am Handel und die Einbeziehung von Wertpapieren zum Handel. [4]Emittenten, deren Wertpapiere ohne ihre Zustimmung in den Freiverkehr einbezogen worden sind, können durch die Geschäftsbedingungen nicht dazu verpflichtet werden, Informationen in Bezug auf diese Wertpapiere zu veröffentlichen.

(2) Die Börsenaufsichtsbehörde kann den Handel im Freiverkehr untersagen, wenn ein ordnungsgemäßer Handel für die Wertpapiere nicht mehr gewährleistet erscheint.

(3) [1]Der Betrieb eines Freiverkehrs bedarf der schriftlichen Erlaubnis der Börsenaufsichtsbehörde. [2]Der Freiverkehr gilt als multilaterales Handelssystem. [3]Der Börsenträger legt der Börsenaufsichtsbehörde eine ausführliche Beschreibung der Funktionsweise des Handelssystems, einschließlich etwaiger Verbindungen zu einem anderen multilateralen oder organisierten Handelssystem oder einem systematischen Internalisierer in seinem Eigentum, sowie eine Liste der Handelsteilnehmer vor. [4]Die Börsenaufsichtsbehörde stellt diese Informationen der Bundesanstalt und auf deren Verlangen der Europäischen Wertpapier- und Marktaufsichtsbehörde zur Verfügung und teilt diesen jede Erteilung einer Erlaubnis eines Freiverkehrs mit. [5]Auf den Betrieb des Freiverkehrs sind unbeschadet der Absätze 4 und 5 die Vorschriften dieses Gesetzes mit Ausnahme der §§ 27 bis 43 entsprechend anzuwenden.

(4) Der Börsenträger hat sicherzustellen, dass der Freiverkehr über mindestens drei aktive Handelsteilnehmer verfügt, denen es jeweils möglich ist, mit allen übrigen Handelsteilnehmern zum Zwecke der Preisbildung zu interagieren.

(5) Der Börsenträger kann von einem Emittenten die Übermittlung von Referenzdaten in Bezug auf dessen Finanzinstrumente verlangen, soweit dies zur Erfüllung der Anforderungen aus Artikel 4 der Verordnung (EU) Nr. 596/2014 erforderlich ist.

I. Entstehungsgeschichte

1   Der durch das **Börsenzulassungsgesetz vom 16.12.1986**[1*] eingefügte § 48 fasst die bis dahin bestehenden Segmente des geregelten und ungeregelten Freiverkehrs zum dritten Börsensegment, dem Handel in Wertpapieren, die weder zum regulierten Markt zugelassen noch zum regulierten Markt einbezogen sind, dem **Freiverkehr,** zusammen.

2   Das Finanzmarktrichtlinie-Umsetzungsgesetz hat einige eher redaktionelle Veränderungen bewirkt, die sich aus der Vereinheitlichung des amtlichen und geregelten Marktes zum regulierten Markt ergaben. Darüber hinaus hat die letztendlich Gesetz gewordene Fassung des § 48 Abs. 1 S. 1 die Rechtsnatur der Bedingungen für die Geschäfte im Freiverkehr sprachlich („Geschäftsbedingungen" gegenüber der früheren Regelung von „Handelsrichtlinien") und in der Begründung („zivilrechtliche Einordnung der Handelsrichtlinien des Freiverkehrs")[1] klargestellt. Es handelt sich bei den Bedingun-

---

[1] BGBl. 2011 I 2481.
[1*] BGBl. 1986 I 2478.
[1] Beschlussempfehlung des Finanzausschusses, BT-Drs. 16/4883, 13.

gen um Allgemeine Geschäftsbedingungen iSd §§ 305 ff. BGB. Der Regierungsentwurf zum Finanzmarktrichtlinie-Umsetzungsgesetz hatte dies noch anders gesehen und wollte hier den öffentlich-
rechtlichen Charakter der Handelsrichtlinien festschreiben.[2] Die sich daraus ergebenen Probleme bei
der Sanktionierung von Verstößen gegen die „Geschäftsbedingungen", haben den Gesetzgeber im
Gesetz zur Fortentwicklung des Pfandbriefrechts (BGBl. 2001 I 607) veranlasst, neben die Geschäftsbedingungen noch die öffentlich-rechtliche (§ 12 Abs. 2 Nr. 1) Handelsordnung für den Freiverkehr
zu setzen (→ Rn. 6).

Abweichend von der früheren Regelung, die noch von einem Unterschied zwischen dem Frei- **3**
verkehr und einem multilateralen Handelssystem ausging[3], hat das 2. FiMaNoG dies in Abs. 3
geändert. Die Regierungsbegründung zum 2. FiMaNoG stellt ausdrücklich klar, dass es sich bei dem
Freiverkehr um ein multilaterales Handelssystem im Sinne der MiFID II und der VO (EU) Nr. 600/
2014 handelt und damit sämtliche europäischen Vorgaben für multilaterale Handelssysteme einschließlich der Durchführungsbestimmungen auch für den Freiverkehr gelten müssen. Da diese Vorgaben in
weiten Teilen den Anforderungen an Börsen als geregelte Märkte entsprechen und im BörsG umgesetzt sind, führt der Verweis im neuen Abs. 3 S. 5 auf die dort für anwendbar erklärten zahlreichen
Vorschriften des BörsG zur Umsetzung der Art. 18 und 19 MiFID II, konkret, der Anwendung der
Vorgaben für geregelte Märkte auf den Freiverkehr als multilaterales Handelssystem.[4] Dies entspricht
aber auch der alten Rechtslage, da auch § 48 Abs. 3 aF für den Freiverkehr das BörsG für anwendbar
erklärte und ebenfalls voraussetzte, dass der Betrieb des Freiverkehrs einer Erlaubnis der Börsenaufsichtsbehörde bedurfte. Die Regierungsbegründung zum 2. FiMaNoG stellt ausdrücklich klar, dass
bestehende Erlaubnisse für den Betrieb eines Freiverkehrs bestehen bleiben, sodass kein erneutes
Antragsverfahren durchgeführt werden muss.[5]

Abs. 4 und 5 wurden neu durch das 2. FiMaNoG in § 48 eingefügt und regeln besondere **4**
Anforderungen für den Betrieb eines Freiverkehrs als multilaterales Handelssystem. Dabei setzt Abs. 4
Art. 18 Abs. 7 MiFID II um. Außerdem verweist die Regierungsbegründung zum 2. FiMaNoG
insoweit auf § 72 WpHG, in dem in Umsetzung der entsprechenden europäischen Vorgaben detaillierte Regelungen für den Betrieb eines multilateralen Handelssystems enthalten sind.

II. Rechtliche Einordnung des Freiverkehrs

Der Betrieb des Freiverkehrs als solches, dh seine Entstehung an einer Börse, bedarf nach § 48 **5**
Abs. 3 S. 1 der schriftlichen Erlaubnis der Börsenaufsichtsbehörde. Diese Erlaubnis ist ebenso wie seine
Versagung[6] **Verwaltungsakt.** Voraussetzung für die Erlaubniserteilung ist eine ausführliche Beschrei-
bung der Funktionsweise des Handelssystems, einschließlich etwaiger Verbindungen zu einem anderen
multilateralen oder organisierten Handelssystem sowie eine Liste der Handelsteilnehmer (§ 48 Abs. 3
S. 2) sowie, dass durch eine Handelsordnung nach § 48 Abs. 1 S. 2 und durch von der Geschäftsführung gebilligte Geschäftsbedingungen (§ 48 Abs. 1 S. 3) eine ordnungsgemäße Durchführung des
Handels und der Geschäftsabwicklung gewährleistet erscheint.

Das Gesetz zur Fortentwicklung des Pfandbriefrechts (BGBl. 2009 I 607) hat neben die zivilrecht- **6**
lichen Geschäftsbedingungen (→ Rn. 2) die öffentlich-rechtliche, da als Satzung vom Börsenrat zu
erlassende (§ 12 Abs. 2 Nr. 1) Handelsordnung für den Freiverkehr gestellt. Damit hat der Gesetzgeber
ausweislich des Berichts des Finanzausschusses[7] darauf reagiert, dass in der Rechtsprechung den
Geschäftsbedingungen für den Freiverkehr die Eigenschaft als börsenrechtliche Vorschrift abgesprochen, damit Verstöße gegen die Geschäftsbedingungen einer Sanktionierung durch den Sanktionsausschuss entzogen und allein dem Zivilrechtsweg, nämlich einer Klage auf Vertragserfüllung, zugewiesen wurde. Da im Freiverkehr zustande kommende Preise Börsenpreise sind, diese aber öffentlich-
rechtlich erfasst, ausgewertet und überwacht werden, sollte nach Ansicht des Gesetzgebers der Börsenhandel als solcher öffentlich-rechtlich geregelt und sanktioniert sein. Dieser Bereich soll damit durch
die öffentlich-rechtliche Handelsordnung geregelt werden, während es für die Teilnahme am Handel
und die Einbeziehung von Wertpapieren zum Handel bei den zivilrechtlichen Geschäftsbedingungen
bleiben soll. Damit ist der Freiverkehr in die öffentlich-rechtliche Organisation der Börse integriert[8]
und wird sowohl öffentlich-rechtlich (Handelsordnung: Ablauf des Handels) als auch zivilrechtlich
(Geschäftsbedingungen: Teilnahme am Handel und Einbeziehung von Wertpapieren zum Handel)
geregelt. § 48 Abs. 3 ordnet ausdrücklich an, dass für den Freiverkehr das BörsG, ausgenommen die

---

[2] RegBegr. zum Finanzmarktrichtlinie-Umsetzungsgesetz, BT-Drs. 16/4028, 89.
[3] Vgl. nur *Groß*, 6. Aufl. 2016, Rn. 1b.
[4] RegBegr. 2. FiMaNoG, BT-Drs. 18/10936, 272.
[5] RegBegr. 2. FiMaNoG, BT-Drs. 18/10936, 272.
[6] Baumbach/Hopt/*Kumpan* Rn. 5.
[7] Bericht des Finanzausschusses zu dem Gesetzentwurf der Bundesregierung eines Gesetzes zur Fortentwicklung des
Pfandbriefrechts, BT-Drs. 16/11 929, 9.
[8] So bereits RegBegr. des Zweiten Finanzmarktförderungsgesetzes, BT-Drs. 12/6679, 33 (75), wenn dort darauf
verwiesen wird, der Freiverkehr sei aufgrund des § 78 „in die öffentlich-rechtliche Selbstverwaltung integriert
gewesen".

Regeln zur Skontroführung und zur Zulassung, die eben aufgrund der anderen Struktur nicht passen, anzuwenden sind, damit zB die Regeln zum Börsenpreis (§ 24, → Rn. 13) und auch zum Sanktionsausschuss.[9]

III. Zulassung/Einbeziehung

7   Die Einrichtung des Freiverkehrs als solchem erfolgt durch die Geschäftsführung der jeweiligen Börse als Akt der Börsenselbstverwaltung; erforderlich ist jedoch darüber hinaus eine gesonderte Betriebserlaubnis der Börsenaufsicht (§ 48 Abs. 3 S. 1).[10] Besteht ein solcher Freiverkehr, dann bedürfen die Wertpapiere, die darin gehandelt werden sollen, einer gesonderten „Zulassung", die beim Freiverkehr in Abgrenzung zur Zulassung zum regulierten Markt aufgrund der besonderen rechtlichen Struktur Einbeziehung genannt wird. Während die **Zulassung** von Wertpapieren zum **regulierten Markt** ein **öffentlich-rechtliches Zulassungsverfahren** voraussetzt und in einer öffentlich-rechtlichen Zulassungsentscheidung einmündet, erfolgt die **Einbeziehung** von Wertpapieren in den **Freiverkehr** allein auf **privatrechtlicher Grundlage**[11] gemäß den aufgrund der Ermächtigungsnorm des § 48 Abs. 1 in den Börsenordnungen erlassenen Bestimmungen bzw. den gesonderten Allgemeinen Geschäftsbedingungen für den Freiverkehr,[12] die rechtlich als Allgemeine Geschäftsbedingungen einzuordnen sind (→ Rn. 2).[13] Wie § 48 Abs. 1 S. 3 ausdrücklich anordnet, sind die „Einbeziehung von Wertpapieren zum Handel" im Freiverkehr Gegenstand der zivilrechtlichen Allgemeinen Geschäftsbedingungen und nicht der öffentlich-rechtlichen Handelsordnung.

IV. Einbeziehungsverfahren

8   Das **Verfahren zur Einbeziehung von Wertpapieren** in den Freiverkehr ist hauptsächlich in den **Allgemeinen Geschäftsbedingungen für den Freiverkehr** geregelt. Nach den Allgemeinen Geschäftsbedingungen für den Freiverkehr an der FWB gilt Folgendes:[14]

9   **1. Antragsteller.** Als **Antragsteller** kann nur ein an der FWB uneingeschränkt **zum Börsenhandel zugelassenes Unternehmen** fungieren, § 10 Abs. 1 der Allgemeinen Geschäftsbedingungen für den Freiverkehr an der Frankfurter Wertpapierbörse (nachfolgend kurz: Freiverkehr-AGB). Antragsteller muss nicht der Emittent der Wertpapiere sein. Seiner Zustimmung zur Einbeziehung bedarf es nicht, wie sich aus einem Vergleich der Einbeziehungsvoraussetzungen zum sog Quotation Board in §§ 10 ff. Freiverkehr-AGB einerseits und den Einbeziehungsvoraussetzungen zum Scale/Basic Board in § 16 Freiverkehr-AGB andererseits, wo der Emittent sogar ausdrücklich als Antragsteller genannt ist, ergibt. Diese Regelung mag noch verständlich gewesen sein zu einer Zeit als die Einbeziehung in den Freiverkehr für den Emittenten keine Verpflichtungen oder „Belastung" mit sich brachte. Seit jedoch auch in den Freiverkehr einbezogene Wertpapiere vom Insiderhandelsverbot erfasst werden, ist dies problematisch. Gegen die Anwendung des Insiderrechts hilft auch § 48 Abs. 1 S. 4 nichts, da das Insiderrecht aufgrund von Art. 14 MAR und nicht etwa aufgrund der Geschäftsbedingungen gilt. Durch eine gegen den Willen des Emittenten erfolgte Einbeziehung in den Freiverkehr wird diesem eine straf- und ordnungswidrigkeitenbewehrte Regelung aufgezwungen, ohne dass er Möglichkeiten hätte, sich dagegen zu wehren. Dies kann nicht zutreffend sein. Deshalb erscheint es zutreffend, dem Emittenten einen Abwehranspruch aus § 1004 BGB zuzugestehen.[15]

10   **2. Einbeziehungsvoraussetzungen. Voraussetzung der Einbeziehung** ist nicht die Veröffentlichung eines Prospekts oder eines Unternehmensberichts oder eines Zwischenberichts oder eines Verkaufsprospekts.[16] Ebenso wenig wird eine bestimmte Mindestanzahl bzw. ein bestimmter Mindestnennwert oder eine Mindestdauer des Bestehens des Unternehmens, um dessen Wertpapiere es geht, verlangt. Voraussetzung ist nur, dass die einzubeziehenden Wertpapiere genau bezeichnet werden.

11   **3. Entscheidung. Zuständig für die Entscheidung** über die Einbeziehung ist die **Deutsche Börse AG** (§ 9 Abs. 1 S. 1 Freiverkehr-AGB).

---

[9] VG Frankfurt Urt. v. 19.6.2008 – 1 E 2583/07, ZIP 2009, 18 (19).

[10] Schwark/Zimmer/*Schwark* Rn. 7.

[11] *Ledermann* in Schäfer/Hamann § 57 Rn. 14; Baumbach/Hopt/*Kumpan* Rn. 6.

[12] Vgl. zB § 120 der BörsenO für die FWB in Verbindung mit den Allgemeinen Geschäftsbedingungen für den Freiverkehr an der FWB, auch abrufbar über die Internet-Seite der Deutsche Börse AG.

[13] Wie hier Schwark/*Schwark* Rn. 3.

[14] Vgl. die ausf. Darstellung der Einbeziehungsvoraussetzungen und des Verfahrens bei *Freytag/Koenen* WM 2011, 1594 ff.

[15] AA Schwark/Zimmer/*Schwark* Rn. 8 Fn. 20; unentschieden *Trapp* in Habersack/Mülbert/Schlitt Unternehmensfinanzierung-HdB § 37 Rn. 64, Fn. 14.

[16] Die Einbeziehung als solche stellt kein öffentliches Angebot iSd Art. 2 lit. d Prospekt-VO dar → WpPG § 2 Rn. 20; zum alten Recht, § 1 VerkaufsprospektG, vgl. ausf. *Schwark/Zimmer* FS Schimansky, 1999, 739 ff. Es handelt sich auch nicht um eine Zulassung, sodass die Prospektpflicht auch nicht aus dem WpPG folgt, vgl. *Ledermann* in Schäfer/Hamann § 57 Rn. 17. Insgesamt hierzu auch Baumbach/Hopt/*Kumpan* Rn. 8.

4. Rechtsmittel. Die **Einbeziehung** ist **ebenso wenig** wie ihre **Ablehnung** ein **Verwaltungs-** **12** **akt,** sodass insoweit bei einer Ablehnung nur die **privatrechtliche Klage** gegen den Träger des Freiverkehrs, bei der FWB der Deutsche Börse AG, in Betracht kommt.[17] Ein Anspruch auf Einbeziehung besteht jedoch nicht.[18]

V. Preisfeststellung

Der im Freiverkehr ermittelte **Preis ist Börsenpreis** (§ 24 Abs. 1); so auch ausdrücklich § 120 **13** Abs. 3 BörsO der FWB. Das gilt unabhängig von der Streichung der dies regelnden Bestimmung des § 57 Abs. 2 aF und unabhängig davon, ob er sich im Parketthandel oder im elektronischen Handelssystem bildet.[19] § 48 Abs. 3 Satz 5 verweist ua auf die §§ 24 bis 26, damit auf die Regeln über die Voraussetzungen und die Anforderungen an den Börsenpreis. Das **Verfahren zur Preisermittlung und Preisfeststellung ist in der Handelsordnung für den Freiverkehr** geregelt, die § 3 Handelsordnung für den Freiverkehr an der Frankfurter Wertpapierbörse regelt insoweit unter Bezugnahme auf die entsprechenden Bestimmungen der Börsenordnung der FWB die Preisermittlung im Präsenzhandel und im elektronischen Handelssystem. Da es sich bei dem Preis um einen Börsenpreis iSd § 24 handelt, vgl. § 120 Abs. 3 BörsO der FWB, müssen bei der Ermittlung die in § 24 Abs. 2 genannten Umstände berücksichtigt werden.[20] Die Preisermittlung unterliegt der **Aufsicht der Börsenaufsichtsbehörde und der Handelsüberwachungsstelle** (§ 120 Abs. 3 S. 2 BörsO der FWB).

VI. Haftung

Da für die Einbeziehung die Veröffentlichung eines Prospekts nicht erforderlich ist, ist die Anwen- **14** dung **der Prospekthaftung der §§ 9 ff.** WpPG im Freiverkehr **nicht vorgesehen**[21] und war deshalb aufgrund der entsprechenden Klarstellung durch das Finanzmarktrichtlinie-Umsetzungsgesetz in § 48 Abs. 3 aF, der die §§ 44 ff. als Haftungsregeln gerade ausdrücklich für unanwendbar erklärte, sogar ausdrücklich ausgeschlossen. Dadurch, dass seit dem Gesetz zur Novellierung des Finanzanlagenvermittler- und Vermögensanlagenrechts[22] dieser ausdrückliche Ausschluss fehlt (weil in § 48 Abs. 3 eben nur die nicht anwendbaren Bestimmungen des BörsG genannt werden, die Haftungsregeln jetzt aber im WpPG enthalten sind), hat sich materiell daran nichts geändert. Eine Pflicht zur Veröffentlichung eines Prospektes besteht jedenfalls dann nicht, wenn es um die bloße Einbeziehung und Notierung im Freiverkehr ohne Werbemaßnahmen geht, da dies kein öffentliches Angebot iSd Art. 2 lit. d Prospekt-VO darstellt.[23] Wird dennoch ein Prospekt erstellt, kommt eine Prospekthaftung nach § 9 WpPG nicht in Betracht, da der Prospekt nicht für die Zulassung von Wertpapieren erstellt wurde, weil die Einbeziehung keinen Prospekt erfordert. Allenfalls kommt eine Prospekthaftung nach § 10 WpPG in Betracht, wenn es sich bei dem Prospekt um einen Angebotsprospekt handelt, oder, wenn dies nicht der Fall ist, die allgemeine **zivilrechtliche Prospekthaftung.**[24] Das für die Einbeziehung der Wertpapiere in den Freiverkehr zu erstellende Exposee ist in keinem Fall ein Zulassungsprospekt iSd § 9 WpPG und idR auch kein Angebotsprospekt iSd § 10 WpPG, da er meist erst nach dem Angebot erstellt wird.

VII. Sonstige Rechtsfolgen der Einbeziehung

Die Einbeziehung führt **nicht** zur Anwendung des § 33 WpHG, Anzeige und Veröffentlichung **15** von Veränderungen des Stimmrechtsanteils, und begründet **keine Pflicht zur Zwischenberichterstattung.**[25] Die Regeln über die Ad-hoc-Publizitätspflicht (Art. 17 MAR) finden nur dann auf in den Freiverkehr einbezogene Wertpapiere Anwendung, wenn der Emittent die Einbeziehung (mit) beantragt hat (Art. 17 Abs. 1 UAbs. 3 MAR). Dagegen sind in den Freiverkehr einbezogene Wertpapiere aufgrund der ausdrücklichen Anordnung in Art. 14 MAR **Insiderpapiere,** sodass die entsprechenden Regelungen der Art. 14 MAR hier Anwendung finden.[26] Gesellschaften, deren Aktien

---

[17] Baumbach/Hopt/*Kumpan* Rn. 4; aA, da keine Anspruchsgrundlage bestehe, *Ledermann* in Schäfer/Hamann § 57 Rn. 19.

[18] Baumbach/Hopt/*Kumpan* Rn. 4.

[19] Baumbach/Hopt/*Kumpan* Rn. 8.

[20] *Ledermann* in Schäfer/Hamann § 57 Rn. 21; vgl. auch „Stellungnahme der hessischen Börsenaufsichtsbehörde zu einigen ausgewählten Thesen des Gutachtens Hopt/Rudolph bezüglich einer Börsenreform in Deutschland", III. Veränderung des Segments Freiverkehr, 2. Stellungnahme.

[21] Baumbach/Hopt/*Kumpan* Rn. 5.

[22] BGBl. 2011 I 2481.

[23] → WpPG § 2 Rn. 20.

[24] BGH Urt. v. 5.7.1993 – II ZR 194/92, WM 1993, 1787 (1788).

[25] *Ledermann* in Schäfer/Hamann § 57 Rn. 20.

[26] *Ledermann* in Schäfer/Hamann § 57 Rn. 24; Schwark/Zimmer/*Schwark* Rn. 13.

im Freiverkehr gelistet werden, gelten **nicht als „börsennotiert" iSd § 3 Abs. 2 AktG**,[27] da der Freiverkehr nicht von einer staatlich anerkannten Stelle geregelt und überwacht wird.

§ 48a KMU-Wachstumsmarkt

(1) [1] **Der Börsenträger kann einen Freiverkehr bei der Börsenaufsichtsbehörde als Wachstumsmarkt für kleine und mittlere Unternehmen (KMU-Wachstumsmarkt) registrieren lassen, sofern folgende Anforderungen erfüllt sind:**

1. **bei mindestens 50 Prozent der Emittenten, deren Finanzinstrumente zum Handel in den Freiverkehr einbezogen sind, handelt es sich um kleine und mittlere Unternehmen;**
2. **der Börsenträger hat geeignete Kriterien für die Einbeziehung der Finanzinstrumente zum Handel in den Freiverkehr festgelegt;**
3. **der Börsenträger macht die Einbeziehung von Finanzinstrumenten zum Handel in den Freiverkehr davon abhängig, dass bei der Zulassung ausreichende Informationen veröffentlicht werden, um dem Publikum eine zutreffende Beurteilung des Emittenten und der Finanzinstrumente zu ermöglichen; bei diesen Informationen handelt es sich entweder um ein Einbeziehungsdokument oder einen Prospekt, falls auf Basis der Verordnung (EU) 2017/1129 festgelegte Anforderungen im Hinblick auf ein öffentliches Angebot im Zusammenhang mit der ursprünglichen Einbeziehung des Finanzinstruments zum Handel in den Freiverkehr Anwendung finden;**
4. **der Börsenträger stellt sicher, dass eine geeignete regelmäßige Finanzberichterstattung durch den Emittenten am Markt stattfindet, dessen Finanzinstrumente zum Handel in den Freiverkehr einbezogen sind, insbesondere durch geprüfte Jahresberichte;**
5. **die in Artikel 3 Absatz 1 Nummer 21 der Verordnung (EU) Nr. 596/2014 definierten Emittenten und die in Artikel 3 Absatz 1 Nummer 25 der Verordnung (EU) Nr. 596/2014 definierten Personen, die bei einem Emittenten Führungsaufgaben wahrnehmen, sowie die in Artikel 3 Absatz 1 Nummer 26 der Verordnung (EU) Nr. 596/2014 definierten Personen, die in enger Beziehung zu diesen stehen, erfüllen die jeweiligen Anforderungen, die für sie gemäß der Verordnung (EU) Nr. 596/2014 gelten;**
6. **der Börsenträger erfasst Informationen, die von einem Emittenten auf Grund einer rechtlichen Verpflichtung veröffentlicht wurden, und stellt diese öffentlich zur Verfügung und**
7. **der Börsenträger richtet wirksame Systeme und Kontrollen ein, die geeignet sind, einen Marktmissbrauch an dem betreffenden Markt gemäß der Verordnung (EU) Nr. 596/2014 zu erkennen und zu verhindern.**

[2] **Die Möglichkeit des Börsenträgers, zusätzliche Anforderungen festzulegen, bleibt unberührt.**

(2) [1] **Die Börsenaufsichtsbehörde hebt die Registrierung eines KMU-Wachstumsmarktes auf, wenn der Börsenträger dies beantragt oder wenn die Voraussetzungen für eine Registrierung nach Absatz 1 nicht mehr vorliegen.** [2] **Die Börsenaufsichtsbehörde unterrichtet die Bundesanstalt und die Europäische Wertpapier- und Marktaufsichtsbehörde unverzüglich über die Registrierung eines KMU-Wachstumsmarktes und über deren Aufhebung.**

(3) [1] **Ein Finanzinstrument, das zum Handel in den Freiverkehr einbezogen ist, kann nur dann in einem anderen KMU-Wachstumsmarkt gehandelt werden, wenn der Emittent des Finanzinstruments hierüber unterrichtet wurde und dem nicht widersprochen hat.** [2] **In einem solchen Fall entstehen dem Emittenten im Hinblick auf diesen anderen KMU-Wachstumsmarkt keine Verpflichtungen in Bezug auf die Unternehmensführung und -kontrolle oder erstmalige, laufende oder punktuelle Veröffentlichungspflichten.**

1 § 48a wurde durch das 2. FiMaNoG eingefügt. Er setzt Art. 33 MiFID II um und enthält Regelungen zum Inhalt und zum Verfahren bei der Einstufung eines multilateralen Handelssystems als Wachstumsmarkt für kleine und mittlere Unternehmen. Laut Regierungsbegründung zum 2. FiMaNoG lehnt er sich an § 76 WpHG an.[1]

§ 48b Organisiertes Handelssystem an einer Börse

(1) [1] **Der Betrieb eines organisierten Handelssystems an einer Börse bedarf der schriftlichen Erlaubnis der Börsenaufsichtsbehörde.** [2] **Der Börsenträger legt der Börsenaufsichtsbehörde eine ausführliche Beschreibung der Funktionsweise des organisierten Handelssystems vor, einschließlich etwaiger Verbindungen zu einem anderen organisierten oder multilateralen Handelssystem oder einem systematischen Internalisierer in seinem Eigentum, sowie eine Liste der Handelsteilnehmer.** [3] **Die Börsenaufsichtsbehörde stellt diese Informa-**

---

[27] *Ledermann* in Schäfer/Hamann § 57 Rn. 26; Schwark/Zimmer/*Schwark* Rn. 13.
[1] RegBegr. 2. FiMaNoG, BT-Drs. 18/10936, 272.

tionen der Bundesanstalt und auf deren Verlangen der Europäischen Wertpapier- und Marktaufsichtsbehörde zur Verfügung und teilt diesen jede Zulassung eines organisierten Handelssystems mit. [4]Soweit die Absätze 2 bis 9 keine abweichende Regelung treffen, sind die für den Freiverkehr geltenden Vorschriften dieses Gesetzes entsprechend anzuwenden.

(2) Der Börsenträger als Betreiber eines organisierten Handelssystems hat geeignete Vorkehrungen zu treffen, durch die die Ausführung von Kundenaufträgen in dem organisierten Handelssystem unter Einsatz des eigenen Kapitals des Betreibers oder eines Mitglieds derselben Unternehmensgruppe verhindert wird.

(3) [1]Der Börsenträger als Betreiber eines organisierten Handelssystems darf auf die Zusammenführung sich deckender Kundenaufträge im Sinne von § 2 Absatz 29 des Wertpapierhandelsgesetzes für Schuldverschreibungen, strukturierte Finanzprodukte, Emissionszertifikate und bestimmte Derivate zurückgreifen, wenn der Kunde dem zugestimmt hat. [2]Er darf auf die Zusammenführung sich deckender Kundenaufträge über Derivate nicht zurückgreifen, wenn diese der Verpflichtung zum Clearing nach Artikel 4 der Verordnung (EU) Nr. 648/2012 unterliegen.

(4) Der Handel für eigene Rechnung ist dem Börsenträger als Betreiber eines organisierten Handelssystems nur gestattet, soweit es sich nicht um die Zusammenführung sich deckender Kundenaufträge im Sinne von § 2 Absatz 29 des Wertpapierhandelsgesetzes handelt und nur in Bezug auf öffentliche Schuldtitel, für die kein liquider Markt besteht.

(5) [1]Der Börsenträger darf ein organisiertes Handelssystem nicht innerhalb derselben rechtlichen Einheit mit einer systematischen Internalisierung betreiben. [2]Ein organisiertes Handelssystem darf keine Verbindung zu einem systematischen Internalisierer oder einem anderen organisierten Handelssystem in einer Weise herstellen, die eine Interaktion von Aufträgen in dem organisierten Handelssystem mit den Aufträgen oder Angeboten des systematischen Internalisierers oder in dem organisierten Handelssystem ermöglicht.

(6) [1]Der Börsenträger als Betreiber eines organisierten Handelssystems kann ein anderes Wertpapierdienstleistungsunternehmen beauftragen, unabhängig an diesem organisierten Handelssystem Market-Making zu betreiben. [2]Ein unabhängiges Betreiben liegt nur dann vor, wenn keine enge Verbindung des Wertpapierdienstleistungsunternehmens zu dem Börsenträger besteht.

(7) [1]Der Börsenträger als Betreiber des organisierten Handelssystems hat die Entscheidung über die Ausführung eines Auftrags in dem organisierten Handelssystem nach Ermessen zu treffen, wenn er darüber entscheidet,

1. einen Auftrag über das von ihm betriebene organisierte Handelssystem zu platzieren oder zurückzunehmen oder
2. einen bestimmten Kundenauftrag nicht mit anderen zu einem bestimmten Zeitpunkt im System vorhandenen Aufträgen zusammenzuführen.

[2]Im Falle des Satzes 1 Nummer 2 darf eine Zusammenführung nur dann unterbleiben, wenn dies mit etwaigen Anweisungen des Kunden sowie der Verpflichtung zur bestmöglichen Ausführung von Kundenaufträgen im Sinne von § 82 des Wertpapierhandelsgesetzes vereinbar ist. [3]Bei einem System, bei dem gegenläufige Kundenaufträge eingehen, kann der Betreiber entscheiden, ob, wann und in welchem Umfang er zwei oder mehr Aufträge innerhalb des Systems zusammenführt. [4]Im Einklang mit den Absätzen 2, 3, 5 und 6 und unbeschadet des Absatzes 4 kann der Betreiber bei einem System, über das Geschäfte mit Nichteigenkapitalinstrumenten in die Wege geleitet werden, die Verhandlungen zwischen den Kunden erleichtern, um so zwei oder mehr möglicherweise kompatible Handelsinteressen in einem Geschäft zusammenzuführen.

(8) [1]Die Börsenaufsichtsbehörde kann von dem Börsenträger als Betreiber eines organisierten Handelssystems jederzeit, insbesondere bei Antrag auf Zulassung des Betriebs, eine ausführliche Erklärung darüber verlangen, warum das organisierte Handelssystem keinem regulierten Markt, multilateralen Handelssystem oder systematischen Internalisierer entspricht und nicht in dieser Form betrieben werden kann. [2]Die Erklärung hat eine ausführliche Beschreibung zu enthalten, wie der Ermessensspielraum genutzt wird, insbesondere wann ein Auftrag im organisierten Handelssystem zurückgezogen werden kann und wann und wie zwei oder mehr sich deckende Kundenaufträge innerhalb des organisierten Handelssystems zusammengeführt werden. [3]Außerdem hat der Börsenträger als Betreiber eines organisierten Handelssystems der Börsenaufsichtsbehörde Informationen zur Verfügung zu stellen, mit denen der Rückgriff auf die Zusammenführung sich deckender Kundenaufträge erklärt wird. [4]Die Börsenaufsichtsbehörde hat diese Informationen der Bundesanstalt und auf deren Verlangen der Europäischen Wertpapier- und Marktaufsichtsbehörde zur Verfügung zu stellen.

(9) Die Börsenaufsichtsbehörde überwacht den Handel durch Zusammenführung sich deckender Aufträge durch den Börsenträger als Betreiber des organisierten Handelssystems, damit sichergestellt ist, dass dieser die hierfür geltenden Anforderungen einhält und dass der

von ihm betriebene Handel durch Zusammenführung sich deckender Aufträge nicht zu Interessenkonflikten zwischen dem Betreiber und seinen Kunden führt.

(10) § 63 Absatz 1, 3 bis 7 und 9, § 64 Absatz 1 sowie die §§ 69, 70 und 82 des Wertpapierhandelsgesetzes gelten entsprechend für Geschäfte, die über ein organisiertes Handelssystem an einer Börse abgeschlossen wurden.

1 In dem ebenfalls durch das 2. FiMaNoG neu eingefügten § 48b werden Art. 48 und 20 MiFID II umgesetzt. Betreibt der Börsenträger ein organisiertes Handelssystem an einer Börse, sind die entsprechenden Vorgaben der MiFID II einzuhalten. Indem § 48b Abs. 1 S. 4 auf die Regeln für den Freiverkehr und die dort (§ 48 Abs. 3 S. 5) für entsprechend anwendbar erklärten Bestimmungen des BörsG verweist, wird sichergestellt, dass die zahlreichen Vorgaben des Art. 18 MiFID II, die gemeinsam für multilaterale und organisierte Handelssysteme gelten, hier ebenfalls anzuwenden sind. Art. 20 MiFID II wird in den Abs. 2–9 umgesetzt, wobei sich diese an § 75 WpHG anlehnen.[1]

Abschnitt 6. Straf- und Bußgeldvorschriften; Schlussvorschriften

§ 49 Strafvorschriften

Mit Freiheitsstrafe bis zu drei Jahren oder mit Geldstrafe wird bestraft, wer entgegen § 26 Abs. 1 andere zu Börsenspekulationsgeschäften oder zu einer Beteiligung an einem solchen Geschäft verleitet.

§ 50 Bußgeldvorschriften

(1) Ordnungswidrig handelt, wer vorsätzlich oder leichtfertig entgegen

1. § 3 Absatz 11 eine Person über eine Maßnahme oder ein eingeleitetes Ermittlungsverfahren in Kenntnis setzt oder
2. § 41 Absatz 1 der Geschäftsführung der Börse eine dort benannte Auskunft nicht, nicht richtig oder nicht vollständig erteilt.

(2) Ordnungswidrig handelt, wer vorsätzlich oder fahrlässig

1. einer vollziehbaren Anordnung nach
   a) § 3 Absatz 4 Satz 1 oder Satz 3, jeweils auch in Verbindung mit § 7 Absatz 3, oder § 3 Absatz 5 Satz 2 oder
   b) § 6 Absatz 2 Satz 1 oder Absatz 4 Satz 1
   zuwiderhandelt,
2. entgegen § 3 Absatz 4 Satz 5 oder 6, jeweils auch in Verbindung mit Satz 8, ein Betreten nicht gestattet oder nicht duldet,
3. als Börsenträger einer vollziehbaren Anordnung nach § 3 Absatz 4a Satz 1 zuwiderhandelt,
4. bei der Antragstellung nach § 4 Absatz 2 Satz 1 unrichtige Angaben zu den in § 4 Absatz 2 Satz 2 oder 3 genannten Tatsachen macht,
5. entgegen § 4 Absatz 7 Satz 1 einen Wechsel bei einer dort genannten Person der Geschäftsleitung nicht, nicht richtig, nicht vollständig oder nicht rechtzeitig anzeigt,
6. als Geschäftsleiter eines Börsenträgers von erheblicher Bedeutung die nach § 4a Absatz 2 Satz 2 in Verbindung mit den Sätzen 3 und 4 und einer etwaigen Genehmigung nach Satz 5 zulässige Anzahl von Mandaten durch Annahme eines weiteren Mandats überschreitet,
7. als Mitglied des Verwaltungs- oder Aufsichtsorgans eines Börsenträgers von erheblicher Bedeutung die nach § 4b Absatz 4 Satz 2 in Verbindung mit den Sätzen 3 und 4 und einer etwaigen Genehmigung nach Satz 5 zulässige Anzahl von Mandaten durch Annahme eines weiteren Mandats überschreitet,
8. entgegen § 4a Absatz 1 der Wahrnehmung der Aufgaben als Geschäftsleiter nicht die erforderliche Zeit widmet,
9. als Mitglied des Verwaltungs- oder Aufsichtsorgans eines Börsenträgers bei Vorliegen der Voraussetzungen des § 4b Absatz 5 Satz 1 nicht auf die Einsetzung eines Nominierungsausschusses hinwirkt,
10. entgegen § 5 Absatz 4 Nummer 1 keine oder keine hinreichenden Vorkehrungen trifft, um dort genannte Konflikte zu erkennen und zu verhindern,
11. entgegen § 5 Absatz 4 Nummer 2 keine angemessenen Vorkehrungen und Systeme schafft,

---

[1] Vgl. insgesamt dazu nur RegBegr. 2. FiMaNoG, BT-Drs. 18/10936, 272.

12. entgegen § 5 Absatz 4 Nummer 3 nicht die technische Funktionsfähigkeit der betreffenden Systeme sicherstellt oder keine technischen Vorkehrungen für den reibungslosen und zeitnahen Abschluss der betreffenden Geschäfte schafft,

13. als Börsenträger eine Börse betreibt, ohne über die in § 5 Absatz 4a genannten Systeme und Verfahren zu verfügen,

14. als Börsenträger eine Börse betreibt, ohne über ausreichende finanzielle Mittel im Sinne des § 5 Absatz 5 zu verfügen,

15. als Börsenträger entgegen § 5 Absatz 7 an einer von ihm betriebenen Börse Kundenaufträge unter Einsatz seines eigenen Kapitals ausführt oder auf die Zusammenführung sich deckender Kundenaufträge zurückgreift,

16. entgegen
   a) § 6 Absatz 1 Satz 1, 5 oder 6 oder
   b) § 6 Absatz 5 Satz 1 oder 4 oder Absatz 6 Satz 1,
   jeweils auch in Verbindung mit einer Rechtsverordnung nach § 6 Absatz 7, eine Anzeige nicht, nicht richtig, nicht vollständig oder nicht rechtzeitig erstattet,

17. einer vollziehbaren Anordnung der Börsenaufsichtsbehörde nach § 6 Absatz 1 Satz 7 zuwiderhandelt,

18. entgegen § 6 Absatz 6 Satz 2 eine Veröffentlichung nicht oder nicht rechtzeitig vornimmt,

19. entgegen § 26c Absatz 2 Satz 1 kein Market-Making-System einrichtet,

20. als Handelsteilnehmer bei der Teilnahme am Börsenhandel einen Algorithmus im Sinne von § 26d Absatz 2 einsetzt, ohne diesen zuvor auf etwaige marktstörende Auswirkungen getestet zu haben,

21. als Börsenträger entgegen § 26e Satz 1 die dort genannte Veröffentlichung nicht mindestens einmal jährlich vornimmt,

22. als Börsenträger entgegen § 26f Absatz 1 keine Positionsmanagementkontrollen einrichtet oder

23. als Handelsteilnehmer entgegen § 26g die von der Geschäftsführung verlangten Daten nicht übermittelt.

(3) Ordnungswidrig handelt, wer gegen die Verordnung (EU) Nr. 648/2012 des Europäischen Parlaments und des Rates vom 4. Juli 2012 über OTC-Derivate, zentrale Gegenparteien und Transaktionsregister (ABl. L 201 vom 27.7.2012, S. 1; L 321 vom 30.11.2013, S. 6) verstößt, indem er vorsätzlich oder fahrlässig als Betreiber eines Freiverkehrs im Sinne des § 48 entgegen Artikel 8 Absatz 1 in Verbindung mit Absatz 4 Unterabsatz 1 Handelsdaten nicht, nicht richtig, nicht vollständig, nicht in der vorgeschriebenen Weise oder nicht rechtzeitig zur Verfügung stellt.

(4) Ordnungswidrig handelt, wer als Börsenträger gegen die Verordnung (EU) 2015/2365 des Europäischen Parlaments und des Rates vom 25. November 2015 über die Transparenz von Wertpapierfinanzierungsgeschäften und der Weiterverwendung sowie zur Änderung der Verordnung (EU) Nr. 648/2012 (ABl. L 337 vom 23.12.2015, S. 1) verstößt, indem er vorsätzlich oder leichtfertig

1. entgegen Artikel 4 Absatz 1 eine Meldung nicht, nicht richtig, nicht vollständig, nicht in der vorgeschriebenen Weise oder nicht rechtzeitig vornimmt,

2. entgegen Artikel 4 Absatz 4 Aufzeichnungen nicht, nicht vollständig oder nicht mindestens für die vorgeschriebene Dauer aufbewahrt,

3. entgegen Artikel 15 Absatz 1 Finanzinstrumente weiterverwendet, ohne dass die dort genannten Voraussetzungen erfüllt sind oder

4. entgegen Artikel 15 Absatz 2 ein Recht auf Weiterverwendung ausübt, ohne dass die dort genannten Voraussetzungen erfüllt sind.

(5) Ordnungswidrig handelt, wer gegen die Verordnung (EU) Nr. 600/2014 des Europäischen Parlaments und des Rates vom 15. Mai 2014 über Märkte für Finanzinstrumente und zur Änderung der Verordnung (EU) Nr. 648/2012 (ABl. L 173 vom 12.6.2014, S. 84; L 6 vom 10.1.2015, S. 6; L 270 vom 15.10.2015, S. 4), die durch die Verordnung (EU) 2016/1033 (ABl. L 175 vom 30.6.2016, S. 1) geändert worden ist, verstößt, indem er vorsätzlich oder leichtfertig als Marktbetreiber im Sinne des Artikels 4 Absatz 1 Nummer 18 der Richtlinie 2014/65/EU oder als Börsenträger, der ein multilaterales Handelssystem im Sinne des Artikels 4 Absatz 1 Nummer 22 der Richtlinie 2014/65/EU oder ein organisiertes Handelssystem im Sinne des Artikels 4 Absatz 1 Nummer 23 der Richtlinie 2014/65/EU betreibt,

1. entgegen
   a) Artikel 3 Absatz 1,
   b) Artikel 6 Absatz 1,
   c) Artikel 8 Absatz 1,
   d) Artikel 8 Absatz 4,
   e) Artikel 10 Absatz 1,
   f) Artikel 11 Absatz 3 Unterabsatz 3 in Verbindung mit Artikel 10 Absatz 1 oder
   g) Artikel 31 Absatz 2

eine Veröffentlichung nicht, nicht richtig, nicht vollständig, nicht in der vorgeschriebenen Weise oder nicht rechtzeitig vornimmt,

2. beim Betrieb eines Handelsplatzes ein dort genanntes System betreibt, das nicht oder nicht vollständig den in Artikel 4 Absatz 3 Unterabsatz 1 beschriebenen Anforderungen entspricht,

3. entgegen

   a) Artikel 3 Absatz 3 oder Artikel 6 Absatz 2 nicht in der dort beschriebenen Weise Zugang zu den betreffenden Systemen gewährt,

   b) Artikel 7 Absatz 1 Unterabsatz 3 Satz 1 oder Artikel 11 Absatz 1 Unterabsatz 3 Satz 1 eine Genehmigung nicht oder nicht rechtzeitig einholt oder auf geplante Regelungen nicht, nicht richtig, nicht vollständig, nicht in der vorgeschriebenen Weise oder nicht rechtzeitig hinweist,

   c) Artikel 8 Absatz 3 oder Artikel 10 Absatz 2 nicht in der dort beschriebenen Weise Zugang zu den betreffenden Regelungen gewährt,

   d) Artikel 12 Absatz 1 eine Information nicht, nicht richtig, nicht vollständig, nicht in der vorgeschriebenen Weise oder nicht rechtzeitig offenlegt,

   e) Artikel 13 Absatz 1 eine Angabe oder Information nicht, nicht richtig, nicht in der vorgeschriebenen Weise oder nicht rechtzeitig offenlegt oder bereitstellt oder keinen diskriminierungsfreien Zugang zu den Informationen sicherstellt,

   f) Artikel 22 Absatz 2 erforderliche Daten nicht für einen ausreichend langen Zeitraum speichert,

   g) Artikel 25 Absatz 2 die einschlägigen Daten eines Auftrags nicht für mindestens fünf Jahre zur Verfügung hält,

   h) Artikel 29 Absatz 1 nicht sicherstellt, dass Geschäfte von einer zentralen Gegenpartei gecleart werden,

   i) Artikel 29 Absatz 2 Unterabsatz 1 nicht über die dort bezeichneten Systeme, Verfahren und Vorkehrungen verfügt,

   j) Artikel 31 Absatz 3 Satz 1 eine Aufzeichnung nicht, nicht richtig, nicht vollständig oder nicht in der vorgeschriebenen Weise führt,

   k) Artikel 31 Absatz 3 Satz 2 eine Aufzeichnung nicht, nicht vollständig oder nicht rechtzeitig zur Verfügung stellt,

   l) Artikel 35 Absatz 2 einen Antrag nicht, nicht vollständig oder nicht in der vorgeschriebenen Weise an eine zuständige Behörde übermittelt,

   m) Artikel 36 Absatz 1 Handelsdaten nicht auf diskriminierungsfreier und transparenter Basis bereitstellt,

   n) Artikel 36 Absatz 3 Satz 1 nicht, nicht in der vorgeschriebenen Weise oder nicht rechtzeitig antwortet,

   o) Artikel 36 Absatz 3 Satz 2 einen Zugang verweigert,

   p) Artikel 36 Absatz 3 Satz 3, auch in Verbindung mit Satz 4, eine Untersagung nicht ausführlich begründet oder eine Unterrichtung oder Mitteilung nicht oder nicht in der vorgeschriebenen Weise vornimmt oder

   q) Artikel 36 Absatz 3 Satz 5 einen Zugang nicht oder nicht rechtzeitig ermöglicht.

(6) Ordnungswidrig handelt, wer gegen die Verordnung (EU) Nr. 600/2014 verstößt, indem er vorsätzlich oder fahrlässig

1. als Marktbetreiber im Sinne des Artikels 4 Absatz 1 Nummer 18 der Richtlinie 2014/65/EU,

2. als Börsenträger, der ein multilaterales Handelssystem im Sinne des Artikels 4 Absatz 1 Nummer 22 der Richtlinie 2014/65/EU oder ein organisiertes Handelssystem im Sinne des Artikels 4 Absatz 1 Nummer 23 der Richtlinie 2014/65/EU betreibt oder

3. als ein mit einem Marktbetreiber nach Nummer 1 oder mit einem Börsenträger nach Nummer 2 verbundenes Unternehmen

entgegen Artikel 37 Absatz 3 mit dem Erbringer eines Referenzwerts eine Vereinbarung trifft, die eine andere zentrale Gegenpartei oder einen anderen Handelsplatz am Zugang zu den in Artikel 37 Absatz 1 genannten Informationen, Rechten oder Lizenzen hindern würde.

(7) Ordnungswidrig handelt, wer gegen die Verordnung (EU) Nr. 909/2014 des Europäischen Parlaments und des Rates vom 23. Juli 2014 zur Verbesserung der Wertpapierlieferungen und -abrechnungen in der Europäischen Union und über Zentralverwahrer sowie zur Änderung der Richtlinien 98/26/EG und 2014/65/EU und der Verordnung (EU) Nr. 236/2012 (ABl. L 257 vom 28.8.2014, S. 1; L 349 vom 21.12.2016, S. 5), die durch die Verordnung (EU) 2016/ 1033 (ABl. L 175 vom 30.6.2016, S. 1) geändert worden ist, verstößt, indem er vorsätzlich oder fahrlässig als Börsenträger oder als Betreiber eines Freiverkehrs im Sinne des § 48 einem Zentralverwahrer entgegen Artikel 53 Absatz 1 Unterabsatz 1 Transaktionsdaten nicht, nicht richtig, nicht vollständig, nicht in der vorgeschriebenen Weise oder nicht rechtzeitig zur Verfügung stellt.

(8) Die Ordnungswidrigkeit kann in den Fällen des Absatzes 1 Nummer 2 und des Absatzes 3 mit einer Geldbuße bis hunderttausend Euro, in den übrigen Fällen mit einer Geldbuße bis fünfzigtausend Euro geahndet werden.

(9) [1]Die Ordnungswidrigkeit kann in den Fällen der Absätze 2 und 5 bis 7 mit einer Geldbuße von bis zu fünf Millionen Euro geahndet werden. [2]Gegenüber einer juristischen Person oder Personenvereinigung kann über Satz 1 hinaus eine höhere Geldbuße in Höhe von bis zu 10 Prozent des Gesamtumsatzes, den die juristische Person oder Personenvereinigung im der Behördenentscheidung vorangegangenen Geschäftsjahr erzielt hat, verhängt werden. [3]Über die in den Sätzen 1 und 2 genannten Beträge hinaus kann die Ordnungswidrigkeit mit einer Geldbuße bis zum Zweifachen des aus dem Verstoß gezogenen wirtschaftlichen Vorteils geahndet werden. [4]Der wirtschaftliche Vorteil umfasst erzielte Gewinne und vermiedene Verluste und kann geschätzt werden.

(10) [1]Die Ordnungswidrigkeit kann in den Fällen des Absatzes 4 mit einer Geldbuße bis zu fünf Millionen Euro geahndet werden. [2]Gegenüber einer juristischen Person oder Personenvereinigung kann über Satz 1 hinaus eine höhere Geldbuße verhängt werden; diese darf

1. in den Fällen des Absatzes 4 Satz 1 Nummer 1 und 2 den höheren der Beträge von fünf Millionen Euro und 10 Prozent des Gesamtumsatzes, den die juristische Person oder Personenvereinigung im der Behördenentscheidung vorangegangenen Geschäftsjahr erzielt hat,

2. in den Fällen des Absatzes 4 Satz 1 Nummer 3 und 4 den höheren der Beträge von fünfzehn Millionen Euro und 10 Prozent des Gesamtumsatzes, den die juristische Person oder Personenvereinigung im der Behördenentscheidung vorangegangenen Geschäftsjahr erzielt hat,

nicht überschreiten. [3]Über die in den Sätzen 1 und 2 genannten Beträge hinaus kann die Ordnungswidrigkeit mit einer Geldbuße bis zum Dreifachen des aus dem Verstoß gezogenen wirtschaftlichen Vorteils geahndet werden. [4]Der wirtschaftliche Vorteil umfasst erzielte Gewinne und vermiedene Verluste und kann geschätzt werden.

(11) [1]Gesamtumsatz im Sinne des Absatzes 9 Satz 2 und des Absatzes 10 Satz 2 ist

1. im Falle des Börsenträgers der Betrag der Nettoumsätze nach Maßgabe des auf den Börsenträger anwendbaren nationalen Rechts im Einklang mit Artikel 2 Nummer 5 der Richtlinie 2013/34/EU des Europäischen Parlaments und des Rates vom 26. Juni 2013 über den Jahresabschluss, den konsolidierten Abschluss und damit verbundene Berichte von Unternehmen bestimmter Rechtsformen und zur Änderung der Richtlinie 2006/43/EG des Europäischen Parlaments und des Rates und zur Aufhebung der Richtlinien 78/660/EWG und 83/349/EWG des Rates (ABl. L 182 vom 29.6.2013, S. 19; L 369 vom 24.12.2014, S. 79), die zuletzt durch die Richtlinie 2014/102/EU (ABl. L 334 vom 21.11.2014, S. 86) geändert worden ist,

2. im Falle von Kreditinstituten, Zahlungsinstituten und Finanzdienstleistungsinstituten der Gesamtbetrag, der sich aus dem auf das Institut anwendbaren nationalen Recht im Einklang mit Artikel 27 Nummer 1, 3, 4, 6 und 7 oder Artikel 28 Nummer B1, B2, B3, B4 und B7 der Richtlinie 86/635/EWG des Rates vom 8. Dezember 1986 über den Jahresabschluss und den konsolidierten Abschluss von Banken und anderen Finanzinstituten (ABl. L 372 vom 31.12.1986, S. 1; L 316 vom 23.11.1988, S. 51), die zuletzt durch die Richtlinie 2006/46/EG (ABl. L 224 vom 16.8.2006, S. 1) geändert worden ist, ergibt, abzüglich der Umsatzsteuer und sonstiger direkt auf diese Erträge erhobener Steuern,

3. im Falle von Versicherungsunternehmen der Gesamtbetrag, der sich aus dem auf das Versicherungsunternehmen anwendbaren nationalen Recht im Einklang mit Artikel 63 der Richtlinie 91/674/EWG des Rates vom 19. Dezember 1991 über den Jahresabschluss und den konsolidierten Abschluss von Versicherungsunternehmen (ABl. L 374 vom 31.12.1991, S. 7), die zuletzt durch die Richtlinie 2006/46/EG (ABl. L 224 vom 16.8.2006, S. 1) geändert worden ist, ergibt, abzüglich der Umsatzsteuer und sonstiger direkt auf diese Erträge erhobener Steuern,

4. im Übrigen der Betrag der Nettoumsätze nach Maßgabe des auf das Unternehmen anwendbaren nationalen Rechts im Einklang mit Artikel 2 Nummer 5 der Richtlinie 2013/34/EU.

[2]Handelt es sich bei den in Satz 1 genannten Personen um juristische Personen oder Personenvereinigungen, die zugleich Mutterunternehmen oder Tochtergesellschaften sind, so ist anstelle des Gesamtumsatzes der juristischen Person oder Personenvereinigung der jeweilige Gesamtbetrag in dem Konzernabschluss des Mutterunternehmens maßgeblich, der für den größten Kreis von Unternehmen aufgestellt wird. [3]Wird der Konzernabschluss für den größten Kreis von Unternehmen nicht nach den in Satz 1 genannten Vorschriften aufgestellt, ist der Gesamtumsatz nach Maßgabe der dem in Satz 1 vergleichbaren Posten des Konzernabschlusses zu ermitteln. [4]Ist ein Jahresabschluss oder Konzernabschluss für das maßgebliche Geschäftsjahr nicht verfügbar, ist der Jahres- oder Konzernabschluss für das

unmittelbar vorangehende Geschäftsjahr maßgeblich; ist auch dieser nicht verfügbar, kann der Gesamtumsatz geschätzt werden.

(12) [1]§ 17 Absatz 2 des Gesetzes über Ordnungswidrigkeiten ist nicht anzuwenden bei Verstößen gegen Gebote und Verbote, die in den Absätzen 9 und 10 in Bezug genommen werden. [2]§ 30 des Gesetzes über Ordnungswidrigkeiten gilt auch für juristische Personen oder Personenvereinigungen, die über eine Zweigniederlassung oder im Wege des grenzüberschreitenden Dienstleistungsverkehrs im Inland tätig sind. [3]Die Verfolgung der Ordnungswidrigkeiten nach den Absätzen 9 und 10 verjährt in drei Jahren.

1   Das Transparenzrichtlinie-Umsetzungsgesetz hatte den Kanon der Ordnungswidrigkeiten einerseits reduziert, da diejenigen Tatbestände, bei denen es um die Verletzung von Veröffentlichungs- und Auskunftspflichten geht, deren Einhaltung im Interesse der Wertpapierinhaber liegt, gestrichen wurden, weil die entsprechenden Verhaltenspflichten aus dem BörsG entfernt und in das WpHG übertragen wurden. Im WpHG sind jetzt dann auch die korrespondierenden Ordnungswidrigkeitsbestimmungen enthalten. Andererseits wurden Tatbestände, wie die Verletzung von Auskunfts-, Vorlage- und Duldungspflichten, zu Ordnungswidrigkeiten erklärt, um hierdurch der Aufsicht über den Börsenhandel angemessene Sanktionsmittel zur Durchsetzung der Aufsichtsmaßnahmen zur Verfügung zu stellen. Das 2. FiMaNoG hat den Kanon der Ordnungswidrigkeiten in Umsetzung der entsprechenden Vorgaben durch die MiFID II erheblich erweitert und grundlegend umgestaltet. Dabei wurde teilweise der Adressatenkreis des jeweiligen Bußgeldtatbestandes auf den Börsenträger begrenzt, weil die „Börse als lediglich teilrechtsfähige Anstalt des öffentlichen Rechts keine juristische Person im Sinne des § 9 Absatz 1 Nummer 1 des Ordnungswidrigkeitengesetzes darstellt, so dass ein Bußgeldtatbestand, der sich (auch) auf ein sich an die Börse richtendes Ge- oder Verbot bezöge, insofern leer liefe."[1]

2   Voraussetzung einer Ordnungswidrigkeit nach § 50 Abs. 1, Abs. 4, Abs. 5 ist in subjektiver Hinsicht Vorsatz oder Leichtfertigkeit; bei § 50 Abs. 2, Abs. 3, Abs. 6, Abs. 7 reicht dagegen Fahrlässigkeit aus. Vorsatz ist Wissen (kognitiv) und Wollen (voluntativ) der Tatbestandsverwirklichung; bei bedingtem Vorsatz reicht hinsichtlich des voluntativen Elements allerdings aus, dass die Tatbestandsverwirklichung zumindest billigend in Kauf genommen wird. Fahrlässigkeit setzt objektive Sorgfaltspflichtverletzung und objektive Voraussehbarkeit der Tatbestandsverwirklichung voraus. Leichtfertigkeit ist eine gesteigerte Form der Fahrlässigkeit, dh der Täter muss, gemessen an seinen persönlichen Fähigkeiten, gerade das unberücksichtigt lassen, was jedem anderen an seiner Stelle offenbar eingeleuchtet hätte.[2]

3   § 50 Abs. 1 enthält diejenigen Tatbestände, die nicht den sanktionsrechtlichen Vorgaben der MiFID II unterfallen. Zu den weiteren Einzelheiten der in Abs. 2–7 geregelten Bußgeldtatbeständen, die aus einer Umsetzung der Vorgaben der MiFID II resultieren, sei auf die Regierungsbegründung zum 2. FiMaNoG verwiesen.[3]

§ 50a Bekanntmachung von Maßnahmen

(1) [1]Die Börsenaufsichtsbehörde hat jede unanfechtbar gewordene Bußgeldentscheidung nach § 50 Absatz 3 unverzüglich auf ihrer Internetseite öffentlich bekannt zu machen, es sei denn, diese Veröffentlichung würde die Finanzmärkte erheblich gefährden oder zu einem unverhältnismäßigen Schaden bei den Beteiligten führen. [2]Die Bekanntmachung darf keine personenbezogenen Daten enthalten.

(2) [1]Die Börsenaufsichtsbehörde macht Entscheidungen über Maßnahmen und Sanktionen, die von ihr wegen Verstößen gegen Verbote oder Gebote der §§ 4, 4a, 4b, 5, 6, 26c, 26d, 26e, 26f und 26g oder gegen die Verbote oder Gebote der Artikel 3, 4, 6, 7, 8, 10, 11, 12, 13, 22, 25, 29, 31, 35, 36 und 37 der Verordnung (EU) Nr. 600/2014 oder von Artikel 4 oder 15 der Verordnung (EU) 2015/2365 sowie gegen die zur Durchführung dieser Vorschriften erlassenen Rechtsverordnungen oder sonstigen Rechtsakte oder gegen eine im Zusammenhang mit einer Untersuchung betreffend die Pflichten nach diesen Vorschriften ergangene vollziehbare Anordnung der Börsenaufsichtsbehörde nach § 3 oder § 6 erlassen wurden, auf ihrer Internetseite unverzüglich nach Unterrichtung der natürlichen oder juristischen Person, gegen die die Maßnahme oder Sanktion verhängt wurde, bekannt. [2]Dies gilt nicht für Entscheidungen, mit denen Maßnahmen mit Ermittlungscharakter verhängt werden. [3]In der Bekanntmachung benennt die Börsenaufsichtsbehörde die Vorschrift, gegen die verstoßen wurde, und die für den Verstoß verantwortliche natürliche oder juristische Person oder Personenvereinigung. [4]Ist die Bekanntmachung der Identität der juristischen Person oder der personenbezogenen Daten der natürlichen Person unverhältnismäßig oder gefährdet die Bekanntmachung laufende Ermittlungen oder die Stabilität der Finanzmärkte, so kann die Börsenaufsichtsbehörde

---

[1] RegBegr. 2. FiMaNoG BT-Drs. 18/10936, 272.
[2] Schwark/Zimmer/*Schwark* Rn. 2.
[3] BT-Drs. 18/10936, 272 f.

1. die Entscheidung, mit der die Sanktion oder Maßnahme verhängt wird, erst dann bekanntmachen, wenn die Gründe für den Verzicht auf ihre Bekanntmachung nicht mehr bestehen, oder
2. die Entscheidung, mit der die Sanktion oder Maßnahme verhängt wird, ohne Nennung personenbezogener Daten bekanntmachen, wenn diese anonymisierte Bekanntmachung einen wirksamen Schutz der betreffenden personenbezogenen Daten gewährleistet, oder
3. gänzlich von der Bekanntmachung der Entscheidung, mit der die Sanktion oder Maßnahme verhängt wird, absehen, wenn die unter den Nummern 1 und 2 genannten Möglichkeiten nicht ausreichen, um zu gewährleisten, dass
   a) die Stabilität der Finanzmärkte nicht gefährdet wird oder
   b) die Verhältnismäßigkeit der Bekanntmachung gewahrt bleibt.

[5]Entscheidet sich die Börsenaufsichtsbehörde für eine Bekanntmachung in anonymisierter Form, kann die Bekanntmachung um einen angemessenen Zeitraum aufgeschoben werden, wenn vorhersehbar ist, dass die Gründe für die anonymisierte Bekanntmachung innerhalb dieses Zeitraums wegfallen werden. [6]Wird gegen die Bußgeldentscheidung ein Rechtsbehelf eingelegt, so macht die Börsenaufsichtsbehörde auch diesen Sachverhalt und das Ergebnis des Rechtsbehelfsverfahrens umgehend auf ihrer Internetseite bekannt. [7]Ferner wird jede Entscheidung, mit der eine frühere Bußgeldentscheidung aufgehoben oder geändert wird, ebenfalls bekannt gemacht. [8]Eine Bekanntmachung nach Satz 1 ist nach fünf Jahren zu löschen. [9]Abweichend davon sind personenbezogene Daten zu löschen, sobald ihre Bekanntmachung nicht mehr erforderlich ist. [10]Die Börsenaufsichtsbehörde unterrichtet die Bundesanstalt und die Europäische Wertpapier- und Marktaufsichtsbehörde über alle Bußgeldentscheidungen, die im Einklang mit Satz 4 Nummer 3 nicht bekannt gemacht wurden, sowie über alle Rechtsbehelfe in Verbindung mit diesen Bußgeldentscheidungen und die Ergebnisse der Rechtsbehelfsverfahren. [11]Über die Bekanntmachung einer Bußgeldentscheidung unterrichtet die Börsenaufsichtsbehörde die Bundesanstalt und die Europäische Wertpapier- und Marktaufsichtsbehörde gleichzeitig.

§ 51 Geltung für Wechsel und ausländische Zahlungsmittel

(1) Die §§ 24 und 27 bis 29 gelten auch für den Börsenhandel mit Wechseln und ausländischen Zahlungsmitteln.

(2) Als Zahlungsmittel im Sinne des Absatzes 1 gelten auch Auszahlungen, Anweisungen und Schecks.

§ 51 erklärt verschiedene Bestimmungen des BörsG auch auf Wechsel und ausländische Zahlungs- **1** mittel für anwendbar. Dabei ist der Begriff des ausländischen Zahlungsmittels in einem weiten Sinne zu verstehen. Dazu gehören nicht nur Ansprüche auf Zahlung in fremder Währung an einem ausländischen Platz in Form von Sichtguthaben bei Banken, sondern auch Anweisungen, Schecks und Wechsel, die auf fremde Währung lauten, soweit sie im Ausland zahlbar sind. § 51 Abs. 2 aF enthielt noch ausdrücklich die Aufzählung von Geldsorten, Banknoten und damit auch Papiergeld sowie Münzen; die diesbezügliche Streichung durch das Finanzmarktrichtlinie-Umsetzungsgesetz dürfte materiell keine Bedeutung haben. Auch **synthetische Währungen,** deren Wert sich zB nach einem Währungskorb errechnet, werden von § 51 erfasst.

§ 52 Übergangsregelungen

(1) Sind Prospekte, auf Grund derer Wertpapiere zum Börsenhandel mit amtlicher Notierung zugelassen worden sind, oder Unternehmensberichte vor dem 1. April 1998 veröffentlicht worden, so sind auf diese Prospekte und Unternehmensberichte die Vorschriften der §§ 45 bis 49 und 77 des Börsengesetzes in der Fassung der Bekanntmachung vom 17. Juli 1996 (BGBl. I S. 1030) weiterhin anzuwenden.

(2) Sind Prospekte, auf Grund derer Wertpapiere zum Börsenhandel im amtlichen Markt zugelassen worden sind, oder Unternehmensberichte vor dem 1. Juli 2002 veröffentlicht worden, so ist auf diese Prospekte und Unternehmensberichte die Vorschrift des § 47 des Börsengesetzes in der Fassung der Bekanntmachung vom 9. September 1998 (BGBl. I S. 2682), das zuletzt durch Artikel 35 des Gesetzes vom 27. April 2002 (BGBl. I S. 1467) geändert worden ist, weiterhin anzuwenden.

(3) [1]Sind Prospekte, auf Grund derer Wertpapiere zum Handel im amtlichen Markt zugelassen worden sind, vor dem 1. Juli 2005 veröffentlicht worden, so ist auf diese Prospekte die Vorschrift des § 45 dieses Gesetzes in der vor dem 1. Juli 2005 geltenden Fassung weiterhin anzuwenden. [2]Auf Unternehmensberichte, die vor dem 1. Juli 2005 veröffentlicht worden sind, finden die §§ 44 bis 47 und 55 des Börsengesetzes in der vor dem 1. Juli 2005 geltenden Fassung weiterhin Anwendung.

(4) [1]Für Wertpapiere, deren Laufzeit nicht bestimmt ist und die am 1. Juli 2002 weniger als zehn Jahre an einer inländischen Börse eingeführt sind, gilt § 5 Abs. 1 Satz 1 des Börsengesetzes in der Fassung der Bekanntmachung vom 9. September 1998 (BGBl. I S. 2682), das zuletzt durch Artikel 35 des Gesetzes vom 27. April 2002 (BGBl. I S. 1467) geändert worden ist. [2]Auf die in Satz 1 genannten Wertpapiere ist § 17 Abs. 1 Nr. 5 erst mit Ablauf von zehn Jahren seit der Einführung anzuwenden.

(5) [1]Börsenträger, denen vor dem 1. November 2007 eine Genehmigung nach § 1 Abs. 1 des Börsengesetzes in der bis zum 31. Oktober 2007 geltenden Fassung erteilt worden ist, bedürfen insoweit keiner Erlaubnis nach § 4. [2]Sie müssen jedoch der Börsenaufsichtsbehörde bis zum 30. April 2009 die nach § 4 Abs. 2 Satz 2 erforderlichen Unterlagen einreichen. [3]Die Befugnisse der Börsenaufsichtsbehörde nach § 4 gelten in Ansehung der vor dem 1. November 2007 erteilten Genehmigungen entsprechend.

(6) Börsenträger, die den Betrieb eines Freiverkehrs bereits vor dem 1. November 2007 begonnen haben, sind verpflichtet, den Antrag auf Erteilung der Erlaubnis nach § 48 Abs. 3 Satz 1 bis zum 30. April 2009 nachzureichen.

(7) Wertpapiere, die vor dem 1. November 2007 zum amtlichen Markt oder zum geregelten Markt zugelassen waren, gelten ab dem 1. November 2007 als zum regulierten Markt zugelassen.

(8) Für Ansprüche wegen fehlerhafter Prospekte, die Grundlage für die Zulassung von Wertpapieren zum Handel an einer inländischen Börse sind und die vor dem 1. Juni 2012 im Inland veröffentlicht worden sind, sind die §§ 44 bis 47 in der bis zum 31. Mai 2012 geltenden Fassung weiterhin anzuwenden.

(9) Auf Anträge auf Widerruf der Zulassung von Wertpapieren im Sinne des § 2 Absatz 2 des Wertpapiererwerbs- und Übernahmegesetzes zum Handel im regulierten Markt, die nach dem 7. September 2015 und vor dem 26. November 2015 gestellt worden sind und über die am 26. November 2015 noch nicht bestands- oder rechtskräftig entschieden worden ist, ist § 39 Absatz 2 bis 6 in der ab dem 26. November 2015 geltenden Fassung mit der Maßgabe anzuwenden, dass abweichend von § 39 Absatz 2 Satz 3 Nummer 1 in der ab dem 26. November 2015 geltenden Fassung ein Erwerbsangebot auch nach Antragstellung veröffentlicht werden kann.

(10) § 32 Absatz 3 Nummer 2 in der bis zum 20. Juli 2019 geltenden Fassung findet weiterhin Anwendung für den Fall eines Prospekts, der nach dem Wertpapierprospektgesetz in der bis zum 20. Juli 2019 geltenden Fassung gebilligt wurde, solange dieser Prospekt Gültigkeit hat, und für den Fall, dass die Zulassung vor dem 21. Juli 2019 beantragt wurde und zu diesem Zeitpunkt von der Veröffentlichung eines Prospekts nach § 1 Absatz 2 oder § 4 Absatz 2 des Wertpapierprospektgesetzes in der bis zum 20. Juli 2019 geltenden Fassung abgesehen werden durfte.

(11) § 48a Absatz 1 Satz 1 Nummer 3 in der bis zum 20. Juli 2019 geltenden Fassung findet weiterhin Anwendung für den Fall eines Prospekts, der nach dem Wertpapierprospektgesetz in der bis zum 20. Juli 2019 geltenden Fassung gebilligt wurde, solange dieser Prospekt Gültigkeit hat.

1   § 52 entspricht in seinen Abs. 1–4 § 64 Abs. 1, 2, 2a und 3 aF; Abs. 5, 6 und 7 wurden durch das Finanzmarktrichtlinie-Umsetzungsgesetz neu eingefügt, die alten Abs. 4–7 wurden infolge Zeitablaufs gestrichen.

2   Zu den in § 52 Abs. 1, 2 und 3 enthaltenen Übergangsregelungen für die Prospekthaftung (→ WpPG § 9 Rn. 8 ff.).

3   § 52 Abs. 4 enthält eine Übergangsregelung im Hinblick auf die teilweise Neuregelung der gebührenrechtlichen Ermächtigungsnorm des § 17. Demzufolge gilt § 17 Abs. 1 Nr. 5 für Wertpapiere ohne bestimmte Laufzeit, die zum Zeitpunkt des Inkrafttretens des Vierten Finanzmarktförderungsgesetzes bereits eingeführt waren, erst mit Ablauf von zehn Jahren seit deren Einführung.

4   § 52 Abs. 5 enthält eine Übergangsregelung für die bereits vor Inkrafttreten des Finanzmarktrichtlinie-Umsetzungsgesetzes erteilten Börsengenehmigungen nach § 1 Abs. 1 aF. Es wird ausdrücklich festgestellt, dass diese ursprünglich erteilten Börsengenehmigungen als Erlaubnisse im Sinne des § 4 gelten. Allerdings hat der Börsenträger nach § 52 Abs. 5 S. 2 der Börsenaufsichtsbehörde bis zum 30.4.2009 die nach § 4 Abs. 2 S. 2 erforderlichen Unterlagen zu übersenden. Außerdem wird auch in § 52 Abs. 5 S. 3 ausdrücklich klargestellt, dass der Börsenaufsichtsbehörde auch gegenüber den Börsenträgern, welche die Erlaubnis zum Betreiben einer Börse vor dem 1.11.2007 erhalten haben, die Befugnisse nach § 4 zustehen.

5   § 52 Abs. 6 verpflichtet den Börsenträger, der den Betrieb eines Freiverkehrs bereits vor dem 1.11.2007 begonnen hat, den Antrag auf Erteilung der Erlaubnis nach § 48 Abs. 3 S. 1 bis zum 30.11.2009 nachzureichen.

6   § 52 Abs. 7 enthält eine für die Emittenten von Wertpapieren, die vor dem 1.11.2007 zum amtlichen oder geregelten Markt zugelassen waren, wesentliche Übergangsregelungen: Diese Emittenten müssen keine neuen Zulassungsanträge für die Zulassung zu dem neuen einheitlichen gesetzlichen Börsensegment des regulierten Marktes stellen, da Wertpapiere, die vor dem 1.11.2007 zum amtlichen oder zum geregelten Markt zugelassen waren, ab dem 1.11.2007 als zum regulierten Markt zugelassen gelten.

§ 52 Abs. 8 enthält die Übergangsregelung hinsichtlich der Prospekthaftung im BörsG aF auf die **7** Prospekthaftung in den §§ 9 ff. WpPG durch das Gesetz zur Novellierung des Finanzanlagenvermittler- und Vermögensanlagenrechts.[1] Die §§ 44–47 aF sind auf solche Prospekte anzuwenden, die vor dem Inkrafttreten dieses Gesetzes, dh vor dem 1.6.2012, veröffentlicht worden sind.

§ 52 Abs. 9 enthält die Übergangsregelung für das Delisting auf Antrag des Emittenten, das durch **8** das Gesetz zur Umsetzung der Transparenzrichtlinie-Änderungsrichtlinie[2] neu geregelt wurde. Diese Neuregelung in § 39 soll auch auf zum Zeitpunkt des Inkrafttretens der Neuregelung bereits laufende Delisting-Verfahren Anwendung finden, die nach dem Tag der öffentlichen Anhörung vor dem Finanzausschuss des deutschen Bundestages am 7.9.2015 eingeleitet wurden, und über die vor Inkrafttreten des Gesetz zur Umsetzung der Transparenzrichtlinie-Änderungsrichtlinie am 26.11.2015 noch nicht bestands- oder rechtskräftig entschieden wurde. Begründet wird diese Art (unechter) Rückwirkung damit, dass ein „schützenswertes Vertrauen in den Erhalt der durch die Änderung der Rechtsprechung[3] geschaffenen Rechtslage … spätestens seit der öffentlichen Anhörung[4] nicht mehr" bestanden habe. „Im Interesse der Gewährleistung eines angemessenen Anlegerschutzes" sei „eine Vorverlagerung des Anwendungsbereichs der Regelungen nach § 39 Absatz 2 Satz 3 BörsG geboten."[5]

Abs. 10 und 11 wurden durch das Gesetz zur weiteren Ausführung der EU-Prospektverordnung **9** und zur Änderung von Finanzmarktgesetzen[6] eingefügt und dienen dazu, Fälle zu regeln, in denen bereits ein nach dem bis zum Inkrafttreten dieses Gesetzes nach dem bis dahin geltenden WpPG gebilligter Prospekt vorlag, der noch gültig war.[7]

---

[1] BGBl. 2011 I 2481.

[2] BGBl. 2015 I 2029.

[3] Gemeint ist die Aufgabe der Macrotron-Rechtsprechung durch die Frosta-Entscheidung des BGH Beschl. v. 8.10.2013 – II ZB 26/12, WM 2013, 2213, vgl. näher → § 39 Rn. 25 ff.

[4] Gemeint ist die öffentliche Anhörung vor dem Finanzausschuss des deutschen Bundestages, in der deutlich wurde, dass die Regierungskoalition eine Änderung im Sinne einer Verschärfung der Delisting-Regelungen vornehmen wollte.

[5] Beschlussempfehlung des Finanzausschusses, BT-Drs. 18/6220, 95.

[6] BGBl. 2019 I 1002.

[7] RegBegr. Entwurf eines Gesetzes zur weiteren Ausführung der EU-Prospektverordnung und zur Änderung von Finanzmarktgesetzen, BT-Drs. 19/8005, 63.

Verordnung über die Zulassung von Wertpapieren zum regulierten Markt an einer Wertpapierbörse (Börsenzulassungs-Verordnung – BörsZulV)

In der Fassung der Bekanntmachung vom 9. September 1998 (BGBl. I S. 2832)

Zuletzt geändert durch Art. 8 Abs. 5 des Gesetzes zur weiteren Ausführung der EU-Prospektverordnung und zur Änderung von Finanzmarktgesetzen vom 8.7.2019 (BGBl. I S. 1002)

Vorbemerkungen

I. Entstehungsgeschichte

1. Umsetzung von EG-Richtlinien. Die am 1.5.1987 in Kraft getretene **BörsZulV** ersetzt die **1** Bekanntmachung betreffend die Zulassung von Wertpapieren zum Börsenhandel vom 5.7.1910[1] und beruht auf den durch das **Börsenzulassungsgesetz** vom 16.12.1986[2] in das BörsG eingefügten Ermächtigungen in §§ 38, 42 Abs. 3, 44 Abs. 2, 44b Abs. 2 BörsG aF. Sie setzte drei das Börsenrecht betreffende, zwischenzeitlich aufgehobene **Richtlinien** der Europäischen Gemeinschaften in das innerstaatliche Recht der Bundesrepublik Deutschland um, die Richtlinie des Rates vom 5.3.1979 zur Koordinierung der Bedingungen für die Zulassung von Wertpapieren zur amtlichen Notierung an einer Wertpapierbörse,[3] **Börsenzulassungs-RL,** die Richtlinie des Rates vom 17. März 1980 zur Koordinierung der Bedingungen für die Erstellung, die Kontrolle und die Verbreitung des Prospekts, der für die Zulassung von Wertpapieren zur amtlichen Notierung an einer Wertpapierbörse zu veröffentlichen ist,[4] **Börsenzulassungs-Prospektrichtlinie,** und die Richtlinie des Rates vom 15. Februar 1982 über regelmäßige Informationen, die von Gesellschaften zu veröffentlichen sind, deren Aktien zur amtlichen Notierung an einer Wertpapierbörse zugelassen sind,[5]

---

[1] RGBl. 1910, 917.

[2] BGBl. 1986 I 2478.

[3] Richtlinie des Rates vom 5. März 1979 zur Koordinierung der Bedingungen für die Zulassung von Wertpapieren zur amtlichen Notierung an einer Wertpapierbörse, RL 79/279/EWG, ABl. 1979 L 66, 21, aufgehoben und neu gefasst durch die Richtlinie 2001/34/EG des Europäischen Parlaments und des Rates vom 28. Mai 2001 über die Zulassung von Wertpapieren zur amtlichen Börsennotierung und über die hinsichtlich dieser Wertpapiere zu veröffentlichenden Informationen, ABl. 2001 L 184, 1, berichtigt ABl. 2001 L 217, 18, diese wiederum teilweise aufgehoben und ersetzt durch die Richtlinie 2003/71/EG des Europäischen Parlaments und des Rates vom 4. November 2003 betreffend den Prospekt, der beim öffentlichen Angebot von Wertpapieren oder bei deren Zulassung zum Handel zu veröffentlichen ist, und zur Änderung der Richtlinie 2001/34/EG, ABl. 2003 L 345, 64, und die Richtlinie 2004/109/EG des Europäischen Parlaments und des Rates zur Harmonisierung der Transparenzanforderungen in Bezug auf Informationen über Emittenten, deren Wertpapiere zum Handel auf einem geregelten Markt zugelassen sind, und zur Änderung der Richtlinie 2001/34/EG, ABl. 2004 L 390, 38, diese dann wiederum teilweise geändert durch die Richtlinie 2010/73/EU des Europäischen Parlaments und des Rates vom 24. November 2010 zur Änderung der Richtlinie 2003/71/EG betreffend dem Prospekt, der beim öffentlichen Angebot von Wertpapieren oder bei deren Zulassung zum Handel zu veröffentlichen ist, und der Richtlinie 2004/109/EG zur Harmonisierung der Transparenzanforderungen in Bezug auf Informationen über Emittenten, deren Wertpapiere zum Handel auf einem geregelten Markt zugelassen sind, ABl. 2010 L 327, 1.

[4] Richtlinie vom 17. März 1980 zur Koordinierung der Bedingungen für die Erstellung, die Kontrolle und die Verbreitung des Prospekts, der für die Zulassung von Wertpapieren zur amtlichen Notierung an einer Wertpapierbörse zu veröffentlichen ist, RL 80/390/EWG, ABl. 1980 L 100, 1, aufgehoben und neu gefasst durch die Richtlinie 2001/34/EG des Europäischen Parlaments und des Rates vom 28. Mai 2001 über die Zulassung von Wertpapieren zur amtlichen Börsennotierung und über die hinsichtlich dieser Wertpapiere zu veröffentlichenden Informationen, RL 2001/34/EG, ABl. 2001 L 184, 1, berichtigt ABl. 2001 L 217, 18, diese wiederum teilweise aufgehoben und ersetzt durch die Richtlinie 2003/71/EG des Europäischen Parlaments und des Rates vom 4. November 2003 betreffend den Prospekt, der beim öffentlichen Angebot von Wertpapieren oder bei deren Zulassung zum Handel zu veröffentlichen ist, und zur Änderung der Richtlinie 2001/34/EG, ABl. 2003 L 345, 64, und die Richtlinie 2004/109/EG des Europäischen Parlaments und des Rates zur Harmonisierung der Transparenzanforderungen in Bezug auf Informationen über Emittenten, deren Wertpapiere zum Handel auf einem geregelten Markt zugelassen sind, und zur Änderung der Richtlinie 2001/34/EG, ABl. 2004 L 390, 38, diese dann wiederum teilweise geändert durch die Richtlinie 2010/73/EU des Europäischen Parlaments und des Rates vom 24. November 2010 zur Änderung der Richtlinie 2003/71/EG betreffend dem Prospekt, der beim öffentlichen Angebot von Wertpapieren oder bei deren Zulassung zum Handel zu veröffentlichen ist, und der Richtlinie 2004/109/EG zur Harmonisierung der Transparenzanforderungen in Bezug auf Informationen über Emittenten, deren Wertpapiere zum Handel auf einem geregelten Markt zugelassen sind, ABl. 2010 L 327, 1.

[5] Richtlinie vom 15. Februar 1982 über regelmäßige Informationen, die von Gesellschaften zu veröffentlichen sind, deren Aktien zur amtlichen Notierung an einer Wertpapierbörse zugelassen sind, RL 82/121/EWG, ABl. 1982

Richtlinie über Halbjahresberichte. Für die konkrete Anwendung der Börsenzulassungsverordnung ergibt sich daraus, dass sie **gemeinschaftskonform** und damit **richtlinienkonform** auszulegen ist.[6]

2   **2. Entstehung und Änderung der BörsZulV.** Die BörsZulV beruht auf einem Entwurf der Bundesregierung vom 20.2.1987[7] und wurde anschließend mehrfach geändert. Die letzte wesentliche Änderung vor dem Prospektrichtlinie-Umsetzungsgesetz[8] erfolgte durch das **Dritte Finanzmarktförderungsgesetz**[9] und enthielt verschiedene **Deregulierungsmaßnahmen.** Das **Vierte Finanzmarktförderungsgesetz** hat die BörsZulV nur marginal geändert indem der Begriff der „amtlichen Notierung" durch den des „amtlichen Marktes" ersetzt, und die Querverweise auf die neue Nummerierung des BörsG angepasst wurde. Das Transparenzrichtlinie-Umsetzungsgesetz[10] und das Finanzmarktrichtlinie-Umsetzungsgesetz[11] haben den nach den Änderungen durch das Prospektrichtlinie-Umsetzungsgesetz noch verbliebenen Torso der BörsZulV noch weiter verringert (→ Rn. 7 f.).

3   **3. Prospektrichtlinie-Umsetzungsgesetz. a) Europäische Vorgaben.** Ausgehend davon, dass die Einführung des Euro zu einer Zunahme grenzüberschreitender Börsenzulassungen und Wertpapierangebote führt,[12] gleichzeitig aber die gegenseitige Anerkennung von Börsenzulassungs- und Verkaufsprospekten aufgrund teilweiser voneinander abweichender nationaler Bestimmungen nicht ohne Probleme erfolgte und zu wenig genutzt wurde,[13] hatte die Kommission bereits 1998 ein Konsultationsverfahren zur Überarbeitung der Prospektrichtlinien mit dem Zweck einer weiteren Harmonisierung initiiert. Im Rahmen dieses Konsultationsverfahrens hatte das Forum of European Securities Commissions (FESCO, zwischenzeitlich Committee of European Securities Regulations, CESR, jetzt European Securities and Market Authority, ESMA) bereits Ende 2000 der EU-Kommission einen Bericht über die Vereinfachung grenzüberschreitender Angebote von Wertpapieren vorgelegt.[14]

4   Die auch von der FESCO/CESR vorgeschlagene Harmonisierung sollte dazu führen, der Praxis einfache, vollständig harmonisierte und kostengünstige Verfahren für grenzüberschreitende öffentliche Angebote und Börsenzulassungen zur Verfügung zu stellen. Die Richtlinie 2003/71/EG des Europäischen Parlaments und Rates vom 4. November 2003 betreffend den Prospekt, der beim öffentlichen Angebot von Wertpapieren oder bei deren Zulassung zum Handel zu veröffentlichen ist, und zur

---

L 48, 26, aufgehoben und neu gefasst durch die Richtlinie 2001/34/EG des Europäischen Parlaments und des Rates vom 28. Mai 2001 über die Zulassung von Wertpapieren zur amtlichen Börsennotierung und über die hinsichtlich dieser Wertpapiere zu veröffentlichenden Informationen, RL 2001/34/EG, ABl. 2001 L 184, 1, berichtigt ABl. 2001 L 217, 18, diese wiederum teilweise aufgehoben und ersetzt durch die Richtlinie 2003/71/EG des Europäischen Parlaments und des Rates vom 4. November 2003 betreffend den Prospekt, der beim öffentlichen Angebot von Wertpapieren oder bei deren Zulassung zum Handel zu veröffentlichen ist, und zur Änderung der Richtlinie 2001/34/EG, ABl. 2003 L 345, 64 und die Richtlinie 2004/109/EG des Europäischen Parlaments und des Rates zur Harmonisierung der Transparenzanforderungen in Bezug auf Informationen über Emittenten, deren Wertpapiere zum Handel auf einem geregelten Markt zugelassen sind, und zur Änderung der Richtlinie 2001/34/EG, ABl. 2004 L 390, 38.

[6] Ebenso *Gebhardt* in Schäfer/Hamann Vor Rn. 1; Schwark/Zimmer/*Heidelbach* Vor § 1 Rn. 1. Zur richtlinienkonformen Auslegung vgl. nur *Groß* EuZW 1994, 395 (396).

[7] BR-Drs. 72/87.

[8] Gesetz zur Umsetzung der Richtlinie 2003/71/EG des Europäischen Parlaments und des Rates vom 4. November 2003 betreffend den Prospekt, der beim öffentlichen Angebot von Wertpapieren oder bei deren Zulassung zum Handel zu veröffentlichen ist, und zur Änderung der Richtlinie 2001/34/EG (Prospektrichtlinie-Umsetzungsgesetz), BGBl. 2005 I 1698.

[9] Gesetz zur weiteren Fortentwicklung des Finanzplatzes Deutschland (Drittes Finanzmarktförderungsgesetz), BGBl. 1998 I 529.

[10] Gesetz zur Umsetzung der Richtlinie 2004/169/EG des Europäischen Parlaments und des Rates vom 15. Dezember 2004 zur Harmonisierung der Transparenzanforderungen in Bezug auf Informationen über Emittenten, deren Wertpapiere zum Handel auf einem geregelten Markt zugelassen sind, und zur Änderung der Richtlinie 2001/34/EG (Transparenzrichtlinie-Umsetzungsgesetz – TUG), BGBl. 2007 I 10.

[11] Gesetz zur Umsetzung der Richtlinie über Märkte für Finanzinstrumente und der Durchführungsrichtlinie der Kommission (Finanzmarktrichtlinie-Umsetzungsgesetz), BGBl. 2007 I 1330.

[12] Dies hat sich bereits 1999 und 2000 bei der Kapitalerhöhung der Deutsche Telekom AG und der Umplatzierung, bei denen ein öffentliches Angebot in allen damaligen 11 Mitgliedstaaten der Euro-Zone durchgeführt wurde, realisiert.

[13] So ausdrücklich die Begründung der Kommission bei ihrem geänderten Vorschlag für eine Richtlinie des Europäischen Parlaments und des Rates betreffend den Prospekt, der beim öffentlichen Angebot von Wertpapieren oder bei deren Zulassung zum Handel zu veröffentlichen ist, und zur Änderung der Richtlinie 2001/34/EG vom 9. August 2002, KOM (2002) 460 endgültig, eurlex.europa.eu/LexUriServ/LexUriServ.do?uri=COM:2002:0460:FIN:DE:PDF, S. 3.

[14] „A European Passport for Issuers" a report for the EU Commission, December 20, 2000, abrufbar unter www.cesr-eu.org; vgl. dazu auch *Wittich* Die Bank 2001, 278 (281 f.)

Änderung der Richtlinie 2001/34/EG[15] **(Prospekt-RL)** setzte diese Harmonisierungsbemühungen um. Diese Prospekt-RL wurde konkretisiert durch europäische Ausführungsbestimmungen, insbesondere die VO (EG) 809/2004,[16] die zwischenzeitlich mehrfach geändert und aufgehoben (→ Rn. 7) wurde. Dabei wendete die Kommission bei Erlass dieser Richtlinien und ihrer Durchführungsbestimmungen entsprechend dem Lamfalussy Report das Lamfalussy-Verfahren bzw. **Komitologieverfahren**[17] an.

Das nach dem Komitologieverfahren durchgeführte mehrstufige europäische Rechtsetzungsverfahren führt aufgrund seiner hohen Regelungsdichte auf Stufe 2 und 3 zu einer erheblichen Einschränkung nationaler Rechtsetzung. Zwar bedarf eine Richtlinie (Stufe 1) auch nach deren Erlass, um im innerstaatlichen Bereich der Mitgliedstaaten Geltung zu erlangen, noch erst der Umsetzung in das nationale Recht der Mitgliedsstaaten. Wird jedoch auf Stufe 2 (und Stufe 3) die Regelungsdichte und auch die Regelungsform, nämlich die Verwendung der in den Mitgliedstaaten unmittelbar geltenden Verordnung, so erhöht wie zB im Bereich der Prospekt-RL, dann bleibt bei der Umsetzung der Richtlinie in nationales Recht für den jeweiligen Mitgliedsstaat kaum Freiraum. Insofern ist es nicht verwunderlich, dass bei der Umsetzung der Prospektrichtlinie im Rahmen des Prospektrichtlinie-Umsetzungsgesetzes der Kernbereich der Umsetzung, nämlich die Umsetzung der Vorschriften über Form und Inhalt des Prospekts, wie sie in der VO (EG) 809/2004 enthalten sind, durch schlichten Verweis auf diese Verordnung erfolgte. Anders gewendet: Die europäische Prospektverordnung[18] wurde[19] durch ausdrückliche in Bezugnahme im deutschen Recht unmittelbar geltendes deutsches Recht. 5

b) Inhalt des Prospektrichtlinie-Umsetzungsgesetzes, Auswirkungen auf die BörsZulV. 6 Eine der wesentlichen Änderungen durch die Europäische Prospektrichtlinie von 2003[20] war, dass die frühere Zweiteilung zwischen **Verkaufsprospekten** einerseits und **Börsenzulassungsprospekten** andererseits[21] aufgehoben wurde. Diese Änderung vollzog das Prospektrichtlinie-Umsetzungsgesetz nach und schaffte ein neues **WpPG** mit einheitlichen Anforderungen für Verkaufs- und Börsenzulassungsprospekte. Gleichzeitig wurden die differenzierenden Regelungen des Verkaufsprospektgesetzes und der Verkaufsprospektverordnung einerseits und des BörsG und der BörsZulV andererseits beseitigt. Für die BörsZulV bedeutete dies: Die den Prospekt betreffenden Bestimmungen der BörsZulV, dh der gesamte Zweite Abschnitt der BörsZulV, §§ 13–47 wurden gestrichen (Art. 4 Nr. 7 Prospektrichtlinie-Umsetzungsgesetz) und im alten WpPG und der alten Prospekt-VO[22] geregelt. Die **Zulassungsvoraussetzungen** und das **Zulassungsverfahren** wurden durch das Prospektrichtlinie-Umsetzungsgesetz ebenfalls entscheidend geändert. Die Zuständigkeiten für die Prüfung und Billigung der Prospekte wurden von der seinerzeit dafür noch zuständigen Zulassungsstelle auf die BaFin übertragen. Die Zulassungsvoraussetzungen wurden ebenfalls in einigen Punkten angepasst, unter anderem um Doppelprüfungen zu vermeiden (→ BörsG § 32 Rn. 19 ff.).

[15] ABl. 2003 L 345, 64.

[16] Vor allem die Verordnung (EG) Nr. 809/2004 der Kommission vom 29. April 2004 zur Umsetzung der Richtlinie 2003/71/EG des Europäischen Parlaments und des Rates betreffend die in Prospekten enthaltenen Informationen sowie das Format, die Aufnahme von Informationen mittels Verweis und die Veröffentlichung solcher Prospekte und die Verbreitung von Werbung, in der zweiten berichtigten Fassung abgedruckt in ABl. 2005 L 186, 3, und die noch weitergehenden CESR's Recommendations for the Consistent Implementation of the European Commission's Regulation on Prospectuses n° 809/2004, CESR/05–54b, aktualisiert durch ESMA update of the CESR recommendations, abrufbar über die Homepage: www.esma.europa.eu.

[17] → BörsG Vor § 1 Rn. 20 ff. Näher zu den im Komitologieverfahren erlassenen europäischen Regelungen zur Prospekt-RL → BörsG Vor § 1 Rn. 22.

[18] Verordnung (EG) Nr. 809/2004 der Kommission vom 29. April 2004 zur Umsetzung der Richtlinie 2003/71/EG des Europäischen Parlaments und des Rates betreffend die in Prospekten enthaltenen Informationen sowie die Format, die Aufnahme von Informationen mittels Verweis und die Veröffentlichung solcher Prospekte und die Verbreitung von Werbung, abgedr. in der zweiten berichtigten Fassung in ABl. 2005 L 186, 3.

[19] Rechtlich wird sie es nicht, sondern ist es schon, da eine europäische Verordnung europarechtlich bereits unmittelbar geltendes Recht in den Mitgliedsstaaten darstellt. Zutreffend insoweit RegBegr. zum Prospektrichtlinie-Umsetzungsgesetz, BT-Drs. 14/4999, 25.

[20] Richtlinie 2003/71/EG des Europäischen Parlaments und des Rates vom 4. November 2003 betreffend dem Prospekt, der bei öffentlichem Angebot von Wertpapieren oder bei deren Zulassung zum Handel zu veröffentlichen ist, und zur Änderung der Richtlinie 2003/34/EG, ABl. 2003 L 354, 64.

[21] So die alte Börsenzulassungsrichtlinie, RL 79/279/EWG, ABl. 1979 L 66, 21, und die alte Börsenzulassungsprospektrichtlinie, RL 80/390/EWG, ABl. 1980 L 100, 1, einerseits und die Verkaufsprospektrichtlinie, RL 89/298/EWG, ABl. 1989 L 124, 8, andererseits.

[22] Verordnung (EG) Nr. 809/2004 der Kommission vom 29. April 2004 zur Umsetzung der Richtlinie 2003/71/EG des Europäischen Parlaments und des Rates betreffend die in Prospekten enthaltenen Informationen sowie das Format, die Aufnahme von Informationen mittels Verweis und die Veröffentlichung solcher Prospekte und die Verbreitung von Werbung, abgedr. in der zweiten berichtigten Fassung in ABl. 2005 L 186, 3.

7   **4. Transparenzrichtlinie-Umsetzungsgesetz und Finanzmarktrichtlinie-Umsetzungsgesetz.** Die Transparenzharmonisierungs-RL[23] wurde Anfang 2007 durch das Transparenzrichtlinie-Umsetzungsgesetz[24] in nationales Recht umgesetzt. Dadurch wurden im Wesentlichen die bis dahin in der BörsZulV enthaltenen Regeln über die Erstellung und den Inhalt der Zwischenberichte[25] in das WpHG übertragen, s. dort §§ 37v ff. WpHG aF (§§ 114 ff. WpHG). Außerdem wurden die wesentlichen Zulassungsfolgepflichten, die bis dahin in den §§ 63 ff. aF enthalten waren, dort gestrichen und ebenfalls in das Wertpapierhandelsgesetz eingefügt. Dabei wurden sie an die Vorgaben der Transparenzrichtlinie angepasst und ihre Einhaltung der Aufsicht durch die BaFin unterstellt.[26]

8   Das Finanzmarktrichtlinie-Umsetzungsgesetz hat börsenrechtlich die Trennung zwischen amtlichem und geregeltem Markt aufgegeben und als einzigen gesetzlich reglementierten Markt den regulierten Markt geschaffen. Damit war auch der Anwendungsbereich der BörsZulV entsprechend anzupassen. Außerdem wurde formal die Zulassungsstelle abgeschafft und die entsprechenden Aufgaben der Geschäftsführung der Börse übertragen. Deregulierend wirkt die erhebliche Verkürzung der Zulassungsfrist von drei auf einen Tag (§ 50).

9   **5. Gesetz zur Ausübung von Optionen der EU-Prospektverordnung und zur Anpassung weiterer Finanzmarktgesetze und Gesetz zur weiteren Ausführung der EU-Prospektverordnung und zur Änderung von Finanzmarktgesetzen.** Die Prospekt-RL und die frühere Prospektverordnung[27] wurden durch die neue Prospekt-VO, Verordnung (EU) 2017/1129 des Europäischen Parlaments und des Rates vom 14. Juni 2017 über den Prospekt, der beim öffentlichen Angebot von Wertpapieren oder bei deren Zulassung zum Handel an einem geregelten Markt zu veröffentlichen ist und zur Aufhebung der Richtlinie 2003/71/EG[28], ersetzt. Durch die Delegierte VO (EU) 2019/980 der Kommission vom 14.3.2019 zur Ergänzung der Verordnung (EU) 2017/1129 des Europäischen Parlaments und des Rates hinsichtlich der Aufmachung, des Inhalts, der Prüfung und der Billigung des Prospekts, der beim öffentlichen Angebot von Wertpapieren oder bei deren Zulassung zum Handel an einem geregelten Markt zu veröffentlichen ist, und zur Aufhebung der Verordnung (EG) Nr. 809/2004 der Kommission[29], wurde die (alte) Prospektverordnung aufgehoben. Die neue Prospekt-VO befasst sich ebenso wie die auf ihrer Grundlage erlassenen Delegierten Verordnungen[30] mit dem Erfordernis eines Prospekts beim öffentlichen Angebot oder bei der Zulassung zum Handel an einem geregelten Markt und dem eigentlichen Prospektinhalt sowie dem Prospektbilligungsverfahren. Nicht geregelt von der neuen Prospekt-VO wird die Zulassung von Wertpapieren zum Börsenhandel. Insofern haben die beiden Gesetze zur „Umsetzung"[31] der neuen Prospekt-VO, das Gesetz zur Ausübung von Optionen der EU-Prospektverordnung und zur Anpassung weiterer Finanzmarktgesetze[32] sowie das Gesetz zur weiteren Ausführung der EU-Prospektverordnung und zur Änderung von Finanzmarktgesetzen[33] §§ 32 ff. BörsG und die BörsZulV, damit das Zulassungsverfahren inhaltlich nicht materiell geändert.

II. Aufbau der Verordnung, Rechtsgrundlage

10   **1. Aufbau.** Die Verordnung ist in **drei Kapitel** aufgeteilt. Das **erste Kapitel** regelt in dem nach der Änderung durch das Prospektrichtlinie-Umsetzungsgesetz noch verbliebenen ersten und dritten Abschnitt die Voraussetzung für die **Zulassung von Wertpapieren zum regulierten Markt** und im

---

[23] Richtlinie 2004/109/EG des Europäischen Parlaments des Rates zur Harmonisierung der Transparenzanforderungen im Bezug auf Informationen über Emittenten, deren Wertpapiere zum Handel auf einem geregelten Markt zugelassen sind, und zur Änderung der Richtlinie 2001/34/EG, ABl. 2004 L 390, 38.

[24] BGBl. 2007 I 10.

[25] *d'Arcy/Meyer* Der Konzern, 2005, 151 ff.

[26] Zur Zielsetzung der Änderungen vgl. RegBegr. Transparenzrichtlinie-Umsetzungsgesetz, BT-Drs. 16/2498, 54.

[27] Verordnung (EG) Nr. 809/2004 der Kommission vom 29. April 2004 zur Umsetzung der Richtlinie 2003/71/EG des Europäischen Parlaments und des Rates betreffend die in Prospekten enthaltenen Angaben sowie die Aufmachung, die Aufnahme von Angaben in Form eines Verweises und die Veröffentlichung solcher Prospekte sowie die Verbreitung von Werbung, konsolidierte Änderungsfassung abrufbar über das Internet eurlex.europa.eu.

[28] ABl. 2017 L 118, 12.

[29] ABl. 2019 L 166, 26.

[30] Zum Einen die vorgenannte Delegierte Verordnung (EU) 2019/980 sowie die Delegierte Verordnung (EU) 2019/979 der Kommission vom 14.3.2019 zur Ergänzung der Verordnung (EU) 2017/1129 des Europäischen Parlaments und des Rates durch technische Regulierungsstandards für wesentliche Finanzinformationen in der Zusammenfassung des Prospekts, die Veröffentlichung und Klassifizierung von Prospekten, die Werbung für Wertpapiere, Nachträge zum Prospekt und das Notifizierungsportal und zur Aufhebung der Delegierten Verordnung (EU) Nr. 382/2014 der Kommission und der Delegierten Verordnung (EU) 2016/301 der Kommission, Abl. 2019 L 166, 1.

[31] Einer Umsetzung der Verordnung in nationales Recht bedarf es nicht, da diese unmittelbar gilt (Art. 288 S. 2 AEUV). Insofern enthalten die beiden Gesetze auch nur ergänzende oder konkretisierende bzw. dort, wo die neue Prospekt-VO dem nationalen Gesetzgeber noch Regelungsraum überlässt, diesen ausnützende Regelungen.

[32] BGBl. 2018 I 1102.

[33] BGBl. 2019 I 1002.

dritten Abschnitt das Zulassungsverfahren. Das **zweite Kapitel** enthält die **Pflichten des Emittenten zugelassener Wertpapiere,** die sich jetzt nur noch auf die Pflicht zur Zulassung später ausgegebener Aktien beschränkt (§ 69); die anderen Bestimmungen finden sich nunmehr im WpHG. Das **dritte Kapitel** regelt die **Schlussvorschriften.**

2. Rechtsgrundlage. §§ 1–12 stützen sich auf die Ermächtigung in § 34 Nr. 1 BörsG, §§ 48–51 **11** auf § 34 Nr. 2 BörsG und § 69 auf § 40 Abs. 2 BörsG.[34]

3. Norminterpretation. Von Zeit zu Zeit werden von der Geschäftsführung der Frankfurter Wert- **12** papierbörse (früher von ihrer Zulassungsstelle) so genannte „Rundschreiben Listing"[35] veröffentlicht. Darin werden konkrete Handlungsanweisungen und Interpretationen von Normen der Börsenzulassungsverordnung vorgenommen. Außerdem enthalten diese ggf. neue Antragsformulare für die Zulassung und Einführung von Wertpapieren zum regulierten Markt.

---

[34] RegBegr. zur Börsenzulassungsverordnung, BR-Drs. 72/87, 68 f. für die ursprüngliche Fassung der Börsenzulassungsverordnung und die damals gültigen Normen des Börsengesetzes. Die obigen Angaben beziehen sich auf die jetzt gültige Fassung des BörsG; vgl. auch *Gebhardt* in Schäfer/Hamann Vor Rn. 3.
[35] Abrufbar über die Homepage der Deutsche Börse AG.

Erstes Kapitel. Zulassung von Wertpapieren zum regulierten Markt

Erster Abschnitt. Zulassungsvoraussetzungen

§ 1 Rechtsgrundlage des Emittenten

Die Gründung sowie die Satzung oder der Gesellschaftsvertrag des Emittenten müssen dem Recht des Staates entsprechen, in dem der Emittent seinen Sitz hat.

1 Wie sich aus der Ermächtigungsgrundlage für den Erlass der §§ 1–12, nämlich § 34 Abs. 1 BörsG ergibt, ist mit den in §§ 1–12 enthaltenen Regelungen der **Schutz des Publikums** und ein **ordnungsgemäßer Börsenhandel** bezweckt. Diese Zielsetzung des Gesetzgebers ist bei der **Auslegung** der Bestimmungen zu berücksichtigen.[1] Nach § 1 dürfen die **gesellschaftsrechtlichen Grundlagen des Emittenten** nicht zu beanstanden sein, und er muss mindestens **drei Jahre als Unternehmen** bestanden haben (§ 3). Die §§ 2, 4–12 regeln die Anforderungen, die zum Schutze des Publikums bzw. des Börsenhandels an die zuzulassenden Wertpapiere zu stellen sind.

2 § 1 fordert, dass die **Gründung** und die Satzung des Emittenten dem Recht des Staates entsprechen müssen, in dem der Emittent seinen Sitz hat. Als Sitz des Emittenten iSd § 1 ist der in der Satzung festgelegte Sitz zu verstehen.[2] Fallen Satzungssitz und Sitz der Verwaltung auseinander, müssen Gründung und Satzung dem Recht des Gründungs- und nicht des Sitzstaates entsprechen, maßgeblich ist damit der statutarische Sitz, jedenfalls bei EU-Auslandsbezug.[3]

§ 2 Mindestbetrag der Wertpapiere

(1) [1]**Der voraussichtliche Kurswert der zuzulassenden Aktien oder, falls seine Schätzung nicht möglich ist, das Eigenkapital der Gesellschaft im Sinne des § 266 Abs. 3 Buchstabe A des Handelsgesetzbuchs, deren Aktien zugelassen werden sollen, muß mindestens 1 250 000 Euro betragen.** [2]**Dies gilt nicht, wenn Aktien derselben Gattung an dieser Börse bereits zum regulierten Markt zugelassen sind.**

(2) **Für die Zulassung von anderen Wertpapieren als Aktien muß der Gesamtnennbetrag mindestens 250 000 Euro betragen.**

(3) **Für die Zulassung von Wertpapieren, die nicht auf einen Geldbetrag lauten, muß die Mindeststückzahl der Wertpapiere zehntausend betragen.**

(4) **Die Geschäftsführung kann geringere Beträge als in den vorstehenden Absätzen vorgeschrieben zulassen, wenn sie überzeugt ist, daß sich für die zuzulassenden Wertpapiere ein ausreichender Markt bilden wird.**

1 Eine ordnungsgemäße Kursfeststellung setzt eine **hinreichende Marktliquidität** voraus; § 2 regelt hier den **anfänglich erforderlichen Rahmen. Nach erfolgter Zulassung** eintretende **Unterschreitungen** der Mindestgrößen können im Rahmen des **§ 39 Abs. 1 BörsG** berücksichtigt werden.[1] Für den anfänglich erforderlichen Rahmen gilt: Bei Aktien muss der voraussichtliche Kurswert mindestens 1,25 Mio. EUR, bei anderen Wertpapieren der Nennbetrag mindestens 250.000 EUR betragen, bei nicht auf einen Geldbetrag lautenden Wertpapieren müssen mindestens 10.000 Stück zugelassen werden. „Kurswert" ist der voraussichtliche Börsenpreis.[2] § 2 Abs. 3 ist auf die Zulassung nennwertloser Aktien nicht anzuwenden, da hierfür die Spezialvorschrift in § 2 Abs. 1 vorgeht.[3] Die andere Auffassung würde zu dem wenig überzeugenden Ergebnis führen, dass eine Mindeststreuung nur für Stückaktien, nicht aber für Nennbetragsaktien gilt.[4] Bei Wertpapieren in

---

[1] *Gebhardt* in Schäfer/Hamann BörsG § 30 Rn. 51; aA Schwark/Zimmer/*Heidelbach* BörsG § 32 Rn. 44 (keine eigenständige Regelung).

[2] RegBegr. zur BörsZulV, BR-Drs. 72/87, 70; *Gebhardt* in Schäfer/Hamann Rn. 2; Schwark/Zimmer/*Heidelbach* Rn. 2.

[3] *Gebhardt* in Schäfer/Hamann Rn. 4; Schwark/Zimmer/*Heidelbach* Rn. 2; *Trapp* in Habersack/Mülbert/Schlitt Unternehmensfinanzierung-HdB § 37 Rn. 14.

[1] Ebenso Schwark/Zimmer/*Heidelbach* Rn. 2; *Gebhardt* in Schäfer/Hamann Rn. 9.

[2] *Gebhardt* in Schäfer/Hamann Rn. 10.

[3] RegBegr. zur BörsZulV, BR-Drs. 72/87, 71; Schwark/Zimmer/*Heidelbach* Rn. 4; aA *Schlitt* AG 2003, 57 (61); *Schlitt* in Semler/Volhard, Arbeitshandbuch für Unternehmensübernahmen, 2001, § 23 Rn. 22.

[4] Mit gleicher Begründung ablehnend Schwark/Zimmer/*Heidelbach* Rn. 4.

Groß

ausländischer Währung sind diese nach Maßgabe der zum Zeitpunkt der Entscheidung über den Zulassungsantrag geltenden Wechselkurse in Euro umzurechnen. Nach § 2 Abs. 4 können geringere Mindestzulassungsbeträge zugelassen werden. Voraussetzung ist aber die Überzeugung der Geschäftsführung, dass sich für die zuzulassenden Wertpapiere ein ausreichender Markt bilden wird[5] – es geht um den Schutz des Publikums und den ordnungsgemäßen Börsenhandel (→ § 1 Rn. 1).

§ 3 Dauer des Bestehens des Emittenten

(1) **Der Emittent zuzulassender Aktien muß mindestens drei Jahre als Unternehmen bestanden und seine Jahresabschlüsse für die drei dem Antrag vorangegangenen Geschäftsjahre entsprechend den hierfür geltenden Vorschriften offengelegt haben.**

(2) **Die Geschäftsführung kann abweichend von Absatz 1 Aktien zulassen, wenn dies im Interesse des Emittenten und des Publikums liegt.**

Bei der Zulassung von Aktien ist aus europarechtlichen Gründen nicht entscheidend, ob das **1** Unternehmen überhaupt bereits drei Jahre besteht,[1] noch viel weniger, ob es bereits seit drei Jahren die Rechtsform einer Aktiengesellschaft hat,[2] sondern allein, dass es seine **Jahresabschlüsse** für die drei dem Antrag vorangegangenen **Geschäftsjahre entsprechend den für die Gesellschaft geltenden Vorschriften** offen gelegt hat.[3] Will die Geschäftsführung gemäß der in **Abs. 2** vorgesehenen Möglichkeit abweichen von Abs. 1 Aktien zulassen, hat sie dabei nach dem Wortlaut der Bestimmung kumulativ die Interessen der Gesellschaft und des Publikums zu berücksichtigen, nach den Motiven des Verordnungsgebers die **Interessen der Gesellschaft** einerseits und des **Publikums** andererseits **abzuwägen** und nach richtiger, europarechtskonformer Auslegung alternativ zu prüfen, ob die Interessen der Gesellschaft oder der Anleger eine solche Abweichung rechtfertigen und kann (Ermessensentscheidung) diese gewähren, wenn sie entweder im Interesse des Publikums oder der Anleger ist.[4]

Von Bedeutung wird die Voraussetzung, dass der Emittent nicht als Aktiengesellschaft, sondern nur **2** als Unternehmen drei Jahre existiert haben muss, in den Fällen, in denen die Anforderungen an die Rechnungslegung bei der früheren Rechtsform geringer waren als die der §§ 264 ff. HGB. Die Praxis behalf sich in der Vergangenheit hier mit sog. **Als-Ob-Abschlüssen,** in denen so bilanziert wurde als ob die strengeren Rechnungslegungsvorschriften bereits früher gegolten hätten.[5*] Dies ist im Hinblick auf die Prospekthaftung nicht unproblematisch.[6] Aus der BörsZulV ergibt sich keine Verpflichtung zur Aufstellung solcher Als-Ob-Abschlüsse, da § 3 nur eine Bilanzierung nach den für die existierende Unternehmensform geltenden Rechnungslegungsvorschriften erfordert.[7] Ob solche Als-Ob-Abschlüsse noch zulässig sind, ist streitig.[8] Im Ergebnis dürften sie noch zulässig sein, wenn auch für die Praxis wegen des Haftungsrisikos von ihrer Verwendung abzuraten ist.

Will die Geschäftsführung gemäß der in § 3 Abs. 2 vorgesehenen Möglichkeit abweichend von § 3 **3** Abs. 1 Aktien zulassen, hat sie dabei nach dem Wortlaut der Bestimmung kumulativ die Interessen der Gesellschaft und des Publikums zu berücksichtigen, nach den Motiven des Verordnungsgebers dagegen die Interessen der Gesellschaft einerseits und des Publikums andererseits abzuwägen. Die § 3 zu Grunde liegende europäische Bestimmung, Art. 44 Koordinierungs-RL, ist hier erheblich weiter, lässt die Interessen lediglich des Emittenten ausreichen und hält es für genügend, wenn aufgrund dieses Interesses eine Abweichung wünschenswert ist.[9] Insofern ist eine Abweichung unter geringen Voraussetzungen möglich, nämlich allein zB den Interessen des Emittenten. An die Interessen der Emittenten sind keine hohen Anforderungen zu stellen.[10]

Bei Abspaltung neuer Unternehmen aus börsennotierten Gesellschaften (zB Lanxess aus Bayer, **4** Osram aus Siemens) dürften die Voraussetzungen erfüllt sein, da der Emittent börsennotierte Aktien zuteilen will und gleichzeitig die Information des Publikums sicher gestellt wird durch die Möglichkeit sog. Combined Financial Statements nach IFRS zu erstellen. Auch bei Ausgliederungen, die auf eine

---

[5] Wie hier Schwark/Zimmer/*Heidelbach* Rn. 5.
[1] *Gebhardt* in Schäfer/Hamann Rn. 2.
[2] *Gebhardt* in Schäfer/Hamann Rn. 3.
[3] Das ergibt sich aus einer europarechtskonformen Auslegung, wie hier *Gebhardt* in Schäfer/Hamann Rn. 2 und Schwark/Zimmer/*Heidelbach* Rn. 1; ebenso bereits *Gericke,* Handbuch für die Börsenzulassung von Wertpapieren, 1992, 69.
[4] Ausf. dazu *Gebhardt* in Schäfer/Hamann Rn. 6.
[5*] Schäfer/*Hamann* BörsG § 36 Rn. 15.
[6] Vgl. auch zu den Offenlegungspflichten bei Verwendung von Als-Ob-Abschlüssen OLG Frankfurt a. M. Urt. v. 17.3.1999 – 21 U 260/97, ZIP 1999, 1005 (1006) und die Vorinstanz LG Frankfurt a. M. Urt. v. 7.10.1997 – 3/11 O 44/96, WM 1998, 1181 (1183).
[7] Wie hier Schwark/Zimmer/*Heidelbach* Rn. 2; *Schlitt* AG, 2003, 57 (60, insbes. Fn. 39).
[8] *Gebhardt* in Schäfer/Hamann Rn. 11; weiter Schwark/Zimmer/*Heidelbach* Rn. 2; generell für Zulässigkeit Assmann/Schlitt/v. Kopp-Colomb/*Kunold* Anh. I Rn. 231.
[9] So zu Recht *Gebhardt* in Schäfer/Hamann Rn. 6.
[10] *Gebhardt* in Schäfer/Hamann Rn. 6.

(teilweise) Monetisierung der Aktien abzielen, besteht ein wirtschaftliches Interesse des Emittenten, das für die Zwecke des § 3 Abs. 2 ausreichen dürfte. Ein Börsengang eines so genannten Special Purpose Acquisition Vehicle (SPAC), einer Zweckgesellschaft, die mit den beim Börsengang eingeworbenen Mitteln erst einen operativen Geschäftsbetrieb erwerben will, kann eine Ausnahme von § 3 Abs. 1 erfordern, wenn das SPAC noch keine drei Jahre zB als Vorratsgesellschaft bilanziert hat. Sie muss es aber nicht, wenn nämlich eine solche Bilanzierung bereits vorliegt. Entscheidender, aber nicht im Rahmen der Börsenzulassung sondern der Prospektbilligung zu prüfen, ist die ordnungsgemäße Darstellung des SPAC und seiner Anlagerichtlinien.

§ 4 Rechtsgrundlage der Wertpapiere

Die Wertpapiere müssen in Übereinstimmung mit dem für den Emittenten geltenden Recht ausgegeben werden und den für das Wertpapier geltenden Vorschriften entsprechen.

1   Nach § 4 müssen die zuzulassenden Wertpapiere in Übereinstimmung mit dem für den Emittenten geltenden Recht ausgegeben werden und den für das Wertpapier geltenden Vorschriften entsprechen. Die insoweit von der Geschäftsführung vorzunehmende Prüfung umfasst unzweifelhaft die **Existenz der Wertpapiere,** dh ob diese wirksam ausgegeben und begeben wurden. Ob darüber hinaus auch eine Prüfungspflicht der Geschäftsführung dahingehend besteht, ob die gesellschaftsinternen Voraussetzungen für die Zulassung der Wertpapiere eingehalten wurden (zB Erfordernis eines zustimmenden Hauptversammlungsbeschlusses für ein IPO),[1] ist zweifelhaft. IE ist eine solche Prüfungspflicht aber jedenfalls dann zu verneinen, wenn, wie im Falle eines Hauptversammlungsbeschlusses für einen IPO, die gesellschaftsinternen Voraussetzungen nicht die Wirksamkeit der Ausgabe der Wertpapiere beeinflussen,[2] zB wenn entgegen der hier vertretenen Ansicht für einen IPO ein Zustimmungserfordernis der Hauptversammlung bestünde.

§ 5 Handelbarkeit der Wertpapiere

(1) **Die Wertpapiere müssen frei handelbar sein.**

(2) **Die Geschäftsführung kann**

1. **nicht voll eingezahlte Wertpapiere zulassen, wenn sichergestellt ist, daß der Börsenhandel nicht beeinträchtigt wird und wenn in dem Prospekt auf die fehlende Volleinzahlung sowie auf die im Hinblick hierauf getroffenen Vorkehrungen hingewiesen wird oder, wenn ein Prospekt nicht zu veröffentlichen ist, das Publikum auf andere geeignete Weise unterrichtet wird;**

2. **Aktien, deren Erwerb einer Zustimmung bedarf, zulassen, wenn das Zustimmungserfordernis nicht zu einer Störung des Börsenhandels führt.**

1   Voraussetzung eines funktionierenden Wertpapiermarktes ist die **Handelbarkeit der Wertpapiere** (§ 5 Abs. 1). Soweit diese Handelbarkeit durch gesetzliche – vertragliche oder rein faktische Beschränkungen reichen nicht aus[1*] – Regelungen erschwert wird, weil die Wertpapiere noch nicht voll eingezahlt sind, vgl. zB § 10 Abs. 2 AktG iVm §§ 67, 68 AktG, oder weil es sich um **vinkulierte Wertpapiere** handelt, vgl. zB § 68 Abs. 2 AktG, können die Wertpapiere nur zugelassen werden, wenn dadurch der Börsenhandel nicht beeinträchtigt wird und eine entsprechende Information des Publikums erfolgt. § 5 Abs. 2 Nr. 1 ist entsprechend anzuwenden und der danach erforderliche Hinweis im Prospekt zu veröffentlichen, nach dem am Sitz des Emittenten geltenden Recht Ausländer nur einen bestimmten Anteil des Aktienpakets halten dürfen;[2*] dies gilt zB in Deutschland bei der Deutsche Lufthansa Aktiengesellschaft, da bei dieser zur Sicherung ihres Charakters als deutsche Aktiengesellschaft, der nach den Luftverkehrsabkommen nach der Kontrolltheorie bestimmt wird, gesetzlich der Anteil der ausländischen Aktionäre begrenzt wurde.[3]

---

[1] Vgl. dazu → BörsG § 32 Rn. 33 ff.
[2] Wie hier Schwark/Zimmer/*Heidelbach* Rn. 1.
[1*] *Gebhardt* in Schäfer/Hamann Rn. 2.
[2*] *Gericke,* Handbuch für die Börsenzulassung von Wertpapieren, 1992, 71 f.
[3] Gesetz zur Sicherung des Nachweises der Eigentümerstellung und der Kontrolle von Luftfahrtunternehmen für die Aufrechterhaltung der Luftverkehrsbetriebsgenehmigung und der Luftverkehrsrechte vom 1.7.1997, BGBl. 1997 I 1322 bzw. Verordnung (EG) Nr. 1008/2008 des Europäischen Parlaments und des Rates vom 24. September 2008 über gemeinsame Vorschriften für die Durchführung von Luftverkehrsdiensten in der Gemeinschaft, ABl. 2008 L 293, 3; wie hier Schwark/Zimmer/*Heidelbach* Rn. 2. Krit. *Gebhardt* in Schäfer/Hamann Rn. 3, der eine solche Beschränkung nicht ausreichen lassen will, da sie in der europäischen Grundlage, Art. 46 Koordinierungsrichtlinie, nicht enthalten sei.

§ 5 Abs. 2 Nr. 2 betrifft vor allem die **vinkulierten Namensaktien,** die nur dann zum Börsen- **2** handel zugelassen werden dürfen, wenn die Vinkulierung nicht zu einer Störung des Börsenhandels führt. Eine solche Störung ist in Bezug auf die wertpapiertechnische Abwicklung zwischenzeitlich im Regelfall nicht mehr gegeben, da vinkulierte Namensaktien in die Girosammelverwahrung einbezogen werden können und über das System CARGO der Handel auch effektiv abgewickelt werden kann.[4] Darüber hinaus bleibt zu prüfen, ob das gesellschaftsrechtliche Zustimmungserfordernis des § 68 Abs. 2 AktG nicht zu einer Störung des Börsenhandels führt. Keine Störung des Börsenhandels trotz Vinkulierung ist, trotz der erheblichen Probleme, die ein solches Zustimmungserfordernis und eine verweigerte Zustimmung auslösen,[5] dann anzunehmen, wenn der Emittent gegenüber der Geschäftsführung schriftlich erklärt, von der Möglichkeit der Zustimmungsverweigerung keinen bzw. nur in außergewöhnlichen Fällen im Gesellschaftsinteresse Gebrauch zu machen.[6]

§ 6 Stückelung der Wertpapiere

Die Stückelung der Wertpapiere, insbesondere die kleinste Stückelung und die Anzahl der in dieser Stückelung ausgegebenen Wertpapiere, müssen den Bedürfnissen des Börsenhandels und des Publikums Rechnung tragen.

§ 6 fordert, dass die Stückelung der Wertpapiere den Bedürfnissen des Börsenhandels und des **1** Publikums Rechnung tragen muss. Zielrichtung dieser Bestimmung ist eine ausreichende **Streuung der Wertpapiere,** damit eine ausreichende **Liquidität** und letztendlich eine hinreichende Markttiefe, um eine ordnungsgemäße Preisfeststellung zu ermöglichen.

§ 7 Zulassung von Wertpapieren einer Gattung oder einer Emission

(1) [1]**Der Antrag auf Zulassung von Aktien muß sich auf alle Aktien derselben Gattung beziehen.** [2]**Er kann jedoch insoweit beschränkt werden, als die nicht zuzulassenden Aktien zu einer der Aufrechterhaltung eines beherrschenden Einflusses auf den Emittenten dienenden Beteiligung gehören oder für eine bestimmte Zeit nicht gehandelt werden dürfen und wenn aus der nur teilweisen Zulassung keine Nachteile für die Erwerber der zuzulassenden Aktien zu befürchten sind.** [3]**In dem Prospekt ist darauf hinzuweisen, daß nur für einen Teil der Aktien die Zulassung beantragt wurde, und der Grund hierfür anzugeben; ist ein Prospekt nicht zu veröffentlichen, so ist das Publikum auf andere geeignete Weise zu unterrichten.**

(2) **Der Antrag auf Zulassung von anderen Wertpapieren als Aktien muß sich auf alle Wertpapiere derselben Emission beziehen.**

Im regulierten Markt gilt der Grundsatz der Zulassung aller Wertpapiere einer Emission[1]. Die **1** Teilzulassung anderer Wertpapiere als Aktien ist unzulässig (§ 7 Abs. 2). Auch bei Aktien muss sich die Zulassung gem. § 7 Abs. 1 S. 1 grundsätzlich auf alle Aktien derselben Gattung beziehen. Dieser Grundsatz gilt aber zunächst nur beschränkt auf Aktien „derselben Gattung", wobei hier § 11 S. 2 AktG maßgeblich ist. Aktien, die sich nur hinsichtlich des Beginns der Dividendenberechtigung unterscheiden, bilden für die Zwecke der Börsenzulassungsverordnung keine eigene Gattung,[2] was früher in § 45 Nr. 3b letzter Hs. aF eindeutig bestimmt war, aber auch heute selbst ohne ausdrückliche Regelung noch gilt. Aus der Gattungsgleichheit als Voraussetzung des Gebots der Gesamtzulassung folgt, dass die in der Praxis insbesondere bei Familiengesellschaften jedenfalls früher häufig anzutreffende Gestaltung zulässig ist, dass zB nur die Vorzugsaktien zum Börsenhandel zugelassen wurden, nicht aber die Stammaktien.[3] Das gilt jenseits von Stamm- und Vorzugsaktien allgemein für unterschiedliche **Aktiengattungen,** zB für auch im Ausland noch anzutreffende sogenannte Class A und Class B Shares; hier kann die Zulassung auf eine Gattung beschränkt werden.

---

[4] *Jütten* Die Bank 1997, 112; *Schlitt* AG 2003, 57 (61).

[5] Ausf. *Gebhardt* in Schäfer/Hamann Rn. 15.

[6] *Gebhardt* in Schäfer/Hamann Rn. 16.

[1] S. schon § 40 Abs. 1 BörsG, aufgrund der Ermächtigung in § 40 Abs. 2 BörsG näher ausgestaltet in §§ 7, 69 BörsZulV.

[2] Vgl. insoweit Regierungsbegründung zum Prospektrichtlinie-Umsetzungsgesetz die für das WpPG klarstellt, dass Aktien, die sich nur in Bezug auf den Beginn der Dividendenberechtigung unterscheiden, als Aktien derselben Gattung gelten, BT-Drs. 15/4999, 25 (30). Das muss auch für die BörsZulV gelten. Ein andere Frage ist, ob jene Aktien auch aktienrechtlich nicht als eigene Gattung anzusehen sind, vgl. zum Meinungsstand nur Hüffer/Koch/*Koch* AktG § 11 Rn. 8 (keine eigene Gattung, zwischenzeitlich wohl überwiegende Ansicht).

[3] Allerdings ist die Anzahl von Gesellschaften mit unterschiedlichen Aktiengattungen eher rückläufig, vgl. *Schäcker/Kunze/Wohlgefahrt* in Habersack/Mülbert/Schlitt Unternehmensfinanzierung-HdB § 3 Rn. 22.

2   Außerdem lässt § 7 Abs. 1 S. 2 Ausnahmen von dem Grundsatz der Zulassung aller Aktien gleicher Gattung zu und nennt hier zwei mögliche Gründe: Entweder zur Sicherung des beherrschenden Einflusses auf den Emittenten, oder, weil die Aktien für eine bestimmte Zeit aufgrund gesetzlicher[4] oder vertraglicher[5] Veräußerungsverbote nicht gehandelt werden dürfen. In beiden vorgenannten Fällen ist es aber erforderlich, dass aus der Teilzulassung keine Nachteile für die Erwerber der zuzulassenden Aktien erwachsen. Außerdem ist in jedem Fall der Teilzulassung das Publikum gem. § 7 Abs. 1 S. 3 im Prospekt oder auf sonstige Weise (Pressemitteilung oÄ) hierüber zu unterrichten.

3   Der Grundsatz der Zulassung aller Wertpapiere einer Emission bzw. bei Aktien aller Aktien der Gesellschaft wird durch die auf § 40 Abs. 1 BörsG basierende, auf der Grundlage von § 40 Abs. 2 BörsG in § 69 geregelte **Zulassungsfolgepflicht** auch auf alle später öffentlich ausgegebenen Aktien derselben Gattung erstreckt, dort aber auch durch dieselben Ausnahmemöglichkeiten wie bei der erstmaligen Zulassung eingeschränkt.[6] Außerdem gewährt § 69 Abs. 2 insoweit eine Frist von einem Jahr.

4   § 7 Abs. 2 enthält die Regelung für andere Wertpapiere als Aktien. Für diese gilt ausnahmslos der Grundsatz der Gesamtzulassung aller Wertpapiere derselben Emission.

§ 8 Druckausstattung der Wertpapiere

(1) [1]**Die Druckausstattung der Wertpapiere in ausgedruckten Einzelurkunden muß einen ausreichenden Schutz vor Fälschung bieten und eine sichere und leichte Abwicklung des Wertpapierverkehrs ermöglichen. [2]Für Wertpapiere eines Emittenten mit Sitz in einem anderen Mitgliedstaat der Europäischen Union oder in einem anderen Vertragsstaat des Abkommens über den Europäischen Wirtschaftsraum reicht die Beachtung der Vorschriften aus, die in diesem Staat für die Druckausstattung der Wertpapiere gelten.**

(2) **Bietet die Druckausstattung der Wertpapiere keinen ausreichenden Schutz vor Fälschung, so ist in dem Prospekt hierauf hinzuweisen; ist ein Prospekt nicht zu veröffentlichen, so ist das Publikum auf andere geeignete Weise zu unterrichten.**

1   § 8 zwingt nicht zum **Ausdruck effektiver Stücke,** sondern regelt nur die Fälle, in denen tatsächlich effektive Stücke gedruckt werden. Dies ist aber, insbesondere seit den Änderungen des § 10 Abs. 5 AktG durch das Gesetz zur Kleinen AG[1] und das KonTraG,[2] mit dem auf im Bereich des Aktienrechts im Ausschluss des Anspruchs auf Einzelverbriefung sowohl der Aktien als solcher auch des Anteils des Aktionärs insgesamt erreicht wurde, eher die Ausnahme. Im Regelfall werden nur noch eine oder mehrere Globalurkunde(n) ausgedruckt, bei der Clearstream Banking AG Frankfurt eingeliefert[3] und im Effektengiroverkehr übertragen, vgl. auch § 9a DepotG.[4*]

2   Soweit noch **Einzelurkunden** ausgedruckt werden, sind hinsichtlich der Druckausstattung der Wertpapiere von den deutschen Wertpapierbörsen **„Gemeinsame Grundsätze der deutschen Wertpapierbörsen für den Druck von Wertpapieren"**[5*] erlassen worden. Diese gelten grundsätzlich für sämtliche zum Handel an einer deutschen Wertpapierbörse zuzulassenden Wertpapiere. Für Emittenten aus anderen EU-Ländern enthält § 8 Abs. 1 S. 2 eine noch auf der ursprünglichen Börsenzulassungs-Richtlinie[6] zurückgehende Erleichterung insoweit, dass Wertpapiere dieser Emittenten nur die in ihren Staaten jeweils geltenden Vorschriften beachten müssen. Soweit die nationalen Vorschriften anderer EU-Länder keinen ausreichenden Schutz vor Fälschungen bieten, ist gemäß den vorgenannten Bestimmungen der Börsenzulassungs-RL das Publikum hierauf hinzuweisen, vgl. auch § 8 Abs. 2,[7] der mangelnde Schutz vor Fälschungen bietet in diesen Fällen keinen Grund für die Versagung der Zulassung.[8]

---

[4] So wurden zB bei der Börsenzulassung der Aktien der Deutsche Telekom AG 1996 die Aktien, welche die Bundesrepublik Deutschland hielt, größtenteils gem. § 7 Abs. 1 S. 2 Alt. 2 nicht zugelassen, da diese nach § 3 Abs. 1 Nr. 2 des Bundesanstalt Post-Gesetzes, BGBl. 1994 I 1994, 2325, bis zum 31.12.1999 nicht über die Börse gehandelt werden sollten.

[5] ZB Look-up, vgl. *Gebhardt* in Schäfer/Hamann Rn. 7 f., anderes Beispiel sind Belegschaftsaktien, vgl. Schwark/Zimmer/*Heidelbach* Rn. 2; insgesamt dazu auch *Trapp* in Habersack/Mülbert/Schlitt Unternehmensfinanzierung-HdB § 37 Rn. 20.

[6] Vgl. dazu → § 69 Rn. 2.

[1] Gesetz für kleine Aktiengesellschaften und zur Deregulierung des Aktienrechts, BGBl. 1994 I 1961.

[2] KonTraG BGBl. 1998 I 786.

[3] Die drucktechnische Gestaltung dieser „Urkunde(n)" sollte vorab mit Clearstream Banking abgeklärt werden.

[4*] Vgl. hierzu auch *Than* FS Schimansky, 1999, 821 (831).

[5*] Abrufbar über die Internet Seite der Deutsche Börse AG.

[6] Schema A Nr. II. 6 sowie Schema B Buchstabe A Nr. II.5 und Schema B Buchstabe B.4 der Börsenzulassungs-Richtlinie, Richtlinie des Rates vom 5. März 1979 zur Koordinierung der Bedingungen für die Zulassung von Wertpapieren zur amtlichen Notierung an einer Wertpapierbörse, RL 79/279/EWG, ABl. 1979 L 66, 21.

[7] Schwark/Zimmer/*Heidelbach* Rn. 2.

[8] Wie hier Schwark/Zimmer/*Heidelbach* Rn. 3.

§ 9 Streuung der Aktien

(1) [1] Die zuzulassenden Aktien müssen im Publikum eines Mitgliedstaats oder mehrerer Mitgliedstaaten der Europäischen Union oder eines Vertragsstaates oder mehrerer Vertragsstaaten des Abkommens über den Europäischen Wirtschaftsraum ausreichend gestreut sein. [2] Sie gelten als ausreichend gestreut, wenn mindestens fünfundzwanzig vom Hundert des Gesamtnennbetrages, bei nennwertlosen Aktien der Stückzahl, der zuzulassenden Aktien vom Publikum erworben worden sind oder wenn wegen der großen Zahl von Aktien derselben Gattung und ihrer breiten Streuung im Publikum ein ordnungsgemäßer Börsenhandel auch mit einem niedrigeren Vomhundertsatz gewährleistet ist.

(2) Abweichend von Absatz 1 können Aktien zugelassen werden, wenn

1. eine ausreichende Streuung über die Einführung an der Börse erreicht werden soll und die Geschäftsführung davon überzeugt ist, daß diese Streuung innerhalb kurzer Frist nach der Einführung erreicht sein wird,

2. Aktien derselben Gattung innerhalb der Europäischen Gemeinschaft oder innerhalb eines Vertragsstaates des Abkommens über den Europäischen Wirtschaftsraum an einem organisierten Markt zugelassen werden und eine ausreichende Streuung im Verhältnis zur Gesamtheit aller ausgegebenen Aktien erreicht wird oder

3. die Aktien außerhalb der Europäischen Gemeinschaft oder außerhalb der anderen Vertragsstaaten des Abkommens über den Europäischen Wirtschaftsraum an einem Markt, der mit einem organisierten Markt vergleichbar ist, zugelassen sind und eine ausreichende Streuung im Publikum derjenigen Staaten erreicht ist, in denen diese Aktien zugelassen sind.

§ 9 („free float") begründet ausschließlich für Aktien und nach der Verwaltungspraxis ausschließlich bei erstmaliger Zulassung[1] eine Zulassungsvoraussetzung, nach der mindestens 25 % des Gesamtnennbetrages der zuzulassenden Aktien dem Publikum zur Verfügung zu stellen ist. Ob man für die nach § 9 Abs. 1 S. 1 erforderliche breite Streuung auf die diesbezügliche Begriffsbestimmung in § 11 Abs. 1 S. 3 REITG abstellen kann, ist fraglich. Die dort genannte Grenze von 3 % der Stimmrechte an der REIT-Aktiengesellschaft ist aber jedenfalls ein Indikator für dasjenige, was man unter „breiter Streuung" verstehen kann, dh alle Beteiligungen von Aktionären unterhalb der 3 %-Schwelle.[2] Wird die Schwelle nach der Zulassung unterschritten, kann dies im Rahmen von § 39 Abs. 1 BörsG den Widerruf der Zulassung begründen.[3] Nach den Grundsätzen für die Zuteilung von Aktienemissionen an Privatanleger der Börsensachverständigenkommission beim Bundesministerium der Finanzen vom 7.6.2000[4] zählt ein sog. Friends & Family-Programm, durch das ein bestimmter Teil der Emission für Zuteilungen an zuvor vom Emittenten festgelegte Personen (Mitarbeiter, Geschäftspartner etc) reserviert wird, nicht zum free float. Das wird man auch iRd § 9 so sehen müssen.[5] Lock-up Vereinbarungen, dh Verpflichtungen von Aktionären idR gegenüber Konsortialbanken, Aktien über eine gewisse Zeit nicht zu handeln, führen nach der Verwaltungspraxis der FWB dazu, dass diese Aktien nicht zum free float gerechnet werden, wenn die Dauer dieser Vereinbarungen mindestens sechs Monate beträgt.[6] Die nach § 9 Abs. 1 geforderte ausreichende Streuung der Wertpapiere wird bei Einreichung des Zulassungsantrages grundsätzlich unterstellt. Im Zweifelsfall ist sie vor Einführung zu erfüllen und muss der Geschäftsführung gegenüber nachgewiesen werden.

§ 9 Abs. 1 S. 2 Alt. 2 enthält eine Ausnahme von der 25 %-Regel bei größeren Emissionen. Das versteht sich von selbst, soweit die Streuung bei einer größeren Emission einen ordnungsgemäßen nachfolgenden Börsenhandel gewährleistet, selbst wenn nicht 25 % der Gesamtemission gestreut wurden. In der Praxis sind hier auch schon Platzierungen von nur 10 % des Gesamtnennbetrages der zuzulassenden Aktien bei ca. 100 Investoren als ausreichende Streuung angesehen worden. § 9 Abs. 2 enthält weitere Ausnahmemöglichkeiten. Der Wortlaut der Regelung in § 9 Abs. 1 impliziert, dass die breite Streuung als Zulassungsvoraussetzung bereits im Zeitpunkt der Zulassung vorliegen muss.[7]

1

2

---

[1] Schwark/Zimmer/*Heidelbach* Rn. 2; *Gebhardt* in Schäfer/Hamann Rn. 2, der dies jedoch im Hinblick auf die europäische Grundlage, Art. 48 Abs. 3 Koordinierungs-RL, die eine solche Differenzierung nicht enthalte, kritisiert. Das scheint bei richtiger Lesart des Art. 48 Abs. 3 Koordinierungs-RL – „zusätzliche Tranche" – nicht ganz zutreffend, weil, wurde die Streuung bereits bei der Erstemission erreicht, liegt sie schon vor und ist nach Art. 48 Abs. 3 Koordinierungs-RL bei der zusätzlichen Tranche entbehrlich.

[2] Wie hier auch *Trapp* in Habersack/Mülbert/Schlitt Unternehmensfinanzierung-HdB § 37 Rn. 18.

[3] Schwark/Zimmer/*Heidelbach* Rn. 2.

[4] Abrufbar über die Internet-Seite der Deutsche Börse AG.

[5] Wie hier *Gebhardt* in Schäfer/Hamann Rn. 6; aA Schwark/Zimmer/*Heidelbach* Rn. 3; *Trapp* in Habersack/Mülbert/Schlitt Unternehmensfinanzierung-HdB § 37 Rn. 18.

[6] FK-WpPG/*Seiler* Anh. III Rn. 139 mit der Empfehlung solche Lock-up Vereinbarungen, soweit erforderlich, nur für die Dauer von 180 Tagen (weniger als 6 Monate) abzuschließen.

[7] So auch ausdr. *Gebhardt* in Schäfer/Hamann Rn. 9.

Tatsächlich erfolgt aber bei einem IPO die Zuteilung an das Publikum und damit die breite Streuung erst nach Zulassung – es sollen ja keine Wertpapiere von den Anlegern erworben werden, die noch nicht zugelassen sind. Diesen Sachverhalt kann man auch nicht unmittelbar unter § 9 Abs. 2 Nr. 1 subsummieren, da die Streuung nicht „über die" bzw. „nach der" Einführung erfolgt, sondern bereits davor; anderenfalls würde man gegen § 38 Abs. 2 BörsG verstoßen. Man wird deshalb § 9 Abs. 1 dahingehend auslegen müssen, dass es ausreicht, wenn die Geschäftsführung bei Zulassung davon ausgehen kann, dass die Streuung bei Einführung gegeben sein wird.

§ 10 Emittenten aus Drittstaaten

Aktien eines Emittenten mit Sitz in einem Staat außerhalb der Europäischen Gemeinschaft oder außerhalb der anderen Vertragsstaaten des Abkommens über den Europäischen Wirtschaftsraum, die weder in diesem Staat noch in dem Staat ihrer hauptsächlichen Verbreitung an einem Markt, der mit einem organisierten Markt im Sinne des § 2 Absatz 11 des Wertpapierhandelsgesetzes vergleichbar ist, zum Handel zugelassen sind, dürfen nur zugelassen werden, wenn glaubhaft gemacht wird, daß die Zulassung in diesen Staaten nicht aus Gründen des Schutzes des Publikums unterblieben ist.

1   § 10 enthält eine Spezialvorschrift für Emittenten aus Staaten außerhalb der Europäischen Gemeinschaften oder außerhalb der anderen Vertragsstaaten des Abkommens über den Europäischen Wirtschaftsraum.

§ 11 Zulassung von Wertpapieren mit Umtausch- oder Bezugsrecht

(1) Wertpapiere, die den Gläubigern ein Umtausch- oder Bezugsrecht auf andere Wertpapiere einräumen, können nur zugelassen werden, wenn die Wertpapiere, auf die sich das Umtausch- oder Bezugsrecht bezieht, an einer inländischen Börse entweder zum Handel zugelassen oder in einen anderen organisierten Markt einbezogen sind oder gleichzeitig zugelassen oder einbezogen werden.

(2) Die Geschäftsführung kann abweichend von Absatz 1 Wertpapiere zulassen, wenn die Wertpapiere, auf die das Umtausch- oder Bezugsrecht bezieht, zum Handel an einem organisierten Markt zugelassen sind und wenn sich das Publikum im Inland regelmäßig über die Kurse unterrichten kann, die sich an dem Markt im Ausland im Handel in diesen Wertpapieren bilden.

1   § 11 soll sicherstellen, dass die Wertpapiere, die durch Ausübung eines Umtausch- oder Bezugsrechts entstehen und/oder erworben werden zumindest gleichzeitig mit denjenigen Wertpapieren, die den Gläubigern ein Umtausch- oder Bezugsrecht auf diese Wertpapiere einräumen, zugelassen werden. Dies bedeutet bei durch ein **bedingtes oder ausnahmsweise**[1] **genehmigtes Kapital** gesicherten **Wandel- oder Optionsanleihen,** dass grundsätzlich spätestens mit Zulassung der Anleihe auch das entsprechende bedingte/genehmigte Kapital zuzulassen ist,[2] bzw. bei Nicht-Zulassung der Anleihe (eher der Regelfall) die Aktien aus dem bedingten/genehmigten Kapital im zeitlichen Zusammenhang mit der Endfälligkeit und damit der Wandlung zugelassen werden, obwohl die diesbezüglichen Aktien mangels Ausübung des Options- bzw. Wandelungsrechts noch nicht entstanden sind. Soweit sich die Wandel- oder Optionsanleihe auf bereits existierende Aktien dritter Unternehmen beziehen, müssen diese ebenfalls zumindest gleichzeitig mit der Wandel- oder Optionsanleihe zugelassen werden. Hier gilt die Prospektbefreiung des Art. 1 Abs. 5 lit. b Prospekt-VO. Wenn jedoch die Wandel- und/oder Optionsrechte, zB auf Grund von Sperrfristen, noch nicht ausgeübt werden können, ist fraglich, ob für die zeitgleiche Zulassung der Aktien ein rechtliches Interesse besteht.[3] So lässt sich vertreten, dass in Anlehnung an § 38 Abs. 4 BörsG ein rechtliches Interesse dann fehlt und somit keine Zulassung erfolgen kann, wenn die Wandlung oder Option erstmals später als in drei Monaten zulässig ist. Allerdings beeinträchtigt die Zulassung den Börsenhandel nicht, während andererseits bei Ausübung der Umtausch- oder Bezugsrecht idR aufgrund vertraglicher Verpflichtungen sichergestellt sein muss, dass die Aktien zugelassen sind.

---

[1] Vgl. hierzu *Groß* in Marsch-Barner/Schäfer AG-HdB § 51 Rn. 60.

[2] *Gericke,* Handbuch für die Börsenzulassung von Wertpapieren, 1992, 77; Schwark/Zimmer/*Heidelbach* Rn. 1; krit. *Gebhardt* in Schäfer/Hamann Rn. 6.

[3] Es geht nicht darum, ob die Bezugsrechte bereits ausgegeben wurden, hierzu Schwark/Zimmer/*Heidelbach* BörsG § 32 Rn. 94, die als Voraussetzung der Zulassung des bedingten Kapitals fordert, dass die Bezugsrechte „zumindest teilweise im Umlauf sind". Das ist so oder so Voraussetzung des § 11. Vielmehr geht es darum, ob die Bezugsrechte ausübbar sind, oder aber uU wegen einer Sperrfrist, vgl. die Wartefrist bei Stock Options von 4 Jahren nach § 193 Abs. 2 Nr. 4 AktG, noch nicht ausgeübt werden können.

Insofern wird man hier ein rechtliches Interesse eher von geringeren Anforderungen abhängig machen wollen.

§ 11 gilt gleichermaßen für Wandel- wie für Optionsanleihen, aber auch für Umtauschanleihen oder 2 reine Optionen (naked warrants).[4]

§ 12 Zulassung von Zertifikaten, die Aktien vertreten

(1) Zertifikate, die Aktien vertreten, können zugelassen werden, wenn

1. der Emittent der vertretenen Aktien den Zulassungsantrag mitunterzeichnet hat, die Voraussetzungen nach den §§ 1 bis 3 erfüllt und sich gegenüber der Geschäftsführung schriftlich verpflichtet, die in den §§ 40 und 41 des Börsengesetzes genannten Pflichten des Emittenten zugelassener Aktien zu erfüllen,
2. die Zertifikate, die in den §§ 4 bis 10 genannten Voraussetzungen erfüllen und
3. der Emittent der Zertifikate die Gewähr für die Erfüllung seiner Verpflichtungen gegenüber den Zertifikatsinhabern bietet.

(2) Vertreten die Zertifikate Aktien eines Emittenten mit Sitz in einem Staat außerhalb der Europäischen Gemeinschaft oder außerhalb eines anderen Vertragsstaates des Abkommens über den Europäischen Wirtschaftsraum und sind die Aktien weder in diesem Staat noch in dem Staat ihrer hauptsächlichen Verbreitung an einer Börse an einem Markt, der mit einem organisierten Markt vergleichbar ist, zugelassen, so ist glaubhaft zu machen, daß die Zulassung nicht aus Gründen des Schutzes des Publikums unterblieben ist.

§ 12 enthält eine Spezialvorschrift für Zertifikate, die Aktien vertreten, zB American Depositary 1 Receipts.[1]

Zweiter Abschnitt. *(aufgehoben)*

§§ 13–47 *(aufgehoben)*

Dritter Abschnitt. Zulassungsverfahren

§ 48 Zulassungsantrag

(1) [1]Der Zulassungsantrag ist elektronisch zu stellen (elektronischer Antrag), es sei denn, in der Börsenordnung ist die schriftliche Antragstellung vorgeschrieben. [2]Die Börsenordnung regelt die näheren Anforderungen an das für den elektronischen Antrag einzusetzende Verfahren. [3]Es ist ein dem jeweiligen Stand der Technik entsprechendes sicheres Verfahren zu verwenden, das den Antragsteller authentifizieren und das die Vertraulichkeit und die Integrität des elektronisch übermittelten Datensatzes gewährleisten muss. [4]Der Zulassungsantrag muß Firma und Sitz der Antragsteller, Art und Betrag der zuzulassenden Wertpapiere angeben. [5]Ferner ist anzugeben, ob ein gleichartiger Antrag zuvor oder gleichzeitig an einer anderen inländischen Börse oder in einem anderen Mitgliedstaat der Europäischen Union oder in einem anderen Vertragsstaat des Abkommens über den Europäischen Wirtschaftsraum gestellt worden ist oder alsbald gestellt werden wird.

(2) [1]Dem Antrag sind ein Entwurf des Prospekts oder ein gebilligter Prospekt und die zur Prüfung der Zulassungsvoraussetzungen erforderlichen Nachweise beizufügen. [2]Der Geschäftsführung sind auf Verlangen insbesondere vorzulegen

1. ein beglaubigter Auszug aus dem Handelsregister nach neuestem Stand;
2. die Satzung oder der Gesellschaftsvertrag in der neuesten Fassung;
3. die Genehmigungsurkunden, wenn die Gründung des Emittenten, die Ausübung seiner Geschäftstätigkeit oder die Ausgabe der Wertpapiere einer staatlichen Genehmigung bedarf;

---

[4] Zu letzteren Schwark/Zimmer/*Heidelbach* Rn. 1; *Trapp* in Habersack/Mülbert/Schlitt Unternehmensfinanzierung-HdB § 37 Rn. 25.
[1] Vgl. zu American Depositary Receipts nur *Bungert/Paschos* WM 1993, 133 ff. und WM 1993, 221 ff.

4. **die Jahresabschlüsse und die Lageberichte für die drei Geschäftsjahre, die dem Antrag vorausgegangen sind, einschließlich der Bestätigungsvermerke der Abschlußprüfer;**
5. **ein Nachweis über die Rechtsgrundlage der Wertpapierausgabe;**
6. **im Falle ausgedruckter Einzelurkunden ein Musterstück jeden Nennwertes der zuzulassenden Wertpapiere (Mantel und Bogen);**
7. **im Falle einer Sammelverbriefung der zuzulassenden Wertpapiere die Erklärung des Emittenten, daß**
    a) **die Sammelurkunde bei einer Wertpapiersammelbank (§ 1 Abs. 3 des Depotgesetzes) hinterlegt ist und bei einer Auflösung der Sammelurkunde die Einzelurkunden gemäß Nummer 6 vorgelegt werden und**
    b) **er auf Anforderung der Geschäftsführung die Sammelurkunde auflösen wird, wenn er gegenüber den Inhabern der in der Sammelurkunde verbrieften Rechte verpflichtet ist, auf Verlangen einzelne Wertpapiere auszugeben;**
8. **im Falle des § 3 Abs. 2 die Berichte über die Gründung und deren Prüfung (§ 32 Abs. 1, § 34 Abs. 2 des Aktiengesetzes).**

I. Zulassungsverfahren im Überblick

1   Die §§ 48–51 regeln das **Zulassungsverfahren,** während § 52 zeitliche Vorgaben für die **Einführung,** vgl. auch die Legaldefinition in § 38 Abs. 1 S. 1 BörsG, der Wertpapiere festlegt.

2   Das Zulassungsverfahren lässt sich in folgende Schritte einteilen: Zulassungsantrag, Erteilung der Zulassung, Veröffentlichung der Zulassung.

3   Das früher insbesondere im Hinblick auf die Prospektprüfung durch die früher zuständige Zulassungsstelle übliche Vorverfahren hat sich, soweit Fragen der Prospektbilligung betroffen sind, durch die Änderungen aufgrund des Prospektrichtlinie-Umsetzungsgesetzes erübrigt. Zulässig und bei entsprechendem Zeitdruck ratsam ist nunmehr eine parallele Einreichung des Prospekts zur Billigung bei der BaFin und die Stellung des Zulassungsantrags bei der Geschäftsführung (→ Rn. 9). Für das Zulassungsverfahren als solches empfiehlt sich aber in Zweifelsfragen nach wie vor eine Vorabklärung mit der Geschäftsführung der jeweiligen Börse. Das gilt insbesondere für Zeitpläne aber auch für Fragen der Prospektbefreiung.

II. Zeitplan eines Zulassungsverfahrens

4   Der **Zeitablauf** für ein mögliches Zulassungsverfahren kann (ohne Berücksichtigung des Prospektbilligungsverfahrens) bei enger Zusammenarbeit aller Beteiligten nach den §§ 49–52 wie folgt gestaltet werden:[1]

– Zulassungsantrag wird am Tag T gestellt;
– die Zulassung wird am Tag T + 1 erteilt;
– Veröffentlichung der erfolgten Zulassung am Tag T + 2 (§ 51);
– Einführung der zugelassenen Wertpapiere am Tag T + 3[2] (§ 52).

    Bei diesem Ablaufplan sind Sonn- und Feiertage nicht berücksichtigt worden; der Samstag gilt als Werktag. Bei § 50 kommt es allerdings auf „Handelstage" an, zu denen der Samstag nicht zählt. Bei § 52 spricht der Wortlaut zwar vom „Werktag", faktisch muss es sich aber auch hier um einen Handelstag handeln, da es um die Notierungsaufnahme geht, die wiederum nur an einem Handelstag erfolgen kann.[3]

III. Zulassungsantrag (§ 48)

5   Das offizielle Zulassungsverfahren wird mit dem vom **Emittenten** und den **Emissionsbegleitern**[4] **unterschriebenen Zulassungsantrag** eingeleitet. Der konsortialführende Emissionsbegleiter wird im Regelfall im Konsortialvertrag oder aufgrund des Invitation Telex von den anderen Emissionsbegleitern bevollmächtigt, den Zulassungsantrag auch in ihrem Namen zu stellen,[5] so dass er insoweit

---

[1] So auch die Zeitpläne als Anlage des Rundschreibens Listing 01/2007; wie hier FK-WpPG/*Berrar* WpPG § 13 Rn. 89.

[2] Bei geeigneter Vorabsprache kann dieser Zeitplan auf T+2 verkürzt werden, wenn nämlich eine Veröffentlichung der Zulassung an T+1 gelingt (→ § 51 Rn. 1).

[3] Wie hier, auch ein Redaktionsversehen annehmend, FK-WpPG/*Berrar* WpPG § 13 Rn. 89 Fn. 182.

[4] Zu Recht weist FK-WpPG/*Berrar* WpPG § 13 Rn. 83 darauf hin, dass der Emissionsbegleiter nicht zwingend auch die Prospektverantwortung mit übernimmt. Das ist zwingend so, wenn kein Prospekt veröffentlicht wird oder wenn ein prospektbefreiendes „Dokument" vorgelegt wird, für das eine Übernahme der Verantwortung durch den Emissionsbegleiter zweifelhaft ist (→ WpPG § 8 Rn. 2). Das gilt aber auch ansonsten, da die Antragstellung als Emissionsbegleiter nicht die Prospektverantwortung voraussetzt.

[5] Vgl. Muster bei *Groß* in Hellner/Steuer BuB Rn. 10/333a.

allein mit Wirkung/in Vertretung auch für alle anderen Emissionsbegleiter den Zulassungsantrag unterzeichnen kann.

Seit der Änderung des § 48 Abs. 1[6] durch die Verordnung zur Änderung der Börsenzulassungs- **6** Verordnung[7] ist der Zulassungsantrag elektronisch zu stellen, es sei denn, die Börsenordnung schreibt eine schriftliche Antragstellung vor. Diese, sinngemäß bereits im Rahmen der Stellungnahme des Bundesrates zum 2. FiMaNoG vom Bundesrat angeregte Änderung[8], beruht vor allen Dingen auf der Überlegung, dass dem genauen Zeitpunkt der Antragstellung wesentliche Bedeutung für die Anwendung einzelner Regelungen der Marktmissbrauchsverordnung zukommt, und bei elektronischer Antragstellung dieser Zeitpunkt leichter exakt bestimmt werden kann[9]. Außerdem soll die elektronische Antragstellung die Übermittlung von Datum und Uhrzeit der Antragstellung an die BaFin erleichtern und soll „eine einfachere, kostengünstigere und effizientere Form der Antragstellung" darstellen[10]. Die technischen Anforderungen für die elektronische Übermittlung werden von den einzelnen Börsen im Rahmen der ihnen zustehenden Satzungsautonomie näher geregelt. Der Antrag ist – auch bei einem anderssprachigem Prospekt – in **deutscher Sprache**[11] zu stellen (§ 48 Abs. 1 S. 1 iVm § 23 Abs. 1 VwVfG). Er hat die in § 48 Abs. 1 S. 4 und 5 genannten Angaben zu enthalten. Die Frankfurter Wertpapierbörse empfiehlt dringend[12], das auf der Internet-Seite der Deutsche Börse AG eingestellte **Antragsformular** zu verwenden. Obwohl die Verwendung dieses Formulars nicht zwingend ist[13], empfiehlt es sich doch, diese „Hilfestellung" zu nutzen, um damit vermeidbare Nachfragen und dadurch bedingte zeitliche Verzögerung[14] zu vermeiden.

1. Inhalt des Zulassungsantrags (Abs. 1). Der **Inhalt des Zulassungsantrags** ist in § 48 **7** Abs. 1 S. 4 und 5 geregelt. Früher, dh bis zum Prospektrichtlinie-Umsetzungsgesetz galt, dass bei Inanspruchnahme von Prospekterleichterungen oder einer Prospektbefreiung im Zulassungsantrag anzugeben war, aufgrund welcher Tatsachen Prospekterleichterungen bzw. Prospektbefreiungen in Betracht kamen; darüber hinaus war die einzelne Vorschrift, auf die eine solche Erleichterung gestützt wurde, anzugeben. Das dürfte aufgrund der Änderungen durch das Prospektrichtlinie-Umsetzungsgesetz heute nur noch für die Prospektbefreiung, dagegen nicht mehr für Prospekterleichterungen erforderlich sein. Die Geschäftsführung hat nur nachzuprüfen, ob ein gebilligter Prospekt vorliegt, den Prospekt selbst dagegen nicht mehr.[15] Insofern hat sie auch nicht mehr zu prüfen, ob der Prospekt alle erforderlichen Bestandteile enthält, oder, ob aufgrund von Vorschriften zur Erleichterung der Prospekterstellung von speziellen Angaben abgesehen werden durfte. Prüft sie damit aber auch nicht mehr, ob die Voraussetzungen für solche Prospekterleichterungen vorliegen, dann sind ihr gegenüber Angaben zu den Gründen und der Rechtsgrundlage für die Befreiung entbehrlich. Liegt dagegen kein Prospekt vor, dann wird man ihr nicht nur die Kompetenz zubilligen müssen, sondern sie sogar für verpflichtet halten müssen, zu prüfen, ob die Voraussetzungen für eine Befreiung von Prospekterfordernis vorliegen. Eine solche Prüfungskompetenz (aber auch Prüfungspflicht) ergibt sich bereits daraus, dass, anders als nach der früheren Rechtslage, in der eine Prospektbefreiung erst nach Antrag und aufgrund einer förmlichen (uU auch inzidenten) Entscheidung der Zulassungsstelle erfolgte, jetzt die Prospektbefreiungen nach der neuen Prospekt-VO ohne Antrag qua Gesetzes greifen. Deshalb wird hierüber auch durch die BaFin keine Bescheinigung erstellt; die BaFin wird idR damit gar nicht befasst. Dann kann hier nur die Geschäftsführung prüfen und im Rahmen des Zulassungsverfahrens entscheiden.[16] Für die prospektbefreienden Dokumente nach zB Art. 1 Abs. 5 Prospekt-VO bedeutet dies, dass die Geschäftsführung nicht nur zu prüfen hat, ob die Voraussetzung der Prospektbefreiung, das Vorliegen des prospektbefreienden Dokuments, erfüllt ist, sondern auch, ob das prospektbefreiende Dokument auch die inhaltlichen Voraussetzungen erfüllt.[17]

---

[6] Satz 1 des § 48 Abs. 1 aF wurde durch die Sätze 1–3 ersetzt.

[7] BGBl. 2017 I 2359.

[8] BT-Drs. 18/11290, 13.

[9] BT-Drs. 18/11290, 13.

[10] RegBegr. zur Änderung der BörsZulV, BR-Drs. 413/17, 2.

[11] Schwark/Zimmer/*Heidelbach* BörsG § 32 Rn. 40. In der Praxis wird hiervon vereinzelt abgewichen, was auch von der Geschäftsführung akzeptiert wird, *Gebhardt* in Schäfer/Hamann Rn. 5, zB Sprache des Prospekts.

[12] So ausdr. Rundschreiben Listing 04/2003 der Zulassungsstelle der Frankfurter Wertpapierbörse vom 11.6.2003, Ebenso Listing-Rundschreiben 03/17 vom 13.7.2017.

[13] Ebenso Rundschreiben Listing 04/2003 der Zulassungsstelle der Frankfurter Wertpapierbörse vom 11.6.2003; Schwark/Zimmer/*Heidelbach* BörsG § 32 Rn. 41 aE.

[14] So ausdr. Rundschreiben Listing 04/2003 der Zulassungsstelle der Frankfurter Wertpapierbörse vom 11.6.2003, in dem „im Interesse einer Verfahrensbeschleunigung dringend empfohlen (wird), zukünftig von dem Antragsformular Gebrauch zu machen".

[15] → BörsG § 32 Rn. 20. So ausdr. auch FK-WpPG/*Berrar* WpPG § 13 Rn. 77.

[16] Wie hier auch FK-WpPG/*Berrar* WpPG § 13 Rn. 79 und *Trapp* in Habersack/Mülbert/Schlitt Unternehmensfinanzierung-HdB § 37 Rn. 42.

[17] *Trapp* in Habersack/Mülbert/Schlitt Unternehmensfinanzierung-HdB § 37 Rn. 43.

8   Die Angaben nach § 48 Abs. 1 S. 5 dienen dazu, die Zusammenarbeit zwischen verschiedenen Geschäftsführungen im Inland und Ausland zu erleichtern und die Einhaltung der diesbezüglichen Vorschriften, §§ 35 Abs. 3, und 36 BörsG sicherzustellen.

9   **2. Einzureichende Unterlagen, weitere Angaben (Abs. 2).** Bei den in § 48 Abs. 2 im Einzelnen aufgeführten **Unterlagen** handelt es sich um diejenigen, die für die Geschäftsführung bei der Beurteilung der Zulassung wesentlich sind. Die Geschäftsführung kann ggf. die Vorlage **weiterer Unterlagen** verlangen. Anders als vor den Änderungen durch das Prospektrichtlinie-Umsetzungsgesetz können jedoch keine Unterlagen von der Geschäftsführung angefordert werden, die für eine Prüfung der Prospektangaben erforderlich wären. Da nunmehr nicht mehr die Geschäftsführung sondern allein die BaFin für die Prüfung des Prospektes zuständig ist,[18] und die Geschäftsführung als Zulassungsvoraussetzung allein prüft, ob ein gebilligter Prospekt (oder das entsprechende prospektersetzende Dokument) veröffentlicht wurde, sind solche Unterlagen für die Geschäftsführung nicht erforderlich. Durch das Gesetz zur Novellierung von Finanzmarktvorschriften aufgrund europäischer Rechtsakte (Erstes Finanzmarktnovellierungsgesetz – 1. FiMaNoG)[19] wurde in § 32 Abs. 2 S. 4 BörsG eine Regelung eingefügt, nach der die Geschäftsführung der jeweiligen Börse vom Emittenten die Übermittlung von Referenzdaten in Bezug auf die zuzulassenden Wertpapiere verlangen kann, soweit dies zur Erfüllung der Anforderungen aus Art. 4 Marktmissbrauchs-VO erforderlich ist. Dabei geht es um die Mitteilung mit deren Hilfe die Liste der Finanzinstrumente, die an dem jeweiligen Markt gehandelt werden, erstellt werden soll. Damit die Geschäftsführung der Verpflichtung zur Übermittlung der entsprechenden Informationen nachkommen kann, muss sie die erforderlichen Daten beim Emittenten abfragen können[20]. Soweit die Geschäftsführung der Börse diese Daten abfragt, sind sie vom Emittenten zu übermitteln.

10   Nach § 48 Abs. 2 S. 1 ist „ein Entwurf des Prospekts oder ein gebilligter Prospekt" einzureichen. Daraus folgt, dass der Antragsteller die Wahl hat, zunächst das Verfahren zur Billigung des Prospektes zu durchlaufen und erst anschließend nach der Billigung unter Einreichung des gebilligten Prospekts das Zulassungsverfahren zu betreiben. Dies führt jedoch zu einer erheblichen Verlängerung der benötigten Zeit, nämlich Minimum 10 bis 20 Arbeitstage für die Prospektbilligung (Art. 20 Prospekt-VO) und zusätzlich ca. 3 bis 4 Tage für die Zulassung.[21] Er kann aber auch nach der durch das Prospektrichtlinie-Umsetzungsgesetz bewirkten Aufteilung der Zuständigkeiten für die Zulassung einerseits (Geschäftsführung) und der Billigung des Prospektes andererseits (BaFin) das Billigungs- und Zulassungsverfahren zeitlich teilweise parallel betreiben und hierfür bei der Geschäftsführung den Entwurf des noch von der BaFin zu billigenden Prospektes einreichen. In § 48 Abs. 2 S. 1 wurde die Möglichkeit, einen Entwurf des Prospektes einzureichen nicht gestrichen. Vielmehr wurde nur die Möglichkeit hinzugefügt, auch einen bereits gebilligten Prospekt einzureichen, um dadurch klar zu stellen, „dass ein Zulassungsverfahren sowohl parallel zum Prospektprüfungsverfahren als auch im Anschluss... durchgeführt werden kann".[22] Hierdurch verkürzt sich der insgesamt benötigte Zeitraum erheblich auf maximal diejenige Frist, die für die Billigung des Prospektes benötigt wird, dh laut Gesetz theoretisch maximal 20, in der Praxis aufgrund von Anmerkungen der BaFin zum Prospekt mehr als 20 Arbeitstage nach Art. 20 neue Prospekt-VO.

§ 48a Veröffentlichung eines Basisprospekts

[1] **Schuldverschreibungen, die gleichzeitig mit ihrer öffentlichen ersten Ausgabe zugelassen werden sollen und für die ein nach der Verordnung (EU) 2017/1129 des Europäischen Parlaments und des Rates vom 14. Juni 2017 über den Prospekt, der beim öffentlichen Angebot von Wertpapieren oder bei deren Zulassung zum Handel an einem geregelten Markt zu veröffentlichen ist und zur Aufhebung der Richtlinie 2003/71/EG (ABl. L 168 vom 30.6.2017, S. 12) gültiger Basisprospekt vorliegt, kann die Geschäftsführung zulassen, wenn die endgültigen Bedingungen des Angebots erst kurz vor der Ausgabe festgesetzt werden und der Basisprospekt innerhalb von zwölf Monaten vor der Zulassung der Schuldverschreibungen veröffentlicht worden ist und darüber Auskunft gibt, wie diese Angaben in den Prospekt aufgenommen werden. [2] Die endgültigen Bedingungen müssen vor der Einführung der Schuldverschreibungen nach Artikel 8 Absatz 5 Unterabsatz 1 der Verordnung (EU) 2017/1129 veröffentlicht werden.**

---

[18] → BörsG § 32 Rn. 17.

[19] Vom 30.6.2016, BGBl. 2016 I 1514, Art. 5 Nr. 4.

[20] Die entsprechende Regelung wurde auf Empfehlung des Finanzausschusses in § 32 Abs. 2 S. 4 BörsG aufgenommen, BT-Drs. 18/8099, 111.

[21] → § 50 Rn. 1.

[22] RegBegr. zum Prospektrichtlinie-Umsetzungsgesetz, BT-Drs. 15/4999, 25 (42).

§ 48a wurde aufgrund einer entsprechenden Prüfbitte des Bundesrates[1] vom Finanzausschuss[2] in den **1** Regierungsentwurf des Prospektrichtlinie-Umsetzungsgesetzes eingearbeitet und geht auf § 44 aF zurück. Es ging darum, die bisher in § 44 aF enthaltene vereinfachte Zulassung von Schuldverschreibungen, die insbesondere im Rahmen von Emissionsprogrammen von besonderer Bedeutung ist, im Wege der sog. Rahmenzulassung auch weiterhin zu ermöglichen. § 44 aF wurde deshalb als § 48a mit den sich aus dem WpPG ergebenden Änderungen in die BörsZulV eingefügt. Dabei erfasst die Formulierung „ein nach dem Wertpapierprospektgesetz gültiger Basisprospekt" sowohl die nach dem Wertpapierprospektgesetz gebilligten Prospekte als auch die notifizierten Prospekte.[3] Durch die Formulierung „aufgenommen werden" wird klargestellt, dass die endgültigen Bedingungen des Angebots Prospektbestandteil werden.[4] Im Rahmen von Emissionsprogrammen werden mittel- bis langfristige Schuldverschreibungen begeben, bei denen zunächst nur bestimmte Rahmenbedingungen, zB das Programmvolumen, das Mindesttranchen-Volumen, der Rahmen der Laufzeit, die Mindeststückelung und die Mindestordergröße, festgelegt werden, während die konkrete Ausgestaltung der Emission erst zu einem späteren Zeitpunkt erfolgen soll, sog. Medium Term Notes – MTN. Ohne § 48a wäre für die Zulassung einzelner Tranchen von Schuldverschreibungen aus MTN-Programmen jeweils ein gesondertes Börsenzulassungsverfahren erforderlich geworden. Dagegen bleibt es aufgrund der Einfügung des § 48a dabei, dass diese Schuldverschreibungen auch dann zugelassen werden, wenn der für die Zulassung erforderliche Prospekt nicht nur auf die Nennung einzelner weniger Ausgabebedingungen verzichtet, sondern die Beschreibung der konkreten Ausstattung der Anleihe in ihrer Gesamtheit auf einen späteren Zeitpunkt verlagert. Hierdurch wird es möglich, zunächst einen **Rahmenprospekt für das MTN-Programm** zu erstellen, in dem die Grundbedingungen dieses Programms dargestellt werden, während die konkrete Ausstattung der einzelnen Tranchen in ergänzenden Konditionenblättern, sog. Pricing Supplements, zu einem späteren Zeitpunkt als Nachtrag gemäß den für den ursprünglichen Prospekt geltenden Vorschriften veröffentlicht werden können.[5]

§ 49 *(aufgehoben)*

Die früher in § 49 aF angeordnete **Veröffentlichung des Zulassungsantrags** wurde durch das **1** Finanzmarktrichtlinie-Umsetzungsgesetz gestrichen. Dies stellt eine nicht zu unterschätzende Erleichterung insbesondere bei zeitkritischen Transaktionen dar.

§ 50 Zeitpunkt der Zulassung

Die Zulassung darf frühestens an dem auf das Datum der Einreichung des Zulassungsantrags bei der Geschäftsführung folgenden Handelstag erfolgen.

Durch das Finanzmarktrichtlinie-Umsetzungsgesetz wurde die bis dahin in § 50 aF enthaltene Drei- **1** Werktages-Frist[1*] verkürzt und beginnt – aufgrund der Streichung des § 49 aF – nicht mehr mit der Veröffentlichung des Zulassungsantrags sondern mit dem Datum der Einreichung. Gleichzeitig wurde eine früher kontrovers beurteilte Frage, die der Anwendung des § 187 Abs. 1 oder Abs. 2 BGB, durch die neue Formulierung entschieden: Der früheste Zeitpunkt der Zulassung ist der dem Tag der Einreichung des Zulassungsantrags folgende Handelstag, dh wird der Zulassungsantrag am 3.12.2019 gestellt, kann die Zulassung am 4.12.2019 erfolgen.[2*]

Wie lange sich die Geschäftsführung für die Zulassung Zeit lassen darf, ist nicht geregelt. Früher **2** wurde gelegentlich vertreten, eine Frist von 10–15 Werktagen sei angemessen. Das mag zu Zeiten, in denen die Zulassungsstelle aus 20 und mehr Vertretern der Handelsteilnehmer bestand, noch vertretbar gewesen sein. Spätestens seit der Übertragung der Zulassungskompetenz auf die Geschäftsführung der Börse durch das Finanzmarktrichtlinie-Umsetzungsgesetz dürfte man aber ein deutlich schnelleres Vorgehen erwarten können. Die Geschäftsführung der FWB selbst sieht das offensichtlich ebenso, wenn sie als Anlage ihres Rundschreiben Listing 01/2007 im Zeitplan den Zulassungsbeschluss auf den Tag nach Einreichung des Zulassungsantrags festlegt.[3*]

---

[1] BR-Drs. 85/05, 13.

[2] Beschlussempfehlung und Bericht des Finanzausschusses, BT-Drs. 15/5373, 50.

[3] Wie hier auch Schwark/Zimmer/*Heidelbach* Rn. 2.

[4] Beschlussempfehlung und Bericht des Finanzausschusses, BT-Drs. 15/5373, 50.

[5] RegBegr. zum Dritten Finanzmarktförderungsgesetz, BT-Drs. 13/8933, 54 (155 f.); *Meixner* NJW 1998, 1896 (1900). Ausf. zum Anwendungsbereich des § 48a vgl. *Gebhardt* in Schäfer/Hamann § 44 Rn. 3 ff.

[1*] Vgl. zur Begründung dieser Frist noch RegBegr. zur BörsZulV, BR-Drs. 72/87, 67 (87).

[2*] Vgl. auch Rundschreiben Listing 01/2007 der Frankfurter Wertpapierbörse, dort Übersichten in den Anlagen.

[3*] Allerdings verweist sie ausdrücklich darauf, dass die Anlage nur die gesetzlichen Mindestfristen enthalte. „Die tatsächlichen Fristen für die Bearbeitung eines Zulassungsverfahrens können je nach Art des Verfahrens und Aufwand auch länger sein. Dennoch wird man bemüht sein, die eingehenden Verfahren schnellstmöglich zu erledigen." Ziffer

3   Die Änderung der Fristen im Zulassungsverfahren durch das Finanzmarktrichtlinie-Umsetzungsgesetz, insbesondere die Verkürzung der Frist in § 50 beseitigt die bis dahin bestehenden Probleme insbesondere bei sog. Accelerated Bookbuildings, dh beschleunigte Platzierungen von Wertpapieren.[4] Früher erforderliche Umweglösungen, zB Wertpapierleihe, um den Anlegern zugelassene Aktien zuteilen zu können, sind damit nicht mehr erforderlich. Jetzt können am Tage der beschleunigten Platzierung zB die Eintragung der Durchführung der Kapitalerhöhung beantragt und durchgeführt werden, gleichzeitig (oder bereits früher, da dies wegen Streichung des § 49 aF nicht mehr veröffentlicht wird) kann die Zulassung der neuen Aktien beantragt werden, diese erfolgt dann am darauf folgenden Tag und einen Tag später können bereits eingeführte Aktien gehandelt werden (§§ 50, 51, 52).

§ 51 Veröffentlichung der Zulassung

Die Zulassung wird von der Geschäftsführung auf Kosten der Antragsteller im Bundesanzeiger veröffentlicht.

1   Die **Veröffentlichung der Zulassung** dient der Unterrichtung des Publikums. Da die Zulassung als solche bereits einen gebilligten Prospekt voraussetzt (§ 32 Abs. 3 Nr. 2 BörsG), wurde § 51 durch das Prospektrichtlinie-Umsetzungsgesetz geändert. Die früher mögliche und übliche Veröffentlichung der Zulassung im Prospekt selbst wurde aufgehoben, so dass nur noch die bereits früher auch mögliche Veröffentlichung im Bundesanzeiger und in einem Börsenpflichtblatt sowie die Börsenbekanntmachung verbleiben. Die Veröffentlichungsmöglichkeit im Bundesanzeiger wurde durch das Gesetz über elektronische Handelsregister und Genossenschaftsregister sowie das Unternehmensregister (EHUG)[1] in den elektronischen Bundesanzeiger geändert, die Veröffentlichungsmöglichkeit in einem Börsenpflichtblatt wurde durch dasselbe Gesetz gestrichen. Das Gesetz zur Änderung von Vorschriften über Verkündung und Bekanntmachungen sowie der Zivilprozessordnung, des Gesetzes betreffend die Einführung der Zivilprozessordnung und der Abgabenordnung,[2] das die Einstellung der Druckfassung des Bundesanzeigers umsetzte, führte dann wieder zur Streichung des Wortes „elektronischen". Die Frankfurter Wertpapierbörse arbeitet eng mit dem Bundesanzeiger zusammen, sodass uU sogar eine Veröffentlichung der Zulassung am selben Tag wie dem der Zulassungsentscheidung erfolgen kann. Die Veröffentlichungsmöglichkeit durch Börsenbekanntmachung wurde durch das Finanzmarktrichtlinie-Umsetzungsgesetz gestrichen. Die Zulassungsklausel erfolgt in deutscher Sprache und wird – auch bei anderssprachigem Prospekt – im Bundesanzeiger auf Deutsch veröffentlicht.[3]

§ 52 Einführung

Die Einführung der Wertpapiere darf frühestens an dem auf die erste Veröffentlichung des Prospekts oder, wenn kein Prospekt zu veröffentlichen ist, an dem der Veröffentlichung der Zulassung folgenden Werktag erfolgen.

1   Maßgeblich für die **Einführung der Wertpapiere** sind die Bestimmungen der **Börsenordnungen,** vgl. zB § 58 BörsenO der FWB.[1*] Die Einführung, dh Aufnahme der Notierung (§ 38 Abs. 1 BörsG), setzt seit der Änderung durch das Vierte Finanzmarktförderungsgesetz keinen Antrag eines an der FWB zugelassenen Kreditinstituts mehr voraus.[2*] Dieser Antrag kann auch bereits vor der eigentlichen Zulassung gestellt werden; die Einführung als solche setzt jedoch dann die Zulassung voraus.

2   Die früher zu § 52 vertretene Auffassung, dass zwischen dem Tag der Prospektveröffentlichung und der Einführung kein Werktag freibleiben muss,[3*] ist durch die Umformulierung des § 52 durch das Finanzmarktrichtlinie-Umsetzungsgesetz bestätigt worden.

---

5 Rundschreiben Listing 01/2007 vom 21.9.2007. Insofern empfiehlt es sich, den Zeitplan vorab mit der Geschäftsführung abzustimmen und ggf. auch einzelne Unterlagen vorab einzureichen.
[4] Wie hier *Busch* in Marsch-Barner/Schäfer AG-HdB § 43 Rn. 23.
[1] BGBl. 2006 I 2553.
[2] BGBl. 2011 I 3044.
[3] *Gebhardt* in Schäfer/Hamann Rn. 4.
[1*] BörsenO der FWB auch abrufbar über die Internet-Seite der Deutsche Börse AG.
[2*] → BörsG § 38 Rn. 4.
[3*] *Gebhardt* in Schäfer/Hamann Rn. 8.

Zweites Kapitel. Pflichten des Emittenten zugelassener Wertpapiere

Erster Abschnitt. *(aufgehoben)*

§§ 53–62 *(aufgehoben)*

Zweiter Abschnitt. Sonstige Pflichten

§§ 63–67 *(aufgehoben)*

§ 68 *(aufgehoben)*

§ 69 Zulassung später ausgegebener Aktien

(1) ¹Der Emittent zugelassener Aktien ist verpflichtet, für später öffentlich ausgegebene Aktien derselben Gattung wie der bereits zugelassenen die Zulassung zum regulierten Markt zu beantragen, wenn ihre Zulassung einen Antrag voraussetzt. ²§ 7 Abs. 1 Satz 2 und 3 bleibt unberührt.

(2) ¹Der Antrag nach Absatz 1 ist spätestens ein Jahr nach der Ausgabe der zuzulassenden Aktien oder, falls sie zu diesem Zeitpunkt nicht frei handelbar sind, zum Zeitpunkt ihrer freien Handelbarkeit zu stellen. ²Findet vor der Einführung der Aktien ein Handel von Bezugsrechten im regulierten Markt statt und ist ein Prospekt gemäß der Verordnung (EU) 2017/1129 zu veröffentlichen, so ist der Antrag auf Zulassung unter Beachtung der in Artikel 21 der Verordnung (EU) 2017/1129 für die Prospektveröffentlichung bestimmten Fristen zu stellen.

I. Pflichten des Emittenten zugelassener Wertpapiere im Überblick

Die früher im zweiten Kapitel enthaltenen Regelungen über die Pflichten des Emittenten zugelasse- **1** ner Wertpapiere, die Pflicht zur Erstellung und Veröffentlichung von Zwischenberichten einerseits und die sonstigen Pflichten, die in §§ 63–70 aF enthalten waren, sind teilweise durch das Transparenzrichtlinie-Umsetzungsgesetz und teilweise durch das Finanzmarktrichtlinie-Umsetzungsgesetz gestrichen und in das Wertpapierhandelsgesetz übernommen worden. Geblieben ist nur noch § 69.

II. Zulassung später ausgegebener Aktien

§ 69 basiert auf der Ermächtigung in § 40 Abs. 2 BörsG und setzt § 40 Abs. 1 BörsG um bzw. **2** konkretisiert die dort enthaltene Regelung. § 69 dient der ordnungsgemäßen Kursbildung, die durch eine möglichst große Marktbreite erreicht werden soll. Deshalb sollen alle später öffentlich ausgegebenen Aktien ebenfalls zugelassen werden, wobei nach § 69 Abs. 2 der Zulassungsantrag für die neuen Aktien spätestens 1 Jahr nach ihrer Ausgabe zu stellen ist. Dabei interpretiert die Geschäftsführung der Frankfurter Wertpapierbörse den Begriff der „öffentlich ausgegebenen Aktien" sehr weit und erfasst alle neu ausgegebenen Aktien, auch solche, die zB allein an einen Zeichner begeben wurden. Dass ein Zeichner nicht die Öffentlichkeit darstellt und dass an ihn nicht öffentlich ausgegeben wird, ergibt sich dagegen aus dem Wortlaut, so dass dieser Interpretation nicht zuzustimmen ist. Nach § 69 Abs. 1 S. 2 bleiben allerdings die Ausnahmeregeln in § 7 Abs. 1 S. 2 und 3 unberührt, dh es besteht keine Pflicht, die Zulassung von öffentlich ausgegebenen Aktien zu beantragen, die aufgrund gesetzlicher oder vertraglicher Verpflichtungen nicht gehandelt werden sollen.

§ 70 *(aufgehoben)*

Drittes Kapitel. Schlussvorschriften

§ 71 *(aufgehoben)*

§ 72 [1] Allgemeine Bestimmungen über Jahresabschlüsse

(1) [1]Jahresabschlüsse im Sinne dieser Verordnung sind:

1. der Jahresabschluss nach § 242 Abs. 3 des Handelsgesetzbuchs,
2. der Einzelabschluss nach § 325 Abs. 2a des Handelsgesetzbuchs,
3. der Konzernabschluss nach dem Zweiten Unterabschnitt des Zweiten Abschnitts des Dritten Buchs des Handelsgesetzbuchs oder nach dem Zweiten Abschnitt des Publizitätsgesetzes,
4. Abschlüsse nach anderen Vorschriften, sofern darin auf eine der vorgenannten Bestimmungen verwiesen wird, und
5. Abschlüsse nach ausländischem Recht, sofern sie ihrer Art nach einem Abschluss nach den Nummern 1 bis 4 entsprechen.

[2]Die Bestimmungen dieser Verordnung betreffend ausländische Emittenten bleiben unberührt.

(2) [1]Soweit der Emittent nach dieser Verordnung einen Einzelabschluss in den Prospekt aufzunehmen oder anderweitig offen zu legen hat, kann nach seiner Wahl ein Abschluss nach Absatz 1 Satz 1 Nr. 2 an die Stelle eines solchen nach Absatz 1 Satz 1 Nr. 1 oder nach Absatz 1 Satz 1 Nr. 4 in Verbindung mit Nr. 1 treten. [2]Entsprechendes gilt für die Zusammenfassung eines Einzelabschlusses und für den Bestätigungsvermerk dazu.

§ 72a Übergangsvorschrift

(1) Für Schuldverschreibungen, für die ein Prospekt nach § 44 dieser Verordnung vor dem 1. Juli 2005 veröffentlicht worden ist, findet diese Verordnung in der vor dem 1. Juli 2005 geltenden Fassung weiterhin Anwendung.

(2) Für Schuldverschreibungen, für die ein Basisprospekt nach dem Wertpapierprospektgesetz in der bis zum 20. Juli 2019 geltenden Fassung gebilligt wurde, findet § 48a in der bis zum 20. Juli 2019 geltenden Fassung weiterhin Anwendung, solange dieser Basisprospekt Gültigkeit hat.

(3) § 69 Absatz 2 Satz 2 in der bis zum 20. Juli 2019 geltenden Fassung findet weiterhin Anwendung für den Fall eines Prospekts, der nach dem Wertpapierprospektgesetz in der bis zum 20. Juli 2019 geltenden Fassung gebilligt wurde, solange dieser Prospekt Gültigkeit hat.

Anlage

(zu § 57 Abs. 2)

(aufgehoben)

---

[1] Siehe hierzu Fußnote zu § 48a.

Gesetz über die Erstellung, Billigung und Veröffentlichung des Prospekts, der beim öffentlichen Angebot von Wertpapieren oder bei der Zulassung von Wertpapieren zum Handel an einem organisierten Martk zu veröffentlichen ist (Wertpapierprospektgesetz – WpPG)

Vom 22 Juni 2005 (BGBl. I S. 1698)

Zuletzt geändert durch Art. 60 Zweites Datenschutz-Anpassungs- und Umsetzungsgesetz EU vom 20.11.2019 (BGBl. I S. 1626)

Vorbemerkungen

Schrifttum: *Apfelbacher/Metzner,* Das Wertpapierprospektgesetz in der Praxis – Eine erste Bestandsaufnahme, BKR 2006, 81; *Angersbach/von der Chevallerie/Ulbricht,* Prospektfreie Börsenzulassung von neuen Aktien aus reinen Bezugsrechtskapitalerhöhungen ohne Volumenbegrenzung nach § 4 Abs. 2 Nr. 7 WpPG, ZIP 2009, 1302; *Assmann,* Neues Recht für den Wertpapiervertrieb, die Förderung der Vermögensbildung durch Wertpapieranlagen und die Geschäftstätigkeiten von Hypothekenbanken, NJW 1991, 528; *Assmann/Lenz/Ritz,* Verkaufsprospektgesetz, Verkaufsprospekt-Verordnung und Verkaufsprospektgebührenverordnung, 2001; *Assmann/Schlitt/v. Kopp-Colomb,* WpPG, VermAnlG, 3. Aufl. 2017; *Berrar/Schnorbus/Meyer,* Frankfurter Kommentar zum WpPG und zur EU-ProspektVO, 2. Aufl. 2017; *Bloß/Schneider,* Prospektfreie Teilzulassung für später ausgegebene Aktien, WM 2009, 879; *Bosch/Groß,* Emissionsgeschäft, 2000; *Carl/Machunsky,* Der Wertpapier-Verkaufsprospekt, 1992; *Crüwell,* Die europäische Prospektrichtlinie, AG 2003, 243; *Ekkenga,* Änderungs- und Ergänzungsvorschläge zum Regierungsentwurf eines neuen Wertpapierprospektgesetzes, BB 2005, 561; *Fürhoff/Ritz,* Richtlinienentwurf der Kommission über den Europäischen Pass für Emittenten, WM 2001, 2280; *Gericke,* Handbuch für die Börsenzulassung von Wertpapieren, 1992; *Geyer/Schelm,* Das neue europäische Prospektrecht ein Überblick aus Sicht der Praxis, BB 2019, 1731; *Grimme/Ritz,* Die Novellierung verkaufsprospektrechtlicher Vorschriften durch das Dritte Finanzmarktförderungsgesetz, WM 1998, 2091; *Grundmann* in Staub, Kommentar zum HGB, Bd. 11/1, 5. Aufl. 2017; *Groß,* Bookbuilding, ZHR 1998, 318; *Gruson,* Prospekterfordernisse und Prospekthaftung bei unterschiedlichen Anlageformen nach amerikanischem und deutschem Recht, WM 1995, 89; *Heidelbach/Preuße,* Einzelfragen in der praktischen Arbeit mit dem neuen Wertpapierprospektregime, BKR 2006, 316; *Hopt,* Die Verantwortlichkeit der Banken bei Emissionen, 1991; *Holzborn/Schwarz-Gondek,* Die neue EU-Prospektrichtlinie, BKR 2003, 927; *Hüffer,* Das Wertpapier-Verkaufsprospektgesetz, 1996; *Just/Voß/Ritz/Zeising,* WpPG, 2009; *Kollmorgen/Feldhaus,* Zur Prospektpflicht bei aktienbasierten Mitarbeiterbeteiligungsprogrammen, BB 2007, 225; *Kollmorgen/Feldhaus,* Neues von der Prospektpflicht für Mitarbeiterbeteiligungsprogramme, BB 2007, 2756; *v. Kopp-Colomb/Lenz,* Der europäische Pass für Emittenten, AG 2002, 24; *Kullmann/Müller-Deku,* Die Bekanntmachung zum Wertpapierverkaufsprospektgesetz, WM 1996, 1989; *Kullmann/Sester,* Das Wertpapierprospektgesetz (WpPG) – Zentrale Punkte des neuen Regimes für Wertpapieremissionen –, WM 2005, 1068; *Kullmann/Sester,* Inhalt und Form von Emissionsprospekten nach dem WpPG, ZBB-Report 2005, 209; *Kunold/Schlitt,* Die neue EU-Prospektrichtlinie, BB 2004, 501; *Lachner/v. Heppe,* Die prospektfreie Zulassung nach § 4 Abs. 2 Nr. 1 WpPG („10%-Ausnahme") in der jüngsten Praxis, WM 2008, 576; *Leuering,* Prospektpflichtige Anlässe im WpPG, Der Konzern 2006, 4; *Lenz/Ritz,* Die Bekanntmachung des Bundesaufsichtsamts für den Wertpapierhandel zum Wertpapier-Verkaufsprospektgesetz und zur Verordnung über Wertpapier-Verkaufsprospekte, WM 2000, 904; *Mattil/Möslein,* Die Sprache des Emissionsprospekts, WM 2007, 819; *Schäfer,* Emission und Vertrieb von Wertpapieren nach dem Wertpapierverkaufsprospektgesetz, ZIP 1991, 1557; *Schlitt/Singhof/Schäfer,* Aktuelle Rechtsfragen und neue Entwicklungen im Zusammenhang mit Börsengängen, BKR 2005, 251; *Schlitt/Schäfer,* Auswirkungen des Prospektrichtlinie-Umsetzungsgesetzes auf Aktien- und Equity-linked Emissionen, AG 2005, 498; *J. Schneider,* Kollektive Investitionsentscheidungen als öffentliches Angebot i. S. d. § 2 Nr. 4 WpPG, AG 2016, 341; *Schulz,* Aktienemissionen nach der Europäischen Prospektverordnung, WM 2018, 212; *Schwark,* Wertpapier-Verkaufsprospektgesetz und Freiverkehr, in: Bankrecht – Schwerpunkte und Perspektiven, FS Schimansky, 1999, 739; *Süßmann,* Wertpapier-Verkaufsprospektgesetz und Verkaufsprospekt-Verordnung, EuZW 1991, 210; *Veil,* Prognosen im Kapitalmarktrecht, AG 2006, 690; *Voß,* Das Gesetz zur Ausübung von Optionen der EU-Prospektverordnung, ZBB/JBB 2018, 305; *Wagner,* Der Europäische Pass für Emittenten – die neue Prospektrichtlinie, Die Bank, 2003, 680; *Waldeck/Süßmann,* Die Anwendung des Wertpapier-Verkaufsprospektgesetzes, WM 1993, 361; *Weber,* Unterwegs zu einer europäischen Prospektkultur, NZG 2004, 360; *Wiegel,* Die Prospektrichtlinie und Prospektverordnung, 2008; *Wöckener/Kutzbach,* Neue EU-Prospektverordnung – Anpassungsbedarf bei der Praxis der Prospekterstellung, RdF 2018, 276x.

I. Entstehung des WpPG

Das „Gesetz über die Erstellung, Billigung und Veröffentlichung des Prospekts, der beim öffent- **1** lichen Angebot von Wertpapieren oder bei der Zulassung von Wertpapieren zum Handel an einem organisierten Markt zu veröffentlichen ist (Wertpapierprospektgesetz – WpPG)", WpPG, trat als Art. 1

des **Prospektrichtlinien-Umsetzungsgesetzes**[1] am 1.7.2005 in Kraft[2] und diente ursprünglich der Umsetzung der RL 2003/71/EG, Prospekt-RL[3] sowie der dazu ergangenen Prospekt-VO.[4] Seit der fundamentalen Änderung durch das Gesetz zur weiteren Ausführung der EU-Prospektverordnung und zur Änderung von Finanzmarktgesetzen[5] (→ Rn. 9) enthält es, neben den unverändert übernommenen Regelungen zur Prospekthaftung, nur noch ergänzende durch die VO (EU) 2017/1129 (neue Prospekt-VO) nicht abschließend geregelte Regelungen.

2   **1. Europäische Vorgaben.** Ausgehend davon, dass die Einführung des Euro zu einer Zunahme grenzüberschreitender Börsenzulassungen und Wertpapierangebote führt,[6] gleichzeitig aber die gegenseitige Anerkennung von Börsenzulassungs- und Verkaufsprospekten aufgrund teilweiser unterschiedlicher nationaler Bestimmungen nicht ohne Probleme erfolgte und zu wenig genutzt wurde,[7] hatte die Kommission bereits 1998 ein Konsultationsverfahren zur Überarbeitung der alten Prospektrichtlinien mit dem Zweck einer weiteren Harmonisierung initiiert. Im Rahmen dieses Konsultationsverfahrens hatte das Forum of European Securities Commissions (FESCO, zwischenzeitlich Committee of European Securities Regulations, CESR, jetzt European Securities and Market Authority, ESMA) bereits Ende 2000 der EU-Kommission einen Bericht über die Vereinfachung grenzüberschreitender Angebote von Wertpapieren vorgelegt.[8]

3   Die auch von der FESCO/CESR vorgeschlagene Harmonisierung sollte dazu führen, der Praxis einfache, vollständig harmonisierte und kostengünstige Verfahren für grenzüberschreitende öffentliche Angebote und Börsenzulassungen zur Verfügung zu stellen. Die Richtlinie 2003/71/EG des Europäischen Parlaments und Rates vom 4. November 2003 betreffend den Prospekt, der beim öffentlichen Angebot von Wertpapieren oder bei deren Zulassung zum Handel zu veröffentlichen ist, und zur Änderung der Richtlinie 2001/34/EG[9] setzte diese früheren Harmonisierungsbemühungen um. Diese Prospekt-RL wurde konkretisiert durch europäische Ausführungsbestimmungen, insbesondere die VO (EG) 809/2004[10] und flankiert von der Transparenzharmonisierungs-RL.[11] Dabei wendete die Kommission bei Erlass dieser Richtlinien und ihrer Durchführungsbestimmungen entsprechend dem Lamfalussy Report das Lamfalussy-Verfahren bzw. **Komitologieverfahren**[12] an.

---

[1] BGBl. 2005 I 1698. Entstehungsgeschichte: RefEntw. vom November 2004; Regierungsentwurf v. 4.2.2005, BT-Drs. 15/4999; Stellungnahme Bundesrat vom 18.3.2005, BR-Drs. 85/05 und BT-Drs. 15/5219, 1–7; Gegenäußerung der Bundesregierung, BT-Drs. 15/5219, 7 ff.; Beschlussempfehlung und Bericht des Finanzausschusses vom 20.4.2005, BT-Drs. 15/5373; Beschluss des Bundesrates, BR-Drs. 304/05.

[2] Vgl. Art. 10 Prospektrichtlinie-Umsetzungsgesetz, dort auch zu den bereits früher in Kraft getretenen Vorschriften des WpPG. Bei diesen handelt es sich um Ermächtigungsnormen für den Erlass von Rechtsverordnungen. Diese sollen deshalb früher in Kraft treten, um sicher zu stellen, dass die erforderlichen Rechtsverordnungen selbst mit den Regelungen zur Prospektpflicht in Kraft treten können, vgl. RegBegr. zum Prospektrichtlinie-Umsetzungsgesetz, BT-Drs. 15/4999, 25 (44).

[3] Richtlinie 2003/71/EG des europäischen Parlaments und des Rates vom 4. November 2003 betreffend den Prospekt, der beim öffentlichen Angebot von Wertpapieren oder bei deren Zulassung zum Handel zu veröffentlichen ist, und zur Änderung der Richtlinie 2001/34/EG, ABl. 2003 L 345, 64. Vgl. dazu näher *Crüwell* AG 2003, 243; *Fürhoff/Ritz* WM 2001, 2280; *Holzborn/Schwarz-Gondek* BKR 2003, 927; *v. Kopp-Colomb/Lenz* AG 2002, 24; *Kunold/Schlitt* BB 2004, 501 ff.; *Weber* NZG 2004, 360 ff.

[4] Verordnung (EG) Nr. 809/2004 der Kommission vom 29. April 2004 zur Umsetzung der Richtlinie 2003/71/EG des Europäischen Parlaments und des Rates betreffend die in Prospekten enthaltenen Informationen sowie das Format, die Aufnahme von Informationen mittels Verweis und die Veröffentlichung solcher Prospekte und die Verbreitung von Werbung, in der zweiten berichtigten Fassung abgedruckt in ABl. 2005 L 186, 3.

[5] BGBl. 2019 I 1002.

[6] Dies hat sich bereits 1999 und 2000 im Falle der Kapitalerhöhung bzw. Umplatzierung der Deutsche Telekom AG, bei denen ein öffentliches Angebot in allen 11 Mitgliedstaaten der Euro-Zone durchgeführt wurde, realisiert.

[7] So ausdr. die Begründung der Kommission bei ihrem geänderten Vorschlag für eine Richtlinie des Europäischen Parlaments und des Rates betreffend den Prospekt, der beim öffentlichen Angebot von Wertpapieren oder bei deren Zulassung zum Handel zu veröffentlichen ist und zur Änderung der Richtlinie 2001/34/EG vom 9. August 2002, KOM (2002) 460 endg., http://www.europa.eu.int/comm/internal_market/en/finances/mobil/com460de.pdf., S. 3.

[8] „A European Passport for Issuers" a report for the EU Commission, December 20, 2000, abrufbar unter http://www.cesr-eu.org; vgl. dazu auch *Wittich* Die Bank 2001, 278 (281 f.).

[9] ABl. 2003 L 345, 64.

[10] Vor allem die Verordnung (EG) Nr. 809/2004 der Kommission vom 29. April 2004 zur Umsetzung der Richtlinie 2003/71/EG des Europäischen Parlaments und des Rates betreffend die in Prospekten enthaltenen Informationen sowie das Format, die Aufnahme von Informationen mittels Verweis und die Veröffentlichung solcher Prospekte und die Verbreitung von Werbung, in der zweiten berichtigten Fassung abgedruckt in ABl. 2005 L 186, 3 und die noch weitergehenden CESR's Recommendations for the Consistent Implementation of the European Commission's Regulation on Prospectuses n° 809/2004, CESR/05–54b, aktualisiert durch ESMA update of the CESR recommendations, abrufbar über die Homepage: www.esma.europa.eu.

[11] Richtlinie 2004/109/EG des Europäischen Parlaments des Rates zur Harmonisierung der Transparenzanforderungen in Bezug auf Informationen über Emittenten, deren Wertpapiere zum Handel auf einem geregelten Markt zugelassen sind, und zur Änderung der Richtlinie 2001/34/EG, ABl. 2004 L 390, 38.

[12] → BörsG Vor § 1 Rn. 18 ff., näher zu den im Komitologieverfahren erlassenen europäischen Regelungen zur Prospektrichtlinie → BörsG Vor § 1 Rn. 20.

Das nach dem Komitologieverfahren durchgeführte mehrstufige europäische Rechtsetzungsverfah- **4** ren bewirkt aufgrund seiner hohen Regelungsdichte auf Stufe 2 und 3 eine erhebliche Einschränkung nationaler Rechtsetzung. Zwar bedarf eine Richtlinie (Stufe 1) auch nach deren Erlass, um im innerstaatlichen Bereich der Mitgliedstaaten Geltung zu erlangen, noch erst der Umsetzung in das nationale Recht der Mitgliedstaaten. Wird jedoch auf Stufe 2 (und Stufe 3) die Regelungsdichte so erhöht wie zB im Bereich der Prospektrichtlinie, dann bleibt bei der Umsetzung der Richtlinie in nationales Recht für den jeweiligen Mitgliedstaat kaum Freiraum. Insofern ist es nicht verwunderlich, dass bei der Umsetzung der Prospektrichtlinie im Rahmen des Prospektrichtlinie-Umsetzungsgesetzes der Kernbereich der Umsetzung, nämlich die Umsetzung der Vorschriften über Form und Inhalt des Prospekts, wie sie in der VO (EG) 809/2004 enthalten waren, durch schlichten Verweis auf diese Verordnung erfolgte, so § 7 aF. Anders gewendet: Die (alte) europäische Prospekt-VO[13] wurde[14] durch ausdrückliche in Bezugnahme im deutschen Recht unmittelbar geltendes deutsches Recht.

Auch diese Vollharmonisierung des Prospektinhalts durch die (alte) Prospekt-VO war jedoch nach **5** Ansicht der Europäischen Kommission nicht ausreichend, um eine wirkliche Kapitalmarktunion zu schaffen, da Prospektausnahmen sowie das Prospektbilligungsverfahren noch der nationalen Umsetzung der Prospektrichtlinie vorbehalten waren. Deshalb wurde im Rahmen des „Aktionsplan zur Schaffung einer Kapitalmarktunion"[15] eine völlige Vereinheitlichung angestrebt und mit der VO (EU) 2017/1129 (neue Prospekt-VO),[16] welche die Europäische Prospekt-RL ersetzte und den Delegierten Verordnungen, welche die (alte) Prospekt-VO ersetzen, implementiert. Die Delegierte Verordnung (EU) 2019/980 der Kommission vom 14.3.2019 zur Ergänzung der Verordnung (EU) 2017/1129 des Europäischen Parlaments und des Rates hinsichtlich der Aufmachung, des Inhalts, der Prüfung und der Billigung des Prospekts, der beim öffentlichen Angebot von Wertpapieren oder bei deren Zulassung zum Handel an einem geregelten Markt zu veröffentlichen ist, und zur Aufhebung der Verordnung (EG) Nr. 809/2004 der Kommission[17], und die Delegierte Verordnung (EU) 2019/979 der Kommission vom 14.3.2019 zur Ergänzung der Verordnung (EU) 2017/1129 des Europäischen Parlaments und des Rates durch technische Regulierungsstandards für wesentliche Finanzinformationen in der Zusammenfassung des Prospekts, die Veröffentlichung und Klassifizierung von Prospekten, die Werbung für Wertpapiere, Nachträge zum Prospekt und das Notifizierungsportal und zur Aufhebung der Delegierten Verordnung (EU) Nr. 382/2014 der Kommission und der Delegierten Verordnung (EU) 2016/301 der Kommission[18] enthalten die Detailregelungen, wobei der Prospektinhalt im Wesentlichen von den Annexen zu der Delegierte Verordnung 2019/980 bestimmt wird. **Prospekterfordernis, Prospektinhalt und Prospektbilligung sind damit europaweit einheitlich durch unmittelbar anwendbare und geltende (Art. 288 S. 2 AEUV) Verordnungen geregelt.** Nur soweit die europäischen Vorgaben ausdrückliche Zuweisungen an den nationalen Gesetzgeber enthalten, nationale Regelungen zu schaffen, zB in Art. 11 Prospekt-VO bzgl. der Prospekthaftung, oder sie Freiräume für den nationalen Gesetzgeber lassen, zB in Art. 3 Abs. 2 Prospekt-VO, bleibt für nationale Regelungen noch Raum.

2. WpPG, Inhalt des Prospektrichtlinie-Umsetzungsgesetzes. Eine der wesentlichen Ände- **6** rungen durch die Europäische Prospekt-RL von 2003 war, dass die frühere Zweiteilung zwischen **Verkaufsprospekten** einerseits und **Börsenzulassungsprospekten** andererseits[19] aufgehoben wurde,[20] da die Prospekt-RL Prospekte sowohl für das öffentliche Angebot von Wertpapieren als auch Prospekte für die Zulassung von Wertpapieren zum Handel an einem organisierten Markt erfasst. Ein gebilligter Prospekt kann daher sowohl für das öffentliche Angebot von Wertpapieren als auch für die Zulassung von Wertpapieren zum Handel an einem organisierten Markt, verwendet werden. Die Prospekt-RL brach damit nicht nur mit der bereits erwähnten früheren europäischen Zweiteilung zwischen Prospekten für öffentliche Angebote einerseits und Zulassungsprospekte anderer-

---

[13] Verordnung (EG) Nr. 809/2004 der Kommission vom 29. April 2004 zur Umsetzung der Richtlinie 2003/71/ EG des Europäischen Parlaments und des Rates betreffend die in Prospekten enthaltenen Informationen sowie das Format, die Aufnahme von Informationen mittels Verweis und die Veröffentlichung solcher Prospekte und die Verbreitung von Werbung, abgedruckt in der zweiten berichtigten Fassung in ABl. 2005 L 186, 3.

[14] Rechtlich wird sie es nicht, sondern ist es schon, da eine europäische Verordnung europarechtlich bereits unmittelbar geltendes Recht in den Mitgliedstaaten darstellt. Zutreffend insoweit RegBegr. zum Prospektrichtlinie-Umsetzungsgesetz, BT-Drs. 15/4999, 25.

[15] COM (2015) 468 (final).

[16] Verordnung (EU) 2017/1129 des Europäischen Parlaments und des Rates vom 14. Juni 2017 über den Prospekt, der beim öffentlichen Angebot von Wertpapieren oder bei deren Zulassung zum Handel an einem geregelten Markt zu veröffentlichen ist und zur Aufhebung der Richtlinie 2003/71/EG, ABl. 2017 L 118, 12.

[17] ABl. 2019 L 166, 26

[18] ABl. 2019 L 166, 1

[19] So die alte Börsenzulassungsrichtlinie, RL 79/279/EWG, ABl. 1979 L 66, 21, und die alte Börsenzulassungsprospektrichtlinie, RL 80/390/EWG, ABl. 1980 L 100, 1, einerseits und die Verkaufsprospektrichtlinie, RL 89/ 298/EWG, ABl. 1989 L 124, 8, andererseits.

[20] *Kullmann/Sester* ZBB-Report 2005, 209 (210).

seits, sondern auch mit einer anderen europäisch bis dahin vorgegebenen Differenzierung zwischen Prospekten für die Zulassung zum amtlichen Handel einerseits[21] und den für andere Märkte andererseits.[22]

II. Änderungen des WpPG

7   Das WpPG ist seit seinem Inkrafttreten mehrfach geändert worden. Diese Änderungen betrafen jedoch nur Randbereiche.[23] Die erste wesentliche Änderung erfolgte durch das **Gesetz zur Novellierung des Finanzanlagenvermittler- und Vermögensanlagenrechts**.[24] Nachdem das WpPG die Trennung zwischen Verkaufsprospekt einerseits und Börsenzulassungsprospekt andererseits aufgehoben und die Zuständigkeit für deren Billigung sowie deren inhaltliche Anforderungen einheitlich geregelt hat, erschien die Trennung der Haftungsregeln in §§ 13, 13a VerkProspG aF einerseits und §§ 44 ff. BörsG aF andererseits „künstlich".[25] Sie war jedoch nicht nur künstlich, sondern führte auch zu Unsicherheiten, zB ob § 13 VerkProspG aF auch auf einen Prospekt anzuwenden ist, der für das öffentliche Angebot von bereits zum Börsenhandel zugelassenen Wertpapieren erstellt wurde.[26] Diese Trennung wurde deshalb aufgegeben, sämtliche Haftungsvorschriften für fehlerhafte und fehlende Prospekte für Wertpapiere im neu eingefügten Abschnitt 6 im WpPG konzentriert, unabhängig davon, ob der Prospekt Grundlage für die Zulassung oder aber für das öffentliche Angebot von Wertpapieren ist. Das Haftungsregime als solches, dh Voraussetzungen und Rechtsfolgen, wurden unverändert übernommen. Ausgenommen davon sind nur die Verjährungsregelung des § 46 BörsG aF (1 bzw. 3 Jahre), die gestrichen und damit durch die allgemein geltenden Verjährungsvorschriften des BGB ersetzt wurde, sowie die Erweiterung der Möglichkeit, weitergehende Ansprüche geltend zu machen, indem in § 25 Abs. 2 die in § 47 Abs. 2 BörsG aF noch enthaltene Einschränkung auf vorsätzliche oder grob fahrlässige unerlaubte Handlungen gestrichen wurde.[27]

8   Eine weitere wesentliche Änderung des WpPG erfolgte wenig später aufgrund der Umsetzung der RL 2010/73/EU,[28] der Änderungs-RL, durch das Gesetz zur Umsetzung der Richtlinie 2010/73/EU und zur Änderung des Börsengesetzes.[29] In gleichsam wortwörtlicher Übernahme[30] der Änderungen der Prospekt-RL hat das Gesetz zur Umsetzung der Richtlinie 2010/73/EU und zur Änderung des Börsengesetzes die Vorschriften des WpPG an die durch die RL 2010/73/EU geänderte Prospekt-RL angeglichen. Darüber hinaus wurde das bis dahin in § 10 geregelte jährliche Dokument durch Streichung des § 10 zu Recht abgeschafft. Über die Umsetzung der Änderungs-RL hinaus wurden in § 9 Abs. 2 klargestellt, dass nach Ablauf eines Jahres grundsätzlich ein neuer Prospekt zu erstellen ist, selbst dann, wenn das ursprüngliche öffentliche Angebot noch andauern sollte (Ausnahme: Basisprospekt), in § 14 Abs. 2 S. 3 die Dauer der Prospektveröffentlichung geregelt, und die Übergangsregelung in § 37 Abs. 1 WpPG aF für vor dem 1.7.2005 veröffentlichte Verkaufsprospekte für von Kreditinstituten ausgegebene Wertpapiere wieder gestrichen.

9   Die fundamentale Änderung erfolgte jedoch durch das **Gesetz zur weiteren Ausführung der Prospektverordnung und zur Änderung von Finanzmarktgesetzen**.[31] Da die neue Prospekt-VO und die auf deren Grundlage erlassenen Delegierten Verordnungen sehr detailliert die Umstände, welche einen Prospekt erfordern bzw. von dessen Erfordernis befreien, das Prospektbilligungsverfahren, den Prospektinhalt und den Prospektaufbau regeln, bleiben für den nationalen Gesetzgeber nur noch in dem Umfang, in dem diese Verordnungen dies anordnen oder zulassen, „ergänzende Regelungen", so § 1. Alle anderen Regelungen wurden im Wertpapierprospektgesetz gestrichen, sodass nur wenige,

---

[21] Richtlinie 2001/34/EG des Europäischen Parlaments und des Rates vom 28. Mai 2001 über die Zulassung von Wertpapieren zur amtlichen Börsennotierung und über die hinsichtlich dieser Wertpapiere zu veröffentlichenden Informationen, ABl. 2001 L 184, 1, berichtigt ABl. 2001 L 217, 18.

[22] Verkaufsprospektrichtlinie, RL 89/298/EWG, ABl. 1989 L 124, 8.

[23] Kurze Übersicht über die Änderungen bei Assmann/Schlitt/v. Kopp-Colomb/*Assmann* Einl. Rn. 14; FK-WpPG/*Schnorbus* Vor § 1 ff. Rn. 4. Weitere Änderungen erfolgten zB durch das Gesetz zur Umsetzung der Richtlinie 2010/78/EU vom 24. November 2010 im Hinblick auf die Errichtung des Europäischen Finanzaufsichtssystems, BGBl. 2011 I 2427.

[24] BGBl. 2011 I 2481.

[25] RegBegr. zum Entwurf eines Gesetzes zur Novellierung des Finanzanlagenvermittler- und Vermögensanlagenrechts, BT-Drs. 17/6051, 30 (46).

[26] Vgl. nur *Groß*, 4. Aufl. 2009, VerkProspG § 13 Rn. 3 f.

[27] Krit. dazu bereits *Lorenz/Schönemann/Wolf* CFL 2011, 346 (347 f. und 349); → § 9 Rn. 113.

[28] Richtlinie 2010/73/EU des Europäischen Parlaments und des Rates vom 24. November 2010 zur Änderung der Richtlinie 2003/71/EG betreffend den Prospekt, der beim öffentlichen Angebot von Wertpapieren oder bei deren Zulassung zum Handel zu veröffentlichen ist, und der Richtlinie 2004/109/EG zur Harmonisierung der Transparenzanforderungen in Bezug auf Informationen über Emittenten, deren Wertpapier zum Handel auf einen geregelten Markt zugelassen sind, ABl. 2010 L 321, 1.

[29] BGBl. 2012 I 1375.

[30] RegBegr. BT-Drs. 17/8684, 13: „Im Wesentlichen werden die durch die Änderungsrichtlinie … vorgenommenen Änderungen „eins-zu-eins" umgesetzt."

[31] BGBl. 2019 I 1002.

europäisch zugelassene Ausnahmen von der Prospektpflicht, einzelne Verfahrensvorschriften und als wesentliche Materie die Prospekthaftung und die Haftung bei Wertpapier-Informationsblättern im WpPG verblieben sind.

III. Anwendung, Auslegung

Gelten damit die neue Prospekt-VO und die Delegierten Verordnungen unmittelbar und regeln **10** Prospekterfordernis, Prospektinhalt und Prospektbilligung und -veröffentlichung als unmittelbar anwendbares „deutsches" Recht, so hat der Rechtsanwender in Deutschland diesbezüglich zunächst die neue Prospekt-VO und die Delegierten Verordnungen anzuwenden und zu beachten. Soweit das WpPG wie zB in § 2 Verweise auf die neue Prospekt-VO enthält, handelt es sich um rein **deklaratorische Verweise,** weil die Bestimmungen und damit auch die Begriffsbestimmungen der neuen Prospekt-VO als Verordnungen gem. Art. 288 S. 2 AEUV unmittelbar gelten. Das gilt auch für Änderungen der neuen Prospekt-VO, auch diese würden unmittelbar gelten; selbst wenn sich § 2 nicht ändert, würde eine Änderung der neuen Prospekt-VO unmittelbar eine Änderung „deutschen" Rechts bewirken. Darüber hinaus sind Verweise in europäischen Regeln normalerweise „dynamische" Verweisungen, dh wird zB die Richtlinie, auf die verwiesen wird, geändert, dann gelten Bezugnahmen auf Begriffsbestimmungen oder Artikel der geänderten Richtlinie als Bezugnahmen auf die entsprechenden Begriffsbestimmungen der neuen Richtlinie. Damit ist für den Anwender „deutschen" Rechts bei der Frage, wie die Rechtslage ist, zunächst zu prüfen, ob sich die unmittelbar anwendbare Prospekt-VO geändert hat, und dann, ob eine Bestimmung, auf welche die Prospekt-VO verweist, geändert wurde.

Auch innerhalb des vom europäischen Gesetzgeber noch zur Verfügung gestellten oder frei gelasse- **11** nen Rahmens ist der nationale Gesetzgeber nicht frei, sondern hat die Grundlage auf der er tätig wird **gemeinschaftskonform** auszulegen und seine nationale Gesetzgebung entsprechend auszurichten.[32]

Abschnitt 1. Anwendungsbereich und Begriffsbestimmungen

§ 1 Anwendungsbereich

Dieses Gesetz enthält ergänzende Regelungen zu den Vorschriften der Verordnung (EU) 2017/1129 des Europäischen Parlaments und des Rates vom 14. Juni 2017 über den Prospekt, der beim öffentlichen Angebot von Wertpapieren oder bei deren Zulassung zum Handel an einem geregelten Markt zu veröffentlichen ist und zur Aufhebung der Richtlinie 2003/71/EG (ABl. L 168 vom 30.6.2017, S. 12) in Bezug auf

1. Ausnahmen von der Verpflichtung zur Veröffentlichung eines Prospekts;
2. das Wertpapier-Informationsblatt;
3. die Prospekthaftung und die Haftung bei Wertpapier-Informationsblättern;
4. die Zuständigkeiten und Befugnisse der Bundesanstalt für Finanzdienstleistungsaufsicht (Bundesanstalt) und
5. die Ahndung von Verstößen hinsichtlich
  a) der Vorschriften dieses Gesetzes;
  b) der Verordnung (EU) 2017/1129.

I. Vorbemerkung

Aufgrund der detaillierten Vorgaben der unmittelbar geltenden und anwendbaren neuen Prospekt- **1** VO[1] und der auf ihrer Grundlage erlassenen Delegierten Verordnungen[2] verbleibt dem deutschen

---

[32] Vgl. allgemein zum Einfluss europäischen Rechts auf nationales Recht, wenn dieses aufgrund europäischer Vorgaben ergangen ist, nur *Groß* in Henssler/Kolbeck/Moritz/Rehm, Europäische Integration und globaler Wettbewerb, 1993, 391 (399 ff.); zum Einfluss der Prospektrichtlinie auf die Auslegung des WpPG, *Kullmann/Sester* WM 1068, 1068.

[1] Verordnung (EU) 2017/1129 des Europäischen Parlaments und des Rates vom 14. Juni 2017 über den Prospekt, der beim öffentlichen Angebot von Wertpapieren oder bei deren Zulassung zum Handel an einem geregelten Markt zu veröffentlichen ist und zur Aufhebung der Richtlinie 2003/71/EG, ABl. 2017 L 118, 12.

[2] Zum einen die Delegierte Verordnung (EU) 2019/980 der Kommission vom 14.3.2019 zur Ergänzung der Verordnung (EU) 2017/1129 des Europäischen Parlaments und des Rates hinsichtlich der Aufmachung, des Inhalts, der Prüfung und der Billigung des Prospekts, der beim öffentlichen Angebot von Wertpapieren oder bei deren Zulassung zum Handel an einem geregelten Markt zu veröffentlichen ist, und zur Aufhebung der Verordnung (EG) Nr. 809/2004 der Kommission, ABl. 2019 L 166, 26, sowie die Delegierte Verordnung (EU) 2019/979 der Kommission vom 14.3.2019 zur Ergänzung der Verordnung (EU) 2017/1129 des Europäischen Parlaments und des Rates durch technische Regulierungsstandards für wesentliche Finanzinformationen in der Zusammenfassung des Prospekts, die Veröffentlichung und Klassifizierung von Prospekten, die Werbung für Wertpapiere, Nachträge zum Prospekt und

Gesetzgeber nur ein sehr eng begrenzter Rahmen für nationale Rechtsetzung für Prospekte, die beim öffentlichen Angebot von Wertpapieren oder bei deren Zulassung zum Handel an einem geregelten Markt zu veröffentlichen sind (→ Vor § 1 Rn. 9).

II. Anwendungsbereich

2   Deshalb regelt § 1 den Anwendungsbereich des WpPG entsprechend und bestimmt, dass das WpPG (nur) „ergänzende Regelungen" zur neuen Prospekt-VO enthält. Im Rahmen der den Mitgliedstaaten verbliebenen Optionen enthält das Wertpapierprospektgesetz Regelungen zu einzelnen wenigen noch zugelassenen Ausnahmen von der Prospektpflicht, zum Erstellen des Wertpapier-Informationsblattes,[3] formale Bestimmungen zu Zuständigkeit und Befugnissen der BaFin, zur Ahndung von Verstößen gegen die Prospekt-VO und als wesentlichen materiell bedeutsamen Komplex zur Prospekthaftung und zur Haftung für Wertpapier-Informationsblätter.[4]

§ 2 Begriffsbestimmungen

Im Sinne dieses Gesetzes ist oder sind

1. **Wertpapiere solche im Sinne des Artikels 2 Buchstabe a der Verordnung (EU) 2017/1129;**
2. **öffentliches Angebot von Wertpapieren eine Mitteilung im Sinne des Artikels 2 Buchstabe d der Verordnung (EU) 2017/1129;**
3. **qualifizierte Anleger Personen oder Einrichtungen im Sinne des Artikels 2 Buchstabe e der Verordnung (EU) 2017/1129;**
4. **Kreditinstitut ein solches im Sinne des Artikels 2 Buchstabe g der Verordnung (EU) 2017/1129;**
5. **Emittent eine Rechtspersönlichkeit im Sinne des Artikels 2 Buchstabe h der Verordnung (EU) 2017/1129;**
6. **Anbieter eine Rechtspersönlichkeit oder natürliche Person im Sinne des Artikels 2 Buchstabe i der Verordnung (EU) 2017/1129;**
7. **Zulassungsantragsteller die Personen, die die Zulassung zum Handel an einem geregelten Markt beantragen;**
8. **geregelter Markt ein solcher im Sinne des Artikels 2 Buchstabe j der Verordnung (EU) 2017/1129;**
9. **Werbung eine Mitteilung im Sinne des Artikels 2 Buchstabe k der Verordnung (EU) 2017/1129;**
10. **Bundesanstalt die Bundesanstalt für Finanzdienstleistungsaufsicht.**

Übersicht

---

das Notifizierungsportal und zur Aufhebung der Delegierten Verordnung (EU) Nr. 382/2014 der Kommission und der Delegierten Verordnung (EU) 2016/301 der Kommission, ABl. 2019 L 166, 1.

[3] Zu den durch das Gesetz zur Ausübung von Optionen der EU-Prospektverordnung und zur Anpassung weiterer Finanzmarktgesetze, BGBl. 2018 I 1102, eingeführten Wertpapierinformationsblättern vgl. RegBegr. Entwurf eines Gesetzes zur Ausübung von Optionen der EU-Prospektverordnung und zur Anpassung weiterer Finanzmarktgesetze, BT-Drs. 19/2435, 37; *Voß* ZBB 2018, 305 (312).

[4] RegBegr. Entwurf eines Gesetzes zur weiteren Ausführung der EU-Prospektverordnung und zur Änderung von Finanzmarktgesetzen, BT-Drs. 19/8005, 44.

I. Vorbemerkung

§ 2 enthält die Begriffsbestimmung für einige, für die Anwendung des WpPG zentrale Begriffe. **1** Dabei erfolgt die Begriffsbestimmung „grundsätzlich durch Verweis auf die in der EU-Prospektverordnung enthaltenen Definitionen, um der **unmittelbaren Wirkung der EU-Prospektverordnung** Rechnung zu tragen …"[1] Das ist zutreffend, weil eine von der Begriffsbestimmung in der Prospekt-VO abweichende Regelung dem nationalen Gesetzgeber gem. Art. 288 AEUV verwehrt wäre. Dabei ist zunächst zu beachten, dass es sich bei der Begriffsbestimmung durch Verweise auf die in der Prospekt-VO enthaltenen Definitionen um rein **deklaratorische Verweise** handelt, weil die Bestimmungen der Prospekt-VO und damit auch die darin enthaltenen Begriffsbestimmungen aufgrund des Charakters als Verordnung gem. Art. 288 S. 2 AEUV unmittelbar gelten. Das gilt auch für Änderungen der Prospekt-VO, auch diese würden unmittelbar gelten; selbst wenn sich § 2 nicht ändert, würde eine Änderung der Prospekt-VO unmittelbar eine Änderung „deutschen" Rechts bewirken. Darüber hinaus sind Verweise in europäischen Regeln normalerweise **„dynamische" Verweisungen,** dh wird zB die Richtlinie/Verordnung, auf die verwiesen wird, geändert, dann gelten Bezugnahmen auf Begriffsbestimmungen oder Artikel der geänderten Richtlinie/Verordnung als Bezugnahmen auf die entsprechenden Begriffsbestimmungen der neuen Richtlinie/Verordnung. Insofern gilt, dass, wenn § 2 auf die Regelung in der Prospekt-VO verweist, diese aber wiederum auf eine andere europäische Regelung verweist, so zB Art. 2 lit. e Prospekt-VO für die Definition des „qualifizierte Anleger(s)", die unter anderem auf Anhang II Abschnitt I Nr. 1–4 RL 2014/65/EU verweist, dann würde bei einer Änderung dieser Regelung der RL 2014/65/EU diese geänderte Fassung anzuwenden sein. Damit ist für den Anwender „deutschen" Rechts bei der Frage, wie die Rechtslage sich darstellt, zunächst zu prüfen, ob sich die unmittelbar anwendbare Prospekt-VO geändert hat, und dann, ob eine Bestimmung, auf welche die Prospekt-VO verweist, geändert wurde. Für die konkrete Auslegung der Begriffe kann teilweise auf die Begriffsbestimmungen in Art. 2 „alte" Prospekt-RL zurückgegriffen werden, die eine ganze Reihe der in der neuen Prospekt-VO enthaltenen Begriffe bereits enthielt.

II. Begriffsbestimmungen

1. Wertpapiere. § 2 Nr. 1 definiert den Begriff **„Wertpapiere"** und verweist auf die Definition in **2** Art. 2 lit. a Prospekt-VO. Diese lautet: Wertpapiere sind „übertragbare Wertpapiere im Sinne des Artikels 4 Absatz 1 Nr. 44 der Richtlinie 2014/65/EU mit Ausnahme der Geldmarktinstrumente im Sinne des Artikels 4 Absatz 1 Nummer 17 der Richtlinie 201465/EU mit einer Laufzeit von weniger als 12 Monaten". Dabei bestimmt Art. 4 Abs. 1 Nr. 44 RL 2014/65/EU, dass „übertragbare Wertpapiere" die Kategorien von Wertpapieren (sind), die auf dem Kapitalmarkt gehandelt werden können, mit Ausnahme von Zahlungsinstrumenten, a) wie Aktien und andere, Aktien oder Anteilen an Gesellschaften, Personengesellschaften oder anderen Rechtspersönlichkeiten gleichzustellende Wertpapiere sowie Aktienzertifikate; b) Schuldverschreibungen oder andere verbriefte Schuldtitel, einschließlich Zertifikaten (Hinterlegungsscheinen) für solche Wertpapiere; c) alle sonstigen Wertpapiere, die zum Kauf oder Verkauf solcher Wertpapiere berechtigen oder zu einer Barzahlung führen, die anhand von übertragbaren Wertpapieren, Währungen, Zinssätzen oder -erträgen, Waren oder anderen Indizes oder Messgrößen bestimmt wird". Aktienzertifikate sind nach Art. 4 Abs. 1 Nr. 45 RL 2014/65/EU „(Hinterlegungsscheine) jene Wertpapiere, die auf dem Kapitalmarkt handelbar sind und ein Eigentumsrecht an Wertpapieren gebietsfremder Emittenten darstellen, wobei sie aber gleichzeitig zum Handel auf einem geregelten Markt zugelassen und unabhängig von den Wertpapieren gebietsfremder Emittenten gehandelt werden können".

Die Regierungsbegründung zum Prospektrichtlinie-Umsetzungsgesetz hob hervor, es komme für **3** das WpPG entscheidend auf die für die RL 2004/39/EG wesentliche **Fungibilität,** dh die Handelbarkeit der Wertpapiere auf einem Kapitalmarkt und damit zum einen auf eine standardisierte Ausstattung und zum anderen auf das Fehlen von Übertragungshindernissen an.[2] Namensschuldverschreibungen, Schuldscheindarlehen, Termingeld und Sparbriefe würden damit ausscheiden;[3] ebenso nicht übertragbare Aktienoptionen, die zB im Rahmen eines Mitarbeiterbeteiligungsprogramms begeben werden.[4] Das Gleiche gelte auch für Anteilsscheine einer GmbH, KG oder BGB-Gesell-

---

[1] RegBegr. Entwurf eines Gesetzes zur weiteren Ausführung der EU-Prospektverordnung und zur Änderung von Finanzmarktgesetzen, BT-Drs. 19/8005, 49.

[2] RegBegr. Prospektrichtlinie-Umsetzungsgesetz, BT-Drs. 15/4999, 25 (28); JVRZ/*Ritz*/*Zeising* Rn. 32; Assmann/Schlitt/v. Kopp-Colomb/*v. Kopp-Colomb*/*J. Schneider* Rn. 10; FK-WpPG/*Schnorbus* Rn. 4 f.

[3] RegBegr. Prospektrichtlinie-Umsetzungsgesetz, BT-Drs. 15/4999, 25 (28).

[4] ESMA, Frequently asked questions, Prospectuses: common positions agreed by ESMA Members, question No. 5, abrufbar über die Homepage: www.esma.europa.eu; *Kollmorgen*/*Feldhaus* BB 2007, 225 mit dem zutreffenden Hinweis, dass die spätere Gewährung von Aktien bei Ausübung der Optionen ein öffentliches Angebot von Wertpapieren darstellen könne; zu dieser Frage auch ausf. ESMA, Frequently asked questions, Prospectuses: common positions agreed by ESMA Members, question No. 5, abrufbar über die Homepage: www.esma.europa.eu mit Darstellung des unterschiedlichen Meinungsstandes bei den Regulatoren, auch → Rn. 9.

schaft.[5] Das dürfte auch nach der neuen, autonom europarechtlich zu bestimmenden Definition der Wertpapiere gelten, Denn Art. 4 Abs. 1 Nr. 44 RL 2014/65/EU stellt ebenfalls darauf ab, dass die Wertpapiere „auf dem Kapitalmarkt gehandelt werden können". Insofern dürfte sich durch die neue Begriffsbestimmung inhaltlich nichts geändert haben, sodass unter den wertpapierprospektgesetzlichen Wertpapierbegriff ebenso wie unter den börsenrechtlichen Wertpapierbegriff[6] alle handelbaren Wertpapiere fallen, wie Aktien (Inhaberaktie und blanko indossierte Namensaktien, auch vinkulierte Namensaktien bei genereller Zustimmung zur Übertragung),[7] aktienvertretende Zertifikate, zB auch American Depositary Receips,[8] Genuss- oder Optionsscheine, Anleihen von Industrieunternehmen bzw. Körperschaften, und Investmentzertifikate[9] nicht dagegen Bezugsrechte nach § 186 AktG, die Aktionäre zum Bezug von Aktien der Gesellschaft oder Dritte berechtigen.[10] Die Regierungsbegründung zum Prospektrichtlinie–Umsetzungsgesetz hob darüber hinaus hervor, dass es auf die **Verbriefung** der Wertpapiere nicht ankomme: „Wertpapiere sind beispielsweise auch solche Aktien, die nur in einem Register geführt werden, also Wertpapiercharakter haben. Andere mit Aktien vergleichbare Wertpapiere sind Papiere, die ein Mitgliedschaftsrecht verkörpern, beispielsweise Zwischenscheine gemäß § 8 Abs. 6 des Aktiengesetzes." Auch daran dürfte sich nichts geändert haben. Damit werden, wie dies auch bereits zum Verkaufsprospektgesetz durch die Verlautbarung des BAWe klargestellt wurde, Sammel- und Globalurkunden und Wertrechte sowie inländische und ausländische Registerrechte vom Wertpapierbegriff erfasst.[11] Voraussetzung für die Wertpapiereigenschaft von zB Wertrechten, ist in jedem Fall deren freie Übertragbarkeit.[12] An den Kapitalmärkten besteht eine starke Tendenz, den Anspruch auf Einzelverbriefung auszuschließen und Einzelurkunden durch Sammel- oder Globalurkunden zu ersetzen,[13] oder sogar ganz auf die Verbriefung zu verzichten und reine Wertrechte oder Registerrechte zu handeln. Da die von der neuen Prospekt-VO bezweckte Gewährleistung des Anlegerschutzes[14] durch Information unabhängig davon erforderlich ist, ob die angebotene Anlage in Wertpapieren verkörpert oder in Wert- bzw. Registerrechten entmaterialisiert ist, müssen auch Global- bzw. Sammelurkunden und Wert- und Registerrechte als Wertpapiere iSd § 2 Nr. 1 gelten.[15] Dazu gehören auch unverbriefte Namensaktien.[16]

4   **Geldmarktinstrumente** mit einer Laufzeit von weniger als zwölf Monaten werden ausdrücklich von der Begriffsbestimmung ausgenommen, sodass zB Schatzanweisungen, Einlagenzertifikate und Commercial Papers mit dieser Laufzeit nicht von der Prospekt-VO und damit auch nicht vom WpPG erfasst werden.

5   Bei **ausländischen Wertpapieren** richtet sich zwar die Wertpapiereigenschaft grundsätzlich nach der jeweiligen ausländischen Rechtsordnung, der das in der Urkunde verbriefte Recht unterliegt.[17] Da es aber um den Schutz der Anleger in der EU geht, gebietet eine teleologische Auslegung eine Parallelwertung nach europäischem Recht. Das bedeutet, dass unabhängig davon, ob die ausländischen Papiere nach der jeweiligen ausländischen Rechtsordnung Wertpapiere sind, das WpPG dann gilt, wenn sie nach Art. 2 lit. a Prospekt-VO als Wertpapiere zu qualifizieren sind.[18] Diese Auffassung

---

[5] RegBegr. Prospektrichtlinie–Umsetzungsgesetz, BT-Drs. 15/4999, 25 (28). So im Zusammenhang mit dem Wertpapierbegriff des Verkaufsprospektgesetzes idF bis 30.6.2005 auch die Bekanntmachung des BAWe (jetzt BaFin) zum Verkaufsprospektgesetz, BAnz. vom 21.9.1999, 16 180.

[6] → BörsG § 32 Rn. 15.

[7] → BörsZulV § 5 Rn. 1 f.; FK-WpPG/*Schnorbus* Rn. 6 ff.

[8] *Gebhardt* in Schäfer/Hamann BörsG § 30 Rn. 11; Schwark/Zimmer/*Heidelbach* BörsG § 32 Rn. 29 mwN.

[9] Ausf. FK-WpPG/*Schnorbus* Rn. 13 ff.

[10] FK-WpPG/*Schnorbus* Rn. 15; Assmann/Schlitt/v. Kopp-Colomb/*v. Kopp-Colomb/J. Schneider* Rn. 15.

[11] Bekanntmachung des BAWe zum Verkaufsprospektgesetz, BAnz. vom 21.9.1999, 16 180.

[12] *Kollmorgen/Feldhaus* BB 2007, 2756 (2756). Detailliert zum kapitalmarktrechtlichen Wertpapierbegriff im Hinblick auf die Einordnung von „Krypto-Token, Merkblatt der BaFin „Zweites Hinweisschreiben zu Prospekt- und Erlaubnispflichten im Zusammenhang mit der Ausgabe sogenannter Krypto-Token, WA 51-Wp 7100-2019/0011 und IF 1-AZB 1505–2019/0003", dort unter V.c)bb), sowie erstes BaFin-Hinweisschreiben vom 20.2.2018, WA 11-QB 4100-2017/0010, jeweils abrufbar über die BaFin Homepage: Entscheidend sind kapitalmarktrechtlich sowohl die Übertragbarkeit, Handelbarkeit am Finanzmarkt sowie die Ausstattung mit wertpapierähnlichen Rechten.

[13] Im Bereich Aktienemissionen ist dies dadurch erleichtert worden, dass durch das Gesetz zur Kleinen AG, BGBl. 1994 I 1961, und das KonTraG, BGBl. 1998 I 786 gem. § 10 Abs. 5 AktG der Anspruch auf Einzelverbriefung statutarisch zwischenzeitlich ganz ausgeschlossen werden kann. Im Bereich der Emission von Schuldverschreibungen wird der Anspruch auf Einzelverbriefung häufig in den Bedingungen ausdrücklich ausgeschlossen, vgl. nur Muster bei *Bosch* in Bosch/Groß, Emissionsgeschäft, 2000, Rn. 10/242. Zur Entmaterialisierung vgl. allgemein *Einsele* WM 2001, 7; *Than* FS Schimansky, 1999, 821.

[14] RegBegr. Prospektrichtlinie–Umsetzungsgesetz, BT-Drs. 15/4999, 25.

[15] So bereits zum VerkProspG, *Carl/Machunsky*, Der Wertpapier-Verkaufsprospekt, 1992, 33; *Hüffer*, Wertpapier-Verkaufsprospektgesetz, 1996, 43, 48. Zum WpPG JVRZ/*Ritz/Zeising* Rn. 44; FK-WpPG/*Schnorbus* Rn. 9.

[16] JVRZ/*Ritz/Zeising* Rn. 44, 50; FK-WpPG/*Schnorbus* Rn. 10.

[17] MüKoBGB/*Wendehorst* EGBGB Art. 43 Rn. 194; Assmann/Schlitt/v. Kopp-Colomb/*v. Kopp-Colomb/J. Schneider* Rn. 17.

[18] In diesem Sinne bereits für das „alte" Recht *Kullmann/Müller-Deku* WM 1996, 1989 (1991); ebenso jetzt auch *Hamann* in Schäfer/Hamann Rn. 3; JVRZ/*Ritz/Zeising* Rn. 45 f.; FK-WpPG/*Schnorbus* Rn. 11; Assmann/Schlitt/v. Kopp-Colomb/*v. Kopp-Colomb/J. Schneider* Rn. 17 ff.

wurde schon zum alten Recht vom BAWe in der Bekanntmachung zum Verkaufsprospektgesetz vertreten.[19]

2. Öffentliches Angebot. a) Vorbemerkung. § 2 Nr. 2 verweist hinsichtlich der Bestimmung **6** des Begriffes „öffentliches Angebot" auf Art. 2 lit. d Prospekt-VO. Art. 2 lit. d Prospekt-VO bestimmt als „„öffentliches Angebot von Wertpapieren" eine Mitteilung an die Öffentlichkeit in jedweder Form und auf jedwede Art und Weise, die ausreichende Informationen über die Angebotsbedingungen und die anzubietenden Wertpapiere enthält, um einen Anleger in die Lage zu versetzen, sich für den Kauf oder die Zeichnung jener Wertpapiere zu entscheiden. Diese Definition gilt auch für die Platzierung von Wertpapieren durch Finanzintermediäre."

Diese **Begriffsbestimmung entspricht derjenigen in Art. 2 Abs. 1 lit. d Prospekt-RL**, damit **7** auch § 2 Nr. 4 aF, der diese Regelung der Prospekt-RL in deutsches Recht umgesetzt hat. Der einzige Unterschied besteht darin, dass sie, anders als noch § 2 Nr. 4 aF keine ausdrückliche Aussage dazu enthält, dass Mitteilungen aufgrund des Handels von Wertpapieren an einem organisierten bzw. geregelten Markt oder im Freiverkehr kein öffentliches Angebot darstellen sollen.[20] Andererseits bestimmt Erwägungsgrund 14 Prospekt-VO ausdrücklich, dass die „bloße Zulassung von Wertpapieren zum Handel an einem MTF oder die Veröffentlichung von Geld- und Briefkursen ... nicht per se als öffentliches Angebot von Wertpapieren zu betrachten (ist) und daher nicht der Pflicht zur Erstellung eines Prospekts gemäß dieser Verordnung (unterliegt). Ein Prospekt sollte nur dann verlangt werden, wenn diese Tätigkeiten mit einer Mitteilung einhergehen, die ein „öffentliches Angebot von Wertpapieren" gemäß dieser Verordnung darstellt..." Insofern dürfte sich durch die neue Begriffsbestimmung auch insoweit (→ Rn. 20) nichts geändert haben.

Kann somit für die neue Begriffsbestimmung des „öffentlichen Angebots" nach § 2 Nr. 2 auf die **8** Erkenntnisse zur (nahezu) gleichlautenden Begriffsbestimmung in Art. 2 Abs. 1 lit. d Prospekt-RL zurückgegriffen werden, dann bedeutet dies zunächst, dass damit auch die Auslegungshilfen der ESMA zur Prospekt-RL und zur alten Prospekt-VO[21] berücksichtigt werden können. Darüber hinaus kann auch auf die Erkenntnisse zur nationalen Umsetzungsregelung des Art. 2 Abs. 1 lit. d Prospekt-RL (§ 2 Nr. 4 aF) zurückgegriffen werden. Das führt dann sogar noch weiter zurück: Die Regierungsbegründung zum Prospektrichtlinie-Umsetzungsgesetz[22] stellte zu § 2 Nr. 4 aF ausdrücklich fest, die Definition entspreche dem Begriffsverständnis des öffentlichen Angebots nach dem Verkaufsprospektgesetz. Insofern kann auf die hierzu gewonnenen Erkenntnisse, und dabei auch auf die diesbezüglichen Aussagen in der Bekanntmachung des BAWe zum Verkaufsprospektgesetz[23] zurückgegriffen werden.[24] Die BaFin vertritt zwar einerseits die Ansicht, die „Bekanntmachung zum Wertpapier-Verkaufsprospektgesetz und zur Wertpapier-Verkaufsprospektverordnung vom 6. September 1999... (sei) auf das neue Rechtsregime nicht weiter anzuwenden",[25] um aber andererseits ausdrücklich zu betonen, die „Definition (des Begriffs des öffentlichen Angebots in § 2 Nr. 4 aF, Anm. d.Verf.) entspricht dem früheren Begriffsverständnis des öffentlichen Angebots" weshalb die „Materielle(n) Auslegungskriterien... weiterhin" gelten.[26] Das wird man so verstehen müssen, dass zwar die Bekanntmachung als solche nicht mehr gilt, die dort getroffenen inhaltlichen Aussagen aber, gegebenenfalls modifiziert wegen der geänderten Rechtsgrundlagen und zwischenzeitlicher Entwicklungen[27], weiterhin zur Auslegung des Begriffs des „öffentlichen Angebots" herangezogen werden können. Das bedeutet zusammenfassend: Da die Begriffsbestimmung des „öffentlichen Angebots" in Art. 2 lit. d Prospekt-VO (nahezu) identisch mit der in Art. 2 Abs. 1 lit. d Prospekt-RL ist, handelt es sich materiell um keine neue Bestimmung. Insofern können die europäischen Auslegungserkenntnisse zur Vorgängervorschrift übernommen werden. Da die Vorgängerbestimmung (§ 2 Nr. 4 aF) eine Umsetzung von Art. 2 Abs. 1 lit. d Prospekt-RL darstellte, können ebenfalls die dazu gewonnenen Auslegungsergeb-

---

[19] BAnz. vom 21.9.1999, 16 180, sub I 1. 4. Absatz.

[20] So zu Recht ausdr. RegBegr. Entwurf eines Gesetzes zur weiteren Ausführung der EU-Prospektverordnung und zur Änderung von Finanzmarktgesetzen, BT-Drs. 19/8005, 44.

[21] In diese Richtung geht auch die Antwort der ESMA, nach der die ESMA Q&A (ESMA, Frequently asked questions, Prospectuses: common positions agreed by ESMA Members, abrufbar über die Homepage: www.esma.europa.eu., und der ESMA update der CESR Empfehlungen, CESR's recommendations for the consistent implementation of the European Commission's Regulation on Prospectuses no 809/2004, CESR/05–54b, aktualisiert durch ESMA update of the CESR recommendations, abrufbar über die Homepage: www.esma.europa.eu.) bei der Erstellung von Prospekten weiterhin berücksichtigt werden sollen, ESMA Q&A on the Prospectus Regulation, ESMA/2019/ESMA31–62-1258, Frage 2.1.

[22] RegBegr. Prospektrichtlinie-Umsetzungsgesetz, BT-Drs. 15/4999, 25 (28).

[23] Bekanntmachung des BAWe zum Verkaufsprospektgesetz, BAnz. vom 21.9.1999, 16 180.

[24] Ebenso ausdr. *Hamann* in Schäfer/Hamann Rn. 19; JVRZ/*Ritz/Zeising* Rn. 97; FK-WpPG/*Schnorbus* Rn. 30; einschr. Assmann/Schlitt/v. Kopp-Colomb/*v. Kopp-Colomb/J. Schneider* Rn. 36; die zu Recht darauf hinweisen, dass zwischenzeitliche Entwicklungen dabei berücksichtigt werden müssen.

[25] BaFin „Allgemeine Informationen zu Prospekten für Wertpapiere", Merkblatt veröffentlicht auf der Homepage: www.bafin.de/verkaufsprospekte/prosp_050701.htm.

[26] BaFin „Ausgewählte Rechtsfragen in der Aufsichtspraxis", Stand 4.9.2007, Seminarunterlage der BaFin, S. 4.

[27] Assmann/Schlitt/v. Kopp-Colomb/*v. Kopp-Colomb/J. Schneider* Rn. 36.

nisse, die auf entsprechenden vorherigen Auslegungen aufbauten, auch für die neue Begriffsbestimmung genutzt werden. Kurz gewendet bedeutet dies: Bei der Auslegung des Begriffes „öffentliches Angebot" hat sich durch die Gesetzesänderung und die jetzt europäisch einheitliche Regelung nichts geändert.

9   Es dürfte unstreitig sein, dass die verschiedenen Tatbestandsmerkmale der Begriffsbestimmung **nicht zwingend zeitgleich** vorliegen müssen.[28] So liegt beim Angebot von Aktien, die aus einer Kapitalerhöhung erst noch entstehen sollen, noch kein Wertpapier vor, ohne dass dieses etwas daran ändert, deren Angebot als Angebot von Wertpapieren iSd § 2 Nr. 2 anzusehen.[29] Fraglich ist nur, wie Sachverhalte zu werten sind, bei denen zu unterschiedlichen Zeitpunkten einzelne Tatbestandsmerkmale vorliegen, zu keinem Zeitpunkt jedoch alle, und bei denen das Eintreten eines Tatbestandsmerkmals auf einem neuen Umstand beruht: Nicht übertragbare Mitarbeiteroptionen sind keine Wertpapiere, sodass deren Angebot keine Prospektpflicht auslöst.[30] Werden die Optionen jedoch ausgeübt, dann entstehen zB Aktien, damit Wertpapiere. Im Moment der Ausübung liegt jedoch kein öffentliches Angebot vor, sodass insgesamt die ESMA dies als nicht prospektpflichtigen Vorgang ansieht.[31] Wenn die BaFin[32] dies früher anders gesehen hat, dürfte sie diese Ansicht aufgrund der nunmehr europaweit einheitlichen Regelung und der einheitlichen anderen Auslegung aufgeben müssen. Wenn die Ausübung der Option dagegen automatisch erfolgt, dann liegt bereits beim Optionserwerb ein Angebot von (vorweggenommenen) Wertpapieren vor.[33] Setzt die Ausübung der Option jedoch eine Investitionsentscheidung voraus, dann erfolgt die Investitionsentscheidung zu einem Zeitpunkt, zu dem kein Angebot mehr vorliegt. Das Angebot erfolgte bei Ausgabe der Option, unterlag mangels Wertpapierqualität der Option aber nicht dem Wertpapierprospektgesetz, ist jedoch an §§ 6 ff. VermAnlG zu messen.[34]

10   **b) Angebot.** Angebot iSd § 2 Nr. 2 ist nur das **Verkaufsangebot;** ein Kaufangebot fällt nicht unter das Wertpapierprospektgesetz.[35] Ob Voraussetzung für ein Verkaufsangebot ist, dass eine **Gegenleistung** für die angebotenen Wertpapiere verlangt wird, oder aber, ob zB „kostenlose Mitarbeiteraktien" aus dem Bereich des Angebots ausgenommen werden müssen, ist fraglich. Dafür, solche „kostenlosen" Angebote als Angebote anzusehen, spricht zunächst einmal der Wortlaut. Ein Angebot liegt auch dann vor, wenn keine Gegenleistung verlangt wird.[36] Folgerichtig hat die ESMA auch kostenlose Angebote an Arbeitnehmer nicht per se vom Anwendungsbereich der Prospektrichtlinie ausgenommen, sondern nur dann, wenn diese unter die Ausnahmeregelung des § 3 Abs. 2 Nr. 5 aF fallen,[37] vergleichbar Art. 1 Abs. 3 Prospekt-VO oder kein Angebot, sondern eine „Zuteilung" vorliegt.[38] Eine reine „Zuteilung", zB die Zuteilung von Optionsrechten oder Aktien im Rahmen eines Mitarbeiterbeteiligungsprogramms, bei der die Mitarbeiter keine Entscheidung treffen, sondern nur Empfänger einer Leistung sind, fällt nicht unter den Begriff des öffentlichen Angebots.[39] Ein **Tauschangebot,** bei dem Wertpapiere zum Tausch angeboten werden, wird dagegen erfasst.[40] Letzteres ergibt sich schon allein aus Art. 1 Abs. 4 lit. f, Abs. 5 lit. e Prospekt-VO. Die darin enthaltene Befreiung von der Prospektpflicht bei Tauschangeboten im Zusammenhang mit Übernahmeangeboten setzt eine Prospektpflicht voraus, da anderenfalls keine Befreiung erforderlich wäre.

11   Ein Angebot iSd § 2 Nr. 2 iVm Art. 2 lit. d Prospekt-VO setzt nach der gesetzlichen Formulierung und nach der bereits in der Regierungsbegründung zum Prospektrichtlinie-Umsetzungs-

---

[28] Assmann/Schlitt/v. Kopp-Colomb/*v. Kopp-Colomb*/*J. Schneider* Rn. 39; FK-WpPG/*Schnorbus* Rn. 31.

[29] So das instruktive Beispiel bei Assmann/Schlitt/v. Kopp-Colomb/*v. Kopp-Colomb*/*J. Schneider* Rn. 40.

[30] ESMA, Frequently asked questions, Prospectuses: common positions agreed by ESMA Members, question No. 5, abrufbar über die Homepage: www.esma.europa.eu.

[31] ESMA, Frequently asked questions, Prospectuses: common positions agreed by ESMA Members, question No. 5, abrufbar über die Homepage: www.esma.europa.eu.

[32] Hinweis bei ESMA, Frequently asked questions, Prospectuses: common positions agreed by ESMA Members, question No. 21, abrufbar über die Homepage: www.esma.europa.eu; ebenso bei JVRZ/*Ritz*/*Zeising* Rn. 145; zust. Assmann/Schlitt/v. Kopp-Colomb/*v. Kopp-Colomb*/*J. Schneider* Rn. 40.

[33] JVRZ/*Ritz*/*Zeising* Rn. 146; FK-WpPG/*Schnorbus* Rn. 91.

[34] FK-WpPG/*Schnorbus* Rn. 90; aA JVRZ/*Ritz*/*Zeising* Rn. 145 f.

[35] So auch die Bekanntmachung des BAWe zum Verkaufsprospektgesetz, BAnz. vom 21.9.1999, 16180 sub I. 2. 1. Absatz, ebenso FK-WpPG/*Schnorbus* Rn. 42.

[36] Assmann/Schlitt/v. Kopp-Colomb/*J. Schneider* Rn. 55, allerdings Prospektbefreiung nach § 3 Abs. 2 Nr. 5 aF, jetzt keine Anwendung der Prospekt-VO (Art. 1 Abs. 3 Prospekt-VO).

[37] Dabei hat ESMA aber ausdrücklich und ausführlich darauf hingewiesen, dass nicht versucht werden solle, eine Entgeltlichkeit des Angebots durch „versteckte Zahlungen" zu konstruieren, vgl. ESMA, Frequently asked questions, Prospectuses: common positions agreed by ESMA Members, question No. 6, abrufbar über die Homepage: www.esma.europa.eu. Wohl aA *Hamann* in Schäfer/Hamann Rn. 43.

[38] ESMA, Frequently asked questions, Prospectuses: common positions agreed by ESMA Members, question No. 6, abrufbar über die Homepage: www.esma.europa.eu.

[39] ESMA, Frequently asked questions, Prospectuses: common positions agreed by ESMA Members, question No. 6, abrufbar über die Homepage: www.esma.europa.eu. mit ausf. Begründung; FK-WpPG/*Schnorbus* Rn. 93; *Kollmorgen*/*Feldhaus* BB 2007, 225 (227).

[40] *Hamann* in Schäfer/Hamann Rn. 41; FK-WpPG/*Schnorbus* Rn. 42.

gesetz[41] getroffenen ausdrücklichen Feststellung nicht ein Angebot im Rechtssinne voraus. Ausreichend ist auch eine **„Aufforderung zur Abgabe von Angeboten"**, dh eine **„invitatio ad offerendum"**. Erforderlich ist aber in jedem Fall die auf den Abschluss eines Kaufvertrages gerichtete Tätigkeit, weil das öffentliche Angebot eine Investitionsentscheidung voraussetzt („über den Kauf oder die Zeichnung dieser Wertpapiere zu entscheiden").

Werden die neuen Wertpapiere dagegen automatisch erworben, zB bei einer **Kapitalerhöhung** **12** **aus Gesellschaftsmitteln** und im Regelfall der **Verschmelzung, Spaltung** (**Aufspaltung** oder **Abspaltung,** vgl. § 131 Abs. 1 Nr. 3 UmwG) und des **Formwechsels** (§ 202 Abs. 1 Nr. 2 UmwG) sowie der **Umwandlung** von **Aktiengattungen,** so geschieht der Erwerbsakt ex lege, ohne Kaufvertrag, ohne Angebot und damit ohne Prospekterfordernis aus Gründen eines öffentlichen Angebots.[42] Das bestätigt Erwägungsgrund 22 Prospekt-VO, wenn dort ausdrücklich festgehalten wird: „Werden Wertpapiere zugeteilt, ohne dass auf Seiten des Empfängers die Möglichkeit einer individuellen Entscheidung gegeben ist, einschließlich bei Wertpapierzuteilungen ohne Recht auf Ablehnung der Zuteilung ..., so sollte eine solche Zuteilung nicht als öffentliches Angebot von Wertpapieren gelten." Für die Auslegung des Begriffes des „öffentlichen Angebots" in § 2 Nr. 4 aF entsprach diese Ansicht auch der durchaus hM[43], wobei die Ablehnung des Vorliegens eines öffentlichen Angebots unterschiedlich begründet wurde, zB mit dem Fehlen eines Zwei-Personen-Verhältnisses[44] Soweit dem unter Verweis auf die Prospektbefreiungsregeln der § 4 Abs. 1 Nr. 3 und 4 aF widersprochen wurde[45], ist dies nicht überzeugend. Zwar impliziert die darin und jetzt in Art. 1 Abs. 4 Prospekt-VO geregelte Befreiung eine Prospektpflicht[46], weil ohne eine solche Prospektpflicht keine Notwendigkeit für eine Befreiung von dieser Prospektpflicht besteht. Für die hier zu untersuchenden Fallkonstellationen schien damit der europäische Gesetzgeber, in Art. 4 Abs. 1 lit. c und d Prospekt-RL, die in § 4 Abs. 1 Nr. 3 und 4 aF umgesetzt wurden, von dem Verständnis ausgegangen zu sein, dass es sich bei der Verschmelzung oder Spaltung um ein öffentliches Angebot handelt. Dem stand jedoch bereits früher anlässlich der Umsetzung dieser Richtlinienbestimmungen in deutsches Recht die ausdrückliche Äußerung in der Begründung des Regierungsentwurfs zum Prospektrichtlinie-Umsetzungsgesetz entgegen, nach welcher der Umwandlungsvorgänge nach dem Umwandlungsgesetz kein öffentliches Angebot darstellen, sofern die Personen, die bereits vor Wirksamwerden des Umwandlungsvorgangs Wertpapiere des übertragenden Rechtsträgers halten, anlässlich des Umwandlungsvorgangs keine Zuzahlungen zu dem Erwerb der Wertpapiere leisten sollen.[47] Dieser Verweis scheidet zwar jetzt, wo der Begriff des öffentlichen Angebots sich aus Art. 2 lit. d Prospekt-VO ergibt, demnach keiner Umsetzung in nationales Recht bedarf, aus. Auch befreit die Prospekt-VO in Art. 1 Abs. 4 lit. g Prospekt-VO Wertpapiere, die anlässlich einer Verschmelzung oder Spaltung ausgegeben oder zugeteilt werden bzw. zugeteilt werden sollen, von der Prospektpflicht, impliziert also ebenso wie das alte Recht das Verständnis von einer Prospektpflicht, sodass die vorstehende Gegenansicht nach neuem Recht begründet erscheint. Jedoch verlangt Erwägungsgrund 22 Prospekt-VO[48], Zuteilungen von Wertpapieren, ohne dass auf Seiten des Empfängers die Möglichkeit einer individuellen Entscheidung besteht, nicht als öffentliches Angebot von Wertpapieren anzusehen.[49] Diese klare Aussage schwächt den Verweis auf Art. 1 Abs. 4 lit. g Prospekt-VO für den Fall der Verschmelzung, Spaltung, des Formwechsels und der Umwandlung als Fälle automatischer Zuteilung ab. Außerdem überzeugt das Argument, eine Prospektbefreiung indiziere eine Prospektpflicht, nicht. Der europäische Gesetzgeber kann die bereits früher streitige und bereits früher von ihm in der Prospektrichtlinie genauso geregelte Prospektbefreiung auch als reine Auffanglösung gedacht haben, um eine von ihm in diesen Fällen als unbillig angesehene Prospektpflicht zumindest sicherheitshalber zu vermeiden, ohne dabei die Frage der Prospektpflicht abschließend beantwortet haben zu wollen. Das ist gerade auch vor

---

[41] RegBegr. Prospektrichtlinie-Umsetzungsgesetz, BT-Drs. 15/4999, 25 (28).

[42] Zur Prospektpflicht, wenn die Zulassung der Aktien angestrebt wird s. Art. 1 Abs. 5 lit. f und g Prospekt-VO.

[43] RegBegr. Prospektrichtlinie-Umsetzungsgesetz, BT-Drs. 15/4999, 25 (28). Ebenso *Assmann/Schlitt/v. Kopp-Colomb*/*v. Kopp-Colomb*/*J. Schneider* Rn. 67; *Hamann* in Schäfer/Hamann Rn. 42; FK-WpPG/*Schnorbus* Rn. 54. Ausf. auch *J. Schneider* AG 2016, 341 (343 f.).

[44] So zB Assmann/Schlitt/v. Kopp-Colomb/*v. Kopp-Colomb*/*J. Schneider* Rn. 67 und *J. Schneider* AG 2016, 341 (343 f.), die bzw. der entscheidend darauf abstellten/t, dass es an dem für ein Angebot wesentlichen Zwei-Personen-Verhältnis fehle.

[45] JVRZ/*Ritz*/*Zeising* Rn. 138.

[46] So ausdr. Art. 1 Abs. 4 Prospekt-VO: „Die Pflicht zur Veröffentlichung eines Prospekts gemäß Artikel 3 Abs. 1 findet keine Anwendung auf folgende Arten öffentlicher Angebote ...".

[47] RegBegr. Prospektrichtlinie-Umsetzungsgesetz, BT-Drs. 15/4999, 25 (28).

[48] Erwägungsgrund 22 Prospekt-VO: „Werden Wertpapiere zugeteilt, ohne dass auf Seiten des Empfängers die Möglichkeit einer individuellen Entscheidung gegeben ist, einschließlich bei Wertpapierzuteilungen ohne Recht auf Ablehnung der Zuteilung oder bei automatischer Zuteilung nach der Entscheidung eines Gerichts, wie etwa einer Wertpapierzuteilung an bestehende Gläubiger im Zuge eines gerichtlichen Insolvenzverfahrens, so sollte eine solche Zuteilung nicht als „öffentliches Angebot" von Wertpapieren gelten."

[49] Zur Entwicklung dieses Erwägungsgrundes im Laufe der Entstehung der Prospektverordnung ausf. *J. Schneider* AG 2016, 341 (350), der zu Recht diese Art der Gesetzgebung kritisiert und anstelle von Erwägungsgründen klare Regelungen fordert.

dem Hintergrund verständlich, dass der Ansatz einer Prospektbefreiung in den Ländern der EU unterschiedlich ist. Während Länder wie zB Belgien, Frankreich, Deutschland, Italien, Portugal und Spanien zunächst prüfen, ob ein öffentliches Angebot und damit eine Prospektpflicht vorliegt, und dann, ob von dieser befreit wird, gehen andere Länder, zB Luxemburg, Schweden und UK, bei jedem Angebot von einer Prospektpflicht aus und prüfen (nur) die Prospektbefreiung[50]. Überzeugt damit die Argumentation nicht, eine Prospektbefreiung impliziere eine Prospektpflicht, sodass aus der Prospektbefreiung in Art. 1 Abs. 4 lit. g Prospekt-VO nicht automatisch darauf geschlossen werden kann, in den dort genannten Fällen der Verschmelzung oder Spaltung liege eine Prospektpflicht vor, dann bleibt es bei der Subsumtion unter den Begriff des öffentlichen Angebots. Sind die hierfür erforderlichen bestimmten Voraussetzungen bei automatischem Erwerb der Wertpapiere aber nicht gegeben, dann existiert kein öffentliches Angebot, damit auch keine dadurch begründbare Prospektpflicht. Zum gleichen Ergebnis gelangt man, wenn man als wesentliche Voraussetzung eines Angebots ein Zwei-Personen-Verhältnis fordert, das in den Fällen der Kapitalerhöhung aus Gesellschaftsmitteln, der Verschmelzung, Spaltung (Aufspaltung oder Abspaltung), des Formwechsels sowie der Umwandlung von Aktiengattungen nicht besteht.[51]

13   In den Fällen der Kapitalerhöhung aus Gesellschaftsmitteln, der Verschmelzung, Spaltung (Aufspaltung oder Abspaltung), des Formwechsels sowie der Umwandlung von Aktiengattungen kann auch nicht die Einladung zur Hauptversammlung welche die Beschlussvorschläge nebst gegebenenfalls gesellschaftsrechtlich erforderlicher Berichte zur Umwandlung der Aktiengattungen, zum Formwechsel oder zur Verschmelzung, Aufspaltung oder Abspaltung enthält als Angebot angesehen werden. Die Einladung zur Hauptversammlung ist keine Information, um Aktien zu kaufen oder zu zeichnen, sondern um die Entscheidung über die Ausübung von Aktionärsrechten vorzubereiten.[52] Das ergibt sich auch bereits daraus, dass der Aktionär gegen die Maßnahme stimmen kann, und er dennoch bei einem positiven Hauptversammlungsbeschluss die Aktien erhält ohne dies mit seiner gegenteiligen Entscheidung verhindern zu können. Die Abstimmung gegen die Maßnahme als Investitionsentscheidung für den Erwerb der Aktien zu deuten, ist fernliegend. Ebenso fernliegend ist es, eine Investitionsentscheidung darin zu sehen, dass der Aktionär (bewusst oder unbewusst) der Hauptversammlung fernbleibt, damit gar keine Stimme abgibt und gar nichts entscheidet. Das gilt nicht nur für Umwandlungsvorgänge nach deutschem Recht, sondern auch für vergleichbare Maßnahmen nach ausländischen Rechtsordnungen, bei denen ebenfalls eine automatische Zuteilung der Aktien erfolgt. Der Versand der Einladungen zur Hauptversammlung durch die ausländische Gesellschaft an die deutschen Aktionäre ist kein (Kauf-)Angebot iSd WpPG.

14   Gleiches gilt auch für die gem. § 5 Abs. 3 S. 1 Nr. 5 SchVG von der Gläubigerversammlung beschlossenen **Debt-to-Equity Swap** und zwar sowohl hinsichtlich der Einladung zur Gläubigerversammlung (str.[53]) als auch hinsichtlich des eigentlichen Umtauschs der Schuldverschreibungen in Aktien; beides sind keine Angebot iSd § 2 Nr. 2. Der Umtausch geschieht nicht auf der Grundlage einer Investitionsentscheidung des Anleihegläubigers, sondern aufgrund der kollektiven Bindung des Beschlusses der Gläubigerversammlung und dessen Umsetzung. Die Einladung zur Gläubigerversammlung ist ebenfalls kein Angebot, da es nicht auf die Abgabe einer Annahmeerklärung, sondern auf eine Stimmabgabe gerichtet ist.[54] Gleiches gilt im Übrigen auch generell für Änderungen von **Anleihebedingungen** aufgrund eines Beschlusses der Gläubigerversammlung nach dem **Schuldverschreibungsgesetz.** Ist dort schon fraglich, ob die Änderung der Anleihebedingungen überhaupt zum Erwerb eines neuen Papiers führt, was in der Regel zu verneinen sein dürfte[55], so gilt auch hier, dass die Einladung zur Gläubigerversammlung, der Beschluss der Gläubigerversammlung und die Änderung der Anleihebedingungen kein Erwerbs- oder Tauschangebot darstellen.

15   Reicht für die auf Abschluss eines Kaufvertrages gerichtete Tätigkeit auch eine invitatio ad offerendum, so setzt ein Anbieten im Sinne des Gesetzes nach der Definition des § 2 Nr. 1 iVm Art. 2 lit. d Prospekt-VO doch eine gewisse **Konkretisierung der Angebotsbedingungen** voraus. Das folgt eindeutig aus dem Erfordernis „ausreichende Informationen über die Angebotsbedingungen und die

---

[50] Darstellung bei *Fagernäs/Kanervor/Nunez/Alcala* Business Law International January 2019, 19 f., die allerdings meinen, die neue Prospektverordnung erlaube nur noch die zweite Anwendung.

[51] So ausdr. *J. Schneider* AG 2016, 341 (343 f.).

[52] Das konzedieren auch JVRZ/*Ritz/Zeising* Rn. 139, die auch feststellen, dass die Entscheidung „nicht im Rahmen eines Angebots nach dem WpPG" erfolgt. Wie hier Assmann/Schlitt/v. Kopp-Colomb/*v. Kopp-Colomb/J. Schneider* Rn. 67; FK-WpPG/*Schnorbus* Rn. 54.

[53] Ausf. hierzu Langenbucher/Bliesener/Spindler/*Bliesener/Schneider* SchVG § 5 Rn. 34 ff.; FK-WpPG/*Schnorbus* Rn. 83 (für den Debt-to-Equity Swap nach § 5 SchVG), Rn. 85 (für den Debt-to-Equity Swap nach § 225 Abs. 2 S. 1 InsO); *Mohn/Hutter/Kaulamo/Meyer/Weiß* WM 2014, 1309 (1313 ff.); aA *J. Schneider* AG 2016, 341 (344 f.); *Becker/Pospiech* NJW-Spezial 2014, 599. Die Verwaltungspraxis der BaFin sieht die Veröffentlichung der Einladung zu der Anleihegläubigerversammlung grundsätzlich als öffentliches Angebot an. Zu den deshalb in der Praxis gewählten Lösungen Langenbucher/Bliesener/Spindler/*Bliesener/Schneider* SchVG § 5 Rn. 40 ff.; *J. Schneider* AG 2016, 341 (345).

[54] Langenbucher/Bliesener/Spindler/*Bliesener/Schneider* SchVG § 5 Rn. 37.

[55] Wie hier auch Assmann/Schlitt/v. Kopp-Colomb/*v. Kopp-Colomb/J. Schneider* Rn. 66; *J. Schneider* AG 2016, 341 (345).

anzubietenden Wertpapiere, um einen Anleger in die Lage zu versetzen, sich für den Kauf oder die Zeichnung jener Wertpapiere zu entscheiden".[56] Daraus ergibt sich deutlich: Eine allgemein gehaltene öffentliche Werbung, die nur den Markt vorbereitet oder nach einer abgeschlossenen Platzierung hierauf hinweist, den Emittenten vorstellt, oder die Art der anzubietenden Wertpapiere beschreibt, ohne die Angebotsbedingungen zu nennen, mit anderen Worten nur ein künftiges Angebot ankündigt, ohne eine Zeichnungsmöglichkeit zu eröffnen, oder ein bereits beendetes Angebot beschreibt, stellt kein Angebot iSd § 2 Nr. 1 iVm Art. 2 lit. d Prospekt-VO dar.[57] So sind zB Werbemaßnahmen im Vorfeld eines going public oder die in solchen Fällen bzw. bei einer größeren, international zu platzierenden Kapitalerhöhung üblichen sog. road shows noch kein Angebot iSd § 2 Nr. 2.[58] Das Gleiche gilt, wenn dem Anleger lediglich Informationsmaterial zur Verfügung gestellt wird, oder wenn er sich „vormerken" lassen kann, ohne dass dies bereits eine verbindliche Verpflichtung zum Erwerb enthält.[59]

Die Frage, wann die Angebotsankündigung soweit konkretisiert ist, dass sie die Hürde zum Angebot **16** iSd § 2 Nr. 1 iVm Art. 2 lit. d Prospekt-VO überschritten hat, kann nur für jeden Einzelfall beantwortet werden. Das BAWe hielt in seiner ersten Bekanntmachung zum Verkaufsprospektgesetz von 1996 zB beim **Bookbuilding Verfahren** die „Aufforderung zur Abgabe von Zeichnungsangeboten" als solche für ausreichend, ohne dass es besondere Anforderungen an die Konkretisierung dieser Aufforderung stellte.[60] Dies bedeutete, dass es zB beim Bookbuilding das „Verkaufsangebot" vor Beginn der Order-Taking-Period[61] auch dann als öffentliches Angebot iSd § 1 VerkProspG aF ansah, wenn es noch keine Preisspanne enthielt.[62] Diese restriktive Auffassung hat das BAWe in seiner zweiten Bekanntmachung zum Verkaufsprospektgesetz aufgegeben und nahm eine ausreichende Konkretisierung und damit ein Angebot iSd § 1 VerkProspG aF erst „mit der Veröffentlichung der Aufforderung zur Abgabe von Zeichnungsangeboten im Anschluss an die Bekanntmachung des Preisrahmens" an. Diese Fixierung des Beginns der Prospektpflicht auf denjenigen Zeitpunkt, in dem die öffentliche Werbung das Stadium der vorbereitenden Informationen überschritten hat und eine konkrete Erwerbsmöglichkeit für den Interessenten eröffnet wird, wurde in der zweiten Bekanntmachung des BAWe an verschiedenen Stellen deutlicher hervorgehoben als noch in der Bekanntmachung von 1996. Entscheidend für ein Angebot iSd § 1 VerkProspG aF war demzufolge nicht die Werbung oder der Informationsgehalt als solcher, sondern „dass für den Interessenten eine konkrete Möglichkeit zum Erwerb der beworbenen Wertpapiere besteht".[63] Das gilt auch für das WpPG[64] und für die Prospekt-VO. Eine solche konkrete Erwerbsmöglichkeit dürfte die namentliche Benennung der Stellen, wo erworben werden kann, die nähere Beschreibung des Erwerbsgegenstandes und des Preises bzw. Preisrahmens/der Preisspanne erfordern.

Ob auch § 2 Nr. 2 iVm Art. 2 lit. d Prospekt-VO neben der erforderlichen Konkretisierung der **17** Angebotsbedingungen voraussetzt, dass für den Anleger aufgrund des Angebots die Möglichkeit besteht, einen verbindlichen Vertrag über den Erwerb der Wertpapiere abzuschließen,[65] ist fraglich. § 2 Nr. 2 iVm Art. 2 lit. d Prospekt-VO spricht nur von der Möglichkeit des Anlegers, sich aufgrund der gegebenen Informationen zum Kauf zu entscheiden („um den Anleger in die Lage zu versetzen, sich für den Kauf oder die Zeichnung jener Wertpapiere zu entscheiden"), nicht dagegen davon, dass es möglich sein muss, diese Entscheidung dann unmittelbar umzusetzen, dh zu kaufen.[66] Andererseits

---

[56] Wie hier FK-WpPG/*Schnorbus* Rn. 48 ff.

[57] RegBegr. Prospektrichtlinie-Umsetzungsgesetz, BT-Drs. 15/4999, 25 (28) und bereits zum Verkaufsprospektgesetz die Bekanntmachung des BAWe, BAnz. vom 21.9.1999, 16 180. Ebenso *Bosch* in Bosch/Groß, Emissionsgeschäft, 2000, Rn. 10/106; *Hüffer,* Wertpapier-Verkaufsprospektgesetz, 1996, 16.

[58] FK-WpPG/*Schnorbus* Rn. 49 f., bereits zum Verkaufsprospektgesetz Bekanntmachung des BAWe, BAnz. vom 21.9.1999, 1 Nr. 2 Öffentliches Angebot; *Grimme/Ritz* WM 1998, 2091 (2095); *Groß* ZHR 1998, 318 (324); *Hüffer,* Wertpapier-Verkaufsprospektgesetz, 1996, 16, 18. Eher krit. *Hamann* in Schäfer/Hamann Rn. 45 und *Kullmann/Müller-Deku* WM 1196, 1989 (1992 f.).

[59] Zum Verkaufsprospektgesetz Assmann/Lenz/Ritz/*Ritz* VerkprospG § 1 Rn. 34.

[60] Zum Verkaufsprospektgesetz Bekanntmachung des BAWe zum Verkaufsprospektgesetz 1996, BAnz. vom 30.4.1996, 5069, I. 2. 6. Abs.

[61] Vgl. zu den einzelnen Phasen des Bookbuilding *Groß* ZHR 1998, 818 (320 ff.).

[62] So im Fall der Emission der Deutsche Telekom AG 1996, vgl. hierzu *Bosch* in Bosch/Groß, Emissionsgeschäft, 2000, Rn. 10/107.

[63] Zum Verkaufsprospektgesetz so ausdr. *Lenz/Ritz* WM 2000, 904 (905) unter Hinweis auf die Bekanntmachung des BAWe, 1999, Nr. I. 2. c) und Assmann/Lenz/Ritz/*Ritz* VerkprospG § 1 Rn. 37.

[64] Ebenso BaFin „Ausgewählte Rechtsfragen in der Aufsichtspraxis", Stand 4.9.2007, Seminarunterlage der BaFin, wenn dort im Zusammenhang mit der Begriffsbestimmung auf S. 4 eine „konkrete Zeichnungsmöglichkeit" gefordert wird.

[65] So zum Verkaufsprospektgesetz *Lenz/Ritz* WM 2000, 904 (905) unter Verweis auf die Bekanntmachung des BAWe Nr. I. 2. c); ebenso bereits *Grimme/Ritz* WM 1998, 2091 (2095). Wie hier auch Assmann/Lenz/Ritz/*Ritz* VerkprospG § 1 Rn. 26.

[66] Die neue Prospekt-VO (Art. 2 lit. d Prospekt-VO) stellt ebenso wenig wie die Prospekt-RL (Art. 2 Abs. 1 lit. b Prospekt-RL) auf die konkrete Erwerbsmöglichkeit ab, vgl. auch *Kunold/Schlitt* BB 2004, 501 (503); *Weber* NZG 2004, 360 (361).

weist die Regierungsbegründung zum Prospektrichtlinie-Umsetzungsgesetz ausdrücklich darauf hin, dass allgemeine Werbemaßnahmen, „bei denen noch keine Erwerbs- oder Zeichnungsmöglichkeit besteht", vom Begriff des öffentlichen Angebotes nicht erfasst werden.[67] Auch im Hinblick auf die gesonderte Regelung für die Werbung in Art. 22 Prospekt-VO dürfte ebenso wie früher bei § 1 VerkProspG aF, ein Angebot eine bereits **konkrete Erwerbsmöglichkeit** voraussetzen.[68]

18   Für das Bookbuilding-Verfahren ergibt sich daraus, dass der Beginn des öffentlichen Angebots erst mit Veröffentlichung der Aufforderung zur Abgabe von Zeichnungsgeboten nach oder mit Bekanntmachung der Preisspanne beginnt.[69] Beim de-coupled Bookbuilding, bei dem die Roadshow noch ohne Preisspanne durchgeführt wird, beginnt das öffentliche Angebot ebenfalls erst nach Festlegung der Preisspanne und deren Veröffentlichung in einem Nachtrag zum bereits ohne eine solche Preisspanne zulässigerweise gebilligten und veröffentlichten Prospekt – der Billigung und nachfolgenden Veröffentlichung des Prospekts steht das Fehlen der Preisspanne nicht entgegen, da diese Angaben nicht zwingend sind, jedenfalls aber durch Näherungswerte ersetzt werden können.[70] Bei einer Bezugsrechtsemission beginnt das Angebot erst mit der Möglichkeit der Ausübung des Bezugsrechts und damit erst am ersten Tag der Bezugsfrist.[71]

19   Ergänzend zu der Begriffsbestimmung in Art. 2 lit. d Prospekt-VO stellte § 2 Nr. 4 aF aE klar, dass **„Mitteilungen auf Grund des Handels von Wertpapieren an einem organisierten Markt oder im Freiverkehr kein öffentliches Angebot** darstellen." Daraus, dass die Begriffsbestimmung des Art. 2 lit. d Prospekt-VO diese Einschränkung nicht mehr explizit enthält, ergibt sich materiell keine Änderung. Das folgt soweit es um die Zulassung als solche (oder die Einbeziehung) geht aus Erwägungsgrund 14 (→ Rn. 7). Das dürfte aber ebenso wie früher entsprechend europaweit einheitlicher Auslegung[72] allgemein für Mitteilungen nach § 49 Abs. 1 S. 1 Nr. 2 WpHG über die Ausgabe neuer Aktien oder die Ausübung von Umtausch-, Bezugs- oder Zeichnungsrechten, wenn diese sich in der Mitteilung erschöpft und keine Kaufmöglichkeit eröffnet, gelten.[73] Die bloße Mitteilung von Tatsachen ist kein Angebot. Relevant wird die zu verneinende Frage, ob die **Pflichtveröffentlichung** nach § 49 Abs. 1 S. 1 Nr. 2 WpHG ein Angebot nach § 2 Nr. 2 iVm Art. 2 lit. d Prospekt-VO darstellt, bei Kapitalerhöhungen oder vergleichbaren Maßnahmen ausländischer Gesellschaften. Sind diese Gesellschaften nicht an einer deutschen Börse notiert, so besteht keine Pflicht zur Veröffentlichung einer Mitteilung nach § 49 Abs. 1 S. 1 Nr. 2 WpHG; die Bezugsrechtsangebote werden nur über die Depotbanken an die inländischen Depotinhaber versandt. Dies wurde im Recht in der Regierungsbegründung zum Verkaufsprospektgesetz und auch von der ESMA[74] ausdrücklich als nicht öffentliches Angebot bezeichnet.[75] Ist die Gesellschaft dagegen an einer deutschen Börse notiert, und ist ihr Herkunftsland die Bundesrepublik Deutschland, ist sie nach § 49 Abs. 1 S. 1 Nr. 2 WpHG mitteilungspflichtig, auch wenn ein Bezugsrechtshandel nur an ihrer Heimatbörse, nicht aber im Inland stattfindet. Erfolgt aber im Inland kein Bezugsrechtshandel, sodass die Pflichtmitteilung nach § 49 Abs. 1 S. 1 Nr. 2 WpHG sich allein auf die Mitteilung der Tatsache einer Kapitalerhöhung oder vergleichbaren Maßnahme beschränken kann, ohne eine Kaufmöglichkeit zu eröffnen, dann liegt der Fall nicht anders als wenn allein die nach der Gesetzesbegründung nicht als öffentliches Angebot zu qualifizierende Mitteilung durch die Depotbanken erfolgt. Auch bei Börsennotierung in Deutschland, Mitteilungspflicht nach § 49 Abs. 1 S. 1 Nr. 2 WpHG und Zusendung der Bezugsangebote durch die Depotbanken an die Depotinhaber liegt grundsätzlich in Deutschland kein öffentliches Angebot vor, wenn der Bezugsrechtshandel allein an der ausländischen Heimatbörse des Emittenten abgewickelt und in Deutschland keine Bezugsstelle benannt wird.[76]

---

[67] RegBegr. zum Prospektrichtlinie-Umsetzungsgesetz, BT-Drs. 15/4999, 25 (28).

[68] IdS wohl auch die BaFin in der auf der Homepage eingestellten Präsentation „Workshop: 100 Tage WpPG, Rechtsfragen aus der Anwendungspraxis", S. 3: konkrete Erwerbsmöglichkeit; ebenso auch BaFin „Ausgewählte Rechtsfragen in der Aufsichtspraxis", Stand 4.9.2007, Seminarunterlage der BaFin, S. 4; wie hier auch Assmann/ Schlitt/v. Kopp-Colomb/*v. Kopp-Colomb/J. Schneider* Rn. 54; FK-WpPG/*Schnorbus* Rn. 49; aA *Schlitt/Schäfer* AG 2005, 498 (500); krit. auch *Hamann* in Schäfer/Hamann Rn. 26.

[69] *Schwark/Zimmer/Heidelbach* Rn. 20; JVRZ/*Ritz/Zeising* Rn. 142; FK-WpPG/*Schnorbus* Rn. 51.

[70] JVRZ/*Ritz/Zeising* Rn. 143; FK-WpPG/*Schnorbus* Rn. 51.

[71] Assmann/Schlitt/v. Kopp-Colomb/*v. Kopp-Colomb/J. Schneider* Rn. 72.

[72] Für Mitteilungen von Depotbanken ESMA, Frequently asked questions, Prospectuses: common positions agreed by ESMA Members, question No. 42, abrufbar über die Homepage: www.esma.europa.eu.

[73] Ebenso auch für Mitteilungen von Depotbanken ESMA, Frequently asked questions, Prospectuses: common positions agreed by ESMA Members, question No. 42, abrufbar über die Homepage: www.esma.europa.eu. Wie hier auch *Hamann* in Schäfer/Hamann Rn. 37; Assmann/Schlitt/v. Kopp-Colomb/*v. Kopp-Colomb/J. Schneider* Rn. 43; FK-WpPG/*Schnorbus* Rn. 57, 77. Zum Verkaufsprospektgesetz *Waldeck/Süßmann* WM 1993, 361 (365); allgemein zu Bezugsangeboten → Rn. 18; vgl. auch RegBegr. zum Prospektrichtlinie-Umsetzungsgesetz, BT-Drs. 15/4999, 25 (28).

[74] ESMA, Frequently asked questions, Prospectuses: common positions agreed by ESMA Members, question No. 43, abrufbar über die Homepage: www.esma.europa.eu.

[75] RegBegr. zum Verkaufsprospektgesetz, BT-Drs. 11/6340, 1 (11).

[76] In diesem Sinne wohl auch ESMA, Frequently asked questions, Prospectuses: common positions agreed by ESMA Members, question No. 43, abrufbar über die Homepage: www.esma.europa.eu.

Auch der bloße **Antrag auf Einbeziehung** in den **Freiverkehr** ist noch kein öffentliches Ange- 20
bot.[77] Der Antrag selbst eröffnet noch keine Kaufmöglichkeit und zeigt auch keine solche auf. Auch
die auf Antrag erfolgte tatsächliche Einbeziehung in den Freiverkehr ist als solche kein Angebots-
vorgang und somit kein öffentliches Angebot wie Erwägungsgrund 14 Prospekt-VO festhält und lange
vorher bereits das BAWe in der Bekanntmachung zum Verkaufsprospektgesetz bekundet hatte.[78] Entsprechendes gilt selbst dann, wenn nach Einbeziehung in den Freiverkehr auch tatsächlich Handels-
aktivitäten erfolgen; geschieht dies ohne Werbemaßnahmen, so stellt der bloße Handel im Freiverkehr
kein öffentliches Angebot dar.[79] Werbung und damit ein öffentliches Angebot soll dabei allerdings
schon dann vorliegen, wenn dem Anleger anlässlich der Einbeziehung in den Freiverkehr Erwerbs-
modalitäten oder Details zu den Wertpapieren, die über die reinen Emissionsdaten hinausgehen,
mitgeteilt werden, zB Preise, aktuelle Kurse etc.[80], zurückhaltender auch die ESMA.[81] Praktisch
relevant wird diese Frage vor allen in den Fällen, in denen eine Emission zunächst prospektfrei im
Wege des private placement untergebracht wurde, für diese Wertpapiere danach aber durch Einbeziehung in den Freiverkehr an einer inländischen Börse ein für die breite Öffentlichkeit zugänglicher
Markt geschaffen werden soll. Ohne Werbung (dazu gehört nicht das uU zu den Voraussetzungen für
die Einbeziehung in den Freiverkehr zu erstellende Exposé)[82] entsteht in diesem Fall auch nachträglich
mit Aufnahme des Handels im Freiverkehr keine Prospektpflicht. Mit Werbung erfolgte Einbeziehung
führt jedoch zum Vorliegen eines öffentlichen Angebots und damit zur Prospektpflicht.[83] Gleiches gilt
auch für den Antrag auf Einbeziehung in den regulierten Markt.[84]

c) Öffentlich. Öffentlich ist das Angebot dann, wenn es sich an **die Öffentlichkeit** („Mitteilung an 21
die Öffentlichkeit", Art. 2 lit. d Prospekt-VO) wendet. Hierunter kann man nur verstehen, dass sich
das Angebot an einen **unbestimmten Personenkreis** wenden muss.[85]

Entscheidend für das Merkmal „öffentlich" ist damit nicht der „begrenzte" Personenkreis sondern, 22
ob sich das Angebot an einen „unbestimmten" Personenkreis und damit an das Publikum richtet.
Anders gewendet, die Begrenzung auf „weniger als 150 natürliche oder juristische Personen" in Art. 1
Abs. 4 lit. b Prospekt-VO bedeutet nicht im Gegenschluss, dass jedes Angebot an 150 Personen und
mehr als öffentliches Angebot anzusehen ist (str.[86]). Gegensatz zum öffentlichen Angebot ist das
private placement, dh wenn zwischen dem Anbieter bzw. einem von ihm Beauftragten und dem
Anleger bereits vor dem Angebot eine persönliche Verbindung besteht.[87] Die Frage, ob öffentlich
angeboten wird, oder nicht und damit die Frage nach dem „unbestimmten" Personenkreis, ist nach
qualitativen und nicht nach quantitativen Kriterien zu beurteilen.[88] Dh die Ansprache einzelner
ausgesuchter Kunden wird nicht deshalb zum öffentlichen Angebot, weil von verschiedenen Stellen
der Bank eine Vielzahl von Kunden angesprochen wird. Wenn zB in einer größeren Organisation oder
in mehreren Organisationen ohne zentrale Koordinierung einer größeren Zahl ausgesuchter Investoren

---

[77] So jetzt wieder RegBegr. Entwurf eines Gesetzes zur weiteren Ausführung der EU-Prospektverordnung und
zur Änderung von Finanzmarktgesetzen, BT-Drs. 19/8005, 44; bereits früher ausdr. RegBegr. zum Prospektrichtlinie-Umsetzungsgesetz, BT-Drs. 15/4999, 25 (28) sowie Gegenäußerung der Bundesregierung zu den Empfehlun-
gen des Bundesrates zum Prospektrichtlinie-Umsetzungsgesetz, BT-Drs. 15/5219, 7; ebenso BaFin „Ausgewählte
Rechtsfragen in der Aufsichtspraxis", Stand 4.9.2007, Seminarunterlage der BaFin, S. 6; *Hamann* in Schäfer/Hamann
Rn. 39; FK-WpPG/*Schnorbus* Rn. 67 ff.; *Trapp* in Habersack/Mülbert/Schlitt Unternehmensfinanzierung-HdB § 37
Rn. 66. Zum Verkaufsprospektgesetz umfassend hierzu *Schwark* FS Schimansky, 1999, 739 (741 ff.); *Waldeck/Süßmann*
WM 1993, 361 (363); *Bosch* in Bosch/Groß, Emissionsgeschäft, 2000, Rn. 10/106 aE mwN; ebenso Bekannt-
machung des BAWe zum Verkaufsprospektgesetz, BAnz. vom 21.9.1999, 16 180, § 1 Öffentliches Angebot.
[78] Bekanntmachung des BAWe, BAnz. vom 21.9.1999, 16 180, § 1 Öffentliches Angebot; ebenso BaFin „Ausgewählte Rechtsfragen in der Aufsichtspraxis", Stand 4.9.2007, Seminarunterlage der BaFin, S. 6; *Hamann* in
Schäfer/Hamann Rn. 39. Ebenso *Lenz/Ritz* WM 2000, 904 (905).
[79] Zum Verkaufsprospektgesetz, idS auch die Bekanntmachung des BAWe, BAnz. vom 21.9.1999, 16 180, § 1
Öffentliches Angebot; ebenso *Kullmann/Müller-Deku* WM 1996, 1989 (1991); *Lenz/Ritz* WM 2000, 904 (905);
Schwark FS Schimansky, 1999, 739 (741 ff.); enger *Schäfer* ZIP 1991, 1557 (1560); *Waldeck/Süßmann* WM 1993, 361
(362 f.).
[80] BaFin „Ausgewählte Rechtsfragen in der Aufsichtspraxis", Stand 4.9.2007, Seminarunterlage der BaFin, S. 6;
zur Vorsicht mahnend auch FK-WpPG/*Schnorbus* Rn. 70.
[81] ESMA, Frequently asked questions, Prospectuses: common positions agreed by ESMA Members, question
No. 74, abrufbar über die Homepage: www.esma.europa.eu.
[82] FK-WpPG/*Schnorbus* Rn. 69.
[83] *Leuering* Der Konzern 2006, 4 (8).
[84] Schwark/Zimmer/*Heidelbach* BörsG § 33 Rn. 4; Schwark/Zimmer/*Heidelbach* Rn. 19; FK-WpPG/*Schnorbus*
Rn. 62.
[85] RegBegr. zum Verkaufsprospektgesetz, BT-Drs. 11/6340, 1 (11); zum Verkaufsprospektgesetz unstr. *Bosch* in
Bosch/Groß, Emissionsgeschäft, 2000, Rn. 10/106; *Hüffer,* Wertpapier-Verkaufsprospektgesetz, 1996, 19; *Schäfer* ZIP
1991, 1557 (1559 f.).
[86] Wie hier Assmann/Schlitt/v. Kopp-Colomb/*v. Kopp-Colomb/Mollner* § 3 Rn. 29.
[87] Andere Versuche einer Begriffsbestimmung des „private placement" bei JVRZ/*Ritz/Zeising* Rn. 102.
[88] Wie hier zum WpPG *Hamann* in Schäfer/Hamann Rn. 23; FK-WpPG/*Schnorbus* Rn. 36 und *Schlitt/Schäfer* AG
2005, 498 (500 Fn. 30). Zum Verkaufsprospektgesetz ausdr. *Kullmann/Müller-Deku* WM 1996, 1989 (1992); *Hüffer,*
Wertpapier-Verkaufsprospektgesetz, 1996, 51; ähnl. *Bosch* in Bosch/Groß, Emissionsgeschäft, 2000, Rn. 10/111.

Wertpapiere der gleichen Emission empfohlen oder angeboten werden, so ist dies nicht als öffentliches Angebot zu qualifizieren.[89] Die vom BAWe in der Bekanntmachung 1996 zur Auslegung des Merkmals „öffentlich" herangezogenen Kriterien, dass die Angebotsempfänger dem Anbieter im Einzelnen bekannt sein sollen und von ihm aufgrund einer gezielten Auswahl nach individuellen Gesichtspunkten angesprochen wurden, sind zutreffend,[90] allerdings müssen sie nicht kumulativ, sondern alternativ gegeben sein.[91] Problematisch ist in diesem Zusammenhang die Frage, ob ein Angebot an Mitarbeiter des Unternehmens, die dem Unternehmen bekannt sind und die auch einem bestimmten Personenkreis angehören, weil sie Mitarbeiter oder leitende Angestellte des Unternehmens sind, als nicht öffentliches Angebot angesehen werden kann.[92] Für ein nicht öffentliches Angebot spricht gerade der bestimmte Personenkreis, der eben nicht das „Publikum" darstellt. Dagegen spricht allerdings Art. 1 Abs. 4 lit. i Prospekt-VO; dieser Bestimmung bedürfte es nicht, wenn bei Angeboten an Mitarbeiter generell kein öffentliches Angebot vorliegen würde, weil dann keine Prospektbefreiung erforderlich wäre. Die BaFin vertrat deshalb hier die Ansicht, dass grundsätzlich von einem öffentlichen Angebot auszugehen sei, es sei denn, das Informationsbedürfnis der Mitarbeiter werde durch anderweitige Maßnahmen gewährleistet.

23 Zu den qualitativen Kriterien gehört auch die Berücksichtigung des Schutzzwecks des Wertpapierprospektgesetzes und damit die Frage, ob beim angesprochenen Personenkreis ein Informationsbedürfnis besteht.[93] So ist zB die Ansprache von Kunden, welche die konkreten Wertpapiere bereits erworben haben (qualitatives Kriterium: Vorerwerb) oder bereits anderweitig umfassend informiert sind, wie das obere Management des Emittenten (qualitatives Kriterium: Informationsstand) grundsätzlich kein öffentliches Angebot.

24 **d) Einzelfälle.** Was schon als „öffentliches Angebot" oder noch als private placement anzusehen ist, lässt sich nur anhand des jeweiligen Einzelfalles entscheiden. Einzelfälle (ja = Öffentliches Angebot, nein = private placement): Angebot im Internet, ja, es sei denn, der Zugang zu der Internet-Seite ist technisch tatsächlich beschränkt auf einen bestimmten Adressatenkreis;[94] Angebot an individuell unbestimmten Personenkreis, selbst wenn dieser durch bestimmte Charakteristika, zB Zugehörigkeit zu einer Berufsgruppe oder Einkommensschicht, eingegrenzt wird, ja;[95] Angebot an bestimmten Personenkreis, zB einzelne Kunden oder Kundengruppen einer Bank, nein[96] – unerheblich ist dabei, ob zu diesem bestimmten Personenkreis zuvor bereits eine persönliche Verbindung bestand –;[97] Aushänge und Auslage von Werbematerial in der Bank, ja;[98] allgemeines Rundschreiben an nicht speziell ausgesuchte Bankkunden, ja,[99] anders dagegen, auch bei einer größeren Anzahl, bei Einzelanschreiben an Kunden selbst wenn diese unabhängig voneinander, dh nicht koordiniert von verschiedenen Stellen der Bank versandt werden, aber aufgrund spezieller Einzelkriterien ausgewählt und angeschrieben werden (qualitatives Element des Angebots),[100] nein – dabei ist die Zahl der angeschriebenen Spezialkunden irrelevant; Veröffentlichung über elektronische – Reuters, Telerate oÄ – oder Printmedien über eine bereits abgeschlossene Emission zB Tombstones, nein, wenn dadurch keine Absatzförderung betrieben wird, weil die Emission bereits platziert und auch abge-

---

[89] Zum Verkaufsprospektgesetz ausdr. *Bosch* in Bosch/Groß, Emissionsgeschäft, 2000, Rn. 10/108; idS wohl auch *Carl/Machunsky*, Der Wertpapier-Verkaufsprospekt, 1992, 34; idS wohl auch FK-WpPG/*Schnorbus* Rn. 37.

[90] Dass diese Kriterien bei § 2 Verkaufsprospektgesetz aufgeführt wurden, so die Bekanntmachung des BAWe zum Verkaufsprospektgesetz, BAnz. vom 21.9.1999, 16 180, § 2, war jedoch unzutreffend.

[91] So jetzt ausdr. FK-WpPG/*Schnorbus* Rn. 37, bereits zum Verkaufsprospektgesetz ebenso *Kullmann/Müller-Deku* WM 1996, 1989 (1992).

[92] Vgl. dazu auch *Pfeiffer/Buchinger* NZG 2006, 449 (450 f.); *Kollmorgen/Feldhaus* BB 2007, 225 (226); *Kollmorgen/Feldhaus* BB 2007, 2756 (2757 f.).

[93] So ausdr. JVRZ/*Ritz/Zeising* Rn. 101.

[94] IdS wohl auch FK-WpPG/*Schnorbus* Rn. 38 wenn er auf einen Disclaimer und Zugangsschranken verweist. Zum Verkaufsprospektgesetz auch Bekanntmachung des BAWe zum Verkaufsprospektgesetz, BAnz. vom 21.9.1999, 16 180, I 2. b), im Hinblick auf einen „disclaimer". Die diesbezüglichen Ausführungen des BAWe, die hauptsächlich in Richtung auf die Abgrenzung des Angebots im Inland zu einem solchen im Ausland zielen, dürften allgemein auf das Internet und den Internet-Zugang ausgedehnt werden können.

[95] JVRZ/*Ritz/Zeising* Rn. 111. Zum Verkaufsprospektgesetz BAWe Bekanntmachung zum Verkaufsprospektgesetz, 1996, BAnz. vom 30.4.1996, 5069, I. 2. 5. Abs.; *Hopt*, Die Verantwortlichkeit der Banken bei Emissionen, 1991, Rn. 132; *Schäfer* ZIP 1991, 1557 (1560); einschr. *Kullmann/Müller-Deku* WM 1996, 1989 (1992).

[96] FK-WpPG/*Schnorbus* Rn. 40. Zum Verkaufsprospektgesetz *Kullmann/Müller-Deku* WM 1996, 1989 (1992); *Schäfer* ZIP 1991, 1557 (1560).

[97] So noch die Bekanntmachung des BAWe zum Verkaufsprospektgesetz 1996, BAnz. vom 30.4.1996, 5069, I.2.5. Abs. Diese Auffassung hat das BAWe wohl aufgegeben, da ein entsprechender Passus in der Bekanntmachung 1999 zu § 1 VerkprospG aF fehlt, allerdings bei den Erläuterungen zu § 2 VerkprospG aF wieder auftaucht, obwohl es dort um den begrenzten Personenkreis geht, dessen Definition mit der persönlichen Verbindung nichts zu tun hat.

[98] Zum Verkaufsprospektgesetz *Bosch* in Bosch/Groß, Emissionsgeschäft, 2000, Rn. 10/108; *Carl/Machunsky*, Der Wertpapier-Verkaufsprospekt, 1992, 34; *Hopt*, Die Verantwortlichkeit der Banken bei Emissionen, 1991, Rn. 132.

[99] Zum Verkaufsprospektgesetz BAWe Bekanntmachung zum Verkaufsprospektgesetz, BAnz. vom 21.9.1999, 16 180, § 2; *Hopt*, Die Verantwortlichkeit der Banken bei Emissionen, 1991, Rn. 132.

[100] Zum Verkaufsprospektgesetz idS wohl auch *Carl/Machunsky*, Der Wertpapier-Verkaufsprospekt, 1992, 34.

schlossen ist;[101] Unternehmenspräsentationen, nein, wenn keine konkreten Verkaufsempfehlungen ausgesprochen werden;[102] redaktionelle Beiträge in Zeitungen, Zeitschriften etc. nein, jedenfalls dann nicht, wenn keine Kontaktadresse für den Erwerb der Wertpapiere genannt wird.[103] Mitteilung an Depotkunden über Bezugsrechtsangebote oder die Benachrichtigung über die Zubuchung junger Aktien, nein;[104] Bezugsangebote über an einer inländischen Börse notierte Aktien in dem Ausnahmefall vinkulierter Namensaktien, wenn dieses Angebot sich allein an die der Gesellschaft namentlich bekannten Aktionäre richtet, wohl – vgl. aber die nachfolgend dargestellte Änderung zum Bezugsangebot – nein.[105] Mitteilung über die Ausübungsmöglichkeit von Umtausch- oder Bezugsrechten, nein, da sich dieses nur an die Inhaber der entsprechenden Wertpapiere, die ein Recht zum Umtausch oder zum Bezug der Wertpapiere enthalten, richtet.[106]

Bezugsangebote mit Bezugsrechtshandel an einem regulierten Markt waren seit jeher als öffentliches **25** Angebot anzusehen,[107] weil aufgrund des Bezugsrechtshandels der angesprochene Personenkreis nicht auf die aktuellen Altaktionäre begrenzt war. Die früher streitige Frage, ob auch Bezugsangebote ohne von dem Emittenten oder den Konsortialbanken organisiertem Bezugsrechtshandel, somit bei einem allein auf die Gruppe der Altaktionäre beschränkten Angebot, ein öffentliches Angebot darstellen, hat sich zwischenzeitlich erledigt; sie gelten als öffentliches Angebote.[108] Damit dürfte sich im Ergebnis, weil bereits wegen den Prospektpflicht für das Bezugsangebot als öffentliches Angebot ein Prospekt zu erstellen ist, auch die Frage entschärft haben, ob im Rahmen reiner Bezugsangebote begebene Aktien nach Art. 1 Abs. 5 lit. b Prospekt-VO prospektfrei zugelassen werden können. Der für das öffentliche Angebot zu erstellende Prospekt kann für die Zulassung verwendet werden.

3. Qualifizierter Anleger. § 2 Nr. 3 verweist zur Definition der qualifizierten Anleger auf Art. 2 **26** lit. e Prospekt-VO. Danach sind „qualifizierter Anleger" Personen oder Einrichtungen, die in Anhang II Abschnitt I Nr. 1–4 RL 2014/65/EU genannt sind, sowie Personen oder Einrichtungen, die gem. Abschnitt II jenes Anhangs auf Antrag als professionelle Kunden behandelt werden oder die gem. Art. 30 RL 2014/65/EU als geeignete Gegenparteien anerkannt werden, und nicht gem. Abschnitt 1 Abs. 4 jenes Anhangs eine schriftliche Übereinkunft getroffen haben, als nichtprofessionelle Kunden behandelt zu werden. „Für die Zwecke der Anwendung des ersten Satzes dieses Buchstabens teilen Wertpapierfirmen und Kreditinstitute den Emittenten auf dessen Antrag die Einstufung ihrer Kunden unter Einhaltung des einschlägigen Datenschutzrechts mit". Damit Emittenten – vor allem aber auch die platzierenden Banken – die Kunden entsprechend einordnen können, haben sowohl die Emittenten als auch die Anbieter nach einen Anspruch darauf, dass ihnen die Wertpapierfirmen und Kreditinstitute die entsprechende Einstufung mitteilen.

4. Kreditinstitute. § 2 Nr. 4 bestimmt den Begriff des Kreditinstituts durch Verweis auf Art. 2 lit. **27** g Prospekt-VO, der insofern auf Art. 4 Abs. 1 Nr. 1 CRR verweist. Danach ist ein Kreditinstitut „ein Unternehmen, dessen Tätigkeit darin besteht, Einlagen oder andere rückzahlbare Gelder des Publikums entgegenzunehmen und Kredite für eigene Rechnung zu gewähren". Nach der Begründung des Regierungsentwurfs soll die neue Definition derjenigen des CRR-Kreditinstituts in § 2 Nr. 8 aF entsprechen.[109] Ob das zutrifft, damit eine Erlaubnis zum Betreiben des Einlagengeschäfts, die früher als entscheidende Voraussetzung angesehen wurde[110], verlangt werden kann, ist in Anbetracht des doch

---

[101] Zum Verkaufsprospektgesetz *Schäfer* ZIP 1991, 1557 (1560); nähere Einzelheiten bei *Kullmann/Müller-Deku* WM 1996, 1989 (1991).

[102] JVRZ/*Ritz/Zeising* Rn. 152; FK-WpPG/*Schnorbus* Rn. 55; bereits zum Verkaufsprospektgesetz Assmann/ Lenz/Ritz/*Ritz* VerkprospG § 1 Rn. 62.

[103] Zum Verkaufsprospektgesetz Assmann/Lenz/Ritz/*Ritz* VerkprospG § 1 Rn. 64; enger *Hamann* in Schäfer/ Hamann Rn. 34.

[104] RegBegr. zum Prospektrichtlinie-Umsetzungsgesetz, BT-Drs. 15/4999, 25 (28); ESMA, Frequently asked questions, Prospectuses: common positions agreed by ESMA Members, question No. 42, abrufbar über die Homepage: www.esma.europa.eu, da die dort genannte zweite Voraussetzung, dass die Depotbank für den Anbieter oder Emittenten tätig sein muss, hier nicht gegeben ist; die Depotbank wird tätig aufgrund ihrer vertraglichen Beziehung zu ihrem Depotkunden. Zum Verkaufsprospektgesetz ausdr. ebenso BAWe Bekanntmachung zum Verkaufsprospektgesetz 1996, BAnz. vom 30.4.1996, 506; I. 2. 7. Abs., RegBegr. zum Verkaufsprospektgesetz, BT-Drs. 11/6340, 1 (11).

[105] BaFin „Ausgewählte Rechtsfragen in der Aufsichtspraxis", Stand 4.9.2007, Seminarunterlage der BaFin, S. 5; bereits zum Verkaufsprospektgesetz so wohl auch *Waldeck/Süßmann* WM 1992, 361 (365).

[106] RegBegr. zum Prospektrichtlinie-Umsetzungsgesetz, BT-Drs. 15/4999, 25 (28); ebenso Schwark/Zimmer/ *Heidelbach* Rn. 23.

[107] So bereits zum Verkaufsprospektgesetz BAWe Bekanntmachung 1996, BAnZ. vom 30.4.1996, 506, I.2.7. Abs. und 1999, § 1 öffentliches Angebot lt f.; Assmann/Lenz/Ritz/*Ritz* VerkprospG § 1 Rn. 67 f.; FK-WpPG/*Schnorbus* Rn. 75.

[108] Dazu noch *Groß*, 6. Aufl. 2016, Rn. 18a.

[109] RegBegr. Entwurf eines Gesetzes zur weiteren Ausführung der EU-Prospektverordnung und zur Änderung von Finanzmarktgesetzen, BT-Drs. 19/8005, 44.

[110] RegBegr. zum Prospektrichtlinie-Umsetzungsgesetz, BT-Drs. 15/4999, 25 (28).

eher offenen Wortlauts der Definition in Art. 4 Abs. 1 Nr. 1 CRR nicht eindeutig, wenn auch naheliegend.

28   **5. Emittent.** § 2 Nr. 5 definiert den Emittenten durch Verweis auf Art. 2 lit. b Prospekt-VO. Erfasst werden natürliche und juristische Personen des öffentlichen und Privatrechts und Gesellschaften.

29   **6. Anbieter.** § 2 Nr. 6 definiert den Anbieter durch Verweis auf Art. 2 lit. i Prospekt-VO, wobei die dortige Definition sich darin erschöpft, dass es sich um eine Rechtspersönlichkeit oder natürliche Person handelt, die Wertpapiere öffentlich anbietet,[111] konkreter, welche die entscheidende absatzfördernde Maßnahme übernimmt.[112]

30   Anbieter ist somit grundsätzlich, wenn auch nicht zwingend und jedenfalls nicht zwingend allein, der **Emittent,** unabhängig davon, ob er selbst die Wertpapiere als Eigenemission direkt platziert, oder, ob die Emission als Fremdemission unter Einschaltung von Banken oder anderen Emissionshäusern platziert wird. Anbieter iSd § 2 Nr. 6 können – neben dem Emittenten – auch die Emissionsbanken als diejenigen, von denen das Angebot zum Abschluss des Kaufvertrages abgegeben oder entgegengenommen wird, sein. Ob hinsichtlich der Anbietereigenschaft der einzelnen Mitglieder des Konsortiums (das Konsortium als solches ist mangels Außenauftritt und Haftungsübernahme in keinem Fall Anbieter) die Übernahme des Platzierungs- oder Haftungsrisikos, der Außenauftritt oder beides zusammen vorausgesetzt wird, ist streitig.[113] Entscheidend – aber auch ausreichend – dürfte der Außenauftritt sein.[114]

31   Wer als Anbieter anzusehen ist, kann insbesondere in den Fällen, in denen zunächst prospektfrei privat platziert und danach von den Erwerbern öffentlich weiterveräußert wird, zB bei sog. Retail Cascaden[115], problematisch sein. Unabhängig von der Ausgestaltung des Emissionsvertrages ist der Emittent derjenige, der die Wertpapiere erstmals öffentlich anbietet und damit der Anbieter iSd § 2 Nr. 6 jedenfalls dann, wenn er von vornherein eine Platzierung im Publikum beabsichtigt und dies mit den die Emission übernehmenden Emissionshäusern vereinbart, oder sich diese Verpflichtung zur Platzierung verpflichtet, oder sich diese Verpflichtung aus der Natur des Geschäfts ergibt.[116] Problematisch wird somit die Qualifikation des Emittenten als Anbieter nur in den Fällen, in denen die Emission prospektfrei bei zB institutionellen Investoren platziert wird und keine Weiterveräußerungsabsicht besteht, oder die Weiterveräußerung – ggf. sogar vertraglich – ausgeschlossen wird, und dann entgegen dieser Planung oder – vertraglichen – Abmachung die Wertpapiere dennoch der Öffentlichkeit angeboten werden. Hier erscheint eine Prospektpflicht des Emittenten unbillig. In diesem Falle dürfte der Wiederveräußerer als Anbieter anzusehen sein.[117] Dass der Emittent durch die Emission die ursprüngliche Ursache für die Erforderlichkeit des Anlegerschutzes gesetzt hat, bleibt dabei allerdings unberücksichtigt. Sofern der Emittent jedoch ausdrücklich auf die gesetzlichen Verkaufsbeschränkungen hingewiesen und damit die Weiterveräußerung ausgeschlossen hat, bietet er gerade nicht öffentlich, sondern nur bestimmten Personen an, sodass die Tatbestandsvoraussetzung „öffentlich anbietet" des § 2 Nr. 6 bei ihm nicht vorliegen. Die Weiterveräußerung nicht nur durch den Hinweis auf die gesetzlichen Verkaufsbeschränkungen, sondern sogar durch ein entsprechendes vertragliches Weiterveräußerungsverbot auszuschließen, ist zwar nicht erforderlich, da insoweit aus dem Blickwinkel des § 2 Nr. 6 der Hinweis auf die Verkaufsbeschränkungen ausreicht, aber nützlich,[118] weil sich hieraus ein Freistellungs- oder Schadensersatzanspruch des Emittenten gegenüber dem dann vertragswidrig handelnden Weiterverkäufer herleiten lässt.[119] Ein solcher Freistellungs- oder Schadensersatzanspruch ist auch deshalb von

---

[111] Krit. dazu *Voß* ZBB 2018, 305 (313).

[112] GK-HGB/*Grundmann,* 5. Aufl. 2017, Bd. 1171, 6. Teil Rn. 95; *Voß* ZBB 2018, 305 (313): Zwei-Elemente-Lehre, dh Außenauftritt und Verantwortlichkeit bzgl. des öffentlichen Angebots.

[113] Darstellung des Meinungsstands bei Schwark/Zimmer/*Heidelbach* Rn. 55 f.

[114] Schwark/Zimmer/*Heidelbach* Rn. 58; FK-WpPG/*Schnorbus* Rn. 113.

[115] FK-WpPG/*Oulds* Prospekt-VO Art. 20a Rn. 3.

[116] *Hamann* in Schäfer/Hamann Rn. 62; Schwark/Zimmer/*Heidelbach* Rn. 53; FK-WpPG/*Schnorbus* Rn. 121, der allerdings eine aktive Zusammenarbeit zwischen Emittent und den übernehmenden und platzierenden Emissionshäusern verlangt und es nicht ausreichen lassen will, dass der Emittent mit der Weiterplatzierung rechnen musste; ebenso auch FK-WpPG/*Oulds* Prospekt-VO Art. 20a Rn. 14.

[117] *Hamann* in Schäfer/Hamann Rn. 60; FK-WpPG/*Schnorbus* Rn. 121. Zum Verkaufsprospektgesetz für eine Prospektpflicht des Veräußerers *Bosch* in Bosch/Groß, Emissionsgeschäft, 2000, Rn. 10/109; *Carl/Machunsky,* Der Wertpapier-Verkaufsprospekt, 1992, 35; *Hüffer,* Wertpapier-Verkaufsprospektgesetz, 1996, 82 f.; *Schäfer* ZIP 1991, 1557 (1561); für den Sonderfall, dass die Weiterveräußerung nach Aufnahme der Wertpapiere in den Freiverkehr erfolgt, eine Prospektpflicht des diese Aufnahme Beantragenden annehmend *Waldeck/Süßmann* WM 1993, 361 (363); für eine Prospektpflicht des Emittenten dagegen *Hopt,* Die Verantwortlichkeit der Banken bei Emissionen, 1991, Rn. 133.

[118] FK-WpPG/*Schnorbus* Rn. 122; FK-WpPG/*Oulds* Prospekt-VO Art. 20a Rn. 14; *Hamann* in Schäfer/Hamann Rn. 61.

[119] Vor diesem Hintergrund sind die in Übernahmeverträgen angelsächsischen Typs enthaltenen umfangreichen Regelungen zu „Verkaufsbeschränkungen" bzw. „Selling Restrictions" zu verstehen, vgl. Ziff. VIII der bei *Groß* in Hellner/Steuer BuB Rn. 10/324 und 10/326 abgedruckten Muster. Wie hier FK-WpPG/*Schnorbus* Rn. 122.

Bedeutung, weil der Emittent nach § 14 neben dem Anbieter haftet, wenn von ihm begebene Wertpapiere ohne Prospekt öffentlich angeboten werden,[120] es sei denn das öffentliche Angebot sei ihm nicht zurechenbar. Hat dagegen der Emittent mit dem öffentlichen Wiederverkauf gerechnet, diesen gefördert, oder zumindest in Kauf genommen, indem er zB nicht auf die gesetzlichen Verkaufsbeschränkungen hingewiesen hat, so kann er, abhängig von den Umständen des Einzelfalls, bei einer Weiterveräußerung indirekt als Anbieter anzusehen sein, mit der Folge, dass er dann prospektpflichtig wird.[121]

Wenn der Vertrieb der Wertpapiere über **Vertriebsorganisationen,** ein Netz von angestellten oder 32 freien Vermittlern oder Untervertrieb erfolgt, ist derjenige als Anbieter anzusehen, der die Verantwortung für die Koordination der Vertriebsaktivitäten innehat. Als Indiz hierfür dienen insbesondere entsprechende Vereinbarungen mit dem Emittenten, Aufträge an Untervertriebe und Provisionsvereinbarungen mit selbstständigen oder freiberuflich tätigen Vermittlern.[122]

Prospektpflichtiger Anbieter bei **Options- und Wandelanleihen** ist grundsätzlich[123] der Emittent 33 dieser Finanzierungsinstrumente, unabhängig davon, ob sich das Options- oder Wandelungsrecht auf vom Anbieter selbst emittierte Wertpapiere oder zB auf Aktien einer dritten Gesellschaft (Umtauschanleihe) bezieht. Gleiches gilt für Index-Optionsscheine, Optionsscheine mit einem Aktien- oder Wertpapierkorb als Underlying und auch für Optionsscheine, die unter Ausschluss eines Optionsrechts lediglich einen Zahlungsanspruch verbriefen, dh sog. Differenzoptionsscheine. Prospektpflichtiger Anbieter ist hier grundsätzlich jeweils der Emittent der Optionsscheine.

Keine Anbieter iSd § 2 Nr. 6 sind Informationsanbieter wie Bloomberg oder Reuters, da sie nur 34 Informationen weiterleiten, nicht aber selbst Wertpapiere anbieten.[124] Keine Anbieter sind auch Berater, selbst wenn sie im Prospekt als Berater (Wirtschaftsprüfer, Anwälte) genannt werden, da auch sie keine Wertpapiere anbieten sondern nur zB bei der Erstellung des Prospekts unterstützen.[125]

Die Einordnung einer Person als Anbieter iSd § 2 Nr. 6 führt nicht zwingend dazu, dass diese 35 Person als solche einen Prospekt zu erstellen hat. Wenn die Prospektpflicht bereits durch einen anderen Anbieter erfüllt wird, ist kein (weiterer) zusätzlicher Prospekt erforderlich.[126]

7. Zulassungsantragsteller. § 2 Nr. 7 definiert als Zulassungsantragsteller die Personen, die den 36 Antrag auf Zulassung zum Handel an einem geregelten Markt stellen. Dies sind idR aber nicht notwendigerweise der Emittent sowie die in § 32 Abs. 2 BörsG genannten Institute oder Unternehmen.

8. Geregelter Markt. § 2 Nr. 8 definiert den geregelten Markt durch Verweis auf Art. 2 lit. j 37 Prospekt-VO, der wiederum auf Art. 4 Abs. 1 Nr. 21 RL 2014/65/EU verweist. Geregelter Markt ist danach „ein von einem Marktbetreiber betriebenes und/oder verwaltetes multilaterales System, das die Interessen einer Vielzahl Dritter am Kauf und Verkauf von Finanzinstrumenten innerhalb des Systems und nach seinen nicht diskretionären Regeln in einer Weise zusammenführt oder das Zusammenführen fördert, die zu einem Vertrag in Bezug auf Finanzinstrumente führt, die gemäß den Regeln und/oder den Systemen des Marktes zum Handel zugelassen wurden, sowie eine Zulassung erhalten hat und ordnungsgemäß und gemäß Titel III dieser Richtlinie (RL 2014/65/EU) funktioniert". Anders als in § 2 Nr. 16 aF (und die Definition des „organisierten Marktes in § 2 Abs. 11 WpHG) erfordert die Definition nicht unmittelbar, dass der geregelte Markt im Inland, in einem anderen Mitgliedstaat der Europäischen Union oder einem anderen Vertragsstaat des Abkommens über den europäischen Wirtschaftsraum betrieben oder verwaltet wird. Der Verweis auf Titel III der RL 2014/65/EU führt jedoch mittelbar zu diesem Erfordernis, weil danach ein geregelter Markt eine Zulassung erhalten hat und der wiederrum an die Aufsicht durch den Mitgliedstaat geknüpft ist, die in der dort beschriebenen Form wohl nur bei auch in diesem Mitgliedstaat betriebenen oder verwalteten Märkten möglich erscheint. Diese Auslegung wird auch von der Begründung des Regierungsentwurfs gestützt, die ausdrücklich hervorhebt, dass die Definition derjenigen des § 2 Nr. 11 aF entsprechen und damit keine inhaltliche Änderungen verbunden sein sollte.[127] Damit werden von § 2 Nr. 8 nur Märkte in der EU bzw. im EWR erfasst, nicht dagegen außereuropäische Märkte. Anders gewendet: Die NYSE ist kein geregelter

---

[120] So ausdr. *Hamann* in Schäfer/Hamann Rn. 60; aA FK-WpPG/*Schnorbus* § 3 Rn. 40, der bei fehlender Veranlassung der (Weiter-)Platzierung § 13a VerkprospG (jetzt dann wohl § 14) teleologisch reduzieren und damit den Emittenten von der Haftung ausnehmen will.

[121] So auch *Bosch* in Bosch/Groß, Emissionsgeschäft, 2000, Rn. 10/109; einschr. FK-WpPG/*Schnorbus* Rn. 121: Nur bei aktiver Zusammenarbeit.

[122] RegBegr. zum Prospektrichtlinie-Umsetzungsgesetz, BT-Drs. 15/4999, 25 (28).

[123] Vorbehaltlich der Einschränkung, dass der Emittent nicht stets und zwingend der Anbieter ist, → Rn. 29 f., sondern auch uU statt seiner allein oder zusätzlich die Erstbewerber/Banken als Anbieter anzusehen sind. Wie hier Schwark/Zimmer/*Heidelbach* Rn. 61; FK-WpPG/*Schnorbus* Rn. 123.

[124] Wohl unstr. JVRZ/*Ritz/Zeising* Rn. 214; FK-WpPG/*Schnorbus* Rn. 125.

[125] Schwark/Zimmer/*Heidelbach* Rn. 62; FK-WpPG/*Schnorbus* Rn. 126.

[126] JVRZ/*Ritz/Zeising* Rn. 220 f.

[127] RegBegr. Entwurf eines Gesetzes zur weiteren Ausführung der EU-Prospektverordnung und zur Änderung von Finanzmarktgesetzen, BT-Drs. 19/8005, 44.

Markt im Sinne des § 2 Nr. 8 (und des § 2 Abs. 11 WpHG).[128] In Deutschland ist geregelter Markt allein der regulierte Markt, nicht dagegen der Freiverkehr.

38   **9. Werbung.** § 2 Nr. 9 definiert die „Werbung" durch Verweis auf Art. 2 lit. k Prospekt-VO[129]. Danach ist Werbung „eine Mitteilung mit den folgenden beiden Eigenschaften: (i) die sich auf ein spezifisches öffentliches Angebot von Wertpapieren oder deren Zulassung zum Handel an einem geregelten Markt bezieht; (ii) die darauf abstellt, die potenzielle Zeichnung oder den potenziellen Erwerb von Wertpapieren gezielt zu fördern". Wichtig ist dabei der Fokus auf die Absatzförderung und damit ein zeitlicher und sachlicher Zusammenhang mit dem öffentlichen Angebot oder der Zulassung[130]. Nicht ausreichend ist allgemeine Werbung für Wertpapiere oder auch die Werbung für ein konkretes Wertpapier, wenn im letztgenannten Fall dies nicht mit einem konkreten öffentlichen Angebot oder der Zulassung verbunden ist. Das wird auch deutlich durch die materielle Regelung zur Werbung in Art. 22 Prospekt-VO, die ein prospektpflichtiges Angebot voraussetzt (Art. 22 Abs. 1 S. 2 Prospekt-VO). Routinemäßige Investor Relations Arbeit ist damit nicht als Werbung nach dem Wertpapierprospektgesetz bzw. der Prospektverordnung zu qualifizieren.

39   **10. Bundesanstalt für Finanzdienstleistungsaufsicht.** § 2 Nr. 10 definiert als Bundesanstalt die Bundesanstalt für Finanzdienstleistungsaufsicht.

40   **11. Weitere Definitionen.** Die in § 2 enthaltenen Definitionen sind nur einige wenige, die im Zusammenhang mit dem WpPG und der Prospekt-VO relevant sind. Im Übrigen gelten die Definitionen in Art. 2 Prospekt-VO unmittelbar.

Abschnitt 2. Ausnahmen von der Prospektpflicht und Regelungen zum Wertpapier-Informationsblatt

§ 3 Ausnahmen von der Verpflichtung zur Veröffentlichung eines Prospekts

Die Verpflichtung zur Veröffentlichung eines Prospekts gemäß Artikel 3 Absatz 1 der Verordnung (EU) 2017/1129 gilt nicht für ein Angebot von Wertpapieren,

1. die von Kreditinstituten oder von Emittenten, deren Aktien bereits zum Handel an einem geregelten Markt zugelassen sind, ausgegeben werden, wenn der Gesamtgegenwert für alle im Europäischen Wirtschaftsraum angebotenen Wertpapiere nicht mehr als 8 Millionen Euro, berechnet über einen Zeitraum von zwölf Monaten, beträgt, oder
2. deren Gesamtgegenwert im Europäischen Wirtschaftsraum nicht mehr als 8 Millionen Euro, berechnet über einen Zeitraum von zwölf Monaten, beträgt.

I. Vorbemerkungen

1   § 3 aF enthielt die für die Anwendung des Wertpapierprospektes entscheidenden Regelungen, die Anordnung der Prospektpflicht bei jedem öffentlichen Angebot im Inland (§ 3 Abs. 1 aF) beziehungsweise bei jeder Zulassung zum Handel an einem organisierten Markt im Inland (§ 3 Abs. 4 aF). Diese Prospektpflicht enthält jetzt Art. 3 Abs. 1 Prospekt-VO (öffentliches Angebot) bzw. Art. 3 Abs. 3 Prospekt-VO (Zulassung). Aus Sinn und Zweck der Prospektpflicht (Anlegerschutz und Markteffizienz) folgert der EuGH, dass bei einer Zwangsversteigerung keine Prospektpflicht bestehe.[1] Da beide Bestimmungen der Prospektverordnung unmittelbar gelten, besteht für eine nationale Regelung weder ein Bedürfnis noch eine nationale Regelungskompetenz. Anstelle der bereits europäisch geregelten Prospektpflicht nutzt § 3 nunmehr die Möglichkeiten, in denen nach der Prospekt-VO der nationale Gesetzgeber von der Prospektpflicht bei einem öffentlichen Angebot befreien kann (Art. 3 Abs. 2 Prospekt-VO). Nach Angleichung der Wertgrenzen durch das Gesetz zur weiteren Ausführung der EU-Prospektverordnung und zur Änderung von Finanzmarktgesetzen[2] gilt bei Emissionen von bis zu 8 Mio. EUR über einen Zeitraum von zwölf Monaten für Emissionen von Kreditinstituten oder von Emittenten, deren Aktien bereits zum Handel an einem geregelten Markt zugelassen sind, eine voll-

---

[128] *Apfelbacher/Metzner* BKR 2006, 81 (83); *Kollmorgen/Feldhaus* BB 2007, 225 (227) mwN; *Kollmorgen/Feldhaus* BB 2007, 2756 (2756).

[129] Die dort enthaltene Regelung ist nahezu gleichlautend mit der in Art. 2 Nr. 9 alte Prospekt-VO.

[130] In diesem Sinne wohl auch FK-WpPG/*Wolf/Wink* Prospekt-VO Art. 2 Rn. 12.

[1] EuGH Urt. v. 17.9.2014 – C 441/12, ZIP 2014, 2342 (2344).

[2] BGBl. 2019 I 1002. Bis dahin galten noch zwei unterschiedliche Volumina, 5 Mio. EUR bei CRR-Kreditinstituten und Emittenten, deren Aktien bereits zum Handel an einem organisierten Markt zugelassen waren, und 8 Mio. EUR bei sonstigen Emittenten, vgl. nur die Begründung dazu in der Gegenäußerung der Bundesregierung zur Stellungnahme des Bundesrates zum Entwurf eines Gesetzes zur Ausübung von Optionen der EU-Prospektverordnung zur Anpassung weiterer Finanzmarktgesetze, BT-Drs. 19/2700, 5.

ständige Befreiung von der Prospektpflicht, für Emissionen von anderen Emittenten zwar eine Befreiung von der Prospektpflicht, dafür aber eine Verpflichtung zur Veröffentlichung eines sogenannten Wertpapier-Informationsblattes.

II. Ausnahmen von der Prospektpflicht bei einem öffentlichen Angebot

1. Überblick. § 3 enthält nun diejenigen Ausnahmen von der Prospektpflicht bei einem öffent- **2** lichen Angebot, die nach der Prospekt-VO vom nationalen Gesetzgeber geregelt werden dürfen, dh wo die Prospekt-VO dem nationalen Gesetzgeber einen Regelungsspielraum einräumt. Die materiell bedeutenderen Ausnahmen von der Prospektpflicht bei einem öffentlichen Angebot enthält die Prospekt-VO selbst in Art. 1 Abs. 4 Prospekt-VO.

2. § 3 Nr. 1. § 3 Nr. 1 macht von der Befreiungsmöglichkeit in Art. 3 Abs. 2 Prospekt-VO **3** Gebrauch. Die Differenzierung zwischen § 3 Nr. 1 und § 3 Nr. 2 erschließt sich nach Angleichung der Volumengrenzen auf in beiden Fällen „nicht mehr als"[3] 8 Mio. EUR nur aus der Regelung in § 4. Diese ersetzt bei Emissionen nach § 3 Nr. 2 den Prospekt durch das Wertpapier-Informationsblatt, während bei § 3 Nr. 1 kein Prospekt und auch kein Wertpapier-Informationsblatt erforderlich ist. Begründet wird diese Differenzierung damit, „dass Kreditinstitute der Solvenzaufsicht nach dem Kreditwesengesetz und Emittenten mit bereits an einem organisierten Markt zugelassenen Aktien Transparenzfolgepflichten unterliegen, wodurch dem Anlegerschutz Rechnung getragen ist."[4]

Zum Begriff des Kreditinstituts vgl. § 2 Nr. 4 (→ § 2 Rn. 27). Der Begriff des Gesamtgegenwertes **4** ist bewusst[5] identisch mit dem in Art. 3 Abs. 2 Prospekt-VO gewählten Begriff, um die Kongruenz sicherzustellen. Für die in gewissem Umfang vergleichbare Regelung in § 1 Abs. 2 Nr. 4 aF wurde unter „Verkaufspreis" der erste Ausgabepreis verstanden, wenn ein solcher nicht festgelegt war, der erste nach Einführung der Wertpapiere festgestellte oder gebildete Börsenpreis, bei mehreren Börsenpreisen an mehreren Börsen der höchste erste Börsenpreis[6]. Der Begriff des Gesamtgegenwertes spricht eher für den ersten Ausgabepreis[7] und gegen eventuell darüber liegende erste Börsenkurse.[8] Auch die englische Sprachfassung („total consideration of each such offer") spricht eher für den Ausgabepreis.

Für die Berechnung der Frist von zwölf Monaten gelten §§ 187 ff. BGB. Für den Beginn der Frist **5** von zwölf Monaten ist der Tag maßgeblich, an dem der Emittent erstmals einen Ausgabepreis öffentlich bekannt macht.[9] Von diesem, in die Fristberechnung nicht mit einzubeziehendem Tag[10], ist zurück zu rechnen. Alle innerhalb von 12 Monaten davor (ohne Prospekt[11]) durchgeführten Emissionen sind in die 8 Mio. EUR einzubeziehen (s. aber auch → Rn. 6).

Wie bereits bei früheren an das Emissionsvolumen anknüpfenden Regelungen, zB § 1 Abs. 2 Nr. 4 **6** aF, ergibt sich bei § 3 Nr. 1 die Frage der Auswirkungen von Folgeemissionen und deren Behandlung: Wirkt sich die nach einer prospektfreien im Volumen von zB 7 Mio. EUR ausgeführte neue Emission von 2,5 Mio. EUR auf die Prospektfreiheit der Erstemission aus? Nein, weil der Schutzzweck der ohne die Ausnahme eingreifenden Prospektpflicht nach Abschluss des ersten Angebots nicht mehr erreicht werden kann[12]. Wird im vorgenannten Beispiel die Gesamtemission im Umfang von 2,5 Mio. EUR prospektpflichtig oder nur im Umfang, in dem sie die Grenze von 8 Mio. EUR zusammen mit der Erstemission überschreitet? Die Prospektpflicht betrifft die Emission als solche, damit die gesamte Emission im Umfang von 2,5 Mio. EUR.[13] Können weitere Ausnahmen von der Prospektpflicht zusätzlich genutzt werden? Das war nach altem Recht ganz hM[14] und gilt auch nach neuem Recht,[15] da Art. 1 Abs. 6 Prospekt-VO eine Kombination der Abs. 4 und 5 Prospekt-VO ausdrücklich gestattet

---

[3] Regelung weicht von früherer in § 3 Abs. 2 S. 1 Nr. 5 und 6 aF nicht nur bei den Beträgen – früher unterschiedlich 5 Mio. bzw. 8 Mio. EUR – sondern auch bei der Formulierung ab: Früher „weniger als", dh maximal 4.999.999,99 bzw. 7.999.999,99 EUR, dazu *Voß* ZBB 2018, 305 (311), heute „nicht mehr als", dh 5 Mio. bzw. 8 Mio EUR.

[4] Gegenäußerung der Bundesregierung zu den Empfehlungen des Bundesrates zum Gesetz zur Ausübung von Optionen der EU-Prospektverordnung und zur Anpassung weiterer Finanzmarktgesetze, BT-Drs. 19/2700, 5.

[5] Gegenäußerung der Bundesregierung zu den Empfehlungen des Bundesrates zum Gesetz zur Ausübung von Optionen der EU-Prospektverordnung und zur Anpassung weiterer Finanzmarktgesetze, BT-Drs. 19/2700, 6.

[6] RegBegr. Prospektrichtlinie-Umsetzungsgesetz, BT-Drs. 15/4999, 25 (27).

[7] S. auch den Hinweis in der Gegenäußerung der Bundesregierung, „Sachkapitalerhöhungen (lassen sich) besser unter die Formulierung „Gesamtgegenwert" als unter die Formulierung „Verkaufspreis" fassen." Gegenäußerung der Bundesregierung zu den Empfehlungen des Bundesrates zum Gesetz zur Ausübung von Optionen der EU-Prospektverordnung und zur Anpassung weiterer Finanzmarktgesetze, BT-Drs. 19/2700, 6.

[8] In diese Richtung auch *Voß* ZBB 2018, 305 (310).

[9] *Voß* ZBB 2018, 305 (310).

[10] *Voß* ZBB 2018, 305 (310).

[11] AA Assmann/Schlitt/v. Kopp-Colomb/*v. Kopp-Colomb/Sargut* § 1 Rn. 73.

[12] So zu § 1 Abs. 2 Nr. 4 aF iErg bereits Assmann/Schlitt/v. Kopp-Colomb/*v. Kopp-Colomb/Sargut* § 1 Rn. 64.

[13] Assmann/Schlitt/v. Kopp-Colomb/*v. Kopp-Colomb/Sargut* § 1 Rn. 64; *Voß* ZBB 2018, 305 (310).

[14] Assmann/Schlitt/v. Kopp-Colomb/*v. Kopp-Colomb/Sargut* § 1 Rn. 68.

[15] *Voß* ZBB 2018, 305 (311).

und nur bei einer Kombination von Art. 1 Abs. 5 lit. a und b Prospekt-VO eine Gesamtgrenze von 20 % bestimmt.

7   **3. § 3 Nr. 2.** Zur Bestimmung des Gesamtgegenwertes → Rn. 4, zur Fristberechnung → Rn. 5. § 3 Nr. 2 befreit zwar von der Prospektpflicht, § 4 fordert jedoch in diesem Fall uU (Ausnahme: § 4 Abs. 1 S. 4) ein Wertpapier-Informationsblatt.

III. Rechtsfolgen der Verletzung der Prospektpflicht oder der Pflicht zur Veröffentlichung eines Wertpapier-Informationsblatts

8   **1. Allgemeines.** Die Rechtsfolge der Verletzung der Prospektpflicht hängt zunächst davon ab, ob die Prospektpflicht sich aus Art. 3 Abs. 1 oder Abs. 3 Prospekt-VO ergibt. Im Falle des Art. 3 Abs. 3 Prospekt-VO ist Rechtsfolge, dass eine Zulassung aufgrund der nicht erfüllten Zulassungsvoraussetzung Prospekt (§ 32 Abs. 3 Nr. 2 BörsG) nicht erteilt wird.[16] Im Falle des Art. 3 Abs. 1 Prospekt-VO ist die Rechtsfolge eines öffentlichen Angebots trotz (gänzlich) fehlenden Prospekts das Vorliegen einer Ordnungswidrigkeit nach § 24 Abs. 3 Nr. 1, die Untersagungsmöglichkeit des öffentlichen Angebots durch die BaFin (§ 18 Abs. 4 Nr. 1) und die Prospekthaftung nach § 14.[17] Entsprechende Rechtsfolgen (Ordnungswidrigkeit, § 24 Abs. 1 Nr. 1; Untersagung, § 18 Abs. 4 Nr. 4, § 15 Haftung) gelten bei der Verletzung der Verpflichtung zur Veröffentlichung eines Wertpapier-Informationsblattes.

9   **2. Auswirkungen auf dennoch abgeschlossene Kaufverträge.** Verträge, selbst wenn sie aufgrund eines unter Verstoß gegen § 3 Abs. 1 aF durchgeführten öffentlichen Angebots abgeschlossen wurden, waren nach der zum alten Recht unstr. Ansicht wirksam.[18] Das ergab sich eindeutig aus der durch das Anlegerschutzverbesserungsgesetz[19] neu in das Verkaufsprospektgesetz eingefügten Regelung des § 13a VerkProspG aF (jetzt § 14) der Haftung bei fehlendem Prospekt, die bereits früher nicht nur bei einem fehlenden Verkaufsprospekt, sondern auch bei einem fehlenden Wertpapierprospekt nach dem Wertpapierprospektgesetz galt.[20] Daran hat sich auch durch die europäische Vereinheitlichung des Regelungswerkes durch die neue Prospekt-VO nichts geändert, da diese zwar die Prospektpflicht, Prospektinhalt und Prospektbilligungsverfahren auf neue, europarechtlich unmittelbar geltende Grundlagen stellt, jedoch die Rechtsfolgen der Verletzung der Prospektpflicht nicht regelt – jenseits der Anweisung an den nationalen Gesetzgeber, die Prospekthaftung und angemessene Sanktionen vorzusehen (Art. 11, 38 Prospekt-VO). Insofern hat der deutsche Gesetzgeber in diesem Regelungsbereich auch nichts geändert. Rechtsfolge der Verletzung der Prospektpflicht ist nach § 14 der Anspruch des Erwerbers gegen den Emittenten und den Anbieter auf Übernahme der Wertpapiere. Wäre das Erwerbsgeschäft aufgrund des Verstoßes gegen die Prospektpflicht des Art. 3 Abs. 1 Prospekt-VO unwirksam, bedürfte es der Haftungsregelung des § 14 nicht.

10   Im Übrigen gelten auch für den Verstoß gegen die Prospektpflicht nach dem WpPG bzw. der neuen Prospekt-VO bereits dieselben Argumente, mit denen bei einen Verstoß gegen die Prospektpflicht nach dem Verkaufsprospektgesetz von einer Wirksamkeit der Verträge ausgegangen wurde: Die eine Prospektpflicht anordnenden Bestimmungen stellen keine Verbotsgesetze iSd § 134 BGB dar. Sie verbieten nicht direkt ein Rechtsgeschäft, den Kaufvertrag über die Wertpapiere, sondern nur ein öffentliches Angebot der Wertpapiere. Sie richten sich auch nur an den Anbieter und nicht an den Vertragspartner. Insofern waren §§ 1, 9 VerkProspG aF und ist § 3 Abs. 1 (oder Art. 3 Abs. 1 bzw. 3 Prospekt-VO) nicht als Verbotsgesetz iSd § 134 BGB anzusehen.[21] Verträge, selbst wenn sie aufgrund eines unter Verstoß gegen § 3 Abs. 1 durchgeführten öffentlichen Angebotes abgeschlossen wurden, sind wirksam.

§ 4 Ausnahmen von der Pflicht

(1) [1]**Ein Anbieter, der die Ausnahme nach § 3 Nummer 2 in Anspruch nimmt, darf die Wertpapiere im Inland erst dann öffentlich anbieten, wenn er zuvor ein Wertpapier-Informationsblatt nach den Absätzen 3 bis 5 und 6 Satz 2 sowie Absatz 7 Satz 4 erstellt, bei der**

---

[16] Wie hier FK-WpPG/*Schnorbus* Vor §§ 1 ff. Rn. 27; zur Frage, wenn fälschlicherweise davon ausgegangen wurde, es sei kein Prospekt erforderlich oder es reiche ein prospektersetzendes Dokument → § 14 Rn. 1.

[17] Str., näher → § 14 Rn. 1; bejahend FK-WpPG/*Schnorbus* Vor §§ 1 ff. Rn. 27; *Kallmorgen/Feldhaus* BB 2007, 225 (228 f.); *Leuering* Der Konzern 2006, 4 (8 f.).

[18] Unstr. Schwark/Zimmer/*Heidelbach* Rn. 35; Assmann/Schlitt/v. Kopp-Colomb/*v. Kopp-Colomb/Mollner* Rn. 22; FK-WpPG/*Schnorbus* Vor §§ 1 ff. Rn. 28. So bereits zu der Verletzung der Prospektpflicht nach § 1 VerkprospG aF *Hauptmann* in Vortmann, Prospekthaftung und Anlageberatung, 2000, § 3 Rn. 208; Schwark/Zimmer/*Heidelbach* VerkprospG § 1 Rn. 45.

[19] BGBl. 2004 I 630.

[20] *Kallmorgen/Feldhaus* BB 2007, 225 (228 f.); *Leuering* Der Konzern 2006, 4 (8 f.); ebenso jetzt auch FK-WpPG/*Schnorbus* Vor §§ 1 ff. Rn. 27.

[21] Unstr. zum alten Recht Schwark/Zimmer/*Heidelbach* Rn. 35; Assmann/Schlitt/v. Kopp-Colomb/*v. Kopp-Colomb/Mollner* Rn. 22; FK-WpPG/*Schnorbus* Rn. 28.

Bundesanstalt hinterlegt und veröffentlicht hat. [2] Dies gilt entsprechend für ein öffentliches Angebot im Inland von Wertpapieren mit einem Gesamtgegenwert im Europäischen Wirtschaftsraum von 100 000 Euro bis weniger als 1 Million Euro, für die gemäß Artikel 1 Absatz 3 Unterabsatz 1 der Verordnung (EU) 2017/1129 kein Prospekt zu veröffentlichen ist. [3] Die Untergrenze von 100 000 Euro gemäß Satz 2 ist über einen Zeitraum von zwölf Monaten zu berechnen. [4] Die Verpflichtungen nach den Sätzen 1 und 2 gelten nicht, wenn für die Wertpapiere ein Basisinformationsblatt nach der Verordnung (EU) Nr. 1286/2014 des Europäischen Parlaments und des Rates vom 26. November 2014 über Basisinformationsblätter für verpackte Anlageprodukte für Kleinanleger und Versicherungsanlageprodukte (PRIIP) (ABl. L 352 vom 9.12.2014, S. 1; L 358 vom 13.12.2014, S. 50), die durch die Verordnung (EU) 2016/2340 (ABl. L 354 vom 23.12.2016, S. 35) geändert worden ist, veröffentlicht werden muss oder wesentliche Anlegerinformationen nach § 301 des Kapitalanlagegesetzbuches veröffentlicht werden müssen.

(2) [1] Das Wertpapier-Informationsblatt darf erst veröffentlicht werden, wenn die Bundesanstalt die Veröffentlichung gestattet. [2] Die Gestattung ist zu erteilen, wenn

1. das Wertpapier-Informationsblatt vollständig alle Angaben, Hinweise und Anlagen enthält, die nach den folgenden Absätzen, auch in Verbindung mit der nach Absatz 9 zu erlassenden Rechtsverordnung, erforderlich sind, und diese Angaben, Hinweise und Anlagen in der vorgeschriebenen Reihenfolge erfolgen und
2. das Feststellungsdatum des letzten Jahresabschlusses des Emittenten und im Falle eines Garantiegebers zusätzlich das Feststellungsdatum des letzten Jahresabschlusses des Garantiegebers zum Zeitpunkt der Gestattung nicht länger als 18 Monate zurückliegt.

[3] Die Bundesanstalt hat dem Anbieter innerhalb von zehn Arbeitstagen nach Eingang des Wertpapier-Informationsblatts mitzuteilen, ob sie die Veröffentlichung gestattet. [4] Gelangt die Bundesanstalt zu der Auffassung, dass das ihr zur Gestattung vorgelegte Wertpapier-Informationsblatt unvollständig ist oder die erforderlichen Angaben, Hinweise und Anlagen nicht in der vorgeschriebenen Reihenfolge erfolgen, beginnt die Frist nach Satz 3 erst ab dem Zeitpunkt zu laufen, zu welchem die erforderlichen Angaben, Hinweise und Anlagen vollständig und in der vorgeschriebenen Reihenfolge eingehen. [5] Die Bundesanstalt soll den Anbieter innerhalb von fünf Arbeitstagen nach Eingang des Wertpapier-Informationsblatts unterrichten, wenn sie nach Satz 4 weitere Informationen für erforderlich hält. [6] Dies gilt auch, wenn sie zu dem Ergebnis kommt, dass die erforderlichen Angaben, Hinweise und Anlagen nicht in der vorgeschriebenen Reihenfolge erfolgt sind.

(3) [1] Das Wertpapier-Informationsblatt darf nicht mehr als drei DIN-A4-Seiten umfassen. [2] Es muss mindestens die wesentlichen Informationen über die Wertpapiere, den Anbieter, den Emittenten und etwaige Garantiegeber in übersichtlicher und leicht verständlicher Weise in der nachfolgenden Reihenfolge enthalten, so dass das Publikum

1. die Art, die genaue Bezeichnung und die internationale Wertpapier-Identifikationsnummer (ISIN) des Wertpapiers,
2. die Funktionsweise des Wertpapiers einschließlich der mit dem Wertpapier verbundenen Rechte,
3. Angaben zur Identität des Anbieters, des Emittenten einschließlich seiner Geschäftstätigkeit und eines etwaigen Garantiegebers,
4. die mit dem Wertpapier, dem Emittenten und einem etwaigen Garantiegeber verbundenen Risiken,
5. den auf Grundlage des letzten aufgestellten Jahresabschlusses berechneten Verschuldungsgrad des Emittenten und eines etwaigen Garantiegebers,
6. die Aussichten für die Kapitalrückzahlung und Erträge unter verschiedenen Marktbedingungen,
7. die mit dem Wertpapier verbundenen Kosten und Provisionen,
8. die Angebotskonditionen einschließlich des Emissionsvolumens sowie
9. die geplante Verwendung des voraussichtlichen Nettoemissionserlöses

einschätzen und bestmöglich mit den Merkmalen anderer Wertpapiere vergleichen kann.

(4) [1] Das Wertpapier-Informationsblatt muss den drucktechnisch hervorgehobenen Warnhinweis „Der Erwerb dieses Wertpapiers ist mit erheblichen Risiken verbunden und kann zum vollständigen Verlust des eingesetzten Vermögens führen." [2] Auf der ersten Seite, unmittelbar unterhalb der ersten Überschrift enthalten.

(5) Das Wertpapier-Informationsblatt muss im Anschluss an die Angaben nach Absatz 3 dieser Vorschrift zudem in folgender Reihenfolge enthalten:

1. einen Hinweis darauf, dass die inhaltliche Richtigkeit des Wertpapier-Informationsblatts nicht der Prüfung durch die Bundesanstalt unterliegt,
2. einen Hinweis darauf, dass für das Wertpapier kein von der Bundesanstalt gebilligter Wertpapierprospekt hinterlegt wurde und der Anleger weitergehende Informationen unmittelbar vom Anbieter oder Emittenten des Wertpapiers erhält,

3. einen Hinweis auf den letzten Jahresabschluss des Emittenten und im Falle eines Garantiegebers zusätzlich auf den letzten Jahresabschluss des Garantiegebers sowie darauf, wo und wie diese Jahresabschlüsse erhältlich sind,

4. einen Hinweis darauf, dass Ansprüche auf der Grundlage einer in dem Wertpapier-Informationsblatt enthaltenen Angabe nur dann bestehen können, wenn die Angabe irreführend oder unrichtig ist oder der Warnhinweis des Absatzes 4 nicht enthalten ist und wenn das Erwerbsgeschäft nach Veröffentlichung des Wertpapier-Informationsblatts und während der Dauer des öffentlichen Angebots, spätestens jedoch innerhalb von sechs Monaten nach dem ersten öffentlichen Angebot der Wertpapiere im Inland, abgeschlossen wurde.

(6) ¹Während der Dauer des öffentlichen Angebots ist der letzte Jahresabschluss des Emittenten den Anlegern auf Anforderung kostenlos in Textform zur Verfügung zu stellen. ²Ist der Emittent nach den handelsrechtlichen Vorschriften nicht verpflichtet, einen Jahresabschluss offenzulegen, ist der Jahresabschluss dem Wertpapier-Informationsblatt als Anlage beizufügen und mit diesem gemäß Absatz 1 Satz 1 zu hinterlegen und zu veröffentlichen. Im Falle eines Garantiegebers gelten die Sätze 1 und 2 entsprechend.

(7) ¹Der Anleger muss die in Absatz 3 dieser Vorschrift aufgezählten Informationen verstehen können, ohne hierfür zusätzliche Dokumente heranziehen zu müssen. ²Die Angaben in dem Wertpapier- Informationsblatt sind kurz zu halten und in allgemein verständlicher Sprache abzufassen. ³Sie müssen redlich und eindeutig und dürfen nicht irreführend sein. ⁴Das Wertpapier-Informationsblatt darf sich jeweils nur auf ein bestimmtes Wertpapier beziehen und keine werbenden oder sonstigen Informationen enthalten, die nicht dem in Absatz 3 genannten Zweck dienen.

(8) ¹Tritt nach der Gestattung und vor dem endgültigen Schluss des öffentlichen Angebots ein wichtiger neuer Umstand ein oder wird eine wesentliche Unrichtigkeit in Bezug auf die im Wertpapier-Informationsblatt enthaltenen Angaben festgestellt, die die Beurteilung des Wertpapiers beeinflussen könnten, so sind die in dem Wertpapier-Informationsblatt enthaltenen Angaben während der Dauer des öffentlichen Angebots unverzüglich zu aktualisieren und ist der Bundesanstalt die aktualisierte Fassung des Wertpapier-Informationsblatts zum Zweck der Hinterlegung unverzüglich zu übermitteln. ²Das Datum der letzten Aktualisierung sowie die Zahl der seit der erstmaligen Erstellung des Wertpapier-Informationsblatts vorgenommenen Aktualisierungen sind im Wertpapier-Informationsblatt zu nennen. ³Das aktualisierte Wertpapier-Informationsblatt ist unverzüglich entsprechend Artikel 21 Absatz 2 und Absatz 3 Unterabsatz 1 der Verordnung (EU) 2017/1129 zu veröffentlichen. ⁴§ 5 Absatz 1 und 3 Satz 2 gilt entsprechend.

(9) ¹Das Bundesministerium der Finanzen kann durch Rechtsverordnung, die nicht der Zustimmung des Bundesrates bedarf, im Einvernehmen mit dem Bundesministerium der Justiz und für Verbraucherschutz nähere Bestimmungen zu Inhalt und Aufbau der Wertpapier-Informationsblätter erlassen. ²Das Bundesministerium der Finanzen kann die Ermächtigung durch Rechtsverordnung auf die Bundesanstalt übertragen.

I. Vorbemerkungen

1   § 4 wurde als § 3a aF durch das Gesetz zur Ausübung von Optionen der EU-Prospektverordnung und zur Anpassung weiterer Finanzmarktgesetze[1] neu in das WpPG eingefügt. Ziel war es, von den Prospektbefreiungsmöglichkeiten der neuen Prospekt-VO Gebrauch zu machen, gleichzeitig aber einen Mindestschutz der Anleger zu gewährleisten. Für Angebote im Gesamtwert zwischen 100.000 und 1.000.000 EUR waren die Vorgaben von Art. 1 Abs. 3 Prospekt-VO einzuhalten, dh die Informationsverpflichtung darf keine „unverhältnismäßige oder unnötige Belastung" darstellen. Für Angebote zwischen 1 Mio. und 8 Mio. EUR war Art. 3 Abs. 2 Prospekt-VO zu beachten.

2   **§§ 3, 4, 5 und 6 schaffen hierfür folgendes System:** Öffentliche Angebote von Wertpapieren unterhalb eines Gesamtgegenwertes von 100.000 EUR bedürfen weder eines Prospekts noch eines Wertpapier-Informationsblatts (§ 3 iVm Art. 1 Abs. 3 Prospekt-VO). Gleiches, dh weder ein Prospekt noch ein Wertpapier-Informationsblatt, gilt für öffentliche Angebote von Wertpapieren durch ein Kreditinstitut oder einen Emittenten, dessen Aktien zum Handel zum geregelten Markt zugelassen sind im Volumen bis zu 8 Mio. EUR über 12 Monate. Dagegen bedürfen öffentliche Angebote von Wertpapieren anderer Emittenten von 100.000 bis 8 Mio. EUR über 12 Monate nach § 3 Nr. 2 iVm § 4 eines Wertpapier-Informationsblatts (es sei denn die Information wäre aufgrund der Informationen nach § 4 Abs. 1 S. 4 verfügbar); erfolgt das Angebot an nicht qualifizierte Anleger greift darüber hinaus noch die Regelung des § 6, Einzelanlageschwellen und Anlageberatung/-vermittlung.

3   Im Wertpapier-Informationsblatt sollen die wesentlichen Informationen über die Wertpapiere in kurzer und verständlicher Weise dargestellt werden. Es wird von der BaFin geprüft (Vollständigkeit,

---

[1] BGBl. 2018 I 1102.

Reihenfolge der gesetzlich vorgeschriebenen Angaben, Hinweise und Anlagen[2]) und darf erst nach Gestattung der Veröffentlichung durch die BaFin veröffentlicht werden.

II. Wertpapier-Informationsblatt

1. Abs. 1. § 4 Abs. 1 ordnet nur dann an, ein Wertpapier-Informationsblatt zu erstellen, wenn der   **4** Anbieter von der Ausnahme nach § 3 Nr. 2 Gebrauch macht. Kein Wertpapier-Informationsblatt bedarf es deshalb bei der Emission bis 8 Mio. EUR von Kreditinstituten oder von Emittenten, deren Aktien bereits zum Handel an einem geregelten Markt zugelassen sind (§ 3 Nr. 1), bei sonstigen Prospektbefreiungen nach Art. 1 Abs. 4 Prospekt-VO oder bei freiwilliger Erstellung eines Prospekts. Keines Wertpapier-Informationsblattes bedarf es auch im Falle des § 4 Abs. 1 S. 4, dh bei Erstellung eines Basis-Informationsblatts oder von Anlegerinformationen nach § 301 KAGB. Die Pflicht trifft den Anbieter (→ § 1 Rn. 29), wobei dessen Bestimmung im Hinblick auf die zwingende Einschaltung von Anlageberatern, insbesondere Anlagevermittlern nach § 6, hier von besonderer Bedeutung ist[3].

2. Abs. 2. § 4 Abs. 2 ist an § 13 Abs. 2 VermAnlG „angelehnt"[4]. Erst nach Gestattung der Ver-   **5** öffentlichung durch die BaFin darf ein Wertpapier-Informationsblatt veröffentlicht werden. Die BaFin prüft das Wertpapier-Informationsblatt auf seine Vollständigkeit, wobei dies allein umfasst, ob die gesetzlichen Mindestangaben, Hinweise und Anlagen vollständig in der vorgeschriebenen Reihenfolge enthalten sind[5]. Für die Prüfung und Mitteilung enthält § 4 Abs. 2 eine klare Fristenregelung: 5 Arbeitstage[6] Vorprüfung durch BaFin; Mitteilung, ob weitere Informationen erforderlich sind, wenn ja, nach deren Einreichung läuft wieder 5/10 Tagesfrist; ob weitere Informationen erforderlich sind, Gestattung innerhalb von zehn Arbeitstagen nach Einreichung.

3. Inhalt, Warnhinweis und Aufbau des Wertpapier-Informationsblatts (Abs. 3–5). § 4   **6** Abs. 3 enthält detaillierte Vorgaben zum Inhalt des Wertpapier-Informationsblatts, § 4 Abs. 4 die Verpflichtung, einen drucktechnisch hervorgehobenen Warnhinweis aufzunehmen, und § 4 Abs. 5 schreibt weitere Hinweise und deren Reihenfolge vor.

Bei der nach § 4 Abs. 3 Nr. 1 vorgeschriebenen Benennung der „Art .... des Wertpapiers" geht es   **7** um die Beschreibung der „Produktgattung (z. B. Aktie, Inhaberschuldverschreibung usw.)"[7]. Entscheidend ist, dass dem Wertpapier-Informationsblatt entnommen werden kann, auf welches Wertpapier es sich bezieht und um welches Wertpapier es sich dabei handelt. § 4 Abs. 3 Nr. 2 fordert zunächst eine allgemeine Beschreibung der Funktionsweise des Wertpapiers sowie daran anschließend konkrete Angaben zu den mit dem Wertpapier verbundenen Rechten. Bei Aktien sollen hierzu „insbesondere" Angaben zur Dividendenberechtigung, deren Beginn, zu Stimmrechten und Bezugsrechten gehören, bei Schuldverschreibungen Angaben zu der Laufzeit, Art und Höhe der Verzinsung, Zinstermine, Fälligkeitstermin und Rückzahlungsbedingungen, ggf. Sonderkündigungsrechten. Garantieerklärungen eines Dritten zur Sicherstellung der Verpflichtung zur Rückzahlung und/oder der Zinszahlungen sind ebenso zu nennen wie deren Bedingungen und Voraussetzungen[8]. Hinsichtlich der in § 4 Abs. 3 Nr. 5 geforderten Angabe des Verschuldungsgrads enthält die Regierungsbegründung konkrete Vorgaben zur Berechnung[9].

Die nach § 4 Abs. 3 Nr. 6 geforderte Darstellung, wie sich verschiedene Marktbedingungen auf die   **8** Aussichten für die Kapitalrückzahlung und die Erträge auswirken können, erfordert eine Reihe von Angaben: Darstellung des Einflusses möglicher Kapitalmarktentwicklungen auf die Investition, dh Darstellung der marktpreisbestimmenden Faktoren und deren Auswirkung, Darstellung unterschiedlicher Szenarien und deren Annahmen, dh positives, neutrales und negatives Szenario und deren

---

[2] RegBegr. zum Gesetz zur Ausübung von Optionen der EU-Prospektverordnung und zur Anpassung weiterer Finanzmarktgesetze, BT-Drs. 19/2435, 37 f.

[3] Darauf weist *Voß* ZBB 2018, 305 (313) zu Recht hin.

[4] RegBegr. Gesetz zur Ausübung von Optionen der EU-Prospektverordnung und zur Anpassung weiterer Finanzmarktgesetze, BT-Drs. 19/2435, 38.

[5] RegBegr. Gesetz zur Ausübung von Optionen der EU-Prospektverordnung und zur Anpassung weiterer Finanzmarktgesetze, BT-Drs. 19/2435, 38; ausf. zum Prüfungsumfang *Voß* ZBB 2018, 305 (315 f.).

[6] Änderung der früheren Regelung mit „Werktagen", dh einschließlich Samstag, auf Arbeitstage, dh ohne Samstage, Art. 2 lit. t Prospekt-VO, erfolgte durch das Gesetz zur weiteren Ausführung der EU-Prospektverordnung und zur Änderung von Finanzmarktgesetzen, BGBl. 2019 I 1002.

[7] RegBegr. Gesetz zur Ausübung von Optionen der EU-Prospektverordnung und zur Anpassung weiterer Finanzmarktgesetze, BT-Drs. 19/2435, 39.

[8] Vgl. zu allem RegBegr. Gesetz zur Ausübung von Optionen der EU-Prospektverordnung und zur Anpassung weiterer Finanzmarktgesetze, BT-Drs. 19/2435, 39.

[9] RegBegr. Gesetz zur Ausübung von Optionen der EU-Prospektverordnung und zur Anpassung weiterer Finanzmarktgesetze, BT-Drs. 19/2435, 39: „In die Berechnung des Verschuldungsgrads sind für das Eigenkapital insbesondere das gezeichnete Kapital abzüglich ausstehender Einlagen, emittierter Wandelanleihen und entgeltlich erworbener Geschäfts- oder Firmenwerte und zuzüglich Gewinn- und Kapitalrücklagen zu berücksichtigen. Für das Fremdkapital sind Rückstellungen, Verbindlichkeiten, passive Rechnungsabgrenzungsposten und passive latente Steuern anzusetzen."

Auswirkungen auf die Aussichten der Rückzahlung des eingesetzten Kapitals und der erwarteten Erträge[10]. Eine Angabe über die Eintrittswahrscheinlichkeit der marktpreisbestimmenden Faktoren soll dagegen nicht erforderlich sein[11].

9 **4. Abs. 8.** § 4 Abs. 8 regelt eine Nachtragsverpflichtung entsprechend § 16 aF bzw. Art. 23 Prospekt-VO für während des Zeitraums zwischen Gestattung der Veröffentlichung des Wertpapier-Informationsblatts und dem endgültigem Schluss des öffentlichen Angebots eingetretene wichtige neue Umstände oder festgestellte wesentliche Unrichtigkeiten. Anders als Nachträge zum Prospekt bedürfen solche Nachträge zum Wertpapier-Informationsblatt keiner Billigung bzw. Gestattung der Veröffentlichung durch die BaFin. Sie sind der BaFin zum Zwecke der Hinterlegung zu übermitteln und unverzüglich zu veröffentlichen.

III. Verordnungsermächtigung

10 § 4 Abs. 9 enthält die Ermächtigung, nähere Einzelheiten hinsichtlich Inhalt und Aufbau des Wertpapier-Informationsblattes zu erlassen, wobei diese Ermächtigung auf die BaFin übertragen werden kann. Die BaFin hat eine recht detaillierte Checkliste für Wertpapier-Informationsblätter auf Ihrer Internetseite veröffentlicht.

§ 5 Übermittlung des Wertpapier-Informationsblatts an die Bundesanstalt; Frist und Form der Veröffentlichung

(1) **Das Wertpapier-Informationsblatt ist der Bundesanstalt in elektronischer Form und in elektronisch durchsuchbarem Format über ihr Melde- und Veröffentlichungssystem zu übermitteln.**

(2) **Hinsichtlich der Aufbewahrung des Wertpapier- Informationsblatts und der aktualisierten Fassungen gilt § 22 Absatz 3 entsprechend.**

(3) [1]**Das hinterlegte Wertpapier-Informationsblatt muss mindestens einen Werktag vor dem öffentlichen Angebot entsprechend Artikel 21 Absatz 2 und Absatz 3 Unterabsatz 1 der Verordnung (EU) 2017/1129 veröffentlicht werden.** [2]**Der Anbieter hat sicherzustellen, dass das Wertpapier-Informationsblatt ohne Zugangsbeschränkung für jedermann zugänglich ist; die Regelungen des Artikels 21 Absatz 4 der Verordnung (EU) 2017/1129 gelten entsprechend.**

I. Vorbemerkung

1 § 5 wurde als § 3b aF durch das Gesetz zur Ausübung von Optionen der EU-Prospektverordnung und zur Anpassung weiterer Finanzmarktgesetze[1] neu eingefügt und durch das Gesetz zur weiteren Ausführung der EU-Prospektverordnung und zur Änderung von Finanzmarktgesetzen[2] nur technisch auf die unmittelbar anwendbare neue Prospekt-VO angepasst indem hinsichtlich der Veröffentlichung nicht auf § 14 aF sondern Art. 21 Prospekt-VO verwiesen wird.

II. Übermittlung des Wertpapier-Informationsblatts, Frist und Form der Veröffentlichung

2 **Grundlagen.** § 5 Abs. 1 regelt die Übermittlung des Wertpapier-Informationsblatts an die BaFin. Diese hat wie bei Prospekten allein in elektronischer Form zu erfolgen. Die BaFin hat hierfür eine elektronische Meldeplattform eingerichtet. Das elektronisch eingereichte Wertpapier-Informationsblatt muss ebenso wie Prospekte in elektronisch durchsuchbarer Form eingereicht werden, um der BaFin (und später den Anlegern) die Prüfung zu erleichtern. Wieso der Gesetzgeber im Rahmen des Gesetzes zur weiteren Ausführung der EU-Prospektverordnung und zur Änderung von Finanzmarktgesetzen die Veröffentlichungsfrist von „einem Werktag vor dem öffentlichen Angebot" nicht an die des Prospekts, „rechtzeitig vor und spätestens mit Beginn des öffentlichen Angebots" (Art. 21 Abs. 1 S. 1 Prospekt-VO) angeglichen hat, ist wohl nur mit einem Versehen zu erklären. Dagegen erscheint es sinnvoll, dass der Begriff des „Werktags" hier, anders als an allen anderen Stellen im Gesetz nicht durch den des „Arbeitstags" ersetzt wurde, weil damit auch eine Veröffentlichung am Samstag vor einem öffentlichen Angebot am Montag ausreicht.

---

[10] RegBegr. Gesetz zur Ausübung von Optionen der EU-Prospektverordnung und zur Anpassung weiterer Finanzmarktgesetze, BT-Drs. 19/2435, 40.

[11] RegBegr. Gesetz zur Ausübung von Optionen der EU-Prospektverordnung und zur Anpassung weiterer Finanzmarktgesetze, BT-Drs. 19/2435, 39 f.

[1] BGBl. 2019 I 1002.

[2] BGBl. 2019 I 1002.

§ 6 Einzelanlageschwellen für nicht qualifizierte Anleger

[1]Unbeschadet der Vorgaben in den §§ 4 und 5 ist die Befreiung von der Pflicht zur Veröffentlichung eines Prospekts nach § 3 Nummer 2 auf ein Angebot von Wertpapieren nur anwendbar, wenn die angebotenen Wertpapiere ausschließlich im Wege der Anlageberatung oder Anlagevermittlung über ein Wertpapierdienstleistungsunternehmen vermittelt werden, das rechtlich verpflichtet ist, zu prüfen, ob der Gesamtbetrag der Wertpapiere, die von einem nicht qualifizierten Anleger erworben werden können, folgende Beträge nicht übersteigt:

1. 1 000 Euro,
2. 10 000 Euro, sofern der jeweilige nicht qualifizierte Anleger nach einer von ihm zu erteilenden Selbstauskunft über ein frei verfügbares Vermögen in Form von Bankguthaben und Finanzinstrumenten von mindestens 100 000 Euro verfügt, oder
3. den zweifachen Betrag des durchschnittlichen monatlichen Nettoeinkommens des jeweiligen nicht qualifizierten Anlegers nach einer von ihm zu erteilenden Selbstauskunft, höchstens jedoch 25 000 Euro.

[2]Die Einschränkungen nach Satz 1 gelten nicht für Wertpapiere, die den Aktionären im Rahmen einer Bezugsrechtsemission angeboten werden.

I. Vorbemerkung

§ 6 wurde als § 3c aF durch das Gesetz zur Ausübung von Optionen der EU-Prospektverordnung **1** und zur Anpassung weiterer Finanzmarktgesetze[1] neu eingefügt. Das Gesetz zur weiteren Ausführung der EU-Prospektverordnung und zur Änderung von Finanzmarktgesetzen[2] hat diese Bestimmung im Wesentlichen, abgesehen von einer eher technischen Änderung, übernommen, jedoch in Satz 2 eine Sonderregelung für Bezugsrechtsemissionen eingeführt.

II. Einzelanlageschwellen für nicht qualifizierte Anleger

§ 6 S. 1 begründet bei nach § 3 Nr. 2 prospektfreien Wertpapierangeboten bestimmte Einzelanla- **2** geschwellen für nicht qualifizierte Anleger. Systematisch engt er die Prospektbefreiung nach § 3 Nr. 2 ein. Nur dann, wenn bei einem öffentlichen Angebot (auch) an nicht qualifizierte Anleger die Einzelanlageschwellen des § 6 S. 1 eingehalten werden, greift die Prospektbefreiung und reicht das Wertpapier-Informationsblatt aus. Welche Auswirkungen ein Verstoß gegen die Anlageschwellen auf ein Angebot an qualifizierte und an nicht qualifizierte Anleger hat, ob dies zu Unzulässigkeit des gesamten Angebots oder nur des Angebotsteils an nicht qualifizierte Anleger führt, ergibt sich aus § 6 S. 1 nicht. Wenn aber die Regierungsbegründung zum Gesetz zur Ausübung von Optionen der EU-Prospektverordnung und zur Anpassung weiterer Finanzmarktgesetze in diesem Zusammenhang ausdrücklich betont, die neue Regelung sei eine Spezialvorschrift, die nur die nicht qualifizierten Anleger treffe, für alle anderen gelte die Prospektfreiheit bis 8 Mio. EUR[3], dann spricht dies für eine getrennte Beurteilung, wobei ein öffentliches Angebot an qualifizierte Anleger nach Art. 1 Abs. 4 lit. a Prospekt-VO so oder so keines Prospektes bedarf.

Da die Einzelanlageschwellen im Rahmen eines öffentlichen Angebots überprüft werden müssen, **3** setzt die Befreiung von der Prospektpflicht des § 3 Nr. 2 nach § 6 S. 1 voraus, dass die Wertpapiere an nicht qualifizierte Anleger ausschließlich im Wege der Anlageberatung oder Anlagevermittlung über ein Wertpapierdienstleistungsunternehmen vermittelt werden, und das Wertpapierdienstleistungsunternehmen verpflichtet ist, zu prüfen, ob die Einzelanlageschwellen eingehalten werden.

III. Ausnahmeregelung für Bezugsrechtsemissionen

Das Gesetz zur weiteren Ausführung der EU-Prospektverordnung und zur Änderung von Finanz- **4** marktgesetzen hat in Satz 2 eine Sonderregelung für Bezugsrechtsemission eingefügt. Allein für die bestehenden, damit bezugsberechtigten Aktionäre (die Regierungsbegründung zum Gesetz zur weiteren Ausführung der EU-Prospektverordnung und zur Änderung von Finanzmarktgesetzen weist ausdrücklich darauf hin, dass für Nicht-Aktionäre, also Nicht-Bezugsrechtsinhaber, die nicht qualifizierte Anleger sind, § 6 S. 1 anzuwenden ist[4]), sollen die Einzelanlageschwellen des § 6 S. 1 nicht

---

[1] BGBl. 2018 I 1102.
[2] BGBl. 2019 I 1002.
[3] RegBegr. Gesetz zur Ausübung von Optionen der EU-Prospektverordnung und zur Anpassung weiterer Finanzmarktgesetze, BT-Drs. 19/2435, 42.
[4] RegBegr. Gesetz zur weiteren Ausführung der EU-Prospektverordnung und zur Änderung von Finanzmarktgesetzen, BT-Drs. 19/8005, 46.

gelten, es somit bei der Prospektbefreiung des § 3 Nr. 2 auch ohne Beachtung des § 6 S. 1 bleiben. Anderenfalls wären Bezugsrechtsemissionen unter Prospektbefreiung und Verwendung allein eines Wertpapier-Informationsblatts nicht durchführbar, weil die Einzelanlageschwellen bei Ausübung des Bezugsrechts überschritten werden können, ohne dass dies vorher absehbar ist, somit bei Anwendung des § 6 S. 1 eine Prospektbefreiung ausscheiden könnte[5]. § 6 S. 2 bezieht sich nach seinem klaren Wortlaut auf „im Rahmen einer Bezugsrechtsemission …. angeboten(e)" Wertpapiere, umfasst demnach nicht nur Aktienemissionen sondern auch solche auf die Finanzinstrumente des § 221 AktG (Options-, Wandel-, Gewinnschuldverschreibungen, Genussrechte)[6] und ist nicht auf Bezugsangebote nach § 186 AktG beschränkt, sondern umfasst auch solche ausländischer Emittenten aus Mitgliedsstaaten der europäischen Union oder Drittstaaten[7].

§ 7 Werbung für Angebote, für die ein Wertpapier-Informationsblatt zu veröffentlichen ist

(1) **Der Anbieter hat bei Angeboten gemäß § 4 Absatz 1 Satz 1 und 2 dafür zu sorgen, dass in Werbung für diese Angebote darauf hingewiesen wird, dass ein Wertpapier-Informationsblatt veröffentlicht wurde oder zur Veröffentlichung ansteht und wo das Wertpapier-Informationsblatt zu erhalten ist.**

(2) **Der Anbieter hat bei Angeboten nach Absatz 1 dafür zu sorgen, dass die Werbung für diese Angebote klar als solche erkennbar ist.**

(3) **Der Anbieter hat bei Angeboten nach Absatz 1 dafür zu sorgen, dass die in der Werbung für diese Angebote enthaltenen Informationen weder unrichtig noch irreführend sind und mit den Informationen übereinstimmen, die in einem bereits veröffentlichten Wertpapier-Informationsblatt enthalten sind oder in einem noch zu veröffentlichenden Wertpapierinformationsblatt enthalten sein müssen.**

(4) **Der Anbieter hat bei Angeboten nach Absatz 1 dafür zu sorgen, dass alle mündlich oder schriftlich verbreiteten Informationen über diese Angebote, auch wenn sie nicht zu Werbezwecken dienen, mit den im Wertpapier-Informationsblatt enthaltenen Informationen übereinstimmen.**

(5) **Falls bei Angeboten nach Absatz 1 wesentliche Informationen vom Anbieter oder vom Emittenten offengelegt und mündlich oder schriftlich an einen oder mehrere ausgewählte Anleger gerichtet werden, müssen diese vom Anbieter in das Wertpapier-Informationsblatt oder in eine Aktualisierung des Wertpapier-Informationsblatts gemäß § 4 Absatz 8 aufgenommen werden.**

(6) **Die Vorgaben in Kapitel IV der Delegierten Verordnung (EU) 2019/979 der Kommission vom 14.3.2019 zur Ergänzung der Verordnung (EU) 2017/1129 des Europäischen Parlaments und des Rates durch technische Regulierungsstandards für wesentliche Finanzinformationen in der Zusammenfassung des Prospekts, die Veröffentlichung und Klassifizierung von Prospekten, die Werbung für Wertpapiere, Nachträge zum Prospekt und das Notifizierungsportal und zur Aufhebung der Delegierten Verordnung (EU) Nr. 382/2014 der Kommission und der Delegierten Verordnung (EU) 2016/301 der Kommission (ABl. L 166 vom 21.6.2019, S. 1) sind auch auf Werbung für Angebote anzuwenden, für die nach § 4 Absatz 1 Satz 1 und 2 ein Wertpapier-Informationsblatt zu veröffentlichen ist.**

1   § 7 wurde durch das Gesetz zur weiteren Ausübung der EU-Prospektverordnung und zur Änderung von Finanzmarktgesetzen[1] neu in das Gesetz eingefügt, entspricht § 15 aF, beschränkt allerdings auf Wertpapier-Informationsblätter, da Werbung im Zusammenhang mit prospektpflichtigen Informationen in Art. 22 Prospekt-VO mit unmittelbarer Geltung im nationalen Recht geregelt wird.

2   Bei der Auslegung des § 7 sind die Unterschiede zwischen Prospekten einerseits und Wertpapier-Informationsblättern andererseits „insbesondere im Hinblick auf den Informationsumfang zu berücksichtigen".[2] Das ist insbesondere für Abs. 4 und 5 relevant. Da die Wertpapier-Informationsblatt auf maximal drei DIN-A4-Seiten beschränkt ist, wird nicht generell die Weitergabe zusätzlicher Informationen verboten, sondern nur angeordnet, dass diese Informationen nicht im Widerspruch zu Angaben im Wertpapier-Informationsblatt stehen oder die darin enthaltenen Risiken relativieren

---

[5] RegBegr. Gesetz zur weiteren Ausführung der EU-Prospektverordnung und zur Änderung von Finanzmarktgesetzen, BT-Drs. 19/8005, 46.

[6] RegBegr. Gesetz zur weiteren Ausführung der EU-Prospektverordnung und zur Änderung von Finanzmarktgesetzen, BT-Drs. 19/8005, 46.

[7] RegBegr. Gesetz zur weiteren Ausführung der EU-Prospektverordnung und zur Änderung von Finanzmarktgesetzen, BT-Drs. 19/8005, 47.

[1] BGBl. 2019 I 1002.

[2] RegBegr. Gesetz zur weiteren Ausführung der EU-Prospektverordnung und zur Änderung von Finanzmarktgesetzen, BT-Drs. 19/8005, 47.

dürfen. Bei der Auslegung des Begriffes der „wesentlich(n) Informationen" in § 7 Abs. 5 sind nicht diejenigen für Prospekte maßgeblich, sondern allein die, welche für Wertpapier-Informationsblätter gelten.

Abschnitt 3. Prospekthaftung und Haftung bei Wertpapier-Informationsblättern

§ 8 Prospektverantwortliche

Die Verantwortung für den Inhalt des Prospekts haben zumindest der Anbieter, der Emittent, der Zulassungsantragsteller oder der Garantiegeber ausdrücklich zu übernehmen. [2] Bei einem Prospekt für das öffentliche Angebot von Wertpapieren nach Artikel 3 Absatz 1 der Verordnung (EU) 2017/1129 hat in jedem Fall der Anbieter die Verantwortung für den Inhalt des Prospekts zu übernehmen. [3] Sollen auf Grund des Prospekts Wertpapiere zum Handel an einem geregelten Markt zugelassen werden, hat neben dem Emittenten stets auch das Kreditinstitut, das Finanzdienstleistungsinstitut oder das nach § 53 Absatz 1 Satz 1 oder § 53b Absatz 1 Satz 1 des Kreditwesengesetzes tätige Unternehmen, mit dem der Emittent zusammen die Zulassung der Wertpapiere beantragt, die Verantwortung für den Prospekt zu übernehmen. [4] Wenn eine Garantie für die Wertpapiere gestellt wird, hat auch der Garantiegeber die Verantwortung für den Inhalt des Prospekts zu übernehmen.

§ 8 wurde durch das Gesetz zur weiteren Ausführung der EU-Prospektverordnung und zur **1** Änderung von Finanzmarktgesetzen[1] neu aufgenommen, war aber dem Sinn nach bereits in § 5 Abs. 4 aF enthalten, wobei dieser teilweise auf Art. 6 Abs. 1 Prospekt-RL beruhte. Art. 11 Abs. 1 S. 1 Prospekt-VO verlangt von den Mitgliedsstaaten sicherzustellen, dass „je nach Fall zumindest der Emittent oder dessen Verwaltungs-, Leitungs- oder Aufsichtsorgan, der Anbieter, die die Zulassung zum Handel an einem geregelten Markt beantragende Person, oder der Garantiegeber für die Richtigkeit der in einem Prospekt und Nachträgen dazu enthaltenen Angaben haftet." Gefordert ist demnach nur, dass entweder der Anbieter oder der Emittent oder der Zulassungsantragsteller etc haften, nicht dagegen, dass mehrere oder alle haften. Das übernimmt § 8 S. 1, ohne sich materiell zur Haftungsfrage zu äußern. § 8 S. 2 stellt dagegen klar, dass bei öffentlichen Angeboten nach Art. 3 Abs. 1 Prospekt-VO „in jedem Fall" der Anbieter haften soll. § 8 S. 3 verlangt, dass bei Zulassung von Wertpapieren zum Handel an einem geregelten Markt „stets auch" das die Zulassung zusammen mit dem Emittenten beantragende Kreditinstitut die Verantwortung übernehmen muss. Dies ist von Art. 11 Abs. 1 S. 1 Prospekt-VO nicht gefordert („oder") und auch nicht europäischer Standard[2]. Es ist aber auch europarechtlich nicht untersagt („zumindest"). Die früher in § 5 Abs. 4 S. 1 und 2 aF enthaltene Verpflichtung zur Benennung der Prospektverantwortlichen im Prospekt und zur Abgabe einer Verantwortlichkeitserklärung durch diese Personen wurde in § 8 nicht übernommen, da insoweit bereits der unmittelbar geltende Art. 11 Abs. 1 S. 2 Prospekt-VO dies regelt[3], und in dessen Ausführung auch die Annexe der Delegierten VO (EU) 2019/980[4] entsprechende Verantwortungs-klauseln vorschreiben.

Unklar ist, was für prospektersetzende Dokumente nach Art. 1 Abs. 4 lit. f, g, h oder i oder Abs. 5 **2** lit. e, f, g, h oder j v und vi Prospekt-VO gelten soll. Zwar werden die Dokumente nach Art. 1 Abs. 5 lit. e, f, g, h oder j v und vi Prospekt-VO gem. § 9 Abs. 4 einem Prospekt gleichgestellt. Dies betrifft aber nur den Gegenstand der Prospekthaftung, diese Dokumente sollen als solche haftungsrechtlich einem Prospekt gleichgestellt sein. Dies bedeutet aber nicht, dass auch bezüglich der Verpflichteten einer Prospekthaftung für diese Dokumente das gleiche gelten soll wie für Prospekte. § 8 regelt nur den Prospekt, nicht die Dokumente nach Art. 1 Abs. 4 lit. f, g, h oder i oder Abs. 5 lit. e, f, g, h oder j v und vi Prospekt-VO. Auch Art. 11 Abs. 1 Prospekt-VO regelt nur die Prospekte, nicht dagegen diese Dokumente. Insofern ist zweifelhaft, ob zB für das Prospekt ersetzende Verschmelzungsdoku-ment, wenn dieses für die Börsenzulassung benutzt werden soll, § 8 S. 3 anzuwenden ist, somit auch für dieses das Kreditinstitut, welches den Antrag auf Zulassung mitstellt, die Verantwortung über-nehmen muss. Dass die Annexe der nach Art. 1 Abs. 7 Prospekt-VO erlassenen Delegierten VO (EU)

---

[1] BGBl. 2019 I 1002.

[2] Übersicht zu den Sanktionen bei fehlerhaften Prospekten in den Mitgliedsstaaten des EWR (nicht beschränkt auf Prospekthaftung, sondern auch administrative Sanktionen und Haftung der Aufsichtsbehörden umfassend) ESMA, Report: Comparison of liability regimes in Member States in relation to the Prospectus Directive, ESMA/2013/619 vom 30.3.2013, abrufbar über die Homepage der ESMA: www.esma.europa.eu; Länderberichte bei *Hopt/Voigt*, Prospekt- und Kapitalmarktinformationshaftung, 2005, 471 f. (zB England), 750 f. (Luxemburg).

[3] RegBegr. Gesetz zur weiteren Ausführung der EU-Prospektverordnung und zur Änderung von Finanzmarkt-gesetzen, BT-Drs. 19/8005, 47 f.

[4] ABl. 2019 L 166, 26.

2019/980[5] die Angabe der Prospektverantwortlichen fordern, spricht nicht dagegen, da sie ausdrücklich nicht sagen, ob das die Zulassung mit beantragende Kreditinstitut Prospektverantwortlicher sein soll.

§ 9 Haftung bei fehlerhaftem Börsenzulassungsprospekt

(1) [1]Der Erwerber von Wertpapieren, die auf Grund eines Prospekts zum Börsenhandel zugelassen sind, in dem für die Beurteilung der Wertpapiere wesentliche Angaben unrichtig oder unvollständig sind, kann

1. von denjenigen, die für den Prospekt die Verantwortung übernommen haben, und
2. von denjenigen, von denen der Erlass des Prospekts ausgeht,

als Gesamtschuldnern die Übernahme der Wertpapiere gegen Erstattung des Erwerbspreises, soweit dieser den ersten Ausgabepreis der Wertpapiere nicht überschreitet, und der mit dem Erwerb verbundenen üblichen Kosten verlangen, sofern das Erwerbsgeschäft nach Veröffentlichung des Prospekts und innerhalb von sechs Monaten nach erstmaliger Einführung der Wertpapiere abgeschlossen wurde. [2]Ist kein Ausgabepreis festgelegt, gilt als Ausgabepreis der erste nach Einführung der Wertpapiere festgestellte oder gebildete Börsenpreis, im Falle gleichzeitiger Feststellung oder Bildung an mehreren inländischen Börsen der höchste erste Börsenpreis. [3]Auf den Erwerb von Wertpapieren desselben Emittenten, die von den in Satz 1 genannten Wertpapieren nach Ausstattungsmerkmalen oder in sonstiger Weise unterschieden werden können, sind die Sätze 1 und 2 entsprechend anzuwenden.

(2) [1]Ist der Erwerber nicht mehr Inhaber der Wertpapiere, so kann er die Zahlung des Unterschiedsbetrags zwischen dem Erwerbspreis, soweit dieser den ersten Ausgabepreis nicht überschreitet, und dem Veräußerungspreis der Wertpapiere sowie der mit dem Erwerb und der Veräußerung verbundenen üblichen Kosten verlangen. [2]Absatz 1 Satz 2 und 3 ist anzuwenden.

(3) Sind Wertpapiere eines Emittenten mit Sitz im Ausland auch im Ausland zum Börsenhandel zugelassen, besteht ein Anspruch nach Absatz 1 oder 2 nur, sofern die Wertpapiere auf Grund eines im Inland abgeschlossenen Geschäfts oder einer ganz oder teilweise im Inland erbrachten Wertpapierdienstleistung erworben wurden.

(4) Einem Prospekt stehen Dokumente gleich, welche gemäß Artikel 1 Absatz 5 Buchstabe e, f, g, h oder j Ziffer v oder vi der Verordnung (EU) 2017/1129 zur Verfügung gestellt wurden.

Schrifttum: *Arbeitskreis zum „Deutsche Telekom III-Urteil" des BGH,* Thesen zum Umgang mit dem „Deutsche Telekom III-Urteil" des BGH vom 31.5.2011, NJW 2011, 2719, bei künftigen Börsengängen, CFL 2011, 377; *Arnold/Aubel,* Einlagenrückgewähr, Prospekthaftung und Konzernrecht bei öffentlichen Angeboten von Aktien – Rezension des „Telekom III"-Urteils des BGH vom 31. Mai 2011, ZGR 2012, 113; *Assmann,* Prospekthaftung – als Haftung für die Verletzung kapitalmarktbezogener Informationspflichten nach deutschem und US-amerikanischem Recht, 1985; *Assmann,* Konzeptionelle Grundlagen des Anlegerschutzes, ZBB 1989, 49; *Assmann,* Neues Recht für den Wertpapiervertrieb, die Förderung der Vermögensbildung durch Wertpapieranlage und die Geschäftstätigkeit von Hypothekenbanken, NJW 1991, 528; *Assmann,* Die Befreiung von der Pflicht zur Veröffentlichung eines Börsenzulassungsprospektes nach § 45 Nr. 1 BörsZulV und die Prospekthaftung: Eine Lücke im Anlegerschutz?, AG 1996, 508; *Assmann,* Insiderrecht und Kreditwirtschaft, WM 1996, 1337; *Assmann,* Entwicklungslinien und Entwicklungsperspektiven der Prospekthaftung, FG Kübler, 1997, 317; *Assmann,* Prospektaktualisierungspflichten, FS Ulmer, 2003, 757; *Assmann,* Die Prospekthaftung beruflicher Sachkenner de lege lata und de lege ferenda, AG 2004, 435; *Benicke,* Prospektpflicht und Prospekthaftung bei grenzüberschreitenden Emissionen, FS Jayme, 2004, 25; *Bischoff,* Internationale Börsenprospekthaftung, AG 2002, 489; *Bosch,* Expertenhaftung gegenüber Dritten – Überlegungen aus der Sicht der Bankpraxis, ZHR 163 (1999), 274; *Brondics/Mark,* Die Verletzung von Informationspflichten im amtlichen Markt nach der Reform des Börsengesetzes, AG 1989, 339; *Canaris,* Die Reichweite der Expertenhaftung gegenüber Dritten, ZHR 163 (1999), 206; *Ebke,* Haftung einer Wirtschaftsprüfungsgesellschaft für einen fehlerhaften Prüfbericht in einem Wertpapierprospekt, ZGR 2015, 325; *Ehricke,* Zur zivilrechtlichen Prospekthaftung der Emissionsbanken gegenüber dem Wertpapieranleger, DB 1980, 2429; *Ellenberger,* Die Börsenprospekthaftung nach dem Dritten Finanzmarktförderungsgesetz, FS Schimansky, 1999, 591; *Ellenberger,* Prospekthaftung im Wertpapierhandel, 2001; *Fleischer,* Zur deliktsrechtlichen Haftung der Vorstandsmitglieder für falsche Ad-hoc-Mitteilungen, DB 2004, 2031; *Fleischer,* Zur Haftung bei fehlendem Verkaufsprospekt im deutschen und US-amerikanischen Kapitalmarktrecht, WM 2004, 1897; *Fleischer,* Umplatzierung von Aktien durch öffentliches Angebot (Secondary Public Offering) und verdeckte Einlagenrückgewähr nach § 57 Abs. 1 AktG, ZIP 2007, 1969; *Fleischer/Thaten,* Einlagenrückgewähr und Übernahme des Prospekthaftungsrisikos durch die Gesellschaft bei der Platzierung von Altaktien, NZG 2011, 1081; *Floer,* Internationale Reichweite der Börsenprospekthaftung, 2002; *Gebauer,* Börsenprospekthaftung und Kapitalerhaltungsgrundsatz in der Aktiengesellschaft, 1999; *Gehrlein,* Die Prospektverantwortlichkeit von Beirats- oder Aufsichtsratsmitgliedern als maßgeblichen Hintermännern, BB 1995, 38; *Groß,* Die börsengesetzliche Prospekthaftung, AG 1999, 199; *Grundmann,* Deutsches Anlegerschutzrecht in internationalen Sachverhalten, RabelsZ (54) 1990, 283; *Grundmann/Selbherr,* Börsenprospekthaftung in der Reform, WM 1996, 985; *Gruson,* Prospekterfordernisse und Prospekthaftung bei unterschiedlichen

---

[5] ABl. 2019 L 166, 26.

Anlageformen nach amerikanischem und deutschem Recht, WM 1995, 89; *Habersack/Mülbert/Schlitt,* Unternehmensfinanzierung am Kapitalmarkt, 4. Aufl. 2019; *Hein,* Rechtliche Fragen des Bookbuildings nach deutschem Recht, WM 1996, 1; *Henze,* Vermögensbildungsprinzip und Anlegerschutz, NZG 2005, 115; *Hopt,* Die Verantwortlichkeit der Banken bei Emissionen, 1991; *Hopt/Voigt,* Prospekt- und Kapitalmarktinformationshaftung – Recht und Reform in der Europäischen Union, der Schweiz und den USA –; WM 2004, 1801; *Hopt/Voigt,* Prospekt- und Kapitalmarktinformationshaftung, 2005; *Hüffer,* Das Wertpapier-Verkaufsprospektgesetz, 1996; *Klöhn,* Grund und Grenzen der Haftung wegen unterlassener Prospektveröffentlichung gem. § 24 WpPG, § 21 VermAnlG, DB 2012, 1854; *Kort,* Neuere Entwicklungen im Recht der Börsenprospekthaftung (§§ 45 ff. BörsG) und der Unternehmensberichtshaftung (§ 77 BörsG), AG 1999, 9; *Krämer/Baudisch,* Neues zur Börsenprospekthaftung und zu den Sorgfaltsanforderungen beim Unternehmenskauf, WM 1998, 1161; *Krämer/Gillessen/Kiefner,* Das „Telekom III"-Urteil des BGH – Risikozuweisungen an der Schnittstelle von Aktien- und Kapitalmarktrecht, CFL 2011, 328; *Langenbucher,* Kapitalerhaltung und Kapitalmarkthaftung, ZIP 2005, 239; *Leuring,* Die Neuordnung der gesetzlichen Prospekthaftung, NJW 2012, 1905; *Leuschner,* Öffentliche Umplatzierung, Prospekthaftung und Innenregress, NJW 2011, 3275; *Lorenz/Schönemann/Wolf,* Geplante Neuregelung zur Prospekthaftung – Verjährung, Anspruchskonkurrenz und Prospektzusammenfassung, CFL 2011, 346; *Merkt,* Rechtliche Bedeutung der „due diligence" beim Unternehmenskauf, WiB 1996, 145; *Meyer,* Aspekte einer Reform der Prospekthaftung, WM 2003, 1301 (Teil I), WM 2003, 1949 (Teil II); *Mülbert/Steup,* Emittentenhaftung für fehlerhafte Kapitalmarktinformation am Beispiel der fehlerhaften Regelpublizität, WM 2005, 1633; *Mülbert/Wilhelm,* Haftungsübernahme und Einlagenrückgewähr – Überlegungen zu § 57 AktG im Nachgang zu Telekom III, FS Hommelhoff, 2012, 747; *Möllers,* Das Verhältnis der Haftung wegen sittenwidriger Schädigung zum gesellschaftsrechtlichen Kapitalerhaltungsgrundsatz – EM.TV und Comroad, BB 2005, 1637; *Pabst,* Prospektzwang und Prospekthaftung in den sechs Gründungsstaaten der EWG und der Schweiz, 1972; *Schneider,* Reichweite der Expertenhaftung gegenüber Dritten, ZHR 163 (1999), 246; *Schäfer,* Haftung für fehlerhafte Anlageberatung und Vermögensverwaltung, 2. Aufl. 1994; *Schwark,* Zur Haftung der Emissionsbanken bei Aktienemissionen – börsen-, bilanz- und gesellschaftsrechtliche Aspekte, ZGR 1983, 162; *Schwark,* Prospekthaftung und Kapitalerhaltung, FS Raisch, 1995, 269; *Singhof,* Emissionsgeschäft, in MüKoHGB Bd. 6, 4. Aufl. 2019; *Sittmann,* Die Prospekthaftung nach dem Dritten Finanzmarktförderungsgesetz, NZG 1998, 490; *Spindler/Christoph,* Die Entwicklung des Kapitalmarktrechts in den Jahren 2003/2004, BB 2004, 2197; *Stephan,* Prospektaktualisierung, AG, 2002, 3; *Technau,* Rechtsfragen bei der Gestaltung von Übernahmeverträgen („Underwriting Agreements") im Zusammenhang mit Aktienemissionen, AG 1998, 445; *Vortmann,* Prospekthaftung und Anlageberatung, 2000; *Wackerbarth,* Prospektveranlassung durch Altaktionäre und Einlagenrückgewähr, WM 201, 193; *Weber,* Internationale Prospekthaftung nach der Rom II-Verordnung, WM 2008, 1581; *Wilken,* Anlegerschutz im internationalen Recht – zur Entwicklung eines Kapitalmarktkollisionsrechts, in Henssler/Kolbeck/Moritz/Rehm, Europäische Integration und globaler Wettbewerb, 1993, 329; *Wink,* Übernahme des Prospekthaftungsrisikos durch die Gesellschaft bei der Umplatzierung von Aktien und Verbot der Einlagenrückgewähr nach § 57 AktG, AG 2011, 569.

Übersicht

I. Einleitung

1 **1. Übertragung der Prospekthaftungsregeln in das WpPG.** Die aktuell geltende Regelung der Prospekthaftung bzw. Haftung für das Wertpapier-Informationsblatt wurde durch das Gesetz zur weiteren Ausführung der EU-Prospektverordnung und zur Änderung von Finanzmarktgesetzen[1] „im Wesentlichen[2], unverändert beibehalten" (→ Rn. 6). Ohne (abgesehen von der Verjährungsregelung → Rn. 111 ff.] und einer Verschärfung der Anwendung anderer Haftungsregeln in § 16 Abs. 2) inhaltliche Änderung des Haftungsregimes als solchem, dh der Voraussetzungen der Prospekthaftung und deren inhaltlicher Ausgestaltung, wurde durch das Gesetz zur Novellierung des Finanzanlagenvermittler- und Vermögensanlagerechts[3] der jetzige Abschnitt 3 und damit die Prospekthaftungsregeln der §§ 44, 45, 47 BörsG aF und §§ 13, 13a VerkProspG aF in das WpPG neu aufgenommen. Dabei entspricht nach neuer Nummerierung § 9 dem § 44 BörsG aF, § 10 im Wesentlichen § 13 VerkprospG aF, § 12 dem § 45 BörsG aF und § 14 im Wesentlichen § 13a VerkProspG aF. § 46 BörsG aF und die darin enthaltene Verjährungsregelung wurde nicht übernommen → Rn. 111 ff.). § 16 entspricht im wesentlichen § 47 BörsG aF, wobei § 16 Abs. 2 (§ 25 Abs. 2 aF) insofern von § 47 Abs. 2 BörsG aF abweicht als seit der Übertragung der Prospekthaftungsregeln in das WpPG auch Ansprüche aus leicht fahrlässiger unerlaubter Handlung und nicht nur solche aus vorsätzlicher oder grob fahrlässiger unerlaubter Handlung neben die Prospekthaftung treten können. Die durch die Übernahme der bis dahin im Börsengesetz und im Verkaufsprospektgesetz enthaltenen Haftungsbestimmungen erreichte Konzentration sämtlicher Haftungsregeln für fehlerhafte oder fehlende Prospekte für Wertpapiere in einem Gesetz ist richtig. Nachdem das Wertpapierprospektgesetz die Trennung zwischen Verkaufs- und Börsenzulassungsprospekt aufgegeben hat, ist die Zusammenfassung der, allerdings nach wie vor differenzierten Haftungsregeln in dem diese Trennung aufhebenden Gesetz, dem Wertpapierprospektgesetz, konsistent.

2 **2. Modernisierung der Prospekthaftung. a) Änderung durch das Dritte und Vierte Finanzmarktförderungsgesetz.** Bereits lange vor der Konzentration der Haftungsregelungen im WpPG wurde die Notwendigkeit der **Modernisierung** der im Wesentlichen noch aus dem Jahre 1896 stammenden §§ 44, 45 BörsG aF vom Schrifttum,[4] aber auch vom Gesetzgeber erkannt; letzterer hatte bereits 1990 die Bundesregierung zur Modernisierung der Prospekthaftung aufgefordert.[5] **Kritisiert**

---

[1] BGBl. 2019 I 1002.

[2] RegBegr. Gesetz zur weiteren Ausführung der EU-Prospektverordnung und zur Änderung von Finanzmarktgesetzen, BT-Drs. 19/8005, 47.

[3] BGBl. 2011 I 2481.

[4] *Assmann* AG 1996, 508; *Assmann* FS Kübler, 2015, 317 (341); *Grundmann/Selbherr* WM 1996, 985; *Hüffer,* Wertpapier-Verkaufsprospektgesetz, 1996, 184 ff.

[5] Beschlussempfehlung des Finanzausschusses zum Entwurf eines Verkaufsprospektgesetzes, BT-Drs. 11/8323, 26: „Die gegenwärtige Prospekthaftung nach dem BörsG erscheint unter dem Gesichtspunkt des Anlegerschutzes

wurde vor allem das **Erfordernis des Besitzes der Papiere** als Voraussetzung eines Anspruchs,[6] der **unterschiedliche Verschuldensmaßstab** bei **unrichtigem** oder **unvollständigem Prospekt**[7] und die Voraussetzung, nachweisen zu müssen, dass **Stücke aus der Emission erworben** wurden; letzteres ist vor dem Hintergrund der Girosammelverwaltung bei alten und neuen Aktien gleicher Gattung, die dann in einem Girosammeldepot gehalten werden, schlechterdings unmöglich.[8] Der Gesetzgeber hat im **Dritten Finanzmarktförderungsgesetz**[9] daraufhin die Prospekthaftungsregeln nicht nur vereinzelt geändert, sondern völlig neu gefasst. Das **Vierte Finanzmarktförderungsgesetz**[10] hat die §§ 45–49 BörsG idF des Dritten Finanzmarktförderungsgesetzes unverändert in die §§ 44–48 BörsG aF übernommen, allerdings die Verjährungsfrist von früher sechs Monaten ab Kenntnis auf ein Jahr ab Kenntnis verlängert, § 46 BörsG aF (→ Rn. 111 ff.).

b) Änderung durch das Prospektrichtlinie-Umsetzungsgesetz. Das Prospektrichtlinie-Umset- **3** zungsgesetz hat in Umsetzung des Art. 6 Abs. 2 S. 2 Prospekt-RL[11] in § 45 BörsG aF die neue Nr. 5 (§ 12 Abs. 2 Nr. 5, der allerdings durch das ÄnderungsRL-Umsetzungsgesetz und das Gesetz zur weiteren Ausführung der EU-Prospektverordnung und zur Änderung von Finanzmarktgesetzen wieder geändert wurde) eingefügt, um klarzustellen, dass die strengen Prospekthaftungsgrundsätze auf die nunmehr gesetzlich geforderte **Zusammenfassung des Prospekts,** isoliert nicht anwendbar sind. Naturgemäß ist eine Zusammenfassung unvollständig und damit unrichtig, weil sie indem sie zusammenfasst auch weglässt. Von dieser Änderung abgesehen, blieb der Text der §§ 44 ff. BörsG aF unverändert. Materiell hat das Prospektrichtlinie-Umsetzungsgesetz aber die Prospekthaftungsregelung grundlegend beeinflusst, weil sich die inhaltlichen Anforderungen an den Prospekt geändert haben, indem das Wertpapierprospektgesetz in Verbindung mit der europäischen Prospektverordnung[12] an die Stelle der §§ 13–47 BörsZulV aF traten. Das **Finanzmarktrichtlinie-Umsetzungsgesetz** hat die §§ 44 ff. BörsG aF unverändert gelassen.

c) Änderung durch das Gesetz zur Novellierung des Finanzanlagenvermittler- und Ver- **4** **mögensanlagerechts.** Das Gesetz zur Novellierung des Finanzanlagenvermittler- und Vermögensanlagerechts[13] hat § 44 BörsG aF in § 21 aF sowie § 45 BörsG aF in § 23 aF übernommen und die Verjährungsregelung des § 46 BörsG aF gestrichen. Außerdem wurden §§ 13, 13a VerkProspG aF in § 22 aF bzw. § 24 aF übernommen und damit sämtliche Haftungsvorschriften für fehlerhafte und fehlende Prospekte für Wertpapiere unabhängig davon, ob sie Grundlage für die Zulassung von Wertpapieren zum Handel an einer inländischen Börse sind oder nicht, in dem auf sämtliche Prospekte für Wertpapiere anwendbaren Wertpapierprospektgesetz zusammengefasst (→ Rn. 1). Wie der Gesetzgeber ausdrücklich betont, wurde durch diese Übernahme der Haftungsregelungen des Börsengesetzes bzw. des Verkaufsprospektgesetzes „das bislang geltende Haftungsregime mit einer Ausnahme (Streichung § 46 BörsG aF, Anm. Verf.) übernommen". Rspr. und Lit. zu den Vorgängerregelungen bleiben damit anwendbar.[14]

d) Änderung durch das ÄnderungsRL-Umsetzungsgesetz. Das ÄnderungsRL-Umsetzungs- **5** gesetz[15] hat § 23 Abs. 2 Nr. 5 aF (jetzt § 12 Abs. 2 Nr. 5) um eine Haftung für fehlende (nicht fehlerhafte) Schlüsselinformationen ergänzt, wobei diese Haftung voraussetzt, dass die fehlende Schlüsselinformation aus Sicht eines verständigen Anlegers die Anlageentscheidung tatsächlich erleichtert hätte.

---

allerdings nicht befriedigend. Bei der Novellierung des BörsG in der nächsten Legislaturperiode sollten deshalb die Vorschriften über die Prospekthaftung zu Gunsten eines wirksameren Anlegerschutzes geändert werden."

[6] *Hopt,* Die Verantwortlichkeit der Banken bei Emissionen, 1991, Rn. 145.

[7] *Grundmann/Selbherr* WM 1996, 985 (990); *Hopt,* Die Verantwortlichkeit der Banken bei Emissionen, 1991, Rn. 169.

[8] *Grundmann/Selbherr* WM 1996, 985 (990).

[9] Gesetz zur weiteren Fortentwicklung des Finanzplatzes Deutschland (Drittes Finanzmarktförderungsgesetz), BGBl. 1998 I 529.

[10] Gesetz zur weiteren Fortentwicklung des Finanzplatzes Deutschland (Viertes Finanzmarktförderungsgesetz), BGBl. 2002 I 2010.

[11] Richtlinie 2003/71/EG des Europäischen Parlaments und des Rates vom 4. November 2003 betreffend den Prospekt, der beim öffentlichen Angebot von Wertpapieren oder bei deren Zulassung zum Handel zu veröffentlichen ist, und zur Änderung der Richtlinie 2001/34/EG, ABl. 2003 L 345, 64. Vgl. dazu näher *Crüwell* AG 2003, 243; *Fürhoff/Ritz* WM 2001, 2280; *Holzborn/Schwarz-Gondek* BKR 2003, 927; *v. Kopp-Colomb/Lenz* AG 2002, 24; *Kunold/Schlitt* BB 2004, 501 ff.; *Weber* NZG 2004, 360 ff.

[12] Verordnung (EG) Nr. 809/2004 der Kommission vom 29. April 2004 zur Umsetzung der Richtlinie 2003/71/EG des Europäischen Parlaments und des Rates betreffend die in Prospekten enthaltenen Informationen sowie die Format, die Aufnahme von Informationen mittels Verweis und die Veröffentlichung solcher Prospekte und die Verbreitung von Werbung, in der zweiten berichtigten Fassung abgedruckt in ABl. 2005 L 186, 3.

[13] BGBl. 2011 I 2481.

[14] Ebenso *Leuring* NJW 2012, 1905 (1906).

[15] Gesetz zur Umsetzung der Richtlinie 2010/73/EU und zur Änderung des Börsengesetzes, BGBl. 2012 I 1375.

6   **e) Änderung aufgrund der Geltung der neuen Prospekt-VO.** Die Umsetzung der neuen Prospekt-VO erfolgte in Deutschland zweistufig. In einer ersten Stufe wurden die Optionen der Prospekt-VO umgesetzt[16] und dabei auch Haftungsregeln für das neu geschaffene (§ 4) Wertpapier-Informationsblatt eingefügt (§§ 22a, 23a, 24a aF). Die zweite Stufe, das Gesetz zur weiteren Ausführung der EU-Prospektverordnung und zur Änderung von Finanzmarktgesetzen[17], hat zwar das WpPG als solches ganz erheblich geändert (→ Vor § 1 Rn. 9). Auch wurde die Nummerierung der Prospekthaftungsregeln geändert. Inhaltlich wurden dabei jedoch die Regeln zur Prospekthaftung und zur Haftung bei Informationsblättern „im Wesentlichen unverändert beibehalten".[18] Insofern bleiben Rspr. und Lit. zu den im Wesentlichen nur in der Nummerierung, inhaltlich aber nur geringfügig, angepassten Regelungen anwendbar.

7   **f) Zeitlicher Anwendungsbereich der neuen Regelungen.** Der zeitliche Anwendungsbereich der Prospekthaftungsregeln ist im Wesentlichen im BörsG (§ 52 BörsG) geregelt. Für „Verkaufsprospekte" findet sich die Übergangsregelung jedoch in § 27,[19] da das Verkaufsprospektgesetz durch das Gesetz zur Novellierung des Finanzanlagevermittler- und Vermögensanlagenrechts insgesamt gestrichen wurde. Bei den Übergangsregelungen für die unterschiedlichen Prospekthaftungsregime sind zwischenzeitlich **vier verschiedene Regelungen** zu betrachten, der Übergang von der Rechtslage vor In-Kraft-Treten des **Dritten Finanzmarktförderungsgesetzes** auf die danach geltende Regelung, der – allein hinsichtlich der Verjährungsregelung bedeutsame – Übergang von der Rechtslage des Dritten Finanzmarktförderungsgesetzes auf die Regelung des **Vierten Finanzmarktförderungsgesetzes,** der Übergang von der Rechtslage vor In-Kraft-Treten des **Prospektrichtlinie-Umsetzungsgesetzes** auf die danach geltende Regelung und endlich der, wiederum hauptsächlich wegen der Verjährungsregelung bedeutsame Übergang von der Rechtslage vor dem Gesetz zur Novellierung des Finanzanlagenvermittler- und Vermögensanlagenrechts auf die dadurch geschaffene Übernahme der Regelungen in das Wertpapierprospektgesetz. Da das Gesetz zur weiteren Ausführung der EU-Prospektverordnung und zur Änderung von Finanzmarktgesetzen[20] das Haftungsregime für Prospekte und Wertpapier-Informationsblätter unverändert beibehalten hat, war für die Haftungsregelung keine Übergangsregelung erforderlich.

8   **§ 52 Abs. 1 BörsG** enthält die Übergangsregelung von der Prospekthaftung vor In-Kraft-Treten des Dritten Finanzmarktförderungsgesetzes auf die Prospekthaftung nach Maßgabe der Neuregelung durch das Dritte Finanzmarktförderungsgesetz. Danach sind auf diejenigen Prospekte, die vor dem Inkrafttreten des Dritten Finanzmarktförderungsgesetzes (1.4.1998) veröffentlicht wurden, weiterhin die §§ 45–49 und 77 in der Fassung vor dem Dritten Finanzmarktförderungsgesetz anzuwenden. Dies hat insbesondere Bedeutung für die **Verjährung,** die nach § 47 BörsG idF vor dem Dritten Finanzmarktförderungsgesetzes somit für diese „Altprospekte" weiterhin fünf Jahre beträgt. Rein theoretisch bedeutet dies, dass die Prospekthaftung nach §§ 45–49 und 77 jeweils idF des Zweiten Finanzmarktförderungsgesetzes bis zum 31.3.2003 eingreifen konnte.

9   **§ 52 Abs. 2 BörsG** enthält die Übergangsregelung hinsichtlich der Verjährung von Prospekthaftungsansprüchen nach dem Dritten Finanzmarktförderungsgesetz – sechs Monate ab Kenntnis – zur verlängerten Verjährung nach dem Vierten Finanzmarktförderungsgesetz – ein Jahr ab Kenntnis (§ 46 BörsG aF) – und bestimmt insoweit als Stichtag den 1.7.2002.

10   **§ 52 Abs. 3 S. 1 BörsG** enthält die Übergangsregelung für die Prospekthaftung hinsichtlich § 45 BörsG aF, dessen Nr. 5, und enthält insoweit als Stichtag den 1.7.2005. Auf vorher veröffentlichte Prospekte findet die alte Fassung des § 45 BörsG aF Anwendung, dh ohne Entlastungsmöglichkeit nach § 45 Nr. 5 BörsG aF. § 52 Abs. 3 S. 2 BörsG stellt darüber hinaus klar, dass für Unternehmensberichte, die vor dem 1.7.2005 veröffentlicht wurden, die §§ 44–47 BörsG aF und § 55 in der alten Fassung vor dem Prospektrichtlinieumsetzungsgesetz anwendbar sind.

11   **§ 52 Abs. 8 BörsG idF** des Gesetzes zur Novellierung des Finanzanlagenvermittler- und Vermögensanlagenrechts bestimmt, dass die §§ 44–47 BörsG aF auf solche Prospekte Anwendung finden sollen, die vor dem Inkrafttreten des Gesetzes zur Novellierung des Finanzanlagenvermittler- und Vermögensanlagenrechts veröffentlicht worden sind. Stichtag ist demnach gem. Art. 26 Abs. 3 Gesetz zur Novellierung des Finanzanlagenvermittler- und Vermögensanlagenrechts der 1.6.2012[21]. Auf Pro-

---

[16] Gesetz zur Ausübung von Optionen der EU-Prospektverordnung und zur Anpassung weiterer Finanzmarktgesetze, BGBl. 2018 I 1102.

[17] Gesetz zur weiteren Ausführung der EU-Prospektverordnung und zur Änderung von Finanzmarktgesetzen, BGBl. 2019 I 1002.

[18] Begr. RegE des Gesetzes zur weiteren Ausführung der EU-Prospektverordnung und zur Änderung von Finanzmarktgesetzen, BT-Drs. 19/8005, 47.

[19] Das Gesetz zur Umsetzung der Richtlinie 2010/73/EU und zur Änderung des Börsengesetzes hat § 37 Abs. 1 aF gestrichen, sodass die vorher in § 37 Abs. 2 aF enthaltene Übergangsregelung nunmehr in dem einzig verbliebenen Absatz des § 37 enthalten ist.

[20] BGBl. 2019 I 1002.

[21] Assmann/Schlitt/v. Kopp-Colomb/*Assmann* Vor §§ 21–25 Rn. 27: maßgeblich Zeitpunkt der Prospektveröffentlichung.

spekte, die vor diesem Datum veröffentlicht wurden, sind weiterhin die §§ 44–47 BörsG aF und damit auch die alte Verjährungsregelung des § 46 BörsG aF anzuwenden.

§ 27 enthält die Übergangsvorschrift für Prospekthaftungsansprüche wegen fehlerhafter oder wegen **12** fehlender Prospekte, die nicht Grundlage für die Zulassung von Wertpapieren zum Handel an einer inländischen Börse sind. § 27 S. 1 gilt für fehlerhafte Prospekte und stellt auf den Zeitpunkt der Veröffentlichung des Prospekts ab. Liegt der Zeitpunkt der Veröffentlichung vor dem 1.6.2012 als dem Datum des Inkrafttretens des Gesetzes zur Novellierung des Finanzanlagenvermittler- und Vermögens- anlagenrechts,[22] richtet sich die Prospekthaftung nach § 13 VerkProspG aF iVm §§ 44–47 BörsG aF. Für nach dem 1.6.2012 veröffentlichte Prospekte gilt dagegen die Prospekthaftungsregelung des § 10. § 27 S. 2 enthält die Übergangsvorschrift für Haftungsansprüche wegen fehlender Prospekte. Naturge- mäß kann hierfür nicht auf den Zeitpunkt der Veröffentlichung des ja fehlenden Prospekts abgestellt werden, sondern auf den Zeitpunkt des Entstehens des Anspruchs. Wurden Prospekte entgegen § 3 Abs. 1 aF nicht veröffentlicht, so ist für daraus resultierende Ansprüche, die bis zum Ablauf des 31.5.2012, dh vor dem 1.6.2012 entstanden sind, § 13a VerkProspG aF anzuwenden, ist der Anspruch ab dem 1.6.2012 entstanden, gilt § 14.

3. Wettbewerb der Rechtsordnungen. Die **Internationalisierung der Kapitalmärkte,** die sich **13** nicht nur darin zeigt, dass zunehmend ein **„dual listing",** dh die **gleichzeitige Börsennotierung in verschiedenen Staaten** angestrebt wird, sondern auch darin, dass teilweise sogar ausschließlich eine Börsennotiz in einem anderen Staat als dem Sitzstaat, zB in den USA, beabsichtigt wird, führt zu einem verstärkten **Wettbewerb der Kapitalmärkte.** Sie führt aber auch zu einem verstärkten **Wettbewerb** der diese Kapitalmärkte regelnden **Rechtsordnungen.**[23] Dies hat der Gesetzgeber bereits bei der Modernisierung der Prospekthaftung im Rahmen des Dritten Finanzmarktförderungsgesetzes berück- sichtigt, indem durch die **verbesserte Rechtssicherheit** und damit die erhöhte Berechenbarkeit sowie die Verkürzung der Verjährungsfristen bei Prospekthaftungsansprüchen die Attraktivität des Börsenganges junger Unternehmen gesteigert und das Emissionsgeschäft der Kreditinstitute/Finanz- dienstleistungsinstitute gefördert werden sollten.[24]

Gerade bei der Prospekthaftung hat ein Wettbewerb der Rechtsordnungen jedoch die **gegenläu- 14 figen Interessen der verschiedenen Kapitalmarktakteure** zu berücksichtigen, also der Emittenten und Emissionsbegleiter, kurz der potentiellen Haftungsverpflichteten einerseits, und der Investoren, dh der potentiellen Anspruchsberechtigten auf der anderen Seite. Insbesondere die erstgenannte Gruppe wird bei ihrer Entscheidung, wo sie ihre Wertpapiere notieren will, und welchem Prospekthaftungs- regime sie sich unterwirft (→ Rn. 93),[25] auch die daraus entstehenden Risiken berücksichtigen.[26] Dabei ist noch nicht einmal in Europa eine auch nur annähernd vergleichbare Haftungssituation festzustellen: Ländern, in denen eine spezialgesetzlich geregelte Prospekthaftung des Emittenten und der Emissionsbegleiter besteht, stehen solche gegenüber, in denen die zivilrechtliche Prospekthaftung dieser Personen oder jedenfalls der Emissionsbegleiter kaum Bedeutung hat; in wieder anderen Ländern steht die Haftung der den Prospekt billigenden Behörde im Vordergrund.[27] Ob und inwieweit ein Investor die Vorteile einer strengen Prospekthaftung bei seiner Anlageentscheidung berücksichtigt, dh ob eine Haftungsverschärfung tatsächlich die Attraktivität des deutschen Kapitalmarkts erhöht hätte,[28] ist bislang, soweit ersichtlich, nicht untersucht worden. Es ist aber auch zu bezweifeln. Ob vor dem Hintergrund der gegenläufigen Interessen und deren Gewichtung durch die Kapitalmarktakteure im Bereich der Prospekthaftung ein Wettbewerb der Rechtsordnungen stattfinden sollte, oder, ob hier

---

[22] BGBl. 2011 I 2481.

[23] RegBegr. zum Dritten Finanzmarktförderungsgesetz, BT-Drs. 13/8933, 54 (77); *Bosch* in Bosch/Groß, Emis- sionsgeschäft, 2000, Rn. 10/142; *Groß* AG 1999, 199 (205); *Grundmann/Selbherr* WM 1996, 985 (987); *Kort* AG 1999, 9 (11 ff.). Detaillierter Überblick über die Prospekthaftungsregeln in den Mitgliedstaaten der EU, der Schweiz und den USA bei *Hopt/Voigt* in Hopt/Voigt, Prospekt- und Kapitalmarktinformationshaftung, 2005, 10 ff., dort auch spezielle Länderberichte zur Rechtslage in Belgien, Dänemark, England, Finnland, Frankreich, Griechenland, Irland, Italien, Luxemburg, Niederlande, Österreich, Portugal, Schweden, Spanien, der Schweiz und den USA. Übersicht zu den Sanktionen bei fehlerhaften Prospekten in den Mitgliedsstaaten des EWR (nicht beschränkt auf Prospekthaftung, sondern auch administrative Sanktionen und Haftung der Aufsichtsbehörden umfassend) ESMA, Report: Comparison of liability regimes in Member States in relation to the Prospectus Directive, ESMA/2013/ 619 vom 30.3.2013.

[24] RegBegr. zum Dritten Finanzmarktförderungsgesetz, BT-Drs. 13/8933, 54 (55 f.).

[25] Maßgeblich ist jeweils das Recht des Marktes, in dem platziert wird, vgl. nur *Assmann* FS Schütze, 2014, 15 (23 ff.); *Bischoff* AG 2002, 490 (492 ff.); *Grundmann* RabelsZ 54 (1990), 283 (292 ff.); *Groß* in Hellner/Steuer BuB Rn. 10/305c.

[26] Ein erhöhtes Haftungsrisiko hätte nach Ansicht des Gesetzgebers eher abschreckend gewirkt; so zu Recht die RegBegr. zum Dritten Finanzmarktförderungsgesetz, BT-Drs. 13/8933, 54 (80). In diese Richtung auch *Benicke* FS Jayme, 2004, 25.

[27] Vgl. die ausf. Länderberichte bei *Hopt/Voigt,* Prospekt- und Kapitalmarktinformationshaftung, 2005 sowie ESMA, Report: Comparison of liability regimes in Member States in relation to the Prospectus Directive, ESMA/ 2013/619 vom 30.3.2013.

[28] So *Grundmann/Selbherr* WM 1996, 985 (993); zweifelnd FK-WpPG/*Seiler/Singhof* Vor §§ 21 ff. Rn. 11.

nicht zumindest in Europa einer Harmonisierung der Vorrang einzuräumen ist, lässt sich nur schwer beantworten. Die neue Prospektverordnung[29] enthält außer der grundsätzlichen – und wohl selbstverständlichen – Bestimmung des Art. 11 Prospekt-VO, dass die Mitgliedsstaaten für (irgend-)eine Prospekthaftungsregel zu sorgen haben, keine weitere Vorgaben, belässt es damit dabei, auf europäischer Ebene diese Frage nicht zu regeln, und überlässt sie insoweit dem Wettbewerb der Rechtsordnungen. Das beruht wohl auch auf der entsprechenden Untersuchung der ESMA über die verschiedenen „Haftungsregime" in den Mitgliedsstaaten des Europäischen Wirtschaftsraums, die doch erhebliche Unterschiede dokumentiert[30], aber hauptsächlich auf der fehlender Rechtsetzungskompetenz der EU in diesem Bereich[31]

15   **4. Rechtsnatur der Prospekthaftung.** Zur **Rechtsnatur der** früheren **börsengesetzlichen Prospekthaftung** wurden im Wesentlichen drei Theorien vertreten: Zum einen die Theorie der **kraft Gesetzes eintretenden Vertrauenshaftung,** zum zweiten die Theorie der **rechtsgeschäftlichen Erklärung** und zum dritten die Theorie der **deliktischen,** vertragsunabhängigen **Haftung.**[32] Die praktische Bedeutung der unterschiedlichen Auffassungen ist gering.[33] Bedeutung können sie allerdings in folgenden Bereichen erlangen:[34] Verhältnis von Prospekthaftung zur Kapitalerhaltung; Anwendbarkeit spezieller deliktsrechtlicher Bestimmungen, zB §§ 830, 831 BGB; Kollisionsrecht.[35] IE dürfte der Auffassung, die eine Einordnung der Prospekthaftung als **kraft Gesetzes eintretender Vertrauenshaftung** vornimmt,[36] zuzustimmen sein; der BGH hat sich ebenfalls in diese Richtung geäußert.[37] Diese kann man durchaus auch als deliktisch einordnen[38] (dazu und zu den kollisionsrechtlichen Folgen → Rn. 93). An dieser rechtlichen Einordnung hat sich durch die Übernahme der börsengesetzlichen Prospekthaftung in das WpPG nichts geändert.

16   **5. Prospekthaftung und Einlagenrückgewähr. a) Problembeschreibung.** Die Prospekthaftung erfasst im Falle der Emission von Aktien gem. § 9 Abs. 1 S. 1 die Kosten des Aktienerwerbs, begrenzt durch den Ausgabekurs zuzüglich der Erwerbsnebenkosten, Zug um Zug gegen Rückgabe der aufgrund des unrichtigen oder unvollständigen Prospekts erworbenen Aktien. Richtet sich der **Prospekthaftungsanspruch** gegen die emittierende Aktiengesellschaft, dann bedeutet dies **iE den Erwerb eigener Aktien,** der, da von keinem der Erlaubnistatbestände des **§ 71 AktG** erfasst, nach **deutschem Gesellschaftsrecht** unzulässig ist.[39] Zwar wäre eine Änderung des § 71 AktG, die es zulässt, dass eigene Aktien erworben werden, wenn hierfür eine gesetzliche Verpflichtung, zB aus Prospekthaftung, besteht, auch **europarechtlich unbedenklich** und zulässig. Art. 61 Abs. 1 lit. d Alt. 1 der **Zweiten Gesellschaftsrechtlichen Richtlinie**[40] erklärt einen Erwerb von Aktien „die auf-

---

[29] Verordnung (EU) 2017/1129 des Europäischen Parlaments und des Rates vom 14. Juni 2017 über den Prospekt, der beim öffentlichen Angebot von Wertpapieren oder bei deren Zulassung zum Handel an einem geregelten Markt zu veröffentlichen ist und zur Aufhebung der Richtlinie 2003/71/EG, ABl. 2017 L 168, 12.

[30] ESMA, Reports, Comparison of liability regimes in Member States in relation to the Prospectus Directive, ESMA/2013/619 vom 30.3.2013.

[31] So zu Recht Assmann/Schlitt/v. Kopp-Colomb/*Assmann* Vor §§ 21–25 Rn. 32.

[32] Vgl. insgesamt nur Schwark/Zimmer/*Schwark* BörsG § 44, 45 Rn. 5 mw umfangr. Nachw.; *Ellenberger,* Prospekthaftung im Wertpapierhandel, 2001, 7 ff.; *Gebauer,* Börsenprospekthaftung und Kapitalerhaltungsgrundsatz in der Aktiengesellschaft, 1999, 72 ff.; *Köndgen* AG 1983, 89 (91); *Weber* WM 2008, 1581 (1582 f.). Der BGH Urt. v. 21.5.2003 – IV ZR 327/02, BKR 2002, 1012 bezeichnet in einem Urteil, in dem es um die Übernahme der Kosten für eine Prospekthaftungsklage durch die Rechtsschutzversicherung ging, die Prospekthaftung als „auf Leistung von Schadenersatz gerichtete gesetzliche Haftungsbestimmung". Im Telekom III-Urteil ordnet der BGH die gesetzlichen Prospekthaftungsregeln als kraft Gesetzes eintretende Vertrauenshaftung ein, BGH Urt. v. 31.5.2011 – II ZR 141/09, BGHZ 190, 7 Rn. 17.

[33] Schwark/Zimmer/*Schwark* BörsG §§ 44, 45 Rn. 6; *Hamann* in Schäfer/Hamann BörsG § 44, 45 Rn. 33.

[34] Schwark/Zimmer/*Schwark* BörsG §§ 44, 45 Rn. 6.

[35] Überblick zum Meinungsstand beim Kollisionsrecht aufgrund der Rechtsnatur der Prospekthaftung bei *Benicke* FS Jayme, 2004, 25 (33); *Hamann* in Schäfer/Hamann BörsG §§ 44, 45 Rn. 73 ff.

[36] In diesem Sinne wohl auch BGH Urt. v. 31.5.2011 – II ZR 141/09, BGHZ 190, 7 Rn. 17; Schwark/Zimmer/*Schwark* BörsG §§ 44, 45 Rn. 7; *Canaris* BankvertragsR Rn. 2277; *Ellenberger,* Prospekthaftung im Wertpapierhandel, 2001, 9 f.; *Hamann* in Schäfer/Hamann BörsG §§ 44, 45 Rn. 33; MüKoHGB/*Singhof* Emissionsgeschäft Rn. 285; FK-WpPG/*Seiler/Singhof* Vor §§ 21 ff. Rn. 1. AA Assmann/Schlitt/v. Kopp-Colomb/*Assmann* Vor §§ 21–25 Rn. 30, der dies als „herrschende Meinung" ansieht („deliktische Haftung [synonym: Ansprüche aus unerlaubter Handlung, außervertragliche Ansprüche"] und sich insoweit durch den EuGH [Urt. v. 28.1.215 – C-375-13, ZIP 2015, 1486 Rn. 48 – „Kolassa") bestätigt sieht.

[37] BGH Urt. v. 31.5.2011 – II ZR 141/09, BGHZ 190, 7 Rn. 17.

[38] Insofern liegt hier auch kein Widerspruch zu der von Assmann/Schlitt/v. Kopp-Colomb/*Assmann* Vor §§ 21–25 Rn. 30 als „herrschende Meinung" angesehene Auffassung.

[39] Vgl. nur Kölner Komm AktG/*Lutter,* 2. Aufl. 1988, AktG § 71 Rn. 69 einerseits und Kölner Komm AktG/*Lutter,* 2. Aufl. 1988, AktG § 57 Rn. 22 andererseits; *Krämer/Baudisch* WM 1988, 1161 (1163) mwN.

[40] Richtlinie (EU) 2017/1132 des Europäischen Parlaments und des Rates vom 14. Juni 2017 über bestimmte Aspekte des Gesellschaftsrechts (Kodifizierter Text), ABl. 2017 L 169, 46 (dabei handelt es sich im die Kodifizierung diverser gesellschaftsrechtlicher Richtlinien, ua der Zweiten Richtlinie vom 13. Dezember 1976 [Kapitalrichtlinie] 77/91/EWG, ABl. 1977 L 26, 1).

grund einer gesetzlichen Verpflichtung erworben werden" ausdrücklich für zulässig.[41] Der deutsche Gesetzgeber hat von dieser in der Zweiten Gesellschaftsrechtlichen Richtlinie eingeräumten Möglichkeit jedoch keinen Gebrauch gemacht. Ging es bis zum Dritten Finanzmarktförderungsgesetz nur um das Verhältnis der Prospekthaftung zum Erwerb eigener Aktien, so geht es, seit durch das Dritte Finanzmarktförderungsgesetz das Halten der Aktien nicht mehr Anspruchsvoraussetzung ist, was § 9 Abs. 2 verdeutlicht, allgemein um das **Verhältnis von Prospekthaftung und Kapitalerhaltung** bzw. **Prospekthaftung und Verbot der Einlagenrückgewähr.**[42]

b) Meinungsstand. Der Wertungswiderspruch zwischen gesetzlich ausdrücklich angeordneter **17** Prospekthaftung der Emittenten und damit eben auch der aktienemittierenden Aktiengesellschaft einerseits und der Unzulässigkeit des Erwerbs eigener Aktien bzw. der Einlagenrückgewähr andererseits ist bereits in der **Rspr. des Reichsgerichts** behandelt worden[43] mit dem Ergebnis, dass zwischen **„Zeichnungs-,"** und **„Umsatzerwerb"** unterschieden werden soll. Danach sollen Aktienerwerber, die ihre Aktien in einem gewöhnlichen Umsatzgeschäft erworben haben, Prospekthaftungsansprüche geltend machen können, nicht dagegen die ursprünglichen Zeichner der jungen Aktien.[44]

Diese zwischen einem **originären** Zeichnungserwerb und einem **derivativen** Umsatzerwerb **18** differenzierende Auffassung ist in der späteren Rspr.[45] und der kapitalmarktrechtlichen Lit. im Wesentlichen übernommen worden.[46] Allerdings werden von den Vertretern dieser Auffassung unterschiedliche Meinungen dazu vertreten, wie einzelne Erwerbsvorgänge zu qualifizieren sind, ob als originär oder derivativ. Das gilt zB für den praktisch bedeutsamen Fall des mittelbaren Bezugsrechts nach § 186 Abs. 5 AktG bzw. allgemein der Platzierung über ein Emissionskonsortium, der vereinzelt als Fall originären Zeichnungserwerbs angesehen wird, obwohl hier nicht der Aktionär, sondern die Bank zeichnet, der von anderen Autoren deshalb auch als Fall des derivativen Umsatzerwerbes qualifiziert wird.[47]

Dieser differenzierenden und damit eher vermittelnden Lösung stehen zwei konträre Auffassungen **19** gegenüber: Einzelne, eher gesellschaftsrechtlich geprägte Autoren plädieren für einen unbedingten **Vorrang der Kapitalerhaltung** und damit gegen eine Prospekthaftung bei Aktien.[48] Die zwischenzeitlich wohl überwiegende Auffassung (auch als „ganz hM" bezeichnet[49]) vertritt dagegen einen **generellen Vorrang der Prospekthaftung.**[50] Zwischen diesen beiden Auffassungen und der

---

[41] Ausdr. dazu, dass die Schutzbestimmungen der Zweiten Gesellschaftsrechtlichen Richtlinie zur Kapitalerhaltung nationalen Regelungen nicht entgegenstehen, die in Umsetzung der kapitalmarktrechtlichen Richtlinien eine Haftung der AG als Emittentin gegenüber einem Erwerber von Aktien wegen Verletzung von Informationspflichten vorsieht, EuGH Urt. v. 19.12.2013 – C-174/12, BeckRS 2013, 82370. Ebenso Assmann/Schlitt/v. Kopp-Colomb/ *Assmann* Vor §§ 21–25 Rn. 77.

[42] Übersicht über den Meinungsstand bei *Henze* NZG 2005, 115 (121); *Mülbert/Steup* in Habersack/Mülbert/ Schlitt Unternehmensfinanzierung-HdB § 41 Rn. 5 ff.; *Langenbucher* ZIP 2005, 239. Detaillierter Überblick über die Behandlung dieses Problems in den Mitgliedstaaten der EU, der Schweiz und den USA bei *Hopt/Voigt* in Hopt/Voigt, Prospekt- und Kapitalmarktinformationshaftung, 2005, 60 ff.

[43] Zur Entwicklung der Rechtsprechung des Reichsgerichts vom Vorrang der Prospekthaftung über den Vorrang der Kapitalerhaltung bis zur differenzierenden Auffassung vgl. *Gebauer*, Börsenprospekthaftung und Kapitalerhaltungsgrundsatz in der Aktiengesellschaft, 1999, 136 ff.

[44] RG Urt. v. 28.4.1909 – I. 254/08, RGZ 71, 97 (99), bestätigt durch RG Urt. v. 2.6.1916 – III. 61/16, RGZ 88, 271 (272). Darstellung der Entwicklung auch bei OLG Frankfurt a. M. Urt. v. 17.3.2005 – 1 U 149/04, ZIP 2005, 710 (713).

[45] Vgl. nur OLG Frankfurt a. M. Urt. v. 17.3.1999 – 21 U 260/97, ZIP 1999, 1005 (1008); offen gelassen OLG Frankfurt a. M. Urt. v. 17.3.2005 – I U 149/04, ZIP 2005, 710 (713) für den Fall eine Haftung aus § 826 BGB für falsche Ad-hoc-Mitteilungen. Eher kritisch zu dieser Differenzierung unter Verweis auf „die eindeutig in die Richtung auf eine uneingeschränkte Haftung der Aktiengesellschaft weisenden Äußerungen des historischen Gesetzgebers" BGH Urt. v. 9.5.2005 – II ZR 287/02, BB 2005, 1644 (1646).

[46] *Hüffer,* Wertpapier-Verkaufsprospektgesetz, 1996, 196 f.; Schwark/Zimmer/*Schwark* BörsG §§ 44, 45 Rn. 13. Diese differenzierende Auffassung wird von Gebauer mit überzeugenden Gründen abgelehnt, *Gebauer*, Börsenprospekthaftung und Kapitalerhaltungsgrundsatz in der Aktiengesellschaft, 1999, 163 ff.; ebenfalls abl. *Ellenberger,* Prospekthaftung im Wertpapierhandel, 2001, 75 f.; *Renzenbrink/Holzner* BKR 2002, 434 (435 ff.), die zu Recht darauf hinweisen, dass diese Differenzierung in der Praxis, bei der es nahezu ausschließlich um den derivativen Erwerb gehe, irrelevant ist.

[47] Den Erwerb der Aktien durch die Aktionäre im Wege des mittelbaren Bezugsrechts als originären Erwerb einordnend Schwark/Zimmer/*Schwark* BörsG §§ 44, 45 Rn. 13 mwN; aA diesen Erwerb als derivativen Erwerb einordnend GroßkommAktG/*Henze* AktG § 57 Rn. 24.

[48] Vgl. nur Kölner Komm AktG/*Lutter*, 2. Aufl. 1988, AktG § 71 Rn. 69.

[49] Assmann/Schlitt/v. Kopp-Colomb/*Assmann* §§ 21–23 Rn. 77 Fn. 6.

[50] *Fleischer* in K. Schmidt/Lutter, AktG, 3. Aufl. 2015, AktG § 57 Rn. 67; Assmann/Schlitt/v. Kopp-Colomb/ *Assmann* §§ 21–23 Rn. 77; *Ellenberger,* Prospekthaftung im Wertpapierhandel, 2001, 75 f.; *Fleischer,* Gutachten F zum 64. Deutschen Juristentag 2002, F 74; *Hamann* in Schäfer/Hamann BörsG §§ 44, 45 Rn. 83 ff.; *Bayer* WM 2013, 961 (968 ff.); *Mülbert/Steup* in Habersack/Mülbert/Schlitt Unternehmensfinanzierung-HdB § 41 Rn. 7 mit ausführlicher, auch gemeinschaftsrechtlicher Begründung; *Mülbert/Wilhelm* FS Hommelhoff, 2012, 747 mw umfangr. Nachw., die den uneingeschränkten Vorrang der Haftung als weitgehend geklärt ansehen; *Renzenbrink/Holzner* BKR 2002, 434 (436); *Reusch/Wankerl* BKR 2003, 744 (745).

differenzierenden Meinung des Reichsgerichts werden – nicht zuletzt aufgrund der erheblich erweiterten „Kapitalmarkthaftung"[51] – **vermittelnde Auffassungen** vertreten: Beschränkung der Prospekthaftung auf das „freie" Vermögen, dh das Vermögen, welches das Grundkapital und die gesetzliche Rücklage übersteigt,[52] oder Rangrücktritt von Prospekthaftungsansprüchen in der Insolvenz.[53]

20   **c) Stellungnahme.** Zunächst ist festzustellen, dass jedenfalls mit der grundlegenden Modernisierung der börsengesetzlichen Prospekthaftung durch das Dritte Finanzmarktförderungsgesetz von 1998 die **§§ 44 ff. BörsG aF (jetzt §§ 9, 12) die jüngeren Vorschriften** darstellen, welche den älteren §§ 71 ff., 57 AktG vorgehen.[54] Der früher vertretenen Auffassung, die §§ 71 ff., 57 AktG gingen als jüngere Vorschriften den §§ 44 ff. BörsG aF (jetzt §§ 9, 12) vor,[55] ist damit jedenfalls[56] seit der Modernisierung der Börsenprospekthaftung durch das Dritte Finanzmarktänderungsgesetz der Boden entzogen worden. Entscheidend ist aber, dass die **§§ 44 ff. BörsG aF (jetzt §§ 9, 12)** gegenüber §§ 71 ff., 57 AktG die **spezielleren Vorschriften** sind und die letzteren deshalb durch §§ 44 ff. BörsG aF (jetzt §§ 9, 12) verdrängt werden, ohne dass es dabei auf die **Unterscheidung** zwischen Umsatzgeschäft einerseits und Zeichnungserwerb andererseits ankommt. Während §§ 71 ff., 57 AktG ganz allgemein jeden Erwerb eigener Aktien bzw. jede Vermögensverschiebung zwischen Gesellschaft und Aktionär regeln, bezieht sich § 44 BörsG aF (jetzt § 9) auf einen einzigen Sachverhalt, die Leistung von Schadensersatz wegen Erwerbs von Aktien aufgrund eines grob fahrlässig von der Gesellschaft unrichtig oder unvollständig erstellten Prospekts. Damit enthält § 44 BörsG aF (jetzt § 9) eine Spezialregelung für den Fall der Prospekthaftung.[57] Genau dieser **Spezialitätsgedanke** wird auch in der **Regierungsbegründung zum Dritten Finanzmarktförderungsgesetz ausdrücklich hervorgehoben:** „Die in § 45 getroffenen Regelungen enthalten insoweit abschließende Spezialregelungen, die den soeben erwähnten allgemeinen Grundsätzen (Verbot der Einlagenrückgewähr gem. § 57 Abs. 1 Satz 1 AktG und Verbot des Erwerbs eigener Aktien gem. §§ 71 ff. AktG, Anmerkung des Verf.) vorgehen."[58] Gesetzestechnisch wäre es besser gewesen, diese ausdrückliche Klarstellung durch den Gesetzgeber nicht nur in die **Regierungsbegründung** zu schreiben, sondern durch eine **klarstellende Bestimmung in §§ 44 ff.** BörsG aF (jetzt §§ 9, 12), oder am besten in **§ 57 AktG** oder **§ 71 AktG** eindeutig zu regeln.[59]

21   Aber auch ohne eine solche klarstellende Bestimmung ist der Spezialitätsgedanke zutreffend und führt dazu, dass eine Prospekthaftung des Emittenten nach § 9 auch dann besteht, wenn diese iE zum Erwerb eigener Aktien und damit zur Einlagenrückgewähr führt, ohne dass es dabei auf die Differen-

---

[51] Darauf weist *Langenbucher* ZIP 2005, 239 (239 f.) nachdrücklich hin.

[52] MüKoAktG/*Bayer,* 2. Aufl. 2003, AktG § 57 Rn. 24, diese Ansicht hat er aber ausdr. aufgegeben, *Bayer* WM 2013, 961 (966 Fn. 104); weitere Nachw. bei *Langenbucher* ZIP 2005, 239 (243). Dagegen BGH Urt. v. 9.5.2005 – II ZR 2087/02, BB 2005, 1644 (1646) für einen Anspruch aus § 826 BGB bzw. § 823 Abs. 2 BGB iVm § 400 AktG. Dagegen auch ausdr. OLG Frankfurt a. M. Urt. v. 17.3.2005 – 1 U 149/04, ZIP 2005, 710 (713) für den Fall einer deliktischen Haftung für fehlerhafte Ad-hoc-Mitteilung, allerdings diesbezüglich mit eher generell ablehnenden Ausführungen.

[53] *Langenbucher* ZIP 2005, 239 (244); ihr folgend Kölner Komm AktG/*Drygala* AktG § 57 Rn. 33 und Kölner Komm AktG/*Lutter/Drygala* AktG § 71 Rn. 100.

[54] So bereits für die „alten" §§ 45 ff. vor der Änderung durch das Dritte Finanzmarktförderungsgesetz LG Frankfurt a. M. Urt. v. 7.10.1997 – 3/11 O 44/96, WM 1998, 1181 (1185 f.); wie hier *Ellenberger,* Prospekthaftung im Wertpapierhandel, 2001, 74; *Hamann* in Schäfer/Hamann BörsG §§ 44, 45 Rn. 83 ff.; FK-WpPG/*Seiler/Singhof* § 21 Rn. 122; *Krämer/Baudisch* WM 1998, 1161 (1164); *Mülbert/Steup* in Habersack/Mülbert/Schlitt Unternehmensfinanzierung-HdB § 41 Rn. 7. Wie hier, sowohl für die „alten" §§ 45 ff. als auch für die „neuen" §§ 45 ff. Großkomm AktG/*Henze* AktG § 57 Rn. 20.

[55] Vgl. Nachw. bei *Ellenberger,* Prospekthaftung im Wertpapierhandel, 2001, 74.

[56] Auch vorher war dies schon zweifelhaft, LG Frankfurt a. M. Urt. v. 7.10.1997 – 3/11 O 44/96, WM 1998, 1181 (1185 f.), vgl. *Ellenberger,* Prospekthaftung im Wertpapierhandel, 2001, 74; *Renzenbrink/Holzner* BKR 2002, 434 (437); *Schwark* FS Raisch, 1995, 269 (274).

[57] So ausdr. OLG Frankfurt a. M. Urt. v. 17.3.1999 – 21 U 260/97, ZIP 1999, 1005 (1008); LG Frankfurt a. M. Urt. v. 7.10.1997 – 3/11 O 44/96, WM 1998, 1181 (1185 f.) mzustAnm *Huber* ZIP 1997, 645 (646); *Ellenberger,* Prospekthaftung im Wertpapierhandel, 2001, 74; *Hamann* in Schäfer/Hamann BörsG §§ 44, 45 Rn. 83 f.; JVRZ/*Pankoke* BörsG § 44, VerkprospG § 13 Rn. 79; *Krämer/Baudisch* WM 1998, 1161 (1164); *Mülbert/Steup* in Habersack/Mülbert/Schlitt Unternehmensfinanzierung-HdB § 41 Rn. 7, die ebenfalls ausdr. auf die Regierungsbegründung zum Dritten Finanzmarktförderungsgesetz verweisen; idS auch bereits *Assmann,* Prospekthaftung, 1985, 332 f.; ebenso GroßkommAktG/*Henze* AktG § 57 Rn. 20 allerdings weiterhin zwischen Umsatzgeschäft und Zeichnungserwerb differenzierend, vgl. Rn. 20 (Umsatzgeschäft), Rn. 22 (Zeichnungserwerb). Gegen diese Lex-Specialis-Argumentation *Gebauer,* Börsenprospekthaftung und Kapitalerhaltungsgrundsatz in der Aktiengesellschaft, 1999, 204 f.

[58] RegBegr. zum Dritten Finanzmarktförderungsgesetz, BT-Drs. 13/8933, 54 (78). Der BGH verweist ua auf diese Stelle, wenn er Zweifel an der Auffassung äußert, die zwischen Umsatzgeschäft einerseits und Zeichnungserwerb andererseits differenziert, BGH Urt. v. 9.5.2005 – II ZR 287/02, BB 2005, 1644 (1646).

[59] Wie hier *Fleischer,* Gutachten F zum 64. Deutschen Juristentag 2002, F 74; ebenso auch MüKoAktG/*Bayer* AktG § 57 Rn. 22; FK-WpPG/*Seiler/Singhof* § 21 Rn. 121 Fn. 295 und *Henze* NZG 2005, 115, der nachdrücklich fragt, weshalb keine ausdrückliche Regelung erfolgt ist, und diese dann fordert.

zierung zwischen Umsatz- oder Zeichnungserwerb ankommt.[60] Soweit auf der Grundlage der Lex-Specialis-These dennoch vertreten wird, der Zeichner könne gegen die Gesellschaft Prospekthaftungsansprüche allenfalls beschränkt auf die Überschüsse bzw. freie(n) Rücklagen[61] geltend machen, somit trotz genereller Lex-Specialis-These wieder zwischen Zeichnungserwerb und Umsatzgeschäft differenziert wird,[62] ist dem nicht zuzustimmen. Zwar ist es zutreffend, dass gegen einen Prospekthaftungsanspruch des Zeichners zunächst die Natur des Zeichnungsvertrages und dessen Bestandskraft zu sprechen scheinen.[63] Es geht jedoch bei der Prospekthaftung nicht um eine Leistungsstörung des Zeichnungsvertrages oder um dessen Rückabwicklung, sondern um unabhängig vom Zeichnungsvertrag bestehende gesetzliche Prospekthaftungsansprüche. Der Zeichnungsvertrag ist mit Leistung der Einlage und Ausgabe der Aktien erfüllt, die entsprechende Einlageverpflichtung des Zeichners durch Erfüllung erloschen. Prospekthaftung besteht nicht darin, Gewährleistungsrechte aus dem Zeichnungsvertrag geltend zu machen, sondern ist eine unabhängig vom Zeichnungsvertrag, diesen nicht berührende, spezialgesetzlich geregelte Folge fehlerhafter Prospektangaben.[64]

Dasselbe Ergebnis, dass § 57 AktG der gesetzlichen Prospekthaftung nicht entgegensteht, folgt auch **22** aus § 57 AktG selbst. Da **§ 57 AktG** nach einhelliger Meinung[65] **reguläre Geschäfte** und damit auch die **Abwicklung von Schadensersatzansprüchen nicht verbietet,** ist die Abwicklung gesetzlich begründeter Prospekthaftungsansprüche nicht un § 57 AktG erfasst.[66] Letztendlich ist, worauf *Mülbert/ Steup* zu Recht hinweisen, der Vorrang der Prospekthaftung vor der Kapitalerhaltung auch europarechtlich geboten. Würde der nationale Gesetzgeber den Hauptverantwortlichen für den Prospekt, den Emittenten, mit dem Hinweis auf die Kapitalerhaltung von der Prospekthaftung befreien, wäre dies mit Art. 11 Prospekt-VO nicht zu vereinbaren.[67] Insofern wird der uneingeschränkte Vorrang der Emittentenhaftung vor den Kapitalerhaltungsregeln zwischenzeitlich zu Recht „als weithin geklärt angesehen".[68]

6. Interne Haftungsfreistellung des Emissionsbegleiters. Eine von der Problematik des Verhält- **23** nisses der Prospekthaftungsregeln zu den Kapitalerhaltungsvorschriften zu unterscheidende Frage ist die nach der Zulässigkeit interner **Haftungsfreistellungsklauseln des Emissionsbegleiters oder Zulassungsantragstellers.** Aktienübernahmeverträge enthalten regelmäßig Klauseln, nach denen der oder die Zulassungsantragsteller intern vom Emittenten freigestellt werden,[69] von der Prospekthaftung, die aufgrund gesetzlicher Regelungen auch sie im Außenverhältnis treffen.[70] Solche **Freistellungsklauseln** werden von der weitaus überwiegenden Auffassung, jedenfalls wenn es sich um die Platzierung von

---

[60] Wie hier im Grundsatz OLG Frankfurt a. M. Urt. v. 17.3.1999 – 21 U 260/97, ZIP 1999, 1005 (1008); LG Frankfurt a. M. Urt. v. 7.10.1997 – 3/11 O 44/96, WM 1998, 1181 (1185 f.) mAnm *Huber* ZIP 1998, 645 (646); *Ellenberger,* Prospekthaftung im Wertpapierhandel, 2001, 74 f.; *Hamann* in Schäfer/Hamann BörsG §§ 44, 45 Rn. 84; *Krämer/Baudisch* WM 1998, 1161 (1164 ff.); iE wie hier, allerdings mit der Begründung, Art. 2 Abs. 2 EGHGB stelle die geschriebene Kollisionsnorm dar, nach der „ausnahmslos von einem Vorrang der §§ 45, 46 BörsenG gegenüber dem Aktienrecht auszugehen" sei, *Gebauer,* Börsenprospekthaftung und Kapitalerhaltungsgrundsatz in der Aktiengesellschaft, 1999, 201 ff.; eher krit. Anm. zu OLG Frankfurt a. M. *Kort* EWiR BörsG § 77 1/99, 501 (502). Dieser uneingeschränkte Vorrang der Emittentenhaftung vor den Kapitalerhaltungsregeln wird zwischenzeitlich „als weithin geklärt angesehen", so *Mülbert/Wilhelm* FS Hommelhoff, 2012, 747; ebenso für einen uneingeschränkte Vorrang jetzt auch *Bayer* WM 2013, 961 (966); ebenso MüKoHGB/*Singhof* Emissionsgeschäft Rn. 285.
[61] GroßkommAktG/*Henze* AktG § 57 Rn. 23.
[62] GroßkommAktG/*Henze* AktG § 57 Rn. 22. *Henze* rechnet allerdings zu Recht den mittelbaren Aktienbezug dem Umsatzgeschäft zu, vgl. Rn. 24.
[63] GroßkommAktG/*Henze* AktG § 57 Rn. 22; dagegen ausdr. MüKoAktG/*Bayer* AktG § 57 Rn. 23.
[64] In dieselbe Richtung argumentierend BGH Urt. v. 9.5.2005 – II ZR 287/02, BB 2005, 1644 (1646) für den Fall einer Haftung aus § 826 BGB bzw. § 823 Abs. 2 BGB iVm § 400 AktG und OLG Frankfurt a. M. Urt. v. 17.3.2005 – I U 149/04, ZIP 2005, 710 (713) für den Fall eine Haftung aus § 826 BGB für falsche Ad-hoc-Mitteilungen. Die Rspr. des BGH, dass §§ 57, 71 AktG einer Haftung aus § 826 BGB bzw. § 823 Abs. 2 BGB iVm § 400 AktG nicht entgegenstehe, kann zwischenzeitlich als gefestigt gelten, vgl. nur BGH Urt. v. 7.1.2008 – II ZR 68/06, WM 2008, 398 (399) mw umfangr. Nachw. Wie hier auch *Hamann* in Schäfer/Hamann BörsG §§ 44, 45 Rn. 84.
[65] Vgl. nur Kölner Komm AktG/*Lutter,* 2. Aufl. 1988, AktG § 57 Rn. 22 und Kölner Komm AktG/*Drygala* AktG § 57 Rn. 41.
[66] So ausdr. *Hommelhoff/van Aerssen* EWiR AktG § 57 1/98, 579 (580); ebenso *Hamann* in Schäfer/Hamann BörsG §§ 44, 45 Rn. 84; MüKoHGB/*Singhof* Emissionsgeschäft Rn. 285; idS wohl auch JVRZ/*Pankoke* BörsG § 44, VerkprospG § 13 Rn. 80; gegen diese „zu formal(e)" Sichtweise GroßkommAktG/*Henze* AktG § 57 Rn. 19 und Schwark/Zimmer/*Schwark* BörsG §§ 44, 45 Rn. 13. Für eine klare Abgrenzung zwischen gesellschaftsrechtlichen Beziehungen einerseits und kapitalmarktrechtlichen Beziehungen andererseits, wobei letzteren § 57 AktG nicht entgegensteht, auch OLG Frankfurt a. M. Urt. v. 17.3.2005 – I U 149/04, ZIP 2005, 710 (713) für den Fall eine Haftung aus § 826 BGB für falsche Ad-hoc-Mitteilungen.
[67] *Mülbert/Steup* in Habersack/Mülbert/Schlitt Unternehmensfinanzierung-HdB § 41 Rn. 7; FK-WpPG/*Seiler/ Singhof* § 21 Rn. 122 jew. noch zu Art. 6 der „alten" Prospekt-RL.
[68] So *Mülbert/Wilhelm* FS Hommelhoff, 2012, 747; ebenso für einen uneingeschränkte Vorrang jetzt auch Baumbach/Hopt/*Kumpan* § 21 Rn. 6; *Bayer* WM 2013, 961 (966).
[69] Vgl. nur Muster bei *Groß* in Hellner/Steuer BuB Rn. 10/324 Art. 8, Rn. 325 Nr. II; s. auch *Fleischer/Thaten* NZG 2011, 1081 (1085).
[70] Vgl. dazu iE → Rn. 44.

neuen Aktien handelt, als zulässig und unproblematisch angesehen,[71] insbesondere liege darin kein Verstoß gegen §§ 71 ff., 57 AktG. Dem ist entgegen einzelner Stimmen in der Lit.[72] zuzustimmen.

24 Die Gesellschaft haftet als Unterzeichner des unrichtigen Prospekts bei der Börsenzulassung (§ 32 Abs. 2 BörsG iVm § 8) im Außenverhältnis in jedem Fall nach § 9, nach der hier vertretenen Auffassung vom Vorrang der Prospekthaftung voll und unbeschränkt. Gleichzeitig haftet auch der Zulassungsantragsteller nach § 9, da er den Prospekt mit zu unterzeichnen (§ 32 Abs. 2 BörsG) und die Verantwortung übernommen hat (§ 8 S. 3). Beide haften als Gesamtschuldner. Insofern handelt es sich bei der internen Haftungsfreistellung der Sache nach um nichts anderes als um eine Regelung des **Gesamtschuldnerausgleichs**.[73] Der Prospekt dient der Zulassung und ggfls. der Platzierung von Wertpapieren der Gesellschaft. Er beschreibt die Gesellschaft, ihr Geschäft und die damit verbundenen Chancen und Risiken. Insofern versteht es sich von selbst, dass die Gesellschaft die **Letztverantwortung** für ihren Prospekt trifft. Deshalb ist aber auch davon auszugehen, dass bei verschuldeten Prospektmängeln jedenfalls im Verhältnis zum Emissionsbegleiter generell das Verschulden bei der Gesellschaft liegt.[74] Insofern stellt die interne Haftungsfreistellung nur dasjenige klar, was so oder so gilt, nämlich die interne Alleinverantwortlichkeit der Gesellschaft und damit der allein sie treffende Gesamtschuldnerausgleich.[75] Für diese rechtliche Beurteilung ist es im Übrigen unerheblich, ob die emittierten Aktien durch eine Kapitalerhöhung neu geschaffen, oder allein von bereits bestehenden Aktionären zur Verfügung gestellt werden.[76]

25 Soweit die Letztverantwortlichkeit der Gesellschaft für den Prospekt vereinzelt in der Lit. eingeschränkt wird indem einzelne Bereiche (fehlerhafte Beschreibung der „kapitalmarktspezifischen Risiken" und „falsche Verarbeitung der Informationen des Emittenten") ausgenommen werden,[77] kann dem nicht gefolgt werden. Die Gesellschaft hat in jedem Fall eine Endkontrolle des Prospekts vorzunehmen und dafür Sorge zu tragen, dass alle von ihr zur Verfügung gestellten Informationen ordnungsgemäß verarbeitet werden. Insofern bleibt es bei der Letztverantwortlichkeit der Gesellschaft, von der allerdings bei allein die Emissionsbegleiter betreffenden Informationen, zB deren Firma (Namen), Konsortialquote etc.[78] eine Ausnahme gemacht werden kann.

26 Die Zulässigkeit der Haftungsfreistellung ergibt sich aber auch daraus, dass die Unterstützung der Emittenten bei der Erlangung der Börsenzulassung durch den oder die emissionsbegleitenden Kreditinstitute eine **gesonderte Dienstleistung** darstellt, die von der Zeichnung neuer Aktien zu unterscheiden. Unabhängig davon, ob beide Aspekte in ein und demselben Vertrag geregelt sind, handelt es sich doch um unterschiedliche Aufgaben, Begründung neuer Mitgliedschaftsrechte und Aufbringung des Kapitals nach einem gesetzlich genau geregelten Verfahren einerseits und Mitwirkung an der Zulassung dieser entstandenen Mitgliedschaftsrechte bzw. bereits bestehender Mitgliedschaftsrechte andererseits. Diese **Mitwirkung bei der Börsenzulassung als gesonderte Dienstleistung** kann mit ihren von der Entstehung der Mitgliedschaftsrechte unabhängigen Rechten und Pflichten geregelt werden. Eine solche **schuldvertragliche Regelung** ist, unterstellt § 57 AktG ist hier überhaupt anwendbar, nur dann nach § 57 AktG unwirksam, wenn ein **objektives Missverhältnis zwischen Leistung und Gegenleistung** besteht, dh hinsichtlich der Prospekthaftung, wenn die **Freistellung als unangemessene Risikoverteilung** anzusehen ist.[79] Das ist aber nicht der Fall: Die interne Haftungsfreistellung der Emissionsbegleiter durch den Emittenten ist der Sache nach gerechtfertigt.

---

[71] LG Bonn Urt. v. 1.6.2007 – 1 O 552/05, Der Konzern 2007, 532 (534); Schwark/Zimmer/*Schwark* BörsG §§ 44, 45 Rn. 14; *Groß* in Hellner/Steuer BuB Rn. 10/293b f., 309; *Fleischer* ZIP 2007, 1960 (1972 f.); *Fleischer* in K. Schmidt/Lutter, AktG, 3. Aufl. 2015, AktG § 57 Rn. 24, differenzierend im Falle der Veräußerung bestehender Aktien, § 57 Rn. 25 ff.; *Hamann* in Schäfer/Hamann BörsG §§ 44, 45 Rn. 85; bei der Platzierung neuer Aktien ebenso GroßkommAktG/*Henze* AktG § 57 Rn. 55; FK-WpPG/*Seiler/Singhof* § 21 Rn. 118; *Fleischer/Thaten* NZG 2011, 1081 (1085); *Hoffmann-Becking* FS Lieberknecht, 1997, 25 (36 f.); *Krämer/Baudisch* WM 1998, 1161 (1168 Fn. 79); *Krämer/Gillessen/Kiefner* CFL 2011, 328 (340 f.); JVRZ/*Pankoke* BörsG § 44, VerkprospG § 13 Rn. 83; *Technau* AG 1998, 445 (455 ff.); Überblick über den Meinungsstand auch bei *Fleischer* ZIP 2007, 1969 (1971); *Wink* AG 2011, 569 (579); nicht ganz eindeutig, iErg aber wohl wie hier Schwark/Zimmer/*Schwark* BörsG §§ 44, 45 Rn. 14.

[72] Teilw. krit. MüKoAktG/*Bayer* AktG § 57 Rn. 89; *Fleischer,* Gutachten F für den 64. Deutschen Juristentag 2002, F 73 f.; krit. *Hirte* in Lutter/Scheffler/Schneider, Handbuch der Konzernfinanzierung, 1998, Rn. 35.35 ff.

[73] Wie hier *Fleischer* in K. Schmidt/Lutter, AktG, 3. Aufl. 2015, AktG § 57 Rn. 24; *Mülbert/Steup* in Habersack/Mülbert/Schlitt Unternehmensfinanzierung-HdB § 41 Rn. 10. So ausdr. sogar für den Fall des Verhältnisses zwischen Gesellschaft und prospektveranlassendem Aktionär *Wackerbarth* WM 2011, 193 (198 ff.).

[74] Wie hier jetzt auch *Krämer/Gillessen/Kiefner* CFL 2011, 328 (340 f.). Einschr. *Ellenberger,* Prospekthaftung im Wertpapierhandel, 2001, 76.

[75] So ausdr. *Ellenberger,* Prospekthaftung im Wertpapierhandel, 2001, 76; ebenso *Fleischer* ZIP 2007, 1969 (1972); *Fleischer* in K. Schmidt/Lutter, AktG, 2. Aufl. 2010, AktG § 57 Rn. 24.

[76] Wie hier *Mülbert/Steup* in Habersack/Mülbert/Schlitt Unternehmensfinanzierung-HdB § 41 Rn. 10; *Krämer/Gillessen/Kiefner* CFL 2011, 328 (340 f.).

[77] So ausdr. *Ellenberger,* Prospekthaftung im Wertpapierhandel, 2001, 76.

[78] Zu den insoweit in Aktienübernahmeverträgen anzutreffenden Ausschlüssen von der Freistellung und dem Gesamtschuldnerausgleich, vgl. *Groß* in Hellner/Steuer BuB Muster 10/324, Art. 8 (1), Muster 10/325, Nr. II.

[79] Speziell für die Problematik der Haftungsfreistellung im Übernahmevertrag wie hier *Technau* AG 1998, 445 (456 f.); allgemein zu Umsatzgeschäften vgl. nur Kölner Komm AktG/*Lutter,* 2. Aufl. 1988, AktG § 57 Rn. 22 und Kölner Komm AktG/*Drygala* AktG § 57 Rn. 41.

Selbst bei der besten Prüfung durch den Konsortialführer wissen die Organe und Mitarbeiter des Emittenten immer noch mehr über das Unternehmen, insbesondere über die Risiken des Geschäfts bzw. der rechtlichen Geschäftsgrundlagen, als jeder außenstehende Dritte, zB der Emissionsbegleiter. Die Verantwortung für die materielle Richtigkeit und Vollständigkeit des Prospektes und damit die eigentliche Prospekthaftung und die **Letztverantwortlichkeit für den Prospektinhalt liegt damit richtigerweise beim Emittenten.** Man wird deshalb sogar, unabhängig von einer diesbezüglichen vertraglichen Regelung, eine **vertragliche Nebenpflicht** des Emittenten,[80] die Emissionsbanken über sämtliche potentiell „für die Beurteilung der Wertpapiere wesentlichen Angaben" richtig und vollständig zu informieren, annehmen müssen. Realisiert sich das Risiko der Prospekthaftung, dann steht damit fest, dass gegen diese vertragliche (Neben-)Pflicht verstoßen wurde. Die Folgen der Verletzung dieser risikogerecht beim Emittenten anzusiedelnden Pflicht durch Vereinbarung einer diesbezüglichen Freistellung zu regeln, ist interessengerecht. Damit ist sie als zulässige schuldvertragliche Regelung kein Verstoß gegen § 57 AktG.[81]

Im Übrigen ist fraglich, ob §§ 71 ff., 57 AktG überhaupt auf die interne Haftungsfreistellung[82] **27** anwendbar ist. Im speziellen Fall der reinen Umplatzierung von bestehenden Aktien iVm der Börsenzulassung dieser Aktien kann schon keine unzulässige Einlagenrückgewähr im Verhältnis Bank/Emittent vorliegen, weil die **Haftungsfreistellung gegenüber der Bank als einem Dritten erfolgt,** der nicht Aktionär der Gesellschaft ist bzw. wird.[83] Die Umplatzierung von bestehenden Aktien erfolgt im Regelfall als Kommissions- oder Maklergeschäft der Banken, bei dem die Banken nicht Eigentümer der Aktien werden. Auch bei einer anderen vertraglichen Ausgestaltung, bei der die Emissionsbanken tatsächlich die Aktien vor Weiterveräußerung erwerben, handelt es sich allein um einen ganz kurzfristigen Durchgangserwerb der Emissionsbanken. Selbst wenn die Freistellung eine Einlagenrückgewähr wäre, hätte dies nur Auswirkungen im Verhältnis zum Aktionär, nicht aber zu den Emissionsbegleitern als Dritten (vgl. aber auch → Rn. 28).

Nach alledem ist die Freistellung der Emissionsbegleiter durch den Emittenten kein Verstoß gegen **28** § 57 AktG.[84] In der Lit. wird bei der Umplatzierung von Aktien durch den (Groß-)Aktionär in diesem Zusammenhang auch diskutiert, ob die Haftungsfreistellung im Verhältnis zum abgebenden Aktionär einen Verstoß gegen § 57 AktG darstellt, was von den Umständen des Einzelfalls abhängen soll.[85] Die Frage scheint nicht richtig gestellt: Im Verhältnis Emittent/Aktionär geht es nicht um die Freistellung des Emissionsbegleiters sondern darum, ob die Übernahme der Prospektverantwortung durch den Emittenten im Außenverhältnis eine Leistung iSd § 57 Abs. 1 S. 1 AktG an den Aktionär darstellt und deshalb nur zulässig ist, wenn ein entsprechender Freistellungsanspruch des Emittenten gegen den Aktionär besteht (→ Rn. 29). Die an § 57 Abs. 1 S. 1 AktG zu messende Leistung ist damit die Übernahme der Prospektverantwortung durch die Gesellschaft, die als Leistung an den Aktionär betrachtet wird.[86] Hier, dh bei der Frage der Freistellung des Emissionsbegleiters, geht es aber um eine Leistung an den Emissionsbegleiter, nicht an den Aktionär. Diese Leistung ist, wie oben gesehen, nicht etwa die Übernahme der Prospektverantwortung im Außenverhältnis sondern allein die interne Abrede über den Gesamtschuldnerausgleich zwischen Emittent und Emissionsbegleiter gemäß der tatsächlichen Risiko- und Verantwortungssphären. Diese Haftungsfreistellung als Leistung an den Aktionär anzusehen, erscheint fraglich und im Ergebnis unzutreffend. Selbst wenn man dies, entgegen der hier vertretenen Ansicht, täte, würde dies an der grundsätzlichen **Wirksamkeit der Freistellung des Emissionsbegleiters** nichts ändern; ein Verstoß gegen § 57 AktG im Verhältnis zum Aktionär führt grundsätzlich nicht zur Unwirksamkeit der mit einem Dritten geschlossenen Vereinbarung.[87] Ob

---

[80] Übernahmeverträge enthalten jedoch sogar ausdr. eine Gewährleistung des Emittenten, dass der Prospekt richtig und vollständig ist, vgl. nur Art. 5 und 6 bzw. Nr. II der Muster-Übernahmeverträge bei *Groß* in Hellner/Steuer BuB Rn. 10/324 bzw. 325.

[81] Wie hier GroßkommAktG/*Henze* AktG § 57 Rn. 55; *Technau* AG 1998, 445 (456).

[82] GroßkommAktG/*Henze* AktG § 57 Rn. 55.

[83] *Ellenberger,* Prospekthaftung im Wertpapierhandel, 2001, 75 f.; *Groß* in Hellner/Steuer BuB Rn. 10/293 b.

[84] So die ganz überwiegende Auffassung vgl. LG Bonn Urt. v. 1.6.2007 – 1 O 552/05, Der Konzern 2007, 532 (534); *Mülbert/Steup* in Habersack/Mülbert/Schlitt Unternehmensfinanzierung-HdB § 41 Rn. 10; *Meyer* in Marsch-Barner/Schäfer AG-HdB § 8, 151 ff.; *Groß* in Hellner/Steuer BuB Rn. 10/293b f., 309; *Fleischer* ZIP 2007, 1960 (1972 f.); *Fleischer* in K. Schmidt/Lutter, AktG, 2. Aufl. 2010, AktG § 57 Rn. 24, differenzierend im Falle der Veräußerung bestehender Aktien, § 57 Rn. 25 ff.; *Hamann* in Schäfer/Hamann BörsG §§ 44, 45 Rn. 85; bei der Platzierung neuer Aktien ebenso GroßkommAktG/*Henze* AktG § 57 Rn. 55; *Fleischer/Thaten* NZG 2011, 1081 (1085); *Hoffmann-Becking* FS Lieberknecht, 1997, 25 (36 f.); *Krämer/Baudisch* WM 1998, 1161 (1168 Fn. 79); JVRZ/*Pankoke* BörsG § 44, VerkprospG § 13 Rn. 83; *Technau* AG 1998, 445 (455 ff.); Überblick über den Meinungsstand auch bei *Fleischer* ZIP 2007, 1969 (1971); *Wink* AG 2011, 569 (579); nicht ganz eindeutig, iErg aber wohl wie hier Schwark/Zimmer/*Schwark* BörsG §§ 44, 45 Rn. 14.

[85] Ebenso GroßkommAktG/*Henze* AktG § 57 Rn. 56; vgl. dazu LG Bonn Urt. v. 1.6.2007 – 1 O 552/05, Der Konzern 2007, 532 und *Fleischer* ZIP 2007, 1969 ff.

[86] So ausdr. BGH in Sachen DT III, Urt. v. 31.5.2011 – II ZR 141/09, BGHZ 190, 7 Rn. 13, zust. *Leuschner* NJW 2011, 3275 (3275).

[87] So ausdr. LG Bonn Urt. v. 1.6.2007 – 1 O 552/05, Der Konzern 2007, 532 (534) sowie MüKoAktG/*Bayer* AktG § 57 Rn. 91; *Fleischer* ZIP 2007, 1969 (1973); iE wohl wie hier GroßkommAktG/*Henze* AktG § 57 Rn. 56.

hiervon eine Ausnahme dann gilt, wenn die Emissionsbanken sichere Kenntnis davon haben, dass die Gesellschaft aus der Umplatzierung keine vermögenswerten Vorteile erhält, die das Freistellungsrisiko aufwiegen, lässt sich unter dem Blickwinkel der Drittwirkung von Verstößen im Rahmen des § 57 Abs. 1 AktG oder der Kollusion[88] oder des Missbrauchs der Vertretungsmacht durch den Vorstand der Gesellschaft diskutieren.[89] Besser erscheint es allerdings, dies allein unter dem Blickwinkel des § 62 AktG[90] und damit im Verhältnis Emittent/Aktionär zu regeln. Wenn man dem nicht folgen will, ist bei der Prüfung, ob kollusives Verhalten vorliegt, zu berücksichtigen, dass es auch und gerade nach dem Urteil des BGH in Sachen Telekom III durchaus streitig ist, in welchen Fällen im Verhältnis zwischen Gesellschaft und Aktionär eine verbotene Einlagenrückgewähr vorliegen soll und ob und wie diese gegebenenfalls durch eine Freistellung oder den Abschluss einer Versicherung gegen die Prospekthaftungsrisiken vermieden werden kann.[91] Liegt aber bereits im Verhältnis zwischen Gesellschaft und Aktionär keine Einlagenrückgewähr vor oder aber ist eine solche zumindest zweifelhaft, dann dürfte es auch an einem kollusiven Verhalten zwischen Emissionsbegleiter und Gesellschaft fehlen.

29   Die Frage, ob im Verhältnis Gesellschaft/Aktionär ein Verstoß gegen § 57 AktG vorliegt, wenn die Gesellschaft die Prospekthaftung übernimmt und die Emissionsbanken freistellt, wird seit längerer Zeit erörtert,[92] verstärkt seit der Entscheidung des BGH im Falle DT III.[93] Während die eine Ansicht generell einen solchen Verstoß annimmt, ohne zuzulassen, dass der „Nachteil" der potentiellen Prospekthaftung durch „Vorteile", zB die Erlangung der Unabhängigkeit von einem beherrschenden Aktionär, Verbreiterung der Aktionärsbasis, Stärkung des Streubesitzes, Erhöhung der Liquidität der Aktie, Aufnahme in einen Aktienindex, Verbesserung der Investor Relations und Erlangung eines größeren allgemeinen Bekanntheitsgrades[94] kompensiert werden könne,[95] geht die andere Ansicht von einer solchen Kompensationsmöglichkeit aus, deren Vertreter stellen daran aber unterschiedlich hohe Anforderungen.[96] Der BGH hat sich im Falle DT III derjenigen Ansicht angeschlossen, die allein „konkrete, bilanziell messbare Vorteile" ausreichen lässt und dies mit der bilanziellen Betrachtungsweise, die sich aus § 57 Abs. 1 S. 3 AktG idF des MoMiG ergebe, begründet.[97]

30   Zunächst sind hier die Fälle auszunehmen, in denen die Übernahme der Prospekthaftung durch die Gesellschaft daraus resultiert, dass die Gesellschaft gem. § 69 BörsZulV etwa noch nicht zugelassene Aktien zuzulassen hat. Denkbar ist zB, dass neue Aktien aus einer Sachkapitalerhöhung durch einen Investor zuzulassen sind. In diesen Fällen ist aufgrund der gesetzlichen Verpflichtung der Gesellschaft,

---

[88] Der BGH hat außerdem entschieden, dass ein mit einem Dritten abgeschlossenes Geschäft, das auf eine Einlagenrückgewähr hinausläuft und somit einen Verstoß gegen § 57 AktG darstellt, nicht wegen Verstoßes gegen ein gesetzliches Verbot iSv § 134 BGB nichtig sei, sondern nur zu einem Rückgewähranspruch der Gesellschaft gegenüber dem Aktionär nach § 62 Abs. 1 S. 1 AktG führe, BGH Urt. v. 12.3.2013 – II ZR 179/12, WM 2013, 748 (750). Der Dritte hafte nicht nach § 62 AktG, was im Wesentlichen unstr. sein sollte, vgl. nur Hüffer/Koch/*Koch* AktG § 62 Rn. 5.

[88] Wenn der BGH in Sachen DT III, Urt. v. 31.5.2011 – II ZR 141/09, BGHZ 190, 7 Rn. 16, 21, zur Übernahme der Prospekthaftung durch den Emittenten an verschiedenen Stellen auf eine Vergleichbarkeit mit der Besicherung von Forderungen gegen einen Gesellschafter verweist, so kann man auch die diesbezügliche Rechtsprechung des BGH zur Auswirkung des Umstandes, dass diese Sicherheit ohne Freistellung im Verhältnis zum Aktionär eine unzulässige Einlagenrückgewähr darstellt, auf den dritten Sicherungsnehmer zurückgreifen; wie hier *Brandt* in KMFS BankR/KapMarktR Rn. 15.582. Nach dieser Rspr. ist die Sicherheit wirksam, ausgenommen ist nur der Fall des kollusiven Zusammenwirkens, BGH Beschl. v. 20.9.1982 – II ZR 268/82, WM 1982, 1402 zur GmbH; BGH Beschl. v. 13.10.1980 – II ZR 2/80, AG 1981, 227 zur AG.

[89] Ebenso *Fleischer* in K. Schmidt/Lutter, AktG, 3. Aufl. 2015, AktG § 57 Rn. 27; *Fleischer* ZIP 2007, 1969 (1976); *Fleischer/Thaten* NZG 2011, 1081 (1085); *Meyer* in Marsch-Barner/Schäfer AG-HdB § 8, 157; *Krämer/Gillessen/ Kiefner* CFL 2011, 328 (340 f.); *Wink* AG 2011, 569 (579); *Arnold/Aubel* ZGR 2012, 113 (150).

[90] Generell zu Auswirkungen von Verstößen gegen § 57 AktG so der Vorschlag von Kölner Komm AktG/*Drygala* AktG § 57 Rn. 135.

[91] Vgl. dazu nur Arbeitskreis zum „Deutsche Telekom III-Urteil" des BGH CFL 2011, 377 (378 ff.); *Krämer/ Gillessen/Kiefner* CFL 2011, 328 ff.; *Arnold/Aubel* ZGR 2012, 113 (131 ff., 137 ff.); vorher bereits ausf. *Wackerbarth* WM 2011, 193 ff.

[92] LG Bonn Urt. v. 1.6.2007 – 1 O 552/05, Der Konzern 2007, 532; Übersicht über Meinungsstand bei *Fleischer* ZIP 2007, 1969 (1973 f.) sowie Arbeitskreis zum „Deutsche Telekom III-Urteil" des BGH CFL 2011, 377; *Krämer/ Gillessen/Kiefner* CFL 2011, 328; *Leuschner* NJW 2011, 3275; *Wackerbarth* WM 2011, 193.

[93] BGH Urt. v. 31.5.2011 – II ZR 141/09, BGHZ 190, 7.

[94] Beispiele bei *Fleischer* ZIP 2007, 1969 (1974).

[95] MüKoAktG/*Bayer* AktG § 57 Rn. 91.

[96] Übersicht über den Meinungsstand bei *Fleischer* ZIP 2007, 1969 (1974) und JVRZ/*Pankoke* BörsG § 44, VerkprospG § 13 Rn. 85.

[97] BGH Urt. v. 31.5.2011 – II ZR 141/09, BGHZ 190, 7 Rn. 25 f. Der Vorsitzende Richter des erkennenden II. Zivilsenats, Prof. Bergmann, hat aber erläutert, der Senat habe bei der Entscheidung „nicht eine streng bilanzielle Betrachtungsweise im Sinne der Bilanzierungsvorschriften zugrunde gelegt. Um dies deutlich zu machen, habe der Senat im Urteil in Randnummer 25 bilanziell auch in Anführungszeichen gesetzt.... Als Gegenleistung könnten nur feste, messbare Vorteile für die Gesellschaft anerkannt werden, eine Begrenzung auf nach dem Bilanzierungsvorschriften bilanzierungsfähige Vorteile sei damit indes nicht verbunden." So die Widergabe der Äußerungen des Senatsvorsitzenden Prof. Bergmann in der Diskussion nach seinem Beitrag bei der VGR-Tagung 2011, Gesellschaftsrecht in der Diskussion, VGR, 2012, 19, 27.

für die Börsenzulassung zu sorgen, damit aufgrund der gesetzlichen Verpflichtung der Gesellschaft zur Übernahme der Prospektverantwortung ein Verstoß gegen § 57 AktG abzulehnen.[98] Mag die Zulassung auch im Interesse des Aktionärs sein, so erfüllt die Gesellschaft mit der Zulassung eine eigene gesetzliche Verpflichtung und damit keine Vermögenszuwendung an den Aktionär. An dieser Wertung kann sich auch nichts dadurch ändern, dass der Aktionär/Investor seine Aktien über die Börse verkauft oder gar der Prospekt auch noch für ein öffentliches Angebot dieser Aktien verwendet wird.

Soweit keine gesetzliche oder vertragliche – zB anlässlich der im oben genannten (→ Rn. 30) **31** Beispielsfall genannten Sacheinlage wird eine Verpflichtung zum Betreiben der Börsenzulassung vereinbart – Verpflichtung besteht, ist für die Praxis bei aller berechtigten Kritik das Urteil des BGH in Sachen DT III für **reine Umplatzierungen** der Maßstab. Danach sind allein „konkrete, bilanziell messbare Vorteile" ausreichend, um die Übernahme der Prospekthaftung als Leistung an den umplatzierungswilligen Aktionär als zulässig und damit nicht als Verstoß gegen § 57 Abs. 1 S. 1 AktG anzusehen. Nach Ansicht des BGH soll eine Freistellung des Emittenten durch den Aktionär von der Prospekthaftung einen solchen konkreten, bilanziell messbaren Vorteil darstellen, welcher die Übernahme der Prospekthaftung zulässig machen würde.[99]

Der BGH hat allein den Fall einer reinen Umplatzierung entschieden. Gleich behandelt werden **32** muss wohl auch der Fall eines IPO mit reiner Umplatzierung ohne Kapitalerhöhung, will man wie der BGH nur „konkrete, bilanziell messbare Vorteile" berücksichtigen und nicht, was jedenfalls hier angemessen wäre, auch die enormen Vorteile für die Gesellschaft, die sie aus einem Zugang zum Kapitalmarkt für künftige Eigenkapitalmaßnahmen aber auch für ihren Bekanntheitsgrad ergeben. Wie **Kombinationsfälle** zu behandeln sind, hat der BGH nicht entschieden, dh IPO mit Umplatzierung aber auch mit Kapitalerhöhung, Kombination von Umplatzierung und Kapitalerhöhung etc.[100] Ob man hier nach dem Schwerpunkt der Maßnahme entscheiden und danach eine alleinige Zuordnung des Prospekthaftungsrisikos bestimmen kann,[101] oder ob man immer eine pro-rata Risikoteilung vereinbaren muss,[102] hat der BGH nicht entschieden, sodass diese Frage offen ist. Die doch sehr weit gefassten Äußerungen des BGH sprechen eher für Letzteres.[103] Klar ist aber auch, dass bei einem reinen IPO ohne Umplatzierung keine Freistellung durch den Aktionär etwa mit der Begründung erforderlich sein kann, dass er ja nach der Börsenzulassung frei verkaufen können. Diese Möglichkeit des freien Verkaufs über die Börse aufgrund der Börsenzulassung, ergibt sich aus dem gesetzlich angeordneten Grundsatz der Gesamtzulassung aller Wertpapiere einer Gattung (§ 7 BörsZulV). Die Zulassung auch der Aktien des Aktionärs ist damit nicht etwa eine Leistung der Gesellschaft an den Aktionär, sondern Erfüllung einer gesetzlichen Pflicht bzw. Zulassungsvoraussetzung.[104]

II. Objektive Tatbestandsvoraussetzungen

1. Prospekt, prospektbefreiende Darstellung. Gegenstand der Prospekthaftung ist nach § 9 **33** Abs. 1 S. 1 bzw. § 10 der nach Art. 3 Abs. 3 Prospekt-VO veröffentlichte Prospekt aufgrund dessen die Wertpapiere zum Börsenhandel zugelassen wurden – nicht dagegen diejenigen Dokumente, die für die Einbeziehung in den Freiverkehr verwendet werden[105] – bzw. der nach Art. 3 Abs. 1 Prospekt-VO veröffentlichte Prospekt, der nicht Grundlage für die Zulassung von Wertpapieren zum Handel an einer inländischen Börse ist. Da sowohl § 9 als auch § 10 den veröffentlichten Prospekt als Haftungsgegenstand sehen, eine solche Veröffentlichung nach Art. 20 Abs. 1 und 21 Abs. 1 Prospekt-VO eine vorherige Billigung durch die zuständige Behörde, nach § 17 in Deutschland die BaFin, verlangt, erfassen §§ 9 und 10 nur gebilligte, veröffentlichte „Börsenzulassungsprospekte" bzw. „Angebotsprospekte", zur Haftung für veröffentlichte aber nicht gebilligte oder gebilligte aber nicht veröffentlichte Prospekte (→ § 10 Rn. 4, → § 14 Rn. 1). Zwar enthalten §§ 9, 10 **keine Legaldefinition des**

---

[98] Wie hier jetzt ausdr. auch FK-WpPG/*Seiler/Singhof* § 21 Rn. 120.

[99] Krit. dazu *Fleischer/Thaten* NZG 2011, 1081 (1082); *Arnold/Aubel* ZGR 2012, 113 (131 ff.); ausf. Arbeitskreis zum „Deutsche Telekom III-Urteil" des BGH CFL 2011, 377 (378 ff.).

[100] Der Vorsitzende des erkennenden II. Zivilsenats, Prof. Bergmann, ist allerdings der Meinung: „Für gemischte Emissionen sei der Senat der Auffassung, dass diese nach dem Urteil des Senats praktisch handhabbar seien und der Senat der Beratungspraxis keine unnötigen Steine in den Weg gelegt habe." So die Widergabe der Äußerungen des Senatsvorsitzenden Prof. Bergmann in der Diskussion nach seinem Beitrag bei der VGR-Tagung 2011, Gesellschaftsrecht in der Diskussion, VGR 2012, 19 (27). Was das konkret bedeutet, bleibt allerdings offen.

[101] ZB 60 % Kapitalerhöhung, 40 % Umplatzierung, dann keine Freistellung durch Aktionär erforderlich.

[102] Im vorgenannten Beispielsfall: Freistellung für 40 % eventueller Prospekthaftungsschäden bei der Gesellschaft durch Aktionär. Für eine pro-rata Risikoaufteilung *Fleischer/Thaten* NZG 2011, 1081 (1084).

[103] So wohl auch die zwischenzeitlich ganz überwiegende Ansicht *Fleischer* in K. Schmidt/Lutter, AktG, 3. Aufl. 2015, AktG § 57 Rn. 26a; Hüffer/Koch/*Koch* AktG § 57 Rn. 16; FK-WpPG/*Seiler/Singhof* § 21 Rn. 120; *Arnold/Aubel* ZGR 2012, 113 (144 f.); *Fleischer/Thaten* NZG 2011, 1081 (1084); *Krämer/Gillessen/Kiefner* CFL 2011, 328 (334 ff.); *Mülbert/Wilhelm* FS Hommelhoff, 2012, 747 (765 f.); ausf. Arbeitskreis zum „Deutsche Telekom III-Urteil" des BGH CFL 2011, 377 (378 ff.).

[104] Ebenso Arbeitskreis zum „Deutsche Telekom III-Urteil" des BGH CFL 2011, 377 (378 f.); FK-WpPG/*Seiler/Singhof* § 21 Rn. 20; *Mülbert/Wilhelm* FS Hommelhoff, 2012, 747 (769).

[105] So zu Recht Assmann/Schlitt/v. Kopp-Colomb/*Assmann* §§ 21–23 Rn. 17.

Prospektbegriffs, jedoch ergibt sich aus dem Wortlaut des § 9 Abs. 1, dass **Prospekte nur diejenigen Darstellungen sind, aufgrund derer die Wertpapiere zum Börsenhandel zugelassen** wurden[106] bzw. bei § 10 diejenige Darstellung, die nach Art. 3 Abs. 1 Prospekt-VO veröffentlicht wurde und gerade kein „Börsenzulassungsprospekt" ist. Prospekt iSd § 9 ist damit allein der Börsenzulassungsprospekt[107] iSv § 32 Abs. 3 Nr. 2 BörsG in Verbindung mit dem WpPG[108] ggf. in der Fassung eines eventuellen Nachtrags.[109] Für fehlende Nachträge wird nicht etwa nach § 14 gehaftet, sondern nach § 9, weil der Prospekt aufgrund des fehlenden Nachtrags unvollständig und damit fehlerhaft ist.[110] Das gilt auch für Prospekte, die nach der neuen Prospekt-VO (Art. 24, 25 Prospekt-VO) von der zuständigen Behörde eines anderen Staates des Europäischen Wirtschaftsraums gebilligt wurden und aufgrund des europäischen Passes „für die Zulassung zum Handel gültig" sind[111]. Zur Frage der Anwendbarkeit des deutschen Prospekthaftungsrechts auf solche Prospekte mit europäischem Pass (→ Rn. 92 f.). Dabei kommt es nur darauf an, dass aufgrund des Prospektes die Zulassung erfolgte, unabhängig davon, ob eine Prospektpflicht besteht,[112] und, ob der Prospekt tatsächlich alle erforderlichen Angaben enthält. Gleiches gilt für den Prospekt iSd § 10. Prospekt iSd § 10 ist allein der nach Art. 3 Abs. 1 Prospekt-VO veröffentlichte Prospekt, der nicht Grundlage für die Zulassung von Wertpapieren zum Handel an einer inländischen Börse ist, ggf. in der Fassung eines eventuellen Nachtrags. Gleiches gilt auch für freiwillige Prospekte nach Art. 4 Prospekt-VO die trotz fehlender Prospektpflicht (Art. 1 Abs. 3, 3 Abs. 2 Prospekt-VO) oder trotz Prospektbefreiungsmöglichkeit nach Art. 1 Abs. 4 oder 5 Prospekt-VO erstellt, gebilligt und veröffentlich werden und der Börsenzulassung oder dem öffentlichen Angebot zugrunde liegen[113]. Art. 4 Abs. 2 Prospekt-VO stellt diese hinsichtlich aller Rechte und Pflichten einem Prospekt gleich. Nicht erfasst von § 9 werden dagegen trotz fehlender Prospektpflicht (Art. 1 Abs. 3, 3 Abs. 2 Prospekt-VO) oder trotz Befreiungsmöglichkeit von der Prospektpflicht erstellte Dokumente, wenn diese nicht der Börsenzulassung dienen; auch § 10 erfasst diese Dokumente dann nicht, wenn diese nicht gebilligt und/oder nicht veröffentlicht werden[114].

34   Gleichgestellt mit den Prospekten nach § 9 Abs. 1 sind nach **§ 9 Abs. 4 die Dokumente, welche gem. Art. 1 Abs. 5 lit. e, f, g, h oder j v und vi Prospekt-VO zur Verfügung gestellt** wurden, aufgrund deren Veröffentlichung der Emittent von der Pflicht zur Veröffentlichung eines Prospekts **befreit wurde,** dh Darstellungen, die den Prospekt als solchen ersetzen,[115] und aufgrund derer dann die Zulassung erfolgte.[116] Zur Frage der Prospektverantwortlichkeit für diese Dokumente → Rn. 42 ff.

35   Diese für die Zwecke der Begründung einer Prospekthaftung nach § 9 erfolgte, eindeutige Eingrenzung des Prospekts als „Börsenzulassungsprospekt" bzw. bei § 10 die Eingrenzung allein auf den nach Art. 3 Abs. 1 Prospekt-VO veröffentlichten Prospekt, der nicht „Börsenzulassungsprospekt" ist, bedeutet, dass sämtliche andere, auch nicht von § 9 Abs. 4 erfassten Informationen und Informationsträger, die im Zusammenhang mit einem Angebot von Wertpapieren uU erstellt werden, nicht die Grundlage für eine Prospekthaftung nach §§ 9, 10 bilden können.[117] Ob sie „Prospekte" iSd der

---

[106] Wie hier *Assmann* in Assmann/Schütze KapitalanlageR-HdB § 5 Rn. 123; Assmann/Schlitt/v. Kopp-Colomb/*Assmann* §§ 21–23 Rn. 12; *Ehricke* in Hopt/Voigt, Prospekt- und Kapitalmarktinformationshaftung, 2005, 187 (193 f.); *Ellenberger*, Prospekthaftung im Wertpapierhandel, 2001, 11; *Hamann* in Schäfer/Hamann BörsG §§ 44, 45 Rn. 38a; FK-WpPG/*Seiler/Singhof* § 21 Rn. 2. Zur Rechtslage in der EU, der Schweiz und den USA *Hopt/Voigt* in Hopt/Voigt, Prospekt- und Kapitalmarktinformationshaftung, 2005, 45.

[107] Zur Rechtslage vor dem Prospektrichtlinie-Umsetzungsgesetz wie hier *Hauptmann* in Vortmann, Prospekthaftung und Anlageberatung, 2000, § 3 Rn. 57.

[108] Wie hier auch *Mülbert/Steup* in Habersack/Mülbert/Schlitt Unternehmensfinanzierung-HdB § 41 Rn. 9.

[109] Assmann/Schlitt/v. Kopp-Colomb/*Assmann* §§ 21–23 Rn. 15.

[110] Assmann/Schlitt/v. Kopp-Colomb/*Assmann* §§ 21–23 Rn. 15; *Mülbert/Steup* in Habersack/Mülbert/Schlitt Unternehmensfinanzierung-HdB § 41 Rn. 59 aE.

[111] Assmann/Schlitt/v. Kopp-Colomb/*Assmann* §§ 21–23 Rn. 16; FK-WpPG/*Seiler/Singhof* § 21 Rn. 5.

[112] Das wird in gewisser Weise durch § 1 Abs. 3 klargestellt, war aber auch früher bereits so, vgl. nur *Groß*, 2. Aufl. 2004, BörsG §§ 45, 46 Rn. 10. Wie hier ausdr. auch FK-WpPG/*Seiler/Singhof* § 21 Rn. 6; *Mülbert/Steup* in Habersack/Mülbert/Schlitt Unternehmensfinanzierung-HdB § 41 Rn. 19; *JVRZ/Pankoke* BörsG § 44, VerkprospG § 13 Rn. 10.

[113] Assmann/Schlitt/v. Kopp-Colomb/*Assmann* §§ 21–23 Rn. 12; FK-WpPG/*Seiler/Singhof* § 21 Rn. 6; *Mülbert/Steup* in Habersack/Mülbert/Schlitt Unternehmensfinanzierung-HdB § 41 Rn. 22. Der BGH wendet ebenfalls auf einen im Jahr 2000 erstellten Wertpapierprospekt, welcher der Umplatzierung bereits börsennotierter Aktien diente, obwohl nach damaliger Rechtslage keine Prospektpflicht bestand, § 13 VerkprospG aF iVm §§ 45 ff. BörsG aF an, Telekom III-Beschluss, BGH Beschl. v. 21.10.2014 – XI ZB 12/12, BGHZ 203, 1 Rn. 68 ff. (Ls. 3).

[114] Assmann/Schlitt/v. Kopp-Colomb/*Assmann* §§ 21–23 Rn. 12, der in diesen Fällen auch zu Recht § 24 nicht anwendet und (str.) eine bürgerlich-rechtliche Prospekthaftung ausschließt. In den Fällen, in denen eine Prospektbefreiung besteht, dennoch ein Prospekt erstellt, aber nicht gebilligt wird, soll § 24 dagegen angewendet werden, und die bürgerlich-rechtliche Prospekthaftung ausscheiden, Assmann/Schlitt/v. Kopp-Colomb/*Assmann* §§ 21–23 Rn. 30.

[115] *Pötzsch* WM 1998, 949 (951); hierdurch wird die von *Assmann* AG 1996, 508 dargestellte Lücke im Prospekthaftungssystem geschlossen.

[116] *Hamann* in Schäfer/Hamann BörsG §§ 44, 45 Rn. 39 f.

[117] *Ehricke* in Hopt/Voigt, Prospekt- und Kapitalmarktinformationshaftung, 2005, 187, 194; *Mülbert/Steup* in Habersack/Mülbert/Schlitt Unternehmensfinanzierung-HdB § 41 Rn. 20. Zur Rechtslage in der EU, der Schweiz

zivilrechtlichen Prospekthaftung[118] sind, ist eine andere Frage, ebenso, ob in einem solchen Fall eine zivilrechtliche Prospekthaftung wegen der abschließenden Regelung der wertpapierprospektrechtlichen Prospekthaftung ausgeschlossen ist, wofür sich die wohl überwiegende Ansicht in der Lit. ausspricht.[119] Deshalb können zB **Bezugsangebote,**[120] **Zeichnungsaufforderungen, Werbemaßnahmen,**[121] sog. **Research-Reports,**[122] **das Produktinformationsblatt nach § 63 Abs. 7 WpHG,**[123] **Halbjahresfinanzberichte und Quartalsberichte nach dem Wertpapierhandelsgesetz bzw der Börsenordnung** und **Ad-hoc-Mitteilungen** nach **Art. 17 MMVO**[124] **nicht als Prospekte** im Sinne der wertpapierprospektgesetzlichen Prospekthaftungsbestimmungen angesehen werden.[125] Deshalb geht der BGH in seinen Urteilen zur Haftung für Ad-hoc-Mitteilungen auf die börsengesetzliche Prospekthaftung nicht ein und behandelt allein die – letztendlich verneinte – Frage einer zivilrechtlichen Prospekthaftung für Ad-hoc-Mitteilungen.[126]

Fraglich ist, ob die in der Praxis bisweilen insbesondere im Bereich der Umplatzierungen größerer **36** Aktienbestände verwendeten sog. **„Informationsmemoranden"** als Prospekte iSd § 9 Abs. 1 oder dem Prospekt nach § 9 Abs. 4 gleichzustellende Dokumente (näher → Rn. 39), welche von der Erstellung eines Prospekts befreien[127], anzusehen sind.[128] Dabei sind unterschiedliche Konstellationen auseinanderzuhalten: Zum einen geht es um Informationsmemoranden, die **noch nicht zum Börsenhandel zugelassene Aktien** betreffen, deren Zulassung aber auch prospektfrei erfolgen könnte. Beschließen zB bei einer Kapitalerhöhung von weniger als 20 % des bereits börsennotierten Kapitals, bei der grundsätzlich eine Prospektbefreiung nach Art. 1 Abs. 5 lit. a Prospekt-VO möglich wäre, Emittent und Emissionsbegleiter, dass sie trotz dieser Befreiungsmöglichkeit einen Börsenzulassungsprospekt erstellen wollen, aufgrund dessen die neuen Aktien dann tatsächlich zugelassen werden, so handelt es sich hierbei (nach Billigung durch die BaFin) um einen Börsenzulassungsprospekt iSd § 9 Abs. 1.[129] Es kommt für den **Prospektcharakter** nicht darauf an, dass eine **Prospektpflicht** besteht, sondern darauf, ob die zu platzierenden Aktien **aufgrund der Darstellung zum Börsenhandel** zugelassen wurden.[130] So wurden in der Praxis gerade bei Kapitalerhöhungen mit Bezugsrechtsausschluss nach § 186 Abs. 3 S. 4 AktG um weniger als 10 % des bereits notierten Grundkapitals teilweise Prospekte erstellt, aufgrund dessen die Börsenzulassung beantragt und erteilt wurde. Diese Prospekte sind Prospekte iSd § 9 Abs. 1, die eine Prospekthaftung begründen können, und die eine allgemeine zivilrechtliche Prospekthaftung ausschließen (§ 16 Abs. 2).[131] Auch Art. 4 Abs. 2 Prospekt-VO stellt diesen freiwilligen Börsenzulassungsprospekt einem „normalen" Börsenzulassungsprospekt gleich.

---

und den USA *Hopt/Voigt* in Hopt/Voigt, Prospekt- und Kapitalmarktinformationshaftung, 2005, 46 ff. IErg ebenso *Assmann* in Assmann/Schütze KapitalanlageR-HdB § 5 Rn. 127.

[118] Zum zivilrechtlichen Prospektbegriff ausf. BGH Urt. v. 19.7.2004 – II ZR 218/03, ZIP 2004, 1599 (1600); BGH Urt. v. 19.7.2004 – II ZR 402/02, ZIP 2004, 1593 (1594 f.); ausf. dazu auch *Ehricke* in Hopt/Voigt, Prospekt- und Kapitalmarktinformationshaftung, 2005, 187 (194 ff.).

[119] So auch FK-WpPG/*Seiler/Singhof* § 21 Rn. 96 mit Darstellung des Meinungsstandes und wN.

[120] BGH Urt. v. 12.7.1982 – II ZR 172/81, WM 1982, 867 f.; *Mülbert/Steup* in Habersack/Mülbert/Schlitt Unternehmensfinanzierung-HdB § 41 Rn. 20 mwN; JVRZ/*Pankoke* BörsG § 44, VerkprospG § 13 Rn. 15; idS auch *Hamann* in KMG BörsG §§ 44, 45 Rn. 39.

[121] *Ellenberger* FS Schimansky, 1999, 591 (593); *Ellenberger,* Prospekthaftung im Wertpapierhandel, 2001, 12; *Hopt* FS Drobnig, 1998, 525 (530); Assmann/Schlitt/v. Kopp-Colomb/*Assmann* §§ 21–23 Rn. 20; FK-WpPG/*Seiler/Singhof* § 21 Rn. 13; *Mülbert/Steup* in Habersack/Mülbert/Schlitt Unternehmensfinanzierung-HdB § 41 Rn. 20.

[122] Zur Haftung für Research Reports ausführlich *Meyer* AG 2003, 610, der in diesem Zusammenhang die börsengesetzliche Prospekthaftung nicht einmal andiskutierte. Wie hier FK-WpPG/*Seiler/Singhof* § 21 Rn. 19; *Mülbert/Steup* in Habersack/Mülbert/Schlitt Unternehmensfinanzierung-HdB § 41 Rn. 20 mwN; JVRZ/*Pankoke* BörsG § 44, VerkprospG § 13 Rn. 15; MüKoHGB/*Singhof* Emissionsgeschäft Rn. 239 aE.

[123] Assmann/Schlitt/v. Kopp-Colomb/*Assmann* §§ 21–23 Rn. 20.

[124] JVRZ/*Pankoke* BörsG § 44, VerkprospG § 13 Rn. 15; FK-WpPG/*Seiler/Singhof* § 21 Rn. 20.

[125] Vgl. hierzu insgesamt *Assmann* in Assmann/Schütze Kapitalanlage-HdB § 5 Rn. 127; Baumbach/Hopt/*Kumpan* § 21 Rn. 1; FK-WpPG/*Seiler/Singhof* § 21 Rn. 13 ff.; *Mülbert/Steup* in Habersack/Mülbert/Schlitt Unternehmensfinanzierung-HdB § 41 Rn. 20; Schwark/Zimmer/*Schwark* BörsG §§ 44, 45 Rn. 15 ff.

[126] BGH Urt. v. 19.7.2004 – II ZR 218/03, ZIP 2004, 1599 (1600); BGH Urt. v. 19.7.2004 – II ZR 402/02, ZIP 2004, 1593 (1594 f.).

[127] Assmann/Schlitt/v. Kopp-Colomb/*Assmann* §§ 21–23 Rn. 21.

[128] Vgl. hierzu *Mülbert/Steup* in Habersack/Mülbert/Schlitt Unternehmensfinanzierung-HdB § 41 Rn. 24 (Anwendung § 22); *Krämer/Baudisch* WM 1998, 1161 (1170). Noch zu § 13 VerkprospG BGH Beschl. v. 21.10.2014 – XI ZB 12/12, BGHZ 203, 1 Rn. 68 ff.

[129] Wie hier *Ellenberger,* Prospekthaftung im Wertpapierhandel, 2001, 12; aA wohl *Mülbert/Steup* in Habersack/Mülbert/Schlitt Unternehmensfinanzierung-HdB § 41 Rn. 24 aE, die insoweit auf § 22 aF (§ 10) verweisen. AA die Verwaltungspraxis der BaFin, die aber aufgrund der klaren Regelung in Art. 4 Prospekt-VO geändert werden dürfte.

[130] Wie hier ausdr. *Ellenberger,* Prospekthaftung im Wertpapierhandel, 2001, 12; ebenso JVRZ/*Pankoke* BörsG § 44 BörsG, VerkprospG § 13 Rn. 10; FK-WpPG/*Seiler/Singhof* § 21 Rn. 6.

[131] Vgl. zum Ausschluss der allgemeinen zivilrechtlichen Prospekthaftungsansprüche im Anwendungsbereich der Haftung für fehlerhafte Börsenzulassungsprospekte → § 16 Rn. 2 f.

37   Dagegen sind diejenigen Informationsmemoranden, die bei Umplatzierungen **von bereits an einer inländischen Börse zugelassenen Aktien**[132] erstellt werden, grundsätzlich keine Börsenzulassungsprospekte iSd § 9 Abs. 1, wenn die zu platzierenden Aktien bereits börsenzugelassen sind und somit das Informationsmemorandum nicht die Grundlage für die bereits bestehende Börsenzulassung darstellt.[133] Sie sind aber auch keine den Börsenzulassungsprospekt ersetzende Dokumente iSd § 9 Abs. 4. Dies deshalb nicht, weil auch § 9 Abs. 4 voraussetzt, dass dieses Dokument Grundlage einer Börsenzulassung ist.[134] Da die zu platzierenden Aktien aber in diesem Fall bereits börsenzugelassen sind, und das Informationsmemorandum nicht Grundlage für die Börsenzulassung sein soll, ist § 9 Abs. 4 nicht erfüllt.

38   Dies bedeutet jedoch nicht, dass solche Informationsmemoranden damit – vorausgesetzt sie erfüllen die Voraussetzungen eines Prospektes im Sinne der zivilrechtlichen Prospekthaftung –[135] automatisch der zivilrechtlichen Prospekthaftung unterfallen, da die Sperrwirkung des § 16 Abs. 2 nicht eingreifen würde.[136] Seit der Änderung des Verkaufsprospektgesetzes durch das Prospektrichtlinie-Umsetzungsgesetz und seit Einführung des § 3 aF bedarf ein öffentliches Angebot von Wertpapieren eines gebilligten Prospektes und dies selbst dann, wenn die Wertpapiere bereits zum Handel an einem organisierten Markt zugelassen sind. Das hat sich durch die neue Prospektverordnung nicht geändert, Art. 3 Abs. 1 Prospekt-VO iVm Art. 1 Abs. 4 Prospekt-VO die beide bereits zugelassene Wertpapiere nicht von der Prospektpflicht bei öffentlichen Angeboten ausnehmen. Dieser Prospekt ist dann zwar kein Börsenzulassungsprospekt, sodass nicht § 9 eingreift, aber ein Prospekt, der für das öffentliche Angebot von Wertpapieren nach Art. 3 Abs. 1 Prospekt-VO veröffentlicht wird, ohne „Börsenzulassungsprospekt" zu sein. Für diesen Prospekt gilt damit § 10,[137] der gegenüber § 13 VerkProspG aF insoweit klarer formuliert ist.[138]

39   Außerdem können Informationsmemoranden, wenn sie denn für die Zulassung der Wertpapiere verwendet werden, als die einem Prospekt ersetzendes Dokument nach **§ 9 Abs. 4** qualifiziert werden. Die in der **Regierungsbegründung** zum Dritten Finanzmarktförderungsgesetz zu § 45 Abs. 4 aF vorgenommene Aufzählung der **„§ 45 Nr. 1, § 45a Abs. 1 Nr. 3 bis 5 Börsenzulassungs-Verordnung"**[139] als die einem Prospekt vergleichbaren schriftlichen Darstellungen war nicht abschließend.[140] Sie war es selbstverständlich nicht – mehr – seit der Streichung ua der §§ 45 und 45a BörsZulV aF und deren Ersetzung durch § 4 Abs. 2 aF durch das Prospektrichtlinie-Umsetzungsgesetz, jetzt Art. 1 Abs. 5 Prospekt-VO, Voraussetzung des § 9 Abs. 4 ist nur, dass es sich um ein Dokument nach Art. 1 Abs. 5 lit. e, f, g, h oder j v und vi Prospekt-VO handelt und auf dessen Grundlage eine Börsenzulassung erfolgt. Das ist zB auch bei Umtauschangeboten im Rahmen von Übernahmeangeboten nach dem WpÜG der Fall, bei denen die neuen Aktien nach Art. 1 Abs. 5 lit. e Prospekt-VO prospektfrei zugelassen werden können.[141] Die Voraussetzung des § 9 Abs. 4 kann auch in anderen Fällen des Art. 1 Abs. 5 Prospekt-VO vorliegen, da auch die Angaben zB nach Art. 1 Abs. 5 lit. f, g, h und j Prospekt-VO bei Vorlage eines prospektersetzenden/-befreienden Dokuments von der Pflicht zur Veröffentlichung eines Prospekts befreien.[142] Bei jedem der Tatbestände des Art. 1 Abs. 5 Pro-

---

[132] Vgl. zB die Fälle der Platzierung der zweiten Tranche der SGL Carbon AG 1996, der Restprivatisierung der Deutsche Lufthansa AG 1997 und der, letztendlich abgesagten Platzierung der Aktien der BHW Holding AG 2002. Ebenso auch der Prospekt im Rahmen der Telekom III Platzierung.

[133] So ausdr. auch das Informationsmemorandum zur Privatisierung der Deutsche Lufthansa AG vom 11.10.1997: „Die Angebotenen Aktien der Deutsche Lufthansa AG sind bereits an den deutschen Wertpapierbörsen amtlich notiert. Dieses Informationsmemorandum ist somit kein Börsenzulassungsprospekt iS des BörsG für die Neuzulassung von Aktien zur Börse und kein Verkaufsprospekt iS des Wertpapierverkaufsprospektgesetzes für Wertpapiere, die erstmals im Inland öffentlich angeboten werden und nicht zum Handel an einer inländischen Börse zugelassen sind." Wie hier BGH Beschl. v. 21.10.2014 – XI ZB 12/12, BGHZ 203, 1 Rn. 66; JVRZ/*Pankoke* BörsG § 44, VerkprospG § 13 Rn. 16; *Ellenberger*, Prospekthaftung im Wertpapierhandel, 2001, 22.

[134] Wie hier BGH Beschl. v. 21.10.2014 – XI ZB 12/12, BGHZ 203, 1 Rn. 66; *Mülbert/Steup* in Habersack/Mülbert/Schlitt Unternehmensfinanzierung-HdB § 41 Rn. 21; *Schlitt/Schäfer* WM 2004, 346 (350). AA Schwark/Zimmer/*Schwark* BörsG §§ 44, 45 Rn. 16; *Krämer/Baudisch* WM 1998, 1161 (1170); *Meyer* WM 2003, 1301 (1303) und wohl auch *Ellenberger*, Prospekthaftung im Wertpapierhandel, 2001, 109.

[135] → § 16 Rn. 6.

[136] Ausf. zur Sperrwirkung des Verkaufsprospektgesetzes BGH Beschl. v. 21.10.2014 – XI ZB 12/12, BGHZ 203, 1 Rn. 71 f.: Auch soweit das Verkaufsprospektgesetz Ausnahmen von der Prospektpflicht zugelassen habe, sei die Anwendung der bürgerlich-rechtlichen Prospekthaftung im engeren Sinne „nach Sinn und Zweck der Ausnahmeregelung ausgeschlossen".

[137] Wie hier auch *Mülbert/Steup* in Habersack/Mülbert/Schlitt Unternehmensfinanzierung-HdB § 41 Rn. 23. So dürfte auch der BGH, BGH Beschl. v. 21.10.2014 – XI ZB 12/12, BGHZ 203, 1 Rn. 71, zu verstehen sein (noch zu § 13 VerkprospG).

[138] Vgl. RegBegr. zum Entwurf eines Gesetzes zur Novellierung des Finanzanlagenvermittler- und Vermögensanlagenrechts, BT-Drs. 17/6051, 30 (46); vgl. auch → § 10 Rn. 3 sowie bereits zum alten Recht *Assmann* in Assmann/Schütze KapitalanlageR-HdB § 5 Rn. 123; JVRZ/*Pankoke* BörsG § 44, VerkprospG § 13 Rn. 16.

[139] RegBegr. zum Dritten Finanzmarktförderungsgesetz, BT-Drs. 13/8933, 54 (79).

[140] Wie hier wohl auch *Ellenberger* FS Schimansky, 1999, 591 (598); *Hamann* in Schäfer/Hamann BörsG §§ 44, 45 Rn. 39a.

[141] *Vaupel* WM 2002, 1170 (1172) zu § 4 Abs. 2 Nr. 3 aF.

[142] *Assmann* in Assmann/Schütze KapitalanlageR-HdB § 5 Rn. 130; *Hamann* in Schäfer/Hamann BörsG §§ 44, 45 Rn. 39a.

spekt-VO der eine prospektbefreiende Darstellung fordert, die potentiell eine Prospekthaftung nach § 9 Abs. 4 auslösen kann, ist jedoch genau zu prüfen, ob eine Prospekthaftung nicht uU aus anderen Gründen ausscheidet, zB wegen einer gebotenen teleologischen Reduktion des § 9 Abs. 4.[143] So soll eine Prospekthaftung in den Fällen des Art. 1 Abs. 5 lit. g Prospekt-VO ausscheiden, weil dieser nur die **Kapitalerhöhung aus Gesellschaftsmitteln und Aktiendividenden** regele, für beide aber kein Prospekt und damit kein prospektbefreiendes Dokument erforderlich sei.[144] Das ist insoweit zutreffend als Aktien aus einer Kapitalerhöhung aus Gesellschaftsmitteln nicht „angeboten"[145] und nach § 33 Abs. 4 EGAktG ohne Prospekt zugelassen[146], und Dividenden in Form von Aktien ebenfalls idR nicht angeboten, sondern nach dem Gewinnverwendungsbeschluss ausgeschüttet werden.[147] Bei den in Deutschland üblichen Dividenden in Form von Aktien, bei denen die Aktionäre die Wahl haben, die Bardividende anzunehmen oder sie für den Erwerb oder die Zeichnung von Aktien des Emittenten zu verwenden,[148] wobei Dokumente nach Art. 1 Abs. 5 lit. g Prospekt-VO veröffentlicht werden, ist die Ablehnung des § 9 Abs. 4 jedoch nicht so eindeutig. Im Falle des Art. 1 Abs. 5 lit. h Prospekt-VO ist die Anwendung des § 9 Abs. 4 umstritten, weil von einigen Stimmen in der Lit. das Schutzbedürfnis der Führungskräfte in Frage gestellt wird.[149] Ebenso umstritten ist dies für Art. 1 Abs. 5 lit. j Prospekt-VO.[150] Unstreitig ist dagegen die Anwendung des § 9 Abs. 4 auf die Dokumente nach Art. 1 Abs. 5 lit. e und f Prospekt-VO.[151]

Kommt danach eine Prospekthaftung in Betracht, sind zwei Aspekte zu beachten. Zum einen ist **40** die Richtigkeit und vor allem die Vollständigkeit der jeweiligen schriftlichen, eine Prospekthaftung auslösenden Darstellung **allein nach dem gesetzlich jeweils speziell geforderten Inhalt der Darstellung** zu prüfen, nicht nach den Maßstäben für „Vollprospekte".[152] Das belegt nicht zuletzt der aufgrund europäischer Vorgaben (Art. 6 Abs. 2 S. 2 Prospekt-RL) eingeführte § 45 Abs. 5 Nr. 5 BörsG aF, jetzt § 12 Abs. 2 Nr. 5 (beruht auf Art. 11 Abs. 2 Prospekt-VO), der gerade eine Prospekthaftung allein wegen der – verkürzten – Zusammenfassung ausschließt. Das belegt aber vor allen Dingen die jeweilige Regelung zu prospektbefreienden Dokumenten in Art. 1 Abs. 5 (und Abs. 4) Prospekt-VO, die anders als die Vorgängerbestimmungen eben gerade nicht mehr fordern, dass die prospektbefreienden Dokumente Angaben enthalten, die denen eines Prospekts gleichwertig sind, sondern im Gegenteil nur noch Informationen zu der Transaktion und ihren Auswirkungen fordert. Ist aber das Erfordernis der Gleichwertigkeit mit einem Prospekt entfallen, so kann es für die Prospekthaftung nicht wieder eingeführt werden; dafür fehlt die Grundlage. Die prospektbefreienden Dokumente sind allein an den Maßstäben zu messen, welche Art. 1 Abs. 5 (und Abs. 4) Prospekt-VO zusammen mit der nach Art. 1 Abs. 7 Prospekt-VO erlassenen Delegierten Verordnung[153], aufstellt, dh bei Übernahme und Tauschangeboten bzw. Verschmelzungen und Spaltungen „Informationen zu der Transaktion und ihren Auswirkungen auf den Emittenten" (Art. 1 Abs. 5 lit. e bzw. f [und Abs. 4 lit. f und g] Prospekt-VO), bei Dividenden in Form von Aktien „Informationen über Anzahl und Art der Aktien ….und … die Gründe und Einzelheiten des Angebots (und der Zuteilung)" (Art. 1 Abs. 5 lit. g [und Abs. 4 lit. h] Prospekt-VO) und bei Wertpapieren für Mitarbeiter „Informationen über Anzahl und Art der Wertpapiere … und die Gründe und Einzelheiten des Angebots oder der Zuteilung (Art. 1 Abs. 5 lit. h [und Abs. 4 lit. i] Prospekt-VO). Diese

---

[143] Ausf. hierzu *Mülbert/Steup* WM 2005, 1633 (1641 ff.) und *Mülbert/Steup* in Habersack/Mülbert/Schlitt Unternehmensfinanzierung-HdB § 41 Rn. 27. MüKoHGB/*Singhof* Emissionsgeschäft Rn. 290 sieht allein die Dokumente nach § 4 Abs. 2 Nr. 3, Nr. 4 und Nr. 5 aF (Art. 1 Abs. 5 lit. e, f und g Prospekt-VO) als prospektbefreiende Dokumente, die nach § 9 Abs. 4 eine Prospekthaftung auslösen könnten, ebenso *Mülbert/Steup* in Habersack/Mülbert/Schlitt Unternehmensfinanzierung-HdB § 41 Rn. 27; FK-WpPG/*Seiler/Singhof* § 21 Rn. 11 wollen nur die prospektbefreienden Dokumente der Nr. 3, 4 und 5 des § 4 Abs. 2 aF (Art. 1 Abs. 5 lit. e, f und g Prospekt-VO) als gleichgestellte Darstellungen iSd § 9 Abs. 4 ansehen, nicht dagegen die der Nr. 6–8 (Art. 1 Abs. 5 lit. h, b und j Prospekt-VO); Assmann/Schlitt/v. Kopp-Colomb/*Assmann* §§ 21–23 Rn. 23 ff.: § 4 Abs. 2 Nr. 3, 4, 6 und 8 aF als prospektbefreiende, eine mögliche Haftung auslösende Dokumente, nicht dagegen § 4 Abs. 2 Nr. 5 aF. Das muss dann auch für die korrespondierenden Regelungen der neuen Prospekt-VO gelten: § 4 Abs. 2 Nr. 3, 4, 5, 6 und 8 aF korrespondieren mit Art. 1 Abs. 5 lit. e, f, g, h und j Prospekt-VO.

[144] Assmann/Schlitt/v. Kopp-Colomb/*Assmann* §§ 21–23 Rn. 24.

[145] Näher → § 2 Rn. 12 f.

[146] Näher → Prospekt-VO Art. 1 Rn. 56.

[147] Näher → Prospekt-VO Art. 1 Rn. 34, 56.

[148] Vgl. nur Grenke 2014, Deutsche Lufthansa 2016, E.ON 2015 und Deutsche Telekom 2013–2017.

[149] So *Mülbert/Steup* in Habersack/Mülbert/Schlitt Unternehmensfinanzierung-HdB § 41 Rn. 28, FK-WpPG/*Seiler/Singhof* § 21 Rn. 11; aA Assmann/Schlitt/v. Kopp-Colomb/*Assmann* §§ 21–23 Rn. 25.

[150] § 21 Abs. 4 abl. *Mülbert/Steup* in Habersack/Mülbert/Schlitt Unternehmensfinanzierung-HdB § 41 Rn. 28; FK-WpPG/*Seiler/Singhof* § 21 Rn. 11; aA Assmann/Schlitt/v. Kopp-Colomb/*Assmann* §§ 21–23 Rn. 26.

[151] S. nur Assmann/Schlitt/v. Kopp-Colomb/*Assmann* §§ 21–23 Rn. 27 mwN.

[152] Wie hier ausdr. *Ellenberger* FS Schimansky, 1999, 591 (598); JVRZ/*Pankoke* BörsG § 44 BörsG, VerkpropsG § 13 Rn. 18.

[153] Die entsprechende Delegierte Verordnung lag bei Abschluss des Manuskripts noch nicht vor, der Final Report der ESMA, Technical advice on Minimum Information Content for Prospectus Exemption, 29 March 2019/ ESMA31–62-1207, abrufbar über die Homepage der ESMA: www.esma.europa.eu, gibt aber einen guten Eindruck von dem, was dort zu erwarten ist.

konkreten Anforderungen an die Dokumente, die einerseits von der Erstellung eines Prospekts befreien und andererseits aber die Prospekthaftung über § 9 Abs. 4 auslösen können, sind einzuhalten, nicht dagegen die Inhaltsanforderungen für „Vollprospekte". Darüber hinaus ist bei den prospektbefreienden Darstellungen die Frage der **Prospektverantwortlichkeit** genau zu prüfen (→ Rn. 42 ff.). Der Verschmelzungsbericht und das Übernahmeangebot sind zB nicht von einem Emissionsbegleiter zu unterzeichnen und werden auch von ihnen nicht erlassen. Vor diesem Hintergrund dürfte eine Prospektverantwortlichkeit in diesen Fällen allein beim Emittenten liegen und eine solche zB der Emissionsbegleiter ausscheiden.

41　Die **fehlerhafte Veröffentlichung** eines jeweils inhaltlich **richtigen und gebilligten Prospekts,** eines Nachtrags oder eines prospektbefreienden Dokuments begründet keine Prospekthaftung, es sei denn, die Veröffentlichung ist so fehlerhaft, dass dies als Nicht-Veröffentlichung angesehen werden muss; dann kommt ggfls. eine Haftung nach § 14 in Betracht.[154]

42　**2. Prospektverantwortliche.** Der Prospektverantwortung nach § 9 unterliegen diejenigen, die für den **Prospekt die Verantwortung übernommen haben** (§ 9 Abs. 1 S. 1 Nr. 1) und diejenigen, von denen der **Erlass des Prospekts ausgeht** (§ 9 Abs. 1 S. 1 Nr. 2). Eine sachliche Änderung hat das Dritte Finanzmarktförderungsgesetz, indem es anstelle des früheren Gesetzestextes „welche den Prospekt erlassen haben" die jetzige Nr. 1 gesetzt hat, nicht gebracht.[155] Unter **„erlassen"** verstand man auch bislang diejenigen, welche **nach außen erkennbar die Verantwortlichkeit für den Prospekt übernommen haben.**[156] Das sind all diejenigen Personen, welche gem. Art. 11 Abs. 1 S. 2 Prospekt-VO im Prospekt als die für dessen Inhalt Verantwortlichen aufgeführt werden.[157] Für prospektbefreiende Darstellungen nach Art. 1 Abs. 5 lit. e, f, g, h Prospekt-VO gilt Art. 11 Abs. 1 S. 2 Prospekt-VO nach seinem Wortlaut nicht unmittelbar. Deshalb ist fraglich, ob in diesen Dokumenten eine „Verantwortungsklausel" erforderlich ist, wobei für prospektbefreiende Darstellungen nach Art. 1 Abs. 5 lit. e und f Prospekt-VO die Annexe der nach Art. 1 Abs. 7 Prospekt-VO erlassenen Delegierten Verordnung[158] eine solche Verantwortungsklausel fordern,[159] ohne aber materiell zu sagen, wer die Verantwortung zu übernehmen hat.

43　**a) Anbieter/Emittent. Prospektverantwortlicher** ist der Anbieter und damit idR (Ausnahmen → § 2 Rn. 29 ff.) Emittent der zuzulassenden Wertpapiere.

44　**b) Zulassungsantragsteller. Prospektverantwortlicher bei** Börsenzulassungsprospekten ist darüber hinaus auch der Zulassungsantragsteller nach § 32 Abs. 2 S. 1 BörsG, § 8 S. 3.[160] Es stellt sich die Frage, ob der Zulassungsantragsteller auch das Dokument nach zB Art. 1 Abs. 5 lit. e, f, g, h oder j v und vi Prospekt-VO zu unterzeichnen hat, oder, ob er trotz fehlender Unterzeichnung, zB entsprechend der früheren Argumentation zur Haftung der den Prospekt nicht unterzeichnenden Emissionsbegleiters im geregelten Markt,[161] auch bei fehlender Unterzeichnung haftet. Beides ist abzulehnen. Der Verschmelzungsbericht (Art. 1 Abs. 5 lit. f Prospekt-VO) oder das Übernahmeangebot, bei dem die Gegenleistung (auch) in Aktien des Übernehmers besteht (Art. 1 Abs. 5 lit. e Prospekt-VO), wird nicht von einem Zulassungsantragsteller iSd § 32 Abs. 2 BörsG mit unterzeichnet. Art. 11 Abs. 1 Prospekt-VO gilt nach seinem klaren und eindeutigen Wortlaut für Prospekte und Nachträge, nicht dagegen für die in Art. 1 Abs. 5 lit. e, f, g, h, oder j v und vi Prospekt-VO auch sprachlich anders, nämlich als „Dokument" bezeichneten, prospektbefreienden Darstellungen. Auch § 8 S. 3 gilt nur für Prospekte, nicht für Dokumente nach Art. 1 Abs. 5 lit. e, f, g, h oder j v und vi Prospekt-VO. Wenn und soweit der Zulassungsantragsteller die prospektbefreiende Darstellung nicht mit unterzeichnet oder darin nicht erklärt, für sie die Verantwortung zu übernehmen, oder in der prospektbefreienden Darstellung nicht durch anderweitige Nennung einen Vertrauenstatbestand schafft, scheidet eine

---

[154] In diesem Sinne wohl Assmann/Schlitt/v. Kopp-Colomb/*Assmann* §§ 21–23 Rn. 15 und § 24 Rn. 7; für eine Haftung nach § 24 im Fall einer fehlenden Veröffentlichung *Mülbert/Steup* in Habersack/Mülbert/Schlitt Unternehmensfinanzierung-HdB § 41 Rn. 57.

[155] RegBegr. zum Dritten Finanzmarkförderungsgesetz, BT-Drs. 13/8933, 54 (78); *Ellenberger* FS Schimansky, 1999, 591 (598); *Hauptmann* in Vortmann, Prospekthaftung und Anlageberatung, 2000, § 3 Rn. 49; *Hamann* in Schäfer/Hamann BörsG §§ 44, 45 Rn. 88; Schwark/Zimmer/*Schwark* BörsG §§ 44, 45 Rn. 8; *Sittmann* NZG 1998, 490 (492).

[156] *Assmann* in Assmann/Schütze KapitalanlageR-HdB § 5 Rn. 153; Assmann/Schlitt/v. Kopp-Colomb/*Assmann* §§ 21–23 Rn. 75; *Mülbert/Steup* in Habersack/Mülbert/Schlitt Unternehmensfinanzierung-HdB § 41 Rn. 65.

[157] RegBegr. zum Dritten Finanzmarktförderungsgesetz, BT-Drs. 13/8933, 54 (78); *Assmann* in Assmann/Schütze KapitalanlageR-HdB § 5 Rn. 155 f.; *Sittmann* NZG 1998, 490 (493).

[158] Die entsprechende Delegierte Verordnung lag bei Abschluss des Manuskripts noch nicht vor, der Final Report der ESMA, Technical advice on Minimum Information Content for Prospectus Exemption, 29 March 2019/ ESMA31–62-1207, abrufbar über die Homepage der ESMA: www.esma.europa.eu, enthält jedoch als Rat an die Kommission, die Benennung von Verantwortlichen zu fordern.

[159] → § 8 Rn. 2.

[160] *Assmann* in Assmann/Schütze KapitalanlageR-HdB § 5 Rn. 153; *Hamann* in Schäfer/Hamann BörsG §§ 44, 45 Rn. 88.

[161] Vgl. nur BGH Urt. v. 14.7.1998 – XI ZR 173/97, BGHZ 139, 225 (229 f.).

Haftung des Zulassungsantragstellers nach § 9 Abs. 1 S. 1 Nr. 1 aus,[162] da er nicht „für den Prospekt (bzw. die diesem nach § 9 Abs. 4 gleich gestellte prospektbefreiende Darstellung) ... die Verantwortung" übernommen hat.

Zulassungsantragsteller kann ein einzelnes Kreditinstitut bzw. ein einzelner Finanzdienstleister sein, **45** praktisch handelt es sich aber bei größeren Emissionen regelmäßig um ein aus mehreren Zulassungsantragstellern bestehendes **(Börseneinführungs-)Konsortium** – wobei nicht das Konsortium, sondern nur die (ggf. dabei vertretenen)[163] antragstellenden Konsortialmitglieder dann Prospektverantwortliche sind. [164] Insbesondere bei internationalen Emissionen, bei denen uU verschiedene regionale Konsortien gebildet werden, sind jedoch nicht notwendigerweise alle Konsortialmitglieder Zulassungsantragsteller, unter anderem auch deshalb nicht, weil einzelne Konsortialmitglieder nicht die Voraussetzungen des § 32 Abs. 2 S. 2 BörsG erfüllen. Teilweise bilden deshalb einzelne Banken des globalen Konsortiums ein deutsches Börseneinführungskonsortium, dessen Mitglieder dann als Zulassungsantragsteller den Zulassungsantrag stellen, idR ein Konsortialmitglied dazu bevollmächtigen.

Davon unabhängig können aber daneben auch die übrigen Konsortialmitglieder gem. Art. 11 Abs. 1 **46** Prospekt-VO als Prospektverantwortliche benannt werden. Entscheidend für eine mögliche diesbezügliche Verpflichtung ist insoweit die Regelung im Übernahmevertrag zwischen dem Konsortium und dem Emittenten[165] bzw. im Konsortialvertrag zwischen den Konsortialbanken.[166] Wird daraufhin die **Übernahme der Prospektverantwortlichkeit erklärt,** haften der die Verantwortung für den Prospekt Übernehmende gem. § 9 Abs. 1 S. 1 Nr. 1.[167] Nicht entscheidend ist, ob das jeweilige einfache Konsortialmitglied in den Prozess der Prospekterstellung eingeschaltet ist;[168] das sind sie in der Praxis im Regelfall nicht.[169] Haben Kreditinstitute vom Emissionskonsortium als sog. sub-underwriters Wertpapiere übernommen und erklären nicht die Verantwortlichkeit für den Prospekt, so sind sie nicht Prospektverantwortliche iSd § 9 Abs. 1 S. 1 Nr. 1, selbst wenn sie als sub-underwriter im Prospekt aufgeführt werden.[170]

c) Prospektveranlasser. Mit der Haftung derjenigen Personen, von denen der Prospekt „aus- **47** geht",** sollen die **tatsächlichen Urheber des Prospekts** erfasst werden.[171] Die **Regierungsbegründung** zum Dritten Finanzmarktförderungsgesetz folgte bei der Umschreibung dieses Personenkreises ersichtlich einem Vorschlag *Schwarks,* dass hierunter nur diejenigen Personen fallen sollten, die ein **„eigenes geschäftliches Interesse an der Emission"**[172] haben. Der BGH wendet „zur Konkretisierung" dieser Veranlasserhaftung die von der Rspr. im Rahmen der zivilrechtlichen Prospekthaftung für die Haftung von sog. „Hintermännern" entwickelten Kriterien an.[173] Entscheidend sei demnach die maßgebliche Einflussnahme auf die Konzeption des mit dem Prospekt beworbenen Modells, die gesellschaftsrechtliche Funktion des Hintermannes, sein wirtschaftliches Eigeninteresse und, ob der Prospekt mit Kenntnis des Hintermannes in Verkehr gebracht wurde,[174]

---

[162] Ob eine Haftung als Prospektveranlasser in Betracht kommt → Rn. 47. Das reine Provisionsinteresse reicht hierfür jedoch nicht aus, → Rn. 47 aE mwN.

[163] Den Antrag als solchen unterzeichnet idR nur ein Konsortialmitglied, der Konsortialführer, dies aber in Vertretung der anderen Konsortialmitglieder, nicht etwa in Vertretung des Konsortiums.

[164] So ausdr. zu Recht *Mülbert/Steup* in Habersack/Mülbert/Schlitt Unternehmensfinanzierung-HdB § 41 Rn. 70 idS auch FK-WpPG/*Seiler/Singhof* § 21 Rn. 86, die insoweit aber stärker auf die Prospektunterzeichnung als die Antragstellung abstellen; vgl. auch → § 9 Rn. 100 ff.

[165] Vgl. Muster bei *Groß* in Hellner/Steuer BuB Rn. 10/325 Nr. II, Rn. 326 Art. 4 (1).

[166] Vgl. Muster bei *Groß* in Hellner/Steuer BuB Rn. 10/333a Rn. 10/333e Section 1 (3) (c).

[167] *Hamann* in Schäfer/Hamann BörsG §§ 44, 45 Rn. 90; wie hier JVRZ/*Pankoke* BörsG § 44, VerkprospG § 13 Rn. 21.

[168] Wie hier *Ellenberger,* Prospekthaftung im Wertpapierhandel, 2001, 26; FK-WpPG/*Seiler/Singhof* § 21 Rn. 87; *Mülbert/Steup* in Habersack/Mülbert/Schlitt Unternehmensfinanzierung-HdB § 41 Rn. 72; *Schwark/Zimmer/Schwark* BörsG §§ 44, 45 Rn. 10; aA *Sittmann* NZG 1998, 490 (493).

[169] *Bosch* in Bosch/Groß, Emissionsgeschäft, 2000, Rn. 10/146.

[170] IE wie hier *Ehricke* in Hopt/Voigt, Prospekt- und Kapitalmarktinformationshaftung, 2005, 187 (227 f.); *Hauptmann* in Vortmann, Prospekthaftung und Anlageberatung, 2000, § 3 Rn. 51; *Hamann* in Schäfer/Hamann BörsG §§ 44, 45 Rn. 90; FK-WpPG/*Seiler/Singhof* § 21 Rn. 88; *Mülbert/Steup* in Habersack/Mülbert/Schlitt Unternehmensfinanzierung-HdB § 41 Rn. 73.

[171] RegBegr. zum Dritten Finanzmarktförderungsgesetz, BT-Drs. 13/8933, 54 (78); *Assmann* in Assmann/Schütze KapitalanlageR-HdB § 5 Rn. 157; *Mülbert/Steup* in Habersack/Mülbert/Schlitt Unternehmensfinanzierung-HdB § 41 Rn. 74; *Schwark,* BörsG, 2. Aufl. 1994, BörsG §§ 45, 46 Rn. 7. Ausf. hierzu unter Übertragung der Rechtsprechung zur zivilrechtlichen Prospekthaftung der „Hintermänner" auf § 44 Abs. 1 Nr. 2 BörsG aF, jetzt § 21 Abs. 1 Nr. 2, *Wackerbart* WM 2011, 193 (195 ff.).

[172] RegBegr. zum Dritten Finanzmarktförderungsgesetz, BT-Drs. 13/8933, 54 (78); ebenso Assmann/Schlitt/v. Kopp-Colomb/*Assmann* §§ 21–23 Rn. 83; *Assmann* in Assmann/Schütze KapitalanlageR-HdB § 5 Rn. 157; *Mülbert/Steup* in Habersack/Mülbert/Schlitt Unternehmensfinanzierung-HdB § 41 Rn. 75.

[173] So ausdr. BGH Urt. v. 18.9.2012 – XI ZR 344/11, BGHZ 195, 1 Rn. 37; bereits vorher wurde dies von *Wackerbart* WM 2011, 193 (195 ff.) vertreten; krit. dazu *Singhof* RdF 2013, 76 (77) (Besprechung des BGH-Urteils) und FK-WpPG/*Seiler/Singhof* § 21 Rn. 93.

[174] BGH Urt. v. 18.9.2012 – XI ZR 344/11, BGHZ 195, 1 Rn. 37.

sowie die Beherrschung des Emittenten, der Börsenzulassung oder Platzierung oder des Prospektprozesses.[175] Dabei kommt es nach Ansicht des BGH auf die Einflussnahme auf das mit dem Prospekt beworbene Modell und damit die Verantwortlichkeit für die Veröffentlichung des Prospekts an, der mit seiner Kenntnis in den Verkehr gebracht worden sein muss. Die gesellschaftsrechtliche Funktion des Hintermannes sowie sein wirtschaftliches Eigeninteresse seien Indizien, nicht entscheidend sei die tatsächliche Mitwirkung an der Gestaltung des Prospekts.[176] Demnach kommt eine Prospektveranlassung je nach den Umständen des Einzelfalls bei der **Konzernmuttergesellschaft**,[177] dem seine Beteiligung veräußernde **Großaktionär**[178] oder dem die Prospektherstellung maßgeblich steuernden **Beirats-** oder **Aufsichtsratsmitglieder** in Betracht.[179] Auch ein **Vorstandsmitglied** des Emittenten kann Prospektveranlasser sein, wenn es ein eigenes geschäftliches Interesse an der Emission hat,[180] etwa bei Veräußerung eines größeren Aktienpaketes oder bei erheblicher Incentivierung beim Börsengang.[181] Die bloße Stellung als Vorstandsmitglied allein reicht jedoch für eine Prospekthaftung gegenüber dem Anleger nicht aus.[182] Gleiches gilt auch für die Emissionsbegleitung; das Provisionsinteresse des Emissionsbegleiters oder Zulassungsantragstellers reicht – schon allein wegen der eher marginalen Höhe der Provision – nicht aus, um den Emissionsbegleiter oder ein Mitglied des Börseneinführungskonsortiums oder Platzierungskonsortiums oder den Zulassungsantragsteller als „Prospektveranlasser" anzusehen.[183]

48   **d) Sonstige.** Von Lieferanten von (unrichtigem) Material für die Aufstellung des Prospekts, zB den **Wirtschaftsprüfern, Abschlussprüfern, Sachverständigen** und **Rechtsanwälten,** soll dagegen, soweit diese nur Teile des Prospekts liefern und kein eigenes geschäftliches Interesse an der Emission haben, nach ganz überwiegender Auffassung zur börsengesetzlichen Prospekthaftung der Prospekt nicht ausgehen, sodass diese nicht nach § 9 Abs. 1 in Anspruch genommen werden können sollen.[184]

---

[175] *Wackerbart* WM 2011, 193 (195 ff.), auf S. 197 ausdr. hervorhebend, dass diese Kriterien alternativ die Verantwortung begründen würden und deshalb nicht etwa kumulativ vorliegen müssten; aA MüKoHGB/*Singhof* Emissionsgeschäft Rn. 288, der fordert, dass jedenfalls das eigene geschäftliche Interesse und der maßgebliche Einfluss auf den gesamten Inhalt des Prospekts kumulativ vorliegen müssten; ebenso FK-WpPG/*Seiler/Singhof* § 21 Rn. 93, die eine Prospektveranlassung nur dann annehmen wollen, wenn kumulativ folgende Voraussetzungen erfüllt sind: direkte/indirekte Beteiligung am Emittenten oder der hinter diesem stehenden Person, unmittelbares eigenes wirtschaftliches Interesse an der Emission und tatsächliche maßgebliche Einflussnahme auf den Inhalt des Prospekts.

[176] BGH Urt. v. 18.9.2012 – XI ZR 344/11, BGHZ 195, 1 Rn. 37; in Rn. 40 wird zu Recht auf das wirtschaftliche Eigeninteresse abgestellt.

[177] BGH Urt. v. 18.9.2012 – XI ZR 344/11, BGHZ 195, 1 Rn. 37; *Mülbert/Steup* in Habersack/Mülbert/Schlitt Unternehmensfinanzierung-HdB § 41 Rn. 76. So zB bei der Emission durch eine Finanzierungstochtergesellschaft, vgl. Schwark/Zimmer/*Schwark* BörsG §§ 44, 45 Rn. 9; Assmann/Schlitt/v. Kopp-Colomb/*Assmann* §§ 21–23 Rn. 81.

[178] Assmann/Schlitt/v. Kopp-Colomb/*Assmann* §§ 21–23 Rn. 81; *Hamann* in Schäfer/Hamann BörsG §§ 44, 45 Rn. 92; *Mülbert/Steup* in Habersack/Mülbert/Schlitt Unternehmensfinanzierung-HdB § 41 Rn. 76; „in der Regel" keine Prospekthaftung des abgebenden Aktionärs, nur bei Vorliegen eines Beherrschungsvertrages, MüKoHGB/*Singhof* Emissionsgeschäft Rn. 288 und FK-WpPG/*Seiler/Singhof* § 21 Rn. 93.

[179] *Sittmann* NZG 1998, 490 (493).

[180] Vgl. Nachw. bei *Spindler/Christoph* BB 2004, 2197 (2197); *Hamann* in Schäfer/Hamann BörsG §§ 44, 45 Rn. 92. Zur Rechtslage in der EU, der Schweiz und den USA *Hopt/Voigt* in Hopt/Voigt, Prospekt- und Kapitalmarktinformationshaftung, 2005, 66 ff.

[181] Zu Recht hier zur Vorsicht mahnend, da die Einflussnahme auf den Prospekt als solchen bereits zur Organpflicht gehört, somit das wirtschaftliche Eigeninteresse als auslösender Umstand von entscheidender Bedeutung ist, FK-WpPG/*Seiler/Singhof* § 21 Rn. 95.

[182] Wie hier FK-WpPG/*Seiler/Singhof* § 21 Rn. 94. Vgl. Darstellung des Meinungsstandes bei *Fleischer*, Gutachten F für den 64. Deutschen Juristentag 2002, F 62 ff.; *Spindler/Christoph* BB 2004, 2197 (2197) weisen zu Recht darauf hin, dass sich diese Frage durch das Kapitalmarktinformationshaftungsgesetz erledigt hätte.

[183] Wie hier *Ehricke* in Hopt/Voigt, Prospekt- und Kapitalmarktinformationshaftung, 2005, 187 (229) mwN, der die Leistung des für die Tätigkeit geschuldeten Entgelts nicht ausreichen lässt. Ebenso MüKoHGB/*Singhof* Emissionsgeschäft Rn. 288 aE. Wie hier auch JVRZ/*Pankoke* BörsG § 44, VerkprospG § 13 Rn. 22. Auch die Entscheidung des LG Frankfurt a. M. Urt. v. 7.10.1997 – 3/11 O 44/96, WM 1998, 1181 (1183) wird man nicht dahingehend verstehen können. Zwar wird das Provisionsinteresse als Begründung für ein eigenes geschäftliches Interesse an der Emission herangezogen, aber nur als eines von mehreren Argumenten; *Vaupel* WM 2002, 1170 (1172) interpretiert diese Entscheidung jedoch weiter und iS einer durch das Provisionsinteresse begründeten Stellung als Prospektveranlasser.

[184] So ausdr. bezogen auf eine börsenrechtliche Prospekthaftung des Abschlussprüfers Assmann/Schlitt/v. Kopp-Colomb/*Assmann* §§ 21–23 Rn. 84 und 85 mw umfangr. Nachw. Ebenso *Assmann* AG 2004, 435; *Assmann* in Assmann/Schütze KapitalanlageR-HdB § 5 Rn. 158; *Baums/Fischer*, Haftung des Prospekt- und des Abschlussprüfers gegenüber dem Anleger, Arbeitspapier Nr. 115 des Instituts für Bankrecht der Johann Wolfgang Goethe Universität, abrufbar über Internet: http://www.unifrankfurt.de/fb01/baums/arbeitspapiere, 4; *Ellenberger*, Prospekthaftung im Wertpapierhandel, 2001, 27 f.; *Fleischer*, Gutachten F für den 64. Deutschen Juristentag 2002, F 67; *Hauptmann* in Vortmann, Prospekthaftung und Anlageberatung, 2000, § 3 Rn. 54, 55; *Hamann* in Schäfer/Hamann BörsG §§ 44, 45 Rn. 93; *Mülbert/Steup* in Habersack/Mülbert/Schlitt Unternehmensfinanzierung-HdB § 41 Rn. 81; MüKoHGB/*Singhof* Emissionsgeschäft Rn. 289; FK-WpPG/*Seiler/Singhof* § 21 Rn. 96 ff, 98 f.; *Sittmann* NGZ 1998, 490 (493). Zusammenfassende Darstellung der insoweit gefestigten Rspr. des BGH zur Ablehnung der zivilrecht-

Zutreffend ist daran, dass die (Mit-)Urheberschaft nicht durch bloße Zulieferung von Material oder Mitarbeit am Prospekt selbst begründet wird.[185] Zutreffend ist auch, dass ein bloßes Gebühreninteresse für das wirtschaftliche Interesse an der Emission selbst nicht ausreicht.[186] Begründet wird die Ablehnung der Prospekthaftung der Experten auch damit, Prospekthaftung sei Haftung für den gesamten Prospekt, nicht nur für einzelne Teile desselben.[187] Zwingend ist dies nicht – im Gegenteil,[188] die europäischen Vorgaben gehen gerade davon aus, dass eine differenzierte, auf bestimmte Abschnitte des Registrierungsformulars, bzw. der Wertpapierbeschreibung beschränkte Verantwortlichkeit möglich und zulässig ist[189].

Im Übrigen führt der von der ganz überwiegenden Auffassung vertretene Ausschluss der börsengesetzlichen Prospekthaftung für Lieferanten von Prospektteilen nicht dazu, dass zB Abschlussprüfer nicht bereits de lege lata[190] **aus anderen Haftungstatbeständen**, insbesondere[191] der **zivilrechtlichen Prospekthaftung**[192] oder **beruflicher Auskunftshaftung** für ihren Prospektbeitrag auch tatsächlich einstehen müssen.[193] So hat der BGH die Haftung eines Wirtschaftsprüfers für das in einem Wertpapierprospekt wiedergegebene unrichtige Testat zu Gewinnprognosen mit den Grundsätzen des Vertrages mit Schutzwirkung zu Gunsten Dritter (der Anleger) begründet.[194] Er hat dabei differenziert: Soweit es um Ansprüche wegen eines fehlerhaften Jahresabschlusses geht, soll eine Haftung selbst dann ausscheiden, wenn das Testat mit Einverständnis des Prüfers in den Prospekt aufgenommen wurde.[195] Besteht das Mandat jedoch gerade in der Prüfung eines Teil des Prospekts – konkret der darin enthaltenen Gewinnprognose, zu der ein gesonderter Prüfungsbericht zu ver-

49

49

---

lichen Prospekthaftung im engeren Sinne für Wirtschaftsprüfer, es sei denn, dieser habe über die Rolle des Abschlussprüfers hinaus im Prospekt oder auf andere Weise nach außen hervortretend die Gewähr für die Richtigkeit seines Vermerks übernommen, zB bei einem qualifizierten Testat eigens für die Prospektveröffentlichung, BGH Beschl. v. 21.11.2018 – VII ZR 3/18, BeckRS 2018, 39375 Rn. 23 f.

[185] RegBegr. zum Dritten Finanzmarktförderungsgesetz, BT-Drs. 13/8933, 54 (78); *Mülbert/Steup* in Habersack/Mülbert/Schlitt Unternehmensfinanzierung-HdB § 41 Rn. 81.

[186] Schwark/Zimmer/*Schwark* BörsG §§ 44, 45 Rn. 12; *Mülbert/Steup* in Habersack/Mülbert/Schlitt Unternehmensfinanzierung-HdB § 41 Rn. 81; ebenso für das Honorarinteresse des Wirtschaftsprüfers *Ebke* ZGR 2005, 325 (331). Auch die Entscheidung des LG Frankfurt a. M. Urt. v. 7.10.1997 – 3/11 O 44/96, WM 1998, 1181 (1183) wird man dahingehend verstehen müssen, dass ein bloßes Interesse, dies Entgelt für eine erbrachte Leistung zu erhalten, nicht ausreicht.

[187] Ganz hM vgl. nur *Mülbert/Steup* in Habersack/Mülbert/Schlitt Unternehmensfinanzierung-HdB § 41 Rn. 81 mw umfangr. Nachw.

[188] Eine dahingehende Forderung speziell für die Haftung der Wirtschaftsprüfer erhebt auch *Fleischer,* Gutachten F für den 64. Deutschen Juristentag 2002, F 92, Empfehlung 16. Gegen den Verweis auf die europäische Vorgängerregelung als Begründung für die Möglichkeit einer sachlich begrenzten Prospekthaftung Schwark/Zimmer/*Schwark* BörsG §§ 44, 45 Rn. 12; *Ebke* ZGR 2015, 325 (331), der jedoch ausdr. der hier vertretenen Ansicht, dass die europäischen Vorgaben die Übernahme einer Verantwortlichkeit für Teile des Prospektes zulassen, zustimmt.

[189] So ausdr. die Verantwortungsklauseln der diversen Annexe der Delegierten Verordnung (EU) 2019/980 der Kommission vom 14.3.2019 zur Ergänzung der Verordnung (EU) 2017/1129 des Europäischen Parlaments und des Rates hinsichtlich der Aufmachung, des Inhalts, der Prüfung und der Billigung des Prospekts, der beim öffentlichen Angebot von Wertpapieren oder bei deren Zulassung zum Handel an einem geregelten Markt zu veröffentlichen ist, und zur Aufhebung der Verordnung (EG) Nr. 809/2004 der Kommission, ABl. 2019 L 166, 26 die ausdr. differenzieren zwischen der Übernahme der Verantwortlichkeit für den gesamten Prospekt einerseits und für einzelne Abschnitte andererseits.

[190] Zu Vorschlägen de lege ferenda vgl. *Baums/Fischer,* Haftung des Prospekt und des Abschlussprüfers gegenüber dem Anleger, Arbeitspapier Nr. 115 des Instituts für Bankrecht der Johann Wolfgang Goethe Universität, abrufbar über Internet: http://www.uni-frankfurt.de/fb01/baums/arbeitspapiere, 6 ff.; *Fleischer,* Gutachten F für den 64. Deutschen Juristentag 2002, F66 ff.; *Hamann* in Schäfer/Hamann BörsG §§ 44, 45 Rn. 93; *Meyer* WM 2003, 1301 (1311 ff.).

[191] Ausf. *Assmann* AG 2004, 435 (437 ff.). Zu anderen möglichen Anspruchsgrundlagen und mit einem Vorschlag zur Gesetzesänderung *Baums/Fischer,* Haftung des Prospekt- und des Abschlussprüfers gegenüber dem Anleger, Arbeitspapier Nr. 115 des Instituts für Bankrecht der Johann Wolfgang Goethe Universität, abrufbar über Internet: http://www.uni-frankfurt.de/fb01/baums/arbeitspapiere, 4 ff.

[192] Zusammenfassende Darstellung der insoweit gefestigten Rspr. des BGH zur Ablehnung der zivilrechtlichen Prospekthaftung im engeren Sinne für Wirtschaftsprüfer, es sei denn, dieser habe über die Rolle des Abschlussprüfers hinaus im Prospekt oder auf andere Weise nach außen hervortretend die Gewähr für die Richtigkeit seines Vermerks übernommen, zB bei einem qualifizierten Testat eigens für die Prospektveröffentlichung, BGH Beschl. v. 21.11.2018 – VII ZR 3/18, BeckRS 2018, 39375 Rn. 23 f. Gegen eine zivilrechtliche Prospekthaftung ausdr. JVRZ/*Pankoke* BörsG § 44, VerkprospG § 13 Rn. 25 und wohl auch *Mülbert/Steup* in Habersack/Mülbert/Schlitt Unternehmensfinanzierung-HdB § 41 Rn. 84, die wegen der Spezialität der spezialgesetzlichen Prospekthaftung, die sie aber gerade nicht für anwendbar halten, die zivilrechtliche Prospekthaftung ausschließen.

[193] Vgl. allgemein zur zivilrechtlichen Prospekthaftung an der Prospekterstellung mitwirkender Dritter, *Assmann* AG 2004, 435 (437 ff.); *Bosch* ZHR 163 (1999), 206; *Canaris* ZHR 163 (1999), 206; *Schneider* ZHR 163 (1999), 246; *Hamann* in Schäfer/Hamann BörsG §§ 44, 45 Rn. 100 ff. Ausdr. gegen eine zivilrechtliche Prospekthaftung der Experten *Assmann* in Assmann/Schütze KapitalanlageR-HdB § 5 Rn. 158; *Mülbert/Steup* in Habersack/Mülbert/Schlitt Unternehmensfinanzierung-HdB § 41 Rn. 81.

[194] BGH Urt. v. 24.4.2014 – III ZR 156/13, NZG 2014, 714; zust. *Aurich* DB 2014, 1541 f.

[195] So bereits BGH Urt. v. 15.12.2005 – III ZR 424/04, NZG 2006, 862.

öffentlichen ist, dann sei der Anleger in den Schutzbereich des Vertrages einbezogen, und der Wirtschaftsprüfer hafte ihm gegenüber.[196] Es spricht aber auch viel dafür, dass **Abschlussprüfer,** mit deren Zustimmung die **Jahresabschlüsse** und die von ihnen hierzu erteilten **Testate** in den Prospekt aufgenommen werden, den Anlegern, die auf die Richtigkeit dieser Testate vertrauen, haften.[197] Zum anderen ist bei den Abschlussprüfern für die Beantwortung der Frage, ob diese nicht doch als Prospektverantwortliche Adressaten eines Prospekthaftungsanspruchs sein können, folgendes zu berücksichtigen: Die von ihnen geprüften Jahresabschlüsse sind in den Prospekt aufzunehmen. Sie bilden dort sowohl materiell als auch rein formal einen ganz wesentlichen Teil des Prospekts; materiell deshalb, weil sie die wesentliche Grundlage für die Bewertung der zuzulassenden Wertpapiere darstellen; formal deshalb, weil der „Finanzteil", dh der Jahresabschlüsse, meist allein schon ca. 50 % des Prospekts ausmacht. Die Bestätigungsvermerke sind im Prospekt wortwörtlich wiederzugeben. Gerade auch in der durch das KonTraG[198] und nochmals durch die BilRUG[199] erweiterten Form erzeugen sie beim **Anlegerpublikum Vertrauen in die Richtigkeit und Vollständigkeit der Zahlen** und darauf, dass der jeweilige **Jahresabschluss „ein den tatsächlichen Verhältnissen entsprechendes Bild der Vermögens-, Finanz- und Ertragslage des Unternehmens oder des Konzerns vermittelt"** (§ 322 Abs. 3 S. 1 HGB).[200] Entscheidend ist dabei, dass der Abschlussprüfer, anders als zB Sachverständige und Rechtsanwälte nach außen gegenüber dem Anlegerpublikum für einzelne, konkret bestimmbare und für den Anleger auch erkennbare, von ihnen geprüfte Prospektbestandteile in Erscheinung treten. Prospekthaftung setzt entgegen der hM **wie die europäischen Vorgaben in der** neuen Prospektverordnung belegen, nicht voraus, dass der Verantwortliche den **gesamten Prospekt erlassen hat bzw. für den gesamten Prospekt die Verantwortung übernimmt.**[201] In Anbetracht all dieser Umstände erscheint es durchaus vertretbar, auch den Abschlussprüfer als Prospektverantwortlichen iSd § 9 Abs. 1 S. 1 anzusehen.[202] In anderen Rechtsordnungen ist eine solche Verantwortlichkeit der Abschlussprüfer für die von ihnen geprüften Bestandteile des Prospekts unbestritten.[203] Vor diesem Hintergrund ist die Haftung des Abschlussprüfers gegenüber den Anlegern immer wieder in der Diskussion.[204] Auch das 10-Punkte-Papier der Bundesregierung[205] sah vor, diese Haftung auf den Prüfstand zu stellen und noch in der 15. Legisla-

---

[196] BGH Urt. v. 24.4.2014 – III ZR 156/13, NZG 2014, 714; zust. *Aurich* DB 2014, 1541 f.; dagegen ausf. *Ebke* ZGR 2015, 325 (333 ff.) (Sperrwirkung), 339 ff. (Vertrag mit Schutzwirkung). Zusammenfassende Darstellung der insoweit gefestigten Rspr. des BGH zur Ablehnung der zivilrechtlichen Prospekthaftung im engeren Sinne für Wirtschaftsprüfer, es sei denn, dieser habe über die Rolle des Abschlussprüfers hinaus im Prospekt oder auf andere Weise nach außen hervortretend die Gewähr für die Richtigkeit seines Vermerks übernommen, zB bei einem qualifizierten Testat eigens für die Prospektveröffentlichung, BGH Beschl. v. 21.11.2018 – VII ZR 3/18, BeckRS 2018, 39375 Rn. 23 f.

[197] Zur dogmatischen Grundlage bei Wirtschaftsprüfern vgl. nur *Heppe* WM 2003, 753 (757 ff.) mit Überblick über die Rechtslage in Frankreich, Italien, UK und USA in WM 2003, 714 (721 ff. und 753 ff.), *Otto/Mittag* WM 1996, 325 (329); dagegen FK-WpPG/ *Seiler/Singhof* § 21 Rn. 99.

[198] Gesetz zur Kontrolle und Transparenz im Unternehmensbereich (KonTraG), BGBl. 1998 I 786.

[199] BGBl. 2015 I 1245.

[200] Hierauf, dh auf das durch die Mitwirkung beim Anleger erweckte Vertrauen, stellt der BGH in seiner Entscheidung in Sachen „Elsflether Werft" zu Haftung einer den Unternehmensbericht nicht unterzeichnenden Bank entscheidend ab, BGH Urt. v. 14.7.1998 – XI ZR 173/97, BGHZ 139, 225 (230) = DZWiR 1998, 515 (516 f.); vgl. dazu die Anmerkungen von *Groß* DZWiR 1998, 518 f.

[201] IdS aber die hM vgl. nur Schwark/Zimmer/ *Schwark* BörsG §§ 44, 45 Rn. 12; FK-WpPG/ *Seiler/Singhof* § 21 Rn. 97; *Baums/Fischer,* Haftung des Prospekt- und des Abschlussprüfers gegenüber dem Anleger, Arbeitspapier Nr. 115 des Instituts für Bankrecht der Johann Wolfgang Goethe Universität, abrufbar über Internet: http:// www.uni-frankfurt.de/fb01/baums/arbeitspapiere, 4; *Ellenberger,* Prospekthaftung im Wertpapierhandel, 2001, 27 f.; *Fleischer,* Gutachten F für den 64. Deutschen Juristentag 2002, F 67; *Hauptmann* in Vortmann, Prospekthaftung und Anlageberatung, 2000, § 3 Rn. 54, 55.

[202] JVRZ/ *Pankoke* BörsG § 44, VerkprospG § 13 Rn. 24 hält diese Ansicht zwar für rechtspolitisch überzeugend, sieht sie aber im Widerspruch zum Gesetzeswortlaut, der eine Haftung für Teile des Prospekts nicht erfasse. Die hM, vgl. nur FK-WpPG/ *Seiler/Singhof* § 21 Rn. 99 und *Mülbert/Steup* in Habersack/Mülbert/Schlitt Unternehmensfinanzierung-HdB § 41 Rn. 83, hält diese Argumente dagegen nicht für überzeugend.

[203] Vgl. für die USA nur Section 11 (a) (4) des Securities Act 1933; dazu nur *Baums/Fischer,* Haftung des Prospekt- und des Abschlussprüfers gegenüber dem Anleger, Arbeitspapier Nr. 115 des Instituts für Bankrecht der Johann Wolfgang Goethe Universität, abrufbar über Internet: http://www.uni-frankfurt.de/fb01/baums/arbeitspapiere, 5 f.; *Merkt* WiB 1996, 145 (146); zur Situation in den USA, Großbritannien, der Schweiz und Österreich vgl. nur *Meyer* WM 2003, 1301 (1308); zu den Ländern der EU, der Schweiz und den USA vergleiche nur *Hopt/Voigt* in Hopt/ Voigt, Prospekt- und Kapitalmarktinformationshaftung, 2005, 75 ff.

[204] So fordert *Fleischer,* Gutachten F für den 64. Deutschen Juristentag 2002, F 92, Empfehlung 16 „dringend" eine Reform der prospektbezogenen Expertenhaftung namentlich der Wirtschaftsprüfer und eine Aufgabe des börsenprospektrechtlichen Grundsatzes der Gesamtverantwortung, um eine Einstandspflicht der Experten für einzelne Prospektteile zu erreichen. Vgl. auch *Baums/Fischer,* Haftung des Prospekt- und des Abschlussprüfers gegenüber dem Anleger, Arbeitspapier Nr. 115 des Instituts für Bankrecht der Johann Wolfgang Goethe Universität, abrufbar über Internet: http://www.unifrankfurt.de/fb01/baums/arbeitspapiere und ausf. *Meyer* WM 2003, 1301 (1306 ff.).

[205] *Seibert* BB 2003, 693 (697).

turperiode entsprechende Gesetzgebungsvorschläge[206] zu unterbreiten, was dann allerdings zu keinem Ergebnis führte.

e) BaFin/Geschäftsführung. Die BaFin übernimmt mit der von ihr durchzuführenden Prospekt- **50** prüfung weder die Verantwortung für den Prospekt noch geht dieser von ihr aus. Dies bedeutet, dass sie keine Prospekthaftung nach §§ 9, 12 trifft.[207] Gleiches gilt auch für die Geschäftsführung der jeweiligen Börse für die von ihr im Rahmen der Zulassung vorzunehmenden Handlungen.[208] Davon unberührt bleibt jedoch sowohl für die BaFin als auch für die Geschäftsführung ihre uU bestehende Amtshaftung wegen Fehlern bei dem von ihr durchzuführenden Prüfungs- bzw. Zulassungsverfahren.[209]

3. Unrichtige oder unvollständige Angaben. Die Prospekthaftung setzt voraus, dass die im **51** Prospekt enthaltenen, für die **Beurteilung der Wertpapiere wesentlichen Angaben**[210] **unrichtig oder unvollständig** sind. Die Differenzierung zwischen unrichtigem und unvollständigem Prospekt, die aufgrund der bei unrichtigen Angaben einerseits und unvollständigen Prospekten andererseits unterschiedlichen Verschuldensmaßstäben bis zum Dritten Finanzmarktförderungsgesetz erforderlich war,[211] ist aufgrund der Modernisierung der Prospekthaftung durch das Dritte Finanzmarktförderungsgesetz, welche diesen unterschiedlichen Verschuldensmaßstab aufgibt, entfallen.[212] Unerheblich für die Beurteilung der Unrichtigkeit ist, dass der Prospekt von der BaFin gebilligt wurde.[213] Die Prüfung der BaFin soll den Prospektverantwortlichen nicht das Risiko der Haftung abnehmen, sondern nur im Interesse des Individual- und Funktionsschutzes eine zusätzliche Kontrolle errichten, um zu vermeiden, dass Wertpapiere mit unrichtigen oder unvollständigen Angaben in den Verkehr gebracht werden. Das kann bei nach Art. 24, 25 Prospekt-VO von der zuständigen Stelle eines anderen Staates des Europäischen Wirtschaftsraumes gebilligten und damit auch für die Zulassung zum Handel im Inland gültigen Prospekten nicht anders sein.

a) Tatsachen, Werturteile, Prognosen, Gesamteindruck. Angaben iSd § 9 sind zunächst die **52** Informationen über Tatsachen. Tatsachen sind alle der äußeren Wahrnehmung zugänglichen Geschehnisse oder Zustände der Außenwelt.[214] Bis zur Entscheidung des BGH in Sachen BuM[215] ging die herrschende Meinung davon aus, die Unrichtigkeit des Prospekts lasse sich nur in Bezug auf Angaben tatsächlicher Art beurteilen.[216] Da jedes **Werturteil** bestimmte Tatsachen voraussetzt und somit beide in einem so engen Zusammenhang stehen, dass eine Unterscheidung kaum noch möglich ist, geht die nunmehr herrschende Meinung zu Recht davon aus, dass unrichtige **Werturteile** und **Prognosen** ebenso wie **Tatsachen** Angaben iSd § 9 Abs. 1 S. 1 sind und eine Prospekthaftung begründen können;[217] nur der **Unrichtigkeitsmaßstab** ist ein anderer.[218] Nicht nur die im Prospekt wiedergegebenen Tatsachen, Werturteile und Prognosen dürfen nicht unrichtig sein, auch der **Gesamteindruck des Prospekts** darf im Hinblick auf die Vermögens-, Ertrags- und Liquiditätslage des Emitten-

---

[206] Gesetzgebungsvorschlag bei *Baums/Fischer,* Haftung des Prospekt- und des Abschlussprüfers gegenüber dem Anleger, Arbeitspapier Nr. 115 des Instituts für Bankrecht der Johann Wolfgang Goethe Universität, abrufbar über Internet: http://www.uni-frankfurt.de/fb01/baums/arbeitspapiere, 6 f.; zu den bei einer solchen Gesetzesänderung zu beachtenden Leitlinien ausf. und überzeugend *Meyer* WM 2003, 1301 (1308 ff.).

[207] Unstr. *Hamann* in Schäfer/Hamann BörsG §§ 44, 45 Rn. 106; *Mülbert/Steup* in Habersack/Mülbert/Schlitt Unternehmensfinanzierung-HdB § 41 Rn. 87; *JVRZ/Pankoke* BörsG § 44, VerkprospG § 13 Rn. 26.

[208] Unstr. *Hamann* in Schäfer/Hamann BörsG §§ 44, 45 Rn. 106; *Mülbert/Steup* in Habersack/Mülbert/Schlitt Unternehmensfinanzierung-HdB § 41 Rn. 87; *JVRZ/Pankoke* BörsG § 44, VerkprospG § 13 Rn. 26.

[209] → BörsG § 32 Rn. 51 ff. für die Geschäftsführung der Börse und → § 17 Rn. 2 f zur BaFin; wie hier *Mülbert/Steup* in Habersack/Mülbert/Schlitt Unternehmensfinanzierung-HdB § 41 Rn. 88.

[210] Zur Wesentlichkeit der unrichtigen Angaben oder der Unvollständigkeit → Rn. 87.

[211] In der Rspr. hat diese Unterscheidung durch die „Gesamtbild-Formel" bereits vor der Gesetzesänderung durch das Dritte Finanzmarktförderungsgesetz an Bedeutung verloren.

[212] Vgl. auch *Kort* AG 1999, 9 (10); *Hamann* in Schäfer/Hamann BörsG §§ 44, 45 Rn. 138. Deshalb hält Schwark/Zimmer/*Schwark* BörsG §§ 44, 45 Rn. 20 diese Differenzierung auch für wenig einleuchtend.

[213] Dass für die Billigung des Börsenzulassungsprospekts durch die Zulassungsstelle der Börse nach altem Recht unstr. vgl. nur OLG Frankfurt a. M. Urt. v. 1.2.1994 – 5 U 213/92, WM 1994, 291 (297); *Ellenberger* FS Schminansky, 1999, 591 (595); *Ehricke* in Hopt/Voigt, Prospekt- und Kapitalmarktinformationshaftung, 2005, 187 (225). Es gilt gleichermaßen nach der Kompetenzübertragung auf die BaFin nach dem Prospektrichtlinie-Umsetzungsgesetz; vgl. nur Assmann/Schlitt/v. Kopp-Colomb/*Assmann* §§ 21–23 Rn. 42; FK-WpPG/*Seiler/Singhof* § 21 Rn. 37.

[214] Assmann/Schlitt/v. Kopp-Colomb/*Assmann* §§ 21–23 Rn. 46.

[215] BGH Urt. v. 12.7.1982 – II ZR 175/81, WM 1982, 862 (863).

[216] So noch OLG Düsseldorf Urt. v. 14.7.1981 – 6 U 259/80, WM 1981, 960, aufgegeben im Urt. v. 5.4.1984 – 6 U 239/82, WM 1984, 586 (592).

[217] BGH Urt. v. 12.7.1982 – II ZR 175/81, WM 1982, 862 (865); OLG Düsseldorf Urt. v. 5.4.1984 – 6 U 239/82, WM 1984, 586 (592); OLG Frankfurt a. M. Urt. v. 6.7.2004 – 5 U 122/03, ZIP 2004, 1411 (1412); OLG Frankfurt a. M. Urt. v. 1.2.1994 – 5 U 213/92, WM 1994, 291 (295); LG Frankfurt a. M. Urt. v. 7.10.1997 – 3/11 O 44/96, WM 1998, 1181 (1184); Assmann/Schlitt/v. Kopp-Colomb/*Assmann* §§ 21–23 Rn. 46; *Ellenberger,* Prospekthaftung im Wertpapierhandel, 2001, 32; *Hamann* in Schäfer/Hamann BörsG §§ 44, 45 Rn. 140 ff.; *Mülbert/Steup* in Habersack/Mülbert/Schlitt Unternehmensfinanzierung-HdB § 41 Rn. 36.

[218] → Rn. 57.

ten nicht unrichtig oder unvollständig sein.[219] Beispiele für einen möglicherweise fehlerhaften Gesamteindruck sind eine falsche Gewichtung für sich genommen nicht unrichtiger Angaben, die Übergewichtung positiver und Untergewichtung negativer Angaben,[220] nicht dagegen nur eine bloße unübersichtliche Gestaltung.[221]

53   **b) Beurteilungsmaßstab.** Wesentlich für die Beurteilung der Unrichtigkeit oder Unvollständigkeit eines Prospekts ist, welche **Anforderungen an die Kenntnis und das Verständnis** des **Prospektadressaten** gestellt werden dürfen.[222] In der Lit. wurden hierzu unterschiedliche Auffassungen vertreten, die vom **„Fachmann"** bis zum **„unkundigen Kleinaktionär"** reichten.[223] Der **BGH** und mit ihm die instanzgerichtliche Rspr. stellen auf den **„durchschnittlichen" Anleger** ab, der zwar eine Bilanz zu lesen versteht, aber nicht unbedingt mit der in eingeweihten Kreisen gebräuchlichen Schlüsselsprache vertraut zu sein brauche.[224] Ob der durchschnittliche Anleger tatsächlich Englisch spricht und in der Lage ist, einen Jahresabschluss, der nach US-amerikanischen Bilanzierungsgrundsätzen, US GAAP, oder International Accounting Standards (IAS, seit 1.1.2003: International Financial Reporting Standards, IFRS) aufgestellt wurde, mit dem nötigen Sachverstand zu lesen[225] erscheint zweifelhaft – beides ist aber, vgl. nur zum Jahresabschluss § 292a HGB[226], der gerade IFRS-Abschlüsse verlangt,[227] sowie zur Sprache Art. 27 Abs. 2 Prospekt-VO und § 21 Abs. 2, ausreichend. Nicht zuletzt deshalb erscheint der Vorschlag von Fleischer, auf einen **verständigen Anleger** abzustellen,[228] überzeugender. Dafür spricht auch, dass standardisierte Prospektinformationen ein Basiswissen und ein gewisses Maß an Interpretationsverständnis erfordern. Jedenfalls darf der von der Rspr. geforderte Adressatenhorizont hier[229] nicht dazu führen, dass in den Prospekt über die gesetzlich/nach der Prospektverordnung und der Delegierten Verordnungen geforderten Informationen hinaus nähere Erläuterungen und Beschreibungen aufgenommen werden müssen, um den Verständnismöglichkeiten des durchschnittlichen Anlegers Genüge zu tun. Anders gewendet, über den Adressatenhorizont darf zB **weder der deutschsprachige Prospekt** wieder gefordert werden, nachdem er durch Art. 27 Abs. 2 Prospekt-VO und § 21 Abs. 2 gerade als nicht erforderlich angesehen wird, noch darf zB wieder ein **HGB-Konzernabschluss** verlangt werden.

54   Zweifelhaft ist, ob der BGH in seinem Urteil Wohnungsbau Leipzig-West[230] von diesem Empfängerhorizont abgewichen ist. Zwar stellt er dort gerade nicht auf den durchschnittlichen Anleger mit der Fähigkeit, eine Bilanz zu lesen, ab, sondern auf den Kleinanleger, von dem gerade nicht erwartet werden könne, dass er eine Bilanz lesen könne. Dies tut er jedoch unter ausdrücklicher Differenzierung zwischen Börsenzulassungsprospekten – dort unter Bestätigung des durchschnittlichen, bilanzlesenden

---

[219] BGH Urt. v. 12.7.1982 – II ZR 175/81, WM 1982, 862 (863); OLG Frankfurt a. M. Urt. v. 1.2.1994 – 5 U 213/92, WM 1994, 291 (295); LG Frankfurt a. M. Urt. v. 7.10.1997 – 3/11 O 44/96, WM 1998, 1181 (1184); *Assmann* in Assmann/Schütze KapitalanlageR-HdB § 5 Rn. 143, 61; *Ellenberger,* Prospekthaftung im Wertpapierhandel, 2001, 32 f.; vgl. auch → Rn. 57; *Hamann* in Schäfer/Hamann BörsG §§ 44, 45 Rn. 194 ff. mit Beispielen; *Mülbert/Steup* in Habersack/Mülbert/Schlitt Unternehmensfinanzierung-HdB § 41 Rn. 37.

[220] Zu diesen Beispielen FK-WpPG/*Seiler/Singhof* § 21 Rn. 76; *Mülbert/Steup* in Habersack/Mülbert/Schlitt Unternehmensfinanzierung-HdB § 41 Rn. 43.

[221] FK-WpPG/*Seiler/Singhof* § 21 Rn. 77.

[222] *Hamann* in Schäfer/Hamann BörsG §§ 44, 45 Rn. 190. Zur Rechtslage in der EU, der Schweiz und den USA *Hopt/Voigt* in Hopt/Voigt, Prospekt- und Kapitalmarktinformationshaftung, 2005, 42 f.

[223] Vgl. nur Nachw. bei *Assmann* in Assmann/Schütze KapitalanlageR-HdB § 5 Rn. 136 Fn 350, 351 und 352; Assmann/Schlitt/v. Kopp-Colomb/*Assmann* §§ 21–23 Rn. 37; *Fleischer,* Gutachten F zum 64. Deutschen Juristentag 2002, F 42 f.; *Ellenberger,* Prospekthaftung im Wertpapierhandel, 2001, 33; *Hamann* in Schäfer/Hamann BörsG §§ 44, 45 Rn. 190.

[224] BGH Urt. v. 12.7.1982 – II ZR 175/81, WM 1982, 862 (865); OLG Düsseldorf Urt. v. 5.4.1984 – 6 U 239/82, WM 1984, 586 (593 f.); OLG Frankfurt a. M. Urt. v. 1.2.1994 – 5 U 213/92, WM 1994, 291 (295); OLG Frankfurt a. M. Urt. v. 6.7.2004 – 5 U 122/03, ZIP 2004, 1411 (1412); LG Frankfurt a. M. Urt. v. 7.10.1997 – 3/11 O 44/96, WM 1998, 1181 (1184). Zust. *Ehricke* in Hopt/Voigt, Prospekt- und Kapitalmarktinformationshaftung, 2005, 187 (220); zust. zum „durchschnittlichen Anleger" Assmann/Schlitt/v. Kopp-Colomb/*Assmann* §§ 21–23 Rn. 39, der allerdings meint, der zweite Aspekt der Definition der Rechtsprechung, dass dieser durchschnittliche Anleger in der Lage sei, eine Bilanz zu lesen, werde von der Rspr. nicht mehr aufrecht erhalten; ablehnend dagegen Schwark/Zimmer/*Schwark* BörsG §§ 44, 45 Rn. 22, dagegen wiederum OLG Frankfurt a. M. Urt. v. 6.7.2004 – 5 U 122/03, ZIP 2004, 1411 (1412).

[225] Gegen das Merkmal, der durchschnittliche Anleger sei in der Lage, eine Bilanz zu lesen, Assmann/Schlitt/v. Kopp-Colomb/*Assmann* §§ 21–23 Rn. 39; Schwark/Zimmer/*Schwark* BörsG §§ 44, 45 Rn. 22.

[226] IdF des Gesetzes zur Verbesserung der Wettbewerbsfähigkeit deutscher Konzerne an Kapitalmärkten und zur Erleichterung der Aufnahmen von Gesellschafterdarlehen (Kapitalaufnahmeerleichterungsgesetz-KapAEG) BGBl. 1998 I 707.

[227] Vgl. Nr. 20.1 des Anhangs I – Mindestangaben für das Registrierungsformular für Aktien (Modul) der Prospekt-VO.

[228] *Fleischer,* Gutachten F zum 64. Deutschen Juristentag 2002, F 44 f. mwN, dem zust. JVRZ/*Pankoke* BörsG § 44, VerkprospG § 13 Rn. 39 und FK-WpPG/*Seiler/Singhof* § § 21 Rn. 40; ebenso „verständiger und zugleich kritikfähiger Leser" Schwark/Zimmer/*Schwark* BörsG §§ 44, 45 Rn. 22.

[229] Zur Erläuterungspflicht jenseits der Sprache bzw. des auf die Bilanzierung anwendbaren Rechts → Rn. 62.

[230] BGH Urt. v. 18.9.2012 – XI ZR 344/11, BGHZ 195, 1.

Anlegers als Empfängerhorizont – einerseits und andererseits Wertpapierprospekten für Wertpapiere, die nicht an einer Börse gehandelt werden sollen und sich „ausdrücklich auch an das unkundige und börsenunerfahrene Publikum" wenden. „Der Empfängerhorizont bestimmt sich daher in diesen Fällen (in denen der Emittent sich ausdrücklich an das unkundige und börsenunerfahrene Publikum wendet, Anm. d.Verf.) nach den Fähigkeiten und Erkenntnismöglichkeiten eines durchschnittlichen (Klein-) Anlegers, der sich allein anhand der Prospektangaben über die Kapitalanlage informiert und über keinerlei Spezialkenntnisse verfügt."[231] Diese vom BGH ganz ausdrückliche Differenzierung zwischen verschiedenen Prospektarten einerseits und einem daraus von ihm abgeleiteten unterschiedlichen Empfängerhorizont andererseits spricht klar dafür, dass der BGH in Wohnungsbau Leipzig-West bei Börsenzulassungsprospekten bei dem alten Empfängerhorizont bleiben und für diese Prospektart keine verschärften Anforderungen aufstellen wollte.[232] Eine ganz andere Frage ist die, ob die vom BGH vorgenommeine Differenzierung zutreffend ist. Sie ergibt sich weder aus dem Wortlaut des § 10, der insofern demjenigen des § 9 entspricht und vom Gesetzgeber in Kenntnis des BGH-Urteils gerade nicht geändert wurde. Auch aus der Prospektverordnung ergibt sich diese Differenzierung gerade nicht, da diese von einem einheitlichen Maßstab für „Börsenzulassungsprospekte" und „Verkaufspro- spekte" ausgeht, diese Differenzierung damit gerade nicht enthält, wenn nicht sogar unsagt.[233]

Der Beurteilungsmaßstab der Rspr., nämlich der „durchschnittliche Anleger …, der zwar eine **55** Bilanz zu lesen versteht, aber nicht unbedingt mit der in eingeweihten Kreisen gebräuchlichen Schlüsselsprache vertraut zu sein braucht",[234] und „der den Prospekt sorgfältig und eingehend gelesen hat"[235] ist insbesondere im Hinblick auf die Vollständigkeit der Prospektangaben zu berücksichtigen;[236] anders gewendet: Es geht bei diesem Erfordernis darum, hierdurch die Erforderlichkeit von Erläute- rungen zu einzelnen Prospektangaben zu bestimmen und damit auch zu begrenzen.[237] Für den durch- schnittlichen Anleger ist einerseits, anders als bei einem Laien, nicht alles und jedes zu erläutern,[238] andererseits können so anders als beim „Fachmann", je nach den Umständen des Einzelfalls, zB zusätzliche Erläuterungen und Erklärungen erforderlich sein. So reicht es uU nicht aus, kommentarlos nur verschiedene Daten darzustellen; vielmehr führt dieser Beurteilungsmaßstab dazu, uU insbesondere einzelne Bilanzposten erläutern und verständlich machen zu müssen.[239] Dabei ist aber zu berück- sichtigen, dass die Rspr. vom durchschnittlichen Anleger fordert, dass er den Prospekt „sorgfältig und eingehend"[240] liest.[241] Das bedeutet, er muss den gesamten Prospekt lesen und nicht nur Teile davon, zu den sich daraus ergebenden Folgen, dass Wiederholungen grundsätzlich nicht erforderlich sind (→ Rn. 86).

c) Beurteilungszeitpunkt. Beurteilungszeitpunkt ist grundsätzlich[242] der Zeitpunkt der Prospekt- **56** billigung,[243] sodass später gewonnene Erkenntnisse, soweit sie keine Nachtragspflicht auslösen, im Nachhinein nicht berücksichtigt werden dürfen.[244]

---

[231] BGH Urt. v. 18.9.2012 – XI ZR 344/11, BGHZ 195, 1 Rn. 25 aE.

[232] Diese Frage ausdrücklich offen gelassen in BGH Beschl. v. 21.10.2014 – XI ZB 12/12, BGHZ 203, 1 Rn. 118. Dagegen davon ausgehend, dass es bei Börsenzulassungsprospekten bei dem „durchschnittlichen Anlegen" bleibt, FK- WpPG/*Seiler/Singhof* § 21 Rn. 39; *Assmann* in Assmann/Schütze KapitalanlageR-HdB § 5 Rn. 138

[233] Wie hier ebenfalls krit. *Singhof* RdF 2013, 76 (77); MüKoHGB/*Singhof* Emissionsgeschäft Rn. 292; FK- WpPG/*Seiler/Singhof* § 21 Rn. 39; *Möllers/Steinberger* NZG 2015, 329 (331); *Mülbert/Steup* in Habersack/Mülbert/ Schlitt Unternehmensfinanzierung-HdB § 41 Rn. 34 f.

[234] BGH Urt. v. 12.7.1982 – II ZR 175/81, WM 1182, 862 (865). Vgl. Nachw. → Rn. 53; gegen das Merkmal, der durchschnittliche Anleger sei in der Lage, eine Bilanz zu lesen, Assmann/Schlitt/v. Kopp-Colomb/*Assmann* §§ 21–23 Rn. 39; Schwark/Zimmer/*Schwark* BörsG §§ 44, 45 Rn. 22.

[235] BGH Urt. v. 9.5.2017 – II ZR 344/15, NJW-RR 2017, 930 Rn. 19 mwN. Auch wenn diese Entscheidung zur zivilrechtlichen Prospekthaftung erging, gilt dieser Grundsatz auch bei der wertpapierprospektrechtlichen Haf- tung, vgl. nachfolgende Darstellung.

[236] So ausdr. erneut BGH Urt. v. 18.9.2012 – XI ZR 344/11, BGHZ 195, 1 Rn. 25.

[237] So ausdr. auch FK-WpPG/*Seiler/Singhof* § 21 Rn. 39; *Mülbert/Steup* in Habersack/Mülbert/Schlitt Unter- nehmensfinanzierung-HdB § 41 Rn. 34.

[238] Zu Recht weisen *Mülbert/Steup* in Habersack/Mülbert/Schlitt Unternehmensfinanzierung-HdB § 41 Rn. 34. darauf hin, dass „es bei der Befähigung zum Lesen einer Bilanz darum (geht), die Erforderlichkeit von Erläuterungen im Prospekt zu begrenzen"; ebenso Schwark/Zimmer/*Schwark* BörsG §§ 44, 45 Rn. 22.

[239] Vgl. hierzu → Rn. 62; *Canaris* BankvertragsR Rn. 2279.

[240] StRspr, BGH Urt. v. 9.5.2017 – II ZR 344/15, NJW-RR 2017, 930 Rn. 19; BGH Urt. v. 5.3.2013 – II ZR 252/11, WM 2013, 734 Rn. 14; BGH Urt. v. 18.9.2012 – XI ZR 344, 11, BGHZ 195, 1 Rn. 30 jew. mwN; BGH Urt. v. 31.3.1992 – XI ZR 70/91, WM 1992, 901 (904); BGH Urt. v. 14.6.2007 – III ZR 125/06, ZIP 2007, 1993.

[241] BGH Urt. v. 18.9.2012 – XI ZR 344/11, BGHZ 195, 1 Rn. 30 mwN; Assmann/Schlitt/v. Kopp-Colomb/ *Assmann* §§ 21–23 Rn. 39 hebt dies nachdrücklich hervor.

[242] Ggf. wegen der Nachtragspflicht nach § 16 Abs. 1 S. 1 der Zeitpunkt der Notizaufnahme, vgl. auch → Rn. 69.

[243] Assmann/Schlitt/v. Kopp-Colomb/*Assmann* §§ 21–23 Rn. 41. So zu Recht unter Hinweis darauf, dass danach die Nachtragspflicht eingreift (also auch zwischen Prospektbilligung und –veröffentlichung) FK-WpPG/*Seiler/Singhof* § 21 Rn. 42 f. Wegen der Pflicht zur unverzüglichen Veröffentlichung nach Billigung ist diese Zeitspanne jedoch praktisch irrelevant.

[244] Wie hier ausdr. auch Assmann/Schlitt/v. Kopp-Colomb/*Assmann* §§ 21–22 Rn. 41.

57 **d) Unrichtigkeit.** Unrichtig sind Angaben, die **nicht der Wahrheit entsprechen.**[245] Dabei kommt es auf den Zeitpunkt der Prospektbilligung an.[246] **Werturteile** sind dann unrichtig, wenn sie nicht durch Tatsachen gedeckt oder kaufmännisch nicht vertretbar sind.[247] Bei der Unrichtigkeit von **Prognosen** ist ebenfalls auf den Kenntnisstand im Zeitpunkt der Prospektbilligung abzustellen.[248] Auch hier kommt es darauf an, dass die Prognosen in diesem Zeitpunkt durch Tatsachen gestützt und kaufmännisch vertretbar sein müssen.[249] Gleiches wird man auch bei der Abgabe von **Beurteilungen** anwenden können, sodass diese nur dann unrichtig sind, wenn sie im Zeitpunkt der Prospektbilligung nicht durch Tatsachen gestützt oder kaufmännisch nicht vertretbar sind[250]. Das gilt zB bei der von Art. 16 Prospekt-VO geforderten Beurteilung der Wesentlichkeit der Risikofaktoren. Bei der **Bewertung von Vermögensgegenständen,** deren Wert nicht exakt feststeht oder genau messbar ist, sind „Schwankungsbreiten von 18% bis 20% als unvermeidbar und noch vertretbar" anzusehen, sodass Angaben, die sich innerhalb dieser Schwankungsbreite halten noch nicht als unrichtig angesehen werden können.[251] Das entbindet jedoch nicht von der Verpflichtung, den Bewertungsansatz und das Bewertungsverfahren darzustellen[252], allerdings nicht generell (nicht bei „gewöhnliche(n), rechtlich zulässige(n) Bewertungsansätze(n) und –verfahren", aber dann, wenn „deren Kenntnis für die sachgerechte Einschätzung des Grundstückswerts erforderlich ist"[253]). Der Gesamteindruck des Prospekts ist dann unrichtig, wenn insgesamt die im Prospekt wiedergegebenen Tatsachen, Werturteile und Prognosen ein nicht wahrheitsgetreues, nicht vollständiges oder nicht realistisches Gesamtbild des Emittenten, seiner Vermögens-, Ertrags- und Liquiditätslage abgeben.[254] Dies legt es nahe, den Prospekt einer **Endkontrolle** zu unterziehen, ob er insgesamt ein verständliches und realistisches Bild von den Chancen und Risiken enthält, die mit dem Erwerb der Wertpapiere verbunden sind.[255]

58 **e) Unvollständigkeit.** Da die Prospekthaftung nach § 9 Abs. 1 S. 1 hinsichtlich der Unvollständigkeit voraussetzt, dass die für die Beurteilung der Wertpapiere „wesentlichen Angaben"[256] unvollständig, dh die für die Anlageentscheidung erheblichen Angaben nicht alle enthalten sind, stellt die **Unvollständigkeit einen Unterfall der Unrichtigkeit** dar;[257] der Prospekt, der nicht alle für die Anlageentscheidung erheblichen Angaben enthält, ist nicht nur unvollständig, sondern gleichzeitig aufgrund der unterlassenen Angaben unrichtig. Ein Prospekt, der dem in Art. 6–9, 13–19 (einschließlich Anhängen) Prospekt-VO iVm den Bestimmungen und Anhängen der Delegierten Verordnungen[258]

---

[245] Ausf. zur Unrichtigkeit, wenn der Prospekt die Einbringung eines Vermögensgegenstandes in eine Tochtergesellschaft als Verkauf darstellt, obwohl eine Einbringung als Sacheinlage erfolgte, BGH Beschl. v. 21.10.2014 – XI ZB 12/12, BGHZ 203, 1 Rn. 117 ff. mit der Begründung, dies sei wegen der unterschiedlichen Auswirkungen einer Wertveränderung des Vermögensgegenstandes auf die AG-Bilanz einerseits und die Konzernbilanz andererseits unrichtig; kritisch dazu FK-WpPG/*Seiler/Singhof* § 21 Rn. 48 mit dem zutreffenden Argument, dass der verständige Anleger aus dem Hinweis, dass der „Verkauf" „konzernintern" erfolgt sei, sehr wohl erkennen könne, dass damit das Risiko des Wertverlusts, der Beteiligung im Konzern verblieben ist. Weitere Bsp. für unrichtige Angaben bei Assmann/Schlitt/v. Kopp-Colomb/*Assmann* §§ 21–23 Rn. 51 und FK-WpPG/*Seiler/Singhof* § 21 Rn. 49 ff.

[246] Assmann/Schlitt/v. Kopp-Colomb/*Assmann* §§ 21–23 Rn. 50. OLG Frankfurt a. M. Urt. v. 1.2.1994 – 5 U 213/92, WM 1994, 291 (295) (Prospektveröffentlichung), wobei wegen der Nachtragspflicht insoweit materiell kein Unterschied besteht; zur Pflicht zur weiteren Aktualisierung → Rn. 68 ff.

[247] BGH Urt. v. 12.7.1982 – II ZR 175/81, WM 1982, 862 (865); OLG Düsseldorf Urt. v. 5.4.1984 – 6 U 239/82, WM 1984, 586 (595 f.); *Hamann* in Schäfer/Hamann BörsG §§ 44, 45 Rn. 112.

[248] Assmann/Schlitt/v. Kopp-Colomb/*Assmann* §§ 21–23 Rn. 50.

[249] *Mülbert/Steup* in Habersack/Mülbert/Schlitt Unternehmensfinanzierung-HdB § 41 Rn. 39.

[250] IdS wohl auch *Schulz* WM 2018, 212 (217), wenn er bei dieser Beurteilung einen Beurteilungsspielraum einräumt.

[251] BGH Beschl. v. 21.10.2014 – XI ZB 12/12, BGHZ 203, 1 Rn. 105 zur Immobilienbewertung im Clusterverfahren (Telekom), bestätigt durch BGH Beschl. v. 22.11.2016 – XI Z 9/13, ZIP 2017, 318 Rn. 83 f.

[252] FK-WpPG/*Seiler/Singhof* § 21 Rn. 54, s. auch → Rn. 63.

[253] BGH Beschl. v. 21.10.2014 – XI ZB 12/12, BGHZ 203, 1 Rn. 96.

[254] BGH Urt. v. 12.7.1982 – II ZR 175/81, WM 1982, 862 (865); OLG Frankfurt a. M. Urt. v. 1.2.1994 – 5 U 213/92, WM 1994, 291 (295); LG Frankfurt a. M. Urt. v. 7.10.1997 – 3/11 O 44/96, WM 1998, 1181 (1184); *Assmann* in Assmann/Schütze KapitalanlageR-HdB § 5 Rn. 143; Assmann/Schlitt/v. Kopp-Colomb/*Assmann* §§ 21 –23 Rn. 66 f, FK-WpPG/*Seiler/Singhof* § 21 Rn. 46; *Brondics/Mark* AG 1989, 339 (341).

[255] Assmann/Schlitt/v. Kopp-Colomb/*Assmann* §§ 21–23 Rn. 68.

[256] Zur Wesentlichkeit der Unvollständigkeit → Rn. 87.

[257] Dies wurde in der RegBegr. zum Dritten Finanzmarktförderungsgesetz anerkannt und war der Grund dafür, weshalb die bis dahin geltenden *unterschiedlichen* Verschuldensmaßstäbe abgeschafft wurden, BT-Drs. 13/8933, 54 (76, 80); *Hamann* in Schäfer/Hamann BörsG §§ 44, 45 Rn. 150; FK-WpPG/*Seiler/Singhof* § 21 Rn. 55.

[258] Delegierte Verordnung (EU) 2019/980 der Kommission vom 14.3.2019 zur Ergänzung der Verordnung (EU) 2017/1129 des Europäischen Parlaments und des Rates hinsichtlich der Aufmachung, des Inhalts, der Prüfung und der Billigung des Prospekts, der beim öffentlichen Angebot von Wertpapieren oder bei deren Zulassung zum Handel an einem geregelten Markt zu veröffentlichen ist, und zur Aufhebung der Verordnung (EG) Nr. 809/2004 der Kommission, ABl. 2019 L 166, 26; Delegierte Verordnung (EU) 2019/979 der Kommission vom 14.3.2019 zur Ergänzung der Verordnung (EU) 2017/1129 des Europäischen Parlaments und des Rates durch technische Regulierungsstandards für wesentliche Finanzinformationen in der Zusammenfassung des Prospekts, die Veröffentlichung und Klassifizierung von Prospekten, die Werbung für Wertpapiere, Nachträge zum Prospekt und das Notifizierungsportal und zur Aufhebung der Delegierten Verordnung (EU) Nr. 382/2014 der Kommission und der Delegierten

enthaltenen gesetzlichen Inhaltskatalog für die jeweils spezifischen Wertpapiere und Angebotsformen entspricht, ist im Regelfall vollständig.[259] An diesem Konzept hat sich durch die Ersetzung der den Inhalt von Börsenzulassungsprospekten bestimmenden Vorschriften der BörsZulV durch die europäische Prospektverordnung (und durch das Prospektrichtlinie-Umsetzungsgesetz) ebenso wenig etwas geändert wie durch die neue Prospekt-VO und die Delegierten Verordnungen. Im Gegenteil, dadurch, dass die neue Prospekt-VO und die Delegierten Verordnungen unter der ausdrücklichen Zielsetzung der Vereinfachung spezifische Inhaltskataloge für spezielle Wertpapiere und Angebotsformen vorgeben, sollen diese „maßgeschneidert" die Informationsanforderungen festlegen und können nicht dadurch konterkariert werden, dass zur Vermeidung der Prospekthaftung darüber hinausgehende Anforderungen aufgestellt werden. Nichts geändert hat sich auch daran, dass Ausnahmen von diesem Grundsatz der Vollständigkeit bei Erfüllung der Inhaltskataloge in beide Richtungen möglich sind. Anders gewendet, je nach den Umständen des Einzelfalls kann der Prospekt vollständig sein, obwohl er nicht alle der im Inhaltskatalog der Art. 6–9, 13–19 (einschließlich Anhängen) Prospekt-VO in Verbindung mit den Bestimmungen und Anhängen der Delegierten Verordnungen genannten Angaben enthält.[260] Er kann anders herum aber auch unvollständig sein, obwohl er alle der im Inhaltskatalog der Art. 6–9, 13–19 (einschließlich Anhängen) Prospekt-VO in Verbindung mit den Bestimmungen und Anhängen der Delegierten Verordnungen geforderten Angaben enthält.[261]

Ersteres, dh die Vollständigkeit trotz Fehlens einzelner im Inhaltskatalog der Art. 6–9, 13–19 **59** (einschließlich Anhängen) Prospekt-VO in Verbindung mit den Bestimmungen und Anhängen der Delegierten Verordnungen genannten Angaben ergibt sich aus der Natur der Sache: Selbst die spezifischsten Inhaltskataloge für spezielle Wertpapiere und Angebotsformen sind notgedrungen generalisierend und enthalten damit Punkte, die im Einzelfall nicht relevant sind. Das war in Erwägungsgrund 24 alte Prospekt-VO ausdrücklich festgehalten: bestimmte „Informationsbestandteile, die in den Schemata und Modulen gefordert werden (sind) in einigen bestimmten Fällen nicht anwendbar" …, weil sie „für ein bestimmtes Wertpapier nicht relevant" sind.[262] Erwägungsgrund 25 Delegierte Verordnung (EU) 2019/980 der Kommission vom 14.3.2019 zur Ergänzung der Verordnung (EU) 2017/1129 des Europäischen Parlaments und des Rates hinsichtlich der Aufmachung, des Inhalts, der Prüfung und der Billigung des Prospekts, der beim öffentlichen Angebot von Wertpapieren oder bei deren Zulassung zum Handel an einem geregelten Markt zu veröffentlichen ist, und zur Aufhebung der Verordnung (EG) Nr. 809/2004 der Kommission[263] greift dies auf und stellt ausdrücklich fest, dass es gestattet sein sollte, Informationen, die in den Annexen der Delegierten Verordnungen enthalten sind, nicht aufzunehmen, wenn diese für den Emittenten oder die angebotenen oder zuzulassenden Wertpapiere nicht zutreffen. Dieses Weglassen von einzelnen der im Inhaltskatalog der Art. 6–9, 13–19 (einschließlich Anhängen) Prospekt-VO in Verbindung mit den Bestimmungen und Anhängen der Delegierten Verordnungen genannten Bestandteile kann auf einer ausdrücklichen Gestaltung durch die BaFin beruhen, etwa wenn sie von der Aufnahme einzelner Angaben in Ausübung ihrer Befugnisse, zB aus Art. 18 Prospekt-VO befreit.[264] Dies kann auch darauf beruhen, dass einer der in dem Inhaltskatalog

---

Verordnung (EU) 2016/301 der Kommission ABl. 2019 L 166, 1; und insbesondere die Annexe zu der Delegierte Verordnung (EU) 2019/980 der Kommission vom 14.3.2019 zur Ergänzung der Verordnung (EU) 2017/1129 des Europäischen Parlaments und des Rates hinsichtlich der Aufmachung, des Inhalts, der Prüfung und der Billigung des Prospekts, der beim öffentlichen Angebot von Wertpapieren oder bei deren Zulassung zum Handel an einem geregelten Markt zu veröffentlichen ist, und zur Aufhebung der Verordnung (EG) Nr. 809/2004 der Kommission, ABl. 2019 L 166, 26.

[259] So ausdr. auch Assmann/Schlitt/v. Kopp-Colomb/*Assmann* §§ 21–23 Rn. 59; FK-WpPG/*Seiler/Singhof* § 21 Rn. 56.

[260] Vgl. *Assmann* in Assmann/Schütze KapitalanlageR-HdB § 5 Rn. 149; JVRZ/*Pankoke* BörsG § 44, VerkprospG § 13 Rn. 33; FK-WpPG/*Seiler/Singhof* § 21 Rn. 57. Wie hier Assmann/Schlitt/v. Kopp-Colomb/*Assmann* §§ 21–23 Rn. 48, 55; *Stephan* AG 2002, 3 (7).

[261] Wie hier *Assmann* in Assmann/Schütze KapitalanlageR-HdB § 5 Rn. 149; Assmann/Schlitt/v. Kopp-Colomb/*Assmann* §§ 21–23 Rn. 59, FK-WpPG/*Seiler/Singhof* § 21 Rn. 56 *Mülbert/Steup* in Habersack/Mülbert/Schlitt Unternehmensfinanzierung-HdB § 41 Rn. 40.

[262] Verordnung (EG) Nr. 809/2004 der Kommission vom 29. April 2004 zur Umsetzung der Richtlinie 2003/71/EG des Europäischen Parlaments und des Rates betreffend die in Prospekten enthaltenen Informationen sowie das Format, die Aufnahme von Informationen mittels Verweis und die Veröffentlichung solcher Prospekte und die Verbreitung von Werbung, in der zweiten berichtigten Fassung abgedruckt in ABl. 2005 L 186, 3. Wie hier mit gleicher Begründung FK-WpPG/*Seiler/Singhof* § 21 Rn. 57.

[263] Delegierte Verordnung (EU) 2019/980 der Kommission vom 14.3.2019 zur Ergänzung der Verordnung (EU) 2017/1129 des Europäischen Parlaments und des Rates hinsichtlich der Aufmachung, des Inhalts, der Prüfung und der Billigung des Prospekts, der beim öffentlichen Angebot von Wertpapieren oder bei deren Zulassung zum Handel an einem geregelten Markt zu veröffentlichen ist, und zur Aufhebung der Verordnung (EG) Nr. 809/2004 der Kommission, ABl. 2019 L 166, 26.

[264] Ausf. zur Frage der Prospekthaftung in einem solchen Fall Assmann/Schlitt/v. Kopp-Colomb/*Assmann* §§ 21–23 Rn. 64 f.: Die Gestaltung darf nur bei Informationen geschehen, die nicht wesentlich sind, dh deren Fehlen auch keine Prospekthaftung begründen sollte. Ist die Gestaltung fehlerhaft, dann sollte ein Verschulden des Emittenten ausscheiden. Zwar beziehen sich die Ausführungen auf § 8 Abs. 2 Nr. 2 aF; sie gelten für Art. 18 Prospekt-VO gleichermaßen, da die Regelungen sich kaum unterscheiden.

der Art. 6–9, 13–19 (einschließlich Anhängen) Prospekt-VO in Verbindung mit den Bestimmungen und Anhängen der Delegierten Verordnungen genannten Bestandteile rein tatsächlich nicht vorliegt.[265] Ob hier Fehlanzeigen erforderlich sind, beantworten die einschlägigen Regelungen nicht eindeutig. Soweit es tatsächlich nur darum geht, Angaben wegzulassen, weil die Umstände beim Emittenten nicht vorliegen, sollte sicherheitshalber eine Fehlanzeige erfolgen.[266] Soweit es um Angaben geht, die nach Art. 18 Prospekt-VO weggelassen werden, kann sich aus der Natur der Sache ergeben, dass auch eine „Fehlanzeige" untunlich ist. Ob die BaFin in der nach Art. 20 Abs. 7 Prospekt-VO zu veröffentlichenden Anleitung zum Prüfungs- und Billigungsverfahren hierzu nähere Hinweise geben wird, ist derzeit noch offen.

60   Letzteres, dh die Unvollständigkeit eines Prospektes trotz Aufnahme sämtlicher im Inhaltskatalog der Art. 6–9, 13–19 (einschließlich Anhängen) Prospekt-VO in Verbindung mit den Bestimmungen und Anhängen der Delegierten Verordnungen genannten Angaben ergibt sich bereits aus der Überschrift des Art. 13 Prospekt-VO die auch für die Delegierten Verordnungen von „Mindestangaben", die dort gefordert werden, spricht,[267] ebenso auch aus den Kapitelüberschriften der Delegierten VO (EU) 2019/980 [268], die in Kapitel II, Abschnitt 1 und 2 jeweils von Mindestangaben sprechen, wenn sie für die verschiedenen Arten der Registrierungsdokumente bzw. Wertpapierbeschreibung auf die jeweiligen Annexe verweisen. Im Hinblick auf die Vollständigkeit ist der **Grundsatz des Art. 6 Abs. 1 S. 1** Prospekt-VO zu beachten: Der Prospekt muss „die erforderlichen Informationen, die für das Anlegen wesentlich sind, um sich ein fundiertes Urteil über Folgendes bilden zu können (enthalten): a) die Vermögenswerte und Verbindlichkeiten, die Gewinne und Verluste, die Finanzlage und die Aussichten des Emittenten und eines etwaigen Garantiegebers; b) die mit den Wertpapieren verbundenen Rechte und c) die Gründe für die Emission und ihre Auswirkungen auf den Emittenten." Andererseits führt nicht jede Unvollständigkeit des Anhangs des Jahresabschlusses – der zu den notwendigen Angaben des Prospekts gehört – zur Unvollständigkeit des Prospektes.[269]

61   Fraglich ist, wie diese Regel in den Fällen anzuwenden ist, in denen die neue Prospektverordnung Vereinfachungen vorsieht, zB Art. 14, 15 Prospekt-VO und die Delegierten Verordnungen insoweit geringere Anforderungen stellen. Geht man auch hier davon aus, dass der Grundsatz des Art. 6 Abs. 1 S. 1 Prospekt-VO uneingeschränkt anzuwenden ist, dann führen die reduzierten Inhaltskataloge **zu keiner Erleichterung**[270]. Vielmehr wird in einem Prospekthaftungsverfahren dann allein schon der Hinweis, dass zwar die spezifisch reduzierten Anforderungen erfüllt wurden, nicht aber die allgemeinen Informationsanforderungen des Art. 6 Abs. 1 S. 1 Prospekt-VO ausreichen, um eine Prospektunvollständigkeit nachweisen zu können. Nur dann, wenn man den Haftungsmaßstab entsprechend anpasst und damit die Anforderungen des Art. 6 Abs. 1 S. 1 Prospekt-VO reduziert, kann das Ziel, hier tatsächlich eine Vereinfachung herbeizuführen, erreicht werden: Im Regelfall reichen die reduzierten Anforderungen aus, nur aufgrund besonderer Umstände des jeweiligen Einzelfalles können darüber hinausgehende Anforderungen, zu denen dann auch die darüber hinausgehenden Informationen für Regelprospekte gehören können, gestellt werden. Art. 14 Abs. 2 Prospekt-VO weist eindeutig in diese Richtung indem er bestimmt: „Abweichend von Artikel 6 Absatz 1 …".[271] Diese ausdrückliche Regelung beruht offensichtlich auf der Erkenntnis, dass die bisherigen Erleichterungen bei Bezugsrechtsemissionen und für KMU in Art. 26a und 26b Prospekt-VO ihre Ziele nicht erreicht haben[272] und das sicherlich auch aufgrund der Unsicherheiten bei der Prospekthaftung. Versteht man deshalb die neue gesetzliche Regelung in Art. 14 Abs. 2 Prospekt-VO als Reaktion auf diesen Missstand, dann dient sie dazu klar zu stellen, dass ein Prospekt, der den reduzierten Anforderungen gerecht wird, ausreicht, um im Regelfall eine Prospekthaftung zu vermeiden.

62   Welche Angaben für einen vollständigen Prospekt erforderlich sind, ist damit **grundsätzlich** anhand des **Inhaltskatalogs des Art. 6** Prospekt-VO **iVm den Bestimmungen und den Anhängen der Delegierten Verordnungen** zu beantworten, wobei jedoch aufgrund besonderer Umstände des jeweiligen Einzelfalls sowohl weniger als auch wegen **Art. 6 Abs. 1 S. 1** Prospekt-VO auch darüber hinausgehende Angaben erforderlich sein können. Stellt man, wie die Rspr., auf den durchschnitt-

---

[265] FK-WpPG/*Seiler/Singhof* § 21 Rn. 57; *Mülbert/Steup* in Habersack/Mülbert/Schlitt Unternehmensfinanzierung-HdB § 41 Rn. 44.

[266] Die Angabe, dass der Emittent nicht von einzelnen Patenten abhängig ist, hat als solche einen Informationsgehalt und ist damit dem schlichten Weglassen dieser Information vorzuziehen. Wie hier FK-WpPG/*Seiler/Singhof* § 21 Rn. 57.

[267] FK-WpPG/*Seiler/Singhof* § 21 Rn. 56. Zum „alten" Recht vor Inkrafttreten des Prospektrichtlinie-Umsetzungsgesetzes war dies unstr.; *Brondics/Mark* AG 1989, 339 (342); *Hamann* in Schäfer/Hamann BörsG aF §§ 45, 46 Rn. 78; *Stephan* AG 2002, 3 (7); Schwark/Zimmer/*Schwark* BörsG §§ 44, 45 Rn. 35.

[268] ABl. 2019 L 166, 26.

[269] BGH Beschl. v. 22.11.2016 – XI ZB 9/13, ZIP 2017, 318 Rn. 81.

[270] Dazu bereits ausf. zum alten Recht und den Erleichterungen bei der Prospekterstellung bei Bezugsrechtsemissionen FK-WpPG/*Berrar* Prospekt-VO Art. 26a Rn. 36 ff.

[271] So auch *Schulz* WM 2018, 212 (218) und bereits *Schulz* WM 2016, 1417 (1423); in diese Richtung auch FK-WpPG/*Berrar* Prospekt-VO Art. 26a Rn. 55.

[272] Begründung des Kommissionsvorschlags, COM/2015/583/final, 12 (18).

lichen Anleger ab, kann es im Einzelfall nicht ausreichen, nur das für sich genommene vollständige Datenmaterial offenzulegen. Vielmehr ist hier uU eine **für den Durchschnittsanleger verständliche und nachvollziehbare Erläuterung** erforderlich.[273] Das ergibt sich jetzt deutlich aus **Art. 6 Abs. 2** Prospekt-VO in dem gefordert wird, dass der Prospekt „in leicht zu analysierender, knapper und verständlicher Form" die erforderlichen Angaben enthalten muss.

Zum „alten" Recht wurden nähere Erläuterungen in folgenden Fällen als erforderlich angesehen:[274] **63**

– Hat sich etwa durch erhebliche **Veränderungen des Konsolidierungskreises** des Emittenten sein Gesamtbild verändert, und wird diese Veränderung nicht bereits im Lagebericht ausreichend dargestellt, ist möglichst an hervorgehobener Stelle des Prospekts eine entsprechende Erläuterung erforderlich.[275] Eine entsprechende Verpflichtung ergibt sich bereits daraus, dass hier unter gewissen Umständen sogenannte Pro forma-Finanzinformationen erforderlich sind.[276]

– **Besonderheiten in der Konzernstruktur** sind darzustellen und zu erläutern. Das soll gelten zB für das Bestehen eines Beherrschungsvertrages, aufgrund dessen die Möglichkeit besteht, nachteilige Weisungen an den Emittenten zu erteilen. In diesem Fall reichte es nicht, nur auf den Beherrschungsvertrag zu verweisen, vielmehr müsse sowohl auf die Weisungsbefugnis als auch die sich daraus ergebenden besonderen Risiken (Gefahr für die Rückzahlung) hingewiesen werden.[277]

– Hat eine Maßnahme unterschiedliche Auswirkungen auf die **Konzern- und die AG-Bilanz,** sind diese verständlich darzustellen.[278]

– Auf die Anwendung von **Bewertungsverfahren und -ansätzen,** deren Kenntnis für die sachgerechte Einschätzung von wesentlichen Vermögensgegenständen erforderlich ist, muss hingewiesen werden, selbst dann, wenn diese Bewertungsverfahren und -ansätze rechtlich zulässig und gewöhnlich sind, jedoch die Gefahr von zB Überbewertung bergen.[279]

– Ergibt sich aus dem Jahresabschluss nicht, dass dieser unter erheblicher **Ausnutzung bilanzrechtlicher Spielräume,** die zu einem zwar noch vertretbaren – ansonsten wäre der Prospekt unrichtig –, aber risikobehafteten positiven Gesamtbild führen, erstellt wurde, so bedarf es einer näheren Erläuterung oder zumindest eines entsprechenden Hinweises.[280]

– Im Einzelfall können auch Angaben über den nach dem Inhaltskatalog der Art. 6–9, 13–19 (einschließlich Anhängen) Prospekt-VO in Verbindung mit den Bestimmungen und Anhängen der Delegierten Verordnungen für historische Finanzdaten geforderten **3-Jahres-Zeitraum** erforderlich sein, zB wenn die Gesellschaft vorher erhebliche Verluste erwirtschaftet hat, muss darauf ggf. hingewiesen werden bzw. muss der ansonsten erzeugte Eindruck, die Gesellschaft sei immer ertragreich gewesen, korrigiert werden.[281]

---

[273] OLG Frankfurt a. M. Urt. v. 1.2.1994 – 5 U 213/92, WM 1994, 291 (295); *Mülbert/Steup* in Habersack/Mülbert/Schlitt Unternehmensfinanzierung-HdB § 41 Rn. 41; einschr. Schwark/Zimmer/*Schwark* BörsG §§ 44, 45 Rn. 35 zum alten Recht.

[274] Zu weiteren Einzelfällen vgl. *Hamann* in Schäfer/Hamann BörsG §§ 44, 45 Rn. 160 ff.; *Hauptmann* in Vortmann, Prospekthaftung und Anlageberatung, 2000, § 3 Rn. 74.

[275] Wie hier *Krämer/Baudisch* WM 1998, 1161 (1173). Zu weitgehend LG Frankfurt a. M. Urt. v. 7.10.1997 – 3/11 O 44/96, WM 1998, 1181 (1183), das darüber hinaus fordert, an den entsprechenden anderen Stellen des Prospekts müsse ein verweisender Hinweis aufgenommen werden, in diese Richtung wohl auch OLG Frankfurt a. M. Urt. v. 17.3.1999 – 21 U 260/97, ZIP 1999, 1005 (1006); dafür allerdings *Mülbert/Steup* in Habersack/Mülbert/Schlitt Unternehmensfinanzierung-HdB § 41 Rn. 42.

[276] FK-WpPG/*Seiler/Singhof* § 21 Rn. 60. Näher → Rn. 66 f.

[277] BGH Urt. v. 18.9.2012 – XI ZR 344/11, BGHZ 195, 1 Rn. 29 ff. Dabei weist der BGH (Rn. 32) den Einwand zurück, das Weisungsrecht ergebe sich bereits aus dem Gesetz und müsse deshalb nicht genannt werden. Dass nachteilige Rechtsfolgen sich bereits aus einschlägigen Rechtsnormen ableiten ließen, entbinde nicht von der Aufklärungspflicht. Der BGH verweist in diesem Zusammenhang auf seine Rechtsprechung, nach der auch auf das Wiederaufleben der Kommanditistenhaftung hinzuweisen sei, obwohl auch diese sich bereits aus dem Gesetz ergebe, BGH Urt. v. 22.3.2011 – II ZR 271/08, BGHZ 189, 45 Rn. 29.

[278] BGH Beschl. v. 21.10.2014 – XI ZB 12/12, BGHZ 203, 1 Rn. 122 für den Fall des Umhängens einer Beteiligung im Konzern.

[279] BGH Beschl. v. 21.10.2014 – XI ZB 12/12, BGHZ 203, 1 Rn. 96; bestätigt BGH Beschl. v. 22.11.2016 – XI ZB 9/13, ZIP 2017, 318 Rn. 69 und 75 zur Anwendung des Clusterverfahrens bei der Immobilienbewertung der Deutsche Telekom AG. Im konkreten Fall hat der BGH keinen ausdrücklichen Hinweis als erforderlich angesehen. Auf gewöhnliche, rechtlich zulässige Bewertungsansätze und -verfahren müsse nicht hingewiesen werden, wohl aber auf solche, deren Kenntnis für die sachgerechte Einschätzung des Grundstückswertes (ca. 70 % des Eigenkapitals, Rn. 59) erforderlich ist. Das sei dann der Fall, wenn ein Bewertungsverfahren rechtlich unzulässig und damit offensichtlich für eine sachgerechte Bewertung ungeeignet sei oder, wenn es zwar zulässig sei, aber in erhöhtem Maße das Risiko der Überbewertung in sich trage.

[280] BGH Beschl. v. 21.10.2014 – XI ZB 12/12, BGHZ 203, 1 Rn. 77; BGH Urt. v. 12.7.1982 – II ZR 175/81, WM 1982, 862 (863); OLG Düsseldorf Urt. v. 5.4.1984 – 6 U 239/82, WM 1984, 586 (592 f.); FK-WpPG/*Seiler/Singhof* § 21 Rn. 61; *Hopt,* Die Verantwortlichkeit der Banken bei Emissionen, 1991, Rn. 185; *Mülbert/Steup* in Habersack/Mülbert/Schlitt Unternehmensfinanzierung-HdB § 41 Rn. 42; Schwark/Zimmer/*Schwark* BörsG §§ 44, 45 Rn. 29 und FK-WpPG/*Seiler/Singhof* § 21 Rn. 76.

[281] BGH Urt. v. 12.7.1982 – II ZR 175/81, WM 1982, 862 (864); iE hinsichtlich der Vermeidung eines unzutreffenden Gesamteindrucks ebenso Schwark/Zimmer/*Schwark* BörsG §§ 44, 45 Rn. 29.

– Sofern der „Gewinn" aus der **Auflösung stiller Reserven,** zB Beteiligungsveräußerungen, oder offener Rücklagen stammt, ist dies im Prospekt offenzulegen;[282] ein ausdrücklicher Hinweis, dass der Gewinn nicht „erwirtschaftet" wurde, ist jedoch nicht erforderlich.[283] Ebenso wenig ist es erforderlich, auf den Gewinn hinzuweisen, soweit stille Reserven offengelegt werden und auf die Neubewertung zu Verkehrswerten hingewiesen wird.[284]

– Auf geplante **Kurspflege bzw. -stabilisierungsmaßnahmen**[285] ist hinzuweisen.[286] Eine Pflicht zur Darstellung jeder beabsichtigten Stabilisierungsmaßnahme und deren Einzelheiten ergibt sich bereits aus dem Inhaltskatalog der Delegierten Verordnung, Punkt 6.5 Annex 11 Delegierte VO (EU) 2019/980.

– **Besondere Interessenkonflikte** sind offenzulegen. Ein solcher Interessenkonflikt besteht jedoch **nicht** allein in dem Provisionsinteresse eines Emissionsbegleiters[287] oder darin, dass der Emittent mit den Mitteln der Emission seine **Kreditverbindlichkeiten bei dem die Emission arrangierenden Kreditinstitut zurückführen** will; dass diese Art der Mittelverwendung angegeben werden muss, ist keine Frage des Interessenkonflikts.[288]

– **Marktschutzklauseln (Lock-up-Vereinbarungen)** sind bereits nach dem Inhaltskatalog der Delegierten VO (EU) 2019/980, Punkt 7.4 Anhang 11, darzustellen, wobei diese Darstellung reicht, ohne dass besondere Hinweise darauf erforderlich wären, dass die Erhaltung der Verpflichtung nicht gesichert ist und, dass der Kurs nach Ende der Haltefrist sinken kann oder wird.[289] Erfasst werden nicht nur die Lock-up-Vereinbarungen von Aktionären mit den Emissionsbanken und Marktschutzvereinbarungen des Emittenten mit den Konsortialbanken, in denen sich der Emittent verpflichtet, innerhalb eines bestimmten Zeitraums keine weiteren Emissionen von Aktien oder Aktionärsderivaten vorzunehmen[290], sondern auch entsprechenden Haltevereinbarungen zwischen den Aktionären, die die Regelung die mögliche Parteien der Vereinbarungen nicht einschränkt.

– Veräußerungen von Aktien im Vorfeld des Börsengangs durch Organmitglieder oder wesentliche Aktionäre zu Preisen unterhalb des Platzierungspreises sind ebenso offen zu legen wie Rückerwerbsgeschäfte von Aktien durch die Gesellschaft von Organmitgliedern im zeitlichen Vorfeld des Börsengangs.[291]

– Verwendet der Emittent im Prospekt sog. „Alternative Leistungskennzahlen", also „Finanzkennzahlen der vergangenen oder zukünftigen finanziellen Leistungen, Finanzlage oder Cashflows, ausgenommen Finanzkennzahlen, die im einschlägigen Rechnungslegungsrahmen definiert oder ausgeführt sind,[292] dann sind für diese die „Leitlinien Alternative Leistungskennzahlen (APM)" der ESMA einzuhalten. Das bedeutet, die APM sollten unter anderem klar und verständlich bezeichnet, definiert und erläutert werden.[293] Zwar sind diese Leitlinien keine gesetzlichen Regelungen, sie sind aber als Auslegungshilfe hilfreich, wie APM „in leicht zu analysierender, knapper und verständlicher Form", Art. 6 Abs. 2 Prospekt-VO dargestellt werden können.

64   **f) Angaben Dritter, Rating, zukunftsbezogene Angaben, Als-Ob-Abschlüsse (Pro forma-Finanzinformationen).**[294] Fraglich ist, ob überhaupt und ggf. ab wann negative Mitteilungen Dritter, zB Einstufung durch Rating-Agenturen, Bericht der Wirtschaftspresse etc im Prospekt

---

[282] BGH Beschl. v. 21.10.2014 – XI ZB 12/12, BGHZ 203, 1 Rn. 81, mit dem ausdr. Hinweis, dass, wenn die stillen Reserven offengelegt wurden, dies ausreiche (Hinweis auf die Neubewertung zu Verkehrswerten); ebenso BGH Beschl. v. 22.11.2016 – XI ZB 9/13, ZIP 2017, 318 Rn. 63.

[283] Schwark/Zimmer/*Schwark* BörsG §§ 44, 45 Rn. 29.

[284] BGH Beschl. v. 22.11.2016 – XI ZB 9/13, ZIP 2017, 318 Rn. 63.

[285] Deren Zulässigkeit bestimmt sich nach der entsprechenden Änderung durch Art. 5 Verordnung (EU) Nr. 596/2014 des Europäischen Parlaments und des Rates vom 16. April 2014 über Marktmissbrauch (Marktmissbrauchsverordnung) und zur Aufhebung der Richtlinie 2003/6/EG des Europäischen Parlaments und des Rates und der Richtlinien 2003/124/EG, 2003/125/EG und 2004/72/EG der Kommission, ABl. 2014 L 173, 1 sowie die Delegierten Verordnung (EU) 2016/1052 der Kommission vom 8. März 2016 zur Ergänzung der Verordnung (EU) Nr. 596/2014 des Europäischen Parlaments und des Rates durch technische Regulierungsstandards für die auf Rückkaufprogramme und Stabilisierungsmaßnahmen anwendbaren Bedingungen ABl. 2016 L 173, 34. Ausf. zu Stabilisierungsmaßnahmen *Fleischer* ZIP 2003, 2045; *Groß* GS Bosch, 2005, 51.

[286] BGH Urt. v. 5.7.1993 – II ZR 194/92, WM 1993, 1787 (1792); FK-WpPG/*Seiler*/*Singhof* § 21 Rn. 65. Eine solche Hinweispflicht auch beim üblichen Greenshoe bereits nach „altem" Recht annehmend *Hauptmann* in Vortmann, Prospekthaftung und Anlageberatung, 2000, § 3 Rn. 73; *Schäfer* WM 1999, 1345 (1348).

[287] JVRZ/*Pankoke* BörsG § 44, VerkprospG § 13 Rn. 47.

[288] Ebenso *Bosch* in Bosch/Groß, Emissionsgeschäft, 2000, Rn. 10/127; idS auch FK-WpPG/*Seiler*/*Singhof* § 21 Rn. 66.

[289] JVRZ/*Pankoke* BörsG § 44, VerkprospG § 13 Rn. 48; FK-WpPG/*Seiler*/*Singhof* § 21 Rn. 67.

[290] Zur Reichweite der Angabepflicht vgl. FK-WpPG/*Seiler* Anh. III Rn. 138 ff.

[291] FK-WpPG/*Seiler*/*Singhof* § 21 Rn. 62.

[292] So die Begriffsbestimmung in den ESMA-Leitlinien „Leitlinien Alternative Leistungskennzahlen (APM)".

[293] Ebenso FK-WpPG/*Seiler*/*Singhof* § 21 Rn. 72 mit dem zutreffenden Hinweis, dass die verwendeten APM richtig sein und auch einen zutreffenden Eindruck vermitteln müssen.

[294] Zur Rechtslage in der EU, der Schweiz und den USA *Hopt*/*Voigt* in Hopt/Voigt, Prospekt- und Kapitalmarktinformationshaftung, 2005, 41 f.

wiedergegeben werden müssen.[295] Solche Mitteilungen Dritter sind als solche zwar eine Tatsache, der Inhalt der Mitteilung ist jedoch nicht zwingend eine Tatsache. Auch der Umstand, dass solche Mitteilungen bestehen, ist als solcher kein für die Wertpapiere wertbildender Faktor. Sie sind deshalb grundsätzlich[296] nicht in den Prospekt aufzunehmen. Allerdings geben sie Anlass, den Prospekt und sein Gesamtbild kritisch zu untersuchen; ihre Existenz ist somit ggf. beim Verschulden zu prüfen.[297]

Art. 6 Abs. 1 S. 1 lit. a Prospekt-VO verlangt ausdrücklich auch diejenigen Informationen, die   **65** notwendig sind, um ein zutreffendes Urteil über die „Aussichten" des Emittenten oder Garantiegebers zu ermöglichen. Demzufolge enthält der Prospektinhaltskatalog der Delegierten VO (EU) 2019/980 die Verpflichtung, **bestimmte zukunftsbezogene Informationen** in den Prospekt aufzunehmen.[298] Dabei handelt es sich zum einen um **Tatsachen, die sich erst in der Zukunft auswirken werden,** so die Tatsache von bereits beschlossenen, aber erst künftig zu realisierenden Investitionen nach Nr. 5.7.2 des Anhang 1 (Registrierungsformular für Dividendenwerte) der Delegierten VO (EU) 2019/980. Zum anderen geht es um **tatsächliche Zukunftsprognosen,** so bei den nach Nr. 7.1.2 des Anhang 1 (Registrierungsformular für Dividendenwerte) der Delegierten VO (EU) 2019/980 erforderlichen Angaben über die Geschäftsaussichten des Emittenten. Diese **Prognosen** müssen „**ausreichend durch Tatsachen gestützt und kaufmännisch vertretbar"** sein.[299] Über die gesetzlich/prospektverordnungsrechtlich geforderte Prognoseberichterstattung hinaus rät die **Rspr. zu Recht zur Zurückhaltung.**[300] Ob diese restriktive Ansicht noch haltbar ist, wird in der Lit. angezweifelt, und vereinzelt wird sie sogar als „überholt" bezeichnet.[301] Darüber hinaus wird vertreten, es spreche „mehr dafür als dagegen, dass Prospekte Informationen über tatsächlich aufgestellte Unternehmensplandaten enthalten sollten".[302] Dem ist entschieden zu widersprechen. Soweit der Prospektinhaltskatalog der Art. 6–9, 13–19 (einschließlich Anhängen) Prospekt-VO in Verbindung mit den Bestimmungen und Anhängen der Delegierten Verordnungen zukunftsbezogener Informationen fordert, sind diese in den Prospekt aufzunehmen. Dass Art. 6 Abs. 1 S. 1 Prospekt-VO über die in den Inhaltskatalogen der Art. 6–9, 13–19 (einschließlich Anhängen) Prospekt-VO in Verbindung mit den Bestimmungen und Anhängen der Delegierten Verordnungen einzeln aufgeführten zukunftsgerichteten Angaben hinaus weitere Informationen über die Zukunftsaussichten fordert, ist mit dem (→ Rn. 58) zur Vollständigkeit aufgestellten Grundsatz zu beantworten: Ein Prospekt, der dem in Art. 6 Prospekt-VO iVm Art. 6–9, 13–19 (einschließlich Anhängen) Prospekt-VO in Verbindung mit den Bestimmungen und Anhängen der Delegierten Verordnungen enthaltenen gesetzlichen Inhaltskatalog entspricht, ist im Regelfall vollständig.[303] Demnach sind im Regelfall keine weiteren zukunftsbezogenen Informationen als diejenigen, welche ausdrücklich gefordert werden, in den Prospekt aufzunehmen. Das belegt auch und gerade Nr. 11 Anhang 1 (Registrierungsformular für Dividenden-

[295] Bejahend LG Frankfurt a. M. Urt. v. 6.10.1992 – 3/11 O 173/91, WM 1992, 1768 (1771 f.); abl. OLG Frankfurt a. M. Urt. v. 1.2.1994 – 5 U 213/92, WM 1994, 291 (297); Assmann/Schlitt/v. Kopp-Colomb/*Assmann* §§ 21–23 Rn. 62 und Schwark/Zimmer/*Schwark* BörsG §§ 44, 45 Rn. 36. Umfassend hierzu *Hauptmann* in Vortmann, Prospekthaftung und Anlageberatung, 2000, § 3 Rn. 75; *Hamann* in Schäfer/Hamann BörsG §§ 44, 45 Rn. 165 ff. Differenzierend *Ehricke* in Hopt/Voigt, Prospekt- und Kapitalmarktinformationshaftung, 2005, 187, 218 f. Zur Rechtslage in den Ländern der EU, der Schweiz und den USA vgl. *Hopt/Voigt* in Hopt/Voigt, Prospekt- und Kapitalmarktinformationshaftung, 2005, 41 f.

[296] Wie hier *Mülbert/Steup* in Habersack/Mülbert/Schlitt Unternehmensfinanzierung-HdB § 41 Rn. 45. Eine Ausnahme gilt selbstverständlich nur, wenn der Prospekt zB auf die Einstufung durch Rating-Agenturen eingeht. Dann müssen alle Einstufungen mitgeteilt, und es dürfen nicht nur die dem Emittenten angenehmen Einstufungen dargestellt werden. Das ergibt sich aber bereits aus dem Grundsatz der vollständigen, wahrheitsgemäßen Prospektberichterstattung.

[297] OLG Frankfurt a. M. Urt. v. 1.2.1994 – 5 U 213/92, WM 1994, 291 (297); *Ellenberger,* Prospekthaftung im Wertpapierhandel, 2001, 36 f.; *Hamann* in Schäfer/Hamann BörsG §§ 44, 45 Rn. 168; FK-WpPG/*Seiler/Singhof* § 21 Rn. 71.

[298] Ausf. zur Prognoseberichterstattung nach altem Recht ua in Prospekten *Siebel/Gebauer* WM 2001, 173 ff. (Verkaufsprospekt), 176 ff. (Börsenzulassungsprospekt); ausf. dazu ebenso *Hamann* in Schäfer/Hamann BörsG §§ 44, 45 Rn. 146. Zur Rechtslage in der EU, der Schweiz und den USA *Hopt/Voigt* in Hopt/Voigt, Prospekt- und Kapitalmarktinformationshaftung, 2005, 36 ff.

[299] BGH Urt. v. 12.7.1982 – II ZR 175–181, WM 1982, 862 (865).

[300] BGH Urt. v. 12.7.1982 – II ZR 175–181, WM 1982, 862 (865); vgl. nur ebenso *Meyer* in Habersack/Mülbert/Schlitt Unternehmensfinanzierung-HdB § 36 Rn. 57; idS auch *Mülbert/Steup* in Habersack/Mülbert/Schlitt Unternehmensfinanzierung-HdB § 41 Rn. 40.

[301] Deutlich zurückhaltender und unter Einschränkung der noch in der Vorauflage geäußerten Ansicht jetzt Assmann/Schlitt/v. Kopp-Colomb/*Assmann* §§ 21–23 Rn. 56; *Assmann* in Assmann/Schütze KapitalanlageR-HdB § 5 Rn. 58 ff. Krit. zur zurückhaltenden Ansicht aber *Hamann* in Schäfer/Hamann BörsG §§ 44, 45 Rn. 143; Schwark/Zimmer/*Schwark* BörsG §§ 44, 45 Rn. 26 sowie *Fleischer,* Gutachten F zum 64. Deutschen Juristentag 2002, F 48. Zur Rechtslage in den Ländern der EU, der Schweiz und den USA vgl. *Hopt/Voigt* in Hopt/Voigt, Prospekt- und Kapitalmarktinformationshaftung, 2005, 41 f.

[302] So noch Assmann/Schlitt/v. Kopp-Colomb/*Assmann* VerkprospG § 13 Rn. 62; deutlich zurückhaltender jetzt Assmann/Schlitt/v. Kopp-Colomb/*Assmann* §§ 21–23 Rn. 56.

[303] Ausf. dazu → Rn. 58.

werte) der Delegierten VO (EU) 2019/980. Wenn dort die Aufnahme einer Gewinnprognose[304] nur dann verlangt wird, wenn der Emittent eine solche vorher veröffentlicht hat, dann wird für alle anderen Fälle es gerade freigestellt, eine solche zu erstellen (und dann in den Prospekt aufzunehmen) oder eben nicht. Es besteht demnach keine Pflicht, eine solche Gewinnprognose zu erstellen. Dies spricht für eine restriktive Haltung auch der europäischen Vorgaben zur Frage von zukunftsgerichteten Angaben. Sie sind eben gerade nicht gesetzlich erforderlich sondern freigestellt.[305] Keine Ausnahme vom Regelfall, sich auf ausdrücklich geforderte zukunftsgerichtete Angaben beschränken zu können, ist es, wenn aufgrund sonstiger Angaben im Prospekt, zB einer jahrelang positiven Geschäftsentwicklung, ein Gesamteindruck vermittelt wird, der aufgrund eigener Erwartungen des Prospekterstellers korrigiert werden sollte. Dies erfordert nämlich nicht konkrete zukunftsgerichtete Angaben zur weiteren Entwicklung sondern nur entsprechende eindeutige Warnhinweise.[306] Sollte eine Prognose aufgenommen werden, dann ist allgemein, nicht nur im Falle von Gewinnprognosen, für die Nr. 11 Anhang 1 (Registrierungsformular für Aktien) Delegierten VO (EU) 2019/980 konkrete Vorgaben enthält[307], eine umfassende Darstellung der Annahmen, auf denen die Prognose beruht, sowie der internen und externen Einflussfaktoren erforderlich. Außerdem ist explizit auch auf die Risiken hinzuweisen, die dem Eintritt des prognostizierten Umstandes oder der vorhergesagten Entwicklung entgegenstehen können.[308] Allgemein gehaltene Warnungen sollen hier nicht ausreichen, vielmehr bedürfe es genauer, auf das jeweilige Risiko eingehender, spezifischer Erläuterungen.[309] Dem wird man im Interesse einer vollständigen Information der Anleger wohl zustimmen können. Andererseits ist eine gleichsam vor die Klammer gezogene Behandlung der Risiken in einem gesonderten Abschnitt, zB unter der Überschrift „Zukunftsgerichtete Angaben" dann ausreichend, wenn dort tatsächlich die spezifischen Risiken dargestellt und erläutert werden. Nicht erforderlich ist es, dann jeweils an den Stellen des Prospektes, an denen die Prognosen konkret behandelt werden, erneut die spezifischen Risiken darzustellen. Wenn der BGH auch vom durchschnittlichen Anleger eine sorgfältige und eingehende Lektüre des Prospektes verlangt,[310] dann muss auch die einmalige, allerdings deutlich hervorgehobene und alle nachfolgenden einschlägigen Angaben klar und eindeutig umfassende Darstellung der spezifischen Risiken ausreichen. Ständige Wiederholungen machen den Prospekt nicht präziser, sondern unübersichtlicher und damit für den durchschnittlichen Anleger eher unverständlicher (→ Rn. 86).

66   Bei der Zulassung von Wertpapieren von Unternehmen, deren Konsolidierungskreis sich unmittelbar vor dem Börsengang erheblich geändert hat sind Als-Ob-Abschlüsse oder Pro forma-Finanzinformationen erforderlich, so ausdrücklich auch Nr. 18.4 des Anhang 1 (Registrierungsformular für Dividendenwerte) der Delegierten VO (EU) 2019/980.[311] Diese Pro forma-Finanzinformationen oder Als-Ob-Abschlüsse stellen die Rechnungslegung dieser Unternehmen – fiktiv – so dar, als ob der neue Konsolidierungskreis bereits in früheren Jahren bestanden hätte. Ob solche Pro forma-Abschlüsse erforderlich sind, hängt von den Umständen des Einzelfalls ab. Generell dürften sie dann erforderlich sein, wenn sich wesentliche Veränderungen der rechtlichen oder wirtschaftlichen Struktur des Emittenten, zB bei Unternehmenszusammenschlüssen, -übernahmen, Erwerben oder Veräußerungen oder sonstigen Abgängen wesentlicher Geschäftsbereiche, in den bisherigen Abschlüssen nicht widerspiegeln. Nr. 18.4 des Anhang 1 (Registrierungsformular für Dividendenwerte) der Delegierten VO (EU) 2019/980 fordert, dass Pro forma-Finanzinformationen dann beigebracht werden müssen, „wenn es zu bedeutenden „Brutto"-Veränderungen kommt. Dies definiert Art. 1 lit. e Delegierte VO (EU) 2019/

---

[304] Anders als nach der früheren Rechtslage ist keine Bescheinigung eines Wirtschaftsprüfers für die Gewinnprognose mehr in den Prospekt aufzunehmen. In der Praxis werden „entsprechende Ergänzungen in den durch die Wirtschaftsprüfer erstellten Comfort Letter" gefordert, „um den Interessen der die Emission begleitenden Banken Rechnung zu tragen", *Geyer/Schelm* BB 2019, 1731 (1738).

[305] So ausdr. jetzt auch Assmann/Schlitt/v. Kopp-Colomb/*Assmann* §§ 21–23 Rn. 56.

[306] So wohl auch Assmann/Schlitt/v. Kopp-Colomb/*Assmann* §§ 21–23 Rn. 56.

[307] FK-WpPG/*Seiler/Singhof* § 21 Rn. 70 weisen zurecht darauf hin, dass eine Bescheinigung eines Wirtschaftsprüfers zur Gewinnprognose nicht zur Enthaftung des Prospektverantwortlichen führt, aber – jenseits des Emittenten – im Rahmen der Beurteilung der Fahrlässigkeit (grobe) zu berücksichtigen ist.

[308] BGH Urt. v. 12.7.1982 – II ZR 175–181, WM 1982, 882 (865); ebenso FK-WpPG/*Seiler/Singhof* § 21 Rn. 68.

[309] *Fleischer*, Gutachten F zum 64. Deutschen Juristentag 2002, F 59 zur Rechtslage in den USA mit entsprechender Forderung, dass in diesem Fall dann auch eine Prospekthaftung ausscheiden solle.

[310] BGH Urt. v. 31.3.1992 – XI ZR 70/91, WM 1992, 901 (904) zur zivilrechtlichen Prospekthaftung, wobei bei der spezialgesetzlichen Prospekthaftung insoweit nichts anderes gelten kann; vgl. auch BGH Beschl. v. 21.10.2014 – XI ZB 12/12, BGHZ 201, 1 Rn. 118, der bei der Behandlung der spezialgesetzlichen Prospekthaftung genau auf diese Rechtsprechung und die „gebotene(n) sorgfältige(n) und eingehende(n) Lektüre des gesamten Prospekts" verweist. Wie hier wohl auch Assmann/Schlitt/v. Kopp-Colomb/*Assmann* §§ 21–23 Rn. 39, der diese Anforderung nachdrücklich hervorhebt.

[311] Verordnung (EG) Nr. 211/2007 der Kommission vom 27. Februar 2007 zur Änderung der Verordnung (EG) Nr. 809/2004 zur Umsetzung der Richtlinie 2003/71/EG des Europäischen Parlaments und des Rates in Bezug auf die Finanzinformation, die bei Emittenten mit komplexer finanztechnischer Vorgeschichte oder bedeutenden finanziellen Verpflichtungen im Prospekt enthalten sein müssen, ABl. 2007 L 61, 24.

980 als eine mehr als 25 %-ige Schwankung bei einem oder mehreren Indikatoren für den Umfang der Geschäftstätigkeit des Emittenten. Diese Definition ist weiter als die zum alten Recht von der ESMA aufgestellten Empfehlungen.[312] Diese ging dahin, eine Veränderung dann als wesentlich anzusehen, wenn sie zu einer nicht unerheblichen, dh mindestens 25 % betragenden Änderung der Bilanzsumme, der Umsatzerlöse oder des Nettoergebnisses gegenüber dem letzten Abschluss führt. Das sind zwar alles Indikatoren für den „Umfang der Geschäftstätigkeit des Emittenten" (Art. 1 lit. e Delegierte VO (EU) 2018/980), jedoch können dazu auch weitere Kennziffern gehören, zB EBT, EBIT, EBIT-Marge etc.

Werden solche Als-Ob-Abschlüsse, uU auch auf freiwilliger Basis,[313] aufgenommen, sind sie nach **67** anerkannten Rechnungslegungsvorschriften zu erstellen.[314] Anhang 19 Delegierte VO (EU) 2019/980 enthält hierzu detaillierte Vorgaben[315]. Ganz wesentlich ist darüber hinaus, dass ein vollständiger Prospekt es erforderlich macht, dass die **Annahmen, welche diesen Als-Ob-Abschlüssen zugrunde liegen,** umfassend und verständlich erläutert werden. Außerdem müssen die **Unterschiede** zwischen der in den Als-Ob-Abschlüssen dargestellten Fiktion und den realen Verhältnissen offengelegt werden.[316] Hierfür reicht jedoch ein **einmaliger** deutlicher **Hinweis** aus, ohne dass es erforderlich ist, an allen entsprechenden anderen Stellen des Prospekts einen verweisenden Hinweis aufzunehmen.[317] Auch vom durchschnittlichen Anleger kann eine sorgfältige und **vollständige Lektüre** des Prospektes und seiner Anlagen verlangt werden, sodass einzelne Angaben im Prospekt durch an anderer Stelle des Prospekts enthaltene nähere Erläuterungen und Relativierungen präzisiert werden können.[318] Insgesamt ist aber bei Pro forma- oder Als-Ob-Abschlüssen Vorsicht geboten. Obwohl Rechnungslegungs- und Prüfungshinweise zu Pro forma-Angaben existieren,[319] sind Pro forma-Angaben als fiktive Angaben mit erheblichen Unsicherheiten behaftet und erfordern deshalb umfangreiche Erläuterungen.

4. Aktualisierung und Berichtigung. a) Problemaufriss. Aktualisierung einerseits und Berich- **68** tigung andererseits umschreiben zwei unterschiedliche Problembereiche. Bei der **Aktualisierung** geht es darum, vor allem bis wann und, wenn ja, wie Veränderungen von **ursprünglich zutreffend dargestellten** tatsächlichen oder rechtlichen Verhältnissen, die für die Beurteilung der zuzulassenden Wertpapiere wesentlich sind, im Prospekt oder nach dessen Billigung in einem sog. Nachtrag[320] dargestellt werden müssen. Dagegen geht es bei der **Berichtigung** eines Prospekts darum, bereits **ursprünglich unzutreffende** oder unrichtig gewordene Darstellungen tatsächlicher oder rechtlicher Verhältnisse zu korrigieren.

b) Aktualisierung. Art. 6 Abs. 1 S. 1 Prospekt-VO verpflichtet dazu, im Prospekt alle für die **69** Beurteilung der zuzulassenden Wertpapiere wesentlichen tatsächlichen und rechtlichen Verhältnisse richtig und vollständig darzustellen. Diese Verhältnisse können sich aufgrund externer oder interner Umstände im Laufe des oft mehrere Monate dauernden Verfahrens zur Erstellung des Prospekts, seiner Billigung und dem Angebot bzw. der Zulassung ändern. Deshalb bestimmt Art. 23 Abs. 1 S. 1 Prospekt-VO, dass jeder wichtige neue Umstand, der vor Schluss des Angebots oder, falls diese später erfolgt, der Eröffnung des Handels eintritt, in einem Nachtrag zum Prospekt genannt werden muss. Wenn Assmann hier von einer Pflicht zur „permanenten Aktualisierung"[321] spricht, ist das für den Prozess der Erstellung des Prospektes über dessen Billigung bis hin zum Schluss des öffentlichen Angebots bzw. der Eröffnung des Handels zutreffend. Entscheidend ist dabei jedoch der Schlusspunkt dieser Aktualisierungspflicht, den Art. 23 Abs. 1 S. 1 Prospekt-VO ausdrücklich festlegt und der bei (Börsenzulassungs-)Prospekten mit der Eröffnung des Handels, speziell der Einführung der Wert-

---

[312] CESR's recommendations for the consistent implementation of the European Commission's Regulation on Prospectuses no 809/2004, CESR/05–54b, aktualisiert durch ESMA update of the CESR recommendations, abrufbar über die Homepage: www.esma.europa.eu.

[313] Nach Ansicht der ESMA sind auch freiwillige Pro forma-Finanzinformationen zulässig, ESMA, Frequently asked questions, Prospectuses: common positions agreed by ESMA Members, Frage Nr. 54; abrufbar über die Homepage: www.esma.europa.eu.

[314] IDW Rechnungslegungshinweis: Erstellung von Pro forma-Finanzinformationen, IDW RH HFA 1.004, WPg 2006, 141.

[315] Näher dazu *Geyer/Schelm* BB 2019, 1731 (1738 f.).

[316] LG Frankfurt a. M. Urt. v. 7.10.1997 – 3/11 O 44/96, WM 1998, 1181 (1183); OLG Frankfurt a. M. Urt. v. 17.3.1999 – 21 U 260/97, ZIP 1999, 1005 (1006); *Mülbert/Steup* in Habersack/Mülbert/Schlitt Unternehmensfinanzierung-HdB § 41 Rn. 42.

[317] AA LG Frankfurt a. M. Urt. v. 7.10.1997 – 3/11 O 44/96, WM 1998, 1181 (1183); wohl auch aA *Mülbert/Steup* in Habersack/Mülbert/Schlitt Unternehmensfinanzierung-HdB § 41 Rn. 42; *Ellenberger,* Prospekthaftung im Wertpapierhandel, 2001, 37 f.

[318] → Rn. 86.

[319] IDW Rechnungslegungshinweis: Erstellung von Pro forma-Finanzinformationen, IDW RH HFA 1004, WPg 2006, 141; IDW Prüfungshinweis: Prüfung von Pro forma-Finanzinformationen, IDW PH 9.960, WPg 2006, 133.

[320] Die von *Assmann* FS Ulmer, 2003, 757 (760), unter dem Stichwort „Nachtragspflicht" diskutierten Fälle sind ein Unterfall der Aktualisierungspflicht, da sie nur das Mittel mit dem der veränderten Verhältnisse kommuniziert werden, nämlich den Nachtrag, betreffen; idS auch *Stephan* AG 2002, 3.

[321] *Assmann,* Prospekthaftung, 1985, 222.

papiere in den Handel eintritt,[322] bei Prospekten nach Art. 3 Abs. 1 Prospekt-VO (Haftung nach § 10) mit dem Schluss des öffentlichen Angebots.

70   Das Aktualitätsgebot greift bereits bei **Erstellung des Prospekts;** die darin aufgenommenen Angaben müssen im Zeitpunkt der Erstellung des Prospektes auch im Hinblick auf neuere Erkenntnisse und Umstände richtig und vollständig sein. Dies erfordert ggf. entsprechende **zusätzliche, im Zwischenbericht oder Zwischenabschluss oder im Lagebericht noch nicht berücksichtigte Angaben zu aktuellen Entwicklungen.** Das Aktualitätsgebot setzt sich nach Prospekterstellung und Einreichung zur Billigung bis zur **Prospektbilligung** fort.[323] Bis zur Prospektbilligung eingetretene Veränderungen sind in die sogenannte Antragsfassung, dh die Fassung des Prospekts, die zur Billigung eingereicht wurde, einzuarbeiten. Das Aktualitätsgebot gilt weiter bis zur Prospektveröffentlichung.[324] Art. 23 Abs. 1 S. 1 Prospekt-VO ordnet hier, anders als noch der insoweit missverständliche § 52 Abs. 2 BörsZulV aF, eine Nachtragspflicht, dh Aktualisierung für alle zwischen Billigung des Prospekts und zwangsläufig nach Veröffentlichung des Prospekts liegender Eröffnung des Handels eingetretene wichtige neue Umstände an und verweist auf den der Billigung durch die BaFin bedürfenden Nachtrag.[325]

71   Zwischen Prospektveröffentlichung und Einführung der Wertpapiere besteht nach Art. 23 Abs. 1 S. 1 Prospekt-VO die Verpflichtung, die zwischenzeitlich eingetretenen Veränderungen in einem Nachtrag zum Prospekt,[326] zu veröffentlichen.

72   All dies, dh die **Aktualisierungspflicht bis zur Einführung der Wertpapiere,** ist **unstreitig.** Dagegen ist die Antwort auf die Frage streitig, ob bei „Börsenzulassungsprospekten" mit der Einführung der Wertpapiere die Aktualisierungspflicht endet. Die ganz hM in Rspr.[327] und Lit.[328] bejaht dies; eine, jedenfalls früher vereinzelt vertretene Mindermeinung scheint dagegen die Aktualisierungspflicht bis zu sechs Monate nach der Einführung ausdehnen zu wollen.[329] Diese Mindermeinung ist abzulehnen. Aus § 12 Abs. 2 Nr. 4 lässt sich eine solche zeitliche Ausdehnung der Aktualisierungspflicht nicht entnehmen.[330] Seinem Wortlaut nach begründet § 12 Abs. 2 Nr. 4 keine Aktualisierungspflicht und sein Sinn und Zweck ist gerade entgegengesetzt: Es geht dort um die Möglichkeit der Haftungsbegrenzung nicht um zeitliche Haftungserweiterung. Ebenso wenig besteht eine planwidrige und deshalb regelungsbedürftige Lücke, die durch eine Ausdehnung der Aktualisierungspflicht geschlossen werden müsste.[331]

---

[322] Ausf. zum Ende der Aktualisierungspflicht → Rn. 72 sowie → § 16 Rn. 6 ff.

[323] Unstr., vgl. nur *Stephan* AG 2003, 3 (7); *Mülbert/Steup* in Habersack/Mülbert/Schlitt Unternehmensfinanzierung-HdB § 41 Rn. 53.

[324] Wegen des idR geringen Zeitabstandes zwischen Prospektbilligung und Veröffentlichung – idR erfolgt die Veröffentlichung am Tag der oder am Tag unmittelbar nach der Billigung – kommt es in der Praxis selten vor, dass zwischen Billigung und Veröffentlichung neue wesentliche Umstände eintreten. Sollte dies doch der Fall sein, war nach altem Recht fraglich, wie diese Veränderungen berücksichtigt werden sollen. *Assmann* FS Ulmer, 2003, 757 (766); *Stephan* AG 2002, 3 (7). Diese Frage hatte sich bereits durch die Formulierung des § 16 Abs. 1 S. 1 aF erledigt; ebenso *Hamann* in Schäfer/Hamann BörsG §§ 44, 45 Rn. 199, der ebenfalls auf den Nachtrag und dessen Billigungserfordernis verweist; *Mülbert/Steup* in Habersack/Mülbert/Schlitt Unternehmensfinanzierung-HdB § 41 Rn. 54 und stellt sich aufgrund des klaren Wortlauts vor Art. 23 Abs. 1 Prospekt-VO ebenfalls nicht mehr.

[325] Ebenso *Hamann* in Schäfer/Hamann BörsG §§ 44, 45 Rn. 199; *Mülbert/Steup* in Habersack/Mülbert/Schlitt Unternehmensfinanzierung-HdB § 41 Rn. 54; zum alten Recht *Assmann* FS Ulmer, 2003, 757 (766), der zu Recht darauf hinweist, dass hierbei die zeitgleiche Veröffentlichung von Prospekt und Nachtrag zur Vermeidung einer Prospekthaftung erforderlich ist; *Stephan* AG 2002, 3 (7).

[326] *Mülbert/Steup* in Habersack/Mülbert/Schlitt Unternehmensfinanzierung-HdB § 41 Rn. 54. Zum alten Recht BGH Urt. v. 14.7.1998 – XI ZR 173/97, BGHZ 139, 225 (232 f.) = DZWiR 1998, 515 (517) mAnm *Groß* DZWiR 1998, 518 f. Zur von der börsenzulassungsrechtlichen Pflicht zur Veröffentlichung eines Nachtrags zu entscheidenden Frage, ob die im Falle eines nicht veröffentlichten Nachtrags eingreifende Prospekthaftung auch vermieden werden kann, wenn kein Nachtrag, aber eine Veröffentlichung nach § 45 Abs. 2 Nr. 4 erfolgt, bejahend *Assmann* FS Ulmer, 2003, 757 (767 f.).

[327] Ausf. OLG Frankfurt a. M. Urt. v. 6.7.2004 – 5 U 122/03, ZIP 2004, 1411 (1413); LG Frankfurt a. M. Urt. v. 17.1.2003 – 3–07 O 26/01, ZIP 2003, 400 (404 ff.) mablAnm *Ellenberger* EWiR BörsG § 45 1/03, 409 f.

[328] *Hamann* in Schäfer/Hamann BörsG §§ 44, 45 Rn. 200; *Mülbert/Steup* in Habersack/Mülbert/Schlitt Unternehmensfinanzierung-HdB § 41 Rn. 55; *JVRZ/Pankoke* BörsG § 44, VerkprospG § 13 Rn. 41; zum alten Recht bereits *Hauptmann* in Vortmann, Prospekthaftung und Anlageberatung, 2000, § 3 Rn. 79; *Hopt,* Die Verantwortlichkeit der Banken bei Emissionen, 1991, Rn. 209 ff.; *Kort* AG 1999, 9 (15 f.); *Schwark* WuB I G 8.–4.98, sub 2 der Anm., insbesondere auch 2b sowie Schwark/Zimmer/*Schwark* BörsG §§ 44, 45 Rn. 32; wohl auch *Grundmann* in Schimansky/Bunte/Lwowski BankR-HdB § 112 Rn. 41.

[329] In diese Richtung wohl *Assmann* in Assmann/Schütze KapitalanlageR-HdB § 5 Rn. 134; dagegen jetzt aber ausdr. Assmann/Schlitt/v. Kopp-Colomb/*Assmann* §§ 21–23 Rn. 44; *Ellenberger,* Prospekthaftung im Wertpapierhandel, 2001, 17 f.; enger dagegen *Ellenberger* FS Schimansky, 1999, 591 (596): „Vollständiger Verkauf der Emission"; *Assmann* FS Ulmer, 2003, 757 (769 f., 771).

[330] OLG Frankfurt a. M. Urt. v. 6.7.2004 – 5 U 122/03, ZIP 2004, 1411 (1413); LG Frankfurt a. M. Urt. v. 17.1.2003 – 3–07 O 26/01, ZIP 2003, 400 (404); *Assmann* FS Ulmer, 2003, 757 (770); *Hamann* in Schäfer/Hamann BörsG §§ 44, 45 Rn. 267; *Mülbert/Steup* in Habersack/Mülbert/Schlitt Unternehmensfinanzierung-HdB § 41 Rn. 55; *Stephan* AG 2002, 3 (12).

[331] Ausf. hierzu OLG Frankfurt a. M. Urt. v. 6.7.2004 – 5 U 122/03, ZIP 2004, 1411 (1413); LG Frankfurt a. M. Urt. v. 17.1.2003 – 3–07 O 26/01, ZIP 2003, 400 (404 f.) und Schwark/Zimmer/*Schwark* BörsG §§ 44, 45 Rn. 32.

Das wird durch die eindeutige gesetzliche Regelung in Art. 23 Abs. 1 S. 1 Prospekt-VO deutlich, die eine Aktualisierungspflicht mit dem „Auslaufen der Angebotsfrist oder – falls später – der Eröffnung des Handels an einem geregelten Markt" enden lässt.[332] Auch aus dem Urteil des BGH Elsflether Werft[333] ergibt sich nichts für die Mindermeinung.[334] Der BGH hat dort bei einer Bezugsrechtsemission ausdrücklich entschieden, dass die Aktualisierungspflicht „jedenfalls bis zum Ablauf der Zeichnungsfrist" laufe.[335] Die Zeichnungsfrist endet aber bereits vor der Einführung der Wertpapiere. Das ergibt sich zwingend aus der Regelung des § 38 Abs. 2 BörsG, weil erst nach abgeschlossener Zeichnung die Wertpapiere zugeteilt und damit die Einführung erfolgen kann. Demnach endet die Zeichnungsfrist sogar vor dem Ende der Aktualisierungspflicht des Art. 23 Abs. 1 S. 1 Prospekt-VO. Der an dieser Stelle vom BGH vorgenommene ausdrückliche Verweis auf § 52 Abs. 2 BörsZulV aF und § 11 VerkProspG aF spricht ebenfalls gegen eine Ausdehnung der Aktualisierungspflicht auf sechs Monate nach Einführung der Wertpapiere, da § 52 Abs. 2 BörsZulV aF die Aktualisierungspflicht mit der Einführung enden ließ[336] und § 11 VerkProspG aF eine Aktualisierung nur bis zur Beendigung des öffentlichen Angebots forderte. Nach beiden Vorschriften endete die Aktualisierungspflicht damit bei Einführung bzw. Beendigung des Angebots. Von einer Perpetuierung der Aktualisierungspflicht ist dort nicht die Rede, der BGH hat sie damit weder gefordert noch auch nur angedeutet.

Soweit der BGH in diesem Zusammenhang auch auf die zivilrechtliche Prospekthaftung verweist,[337] **73** ergibt sich daraus nichts für die Mindermeinung. Zwar läuft bei der zivilrechtlichen Prospekthaftung eine gewisse „Fortschreibungspflicht",[338] die aber nichts mit der hier erörterten Aktualisierungsverpflichtung zu tun hat. Diese „Fortschreibungsverpflichtung" beruht darauf, dass bei der zivilrechtlichen Prospekthaftung entscheidend auf den hier bei der Anlageentscheidung erforderlichen unmittelbaren geschäftlichen Kontakt zwischen Anleger und Anbieter abgestellt wird. Dieser unmittelbare geschäftliche Kontakt ermöglicht es, auf zwischenzeitlich eingetretene Änderungen hinzuweisen.[339] Das ist bei der wertpapierprospektgesetzlichen Prospekthaftung anders. Hier besteht beim Börsenhandel nach Einführung bzw. beim öffentlichen Angebot an unbekannte Anleger der Wertpapiere kein solcher Kontakt.

Die durch den Prospekt erzeugte Anlagestimmung, auf welcher der Haftungszeitraum des § 9 Abs. 1 **74** S. 1 beruht, erzeugt kein Vertrauen darauf, dass der Prospekt nach seinem Datum oder der Einführung aktualisiert wurde. Der Prospekt dient der Markteinführung und ist das Dokument zur Herstellung der Markteinführungspublizität, sodass sich zeitlich seine Wirkung auf den Zeitpunkt der Markteinführung beschränkt. Anschließende Änderungen sollen aufgrund der kapitalmarktrechtlichen Publizität, zB Art. 17 MMVO, kommuniziert werden, die von der Markteinführungspublizität zu unterscheiden ist.[340]

An dieser Rechtslage, sprich dem Ende der Aktualisierungspflicht bei Börsenzulassungsprospekten **75** mit Einführung der aufgrund des Prospektes zuzulassenden Wertpapiere hat sich durch das Prospektrichtlinie-Umsetzungsgesetz nichts geändert. § 16 Abs. 1 S. 1 aF ordnete ebenso wie § 52 Abs. 2 BörsZulV aF[341] eine Nachtragspflicht nur bis zum „Schluss des öffentlichen Angebots oder, falls diese später erfolgt, der Einführung in den Handel" an. Art. 12 Abs. 1 Prospekt-VO, nach dem der Prospekt zwölf Monate gültig sein soll, befasst sich nicht mit der hier diskutierten Problematik der Aktualisierung nach erfolgter Einführung.[342] Soll der „alte", aber noch „gültige", Prospekt für die Zulassung verwendet werden, geht es gerade um die Zulassung und Einführung weiterer Wertpapiere. Hierfür muss der Zulassungsprospekt selbstverständlich in diesem Zeitpunkt wieder aktuell sein. Deshalb setzt die „Gültigkeit" nach Art. 9 Abs. 1 Prospekt-VO gerade die Ergänzung des Prospekts um die erforderlichen Nachträge voraus. Auch die neue Prospektverordnung hat hieran nichts geändert, sondern im Gegenteil die Aktualisierungspflicht in Art. 23 Abs. 1 S. 1 Prospekt-VO wie § 16 Abs. 1 S. 1 aF mit dem „Auslaufen der Angebotsfrist oder – falls später – der Eröffnung des Handels an einem geregelten Markt" enden lassen.

---

[332] Ausdr. wie hier *Mülbert/Steup* in Habersack/Mülbert/Schlitt Unternehmensfinanzierung-HdB § 41 Rn. 55 und jetzt auch Assmann/Schlitt/v. Kopp-Colomb/*Assmann* §§ 21–23 Rn. 44.

[333] BGH Urt. v. 14.7.1998 – XI ZR 173/97, BGHZ 139, 225 (232) = ZIP 1998, 1528.

[334] So ausdr. auch JVRZ/*Pankoke* BörsG § 44, VerkprospG § 13 Rn. 41. AA *Ellenberger*, Prospekthaftung im Wertpapierhandel, 2001, 17 f.; wohl auch *Assmann* FS Ulmer, 2003, 757 (769).

[335] BGH Urt. v. 14.7.1998 – XI ZR 173/97, BGHZ 139, 225 (232).

[336] *Mülbert/Steup* in Habersack/Mülbert/Schlitt Unternehmensfinanzierung-HdB § 41 Rn. 55 Fn. 6; *Hamann* in Schäfer/Hamann BörsG §§ 44, 45 Rn. 201.

[337] BGH Urt. v. 14.7.1998 – XI ZR 173/97, BGHZ 139, 225 (233).

[338] So zu Recht *Assmann* FS Ulmer, 2003, 757 (760 ff.).

[339] So ausdr. auch *Assmann* FS Ulmer, 2003, 757 (762 f.).

[340] So ausdr. auch OLG Frankfurt a. M. Urt. v. 6.7.2004 – 5 U 122/03, ZIP 2004, 1411 (1413) und *Mülbert/Steup* in Habersack/Mülbert/Schlitt Unternehmensfinanzierung-HdB § 41 Rn. 56.

[341] Auf den die RegBegr. zum Prospektrichtlinie-Umsetzungsgesetz ausdrücklich verweist, BR-Drs. 85/05, 54 (78).

[342] Wie hier ausdr. *Mülbert/Steup* in Habersack/Mülbert/Schlitt Unternehmensfinanzierung-HdB § 41 Rn. 55.

76   **c) Berichtigung.** Von der bislang behandelten Aktualisierung ist die **Berichtigung, dh die Korrektur unzutreffender Darstellungen tatsächlicher oder rechtlicher Verhältnisse,** zu unterscheiden. Nach Art. 23 Abs. 1 S. 1 Prospekt-VO besteht neben der Aktualisierungspflicht („wichtige neue Umstand") eine Verpflichtung, „jede wesentliche Unrichtigkeit oder jede wesentliche Ungenauigkeit in Bezug auf die in einem Prospekt enthaltenen Angaben, die die Bewertung der Wertpapiere beeinflussen können und die zwischen der Billigung des Prospekts und dem Auslaufen der Angebotsfrist oder – falls später – der Eröffnung des Handels an einem geregelten Markt auftreten oder festgestellt werden", in einem Nachtrag zum Prospekt aufzunehmen. Diese Verpflichtung umfasst zwei unterschiedliche Sachverhalte, die Berichtigung bereits ursprünglich unrichtiger Umstände einerseits und die Berichtigung ursprünglich richtiger, aber im Zeitablauf unrichtig gewordener Umstände. Diese Berichtigungspflicht endet nach dem eindeutigen Wortlaut des Art. 23 Abs. 1 S. 1 Prospekt-VO bei Berücksichtigung des § 38 Abs. 2 BörsG bei Börsenzulassungsprospekten ebenfalls mit der Einführung in den Handel.

77   **d) Aktualisierung, Berichtigung: Billigungserfordernis, Verpflichteter.** Der aktualisierende oder berichtigende **Nachtrag** ist gem. Art. 23 S. 2 und 3 Prospekt-VO iE wie ein Prospekt zu behandeln, dh er bedarf der Billigung durch die BaFin und muss veröffentlicht werden (Art. 23 Abs. 1 S. 2 Prospekt-VO). Darüber hinaus ist er zusammen mit dem ursprünglichen Prospekt Haftungsgrundlage nach § 9 Abs. 1, dh der Prospekt in der durch den Nachtrag geänderten Fassung ist die Haftungsgrundlage.[343] Haftungsverpflichteter aus einem erstellten und veröffentlichten Nachtrag ist bei Börsenzulassungsprospekten jedenfalls der Emittent. Fraglich ist, wer prospekthaftungsrechtlich zur Erstellung und Veröffentlichung des Nachtrags verpflichtet ist. Anders als noch § 16 Abs. 1 S. 2 aF, der den Emittenten, den Anbieter „oder" Zulassungsantragsteller zur Erstellung und Veröffentlichung des aktualisierenden oder berichtigenden Nachtrags verpflichtet, enthält Art. 23 Abs. 1 Prospekt-VO keine klare Aussage, wer zur Erstellung einer Veröffentlichung des Nachtrags verpflichtet ist. Ob dies auch andere Personen als der Emittent sein sollten, ist damit fraglich. Soweit man hier auch den Zulassungsantragsteller, der nicht der Emittent ist, verpflichten will, ist zu berücksichtigen, dass dieser von der zu berichtigenden Angabe, die idR aus der Sphäre des Emittenten stammt, weiter entfernt ist und von dieser uU keine Kenntnis hat. Deshalb wäre die Frage des Verschuldens dieser Person bei Nicht-Veröffentlichung eines erforderlichen Nachtrags und der daraus resultierenden Prospekthaftung jeweils einer besonderen Prüfung zu unterziehen.[344]

78   **e) Nachtrag, Widerrufsrecht und Prospekthaftung.** Der Nachtrag als solcher beseitigt die Prospekthaftung gegenüber Anlegern nicht, die bereits vor Veröffentlichung des Nachtrags im Vertrauen auf den unrichtigen oder unrichtig gewordenen[345] Prospekt Wertpapiere erworben haben. Das ist offensichtlich, da der korrigierende oder ergänzende Nachtrag als solcher zum Zeitpunkt der Kaufentscheidung und des Kaufvertragsabschlusses noch nicht vorlag und damit an der bei einem unrichtigen oder unrichtig gewordenen Prospekt bereits gegebenen Prospekthaftung nichts ändern kann.

79   Ebenso offensichtlich ist auch, dass nach Veröffentlichung des (aktualisierenden oder berichtigenden) Nachtrags, durch den der Prospekt „richtig" wurde, abgeschlossene Erwerbsvorgänge, bei denen der Kaufauftrag des Anlegers nach Veröffentlichung des Nachtrags abgegeben wurde, keine Prospekthaftung auslösen, da der Prospekt derjenige in der Fassung des Nachtrags und damit der richtige ist.[346] Das ergibt sich zwar anders als bei den Vorgängernormen § 52 Abs. 2 BörsZulV aF, § 11 VerkprospG aF nicht mehr unmittelbar aus dem Wortlaut des Art. 23 Prospekt-VO, jedoch daraus, dass inhaltlich für den Nachtrag nach Art. 23 Prospekt-VO dieselben Vorgaben gelten wie für Nachträge nach altem Recht. Auch Art. 11 Abs. 1 Prospekt-VO regelt die Verpflichtung der Mitgliedstaaten, eine Haftung für „die Richtigkeit der in einem Prospekt und Nachträgen dazu enthaltenen Angaben".

80   Ebenfalls wohl unstreitig ist es, dass eine Prospektberichtigung nach § 12 Abs. 2 Nr. 4 selbst dann zu einem Ausschluss der Prospekthaftung führt, wenn zwar der Anleger seine Willenserklärung vor Veröffentlichung der Berichtigung abgegeben hat, aber er seine Willenserklärung noch nach Veröffentlichung der Berichtigung widerrufen konnte.[347]

81   Dies muss auch im Fall der Widerrufsmöglichkeit nach Art. 23 Abs. 2 Prospekt-VO gelten und zwar unabhängig von der Erfüllung des Kaufvertrages, wenn der wichtige neue Umstand, die wesentliche Unrichtigkeit oder die wesentliche Ungenauigkeit zu einem Zeitpunkt vor Lieferung (Erfüllung durch

---

[343] Assmann/Schlitt/v. Kopp-Colomb/*Assmann* §§ 21–23 Rn. 15; *Mülbert/Steup* in Habersack/Mülbert/Schlitt Unternehmensfinanzierung-HdB § 41 Rn. 30; JVRZ/*Pankoke* BörsG § 44, VerkprospG § 13 Rn. 42.

[344] *Mülbert/Steup* in Habersack/Mülbert/Schlitt Unternehmensfinanzierung-HdB § 41 Rn. 62.

[345] Unstr. vgl. nur FK-WpPG/*Berrar* § 16 Rn. 159. Insoweit kommt es allerdings für die Prospekthaftung auf den Zeitpunkt an, zu dem der neue Umstand entstand. Entstand er erst nach Kaufvertragsabschluss, war der Prospekt zu diesem Zeitpunkt richtig, sodass eine Prospekthaftung ausscheidet; ebenso ausdr. FK-WpPG/*Berrar* § 16 Rn. 161; JVRZ/*Friedl/Ritz* § 16 Rn. 192.

[346] Vgl. nur JVRZ/*Friedl/Ritz* § 16 Rn. 198; *Mülbert/Steup* in Habersack/Mülbert/Schlitt Unternehmensfinanzierung-HdB § 41 Rn. 30.

[347] → § 12 Rn. 10 mwN; JVRZ/*Friedl/Ritz* § 16 Rn. 196 f.

Einbuchung) eingetreten ist oder festgestellt wurde.[348] Anders gewendet: Hat der Anleger ein verbindliches Kaufangebot abgegeben, wird später ein Nachtrag veröffentlicht, der ihn zum Widerruf berechtigt, und macht er dennoch nicht von seinem Widerrufsrecht Gebrauch, dann ist der Rechtsgedanke des § 12 Abs. 2 Nr. 4 anwendbar mit der Folge eines Ausschlusses von Prospekthaftungsansprüchen aus den im Nachtrag berichtigten Umständen.[349]

f) Berichtigungsmöglichkeit. Von dieser rechtlich begründeten Berichtigungspflicht bis zur Einführung in den Handel ist die **Berichtigungsmöglichkeit**[350] nach **§ 12 Abs. 2 Nr. 4** zu unterscheiden. § 12 Abs. 2 Nr. 4 gewährt eine – haftungsbefreiende – Berichtigungsmöglichkeit. Führen **nach Ende der Nachtragsfrist**, dh nach Einführung bzw. dem Schluss des öffentlichen Angebots, gewonnene Erkenntnisse über die tatsächliche Situation bis zur Einführung bzw. dem Schluss des öffentlichen Angebots der Wertpapiere dazu, dass der Prospekt zum Zeitpunkt der Einführung bzw. dem Schluss des öffentlichen Angebots unrichtig oder unvollständig war, bietet § 12 Abs. 2 Nr. 4 eine Möglichkeit, den in diesem Zeitpunkt unrichtigen oder unvollständigen Prospekt zu berichtigen und dadurch für ab dem Zeitpunkt der Veröffentlichung der Berichtigung abgeschlossene Geschäfte die Prospekthaftung zu vermeiden.

Die Berichtigung nach § 12 Abs. 2 Nr. 4 ist kein Prospekt, materiell ist sie aber wie ein Prospektteil zu behandeln, dh sie bildet zusammen mit dem Prospekt die Haftungsgrundlage nach § 9 Abs. 1.[351] Berichtigt sie den Prospekt, scheidet eine Prospekthaftung für danach erfolgte Erwerbsvorgänge aus; ist sie ihrerseits unrichtig, korrigiert sie den Prospekt nicht und es bleibt bei der Prospekthaftung für den unrichtigen Prospekt. Eine isolierte Prospekthaftung wegen unrichtiger Berichtigung scheidet aus.[352] Das bedeutet weiter für die Fälle, in denen die Berichtigung nicht im Rahmen der in § 12 Abs. 2 Nr. 4 vorgenommenen Veröffentlichungen erfolgt, Mitteilung und Übermittlung der Berichtigung an die BaFin und Veröffentlichung wie ein Prospekt.[353] Ob eine Billigung durch die BaFin erforderlich ist, erscheint fraglich, ist aber im Ergebnis zu verneinen.[354]

g) Verhältnis Nachtragspflicht und § 12 Abs. 2 Nr. 4. § 12 Abs. 2 Nr. 4 eröffnet die Möglichkeit, unrichtige oder unvollständige Prospektangaben durch eine entsprechende Berichtigung zu korrigieren und damit, ist die Berichtigung vor Abschluss des Erwerbsgeschäfts veröffentlicht worden oder besteht noch die Möglichkeit des Widerrufs des Kaufantrags, eine Prospekthaftung zu vermeiden.[355] Anders als die Berichtigungspflicht nach Art. 23 Abs. 1 Prospekt-VO handelt es sich bei § 12 Abs. 2 Nr. 4 um eine Berichtigungsmöglichkeit. Nachtragspflicht und Art. 23 Abs. 1 Prospekt-VO in der Ausprägung der Berichtigungspflicht und die Berichtigungsmöglichkeit nach § 12 Abs. 2 Nr. 4 haben allerdings partiell einen gleichen Anwendungsbereich. Die Berichtigungsmöglichkeit nach § 12 Abs. 2 Nr. 4 betrifft unrichtige oder unvollständige Prospektangaben, die für die Beurteilung der Wertpapiere wesentlich sind.[356] Die Berichtigungspflicht nach Art. 23 Abs. 1 Prospekt-VO betrifft jede wesentliche Unrichtigkeit in Bezug auf die im Prospekt enthaltenen Angaben, die die Beurteilung der Wertpapiere beeinflussen können, ist damit weiter, erfasst aber auch die Sachverhalte, die von der Berichtigungsmöglichkeit nach § 12 Abs. 2 Nr. 4 abgedeckt werden.[357] Zeitlich greift § 12 Abs. 2 Nr. 4 im Kontext mit § 9 Abs. 1 S. 1 und § 10 Nr. 1 ab Prospektbilligung bis sechs Monate nach Einführung bzw. erstmaligem öffentlichen Angebot der Wertpapiere im Inland[358] (Art. 23 Abs. 1 Prospekt-VO), ab Prospektbilligung bis zum Ende des öffentlichen Angebots oder, falls diese später erfolgt, der Einführung in den Handel, sodass beide von der Prospektbilligung bis zur Einführung gelten. In welchem Verhältnis die beiden Regelungen während dieses Zeitraums zueinander stehen, hat der Gesetzgeber nur für einen Unterfall des § 12 Abs. 2 Nr. 4 und das auch nur in der Regierungsbegründung geregelt, nämlich für die Ad-hoc-Publizität nach Art. 17 MMVO.[359] Entscheidend ist aber ein anderer Punkt: Der Nachtrag führt nach Art. 23 Abs. 2 Prospekt-VO zu einer Widerrufsmöglichkeit. Diese Wider-

---

[348] Art. 23 Abs. 2 S. 3 lit. a Prospekt-VO.

[349] FK-WpPG/*Berrar* § 16 Rn. 162; JVRZ/*Friedl/Ritz* § 16 Rn. 45, 199 ff.; Schwark/Zimmer/*Heidelbach* § 16 Rn. 51; *Mülbert/Steup* in Habersack/Mülbert/Schlitt Unternehmensfinanzierung-HdB § 41 Rn. 141; Assmann/Schlitt/v. Kopp-Colomb/*Seitz* § 16 Rn. 158; einschr. *Hamann* in Schäfer/Hamann § 16 Rn. 27 f.

[350] Vgl. dazu auch *Assmann* in Assmann/Schütze KapitalanlageR-HdB § 5 Rn. 135 ff.

[351] Assmann/Schlitt/v. Kopp-Colomb/*Assmann* §§ 21–23 Rn. 69; *Stephan* AG 2002, 3 (12); *Hamann* in Schäfer/Hamann BörsG §§ 44, 45 Rn. 274.

[352] Assmann/Schlitt/v. Kopp-Colomb/*Assmann* §§ 21–23 Rn. 69; FK-WpPG/*Seiler/Singhof* § 23 Rn. 46.

[353] Ebenso *Schwark* WuB I G 8. – 4.98. Näher → § 12 Rn. 9.

[354] → § 12 Rn. 9. Wie hier *Assmann* in Assmann/Schütze KapitalanlageR-HdB § 5 Rn. 135.

[355] → Rn. 82 f.

[356] Es geht um die Befreiung von der Haftung, die nach § 9 Abs. 1 S. 1 unrichtige oder unvollständige für die Beurteilung der Wertpapiere wesentliche Angaben voraussetzt.

[357] So ausdr. auch JVRZ/*Friedl/Ritz* § 16 Rn. 49.

[358] → § 12 Rn. 8.

[359] Weitergehend *Mülbert/Steup* in Habersack/Mülbert/Schlitt Unternehmensfinanzierung-HdB § 41 Rn. 139, die sogar von einem Vorrang des § 23 Abs. 2 Nr. 4 aF ausgehen, da die dort geregelte Berichtung keiner Billigung bedarf (unstr.), damit schneller erfolgen könne. Unentschieden Assmann/Schlitt/v. Kopp-Colomb/*Seitz* § 16 Rn. 23.

rufsmöglichkeit führt dazu, dass eine Prospekthaftung nach dem Rechtsgedanken des § 12 Abs. 2 Nr. 4 aus den im Nachtrag berichtigten Umständen ausscheidet, der Anleger kann, macht er von seinem Widerrufsrecht nicht Gebrauch, nicht im Nachhinein Prospekthaftungsansprüche, die sich aus einer Fehlerhaftigkeit des Prospekts ohne den oder die nachgetragenen Umstände ergeben, geltend machen.[360] Insofern ist die Rechtsfolge des Art. 23 Abs. 2 Prospekt-VO weiter als die des § 12 Abs. 2 Nr. 4, der nur eine Prospekthaftung für vor Abschluss des Erwerbsgeschäfts veröffentlichte Berichtigungen umfasst. Sobald Art. 23 Abs. 2 Prospekt-VO jedoch zeitlich nicht mehr anwendbar ist – nach dem endgültigen Schluss des öffentlichen Angebots und der Lieferung der Wertpapiere – steht nur noch § 12 Abs. 2 Nr. 4 zur Verfügung.

85   Darüber hinaus soll § 12 Abs. 2 Nr. 4 zur Korrektur unwesentlicher Prospektmängel und Rechtschreibfehler genutzt werden können.[361] Art. 23 Prospekt-VO steht für solche Korrekturen nicht zur Verfügung, da „unwesentliche" Prospektmängel und Rechtschreibfehler keine „wesentliche Unrichtigkeit" (Art. 23 Abs. 1 S. 1 Prospekt-VO) darstellen, sodass die Voraussetzungen für eine Billigung des Nachtrags nach Art. 23 Abs. 1 Prospekt-VO fehlen. Auch § 12 Abs. 2 Nr. 4 steht für solche Korrekturen rechtlich allerdings eigentlich auch nicht zur Verfügung, da er im Lichte des § 9 Abs. 1 S. 1 auch nur zulässt, wesentliche Unrichtigkeiten zu korrigieren. Da aber, sollte die BaFin einen Nachtrag mit der Begründung nicht billigen, darin seien nur unwesentliche Korrekturen enthalten, dem Prospektverantwortlichen keine andere Möglichkeit der Korrektur zur Verfügung steht, die BaFin auch anders als früher Austauschseiten zum Prospekt nicht mehr akzeptiert,[362] erscheint es angemessen, hier § 12 Abs. 2 Nr. 4 erweiternd auszulegen. Damit wird dem Prospektverantwortlichen die Korrektur ermöglicht, allerdings um den Preis einen potentiellen Haftungsrisikos.[363]

86   **5. Prospektgestaltungsmängel.** Enthält ein Prospekt alle erforderlichen Angaben, dann wird er **nicht** dadurch **unrichtig,** dass er **formale** oder **stilistische Gestaltungsmängel** aufweist, zB **unübersichtlich gegliedert** ist oder nicht den Gliederungsvorgaben der gesetzlichen Regelungen entspricht, vorausgesetzt allerdings, dass er dadurch nicht unverständlich wird.[364] Wenn der BGH auch vom durchschnittlichen Anleger eine sorgfältige und eingehende Lektüre des Prospektes und seiner Anlagen verlangt,[365] dann können einzelne Mängel bei der Übersichtlichkeit und Klarheit der Darstellung nicht zu einem unrichtigen Prospekt führen. Ein Prospekt ist deshalb grundsätzlich nicht unrichtig, wenn einzelne Angaben durch die an anderer Stelle des Prospektes enthaltenen näheren Erläuterungen und Relativierungen präzisiert werden.[366] Ansonsten besteht die Gefahr einer „Rosinentheorie", die im Hinblick auf den Prospekt als einheitliches Ganzes nicht gerechtfertigt werden kann. Hinzu kommt, dass die Prospekt-VO zu einer kurzen und eingängigen Darstellung zwingt. Das gilt nicht nur für die Zusammenfassung, deren Umfang klar und eindeutig auf wenige Seiten beschränkt ist (Art. 7 Abs. 3 Prospekt-VO): maximal sieben DIN-A4-Seiten, mit nochmaliger Einschränkung für die Risikofaktoren (Art. 7 Abs. 10 Prospekt-VO): maximal 15. Das gilt aber auch für den Abschnitt Risikofaktoren als solchen, in dem nur noch die spezifischen Risiken dargestellt werden dürfen, die für eine fundierte Anlageentscheidung von wesentlicher Bedeutung sind (Art. 16 Abs. 1 Prospekt-VO). Die ESMA hat hier eindeutige und restriktive Guidelines veröffentlicht, anhand derer die Aufsichtsbehörden die Einhaltung dieser Vorgaben prüfen sollen[367]. Insofern dürfen eher allgemeine Risiken zukünftig nicht mehr im Abschnitt „Risikofaktoren" enthalten sein, sondern können nur noch an verschiedenen Stellen im Prospekt aufgenommen werden, wo sie sachlich passen, zB allgemeine Marktrisiken bei „Markt und Wettbewerb", allgemeine Risiken der Anlage zB bei der Beschreibung der Wertpapiere. Dies belegt, dass eine einmalige Nennung von Umständen ausreicht und nicht an jeder Stelle Wiederholungen erforderlich sein können.

87   **6. Bedeutung der Unrichtigkeit/Unvollständigkeit (Wesentlichkeit).** Die Prospekthaftung setzt voraus, dass die unvollständige oder unrichtige Angabe für die **Beurteilung der Wertpapiere**

---

[360] FK-WpPG/*Berrar* § 16 Rn. 162; JVRZ/*Friedl/Ritz* § 16 Rn. 45, 199 ff.; Schwark/Zimmer/*Heidelbach* § 16 Rn. 51; *Mülbert/Steup* in Habersack/Mülbert/Schlitt Unternehmensfinanzierung-HdB § 41 Rn. 141; Assmann/Schlitt/v. Kopp-Colomb/*Seitz* § 16 Rn. 158; einschr. *Hamann* in Schäfer/Hamann § 16 Rn. 27 f.

[361] JVRZ/*Friedl/Ritz* § 16 Rn. 56; *Oulds* WM 2011, 1452 (1455).

[362] JVRZ/*Friedl/Ritz* § 16 Rn. 57.

[363] Darauf weist *Oulds* WM 2011, 1452 (1454) zu Recht hin, der deshalb dem Prospektverantwortlichen eine Einschätzungsprärogative hinsichtlich der Wesentlichkeit der Änderung zubilligt, so auch JVRZ/*Friedl/Ritz* § 16 Rn. 56, sodass im Ergebnis auch ein Nachtrag nach § 16 möglich sein soll.

[364] So ausdr. *Assmann* in Assmann/Schütze KapitalanlageR-HdB § 5 Rn. 145; Assmann/Schlitt/v. Kopp-Colomb/*Assmann* §§ 21–23 Rn. 52; *Mülbert/Steup* in Habersack/Mülbert/Schlitt Unternehmensfinanzierung-HdB § 41 Rn. 43 aE; JVRZ/*Pankoke* BörsG § 44, VerkprospG § 13 Rn. 51.

[365] StRspr. BGH Urt. v. 9.5.2017 – II ZR 344/15, NJW-RR 2017, 930 Rn. 19; BGH Urt. v. 5.3.2013 – II ZR 252/11, WM 2013, 734 Rn. 14; BGH Urt. v. 18.9.2012 – XI ZR 344, 11, BGHZ 195, 1 Rn. 30 jew. mwN; BGH Urt. v. 31.3.1992 – XI ZR 70/91, WM 1992, 901 (904); BGH Urt. v. 14.6.2007 – III ZR 125/06, ZIP 2007, 1993.

[366] Zu weitgehend deshalb LG Frankfurt a. M. Urt. v. 7.10.1997 – 3/11 O 44/96, WM 1998, 1181 (1183 f.); *Ellenberger,* Prospekthaftung im Wertpapierhandel, 2001, 37 f.

[367] Final Report ESMA Guidelines on risk factors under the Prospectus Regulation, ESMA31–62-1217; abrufbar über die Homepage der ESMA: www.esma.europa.eu.

von wesentlicher Bedeutung ist **und** gerade sie zur **Minderung des Börsenpreises beigetragen** hat. Allerdings obliegt es dem Haftenden, diese fehlende Kausalität der unvollständigen oder unrichtigen Angabe für die Minderung zu beweisen (§ 12 Abs. 2 Nr. 2). Nicht jede Angabe, die gem. Art. 6– 9, 13–19 (einschließlich Anhängen) Prospekt-VO iVm den Bestimmungen und Anhängen der Delegierten Verordnungen[368] vorgeschrieben ist, ist von wesentlicher Bedeutung für die Beurteilung der Wertpapiere.[369] Angaben, die vom Inhaltskatalog der Art. 6–9, 13–19 (einschließlich Anhängen) Prospekt-VO in Verbindung mit den Bestimmungen und Anhängen der Delegierten Verordnungen nicht vorgeschrieben werden, sind immer dann unwesentlich, wenn sie tatsächlich freiwillig erfolgen. Sie sind allerdings dann „wesentlich", wenn sie zwingend erforderlich sind, weil anderenfalls der Prospekt nicht vollständig wäre (→ Rn. 60). Ebenso sind nicht alle Pflichtangaben nach dem Inhaltskatalog der Art. 6–9, 13–19 (einschließlich Anhängen) Prospekt-VO in Verbindung mit den Bestimmungen und Anhängen der Delegierten Verordnungen wesentlich,[370] das gilt insbesondere für viele der geforderten rein formalen oder technischen Angaben.[371] Als **„wesentliche"** Angaben sind nur diejenigen anzusehen, die ein durchschnittlicher, verständiger Anleger „eher als nicht" bei seiner Anlageentscheidung berücksichtigen würde,[372] somit Angaben, die zu den **wertbildenden Faktoren der Wertpapiere gehören.**[373] Dazu gehört zB nicht die fehlerhafte Angabe über Zahl- und Hinterlegungsstellen[374] oder über im Verhältnis zur Bilanzierung völlig unbedeutende Bilanzpositionen,[375] oder allgemein Bilanzpositionen, die für die zukünftige Ertragskraft unbedeutend sind.[376] Selbst wenn die unrichtige Angabe wesentlich ist, muss gerade sie zur Minderung des Börsenpreises beigetragen haben;[377] die **Beweislast** für die fehlende haftungsausfüllende Kausalität liegt allerdings beim **Prospektverantwortlichen (§ 12 Abs. 2 Nr. 2),** dem jedoch diesbezüglich § 287 Abs. 1 ZPO zugutekommt.[378]

7. Aufgrund des Prospekts zugelassene Wertpapiere. Die Haftung bezieht sich nur auf diejenigen Wertpapiere, die **aufgrund des Prospekts zugelassen** wurden. Die Haftung erfasst demnach grundsätzlich **nicht bereits früher emittierte Wertpapiere** oder **später,** ggf. prospektfrei **ausgegebene Wertpapiere.** Sind jedoch die früher oder später emittierten Wertpapiere **ausstattungsgleich,** so erfasst die Prospekthaftung gem. **§ 9 Abs. 1 S. 3** auch diese.[379] Damit wird dem Umstand Rechnung getragen, dass es dem Anleger bei der heute üblichen **Girosammelverwahrung,** bei der Aktien

88

---

[368] Delegierte Verordnung (EU) 2019/980 der Kommission vom 14.3.2019 zur Ergänzung der Verordnung (EU) 2017/1129 des Europäischen Parlaments und des Rates hinsichtlich der Aufmachung, des Inhalts, der Prüfung und der Billigung des Prospekts, der beim öffentlichen Angebot von Wertpapieren oder bei deren Zulassung zum Handel an einem geregelten Markt zu veröffentlichen ist, und zur Aufhebung der Verordnung (EG) Nr. 809/2004 der Kommission, ABl. 2019 L 166, 26; Delegierte Verordnung (EU) 2019/979 der Kommission vom 14.3.2019 zur Ergänzung der Verordnung (EU) 2017/1129 des Europäischen Parlaments und des Rates durch technische Regulierungsstandards für wesentliche Finanzinformationen in der Zusammenfassung des Prospekts, die Veröffentlichung und Klassifizierung von Prospekten, die Werbung für Wertpapiere, Nachträge zum Prospekt und das Notifizierungsportal und zur Aufhebung der Delegierten Verordnung (EU) Nr. 382/2014 der Kommission und der Delegierten Verordnung (EU) 2016/301 der Kommission ABl. 2019 L 166, 1; und insbesondere die Annexe zu der Delegierte Verordnung (EU) 2019/980 der Kommission vom 14.3.2019 zur Ergänzung der Verordnung (EU) 2017/1129 des Europäischen Parlaments und des Rates hinsichtlich der Aufmachung, des Inhalts, der Prüfung und der Billigung des Prospekts, der beim öffentlichen Angebot von Wertpapieren oder bei deren Zulassung zum Handel an einem geregelten Markt zu veröffentlichen ist, und zur Aufhebung der Verordnung (EG) Nr. 809/2004 der Kommission, ABl. 2019 L 166, 26.
[369] Unstr. Assmann/Schlitt/v. Kopp-Colomb/*Assmann* §§ 21–23 Rn. 48; *Hauptmann* in Vortmann, Prospekthaftung und Anlageberatung, 2000, § 3 Rn. 64; JVRZ/*Pankoke* BörsG § 44, VerkprospG § 13 Rn. 28; Schwark/ Zimmer/*Schwark* BörsG §§ 44, 45 Rn. 27, 35.
[370] JVRZ/*Pankoke* BörsG § 44, VerkprospG § 13 Rn. 28; Assmann/Schlitt/v. Kopp-Colomb/*Assmann* §§ 21–23 Rn. 48; Schwark/Zimmer/*Schwark* BörsG §§ 44, 45 Rn. 27, 35.
[371] *Mülbert/Steup* in Habersack/Mülbert/Schlitt Unternehmensfinanzierung-HdB § 41 Rn. 50.
[372] BGH Beschl. v. 21.10.2014 – XI ZB 12/12, BGHZ 203, 1 Rn. 74; BGH Urt. v. 18.9.2012 – XI ZR 344/11, BGHZ 195, 1 Rn. 24; *Assmann,* Prospekthaftung, 1985, 319; Assmann/Schlitt/v. Kopp-Colomb/*Assmann* §§ 21–23 Rn. 47; *Hamann* in Schäfer/Hamann BörsG §§ 44, 45 Rn. 148 mwN; FK-WpPG/*Seiler/Singhof* § 21 Rn. 74; JVRZ/*Pankoke* BörsG § 44, VerkprospG § 13 Rn. 28.
[373] *Assmann* in Assmann/Schütze KapitalanlageR-HdB § 5 Rn. 141.
[374] RegBegr. zum Dritten Finanzmarktförderungsgesetz, BT-Drs. 13/8933, 54 (76); FK-WpPG/*Seiler/Singhof* § 21 Rn. 75.
[375] FK-WpPG/*Seiler/Singhof* § 21 Rn. 75; *Hopt,* Die Verantwortlichkeit der Banken bei Emissionen, 1991, Rn. 154; *Mülbert/Steup* in Habersack/Mülbert/Schlitt Unternehmensfinanzierung-HdB § 41 Rn. 50.
[376] FK-WpPG/*Seiler/Singhof* § 21 Rn. 75; *Mülbert/Steup* in Habersack/Mülbert/Schlitt Unternehmensfinanzierung-HdB § 41 Rn. 51.
[377] Die abw. Auffassung des BGH Urt. v. 5.7.1993 – II ZR 194/92, AG 1994, 32 f. zur bürgerlich-rechtlichen Prospekthaftung ist aufgrund der ausdr. Regelung in § 23 Abs. 2 Nr. 2 im Bereich der Prospekthaftung nach dem WpPG nicht einschlägig. Wie hier Assmann/Schlitt/v. Kopp-Colomb/*Assmann* §§ 21–23 Rn. 104; *Ellenberger* FS Schimansky, 1999, 591 (602); *Ellenberger,* Prospekthaftung im Wertpapierhandel, 2001, 42; Schwark/Zimmer/*Schwark* BörsG §§ 44, 45 Rn. 58. Ausf. hierzu *Fleischer* AG 2002, 329 (330). Vgl. auch → § 12 Rn. 6.
[378] Assmann/Schlitt/v. Kopp-Colomb/*Assmann* §§ 21–22 Rn. 105.
[379] Ausf. *Hamann* in Schäfer/Hamann BörsG §§ 44, 45 Rn. 116 ff.; FK-WpPG/*Seiler/Singhof* § 21 Rn. 23. Zur Rechtslage in den Ländern der EU, der Schweiz und den USA vgl. *Hopt/Voigt* in Hopt/Voigt, Prospekt- und Kapitalmarktinformationshaftung, 2005, 55 ff.

gleicher Ausstattung und gleicher **Wertpapier-Kennnummer** unterschiedslos verwahrt werden, nicht möglich ist, nachzuweisen, dass es sich bei den von ihm erworbenen Aktien um solche handelt, die aufgrund des Prospekts emittiert wurden.[380] Der Emittent und die Emissionsbegleiter müssen vor diesem Hintergrund entscheiden, ob sie zugunsten der dann erhöhten, weil auch die bereits emittierten und zugelassenen Wertpapiere umfassenden Liquidität die neuen Wertpapiere ausstattungsgleich ausgestalten und unter der gleichen Wertpapier-Kennnummer zulassen wollen. Sie gehen dann das **Risiko** ein, für alle bereits emittierten ausstattungsgleichen Wertpapiere zu haften.[381] Dies kann zB im Falle einer Kapitalerhöhung um 10 % dazu führen, dass die Haftung alle Wertpapiere des Emittenten umfasst, dh das gesamte, bereits vorher existierende Kapital und die Kapitalerhöhung und damit das 11-fache des Emissionsvolumens. Oder aber, es wird die zeitweilige Zersplitterung des Handels in den Wertpapieren in Kauf genommen, um die Haftung des Emittenten und der Emissionsbegleiter zu begrenzen. Diese Haftungsbegrenzung kann zum einen dadurch erreicht werden, dass die Wertpapiere nicht ausstattungsgleich ausgestattet werden (§ 9 Abs. 1 S. 3 Alt. 1), oder aber, die Wertpapiere unterscheiden sich in sonstiger Weise, zB durch eine andere Wertpapier-Kennnummer.[382]

89   Erforderlich ist weiter, dass die Wertpapiere **innerhalb von sechs Monaten nach ihrer erstmaligen Einführung und nach der Veröffentlichung des Prospekts erworben** wurden. Der Erwerb kann über die Börse, aber auch außerhalb der Börse stattfinden.[383] Außerdem muss der Erwerb nach der Regierungsbegründung zum Dritten Finanzmarktförderungsgesetz **„entgeltlich"** sein.[384] Das ergibt sich auch aus dem Wortlaut des § 9 Abs. 1 S. 1 und Abs. 2, weil anderenfalls kein Erwerbspreis vorliegt.[385] Der Erwerb durch Schenkung berechtigt damit nicht zur Geltendmachung von Prospekthaftungsansprüchen, wohl jedoch der Erwerb im Rahmen einer Erbschaft bzw. eines Vermächtnisses, bei dem auf den vom Erblasser gezahlten Erwerbspreis abgestellt wird.[386] Aktionäre, welche Aktien im Rahmen einer Abspaltung erhalten, bekommen diese ohne Gegenleistung eingebucht, sodass diese keine Prospekthaftungsansprüche geltend machen können.[387] Der Erwerb muss nach Veröffentlichung des Prospekts erfolgt sein. Kaufentscheidungen, die vor der Veröffentlichung des Prospekts getroffen wurden, sind damit durch die gesetzliche Prospekthaftung nicht geschützt.[388] Bis zu der Änderung durch das Dritte Finanzmarktförderungsgesetz galt, dass der Erwerber den Erwerb gerade aufgrund des Prospektes nachweisen musste. Diesen Nachweis hatte die Rspr. durch die tatsächliche Vermutung einer durch den Prospekt für eine gewisse Zeit erzeugten **Anlagestimmung** erleichtert.[389] Seit der Änderung der Prospekthaftungsregeln durch das Dritte Finanzmarktförderungsgesetz bedarf es des Nachweises eines Erwerbs aufgrund des Prospektes bzw. der Anlagestimmung nicht mehr; vielmehr reicht der **bloße Erwerb innerhalb der 6-Monats-Frist aus.**[390] Entscheidend ist dabei der Abschluss des (schuldrechtlichen) Erwerbsgeschäfts, auf das Verfügungsgeschäft (die Einbuchung in das Depot des Erwerbers) kommt es nicht an.[391] Dabei ist es im Übrigen unerheblich, ob es sich um einen Ersterwerb (im Rahmen der ursprünglichen Platzierung)[392] oder einen Zweiterwerb

---

[380] RegBegr. zum Dritten Finanzmarktförderungsgesetz, BT-Drs. 13/8933, 54 (77); *Bosch* in Bosch/Groß, Emissionsgeschäft, 2000, Rn. 10/142; *Grundmann/Selbherr* WM 1996, 985 (990); *Sittmann* NZG 1998, 490 (491).

[381] Wie hier wohl auch *Mülbert/Steup* in Habersack/Mülbert/Schlitt Unternehmensfinanzierung-HdB § 41 Rn. 93.

[382] RegBegr. zum Dritten Finanzmarktförderungsgesetz, BT-Drs. 13/8933, 54 (77); *Ellenberger* FS Schimansky, 1999, 591 (605); *Hamann* in Schäfer/Hamann BörsG §§ 44, 45 Rn. 119; *Hopt* FS Drobnig 1998, 525 (528), der jedoch diese Möglichkeit zur Haftungsbeschränkung kritisiert.

[383] FK-WpPG/*Seiler/Singhof* § 21 Rn. 25; Assmann/Schlitt/v. Kopp-Colomb/*Assmann* §§ 21–23 Rn. 98.

[384] Begr. RegE 3.FMFG, BT-Drs. 13/8133, 54 (76). „Erfaßt wird nur der entgeltliche, nicht jedoch der unentgeltliche Erwerb, da es bei letzterem an einem Erwerbsprozess fehlt, der im Rahmen der Rückabwicklung nach Absatz 1 oder der Erstattung des Unterschiedsbetrags zwischen Erwerbs- und Veräußerungspreis nach Absatz 2 zu berücksichtigen wäre."

[385] Wie hier FK-WpPG/*Seiler/Singhof* § 21 Rn. 26 mit Darstellung des Meinungsstandes, ebenso Assmann/Schlitt/v. Kopp-Colomb/*Assmann* § 21–23 Rn. 96.

[386] Wie hier Assmann/Schlitt/v. Kopp-Colomb/*Assmann* §§ 21–23 Rn. 97; FK-WpPG/*Seiler/Singhof* § 21 Rn. 27.

[387] FK-WpPG/*Seiler/Singhof* § 21 Rn. 28, die aber zu Recht darauf hinweisen, dass die Zweiterwerber solcher Aktien ggf. Anspruchsinhaber sein können.

[388] So auch zum alten Recht OLG Frankfurt a. M. Urt. v. 14.5.1997 – 21 U 117/96, NJW-RR 1998, 122. Bei Cornerstone- und Anchor-Investoren, die sich idR vor Veröffentlichung des Prospekts zum Erwerb verpflichten, kommt es hinsichtlich der Prospekthaftung auf die Ausgestaltung im Einzelfall an, vgl. zu Recht FK-WpPG/*Seiler/Singhof* § 21 Rn. 33.

[389] Vgl. nur OLG Frankfurt a. M. Urt. v. 27.3.1996 – 21 U 92/95, WM 1996, 1216 (vier Monate); OLG Düsseldorf Urt. v. 5.4.1984 – 6 U 239/82, WM 1984, 586 (596) (fünf Monate); zu weitgehend BGH Urt. v. 14.7.1998 – XI ZR 173/97, BGHZ 139, 225 (232) (höchstens 12 Monate).

[390] Krit. hierzu *Ellenberger,* Prospekthaftung im Wertpapierhandel, 2001, 41 f.

[391] Unstr. vgl. nur Assmann/Schlitt/v. Kopp-Colomb/*Assmann* §§ 21–23 Rn. 92; FK-WpPG/*Seiler/Singhof* § 21 Rn. 32.

[392] Dieser dürfte aber keinen Anspruch nach § 9, sondern nach § 10 haben, da sein Erwerbsgeschäft vor Einführung abgeschlossen wird, und, selbst wenn es noch bis zur Zuteilung widerruflich ist, vor Einführung, die eine Zuteilung voraussetzt, unwiderruflich wird.

(nach erfolgter Platzierung zB über die Börse) handelt; jeder, der innerhalb von sechs Monaten nach Einführung der Wertpapiere erworben hat, ist ersatzberechtigt.[393] Allerdings kann der **Haftungsverpflichtete** die Haftung dadurch vermeiden, dass er **nachweist, die Wertpapiere seien nicht aufgrund des Prospektes erworben worden (§ 12 Abs. 2 Nr. 1).** Das kann insbesondere dann der Fall sein, wenn die Anlagestimmung durch gegenläufige Faktoren beseitigt wird, wobei diese Faktoren aber sowohl gewichtig als auch deutlich sein müssen.[394] Wenn, wie die Gesetzesbegründung ausdrücklich festhält, § 12 Abs. 2 Nr. 1 „die Überlegungen der Rechtsprechung" zur Anlagestimmung aufgreift,[395] dann liegt es nahe, die von der Rspr. für die **Beseitigung der Anlagestimmung** diskutierten Fälle wie zB **negative Pressestimmen** oder einen **dramatischen Kurseinbruch** auch iRd § 12 Abs. 2 Nr. 1 zu prüfen.[396] Während man negative Presseveröffentlichungen allein wohl nur bei einer erheblichen Massivität als ausreichend ansehen kann,[397] dürfte der Nachweis, der Erwerb sei nicht aufgrund des Prospektes erfolgt, dadurch möglich sein, dass der Anspruchsgegner behauptet und beweist, nach Prospektveröffentlichung sei ein dramatischer Kurseinbruch erfolgt und der Anspruchsteller habe die Wertpapiere erst später erworben.[398] Weitere Umstände, welche einen Ausschluss der Haftung nach § 12 Abs. 2 Nr. 1 begründen können, sind zB die Veröffentlichung eines neuen Jahresabschlusses, der eine deutlich negative Entwicklung aufweist,[399] oder die Stellung eines Antrags zur Eröffnung eines Insolvenzverfahrens.[400] Ein weiterer, ebenfalls speziell geregelter Fall, in dem die Anlagestimmung beseitigt wird, ist § 12 Abs. 2 Nr. 4 und die dort geregelte Möglichkeit, eine Prospektberichtigung zu veröffentlichen, die als solche dazu führt, dass nachfolgende Erwerber sich nicht mehr auf den berichtigten Prospektfehler zur Begründung ihres Anspruches berufen können.[401] Entsprechendes muss aber auch allgemein für die Veröffentlichung eines aktualisierenden oder berichtigenden Nachtrags nach Art. 23 Abs. 1 S. 1 Prospekt-VO gelten. Kann hier der Anleger nach Art. 23 Abs. 2 Prospekt-VO seine auf den Erwerb der Wertpapiere gerichtete Willenserklärung widerrufen, dann kann er, macht er von diesem Recht keinen Gebrauch, nicht später Prospekthaftungsansprüche wegen genau dieses aktualisierten oder berichtigten Prospektmangels geltend machen.[402] In Betracht kommt uU aber auch der Nachweis (erforderlich ist, dass dies nachgewiesen wird), der Prospekt habe keine Anlagestimmung erzeugt, etwa weil er im Falle eines reinen Börsenzulassungsprospekts für Aktien aus einer (Sach-)Kapitalerhöhung nur bereits bekannte Informationen erhalten habe.[403]

Bei der **Fristberechnung** ist auf den Zeitpunkt des **schuldrechtlichen Erwerbsgeschäftes** ab- **90** zustellen; der sachenrechtliche Vollzug ist nicht erforderlich.[404] Die Veröffentlichung einer Berichtigung nach § 12 Abs. 2 Nr. 4 verlängert diese Frist nicht,[405] entscheidend für die Fristberechnung ist die „erstmalige Einführung der Wertpapiere". Das gilt auch für spätere weitere Einführungen an anderen inländischen Börsen auf der Grundlage des „alten" Prospekts; die weitere Zulassung und Einführung führt nicht zur Fristverlängerung.[406]

8. Inlandsgeschäft, Kollisionsrecht. Für Prospekthaftungsansprüche bei Wertpapieren von **Emit-** **91** **tenten mit Sitz im Ausland** ist ein **Inlandsbezug**[407] erforderlich, wenn die Wertpapiere auch im

---

[393] So zu Recht Assmann/Schlitt/v. Kopp-Colomb/*Assmann* § 21–23 Rn. 98; *Hauptmann* in Vortmann, Prospekthaftung und Anlageberatung, 2000, § 3 Rn. 123; *Kort* AG 1999, 9 (12); *Hamann* in Schäfer/Hamann BörsG §§ 44, 45 Rn. 257. Zur Rechtslage in den Ländern der EU, der Schweiz und den USA vgl. *Hopt/Voigt* in Hopt/Voigt, Prospekt- und Kapitalmarktinformationshaftung, 2005, 53 ff.

[394] *Hamann* in Schäfer/Hamann BörsG §§ 44, 45 Rn. 257. AA *Assmann* in Assmann/Schütze KapitalanlageR-HdB § 5 Rn. 172, der dieses Konzept insgesamt ablehnt.

[395] RegBegr. zum Dritten Finanzmarktförderungsgesetz, BT-Drs. 13/8933, 54 (78 iVm 76).

[396] IdS auch *Ellenberger*, Prospekthaftung im Wertpapierhandel, 2001, 40 f.; *Kort* AG 1999, 9 (12 f.).

[397] *Hauptmann* in Vortmann, Prospekthaftung und Anlageberatung, 2000, § 3 Rn. 122; FK-WpPG/*Seiler/Singhof* § 23 Rn. 31 *Mülbert/Steup* in Habersack/Mülbert/Schlitt Unternehmensfinanzierung-HdB § 41 Rn. 99.

[398] Ebenso *Kort* AG 1999, 9 (13); JVRZ/*Pankoke* BörsG § 45 Rn. 26. Unter Verweis auf die alte Rspr. zur Anlagestimmung *Hauptmann* in Vortmann, Prospekthaftung und Anlageberatung, 2000, § 3 Rn. 122: Kurs unter 60 % des Ausgabekurses beseitigt Anlagestimmung, Kurs von 76,5 % nicht; Beispiele auch bei *Mülbert/Steup* in Habersack/Mülbert/Schlitt Unternehmensfinanzierung-HdB § 41 Rn. 99.

[399] OLG Frankfurt a. M. Urt. v. 27.3.1996 – 21 U 92/95, WM 1996, 1216; OLG Düsseldorf Urt. v. 5.4.1984 – 6 U 239/82, WM 1984, 586 (596).

[400] OLG Düsseldorf Urt. v. 5.4.1984 – 6 U 239/82, WM 1984, 586 (596); *Mülbert/Steup* in Habersack/Mülbert/Schlitt Unternehmensfinanzierung-HdB § 41 Rn. 99.

[401] Ausf. → § 12 Rn. 8 ff.

[402] → Rn. 81.

[403] So FK-WpPG/*Seiler/Singhof* § 23 Rn. 30.

[404] RegBegr. zum Dritten Finanzmarktförderungsgesetz, BT-Drs. 13/8933, 54 (77); Assmann/Schlitt/v. Kopp-Colomb/*Assmann* § 21–23 Rn. 92; *Ellenberger*, Prospekthaftung im Wertpapierhandel, 2001, 41; *Hamann* in Schäfer/Hamann BörsG §§ 44, 45 Rn. 125.

[405] Wie hier auch *Mülbert/Steup* in Habersack/Mülbert/Schlitt Unternehmensfinanzierung-HdB § 41 Rn. 97; Assmann/Schlitt/v. Kopp-Colomb/*Assmann* §§ 21–23 Rn. 69.

[406] *Hamann* in Schäfer/Hamann BörsG §§ 44, 45 Rn. 126.

[407] Zum Begriff des Inlandsgeschäfts ausführlich *Bischoff* AG 2002, 489 (495 ff.); *Hamann* in Schäfer/Hamann BörsG §§ 44, 45 Rn. 135; vgl. auch *Assmann* in Assmann/Schütze KapitalanlageR-HdB § 5 Rn. 167 f.

Ausland zugelassen sind (§ 9 Abs. 3). Ein solcher Inlandsbezug ist dann gegeben, wenn die Wertpapiere **aufgrund eines im Inland abgeschlossenen Geschäfts** oder einer ganz oder **teilweise im Inland erbrachten Wertpapierdienstleistung erworben wurden.**[408] Damit werden ausschließlich im Heimatstaat des Emittenten erfolgende Erwerbsvorgänge nicht von deutschen Prospekthaftungsansprüchen erfasst. § 9 Abs. 3 ist ein deutlicher gesetzlicher Beleg dafür, dass es für die Bestimmung des anwendbaren Rechts bei Geschäften mit Auslandsberührung auf den Platzierungsmarkt als **Anknüpfungskriterium** ankommt.[409]

92 Streitig war allerdings, ob § 9 Abs. 3 eine **Sachnorm** oder eine **Kollisionsnorm** darstellt[410], er somit die Anwendung deutschen Rechts voraussetzt (Sachnorm) oder sie anordnet (Kollisionsnorm). Darauf kommt es jedoch aufgrund der Rom I-VO[411] und der Rom II-VO[412] nicht mehr an, da in deren Anwendungsbereich für nationale Kollisionsnormen kein Raum mehr bleibt[413]. Nach Art. 4 Abs. 1 lit. h Rom I-VO gilt für den Vertrag zum Erwerb der Wertpapiere über die Börse das Recht des Staates der Börse. Ob man daraus schließen kann, dass auch das Prospekthaftungsregime sich nach dem Recht des Staates der Börse bestimmt[414], ist zweifelhaft. Dafür spricht, dass damit eine eindeutige Zuweisung zu einer Rechtsordnung getroffen werden und ein Auseinanderfallen von Börsenzulassungsstatut und Transaktionsstatut vermieden werden kann. Dagegen spricht, dass Prospekthaftung nicht zwingend mit einem Börsengeschäft verbunden ist. Vielmehr kann auch der Anleger, der außerhalb der Börse OTC – over the counter – oder face to face – Aktien erwirbt, Prospekthaftungsansprüche geltend machen[415]. Ebenfalls gegen eine Gleichsetzung von Transaktions- und Börsenzulassungsstatut spricht, dass sich Prospekthaftungsansprüche in aller Regel nicht gegen den Vertragspartner, von dem der Anleger erwirbt, sondern gegen zB den Emittenten, richten, somit Prospekthaftung eine andere Regelungsmaterie darstellt als die, welche Art. 4 Abs. 1 lit. d Rom I-VO behandelt (Kaufvertrag).

93 Auch wenn eine Gleichsetzung von Transaktions- und damit Prospekthaftungsstatut und Börsenzulassungsstatut (und bei § 10 Platzierungsstatut) im Sinne der Klarheit wünschenswert ist, kann sie nicht als gesichert angenommen werden[416]. Insofern kommt es für das bei internationalen Prospekthaftungssachverhalten anwendbare Recht kollisionsrechtlich entscheidend auf die Rechtsnatur der Prospekthaftungen an, wobei die Rechtnatur obwohl nicht europarechtlich geregelt wohl nicht national sondern „europäisch-autonom" bestimmt werden muss.[417] Der EuGH hat, wenn auch in anderem Zusammenhang, die Prospekthaftung als außervertraglichen Anspruch eingeordnet,[418] was schon allein deshalb zutreffend erscheint, weil zwischen Prospekthaftungsverpflichteten und Geschädigten eher selten ein Vertrag zustande kommt, jedenfalls Prospekthaftungsansprüche keinen Vertrag voraussetzen. Ob diese Einordnung als außervertraglicher und damit wohl deliktischer Anspruch[419] (→ Rn. 15) zu einer Anknüpfung an das Herkunftsstaatprinzip, den Erfüllungsort (Konto-Depotort des Geschädigten) oder den Marktort (Platzierungsort) führt, ist streitig.[420] Es spricht viel dafür, hier auf den Marktort als denjenigen Ort, an dem die Wertpapiere platziert werden, abzustellen.[421] Dass damit für die (Börsenzulassungs-)Prospekthaftung des § 9 ein Gleichklang von Börsenzulassungsstatut und Transaktions-/Prospekthaftungsstatut und für die (Angebots-)Prospekthaftung des § 10 ein Gleichklang von Platzierungsstatut und Transaktions-/Prospekthaftungsstatut erreicht werden kann, spricht ebenfalls für dieses Ergebnis.

---

[408] Assmann/Schlitt/v. Kopp-Colomb/*Assmann* §§ 21–23 Rn. 94.

[409] Umfassend zur kollisionsrechtlichen Anknüpfung bei internationalem Prospekthaftungssachverhalten FK-WpPG/*Seiler/Singhof* Vor §§ 21 ff. Rn. 12 ff., ausf. zu diesen Fragen noch auf der Grundlage des § 44 Abs. 3 BörsG aF *Bischoff* AG 2002, 489 (490 ff.). ISd Marktrechts auch *Freitag* WM 2015, 1165 (1171 ff.); *Steinrötter* RIW 2015, 407 (412 ff.).

[410] Für Sachnorm *Hamann* in Schäfer/Hamann BörsG §§ 44, 45 Rn. 129; JVRZ/*Pankoke* BörsG § 44, VerkprospG § 13 Rn. 54; *Mülbert/Steup* in Habersack/Mülbert/Schlitt Unternehmensfinanzierung-HdB § 41 Rn. 121; *Bischoff* AG 2002, 485 (490). Für Kollisionsnorm Schwark/Zimmer/*Schwark* BörsG §§ 44, 45 Rn. 41; Staub/*Grundmann* BankvertragsR 6. Teil Rn. 201 f.; *Schantz* in Schwintowski BankR § 22 Rn. 105; *Kuntz* WM 2007, 432 (433 f.).

[411] Verordnung (EG) Nr. 593/2008 des Europäischen Parlaments und des Rates vom 17. Juni 2008 über das auf vertragliche Schuldverhältnisse anzuwendende Recht, ABl. 2008 L 177, 6.

[412] Verordnung (EG) Nr. 864/2007 des Europäischen Parlaments und des Rates vom 11. Juli 2007 über das auf außervertragliche Schuldverhältnisse anzuwendende Recht, ABl. 2007 L 199, 40.

[413] So zu Recht FK-WpPG/*Seiler/Singhof* Vor §§ 21 ff. Rn. 14.

[414] Staub/*Grundmann* BankvertragsR 6. Teil Rn. 201 f.

[415] Unstr. vgl. nur Assmann/Schlitt/v. Kopp-Colomb/*Assmann* §§ 21–23 Rn. 98.

[416] Vgl. nur die umfangreichen Ausführungen bei FK-WpPG/*Seiler/Singhof* Vor §§ 21 ff. Rn. 12 ff. sowie zB *Schantz* in Schwintowski BankR § 22 Rn. 105 f., der Art. 4 Abs. 1 lit. h Rom I-VO nicht einmal erwähnt; aA Staub/*Grundmann* BankvertragsR 6. Teil Rn. 201 f., der dies „weitgehend geklärt" bzw. als „wohl einhellige(r) Auffassung" darstellt.

[417] FK-WpPG/*Seiler/Singhof* Vor §§ 21 Rn. 15 mwN.

[418] EuGH Urt. v. 29.1.2015 – C-375/13, ZIP 2015, 1456 Rn. 48 – „Kolassa" (Gerichtsstand der unerlaubten Handlung).

[419] FK-WpPG/*Seiler/Singhof* Vor §§ 21 ff. Rn. 19 mwN; *Schantz* in Schwintowski BankR § 22 Rn. 105.

[420] FK-WpPG/*Seiler/Singhof* Vor §§ 21 ff. Rn. 21 ff.

[421] FK-WpPG/*Seiler/Singhof* Vor §§ 21 ff. Rn. 26; *Schantz* in Schwintowski BankR § 22 Rn. 106.

III. Subjektive Tatbestandsvoraussetzungen

1. Verschulden. Nach § 12 Abs. 1 scheidet eine Prospekthaftung desjenigen aus, der nachweisen **94** kann, dass er die Unrichtigkeit oder Unvollständigkeit der Prospektangaben nicht gekannt hat und die **Unkenntnis** nicht auf **grober Fahrlässigkeit** beruht. Die früher vorgenommene Differenzierung zwischen grober Fahrlässigkeit bei Unrichtigkeit des Prospektes und dem böslichen Verhalten bei unvollständigen Prospekten ist durch das Dritte Finanzmarktförderungsgesetz zu Recht aufgegeben worden, da die Unvollständigkeit einen Unterfall der Unrichtigkeit darstellt.[422] Ist der Ersatzpflichtige keine natürliche Person, dann werden ihm Kenntnisse, die seine Vorstandsmitglieder aus ihrer nicht privaten Tätigkeit haben, grundsätzlich zugerechnet[423] (zur Frage von Verschwiegenheitspflichten → Rn. 100). Die Beweislastumkehr des § 12 Abs. 1, nach der nicht der Anspruchsteller, sondern der Anspruchsgegner sein fehlendes Verschulden beweisen muss, beruht auf den Grundsätzen der Beweislastumkehr nach Gefahrenbereichen.[424] Die Einrede des fehlenden Verschuldens wirkt nur für denjenigen, der sie geltend machen kann und führt somit uU zu einem differenzierten Ergebnis bei mehreren (gesamtschuldnerischen) Prospektverantwortlichen.[425]

a) Grobe Fahrlässigkeit als geeigneter Maßstab. An der **groben Fahrlässigkeit als Verschul- 95 densmaßstab** der Prospekthaftung wurde, trotz der verschiedentlich daran geäußerten Kritik[426] zu Recht festgehalten.[427] Ob eine Haftungsverschärfung tatsächlich die **Attraktivität des deutschen Kapitalmarktes** erhöht hätte,[428] ist zu bezweifeln. Zum einen bedeutet Attraktivität des Kapitalmarktes auch Attraktivität für den Emittenten und die Emissionsbegleiter, bei denen ein erhöhtes Haftungsrisiko eher abschreckend gewirkt hätte.[429] Zum anderen ist zumindest zweifelhaft, ob die Attraktivität des Kapitalmarktes für einen Investor von möglichen Haftungsansprüchen abhängt. Ob tatsächlich die Haftungsregelungen anderer Länder schärfer sind und in der Praxis auch schärfer angewendet werden, lässt sich im Übrigen bezweifeln.[430]

b) Begriff der groben Fahrlässigkeit. Grobe Fahrlässigkeit setzt voraus, dass die erforderliche **96 Sorgfalt in besonders schwerem Maße verletzt** wurde, ganz naheliegende Überlegungen nicht angestellt wurden und dass nicht beachtet wurde, was im gegebenen Fall jedem einleuchten müsste.[431] Diese Begriffsbestimmung bezieht **subjektive, in der Person des Handelnden begründete Umstände,** zB seine **Fach- und Sachkunde** aber auch seinen **persönlichen Kenntnisstand** etc, ein und führt damit zu einer **unterschiedlichen Beurteilung desselben Verhaltens bei verschiedenen Personen.** [432]

2. Verschulden verschiedener Prospektverantwortlicher. Der Kenntnisstand der möglichen **97 Prospektverantwortlichen,** zB des **Emittenten** und seiner **Aktionäre** einerseits und des **Emissionsbegleiters** andererseits, ist **unterschiedlich,** sodass damit auch die Beurteilung des jeweiligen Verhaltens unterschiedlich ausfallen muss.[433] **Je näher der jeweilige Prospektverantwortliche dem Ursprung der Information** ist, desto **größer** ist seine Verantwortlichkeit für die richtige und vollständige Darstellung dieser Informationen im Prospekt.[434]

---

[422] RegBegr. zum Dritten Finanzmarktförderungsgesetz, BT-Drs. 13/8933, 54 (80); vgl. auch → Rn. 38.

[423] JVRZ/*Pankoke* BörsG § 45 Rn. 4; FK-WpPG/*Seiler/Singhof* § 23 Rn. 5. Ausf. zur Wissenszurechnung, wenn auch bei Art. 17 MMVO, wobei die dort gewonnen Ergebnisse auch hier anwendbar sind, *Ihrig* ZHR 181 (2017), 381 (386 ff.).

[424] Vgl. nur FK-WpPG/*Seiler/Singhof* § 23 Rn. 4.

[425] FK-WpPG/*Seiler/Singhof* § 23 Rn. 4; JVRZ/*Pankoke* BörsG § 45 Rn. 20.

[426] Vgl. nur *Grundmann/Selbherr* WM 1996, 985 (986 ff.) mwN.

[427] Wie hier auch *Ehricke* in Hopt/Voigt, Prospekt- und Kapitalmarktinformationshaftung, 2005, 187 (234 f.).

[428] So *Grundmann/Selbherr* WM 1996, 985 (993).

[429] So zu Recht die RegBegr. zum Dritten Finanzmarktförderungsgesetz, BT-Drs. 13/8933, 54 (80).

[430] *Bosch* in Bosch/Groß, Emissionsgeschäft, 2000, Rn. 10/130; aA *Fleischer,* Gutachten F für den 64. Deutschen Juristentag 2002, F 60, der eine Verschärfung des Verschuldensmaßstabes für „unabweisbar" hält, ginge es alleine darum, die deutschen Prospekthaftungsregeln an internationale Standards heranzuführen; ebenso JVRZ/*Pankoke* BörsG § 45 Rn. 8. Detaillierter Überblick über die Prospekthaftungsregeln in den Mitgliedstaaten der EU, der Schweiz und den USA bei *Hopt/Voigt* in Hopt/Voigt, Prospekt- und Kapitalmarktinformationshaftung, 2005, 10 ff., dort auch spezielle Länderberichte zur Rechtslage in Belgien, Dänemark, England, Finnland, Frankreich, Griechenland, Irland, Italien, Luxemburg, Niederlande, Österreich, Portugal, Schweden, der Schweiz und den USA.

[431] Assmann/Schlitt/v. Kopp-Colomb/*Assmann* §§ 21–23 Rn. 110, *Canaris* BankvertragsR Rn. 2280; Schwark/Zimmer/*Schwark* BörsG §§ 44, 45 Rn. 48; *Hamann* in Schäfer/Hamann BörsG §§ 44, 45 Rn. 217; JVRZ/*Pankoke* BörsG § 45 Rn. 7.

[432] Speziell für die Prospekthaftung wie hier Assmann/Schlitt/v. Kopp-Colomb/*Assmann* §§ 21–23 Rn. 111; *Hamann* in Schäfer/Hamann BörsG §§ 44, 45 Rn. 213; *Mülbert/Steup* in Habersack/Mülbert/Schlitt Unternehmensfinanzierung-HdB § 41 Rn. 105.

[433] So ausdr. auch Schwark/Zimmer/*Schwark* BörsG §§ 44, 45 Rn. 48.

[434] Unstr. FK-WpPG/*Seiler/Singhof* § 23 Rn. 8; *Mülbert/Steup* in Habersack/Mülbert/Schlitt Unternehmensfinanzierung-HdB § 41 Rn. 105; *Sittmann* NZG 1998, 490 (494). Ebenso *Fleischer,* Gutachten F für den 64. Deutschen Juristentag 2002, F 62 der insoweit plastisch „abgestuften Lösungen im arbeitsteiligen Prozess der Prospekterstellung"

98   **a) Emittent.** Der **Emittent** ist hier nicht nur am nächsten dran, sondern quasi mittendrin; da der Prospekt ihn und seine Geschäftätigkeit beschreibt, ist er selbst Gegenstand der Information. Er stellt den Jahresabschluss auf, der vom Abschlussprüfer geprüft wird, er macht die Geschäfte, die im Prospekt dargestellt werden, er kennt die Risiken, ggf. muss er entsprechende Nachforschungen anstellen. Zwar steht auch dem Emittenten der Entlastungsbeweis nach § 12 Abs. 1 zur Verfügung. Dabei handelt es sich jedoch für ihn „regelmäßig um eine probatio diaboltica".[435]

99   **b) Aktionär.** Die Prospektverantwortlichkeit eines **Aktionärs** setzt voraus, dass der Prospekt von ihm ausgeht, dh dass er maßgeblich auf die Erstellung des Prospektes Einfluss genommen und/oder (str. → Rn. 47) grundsätzlich ein eigenes wirtschaftliches Interesse an der Emission hat, zB weil er selbst seine Aktien – teilweise – mitveräußern will.[436] Ein solchermaßen **einflussnehmender und interessierter Aktionär** wird im Regelfall selbst an **hervorgehobener Stelle im Unternehmen** tätig sein, etwa als **Vorstands- oder als ehemaliges Vorstands- und aktuelles Aufsichtsratsmitglied.** Dann verfügt er über eine Vielzahl von Informationen bzw. kann sich diese, sofern es ganz nahe liegt, beschaffen.[437] Soweit der Aktionär jedoch zB im faktischen Konzern über nur begrenzte Informationen verfügt, und sich weitere wegen der aktienrechtlich vorgegebenen Informationsgrenzen nicht beschaffen kann, dürfen an den Entlastungsbeweis keine zu hohen Anforderungen gestellt werden.[438]

100   **c) Emissionsbegleiter.** Dagegen verfügen die Emissionsbegleiter im Regelfall nicht über nähere Informationen über den Emittenten. Die Zeiten, in denen Emissionsbegleiter idR die **langjährige Hausbank** war, sind schon lange vorbei; selbst wenn dies noch der Fall sein sollte, können die **an anderer Stelle in der Bank vorhandenen Informationen nicht ohne weiteres von der Emissionsabteilung genutzt werden.** Soweit ein Geschäftsleitungsmitglied einer Emissionsbank im **Aufsichtsrat** des Emittenten vertreten ist und deshalb über einen erhöhten Informationsstand verfügt, dürfen diese Informationen der Emissionsbank nicht zugerechnet werden, da Aufsichtsratsmandate persönliche Mandate sind, und das Aufsichtsratsmitglied **aktienrechtlich zur Verschwiegenheit** (§§ 116, 93 Abs. 1 S. 2 AktG) verpflichtet ist;[439] eine Verletzung dieser Verschwiegenheitspflicht ist **strafbewehrt** (§ 404 AktG). Schaltet das Aufsichtsratsmitglied zB seine Assistenten oder andere Mitarbeiter bei der Wahrnehmung seiner Aufsichtsrattätigkeit ein, hat er sie zur Verschwiegenheit zu verpflichten.[440] Auch deren Wissen kann demnach von der Emissionsabteilung bzw. dem Emissionsbegleiter insgesamt nicht genutzt und damit dem Emissionsbegleiter auch nicht zugerechnet werden.[441] Soweit eine **Abteilung,** zB die Kredit- oder M&A-Abteilung **einer Emissionsbank wegen ihrer anderweitigen Funktion** über Informationen verfügt, sind diese ebenfalls **nicht der Prospektabteilung und der Emissionsbank insgesamt zuzurechnen.**[442] Das als Nebenpflicht sich aus dem Bankvertrag ergebende **Bankgeheimnis**[443] besteht auch **bankintern,** sofern die Weitergabe der Information nicht im Rahmen eines **ordnungsgemäßen Geschäftsablaufs notwendig ist.**[444] Unter Geschäftsablauf sind dabei im oben genannten Beispielsfall der Kreditabteilung die Kreditabwicklung und die damit im Zusammenhang stehenden Geschäfte zu sehen, nicht jedoch die Prospekterstellung. Das bedeutet, dass in anderen Abteilungen der Emissionsbank vorhandene Informationen nicht ohne Zustimmung des Kunden der Prospektabteilung zur Verfügung

---

verlangt; ebenso nachdr. *Hopt/Voigt* in Hopt/Voigt, Prospekt- und Kapitalmarktinformationshaftung, 2005, 86; *Hamann* in Schäfer/Hamann BörsG §§ 44, 45 Rn. 217; JVRZ/*Pankoke* BörsG § 45 Rn. 9.

[435] So *Fleischer,* Gutachten F für den 64. Deutschen Juristentag 2002, F 62; ebenso FK-WpPG/*Seiler/Singhof* § 23 Rn. 11: Es seien „kaum Fälle denkbar, in denen einem Emittenten der Nachweis fehlenden Verschuldens tatsächlich gelingen dürfte." Ebenso MüKoHGB/*Singhof* Emissionsgeschäft Rn. 294.

[436] → Rn. 47.

[437] *Hamann* in Schäfer/Hamann BörsG §§ 44, 45 Rn. 212; *Mülbert/Steup* in Habersack/Mülbert/Schlitt Unternehmensfinanzierung-HdB § 41 Rn. 106.

[438] So nachdr. FK-WpPG/*Seiler/Singhof* § 23 Rn. 25.

[439] BGH Urt. v. 26.4.2016 – XI ZR 108/15, NJW 2016, 2569, 2570 Rn. 32. Ebenso *Assmann* WM 1996, 1337 (1349); *Hauptmann* in Vortmann, Prospekthaftung und Anlageberatung, 2000, § 3 Rn. 107; *Hamann* in Schäfer/Hamann BörsG §§ 44, 45 Rn. 16; FK-WpPG/*Seiler/Singhof* § 23 Rn. 16; *Mülbert/Steup* in Habersack/Mülbert/Schlitt Unternehmensfinanzierung-HdB § 41 Rn. 112; Schwark/Zimmer/*Schwark* BörsG §§ 44, 45 Rn. 53; aA *Ellenberger,* Prospekthaftung im Wertpapierhandel, 2001, 55.

[440] *Marsch-Barner* in Semler/v. Schenck AR-HdB, 4. Aufl. 2013, § 13 Rn. 47; FK-WpPG/*Seiler/Singhof* § 23 Rn. 16.

[441] *Hamann* in Schäfer/Hamann BörsG §§ 44, 45 Rn. 239; JVRZ/*Pankoke* BörsG § 45 Rn. 6; aA *Ellenberger,* Prospekthaftung im Wertpapierhandel, 2001, 54.

[442] Wie hier ausdr. JVRZ/*Pankoke* BörsG § 45 Rn. 5; MüKoHGB/*Singhof* Emissionsgeschäft Rn. 294; FK-WpPG/*Seiler/Singhof* § 23 Rn. 17. AA die wohl hM, vgl. nur *Hauptmann* in Vortmann, Prospekthaftung und Anlageberatung, 2000, § 3 Rn. 107; *Hamann* in Schäfer/Hamann BörsG §§ 44, 45 Rn. 238; *Mülbert/Steup* in Habersack/Mülbert/Schlitt Unternehmensfinanzierung-HdB § 41 Rn. 111 allerdings mit gewissen Einschränkungen; Schwark/Zimmer/*Schwark* BörsG §§ 44, 45 Rn. 53, der allerdings fordert dass bei einer Weitergabe von Informationen das Gebot der Vermeidung von Interessenkonflikten (§ 31 Abs. 1 Nr. 2 WpHG) zu beachten sei; *Ellenberger,* Prospekthaftung im Wertpapierhandel, 2001, 53 f.

[443] Vgl. nur *Weber/Hoffmann* in Hellner/Steuer BuB Rn. 2/842.

[444] *Krepold* in Schimansky/Bunte/Lwowski BankR-HdB § 39 Rn. 22 ff.

stehen und damit nicht bei der Beurteilung einer etwaigen Prospektverantwortlichkeit berücksichtigt werden können. Ob die Prospektabteilung **im Einzelfall verpflichtet** sein kann, den **Kunden** um seine **Zustimmung zur Weitergabe** von an anderen Stellen der Bank vorhandenen **Informationen zu bitten,** ist eine andere Frage. Ebenfalls hiervon zu unterscheiden ist die Frage, ob bei einer Weigerung des Kunden die Bank nicht von sich aus beim Kunden selbst entsprechende Nachforschungen anzustellen hat. Letzteres dürfte zu bejahen sein.[445] Ersteres hängt davon ab, ob und inwieweit eine **Nachforschungspflicht** der Emissionsbank überhaupt angenommen werden kann.

Eine solche Nachforschungspflicht der Emissionsbank ist jedenfalls dann anzunehmen, wenn ihr **101** konkrete Anhaltspunkte für die Unrichtigkeit von Prospektangaben vorliegen oder sie über Informationen verfügt, die Zweifel an der Richtigkeit des Prospektes wecken müssen.[446] Zu diesen Informationen können auch negative Werturteile Dritter, zB Ratings von Rating-Agenturen oder Presseberichte gehören, die uU eine nähere Überprüfung auch des Gesamtbildes des Prospektes nahe legen.[447] Ob und in welchem Umfang darüber hinaus eine Nachforschungspflicht besteht, ist im Einzelnen streitig.[448]

Man wird hier unterscheiden können zwischen **Prospektinformationen, die vom Emittenten** **102** und solchen, die von **sachverständigen Dritten,** zB den Abschlussprüfern stammen.[449] Letztere braucht der Emissionsbegleiter grundsätzlich nicht zu überprüfen. Grundsätzlich besteht **keine Pflicht,** die **Buchführung** oder etwa die testierten Jahresabschlüsse oder geprüften Zwischenabschlüsse des Emittenten **erneut zu prüfen.**[450] Der Wirtschaftsprüfer ist gesetzlich zur Prüfung des Jahresabschlusses einschließlich der Buchführung verpflichtet und hierzu auch aufgrund seiner Ausbildung besonders geeignet; die Emissionsbank ist nicht zur Kontrolle der Kontrolleure verpflichtet. Einschränkungen dieses Grundsatzes, dass keine Nachforschungspflicht besteht, gelten nur, soweit besondere Gründe bzw. Zweifel eine Prüfung nahezu aufdrängen[451] – es geht um grobe Fahrlässigkeit. Der Ansicht, die für Überprüfungs- und Nachforschungspflichten der Emissionsbanken über die Erkenntnisquelle Prospekt äußerste Zurückhaltung für geboten hält,[452] ist deshalb zuzustimmen. Demnach besteht keine allgemeine Pflicht zur Due Diligence,[453] sondern **nur** eine **Pflicht zur Prüfung** der **Plausibilität der Prospektangaben.**[454] Keine Einschränkung dieses Grundsatzes der auf die Plausibilitätskontrolle beschränkten Prüfungspflicht des Emissionsbegleiters ist das Aktualitätsgebot, das nicht zu einer Überprüfung des Jahresabschlusses führt, sondern dazu, ggf. neuere Entwicklungen darzustellen.[455] Auch die Gesamtbildformel stellt keine Einschränkung dieses Grundsatzes dar, da es auch hier nicht um eine Prüfung des Jahresabschlusses oder sonstiger Bilanzangaben, sondern darum geht, die aus dem Datenmaterial sich ergebende Folgerung ggf. zu erläutern und klarzustellen.[456]

---

[445] Weitergehend FK-WpPG/*Seiler/Singhof* § 23 Rn. 18, die in einem solchen Fall dazu raten, die Emissionsbank solle die weitere Mitwirkung an der Emission ablehnen.

[446] FK-WpPG/*Seiler/Singhof* § 23 Rn. 17; MüKoHGB/*Singhof* Emissionsgeschäft Rn. 294; *Mülbert/Steup* in Habersack/Mülbert/Schlitt Unternehmensfinanzierung-HdB § 41 Rn. 109; *Hamann* in Schäfer/Hamann BörsG §§ 44, 45 Rn. 226.

[447] OLG Frankfurt a. M. Urt. v. 1.2.1994 – 5 U 213/92, WM 1994, 291 (297) mit insoweit zustAnm *Schwark* WuB I G 9.2.94; vgl. auch → Rn. 64; FK-WpPG/*Seiler/Singhof* § 23 Rn. 13; *Hamann* in Schäfer/Hamann BörsG §§ 44, 45 Rn. 226; JVRZ/*Pankoke* BörsG § 45 Rn. 16.

[448] Vgl. nur Nachweise bei *Assmann* in Assmann/Schütze KapitalanlageR-HdB § 5 Rn. 184; Assmann/Schlitt/ v. Kopp-Colomb/*Assmann* §§ 21–23 Rn. 112; *Hopt,* Die Verantwortlichkeit der Banken bei Emissionen, 1991, Rn. 191 f., Rn. 77; *Mülbert/Steup* in Habersack/Mülbert/Schlitt Unternehmensfinanzierung-HdB § 41 Rn. 108 ff.; *Hamann* in Schäfer/Hamann BörsG §§ 44, 45 Rn. 226; Schwark/Zimmer/*Schwark* §§ 44, 45 Rn. 51.

[449] So auch *Fleischer,* Gutachten F für den 64. Deutschen Juristentag 2002, F 64 f.; FK-WpPG/*Seiler/Singhof* § 23 Rn. 13.

[450] So bereits RG Urt. v. 11.10.1912 – II 106/12, RGZ 80, 196 (198 f.); Assmann/Lenz/Ritz/*Assmann* §§ 21–23 Rn. 112; *Hauptmann* in Vortmann, Prospekthaftung und Anlageberatung, 2000, § 3 Rn. 105; Baumbach/Hopt/ *Kumpan* § 21 Rn. 4; *Hopt,* Die Verantwortlichkeit der Banken bei Emissionen, 1991, Rn. 195; *Mülbert/Steup* in Habersack/Mülbert/Schlitt Unternehmensfinanzierung-HdB § 41 Rn. 116; Schwark/Zimmer/*Schwark* BörsG §§ 44, 45 Rn. 51; *Schwark* ZGR 1983, 162 (173); eine gewisse Prüfungspflicht annehmend dagegen *Assmann* in Assmann/Schütze KapitalanlageR-HdB § 5 Rn. 183.

[451] *Fleischer,* Gutachten F für den 64. Deutschen Juristentag 2002, F 66 spricht demzufolge auch von „offensichtlichen Verdachtsmomenten". Eher weiter Assmann/Schlitt/v. Kopp-Colomb/*Assmann* §§ 21–23 Rn. 112: Zweifel „rechtfertigen".

[452] So ausdr. *Kort* AG 1999, 9 (18).

[453] IE wie hier gegen eine generelle Überprüfungspflicht Schwark/Zimmer/*Schwark* BörsG §§ 44, 45 Rn. 52; FK-WpPG/*Seiler/Singhof* § 23 Rn. 15, 22; iErg wohl auch *Mülbert/Steup* in Habersack/Mülbert/Schlitt Unternehmensfinanzierung-HdB § 41 Rn. 116; aA, allerdings mit gänzlich unterschiedlichen Anforderungen an die Intensität der Überprüfung, *Hauptmann* in Vortmann, Prospekthaftung und Anlageberatung, 2000, § 3 Rn. 105; *Hopt,* Die Verantwortlichkeit der Banken bei Emissionen, 1991, Rn. 192 ff.; eher iS einer allgemeinen Pflicht zur Due Diligence auch *Hamann* in Schäfer/Hamann BörsG §§ 44, 45 Rn. 227 und JVRZ/*Pankoke* BörsG § 45 Rn. 14.

[454] Assmann/Schlitt/v. Kopp-Colomb/*Assmann* §§ 21–23 Rn. 112.

[455] Ebenso *Fleischer,* Gutachten F für den 64. Deutschen Juristentag 2002, F 65. IE ebenso Schwark/Zimmer/ *Schwark* BörsG §§ 44, 45 Rn. 52, der dies aber als Einschränkung des vorstehend geschilderten Grundsatzes ansieht.

[456] IE ebenso Schwark/Zimmer/*Schwark* BörsG §§ 44, 45 Rn. 52, der dies aber als Einschränkung des vorstehend geschilderten Grundsatzes ansieht.

103   Auch hinsichtlich **sonstiger Informationen,** die von **anderen Fachleuten,** zB technischen oder naturwissenschaftlichen Sachverständigen (Bodenverunreinigungen, technische Anlagen, Wertgutachten bei Immobilien etc), Rechtsanwälten, Patentanwälten, Notaren, Steuerfachleuten stammen,[457] besteht keine Nachprüfungspflicht. Sie kann die Emissionsbank **ohne eigene Prüfung übernehmen,** sofern nicht Gründe bzw. Zweifel eine Prüfung nahezu aufdrängen.[458] Soweit sich die Emissionsbank jedoch in dem Bereich, in dem ihr eine Nachforschungspflicht obliegt, hierzu solcher Personen bedient, trifft sie sowohl eine Pflicht zur ordnungsgemäßen Auswahl als auch zur Kontrolle dieser von ihr eingeschalteten Personen.[459] Eine Zurechnung eines etwaigen Verschuldens der Fachleute über § 278 BGB findet nicht statt, da die Fachleute nicht Erfüllungsgehilfen der Emissionsbank – wobei auch? – sind.[460]

104   Ging es bislang um die Prüfungspflicht bei Angaben Dritter, so soll nach einer in der in der Literatur vertretenen Auffassung bei **Prospektangaben, die vom Emittenten** stammen, deren „sorgfältige Überprüfung unerlässlich" sein,[461] was auf eine diesbezügliche allgemeine Due Diligence-Prüfung hinausläuft.[462] Gleichsam als andere Extremposition, wird von anderen Stimmen auch bei Emittentenangaben eine reine Plausibilitätskontrolle mit einer Prüfungspflicht bei konkreten Anhaltspunkten als ausreichend angesehen.[463] Zwischen diesen beiden Extremen werden noch verschiedene vermittelnde Lösungen vertreten.[464] Richtig erscheint es hier, eine Prüfungspflicht des Emissionsbegleiters für die Prospektangaben des Emittenten anzunehmen.[465] Dabei kann der Emissionsbegleiter sich allerdings auf die Erkenntnisquelle Prospekt beschränken. Ergeben sich aus dem Prospekt jedoch begründete Anhaltspunkte für Zweifel, dann bedarf es einer eingehenderen Prüfung.

105   Soweit sie nach den oben dargelegten Grundsätzen erforderlich ist, obliegt die **Prospektprüfung** dem oder den **Konsortialführer(n).** Den anderen, **„einfachen" Konsortialmitgliedern,** seien sie nun (Senior) Co-Lead Manager oder bloße Manager, **dieselben Pflichten aufzuerlegen, widerspricht den tatsächlichen Gegebenheiten.**[466] Die einfachen Konsortialmitglieder erhalten den Prospektentwurf in der Regel allenfalls wenige Tage vor Prospektveröffentlichung; an einer Prüfung des Unternehmens und der einzelnen Prospektangaben sind sie nicht beteiligt, da sie keinen Zugang zum Emittenten und den dort vorhandenen Informationen haben und, da dies für den Emittenten praktisch nicht zumutbar wäre, auch nicht haben sollen.[467] Aufgrund dieser unterschiedlichen Position von Konsortialführer und einfachem Konsortialmitglied ist bei der **Verantwortlichkeit der Konsortialmitglieder zwischen** der des **Konsortialführers** einerseits und der **anderer Konsortialmitglieder zu differenzieren.**[468] Eine nochmalige Differenzierung zwischen den einzelnen Konsortialmitglie-

---

[457] Ausf. hierzu *Hamann* in Schäfer/Hamann BörsG §§ 44, 45 Rn. 231 ff.; iErg wie hier Assmann/Schlitt/v. Kopp-Colomb/*Assmann* §§ 21–23 Rn. 111; *Assmann* in Assmann/Schütze KapitalanlageR-HdB § 5 Rn. 183; Schwark/Zimmer/*Schwark* BörsG §§ 44, 45 Rn. 52.

[458] IdS auch Assmann/Schlitt/v. Kopp-Colomb/*Assmann* §§ 21–23 Rn. 111; *Assmann* in Assmann/Schütze KapitalanlageR-HdB § 5 Rn. 183; *Hopt,* Die Verantwortlichkeit der Banken bei Emissionen, 1991, Rn. 193; *Hamann* in Schäfer/Hamann BörsG §§ 44, 45 Rn. 233; diff. Schwark/Zimmer/*Schwark* BörsG §§ 44, 45 Rn. 49 ff.

[459] Assmann/Schlitt/v. Kopp-Colomb/*Assmann* §§ 21–23 Rn. 111; *Hopt,* Die Verantwortlichkeit der Banken bei Emissionen, 1991, Rn. 193; FK-WpPG/*Seiler/Singhof* § 23 Rn. 21; *Mülbert/Steup* in Habersack/Mülbert/Schlitt Unternehmensfinanzierung-HdB § 41 Rn. 117; JVRZ/*Pankoke* BörsG § 45 Rn. 16; Schwark/Zimmer/*Schwark* BörsG §§ 44, 45 Rn. 49.

[460] Assmann/Schlitt/v. Kopp-Colomb/*Assmann* §§ 21–23 Rn. 111; FK-WpPG/*Seiler/Singhof* § 23 Rn. 20; Schwark/Zimmer/*Schwark* BörsG §§ 44, 45 Rn. 49; *Mülbert/Steup* in Habersack/Mülbert/Schlitt Unternehmensfinanzierung-HdB § 41 Rn. 114.

[461] *Fleischer,* Gutachten F 64. Deutschen Juristentag 2002, F 65.

[462] Für eine solche Due Diligence-Prüfung etwa *Hauptmann* in Vortmann, Prospekthaftung und Anlageberatung, 2000, § 3 Rn. 105, dagegen FK-WpPG/*Seiler/Singhof* § 23 Rn. 15.

[463] FK-WpPG/*Seiler/Singhof* § 23 Rn. 15; Schwark/Zimmer/*Schwark* BörsG §§ 44, 45 Rn. 48 ff.; *Schwark* ZGR 1983, 162 (173 f.); *Kort* AG 1999, 9 (18); *Groß* AG 1999, 199 (206); *Altmeppen* DB 1993, 84 (85); idS wohl auch *Mülbert/Steup* in Habersack/Mülbert/Schlitt Unternehmensfinanzierung-HdB § 41 Rn. 108 ff.

[464] Vgl. nur Nachweise bei *Ellenberger,* Prospekthaftung im Wertpapierhandel, 2001, 46 f.; *Fleischer,* Gutachten F für den 64. Deutschen Juristentag 2002, F. 64 f.

[465] *Mülbert/Steup* in Habersack/Mülbert/Schlitt Unternehmensfinanzierung-HdB § 41 Rn. 110. IErg dazu ratend auch FK-WpPG/*Seiler/Singhof* § 23 Rn. 15, die von der etablierten Marktpraxis einer Due Diligence, von Legal und Disclosure Opinions und Comfort Letters sprechen und ohne solche Maßnahmen das Risiko sehen, dass der Entlastungsbeweis uU nicht gelingen könne.

[466] Ebenso *Hartmann* in Vortmann, Prospekthaftung und Anlageberatung, 2000, § 3 Rn. 108; JVRZ/*Pankoke* BörsG § 45 Rn. 17; iErg wie hier *Assmann* in Assmann/Schütze KapitalanlageR-HdB § 5 Rn. 184; Assmann/Schlitt/v. Kopp-Colomb/*Assmann* §§ 21–23 Rn. 113; Schwark/Zimmer/*Schwark* BörsG §§ 44, 45 Rn. 11; MüKoHGB/*Singhof* Emissionsgeschäft Rn. 294.

[467] Vgl. die ausf. Darstellung der praktischen Handhabung bei *Bosch* in Bosch/Groß, Emissionsgeschäft, 2000, Rn. 10/145 f.; vgl. auch *Assmann* in Assmann/Schütze KapitalanlageR-HdB § 5 Rn. 184; *Hopt,* Die Verantwortlichkeit der Banken bei Emissionen, 1991, Rn. 118.

[468] Wie hier ausdr. FK-WpPG/*Seiler/Singhof* § 23 Rn. 24; *Mülbert/Steup* in Habersack/Mülbert/Schlitt Unternehmensfinanzierung-HdB § 41 Rn. 118; Schwark/Zimmer/*Schwark* BörsG §§ 44, 45 Rn. 11; *Hamann* in Schäfer/Hamann BörsG §§ 44, 45 Rn. 220; JVRZ/*Pankoke* BörsG § 45 Rn. 17. In diese Richtung wohl auch *Assmann* in Assmann/Schütze KapitalanlageR-HdB § 5 Rn. 184; ausdr. wie hier Assmann/Schlitt/v. Kopp-Colomb/*Assmann*

dern, etwa nach ihrer Größe oder ihrer Benennung, ist dagegen nicht zutreffend, da alle Nicht-Konsortialführer bei der Prospekterstellung gleichermaßen nicht eingeschaltet sind.[469] Damit beschränkt sich die Pflicht des einfachen Konsortialmitglieds auf eine **bloße Plausibilitätskontrolle** des Prospekts und darauf, dass es den **Konsortialführer** dahingehend **überwacht,** ob dieser die **Prospektpflichten ordnungsgemäß** erfüllt.[470] Die **Überwachungspflicht** folgt aus der hier in Anbetracht der Delegation von Verantwortlichkeit gerechtfertigten **analogen Anwendung des § 831** BGB.[471] Eine darüber hinausgehende Sorgfaltspflicht ist abzulehnen. Eine **Zurechnung** eines etwaigen **Verschuldens des Konsortialführers** an die anderen Konsortialmitglieder erfolgt mangels Rechtsgrundlage **nicht.**[472]

Der Entlastungsbeweis des § 12 Abs. 1 bezieht sich damit zum einen auf das jeweils an unterschied- **106** lichen Sorgfaltsanforderungen zu messende Verschulden des Konsortialführers einerseits und aller anderen Konsortialmitglieder andererseits. Der **Konsortialführer** kann sich damit entlasten, dass er behauptet und beweist, den Prospekt auf seine **Plausibilität** hin überprüft zu haben und, soweit nach den oben aufgestellten Grundsätzen erforderlich, bei einzelnen **Prospektangaben Nachforschungen** angestellt zu haben. In diesem Zusammenhang kommt den Stellungnahmen der eingeschalteten Rechtsanwälte und des Abschlussprüfers, Legal Opinion, Disclosure Opinion und Comfort Letter, entscheidende Bedeutung zu.[473] Die **anderen Konsortialmitglieder** können sich dadurch entlasten, dass sie behaupten und beweisen, den Prospekt auf seine **Plausibilität** hin untersucht und den prospekterstellenden **Konsortialführer überwacht** zu haben. Darüber hinaus kann sich das einzelne Konsortialmitglied, das eine Plausibilitätskontrolle oder Überwachung des Konsortialführers unterlassen und damit schuldhaft gehandelt hat, aber auch damit entlasten, dass es vorträgt und ggfls. beweist, dass der Konsortialführer seine besonderen, ggfls. eine Nachforschungspflicht umfassenden Prospektpflichten erfüllt hat.[474] Denn in diesem Fall ist die Verletzung seiner Pflicht zur Plausibilitätskontrolle und Überwachung nicht kausal für den Schaden, weil der Konsortialführer diese Plausibilitätskontrolle und ggfls. die Nachforschungen durchgeführt hat.

3. Verschulden und Prospektprüfung der BaFin. Die Prüfung des Prospektes durch die BaFin **107** im Rahmen des Börsenzulassungsverfahrens führt nicht dazu, dass ein Verschulden der nach § 9 Prospektverantwortlichen ausgeschlossen werden kann. Das war für die Prüfung des Prospekts durch die Zulassungsstelle nach altem Recht unstreitig,[475] muss aber für die Prospektprüfung durch die BaFin in gleicher Weise gelten.[476] Zur Frage, ob die BaFin/Geschäftsführung Prospektverantwortlicher ist (→ Rn. 50); zur – nicht auf einer Prospekthaftung, sondern auf einer Amtspflichtverletzung beruhenden – möglichen Haftung der Zulassungsstelle → BörsG § 32 Rn. 51 ff., bzw. der BaFin wegen der Prospektbilligung → § 17 Rn. 2 f.

---

§§ 21–23 Rn. 113; *Bosch* in Bosch/Groß, Emissionsgeschäft, 2000, Rn. 10/146; *Grundmann* in Schimansky/Bunte/Lwowski BankR-HdB § 112 Rn. 59; *Hopt,* Die Verantwortlichkeit der Banken bei Emissionen, 1991, Rn. 116 ff., der allerdings nicht nur zwischen dem Konsortialführer und den Konsortialmitgliedern, sondern auch noch zwischen den einzelnen Konsortialmitgliedern differenzieren will, vgl. dazu Rn. 120; aA *Ellenberger,* Prospekthaftung im Wertpapierhandel, 2001, 49.

[469] *Bosch* in Bosch/Groß, Emissionsgeschäft, 2000, Rn. 10/146; aA *Hopt,* Die Verantwortlichkeit der Banken bei Emissionen, 1991, Rn. 120.

[470] Assmann/Schlitt/v. Kopp-Colomb/*Assmann* §§ 21–23 Rn. 113; *Assmann* in Assmann/Schütze Kapitalanlage R-HdB § 5 Rn. 1840; *Assmann,* Prospekthaftung, 1985, 391; *Hopt,* Die Verantwortlichkeit der Banken bei Emissionen, 1991, Rn. 120; *Hamann* in Schäfer/Hamann BörsG §§ 44, 45 Rn. 220; weiter Schwark/Zimmer/*Schwark* BörsG §§ 44, 45 Rn. 11, der eine Plausibilitätskontrolle allein nicht ausreichen lassen will.

[471] *Bosch* in Bosch/Groß, Emissionsgeschäft, 2000, Rn. 10/147; FK-WpPG/*Seiler/Singhof* § 23 Rn. 24. AA Schwark/Zimmer/*Schwark* BörsG §§ 44, 45 Rn. 11; *Assmann* in Assmann/Schütze KapitalanlageR-HdB § 5 Rn. 184; JVRZ/*Pankoke* BörsG § 45 Rn. 17, der dies aus der allgemeinen Überwachungspflicht des § 45 Abs. 1 BörsG aF (§ 23 Abs. 1) entnehmen will, ohne auf § 831 BGB zurückzugreifen.

[472] Wohl unstr., ebenso Assmann/Schlitt/v. Kopp-Colomb/*Assmann* §§ 21–23 Rn. 113; *Assmann* in Assmann/Schütze KapitalanlageR-HdB § 5 Rn. 184 aE; *Bosch* in Bosch/Groß, Emissionsgeschäft, 2000, Rn. 10/145; *Hopt,* Die Verantwortlichkeit der Banken bei Emissionen, 1991, Rn. 54, 116; FK-WpPG/*Seiler/Singhof* § 23 Rn. 23; *Mülbert/Steup* in Habersack/Mülbert/Schlitt Unternehmensfinanzierung-HdB § 41 Rn. 118; *Hamann* in Schäfer/Hamann BörsG §§ 44, 45 Rn. 307; JVRZ/*Pankoke* BörsG § 45 Rn. 20; Schwark/Zimmer/*Schwark* BörsG §§ 44, 45 Rn. 11.

[473] Ausf. dazu *Krämer/Gillessen* in Marsch-Barner/Schäfer AG-HdB Rn. 10.137 ff. (Legal/Disclosure Opinion), Rn. 10.215 ff. (Comfort Letter).

[474] So auch *Bosch* in Bosch/Groß, Emissionsgeschäft, 2000, Rn. 10/145; JVRZ/*Pankoke* BörsG § 45 Rn. 18; iErg wohl wie hier *Mülbert/Steup* in Habersack/Mülbert/Schlitt Unternehmensfinanzierung-HdB § 41 Rn. 118.

[475] Unstr. vgl. nur OLG Frankfurt a. M. Urt. v. 1.2.1994 – 5 U 213/92, WM 1994, 291 (297); Schwark/Zimmer/*Schwark* BörsG §§ 44, 45 Rn. 54.

[476] Wie hier Assmann/Schlitt/v. Kopp-Colomb/*Assmann* §§ 21–23 Rn. 111; *Hamann* in Schäfer/Hamann BörsG §§ 44, 45 Rn. 108a; JVRZ/*Pankoke* BörsG § 45 Rn. 9.

IV. Umfang des Schadenersatzanspruchs

108   Der Umfang des Schadenersatzanspruchs ergibt sich seit der Änderung durch das Dritte Finanzmarktförderungsgesetz jetzt[477] unmittelbar aus dem Gesetz (§ 9 Abs. 1 S. 1 und 2 und Abs. 2). Er umfasst den durch den **Ausgabepreis** begrenzten **Erwerbspreis zuzüglich Erwerbsnebenkosten,** im Falle zwischenzeitlicher Veräußerung, **abzüglich Veräußerungspreis** zuzüglich Veräußerungskosten. Die Begrenzung auf den Ausgabepreis beruht darauf, dass dies der Preis ist, zu dem die Wertpapiere aufgrund des Prospektes veräußert werden, nachfolgende Veränderungen des Preises beruhen nach Ansicht des Gesetzgebers nicht auf dem Prospekt und sollen nicht zu Lasten der Prospektverantwortlichen gehen.[478] Überzeugender ist hier jedoch das Argument, die Begrenzung der Haftung auf den Ausgabepreis solle die Haftung überschaubar halten und zur Risikokapitalförderung beitragen.[479] Die verschiedenen Möglichkeiten, den Ausgabepreis zu bestimmen, sind in § 9 Abs. 1 S. 1 und 2 festgelegt. Im Falle variabler Ausgabepreise, zB bei Daueremissionen, ist der am ersten Tag des Angebots verlangte anfängliche Ausgabepreis maßgeblich.[480]

109   Der **Veräußerungspreis** in § 9 Abs. 2 ist zwar grundsätzlich der tatsächlich erzielte Veräußerungserlös; erfolgt die Veräußerung jedoch zu einem Preis unterhalb des üblicherweise erzielbaren Börsenpreises, liegt darin ein Verstoß gegen die Schadensminderungspflicht, sodass der Veräußerungspreis sich nicht nach dem erzielten Veräußerungserlös, sondern dem an der Börse erzielbaren Verkaufspreis richtet.[481]

V. Beweislast

110   Der Anspruchsteller hat die Unrichtigkeit bzw. Unvollständigkeit des Prospekts,[482] seinen Erwerb durch Inlandsgeschäft nach Prospektveröffentlichung sowie seinen Erwerbspreis bzw. ggf. die Differenz zwischen Erwerbspreis/Ausgabepreis und Veräußerungspreis zu beweisen. Der Haftungsverpflichtete hat dagegen sein fehlendes Verschulden bzw. die in § 12 Abs. 2 genannten Umstände vorzutragen und ggf. zu beweisen.

VI. Verjährung

111   Die bis zur Übertragung der Prospekthaftungsregeln der §§ 44 ff. BörsG aF durch das Gesetz zur Novellierung des Finanzanlagenvermittler- und Vermögensanlagenrechts[483] in § 46 BörsG aF geregelte Verjährung sah vor, dass ein Anspruch nach § 44 BörsG aF in einem Jahr seit dem Zeitpunkt, zu dem der Erwerber der Wertpapiere von der Unrichtigkeit oder Unvollständigkeit des Prospekts Kenntnis erlangt hat, spätestens jedoch in drei Jahren seit der Veröffentlichung des Prospekts verjähre.

112   Diese prospekthaftungsrechtliche Sonderregelung wurde im Rahmen des Dritten und Vierten Finanzmarktförderungsgesetzes jeweils geändert.[484] Dabei bestand jedoch Einigkeit darüber, dass für kapitalmarktrechtliche Haftungsregelungen eine Sonderregelung mit einer gegenüber den allgemeinen Verjährungsbestimmungen des BGB kürzeren Verjährung erforderlich ist, unter anderem aufgrund der Schnelligkeit des Geschäftsverkehrs gerade im Wertpapierbereich, aber auch aufgrund der sehr weitreichenden Beweiserleichterungen für den Anspruchsteller und der dadurch im Vergleich zu anderen Haftungsgrundlagen erheblichen Besserstellung des Anlegers.[485]

113   Im Rahmen des Gesetzes zur Novellierung des Finanzanlagenvermittler- und Vermögensanlagenrechts wurde ohne nähere Begründung und entgegen der in früheren Gesetzgebungsvorhaben immer wieder betonten Notwendigkeit der verjährungsrechtlichen Sonderregelung bei kapital-

---

[477] Zum alten Recht noch *Kort* AG 1999, 9 (11).

[478] So ausdr. RegBegr. zum Dritten Finanzmarktförderungsgesetz, BT-Drs. 13/8933, 54 (78); krit. hierzu *Hamann* in Schäfer/Hamann BörsG §§ 44, 45 Rn. 286.

[479] RegBegr. zum Dritten Finanzmarktförderungsgesetz, BT-Drs. 13/8933, 54 (78); zust. *Hamann* in Schäfer/Hamann BörsG §§ 44, 45 Rn. 286. Dass diese Begrenzung nur teilweise gelingt, belegt das instruktive Beispiel bei FK-WpPG/*Seiler/Singhof* § 21 Rn. 114 Fn. 279, in dem nachgewiesen wird, dass damit das Haftungsrisiko sich nicht auf das Emissionsvolumen beschränkt. „Ausgabepreis € 50, folgend ein Kursanstieg auf € 60 nach Veröffentlichung des Prospektmangels ein Kursverfall auf € 10. Folgende Verkäufe wurden getätigt: A an B für € 60, B an C für € 50, C an D für € 40, Anstieg des Kurses auf € 45, D an E für € 45, E an F für € 30, Veröffentlichung des Prospektmangels, F hält die Aktie und der Kurs sinkt auf € 10. Dann schulden die Prospektverantwortlichen: A und B: keinen Schadensersatz, C: € 10, D: keinen Schadensersatz, E: € 15, F: € 30 gegen Rückübertragung der Aktie, insgesamt: € 55.“

[480] RegBegr. zum Dritten Finanzmarktförderungsgesetz, BT-Drs. 13/8933, 54 (78); FK-WpPG/*Seiler/Singhof* § 21 Rn. 107.

[481] RegBegr. zum Dritten Finanzmarktförderungsgesetz, BT-Drs. 13/8933, 54 (79); FK-WpPG/*Seiler/Singhof* § 21 Rn. 112.

[482] BGH Beschl. v. 21.10.2014 – XI ZB 12/12, BGHZ 203, 1 Rn. 107 unter ausdr. Klarstellung, dass sich an dieser Beweislast auch durch das KapMuG nichts geändert habe.

[483] BGBl. 2011 I 2481.

[484] Vgl. nur die Kommentierung des § 46 BörsG in *Groß*, 4. Aufl. 2009.

[485] So noch die RegBegr. zum Schuldverschreibungsgesetz, BT-Drs. 16/12 814, 32.

marktrechtlichen Haftungsansprüchen diese Sonderregelung des § 46 BörsG aF gestrichen.[486] Folge dieser Streichung ist, dass für Haftungsansprüche wegen fehlerhafter oder fehlender Prospekte nunmehr die allgemeinen Verjährungsvorschriften des BGB gelten (§§ 195, 199 BGB). Konkret bedeutet dies, dass Prospekthaftungsansprüche in drei Jahren nach Ende des Jahres, in dem der Anspruch entstanden ist und der Geschädigte Kenntnis von den anspruchsbegründenden Umständen erlangt hat oder ohne Fahrlässigkeit hätte erlangen können (§ 199 Abs. 1 BGB) spätestens aber nach zehn Jahren nach ihrer Entstehung bzw. 30 Jahre nach der Begehung der Handlung, der Pflichtverletzung oder des sonstigen, den Schaden auslösenden Ereignisses[487] (§ 199 Abs. 3 BGB) verjähren.[488]

VII. Andere Anspruchsgrundlagen

Vertragliche bzw. vorvertragliche Ansprüche bestehen, sofern der Anspruchsteller die Wertpapiere **114** von der emissionsbegleitenden Bank erworben hat,[489] neben eventuellen Prospekthaftungsansprüchen. § 16 Abs. 2 schließt diese nicht aus.[490] Weitere denkbare Anspruchsgrundlagen, die an die Veröffentlichung des Prospektes anknüpfen, sind §§ 826, 823 Abs. 2 BGB iVm § 264a StGB, die auch durch § 16 Abs. 2 nicht ausgeschlossen werden.[491] Daneben können Ansprüche aufgrund der Verletzung gesellschaftsrechtlicher Pflichten bestehen, zB §§ 47 Nr. 3, 117 AktG, § 823 Abs. 2 BGB iVm §§ 399 Abs. 1 Nr. 4, 400 Abs. 1 AktG, § 331 HGB.[492] Eindeutig ausgeschlossen ist im Anwendungsbereich der börsengesetzlichen Prospekthaftung die allgemeine zivilrechtliche Prospekthaftung.[493]

VIII. Anwendungsbereich der §§ 9, 12

§§ 9, 12 gelten unmittelbar für Börsenzulassungsprospekte für den regulierten Markt bzw. die diesen **115** ersetzenden Darstellungen iSd § 9 Abs. 4 → Rn. 33 ff.). Sie gelten weiter qua Querverweis des § 10 bzw. § 12 Abs. 1 nach der insoweit deutlicheren Formulierung des § 10 gegenüber § 13 VerkprospG aF, für alle nach Art. 3 Abs. 1 Prospekt-VO veröffentlichten Prospekte, die nicht Grundlage für die Zulassung von Wertpapieren zum Handel an einer inländischen Börse sind.[494]

IX. Gerichtliche Zuständigkeit

§ 48 BörsG aF, der die gerichtliche Zuständigkeit für alle Entscheidungen über Ansprüche aus den **116** §§ 44 ff. BörsG aF regelte, wurde durch Art. 8 des Gesetzes zur Einführung von Kapitalanleger-Musterverfahren[495] aufgehoben. Die bis zu dieser Änderung geltende Konzentration der gerichtlichen Zuständigkeit auf das Landgericht, in dessen Bezirk die Börse, welche den Prospekt gebilligt hatte,[496] ihren Sitz hat, wurde ursprünglich mit dem Ziel eingeführt, abweichende Entscheidungen unterschiedlicher Gerichte hinsichtlich desselben Prospekts zu vermeiden.[497] Auch der durch Art. 2 des Gesetzes zur Einführung von Kapitalanleger-Musterverfahren in § 32b ZPO neu eingeführte ausschließliche Gerichtsstand bei falschen, irreführenden oder unterlassenen öffentlichen Kapitalmarktinformationen soll einer Zersplitterung der örtlichen Zuständigkeiten aufgrund verschiedener Ge-

---

[486] Zu recht krit. dazu FK-WpPG/*Seiler/Singhof* § 21 Rn. 126; *Lorenz/Schönemann/Wolf* CFL 2011, 346 (347 ff.).

[487] Zu welchem Zeitpunkt der Anspruch entsteht, ist str. Man wird hierzu auf den Zeitpunkt des Erwerbs der Wertpapiere abstellen müssen, FK-WpPG/*Seiler/Singhof* § 21 Rn. 127 mit Darstellung des Meinungsstandes; ebenso Assmann/Schlitt/v. Kopp-Colomb/*Assmann* §§ 21–23 Rn. 132.

[488] So auch *Lorenz/Schönemann/Wolf* CFL 2011, 346 (347). Verjährungshemmung tritt durch Mahn-/Güteverfahren oder Klage nur hinsichtlich des in der Klage geltend gemachten Prospektmangels, sondern auch für weitere im Prozessverlauf geltend gemachte Prospektmängel ein; BGH Urt. v. 21.10.2014 – XI ZB 12/12, BGHZ 203, 1 Rn. 145, Assmann/Schlitt/v. Kopp-Colomb/*Assmann* §§ 21–23 Rn. 133.

[489] *Kort* AG 1999, 9 (18): Voraussetzung ist jedoch, dass tatsächlich eine vertragliche Beziehung zwischen der emissionsbegleitenden Bank und dem Anleger existiert.

[490] Schwark/Zimmer/*Schwark* BörsG §§ 44, 45 Rn. 76.

[491] → § 16 Rn. 10.

[492] Vgl. dazu BGH Urt. v. 16.12.2004 – 1 St R 420/03, WM 2005, 227: Quartalsberichte als Darstellung iSd § 400 Abs. 1 Nr. 1 AktG; BGH Urt. v. 19.7.2004 – II ZR 402/02, ZIP 2004, 1593; Urt. v. 19.7.2004 – II ZR 218/03, ZIP 2004, 1599: Ad-hoc-Mitteilungen keine Darstellung iSd § 400 Abs. 1 Nr. 1 AktG; vgl. auch Schwark/Zimmer/*Schwark* BörsG §§ 44, 45 Rn. 82 f.

[493] OLG Frankfurt a. M. Urt. v. 6.7.2004 – 5 U 122/03, ZIP 2004, 1411 (1415) mwN.; OLG Frankfurt a. M. Urt. v. 17.12.1996 – 5 U 178/95, ZIP 1997, 107 (109); LG Frankfurt a. M. Urt. v. 26.6.1995 – 3/01 O 222/94, ZIP 1996, 25 (26); hM vgl. nur *Kort* AG 1999, 9 (19); *Mülbert/Steup* in Habersack/Mülbert/Schlitt Unternehmensfinanzierung-HdB § 41 Rn. 151; *Schwark,* BörsG, 2. Aufl. 1994, BörsG §§ 44, 45 Rn. 73.

[494] → § 10 Rn. 2 f., zur erweiterten Anwendung → § 10 Rn. 4.

[495] BGBl. 2005 I 2437.

[496] Dabei handelte es sich noch um die Rechtslage vor dem Prospektrichtlinie-Umsetzungsgesetz, das § 48, wohl versehentlich, nicht geändert hatte.

[497] RegBegr. zum Dritten Finanzmarktförderungsgesetz, BT-Drs. 13/8933, 90 zu § 13 Abs. 2 VerkprospG.

richtsstände entgegen wirken.[498] § 32b ZPO schafft eine ausschließliche **örtliche**[499] Zuständigkeit des Gerichts für Schadenersatzansprüche aus öffentlichen Kapitalmarktinformationen am Sitz des Emittenten. Den Begriff der öffentlichen Kapitalmarktinformation definiert § 1 Abs. 2 KapMuG[500] sehr umfassend. § 1 Abs. 2 KapMuG zählt dann ausdrücklich noch „insbesondere Angaben in 1. Prospekten nach dem der Verordnung (EU) 2017/1129…" auf. § 32b Abs. 2 ZPO sieht eine Verordnungsermächtigung vor, mit deren Hilfe die Länder die Rechtsstreite beim Eingangsgericht stärker als in § 32b Abs. 1 ZPO vorgesehen, bündeln können.[501] Die **sachliche** Zuständigkeit des Landgerichts wird in § 71 Abs. 2 Nr. 3 GVG geregelt,[502] § 95 Abs. 1 Nr. 6 GVG bestimmt, dass es sich bei Rechtsstreitigkeiten, in denen durch Klage ein Anspruch aus den §§ 9, 10, 11, 14 und 15 geltend gemacht wird, um Handelssachen handelt, sodass jeweils die Kammer für Handelssachen zuständig ist.

§ 10 Haftung bei sonstigem fehlerhaftem Prospekt

Sind in einem nach Artikel 3 Absatz 1 der Verordnung (EU) 2017/1129 veröffentlichten Prospekt, der nicht Grundlage für die Zulassung von Wertpapieren zum Handel an einer inländischen Börse ist, für die Beurteilung der Wertpapiere wesentliche Angaben unrichtig oder unvollständig, ist § 9 entsprechend anzuwenden mit der Maßgabe, dass

1. **bei der Anwendung des § 9 Absatz 1 Satz 1 für die Bemessung des Zeitraums von sechs Monaten anstelle der Einführung der Wertpapiere der Zeitpunkt des ersten öffentlichen Angebots im Inland maßgeblich ist und**
2. **§ 9 Absatz 3 auf diejenigen Emittenten mit Sitz im Ausland anzuwenden ist, deren Wertpapiere auch im Ausland öffentlich angeboten werden.**

I. Entstehungsgeschichte und Anwendungsbereich

1   **1. Entstehungsgeschichte des § 10.** § 10 entspricht im Wesentlichen – zur klarstellenden, geänderten Formulierung → Rn. 2 ff. – § 13 VerkprospG aF. Zwar hatte der Bundesrat bereits zum Prospektrichtlinie-Umsetzungsgesetz angeregt, die Regelung in § 13 VerkprospG aF aus Gründen der Rechtssystematik und der Anwenderfreundlichkeit in das **WpPG** zu übernehmen.[1] Die Bundesregierung hatte die entsprechende Anregung jedoch auf ein anderes Gesetzgebungsverfahren verwiesen, um die Verabschiedung des Prospektrichtlinie-Umsetzungsgesetzes nicht zu verzögern.[2] Durch das Gesetz zur Novellierung des Finanzanlagenvermittler- und Vermögensanlagenrechts[3] wurde die als „künstlich" empfundene Trennung der Haftungsregeln für Prospekte in zwei Gesetzen aufgehoben und § 13 VerkprospG aF als § 22 aF in das WpPG übernommen.[4]

2   **2. Anwendungsbereich.** Nach § 10 ist die Haftungsregel des § 9 entsprechend anwendbar auf alle „nach Artikel 3 Absatz 1 Verordnung (EU) 2017/1129, neue Prospektverordnung, veröffentlichten Prospekt(e)". § 10 weicht damit – soweit hier von Interesse – insoweit von § 13 VerkprospG aF ab, als er die dort noch enthaltene Einschränkung, dass sich der Prospekt iSd WpPG auf Wertpapiere, „die nicht zum Handel an einer inländischen Börse zugelassen sind" beziehen muss, nicht übernimmt.

3   Begründet wurde diese sprachliche Abweichung damit, diese würde die aufgrund der anderen Formulierung in § 13 VerkprospG aF bestehende Unsicherheit beseitigen: „Die Haftungsnorm des § 22 (WpPG aF; Anm. Verf.) gilt für sämtliche Prospekte im Sinne des Wertpapierprospektgesetzes, die keine Börsenzulassungsprospekte sind, unabhängig davon, ob die Wertpapiere, auf die sich der Prospekt bezieht, zu einem früheren Zeitpunkt (auf der Grundlage eines anderen Prospektes) zum Handel an einer inländischen Börse zugelassen wurden".[5] Das ist zutreffend: Aufgrund der Formulierung des § 13 VerkprospG aF wurde der Prospekt für ein öffentliches Angebot von bereits zum Handel an einer Börse zugelassenen Wertpapiere vom Wortlaut des § 13 VerkProspG aF nicht erfasst. Dies widersprach

---

[498] RegBegr. zum Kapitalanleger-Musterverfahrensgesetz, BT-Drs. 15/5091, 82.

[499] So zu Recht *Reuschle* WM 2006, 1652; ebenso auch *Assmann* in Assmann/Schütze KapitalanlageR-HdB § 5 Rn. 203.

[500] BGBl. 2012 I 2182.

[501] S. zB für das Bundesland Hessen die Verordnung über die Zuständigkeit in Kapitalmarktstreitsachen nach § 32b Abs. 1 S. 1 der Zivilprozessordnung vom 13. Januar 2006, HessGVBl. 2006 I 25: Zuständigkeit liegt beim Landgericht Frankfurt a. M.

[502] So zu Recht *Reuschle* WM 2006, 1652; ebenso *Assmann* in Assmann/Schütze KapitalanlageR-HdB § 5 Rn. 205; zu internationalen Sachverhalten vgl. Assmann/Schlitt/v. Kopp-Colomb/*Assmann* §§ 21–23 Rn. 137 ff.

[1] BT-Drs. 15/5219, 1.

[2] BT-Drs. 15/5219, 7.

[3] BGBl. 2011 I 2481.

[4] Vgl. RegBegr. des Gesetzes zur Novellierung des Finanzanlagenvermittler- und Vermögensanlagenrechts, BT-Drs. 17/6051, 30 (46) sowie → § 9 Rn. 1.

[5] RegBegr. des Gesetzes zur Novellierung des Finanzanlagenvermittler- und Vermögensanlagenrechts, BT-Drs. 17/6051, 30 (46).

Groß

aber ersichtlich dem Willen des Gesetzgebers[6] und führte dazu, dass in der Lit. einhellig – entgegen dem Wortlaut – auch zu § 13 VerkprospG aF die Ansicht vertreten wurde, dass dieser für alle Prospekte, die keine Börsenzulassungsprospekte sind, anzuwenden war, unabhängig davon, ob die Wertpapiere, auf die sich der Prospekt bezog, zu einem früheren Zeitpunkt bereits an einer inländischen Börse zum Handel zugelassen wurden.[7] Die Neuformulierung in § 10 hat die Notwendigkeit einer solchen „extensiven" Auslegung beseitigt. § 10 gilt damit für alle nach Art. 3 Abs. 1 Prospekt-VO veröffentlichte Prospekte, somit auch für freiwillige Prospekte nach Art. 4 Prospekt-VO deshalb auch für Prospekte, die trotz Vorliegens einer Prospektbefreiungsmöglichkeit nach Art. 1 Abs. 4 Prospekt-VO erstellt und gebilligt wurden.[8]

Fraglich ist, ob § 10 auch auf einen fehlenden Prospekt anwendbar ist (→ Rn. 10) und ob § 10 **4** auch auf einen Prospekt anwendbar ist, der entgegen dem Erfordernis einer Billigung durch die BaFin ungebilligt veröffentlicht wurde. Der Wortlaut des § 10 spricht gegen seine Anwendung auch auf einen ungebilligten Prospekt, weil ein nach Art. 3 Abs. 1 Prospekt-VO veröffentlichter Prospekt ein entsprechend der neuen Prospektverordnung veröffentlichter und damit gemäß dessen gesetzlichen Anforderungen (Art. 20 Abs. 1 und 21 Abs. 1 Prospekt-VO) auch gebilligter Prospekt sein muss.[9] Es spricht einiges dafür, dass ein nicht gebilligter und dennoch veröffentlichter Prospekt rechtlich wie ein fehlender Prospekt anzusehen ist und sich damit die Prospekthaftung nach § 14 richtet.[10] Gleiches, dh Haftung nach § 14 und nicht nach § 10, soll nach allerdings umstrittener Auffassung auch für einen gem. Art. 3 Abs. 1 Prospekt-VO veröffentlichten gebilligten Prospekt gelten, wenn das neue öffentliche Angebot nach Ablauf der Gültigkeitsdauer des Prospekts von 12 Monaten erfolgt.[11] Im letztgenannten Fall sprechen jedoch auch beachtliche Gründe dafür, diesen unter § 10 zu fassen, da „derjenige, der Wertpapiere öffentlich anbietet ohne überhaupt einen Prospekt zu erstellen, größeres Unrecht (begeht) als derjenige, der einen bereits vorliegenden, jedoch ungültig gewordenen Prospekt weiter verwendet."[12] Probleme bereitet allerdings dann die 6-Monatsfrist des § 9 Abs. 1 S. 1 bzw. § 10, da diese nach Ablauf der Gültigkeitsdauer von 12 Monaten regelmäßig abgelaufen sein dürfte[13]. Insofern käme man nur über eine entsprechende Anwendung der Vorschrift mit Beginn der 6-Monatsfrist mit Beginn des neuen Angebots zu einer Anwendung der spezialgesetzlichen Prospekthaftung. Dieses Argument spricht aber auch bei einem ungebilligt veröffentlichten Prospekt gegen dessen Gleichsetzung mit einem fehlenden Prospekt, somit für eine Haftung nicht nach § 14 sondern nach § 10; immerhin liegt ein, wenn auch ungebilligter, Prospekt vor. Insgesamt erscheint es deshalb angemessen, sowohl bei einem Angebot auf der Grundlage eines ungebilligt veröffentlichten als auch nicht mehr gültigen veröffentlichten Prospekts eine Haftung nach § 10 und nicht nach § 14 eingreifen zu lassen. Ein (gebilligter oder ungebilligter) nicht veröffentlichter Prospekt ist dagegen wie ein fehlender Prospekt zu behandeln, da der Anleger mangels Veröffentlichung davon keine Kenntnis nehmen kann; in diesem Fall greift also eine Haftung nach § 14.

II. Haftungsregel

1. Verweisung auf § 9. § 10 regelt die **Haftung für fehlerhafte,** dh unrichtige oder unvoll- **5** ständige **Prospekte,** die nach Art. 3 Abs. 1 Prospekt-VO veröffentlicht wurden[14], dahingehend, dass auf § 9 verwiesen wird. Aufgrund des daraus resultierenden prospekthaftungsmäßigen Gleichklangs für „Börsenzulassungsprospekte", für die § 9 unmittelbar gilt, und für „Verkaufsprospekte" oder „Angebotsprospekte", für die § 10 auf § 9 verweist, kann, abgesehen von den nachfolgend dargestellten Abweichungen, auf die Ausführungen zu § 9 sowie zu § 12 verwiesen werden.

§ 10 weicht jedoch insoweit von § 9 ab, als nur für den Prospekt nach Art. 3 Abs. 1 Prospekt-VO **6** nicht aber für prospektbefreiende Dokumente nach Art. 1 Abs. 4 Prospekt-VO gehaftet wird, da eine

---

[6] Vgl. *Groß,* 4. Aufl. 2009, VerkprospG § 13 Rn. 3.

[7] Vgl. nur *Mülbert/Steup* in Habersack/Mülbert/Schlitt Unternehmensfinanzierung-HdB § 41 Rn. 23. Bestätigt durch BGH Beschl. v. 21.10.2014 – XI ZB 12/12, BGHZ 203, 1 Rn. 71.

[8] Wie hier *Mülbert/Steup* in Habersack/Mülbert/Schlitt Unternehmensfinanzierung-HdB § 41 Rn. 23.

[9] IErg wie hier bereits zu § 13 VerkprospG aF Assmann/Schlitt/v. Kopp-Colomb/*Assmann* §§ 21–23 Rn. 13, 33 und § 24 Rn. 7.

[10] Ebenso OLG München Urt. v. 2.11.2011 – 20 U 289/11, BeckRS 2011, 25505, II.1; Assmann/Schlitt/v. Kopp-Colomb/*Assmann* §§ 21–23 Rn. 13, 33 und § 24 Rn. 7; ebenso JVRZ/*Pankoke* VerkprospG § 13a Rn. 6; FK-WpPG/*Seiler/Singhof* § 22 Rn. 2; wohl anders, Anwendung von § 10, *Mülbert/Steup* in Habersack/Mülbert/Schlitt Unternehmensfinanzierung-HdB § 41 Rn. 58.

[11] JVRZ/*Pankoke* VerkprospG § 13a Rn. 7; FK-WpPG/*Seiler/Singhof* § 22 Rn. 3; *Klöhn* DB 2012, 1854 (1858); aA, die in diesem Fall § 22 aF anwenden will JVRZ/*Friedl/Ritz* § 9 Rn. 39 ff.; Assmann/Schlitt/v. Kopp-Colomb/ *Seitz* § 9 Rn. 75.

[12] JVRZ/*Friedl/Ritz* § 9 Rn. 43.

[13] Darauf weist Assmann/Schlitt/v. Kopp-Colomb/*Seitz* § 9 Rn. 75 völlig zu Recht hin.

[14] Das gilt sowohl für von der BaFin als auch für im europäischen Ausland gebilligte Prospekte, *Kullmann/Sester* WM 2005, 1068 (1071); ebenso JVRZ/*Pankoke* BörsG § 44, VerkprospG § 13 Rn. 9. Haftung für ungebilligten veröffentlichten Prospekt → Rn. 4.

§ 9 Abs. 4 vergleichbare Regelung in § 10 fehlt.[15] Bei Fehlern im prospektbefreienden Dokument kommt deshalb nach umstrittener Ansicht § 14 in Betracht, wenn die Fehler dazu führen, dass die Befreiungswirkung nach Art. 1 Abs. 4 Prospekt-VO nicht eintritt.[16] Ändert jedoch der Fehler im prospektbefreienden Dokument nichts an der Prospektbefreiung, dann müsste trotz der in § 10 fehlenden § 9 Abs. 4 vergleichbaren Regelung dennoch die Haftung sich nach § 9 richten; zu den inhaltlichen Anforderungen → § 9 Rn. 40.

7   In einem weiteren Punkt dürfte jedoch das Urteil des **BGH** in Sachen Wohnungsbau Leipzig-West[17] eine Abweichung der Haftung nach § 10 von der nach § 9 (über die nachfolgend dargestellten Abweichungen hinaus) vertreten. In diesem Urteil differenziert der BGH nämlich bei dem für die Beurteilung der Richtigkeit und Unvollständigkeit eines Prospekts maßgeblichen **Empfängerhorizont** zwischen dem für Börsenzulassungsproskete einerseits – durchschnittlicher Anleger, der eine Bilanz zu lesen vermag, aber nicht unbedingt mit der in eingeweihten Kreisen gebräuchlichen Schlüsselsprache vertraut zu sein braucht[18] – und dem für Verkaufsprospekte andererseits. Bei Wertpapierprospekten für Wertpapiere, die nicht an einer Börse gehandelt werden sollen, komme es „auf das Verständnis der mit dem Prospekt angesprochenen Interessenten an" sodass, wende „sich der Emittent ausdrücklich auch an das unkundige und börsenunerfahrene Publikum" von den dann angesprochenen Kleinanlegern nicht erwartet werden könne, dass sie eine Bilanz lesen können. Der Empfängerhorizont bestimme sich daher in diesen Fällen nach den Fähigkeiten und Erkenntnismöglichkeiten eines durchschnittlichen (Klein-)Anlegers, der sich allein anhand der Prospektangaben über die Kapitalanlage informiert und über keinerlei Spezialkenntnisse verfügt.[19] Diese Differenzierung ist jedoch abzulehnen.[20]

8   **2. Besonderheiten (Nr. 1 und Nr. 2).** § 10 Nr. 1 und 2 berücksichtigen die **Besonderheiten bei der Übertragung der auf „Börsenzulassungsprospekte" bezogenen Prospekthaftung** auf die für das öffentliche Angebot von Wertpapieren bezogenen „Verkaufsprospekte" oder „Angebotsprospekte" nach Art. 3 Abs. 1 Prospekt-VO. Da bei der Prospekthaftung für „Angebotsprospekte" nicht wie bei der Prospekthaftung für „Börsenzulassungsprospekte" auf die Einführung der Wertpapiere, dh gem. § 38 Abs. 1 BörsG die Aufnahme der Notierung im regulierten Markt, abgestellt werden kann, beginnt nach **Nr. 1 die Ausschlussfrist mit dem erstmaligen öffentlichen Angebot** im Inland. Ein solches Angebot erfordert gem. Art. 3 Abs. 1 Prospekt-VO (sofern nicht eine Ausnahme nach Art. 1 Abs. 4 Prospekt-VO eingreift) die vorherige Veröffentlichung eines Wertpapierprospektes im Inland, sodass dies der Zeitpunkt ist, zu dem ein Anleger erstmals sowohl Kenntnis von dem fehlerhaften Prospekt als auch von einem öffentlichen Angebot zum Erwerb der Wertpapiere haben kann. Die 6-Monatsfrist, innerhalb der ein Erwerb der Wertpapiere erfolgt sein muss, beginnt deshalb mit dem erstmaligen öffentlichen Angebot der Wertpapiere. Entscheidend ist der Zeitpunkt des Abschlusses des **Verpflichtungsgeschäfts,** das innerhalb dieser sechs Monate abgeschlossen sein muss; auf die Erfüllung des Verpflichtungsgeschäfts kommt es dagegen nicht an.[21]

9   Da Grundlage für die Prospekthaftung für einen „Angebotsprospekt" stets das öffentliche Angebot von Wertpapieren ist, stellt **Nr. 2** klar, dass für § 9 Abs. 3 nicht auf die Börsennotierung der ausländischen Wertpapiere, **sondern auf das öffentliche Angebot der Wertpapiere** abzustellen ist. Erfolgt dieses im Ausland, so besteht ein Anspruch nach § 9 Abs. 1 nur dann, wenn die Wertpapiere aufgrund eines im Inland abgeschlossenen Geschäfts oder einer ganz oder teilweise im Inland erbrachten Wertpapierdienstleistung erworben wurden. Bei multinationalen Sachverhalten gelten hinsichtlich der kollisionsrechtlichen Anknüpfung dieselben Argumente wie bei § 9 Abs. 3 (→ § 9 Rn. 92 f.) mit der Maßgabe, dass es nicht auf das Börsenzulassungsstatut sondern auf das Platzierungsstatut ankommt.

III. Fehlender Prospekt

10   Fehlt ein Prospekt gänzlich oder ist die Veröffentlichung des gebilligten Verkaufsprospekts entgegen Art. 3 Abs. 1 Prospekt-VO vor dem öffentlichen Angebot gänzlich unterblieben (eine „nur" fehlerhafte Veröffentlichung führt nicht zu einer Prospekthaftung),[22] so greift § 10 nicht,[23] vgl. aber → § 14 Rn. 1 ff.

---

[15] *Mülbert/Steup* in Habersack/Mülbert/Schlitt Unternehmensfinanzierung-HdB § 41 Rn. 29; aA Assmann/Schlitt/v. Kopp-Colomb/*Assmann* Vor §§ 21–25 Rn. 22. Darstellung der Gesetzeshistorie und des Meinungsstandes bei FK-WpPG/*Seiler/Singhof* § 21 Rn. 9 f.

[16] *Mülbert/Steup* in Habersack/Mülbert/Schlitt Unternehmensfinanzierung-HdB § 41 Rn. 29 mit den Ausnahmefällen für § 4 Abs. 1 Nr. 4 und 5; aA JVRZ/*Pankoke* BörsG § 44, VerkprospG § 13 Rn. 17.

[17] BGH Urt. v. 18.9.2012 – XI ZR 344/11, BGHZ 195, 1.

[18] BGH Urt. v. 12.7.1982 – II ZR 175/81 WM 1982, 862 (865); vgl. auch → § 9 Rn. 53.

[19] BGH Urt. v. 18.9.2012 – XI ZR 344/11, BGHZ 195, 1 Rn. 25. Die Frage der Differenzierung ausdr. offen gelassen in BGH Beschl. v. 21.10.2014 – XI ZB 12/12, BGHZ 201, 1 Rn. 118.

[20] → § 9 Rn. 54.

[21] → § 9 Rn. 90.

[22] *Mülbert/Steup* in Habersack/Mülbert/Schlitt Unternehmensfinanzierung-HdB § 41 Rn. 57.

[23] *Schäfer* ZIP 1991, 1557 (1565).

IV. Zeitlicher Anwendungsbereich

Der zeitliche Anwendungsbereich des § 10 ist in § 27 geregelt (→ § 27 Rn. 1 ff.).   **11**

V. Gerichtliche Zuständigkeit

Die früher in § 13 Abs. 2 VerkprospG aF enthaltene, § 48 BörsG aF entsprechende Regelung zur   **12**
gerichtlichen Zuständigkeit für Haftungsansprüche bei fehlerhaften Verkaufsprospekten wurde bereits
durch das Gesetz zur Einführung von Kapitalanleger-Musterverfahren[24] aufgehoben. An seine Stelle ist
für die örtliche Zuständigkeit § 32b ZPO getreten, die sachliche Zuständigkeit ergibt sich aus § 71
Abs. 2 Nr. 3 GVG, die Zuständigkeit der Kammer für Handelssachen aus § 95 Abs. 1 Nr. 6 GVG.[25]

§ 11 Haftung bei fehlerhaftem Wertpapier-Informationsblatt

**(1) Sind in einem veröffentlichten Wertpapier-Informationsblatt nach § 4 Absatz 1 Satz 1
für die Beurteilung der Wertpapiere wesentliche Angaben unrichtig oder irreführend oder
ist der Warnhinweis nach § 4 Absatz 4 nicht enthalten, kann der Erwerber dieser Wertpapiere von denjenigen, von denen der Erlass des Wertpapier-Informationsblatts ausgeht,
und vom Anbieter als Gesamtschuldnern die Übernahme der Wertpapiere gegen Erstattung
des Erwerbspreises, soweit dieser den ersten Ausgabepreis der Wertpapiere nicht überschreitet, und der mit dem Erwerb verbundenen üblichen Kosten verlangen, sofern das Erwerbsgeschäft nach Veröffentlichung des Wertpapier-Informationsblatts und während der Dauer
des öffentlichen Angebots, spätestens jedoch innerhalb von sechs Monaten nach dem ersten
öffentlichen Angebot der Wertpapiere im Inland abgeschlossen wurde.**

**(2) Ist der Erwerber nicht mehr Inhaber der Wertpapiere, so kann er die Zahlung des
Unterschiedsbetrags zwischen dem Erwerbspreis, soweit dieser den ersten Ausgabepreis
nicht überschreitet, und dem Veräußerungspreis der Wertpapiere sowie der mit dem Erwerb
und der Veräußerung verbundenen üblichen Kosten verlangen.**

**(3) Werden Wertpapiere eines Emittenten mit Sitz im Ausland auch im Ausland öffentlich
angeboten, besteht ein Anspruch nach Absatz 1 oder Absatz 2 nur, sofern die Wertpapiere
auf Grund eines im Inland abgeschlossenen Geschäfts oder einer ganz oder teilweise im
Inland erbrachten Wertpapierdienstleistung erworben wurden.**

I. Einleitung

§ 11 wurde als § 22a aF durch das Gesetz zur Ausübung von Optionen der EU-Prospektverordnung   **1**
und zur Anpassung weiterer Finanzmarktgesetze[1] neu eingeführt und regelt die Haftung für fehlerhafte
oder irreführende Wertpapier-Informationsblätter. Dabei orientiert sich die Regelung stark an § 9[2],
sodass im Wesentlichen auf die Ausführungen zu § 9 verwiesen werden kann.

II. Objektive Tatbestandsvoraussetzungen

1. Wertpapier-Informationsblatt, Anwendungsbereich. Die Haftung nach § 11 besteht nur bei   **2**
einem „veröffentlichten Wertpapier-Informationsblatt nach § 4 Absatz 1 Satz 1". Wie beim Prospekt
(→ § 9 Rn. 33) setzt die Haftung nach § 11 ein Wertpapier-Informationsblatt voraus, das veröffentlicht
wurde. Die Veröffentlichung eines Wertpapier-Informationsblatts setzt nach § 4 Abs. 2 die Gestattung
durch die BaFin voraus. Nach dem Wortlaut und im Zusammenhang mit § 4 Abs. 2 bedeutet dies, dass
§ 11 eine Haftung (nur) bei einem Wertpapier-Informationsblatt regelt, dessen Veröffentlichung
gestattet und das auch tatsächlich veröffentlicht wurde. Die Haftung für ein fehlendes Wertpapier-
Informationsblatt regelt § 13. Bei einem Wertpapier-Informationsblatt, das veröffentlicht wurde, obwohl die Veröffentlichung nicht von der BaFin gestattet war, stellt sich wie beim Prospekt (→ § 10
Rn. 4) die Frage, ob dafür nach § 11 oder § 15 gehaftet wird, wobei auch hier im Ergebnis eine
Haftung nach § 11 vorzuziehen ist. Ein nicht veröffentlichtes Wertpapier-Informationsblatt, dessen
Veröffentlichung aber gestattet war, ist dagegen aus Anlegersicht – ohne Veröffentlichung keine Kennt-
nisnahmemöglichkeit – wie ein fehlendes Wertpapierinformationsblatt zu behandeln, sodass hierauf die
Haftungsregel des § 15 anzuwenden ist (→ § 10 Rn. 10).

2. Verantwortlicher. Verantwortlich nach § 11 ist derjenige, von dem der Erlass des Wertpapier-   **3**
Informationsblatts ausgeht sowie der Anbieter. Auch bezüglich derjenigen, von denen der Erlass

---

[24] BGBl. 2005 I 2437.
[25] → § 9 Rn. 116.
[1] BGBl. 2018 I 1102.
[2] So ausdr. RegBegr. zum Gesetz zur Ausübung von Optionen der EU-Prospektverordnung und zur Anpassung
weiterer Finanzmarktgesetze, BT-Drs. 19/2435, 43.

ausgeht, kann auf die Ausführung zu § 9 verwiesen werden (→ § 9 Rn. 47), zum Anbieter → § 1 Rn. 29 ff.

4   **3. Unrichtige oder irreführende Angaben, unterlassener Warnhinweis.** § 11 regelt ausdrücklich nur eine Haftung für unrichtige oder irreführende Angaben oder für das Unterlassen des Warnhinweises nach § 4 Abs. 4.

5   Keine – ausdrückliche – Regelung enthält § 11 Abs. 1 S. 1 für unvollständige Wertpapier-Informationsblätter. Bei Prospekten ist die Unvollständigkeit ein Unterfall der Unrichtigkeit, dh ein Prospekt, der nicht alle erforderlichen Angaben enthält, ist nicht nur unvollständig, sondern damit gleichzeitig unrichtig (→ § 9 Rn. 58). Die Regierungsbegründung sieht das für Wertpapier-Informationsblätter jedoch anders und will die Unvollständigkeit unter den Begriff der Irreführung fassen, wenn sie zu § 23a aF (jetzt § 13) ausdrücklich ausführt: „An die Stelle der Unvollständigkeit tritt dabei die Irreführung, wie auch in der Haftungsbegründung nach § 22a Absatz 1 WpPG-E.“[3] Insofern soll die Unvollständigkeit des Wertpapier-Informationsblatts von dem Begriff der Irreführung erfasst werden.

6   Zur Vollständigkeit gehört auch der Warnhinweis nach § 4 Abs. 4, für dessen Fehlen § 11 Abs. 1 S. 1 explizit eine Haftung anordnet.

7   **4. Aktualisierung und Berichtigung.** Auch hinsichtlich Aktualisierung und Berichtigung kann, da § 4 Abs. 8 eine entsprechende Regelung enthält, auf die Ausführungen zu § 9 verwiesen werden (→ § 9 Rn. 68 ff.).

8   **5. Sonstiges.** Auch hinsichtlich der übrigen Anspruchsvoraussetzungen kann auf die Ausführungen zu § 9 bzw. § 10 verwiesen werden: Die Prospekthaftung setzt ebenso wie bei § 9 voraus, dass die unvollständige Angabe für die Beurteilung der Wertpapiere von wesentlicher Bedeutung ist und gerade sie zur Minderung des Börsenpreises beigetragen hat, wobei diese fehlende Kausalität der unrichtigen oder irreführenden Angabe für die Minderung vom Haftungsverpflichteten zu beweisen wäre (§ 13 Abs. 2 Nr. 2, → § 9 Rn. 87). Nach § 11 Abs. 1 ist Voraussetzung des Anspruchs, dass die Wertpapiere nach der Veröffentlichung des „Wertpapier-Informationsblatts und in Anlehnung an § 10 spätestens sechs Monate nach Beginn des öffentlichen Angebots erworben wurden (→ § 10 Rn. 8). § 11 Abs. 2 ist an § 9 Abs. 2 angelehnt, „wobei auch hier bezüglich der Begrenzung der Haftungshöhe auf den ersten Ausgabepreis abgestellt wird“.[4]

§ 12 Haftungsausschluss bei fehlerhaftem Prospekt

(1) **Nach den §§ 9 oder 10 kann nicht in Anspruch genommen werden, wer nachweist, dass er die Unrichtigkeit oder Unvollständigkeit der Angaben des Prospekts nicht gekannt hat und dass die Unkenntnis nicht auf grober Fahrlässigkeit beruht.**

(2) **Ein Anspruch nach den §§ 9 oder 10 besteht nicht, sofern**

1. die Wertpapiere nicht auf Grund des Prospekts erworben wurden,

2. der Sachverhalt, über den unrichtige oder unvollständige Angaben im Prospekt enthalten sind, nicht zu einer Minderung des Börsenpreises der Wertpapiere beigetragen hat,

3. der Erwerber die Unrichtigkeit oder Unvollständigkeit der Angaben des Prospekt bei dem Erwerb kannte,

4. vor dem Abschluss des Erwerbsgeschäfts im Rahmen des Jahresabschlusses oder Zwischenberichts des Emittenten, einer Veröffentlichung nach Artikel 17 der Verordnung (EU) Nr. 596/2014 des Europäischen Parlaments und des Rates vom 16. April 2014 über Marktmissbrauch (Marktmissbrauchsverordnung) und zur Aufhebung der Richtlinie 2003/6/EG des Europäischen Parlaments und des Rates und der Richtlinien 2003/124/ EG, 2003/125/EG und 2004/72/EG der Kommission (ABl. L 173 vom 12.6.2014, S. 1) in der jeweils geltenden Fassung oder einer vergleichbaren Bekanntmachung eine deutlich gestaltete Berichtigung der unrichtigen oder unvollständigen Angaben im Inland veröffentlicht wurde oder

5. er sich ausschließlich auf Grund von Angaben in der Zusammenfassung nach Artikel 7 der Verordnung (EU) 2017/1129 oder in der speziellen Zusammenfassung eines EU-Wachstumsprospekts im Sinne des Artikels 15 Absatz 1 Unterabsatz 2 Satz 2 der Verordnung (EU) 2017/1129 samt etwaiger Übersetzungen ergibt, es sei denn, die Zusammenfassung ist irreführend, unrichtig oder widersprüchlich, wenn sie zusammen mit den anderen Teilen des Prospekts gelesen wird, oder sie enthält, wenn sie zusammen mit den anderen Teilen des Prospekts gelesen wird, nicht alle gemäß Artikel 7 Absatz 1 Unterabsatz 1 in Verbindung mit den Absätzen 5 bis 7 Buchstabe a bis d und Absatz 8 der Verordnung (EU) 2017/1129 erforderlichen Basisinformationen; im Falle der speziellen

---

[3] RegBegr. zum Gesetz zur Ausübung von Optionen der EU-Prospektverordnung und zur Anpassung weiterer Finanzmarktgesetze, BT-Drs. 19/2435, 43.

[4] RegBegr. zum Gesetz zur Ausübung von Optionen der EU-Prospektverordnung und zur Anpassung weiterer Finanzmarktgesetze, BT-Drs. 19/2435, 43.

Zusammenfassung eines EU-Wachstumsprospekts richtet sich die Vollständigkeit der relevanten Informationen nach den Vorgaben in Artikel 33 der Delegierten Verordnung (EU) 2019/980 der Kommission vom 14.3.2019 zur Ergänzung der Verordnung (EU) 2017/1129 des Europäischen Parlaments und des Rates hinsichtlich der Aufmachung, des Inhalts, der Prüfung und der Billigung des Prospekts, der beim öffentlichen Angebot von Wertpapieren oder bei deren Zulassung zum Handel an einem geregelten Markt zu veröffentlichen ist, und zur Aufhebung der Verordnung (EG) Nr. 809/2004 der Kommission (ABl. L 166 vom 21.6.2019, S. 26).

I. Einleitung

§ 12 entspricht im Wesentlichen § 45 BörsG aF, der durch das Gesetz zur Novellierung des Finanz- **1** anlagenvermittler- und Vermögensanlagenrechts[1] in § 23 aF übernommen wurde. § 12 Abs. 2 Nr. 5 wurde zuletzt durch das Gesetz zur weiteren Ausführung der EU-Prospektverordnung und zur Änderung von Finanzmarktgesetzen[2] geändert.

II. Haftungsausschluss

§ 12 enthält die Umstände, unter denen eine nach §§ 9, 10 bestehende Prospektverantwortlichkeit **2** von dem Prospektverantwortlichen für sich selbst (§ 12 Abs. 1) bzw. insgesamt (§ 12 Abs. 2) abgewendet werden kann.

1. Individuelle Entlastung mangels Verschulden. Zum **Entlastungsbeweis** nach **§ 12 Abs. 1** **3** → § 9 Rn. 94 ff.

2. Allgemeine Entlastung. a) Entlastung durch Nachweis fehlender haftungsbegründender **4** **Kausalität.** Zur Möglichkeit der Widerlegung der **Kausalitätsvermutung,** dass die Wertpapiere aufgrund des Prospekts erworben wurden, und damit zu **§ 12 Abs. 2 Nr. 1** → § 9 Rn. 89 f.

b) Entlastung durch Nachweis fehlender haftungsausfüllender Kausalität. Nach § 12 Abs. 2 **5** Nr. 2[3] scheidet eine Prospekthaftung aus, wenn die unrichtige oder unvollständige Angabe nicht zur Minderung des Börsenpreises beigetragen hat. Damit wird die in der Rspr. zur zivilrechtlichen Prospekthaftung vertretene Auffassung, nicht auf die Kausalität der falschen Angabe für den Schaden, sondern alleine auf die Beitrittsentscheidung des Anlegers, dh auf seine Kaufentscheidung, komme es an,[4] hier ausdrücklich und zu Recht[5] nicht angewendet. Erforderlich ist aber, dass der Prospektfehler tatsächlich nicht zur Minderung des Börsenpreises beigetragen hat. Sofern er auch nur mit ursächlich für die Minderung war, schließt das die Prospekthaftung nicht aus.[6] Beispiele für Fälle, in denen die (Mit-)Ursächlichkeit des Prospektmangels für die Minderung des Börsen- oder Erwerbspreises ausgeschlossen werden kann, sind:[7] Bekanntwerden des Prospektmangels erst später als sechs Monate nach Börseneinführung/Schluss des Angebots; Bekanntwerden des Mangels ohne Kurswirkung; Insolvenz der Emittenten und Erwerb erst nach Insolvenz; Kursverfall aufgrund anderen Ereignisses als Prospektfehler, zB Gewinnwarnung.

c) Mitverschulden. § 12 Abs. 2 Nr. 3 enthält eine abschließende gesetzliche Sonderregelung zur **6** Frage des **Mitverschuldens; nur positive Kenntnis** der Unrichtigkeit/Unvollständigkeit **schadet;** grobe Fahrlässigkeit schadet nicht.[8] Dies gilt für die Haftungsbegründung; für den Umfang des zu ersetzenden Schadens ist dagegen ein Mitverschulden iSd Schadensminderungspflicht nach den generell geltenden Maßstäben (§ 254 BGB) zu berücksichtigen. [9]

d) Berichtigung (Abs. 2 Nr. 4). Die Möglichkeit der **Prospektberichtigung** nach § 12 Abs. 2 **7** Nr. 4 ist durch das Dritte Finanzmarktförderungsgesetz neu eingefügt worden. Sie ist im Kontext zu sehen mit der von der Rspr. im Zusammenhang mit der Börsenprospekthaftung entwickelten, den

---

[1] BGBl. 2011 I 2481.

[2] BGBl. 2019 I 1002.

[3] Näher dazu *Hamann* in Schäfer/Hamann BörsG §§ 44, 45 Rn. 259 f.

[4] BGH Urt. v. 5.7.1993 – II ZR 194/92, BGHZ 1994, 32 (32 f.).

[5] Nachdr. diese Regelung begrüßend *Fleischer,* Gutachten F zum 64. Deutschen Juristentag 2002, F 69, der sogar noch weitergehend einen Nachweis zulassen will, dass der Schaden zum Teil nicht auf dem Prospektmangel beruht. Ausf. zu diesem Unterschied zwischen zivilrechtlicher und börsengesetzlicher Prospekthaftung, *Fleischer* AG 2002, 329 (330). Wie hier Schwark/Zimmer/*Schwark* BörsG §§ 44, 45 Rn. 58; *Mülbert/Steup* in Habersack/Mülbert/ Schlitt Unternehmensfinanzierung-HdB § 41 Rn. 102; eher krit. *Assmann* in Assmann/Schütze KapitalanlageR-HdB § 5 Rn. 174.

[6] FK-WpPG/*Seiler/Singhof* § 23 Rn. 34; Assmann/Schlitt/v. Kopp-Colomb/*Assmann* §§ 21–23 Rn. 103.

[7] Bsp. zitiert nach Assmann/Schlitt/v. Kopp-Colomb/*Assmann* §§ 21–23 Rn. 106.

[8] Zur Neuregelung *Kort* AG 1999, 9 (14); Assmann/Schlitt/v. Kopp-Colomb/*Assmann* §§ 21–23 Rn. 114; *Hamann* in Schäfer/Hamann BörsG §§ 44, 45 Rn. 264.

[9] Zu Recht Assmann/Schlitt/v. Kopp-Colomb/*Assmann* §§ 21–23 Rn. 115.

Nachweis der haftungsbegründenden Kausalität erleichternden „Anlagestimmung": Bei einem Erwerb der zuzulassenden Wertpapiere innerhalb eines bestimmten Zeitraumes nach Prospektveröffentlichung wurde vermutet, dass dieser Erwerb wegen der durch den Prospekt erzeugten Anlagestimmung erfolgte.[10] Als diese „Anlagestimmung" vom Gesetzgeber im Rahmen des Dritten Finanzmarktförderungsgesetzes gesetzlich in § 44 Abs. 1 S. 1 BörsG aF (jetzt § 9 Abs. 1 S. 1) dadurch geregelt wurde, dass jeder Erwerb innerhalb von sechs Monaten nach erstmaliger Einführung zur Haftungsbegründung ausreicht, ohne dass der Erwerber behaupten und beweisen muss, der Prospekt sei in irgendeiner Weise kausal für seine Kaufentscheidung gewesen, war es nur logisch, eine ebenso pauschale und formalisierte Möglichkeit dafür zu schaffen, diese haftungsbegründende Kausalität auch wieder beseitigen zu können: Nach § 12 Abs. 2 Nr. 4 schließen Berichtigungen unrichtiger Angaben des Prospektes die Haftung für die **nach Veröffentlichung der Berichtigung abgeschlossenen Geschäfte** aus. Dabei ergibt sich aus § 9 Abs. 1 S. 1 und der dortigen 6-Monatsfrist auch der zeitliche Rahmen, in dem einer Berichtigung Bedeutung zukommen kann, nämlich bis sechs Monate nach der Einführung bzw. in den Fällen des § 10 nach dem ersten öffentlichen Angebot im Inland.

8   Gegenstand einer Berichtigung nach § 12 Abs. 2 Nr. 4 kann nur ein Umstand sein, der objektiv bereits bei Einführung (bei „Börsenzulassungsprospekten") bzw. beim erstmaligen öffentlichen Angebot (bei „Angebotsprospekten") der Wertpapiere vorlag oder eingetreten ist[11] und damit den Prospekt bereits in diesem Zeitpunkt unrichtig oder unvollständig machte.[12] Die **Berichtigung muss deutlich ausgestaltet sein.** Sie muss nicht ausdrücklich darauf hinweisen, dass sie eine fehlerhafte oder unterlassene Angabe im Prospekt korrigiert.[13] Wäre ein solcher Hinweis erforderlich, käme dies der öffentlichen Aufforderung zur Geltendmachung von Prospekthaftungsansprüchen gleich; das kann nicht gefordert werden, weil ansonsten die Möglichkeit zur Berichtigung in der Praxis nicht wahrgenommen werden würde.[14] Sie muss jedoch einem **verständigen Leser,** dem sowohl der fehlerhafte Prospekt als auch die Berichtigung vorliegt, ersichtlich machen, dass die **Berichtigung von dem Prospekt abweichende Angaben** enthält.

9   Die Berichtigung als solche ist kein Prospekt[15] – sie dient weder der Börsenzulassung noch dem uU ja bereits abgeschlossenen Angebot noch erhebt sie den Anspruch der Vollständigkeit; zur Haftung → § 9 Rn. 83. Anders als in § 52 Abs. 2 S. 2 BörsZulV aF und in § 11 VerkProspG aF werden die Regeln für Börsenzulassungsprospekte bzw. Verkaufsprospekte auch in § 12 Abs. 2 Nr. 4 nicht für entsprechend anwendbar erklärt. Daraus ergibt sich auf der einen Seite Folgendes: Die Berichtigung bedarf vor ihrer Veröffentlichung keiner Billigung durch die BaFin.[16] Erfolgt die Berichtigung im Zusammenhang mit dem Jahresabschluss, einem Zwischenbericht, einer Ad-hoc-Veröffentlichung oder einer vergleichbaren Bekanntmachung, für die nach den einschlägigen Spezialvorschriften spezielle Offenlegungsmodalitäten bestehen,[17] so ist es auch für § 12 Abs. 2 Nr. 4 ausreichend, wenn die speziellen Berichtigungsmöglichkeiten in der jeweils **für sie geregelten Form veröffentlicht werden.** Es kommt insoweit nicht darauf an, dass die Form der Veröffentlichung für Prospekte eingehalten wird.[18] Soweit die Berichtigung nicht im Rahmen der in § 12 Abs. 2 Nr. 4 genannten Berichtigungsmöglichkeiten erfolgt, sollte das **Veröffentlichungsverfahren dem des Prospektes** entsprechen, sodass Art. 21 Prospekt-VO Anwendung findet.[19] Außerdem

---

[10] Zur Entwicklung der Rspr. und deren Übernahme in der Lit. vgl. nur *Stephan* AG 2002, 3 (10 f.) mwN.

[11] Wie hier FK-WpPG/*Seiler/Singhof* § 23 Rn. 40; *Mülbert/Steup* in Habersack/Mülbert/Schlitt Unternehmensfinanzierung-HdB § 41 Rn. 139.

[12] *Stephan* AG 2002, 3 (12). Vgl. auch → § 9 Rn. 82.

[13] So ausdr. RegBegr. zum Dritten Finanzmarktförderungsgesetz, BT-Drs. 13/8933, 54 (81); *Hopt* FS Drobnig, 1998, 525 (531); *Assmann/Schlitt/v.* Kopp-Colomb/*Assmann* §§ 21–23 Rn. 71; *Assmann* in Assmann/Schütze KapitalanlageR-HdB § 5 Rn. 135; FK-WpPG/*Seiler/Singhof* § 23 Rn. 44. AA *Ellenberger,* Prospekthaftung im Wertpapierhandel, 2001, 70. Ob beim Unterlassen eines solchen Hinweises tatsächlich eine „deutlich" ausgestattete Berichtigung vorliegt, bezeichnet Schwark/Zimmer/*Schwark* BörsG §§ 44, 45 Rn. 60 als „fraglich".

[14] So ausdr. RegBegr. zum Dritten Finanzmarktförderungsgesetz, BT-Drs. 13/8933, 54 (81); *Hopt* FS Drobnig, 1998, 525 (531); FK-WpPG/*Seiler/Singhof* § 23 Rn. 44.

[15] *Stephan* AG 2002, 3 (12); Schwark/Zimmer/*Schwark* BörsG §§ 44, 45 Rn. 61.

[16] Ausdr. wie hier Assmann/Schlitt/v. Kopp-Colomb/*Assmann* §§ 21–23 Rn. 69; FK-WpPG/*Seiler/Singhof* § 23 Rn. 40; *Hamann* in Schäfer/Hamann BörsG §§ 44, 45 Rn. 274 und zum alten Recht *Stephan* AG 2002, 3 (12).

[17] So ist zB der Jahresabschluss nicht in den Börsenpflichtblättern, § 65 BörsZulV, zu veröffentlichen und bei der Ad-hoc-Mitteilung reicht nach § 15 Abs. 3 WpHG auch eine Veröffentlichung über elektronische Informationsverbreitungssysteme aus.

[18] IdS sind auch die Ausführungen in der RegBegr. zum Dritten Finanzmarktförderungsgesetz zu verstehen, BT-Drs. 13/8933, 54 (81), wenn dort die speziellen Berichtigungsmöglichkeiten dargestellt werden, ohne insoweit auf die Art der Veröffentlichung einzugehen, während andererseits nur bei der „vergleichbaren Bekanntmachung" darauf hingewiesen wird, diese müsse „in gleicher Weise wie der Prospekt" veröffentlicht werden. Wie hier auch Schwark/Zimmer/*Schwark* BörsG §§ 44, 45 Rn. 61; FK-WpPG/*Seiler/Singhof* § 23 Rn. 43.

[19] So zum „alten" Recht s. auch RegBegr. zum Dritten Finanzmarktförderungsgesetz, zitiert in vorstehender Fußnote sowie Schwark/Zimmer/*Schwark* BörsG §§ 44, 45 Rn. 61; FK-WpPG/*Seiler/Singhof* § 23 Rn. 43 halten die Veröffentlichung in der Form wie einen Prospekt für „in jedem Fall ausreichend".

wird nicht aus der Berichtigung isoliert, sondern nur aus dem Prospekt in seiner berichtigten Form gehaftet. Auf der anderen Seite folgt daraus auch, dass die Berichtigung als solche die Prospekthaftungsfrist von sechs Monaten nicht verlängert.[20]

Entscheidend für den Haftungsausschluss nach § 12 Abs. 2 Nr. 4 ist, dass die Berichtigung „vor dem **10** Abschluss des Erwerbsgeschäfts" erfolgt ist. Dies bedeutet bei **„gestreckten" Erwerbsvorgängen** wie zB beim **Bookbuilding,** bei dem der Kaufvertrag erst nach der Bookbuilding-Periode durch Zuteilung der Konsortialbanken zustande kommt,[21] sodass auch erst zu diesem Zeitpunkt der „Abschluss des Erwerbsgeschäfts" erfolgt, dass **Berichtigungen während der Bookbuilding-Periode einen Haftungsausschluss nach § 12 Abs. 2 Nr. 4** begründen.[22] Dies ist auch sachlich gerechtfertigt, da jeder Anleger bis zum Ende der Bookbuilding-Periode sein Kaufangebot – dann auf der Grundlage der Berichtigung – zurücknehmen kann.[23] Auf die **Kenntnis des Erwerbers von der Berichtigung** und deren Nachweis **kommt es** ebenso wie auf den Nachweis der Kenntnis des Erwerbers vom Prospekt **nicht an.**[24] Inwieweit eine Berichtigung nach § 12 Abs. 2 Nr. 4 allerdings rein tatsächlich bei einem Bookbuilding in Betracht kommt, ist fraglich. Vor Ende des Bookbuilding ist das Angebot noch nicht beendet, sodass insoweit die Berichtigungspflicht des Art. 23 Abs. 1 Prospekt-VO eingreift, die als solche ebenfalls zu einem Widerrufsrecht führt und damit die Prospekthaftung beseitigt.[25]

e) Haftungsausschluss nur für Zusammenfassung. Der Haftungsausschluss nach der § 12 **11** Abs. 2 Nr. 5 wurde durch das Prospektrichtlinie-Umsetzungsgesetz in Umsetzung des Art. 6 Abs. 2 Prospekt-RL zunächst neu in § 45 Abs. 2 BörsG aF eingefügt, durch das Gesetz zur Novellierung des Finanzanlagenvermittler- und Vermögensanlagenrechts[26] wörtlich als § 23 Abs. 2 Nr. 5 aF übernommen, durch das Gesetz zur Umsetzung der Richtlinie 2010/73/EU und zur Änderung des Börsengesetzes[27] hinsichtlich der Schlüsselinformationen um einen neuen zweiten Halbsatz ergänzt und durch das Gesetz zur weiteren Ausführung der EU-Prospektverordnung und zur Änderung von Finanzmarktgesetzen[28] an die spezifischen Arten der Zusammenfassungen nach der neuen Prospektverordnung bzw. Delegierten Verordnung angepasst. Es geht darum, dass eine Haftung allein aufgrund einer Unrichtigkeit der Zusammenfassung oder ihrer[29] Übersetzung zu Recht ausgeschlossen wird. Jede Zusammenfassung ist als solche unrichtig, da unvollständig, weil sie, indem sie zusammenfasst, Angaben weglässt, die erforderlich sind. Da auf der anderen Seite jeder Prospekt aber eine Zusammenfassung enthalten muss, ist es folgerichtig, dass eine Prospekthaftung „ausschließlich aufgrund von Angaben der Zusammenfassung" ausscheiden soll, es sei denn, die Zusammenfassung, wenn sie zusammen mit den anderen Teilen des Prospektes gelesen wird, ist irreführend, unrichtig oder widersprüchlich.

§ 13 Haftungsausschluss bei fehlerhaftem Wertpapier-Informationsblatt

(1) **Nach § 11 kann nicht in Anspruch genommen werden, wer nachweist, dass er die Unrichtigkeit der Angaben des Wertpapier-Informationsblatts oder die Irreführung durch diese Angaben nicht gekannt hat und dass die Unkenntnis nicht auf grober Fahrlässigkeit beruht.**

(2) **Ein Anspruch nach § 11 besteht nicht, sofern**

1. die Wertpapiere nicht auf Grund des Wertpapier-Informationsblatts erworben wurden,

---

[20] *Assmann* FS Ulmer, 2003, 757 (772 f.); *Stephan* AG 2002, 12; Assmann/Schlitt/v. Kopp-Colomb/*Assmann* §§ 21–23 Rn. 69.

[21] Zum Bookbuilding vgl. *Groß* ZHR 162 (1998), 318.

[22] Wie hier ausdr. Schwark/Zimmer/*Schwark* BörsG §§ 44, 45 Rn. 61; iErg ebenso *Hamann* in Schäfer/Hamann BörsG §§ 44, 45 Rn. 268.

[23] *Groß* ZHR 162 (1998), 318 (329).

[24] RegBegr. zum Dritten Finanzmarktförderungsgesetz, BT-Drs. 13/8933, 54 (80 f.); Assmann/Schlitt/v. Kopp-Colomb/*Assmann* §§ 21–23 Rn. 70; *Hauptmann* in Vortmann, Prospekthaftung und Anlageberatung, 2000, § 3 Rn. 130; *Hamann* in Schäfer/Hamann BörsG §§ 44, 45 Rn. 273; JVRZ/*Pankoke* BörsG § 45 Rn. 32; FK-WpPG/ *Seiler/Singhof* § 23 Rn. 45.

[25] *Mülbert/Steup* in Habersack/Mülbert/Schlitt Unternehmensfinanzierung-HdB § 41 Rn. 141, vgl. dazu auch → § 9 Rn. 80.

[26] BGBl. 2011 I 2481.

[27] BGBl. 2012 I 1375.

[28] BGBl. 2019 I 1002.

[29] § 12 Abs. 2 Nr. 5 ist trotz seines weiteren Wortlauts ebenso wie bereits die Vorgängerschrift des § 23 Abs. 2 Nr. 5 aF einschränkend auszulegen. Während nämlich § 23 Abs. 2 Nr. 5 aF uneingeschränkt von „einer Übersetzung" spricht und damit unklar bleibt, ob in der Übersetzung allein der Zusammenfassung oder eines gesamten Prospektes geht, ist Art. 11 Abs. 2 Prospekt-VO klarer. Dort ist nur von der „Zusammenfassung ... samt etwaiger Übersetzungen" (englischsprachiger Text: „including any translation thereof") die Rede. Das gilt auch für § 12 Abs. 2 Nr. 5.

2. der Sachverhalt, über den unrichtige oder irreführende Angaben im Wertpapier-Informationsblatt enthalten sind, nicht zu einer Minderung des Börsenpreises der Wertpapiere beigetragen hat,
3. der Erwerber die Unrichtigkeit der Angaben des Wertpapier-Informationsblatts oder die Irreführung durch diese Angaben bei dem Erwerb kannte oder
4. vor dem Abschluss des Erwerbsgeschäfts im Rahmen des Jahresabschlusses oder Zwischenberichts des Emittenten, im Rahmen einer Veröffentlichung nach Artikel 17 der Verordnung (EU) Nr. 596/2014 des Europäischen Parlaments und des Rates vom 16. April 2014 über Marktmissbrauch (Marktmissbrauchsverordnung) und zur Aufhebung der Richtlinie 2003/6/EG des Europäischen Parlaments und des Rates und der Richtlinien 2003/124/EG, 2003/125/EG und 2004/72/EG der Kommission (ABl. L 173 vom 12.6.2014, S. 1; L 287 vom 21.10.2016, S. 320; L 306 vom 15.11.2016, S. 43; L 348 vom 21.12.2016, S. 83), die zuletzt durch die Verordnung (EU) 2016/1033 (ABl. L 175 vom 30.6.2016, S. 1) geändert worden ist, in der jeweils geltenden Fassung oder einer vergleichbaren Bekanntmachung eine deutlich gestaltete Berichtigung der unrichtigen oder irreführenden Angaben im Inland veröffentlicht wurde.

1   § 13 wurde durch das Gesetz zur Ausübung von Optionen der EU-Prospektverordnung und zur Anpassung weiterer Finanzmarktgesetze[1], neu aufgenommen. Wie bereits die eine Haftung für ein fehlerhaftes Wertpapier-Informationsblatt begründende Bestimmung des § 11, die sich an §§ 9, 10 orientiert, „lehnt sich (auch § 13) für den Haftungsausschluss bei einer fehlerhaften Wertpapier-Informationsblatt eng an die Regelungen zum Haftungsausschluss in § 23 Absatz 1 und 2 Nummer 1 bis 4 WpPG (aF, jetzt § 12 Abs. 1 und 2 Nr. 1–4, Anm. Verf.) bei einem fehlerhaften Prospekt an"[2]. Insofern kann auf die Ausführungen zu § 12 verwiesen werden.

§ 14 Haftung bei fehlendem Prospekt

(1) [1]Ist ein Prospekt entgegen Artikel 3 Absatz 1 Verordnung (EU) 2017/1129 nicht veröffentlicht worden, kann der Erwerber von Wertpapieren von dem Emittenten und dem Anbieter als Gesamtschuldnern die Übernahme der Wertpapiere gegen Erstattung des Erwerbspreises, soweit dieser den ersten Erwerbspreis nicht überschreitet, und der mit dem Erwerb verbundenen üblichen Kosten verlangen, sofern das Erwerbsgeschäft vor Veröffentlichung eines Prospekts und innerhalb von sechs Monaten nach dem ersten öffentlichen Angebot im Inland abgeschlossen wurde. [2]Auf den Erwerb von Wertpapieren desselben Emittenten, die von den in Satz 1 genannten Wertpapieren nicht nach Ausstattungsmerkmalen oder in sonstiger Weise unterschieden werden können, ist Satz 1 entsprechend anzuwenden.

(2) [1]Ist der Erwerber nicht mehr Inhaber der Wertpapiere, so kann er die Zahlung des Unterschiedsbetrags zwischen dem Erwerbspreis und dem Veräußerungspreis der Wertpapiere sowie die mit dem Erwerb und der Veräußerung verbundenen üblichen Kosten verlangen. [2]Absatz 1 Satz 1 gilt entsprechend.

(3) Werden Wertpapiere eines Emittenten mit Sitz im Ausland auch im Ausland öffentlich angeboten, besteht ein Anspruch nach Absatz 1 oder Absatz 2 nur, sofern die Wertpapiere auf Grund eines im Inland abgeschlossenen Geschäfts oder einer ganz oder teilweise im Inland erbrachten Wertpapierdienstleistungen erworben wurden.

(4) Der Anspruch nach den Absätzen 1 bis 3 besteht nicht, sofern der Erwerber die Pflicht, einen Prospekt zu veröffentlichen, beim Erwerb kannte.

I. Einleitung und Anwendungsbereich

1   § 14 entspricht im Wesentlichen § 13a VerkprospG aF. Ebenso wie dieser regelt er allein die Haftung des Emittenten und des Anbieters[1*] wegen eines entgegen Art. 3 Abs. 1 Prospekt-VO nicht veröffentlichten Prospekts, dh die **Haftung wegen fehlenden „Angebotsprospekts";** ob er auch bei Veröffentlichung eines nicht gebilligten oder eines zwar gebilligten aber nicht mehr gültigen „Verkaufsprospekts" eingreift, ist str. und mit der hier vertretenen Ansicht abzulehnen (→ § 10 Rn. 4). Wie auch die Regierungsbegründung zum Gesetz zur Novellierung des Finanzanlagenvermittler- und Vermögensanlagenrechts[2*] hervorhebt, sei die Regelung wegen eines **fehlenden „Börsenzulassungs-**

---

[1] BGBl. 2018 I 1102.

[2] RegBegr. zum Gesetz zur Ausübung von Optionen der EU-Prospektverordnung und zur Anpassung weiterer Finanzmarktgesetze, BT-Drs. 19/2435, 43.

[1*] *Mülbert/Steup* in Habersack/Mülbert/Schlitt Unternehmensfinanzierung-HdB § 41 Rn. 63, in Rn. 79 für eine extensive Auslegung des Begriffs des Anbieters iSd Prospektveranlassers.

[2*] BGBl. 2011 I 2481.

prospektes" nicht erforderlich, da die Zulassung zum Handel an einer inländischen Börse gem. § 32 Abs. 3 Nr. 2 BörsG einen Prospekt voraussetzt, somit ein fehlender Prospekt bei der Börsenzulassung dazu führe, dass diese versagt werde, sodass rein faktisch eine Haftung wegen eines fehlenden „Börsenzulassungsprospekts" nicht geregelt werden müsse.[3] Diese Begründung leuchtet zwar für die Fälle eines fehlenden „Börsenzulassungsprospekts" ein, bei denen der Antragsteller auch keinen Prospektbefreiungstatbestand des Art. 1 Abs. 5 Prospekt-VO behauptet. Hier ist es sehr unwahrscheinlich, dass die Geschäftsführung die offensichtlich fehlende Zulassungsvoraussetzung – Prospekt – übersieht und zulässt. Anders ist es, jedoch bei der Beurteilung von Prospektbefreiungen nach Art. 1 Abs. 5 Prospekt-VO. Hier kann auch die Geschäftsführung der Börse irren und damit fälschlicherweise einen tatsächlich nicht gegebenen Befreiungstatbestand annehmen. Ob in diesem Fall § 14 anwendbar ist, erscheint insbesondere vor dem Hintergrund der zitierten Regierungsbegründung mehr als fraglich.[4] Bei einer fehlerhaften Zulassung auf der Grundlage eines prospektbefreienden Dokuments, also wenn die Börse unter fehlerhafter Anwendung des Art. 1 Abs. 5 lit. e, f, g, h, j Prospekt-VO eine Zulassung erteilt hat, erscheint es vertretbar, hier nicht § 14 anzuwenden, sondern – allerdings unter Anwendung der inhaltlichen Anforderungen an das prospektbefreiende Dokument – eine Haftung nach § 9 Abs. 4 zu prüfen.[5] In den Fällen des Art. 1 Abs. 5 lit. a, b, c, d Prospekt-VO ist dagegen mangels Prospekt und mangels prospektbefreiendem Dokument eine Prospekthaftung abzulehnen, da gerade ohne Prospekt zugelassen wurde. Nicht sachgerecht erscheint es, dass ein Fehler der Börse eine Prospekthaftung für einen fehlenden Prospekt auslösen soll. Nicht übernommen wurde in § 14 die in § 13a Abs. 5 VerkprospG aF enthaltene Sonderverjährungsvorschrift (→ Rn. 9).

II. Entstehungsgeschichte und Bedeutung

§ 13a VerkProspG aF wurde durch das Anlegerschutzverbesserungsgesetz[6] neu in das damalige **2** Verkaufsprospektgesetz eingefügt. Auch wenn dies in der Regierungsbegründung zum Anlegerschutzverbesserungsgesetz nicht klar zum Ausdruck kommt, dürfte der Hintergrund für die Regelung die ebenfalls durch das Anlegerschutzverbesserungsgesetz eingeführte Prospektpflicht für Vermögensanlagen nach § 8f VerkProspG aF und damit für Vermögensanlagen im Rahmen des grauen Kapitalmarkts gewesen sein. Pflichtwidrige Nichterstellung eines Verkaufsprospektes war bis dahin allein bußgeldbewehrt und führte zur Untersagung des Angebots durch die BaFin. Diese Rechtsfolgen erschienen dem Gesetzgeber wohl als nicht mehr ausreichend – speziell für den grauen Kapitalmarkt.

Dieser besondere Zweck, die Einhaltung der Prospektpflicht, führt dazu, dass § 14 in der Lit. **3** vereinzelt abweichend von §§ 9–11 nicht als kapitalmarktrechtlicher Informationshaftungstatbestand sondern als „privatrechtliche Sanktion für die Verletzung der Prospektpflicht" angesehen wird.[7] Basierend auf diesem Ansatz sind in der Literatur verschiedene Konsequenzen gezogen worden: Entscheidend bei § 14 sei allein eine formelle Betrachtungsweise, dh allein das Fehlen eines von der BaFin gebilligten Prospektes, sodass die Veröffentlichung eines Dokuments, welches sämtliche materiellen Anforderungen eines Prospektes erfülle, jedoch nicht von der BaFin gebilligt wurde, eine Haftung nach § 14 auslöse. Da § 14 allein den Verstoß gegen die Prospektpflicht sanktioniere, sei auch keine Kausalität von fehlendem Prospekt und Anlageentscheidung erforderlich, anders gewendet, der Anspruch sei nicht deshalb ausgeschlossen, weil der Anleger auch bei Veröffentlichung eines von der BaFin gebilligten Prospekts dieselbe Anlageentscheidung getroffen hätte.[8] Letztendlich setze § 14 auch kein Verschulden voraus, allein der Verstoß gegen die Prospektpflicht sei ausreichend.[9] Diese Argumentation mag vom Ansatz her – privatrechtliche Sanktion für die Verletzung der Prospektpflicht – zutreffend sein, trägt aber nicht die daraus gegebenen Schlussfolgerungen. Verletzung der Prospektpflicht bedeutet, für den Gesetzgeber das Fehlen des Prospekts; dieses sollte nicht nur allein bußgeldbewehrt sein, sondern auch zivilrechtliche Folgen haben (→ Rn. 2). Das Fehlen des Prospekts ist aber nicht gleichzusetzen mit einem existierenden und veröffentlichten Prospekt, der (nur) nicht gebilligt wurde. Hier hat der Anleger eine Informationsquelle und damit einen Haftungsgegenstand; dieser Prospekt mag falsch sein, wofür §§ 9, 10 zur Verfügung steht. Ihn aber allein wegen fehlender Billigung gänzlich zu ignorieren und als fehlend zu behandeln, erscheint nicht angemessen.

§ 14 erlangt über seine eigentliche Aussage, der Begründung einer Prospekthaftung bei fehlendem **4** Prospekt, hinaus, Bedeutung als Klarstellung. Die Klarstellung geht dahin, dass ein Verstoß gegen die

---

[3] RegBegr. des Gesetzes zur Novellierung des Finanzanlagenvermittler- und Vermögensanlagenrechts, BT-Drs. 17/6051, 30 (46 f.). Krit. dazu *Leuring* NJW 2012, 1905 (1907).

[4] Zu Vorstehendem bereits *Leuring* NJW 2012, 1905 (1907); jedenfalls eine analoge Anwendung des § 24 befürwortend Assmann/Schlitt/v. Kopp-Colomb/*Assmann* § 24 Rn. 6.

[5] IdS wohl auch *Mülbert/Steub* in Habersack/Mülbert/Schlitt Unternehmensfinanzierung-HdB § 41 Rn. 27.

[6] BGBl. 2004 I 2630.

[7] Ausf. hierzu, zu weiteren Begründungselementen (Wortlaut, Gesetzgebungsgeschichte und Systematik) sowie zu den sich daraus ergebenden Folgen *Klöhn* DB 2012, 1854 (1857 f. sowie 1858 f.).

[8] Dagegen mit überzeugender Begründung *Assmann* in Assmann/Schütze KapitalanlageR-HdB § 5 Rn. 224; FK-WpPG/*Seiler/Singhof* § 24 Rn. 4.

[9] Ausf. zu diesen einzelnen Schlussfolgerungen *Klöhn* DB 2012, 1854 (1858 f.); zum Verschulden → Rn. 5.

Prospektpflicht die **Wirksamkeit des Kaufvertrages** unberührt lässt.[10] Wäre es anders, hätte es § 14 nicht bedurft. Rechtsfolge der Verletzung der Prospektpflicht nach dem Wertpapierprospektgesetz ist nach § 14 der Anspruch des Erwerbers gegen den Emittenten und den Anbieter auf Übernahme der Wertpapiere gegen Erstattung des Erwerbspreises. Wäre dagegen aufgrund eines Verstoßes gegen die Prospektpflicht das Erwerbsgeschäft unwirksam, dann wäre die Rechtsfolge die gleiche wie in § 14; § 14 wäre damit überflüssig. Hält der Gesetzgeber aber die Regelung des § 14 für erforderlich, dann folgt daraus auch die Bestätigung, dass ein Verstoß gegen die Prospektpflicht an der Wirksamkeit des Vertrages nichts ändert.

III. Tatbestandsvoraussetzungen

5   **1. Verstoß gegen die Prospektpflicht.** Voraussetzung der Haftung nach § 14 Abs. 1 S. 1 ist, dass trotz Prospektpflicht nach Art. 3 Abs. 1 Prospekt-VO kein Prospekt nach der neuen Prospektverordnung veröffentlicht wurde (gleichgültig ob der Prospekt gebilligt oder nicht gebilligt wurde.[11]) Fraglich ist, ob § 14 im Fall der fehlerhaften Annahme einer Prospektbefreiung für **öffentliche Angebote** greift, wenn für diese ein vermeintlich **prospektbefreiendes Dokument** veröffentlicht wird. Der Wortlaut des § 14 erfasst diesen Fall, da objektiv ein Prospekt trotz Prospektpflicht fehlt und ein prospektbefreiendes Dokument von der Prospektpflicht nur dann befreit, wenn die Voraussetzungen hierfür vorliegen, was bei dieser Sachverhaltsvariante nicht der Fall ist.[12] Jedoch ist für eine Prospekthaftung das Verschulden genau zu prüfen, da es einen Unterschied macht, ob bewusst kein Prospekt veröffentlicht wird oder fälschlicherweise nur ein prospektbefreiendes Dokument, wobei hier zu berücksichtigen ist, dass die BaFin keine Negativbescheide erteilt, dh gerade keine Aussage dazu trifft, ob eine Prospektbefreiung zu Recht oder zu Unrecht abgelehnt wurde (→ Rn. 7).

6   Nicht anwendbar ist § 14 in den Fällen eines **fehlenden Zulassungsprospekts** oder eines nicht gebilligten oder bescheinigten oder eines nicht veröffentlichten Zulassungsprospekts,[13] da dem sowohl der eindeutige Wortlaut der Regelung als auch die Ausführungen in der Regierungsbegründung zum Gesetz zur Novellierung des Finanzanlagenvermittler- und Vermögensanlagenrechts entgegensteht (→ Rn. 1). Nichts anderes kann gelten, wenn kein Prospekt sondern ein **prospektbefreiendes Dokument fehlt,** die Börse aber dennoch zum Handel zulässt Fraglich ist, ob das auch gilt, wenn die Börse auf der Grundlage eines **veröffentlichten prospektbefreienden Dokuments** zum Handel zulässt, dabei aber verkennt, dass die Voraussetzungen einer Zulassung allein auf der Grundlage eines prospektbefreienden Dokuments nicht vorliegen. Der Wortlaut des § 14 steht dem entgegen. Außerdem kann der Fehler der Börse nicht eine Prospekthaftung für einen fehlenden Prospekt auslösen, zumal ja gerade ein vermeintlich prospektbefreiendes Dokument vorgelegt wurde.[14] Das vermeintlich prospektbefreiende Dokument wird auch nicht deshalb fehlerhaft iSd § 9 Abs. 4, weil die Voraussetzungen der Prospektbefreiung nicht vorliegen, sodass zwar grundsätzlich eine Prospekthaftung nach **§ 9 Abs. 4** in Betracht kommt,[15] diese aber nicht durchgreift, weil der Irrtum der Börse keinen Fehler des prospektbefreienden Dokuments begründe.

7   Auf ein **Verschulden** kommt es nach dem Wortlaut des § 14 Abs. 1 S. 1 nicht an; allerdings wurde in der Lit. bereits zu § 13a VerkProspG aF ganz überwiegend die Ansicht vertreten, dabei handele es sich um eine planwidrige Regelungslücke, die durch entsprechende Anwendung des § 13 Abs. 1 VerkProspG aF, § 45 Abs. 1 BörsG aF bzw. jetzt § 12 Abs. 1 geschlossen werden müsse. Demzufolge solle die Haftung Vorsatz oder grobe Fahrlässigkeit voraussetzen, wobei allerdings der Anspruchsgegner fehlendes Verschulden zu beweisen habe.[16] Dagegen wird jedoch die Gesetzesgeschichte angeführt: Während der Referentenentwurf des Anlegerschutzverbesserungsgesetzes noch ein Verschuldenserfordernis enthielt,[17] fand sich im Regierungsentwurf diese Voraussetzung nicht mehr.[18] Daraus wird geschlossen, man müsse eher davon ausgehen, dass hier eine bewusste Entscheidung gegen das Ver-

---

[10] Unstr. Schwark/Zimmer/*Heidelbach* § 3 Rn. 35; Assmann/Schlitt/v. Kopp–Colomb/*v. Kopp-Colomb/Mollner* § 3 Rn. 22; FK-WpPG/*Schnorbus* Vor §§ 1 ff. Rn. 28; FK-WpPG/*Seiler/Singhof* § 24 Rn. 5. So bereits zu der Verletzung der Prospektpflicht nach § 1 VerkProspG aF *Hauptmann* in Vortmann, Prospekthaftung und Anlageberatung, 2000, § 3 Rn. 208; Schwark/Zimmer/*Heidelbach* § 1 Rn. 45. → § 3 Rn. 9 f.

[11] FK-WpPG/*Seiler/Singhof* § 24 Rn. 6; Assmann/Schlitt/v. Kopp-Colomb/*Assmann* §§ 24 Rn. 6.

[12] *Mülbert/Steup* in Habersack/Mülbert/Schlitt, Unternehmensfinanzierung am Kapitalmarkt, § 41 Rn. 29, ausgenommen Art. 1 Abs. 5 lit. g und h Prospekt-VO.

[13] AA Assmann/Schlitt/v. Kopp–Colomb/*Assmann* §§ 21–23 Rn. 13 und § 24 Rn. 6, der § 24 anwenden will und die bürgerlich-rechtliche Prospekthaftung ausschließt.

[14] Dem folgend, FK-WpPG/*Seiler/Singhof* § 24 Rn. 11.

[15] FK-WpPG/*Seiler/Singhof* § 24 Rn. 11.

[16] Assmann/Schlitt/v. Kopp-Colomb/*Assmann* § 24 Rn. 20 ff. mwN; JVRZ/*Pankoke* VerkProspG § 13a Rn. 11; *Bohlken/Lange* DB 2005, 1259 (1261); MüKoHGB/*Singhof* Emissionsgeschäft Rn. 302; *Mülbert/Steup* in Habersack/Mülbert/Schlitt Unternehmensfinanzierung-HdB § 41 Rn. 119, ausf. auch *Assmann* in Assmann/Schütze KapitalanlageR-HdB § 5 Rn. 225 ff.; aA *Fleischer* BKR 2004, 339 (346).

[17] § 13a Abs. 4 S. 1 VerkProspG idF des Referentenentwurfs, vgl. ZBB 2004, 168 (194).

[18] § 13a Abs. 4 VerkProspG idF des Regierungsentwurfs enthielt nur noch Satz 2 (jetzt § 14 Abs. 4), BT-Drs. 15/3174, 24, Begründung S. 44.

schuldenserfordernis getroffen wurde.[19] Ob gegen eine Verschuldenserfordernis auch die systematische Einordnung der Haftung nach § 14 als Sanktionsnorm für die Verletzung der Prospektpflicht spricht,[20] ist dagegen zweifelhaft: Auch beim Verständnis als Sanktionsnorm kommt ein Verschulden bezogen auf den Verstoß gegen die Prospektpflicht in Betracht. Ein Verschuldenserfordernis erscheint, gerade auch vor dem Hintergrund der Unsicherheiten bzgl. der Prospektpflicht einerseits und der Praxis der BaFin, keine Negativatteste oder Unbedenklichkeitsbescheinigungen zu erteilen, angemessen. Auch beim Verständnis des § 14 als Sanktionsnorm spricht demnach einiges dafür, eine Haftung nach § 14 dann abzulehnen, wenn Emittent oder Anbieter nachweisen können, dass sie hinsichtlich der Verletzung der Prospektpflicht weder vorsätzlich noch grob fahrlässig gehandelt haben.[21]

2. Weitere Anspruchsvoraussetzungen. Die weiteren Anspruchsvoraussetzungen des § 14 sind **8** denen des Anspruchs wegen eines fehlerhaften Prospektes nachgebildet. Der Anspruch besteht nur dann, wenn das Erwerbsgeschäft (Verpflichtungsgeschäft, nicht Verfügungsgeschäft)[22] vor Veröffentlichung eines Prospektes[23] und innerhalb von sechs Monaten nach dem ersten öffentlichen Angebot im Inland abgeschlossen wurde.[24] Eine spätere Veröffentlichung nach Erwerb lässt den Anspruch unberührt. Ist der Erwerber nicht mehr Inhaber der Wertpapiere oder der Vermögensanlagen, so gilt nach § 14 Abs. 2 die gleiche Regelung wie bei fehlerhaften Verkaufsprospekten. Entsprechendes gilt auch bei Emittenten mit Sitz im Ausland; hier gilt nach § 14 Abs. 3 die gleiche Regelung wie bei fehlerhaften Prospekten in § 12 Abs. 3. § 14 Abs. 4 ist § 13a Abs. 4 VerkProspG aF nachgebildet.

3. Haftungsbeschränkung. Die Regelung zur Haftungsbeschränkung in § 13a Abs. 6 VerkprospG **9** aF wurde nicht in § 14 übernommen, ist jedoch neu und mit Blick auf den von § 47 Abs. 2 BörsG aF abweichenden § 16 Abs. 2 dort verschärft geregelt (→ § 16 Rn. 1 ff.).

IV. Verjährung, Gerichtliche Zuständigkeit

§ 13a Abs. 5 VerkprospG aF enthielt eine § 46 BörsG aF nachgebildete Sonderverjährungsregelung. **10** Diese wurde ebenso wenig übernommen wie § 46 BörsG aF, sodass insoweit die „allgemeinen Verjährungsvorschriften des Bürgerlichen Gesetzbuchs gelten."[25] § 13a Abs. 7 VerkprospG aF verwies hinsichtlich der Zuständigkeitsregelung für die gerichtliche Geltendmachung von Haftungsansprüchen bei fehlenden Prospekten auf § 32b ZPO. Diese Regelung des Gleichlaufs der gerichtlichen Zuständigkeit mit der bei fehlerhaften „Börsenzulassungsprospekten" wurde konsequenterweise, da überflüssig, nicht übernommen, weil § 32b ZPO auch ohne ausdrückliche Anordnung hier eingreift.[26]

§ 15 Haftung bei fehlendem Wertpapier-Informationsblatt

(1) **Ist ein Wertpapier-Informationsblatt entgegen § 4 Absatz 1 Satz 1 oder Satz 2 nicht veröffentlicht worden, kann der Erwerber von Wertpapieren von dem Emittenten und dem Anbieter als Gesamtschuldnern die Übernahme der Wertpapiere gegen Erstattung des Erwerbspreises, soweit dieser den ersten Erwerbspreis nicht überschreitet, und der mit dem Erwerb verbundenen üblichen Kosten verlangen, sofern das Erwerbsgeschäft vor Veröffentlichung eines Wertpapier-Informationsblatts und während der Dauer des öffentlichen Angebots, spätestens jedoch innerhalb von sechs Monaten nach dem ersten öffentlichen Angebot der Wertpapiere im Inland abgeschlossen wurde.**

(2) **¹Ist der Erwerber nicht mehr Inhaber der Wertpapiere, so kann er die Zahlung des Unterschiedsbetrags zwischen dem Erwerbspreis, soweit dieser den ersten Erwerbspreis nicht überschreitet, und dem Veräußerungspreis der Wertpapiere sowie der mit dem Erwerb und der Veräußerung verbundenen üblichen Kosten verlangen. ²Absatz 1 gilt entsprechend.**

(3) **Werden Wertpapiere eines Emittenten mit Sitz im Ausland auch im Ausland öffentlich angeboten, besteht ein Anspruch nach Absatz 1 oder Absatz 2 nur, sofern die Wertpapiere**

---

[19] So *Klöhn* DB 2012, 1854 (1859); dagegen *Mülbert/Steup* in Habersack/Mülbert/Schlitt Unternehmensfinanzierung-HdB § 41 Rn. 119 und *Assmann* in Assmann/Schütze KapitalanlageR-HdB § 5 Rn. 227.

[20] Im Falle einer Abstimmung der fehlenden Prospektpflicht mit der BaFin gelangt *Klöhn* DB 2012, 1854 (1859) zum selben Ergebnis, allerdings nach der Lehre vom Schutzzweck der Norm. Assmann/Schlitt/v. Kopp-Colomb/ *Assmann* §§ 24 Rn. 22 aE, Fn. 1 bezeichnet das als „mit …. gezwungen und nicht überzeugender Begründung".

[21] Für ein Verschuldenserfordernis nachdr. auch Assmann/Schlitt/v. Kopp-Colomb/*Assmann* § 24 Rn. 22 und FK-WpPG/*Seiler/Singhof* § 24 Rn. 15.

[22] Assmann/Schlitt/v. Kopp-Colomb/*Assmann* § 24 Rn. 10.

[23] Assmann/Schlitt/v. Kopp-Colomb/*Assmann* § 24 Rn. 11, 18.

[24] Assmann/Schlitt/v. Kopp-Colomb/*Assmann* § 24 Rn. 10. Haftungsbegründende Kausalität ist damit gegeben, vgl. *Bohlken/Lange* DB 2005, 1259 (1261).

[25] So zur Nicht-Übernahme des § 46 BörsG aF die RegBegr. des Gesetzes zur Novellierung der Finanzanlagenvermittler- und Vermögensanlagenrechts, BT-Drs. 17/6051, 30 (46).

[26] Beschlussempfehlung und Bericht des Finanzausschusses zum Entwurf eines Gesetzes zur Novellierung der Finanzanlagenvermittler- und Vermögensanlagenrechts, BT-Drs. 17/7453, 95 (115).

auf Grund eines im Inland abgeschlossenen Geschäfts oder einer ganz oder teilweise im Inland erbrachten Wertpapierdienstleistung erworben wurden.

(4) **Der Anspruch nach den Absätzen 1 bis 3 besteht nicht, sofern der Erwerber die Pflicht, ein Wertpapier-Informationsblatt zu veröffentlichen, beim Erwerb kannte.**

1   § 15 wurde durch das Gesetz zur Ausübung von Optionen der EU-Prospektverordnung und zur Anpassung weiterer Finanzmarktgesetze[1] neu in das Wertpapierprospektgesetz eingefügt. § 15 ist konzeptionell an § 14 angelehnt[2]. Auch hier stellt sich die Frage, ob ein Wertpapier-Informationsblatt, das vor oder ohne jegliche Gestattung durch die BaFin veröffentlicht wurde von § 15 erfasst wird (→ § 14 Rn. 1). Aus denselben Gründen wie beim „Verkaufsprospekt" sollte in solchen Fällen eher § 13 als § 15 angewendet werden.

2   Ebenso wie bei § 14 ist auch hier fraglich, ob die Haftung nach § 15 ein Verschulden voraussetzt (→ § 14 Rn. 7). Der Gesetzgeber hat sich hierzu nicht geäußert, obwohl ihm die diesbezügliche Diskussion bei § 14 bekannt gewesen sein dürfte. Aus den zu § 14 vorgebrachten Gründen sollte auch für § 15 ein Verschulden gefordert werden.

§ 16 Unwirksame Haftungsbeschränkung; sonstige Ansprüche

(1) **Eine Vereinbarung, durch die Ansprüche nach §§ 9, 10, 11, 14 oder 15 im Voraus ermäßigt oder erlassen werden, ist unwirksam.**

(2) **Weitergehende Ansprüche, die nach den Vorschriften des bürgerlichen Rechts auf Grund von Verträgen oder unerlaubten Handlungen erhoben werden können, bleiben unberührt.**

I. Einleitung

1   § 16 entspricht im Wesentlichen § 47 BörsG aF mit einer, allerdings **entscheidenden Ausnahme:** Ließ § 47 Abs. 2 BörsG aF weitergehende Ansprüche aufgrund von unerlaubten Handlungen nur dann unberührt, wenn diese vorsätzlich oder grob fahrlässig begangen wurden, enthält § 16 Abs. 2 diese Einschränkung nicht mehr. Diese Änderung wurde bei der Anhörung zum Regierungsentwurf des Gesetzes zur Novellierung des Finanzanlagenvermittler- und Vermögensanlagenrechts[1*] scharf kritisiert.[2*] Der Regierungsentwurf begründet die in dieser Änderung liegende Verschärfung der Haftungsregeln auch in keiner Weise.[3] Es wird abzuwarten sein, wie sich diese Änderung gerade bei unerlaubten Handlungen durch Verletzung von Schutzgesetzen auswirken wird. Soweit die anspruchsbegründende Norm selbst Vorsatz oder zumindest bedingten Vorsatz voraussetzt, so zB § 400 AktG,[4] ist die durch die gesetzliche Änderung bewirkte Haftungsverschärfung praktisch eher gering.[5] Das Gesetz zur Ausübung von Optionen der EU-Prospektverordnung und zur Anpassung weiterer Finanzmarktgesetze[6], hat hier insofern nur eine Änderung gebracht, als die neuen Haftungsregelungen zum Wertpapier-Informationsblatt in § 25 aF (jetzt § 16) einbezogen wurden.

II. Abs. 1

2   § 16 Abs. 1 stellt gegenüber der bis zur Änderung durch das Dritte Finanzmarktförderungsgesetz geltenden Fassung des § 47 Abs. 2 BörsG aF klar, dass nur im Voraus getroffene Vereinbarungen unzulässig sind, nicht dagegen ein nach Entstehen des Anspruchs zB abgeschlossener Vergleich.[7] Fraglich und aus dem Wortlaut des § 16 Abs. 1 nicht entnehmbar ist, was konkret mit der Entstehung des Anspruchs gemeint ist, insbesondere, ob dies voraussetzt, dass der Anspruchsberechtigte von seinem Anspruch Kenntnis erlang hat.[8] Der Schutzzweck der Norm spricht dafür, dass eine Vereinbarung nur zulässig sein soll, wenn der (potentiell) Anspruchsberechtigte zumindest die „Möglichkeit eines Prospekthaftungsanspruchs" kennt.[9] Eindeutig erfasst § 16 Abs. 1 nur das Außenverhältnis gegenüber

---

[1] BGBl. 2018 I 1102.

[2] RegBegr. Gesetz zur Ausübung von Optionen der EU-Prospektverordnung und zur Anpassung weiterer Finanzmarktgesetze, BT-Drs. 19/2435, 44.

[1*] BGBl. 2011 I 2481.

[2*] Krit. auch *Lorenz/Schönemann/Wolf* CFL 2011, 346 (349).

[3] BT-Drs. 17/6051, 30 (47).

[4] Vgl. nur *Oetker* in K. Schmidt/Lutter, AktG, 2. Aufl. 2010, AktG § 400 Rn. 15.

[5] So auch *Lorenz/Schönemann/Wolf* CFL 2011, 346 (349).

[6] BGBl. 2018 I 1102.

[7] Wie hier Assmann/Schlitt/v. Kopp-Colomb/*Assmann* § 25 Rn. 4; *Stephan* AG 2002, 3 (7); aA FK-WpPG/ *Seiler/Singhof* § 25 Rn. 2 mwN.

[8] Darstellung des Meinungsstandes bei Assmann/Schlitt/v. Kopp-Colomb/*Assmann* § 25 Rn. 4.

[9] So Assmann/Schlitt/v. Kopp-Colomb/*Assmann* § 25 Rn. 4; ebenso auch FK-WpPG/*Seiler/Singhof* § 25 Rn. 2.

potentiellen Anspruchsberechtigten, verbietet damit nicht interne Haftungsvereinbarungen (auch Freistellungen) der gesamtschuldnerisch Haftenden, zB die Freistellung der Emissionsbegleiter durch den Emittenten.[10] Ebenfalls eindeutig („Ansprüche nach §§ 9, 10, 11, 14 oder 15") regelt § 16 Abs. 1 nur wertpapierprospektrechtliche Ansprüche, verbietet damit keine Vereinbarung über anders begründete Ansprüche,[11] zB Vereinbarung über Ansprüche bei der Verwendung von Prospektentwürfen bei Cornerstone- oder Anchor-Investoren.

III. Verhältnis wertpapierprospektgesetzlicher Prospekthaftung zu sonstigen Haftungstatbeständen (Abs. 2)

1. Ausschluss zivilrechtlicher Prospekthaftung. § 16 Abs. 2 bestimmt wie auch schon in der **3** Fassung vor dem Dritten Finanzmarktförderungsgesetz zunächst, dass **vertragliche** und **nebenvertragliche Ansprüche** gegen einen Prospektverantwortlichen **durch §§ 9 ff. nicht ausgeschlossen** werden.[12] § 47 Abs. 2 BörsG aF enthielt eine Regelung zur Anspruchskonkurrenz zwischen **börsenrechtlicher** und **deliktischer** Haftung,[13] nach der nur Ansprüche wegen vorsätzlich oder grob fahrlässig begangenen unerlaubten Handlungen im Anwendungsbereich der Haftung für fehlerhafte Börsenprospekte geltend gemacht werden konnten. Die Einschränkung auf vorsätzlich oder grob fahrlässig begangene unerlaubte Handlungen wurde im Rahmen des Gesetzes zur Novellierung des Finanzanlagenvermittler- und Vermögensanlagenrechts[14] gestrichen. Damit sind nunmehr alle Ansprüche aus unerlaubten Handlungen, unabhängig vom Grad des Verschuldens, parallel zu Ansprüchen wegen fehlerhafter oder fehlender Prospekte möglich. Nach wie vor dürfte aber gelten, dass, da §§ 44, 45 BörsG aF nicht als Schutzgesetze iSd § 823 Abs. 2 BGB anzusehen waren,[15] dies auch für §§ 9, 10 und 14 und jetzt auch §§ 11 und 15 gilt, da sich insoweit materiell nichts geändert hat.[16]

Wie außerdem bereits die Regierungsbegründung zum Dritten Finanzmarktförderungsgesetz klar- **4** gestellt hat, sind sämtliche „sonstige Ansprüche, insbesondere solche aus **allgemeiner zivilrechtlicher Prospekthaftung** ... demgegenüber im **Anwendungsbereich der Haftung für fehlerhafte Börsenzulassungsprospekte ausgeschlossen.** Die Vorschriften der §§ 45 ff. (jetzt §§ 9, 10, 11, 14 und 15, Anm. d.Verf.) sind insgesamt als abschließend anzusehen."[17] Das gilt insgesamt für den Anwendungsbereich der jetzt wertpapierprospektgesetzlichen Prospekthaftung, dh für fehlerhafte oder fehlende „Börsenzulassungsprospekte" oder „Verkaufs-,, oder „Angebotsprospekte", auch wenn es sich dabei um „freiwillige" Prospekte nach Art. 4 Prospekt-VO handelt, für die Veröffentlichung nicht gebilligter Verkaufsprospekte und für die Veröffentlichung nicht mehr gültiger Verkaufsprospekte sowie fehlerhafte oder fehlende Wertpapier-Informationsblätter oder ohne Gestattung veröffentlichte Wertpapier-Informationsblätter.[18]

2. Zivilrechtliche Prospekthaftung außerhalb der wertpapierprospektgesetzlichen Pro- **5** **spekthaftung.** Das schließt jedoch die zivilrechtliche Prospekthaftung nur „im Anwendungsbereich der Haftung für fehlerhafte Börsenzulassungsprospekte" und ergänzend fehlerhafter und fehlender „Verkaufsprospekte" sowie fehlerhafte oder fehlende Wertpapier-Informationsblätter, kurz im Anwendungsbereich der §§ 9, 10, 11, 14 und 15[19] aus. Soweit die Haftung für fehlerhafte oder fehlende Prospekte nicht anwendbar ist, kann die zivilrechtliche Prospekthaftung eingreifen. Veröffentlichungen wie zB **Bezugsangebote, Zeichnungsaufforderungen, Verkaufsangebote, Werbemaßnahmen,**

---

[10] Assmann/Schlitt/v. Kopp-Colomb/*Assmann* § 25 Rn. 5.

[11] Assmann/Schlitt/v. Kopp-Colomb/*Assmann* § 25 Rn. 6.

[12] Voraussetzung ist jedoch, dass eine vertragliche Beziehung zwischen Anleger und – emissionsbegleitender – Bank besteht, *Kort* AG 1999, 9 (18).

[13] Vgl. zum Meinungsstreit nur Schwark/Zimmer/*Schwark* BörsG §§ 44, 45 Rn. 80 f.

[14] BGBl. 2011 I 2481.

[15] *Kort* AG 1999, 9 (18) mwN; JVRZ/*Pankoke* BörsG § 47 Rn. 11.

[16] FK-WpPG/*Seiler/Singhof* § 25 Rn. 7 mwN.

[17] RegBegr. zum Dritten Finanzmarktförderungsgesetz, BT-Drs. 13/8933, 54 (81); unstr. vgl. nur Assmann/Schlitt/v. Kopp-Colomb/*Assmann* §§ 21–23 Rn. 141; *Mülbert/Steup* in Habersack/Mülbert/Schlitt Unternehmensfinanzierung-HdB § 41 Rn. 151; Schwark/Zimmer/*Schwark* BörsG §§ 44, 45 Rn. 79; JVRZ/*Pankoke* BörsG § 47 Rn. 5. Ebenso BGH Beschl. v. 21.10.2014 – XI ZB 12/12, BGHZ 203, 1 Rn. 71 zum alten Recht; ebenso auch BGH Beschl. v. 23.10.2018 – XI ZB 3/16, BKR 2019, 94 Rn. 55 zur spezialgesetzlich geregelten investmentrechtlichen Prospekthaftung nach § 127 Abs. 1 InvG aF, die nicht nur die allgemeine bürgerlich-rechtliche Prospekthaftung im engeren Sinne, sondern auch einen Schadenersatzanspruch gem. § 280 Abs. 1 BGB iVm §§ 311 Abs. 2, 241 Abs. 2 BGB verdränge.

[18] Wie hier FK-WpPG/*Seiler/Singhof* § 25 Rn. 6; *Mülbert/Steup* in Habersack/Mülbert/Schlitt Unternehmensfinanzierung-HdB § 41 Rn. 151; zum Anwendungsbereich der §§ 9, 10, 14 → § 9 Rn. 33 ff., 115; → § 10 Rn. 3 f.; → § 14 Rn. 1. Die Argumentation des BGH Beschl. v. 21.10.2014 – XI ZB 12/12, BGHZ 203, 1 Rn. 71 zum alten Recht, gilt auch für das neue Recht und dürfte damit die hier vertretene Ansicht ebenfalls stützen.

[19] Vgl. FK-WpPG/*Seiler/Singhof* § 25 Rn. 6; *Mülbert/Steup* in Habersack/Mülbert/Schlitt Unternehmensfinanzierung-HdB § 41 Rn. 151. Die Argumentation des BGH Beschl. v. 21.10.2014 – XI ZB 12/12, BGHZ 203, 1 Rn. 71 zum alten Recht, gilt auch für das neue Recht und dürfte damit die hier vertretene Ansicht ebenfalls stützen.

sogenannte **Research-Reports, Jahresabschlüsse, Halbjahresfinanz- und Quartalsberichte oder Ad-hoc-Mitteilungen** nach Art. 17 MMVO sind keine Prospekte iSd § 9 Abs. 1 bzw. Abs. 4[20] oder des § 10, aber auch keine Wertpapier-Informationsblätter, sodass diese Darstellungen von der wertpapierprospektgesetzlichen Prospekthaftung nicht erfasst werden.[21]

6   Bei welchen der vorgenannten Darstellungen die zivilrechtliche Prospekthaftung eingreifen soll, ist allerdings umstritten.[22] Die hM lehnt die Anwendung der zivilrechtlichen Prospekthaftung auf **Bezugsangebote** nach § 186 Abs. 2 AktG zu Recht ab.[23] Ansonsten ist es sicherlich richtig, dass die gegenständliche Beschränkung der spezial-, sprich wertpapierprospektgesetzlichen Prospekthaftung auf Darstellungen, aufgrund deren Wertpapiere zum Börsenhandel zugelassen oder aber öffentlich angeboten werden ("Angebotsprospekte" und Wertpapier-Informationsblätter), nicht dazu führen kann, einen rechtlichen Freiraum für anderweitige Veröffentlichungen zu schaffen.[24] Voraussetzung für eine zivilrechtliche Prospekthaftung ist jedoch, dass die Darstellung ein **Prospekt iSd zivilrechtlichen Prospekthaftung** ist. Die Bestimmung des Prospektbegriffs iSd zivilrechtlichen Prospekthaftung ist umstritten.[25] Die Rspr. zur zivilrechtlichen Prospekthaftung umschreibt den Prospekt als Grundlage der Anlageentscheidung, von der ein Anleger erwartet, dass er ein zutreffendes Bild über das Beteiligungsobjekt erhält, dh, dass der Prospekt ihn über alle Umstände, die für seine Entschließung von wesentlicher Bedeutung sind oder sein können, sachlich richtig und vollständig unterrichtet.[26] Legt man im Interesse der Einheitlichkeit der Rechtsordnung den Prospektbegriff des § 264a StGB zugrunde, dann ist ein **Prospekt iSd zivilrechtlichen Prospekthaftung jedes Schriftstück, das für die Beurteilung der Anlage erhebliche Angaben enthält, oder den Eindruck eines solchen Inhaltes erwecken soll**[27] **und das zugleich Grundlage für eine solche Entscheidung sein soll.**[28] Bei dieser Definition wird man wohl heute aufgrund der Entwicklung der modernen Kommunikationstechniken wie Internet und E-Mail das Tatbestandsmerkmal der Schriftlichkeit der Information für entbehrlich halten[29] bzw. auf elektronische Übermittlung erweitern müssen. Geht man davon aus, §§ 3 Abs. 1 aF, §§ 8 f., 13 und 13a VerkProspG aF enthielten die Kodifikation richterrechtlichen Grundsätze der bürgerlich-rechtlichen Prospekthaftung,[30] dann wird man fordern müssen, dass Prospekt "allein die typischerweise nur beim (erstmaligen) Vertrieb in Form insbesondere des öffentlichen Angebots verwendeten, umfassend informierenden Informationsschriften unterfallen…, die dem Absatz der Anlage dienen.[31]

7   Legt man die vorgenannten Definitionen zugrunde, scheiden zunächst alle laufenden Sekundärmarktinformationen aber auch alle nur aufgrund gesetzlicher Publikationspflichten erfolgenden, keinen Angebotsbezug aufweisenden (wiederkehrenden) Veröffentlichungen aus.[32] Im Einzelnen: Keine Prospekte sind sämtliche **Werbemaßnahmen** in Rundfunk und Fernsehen, in Zeitungsanzeigen oder auf sonstige Art, da sie nicht den Eindruck vermitteln, die für die Beurteilung der Anlage erheblichen

---

[20] Ausf. *Hamann* in Schäfer/Hamann BörsG §§ 44, 45 Rn. 39; ausf. zu Jahresabschlüssen, Zwischenberichten und Ad-hoc-Mitteilungen *Groß* WM 2002, 477 (478 ff.), s. auch → § 9 Rn. 47.

[21] → § 9 Rn. 47. Vgl. auch *Assmann* in Assmann/Schütze KapitalanlageR-HdB § 5 Rn. 127; Baumbach/Hopt/ *Kumpan* § 21 Rn. 1; *Groß* WM 2002, 477 (478 f.); *Hamann* in Schäfer/Hamann BörsG §§ 44, 45 Rn. 39; Schwark/ Zimmer/*Schwark* BörsG §§ 44, 45 Rn. 8. Für Zwischenberichte *Siebel/Gebauer* WM 2001, 173 (188): Börsengesetzliche Prospekthaftung weder direkt noch analog anwendbar.

[22] Meinungsstand bei *Groß* WM 2002, 477 (479 ff.); *Hamann* in Schäfer/Hamann BörsG §§ 44, 45 Rn. 46; *Mülbert/Steup* in Habersack/Mülbert/Schlitt Unternehmensfinanzierung-HdB § 41 Rn. 157 ff.

[23] BGH Urt. v. 12.7.1982 – II ZR 172/81, WM 1982, 867 f.; *Hamann* in Schäfer/Hamann BörsG §§ 44, 45 Rn. 48 f.; *Mülbert/Steup* in Habersack/Mülbert/Schlitt Unternehmensfinanzierung-HdB § 41 Rn. 163; Schwark/ Zimmer/*Schwark* BörsG §§ 44, 45 Rn. 17.

[24] Wie hier FK-WpPG/*Seiler/Singhof* § 25 Rn. 9.

[25] Vgl. nur die Unterschiede bei *Siol* in Schimansky/Bunte/Lwowski BankR-HdB § 45 Rn. 46 ff.: Eindruck der Vollständigkeit der Information erforderlich; *Assmann* in Assmann/Schütze KapitalanlageR-HdB § 5 Rn. 35 ff.; *Ehricke* in Hopt/Voigt, Prospekt- und Kapitalmarktinformationshaftung, 2005, 187, 194 ff.; *Hamann* in Schäfer/ Hamann BörsG §§ 44, 45 Rn. 46 jeweils mit einer weiten Definition. Darstellung des Meinungsstandes auch bei *Mülbert/Steup* in Habersack/Mülbert/Schlitt Unternehmensfinanzierung-HdB § 41 Rn. 158.

[26] BGH Urt. v. 17.11.2011 – III ZR 103/10, BGHZ 191, 310 Rn. 21; BGH Urt. v. 19.7.2004 – II ZR 218/03, ZIP 2004, 1599 (1600); BGH Urt. v. 19.7.2004 – II ZR 402/02, ZIP 2004, 1593 (1594 f.); weiter aber BGH Urt. v. 17.11.2011 – III ZR 103/10, WM 2012, 19.

[27] BT-Drs. 10/318, 23.

[28] *Lackner/Kühl*, StGB, 29. Aufl. 2018, StGB § 264a Rn. 10; ebenso *Groß* WM 2002, 477 (479); *Hamann* in Schäfer/Hamann BörsG §§ 44, 45 Rn. 46; FK-WpPG/*Seiler/Singhof* § 25 Rn. 9. BGH Urt. v. 17.11.2011 – III ZR 103/10, BGHZ 191, 310 Rn. 21: "Prospekt in diesem Sinne ist eine marktbezogene schriftliche Erklärung, die für die Beurteilung der angebotenen Anlage erhebliche Angaben enthält oder den Anschein eines solchen Inhalts erweckt… Sie muss dabei tatsächlich oder zumindest dem von ihr vermittelten Eindruck nach den Anspruch erheben, eine das Publikum umfassend informierende Beschreibung der Anlage zu sein…".

[29] Ebenso *Eyles* in Vortmann, Prospekthaftung und Anlageberatung, 2000, § 2 Rn. 59; *Hamann* in Schäfer/ Hamann BörsG §§ 44, 45 Rn. 46; wie hier auch *Assmann* in Assmann/Schütze KapitalanlageR-HdB § 5 Rn. 236.

[30] So *Mülbert/Steup* in Habersack/Mülbert/Schlitt Unternehmensfinanzierung-HdB § 41 Rn. 157.

[31] So *Mülbert/Steup* in Habersack/Mülbert/Schlitt Unternehmensfinanzierung-HdB § 41 Rn. 157.

[32] *Mülbert/Steup* in Habersack/Mülbert/Schlitt Unternehmensfinanzierung-HdB § 41 Rn. 157.

Angaben zu enthalten.[33] Entsprechendes dürfte auch für **Verkaufsangebote, Kurzexposés, Hand-zettel** oder **Serienbriefe** gelten,[34] jedenfalls dann, wenn sie auf einen umfassenden Prospekt verweisen.[35] Da **Ad-hoc-Mitteilungen** nur Einzelangaben enthalten, ist ihr bürgerlich-rechtlicher Prospektcharakter ebenfalls abzulehnen.[36] Allerdings kommt es hierauf wegen §§ 97 und 98 WpHG nicht mehr an, da insoweit spezielle Haftungsvorschriften bestehen. Gleiches gilt für vergleichbare gesetzlich vorgeschriebene Sekundärmarktinformationen nach zB §§ 40, 41, 49 ff. WpHG.[37] Exposés zur Einbeziehung in den Freiverkehr sind als „reines Börseninternum keine Prospekte" und unterliegen damit nicht der bürgerlich-rechtlichen Prospekthaftung.[38] Prospektentwürfe, die im Zusammenhang mit Vorabplatzierungen Investoren vorgelegt werden, sind dagegen grundsätzlich Gegenstand bürgerlich-rechtlicher Prospekthaftung, wobei es hier auch im Vorhinein (§ 16 Abs. 1 ist hier nicht anwendbar, → Rn. 2 aE) zulässig sein dürfte, diese vertraglich zu regeln, insbesondere den Verschuldensmaßstab in Anlehnung an die wertpapierprospektrechtliche Prospekthaftung mit grober Fahrlässigkeit/Vorsatz festzulegen.[39] Jahresabschlüsse und **Halbjahresfinanz- und Quartalsberichte** sowie sonstige in Erfüllung **wertpapierhandelsrechtlicher Publizitätserfordernisse** abgegebene Erklärungen sollen nach einer in der Literatur verbreiteten Auffassung,[40] unter Umständen die bürgerlich-rechtliche Prospekthaftung auslösen können. Dagegen spricht allerdings, dass ihr Charakter als Prospekt zweifelhaft ist. Diese Veröffentlichungen erfolgen nicht mit der Intention, Investoren zu einer Anlageentscheidung zu veranlassen. Vielmehr werden sie aufgrund gesetzlicher Erfordernisse erstellt und veröffentlicht. Ihr Prospektcharakter ist damit – jedenfalls im Regelfall – abzulehnen.[41] Bei diesen Veröffentlichungen ist darüber hinaus zu berücksichtigen, dass die Vollständigkeit dieser „Prospekte" an der die Informationspflicht auslösenden Norm gemessen werden muss.

Außerdem wird man bei solchen Veröffentlichungen, bei denen eine bürgerlich-rechtliche Prospekthaftung infrage steht, ausdrückliche Haftungseinschränkungen als zulässig ansehen können. Wird an hervorgehobener Stelle ausdrücklich klargestellt, dass es sich bei dieser Veröffentlichung nicht um ein Angebot von Wertpapieren handelt, wird darauf hingewiesen, dass diese Veröffentlichung keinen Anspruch auf umfassende Darstellung der wertbildenden Faktoren des Emittenten enthält, wird etwa sogar auf einen Prospekt verwiesen, so scheidet die bürgerlich-rechtliche Prospekthaftung im Regelfall aus.[42] **8**

Haftungsadressaten sind die Prospektherausgeber, Gründer, Institutionen, Gestalter, Hintermänner sowie die eine Emission begleitenden Emissionsbanken,[43] nicht dagegen die Gesellschaft selbst. **9**

Verschuldensmaßstab ist (einfache) Fahrlässigkeit nach § 276 BGB, wobei in der Literatur zur Vermeidung eines Wertungswiderspruchs zur spezialgesetzlich geregelten Prospekthaftung auch im Rahmen der bürgerlich-rechtlichen Prospekthaftung für grobe Fahrlässigkeit als Verschuldensvoraussetzung plädiert wird.[44] **10**

---

[33] *Hamann* in Schäfer/Hamann BörsG §§ 44, 45 Rn. 60 ff.; wie hier auch *Assmann* in Assmann/Schütze KapitalanlageR-HdB § 5 Rn. 36; *Mülbert/Steup* in Habersack/Mülbert/Schlitt Unternehmensfinanzierung-HdB § 41 Rn. 164.

[34] *Siol* in Schimansky/Bunte/Lwowski BankR-HdB § 45 Rn. 47 für „Zeichnungsaufforderungen" ebenso *Hamann* in Schäfer/Hamann BörsG §§ 44, 45 Rn. 67; aA *Ehricke* in Hopt/Voigt, Prospekt- und Kapitalmarktinformationshaftung, 2005, 187 (195).

[35] Abw. im konkreten Fall BGH Urt. v. 17.11.2011 – III ZR 103/10, WM 2012, 19, der den Hinweise in einer „Produktinformation", dies sei kein Emissionsprospekt, nicht als ausreichend dafür ansieht, um zu vermeiden, dass diese zusammen mit Presseartikeln und dem ausdrücklich als Emissionsprospekt bezeichneten Schriftstück „bei der gebotenen Gesamtbetrachtung sämtlich Bestandteile eines Anlageprospekts" sein sollen, Rn. 23. Krit. dazu FK-WpPG/*Seiler/Singhof* § 25 Rn. 11.

[36] So ausdr. BGH Urt. v. 19.7.2004 – II ZR 218/03, ZIP 2004, 1599 (1600); BGH Urt. v. 19.7.2004 – II ZR 402/02, ZIP 2004, 1593 (1594 f.); *Mülbert/Steup* in Habersack/Mülbert/Schlitt Unternehmensfinanzierung-HdB § 41 Rn. 161; *Hamann* in Schäfer/Hamann BörsG §§ 44, 45 Rn. 51.

[37] *Mülbert/Steup* in Habersack/Mülbert/Schlitt Unternehmensfinanzierung-HdB § 41 Rn. 161.

[38] FK-WpPG/*Seiler/Singhof* § 25 Rn. 13; *Mülbert/Steup* in Habersack/Mülbert/Schlitt Unternehmensfinanzierung-HdB § 41 Rn. 25;

[39] FK-WpPG/*Seiler/Singhof* § 25 Rn. 14.

[40] *Baumbach/Hopt/Kumpan* § 25 Rn. 4; *Hamann* in Schäfer/Hamann BörsG §§ 44, 45 Rn. 50 für Zwischenberichte Rn. 52 für sonstige börsenrechtlich geförderte Publikationen. Ausf. Darstellung des Meinungsstandes bei *Groß* WM 2002, 477 (479 f.). Dagegen *Ehricke* in Hopt/Voigt, Prospekt- und Kapitalmarktinformationshaftung, 2005, 187 (303), der insoweit nur deliktische Ansprüche für möglich hält.

[41] Wie hier auch *Mülbert/Steup* in Habersack/Mülbert/Schlitt Unternehmensfinanzierung-HdB § 41 Rn. 162.

[42] Ebenso *Hauptmann* in Vortmann, Prospekthaftung und Anlageberatung, 2000, § 3 Rn. 141. Das Urteil des BGH Urt. v. 17.11.2011 – III ZR 103/10, WM 2012, 19, und das Ergebnis einer zivilrechtlichen Prospekthaftung trotz Hinweises auf die „Produktinformation", dies sei kein Emissionsprospekt, wird man nicht als aA ansehen können, da nicht die Produktinformation dann als Prospekt angesehen wurde, sondern nur diese zusammen mit dem Emissionsprospekt und weiteren Informationen, und jedenfalls im Bereich von Werbemaßnahmen im Zusammenhang mit einem gebilligten Prospekt der Hinweis auf diesen ausreicht, um den für die zivilrechtliche Prospekthaftung erforderlichen Vertrauenstatbestand auf den gebilligten Prospekt und damit weg von der Werbemaßnahme zu lenken; im Ergebnis wie hier *Klöhn* WM 2012, 97 (106).

[43] Vgl. nur FK-WpPG/*Seiler/Singhof* § 25 Rn. 17 mwN.

[44] FK-WpPG/*Seiler/Singhof* § 25 Rn. 18.

11   **3. Verjährung zivilrechtlicher Prospekthaftungsansprüche.** Der BGH hat mehrfach bekräftigt, dass Ansprüche aus allgemeiner Prospekthaftung im engeren Sinne, die in Analogie zu den gesetzlich geregelten Prospekthaftungstatbeständen entwickelt wurden, in Anlehnung an die dort geregelten Verjährungsfristen ebenfalls in sechs Monaten ab Kenntnis (bzw. seit entsprechender Änderung durch das Vierte Finanzmarktförderungsgesetz in einem Jahr ab Kenntnis) des Prospektfehlers, spätestens aber drei Jahre nach Erwerb der Anteile verjähren.[45] Ob der BGH der Änderung der Verjährungsfrist für wertpapierprospektgesetzliche Prospekthaftungsansprüche Rechnung tragen und auch die Verjährung der zivilrechtlichen Prospekthaftung verlängern wird, bleibt abzuwarten, ist aber anzunehmen.[46]

12   **4. Sonstige Haftungstatbestände.** Neben der durch § 16 Abs. 2 nicht ausgeschlossenen (→ Rn. 4) zivilrechtlichen Prospekthaftung für die oben genannten (→ Rn. 5) Veröffentlichungen kann sich bei diesen eine **Haftung auch aus anderen Rechtsgründen** ergeben. Eine Haftung nach **§ 823 Abs. 2** BGB iVm der die jeweilige Veröffentlichung regelnden Vorschrift setzt zunächst voraus, dass überhaupt eine solche die Veröffentlichung regelnde Vorschrift besteht. Das ist zB bei Zeichnungsaufforderungen, Werbemaßnahmen und Research-Reports nicht der Fall. Hier kommt deshalb allenfalls eine Haftung aus **§ 823 Abs. 2 BGB iVm § 264a StGB** in Betracht, vorausgesetzt diese Veröffentlichungen stellen einen Prospekt iSd § 264a StGB dar. Soweit dagegen eine die jeweilige Veröffentlichung regelnde Vorschrift besteht, zB bei Bezugsangeboten, Halbjahresfinanz- oder Quartalsberichten oder sonstigen nach dem Wertpapierhandelsgesetz erforderlichen Informationen oder Ad-hoc-Mitteilungen nach Art. 17 MMVO, ergibt sich eine Haftung aus § 823 Abs. 2 BGB nur dann, wenn die jeweilige Vorschrift drittschützenden Charakter aufweist. Das ist bei **Ad-hoc-Mitteilungen** gemäß der **ausdrücklichen gesetzlichen Regelung in § 26 Abs. 3 WpHG** nicht der Fall – vgl. aber die speziellen Haftungsnormen der §§ 97 und 98 WpHG – und scheidet auch bei Bezugsangeboten aus. Bei Halbjahresfinanz- oder Quartalsberichten oder sonstigen nach dem Wertpapierhandelsgesetz oder der Börsenordnung erforderlichen Informationen ist der Charakter der jeweiligen Bestimmung als Schutzgesetz iSd § 823 Abs. 2 BGB streitig.[47] Daneben kommt bei unrichtigen Halbjahresfinanz- oder Quartalsberichten, nicht dagegen bei unrichtigen Ad-hoc-Mitteilungen, eine Haftung aus § 823 Abs. 2 BGB iVm § 400 AktG in Betracht.[48] Keine Schutzgesetze iSd § 823 Abs. 2 BGB sind die Ordnungswidrigkeitentatbestände des Wertpapierprospektgesetzes wegen nicht ordnungsmäßiger Veröffentlichung eines Prospekts, eines Nachtrags etc.[49] Denkbar sind auch Ansprüche aus § 826 BGB, die von der Rspr. in einigen besonders eklatanten Fällen auch bereits bejaht wurden.[50] Denkbar ist auch eine Haftung organschaftlicher Vertreter der Emittentin nach den Grundsätzen des Verschuldens bei Vertragsschluss (cic), wenn diese mit den Anlegern im persönlichen Kontakt treten, um sie über die Umstände, die für eine Anlageentscheidung wesentlich sind, zu informieren und dabei falsche Angaben abgeben.[51]

Abschnitt 4. Zuständige Behörde und Verfahren

§ 17 Zuständige Behörde

> **Die Bundesanstalt ist zuständige Behörde im Sinne des Artikels 31 Absatz 1 der Verordnung (EU) 2017/1129 in der jeweils geltenden Fassung.**

1   Mit der Benennung der Bundesanstalt für Finanzdienstleistungsaufsicht (BaFin) als zuständige Behörde wird die nach Art. 31 Abs. 1 Prospekt-VO erforderliche Maßnahme erfüllt, eine einzige

---

[45] BGH Urt. v. 18.12.2000 – II ZR 84/99, WM 2001, 464.

[46] Dafür *Leuring/Rubner* NJW-Spezial 2013, 143; *Hamann* in Schäfer/Hamann BörsG §§ 44, 45 Rn. 9 und *Mülbert/Steup* in Habersack/Mülbert/Schlitt Unternehmensfinanzierung-HdB § 41 Rn. 171.

[47] *Mülbert/Steup* in Habersack/Mülbert/Schlitt Unternehmensfinanzierung-HdB § 41 Rn. 245; *Groß* WM 2002, 477 (482 f.) mit ausf. Darstellung des Meinungsstandes; bejahend für Zwischenberichte *Siebel/Gebauer* WM 2001, 173 (188 f.).

[48] Vgl. dazu BGH Urt. v. 16.12.2004 – 1 St R 420/03, WM 2005, 227: Quartalsberichte als Darstellung iSd § 400 Abs. 1 Nr. 1 AktG; BGH Urt. v. 19.7.2004 – II ZR 402/02, ZIP 2004, 1593; BGH Urt. v. 19.7.2004 – II ZR 218/03, ZIP 2004, 1599: Ad-hoc-Mitteilungen keine Darstellung iSd § 400 Abs. 1 Nr. 1 AktG; vgl. auch *Mülbert/Steup* in Habersack/Mülbert/Schlitt Unternehmensfinanzierung-HdB § 41 Rn. 245; Schwark/Zimmer/*Schwark* BörsG §§ 44, 45 Rn. 76 f.

[49] *Mülbert/Steup* in Habersack/Mülbert/Schlitt Unternehmensfinanzierung-HdB § 41 Rn. 244 und 152.

[50] BGH Urt. v. 9.5.2005 – II ZR 287/02, BB 2005, 1644 (EM.TV, § 826 BGB bei falschen Ad-hoc-Mitteilungen), OLG München Urt. v. 20.4.2005 – 7 U 5303/04, WM 2005, 1269 (Comroad, § 826 BGB bei falschen Ad-hoc-Mitteilungen); OLG Frankfurt a. M. Urt. v. 17.3.2005 – 1 U 149/04, BB 2005, 1648 (Comroad, § 826 BGB bei falschen Ad-hoc-Mitteilungen); zusammenfassend zu dieser Rspr. auch *Möllers* BB 2005, 1637.

[51] BGH Urt. v. 2.6.2008 – II ZR 210/06, JZ 2009, 155 mAnm *Mülbert/Leuschner*.

zuständige Verwaltungsbehörde zu benennen, die für die Erfüllung der aus der neuen Prospektverordnung erwachsenden Pflichten zuständig ist[1].

Das WpPG selbst enthält, anders als zB das BörsG[2], keine ausdrückliche gesetzliche Regelung dass **2** die BaFin bei Erfüllung ihrer ihr nach dem Wertpapierprospektgesetz zugewiesenen Aufgaben ausschließlich im öffentlichen Interesse tätig werde. Die Regierungsbegründung zum Prospektrichtlinie-Umsetzungsgesetz versäumte allerdings nicht, an allen möglichen Stellen und so auch ausdrücklich im Zusammenhang mit der Prospektprüfung und -billigung durch die BaFin hervorzuheben, die Billigung erfolge „ausschließlich im öffentlichen Interesse", die BaFin übernehme „keine Gewähr für die inhaltliche Richtigkeit des Prospekts", und eine „Verantwortung der Bundesanstalt für die Vollständigkeit oder Richtigkeit des Prospekts" werde nicht „begründet".[3] Außerdem bestimmt § 4 Abs. 4 FinDAG ausdrücklich, dass die BaFin ihre Befugnisse und Aufgaben nur und ausschließlich im öffentlichen Interesse wahrnimmt.[4] Es spricht deshalb auch hier viel dafür, dass ein Drittschutz der Amtspflicht und damit Amtshaftungsansprüche der Anleger bei fehlerhaft erteilter Prospektbilligung ausscheiden sollen.[5]

Andererseits ist zB bei pflichtwidriger Untätigkeit bzw. Nichterteilung der Prospektbilligung auf- **3** grund des darin liegenden Verstoßes gegen den Anspruch des Emittenten, Anbieters bzw. Zulassungsantragstellers auf Billigung ein Amtshaftungsanspruch dieser Personen zu bejahen. Die Pflicht einer Behörde, über einen Antrag auf Erlass eines Verwaltungsaktes zügig, jedenfalls aber innerhalb der vorgegebenen Frist zu entscheiden, stellt eine gerade gegenüber dem Antragsteller bestehende Amtspflicht iSv § 839 BGB iVm Art. 34 GG dar.[6] Das gilt aufgrund der strengeren Fristenregelung in Art. 20 Prospekt-VO selbst dann, wenn der Prospekt anfänglich nicht billigungsfähig war. Versäumt die BaFin in einem solchen Fall die Aufforderung zur Vorlage weiterer Unterlagen, so lässt sich vertreten, dass sie sich dann gegenüber einem Anspruch des Anbieters oder Zulassungsantragstellers wegen nicht rechtzeitiger Entscheidung über die Billigung des Prospektes nicht mit dem Argument verteidigen können soll, der Prospekt sei nicht billigungsfähig oder es seien ergänzende Informationen erforderlich gewesen.[7]

§ 18 Befugnisse der Bundesanstalt

(1) **Ist bei der Bundesanstalt ein Prospekt zur Billigung eingereicht worden, kann sie vom Emittenten, Anbieter oder Zulassungsantragsteller die Aufnahme zusätzlicher Angaben in den Prospekt verlangen, wenn dies zum Schutz des Publikums geboten erscheint.**

(2) **Die Bundesanstalt kann von jedermann Auskünfte, die Vorlage von Informationen und Unterlagen und die Überlassung von Kopien verlangen, soweit dies zur Überwachung der Einhaltung der Bestimmungen**

1. dieses Gesetzes oder
2. der Verordnung (EU) 2017/1129

erforderlich ist.

(3) **[1]Die Bundesanstalt kann auf ihrer Internetseite öffentlich bekannt machen, dass ein Emittent, Anbieter oder Zulassungsantragsteller seinen Verpflichtungen nach diesem Gesetz oder der Verordnung (EU) 2017/1129 nicht oder nur unvollständig nachkommt oder diesbezüglich ein hinreichend begründeter Verdacht besteht. [2]Dies gilt insbesondere, wenn**

1. entgegen Artikel 3, auch in Verbindung mit Artikel 5 der Verordnung (EU) 2017/1129 kein Prospekt veröffentlicht wurde,
2. entgegen Artikel 20 der Verordnung (EU) 2017/1129 in Verbindung mit den Vorgaben in Kapital V der Delegierten Verordnung (EU) 2019/980 ein Prospekt veröffentlicht wird,
3. der Prospekt nicht mehr nach Artikel 12 der Verordnung (EU) 2017/1129 gültig ist,

---

[1] RegBegr. zum Gesetz zur weiteren Ausführung der EU-Prospektverordnung und zur Änderung von Finanzmarktgesetzen, BT-Drs. 19/8005, 49.

[2] Vgl. nur → BörsG § 32 Rn. 52.

[3] RegBegr. zum Prospektrichtlinie-Umsetzungsgesetz, BT-Drs. 15/4999, 25 (34 f.); zwar beziehen sich die beiden letztgenannten Aussagen weniger auf die Amtshaftung, sondern eher auf die Prospekthaftung. Sie belegen aber die allgemeine Haltung des Gesetzgebers, jegliche Verantwortlichkeit von der BaFin fernzuhalten.

[4] Darauf weisen JVRZ/*Ritz/Voß* § 13 Rn. 81; Assmann/Schlitt/v. Kopp-Colomb/*v. Kopp-Colomb* § 13 Rn. 36 ausdr. hin, dort jeweils auch zur Konformität dieser Regelung sowohl mit dem Grundgesetz als auch dem Europäischen Gemeinschaftsrecht; ebenso FK-WpPG/*Berrar* § 13 Rn. 70.

[5] IErg ebenso FK-WpPG/*Berrar* § 13 Rn. 71; JVRZ/*Ritz/Voß* § 13 Rn. 81; Assmann/Schlitt/v. Kopp-Colomb/ *v. Kopp-Colomb* § 13 Rn. 36.

[6] Wie hier FK-WpPG/*Berrar* § 13 Rn. 72; JVRZ/*Ritz/Voß* § 13 Rn. 84 f.; Assmann/Schlitt/v. Kopp-Colomb/ *v. Kopp-Colomb* § 13 Rn. 39; *Kullmann/Sester* WM 2005, 1068 (1073) mwN.

[7] Wie hier FK-WpPG/*Berrar* § 13 Rn. 73. IErg wie hier *Kullmann/Sester* WM 2005, 1068 (1073), die allerdings nicht auf § 13 Abs. 3 aF eingehen und diese Frage unter dem Blickwinkel des Einwandes „rechtmäßigen Alternativverhaltens" behandeln.

4. entgegen den in Artikel 18 der Delegierten Verordnung (EU) 2019/979 bestimmten Fällen kein Nachtrag veröffentlicht wurde,
5. entgegen § 4 Absatz 1 kein Wertpapier-Informationsblatt veröffentlicht wurde,
6. entgegen § 4 Absatz 2 ein Wertpapier-Informationsblatt veröffentlicht wird oder
7. das Wertpapier-Informationsblatt nicht nach § 4 Absatz 8 aktualisiert wurde.

[3] In einem Auskunfts- und Vorlegungsersuchen nach Absatz 2 ist auf die Befugnis nach Satz 1 hinzuweisen. [4] Die Bekanntmachung darf nur diejenigen personenbezogenen Daten enthalten, die zur Identifizierung des Anbieters, Zulassungsantragstellers oder Emittenten erforderlich sind. [5] Bei nicht bestandskräftigen Maßnahmen ist folgender Hinweis hinzuzufügen: „Diese Maßnahme ist noch nicht bestandskräftig." [6] Wurde gegen die Maßnahme ein Rechtsmittel eingelegt, sind der Stand und der Ausgang des Rechtsmittelverfahrens bekannt zu machen. [7] Die Bekanntmachung ist spätestens nach fünf Jahren zu löschen. [8] Die Bundesanstalt sieht von einer Bekanntmachung ab, wenn die Bekanntmachung die Finanzmärkte der Bundesrepublik Deutschland oder eines oder mehrerer Staaten des Europäischen Wirtschaftsraums erheblich gefährden würde. [9] Sie kann von einer Bekanntmachung außerdem absehen, wenn eine Bekanntmachung nachteilige Auswirkungen auf die Durchführung strafrechtlicher, bußgeldrechtlicher oder disziplinarischer Ermittlungen haben kann.

(4) [1] Die Bundesanstalt hat ein öffentliches Angebot zu untersagen, wenn

1. entgegen Artikel 3, auch in Verbindung mit Artikel 5 der Verordnung (EU) 2017/1129 kein Prospekt veröffentlicht wurde,
2. entgegen Artikel 20 der Verordnung (EU) 2017/1129 in Verbindung mit den Vorgaben in Kapitel V der Delegierten Verordnung (EU) 2019/980 ein Prospekt veröffentlicht wird,
3. der Prospekt nicht mehr nach Artikel 12 Verordnung (EU) 2017/1129 gültig ist,
4. entgegen den in Artikel 18 der Delegierten Verordnung (EU) 2019/979 bestimmten Fällen kein Nachtrag veröffentlicht wurde,
5. entgegen § 4 Absatz 1 kein Wertpapier-Informationsblatt hinterlegt und veröffentlicht wurde oder
6. entgegen § 4 Absatz 2 ein Wertpapier-Informationsblatt veröffentlicht wird.

[2] Die Bundesanstalt kann ein öffentliches Angebot auch untersagen, wenn gegen andere als die in Satz 1 genannten Bestimmungen

1. der Verordnung (EU) 2017/1129 oder
2. dieses Gesetzes

verstoßen wurde. [3] Sie kann ein öffentliches Angebot ebenfalls untersagen, wenn ein hinreichend begründeter Verdacht besteht, dass gegen Bestimmungen

1. der Verordnung (EU) 2017/1129 oder
2. dieses Gesetzes

verstoßen würde. [4] Hat die Bundesanstalt einen hinreichend begründeten Verdacht, dass gegen

1. dieses Gesetz, insbesondere § 4 Absatz 1, 2 oder 8 oder
2. Bestimmungen der Verordnung (EU) 2017/1129, insbesondere die Artikel 3 bis 5, 12, 20, 23, 25 oder 27

verstoßen wurde, kann sie anordnen, dass ein öffentliches Angebot für höchstens zehn aufeinander folgende Arbeitstage auszusetzen ist. [5] Die nach Satz 4 gesetzte Frist beginnt mit der Bekanntgabe der Entscheidung.

(5) [1] Die Bundesanstalt ist befugt zu kontrollieren, ob bei der Werbung für ein öffentliches Angebot von Wertpapieren oder eine Zulassung zum Handel an einem geregelten Markt die Regelungen in Artikel 22 Absatz 2 bis 5 und in Kapitel IV der Delegierten Verordnung (EU) 2019/979 sowie diejenigen in § 7 beachtet werden. [2] Besteht ein hinreichend begründeter Verdacht für einen Verstoß gegen die Bestimmungen

1. der Verordnung (EU) 2017/1129 oder
2. dieses Gesetzes,

so kann die Bundesanstalt die Werbung untersagen oder für jeweils höchstens zehn aufeinander folgende Arbeitstage aussetzen oder anordnen, dass sie zu unterlassen oder für jeweils höchstens zehn aufeinander folgende Arbeitstage auszusetzen ist. [3] Dies gilt insbesondere bei hinreichend begründetem Verdacht auf Verstöße gegen § 7 oder gegen Artikel 3, auch in Verbindung mit Artikel 5, oder Artikel 22 Absätze 2 bis 5 und Kapitel IV der Delegierten Verordnung (EU) 2019/979.

(6) Die Bundesanstalt kann der Geschäftsführung der Börse und der Zulassungsstelle Daten einschließlich personenbezogener Daten übermitteln, wenn Tatsachen den Verdacht begründen, dass gegen Bestimmungen dieses Gesetzes oder der Verordnung (EU) 2017/1129 verstoßen worden ist und die Daten zur Erfüllung der in der Zuständigkeit der Geschäftsführung der Börse oder der Zulassungsstelle liegenden Aufgaben erforderlich sind.

(7) Verhängt die Bundesanstalt nach Artikel 42 der Verordnung (EU) Nr. 600/2014 des Europäischen Parlaments und des Rates vom 15. Mai 2014 über Märkte für Finanzinstrumente und zur Änderung der Verordnung (EU) Nr. 648/2012 (ABl. L 173 vom 12.6.2014, S. 84) oder die Europäische Wertpapier- und Marktaufsichtsbehörde nach Artikel 40 der Verordnung (EU) Nr. 600/2014 ein Verbot oder eine Beschränkung, so kann die Bundesanstalt die Prüfung eines zur Billigung vorgelegten Prospekts oder zwecks Gestattung der Veröffentlichung vorgelegten Wertpapier-Informationsblatts aussetzen oder ein öffentliches Angebot von Wertpapieren aussetzen oder einschränken, solange dieses Verbot oder diese Beschränkungen gelten.

(8) Die Bundesanstalt kann die Billigung eines Prospekts oder die Gestattung eines Wertpapier-Informationsblatts, der oder das von einem bestimmten Emittenten, Anbieter oder Zulassungsantragsteller erstellt wurde, während höchstens fünf Jahren verweigern, wenn dieser Emittent, Anbieter oder Zulassungsantragsteller wiederholt und schwerwiegend gegen die Verordnung (EU) 2017/1129, insbesondere deren Artikel 3 bis 5, 12 oder 20, oder gegen dieses Gesetz, insbesondere gegen § 4, verstoßen hat.

(9) [1]Der zur Erteilung einer Auskunft Verpflichtete kann die Auskunft auf solche Fragen verweigern, deren Beantwortung ihn selbst oder einen der in § 383 Abs. 1 Nr. 1 bis 3 der Zivilprozessordnung bezeichneten Angehörigen der Gefahr strafgerichtlicher Verfolgung oder eines Verfahrens nach dem Gesetz über Ordnungswidrigkeiten aussetzen würde. [2]Der Verpflichtete ist über sein Recht zur Verweigerung der Auskunft zu belehren.

(10) [1]Die Bundesanstalt kann zur Gewährleistung des Anlegerschutzes oder des reibungslosen Funktionierens des Marktes anordnen, dass der Emittent alle wesentlichen Informationen, welche die Bewertung der öffentlich angebotenen oder zum Handel an einem geregelten Markt zugelassenen Wertpapiere beeinflussen können, bekanntmacht. [2]Die Bundesanstalt kann die gebotene Bekanntmachung auch auf Kosten des Emittenten selbst vornehmen.

(11) [1]Bedienstete der Bundesanstalt dürfen Geschäftsräume durchsuchen, soweit dies zur Verfolgung von Verstößen gegen die Verordnung (EU) 2017/1129, insbesondere in Fällen eines öffentlichen Angebots ohne Veröffentlichung eines Prospekts nach Artikel 3 Absatz 1 der Verordnung (EU) 2017/1129, geboten ist und der begründete Verdacht besteht, dass in Zusammenhang mit dem Gegenstand der entsprechenden Überprüfung oder Ermittlung Dokumente und andere Daten vorhanden sind, die als Nachweis für den Verstoß dienen können. [2]Das Grundrecht des Artikels 13 des Grundgesetzes wird insoweit eingeschränkt. [3]Im Rahmen der Durchsuchung dürfen Bedienstete der Bundesanstalt Gegenstände sicherstellen, die als Beweismittel für die Ermittlung des Sachverhalts von Bedeutung sein können. [4]Befinden sich die Gegenstände im Gewahrsam einer Person und werden sie nicht freiwillig herausgegeben, können Bedienstete der Bundesanstalt sie beschlagnahmen. [5]Durchsuchungen und Beschlagnahmen sind, außer bei Gefahr im Verzug, durch den Richter anzuordnen. [6]Zuständig ist das Amtsgericht Frankfurt am Main. [7]Gegen die richterliche Entscheidung ist die Beschwerde zulässig. [8]Die §§ 306 bis 310 und 311a der Strafprozessordnung gelten entsprechend. [9]Bei Beschlagnahmen ohne gerichtliche Anordnung gilt § 98 Absatz 2 der Strafprozessordnung entsprechend. [10]Zuständiges Gericht für die nachträglich eingeholte gerichtliche Entscheidung ist das Amtsgericht Frankfurt am Main. [11]Über die Durchsuchung ist eine Niederschrift zu fertigen. [12]Sie muss insbesondere die verantwortliche Dienststelle, Grund, Zeit und Ort der Durchsuchung und ihr Ergebnis enthalten.

I. Vorbemerkung

Art. 32 Prospekt-VO wird im Wesentlichen in § 18 umgesetzt, teilweise aber auch „aufgrund der **1** größeren Sachnähe im Wertpapierhandelsgesetz"[1]. Unabhängig vom Regelungsort – § 18 WpPG bzw. § 6 WpHG – ist, anders als bis zu dieser Änderung durch das Gesetz zur weiteren Ausführung der EU-Prospektverordnung und zur Änderung von Finanzmarktgesetzen[2], Regulierungsbehörde ausschließlich die BaFin. Die Benennung einer einzigen zuständigen Verwaltungsbehörde ist nach Art. 31 Abs. 1 Prospekt-VO erforderlich, vermeidet die zur Vorgängervorschrift (§ 26 aF) geführte Diskussion, ob die dort noch praktizierte Verteilung der Zuständigkeiten auf die BaFin einerseits und die Geschäftsführung der Börse andererseits einen Verstoß gegen Art. 31 Prospekt-RL darstellte[3], führt aber zu einem Eingriff in die spezielle rechtliche Struktur der Börsen in Deutschland und ihre Beaufsichtigung[4]. So wird die BaFin zuständig für die Aussetzung der Zulassung und des Handels sowie die Untersagung des Handels (§ 6 Abs. 2a WpHG), wofür nach dem deutschen System bislang ausschließ-

---

[1] RegBegr. Gesetz zur weiteren Ausführung der EU-Prospektverordnung und zur Änderung von Finanzmarktgesetzen, BT-Drs. 19/8005, 49.
[2] BGBl. 2019 I 1002.
[3] → 3. Aufl. 2015, WpPG § 26 Rn. 2.
[4] Detailliert → BörsG § 3 Rn. 2 ff.

lich die Geschäftsführung der jeweiligen Börse zuständig war. Diese Änderung ist jedoch durch Art. 31 Abs. 1 S. 1 Prospekt-VO vorgegeben.

II. Befugnisse der BaFin

2   **1. Abs. 1.** § 18 Abs. 1 setzt Art. 32 Abs. 1 lit. a Prospekt-VO um und gibt der BaFin die Befugnis, während des Billigungsverfahrens[5] zu verlangen, dass zusätzliche Angaben in den Prospekt aufgenommen werden. Ergänzt wurde hier im Rahmen des Gesetzes zur Ausführung der EU-Prospektverordnung und zur Änderung von Finanzmarktgesetzen[6] der Emittent als zusätzlicher potentieller Adressat. Ob solche zusätzlichen Angaben erforderlich sind, bestimmt die BaFin anhand den Anforderungen der neuen Prospektverordnung und den Delegierten Verordnungen, letztlich aber anhand der Generalklausel des Art. 6 Abs. 1 Prospekt-VO. Hierbei ist jedoch der begrenzte Prüfungsmaßstab, den die BaFin nach Art. 20 Abs. 4 Prospekt-VO ebenso wie nach der Vorgängervorschrift § 13 Abs. 1 aF bei der Prüfung des Prospekts zugrunde zu legen hat,[7] zu berücksichtigen, dh nur, wenn die Prüfung von Vollständigkeit, Verständlichkeit und Kohärenz solche zusätzlichen Angaben erfordert, kann die BaFin solche auch verlangen.[8]

3   **2. Abs. 2.** § 18 Abs. 2 dient der Umsetzung von Art. 32 Abs. 1 UAbs. 1 S. 1, Abs. 3 lit. b Prospekt-VO, geht aber teilweise darüber hinaus. So werden die Auskunftspersonen nicht mehr genannt und damit der Kreis potentieller Verpflichteter nicht eingegrenzt. Die Regierungsbegründung zum Gesetz zur weiteren Ausführung der EU-Prospektverordnung und zur Änderung von Finanzmarktgesetzen begründet dies damit, die Überprüfungs- und Untersuchungsnorm in Art. 32 Abs. 1 UAbs. 1 S. 1 lit. n Prospekt-VO verleihe der zuständigen Behörde weitreichendere Befugnisse und es sei widersprüchlich, bei der Anforderung von Auskünften auf bestimmte Personen beschränkt zu sein, bei der Überprüfung vor Ort aber gegen jedermann vorgehen zu können. Darüber hinaus sei die Erweiterung der Mindestbefugnisse vor Art. 32 Abs. 1 UAbs. 1 S. 1 Prospekt-VO („zumindest über die erforderlichen Aufsichts- und Ermittlungsbefugnisse verfügen") auch geboten, um eine effektive Aufsicht zu gewährleisten. In diesem Zusammenhang nennt die Regierungsbegründung ausdrücklich auch den Fall, dass es möglich sein soll, zur Prüfung des Vorliegens eines öffentlichen Angebots Auskünfte nicht nur vom Emittenten oder Anbieter, sondern auch von möglichen Anlegern zu verlangen[9]. Diese Auskunfts- und Vorlagepflicht ist Voraussetzung für eine sachgerechte Beurteilung durch die BaFin, welche Maßnahmen sie einleiten kann. **Maßnahmen nach § 18 Abs. 2 sind Verwaltungsakte.**[10]

4   **3. Abs. 3.** § 18 Abs. 3 dient der Umsetzung von Art. 32 Abs. 1 UAbs. 1 S. 1 lit. i Prospekt-VO, fasst gleichzeitig aber auch die früheren § 26 Abs. 2a und Abs. 2b aF zusammen[11]. Diese wurden durch das Kleinanlegerschutzgesetz[12] neu eingefügt. § 26 Abs. 2a aF diente nach der Regierungsbegründung[13] der Konkretisierung von Art. 21 Abs. 3 S. 1 Prospekt-RL und gab der BaFin die Befugnis, eine Bekanntmachung in Bezug auf ein öffentliches Angebot zu veröffentlichen. Das wurde in § 18 Abs. 3 übernommen. Ob eine Bekanntmachung erfolgt, liegt im Ermessen der BaFin, die dabei die Interessen des Emittenten und des Anbieters einerseits und das öffentliche Interesse an der Einhaltung der Regeln des WpPG (und Prospekt-VO) zu berücksichtigen hat.

5   Über die Vorgängerbestimmung hinaus und in Übereinstimmung mit den Vorgaben Prospekt-VO reicht ein Verstoß oder ein hinreichend begründeter Verdacht auf einen solchen Verstoß als Auslöser für eine Maßnahme nach § 18 Abs. 3 aus. Dazu, weshalb auch bereits ein hinreichend begründeter Verdacht für eine solche Maßnahme ausreicht, verweist die Regierungsbegründung darauf, dass eine Bekanntmachung zur Warnung potentieller Anleger erforderlich sein könne. Liege kein oder kein gebilligter Prospekt bzw. kein oder kein gestattetes Wertpapier-Informationsblatt vor oder fehle es an der Gültigkeit bzw. Aktualisierung könne es aufgrund der mangelnden Informationen für die Öffentlichkeit bei interessierten Anlegern zu einer Fehleinschätzung der Risiken im Hinblick auf die

---

[5] RegBegr. zum Gesetz zur Ausführung der EU-Prospektverordnung und zur Änderung von Finanzmarktgesetzen, BT-Drs. 19/8005, 49. Ebenso auch die frühere Rechtslage dazu JVRZ/*Ritz/Voß* § 21 Rn. 3, die dann zu Recht fragen, welchen Anwendungsbereich die Bestimmung dann noch hat, da in Billigungsverfahren die BaFin doch den Prospektverantwortlichen „anhört" und auf Fehler hinweist, Rn. 4; ebenso den Anwendungsbereich in Frage stellend Assmann/Schlitt/v. Kopp-Colomb/*v. Kopp-Colomb* § 21 Rn. 5.

[6] BGBl. 2019 I 1002.

[7] Vgl. auch zur einschränkenden Ansicht FK-WpPG/*Berrar* § 13 Rn. 10 ff. sowie FK-WpPG/*Müller* § 26 Rn. 11 ff.

[8] So ausdr. bereits RegBegr. zum Prospektrichtlinie-Umsetzungsgesetz, BT-Drs. 15/4999, 25 (38).

[9] Vgl. zu Vorstehendem insgesamt RegBegr. Gesetz zur weiteren Ausführung der EU-Prospektverordnung und zur Änderung von Finanzmarktgesetzen, BT-Drs. 19/8005, 49.

[10] FK-WpPG/*Müller* § 26 Rn. 28; Assmann/Schlitt/v. Kopp-Colomb/*v. Kopp-Colomb* § 26 Rn. 15, 48 ff.

[11] RegBegr. Gesetz zur weiteren Ausführung der EU-Prospektverordnung und zur Änderung von Finanzmarktgesetzen, BT-Drs. 19/8005, 50.

[12] BGBl. 2015 I 1114.

[13] RegBegr. Kleinanlegerschutzgesetz, BT-Drs. 18/3994, 60.

angebotenen Wertpapiere kommen, sodass hier ein schnelles Handeln der BaFin erforderlich sein könne. „Im Rahmen ihrer Ermessensausübung hat die Bundesanstalt für Finanzdienstleistungsaufsicht die Verhältnismäßigkeit der Bekanntmachung zu wahren, und dabei insbesondere das Grundrecht auf informelle Selbstbestimmung zu berücksichtigen."[14]

4. Abs. 4. § 18 Abs. 4 setzt Art. 32 Abs. 1 UAbs. 1 lit. f Alt. 1 und lit. d Alt. 1 Prospekt-VO um **6** und regelt die Untersagung und Aussetzung eines öffentlichen Angebots. § 18 Abs. 4 S. 1 ordnet bei spezifischen Verstößen gegen Bestimmungen der neuen Prospekt-VO bzw. die Delegierten Verordnungen bzw. des WpPG eine gebundene Entscheidung der BaFin an, „hat ein öffentliches Angebot zu untersagen". § 18 Abs. 4 S. 2, 3 und 4 enthält dagegen Kann-Vorschriften, welche der BaFin nach pflichtgemäßem Ermessen die Möglichkeit einräumen, ein öffentliches Angebot bei nicht näher spezifizierten Verstößen oder einem hinreichend begründeten Verdacht auf solche Verstöße gegen die neue Prospektverordnung oder das Wertpapierprospektgesetz zu untersagen.

5. Abs. 5. § 18 Abs. 5 orientiert sich an § 15 Abs. 6 aF und setzt Art. 32 Abs. 1 UAbs. 1 lit. e **7** Prospekt-VO unter Berücksichtigung von Art. 22 Abs. 6 UAbs. 1 Prospekt-VO um. § 18 Abs. 5 S. 2 regelt dabei nicht nur Verstöße gegen die Werberegeln in Art. 22 Prospekt-VO sondern darüber hinaus auch für weitere dort genannte Verstöße; allerdings sollen die in § 18 Abs. 5 S. 3 genannten Verstöße nur dann eine Untersagung oder Aussetzung der Werbung rechtfertigen, wenn sie zumindest gleichwertig gravierend sind wie solche gegen Art. 22 Abs. 2–5 Prospekt-VO bzw. die nach Art. 22 Abs. 9 Prospekt-VO erlassenen technischen Regulierungsstandards.[15]

6. Abs. 6. § 18 Abs. 6 entspricht § 26 Abs. 5 aF und stellt klar, dass die BaFin auch Daten an die **8** Geschäftsführung der Börse übermitteln darf; dass bereits im Rahmen des Finanzmarktrichtlinie-Umsetzungsgesetz übersehen wurde, hier die nicht mehr bestehende Zulassungsstelle zu streichen, und dies auch im Rahmen des Gesetzes zur weiteren Ausführung der EU-Prospektverordnung und zur Änderung von Finanzmarktgesetzen nicht korrigiert wurde, dürfte ein Versehen sein. Durch die Datenübermittlung soll sichergestellt werden, dass die Geschäftsführung der Börse sich daraus ergebende Erkenntnisse nutzen kann, um gegebenenfalls ihrerseits Maßnahmen, zu denen sie nach dem Börsengesetz ermächtigt sind, einzuleiten.[16]

7. Abs. 7. § 18 Abs. 7 setzt teilweise Art. 32 Abs. 1 UAbs. 1 lit. j Prospekt-VO um, wobei die dort **9** geregelte Möglichkeit der Aussetzung und Einschränkung der Zulassung zum Handel an einem geregelten Markt nicht in § 18 Abs. 7 umgesetzt wird, sondern in § 6 Abs. 2 WpHG. Gleichzeitig wird für das Wertpapier-Informationsblatt nach § 4 die entsprechende Befugnis eingeräumt.

8. Abs. 8. Unter Erweiterung des von Art. 32 Abs. 1 UAbs. 1 lit. k Prospekt-VO eingeräumten **10** Anwendungsbereichs um das Wertpapier-Informationsblatt wird dieser in § 18 Abs. 8 umgesetzt.

9. Abs. 9. § 18 Abs. 9 entspricht § 26 Abs. 6 aF und ist Ausdruck des rechtsstaatlichen Gedankens, **11** dass eine Selbstanzeige nicht zumutbar ist.

10. Abs. 10. Bei § 18 Abs. 10 handelt es sich um eine gegenüber spezielleren Bestimmungen **12** subsidiäre Umsetzung von Art. 32 Abs. 1 UAbs. 1 lit. l Prospekt-VO. Subsidiarität soll nach der Regierungsbegründung gegenüber Art. 23 Prospekt-VO hinsichtlich der Veröffentlichung von Nachträgen, um den Prospekt zu aktualisieren, sowie gegenüber § 4 Abs. 8, aber auch gegenüber anderen Vorschriften des Wertpapierhandelsgesetzes oder der Marktmissbrauchsverordnung bestehen[17].

11. Abs. 11. In Anlehnung an § 6 Abs. 12 WpHG setzt § 18 Abs. 11 Art. 32 Abs. 1 UAbs. 1 lit. n **13** Prospekt-VO um. Die dort geregelte Durchsuchung und Überprüfung und Ermittlung vor Ort ist umfassend bei der Verfolgung von Verstößen gegen die Prospekt-VO geregelt, der in § 18 Abs. 11 S. 1 ausdrücklich ausgeführte Fall eines öffentlichen Angebots ohne Veröffentlichung eines Prospekts ist nur beispielhaft, „insbesondere", aufgeführt. § 18 Abs. 11 S. 5–10 dienen der Umsetzung von Art. 32 Abs. 1 UAbs. 2 Prospekt-VO[18].

---

[14] RegBegr. Gesetz zur weiteren Ausführung der EU-Prospektverordnung und zur Änderung von Finanzmarktgesetzen, BT-Drs. 19/8005, 50.
[15] RegBegr. Gesetz zur weiteren Ausführung der EU-Prospektverordnung und zur Änderung von Finanzmarktgesetzen, BT-Drs. 19/8005, 52.
[16] Wie hier FK-WpPG/*Müller* § 21 Rn. 55.
[17] RegBegr. Gesetz zur weiteren Ausführung der EU-Prospektverordnung und zur Änderung von Finanzmarktgesetzen, BT-Drs. 19/8005, 53.
[18] Vgl. zu Vorstehendem insgesamt RegBegr. Gesetz zur weiteren Ausführung der EU-Prospektverordnung und zur Änderung von Finanzmarktgesetzen, BT-Drs. 19/8005, 53.

§ 19 Verschwiegenheitspflicht

(1) [1]Die bei der Bundesanstalt Beschäftigten und die nach § 4 Abs. 3 des Finanzdienstleistungsaufsichtsgesetzes beauftragten Personen dürfen die ihnen bei ihrer Tätigkeit bekannt gewordenen Tatsachen, deren Geheimhaltung im Interesse eines nach diesem Gesetz Verpflichteten oder eines Dritten liegt, insbesondere Geschäfts- und Betriebsgeheimnisse sowie personenbezogene Daten, nicht unbefugt offenbaren oder verwerten, auch wenn sie nicht mehr im Dienst sind oder ihre Tätigkeit beendet ist. [2]Dies gilt auch für andere Personen, die durch dienstliche Berichterstattung Kenntnis von den in Satz 1 bezeichneten Tatsachen erhalten. [3]Ein unbefugtes Offenbaren oder Verwerten im Sinne des Satzes 1 liegt insbesondere nicht vor, wenn Tatsachen weitergegeben werden an

1. Strafverfolgungsbehörden oder für Straf- und Bußgeldsachen zuständige Gerichte,
2. kraft Gesetzes oder im öffentlichen Auftrag mit der Überwachung von Börsen oder anderen Märkten, an denen Finanzinstrumente gehandelt werden, des Handels mit Finanzinstrumenten oder Devisen, von Kreditinstituten, Finanzdienstleistungsinstituten, Investmentgesellschaften, Finanzunternehmen oder Versicherungsunternehmen betraute Stellen sowie von diesen beauftragte Personen,
3. die Europäische Wertpapier- und Marktaufsichtsbehörde, die Europäische Aufsichtsbehörde für das Versicherungswesen und die betriebliche Altersversorgung, die Europäische Bankenaufsichtsbehörde, den Gemeinsamen Ausschuss der Europäischen Finanzaufsichtsbehörden, den Europäischen Ausschuss für Systemrisiken oder die Europäische Kommission,

soweit diese Stellen die Informationen zur Erfüllung ihrer Aufgaben benötigen. [4]Für die bei diesen Stellen beschäftigten Personen gilt die Verschwiegenheitspflicht nach Satz 1 entsprechend. [5]Für die bei den in Satz 3 Nummer 1 und 2 genannten Stellen beschäftigten Personen sowie von diesen Stellen beauftragten Personen gilt die Verschwiegenheitspflicht nach Satz 1 entsprechend. [6]Befindet sich eine in Satz 3 Nummer 1 oder 2 genannte Stelle in einem anderen Staat, so dürfen die Tatsachen nur weitergegeben werden, wenn die bei dieser Stelle beschäftigten und die von dieser Stelle beauftragten Personen einer dem Satz 1 entsprechenden Verschwiegenheitspflicht unterliegen.

(2) [1]Die §§ 93, 97 und 105 Absatz 1, § 111 Absatz 5 in Verbindung mit § 105 Absatz 1 sowie § 116 Absatz 1 der Abgabenordnung gelten für die in Absatz 1 Satz 1 und 2 bezeichneten Personen nur, soweit die Finanzbehörden die Kenntnisse für die Durchführung eines Verfahrens wegen einer Steuerstraftat sowie eines damit zusammenhängenden Besteuerungsverfahrens benötigen. [2]Die in Satz 1 genannten Vorschriften sind jedoch nicht anzuwenden, soweit Tatsachen betroffen sind,

1. die den in Absatz 1 Satz 1 oder Satz 2 bezeichneten Personen durch eine Stelle eines anderen Staates im Sinne von Absatz 1 Satz 3 Nummer 2 oder durch von dieser Stelle beauftragte Personen mitgeteilt worden sind oder
2. von denen bei der Bundesanstalt beschäftigte Personen dadurch Kenntnis erlangen, dass sie an der Aufsicht über direkt von der Europäischen Zentralbank beaufsichtigte Institute mitwirken, insbesondere in gemeinsamen Aufsichtsteams nach Artikel 2 Nummer 6 der Verordnung (EU) Nr. 468/2014 der Europäischen Zentralbank vom 16. April 2014 zur Einrichtung eines Rahmenwerks für die Zusammenarbeit zwischen der Europäischen Zentralbank und den nationalen zuständigen Behörden und den nationalen benannten Behörden innerhalb des einheitlichen Aufsichtsmechanismus (SSM-Rahmenverordnung) (EZB/2014/17) (ABl. L 141 vom 14.5.2014, S. 1), und die nach den Regeln der Europäischen Zentralbank geheim sind.

---

1   § 19 setzte ursprünglich Art. 22 Abs. 1 Prospekt-RL um, der wiederrum im Wesentlichen von Art. 35 Abs. 2 Prospekt-VO übernommen wurde, und blieb somit bei „Umsetzung" der Prospekt-VO unverändert. Die Änderungen in § 19 Abs. 1 (Nr. 3 wurde neu eingefügt, Satz 4 wurde geändert und nach dem neu eingefügten Satz 4 als neuer Satz 5 nummeriert) erfolgten durch das Gesetz zur Umsetzung der Richtlinie 2010/78/EU vom 24.11.2010 im Hinblick auf die Errichtung des Europäischen Finanzaufsichtssystems[1] und dienten dazu, klarzustellen, dass die Weitergabe von Tatsachen an die in der neuen Nr. 3 genannten Behörden kein unbefugtes Offenbaren oder Verwerten von Informationen darstellen, soweit diese Stellen diese Informationen benötigen, um ihre Aufgaben angemessen zu erfüllen. Korrespondierend damit erfolgte die entsprechende Neuregelung der Verschwiegenheitspflicht in den Sätzen 4 und 5 des § 19 Abs. 1.

---

[1] BGBl. 2011 I 2427.

§ 20 Sofortige Vollziehung

Keine aufschiebende Wirkung haben

1. **Widerspruch und Anfechtungsklage gegen Maßnahmen nach den §§ 18 und 25 sowie**
2. **Widerspruch und Anfechtungsklage gegen die Androhung oder Festsetzung von Zwangsmitteln.**

§ 20 dient dem Anlegerschutz. Ohne Sofortvollzug von Untersagungsverfügungen und Auskunfts- **1** verlangen könnte ansonsten durch Widerspruch bzw. Anfechtungsklage gegen die Untersagungsverfügung unzulässige Werbung weiter verbreitet (§ 18) oder ein öffentliches Angebot trotz Untersagung fortgesetzt werden (§ 25). Eine erst später erfolgende eventuelle gerichtliche Bestätigung der Untersagungsverfügung würde an dem bereits durchgeführten Angebot nichts ändern, sondern allenfalls ein Ordnungswidrigkeitsverfahren ermöglichen.

Abschnitt 5. Sonstige Vorschriften

§ 21 Anerkannte Sprache

(1) **Anerkannte Sprache im Sinne des Artikels 27 der Verordnung (EU) 2017/1129 ist die deutsche Sprache.**

(2) [1]**Die englische Sprache wird im Fall des Artikels 27 Absatz 1 und 3 der Verordnung (EU) 2017/1129 anerkannt, sofern der Prospekt auch eine Übersetzung der in Artikel 7 dieser Verordnung genannten Zusammenfassung, oder, im Fall eines EU-Wachstumsprospekts, der speziellen Zusammenfassung gemäß Artikel 15 Absatz 2 dieser Verordnung in die deutsche Sprache enthält.** [2]**Im Fall von Basisprospekten ist die Zusammenfassung für die einzelne Emission in die deutsche Sprache zu übersetzen.** [3]**Die englische Sprache wird ohne Übersetzung der Zusammenfassung anerkannt, wenn gemäß Artikel 7 Absatz 1 Unterabsatz 2 der Verordnung (EU) 2017/1129 eine Zusammenfassung nicht erforderlich ist.**

§ 21 wurde durch das Gesetz zur weiteren Ausführung der EU-Prospektverordnung und zur **1** Änderung von Finanzmarktgesetzen[1], neu eingeführt, ersetzt das frühere, rigidere Sprachregime des § 19 aF und setzt Art. 27 Prospekt-VO um.

§ 21 Abs. 1 bestimmt die anerkannte Sprache nach Art. 27 Abs. 1 Prospekt-VO und gilt für alle **2** Absätze des Art. 27 Prospekt-VO[2].

Wichtiger ist die Regelung in § 21 Abs. 2, die gegenüber der bisherigen in § 19 Abs. 1 eine **3** Flexibilisierung bedeutet, weil dem Prospekthersteller auch bei öffentlichen Angeboten oder Börsenzulassungen nur im Inland die Wahlmöglichkeit eröffnet wird, den Prospekt in deutscher oder englischer Sprache zu erstellen. Eine wie bisher besondere Gestattung für die Verwendung der englischen Sprache ist nicht mehr erforderlich[3]. Enthält der Prospekt eine Zusammenfassung in deutscher Sprache, wird die englische Sprache in den Fällen des Art. 27 Abs. 1 Prospekt-VO anerkannt, dh auch bei einem allein im Inland stattfindenden öffentlichen Angebot bzw. einer Zulassung an einer Börse allein im Inland. Bei Basisprospekten ist die Zusammenfassung für die einzelne Emission in die deutsche Sprache zu übersetzen. § 21 Abs. 2 S. 3 lässt die Veröffentlichung eines Prospekts allein in englischer Sprache ohne Übersetzung der Zusammenfassung zu, wenn der Prospekt für die Zulassung von Nichtdividendenwerten sich nicht an Kleinanleger richtet und gemäß der Regelung in Art. 7 Abs. 1 UAbs. 2 Prospekt-VO keine Zusammenfassung fordert.

§ 22 Elektronische Einreichung, Aufbewahrung

(1) [1]**Der Prospekt einschließlich der Übersetzung der Zusammenfassung ist der Bundesanstalt ausschließlich elektronisch über das Melde- und Veröffentlichungssystem der Bundesanstalt zu übermitteln.** [2]**Dies gilt entsprechend für die Übermittlung von Nachträgen und für die Hinterlegung von einheitlichen Registrierungsformularen einschließlich deren Änderungen.**

---

[1] BGBl. 2019 I 1002.

[2] RegBegr. Gesetz zur weiteren Ausführung der EU-Prospektverordnung und zur Änderung von Finanzmarktgesetzen, BT-Drs. 19/8005, 54.

[3] RegBegr. Gesetz zur weiteren Ausführung der EU-Prospektverordnung und zur Änderung von Finanzmarktgesetzen, BT-Drs. 19/8005, 54.

(2) **Die endgültigen Bedingungen des Angebots sind ausschließlich elektronisch über das Melde- und Veröffentlichungssystem der Bundesanstalt zu hinterlegen.**

(3) [1]**Der gebilligte Prospekt wird von der Bundesanstalt zehn Jahre aufbewahrt.** [2]**Die Aufbewahrungsfrist beginnt mit dem Ablauf des 31. Dezembers des Kalenderjahres, in dem der Prospekt gebilligt wurde.** [3]**Dies gilt entsprechend für gebilligte Nachträge und einheitliche Registrierungsformulare einschließlich deren Änderungen.**

1   § 22 wurde durch das Gesetz zur weiteren Ausführung der EU-Prospektverordnung und zur Änderung von Finanzmarktgesetzen[1] in das Wertpapierprospektgesetz aufgenommen, enthält jedoch verschiedene früher an anderer Stelle bereits geregelte Materien.

2   Bereits § 13 Abs. 5 aF bestimmte die Einreichung von Prospekten allein in elektronischer Form, um diese leichter prüf- und durchsehbar zu machen. § 22 übernimmt insofern § 13 Abs. 5 aF. § 22 Abs. 1 S. 2 enthält zur Übermittlung von Nachträgen sowie des einheitlichen Registrierungsformulars allein in elektronischer Form nur eine Klarstellung.

3   Mit der Einführung der elektronischen Übermittlung ist auch das frühere Unterschriftenerfordernis entfallen[2].

4   § 22 Abs. 3 entspricht im Wesentlichen § 14 Abs. 6 aF und stellt in Satz 3 klar, dass die Aufbewahrungsverpflichtung nicht nur für Prospekte sondern auch für Nachträge und das einheitliche Registrierungsformular gilt.

§ 23 Gebühren und Auslagen

(1) **Für individuell zurechenbare öffentliche Leistungen nach diesem Gesetz, nach den auf diesem Gesetz beruhenden Rechtsvorschriften und nach Rechtsakten der Europäischen Union kann die Bundesanstalt Gebühren und Auslagen erheben.**

(2) [1]**Das Bundesministerium der Finanzen wird ermächtigt, durch Rechtsverordnung, die nicht der Zustimmung des Bundesrates bedarf, die gebührenpflichtigen Tatbestände und die Gebühren nach festen Sätzen oder als Rahmengebühren näher zu bestimmen.** [2]**Die Gebührensätze und die Rahmengebühren sind so zu bemessen, dass zwischen der den Verwaltungsaufwand berücksichtigenden Höhe und der Bedeutung, dem wirtschaftlichen Wert oder dem sonstigen Nutzen der individuell zurechenbaren öffentlichen Leistung ein angemessenes Verhältnis besteht.** [3]**Das Bundesministerium der Finanzen kann die Ermächtigung durch Rechtsverordnung auf die Bundesanstalt für Finanzdienstleistungsaufsicht übertragen.**

1   Die näheren Einzelheiten zu Gebühren und Auslagen sind in der Wertpapierprospektgesetzgebührenverordnung[1*] enthalten. Diese geht von einer emissionsbezogenen Gebührenberechnung aus. Diese korrespondiert nach der Rspr. des Hess. VGH mit der Pflicht zur Erstellung und Hinterlegung eines Prospekts für jede Wertpapierserie mit einheitlicher Wertpapierkennnummer.[2*] Diese Rspr. soll offensichtlich durch die Einführung eines entsprechenden Abs. 2 in § 2 der durch das Gesetz zur weiteren Ausführung der EU-Prospektverordnung und zur Änderung von Finanzmarktgesetzen[3] insoweit geänderten Wertpapiergesetzgebührenverordnung auch für Wertpapier-Informationsblätter abgesichert werden.

§ 24 Bußgeldvorschriften

(1) **Ordnungswidrig handelt, wer vorsätzlich oder leichtfertig**

1. **entgegen § 4 Absatz 1 Satz 1 ein Wertpapier anbietet,**
2. **entgegen § 4 Absatz 2 Satz 1 ein Wertpapier-Informationsblatt veröffentlicht,**
3. **entgegen § 4 Absatz 8 Satz 1**
   a) **eine Angabe nicht, nicht richtig, nicht vollständig oder nicht rechtzeitig aktualisiert oder**
   b) **eine aktualisierte Fassung des Wertpapier-Informationsblatts nicht oder nicht rechtzeitig übermittelt,**
4. **entgegen § 4 Absatz 8 Satz 2 das dort genannte Datum nicht oder nicht richtig nennt,**

---

[1] BGBl. 2019 I 1002.

[2] Darauf weist die Regierungsbegründung ausdrücklich hin, RegBegr. Gesetz zur weiteren Ausführung der EU-Prospektverordnung und zur Änderung von Finanzmarktgesetzen, BT-Drs. 19/8005, 54.

[1*] IdF des Gesetzes zur weiteren Ausführung der EU-Prospektverordnung und zur Änderung von Finanzmarktgesetzen, BGBl. 2019 I 1002.

[2*] VGH Kassel Urt. v. 16.6.2010 – 6 A 2243/09, WM 2010, 1696.

[3] BGBl. 2019 I 1002.

5. entgegen § 4 Absatz 8 Satz 3 oder § 5 Absatz 3 Satz 1 ein Wertpapier-Informationsblatt nicht, nicht richtig, nicht vollständig, nicht in der vorgeschriebenen Weise oder nicht rechtzeitig veröffentlicht,
6. entgegen § 5 Absatz 3 Satz 2, auch in Verbindung mit § 4 Absatz 8 Satz 4, nicht sicherstellt, dass ein Wertpapier-Informationsblatt zugänglich ist,
7. entgegen § 7 Absatz 1 nicht dafür sorgt, dass ein dort genannter Hinweis erfolgt,
8. entgegen § 7 Absatz 2 nicht dafür sorgt, dass die Werbung klar als solche erkennbar ist,
9. entgegen § 7 Absatz 3 nicht dafür sorgt, dass eine Information weder unrichtig noch irreführend ist oder eine Übereinstimmung mit einer dort genannten Information vorliegt,
10. entgegen § 7 Absatz 4 nicht dafür sorgt, dass eine Information mit der im Wertpapier-Informationsblatt enthaltenen Information übereinstimmt, oder
11. entgegen § 7 Absatz 5 eine Information in das Wertpapier-Informationsblatt oder in eine Aktualisierung nicht, nicht richtig, nicht vollständig oder nicht rechtzeitig aufnimmt.

(2) Ordnungswidrig handelt, wer vorsätzlich oder fahrlässig einer vollziehbaren Anordnung nach

1. § 18 Absatz 2 Nummer 1, Absatz 4 Satz 1 Nummer 5 oder 6, Satz 2 Nummer 2, Satz 3 Nummer 2 oder Satz 4 Nummer 1, Absatz 5 Satz 2 Nummer 2 oder Absatz 10 Satz 1 oder
2. § 18 Absatz 2 Nummer 2, Absatz 4 Satz 1 Nummer 1 bis 3 oder 4, Satz 2 Nummer 1, Satz 3 Nummer 1 oder Satz 4 Nummer 2 oder Absatz 5 Satz 2 Nummer 1

zuwiderhandelt.

(3) Ordnungswidrig handelt, wer gegen die Verordnung (EU) 2017/1129 des Europäischen Parlaments und des Rates vom 14. Juni 2017 über den Prospekt, der beim öffentlichen Angebot von Wertpapieren oder bei deren Zulassung zum Handel an einem geregelten Markt zu veröffentlichen ist und zur Aufhebung der Richtlinie 2003/71/EG (ABl. L 168 vom 30.6.2017, S. 12) verstößt, indem er vorsätzlich oder leichtfertig

1. entgegen Artikel 3 Absatz 1 ein Wertpapier öffentlich anbietet,
2. entgegen Artikel 5 Absatz 2 ein Wertpapier an nicht qualifizierte Anleger weiterveräußert,
3. entgegen Artikel 8 Absatz 5 Unterabsatz 1 die endgültigen Bedingungen nicht, nicht in der vorgeschriebenen Weise oder nicht rechtzeitig der Öffentlichkeit zur Verfügung stellt oder sie nicht oder nicht rechtzeitig bei der Bundesanstalt hinterlegt,
4. entgegen Artikel 9 Absatz 4 das einheitliche Registrierungsformular oder eine Änderung der Öffentlichkeit nicht oder nicht rechtzeitig zur Verfügung stellt,
5. entgegen Artikel 9 Absatz 9 Unterabsatz 2 Satz 2 oder Unterabsatz 3 eine Änderung des einheitlichen Registrierungsformulars bei der Bundesanstalt nicht oder nicht rechtzeitig hinterlegt,
6. einer vollziehbaren Anordnung nach Artikel 9 Absatz 9 Unterabsatz 4 Satz 1 zuwiderhandelt,
7. entgegen Artikel 9 Absatz 12 Unterabsatz 3 Buchstabe b das einheitliche Registrierungsformular nicht oder nicht rechtzeitig bei der Bundesanstalt hinterlegt oder es nicht oder nicht rechtzeitig dem Handelsregister nach § 8b des Handelsgesetzbuches zur Verfügung stellt,
8. entgegen Artikel 10 Absatz 1 Unterabsatz 2 bei der Bundesanstalt einen Nachtrag nicht, nicht richtig, nicht vollständig oder nicht rechtzeitig zur Billigung vorlegt,
9. entgegen Artikel 10 Absatz 2 das gebilligte Registrierungsformular der Öffentlichkeit nicht, nicht in der vorgeschriebenen Weise oder nicht rechtzeitig zur Verfügung stellt,
10. entgegen Artikel 19 Absatz 2 Satz 1 die Zugänglichkeit einer mittels Verweis in den Prospekt aufgenommenen Information nicht gewährleistet,
11. entgegen Artikel 19 Absatz 3 der Bundesanstalt eine dort genannte Information nicht, nicht richtig, nicht vollständig, nicht in der vorgeschriebenen Weise oder nicht rechtzeitig vorlegt,
12. entgegen Artikel 20 Absatz 1 einen Prospekt veröffentlicht,
13. entgegen Artikel 21 Absatz 1 oder 3 Unterabsatz 1 einen Prospekt nicht, nicht richtig, nicht vollständig, nicht in der vorgeschriebenen Weise oder nicht rechtzeitig der Öffentlichkeit zur Verfügung stellt,
14. entgegen Artikel 21 Absatz 3 Unterabsatz 2 ein dort genanntes Dokument, einen Nachtrag, eine endgültige Bedingung oder eine Kopie der Zusammenfassung nicht oder nicht rechtzeitig zur Verfügung stellt,
15. entgegen Artikel 21 Absatz 11 Satz 1 oder 2 eine kostenlose Version des Prospekts oder eine gedruckte Fassung nicht oder nicht rechtzeitig zur Verfügung stellt,
16. entgegen Artikel 22 Absatz 5 eine Mitteilung nicht oder nicht rechtzeitig macht oder eine Information nicht oder nicht rechtzeitig aufnimmt oder

17. entgegen Artikel 23 Absatz 1, auch in Verbindung mit Artikel 8 Absatz 10, einen Nachtrag nicht, nicht richtig, nicht vollständig, nicht in der vorgeschriebenen Weise oder nicht rechtzeitig veröffentlicht,

(4) Ordnungswidrig handelt, wer vorsätzlich oder leichtfertig

1. ohne Prospekt Wertpapiere später weiterveräußert oder als Finanzintermediär endgültig platziert, ohne dass die Voraussetzungen für eine prospektfreie Weiterveräußerung oder Platzierung nach Artikel 5 Absatz 1 Unterabsatz 1 Satz 2 oder Unterabsatz 2 der Verordnung (EU) 2017/1129 vorliegen,
2. einen Prospekt veröffentlicht, der die Informationen und Angaben nach Artikel 6 der Verordnung (EU) 2017/1129 nicht oder nicht in der vorgeschriebenen Weise enthält,
3. einen Prospekt veröffentlicht, dessen Zusammenfassung die Informationen und Warnhinweise nach Artikel 7 Absatz 1 bis 8, 10 und 11 der Verordnung (EU) 2017/1129 nicht oder nicht in der vorgeschriebenen Weise enthält,
4. endgültige Bedingungen, auch als Teil eines Basisprospekts oder Nachtrags, der Öffentlichkeit zur Verfügung stellt, die nicht oder nicht in der vorgeschriebenen Weise nach Artikel 8 Absatz 3 der Verordnung (EU) 2017/1129 festlegen, welche der in dem Basisprospekt enthaltenen Optionen in Bezug auf die Angaben, die nach der entsprechenden Wertpapierbeschreibung erforderlich sind, für die einzelne Emission gelten,
5. endgültige Bedingungen der Öffentlichkeit zur Verfügung stellt, die nicht den Anforderungen nach Artikel 8 Absatz 4 Unterabsatz 1 der Verordnung (EU) 2017/1129 an die Präsentationsform oder an die Darlegung entsprechen,
6. endgültige Bedingungen, auch als Teil eines Basisprospekts oder Nachtrags, der Öffentlichkeit zur Verfügung stellt, die nicht den Anforderungen des Artikels 8 Absatz 4 Unterabsatz 2 der Verordnung (EU) 2017/1129 entsprechen, indem sie Angaben enthalten, die nicht die Wertpapierbeschreibung betreffen, oder als Nachtrag zum Basisprospekt dienen,
7. endgültige Bedingungen, auch als Teil eines Basisprospekts oder Nachtrags, der Öffentlichkeit zur Verfügung stellt, die eine eindeutige und deutlich sichtbare Erklärung nach Artikel 8 Absatz 5 Unterabsatz 2 der Verordnung (EU) 2017/1129 nicht oder nicht vollständig enthalten,
8. eine Zusammenfassung für die einzelne Emission veröffentlicht, die nicht nach Artikel 8 Absatz 9 Unterabsatz 1 Teilsatz 1 der Verordnung (EU) 2017/1129 den Anforderungen des Artikels 8 der Verordnung (EU) 2017/1129 an endgültige Bedingungen entspricht,
9. endgültige Bedingungen, auch als Teil eines Basisprospekts oder Nachtrags, der Öffentlichkeit zur Verfügung stellt, denen nicht nach Artikel 8 Absatz 9 Unterabsatz 1 Teilsatz 2 der Verordnung (EU) 2017/1129 die Zusammenfassung für die einzelne Emission angefügt ist,
10. endgültige Bedingungen, auch als Teil eines Basisprospekts oder Nachtrags, der Öffentlichkeit zur Verfügung stellt, denen eine Zusammenfassung für die einzelne Emission angefügt ist, die nicht den in Artikel 8 Absatz 9 Unterabsatz 2 der Verordnung (EU) 2017/1129 genannten Anforderungen entspricht,
11. endgültige Bedingungen, auch als Teil eines Basisprospekts oder Nachtrags, der Öffentlichkeit zur Verfügung stellt, die auf der ersten Seite nicht den in Artikel 8 Absatz 11 Satz 2 der Verordnung (EU) 2017/1129 genannten Warnhinweis enthalten,
12. ein einheitliches Registrierungsformular ohne vorherige Billigung durch die Bundesanstalt veröffentlicht, ohne dass die Voraussetzungen nach Artikel 9 Absatz 2 der Verordnung (EU) 2017/1129 für die Möglichkeit einer Hinterlegung ohne vorherige Billigung vorliegen,
13. einen Prospekt, auch unter Verwendung eines Registrierungsformulars oder eines einheitlichen Registrierungsformulars als Prospektbestandteil, veröffentlicht, der die nach Artikel 11 Absatz 1 der Verordnung (EU) 2017/1129 vorgeschriebenen Angaben und Erklärungen nicht oder nicht in der vorgeschriebenen Weise enthält,
14. ohne zu den in Artikel 14 Absatz 1 der Verordnung (EU) 2017/1129 genannten Personen zu gehören, einen vereinfachten Prospekt nach Artikel 14 der Verordnung (EU) 2017/1129 veröffentlicht, oder einen vereinfachten Prospekt veröffentlicht, der nicht aus den in Artikel 14 Absatz 1 der Verordnung (EU) 2017/1129 genannten Bestandteilen besteht oder die verkürzten Angaben nach Artikel 14 Absatz 2 der Verordnung (EU) 2017/1129 nicht oder nicht in der vorgeschriebenen Weise enthält,
15. ohne zu den in Artikel 15 Absatz 1 der Verordnung (EU) 2017/1129 genannten Personen zu gehören, einen EU-Wachstumsprospekt veröffentlicht, oder einen EU-Wachstumsprospekt veröffentlicht, der die in Artikel 15 Absatz 1 der Verordnung (EU) 2017/1129 genannten Bestandteile und Informationen nicht oder nicht in der vorgeschriebenen Weise enthält,
16. einen Prospekt veröffentlicht, der die Risikofaktoren nach Artikel 16 Absatz 1 bis 3 der Verordnung (EU) 2017/1129 nicht oder nicht in der vorgeschriebenen Weise darstellt,
17. einen Prospekt veröffentlicht, der die nach Artikel 17 Absatz 1 Buchstabe b der Verordnung (EU) 2017/1129 anzugebenden Informationen nicht enthält,

18. als Anbieter oder Zulassungsantragssteller den endgültigen Emissionspreis oder das endgültige Emissionsvolumen nicht spätestens am Tag der Veröffentlichung bei der Bundesanstalt nach Artikel 17 Absatz 2 Alternative 1 der Verordnung (EU) 2017/1129 hinterlegt,

19. als Anbieter den endgültigen Emissionspreis oder das endgültige Emissionsvolumen nicht, nicht richtig, nicht in der nach Artikel 17 Absatz 2 Alternative 2 in Verbindung mit Artikel 21 Absatz 2 der Verordnung (EU) 2017/1129 vorgeschriebenen Weise oder nicht unverzüglich nach der Festlegung des endgültigen Emissionspreises und Emissionsvolumens der Öffentlichkeit zur Verfügung stellt,

20. nach der Verordnung (EU) 2017/1129 für einen Prospekt oder seine Bestandteile vorgeschriebene Informationen und Angaben nicht in den Prospekt aufnimmt, ohne dass die Voraussetzungen nach Artikel 18 der Verordnung (EU) 2017/1129 für eine Nichtaufnahme vorliegen,

21. eine Information mittels Verweis in den Prospekt aufnimmt, die einer der in Artikel 19 Absatz 1 der Verordnung (EU) 2017/1129 genannten Anforderungen nicht entspricht,

22. als Emittent, Anbieter oder Zulassungsantragsteller eine gesonderte Kopie der Zusammenfassung zur Verfügung stellt, die nicht nach Artikel 21 Absatz 3 Unterabsatz 3 der Verordnung (EU) 2017/1129 klar angibt, auf welchen Prospekt sie sich bezieht,

23. als Emittent, Anbieter oder Zulassungsantragsteller für den Zugang zu einem gebilligten Prospekt eine Zugangsbeschränkung nach Artikel 21 Absatz 4 der Verordnung (EU) 2017/1129 vorsieht,

24. als Emittent, Anbieter oder Zulassungsantragsteller einen gebilligten Prospekt nach seiner Veröffentlichung gemäß Artikel 21 Absatz 7 Unterabsatz 1 der Verordnung (EU) 2017/1129 nicht mindestens zehn Jahre lang auf den in Artikel 21 Absatz 2 der Verordnung (EU) 2017/1129 genannten Websites in elektronischer Form öffentlich zugänglich macht,

25. als Emittent, Anbieter oder Zulassungsantragsteller Hyperlinks für die mittels Verweis in den Prospekt aufgenommenen Informationen, Nachträge und/oder endgültigen Bedingungen für den Prospekt verwendet und diese nicht gemäß Artikel 21 Absatz 7 Unterabsatz 2 der Verordnung (EU) 2017/1129 funktionsfähig hält,

26. einen gebilligten Prospekt der Öffentlichkeit zur Verfügung stellt, der den Warnhinweis dazu, ab wann der Prospekt nicht mehr gültig ist, nach Artikel 21 Absatz 8 der Verordnung (EU) 2017/1129 nicht, nicht vollständig oder nicht in der vorgeschriebenen Weise enthält,

27. Einzeldokumente eines aus mehreren Einzeldokumenten bestehenden Prospekts im Sinne des Artikels 10 der Verordnung (EU) 2017/1129 veröffentlicht, die den Hinweis darauf, dass es sich bei jedem dieser Einzeldokumente lediglich um einen Teil des Prospekts handelt und wo die übrigen Einzeldokumente erhältlich sind, nach Artikel 21 Absatz 9 Satz 2 der Verordnung (EU) 2017/1129 nicht oder nicht vollständig enthalten,

28. einen Prospekt oder einen Nachtrag der Öffentlichkeit zur Verfügung stellt, dessen Wortlaut und Aufmachung nicht mit der von der zuständigen Behörde gebilligten Fassung des Prospekts oder Nachtrags nach Artikel 21 Absatz 10 der Verordnung (EU) 2017/1129 identisch ist,

29. sich in Werbung auf ein öffentliches Angebot von Wertpapieren oder auf eine Zulassung zum Handel an einem geregelten Markt bezieht, die den nach Artikel 22 Absatz 2 der Verordnung (EU) 2017/1129 vorzusehenden Hinweis nicht oder nicht vollständig enthält,

30. sich in Werbung auf ein öffentliches Angebot von Wertpapieren oder auf eine Zulassung zum Handel an einem geregelten Markt bezieht, ohne sie klar als Werbung erkennbar zu machen oder ohne dass die darin enthaltenen Informationen den Anforderungen nach Artikel 22 Absatz 3 der Verordnung (EU) 2017/1129 entsprechen,

31. nicht nach Artikel 22 Absatz 4 der Verordnung (EU) 2017/1129 sicherstellt, dass mündlich oder schriftlich verbreitete Informationen über das öffentliche Angebot von Wertpapieren oder die Zulassung zum Handel an einem geregelten Markt mit den im Prospekt enthaltenen Informationen übereinstimmen,

32. einen Nachtrag veröffentlicht, in dem die Frist für das Widerrufsrecht des Anlegers und die Erklärung nach Artikel 23 Absatz 2 der Verordnung (EU) 2017/1129, auch in Verbindung mit Artikel 8 Absatz 10 der Verordnung (EU) 2017/1129, nicht oder nicht in der vorgeschriebenen Weise angegeben ist,

33. als Finanzintermediär, über den die Wertpapiere erworben oder gezeichnet werden, oder als Emittent, über den die Wertpapiere unmittelbar erworben oder gezeichnet werden, die Anleger nicht oder nicht rechtzeitig nach Artikel 23 Absatz 3 der Verordnung (EU) 2017/1129 informiert,

34. als Emittent, Anbieter oder Zulassungsantragsteller einen Nachtrag zu einem Registrierungsformular oder zu einem einheitlichen Registrierungsformular, das gleichzeitig als Bestandteil mehrerer Prospekte verwendet wird, veröffentlicht, ohne nach Artikel 23 Absatz 5 der Verordnung (EU) 2017/1129 auch in Verbindung mit Artikel 8 Absatz 10

der Verordnung (EU) 2017/1129 im Nachtrag alle Prospekte zu nennen, auf die er sich bezieht,

35. Wertpapiere nur in seinem Herkunftsmitgliedstaat öffentlich anbietet oder nur dort die Zulassung zum Handel an einem geregelten Markt beantragt und zu diesem Zweck einen Prospekt veröffentlicht, der nicht in einer nach § 21 in Verbindung mit Artikel 27 der Verordnung (EU) 2017/1129 anerkannten Sprache erstellt wurde,

36. Wertpapiere in einem oder mehreren anderen Mitgliedstaaten als seinem Herkunftsmitgliedstaat öffentlich anbietet oder dort die Zulassung zum Handel an einem geregelten Markt beantragt und zu diesem Zweck einen Prospekt veröffentlicht, der nicht in einer nach § 21 in Verbindung mit Artikel 27 Absatz 2 Unterabsatz 1 der Verordnung (EU) 2017/1129 anerkannten oder in einer in internationalen Finanzkreisen gebräuchlichen Sprache erstellt wurde,

37. Wertpapiere in mehr als einem Mitgliedstaat einschließlich des Herkunftsmitgliedstaats öffentlich anbietet oder dort die Zulassung zum Handel an einem geregelten Markt beantragt und zu diesem Zweck einen Prospekt veröffentlicht, der nicht in einer nach § 21 in Verbindung mit Artikel 27 Absatz 3 Unterabsatz 1 der Verordnung (EU) 2017/1129 anerkannten Sprache oder in einer von den zuständigen Behörden der einzelnen Aufnahmemitgliedstaaten anerkannten Sprache oder in einer in internationalen Finanzkreisen gebräuchlichen Sprache erstellt wurde,

38. einen in englischer Sprache erstellten Prospekt veröffentlicht, der keine Übersetzung der in Artikel 7 der Verordnung (EU) 2017/1129 genannten Zusammenfassung oder im Fall eines EU-Wachstumsprospekts der speziellen Zusammenfassung gemäß Artikel 15 Absatz 2 der Verordnung (EU) 2017/1129 oder im Fall eines Basisprospekts der Zusammenfassung für die einzelne Emission in die deutsche Sprache enthält oder

39. endgültige Bedingungen oder die Zusammenfassung für die einzelne Emission veröffentlicht, ohne dabei der für die endgültigen Bedingungen und die ihnen angefügte Zusammenfassung nach Artikel 27 Absatz 4 Unterabsatz 1 der Verordnung (EU) 2017/1129 geltenden Sprachregelung zu entsprechen.

(5) Die Ordnungswidrigkeit kann in den Fällen des Absatzes 1 Nummer 1 und 2 mit einer Geldbuße bis zu siebenhunderttausend Euro, in den Fällen des Absatzes 1 Nummer 3 Buchstabe a und Nummer 4 bis 6 und des Absatzes 2 Nummer 1 mit einer Geldbuße bis zu zweihunderttausend Euro und in den übrigen Fällen des Absatzes 1 mit einer Geldbuße bis zu hunderttausend Euro geahndet werden.

(6) [1]Die Ordnungswidrigkeit kann in den Fällen des Absatzes 2 Nummer 2 des Absatzes 3 und des Absatzes 4 mit einer Geldbuße bis zu siebenhunderttausend Euro geahndet werden. [2]Gegenüber einer juristischen Person oder Personenvereinigung kann über Satz 1 hinaus eine höhere Geldbuße verhängt werden; diese darf den höheren der Beträge von fünf Millionen Euro und drei Prozent des Gesamtumsatzes, den die juristische Person oder Personenvereinigung im der Behördenentscheidung vorangegangenen Geschäftsjahr erzielt hat, nicht überschreiten. [3]Über die in den Sätzen 1 und 2 genannten Beträge hinaus kann die Ordnungswidrigkeit mit einer Geldbuße bis zum Zweifachen des aus dem Verstoß gezogenen wirtschaftlichen Vorteils geahndet werden. [4]Der wirtschaftliche Vorteil umfasst erzielte Gewinne und vermiedene Verluste und kann geschätzt werden.

(7) Zur Ermittlung des Gesamtumsatzes im Sinne des Absatzes 6 Satz 2 gilt § 120 Absatz 23 Satz 1 WpHG entsprechend.

(8) § 17 Absatz 2 des Gesetzes über Ordnungswidrigkeiten ist nicht anzuwenden bei Sanktionstatbeständen, die in Absatz 6 in Bezug genommen werden.

(9) Verwaltungsbehörde im Sinne des § 36 Absatz 1 Nummer 1 des Gesetzes über Ordnungswidrigkeiten ist die Bundesanstalt.

1   Die Bußgeldvorschriften in § 24 wurden durch das Gesetz zur weiteren Ausführung der EU-Prospektverordnung und zur Änderung von Finanzmarktgesetzen[1], ganz einschneidend verändert. Allein die Anzahl der Bußgeldtatbestände hat sich von 11 auf über 80 erhöht. Das liegt auch daran, dass dieses neue Bußgeldregime nicht nur die entsprechenden Vorgaben der neuen Prospektverordnung umsetzt, sondern darüber hinaus Verstöße gegen die gesetzlichen Vorgaben des Wertpapier-Informationsblatts regelt und gleichzeitig auch Art. 38 Prospekt-VO iVm § 120 Abs. 12 lit. a–e WpHG umsetzt.[2]

2   Bei der Anwendung der Abs. 1, 3 und 4 einerseits und Abs. 2 andererseits des § 24 ist der unterschiedliche Verschuldensmaßstab zu beachten. Während bei § 24 Abs. 2 Fahrlässigkeit genügt, ist bei § 24 Abs. 1, 3 und 4 zumindest Leichtfertigkeit erforderlich. Vorsatz ist Wissen (kognitiv) und Wollen (voluntativ) der Tatbestandsverwirklichung; bei bedingtem Vorsatz reicht hinsichtlich des

---

[1] BGBl. 2019 I 1002.
[2] RegBegr. Gesetz zur weiteren Ausführung der EU-Prospektverordnung und zur Änderung von Finanzmarktgesetzen, BT-Drs. 19/8005, 55.

voluntativen Elements allerdings aus, dass die Tatbestandsverwirklichung mindestens billigend in Kauf genommen wird. Dagegen nimmt der Täter bei grober Fahrlässigkeit bei gleichen Anforderungen an das kognitive Element die Tatbestandsverwirklichung nicht zumindest billigend in Kauf, sondern vertraut ernsthaft darauf, die Tatbestandsverwirklichung werde schon nicht eintreten. Leichtfertigkeit ist eine gesteigerte Form der Fahrlässigkeit, dh der Täter muss gerade das unberücksichtigt lassen, was jedem anderen an seiner Stelle offenbar eingeleuchtet hätte.

§ 25 Maßnahmen bei Verstößen

(1) **Im Falle eines Verstoßes gegen die in § 24 Absatz 1, 3 oder 4 genannten Vorschriften kann die Bundesanstalt zur Verhinderung weiterer Verstöße,**

1. **auf ihrer Internetseite gemäß den Vorgaben des Artikels 42 der Verordnung (EU) 2017/ 1129 eine Bekanntgabe des Verstoßes unter Nennung der natürlichen oder juristischen Person oder der Personenvereinigung, die den Verstoß begangen hat, sowie der Art des Verstoßes veröffentlichen und**

2. **gegenüber der für den Verstoß verantwortlichen natürlichen oder juristischen Person oder Personenvereinigung anordnen, dass die den Verstoß begründenden Handlungen oder Verhaltensweisen dauerhaft einzustellen sind.**

(2) **Die Bekanntmachung nach Satz 1 Nummer 1 darf nur diejenigen personenbezogenen Daten enthalten, die zur Identifizierung des Anbieters oder Emittenten erforderlich sind.**

§ 25 wurde durch das Gesetz zur weiteren Ausführung der EU-Prospektverordnung und zur **1** Änderung von Finanzmarktgesetzen[1] neu in das Wertpapierprospektgesetz eingefügt, um Art. 38 Abs. 2 lit. a und b Prospekt-VO umzusetzen. Die dort geregelten Befugnisse sollen der BaFin auch bei Verstößen gegen die in § 25 Abs. 1 genannten Vorschriften zustehen. Die Regierungsbegründung gibt der BaFin für die Anwendung dieser Regelungen im konkreten Einzelfall auf, „die Vorgaben des Artikels 39 der EU-Prospektverordnung zu achten und bei der Ausübung des pflichtgemäßen Ermessens insbesondere die Verhältnismäßigkeit der Maßnahme, also ihre Geeignetheit, Erforderlichkeit und Angemessenheit zur Erreichung des angestrebten Ziels, zu wahren."[2]

§ 26 Datenschutz

Die Bundesanstalt darf personenbezogene Daten nur zur Erfüllung ihrer aufsichtlichen Aufgaben und für Zwecke der Zusammenarbeit nach Maßgabe der Artikel 33 und 34 der Verordnung (EU) 2017/1129 verarbeiten.

Nicht kommentiert

§ 27 Übergangsbestimmungen zur Aufhebung des Verkaufsprospektgesetzes

[1] **Für Ansprüche wegen fehlerhafter Prospekte, die nicht Grundlage für die Zulassung von Wertpapieren zum Handel an einer inländischen Börse sind und die vor dem 1. Juni 2012 im Inland veröffentlicht worden sind, sind das Verkaufsprospektgesetz und die §§ 44 bis 47 des Börsengesetzes jeweils in der bis zum 31. Mai 2012 geltenden Fassung weiterhin anzuwenden.** [2] **Wurden Prospekte entgegen § 3 Absatz 1 Satz 1 in der bis zum 20. Juli 2019 geltenden Fassung nicht veröffentlicht, ist für daraus resultierende Ansprüche, die bis zum Ablauf des 31. Mai 2012 entstanden sind, das Verkaufsprospektgesetz in der bis zum 31. Mai 2012 geltenden Fassung weiterhin anzuwenden.**

§ 27 enthält die Regelung für Prospekthaftungsansprüche wegen fehlerhafter Prospekte, die nicht **1** Grundlage für die Zulassung von Wertpapieren zum Handel an einer inländischen Börse sind – für „Börsenzulassungsprospekte" enthält § 52 Abs. 8 BörsG nF die entsprechende Übergangsregelung (→ § 9 Rn. 7 ff.). Maßgeblicher Zeitpunkt ist die Veröffentlichung des Prospekts. Wurde der Prospekt vor dem Inkrafttreten des Gesetzes zur Novellierung des Finanzanlagenvermittler- und Vermögensanlagenrechts, dh dem 1.6.2012, veröffentlicht, findet § 13 VerkprospG aF (in der Fassung vor der Änderung durch das Gesetz zur Novellierung des Finanzanlagenvermittler- und Vermögensanlagen-

---

[1] BGBl. 2019 I 1002.
[2] RegBegr. Gesetz zur weiteren Ausführung der EU-Prospektverordnung und zur Änderung von Finanzmarktgesetzen, BT-Drs. 19/8005, 56.

rechts) Anwendung, damit die §§ 44–47 BörsG aF. Wurde der Prospekt jedoch nach dem Inkrafttreten des Gesetzes zur Novellierung des Finanzanlagenvermittler- und Vermögensanlagenrechts veröffentlicht, gilt für diesen § 10. Dies gilt auch für die Verjährungsfristen.[1] § 27 S. 2 regelt die Haftungsansprüche wegen fehlenden Prospektes. Hier ist maßgeblicher Stichtag derjenige der Entstehung des Anspruches. Ist der Anspruch vor dem Tag des Inkrafttreten des Gesetzes zur Novellierung des Finanzanlagervermittler- und Vermögensanlagenrechts, dh dem 1.6.2012 entstanden, findet weiterhin § 13a VerkprospG aF Anwendung; danach entstandene Ansprüche regelt § 14.[2]

§ 28 Übergangsbestimmungen zum Gesetz zur weiteren Ausführung der EU-Prospektverordnung und zur Änderung von Finanzmarktgesetzen

(1) **Prospekte, die vor dem 21. Juli 2019 gebilligt wurden, unterliegen bis zum Ablauf ihrer Gültigkeit weiterhin dem Wertpapierprospektgesetz in der bis zum 20. Juli 2019 geltenden Fassung.**

(2) **[1] Wertpapier-Informationsblätter, deren Veröffentlichung vor dem 21. Juli 2019 gestattet wurde, unterliegen weiterhin dem Wertpapierprospektgesetz in der bis zum 20. Juli 2019 geltenden Fassung. [2] Anträge auf Gestattung der Veröffentlichung von Wertpapier-Informationsblättern, die vor dem 21. Juli 2019 gestellt wurden und bis zum 20. Juli 2019 einschließlich nicht beschieden sind, gelten als Anträge auf Gestattung der Veröffentlichung nach § 4 in der nach dem 21. Juli 2019 geltenden Fassung.**

1   Art. 46 Abs. 3 Prospekt-VO bestimmt, dass für „Prospekte, die gemäß des nationalen Rechts zur Umsetzung der Richtlinie 2003/71/EG vor dem 21. Juli 2019 gebilligt wurden, … bis zum Ablauf ihrer Gültigkeit oder während eines Zeitraums von 12 Monaten nach dem 21. Juli 2019, je nach dem, was zuerst eintritt, weiterhin diesem nationalen Recht „unterliegen". Dies regelt § 28 Abs. 1 entsprechend. Dagegen bestimmt Abs. 2, dass Wertpapier-Informationsblätter, deren Veröffentlichung nicht bis zum 20.7.2019 gestattet wurde, nicht dem bis dahin geltenden WpPG, sondern dem ab dann geänderten WpPG unterliegen; vorher begonnene Antragsverfahren laufen weiter, dann allerdings unter Geltung des neuen Rechts[1*].

§§ 28a bis 30 (weggefallen)

§ 31 (jetzt § 20)

§ 32 Auskunftspflicht von Wertpapierdienstleistungsunternehmen

Vorbehaltlich der schriftlichen Einwilligung des jeweiligen Kunden haben Wertpapierdienstleistungsunternehmen im Sinne des § 2 Absatz 10 des Wertpapierhandelsgesetzes Emittenten oder Anbietern auf Anfrage unverzüglich ihre Einstufung dieses Kunden nach § 67 des Wertpapierhandelsgesetzes mitzuteilen.

1   § 32 wurde wohl eher versehentlich nicht aufgehoben. Ein Bedürfnis nach dieser Regelung besteht wegen der unmittelbar geltenden Definition des „qualifizierten Anlegers" in Art. 2 lit. e Prospekt-VO, welche bereits, jedenfalls für den Emittenten, einen entsprechenden Auskunftsanspruch enthält, nicht.

---

[1] Ausf. hierzu RegBgr. zum Entwurf eines Gesetzes zur Novellierung des Finanzanlagenvermittler- und Vermögensanlagenrechts, BT-Drs. 17/6051, 1 (47).
[2] Bei dem Verweis in der RegBgr. zum Entwurf eines Gesetzes zur Novellierung des Finanzanlagenvermittler- und Vermögensanlagenrechts, BT-Drs. 17/6051, 1 (47), auf § 22 dürfte es sich um ein Versehen handeln.
[1*] RegBegr. Gesetz zur weiteren Ausführung der EU-Prospektverordnung und zur Änderung von Finanzmarktgesetzen, BT-Drs. 19/8005, 57.

Verordnung (EU) 2017/1129 des Europäischen Parlaments und des Rates vom 14. Juni 2017 über den Prospekt, der beim öffentlichen Angebot von Wertpapieren oder bei deren Zulassung zum Handel an einem geregelten Markt zu veröffentlichen ist und zur Aufhebung der Richtlinie 2003/71/EG

(ABl. L 168 S. 12)

Zuletzt geändert durch Art. 2 VO (EU) 2019/2115 vom 27.11.2019 (ABl. L 320 S. 1)

Vorbemerkungen

Schrifttum *Bronger/Scherer,* Das neue europäische Prospektrecht – (Geplante) Änderungen und Auswirkungen, WM 2017, 460; *Fagernäs/Kanervo/Nuñez/Alcalá,* The Why and How of the New European Union Prospectus Regulation, Business Law International, January 2019, 5; *Geyer/Schelm,* Das neue europäische Prospektrecht ein Überblick aus Sicht der Praxis, BB 2019, 1731; *Wöckener/Kurzbach,* Neue EU-Prospektverordnung – Anpassungsbedarf bei der Praxis der Prospekterstellung, RdF 2018, 276; *Schulz,* Die Reform des Europäischen Prospektrechts – Eine Analyse der geplanten Prospektverordnung und ihrer Praxisauswirkungen, WM 2016, 1417; *Schulz,* Aktienemissionen nach der Europäischen Prospektverordnung, WM 2018, 212.

I. Entstehung der (neuen)[1] Prospekt-VO

Die bereits durch die „alte" Prospekt-VO erreichte Vollharmonisierung des Prospektinhalts war **1** nach Ansicht der Europäischen Kommission nicht ausreichend, um eine wirkliche Kapitalmarktunion zu schaffen, da Prospektausnahmen sowie das Prospektbilligungsverfahren noch der nationalen Umsetzung der Prospekt-RL vorbehalten waren. Deshalb wurde im Rahmen des „Aktionsplan zur Schaffung einer Kapitalmarktunion"[2] eine völlige Vereinheitlichung angestrebt und mit der neuen Prospekt-VO[3] welche unter anderem die Europäische Prospekt-RL ersetzte und den Delegierten Verordnungen, welche die (alte) Prospekt-VO ersetzen, implementiert, Delegierte Verordnung (EU) 2019/980 der Kommission vom 14.3.2019 zur Ergänzung der Verordnung (EU) 2017/1129 des Europäischen Parlaments und des Rates hinsichtlich der Aufmachung, des Inhalts, der Prüfung und der Billigung des Prospekts, der beim öffentlichen Angebot von Wertpapieren oder bei deren Zulassung zum Handel an einem geregelten Markt zu veröffentlichen ist, und zur Aufhebung der Verordnung (EG) Nr. 809/2004 der Kommission[4], und Delegierte Verordnung (EU) 2019/979 der Kommission vom 14.3.2019 zur Ergänzung der Verordnung (EU) 2017/1129 des Europäischen Parlaments und des Rates durch technische Regulierungsstandards für wesentliche Finanzinformationen in der Zusammenfassung des Prospekts, die Veröffentlichung und Klassifizierung von Prospekten, die Werbung für Wertpapiere, Nachträge zum Prospekt und das Notifizierungsportal und zur Aufhebung der Delegierten Verordnung (EU) Nr. 382/2014 der Kommission und der Delegierten Verordnung (EU) 2016/301 der Kommission[5]. Dabei wird der **Prospektinhalt im Wesentlichen von den Annexen zu der Delegierte Verordnung (EU) 2019/980** bestimmt. **Prospekterfordernis, Prospektinhalt und Prospektbil-**

---

[1] Vor der aktuellen, neuen Prospekt-VO, Verordnung (EU) 2017/1129, existierte bereits eine „Prospektverordnung", die Verordnung (EG) Nr. 809/2004 der Kommission vom 29. April 2004 zur Umsetzung der Richtlinie 2003/71/EG des Europäischen Parlaments und des Rates betreffend die in Prospekten enthaltenen Informationen sowie das Format, die Aufnahme von Informationen mittels Verweis und die Veröffentlichung solcher Prospekte und die Verbreitung von Werbung, abgedruckt in der zweiten berichtigten Fassung in ABl. EU Nr. L 186 vom 18. Juli 2005, S. 3, die durch die durch Art. 46 Delegierte VO (EU) 2019/980 der Kommission vom 14.3.2019 zur Ergänzung der Verordnung (EU) 2017/1129 des Europäischen Parlaments und des Rates hinsichtlich der Aufmachung, des Inhalts, der Prüfung und der Billigung des Prospekts, der beim öffentlichen Angebot von Wertpapieren oder bei deren Zulassung zum Handel an einem geregelten Markt zu veröffentlichen ist, und zur Aufhebung der Verordnung (EG) Nr. 809/2004 der Kommission, ABl. 2019 L 166, 26, aufgehoben wurde. Deshalb wird hier bewusst durchgängig von der „neuen" Prospekt-VO gesprochen.
[2] COM(2015) 468 final.
[3] Verordnung (EU) 2017/1129 des Europäischen Parlaments und des Rates vom 14. Juni 2017 über den Prospekt, der beim öffentlichen Angebot von Wertpapieren oder bei deren Zulassung zum Handel an einem geregelten Markt zu veröffentlichen ist und zur Aufhebung der Richtlinie 2003/71/EG, ABl. 2017 L 118, 12.
[4] ABl. 2019 L 166, 26.
[5] ABl. 2019 L 166, 1.

ligung sind damit europaweit einheitlich durch unmittelbar anwendbare und geltende (Art. 288 S. 2 AEUV) Verordnungen geregelt.

2 Der Entwurf der Kommission für die neue Prospekt-VO[6] wurde am 30.11.2015 verabschiedet, die neue Prospekt-VO selbst nach mehrfacher Erörterung und Überarbeitung im Rat, Stellungnahme des Wirtschafts- und Sozialausschusses[7] und der Europäischen Zentralbank[8] und weiterer Überarbeitungen nach erster Lesung im Europäischen Parlament letztendlich am 14.6.2017 vom Präsidenten des Europäischen Parlaments und dem Präsidenten des Rates unterzeichnet und am 30.6.2017 im Amtsblatt verkündet[9]. Nachfolgend zitierte Artikel ohne nähere Gesetzesangabe sind die der neuen Prospekt-VO (VO [EU] 2017/1129). Die Delegierten Verordnungen beruhen auf sehr umfangreichen Vorarbeiten der ESMA[10], die zu ihrer Auslegung herangezogen werden sollten. Durch die Verordnung (EU) 2019/2115 (Verordnung des Europäischen Parlaments und des Rates zur Änderung der Verordnungen (EU) Nr. 596/2014 und (EU) 2017/1129 zur Förderung der Nutzung von KMU-Wachstumsmärkten[11]) wurden die in Art. 1 Abs. 4 lit. f und g sowie Abs. 5 lit. e und f genannten Erleichterungen durch die neuen Art. 1 Abs. 6a und 6b erheblich eingeschränkt[12]. Gleichzeitig wurde Art. 14 geändert und sein Anwendungsbereich erweitert.

II. Zielsetzung

3 Die mit der Verabschiedung der (neuen) Prospekt-VO verfolgte Zielsetzung der Kommission war eine doppelte: **Vereinheitlichung und Vereinfachung**[13] (und damit **Erleichterung und Kostenersparnis**). Zwar waren durch die (alte) Prospekt-VO die inhaltlichen Vorgaben für den Prospekt europaweit vereinheitlicht, der organisatorische Rahmen für Prospekte und deren Billigung war europaweit jedoch nicht wirklich einheitlich, weil die diese Aspekte regelnde Prospekt-RL „in einigen Mitgliedstaaten uneinheitlich umgesetzt"[14] wurde. „Die Umwandlung der Richtlinie in eine Verordnung" sollte diese Vereinheitlichung herbeiführen[15].

4 Die Vereinfachung bezweckte (grundsätzlich[16]) „den Verwaltungsaufwand bei der Prospekterstellung für alle Emittenten, insbesondere für KMU, Daueremittenten von Wertpapieren und Sekundäremissionen, (zu) verringern"[17]. Diese Vereinfachung insbesondere für KMU, Daueremittenten und Sekundäremissionen soll auf Ebene der neuen Prospekt-VO im Wesentlichen durch drei „Prospektformate" erfolgen: Den besonderen EU-Wachstumsprospekt mit verringerten Offenlegungspflichten (Art. 15), das einheitliche Registrierungsformular (Art. 9), das unter gewissen Voraussetzungen (Art. 9 Abs. 11) beschleunigt nach Art. 20 Abs. 6 gebilligt werden kann, und die verringerten Offenlegungsregeln für Sekundäremissionen nach Art. 14. Dabei enthält die neue Prospekt-VO für die neuen „Prospektformate" nur deren Voraussetzungen und den Rahmen für die Offenlegungsregeln bzw. das Billigungsverfahren, überlässt die **Detailregelungen jedoch den delegierten Rechtsakten**[18] (s. Art. 9

---

[6] COM(2015) 583 final.

[7] Vom 16.3.2016, ABl. 2016 C 177, 9.

[8] Stellungnahme der Europäischen Zentralbank vom 17.3.2016, ABl. 2016 C 195, 1.

[9] ABl. 2017 L 168, 12. Überblick über das Gesetzgebungsverfahren mit allen verlinkten Entwürfen unter eur-lex.europa.eu/procedure/de/2015_2068. Überblick über die Änderungen im Gesetzgebungsverfahren auch bei *Bronger/Scherer* WM 2017, 460.

[10] ESMA Technical advice under the Prospectus Regulation, Final report, ESMA31–62-800; ESMA Draft regulatory technical standards under the Prospectus Regulation, ESMA31–62-1002, jeweils abrufbar unter der Homepage der ESMA.

[11] ABl. 2019 L 320, 1; Kommissionsvorschlag COM(2018) 0331.

[12] Erwägungsgrund 13 der Verordnung des Europäischen Parlaments und des Rates zur Änderung der Verordnungen (EU) Nr. 596/2014 und (EU) 2017/1129 zur Förderung der Nutzung von KMU-Wachstumsmärkten, ABl. 2019 L 320, 1 (4).

[13] Begründung des Kommissionsvorschlags, COM(2015) 583 final, 1.

[14] Begründung des Kommissionsvorschlags, COM(2015) 583 final, 8.

[15] Begründung des Kommissionsvorschlags, COM(2015) 583 final, 8.

[16] In einzelnen Bereichen sollten allerdings ursprünglich die Anforderungen verschärft werden, so zB bei Nichtdividendenwerten mit hoher Mindeststückelung, Begründung des Kommissionsvorschlags, COM(2015) 583 final, 4, wobei diese Änderung nicht in der endgültigen Fassung der neuen Prospekt-VO enthalten ist.

[17] Begründung des Kommissionsvorschlags, COM(2015) 583 final, 3.

[18] S. Delegierte Verordnung (EU) 2019/980 der Kommission vom 14.3.2019 zur Ergänzung der Verordnung (EU) 2017/1129 des Europäischen Parlaments und des Rates hinsichtlich der Aufmachung, des Inhalts, der Prüfung und der Billigung des Prospekts, der beim öffentlichen Angebot von Wertpapieren oder bei deren Zulassung zum Handel an einem geregelten Markt zu veröffentlichen ist, und zur Aufhebung der Verordnung (EG) Nr. 809/2004 der Kommission ABl. 2019 L 166, 26 nebst Anhängen sowie Delegierte Verordnung (EU) 2019/979 der Kommission vom 14.3.2019 zur Ergänzung der Verordnung (EU) 2017/1129 des Europäischen Parlaments und des Rates durch technische Regulierungsstandards für wesentliche Finanzinformationen in der Zusammenfassung des Prospekts, die Veröffentlichung und Klassifizierung von Prospekten, die Werbung für Wertpapiere, Nachträge zum Prospekt und das Notifizierungsportal und zur Aufhebung der Delegierten Verordnung (EU) Nr. 382/2014 der Kommission und der Delegierten Verordnung (EU) 2016/301 der Kommission ABl. 2019 L 166, 1 nebst Anhängen.

Abs. 14, Art. 14 Abs. 3 und Art. 15 Abs. 2). Darüber hinaus sind noch die Delegierten Verordnungen, die nach Art. 1 Abs. 7[19] und Art. 16 Abs. 5[20] erlassen wurden, zu beachten.

Wenn die Kommission mehrfach[21] von einer „Umwandlung der Richtlinie in eine Verordnung" bzw. **5** „Umwandlung der Prospektrichtlinie in eine Verordnung" spricht, dann legt dies nahe, dass der Inhalt der Prospekt-RL inhaltlich unverändert allein in ein neues Rechtsgewand gekleidet werden sollte. Das ist auch größtenteils so, wie Anhang VI der neuen Prospekt-VO, die Entsprechungstabelle, verdeutlicht, in der die aufgehobenen Artikel der Prospekt-RL den entsprechenden neuen Artikeln der neuen Prospekt-VO gegenübergestellt werden. Soweit die neuen Regelungen ihre Entsprechung in den Bestimmungen der alten Prospekt-RL haben, sind damit auch die zu den **Vorgängerregeln gewonnenen Erkenntnisse weiterhin gültig.** Da die Vorschriften der Prospekt-RL in Deutschland im WpPG aF im Wesentlichen richtlinienkonform umgesetzt wurden, bedeutet dies, dass im Endergebnis bei der Anwendung und Auslegung der Bestimmungen der neuen Prospekt-VO **grundsätzlich die zum WpPG aF gewonnenen Erkenntnisse weiter herangezogen werden können.**[22]

Allerdings ist hierbei in zweierlei Hinsicht Vorsicht geboten: Zum einen ging in einigen Bereichen die **6** Überführung der Regelungen der Prospekt-RL in die neue Prospekt-VO mit materiellen Änderungen einher. So verweist die Kommission darauf, die vorgenommene Evaluierung der Prospekt-RL hätte Mängel festgestellt, welche „es insbesondere angezeigt (sein ließen), sich erneut mit den „angemessenen Offenlegungsregeln" (für KMU und Small Caps sowie bei Bezugsrechtsemissionen) und der Prospektzusammenfassung zu befassen"[23]. Insofern ist der Titel „Entsprechungstabelle" nicht zwingend in dem Sinne zu verstehen, dass die jeweils als „entsprechend" aufgeführten Regelungen sich materiell entsprechen, dh inhaltlich identisch sind. Vielmehr geht es alleine darum, darzustellen, welche Materie, die in der Prospekt-RL in einer bestimmten Norm geregelt war, nunmehr in der Prospekt-VO geregelt wird. Eine inhaltliche Identität wird damit nicht ausgedrückt – auch wenn sie häufig vorliegt. Dies zwingt dazu, jeweils genau zu prüfen, ob die neue Regelung tatsächlich auch inhaltlich der alten entspricht, bevor zur alten Regelung gewonnene Erkenntnisse weiter herangezogen werden.

Darüber hinaus ist zu beachten, dass Europäische Verordnungsnormen Teile der EU-Rechtsordnung **7** sind und die **EU-Rechtsordnung** als autonom[24] anzusehen ist. Deren Auslegung erfolgt **unionsrechtlich autonom** nach den klassischen vier Methoden (grammatische, systematische, historische und teleologische Auslegung) ergänzt um eine rechtsvergleichende Auslegung, bei der die allgemeinen Rechtsgrundsätze, die sich aus der Gesamtheit der mitgliedstaatlichen Rechtsordnungen ergeben, zu berücksichtigen sind[25].

DAS EUROPÄISCHE PARLAMENT UND DER RAT DER EUROPÄISCHEN UNION –
gestützt auf den Vertrag über die Arbeitsweise der Europäischen Union, insbesondere auf Artikel 114,
auf Vorschlag der Europäischen Kommission,
nach Zuleitung des Entwurfs des Gesetzgebungsakts an die nationalen Parlamente,
nach Stellungnahme der Europäischen Zentralbank[1],
nach Stellungnahme des Europäischen Wirtschafts- und Sozialausschusses[2],
nach Anhörung des Ausschusses der Regionen,
gemäß dem ordentlichen Gesetzgebungsverfahren[3],
in Erwägung nachstehender Gründe:

---

[19] Die entsprechende Delegierte Verordnung lag bei Abschluss des Manuskripts noch nicht vor, der Final Report der ESMA, Technical advice on Minimum Information Content for Prospectus Exemption, 29 March 2019/ ESMA31–62-1207, abrufbar über die Homepage der ESMA: www.esma.europa.eu, gibt aber einen guten Eindruck von dem, was dort zu erwarten ist.

[20] Die entsprechende Delegierte Verordnung lag bei Abschluss des Manuskripts noch nicht vor, der Final Report der ESMA Guidelines on risk factors under the Prospectus Regulation, 29 March 2019/ESMA31–62-1217, abrufbar über die Homepage der ESMA: www.esma.europa.eu, gibt aber einen guten Eindruck von dem, was dort zu erwarten ist.

[21] Begründung des Kommissionsvorschlags, COM(2015) 583 final, 8 f.

[22] In diese Richtung geht auch die Antwort der ESMA, nach der die ESMA Q&A (ESMA, Frequently asked questions, Prospectuses: common positions agreed by ESMA Members, abrufbar über die Homepage: www.esma.europa.eu., und der ESMA update der CESR Empfehlungen, CESR's recommendations for the consistent implementation of the European Commission's Regulation on Prospectuses no 809/2004, CESR/05–54b, aktualisiert durch ESMA update of the CESR recommendations, abrufbar über die Homepage: www.esma.europa.eu.) bei der Erstellung von Prospekten weiterhin berücksichtigt werden sollen, ESMA Q&A on the Prospectus Regulation, ESMA/2019/ESMA31–62-1258, Frage 2.1.

[23] Begründung des Kommissionsvorschlags, COM(2015) 583 final, 13, vgl. auch Erwägungsgrund 6.

[24] Grabitz/Hilf/Nettesheim/*Nettesheim*, 65. EL August 2018, AEUV Art. 288 Rn. 34.

[25] EuGH Urt. v. 14.10.1976 –29/76, Slg. 1976, 1541 Rn. 3 – Eurocontrol; EuGH Urt. v. 15.11.2018 – C-308/ 17, WM 2019, 395 Rn. 32.

[1] ABl. C 195 vom 2.6.2016, S. 1.

[2] ABl. C 177 vom 18.5.2016, S. 9.

[3] Standpunkt des Europäischen Parlaments vom 5. April 2017 (noch nicht im Amtsblatt veröffentlicht) und Beschluss des Rates vom 16. Mai 2017.

(1) Diese Verordnung ist ein wesentlicher Schritt zur Vollendung der Kapitalmarktunion im Sinne der Mitteilung der Kommission vom 30. September 2015 mit dem Titel „Aktionsplan zur Schaffung einer Kapitalmarktunion". Ziel der Kapitalmarktunion ist es, Unternehmen den Zugang zu einer größeren Vielfalt an Finanzierungsquellen in der gesamten Europäischen Union (nachfolgend „Union") zu erleichtern, ein effizienteres Funktionieren der Märkte zu ermöglichen und Anlegern sowie Sparern zusätzliche Ertragsmöglichkeiten zu bieten, um so das Wachstum und die Schaffung von Arbeitsplätzen zu fördern.

(2) Mit der Richtlinie 2003/71/EG des Europäischen Parlaments und des Rates[4] wurden harmonisierte Grundsätze und Vorschriften für den Prospekt festgelegt, der beim öffentlichen Angebot von Wertpapieren oder bei deren Zulassung zum Handel an einem geregelten Markt zu erstellen, zu billigen und zu veröffentlichen ist. Angesichts der Rechts- und Marktentwicklungen seit Inkrafttreten der Richtlinie sollte diese Richtlinie aufgehoben und durch diese Verordnung ersetzt werden.

(3) Beim öffentlichen Angebot von Wertpapieren oder bei der Zulassung von Wertpapieren zum Handel an einem geregelten Markt ist die Offenlegung von Informationen für den Anlegerschutz von zentraler Bedeutung, da sie Informationsasymmetrien zwischen Anlegern und Emittenten beseitigt. Die Harmonisierung einer solchen Offenlegung ermöglicht die Einrichtung eines grenzüberschreitenden Pass-Mechanismus, der das wirksame Funktionieren des Binnenmarkts bei einem breiten Spektrum von Wertpapieren erleichtert.

(4) Divergierende Ansätze hätten eine Fragmentierung des Binnenmarkts zur Folge, da für Emittenten, Anbieter und die die Zulassung zum Handel an einem geregelten Markt beantragenden Personen in verschiedenen Mitgliedstaaten unterschiedliche Regelungen gelten würden und in einem Mitgliedstaat gebilligte Prospekte in anderen Mitgliedstaaten möglicherweise nicht verwendet werden könnten. Ohne einen harmonisierten Rahmen, der die Einheitlichkeit der Offenlegung und das Funktionieren des Passes in der Union gewährleistet, ist es deshalb wahrscheinlich, dass durch Unterschiede im Recht der Mitgliedstaaten Hindernisse für das reibungslose Funktionieren des Wertpapierbinnenmarkts entstehen. Um das ordnungsgemäße Funktionieren des Binnenmarkts sicherzustellen, die Voraussetzungen hierfür insbesondere in Bezug auf die Kapitalmärkte zu verbessern und einen hohen Verbraucher- und Anlegerschutz zu gewährleisten, ist es angemessen, einen Regelungsrahmen für Prospekte auf Unionsebene festzulegen.

(5) Es ist angemessen und notwendig, die beim öffentlichen Angebot von Wertpapieren oder deren Zulassung zum Handel an einem geregelten Markt geltenden Offenlegungsvorschriften in Form einer Verordnung festzulegen, damit sichergestellt ist, dass die Bestimmungen, die unmittelbare Pflichten für Personen beinhalten, die an öffentlichen Angeboten von Wertpapieren oder deren Zulassung zum Handel an einem geregelten Markt beteiligt sind, unionsweit einheitlich angewandt werden. Da ein Rechtsrahmen für Prospekte zwangsläufig Maßnahmen umfasst, die die genauen Anforderungen für sämtliche Aspekte von Prospekten regeln, könnten selbst geringe Unterschiede in dem bei einer jener Aspekte verfolgten Ansatz zu erheblichen Beeinträchtigungen bei grenzüberschreitenden Angeboten von Wertpapieren, bei Mehrfachnotierungen an geregelten Märkten und bei den Verbraucherschutzvorschriften der Union führen. Daher sollte durch den Einsatz einer Verordnung, die unmittelbar anwendbar ist, ohne dass nationales Recht erforderlich wäre, die Möglichkeit divergierender Maßnahmen auf nationaler Ebene verringert, ein kohärenter Ansatz sowie größere Rechtssicherheit sichergestellt und erhebliche Beeinträchtigungen verhindert werden. Der Einsatz einer Verordnung wird auch das Vertrauen in die Transparenz der Märkte unionsweit stärken und die Regulierungskomplexität sowie die Such- und Compliancekosten für die Unternehmen verringern.

(6) Die Bewertung der Richtlinie 2010/73/EU des Europäischen Parlaments und des Rates[5] hat ergeben, dass bestimmte durch die genannte Richtlinie eingeführte Änderungen ihr ursprüngliches Ziel verfehlt haben und weitere Änderungen an der Prospektordnung der Union erforderlich sind, um deren Anwendung zu vereinfachen und zu verbessern, deren Effizienz zu erhöhen, die internationale Wettbewerbsfähigkeit der Union zu steigern und so zum Abbau von Verwaltungslasten beizutragen.

(7) Ziel dieser Verordnung ist es, Anlegerschutz und Markteffizienz sicherzustellen und gleichzeitig den Kapitalbinnenmarkt zu stärken. Die Bereitstellung der Informationen, die je nach Art der Emittenten und der Wertpapiere notwendig sind, damit die Anleger eine fundierte Anlageentscheidung treffen können, stellt zusammen mit den Wohlverhaltensregeln den Anlegerschutz sicher. Darüber hinaus sind diese Informationen ein wirksames Mittel, um das Vertrauen in Wertpapiere zu erhöhen und so zur reibungslosen Funktionsweise und zur Entwicklung der Wertpapiermärkte beizutragen. Die geeignete Form zur Bereitstellung jener Informationen ist die Veröffentlichung eines Prospekts.

(8) Die Offenlegungspflichten dieser Verordnung berühren nicht das Recht eines Mitgliedstaats, einer zuständigen Behörde oder einer Börse, mittels ihrer Börsenordnung, weitere besondere Anforderungen im Zusammenhang mit der Zulassung von Wertpapieren zum Handel an einem geregelten Markt, insbesondere in Bezug auf die Unternehmensführung, festzulegen. Diese Anforderungen sollten die Erstellung, den Inhalt und die Verbreitung des von einer zuständigen Behörde gebilligten Prospekts weder direkt noch indirekt einschränken.

(9) Nichtdividendenwerte, die von einem Mitgliedstaat oder einer Gebietskörperschaft eines Mitgliedstaats, von internationalen Organismen öffentlich-rechtlicher Art, denen mindestens ein Mitgliedstaat angehört, von der Europäischen Zentralbank oder von den Zentralbanken der Mitgliedstaaten ausgegeben werden, sollten nicht von dieser Verordnung erfasst werden und daher von ihr unberührt bleiben.

(10) Um den Anlegerschutz sicherzustellen, sollte die Pflicht zur Veröffentlichung eines Prospekts sowohl für Dividendenwerte als auch für Nichtdividendenwerte gelten, die öffentlich angeboten oder zum Handel an geregelten Märkten zugelassen werden. Einige der unter diese Verordnung fallenden Wertpapiere berechtigen den Inhaber zum Erwerb von übertragbaren Wertpapieren oder zum Empfang eines Barbetrags im Rahmen eines

---

[4] Richtlinie 2003/71/EG des Europäischen Parlaments und des Rates vom 4. November 2003 betreffend den Prospekt, der beim öffentlichen Angebot von Wertpapieren oder bei deren Zulassung zum Handel zu veröffentlichen ist, und zur Änderung der Richtlinie 2001/34/EG (ABl. L 345 vom 31.12.2003, S. 64).

[5] Richtlinie 2010/73/EU des Europäischen Parlaments und des Rates vom 24. November 2010 zur Änderung der Richtlinie 2003/71EG betreffend den Prospekt, der beim öffentlichen Angebot von Wertpapieren oder bei deren Zulassung zum Handel zu veröffentlichen ist, und der Richtlinie 2004/109/EG zur Harmonisierung der Transparenzanforderungen in Bezug auf Informationen über Emittenten, deren Wertpapiere zum Handel auf einem geregelten Markt zugelassen sind (ABl. L 327 vom 11.12.2010, S. 1).

Barausgleichs, der durch Bezugnahme auf andere Instrumente, nämlich übertragbare Wertpapiere, Währungen, Zinssätze oder Renditen, Rohstoffe oder andere Indizes oder Messzahlen festgesetzt wird. Diese Verordnung gilt insbesondere für Optionsscheine, gedeckte Optionsscheine, Zertifikate, Aktienzertifikate und Optionsanleihen, z. B. Wertpapiere, die nach Wahl des Anlegers umgewandelt werden können.

(11) Um die Billigung und grenzübergreifende Zulassung des Prospekts sowie die Überwachung der Einhaltung dieser Verordnung sicherzustellen, muss für jeden Prospekt eine zuständige Behörde benannt werden. Daher sollte in dieser Verordnung eindeutig festgelegt werden, welcher Herkunftsmitgliedstaat am besten in der Lage ist, den Prospekt zu billigen.

(12) Bei öffentlichen Angeboten von Wertpapieren mit einem Gesamtgegenwert in der Union von weniger als 1 000 000 EUR dürften die Kosten für die Erstellung eines Prospekts nach Maßgabe dieser Verordnung vermutlich in keinem Verhältnis zum angestrebten Emissionserlös stehen. Daher ist es angemessen, dass die Pflicht zur Erstellung eines Prospekts im Rahmen dieser Verordnung bei Angeboten von derart geringer Größenordnung nicht greift. Die Mitgliedstaaten sollten die Pflicht zur Erstellung eines Prospekts im Rahmen dieser Verordnung nicht auf öffentliche Angebote von Wertpapieren mit einem Gesamtgegenwert unter der genannten Schwelle ausdehnen. Die Mitgliedstaaten sollten jedoch in der Lage sein, auf nationaler Ebene andere Offenlegungspflichten vorzusehen, sofern diese Pflichten bei solchen Angeboten von Wertpapieren keine unverhältnismäßige oder unnötige Belastung darstellen.

(13) In Anbetracht der unterschiedlichen Größe der Finanzmärkte in der Union ist es zudem angemessen, dass die Mitgliedstaaten die Option haben, öffentliche Angebote von Wertpapieren mit einem Gesamtgegenwert von bis zu 8 000 000 EUR von der in dieser Verordnung vorgesehenen Pflicht zur Veröffentlichung eines Prospekts auszunehmen. Insbesondere sollte es den Mitgliedstaaten freigestellt sein, unter Berücksichtigung des von ihnen für angemessen erachteten inländischen Anlegerschutzniveaus in ihrem nationalen Recht einen Schwellenwert für das Wirksamwerden dieser Ausnahme bezogen auf den Gesamtgegenwert des Angebots in der Union innerhalb eines Zeitraums von 12 Monaten zwischen 1 000 000 EUR und 8 000 000 EUR festzulegen. Allerdings sollten solche ausgenommenen öffentlichen Angebote von Wertpapieren nicht von der Pass-Regelung nach dieser Verordnung begünstigt werden. Die Mitgliedstaaten sollten jedoch in der Lage sein, für Angebote unterhalb dieses Schwellenwerts auf nationaler Ebene andere Offenlegungspflichten vorzusehen, sofern diese Pflichten bei solchen Angeboten von Wertpapieren keine unverhältnismäßige oder unnötige Belastung darstellen. Diese Verordnung sollte jene Mitgliedstaaten in keiner Weise daran hindern, auf nationaler Ebene Vorschriften einzuführen, die es den Betreibern von multilateralen Handelssystemen (multilateral trading facilities – MTF) ermöglichen, den Inhalt des Zulassungsdokuments, das ein Emittent bei der Erstzulassung seiner Wertpapiere zum Handel zu erstellen hat, oder die Modalitäten für dessen Überprüfung festzulegen.

(14) Die bloße Zulassung von Wertpapieren zum Handel an einem MTF oder die Veröffentlichung von Geld- und Briefkursen ist nicht per se als öffentliches Angebot von Wertpapieren zu betrachten und unterliegt daher nicht der Pflicht zur Erstellung eines Prospekts gemäß dieser Verordnung. Ein Prospekt sollte nur dann verlangt werden, wenn diese Tätigkeiten mit einer Mitteilung einhergehen, die im „öffentliches Angebot von Wertpapieren" gemäß dieser Verordnung darstellt, sollte ein Prospekt verlangt werden.

(15) Richtet sich ein Angebot von Wertpapieren ausschließlich an einen eingeschränkten Kreis von Anlegern, bei denen es sich nicht um qualifizierte Anleger handelt, stellt die Erstellung eines Prospekts angesichts der geringen Zahl von Personen, an die sich das Angebot richtet, eine unverhältnismäßige Belastung dar, sodass kein Prospekt vorgeschrieben werden sollte. Dies würde beispielsweise für Angebote gelten, die sich an eine begrenzte Anzahl von Angehörigen der Familie oder von persönlichen Bekannten der Geschäftsführer eines Unternehmens richten.

(16) Soweit dies in Bezug auf Übernahmeangebote, Zusammenschlüsse und andere Transaktionen, die die Eigentumsverhältnisse oder die Kontrolle von Unternehmen betreffen, erforderlich ist, sollte diese Verordnung in einer Weise ausgelegt werden, die mit der Richtlinie 2004/25/EG des Europäischen Parlaments und des Rates[6] vereinbar ist.

(17) Anreize für Unternehmensleitung und Belegschaft, Wertpapiere des eigenen Unternehmens zu halten, können sich positiv auf die Unternehmensführung auswirken und langfristig zur Wertschöpfung beitragen, da sie das Engagement und die Eigenverantwortung der Arbeitnehmer fördern, für Interessenkongruenz zwischen Aktionären und Arbeitnehmern sorgen und Letzteren Anlagemöglichkeiten verschaffen. Eine Beteiligung der Arbeitnehmer am eigenen Unternehmen ist besonders für kleine und mittlere Unternehmen (KMU) wichtig, in denen es wahrscheinlich ist, dass einzelne Arbeitnehmer eine wichtige Rolle für den Erfolg des Unternehmens spielen. Daher sollte bei Angeboten im Rahmen eines Belegschaftsaktienprogramms von Unternehmen in der Union keine Pflicht zur Veröffentlichung eines Prospekts bestehen, sofern ein Dokument zur Verfügung gestellt wird, das Informationen über die Anzahl und Art der Wertpapiere enthält und in dem die Gründe und Einzelheiten des Angebots oder der Zuteilung dargelegt werden, damit der Anlegerschutz gewährleistet ist. Um unabhängig davon, ob der Arbeitgeber innerhalb oder außerhalb der Union ansässig ist, für die gesamte Unternehmensleitung und Belegschaft gleichberechtigten Zugang zu Belegschaftsaktienprogrammen zu gewährleisten, sollte kein Beschluss zur Feststellung der Gleichwertigkeit von Drittlandsmärkten mehr erforderlich sein, sofern ein solches Informationsdokument zur Verfügung gestellt wird. Auf diese Weise werden alle Teilnehmer an Belegschaftsaktienprogrammen gleich gestellt und informiert.

(18) Emissionen mit Verwässerungseffekt von Aktien oder von Wertpapieren, die Zugang zu Aktien verschaffen, weisen oftmals auf Transaktionen mit erheblicher Auswirkung auf die Kapitalstruktur, die Aussichten und die Finanzlage des Emittenten hin, wofür die in einem Prospekt enthaltenen Informationen erforderlich sind. Sind die Aktien eines Emittenten hingegen bereits zum Handel an einem geregelten Markt zugelassen, sollte für spätere Zulassungen von Aktien derselben Gattung am selben geregelten Markt kein Prospekt mehr verlangt werden, auch wenn diese Aktien aus der Umwandlung oder dem Eintausch anderer Wertpapiere oder aus der Ausübung der mit anderen Wertpapieren verbundenen Rechte resultieren, sofern die neu zugelassenen Aktien im Verhältnis zu den Aktien derselben Gattung, die bereits für denselben geregelten Markt zugelassen wurden, nur einen begrenzten Anteil ausmachen und eine solche Zulassung nicht mit einem in den Anwendungsbereich dieser Verordnung fallenden öffentlichen Angebot von Wertpapieren kombiniert wird. Derselbe Grundsatz sollte ganz

---

[6] Richtlinie 2004/25/EG des Europäischen Parlaments und des Rates vom 21. April 2004 betreffend Übernahmeangebot (ABl. L 142 vom 30.4.2004, S. 12).

allgemein für Wertpapiere gelten, die mit bereits zum Handel an einem geregelten Markt zugelassenen Wertpapieren fungibel sind.

(19) Diese Verordnung berührt nicht die Rechts- und Verwaltungsvorschriften, die im Zusammenhang mit der Abwicklung von Kreditinstituten nach der Richtlinie 2014/59/EU des Europäischen Parlaments und des Rates[7], insbesondere Artikel 53 Absatz 2, Artikel 59 Absatz 2 und Artikel 63 Absätze 1 und 2, die Ausnahmen von der Pflicht zur Veröffentlichung eines Prospekts enthalten, angenommen wurden.

(20) Ausnahmen von der Pflicht zur Veröffentlichung eines Prospekts gemäß dieser Verordnung sollten für ein öffentliches Angebot von Wertpapieren und/oder eine Zulassung zum Handel an einem geregelten Markt kombiniert werden können, wenn die Voraussetzungen für jene Ausnahmen gleichzeitig erfüllt sind. Wenn sich ein Angebot zum Beispiel gleichzeitig an qualifizierte Anleger, nicht qualifizierte Anleger, die sich verpflichten, jeweils mindestens 100 000 EUR zu investieren, die Beschäftigten des Emittenten und außerdem eine begrenzte Zahl nicht qualifizierter Anleger richtet, die die in dieser Verordnung festgelegte Zahl nicht überschreitet, sollte dieses Angebot von der Pflicht zur Veröffentlichung eines Prospekts befreit werden.

(21) Zur Gewährleistung der ordnungsgemäßen Funktionsweise des Großkundenmarkts für Nichtdividendenwerte und zur Erhöhung der Liquidität am Markt ist eine gesonderte, vereinfachte Behandlung von Nichtdividendenwerten vorzusehen, die zum Handel an einem geregelten Markt zugelassen und für qualifizierte Anleger konzipiert sind. Solch vereinfachte Behandlung sollte darin bestehen, dass weniger aufwändige Mindestinformationspflichten als für Nichtdividendenwerte, die Kleinanlegern angeboten werden, vorgesehen werden, keine Zusammenfassung in den Prospekt aufgenommen werden muss und eine flexiblere Sprachenregelung gilt. Die vereinfachte Behandlung sollte erstens für Nichtdividendenwerte, unabhängig von ihrer Stückelung, gelten, die ausschließlich an einem geregelten Markt oder in einem bestimmten Segment eines solchen gehandelt werden, zu dem ausschließlich qualifizierte Anleger zu Zwecken des Handels mit diesen Wertpapieren Zugang erhalten und zweitens für Nichtdividendenwerte mit einer Mindeststückelung von 100 000 EUR, die die höhere Investitionskapazität der Anleger widerspiegelt, an die sich der Prospekt richtet. An nicht qualifizierte Anleger sollten Nichtdividendenwerte, die ausschließlich an einem geregelten Markt oder in einem bestimmten Segment eines solchen gehandelt werden, zu dem ausschließlich qualifizierte Anleger zu Zwecken des Handels mit diesen Wertpapieren Zugang erhalten, nicht weiterverkauft werden dürfen, es sei denn, es wird ein Prospekt nach Maßgabe dieser Verordnung erstellt, der für nicht qualifizierte Anleger geeignet ist. Daher ist es von entscheidender Bedeutung, dass die Marktbetreiber bei der Einrichtung eines solchen geregelten Markts oder eines bestimmten Segments eines solchen nicht qualifizierten Anlegern keinen direkten oder indirekten Zugang zu diesem geregelten Markt oder bestimmten Segment gewähren.

(22) Werden Wertpapiere zugeteilt, ohne dass auf Seiten des Empfängers die Möglichkeit einer individuellen Entscheidung gegeben ist, einschließlich bei Wertpapierzuteilungen ohne Recht auf Ablehnung der Zuteilung oder bei automatischer Zuteilung nach der Entscheidung eines Gerichts, wie etwa einer Wertpapierzuteilung an bestehende Gläubiger im Zuge eines gerichtlichen Insolvenzverfahrens, so sollte eine solche Zuteilung nicht als öffentliches Angebot von Wertpapieren gelten.

(23) Emittenten, Anbietern oder Personen, die die Zulassung von Wertpapieren zum Handel an einem geregelten Markt beantragen, sollte – soweit sie nicht der Pflicht zur Veröffentlichung eines Prospekts unterliegen – der einheitliche Pass gewährt werden, wenn sie sich freiwillig für die Einhaltung dieser Verordnung entscheiden.

(24) Angesichts der Besonderheiten der verschiedenen Arten von Wertpapieren, Emittenten, Angeboten und Zulassungen enthält diese Verordnung Vorschriften für verschiedene Formen von Prospekten – einen Standardprospekt, einen Großkundenprospekt für Nichtdividendenwerte, einen Basisprospekt, einen vereinfachten Prospekt für Sekundäremissionen und einen EU-Wachstumsprospekt. Daher sind alle Bezugnahmen auf einen „Prospekt" im Rahmen dieser Verordnung so zu verstehen, dass sie sich auf all jene Formen von Prospekten beziehen, soweit nicht ausdrücklich etwas anderes bestimmt ist.

(25) Für öffentliche Angebote von Wertpapieren, die sich ausschließlich an qualifizierte Anleger richten, sollte die mit einem Prospekt erfolgende Offenlegung nicht vorgeschrieben werden. Dagegen sollte bei der Weiterveräußerung an die Öffentlichkeit oder dem öffentlichen Handel im Wege der Zulassung zum Handel an einem geregelten Markt die Veröffentlichung eines Prospekts erforderlich sein.

(26) Ein gültiger, vom Emittenten oder der für die Erstellung des Prospekts verantwortlichen Person erstellter Prospekt, der der Öffentlichkeit zum Zeitpunkt der endgültigen Platzierung der Wertpapiere über Finanzintermediäre oder bei jeder etwaigen späteren Weiterveräußerung der Wertpapiere zur Verfügung gestellt wird, enthält alle Informationen, die die Anleger für fundierte Anlageentscheidungen benötigen. Aus diesem Grund sollten Finanzintermediäre, die die Wertpapiere platzieren oder nachfolgend weiterveräußern, den ursprünglichen vom Emittenten oder von der für die Erstellung des Prospekts verantwortlichen Person veröffentlichten Prospekt so lange nutzen dürfen, wie er gültig und um angemessene Nachträge ergänzt ist und der Emittent oder die für die Erstellung verantwortliche Person dieser Nutzung zustimmt. Der Emittent oder die für die Erstellung des Prospekts verantwortliche Person sollten eine solche Zustimmung an Bedingungen knüpfen dürfen. Die Zustimmung zur Nutzung des Prospekts sollte unter Angabe der Bedingungen, an die sie geknüpft ist, im Wege einer schriftlichen Vereinbarung erteilt werden, die es den Betroffenen ermöglicht zu bewerten, ob die Vereinbarung bei der Weiterveräußerung oder endgültigen Platzierung der Wertpapiere eingehalten wird. Wird die Zustimmung zur Nutzung des Prospekts erteilt, sollte der Emittent oder die für die Erstellung des ursprünglichen Prospekts verantwortliche Person für die in diesem Prospekt enthaltenen Angaben und, falls es sich um einen Basisprospekt handelt, für die Übermittlung und Hinterlegung der endgültigen Bedingungen haften und es sollte kein weiterer Prospekt verlangt werden. Sollten der Emittent oder die für die Erstellung des ursprünglichen Prospekts verantwortliche Person einer Nutzung jedoch nicht zustimmen, sollte der Finanzintermediär einen neuen Prospekt veröffentlichen müssen. In diesem Fall sollte der Finanzintermediär für die in dem Prospekt enthaltenen Informationen einschließlich sämtlicher mittels

---

[7] Richtlinie 2014/59/EU des Europäischen Parlaments und des Rates vom 15. Mai 2014 zur Festlegung eines Rahmens für die Sanierung und Abwicklung von Kreditinstituten und Wertpapierfirmen und zur Änderung der Richtlinie 82/891/EWG des Rates, der Richtlinien 2001/24/EG, 2004/25/EG, 2007/56/EG, 2011/35/EU, 2012/30/EU und 2013/16/EU sowie der Verordnungen (EU) Nr. 1093/2010 und (EU) Nr. 648/2012 des Europäischen Parlaments und des Rates (ABl. L 173 vom 12.6.2014, S. 190).

Verweis aufgenommener Informationen und, sofern es sich um einen Basisprospekt handelt, die endgültigen Bedingungen haften.

(27) Die Harmonisierung der im Prospekt enthaltenen Informationen sollte einen gleichwertigen Anlegerschutz auf Unionsebene sicherstellen. Damit die Anleger fundierte Anlageentscheidungen treffen können, sollten diese Informationen ausreichend und objektiv sein und in leicht zu analysierender, knapper und verständlicher Form verfasst und präsentiert werden. Die in einem Prospekt enthaltenen Informationen sollten an die Art des Prospekts, die Art und die Umstände des Emittenten, die Art der Wertpapiere und daran, ob es sich bei den Anlegern, an die sich das Angebot richtet, ausschließlich um qualifizierte Anleger handelt, angepasst werden. Ein Prospekt sollte keine Informationen enthalten, die nicht wesentlich oder für den Emittenten und die betreffenden Wertpapiere nicht spezifisch sind, da dies die für die Anlageentscheidung relevanten Informationen verschleiern und so den Anlegerschutz unterlaufen könnte.

(28) Die Zusammenfassung des Prospekts sollte eine nützliche Informationsquelle für Anleger, insbesondere für Kleinanleger, sein. Sie sollte ein eigenständiger Bestandteil des Prospekts sein und sich auf die Basisinformationen konzentrieren, die die Anleger benötigen, um entscheiden zu können, welche Angebote und Zulassungen von Wertpapieren sie eingehender prüfen wollen, indem sie den gesamten Prospekt überprüfen, um ihre Entscheidung zu treffen. Diese Basisinformationen sollten Aufschluss über die wesentlichen Merkmale und Risiken bezüglich des Emittenten, eines etwaigen Garantiegebers und der angebotenen oder zum Handel an einem geregelten Markt zugelassenen Wertpapiere geben. Sie sollte auch die allgemeinen Bedingungen des Angebots enthalten.

(29) Bei der Darlegung der Risikofaktoren in der Zusammenfassung sollte eine begrenzte Auswahl spezifischer Risiken genannt werden, die nach Auffassung des Emittenten für die Anleger bei der Anlageentscheidung am relevantesten sind. Die Beschreibung der Risikofaktoren in der Zusammenfassung sollte für das spezielle Angebot relevant sein und ausschließlich zugunsten der Anleger ausgearbeitet werden, keine allgemeinen Angaben zum Anlagerisiko enthalten und die Haftung des Emittenten, des Anbieters oder einer in deren Namen handelnden Person nicht beschränken. Unter diesen Risikofaktoren sollten gegebenenfalls die Risiken, besonders für Kleinanleger, hervorgehoben werden, die bei Wertpapieren bestehen, die von Kreditinstituten ausgegeben werden und der Gläubigerbeteiligung („Bail-in") nach der Richtlinie 2014/59/EU unterliegen.

(30) Die Prospektzusammenfassung sollte kurz, einfach und für die Anleger leicht verständlich sein. Sie sollte in einfacher, allgemeinverständlicher Sprache verfasst sein und die Informationen auf leicht zugängliche Weise darbieten. Sie sollte keine bloße Zusammenstellung von Auszügen aus dem Prospekt sein. Es ist angemessen, die maximale Länge der Zusammenfassung zu begrenzen, um sicherzustellen, dass die Anleger nicht davon abgehalten werden, sie zu lesen, und um die Emittenten zu veranlassen, die für die Anleger wesentlichen Informationen auszuwählen. Unter bestimmten Bedingungen, die in dieser Verordnung festgelegt sind, sollte die maximale Länge der Zusammenfassung angehoben werden.

(31) Um sicherzustellen, dass die Prospektzusammenfassung stets einheitlich aufgebaut ist, sollten Abschnitte und Unterabschnitte mit Hinweisen zu den erwarteten Inhalten vorgegeben werden, die der Emittent mit kurzen, frei formulierten Beschreibungen und, sofern angemessen, Zahlenangaben füllen sollte. Solange die Informationen in fairer und ausgewogener Weise dargeboten werden, sollte es ins Ermessen der Emittenten gestellt bleiben, welche Informationen sie als wesentlich und aussagekräftig auswählen.

(32) Die Prospektzusammenfassung sollte soweit wie möglich dem Muster des nach der Verordnung (EU) Nr. 1286/2014 des Europäischen Parlaments und des Rates[8] vorgeschriebenen Basisinformationsblatts folgen. Fallen Wertpapiere sowohl unter die vorliegende Verordnung als auch unter die Verordnung (EU) Nr. 1286/2014, würde eine vollständige Wiederverwendung des Inhalts des Basisinformationsblatts in der Zusammenfassung die Compliancekosten und die Verwaltungslasten für die Emittenten möglichst gering halten und diese Verordnung erleichtert daher eine solche Wiederverwendung. Die Pflicht zur Erstellung einer Zusammenfassung sollte jedoch auch dann gelten, wenn ein Basisinformationsblatt vorgeschrieben ist, da Letzteres die Basisinformationen über den Emittenten und das öffentliche Angebot oder die Zulassung der betreffenden Wertpapiere zum Handel an einem geregelten Markt nicht enthält.

(33) Niemand sollte allein aufgrund der Zusammenfassung samt etwaiger Übersetzungen derselben haften, es sei denn, sie ist irreführend oder unrichtig oder steht im Widerspruch zu den einschlägigen Teilen des Prospekts oder vermittelt, wenn sie zusammen mit den anderen Teilen des Prospekts gelesen wird, nicht die Basisinformationen, die in Bezug auf Anlagen in die betreffenden Wertpapiere für die Anleger eine Entscheidungshilfe darstellen würden. Die Zusammenfassung sollte diesbezüglich einen eindeutigen Warnhinweis enthalten.

(34) Emittenten, die sich wiederholt über die Kapitalmärkte finanzieren, sollten spezielle Aufmachungen für Registrierungsformulare und Prospekte sowie spezielle Verfahren für deren Hinterlegung und Billigung nutzen können, um ihnen mehr Flexibilität und die Nutzung von Marktfenstern zu ermöglichen. In jedem Fall sollten sich die Emittenten freiwillig und wahlweise für diese Aufmachungen und Verfahren entscheiden können.

(35) Bei allen Nichtdividendenwerten, einschließlich jener die dauernd oder wiederholt oder im Rahmen eines Angebotsprogramms begeben werden, sollte es den Emittenten gestattet sein, den Prospekt in Form eines Basisprospekts zu erstellen.

(36) Es sollte klargestellt werden, dass die endgültigen Bedingungen eines Basisprospekts nur die Informationen der Wertpapierbeschreibung enthalten sollten, die für die einzelne Emission spezifisch sind und erst zum Zeitpunkt der einzelnen Emission feststehen. Diese Informationen können z. B. die internationale Wertpapier-Identifikationsnummer (international securities identification number – ISIN), den Ausgabepreis, das Fälligkeitsdatum, einen etwaigen Kupon, den Ausübungszeitpunkt, den Ausübungspreis, den Rücknahmepreis und andere Bedingungen umfassen, die zum Zeitpunkt der Erstellung des Basisprospekts noch nicht bekannt waren. Sind die endgültigen Bedingungen nicht im Basisprospekt enthalten, sollten sie nicht von der zuständigen Behörde gebilligt werden müssen, sondern sollten lediglich bei dieser hinterlegt werden. Sonstige neue Informationen, die die Beurteilung des Emittenten und der Wertpapiere beeinflussen können, sollten in einen Nachtrag zum Basisprospekt aufgenommen werden. Weder die endgültigen Bedingungen noch ein Nachtrag sollten dazu genutzt werden, eine Wertpapierart einzuführen, die nicht bereits im Basisprospekt beschrieben wurde.

---

[8] Verordnung (EU) Nr. 1286/2014 des Europäischen Parlaments und des Rates vom 26. November 2014 über Basisinformationsblätter für verpackte Anlageprodukte für Kleinanleger und Versicherungsanlageprodukte (PRIIP) (ABl. L 352 vom 9.12.2014, S. 1).

(37) Im Rahmen eines Basisprospekts sollte vom Emittenten nur für jede einzelne Emission eine Zusammenfassung erstellt werden, um den Verwaltungsaufwand zu verringern und die Verständlichkeit für die Anleger zu verbessern. Diese emissionsspezifische Zusammenfassung sollte den endgültigen Bedingungen angefügt und von der zuständigen Behörde nur dann gebilligt werden, wenn die endgültigen Bedingungen im Basisprospekt oder in einem Nachtrag dazu enthalten sind.

(38) Um die Flexibilität und Kostenwirksamkeit des Basisprospekts zu erhöhen, sollte es dem Emittenten gestattet sein, einen Basisprospekt in Form von mehreren Einzeldokumenten zu erstellen.

(39) Daueremittenten sollten Anreize dafür erhalten, ihren Prospekt als in mehreren Einzeldokumenten zu erstellen, da dies ihre Kosten für die Befolgung dieser Verordnung senken und ihnen die rasche Nutzung von Marktfenstern gestatten kann. Daher sollten Emittenten, deren Wertpapiere zum Handel an geregelten Märkten oder an MTF zugelassen sind, die Möglichkeit haben, jedoch nicht verpflichtet sein, in jedem Geschäftsjahr ein einheitliches Registrierungsformular zu erstellen und zu veröffentlichen, das Angaben zur Rechts-, Geschäfts-, Finanz-, Rechnungslegungs- und Beteiligungssituation sowie eine Beschreibung des Emittenten für das betreffende Geschäftsjahr enthält. Unter der Bedingung, dass ein Emittent die in dieser Verordnung festgelegten Kriterien erfüllt, sollte der Emittent ab dem Zeitpunkt, zu dem er das einheitliche Registrierungsformular bei der zuständigen Behörde zur Billigung hinterlegt, als Daueremittent gelten. Die Erstellung eines einheitlichen Registrierungsformulars sollte dem Emittenten ermöglichen, die Informationen auf dem neuesten Stand zu halten und, wenn die Marktbedingungen für ein öffentliches Angebot von Wertpapieren oder eine Zulassung zum Handel an einem geregelten Markt günstig werden, einen Prospekt zu erstellen, indem eine Wertpapierbeschreibung und eine Zusammenfassung hinzugefügt werden. Das einheitliche Registrierungsformular sollte insofern multifunktional sein, als sein Inhalt stets gleich sein sollte, unabhängig davon, ob es vom Emittenten später für ein öffentliches Angebot von Wertpapieren oder für die Zulassung von Dividendenwerten oder Nichtdividendenwerten zum Handel an einem geregelten Markt verwendet wird. Daher sollten die Offenlegungsstandards für das einheitliche Registrierungsformular auf den Offenlegungsstandards für Dividendenwerte beruhen. Das einheitliche Registrierungsformular sollte als Referenzquelle für Informationen über den Emittenten dienen und Anlegern wie Analysten die Informationen liefern, die sie mindestens benötigen, um die Tätigkeit, die Finanzlage, die Gewinne und Gewinnaussichten sowie die Unternehmensführung und die Beteiligungsverhältnisse des Unternehmens fundiert beurteilen zu können.

(40) Wenn ein Emittent zwei Jahre in Folge ein einheitliches Registrierungsformular hinterlegt und gebilligt bekommen hat, kann er als der zuständigen Behörde bekannt angesehen werden. Daher sollte gestattet werden, dass alle weiteren einheitlichen Registrierungsformulare und etwaige Änderungen daran ohne Pflicht zur vorherigen Billigung hinterlegt und von der zuständigen Behörde nachträglich überprüft werden können, wenn diese es für erforderlich hält. Über die Häufigkeit solcher Überprüfungen sollte jede zuständige Behörde selbst entscheiden, wobei sie beispielsweise die Risiken des Emittenten, die Qualität seiner früheren Offenlegungen oder auch die Zeit berücksichtigen sollte, die seit der letzten Überprüfung eines hinterlegten einheitlichen Registrierungsformulars verstrichen ist.

(41) Solange ein einheitliches Registrierungsformular noch nicht Bestandteil eines gebilligten Prospekts geworden ist, sollte es entweder auf freiwilliger Basis durch den Emittenten – beispielsweise wenn sich die Organisation oder die Finanzlage des Emittenten wesentlich verändert haben – oder auf Verlangen der zuständigen Behörde geändert werden können, wenn deren Überprüfung im Anschluss an die Hinterlegung ergeben hat, dass die Standards der Vollständigkeit, Verständlichkeit und Kohärenz nicht erfüllt sind. Solche Änderungen sollten nach denselben Modalitäten veröffentlicht werden wie das einheitliche Registrierungsformular. Insbesondere wenn die zuständige Behörde eine wesentliche Nichtaufnahme, eine wesentliche Unrichtigkeit oder eine wesentliche Ungenauigkeit feststellt, sollte der Emittent sein einheitliches Registrierungsformular ändern und jene Änderung unverzüglich veröffentlichen. Da weder ein öffentliches Angebot noch eine Zulassung von Wertpapieren zum Handel stattfindet, sollte für die Änderung eines einheitlichen Registrierungsformulars ein anderes Verfahren gelten als das Verfahren für einen Nachtrag zu einem Prospekt, das erst nach der Billigung des Prospekts zur Anwendung kommen sollte.

(42) Erstellt ein Emittent einen aus mehreren Einzeldokumenten bestehenden Prospekt, sollten alle Bestandteile des Prospekts billigungspflichtig sein, gegebenenfalls einschließlich des einheitlichen Registrierungsformulars und etwaiger Änderungen daran, sofern sie bereits bei der zuständigen Behörde hinterlegt, aber noch nicht gebilligt wurden. Änderungen an dem einheitlichen Registrierungsformular sollten zum Zeitpunkt der Hinterlegung nicht der Billigung durch die zuständige Behörde unterliegen sondern nur gebilligt werden, wenn alle Bestandteile des Prospekts zur Billigung eingereicht werden.

(43) Um den Prozess der Prospekterstellung zu beschleunigen und den Zugang zu den Kapitalmärkten auf kosteneffiziente Weise zu erleichtern, sollte für Daueremittenten, die ein einheitliches Registrierungsformular erstellen, ein beschleunigtes Billigungsverfahren eingerichtet werden, da der Hauptbestandteil des Prospekts entweder bereits gebilligt wurde oder bereits für die Überprüfung durch die zuständige Behörde zur Verfügung steht. Die für den Erhalt einer Billigung des Prospekts erforderliche Zeit sollte daher verkürzt werden, wenn das Registrierungsformular in Form eines einheitlichen Registrierungsformulars erstellt wird.

(44) Daueremittenten sollte es gestattet sein, ein einheitliches Registrierungsformular und etwaige Änderungen daran als Bestandteil eines Basisprospekts zu verwenden. Wenn ein Daueremittent zur Erstellung eines EU-Wachstumsprospekts, eines vereinfachten Prospekts auf der Grundlage der vereinfachten Offenlegungsregelungen für Sekundäremissionen oder eines Großkundenprospekts für Nichtdividendenwerte berechtigt ist, sollte ihm gestattet werden, anstelle des speziellen Registrierungsformulars, das gemäß diesen Offenlegungsregelungen vorgeschrieben ist, sein einheitliches Registrierungsformular und etwaige Änderungen daran als Bestandteil solcher Prospekte zu verwenden.

(45) Hält ein Emittent die Verfahren für die Hinterlegung, Verbreitung und Speicherung vorgeschriebener Informationen und die in den Artikeln 4 und 5 der Richtlinie 2004/109/EG des Europäischen Parlaments und des Rates[9] genannten Fristen ein, sollte es ihm gestattet sein, die durch die Richtlinie 2004/109/EG vorgeschriebenen Jahres- und Halbjahresfinanzberichte als Bestandteile des einheitlichen Registrierungsformulars zu ver-

---

[9] Richtlinie 2004/109/EG des Europäischen Parlaments und des Rates vom 15. Dezember 2004 zur Harmonisierung der Transparenzanforderungen in Bezug auf Informationen über Emittenten, deren Wertpapiere zum Handel

öffentlichen, es sei denn, der Herkunftsmitgliedstaat des Emittenten für die Zwecke dieser Verordnung ist nicht mit dem Herkunftsmitgliedstaat des Emittenten für die Zwecke der Richtlinie 2004/109/EG identisch und die Sprache des einheitlichen Registrierungsformulars erfüllt nicht die Bedingungen des Artikels 20 der Richtlinie 2004/109/EG. Dies dürfte die mit Mehrfachhinterlegungen verbundene Verwaltungslast verringern, ohne die für die Öffentlichkeit verfügbaren Informationen oder die Überwachung jener Berichte im Rahmen der Richtlinie 2004/109/EG zu beeinträchtigen.

(46) Die Gültigkeitsdauer eines Prospekts sollte klar begrenzt werden, damit Anlageentscheidungen nicht aufgrund veralteter Informationen getroffen werden. Zur Erhöhung der Rechtssicherheit sollte die Gültigkeitsdauer des Prospekts mit seiner Billigung beginnen, was ein von der zuständigen Behörde leicht nachzuprüfender Zeitpunkt ist. Ein öffentliches Angebot von Wertpapieren im Rahmen eines Basisprospekts sollte nur dann länger gültig bleiben können als der Basisprospekt, wenn vor Ablauf der Gültigkeit für das weiterhin bestehende Angebot ein Nachfolge-Basisprospekt gebilligt und veröffentlicht wird.

(47) In einem Prospekt enthaltene Informationen zur Besteuerung der Erträge aus den Wertpapieren können naturgemäß nur allgemeiner Art sein und sind für den einzelnen Anleger von geringem zusätzlichem Informationswert. Da sich diese Informationen bei der grenzüberschreitenden Zulassung von Prospekten nicht nur auf das Land beziehen müssen, in dem der Emittent seinen Sitz unterhält, sondern auch auf die Länder, in denen das Angebot erfolgt oder die Zulassung zum Handel an einem geregelten Markt angestrebt wird, sind sie kostspielig und könnten ein Hemmnis für grenzüberschreitende Angebote darstellen. Daher sollte ein Prospekt lediglich einen Warnhinweis enthalten, dass sich das Steuerrecht des Mitgliedstaats des Anlegers und des Gründungsmitgliedstaats des Emittenten auf die Erträge aus den Wertpapieren auswirken könnten. Zieht die angebotene Anlage jedoch eine besondere Steuerregelung nach sich, beispielsweise bei der Anlage in Wertpapieren, die für den Anleger mit Steuervorteilen verbunden sind, sollte der Prospekt nach wie vor angemessene Informationen zur Besteuerung enthalten.

(48) Sobald eine Wertpapiergattung zum Handel an einem geregelten Markt zugelassen wurde, haben die Anleger Zugang zur laufenden Offenlegung des Emittenten gemäß der Verordnung (EU) Nr. 596/2014 des Europäischen Parlaments und des Rates [10] und der Richtlinie 2004/109/EG. Bei nachfolgenden öffentlichen Angeboten oder Zulassungen zum Handel an einem geregelten Markt durch einen solchen Emittenten ist der Bedarf an einem vollständigen Prospekt daher weniger akut. Deshalb sollte für die Nutzung bei Sekundäremissionen ein andersartiger, vereinfachter Prospekt zur Verfügung stehen, für den im Vergleich zur üblichen Regelung inhaltliche Erleichterungen unter Berücksichtigung der bereits offengelegten Informationen vorgesehen sein sollten. Gleichwohl müssen den Anlegern konsolidierte und gut strukturierte Informationen zur Verfügung gestellt werden, insbesondere wenn diese Informationen gemäß der Verordnung (EU) Nr. 596/2014 und der Richtlinie 2004/109/EG nicht laufend offengelegt werden müssen.

(49) Die vereinfachten Offenlegungsregelungen für Sekundäremissionen sollten für öffentliche Angebote von Emittenten zur Verfügung stehen, deren Wertpapiere an KMU-Wachstumsmärkten gehandelt werden, da deren Betreiber nach der Richtlinie 2014/65/EU des Europäischen Parlaments und des Rates [11] verpflichtet sind, Vorschriften festzulegen und anzuwenden, die eine angemessene laufende Offenlegung sicherstellen.

(50) Die vereinfachten Offenlegungsregelungen für Sekundäremissionen sollten erst dann angewandt werden dürfen, wenn seit der Erstzulassung einer Wertpapiergattung eines Emittenten zum Handel an einem geregelten Markt oder an einem KMU-Wachstumsmarkt eine bestimmte Mindestdauer verstrichen ist. Eine Zeitspanne von 18 Monaten sollte sicherstellen, dass der Emittent seine Pflicht zur Veröffentlichung eines Jahresfinanzberichts nach der Richtlinie 2004/109/EG oder nach den Vorschriften des Betreibers eines KMU-Wachstumsmarkts mindestens schon einmal erfüllt hat.

(51) Eines der Kernziele der Kapitalmarktunion besteht darin, KMU die Finanzierung über die Kapitalmärkte in der Union zu erleichtern. Ferner ist es angemessen, die Definition von KMU auf KMU im Sinne der Richtlinie 2014/65/EU zu erweitern, um Übereinstimmung zwischen dieser Verordnung und der Richtlinie 2014/65/EU zu gewährleisten. Da KMU im Vergleich zu anderen Emittenten üblicherweise geringere Beträge aufbringen müssen, könnten die Kosten für die Erstellung eines Standardprospekts unverhältnismäßig hoch sein und sie davon abhalten, ihre Wertpapiere öffentlich anzubieten. Zugleich könnten KMU aufgrund ihrer Größe und ihrer möglicherweise kürzeren Existenzdauer im Vergleich zu größeren Emittenten ein spezielles Anlagerisiko beinhalten und sollten ausreichende Informationen offenlegen, damit Anleger ihre Anlageentscheidung treffen können. Um die Inanspruchnahme von Kapitalmarktfinanzierung durch KMU zu unterstützen, sollte mit dieser Verordnung zudem sichergestellt werden, dass KMU-Wachstumsmärkte, die ein vielversprechendes Instrument dafür sind, kleineren, wachsenden Unternehmen die Beschaffung von Kapital zu ermöglichen, besonders berücksichtigt werden. Der Erfolg solcher Handelsplätze hängt jedoch von ihrer Fähigkeit zur Deckung des Finanzierungsbedarfs von wachsenden KMU ab. Ebenso würde bestimmten Unternehmen, die Wertpapiere im Gesamtgegenwert in der Union von bis zu 20 000 000 EUR öffentlich anbieten, ein erleichterter Zugang zu Finanzierungen an den Kapitalmärkten gewährt, damit sie wachsen können, und sie sollten sich zu unverhältnismäßigen Kosten Kapital beschaffen können. Daher sollte mit dieser Verordnung eine spezielle verhältnismäßige Regelung für den EU-Wachstumsprospekt festgelegt werden, die derartigen Unternehmen offensteht. Bei der Kalibrierung des Inhalts eines EU-Wachstumsprospekts sollte das richtige Gleichgewicht zwischen einem kosteneffizienten Zugang zu den Finanzmärkten und dem Anlegerschutz hergestellt werden. Einem EU-Wachstumsprospekt sollte wie bei anderen Arten von Prospekten im Rahmen dieser Verordnung nach seiner Billigung die Pass-Regelung gemäß dieser Verordnung gewährt werden und er sollte damit für jedes unionsweite öffentliche Angebot von Wertpapieren gültig sein.

---

auf einem geregelten Markt zugelassen sind, und zur Änderung der Richtlinie 2001/34/EG (ABl. L 390 vom 31.12.2004, S. 38).

[10] Verordnung (EU) Nr. 596/2014 des Europäischen Parlaments und des Rates vom 16. April 2014 über Marktmissbrauch (Marktmissbrauchsverordnung) und zur Aufhebung der Richtlinie 2003/6/EG des Europäischen Parlaments und des Rates und der Richtlinien 2003/124/EG, 2003/125/EG und 2004/72/EG der Kommission (ABl. L 173 vom 12.6.2014, S. 1).

[11] Richtlinie 2014/65/EU des Europäischen Parlaments und des Rates vom 15. Mai 2014 über Märkte für Finanzinstrumente sowie zur Änderung der Richtlinien 2002/92/EG und 2011/61/EU (ABl. L 173 vom 12.6.2014, S. 349).

(52) Die verkürzten Informationen, die KMU in den EU-Wachstumsprospekten mindestens offenlegen müssen, sollten so kalibriert werden, dass der Schwerpunkt auf den Angaben liegt, die für Anlagen in die angebotenen Wertpapiere wesentlich und relevant sind, und auf der Notwendigkeit, sicherzustellen, dass die Größe des Unternehmens und sein Finanzierungsbedarf auf der einen Seite und die Kosten für die Erstellung eines Prospekts auf der anderen Seite zueinander in einem angemessenen Verhältnis stehen.

(53) Die verhältnismäßige Offenlegungsregelung für EU-Wachstumsprospekte sollte nicht zur Verfügung stehen, wenn die Wertpapiere eines Unternehmens bereits zum Handel an geregelten Märkten zugelassen sind, damit Anleger an geregelten Märkten darauf vertrauen, dass alle Emittenten, in deren Wertpapiere sie investieren, einheitlichen Offenlegungsvorschriften unterliegen. An den geregelten Märkten sollte es daher keinen zweistufigen Offenlegungsstandard geben, der von der Größe des Emittenten abhängt.

(54) Risikofaktoren werden in einen Prospekt vor allem mit dem Ziel aufgenommen, sicherzustellen, dass die Anleger eine fundierte Bewertung dieser Risiken vornehmen und somit Anlageentscheidungen in voller Kenntnis der Sachlage treffen. Die Risikofaktoren sollten daher auf jene beschränkt werden, die wesentlich und für den Emittenten sowie die Wertpapiere spezifisch sind und die durch den Inhalt des Prospekts bestätigt werden. Ein Prospekt sollte keine Risikofaktoren enthalten, die allgemeiner Natur sind und nur dem Haftungsausschluss dienen, denn jene könnten spezifischere Risikofaktoren, die der Anleger kennen sollten, verschleiern und so verhindern, dass der Prospekt die Informationen in leicht zu analysierender, knapper und verständlicher Form präsentiert. Unter anderem können umwelt- und sozialpolitische Umstände sowie Faktoren in Bezug auf die Unternehmensführung ebenfalls spezifische und wesentliche Risiken für den Emittenten und seine Wertpapiere darstellen und sollten in diesem Fall offengelegt werden. Damit die Anleger die wesentlichsten Risiken erkennen können, sollte der Emittent jeden Risikofaktor im Prospekt angemessen beschreiben und darlegen. Eine begrenzte Zahl von Risikofaktoren, die vom Emittenten ausgewählt werden, sollte in die Zusammenfassung aufgenommen werden.

(55) Die Marktpraxis, wonach ein gebilligter Prospekt nicht den endgültigen Emissionskurs und/oder das endgültige Emissionsvolumen, die Gegenstand des öffentlichen Angebots sind, entweder als Anzahl der Wertpapiere oder als aggregierter Nominalbetrag enthält, sollte akzeptabel sein, wenn dieser endgültige Emissionskurs und/oder dieses endgültige Emissionsvolumen nicht im Prospekt genannt werden können, sofern Anleger in diesem Fall geschützt werden. Die Anleger sollten entweder ein Widerrufsrecht haben, sobald der endgültige Emissionskurs oder das endgültige Emissionsvolumen bekannt sind, oder ersatzweise sollten im Prospekt der Höchstkurs, den Anleger möglicherweise für die Wertpapiere zahlen müssen, oder das Höchstvolumen an Wertpapieren oder die Bewertungsmethoden und -kriterien und/oder Bedingungen, nach denen der Emissionskurs festzulegen ist, und eine Erläuterung etwaiger Bewertungsmethoden, wie die Diskontierungsmethode, eine Peer-Group-Analyse oder jede andere allgemein anerkannte Bewertungsmethode, offengelegt werden. Die Bewertungsmethoden und -kriterien sollten genau genug sein, um den Kurs vorhersehbar zu machen und ein Maß an Anlegerschutz zu gewährleisten, das mit der Offenlegung des Emissionshöchstkurses vergleichbar ist. In diesem Zusammenhang würde eine bloße Bezugnahme auf das Orderbuchverfahren als Bewertungsmethode oder -kriterium nicht akzeptiert werden, wenn im Prospekt kein Höchstkurs genannt wird.

(56) Unter bestimmten Umständen sollte die Nichtaufnahme sensibler Informationen in einen Prospekt oder in Bestandteilen hiervon von der zuständigen Behörde durch Gewährung einer Ausnahme gestattet werden können, um nachteilige Situationen für einen Emittenten zu vermeiden.

(57) Die Mitgliedstaaten veröffentlichen eine Fülle von Informationen über ihre Finanzlage, die im Allgemeinen öffentlich zugänglich sind. Wird ein Angebot von Wertpapieren von einem Mitgliedstaat garantiert, sollten derartige Informationen daher nicht in den Prospekt aufgenommen werden müssen.

(58) Dass Emittenten Informationen in einen Prospekt aufnehmen können, indem sie auf Dokumente verweisen, die die geforderten Informationen enthalten – unter der Voraussetzung, dass diese Dokumente elektronisch veröffentlicht wurden –, sollte die Erstellung eines Prospekts erleichtern und die Kosten für die Emittenten senken, ohne dass dadurch der Anlegerschutz beeinträchtigt wird. Allerdings sollte das Ziel, die Erstellung eines Prospekts zu vereinfachen und zu verbilligen, nicht zulasten anderer Interessen verwirklicht werden, die mit dem Prospekt geschützt werden sollen, wie insbesondere die Zugänglichkeit der Informationen. Die Sprache der mittels Verweis aufgenommenen Informationen sollte der für Prospekte geltenden Sprachenregelung entsprechen. Die mittels Verweis aufgenommenen Informationen sollten sich auf historische Daten beziehen. Wenn jene Informationen jedoch aufgrund wesentlicher Veränderungen nicht mehr relevant sind, sollte dies im Prospekt klar zum Ausdruck gebracht und sollten die aktualisierten Informationen ebenfalls zur Verfügung gestellt werden.

(59) Vorgeschriebene Informationen im Sinne des Artikels 2 Absatz 1 Buchstabe k der Richtlinie 2004/109/EG sollten mittels Verweis in einen Prospekt aufgenommen werden können. Emittenten, deren Wertpapiere an einem MTF gehandelt werden, und Emittenten, die von der Veröffentlichung von Jahres- und Halbjahresfinanzberichten gemäß Artikel 8 Absatz 1 Buchstabe b der Richtlinie 2004/109/EG befreit sind, sollten ebenfalls die Möglichkeit haben, jährlich und unterjährig vorzulegende Finanzinformationen, Prüfungsberichte, Abschlüsse, Lageberichte oder Erklärungen zur Unternehmensführung ganz oder teilweise mittels Verweis in den Prospekt aufzunehmen, sofern jene Dokumente elektronisch veröffentlicht wurden.

(60) Aufgrund der unterschiedlichen Ansätze der zuständigen Behörden in den Mitgliedstaaten haben nicht alle Emittenten Zugang zu angemessenen Informationen und Hinweisen zum Prüfungs- und Billigungsverfahren sowie zur notwendigen Vorgehensweise, um die Billigung eines Prospekts zu erwirken. Diese Verordnung sollte diese Unterschiede beseitigen, indem die Kriterien für die Prüfung des Prospekts und die für die Billigungsverfahren der zuständigen Behörden geltenden Regeln gestrafft und damit harmonisiert werden. Es ist wichtig sicherzustellen, dass alle zuständigen Behörden einen konvergenten Ansatz verfolgen, wenn sie die Vollständigkeit, Kohärenz und Verständlichkeit der in einem Prospekt enthaltenen Informationen prüfen, wobei sie der Notwendigkeit eines verhältnismäßigen Ansatzes bei der Prüfung von Prospekten auf der Grundlage der Umstände des Emittenten und der Emission Rechnung tragen. Hinweise, wie die Billigung eines Prospekts zu beantragen ist, sollten auf den Websites der zuständigen Behörden öffentlich zugänglich sein. Die Europäische Wertpapier- und Marktaufsichtsbehörde (European Securities and Markets Authority – ESMA) sollte durch Ausübung ihrer Befugnisse im Rahmen der Verordnung (EU) Nr. 1095/2010 des Europäischen Parlaments und des Rates[12] bei der Förderung der Auf-

---

[12] Verordnung (EU) Nr. 1095/2010 des Europäischen Parlaments und des Rates vom 24. November 2010 zur Errichtung einer Europäischen Aufsichtsbehörde (Europäische Wertpapier- und Marktaufsichtsbehörde), zur Ände-

sichtskonvergenz in jenem Bereich eine maßgebliche Rolle spielen. Insbesondere sollte die ESMA mit angemessenem Vorlauf zur Überprüfung dieser Verordnung und im Einklang mit der Verordnung (EU) Nr. 1095/2010 mittels Peer-Reviews begutachten, wie die zuständigen Behörden im Rahmen dieser Verordnung vorgehen.

(61) Um den Zugang zu den Märkten der Mitgliedstaaten zu erleichtern, ist es wichtig, dass die Gebühren, die die zuständigen Behörden für die Billigung und Hinterlegung von Prospekten und den dazugehörigen Dokumenten erheben, angemessen und verhältnismäßig sind und öffentlich bekannt gemacht werden.

(62) Da das Internet einen leichten Zugang zu Informationen gewährleistet und um eine bessere Zugänglichkeit für die Anleger sicherzustellen, sollte der gebilligte Prospekt stets in elektronischer Form veröffentlicht werden. Der Prospekt sollte in einer speziellen Rubrik auf der Website des Emittenten, des Anbieters oder der Person, die die Zulassung zum Handel auf einem geregelten Markt beantragt, oder – sofern anwendbar – auf der Website der die Wertpapiere platzierenden oder verkaufenden Finanzintermediäre, einschließlich Zahlstellen, oder auf der Website des geregelten Markts, für den die Zulassung zum Handel beantragt wird, oder auf der Website des Betreibers des MTF veröffentlicht werden.

(63) Alle gebilligten Prospekte oder alternativ eine Liste der Prospekte mit Hyperlinks zu den relevanten spezifischen Rubriken der Website sollten auf der Website der zuständigen Behörde des Herkunftsmitgliedstaats des Emittenten veröffentlicht werden, und jeder Prospekt sollte von der zuständigen Behörde zusammen mit den relevanten Daten, die seine Klassifizierung ermöglichen, der ESMA übermittelt werden. Die ESMA sollte einen Mechanismus für die zentrale Speicherung von Prospekten bereitstellen, der der Öffentlichkeit kostenfreien Zugang und angemessene Suchfunktionen bietet. Um sicherzustellen, dass Anleger Zugang zu verlässlichen Daten haben, die zügig und effizient genutzt und analysiert werden können, sollten bestimmte in den Prospekten enthaltene Informationen, z. B. die ISINs als Kennung für die Wertpapiere und die Rechtsträgerkennung (legal entity identifiers – LEI) als Kennung für die Emittenten, die Anbieter und die Garantiegeber, maschinenlesbar sein, auch wenn Metadaten verwendet werden. Prospekte sollten ab ihrer Veröffentlichung mindestens zehn Jahre lang für die Öffentlichkeit verfügbar bleiben, um sicherzustellen, dass die Dauer ihrer öffentlichen Verfügbarkeit mit jener der Jahres- und Halbjahresfinanzberichte gemäß der Richtlinie 2004/109/EG übereinstimmt. Die Prospekte sollten den Anlegern auf Anfrage stets auf einem dauerhaften Datenträger kostenlos zur Verfügung stehen. Ein potenzieller Anleger sollte auf ausdrückliche Anforderung einer Papierversion eine gedruckte Fassung des Prospekts erhalten können. Der Emittent, der Anbieter, die die Zulassung zum Handel an einem geregelten Markt beantragende Person oder der Finanzintermediär müssen aber keine gedruckten Fassungen des Prospekts vorrätig haben, um solchen potenziellen Nachfragen nachkommen zu können.

(64) Damit das Vertrauen der Öffentlichkeit nicht untergraben und der ordnungsgemäße Betrieb der Finanzmärkte nicht beeinträchtigt wird, sollte auch die Werbung harmonisiert werden. Die Fairness und Wahrheitstreue von Werbung sowie deren inhaltliche Übereinstimmung mit dem Prospekt sind von größter Bedeutung für den Schutz von Anlegern, insbesondere von Kleinanlegern. Unbeschadet der in dieser Verordnung vorgesehenen Pass-Regelung ist die Überwachung derartiger Werbung untrennbarer Bestandteil der Aufgaben der zuständigen Behörden. Die Anforderungen dieser Verordnung an die Werbung sollten unbeschadet der anderen geltenden Bestimmungen des Unionsrechts, insbesondere im Hinblick auf den Verbraucherschutz und unlautere Geschäftspraktiken, gelten.

(65) Jeder wichtige neue Umstand und jede wesentliche Unrichtigkeit oder jede wesentliche Ungenauigkeit, die die Bewertung der Anlage beeinflussen könnten und nach der Veröffentlichung des Prospekts, aber vor dem Schluss des öffentlichen Angebots oder der Aufnahme des Handels an einem geregelten Markt auftreten, sollten von den Anlegern angemessen bewertet werden können und erfordern deshalb unverzüglich die Billigung und Verbreitung eines Nachtrags zum Prospekt.

(66) Um die Rechtssicherheit zu erhöhen, sollte festgelegt werden, innerhalb welcher Frist ein Emittent einen Nachtrag zum Prospekt veröffentlichen muss und innerhalb welcher Frist die Anleger nach der Veröffentlichung eines Nachtrags das Recht haben, ihre Zusage zum Angebot zu widerrufen. Einerseits sollte die Pflicht zur Erstellung eines Prospektnachtrags bei Auftreten des wichtigen neuen Umstands, der wesentlichen Unrichtigkeit oder der wesentlichen Ungenauigkeit vor dem Auslaufen der Angebotsfrist bzw. vor Beginn des Handels der betreffenden Wertpapiere an einem geregelten Markt gelten, je nachdem, welcher Zeitpunkt später eintritt. Andererseits sollte das Recht, eine Zusage zu widerrufen, nur gelten, wenn sich der Prospekt auf ein öffentliches Angebot von Wertpapieren bezieht und der wichtige neue Umstand, die wesentliche Unrichtigkeit oder die wesentliche Ungenauigkeit vor dem Auslaufen der Angebotsfrist und der Lieferung der Wertpapiere eingetreten ist oder festgestellt wurde. Das Widerrufsrecht sollte somit an die zeitliche Einordnung des wichtigen neuen Umstands, der wesentlichen Unrichtigkeit oder der wesentlichen Ungenauigkeit gekoppelt sein, durch den bzw. die ein Nachtrag erforderlich wird, und sollte nur gelten, wenn dieses auslösende Ereignis eintritt, solange das Angebot noch gültig und die Lieferung der Wertpapiere noch nicht erfolgt ist. Das Widerrufsrecht, das Anlegern infolge eines wichtigen neuen Umstands, einer wesentlichen Unrichtigkeit oder einer wesentlichen Ungenauigkeit gewährt wird, der bzw. die während der Gültigkeitsdauer des Prospekts eingetreten ist oder festgestellt wurde, wird nicht dadurch beeinträchtigt, dass der entsprechende Nachtrag nach Ablauf der Gültigkeitsdauer des Prospekts veröffentlicht wird. In dem Sonderfall, dass ein Angebot im Rahmen zweier aufeinanderfolgender Basisprospekte aufrechterhalten wird, wird die Pflicht zur Erstellung eines Nachtrags zum vorhergehenden Basisprospekt bis zum Ablauf seiner Gültigkeitsdauer und zur Gewährung der entsprechenden Widerrufsrechte nicht aufgrund der Tatsache aufgehoben, dass der Emittent den Nachfolge-Basisprospekt zur Billigung hinterlegt hat. Zur Erhöhung der Rechtssicherheit sollte in dem Prospektnachtrag angegeben werden, wann das Widerrufsrecht endet. Wenn Anleger ihr Widerrufsrecht ausüben, sollten die Finanzintermediäre die Anleger über ihre Rechte unterrichten und das Verfahren erleichtern.

(67) Die Pflicht eines Emittenten, den gesamten Prospekt in alle relevanten Amtssprachen zu übersetzen, ist grenzüberschreitenden Angeboten oder dem Mehrfach-Handel abträglich. Um grenzüberschreitende Angebote zu erleichtern, sollte lediglich die Zusammenfassung in der Amtssprache oder in mindestens einer der Amtssprachen des Aufnahmemitgliedstaats oder in einer von der zuständigen Behörde dieses Mitgliedstaats anerkannten anderen Sprache vorliegen.

---

rung des Beschlusses Nr. 716/2009/EG und zur Aufhebung des Beschlusses 2009/77/EG der Kommission (ABl. L 331 vom 15.12.2010, S. 84).

(68) Die zuständige Behörde des Aufnahmemitgliedstaats sollte Anspruch auf eine Bescheinigung der zuständigen Behörde des Herkunftsmitgliedstaats haben, aus der hervorgeht, dass der Prospekt nach Maßgabe dieser Verordnung erstellt wurde. Die zuständige Behörde des Herkunftsmitgliedstaats sollte auch den Emittenten oder die für die Erstellung des Prospekts verantwortliche Person von der an die Behörde des Aufnahmemitgliedstaats gerichteten Bescheinigung über die Billigung des Prospekts in Kenntnis setzen, um dem Emittenten oder der für die Erstellung des Prospekts verantwortlichen Person Gewissheit zu verschaffen, ob und wann eine Notifizierung tatsächlich erfolgt ist. Jede Übermittlung von Dokumenten zwischen den zuständigen Behörden zum Zweck von Notifizierungen sollte über ein von der ESMA einzurichtendes Notifizierungsportal erfolgen.

(69) In den Fällen, in denen der Emittent gemäß dieser Verordnung die Wahl hat, seinen Herkunftsmitgliedstaat zum Zwecke der Billigung des Prospekts zu bestimmen, sollte sichergestellt werden, dass dieser Emittent ein Registrierungsformular oder ein einheitliches Registrierungsformular, das von der zuständigen Behörde eines anderen Mitgliedstaats bereits gebilligt wurde, als Bestandteil seines Prospekts verwenden kann. Zwischen den zuständigen Behörden sollte daher ein System von Notifizierungen eingeführt werden, um zu gewährleisten, dass dieses Registrierungsformular oder dieses einheitliche Registrierungsformular nicht der Prüfung und Billigung der zuständigen Behörde unterliegt, die den Prospekt billigt, und dass zuständige Behörden nur für den von ihnen gebilligten Bestandteil eines Prospekts verantwortlich sind, auch wenn später ein Nachtrag erstellt wird.

(70) Um sicherzustellen, dass die Ziele dieser Verordnung in vollem Umfang verwirklicht werden, müssen in den Anwendungsbereich dieser Verordnung auch Wertpapiere von Emittenten aufgenommen werden, die dem Recht eines Drittlands unterliegen. Zur Gewährleistung des Informationsaustauschs und der Zusammenarbeit mit Drittlandsbehörden im Hinblick auf die wirksame Durchsetzung dieser Verordnung sollten die zuständigen Behörden Kooperationsvereinbarungen mit den entsprechenden Behörden in Drittländern abschließen. Jede Übermittlung personenbezogener Daten auf der Grundlage dieser Vereinbarungen sollte im Einklang mit der Verordnung (EU) 2016/679 des Europäischen Parlaments und des Rates[13] und der Verordnung (EG) Nr. 45/2001 des Europäischen Parlaments und des Rates[14]erfolgen.

(71) Eine Vielzahl zuständiger Behörden mit unterschiedlichen Kompetenzen in den Mitgliedstaaten könnte unnötige Kosten verursachen und zu einer Überschneidung von Zuständigkeiten führen, ohne dass dadurch zusätzlicher Nutzen entsteht. In jedem Mitgliedstaat sollte eine einzige zuständige Behörde benannt werden, die die Prospekte billigt und für die Überwachung der Einhaltung dieser Verordnung zuständig ist. Diese zuständige Behörde sollte eine Verwaltungsbehörde sein, die so beschaffen ist, dass ihre Unabhängigkeit von den Wirtschaftsteilnehmern sichergestellt ist und Interessenkonflikte vermieden werden. Die Benennung einer zuständigen Behörde für die Billigung der Prospekte sollte die Zusammenarbeit zwischen dieser zuständigen Behörde und Dritten, wie etwa Regulierungsbehörden für den Bank- und Versicherungssektor oder Börsenzulassungsbehörden, nicht ausschließen, um die Effizienz der Prüfung und Billigung von Prospekten im Interesse der Emittenten, der Anleger, der Marktteilnehmer und der Märkte gleichermaßen zu gewährleisten. Eine Übertragung der Aufgaben einer zuständigen Behörde auf Dritte sollte nur zulässig sein, wenn es um die Veröffentlichung gebilligter Prospekte geht.

(72) Eine wirkungsvolle Aufsicht wird durch wirksame Instrumente und Befugnisse sowie Ressourcen für die zuständigen Behörden der Mitgliedstaaten sichergestellt. Darum sollte diese Verordnung insbesondere ein Minimum an Aufsichts- und Untersuchungsbefugnissen vorsehen, die den zuständigen Behörden der Mitgliedstaaten im Einklang mit nationalem Recht übertragen werden sollten. Wenn es das nationale Recht erfordert, sollten diese Befugnisse durch Antrag bei den zuständigen Justizbehörden ausgeübt werden. Bei der Wahrnehmung ihrer Befugnisse gemäß dieser Verordnung sollten die zuständigen Behörden und die ESMA objektiv und unparteiisch handeln und in ihren Beschlüssen unabhängig bleiben.

(73) Zur Aufdeckung von Verstößen gegen diese Verordnung müssen die zuständigen Behörden die Möglichkeit haben, sich zu anderen Standorten als den privaten Wohnräumen natürlicher Personen Zugang zu verschaffen, um Dokumente zu beschlagnahmen. Zugang zu solchen Räumlichkeiten ist erforderlich, wenn der begründete Verdacht besteht, dass Dokumente und andere Daten vorhanden sind, die in Zusammenhang mit dem Gegenstand einer Überprüfung oder Ermittlung stehen und Beweismittel für einen Verstoß gegen diese Verordnung sein könnten. Darüber hinaus ist der Zugang zu solchen Räumlichkeiten erforderlich, wenn die Person, an die ein Auskunftsersuchen gerichtet wurde, diesem nicht nachkommt, oder wenn berechtigte Gründe für die Annahme bestehen, dass im Falle eines Auskunftsersuchens diesem nicht Folge geleistet würde oder die Dokumente oder Informationen, die Gegenstand des Auskunftsersuchens sind, beseitigt, manipuliert oder zerstört würden.

(74) Im Einklang mit der Mitteilung der Kommission vom 8. Dezember 2010 mit dem Titel „Stärkung der Sanktionsregelungen im Finanzdienstleistungssektor" und um zu gewährleisten, dass die Anforderungen dieser Verordnung erfüllt werden, ist es wichtig, dass die Mitgliedstaaten die notwendigen Schritte unternehmen, damit bei Verstößen gegen diese Verordnung angemessene verwaltungsrechtliche Sanktionen und andere verwaltungsrechtliche Maßnahmen verhängt werden. Diese Sanktionen und Maßnahmen sollten wirksam, verhältnismäßig und abschreckend sein und einen gemeinsamen Ansatz der Mitgliedstaaten sowie eine abschreckende Wirkung sicherstellen. Diese Verordnung sollte die Möglichkeit der Mitgliedstaaten, höhere verwaltungsrechtliche Sanktionen festzusetzen, unbeschadet lassen.

(75) Damit die Beschlüsse über die Verhängung von verwaltungsrechtlichen Sanktionen oder anderen verwaltungsrechtlichen Maßnahmen der zuständigen Behörden in der Öffentlichkeit abschreckend wirken, sollten sie im Normalfall veröffentlicht werden, es sei denn, die zuständige Behörde hält es für notwendig, im Einklang mit dieser Verordnung eine Veröffentlichung auf anonymer Basis vorzunehmen, die Veröffentlichung zu verschieben oder auf die Veröffentlichung zu verzichten.

---

[13] Verordnung (EU) 2016/679 des Europäischen Parlaments und des Rates vom 27. April 2016 zum Schutz natürlicher Personen bei der Verarbeitung personenbezogener Daten, zum freien Datenverkehr und zur Aufhebung der Richtlinie 95/46/EG (Datenschutz-Grundverordnung) (ABl. L 119 vom 4.5.2016, S. 1).

[14] Verordnung (EG) Nr. 45/2001 des Europäischen Parlaments und des Rates vom 18. Dezember 2000 zum Schutz natürlicher Personen bei der Verarbeitung personenbezogener Daten durch die Organe und Einrichtungen der Gemeinschaft und zum freien Datenverkehr (ABl. L 8 vom 12.1.2001, S. 1).

(76) Obgleich es den Mitgliedstaaten freistehen sollte, für dieselben Verstöße sowohl verwaltungsrechtliche als auch strafrechtliche Sanktionen vorzusehen, sollten sie nicht verpflichtet sein, verwaltungsrechtliche Sanktionen für Verstöße gegen diese Verordnung vorzusehen, die bis zum 21. Juli 2018 strafrechtlichen Sanktionen des nationalen Rechts unterliegen. Im Einklang mit dem nationalen Recht sind die Mitgliedstaaten nicht verpflichtet, für ein und denselben Verstoß sowohl verwaltungsrechtliche als auch strafrechtliche Sanktionen zu verhängen, sollten dies aber tun können, wenn es das nationale Recht erlaubt. Die Aufrechterhaltung strafrechtlicher anstelle von verwaltungsrechtlichen Sanktionen für Verstöße gegen diese Verordnung sollte jedoch nicht die Möglichkeit der zuständigen Behörden einschränken oder in anderer Weise beeinträchtigen, sich für die Zwecke dieser Verordnung rechtzeitig mit den zuständigen Behörden in anderen Mitgliedstaaten ins Einvernehmen zu setzen, um mit ihnen zusammenzuarbeiten, Zugang zu ihren Informationen zu erhalten und mit ihnen Informationen auszutauschen, und zwar auch dann, wenn die zuständigen Justizbehörden bereits mit der strafrechtlichen Verfolgung der betreffenden Verstöße befasst wurden.

(77) Informanten könnten den zuständigen Behörden neue Informationen zur Kenntnis bringen, die diese bei der Aufdeckung von Verstößen gegen diese Verordnung und der Verhängung von Sanktionen unterstützen. Deshalb sollte diese Verordnung sicherstellen, dass angemessene Vorkehrungen bestehen, um Informanten zur Unterrichtung der zuständigen Behörden über tatsächliche oder mögliche Verstöße gegen diese Verordnung zu befähigen und sie vor Vergeltungsmaßnahmen zu schützen.

(78) Zur Präzisierung der Anforderungen dieser Verordnung sollte der Kommission die Befugnis übertragen werden, gemäß Artikel 290 des Vertrags über die Arbeitsweise der Union (AEUV) Rechtsakte zu erlassen, die Folgendes regeln: die Mindestinformationen in bestimmten Dokumenten, die der Öffentlichkeit anlässlich einer Übernahme im Wege eines Tauschangebots, einer Verschmelzung oder einer Spaltung zugänglich gemacht werden müssen, die Prüfung, Billigung, Hinterlegung und Überprüfung des einheitlichen Registrierungsformulars und etwaiger Änderungen, sowie die Bedingungen, unter denen der Status eines Daueremittenten aberkannt wird, die Aufmachung des Prospekts, des Basisprospekts und die endgültigen Bedingungen sowie die in einen Prospekt aufzunehmenden spezifischen Informationen, die Mindestinformationen im einheitlichen Registrierungsformular, die verkürzten Informationen im vereinfachten Prospekt bei Sekundäremissionen und Emissionen von KMU, deren verkürzten Inhalt, das standardisierte Format und die standardisierte Reihenfolge des EU-Wachstumsprospekts und seiner speziellen Zusammenfassung, die Kriterien für die Beurteilung und Einstufung der Risikofaktoren durch den Emittenten, die Prüfung und Billigung von Prospekten und die allgemeinen Gleichwertigkeitskriterien für Prospekte, die von Drittlandsemittenten erstellt werden. Es ist von besonderer Bedeutung, dass die Kommission im Zuge ihrer Vorbereitungsarbeit angemessene Konsultationen, auch auf Sachverständigenebene, durchführt und dass diese Konsultationen mit den Grundsätzen in Einklang stehen, die in der Interinstitutionellen Vereinbarung vom 13. April 2016 über bessere Rechtsetzung[15] festgelegt sind. Um insbesondere eine gleichberechtigte Beteiligung an der Ausarbeitung der delegierten Rechtsakte zu gewährleisten, erhalten das Europäische Parlament und der Rat alle Dokumente zur gleichen Zeit wie die Sachverständigen der Mitgliedstaaten, und ihre Sachverständigen haben systematisch Zugang zu den Sitzungen der Sachverständigengruppen der Kommission, die mit der Ausarbeitung der delegierten Rechtsakte befasst sind.

(79) Zur Gewährleistung einheitlicher Bedingungen für die Durchführung dieser Verordnung in Bezug auf die Gleichwertigkeit des Prospektrechts von Drittländern sollten der Kommission Durchführungsbefugnisse für den Erlass entsprechender Gleichwertigkeitsbeschlüsse übertragen werden. Diese Befugnisse sollten im Einklang mit der Verordnung (EU) Nr. 182/2011 des Europäischen Parlaments und des Rates[16] ausgeübt werden.

(80) Technische Standards für den Finanzdienstleistungssektor sollten unionsweit einen angemessenen Anleger- und Verbraucherschutz gewährleisten. Da die ESMA über hoch spezialisierte Fachkräfte verfügt, wäre es sinnvoll und angemessen, ihr die Aufgabe zu übertragen, für technische Regulierungsstandards, die keine politischen Entscheidungen erfordern, Entwürfe auszuarbeiten und der Kommission vorzulegen.

(81) Der Kommission sollte die Befugnis übertragen werden, technische Regulierungsstandards anzunehmen, die von der ESMA ausgearbeitet wurden und Folgendes regeln: Inhalt und Format der in die Zusammenfassung aufzunehmenden wesentlichen Finanzinformationen, Fälle in denen es möglich ist, bestimmte Informationen im Prospekt nicht aufzunehmen, Informationen, die mittels Verweis aufzunehmen sind, und weitere nach Unionsrecht erforderliche Dokumente, Veröffentlichung des Prospekts, erforderliche Daten für die Klassifizierung von Prospekten in dem von der ESMA betriebenen Speichermechanismus, die Bestimmungen über die Werbung, Situationen, in denen ein wichtiger neuer Umstand, eine wesentliche Unrichtigkeit oder eine wesentliche Ungenauigkeit in Bezug auf die im Prospekt enthaltenen Angaben die Veröffentlichung eines Nachtrags zum Prospekt erfordert, die notwendigen technischen Vorkehrungen für das Funktionieren des ESMA-Notifizierungsportals, den Mindestinhalt der Kooperationsvereinbarungen mit Aufsichtsbehörden in Drittländern und das dafür zu verwendenden Muster sowie den Informationsaustausch zwischen den zuständigen Behörden und der ESMA im Rahmen der Verpflichtung zur Zusammenarbeit. Die Kommission sollte diese Entwürfe technischer Regulierungsstandards im Wege delegierter Rechtsakte im Sinne des Artikels 290 AEUV und gemäß den Artikeln 10 bis 14 der Verordnung (EU) Nr. 1095/2010 annehmen.

(82) Der Kommission sollte außerdem die Befugnis übertragen werden, technische Durchführungsstandards, die von der ESMA in Bezug auf die Standardformulare, Mustertexte und Verfahren für die Notifizierung der Bescheinigung über die Billigung, des Prospekts, des Registrierungsformulars, des einheitlichen Registrierungsformulars, jedes diesbezüglichen Nachtrags samt etwaiger Übersetzungen, des Nachtrags zum Prospekt und der Übersetzung des Prospekts und/oder der Zusammenfassung, die Standardformulare, Mustertexte und Verfahren für die Zusammenarbeit und den Informationsaustausch zwischen den zuständigen Behörden sowie die Verfahren und Formulare für den Informationsaustausch zwischen den zuständigen Behörden und der ESMA ausgearbeitet wurden, zu erlassen. Die Kommission sollte diese technischen Durchführungsstandards im Wege von Durchführungsrechtsakten im Sinne des Artikels 291 AEUV und gemäß Artikel 15 der Verordnung (EU) Nr. 1095/2010 annehmen.

---

[15] ABl. L 123 vom 12.5.2016, S. 1.

[16] Verordnung (EU) Nr. 182/2011 des Europäischen Parlaments und des Rates vom 16. Februar 2011 zur Festlegung der allgemeinen Regeln und Grundsätze, nach denen die Mitgliedstaaten die Wahrnehmung der Durchführungsbefugnisse durch die Kommission kontrollieren (ABl. L 55 vom 28.2.2011, S. 13).

(83) Bei der Wahrnehmung ihrer delegierten Befugnisse und ihrer Durchführungsbefugnisse im Sinne dieser Verordnung sollte die Kommission Folgendes beachten:

– Das Vertrauen der Kleinanleger und KMU in die Finanzmärkte muss durch Förderung eines hohen Maßes an Transparenz auf den Finanzmärkten sichergestellt werden;

– die Offenlegungspflichten im Rahmen eines Prospekts müssen mit Rücksicht auf die Größe des Emittenten und die Informationen, die dieser bereits nach der Richtlinie 2004/109/EG und der Verordnung (EU) Nr. 596/2014 offenzulegen hat, kalibriert werden;

– KMU muss der Zugang zu den Kapitalmärkten erleichtert werden, während gleichzeitig das Anlegervertrauen in solche Unternehmen gesichert werden muss;

– die Anleger müssen aus einem breiten Spektrum konkurrierender Anlagemöglichkeiten wählen können, und das Offenlegungs- und Schutzniveau muss ihrer jeweiligen Lage angepasst sein;

– unabhängige Regulierungsbehörden müssen eine kohärente rechtliche Durchsetzung der Vorschriften gewährleisten, insbesondere was den Kampf gegen die Wirtschaftskriminalität angeht;

– es muss ein hohes Maß an Transparenz und eine umfassende Konsultation aller Marktteilnehmer sowie des Europäischen Parlaments und des Rates gewährleistet werden;

– die Innovation auf den Finanzmärkten muss gefördert werden, wenn diese dynamisch und effizient sein sollen;

– die systemische Stabilität des Finanzsystems muss durch eine enge und reaktive Überwachung der Finanzinnovation gewährleistet werden;

– die Senkung der Kapitalkosten und die Verbesserung des Kapitalzugangs sind von großer Bedeutung;

– Kosten und Nutzen einer Durchführungsmaßnahme müssen sich auf lange Sicht für alle Marktteilnehmer die Waage halten;

– die internationale Wettbewerbsfähigkeit der Finanzmärkte der Union muss unbeschadet der dringend erforderlichen Ausweitung der internationalen Zusammenarbeit gefördert werden;

– gleiche Wettbewerbsbedingungen für sämtliche Marktteilnehmer müssen erforderlichenfalls durch Unionsrecht sichergestellt werden;

– die Kohärenz mit anderem Unionsrecht im gleichen Bereich muss sichergestellt werden, da Informationsasymmetrien und mangelnde Transparenz die Funktionsfähigkeit der Märkte gefährden und vor allem Verbrauchern und Kleinanlegern zum Schaden gereichen könnten.

(84) Jede Verarbeitung personenbezogener Daten im Rahmen dieser Verordnung, wie der Austausch oder die Übermittlung personenbezogener Daten durch die zuständigen Behörden, sollte im Einklang mit der Verordnung (EU) 2016/679 und jeder Austausch oder jede Übermittlung von Informationen durch die ESMA sollte im Einklang mit der Verordnung (EG) Nr. 45/2001 erfolgen.

(85) Die Kommission sollte bis zum 21. Juli 2022 die Anwendung dieser Verordnung überprüfen und insbesondere bewerten, ob die Offenlegungsvorschriften für Sekundäremissionen und für den EU-Wachstumsprospekt, das einheitliche Registrierungsformular und die Prospektzusammenfassung nach wie vor angemessen sind, um die Ziele dieser Verordnung zu verwirklichen. Insbesondere sollten in dem Bericht die maßgeblichen Zahlenangaben und Tendenzen in Bezug auf den EU-Wachstumsprospekt analysiert werden; zudem sollte bewertet werden, ob die neue Regelung für ein ausgewogenes Verhältnis zwischen Anlegerschutz und der Verringerung des Verwaltungsaufwands für die zu ihrer Anwendung berechtigten Unternehmen sorgt. Im Zuge dieser Überprüfung sollte auch bewertet werden, ob die Emittenten – insbesondere KMU – LEI und ISIN zu vertretbaren Kosten und innerhalb eines angemessenen Zeitraums erhalten können.

(86) Die Anwendung der in dieser Verordnung festgelegten Anforderungen sollte auf einen späteren Zeitpunkt verschoben werden, um den Erlass von delegierten Rechtsakten und Durchführungsrechtsakten zu ermöglichen und den zuständigen Behörden und den Marktteilnehmern Gelegenheit zu geben, sich auf die Anwendung der neuen Maßnahmen einzustellen und entsprechend zu planen.

(87) Da die Ziele dieser Verordnung, nämlich die Stärkung des Anlegerschutzes und der Markteffizienz im Zuge der Errichtung der Kapitalmarktunion, von den Mitgliedstaaten nicht ausreichend verwirklicht werden können, sondern vielmehr aufgrund ihrer Wirkungen auf Unionsebene besser zu verwirklichen sind, kann die Union im Einklang mit dem in Artikel 5 des Vertrags über die Europäische Union verankerten Subsidiaritätsprinzip tätig werden. Entsprechend dem in demselben Artikel genannten Verhältnismäßigkeitsprinzip geht diese Verordnung nicht über das für die Verwirklichung dieser Ziele erforderliche Maß hinaus.

(88) Die Verordnung steht im Einklang mit den Grundrechten und Grundsätzen, die insbesondere mit der Charta der Grundrechte der Europäischen Union anerkannt wurden. Deshalb sollte diese Verordnung im Einklang mit diesen Rechten und Grundsätzen ausgelegt und angewandt werden.

(89) Der Europäische Datenschutzbeauftragte wurde gemäß Artikel 28 Absatz 2 der Verordnung (EG) Nr. 45/2001 konsultiert –

HABEN FOLGENDE VERORDNUNG ERLASSEN:

Kapitel I. Allgemeine Bestimmungen

Art. 1 Gegenstand, Anwendungsbereich und Ausnahmen

(1) Diese Verordnung legt die Anforderungen an die Erstellung, Billigung und Verbreitung des Prospekts, der beim öffentlichen Angebot von Wertpapieren oder bei der Zulassung von Wertpapieren zum Handel an einem geregelten Markt, der sich in einem Mitgliedstaat befindet oder dort betrieben wird, zu veröffentlichen ist, fest.

(2) Diese Verordnung findet keine Anwendung auf folgende Arten von Wertpapieren:

a) Anteilscheine, die von Organismen für gemeinsame Anlagen eines anderen als des geschlossenen Typs ausgegeben werden;

b) Nichtdividendenwerte, die von einem Mitgliedstaat oder einer Gebietskörperschaft eines Mitgliedstaats, von internationalen Organismen öffentlich-rechtlicher Art, denen ein oder mehrere Mitgliedstaaten angehören, von der Europäischen Zentralbank oder von den Zentralbanken der Mitgliedstaaten ausgegeben werden;

c) Anteile am Kapital der Zentralbanken der Mitgliedstaaten;

d) Wertpapiere, die uneingeschränkt und unwiderruflich von einem Mitgliedstaat oder einer Gebietskörperschaft eines Mitgliedstaats garantiert werden;

e) Wertpapiere, die von Vereinigungen mit Rechtspersönlichkeit oder von einem Mitgliedstaat anerkannten Einrichtungen ohne Erwerbscharakter zum Zweck der Mittelbeschaffung für ihre nicht erwerbsorientierten Zwecke ausgegeben werden;

f) nichtfungible Kapitalanteile, deren Hauptzweck darin besteht, dem Inhaber das Recht auf die Nutzung einer Wohnung oder anderen Art von Immobilie oder eines Teils hiervon zu verleihen, wenn diese Anteile ohne Aufgabe des genannten Rechts nicht weiterveräußert werden können.

(3) *[1]* Unbeschadet des Unterabsatzes 2 dieses Absatzes und des Artikels 4 findet diese Verordnung keine Anwendung auf öffentliche Angebote von Wertpapieren mit einem Gesamtgegenwert in der Union von weniger als 1 000 000 EUR, wobei diese Obergrenze über einen Zeitraum von 12 Monaten zu berechnen ist.

[2] ¹Die Mitgliedstaaten dehnen die Pflicht zur Erstellung eines Prospekts aufgrund dieser Verordnung nicht auf die in Unterabsatz 1 dieses Absatzes genannten öffentlichen Angebote von Wertpapieren aus. ²Sie können in diesen Fällen jedoch auf nationaler Ebene andere Offenlegungspflichten vorsehen, sofern diese keine unverhältnismäßige oder unnötige Belastung darstellen.

(4) Die Pflicht zur Veröffentlichung eines Prospekts gemäß Artikel 3 Absatz 1 findet keine Anwendung auf folgende Arten öffentlicher Angebote von Wertpapieren:

a) ein Wertpapierangebot, das sich ausschließlich an qualifizierte Anleger richtet;

b) ein Wertpapierangebot, das sich an weniger als 150 natürliche oder juristische Personen pro Mitgliedstaat richtet, bei denen es sich nicht um qualifizierte Anleger handelt;

c) ein Wertpapierangebot mit einer Mindeststückelung von 100 000 EUR;

d) ein Wertpapierangebot, das sich an Anleger richtet, die bei jedem gesonderten Angebot Wertpapiere ab einem Mindestbetrag von 100 000 EUR pro Anleger erwerben;

e) Aktien, die im Austausch für bereits ausgegebene Aktien derselben Gattung ausgegeben werden, sofern mit der Emission dieser neuen Aktien keine Kapitalerhöhung des Emittenten verbunden ist;

f) Wertpapiere, die anlässlich einer Übernahme im Wege eines Tauschangebots angeboten werden, sofern ein Dokument gemäß den Bestimmungen des Artikels 21 Absatz 2 der Öffentlichkeit zur Verfügung gestellt wurde, das Informationen zu der Transaktion und ihren Auswirkungen auf den Emittenten enthält;

g) Wertpapiere, die anlässlich einer Verschmelzung oder Spaltung angeboten oder zugeteilt werden bzw. zugeteilt werden sollen, sofern ein Dokument gemäß den Bestimmungen des Artikels 21 Absatz 2 der Öffentlichkeit zur Verfügung gestellt wurde, das Informationen zu der Transaktion und ihren Auswirkungen auf den Emittenten enthält;

h) an die vorhandenen Aktieninhaber ausgeschüttete Dividenden in Form von Aktien derselben Gattung wie die Aktien, für die solche Dividenden ausgeschüttet werden, sofern ein Dokument zur Verfügung gestellt wird, das Informationen über Anzahl und Art der Aktien enthält und in dem die Gründe und Einzelheiten des Angebots dargelegt werden;

i) Wertpapiere, die den derzeitigen oder ehemaligen Führungskräften oder Beschäftigten von ihrem Arbeitgeber oder von einem verbundenen Unternehmen angeboten oder zugeteilt werden bzw. zugeteilt werden sollen, sofern ein Dokument zur Verfügung gestellt wird, das Informationen über Anzahl und Art der Wertpapiere enthält und in dem die Gründe und Einzelheiten des Angebots oder der Zuteilung dargelegt werden;

j) Nichtdividendenwerte, die von einem Kreditinstitut dauernd oder wiederholt begeben werden, wobei der aggregierte Gesamtgegenwert der angebotenen Wertpapiere in der Union weniger als 75 000 000 EUR pro Kreditinstitut über einen Zeitraum von 12 Monaten beträgt, sofern diese Wertpapiere

   i) nicht nachrangig, konvertibel oder austauschbar sind und

     ii) nicht zur Zeichnung oder zum Erwerb anderer Arten von Wertpapieren berechtigen und nicht an ein Derivat gebunden sind.

(5) *[1]* Die Pflicht zur Veröffentlichung eines Prospekts gemäß Artikel 3 Absatz 3 findet keine Anwendung auf die Zulassung folgender Instrumente zum Handel an einem geregelten Markt:

a) Wertpapiere, die mit bereits zum Handel am selben geregelten Markt zugelassenen Wertpapieren fungibel sind, sofern sie über einen Zeitraum von 12 Monaten weniger als 20 % der Zahl der Wertpapiere ausmachen, die bereits zum Handel am selben geregelten Markt zugelassen sind;

b) Aktien, die aus der Umwandlung oder dem Eintausch anderer Wertpapiere oder aus der Ausübung der mit anderen Wertpapieren verbundenen Rechte resultieren, sofern es sich dabei um Aktien derselben Gattung wie die bereits zum Handel am selben geregelten Markt zugelassenen Aktien handelt und sofern sie über einen Zeitraum von 12 Monaten weniger als 20 % der Zahl der Aktien derselben Gattung ausmachen, die bereits zum Handel am selben geregelten Markt zugelassen sind, vorbehaltlich Unterabsatz 2 dieses Absatzes;

c) Wertpapiere, die aus der Umwandlung oder dem Tausch anderer Wertpapiere, Eigenmittel oder anrechnungsfähiger Verbindlichkeiten durch eine Abwicklungsbehörde aufgrund der Ausübung einer Befugnis gemäß Artikel 53 Absatz 2, Artikel 59 Absatz 2 oder Artikel 63 Absatz 1 oder 2 der Richtlinie 2014/59/EU resultieren;

d) Aktien, die im Austausch für bereits am selben geregelten Markt zum Handel zugelassene Aktien derselben Gattung ausgegeben werden, sofern mit der Emission dieser Aktien keine Kapitalerhöhung des Emittenten verbunden ist;

e) Wertpapiere, die anlässlich einer Übernahme im Wege eines Tauschangebots angeboten werden, sofern ein Dokument gemäß den Bestimmungen des Artikels 21 Absatz 2 der Öffentlichkeit zur Verfügung gestellt wurde, das Informationen zu der Transaktion und ihren Auswirkungen auf den Emittenten enthält;

f) Wertpapiere, die anlässlich einer Verschmelzung oder Spaltung angeboten oder zugeteilt werden bzw. zugeteilt werden sollen, sofern ein Dokument gemäß den Bestimmungen des Artikels 21 Absatz 2 der Öffentlichkeit zur Verfügung gestellt wurde, das Informationen zu der Transaktion und ihren Auswirkungen auf den Emittenten enthält;

g) Aktien, die den vorhandenen Aktieninhabern unentgeltlich angeboten oder zugeteilt werden bzw. zugeteilt werden sollen, sowie Dividenden in Form von Aktien derselben Gattung wie die Aktien, für die die Dividenden ausgeschüttet werden, sofern es sich dabei um Aktien derselben Gattung handelt wie die Aktien, die bereits zum Handel am selben geregelten Markt zugelassen sind, und sofern ein Dokument zur Verfügung gestellt wird, das Informationen über Anzahl und Art der Aktien enthält und in dem die Gründe und Einzelheiten des Angebots oder der Zuteilung dargelegt werden;

h) Wertpapiere, die derzeitigen oder ehemaligen Führungskräften oder Beschäftigten von ihrem Arbeitgeber oder von einem verbundenen Unternehmen angeboten oder zugeteilt werden bzw. zugeteilt werden sollen, sofern es sich dabei um Wertpapiere derselben Gattung handelt wie die Wertpapiere, die bereits zum Handel am selben geregelten Markt zugelassen sind, und sofern ein Dokument zur Verfügung gestellt wird, das Informationen über Anzahl und Art der Wertpapiere enthält und in dem die Gründe und Einzelheiten des Angebots oder der Zuteilung dargelegt werden;

i) Nichtdividendenwerte, die von einem Kreditinstitut dauernd oder wiederholt begeben werden, wobei der aggregierte Gesamtgegenwert der angebotenen Wertpapiere in der Union weniger als 75 000 000 EUR pro Kreditinstitut über einen Zeitraum von 12 Monaten beträgt, sofern diese Wertpapiere

   i) nicht nachrangig, konvertibel oder austauschbar sind und

     ii) nicht zur Zeichnung oder zum Erwerb anderer Arten von Wertpapieren berechtigen und nicht an ein Derivat gebunden sind;

j) Wertpapiere, die bereits zum Handel an einem anderen geregelten Markt zugelassen sind, sofern sie folgende Bedingungen erfüllen:

   i) Jene Wertpapiere oder Wertpapiere derselben Gattung sind bereits länger als 18 Monate zum Handel an dem anderen geregelten Markt zugelassen;

   ii) bei Wertpapieren, die nach dem 1. Juli 2005 erstmalig zum Handel an einem geregelten Markt zugelassen wurden, ging die Zulassung zum Handel an dem anderen geregelten Markt mit der Billigung und Veröffentlichung eines Prospekts im Einklang mit der Richtlinie 2003/71/EG einher;

   iii) bei Wertpapieren, die nach dem 30. Juni 1983 erstmalig zur Börsennotierung zugelassen wurden, mit Ausnahme der unter Ziffer ii geregelten Fälle, wurden Prospekte entsprechend den Vorschriften der Richtlinie 80/390/EWG des Rates[1] oder der Richtlinie 2001/34/EG des Europäischen Parlaments und des Rates[2] gebilligt;

iv) die laufenden Pflichten betreffend den Handel an dem anderen geregelten Markt werden eingehalten;

v) die Person, die die Zulassung eines Wertpapiers zum Handel an einem geregelten Markt nach der Ausnahmeregelung gemäß Buchstabe j beantragt, stellt der Öffentlichkeit in dem Mitgliedstaat, in dem sich der geregelte Markt befindet, für den die Zulassung zum Handel angestrebt wird, gemäß den Bestimmungen des Artikels 21 Absatz 2 ein den inhaltlichen Anforderungen des Artikels 7 genügendes Dokument, mit der Ausnahme, dass die in Artikel 7 Absatz 3 festgelegte maximale Länge um zwei weitere DIN-A4Seiten erhöht wird, in einer von der zuständigen Behörde des Mitgliedstaats, in dem sich der geregelte Markt befindet, für den die Zulassung angestrebt wird, anerkannten Sprache zur Verfügung; und

vi) in dem Dokument gemäß Buchstabe v wird angegeben, wo der neueste Prospekt erhältlich ist und wo die Finanzinformationen, die vom Emittenten entsprechend der geltenden Publizitätsvorschriften offen gelegt werden.

[2] Die Bedingung, wonach die resultierenden Aktien gemäß Unterabsatz 1 Buchstabe b über einen Zeitraum von 12 Monaten weniger als 20 % der Zahl der Aktien derselben Gattung ausmachen müssen, die bereits zum Handel am selben geregelten Markt zugelassen sind, gilt nicht in folgenden Fällen:

a) Wenn im Einklang mit dieser Verordnung oder der Richtlinie 2003/71/EG beim öffentlichen Angebot oder bei der Zulassung zum Handel der Wertpapiere an einem geregelten Markt, die Zugang zu Aktien verschaffen, ein Prospekt erstellt wurde;

b) wenn die Wertpapiere, die Zugang zu Aktien verschaffen, vor dem 20. Juli 2017 begeben wurden;

c) wenn die Aktien gemäß Artikel 26 der Verordnung (EU) Nr. 575/2013 des Europäischen Parlaments und des Rates[3] zu den Posten des harten Kernkapitals eines Instituts im Sinne des Artikels 4 Absatz 1 Nummer 3 der genannten Verordnung gerechnet werden können und aus der Umwandlung von Instrumenten des zusätzlichen Kernkapitals durch dieses Institut aufgrund des Eintretens eines Auslöseereignisses gemäß Artikel 54 Absatz 1 Buchstabe a der genannten Verordnung resultieren;

d) wenn die Aktien zu den anrechnungsfähigen Eigenmitteln oder den anrechnungsfähigen Basiseigenmitteln im Sinne des Titels I Kapitel VI Abschnitt 3 der Richtlinie 2009/138/EG des Europäischen Parlaments und des Rates[4] gerechnet werden können und aus der Umwandlung anderer Wertpapiere resultieren, die zur Erfüllung der Solvenzkapitalanforderung oder der Mindestkapitalanforderung im Sinne des Titels I Kapitel VI Abschnitte 4 und 5 der Richtlinie 2009/138/EG oder der Solvenzanforderung der Gruppe gemäß Titel III der Richtlinie 2009/138/EG ausgelöst wurde.

(6) [1] Die in den Absätzen 4 und 5 genannten Ausnahmen von der Pflicht zur Veröffentlichung eines Prospekts können miteinander kombiniert werden. [2] Eine Kombination der Ausnahmen nach Absatz 5 Unterabsatz 1 Buchstaben a und b ist jedoch nicht zulässig, wenn dies dazu führen könnte, dass über einen Zeitraum von 12 Monaten mehr als 20 % der Zahl der Aktien derselben Gattung, die bereits zum Handel an einem geregelten Markt zugelassen sind, sofort oder zu einem späteren Zeitpunkt zum Handel am selben geregelten Markt zugelassen werden, ohne dass ein Prospekt veröffentlicht wird.

(6a) Die in Absatz 4 Buchstabe f und Absatz 5 Buchstabe e genannten Ausnahmen gelten nur für Dividendenwerte, und nur in den folgenden Fällen:

a) die angebotenen Dividendenwerte sind bereits vor der Übernahme und der damit verbundenen Transaktion mit den vorhandenen bereits zum Handel zugelassenen Dividendenwerten des Emittenten fungibel und die Übernahme gilt nicht als umgekehrter Unternehmenserwerb im Sinne des mit der Verordnung (EG) Nr. 1126/2008 der Kommission[5]

---

[1] **Amtl. Anm.:** Richtlinie 80/390/EWG des Rates vom 17. März 1980 zur Koordinierung der Bedingungen für die Erstellung, die Kontrolle und die Verbreitung des Prospekts, der für die Zulassung von Wertpapieren zur amtlichen Notierung an einer Wertpapierbörse zu veröffentlichen ist (ABl. L 100 vom 17.4.1980, S. 1).

[2] **Amtl. Anm.:** Richtlinie 2001/34/EG des Europäischen Parlaments und des Rates vom 28. Mai 2001 über die Zulassung von Wertpapieren zur amtlichen Börsennotierung und über die hinsichtlich dieser Wertpapiere zu veröffentlichenden Informationen (ABl. L 184 vom 6.7.2001, S. 1).

[3] **Amtl. Anm.:** Verordnung (EU Nr. 575/2013 des Europäischen Parlaments und des Rates vom 26. Juni 2013 über Aufsichtsanforderungen an Kreditinstitute und Wertpapierfirmen und zur Änderung der Verordnung (EU Nr. 648/2012 (ABl. L 176 vom 27.6.2013, S. 1).

[4] **Amtl. Anm.:** Richtlinie 2009/138/EG des Europäischen Parlaments und des Rates vom 25. November 2009 betreffend die Aufnahme und Ausübung der Versicherungs- und der Rückversicherungstätigkeit (Solvabilität II (ABl. L 335 vom 17.12.2009, S. 1).

[5] **Amtl. Anm.:** Verordnung (EG Nr. 1126/2008 der Kommission vom 3. November 2008 zur Übernahme bestimmter internationaler Rechnungslegungsstandards gemäß der Verordnung (EG Nr. 1606/ 2002 des Europäischen Parlaments und des Rates (ABl. L 320 vom 29.11.2008, S. 1).

übernommenen internationalen Rechnungslegungsstandards IFRS 3, Paragraph B19, „Unternehmenszusammenschlüsse", oder

b) die Aufsichtsstelle, die, sofern sie zur Prüfung der Angebotsunterlage gemäß der Richt-linie 2004/25/EG des Europäischen Parlaments und des Rates[6] befugt ist, eine vorherige Billigung des in Absatz 4 Buchstabe f oder Absatz 5 Buchstabe e genannten Dokuments erteilt hat.

(6b) **Die Ausnahmen gemäß Absatz 4 Buchstabe g und Absatz 5 Buchstabe f gelten nur für Dividendenwerte, bezüglich derer die Transaktion nicht als umgekehrter Unterneh-menserwerb im Sinne des internationalen Rechnungslegungsstandards IFRS 3, Paragraph B19, Unternehmenszusammenschlüsse, gilt, und nur in folgenden Fällen:**

a) **Die Dividendenwerte der übernehmenden Einrichtung waren bereits vor der Transaktion zum Handel an einem geregelten Markt zugelassen; oder**

b) **die Dividendenwerte der Einrichtungen, die Gegenstand der Spaltung ist, waren bereits vor der Transaktion zum Handel an einem geregelten Markt zugelassen.**

(7) **Der Kommission wird die Befugnis übertragen, gemäß Artikel 44 delegierte Rechts-akte zur Ergänzung dieser Verordnung zu erlassen, in denen die Mindestinformationen der in Absatz 4 Buchstaben f und g und in Absatz 5 Unterabsatz 1 Buchstaben e und f genann-ten Dokumente festgelegt werden.**

Übersicht

I. Anwendungsbereich

1   **1. Vorbemerkung.** Art. 1 **konsolidiert im Wesentlichen unverändert**[1] alle Artikel der Pro-spekt-RL, die den Anwendungsbereich der Prospektpflicht betrafen, demnach Art. l, 3 und 4 Pro-spekt-RL. Dabei ergibt sich die „Entsprechung" der Regelungen zu den Bestimmungen der Prospekt-

---

[6] **Amtl. Anm.:** Richtlinie 2004/25/EG des Europäischen Parlaments und des Rates vom 21. April 2004 betreffend Übernahmeangebote (ABl. L 142 vom 30.4.2004, S. 12).
[1] So ausdr. Begründung des Kommissionsvorschlags, COM(2015) 583 final, 15.

RL und dem WpPG aF aus der nachfolgenden Tabelle, wobei auch hier nochmals betont werden muss, dass dies nicht zwingend eine inhaltliche Regelungsidentität bedeutet sondern allein eine Entsprechung der jeweils, möglicherweise materiell aber unterschiedlich geregelten Materie (→ Vor Art. 1 Rn. 6):

VO (EU) 2017/1129 (Prospekt-VO)	RL 2003/71/EG (Prospekt-RL)	WpPG aF
Art. 1 Abs. 1	Art. 1 Abs. 1	§ 1 Abs. 1
Art. 1 Abs. 2 lit. a	Art. 1 Abs. 2 lit. a	§ 1 Abs. 2 Nr. 1
Art. 1 Abs. 2 lit. b	Art. 1 Abs. 2 lit. b	§ 1 Abs. 2 Nr. 2
Art. 1 Abs. 2 lit. c	Art. 1 Abs. 2 lit. c	–
Art. 1 Abs. 2 lit. d	Art. 1 Abs. 2 lit. d	§ 1 Abs. 2 Nr. 3
Art. 1 Abs. 2 lit. e	Art. 1 Abs. 2 lit. e	
–	Art. 1 Abs. 2 lit. f	
Art. 1 Abs. 2 lit. f	Art. 1 Abs. 2 lit. g	–
Art. 1 Abs. 3	Art. 1 Abs. 2 lit. h	§ 1 Abs. 2 Nr. 4
	Art. 1 Abs. 2 lit. i	
Art. 4	Art. 1 Abs. 3	§ 1 Abs. 3
	Art. 1 Abs. 4	–
Art. 1 Abs. 4 lit. a	Art. 3 Abs. 2 lit. a	§ 3 Abs. 2 Nr. 1
Art. 1 Abs. 4 lit. b	Art. 3 Abs. 2 lit. b	§ 3 Abs. 2 Nr. 2
Art. 1 Abs. 4 lit. d	Art. 3 Abs. 2 lit. c	§ 3 Abs. 2 Nr. 3
Art. 1 Abs. 4 lit. c	Art. 3 Abs. 2 lit. d	§ 3 Abs. 2 Nr. 4
–	Art. 3 Abs. 2 lit. e	
Art. 1 Abs. 4 lit. e	Art. 4 Abs. 1 lit. a	§ 4 Abs. 1 Nr. 1
Art. 1 Abs. 4 lit. f	Art. 4 Abs. 1 lit. b	§ 4 Abs. 1 Nr. 2
Art. 1 Abs. 4 lit. g	Art. 4 Abs. 1 lit. c	§ 4 Abs. 1 Nr. 3
Art. 1 Abs. 4 lit. h	Art. 4 Abs. 1 lit. d	§ 4 Abs. 1 Nr. 4
Art. 1 Abs. 4 lit. i	Art. 4 Abs. 1 lit. e	§ 4 Abs. 1 Nr. 5
–	Art. 4 Abs. 1 UAbs. 2–5	–
Art. 1 Abs. 4 lit. j und Art. 1 Abs. 5 UAbs. 1 lit. i	Art. 1 Abs. 2 lit. j	§ 1 Abs. 2 Nr. 5
Art. 1 Abs. 5 UAbs. 1 lit. d	Art. 4 Abs. 2 lit. b	§ 4 Abs. 2 Nr. 7
Art. 1 Abs. 5 UAbs. 1 lit. e	Art. 4 Abs. 2 lit. c	§ 4 Abs. 2 Nr. 3
Art. 1 Abs. 5 UAbs. 1 lit. f	Art. 4 Abs. 2 lit. d	§ 4 Abs. 2 Nr. 2
Art. 1 Abs. 5 UAbs. 1 lit. g	Art. 4 Abs. 2 lit. e	§ 4 Abs. 2 Nr. 5
Art. 1 Abs. 5 UAbs. 1 lit. h	Art. 4 Abs. 2 lit. f	§ 4 Abs. 2 Nr. 6
Art. 1 Abs. 5 UAbs. 1 lit. b und c	Art. 4 Abs. 2 lit. g	§ 4 Abs. 2 Nr. 7

VO (EU) 2017/1129 (Prospekt-VO)	RL 2003/71/EG (Prospekt-RL)	WpPG aF
Art. 1 Abs. 5 UAbs. 1 lit. j	Art. 4 Abs. 2 lit. h	§ 4 Abs. 2 Nr. 8
Art. 1 Abs. 7	Art. 4 Abs. 3	§ 4 Abs. 3

2   **2. Anwendungsbereich.** Die neue Prospekt-VO regelt gem. ihres Art. 1 Abs. 1 „die Anforderungen an die Erstellung, Billigung und Verbreitung des Prospekts, der beim öffentlichen Angebot von Wertpapieren oder bei der Zulassung von Wertpapieren zum Handel an einem geregelten Markt, der sich in einem Mitgliedstaat befindet oder dort betrieben wird, zu veröffentlichen ist". Nicht von der neuen Prospekt-VO erfasst wird, ebenso wie nach früherer Rechtslage der Prospekt-RL und des WpPG aF die reine Einbeziehung von Wertpapieren in den regulierten Markt (§ 33 BörsG) und den Freiverkehr (§ 48 BörsG)[2] sofern die entsprechend einbezogenen Wertpapiere nicht auch öffentlich angeboten werden. Die für die Bestimmung des Anwendungsbereichs wesentlichen Begriffe **öffentliches Angebot, Wertpapiere** und **geregelter Markt** sind in Art. 2 lit. d, e und j definiert; auf die dortigen Ausführungen wird verwiesen.

II. Ausnahme von der Anwendung der neuen Prospekt-VO

3   **1. Vorbemerkung.** Art. 1 Abs. 2 nennt diejenigen Fälle, in denen die gesamte neue Prospekt-VO nicht anwendbar ist. Damit sind die dort genannten „Wertpapiere" nicht nur von der Prospektpflicht nach der neuen Prospekt-VO befreit; auch andere Verpflichtungen der neuen Prospekt-VO, zB nach Art. 22 (Werbung), gelten nicht.

4   **2. Einzelne Ausnahmen. a) Abs. 2 lit. a.** Die dort genannten Wertpapiere, Definitionen in Art. 2 lit. p und q, unterliegen gesonderten Regelungen auch für die Prospektpflicht, sodass eine Einbeziehung in die neue Prospekt-VO weder erforderlich noch sinnvoll gewesen wäre.

5   **b) Abs. 2 lit. b und d.** Die Prospekt-RL und das WpPG hatten die Ausnahmen für die in Art. 1 Abs. 2 lit. b und c, vergleichbar mit Art. 1 Abs. 2 lit. b und d Prospekt-RL, genannten Wertpapieren noch mit der besonderen Bonität begründet, die Mitgliedstaaten des Europäischen Wirtschaftsraums, ihre Gebietskörperschaften, die EZB oder die Zentralbanken der Mitgliedstaaten genießen würden. Diese Bonität mache einen Anlegerschutz durch Information entbehrlich. Diese Begründung dürfte, jedenfalls für die Mitgliedstaaten des EWR und ihre Gebietskörperschaften, Stichwort Staatsschuldenkrise, zwischenzeitlich entfallen sein. Die EZB begründet deshalb die Ausnahme in Art. 1 Abs. 2 lit. b für die EZB und die nationalen Zentralbanken damit, sie sei „für die reibungslose Durchführung der geldpolitischen Operationen des Eurosystems unerlässlich"[3].

6   **c) Abs. 3.** Diese Regelung trifft eine Ausnahme für das öffentliche Angebot (nicht für die Zulassung) bei einem Gesamtgegenwert in der Union von weniger als 1 Mio. EUR[4]. Dies ist eine Abwägung zwischen der Deregulierung einerseits und dem Anlegerschutz andererseits. Bei solchen Kleinstemissionen würden die die Kosten der Prospekterstellung und –veröffentlichung in keinem vertretbaren Verhältnis mehr zum Emissionserlös stehen[5]. Abzustellen ist auf den Gesamtgegenwert, also das Volumen aller während des Zeitraums von 12 Monaten emittierten und öffentlich angebotenen Wertpapiere in der Union, dh nicht auf den in einem Mitgliedstaat. Unter **„Gesamtgegenwert"** ist nicht der Verkäuferlös zu verstehen, sondern der **Ausgabepreis**[6]. Ist ein Ausgabepreis nicht festgelegt, gilt als Ausgabepreis der erste nach Einführung der Wertpapiere festgestellte oder gebildete Börsenpreis, im Fall einer gleichzeitigen Feststellung oder Bildung an mehreren Börsen der höchst erste Börsenpreis. Die Frist von 12 Monaten beginnt mit dem Beginn des öffentlichen Angebots und wird mangels konkreter Angaben in der neuen Prospekt-VO entsprechend §§ 187 ff. BGB berechnet.

7   Art. 1 Abs. 3 S. 2 verbietet es den Mitgliedstaaten ausdrücklich, eine Prospektpflicht beim öffentlichen Angebot von Wertpapieren mit einem Gesamtgegenwert in der Union von weniger als 1 Mio. EUR festzulegen. In Satz 3 wird jedoch eine anderweitig ausgestaltete Offenlegungspflicht gestattet, wovon der deutsche Gesetzgeber Gebrauch gemacht hat (→ WpPG § 4 Rn. 1).

III. Ausnahmen von der Prospektpflicht beim öffentlichen Angebot (Abs. 4)

8   **1. Vorbemerkung.** Während Art. 1 Abs. 2 die Anwendung der gesamten neuen Prospekt-VO auf bestimmte Arten von Wertpapieren ausschließt, regelt Art. 1 Abs. 4 Ausnahmen allein hinsichtlich der

---

[2] Zum alten Recht RegBegr. Prospektrichtlinie-Umsetzungsgesetz, BT-Drs. 15/4999, 25 (27); ebenso Assmann/Schlitt/v. Kopp-Colomb/*v. Kopp-Colomb* WpPG § 1 Rn. 26 für den Freiverkehr; FK-WpPG/*Schnorbus* WpPG § 1 Rn. 2.

[3] Stellungnahme der Europäischen Zentralbank vom 17.3.2016 zur neuen Prospekt-VO ABl. 2016 C 195, 1.

[4] Übersicht über die in den Mitgliedstaaten geltenden Grenzwerte bei ESMA31–62–1193.

[5] S. auch Erwägungsgrund 12.

[6] So auch das Verständnis des deutschen Gesetzgebers bei der Umsetzung von Art. 3 Abs. 2 lit. b in § 2 WpPG (→ WpPG § 2 Rn. 4).

Prospektpflicht nach Art. 3 Abs. 1, dh Ausnahmen von der Pflicht, einen Prospekt bei einem **öffentlichen Angebot** von Wertpapieren zu veröffentlichen, wobei die Frage, ob eine solche **grundsätzliche Prospektpflicht** besteht, nicht von Art. 1 Abs. 4 sondern von **Art. 3 Abs. 1** beantwortet wird. Ob eine Prospektbefreiung nach Art. 1 Abs. 4 erforderlich ist, hängt demnach davon ab, dass ein die Prospektpflicht begründendes öffentliches Angebot vorliegt. Gleiches gilt auch für die Prospektbefreiung nach Art. 1 Abs. 5; auch sie greift nur, wenn es für die Zulassung eines Prospektes bedarf (Art. 3 Abs. 3, → Rn. 39).

Liegt einer der Befreiungstatbestände des Art. 1 Abs. 4 vor, entfällt die Prospektpflicht, **ohne** dass es **9** einer **Entscheidung der BaFin** bedarf. Wird trotz Vorliegens eines Befreiungstatbestandes ein Prospekt zur Billigung bei der BaFin eingereicht, sollte nach alter Rechtslage (§ 3 Abs. 2 WpPG aF) der entsprechende Billigungsantrag mangels Sachbescheidungsinteresse nach § 9 VwVfG unzulässig sein.[7] Auf der anderen Seite stand die BaFin auf dem Standpunkt, sie sei **nicht befugt, ein Negativattest** oder eine Unbedenklichkeitsbescheinigung darüber zu erteilen, dass bei einer bestimmten Konstellation kein Prospekt erforderlich sei.[8] Diese Unsicherheit hinsichtlich des „ob" einer Prospektpflicht bzw. der Möglichkeit, diesen durch ein anderes Dokument zu ersetzen, besteht auch iRv Art. 1 Abs. 4 und 5 nach wie vor. Darüber hinaus war früher für den Anbieter teilweise sehr schwer zu beurteilen, ob die prospektersetzenden Dokumente, wie dies zB § 4 Abs. 1 Nr. 2 und 3 WpPG aF forderte, „gleichwertige Angaben" enthielten und somit tatsächlich von der Prospektpflicht befreiten; die Frage des „wie" der Prospektbefreiung war damit schwer zu beantworten. Dieses Gleichwertigkeitserfordernis ist zwar in Art. 1 Abs. 4 lit. f und g entfallen. Es reichen „Informationen zu der Transaktion und ihren Auswirkungen auf den Emittenten" aus. Jedoch wird die geplante Delegierte Verordnung[9] die Anforderungen präzisieren und dabei voraussichtlich recht detaillierte Vorgaben für das prospektbefreiende Dokument aufgestellen. Deshalb ist es für den Prospektpflichtigen nach wie vor schwer zu beantworten, ob sein Dokument letztendlich von der Prospektpflicht befreit. Außerdem bleibt nach wie vor die Frage des „ob" der Prospektbefreiung, dh des konkreten Anwendungsbereichs der Art. 1 Abs. 4 und 5 teilweise schwierig zu beantworten. Insofern ist zu hoffen, dass in den von der BaFin nach Art. 20 Abs. 7 zu erlassenden Richtlinien zum Billigungsverfahren die BaFin auch die Fälle des Art. 1 Abs. 4 und 5 behandelt und bereit sein wird, hier Negativatteste oder Unbedenklichkeitsbescheinigungen zu erstellen.

Unabhängig davon bzw. sollte dies nicht der Fall sein, stellt sich die Frage, ob der Anbieter nicht aus **10** § 38 VwVfG von der BaFin eine Zusicherung hinsichtlich des Nicht-Erlasses einer Untersagung des öffentlichen Angebots nach § 18 Abs. 4 WpPG verlangen kann. Zwar ist es zutreffend, dass ein Negativattest keine Bindungswirkung für die Zivilgerichte im Rahmen einer Klage aus § 14 WpPG hätte. Würde ein Anbieter Wertpapiere ohne Prospekt im Vertrauen auf ein solches Negativattest anbieten, stünde es den Zivilgerichten frei, im Rahmen der Prüfung des § 14 WpPG zu einer abweichenden Ansicht zu kommen, eine Prospektpflicht zu bejahen und somit zu einer Haftung wegen fehlenden Prospekts zu gelangen.[10] Im Hinblick auf die erheblichen Kosten, die mit der Erstellung eines Prospektes verbunden sind, der potentiellen Haftung bei fehlendem Prospekt trotz Prospektpflicht und der Reputationsschäden, die im Falle der Untersagung eines öffentlichen Angebots entstehen würden, hat der Anbieter aber ein erhebliches Interesse daran, die Frage der Prospektpflicht vorab zu klären. Ob insofern die BaFin noch ein Ermessen hinsichtlich des Erlasses einer solchen Zusicherung nach einem entsprechenden schriftlichen Antrag hat, ist zweifelhaft. Bislang ist diese Frage, soweit ersichtlich, nicht geklärt worden, wohl insbesondere deshalb, weil die BaFin rein praktisch bei der (mündlichen) Klärung der Fragen der Prospektpflicht außerordentlich kooperativ war.

Zu dem bereits in Art. 4 Abs. 1 und 2 Prospekt-RL verwendeten Begriff der Aktiengattung, der **11** auch sowohl in Art. 1 Abs. 4 als auch in Abs. 5 verwendet wird, hatte schon die Regierungsbegründung zum Prospektrichtlinie-Umsetzungsgesetz klargestellt, dass für die Zwecke des WpPG[11] Aktien, die sich nur in Bezug auf den Beginn der Dividendenberechtigung unterscheiden, als Aktien derselben Gattung gelten.[12] Das entsprach der alten Rechtslage, bei der zB § 45 Nr. 3 lit. b BörsZulV aF sogar

---

[7] So ausdr. JVRZ/*Zeising* WpPG § 3 Rn. 31; Assmann/Schlitt/v. Kopp-Colomb/*v. Kopp-Colomb/Mollner* WpPG § 3 Rn. 26.

[8] JVRZ/*Zeising* WpPG § 3 Rn. 31; Assmann/Schlitt/v. Kopp-Colomb/*v. Kopp-Colomb/Mollner* WpPG § 3 Rn. 26; diese Situation darstellend *Gebhardt* in Schäfer/Hamann WpPG § 4 Rn. 4; FK-WpPG/*Schnorbus* Vor §§ 1 ff. Rn. 20, 23 ff.

[9] Die entsprechende Delegierte Verordnung lag bei Abschluss des Manuskripts noch nicht vor, der Final Report der ESMA, Technical advice on Minimum Information Content for Prospectus Exemption, 29 March 2019/ESMA31–62-1207, abrufbar über die Homepage der ESMA: www.esma.europa.eu, gibt aber einen guten Eindruck von dem, was dort zu erwarten ist.

[10] So ausdr. JVRZ/*Zeising* WpPG § 3 Rn. 31; so auch OLG München Urt. v. 2.11.2011, BeckRS 2011, 25505 II.1, das trotz mündlicher Auskunft der BaFin, es liege keine Prospektpflicht vor, eine Haftung aus § 13a VerkprospG aF (§ 14 WpPG) bejaht hat (→ WpPG § 14 Rn. 5).

[11] Ebenso wie nach der jetzt wohl überwiegenden Ansicht zum AktG, vgl. Hüffer/Koch/*Koch* AktG § 11 Rn. 8; GroßkommAktG/*Mock* AktG § 11 Rn. 70; MHdB GesR IV/*Scholz* § 57 Rn. 34; *Busch* in Marsch-Barner/Schäfer AG-HdB § 44 Rn. 21 (mit Fn. 5); *Singhof* FS Hoffmann-Becking, 2013, 1163 ff. (1180 f.); unentschieden RGZ 83, 419; aA *Ziemons* in K. Schmidt/Lutter, AktG, 3. Aufl. 2015, AktG § 11 Rn. 8; HK-AktG/*Westermann* AktG § 11 Rn. 10.

eine ausdrückliche Regelung in diesem Sinne enthielt. Gründe dafür, dass sich an diesem Verständnis etwas geändert haben soll, sind nicht ersichtlich.

12   Wie Art. 1 Abs. 6 S. 1 ausdrücklich festschreibt und Erwägungsgrund 20 unter Darstellung eines Beispiels betont, sind **Kombinationen der Befreiungstatbestände** zulässig; das gilt sowohl für gleichzeitige als auch für hintereinander gestaffelte Kombinationen. Eine Kombination eines Angebots an zB qualifizierte Anleger und an nicht mehr als 149 – nicht qualifizierte – Anleger pro Mitgliedstaat bleibt damit prospektbefreit[13].

13   **2. Ausnahmen von der Prospektpflicht bei einem öffentlichen Angebot im Einzelnen. a) Qualifizierter Anleger.** Die Ausnahme nach Art. 1 Abs. 4 lit. a bezieht sich auf die in Art. 2 lit. c definierten qualifizierten Anleger. Sie rechtfertigt sich daraus, dass sich das Wertpapierangebot ausschließlich an qualifizierte Anleger und damit an solche Anleger richtet, bei denen man davon ausgeht, dass sie ausreichend anderweitige Informationsquellen besitzen, um sich die für den Kauf von Wertpapieren notwendige Erkenntnisgrundlage zu verschaffen. Die eindeutige Formulierung (**„ausschließlich an"**) macht klar, dass Angebote, die sich nur teilweise an qualifizierte Anleger und im Übrigen an das Publikum richten, weiter der Prospektpflicht unterliegen, es sei denn, für den nicht an qualifizierte Anleger gerichteten Teil des Angebots ergibt sich eine andere Prospektbefreiungsregel, Stichwort „Kombination" der Befreiungsmöglichkeiten (→ Rn. 12). Die eindeutige, auf den Adressatenkreis abstellende Formulierung („Angebot …, das sich … richtet"), macht aber auch deutlich, dass es entscheidend auf die **Zielrichtung** des Angebots, so wie vom Anbieter festgelegt wurde, ankommt. Nicht entscheidend ist dagegen die Art und Weise der Veröffentlichung oder das Endergebnis. Anders gewendet: Richtet der Anbieter sein Angebot ausschließlich an qualifizierte Anleger, indem er ausschließlich solche anspricht oder aber indem er im Angebot deutlich hervorgehoben diese als ausschließliche Adressaten bezeichnet,[14] dann ist Art. 1 Abs. 4 lit. a erfüllt, selbst dann, wenn (ungewollt)[15] auch ein nicht qualifizierter Anleger erwirbt. Der Anbieter muss nicht sicherstellen, dass nur qualifizierte Anleger tatsächlich erwerben, Art. 1 Abs. 4 lit. a fordert nur, dass er sein Angebot ausschließlich an qualifizierte Anleger richtet.

14   Die Formulierung („Wertpapierangebot, das sich ausschließlich an qualifizierte Anleger richtet") bedeutet nicht, dass nur Angebote ausschließlich an qualifizierte Anleger befreit sind, sondern nur, dass Angebote, die sich neben qualifizierte Anleger auch an andere Personen eines anderen Befreiungstatbestandes bedürfen[16].

15   **b) Begrenzter Personenkreis.** Art. 1 Abs. 4 lit. b enthält eine Ausnahme von der Prospektpflicht bei einem Wertpapierangebot, das zwar ein öffentliches Angebot darstellt,[17] sich aber nur an einen begrenzten Personenkreis richtet. Die Grenze von weniger als 150 Personen, dh 149, die nicht zu qualifizierten Anlegern zählen, ist dabei für jeden Staat, in dem das Angebot erfolgen soll, gesondert zu bestimmen.[18] Entscheidend ist die **Zielrichtung des Angebots** („richtet") nicht die Anzahl der Investoren, die tatsächlich Wertpapiere erwerben.[19]

16   Aufgrund der, da in einer Verordnung enthalten, jetzt unmittelbaren Anwendbarkeit der Regelung wird man Art. 1 Abs. 4 lit. b tatsächlich europaweit verstehen müssen[20]. Deshalb ist ein Angebot an 150 Personen und mehr in einem Mitgliedsstaat auch in anderen Mitgliedsstaaten, in denen die Wertpapiere angeboten werden, prospektpflichtig, selbst wenn in diesen Mitgliedsstaaten die Schwelle von 150 Personen unterschritten werden sollte. Voraussetzung ist jedoch, dass in dem jeweiligen Mitgliedstaat, in dem an 150 Personen oder mehr angeboten wird, eine Prospektpflicht besteht und diese aufgrund von Art. 1 Abs. 4 lit. b vermieden werden soll. Wird dagegen in diesem Mitgliedsstaat

---

[12] RegBegr. zum Prospektrichtlinie-Umsetzungsgesetz, BT-Drs. 15/4999, 25 (30).

[13] Ausdr. für auch diese Kombinationsmöglichkeit Assmann/Schlitt/v. Kopp-Colomb/*v. Kopp-Colomb/Mollner* WpPG § 3 Rn. 25.

[14] IdS auch Assmann/Schlitt/v. Kopp-Colomb/*v. Kopp-Colomb/Mollner* WpPG § 3 Rn. 28, die allerdings einen bloßen „Disclaimer" nicht ausreichen lassen wollen und auf die „Gesamtschau aller Indizien aus Anlegerperspektive" abstellen.

[15] Es versteht sich von selbst, dass das Angebotsverhalten des Anbieters dem Disclaimer entsprechen muss und nicht widersprechen darf. Allerdings fordert der Wortlaut gerade keine über die Zielrichtung des Angebots hinausgehenden Maßnahmen wie zB eine (schriftliche) Versicherung der Anleger, die zum Erwerb zugelassen werden, qualifizierte Anleger zu sein.

[16] Das ergibt sich auch aus dem in Erwägungsgrund 20 dargestelltem Beispiel. Wie hier Assmann/Schlitt/v. Kopp-Colomb/*v. Kopp-Colomb/Mollner* WpPG § 3 Rn. 25.

[17] Dazu → Rn. 8; ebenso Assmann/Schlitt/v. Kopp-Colomb/*v. Kopp-Colomb/Mollner* WpPG § 3 Rn. 25.

[18] Auf die Schwierigkeiten, die sich bei der Ermittlung der angesprochenen Personen ergeben, weisen *Kunold/Schlitt* BB 2004, 501 (504); *Schlitt/Schäfer* AG 2005, 498 (500) zu Recht hin.

[19] So ausdr. Assmann/Schlitt/v. Kopp-Colomb/*v. Kopp-Colomb/Mollner* WpPG § 3 Rn. 31; FK-WpPG/*Schnorbus* WpPG § 3 Rn. 29. Es gelten hier dieselben Argumente wie zu § 3 Abs. 2 Nr. 2 WpPG aF, sodass es nicht auf dies Endergebnis, sondern auf die Zielrichtung ankommt, somit ein ungewolltes Überschreiten der Zahl 149 unschädlich ist.

[20] Anders noch zu § 3 Abs. 2 Nr. 2 WpPG aF → 3. Aufl. 2015, WpPG § 3 Rn. IX 542.

die Prospektpflicht erfüllt, also ein gebilligter Prospekt veröffentlicht, dann sind Angebote in anderen Mitgliedsstaaten bis zur Grenze von 149 Personen prospektfrei möglich, wobei der faktische Anwendungsfall dieser Ausnahme aufgrund der Möglichkeit, den gebilligten Prospekt in den anderen Mitgliedsstaaten zu notifizieren, eher gering sein dürfte. Prospektfreiheit besteht auch dann, wenn in dem Mitgliedsstaat mit einem Angebot an 150 Personen oder mehr eine Prospektbefreiung aus anderen Gründen greift[21].

Außerdem kommt es für die Anwendung von Art. 1 Abs. 4 lit. d allein auf Angebote in Mit- **17** gliedsstaaten an, sodass die Prospektbefreiung greift, wenn das Angebot in einem Nicht-Mitgliedsstaat an 150 Personen und mehr, in den Mitgliedsstaaten aber jeweils nur an weniger als 150 Personen gerichtet ist[22].

Kettenemissionen, dh mehrere aufeinanderfolgende Angebote derselben Wertpapiere an weniger **18** als 150 Personen sind, soweit keine Umgehung vorliegt, prospektfrei[23]. **Vertriebsketten,** dh Angebote von mehreren Kreditinstituten an jeweils weniger als 150 Personen sind nur dann prospektfrei, wenn es sich um jeweils gesonderte Angebote handelt[24].

c) Mindeststückelung. Art. 1 Abs. 4 lit. c entspricht zwar Art. 3 Abs. 2 lit. d Prospekt-RL (idF **19** von 2010), war aber im ursprünglichen Kommissionsvorschlag nicht enthalten. Begründet wurde dies damit, diese Prospektbefreiungsmöglichkeit habe zu einer „Verzerrung auf den europäischen Anleihemärkten" und dazu geführt, dass „ein erheblicher Anteil der Schuldverschreibungen von Investment-Grade-Unternehmen für eine größere Anzahl von Anlegern unzulänglich geworden" sei[25]. Zielsetzung der neuen Prospekt-VO ist jedoch Anlegerschutz und Erleichterung des Zugangs der Emittenten zum Kapitalmarkt. Erwerber von Wertpapieren mit einer Mindeststückelung von 100.000 EUR sollten jedoch über ausreichende Kenntnisse über den Emittenten und die Emission verfügen, sodass eine zusätzliche Aufklärung durch einen Prospekt nicht erforderlich ist. Andererseits hat aber gerade die Entwicklung auf den europäischen Anleihemärkten gezeigt, dass Emittenten die Prospektbefreiungsmöglichkeit aufgrund der Mindeststückelung breit in Anspruch genommen haben, um den Kapitalmarkt zu nutzen[26]. Deshalb wurde letztendlich diese Ausnahme von der Prospektpflicht aufgrund der Mindeststückelung von 100.000 EUR beibehalten.

d) Mindestkaufpreis. Art. 1 Abs. 4 lit. d entspricht Art. 3 Abs. 2 lit. c Prospekt-RL. Auch hier **20** gilt, dass beim Erwerb ab einem Mindestbetrag von 100.000 EUR davon ausgegangen werden kann, dass der jeweilige Erwerber ausreichende Kenntnisse über den Emittenten und die Emission besitzt, sodass eine zusätzliche Aufklärung durch einen Prospekt nicht erforderlich ist. Die Mindestkaufpreis-Alternative bedeutet, dass die Wertpapiere in kleineren Einheiten gestückelt[27] sein können, sofern die insgesamt je Anleger zugeteilten Wertpapiere nur einen Gegenwert von mindestens 100.000 EUR haben. Das BAWe hatte in seiner zweiten Bekanntmachung zum VerkprospG ausdrücklich klargestellt, dass bei der „Berechnung des Kaufpreises in § 2 Nr. 4 Alt. 2 und 3 (VerkprospG, Anm. d.Verf.)… Gebühren, die zu entrichten sind, nicht berücksichtigt (werden)."[28] Es ist nicht ersichtlich, wieso dies nicht auch für Art. 1 Abs. 4 lit. d gelten soll.

e) Abs. 4 lit. e. Art. 1 Abs. 4 lit. e entspricht Art. 4 Abs. 1 lit. a Prospekt-RL. Als praktische Fälle **21** für diese Regelung wurden die Neueinleitung des Grundkapitals (ohne der Gattungsänderung) oder die Umwandlung von Nennbetrags- in Stückaktien genannt,[29] nicht aber die Umwandlung in Aktien anderer Gattung.[30] Sämtliche dieser genannten Fälle, wenn sie allein kraft Satzungsänderung und nicht im Wege zB eines Umtauschangebots durchgeführt werden, stellen aber jeweils bereits kein öffentliches Angebot dar, weil sie reine Satzungsänderungen sind, bei denen dann der Aktionär die geänderten Aktien automatisch, ohne Investitionsentscheidung eingebucht bekommt.[31] Insofern kommt es auf die hier geregelte Prospektbefreiung nicht an.

f) Abs. 4 lit. f. Art. 1 Abs. 4 lit. f entspricht Art. 4 Abs. 1 lit. b Prospekt-RL, zur Einschränkung **22** seines Anwendungsbereichs durch Art. 1 Abs. 6a → Rn. 64. Er unterscheidet sich jedoch in einem wesentlichen Punkt von der Vorgängerregelung in der Prospekt-RL (und § 4 Abs. 1 Nr. 2 WpPG aF): Der Prospekt wird ersetzt durch „ein Dokument …, das Informationen zu der Transaktion und ihren

---

[21] So bereits zu § 3 Abs. 2 S. 1 Nr. 2 WpPG aF FK-WpPG/*Schnorbus* WpPG § 3 Rn. 26, 27.

[22] FK-WpPG/*Schnorbus* WpPG § 3 Rn. 25.

[23] Assmann/Schlitt/v. Kopp-Colomb/*v. Kopp-Colomb/Mollner* WpPG § 3 Rn. 34.

[24] Assmann/Schlitt/v. Kopp-Colomb/*v. Kopp-Colomb/Mollner* WpPG § 3 Rn. 35.

[25] Begründung des Kommissionsvorschlags COM(2015) 583 final, 4.

[26] Ebenso *Schlitt/Schäfer* AG 2005, 498 (500).

[27] FK-WpPG/*Schnorbus* WpPG § 3 Rn. 30; JVRZ/*Zeising* WpPG § 3 Rn. 50. Zur Stückelung der Wertpapiere und der Anwendung des sachenrechtlichen Bestimmtheitsgrundsatzes mit der Folge zwingend gleichen Stückelung, *Heidelbach/Preuße* BKR 2006, 317 (319); ebenso *Hamann* in Schäfer/Hamann WpPG § 3 Rn. 20.

[28] BAnz. vom 21.9.1999, 16 180; ebenso *Hamann* in Schäfer/Hamann WpPG § 3 Rn. 20.

[29] Assmann/Schlitt/v. Kopp-Colomb/*Schlitt* WpPG § 4 Rn. 7; FK-WpPG/*Schnorbus* WpPG § 4 Rn. 4 f.

[30] FK-WpPG/*Schnorbus* WpPG § 4 Rn. 4.

[31] Ausf. → WpPG § 2 Rn. 10.

Auswirkungen auf den Emittenten enthält". Art. 4 Abs. 1 lit. b Prospekt-RL hatte dagegen noch verlangt, dass „ein Dokument verfügbar ist, dessen Angaben nach Ansicht der zuständigen Behörde denen des Prospekts gleichwertig sind; hierbei sind die Vorschriften des Gemeinschaftsrechts zu beachten". Die neue Regelung verlangt gerade keine Angaben mehr, die denen eines Prospekts gleichwertig sind[32]. Zwar räumt Art. 1 Abs. 7 der Kommission ausdrücklich die Befugnis ein, in delegierten Rechtsakten „die Mindestinformationen der in Absatz 4 Buchstaben f und g und in Absatz 5 Unterabsatz 1 Buchstaben e und f genannten Dokumente" festzulegen. Dies kann jedoch nur in dem Rahmen geschehen, den Art. 1 Abs. 4 lit. f vorgibt, dh nur insoweit, als es sich um „Informationen zu der Transaktion und ihren Auswirkungen auf den Emittenten" handelt. Ob die geplanten sehr detaillierten Annexe der noch zu erlassenden Delegierten Verordnung[33], welche die Vorgaben für das prospektersetzende Dokument enthalten, sich an diesen Rahmen halten, erscheint zweifelhaft. Insofern ist nicht von der Hand zu weisen, dass im Anhörungsverfahren bei der ESMA in Vorbereitung der Delegierten Verordnung vorgebracht wurde, dass Emittenten wegen der Unsicherheiten einerseits und den gegenüber Prospekten doch nur geringfügigen Erleichterungen andererseits eher einen Prospekt wählen würden.[34] Der deutsche Gesetzgeber hat dieses geänderte Konzept durch Änderung des § 2 Nr. 2 WpÜG-Angebotsverordnung für Tauschangebote nach dem Wertpapiererwerbs- und Übernahmegesetz umgesetzt: Gefordert wird nicht mehr ein Dokument, das inhaltlich praktisch einem Prospekt entspricht, sondern nur ein solches, das die „Angaben nach Artikel 13 Absatz 1, Artikel 14 Absatz 1 und 2 oder Artikel 15 Absatz 1 der Verordnung (EU) 2017/1129 in Verbindung mit den jeweiligen Vorgaben in den Kapiteln II bis IV der Delegierten Verordnung (EU) 2019/980" enthält[35].

23   Die früher diskutierte Frage, was für andere Angebote gilt, die nicht nach dem Wertpapiererwerbs- und Übernahmegesetz, sondern nach anderen Rechtsordnungen durchgeführt werden, hat sich, jedenfalls soweit es um Angebote nach dem Recht der Mitgliedstaaten geht, erledigt, weil Art. 1 Abs. 4 lit. f jedenfalls alle Angebote anlässlich einer Übernahme im Wege eines Tauschangebots erfasst, unabhängig, ob nach dem Wertpapiererwerbs- und Übernahmegesetz oder nach anderen, zB Vorschriften anderer Mitgliedstaaten.[36] Ob diese Angebote befreit sind, hängt ebenso wie bei Angeboten nach dem Wertpapiererwerbs- und Übernahmegesetz davon ab, ob das vorgelegte Dokument den Anforderungen des Art. 1 Abs. 4 lit. f und der geplanten Delegierten Verordnung[37] genügt.

24   Da bei solchen „ausländischen" Angeboten weder das Sprachregime des Wertpapiererwerbs- und Übernahmegesetz (Deutsch) noch das WpPG (§ 21 WpPG) gilt, ersteres weil das Angebot gerade nicht nach dem WpÜG, sondern nach der ausländischen Regelung erfolgt, letzteres weil es nicht um einen Prospekt sondern ein prospektersetzendes Dokument geht, regelt Artikel E der geplanten Delegierten Verordnung auch die Sprache des prospektersetzenden Dokuments.

25   Für das Dokument, das nach dem Wertpapiererwerbs- und Übernahmegesetz als eigenes Dokument gem. § 2 Nr. 2 Hs. 1 WpÜG-Angebotsverordnung erstellt wurde, greift die spezielle **Haftung des § 12 WpÜG**, die §§ 9 f. WpPG verdrängt.[38] Wird das Dokument nach dem Wertpapiererwerbs- und Übernahmegesetz als weiter genutzter Prospekt nach § 2 Nr. 2 Hs. 2 WpÜG-Angebotsverordnung erstellt, ergibt sich die Haftung aus § 9 WpPG.[39] Dieses Haftungsregime gilt sowohl für Art. 1 Abs. 4 lit. f als auch für Art. 1 Abs. 5 lit. e.[40] Soweit der Prospektmangel nicht dazu führt, dass die BaFin wegen fehlender Informationen das Angebot untersagt oder die Börse die Zulassung verweigert, führt der Prospektmangel nicht dazu, von einem „fehlenden" Prospekt auszugehen und damit eine Prospekthaftung nach § 14 WpPG anzunehmen.[41]

26   **g) Abs. 4 lit. g.** Art. 1 Abs. 4 lit. g entspricht im Wesentlichen Art. 4 Abs. 1 lit. c Prospekt-RL (idF von 2010), zur Einschränkung seines Anwendungsbereichs durch Art. 1 Abs. 6b → Rn. 64. Bereits zur Vorgängervorschrift war streitig, ob – jedenfalls nach deutschem Recht – für die Befrei-

---

[32] Krit. dazu bereits ESMA31–59-995.

[33] Die entsprechende Delegierte Verordnung lag bei Abschluss des Manuskripts noch nicht vor, der Final Report der ESMA, Technical advice on Minimum Information Content for Prospectus Exemption, 29 March 2019/ ESMA31–62-1207, abrufbar über die Homepage der ESMA: www.esma.europa.eu, gibt aber einen guten Eindruck von dem, was dort zu erwarten ist.

[34] ESMA, Technical advice on Minimum Information Content for Prospectus Exemption, Final Report, Rn. 25.

[35] Änderung erfolgte durch Art. 8 Nr. 8 des Gesetzes zur weiteren Ausführung der EU-Prospektverordnung und zur Änderung von Finanzmarktgesetzen, BGBl. 2019 I 1002.

[36] Vgl. noch zu § 4 Abs. 1 Nr. 2 WpPG aF *Gebhardt* in Schäfer/Hamann WpPG § 4 Rn. 7; Assmann/Schlitt/ v. Kopp-Colomb/*Schlitt* WpPG § 4 Rn. 9; FK-WpPG/*Schnorbus* WpPG § 4 Rn. 15; JVRZ/*Zeising* WpPG § 4 Rn. 9; *Seibt/v. Bonin/Isenberg* AG 2008, 565 (567); *Veil/Wundenberg* WM 2008, 1285 (1286).

[37] Die entsprechende Delegierte Verordnung lag bei Abschluss des Manuskripts noch nicht vor, der Final Report der ESMA, Technical advice on Minimum Information Content for Prospectus Exemption, 29 March 2019/ ESMA31–62-1207, abrufbar über die Homepage der ESMA: www.esma.europa.eu, gibt aber einen guten Eindruck von dem, was dort zu erwarten ist.

[38] FK-WpPG/*Schnorbus* WpPG § 4 Rn. 22.

[39] AA FK-WpPG/*Schnorbus* WpPG § 4 Rn. 23, der auch in diesem Fall § 12 WpÜG anwenden will.

[40] FK-WpPG/*Schnorbus* WpPG § 4 Rn. 24.

[41] → WpPG § 14 Rn. 1. IErg wie hier FK-WpPG/*Seiler/Singhof* WpPG Vor § 24 Rn. 11.

ungsregelung überhaupt ein Anwendungsbereich besteht, oder, ob die Befreiungsregelung überflüssig ist, weil bereits keine Prospektpflicht besteht, da ein öffentliches Angebot fehlt.

Die Verschmelzung – nach deutschem Recht –[42] führt nach § 20 Abs. 1 Nr. 3 UmwG grund- **27** sätzlich dazu, dass die Anteilsinhaber des übertragenden Rechtsträgers qua Eintragung der Verschmelzung Anteilsinhaber des übernehmenden Rechtsträgers werden. Der damit automatisch folgende Wechsel der Aktionärseigenschaft ist aber kein Angebot, sodass insoweit Art. 1 Abs. 4 lit. g überflüssig ist. Bereits die Regierungsbegründung zum Prospektrichtlinie-Umsetzungsgesetz hatte anlässlich der Umsetzung von Art. 4 Abs. 1 lit. c Prospekt-RL zutreffend darauf verwiesen, dass keine Prospektpflicht bestehe: „Auch Umwandlungsvorgänge nach dem Umwandlungsgesetz stellen kein öffentliches Angebot dar, sofern die Personen, die bereits vor Wirksamwerden des Umwandlungsvorganges Wertpapiere des übertragenden Rechtsträgers halten, anlässlich des Umwandlungsvorganges keine Zuzahlungen für den Erwerb der Wertpapiere leisten sollen. Soweit Wertpapiere ohne Zuzahlung ausgegeben werden, besteht keine Prospektpflicht."[43] Diese ausdrückliche Klarstellung in der Regierungsbegründung zum Prospektrichtlinie-Umsetzungsgesetz wurde in der Regierungsbegründung zum Gesetz zur Umsetzung der Richtlinie 2010/73/EU und zur Änderung des Börsengesetzes nochmals ausdrücklich in Bezug genommen.[44] Damit stand jedenfalls der erklärte Wille des deutschen Gesetzgebers fest: Umwandlungsvorgänge nach dem Umwandlungsgesetz, also Verschmelzung, Spaltung (Auf- oder Abspaltung) und Formwechsel (hier relevant: AG in SE oder KGaA oder SE in AG oder KGaA oder KGaA in AG oder SE) sind keine öffentlichen Angebote.[45] Dieser Wille des deutschen Gesetzgebers ist zwar im Rahmen der unmittelbar geltenden europäischen Prospekt-VO jetzt irrelevant. In der Sache sieht der europäische Gesetzgeber es aber genauso wie der deutsche Gesetzgeber. Im Erwägungsgrund 22 wird ausdrücklich festgehalten: „Werden Wertpapiere zugeteilt, ohne dass auf Seiten des Empfängers die Möglichkeit einer individuellen Entscheidung gegeben ist, einschließlich bei Wertpapierzuteilungen ohne Recht auf Ablehnung der Zuteilung oder bei automatischer Zuteilung nach der Entscheidung eines Gerichts, wie etwa einer Wertpapierzuteilung an bestehende Gläubiger im Zuge eines gerichtlichen Insolvenzverfahrens, so sollte eine solche Zuteilung nicht als öffentliches Angebot von Wertpapieren gelten." Das bedeutet, dass sämtliche Fälle automatischer Zuteilung nicht als Angebot anzusehen und damit auch nicht nach Art. 3 Abs. 1 prospektpflichtig sind; das gilt für die Verschmelzung, Spaltung (Auf- und Abspaltung) und den Formwechsel (AG in SE oder KGaA, SE in AG oder KGaA, KGaA in AG oder SE), da in all diesen Fällen allein aufgrund der jeweiligen Durchführung der Maßnahme die neuen Aktien zugeteilt und nicht erworben werden.

In der Lit. wird dagegen vereinzelt vertreten, auch die Verschmelzung stelle jedenfalls nach dem **28** Willen des Europäischen Gesetzgebers ein öffentliches Angebot dar, sonst hätte es der Ausnahmeregelung in Art. 4 Abs. 1 lit. c Prospekt-RL nicht bedurft.[46] Das ist jedoch kein Argument für die Beurteilung des konkreten Sachverhalts. Ob eine Ausnahme von der Regel, der Prospektpflicht, erforderlich ist, richtet sich danach, ob die Tatbestandsvoraussetzungen der Regel vorliegen, ob demnach die konkrete Struktur ein öffentliches Angebot darstellt. Wie die konkrete Struktur aussieht, richtet sich im Fall der Verschmelzung (Spaltung und des Formwechsels) nach nationalem Recht. Es mag aufgrund unterschiedlicher rechtlicher Rahmenbedingungen in Europa in anderen Mitgliedstaaten im Falle der Verschmelzung ein Angebot vorliegen, sodass es dort einer Ausnahmeregelung von der Prospektpflicht bedarf. Dem wurde in der Prospekt-RL und in der neuen Prospekt-VO Rechnung getragen. Wenn aber nach dem nationalen Recht die Struktur so ist, dass kein öffentliches Angebot vorliegt, dann bedarf es auch keiner Ausnahmeregelung. Genau das besagt Erwägungsgrund 22[47]. Darüber hinaus sei auf die Ausführungen bei → WpPG § 2 Rn. 12 f. verwiesen.

---

[42] Dass Art. 1 Abs. 4 lit. g alle Verschmelzungsvorgänge umfasst, gleichgültig nach welcher Rechtsordnung, ist offensichtlich. Auch § 4 Abs. 1 Nr. 3 WpPG aF galt, worauf *Gebhardt* in Schäfer/Hamann WpPG § 4 Rn. 11 zu Recht hinweist, auch für ausländische Rechtsvorgänge, wenn sie als „Verschmelzung" anzusehen sind.

[43] RegBegr. zum Prospektrichtlinie-Umsetzungsgesetz, BT-Drs. 15/4999, 25 (28 und 30); vgl. auch → WpPG § 2 Rn. 12 f.; wie hier bereits zur Prospekt-RL *Wiegel*, Die Prospektrichtlinie und die Prospektverordnung, 2008, 179; zum WpPG *Gebhardt* in Schäfer/Hamann WpPG § 4 Rn. 12 (nur für Verschmelzung); *Hamann* in Schäfer/Hamann WpPG § 2 Rn. 38, 42 (generell für Umwandlungsvorgänge); Schwark/Zimmer/*Heidelbach* WpPG § 2 Rn. 19 (generell für Umwandlungsvorgänge), Schwark/Zimmer/*Heidelbach* WpPG § 4 Rn. 13 (generell für Umwandlungsvorgänge, Prospektfreiheit wegen prospektbefreiendem Dokument); Assmann/Schlitt/v. Kopp-Colomb/*Schlitt* WpPG § 4 Rn. 16; FK-WpPG/*Schnorbus* WpPG § 4 Rn. 26 (zur Verschmelzung).

[44] RegBegr. ÄnderungsRL-Umsetzungsgesetz, BT-Drs. 17/8684, 13 (17): „Wie bei der Verschmelzung liegt auch bei der Spaltung nach deutschem Recht im Regelfall allerdings schon kein öffentliches Angebot und damit keine Prospektpflicht vor (Regierungsbegründung zum Prospektrichtlinie-Umsetzungsgesetz, BT-Drs. 15/4999, 28 und 30)."

[45] Assmann/Schlitt/v. Kopp-Colomb/*v. Kopp-Colomb*/*J. Schneider* WpPG § 2 Rn. 67; *Hamann* in Schäfer/Hamann WpPG § 2 Rn. 38, 42; Schwark/Zimmer/*Heidelbach* WpPG § 2 Rn. 19; FK-WpPG/*Schnorbus* WpPG § 2 Rn. 54; FK-WpPG/*Schnorbus* WpPG § 4 Rn. 56 f.

[46] JVRZ/*Ritz*/*Zeising* WpPG § 2 Rn. 139 ff.; JVRZ/*Zeising* WpPG § 4 Rn. 13.

[47] Die in der Lit. – *Fagernäs*/*Kanervo*/*Nuñez*/*Alcala* Business Law International January 2019, 5 (20) – vertretene Ansicht, die Neuregelung in der neuen Prospekt-VO gehe davon aus, es müsse nicht mehr geprüft werden, ob ein

29   Auch im Fall der Mischverschmelzung nach § 29 UmwG findet die Ausnahmeregelung des Art. 1 Abs. 4 lit. g keine Anwendung, da dort gerade kein Angebot zum Erwerb/Kauf *durch* den Aktionär sondern ein Angebot zum Erwerb/Kauf *von* dem Aktionär vorgelegt wird, nicht der Aktionär kann erwerben, sondern der übernehmende Rechtsträger.[48]

30   Auch Sinn und Zweck der Prospektpflicht gebieten es nicht, im Fall der Verschmelzung ein öffentliches Angebot anzunehmen um dadurch zumindest die Information der Anleger (die es mangels Anlage- oder Investitionsentscheidung nicht gibt) durch ein, einem Prospekt gleichwertigen Dokument zu erreichen. Das ergibt sich bereits daraus, dass Art. 1 Abs. 4 lit. g, anders als noch Art. 4 Abs. 1 lit. c Prospekt-RL, gerade kein Dokument mit gleichwertigen Angaben verlangt, sondern nur mit „Informationen zu der Transaktion und ihren Auswirkungen auf den Emittenten"; zum insoweit gleichlautenden Art. 1 Abs. 4 lit. f → Rn. 22. Außerdem erhalten die Aktionäre in Vorbereitung der Verschmelzung aufgrund der gesetzlichen Bestimmungen den Verschmelzungsvertrag, den Verschmelzungsbericht und den Verschmelzungsprüfungsbericht, in denen jeweils umfangreiche Informationen enthalten sind; außerdem wird die Wertrelation zwischen Leistung und Gegenleistung durch unabhängige Dritte bewertet.[49] Damit liegen umfangreiche und umfassende Informationen vor, ein zusätzliches Informationsbedürfnis, das über dasjenige hinausgeht, das durch die von Art. 1 Abs. 4 lit. g mit den „Informationen zu der Transaktion und ihren Auswirkungen auf den Emittenten" gefordert wird, besteht nicht. Findet somit Art. 1 Abs. 4 lit. g keine Anwendung auf eine Verschmelzung nach deutschem Recht, dann bleibt als Anwendungsbereich dieser Regelung jedoch die Verschmelzungsvorgänge nach ausländischem Recht, wenn diese als öffentliches Angebot strukturiert sind.[50]

31   Gleiches gilt für die Spaltung nach deutschem Recht, die ebenfalls kein öffentliches Angebot darstellt, da bei der Aufspaltung bzw. Abspaltung die Aktien ebenfalls automatisch eingebucht werden (§ 131 Abs. 1 Nr. 3 UmwG), ein Informationsbedürfnis besteht aufgrund der nach dem UmwG vorzulegenden umfassenden Dokumentation ebenfalls nicht. Denkbar ist dagegen eine Anwendung der Ausnahmeregelung bei Spaltungen nach ausländischem Recht. Die Regierungsbegründung zum Gesetz zur Umsetzung der Richtlinie 2010/73/EU und zur Änderung des Börsengesetzes hatte dies bereits zur Vorgängerregelung ausdrücklich hervorgehoben und betont: „Wie bei der Verschmelzung liegt auch bei der Spaltung nach deutschem Recht im Regelfall allerdings schon kein öffentliches Angebot und damit keine Prospektpflicht vor (Regierungsbegründung zum Prospektrichtlinie-Umsetzungsgesetz, BT-Drs. 15/4999, S. 28 und 30)."[51]

32   Gleiches gilt auch für den Formwechsel. Soweit dieser in eine Rechtsform erfolgt, bei der die Anteile an dem umgewechselten Rechtsträger nicht mehr in Wertpapieren verkörpert sind, zB in eine Personengesellschaft oder GmbH, scheidet die Anwendbarkeit der neuen Prospekt-VO bereits nach Art. 1 Abs. 1 aus, weil keine Wertpapiere iSd Art. 2 lit. a vorliegen. Soweit eine AG in eine SE oder eine KGaA, SE in eine AG oder letztere in eine KGaA oder eine KGaA in eine AG oder eine SE formgewechselt wird, geschieht das unter Identität des nur in seiner Struktur geänderten Rechtsträgers automatisch mit Eintragung des Formwechsels. Ein Angebot liegt darin nicht.[52]

33   Auch die Einberufung zur Hauptversammlung, die über die Verschmelzung, die Spaltung, den Formwechsel beschließt, ist kein Angebot.[53]

34   **h) Abs. 4 lit. h.** Art. 1 Abs. 4 lit. h regelt die „stock" oder „script" Dividende. Soweit es um eine reine Sachdividende geht, bei der Aktionäre Aktien gleicher Gattung erhalten, zB beim Emittenten vorhandene eigene Aktien, ist das Vorliegen eines öffentlichen Angebots mehr als fraglich und im Ergebnis abzulehnen. Solche Dividenden werden nicht „angeboten", sondern aufgrund des Gewinnverwendungsbeschlusses gem. § 58 Abs. 5 AktG am Zahltag eingebucht bzw. ausgezahlt.[54] Eine Kauf- oder Investitionsentscheidung trifft der Anleger nicht. Auch hier (→ WpPG § 2 Rn. 13) ist die Einberufung zur Hauptversammlung, die über die Gewinnverwendung, hier die Sachdividende, beschließt, kein Angebot. Somit liegt bei reiner Sachdividende nach deutschem Recht kein Angebot vor, sodass es der Prospektbefreiung nach Art. 1 Abs. 4 lit. h nicht bedarf. Eine andere Wertung kann sich

---

öffentliches Angebot vorliege, weil allein die Befreiungsregel schon die Prospektpflicht indiziere, ist aufgrund von Erwägungsgrund 22 ebenso abzulehnen. Außerdem handelt es sich nicht um eine „Neuregelung", sondern, jedenfalls bei Art. 1 Abs. 4 lit. g, um eine bloße unveränderte Konsolidierung der bisherigen Regelungen in der Prospektrichtlinie, so Begründung des Kommissionsvorschlags, COM(2015) 583 final, 15.

[48] So zu Recht ausdr. FK-WpPG/*Schnorbus* WpPG § 4 Rn. 29.

[49] Ebenso FK-WpPG/*Schnorbus* WpPG § 4 Rn. 31; aA Assmann/Schlitt/v. Kopp-Colomb/*Schlitt* WpPG § 4 Rn. 17.

[50] *Gebhardt* in Schäfer/Hamann WpPG § 4 Rn. 11; FK-WpPG/*Schnorbus* WpPG § 4 Rn. 31.

[51] RegBegr. ÄnderungsRL-Umsetzungsgesetz, BT-Drs. 17/8684, 13 (17).

[52] *Hamann* in Schäfer/Hamann WpPG § 2 Rn. 38, 42; Schwark/Zimmer/*Heidelbach* WpPG § 2 Rn. 19; FK-WpPG/*Schnorbus* WpPG § 2 Rn. 54.

[53] → WpPG § 2 Rn. 13.

[54] *Gebhardt* in Schäfer/Hamann WpPG § 4 Rn. 14; Schwark/Zimmer/*Heidelbach* WpPG § 4 Rn. 17; Assmann/Schlitt/v. Kopp-Colomb/*Schlitt* WpPG § 4 Rn. 20; FK-WpPG/*Schnorbus* WpPG § 4 Rn. 35 f.; JVRZ/*Zeising* WpPG § 4 Rn. 19.

jedoch aus den Rechtsordnungen anderer Sitzstaaten der jeweiligen Emittenten ergeben, sodass für diese Art. 1 Abs. 4 lit. h Bedeutung erlangen kann[55]. Handelt es sich nicht um eine Sachausschüttung nach § 58 Abs. 5 AktG, etwa wenn den Aktionären „Dividenden in Form von Aktien derselben Gattung wie die Aktien, für die solche Dividenden ausgeschüttet werden", angeboten werden, wobei ihnen ein Wahlrecht zwischen Bardividenden und Aktien zusteht[56], dann greift Art. 1 Abs. 4 lit. h ein. Art. 1 Abs. 7 enthält keine Ermächtigung der Kommission zum Erlass von ausführenden Rechtsakten, sodass die nach Art. 1 Abs. 7 geplante Delegierten Verordnung[57] keine diesbezüglichen Vorgaben enthält. Jedenfalls bis auf weiteres dürften auf das für die Prospektbefreiung nach Art. 1 Abs. 4 lit. h erforderliche Dokument demnach die Vorgaben der Rn. 173 der ESMA-Empfehlungen weiter anwendbar sein.[58]

i) Abs. 4 lit. i. Art. 1 Abs. 4 lit. i erleichtert gegenüber der Vorgängerregelung die prospektfreie   **35** Organisation von Mitarbeiterbeteiligungsprogrammen. Früher aufgestellte Voraussetzungen, dass der Emittent seinen Sitz in einem Mitgliedstaat des Europäischen Wirtschaftsraums haben musste, oder, dass seine Wertpapiere bereits an einem organisierten Markt (damit im Europäischen Wirtschaftsraum) oder einem als gleichwertig anerkannten Markt zugelassen sein mussten, sind entfallen, weil bewusst aus den im Erwägungsgrund 17 ausgeführten Gründen Mitarbeiterbeteiligungsprogramme als positiv und forderungswürdig angesehen werden. Gleichzeit geht der europäische Gesetzgeber davon aus, dass bei Arbeitnehmern der Gesellschaft oder mit ihr verbunden Unternehmen, denen in der Regel die Wertpapiere zu besonderen Konditionen angeboten werden, im Hinblick auf die betriebsinternen Informationen über die wirtschaftliche Lage des Emittenten ein Prospekt entbehrlich ist.

Eine ganz andere Frage ist, ob und unter welchen Voraussetzungen Angebote an Arbeitnehmer als   **36** nicht öffentliche Angebote angesehen werden können und damit aus dem Anwendungsbereich der neuen Prospekt-VO herausfallen, sodass es der Befreiungsregelung in Art. 1 Abs. 4 lit. i nicht bedarf.[59] Weiter setzt die Befreiungsregelung ein Dokument voraus, das die – wenigen – in Art. 1 Abs. 4 lit. i genannten Informationen enthalten muss. Zur Sprache des Dokuments ließ bereits die Regierungsbegründung zum Gesetz zur Umsetzung der Richtlinie 2010/73/EU und zur Änderung des Börsengesetzes die in Finanzkreisen übliche Sprache (Englisch) genügen.[60] Gründe dafür, dass sich daran etwas geändert hat, sind nicht ersichtlich. Wenn das Dokument vereinzelt als „kleiner Prospekt" bezeichnet wird, ist dies insofern irreführend als damit der Eindruck entsteht, dieses Dokument bedürfe wie ein Prospekt der Billigung. Das ist nicht der Fall.[61]

j) Abs. 4 lit. j. Art. 1 Abs. 4 lit. j entspricht im Wesentlichen Art. 1 Abs. 2 lit. j Prospekt-RL. Die   **37** Begriffe „Nichtdividendenwerte" und „Kreditinstitut" sind in Art. 2 lit. c und g definiert. Die früher in § 2 Nr. 12 WpPG aF enthaltene Definition der dauernden oder wiederholten Ausgabe, tatsächlich nur des Begriffes wiederholt als „mindestens zwei Emissionen umfassende Ausgabe von Wertpapieren ähnlicher Art oder Gattung während eines Zeitraums von zwölf Monaten", wird man auch hier übernehmen können. Unter dauernd verstand man die über mehrere Wochen (mindestens vier Wochen) fortlaufende, ohne Unterbrechung erfolgende Ausgabe[62], auch das wird man für die Auslegung des Art. 1 Abs. 4 lit. j übernehmen können.

Für den Beginn der Frist von zwölf Monaten ist der Tag maßgeblich, an dem der Anbieter oder   **38** Zulassungsantragssteller erstmals einen Ausgabepreis öffentlich bekannt macht. Die Berechnung der Frist erfolgt mangels konkreter Angaben in der neuen Prospekt-VO entsprechend §§ 187 ff. BGB. Maßgeblich für die Berechnung des Gesamtgegenwertes ist der erste Ausgabepreis[63]. Ist ein Ausgabepreis nicht festgelegt, gilt als Ausgabepreis der erste nach Einführung der Wertpapiere festgestellte oder gebildete Börsenpreis, im Fall einer gleichzeitigen Feststellung oder Bildung an mehreren Börsen der höchste erste Börsenpreis.

---

[55] Wie hier FK-WpPG/*Schnorbus* WpPG § 4 Rn. 37.

[56] So zB bei den Gewinnverwendungsbeschlüssen der Deutsche Telekom AG vom 16.5.2013, 15.5.2014 und 21.5.2015. Dort bestand die Möglichkeit, die Dividende entweder als Barzahlung oder in der Form neu zu schaffender Aktien zu erhalten. Vgl. auch FK-WpPG/*Schnorbus* WpPG § 4 Rn. 38 f.

[57] Die entsprechende Delegierte Verordnung lag bei Abschluss des Manuskripts noch nicht vor, der Final Report der ESMA, Technical advice on Minimum Information Content for Prospectus Exemption, 29 March 2019/ ESMA31–62-1207, abrufbar über die Homepage der ESMA: www.esma.europa.eu, erfasst Art. 1 Abs. 4 lit. h nicht.

[58] ESMA Update of the CESR Recommendations for the Consistent Implementation of the European Commission's Regulation on Prospectuses n° 809/2004, CESR/05–54b, abrufbar über die Homepage: www.esma.europa.eu. Zur generellen Fortgeltung der ESMA Q&A und der ESMA update der CESR Empfehlungen ESMA Q&A on the Prospectus Regulation, ESMA/2019/ESMA31–62-1258, Frage 2.1.

[59] Vgl. auch *Kollmorgen/Feldhaus* BB 2007, 225 (226) und → WpPG Rn. 22.

[60] RegBegr. ÄnderungsRL-Umsetzungsgesetz, BT-Drs. 17/8684, 13 (18).

[61] JVRZ/*Zeising* WpPG § 4 Rn. 22.

[62] JVRZ/*Ritz*/*Zeising* WpPG § 2 Rn. 229; *Heidelbach*/*Preuße* BKR 2006, 316 (317).

[63] So bereits RegBegr. Prospektrichtlinie-Umsetzungsgesetz, BT-Drs. 15/4999, 25 (27).

IV. Ausnahmen von der Prospektpflicht bei der Zulassung (Abs. 5)

39   **1. Vorbemerkung.** Art. 1 Abs. 5 befreit von einer Prospektpflicht bei Zulassung der dort genannten „Instrumente zum Handel an einem geregelten Markt". Ob eine solche **Prospektpflicht** besteht, bestimmt Art. 3 Abs. 3 in dem Sinne, dass bei jeder Zulassung zum Handel an einem geregelten Markt ein (gebilligter und veröffentlichter) Prospekt erforderlich ist. § 32 Abs. 3 Nr. 2 BörsG setzt dies um und fordert den gebilligten und veröffentlichten Prospekt, es sei denn, es liege eine Prospektbefreiung nach Art. 1 Abs. 5 vor. Voraussetzung für eine Prospektpflicht und damit dafür, ob eine Prospektbefreiung eingreift, ist jedoch, dass eine **Zulassung beantragt** wurde; zur Frage, ob insbesondere bei einem Formwechsel eine (neue) Zulassung erforderlich ist (→ Art. 3 Rn. 7 ff.).

40   Auch die Befreiung nach Art. 1 Abs. 5 greift (ebenso wie die nach Art. 1 Abs. 4) qua „Gesetzes". Eine Entscheidung im Sinne eines gesonderten Befreiungsbescheides über die Prospektbefreiung war bereits nach der Prospekt-RL und ist auch nach neuem Recht ebenso wenig vorgesehen[64] wie eine inhaltliche Prüfung eventuell erforderlicher prospektbefreiender Dokumente.[65] Das bedeutet, dass über die Befreiung als solche keine Entscheidung durch eine dafür zuständige Stelle ergeht. Andererseits muss die seit dem Finanzmarktrichtlinie-Umsetzungsgesetz hierfür zuständige Geschäftsführung der Börse als quasi Vorfrage ihrer Zulassungsentscheidung prüfen, ob einer der Fälle des Art. 1 Abs. 5 erfüllt ist, insbesondere ob das bei Art. 1 Abs. 5 lit. e–h geforderte Dokument die dort bzw. in der geplanten Delegierten Verordnung[66] geforderten Informationen enthält.[67] Nur dann, wenn sie diese Frage bejaht, kann sie ohne Prospektveröffentlichung Wertpapiere zum Handel zulassen. Insofern ist die Situation anders als bei Art. 1 Abs. 4. Diese (inzidente) Entscheidung der Geschäftsführung der Börse über eine Prospektbefreiung führt zu einem gewissen Bruch der in der Prospekt-VO grundsätzlich auf eine einzelne Behörde (Art. 31 Abs. 1) auch für (Börsenzulassungs-)Prospekte zugeschnittenen Kompetenzen. Anders als früher, als die seinerzeit zuständige Zulassungsstelle für alle Fragen im Zusammenhang mit einem Börsenzulassungsprospekt[68] zuständig war, ordnet das WpPG in § 17 WpPG (iVm Art. 31) die alleinige und ausschließliche Zuständigkeit der BaFin für alle Fragen des Prospekts, für die Prospektprüfung, -billigung und -bescheinigung an. Art. 1 Abs. 5 in Verbindung mit der Zuständigkeitsregelung für die Zulassung von Wertpapieren an einem geregelten Markt in Deutschland (§§ 32, 15 BörsG) bricht mit dieser ausschließlichen Kompetenzzuweisung indem die für die Zulassungsentscheidung allein zuständige Geschäftsführung der Börse im Rahmen ihrer Zulassungsentscheidung über die Vorfrage der Zulassung, ob ein Prospekt vorliegt oder aber, ob eine Prospektbefreiung nach Art. 1 Abs. 5 gegeben ist, entscheiden muss. Die BaFin wird dagegen im Rahmen des Zulassungsverfahrens nicht tätig. Lässt die Geschäftsführung unter Berufung auf Art. 1 Abs. 5 zu, kann die BaFin nicht eingreifen, da keiner der Ordnungswidrigkeitstatbestände des § 24 WpPG vorliegt und eine Widerspruchs- oder Anfechtungsbefugnis der BaFin bei erteilter Zulassung ausscheidet.

41   Fraglich ist, ob darüber hinaus im Rahmen des Art. 1 Abs. 5 eine noch weitergehende Ausnahme von der generellen Zuständigkeit der BaFin für alle Fragen des Prospekts erfolgt. Es wurde nämlich früher für die Zulassungsstelle[69] und damit dann jetzt wohl auch für die Geschäftsführung vertreten, dass der Zulassungsstelle/Geschäftsführung im Rahmen der Zulassungsentscheidung auch eine **materielle Prüfungskompetenz** hinsichtlich der prospektbefreienden Darstellung zustand, wenn § 4 Abs. 2 WpPG aF, wie zB in seinen Nr. 3 und 4, als Voraussetzung der Prospektbefreiung ein Dokument forderte, „dessen Angaben denen des Prospekts gleichwertig sind." Eine solche materielle Prüfungskompetenz der Geschäftsführung der Börse musste man bereits nach der alten Rechtslage annehmen; Gründe, weshalb sich daran etwas geändert haben sollte, sind nicht ersichtlich. Setzt die Prospektbefreiung in bestimmten Fällen (Art. 1 Abs. 5 lit. e–h) bestimmte Informationen in einem anderen Dokument voraus, dann muss die Geschäftsführung der Börse bei der Entscheidung, ob die Voraussetzungen für eine Prospektbefreiung vorliegen, auch überprüfen, ob diese Informationen

---

[64] So bereits zur Prospekt-RL *Kunold/Schlitt* BB 2004, 501(505); wie hier auch Assmann/Schlitt/v. Kopp-Colomb/*Schlitt* WpPG § 4 Rn. 34; JVRZ/*Zeising* WpPG § 4 Rn. 27; *Lachner/v. Heppe* WM 2008, 576 (577).

[65] Vgl. dazu aber → Rn. 41: Im Rahmen der Entscheidung über die Prospektbefreiung erfolgt, soweit der entsprechende Befreiungstatbestand die Veröffentlichung eines prospektbefreienden Dokuments voraussetzte, uU auch dessen inhaltliche Prüfung durch die Zulassungsstelle. Darauf weisen *Mülbert/Steup* WM 2005, 1633 (1640 f.) zu Recht hin.

[66] Die entsprechende Delegierte Verordnung lag bei Abschluss des Manuskripts noch nicht vor, der Final Report der ESMA, Technical advice on Minimum Information Content for Prospectus Exemption, 29 March 2019/ESMA31–62-1207, abrufbar über die Homepage der ESMA: www.esma.europa.eu, gibt aber einen guten Eindruck von dem, was dort zu erwarten ist.

[67] So bereits zum alten Recht Assmann/Schlitt/v. Kopp-Colomb/*Schlitt* WpPG § 4 Rn. 37; JVRZ/*Zeising* WpPG § 4 Rn. 28; § 4 Abs. 2 ebenso FK-WpPG/*Schnorbus* WpPG § 4 Rn. 85. AA *Gebhardt* in Schäfer/Hamann WpPG § 4 Rn. 20, der von einer Zuständigkeit der BaFin ausgeht.

[68] Ebenso wie bei einem Verkaufsprospekt, der aber nach Stellung eines Zulassungsantrags veröffentlicht wurde, vgl. dazu nur *Groß*, 2. Aufl. 2002, VerkprospG § 5 Rn. 5.

[69] So *Mülbert/Steup* WM 2005, 1633 (1641).

enthalten sind, weil nur dann die Prospektbefreiungs- und damit Zulassungsvoraussetzung erfüllt werden. Allerdings geht diese Prüfungspflicht der Geschäftsführung nicht weiter als die beschränkte Prüfungspflicht der BaFin bei Vollprospekten.[70]

Zweifelhaft ist es, wenn die Geschäftsführung bei einzelnen Fällen der Prospektbefreiung versucht, **42** ihre materielle Prüfungspflicht dadurch zu erleichtern, dass sie vom Zulassungsantragsstelle (oder den begleitenden Rechtsberatern) Bestätigungen darüber verlangt, dass die prospektersetzenden Dokumente die Voraussetzungen des Prospektersatzes erfüllen[71]. Zwar kann sie nach § 48 Abs. 2 S. 1 BörsZulV „Nachweise", die zur Prüfung der Zulassungsvoraussetzungen erforderlich sind, verlangen. Bestätigungen zu Rechtsfragen, ob ein Dokument die Voraussetzungen der Prospektbefreiung erfüllt, sind aber keine Nachweise.

Ebenso wie bei Art. 1 Abs. 4 bestimmt Art. 1 Abs. 6 auch für die Befreiungstatbestände des Art. 1 **43** Abs. 5, dass diese nebeneinander anwendbar sind, dh sie können **kumuliert** und auch in **einem engen zeitlichen Zusammenhang genutzt werden.**[72] Art. 1 Abs. 6 S. 2 bestimmt allerdings eine Zusammenrechnung der Volumina nach Art. 1 Abs. 5 lit. a und b, sodass insgesamt nur 20 % der Zahl der Aktien derselben Gattung prospektfrei zugelassen werden können, wenn diese Zulassung nach Art. 1 Abs. 5 lit. a und b erfolgt[73]. Welche der Ausnahmen genutzt werden soll, **bestimmt der Antragsteller,** sodass zB auch bei einer Verschmelzung Art. 1 Abs. 5 lit. a (20 %-Ausnahme) genutzt werden kann, um das prospektersetzende Dokument zu vermeiden.[74]

2. Ausnahmen von der Prospektpflicht bei der Zulassung im Einzelnen. a) Abs. 5 lit. a. **44**
Die 20 %-Quote bezieht sich auf die Anzahl der an den Börsen notierten Aktien gleicher Gattung, wobei hierfür nach der früher vertretenen Auffassung auch Aktien, die sich nur in Bezug auf den Beginn der Dividendenberechtigung unterscheiden, als Aktien derselben Gattung gelten.[75] Dass sich an dieser nach nationalem Recht zu beantwortenden Frage etwas geändert haben sollte, ist nicht ersichtlich. Bei unterschiedlichen Gattungen berechnet sich die 20 %-Quote von der Anzahl der jeweils zugelassenen Aktien derselben Gattung, sodass bei Stamm- und Vorzugsaktien die 20 %-Quote jeweils für die zugelassenen Stammaktien und die zugelassenen Vorzugsaktien zu berechnen ist.

Streitig war bereits zur korrespondierenden Regelung in § 4 Abs. 2 Nr. 1 WpHG aF, ob für die **45** Berechnung der 20 %-Quote die Anzahl aller im Inland an allen Börsen notierten Aktien gleicher Gattung herangezogen werden kann.[76] Der Wortlaut des Art. 1 Abs. 5 lit. a („am selben geregelten Markt") spricht dagegen, da die verschiedenen deutschen Wertpapierbörsen selbständige Anstalten öffentlichen Rechts sind und der jeweils bei ihnen bestehende geregelte Markt jeweils ein anderer geregelter Markt ist. Rein tatsächlich kommt es auf diese Unterscheidung jedoch nicht an, da die Zulassung bei verschiedenen inländischen Börsen jeweils alle Aktien gleicher Gattung zu umfassen hat, § 7 BörsZulV, somit jedenfalls in aller Regel an allen deutschen Börsen auch alle Aktien der jeweiligen Gattung zugelassen sind.[77] Außerdem ist im Lichte der europäischen Regelung der Terminus „am selben geregelten Markt" im Sinne vom geregelten Markt an den deutschen Börsen zu verstehen und nicht als zB regulierter Markt der FWB oder der Düsseldorfer Börse, sodass eine einheitliche Betrachtung erfolgt.[78]

Die 20 % berechnen sich von der zum Zeitpunkt des Zulassungsbeschlusses aktuellen Anzahl aller **46** zugelassenen Aktien.[79] Das hat Bedeutung in all den Fällen, in denen sich innerhalb der Frist von 12 Monaten die Anzahl der zugelassenen Aktien geändert hat, zB aufgrund einer zwischenzeitlichen prospektpflichtigen Kapitalerhöhung, einer Kapitalerhöhung aus Gesellschaftsmitteln oder auch einer Zulassung von Aktien, die nach anderen Befreiungsregeln prospektfrei erfolgte.[80] Maßgeblich ist in all

---

[70] Ebenso *Trapp* in Habersack/Mülbert/Schlitt Unternehmensfinanzierung-HdB § 37 Rn. 43; *Mülbert/Steup* WM 2005, 1633 (1641); zur begrenzten Prüfungspflicht der BaFin → Art. 20 Rn. 9.

[71] Darauf weist FK-WpPG/*Schnorbus* WpPG § 4 Rn. 59 hin.

[72] So bereits zum alten Recht Assmann/Schlitt/v. Kopp-Colomb/*Schlitt* WpPG § 4 Rn. 35.

[73] S. näher auch Rundschreiben Listing 03/17 Frankfurter Wertpapierbörse.

[74] FK-WpPG/*Schnorbus* WpPG § 4 Rn. 71.

[75] RegBegr. zum Prospektrichtlinie-Umsetzungsgesetz, BT-Drs. 15/4999, 25 (30). Ebenso Assmann/Schlitt/ v. Kopp-Colomb/*Schlitt* WpPG § 4 Rn. 41; FK-WpPG/*Schnorbus* WpPG § 4 Rn. 61. Wie hier auch JVRZ/*Zeising* WpPG § 4 Rn. 42. Die jetzt wohl überwiegende Ansicht zum Aktienrecht sieht das ebenso, vgl. nur Hüffer/Koch/ *Koch* AktG § 11 Rn. 8 mit weiteren umfassenden Nachweisen.

[76] Dafür Assmann/Schlitt/v. Kopp-Colomb/*Schlitt* WpPG § 4 Rn. 41; dagegen *Gebhardt* in Schäfer/Hamann WpPG § 4 Rn. 28; FK-WpPG/*Schnorbus* WpPG § 4 Rn. 63; JVRZ/*Zeising* WpPG § 4 Rn. 33. Dagegen auch bereits zum VerkprospG ohne nähere Begründung *Ritz* in Assmann/Lenz/Ritz, Verkaufsprospektgesetz, 2001, Verk-prospG § 4 Rn. 17.

[77] → BörsZulV § 7 Rn. 1; vgl. auch FK-WpPG/*Schnorbus* WpPG § 4 Rn. 65; Assmann/Schlitt/v. Kopp-Co-lomb/*Schlitt* WpPG § 4 Rn. 43.

[78] Dagegen *Gebhardt* in Schäfer/Hamann WpPG § 4 Rn. 28.

[79] *Gebhardt* in Schäfer/Hamann WpPG § 4 Rn. 27; so auch unter Hinweis auf die insoweit geänderte Praxis der Geschäftsführung *Lachner/v. Heppe* WM 2008, 576 (578); abw. wohl FK-WpPG/*Schnorbus* WpPG § 4 Rn. 65.

[80] Instruktiv auch Beispiel bei ESMA, Frequently asked questions, Prospectuses: common positions agreed by ESMA Members, question No. 31, abrufbar über die Homepage: www.esma.europa.eu; zur generellen Fortgeltung

diesen Fällen die zum Zeitpunkt des Zulassungsbeschlusses erhöhte Anzahl zugelassener Aktien[81]. Für den Fall, dass die frühere Zulassung sich ebenfalls auf die Prospektbefreiung nach Art. 1 Abs. 5 lit. a stützte, erfolgt eine Zusammenrechnung, für die dann die 20%-Grenze des aktuellen (erhöhten) Kapitals innerhalb der 12 Monate gilt.[82] Volumina aus prospektfreien oder sogar mit Prospekt durchgeführten Zulassungsverfahren werden für die 20%-Grenze nicht mitgerechnet, erhöhen aber die Bemessungsgrundlage.[83] Eine zwischenzeitliche Zulassung unter Verwendung eines Prospekts führt darüber hinaus sogar zu einem „reset", dh die Frist von 12 Monaten beginnt ab der prospektgestützten Zulassung neu zu laufen, Bemessungsgrundlage ist das durch die prospektgestützte Zulassung erhöhte Kapital[84]. Anders als § 45 Nr. 3 lit. b BörsZulV aF enthält Art. 1 Abs. 5 lit. a eine **Ausschlussfrist von 12 Monaten.** Diese ist von der geplanten Zulassung[85] (dem Zeitpunkt des Zulassungsbeschlusses[86]) der Aktien zurück zu rechnen. Sie berechnet sich mangels konkreter Angaben in der neuen Prospekt-VO entsprechend den §§ 187 ff. BGB.

47   Art. 1 Abs. 5 lit. a ermöglicht auch **sukzessive Zulassungen** von Zulassungsvolumina über 20%. Bestehen zB bei einer größeren Kapitalerhöhung oberhalb von 20% Haltevereinbarungen mit dem Investor, der die neuen Aktien erworben hat, dann müssen diese nicht nach § 69 Abs. 2 BörsZulVO innerhalb eines Jahres zugelassen werden. Ist die Haltevereinbarung zeitlich gestaffelt über jeweils 12 Monate, so können zunächst 20% der neuen Aktien zugelassen werden, die restlichen, bis zu ihrer Zulassung unter einer anderen WKN/ISIN verwahrten Aktien, können dann nach Ablauf der Haltefrist zB 12 Monate später zugelassen werden[87].

48   **b) Abs. 5 lit. b.** Art. 1 Abs. 5 lit. b erfasst im Wesentlichen Aktien, die bei Ausübung von **Wandel- oder Optionsrechten** sowie über den Wortlaut hinaus auch bei einer **Wandlungs- oder Umtauschpflicht**[88] aus bedingtem oder ausnahmsweise[89] genehmigtem Kapital entstehen oder begeben werden.[90] Darüber hinaus gilt Art. 1 Abs. 5 lit. b nach seinem klaren Wortlaut allgemein für alle Aktien, die nach der Ausübung von Umtausch- oder Bezugsrechten entstehen. Das ist zB der Fall bei Umtausch von ADR in Aktien. Gleiches gilt für die **Umwandlung von Aktiengattungen,** bei der zwar kein Umtauschrecht eingreift, sondern mit Eintragung der entsprechenden Satzungsänderung ein automatischer Umtausch erfolgt, bei dem aber Art. 1 Abs. 5 lit. b entsprechend angewendet wird[91]. Voraussetzung ist, dass die Gattung, in die umgetauscht wird, bereits zugelassen ist; nicht erforderlich ist, dass die Gattung, die umgetauscht wird, bereits zugelassen ist[92]. Auf diese Weise kann auch prospektfrei zB der Umtausch von (noch nicht zugelassenen) Vorzugsaktien in (bereits vorher als Gattung zugelassene) Stammaktien erfolgen.

49   Die Berechnung der neu eingefügten – die Vorgängerregelung in Art. 4 Abs. 2 lit. g Prospekt-RL enthielt keine Volumenbeschränkung – 20%-Grenze erfolgt wie bei Art. 1 Abs. 5 lit. a, sodass auf die diesbezüglichen Anmerkungen verwiesen werden kann (→ Rn. 44 ff.). Zu berücksichtigen ist dabei die Ausnahmeregelung des Art. 1 Abs. 5 UAbs. 2. Hier ermöglicht Art. 1 Abs. 5 UAbs. 2 lit. b für alle Options- und Wandelschuldverschreibungen, die vor dem 20.7.2017 (prospektfrei) begeben wurden, weiterhin eine prospektfreie Zulassung der Aktien, in die optioniert oder gewandelt werden kann, ohne dass die Grenze von 20% anzuwenden wäre. Darüber hinaus ist noch die Gesamtvolumensgrenze von ebenfalls 20% des Art. 1 Abs. 6 S. 2 zu beachten. Zwar verweist Art. 1 Abs. 6 S. 2 auch auf Art. 1 Abs. 5 UAbs. 2, jedoch dürfte eine Anrechnung der nach Art. 1 Abs. 5 UAbs. 2 von der Volumengrenze des Art. 1 Abs. 5 lit. b befreiten Volumina auch bei der Berechnung der Gesamtvolumengrenze des Art. 1 Abs. 6 S. 2 ausscheiden. Wenn die Volumengrenze des Art. 1 Abs. 5 lit. b

---

der ESMA Q&A und der ESMA update der CESR Empfehlungen ESMA Q&A on the Prospectus Regulation, ESMA/2019/ESMA31–62-1258, Frage 2.1. Beispielsfall auch bei *Lachner/v. Heppe* WM 2008, 576 (577 f.), weitere Beispielsfälle 579.

  [81] Die früher aA hat die Frankfurter Wertpapierbörse aufgegeben, s. Rundschreiben Listing 03/17.

  [82] Detailliert *Gebhardt* in Schäfer/Hamann WpPG § 4 Rn. 29; FK-WpPG/*Schnorbus* WpPG § 4 Rn. 67; Assmann/Schlitt/v. Kopp-Colomb/*Schlitt* WpPG § 4 Rn. 42; detaillierteres Beispiel auch bei ESMA, Frequently asked questions, Prospectuses: common positions agreed by ESMA Members, question No. 31, abrufbar über die Homepage: www.esma.europa.eu.

  [83] FK-WpPG/*Schnorbus* WpPG § 4 Rn. 71; Assmann/Schlitt/v. Kopp-Colomb/*Schlitt* WpPG § 4 Rn. 42; Beispiel bei ESMA, Frequently asked questions, Prospectuses: common positions agreed by ESMA Members, question No. 31, abrufbar über die Homepage: www.esma.europa.eu.

  [84] Ebenso ausdr. Rundschreiben Listing 03/17 Frankfurter Wertpapierbörse sowie FK-WpPG/*Schnorbus* WpPG § 4 Rn. 67 aE.

  [85] *Gebhardt* in Schäfer/Hamann WpPG § 4 Rn. 27.

  [86] Ebenso ausdr. Rundschreiben Listing 03/17 Frankfurter Wertpapierbörse.

  [87] FK-WpPG/*Schnorbus* WpPG § 4 Rn. 68 ff.; Assmann/Schlitt/v. Kopp-Colomb/*Schlitt* WpPG § 4 Rn. 45.

  [88] Gemeint sind sog. Pflichtwandelanleihen, wie hier auch Assmann/Schlitt/v. Kopp-Colomb/*Schlitt* WpPG § 4 Rn. 52; FK-WpPG/*Schnorbus* WpPG § 4 Rn. 91; *Schlitt/Schäfer* AG 2005, 488 (501).

  [89] *Groß* in Marsch-Barner/Schäfer AG-HdB § 48 Rn. 51.

  [90] § 11 BörsZulV, → BörsZulV § 11 Rn. 1.

  [91] Wie hier auch FK-WpPG/*Schnorbus* WpPG § 4 Rn. 110.

  [92] So zu Recht FK-WpPG/*Schnorbus* WpPG § 4 Rn. 110; die aA der Vorauflage wird aufgegeben.

nämlich in den Fällen des Art. 1 Abs. 5 UAbs. 2 nicht „gilt", dann sollten solche nicht zählenden Volumina auch bei Art. 1 Abs. 6 S. 2 nicht zählen.

c) Abs. 5 lit. c. Art. 1 Abs. 5 lit. c eröffnet einer Abwicklungsbehörde die Möglichkeit, Wert- **50** papiere, die aus der Umwandlung oder dem Tausch anderer Wertpapiere, Eigenmittel oder anrechnungsfähiger Verbindlichkeiten resultieren, prospektfrei zuzulassen. Dadurch werden die Handelbarkeit der Wertpapiere und damit eine leichtere Refinanzierung der Abwicklungsbehörde bei gleichzeitiger Übertragung der Risiken und Chancen dieser Wertpapiere auf dem Kapitalmarkt erreicht.

d) Abs. 5 lit. d. Art. 1 Abs. 5 lit. d entspricht im Wesentlichen Art. 1 Abs. 4 lit. e, sodass auf die **51** dortigen Ausführungen verwiesen werden kann. Auch hier ist aber zunächst zu prüfen, ob bei den Aktien überhaupt eine neue Zulassung erfolgt. Das ist bei der Umstellung von Nennbetrags- auf Stückaktien zu verneinen; waren die Nennbetrags- oder Stückaktien bereits zugelassen, so sind es die bei ihrem „Austausch" ausgegebenen Stück- oder Nennbetragsaktien weiter, weil die „Aktie" und nicht die Nennbetrags- oder Stückaktie zugelassen ist. Relevant ist Art. 1 Abs. 5 lit. d allerdings bei der **Neueinteilung des Grundkapitals.** Auch bei der Umwandlung von Aktiengattungen ist eine neue Zulassung zB der aus der Umwandlung von Vorzugsaktien hervorgegangenen (neuen) Stammaktien erforderlich. Wegen der Gattungsverschiedenheit kommt hier Art. 1 Abs. 5 lit. d nicht zur Anwendung, allerdings besteht die in der Praxis auch bereits mehrfach angewendete Möglichkeit einer Prospektbefreiung nach Art. 1 Abs. 5 lit. b.

e) Abs. 5 lit. e. Art. 1 Abs. 5 lit. e entspricht Art. 1 Abs. 4 lit. f, sodass auf die dortigen Aus- **52** führungen verwiesen werden kann; zur Einschränkung seines Anwendungsbereichs durch Art. 1 Abs. 6a → Rn. 64. Praktisch relevant wird die Regelung dann, wenn zur Erfüllung der Prospektangaben das eigentliche Erwerbs- oder Übernahmedokument um einen Anhang mit diesen – jetzt nur noch deutlich weniger umfangreichen (→ Rn. 22) – Angaben ergänzt und dieser dann für die eigentliche Zulassung aktualisiert wird[93].

Hinsichtlich der Prospekthaftung für solche einen Prospekt ersetzende Dokumente[94] ist auf Folgen- **53** des hinzuweisen: Ist das im Zusammenhang mit dem Erwerbs- oder Übernahmeangebot erstellte Dokument das ersetzende Dokument und kann deshalb von der Erstellung eines Prospektes abgesehen werden, dann gelten als Maßstab der Vollständigkeit dieses Dokuments die Anforderungen, die das Wertpapiererwerbs- und Übernahmegesetz sowie die WpÜG-Angebotsverordnung an dieses Dokument stellen, somit nach § 2 Nr. 2 WpÜG Angebotsverordnung hinsichtlich der „Prospektangaben" allein deren Anforderungen: „Artikel 13 Absatz 1, Artikel 14 Absatz 1 und 2 oder Artikel 15 Absatz 1 der Verordnung (EU) 2017/1129 in Verbindung mit den jeweiligen Vorgaben in den Kapiteln II bis IV der Delegierten Verordnung (EU) 2019/980". Dagegen ist Maßstab für die Vollständigkeit des Dokuments nicht der Katalog, der für Vollprospekte in der neuen Prospekt-VO/Delegierte VO (EU) 2019/979 und 2019/980 enthalten ist.[95] Auch hinsichtlich der Prospektverantwortlichkeit sind die Besonderheiten des Erwerbsdokuments als das einen Prospekt ersetzendes Dokument zu beachten. Dieses Dokument wird nicht von einem Zulassungsantragsteller mit unterzeichnet. Deshalb übernimmt auch jenseits des Erwerbers kein Dritter die Gewähr für dessen Richtigkeit und Vollständigkeit.[96]

f) Abs. 5 lit. f. Art. 1 Abs. 5 lit. f entspricht Art. 1 Abs. 4 lit. g; zur Einschränkung seines **54** Anwendungsbereichs durch Art. 1 Abs. 6b → Rn. 64. Auch hier gilt, dass es für das prospektersetzende Dokument nicht mehr erforderlich ist, Angaben, die einen Prospekts gleichwertig sind, zu enthalten. Ausreichend sind „Informationen zu der Transaktion und ihren Auswirkungen auf den Emittenten" sowie die in der noch zu erlassenden Delegierten Verordnung[97]. aufgestellten Anforderungen.

Allein diese bilden den Maßstab für die Beurteilung von eventuellen Fehlern des prospektersetzen- **55** den Dokuments und damit für eine eventuelle Prospekthaftung nach § 9 WpPG. Dagegen ist Maßstab für die Vollständigkeit des Dokuments nicht der Katalog, der für Vollprospekte in der neuen Prospekt-VO/Delegierte VO (EU) 2019/979 und 2019/980 enthalten ist.[98]

g) Abs. 5 lit. g. Art. 1 Abs. 5 lit. g regelt verschiedene Fälle. Soweit die unentgeltlich angebotenen **56** Aktien solche aus einer **Kapitalerhöhung aus Gesellschaftsmitteln** sind, ist die Prospektbefreiungs-

---

[93] Vgl. dazu FK-WpPG/*Schnorbus* WpPG § 4 Rn. 75, insbes. Rn. 75a.

[94] → Rn. 25. Ausf. dazu *Mülbert/Steup* WM 2005, 1633 (1643).

[95] → WpPG § 9 Rn. 39.

[96] Wie hier FK-WpPG/*Schnorbus* WpPG § 4 Rn. 22 ff; allgemein zur Prospekthaftung des Zulassungsantragstellers vgl. deshalb → WpPG § 9 Rn. 44 ff.

[97] Die entsprechende Delegierte Verordnung lag bei Abschluss des Manuskripts noch nicht vor, der Final Report der ESMA, Technical advice on Minimum Information Content for Prospectus Exemption, 29 March 2019/ ESMA31–62-1207, abrufbar über die Homepage der ESMA: www.esma.europa.eu, gibt aber einen guten Eindruck von dem, was dort zu erwarten ist.

[98] → WpPG § 9 Rn. 39; ausdr. wie hier Schwark/Zimmer/*Heidelbach* WpPG § 4 Rn. 66; wie hier wohl auch *Gebhardt* in Schäfer/Hamann WpPG § 4 Rn. 9, wenn er nur auf § 5 WpPG aF verweist, nicht auf § 7 WpPG aF.

regel des Art. 1 Abs. 5 lit. g unstreitig jedenfalls bei einer Aktiengesellschaft mit deutschem Gesellschaftsstatut, überflüssig.[99] Bei deutschen, aber auch (streitig) bei ausländischen[100] Gesellschaften gilt **§ 33 Abs. 4 EGAktG.** Danach sind Aktien aus einer Kapitalerhöhung aus Gesellschaftsmitteln bei einer Gesellschaft, deren Aktien bereits zum regulierten Markt zugelassen sind, **ex lege,** dh **ohne Zulassungsverfahren** auch zum regulierten Markt zugelassen. Mit der Zulassung ex lege entfällt die Pflicht zur Veröffentlichung eines Wertpapierprospekts.[101] Das gilt nach dem klaren Wortlaut des § 33 Abs. 4 EGAktG unabhängig davon, ob die neuen Aktien aus der Kapitalerhöhung aus Gesellschaftsmitteln derselben Gattung angehören wie die bereits zugelassenen Aktien. Dass Art. 1 Abs. 5 lit. g hier enger gefasst ist, ändert daran nichts, da dieser nur die Prospektbefreiung bei einer beantragten Zulassung regelt, in den Fällen des § 33 Abs. 4 EGAktG aber schon keine Zulassung beantragt werden muss, da sie ex lege eintritt. Insofern kann es nur noch um die Aktien gehen, die als Sachdividende ausgeschüttet werden,[102] oder um Dividenden in Form von Aktien (→ Rn. 34).

57   **h) Abs. 5 lit. h.** Art. 1 Abs. 5 lit. h entspricht Art. 1 Abs. 4 lit. i, sodass auf die dortigen Ausführungen verwiesen werden kann. Zusätzliche Voraussetzung für eine prospektfreie Zulassung dieser, Mitarbeitern angebotenen Wertpapiere ist jedoch, dass Wertpapiere derselben Gattung bereits zum Handel am selben geregelten Markt zugelassen sind.

58   **i) Abs. 5 lit. i.** Art. 1 Abs. 5 lit. i entspricht Art. 1 Abs. 4 lit. j, sodass auf die dortigen Ausführungen verwiesen werden kann.

59   **j) Abs. 5 lit. j.** Art. 1 Abs. 5 lit. j betrifft Wertpapiere, die bereits zum Handel an einem anderen geregelten Markt zugelassen sind.

60   **3. Kombinationsmöglichkeit und Anrechnungsregelung (Abs. 6).** Art. 1 Abs. 6 S. 1 bestimmt ausdrücklich, dass die die in den Abs. 4 und 5 genannten Ausnahmen von der Pflicht zur Veröffentlichung eines Prospekts miteinander **kombiniert** werden können. Erwägungsgrund 20 enthält hierfür ein instruktives Beispiel.

61   Hinsichtlich der Prospektbefreiungsmöglichkeiten bei der Zulassung von Wertpapieren bzw. Aktien nach Art. 1 Abs. 5 UAbs. 1 lit. a und b ordnet Art. 1 Abs. 6 S. 2 ein **Zusammenrechnen** an, sodass 20 % der Zahl der Aktien derselben Gattung, die bereits zum Handel an einem geregelten Markt zugelassen sind, insgesamt nicht überschritten werden darf.

62   Diese Regelung gilt anders als die Befreiungsvorschriften, auf die sie sich bezieht und die bereits seit 20.7.2017 gelten, erst ab 21.7.2019 (Art. 49 Abs. 2). Bis 21.7.2019 konnten demnach insgesamt bis zu 40 % (minus zwei Aktien) prospektfrei zugelassen werden, 20 % (minus eine Aktie) nach Art. 1 Abs. 5 lit. a und 20 % (minus eine Aktie) nach Art. 1 Abs. 5 lit. b. Fraglich ist, ob die erst ab 21.7.2019 geltende Anrechnungsregelung zurückwirkt, konkret, ob zB bei Zulassung von 20 % (minus einer Aktie) am Freitag, 19.7.2019 nach Art. 1 Abs. 5 lit. a am Montag, 22.7.2019 20 % (minus eine Aktie) nach Art. 1 Abs. 5 lit. b prospektfrei zugelassen werden können, weil die Anrechnungsregel erst ab 21.7.2019 gilt, oder aber, ob bei der Zulassung am 22.7.2019 die Zulassung am 19.7.2019, die jedenfalls bis 21.7.2019 nicht anzurechnen gewesen wäre, dann aber anzurechnen ist. Der Wortlaut der Anrechnungsregelung ist nicht eindeutig, ebenso wenig wie Art. 49 Abs. 2. Andererseits ist nicht ersichtlich, weswegen Gründe des Anlegerschutzes, die offensichtlich vor dem 21.7.2019 bei der damals zulässigen prospektfreien Zulassung von bis zu 40 % (minus zwei Aktien) nicht eingegriffen haben, hier mit unechter Rückwirkung eine Einschränkung bewirken sollen. Die Frankfurter Wertpapierbörse ist hier auskunftsgemäß restriktiver und rechnet an.

63   Zur verneinenden Frage der Anwendbarkeit der Volumengrenze des Art. 1 Abs. 6 S. 1 in den Fällen, in denen die 20 % Grenze des Art. 1 Abs. 5 lit. b wegen Art. 1 Abs. 5 UAbs. 2 nicht gilt → Rn. 49).

64   **4. Einschränkung von der Prospektbefreiung (Abs. 6a und 6b).** Durch die Verordnung des Europäischen Parlaments und des Rates zur Änderung der Verordnungen (EU) Nr. 596/2014 und

---

[99] Ebenso ausdr. *Gebhardt* in Schäfer/Hamann WpPG § 4 Rn. 33; Assmann/Schlitt/v. Kopp-Colomb/*Schlitt* WpPG § 4 Rn. 47; FK-WpPG/*Schnorbus* WpPG § 4 Rn. 88. Die anders lautenden Ausführungen, in der RegBegr. zum Prospektrichtlinie-Umsetzungsgesetz, BT-Drs. 15/4999, 25 (30 f.), sind ebenso unzutreffend wie die in der RegBegr. zur Börsenzulassungsverordnung zu § 45 Nr. 2a BörsZulV, BR-Drs. 72/87, 67 (86). Wie hier wohl auch *Ekkenga* BB 2005, 561 (563).

[100] *Gericke,* Handbuch für die Börsenzulassung von Wertpapieren, 1992, 136 f.; FK-WpPG/*Schnorbus* WpPG § 4 Rn. 84; aA *Mülbert/Steup* WM 2005, 1633 (1641 Fn. 99). Die Verwaltungspraxis zB der Geschäftsführung der Frankfurter Wertpapierbörse ist hier restriktiver und wendet § 33 Abs. 4 EGAktG bei Gesellschaften mit ausländischem Gesellschaftsstatut nicht an. Für diese bedarf es dann der Zulassung auf der Grundlage des Art. 1 Abs. 5 lit. g und des inhaltlich sehr begrenzten Dokuments (ein Angebot findet ja nicht statt); vgl. zB prospektbefreiendes Dokument der Braas Monier Building Group S. A. vom 20.12.2016.

[101] § 45 Nr. 2a BörsZulV aF war insoweit ebenfalls überflüssig, vgl. *Gericke,* Handbuch für die Börsenzulassung von Wertpapieren, 1992, 136 f.

[102] FK-WpPG/*Schnorbus* WpPG § 4 Rn. 87.

(EU) 2017/1129 zur Förderung der Nutzung von KMU-Wachstumsmärkten wurden die Abs. 6a und 6b neu eingefügt.[103]

Art. 1 Abs. 6a schränkt die Befreiungsmöglichkeit nach Art. 1 Abs. 4 lit. f und Abs. 5 lit. e, Art. 1 **65** Abs. 6b die Befreiungsmöglichkeit nach Art. 1 Abs. 4 lit. g und Abs. 5 lit. f ein. Begründet wird dies damit, die Ausnahmeregelung habe die unbeabsichtigte Folge, dass ein nicht börsennotiertes emittierendes Unternehmen unter bestimmten Umständen die erstmalige Zulassung seiner Titel zum Handel ohne Erstellung eines Prospekts vornehmen könne, wodurch Anlegern die in einem Prospekt enthaltenen nützlichen Informationen vorenthalten würden und jede Überprüfung der dem Markt zur Verfügung gestellten Informationen durch eine zuständige nationale Behörde vermieden werde[104]. Die Regelung, dass die „angebotenen Dividendenwerte bereits vor der Übernahme und der Transaktion zum Handel an einem geregelten Markt zugelassen waren" bzw., dass die „Dividendenwerte des übernehmenden Rechtsträgers .... bereits vor der Transaktion zum Handel an einem geregelten Markt zugelassen (waren),‚‚ ist einschränkend dahingehend auszulegen, dass nicht etwa die tatsächlich angebotenen Dividendenwerte bzw. die bei einer Übernahme zu gewährenden Dividendenwerte bereits zugelassen sein müssen, sondern nur, dass Dividendenwerte (gleicher Gattung?) des anbietenden bzw. übernehmenden Rechtsträgers bereits zugelassen sein müssen. Dies ergibt sich bereits aus der weiteren Begründung dieser Änderung im Erwägungsgrund 13 der Verordnung (EU) 2019/2115, wonach die neu eingefügte Anforderung nur dazu dienen soll, dass „ein nicht börsennotierter Emittent, der im Anschluss an ein Tauschangebot, eine Verschmelzung oder eine Spaltung eine Zulassung zum Handel anstrebt, einen Prospekt erstellen muss." Außerdem würde ansonsten die Befreiungsregelung jedenfalls nach deutschem Recht idR leer laufen, weil es keine auf Vorrat zugelassenen Dividendenwerte gibt.

Art. 2 Begriffsbestimmungen

Im Sinne dieser Verordnung bezeichnet der Ausdruck

a) „Wertpapiere" übertragbare Wertpapiere im Sinne des Artikels 4 Absatz 1 Nummer 44 der Richtlinie 2014/65/EU mit Ausnahme von Geldmarktinstrumenten im Sinne des Artikels 4 Absatz 1 Nummer 17 der Richtlinie 2014/65/ EU mit einer Laufzeit von weniger als 12 Monaten;

b) „Dividendenwerte" Aktien und andere, Aktien gleichzustellende übertragbare Wertpapiere sowie jede andere Art übertragbarer Wertpapiere, die das Recht verbriefen, bei Umwandlung des Wertpapiers oder Ausübung des verbrieften Rechts die erstgenannten Wertpapiere zu erwerben; Voraussetzung hierfür ist, dass die letztgenannten Wertpapiere vom Emittenten der zugrunde liegenden Aktien oder einer zur Unternehmensgruppe dieses Emittenten gehörenden Einrichtung begeben wurden;

c) „Nichtdividendenwerte" alle Wertpapiere, die keine Dividendenwerte sind;

d) „öffentliches Angebot von Wertpapieren" eine Mitteilung an die Öffentlichkeit in jedweder Form und jedwede Art und Weise, die ausreichende Informationen über die Angebotsbedingungen und die anzubietenden Wertpapiere enthält, um einen Anleger in die Lage zu versetzen, sich für den Kauf oder die Zeichnung jener Wertpapiere zu entscheiden. Diese Definition gilt auch für die Platzierung von Wertpapieren durch Finanzintermediäre;

e) „qualifizierte Anleger" Personen oder Einrichtungen, die in Anhang II Abschnitt I Nummern 1 bis 4 der Richtlinie 2014/65/EU genannt sind, sowie Personen oder Einrichtungen, die gemäß Abschnitt II jenes Anhangs auf Antrag als professionelle Kunden behandelt werden oder die gemäß Artikel 30 der Richtlinie 2014/65/EU als geeignete Gegenparteien anerkannt werden, und nicht gemäß Abschnitt 1 Absatz 4 jenes Anhangs eine schriftliche Übereinkunft getroffen haben, als nichtprofessionelle Kunden behandelt zu werden. Für die Zwecke der Anwendung des ersten Satzes dieses Buchstabens teilen Wertpapierfirmen und Kreditinstitute dem Emittenten auf dessen Antrag die Einstufung ihrer Kunden unter Einhaltung des einschlägigen Datenschutzrechts mit;

f) „kleine und mittlere Unternehmen" oder „KMU":

   i) Gesellschaften, die laut ihrem letzten Jahresabschluss bzw. konsolidierten Abschluss zumindest zwei der nachfolgenden drei Kriterien erfüllen: eine durchschnittliche Beschäftigtenzahl im letzten Geschäftsjahr von weniger als 250, eine Gesamtbilanzsumme von höchstens 43 000 000 EUR und ein Jahresnettoumsatz von höchstens 50 000 000 EUR; oder

---

[103] ABl. 2019 L 320, 1; Kommissionsvorschlag COM(2018) 0331

[104] Erwägungsgrund 13 Verordnung des Europäischen Parlaments und des Rates zur Änderung der Verordnungen (EU) Nr. 596/2014 und (EU) 2017/1129 zur Förderung der Nutzung von KMU-Wachstumsmärkten in der Fassung des Kommissionsvorschlag COM(2018) 0331.

ii) kleine und mittlere Unternehmen im Sinne des Artikels 4 Absatz 1 Nummer 13 der Richtlinie 2014/65/EU;

g) „Kreditinstitut" ein Kreditinstitut im Sinne des Artikels 4 Absatz 1 Nummer 1 der Verordnung (EU) Nr. 575/2013;

h) „Emittent" eine Rechtspersönlichkeit, die Wertpapiere begibt oder zu begeben beabsichtigt;

i) „Anbieter" eine Rechtspersönlichkeit oder natürliche Person, die Wertpapiere öffentlich anbietet;

j) „geregelter Markt" einen geregelten Markt im Sinne des Artikels 4 Absatz 1 Nummer 21 der Richtlinie 2014/65/EU;

k) „Werbung" eine Mitteilung mit den folgenden beiden Eigenschaften:

   i) die sich auf ein spezifisches öffentliches Angebot von Wertpapieren oder deren Zulassung zum Handel an einem geregelten Markt bezieht;

   ii) die darauf abstellt, die potenzielle Zeichnung oder den potenziellen Erwerb von Wertpapieren gezielt zu fördern;

l) „vorgeschriebene Informationen" vorgeschriebene Informationen im Sinne des Artikels 2 Absatz 1 Buchstabe k der Richtlinie 2004/109/EG;

m) „Herkunftsmitgliedstaat"

   i) für alle in der Union ansässigen und nicht unter Ziffer ii genannten Emittenten von Wertpapieren den Mitgliedstaat, in dem der Emittent seinen Sitz hat;

   ii) für jede Emission von Nichtdividendenwerten mit einer Mindeststückelung von 1 000 EUR sowie für jede Emission von Nichtdividendenwerten, die das Recht verbriefen, bei Umwandlung des Wertpapiers oder Ausübung des verbrieften Rechts übertragbare Wertpapiere zu erwerben oder einen Barbetrag in Empfang zu nehmen, sofern der Emittent der Nichtdividendenwerte nicht der Emittent der zugrunde liegenden Wertpapiere oder eine zur Unternehmensgruppe des letztgenannten Emittenten gehörende Einrichtung ist, je nach Wahl des Emittenten, des Anbieters bzw. der die Zulassung zum Handel an einem geregelten Markt beantragenden Person den Mitgliedstaat, in dem der Emittent seinen Sitz hat, oder den Mitgliedstaat, in dem die Wertpapiere zum Handel an einem geregelten Markt zugelassen sind oder zugelassen werden sollen oder in dem die Wertpapiere öffentlich angeboten werden. Dasselbe gilt für Nichtdividendenwerte, die auf andere Währungen als auf Euro lauten, vorausgesetzt, dass der Wert solcher Mindeststückelungen annähernd 1 000 EUR entspricht;

   iii) für alle in Drittländern ansässigen und nicht unter Ziffer ii genannten Emittenten von Wertpapieren je nach Wahl des Emittenten, des Anbieters bzw. der die Zulassung zum Handel an einem geregelten Markt beantragenden Person den Mitgliedstaat, in dem die Wertpapiere erstmals öffentlich angeboten werden sollen, oder den Mitgliedstaat, in dem der erste Antrag auf Zulassung zum Handel an einem geregelten Markt gestellt wird, vorbehaltlich einer späteren Wahl durch in Drittländern ansässige Emittenten in den folgenden Fällen:

   – wenn der Herkunftsmitgliedstaat nicht gemäß der Wahl jener Emittenten bestimmt wurde;

   – im Einklang mit Artikel 2 Absatz 1 Buchstabe i Ziffer iii der Richtlinie 2004/109/EG;

n) „Aufnahmemitgliedstaat" den Mitgliedstaat, in dem ein öffentliches Angebot von Wertpapieren unterbreitet oder die Zulassung zum Handel an einem geregelten Markt angestrebt wird, sofern dieser Staat nicht der Herkunftsmitgliedstaat ist;

o) „zuständige Behörde" die Behörde, die von dem jeweiligen Mitgliedstaat gemäß Artikel 31 benannt wird, soweit in dieser Verordnung nichts anderes bestimmt ist;

p) „Organismen für gemeinsame Anlagen eines anderen als des geschlossenen Typs" Investmentfonds und Investmentgesellschaften, die beide der folgenden Merkmale aufweisen:

   i) Sie sammeln von einer Anzahl von Anlegern Kapital ein, um es gemäß einer festgelegten Anlagestrategie zum Nutzen dieser Anleger zu investieren;

   ii) ihre Anteile werden auf Verlangen des Anteilsinhabers unmittelbar oder mittelbar zulasten ihres Vermögens zurückgekauft oder abgelöst;

q) „Anteile an Organismen für gemeinsame Anlagen" Wertpapiere, die von einem Organismus für gemeinsame Anlagen begeben werden und die Rechte der Anteilsinhaber am Vermögen dieses Organismus verbriefen;

r) „Billigung" die positive Handlung bei Abschluss der Prüfung des Prospekts durch die zuständige Behörde des Herkunftsmitgliedstaats auf Vollständigkeit, Kohärenz und Verständlichkeit der im Prospekt enthaltenen Informationen;

s) „Basisprospekt" einen Prospekt, der den Anforderungen des Artikels 8 entspricht und – je nach Wahl des Emittenten – die endgültigen Bedingungen des Angebots enthält;

t) „Arbeitstage" die Arbeitstage der jeweiligen zuständigen Behörde unter Ausschluss von Samstagen, Sonntagen und gesetzlichen Feiertagen im Sinne des für diese zuständige Behörde geltenden nationalen Rechts;

u) „multilaterales Handelssystem" oder „MTF" ein multilaterales Handelssystem im Sinne des Artikels 4 Absatz 1 Nummer 22 der Richtlinie 2014/65/EU;

v) „organisiertes Handelssystem" oder „OTF" ein organisiertes Handelssystem im Sinne des Artikels 4 Absatz 1 Nummer 23 der Richtlinie 2014/65/EU;

w) „KMU-Wachstumsmarkt" einen KMU-Wachstumsmarkt im Sinne des Artikels 4 Absatz 1 Nummer 12 der Richtlinie 2014/65/EU;

x) „Drittlandsemittent" einen in einem Drittland ansässigen Emittenten;

y) „Angebotsfrist" den Zeitraum, in dem potenzielle Anleger die betreffenden Wertpapiere erwerben oder zeichnen können;

z) „dauerhafter Datenträger" jedes Medium, das
   i) es einem Kunden ermöglicht, persönlich an ihn gerichtete Informationen so zu speichern, dass sie in der Folge während eines dem Informationszweck angemessenen Zeitraums abgerufen werden können, und
   ii) die unveränderte Wiedergabe der gespeicherten Daten ermöglicht.

Art. 2 enthält die Definition für die wesentlichen in der neuen Prospekt-VO verwendeten Begriffe. **1** Dabei ergibt sich die „Entsprechung" der Regelungen zu den Bestimmungen der Prospekt-RL und dem WpPG aF aus der nachfolgenden Tabelle, wobei auch hier nochmals betont werden muss, dass dies nicht zwingend eine inhaltliche Regelungsidentität bedeutet sondern allein eine Entsprechung der jeweils, möglicherweise materiell aber unterschiedlich geregelten Materie (→ Vor Art. 1 Rn. 6); das gilt zB bei der Definition des Begriffes „Wertpapiere" und „qualifizierte Anleger":

VO (EU) 2017/1129 (Prospekt-VO)	RL 2003/71/EG (Prospekt-RL)	WpPG aF
Art. 2 lit. a	Art. 2 Abs. 1 lit. a	§ 2 Nr. 1
Art. 2 lit. b	Art. 2 Abs. 1 lit. b	§ 2 Nr. 2
Art. 2 lit. c	Art. 2 Abs. 1 lit. c	§ 2 Nr. 3
Art. 2 lit. d	Art. 2 Abs. 1 lit. d	§ 2 Nr. 4
Art. 2 lit. e	Art. 2 Abs. 1 lit. e	§ 2 Nr. 6
Art. 2 lit. f	Art. 2 Abs. 1 lit. f	–
Art. 2 lit. g	Art. 2 Abs. 1 lit. g	§ 2 Nr. 8
Art. 2 lit. h	Art. 2 Abs. 1 lit. i	§ 2 Nr. 9
Art. 2 lit. i	Art. 2 Abs. 1 lit. j	§ 2 Nr. 10
Art. 2 lit. j	Art. 1 Abs. 4	§ 2 Nr. 16
Art. 2 lit. k	–	–
Art. 2 lit. l	–	–
Art. 2 lit. m	Art. 2 Abs. 1 lit. m	§ 2 Nr. 13
Art. 2 lit. n	Art. 2 Abs. 1 lit. n	§ 2 Nr. 14
Art. 2 lit. o	–	–
Art. 2 lit. p	Art. 2 Abs. 1 lit. o	–
Art. 2 lit. q	Art. 2 Abs. 1 lit. p	–
Art. 2 lit. r	Art. 2 Abs. 1lit. q	–
Art. 2 lit. s	Art. 2 Abs. 1 lit. r	–
Art. 2 lit. t	–	–

VO (EU) 2017/1129 (Prospekt-VO)	RL 2003/71/EG (Prospekt-RL)	WpPG aF
Art. 2 lit. u	–	–
Art. 2 lit. v	–	–
Art. 2 lit. w	–	–
Art. 2 lit. x	–	–
Art. 2 lit. y	–	–
Art. 2 lit. z	–	–
Art. 2 lit. z	–	–

Darüber hinaus enthielt auch die „alte" Prospekt-VO bereits in Art. 2 eine ganze Reihe der Definitionen des Art. 2 Prospekt-VO. Auch auf die dazu gewonnen Erkenntnis kann deshalb insoweit zurückgegriffen werden.

I. Wertpapiere (lit. a)

2   → WpPG § 2 Rn. 2 ff.

II. Dividendenwerte (lit. b)

3   Art. 2 lit. b definiert nahezu gleichlautend zu Art. 2 Abs. 1 lit. b Prospekt-RL „Dividendenwerte". Hierzu gehören auch Wandel- und Optionsanleihen, wenn sie vom Aktienemittenten selbst oder einem seiner Konzernunternehmen begeben werden.[1] Das gilt für die Optionskomponente von Optionsanleihen selbst nach ihrer Trennung, dh das abgetrennte Optionsrecht ist (ebenso wie andere Formen von naked warrants) Dividendenwert, die Anleihekomponente ist nach der Trennung Nichtdividendenwert.[2] Aktienanleihen sind ebenso wie Umtauschanleihen nicht als Dividendenwerte sondern als Nichtdividendenwerte einzuordnen.[3] Aktien vertretende Zertifikate wie zB American Depositary Receipts (ADRs) sollen nicht zu den Dividendenwerten sondern zu den Nichtdividendenwerten gehören.[4]

III. Nichtdividendenwerte (lit. c)

4   Art. 2 lit. c definiert „Nichtdividendenwerte". Darunter fallen alle Wertpapiere, die nicht gem. Art. 2 lit. b Dividendenwerte sind, ua auch die Umtauschanleihen,[5] es sei denn sie werden vom Emittenten der zugrunde liegenden Aktien (zB bei Anleihen auf bereits bestehende Aktien) oder von einem Unternehmen begeben, das mit dem Emittenten (der Aktien) einen Konzern bildet. Ebenso Nichtdividendenwerte sind die Optionsscheine, die nicht das Recht verbriefen, ein anderes Recht zu erwerben, sondern nur auf Barausgleich gerichtet sind.[6]

IV. Öffentliches Angebot (lit. d)

5   → WpPG § 2 Rn. 6 ff.

V. Qualifizierte Anleger (lit. e)

6   Wichtig ist hier das Informationsrecht nach Satz 2 dieser Bestimmung, damit Emittenten, vor allen Dingen aber auch die platzierenden Banken, die Kunden entsprechend einordnen können.

---

[1] ESMA, Frequently asked questions, Prospectuses: common positions agreed by ESMA Members, question No. 28, abrufbar über die Homepage: www.esma.europa.eu. Zur insoweit problematischeren Auslegung der Prospekt-RL vgl. *Kunold/Schlitt* BB 2004, 501 (502 f.).
[2] FK-WpPG/*Schnorbus* WpPG § 2 Rn. 24.
[3] *Hamann* in Schäfer/Hamann WpPG § 2 Rn. 17; FK-WpPG/*Schnorbus* WpPG § 2 Rn. 24.
[4] So ausdr. auch ESMA, Frequently asked questions, Prospectuses: common positions agreed by ESMA Members, question No. 39, abrufbar über die Homepage: www.esma.europa.eu. *Schlitt/Schäfer* AG 2005, 498 (499 Fn. 14); aA FK-WpPG/*Schnorbus* WPPG § 2 Rn. 24.
[5] Zu Umtauschanleihen vgl. *Groß* in Marsch-Barner/Schäfer AG-HdB § 51 Rn. 18 f.; zu § 2 Nr. 3 WpPG wie hier *Hamann* in Schäfer/Hamann WpPG § 2 Rn. 17; FK-WpPG/*Schnorbus* WpPG § 2 Rn. 24, 26.
[6] FK-WpPG/*Schnorbus* WpPG § 2 Rn. 27.

VI. Kleine und mittlere Unternehmen, KMU (lit. f)

Die Kommission betont zu dieser Begriffsbestimmung, dass durch die Einbeziehung der kleinen und **7** mittleren Unternehmen iSd Art. 4 Abs. 1 Nr. 13 MiFID II der Schwellenwert für die Bestimmung von „Unternehmen mit geringer Marktkapitalisierung" auf 200 Mio. EUR angehoben wurde[7].

VII. Kreditinstitut (lit. g)

→ WpPG § 2 Rn. 27.   **8**

VIII. Emittent (lit. h)

→ WpPG § 2 Rn. 28.   **9**

IX. Anbieter (lit. i)

→ WpPG § 2 Rn. 29 ff.   **10**

X. Geregelter Markt (lit. j)

→ WpPG § 2 Rn. 37.   **11**

XI. Werbung (lit. k)

→ WpPG § 2 Rn. 38.   **12**

XII. Vorgeschriebene Informationen (lit. l)

Art. 2 lit. l verweist diesbezüglich auf Art. 2 Abs. 1 lit. k Transparenz-RL, sodass es sich bei den **13** „vorgeschriebenen Informationen" im Wesentlichen um die nach der Transparenzrichtlinie und der Marktmissbrauchsverordnung (MAR), dort im Rahmen der Ad-hoc-Publizität, offenzulegenden Informationen handelt.

XIII. Herkunftsmitgliedsstaat (lit. m)

Art. 2 lit. m definiert den Herkunftsstaat. In Art. 2 lit. m i findet sich die Grundregel für den **14** Herkunftsmitgliedstaat von Emittenten mit Sitz in der Europäischen Union oder im Europäischen Wirtschaftsraum. Unter Sitz der Gesellschaft dürfte man den jeweiligen **statutarischen Gesellschaftssitz** der Gesellschaft verstehen.[8] Art. 2 lit. m ii begründet im Fall der Emission bestimmter Nichtdividendenwerte für alle Emittenten ein Wahlrecht. Das Wahlrecht kann durch ausdrückliche Erklärung gegenüber der BaFin oder konkludent durch Einreichung eines Registrierungsformulars bzw. einer Wertpapierbeschreibung ausgeübt werden. Hinsichtlich der Nichtdividendenwerte, die auf andere Währungen als auf Euro lauten, ist für die Bestimmung der Schwelle von 1.000 EUR auf den Wechselkurs am Tag des Eingangs des Prospekts bei der BaFin abzustellen. Dies schafft die für die Ausübung des Rechts zur Wahl des Herkunftsstaats erforderliche Sicherheit. Für die Einordnung als Drittstaatemittent von Wertpapieren, die nicht in Art. 2 lit. m ii genannt sind, ist wie bei den Gemeinschaftsemittenten der Sitz des Emittenten entscheidend. Ihr Wahlrecht gem. Art. 2 lit. m iii können Drittstaatemittenten auch durch die Einreichung eines Registrierungsformulars ausüben.

XIV. Aufnahmemitgliedstaat (lit. n)

Art. 2 lit. n definiert den Aufnahmemitgliedstaat als denjenigen Mitgliedstaat, in dem ein öffent- **15** liches Angebot von Wertpapieren unterbreitet oder die Zulassung zum Handel an einem geregelten Markt angestrebt wird.

XV. Zuständige Behörde (lit. o)

Art. 2 lit. o definiert die zuständige Behörde als die vom jeweiligen Mitgliedstaat gem. Art. 31 **16** benannte Behörde, in Deutschland die Bundesanstalt für Finanzdienstleistungsaufsicht (§ 17 WpPG).

---

[7] Begründung des Kommissionsvorschlags, COM(2015) 583 final, 16.
[8] *JVRZ/Ritz/Zeising* WpPG § 2 Rn. 249; *FK-WpPG/Schnorbus* WpPG § 2 Rn. 129; *Kullmann/Sester* WM 1068, 1070.

XVI. Billigung (lit. r)

17   Die Definition der Billigung fordert eine „positive Handlung". Eine Billigung durch bloßen Fristablauf scheidet damit aus. Bemerkenswert ist auch, dass bereits bei der Begriffsbestimmung der Billigung in Art. 2 lit. r der Prüfungsmaßstab für die zuständige Behörde bei der Prüfung von Prospekten genannt wird: Vollständigkeit, Kohärenz und Verständlichkeit der im Prospekt enthaltenen Informationen. Zur Billigung als solcher und zum Prüfungsmaßstab → Art. 20 Rn. 2 ff.

Art. 3 Pflicht zur Veröffentlichung eines Prospekts und Ausnahmen

(1) **Unbeschadet des Artikels 1 Absatz 4 werden Wertpapiere in der Union nur nach vorheriger Veröffentlichung eines Prospekts gemäß dieser Verordnung öffentlich angeboten.**

(2) **[1] Unbeschadet des Artikels 4 kann ein Mitgliedstaat beschließen, öffentliche Angebote von Wertpapieren von der Pflicht zur Veröffentlichung eines Prospekts gemäß Absatz 1 auszunehmen, sofern**

a) diese Angebote nicht der Notifizierung gemäß Artikel 25 unterliegen und

b) der Gesamtgegenwert eines solchen Angebots in der Union über einen Zeitraum von 12 Monaten 8 000 000 EUR nicht überschreitet.

[1] ¹Die Mitgliedstaaten unterrichten die Kommission und die ESMA, ob und auf welche Weise sie sich beschließen, die Ausnahme nach Unterabsatz 1 anzuwenden, und teilen mit, welchen Gegenwert sie als Obergrenze festgesetzt haben, unterhalb deren die Ausnahme für Angebote in diesem Mitgliedstaat gilt. ²Sie unterrichten die Kommission und die ESMA ferner über alle späteren Änderungen dieses Gegenwerts.

(3) **Unbeschadet des Artikels 1 Absatz 5 werden Wertpapiere erst nach vorheriger Veröffentlichung eines Prospekts gemäß dieser Verordnung zum Handel an einem geregelten Markt, der sich in der Union befindet oder dort betrieben wird, zugelassen.**

I. Vorbemerkung

1   Art. 3 enthält in Abs. 1 eine generelle Prospektpflicht für jedes öffentliche Angebot von Wertpapieren in der Union (Ausnahme: Art. 1 Abs. 4 und Art. 3 Abs. 2¹) und in Abs. 3 für jede Zulassung von Wertpapieren an einem geregelten Markt, der sich in der Union befindet oder dort betrieben wird.

II. Prospektpflicht bei einem öffentlichen Angebot in der Union (Abs. 1)

2   Die Prospektpflicht nach Art. 3 Abs. 1 gilt bei jedem öffentlichen Angebot von Wertpapieren in der Union, es sei denn eine der Ausnahmeregelungen in Art. 1 Abs. 4 oder eine Kombination dieser Ausnahmeregelungen würde von der Verpflichtung zur Veröffentlichung eines gebilligten (Billigung ist Zulässigkeitsvoraussetzung für die Veröffentlichung, Art. 20 Abs. 1) befreien.

3   Aus Sinn und Zweck der Prospektpflicht (Anlegerschutz und Markteffizienz) folgert der EuGH, dass bei einer **Zwangsversteigerung** keine Prospektpflicht bestehe.²

4   Voraussetzung der Prospektpflicht nach Art. 3 Abs. 1 ist, dass die Wertpapiere in der Union öffentlich angeboten werden. Dies erfordert zunächst ein öffentliches Angebot (→ WpPG § 2 Rn. 6 ff.). **Ohne öffentliches Angebot keine Prospektpflicht nach Art. 3 Abs. 1.**

5   Die Prospektpflicht nach Art. 3 Abs. 1 erfordert außerdem ein öffentliches Angebot in der Union. Zur Abgrenzung eines Angebots außerhalb der Union von dem innerhalb der Union kommt es darauf an, dass mit dem Angebot potentieller **Anleger innerhalb der Union zielgerichtet angesprochen werden** bzw., dass die Maßnahme des Anbieters sich **in der Union auswirkt.** Die Nationalität der Anleger ist irrelevant, ebenso der Ort, von dem aus das Angebot gemacht wird. Auch die Veröffentlichung in ausländischen Medien (Zeitungen, Fernsehprogramme) kann ein Angebot in der Union darstellen, wenn damit Anleger in der Union gezielt angesprochen werden.³ Aufgrund der zunehmenden Bedeutung des **Internet** und des grundsätzlich weltweiten Zugangs zu Internet-Seiten, der sich technisch nur sehr schwer auf einzelne Länder beschränken lässt, hatte sich das BAWe bereits in seiner Bekanntmachung 1999 sehr detailliert zur Frage geäußert, wann bei Internet-Angeboten ein Angebot im Inland vorliegen sollte⁴. Entscheidend sei allein, ob Anleger im Inland mit dem Internet-Angebot angesprochen werden sollen. Indizien hierfür seien die Verwendung der deutschen Sprache, die

---

¹ Übersicht über die in den Mitgliedstaaten geltenden Grenzwerte bei ESMA31–62-1193.
² EuGH Urt. v. 17.9.2014 – C 441/12, ZIP 2014, 2342 (2344).
³ So zu § 3 WpPG aF Schwark/Zimmer/*Heidelbach* WpPG § 3 Rn. 5.
⁴ Zum insoweit vergleichbaren VerkprospG *Lenz/Ritz* WM 2000, 904 (905).

Benennung von Ansprechpartnern in Deutschland, Erläuterungen zur steuerlichen Behandlung der Kapitalanlage bzw. des Steuersparmodells in Deutschland. Sollen Anleger in Deutschland nicht angesprochen werden, so sei ein entsprechender **„Disclaimer" am Anfang der Internet-Seite** aufzunehmen, aus dem sich unmissverständlich und nach Ansicht des BAWe in deutscher Sprache ergeben müsse, dass ein Erwerb der Wertpapiere in Deutschland nicht möglich sein soll. Fordert man darüber hinaus, wie das BAWe, dass der Anbieter „angemessene Vorkehrungen zu treffen" habe, dass Anleger von Deutschland aus die Wertpapiere nicht erwerben können, so wird durch diese vorsichtige Formulierung den technischen und tatsächlichen Gegebenheiten Rechnung getragen. Gefordert wird zu Recht nicht, dass der Anbieter „sicherstellen"[5] muss, dass Anleger von Deutschland aus die Wertpapiere nicht erwerben können. Es ist für den Anbieter nämlich in vielen Fällen nicht nachprüfbar, ob ein deutscher Anleger aus Deutschland seine Order aufgibt, oder dies vom Ausland, zB während eines Geschäfts- oder Ferienaufenthaltes geschieht. Entscheidend ist allein, dass der Disclaimer deutlich darauf hinweist, dass das Angebot sich nicht an Anleger in Deutschland richtet, und soweit möglich, die entsprechenden technischen Vorkehrungen getroffen wurden.[6] Wer Anleger in Deutschland nicht ansprechen will und dies auch deutlich zum Ausdruck bringt, der bietet auch im Inland nicht an. Wenn entgegen seinem Willen Anleger im Inland dennoch Wertpapiere erwerben, dann geschieht dies nicht aufgrund eines Angebots im Inland. Diese Überlegungen lassen sich, wie Erwägungsgrund 7 Delegierte VO (EU) 2019/979 belegt, auf die Beurteilung eines Angebots in der Union übertragen. Dort wird ebenfalls nur gefordert, dass „durch geeignete Maßnahmen verhindert werden (sollte), dass für die Veröffentlichung des Prospekts genutzte Websites Gebietsansässige von Mitgliedstaaten oder Drittländern ansprechen, in denen die Wertpapiere nicht dem Publikum angeboten werden" und dafür nur gefordert, dies solle dadurch geschehen, „indem beispielsweise eine Erklärung über die Adressaten des Angebots auf die Website gestellt wird." Dies dürften die in Art. 10 Abs. 2 Delegierte VO (EU) 2019/979 genannten „Maßnahmen …, die verhindern, dass … angesprochen werden" sein. Auch dort geht es nicht darum, dass eine Teilnahme von Personen in Staaten, in denen kein öffentliches Angebot erfolgt verhindert werden soll, sondern nur darum, dass die Maßnahmen verhindern, dass diese Personen angesprochen werden. Für die Verhinderung der Ansprache ist ein Disclaimer ausreichend. Ebenso reicht der in Art. 21 Abs. 4 S. 1 genannte Warnhinweis mit Angaben, in welcher Rechtsordnung ein Angebot unterbreitet wird. Gleiches gilt auch für einen Zugangsfilter mit Staats- oder Wohnortangabe (→ Art. 21 Rn. 6).

III. Prospektpflicht bei der Zulassung zu einem geregelten Markt in der Union (Abs. 3)

Während § 32 Abs. 3 Nr. 2 BörsG nur die Vorlage des gebilligten Prospekts vorschreibt, enthält **6** Art. 3 Abs. 3 die eigentliche **Prospektpflicht als Voraussetzung für die Zulassung** von Wertpapieren, soweit nicht eine Zulassung auch prospektfrei nach Art. 1 Abs. 5 (oder Art. 1 Abs. 2, der die Anwendung der Prospekt-VO ausschließt) erfolgen kann.

Eine Prospektpflicht nach Art. 3 Abs. 3 iVm § 32 Abs. 3 BörsG besteht nur dann, wenn tatsächlich **7** eine Zulassung beantragt wird. Keiner (neuen) Zulassung bedarf es jedoch beim **Formwechsel von einem börsenfähigen Rechtsträger zum anderen,** zB von einer **AG** in eine **KGaA** oder **SE,** von einer **KGaA** in eine **AG** oder **SE** oder von einer **SE** in eine **AG** oder **KGaA** (teilw. str.)[7]. Einer solchen neuen Zulassung bedürfte es bei den vorgenannten Fällen des Formwechsels nur, wenn die Zulassung der Aktien des Rechtsträgers, der seine Rechtsform wechselt, aufgrund des Formwechsels nach § 43 Abs. 2 VwVerfG erlöschen würde. Das ist nicht der Fall, da die Aktien des Rechtsträgers, der seine Rechtsform wechselt, auch nach dem Formwechsel fortbestehen und nicht etwa untergehen. Rechtsfolge einer formwechselnden Umwandlung nach §§ 190 ff. UmwG ist gem. § 202 Abs. 1 Nr. 1 UmwG, dass der formwechselnde Rechtsträger in der in dem Umwandlungsbeschluss bestimmten Rechtsform weiter besteht. In ähnlicher Weise bestimmt Art. 37 Abs. 2 SE-VO, dass die Umwandlung

---

[5] Die zum insoweit vergleichbaren Verkaufsprospektgesetz noch im Jahresbericht des BAWe 1998, 96, vertretene gegenteilige Auffassung wurde von BAWe aufgegeben, vgl. *Ritz* in Assmann/Lenz/Ritz, Verkaufsprospektgesetz, 2001, VerkprospG § 1 Rn. 73.

[6] Solche technischen Vorkehrungen können zB darin bestehen, dass eine interne Anweisung ergeht, nach der Anträge, die von Absendern mit einer postalischen Anschrift in Deutschland stammen, nicht bearbeitet werden, oder dass technische Vorkehrungen verhindern, dass Anlegern, die auf einer dafür vorgesehenen Zugangsseite eine Adresse in Deutschland angeben, der Zugang zu weiteren Informationen und der Erwerb der Wertpapiere ermöglicht wird. Teilw. weitergehend *Lenz/Ritz* WM 2000, 904 (906), wobei die dort angegebenen Beispiele zu Zahlung und Lieferung zu spät ansetzen. Bei Zahlung und Lieferung liegt bereits ein abgeschlossenes Angebot vor, das schon zu einem gültigen Kaufvertrag geführt hat; ein Kaufvertrag, selbst wenn er auf einem unter Verstoß gegen Art. 3 Abs. 1 durchgeführten Angebot beruht, ist zivilrechtlich wirksam, → Art. 3 Rn. 11 f. Die Prospekt-VO kann dann nicht der Vertragspartner zum Vertragsbruch zwingen. Wie hier iErg auch zur früheren Rechtslage *Hamann* in Schäfer/Hamann WpPG § 3 Rn. 8; JVRZ/*Ritz/Zeising* WpPG § 2 Rn. 174; FK-WpPG/*Schnorbus* WpPG § 3 Rn. 9f.

[7] → BörsG § 39 Rn. 4 mit Hinweisen auf eine durchaus unterschiedliche Handhabung in der Praxis; wie hier auch FK-WpPG/*Schnorbus* WpPG § 3 Rn. 56.

einer bestehenden Aktiengesellschaft in eine SE weder die Auflösung der Gesellschaft noch die Gründung einer neuen juristischen Person zur Folge hat. Daher bleibt die Identität seiner Aktien auch nach dem Formwechsel gewahrt, sodass die Zulassung für diese Aktien nicht etwa nach § 43 Abs. 2 VwVerfG erlischt und es mithin keiner erneuten Zulassung bedarf.

8   Deshalb besteht auch Einigkeit bei der **Umwandlung einer AG in eine SE (und umgekehrt),** dass diese an der bestehenden Zulassung der Aktien des Rechtsträgers, der seine Rechtsform wechselt, nichts ändert, somit keine neue Zulassung dieser Aktien der ehemaligen AG und jetzt SE bzw. umgekehrt, erforderlich ist. Die Praxis verfährt so, in den jeweiligen Umwandlungsberichten wird ausdrücklich darauf hingewiesen, dass eine Neuzulassung wegen des identitätswahrenden Charakters der Umwandlung nicht erforderlich ist.[8] Auch bei der **Umwandlung einer AG oder SE in eine KGaA (und umgekehrt)** bleibt nach zutreffender Ansicht der Geschäftsführung einiger Börsen (Düsseldorf, München und Stuttgart) die bestehende Zulassung der Aktien des Rechtsträgers, der seine Rechtsform wechselt, unberührt, und es bedarf nicht etwa einer Neuzulassung. Die Geschäftsführung der Frankfurter Wertpapierbörse ist hier (Formwechsel AG oder SE in KGaA oder umgekehrt) jedoch anderer Ansicht und hält anders als im Fall der Umwandlung einer AG in eine SE (oder umgekehrt) die Eintragung des Rechtsformwechsels für einen Umstand, der zum Erlöschen der Zulassung der Aktien des Rechtsträgers, der seine Rechtsform wechselt, führt und verlangt für die Aktien des Rechtsträgers, der seine Rechtsform gewechselt hat, eine Neuzulassung. Sie begründet dies damit, dass die Rechte der Aktionäre in einer AG oder SE sich von denen eines Aktionärs bei einer KGaA unterschieden. Das wiederrum sieht der Gesetzgeber offensichtlich anders. Mit der Begründung, dass „die Rechtstellung des einzelnen Aktionärs beim Formwechsel einer AG in eine KGaA und umgekehrt im Wesentlichen unverändert bleibt",[9] hat er es nämlich ausdrücklich abgelehnt, und in § 250 UmwG entsprechend geregelt, auf den Formwechsel einer AG in eine KGaA oder umgekehrt die §§ 207–212 UmwG anzuwenden. Somit besteht kein Recht der Aktionäre auf Ausscheiden gegen Abfindung beim Formwechsel eine AG in eine KGaA (und umgekehrt), da die Rechtstellung des einzelnen Aktionärs bei diesem Formwechsel im Wesentlichen unverändert bleibt. Bleibt aber damit die Rechtstellung des einzelnen Aktionärs beim Formwechsel einer AG in eine KGaA und umgekehrt im Wesentlichen unverändert, dann ist nicht ersichtlich, wieso sich der Verwaltungsakt der Zulassung der Aktien des Rechtsträgers, der seine Rechtsform wechselt, durch den Formwechsel erledigt haben sollte, bleiben die Aktien als solche doch bestehen und verkörpern sie im Wesentlichen unveränderte Rechte. Die abweichende Auffassung ist auch nicht verständlich: Es gibt andere Maßnahmen, welche die Rechtsstellung der Aktionäre viel entscheidender beeinträchtigen als die Umwandlung in eine KGaA, so zB der Abschluss eines Beherrschungs- und Gewinnabführungsvertrags oder die Veräußerung des im Wesentlichen ganzen Vermögens der Aktiengesellschaft nach § 179a AktG. Beides sind Maßnahmen, welche trotz ihrer entscheidenden Auswirkungen auf die Rechte der Aktionäre nicht als Auslöser für das Erlöschen der Zulassung angesehen werden. Gleiches gilt sogar für den Auflösungsbeschluss einer AG nach § 262 Abs. 1 Nr. 2 AktG; die Aktien der sich dann in Liquidation befindenden AG bleiben zugelassen. Das ist auch in der Sache zutreffend, weil die Aktien als solche bestehen bleiben, damit dann aber auch ihre Zulassung unberührt bleiben sollte. Es fehlen auch die eindeutigen Differenzierungskriterien, weshalb bei der Umwandlung in eine KGaA die Zulassung erlöschen, sie aber bei dem zumindest vergleichbaren Eingriff in die Aktionärsrechte durch einen Beherrschungs- und Gewinnabführungsvertrag dagegen bestehen bleiben soll. **Entscheidendes Kriterium sollte die Fortexistenz der Aktien als solche sein.** Nach der hier vertretenen Ansicht bedarf es somit keiner neuen Zulassung nach Formwechsel einer AG in eine KGaA oder SE, einer KGaA in eine AG oder SE oder einer SE in eine AG oder KGaA[10].

9   Das gilt konsequenterweise dann auch bei der **grenzüberschreitenden Sitzverlegung einer SE.**[11] Ebenso wenig bedarf es einer Zulassung von Aktien, die bei einer Kapitalerhöhung aus Gesellschaftsmitteln entstehen, da diese bereits qua Gesetzes (§ 33 Abs. 4 EGAktG) zum regulierten Markt zugelassen sind.[12] Keine Zulassung iSd Art. 3 Abs. 3 ist die Einbeziehung in den regulierten Markt nach § 33 BörsG.[13]

IV. Rechtsfolgen der Verletzung der Prospektpflicht

10   **1. Allgemeines.** Die Rechtsfolge der Verletzung der Prospektpflicht hängt zunächst davon ab, ob sich die Prospektpflicht aus Art. 3 Abs. 1 oder Art. 3 Abs. 3 ergibt. Im Falle des Art. 3 Abs. 3 ist Rechtsfolge, dass eine Zulassung aufgrund der nicht erfüllten Zulassungsvoraussetzung Prospekt (§ 32

---

[8] Vgl. nur Umwandlungsbericht der Dr. Ing. h. c. F. Porsche AG aus 2007, S. 80, MAN AG aus 2009, S. 62.

[9] Begründung zum Gesetzentwurf der Fraktionen der CDU/CSU und FDP, BT-Drs. 12/6699, 159.

[10] Wie hier auch FK-WpPG/*Schnorbus* WpPG § 3 Rn. 61 ff.

[11] So FK-WpPG/*Schnorbus* WpPG § 3 Rn. 64.

[12] Zwar spricht § 33 Abs. 4 EGAktG vom „amtlichen Handel", der jedoch als „Vorgänger" des regulierten Marktes diesem entspricht. Die nicht erfolgte Aktualisierung des § 33 Abs. 4 EGAktG dürfte ein Redaktionsversehen sein.

[13] Schwark/Zimmer/*Heidelbach* BörsG § 33 Rn. 4.

Abs. 3 Nr. 2 BörsG) nicht erteilt wird.[14] Im Falle des Art. 3 Abs. 1 ist die Rechtsfolge eines öffentlichen Angebots trotz (gänzlich) fehlenden Prospekts das Vorliegen einer Ordnungswidrigkeit nach § 24 Abs. 3 Nr. 1 WpPG, die Untersagungsmöglichkeit des öffentlichen Angebots durch die BaFin (§ 18 Abs. 4 WpPG) und die Prospekthaftung nach § 14 WpPG.[15]

2. Auswirkungen auf dennoch abgeschlossene Kaufverträge. Verträge, selbst wenn sie auf- 11
grund eines unter Verstoß gegen Art. 3 Abs. 1 durchgeführten öffentlichen Angebots abgeschlossen werden, sind wirksam.[16] Das ergab sich bereits zur früheren Rechtslage eindeutig aus der durch das Anlegerschutzverbesserungsgesetz[17] in das VerkprospG eingefügten Regelung des § 13a VerkProspG aF, jetzt § 14 WpPG, der Haftung bei fehlendem Prospekt, die bereits früher nicht nur bei einem fehlenden Verkaufsprospekt, sondern auch bei einem fehlenden Wertpapierprospekt nach dem WpPG galt.[18] Rechtsfolge der Verletzung der Prospektpflicht jetzt nach der Prospekt-VO ist nach § 14 WpPG der Anspruch des Erwerbers gegen den Emittenten und den Anbieter auf Übernahme der Wertpapiere. Wäre das Erwerbsgeschäft aufgrund des Verstoßes gegen die Prospektpflicht des Art. 3 Abs. 1 bereits unwirksam, dann bedürfte es der Haftungsregelung des § 14 WpPG nicht.

Im Übrigen gelten auch für den Verstoß gegen die Prospektpflicht nach der Prospekt-VO bereits 12
dieselben Argumente, mit denen bei einen Verstoß gegen die Prospektpflicht nach dem VerkprospG bzw. WpPG von einer Wirksamkeit der Verträge ausgegangen wurde, weil auch die Prospekt-VO zur zivilrechtlichen Einordnung und zivilrechtlichen Konsequenzen einer Verletzung der Prospektpflicht keine Regelung enthält, sondern sie mangels Kompetenz bei den Mitgliedsstaaten belässt, sodass es bei der „alten" Rechtslage bleibt. Die eine Prospektpflicht anordnenden Bestimmungen stellen keine Verbotsgesetze iSd § 134 BGB dar. Sie verbieten nicht direkt ein Rechtsgeschäft, den Kaufvertrag über die Wertpapiere, sondern nur ein öffentliches Angebot der Wertpapiere. Sie richten sich auch nur an den Anbieter und nicht an den Vertragspartner. Insofern waren §§ 1, 9 VerkProspG aF und ist Art. 3 Abs. 1 nicht als Verbotsgesetz iSd § 134 BGB anzusehen.[19] Verträge, selbst wenn sie aufgrund eines unter Verstoß gegen Art. 3 Abs. 1 durchgeführten öffentlichen Angebotes abgeschlossen wurden, sind wirksam.

Art. 4 Erstellung eines Prospekts auf freiwilliger Basis

(1) **Fällt ein öffentliches Angebot von Wertpapieren oder eine Zulassung von Wertpapieren zum Handel an einem geregelten Markt nicht in den Anwendungsbereich dieser Verordnung gemäß Artikel 1 Absatz 3 oder ist es gemäß Artikel 1 Absatz 4, Artikel 1 Absatz 5 oder Artikel 3 Absatz 2 von der Pflicht zur Veröffentlichung eines Prospekts ausgenommen, so kann der Emittent, der Anbieter oder die die Zulassung zum Handel an einem geregelten Markt beantragende Person auf freiwilliger Basis einen Prospekt im Einklang mit dieser Verordnung erstellen.**

(2) **Aus einem solchen freiwillig erstellten Prospekt, der von der zuständigen Behörde des Herkunftsmitgliedstaats im Sinne des Artikels 2 Buchstabe m gebilligt wurde, ergeben sich dieselben Rechte und Pflichten wie aus einem Prospekt, der nach dieser Verordnung vorgeschrieben ist; ein freiwillig erstellter Prospekt unterliegt allen Bestimmungen dieser Verordnung und der Aufsicht der betreffenden zuständigen Behörde.**

Art. 4 eröffnet, etwas detaillierter aber inhaltlich im Wesentlichen vergleichbar zu Art. 1 Abs. 3 **1** Prospekt-RL und § 1 Abs. 3 WpPG aF, für alle Fälle, in denen nach Art. 1 Abs. 3, Art. 1 Abs. 4 oder 5 oder Art. 3 Abs. 3 keine Prospektpflicht nach der neuen Prospekt-VO besteht, die **Möglichkeit,** einen WpPG zu erstellen. Wenn dies geschieht, dann ordnet Art. 4 Abs. 2 an, dass auf diesen freiwillig erstellten Prospekt die Vorschriften der neuen Prospekt-VO (und in Deutschland das WpPG) Anwendung finden sollen.[1] Dadurch wird es möglich, nach entsprechender Billigung des Prospekts und Notifizierung, die Wertpapiere **grenzüberschreitend öffentlich anzubieten** oder **zum Handel an**

[14] Wie hier FK-WpPG/*Schnorbus* WpPG §§ 1 ff. Rn. 27.
[15] Str., vgl. näher → WpPG § 14 Rn. 1; bejahend FK-WpPG/*Schnorbus* WpPG §§ 1 ff. Rn. 27; *Kallmorgen/ Feldhaus* BB 2007, 225 (228 f.); *Leuering* Der Konzern 2006, 4 (8 f.).
[16] Unstr. Schwark/Zimmer/*Heidelbach* WpPG § 3 Rn. 35; Assmann/Schlitt/*v. Kopp-Colomb/v. Kopp-Colomb/ Mollner* WpPG § 3 Rn. 22; FK-WpPG/*Schnorbus* WpPG Vor §§ 1 ff. Rn. 28. So bereits zu der Verletzung der Prospektpflicht nach § 1 VerkprospG aF *Hauptmann* in Vortmann, Prospekthaftung und Anlageberatung, 2000, § 3 Rn. 208; Schwark/Zimmer/*Heidelbach* VerkprospG § 1 Rn. 45.
[17] BGBl. 2004 I 630.
[18] *Kallmorgen/Feldhaus* BB 2007, 225 (228 f.); *Leuering* Der Konzern 2006, 4 (8 f.); ebenso jetzt auch FK-WpPG/ *Schnorbus* WpPG §§ 1 ff. Rn. 23.
[19] Unstr. Schwark/Zimmer/*Heidelbach* WpPG § 3 Rn. 35; Assmann/Schlitt/*v. Kopp-Colomb/v. Kopp-Colomb/ Mollner* WpPG § 3 Rn. 22; FK-WpPG/*Schnorbus* WpPG §§ 1 ff. Rn. 28.
[1] So zum alten Recht Assmann/Schlitt/*v. Kopp-Colomb/v. Kopp-Colomb/Sargut* WpPG § 1 WpPG Rn. 91; JVRZ/*Ritz Zeising* WpPG § 1 Rn. 51.

einem geregelten Markt zuzulassen. Der freiwillige Prospekt ist Gegenstand der gesetzlichen Prospekthaftung nach §§ 9, 10 WpPG.[2]

2   Anders als die frühere Regelung in Art. 1 Abs. 3 Prospekt-RL ist die neue Regelung in Art. 4 eindeutig darin, dass **alle Prospektbefreiungsmöglichkeiten** des Art. 1 Abs. 4 und 5 erfasst sind und damit den Weg des europäischen Passes eröffnen[3].

Art. 5 Spätere Weiterveräußerung von Wertpapieren

(1) *[1]* [1]Jede spätere Weiterveräußerung von Wertpapieren, die zuvor Gegenstand einer oder mehrerer Arten von öffentlichen Angeboten von Wertpapieren gemäß Artikel 1 Absatz 4 Buchstaben a bis d waren, gilt als gesondertes Angebot, wobei anhand der Begriffsbestimmung nach Artikel 2 Buchstabe d zu entscheiden ist, ob es sich bei dieser Weiterveräußerung um ein öffentliches Angebot von Wertpapieren handelt. [2]Bei der Platzierung von Wertpapieren durch Finanzintermediäre ist ein Prospekt zu veröffentlichen, es sei denn, eine der Ausnahmen nach Artikel 1 Absatz 4 Buchstaben a bis d findet in Bezug auf die endgültige Platzierung Anwendung.

[2] Bei einer solchen späteren Weiterveräußerung von Wertpapieren oder einer endgültigen Platzierung von Wertpapieren durch Finanzintermediäre wird kein weiterer Prospekt verlangt, wenn ein gültiger Prospekt im Sinne des Artikels 12 vorliegt und der Emittent oder die für die Erstellung des Prospekts verantwortliche Person dessen Verwendung in einer schriftlichen Vereinbarung zugestimmt hat.

(2) Bezieht sich ein Prospekt auf die Zulassung von Nichtdividendenwerten zum Handel an einem geregelten Markt, die ausschließlich an einem geregelten Markt oder in einem bestimmten Segment eines solchen gehandelt werden sollen, zu dem ausschließlich qualifizierte Anleger zu Zwecken des Handels mit diesen Wertpapieren Zugang erhalten, werden die Wertpapiere nur dann an nicht qualifizierte Anleger weiterveräußert, wenn ein für diese geeigneter Prospekt gemäß der vorliegenden Verordnung erstellt wird.

1   Art. 5 regelt, ebenso wie Art. 2 Abs. 2 UAbs. 2 und 3 Prospekt-RL (idF 2010) und vergleichbar mit § 3 Abs. 3 WpPG aF sog. „Retail Cascaden", die Weiterveräußerung von Wertpapieren an Kleinanleger über Finanzintermediäre. Er enthält verschiedene Aussagen. Art. 5 Abs. 1 S. 1 sagt, dass jede solche spätere Weiterveräußerung von Wertpapieren gesondert zu betrachten und daraufhin zu prüfen ist, ob sie als solche ein öffentliches Angebot darstellt. Diese Prüfung hat alle Aspekte des jeweiligen Angebots zu umfassen, zunächst, ob es sich bei dieser Weiterveräußerung um ein öffentliches Angebot handelt (Art. 2 lit. b). Art. 5 Abs. 1 S. 2 fordert, dass bei der Weiterveräußerung im Wege eines öffentlichen Angebots dann gegebenenfalls ein neuer Prospekt (nach Billigung) zu veröffentlichen ist, es sei denn einer (oder eine Kombination) der Befreiungstatbestände von Art. 1 Abs. 4 lit. a–d greift ein. Liegt ein öffentliches Angebot vor und greift keiner der Befreiungstatbestände des Art. 1 Abs. 4 lit. a–d ein, dann ist ein Prospekt (nach Billigung) zu veröffentlichen, es sei denn, so Art. 5 Abs. 1 UAbs. 2, es liegt ein noch gültiger Prospekt (12 Monate, Art. 12) vor und der ursprüngliche Prospektverfasser hat der Verwendung dieses Prospekts auch für die Weiterplatzierung veröffentlicht (Art. 5 Abs. 1 UAbs. 2) zugestimmt. Liegt eine solche schriftliche Zustimmung nicht vor, ist ein Prospekt zu erstellen, zur Billigung vorzulegen und nach Billigung vor dem öffentlichen Angebot oder spätestens mit seinem Beginn (Art. 21 Abs. 1) zu veröffentlichen, wobei der Prospekt „auf relevante Teile des ursprünglichen Prospekts verweisen" können soll[1]; zum Inhalt des Prospekts bei einem solchen Verweis enthält Art. 23 Delegierte VO (EU) 2019/980 nähere Vorgaben. Erwägungsgrund 26 geht auf den möglichen Inhalt einer solchen Zustimmung ein, hält ausdrücklich fest, dass diese an Bedingungen geknüpft werden kann und legt als Sinn und Zweck dieser Zustimmung fest, dass die Betroffenen klar ersehen können, ob bei der Weiterveräußerung oder endgültigen Platzierung diese Bedingungen auch eingehalten werden. Die Zustimmung kann speziell für einzelne oder mehrere Finanzintermediäre erteilt werden, zeitlich beschränkt sein und an Bedingungen gebunden werden[2*].

---

[2] Noch zum alten Recht auf § 13 VerkprospG iVm §§ 44 f. BörsG verweisend *Hamann* in Schäfer/Hamann WpPG § 1 Rn. 33; Assmann/Schlitt/v. Kopp-Colomb/*v. Kopp-Colomb/Sargut* WpPG § 1 Rn. 93; FK-WpPG/ *Schnorbus* WpPG § 1 Rn. 36. Ebenso BGH Beschl. v. 21.10.2014 – XI ZB 12/12, BGHZ 203, 1 Rn. 71 f. Wie hier *Mülbert/Steup* in Habersack/Mülbert/Schlitt Unternehmensfinanzierung-HdB § 41 Rn. 22.

[3] Begründung des Kommissionsvorschlags, COM(2015) 583 final, 16.

[1] Begründung des Kommissionsvorschlags, COM(2015) 583 final, 16.

[2*] Näher zu den Einzelheiten der Zustimmung bereits FK-WpPG/*Oulds* Prospekt-VO Art. 20a Rn. 21 ff.

Kapitel II. Erstellung des Prospekts

Art. 6 Der Prospekt

(1) *[1]* **Unbeschadet des Artikels 14 Absatz 2 und des Artikels 18 Absatz 1 enthält ein Prospekt die erforderlichen Informationen, die für den Anleger wesentlich sind, um sich ein fundiertes Urteil über Folgendes bilden zu können:**

a) **die Vermögenswerte und Verbindlichkeiten, die Gewinne und Verluste, die Finanzlage und die Aussichten des Emittenten und eines etwaigen Garantiegebers;**
b) **die mit den Wertpapieren verbundenen Rechte; und**
c) **die Gründe für die Emission und ihre Auswirkungen auf den Emittenten.**

[2] **Diese Informationen können sich unterscheiden**

a) **nach der Art des Emittenten;**
b) **nach der Art der Wertpapiere;**
c) **nach der Lage des Emittenten;**
d) **soweit zutreffend – je nachdem, ob es sich um Nichtdividendenwerte mit einer Mindeststückelung von 100 000 EUR handelt oder nicht, oder ob die Wertpapiere ausschließlich an einem geregelten Markt oder in einem bestimmten Segment eines solchen gehandelt werden sollen, zu dem ausschließlich qualifizierte Anleger zu Zwecken des Handels mit den Wertpapieren Zugang erhalten.**

(2) **Die Informationen in einem Prospekt werden unter Beachtung der in Absatz 1 Unterabsatz 2 genannten Faktoren in leicht zu analysierender, knapper und verständlicher Form geschrieben und präsentiert.**

(3) *[1]* **Der Emittent, der Anbieter oder die die Zulassung zum Handel an einem geregelten Markt beantragende Person kann den Prospekt als ein einziges Dokument oder in mehreren Einzeldokumenten erstellen.**

[2] **¹Unbeschadet des Artikels 8 Absatz 8 und des Artikels 7 Absatz 1 Unterabsatz 2, werden in einem aus mehreren Einzeldokumenten bestehenden Prospekt die geforderten Angaben in ein Registrierungsformular, eine Wertpapierbeschreibung und eine Zusammenfassung geteilt. ²Das Registrierungsformular enthält die Angaben zum Emittenten. ³Die Wertpapierbeschreibung enthält die Angaben zu den Wertpapieren, die öffentlich angeboten werden oder zum Handel an einem geregelten Markt zugelassen werden sollen.**

I. Vorbemerkung

Art. 6 entspricht teilweise Art. 5 Abs. 1 und 3 Prospekt-RL und damit § 5 Abs. 1 und 3 WpPG aF. **1** Der generelle Maßstab für die Beurteilung der Vollständigkeit von Prospekten hat sich durch die Neuregelung nicht verändert[1]. Er legt in Abs. 1 S. 1 folgende wesentliche Informationsblöcke fest: Die Informationen über die wirtschaftliche Lage und die Aussichten des Emittenten und eines eventuellen Garantiegebers (lit. a), die über die Wertpapiere und die damit verbundenen Rechte (lit. b) und die über die Gründe für die Emission und ihre Auswirkungen auf den Emittenten (lit. c). Diese drei Informationsblöcke können in einem Prospekt zusammengefasst sein, oder nach Art. 6 Abs. 3 UAbs. 2 S. 1 in drei Einzeldokumente aufgeteilt werden, das Registrierungsformular mit den Informationen zum Emittenten, die Wertpapierbeschreibung mit den Informationen zu den emittierenden Wertpapieren, und die Zusammenfassung,[2] wobei sich die diesbezügliche Grundstruktur gegenüber der früheren Rechtslage nicht geändert hat[3]. Welche Mindestangaben bei den jeweiligen Informationsblöcken erforderlich sind, bestimmt die neue Prospekt-VO eher generell in Art. 6–9, 13–19 (einschließlich Anhängen). Detaillierte Vorgaben zum Prospektinhalt, die früher in der alten Prospekt-VO enthalten waren, befinden sich jetzt in der Delegierte Verordnung (EU) 2019/980 der Kommission vom 14.3.2019 zur Ergänzung der Verordnung (EU) 2017/1129 des Europäischen Parlaments und des Rates hinsichtlich der Aufmachung, des Inhalts, der Prüfung und der Billigung des Prospekts, der beim öffentlichen Angebot von Wertpapieren oder bei deren Zulassung zum Handel an einem geregelten Markt zu veröffentlichen ist, und zur Aufhebung der Verordnung (EG) Nr. 809/2004 der Kommission, insbesondere deren Anhängen, sowie in der Delegierten Verordnung (EU) 2019/979 der Kommission vom 14.3.2019 zur Ergänzung der Verordnung (EU) 2017/1129 des Europäischen Parlaments und des Rates durch technische Regulierungsstandards für wesentliche Finanzinformationen in der Zusam-

---

[1] *Schulz* WM 2018, 212 (216).
[2] Zum Prospektinhalt und zum Prospektformat vgl. ausf. bereits *Kullmann/Sester* ZBB-Report 3/2005, 209 (210 ff.).
[3] BaFin Workshop 28.5.2019, Aufmachung des ein- bzw. mehrteiligen Prospekts sowie eines Basisprospekts, 1 (7).

menfassung des Prospekts, die Veröffentlichung und Klassifizierung von Prospekten, die Werbung für Wertpapiere, Nachträge zum Prospekt und das Notifizierungsportal und zur Aufhebung der Delegierten Verordnung (EU) Nr. 382/2014 der Kommission und vor allen Dingen in deren Anhängen.

2   Bereits Art. 6 Abs. 1 S. 2 ermöglicht ausdrücklich eine Differenzierung beim Prospektinhalt je nach Art des Emittenten, nach Art der Wertpapiere und nach der Lage des Emittenten sowie bei Nichtdividenden für einen Großkundenmarkt, für den eine Möglichkeit einer vereinfachten Behandlung geschaffen wird[4].

3   Art. 6 Abs. 1 legt den Grundsatz der **Prospektvollständigkeit** fest, ohne allerdings die früher in § 13 Abs. 1 S. 1 BörsZulV aF deutlicher herausgearbeiteten Grundsätze der **Prospektwahrheit** und der **Prospektklarheit** zu betonen.[5]

II. Prospektwahrheit

4   Art. 6 Abs. 1 betont nicht ausdrücklich, dass die von ihm geforderten Angaben richtig sein, dh der Wahrheit entsprechen müssen,[6] was sich jedoch von selbst versteht. Er betont aber ganz besonders den Grundsatz der Vollständigkeit als Unterfall des Grundsatzes der Prospektwahrheit. Ein nicht vollständiger Prospekt ist unrichtig weil er nicht alle erforderlichen Angaben enthält. Erforderlich sind nach Art. 6 Abs. 1 S. 1 alle („die") für die Beurteilung der **Vermögenslage** („Vermögenswerte und Verbindlichkeiten"), der **Finanzlage** („Gewinne und Verluste, die Finanzlage") und der **Zukunftsaussichten** („die Aussichten des Emittenten und eines etwaigen Garantiegebers")[7] des Emittenten und der Wertpapiere („die mit den Wertpapieren verbundenen Rechte") erforderlichen, dh wesentlichen[8] Angaben. Entscheidender Zeitpunkt ist dabei der, in dem der Prospekt veröffentlicht bzw. bis zu dem er nach Art. 23 zu aktualisieren ist, später eintretende Änderungen machen die Prospektaussage, die zu dem vorgenannten Zeitpunkt wahr war nicht unwahr.[9]

III. Prospektklarheit

5   Art. 6 Abs. 2 bekräftigt, dass die Informationen in einem Prospekt „in leicht zu analysierender, knapper und verständlicher Form geschrieben und präsentiert" werden müssen. Zu Recht wurde zur Vorgängervorschrift (Art. 5 Abs. 1 Prospekt-RL) bereits in der Lit. bemerkt, dass diese Anforderungen nicht dazu genutzt werden können, der „Plain English Rule" der SEC vergleichbare Anforderungen auf Seiten der Regulierungsbehörde zu erlassen.[10] Das ist aber auch nicht erforderlich, denn Art. 6 Abs. 2 besag in klaren Worten nichts anderes als diese detaillierte Beschreibung in der vorgenannten „Rule": Form, Aufbau, Sprache, Stil, Satzbau etc müssen „Verständnis und Auswertung erleichtern"[11]. Dafür ist auf das von der Rspr. aufgestellte Anforderungsprofil eines aufmerksamen Lesers, der zwar eine Bilanz zu lesen versteht, aber über kein überdurchschnittliches Fachwissen verfügt,[12] abzustellen.

6   Fraglich ist, welche Konsequenzen sich aus der gegenüber der alten Rechtslage neu eingefügten zusätzliche Anforderung, die Darstellung müsse in „knapper" Form geschehen, ergeben. Ob das eine inhaltliche Anforderung ist, welche verlangt, nur die für den Emittenten und die betroffenen Wertpapiere spezifisch relevanten Informationen aufzunehmen[13], oder ob dies eine allein die Darstellung regelnde Bestimmung ist, wird nicht ganz klar. Der Wortlaut spricht eher für Letzteres, da er von der knappen Form spricht.

---

[4] Vgl. dazu auch bereits Erwägungsgrund 21.

[5] Krit. zur insoweit ebenfalls nicht deutlichen Vorgängerregelung deshalb bereits *Ekkenga* BB 2005, 561 (563).

[6] Krit. zur insoweit ebenfalls nicht deutlichen Vorgängerregelung deshalb bereits *Ekkenga* BB 2005, 561 (563).

[7] Im Hinblick auf die Zukunftsaussichten stellt zB Punkt 11 des Anhang 1 Delegierte VO (EU) 2019/980 klar, dass „Gewinnprognosen und -schätzungen" abgegeben werden können, aber nicht müssen, somit die diesbezügliche Angabe freiwillig geschieht. Vgl. zu solchen Gewinnprognosen und -schätzungen auch die ESMA, Frequently asked questions, Prospectuses: common positions agreed by ESMA Members, und die Empfehlung von CESR, CESR's Recommendations for the consistent Implementation of the European Commission's Regulations on Prospectuses n° 809/2004, CESR/05–054b, aktualisiert durch ESMA update of the CESR recommendations, abrufbar unter: www.esma.europa.eu., zu deren „Fortgeltung" → Vor Art. 1 Rn. 5.

[8] Auch der Wesentlichkeitsgrundsatz wurde bereits in § 5 Abs. 1 WpPG aF nicht deutlich hervorgehoben, kritisch deshalb zur insoweit ebenfalls nicht deutlichen Vorgängerregelung bereits zu Recht *Ekkenga* BB 2005, 561 (563). Zum Wesentlichkeitsgrundsatz ausf. FK-WpPG/*Meyer* WpPG § 5 Rn. 9 ff.; Assmann/Schlitt/v. Kopp-Colomb/ *Schlitt* WpPG § 5 Rn. 11.

[9] So ausdr. vollkommen zu Recht FK-WpPG/*Meyer* WpPG § 5 Rn. 8; vgl. auch → WpPG § 9 Rn. 56, 68 ff.

[10] *Crüwell* AG 2003, 243 (246); ebenso FK-WpPG/*Meyer* WpPG § 4 Rn. 43.

[11] Zum Merkmal der Verständlichkeit als „besonderer Fokus bei der Prospektprüfung", BaFin Workshop 28.5.2019, Prüfungs- und Billigungsverfahren, 1 (7): „Konkrete Kriterien u. a. für klares und detailliertes Inhaltsverzeichnis, lesbare Schriftgröße, verständliche Struktur und einfache Sprache des Prospekts („Plain Language")" und mit der Aussage, es gelte ein unterschiedlicher Maßstab bei Prospekten für Kleinanleger und „Wholesale-Prospekten". Die Verständlichkeit soll grundsätzlich auch eine alphanumerische Bezeichnung der Gliederungsebenen des Prospekts erfordern, BaFin Workshop 28.5.2019, Prüfungs- und Billigungsverfahren, 1 (8).

[12] → WpPG § 9 Rn. 53 f.; wie hier ausdr. FK-WpPG/*Meyer* WpPG § 5 Rn. 39.

[13] In diesem Sinne wohl *Schulz* WM 2018, 212 (216).

IV. Prospektaktualität

Art. 6 spricht einen anderen Grundsatz der Prospekterstellung nicht an, den der **Prospektaktuali-** **7**
tät. Dieser wird in Art. 23 ausführlich geregelt. Auf die dortigen Ausführungen wird verwiesen.

V. Prospekt aus mehreren Einzeldokumenten

Dass der Emittent, der Anbieter oder die die Zulassung zum Handel an einem geregelten Markt **8**
beantragende Personen den Prospekt als einteiliges Dokument oder aus mehreren Einzeldokumenten
erstellen kann, entsprach auch schon der bisherigen Rechtslage (Art. 5 Abs. 3 Prospekt-RL, § 12
Abs. 1 WpPG aF).[14] Besteht der Prospekt aus mehreren Einzeldokumenten, dann sind dies das
(einheitliche) Registrierungsformular, die Wertpapierbeschreibung und eine Zusammenfassung (Art. 6
Abs. 3 UAbs. 2). Damit wird ein aus dem US-amerikanischen Recht sowie auch in Großbritannien
und Frankreich bereits praktiziertes Prinzip der sog. shelf-registration übernommen, nach dem der
Prospekt aus drei Teilen bestehen kann, aus dem Registrierungsformular mit Angaben zur Geschäftstätigkeit und zur finanziellen Lage des Emittenten (registration document), der Wertpapierbeschreibung (securities note), welche nähere Angaben zu den Wertpapieren enthält, sowie der Zusammenfas-
sung (summary).[15] Dies begründet ein hohes Maß an Flexibilität, wobei diese nicht zu einer Einschränkung von Prospektklarheit und -wahrheit führen darf, dh auch ein aus mehreren
Einzeldokumenten erstellter Prospekt muss verständlich sein.[16] Auch ein Basisprospekt kann aus
Registrierungsformular, Wertpapierbeschreibung und Zusammenfassung bestehen (Art. 8 Abs. 6)[17].
Die näheren Einzelheiten zu einem aus mehreren Einzeldokumenten bestehenden Prospekte sind in
Art. 10 geregelt.

Art. 7 Die Prospektzusammenfassung

(1) *[1] Der Prospekt enthält eine Zusammenfassung mit Basisinformationen, die Anle-*
gern Aufschluss über Art und Risiken des Emittenten, des Garantiegebers und der angebo-
tenen oder zum Handel an einem geregelten Markt zugelassenen Wertpapiere geben; die
Zusammenfassung ist zusammen mit den anderen Teilen des Prospekts zu lesen und soll
eine Entscheidungshilfe für Anleger im Hinblick auf Anlagen in die betreffenden Wert-
papiere darstellen.
[2] Abweichend von Unterabsatz 1 ist eine Zusammenfassung nicht erforderlich, wenn
sich der Prospekt auf die Zulassung von Nichtdividendenwerten zum Handel an einem
geregelten Markt bezieht, sofern
a) *diese Wertpapiere ausschließlich an einem geregelten Markt oder in einem bestimmten*
   Segment eines solchen gehandelt werden sollen, zu dem ausschließlich qualifizierte
   Anleger zu Zwecken des Handels mit diesen Wertpapieren Zugang erhalten; oder
b) *diese Wertpapiere eine Mindeststückelung von 100 000 EUR haben.*

(2) *[1] Die in der Zusammenfassung enthaltenen Informationen sind präzise, redlich und*
klar und nicht irreführend. [2] Die Zusammenfassung ist als Einleitung zu dem Prospekt zu
lesen, und ihre Informationen stimmen mit den in den anderen Teilen des Prospekts
enthaltenen Informationen überein.

(3) *[1] Die Zusammenfassung wird als kurze Unterlage abgefasst, die prägnant formuliert ist*
und ausgedruckt eine maximale Länge von sieben DIN-A4-Seiten umfasst. [2] Die Zusam-
menfassung wird
a) *in einer Weise präsentiert und aufgemacht, die leicht verständlich ist, wobei Buchstaben*
   in gut leserlicher Größe verwendet werden;
b) *sprachlich und stilistisch so formuliert, dass das Verständnis der Informationen erleich-*
   tert wird, insbesondere durch Verwendung einer klaren, präzisen und für die Anleger
   allgemein verständlichen Sprache.

(4) *Die Zusammenfassung ist in vier Abschnitte untergliedert:*
a) *eine Einleitung mit Warnhinweisen;*
b) *Basisinformationen über den Emittenten;*

---

[14] Keine Änderung gegenüber der bisherigen Rechtslage, BaFin Workshop 28.5.2019, Aufmachung des ein- bzw.
mehrteiligen Prospekts sowie eines Basisprospekts, 1 (7).
[15] Mit Verweis auf die Rechtslage in Großbritannien und Frankreich *Crüwell* AG 2003, 243 (247); *Seitz* BKR
2002, 340 (345).
[16] So zum alten Recht RegBegr. zum Prospektrichtlinie-Umsetzungsgesetz, BT-Drs. 15/4999, 25 (34); *Hamann*
in Schäfer/Hamann WpPG § 12 Rn. 3; Assmann/Schlitt/v. Kopp-Colomb/*Seitz* WpPG § 12 Rn. 19.
[17] Insoweit neu, BaFin Workshop 28.5.2019, Aufmachung des ein- bzw. mehrteiligen Prospekts sowie eines
Basisprospekts, 1 (8).

c) Basisinformationen über die Wertpapiere;
d) Basisinformationen über das öffentliche Angebot von Wertpapieren und/oder die Zulassung zum Handel an einem geregelten Markt.

(5) [1] Der Abschnitt gemäß Absatz 4 Buchstabe a enthält

a) die Bezeichnung und die internationale Wertpapier-Identifikationsnummer (ISIN) der Wertpapiere;
b) die Identität und Kontaktdaten des Emittenten, einschließlich der Rechtsträgerkennung (LEI);
c) gegebenenfalls die Identität und Kontaktdaten des Anbieters, einschließlich der LEI, falls der Anbieter Rechtspersönlichkeit hat, oder der die Zulassung zum Handel an einem geregelten Markt beantragenden Person;
d) die Identität und Kontaktdaten der zuständigen Behörde, die den Prospekt billigt, und der zuständigen Behörde, die das Registrierungsformular oder das einheitliche Registrierungsformular gebilligt hat, sofern sie nicht mit der erstgenannten Behörde identisch ist;
e) das Datum der Billigung des Prospekts.

[2] Er enthält die folgenden Warnhinweise:

a) dass die Zusammenfassung als Prospekteinleitung verstanden werden sollte;
b) dass der Anleger sich bei der Entscheidung, in die Wertpapiere zu investieren, auf den Prospekt als Ganzes stützen sollte;
c) gegebenenfalls dass der Anleger das gesamte angelegte Kapital oder einen Teil davon verlieren könnte, und – wenn die Haftung des Anlegers nicht auf den Anlagebetrag beschränkt ist – dass der Anleger mehr als das angelegte Kapital verlieren könnte sowie das Ausmaß dieses potenziellen Verlusts;
d) für den Fall, dass vor einem Gericht Ansprüche aufgrund der in einem Prospekt enthaltenen Informationen geltend gemacht werden, dass der als Kläger auftretende Anleger nach nationalem Recht die Kosten für die Übersetzung des Prospekts vor Prozessbeginn zu tragen haben könnte;
e) dass zivilrechtlich nur diejenigen Personen haften, die die Zusammenfassung samt etwaiger Übersetzungen vorgelegt und übermittelt haben, und dies auch nur für den Fall, dass die Zusammenfassung, wenn sie zusammen mit den anderen Teilen des Prospekts gelesen wird, irreführend, unrichtig oder widersprüchlich ist oder dass sie, wenn sie zusammen mit den anderen Teilen des Prospekts gelesen wird, nicht die Basisinformationen vermittelt, die in Bezug auf Anlagen in die betreffenden Wertpapiere für die Anleger eine Entscheidungshilfe darstellen würden;
f) gegebenenfalls den Warnhinweis gemäß Artikel 8 Absatz 3 Buchstabe b der Verordnung (EU) Nr. 1286/2014.

(6) Der Abschnitt gemäß Absatz 4 Buchstabe b enthält folgende Informationen:

a) in einem Unterabschnitt mit der Überschrift „Wer ist der Emittent der Wertpapiere?" eine kurze Beschreibung des Emittenten der Wertpapiere, die mindestens folgende Angaben enthält:
   i) Sitz und Rechtsform des Emittenten, seine LEI, für ihn geltendes Recht und Land der Eintragung;
   ii) Haupttätigkeiten des Emittenten;
   iii) Hauptanteilseigner des Emittenten, einschließlich Angabe, ob an ihm unmittelbare oder mittelbare Beteiligungen oder Beherrschungsverhältnisse bestehen und wer die Beteiligungen hält bzw. die Beherrschung ausübt;
   iv) Identität der Hauptgeschäftsführer;
   v) Identität der Abschlussprüfer;
b) in einem Unterabschnitt mit der Überschrift „Welches sind die wesentlichen Finanzinformationen über den Emittenten?" ausgewählte wesentliche historische Finanzinformationen für jedes Geschäftsjahr des von den historischen Finanzinformationen abgedeckten Zeitraums und für jeden nachfolgenden Zwischenberichtszeitraum sowie Vergleichsdaten für den gleichen Zeitraum des vorhergehenden Geschäftsjahrs. Die Anforderung der Beibringung vergleichbarer Bilanzinformationen wird durch die Vorlage der Bilanzdaten zum Jahresende erfüllt. Die wesentlichen Finanzinformationen enthalten gegebenenfalls
   i) Pro-forma-Finanzinformationen;
   ii) eine kurze Beschreibung etwaiger Einschränkungen im Bestätigungsvermerk zu den historischen Finanzinformationen;
c) in einem Unterabschnitt mit der Überschrift „Welches sind die zentralen Risiken, die für den Emittenten spezifisch sind?" eine kurze Beschreibung der im Prospekt enthaltenen für den Emittenten spezifischen wesentlichsten Risikofaktoren, wobei die in Absatz 10 genannte Höchstzahl an Risikofaktoren nicht überschritten werden darf.

(7) *[1]* [1]Der Abschnitt gemäß Absatz 4 Buchstabe c enthält folgende Informationen:

a) in einem Unterabschnitt mit der Überschrift „Welches sind die wichtigsten Merkmale der Wertpapiere?" eine kurze Beschreibung der öffentlich angebotenen und/oder zum Handel an einem geregelten Markt zugelassenen Wertpapiere, die mindestens folgende Angaben enthält:

   i) Art, Gattung und ISIN der Wertpapiere;

   ii) gegebenenfalls Währung, Stückelung, Nennwert, Anzahl der begebenen Wertpapiere und Laufzeit der Wertpapiere;

   iii) mit den Wertpapieren verbundene Rechte;

   iv) relativer Rang der Wertpapiere in der Kapitalstruktur des Emittenten im Fall einer Insolvenz, gegebenenfalls mit Angaben über ihre Nachrangigkeitsstufe und die potenziellen Auswirkungen auf die Anlagen im Fall der Abwicklung nach Maßgabe der Richtlinie 2014/59/EU;

   v) etwaige Beschränkungen der freien Handelbarkeit der Wertpapiere; vi) gegebenenfalls Angaben zur Dividenden- bzw. Ausschüttungspolitik;

b) in einem Unterabschnitt mit der Überschrift „Wo werden die Wertpapiere gehandelt?" Angaben dazu, ob für die Wertpapiere die Zulassung zum Handel an einem geregelten Markt oder zum Handel an einem MTF beantragt wurde oder werden soll, und Nennung aller Märkte, an denen die Wertpapiere gehandelt werden oder gehandelt werden sollen;

c) wenn eine Garantie für die Wertpapiere gestellt wird, in einem Unterabschnitt mit der Überschrift „Wird für die Wertpapiere eine Garantie gestellt?" u. a. folgende Information:

   i) eine kurze Beschreibung von Art und Umfang der Garantie,

   ii) kurze Angaben zum Garantiegeber, einschließlich seiner LEI,

   iii) die einschlägigen wesentlichen Finanzinformationen zum Zwecke der Bewertung der Fähigkeit des Garantiegebers, seinen Verpflichtungen aus der Garantie nachzukommen, und

   iv) eine kurze Beschreibung der im Prospekt enthaltenen für den Garantiegeber spezifischen wesentlichsten Risikofaktoren gemäß Artikel 16 Absatz 3, wobei die in Absatz 10 genannte Höchstzahl an Risikofaktoren nicht überschritten werden darf;

d) in einem Unterabschnitt mit der Überschrift „Welches sind die zentralen Risiken, die für die Wertpapiere spezifisch sind?" eine kurze Beschreibung der im Prospekt enthaltenen für die Wertpapiere spezifischen wesentlichsten Risikofaktoren, wobei die in Absatz 10 genannte Höchstzahl an Risikofaktoren nicht überschritten werden darf.

[2]Ist gemäß der Verordnung (EU) Nr. 1286/2014 die Bereitstellung eines Basisinformationsblatts vorgeschrieben, so kann der Emittent, der Anbieter oder die die Zulassung zum Handel an einem geregelten Markt beantragende Person die in diesem Absatz genannten Inhalte durch die in Artikel 8 Absatz 3 Buchstaben c bis i der Verordnung (EU) Nr. 1286/2014 genannten Angaben ersetzen. [3]Sofern die Verordnung (EU) Nr. 1286/2014 Anwendung findet, kann jeder Mitgliedstaat, der als Herkunftsmitgliedstaat im Sinne dieser Verordnung handelt, verlangen, dass Emittenten, Anbieter oder die die Zulassung zum Handel an einem geregelten Markt beantragenden Personen in den durch seine zuständige Behörde gebilligten Prospekten die in diesem Absatz genannten Inhalte durch die in Artikel 8 Absatz 3 Buchstaben c bis i der Verordnung (EU) Nr. 1286/2014 genannten Angaben ersetzen.

[2] [1]Findet eine Ersetzung des Inhalts gemäß Unterabsatz 2 statt, so erhöht sich die in Absatz 3 festgelegte maximale Länge um drei weitere DIN-A4-Seiten. [2]Der Inhalt des Basisinformationsblatts wird als separater Abschnitt der Zusammenfassung beigefügt. [3]Aus dem Layout dieses Abschnitts muss klar hervorgehen, dass es sich um den Inhalt des Basisinformationsblatts gemäß Artikel 8 Absatz 3 Buchstaben c bis i der Verordnung (EU) Nr. 1286/2014 handelt.

[3] [1]Falls gemäß Artikel 8 Absatz 9 Unterabsatz 3 für verschiedene Wertpapiere, die sich nur in einigen sehr wenigen Einzelheiten, etwa in Bezug auf den Emissionskurs oder den Fälligkeitstermin, unterscheiden, eine einzige Zusammenfassung erstellt wird, erhöht sich die in Absatz 3 festgelegte maximale Länge der Zusammenfassung um zwei weitere DIN-A4-Seiten. [2]Wenn jedoch gemäß der Verordnung (EU) Nr. 1286/2014 ein Basisinformationsblatt für diese Wertpapiere erstellt werden muss und der Emittent, der Anbieter oder die die Zulassung zum Handel an einem geregelten Markt beantragende Person die Ersetzung von Inhalt gemäß Unterabsatz 2 dieses Absatzes vornimmt, erhöht sich die maximale Länge pro zusätzliches Wertpapier um drei weitere DIN-A4-Seiten.

[4] Enthält die Zusammenfassung die Informationen gemäß Unterabsatz 1 Buchstabe c, so erhöht sich die in Absatz 3 festgelegte maximale Länge um eine weitere DIN-A4-Seite.

(8) Der Abschnitt gemäß Absatz 4 Buchstabe d enthält folgende Informationen:

a) in einem Unterabschnitt mit der Überschrift „Zu welchen Konditionen und nach welchem Zeitplan kann ich in dieses Wertpapier investieren?" gegebenenfalls die allgemeinen Bedingungen, die Konditionen und den voraussichtlichen Zeitplan des Angebots, die Einzelheiten der Zulassung zum Handel an einem geregelten Markt, den Plan für den

Vertrieb, den Betrag und Prozentanteil der sich aus dem Angebot ergebenden unmittelbaren Verwässerung sowie eine Schätzung der Gesamtkosten der Emission und/oder des Angebots, einschließlich der geschätzten Kosten, die dem Anleger vom Emittenten oder Anbieter in Rechnung gestellt werden;

b) sofern der Anbieter nicht dieselbe Person wie der Emittent ist, in einem Unterabschnitt mit der Überschrift „Wer ist der Anbieter und/oder die die Zulassung zum Handel beantragende Person?" eine kurze Beschreibung des Anbieters der Wertpapiere und/oder der die Zulassung zum Handel an einem geregelten Markt beantragenden Person mit Sitz und Rechtsform, des für ihn/sie geltenden Rechts sowie dem Land der Eintragung;

c) in einem Unterabschnitt mit der Überschrift „Weshalb wird dieser Prospekt erstellt?" eine kurze Beschreibung der Gründe für das Angebot bzw. für die Zulassung zum Handel an einem geregelten Markt sowie gegebenenfalls

    i) die Zweckbestimmung der Erlöse und die geschätzten Nettoerlöse,

    ii) eine Angabe, ob das Angebot einem Übernahmevertrag mit fester Übernahmeverpflichtung unterliegt, wobei jeder nicht erfasste Teil anzugeben ist,

    iii) eine Angabe der wesentlichsten Interessenkonflikte in Bezug auf das Angebot oder die Zulassung zum Handel.

(9) In jedem der in den Absätzen 6, 7 und 8 beschriebenen Abschnitte kann der Emittent bei Bedarf weitere Unterüberschriften einfügen.

(10) Die Gesamtzahl der in die Abschnitte der Zusammenfassung nach Absatz 6 Buchstabe c und Absatz 7 Unterabsatz 1 Buchstabe c Ziffer iv und Buchstabe d aufgenommenen Risikofaktoren darf 15 nicht überschreiten.

(11) Die Zusammenfassung darf keine Querverweise auf andere Teile des Prospekts oder Angaben in Form eines Verweises enthalten.

(12) Muss gemäß der Verordnung (EU) Nr. 1286/2014 ein Basisinformationsblatt für die öffentlich angebotenen Wertpapiere erstellt werden, und verlangt ein Herkunftsmitgliedstaat, dass der Emittent, der Anbieter oder die die Zulassung zum Handel an einem geregelten Markt beantragende Person den Inhalt des Basisinformationsblatts gemäß Absatz 7 Unterabsatz 2 Satz 2 dieses Artikels ersetzt, so wird davon ausgegangen, dass die Personen, die im Namen des Emittenten zu den Wertpapieren beraten oder sie verkaufen, der Anbieter oder die die Zulassung zum Handel an einem geregelten Markt beantragende Person der Verpflichtung zur Bereitstellung des Basisinformationsblatts gemäß Artikel 13 der Verordnung (EU) Nr. 1286/2014 während der Angebotsfrist erfüllt haben, sofern sie den betreffenden Anlegern stattdessen die Zusammenfassung des Prospekts im Rahmen der in den Artikeln 13 und 14 der genannten Verordnung festgelegten Fristen und Bedingungen bereitstellen.

(13) *[1]* Die ESMA arbeitet Entwürfe technischer Regulierungsstandards aus, in denen Inhalt und Format der Darstellung der wesentlichen Finanzinformationen gemäß Absatz 6 Buchstabe b und die einschlägigen wesentlichen Finanzinformationen gemäß Absatz 7 Buchstabe c Ziffer iii unter Berücksichtigung der verschiedenen Arten von Wertpapieren und Emittenten präzisiert werden, wobei sicherzustellen ist, dass die Informationen präzise und verständlich sind.

[2] Die ESMA übermittelt der Kommission diese Entwürfe technischer Regulierungsstandards bis zum 21. Juli 2018.

[3] Der Kommission wird die Befugnis übertragen, die in Unterabsatz 1 genannten technischen Regulierungsstandards nach den Artikeln 10 bis 14 der Verordnung (EU) Nr. 1095/2010 zu erlassen.

1   Art. 7[1] enthält dermaßen detaillierte Angaben zur Prospektzusammenfassung sowohl inhaltlicher als auch formeller Art, dass es hierzu, anders als noch zu Art. 5 Abs. 2 Prospekt-RL (und § 5 Abs. 2 und 2a WpPG aF, bei denen die detaillierten Angaben zur Zusammenfassung in Anhang XXII der alten Prospekt-VO enthalten waren) keiner weiteren Präzisierung in den Delegierten Verordnungen bedurfte (ausgenommen zur Darstellung der Finanzinformationen in der Zusammenfassung → Rn. 5). Hervorzuheben ist hier Folgendes:

2   **Beschränkung des Umfangs:** Nach Artikel 7 Absatz 3 darf die Zusammenfassung **sieben DIN A4-Seiten**[2] nicht übersteigen, **„wobei Buchstaben in gut leserlicher Größe verwendet werden"** müssen[3].

3   **Beschränkung der Anzahl der Risikofaktoren:** Nach Art. 7 Abs. 10 ist die Anzahl der in der Zusammenfassung enthaltenen Risikofaktoren auf **maximal 15** beschränkt[4]. Das bedeutet nicht,

---

[1] Zu den erheblichen Änderungen im Gesetzgebungsverfahren vgl. *Bronger/Scherer* WM 2017, 463 f.

[2] Bei einem Garantiegeber kann eine zusätzliche Seite verwendet werden, bei Ersetzung der Informationen durch PRIIP-KID drei zusätzliche Seiten und bei mehreren Wertpapieren können jeweils zwei zusätzliche Seiten genutzt werden, vgl. BaFin Workshop 28.5.2019, Prospektzusammenfassung und wesentliche inhaltliche Änderungen, 1 (10).

[3] Krit. dazu zu Recht *Schulz* WM 2016, 1417 (1421).

[4] Auch dazu zu Recht krit. *Schulz* WM 2016, 1417 (1421) und *Wöckener/Kutzbach* RdF 2018, 276 (278), die darauf hinweisen, dass diese Beschränkung in den USA nicht besteht, damit Probleme bei Prospekten, die bei einer

dass im Registrierungsformular bzw. der Wertpapierbeschreibung nicht mehr Risikofaktoren dargestellt werden können, jedoch müssen daraus dann maximal 15 ausgewählt werden, die in der Zusammenfassung dargestellt werden können. Der Inhalt dieser in der Zusammenfassung enthaltenen oder an anderer Stelle im Prospekt aufgeführten Risikofaktoren muss „durch den Inhalt des Registrierungsformulars und der Wertpapierbeschreibung) bestätigt" werden (vgl. Art. 16 Abs. 1 UAbs. 1 aE).

Verbot von Querverweisen: Art. 7 Abs. 3 enthält (wie bisher Art. 11 Abs. 1 S. 3 Prospekt-RL) **4** das Verbot, Informationen in Form eines Verweises in die Zusammenfassung aufzunehmen „damit die Zusammenfassung nicht zu einer reinen Zusammenstellung von Links und Querverweisen wird"[5].

Die Zusammenfassung soll nach Art. 7 Abs. 4 Prospekt-VO-E aus **vier Abschnitten** bestehen: (i) **5** einer Einleitung mit Warnhinweisen, (ii) Basisinformationen über den Emittenten, den Anbieter oder die die Zulassung zum Handel beantragende Person, (iii) Basisinformationen über die Wertpapiere und (iv) Basisinformationen über das Angebot selbst und/oder die Zulassung zum Handel[6]. Für jeden dieser Abschnitte enthalten die Abs. 5–8 des Art. 7 konkrete Inhaltsvorgaben. Kapitel I in Verbindung mit den Anhängen I bis VI Delegierte VO (EU) 2019/979 enthält die von Art. 7 Abs. 13 vorgesehenen Präzisierungen hinsichtlich der Darstellung der wesentlichen Finanzinformationen in der Zusammenfassung.

Die Regelung zur Zusammenfassung orientiert sich an den Vorgaben für das Basisinformationsblatt, **6** das nach der PRIIP-Verordnung[7] vorgeschrieben ist[8].

Art. 8 Der Basisprospekt

(1) **Für Nichtdividendenwerte, einschließlich Optionsscheine jeglicher Art, kann der Prospekt je nach Wahl des Emittenten, des Anbieters oder der die Zulassung zum Handel an einem geregelten Markt beantragende Person aus einem Basisprospekt bestehen, der die erforderlichen Angaben zum Emittenten und den öffentlich angebotenen oder zum Handel an einem geregelten Markt zuzulassenden Wertpapieren enthält.**

(2) **Ein Basisprospekt enthält Folgendes:**

a) **ein Muster mit der Bezeichnung „Formular für die endgültigen Bedingungen", das für jede einzelne Emission auszufüllen ist und in dem die verfügbaren Optionen in Bezug auf die Angaben, die in den endgültigen Bedingungen des Angebots festgelegt werden, aufgeführt sind;**
b) **die Adresse der Website, auf der die endgültigen Bedingungen veröffentlicht werden.**

(3) **Enthält ein Basisprojekt Optionen in Bezug auf die Angaben, die nach der entsprechenden Wertpapierbeschreibung erforderlich sind, so wird in den endgültigen Bedingungen festgelegt, welche dieser Optionen für die einzelne Emission gilt, entweder indem auf die entsprechenden Rubriken des Basisprospekts verwiesen wird oder indem die betreffenden Angaben wiederholt werden.**

(4) **[1] ¹Die endgültigen Bedingungen werden in einem gesonderten Dokument dargelegt oder in den Basisprospekt oder in Nachträgen dazu aufgenommen. ²Die endgültigen Bedingungen werden in leicht zu analysierender und verständlicher Form abgefasst.**

[2] ¹Die endgültigen Bedingungen enthalten nur Angaben, die die Wertpapierbeschreibung betreffen, und dürfen nicht als Nachtrag zum Basisprospekt dienen. ²In diesen Fällen gilt Artikel 17 Absatz 1 Buchstabe b.

(5) **[1] Sind die endgültigen Bedingungen weder im Basisprospekt noch in einem Nachtrag enthalten, so stellt der Emittent sie so bald wie möglich bei Unterbreitung eines öffentlichen Angebots von Wertpapieren und, sofern möglich, vor Beginn des öffentlichen Angebots von Wertpapieren bzw. vor der Zulassung zum Handel an einem geregelten Markt gemäß den Bestimmungen des Artikels 21 der Öffentlichkeit zur Verfügung und hinterlegt sie bei der zuständigen Behörde des Herkunftsmitgliedstaats.**

[2] Die endgültigen Bedingungen müssen eine eindeutige und deutlich sichtbare Erklärung enthalten, aus der hervorgeht,

a) **dass die endgültigen Bedingungen für die Zwecke dieser Verordnung ausgearbeitet wurden und zusammen mit dem Basisprospekt und Nachträgen dazu zu lesen sind, um alle relevanten Informationen zu erhalten;**

Platzierung in den USA bei zB QIB genutzt werden, auftauchen können. Das dürfte iErg kein Problem darstellen, weil es nicht um die Begrenzung der Risikofaktoren im Prospekt sondern nur in der Zusammenfassung geht, *Geyer/Schelm* BB 2019, 1731 (1734).

[5] Begründung des Kommissionsvorschlags, COM(2015) 583 final, 17.
[6] BaFin Workshop 28.5.2019, Prospektzusammenfassung und wesentliche inhaltliche Änderungen, 1 (6).
[7] Verordnung (EU) Nr. 1286/2014 vom 26.11.2014 über Basisinformationsblätter für verpackte Anlageprodukte für Kleinanleger und Versicherungsanlageprodukte (PRIIP), ABl. 2014 L 352, 1.
[8] Begründung des Kommissionsvorschlags, COM(2015) 583 final, 16.

b) wo der Basisprospekt und Nachträge dazu gemäß den Bestimmungen des Artikels 21 veröffentlicht werden;

c) dass den endgültigen Bedingungen eine Zusammenfassung für die einzelne Emission angefügt ist.

(6) *[1]* Ein Basisprospekt kann als ein einziges Dokument oder in mehreren Einzeldokumenten erstellt werden.

[2] Wenn der Emittent, der Anbieter oder die die Zulassung zum Handel an einem geregelten Markt beantragende Person ein Registrierungsformular für Nichtdividendenwerte oder ein einheitliches Registrierungsformular gemäß Artikel 9 hinterlegt hat und sich für die Erstellung eines Basisprospekts entscheidet, umfasst der Basisprospekt Folgendes:

a) die im Registrierungsformular oder im einheitlichen Registrierungsformular enthaltenen Angaben;

b) die Angaben, die ansonsten in der entsprechenden Wertpapierbeschreibung enthalten wären, mit Ausnahme der endgültigen Bedingungen, wenn diese nicht im Basisprospekt enthalten sind.

(7) Die spezifischen Angaben zu den verschiedenen Wertpapieren werden im Basisprospekt klar voneinander getrennt.

(8) Erst wenn die endgültigen Bedingungen in den Basisprospekt oder in einen Nachtrag aufgenommen oder hinterlegt sind, wird eine Zusammenfassung erstellt, die speziell die einzelne Emission betrifft.

(9) *[1]* Für die Zusammenfassung für die einzelne Emission gelten dieselben Anforderungen, die gemäß diesem Artikel für die endgültigen Bedingungen gelten; die Zusammenfassung wird den endgültigen Bedingungen angefügt.

[2] ¹Die Zusammenfassung für die einzelne Emission muss den Anforderungen des Artikels 7 entsprechen und Folgendes enthalten:

a) die Basisinformationen aus dem Basisprospekt, einschließlich der Basisinformationen über den Emittenten;

b) die Basisinformationen aus den entsprechenden endgültigen Bedingungen, einschließlich der Basisinformationen, die nicht in den Basisprospekt aufgenommen wurden.

²Beziehen sich die endgültigen Bedingungen auf verschiedene Wertpapiere, die sich nur in einigen sehr wenigen Einzelheiten unterscheiden, etwa in Bezug auf den Emissionskurs oder den Fälligkeitstermin, so kann für all diese Wertpapiere eine einzige Zusammenfassung für die einzelne Emission angefügt werden, sofern die Angaben zu den verschiedenen Wertpapieren klar voneinander getrennt sind.

(10) Die Angaben des Basisprospekts sind erforderlichenfalls im Einklang mit Artikel 23 nachzutragen.

(11) *[1]* ¹Ein öffentliches Angebot von Wertpapieren kann nach Ablauf des Basisprospekts, auf dessen Grundlage es eröffnet wurde, aufrechterhalten werden, sofern spätestens am letzten Tag der Gültigkeit des betreffenden Basisprospekts ein Nachfolge-Basisprospekt gebilligt und veröffentlicht wird. ²Die endgültigen Bedingungen eines solchen Angebots enthalten auf der ersten Seite einen deutlich sichtbaren Warnhinweis mit Angabe des letzten Tags der Gültigkeit des vorhergehenden Basisprospekts und des Orts der Veröffentlichung des Nachfolge-Basisprospekts. ³Der Nachfolge-Basisprospekt enthält das Formular für die endgültigen Bedingungen aus dem ursprünglichen Basisprospekt oder nimmt dies mittels eines Verweises auf und enthält zudem einen Verweis auf die für das weiterhin bestehende Angebot maßgebenden endgültigen Bedingungen.

[2] Ein Widerrufsrecht gemäß Artikel 23 Absatz 2 gilt auch für Anleger, die einem Erwerb oder einer Zeichnung der Wertpapiere während des Gültigkeitszeitraums des vorhergehenden Prospekts zugestimmt haben, es sei denn, die Wertpapiere wurden ihnen bereits geliefert.

I. Basisprospekt

1 **1. Anwendungsbereich der Vorschrift, Bedeutung.** Basisprospekte sind, anders als noch nach der Vorgängerregelung in Art. 5 Abs. 4 Prospekt-RL und § 6 WpPG aF, nunmehr **für alle Nichtdividendenwerte** zulässig, wobei es möglich ist, mehrere dieser Wertpapiere in einem Basisprospekt zusammen zu fassen, so jetzt ausdrücklich Art. 25 Abs. 3 Delegierte VO (EU) 2019/980¹. Die frühere Beschreibung der Nutzung von Basisprospekten, die auf spezielle Begebungsformen (Angebotsprogramm oder dauernd oder wiederholt) und bestimmte Emittenten (bei der dauernden oder wiederholten Ausgabe nur von Einlagenkreditinstituten) ist entfallen².

---

¹ So auch bereits zum alten Recht *Kullmann/Sester* WM 2005, 1068 (1072).
² Begründung des Kommissionsvorschlags, COM(2015) 383 final, 17.

Der Basisprospekt ist von besonderer Bedeutung für bestimmte kontinuierliche Emissionen zB im **2** Rahmen von **Angebotsprogrammen.** Diese Prospektform ermöglicht es, zunächst alle erforderlichen Angaben zB zum Emittenten in den **Basisprospekt** aufzunehmen, einzelne Angebotsbedingungen dagegen erst kurz vor dem öffentlichen Angebot festzusetzen und ohne weitere Prüfung durch die BaFin in den endgültigen **Bedingungen** zu veröffentlichen.

Bei dem Basisprospekt handelt es sich grundsätzlich um ein eigenes Prospektformat, das neben dem **3** einteiligen bzw. dreiteiligen Prospekt zur Verfügung gestellt wird, der aber allen für Prospekte geltenden Anforderungen genügen muss.[3] Der Basisprospekt ist auch als dreiteiliger Prospekt zulässig[4]; eine Zusammenfassung als Bestandteil des Basisprospekts ist jedoch nicht zwingend erforderlich (→ Rn. 6). Zulässig ist auch die Verwendung des einheitlichen Registrierungsformulars nach Art. 9, so Art. 8 Abs. 6 S. 2.

Die in Art. 2 lit. c allerdings nur negativ in Abgrenzung zu Dividendenwerten legal definierten **4** Nichtdividendenwerte umfassen neben Hypothekenpfandbriefen, Kommunalschuldverschreibungen sowie Schiffspfandbriefen sonstige Anleihen und Optionsscheine jeglicher Art, dh derivative Wertpapiere wie Zertifikate und strukturierte Wertpapiere[5].

2. Inhalt und Aufbau des Basisprospekts. Der Basisprospekt muss, soweit keine inhaltlichen **5** Erleichterungen greifen, allen für den Prospekt geltenden Bestimmungen genügen, dh er muss die für das Registrierungsformular und die Wertpapierbeschreibungen geforderten Angaben aufweisen[6].

Nicht erforderlich ist dagegen eine Zusammenfassung als Bestandteil des Basisprospekts. Diese kann **6** erstellt werden, muss es aber nicht[7], wie sich aus Art. 9 Abs. 9 iVm Abs. 5 ergibt. Wenn die endgültigen Bedingungen nicht im Basisprospekt enthalten sind, muss die Zusammenfassung den endgültigen Bedingungen bei der Hinterlegung und Veröffentlichung beigefügt werden. In diesem Fall dürfte nach dem Wortlaut des Art. 9 Abs. 8 („eine Zusammenfassung …, die speziell die einzelne Emission betrifft") eine gemeinsame Zusammenfassung für mehrere Emissionen, die vom Basisprospekt gedeckt sind, nicht ausreichen. Enthält dagegen der Basisprospekt eine Zusammenfassung, hängt es von den Umständen des Einzelfalls ab, ob es ausreicht, eine gemeinsame Zusammenfassung für die erfassten Wertpapiere zu erstellen, oder, ob mehrere Zusammenfassungen in den Basisprospekt aufgenommen werden. Entscheidend ist auch insofern der Grundsatz der Klarheit und Verständlichkeit. Dieser kann eine Zusammenfassung mit differenzierter Darstellung der Wertpapiere ausreichen lassen, oder aber verschiedene Zusammenfassungen erfordern.

Hinsichtlich des Umfangs der Zusammenfassung gilt ebenfalls der vorgenannte Grundsatz der **7** Klarheit und Verständlichkeit. Ob damit eine Zusammenfassung in dem Umfang, der für den Gesamtprospekt in Art. 7 Abs. 3 auf maximal sieben DIN A4-Seiten begrenzt ist, bei einem Basisprospekt pro Wertpapier ausgenutzt werden kann, dh bei zB vier Wertpapieren eine Zusammenfassung von 28 Seiten, wurde früher bezweifelt[8]. Die BaFin hat hier wohl eine flexiblere Handhabung angedeutet, wenn sie für „mehrere Wertpapiere (jeweils)" ein Zusammenfassung von sieben plus zwei DIN A4-Seiten für zulässig hält[9].

Weitere Regelungen über die Aufmachung des Basisprospekts und die dazugehörigen endgültigen **8** Bedingungen ergeben sich aus der Delegierten VO (EU) 2019/980.

3. Endgültige Bedingungen des Angebots, Bekanntgabe. Entscheidend bei Art. 8 ist die **9** Abgrenzung zwischen dem **Inhalt des Basisprospekts** einerseits und den **„endgültigen Bedingungen des Angebots"** andererseits. Die „endgültigen Bedingungen des Angebots" sollen nach Art. 8 Abs. 4 S. 3 „nur Angaben, die die Wertpapierbeschreibungen betreffen" enthalten und „nicht als Nachtrag zum Basisprospekt dienen" dürfen. Art. 26 Delegierte VO (EU) 2019/980 differenziert hier klar: Die in den Anhängen 14–19 und 27 unter „Kategorie A" aufgeführten Angaben sind in jedem Fall in den Basisprospekt aufzunehmen (Art. 26 Abs. 1 Delegierte VO (EU) 2019/980). Liegen diese Angaben erst nach der Billigung des Basisprospekts vor oder ändern sich, dann sind sie im Wege des Nachtrags nach entsprechender Billigung zu veröffentlichen[10]. Die in den Anhängen 14 –19 und 27 unter „Kategorie B" aufgeführten Angaben sind ebenfalls grundsätzlich in den Basis-

---

[3] Ebenso FK-WpPG/*Bauer* WpPG § 6 Rn. 11; *Kunold/Schlitt* BB 2004, 501 (506); *Kullmann/Sester* ZBB-Report 2005, 209 (211).

[4] Begründung des Kommissionsvorschlags, COM(2015) 383 final, 17; auch früher bereits vgl. RegBegr. ÄnderungsRL-Umsetzungsgesetz, BT-Drs. 17/8684, 13 (19).

[5] Ausf. *Kullmann/Sester* ZBB-Report 2005, 209 (211); ebenso auch die BaFin, Merkblatt zur Billigung und Hinterlegung von Prospekten für Wertpapiere, unter „Der Basisprospekt", abrufbar unter www.bafin.de; JVRZ/*Just/ Ritz* WpPG § 6 Rn. 9.

[6] *Kullmann/Sester* ZBB-Report 2005, 209 (211).

[7] Begründung des Kommissionsvorschlags, COM(2015) 383 final, 17. Ebenso *Wöckener/Kutzbach* RdF 2018, 276 (277).

[8] RegBegr. zum Prospektrichtlinie-Umsetzungsgesetz, BT-Drs. 15/4999, 25 (32); ebenso Assmann/Schlitt/ v. Kopp-Colomb/*Seitz* WpPG § 6 Rn. 34.

[9] BaFin Workshop 28.5.2019, Prospektzusammenfassung und wesentliche inhaltliche Änderungen, 1 (10).

[10] FK-WpPG/*Bauer* Prospekt-VO Art. 2a Rn. 7 zum alten Recht.

prospekt aufzunehmen, es sei denn, diese liegen zum Zeitpunkt der Billigung des Basisprospekts noch nicht vor. In diesem Fall sind sie in die endgültigen Bedingungen aufzunehmen (Art. 26 Abs. 2 Delegierte VO (EU) 2019/980)[11]. Die in den Anhängen 14–19 und 27 unter „Kategorie C" aufgeführten Angaben[12] sind dagegen grundsätzlich in die endgültigen Bedingungen aufzunehmen, es sei denn, diese liegen zum Zeitpunkt der Billigung des Basisprospekt vor, dann können sie bereits in diesen aufgenommen werden (Art. 26 Abs. 3). Die endgültigen Bedingungen enthalten demnach nur die in Anhang 28 Delegierte VO (EU) 2019/980 genannten Angaben, sowie unter den Voraussetzungen des Art. 26 Abs. 2 Delegierte VO (EU) 2019/980 die Angaben der „Kategorie B" der Anhänge 14–19 und 27 Delegierte VO (EU) 2019/980 bzw. unter den Voraussetzungen des Art. 26 Abs. 3 Delegierte VO (EU) 2019/980 die Angaben der „Kategorie C" der Anhänge 14–19 und 27 Delegierte VO (EU) 2019/980.

10   Art. 8 Abs. 5 regelt die Veröffentlichung der endgültigen Bedingungen, wenn diese weder im Basisprospekt noch in einem Nachtrag aufgenommen worden sind. Dabei gilt, da die endgültigen Bedingungen „nicht als Nachtrag zum Basisprospekt dienen" dürfen (Art. 8 Abs. 4 S. 3), der **Vorrang des Nachtrags.** Das bedeutet, dass alle Informationen, die in einem Basisprospekt aufzunehmen sind, zum Zeitpunkt der Veröffentlichung des Basisprospekts aber noch nicht bekannt waren, wohl aber zum Zeitpunkt der Veröffentlichung eines Nachtrags, dann in diesen Nachtrag aufzunehmen sind, wenn es sich bei den Informationen um einen wichtigen neuen Umstand oder eine wesentliche Unrichtigkeit oder Ungenauigkeit handelt, welche die Beurteilung der Wertpapiere beeinflussen können. Insofern gilt der Grundsatz: **Nachtrag und Nachtragspflicht**[13] vor billigungsfreier Veröffentlichung der endgültigen Bedingungen. Handelt es sich dagegen bei den Informationen nicht um solche iSd Art. 23, dann können sie als anstelle im Nachtrag auch in den endgültigen Bedingungen veröffentlicht werden.[14] Soweit weder im Basisprospekt noch im Nachtrag enthalten, sind die endgültigen Bedingungen grundsätzlich spätestens am Tag des öffentlichen Angebots zu veröffentlichen und bei der zuständigen Behörde zu hinterlegen. Eine **Billigung** dieser endgültigen Bedingungen ist dagegen nicht erforderlich.[15] Eine spätere Veröffentlichung, dh nach Beginn des öffentlichen Angebots, kommt lediglich in atypischen Ausnahmefällen in Betracht. An das Vorliegen eines solchen atypischen Ausnahmefalls sind wegen der besonderen Bedeutung der endgültigen Bedingungen für die Information des Publikums besonders strenge Anforderungen zu stellen. Es kann sich daher nur um Ereignisse handeln, auf die der Emittent, der Anbieter und der Zulassungsantragssteller keinen Einfluss haben. Die diesbezügliche Formulierung in Art. 8 Abs. 5 („sofern möglich") weicht insofern nicht von der in Art. 5 Abs. 4 Prospekt-RL ab, sodass sich an dieser Wertung nichts geändert haben dürfte[16].

11   Für die Art der Veröffentlichung der endgültigen Bedingungen verweist Art. 8 Abs. 5 lit. b auf Art. 21, sodass insoweit die gleichen Regeln gelten wie bei der Veröffentlichung von Prospekten. Außerdem sind die endgültigen Bedingungen bei der BaFin elektronisch zu hinterlegen (§ 22 Abs. 2 WpPG).

12   **4. Nachtrag, endgültige Bedingungen des Angebots.** Art. 8 Abs. 10 bestimmt, dass auch bei einem Basisprospekt eine Pflicht zur Erstellung eines Nachtrags nach Art. 23 bestehen kann; auch insofern gelten für den Basisprospekt die gleichen Regeln wie für den Prospekt als solchen.[17] Diese Nachtragspflicht ist von der Pflicht zur Bekanntgabe der endgültigen Bedingungen des Angebots (Art. 8 Abs. 5) zu unterscheiden. Die endgültigen Bedingungen bedürfen – anders als ein Nachtrag – nicht der Billigung durch die BaFin.[18]

II. Entsprechende Anwendung von Art. 17 Abs. 1 lit. b

13   Art. 8 Abs. 4 S. 4 verweist auf Art. 17 Abs. 1 lit. b. Dies bedeutet, dass auch in den endgültigen Bedingungen noch Emissionspreis und Emissionsvolumen offen bleiben können und nur deren Bestimmungskriterien gem. Art. 17 Abs. 1 lit. b angegeben werden müssen.[19]

---

[11] Ebenso bereits zum alten Recht FK-WpPG/*Bauer* Art. 2a Rn. 8.

[12] Dabei weichen die dort aufgeführten Definitionen nach Ansicht der BaFin zwar leicht vom alten Recht ab, seien aber iErg „bedeutungsgleich", BaFin Workshop 28.5.2019, Aufmachung des ein- bzw. mehrteiligen Prospekts sowie eines Basisprospekts, 1 (33).

[13] So ausdr. EuGH Urt. v. 15.5.2014 – C-359/12, EuZW 2014, 581 Rn. 37.

[14] EuGH Urt. v. 15.5.2014 – C-359-12, EuZW 2014, 581 Rn. 32 ff.

[15] EuGH Urt. v. 15.5.2014 – C-358/12, EuZW 2014, 581 Rn. 48; so auch bereits *Kullmann/Sester* WM 2005, 1068 (1072).

[16] Zur Änderung dieser Regelung im Gesetzgebungsverfahren *Bronger/Scherer* WM 2017, 460 (464).

[17] So ausf. EuGH Urt. v. 15.5.2014 – C-359/12, EuZW 2014, 581 Rn. 32 ff.

[18] Unstr. vgl. nur JVRZ/*Just/Ritz* WpPG § 6 Rn. 32.

[19] So *Hamann* in Schäfer/Hamann WpPG § 6 Rn. 16; Assmann/Schlitt/v. Kopp-Colomb/*Seitz* WpPG § 6 Rn. 103; FK-WpPG/*Bauer* WpPG § 6 Rn. 58; aA JVRZ/*Just/Ritz* WpPG § 6 Rn. 37.

Art. 9 Das einheitliche Registrierungsformular

(1) **Ein Emittent, dessen Wertpapiere zum Handel an einem geregelten Markt oder an einem MTF zugelassen werden, kann in jedem Geschäftsjahr ein Registrierungsformular in Form eines einheitlichen Registrierungsformulars erstellen, das Angaben zu Organisation, Geschäftstätigkeiten, Finanzlage, Ertrag und Zukunftsaussichten, Führung und Beteiligungsstruktur des Unternehmens enthält.**

(2) *[1]* **Jeder Emittent, der sich dafür entscheidet, in jedem Geschäftsjahr ein einheitliches Registrierungsformular zu erstellen, legt dieses nach dem Verfahren des Artikels 20 Absätze 2 und 4 der zuständigen Behörde seines Herkunftsmitgliedstaats zur Billigung vor.**

[2] **Wurde in zwei aufeinanderfolgenden Geschäftsjahren ein einheitliches Registrierungsformular des Emittenten von der zuständigen nationalen Behörde gebilligt, können künftige einheitliche Registrierungsformulare ohne vorherige Billigung bei der zuständigen Behörde hinterlegt werden.**

[3] **Versäumt es der Emittent danach, in einem Geschäftsjahr ein einheitliches Registrierungsformular zu hinterlegen, hat dies zur Folge, dass ihm die Möglichkeit einer Hinterlegung ohne vorherige Billigung wieder entzogen wird und dass alle künftigen einheitlichen Registrierungsformulare der zuständigen Behörde zur Billigung vorzulegen sind, bis die in Unterabsatz 2 genannte Voraussetzung wieder erfüllt ist.**

[4] **Der Emittent gibt in seinem Antrag an die zuständige Behörde an, ob das einheitliche Registrierungsformular zur Billigung oder zur Hinterlegung ohne vorherige Billigung eingereicht wird.**

[5] **Beantragt der Emittent nach Unterabsatz 2 dieses Absatzes die Notifizierung seines einheitlichen Registrierungsformulars gemäß Artikel 26, so legt er sein einheitliches Registrierungsformular – einschließlich etwaiger zuvor hinterlegter Änderungen daran – zur Billigung vor.**

(3) **Emittenten, die bis zum 21. Juli 2019 ein Registrierungsformular gemäß Anhang I der Verordnung (EG) Nr. 809/2004 der Kommission[1] erstellt haben, das von einer zuständigen Behörde für eine Dauer von mindestens zwei aufeinanderfolgenden Geschäftsjahren gebilligt wurde, und die anschließend gemäß Artikel 12 Absatz 3 der Richtlinie 2003/71/EG jedes Jahr ein solches Registrierungsformular hinterlegt haben oder deren Registrierungsformular jedes Jahr gebilligt wurde, wird gestattet, ab dem 21. Juli 2019 ein einheitliches Registrierungsformular ohne vorherige Billigung im Einklang mit Absatz 2 Unterabsatz 2 dieses Artikels zu hinterlegen.**

(4) **Nach seiner Billigung oder seiner Hinterlegung ohne vorherige Billigung werden das einheitliche Registrierungsformular und seine Änderungen nach den Absätzen 7 und 9 dieses Artikels unverzüglich gemäß den Bestimmungen des Artikels 21 der Öffentlichkeit zur Verfügung gestellt.**

(5) **Das einheitliche Registrierungsformular entspricht den in Artikel 27 festgelegten sprachlichen Anforderungen.**

(6) **Angaben können gemäß den in Artikel 19 festgelegten Bedingungen in Form eines Verweises in ein einheitliches Registrierungsformular aufgenommen werden.**

(7) [1] **Nach Hinterlegung oder Billigung eines einheitlichen Registrierungsformulars kann der Emittent die darin enthaltenen Angaben jederzeit durch Hinterlegung einer Änderung hierzu bei der zuständigen Behörde aktualisieren.** [2] **Vorbehaltlich Artikel 10 Absatz 3 Unterabsätze 1 und 2 ist für die Hinterlegung der Änderung bei der zuständigen Behörde keine Billigung erforderlich.**

(8) *[1]* **Die zuständige Behörde kann einheitliche Registrierungsformulare, die ohne vorherige Billigung hinterlegt wurden, sowie etwaige Änderungen dieser Formulare jederzeit einer inhaltlichen Überprüfung unterziehen.**

[2] **Die Überprüfung durch die zuständige Behörde besteht in einer Prüfung der Vollständigkeit, Kohärenz und Verständlichkeit der im einheitlichen Registrierungsformular und etwaiger Änderungen enthaltenen Informationen.**

(9) *[1]* **Stellt die zuständige Behörde im Zuge der Überprüfung fest, dass das einheitliche Registrierungsformular nicht den Standards der Vollständigkeit, Verständlichkeit und Kohärenz entspricht oder dass Änderungen oder zusätzliche Angaben erforderlich sind, so teilt sie dies dem Emittenten mit.**

[2] [1] **Einem von der zuständigen Behörde an den Emittenten gerichteten Ersuchen um Änderung oder um zusätzliche Angaben muss vom Emittenten erst im nächsten einheitlichen Registrierungsformular Rechnung getragen werden, das für das folgende Geschäfts-**

---

[1] **Amtl. Anm.:** Verordnung (EG Nr. 809/2004 der Kommission vom 29. April 2004 zur Umsetzung der Richtlinie 2003/71/EG des Europäischen Parlaments und des Rates betreffend die in Prospekten enthaltenen Informationen sowie das Format, die Aufnahme von Informationen mittels Verweis und die Veröffentlichung solcher Prospekte und die Verbreitung von Werbung (ABl. L 149 vom 30.4.2004, S. 1).

jahr hinterlegt wird, es sei denn, der Emittent möchte das einheitliche Registrierungsformular als Bestandteil eines zur Billigung vorgelegten Prospekts verwenden. [2] In diesem Fall hinterlegt der Emittent spätestens bei Vorlage des Antrags gemäß Artikel 20 Absatz 6 eine Änderung des einheitlichen Registrierungsformulars.

[3] Abweichend von Unterabsatz 2 hinterlegt der Emittent unverzüglich eine Änderung des einheitlichen Registrierungsformulars, falls die zuständige Behörde dem Emittenten mitteilt, dass ihr Ersuchen um Änderung oder um zusätzliche Angaben eine wesentliche Nichtaufnahme oder eine wesentliche Unrichtigkeit oder eine wesentliche Ungenauigkeit betrifft, die die Öffentlichkeit in Bezug auf Fakten und Umstände, die für eine fundierte Beurteilung des Emittenten wesentlich sind, aller Wahrscheinlichkeit nach irreführen würde.

[4] [1] Die zuständige Behörde kann vom Emittenten eine konsolidierte Fassung des geänderten einheitlichen Registrierungsformulars verlangen, wenn eine konsolidierte Fassung zur Gewährleistung der Verständlichkeit der Angaben des Dokuments erforderlich ist. [2] Ein Emittent kann eine konsolidierte Fassung seines geänderten einheitlichen Registrierungsformulars freiwillig in eine Anlage zu der Änderung aufnehmen.

(10) [1] Die Absätze 7 und 9 finden nur dann Anwendung, wenn das einheitliche Registrierungsformular nicht als Bestandteil eines Prospekts verwendet wird. [2] Sofern ein einheitliches Registrierungsformular als Bestandteil eines Prospekts verwendet wird, gilt zwischen dem Zeitpunkt der Billigung des Prospekts und dem Zeitpunkt der endgültigen Schließung des öffentlichen Angebots von Wertpapieren oder gegebenenfalls dem Zeitpunkt, zu dem der Handel an einem geregelten Markt beginnt – je nachdem, welches der spätere Zeitpunkt ist – ausschließlich Artikel 23 betreffend Nachträge zum Prospekt.

(11) *[1]* Ein Emittent, der die in Absatz 2 Unterabsätze 1 oder 2 oder in Absatz 3 dieses Artikels genannten Voraussetzungen erfüllt, hat den Status eines Daueremittenten und kommt in den Genuss des beschleunigten Billigungsverfahrens gemäß Artikel 20 Absatz 6, sofern

a) der Emittent bei der Hinterlegung jedes einheitlichen Registrierungsformulars bzw. bei jedem Antrag auf Billigung eines einheitlichen Registrierungsformulars der zuständigen Behörde eine schriftliche Bestätigung darüber vorlegt, dass seines Wissens alle vorgeschriebenen Informationen, die gegebenenfalls nach der Richtlinie 2004/109/EG und der Verordnung (EU) Nr. 596/2014 offenzulegen sind, während der letzten 18 Monate oder während des Zeitraums seit Beginn der Pflicht zur Offenlegung der vorgeschriebenen Informationen – je nachdem, welcher Zeitraum kürzer ist – im Einklang mit diesen Rechtsakten hinterlegt und veröffentlicht wurden; und

b) der Emittent, wenn die zuständige Behörde die Überprüfung gemäß Absatz 8 vorgenommen hat, sein einheitliches Registrierungsformular nach Absatz 9 geändert hat.

[2] Wird eine der vorgenannten Voraussetzungen vom Emittenten nicht erfüllt, verliert dieser den Status des Daueremittenten.

(12) *[1]* Wird das bei der zuständigen Behörde hinterlegte oder von ihr gebilligte einheitliche Registrierungsformular spätesten vier Monate nach Ablauf des Geschäftsjahrs veröffentlicht und enthält es die im Jahresfinanzbericht gemäß Artikel 4 der Richtlinie 2004/109/EG offenzulegenden Informationen, so gilt die Pflicht des Emittenten zur Veröffentlichung des Jahresfinanzberichts gemäß jenem Artikel als erfüllt.

[2] Wird das einheitliche Registrierungsformular oder eine daran vorgenommene Änderung hinterlegt oder von der zuständigen Behörde gebilligt und spätestens drei Monate nach Ablauf der ersten sechs Monate des Geschäftsjahrs veröffentlicht und enthält es die in dem Halbjahresfinanzbericht gemäß Artikel 5 der Richtlinie 2004/109/EG offenzulegenden Informationen, so gilt die Pflicht des Emittenten zur Veröffentlichung des Halbjahresfinanzberichts gemäß jenem Artikel als erfüllt. *[3]* In den in den Unterabsätzen 1 und 2 genannten Fällen

a) nimmt der Emittent in das einheitliche Registrierungsformular eine Liste mit Querverweisen auf, in der angegeben ist, wo die einzelnen in den Jahres- und Halbjahresfinanzberichten anzugebenden Informationen im einheitlichen Registrierungsformular zu finden sind;

b) hinterlegt der Emittent das einheitliche Registrierungsformular gemäß Artikel 19 Absatz 1 der Richtlinie 2004/109/EG und stellt es dem amtlich bestellten System gemäß Artikel 21 Absatz 2 dieser Richtlinie zur Verfügung;

c) nimmt der Emittent in das einheitliche Registrierungsformular eine Erklärung der verantwortlichen Personen nach den Vorgaben des Artikels 4 Absatz 2 Buchstabe c und des Artikels 5 Absatz 2 Buchstabe c der Richtlinie 2004/109/EG auf.

(13) Absatz 12 findet nur dann Anwendung, wenn der Herkunftsmitgliedstaat des Emittenten für die Zwecke dieser Verordnung auch der Herkunftsmitgliedstaat für die Zwecke der Richtlinie 2004/109/EG ist und wenn die Sprache, in der das einheitliche Registrierungsformular abgefasst ist, den Anforderungen gemäß Artikel 20 dieser Richtlinie entspricht.

(14) **Die Kommission erlässt bis zum 21. Januar 2019 gemäß Artikel 44 delegierte Rechtsakte zur Ergänzung dieser Verordnung, in denen die Kriterien für die Prüfung und Überprüfung des einheitlichen Registrierungsformulars und etwaiger Änderungen und die Verfahren für die Billigung und Hinterlegung dieser Dokumente sowie die Bedingungen, unter denen der Status eines Daueremittenten aberkannt wird, präzisiert werden.**

I. Vorbemerkung

1. Bedeutung des einheitlichen Registrierungsformulars. Die Bedeutung des einheitlichen **1** Registrierungsformulars erschließt sich erst in der **Zusammenschau von Art. 9 und Art. 10 Abs. 3, Art. 11 Abs. 3, Art. 13 Abs. 2 UAbs. 2 und Art. 20 Abs. 6**[1]: Ein bereits vorliegendes einheitliches Registrierungsformular ermöglicht es, den Prospekt mit geringerem Aufwand zu erstellen und damit schneller auf günstige Marktbedingungen reagieren zu können, weil zusätzlich nur noch eine Wertpapierbeschreibung und Zusammenfassung erforderlich ist (Art. 10 Abs. 3), während das einheitliche Registrierungsformular per Verweis in einen einteiligen Prospekt einbezogen oder in gebilligter Form Bestandteil eines mehrteiligen Prospektes werden kann[2]. Dieser so zusammengesetzte Prospekt wird schneller gebilligt, weil die Billigungsfrist sich von zehn Arbeitstagen auf fünf verkürzt (Art. 20 Abs. 6)[3]. Und bis zu seiner Verwendung im Rahmen eines Prospekts resultiert aus dem einheitlichen Registrierungsformular keine Prospekthaftung (Art. 11 Abs. 3).

Damit eine solche „Rahmenregistrierung" mittels eines „einheitlichen" und damit für unterschied- **2** liche Emissionen nutzbaren Registrierungsformulars möglich ist, muss es inhaltlich dem höchsten Standard, dem von Dividendenwerten entsprechen (Erwägungsgrund 29 und Art. 13 Abs. 2 UAbs. 2)[4]. Andererseits ist das einheitliche Registrierungsformular ohne Wertpapierbeschreibung und Zusammenfassung noch kein Prospekt, sodass für seine Billigung und eventuelle Nachträge (und deren Billigung) Erleichterungen gelten (Art. 9 Abs. 2–11)[5]. Dabei ist der Antrag nach Art. 9 Abs. 2 UAbs. 4 kein Antrag iSd VwVfG sondern nur eine Erklärung dazu, ob die Einreichung zur Hinterlegung oder zur Billigung erfolgt.[6]

2. Einheitliches Registrierungsformular und Registrierungsformular. Das einheitliche Re- **3** gistrierungsformular ist nicht identisch mit dem Registrierungsformular[7] sondern eine besondere Form dieses Registrierungsformulars, das die Anforderungen des Art. 9 erfüllt. Während das Registrierungsformular Teil des für eine Emission/Zulassung erstellten Prospekts ist, handelt es sich bei dem einheitlichen Registrierungsformular um ein Dokument, das für eine Vielzahl von Emissionen/Zulassungen genutzt werden kann, oder auch gar nicht, weil diese in einem Jahr nicht stattfinden, und das als solches bereits notifiziert werden kann[8].

II. Inhaltliche Anforderungen, Sprache, Verweise

Das einheitliche Registrierungsformular enthält Angaben zur Organisation, Geschäftstätigkeiten, **4** Finanzlage, Ertrag und Zukunftsaussichten, Führung und Beteiligungsstruktur des Unternehmens (Art. 9 Abs. 1) und damit von einer konkreten Emission sowie einem späteren öffentlichen Angebot oder einer Zulassung der Wertpapiere **unabhängige allgemeine Angaben**[9]. Detaillierte inhaltliche Anforderungen an das einheitliche Registrierungsformular ergeben sich aus Art. 3 und Anhang 2 Delegierte VO (EU) 2019/980. Diese inhaltlichen Vorgaben entsprechen denen eines Registrierungsformulars für Dividendenwerte als den strengsten Anforderungen (→ Rn. 2) ergänzt um eine spezielle, in Anhang 2 Delegierte VO (EU) 2019/980 aufgeführte gesonderte Erklärung.

Zu den Anforderungen an die Sprache verweist Art. 9 Abs. 5 auf Art. 27. Dies bedeutet im **5** Zusammenspiel mit § 21 WpPG, dass auch die englische Sprache gewählt werden kann.

---

[1] So ausdr. Begründung des Kommissionsvorschlags, COM(2015) 583 final, 17 mit teilw. noch abw. Artikelnummern.

[2] BaFin Workshop 28.5.2019, Aufmachung des ein- bzw. mehrteiligen Prospekts sowie eines Basisprospekts, 1 (17).

[3] BaFin Workshop 28.5.2019, Aufmachung des ein- bzw. mehrteiligen Prospekts sowie eines Basisprospekts, 1 (18).

[4] Krit. *Wöckener/Kutzbach* RdF 2018, 276 (277).

[5] Das wird deutlich, wenn die BaFin ausdrücklich feststellt, dass Amendments nur dann gebilligt werden, wenn das einheitliche Registrierungsformular als Bestandteil eines mehrteiligen Prospekts verwendet werden soll, BaFin Workshop 28.5.2019, Aufmachung des ein- bzw. mehrteiligen Prospekts sowie eines Basisprospekts, 1 (23).

[6] BaFin Workshop 28.5.2019, Aufmachung des ein- bzw. mehrteiligen Prospekts sowie eines Basisprospekts, 1 (21).

[7] Ebenso ausdr. auch *Bronger/Scherer* WM 2017, 460 (464).

[8] BaFin Workshop 28.5.2019, Aufmachung des ein- bzw. mehrteiligen Prospekts sowie eines Basisprospekts, 1 (17).

[9] *Schulz* WM 2016, 1417 (1421).

6   Auch für das einheitliche Registrierungsformular gilt, dass Angaben in Form eines Verweises aufgenommen werden können (Art. 9 Abs. 6 iVm Art. 19).

III. Billigung und Änderung des einheitlichen Registrierungsformulars

7   **1. Anwendungsbereich.** Ein einheitliches Registrierungsformular können nur Emittenten erstellen, deren Wertpapiere bereits zum Handel an einem geregelten Markt oder an einem MTF zugelassen sind.[10] Die Erstellung des einheitlichen Registrierungsformulars ist fakultativ, „kann" (Art. 9 Abs. 1). Entscheidet sich ein Emittent dafür, ein einheitliches Registrierungsformular zu erstellen, dann entscheidet die zuständige Behörde bei Vorlage über dessen Billigung (Art. 9 Abs. 2 UAbs. 1).

8   **2. Billigung. Prüfungsmaßstab** im Rahmen der Billigung ist derselbe wie bei einem „vollständigen" Prospekt (Art. 2 lit. r) Vollständigkeit, Kohärenz und Verständlichkeit (Art. 9 Abs. 8 UAbs. 2). Wurde das einheitliche Registrierungsformular in zwei aufeinanderfolgenden Jahren gebilligt, können zukünftige einheitliche Registrierungsformular ohne Billigung hinterlegt werden.

9   **3. Änderung.** Gebilligte oder ohne Billigung hinterlegte einheitliche Registrierungsformulare kann der Emittent jederzeit durch Hinterlegung der entsprechenden Änderung aktualisieren. Diese Aktualisierung bedarf nicht der Billigung (Art. 9 Abs. 7), „da weder ein öffentliches Angebot noch eine Zulassung zum Handel stattfindet, solange das einheitliche Registrierungsformular nicht Teil eines Prospekts ist"[11]. Soll jedoch das hinterlegte einheitliche Registrierungsformular im Rahmen eines Prospekts verwendet werden, steht die BaFin auf dem Standpunkt, dass alle Änderungen, die aufgrund einer Überprüfung im Billigungsverfahren notwendig geworden sind, in einem neuen Amendment enthalten sein müssen[12].

10   **4. Billigung des einheitlichen Registrierungsformulars als Prospektbestandteil.** Handelt Art. 9 Abs. 2 von der Billigung des einheitlichen Registrierungsformulars, so ist davon seine Billigung als Prospektbestandteil zu unterscheiden Soll das einheitliche Registrierungsformular im Rahmen eines Prospekts genutzt werden, muss der Emittent noch die Wertpapierbeschreibung und Zusammenfassung erstellen. War das einheitliche Registrierungsformular bereits gebilligt, dann bedürfen nur die Wertpapierbeschreibung und Zusammenfassung einer Billigung (Art. 10 Abs. 3 UAbs. 2); eine nochmalige gesonderte Billigung des einheitlichen Registrierungsformulars ist nicht erforderlich. War es dagegen nicht gebilligt, bedarf es, einschließlich sämtlicher seit seiner Hinterlegung vorgenommenen Änderungen, ebenfalls noch der Billigung (Art. 10 Abs. 3 UAbs. 3). Wurde das einheitliche Registrierungsformular nach seiner Billigung aktualisiert, dann bedürfen sämtliche seit Billigung des einheitlichen Registrierungsformulars hinterlegte Änderungen einer gesonderten Billigung (Art. 10 Abs. 3 UAbs. 2).

11   Änderungen, die an einem einheitlichen Registrierungsformular nach der Billigung des Prospekts vorgenommen werden sollen, sind wie sonstige Prospektänderungen (Aktualisierungen oder Berichtigungen) nach Billigung nur als Nachträge möglich (Art. 9 Abs. 10).

12   Das bedeutet zusammenfassend, dass insgesamt das einheitliche Registrierungsformular nebst sämtlicher Änderungen seit Hinterlegung nur dann als Prospektbestandteil genutzt werden kann, wenn es (einschließlich sämtlicher Änderungen) gebilligt ist. Nach Billigung als Prospektbestandteil erforderliche Aktualisierungen oder Berichtigungen sind auch bei einem einheitlichen Registrierungsformular nur im Wege des Nachtrags nach Art. 23 zulässig.

13   **5. Fristverkürzung bei der Prospektbilligung.** Besteht der Prospekt auch aus einem einheitlichen Registrierungsformular und hat der Emittent die Anforderungen des Art. 9 Abs. 11 erfüllt, wird die Prüfungsfrist des Prospekts von zehn Arbeitstagen auf fünf Arbeitstage verkürzt (Art. 20 Abs. 6). Art. 20 Abs. 6 differenziert nicht danach, ob im Rahmen der Prospektbilligung auch das einheitliche Registrierungsformular erst noch gebilligt werden muss. Er stellt auch nicht darauf ab, ob im Rahmen der Prospektbilligung etwa noch (umfangreiche) Änderungen des einheitlichen Registrierungsformulars gebilligt werden müssten. Das bedeutet, dass die Frist von fünf Arbeitstagen auch in diesen Fällen uneingeschränkt gilt[13].

14   Nach Art. 9 Abs. 11 ist der Emittent, der die in diesem Absatz enthaltenen Voraussetzungen erfüllt, Daueremittent. Die Kommission hat, obwohl nach Art. 9 Abs. 14 hierzu ermächtigt, keine weiteren Voraussetzungen an den Status eines Daueremittenten gestellt, weil sie der Ansicht ist, dass Art. 9 Abs. 11 „erschöpfend ist"[14].

---

[10] Die deutsche Übersetzung ist unzutreffend, wenn sie von „zugelassen werden" spricht, s. die englische Fassung „are admitted".

[11] Begründung des Kommissionsvorschlags, COM(2015) 583 final, 18.

[12] BaFin Workshop 28.5.2019, Aufmachung des ein- bzw. mehrteiligen Prospekts sowie eines Basisprospekts, 1 (27 f.).

[13] Zweifelnd *Schulz* WM 2016, 1417 (1422).

[14] Begründung der Kommission zur Delegierten Verordnung (EU) 2019/980 der Kommission vom 14.3.2019 zur Ergänzung der Verordnung (EU) 2017/1129 des Europäischen Parlaments und des Rates hinsichtlich der Auf-

IV. Weitere Funktion

Nach Art. 9 Abs. 12 soll ein gebilligtes einheitliches Registrierungsformular unter den Vorausset- **15** zungen des Art. 9 Abs. 13 auch dazu dienen, die laufenden Offenlegungspflichten des Emittenten nach der Transparenzrichtlinie zu erfüllen. Ob diese Regelung praktische Relevanz haben wird, ist zweifelhaft, nicht zuletzt auch wegen der doch recht komplizierten Folgen für die Erstellung des einheitlichen Registrierungsformulars gem. Art. 9 Abs. 12 UAbs. 3[15].

Art. 10 Aus mehreren Einzeldokumenten bestehende Prospekte

(1) *[1]* ¹ **Ein Emittent, dessen Registrierungsformular bereits von der zuständigen Behörde gebilligt wurde, ist nur zur Erstellung der Wertpapierbeschreibung und gegebenenfalls der Zusammenfassung verpflichtet, wenn die Wertpapiere öffentlich angeboten oder zum Handel an einem geregelten Markt zugelassen werden. ² In diesem Fall werden die Wertpapierbeschreibung und die Zusammenfassung gesondert gebilligt.**

[2] ¹ **Tritt nach der Billigung des Registrierungsformulars ein wichtiger neuer Umstand ein oder wird eine wesentliche Unrichtigkeit oder eine wesentliche Ungenauigkeit festgestellt, die die im Registrierungsformular enthaltenen Informationen betrifft und die Beurteilung der Wertpapiere beeinflussen können, so ist spätestens zum Zeitpunkt der Wertpapierbeschreibung und der Zusammenfassung ein Nachtrag zum Registrierungsformular zur Billigung vorzulegen. ² Das Recht, Zusagen gemäß Artikel 23 Absatz 2 zurückzuziehen, findet in diesem Fall keine Anwendung.**

[3] **Das Registrierungsformular und seine etwaigen Nachträge bilden zusammen mit der Wertpapierbeschreibung und der Zusammenfassung einen Prospekt, sobald die Billigung von der zuständigen Behörde erteilt wurde.**

(2) **Nach der Billigung wird das Registrierungsformular der Öffentlichkeit unverzüglich gemäß den Bestimmungen des Artikels 21 zur Verfügung gestellt.**

(3) *[1]* **Ein Emittent, dessen einheitliches Registrierungsformular bereits von der zuständigen Behörde gebilligt wurde oder der ein einheitliches Registrierungsformular ohne vorherige Billigung gemäß Artikel 9 Absatz 2 Unterabsatz 2 hinterlegt hat, ist nur zur Erstellung der Wertpapierbeschreibung und der Zusammenfassung verpflichtet, wenn die Wertpapiere öffentlich angeboten oder zum Handel an einem geregelten Markt zugelassen werden.**

[2] **Ist das einheitliche Registrierungsformular bereits gebilligt, so bedürfen die Wertpapierbeschreibung, die Zusammenfassung und sämtliche seit Billigung des einheitlichen Registrierungsformulars hinterlegten Änderungen des Formulars einer gesonderten Billigung.**

[3] **Hat ein Emittent ein einheitliches Registrierungsformular ohne vorherige Billigung hinterlegt, so bedarf die gesamte Dokumentation, einschließlich der Änderungen des einheitlichen Registrierungsformulars, einer Billigung – unbeschadet der Tatsache, dass es sich weiterhin um separate Dokumente handelt.**

[4] **Das gemäß Artikel 9 Absatz 7 oder Absatz 9 geänderte einheitliche Registrierungsformular bildet zusammen mit der Wertpapierbeschreibung und der Zusammenfassung einen Prospekt, sobald die Billigung von der zuständigen Behörde erteilt wurde.**

Art. 10 regelt deutlich detaillierter als Art. 12 Prospekt-RL die näheren Einzelheiten bei einem aus **1** mehreren Einzeldokumenten bestehenden Prospekt. Der Prospekt besteht, wie Art. 10 Abs. 1 UAbs. 3 ausdrücklich ausführt, „sobald die Billigung von der zuständigen Behörde erteilt wurde", aus (i) dem Registrierungsformular einschließlich etwaiger Nachträge bzw. dem einheitlichen Registrierungsformular einschließlich etwaiger Änderungen, (ii) der Wertpapierbeschreibung und (iii) der Zusammenfassung.

Daraus ergibt sich folgende Struktur: **2**

– Das gebilligte oder (noch) nicht gebilligte Registrierungsformular bzw. gebilligte oder (noch) nicht gebilligte einheitliche Registrierungsformular ist als solches kein Prospekt.
– Ein Prospekt besteht zwingend aus dem Registrierungsformular bzw. einheitlichen Registrierungsformular, der Wertpapierbeschreibung und der Zusammenfassung.
– Diese drei Prospektbestandteile sind nur dann gemeinsam ein Prospekt, wenn sie von der zuständigen Behörde gebilligt wurden (Art. 10 Abs. 1 UAbs. 3 bzw. Art. 10 Abs. 3 UAbs. 4).
– Wenn ein Registrierungsformular bzw. einheitliches Registrierungsformular für ein öffentliches Angebot bzw. die Zulassung zum Handel an einem geregelten Markt genutzt werden soll, muss eine Wertpapierbeschreibung und eine Zusammenfassung erstellt werden (Art. 10 Abs. 1 UAbs. 1).

---

machung, des Inhalts, der Prüfung und der Billigung des Prospekts, der beim öffentlichen Angebot von Wertpapieren oder bei deren Zulassung zum Handel an einem geregelten Markt zu veröffentlichen ist, und zur Aufhebung der Verordnung (EG) Nr. 809/2004 der Kommission, Ziffer 1.2, letzter bullet.
¹⁵ Ebenso zweifelnd *Schulz* WM 2016, 1417 (1422).

– War das Registrierungsformular bzw. ein einheitliches Registrierungsformular bereits gebilligt, sind nur die Wertpapierbeschreibung und die Zusammenfassung gesondert zu billigen. War das Registrierungsformular bzw. einheitliche Registrierungsformular noch nicht gebilligt, dann sind alle drei Prospektbestandteil zur Billigung vorzulegen.

– Tritt nach der Billigung des Registrierungsformulars bzw. des einheitlichen Registrierungsformulars ein wichtiger neuer Umstand ein oder wird eine wesentliche Unrichtigkeit oder eine wesentliche Ungenauigkeit festgestellt, die die im Registrierungsformular enthaltenen Informationen betrifft und die die Beurteilung der Wertpapiere beeinflussen können, bedarf es eines Nachtrags zum Registrierungsformular, der gesondert zur Billigung vorzulegen ist. Für diesen Fall stellt Art. 10 Abs. 1 UAbs. 2 letzter Satz ausdrücklich klar, dass kein Widerrufsrecht nach Art. 23 Abs. 2 gegeben ist. Das ist zwingend, weil es sich nicht um einen Nachtrag zu einem Prospekt handelt, der zu diesem Zeitpunkt mangels Billigung noch nicht vorliegt, sodass die Tatbestandsvoraussetzungen des Art. 23 Abs. 2 nicht gegeben sind.

Art. 11 Prospekthaftung

(1) [1]Die Mitgliedstaaten stellen sicher, dass je nach Fall zumindest der Emittent oder dessen Verwaltungs-, Leitungs- oder Aufsichtsorgan, der Anbieter, die die Zulassung zum Handel an einem geregelten Markt beantragende Person oder der Garantiegeber für die Richtigkeit der in einem Prospekt und Nachträgen dazu enthaltenen Angaben haftet. [2]Die für den Prospekt und Nachträge dazu verantwortlichen Personen sind im Prospekt eindeutig unter Angabe ihres Namens und ihrer Funktion – bei juristischen Personen ihres Namens und ihres Sitzes – zu benennen; der Prospekt muss zudem Erklärungen der betreffenden Personen enthalten, dass ihres Wissens die Angaben in dem Prospekt richtig sind und darin keine Angaben nicht aufgenommen werden, die die Aussage des Prospekts verändern können.

(2) *[1]* Die Mitgliedstaaten stellen sicher, dass ihre Rechts- und Verwaltungsvorschriften im Bereich der Haftung für die Personen gelten, die für die in einem Prospekt enthaltenen Angaben verantwortlich sind.

[2] Die Mitgliedstaaten gewährleisten jedoch, dass niemand lediglich aufgrund der Zusammenfassung nach Artikel 7 oder der speziellen Zusammenfassung des EU-Wachstumsprospekts nach Artikel 15 Absatz 1 Unterabsatz 2 samt etwaiger Übersetzungen haftet, es sei denn,

a) die Zusammenfassung ist, wenn sie zusammen mit den anderen Teilen des Prospekts gelesen wird, irreführend, unrichtig oder widersprüchlich oder

b) sie vermittelt, wenn sie zusammen mit den anderen Teilen des Prospekts gelesen wird, nicht die Basisinformationen, die in Bezug auf Anlagen in die Wertpapiere für die Anleger eine Entscheidungshilfe darstellen würden.

(3) *[1]* Die Haftung für die in einem Registrierungsformular oder in einem einheitlichen Registrierungsformular enthaltenen Informationen liegt nur in den Fällen bei den in Absatz 1 genannten Personen, in denen das Registrierungsformular oder das einheitliche Registrierungsformular als Bestandteil eines gebilligten Prospekts verwendet wird.

[2] Unterabsatz 1 gilt unbeschadet der Artikel 4 und 5 der Richtlinie 2004/109/ EG, wenn die gemäß jenen Artikeln offenzulegenden Informationen in einem einheitlichen Registrierungsformular enthalten sind.

1   Art. 11 enthält nur die Verpflichtung der Mitgliedstaaten, eine Prospekthaftung zu implementieren, dh das „Ob" wird angeordnet, **nicht** jedoch das „**Wie**". Genaue Vorgaben darüber, wie die Prospekthaftung auszugestalten ist, fehlen. So werden die potentiell Verpflichteten alternativ genannt („oder"), dh der nationale Gesetzgeber entscheidet welche der aufgeführten Personen haften sollen. So wird auch nicht gesagt, ob die Haftung deliktische oder schuldvertraglich oder verwaltungsrechtlich auszugestalten ist. Mangels Kompetenz des europäischen Gesetzgebers für die Ausgestaltung der Prospekthaftungsregelungen bleibt sie nationaler Gesetzgebung vorbehalten und damit europaweit unterschiedlich geregelt.[1]

2   Insofern ist es nicht verwunderlich, dass bei „Umsetzung" der Prospekt-VO lediglich die Nummerierung der Prospekthaftungsregeln im WpPG geändert, sie inhaltlich jedoch „im Wesentlichen

---

[1] Detaillierter Überblick über die Prospekthaftungsregeln in den Mitgliedstaaten der EU, der Schweiz und den USA bei *Hopt/Voigt* in Hopt/Voigt, Prospekt- und Kapitalmarktinformationshaftung, 2004, 10 ff., dort auch spezielle Länderberichte zur Rechtslage in Belgien, Dänemark, England, Finnland, Frankreich, Griechenland, Irland, Italien, Luxemburg, Niederlande, Österreich, Portugal, Schweden, Spanien, der Schweiz und den USA. Übersicht von den Sanktionen bei fehlerhaften Prospekten in den Mitgliedsstaaten des EWR (nicht beschränkt auf Prospekthaftung, sondern auch administrative Sanktionen und Haftung der Aufsichtsbehörden umfassend) ESMA, Report: Comparison of liability regimes in Member States in relation to the Prospectus Directive, ESMA/2013/619 vom 30.3.2013).

unverändert beibehalten"[2] wurden. Insofern sei hier auf die Kommentierung der §§ 9 ff. WpPG verwiesen (→ WpPG § 9 Rn. 1 ff.).

Art. 12 Gültigkeit des Prospekts, des Registrierungsformulars und des einheitlichen Registrierungsformulars

(1) *[1]* **Ein Prospekt ist – unabhängig davon, ob er aus einem einzigen Dokument oder aus mehreren Einzeldokumenten besteht – nach seiner Billigung 12 Monate lang für öffentliche Angebote oder Zulassungen zum Handel an einem geregelten Markt gültig, sofern er um etwaige gemäß Artikel 23 erforderliche Nachträge ergänzt wird.**
[2] **Besteht ein Prospekt aus mehreren Einzeldokumenten, beginnt die Gültigkeitsdauer mit der Billigung der Wertpapierbeschreibung.**

(2) *[1]* **Ein Registrierungsformular, das zuvor gebilligt wurde, bleibt für die Verwendung als Bestandteil eines Prospekts 12 Monate nach seiner Billigung gültig.**
[2] **Das Ende der Gültigkeitsdauer eines solchen Registrierungsformulars hat keine Auswirkungen auf die Gültigkeit eines Prospekts, dessen Bestandteil es ist.**

(3) *[1]* **Ein einheitliches Registrierungsformular bleibt für die Verwendung als Bestandteil eines Prospekts 12 Monate nach seiner Billigung gemäß Artikel 9 Absatz 2 Unterabsatz 1 oder nach seiner Hinterlegung gemäß Artikel 9 Absatz 2 Unterabsatz 2 gültig.**
[2] **Das Ende der Gültigkeitsdauer eines solchen einheitlichen Registrierungsformulars hat keine Auswirkungen auf die Gültigkeit eines Prospekts, dessen Bestandteil es ist.**

Art. 12 regelt etwas detaillierter als Art. 9 Prospekt-RL die Gültigkeit des Prospekts, die grund- **1** sätzlich 12 Monate betragen soll, wobei die Abs. 1–3 hier spezifische Regelungen für den Prospekt, das Registrierungsformular und das einheitliche Registrierungsformular aufstellen, die allerdings alle eine 12-monatige Gültigkeit ab Billigung anordnen. Dabei geht es um die **Gültigkeit des Prospekts, Basisprospekts oder (einheitlichen) Registrierungsformulars**, nicht etwa um die **Gültigkeit von durch Verweis** nach Art. 19 einbezogene Informationen, dh der Prospekt aus dem Jahr 2020 ist ein ganzes Jahr gültig, auch wenn er die Jahresabschlüsse 2017 und 2018 aus dem Registrierungsformular 2019 einbezieht.[1]

Die Frist von 12 Monaten beginnt bei einem Prospekt, gleichgültig, ob er aus einem oder mehreren **2** Dokumenten besteht, mit der Billigung des Prospekts bzw. bei einem aus mehreren Einzeldokumenten bestehenden Prospekt der Wertpapierbeschreibung (Art. 12 Abs. 1 S. 2). Art. 12 Abs. 2 stellt ausdrücklich klar, dass das Ende der Gültigkeitsdauer des gebilligten Registrierungsformulars keine Auswirkungen auf die Gültigkeit des Prospekts, dessen Bestandteil es ist, hat[2*]. Entsprechendes gilt nach Art. 9 Abs. 3 für das einheitliche Registrierungsformular. Konkret bedeutet dies, dass der Prospekt aus Juli 2020 bis Juni 2021 gültig ist, auch wenn er ein Registrierungsformular aus 2019 (per Verweis) enthalten sollte.[3]

Entscheidend ist dabei die Pflicht zur Ergänzung durch die erforderlichen Nachträge (zur Abgren- **3** zung der Gültigkeitsdauer und der diesbezüglichen Verpflichtung zur Erstellung von Nachträgen einerseits und der Aktualisierungspflicht andererseits → Rn. 5). Erst dadurch ist sichergestellt, dass dem Publikum stets aktuelle Angaben zugänglich sind.[4] Dabei geht es um die Nachträge zum Prospekt (Art. 12 Abs. 1), damit um eventuelle Nachträge zur Wertpapierbeschreibung oder dem (einheitlichen) Registrierungsformular.

Art. 23 sieht eine Nachtragspflicht vor, sofern wichtige neue Umstände oder wesentliche Unrichtig- **4** keiten in Bezug auf bewertungserhebliche Prospektangaben bis zum Schluss des öffentlichen Angebots bzw. der Eröffnung des Handels auftreten bzw. festgestellt werden. Tritt eine Nachtragspflicht nicht während des laufenden Angebots bzw. Zulassungsverfahrens ein, sondern soll ein Registrierungsformular oder ein Basisprospekt nach einem abgeschlossenen Angebot oder einer erfolgten Zulassung von Wertpapieren erneut für eine weitere Emission verwendet werden, muss dieses Dokument ggf. rechtzeitig durch einen Nachtrag ergänzt werden.[5]

---

[2] Begr. RegE des Gesetzes zur weiteren Ausführung der EU-Prospektverordnung und zur Änderung von Finanzmarktgesetzen, BT-Drs. 19/8005, 54.
[1] Vgl. nur FK-WpPG/*Singhof* WpPG § 9 Rn. 5.
[2*] Wie bereits zum alten Recht RegBegr. zum Prospektrichtlinie-Umsetzungsgesetz, BT-Drs. 15/4999, 25 (33); ESMA, Frequently asked questions, Prospectuses: common positions agreed by ESMA Members, question No. 75, abrufbar über die Homepage: www.esma.europa.eu; FK-WpPG/*Singhof* WpPG § 9 Rn. 19; Assmann/Schlitt/ v. Kopp-Colomb/*Seitz* WpPG § 9 Rn. 73 f.
[3] Das ist praktisch sicherlich weniger relevant, weil sich die Situation verändert haben dürfte, sodass zumindest gebilligten Nachträge/Änderungen des Registrierungsformulars/einheitlichen Registrierungsformulars vorliegen werden.
[4] So bereits zum alten Recht RegBegr. zum Prospektrichtlinie-Umsetzungsgesetz, BT-Drs. 15/4999, 25 (33).
[5] *Hamann* in Schäfer/Hamann WpPG § 9 Rn. 3; FK-WpPG/*Singhof* WpPG § 9 Rn. 10.

5   Die in Art. 12 geregelte „Gültigkeit" des Prospekts ist nicht zu verwechseln mit einer **Aktualisierungspflicht**[6] und führt auch nicht etwa zu einer 12-monatigen Aktualisierungspflicht.[7] Geht es bei Art. 12 darum, ob aufgrund eines Registrierungsformulars, das zB für eine bestimmte Emission erstellt wurde, zu einer späteren Zeitpunkt andere, neue Wertpapiere öffentlich angeboten oder zugelassen werden können – zusammen mit einer aktuellen Wertpapierbeschreibung und einer aktuellen Zusammenfassung –, so wird unter dem Stichwort Aktualisierungspflicht eine gänzlich andere Frage diskutiert. Die Frage, um die es dabei geht, und die aufgrund von Artikel 23 jetzt eindeutig verneint werden kann, ist, ob ein für eine bestimmte Emission erstellter Prospekt für diese Emission für eine bestimmte Frist fortlaufend aktualisiert werden muss,[8] das muss er nur bis zum Ablauf der Frist des Art. 23 Abs. 1.

6   Rechtsfolge der Verwendung eines nicht mehr gültigen Prospekts für ein neues öffentliches Angebot[9] ist einerseits die Möglichkeit der BaFin, dieses nach § 18 Abs. 4 WpPG zu untersagen, und andererseits eine mögliche Prospekthaftung, die nach wohl überwiegender, Ansicht aus § 9 f. WpPG und nicht aus § 14 resultieren kann,[10] dh nicht aus dem fehlenden sondern einem fehlerhaften Prospekt folgen soll.

---

[6] *Hamann* in Schäfer/Hamann WpPG § 9 Rn. 3.

[7] So zu Recht ausdr. Assmann/Schlitt/v. Kopp-Colomb/*Seitz* WpPG § 9 Rn. 2 und ausführlicher Assmann/ Schlitt/v. Kopp-Colomb/*Seitz* WpPG § 9 Rn. 29 ff.

[8] Ausf. → WpPG § 9 Rn. 68 ff.

[9] Rein tatsächlich dürfte die Zulassung auf der Grundlage eines nicht mehr gültigen Prospekts ausscheiden, da die Geschäftsführung der Börse in einem solchen Fall keine Zulassung gewähren wird.

[10] JVRZ/*Fried*/*Ritz* WpPG § 9 Rn. 39 ff.; Assmann/Schlitt/v. Kopp-Colomb/*Seitz* WpPG § 9 Rn. 92; aA FK-WpPG/*Seiler*/*Singhof* WpPG § 22 Rn. 3; *Klöhn* DB 2012, 1854 (1858) und → WpPG § 10 Rn. 4.

Kapitel III. Inhalt und Aufmachung des Prospekts

Art. 13 Mindestangaben und Aufmachung

(1) *[1]* Die Kommission erlässt gemäß Artikel 44 delegierte Rechtsakte zur Ergänzung dieser Verordnung in Bezug auf die Aufmachung des Prospekts, des Basisprospekts und der endgültigen Bedingungen sowie die Schemata für die in einen Prospekt aufzunehmenden spezifischen Angaben, wozu auch LEI und ISIN zählen, wobei im Falle eines Prospekts, der aus mehreren Einzeldokumenten besteht, Wiederholungen zu vermeiden sind.

[2] Bei der Festlegung der verschiedenen Prospektschemata ist insbesondere Folgendem Rechnung zu tragen:

a) den unterschiedlichen Arten von Angaben, die Anleger in Bezug auf Dividendenwerte im Gegensatz zu Nichtdividendenwerten benötigen; die geforderten Angaben eines Prospekts in Bezug auf Wertpapiere mit ähnlichen wirtschaftlichen Grundsätzen, insbesondere Derivate, sind hierbei gemäß einem kohärenten Ansatz zu behandeln;

b) den unterschiedlichen Arten und Eigenschaften der Angebote von Nichtdividendenwerten und deren Zulassungen zum Handel an einem geregelten Markt;

c) der Aufmachung und den geforderten Angaben der Basisprospekte in Bezug auf Nichtdividendenwerte, wozu auch Optionsscheine jeglicher Art gehören;

d) gegebenenfalls dem öffentlich-rechtlichen Charakter des Emittenten;

e) gegebenenfalls dem spezifischen Charakter der Tätigkeiten des Emittenten.

[3] Für die Zwecke von Unterabsatz 2 Buchstabe b legt die Kommission bei der Festlegung der verschiedenen Prospektschemata konkrete Informationsanforderungen an Prospekte fest, die sich auf die Zulassung von Nichtdividendenwerten zum Handel an einem geregelten Markt beziehen, die

a) ausschließlich an einem geregelten Markt oder in einem bestimmten Segment eines solchen gehandelt werden sollen, zu dem ausschließlich qualifizierte Anleger zu Zwecken des Handels mit diesen Wertpapieren Zugang erhalten, oder

b) eine Mindeststückelung von 100 000 EUR haben.

[4] Jene Informationsanforderungen müssen angemessen sein und dem Informationsbedarf der betreffenden Anleger Rechnung tragen.

(2) *[1]* Die Kommission erlässt bis zum 21. Januar 2019 gemäß Artikel 44 delegierte Rechtsakte zur Ergänzung dieser Verordnung, in denen das Schema für die in das einheitliche Registrierungsformular aufzunehmenden Mindestangaben festzulegen ist.

[2] [1]Ein solches Schema gewährleistet, dass das einheitliche Registrierungsformular alle erforderlichen Angaben über den Emittenten enthält, sodass ein und dasselbe einheitliche Registrierungsformular in gleicher Weise für das anschließende öffentliche Angebot oder die Zulassung zum Handel an einem geregelten Markt von Dividendenwerten oder Nichtdividendenwerten verwendet werden kann. [2]Hinsichtlich der Finanzinformationen, des Betriebsergebnisses, der Finanzlage, der Aussichten und der Führung des Unternehmens müssen die Angaben so weit wie möglich mit den Angaben übereinstimmen, die in den Jahres- und Halbjahresfinanzberichten gemäß den Artikeln 4 und 5 der Richtlinie 2004/109/EG offenzulegen sind, einschließlich des Lageberichts und der Erklärung zur Unternehmensführung.

(3) Die delegierten Rechtsakte gemäß den Absätzen 1 und 2 basieren auf den Standards im Bereich der Finanz- und Nichtfinanzinformationen, die von den internationalen Organisationen der Wertpapieraufsichtsbehörden, insbesondere der Internationalen Organisation der Wertpapieraufsichtsbehörde (International Organization of Securities Commissions – IOSCO), ausgearbeitet wurden, sowie auf den Anhängen I, II und III dieser Verordnung.

Art. 13 enthält im Wesentlichen eine Beauftragung und Ermächtigung an die Kommission, nämlich **1** die „Mindestangaben" in einem Prospekt sehr differenziert zwischen den verschiedenen Emittenten, emittierten Wertpapieren und möglichen Anlegern in delegierten Verordnungen festzulegen. Diesen Auftrag hat die Kommission – wenn auch verspätet – mit Erlass der Delegierten VO (EU) 2019/980 der Kommission vom 14.3.2019 zur Ergänzung der Verordnung (EU) 2017/1129 des Europäischen Parlaments und des Rates hinsichtlich der Aufmachung, des Inhalts, der Prüfung und der Billigung des Prospekts, der beim öffentlichen Angebot von Wertpapieren oder bei deren Zulassung zum Handel an einem geregelten Markt zu veröffentlichen ist, und zur Aufhebung der Verordnung (EG) Nr. 809/2004 der Kommission[1], und der Delegierten Verordnung (EU) 2019/979 der Kommission vom

---

[1] ABl. 2019 L 166, 26.

14.3.2019 zur Ergänzung der Verordnung (EU) 2017/1129 des Europäischen Parlaments und des Rates durch technische Regulierungsstandards für wesentliche Finanzinformationen in der Zusammenfassung des Prospekts, die Veröffentlichung und Klassifizierung von Prospekten, die Werbung für Wertpapiere, Nachträge zum Prospekt und das Notifizierungsportal und zur Aufhebung der Delegierten Verordnung (EU) Nr. 382/2014 der Kommission und der Delegierten Verordnung (EU) 2016/301 der Kommission[2] umgesetzt. Diese Delegierten Verordnungen beruhen auf sehr umfangreichen Vorarbeiten der ESMA[3], die zu ihrer Auslegung herangezogen werden sollten. Darüber hinaus sind noch die Delegierten Verordnungen, die nach Art. 1 Abs. 7[4] und Art. 16 Abs. 5[5] erlassen werden sollen, zu beachten.

2   Art. 13 bestimmt – ebenso wie Art. 7 Prospekt-RL und Art. 3 alte Prospekt-VO – ausdrücklich, dass die Delegierten Verordnungen nur Vorgaben zu den Mindestangaben des Prospekts enthalten. Dementsprechend wird in den Abschnittüberschriften 1 und 2 der Delegierten VO (EU) 2019/980 auch nur von „Mindestangaben" gesprochen. Art. 12 ergänzt Art. 6 Abs. 1, der aber als Generalnorm vorgeht.[6] Insgesamt ergibt sich daraus: Ein Prospekt, der dem in Art. 13 **iVm den Bestimmungen und Anhängen der Prospekt-VO und Delegierten Verordnungen enthaltene gesetzlichen Inhaltskatalog entspricht, ist im Regelfall vollständig.**[7] Jedoch kann je nach den Umständen des Einzelfalls der Prospekt auch vollständig sein, obwohl er nicht alle der im Inhaltskatalog der Art. 6–9, 13–19 Prospekt-VO in Verbindung mit den Bestimmungen und Anhängen der Delegierten Verordnungen genannten Angaben enthält.[8] Er kann anders herum aber auch unvollständig sein, obwohl er alle der im Inhaltskatalog der Art. 6–9, 13–19 Prospekt-VO in Verbindung mit den Bestimmungen und Anhängen der Delegierten Verordnungen geforderten Angaben enthält.[9]

3   Ersteres, dh der Vollständigkeit trotz Fehlens einzelner der im Inhaltskatalog der Art. 6–9, 13–19 Prospekt-VO (einschließlich Anhängen) in Verbindung mit den Bestimmungen und Anhängen der Delegierten Verordnungen genannten Angaben ergibt sich aus der Natur der Sache: Selbst die spezifischsten Inhaltskataloge für spezielle Wertpapiere und Angebotsformen sind notgedrungen generalisierend und enthalten damit Punkte, die im Einzelfall nicht relevant sind. Das war in Erwägungsgrund 24 alte Prospekt-VO ausdrücklich festgehalten: bestimmte „Informationsbestandteile, die in den Schemata und Modulen gefordert werden (sind), in einigen bestimmten Fällen nicht anwendbar", weil sie „für ein bestimmtes Wertpapier nicht relevant" sind.[10] Erwägungsgrund 25 Delegierte VO (EU) 2019/980 greift dies auf und stellt ausdrücklich fest, dass es gestattet sein sollte, Informationen, die in den Annexen der Delegierten Verordnungen enthalten sind, nicht aufzunehmen, wenn diese für den Emittenten oder die angebotenen oder zuzulassenden Wertpapiere nicht zutreffen. Dieses Weglassen von einzelnen der im Inhaltskatalog der Art. 6–9, 13–19 Prospekt-VO (einschließlich Anhängen) in Verbindung mit den Bestimmungen und Anhängen der Delegierten Verordnungen genannten Bestandteile kann auf einer ausdrücklichen Gestattung durch die BaFin beruhen, etwa wenn sie von der Aufnahme einzelner Angaben in Ausübung ihrer Befugnisse, zB aus Art. 18 befreit.[11] Dieses Weglassen kann aber auch darauf beruhen, dass einer der in dem Inhaltskatalog der Art. 6–9, 13–19 Prospekt-VO (einschließlich Anhängen) in Verbindung mit den Be-

---

[2] ABl. 2019 L 166, 1.

[3] ESMA Technical advice under the Prospectus Regulation, Final report, ESMA31–62-800; ESMA Draft regulatory technical standards under the Prospectus Regulation, ESMA31–62-1002, jeweils abrufbar unter der Homepage der ESMA.

[4] Die entsprechende Delegierte Verordnung nach Artikel 1 Abs. 7 lag bei Abschluss des Manuskripts noch nicht vor, der Final Report der ESMA, Technical advice on Minimum Information Content for Prospectus Exemption, 29 March 2019/ESMA31–62-1207, abrufbar über die Homepage der ESMA: www.esma.europa.eu, gibt aber einen guten Eindruck von dem, was dort zu erwarten ist..

[5] Die entsprechende Delegierte Verordnung lag bei Abschluss des Manuskripts noch nicht vor..

[6] Das war zum alten Recht unstr. vgl. nur FK-WpPG/*Meyer* WpPG § 7 Rn. 8. Daran, dass sich daran etwas geändert haben sollte, gibt es keine Anhaltspunkte.

[7] Auch das war zum alten Recht unstr. JVRZ/*Just* WpPG § 7 Rn. 13; JVRZ/*Just* WpPG § 5 Rn. 11; FK-WpPG/*Meyer* WpPG § 7 Rn. 8.

[8] Vgl. *Assmann* in Assmann/Schütze KapitalanlageR-HdB § 5 Rn. 149; JVRZ/*Pankoke* BörsG § 44 BörsG, VerkprospG § 13 Rn. 33; FK-WpPG/*Seiler/Singhof* § 21 Rn. 57. Wie hier Assmann/Schlitt/v. Kopp-Colomb/*Assmann* WpPG §§ 21–23 Rn. 48, 55; *Stephan* AG 2002, 3 (7).

[9] Wie hier Assmann/Schlitt/v. Kopp-Colomb/*Assmann* WpPG §§ 21–23 Rn. 59; FK-WpPG/*Seiler/Singhof* WpPG § 21 Rn. 56 *Mülbert/Steup* in Habersack/Mülbert/Schlitt Unternehmensfinanzierung-HdB § 41 Rn. 44.

[10] Verordnung (EG) Nr. 809/2004 der Kommission vom 29. April 2004 zur Umsetzung der Richtlinie 2003/71/EG des Europäischen Parlaments und des Rates betreffend die in Prospekten enthaltenen Informationen sowie das Format, die Aufnahme von Informationen mittels Verweis und die Veröffentlichung solcher Prospekte und die Verbreitung von Werbung, in der zweiten berichtigten Fassung abgedruckt in ABl. 2005 L 186, 3. Wie hier mit gleicher Begründung FK-WpPG/*Seiler/Singhof* WpPG § 21 Rn. 57.

[11] Ausf. zur Frage der Prospekthaftung in einem solchen Fall Assmann/Schlitt/v. Kopp-Colomb/Assmann WpPG §§ 21–23 Rn. 64 f.: Die Gestattung darf nur bei Informationen geschehen, die nicht wesentlich sind, dh deren Fehlen auch keine Prospekthaftung begründen sollte. Ist die Gestattung fehlerhaft, dann sollte ein Verschulden des Emittenten ausscheiden. Zwar beziehen sich die Ausführungen auf § 8 Abs. 2 Nr. 2 WpPG aF; sie gelten für Art. 18 gleichermaßen, da die Regelungen sich kaum unterscheiden.

stimmungen und Anhängen der Delegierten Verordnungen genannten Bestandteile rein tatsächlich nicht vorliegt.[12] Ob hier Fehlanzeigen erforderlich sind, beantworten die einschlägigen Regelungen nicht eindeutig. Soweit es tatsächlich nur darum geht, Angaben wegzulassen, weil die Umstände beim Emittenten nicht vorliegen, sollte sicherheitshalber eine Fehlanzeige erfolgen.[13] Soweit es um Angaben geht, die nach Art. 18 weggelassen werden, kann sich aus der Natur der Sache ergeben, dass auch eine „Fehlanzeige" untunlich ist.

Letzteres, dh die Unvollständigkeit eines Prospektes trotz Aufnahme sämtlicher im Inhaltskatalog der **4** Art. 6–9, 13–19 Prospekt-VO (einschließlich Anhängen) in Verbindung mit den Bestimmungen und Anhängen der Delegierten Verordnungen genannten Angaben ergibt sich bereits aus der Überschrift des Art. 13, die auch für die Delegierten Verordnungen von „Mindestangaben", die dort gefordert werden, spricht,[14] ebenso auch aus den Kapitelüberschriften der Delegierten VO (EU) 2019/980 [15], die in Kapitel II, Abschnitt 1 und 2 jeweils von Mindestangaben sprechen, wenn sie für die verschiedenen Arten der Registrierungsdokumente bzw. Wertpapierbeschreibung auf die jeweiligen Annexe verweisen. Im Hinblick auf die Vollständigkeit ist der **Grundsatz des Art. 6 Abs. 1 S. 1** zu beachten: Der Prospekt muss „die erforderlichen Informationen, die für den Anleger wesentlich sind, um sich ein fundiertes Urteil über Folgendes bilden zu können (enthalten): a) die Vermögenswerte und Verbindlichkeiten, die Gewinne und Verluste, die Finanzlage und die Aussichten des Emittenten und eines etwaigen Garantiegebers; b) die mit den Wertpapieren verbundenen Rechte und c) die Gründe für die Emission und ihre Auswirkungen auf den Emittenten." Andererseits führt nicht jede Unvollständigkeit des zB Anhangs des Jahresabschlusses – der zu den notwendigen Angaben des Prospekts gehört – zur Unvollständigkeit des Prospektes.[16]

Fraglich ist, wie diese Regel in den Fällen anzuwenden ist, in denen die neue Prospekt-VO **5** Vereinfachungen vorsieht, zB Art. 14, 15, und die Delegierten Verordnungen insoweit geringere Anforderungen stellen. Geht man auch hier davon aus, dass der Grundsatz des Art. 6 Abs. 1 S. 1 uneingeschränkt anzuwenden wäre, dann würden die reduzierten Inhaltskataloge **zu keiner Erleichterung** führen. Vielmehr würde in einem Prospekthaftungsverfahren dann allein schon der Hinweis, dass zwar die spezifisch reduzierten Anforderungen erfüllt wurden, nicht aber die allgemeinen Informationsanforderungen des Art. 6 Abs. 1 S. 1 ausreichen, um eine Prospektunvollständigkeit nachweisen zu können. Sollen die reduzierten Anforderungen einen Sinn ergeben, dann wird man insoweit auch die Anforderungen des Art. 6 Abs. 1 S. 1 reduzieren müssen: Im Regelfall reichen die reduzierten Anforderungen aus, nur aufgrund besonderer Umstände des jeweiligen Einzelfalles können darüber hinausgehende Anforderungen, zu denen dann auch die darüber hinausgehenden Informationen für Regelprospekte gehören können, gestellt werden. Art. 14 Abs. 2 weist eindeutig in diese Richtung indem er bestimmt: „Abweichend von Artikel 6 Absatz 2 …".[17]

Welche Angaben für einen vollständigen Prospekt erforderlich sind, ist damit **grundsätzlich** anhand **6** des Inhaltskatalog der Art. 6–9, 13–19 Prospekt-VO (einschließlich Anhängen) in Verbindung mit den Bestimmungen und Anhängen der Delegierten Verordnungen genannten Bestandteilen zu beantworten, wobei jedoch aufgrund besonderer Umstände des jeweiligen Einzelfalls sowohl weniger als auch wegen Art. 6 Abs. 1 S. 1 auch darüber hinausgehende Angaben erforderlich sein können.

Art. 14 Vereinfachte Offenlegungsregelung für Sekundäremissionen

(1) *[1]* **Folgende Personen können sich im Falle eines öffentlichen Angebots von Wertpapieren oder einer Zulassung von Wertpapieren zum Handel an einem geregelten Markt dafür entscheiden, einen vereinfachten Prospekt auf der Grundlage der vereinfachten Offenlegungsregelung für Sekundäremissionen zu erstellen:**

a) **Emittenten, deren Wertpapiere mindestens während der letzten 18 Monate ununterbrochen zum Handel an einem geregelten Markt oder an einem KMU-Wachstumsmarkt zugelassen waren und die Wertpapiere emittieren, die mit den vorhandenen zuvor begebenen Wertpapieren fungibel sind;**

b) **Unbeschadet des Artikels 1 Absatz 5, Emittenten, deren Dividendenwerte mindestens während der letzten 18 Monate ununterbrochen zum Handel an einem geregelten Markt oder an einem KMU-Wachstumsmarkt zugelassen waren, und die Nichtdividendenwerte**

---

[12] FK-WpPG/*Seiler/Singhof* WpPG § 21 Rn. 57; *Mülbert/Steup* in Habersack/Mülbert/Schlitt Unternehmensfinanzierung-HdB § 41 Rn. 44.

[13] Die Angabe, dass der Emittent nicht von einzelnen Patenten abhängig ist, hat als solche einen Informationsgehalt und ist damit dem schlichten Weglassen dieser Information vorzuziehen. Wie hier FK-WpPG/*Seiler/Singhof* WpPG § 21 Rn. 57.

[14] FK-WpPG/*Seiler/Singhof* WpPG § 21 Rn. 56. Zum „alten" Recht vor In-Kraft-Treten des Prospektrichtlinie-Umsetzungsgesetzes war dies unstr.; *Brondics/Mark* AG 1989, 339 (342); Schäfer/*Hamann* BörsG aF §§ 45, 46 Rn. 78; *Stephan* AG 2002, 3 (7); Schwark/Zimmer/*Schwark* BörsG §§ 44, 45 Rn. 35.

[15] ABl. 2019 L 166, 26.

[16] BGH Beschl. v. 22.11.2016 – XI ZB 9/13, ZIP 2017, 318 Rn. 81.

[17] So auch *Schulz* WM 2018, 212 (218).

oder Wertpapiere begeben, die Zugang zu Dividendenwerten geben, die mit den vorhandenen bereits zum Handel zugelassenen Dividendenwerten des Emittenten fungibel sind;

c) Anbieter von Wertpapieren, die mindestens während der letzten 18 Monate ununterbrochen zum Handel an einem geregelten Markt oder an einem KMU-Wachstumsmarkt zugelassen waren.[1)

d) Emittenten, deren Wertpapiere der Öffentlichkeit angeboten wurden und seit mindestens zwei Jahren ununterbrochen zum Handel an einem KMU-Wachstumsmarkt zugelassen waren, und die während des gesamten Zeitraums ihrer Zulassung zum Handel ihre Melde- und Offenlegungspflichten uneingeschränkt erfüllt haben und die die Zulassung zum Handel an einem geregelten Markt für Wertpapiere beantragen, die mit den vorhandenen, zuvor begebenen Wertpapieren fungibel sind.

[2] Der vereinfachte Prospekt besteht neben der Zusammenfassung gemäß Artikel 7 aus einem speziellen Registrierungsformular, das von den unter den Buchstaben a, b und c des Unterabsatzes 1 dieses Absatzes genannten Personen verwendet werden kann, und einer speziellen Wertpapierbeschreibung, die von den unter den Buchstaben a und c dieses Unterabsatzes genannten Personen verwendet werden kann.

(2) *[1]* Abweichend von Artikel 6 Absatz 1 und unbeschadet des Artikels 18 Absatz 1 enthält der vereinfachte Prospekt die erforderlichen verkürzten Angaben, die es Anlegern ermöglichen, sich über Folgendes zu informieren:

a) die Aussichten des Emittenten und die bedeutenden Änderungen der Geschäftstätigkeit und der Finanzlage des Emittenten sowie des Garantiegebers, die gegebenenfalls seit Ablauf des letzten Geschäftsjahres eingetreten sind;

b) die mit den Wertpapieren verbundenen Rechte;

c) die Gründe für die Emission und ihre Auswirkungen auf den Emittenten, einschließlich seiner Kapitalstruktur insgesamt, sowie die Verwendung der Erlöse.

[2] [1]Die in dem vereinfachten Prospekt enthaltenen Angaben sind schriftlich und in leicht zu analysierender, knapper und verständlicher Form zu präsentieren und ermöglichen es Anlegern, eine fundierte Anlageentscheidung zu treffen. [2]Sie berücksichtigen auch die vorgeschriebenen Informationen, die bereits gegebenenfalls gemäß der Richtlinie 2004/109/EG und der Verordnung (EU) Nr. 596/2014 offengelegt wurden. [3]Diejenigen in Absatz 1 Unterabsatz 1 Buchstabe d des vorliegenden Artikels genannten Emittenten, die nach der Zulassung ihrer Wertpapiere zum Handel auf einem geregelten Markt einen konsolidierten Abschluss nach Maßgabe der Richtlinie 2013/34/EU des Europäischen Parlaments und des Rates[2)] aufzustellen haben, erstellen ihre jüngsten Finanzinformationen gemäß Absatz 3 Unterabsatz 2 Buchstabe a des vorliegenden Artikels, die auch die im vereinfachten Prospekt enthaltenen Vergleichsinformationen für das Vorjahr umfassen, nach den in Verordnung (EG) Nr. 1606/2002 des Europäischen Parlaments und des Rates[3)] genannten internationalen Rechnungslegungsstandards.

[3] Diejenigen in Absatz 1 Unterabsatz 1 Buchstabe d des vorliegenden Artikels genannten Emittenten, die nach der Zulassung der Wertpapiere zum Handel auf einem geregelten Markt keinen konsolidierten Abschluss nach Maßgabe der Richtlinie 2013/34/EU aufzustellen haben, erstellen ihre jüngsten Finanzinformationen gemäß Absatz 3 Unterabsatz 2 Buchstabe a des vorliegenden Artikels, einschließlich der im vereinfachten Prospekt enthaltenen Vergleichsinformationen für das Vorjahr, nach den nationalen Rechtsvorschriften des Mitgliedstaats, der Sitzstaat des Emittenten ist.

[4] [1]Drittlandsemittenten, deren Wertpapiere zum Handel an einem KMU-Wachstumsmarkt zugelassen sind, erstellen ihre jüngsten Finanzinformationen gemäß Absatz 3 Unterabsatz 2 Buchstabe a des vorliegenden Artikels, einschließlich der im vereinfachten Prospekt enthaltenen Vergleichsinformationen für das Vorjahr, nach ihren nationalen Rechnungslegungsstandards, soweit diese Standards zu der Verordnung (EG) Nr. 1606/2002 gleichwertig sind. [2]Sind diese nationalen Rechnungslegungsstandards den internationalen Rechnungslegungsstandards nicht gleichwertig, so sind die Finanzinformationen gemäß der Verordnung (EG) Nr. 1606/2002 neu zu erstellen.

(3) *[1]* Die Kommission erlässt bis zum 21. Januar 2019 gemäß Artikel 44 delegierte Rechtsakte zur Ergänzung dieser Verordnung, indem sie die Schemata festlegt, die die auf der Grundlage der vereinfachten Offenlegungsregelung nach Absatz 1 aufzunehmenden verkürzten Informationen präzisieren.

---

[1] Zeichensetzung amtlich.

[2] **Amtl. Anm.:** Richtlinie 2013/34/EU des Europäischen Parlaments und des Rates vom 26. Juni 2013 über den Jahresabschluss, den konsolidierten Abschluss und damit verbundene Berichte von Unternehmen bestimmter Rechtsformen und zur Änderung der Richtlinie 2006/43/EG des Europäischen Parlaments und des Rates und zur Aufhebung der Richtlinien 78/660/EWG und 83/349/EWG des Rates (ABl. L 182 vom 29.6.2013, S. 19).

[3] **Amtl. Anm.:** Verordnung (EG Nr. 1606/2002 des Europäischen Parlaments und des Rates vom 19. Juli 2002 betreffend die Anwendung internationaler Rechnungslegungsstandards (ABl. L 243 vom 11.9.2002, S. 1).

[2] **Die Schemata enthalten insbesondere:**

a) **die jährlichen und halbjährlichen Finanzinformationen, die in den 12 Monaten vor der Billigung des Prospekts veröffentlicht wurden;**
b) **gegebenenfalls Gewinnprognosen und -schätzungen;**
c) **eine knappe Zusammenfassung der gemäß der Verordnung (EU) Nr. 596/2014 in den 12 Monaten vor der Billigung des Prospekts offengelegten relevanten Informationen;**
d) **Risikofaktoren;**
e) **für Dividendenwerte einschließlich Wertpapieren, die Zugang zu Dividendenwerten geben, die Erklärung zum Geschäftskapital, die Erklärung zu Kapitalausstattung und Verschuldung, eine Offenlegung relevanter Interessenkonflikte und Geschäfte mit verbundenen Parteien sowie die Hauptaktionäre und gegebenenfalls eine Pro-forma-Finanzinformation.**

[3] **[1] Bei der Festlegung der verkürzten Informationen, die gemäß der vereinfachten Offenlegungsregelung aufzunehmen sind, trägt die Kommission der Tatsache Rechnung, dass die Mittelbeschaffung über die Kapitalmärkte erleichtert werden muss und dass es wichtig ist, die Kapitalkosten zu senken. [2] Um den Emittenten keine unnötigen Belastungen aufzuerlegen, berücksichtigt die Kommission bei der Festlegung der verkürzten Informationen auch die Angaben, die ein Emittent bereits gegebenenfalls gemäß der Richtlinie 2004/109/EG und der Verordnung (EU) Nr. 596/2014 offenzulegen hat. [3] Die Kommission kalibriert die verkürzten Informationen ferner so, dass deren Schwerpunkt auf den für Sekundäremissionen relevanten Angaben liegt und dass die Verhältnismäßigkeit gewahrt ist.**

Art. 14 Abs. 1 lit. b und d, Abs. 2 UAbs. 2 und UAbs. 3 wurden durch die Verordnung des **1** Europäischen Parlaments und des Rates zur Änderung der Verordnungen (EU) Nr. 596/2014 und (EU) 2017/1129 zur Förderung der Nutzung von KMU-Wachstumsmärkten[1] ergänzt und erweitert. Art. 14 ersetzt die frühere Regelung zu Bezugsrechtsemissionen in Art. 7 Abs. 2 lit. g Prospekt-RL und Art. 26a alte Prospekt-VO, die ihre Ziele nicht erreicht haben[2]. Art. 14 geht aber über diese Vorgängerregelung weit hinaus und wurde durch die Verordnung des Europäischen Parlaments und des Rates zur Änderung der Verordnungen (EU) Nr. 596/2014 und (EU) 2017/1129 zur Förderung der Nutzung von KMU-Wachstumsmärkten[3] nochmals erweitert. Er basiert darauf, dass bei bereits börsennotierten Unternehmen laufende Offenlegungspflichten sowohl nach der Transparenzrichtlinie als auch nach der MAR sowie bei Unternehmen, deren Wertpapiere an einem KMU-Wachstumsmarkt notiert sind, gemäß den Regeln des Betreibers dieses Wachstumsmarkts gelten, sodass der Markt bereits über eine Vielzahl von Informationen verfügt. Deshalb werden die inhaltlichen Anforderungen an den Prospekt reduziert[4]. Die Delegierte VO (EU) 2019/980 berücksichtigt dies mit deutlich reduzierten Mindestanforderungen an das Registrierungsformular und die Wertpapierbeschreibung zB in Anhang 3 und Anhang 12.

Art. 14 Abs. 1 begrenzt den Kreis derjenigen Personen, die von der vereinfachten Offenlegung für **2** Sekundäremissionen Gebrauch machen können und für diese den Kreis möglicher Emissionen. Gemeinsam ist allen drei Alternativen des Art. 14 Abs. 1, dass eine vorherige ununterbrochene Zulassung zum Handel an einem geregelten Markt oder an einem KMU-Wachstumsmarkt für mindestens 18 Monate gegeben sein muss. In diesem Fall erhält der Markt laufende Informationen aufgrund der bestehenden Offenlegungspflichten sowohl nach der Transparenzrichtlinie als auch nach der MAR, sodass bei der Zulassung nachfolgenden Emissionen **(Sekundäremissionen)** geringere Anforderungen gestellt werden können. Ist diese Voraussetzung der vorherigen Zulassung erfüllt, dann kann das vereinfachte Offenlegungsregime gewählt werden für Emissionen von Wertpapieren, die mit bereits zugelassenen Wertpapieren fungibel, dh austauschbar sind (Art. 14 Abs. 1 S. 1 lit. a). Art. 14 Abs. 1 S. 1 lit. b erleichtert Emissionen von Emittenten von Nichtdividendenwerten, die bereits Dividendenwerte zugelassen haben. Art. 14 Abs. 1 S. 1 lit. c erleichtert die Erhöhung einer bereits durchgeführten Emission.

Nach Art. 14 Abs. 1 „können" die vorgenannten Personen sich „dafür entscheiden, einen verein- **3** fachten Prospekt … zu erstellen". Es besteht somit eine Wahlmöglichkeit; ob und in welchem Umfang Emittenten davon Gebrauch machen, hängt von verschiedenen Umständen ab, unter anderem davon, wo die Wertpapiere platziert werden sollen und, ob dort vergleichbar reduzierte Offenlegungspflichten marktgängig sind, bis hin zur Sicherheit bei der Prospekthaftung → Rn. 5[5].

---

[1] ABl. 2019 L 320, 1; Kommissionsvorschlag COM(2018) 0331.
[2] Begründung des Kommissionsvorschlags, COM(2015) 583 final, 12 (18); ausf. zu den Gründen der Zielverfehlung auch FK-WpPG/*Berrar* Art. 26a Rn. 34 ff.
[3] ABl. 2019 L 320, 1; Kommissionsvorschlag COM(2018) 0331.
[4] Erwägungsgrund 48 VO (EU) 2017/1129; s. auch *Geyer/Schelm* BB 2019, 1731 (1737 f.).
[5] Die Gründe, weshalb die Vorgängerregelung wenig Resonanz fand, ausführlich dazu FK-WpPG/*Berrar* Art. 26a Rn. 34 ff., gelten auch für die Neuregelung, sodass abzuwarten sein wird, inwieweit sie zukünftig weniger relevant sein werden, sodass die Neuregelung eine breitere Anwendung findet.

4   Nach Art. 14 Abs. 1 S. 2 besteht der vereinfachte Prospekt aus einem speziellen Registrierungsformular und in den Fällen von lit a) und c) einer speziellen Wertpapierbeschreibung, zusammen mit einer (normalen) Zusammenfassung.

5   Für das Thema der Prospekthaftung bedeutsam ist, dass Art. 14 Abs. 2 S. 1 ausdrücklich davon spricht, dass der Prospektinhalt von Art. 6 Abs. 1 abweicht (→ WpPG § 9 Rn. 61)[6].

Art. 15 EU-Wachstumsprospekt

(1) [1] Die folgenden Personen können sich im Falle eines öffentlichen Angebots von Wertpapieren dafür entscheiden, einen EU-Wachstumsprospekt auf der Grundlage der verhältnismäßigen Offenlegungsregelung gemäß diesem Artikel zu erstellen, sofern sie keine Wertpapiere begeben haben, die zum Handel an einem geregelten Markt zugelassen wurden:

a) KMU;

b) Emittenten, bei denen es sich nicht um KMU handelt, deren Wertpapiere an einem KMU-Wachstumsmarkt gehandelt werden oder gehandelt werden sollen, sofern ihre durchschnittliche Marktkapitalisierung auf der Grundlage der Notierungen zum Jahresende in den letzten drei Kalenderjahren weniger als 500 000 000 EUR betrug;

c) andere als die unter den Buchstaben a und b genannten Emittenten, deren öffentliches Angebot von Wertpapieren einem Gesamtgegenwert in der Union von höchstens 20 000 000 EUR über einen Zeitraum von 12 Monaten entspricht, sofern keine Wertpapiere dieser Emittenten an einem MTF gehandelt werden und ihre durchschnittliche Beschäftigtenzahl im letzten Geschäftsjahr bis zu 499 betrug;

ca) Emittenten, bei denen es sich nicht um KMU handelt, die Aktien öffentlich anbieten und gleichzeitig einen Antrag auf Zulassung dieser Aktien zum Handel an einem KMU-Wachstumsmarkt stellen, sofern sie keine Aktien begeben haben, die bereits zum Handel an einem KMU-Wachstumsmarkt zugelassen sind, und der Gesamtwert der zwei folgenden Positionen unter 200 000 000 EUR liegt:
  i) der Preis des endgültigen Angebots oder – in dem in Artikel 17 Absatz 1 Buchstabe b Ziffer i genannten Fall – der Höchstkurs;
  ii) die Gesamtzahl der unmittelbar nach dem öffentlichen Aktienangebot im Umlauf befindlichen Aktien, berechnet entweder auf der Grundlage der Menge der öffentlich angebotenen Aktien oder, in dem in Artikel 17 Absatz 1 Buchstabe b Ziffer i genannten Fall, der Höchstmenge der öffentlich angebotenen Aktien.[1)]

d) Anbieter von Wertpapieren, die von den unter den Buchstaben a und b genannten Emittenten begeben wurden.

[2] [1]Bei einem EU-Wachstumsprospekt im Rahmen der verhältnismäßigen Offenlegungsregelung handelt es sich um ein Dokument mit einer standardisierten Aufmachung, das in leicht verständlicher Sprache abgefasst und für die Emittenten leicht auszufüllen ist. [2]Er enthält eine spezielle Zusammenfassung auf der Grundlage des Artikels 7, ein spezielles Registrierungsformular und eine spezielle Wertpapierbeschreibung. [3]Die in dem EU-Wachstumsprospekt enthaltenen Informationen werden in einer standardisierten Reihenfolge aufgeführt, die in dem delegierten Rechtsakt nach Absatz 2 festgelegt ist.

(2) [1] Die Kommission erlässt bis zum 21. Januar 2019 gemäß Artikel 44 delegierte Rechtsakte zur Ergänzung dieser Verordnung, in denen der verkürzte Inhalt, die standardisierte Aufmachung und die standardisierte Reihenfolge für den EU-Wachstumsprospekt sowie der verkürzte Inhalt und die standardisierte Aufmachung der speziellen Zusammenfassung präzisiert werden.

[2] [1]Die spezielle Zusammenfassung erlegt den Emittenten insofern keinerlei zusätzliche Belastungen oder Kosten auf, als dafür nur die relevanten Informationen erforderlich sind, die bereits im EU-Wachstumsprospekt enthalten sind. [2]Bei der Festlegung der standardisierten Aufmachung der speziellen Zusammenfassung kalibriert die Kommission die Anforderungen, um sicherzustellen, dass die Zusammenfassung kürzer ist als die Zusammenfassung gemäß Artikel 7.

[3] [1]Bei der Festlegung des verkürzten Inhalts, der standardisierten Aufmachung und der standardisierten Reihenfolge des EU-Wachstumsprospekts kalibriert die Kommission die Anforderungen so, dass deren Schwerpunkt auf Folgendem liegt:

a) den Angaben, die für die Anleger bei einer Anlageentscheidung wesentlich und relevant sind;

b) der Notwendigkeit, sicherzustellen, dass die Kosten für die Erstellung eines Prospekts in einem angemessenen Verhältnis zur Größe des Unternehmens stehen.

---

[6] Die Bedeutung dieser Regelung für die Prospekthaftung betont auch *Schulz* WM 2018, 212 (218) und bereits *Schulz* WM 2016, 1417 (1423).

[1] Zeichensetzung amtlich.

[2] Dabei berücksichtigt die Kommission Folgendes:

a) dass der EU-Wachstumsprospekt unter dem Aspekt der Verwaltungslasten und der Emissionskosten signifikant einfacher sein muss als der Standardprospekt;

b) dass KMU der Zugang zu den Kapitalmärkten erleichtert werden muss und die Kosten für die KMU möglichst gering zu halten sind, während gleichzeitig das Anlegervertrauen in solche Unternehmen gesichert werden muss;

c) die unterschiedlichen Arten von Angaben, die Anleger in Bezug auf Dividendenwerte und Nichtdividendenwerte benötigen.

[3] Die betreffenden delegierten Rechtsakte basieren auf der Grundlage der Anhänge IV und V.

Art. 15 Abs. 1 lit. a wurde durch die Verordnung des Europäischen Parlaments und des Rates zur **1** Änderung der Verordnungen (EU) Nr. 596/2014 und (EU) 2017/1129 zur Förderung der Nutzung von KMU-Wachstumsmärkten[1] neu eingefügt. Zentrales Anliegen der Kommission bei der Erstellung der neuen Prospekt-VO, war es, für KMU den Zugang zum Kapitalmarkt zu erleichtern[2]. Hierzu wurde in Artikel 15 ein deutlich vereinfachtes Prospktregime eingeführt. Die Kapitel IV der Delegierten VO (EU) 2019/980 sowie Teil D der Anhänge der Delegierten VO (EU) 2019/980 enthalten detaillierte Vorgaben für die spezifische Zusammenfassung, Wertpapierbeschreibung und das spezifische Registrierungsformular.

Der Anwendungsbereich des Art. 15 ist anders als noch im Kommissionsentwurf[3] nicht auf die **2** KMU (Definition in Art. 2 lit. f) beschränkt, sondern umfasst weitere, in Art. 15 Abs. 1 UAbs. 1 näher umschriebene Emittenten bzw. (Art. 15 Abs. 1 UAbs. 1 lit. d) Anbieter.

Art. 16 Risikofaktoren

(1) *[1] Auf Risikofaktoren wird in einem Prospekt nur insoweit eingegangen, als es sich um Risiken handelt, die für den Emittenten und/ oder die Wertpapiere spezifisch und im Hinblick auf eine fundierte Anlageentscheidung von wesentlicher Bedeutung sind, wie auch durch den Inhalt des Registrierungsformulars und der Wertpapierbeschreibung bestätigt wird.*

[2] Bei der Erstellung des Prospekts beurteilt der Emittent, der Anbieter oder die Person, die die Zulassung zum Handel auf einem geregelten Markt beantragt, die Wesentlichkeit der Risikofaktoren auf der Grundlage der Wahrscheinlichkeit ihres Eintretens und des zu erwartenden Umfangs ihrer negativen Auswirkungen.

[3] [1] Jeder Risikofaktor muss angemessen beschrieben werden, wobei zu erläutern ist, wie er sich auf den Emittenten oder die angebotenen oder zum Handel zuzulassenden Wertpapiere auswirken kann. [2] Die Beurteilung der Wesentlichkeit der Risikofaktoren gemäß Unterabsatz 2 kann auch durch Verwendung der Qualitätseinteilungen „gering", „mittel" oder „hoch" offengelegt werden.

[4] [1] Die Risikofaktoren werden entsprechend ihrer Beschaffenheit in eine begrenzte Anzahl von Kategorien eingestuft. [2] Für jede Kategorie werden die wesentlichsten Risikofaktoren entsprechend der Beurteilung gemäß Unterabsatz 2 an erster Stelle genannt.

(2) Zu den Risikofaktoren gehören auch die Risiken, die sich aus dem Grad der Nachrangigkeit eines Wertpapiers ergeben, sowie die Auswirkungen auf die voraussichtliche Höhe oder den voraussichtlichen Zeitpunkt der Zahlungen an die Inhaber von Wertpapieren, im Falle eines Konkurses oder eines vergleichbaren Verfahrens, einschließlich, soweit relevant, der Insolvenz eines Kreditinstituts oder dessen Abwicklung oder Umstrukturierung gemäß der Richtlinie 2014/59/EU.

(3) Wird für die Wertpapiere eine Garantie gestellt, so enthält der Prospekt die spezifischen und wesentlichen Risikofaktoren bezüglich des Garantiegebers, soweit diese für seine Fähigkeit, seinen Verpflichtungen aus der Garantie nachzukommen, relevant sind.

(4) Um eine angemessene und zielgerichtete Offenlegung der Risikofaktoren zu unterstützen, arbeitet die ESMA Leitlinien zur Unterstützung der zuständigen Behörden bei deren Überprüfung der Spezifität und der Wesentlichkeit der Risikofaktoren sowie der Einstufung der Risikofaktoren entsprechend ihrer Beschaffenheit in die Risikokategorien aus.

(5) Der Kommission wird die Befugnis übertragen, gemäß Artikel 44 delegierte Rechtsakte zur Ergänzung dieser Verordnung zu erlassen, in denen Kriterien für die Beurteilung der Spezifität und der Wesentlichkeit der Risikofaktoren sowie für die Einstufung der Risikofaktoren entsprechend ihrer Beschaffenheit in Risikokategorien präzisiert werden.

---

[1] ABl. 2019 L 320, 1; Kommissionsvorschlag COM(2018) 0331.
[2] Erwägungsgrund 51.
[3] COM(2015) 583 final, Art. 15.

1   Die früheren Regelungen der Risikofaktoren waren eher rudimentär[1]: Zwar enthielt bereits Art. 2 Nr. 3 alte Prospekt-VO eine Definition („Liste von Risiken, die für die jeweilige Situation des Emittenten und/oder der Wertpapiere spezifisch und für die Anlageentscheidung wesentlich sind"), und ordnete einen speziellen Prospektabschnitt „Risikofaktoren" an (Art. 25 Abs. 1 Nr. 3, Abs. 2 Nr. 2 alte Prospekt-VO). Außerdem zählte eine kurze Beschreibung der Risiken zu den Schlüsselinformationen, die in die Zusammenfassung des Prospekts aufzunehmen war (Art. 2 Abs. 1 lit. s Prospekt-RL, § 5 Abs. 2a Nr. 1 WpPG aF). Damit war auch bisher bereits ein Risikofaktor nur dann in den Prospekt aufzunehmen, wenn er ein für den Emittenten und/oder die Wertpapiere spezifisches Risiko beschreibt und bei der Anlageentscheidung wesentlich war. Diese Anforderung wird in Art. 16 enger gefasst.

2   Außerdem enthält Art. 16 als neue Regelung eine Verpflichtung zur **Kategorisierung** und **Bewertung** der Risikofaktoren. Ziel der Kommission mit ihrer fokussierten und damit restriktiveren Formulierung in Art. 16 war es, „der Tendenz" entgegenzuwirken, „den Prospekt mit generischen Risikofaktoren zu überfrachten, die die spezifischen, für Anleger relevanten Risikofaktoren verdecken und nur dazu dienen, den Emittenten oder seine Berater vor Haftungsansprüchen zu schützen."[2]

3   Die auf der Grundlage von Art. 16 Abs. 4 von der ESMA veröffentlichten „Guidelines on risk factors under the Prospectus Regulation"[3] geben nur den Aufsichtsbehörden Richtlinien für die Überprüfung der Spezifität und der Wesentlichkeit der Risikofaktoren sowie der Einstufung der Risikofaktoren entsprechend ihrer Beschaffenheit in die Risikokategorien vor. Die BaFin beabsichtigt die vollumfängliche Anwendung dieser Guidelines bei der Prospektprüfung ab 21.7.2019.[4] Die für Emittenten und Anbieter wesentlicheren Hilfen, nämlich eine Delegierte Verordnung nach Art. 16 Abs. 5, in der „Kriterien für die Beurteilung der Spezifität und der Wesentlichkeit der Risikofaktoren sowie für die Einstufung der Risikofaktoren entsprechend ihrer Beschaffenheit in Risikokategorien präzisiert werden, liegt dagegen bislang noch nicht vor.

4   Voraussetzung für die Darstellung eines Risikos als Risikofaktor im Prospekt ist **materiell,** dass es sich um ein Risiko handelt, das „für den Emittenten und/oder die Wertpapiere spezifisch und im Hinblick auf eine künftige Anlageentscheidung von wesentlicher Bedeutung" ist. Dies war auch nach bisheriger Rechtslage erforderlich (Art. 2 Nr. 3 alte Prospekt-VO). Ob die weitere Voraussetzung in Art. 16 Abs. 1 UAbs. 1, nach der das Risiko „durch den Inhalt des Registrierungsformulars und der Wertpapierbeschreibung bestätigt" werden muss, tatsächlich neu ist[5], erscheint zweifelhaft. Auch bisher war, abgesehen von einzelnen zwischenzeitlich standardmäßig aufgenommenen „Risiken" zB zur Kursentwicklung, in der Praxis eigentlich Leitmotiv für den Abschnitt „Risikofaktoren", dass die dort beschriebenen Risiken an anderer Stelle des Prospekts bei zB der Beschreibung der Geschäftstätigkeit des Emittenten oder bei der Darstellung des Marktes und des Wettbewerbs bereits zum Ausdruck kamen. Insofern spiegelte der Abschnitt „Risikofaktoren" nur zusammengefasst die an anderer Stelle des Prospekts bereits dargestellten Risiken wieder. Das Wort „bestätigt" wird man dabei nicht allzu eng auslegen dürfen; ausreichend ist, dass ein genanntes Risiko durch die allgemeine Darstellung im Prospekt gestützt wird[6].

5   Art. 16 Abs. 4 fordert eine Kategorisierung der Risikofaktoren. Während die Kommission hier noch von „zwei oder drei Kategorien" sprach, geht die ESMA völlig zu Recht von deutlich mehr Kategorien aus – bis zu zehn –, um eine klare und strukturierte Darstellung zu erreichen.

6   Problematisch ist die von Art. 16 Abs. 1 UAbs. zwei und drei geforderte Bewertung der Risikofaktoren „auf der Grundlage der Wahrscheinlichkeit ihres Eintretens und des zu erwartenden Umfangs ihrer negativen Auswirkungen". Eine solche Bewertung ist sowohl sehr komplex und schwierig als auch risikobehaftet. Eine Bewertung im Sinne der von Art. 16 Abs. 1 UAbs. 3 aufgeführten „Qualitätseinteilungen „gering", „mittel" oder „hoch", erscheint vor diesem Hintergrund eher weniger ratsam und ist auch nur optional. Bei der späteren Beurteilung dieser Bewertung etwa im Rahmen von Prospekthaftungsklagen müssen die Komplexität und das Bewertungsrisiko berücksichtigt werden. Die Bewertung ist subjektiv, Art. 16 Abs. 1 UAbs. 2. Das bedeutet, dass der Emittent, wenn er die Wesentlichkeit „beurteilt", dabei einen erheblichen Beurteilungsspielraum haben muss[7]. Ein späteres Urteil über eine solche Beurteilung muss auf den Zeitpunkt der Prospekterstellung zurückgezogen werden (ex ante), ohne nachträgliche Erkenntnisse zu berücksichtigen.

---

[1] *Schulz* WM 2016, 1417 (1420).

[2] Begründung des Kommissionsvorschlags, COM(2015) 583 final, 20.

[3] ESMA Guidelines on risk factors under the Prospectus Regulation, final report, ESMA31–62-1217.

[4] So ausdr. BaFin Workshop 28.5.2019, Prüfungs- und Billigungsverfahren, 1 (18), dort auch, S. 18 ff. konkrete Darstellung der Guidelines und deren zukünftige Anwendung durch die BaFin.

[5] So wohl *Schulz* WM 2016, 1417 (1420).

[6] So jetzt auch ausdr. ESMA Guidelines on risk factors under the Prospectus Regulation, final report, ESMA31–62-1217, VI.3. Ebenso bereits *Schulz* WM 2016, 1417 (1420).

[7] So ausdr. *Schulz* WM 2018, 212 (217); *Geyer/Schelm* BB 2019, 1731 (1734).

Art. 17 Endgültiger Emissionskurs und endgültiges Emissionsvolumen der Wertpapiere

(1) **Wenn der endgültige Emissionskurs und/oder das endgültige Emissionsvolumen, die Gegenstand des öffentlichen Angebots sind, entweder als Anzahl von Wertpapieren oder als aggregierter Nominalbetrag, im Prospekt nicht genannt werden können,**

a) **kann eine Zusage zum Erwerb oder zur Zeichnung der Wertpapiere innerhalb von mindestens zwei Arbeitstagen nach Hinterlegung des endgültigen Emissionskurses und/oder des endgültigen Emissionsvolumen der öffentlich angebotenen Wertpapiere widerrufen werden oder**

b) **ist Folgendes im Prospekt anzugeben:**

   i) **der Höchstkurs und/oder das maximale Emissionsvolumen, soweit vorhanden, oder**

   ii) **die Bewertungsmethoden und -kriterien und/oder die Bedingungen, nach denen der endgültige Emissionskurs festzulegen ist, und eine Erläuterung etwaiger Bewertungsmethoden.**

(2) **Der endgültige Emissionskurs und das endgültige Emissionsvolumen werden bei der zuständigen Behörde des Herkunftsmitgliedstaats hinterlegt und gemäß den Bestimmungen des Artikels 21 Absatz 2 der Öffentlichkeit zur Verfügung gestellt.**

I. Vorbemerkungen

Art. 17 entspricht inhaltlich Art. 8 Abs. 1 Prospekt-RL und § 8 Abs. 1 S. 1–3 WpPG aF.   **1**

II. Emissionspreis- und Emissionsvolumen

1. Emissionspreis. Art. 17 Abs. 1 S. 1 spricht ebenso wie Art. 8 Abs. 1 Prospekt-RL vom **end-**   **2**
gültigen Emissionskurs. Bei Aktienemissionen werden die neuen Aktien von den Emissionsbanken häufig zum geringsten Ausgabebetrag nach § 9 AktG gezeichnet; der Preis zu dem die Aktien vom Emittenten ausgegeben werden, ist damit dieser geringste Ausgabebetrag, der idR deutlich unterhalb des tatsächlichen Emissionspreises liegt. Der **endgültige Emissionskurs** ist dabei nicht der geringste Ausgabebetrag sondern der tatsächliche **endgültige Angebotspreis.**[1] Gleiches gilt auch bei Schuldverschreibungen und derivativen Wertpapieren, wobei dort auch der Zinssatz, bei Options- und Wandelschuldverschreibungen auch der Options- und Wandlungspreis relevant sind[2]. Emissionsvolumen ist nicht etwa der Bruttoemissionserlös sondern, wie Art. 17 Abs. 1 ausdrücklich sagt („Anzahl von Wertpapieren"), die Anzahl der angebotenen Wertpapiere oder das Gesamtvolumen der Emission (Nominalvolumen, „als aggregierter Nominalbetrag").[3]

2. Fehlende Angaben. Fehlen der Emissionspreis und/oder das Emissionsvolumen im Prospekt bei   **3**
einem öffentlichen Angebot, so sind nach Art. 17 Abs. 1 aufgrund der besonderen Schutzbedürftigkeit des Publikums zumindest der Höchstkurs und/oder das maximale Emissionsvolumen oder die Kriterien oder die Bedingungen anzugeben, anhand derer der endgültige Emissionskurs ermittelt werden kann. Anhand einer solchen Angabe kann das Publikum auf einen Blick erkennen, mit welchem Preis beim Erwerb der Wertpapiere maximal zu rechnen ist. Anders als noch Art. 8 Abs. 1 S. 1 Prospekt-RL fordert Art. 17 Abs. 1 nicht mehr, dass bei einem noch fehlenden endgültigen Emissionsvolumen die Kriterien für dessen Ermittlungen offengelegt werden müssen. Ausreichend ist vielmehr die bloße Angabe des Höchstvolumens. Nr. 5.1.2. Anhang 11 Delegierte VO (EU) 2019/980 fordert dann allerdings Angaben dazu, wie und wann das endgültige Emissionsvolumen bekannt gegeben wird.

Reicht der Höchstpreis nach dem eindeutigen Wortlaut der Bestimmung aber aus, dann ist für die   **4**
nach altem Recht von der BaFin beim Bookbuilding vertretene Ansicht, das untere Ende der Preisspanne dürfe nicht weniger als 50 % des oberen Endes der Preisspanne betragen,[4] kein Raum, weil Art. 17 Abs. 1 gerade keine Preisspanne fordert, einen Höchstpreis ausreichen lässt und damit auch nichts über ein unteres Ende der nicht geforderten Preisspanne sagt.[5]

Emissionspreis und Emissionsvolumen sind nach Art. 17 Abs. 1 S. 2 nach der Festlegung bei der   **5**
zuständigen Behörde zu hinterlegen und in Übereinstimmung mit den allgemeinen Veröffentlichungsvorschriften in Art. 21 Abs. 2 zu veröffentlichen, konkret über die dort genannten Websites. Diese Veröffentlichung ist als solche **kein Nachtrag,** welcher der Billigung durch die BaFin bedürfte.[6] Da aber die Festlegung von Emissionspreis und Emissionsvolumen auf andere Prospektinformationen

---

[1] FK-WpPG/*Meyer* WpPG § 8 Rn. 9.

[2] FK-WpPG/*Meyer* WpPG § 8 Rn. 10.

[3] FK-WpPG/*Meyer* WpPG § 8 Rn. 11.

[4] JVRZ/*Just* WpPG § 8 Rn. 9 aE.

[5] So zu Recht bereits zum alten Recht FK-WpPG/*Meyer* WpPG § 8 Rn. 15.

[6] Wie hier auch *Apfelbacher/Metzner* BKR 2006, 81 (87); FK-WpPG/*Meyer* WpPG § 8 Rn. 54; krit. JVRZ/*Just* WpPG § 8 Rn. 32 ff.

ausstrahlt, zB den Emissionserlös sowie die Kapitalisierung und Verschuldung, die Bankenprovisionen etc., für diese Angaben aber Art. 17 Abs. 1 nach seinem klaren Wortlaut nicht gilt,[7] ist fraglich, ob hierfür ein Nachtrag nach Art. 23, welcher der Billigung der BaFin bedarf, erforderlich ist. Das ist nicht der Fall. Das Widerrufsrecht des Art. 17 Abs. 1 lit. a wäre überflüssig, wenn die Angaben nachtragspflichtig wären, weil sich dann immer ein solches Widerrufsrecht aus Art. 23 Abs. 2 ergeben würde. Art. 17 Abs. 1 lässt es zu, Volumen und den Preis im Prospekt nicht zu nennen sondern nur wie in Art. 17 Abs. 1 lit. b verlangt zu umschreiben und dann nach endgültiger Festlegung in der Form des Art. 17 Abs. 2 iVm Art. 21 Abs. 2 zu veröffentlichen, fordert dafür demnach keinen Nachtrag, wenn im Prospekt die Kriterien oder die Bedingungen angegeben sind, anhand derer die Werte ermittelt werden, beziehungsweise wenn ein Höchstpreis im Prospekt enthalten ist. Wieso für preis- und volumenabhängige Angaben etwas anderes gelten soll, ist nicht ersichtlich.[8] Beim klassischen Bookbuilding reichen demnach die Angaben zu den Kriterien oder Bedingungen, mit denen Emissionspreis und Emissionsvolumen ermittelt werden bzw. hinsichtlich des Emissionspreises die Angabe eines Höchstpreises und bei den preisabhängigen Angaben entsprechend daraus entwickelte Informationen. Nach Festlegung von Emissionspreis und Emissionsvolumen sind diese ebenso wie die preisabhängigen Angaben nach Art. 17 Abs. 2 entsprechend bekannt zu machen; eines Nachtrags bedarf es nicht[9].

6   Im Einzelnen ergibt sich Folgendes: Beim Bookbuilding enthält der Prospekt eine Preisspanne und zumindest ein Maximalvolumen der angebotenen Wertpapiere sowie eine Beschreibung des Bookbuildings als solchem. Die preisabhängigen Angaben lassen sich entweder aus dem Mittelwert der Preisspanne oder deren oberen oder unterem Ende errechnen und unter Hinweis auf ihre Ermittlung und ihren nur indikativen Charakter angeben. Der endgültige Preis und das endgültige Volumen werden nach Art. 17 Abs. 2 bekannt gemacht, eines Nachtrags bedarf es nicht, ein Widerrufsrecht besteht ebenfalls nicht.[10] Bei einer Bezugsrechtsemission, auch als „bis zu" Emission, mit später Festsetzung des Bezugspreises gem. § 186 Abs. 2 S. 2 AktG sind die Grundlagen für die Festlegung des Bezugspreises zu nennen, wobei hierfür auch die Nennung eines Höchstpreises ausreichen kann.[11] Die entsprechenden preisabhängigen Angaben können auf dieser Grundlage gemacht werden, der endgültige Bezugspreis sowie das endgültige Volumen können dann nach Art. 17 Abs. 2 bekannt gemacht werden, eines Nachtrags bedarf es nicht, ein Widerrufsrecht besteht ebenfalls nicht.[12] Beim Decoupled Bookbuilding fehlen im ursprünglichen Prospekt die Preisspanne und auch die Anzahl der Wertpapiere. Nach Ansicht der BaFin zum alten Recht waren diese in einem Nachtrag zu veröffentlichen, wobei die BaFin den Nachtrag in der Regel sehr zügig billigte. Nach anderer Ansicht können Preisspanne und -volumen auch nach Art. 17 Abs. 2 veröffentlicht werden.[13] Unabhängig davon richtet sich die Veröffentlichung des endgültigen Preises und des Volumens dann nach Art. 17 Abs. 2, eines Nachtrags bedarf es nicht, ein Widerrufsrecht besteht ebenfalls nicht.[14]

7   § 8 Abs. 1 S. 6–8 WpPG aF enthielten über die Vorgaben des Art. 8 Abs. 1 Prospekt-RL hinaus noch detaillierte Regelungen hinsichtlich des **Zeitpunkts,** zu dem Emissionspreis und Emissionsvolumen veröffentlicht werden mussten. Artikel 17 enthält solche Vorgaben ebenso wenig wie Art. 8 Abs. 1 Prospekt-RL. Jedoch ergibt sich eine Pflicht zur unverzüglichen Veröffentlichung dieser Angaben jedenfalls bei Wertpapieren, die in einen geregelten Markt zugelassen werden sollen aus Art. 17 MAR. Der Verweis in Art. 17 Abs. 2 auf Art. 21 Abs. 2 stellt klar, dass die Veröffentlichung auf der Internetseite des Emittenten ausreicht. Die Veröffentlichung nach Art. 17 Abs. 2 ist kein Nachtrag iSd Art. 23. In allen Fällen hat der Anbieter oder Zulassungsantragssteller die veröffentlichten Angaben bei der BaFin zu hinterlegen.[15]

8   **3. Widerrufsrecht.** Werden die Kriterien oder Bedingungen nicht angegeben, so gibt das Widerrufsrecht nach Art. 17 Abs. 1 lit. a dem Anleger die Möglichkeit, sich von seiner auf den Abschluss des „Zeichnungsvertrages" gerichteten Erklärung zu lösen. Dabei setzt das Widerrufsrecht voraus, dass Emissionspreis oder Emissionsvolumen (das Fehlen eines davon reicht, um ein Widerrufsrecht auszulösen) nicht angegeben sind, und, dass auch nicht ein maximales Emissionsvolumen oder ein Höchstkurs (das Fehlen eines davon reicht, um ein Widerrufsrecht auszulösen) bzw. bei Letzterem alternativ die Kriterien oder die Bedingungen angegeben wurden, anhand derer der endgültige Emissionskurs ermittelt werden kann. Die Formulierung in Art. 17 Abs. 1, die jeweils von „und/oder" spricht, ist klarer und deutlicher als noch in Art. 8 Prospekt-RL, bei der aufgrund der Verwendung des

---

[7] Wie hier auch *Hamann* in Schäfer/Hamann WpPG § 8 Rn. 4; *Apfelbacher/Metzner* BKR 2006, 81 (87).

[8] So ausdr. auch JVRZ/*Just* WpPG § 8 Rn. 32. IErg ebenso mit ausf. Begründung FK-WpPG/*Meyer* WpPG § 8 Rn. 54 ff.; wie hier auch Assmann/Schlitt/v. Kopp-Colomb/*Schlitt* WpPG § 8 Rn. 15.

[9] FK-WpPG/*Meyer* WpPG § 8 Rn. 56.

[10] FK-WpPG/*Meyer* WpPG § 8 Rn. 56; Assmann/Schlitt/v. Kopp-Colomb/*Schlitt* WpPG § 8 Rn. 20.

[11] Assmann/Schlitt/v. Kopp-Colomb/*Schlitt* WpPG § 8 Rn. 22.

[12] Assmann/Schlitt/v. Kopp-Colomb/*Schlitt* WpPG § 8 Rn. 27.

[13] So ausdr. zum alten Recht FK-WpPG/*Meyer* WpPG § 8 Rn. 55.

[14] FK-WpPG/*Meyer* WpPG § 8 Rn. 56.

[15] *Hamann* in Schäfer/Hamann WpPG § 8 Rn. 22; JVRZ/*Just* WpPG § 8 Rn. 36 ff.

Wortes „und" streitig war, ob bei Nennung nur eines der beiden ein Widerrufsrecht besteht.[16] Alle vor Veröffentlichungen des Emissionspreises und des Emissionsvolumens abgegebenen Erwerbsangebote der Anleger sind in diesen Fällen widerruflich, alle nach der Veröffentlichung des Emissionspreises und des Emissionsvolumens abgegebene Erklärungen dagegen nicht.[17]

4. Widerrufsfrist. Nach Art. 17 Abs. 1 lit. a beträgt die **Widerrufsfrist** zwei Arbeitstage ab **9** Hinterlegung des endgültigen Emissionspreises und/oder Emissionsvolumens. Sie berechnet sich mangels konkreter Angaben in der neuen Prospekt-VO nach §§ 187 ff. BGB, der Tag der Hinterlegung zählt nach § 187 Abs. 1 BGB nicht mit, sodass die Frist nach § 188 Abs. 1 BGB mit Ablauf des zweiten Arbeitstages nach dem Hinterlegungstag endet. Die Absendung des Widerrufs genügt zur Fristwahrung.[18]

5. Fehlende Angaben, Widerrufsrecht. Bereits früher wurden in der Lit. die Auswirkungen **10** fehlender Angaben oder von Veränderungen von Angebotsparametern während der Angebotsphase sowohl auf die verkaufsprospektrechtlichen Erfordernisse als auch das Zustandekommen des **Kaufvertrages** diskutiert.[19] Art. 17 Abs. 1 lit. a enthält hierzu eine zu begrüßende Klarstellung vertragsrechtlicher Art; auch wenn er inhaltliche Anforderungen an den Prospekt stellt, geht es doch aufgrund der in Art. 17 Abs. 1 lit. a geregelten Rechtsfolge des Widerrufsrechts in erster Linie um vertragsrechtliche Fragen.

a) Emissionskurs oder Emissionsvolumen. Das Widerrufsrecht besteht nur, wenn entweder der **11** endgültige Emissionskurs oder das endgültige Emissionsvolumen nicht angegeben sind bzw. bei einem von beiden kein Höchstbetrag (Höchstkurs bzw. maximales Emissionsvolumen) oder die Kriterien für ihre Ermittlung fehlen. Ob man aus Art. 17 Abs. 1 lit. a entgegen der bisher hM[20] entnehmen kann, dass ein Kaufangebot des Anlegers im Rahmen eines Bookbuilding-Verfahrens als solches als Gegenschluss aus Art. 17 Abs. 1 lit. a bereits vor der Annahme unwiderruflich sein soll, ist fraglich und im Ergebnis abzulehnen. Zwar spricht dafür, dass anderenfalls das in Art. 17 Abs. 1 lit. a geregelte Widerrufsrecht nicht erforderlich wäre. Dass aber eine solch einschneidende, einen Anleger grundsätzlich beeinträchtigende Lösung gewollt war, muss bezweifelt werden. Darüber hinaus würde eine solche Änderung das Bookbuilding-Verfahren erschweren, weil Anleger, könnten sie ihr Angebot im Rahmen des Bookbuilding nicht während der gesamten Order-Taking-Periode jederzeit frei widerrufen, dieses erst ganz am Ende der Order-Taking-Periode abgeben würden, um eine längere Bindung zu vermeiden. Das würde aber gerade dem Sinn des Bookbuilding-Verfahrens widersprechen und gerade bei größeren Emissionen technische Schwierigkeiten nach sich ziehen.[21]

b) Veränderung von Emissionspreis und/oder Emissionsvolumen. Veränderungen von Emis- **12** sionspreis oder Emissionsvolumens während der Angebotsphase nach oben oder nach unten sind nicht außergewöhnlich, wurden häufiger praktiziert und haben rechtlich sowohl prospektrechtliche als auch vertragsrechtliche Fragen aufgeworfen.[22] Art. 17 regelt hier nicht die Frage, ob und unter welchen Voraussetzungen bei solchen Änderungen ein Nachtrag zum Prospekt erforderlich ist; das bestimmt sich nach Art. 23.[23] Art. 17 regelt die Auswirkungen solcher Änderungen auf den Kaufvertrag. Danach besteht kein Widerrufsrecht, wenn solche Vereinbarungen bereits bei Bekanntgabe des Angebots in einer Art und Weise beschrieben wurden, dass für den Anleger Art und Umfang erkennbar sind. Das ist zB dann der Fall, wenn eine Grenze für Abweichungen von der angegebenen Preisspanne oder dem angegebenen Volumen genannt ist. Besteht aber in diesen Fällen kein Widerrufsrecht, dann lässt sich daraus umgekehrt – eines Widerrufsrechts bedürfte es nicht, wäre das Angebot des Anlegers bereits unverbindlich oder würde entfallen – entnehmen, dass ein Kaufangebot des Anlegers bei solchermaßen eingegrenzten Veränderungen von Emissionspreis- und/oder Volumen weiter bestehen bleibt und nicht etwa entfällt.[24]

c) Sonstige Veränderungen. Bei sonstigen Veränderungen der Angebotsparameter, zB Verände- **13** rungen des Verhältnisses von Kapitalerhöhung und Verkauf durch den Großaktionär, bleibt es bei den

---

[16] Kein Widerrufsrecht annehmend bei Nennung auch nur eines der beiden *Assmann/Schlitt/v. Kopp-Colomb/ Schlitt* WpPG § 8 Rn. 35. AA, es müssen beide, sowohl Emissionspreis als auch Emissionsvolumen oder die Kriterien genannt sein, *Hamann* in Schäfer/Hamann WpPG § 8 Rn. 11; *JVRZ/Just* WpPG § 8 Rn. 41; FK-WpPG/*Meyer* WpPG § 8 Rn. 38.

[17] RegBegr. zum Prospektrichtlinie-Umsetzungsgesetz, BT-Drs. 15/4999, 25 (32); ebenso *Hamann* in Schäfer/ Hamann WpPG § 8 Rn. 13; JVRZ/*Just* WpPG § 8 Rn. 44; FK-WpPG/*Meyer* WpPG § 8 Rn. 43.

[18] Zu Vorstehendem vgl. nur FK-WpPG/*Meyer* WpPG § 8 Rn. 42.

[19] Ausf. hierzu *Groß* in Hellner/Steuer BuB Rn. 10/268b ff.; *Willamowski,* Bookbuilding, 2000, 163 ff.

[20] *Groß* ZHR 162 (1998), 319 (329); *Groß* in Hellner/Steuer BuB Rn. 10/266; *Willamowski* Bookbuilding, 2000, 169.

[21] IErg wie hier *Hamann* in Schäfer/Hamann WpPG § 8 Rn. 12.

[22] Vgl. hierzu ausf. nur *Groß* in Hellner/Steuer BuB Rn. 10/268a ff. mwN.

[23] S. Art. 23. Wie hier *Hamann* in Schäfer/Hamann WpPG § 8 Rn. 5; FK-WpPG/*Meyer* WpPG § 8 Rn. 57.

[24] Ausdr. wie hier JVRZ/*Just* WpPG § 8 Rn. 45, der hinsichtlich der Maßgeblichkeit der Veränderung auf 20 % der Preisspanne abstellen will.

allgemeinen Grundsätzen. Art. 17 ist hier nicht anwendbar. Prospektrechtlich bedarf es, sofern es sich um einen „wichtige(n) neue(n) Umstand" (Art. 23 Abs. 1 S. 1), dh eine wesentliche wertbildende Information handelt, eines Nachtrags nach Art. 23. Ist ein solcher erforderlich, besteht das Widerrufsrecht nach Art. 23 Abs. 2.[25]

Art. 18 Nichtaufnahme von Informationen

(1) [1]**Die zuständige Behörde des Herkunftsmitgliedstaats kann die Nichtaufnahme bestimmter Informationen in den Prospekt oder in Bestandteilen hiervon genehmigen, wenn sie der Auffassung ist, dass eine der folgenden Bedingungen erfüllt ist:**

a) **Die Offenlegung der betreffenden Informationen würde dem öffentlichen Interesse zuwiderlaufen;**

b) **die Offenlegung der betreffenden Informationen würde dem Emittenten oder dem etwaigen Garantiegeber ernsthaft schaden, vorausgesetzt, dass die Öffentlichkeit durch die Nichtaufnahme der Informationen nicht in Bezug auf Tatsachen und Umstände irregeführt wird, die für eine fundierte Beurteilung des Emittenten oder des etwaigen Garantiegebers und der mit den Wertpapieren, auf die sich der Prospekt bezieht, verbundenen Rechte wesentlich sind;**

c) **die betreffende Information ist in Bezug auf ein spezifisches Angebot oder eine spezifische Zulassung zum Handel an einem geregelten Markt von untergeordneter Bedeutung und beeinflusst nicht die Beurteilung der Finanzlage und der Aussichten des Emittenten oder des etwaigen Garantiegebers.**

[2]**Die zuständige Behörde legt der ESMA alljährlich einen Bericht zu den Informationen vor, deren Nichtaufnahme sie genehmigt hat.**

(2) **Für den Fall, dass ausnahmsweise bestimmte Angaben, die in einen Prospekt oder in Bestandteilen hiervon aufzunehmen sind, dem Tätigkeitsbereich oder der Rechtsform des Emittenten oder des etwaigen Garantiegebers, oder aber den Wertpapieren, auf die sich der Prospekt bezieht, nicht angemessen sind, enthält der Prospekt oder Bestandteile hiervon vorbehaltlich einer angemessenen Information der Anleger Angaben, die den geforderten Angaben gleichwertig sind, es sei denn, solche Angaben sind nicht verfügbar.**

(3) **Wenn Wertpapiere von einem Mitgliedstaat garantiert werden, ist der Emittent, der Anbieter oder die die Zulassung zum Handel an einem geregelten Markt beantragende Person bei der Erstellung eines Prospekts gemäß Artikel 4 berechtigt, Angaben über den betreffenden Mitgliedstaat nicht aufzunehmen.**

(4) [1] **Die ESMA kann bzw. muss, wenn die Kommission dies verlangt, Entwürfe technischer Regulierungsstandards ausarbeiten, in denen präzisiert wird, in welchen Fällen im Einklang mit Absatz 1 und unter Berücksichtigung der in Absatz 1 genannten Berichte, die die zuständigen Behörden der ESMA vorzulegen haben, eine Nichtaufnahme von Angaben zulässig ist.**

[2] **Der Kommission wird die Befugnis übertragen, die in Unterabsatz 1 genannten technischen Regulierungsstandards gemäß den Artikeln 10 bis 14 der Verordnung (EU) Nr. 1095/2010 zu erlassen.**

I. Vorbemerkungen

1   Art. 18 entspricht inhaltlich Art. 8 Abs. 2–5 Prospekt-RL und § 8 Abs. 2–4 WpPG aF.

II. Weglassen sonstiger Angaben

2   **1. Gestattung nach Abs. 1.** Art. 18 Abs. 1 entspricht inhaltlich Art. 8 Abs. 2 Prospekt-RL. Zu dessen Umsetzung in deutsches Recht (§ 8 Abs. 2 WpPG aF) wurde vertreten, die Gestattung erfolge ausschließlich im öffentlichen Interesse, die Regelung sei restriktiv anzuwenden, was auch der Praxis der BaFin entspreche.[1] Wegen des Interesses des Publikums an einer umfassenden Information über den Emittenten und die angebotenen Wertpapiere seien hohe Anforderungen an die Voraussetzungen zu stellen, unter denen die BaFin gestatten könne, dass bestimmte nach der Prospekt-VO vorgeschriebene Angaben nicht in den Prospekt aufgenommen werden.[2] Das war auch bereits vorher bei der Vorgängervorschrift des § 8 Abs. 2 WpPG aF, § 47 BörsZulV aF, bereits so.[3] Die Entscheidung erfordere eine Güterabwägung zwischen dem Geheimhaltungsinteresse des Emittenten und dem Informationsbedürfnis des Anlegers. Der Anwendungsbereich des Art. 8 Abs. 2 Prospekt-RL sei damit

---

[25] Wie hier *Hamann* in Schäfer/Hamann WpPG § 8 Rn. 5; JVRZ/*Just* WpPG § 8 Rn. 46.

[1] FK-WpPG/*Meyer* WpPG § 8 Rn. 60; Assmann/Schlitt/v. Kopp-Colomb/*Schlitt* WpPG § 8 Rn. 46.
[2] RegBegr. zum Prospektrichtlinie-Umsetzungsgesetz, BT-Drs. 15/4999, 25 (33).
[3] *Gebhardt* in Schäfer/Hamann BörsZulV aF § 47 Rn. 7.

eng begrenzt[4] und auch vom durch eine Gestattung unberührt bleibenden Haftungsrisiko (→ Rn. 4) bestimmt. Es ist nicht ersichtlich, dass sich hieran durch die von der Kommission bei Erstellung des Entwurfs der Prospekt-VO mehrfach betonte „Umwandlung der Prospektrichtlinie in eine Verordnung"[5] etwas geändert haben sollte.

Die Gestattung nach Art. 18 Abs. 1 setzt einen Antrag voraus und steht im Ermessen („kann") der **3** BaFin. Bei einer Notifizierung des Prospekts ist auf die Gestattung nach Art. 18 Abs. 1 und den Ersatz von Informationen durch gleichwertige Informationen nach Art. 18 Abs. 2 in der Bescheinigung hinzuweisen (Art. 25 Abs. 2).[6]

2. Rechtsfragen der Gestattung nach Abs. 1. War dies bei § 47 BörsZulV aF noch kaum **4** diskutiert[7], so stellte die Regierungsbegründung zum Prospektrichtlinie-Umsetzungsgesetz ausdrücklich Folgendes fest: „Prospekthaftungsansprüche schließt die Gestattung nicht aus." Auch hieran dürfte sich nichts geändert haben. Konkret bedeutet dies: Werden Angaben aufgrund einer Gestattung nach Art. 18 Abs. 1 weggelassen, so kann dies, wenn daraufhin der Prospekt auch in bewertungserheblichen Bereichen hinsichtlich wesentlicher Angaben unvollständig und damit unrichtig ist, Prospekthaftungsansprüche auslösen. Die Gestattung ändert dann an einer Haftung nichts,[8] wobei allerdings in solchen Fällen das Verschulden des Prospektverantwortlichen entfallen kann.[9] Andererseits dürfte eine Haftung der BaFin wegen (Amts-)Haftungsansprüchen ausscheiden, da die Gestattung ausschließlich im öffentlichen Interesse erfolgt[10].

3. Ersatzangaben nach Abs. 2. Art. 18 Abs. 2 erfasst diejenigen Fälle, in denen nach der Pro- **5** spekt-VO sowie den Delegierten Verordnungen einschließlich deren Anhängen geforderte Angaben nicht angemessen sind, dh nicht passen. Diese sind durch „gleichwertige" Angaben zu ersetzen, „es sei denn, solche Angaben sind nicht verfügbar." Davon zu unterscheiden sind die Fälle, in denen eine bestimmte Angabepflicht aufgrund des Sachverhalts zwingend nicht erfüllt werden kann, vgl. auch Erwägungsgrund 25 Delegierte VO (EU) 2019/980.

Eine andere Frage in diesem Zusammenhang ist die nach so genannten Fehlanzeigen, dh fordert die **6** Prospekt-VO eine bestimmte Angabe zB die nach wesentlichen Patenten, passt diese Angabe aber nicht, weil es solche bei konkreten Emittenten nicht gibt, dann stellt sich die Frage, ob dann die Angabe einfach weggelassen werden kann, oder, ob es des ausdrücklichen Hinweises, dass es bei dem Emittenten keine wesentlichen Patente gibt, bedarf. Art. 18 Abs. 2 regelt diese Frage nicht ausdrücklich. Soweit es tatsächlich nur darum geht, Angaben wegzulassen, weil die Umstände beim Emittenten nicht vorliegen, sollte sicherheitshalber eine Fehlanzeige erfolgen. Für den oben genannten Fall (→ Rn. 6) bedeutet dies, dass darauf hingewiesen werden sollte, dass es keine wesentlichen Patente gebe[11]. Die Angabe, dass der Emittent nicht von einzelnen Patenten abhängig ist, hat als solche einen Informationsgehalt und ist damit dem schlichten Weglassen dieser Information vorzuziehen. Diese Empfehlung zur Angabe im Prospekt selbst gilt unabhängig davon, dass in der Cross Reference Liste nach Art. 24 Abs. 5 Delegierte VO (EU) 2019/980 gegenüber der BaFin insoweit in jedem Fall eine Negativmeldung erforderlich ist; die Cross Reference Liste wird jedoch nicht veröffentlicht, liegt damit Anlegern bei ihrer Investitionsentscheidung nicht vor.[12]

Art. 19 Aufnahme von Informationen mittels Verweis

(1) *[1]* ¹Informationen können mittels Verweis in einen Prospekt aufgenommen werden, wenn sie zuvor oder gleichzeitig auf elektronischem Wege veröffentlicht werden, in einer Sprache gemäß den Anforderungen des Artikels 27 abgefasst sind und in einem der folgenden Dokumente enthalten sind:

a) Dokumente, die im Einklang mit dieser Verordnung oder der Richtlinie 2003/71/EG von einer zuständigen Behörde gebilligt oder bei ihr hinterlegt wurden;
b) Dokumente gemäß Artikel 1 Absatz 4 Buchstaben f bis i und Artikel 1 Absatz 5 Unterabsatz 1 Buchstaben e bis h sowie Buchstabe j Ziffer v;
c) vorgeschriebene Informationen;

---

[4] *Gebhardt* in Schäfer/Hamann BörsZulV aF § 47 Rn. 7.
[5] Begr. des Kommissionsvorschlags, COM(2015) 583 final, 8 und 9.
[6] Ebenso zum alten Recht bereits FK-WpPG/*Meyer* WpPG § 8 Rn. 16.
[7] *Groß*, 2. Aufl. 2002, BörsZulV §§ 45–47 Rn. 15.
[8] RegBegr. zum Prospektrichtlinie-Umsetzungsgesetz, BT-Drs. 15/4999, 25 (31); *Hamann* in Schäfer/Hamann WpPG § 8 Rn. 23; FK-WpPG/*Meyer* WpPG § 8 Rn. 61; Assmann/Schlitt/v. Kopp-Colomb/*Schlitt* WpPG § 8 Rn. 49.
[9] So zu Recht Assmann/Schlitt/v. Kopp-Colomb/*Assmann* VerkprospG § 13 Rn. 65, nach dem bei einer Gestattung durch die BaFin „ein Verschulden der Prospekthaftungsadressaten am Prospektmangel regelmäßig ausscheidet".
[10] So zu Recht zum alten Recht Assmann/Schlitt/v. Kopp-Colomb/*Schlitt* WpPG § 8 Rn. 50.
[11] Anders wohl zum alten Recht Assmann/Schlitt/v. Kopp-Colomb/*Schlitt* WpPG § 8 Rn. 53, der meint, in einem solchen Fall bedürfe es keiner Negativaussage.
[12] So Assmann/Schlitt/v. Kopp-Colomb/*Schlitt* WpPG § 8 Rn. 53.

d) jährlich und unterjährig vorzulegende Finanzinformationen;

e) Prüfungsberichte und Jahresabschlüsse;

f) Lageberichte gemäß Kapitel 5 der Richtlinie 2013/34/EU des Europäischen Parlaments und des Rates[1];

g) Erklärungen zur Unternehmensführung gemäß Artikel 20 der Richtlinie 2013/ 34/EU;

h) Berichte über die Bestimmung des Wertes eines Unternehmens oder eines Vermögenswertes;

i) Vergütungsberichte gemäß Artikel 9b der Richtlinie 2007/36/EG des Europäischen Parlaments und des Rates[2];

j) Jahresberichte oder Offenlegung der Informationen, die in den Artikeln 22 und 23 der Richtlinie 2011/61/EU des Europäischen Parlaments und des Rates[3] vorgesehen sind;

k) Gründungsurkunde und Satzung.

[2] Dabei muss es sich um die dem Emittenten vorliegenden jüngsten Informationen handeln.

[2] Werden nur bestimmte Teile eines Dokuments mittels Verweis aufgenommen, so muss der Prospekt eine Erklärung enthalten, dass die nicht aufgenommenen Teile entweder für den Anleger nicht relevant sind oder an anderer Stelle im Prospekt enthalten sind.

(2) [1] Werden Informationen mittels Verweis aufgenommen, so gewährleistet der Emittent, der Anbieter oder die die Zulassung zum Handel an einem geregelten Markt beantragende Person die Zugänglichkeit der Informationen. [2] Insbesondere muss der Prospekt eine Liste mit Querverweisen enthalten, damit Anleger bestimmte Einzelangaben leicht auffinden können, sowie elektronische Verknüpfungen (im Folgenden „Hyperlink") zu allen Dokumenten, die mittels Verweis aufgenommene Informationen enthalten.

(3) Der Emittent, der Anbieter oder die die Zulassung zum Handel an einem geregelten Markt beantragende Person legt soweit möglich zusammen mit dem bei der zuständigen Behörde eingereichten ersten Entwurf des Prospekts, spätestens aber zum Zeitpunkt des Überprüfungsprozesses alle mittels Verweis in den Prospekt aufgenommenen Informationen in einem elektronischen Format mit Suchfunktion vor, es sei denn, die betreffenden Informationen wurden bereits von der für die Billigung des Prospekts zuständigen Behörde gebilligt oder bei ihr hinterlegt.

(4) *[1]* Die ESMA kann bzw. muss, wenn die Kommission dies verlangt, Entwürfe technischer Regulierungsstandards zur Aktualisierung der in Absatz 1 dieses Artikels genannten Liste von Dokumenten durch Aufnahme weiterer Arten von Dokumenten, die nach dem Unionsrecht bei einer Behörde zu hinterlegen oder von einer Behörde zu billigen sind, ausarbeiten.

[2] Der Kommission wird die Befugnis übertragen, die in Unterabsatz 1 dieses Absatzes genannten technischen Regulierungsstandards gemäß den Artikeln 10 bis 14 der Verordnung (EU) Nr. 1095/2010 zu erlassen.

1   Art. 19 enthält eine gegenüber der Vorgängervorschrift (Art. 11 Prospekt-RL) deutlich erweiterte[1*] und präzisierte Regelungen über die Aufnahme von Informationen in den Prospekt mittels Verweis (sog. „incorporation by reference").

2   Diese Regelung erleichtert die Erstellung des Prospektes. Dagegen führt sie nicht zu einer Verringerung der in einen Prospekt aufzunehmenden Mindestangaben.[2*] Diese bleiben gleich, Art. 19 Abs. 1 gestattet nicht, Mindestangaben wegzulassen, sondern nur, sie nicht in den Prospekt selbst aufzunehmen, und an deren Stelle im Prospekt nur darauf zu verweisen, wo diese Angaben veröffentlicht wurden und sie damit zum Prospektbestandteil zu machen. Das bedeutet zunächst, dass der Verweis und die daraus resultierende Einbeziehung dazu dienen, die Prospektanforderungen zu erfüllen. Das bedeutet darüber hinaus aber auch, dass sich die Prospekthaftung auch auf diese einbezogenen Angaben erstreckt.[3*] Ob es hier möglich ist, die Haftung für die einbezogenen Informationen zu beschränken, ist insbesondere relevant in den Fällen, in denen Anbieter und Emittent verschieden sind, oder aber in den Fällen von Umtausch- oder Aktienanleihen, bei denen die wesentli-

---

[1] **Amtl. Anm.:** Richtlinie 2013/34/EU des Europäischen Parlaments und des Rates vom 26. Juni 2013 über den Jahresabschluss, den konsolidierten Abschluss und damit verbundene Berichte von Unternehmen bestimmter Rechtsformen und zur Änderung der Richtlinie 2006/43/EG des Europäischen Parlaments und des Rates und zur Aufhebung der Richtlinien 78/660/EWG und 83/349/EWG des Rates (ABl. L 182 vom 29.6.2013, S. 19).

[2] **Amtl. Anm.:** Richtlinie 2007/36/EG des Europäischen Parlaments und des Rates vom 11. Juli 2007 über die Ausübung bestimmter Rechte von Aktionären in börsennotierten Gesellschaften (ABl. L 184 vom 14.7.2007, S. 17).

[3] **Amtl. Anm.:** Richtlinie 2011/61/EU des Europäischen Parlaments und des Rates vom 8. Juni 2011 über die Verwalter alternativer Investmentfonds und zur Änderung der Richtlinien 2003/41/EG und 2009/65/EG und der Verordnungen (EG Nr. 1060/2009 und (EU Nr. 1095/2010 (ABl. L 174 vom 1.7.2011, S. 1).

[1*] Begr. des Kommissionsvorschlags, COM(2015) 583 final, 20.

[2*] Das war zur Vorgängervorschrift und deren Umsetzung in § 11 WpPG aF unstr. RegBegr. zum Prospektrichtlinie-Umsetzungsgesetz, BT-Drs. 15/4999, 25 (34); JVRZ/*Friedl* WpPG § 11 Rn. 8; FK-WpPG/*Singhof* WpPG § 11 Rn. 18 und hat sich nicht geändert.

[3*] *Hamann* in Schäfer/Hamann WpPG § 11 Rn. 14; FK-WpPG/*Singhof* WpPG § 11 Rn. 26.

chen Informationen für die Aktienkomponente von einem Dritten stammen. Hier in dem Verweis darauf hinzuweisen, dass die Angaben von Dritten stammen und man deshalb nur die Verantwortlichkeit für deren korrekte Inbezugnahme übernehmen könne, nicht für deren Inhalt, entspricht in der Regel nicht nur den Tatsachen, sondern muss auch zu einer entsprechenden Begrenzung der Prospekthaftung führen, wobei die wohl hM zur Vorgängerregelung dies anders sieht.[4]

Dabei können nicht alle Angaben in der Form eines Verweises einbezogen werden, sondern nur **3** diejenigen, welche in Art. 19 Abs. 1 S. 1 genannt werden. Gemeinsame Voraussetzung für alle in Art. 19 Abs. 1 lit. a–k genannten Dokumente ist, dass sie „zuvor oder gleichzeitig auf elektronischem Wege veröffentlicht werden" und sie in einer den Anforderungen des Art. 27 gemäßen Sprache abgefasst sind. Die Sprachregelung ist im Hinblick auf die nunmehr in § 21 WpPG ermöglichte Wahl (deutsch oder englisch) jedenfalls dann unproblematisch, wenn diese Dokumente in deutscher oder englischer Sprache vorliegen. Der zur Umsetzung der Vorgängerregelung, Artikel 11 Prospektrichtlinie, in § 11 WpPG aF (auch auf Grundlage des Art. 28 Abs. 2 alte Prospekt-VO) von einigen Autoren vertretenen Ansicht, verwiesen werden könne nur auf gleichsprachige Dokumente,[5] dürfte bereits früher aufgrund der gegenteiligen Äußerung der ESMA[6] nicht zu folgen sein. Ein Prospekt in englischer Sprache kann auf deutschsprachige Dokumente verweisen[7]. Die elektronische Veröffentlichung dürfte ebenfalls kein Hindernis sein, weil allein aufgrund des Unternehmensregisters in Deutschland die elektronische Veröffentlichung bei einer Vielzahl der in Art. 19 Abs. 1 lit. a–k genannten Dokumente sicher gestellt ist. Im Übrigen reicht auch eine gleichzeitige elektronische Veröffentlichung aus, sodass eine elektronische Veröffentlichung gleichzeitig mit der elektronischen Veröffentlichung des Prospekts genügen muss.

Art. 19 Abs. 1 lit. a lässt eine Aufnahme mittels Verweises für alle Dokumente, die im Einklang mit **4** der Prospekt-VO oder der Prospekt-RL von einer zuständigen Behörde entweder gebilligt oder bei ihr hinterlegt wurden, zu. Die Regierungsbegründung zum Gesetz zur Umsetzung der Richtlinie 2010/73/EU und zur Änderung des Börsengesetzes hat ausdrücklich klargestellt, dass in „Deutschland... diese „Hinterlegung"... durch bloße „Mitteilung" der Veröffentlichung an die Bundesanstalt im Wertpapierhandelsgesetz umgesetzt[8] wurde, sodass eben auch zB die Finanzberichte nach §§ 114–117 WpHG einbezogen werden können, obwohl sie von der BaFin nicht gebilligt und auch nicht bei ihr physisch hinterlegt wurden. Daran dürfte sich nichts geändert haben.

Zu § 11 WpPG aF vertrat die BaFin die Ansicht, ein doppelter Verweis sei unzulässig, dh ein **5** Verweis auf ein bestimmtes Dokument sei nur insoweit möglich, als dort die Informationen selbst enthalten sind und nicht auf weitere Dokumente weiter verwiesen wird.[9]

Art. 7 Abs. 11 enthält eine ausdrückliche Einschränkung der Möglichkeit, Angaben durch Verweise **6** einzuziehen: In der Zusammenfassung ist dies unzulässig. Darüber hinaus wurde zum alten Recht die Ansicht vertreten, dass eine Aufnahme von Informationen mittels Verweis im Abschnitt Risikofaktoren unzulässig sei.[10]

Art. 19 Abs. 1 S. 2 stellt klar, dass auch bei Einbeziehung im Wege des Verweises die gleichen **7** Anforderungen an die Aktualität der in den Prospekt aufgenommenen Anforderungen gelten.

Die nach Art. 19 Abs. 2 erforderliche Liste der Verweise ist aus Gründen des Schutzes des Publikums **8** geboten. Dies ist insbesondere auch dann sinnvoll, wenn zulässigerweise (Art. 19 Abs. 1 UAbs. 2)[11] auf Teile anderer Dokumente verwiesen wird, dann sind diese in der Liste zu bezeichnen.

[4] So *Hamann* in Schäfer/Hamann WpPG § 11 Rn. 14; Assmann/Schlitt/v. Kopp-Colomb/*v. Ilberg* WpPG § 11 Rn. 50; restriktiver auch FK-WpPG/*Singhof* WpPG § 11 Rn. 26; unter Verweis auf § 47 BörsG aF eine solche „Freizeichnung" ausdr. abl. JVRZ/*Friedl* WpPG § 11 Rn. 40 ff.

[5] Ausf. zum Meinungsstand Assmann/Schlitt/v. Kopp-Colomb/*v. Ilberg* WpPG § 11 Rn. 30, der selbst eine restriktive Ansicht vertritt, Rn. 32; ebenso *Kunold/Schlitt* BB 2004, 501 (506); *Weber* NZG 2004, 360 (363); ebenso JVRZ/*Friedl* WpPG § 11 Rn. 2; aA *Mattil/Möslein* WM 2007, 819 (821); *Heidelbach/Preuße* BKR 2008, 10 (12); vermittelnde Ansicht *Hamann* in Schäfer/Hamann WpPG § 11 Rn. 11: Per Verweis einbezogene Dokumente müssen nicht in derselben Sprache wie der Prospekt abgefasst sein, sondern können auch in der Sprache abgefasst werden, in welcher der Prospekt hätte nach § 19 abgefasst werden können.

[6] ESMA Q&A, ESMA, Frequently asked questions, Prospectuses: common positions agreed by ESMA Members, abrufbar über die Homepage: www.esma.europa.eu., Frage 7. Dass diese Auslegungshilfen der ESMA auch unter der neuen Prospekt-VO fortgelten s. ESMA/2019/ESMA31–62-1258, Frage 2.1.

[7] Dass er dann nur in Länder notifiziert werden kann, in denen auch Deutsch anerkannt ist, ist eine andere Frage, vgl. dazu ESMA Q&A, ESMA, Frequently asked questions, Prospectuses: common positions agreed by ESMA Members, abrufbar über die Homepage: www.esma.europa.eu., Frage 7.

[8] RegBegr. ÄnderungsRL-Umsetzungsgesetz, BT-Drs. 17/8684, 13 (18).

[9] So mit ausf. Literaturangaben auch Assmann/Schlitt/v. Kopp-Colomb/*v. Ilberg* WpPG § 11 Rn. 24; ebenso *Schlitt/Schäfer* AG 2005, 498 (503); *Hamann* in Schäfer/Hamann WpPG § 11 Rn. 3 und 7; JVRZ/*Friedl* WpPG § 11 Rn. 16 zum jährlichen Dokument.

[10] JVRZ/*Friedl* WpPG § 11 Rn. 37; Assmann/Schlitt/v. Kopp-Colomb/*v. Ilberg* WpPG § 11 Rn. 46.

[11] JVRZ/*Friedl* WpPG § 11 Rn. 12.

Kapitel IV. Regeln für die Billigung und die Veröffentlichung des Prospekts

Art. 20 Prüfung und Billigung des Prospekts

(1) Ein Prospekt darf erst veröffentlicht werden, wenn die jeweils zuständige Behörde ihn oder alle seine Bestandteile gemäß Artikel 10 gebilligt hat.

(2) *[1]* Die zuständige Behörde teilt dem Emittenten, dem Anbieter oder der die Zulassung zum Handel an einem geregelten Markt beantragenden Person innerhalb von zehn Arbeitstagen nach Vorlage des Prospektentwurfs ihre Entscheidung hinsichtlich der Billigung des Prospekts mit.

[2] Unterlässt es die zuständige Behörde, innerhalb der in Unterabsatz 1 dieses Absatzes sowie den Absätzen 3 und 6 genannten Fristen eine Entscheidung über den Prospekt zu treffen, so gilt diese Unterlassung nicht als Billigung.

[3] Die zuständige Behörde unterrichtet die ESMA so bald wie möglich über die Billigung des Prospekts und aller Prospektnachträge, auf jeden Fall spätestens bis zum Ende des ersten Arbeitstags, nachdem der Emittent, der Anbieter oder die die Zulassung zum Handel an einem geregelten Markt beantragende Person hierüber unterrichtet wurde.

(3) *[1]* Die Frist gemäß Absatz 2 Unterabsatz 1 wird auf 20 Arbeitstage verlängert, wenn das öffentliche Angebot Wertpapiere eines Emittenten betrifft, dessen Wertpapiere noch nicht zum Handel an einem geregelten Markt zugelassen sind und der zuvor keine Wertpapiere öffentlich angeboten hat.

[2] ¹Die Frist von 20 Arbeitstagen gilt nur für die erste Vorlage des Prospektentwurfs. ²Sind gemäß Absatz 4 nachfolgende Vorlagen erforderlich, so gilt die Frist nach Absatz 2 Unterabsatz 1.

(4) ¹Stellt die zuständige Behörde fest, dass der Prospektentwurf die für eine Billigung vorausgesetzten Standards bezüglich Vollständigkeit, Verständlichkeit und Kohärenz nicht erfüllt und/oder dass Änderungen oder ergänzende Informationen erforderlich sind, so

a) unterrichtet sie den Emittenten, den Anbieter oder die die Zulassung zum Handel an einem geregelten Markt beantragende Person zeitnah darüber, spätestens innerhalb der in Absatz 2 Unterabsatz 1 oder gegebenenfalls Absatz 3 genannten Fristen, gerechnet ab der Vorlage des Prospektentwurfs und/oder der ergänzenden Informationen, und

b) gibt klar die Änderungen oder ergänzenden Informationen, die erforderlich sind, an.

²In diesen Fällen gilt die in Absatz 2 Unterabsatz 1 festgelegte Frist erst ab dem Datum, zu dem ein geänderter Prospektentwurf oder die verlangten zusätzlichen Informationen bei der zuständigen Behörde eingereicht werden.

(5) ¹Ist der Emittent, der Anbieter oder die die Zulassung zum Handel an einem geregelten Markt beantragende Person nicht in der Lage oder nicht willens, die erforderlichen Änderungen vorzunehmen oder die gemäß Absatz 4 verlangten ergänzenden Informationen vorzulegen, ist die zuständige Behörde berechtigt, die Billigung des Prospekts zu verweigern und den Überprüfungsprozess zu beenden. ²In diesem Fall teilt die zuständige Behörde dem Emittenten, dem Anbieter oder der die Zulassung zum Handel an einem geregelten Markt beantragenden Person ihre Entscheidung und die Gründe für die Ablehnung mit.

(6) *[1]* ¹Abweichend von den Absätzen 2 und 4 verkürzen sich die in Absatz 2 Unterabsatz 1 und Absatz 4 genannten Fristen für einen aus mehreren Einzeldokumenten bestehenden Prospekt, der durch in Artikel 9 Absatz 11 genannte Daueremittenten, einschließlich Daueremittenten, die das Notifizierungsverfahren nach Artikel 26 anwenden, erstellt wurde, auf fünf Arbeitstage. ²Der Daueremittent unterrichtet die zuständige Behörde spätestens fünf Arbeitstage vor dem Datum, zu dem der Antrag auf Billigung gestellt werden soll.

[2] Der Daueremittent legt der zuständigen Behörde seinen Antrag mit den erforderlichen Änderungen des einheitlichen Registrierungsformulars, soweit dies zutrifft, sowie der Wertpapierbeschreibung und der Zusammenfassung, die zur Billigung vorgelegt wurden, vor.

(7) ¹Die zuständigen Behörden stellen auf ihren Websites eine Anleitung zum Prüfungs- und Billigungsverfahren bereit, um eine wirksame und zeitnahe Billigung der Prospekte zu gewährleisten. ²Eine solche Anleitung schließt auch Kontaktdaten für Billigungen ein. ³Der Emittent, der Anbieter, die die Zulassung zum Handel an einem geregelten Markt beantragende Person oder die für die Erstellung des Prospekts zuständige Person erhalten die Möglichkeit, während des gesamten Verfahrens der Billigung des Prospekts direkt mit dem Personal der zuständigen Behörde zu kommunizieren und zu interagieren.

(8) [1] Auf Antrag des Emittenten, des Anbieters oder der die Zulassung zum Handel an einem geregelten Markt beantragenden Person kann die zuständige Behörde des Herkunftsmitgliedstaats die Billigung eines Prospekts der zuständigen Behörde eines anderen Mitgliedstaats übertragen, sofern die ESMA vorab darüber informiert wurde und die betreffende zuständige Behörde damit einverstanden ist. [2] Die zuständige Behörde des Herkunftsmitgliedstaats übermittelt die hinterlegten Unterlagen zusammen mit ihrer Entscheidung, die Billigung zu übertragen, noch an dem Tag, an dem sie die Entscheidung getroffen hat, in elektronischer Form der zuständigen Behörde des anderen Mitgliedstaats. [3] Eine solche Übertragung ist dem Emittenten, dem Anbieter oder der die Zulassung zum Handel an einem geregelten Markt beantragenden Person innerhalb von drei Arbeitstagen ab dem Datum mitzuteilen, zu dem die zuständige Behörde des Herkunftsmitgliedstaats ihre Entscheidung getroffen hat. [4] Die in Absatz 2 Unterabsatz 1 und Absatz 3 genannten Fristen gelten ab dem Datum, zu dem die zuständige Behörde des Herkunftsmitgliedstaats die Entscheidung getroffen hatte. [5] Artikel 28 Absatz 4 der Verordnung (EU) Nr. 1095/2010 findet auf die Übertragung der Billigung des Prospekts gemäß diesem Absatz keine Anwendung. [6] Nach Abschluss der Übertragung der Billigung gilt die zuständige Behörde, der die Billigung des Prospekts übertragen wurde, für die Zwecke dieser Verordnung als die für diesen Prospekt zuständige Behörde des Herkunftsmitgliedstaats.

(9) *[1]* Diese Verordnung berührt nicht die Haftung der zuständigen Behörde, die weiterhin ausschließlich durch das nationale Recht geregelt wird.

[2] Die Mitgliedstaaten stellen sicher, dass ihre nationalen Vorschriften über die Haftung der zuständigen Behörde lediglich für die Billigung von Prospekten durch ihre zuständige Behörde gelten.

(10) Die Höhe der Gebühren, die die zuständige Behörde des Herkunftsmitgliedstaats für die Billigung von Prospekten, von Dokumenten, die Bestandteil von Prospekten gemäß Artikel 10 werden sollen, oder von Prospektnachträgen sowie für die Hinterlegung einheitlicher Registrierungsformulare, einschlägiger Änderungen und endgültiger Bedingungen erhebt, muss angemessen und verhältnismäßig sein und wird zumindest auf der Website der zuständigen Behörde veröffentlicht.

(11) Die Kommission erlässt bis zum 21. Januar 2019 gemäß Artikel 44 delegierte Rechtsakte zur Ergänzung dieser Verordnung, in denen die Kriterien für die Prüfung der Prospekte, insbesondere der Vollständigkeit, Verständlichkeit und Kohärenz der darin enthaltenen Informationen, und die Verfahren für die Billigung des Prospekts festgelegt werden.

(12) [1] Die ESMA nutzt ihre Befugnisse im Rahmen der Verordnung (EU) Nr. 1095/2010 zur Förderung der Aufsichtskonvergenz in Bezug auf die Prüfungs- und Billigungsverfahren der zuständigen Behörden zur Bewertung der Vollständigkeit, Kohärenz und Verständlichkeit der im Prospekt enthaltenen Informationen. [2] Hierzu arbeitet die ESMA Leitlinien für die zuständigen Behörden über die Überwachung und Durchsetzung der Prospektvorschriften aus; diese Leitlinien beziehen sich auf die Überprüfung der Einhaltung dieser Verordnung und von auf ihrer Grundlage erlassenen delegierten Rechtsakten und Durchführungsrechtsakten. [3] Die ESMA fördert insbesondere die Konvergenz hinsichtlich der Wirksamkeit, der Methoden und des Zeitpunkts der Prüfung der im Prospekt enthaltenen Informationen durch die zuständigen Behörden, wobei sie insbesondere vergleichende Analysen gemäß Absatz 13 durchführt.

(13) [1] Unbeschadet des Artikels 30 der Verordnung (EU) Nr. 1095/2010 unterzieht die ESMA die Prüfungs- und Billigungsverfahren der zuständigen Behörden, einschließlich der Verfahren zur Notifizierung der Billigung zwischen den zuständigen Behörden, mindestens einer vergleichenden Analyse („Peer review"). [2] Bei der vergleichenden Analyse wird auch bewertet, wie sich unterschiedliche Ansätze bei der Prüfung und Billigung durch die zuständigen Behörden auf die Möglichkeiten der Emittenten, sich in der Union Kapital zu beschaffen, auswirken. [3] Der Bericht über die vergleichende Analyse wird bis zum 21. Juli 2022 veröffentlicht. [4] Die ESMA berücksichtigt im Rahmen dieser vergleichenden Analyse die Stellungnahmen oder Empfehlungen der in Artikel 37 der Verordnung (EU) Nr. 1095/2010 genannten Interessengruppe Wertpapiere und Wertpapiermärkte.

Übersicht

I. Vorbemerkung

1   Art. 20 entspricht teilweise Art. 13 Prospekt-RL. Dabei ergibt sich die „Entsprechung" der Regelungen zu den Bestimmungen der Prospekt-RL und dem WpPG aF aus der nachfolgenden Tabelle, wobei auch hier nochmals betont werden muss, dass dies nicht zwingend eine inhaltliche Regelungsidentität bedeutet sondern allein eine Entsprechung der jeweils, möglicherweise materiell aber unterschiedlich geregelten Materie (→ Vor Art. 1 Rn. 6):

VO (EU) 2017/1129 (Prospekt-VO)	RL 2003/71/EG (Prospekt-RL)	WpPG aF
Art. 20 Abs. 1	Art. 13 Abs. 1	§ 13 Abs. 1 und teilw. Abs. 4
Art. 20 Abs. 2	Art. 13 Abs. 2	§ 13 Abs. 2
Art. 20 Abs. 3	Art. 13 Abs. 3	-
Art. 20 Abs. 4	Art. 13 Abs. 4	§ 13 Abs. 3
Art. 20 Abs. 5	-	-
Art. 20 Abs. 6	-	-
Art. 20 Abs. 7	-	-
Art. 20 Abs. 8	Art. 13 Abs. 5	-
Art. 20 Abs. 9	Art. 13 Abs. 6	-
Art. 20 Abs. 10	-	-
Art. 20 Abs. 11	Art. 13 Abs. 7	-
Art. 20 Abs. 12	-	-
Art. 20 Abs. 4	-	-

Letztendlich dient die Regelung zusammen mit der Prospektpflicht nach Art. 3 Abs. 1 und 3 und der Veröffentlichungspflicht vor Angebot bzw. Zulassung in Art. 21 dem Anlegerschutz, der durch eine Möglichkeit gesichert werden soll, sich vor einer Investitionsentscheidung umfassend informieren zu können. Dabei geht es nicht nur um die Informationsmöglichkeit als solche, sondern gerade darum, dass diese Information, der Prospekt, auch vorher von einer neutralen Stelle (in Deutschland: BaFin) geprüft und gebilligt sein muss: Kein öffentliches Angebot ohne veröffentlichten Prospekt (Art. 3 Abs. 1); keine Prospektveröffentlichung ohne vorherige Prüfung und Billigung des Prospekts (Art. 20 Abs. 1). Entsprechendes gilt für die Zulassung von Wertpapieren zu einem geregelten Markt: Keine Zulassung ohne veröffentlichten Prospekt (Art. 3 Abs. 3 bzw. § 32 Abs. 3 Nr. 2 BörsG); keine Prospektveröffentlichung ohne Prüfung und Billigung des Prospekts (Art. 20 Abs. 1). Zuständig für die Billigung des einen (einzigen) Prospekts ist die dafür nach nationalem Recht gem. Art. 31 dafür zuständig erklärte eine einzige Behörde, nach § 17 WpPG, die BaFin; der eine (einzige) Prospekt kann nach seiner Billigung sowohl für die Zulassung der Wertpapiere als auch für das öffentliche Angebot genutzt werden, was idR auch auf dem Deckblatt zum Ausdruck gebracht wird.[1]

2   Art. 20 regelt das Billigungsverfahren deutlich detaillierter als Art. 13 Prospekt-RL und enthält auch ein klareres Fristenregime, insbesondere weil in Art. 20 Abs. 3 UAbs. klar geregelt wird, dass die Frist von 20 Arbeitstagen nur für die Ersteinreichung gilt, nicht dagegen für die Nachfolgeeinreichungen (→ Rn. 10 ff.). Neben Art. 20 sind für das Prüfungs- und Billigungsverfahren noch die Delegierte VO (EU) 2019/980 der Kommission vom 14.3.2019 zur Ergänzung der Verordnung (EU) 2017/1129 des

---

[1] Wie hier FK-WpPG/*Berrar* WpPG § 13 Rn. 2.

Europäischen Parlaments und des Rates hinsichtlich der Aufmachung, des Inhalts, der Prüfung und der Billigung des Prospekts, der beim öffentlichen Angebot von Wertpapieren oder bei deren Zulassung zum Handel an einem geregelten Markt zu veröffentlichen ist, und zur Aufhebung der Verordnung (EG) Nr. 809/2004 der Kommission[2], und die Delegierte Verordnung (EU) 2019/979 der Kommission vom 14.3.2019 zur Ergänzung der Verordnung (EU) 2017/1129 des Europäischen Parlaments und des Rates durch technische Regulierungsstandards für wesentliche Finanzinformationen in der Zusammenfassung des Prospekts, die Veröffentlichung und Klassifizierung von Prospekten, die Werbung für Wertpapiere, Nachträge zum Prospekt und das Notifizierungsportal und zur Aufhebung der Delegierten Verordnung (EU) Nr. 382/2014 der Kommission und der Delegierten Verordnung (EU) 2016/301 der Kommission[3] sowie die von der ESMA veröffentlichten „Guidelines on risk factors under the Prospectus Regulation"[4] relevant.

II. Billigung

1. Rechtsnatur. Art. 20 enthält keine Regelung über die **Rechtsnatur der Billigung.** Diese wird **3** vom **nationalen Recht** bestimmt. Die Billigung des Prospekts durch die BaFin ist die Regelung eines Einzelfalls auf dem Gebiet des öffentlichen Rechts mit unmittelbarer Außenwirkung und damit ein **Verwaltungsakt.** Das war nach früherem Recht unstreitig[5]; war bei der Prospektbilligung nach § 30 BörsG aF[6] bzw. § 8a VerkprospG im Falle der förmlichen Gestattung der Veröffentlichung[7] nicht anders, und, dass dieses durch die Neuregelung durch die Prospekt-VO anders sein soll, dafür gibt es keine Anhaltspunkte. Die Billigung wird dem Anbieter innerhalb der Frist des Art. 20 Abs. 2 bzw. 3, und bei einem Daueremittenten Abs. 6 schriftlich mitgeteilt. Die früher zB in § 8a VerkprospG geregelte Billigung in Folge Untätigkeit der BaFin bei Fristablauf greift bei Art. 20 Abs. 2 nicht durch, da Art. 2 lit. r ausdrücklich eine „positive Handlung" fordert und Art. 20 Abs. 2 UAbs. 2 ausdrücklich regelt, dass eine Unterlassung keine Billigung ist[8] Die Aufgabe dieser Billigungsfiktion ist in Fällen der Fristüberschreitung für den Anbieter ungünstig. Dem Anbieter bleibt insofern nur ein Anspruch aus Amtspflichtverletzung gegen die BaFin.[9]

2. Billigungsverfahren. a) Überblick. Das Prospektbilligungsverfahren, seine Einleitung und **4** seine Durchführung sind teils in Art. 20, insbesondere hinsichtlich der Prüfungsfristen und des Prüfungsmaßstabs und teilweise in Art. 35 ff. Delegierte VO (EU) 2019/980, dort insbesondere mit Konkretisierungen des Prüfungsmaßstabs, geregelt. Darüber hinaus ist die BaFin nach Art. 20 Abs. 7 verpflichtet, eine „Anleitung zum Prüfungs- und Billigungsverfahren" zu erstellen und stellt sowohl die Unterlagen des Workshop zur Prospekt-VO als auch „Fragen und Antworten" sowie weitere hilfreiche Dokumente auf ihrer Homepage ein[10]. Der Antrag auf Prospektbilligung ist vom Antragsteller allein auf elektronischem Wege, Art. 42 Delegierte VO (EU) 2019/980, unter Einreichung des Prospekts (ebenfalls elektronisch und als durchsuchbares elektronisches Dokument) zu beantragen[11]. Wenn hier Art. 42 Abs. 1 UAbs. 2 Delegierte VO (EU) 2019/980 von „schriftlich" spricht, ist damit nicht die Schriftform des § 126 BGB bzw. die sie ersetzende spezielle elektronische Form des § 126a BGB gemeint, sondern die von der BaFin bestimmte besondere Form über das Einreichungsportal.

b) Antragssteller, Antragsstellung, Zuständigkeit der BaFin. Antragssteller kann dabei der **5** Emittent und/oder Anbieter und/oder Zulassungsantragssteller sein. Es ist nicht zwingend, dass auch die Prospektbilligung von einem Kreditinstitut mit beantragt wird; dies selbst dann nicht, wenn gleich-

---

[2] ABl. 2019 L 166, 26.

[3] ABl. 2019 L 166, 1.

[4] ESMA Guidelines on risk factors under the Prospectus Regulation, final report, ESMA31–62-1217. Die BaFin beabsichtigt die vollumfängliche Anwendung dieser Guidelines bei der Prospektprüfung ab 21.7.2019, so ausdrücklich BaFin Workshop 28.5.2019, Prüfungs- und Billigungsverfahren, 1 (18), dort auch, S. 18 ff. konkrete Darstellung der Guidelines und deren zukünftige Anwendung durch die BaFin.

[5] So ausdr. RegBegr. zum Prospektrichtlinie-Umsetzungsgesetz, BT-Drs. 15/4999, 25 (34), iÜ auch unstr. vgl. nur FK-WpPG/*Berrar* WpPG § 13 Rn. 8; JVRZ/*Ritz/Voß* WpPG § 13 Rn. 18; Assmann/Schlitt/v. Kopp-Colomb/*v. Kopp-Colomb* WpPG § 13 Rn. 16; *Kullmann/Sester* WM 2005, 1068 (1073).

[6] RegBegr. zum Dritten Finanzmarktförderungsgesetz, BT-Drs. 13/8933, 54 (72); Schwark/*Heidelbach,* 3. Aufl. 2004, BörsG § 30 Rn. 33; *Groß,* 2. Aufl. 2002, BörsG §§ 36–39 Rn. 16a.

[7] Schwark/*Heidelbach*, 3. Aufl. 2004, VerkprospG § 8a Rn. 2.

[8] Das war auch nach altem Recht bereits so, vgl. auch RegBegr. zum Prospektrichtlinie-Umsetzungsgesetz, BT-Drs. 15/4999, 25 (34 f.); näher FK-WpPG/*Berrar* WpPG § 13 Rn. 6.

[9] Ebenso *Kullmann/Sester* WM 2005, 1068 (1073). Näher → WpPG § 17 Rn. 3 und → Rn. 20 f.

[10] Vgl. nur die Folien der Beiträge anlässlich des Workshop zur neuen Prospekt-VO am 28.5.2019.

[11] BaFin Workshop 28.5.2019, Prüfungs- und Billigungsverfahren, 1 (12): Verweis auf Artikel 42 ff. Delegierte VO (EU) 2019/980 mit daraus abgeleiteten folgenden Anforderungen: Einreichung über BaFin MVP-System, Angabe einer Kontaktstelle für elektronische Kommunikation der Behörde, Einreichung von ua Querverweislist, per Verweis einbezogenen Informationen (sofern nicht bereits vorliegend), ggf. Notifizierungsantrag, Folgeeinreichung mit „mark-up" und Umsetzungsliste.

zeitig die Zulassung der Wertpapiere zu einem organisierten Markt beantragt wird und hierfür die Antragsstellung durch einen Emissionsbegleiter erforderlich ist (§ 32 Abs. 2 BörsG). Die Prospekt-VO, auf die es im Hinblick auf die Prospektbilligung alleine ankommt, fordert keine Mitantragstellung durch ein Kreditinstitut.[12]

6   Die Antragsstellung erfolgt durch einen Antrag auf Billigung. Auch dieser Billigungsantrag wird elektronisch eingereicht. Da dies durch Hochladen des entsprechenden Dokuments geschieht, wird es sich dabei idR um ein gesondertes schriftliches Dokument, ein Anschreiben, handeln.[13] Mit eingereicht werden der Prospekt, der nicht mehr unterschrieben zu sein braucht, sowie ua die Querverweisliste, alle per Verweis einbezogenen Informationen (sofern nicht bereits vorliegend), ggf. der Notifizierungsantrag, Folgeeinreichung mit „mark-up" und Umsetzungsliste; außerdem wird eine Kontaktstelle für die elektronische Kommunikation der Behörde angegeben[14]; darüber hinaus sollen gem. Art. 42 Abs. 2 lit. j Delegierte VO (EU) 2019/980 alle anderen von der zuständigen Behörde für die Zwecke der Prüfung und der Billigung des Prospekts geforderten Angaben mit übermittelt werden, wozu nach Ansicht der BaFin alle nach Anhang VII Delegierte VO (EU) 2019/979 notwendigen Daten gehören sollen[15].

7   Die **internationale Zuständigkeit** der BaFin für die Prospektbilligung ist nicht in Art. 20 geregelt. Art. 20 Abs. 1 spricht ausdrücklich von der Billigung durch „die jeweils zuständige Behörde", ohne näher zu bestimmen, welches die „zuständige Behörde" ist. Die Zuständigkeit der BaFin für die Prospektbilligung ergibt sich nicht automatisch aus Art. 3 Abs. 1 bzw. Abs. 3, die für öffentliche Angebote im Inland bzw. Zulassungen zum organisierten Markt im Inland eine Prospektveröffentlichung vorschreiben, die wiederum eine Billigung des Prospekts voraussetzt. Eine solche Billigung kann auch von einer anderen zuständigen Behörde eines anderen Staates des Europäischen Wirtschaftsraums erfolgen und ist unter den in Art. 25 genannten Voraussetzungen ausreichend. Art. 13 Abs. 1 Prospekt-RL sprach ausdrücklich von der Billigung „durch die zuständige Behörde des Herkunftsmitgliedsstaates" und wies somit die Zuständigkeit für die Prospektbilligung nach Art. 2 Abs. 1 lit. m Prospekt-RL grundsätzlich[16] dem Land des Sitzes des Emittenten zu. Art. 20 Abs. 1 enthält dazu jedoch keine genaue Regelung. Allerdings regelt Art. 20 Abs. 8, dass „die zuständige Behörde des Herkunftsmitgliedstaats die Billigung eines Prospektes der zuständigen Behörde eines anderen Mitgliedstaats übertragen" kann, geht somit von einer **Erstzuständigkeit des Herkunftsmitgliedstaats** aus. Auch die Art. 24 ff. gehen von einer solchen Primärzuständigkeit des Herkunftsmitgliedstaats aus. Damit ergibt sich die Zuständigkeit für die Prospektbilligung nach Art. 2 lit. m grundsätzlich[17] für die im Land des Sitzes des Emittenten zuständige Behörde. Insbesondere bei Aktien ergibt sich daraus eine Zuständigkeit des Sitzstaates, unabhängig davon, wo die Aktien öffentlich angeboten oder zugelassen werden sollen.[18] Konkret bedeutet dies, dass die BaFin international zuständig für Emittenten mit statutarischem Sitz in Deutschland ist, unabhängig davon, wo das Angebot oder die Zulassung erfolgen soll. Dagegen ist nicht die BaFin sondern die zuständige Behörde des jeweiligen Mitgliedsstaates zuständig für Emittenten, die dort ihren statutarischen Sitz haben, unabhängig davon, ob das Angebot oder die Zulassung in Deutschland erfolgt. Im Übrigen kann ein Wahlrecht nach Art. 2 lit. l ii bestehen und darüber die BaFin zuständig werden.[19]

8   Die BaFin entscheidet über den Antrag innerhalb der Frist des Art. 20 Abs. 2 bzw. Abs. 3 bzw. bei einem Daueremittenten Absatz 6 durch **Verwaltungsakt, dh Billigung oder Ablehnung** – auch die Ablehnung der Billigung ist Verwaltungsakt – oder Aufforderung von Ergänzungen nach Art. 20 Abs. 3. Billigt sie den Prospekt, hat sie die ESMA hierüber zu unterrichten (Art. 20 Abs. 2 UAbs. 2), sie stellt den gebilligten Prospekt oder zumindest eine Liste der gebilligten Prospekte auf ihre Website (Art. 21 Abs. 5), die ESMA stellt den Prospekt nach Art. 21 Abs. 6 auf ihre Internet-Seite ein. Die Einstellung eines Prospekts auf die Internet-Seite der BaFin und der ESMA befreit nicht etwa von der Veröffentlichungspflicht nach Art. 21 Abs. 1 oder ersetzt diese. Vielmehr bleibt die Veröffentlichungspflicht nach Art. 21 Abs. 1 von der Veröffentlichung auf der Internet-Seite der ESMA unberührt; letztere tritt neben die Veröffentlichungspflicht. Die Einstellung eines Prospekts umfasst auch die Einstellung der gebilligten Nachträge.

---

[12] Ebenso bereits nach altem Recht unstr. FK-WpPG/*Berrar* WpPG § 13 Rn. 18; JVRZ/*Ritz/Voß* WpPG § 13 Rn. 10; Assmann/Schlitt/v. Kopp-Colomb/*v. Kopp-Colomb* WpPG § 13 Rn. 23.

[13] Vgl. nur FK-WpPG/*Berrar* WpPG § 13 Rn. 24.

[14] So ausdr. BaFin Workshop 28.5.2019, Prüfungs- und Billigungsverfahren, 1 (12). Zum alten Recht Assmann/Schlitt/v. Kopp-Colomb/*v. Kopp-Colomb* WpPG § 13 Rn. 25.

[15] So ausdr. BaFin Workshop 28.5.2019, Prüfungs- und Billigungsverfahren, 1 (13): Ohne vollständige Übermittlung sämtlicher Daten sei keine Billigung möglich.

[16] Zur differenzierteren Lösung des Art. 2 Abs. 1 lit. m Prospekt-RL ausf. *Kunold/Schlitt* BB 2004, 501 (508 f.).

[17] Zur differenzierteren Lösung des Art. 2 Abs. 1 lit. m Prospekt-RL ausf. *Kunold/Schlitt* BB 2004, 501 (508 f.).

[18] FK-WpPG/*Berrar* WpPG § 13 Rn. 20; JVRZ/*Ritz/Voß* WpPG § 13 Rn. 29; Assmann/Schlitt/v. Kopp-Colomb/*v. Kopp-Colomb* WpPG § 13 Rn. 8. Wie hier auch für Wandelanleihen ausländischer Emittenten *Schlitt/Schäfer* AG 2005, 498 (506).

[19] Zu Vorstehendem vgl. FK-WpPG/*Berrar* WpPG § 13 Rn. 20; Assmann/Schlitt/v. Kopp-Colomb/*v. Kopp-Colomb* WpPG § 13 Rn. 8.

c) Prüfungsmaßstab. Der bereits bei der Begriffsbestimmung der „Billigung" in Art. 2 lit. r **9** genannte und in Art. 20 Abs. 4 wiederholte Prüfungsmaßstab bei Billigung besteht darin, dass allein geprüft wird, ob der Prospekt **vollständig** iSd durch die im Inhaltskatalog der Art. 6–9, 13–19 (einschließlich Anhängen) in Verbindung mit den Bestimmungen und Anhängen der Delegierten Verordnungen genannten Angaben aufgestellten Aufforderungen ist, ob die Angaben des Prospekts konsistent **(Kohärenz)** sind, dh ob der Prospekt keine inneren Widersprüche enthält, und, ob er **verständlich** ist. Dieser Prüfungsmaßstab wird in den Art. 36 ff. Delegierte VO (EU) 2019/980 für die Vollständigkeit, die Verständlichkeit[20] und die Kohärenz näher spezifiziert. Dieser Prüfungsmaßstab hat zweierlei Auswirkungen: Einerseits erfolgt keine, wie auch immer geartete und worauf auch immer basierende Prüfung der inhaltlichen Richtigkeit des Prospekts; das entspricht der bereits zum früheren Recht vertretenen Ansicht.[21] Ob dieser eng begrenzte Prüfungsmaßstab andererseits auch die Prüfungskompetenz der BaFin dergestalt einengt, dass weitergehende Angaben als die im Inhaltskatalog der Art. 6–9, 13–19 (einschließlich Anhängen) in Verbindung mit den Bestimmungen und Anhängen der Delegierten Verordnungen genannten Angaben von der BaFin nicht gefordert werden dürfen, ist dagegen fraglich.[22] Im Ergebnis ist eine solche Beschränkung aber abzulehnen. Dies nicht deshalb, weil Art. 40 Delegierte VO (EU) 2019/980, ausdrücklich zusätzliche Kriterien für die Prüfung zulässt, weil Art. 40 Delegierte VO (EU) 2019/980 dies nur im Rahmen der Vollständigkeits-, Verständlichkeits- und Kohärenzprüfung zulässt. Abzulehnen ist eine solche Beschränkung aber deshalb, weil der Grundsatz der Vollständigkeit (Art. 6 Abs. 1) durchaus weitergehende Angaben verlangen kann[23] und dies nicht nur bei Emittenten, die in eine der in Anhang 29 Delegierte VO (EU) 2019/980 genannten besonderen Kategorien fallen, die so genannten „specialist issuers". Zum erstgenannten Punkt der fehlenden Prüfung der Richtigkeit wurden allerdings von anderen Stimmen in der Lit. unterschiedliche Ansichten vertreten, ob § 13 Abs. 1 S. 2 WpPG aF nicht doch eine deutliche Intensivierung der bisherigen Prüfungsdichte[24] bis hin zu einer eingeschränkten materiellen Prüfung[25] fordere. Dass die Prüfung keine Prüfung der Bonität des Emittenten umfasst,[26] versteht sich dabei von selbst, wurde aber auch bereits früher nahezu einhellig so vertreten.[27] Dass andererseits die BaFin im Rahmen der Kohärenzprüfung Widersprüche aufdecken muss, diese dann auch festzustellen hat, um sie dem Antragsteller mitzuteilen und Abhilfe anzuordnen, versteht sich auch von selbst,[28] ist aber keine Plausibilitätsprüfung oder materiell inhaltliche Prüfung, da ihr auch grundsätzlich keine weiteren Unterlagen als der Prospekt zur Prüfung vorgelegt werden (anders als früher der Zulassungsstelle).

d) Prüfungsfristen/Wiederholungsprüfung. Die in Art. 20 Abs. 2 und 3 (und Abs. 6) enthalte **10** nen Fristen entsprechen im Wesentlichen den bereits in Art. 13 Abs. 2 und 3 Prospekt-RL enthaltenen. Auch die Prospekt-RL stellt auf Arbeitstage ab, anders dagegen § 13 Abs. 2 WpPG aF, der auf „Werktage" abstellt, was auch den Samstag erfasste[29], was wiederum zu einer Diskrepanz zwischen der Prüfungsfrist, welche der BaFin zur Verfügung stand, und den Tagen, an denen bei der BaFin gearbeitet wurde, führte. Nunmehr ist klar, dass es um Arbeitstage geht, zu denen nach der Definition in Art. 2 lit. t „Samstage, Sonntage und gesetzliche Feiertage im Sinne des für diese zuständige Behörde geltenden nationalen Rechts" nicht gehören. Das „nationale" Recht bedeutet in Deutschland das

---

[20] Zum Merkmal der Verständlichkeit als „besonderer Fokus bei der Prospektprüfung", BaFin Workshop 28.5.2019, Prüfungs- und Billigungsverfahren, 1 (7): „Konkrete Kriterien u. a. für klares und detailliertes Inhaltsverzeichnis, lesbare Schriftgröße, verständliche Struktur und einfache Sprache des Prospekts („Plain Language")" und mit der Aussage, es gelte ein unterschiedlicher Maßstab bei Prospekten für Kleinanleger und „Wholesale-Prospekten". Die Verständlichkeit soll grundsätzlich auch eine alphanumerische Bezeichnung der Gliederungsebenen des Prospekts erfordern, S. 8.

[21] So ausdr. RegBegr. zum Prospektrichtlinie-Umsetzungsgesetz, BT-Drs. 15/4999, 25 (34) und ausdr. Assmann/Schlitt/v. Kopp-Colomb/*v. Kopp-Colomb* WpPG § 13 Rn. 10 mit näherer Begründung Rn. 10 ff.

[22] *Wiegel,* Die Prospektrichtlinie und die Prospektverordnung, 2008, 212; *Schlitt/Schäfer* AG 2005, 498 (502).

[23] Ausf. FK-WpPG/*Meyer* WpPG § 6 Rn. 8 ff.

[24] So wohl *Schlitt/Schäfer* AG 2005, 498 (506 f.), die unter Hinweis auf *Crüwell* AG 2003, 243 (250 f.) und *Kunold/ Schlitt* BB 2004, 501 (509) behaupten, der Prüfungsumfang „dürfte damit über die bisherige formale Prüfung von Verkaufsprospekten gemäß § 8a VerkProsG aF hinaus gehen." Außerdem „dürfte die Prüfungsdichte zunehmen." Ebenso *Mülbert/Steup* WM 2005, 1633 (1640), die von einer Prospektprüfungspflicht ausgehen, die über die rein formale und auf die Kohärenz beschränkte Prospektprüfung hinausgeht. Andererseits solle aber die Intensität der bislang bei Börsenzulassungsprospekten geforderten Prüfungspflicht (Plausibilitätskontrolle) nicht bestehen.

[25] *Crüwell* AG 2003, 243 (250); FK-WpPG/*Berrar* WpPG § 13 Rn. 12; *Wiegel,* Die Prospektrichtlinie und die Prospektverordnung, 2008, 417 f. (zur Prospekt-RL).

[26] So ausdr. RegBegr. zum Prospektrichtlinie-Umsetzungsgesetz, BT-Drs. 15/4999, 25 (34); Assmann/Schlitt/v. Kopp-Colomb/*v. Kopp-Colomb* WpPG § 13 Rn. 10.

[27] Schwark/*Heidelbach*, 3. Aufl. 2004, BörsG § 30 Rn. 23.

[28] So FK-WpPG/*Berrar* WpPG § 13 Rn. 12, der daraus eine „begrenzte materielle Prüfung" entnimmt; anders Assmann/Schlitt/v. Kopp-Colomb/*v. Kopp-Colomb* WpPG § 13 Rn. 11, der die Prüfungsschritte genauso sieht, dies aber nicht als materielle Prüfung sehen will.

[29] Ebenso bereits in der Bekanntmachung zum Verkaufsprospektgesetz das BAWe, BAnz. vom 21.9.1999, S. 16 181, sub VII zu § 8a VerkprospG.

Bundesrecht, sodass auch nur bundeseinheitliche Feiertage berücksichtigt werden, nicht dagegen solche nach Landesrecht[30]. Die Fristen beginnen ab Eingang des Prospekts zu laufen, wobei – rechtlich[31] – der Einreichungstag nicht mitgerechnet wird.

11 Aus der Gesamtschau der Abs. 2–5 des Art. 20 ergibt sich gegenüber der früheren Regelung eine klarere zeitliche Abfolge: Die BaFin ist verpflichtet[32], nach Prospekteinreichung innerhalb der Frist von 10/20/5 Arbeitstagen (Abs. 2, 3 oder 7) die Entscheidung über die Billigung mitzuteilen. Dabei kommt es nicht darauf an, ob der Prospekt vollständig, kohärent und verständlich, also billigungsfähig ist, Art. 20 Abs. 4 lit. a. In aller Regel wird die BaFin Änderungen oder Ergänzungen zur Ersteinreichung verlangen. Diese hat sie (ebenfalls Verpflichtung) dem Antragsteller innerhalb der Frist von 10/20 (und wohl auch 5, auch wenn Abs. 6 in Abs. 4 lit. a nicht genannt wird) Arbeitstagen mitzuteilen (Art. 20 Abs. 4 lit. a). Wird daraufhin eine geänderte Fassung des Prospekts eingereicht, hat sie innerhalb der Frist von 10/5 Arbeitstagen über die Billigung zu entscheiden.

12 Zwar ist die bei der Prüfung der Zweiteinreichung geltende Frist bereits gem. Art. 20 Abs. 3 UAbs. 2 verkürzt auf 10 (bzw. bei Dauereinittenten 5) Arbeitstage. Andererseits erscheint es aber unbillig, bei jeder noch so kleinen „Nachforderung" erneut die Frist des Art. 20 Abs. 3 UAbs. 2 beginnen zu lassen. Praktikabler und gemäß dem auch hier geltenden § 25 VwVfG angemessen ist es, wenn die BaFin den Anbieter zunächst auf die Mängel des Prospektes hinweist und ihm die Möglichkeit zur Ergänzung des Prospekts eröffnet, ohne dass hierdurch eine neue Frist in Gang zu setzen wäre.[33] Entsprechend der zu § 8a VerkprospG aF in der Bekanntmachung zum VerkprospG vom BaWe vertretenen Auffassung[34] sollte deshalb bei geringfügigeren Mängeln in der Regel bei dieser Vorgehensweise ein neuer Fristbeginn vermieden werden können.[35] Auf der Grundlage der alten Regeln hatte sich eine bestimmte Fristenregelung mit der BaFin etabliert[36]. Ob und in welchem Umfang diese modifiziert auch künftig gelten wird, bleibt abzuwarten.

13 Im Übrigen ist fraglich, ob die BaFin wie bisher auch nach neuem Recht berechtigt ist, bei der Prüfung der Zweit- oder Folgeeinreichungsfassung Änderungen oder Ergänzungen zu von ihr bereits geprüften Prospektabschnitten zu verlangen, wenn sie dazu bei der Voreinreichung keine Kommentare hatte und diese bei der Zweit- oder Folgeeinreichung nicht geändert wurden. Art. 41 Abs. 5 Delegierte VO (EU) 2019/980, sagt, dass die BaFin bei Zweit- oder Folgeeinreichung nur „Änderungen im Vergleich zum Vorentwurf und alle von diesen Änderungen betroffenen Angaben" prüfen „muss". Auch die englischsprachige Fassung spricht von *„shall only be required"*. Beide Fassungen sprechen deshalb dafür, dass sie sich auf die Prüfung der Änderungen beschränken kann, sie aber auch nicht gehindert ist, die nicht geänderten Prospektabschnitte zu prüfen[37]. Andererseits spricht der Erwägungsgrund 26 Delegierte VO (EU) 2019/980 dafür, dass ein stringentes und verlässliches Prüfungsverfahren gewährleistet werden soll. Dem widerspricht es, wenn die Regulierungsbehörde ohne sachliche Rechtfertigung in Folgeeinreichungen Änderungen oder Ergänzungen bei unveränderten Angaben verlangen würde. Anders ist es bei Vorliegen einer sachlichen Rechtfertigung für ein solches Verlangen, zB, wenn geforderte Änderungen oder Ergänzungen zu einem Abschnitt Folgeänderungen in anderen Abschnitten bedingen.

14 Besteht der Prospekt auch aus einem einheitlichen Registrierungsformular und hat der Emittent die Anforderungen des Art. 9 Abs. 11 erfüllt, wird die Prüfungsfrist des Prospekts von zehn Arbeitstagen auf fünf Arbeitstage verkürzt (Art. 20 Abs. 6). Art. 20 Abs. 6 differenziert nicht danach, ob im Rahmen der Prospektbilligung auch das einheitliche Registrierungsformular erst noch gebilligt werden muss. Er stellt auch nicht darauf ab, ob im Rahmen der Prospektbilligung etwa noch (umfangreiche) Änderungen des einheitlichen Registrierungsformulars gebilligt werden müssten. Das bedeutet, dass die Frist von fünf Arbeitstagen auch in diesen Fällen uneingeschränkt gilt. Dass dadurch die zuständige Behörde etwa zu sehr unter Druck gesetzt würde, wird man schon allein auch aufgrund der „Vorwarnfrist" von fünf Arbeitstagen nach Art. 20 Abs. 6 S. 2 nicht sagen können.

---

[30] JVRZ/*Ritz/Voß* WpPG § 13 Rn. 47; die Frage, auf welches Bundesland beim Doppelsitz der BaFin in Nordrhein-Westfalen und Hessen abzustellen ist, stellt sich damit nicht.

[31] Bei Einreichung bis 8.00 Uhr entsprach es bislang der Praxis der BaFin, diesen Tag mitzurechnen; Gründe dafür, weshalb sich das geändert haben sollte, sind nicht ersichtlich, jedoch ist insoweit die zukünftige Verwaltungspraxis abzuwarten.

[32] Früher war dies str., vgl. nur Darstellung des Meinungsstandes → 3. Aufl. 2015, WpPG § 13 Rn. IX 656.

[33] So bereits zum alten Recht *Apfelbacher/Metzner* BKR 2006, 81 (83). Ebenso bereits ESMA, Final Report, ESMA/2015/1014, Art. 5 Abs. 3 des Verordnungsentwurfs. Krit. zur Zulässigkeit einer solchen Vorgehensweise aufgrund der Vorgaben der Prospekt-RL allerdings *Crüwell* AG 2004, 243 (251); *Kunold/Schlitt* BB 2004, 501 (509).

[34] BAnz. vom 21.9.1999, S. 16 181, sub VII; so für das VerkprospG auch *Lenz* in Assmann/Lenz/Ritz, Verkaufsprospektgesetz, 2001, VerkprospG § 8a Rn. 20.

[35] Nicht ganz eindeutig, aber wohl eher in diesem Sinne zu verstehen BaFin Workshop 28.5.2019, Prüfungs- und Billigungsverfahren, 1 (14): „In dringenden Fällen oder bei geringfügigen Anmerkungen auch mündliche Anhörung, aber nicht fristunterbrechend".

[36] → 3. Aufl. 2015, WpPG § 13 Rn. IX 656.

[37] So ausdr. auch BaFin Workshop 28.5.2019, Prüfungs- und Billigungsverfahren, 1 (6): „Prüfung kann (nicht muss) sich auf die Änderungsmarkierung und hiervon betroffene Angaben beschränken".

3. Rechtsanspruch auf Billigung. Ob ein Anspruch auf Prospektbilligung besteht, wenn die **15** Voraussetzungen dafür vorliegen, lässt sich Art. 20 nicht unmittelbar entnehmen; der Wortlaut der Bestimmung gibt dafür ebenso wenig her wie früher Art. 13 Prospekt-RL. Man wird hier aber, ebenso wie bei § 30 BörsG aF[38] und § 8a VerkprospG aF,[39] davon ausgehen müssen, dass es sich bei der Prospektbilligung um eine gebundene Entscheidung handelt, mit der Folge, dass der Antragsteller auf die Billigung einen Anspruch hat, wenn die Voraussetzungen der Billigung vorliegen.[40]

4. Rechtsfolgen der Billigung. Unmittelbare Rechtsfolge der Billigung des Prospekts ist die **16** Zulässigkeit der Prospektveröffentlichung (allerdings nicht mehr eine Verpflichtung zur unverzüglichen Veröffentlichung, → Art. 21 Rn. 2) und nach dieser Veröffentlichung des öffentlichen Angebots bzw. die Erfüllung der Zulassungsvoraussetzung. Dagegen führt die **Prospektbilligung** – wie auch nach der bis zum Inkrafttreten des Prospektrichtlinie-Umsetzungsgesetzes geltenden Regelung – nicht zu einem Wegfall möglicher Prospekthaftungsansprüche bei einem fehlerhaften Prospekt.[41] Ebenso wenig übernimmt die BaFin durch die Prospektbilligung eine Gewähr für die inhaltliche Richtigkeit des Prospekts. Eine Prospektverantwortlichkeit und damit ihre Prospekthaftung kommen damit nicht in Betracht.[42]

III. Rechtsmittel, Haftung

1. Rechtsmittel. Bleibt die BaFin nach beantragter Prospektbilligung untätig, können die Antrag- **17** steller, dh Emittent, Anbieter und/oder Zulassungsantragssteller gem. § 75 VwGO Untätigkeitsklage erheben[43].

Hinsichtlich einer Anfechtungs- und Verpflichtungsklage bei Ablehnung der Prospektbilligung gilt **18** Folgendes: Die Ablehnung der Billigung ist Verwaltungsakt, gegen den bzw. zur Erlangung der Billigung der Verwaltungsrechtsweg nach einem entsprechenden Widerspruchsverfahren offen steht. Aktiv legitimiert für Widerspruch und Klage ist der die Billigung beantragende Emittent, Anbieter und/oder Zulassungsantragssteller.

Ob der einzelne Anleger bzw. Aktionär im Falle einer gewährten Prospektbilligung widerspruchs- **19** bzw. anfechtungsbefugt oder im Falle einer verweigerten Prospektbilligung verpflichtungsklagebefugt ist, richtet sich nach allgemeinen Regeln. Hier wird man entsprechend der Wertung bei der Zulassung bzw. deren Ablehnung davon ausgehen müssen, dass eine Widerspruchs- bzw. Klagebefugnis des einzelnen Anlegers bzw. Aktionärs nicht besteht.[44]

2. Haftung. Anders als im BörsG, in dem im Vierten Finanzmarktförderungsgesetz bei keiner dort **20** genannten „Behörde" versäumt wurde, gesetzlich ausdrücklich zu regeln, dass diese Stelle ausschließlich im öffentlichen Interesse tätig werde, um damit Schadensersatzansprüche Dritter auszuschließen,[45] enthält die Prospekt-VO in Art. 20 Abs. 9 nur den ausdrücklichen Hinweis, dass sie „die Haftung der zuständigen Behörde" nicht berührt; diese werde „weiterhin ausschließlich durch das nationale Recht geregelt". Das WpPG selbst enthält diesbezüglich jedoch keine ausdrückliche gesetzliche Regelung. § 4 Abs. 4 FinDAG bestimmt allerdings ausdrücklich, dass die BaFin ihre Befugnisse und Aufgaben nur und ausschließlich im öffentlichen Interesse wahrnimmt.[46] Es spricht deshalb auch hier viel dafür, dass ein Drittschutz der Amtspflicht und damit Amtshaftungsansprüche der Anleger bei fehlerhaft erteilter Prospektbilligung ausscheiden sollen.[47]

Andererseits ist bei pflichtwidriger Untätigkeit bzw. Nichterteilung der Prospektbilligung aufgrund **21** des darin liegenden Verstoßes gegen den Anspruch des die Billigung beantragenden Emittenten, Anbieters bzw. Zulassungsantragsstellers auf Billigung (→ Rn. 15) ein Amtshaftungsanspruch dieser Personen zu bejahen. Die Pflicht einer Behörde, über einen Antrag auf Erlass eines Verwaltungsaktes zügig, jedenfalls aber innerhalb der vorgegebenen Frist zu entscheiden, stellt eine gerade gegenüber

---

[38] Schwark/*Heidelbach*, 3. Aufl. 2004, BörsG § 30 Rn. 33.

[39] Schwark/*Heidelbach*, 3. Aufl. 2004, VerkprospG § 8a Rn. 8; *Groß*, 2. Aufl. 2002, VerkprospG § 8a Rn. 3.

[40] Wohl unstr. FK-WpPG/*Berrar* WpPG § 13 Rn. 8; Schwark/Zimmer/*Heidelbach* WpPG § 13 Rn. 18; JVRZ/*Ritz/Voß* WpPG § 13 Rn. 58 f.; Assmann/Schlitt/v. Kopp-Colomb/*v. Kopp-Colomb* WpPG § 13 Rn. 16 idS auch *Kullmann/Sester* WM 2005, 1068 (1073), wenn dort von der Pflicht der BaFin, über den Antrag zu entscheiden die Rede ist.

[41] So ausdr. RegBegr. zum Prospektrichtlinie-Umsetzungsgesetz, BT-Drs. 15/4999, 25 (34).

[42] Unstr. FK-WpPG/*Berrar* WpPG § 13 Rn. 48; Schwark/Zimmer/*Heidelbach* WpPG § 13 Rn. 17; so auch zum alten Recht für die BaFin bzw. die Zulassungsstelle, Schwark/*Heidelbach*, 3. Aufl. 2004, BörsG § 31 Rn. 12.

[43] Vgl. nur FK-WpPG/*Berrar* WpPG § 13 Rn. 65.

[44] Wie hier auch FK-WpPG/*Berrar* WpPG § 13 Rn. 67; Schwark/Zimmer/*Heidelbach* WpPG § 13 Rn. 22. → BörsG § 32 Rn. 49 f.

[45] → BörsG § 32 Rn. 52.

[46] Darauf weisen JVRZ/*Ritz/Voß* WpPG § 13 Rn. 81; Assmann/Schlitt/v. Kopp-Colomb/*v. Kopp-Colomb* WpPG § 13 Rn. 39 ausdr. hin, dort jeweils auch zur Konformität dieser Regelung sowohl mit dem Grundgesetz als auch dem Europäischen Gemeinschaftsrecht; ebenso FK-WpPG/*Berrar* WpPG § 13 Rn. 70.

[47] IErg ebenso FK-WpPG/*Berrar* WpPG § 13 Rn. 71; JVRZ/*Ritz/Voß* WpPG § 13 Rn. 81; Assmann/Schlitt/ v. Kopp-Colomb/*v. Kopp-Colomb* WpPG § 13 Rn. 39.

dem Antragsteller bestehende Amtspflicht iSv § 839 BGB iVm Art. 34 GG dar.[48] Das gilt auch in dem Fall, in dem ein unvollständiger, nicht kohärenter oder nicht verständlicher Prospektentwurf vorgelegt wird. Auch in diesem Fall hat die BaFin den Antragsteller hierauf innerhalb der Fristen des Art. 20 Abs. 2 und 3 hinzuweisen (Art. 20 Abs. 4 lit. a, → Rn. 11). Versäumt die BaFin dies, dann lässt sie sich vertreten, dass sie sich in einem solchen Fall gegenüber einem Anspruch des Anbieters oder Zulassungsantragstellers wegen nicht rechtzeitiger Entscheidung über die Billigung des Prospektes nicht mit dem Argument verteidigen können soll, der Prospekt sei nicht billigungsfähig oder es seien ergänzende Informationen erforderlich gewesen.[49]

Art. 21 Veröffentlichung des Prospekts

(1) *[1]* **Nach seiner Billigung ist der Prospekt der Öffentlichkeit durch den Emittenten, den Anbieter oder die die Zulassung zum Handel an einem geregelten Markt beantragende Person rechtzeitig vor und spätestens mit Beginn des öffentlichen Angebots oder der Zulassung der betreffenden Wertpapiere zum Handel zur Verfügung zu stellen.**

[2] **Im Falle eines öffentlichen Erstangebots einer Gattung von Aktien, die zum ersten Mal zum Handel an einem geregelten Markt zugelassen wird, muss der Prospekt der Öffentlichkeit mindestens sechs Arbeitstage vor dem Ende des Angebots zur Verfügung gestellt werden.**

(2) **Der Prospekt gilt unabhängig davon, ob er aus einem oder mehreren Dokumenten besteht, als der Öffentlichkeit zur Verfügung gestellt, wenn er in elektronischer Form auf einer der folgenden Websites veröffentlicht wird:**

a) **der Website des Emittenten, des Anbieters oder der die Zulassung zum Handel an einem geregelten Markt beantragenden Person;**

b) **der Website der die Wertpapiere platzierenden oder verkaufenden Finanzintermediäre, einschließlich der Zahlstellen;**

c) **der Website des geregelten Marktes, an dem die Zulassung zum Handel beantragt wurde, oder – wenn keine Zulassung zum Handel an einem geregelten Markt beantragt wurde – auf der Website des Betreibers des MTF.**

(3) *[1]* **¹Der Prospekt wird in einer beim Aufrufen der Website leicht zugänglichen eigenen Rubrik veröffentlicht. ²Er wird als herunterladbare, druckbare Datei in einem mit Suchfunktion ausgestatteten, jedoch nicht editierbaren elektronischen Format zur Verfügung gestellt.**

[2] **Dokumente mit Informationen, die mittels Verweis in den Prospekt aufgenommen werden, Nachträge und/oder endgültige Bedingungen für den Prospekt sowie eine gesonderte Kopie der Zusammenfassung werden in derselben Rubrik wie der Prospekt selbst, erforderlichenfalls in Form eines Hyperlinks, zur Verfügung gestellt.**

[3] **In der gesonderten Kopie der Zusammenfassung ist klar anzugeben, auf welchen Prospekt sie sich bezieht.**

(4) **¹Für den Zugang zum Prospekt ist weder eine Registrierung noch die Akzeptanz einer Haftungsbegrenzungsklausel noch die Entrichtung einer Gebühr erforderlich. ²Warnhinweise, die angeben, im Rahmen welcher Rechtsordnungen ein Angebot unterbreitet oder eine Zulassung zum Handel erteilt wird, werden nicht als Haftungsbegrenzungsklausel angesehen.**

(5) *[1]* **¹Die zuständige Behörde des Herkunftsmitgliedstaats veröffentlicht auf ihrer Website alle gebilligten Prospekte oder zumindest die Liste der gebilligten Prospekte, einschließlich eines Hyperlinks zu den in Absatz 3 dieses Artikels genannten spezifischen Rubriken der Website und der Angabe des Aufnahmemitgliedstaats oder der Aufnahmemitgliedstaaten, in dem/denen Prospekte gemäß Artikel 25 notifiziert werden. ²Die veröffentlichte Liste, einschließlich der Hyperlinks, wird stets auf aktuellem Stand gehalten, und jeder einzelne Eintrag bleibt mindestens während des in Absatz 7 dieses Artikels genannten Zeitraums auf der Website verfügbar.**

[2] **Bei der Notifizierung der Billigung des Prospekts oder eines Prospektnachtrags an die ESMA übermittelt die zuständige Behörde der ESMA gleichzeitig eine elektronische Kopie des Prospekts und des betreffenden Nachtrags sowie die erforderlichen Daten für die Klassifizierung in dem in Absatz 6 genannten Speichermechanismus durch die ESMA und für die Erstellung des Berichts nach Artikel 47.**

[3] **Die zuständige Behörde des Aufnahmemitgliedstaats veröffentlicht auf ihrer Website Informationen zu allen gemäß Artikel 25 eingehenden Notifizierungen.**

---

[48] Wie hier FK-WpPG/*Berrar* WpPG § 13 Rn. 72 ff.; JVRZ/*Ritz*/*Voß* WpPG § 13 Rn. 84 f.; Assmann/Schlitt/ v. Kopp-Colomb/*v. Kopp-Colomb* WpPG § 13 Rn. 42; *Kullmann*/*Sester* WM 2005, 1068 (1073) mwN.

[49] Wie hier FK-WpPG/*Berrar* WpPG § 13 Rn. 73. IErg wie hier *Kullmann*/*Sester* WM 2005, 1068 (1073), die allerdings nicht auf § 13 Abs. 3 WpPG aF eingehen und diese Frage unter dem Blickwinkel des Einwandes „rechtmäßigen Alternativverhaltens" behandeln.

(6) [1] **Die ESMA veröffentlicht auf ihrer Website unverzüglich sämtliche Prospekte, die ihr von den zuständigen Behörden übermittelt wurden, einschließlich aller Prospektnachträge, endgültiger Bedingungen und gegebenenfalls entsprechender Übersetzungen, sowie Angaben zu dem Aufnahmemitgliedstaat/den Aufnahmemitgliedstaaten, in dem/denen Prospekte gemäß Artikel 25 notifiziert werden.** [2] **Die Veröffentlichung erfolgt über einen für die Öffentlichkeit kostenlos zugänglichen Speichermechanismus mit Suchfunktionen.**

(7) *[1]* **Alle gebilligten Prospekte bleiben nach ihrer Veröffentlichung mindestens zehn Jahre lang auf den in den Absätzen 2 und 6 genannten Websites in elektronischer Form öffentlich zugänglich.**

[2] **Werden für mittels Verweis in den Prospekt aufgenommene Informationen, Nachträge und/oder endgültige Bedingungen für den Prospekt Hyperlinks verwendet, so bleiben diese während des in Unterabsatz 1 genannten Zeitraums funktionsfähig.**

(8) [1] **Ein gebilligter Prospekt muss einen deutlich sichtbaren Warnhinweis mit der Angabe enthalten, ab wann der Prospekt nicht mehr gültig ist.** [2] **In dem Warnhinweis ist zudem anzugeben, dass die Pflicht zur Erstellung eines Prospektnachtrags im Falle wichtiger neuer Umstände, wesentlicher Unrichtigkeiten oder wesentlicher Ungenauigkeiten nicht besteht, wenn der Prospekt ungültig geworden ist.**

(9) [1] **Für den Fall, dass der Prospekt mehrere Einzeldokumente umfasst und/oder Angaben in Form eines Verweises enthält, können die den Prospekt bildenden Dokumente und Angaben getrennt veröffentlicht und verbreitet werden, sofern sie der Öffentlichkeit gemäß den Bestimmungen des Absatzes 2 zur Verfügung gestellt werden.** [2] **Besteht der Prospekt aus gesonderten Einzeldokumenten gemäß Artikel 10, so ist in jedem dieser Einzeldokumente mit Ausnahme der mittels Verweis aufgenommenen Dokumente anzugeben, dass es sich dabei lediglich um einen Teil des Prospekts handelt und wo die übrigen Einzeldokumente erhältlich sind.**

(10) **Der Wortlaut und die Aufmachung des Prospekts und jeglicher Nachträge zum Prospekt, die der Öffentlichkeit zur Verfügung gestellt werden, müssen jederzeit mit der ursprünglichen Fassung identisch sein, die von der zuständigen Behörde des Herkunftsmitgliedstaats gebilligt wurde.**

(11) [1] **Jedem potenziellen Anleger muss vom Emittenten, vom Anbieter, von der die Zulassung zum Handel an einem geregelten Markt beantragenden Person oder von den Finanzintermediären, die die Wertpapiere platzieren oder verkaufen, auf Verlangen kostenlos eine Version des Prospekts auf einem dauerhaften Datenträger zur Verfügung gestellt werden.** [2] **Für den Fall, dass ein potenzieller Anleger ausdrücklich eine Papierkopie anfordert, stellt ihm der Emittent, der Anbieter, die die Zulassung zum Handel an einem geregelten Markt beantragende Person oder ein Finanzintermediär, der die Wertpapiere platziert oder verkauft, eine gedruckte Fassung des Prospekts zur Verfügung.** [3] **Die Bereitstellung ist auf Rechtsordnungen beschränkt, in denen im Rahmen dieser Verordnung das öffentliche Angebot von Wertpapieren unterbreitet wird oder die Zulassung zum Handel an einem geregelten Markt erfolgt.**

(12) *[1]* **ESMA kann bzw. muss, wenn die Kommission dies verlangt, Entwürfe technischer Regulierungsstandards ausarbeiten, in denen die Anforderungen hinsichtlich der Veröffentlichung des Prospekts weiter präzisiert werden.**

[2] **Der Kommission wird die Befugnis übertragen, die in Unterabsatz 1 genannten technischen Regulierungsstandards gemäß den Artikeln 10 bis 14 der Verordnung (EU) Nr. 1095/2010 zu erlassen.**

(13) *[1]* **Die ESMA erstellt Entwürfe technischer Regulierungsstandards, in denen die für die Klassifizierung der Prospekte nach Absatz 5 erforderlichen Daten und die praktischen Modalitäten spezifiziert werden, mit denen sichergestellt wird, dass diese Daten einschließlich der ISIN der Wertpapiere und der LEI der Emittenten, Anbieter und Garantiegeber maschinenlesbar sind.**

[2] **Die ESMA übermittelt der Kommission diese Entwürfe technischer Regulierungsstandards bis zum 21. Juli 2018.**

[3] **Der Kommission wird die Befugnis übertragen, die in Unterabsatz 1 genannten technischen Regulierungsstandards gemäß den Artikeln 10 bis 14 der Verordnung (EU) Nr. 1095/2010 zu erlassen.**

I. Allgemeines, Überblick

1. Allgemeines. Art. 21 entspricht teilweise Art. 14 Prospekt-RL und regelt anders als Art. 14 **1** Prospekt-RL allein die Veröffentlichung und nicht mehr die „Hinterlegung" des Prospekts. Eine solche Hinterlegung im Sinne einer Einreichung eines körperlichen Dokuments findet nicht mehr statt; sie wird durch die elektronische Einreichung der finalen Billigungsfassung ersetzt. Art. 21 gilt über die

Veröffentlichung des Prospekts hinaus auch für die Veröffentlichung von Nachträgen (Art. 23 Abs. 1 UAbs. 2) und der endgültigen Bedingungen (Art. 8 Abs. 5).

2   **2. Überblick.** Der Prospekt darf nach Art. 21 Abs. 1 UAbs. 1 erst nach seiner Billigung veröffentlicht werden. Anders als Art. 14 Abs. 1 S. 1 Prospekt-RL und § 14 Abs. 1 S. 1 WpPG aF, die noch eine Fristenregelung zwischen Billigung und Veröffentlichung enthielten („so bald wie praktisch möglich" bzw. „unverzüglich"), enthält Art. 21 Abs. 1 hierzu zu Recht keine Regelung. Entscheidend für den Anlegerschutz durch Information ist nicht die Veröffentlichung nach Billigung, sondern allein, dass sie „rechtzeitig vor und spätestens mit Beginn des öffentlichen Angebots oder der Zulassung", so Art. 21 Abs. 1 UAbs. 1, erfolgt. Damit hat sich die frühere Diskussion darüber, wie „unverzüglich" zu verstehen ist, und, ob eine Verpflichtung zur Veröffentlichung des Prospekts nach Billigung aber bei uU aufgegebenen Plänen für ein öffentliches Angebot oder eine Börsenzulassung bestand[1], erledigt, sie besteht jedenfalls nach neuem Recht nicht (mehr).

3   Art. 21 Abs. 1 UAbs. 2 enthält eine Sonderregelung für das öffentliche Erstangebot einer Gattung von Aktien, die noch nicht zum Handel an einem organisierten Markt zugelassen sind. Um hier Anlegern ausreichend Zeit zur Information zu geben, muss der Prospekt mindestens sechs Arbeitstage vor Ende des Angebots veröffentlicht werden[2]. Damit wird gleichzeitig auch eine Mindestdauer bei einem erstmaligen öffentlichen Angebot von Aktien einer Gattung, zB bei einem IPO, eingeführt: Vor Veröffentlichung des Prospekts darf dieses öffentliche Angebot nicht starten (Art. 3 Abs. 1), danach muss es nach Art. 20 Abs. 1 UAbs. 2 mindestens sechs Arbeitstage laufen.

II. Veröffentlichungsfristen

4   Nach Art. 21 Abs. 1 genügt es, wenn der Prospekt nach seiner Billigung dem Publikum „**rechtzeitig vor und spätestens mit Beginn des öffentlichen Angebots oder der Zulassung**" zur Verfügung gestellt, sprich nach Art. 21 Abs. 2–4 veröffentlicht wird. Entscheidend ist danach, dass der Prospekt spätestens mit Beginn des öffentlichen Angebots zur Verfügung gestellt wird. Dies ist eine Änderung gegenüber der bislang geltenden Rechtslage in Deutschland, wo bislang gem.§ 14 Abs. 1 WpPG aF in Abweichung von Art. 14 Abs. 1 S. 1 Prospekt-RL verlangt wurde, dass der Prospekt spätestens einen Werktag vor Beginn des öffentlichen Angebots bzw. vor der Einführung der Wertpapiere oder dem Beginn des Handels von Bezugsrechen an einem organisierten Markt veröffentlicht sein musste[3]. Nach der Neuregelung ist es ausreichend, den Prospekt am Morgen des Beginns des öffentlichen Angebots auf der Website zu veröffentlichen.

III. Veröffentlichungsformen

5   **1. Internet.** Art. 21 Abs. 2 konzentriert die Veröffentlichungsform auf das Internet und lässt hierfür verschiedene, in lit. a–c genau benannte Websites zu. Zwischen diesen kann der Emittent/Anbieter/ die eine Zulassung beantragende Person wählen. Ganz auf das Internet verlassen, wollte sich der europäische Gesetzgeber jedoch nicht. Art. 21 Abs. 11 verlangt deshalb, dass auf Verlangen jedem potentiellen Anleger ein dauerhafter Datenträger (Definition in Art. 2 lit. z) und letztendlich, wenn der potentielle Anleger dies „ausdrücklich" verlangt auch eine Papierversion kostenlos zur Verfügung gestellt wird.

6   **2. Ungestörter Zugang.** Art. 21 Abs. 4 regelt den freien Zugang zum Prospekt. Bei Veröffentlichung des Prospekts auf der Website dürfen bei Einsichtnahme keine Registrierung oder die Akzeptanz einer Haftungsbegrenzungsklausel gefordert werden. Andererseits erklärt Art. 21 Abs. 4 S. 2 ausdrücklich Warnhinweise zum Angebots-/Zulassungsort für zulässig. Die in der Praxis üblichen Filter, beim Zugang zum Prospekt den Aufenthaltsstaat/-ort abzufragen und dann den Zugang auf Angebots-/Zulassungsstaaten zu reduzieren, ist keine Registrierung. Ein solcher Filter ist auch keine unzulässige Einschränkung des Zugangs und bleibt damit zulässig. Das ergibt sich nicht nur aus der Formulierung in Abs. 4 sondern auch aus der Spezialregelung in Abs. 11 S. 3 sowie der ausdrücklichen Regelung solcher „Maßnahmen" in Art. 10 Abs. 2 Delegierte VO (EU) 2019/979[4].

---

[1] Vgl. nur FK-WpPG/*Berrar* WpPG § 14 Rn. 11 ff. und Assmann/Schlitt/v. Kopp-Colomb/*Kunold* WpPG § 14 Rn. 6 zur Auslegung des Begriffes „unverzüglich" und FK-WpPG/*Berrar* WpPG § 14 Rn. 20 und Assmann/Schlitt/ v. Kopp-Colomb/*Kunold* WpPG § 14 Rn. 7 zur Veröffentlichungspflicht.

[2] Der deutsche Gesetzgeber hatte diese auch bereits in Art. 14 Abs. 1 S. 2 Prospekt-RL enthaltene Regelung seinerzeit zwar erwogen, RegBegr. zum Prospektrichtlinie-Umsetzungsgesetz, BT-Drs. 15/4999, 25 (35), jedoch nicht umgesetzt.

[3] Vgl. dazu noch → 3. Aufl. 2015, WpPG § 14 Rn. IX 667.

[4] Ausdrücklicher Hinweis, dass Warnhinweise zur Rechtsordnung für das öffentliche Angebot bzw. die Zulassung „zulässig" und, unter Verweis auf Art. 10 Abs. 2 Delegierte VO (EU) 2019/979, dass Maßnahmen auf der Webseite, die verhindern, dass Personen mit Wohnsitz in anderen Mitgliedstaaten oder Drittländern als denjenigen, in denen die Wertpapiere öffentlich angeboten werden, angesprochen werden, „notwendig" sind bei BaFin Workshop 28.5.2019, Prospektrechtliche Folgepflichten nach der Billigung, 1 (9).

3. Spezielle Veröffentlichungsformen. a) Getrennte Veröffentlichung (Abs. 9). Art. 21 **7** Abs. 9 bestimmt, dass bei einem aus mehreren Einzeldokumenten bestehenden Prospekt eine getrennte Veröffentlichung der Dokumente erfolgen kann. Wie auch in der Vergangenheit gilt, dass auch bei dieser getrennten Veröffentlichung die Regelungen des Art. 21 gelten, insbesondere die Verpflichtung, bei einem nur im Internet veröffentlichten Prospekt aus mehreren Einzeldokumenten auch bei diesem einen dauerhaften Datenträger oder bei ausdrücklichem Verlangen eine kostenlos Papierform zur Verfügung zu stellen.

b) Kostenlose Ausgabe (Abs. 11). Art. 20 Abs. 11 fordert, dass auf Verlangen jedem potentiellen **8** Anleger ein dauerhafter Datenträger (Definition in Art. 2 lit. z) und letztendlich, wenn der potentielle Anleger dies „ausdrücklich" verlangt, auch eine Papierversion kostenlos zur Verfügung steht. Dabei gilt dies jedoch nach Art. 21 Abs. 11 S. 3 nur für diejenigen Rechtsordnungen, in denen das öffentliche Angebot oder die Zulassung erfolgt. Damit wird sichergestellt, dass mit dieser Veröffentlichungsform nicht etwa die regionale Beschränkung des öffentlichen Angebots, welche durch Zugangsschranken auf den Websites ermöglicht wird, umgangen wird. Solche regionalen Zugangsschranken erklärt Art. 21 Abs. 4 ausdrücklich für zulässig.

4. Identitätserfordernis. Es verstand sich auch früher bereits von selbst, dass jegliche Veröffent- **9** lichung des Prospekts, ob im Internet, auf dauerhaftem Datenträger oder als Papierversion identisch sein muss mit der gebilligten Prospektfassung (gegebenenfalls modifiziert durch gebilligte Nachträge). Art. 21 Abs. 10 stellt dies noch einmal ausdrücklich klar. Änderungen am Prospekt nach dessen Billigung können nicht eigenmächtig vorgenommen werden; hierfür gibt es allein den Weg des Nachtrags nach Art. 23.

IV. Warnhinweis

Art. 21 Abs. 8 fordert einen „deutlich sichtbaren **Warnhinweis** mit der Angabe …, ab wann der **10** Prospekt nicht mehr gültig ist. In dem Warnhinweis ist zudem anzugeben, dass die Pflicht zur Erstellung eines Prospektnachtrags im Falle wichtiger neuer Umstände, wesentlicher Unrichtigkeiten oder wesentlicher Ungenauigkeiten nicht besteht, wenn der Prospekt ungültig geworden ist." Dieser Warnhinweis ist vor dem Hintergrund der in Art. 21 Abs. 7 angeordneten Veröffentlichungsdauer von zehn Jahren verständlich und sinnvoll, wirft aber einige Fragen auf.

Zunächst ist fraglich, wo genau der „deutlich sichtbare Warnhinweis" enthalten sein muss. Der **11** Wortlaut des Art. 21 Abs. 8 spricht davon, der gebilligte Prospekt müsse diesen „enthalten". Das spricht dafür, dass er tatsächlich im Prospekt selbst enthalten sein muss. Um im Prospekt „deutlich sichtbar" zu sein, müsste er dann wohl unmittelbar auf das Deckblatt aufgenommen werden, dort besonders drucktechnisch hervorgehoben (Schriftbild, Schriftart, Schriftgröße oder Farbe). Will man die Bestimmung nicht wörtlich auslegen, dann müsste auch ein Hinweis auf die Website zB bei der Dokumentenbezeichnung, welches den herunterladbaren Prospekt bezeichnet, möglich sein.

Im Übrigen ist der von Art. 21 Abs. 8 vorgegebene Inhalt des Warnhinweises problematisch. Der **12** Prospekt ist nach Art. 12 Abs. 1 nach seiner Billigung 12 Monate gültig. Die Nachtragsfrist in Art. 23 Abs. 1 endet deutlich vorher nämlich mit dem Ende der Angebotsfrist oder, falls später, der Eröffnung des Handels. Der Warnhinweis in Art. 21 Abs. 8 suggeriert jedoch, dass bis zum Ablauf der Gültigkeit des Prospekts von 12 Monaten wichtige neue Umstände nachgetragen oder wesentliche Unrichtigkeiten oder Ungenauigkeiten beseitig werden. Das ist aber gerade nicht der Fall. Hinzu kommen, jedenfalls in Deutschland noch die Prospekthaftungsregelung von sechs Monaten (§§ 9 Abs. 1 S. 1, 10 S. 1 WpPG) und die Prospektberichtigungsmöglichkeit nach § 12 Abs. 2 Nr. 4 WpPG. Insofern gibt es nur die Möglichkeit, die Gültigkeit des Prospektes ausdrücklich zu reduzieren auf das Ende der Nachtragsfrist. In diesem Fall muss der Warnhinweis dahin gehen, dass die Pflicht zur Erstellung eines Prospektnachtrags im Falle wichtiger neuer Umstände, wesentlicher Unrichtigkeiten oder wesentlicher Ungenauigkeiten mit Ende der Nachtragsfrist entfallen ist und eventuelle Prospektberichtigungen nach Ende der Nachtragsfrist bis zum Ende der Prospekthaftungsperiode von sechs Monaten nach erstmaliger Einführung bzw. dem erstmaligen öffentlichen Angebot zu berücksichtigen sind. Will der Anbieter/Zulassungsantragsteller dagegen zB bei einem länger laufenden Angebot von der Gültigkeit des Prospekts bis zum Ablauf der 12 Monate Gebrauch machen, muss er den Prospekt nur zusammen mit innerhalb dieser Frist veröffentlichten Nachträgen veröffentlichen und diese zwingend verbinden. In diesem Fall müssten alle Prospektberichtigungen nach § 12 Abs. 2 Nr. 4 WpPG aF in der Form des Nachtrags erfolgen und bei einem fortlaufenden Angebot innerhalb der 12 Monate muss ein Hinweis eventuelle Prospektberichtigungen (zusätzlich zu den Nachträgen) nach Ende der Nachtragsfrist bis zum Ende der Prospekthaftungsperiode von sechs Monaten nach erstmaliger Einführung bzw. dem erstmalige öffentliche Angebot erfolgen. Allein die inhaltlichen Vorgaben des Art. 21 Abs. 8 in den Warnhinweis aufzunehmen, reicht nicht und führt eher in die Irre.

Art. 22 Werbung

(1) [1]Jede Werbung, die sich auf ein öffentliches Angebot von Wertpapieren oder auf eine Zulassung zum Handel an einem geregelten Markt bezieht, muss die Grundsätze der Absätze 2 bis 5 beachten. [2]Die Absätze 2 bis 4 und Absatz 5 Buchstabe b gelten nur für die Fälle, in denen der Emittent, der Anbieter oder die die Zulassung zum Handel an einem geregelten Markt beantragende Person der Pflicht zur Erstellung eines Prospekts unterliegt.

(2) In jeder Werbung ist darauf hinzuweisen, dass ein Prospekt veröffentlicht wurde bzw. zur Veröffentlichung ansteht und wo die Anleger ihn erhalten können.

(3) [1]Werbung muss klar als solche erkennbar sein. [2]Die darin enthaltenen Informationen dürfen nicht unrichtig oder irreführend sein und müssen mit den im Prospekt enthaltenen Informationen übereinstimmen, falls er bereits veröffentlicht ist, oder die in den Prospekt aufzunehmen sind, falls er erst noch veröffentlicht wird.

(4) Alle mündlich oder schriftlich verbreiteten Informationen über das öffentliche Angebot von Wertpapieren oder die Zulassung zum Handel an einem geregelten Markt müssen, selbst wenn sie nicht zu Werbezwecken dienen, mit den im Prospekt enthaltenen Informationen übereinstimmen.

(5) Falls wesentliche Informationen von einem Emittenten oder einem Anbieter offengelegt und mündlich oder schriftlich an einen oder mehrere ausgewählte Anleger gerichtet werden, müssen diese Informationen entweder

a) allen anderen Anlegern, an die sich das Angebot richtet, mitgeteilt werden, falls keine Veröffentlichung eines Prospekt gemäß Artikel 1 Absätze 4 und 5 erforderlich ist, oder

b) in den Prospekt oder in einen Nachtrag zum Prospekt gemäß Artikel 23 Absatz 1 aufgenommen werden, falls die Veröffentlichung eines Prospekts erforderlich ist.

(6) *[1]* Die zuständige Behörde des Mitgliedstaats, in dem die Werbung verbreitet wird, ist befugt, zu kontrollieren, ob bei der Werbung für ein öffentliches Angebot von Wertpapieren oder eine Zulassung zum Handel an einem geregelten Markt Absätze 2 bis 4 beachtet werden.

[2] Falls erforderlich, unterstützt die zuständige Behörde des Herkunftsmitgliedstaats die zuständige Behörde des Mitgliedstaats, in dem die Werbung verbreitet wird, bei der Beurteilung der Frage, ob die Werbung mit den Informationen im Prospekt übereinstimmt.

[3] Unbeschadet des Artikels 32 Absatz 1 ist die Prüfung der Werbung durch eine zuständige Behörde keine Voraussetzung für ein öffentliches Angebot von Wertpapieren oder für die Zulassung zum Handel an einem geregelten Markt in einem Aufnahmemitgliedstaat.

[4] Nutzt die zuständige Behörde eines Aufnahmemitgliedstaats zur Durchsetzung des vorliegenden Artikels eine der Aufsichts- und Ermittlungsbefugnisse gemäß Artikel 32, so ist dies unverzüglich der zuständigen Behörde des Herkunftsmitgliedstaats des Emittenten mitzuteilen.

(7) [1]Die zuständigen Behörden der Aufnahmemitgliedstaaten dürfen Gebühren nur im Zusammenhang mit der Wahrnehmung ihrer Aufsichtsaufgaben gemäß diesem Artikel erheben. [2]Die Höhe der Gebühren ist auf den Websites der zuständigen Behörden anzugeben. [3]Die Gebühren müssen diskriminierungsfrei, angemessen und verhältnismäßig zu der Aufsichtsaufgabe sein. [4]Von den zuständigen Behörden der Aufnahmemitgliedstaaten werden keine Anforderungen oder Verwaltungsverfahren auferlegt, die über die für die Ausübung ihrer Aufsichtsaufgaben gemäß diesem Artikel erforderlichen Anforderungen oder Verwaltungsverfahren hinausgehen.

(8) [1]Abweichend von Absatz 6 können zwei zuständige Behörden eine Vereinbarung schließen, wonach in grenzüberschreitenden Situationen für die Zwecke der Ausübung der Kontrolle darüber, ob die für die Werbung geltenden Grundsätze eingehalten werden, diese Kontrolle weiterhin der zuständigen Behörde des Herkunftsmitgliedstaats obliegt. [2]Solche Vereinbarungen werden der ESMA mitgeteilt. [3]Die ESMA veröffentlicht eine Liste solcher Vereinbarungen und aktualisiert diese regelmäßig.

(9) *[1]* Die ESMA arbeitet Entwürfe technischer Regulierungsstandards aus, in denen die Bestimmungen der Absätze 2 bis 4 über die Werbung weiter präzisiert werden, auch zu dem Zweck, die Bestimmungen über die Verbreitung von Werbung festzulegen und Verfahren für die Zusammenarbeit zwischen der zuständigen Behörde des Herkunftsmitgliedstaats und der zuständigen Behörde des Mitgliedstaats, in dem die Werbung verbreitet wird, aufzustellen.

[2] Die ESMA übermittelt der Kommission diese Entwürfe technischer Regulierungsstandards bis 21. Juli 2018.

[3] Der Kommission wird die Befugnis übertragen, die in Unterabsatz 1 genannten technischen Regulierungsstandards gemäß den Artikeln 10 bis 14 der Verordnung (EU) Nr. 1095/2010 zu erlassen.

(10) [1]Gemäß Artikel 16 der Verordnung (EU) Nr. 1095/2010 arbeitet die ESMA an die zuständigen Behörden gerichtete Leitlinien und Empfehlungen in Bezug auf die gemäß Absatz 6 ausgeübte Kontrolle aus. [2]In diesen Leitlinien und Empfehlungen wird berücksichtigt, dass eine solche Kontrolle die Funktionsweise des Notifizierungsverfahrens gemäß Artikel 25 nicht behindern darf, wobei zugleich der Verwaltungsaufwand für Emittenten, die grenzüberschreitende Angebote in der Union abgeben, so gering wie möglich zu halten ist.

(11) **Dieser Artikel gilt unbeschadet der anderen geltenden Bestimmungen des Unionsrechts.**

Art. 22 wird durch die Art. 13 ff. Delegierte VO (EU) 2019/979, in denen detaillierte Vorgaben für **1** die konkrete Kennzeichnung des Prospekts, den Inhalt der Werbung und deren Verbreitung und sogar für über Werbung hinausgehende Informationen[1] aufgestellt werden, näher konkretisiert.

Art. 22 erfasst die in Art. 2 lit. k definierte **Werbung.** Diese stellt maßgeblich darauf ab, dass die **2** Mitteilung zwei Kriterien erfüllt, zum einen den Bezug „auf ein spezifisches öffentliches Angebot von Wertpapieren oder deren Zulassung zum Handel an einem geregelten Markt" und zum anderen deren Zielsetzung, „die potenzielle Zeichnung oder den potenziellen Erwerb von Wertpapieren gezielt zu fördern".

Werbung erfasst damit so unterschiedliche Bereiche wie Zeitungsanzeigen oder TV- oder Radio- **3** Werbespots, aber auch **Road-Show-Materialien und** (wenn man auf deren Zweck, die Erstellung der absatzfördernden Analystenreports zu ermöglichen und zu fördern, abstellt) **Analystenpräsentationen.** Die BaFin wollte zum allein Recht – zu Recht – auch Veröffentlichungshinweise nach § 14 WpPG aF (jetzt Art. 21) an § 15 WpPG aF (Art. 22) messen;[2] das wird man auch nach der Regelung in Art. 22 so sehen müssen. Art. 22 Abs. 1 S. 2 stellt klar, dass ein öffentliches Angebot oder die Zulassung von Wertpapieren, die von der Prospektpflicht ausgenommen ist, nicht von den Bestimmungen der Abs. 2–4 und Abs. 5 lit. b erfasst werden.[3] Art. 22 Abs. 2–4 und Abs. 5 lit. b gelten demnach nur für prospektpflichtige öffentliche Angebote oder Zulassungen und regeln die Werbung, die sich auf ein öffentliches Angebot von Wertpapieren oder auf die Zulassung zum Handel an einem organisierten Markt bezieht. Anders ist dies bei Art. 22 Abs. 5 lit. a, der auch bei öffentlichen Angeboten oder Zulassungen gilt, für die eine Prospektbefreiung nach Art. 1 Abs. 4 oder 5 eingreift.

Art. 22 Abs. 2 fordert in allen Werbeanzeigen einen Hinweis auf den Prospekt und wo dieser **4** konkret[4] erhältlich ist. Erforderlich ist ein deutlicher Hinweis[5] auf den Prospekt und, auch wenn dieser noch nicht erhältlich ist, darauf, wo er erhältlich ist bzw. im letztgenannten Fall, wo er erhältlich sein wird.

Nicht eindeutig geregelt ist der zeitliche Anwendungsbereich der Regelung, dh ab und bis wann sie **5** in einem Angebotsprozess gelten soll. Während der Beginn des Anwendungsbereichs vergleichbarer Vorschriften (§ 12 VerkprospG aF und § 68 BörsZulV aF) durch die dort genannte Verbindung der Werbung mit der „Ankündigung" eines öffentlichen Angebots bzw. einer Börsenzulassung zumindest im Ansatz angedeutet wurde,[6] ist die Voraussetzung des Art. 22, dass sich die Werbung auf ein öffentliches Angebot oder eine Zulassung „bezieht" eher weiter. In der Lit. wurde hier zur inhaltlich vergleichbaren Regelung in Art. 15 Prospekt-RL gerade unter Hinweis auf den offenen Wortlaut ein deutlich vor der eigentlichen Ankündigung des Angebots liegender Beginn, der bereits bei jeder Vermarktungshandlung ansetze[7] oder nur ein eher allgemein umschriebener „zeitlicher und sachlicher Zusammenhang"[8] oder unter Verzicht auf eine zeitliche Abgrenzung allein eine materielle Abgrenzung der „Werbung"[9] vertreten. Der Wortlaut und der Schutzzweck sprechen dafür, keine starre zeitliche Grenze für den Beginn des Zeitraumes, ab dem Art. 22 eingreifen soll, festzulegen, auch wenn eine klare zeitliche Vorgabe die praktische Handhabung erleichtern würde. Vielmehr erscheint es richtig, einen zeitlichen und sachlichen Zusammenhang mit dem Angebot ausreichen zu lassen und diesen anzunehmen, wenn ein verständiger Anleger die Bekanntmachung als spezielle Maßnahme, die

---

[1] Art. 16 Abs. 1 Delegierte VO (EU) 2019/979: „In mündlicher oder schriftlicher Form zu werbe- oder anderen Zwecken offengelegte Informationen …"

[2] BaFin „Ausgewählte Rechtsfragen in der Aufsichtspraxis", Stand 4.9.2007, Seminarunterlage der BaFin, S. 11.

[3] So auch zur inhaltlich gleichen früheren Regelung FK-WpPG/*Berrar* WpPG § 15 Rn. 8 mit näherer Erläuterung, dass im Falle eines „opt-in" nach § 1 Abs. 3 die § 15 Abs. 2–4 dennoch anwendbar sind, in Rn. 11.

[4] Die BaFin verlangt insoweit genaue Angaben dazu, wo der Prospekt erhältlich ist oder sein wird, vgl. nur *Apfelbacher/Metzner* BKR 2006, 81 (89).

[5] Beispiel für eine Formulierung bei FK-WpPG/*Berrar* WpPG § 15 Rn. 25, dort, Rn. 26, auch zu Recht die Ansicht, dass der Hinweis müsse inhaltlich deutlich sein, formal müsse er aber nicht deutlich hervorgehoben sein, sodass er am Ende der Pressemitteilung oder der Anzeige, klein gedruckt (aber noch gut lesbar) ausreiche.

[6] Vgl. *Groß*, 4. Aufl. 2009, VerkprospG § 12 Rn. 3.

[7] So zB zum Pilot Fishing *Fleischer* DB 2009, 2195 (2196) mwN; idS auch Assmann/Schlitt/v. Kopp-Colomb/ *Schlitt* WpPG § 15 Rn. 20, 34.

[8] Assmann/Schlitt/v. Kopp-Colomb/*Schlitt* WpPG § 15 Rn. 21.

[9] FK-WpPG/*Berrar* WpPG § 15 Rn. 13.

Zeichnung und den Erwerb von Wertpapieren zu fördern, ansieht.[10] Als Endzeitpunkt wird man die Beendigung des öffentlichen Angebots annehmen können, dh nach Abschluss des öffentlichen Angebots oder nach erfolgter Zulassung veröffentlichte Werbemaßnahmen wie zB Tombstones werden nicht mehr von Art. 22 erfasst.[11]

6   Art. 22 Abs. 4 verlangt, dass alle mündlichen oder schriftlichen Informationen über das öffentliche Angebot oder die Zulassung zum Handel an einem organisierten Markt mit den im Prospekt enthaltenen Angaben übereinstimmen müssen.[12] Damit werden der Werbung auch inhaltliche Grenzen gesetzt und eine Konsistenz verlangt.

7   Art. 22 Abs. 5 enthält eine **allgemeine Vorgabe** dergestalt, dass alle wesentlichen Informationen, die einem oder mehreren ausgewählten Anlegern gegeben werden, allen Anlegergruppen mitgeteilt oder in den Prospekt aufgenommen werden. Die so genannte „selectiv disclosure" im Rahmen von Analystenpräsentationen, Road-Shows oder Einzelgesprächen scheidet damit aus.[13] Das gilt auch und gerade für **Prognosen,** die, jedenfalls soweit sie sich auf einen nach der Prospektveröffentlichung liegenden Zeitraum beziehen, dann in den Prospekt aufzunehmen sind, wenn sie zB Analysten zur Verfügung gestellt wurden.[14]

8   Art. 22 Abs. 6 regelt die Befugnisse der zuständigen Behörde zur Kontrolle der Werbung. Die Befugnisse der zuständigen Behörde bei Feststellung von Verstößen gegen Art. 22 sind in Art. 32 und in Deutschland im WpPG geregelt.

Art. 23 Nachträge zum Prospekt

(1) *[1]* Jeder wichtige neue Umstand, jede wesentliche Unrichtigkeit oder jede wesentliche Ungenauigkeit in Bezug auf die in einem Prospekt enthaltenen Angaben, die die Bewertung der Wertpapiere beeinflussen können und die zwischen der Billigung des Prospekts und dem Auslaufen der Angebotsfrist oder – falls später – der Eröffnung des Handels an einem geregelten Markt auftreten oder festgestellt werden, müssen unverzüglich in einem Nachtrag zum Prospekt genannt werden.

[2] ¹Dieser Nachtrag ist innerhalb von höchstens fünf Arbeitstagen auf die gleiche Art und Weise wie der Prospekt zu billigen und zumindest gemäß denselben Regeln zu veröffentlichen, wie sie für die Veröffentlichung des ursprünglichen Prospekts gemäß Artikel 21 galten. ²Auch die Zusammenfassung und etwaige Übersetzungen sind erforderlichenfalls durch die im Nachtrag enthaltenen neuen Informationen zu ergänzen.

(2) *[1]* ¹Betrifft der Prospekt ein öffentliches Angebot von Wertpapieren, so haben Anleger, die Erwerb oder Zeichnung der Wertpapiere bereits vor Veröffentlichung des Nachtrags zugesagt haben, das Recht, ihre Zusagen innerhalb von zwei Arbeitstagen nach Veröffentlichung des Nachtrags zurückzuziehen, vorausgesetzt, dass der wichtige neue Umstand, die wesentliche Unrichtigkeit oder die wesentliche Ungenauigkeit gemäß Absatz 1 vor dem Auslaufen der Angebotsfrist oder – falls früher – der Lieferung der Wertpapiere eingetreten ist oder festgestellt wurde. ²Diese Frist kann vom Emittenten oder vom Anbieter verlängert werden. ³Die Frist für das Widerrufsrecht wird im Nachtrag angegeben.

[2] Der Nachtrag enthält eine deutlich sichtbare Erklärung in Bezug auf das Widerrufsrecht, in der Folgendes eindeutig angegeben ist:

a) dass nur denjenigen Anlegern ein Widerrufsrecht eingeräumt wird, die Erwerb oder Zeichnung der Wertpapiere bereits vor Veröffentlichung des Nachtrags zugesagt hatten, sofern die Wertpapiere den Anlegern zu dem Zeitpunkt, zu dem der wichtige neue Umstand, die wesentliche Unrichtigkeit oder die wesentliche Ungenauigkeit eingetreten ist oder festgestellt wurde, noch nicht geliefert worden waren;

b) der Zeitraum, in dem die Anleger ihr Widerrufsrecht geltend machen können, und

c) an wen sich die Anleger wenden können, wenn sie ihr Widerrufsrecht geltend machen wollen.

(3) *[1]* Werden die Wertpapiere über einen Finanzintermediär erworben oder gezeichnet, so informiert dieser die Anleger über die mögliche Veröffentlichung eines Nachtrags, über

---

[10] Damit bewegt man sich auf der Linie der Definition der Werbung in Art. 2 lit. k.

[11] Ebenso bei § 12 VerkprospG aF, s. *Groß,* 4. Aufl. 2009, VerkprospG § 12 Rn. 3 mwN.

[12] Näher dazu auch *Apfelbacher/Metzner* BKR 2006, 81 (89).

[13] FK-WpPG/*Berrar* WpPG § 15 Rn. 45; Assmann/Schlitt/v. Kopp-Colomb/*Schlitt* WpPG § 15 Rn. 35; *Schlitt/ Singhof/Schäfer* BKR 2005, 251 (257) mwN wie hier auch *Heidelbach/Preuße* BKR 2006, 316 (322).

[14] So ausdr. FK-WpPG/*Berrar* WpPG § 15 Rn. 45; Assmann/Schlitt/v. Kopp-Colomb/*Schlitt* WpPG § 15 Rn. 35, der zu Recht darauf hinweist, dass Analysten zwar keine Anleger sind, die ihnen gegebenen Informationen aber dazu bestimmt sind, in die sog Research Reports aufgenommen zu werden, die dann wiederum Anlegern zur Verfügung gestellt werden. *Schlitt/Singhof/Schäfer* BKR 2005, 251 (258) unter Verweis auf die CESR's Recommendations for the Consistent Implementation of the European Commission's Regulation on Prospectuses no. 809/2004, no. CESR's 05–054b, S. 13, aktualisiert durch ESMA update of the CESR recommendations, abrufbar unter: www.esma.europa.eu.

Ort und Zeitpunkt einer solchen Veröffentlichung sowie darüber, dass er ihnen in solchen Fällen behilflich sein würde, ihr Widerrufsrecht auszuüben.

[2] **Der Finanzintermediär kontaktiert die Anleger am Tag der Veröffentlichung des Nachtrags.**

[3] **Werden die Wertpapiere unmittelbar vom Emittenten erworben oder gezeichnet, so informiert dieser die Anleger über die mögliche Veröffentlichung eines Nachtrags und über den Ort einer solchen Veröffentlichung sowie darüber, dass ihnen in einem solchen Fall ein Widerrufsrecht zustehen könnte.**

(4) **Erstellt der Emittent einen Nachtrag für Angaben im Basisprospekt, die sich nur auf eine oder mehrere Einzelemissionen beziehen, so gilt das Recht der Anleger, ihre Zusagen gemäß Absatz 2 zurückzuziehen, nur für die betreffenden Emissionen und nicht für andere Emissionen von Wertpapieren im Rahmen des Basisprospekts.**

(5) ¹**Wenn der wichtige neue Umstand, die wesentliche Unrichtigkeit oder die wesentliche Ungenauigkeit im Sinne des Absatzes 1 nur die in einem Registrierungsformular oder in einem einheitlichen Registrierungsformular enthaltenen Angaben betrifft und dieses Registrierungsformular oder dieses einheitliche Registrierungsformular gleichzeitig als Bestandteil mehrerer Prospekte verwendet wird, so wird nur ein Nachtrag erstellt und gebilligt.** ²**In diesem Fall sind im Nachtrag alle Prospekte zu nennen, auf die er sich bezieht.**

(6) ¹**Bei der Prüfung eines Nachtrags vor dessen Billigung kann die zuständige Behörde verlangen, dass der Nachtrag in der Anlage eine konsolidierte Fassung des ergänzten Prospekts, Registrierungsformulars oder einheitlichen Registrierungsformulars enthält, sofern eine solche konsolidierte Fassung zur Gewährleistung der Verständlichkeit der Angaben des Prospekts erforderlich ist.** ²**Ein solches Ersuchen gilt als Ersuchen um ergänzende Informationen im Sinne des Artikels 20 Absatz 4.** ³**Ein Emittent kann in jedem Fall freiwillig eine konsolidierte Fassung des ergänzten Prospekts, Registrierungsformulars oder einheitlichen Registrierungsformulars als Anlage des Nachtrags beifügen.**

(7) *[1]* **Die ESMA arbeitet Entwürfe technischer Regulierungsstandards aus, um die Situationen zu benennen, in denen ein wichtiger neuer Umstand, eine wesentliche Unrichtigkeit oder eine wesentliche Ungenauigkeit in Bezug auf die im Prospekt enthaltenen Angaben die Veröffentlichung eines Prospektnachtrags erfordert.**

[2] **Die ESMA übermittelt der Kommission diese Entwürfe technischer Regulierungsstandards bis 21. Juli 2018.**

[3] **Der Kommission wird die Befugnis übertragen, die in Unterabsatz 1 genannten technischen Regulierungsstandards nach Artikel 10 bis 14 der Verordnung (EU) Nr. 1095/2010 zu erlassen.**

Übersicht

I. Vorbemerkung

Art. 23 entspricht in seinen Abs. 1 und 2 im Wesentlichen Art. 16 Prospekt-RL, sodass bei seinem **1** Kernregelungsanliegen, der Nachtragspflicht und dem Widerrufsrecht, auf die Erkenntnisse bei der Auslegung und Anwendung des Art. 16 Prospekt-RL und § 16 WpPG aF zurückgegriffen werden kann[1]. Er weicht allerdings insofern von Art. 16 Prospekt-RL ab, als verlangt wird, dass der wichtige neue Umstand etc. die Bewertung der ·Wertpapiere beeinflussen „können"[2] muss, während früher schon ausreichte, dass er die Bewertung beeinflussen „könnte" (→ Rn. 5) und er eine Pflicht zur „unverzüglichen" Erstellung des Nachtrags (→ Rn. 15) postuliert. Anders als noch § 16 Abs. 1 S. 2 WpPG aF, der den Emittenten, den Anbieter „oder" Zulassungsantragsteller zur Erstellung und Veröffentlichung des aktualisierenden oder berichtigenden Nachtrags verpflichtet, enthält Art. 23 Abs. 1 keine klare Aussage, wer zur Erstellung einer Veröffentlichung des Nachtrags verpflichtet ist. Ob dies auch andere Personen als der Emittent sein sollten, ist damit fraglich. Soweit man hier auch den Zulassungsantragsteller, der nicht der Emittent ist, verpflichten will, ist zu berücksichtigen, dass dieser von der zu berechtigenden Angabe, die idR aus der Sphäre des Emittenten stammt, weiter entfernt ist und von dieser uU keine Kenntnis hat.

2   Der bereits gegenüber der früheren Regelung detailliertere Art. 23 wird durch Art. 18 Delegierte VO (EU) 2019/979 noch näher konkretisiert, indem dort die Fälle, in denen ein Nachtrag zu veröffentlichen ist, genannt werden. Gleichzeitig hebt die Delegierte VO (EU) 2019/979 die frühere Delegierte VO (EU) Nr. 382/2014, die ebenfalls Beispielsfälle für die Veröffentlichung von Nachträgen enthielt, auf.

II. Nachtragspflicht

3   **1. Umfang.** Art. 23 Abs. 1 S. 1 enthält sowohl eine **Aktualisierungspflicht** („jeder wichtige neue Umstand") als auch eine **Berichtigungspflicht** („jede wesentliche Unrichtigkeit oder jede wesentliche Ungenauigkeit") in Bezug auf die im Prospekt enthaltenen Angaben, welche die Beurteilung der Wertpapiere beeinflussen können. Der Begriff der „wesentlichen Ungenauigkeit" war zwar bereits in Art. 16 Prospekt-RL enthalten, in § 16 WpPG aF jedoch nicht übernommen worden[3]. Materiell dürfte sich hierdurch aber keine Erweiterung der Nachtragspflicht ergeben, weil eine Ungenauigkeit, jedenfalls wenn sie wesentlich ist, auch eine Unrichtigkeit darstellt[4]. Nicht enthalten in Art. 23 Abs. 1 S. 1 ist eine Nachtragspflicht bei einer wesentlichen Unvollständigkeit des Prospekts. Dies dürfte zutreffend sein, weil die Unvollständigkeit nach hM nur ein Unterfall der Unrichtigkeit ist[5].

4   Ob ein Umstand wichtig ist, oder eine wesentliche Unrichtigkeit vorliegt, wurde zu Art. 16 Prospekt-RL (und § 16 WpPG aF) von der überwiegenden Ansicht anhand des Maßstabes des § 5 Abs. 1 S. 1 WpPG aF bestimmt.[6] Daran dürfte sich, abgesehen davon, dass der Maßstab jetzt Art. 6 Abs. 1 zu entnehmen ist, nichts geändert haben. Entscheidend ist demnach, ob der neue Umstand oder die Unrichtigkeit das zutreffende Urteil des verständigen, durchschnittlichen Anlegers über die Vermögenswerte und Verbindlichkeiten, die Finanzlage, die Gewinne und Verluste, die Zukunftsaussichten des Emittenten und jedes Garantiegebers sowie über die mit den Wertpapieren verbundenen Rechte beeinflussen kann („können").

5   Die in Art. 16 Abs. 1 S. 1 Prospekt-RL noch verwendete Möglichkeitsform („könnten"), ist wieder entfallen, erforderlich ist damit nicht nur, dass der neue Umstand etc. beeinflussen könnte, sondern tatsächlich kann[7]. Damit ist ein gewisser Gleichklang mit den Prospekthaftungsregeln in §§ 9 ff. WpPG erreicht, die ebenfalls verlangen, dass die „für die Beurteilung der Wertpapiere wesentlichen Angaben unrichtig sind", somit eine Korrektur oder Aktualisierung nur verlangen, wenn es sich um eine wesentliche, damit wertbeeinflussende Angabe handelt, also deren Unrichtigkeit die Beurteilung des Wertpapiers beeinflussen kann. Ob daraus in der Praxis aber tatsächlich eine geringere Notwendigkeit zur Erstellung von Nachträgen resultiert, ist zweifelhaft, weil hier aus Vorsichtsgründen Zweifel, ob die Umstände die Beurteilung des Wertpapiers beeinflussen „können" oder „könnten" eher dazu führen, sich für einen Nachtrag zu entscheiden. Im Hinblick auf die Verteidigung in einem Ordnungswidrigkeitenverfahren wegen behaupteter Verletzung der Nachtragspflicht (§ 24 Abs. 3 Nr. 17 WpPG) mag dieser Unterscheidung allerdings größere Bedeutung zukommen.

6   **2. Zeitlicher Rahmen.** Art. 23 Abs. 1 S. 1 ordnet eine Aktualisierungs- und Berichtigungspflicht für jeden neuen Umstand (Aktualisierungspflicht) oder jede wesentliche Unrichtigkeit/Ungenauigkeit

---

[1] In diesem Sinne auch FK-WpPG/*Berrar* WpPG § 16 Rn. 14.

[2] Auch die englische Fassung spricht von „may affect" anstelle des früher verwendeten „capable of affecting the assessment of the securities".

[3] Zu den Gründen FK-WpPG/*Berrar* WpPG § 16 Rn. 17.

[4] Ebenso ausdr. BaFin Workshop 28.5.2019, Prospektrechtliche Folgepflichten nach der Billigung, 1 (11), sowie „Neue Regeln für Wertpapierprospekte nach EU Prospektverordnung 2017/1129 – Frequently Asked Questions" der BaFin unter III.1; zum alten Recht bereits FK-WpPG/*Berrar* WpPG § 16 Rn. 17.

[5] → WpPG § 9 Rn. 58 mwN; ebenso FK-WpPG/*Berrar* WpPG § 16 Rn. 17.

[6] RegBegr. zum Prospektrichtlinie-Umsetzungsgesetz, BT-Drs. 15/4999, 25 (36); ebenso *Hamann* in Schäfer/Hamann WpPG § 16 Rn. 4; JVRZ/*Friedl/Ritz* WpPG § 16 Rn. 25; *Apfelbacher/Metzner* BKR 2006, 81 (85); *Heidelbach/Preuße* BKR 2006, 316 (320); abw. FK-WpPG/*Berrar* WpPG § 15 Rn. 19 ff., der dies nicht für ausreichend hält.

[7] Zweifelnd, welche Auswirkungen diese Änderung hat FK-WpPG/*Berrar* WpPG § 16 Rn. 27 mit Fn. 74, der zu Recht darauf hinweist, dass Erwägungsgrund 65 wieder von „könnten" spricht.

(Berichtigungspflicht) an in Bezug auf die im Prospekt enthaltenen Angaben, welche die Beurteilung der Wertpapiere beeinflussen können, ab **Billigung des Prospektes** und bis zum endgültigen **Schluss des öffentlichen Angebots** oder, falls diese später erfolgt, der **Eröffnung des Handels.**

Aktualisierungs- und Berichtigungspflicht beginnen mit der Billigung des Prospekts. Bis dahin, dh **7** bis zur Prospekteinreichung und bis zur Prospektbilligung gelten zum einen die allgemeine Verpflichtung, einen richtigen Prospekt einzureichen bzw. zu veröffentlichen und demzufolge gegebenenfalls zu berichtigen, und zum anderen die allgemeine Aktualisierungspflicht, die sich aus dem Aktualitätsgebot ergibt.[8] Die Aktualisierungspflicht, das Aktualitätsgebot, wird durch Ergänzung der Antragsfassung erfüllt, nicht durch einen Nachtrag, dh der Antragsteller hat vor der Billigung die Antragsfassung zu aktualisieren, sodass die unter der Prospekt bei seiner Billigung aktuell ist. Entsprechendes gilt für die Berichtigungspflicht, dh bis zur Prospekteinreichung und bis zur Prospektbilligung sind unrichtige Umstände in Bezug auf die im Prospekt enthaltenen Angaben, welche die Beurteilung der Wertpapiere beeinflussen können, in der Antragsfassung zu berichtigen; ein Nachtrag ist für eine solche Berichtigung nicht das geeignete Mittel.[9] Gleiches gilt auch für eine eventuelle Berichtigung bzw. Aktualisierung zwischen Billigung und Veröffentlichung. Diese sollte noch in den Prospekt eingearbeitet werden können, woraufhin dann die BaFin (erneut) billigt.[10]

Die Aktualisierungs- und Berichtigungspflicht endet mit dem **endgültigen Schluss des öffent- 8 lichen Angebots oder, falls später, der Eröffnung des Handels.** Entscheidend ist damit entweder der endgültige Schluss des öffentlichen Angebotes oder, aber eben nur, wenn dies später erfolgt, die Eröffnung des Handels. Das bedeutet aber auch, dass, sollte das öffentliche Angebot nach Eröffnung des Handels noch fortlaufen, auch nach Eröffnung des Handels noch eine Nachtragspflicht fortbestehen kann. Diese Nachtragpflicht tritt dann in Konkurrenz mit den Zulassungsfolgepflichten, insbesondere der Ad-hoc-Publizitätspflicht.

Der Zeitpunkt des endgültigen Schlusses des öffentlichen Angebots ist im Gesetz nicht definiert. Die **9** wohl hM setzt diesen gleich mit dem **Ablauf der Zeichnungs- oder Angebotsfrist.**[11] Nach anderer Ansicht soll das Closing/Settlement des Angebots beziehungsweise die Erfüllung der unter dem Angebot getätigten Geschäfte entscheidend sein.[12] Wenn Art. 23 Abs. 2 UAbs. 1 S. 1 von „vor dem Auslaufen der Angebotsfrist oder – falls früher – der Lieferung der Wertpapiere" spricht, dann differenziert der Gesetzgeber offensichtlich zwischen diesen beiden Zeitpunkten. Dann können sie auch einen Absatz vorher, in Art. 23 Abs. 1, nicht identisch sein.

Unter Eröffnung des Handels dürfte die Aufnahme der Notierung zugelassener Wertpapiere im **10** geregelten Markt und damit die Einführung iSd § 38 Abs. 1 S. 1 BörsG zu verstehen sein.

Für Aktienemissionen gilt damit in aller Regel jedenfalls Folgendes: Das Angebot der Aktien endet **11** vor der Einführung nach § 38 Abs. 1 S. 1 BörsG, da diese nach § 38 Abs. 2 BörsG eine beendete Zuteilung und damit ein Ende des Angebots voraussetzt. Damit ist die Aktualisierungspflicht ebenso wie die Berichtigungspflicht jedenfalls mit der später erfolgenden Einführung als der Eröffnung des Handels der Wertpapiere beendet.[13]

Der Wortlaut des Art. 23 Abs. 1 S. 1 ist eindeutig: Gefordert wird eine Aktualisierung und **12** Berichtigung bis zum Schluss des öffentlichen Angebots oder, falls diese später erfolgt, der Eröffnung des Handels. Mit dem Schluss des öffentlichen Angebots oder, falls diese später erfolgt, der Eröffnung des Handels ist auch Schluss mit einer Aktualisierungs- oder Berichtigungspflicht. Damit ist, wie bereits durch Art. 16 Prospekt-RL und § 16 WpPG aF, der insoweit verschiedentlich vertretenen Auffassung, welche eine Aktualisierungspflicht bis zu sechs Monate nach der Einführung ausdehnen wollte,[14] eindeutig die Grundlage entzogen.[15]

3. Aktualisierungspflicht. Art. 23 Abs. 1 S. 1 verpflichtet zur Aktualisierung indem jeder wichti- **13** ge **neue Umstand** in Bezug auf die im Prospekt enthaltenen Angaben, welche die Beurteilung der Wertpapiere beeinflussen kann, und der nach der Billigung des Prospekts und vor dem endgültigen Schluss des öffentlichen Angebots oder der Eröffnung des Handels auftritt, in einem Nachtrag zum Prospekt aufgeführt werden muss. Ob ein Umstand wichtig ist, bestimmt sich anhand des Maßstabs des Art. 6 Abs. 1 (→ Rn. 4). Die Aktualität bestimmt sich aus der Sicht des Nachtragsverpflichteten.[16]

---

[8] → WpPG § 9 Rn. 70; wie hier auch JVRZ/*Friedl*/*Ritz* WpPG § 16 Rn. 59; Assmann/Schlitt/v. Kopp-Colomb/*Seitz* WpPG § 16 Rn. 62.

[9] Ebenso *Heidelbach*/*Preuße* BKR 2006, 316 (320).

[10] So FK-WpPG/*Berrar* WpPG § 16 Rn. 77.

[11] Schwark/Zimmer/*Heidelbach* WpPG § 16 Rn. 7; Assmann/Schlitt/v. Kopp-Colomb/*Seitz* WpPG § 16 Rn. 65; *Apfelbacher*/*Metzner* BKR 2006, 81 (87); *Heidelbach*/*Preuße* BKR 2006, 316 (320).

[12] FK-WpPG/*Berrar* WpPG § 16 Rn. 81, der allerdings in Rn. 80 sich wohl der hM anschließt.

[13] Wie hier ausdr. auch bereits RegBegr. ÄnderungsRL-Umsetzungsgesetz, BT-Drs. 17/8684, 13 (20).

[14] So *Ellenberger,* Prospekthaftung im Wertpapierhandel, 2001, 17 f.; *Assmann* FS Ulmer, 2003, 757 (769 f., 771).

[15] Wie hier ausdr. FK-WpPG/*Berrar* WpPG § 16 Rn. 94; *Hamann* in Schäfer/Hamann BörsG §§ 45, 46 Rn. 200; Schwark/Zimmer/*Schwark* BörsG §§ 44, 45 Rn. 29; JVRZ/*Friedl*/*Ritz* WpPG § 16 Rn. 63. → WpPG § 9 Rn. 72 ff.

[16] RegBegr. zum Prospektrichtlinie-Umsetzungsgesetz, BT-Drs. 15/4999, 25 (34).

14   **4. Berichtigungspflicht.** Art. 23 Abs. 1 S. 1 verpflichtet zur Berichtigung, indem jede **wesentliche Unrichtigkeit/Ungenauigkeit** in Bezug auf die im Prospekt enthaltenen Angaben, welche die Beurteilung der Wertpapiere beeinflussen kann, und die nach der Billigung des Prospekts und vor dem endgültigen Schluss des öffentlichen Angebots oder der Eröffnung des Handels festgestellt wurde, in einem Nachtrag zum Prospekt genannt werden muss. Die Prospekt-VO enthält keine näheren Angaben dazu oder gar eine Definition dessen, was genau unter dem Begriff der „Ungenauigkeit" zu verstehen ist[17]. Man wird das in dem Sinne verstehen müssen, dass eine „wesentliche Ungenauigkeit" nur eine Beschreibung sein kann, die aufgrund ihrer mangelnden Präzision eine Unrichtigkeit oder Unvollständigkeit darstellt, wobei eine Unvollständigkeit aufgrund des Vollständigkeitsgebots einen Unterfall der Unrichtigkeit darstellt[18] (→ Rn. 3). Dabei kommt es bei einer Berichtigung, anders als bei einer Aktualisierung, zumindest nicht allein darauf an, dass der unrichtige Umstand „genannt" wird, sondern, dass er auch korrigiert wird. Insofern ist Art. 23 Abs. 1 S. 1 um die **Berichtigungsverpflichtung bei Unrichtigkeiten** zu erweitern. Auch hinsichtlich der Frage, ob eine Unrichtigkeit wesentlich ist, ist der Maßstab des Art. 6 Abs. 1 S. 1 heranzuziehen (→ Rn. 4).

15   **5. Unverzüglichkeit.** War bislang weder in Art. 16 Prospekt-RL noch in § 16 WpPG aF geregelt, wann der Nachtrag zu erstellen ist, ordnet Art. 23 Abs. 1 S. 1 an, dass der Nachtrag „unverzüglich" erstellt werden muss. Auch dies ist jedoch keine materielle Änderung, da sich die Pflicht zur unverzüglichen Erstellung des Nachtrags auch bisher bereits aus Sinn und Zweck der Nachtragsverpflichtung ergab[19].

16   **6. Nachtragspflicht bei Veröffentlichung des endgültigen Preises und Emissionsvolumens oder bei Veränderung der Preisspanne und/oder des Emissionsvolumens.** Unstreitig besteht **keine Nachtragspflicht** zur Veröffentlichung des endgültigen Preises und Emissionsvolumens nach Abschluss zB eines Bookbuilding-Verfahrens auch eines De-coupled Bookbuilding, jedenfalls wenn beim De-coupled Bookbuilding die Preisspanne und das Maximalvolumen in einem Nachtrag nach Art. 23 veröffentlicht wurden.[20] Zwar sind diese Informationen nach Art. 17 Abs. 2 unverzüglich nach deren Festlegung zu veröffentlichen, allerdings nicht in einem Nachtrag. Deshalb bedarf die entsprechende Veröffentlichung auch nicht der Billigung durch die BaFin. Vor allem aber löst sie kein Widerrufsrecht nach Art. 23 Abs. 2 aus.[21] Preisabhängige Angaben, zB Emissionserlös, Bankenprovisionen und Tabellen zur Kapitalisierung und Verschuldung sind ebenfalls nicht nachtragspflichtig. Entscheidend ist, dass diese Informationen nicht „wichtige neue" Umstände sind, sondern, dass der Prospekt bereits Angaben auf Basis der Preisspanne (Mittelwert oder obere oder untere Grenze der Preisspanne) enthält,[22] damit die erforderlichen Informationen alle vorliegen und die exakte Berechnung eine rein mathematische Übung ist, die jeder verständige Anleger selbst durchführen kann. Gleiches, dh kein Nachtrag, sondern nur Veröffentlichung nach Art. 17 Abs. 2, gilt bei der Bezugsrechtskapitalerhöhung mit später Festlegung des Bezugspreises nach § 186 Abs. 2 S. 2 AktG, wenn der Prospekt die Grundlagen für die Festlegung des Bezugspreises oder einem Höchstbetrag mit Hinweis auf einen marktüblichen Abschlag enthält.[23]

17   Ob eine Nachtragspflicht bei Veränderung der Preisspanne und/oder des Emissionsvolumens während des öffentlichen Angebots zB während des Bookbuilding-Verfahrens besteht, ist anhand des Maßstabs des Art. 6 Abs. 1 zu prüfen. Art. 17 und 23 sagen dazu nichts. Hierzu ist zunächst festzuhalten, dass die vorgenannten Veränderungen grundsätzlich an den angebotenen Wertpapieren als solchen und an den Elementen, die nach der Prospekt-VO und den Delegierten Verordnungen (jeweils mit Anhängen) in den Wertpapierprospekt aufzunehmen sind, nichts ändern. Hat die Veränderung des Verkaufsangebots jedoch auch inhaltlich wesentliche Auswirkungen auf den Prospekt, weil sich zB bei einer Veränderung der Preisspanne die im Prospekt enthaltenen Angaben zum Emissionserlös und zur Kapitalisierung in einer die Beurteilung der Wertpapiere beeinflussenden Weise ändern, so ist dies in einem Nachtrag zu kommunizieren,[24] es sei denn diese Veränderung und ihre Auswirkungen wären bereits im ursprünglichen Prospekt ausreichend angedeutet und behandelt worden. Gleiches gilt auch bei einer Verringerung des Angebotsvolumens, wenn diese wesentliche Auswirkungen auf im Prospekt enthaltene Angaben, zB Emissionserlös oder Mehrheitsverhältnisse in der Gesellschaft, hat. Ob auch

---

[17] Nicht eindeutig dazu auch FK-WpPG/*Berrar* WpPG § 16 Rn. 17.

[18] Vgl. dazu → WpPG § 9 Rn. 58; iErg wohl ebenso FK-WpPG/*Berrar* WpPG § 16 Rn. 17.

[19] FK-WpPG/*Berrar* WpPG § 16 Rn. 106.

[20] Wie hier FK-WpPG/*Berrar* WpPG § 16 Rn. 25, für das De-coupled Bookbuilding Rn. 9 ff.; FK-WpPG/*Meyer* WpPG § 8 Rn. 18; JVRZ/*Friedl/Ritz* WpPG § 16 Rn. 90; *Hamann* in Schäfer/Hamann WpPG § 16 Rn. 12; *Apfelbacher/Metzner* BKR 2006, 81 (87).

[21] Wie hier FK-WpPG/*Berrar* WpPG § 16 Rn. 25, für das De-coupled Bookbuilding Rn. 9; FK-WpPG/*Meyer* WpPG § 8 Rn. 18; JVRZ/*Friedl/Ritz* WpPG § 16 Rn. 90; *Hamann* in Schäfer/Hamann WpPG § 16 Rn. 12; *Apfelbacher/Metzner* BKR 2006, 81 (87).

[22] So zu Recht FK-WpPG/*Berrar* WpPG § 16 Rn. 25 Fn. 67.

[23] FK-WpPG/*Berrar* WpPG § 16 Rn. 26; *Hamann* in Schäfer/Hamann WpPG § 16 Rn. 10.

[24] Ebenso FK-WpPG/*Berrar* WpPG § 16 Rn. 59 ff., dort auch mit detaillierter Darstellung von Einzelfällen; *Apfelbacher/Metzner* BKR 2006, 81 (85).

eine Aufstockung des Emissionsvolumens im Wege eines Nachtrags verlautbart werden kann, war bislang streitig.[25] Hier wird zum Teil ein gänzlich neuer Prospekt gefordert, da eine solche Erhöhung nicht nach der Billigung des Prospekts eingetreten ist, somit Art. 23 nicht einschlägig sei.

Zusammenfassend wird man zu einer Nachtragspflicht bei einer Veränderung der Angebotsbedingungen Folgendes festhalten können: Die **Verkürzung der Angebotsfrist**[26] ist keine wesentliche Änderung, die mit einem Nachtrag veröffentlicht werden müsste, eine Ad-hoc-Mitteilung ist ausreichend.[27] Gleiches gilt auch bei einer unwesentlichen **Verlängerung der Angebotsfrist**.[28] Bei einer **Veränderung des Angebotsvolumens** sollten allein das Ausmaß der Veränderung des Angebotsvolumens sowie dessen Auswirkungen auf den Prospekt und insbesondere spezielle Prospektkapitel (zB Emissionserlös, Kapitalisierung und Verschuldung) entscheidend sein. Eine Erhöhung des Angebotsvolumens erfordert demnach einen Nachtrag, wenn der ursprüngliche Prospekt die zusätzlichen Wertpapiere (oder die Auswirkungen dieses zusätzlichen Angebots auf diverse Prospektangaben) nicht erfasst.[29] Eine Verringerung der Anzahl der angebotenen Aktien erfordert dann keinen Nachtrag, wenn sich nicht aus speziellen Gründen, zB aktienrechtlich relevante Mehrheitsverhältnisse, die Verringerung als wesentlicher neuer Umstand darstellt, bereits im ursprünglichen Prospekt das Angebot auf eine „bis zu"-Anzahl lautete und auf die Möglichkeit der Veränderung der Angebotsbedingungen im Prospekt hingewiesen wurde.[30] Ebenfalls keines Nachtrags bedarf es bei einer Verengung der Preisspanne, bei der nur die untere Grenze der Preisspanne erhöht und/oder die obere Grenze der Preisspanne verringert wird.[31] Dagegen bedarf eine Erhöhung der Preisspanne, sofern diese noch nicht im ursprünglichen Prospekt bereits angelegt war, grundsätzlich eines Nachtrags, wenn sich prospektrelevante Angaben wie zum Beispiel der Emissionserlös und der Abschnitt Kapitalisierung und Verschuldung hierdurch ändern.[32] Bei der **zivilrechtlichen Fortgeltung der Angebote des Anlegers** bei einer Erhöhung der Preisspanne wird man differenzieren müssen: Soweit die Veränderung bereits schon zur Unannehmbarkeit des ursprünglichen Angebots führt, zB weil das Kaufangebot eines Anlegers bei einer Erhöhung der Preisspanne aus dieser Preisspanne herausfällt, wird man dann, wenn die Möglichkeit einer Änderung der Preisspanne nicht bereits bei der Veröffentlichung des Verkaufsangebots angekündigt worden ist, von einem automatischen Wegfall der Kaufangebote der Anleger ausgehen müssen.[33] Bei einer Verringerung der Preisspanne dürfte, wenn diese unwesentlich ist und hierauf im Prospekt hingewiesen wurde, kein Nachtrag erforderlich sein. Entscheidend sind jedoch die Auswirkungen auf diverse Prospektkapitel wie zB Emissionserlös und Kapitalisierung.[34]

III. Billigung des Nachtrags

1. Überblick. Der Nachtrag nach Art. 23 bedarf gem. Art. 23 Abs. 1 UAbs. 2 S. 1 der **Billigung;** vor seiner Billigung darf der Nachtrag nicht veröffentlicht werden, danach ist er zu veröffentlichen (Art. 23 Abs. 1 UAbs. 2 S. 1). Zwar ordnet Art. 23 Abs. 1 UAbs. 2 keine „unverzügliche" Veröffentlichung des Nachtrags nach Billigung an, jedoch dürfte rein praktisch schon allein im Interesse der Verringerung des Prospekthaftungsrisikos und der Begrenzung des Widerrufsrechts jeder Nachtrag so schnell wie möglich nach seiner Billigung veröffentlicht werden.

Das Erfordernis der Billigung vor Veröffentlichung des Nachtrags ist widersinnig (und war es bereits nach altem Recht). Aus Anlegerschutzgründen ist die durch das Billigungserfordernis bedingte Verzögerung der Bekanntgabe neuer wesentlicher Informationen gerade dann, wenn es auf die schnelle Information der Anleger ankommt, da man sich in der Angebotsphase befindet, wenig sinnvoll. Das Prüfungsinteresse hätte hier hinter den Informationsinteressen der Anleger zurücktreten müssen. Aus Anbietersicht ist die Verzögerung deshalb nachteilig, weil die mit der Prüfung und dem Billigungserfordernis einhergehende Verzögerung der Veröffentlichung auch die mögliche Widerrufsfrist nach Art. 23 Abs. 1 UAbs. 2 S. 1 verlängert, da diese erst zwei Arbeitstage nach Veröffentlichung des Nachtrags endet. Obwohl das Billigungserfordernis demnach wenig sinnvoll ist, war es bereits in der

18

19

20

---

[25] Meinungsstand bei FK-WpPG/*Berrar* WpPG § 16 Rn. 40 ff., der dezidiert eine Aufstockung des Angebots für zulässig hält.

[26] Zu den zivilrechtlichen Auswirkungen einer Verkürzung der Angebotsfrist auf das zivilrechtliche Angebot des Anlegers vgl. *Groß* in Bosch/Groß, Emissionsgeschäft, 2004, Rn. 269; *Groß* ZHR 162 (1998), 318 (331); FK-WpPG/*Berrar* WpPG § 16 Rn. 70b.

[27] FK-WpPG/*Berrar* WpPG § 16 Rn. 68.

[28] FK-WpPG/*Berrar* WpPG § 16 Rn. 69.

[29] FK-WpPG/*Berrar* WpPG § 16 Rn. 66; zu den zivilrechtlichen Folgen einer solchen Erhöhung der Anzahl der angebotenen Aktien vgl. *Groß* in Bosch/Groß, Emissionsgeschäft, 2004, Rn. 269; *Groß* ZHR 162 (1998), 318 (327); FK-WpPG/*Berrar* WpPG § 16 Rn. 66 aE.

[30] FK-WpPG/*Berrar* WpPG § 16 Rn. 67; zu den zivilrechtlichen Auswirkungen *Groß* in Bosch/Groß, Emissionsgeschäft, 2004, Rn. 269.

[31] FK-WpPG/*Berrar* WpPG § 16 Rn. 62.

[32] FK-WpPG/*Berrar* WpPG § 16 Rn. 63.

[33] Vgl. *Groß* in Bosch/Groß, Emissionsgeschäft, 2004, Rn. 270; *Groß* ZHR 161 (1998), 318 (327 ff.).

[34] Näher dazu FK-WpPG/*Berrar* WpPG § 16 Rn. 64. Zur Frage der zivilrechtlichen Fortgeltung der Angebote des Anlegers *Groß* ZHR 162 (1998), 318 (326).

Prospekt-RL und in deren Umsetzung in § 16 Abs. 1 S. 1 WpPG aF enthalten[35] und gilt jetzt, da in der Prospekt-VO übernommen, als unmittelbar anwendbares europäisches Recht fort.

21   **2. Billigungsfrist.** Die Billigungsfrist für den Nachtrag beträgt nach Art. 23 Abs. 1 UAbs. 2 S. 1 fünf Arbeitstage, dh die BaFin hat über einen billigungsfähigen Nachtrag innerhalb von fünf Arbeitstagen zu entscheiden, anderenfalls haftet sie für den eingetretenen Schaden aus Amtspflichtverletzung gegenüber dem Anbieter bzw. Zulassungsantragsteller.[36] Dass die Frist erst bei Einreichung eines vollständigen, verständlichen und kohärenten Nachtrags zu laufen beginnt, dazu sagt Art. 23 Abs. 1 UAbs. 2 S. 1 nichts. Sollte die BaFin bei der Einreichung eines Nachtrags Anhaltspunkte dafür haben, dass die ihr übermittelten Unterlagen unvollständig sind oder es ergänzender Informationen bedarf, ist nicht geregelt, ob dann die Frist von fünf Arbeitstagen erst beginnen, wenn die Informationen vorgelegt werden[37]. Auch hier wird man aber in Anwendung des § 25 VwVfG davon ausgehen, dass die BaFin jedenfalls bei kleineren Mängeln nicht von Art. 20 Abs. 4 UAbs. 3 Gebrauch machen kann, sondern insoweit eine Nachbesserung innerhalb der ursprünglichen Frist möglich sein muss.[38] Es ist zu hoffen, dass die BaFin ihre bisherige Praxis, Nachträge idR sehr zügig innerhalb von ein bis zwei Arbeitstagen zu billigen[39], auch unter dem neuen Regime fortführt.

22   **3. Veröffentlichung des Nachtrags.** Nach Art. 23 Abs. 1 UAbs. 2 S. 1 ist der Nachtrag in derselben Art und Weise wie der ursprüngliche Prospekt nach Art. 21 zu veröffentlichen. Wurde demnach für die Prospektveröffentlichung die Möglichkeit des Einstellens auf der Internet-Seite des Emittenten gewählt, dann ist auch der Nachtrag auf der Internet-Seite des Emittenten zu veröffentlichen.[40]

23   **4. Besondere Hinweispflicht.** Art. 23 Abs. 1 UAbs. 2 S. 2 bestimmt, dass die im Nachtrag enthaltenen Informationen in die Zusammenfassung des Prospekts und etwaige Übersetzungen davon aufgenommen werden müssen. Die in dieser Bestimmung angeordnete Pflicht zur Ergänzung der Zusammenfassung und deren Übersetzung soll dem Publikum einen erleichterten Zugang zu den im Nachtrag enthaltenen Informationen ermöglichen.[41]

IV. Widerrufsrecht

24   **1. Überblick.** Art. 23 Abs. 2 regelt das Widerrufsrecht bei einem Nachtrag zu einem Prospekt, der ein öffentliches Angebot von Wertpapieren betrifft, gilt also nur bei einem Nachtrag zu einem **Angebots- nicht** dagegen bei einem Nachtrag zu einem reinen **Zulassungsprospekt.**

25   **2. Zeitlicher Rahmen des Widerrufsrechts.** Das Widerrufsrecht entsteht mit Veröffentlichung des Nachtrags und endet mit Ablauf der für das Widerrufsrecht im Nachtrag festgelegten Frist, die mindestens zwei Arbeitstage nach dessen Veröffentlichung betragen muss. Aufgrund der Möglichkeit, dass Emittent oder Anbieter die Widerrufsfrist verlängern können, ist die Widerrufsfrist nach Art. 23 Abs. 2 UAbs. 1 S. 3 im Nachtrag anzugeben.[42]

26   Das Widerrufsrecht besteht nur, wenn der wichtige Umstand, die wesentliche Unrichtigkeit oder die wesentliche Ungenauigkeit vor dem Auslaufen der Angebotsfrist oder, falls früher, der Lieferung der Aktien eingetreten ist oder festgestellt wurde (Art. 23 Abs. 2 UAbs. 1 S. 1). Ebenso wie nach altem Recht kommt es für den Zeitraum, in der das Widerrufsrecht ausgeübt werden kann, nicht darauf an, ob das Erwerbsgeschäft bereits erfüllt wurde, sondern nur, wann der Umstand, auf dem es beruht, eingetreten ist oder festgestellt wurde. Eine auf den Erwerb oder die Zeichnung von Wertpapieren gerichtete Erklärung kann auch noch nach Einbuchung der Wertpapiere in das Depot des Anlegers („Lieferung der Wertpapiere", entspricht Erfüllung des Geschäfts) widerrufen werden, sofern nur der nachtragspflichtige Umstand vor dem endgültigen Schluss des öffentlichen Angebots und vor der Lieferung der Wertpapiere eingetreten ist oder festgestellt wurde.[43] Trat der nachtragspflichtige Umstand zwischen dem Schluss des öffentlichen Angebots und der Lieferung der Wertpapiere ein oder wurde er dann festgestellt, kann widerrufen werden.

---

[35] Gegen diese europäische Regelung bereits *Crüwell* AG 2004, 243 (251); zum Änderungsvorschlag auf europäischer Ebene – Abschaffung des Billigungserfordernisses –, der sich aber nicht durchgesetzt hat, FK-WpPG/*Berrar* WpPG § 16 Rn. 113.

[36] → Art. 20 Rn. 20; wie hier auch *Kullmann/Sester* WM 2005, 1068 (1075).

[37] So noch zu der Vorgängerregelung die RegBegr. zum Prospektrichtlinie-Umsetzungsgesetz, BT-Drs. 15/4999, 25 (36).

[38] Vgl. auch zu Art. 20 Abs. 4 → Art. 20 Rn. 12.

[39] FK-WpPG/*Berrar* WpPG § 16 Rn. 12.

[40] FK-WpPG/*Berrar* WpPG § 16 Rn. 125 mN auch für die gegenteilige Ansicht.

[41] So bereits zum gleichlautenden alten Recht RegBegr. zum Prospektrichtlinie-Umsetzungsgesetz, BT-Drs. 15/4999, 25 (36).

[42] RegBegr. ÄnderungsRL-Umsetzungsgesetz, BT-Drs. 17/8684, 13 (20).

[43] So auch RegBegr. ÄnderungsRL-Umsetzungsgesetz, BT-Drs. 17/8684, 13 (20).

3. Erfasste Willenserklärungen. Das Widerrufsrecht besteht für alle Willenserklärungen, die vor 27
der Veröffentlichung des Nachtrags abgegeben wurden und auf den Erwerb oder die Zeichnung der
angebotenen Wertpapiere gerichtet sind. Dabei werden nur Willenserklärungen erfasst, die im Rahmen eines öffentlichen Angebots abgegeben werden. Werden Wertpapiere bereits an einem regulierten
Markt gehandelt und andere (gattungsgleiche/fungible, zB bei einer Kapitalerhöhung einer bereits
börsennotierten Gesellschaft) öffentlich angeboten, bezieht sich ein Widerrufsrecht nur auf den Kauf
von denjenigen Wertpapieren, die aufgrund des öffentlichen Angebots erworben wurden, nicht
dagegen auf über den regulierten Markt erworbene Wertpapiere: Kauft der Anleger im Angebot, kann
er nach Veröffentlichung des Nachtrags widerrufen; kauft er dagegen in einem solchen Fall an der
Börse, kann er nicht widerrufen. Das entspricht der alten Rechtslage, wodurch der reibungslose Ablauf
des Handels gewährleistet bleiben sollte.[44] Ein Anleger, der zB Aktien über die Börse erwirbt, kann
somit seine auf den Abschluss dieses Börsengeschäftes gerichtete Willenserklärung nicht mit der
Begründung widerrufen, dass zur gleichen Zeit zB identisch ausgestattete Aktien aus einer Kapitalerhöhung öffentlich angeboten werden und im Rahmen dieses Angebots ein Nachtrag veröffentlicht
wurde. Damit weicht im Interesse des reibungslosen Ablaufs des Handels das Widerrufsrecht von der
Prospekthaftung ab, die sich bei identisch ausgestalteten und mit der gleichen Wertpapierkennnummer
bzw. ISIN versehenen Wertpapieren auch auf solche erstreckt, die über die Börse erworben wurden
(§ 9 Abs. 1 S. 3 WpPG).[45]

4. Ausübung. Art. 23 Abs. 2 UAbs. 2 lit. c verlangt, dass im Nachtrag ausdrücklich angegeben 28
werden muss, an wen sich die Anleger wenden können, wenn sie ihr Widerrufsrecht geltend machen
wollen. Da dem europäischen Gesetzgeber insoweit keine Kompetenz zusteht, werden die zivilrechtlichen Folgen des Widerrufsrechts nicht näher erläutert. Da es im Regelfall um den Widerruf der
Angebotserklärung des Anlegers zum Abschluss eines noch nicht erfüllten Vertrages geht, führt der
Widerruf zum Wegfall dieser Angebotserklärung und der entsprechende Kaufauftrag wird einfach
storniert.

V. Widerrufsrecht und Prospekthaftung

Der Nachtrag als solcher beseitigt die Prospekthaftung gegenüber Anlegern nicht, die bereits vor 29
Veröffentlichung des Nachtrags im Vertrauen auf den unrichtigen oder unrichtig gewordenen[46] Prospekt Wertpapiere erworben haben. Das ist offensichtlich, da der korrigierende oder ergänzende
Nachtrag als solcher zum Zeitpunkt der Kaufentscheidung und des Kaufvertragsabschlusses noch nicht
vorlag und damit an der bei einem unrichtigen oder unrichtig gewordenen Prospekt bereits gegebenen
Prospekthaftung nichts ändern kann.

Ebenso offensichtlich ist auch, dass nach Veröffentlichung des (aktualisierenden oder berichtigenden) Nachtrags, durch den der Prospekt „richtig" wurde, abgeschlossene Erwerbsvorgänge, bei 30
denen der Kaufauftrag des Anlegers nach Veröffentlichung des Nachtrags abgegeben wurde, keine
Prospekthaftung auslösen, da der Prospekt derjenige in der Fassung des Nachtrags und damit der
richtige ist.[47]

Ebenfalls wohl unstreitig ist es, dass eine Prospektberichtigung nach § 12 Abs. 2 Nr. 4 WpPG selbst 31
dann zu einem Ausschluss der Prospekthaftung führt, wenn zwar der Anleger seine Willenserklärung
vor Veröffentlichung der Berichtigung abgegeben hat, aber er seine Willenserklärung noch nach
Veröffentlichung der Berichtigung widerrufen konnte.[48] Das ist insbesondere beim Bookbuilding von
Bedeutung, da dort das Kaufangebot des Anlegers bis zur Zuteilung der Wertpapiere und der darin
liegenden Annahme dieses Kaufangebots vom Anleger frei widerruflich war, ohne dass es eines
Widerrufsrechts aufgrund eines Nachtrags bedurfte. Macht der Anleger in einer solchen Situation, in
der ein berichtigter Prospekt vorliegt, nicht von seinem Recht, sein Kaufangebot zu widerrufen,
Gebrauch, dann kann er nach § 12 Abs. 2 Nr. 4 WpPG nicht später Prospekthaftungsansprüche wegen
des im Nachtrag berichtigten Umstandes geltend machen.

Dies muss auch im Fall der Widerrufsmöglichkeit nach Art. 23 Abs. 2 gelten, und das noch nach 32
Erfüllung des Kaufvertrages.[49] Anders gewendet: Hat der Anleger ein verbindliches Kaufangebot abgegeben, wird später ein Nachtrag veröffentlicht, der ihn zum Widerruf berechtigt, und macht er
dennoch nicht von seinem Widerrufsrecht Gebrauch, dann ist der Rechtsgedanke des § 12 Abs. 2

---

[44] RegBegr. ÄnderungsRL-Umsetzungsgesetz, BT-Drs. 17/8684, 13 (20).

[45] → WpPG § 9 Rn. 88.

[46] Unstr. vgl. nur FK-WpPG/*Berrar* WpPG § 16 Rn. 159. Insoweit kommt es allerdings für die Prospekthaftung
auf den Zeitpunkt an, zu dem der neue Umstand entstand. Entstand er erst nach Kaufvertragsabschluss, war der
Prospekt zu diesem Zeitpunkt richtig, sodass eine Prospekthaftung ausscheidet; ebenso ausdr. FK-WpPG/*Berrar*
WpPG § 16 Rn. 161; JVRZ/*Friedl/Ritz* WpPG § 16 Rn. 192.

[47] Vgl. nur JVRZ/*Friedl/Ritz* WpPG § 16 Rn. 198; *Mülbert/Steup* in Habersack/Mülbert/Schlitt Unternehmensfinanzierung-HdB § 41 Rn. 33.

[48] → WpPG § 12 Rn. 10 mwN; JVRZ/*Friedl/Ritz* WpPG § 16 Rn. 196 f.

[49] Zur Erweiterung der zeitlichen Anwendung des Widerrufsrechts → Rn. 26.

Nr. 4 WpPG anwendbar mit der Folge eines Ausschlusses von Prospekthaftungsansprüchen aus den im Nachtrag berichtigten Umständen.[50]

VI. Verhältnis Nachtragspflicht zu Art. 17 MAR und § 12 Abs. 2 Nr. 4 WpPG

33   Das Billigungserfordernis und die dadurch bedingte Verzögerung der Veröffentlichung des Nachtrags führt zu einem auch bereits in der Regierungsbegründung zum Prospektrichtlinie-Umsetzungsgesetz erkannten Problem, das des Verhältnisses der Nachtragspflicht und dessen Verzögerung einerseits und der Ad-hoc-Publizitätspflicht nach Art. 17 MAR andererseits. In der Praxis wird man davon ausgehen müssen, dass Umstände, welche eine Nachtragspflicht nach Art. 23 auslösen, zugleich auch zu einer Ad-hoc-Mitteilung verpflichten,[51] wenn die übrigen Voraussetzungen der Anwendung der Ad-hoc-Regelungen wegen beantragter Börsenzulassung oder aber wegen bereits bestehender Zulassung von Wertpapieren des Emittenten gegeben sind. Das bedeutet, dass hier jeweils eine Ad-hoc-Veröffentlichung zu erfolgen hat. Davon unabhängig ist der Prospekt durch einen Nachtrag zu ergänzen. Für die Zeit zwischen der Veröffentlichung der Ad-hoc-Mitteilung und des Nachtrags wird man den Prospekt aber nur noch mit Ad-hoc-Mitteilung zusammen verwenden dürfen.[52]

34   § 12 Abs. 2 Nr. 4 WpPG eröffnet die Möglichkeit, unrichtige oder unvollständige Prospektangaben durch eine entsprechende Berichtigung zu korrigieren und damit, ist die Berichtigung vor Abschluss des Erwerbsgeschäfts veröffentlicht worden oder besteht noch die Möglichkeit des Widerrufs des Kaufantrags, eine Prospekthaftung zu vermeiden.[53] Anders als die Berichtigungspflicht nach Art. 23 Abs. 1 UAbs. 1 handelt es sich bei § 12 Abs. 2 Nr. 4 WpPG um eine Berichtigungsmöglichkeit. Nachtragspflicht nach Art. 23 Abs. 1 UAbs. 1 in der Ausprägung der Berichtigungspflicht und die Berichtigungsmöglichkeit nach § 12 Abs. 2 Nr. 4 WpPG haben allerdings partiell einen gleichen Anwendungsbereich. Die Berichtigungsmöglichkeit nach § 12 Abs. 2 Nr. 4 WpPG betrifft unrichtige oder unvollständige Prospektangaben, die für die Beurteilung der Wertpapiere wesentlich sind.[54] Die Berichtigungspflicht nach Art. 23 Abs. 1 UAbs. 1 betrifft jede wesentliche Unrichtigkeit in Bezug auf die im Prospekt enthaltenen Angaben, die die Beurteilung der Wertpapiere beeinflussen können, ist damit weiter, erfasst aber auch die Sachverhalte, die von der Berichtigungsmöglichkeit nach § 12 Abs. 2 Nr. 4 WpPG abgedeckt werden.[55] Zeitlich greift § 12 Abs. 2 Nr. 4 WpPG im Kontext mit § 9 Abs. 1 S. 1 und § 10 Nr. 1 WpPG ab Prospektbilligung bis sechs Monate nach Einführung bzw. erstmaligem öffentlichen Angebot der Wertpapiere im Inland,[56] Art. 23 Abs. 1 UAbs. 1 ab Prospektbilligung bis zum Ende des öffentlichen Angebots oder, falls diese später erfolgt, der Eröffnung des Handels, was man mit der Einführung iSd § 38 BörsG gleichsetzen kann (→ Rn. 6 ff.), sodass beide von der Prospektbilligung bis zur Einführung gelten. In welchem Verhältnis die beiden Regelungen während dieses Zeitraums zueinander stehen, ist nur indirekt für einen Unterfall des § 12 Abs. 2 Nr. 4 WpPG klar, nämlich für die Ad-hoc-Publizität nach Art. 17 MAR (→ Rn. 33).[57] Entscheidend ist aber ein anderer Punkt: Der Nachtrag führt nach Art. 23 Abs. 2 UAbs. 1 zu einer Widerrufsmöglichkeit. Diese Widerrufsmöglichkeit führt dazu, dass eine Prospekthaftung nach dem Rechtsgedanken des § 12 Abs. 2 Nr. 4 WpPG aus den im Nachtrag berichtigten Umständen ausscheidet, der Anleger kann, macht er von seinem Widerrufsrecht nicht Gebrauch, nicht im Nachhinein Prospekthaftungsansprüche, die sich aus einer Fehlerhaftigkeit des Prospekts ohne den oder die nachgetragenen Umstände ergeben, geltend machen.[58] Insofern ist die Rechtsfolge des Art. 23 Abs. 2 UAbs. 1 weiter als die des § 12 Abs. 2 Nr. 4 WpPG, der nur eine Prospekthaftung für vor Abschluss des Erwerbsgeschäfts veröffentlichte Berichtigungen umfasst. Sobald Art. 23 Abs. 2 UAbs. 1 jedoch zeitlich nicht mehr anwendbar ist steht nur noch § 12 Abs. 2 Nr. 4 WpPG zur Verfügung.

---

[50] FK-WpPG/*Berrar* WpPG § 16 Rn. 162; JVRZ/*Friedl*/*Ritz* WpPG § 16 Rn. 45, 199 ff.; Schwark/Zimmer/ *Heidelbach* WpPG § 16 Rn. 51; *Mülbert*/*Steup* in Habersack/Mülbert/Schlitt Unternehmensfinanzierung-HdB § 41 Rn. 146; Assmann/Schlitt/v. Kopp-Colomb/*Seitz* WpPG § 16 Rn. 158; einschränkend *Hamann* in Schäfer/Hamann WpPG § 16 Rn. 27 f.

[51] *Apfelbacher*/*Metzner* BKR 2006, 81 (85 f.); *Hamann* in Schäfer/Hamann WpPG § 16 Rn. 30.

[52] Wie hier wohl JVRZ/*Friedl*/*Ritz* WpPG § 16 Rn. 178 ff.; umfassende Darstellung auch des Meinungsstandes bei FK-WpPG/*Berrar* WpPG § 16 Rn. 169 ff.

[53] Dazu → WpPG § 9 Rn. 82 f.

[54] Es geht um die Befreiung von der Haftung, die nach § 9 Abs. 1 S. 1 unrichtig oder unvollständige für die Beurteilung der Wertpapiere wesentliche Angaben voraussetzt.

[55] So ausdr. auch JVRZ/*Friedl*/*Ritz* WpPG § 16 Rn. 49.

[56] → WpPG § 12 Rn. 8.

[57] Weitergehend *Mülbert*/*Steup* in Habersack/Mülbert/Schlitt Unternehmensfinanzierung-HdB § 41 Rn. 144, die sogar von einem Vorrang des § 23 Abs. 2 Nr. 4 WpPG aF ausgehen, da die dort geregelte Berichtigung keiner Billigung bedarf (unstr.), damit schneller erfolgen könne. Unentschieden Assmann/Schlitt/v. Kopp-Colomb/*Seitz* WpPG § 16 Rn. 23.

[58] FK-WpPG/*Berrar* WpPG § 16 Rn. 162; JVRZ/*Friedl*/*Ritz* WpPG § 16 Rn. 45, 199 ff.; Schwark/Zimmer/ *Heidelbach* WpPG § 16 Rn. 51; *Mülbert*/*Steup* in Habersack/Mülbert/Schlitt Unternehmensfinanzierung-HdB § 41 Rn. 146; Assmann/Schlitt/v. Kopp-Colomb/*Seitz* WpPG § 16 Rn. 158; einschränkend *Hamann* in Schäfer/Hamann WpPG § 16 Rn. 27 f.

Darüber hinaus soll § 12 Abs. 2 Nr. 4 WpPG zur Korrektur unwesentlicher Prospektmängel und **35** Rechtschreibfehler genutzt werden können.[59] Art. 23 steht für solche Korrekturen nicht zur Verfügung, da „unwesentliche" Prospektmängel und Rechtschreibfehler keine „wesentliche Unrichtigkeit", Art. 23 Abs. 1 UAbs. 1, darstellen, sodass die Voraussetzungen für eine Billigung des Nachtrags nach Art. 23 Abs. 1 UAbs. 1 S. 1 fehlen. Auch § 12 Abs. 2 Nr. 4 WpPG steht für solche Korrekturen rechtlich allerdings eigentlich auch nicht zur Verfügung, da er im Lichte des § 9 Abs. 1 S. 1 WpPG auch nur zulässt, wesentliche Unrichtigkeiten zu korrigieren. Da aber, sollte die BaFin einen Nachtrag mit der Begründung nicht billigen, darin seien nur unwesentliche Korrekturen enthalten, dem Prospektverantwortlichen keine andere Möglichkeit der Korrektur zur Verfügung steht, erscheint es angemessen, hier § 12 Abs. 2 Nr. 4 WpPG erweiternd auszulegen. Damit wird dem Prospektverantwortlichen die Korrektur ermöglicht, allerdings um den Preis einen potentiellen Haftungsrisikos.[60]

---

[59] JVRZ/*Friedl*/*Ritz* WpPG § 16 Rn. 56; *Oulds* WM 2011, 1452 (1455).
[60] Darauf weist *Oulds* WM 2011, 1452 (1454) zu Recht hin, der deshalb dem Prospektverantwortlichen eine Einschätzungsprärogative hinsichtlich der Wesentlichkeit der Änderung zubilligt, so auch JVRZ/*Friedl*/*Ritz* WpPG § 16 Rn. 56, sodass iErg auch ein Nachtrag nach § 16 möglich sein soll.

Kapitel V. Grenzüberschreitende Angebote, Zulassung zum Handel an einem geregelten Markt und Sprachenregelung

Art. 24 Unionsweite Geltung gebilligter Prospekte

(1) [1] Sollen Wertpapiere in einem oder mehreren Mitgliedstaaten oder in einem anderen Mitgliedstaat als dem Herkunftsmitgliedstaat öffentlich angeboten oder zum Handel an einem geregelten Markt zugelassen werden, so ist unbeschadet des Artikels 37 der vom Herkunftsmitgliedstaat gebilligte Prospekt einschließlich etwaiger Nachträge in beliebig vielen Aufnahmemitgliedstaaten für ein öffentliches Angebot oder für die Zulassung zum Handel gültig, sofern die ESMA und die zuständige Behörde jedes Aufnahmemitgliedstaats gemäß Artikel 25 unterrichtet werden. [2] Die zuständigen Behörden der Aufnahmemitgliedstaaten führen für die von den zuständigen Behörden anderer Mitgliedstaaten gebilligten Prospekte und Nachträge sowie für die endgültigen Bedingungen keine Billigungs- oder Verwaltungsverfahren durch.

(2) [1] Tritt innerhalb des in Artikel 23 Absatz 1 genannten Zeitraums ein wichtiger neuer Umstand ein oder wird innerhalb dieses Zeitraums eine wesentliche Unrichtigkeit oder eine wesentliche Ungenauigkeit festgestellt, so verlangt die zuständige Behörde des Herkunftsmitgliedstaats die Veröffentlichung eines Nachtrags, der gemäß Artikel 20 Absatz 1 zu billigen ist. [2] Die ESMA und die zuständige Behörde des Aufnahmemitgliedstaats können die zuständige Behörde des Herkunftsmitgliedstaats über den Bedarf an neuen Informationen unterrichten.

1   Art. 24 entspricht Art. 17 Prospekt-RL. Anders als dessen Umsetzung in § 17 WpPG aF gilt Art. 24 jedoch unmittelbar (Art. 288 S. 2 AEUV), vermeidet damit die bei einer Umsetzung in nationales Recht auftretenden Schwierigkeiten[1] und kann als unmittelbar geltende Rechtsnorm das zentrale Anliegen der Prospekt-VO umsetzen: Die unionsweite Geltung der von der zuständigen Behörde des Herkunftsmitgliedstaats gebilligten Prospekte für öffentliche Angebote und deren Zulassung zum Handel an einem geregelten Markt sofern die zuständige Behörde des Aufnahmemitgliedstaats und die ESMA nach Art. 25 die entsprechende Bescheinigung über die Billigung erhalten.

2   Art. 24 Abs. 1 regelt hier die unionsweite Geltung des gebilligten Prospekts, Art. 24 Abs. 2 das Procedere hinsichtlich eventueller Nachträge.

3   Für die Bundesrepublik Deutschland bedeutet dies Folgendes: Ein von der zuständigen Behörde eines anderen Staates des europäischen Wirtschaftsraums gebilligter Prospekt einschließlich etwaiger Nachträge ist in der Bundesrepublik Deutschland ohne zusätzliches Billigungsverfahren für ein öffentliches Angebot oder für die Zulassung zum Handel an einem geregelten Markt gültig. Ausreichend sind die Bescheinigung nach Art. 25 und der Prospekt inklusive eventueller Nachträge. Nach Art. 24 Abs. 2 ist die BaFin bei einem von der zuständigen Behörde eines anderen Staates des europäischen Wirtschaftsraums gebilligten Prospekts nicht berechtigt, die Einreichung eines Nachtrags zum Prospekt zur Billigung und dessen Veröffentlichung zu verlangen. Vielmehr ist sie insoweit gem. Art. 24 Abs. 2 darauf beschränkt, die zuständige Behörde des Herkunftsmitgliedstaates darauf aufmerksam zu machen, dass es eventuell neuer Angaben bedarf[2].

Art. 25 Notifizierung von Prospekten und Nachträgen und Mitteilung der endgültigen Bedingungen

(1) [1] Die zuständige Behörde des Herkunftsmitgliedstaats übermittelt der zuständigen Behörde des Aufnahmemitgliedstaats innerhalb eines Arbeitstags nach Eingang eines entsprechenden Ersuchens des Emittenten, des Anbieters, der die Zulassung zum Handel an einem geregelten Markt beantragenden Person oder der für die Erstellung des Prospekts verantwortlichen Person oder, falls das Ersuchen zusammen mit dem Prospektentwurf vorgelegt wird, innerhalb eines Arbeitstags nach Billigung des Prospekts eine Bescheinigung über die Billigung, aus der hervorgeht, dass der Prospekt im Einklang mit dieser Verordnung erstellt wurde, sowie eine elektronische Kopie dieses Prospekts.

[2] Der in Unterabsatz 1 genannten Notifizierung ist gegebenenfalls eine von dem Emittenten, dem Anbieter, der die Zulassung zum Handel an einem geregelten Markt beantra-

---

[1] Vgl. dazu nur → 3. Aufl. 2015, WpPG § 17 Rn. IX 706.
[2] So bereits zum alten Recht Assmann/Schlitt/v. Kopp-Colomb/*v. Kopp-Colomb*/*Sargut* WpPG § 17 Rn. 25 und → 3. Aufl. 2015, WpPG § 17 Rn. IX 708.

genden Person oder der für die Erstellung des Prospekts verantwortlichen Person in Auftrag gegebene Übersetzung des Prospekts und jeglicher Zusammenfassung beizufügen.

[3] Dasselbe Verfahren findet auf etwaige Nachträge zum Prospekt Anwendung.

[4] Dem Emittenten, dem Anbieter, der die Zulassung zum Handel an einem geregelten Markt beantragenden Person oder der für die Erstellung des Prospekts verantwortlichen Person wird die Bescheinigung über die Billigung zur gleichen Zeit übermittelt wie der zuständigen Behörde des Aufnahmemitgliedstaats.

(2) Jede Anwendung der Bestimmungen des Artikels 18 Absätze 1 und 2 wird in der Bescheinigung über die Billigung erwähnt und begründet.

(3) Die zuständige Behörde des Herkunftsmitgliedstaats übermittelt der ESMA die Bescheinigung über die Billigung des Prospekts oder jeden Nachtrags hierzu zur gleichen Zeit wie der zuständigen Behörde des Aufnahmemitgliedstaats.

(4) Sind die endgültigen Bedingungen eines bereits notifizierten Basisprospekts weder im Basisprospekt noch in einem Nachtrag enthalten, so übermittelt die zuständige Behörde des Herkunftsmitgliedstaats diese auf elektronischem Wege der zuständigen Behörde der Aufnahmemitgliedstaaten und der ESMA so bald wie möglich nach deren Hinterlegung.

(5) Die zuständigen Behörden im Herkunftsmitgliedstaat und in den Aufnahmemitgliedstaaten erheben keine Gebühr für die Notifizierung – oder Entgegennahme der Notifizierung – von Prospekten und Nachträgen oder damit zusammenhängende Überwachungstätigkeiten.

(6) *[1]* Die ESMA richtet ein Notifizierungsportal ein, in das jede zuständige Behörde die in Absatz 1 dieses Artikels und in Artikel 26 Absatz 2 genannten Bescheinigungen über die Billigung und elektronischen Kopien sowie die endgültigen Bedingungen der Basisprospekte für die Zwecke der in den Absätzen 1, 3 und 4 des vorliegenden Artikels und in Artikel 26 genannten Notifizierungen und Übermittlungen hochlädt.

[2] Jede Übermittlung dieser Dokumente zwischen den zuständigen Behörden erfolgt über das genannte Notifizierungsportal.

(7) *[1]* Die ESMA erstellt Entwürfe technischer Regulierungsstandards, in denen die für den Betrieb des Notifizierungsportals nach Absatz 6 erforderlichen technischen Modalitäten spezifiziert werden.

[2] Die ESMA legt der Kommission diese Entwürfe technischer Regulierungsstandards bis zum 21. Juli 2018 vor.

[3] Der Kommission wird die Befugnis übertragen, die in Unterabsatz 1 genannten technischen Regulierungsstandards gemäß den Artikeln 10 bis 14 der Verordnung (EU) Nr. 1095/2010 zu erlassen.

(8) *[1]* Um einheitliche Bedingungen für die Anwendung dieser Verordnung zu gewährleisten und den technischen Entwicklungen auf den Finanzmärkten Rechnung zu tragen, kann die ESMA Entwürfe technischer Durchführungsstandards ausarbeiten, um Standardformulare, Mustertexte und Verfahren für die Notifizierung der Bescheinigung über die Billigung, des Prospekts, eines Prospektnachtrags hierzu und der Übersetzung des Prospekts und/oder der Zusammenfassung festzulegen.

[2] Der Kommission wird die Befugnis übertragen, die in Unterabsatz 1 genannten technischen Durchführungsstandards gemäß Artikel 15 der Verordnung (EU) Nr. 1095/2010 zu erlassen.

Art. 26 Notifizierung von Registrierungsformularen oder einheitlichen Registrierungsformularen

(1) Dieser Artikel gilt nur für Emissionen von Nichtdividendenwerten gemäß Artikel 2 Buchstabe m Ziffer ii und für in Drittländern ansässige Emittenten gemäß Artikel 2 Buchstabe m Ziffer iii, wenn es sich bei dem gewähltem Herkunftsmitgliedstaat für die Billigung der Prospekte gemäß diesen Bestimmungen nicht um den Mitgliedstaat handelt, dessen zuständige Behörde das von dem Emittenten, dem Anbieter oder der die Zulassung zum Handel an einem geregelten Markt beantragenden Person erstellte Registrierungsformular oder einheitliche Registrierungsformular gebilligt hat.

(2) *[1]* ¹Eine zuständige Behörde, die ein Registrierungsformular oder ein einheitliches Registrierungsformular und etwaige Änderungen gebilligt hat, übermittelt der zuständigen Behörde des Herkunftsmitgliedstaats auf Ersuchen des Emittenten, des Anbieters, der Person, die die Zulassung zum Handel auf einem geregelten Markt beantragt, oder der für die Erstellung eines solchen Formulars verantwortlichen Person für die Billigung des Prospekts eine Bescheinigung über die Billigung, aus der hervorgeht, dass das Registrierungsformular oder das einheitliche Registrierungsformular und etwaige Änderungen im Einklang mit dieser Verordnung erstellt wurde, sowie eine elektronische Kopie dieses Formulars. ²Jene Notifizierung erfolgt innerhalb eines Arbeitstags nach Eingang des Ersuchens

oder, falls das Ersuchen zusammen mit dem Entwurf des Registrierungsformulars oder dem Entwurf des einheitlichen Registrierungsformulars vorgelegt wird, innerhalb eines Arbeitstags nach Billigung dieses Formulars.

[2] Der in Unterabsatz 1 genannten Notifizierung ist gegebenenfalls eine vom Emittenten, vom Anbieter, von der Person, die die Zulassung zum Handel auf einem geregelten Markt beantragt, oder der für die Erstellung solcher Formulare verantwortlichen Person in Auftrag gegebene Übersetzung des Registrierungsformulars oder des einheitlichen Registrierungsformulars und etwaiger Änderungen beizufügen.

[3] Dem Emittenten, dem Anbieter, der Person, die die Zulassung zum Handel auf einem geregelten Markt beantragt, oder der für die Erstellung des Registrierungsformulars oder des einheitlichen Registrierungsformulars und etwaiger Änderungen verantwortlichen Person wird die Bescheinigung über die Billigung zur gleichen Zeit übermittelt wie der für die Billigung des Prospekts zuständigen Behörde des Herkunftsmitgliedstaats.

[4] Jede Anwendung der Bestimmungen des Artikels 18 Absätze 1 und 2 wird in der Bescheinigung erwähnt und begründet.

[5] Die zuständige Behörde, die das Registrierungsformular oder das einheitliche Registrierungsformular und etwaige Änderungen gebilligt hat, übermittelt der ESMA die Bescheinigung über die Billigung dieser Formulare zur gleichen Zeit, wie sie auch der für die Billigung des Prospekts zuständigen Behörde des Herkunftsmitgliedstaats übermittelt wird.

[6] Diese zuständigen Behörden erheben keine Gebühr für die Notifizierung oder Entgegennahme der Notifizierung von Registrierungsformularen oder einheitlichen Registrierungsformularen und etwaiger Änderungen oder damit zusammenhängende Überwachungstätigkeiten.

(3) *[1]* Ein gemäß Absatz 2 übermitteltes Registrierungsformular oder einheitliches Registrierungsformular kann als Bestandteil eines der für die Billigung des Prospekts zuständigen Behörde des Herkunftsmitgliedstaats zur Billigung vorgelegten Prospekts verwendet werden.

[2] Die für die Billigung des Prospekts zuständige Behörde des Herkunftsmitgliedstaats nimmt keinerlei Prüfung oder Billigung des übermittelten Registrierungsformulars oder einheitlichen Registrierungsformulars und etwaiger Änderungen vor und billigt erst nach Entgegennahme der Notifizierung ausschließlich die Wertpapierbeschreibung und die Zusammenfassung.

(4) *[1]* ¹Ein gemäß Absatz 2 übermitteltes Registrierungsformular oder einheitliches Registrierungsformular enthält einen Anhang mit den Basisinformationen über den Emittenten nach Artikel 7 Absatz 6. ²Die Billigung des Registrierungsformulars oder des einheitlichen Registrierungsformulars bezieht sich auch auf diesen Anhang.

[2] Der Notifizierung ist gegebenenfalls gemäß Artikel 27 Absatz 2 Unterabsatz 2 und Artikel 27 Absatz 3 Unterabsatz 2 eine von dem Emittenten, dem Anbieter oder der für die Erstellung des Registrierungsformulars oder einheitlichen Registrierungsformulars verantwortlichen Person in Auftrag gegebene Übersetzung des Anhangs des Registrierungsformulars oder einheitlichen Registrierungsformulars beizufügen.

[3] ¹Bei der Erstellung der Zusammenfassung gibt der Emittent, der Anbieter oder die für die Erstellung des Prospekts verantwortliche Person den Inhalt des Anhangs ohne Änderungen in dem in Artikel 7 Absatz 4 Buchstabe b genannten Abschnitt wieder. ²Die für die Billigung des Prospekts zuständige Behörde des Herkunftsmitgliedstaats prüft diesen Abschnitt der Zusammenfassung nicht.

(5) *[1]* ¹Tritt innerhalb des in Artikel 23 Absatz 1 genannten Zeitraums ein wichtiger neuer Umstand ein oder wird innerhalb dieses Zeitraums eine wesentliche Unrichtigkeit oder eine wesentliche Ungenauigkeit festgestellt, die die im Registrierungsformular oder im einheitlichen Registrierungsformular enthaltenen Angaben betrifft, so ist der zuständigen Behörde, die das Registrierungsformular oder das einheitliche Registrierungsformular gebilligt hat, der nach Artikel 23 erforderliche Nachtrag zur Billigung vorzulegen. ²Dieser Nachtrag wird der für die Billigung des Prospekts zuständigen Behörde des Herkunftsmitgliedstaats innerhalb eines Arbeitstags nach seiner Billigung nach dem Verfahren gemäß den Absätzen 2 und 3 dieses Artikels übermittelt.

[2] In Fällen, in denen ein Registrierungsformular oder ein einheitliches Registrierungsformular gemäß Artikel 23 Absatz 5 gleichzeitig als Bestandteil mehrerer Prospekte verwendet wird, wird der Nachtrag jeder zuständigen Behörde übermittelt, die solche Prospekte gebilligt hat.

(6) *[1]* Um einheitliche Bedingungen für die Anwendung dieser Verordnung zu gewährleisten und die technischen Entwicklungen auf den Finanzmärkten zu berücksichtigen, kann die ESMA Entwürfe technischer Durchführungsstandards ausarbeiten, um Standardformulare, Mustertexte und Verfahren für die Notifizierung der Bescheinigung über die Billigung des Registrierungsformulars, des einheitlichen Registrierungsformulars, jedes diesbezüglichen Nachtrags samt etwaiger Übersetzungen festzulegen.

[2] Der Kommission wird die Befugnis übertragen, die in Unterabsatz 1 genannten technischen Durchführungsstandards gemäß Artikel 15 der Verordnung (EU) Nr. 1095/2010 zu erlassen.

Art. 25 und 26 regeln sehr detailliert das Verfahren zur Erteilung und Übermittlung der Bescheini- **1**
gung über die Billigung (Notifizierungsverfahren), Art. 25 für Prospekte und Nachträge sowie zur
Mitteilung der endgültigen Bedingungen, Art. 26 für Registrierungsformulare oder einheitliche Registrierungsformulare. Art. 19–21 Delegierte VO (EU) 2019/979 enthalten die technischen Modalitäten für den Betrieb des Notifizierungsportals.

Art. 27 Sprachenregelung

(1) **Werden Wertpapiere nur im Herkunftsmitgliedstaat öffentlich angeboten oder nur dort die Zulassung zum Handel an einem geregelten Markt beantragt, so wird der Prospekt in einer von der zuständigen Behörde des Herkunftsmitgliedstaats anerkannten Sprache erstellt.**

(2) *[1]* **Werden Wertpapiere in einem oder mehreren anderen Mitgliedstaaten als dem Herkunftsmitgliedstaat öffentlich angeboten oder dort die Zulassung zum Handel an einem geregelten Markt beantragt, so wird der Prospekt je nach Wahl des Emittenten, des Anbieters oder der Person, die die Zulassung an einem geregelten Markt beantragt, entweder in einer von den zuständigen Behörden dieser Mitgliedstaaten anerkannten oder in einer in internationalen Finanzkreisen gebräuchlichen Sprache erstellt.**
[2] **Die zuständigen Behörden der einzelnen Aufnahmemitgliedstaaten schreiben vor, dass die in Artikel 7 genannte Zusammenfassung in ihrer Amtssprache oder in mindestens einer ihrer Amtssprachen oder in einer von der zuständigen Behörde des betreffenden Mitgliedstaats anerkannten anderen Sprache vorliegen muss; sie verlangen jedoch nicht die Übersetzung anderer Teile des Prospekts.**
[3] **Für die Zwecke der Prüfung und Billigung durch die zuständige Behörde des Herkunftsmitgliedstaats wird der Prospekt je nach Wahl des Emittenten, des Anbieters oder der die Zulassung zum Handel an einem geregelten Markt beantragenden Person entweder in einer von dieser Behörde anerkannten oder in einer in internationalen Finanzkreisen gebräuchlichen Sprache erstellt.**

(3) *[1]* **Werden Wertpapiere in mehr als einem Mitgliedstaat einschließlich des Herkunftsmitgliedstaats öffentlich angeboten oder dort die Zulassung zum Handel an einem geregelten Markt beantragt, so wird der Prospekt in einer von der zuständigen Behörde des Herkunftsmitgliedstaats anerkannten Sprache erstellt und darüber hinaus je nach Wahl des Emittenten, des Anbieters oder der die Zulassung zum Handel an einem geregelten Markt beantragenden Person entweder in einer von den zuständigen Behörden der einzelnen Aufnahmemitgliedstaaten anerkannten Sprache oder in einer in internationalen Finanzkreisen gebräuchlichen Sprache zur Verfügung gestellt.**
[2] **Die zuständigen Behörden der einzelnen Aufnahmemitgliedstaaten schreiben vor, dass die in Artikel 7 genannte Zusammenfassung in ihrer Amtssprache oder in mindestens einer ihrer Amtssprachen oder in einer von der zuständigen Behörde des betreffenden Mitgliedstaats anerkannten anderen Sprache vorliegen muss; sie verlangen jedoch nicht die Übersetzung anderer Teile des Prospekts.**

(4) *[1]* **Die endgültigen Bedingungen und die Zusammenfassung für die einzelne Emission werden in derselben Sprache abgefasst wie der gebilligte Basisprospekt.**
[2] **Wenn die endgültigen Bedingungen gemäß Artikel 25 Absatz 4 an die zuständige Behörde des Aufnahmemitgliedstaats oder – im Falle mehrerer Aufnahmemitgliedstaaten – an die zuständigen Behörden der Aufnahmemitgliedstaaten übermittelt werden, gilt für die endgültigen Bedingungen und die ihnen angefügte Zusammenfassung die folgende Sprachenregelung:**
a) **die den endgültigen Bedingungen angefügte Zusammenfassung für die einzelne Emission liegt erforderlichenfalls gemäß Absatz 2 Unterabsatz 2 bzw. Absatz 3 Unterabsatz 2 in der Amtssprache oder in mindestens einer der Amtssprachen des Aufnahmemitgliedstaats oder in einer von der zuständigen Behörde des betreffenden Aufnahmemitgliedstaats anerkannten anderen Sprache vor;**
b) **ist nach Absatz 2 bzw. 3 der Basisprospekt zu übersetzen, so unterliegen die endgültigen Bedingungen und die diesen angefügte Zusammenfassung für die einzelne Emission den gleichen Übersetzungsanforderungen wie der Basisprospekt.**

(5) **Bezieht sich ein Prospekt auf die Zulassung von Nichtdividendenwerten zum Handel an einem geregelten Markt und wird die Zulassung zum Handel an einem geregelten Markt in einem oder mehreren Mitgliedstaaten beantragt, so wird der Prospekt je nach Wahl des Emittenten, des Anbieters oder der die Zulassung zum Handel an einem geregelten Markt beantragenden Person entweder in einer von den zuständigen Behörden des Herkunftsmit-**

gliedstaats und der Aufnahmemitgliedstaaten anerkannten Sprache oder in einer in internationalen Finanzkreisen gebräuchlichen Sprache erstellt, sofern entweder

a) diese Wertpapiere ausschließlich an einem geregelten Markt oder in einem bestimmten Segment eines solchen gehandelt werden sollen, zu dem ausschließlich qualifizierte Anleger zu Zwecken des Handels mit diesen Wertpapieren Zugang erhalten, oder

b) diese Wertpapiere eine Mindeststückelung von 100 000 EUR haben.

1   Die Sprachregelung in Art. 27 entspricht inhaltlich Art. 19 Prospekt-RL. Wegen ihrer unmittelbaren Geltung bedarf es jedoch keiner Umsetzung in nationales Recht wie früher in § 19 WpPG aF, sondern nur noch der Regelung hinsichtlich der „anerkannten Sprache". § 21 WpPG enthält diese Regelung. Nach § 21 Abs. 1 WpPG ist die deutsche Sprache die anerkannte Sprache für alle Absätze des Art. 27.

2   Wesentlich und über Art. 27 hinausgehend ist dagegen die Regelung in § 21 Abs. 2 WpPG da sie auch bei einem reinen Inlandsangebot beziehungsweise einer reinen Inlandszulassung einen Prospekt in englischer Sprache zulässt sofern, wenn diese erforderlich ist, die Zusammenfassung in deutscher Sprache vorgelegt wird.[1]

---

[1] „Neue Regeln für Wertpapierprospekte nach EU Prospektverordnung 2017/1129 – Frequently Asked Questions" der BaFin unter VII.

Kapitel VI. Besondere Vorschriften für in Drittländern niedergelassene Emittenten

Art. 28 Öffentliches Angebot von Wertpapieren oder Zulassung zum Handel an einem geregelten Markt mittels eines nach Maßgabe dieser Verordnung erstellten Prospekts

[1] Beabsichtigen Drittlandsemittenten, mittels eines nach Maßgabe dieser Verordnung erstellten Prospekts ein öffentliches Angebot von Wertpapieren in der Union zu platzieren oder eine Zulassung von Wertpapieren zum Handel an einem in der Union errichteten geregelten Markt zu beantragen, so stellen sie den Antrag zur Billigung des Prospekts gemäß Artikel 20 bei der zuständigen Behörde ihres Herkunftsmitgliedstaats.

[2] Wurde ein Prospekt nach Maßgabe des Unterabsatzes 1 gebilligt, erwachsen daraus alle in dieser Verordnung in Bezug auf einen Prospekt vorgesehenen Rechte und Pflichten, und der Prospekt und der Drittlandsemittent unterliegen allen Bestimmungen dieser Verordnung unter Aufsicht der zuständigen Behörde des Herkunftsmitgliedstaats.

Art. 29 Öffentliches Angebot von Wertpapieren oder Zulassung zum Handel an einem geregelten Markt mittels eines nach Maßgabe des Rechts eines Drittlands erstellten Prospekts

(1) Die zuständige Behörde des Herkunftsmitgliedstaats eines Drittlandsemittenten kann einen nach dem nationalen Recht des betreffenden Drittlands erstellten und diesen Vorschriften unterliegenden Prospekt für ein öffentliches Angebot von Wertpapieren oder die Zulassung zum Handel an einem geregelten Markt unter der Voraussetzung billigen, dass

a) die durch das Recht des betreffenden Drittlands auferlegten Informationspflichten den Anforderungen dieser Verordnung gleichwertig sind und

b) die zuständige Behörde des Herkunftsmitgliedstaats Kooperationsvereinbarungen nach Artikel 30 mit den einschlägigen Aufsichtsbehörden des Drittlandsemittenten geschlossen hat.

(2) Werden Wertpapiere eines Drittlandsemittenten in einem anderen Mitgliedstaat als dem Herkunftsmitgliedstaat öffentlich angeboten oder zum Handel an einem geregelten Markt zugelassen, so gelten die Anforderungen der Artikel 24, 25 und 27.

(3) *[1]* Der Kommission wird die Befugnis übertragen, gemäß Artikel 44 delegierte Rechtsakte zur Ergänzung dieser Verordnung zu erlassen, in denen die allgemeinen Kriterien für die Gleichwertigkeit auf der Grundlage der Anforderungen gemäß den Artikeln 6, 7, 8 und 13 festlegt werden.

[2] ¹Die Kommission kann auf der Grundlage der vorstehend genannten Kriterien einen Durchführungsbeschluss erlassen, durch den festgestellt wird, dass die durch nationales Recht eines Drittlands auferlegten Informationspflichten den Anforderungen dieser Verordnung gleichwertig sind. ²Dieser Durchführungsbeschluss wird nach dem Prüfverfahren gemäß Artikel 45 Absatz 2 erlassen.

Art. 28 und 29 regeln die Prospektvoraussetzungen bei einem öffentlichen Angebot oder einer **1** Zulassung in der Union von Drittstaatenemittenten und differenzieren dabei zwischen Prospekten, die nach Maßgabe der Prospekt-VO (Art. 28) und solchen, die nach Maßgabe des Rechts des Drittstaates erstellt wurden (Art. 29).

Prospekte von Drittstaatenemittenten, die nach Maßgabe der Prospekt-VO erstellt werden, stehen **2** nach Billigung durch die zuständige Behörde des Herkunftsmitgliedstaats, der sich nach Art. 2 lit. m iii bestimmt (Wahlrecht, grundsätzlich Angebots- oder Zulassungsmitgliedstaat), stehen nach Art. 28 UAbs. 1 Prospekten von Mitgliedsstaatemittenten gleich, sodass daraus alle in der Prospekt-VO für Prospekte „vorgesehenen Rechte und Pflichten" bestehen.

Prospekte von Drittstaatenemittenten, die nach Maßgabe des Rechts dieses Drittstaats erstellt **3** wurden, können unter den Voraussetzungen des Art. 29 Abs. 1 von der zuständigen Behörde des Herkunftsmitgliedstaats gebilligt werden.

Art. 30 Zusammenarbeit mit Drittländern

(1) *[1]* [1]Für die Zwecke des Artikels 29 und, sofern dies für notwendig erachtet wird, für die Zwecke des Artikels 28 schließen die zuständigen Behörden der Mitgliedstaaten Kooperationsvereinbarungen mit den Aufsichtsbehörden von Drittländern über den Informationsaustausch mit Aufsichtsbehörden in Drittländern und die Durchsetzung von Verpflichtungen aus dieser Verordnung in Drittländern, es sei denn, das jeweilige Drittland steht, gemäß Artikel 9 der Richtlinie (EU) 2015/849 des Europäischen Parlaments und des Rates[1], auf der von der Kommission durch Inkraftsetzung delegierter Rechtsakte erlassenen Liste der Länder, deren nationale Systeme zur Bekämpfung von Geldwäsche und Terrorismusfinanzierung strategische Mängel aufweisen, die wesentliche Risiken für das Finanzsystem der Union darstellen. [2]Diese Kooperationsvereinbarungen stellen zumindest einen wirksamen Informationsaustausch sicher, der den zuständigen Behörden die Wahrnehmung ihrer Aufgaben im Rahmen dieser Verordnung ermöglicht.

[2] Schlägt eine zuständige Behörde den Abschluss einer derartigen Vereinbarung vor, setzt sie die ESMA und die anderen zuständigen Behörden davon in Kenntnis.

(2) *[1]* Für die Zwecke des Artikels 29 und, sofern dies für notwendig erachtet wird, für die Zwecke des Artikels 28 erleichtert und koordiniert die ESMA die Ausarbeitung von Kooperationsvereinbarungen zwischen den zuständigen Behörden und den jeweiligen Aufsichtsbehörden von Drittländern.

[2] Die ESMA erleichtert und koordiniert erforderlichenfalls auch den Informationsaustausch zwischen den zuständigen Behörden hinsichtlich Informationen von Aufsichtsbehörden aus Drittländern, die für das Ergreifen von Maßnahmen gemäß den Artikeln 38 und 39 von Belang sein können.

(3) [1]Die zuständigen Behörden schließen Kooperationsvereinbarungen über den Informationsaustausch mit den Aufsichtsbehörden von Drittländern nur, wenn die Garantien zum Schutz des Berufsgeheimnisses in Bezug auf die offengelegten Informationen jenen nach Artikel 35 mindestens gleichwertig sind. [2]Ein derartiger Informationsaustausch muss der Wahrnehmung der Aufgaben dieser zuständigen Behörden dienen.

(4) *[1]* Die ESMA kann bzw. muss, wenn die Kommission dies verlangt, Entwürfe technischer Regulierungsstandards ausarbeiten, in denen der Mindestinhalt der Kooperationsvereinbarungen nach Absatz 1 und das dafür zu verwendende Muster festgelegt werden.

[2] Der Kommission wird die Befugnis übertragen, die in Unterabsatz 1 genannten technischen Regulierungsstandards gemäß den Artikeln 10 bis 14 der Verordnung (EU) Nr. 1095/2010 zu erlassen.

nicht kommentiert

---

[1] **Amtl. Anm.:** Richtlinie (EU) 2015/849 des Europäischen Parlaments und des Rates vom 20. Mai 2015 zur Verhinderung der Nutzung des Finanzsystems zum Zwecke der Geldwäsche und der Terrorismusfinanzierung, zur Änderung der Verordnung (EU Nr. 648/2012 des Europäischen Parlaments und des Rates und zur Aufhebung der Richtlinie 2005/60/EG des Europäischen Parlaments und des Rates und der Richtlinie 2006/70/EG der Kommission (ABl. L 141 vom 5.6.2015, S. 73).

Kapitel VII. ESMA und zuständige Behörden

Art. 31 Zuständige Behörden

(1) *[1]* ¹Jeder Mitgliedstaat benennt eine einzige zuständige Verwaltungsbehörde, die für die Erfüllung der aus dieser Verordnung erwachsenden Pflichten und für die Anwendung der Bestimmungen dieser Verordnung zuständig ist. ²Die Mitgliedstaaten setzen die Kommission, die ESMA und die zuständigen Behörden der anderen Mitgliedstaaten entsprechend in Kenntnis.

[2] Die zuständige Behörde ist von Marktteilnehmern unabhängig.

(2) *[1]* Die Mitgliedstaaten können ihrer zuständigen Behörde gestatten, die Aufgaben im Zusammenhang mit der elektronischen Veröffentlichung der gebilligten Prospekte und der zugehörigen Dokumente an Dritte zu delegieren.

[2] ¹Jede Delegierung von Aufgaben erfolgt mittels eines eigenen Beschlusses, in dem festgelegt wird:

a) die zu übertragenden Aufgaben und unter welchen Bedingungen diese auszuführen sind,
b) eine Klausel, die den jeweiligen Dritten dazu verpflichtet, aufgrund seines Handelns und durch seine Organisationsstruktur zu gewährleisten, dass Interessenkonflikte vermieden werden und Informationen, die sie bei Ausführung der delegierten Aufgaben erhalten, nicht missbräuchlich oder wettbewerbswidrig verwendet werden, und
c) alle Vereinbarungen zwischen der zuständigen Behörde und Dritten, denen Aufgaben übertragen werden.

²Die nach Absatz 1 benannte zuständige Behörde ist in letzter Instanz für die Überwachung der Einhaltung dieser Verordnung und für die Billigung der Prospekte verantwortlich.

[3] Die Mitgliedstaaten teilen der Kommission, der ESMA und den zuständigen Behörden der anderen Mitgliedstaaten einen Beschluss zur Übertragung von Aufgaben nach Unterabsatz 2, einschließlich der genauen Bedingungen der Delegierung, mit.

(3) Die Absätze 1 und 2 berühren nicht die Möglichkeit der Mitgliedstaaten, für überseeische europäische Gebiete, deren Außenbeziehungen sie wahrnehmen, gesonderte Rechts- und Verwaltungsvorschriften zu erlassen.

Art. 31 ordnet an, dass jeder Mitgliedsstaat „eine einzige zuständige Verwaltungsbehörde" benennen **1** muss, die für die Erfüllung der aus der Prospekt-VO erwachsenen Pflichten und dafür zuständig ist, die Prospekt-VO anzuwenden. Diese Behörde ist nach § 17 WpPG die Bundesanstalt, dh nach § 2 Nr. 10 WpPG die Bundesanstalt für Finanzdienstleistungsaufsicht.

Art. 32 Befugnisse der zuständigen Behörden

(1) *[1]* ¹Zur Wahrnehmung ihrer Aufgaben gemäß dieser Verordnung müssen die zuständigen Behörden im Einklang mit dem nationalem Recht zumindest über die erforderlichen Aufsichts- und Ermittlungsbefugnisse verfügen, um

a) von Emittenten, Anbietern oder die Zulassung zum Handel an einem geregelten Markt beantragenden Personen die Aufnahme zusätzlicher Angaben in den Prospekt zu verlangen, wenn der Anlegerschutz dies gebietet;
b) von Emittenten, Anbietern oder die Zulassung zum Handel an einem geregelten Markt beantragenden Personen sowie von Personen, die diese kontrollieren oder von diesen kontrolliert werden, die Vorlage von Informationen und Unterlagen zu verlangen;
c) von den Abschlussprüfern und Führungskräften des Emittenten, des Anbieters oder der die Zulassung zum Handel an einem geregelten Markt beantragenden Person sowie von den Finanzintermediären, die mit der Platzierung des öffentlichen Angebots von Wertpapieren oder der Beantragung der Zulassung zum Handel an einem geregelten Markt beauftragt sind, die Vorlage von Informationen zu verlangen;
d) ein öffentliches Angebot von Wertpapieren oder eine Zulassung zum Handel auf einem geregelten Markt für jeweils höchstens zehn aufeinander folgende Arbeitstage auszusetzen, wenn ein hinreichend begründeter Verdacht besteht, dass gegen diese Verordnung verstoßen wurde;
e) die Werbung für jeweils höchstens zehn aufeinander folgende Arbeitstage zu untersagen oder auszusetzen oder zu verlangen, dass Emittenten, Anbieter oder die die Zulassung zum Handel an einem geregelten Markt beantragenden Personen oder die einschlägigen Finanzintermediäre die Werbung unterlassen oder für jeweils höchstens zehn aufeinan-

der folgende Arbeitstage aussetzen, wenn ein hinreichend begründeter Verdacht besteht, dass gegen diese Verordnung verstoßen wurde;

f) ein öffentliches Angebot von Wertpapieren oder eine Zulassung zum Handel an einem geregelten Markt zu untersagen, wenn sie feststellen, dass gegen diese Verordnung verstoßen wurde, oder ein hinreichend begründeter Verdacht besteht, dass gegen sie verstoßen würde;

g) den Handel an einem geregelten Markt, an einem MTF oder einem OTF für jeweils höchstens zehn aufeinander folgende Arbeitstage auszusetzen oder von den betreffenden geregelten Märkten, MTF oder OTF die Aussetzung des Handels an einem geregelten Markt oder an einem MTF für jeweils höchstens zehn aufeinander folgende Arbeitstage zu verlangen, wenn ein hinreichend begründeter Verdacht besteht, dass gegen diese Verordnung verstoßen wurde;

h) den Handel an einem geregelten Markt, an einem MTF oder einem OTF zu untersagen, wenn sie feststellen, dass gegen diese Verordnung verstoßen wurde;

i) den Umstand bekannt zu machen, dass ein Emittent, ein Anbieter oder eine die Zulassung zum Handel an einem geregelten Markt beantragende Person seinen/ihren Verpflichtungen nicht nachkommt;

j) die Prüfung eines zur Billigung vorgelegten Prospekts auszusetzen oder ein öffentliches Angebot von Wertpapieren oder eine Zulassung zum Handel an einem geregelten Markt auszusetzen oder einzuschränken, wenn die zuständige Behörde ihre Befugnis zur Verhängung von Verboten oder Beschränkungen nach Artikel 42 der Verordnung (EU) Nr. 600/2014 des Europäischen Parlaments und des Rates[1] wahrnimmt, solange dieses Verbot oder diese Beschränkungen gelten;

k) die Billigung eines von einem bestimmten Emittenten, Anbieter oder einer die Zulassung zum Handel an einem geregelten Markt beantragenden Person erstellten Prospekts während höchstens fünf Jahren zu verweigern, wenn dieser Emittent, Anbieter oder diese die Zulassung zum Handel an einem geregelten Markt beantragende Person wiederholt und schwerwiegend gegen diese Verordnung verstoßen haben;

l) zur Gewährleistung des Anlegerschutzes oder des reibungslosen Funktionierens des Marktes alle wesentlichen Informationen, die die Bewertung der öffentlich angebotenen oder zum Handel an einem geregelten Markt zugelassenen Wertpapiere beeinflussen können, bekannt zu machen oder vom Emittenten die Bekanntgabe dieser Informationen zu verlangen;

m) den Handel der Wertpapiere auszusetzen oder von dem betreffenden geregelten Markt, MTF oder OTF die Aussetzung des Handels zu verlangen, wenn sie der Auffassung sind, dass der Handel angesichts der Lage des Emittenten den Anlegerinteressen abträglich wäre;

n) Überprüfungen oder Ermittlungen vor Ort an anderen Standorten als den privaten Wohnräumen natürlicher Personen durchzuführen und zu jenem Zweck Zugang zu Räumlichkeiten zu erhalten, um Unterlagen und Daten gleich welcher Form einzusehen, wenn der begründete Verdacht besteht, dass in Zusammenhang mit dem Gegenstand einer Überprüfung oder Ermittlung Dokumente und andere Daten vorhanden sind, die als Nachweis für einen Verstoß gegen diese Verordnung dienen können.

[2] Sofern das nationale Recht dies erfordert, kann die zuständige Behörde die zuständige Justizbehörde ersuchen, über die Ausübung der in Unterabsatz 1 genannten Befugnisse zu entscheiden.

[2] Wenn nach Unterabsatz 1 Buchstabe k die Billigung eines Prospekts verweigert wurde, teilt die zuständige Behörde dies der ESMA mit, die daraufhin die zuständigen Behörden anderer Mitgliedstaaten informiert.

[3] Nach Artikel 21 der Verordnung (EU) Nr. 1095/2010 ist die ESMA berechtigt, sich an Überprüfungen vor Ort gemäß Unterabsatz 1 Buchstabe n zu beteiligen, wenn jene Überprüfungen gemeinsam von mindestens zwei zuständigen Behörden durchgeführt werden.

(2) Die zuständigen Behörden nehmen ihre in Absatz 1 genannten Aufgaben und Befugnisse auf eine der folgenden Arten wahr:

a) unmittelbar;

b) in Zusammenarbeit mit anderen Behörden;

c) unter eigener Zuständigkeit, durch Übertragung von Aufgaben an solche Behörden;

d) durch Antrag bei den zuständigen Justizbehörden.

(3) Die Mitgliedstaaten stellen durch geeignete Maßnahmen sicher, dass die zuständigen Behörden mit allen zur Wahrnehmung ihrer Aufgaben erforderlichen Aufsichts- und Ermittlungsbefugnissen ausgestattet sind.

---

[1] **Amtl. Anm.**: Verordnung (EU Nr. 600/2014 des Europäischen Parlaments und des Rates vom 15. Mai 2014 über Märkte für Finanzinstrumente und zur Änderung der Verordnung (EU Nr. 648/2012 (ABl. L 173 vom 12.6.2014, S. 84).

(4) Diese Verordnung lässt Gesetze und Rechtsvorschriften zu Übernahmeangeboten, Zusammenschlüssen und anderen Transaktionen, die die Eigentumsverhältnisse oder die Kontrolle von Unternehmen betreffen, mit denen die Richtlinie 2004/25/EG umgesetzt wird und die zusätzlich zu den Anforderungen dieser Verordnung weitere Anforderungen festlegen, unberührt.

(5) Wenn eine Person der zuständigen Behörde im Einklang mit dieser Verordnung Informationen meldet, gilt das nicht als Verstoß gegen eine etwaige vertraglich oder durch Rechts- oder Verwaltungsvorschriften geregelte Einschränkung der Offenlegung von Informationen und hat keine diesbezügliche Haftung zur Folge.

(6) Die Absätze 1 bis 3 berühren nicht die Möglichkeit der Mitgliedstaaten, für überseeische europäische Gebiete, deren Außenbeziehungen sie wahrnehmen, gesonderte Rechts- und Verwaltungsvorschriften zu erlassen.

Art. 32 wird in § 18 WpPG „umgesetzt", sodass für den nationalen Rechtsanwender in Deutschland **1** zunächst § 18 WpPG entscheidend ist, der jedoch iSv Art. 32 auszulegen ist; in Fällen von Widersprüchen oder Lücken geht Art. 32 vor.

Art. 33 Zusammenarbeit zwischen zuständigen Behörden

(1) *[1]* [1]Die zuständigen Behörden arbeiten untereinander und mit der ESMA für die Zwecke dieser Verordnung zusammen. [2]Sie tauschen Informationen unverzüglich aus und kooperieren bei Ermittlungen sowie Überwachungs- und Durchsetzungsmaßnahmen.
[2] Mitgliedstaaten, die im Einklang mit Absatz 38 strafrechtliche Sanktionen für Verstöße gegen diese Verordnung festgelegt haben, stellen durch angemessene Vorkehrungen sicher, dass die zuständigen Behörden alle notwendigen Befugnisse haben, um mit den Justizbehörden innerhalb ihres Hoheitsgebiets in Kontakt zu treten und spezifische Informationen in Bezug auf strafrechtliche Ermittlungen oder Verfahren zu erhalten, die aufgrund mutmaßlicher Verstöße gegen diese Verordnung eingeleitet wurden; sie leisten zur Erfüllung ihrer Verpflichtung, miteinander sowie mit der ESMA für die Zwecke dieser Verordnung zusammenzuarbeiten, dasselbe für andere zuständige Behörden und die ESMA.

(2) Eine zuständige Behörde kann es nur dann ablehnen, einem Ersuchen um Informationen oder einer Anfrage in Bezug auf die Zusammenarbeit bei einer Ermittlung zu entsprechen, wenn einer der folgenden außergewöhnlichen Umstände gegeben ist:
a) Ein Stattgeben wäre dazu geeignet, ihre eigene Untersuchung, ihre eigenen Durchsetzungsmaßnahmen oder eine strafrechtliche Ermittlung zu beeinträchtigen;
b) aufgrund derselben Tat ist gegen dieselben Personen bereits ein Verfahren vor einem Gericht des ersuchten Mitgliedstaats anhängig;
c) gegen die genannten Personen ist aufgrund derselben Tat bereits ein rechtskräftiges Urteil in dem ersuchten Mitgliedstaat ergangen.

(3) Die zuständigen Behörden übermitteln auf Ersuchen unverzüglich alle Informationen, die für die Zwecke dieser Verordnung erforderlich sind.

(4) *[1]* Die zuständige Behörde kann im Hinblick auf Überprüfungen oder Ermittlungen vor Ort die zuständige Behörde eines anderen Mitgliedstaats um Amtshilfe ersuchen.
[2] [1]Die ersuchende zuständige Behörde setzt die ESMA von jedem Ersuchen nach Unterabsatz 1 in Kenntnis. [2]Im Falle von Überprüfungen vor Ort oder Ermittlungen mit grenzüberschreitender Wirkung koordiniert die ESMA auf Ersuchen einer der zuständigen Behörden die Überprüfung oder Ermittlung.
[3] Erhält eine zuständige Behörde ein Ersuchen einer zuständigen Behörde eines anderen Mitgliedstaats auf Durchführung von Überprüfungen oder Ermittlungen vor Ort, so hat sie folgende Möglichkeiten:
a) Sie führt die Überprüfung oder Ermittlung vor Ort selbst durch;
b) sie gestattet der ersuchenden zuständigen Behörde, sich an der Überprüfung oder Ermittlung vor Ort zu beteiligen;
c) sie gestattet der ersuchenden zuständigen Behörde, die Überprüfung oder Ermittlung vor Ort selbst durchzuführen;
d) sie benennt Rechnungsprüfer oder Sachverständige zur Durchführung der Überprüfung oder Ermittlung vor Ort;
e) sie teilt sich bestimmte mit der Wahrnehmung der Aufsichtstätigkeiten zusammenhängende Aufgaben mit den anderen zuständigen Behörden.

(5) [1]Die zuständigen Behörden können die ESMA mit Fällen befassen, in denen ein Ersuchen um Zusammenarbeit, insbesondere um Informationsaustausch, zurückgewiesen wurde oder innerhalb einer angemessenen Frist zu keiner Reaktion geführt hat. [2]Unbeschadet des Artikels 258 AEUV kann die ESMA in den in Satz 1 dieses Absatzes genannten

Fällen gemäß den ihr durch Artikel 19 der Verordnung (EU) Nr. 1095/2010 übertragenen Befugnissen tätig werden.

(6) *[1]* Die ESMA kann bzw. muss, wenn die Kommission dies verlangt, Entwürfe technischer Regulierungsstandards zur Präzisierung der gemäß Absatz 1 zwischen den zuständigen Behörden auszutauschenden Informationen ausarbeiten.

[2] Der Kommission wird die Befugnis übertragen, die in Unterabsatz 1 genannten technischen Regulierungsstandards gemäß den Artikeln 10 bis 14 der Verordnung (EU) Nr. 1095/2010 zu erlassen.

(7) *[1]* Die ESMA kann Entwürfe technischer Durchführungsstandards zur Festlegung von Standardformularen, Mustertexten und Verfahren für die Zusammenarbeit und den Austausch von Informationen zwischen den zuständigen Behörden ausarbeiten.

[2] Der Kommission wird die Befugnis übertragen, die in Unterabsatz 1 genannten technischen Durchführungsstandards gemäß Artikel 15 der Verordnung (EU) Nr. 1095/2010 zu erlassen.

nicht kommentiert

Art. 34 Zusammenarbeit mit der ESMA

(1) Die zuständigen Behörden arbeiten für die Zwecke dieser Verordnung gemäß der Verordnung (EU) Nr. 1095/2010 mit der ESMA zusammen.

(2) Die zuständigen Behörden stellen der ESMA gemäß Artikel 35 der Verordnung (EU) Nr. 1095/2010 unverzüglich alle für die Erfüllung ihrer Aufgaben erforderlichen Informationen zur Verfügung.

(3) *[1]* Um einheitliche Bedingungen für die Anwendung dieses Artikels sicherzustellen, kann die ESMA Entwürfe technischer Durchführungsstandards zur Festlegung der Verfahren und Formen des Informationsaustauschs gemäß Absatz 2 ausarbeiten.

[2] Der Kommission wird die Befugnis übertragen, die in Unterabsatz 1 genannten technischen Durchführungsstandards gemäß Artikel 15 der Verordnung (EU) Nr. 1095/2010 zu erlassen.

nicht kommentiert

Art. 35 Berufsgeheimnis

(1) Alle im Rahmen dieser Verordnung zwischen zuständigen Behörden ausgetauschten Informationen, die Geschäfts- oder Betriebsbedingungen und andere wirtschaftliche oder persönliche Angelegenheiten betreffen, gelten als vertraulich und unterliegen den Anforderungen des Berufsgeheimnisses, es sei denn, ihre Weitergabe wird von den zuständigen Behörden zum Zeitpunkt der Übermittlung für zulässig erklärt oder ist für Gerichtsverfahren erforderlich.

(2) [1] An das Berufsgeheimnis gebunden sind alle Personen, die für die zuständige Behörde oder für Dritte, denen die zuständige Behörde Befugnisse übertragen hat, tätig sind oder waren. [2] Die unter das Berufsgeheimnis fallenden Informationen dürfen keiner anderen Person oder Behörde bekannt gegeben werden, es sei denn, dies geschieht aufgrund von Unionsrecht oder nationalem Recht.

nicht kommentiert

Art. 36 Datenschutz

[1] In Bezug auf die Verarbeitung personenbezogener Daten im Rahmen dieser Verordnung führen die zuständigen Behörden ihre Aufgaben im Sinne dieser Verordnung im Einklang mit Verordnung (EU) 2016/ 679 aus.

[2] Die ESMA handelt bei der Verarbeitung personenbezogener Daten im Rahmen dieser Verordnung gemäß der Verordnung (EG) Nr. 45/2001.

nicht kommentiert

Art. 37 Vorsichtsmaßnahmen

(1) Hat die zuständige Behörde des Aufnahmemitgliedstaats klare und nachweisliche Gründe für die Annahme, dass von dem Emittenten, dem Anbieter oder der die Zulassung zum Handel an einem geregelten Markt beantragenden Person oder von den mit der Platzierung des öffentlichen Angebots von Wertpapieren beauftragten Finanzintermediären Unregelmäßigkeiten begangen worden sind oder dass diese Personen den Pflichten, die ihnen aus dieser Verordnung erwachsen, nicht nachgekommen sind, so befasst sie die zuständige Behörde des Herkunftsmitgliedstaats und die ESMA mit diesen Feststellungen.

(2) Verstoßen der Emittent, der Anbieter oder die die Zulassung zum Handel an einem geregelten Markt beantragende Person oder die mit der Platzierung des öffentlichen Angebots von Wertpapieren beauftragten Finanzintermediären trotz der von der zuständigen Behörde des Herkunftsmitgliedstaats ergriffenen Maßnahmen weiterhin gegen diese Verordnung, so ergreift die zuständige Behörde des Aufnahmemitgliedstaats nach vorheriger Unterrichtung der zuständigen Behörde des Herkunftsmitgliedstaats und der ESMA alle für den Schutz der Anleger erforderlichen Maßnahmen und unterrichtet die Kommission und die ESMA unverzüglich darüber.

(3) ¹Ist eine zuständige Behörde nicht mit einer von einer anderen zuständigen Behörde nach Absatz 2 getroffenen Maßnahme einverstanden, so kann sie die Angelegenheit der ESMA zur Kenntnis bringen. ²Die ESMA kann im Rahmen der ihr durch Artikel 19 der Verordnung (EU) Nr. 1095/2010 übertragenen Befugnisse tätig werden.

nicht kommentiert

Kapitel VIII. Verwaltungsrechtliche Sanktionen und andere verwaltungsrechtliche Maßnahmen

Art. 38 Verwaltungsrechtliche Sanktionen und andere verwaltungsrechtliche Maßnahmen

(1) *[1]* ¹Unbeschadet der Aufsichts- und Ermittlungsbefugnisse der zuständigen Behörden gemäß Artikel 32 und des Rechts der Mitgliedstaaten, strafrechtliche Sanktionen festzulegen und zu verhängen, statten die Mitgliedstaaten die zuständigen Behörden im Einklang mit dem nationalen Recht mit der Befugnis aus, verwaltungsrechtliche Sanktionen zu verhängen und geeignete andere Verwaltungsmaßnahmen zu ergreifen, die wirksam, verhältnismäßig und abschreckend sein müssen. ²Diese verwaltungsrechtlichen Sanktionen und andere verwaltungsrechtlichen Maßnahmen finden mindestens Anwendung

a) bei Verstößen gegen Artikel 3, Artikel 5, Artikel 6, Artikel 7 Absätze 1 bis 11, Artikel 8, Artikel 9, Artikel 10, Artikel 11 Absätze 1 und 3, Artikel 14 Absätze 1 und 2, Artikel 15 Absatz 1, Artikel 16 Absätze 1, 2 und 3, Artikel 17, Artikel 18, Artikel 19 Absätze 1 bis 3, Artikel 20 Absatz 1, Artikel 21 Absätze 1 bis 4 und Absätze 7 bis 11, Artikel 22 Absätze 2 bis 5, Artikel 23 Absätze 1, 2, 3 und 5 sowie Artikel 27;

b) wenn bei einer Ermittlung oder Überprüfung nicht zusammengearbeitet oder einem unter Artikel 32 fallenden Ersuchen nicht nachgekommen wird. ³Die Mitgliedstaaten können beschließen, keine Regelungen für die in Unterabsatz 1 genannten verwaltungsrechtlichen Sanktionen festzulegen, sofern die in Unterabsatz 1 Buchstaben a oder b genannten Verstöße bis 21. Juli 2018 gemäß dem nationalen Recht bereits strafrechtlichen Sanktionen unterliegen. ⁴Die Mitgliedstaaten melden der Kommission und der ESMA im Falle eines solchen Beschlusses die Einzelheiten der entsprechenden Bestimmungen ihres Strafrechts.

[2] ¹Die Mitgliedstaaten teilen der Kommission und der ESMA bis zum 21. Juli 2018 die Einzelheiten der in den Unterabsätzen 1 und 2 genannten Vorschriften mit. ²Sie melden der Kommission und der ESMA unverzüglich jegliche späteren Änderungen dieser Vorschriften.

(2) Die Mitgliedstaaten stellen im Einklang mit ihrem nationalen Recht sicher, dass die zuständigen Behörden die Befugnis haben, bei Verstößen gemäß Absatz 1 Buchstabe a zumindest die folgenden verwaltungsrechtlichen Sanktionen und anderen verwaltungsrechtlichen Maßnahmen zu verhängen:

a) öffentliche Bekanntgabe der verantwortlichen natürlichen Person oder Rechtspersönlichkeit und der Art des Verstoßes gemäß Artikel 42;

b) Anordnung an die verantwortliche natürliche Person oder Rechtspersönlichkeit, das den Verstoß darstellende Verhalten einzustellen;

c) maximale Verwaltungsgeldstrafen in mindestens zweifacher Höhe der durch die Verstöße erzielten Gewinne oder vermiedenen Verluste, sofern diese sich beziffern lassen;

d) im Falle einer juristischen Person maximale Verwaltungsgeldstrafen in Höhe von mindestens 5 000 000 EUR bzw. in Mitgliedstaaten, deren Währung nicht der Euro ist, des entsprechenden Werts in der Landeswährung am 20. Juli 2017 oder 3 % des jährlichen Gesamtumsatzes der betreffenden juristischen Person nach dem letzten verfügbaren Abschluss, der vom Leitungsorgan gebilligt wurde. Handelt es sich bei der juristischen Person um eine Muttergesellschaft oder eine Tochtergesellschaft einer Muttergesellschaft, die nach der Richtlinie 2013/34/ EU einen konsolidierten Abschluss aufzustellen hat, so ist der relevante jährliche Gesamtumsatz der jährliche Gesamtumsatz oder die entsprechende Einkunftsart nach dem einschlägigen Unionsrecht für die Rechnungslegung, der/ die im letzten verfügbaren konsolidierten Abschluss ausgewiesen ist, der vom Leitungsorgan der Muttergesellschaft an der Spitze gebilligt wurde;

e) im Falle einer natürlichen Person maximale Verwaltungsgeldstrafen in Höhe von mindestens 700 000 EUR bzw. in den Mitgliedstaaten, deren Währung nicht der Euro ist, Geldbußen in entsprechender Höhe in der Landeswährung am 20. Juli 2017.

(3) Mitgliedstaaten können zusätzliche Sanktionen oder Maßnahmen sowie höhere Verwaltungsgeldstrafen, als in dieser Verordnung festgelegt, vorsehen.

nicht kommentiert

Art. 39 Wahrnehmung der Aufsichts- und Sanktionsbefugnisse

(1) Die zuständigen Behörden berücksichtigen bei der Bestimmung der Art und der Höhe der verwaltungsrechtlichen Sanktionen und anderer verwaltungsrechtlicher Maßnahmen alle relevanten Umstände, darunter gegebenenfalls

a) die Schwere und Dauer des Verstoßes;

b) den Grad an Verantwortung der für den Verstoß verantwortlichen Person;

c) die Finanzkraft der für den Verstoß verantwortlichen Person, wie sie sich aus dem Gesamtumsatz der verantwortlichen juristischen Person oder den Jahreseinkünften und dem Nettovermögen der verantwortlichen natürlichen Person ablesen lässt;

d) die Auswirkungen des Verstoßes auf die Interessen der Kleinanleger;

e) die Höhe der durch den Verstoß von der für den Verstoß verantwortlichen Person erzielten Gewinne bzw. vermiedenen Verluste oder der Dritten entstandenen Verluste, soweit diese sich beziffern lassen;

f) das Ausmaß der Zusammenarbeit der für den Verstoß verantwortlichen Person mit der zuständigen Behörde, unbeschadet des Erfordernisses, die erzielten Gewinne oder vermiedenen Verluste dieser Person einzuziehen;

g) frühere Verstöße der für den Verstoß verantwortlichen Person;

h) Maßnahmen, die die für den Verstoß verantwortliche Person nach dem Verstoß ergriffen hat, um eine Wiederholung zu verhindern.

(2) [1] Bei der Wahrnehmung ihrer Befugnisse zur Verhängung von verwaltungsrechtlichen Sanktionen oder anderen verwaltungsrechtlichen Maßnahmen nach Artikel 38 arbeiten die zuständigen Behörden eng zusammen, um sicherzustellen, dass die Ausführung ihrer Aufsichts- und Ermittlungsbefugnisse sowie die verwaltungsrechtlichen Sanktionen, die sie verhängen, und die anderen verwaltungsrechtlichen Maßnahmen, die sie treffen, im Rahmen dieser Verordnung wirksam und angemessen sind. [2] Sie koordinieren ihre Maßnahmen, um Doppelarbeit und Überschneidungen bei der Wahrnehmung ihrer Aufsichts- und Ermittlungsbefugnisse und bei der Verhängung von verwaltungsrechtlichen Sanktionen und anderen verwaltungsrechtlichen Maßnahmen in grenzüberschreitenden Fällen zu vermeiden.

nicht kommentiert

Art. 40 Rechtsmittel

[1] Die Mitgliedstaaten stellen sicher, dass die in Anwendung dieser Verordnung getroffenen Entscheidungen ordnungsgemäß begründet sind und gegen sie Rechtsmittel eingelegt werden können.

[2] Für die Zwecke des Artikels 20 können auch Rechtsmittel eingelegt werden, wenn die zuständige Behörde innerhalb der in Artikel 20 Absätze 2, 3 und 6 genannten Fristen in Bezug auf den betreffenden Antrag auf Billigung weder eine Entscheidung getroffen hat, diesen zu billigen oder abzulehnen, noch Änderungen oder zusätzliche Informationen verlangt hat.

nicht kommentiert

Art. 41 Meldung von Verstößen

(1) Die zuständigen Behörden schaffen wirksame Mechanismen, um Meldungen von tatsächlichen oder möglichen Verstößen gegen diese Verordnung an sie zu fördern und zu ermöglichen.

(2) Die in Absatz 1 genannten Mechanismen umfassen zumindest Folgendes:

a) Spezielle Verfahren für die Entgegennahme der Meldungen über tatsächliche oder mögliche Verstöße und deren Nachverfolgung, einschließlich der Einrichtung sicherer Kommunikationskanäle für derartige Meldungen;

b) angemessenen Schutz von auf der Grundlage eines Arbeitsvertrags beschäftigten Angestellten, die Verstöße melden, zumindest vor Vergeltungsmaßnahmen, Diskriminierung und anderen Arten ungerechter Behandlung durch ihren Arbeitgeber oder Dritte;

c) Schutz der Identität und der personenbezogenen Daten sowohl der Person, die die Verstöße meldet, als auch der natürlichen Person, die mutmaßlich für einen Verstoß verantwortlich ist, in allen Verfahrensstufen, es sei denn, die Offenlegung der Identität ist nach nationalem Recht vor dem Hintergrund weiterer Ermittlungen oder anschließender Gerichtsverfahren vorgeschrieben.

(3) Im Einklang mit dem nationalen Recht können die Mitgliedstaaten finanzielle Anreize für Personen, die relevante Informationen über tatsächliche oder mögliche Verstöße gegen

diese Verordnung bereitstellen, unter der Voraussetzung gewähren, dass diese Personen nicht bereits anderen gesetzlichen oder vertraglichen Verpflichtungen zur Meldung solcher Informationen unterliegen, dass die Informationen neu sind und dass sie zur Verhängung einer verwaltungsrechtlichen oder einer strafrechtlichen Sanktion oder einer anderen verwaltungsrechtlichen Maßnahme wegen eines Verstoßes gegen diese Verordnung führen.

(4) Die Mitgliedstaaten verlangen von Arbeitgebern, die im Hinblick auf Finanzdienstleistungen regulierte Tätigkeiten ausüben, dass sie über geeignete Verfahren verfügen, die es ihren Mitarbeitern ermöglichen, tatsächliche oder mögliche Verstöße intern über einen spezifischen, unabhängigen und autonomen Kanal zu melden.

nicht kommentiert

Art. 42 Veröffentlichung von Entscheidungen

(1) [1]Eine Entscheidung, wegen eines Verstoßes gegen diese Verordnung eine verwaltungsrechtliche Sanktion oder andere verwaltungsrechtliche Maßnahme zu verhängen, wird von den zuständigen Behörden auf ihren offiziellen Webseiten veröffentlicht, unverzüglich nachdem die von der Entscheidung betroffene Person darüber informiert wurde. [2]Dabei werden mindestens Art und Wesen des Verstoßes und die Identität der verantwortlichen Personen veröffentlicht. [3]Diese Verpflichtung gilt nicht für Entscheidungen, durch die Maßnahmen mit Ermittlungscharakter verfügt werden.

(2) [1]Ist die zuständige Behörde nach einer einzelfallbezogenen Bewertung zu der Ansicht gelangt, dass die Veröffentlichung der Identität der Rechtspersönlichkeit oder der Identität oder der personenbezogenen Daten von natürlichen Personen unverhältnismäßig wäre, oder würde eine solche Veröffentlichung die Stabilität der Finanzmärkte oder laufende Ermittlungen gefährden, so stellen die Mitgliedstaaten sicher, dass die zuständigen Behörden entweder

a) die Veröffentlichung der Verhängung einer Sanktion oder einer Maßnahme verschieben, bis die Gründe für ihre Nichtveröffentlichung weggefallen sind, oder
b) die Entscheidung zur Verhängung einer Sanktion oder Maßnahme in anonymisierter Form und im Einklang mit nationalem Recht veröffentlichen, wenn eine solche anonymisierte Veröffentlichung einen wirksamen Schutz der betreffenden personenbezogenen Daten gewährleistet, oder
c) davon absehen, die Entscheidung zur Verhängung einer Sanktion oder Maßnahme zu veröffentlichen, wenn die Möglichkeiten nach den Buchstaben a und b ihrer Ansicht nach nicht ausreichen, um zu gewährleisten, dass
   i) die Stabilität der Finanzmärkte nicht gefährdet wird;
   ii) bei einer Bekanntmachung der Entscheidung im Falle von Maßnahmen, deren Bedeutung für gering befunden wird, die Verhältnismäßigkeit gewahrt ist.

[2]Bei der Entscheidung, eine Sanktion oder Maßnahme in anonymisierter Form gemäß Unterabsatz 1 Buchstabe b zu veröffentlichen, kann die Veröffentlichung der relevanten Daten für vertretbare Zeit zurückgestellt werden, wenn vorhersehbar ist, dass die Gründe für die anonymisierte Veröffentlichung bei Ablauf dieser Zeitspanne nicht mehr bestehen.

(3) [1]Wenn gegen eine Entscheidung zur Verhängung einer Sanktion oder Maßnahme Rechtsmittel bei der zuständigen Justiz- oder sonstigen Behörde eingelegt werden, veröffentlichen die zuständigen Behörden dies auf ihrer offiziellen Website umgehend und informieren dort auch über den Ausgang dieses Verfahrens. [2]Ferner wird jede Entscheidung, mit der eine frühere Entscheidung über die Verhängung einer Sanktion oder Maßnahme für ungültig erklärt wird, veröffentlicht.

(4) [1]Die zuständigen Behörden stellen sicher, dass Veröffentlichungen nach diesem Artikel ab dem Zeitpunkt ihrer Veröffentlichung mindestens fünf Jahre lang auf ihrer offiziellen Website zugänglich bleiben. [2]In der Veröffentlichung enthaltene personenbezogene Daten bleiben nur so lange auf der offiziellen Website der zuständigen Behörde einsehbar, wie dies nach den geltenden Datenschutzbestimmungen erforderlich ist.

nicht kommentiert

Art. 43 Meldung von Sanktionen an die ESMA

(1) *[1]* [1]Die zuständige Behörde übermittelt der ESMA jährlich aggregierte Informationen über alle gemäß Artikel 38 verhängten verwaltungsrechtlichen Sanktionen und andere verwaltungsrechtliche Maßnahmen. [2]Die ESMA veröffentlicht diese Informationen in einem Jahresbericht.

[2] [1]Haben sich die Mitgliedstaaten gemäß Artikel 38 Absatz 1 dafür entschieden, strafrechtliche Sanktionen für Verstöße gegen die in jenem Absatz genannten Bestimmungen festzulegen, so übermitteln ihre zuständigen Behörden der ESMA jedes Jahr anonymisierte und aggregierte Informationen über alle durchgeführten strafrechtlichen Ermittlungen und verhängten strafrechtlichen Sanktionen. [2]Die ESMA veröffentlicht die Angaben zu den verhängten strafrechtlichen Sanktionen in einem Jahresbericht.

(2) Hat die zuständige Behörde verwaltungsrechtliche Sanktionen oder andere verwaltungsrechtliche Maßnahmen oder strafrechtliche Sanktionen öffentlich gemacht, so meldet sie sie gleichzeitig der ESMA.

(3) [1]Die zuständigen Behörden teilen der ESMA alle verwaltungsrechtlichen Sanktionen oder andere verwaltungsrechtliche Maßnahmen, die verhängt, jedoch gemäß Artikel 42 Absatz 2 Unterabsatz 1 Buchstabe c nicht veröffentlicht wurden, einschließlich aller in diesem Zusammenhang eingelegten Rechtsmittel und der Ergebnisse der Rechtsmittelverfahren mit. [2]Die Mitgliedstaaten stellen sicher, dass die zuständigen Behörden die Informationen und das endgültige Urteil im Zusammenhang mit verhängten strafrechtlichen Sanktionen erhalten und an die ESMA weiterleiten. [3]Die ESMA unterhält ausschließlich für die Zwecke des Informationsaustauschs zwischen den zuständigen Behörden eine zentrale Datenbank der ihr gemeldeten Sanktionen. [4]Diese Datenbank ist nur den zuständigen Behörden zugänglich und wird anhand der von diesen übermittelten Informationen aktualisiert.

nicht kommentiert

Kapitel IX. Delegierte Rechtsakte und Durchführungsrechtsakte

Art. 44 Wahrnehmung der Befugnisübertragung

(1) Die Befugnis zum Erlass delegierter Rechtsakte wird der Kommission unter den in diesem Artikel festgelegten Bedingungen übertragen.

(2) Die Befugnis zum Erlass delegierter Rechtsakte gemäß Artikel 1 Absatz 7, Artikel 9 Absatz 14, Artikel 13 Absätze 1 und 2, Artikel 14 Absatz 3, Artikel 15 Absatz 2, Artikel 16 Absatz 5, Artikel 20 Absatz 11 und Artikel 29 Absatz 3 wird der Kommission auf unbestimmte Zeit ab dem 20. Juli 2017 übertragen.

(3) [1] Die Befugnisübertragung gemäß Artikel 1 Absatz 7, Artikel 9 Absatz 14, Artikel 13 Absätze 1 und 2, Artikel 14 Absatz 3, Artikel 15 Absatz 2, Artikel 16 Absatz 5, Artikel 20 Absatz 11 und Artikel 29 Absatz 3 kann vom Europäischen Parlament oder vom Rat jederzeit widerrufen werden. [2] Der Beschluss über den Widerruf beendet die Übertragung der in diesem Beschluss angegebenen Befugnis. [3] Er wird am Tag nach seiner Veröffentlichung im *Amtsblatt der Europäischen Union* oder zu einem im Beschluss über den Widerruf angegebenen späteren Zeitpunkt wirksam. [4] Die Gültigkeit von delegierten Rechtsakten, die bereits in Kraft sind, wird von dem Beschluss über den Widerruf nicht berührt.

(4) Vor dem Erlass eines delegierten Rechtsakts konsultiert die Kommission die von den einzelnen Mitgliedstaaten benannten Sachverständigen, im Einklang mit den in der Interinstitutionellen Vereinbarung über bessere Rechtsetzung vom 13. April 2016 enthaltenen Grundsätzen.

(5) Sobald die Kommission einen delegierten Rechtsakt erlässt, übermittelt sie ihn gleichzeitig dem Europäischen Parlament und dem Rat.

(6) [1] Ein delegierter Rechtsakt, der gemäß Artikel 1 Absatz 7, Artikel 9 Absatz 14, Artikel 13 Absätze 1 und 2, Artikel 14 Absatz 3, Artikel 15 Absatz 2, Artikel 16 Absatz 5, Artikel 20 Absatz 11 und Artikel 29 Absatz 3 erlassen wurde, tritt nur in Kraft, wenn weder das Europäische Parlament noch der Rat innerhalb einer Frist von drei Monaten nach Übermittlung dieses Rechtsakts an das Europäische Parlament und den Rat Einwände erhoben haben oder wenn vor Ablauf dieser Frist das Europäische Parlament und der Rat beide der Kommission mitgeteilt haben, dass sie keine Einwände erheben werden.

[2] Auf Initiative des Europäischen Parlaments oder des Rates wird diese Frist um drei Monate verlängert.

nicht kommentiert

Art. 45 Ausschussverfahren

(1) [1] Die Kommission wird von dem durch den Beschluss 2001/528/EG der Kommission[1] eingesetzten Europäischen Wertpapierausschuss unterstützt. [2] Dieser Ausschuss ist ein Ausschuss im Sinne der Verordnung (EU) Nr. 182/2011.

(2) Wird auf diesen Absatz Bezug genommen, so gilt Artikel 5 der Verordnung (EU) Nr. 182/2011.

---

[1] **Amtl. Anm.:** Beschluss 2001/528/EG der Kommission vom 6. Juni 2001 zur Einsetzung des Europäischen Wertpapierausschusses (ABl. L 191 vom 13.7.2001, S. 45).

Kapitel X. Schlussbestimmungen

Art. 46 Aufhebung

(1) **Die Richtlinie 2003/71/EG wird mit Wirkung vom 21. Juli 2019 aufgehoben, mit Ausnahme von:**

a) **Artikel 4 Absatz 2 Buchstaben a und g der Richtlinie 2003/71/EG, die mit Wirkung vom 20. Juli 2017 aufgehoben werden, und**

b) **Artikel 1 Absatz 2 Buchstabe h sowie Artikel 3 Absatz 2 Unterabsatz 1 Buchstabe e der Richtlinie 2003/71/EG, die mit Wirkung vom 21. Juli 2018 aufgehoben werden.**

(2) **Bezugnahmen auf die Richtlinie 2003/71/EG gelten als Bezugnahmen auf diese Verordnung und sind nach Maßgabe der Entsprechungstabelle in Anhang VI dieser Verordnung zu lesen.**

(3) **Prospekte, die gemäß des nationalen Rechts zur Umsetzung der Richtlinie 2003/71/EG vor dem 21. Juli 2019 gebilligt wurden, unterliegen bis zum Ablauf ihrer Gültigkeit oder während eines Zeitraums von 12 Monaten nach dem 21. Juli 2019, je nachdem, was zuerst eintritt, weiterhin diesem nationalen Recht.**

Die BaFin hat sehr detailliert zu den einzelnen Folgen der Übergangsregelung in Artikel 46 Abs. 3 Stellung genommen.[1] Auf die dort zu einzelnen Zweifelsfragen gegebenen Antworten wird verwiesen.

Art. 47 ESMA-Bericht über Prospekte

(1) **Die ESMA veröffentlicht auf der Grundlage der über den Mechanismus nach Artikel 21 Absatz 6 öffentlich zugänglich gemachten Dokumente jährlich einen Bericht mit Statistiken über die in der Union gebilligten und notifizierten Prospekte und einer Trendanalyse unter Berücksichtigung**

a) **der verschiedenen Arten von Emittenten, insbesondere der Personenkategorien in Artikel 15 Absatz 1 Buchstaben a bis d, und**

b) **der Arten von Emissionen, insbesondere des Gesamtgegenwerts der Angebote, der Arten der übertragbaren Wertpapiere, der Arten des Handelsplatzes und der Stückelungen.**

(2) **Der in Absatz 1 genannte Bericht enthält insbesondere Folgendes:**

a) **Eine Analyse des Umfangs, in dem die Offenlegungsregelungen gemäß den Artikeln 14 und 15 angewandt und das in Artikel 9 genannte einheitliche Registrierungsformular in der gesamten Union verwendet werden;**

b) **Statistiken über Basisprospekte und endgültige Bedingungen sowie über Prospekte, die aus mehreren Einzeldokumenten oder als ein einziges Dokument erstellt werden;**

c) **Statistiken über den durchschnittlichen und den Gesamtgegenwert der öffentlichen Angebote von Wertpapieren, die dieser Verordnung unterliegen, von nicht börsennotierten Unternehmen, Gesellschaften, deren Wertpapiere an MTF, einschließlich KMU-Wachstumsmärkte, gehandelt werden, und Gesellschaften, deren Wertpapiere zum Handel an geregelten Märkten zugelassen sind. Sofern möglich, enthalten diese Statistiken auch eine Aufschlüsselung nach Börsengängen und nachfolgenden Angeboten sowie nach Dividendenwerten und Nichtdividendenwerten;**

d) **Statistiken über die Verwendung der Notifizierungsverfahren nach den Artikeln 25 und 26, einschließlich einer Aufschlüsselung je Mitgliedstaat der Anzahl der notifizierten Billigungsbescheinigungen im Zusammenhang mit Prospekten, Registrierungsformularen und einheitlichen Registrierungsformularen.**

nicht kommentiert

Art. 48 Überprüfung

(1) **Spätestens am 21. Juli 2022 legt die Kommission dem Europäischen Parlament und dem Rat einen Bericht über die Anwendung dieser Verordnung vor, gegebenenfalls zusammen mit einem Vorschlag für einen Rechtsakt.**

---

[1] „Neue Regeln für Wertpapierprospekte nach EU Prospektverordnung 2017/1129 – Frequently Questions" der BaFin unter I.

(2) ¹ In diesem Bericht wird unter anderem geprüft, ob die Zusammenfassung des Prospekts, die Offenlegungsregelungen gemäß den Artikeln 14 und 15 und das einheitliche Registrierungsformular gemäß Artikel 9 angesichts der verfolgten Ziele weiterhin angemessen sind. ² Der Bericht muss insbesondere folgende Angaben enthalten:

a) die Zahl der EU-Wachstumsprospekte von Personen in jeder der vier Kategorien gemäß Artikel 15 Absatz 1 Buchstaben a bis d sowie eine Analyse der Entwicklung jeder einzelnen Zahl und der Tendenzen bei der Wahl von Handelsplätzen durch die zur Anwendung des EU-Wachstumsprospekts berechtigten Personen;
b) eine Analyse, ob der EU-Wachstumsprospekt für ein ausgewogenes Verhältnis zwischen Anlegerschutz und der Verringerung des Verwaltungsaufwands für die zu ihrer Anwendung berechtigten Personen sorgt.

(3) Auf der Grundlage der Analyse gemäß Absatz 2 muss in dem Bericht die Frage geprüft werden, ob etwaige Änderungen dieser Verordnung erforderlich sind, um kleineren Unternehmen bei gleichzeitiger Gewährleistung eines ausreichenden Maßes an Anlegerschutz die Kapitalaufnahme weiter zu erleichtern, und auch die Frage, ob die entsprechenden Schwellenwerte angepasst werden müssen.

(4) ¹ Darüber hinaus wird in dem Bericht bewertet, ob die Emittenten, insbesondere KMU, LEI und ISIN zu vertretbaren Kosten und innerhalb eines angemessenen Zeitraums erhalten können. ² Bei der Erstellung des Berichts wird den Ergebnissen der vergleichenden Analyse nach Artikel 20 Absatz 13 Rechnung getragen.

nicht kommentiert

Art. 49 Inkrafttreten und Geltung

(1) Diese Verordnung tritt am zwanzigsten Tag nach ihrer Veröffentlichung im *Amtsblatt der Europäischen Union* in Kraft[1].

(2) Unbeschadet des Artikels 44 Absatz 2 gilt diese Verordnung ab dem 21. Juli 2019, mit Ausnahme von Artikel 1 Absatz 3 und Artikel 3 Absatz 2, die ab dem 21. Juli 2018 gelten, und Artikel 1 Absatz 5 Unterabsatz 1 Buchstaben a, b und c sowie Artikel 1 Absatz 5 Unterabsatz 2, die ab dem 20. Juli 2017 gelten.

(3) Die Mitgliedstaaten treffen die erforderlichen Maßnahmen, um Artikel 11, Artikel 20 Absatz 9, Artikel 31, Artikel 32 und Artikel 38 bis 43 bis zum 21. Juli 2019 nachzukommen.

Diese Verordnung ist in allen ihren Teilen verbindlich und gilt unmittelbar in jedem Mitgliedstaat.

Geschehen zu Straßburg am 14. Juni 2017.

Im Namen des Europäischen Parlaments	*Im Namen des Rates*
Der Präsident	*Die Präsidentin*
A. TAJANI	H. DALLI

Anhang I. Prospekt

I. Zusammenfassung

II. Identität der Geschäftsführer, der Mitglieder des Vorstands, des Aufsichts- bzw. Verwaltungsrats, der Mitglieder der Unternehmensleitung, der Berater und der Abschlussprüfer

Hier sind die Vertreter des Unternehmens und andere Personen zu nennen, die an dem Wertpapierangebot des Unternehmens bzw. der Zulassung dieser Wertpapiere zum Handel mitwirken. Dabei handelt es sich um die Personen, die für die Erstellung des Prospekts verantwortlich sind, sowie um diejenigen, die für die Prüfung des Jahresabschlusses zuständig sind.

III. Angebotsstatistiken und voraussichtlicher Zeitplan

Hier sind die grundlegenden Angaben zur Abwicklung des Angebots und zur Vorlage wichtiger Daten zu diesem Angebot zu machen.

A. Angebotsstatistiken
B. Methode und voraussichtlicher Zeitplan

---

[1] Inkraftgetreten am 20.7.2017.

IV. Grundlegende Informationen

Hier ist ein kurzer Überblick der grundlegenden Informationen über die Finanzlage, die Kapitalausstattung und die Risikofaktoren des Unternehmens zu geben. Wird der in diesem Dokument enthaltene Jahresabschluss in neuer Form dargestellt, um wesentlichen Änderungen in der Gruppenstruktur des Unternehmens bzw. in den Rechnungslegungsstrategien Rechnung zu tragen, so müssen die ausgewählten Finanzdaten ebenfalls geändert werden.

A. Ausgewählte Finanzdaten
B. Kapitalausstattung und Verschuldung (lediglich für Dividendenwerte)
C. Gründe für das Angebot und Verwendung der Erlöse
D. Risikofaktoren

V. Informationen über das Unternehmen

Hier sind Angaben zur Geschäftstätigkeit des Unternehmens, zu seinen Produkten oder Dienstleistungen und zu den Faktoren, die seine Geschäftstätigkeit beeinflussen, zu machen. Ferner sind hier Angaben zur Angemessenheit und Zweckmäßigkeit der Sachanlagen des Unternehmens sowie zu seinen Plänen für künftige Kapazitätssteigerungen oder -senkungen zu machen.

A. Geschichte und Entwicklung des Unternehmens
B. Überblick über die Geschäftstätigkeit
C. Organisationsstruktur
D. Sachanlagen

VI. Betriebsergebnis, Finanzlage und Aussichten des Unternehmens

Hier soll die Unternehmensleitung erläutern, welche Faktoren die Finanzlage des Unternehmens und das Betriebsergebnis im Bilanzzeitraum beeinflusst haben; darüber hinaus soll die Unternehmensleitung die Faktoren und Entwicklungen bewerten, die voraussichtlich die Finanzlage des Unternehmens und das Betriebsergebnis in künftigen Geschäftsjahren wesentlich beeinflussen werden.

A. Betriebsergebnis
B. Liquidität und Kapitalausstattung
C. Forschung und Entwicklung, Patente und Lizenzen usw.
D. Tendenzen

VII. Geschäftsführer, Aufsichts- bzw. Verwaltungsrat, Unternehmensleitung und Arbeitnehmer

Hier sind Angaben zu den Geschäftsführern, zum Aufsichts- bzw. Verwaltungsrat und zur Unternehmensleitung zu machen, anhand deren die Anleger die Erfahrungen und Qualifikationen dieser Personen und ihre Vergütung sowie ihr Verhältnis zum Unternehmen beurteilen können.

A. Geschäftsführer, Aufsichts- bzw. Verwaltungsrat und Unternehmensleitung
B. Vergütung
C. Arbeitsweise des Aufsichts- bzw. Verwaltungsrats
D. Arbeitnehmer
E. Aktienbesitz

VIII. Hauptaktionäre und Geschäfte mit verbundenen Parteien

Hier sind Angaben zu den Hauptaktionären und sonstigen Personen, die das Unternehmen kontrollieren oder kontrollieren können, zu machen. Ferner sind Informationen über die Geschäfte des Unternehmens mit verbundenen Personen vorzulegen, aus denen auch hervorgehen muss, ob die Bedingungen dieser Geschäfte für das Unternehmen nicht nachteilig sind.

A. Hauptaktionäre
B. Geschäfte mit verbundenen Parteien
C. Interessen von Sachverständigen und Beratern

IX. Finanzinformationen

Hier ist anzugeben, welche Jahresabschlüsse in das Dokument aufgenommen werden müssen; ferner muss die Rubrik den Bilanzzeitraum, das Alter des Jahresabschlusses und sonstige Informationen finanzieller Art enthalten. Die auf die Erstellung und Prüfung des Jahresabschlusses anzuwendenden

Rechnungslegungs- und Abschlussprüfungsgrundsätze richten sich nach den internationalen Rechnungslegungs- und Abschlussprüfungsstandards.

A. Konsolidierter Abschluss und sonstige Finanzinformationen
B. Bedeutende Änderungen

X. Einzelheiten zum Wertpapierangebot und zur Zulassung zum Handel

Hier sind Angaben zum Wertpapierangebot und zur Zulassung der Wertpapiere zum Handel sowie zum Plan für den Vertrieb der Wertpapiere und damit verbundenen Fragen zu machen.

A. Angebot und Zulassung zum Handel
B. Plan für den Vertrieb der Wertpapiere
C. Märkte
D. Wertpapierinhaber, die ihre Papiere veräußern
E. Verwässerung (lediglich für Dividendenwerte)
F. Emissionskosten

XI. Zusätzliche Angaben

Hier sind die – größtenteils gesetzlich vorgeschriebenen – Angaben zu machen, die unter keine andere Rubrik des Prospekts fallen.

A. Aktienkapital
B. Gründungsurkunde und Satzung
C. Wichtige Verträge
D. Devisenkontrollen
E. Warnhinweis auf steuerliche Folgen
F. Dividenden und Zahlstellen
G. Sachverständigenerklärung
H. Einsehbare Dokumente
I. Informationen über Tochtergesellschaften

Anhang II. Registrierungsformular

I. Identität der Geschäftsführer, der Mitglieder des Vorstands, des Aufsichts- bzw. Verwaltungsrats, der Mitglieder der Unternehmensleitung, der Berater und der Abschlussprüfer

Hier sind die Vertreter des Unternehmens und andere Personen zu nennen, die an dem Wertpapierangebot des Unternehmens bzw. der Zulassung dieser Wertpapiere zum Handel mitwirken. Dabei handelt es sich um die Personen, die für die Erstellung des Prospekts verantwortlich sind, sowie um diejenigen, die für die Prüfung des Jahresabschlusses zuständig sind.

II. Grundlegende Informationen zum Emittenten

Hier ist ein kurzer Überblick der grundlegenden Informationen über die Finanzlage, die Kapitalausstattung und die Risikofaktoren des Unternehmens zu geben. Wird der in diesem Dokument enthaltene Jahresabschluss in neuer Form dargestellt, um wesentlichen Änderungen in der Gruppenstruktur des Unternehmens bzw. in den Rechnungslegungsstrategien Rechnung zu tragen, so müssen die ausgewählten Finanzdaten ebenfalls geändert werden.

A. Ausgewählte Finanzdaten
B. Kapitalausstattung und Verschuldung (lediglich für Dividendenwerte)
C. Risikofaktoren im Zusammenhang mit dem Emittenten

III. Informationen über das Unternehmen

Hier sind Angaben zur Geschäftstätigkeit des Unternehmens, zu seinen Produkten oder Dienstleistungen und zu den Faktoren, die seine Geschäftstätigkeit beeinflussen, zu machen. Ferner sind hier Angaben zur Angemessenheit und Zweckmäßigkeit der Sachanlagen des Unternehmens sowie zu seinen Plänen für künftige Kapazitätssteigerungen oder -senkungen zu machen.

A. Geschichte und Entwicklung des Unternehmens
B. Überblick über die Geschäftstätigkeit

C. Organisationsstruktur
D. Sachanlagen

IV. Betriebsergebnis, Finanzlage und Aussichten des Unternehmens

Hier soll die Unternehmensleitung erläutern, welche Faktoren die Finanzlage des Unternehmens und das Betriebsergebnis im Bilanzzeitraum beeinflusst haben; darüber hinaus soll die Unternehmensleitung die Faktoren und Entwicklungen bewerten, die voraussichtlich die Finanzlage des Unternehmens und das Betriebsergebnis in künftigen Geschäftsjahren wesentlich beeinflussen werden.

A. Betriebsergebnis
B. Liquidität und Kapitalausstattung
C. Forschung und Entwicklung, Patente und Lizenzen usw.
D. Tendenzen

V. Geschäftsführer, Aufsichts- bzw. Verwaltungsrat, Unternehmensleitung und Arbeitnehmer

Hier sind Angaben zu den Geschäftsführern, zum Aufsichts- bzw. Verwaltungsrat und zur Unternehmensleitung zu machen, anhand deren die Anleger die Erfahrungen und Qualifikationen dieser Personen und ihre Vergütung sowie ihr Verhältnis zum Unternehmen beurteilen können.

A. Geschäftsführer, Aufsichts- bzw. Verwaltungsrat und Unternehmensleitung
B. Vergütung
C. Arbeitsweise des Aufsichts- bzw. Verwaltungsrats
D. Arbeitnehmer
E. Aktienbesitz

VI. Hauptaktionäre und Geschäfte mit verbundenen Parteien

Hier sind Angaben zu den Hauptaktionären und sonstigen Personen, die das Unternehmen kontrollieren oder kontrollieren können, zu machen. Ferner sind Informationen über die Geschäfte des Unternehmens mit verbundenen Personen vorzulegen, aus denen auch hervorgehen muss, ob die Bedingungen dieser Geschäfte für das Unternehmen nicht nachteilig sind.

A. Hauptaktionäre
B. Geschäfte mit verbundenen Parteien
C. Interessen von Sachverständigen und Beratern

VII. Finanzinformationen

Hier ist anzugeben, welche Jahresabschlüsse in das Dokument aufgenommen werden müssen; ferner muss die Rubrik den Bilanzzeitraum, das Alter des Jahresabschlusses und sonstige Informationen finanzieller Art enthalten. Die auf die Erstellung und Prüfung des Jahresabschlusses anzuwendenden Rechnungslegungs- und Abschlussprüfungsgrundsätze richten sich nach den internationalen Rechnungslegungs- und Abschlussprüfungsstandards.

A. Konsolidierter Abschluss und sonstige Finanzinformationen
B. Bedeutende Änderungen

VIII. Zusätzliche Angaben

Hier sind die – größtenteils gesetzlich vorgeschriebenen – Angaben zu machen, die unter keine andere Rubrik des Prospekts fallen.

A. Aktienkapital
B. Gründungsurkunde und Satzung
C. Wichtige Verträge
D. Sachverständigenerklärung
E. Einsehbare Dokumente
F. Informationen über Tochtergesellschaften

Anhang III. Wertpapierbeschreibung

I. Identität der Geschäftsführer, der Mitglieder des Vorstands, des Aufsichts- bzw. Verwaltungsrats, der Mitglieder der Unternehmensleitung, der Berater und der Abschlussprüfer

Hier sind die Vertreter des Unternehmens und andere Personen zu nennen, die an dem Wertpapier- angebot des Unternehmens bzw. der Zulassung dieser Wertpapiere zum Handel mitwirken. Dabei handelt es sich um die Personen, die für die Erstellung des Prospekts verantwortlich sind, sowie um diejenigen, die für die Prüfung des Jahresabschlusses zuständig sind.

II. Angebotsstatistiken und voraussichtlicher Zeitplan

Hier sind die grundlegenden Angaben zur Abwicklung des Angebots und zur Vorlage wichtiger Daten zu diesem Angebot zu machen.

A. Angebotsstatistiken
B. Methode und voraussichtlicher Zeitplan

III. Grundlegende Informationen zum Emittenten

Hier ist ein kurzer Überblick der grundlegenden Informationen über die Finanzlage, die Kapital- ausstattung und die Risikofaktoren des Unternehmens zu geben. Wird der in diesem Dokument enthaltene Jahresabschluss in neuer Form dargestellt, um wesentlichen Änderungen in der Gruppen- struktur des Unternehmens bzw. in den Rechnungslegungsstrategien Rechnung zu tragen, so müssen die ausgewählten Finanzdaten ebenfalls geändert werden.

A. Kapitalausstattung und Verschuldung (lediglich für Dividendenwerte)
B. Informationen über das Geschäftskapital (lediglich für Dividendenwerte)
C. Gründe für das Angebot und Verwendung der Erlöse
D. Risikofaktoren

IV. Grundlegende Informationen zu den Wertpapieren

Hier sind die grundlegenden Angaben zu den Wertpapieren zu machen, die öffentlich angeboten und/oder zum Handel zugelassen werden sollen.

A. Beschreibung der Art und der Gattung der Wertpapiere, die öffentlich angeboten und/oder zum Handel zugelassen werden sollen
B. Währung der ausgegebenen Wertpapiere
C. Relativer Rang der Wertpapiere in der Kapitalstruktur des Emittenten im Fall der Insolvenz des Emittenten, gegebenenfalls einschließlich Angaben über die Nachrangigkeitsstufe der Wertpapiere und die potenziellen Auswirkungen auf die Anlagen im Fall der Abwicklung nach Maßgabe der Richtlinie 2014/59/ EU
D. Die Dividendenausschüttungspolitik und Bestimmungen in Bezug auf Zinsaufwendungen oder eine Beschreibung des Basiswerts, einschließlich der bei der Verbindung von Basiswert und Zinssatz angewandten Methode, und Angabe, wo Informationen über die vergangene und künftige Wert- entwicklung des Basiswerts und seine Volatilität eingeholt werden können
E. Beschreibung der mit den Wertpapieren verbundenen Rechte, einschließlich aller etwaigen Be- schränkungen dieser Rechte, und der Verfahren zur Wahrnehmung dieser Rechte

V. Interessen von Sachverständigen

Hier sind Angaben zu Geschäften zu machen, die das Unternehmen mit Sachverständigen oder Beratern getätigt hat, die auf Basis von Erfolgshonoraren beschäftigt werden.

VI. Einzelheiten zum Wertpapierangebot und zur Zulassung zum Handel

Hier sind Angaben zum Wertpapierangebot und zur Zulassung der Wertpapiere zum Handel sowie zum Plan für den Vertrieb der Wertpapiere und damit verbundenen Fragen zu machen. A. Angebot und Zulassung zum Handel

B. Plan für den Vertrieb der Wertpapiere
C. Märkte

D. Wertpapierinhaber, die ihre Papiere veräußern
E. Verwässerung (lediglich für Dividendenwerte)
F. Emissionskosten

VII. Zusätzliche Angaben

Hier sind die – größtenteils gesetzlich vorgeschriebenen – Angaben zu machen, die unter keine andere Rubrik des Prospekts fallen.

A. Devisenkontrollen
B. Warnhinweis auf steuerliche Folgen
C. Dividenden und Zahlstellen
D. Sachverständigenerklärung
E. Einsehbare Dokumente

Anhang IV. Registrierungsformular für den EU-Wachstumsprospekt

I. Verantwortung für das Registrierungsformular

Hier sind der Emittent und seine Vertreter sowie andere Personen zu nennen, die an dem Wertpapierangebot des Unternehmens mitwirken; diese Personen sind für die Erstellung des Registrierungsformulars verantwortlich.

II. Strategie, Leistungsfähigkeit und Unternehmensumfeld

Hier sind Angaben zur Unternehmensstrategie und zu den Unternehmenszielen in Bezug auf die Entwicklung und die künftige Leistungsfähigkeit sowie zur Geschäftstätigkeit des Unternehmens, zu seinen Produkten oder Dienstleistungen, zu seinen Investitionen und zu den Faktoren, die seine Geschäftstätigkeit beeinflussen, zu machen. Darüber hinaus müssen die für das Unternehmen spezifischen Risikofaktoren und relevante Trendinformationen enthalten sein.

III. Unternehmensführung

Hier sind Angaben zu den Geschäftsführern, zum Aufsichts- bzw. Verwaltungsrat und zur Unternehmensleitung zu machen, anhand deren die Anleger die Erfahrungen und Qualifikationen dieser Personen und ihre Vergütung sowie ihr Verhältnis zum Unternehmen beurteilen können.

IV. Jahresabschluss und wesentliche Leistungsindikatoren

Hier ist festzulegen, welche Jahresabschlüsse und wesentlichen Leistungsindikatoren über die letzten zwei Geschäftsjahre (für Dividendenwerte) oder über das letzte Geschäftsjahr (für Nichtdividendenwerte) oder den gegebenenfalls kürzeren Zeitraum der Geschäftstätigkeit des Emittenten das Formular enthalten muss.

V. Betriebsergebnis und Finanzlage (nur für Dividendenwerte, die von Unternehmen mit einer Marktkapitalisierung von über 200 000 000 EUR ausgegeben werden)

Hier sind Angaben zur Finanzlage und zum Betriebsergebnis zu machen, wenn die gemäß den Artikeln 19 und 29 der Richtlinie 2013/34/EU vorgelegten und erstellten Berichte über die von den historischen Finanzinformationen abgedeckten Zeiträume im EU-Wachstumsprospekt nicht enthalten sind.

VI. Unterrichtung der Anteilseigner

Hier sind Angaben zu Gerichts- und Schiedsverfahren, Interessenkonflikten und Geschäften mit verbundenen Parteien sowie über das Aktienkapital zu machen.

Anhang V. Wertpapierbeschreibung für den EU-Wachstumsprospekt

I. Verantwortung für die Wertpapierbeschreibung

Hier sind der Emittent und seine Vertreter sowie andere Personen zu nennen, die an dem Wertpapierangebot des Unternehmens bzw. der Zulassung dieser Wertpapiere zum Handel mitwirken; diese Personen sind für die Erstellung des Prospekts verantwortlich.

II. Erklärung zu Kapitalausstattung und Verschuldung (nur für Dividendenwerte, die von Unternehmen mit einer Marktkapitalisierung von über 200 000 000 EUR ausgegeben werden) und Erklärung zum Geschäftskapital (nur für Dividendenwerte)

Hier sind Angaben zu Kapitalausstattung und Verschuldung sowie dazu, ob das Geschäftskapital für die aktuellen Verpflichtungen des Emittenten ausreicht bzw. wie der Emittent andernfalls das erforderliche zusätzliche Geschäftskapital zu beschaffen gedenkt, zu machen.

III. Modalitäten und Bedingungen der Wertpapiere

Hier sind grundlegende Angaben zu den Modalitäten und Bedingungen der Wertpapiere und zu einer Beschreibung der mit den Wertpapieren verbundenen Rechte zu machen. Darüber hinaus müssen die für die Wertpapiere spezifischen Risikofaktoren enthalten sein.

IV. Einzelheiten des Angebots und voraussichtlicher Zeitplan

Hier sind Angaben zum Angebot und gegebenenfalls zur Zulassung zum Handel an einem MTF zu machen, die unter anderem den endgültigen Emissionskurs und das endgültige Emissionsvolumen (entweder als Anzahl von Wertpapieren oder als aggregierter Nominalbetrag) des Angebots, die Gründe für das Angebot, den Plan für den Vertrieb der Wertpapiere, die Zweckbestimmung der Erlöse des Angebots und die Kosten der Emission, des Angebots und der Verwässerung (lediglich für Dividendenwerte) umfassen.

V. Angaben zum Garantiegeber

Hier sind gegebenenfalls Angaben zum Garantiegeber der Wertpapiere zu machen, die unter anderem grundlegende Informationen über die Garantie, die für die Wertpapiere gestellt wird, und die für den Garantiegeber spezifischen Risikofaktoren und Finanzinformationen umfassen.

Anhang VI. Entsprechungstabelle (gemäß Artikel 46)

Richtlinie 2003/71/EG	Diese Verordnung
Artikel 1 Absatz 1	Artikel 1 Absatz 1
Artikel 1 Absatz 2 Buchstabe a	Artikel 1 Absatz 2 Buchstabe a
Artikel 1 Absatz 2 Buchstabe b	Artikel 1 Absatz 2 Buchstabe b
Artikel 1 Absatz 2 Buchstabe c	Artikel 1 Absatz 2 Buchstabe c
Artikel 1 Absatz 2 Buchstabe d	Artikel 1 Absatz 2 Buchstabe d
Artikel 1 Absatz 2 Buchstabe e	Artikel 1 Absatz 2 Buchstabe e
Artikel 1 Absatz 2 Buchstabe f	–
Artikel 1 Absatz 2 Buchstabe g	Artikel 1 Absatz 2 Buchstabe f
Artikel 1 Absatz 2 Buchstabe h	Artikel 1 Absatz 3
Artikel 1 Absatz 2 Buchstabe i	–

Richtlinie 2003/71/EG	Diese Verordnung
Artikel 1 Absatz 2 Buchstabe j	Artikel 1 Absatz 4 Buchstabe j und Artikel 1 Absatz 5 Unterabsatz 1 Buchstabe i
Artikel 1 Absatz 3	Artikel 4
Artikel 1 Absatz 4	–
Artikel 2 Absatz 1 Buchstabe a	Artikel 2 Buchstabe a
Artikel 2 Absatz 1 Buchstabe b	Artikel 2 Buchstabe b
Artikel 2 Absatz 1 Buchstabe c	Artikel 2 Buchstabe c
Artikel 2 Absatz 1 Buchstabe d	Artikel 2 Buchstabe d
Artikel 2 Absatz 1 Buchstabe e	Artikel 2 Buchstabe e
Artikel 2 Absatz 1 Buchstabe f	Artikel 2 Buchstabe f
Artikel 2 Absatz 1 Buchstabe g	Artikel 2 Buchstabe g
Artikel 2 Absatz 1 Buchstabe h	Artikel 2 Buchstabe h
Artikel 2 Absatz 1 Buchstabe i	Artikel 2 Buchstabe i
Artikel 2 Absatz 1 Buchstabe j	Artikel 2 Buchstabe j
Artikel 2 Absatz 1 Buchstabe k	–
Artikel 2 Absatz 1 Buchstabe l	–
Artikel 2 Absatz 1 Buchstabe m	Artikel 2 Buchstabe m
Artikel 2 Absatz 1 Buchstabe n	Artikel 2 Buchstabe n
Artikel 2 Absatz 1 Buchstabe o	Artikel 2 Buchstabe p
Artikel 2 Absatz 1 Buchstabe p	Artikel 2 Buchstabe q
Artikel 2 Absatz 1 Buchstabe q	Artikel 2 Buchstabe r
Artikel 2 Absatz 1 Buchstabe r	Artikel 2 Buchstabe s
Artikel 2 Absatz 1 Buchstabe s	–
Artikel 2 Absatz 1 Buchstabe t	–
Artikel 2 Absatz 4	–
Artikel 3 Absatz 1	Artikel 3 Absatz 1
Artikel 3 Absatz 2 Buchstabe a	Artikel 1 Absatz 4 Buchstabe a
Artikel 3 Absatz 2 Buchstabe b	Artikel 1 Absatz 4 Buchstabe b
Artikel 3 Absatz 2 Buchstabe c	Artikel 1 Absatz 4 Buchstabe d
Artikel 3 Absatz 2 Buchstabe d	Artikel 1 Absatz 4 Buchstabe c
Artikel 3 Absatz 2 Buchstabe e	–
Artikel 3 Absatz 2 Unterabsätze 2 und 3	Artikel 5 Absatz 1
Artikel 3 Absatz 3	Artikel 3 Absatz 3

Richtlinie 2003/71/EG	Diese Verordnung
Artikel 3 Absatz 4	–
Artikel 4 Absatz 1 Buchstabe a	Artikel 1 Absatz 4 Buchstabe e
Artikel 4 Absatz 1 Buchstabe b	Artikel 1 Absatz 4 Buchstabe f
Artikel 4 Absatz 1 Buchstabe c	Artikel 1 Absatz 4 Buchstabe g
Artikel 4 Absatz 1 Buchstabe d	Artikel 1 Absatz 4 Buchstabe h
Artikel 4 Absatz 1 Buchstabe e	Artikel 1 Absatz 4 Buchstabe i
Artikel 4 Absatz 1 Unterabsätze 2 bis 5	–
Artikel 4 Absatz 2 Buchstabe a	Artikel 1 Absatz 5 Unterabsatz 1 Buchstabe a
Artikel 4 Absatz 2 Buchstabe b	Artikel 1 Absatz 5 Unterabsatz 1 Buchstabe d
Artikel 4 Absatz 2 Buchstabe c	Artikel 1 Absatz 5 Unterabsatz 1 Buchstabe e
Artikel 4 Absatz 2 Buchstabe d	Artikel 1 Absatz 5 Unterabsatz 1 Buchstabe f
Artikel 4 Absatz 2 Buchstabe e	Artikel 1 Absatz 5 Unterabsatz 1 Buchstabe g
Artikel 4 Absatz 2 Buchstabe f	Artikel 1 Absatz 5 Unterabsatz 1 Buchstabe h
Artikel 4 Absatz 2 Buchstabe g	Artikel 1 Absatz 5 Unterabsatz 1 Buchstaben b und c
Artikel 4 Absatz 2 Buchstabe h	Artikel 1 Absatz 5 Unterabsatz 1 Buchstabe j
Artikel 4 Absatz 3	Artikel 1 Absatz 7
Artikel 5 Absatz 1	Artikel 6 Absätze 1 und 2, Artikel 14 Absatz 2
Artikel 5 Absatz 2	Artikel 7
Artikel 5 Absatz 3	Artikel 6 Absatz 3
Artikel 5 Absatz 4 Unterabsatz 1	Artikel 8 Absatz 1
Artikel 5 Absatz 4 Unterabsatz 2	Artikel 8 Absatz 10
Artikel 5 Absatz 4 Unterabsatz 3 Satz 1	Artikel 8 Absatz 5 und Artikel 25 Absatz 4
Artikel 5 Absatz 4 Unterabsatz 3 Satz 2	Artikel 8 Absatz 4
Artikel 5 Absatz 5	Artikel 13 Absatz 1 und Artikel 7 Absatz 13
Artikel 6 Absatz 1	Artikel 11 Absatz 1
Artikel 6 Absatz 2	Artikel 11 Absatz 2
Artikel 7 Absatz 1	Artikel 13 Absatz 1 Unterabsatz 1
Artikel 7 Absatz 2 Buchstabe a	Artikel 13 Absatz 1 Unterabsatz 2 Buchstabe a
Artikel 7 Absatz 2 Buchstabe b	Artikel 13 Absatz 1 Unterabsatz 2 Buchstabe b
Artikel 7 Absatz 2 Buchstabe c	Artikel 13 Absatz 1 Unterabsatz 2 Buchstabe c
Artikel 7 Absatz 2 Buchstabe d	Artikel 13 Absatz 1 Unterabsatz 2 Buchstabe c
Artikel 7 Absatz 2 Buchstabe e	Artikel 15 Absatz 2
Artikel 7 Absatz 2 Buchstabe f	Artikel 13 Absatz 1 Unterabsatz 2 Buchstabe d

Richtlinie 2003/71/EG	Diese Verordnung
Artikel 7 Absatz 2 Buchstabe g	Artikel 14 Absatz 3
Artikel 7 Absatz 3	Artikel 13 Absatz 3
Artikel 7 Absatz 4	–
Artikel 8 Absatz 1 Unterabsatz 1 Buchstabe a	Artikel 17 Absatz 1 Unterabsatz 1 Buchstabe b
Artikel 8 Absatz 1 Unterabsatz 1 Buchstabe b	Artikel 17 Absatz 1 Unterabsatz 1 Buchstabe a
Artikel 8 Absatz 1 Unterabsatz 2	Artikel 17 Absatz 2
Artikel 8 Absatz 2	Artikel 18 Absatz 1
Artikel 8 Absatz 3	Artikel 18 Absatz 2
Artikel 8 Absatz 3a	Artikel 18 Absatz 3
Artikel 8 Absatz 4	Artikel 18 Absatz 4 Unterabsatz 1
Artikel 8 Absatz 5 Unterabsatz 1	–
Artikel 8 Absatz 5 Unterabsatz 2	–
Artikel 9 Absatz 1	Artikel 12 Absatz 1
Artikel 9 Absatz 2	Artikel 12 Absatz 1
Artikel 9 Absatz 3	Artikel 12 Absatz 1
Artikel 9 Absatz 4	Artikel 12 Absatz 2
Artikel 11 Absatz 1	Artikel 19 Absatz 1
Artikel 11 Absatz 2	Artikel 19 Absatz 2
Artikel 11 Absatz 3	Artikel 19 Absatz 4
Artikel 12 Absatz 1	Artikel 10 Absatz 1 Unterabsatz 1
Artikel 12 Absatz 2	Artikel 10 Absatz 1 Unterabsatz 2
Artikel 12 Absatz 3	–
Artikel 13 Absatz 1	Artikel 20 Absatz 1
Artikel 13 Absatz 2	Artikel 20 Absatz 2
Artikel 13 Absatz 3	Artikel 20 Absatz 3
Artikel 13 Absatz 4	Artikel 20 Absatz 4
Artikel 13 Absatz 5	Artikel 20 Absatz 8
Artikel 13 Absatz 6	Artikel 20 Absatz 9
Artikel 13 Absatz 7	–
Artikel 14 Absatz 1	Artikel 21 Absatz 1
Artikel 14 Absatz 2	Artikel 21 Absatz 2
Artikel 14 Absatz 3	–
Artikel 14 Absatz 4	Artikel 21 Absatz 5

Richtlinie 2003/71/EG	Diese Verordnung
Artikel 14 Absatz 4a	Artikel 21 Absatz 6
Artikel 14 Absatz 5	Artikel 21 Absatz 9
Artikel 14 Absatz 6	Artikel 21 Absatz 10
Artikel 14 Absatz 7	Artikel 21 Absatz 11
Artikel 14 Absatz 8	Artikel 21 Absatz 12
Artikel 15 Absatz 1	Artikel 22 Absatz 1
Artikel 15 Absatz 2	Artikel 22 Absatz 2
Artikel 15 Absatz 3	Artikel 22 Absatz 3
Artikel 15 Absatz 4	Artikel 22 Absatz 4
Artikel 15 Absatz 5	Artikel 22 Absatz 5
Artikel 15 Absatz 6	Artikel 22 Absatz 6
Artikel 15 Absatz 7	Artikel 22 Absatz 9
Artikel 16 Absatz 1	Artikel 23 Absatz 1
Artikel 16 Absatz 2	Artikel 23 Absatz 2
Artikel 16 Absatz 3	Artikel 23 Absatz 7
Artikel 17 Absatz 1	Artikel 24 Absatz 1
Artikel 17 Absatz 2	Artikel 24 Absatz 2
Artikel 18 Absatz 1	Artikel 25 Absatz 1
Artikel 18 Absatz 2	Artikel 25 Absatz 2
Artikel 18 Absatz 3 Unterabsatz 1	Artikel 25 Absatz 3
Artikel 18 Absatz 3 Unterabsatz 2	Artikel 21 Absatz 5
Artikel 18 Absatz 4	Artikel 25 Absatz 8
Artikel 19 Absatz 1	Artikel 27 Absatz 1
Artikel 19 Absatz 2	Artikel 27 Absatz 2
Artikel 19 Absatz 3	Artikel 27 Absatz 3
Artikel 19 Absatz 4	Artikel 27 Absatz 5
Artikel 20 Absatz 1	Artikel 29 Absatz 1
Artikel 20 Absatz 2	Artikel 29 Absatz 2
Artikel 20 Absatz 3	Artikel 29 Absatz 3
Artikel 21 Absatz 1	Artikel 31 Absatz 1
Artikel 21 Absatz 1a	Artikel 34 Absatz 1
Artikel 21 Absatz 1b	Artikel 34 Absatz 2
Artikel 21 Absatz 2	Artikel 31 Absatz 2

Richtlinie 2003/71/EG	Diese Verordnung
Artikel 21 Absatz 3 Buchstabe a	Artikel 32 Absatz 1 Buchstabe a
Artikel 21 Absatz 3 Buchstabe b	Artikel 32 Absatz 1 Buchstabe b
Artikel 21 Absatz 3 Buchstabe c	Artikel 32 Absatz 1 Buchstabe c
Artikel 21 Absatz 3 Buchstabe d	Artikel 32 Absatz 1 Buchstabe d
Artikel 21 Absatz 3 Buchstabe e	Artikel 32 Absatz 1 Buchstabe e
Artikel 21 Absatz 3 Buchstabe f	Artikel 32 Absatz 1 Buchstabe f
Artikel 21 Absatz 3 Buchstabe g	Artikel 32 Absatz 1 Buchstabe g
Artikel 21 Absatz 3 Buchstabe h	Artikel 32 Absatz 1 Buchstabe h
Artikel 21 Absatz 3 Buchstabe i	Artikel 32 Absatz 1 Buchstabe i
Artikel 21 Absatz 3 Unterabsatz 2	Artikel 32 Absatz 1 Unterabsatz 2
Artikel 21 Absatz 4 Buchstabe a	Artikel 32 Absatz 1 Buchstabe l
Artikel 21 Absatz 4 Buchstabe b	Artikel 32 Absatz 1 Buchstabe m
Artikel 21 Absatz 4 Buchstabe c	–
Artikel 21 Absatz 4 Buchstabe d	Artikel 32 Absatz 1 Buchstabe n
Artikel 21 Absatz 4 Unterabsatz 2	Artikel 32 Absatz 1 Unterabsatz 4
Artikel 21 Absatz 5	Artikel 31 Absatz 3 und Artikel 32 Absatz 6
Artikel 22 Absatz 1	Artikel 35 Absatz 2
Artikel 22 Absatz 2 Unterabsatz 1	Artikel 33 Absatz 1
Artikel 22 Absatz 2 Unterabsatz 2	–
Artikel 22 Absatz 2 Unterabsatz 3	Artikel 33 Absatz 5
Artikel 22 Absatz 3	–
Artikel 22 Absatz 4	Artikel 33 Absätze 6 und 7
Artikel 23 Absatz 1	Artikel 37 Absatz 1
Artikel 23 Absatz 2	Artikel 37 Absatz 2
Artikel 24 Absatz 1	Artikel 45 Absatz 1
Artikel 24 Absatz 2	Artikel 45 Absatz 2
Artikel 24 Absatz 2a	–
Artikel 24 Absatz 3	–
Artikel 24a	Artikel 44
Artikel 24b	Artikel 44
Artikel 24c	Artikel 44
Artikel 25 Absatz 1	Artikel 38 Absatz 1
Artikel 25 Absatz 2	Artikel 42

Richtlinie 2003/71/EG	Diese Verordnung
Artikel 26	Artikel 40
Artikel 27	–
Artikel 28	Artikel 46
Artikel 29	–
Artikel 30	–
Artikel 31	Artikel 48
Artikel 31a	–
Artikel 32	Artikel 49
Artikel 33	–

Sachverzeichnis

bearbeitet von *Silke Rohde*

Fett gedruckte Zahlen = Paragraphen (solche ohne Angabe eines Gesetzes sind solche des HGB), Artikel bzw. Abschnitt. Magere Zahlen = Randnummern

Sachverzeichnis

Sachverzeichnis

Sachverzeichnis

Sachverzeichnis

Sachverzeichnis

Sachverzeichnis

Sachverzeichnis

Sachverzeichnis

Sachverzeichnis

Sachverzeichnis

Sachverzeichnis

Sachverzeichnis

Sachverzeichnis

Sachverzeichnis

Sachverzeichnis

Sachverzeichnis

Sachverzeichnis

Sachverzeichnis

Sachverzeichnis

Sachverzeichnis

Sachverzeichnis

Sachverzeichnis

fett = Paragraph bzw. Abschnitt

Sachverzeichnis

Sachverzeichnis

Sachverzeichnis